Wendl/Dose
Das Unterhaltsrecht in der familienrichterlichen Praxis

Das Unterhaltsrecht in der familienrichterlichen Praxis

Die neueste Rechtsprechung des Bundesgerichtshofs
und die Leitlinien der Oberlandesgerichte zum Unterhaltsrecht
und zum Verfahren in Unterhaltsprozessen

Begründet von
Philipp Wendl und Siegfried Staudigl

Herausgegeben von
Hans-Joachim Dose

Bearbeitet von

VRiOLG Dr. Regina Bömelburg, Köln
VRiBGH Hans-Joachim Dose, Karlsruhe
VRiOLG a. D. Dr. Peter Gerhardt, München
RiBGH Hartmut Guhling, Karlsruhe
RiOLG a. D. Werner Gutdeutsch, Ebersberg
RiBGH Prof. Dr. Frank Klinkhammer, Karlsruhe
VRiOLG a. D. Dietrich Schmitz, Celle
RiOLG Nicole Siebert, München
Rechtsanwalt und Notar Ulrich Spieker, Bielefeld
VRiOLG Christine Wönne, Esslingen

10., überarbeitete Auflage
2019

C.H.BECK

Zitiervorschläge:

Wendl/Dose/*Bearbeiter* Unterhaltsrecht 10. Auflage – z. B.
Wendl/Dose/*Guhling* Unterhaltsrecht 10. Auflage § 5 Rn. 19.

Zitierverweise für automatische Verlinkung in beck-online:
Guhling in Wendl/Dose UnterhaltsR § 5 Rn. 19
oder
Wendl/Dose UnterhaltsR/Guhling § 5 Rn. 19

www.beck.de

ISBN 978 3 406 74077 0

© 2019 Verlag C. H. Beck oHG
Wilhelmstr. 9, 80801 München

Umschlaggestaltung, Satz, Druck und Bindung: Druckerei C. H. Beck, Nördlingen
(Adresse wie Verlag)

Gedruckt auf säurefreiem, alterungsbeständigem Papier
(hergestellt aus chlorfrei gebleichtem Zellstoff)

Vorwort zur 10. Auflage

Die große Bedeutung des Standardwerks Wendl/Dose für die unterhaltsrechtliche Praxis zeigt sich eindrucksvoll an den vielen Zitaten in anwaltlichen Schriftsätzen und gerichtlichen Entscheidungen. Die nun vorliegende 10. (Jubiläums-)Ausgabe knüpft an diesen Erfolg an. Wie in den Vorauflagen haben es sich die Autoren zur Aufgabe gemacht, das weit gefächerte und in Teilbereichen sehr komplizierte Unterhaltsrecht für den im Familienrecht tätigen Praktiker einerseits verständlich, andererseits aber auch möglichst lückenlos und mit höchstrichterlicher Rechtsprechung belegt darzustellen, um eine zuverlässige Anwendung auf den Einzelfall zu gewährleisten. Dem schnellen Verständnis dienen auch die vielen in den Text aufgenommenen Berechnungsbeispiele.

Das den Unterhaltsbemessungen zugrundeliegende materielle Recht, Verfahrensrecht, Sozialrecht und auch das internationale Recht hat sich erneut nicht unwesentlich geändert. Zugleich sind viele Grundsatzentscheidungen des Bundesgerichtshofs hinzugekommen, in denen das Unterhaltsrecht weiter fortentwickelt worden ist. Die Autoren haben alle gesetzlichen Neuregelungen und den aktuellen Stand der Rechtsprechung bis Ende April 2019 sowie die bis zu diesem Zeitpunkt beschlossenen und erst im Laufe des Jahres in Kraft tretenden Änderungen berücksichtigt. Das gilt auch für die ab dem 1. Juli 2019 geltenden neuen Kindergeldbeträge. Wichtige spätere Änderungen und Entscheidungen sind noch während der Satzarbeiten nachgetragen worden. Auch das Sachverzeichnis ist erneut überarbeitet und erweitert worden.

Die Ausführungen in § 1 zur Ermittlung des unterhaltsrechtlich relevanten Einkommens sind unter Berücksichtigung der neuesten Rechtsprechung aktualisiert worden. Dabei sind von Peter Gerhardt, Ulrich Spieker und mir alle denkbaren Einkommensarten, einschließlich der Einkünfte Selbstständiger, der Einkünfte aus Vermietung und Verpachtung, der Vermögenseinkünfte, der Einkünfte aus Pensionen und Renten sowie der Einkünfte aus sozialstaatlichen Zuwendungen und deren unterhaltsrechtliche Relevanz dargestellt. Die Unterhaltsrelevanz fiktiver Einkünfte, die Behandlung von Einkünften aus überobligatorischer Tätigkeit, steuerrechtliche Auswirkungen auf die Unterhaltsbemessung und die Voraussetzungen von Auskunftsansprüchen zur Ermittlung des unterhaltsrelevanten Einkommens sind ebenfalls behandelt.

Den Kindesunterhalt hat Frank Klinkhammer in § 2 A überarbeitet, aktualisiert und mit sehr verständlichen Berechnungsbeispielen versehen. Gleiches gilt für die Unterhaltsansprüche sonstiger Verwandter, insbesondere den Eltern- und den Enkelunterhalt, den Christine Wönne in § 2 B äußerst verständlich dargestellt hat. Regina Bömelburg hat in § 3 die Voraussetzungen und die Bemessung des Familienunterhalts einschließlich der Konkurrenzen mit anderen Unterhaltsansprüchen umfassend beschrieben. In § 4 hat sie die Struktur des nachehelichen Unterhalts niedergelegt und die verschiedenen Unterhaltstatbestände unter Berücksichtigung der aktuellen Rechtsprechung dargestellt. Einbezogen ist auch die inzwischen gefestigte Rechtsprechung des BGH zum Betreuungsunterhalt nach § 1570 BGB und die aktuelle Rechtsprechung der Oberlandesgerichte dazu, einschließlich deren Leitlinien.

Nicole Siebert und Werner Gutdeutsch liefern auch in der Neuauflage eine umfassende und lückenlose Darstellung der Bedarfsbemessung beim Ehegattenunterhalt auf der Grundlage der inzwischen gefestigten Rechtsprechung des Bundesgerichtshofs. Im Anschluss folgen eine für die Praxis sehr hilfreiche Darstellung des Vorsorgeunterhalts sowie grundlegende Ausführungen zur Bemessung der Bedürftigkeit des Unterhaltsberechtigten und der Leistungsfähigkeit des Unterhaltspflichtigen. Christine Wönne hat in ihren Ausführungen zu den Voraussetzungen und zum Umfang einer Herabsetzung und Befristung des nachehelichen Unterhalts die aktuelle Rechtsprechung lückenlos berücksichtigt. Gleiches gilt für die Ausführungen von Nicole Siebert zur Anwendung der Härteklausel des § 1579 BGB.

Die Rangverhältnisse verschiedener Unterhaltsansprüche sowie die Mangelfälle unter Berücksichtigung der dem Unterhaltspflichtigen zu belassenden Selbstbehalte werden in

Vorwort

§ 5 erstmals von Hartmut Guhling dargestellt. In seinen Ausführungen sind anhand vieler Rechenbeispiele auch komplizierte Konstellationen sehr verständlich aufgeführt. In § 6 befassen sich die Autoren mit der aktuellen Rechtsprechung zu unterhaltsrechtlichen Sonderfragen, etwa des Sonderbedarfs (Frank Klinkhammer), des Unterhalts für die Vergangenheit und der Rückforderung zu viel geleisteten Unterhalts (Nicole Siebert), der Aufrechnung mit Gegenforderungen, des Unterhalts bei Gütergemeinschaft sowie der wichtigen Darlegungs- und Beweislast im Unterhaltsverfahren (Hans-Joachim Dose).

Voraussetzungen und Umfang von Unterhaltsansprüchen zwischen nicht verheirateten Eltern und zwischen Lebenspartnern hat Regina Bömelburg in § 7 auf der Grundlage der aktuellen Rechtsentwicklung dargestellt. Sozialrechtliche Fragen mit Bezug zum Unterhaltsrecht sind von Frank Klinkhammer in § 8 behandelt; dabei hat er die neueste Rechtsentwicklung und natürlich auch alle aktuellen Änderungen des Sozialrechts sowie die unterhaltsrelevante neueste Rechtsprechung einbezogen.

Die Ausführungen zum familiengerichtlichen Verfahren hat Dietrich Schmitz auf den neuesten Stand gebracht und dabei auch die aktuelle Rechtsprechung angeführt. Neben dem erstinstanzlichen Verfahren ist in § 10 insbesondere das Abänderungsverfahren, der vorläufige Rechtsschutz, das Rechtsmittel in Unterhaltssachen und das vereinfachte Verfahren über den Unterhalt Minderjähriger umfassend dargestellt.

Schließlich sind auch die Ausführungen in § 9 zur Auswirkung eines Auslandsbezugs auf das materielle Recht, das Verfahrensrecht und die Vollstreckbarkeit auf den neuesten Stand gebracht worden. Insbesondere das aktuelle Haager Protokoll über das auf Unterhaltspflichten anzuwendende Recht (HUP 2007) und die Europäische Verordnung Nr. 4/2009 über die Zuständigkeit, das anwendbare Recht, die Anerkennung und Vollstreckung von Entscheidungen und die Zusammenarbeit in Unterhaltssachen (EuUnthVO), sowie das zu ihrer Umsetzung erlassene neue Auslandsunterhaltsgesetz (AUG) ist unter Berücksichtigung der neuesten Rechtsentwicklung und Rechtsprechung des BGH und des EuGH dargestellt. Zugleich sind die Ausführungen und Übersichten zur Bemessung und Umrechnung des geschuldeten Unterhalts bei Auslandsbezug aktualisiert worden. Gleiches gilt für die Darstellung des materiellen Unterhaltsrechts in insgesamt 27 europäischen und wichtigen außereuropäischen Ländern.

Um dem Anspruch als Standardwerk der unterhaltsrechtlichen Praxis gerecht zu werden haben alle Mitautoren die aktuelle höchstrichterliche Rechtsprechung eingearbeitet und zitiert. Entsprechend ist auch der Teil R mit den wichtigsten höchstrichterlichen Entscheidungen überarbeitet worden. Ältere Entscheidungen, die an Bedeutung verloren haben, wurden gestrichen. Neuere Entscheidungen zu aktuell umstrittenen und grundlegenden Rechtsfragen wurden mit ihren wichtigsten Passagen zusätzlich aufgenommen.

Mit der 10. Auflage des Wendl/Dose haben sich im Autorenteam erneut Änderungen ergeben. Die Mitautoren Peter Gerhardt und Werner Gutdeutsch haben Teile ihrer Kommentierung in jüngere Hände gelegt. Nicole Siebert hat von Peter Gerhardt im 4. Abschnitt des § 4 einen weiteren Teil und in § 6 die Abschnitte 2 und 3 übernommen. Hartmut Guhling hat nach Werner Gutdeutsch die Bearbeitung in § 5 zu Rangverhältnissen und Mangelfällen fortgeführt.

Mit Regina Bömelburg, Hans-Joachim Dose, Peter Gerhardt, Hartmut Guhling, Werner Gutdeutsch, Frank Klinkhammer, Dietrich Schmitz, Nicole Siebert, Ulrich Spieker und Christine Wönne besteht das Autorenteam aus besonders qualifizierten Praktikern mit langjähriger fundierter familienrichterlicher Erfahrung.

Die Autoren bedanken sich für die zahlreichen Hinweise, die sie aus dem Kreis der Leser erreicht haben, und bitten darum, auch die Neuauflage kritisch zu begleiten. Unseren Familien, die unter der zeitraubenden Autorentätigkeit besonders leiden mussten, danken wir herzlich für Ihre Geduld und das Verständnis, dass sie uns entgegengebracht haben. Dank gilt den Mitarbeiterinnen und Mitarbeitern des Lektorats für die Koordinierung und die verständnisvolle Unterstützung unserer Arbeit.

Im Juni 2019   Hans-Joachim Dose

Inhaltsübersicht

	Seiten
Inhaltsverzeichnis zu §§ 1–10 (mit Verweisen auf die Randnummern)	IX
Abkürzungsverzeichnis	XLVII
Hinweise für die Benutzung der 10. Auflage	XLIX
§ 1 Die Ermittlung des unterhaltsrechtlich relevanten Einkommens	1
§ 2 Kindes-, Eltern- und sonstiger Verwandtenunterhalt	485
§ 3 Familienunterhalt	767
§ 4 Ehegattenunterhalt	803
§ 5 Rangverhältnisse und Mangelfälle	1191
§ 6 Sonderfragen	1253
§ 7 Unterhalt zwischen nicht verheirateten Eltern und zwischen Lebenspartnern	1371
§ 8 Unterhalt und Sozialleistungen	1469
§ 9 Auslandsberührung	1577
§ 10 Verfahrensrecht	1805
Anhang D: Düsseldorfer Tabelle 2011	2161
Anhang R: Rechtsprechungsauszüge	2171
Register der auszugsweise abgedruckten Entscheidungen	2519
Sachverzeichnis	2525

Inhaltsverzeichnis

Benutzungshinweise...	XLIX
Abkürzungsverzeichnis	XLVII

§ 1 Die Ermittlung des unterhaltsrechtlich relevanten Einkommens

1. Abschnitt: Überblick und Grundlagen

I. Der Unterhaltsanspruch	1
1. Unterhaltsberechtigungen.................................	1
2. Struktur des Unterhaltsanspruchs	8
3. Prüfungsschema	9
4. Höhe des Unterhalts und Zahlungsweise.....................	10
5. Härteregelungen	13
6. Unterhalt und Sozialhilfe	14
7. Gerichtliches Verfahren...................................	15
II. Zu den Tabellen und Leitlinien der Oberlandesgerichte	16
1. Die Bedeutung von Tabellen und Leitlinien in der Praxis	16
2. Düsseldorfer Tabelle zum Unterhaltsbedarf...................	19
3. Oberlandesgerichtliche Leitlinien zum Unterhaltsrecht	20
III. Zum anrechenbaren monatlichen Nettoeinkommen	21
1. Grundsatz der unterschiedslosen Erfassung aller Einkünfte aus allen Einkommensarten...	22
2. Zur Berechnung des anrechenbaren Nettoeinkommens.........	23
3. Zum monatlichen Nettoeinkommen	24
4. Zur Berücksichtigung von Abfindungen und einmaligen höheren Zuwendungen...	29
IV. Unterschiedliche Berücksichtigung der Einkünfte bei der Berechnung des Kindesunterhalts und des Ehegattenunterhalts	31
1. Berücksichtigung der Einkünfte beim Kindesunterhalt.............	31
2. Berücksichtigung der Einkünfte beim Ehegattenunterhalt..........	33
3. Zusammenfassendes Ergebnis..............................	41
V. Ermittlung der unterhaltsrechtlich relevanten Einkünfte anhand steuerrechtlicher Unterlagen	42
1. Darlegungen der Beteiligten zum unterhaltsrechtlich relevanten Einkommen...	42
2. Richterliche Ermittlung unterhaltsrechtlich relevanter Einkünfte und Vorlage von Unterlagen....................................	45
3. Unterhaltsrechtliche Relevanz steuerrechtlich erfasster Einkünfte	47
4. Steuerrechtliche und unterhaltsrechtliche Einkunftsarten............	51
5. Gliederung der unterhaltsrechtlich relevanten Einkünfte	54

2. Abschnitt: Einkünfte aus abhängiger Arbeit sowie Nebeneinkünfte und Lohnersatzleistungen bei oder nach einem bestehenden Arbeitsverhältnis

I. Überblick...	65
1. Bruttoeinnahmen und berufsbedingte Aufwendungen	65
2. Nicht berufsbedingte Aufwendungen.......................	68
II. Der Prüfungszeitraum	69
III. Typische Bruttoeinnahmen	74
1. Barbezüge aller Art......................................	74
2. Zweckbestimmte Entgelte für berufsbedingte Mehraufwendungen wie Spesen, Reisekosten und Auslösungen..........................	78

Inhaltsverzeichnis

    3. Die Leitlinien zu den Spesen, Reisekosten, Auslösen. 85
    4. Vergütungen und Zuschläge für Überstunden, Mehrarbeit, Urlaubsabgeltung und sonstige überobligatorische Belastungen, wie bei Zuschlägen für Schicht-, Nacht-, Feiertags- und Sonntagsarbeit sowie bei Zulagen für Schmutz-, Schwer- und Schwerstarbeit 86
    5. Sachbezüge, dh zusätzliche Leistungen des Arbeitgebers, die in einem geldwerten Vorteil bestehen 91
    6. Einmalige Zahlungen und Sonderzuwendungen wie zB Abfindungen uÄ 93
    7. Einkünfte aus Nebentätigkeiten und sonstiger Zweitarbeit neben einer hauptberuflichen Tätigkeit 96
    8. Sozialleistungen mit Lohnersatzfunktion 105
  IV. Berufs- und ausbildungsbedingte Aufwendungen 122
    1. Berufs- und ausbildungsbedingte Aufwendungen als Abzugsposten 122
    2. Zur Pauschalierung berufsbedingter Aufwendungen 124
    3. Konkrete Bemessung berufsbedingter Aufwendungen. 132
    4. Berechnung von Fahrtkosten 133
    5. Zusammenstellung weiterer berufsbedingter oder ausbildungsbedingter Aufwendungen 141
    6. Berufsbedingte Aufwendungen, für die Zulagen (Auslands-, Kleider-, Schmutzzulagen) oder ähnliche Entgelte (Aufwandsentschädigungen, Spesen, Reisekosten) gezahlt werden 153

3. Abschnitt: Gewinneinkünfte – Einkommensermittlung durch Betriebsvermögensvergleich

  I. Die steuerlichen Gewinnermittlungsarten 160
  II. Einkünfte aus Gewerbebetrieb 162
    1. Definition im Einkommensteuergesetz 162
    2. Umfang der Einkünfte aus Gewerbebetrieb 163
    3. Gesetzliche Grundlagen der Gewinnermittlung 166
    4. Ausnahmeregelungen 168
  III. Der Jahresabschluss 169
    1. Die Elemente des Jahresabschlusses 169
    2. Handelsbilanz 170
    3. Das Eigenkapital 172
    4. Die Steuerbilanz 178
    5. Gewinn- und Verlustrechnung 180
    6. Anhang und Lagebericht 182
  IV. Die Doppelte Buchführung 183
    1. Vorbemerkung 183
    2. Grundzüge der doppelten Buchführung 184
    3. Buchungen auf Bestandskonten 188
    4. Buchungen auf Erfolgskonten. 192
    5. Die Gewinn- und Verlustrechnung 194
    6. Das Privatkonto oder das variable Kapitalkonto 196
    7. Entwicklung des Jahresabschlusses aus der Buchführung 200
  V. Die steuerliche Behandlung des Anlagevermögens 202
    1. Definition 202
    2. Arten des Anlagevermögens 203
    3. Anschaffungskosten in der Bilanz 204
    4. Absetzung für Abnutzung in der Bilanz und der Gewinn- und Verlustrechnung. 205
    5. Lineare AfA 209
    6. Degressive AfA 211
    7. Sonderabschreibungen, und Investitionsabzugsbetrag 213

8. Sofortabschreibung bei geringwertigen Wirtschaftsgütern	215
9. Veräußerungserlöse..	216
10. Finanzierung	219
11. Investitionszulagen	220
12. Investitionszuschüsse	221
VI. Unterhaltsrechtlich relevante Merkmale der Gewinnermittlung durch Betriebsvermögensvergleich	222
1. Periodengerechte Gewinnermittlung.............................	222
2. Wareneinkauf, Bestandsveränderungen und Inventur	234
3. Betriebsvermögen	236
VII. Entnahmen und Einlagen...	237
1. Entnahmen	237
2. Einlagen	243

4. Abschnitt: Sonstige Gewinneinkünfte – Einkommensermittlung durch Einnahmen-Überschuss-Rechnung und nach Durchschnittssätzen sowie das Einkommen von Personengesellschaften

I. Einnahmen-Überschuss-Rechnung...............................	250
1. Gesetzliche Grundlagen und Personenkreis.......................	250
2. Methode der Gewinnermittlung................................	253
3. Steuerliche Unterlagen	255
4. Unterschiede zur Gewinn- und Verlustrechnung..................	257
II. Gewinnermittlung nach Durchschnittssätzen........................	266
1. Zum Personenkreis und zur Einkommensermittlung	266
2. Die Ermittlung der Durchschnittssätze...........................	267
III. Einkommensermittlung durch Schätzung...........................	269
IV. Wechsel der Gewinnermittlungsart	270
V. Ermittlung des Einkommens aus Beteiligung an Gesellschaften	271
1. Gesetzliche Grundlagen und Personenkreis.......................	271
2. Gesonderte und einheitliche Gewinnfeststellung bei Mitunternehmerschaften..	275
3. Betriebsverpachtung und Betriebsaufspaltung.....................	279

5. Abschnitt: Gewinneinkünfte im Unterhaltsrecht

I. Vorbemerkung...	300
1. Verwertbarkeit steuerlicher Einkommensermittlung im Unterhaltsrecht	300
2. Vorbehalt der Nachprüfung	302
3. Steuerliche Außenprüfung (Betriebsprüfung)	303
4. Steuerhinterziehung...	304
II. Steuerrechtlich und unterhaltsrechtlich irrelevante Aufwendungen.......	305
III. Unterhaltsrechtlich relevante Unterschiede zwischen Gewinn- und Verlustrechnung und Einnahmen-Überschuss-Rechnung...............	307
IV. Unterhaltsrechtliche Bewertung der Gewinnermittlung nach Durchschnittssätzen und durch Schätzung	309
1. Gewinnermittlung nach Durchschnittssätzen.....................	309
2. Steuerliche Gewinnschätzungen	310
3. Einkünfte des Gesellschafter-Geschäftsführers einer GmbH.........	311
4. unterhaltsrechtliche Ausschüttungsobliegenheit	314
5. Gestaltungsmißbrauch – Korrektur inkongruenter Gewinnausschüttungen	314
V. Posten der Gewinn- und Verlustrechnung und der Einnahmen-Überschuss-Rechnung nach unterhaltsrechtlichen Kriterien	314
1. Erträge/Einnahmen...	314
2. Aufwand/Betriebsausgaben	330

Inhaltsverzeichnis

zu § 1

VI. Bilanzposten in unterhaltsrechtlicher Betrachtung	380
1. Vorbemerkung	380
2. Anlagevermögen	382
3. Umlaufvermögen	383
4. Forderungen und Verbindlichkeiten	384
5. Anzahlungen	386
6. Rechnungsabgrenzungsposten	387
7. Rückstellungen und Rücklagen	388
8. Wertberichtigungen	391
9. Kapital	392
10. Privatentnahmen und Privateinlagen	393
11. Investitionszulagen und Investitionszuschüsse	394
VII. Steuerliche Korrekturen außerhalb der Bilanz und Gewinn- und Verlustrechnung	395
VIII. Berechnung des unterhaltsrechtlichen Einkommens	420
1. Prüfungszeitraum	420
2. Berücksichtigung von Verlusten aus anderen Wirtschaftsjahren	421
3. Berücksichtigung außerbetrieblicher Aufwendungen	422
4. Berücksichtigung des Übergangsgewinns beim Wechsel der Gewinnermittlungsart	423
IX Auskunfts- und Belegpflichten	424
1. Allgemeines	424
2. Besonderheiten des Auskunftsanspruchs gegenüber Gewerbetreibenden und Selbstständigen	425
3. Besonderheiten des Belegansspruchs gegenüber Gewerbetreibenden und Selbstständigen	429
4. Besonderheiten bei Personengesellschaften	435
5. Auskünfte von Land- und Forstwirten	436
6. Auskunftspflichten bei Schätzungen	437
X Alternative Methoden der Einkommensermittlung	438
1. Entnahmen als Grundlage der Einkommensermittlung	438
2. Cash flow	442
3. Fazit	443

6. Abschnitt: Einkünfte aus Vermietung und Verpachtung sowie aus einem Wohnvorteil

I. Einkünfte aus Vermietung und Verpachtung	450
1. Zur Einkunfts- und Gewinnermittlungsart	450
2. Einnahmen	453
3. Abziehbare Ausgaben	455
4. Verluste	459
5. Zurechnung von Mieteinnahmen aus einem gemeinsamen Objekt und fiktive Mieteinnahmen aus unterlassener zumutbarer Vermietung	460
6. Eigene Mietkosten	468
II. Der Wohnvorteil beim Wohnen im eigenen Haus	473
1. Der Wohnvorteil als unterhaltsrechtlich zu berücksichtigender Vermögensvorteil	473
2. Die unterhaltsrechtliche Bewertung des Wohnvorteils beim Ehegattenunterhalt	477
3. Abziehbare Hauslasten, Instandhaltungskosten und Annuitätsleistungen vom Wohnwert	498
4. Eigenheimzulage und sonstige staatliche Fördermittel	519
5. Abzug von Hausschulden, die den Wohnwert übersteigen	520
6. Nutzungsvergütung	528
7. Unterhaltsrechtliche Auswirkung eines Wohnvorteils beim Ehegattenunterhalt	535

Inhaltsverzeichnis

    8. Wohnvorteil und Unterhalt nach Veräußerung des Familienheims..... 557
    9. Unterhaltsrechtliche Auswirkungen des Wohnwerts beim Verwandtenunterhalt.. 571

7. Abschnitt: Einkünfte aus Vermögen, Verwertung des Vermögensstamms und fiktive Einkünfte bei unterlassener zumutbarer Vermögensnutzung bzw. unterlassener Verwertung des Vermögensstamms

  I. Einkünfte aus Vermögen... 600
    1. Vermögenserträge... 600
    2. Anrechnung von Vermögenseinkünften......................... 601
    3. Ermittlung der Vermögenserträge.............................. 604
    4. Einkünfte aus Kapitalvermögen................................ 605
    5. Einkünfte aus Grundstücken.................................. 606
  II. Zur Verwertung des Vermögensstamms............................ 607
    1. Obliegenheit zur Verwertung des Vermögensstamms auf Grund einer Billigkeitsabwägung... 607
    2. Verwertung des Vermögensstamms des Berechtigten beim nachehelichen Unterhalt (§ 1577 III BGB)....................... 611
    3. Verwertung des Vermögensstamms des Berechtigten beim Trennungsunterhalt... 614
    4. Verwertung des Vermögensstamms des Unterhaltspflichtigen beim nachehelichen Unterhalt (§ 1581 S. 2 BGB)..................... 617
    5. Verwertung des Vermögensstamms des Unterhaltspflichtigen beim Trennungsunterhalt... 618
    6. Verwertung des Vermögensstamms des Unterhaltspflichtigen beim Kindesunterhalt... 619
    7. Verwertung des Vermögensstamms des Unterhaltsberechtigten beim Kindesunterhalt... 621
    8. Verwertung des Vermögensstamms des Unterhaltspflichtigen beim Elternunterhalt.. 622
    9. Verwertung des Vermögensstamms des Unterhaltsberechtigten beim Elternunterhalt.. 624
    10. Vermögensverwertung beim Unterhaltsanspruch aus Anlass der Geburt 625
    11. Verwertung von Grundstücken................................ 626
    12. Verwertung des ausgezahlten Kapitals einer Lebensversicherung...... 629
  III. Zurechnung fiktiver Erträge bei unterlassener zumutbarer Vermögensnutzung oder Vermögensverwertung..................... 632
    1. Fiktive Zurechnung erzielbarer Erträge im Rahmen einer Obliegenheit zur Erzielung von Vermögenserträgen oder zur Vermögensverwertung 632
    2. Obliegenheiten bei Immobilien................................ 635
    3. Obliegenheiten bei Barvermögen, wie Sparguthaben, Zugewinnausgleichszahlungen oder Veräußerungserlösen........... 636
    4. Obliegenheit zur Vermögensumschichtung..................... 637
    5. Obliegenheit zur Belastung eines vorhandenen Vermögens, zur Kreditaufnahme und zur Einziehung von Forderungen............ 640
    6. Obliegenheit zur Verwertung von Erbanteilen und Pflichtteilsrechten. 642
    7. Höhe der fiktiv zurechenbaren Erträge.......................... 644

8. Abschnitt: Einkünfte aus Pensionen, Renten und ähnlichen wiederkehrenden Bezügen Nichterwerbstätiger

    1. Allgemeines.. 646
    2. Arten von Versorgungsbezügen und Renten nebst Zulagen und Zuschlägen.. 649
    3. Berücksichtigung von konkretem Mehrbedarf und Mehraufwand..... 652

Inhaltsverzeichnis

zu § 1

    4. Berücksichtigung von Nebeneinkünften 658
    5. Berücksichtigung eines Rentenanspruchs ab Antragstellung sowie einer Rentennachzahlung 660

9. Abschnitt: Sonstige Einkünfte aus sozialstaatlichen Zuwendungen, freiwilligen Zuwendungen Dritter, Versorgungsleistungen des Berechtigten für seinen neuen Partner, aus Unterhaltsleistungen, Schmerzensgeld sowie nicht anzurechnende Vermögensvorteile

  I. Sozialstaatliche Zuwendungen wie Wohngeld, BAföG, Pflege- und Erziehungsgeld, Kindergeld, Ausbildungsbeihilfen und -geld sowie Leistungen nach §§ 41 ff. SGB XII (Grundsicherung im Alter und bei Erwerbsminderung) 664
    1. Allgemeines (vgl. auch → § 8 Rn. 1 ff. (Unterhalt und Sozialleistungen) und → § 8 Rn. 262 ff. (Unterhaltsvorschuss) 664
    2. Zur Anrechnung von Wohngeld und Baukindergeld 665
    3. Zur Anrechnung von BAföG-Leistungen. 670
    4. Kindergeld und Kinderzuschlag nach § 6a BKGG 677
    5. Pflege- und Erziehungsgeld nach SGB VIII, Pflegegeld für Pflegepersonen nach SGB XI, Pflegegeld nach SGB XII, Leistungen nach dem Stiftungs- und dem Kindererziehungsleistungsgesetz 689
    6. Ausbildungsbeihilfe und Ausbildungsgeld nach dem Arbeitsförderungsrecht (SGB III = AFG) 701
    7. Leistungen der Grundsicherung im Alter und bei Erwerbsminderung (§§ 41 ff. SGB XII) 703
  II. Freiwillige unentgeltliche Zuwendungen eines Dritten 708
  III. Zuwendungen eines neuen Partners an den Berechtigten sowie Gegenleistungen des Berechtigten an den neuen Partner 712
    1. Allgemeines 712
    2. Zur Anrechnung von Leistungen des neuen Partners 713
    3. Zur fiktiven Anrechnung einer angemessenen Vergütung für Versorgungsleistungen des Unterhaltsberechtigten 715
    4. Zur Bemessung der angemessenen Vergütung 717
    5. Zur Wohnungsgewährung durch den neuen Partner 719
  IV. Unterhaltsleistungen als anrechnungsfähiges Einkommen 721
    1. Grundsatz 721
    2. Ausnahmen 722
  V. Schmerzensgeld 726
  VI. Zu den nicht als Einkommen anzurechnenden Geldeinkünften 727

10. Abschnitt: Fiktives Einkommen aus unterlassener zumutbarer Erwerbstätigkeit

  I. Zurechnung fiktiver Einkünfte beim Unterhaltsschuldner 735
    1. Allgemeine Grundsätze 735
    2. Leistungsfähigkeit des Unterhaltspflichtigen bei leichtfertig herbeigeführter Einkommensminderung durch Arbeitsaufgabe, Berufswechsel, Selbständigkeit oder sonstige berufliche Veränderung .. 743
    3. Unterhaltsbemessung bei nicht leichtfertig herbeigeführter Einkommensminderung. 753
    4. Bedarfsbemessung auf der Grundlage von fiktiv zugerechneten Einkünften des Unterhaltspflichtigen 761
    5. Arbeitsplatzaufgabe wegen beruflicher Weiterbildung oder Zweitausbildung 767
    6. Fiktives Einkommen bei Selbständigen 769
    7. Fiktives Einkommen bei Arbeitsplatzverlust infolge von Straftaten, sonstigen Verfehlungen oder Alkoholmissbrauch 770

	8. Fiktives Einkommen bei unentgeltlichen oder unterbezahlten Dienstleistungen gegenüber Dritten	772
II.	Zurechnung fiktiver Einkünfte beim Berechtigten	773
	1. Bedürftigkeitsminderung durch Zurechnung fiktiver Einkünfte bei unterlassener zumutbarer Erwerbstätigkeit	773
	2. Zumutbare Erwerbstätigkeiten des Berechtigten	778
III.	Ernsthafte Bemühungen um eine Erwerbstätigkeit und reale Beschäftigungschancen	782
	1. Ernsthafte Bemühungen um eine Arbeitsstelle	782
	2. Reale Beschäftigungschance auf dem Arbeitsmarkt	784
	3. Darlegungs- und Beweislast zu den Arbeitsbemühungen und zur Beschäftigungschance	786
IV.	Krankheitsbedingte Arbeitsunfähigkeit	787
	1. Krankheitsbedingte Erwerbsunfähigkeit und Pflicht zur Wiederherstellung der Arbeitskraft	787
	2. „Rentenneurose" des Berechtigten	791
V.	Bemessung und Dauer der fiktiven Einkünfte	793
	1. Zur Bemessung fiktiver Einkünfte	793
	2. Zur Dauer fiktiver Einkünfte	796
	3. Vorsorgeunterhalt	797

11. Abschnitt: Einkommen aus unzumutbarer Erwerbstätigkeit

I.	Grundsatz	800
	1. Abgrenzung zumutbare und unzumutbare Tätigkeit	800
	2. Erwerbstätigkeit trotz Betreuung kleiner Kinder	803
II.	Unzumutbare Tätigkeit beim Berechtigten	815
	1. Unzumutbare Tätigkeit beim Ehegattenunterhalt	815
	2. Anrechnung nach § 1577 II BGB beim Ehegattenunterhalt	821
	3. Anrechnung bei Kindern	825
	4. Anrechnung bei Ansprüchen nach § 1615l BGB	827a
III.	Anrechnung von Einkommen aus unzumutbarer Erwerbstätigkeit beim Verpflichteten	828
	1. Einkünfte des Verpflichteten aus unzumutbarer Erwerbstätigkeit	828
	2. Zur Anrechnung solcher Einkünfte	835

12. Abschnitt: Unterhalt und Einkommensteuer

I.	Einführung	850
	1. Besteuerung von Ehe und Familie und Grundgesetz	850
	2. Unterhaltsrechtliche Relevanz von Steuern	853
	3. Steuersätze	857
	4. Einkommensteuergesetz, Richtlinien und amtliche Hinweise	864
II.	Grundbegriffe des Einkommensteuerrechts	870
	1. Steuerpflicht	870
	2. Umfang der Besteuerung und Ermittlung des zu versteuernden Einkommens	874
	3. Überblick über wichtige Abzugsposten von der Summe der Einkünfte oder dem Gesamtbetrag der Einkünfte	876
	4. Die Entstehung und die Höhe der Einkommensteuer	887
	5. Vorauszahlungen	890
	6. Abzugssteuern	892
III.	Besteuerung von Einkünften aus nichtselbständiger Tätigkeit	900
	1. Einkommensermittlung	900
	2. Lohnsteuerklassen	907
	3. Freibeträge	911

Inhaltsverzeichnis

zu § 1

IV. Einkommensteuerveranlagung nach steuerrechtlichen Kriterien	915
1. Veranlagungsarten im Einkommensteuergesetz	915
2. Einzelveranlagung	916
3. Ehegattenveranlagung	917
4. Verfahren	927
5. Gesamtschuld und Haftungsbeschränkung	930
6. Erstattung von Steuern	931
V. Unterhaltsrechtliche Kriterien für die Steuerveranlagung	935
1. Frühere Rechtsprechung des Bundesgerichtshofes	935
2. Aktuelle Rechtsprechung	936
3. Zusammenfassung der Grundsätze und Musterberechnungen	943
VI. Die Abzugsfähigkeit von Unterhaltslasten beim Einkommen	950
1. Realsplitting	950
2. Unterhaltszahlungen als außergewöhnliche Belastung	963
VII. Berücksichtigung der Steuerbelastung beim unterhaltsrechtlichen Einkommen	970
1. Grundlagen	970
2. Rechtsprechung des Bundesgerichtshofes	971
3. Ermittlung der unterhaltsrechtlich abzugsfähigen Steuern nach dem In-Prinzip	979
VIII. Steuerfragen bei Unterhalt, Zugewinn und Vermögen	995
1. Doppelberücksichtigung von Steuerschulden und Forderungen	995
2. Steuerprobleme bei der Übertragung von Einkommensquellen	996

13. Abschnitt: Berechnung des bereinigten Nettoeinkommens durch unterhaltsrechtlich relevante Abzüge

I. Überblick zu den relevanten Abzügen	1000
1. Das bereinigte Nettoeinkommen	1000
2. Die Abzugsposten im Einzelnen:	1007
II. Abzug von Steuern	1009
1. Abzug der tatsächlich angefallenen Steuern	1009
2. Eintragung von Freibeträgen	1012
3. Wiederverheiratung des Pflichtigen	1014
4. Fiktive Berechnung	1018
5. Realsplitting	1023
6. Zusammenveranlagung	1026
III. Abzug von Vorsorgeaufwendungen	1029
1. Bei Nichtselbstständigen	1029
2. Bei Selbstständigen und Gewerbetreibenden	1036
3. Krankenversicherungs- und Vorsorgeunterhalt	1039
4. Kindesunterhalt	1041
IV. Berufsbedingte Aufwendungen	1042
1. Bei Gewinnermittlung	1042
2. Bei Einkünften aus Kapital und Vermietung und Verpachtung	1043
3. Bei Renten, Pensionen	1044
4. Bei Nichtselbstständigen	1045
V. Kinderbetreuungskosten und Betreuungsbonus	1053
1. Kinderbetreuungskosten beim Ehegattenunterhalt	1053
2. Betreuungsbonus	1058
3. Berücksichtigungswürdigkeit beim Bedarf	1062
4. Verwandtenunterhalt und Ansprüche nach § 1615l BGB	1063
VI. Berücksichtigung eines Mehrbedarfs für Krankheit, Behinderung und Alter	1064
1. Mehrbedarf und Mehrbedarfsfälle	1064
2. Berücksichtigung eines Mehrbedarfs	1068

nach Randnummern　　　　　　　　　　　　　　　　**Inhaltsverzeichnis**

VII. Berücksichtigung von Schulden	1072
1. Zur Problematik der Berücksichtigung von Schulden sowie zu Regelungen in den Leitlinien	1072
2. Abzug berücksichtigungswürdiger Schulden bei der Bedarfsermittlung des Ehegattenunterhalts	1082
3. Berücksichtigungswürdige Schulden im Rahmen der Bedürftigkeit und Leistungsfähigkeit	1103
4. Berücksichtigung von Schulden beim Verwandtenunterhalt	1105
5. Verbraucherinsolvenz bei Überschuldung	1118
VIII. Nur beim Ehegattenunterhalt und sonstigem Verwandtenunterhalt zu berücksichtigende Abzüge	1121
1. Kindesunterhalt und sonstige Unterhaltslasten	1121
2. Vermögenswirksame Leistungen des Pflichtigen	1134

14. Abschnitt: Der Anspruch auf Auskunft und Vorlage von Belegen

I. Der Auskunftsanspruch	1150
1. Allgemeiner Überblick	1150
2. Auskunft beim Ehegattenunterhalt	1158
3. Auskunft beim Kindesunterhalt	1160
4. Auskunft beim Elternunterhalt	1162
5. Auskunft beim Unterhaltsanspruch aus Anlass der Geburt (§ 1615l BGB)	1163
II. Die Auskunftserteilung	1164
1. Die systematische Aufstellung	1164
2. Der Zeitraum	1170
3. Die Kosten	1171
4. Zur Häufigkeit	1172
5. Schadensersatzanspruch bei Verstoß gegen die Auskunftspflicht	1175
III. Vorlage von Belegen über das Einkommen	1176
1. Allgemeines	1176
2. Der Umfang der Vorlagepflicht	1177
IV. Die Vollstreckung von Titeln zur Auskunft und zur Vorlage von Belegen	1188
1. Vollstreckungsfähige Titel	1188
2. Die Art der Vollstreckung	1191
V. Die eidesstattliche Versicherung	1195
1. Voraussetzungen	1195
2. Die Durchsetzung des Anspruchs	1198
VI. Die Verpflichtung zu ungefragten Informationen	1199
1. Voraussetzungen	1199
2. Die Folgen des Verschweigens	1202

§ 2 Kindes-, Eltern- und sonstiger Verwandtenunterhalt

A. Kindesunterhalt

1. Abschnitt: Grundlagen

I. Entstehung und Dauer des Unterhaltsanspruchs	1
1. Eltern-Kind-Verhältnis	1
2. Übersicht über die wichtigsten Anspruchsvoraussetzungen und Einwendungen gegen den Anspruch	7
3. Beginn und Ende des Unterhaltsanspruchs	12
II. Unterhaltsarten	16
1. Bar-, Betreuungs- und Naturalunterhalt	16
2. Gleichwertigkeit von Bar- und Betreuungsunterhalt	20
3. Verhältnis des Minderjährigen- zum Volljährigenunterhalt	28

Inhaltsverzeichnis

III. Bestimmungsrecht der Eltern	32
1. Bestimmungsrecht	32
2. Bestimmungsberechtigung	38
3. Wirksamkeit der Unterhaltsbestimmung	44
4. Verfahren	50

2. Abschnitt: Bedürftigkeit des Kindes

I. Unvermögen des Kindes, sich selbst zu unterhalten	51
1. Nichterwerbspflichtige Kinder	51
2. Ausbildungsbedürftige Kinder	54
3. Erwerbspflichtige Kinder	57
4. Erwerbspflicht des Kindes trotz Schwangerschaft oder Betreuung eines eigenen Kindes	59
II. Ausbildungsunterhalt	68
1. Ausbildungsanspruch	68
2. Berufswahl	71
3. Ausbildungsverpflichtungen des Kindes und Ausbildungsdauer	77
4. Finanzierung einer Zweitausbildung	91
5. Weiterbildung, insbesondere Studium nach einer praktischen Ausbildung	97
III. Einkommen und Vermögen des Kindes	107
1. Anrechenbare Einkünfte des Kindes	107
2. Anrechnung einer Ausbildungsvergütung	112
3. Anrechnung von Einkommen auf Barunterhalt und auf Betreuungsunterhalt	118
4. Freiwillige Zuwendungen eines Dritten oder eines Elternteils	121
5. Berücksichtigung des Kindesvermögens	132

3. Abschnitt: Barbedarf des Kindes

I. Bedarfsbemessung nach der von den Eltern abgeleiteten Lebensstellung des Kindes	200
1. Lebensstellung des Kindes und Unterhaltsbedarf	200
2. Einkommen als Kriterium der Lebensstellung der Eltern	205
3. Einkommensverhältnisse der Eltern im Unterhaltszeitraum	210
4. Bedarfsbemessung bei alleiniger Barunterhaltpflicht eines Elternteils	211
5. Bedarfsbemessung bei Barunterhaltpflicht beider Eltern	213
II. Regelbedarf, regelmäßiger Mehrbedarf und Sonderbedarf	216
1. Pauschalierung des Kindesunterhalts nach Tabellen	216
2. Mindestbedarf und Existenzminimum	221
3. Bedarfsbemessung bei besonders günstigen Einkommens- und Vermögensverhältnissen der Eltern	226
4. Regelmäßiger Mehrbedarf	232
5. Sonderbedarf	237

4. Abschnitt: Leistungsfähigkeit des Unterhaltspflichtigen

I. Leistungsfähigkeit und Eigenbedarf des Unterhaltsschuldners	239
II. Anrechenbare Einkünfte des Schuldners	241
1. Tatsächliche Einkünfte	241
2. Fiktive Einkünfte	243
3. Unterhaltsleistungen als anrechenbare Einkünfte	247
III. Berücksichtigung sonstiger Verpflichtungen des Schuldners	257
1. Schulden und Verbraucherinsolvenz	257
2. Beeinträchtigung der Leistungsfähigkeit durch Unterhaltsansprüche anderer Berechtigter; Mangelfälle	262

3. Beeinträchtigung der Leistungsfähigkeit durch Betreuung eines anderen unterhaltsberechtigten Kleinkindes 269
4. Minderung der Leistungsfähigkeit durch Umgangskosten 271
IV. Leistungsfähigkeit eines Elternteils bei Übernahme der Haushaltsführung nach Wiederverheiratung oder Begründung einer nichtehelichen Lebensgemeinschaft („Hausmannrechtsprechung") 275
1. Erwerbsobliegenheit des wiederverheirateten, haushaltsführenden Ehegatten gegenüber gleichrangigen Berechtigten, insbesondere gegenüber minderjährigen Kindern aus erster Ehe 275
2. Umfang der Erwerbsobliegenheit des haushaltsführenden Ehegatten; Verpflichtungen des neuen Partners 283
3. Bemessung der dem Verpflichteten anzurechnenden (fiktiven) Nebeneinkünfte 288
4. Unterhaltspflicht des haushaltsführenden Elternteils gegenüber einem volljährigen Kind 291
5. Hausmannrechtsprechung bei Übernahme der Haushaltsführung in einer nichtehelichen Lebensgemeinschaft 296

5. Abschnitt: Der Unterhaltsanspruch minderjähriger Kinder

I. Besonderheiten beim Unterhalt minderjähriger Kinder 299
II. Grundsätze der Bemessung des Bedarfs minderjähriger Kinder 309
1. Der Unterhalt des nichtehelichen Kindes bis zum 30.6.1998 309
2. Die Bedarfsbemessung bei ehelichen und nichtehelichen Kindern seit dem 1.7.1998 310
III. Die Düsseldorfer Tabelle und die ehemaligen Vortabellen für das Beitrittsgebiet 315
1. Vorbemerkung 315
2. Die Düsseldorfer Tabelle, Stand: 1.1.2019/1.1.2018/1.1.2017/ 1.1.2016/1.1.2015 319
3. Allgemeines zur Anwendung der Düsseldorfer Tabelle 323
4. Zu- oder Abschläge bei den Bedarfssätzen 343
5. Der Bedarfskontrollbetrag 351
IV. Dynamischer Unterhalt nach dem Mindestunterhalt 358
V. Leistungsfähigkeit der Eltern beim Unterhalt minderjähriger Kinder 366
1. Gesteigerte Unterhaltsverpflichtung der Eltern nach § 1603 II 1 BGB . 366
2. Notwendiger Selbstbehalt bei gesteigerter Unterhaltspflicht 380
3. Die Bemessung des notwendigen Selbstbehalts nach den Tabellen und Leitlinien der Oberlandesgerichte 384
4. Keine gesteigerte Unterhaltsverpflichtung bei Vorhandensein eines anderen leistungsfähigen Verwandten 394
VI. Alleinige Barunterhaltspflicht eines Elternteils oder Beteiligung beider Eltern am Barunterhalt 410
1. Alleinige Barunterhaltspflicht eines Elternteils 410
2. Barunterhaltspflicht des betreuenden Elternteils 416
3. Anteilige Barunterhaltspflicht beider Eltern nach § 1606 III 1 BGB ... 418
4. Unterhalt bei Geschwistertrennung 440
5. Kindesunterhalt bei gemeinsamer elterlicher Sorge und Wechselmodell 447
VII. Mehrbedarf minderjähriger Kinder 451
1. Berechtigung des Mehrbedarfs 451
2. Berechnung des geschuldeten Unterhalts bei berechtigtem Mehrbedarf 460
3. Mehrbedarf des behinderten minderjährigen Kindes 463

6. Abschnitt: Der Unterhaltsanspruch volljähriger Kinder

I. Besonderheiten beim Unterhalt volljähriger Kinder 468
II. Bedürftigkeit des volljährigen Kindes 481

Inhaltsverzeichnis

zu § 2

1. Auswirkungen der Volljährigkeit auf die Bedürftigkeit	481
2. Unterhalt bei Wehr- oder Ersatzdienst, freiwilligem sozialen Jahr	486
3. Anrechnung von Einkommen, Vermögen und Kindergeld	490
III. Bedarf des volljährigen Kindes	499
1. Lebensbedarf und Bedarfsbemessung	499
2. Bedarf von Studenten und Kindern mit eigenem Haushalt	508
3. Bedarf von Schülern, Studenten und Auszubildenden, die im Haushalt eines Elternteils leben	518
4. Regelmäßiger Mehrbedarf des volljährigen Schülers, Studenten oder Auszubildenden	530
5. Bemessung des Bedarfs des Volljährigen, der sich nicht in einer Ausbildung befindet	534
IV. Leistungsfähigkeit der Eltern beim Unterhalt volljähriger Kinder	536
1. Grundsätzlich keine gesteigerte Unterhaltspflicht gegenüber volljährigen Kindern	536
2. Angemessener Eigenbedarf des Verpflichteten nach § 1603 I BGB und eheangemessener Bedarf nach §§ 1361, 1578 I 1, 1581 BGB	545
3. Bemessung des angemessenen Eigenbedarfs des verpflichteten Elternteils nach den Tabellen und Leitlinien der Oberlandesgerichte	546
4. Berücksichtigung anderweitiger Verpflichtungen, insbesondere vorrangiger Unterhaltsansprüche	556
V. Ermittlung des Haftungsanteils der Eltern nach § 1606 III 1 BGB	560
1. Anteilige Haftung der Eltern	560
2. Vergleichbares Einkommen der Eltern	565
3. Einzelheiten der Unterhaltsberechnung und wertende Veränderung des Verteilungsschlüssels	575
4. Darlegungs- und Beweislast für die Haftungsanteile der Eltern	578
VI. Gleichstellung 18–20-jähriger Schüler mit Minderjährigen	579
1. Problematik der Privilegierung volljähriger Kinder während einer Übergangszeit nach Eintritt der Volljährigkeit	579
2. Voraussetzungen der Privilegierung volljähriger Schüler nach §§ 1603 II 2, 1609 Nr. 1 BGB	581
3. Unterhaltsbemessung bei privilegiert volljährigen Kindern	589
VII. Verwirkung des Unterhaltsanspruchs des volljährigen Kindes	601

7. Abschnitt: Kindergeld und Kindesunterhalt

I. Der öffentlich-rechtliche Anspruch auf Kindergeld	700
1. Rechtsgrundlagen	700
2. Anspruchsvoraussetzungen für Kindergeld nach §§ 62 ff. EStG	702
3. Kindergeld und Freibeträge nach § 32 VI EStG	707
4. Abzweigung des Kindergeldes	712
5. Ähnliche Sozialleistungen	713
II. Das Kindergeld nach dem bis zum 31.12.2007 geltenden Unterhaltsrecht	714
III. Die Behandlung des Kindergeldes nach dem Unterhaltsänderungsgesetz	716
1. Übersicht über den seit dem 1.1.2008 geltenden Kindergeldausgleich	716
2. Hälftige Berücksichtigung des Kindergeldes	718
3. Berücksichtigung des Kindergeldes in voller Höhe	722
4. Auswirkungen der bedarfsdeckenden Berücksichtigung des Kindergeldes	727
5. Sonderfragen	731
IV. Verfahrensfragen	736

8. Abschnitt: Sonderprobleme des Kindesunterhalts

I. Auskunftspflichten	751
II. Rangfolge der Unterhaltsberechtigten und Unterhaltsverpflichteten	754

nach Randnummern   **Inhaltsverzeichnis**

III. Vereinbarungen zum Kindesunterhalt	755
1. Allgemeines	755
2. Kein Verzicht auf zukünftigen Kindesunterhalt	758
3. Freistellungsvereinbarungen der Eltern bezüglich des Kindesunterhalts	762
IV. Familienrechtlicher Ausgleichsanspruch	767
1. Ausgleich zwischen den Eltern	767
2. Erfüllung einer dem anderen Elternteil obliegenden Unterhaltspflicht	775
3. Ausgleich von Kindergeld und anderen staatlichen kinderbezogenen Leistungen	780
4. Einschränkungen des familienrechtlichen Ausgleichsanspruchs	783
5. Verzinsung des Ausgleichsanspruchs	786
V. Ersatzhaftung; gesetzlicher Forderungsübergang nach § 1607 BGB	787
1. Reihenfolge der Haftung beim Kindesunterhalt	787
2. Primäre Haftung nachrangig Verpflichteter	788
3. Subsidiäre Haftung nachrangig Verpflichteter	797
4. Unterhaltsleistung durch einen Dritten	803
5. Rechtsfolgen des Anspruchsübergangs	805

B. Eltern- und sonstiger Verwandtenunterhalt

1. Abschnitt: Grundlagen

I. Grundfragen zum geltenden Recht	900
II. Gerichtliche Zuständigkeit	901
III. Anspruchsübergang auf Sozialhilfeträger	902

2. Abschnitt: Rangfolge der Verpflichteten und Bedürftigen

I. Vorrangige Haftung des Ehegatten bzw. des Lebenspartners und des nichtehelichen Vaters	907
II. Rangfolge der unterhaltspflichtigen Verwandten	912
III. Ersatzhaftung	914
1. Bedarf des Unterhaltsberechtigten	914
2. Leistungsunfähigkeit des zunächst Unterhaltspflichtigen (§ 1607 I BGB)	915
3. Erschwerte Durchsetzbarkeit des Anspruchs (§ 1607 II BGB)	918
IV. Rangfolge der Bedürftigen	923
V. Darlegungs- und Beweislast bei Rangfragen	924

3. Abschnitt: Das Unterhaltsverhältnis im Einzelnen

I. Das Maß des Unterhalts	926
1. Grundbedarf	926
2. Vorsorgebedarf	927
II. Bedürftigkeit des Berechtigten	929
1. Grundsatz	929
2. Vermögensreserve	930
3. Erwerbsobliegenheit	931
4. Aufwendungen zur Sicherung der Lebensstellung	932
III. Eigenbedarf des Pflichtigen	933
1. Grundsatz der Bemessung des Eigenbedarfs	933
2. Pauschalierte Bemessung des Eigenbedarfs – Selbstbehaltssätze	935
3. Pauschalierte Bemessung im Eltern- und Enkelunterhalt – Selbstbehaltssätze	936
IV. Leistungsfähigkeit	940
1. Aufwendungen zur Absicherung der Lebensstellung	941
2. Abzug von Verbindlichkeiten	943

XXI

Inhaltsverzeichnis

    3. Zurechnung fiktiver Einkünfte wegen Verletzung der Erwerbsobliegenheit 946
    4. Verpflichtung zum Einsatz des Vermögens durch Verwertung 947
  V. Beschränkung oder Wegfall der Unterhaltsverpflichtung wegen Verwirkung 953
    1. Verwirkung gemäß § 1611 BGB 953
    2. Verwirkung gemäß § 242 BGB 963

4. Abschnitt: Elternunterhalt im Besonderen

  I. Grundsätzliches 964
  II. Bedarf des Berechtigten 967
    1. Allgemeiner Bedarf – eigener Haushalt 967
    2. Bedarf bei Heimunterbringung 968
    3. Darlegungs- und Beweislast 971
  III. Bedürftigkeit des Berechtigten 972
    1. Einkünfte 972
    2. Verwertbares Vermögen 973
    3. Rückforderungsanspruch des Schenkers gemäß § 528 BGB 975
  IV. Leistungsfähigkeit des pflichtigen Kindes 990
    1. Angemessener Eigenbedarf 990
    2. Einkünfte 992
    3. Abzugsfähige Aufwendungen 997
    4. Pflicht zur Vermögensverwertung 998
    5. Zusätzliche Schutz- und Schongrenzen zu Lasten des Sozialhilfeträgers ... 1005
  V. Besonderheiten beim Unterhaltsanspruch gegen ein in nichtehelicher Lebensgemeinschaft lebendes Kind 1008
  VI. Besonderheiten beim Unterhaltsanspruch gegen ein verheiratetes Kind ... 1009
    1. Haushalt führendes Kind – Taschengeldanspruch – Nebenerwerbstätigkeit 1009
    2. Eheangemessener Selbstbehalt – Familienselbstbehalt 1012
    3. Bedarf der minderjährigen und privilegiert volljährigen Kinder 1014
    4. Vermögensbildung des erwerbstätigen Ehegatten 1016
    5. Rechenmethode des BGH 1017
    6. Latente Unterhaltslast 1023
    7. Darlegungs- und Beweislast 1024

5. Abschnitt: Enkelunterhalt im Besonderen

  I. Überblick 1025
    1. Allgemeines 1025
    2. Anspruch auf Auskunft 1028
    3. Beschränkung des Anspruchs auf rückständigen Unterhalt 1029
    4. Gerichtliche Zuständigkeit 1030
  II. Bedarf und Bedürftigkeit 1031
    1. Bedarf des Enkelkindes 1031
    2. Bedürftigkeit des Enkelkindes 1034
  III. Voraussetzung der Ersatzhaftung von Großeltern 1035
    1. Haftung nach § 1607 I BGB 1035
    2. Ersatzhaftung nach § 1607 II BGB 1038
    3. Darlegungs- und Beweislast 1040
  IV. Leistungsfähigkeit und Eigenbedarf der Großeltern 1041
    1. Eigenbedarf 1041
    2. Leistungsfähigkeit 1042
    3. Aufwendungen zur Altersvorsorge 1043
    4. Verbindlichkeiten 1044

6. Abschnitt: Oberlandesgerichtliche Leitlinien

nach Randnummern

Inhaltsverzeichnis

§ 3 Familienunterhalt

1. Abschnitt: Grundsätzliches

I. Abgrenzung Familienunterhalt, Trennungsunterhalt, nachehelicher Unterhalt 1
II. Art der Unterhaltsgewährung 2

2. Abschnitt: Voraussetzungen des Familienunterhalts

I. Eheliche Lebensgemeinschaft, Bedürftigkeit und Leistungsfähigkeit 7
II. Unterhaltsverpflichtung der Ehegatten und Aufgabenverteilung in der Ehe   12
   1. Verpflichtung beider Ehegatten 12
   2. Aufgabenverteilung in der Ehe 14
III. Erwerbsobliegenheit der Ehegatten 20

3. Abschnitt: Bemessung des Familienunterhalts, Unterhaltsbeiträge der Ehegatten, Wirtschaftsgeld und Taschengeld

I. Lebensbedarf der Familie 25
   1. Angemessener Aufwand 25
   2. Schulden 35
   3. Unterhaltsansprüche sonstiger Verwandter 36
II. Bemessung des Familienunterhalts und Leistungsfähigkeit 38
   1. Finanzieller Bedarf 38
   2. Leistungsfähigkeit 43
   3. Art und Weise des Familienunterhalts 44
III. Anteilige Beiträge der Ehegatten zum Familienunterhalt 45
   1. Gleichwertigkeit der Haushaltstätigkeit 45
   2. Allein erwerbstätiger Ehegatte 46
   3. Beiderseits erwerbstätige Ehegatten 47
   4. Zuverdienst 53
   5. Nicht erwerbstätige Ehegatten 54
IV. Wirtschaftsgeld 55
V. Taschengeld 62

4. Abschnitt: Konkurrenz mit anderen Unterhaltsansprüchen

I. Vergleichbarkeit des Familienunterhalts und anderer Unterhaltsansprüche . 70
II. Konkurrenz zwischen dem Unterhalt minderjähriger oder privilegiert volljähriger Kinder und dem Familienunterhalt 71
III. Konkurrenz zwischen mehreren Ehegatten 74
   1. Änderung der Rangverhältnisse zum 1.1.2008 74
   2. Keine Dreiteilung bei der Ermittlung des Unterhaltsbedarfs 77
   3. Bedarf des ersten Ehegatten 79
   4. Leistungsfähigkeit des Unterhaltspflichtigen bei Wiederverheiratung .. 82
   5. Bedarf des nachfolgenden Ehegatten 83
   6. Kürzung der Unterhaltsansprüche im Rahmen der Leistungsfähigkeit .. 86
   7. Aktualisierung der Rangverhältnisse im Mangelfall 88
   8. Konkurrenz des geschiedenen und des beim Verpflichteten lebenden jetzigen Ehegatten 92
   9. Angemessenheitskontrolle 98
IV. Konkurrenz zwischen Volljährigen- und Familienunterhalt 99
V. Konkurrierende Ansprüche von Eltern 103
   1. Bedürftigkeit eines Elternteils 103
   2. Sicherstellung des Familienunterhalts durch das unterhaltspflichtige Kind 104
VI. Konkurrierende Ansprüche bei Geburt eines nichtehelichen Kindes 114

Inhaltsverzeichnis zu § 4

5. Abschnitt: Besonderheiten des Familienunterhalts
- I. Keine Identität zwischen Familienunterhalt und Trennungsunterhalt 115
- II. Ausgleichsanspruch nach § 1360b BGB 117
- III. Unpfändbarkeit des Familienunterhalts 120
- IV. Sonderfragen 121

§ 4 Ehegattenunterhalt

1. Abschnitt: Grundlagen
- I. Entstehungsgeschichte 1
  1. Entwicklung bis zum 30.6.1977 1
  2. Rechtslage ab dem 1.7.1977 2
  3. Rechtslage ab dem 1.1.2008 3
- II. Anwendbarkeit des deutschen Unterhaltsrechts, Unterhaltstatbestände ... 4
  1. Deutsches Internationales Unterhaltsrecht 4
  2. Vorrangige Unterhaltsregelungen 4a
  3. Unterhaltstatbestände des BGB 5
  4. Keine Identität von Familienunterhalt, Trennungsunterhalt und nachehelichem Unterhalt 6
- III. Allgemeines zur Struktur der Ansprüche auf Trennungsunterhalt und auf nachehelichen Unterhalt 8
  1. Vorliegen eines Unterhaltstatbestands 9
  2. Allgemeine Voraussetzungen beim Berechtigten 11
  3. Allgemeine Voraussetzung beim Pflichtigen 17
  4. Prüfung von Einwendungen und Einreden 20

2. Abschnitt: Der Trennungsunterhalt (§ 1361 BGB)
- I. Grundlagen 21
  1. Geltungsbereich 21
  2. Normzweck 22
  3. Bedeutung des Güterstandes 23
- II. Voraussetzungen des Trennungsunterhalts 24
- III. Getrenntleben 25
  1. Aufhebung der häuslichen Gemeinschaft 26
  2. Versöhnungsversuch 30
- IV. Bedürftigkeit des Berechtigten 31
  1. Erwerbsobliegenheit des bedürftigen Ehegatten nach der Trennung ... 32
  2. Kriterien für die Zumutbarkeitsabwägung 36
  3. Zumutbarkeitsabwägung bei Fortsetzung, Ausweitung oder Einschränkung einer bei Trennung bereits ausgeübten Erwerbstätigkeit ... 50
  4. Fiktive Zurechnung erzielbarer Einkünfte 53
  5. Anrechenbare Einkünfte des Unterhaltsberechtigten 54
- V. Maß des Trennungsunterhalts 60
  1. Eheliche Lebensverhältnisse und Bedarfsbemessung beim Trennungsunterhalt 60
  2. Maßgeblicher Bemessungszeitpunkt, eheliche Lebensverhältnisse 61
  3. Einzelne Bedarfspositionen 65
- VI. Leistungsfähigkeit des Unterhaltspflichtigen 76
- VII. Unterhaltsberechnung 78
- VIII. Rangfolge, Konkurrenzen 79
  1. Rangfolge des Unterhaltsanspruchs 79
  2. Konkurrenzen 80
- IX Beginn und Ende des Trennungsunterhalts, Unterhaltsverzicht, Unterhaltsbegrenzung 81
  1. Beginn des Anspruchs 81

2. Ende des Anspruchs	82
3. Unterhaltsverzicht	85
4. Unterhaltsbegrenzung	86
X Verwirkung des Trennungsunterhalts (§§ 1361 III, 1579 BGB)	87
1. Voraussetzungen für die Anwendung der Härteklausel des § 1579 BGB	87
2. Einzelne, beim Trennungsunterhalt häufig geltend gemachte Härtegründe	88
3. Zumutbarkeitsabwägung	94
4. Rechtsfolgen	95
5. Verfahrensrechtliches	96
XI Unterhalt für die Vergangenheit, Rückforderung von Unterhalt	97
1. Unterhalt für Vergangenheit	97
2. Rückforderung von Zuvielleistungen	98
3. Aufrechenbarkeit von Trennungsunterhaltsansprüchen	99
XII Geltendmachung des Trennungsunterhalts, Auskunftsanspruch	99
1. Auskunftsanspruch	99
2. Verfahren	100
3. Darlegungs- und Beweislast	101

3. Abschnitt: Anspruchstatbestände des nachehelichen Unterhalts

I. Allgemeine Grundsätze und Besonderheiten des nachehelichen Unterhalts	102
1. Allgemeine Grundsätze der Eigenverantwortlichkeit und der nachehelichen Verantwortung	102
2. Allgemeine Voraussetzungen für einen Anspruch auf nachehelichen Unterhalt	105
3. Einheitlicher Anspruch auf nachehelichen Unterhalt	106
4. Einsatzzeitpunkte und Anschlussunterhalt sowie Teilanschlussunterhalt	111
5. Beginn, Ende und Wiederaufleben des nachehelichen Unterhalts	115
6. Sonstige materiell-rechtliche Besonderheiten des nachehelichen Unterhalts	119
7. Sonstige verfahrensrechtliche Besonderheiten des nachehelichen Unterhalts	138
II. Angemessene Erwerbstätigkeit im Sinne des § 1574 BGB	139
1. Normzweck und Anwendungsbereich des § 1574 BGB	139
2. Angemessene Erwerbstätigkeit nach § 1574 II BGB, Systematik	141
3. Die einzelnen Kriterien für die Prüfung einer angemessenen Erwerbstätigkeit nach § 1574 II 1 Hs. 1 BGB (1. Stufe)	145
4. Billigkeitsprüfung nach § 1574 II 2 Hs. 2 und S. 2 BGB (2. Stufe)	150
III. Unterhalt wegen Betreuung eines gemeinschaftlichen Kindes nach § 1570 BGB	157
1. Entwicklung des Unterhaltsanspruchs	157
2. Übergangsregelung	159
3. Struktur des Unterhaltsanspruchs nach § 1570 BGB	160
4. Gemeinschaftliches Kind	164
5. Berechtigte Pflege und Erziehung	165
6. Der Betreuungsunterhaltsanspruch bis zum 3. Lebensjahr des Kindes, § 1570 I 1 BGB	167
7. Die Verlängerung des Unterhaltsanspruchs über die Dreijahresfrist hinaus, § 1570 I 2 u. 3 BGB	170
8. Die Verlängerung des Betreuungsunterhalts aus ehe-/elternbezogenen Gründen nach § 1570 II BGB	188
9. Oberlandesgerichtliche Leitlinien zur Erwerbsobliegenheit	193
10. Rechtsprechung zum Umfang der Erwerbsobliegenheit	194
11. Einsatzzeitpunkt	203
12. Begrenzung des Anspruchs aus § 1570 BGB	206

Inhaltsverzeichnis

13. Privilegierung des Anspruchs aus § 1570 BGB	209
14. Konkurrenzen	210
IV. Unterhalt wegen Alters nach § 1571 BGB	214
1. Normzweck und Anspruchsvoraussetzungen des § 1571 BGB	214
2. Das maßgebende Alter des Berechtigten	216
3. Ursächlichkeit des Alters	223
4. Einsatzzeitpunkte	227
5. Konkurrenzen	233
6. Beschränkung des Anspruchs nach § 1579 BGB	234
7. Begrenzung des Anspruchs nach § 1578b BGB	235
8. Darlegungs- und Beweislast	236
V. Unterhalt wegen Krankheit nach § 1572 BGB	237
1. Normzweck und Anspruchsvoraussetzungen nach § 1572 BGB	237
2. Krankheit, Gebrechen oder geistige Schwäche	238
3. Krankheitsbedingte Erwerbsunfähigkeit	245
4. Einsatzzeitpunkte	249
5. Konkurrenzen	258
6. Beschränkung des Anspruchs nach § 1579 BGB	260
7. Begrenzung des Anspruchs nach § 1578b BGB	261
8. Darlegungs- und Beweislast, Verfahrensrechtliches	264
VI. Unterhalt wegen Erwerbslosigkeit nach § 1573 I, III, IV BGB	268
1. Normzweck und Anspruchsvoraussetzungen nach § 1573 I, III, IV BGB	268
2. Subsidiarität und Konkurrenzen	270
3. Der Unterhaltsberechtigte findet keine angemessene Erwerbstätigkeit	272
4. Notwendige Bemühungen um eine angemessene Erwerbstätigkeit	274
5. Ausbildungsobliegenheit	279
6. Folgen einer Verletzung der Obliegenheit aus §§ 1573 I, 1574 III BGB	280
7. Maßgebliche Einsatzzeitpunkte	281
8. Umfang des Anspruchs	288
9. Dauer des Anspruchs, Erlöschen durch nachhaltige Unterhaltssicherung, Wiederaufleben	289
10. Begrenzung des Anspruchs nach § 1579 BGB	300
11. Zeitliche Begrenzung des Unterhalts nach § 1578b BGB	301
12. Darlegungs- und Beweislast, Verfahrensrechtliches	302
VII. Aufstockungsunterhalt nach § 1573 II BGB	308
1. Normzweck und Anspruchsvoraussetzungen	308
2. Subsidiarität und Konkurrenzen	314
3. Einkommensgefälle, Ausübung einer angemessenen Erwerbstätigkeit	316
4. Maßgebliche Einsatzzeitpunkte	318
5. Umfang des Anspruchs	322
6. Dauer des Anspruchs, Erlöschen, Wiederaufleben	323
7. Begrenzung des Anspruchs nach § 1579 BGB	325
8. Herabsetzung und zeitliche Begrenzung des Aufstockungsunterhalts nach § 1578b BGB	326
9. Darlegungs- und Beweislast	327
VIII. Ausbildungsunterhalt nach § 1574 III iVm § 1573 I BGB	328
1. Normzweck und Anspruchsvoraussetzungen	328
2. Erforderlichkeit der Ausbildung	329
3. Erwartung eines erfolgreichen Abschlusses	330
4. Chancen auf dem Arbeitsmarkt	331
5. Beginn, Dauer und Umfang der Ausbildungsobliegenheit, Einsatzzeitpunkte	332
6. Verletzung der Obliegenheit	333
7. Konkurrenzen	336
8. Darlegungs- und Beweislast	337

IX Ausbildungsunterhalt nach § 1575 BGB	338
1. Normzweck	338
2. Subsidiarität, Konkurrenzen	339
3. Anwendungsvoraussetzungen des § 1575 I BGB	341
4. Anwendungsvoraussetzungen des § 1575 II BGB	350
5. Umfang des Unterhalts	354
6. Dauer des Unterhalts nach § 1575 I, II BGB	357
7. Obliegenheiten des geschiedenen Ehegatten	361
8. Erwerbslosenunterhalt als Anschlussunterhalt nach § 1575 III BGB iVm § 1573 BGB	364
9. Begrenzung des Unterhaltsanspruchs	365
10. Darlegungs- und Beweislast, Verfahrensrechtliches	367
X Unterhalt aus Billigkeitsgründen nach § 1576 BGB	368
1. Normzweck und Anspruchsvoraussetzungen	368
2. Ehebedingtheit	369
3. Einsatzzeitpunkt	370
4. Berücksichtigung des Verschuldens am Scheitern der Ehe	371
5. Vorliegen eines sonstigen schwerwiegenden Grundes	372
6. Billigkeitsabwägung	382
7. Dauer und Höhe des Unterhaltsanspruchs	383
8. Rangfolge und Konkurrenzen	384
9. Beweislast	385

4. Abschnitt: Unterhaltsbedarf und Bedarfsbemessung beim Ehegattenunterhalt

I. Unterhaltsbedarf nach den ehelichen Lebensverhältnissen	400
1. Der Unterhaltsbedarf als gesamter Lebensbedarf	400
2. Bedarfsbemessung nach den ehelichen Lebensverhältnissen und fehlende Lebensstandardgarantie	409
3. Gestaltung der ehelichen Lebensverhältnisse durch Einkommen und sonstige Umstände	416
4. Haushaltsführung und Kinderbetreuung in der Ehe	422
5. Wandelbare Verhältnisse und Stichtagsprinzip	426
6. Bedarfsbemessung nach dem zur Deckung des Lebensbedarfs verfügbaren Einkommen	432
7. Vorabzug von Steuern, Vorsorgeaufwendungen, berufsbedingten Aufwendungen, Werbungskosten, Kinderbetreuungskosten und Schulden	437
8. Vorabzug von Unterhaltslasten	440
9. Aufwendungen zur Vermögensbildung	453
10. Konsumverhalten und objektiver Maßstab für die Bedarfsbemessung	463
11. Maßgeblicher Zeitpunkt für die Beurteilung des prägenden Charakters ehelicher Lebensverhältnisse	467
12. Verbot der Doppelverwertung	480
II. Überblick zu den in der Ehe angelegten und nicht angelegten Einkünften, berücksichtigungswürdigen Ausgaben sowie Änderungen der Einkommensverhältnisse nach Trennung und Scheidung	550
1. Überblick zu den prägenden und nichtprägenden Einkünften	550
2. Normale Einkommensänderungen und vom Normalverlauf erheblich abweichende Einkommensänderungen	557
3. Einkommensänderungen nach der Trennung durch freiwillige Disposition (zB Arbeitsplatzwechsel, Berufswechsel oder berufliche Verselbständigung)	577
4. Einkommensänderungen bei Arbeitsplatzverlust und Arbeitslosigkeit	585
5. Aufnahme oder Ausweitung einer zumutbaren Erwerbstätigkeit durch den Berechtigten nach der Trennung	593

Inhaltsverzeichnis

6. Einkünfte aus unzumutbarer Erwerbstätigkeit	596
7. Einkommensänderungen infolge erstmaligem Rentenbezug nach Trennung und Scheidung	598
8. Nutzung des Vorsorgevermögens aus Vorsorgeaufwendungen im Rentenfall	604
9. In der Ehe angelegte und nicht in der Ehe angelegte Einkünfte aus Vermögen	607
10. Fiktive Einkünfte beim Berechtigten und Verpflichteten nach der Trennung	621
11. Gehaltsbestandteile und Familienzuschläge bei Wiederverheiratung	629
12. Ersparnis durch das Zusammenleben und Haushaltsführung für einen neuen Partner	630
13. Bedarfsrelevante Änderungen im Ausgabenbereich	636
14. Neu hinzutretende Unterhaltspflichten	642
15. Zusammentreffen von Erhöhung und Minderung des Einkommens	643
16. Berücksichtigung des Preisindexes der Lebenshaltungskosten	644
III. Halbteilungsgrundsatz, Mindestbedarf und konkrete Bedarfsbemessung	750
1. Halbteilungsgrundsatz	750
2. Mindestbedarf	756
3. Keine Sättigungsgrenze bei der Bedarfsbemessung nach Quote	760
4. Konkrete Bedarfsbemessung	763
5. Bedarfsbemessung nach Ehegattenquoten	772
6. Überblick zu den Quoten bei Einkünften aus Erwerbstätigkeit und sonstigen Einkünften und zur Höhe des Erwerbstätigenbonus	782
7. Unterhaltsberechnung im Grenzbereich zwischen konkretem Bedarf und Quote	789
IV. Berechnungsmethoden	800
1. Unterhaltsberechnung nach der Additionsmethode	800
2. Bedarfsbemessung bei konkurrierendem Gattenunterhalt	805
3. Unterhaltsberechnung nach Differenz- und Anrechnungsmethode	814
4. Methodenwahl	821
5. Auswirkungen des Vorabzugs von Schulden und Kindesunterhalt auf den Erwerbstätigenbonus bei Mischeinkünften	826
6. Quotenunterhalt und die (überholte) Rechtsprechung zum vollen Unterhalt und trennungsbedingten Mehrbedarf	835
7. Quotenunterhalt und Mindestbedarf	837
V. Unterhaltsrechtliche Berücksichtigung eines regelmäßigen Mehrbedarfs	840
1. Mehrbedarfsfälle und konkrete Bemessung des Mehrbedarfs	840
2. Unterhaltsberechnung bei Mehrbedarf	846

5. Abschnitt: Vorsorgeunterhalt

I. Vorsorgeunterhalt wegen Alters, Berufs- und Erwerbsunfähigkeit	855
1. Grundsätzliches, Voraussetzungen, Beginn und Dauer des Vorsorgeunterhalts beim Trennungs- und nachehelichen Unterhalt sowie Verfassungsmäßigkeit	856
2. Geltendmachung und Tenorierung des Vorsorgeunterhalts	862
3. Zweckbestimmung und nicht zweckbestimmte Verwendung des Vorsorgeunterhalts	868
4. Berechnung des Vorsorgeunterhalts aus dem Elementarunterhalt nach der Bremer Tabelle	874
5. Zweistufige und einstufige Berechnung des Elementarunterhalts und Vorrang des Elementarunterhalts gegenüber dem Vorsorgeunterhalt	883
6. Vorsorgeunterhalt bei späteren Abänderungen	894
7. Rechenbeispiel des BGH zum Vorsorgeunterhalt (nach BGH FamRZ 1983, 888)	897

8. Bremer Tabelle zur Berechnung des Altersvorsorgeunterhalts ((muss durch die Neuveröffentlich der Bremer Tabelle für 2019 ersetzt werden)) 898
II. Vorsorgeunterhalt wegen Krankheit................................. 900
   1. Voraussetzungen des Krankheitsvorsorgeunterhalts und Krankenversicherungsschutz bei Trennung oder Scheidung 900
   2. Berechnung des Krankheitsvorsorgeunterhalts 906
   3. Vorabzug der Krankenversicherungsbeiträge und des Krankheitsvorsorgeunterhalts vom Einkommen sowie mehrstufige Berechnung des Elementarunterhalts 911
   4. Geltendmachung des Krankheitsvorsorgeunterhalts................ 923
III. Pflegevorsorgeunterhalt 927

6. Abschnitt: Zur Bedürftigkeit des Berechtigten

I. Unterhaltsbedürftigkeit... 928
   1. Bedürftigkeit als Unterhaltsvoraussetzung 928
   2. Bedürftigkeitsmindernde Anrechnung der Einkünfte des Berechtigten. 933
   3. Anrechnung auf den vollen Unterhalt unter Berücksichtigung von Mehrbedarf.. 937
   4. Nach § 1577 I BGB in vollem Umfang anzurechnende Einkünfte des Berechtigten 942
   5. Abänderungsklage bei späteren Änderungen der Bedürftigkeit 943
II. Anrechnung von Einkünften aus unzumutbarer Erwerbstätigkeit des Berechtigten nach § 1577 II BGB..................................... 944
   1. Zur Auslegung und zum Anwendungsbereich des § 1577 II BGB..... 944
   2. Ermittlung des anrechnungsfreien Betrags nach § 1577 II 1 BGB – Problem des anrechnungsfreien Defizits 948
   3. Billigkeitsanrechnung nach § 1577 II 2 BGB 952
   4. Rechenbeispiele zu § 1577 II BGB 956
III. Vermögensverwertung nach § 1577 III BGB und nachhaltige Unterhaltssicherung durch Vermögen nach § 1577 IV BGB 959
   1. Vermögensverwertung nach § 1577 III BGB 959
   2. Nachhaltige Unterhaltssicherung durch Vermögen nach § 1577 IV BGB 964
   3. Notgroschen 965

7. Abschnitt: Zur Leistungsfähigkeit des Verpflichteten

I. Leistungsunfähigkeit als Einwendung................................. 966
II. Eigener eheangemessener Bedarf 969
III. Bedarfsquote und Billigkeitsquote, konkreter Bedarf 975
IV. Schuldhaft herbeigeführte Leistungsunfähigkeit, Folgen des Mangelfalls .. 978
V. Obliegenheit des Unterhaltspflichtigen zur Verwertung des Vermögens... 979

8. Abschnitt: Herabsetzung und zeitliche Begrenzung des Unterhalts nach § 1578b BGB

I. Allgemeines... 1000
   1. Neues und bisheriges Recht..................................... 1000
   2. Struktur des § 1578b BGB 1001
   3. Gemeinsame Voraussetzungen von § 1578b I und II BGB........... 1002
II. Herabsetzung des eheangemessenen Unterhalts auf den angemessenen Lebensbedarf nach § 1578b I BGB 1006
   1. Anwendungsbereich des § 1578b I BGB 1006
   2. Rechtsfolgen nach § 1578b I BGB............................... 1009
III. Zeitliche Begrenzung des Unterhalts nach § 1578b II BGB 1027
   1. Anwendungsbereich des § 1578b II BGB 1027
   2. Rechtsfolgen nach § 1578b II BGB 1030

Inhaltsverzeichnis

IV. Kriterien zu der nach § 1578b I oder II BGB erforderlichen Billigkeitsabwägung	1032
1. Billigkeitsabwägung zur Herabsetzung und zeitlichen Begrenzung des Unterhalts	1032
2. Die Kinderschutzklausel	1037
3. Dauer der Pflege oder Erziehung eines gemeinschaftlichen Kindes	1040
4. Gestaltung der Haushaltsführung und Erwerbstätigkeit während der Ehe	1041
5. Dauer der Ehe	1065
6. Sonstige Umstände	1071
V. Verfahrensrechtliche Fragen bei Anwendung des § 1578b I u. II BGB	1084
1. Geltendmachung im Erstverfahren	1084
2. Geltendmachung in einem späteren Abänderungsverfahren	1087
3. Darlegungs- und Beweislast	1093

9. Abschnitt: Die Härteklausel des § 1579 BGB

I. Normzweck, gesetzliche Regelung und Anwendungsbereich des § 1579 BGB	1200
1. Normzweck und entstehungsgeschichtliche Entwicklung	1200
2. Voraussetzungen für die Anwendung der Härteklausel	1204
3. Rechtsfolgen der Härteklausel	1206
4. Anwendungsbereich des § 1579 BGB	1209
5. Darlegungs- und Beweislast	1213
II. Grobe Unbilligkeit und Zumutbarkeitsabwägung nach § 1579 BGB	1218
1. Grobe Unbilligkeit als eigene Anspruchsvoraussetzung bei jedem Härtegrund	1218
2. Umstände, die bei der Interessenabwägung zur Beurteilung einer groben Unbilligkeit zu berücksichtigen sind	1221
3. Vorrangige Berücksichtigung des Kindeswohls bei Betreuung eines gemeinschaftlichen Kindes durch den Berechtigten	1229
4. Sonderfragen	1241
III. Ehe von kurzer Dauer (§ 1579 Nr. 1 BGB)	1244
1. Härtegrund der kurzen Ehedauer (Nr. 1)	1244
2. Kurze Ehedauer bis zu zwei Jahren	1250
3. Nicht mehr kurze Ehedauer ab ca. 3 Jahren	1253
4. Ehedauer zwischen zwei und drei Jahren und sonstige Sonderfälle	1255
5. OLG-Entscheidungen mit Billigkeitsabwägungen	1260
IV. Härtegrund der verfestigten Lebensgemeinschaft (§ 1579 Nr. 2 BGB)	1267
1. Neufassung des Tatbestands	1267
2. Verfestigte Lebensgemeinschaft	1270
3. Auf Distanz angelegtes Verhältnis	1276
4. Grobe Unbilligkeit	1277
V. Härtegrund eines Verbrechens oder schweren vorsätzlichen Vergehens gegen den Verpflichteten oder einen nahen Angehörigen (§ 1579 Nr. 3 BGB)	1278
1. Härtegrund der Nr. 3	1278
2. Beleidigungen, Verleumdungen und falsche Anschuldigungen	1285
3. Betrug und versuchter Prozessbetrug	1286
VI. Mutwillige Herbeiführung der Bedürftigkeit (§ 1579 Nr. 4 BGB)	1289
1. Der Härtegrund der Nr. 4	1289
2. Mutwillige Bedürftigkeit infolge Alkohol- oder Drogenabhängigkeit	1296
3. Mutwillige Bedürftigkeit wegen Aufgabe einer Erwerbstätigkeit oder wegen unterlassener Maßnahmen zur Herstellung der Erwerbsfähigkeit	1301
4. Mutwillige Bedürftigkeit wegen Verschwendung oder unwirtschaftlicher Vermögensanlage	1308

5. Mutwillige Bedürftigkeit wegen bestimmungswidriger Verwendung des Vorsorgeunterhalts	1313
6. Sonstige Fälle, in denen der BGH eine Mutwilligkeit verneint hat	1314
VII. Mutwillige Verletzung von Vermögensinteressen des Verpflichteten (§ 1579 Nr. 5 BGB)	1318
1. Zum Härtegrund der Nr. 5	1318
2. Fälle zu Nr. 5	1323
3. Wahrnehmung berechtigter Interessen	1326
VIII. Gröbliche Verletzung der Pflicht, zum Familienunterhalt beizutragen (§ 1579 Nr. 6 BGB)	1329
1. Zum Härtegrund der Nr. 6	1329
2. Fälle einer Pflichtverletzung zu Nr. 6	1336
IX Offensichtlich schwerwiegendes, eindeutig beim Berechtigten liegendes Fehlverhalten (§ 1579 Nr. 7 BGB)	1337
1. Zum Härtegrund der Nr. 7	1337
2. Verstöße gegen die eheliche Treuepflicht als offensichtlich schwerwiegendes Fehlverhalten	1346
3. Sonstige Fälle eines schwerwiegenden Fehlverhaltens	1353
4. Fälle, in denen der BGH ein schwerwiegendes Fehlverhalten verneint hat	1359
5. Eindeutig beim Berechtigten liegendes Fehlverhalten	1364
6. Darlegungs- und Beweislast	1369
X Anderer schwerwiegender Grund nach § 1579 Nr. 8 BGB	1371
1. Zum Härtegrund der Nr. 8	1371
2. Härtegrund der Nr. 8, wenn nach der Scheidung ein ehewidriges Verhältnis gemäß Nr. 7 fortgeführt wird	1374
3. Der Härtegrund der Nr. 8 in sonstigen Fällen	1375
4. Kein Härtegrund nach Nr. 8	1377
XI Wiederaufleben eines nach § 1579 BGB ausgeschlossenen Anspruchs und endgültiger Ausschluss nach § 1579 BGB	1382
1. Grundsatz	1382
2. Wiederaufleben eines nach Nr. 2 ausgeschlossenen Anspruchs	1384
3. Wiederaufleben eines Anspruchs aus Gründen des vorrangigen Kindeswohls	1385

§ 5 Rangverhältnisse und Mangelfälle

I. Selbstbehalt und Mangelfall	1
1. Relativität von Eigenbedarf, Selbstbehalt und Mangelfall	1
2. Verschiedene Selbstbehalte nach den Leitlinien	2
3. Voraussetzungen eines Mangelfalls nach §§ 1581, 1603 BGB	31
4. Abänderungsklage bei späteren Änderungen der Leistungsfähigkeit	47
II. Einkommens- und Bedarfskorrekturen im Mangelfall	52
1. Überblick zum Mangelfall nach § 1581 BGB	53
2. Kindergeld und Zählkindvorteil im Mangelfall	62
3. Zurechnung fiktiver Einkünfte wegen gesteigerter Erwerbsobliegenheit und erhöhte Zurechnung von Einkünften aus unzumutbarer Erwerbstätigkeit	67
4. Zurechnung von freiwilligen unentgeltlichen Zuwendungen Dritter	73
5. Verschärfte Anforderungen an Abzugsposten vom Bruttoeinkommen bei Berechnung des Nettoeinkommens	76
6. Erhöhung der Deckungsmasse durch eine zumutbare Vermögensverwertung	81
7. Berücksichtigung von Verbindlichkeiten des Verpflichteten	85
8. Obliegenheit, sich auf die Pfändungsfreigrenzen zu berufen und evtl. Insolvenzantrag zu stellen	95

Inhaltsverzeichnis

zu § 6

9. Individuelle oder schematische Kürzung eines verbleibenden Fehlbedarfs nach § 1581 BGB	102
III. Mehrheit von Berechtigten: relativer Mangelfall	105
IV. Mehrheit von Berechtigten: gemischter Mangelfall mit zwei Ehegatten	107
1. Allgemeines	107
2. Vorteile des Zusammenlebens	108
3. Rechenweg bei mehreren Ehegatten	109
4. Beispiele zu absoluten und relativen Mangelfällen mit mehreren Ehegatten	110
5. Unterhalt bei Nachrang der späteren Ehe	111
6. Das anrechnungsfreie Defizit	112
V. Mehrheit von Berechtigten: Rangfragen	113
1. Maßgeblichkeit von Rangverhältnissen im Mangelfall	113
2. Die gesetzliche Rangfolge bei mehreren Berechtigten	118
3. Zum Rangverhältnis unter mehreren berechtigten Kindern	120
4. Rangverhältnisse nach § 1582, § 1609 Nr. 2 und 3 BGB zwischen mehreren unterhaltsberechtigten Ehegatten	124
5. Rangverhältnis zwischen Ehegatten und Kindern	136
6. Der vorrangige Bedarf im Mangelfall	138
7. Kürzung und Wegfall des Unterhalts nachrangig Berechtigter in Mangelfällen	144
8. Rechenbeispiele zum Ausscheiden bzw. zur Berechnung des Unterhalts nachrangig Berechtigter	150
9. Verteilung bei Gleichrang (mit Beispielen)	155
10. Gleicher Rang und verschiedener Selbstbehalt: Bedürftig gewordene Volljährige neben gleichrangigen	160
11. Altfälle	164
VI. Rangverhältnis zwischen mehreren Verpflichteten	166
1. Rangordnung unter unterhaltspflichtigen Verwandten	167
2. Ersatzhaftung im Mangelfall	170
3. Mehrere unterhaltspflichtige Ehegatten	171
4. Ehegatte neben nichtehelichem Elternteil	172
5. Nichteheliche Elternteile untereinander	174
6. Ehegatten oder nichteheliche Elternteile neben Verwandten	175
7. Haftungskonkurrenz bei Unterhalt minderjähriger Kinder	186
8. Mangelfall bei Barunterhaltspflicht beider Elternteile	187

§ 6 Sonderfragen

1. Abschnitt: Selbstständige Bestandteile des Unterhaltsanspruchs

I. Sonderbedarf	1
1. Anspruchsvoraussetzungen	1
2. Beteiligung des Unterhaltsgläubigers an der Finanzierung des Sonderbedarfs	10
3. Einzelfälle	14
II. Prozess- und Verfahrenskostenvorschuss	20
1. Terminologie	20
2. Anspruchsberechtigte	21
3. Anspruchsvoraussetzungen	28
4. Inhalt des Anspruchs	37
5. Prozessuales, Rückforderung des Kostenvorschusses	39

2. Abschnitt: Unterhalt für die Vergangenheit

I. Anspruchsvoraussetzungen	100
1. Gesetzliche Grundlagen	100

2. Rechtshängigkeit	106
3. Auskunft	107
4. Sonderbedarf	108
5. Rückwirkender Unterhalt nach § 1613 II Nr. 2 BGB	109
6. Übergeleitete und übergegangene Unterhaltsansprüche	110
7. Sonstige Ansprüche	113
8. Absichtlicher Leistungsentzug beim nachehelichen Unterhalt	114
II. Verzug	119
1. Verzug nach § 286 I BGB	119
2. Verzug nach § 286 II Nr. 1 BGB	134
3. Verzug nach § 286 II Nr. 3 BGB	135
4. Verzug nach § 286 II Nr. 4 BGB	136
5. Verschulden des Pflichtigen	137
6. Verzugszinsen	138
7. Beseitigung der Verzugsfolgen und Verwirkung	140
III. Verjährung	147

3. Abschnitt: Rückforderung von zu Unrecht gezahltem Unterhalt

I. Grundsätze	200
1. Ausgangslage	200
2. Anspruchsgrundlagen	203
II. Rückforderungsansprüche aus ungerechtfertigter Bereicherung	204
1. Anspruchsgrundlage	204
2. Entreicherung	208
3. Verschärfte Haftung	213
4. Möglichkeiten des Pflichtigen gegen den Entreicherungseinwand	221
5. Mehrleistung mit Erstattungsabsicht	226
III. Ansprüche aus dem Vollstreckungsrecht	228
1. Ansprüche bei vorläufig vollstreckbaren Urteilen	228
2. Ansprüche bei Notunterhalt	230
3. Ansprüche bei Vaterschaftsfeststellung	231
4. Keine Ansprüche bei einstweiligen Anordnungen	232
IV. Ansprüche aus unerlaubter Handlung	233
1. Anspruch bei Betrug	233
2. Vorsätzliche sittenwidrige Ausnützung eines unrichtig gewordenen Vollstreckungstitels	235
V. Sonderfälle	239
1. Rückforderung bei Rentennachzahlung	239
2. Rückforderungen eines Verfahrenskostenvorschusses	242

4. Abschnitt: Aufrechnung mit Gegenforderungen

I. Aufrechnungsverbot für unpfändbare Forderungen	300
II. Aufrechnungen gegen Unterhaltsforderungen	302
III. Der Arglisteinwand	307
IV. Die Aufrechnungserklärung	309
V. Die Aufrechnungsvereinbarung	310
VI. Die Aufrechnung mit Rückforderungsansprüchen aus Unterhaltsüberzahlungen	311
VII. Zusammenfassung	313

5. Abschnitt: Unterhalt bei Gütergemeinschaft

I. Überblick	400
II. Ehegattenunterhalt	402
1. Trennungsunterhalt	402

Inhaltsverzeichnis   zu § 7

	2. Familienunterhalt	412
	3. Nachehelicher Unterhalt	413
III.	Kindesunterhalt	419
	1. Kindesunterhalt in der Trennungszeit	420
	2. Kindesunterhalt ab Rechtskraft der Scheidung	422
IV.	Keine fiktiven Einkünfte	423
V.	Eilmaßnahmen	424

6. Abschnitt: Vereinbarungen zum Ehegattenunterhalt

I.	Allgemeines	600
	1. Einführung	600
	2. Gesetzlicher oder vertraglicher Unterhaltsanspruch	603
	3. Allgemeine Sittenwidrigkeit von Unterhaltsvereinbarungen	610
	4. Abänderung von Unterhaltsvereinbarungen	617
II.	Vereinbarungen zum Familienunterhalt	630
III.	Vereinbarungen zum Getrenntlebensunterhalt	632
IV.	Vereinbarungen zum Nachscheidungsunterhalt	633
	1. Formale Anforderungen	633
	2. Vorsorgende Vereinbarungen	638
	3. Vereinbarungen anlässlich oder nach der Scheidung	639
V.	Vereinbarung eines Unterhaltsverzichts	640
	1. Die besondere Problematik des Verzicht auf nacheheliche Unterhalt	640
	2. Richterliche Wirksamkeits- und Ausübungskontrolle	643
VI.	Vereinbarung einer Wertsicherungsklausel	660
VII.	Vereinbarung einer Kapitalabfindung	666

7. Abschnitt: Darlegungs- und Beweislast sowie tatrichterliche Ermittlung und Schätzung nach § 287 ZPO

I.	Zur Darlegungs- und Beweislast	700
	1. Allgemeiner Überblick	700
	2. Zur Darlegungs- und Beweislast des Unterhaltsberechtigten	703
	3. Zur Darlegungs- und Beweislast des Unterhaltspflichtigen	721
	4. Zur Regel-Ausnahme-Situation	732
	5. Negativtatsachen und substantiiertes Bestreiten von Tatsachen aus dem eigenen Wahrnehmungsbereich	741
	6. Darlegungs- und Beweislast bei Abänderungsverfahren	746
	7. Darlegungs- und Beweislast bei negativen Feststellungsanträgen	747
	8. Zur Umkehr der Beweislast	749
II.	Zur tatrichterlichen Ermittlung und Schätzung nach § 287 ZPO	750
	1. Zur Anwendung des § 287 ZPO im Unterhaltsverfahren	750
	2. Zur Schätzung nach § 287 ZPO	755
	3. Zu den Schätzungsvoraussetzungen	758

§ 7 Unterhalt zwischen nicht verheirateten Eltern und zwischen Lebenspartnern

1. Abschnitt: Ansprüche der Mutter oder des Vaters eines nichtehelichen Kindes gegen den anderen Elternteil und damit zusammenhängende Ansprüche

I.	Allgemeines	1
	1. Historische Entwicklung des § 1615l BGB	1
	2. Bedeutung des § 1615l BGB	10
II.	Die einzelnen Unterhaltstatbestände des § 1615l BGB	11
	1. Überblick	11
	2. Der Mutterschutzunterhalt gemäß § 1615l I 1 BGB	14

- 3. Der Unterhalt wegen Schwangerschaft oder Krankheit gemäß § 1615l II 1 BGB.... 17
- 4. Der Unterhalt wegen Kindesbetreuung gemäß § 1615l II 2 bis 5 BGB. 20
- 5. Der Unterhaltsanspruch des nichtehelichen Vaters.... 78
- 6. Der Anspruch auf Ersatz von Schwangerschafts- und Entbindungskosten nach § 1615l I 2 BGB.... 82
- III. Die Bemessung des Unterhalts 91
  - 1. Der Unterhaltsbedarf.... 91
  - 2. Die Bedürftigkeit 123
  - 3. Die Leistungsfähigkeit 141
- IV. Rangverhältnisse und Unterhaltskonkurrenzen 152
  - 1. Mehrere Unterhaltsberechtigte 152
  - 2. Mehrere Unterhaltspflichtige.... 161
- V. Einzelne Fragen des materiellen Rechts 191
  - 1. Abgrenzung der Ansprüche aus § 1615l BGB und § 1570 BGB 191
  - 2. Anspruchsberechtigte, Anspruchsgegner, Durchsetzung des Anspruchs aus § 1615l BGB.... 193
  - 3. Fälligkeit, Unterhalt für die Vergangenheit 197
  - 4. Auskunftsanspruch 200
  - 5. Erlöschen des Anspruchs durch den Tod des Unterhaltsberechtigten... 203
  - 6. Erlöschen des Anspruchs des Berechtigten durch andere Gründe 204
  - 7. Der Anspruch auf Übernahme von Beerdigungskosten der Mutter 210
  - 8. Tod des Unterhaltspflichtigen.... 215
  - 9. Tot- oder Fehlgeburt des Kindes, Schwangerschaftsabbruch 218
  - 10. Verzicht, Unterhaltsvereinbarungen 226
  - 11. Verwirkung 228
  - 12. Verjährung 235
  - 13. Steuerliche Abzugsmöglichkeiten 236
- VI. Verfahrensrechtliches 240
  - 1. Zuständiges Gericht für Unterhaltsverfahren 240
  - 2. Verfahren 242
  - 3. Verfahrenskostenvorschuss.... 243
  - 4. Darlegungs- und Beweislast 244
  - 5. Titel und Befristung des Betreuungsunterhalts 259
  - 6. Abänderungsantrag.... 265
  - 7. Vorläufige Rechtsschutzmöglichkeiten.... 266
  - 8. Übergangsrecht.... 281

2. Abschnitt: Unterhaltsansprüche zwischen eingetragenen Lebenspartnern

- I. Allgemeines.... 290
  - 1. Die Entwicklung der eingetragenen Lebenspartnerschaft 290
  - 2. Die eingetragene Lebenspartnerschaft als Unterhaltsvoraussetzung.... 298
  - 3. Grundsätze zur Unterhaltspflicht nach dem LPartG 307
- II. Die einzelnen Unterhaltsansprüche 310
  - 1. Lebenspartnerschaftsunterhalt nach § 5 LPartG 310
  - 2. Trennungsunterhalt nach § 12 LPartG.... 327
  - 3. Der nachpartnerschaftliche Unterhalt nach § 16 LPartG 353
  - 4. Gerichtliche Geltendmachung.... 376

§ 8 Unterhalt und Sozialleistungen

1. Abschnitt: Das Verhältnis von Sozial- und Unterhaltsrecht

- I. Die verschiedenen Sozialleistungen 1
- II. Die Reform des Sozialrechts zum 1.1.2005 und weitere Änderungen 4

Inhaltsverzeichnis

                                                                                                     zu § 8

III. Sozialleistungen als anrechenbares Einkommen im Unterhaltsrecht	5
1. Einkommensersetzende Sozialleistungen	5
2. Subsidiäre Sozialleistungen	7
3. Bedürftigkeit beim Bezug subsidiärer Sozialleistungen	10
4. Leistungsfähigkeit beim Bezug subsidiärer Sozialleistungen	13
5. Verwirklichung des Nachrangs und Rechtsschutz	15

2. Abschnitt: Sozialhilfe und Unterhalt

I. Abgrenzung von Sozialhilfe und Leistungen zur Sicherung des Lebensunterhalts nach dem SGB II	18
II. Hilfebedürftigkeit	23
1. Einsatzgemeinschaft („Bedarfsgemeinschaft")	23
2. Einsatz des Einkommens und des Vermögens	29
III. Hilfe zum Lebensunterhalt	46
1. Anspruchsberechtigung	46
2. Notwendiger Unterhalt	47
IV. Sonstige Hilfearten	57
V. Der Übergang des Unterhaltsanspruchs auf den Sozialhilfeträger	60
1. Abgrenzung des § 94 SGB XII vom Übergang anderer Ansprüche	60
2. Übergehende Unterhaltsansprüche; Ausschluss des Anspruchsübergangs	62
3. Umfang des Forderungsübergangs	69
4. Wirkung des Anspruchsübergangs	77
5. Unterhalt für die Vergangenheit, Rechtswahrungsanzeige	81
6. Unterhaltsverzicht und Unterhaltsvereinbarungen	83
7. Laufende Zahlung des Unterhalts	84
8. Unterhalt volljähriger Kinder	85
9. Unbillige Härte	87
VI. Sozialhilferechtliche Vergleichsberechnung	91
1. Rechtslage bis zum 31.12.2004	91
2. Inhalt der gesetzlichen Neuregelung	92
VII. Geltendmachung des Unterhaltsanspruchs im Prozess	107
1. Konsequenzen des Anspruchsübergangs	107
2. Rückübertragung des übergegangenen Unterhaltsanspruchs	111
3. Erneute Abtretung an den Sozialhilfeträger	119
4. Konkurrenz zwischen Unterhaltsberechtigtem und Sozialhilfeträger	120
5. Abänderungsverfahren	123
VIII. Rechtslage bei Ausschluss des Anspruchsübergangs	124
1. Geltendmachung des Unterhaltsanspruchs durch den Sozialhilfeträger	124
2. Geltendmachung des Unterhaltsanspruchs durch den Leistungsberechtigten	126

3. Abschnitt: Grundsicherung im Alter und bei Erwerbsminderung und Unterhalt

I. Anspruch auf Grundsicherung im Alter und bei Erwerbsminderung	135
1. Verhältnis zur Sozialhilfe und zur Grundsicherung für Arbeitsuchende	135
2. Voraussetzungen und Art der Leistungen	138
3. Bewilligungszeitraum	146
II. Das Verhältnis von Unterhaltsansprüchen zur Grundsicherung im Alter und bei Erwerbsminderung	147
1. Überblick	147
2. Einsatzgemeinschaft	149
3. Unterhalt zwischen getrennt lebenden oder geschiedenen Ehegatten (Lebenspartnern); Betreuungsunterhalt nach § 1615l BGB	152
4. Elternunterhalt	154
5. Unterhalt volljähriger Kinder	167
6. Unterhalt zwischen Verwandten zweiten Grades	170

nach Randnummern **Inhaltsverzeichnis**

4. Abschnitt: Die Grundsicherung für Arbeitsuchende und Unterhalt

I. Grundsicherung und Sozialhilfe 171
  1. Die Reform des Sozialrechts zum 1.1.2005 171
  2. Abgrenzung von der Sozialhilfe und der Jugendhilfe 175
  3. Zuständigkeiten 176
II. Anspruchsvoraussetzungen 178
  1. Berechtigter Personenkreis 178
  2. Alter 186
  3. Gewöhnlicher Aufenthalt 187
  4. Erwerbsfähigkeit 188
  5. Hilfebedürftigkeit; Einsatz von Einkommen und Vermögen 189
III. Leistungen zur Sicherung des Lebensunterhalts 200
  1. Arbeitslosengeld II 201
  2. Sozialgeld 210
  3. Berechnung des Arbeitslosengeldes II und des Sozialgeldes ... 212
  4. Sonstige Geldleistungen 214
  5. Ausschließlichkeit der Leistungen nach dem SGB II 218
IV. Leistungsfähigkeit des Unterhaltspflichtigen bei Bezug von
Grundsicherung für Arbeitsuchende 219
  1. Erwerbsobliegenheit 219
  2. Leistungen der Grundsicherung für Arbeitsuchende als
    unterhaltsrechtliches Einkommen des Pflichtigen 220
V. Bezug von Grundsicherung für Arbeitsuchende durch den
Unterhaltsberechtigten; Anspruchsübergang 225
  1. Subsidiarität der Grundsicherung 225
  2. Anspruchsübergang 228
  3. Kraft Gesetzes übergehende Unterhaltsansprüche 232
  4. Umfang des Anspruchsübergangs 238
  5. Unterhalt für die Vergangenheit 245
  6. Vergleichsberechnung 248
  7. Keine Härteregelung 251
  8. Laufende Zahlung des Unterhalts 252
  9. Geltendmachung des übergegangenen Anspruchs 253
  10. Rückübertragung und erneute Abtretung des Unterhaltsanspruchs 255
VI. Rechtslage bei Ausschluss des Anspruchsübergangs 256
  1. Geltendmachung des Unterhaltsanspruchs durch die Träger der
    Grundsicherung 256
  2. Geltendmachung des Unterhaltsanspruchs durch den
    Leistungsempfänger 261

5. Abschnitt: Unterhaltsvorschuss und Unterhalt

I. Die Voraussetzungen des Unterhaltsvorschusses 262
II. Anspruchsübergang 270
III. Verhältnis von Sozialhilfe und Grundsicherung für Arbeitsuchende zum
Unterhaltsvorschuss 276

6. Abschnitt: Ausbildungsförderung und Unterhalt

I. Voraussetzungen und Dauer der Förderung 279
II. Das Verhältnis von Ausbildungsförderung und Unterhalt 286
  1. Ausbildungsförderung und Vorausleistung 286
  2. Anspruchsübergang 288

Inhaltsverzeichnis zu § 9

§ 9 Auslandsberührung

1. Abschnitt: Materielles Recht

I. Rechtsquellen	1
1. Europäische Unterhaltsverordnung (EuUnthVO)	2
2. Haager Unterhaltsprotokoll 2007 (HUP 2007)	4
3. Haager Übereinkommen über das auf Unterhaltspflichten anzuwendende Recht (HUÜ 73)	5
4. Haager Abkommen über das auf Unterhaltspflichten gegenüber Kindern anzuwendende Recht (HUÜ 56)	6
5. Innerdeutsches Kollisionsrecht und bilaterale Verträge	7
II. Definition der Unterhaltspflicht	9
III. Anwendbares materielles Recht – Unterhaltsstatut	11
1. Gesetzliche Grundlagen	11
2. Vorbehalt nach Art. 15 HUÜ	12
3. Gewöhnlicher Aufenthalt	13
4. Subsidiarität	16
5. Gemeinsame Staatsangehörigkeit	18
6. Recht des Gerichtsstaats	23
7. Verstoß gegen den Ordre Public	24
8. Folgen einer Scheidung	26
9. Wahl des anzuwendenden Rechts	31
10. Auf öffentliche Träger übergegangene Unterhaltsansprüche	34
IV. Bemessung des Unterhalts	35
1. Allgemeines zur Bedarfsermittlung	35
2. Bedarfskorrektur nach Ländergruppeneinteilung	37
3. Bedarfskorrektur mit Hilfe der Verbrauchergeldparität und der vergleichenden Preisniveaus	38
4. Bedeutung der Teuerungsziffern für den Kaufkraftausgleich der Auslandsbesoldung	91
V. Währung	94
VI. Ausgewählte Länder	100

Belgien

1. Allgemeines	101
2. Kindesunterhalt	102
3. Ehegattenunterhalt	103
4. Familienunterhalt	108

Bosnien-Herzegowina

1. Allgemeines	109
2. Kindesunterhalt	111
3. Ehegattenunterhalt	115
4. Unterhalt des außerehelichen Partners	117
5. Sonstiger Verwandtenunterhalt	118
6. Allgemeine Vorschriften zur Bestimmung des Unterhalts	119

Dänemark

1. Kindesunterhalt	124
2. Ehegattenunterhalt	127

England und Wales

1. Kindesunterhalt	133
2. Ehegattenunterhalt	140
3. Allgemeine Grundsätze	149

Finnland

1. Kindesunterhalt	150
2. Ehegattenunterhalt	158
3. Unterhaltsanspruch eines Lebenspartners	162

Frankreich

1. Kindesunterhalt	163
2. Ehegattenunterhalt	164
3. Familienunterhalt	173

Griechenland

1. Kindesunterhalt	174
2. Ehegattenunterhalt	177
3. Verwandtenunterhalt	183
4. Allgemeine Grundsätze	186

Irland

1. Kindesunterhalt	189
2. Ehegattenunterhalt	192

Italien

1. Kindesunterhalt	198
2. Ehegattenunterhalt	200
3. Verwandtenunterhalt	208

Kroatien

1. Kindesunterhalt	209
2. Ehegattenunterhalt	212
3. Unterhalt für den außerehelichen Partner und die Mutter des nichtehelich geborenen Kindes	215
4. Verwandtenunterhalt	218
5. Allgemeine Vorschriften zur Bestimmung des Unterhalts	219

Montenegro

1. Kindesunterhalt	225
2. Ehegattenunterhalt	227
3. Unterhalt des außerehelichen Partners	232
4. Verwandtenunterhalt	238
5. Allgemeine Vorschriften zur Bestimmung des Unterhalts	242

Niederlande

1. Kindesunterhalt	246
2. Ehegattenunterhalt	249
3. Verwandtenunterhalt	257
4. Allgemeine Vorschriften zur Bestimmung des Unterhalts	259

Norwegen

1. Kindesunterhalt	260
2. Ehegattenunterhalt	264

Inhaltsverzeichnis   zu § 9

Österreich

1. Kindesunterhalt 271
2. Ehegattenunterhalt 275

Polen

1. Kindesunterhalt 294
2. Ehegattenunterhalt 303
3. Verwandtenunterhalt... 310
4. Unterhalt aus gemeinsamer Elternschaft 312
5. Allgemeine Vorschriften... 313

Portugal

1. Kindesunterhalt 316
2. Ehegattenunterhalt 324
3. Verwandtenunterhalt... 332
4. Unterhaltsanspruch der Kindesmutter 334

Rumänien

1. Kindesunterhalt 335
2. Ehegattenunterhalt 340
3. Verwandtenunterhalt... 345
4. Allgemeine Vorschriften... 346

Schottland

1. Kindesunterhalt 352
2. Ehegattenunterhalt 354
3. Allgemeine Grundsätze 356
4. Verfahrensrecht 360

Schweden

1. Kindesunterhalt 363
2. Ehegattenunterhalt 371

Schweiz

1. Kindesunterhalt 376
2. Ehegattenunterhalt 383
3. Verwandtenunterhalt... 401
4. Allgemeine Vorschriften... 402

Serbien

1. Kindesunterhalt 403
2. Ehegattenunterhalt 406
3. Unterhalt der Mutter eines Kindes und des außerehelichen Partners ... 409
4. Verwandtenunterhalt... 411
5. Allgemeine Vorschriften zur Bestimmung des Unterhalts 414

Slowenien

1. Kindesunterhalt 419
2. Ehegattenunterhalt 422
3. Unterhalt des außerehelichen Partners 431
4. Verwandtenunterhalt... 432
5. Allgemeine Vorschriften... 433

Spanien

1. Kindesunterhalt	438
2. Ehegattenunterhalt	444
3. Verwandtenunterhalt	450

Tschechische Republik

1. Kindesunterhalt	452
2. Ehegattenunterhalt	456
3. Unterhalt aus gemeinsamer Elternschaft	463
4. Verwandtenunterhalt	464

Türkei

1. Kindesunterhalt	466
2. Ehegattenunterhalt	471
3. Verwandtenunterhalt	494

Ungarn

1. Kindesunterhalt	495
2. Ehegattenunterhalt	501
3. Verwandtenunterhalt	504

Vereinigte Staaten von Amerika (USA)

1. Kindesunterhalt	508
2. Ehegattenunterhalt	512

2. Abschnitt: Verfahrensrecht einschließlich Vollstreckung

I. Rechtsquellen	600
1. Europäische Unterhaltsverordnung Nr. 4/2009 (EuUnthVO)	602
2. Haager Unterhaltsübereinkommen vom 23.11.2007 (HUVÜ 2007)	604
3. Verordnungen (EG) Nr. 44/2001 (Brüssel I-VO = EuGVVO) und Nr. 1215/2012 (Brüssel Ia-VO = EuGVVO-neu)	606
4. Haager Übereinkommen über die Anerkennung und Vollstreckung von Unterhaltsentscheidungen vom 2.10.1973 (HUVÜ 73)	611
5. Haager Kindesunterhaltsübereinkommen vom 15.4.1958 (HKUVÜ 58)	613
6. Europäisches Gerichtsstands- und Vollstreckungsübereinkommen vom 27.9.1968 (EuGVÜ)	614
7. Luganer Übereinkommen über die Zuständigkeit, Anerkennung und Vollstreckung von Entscheidungen vom 30.10.2007 (LugÜ)	615
8. Bilaterale Abkommen	616
9. Verordnung (EG) Nr. 805/2004 vom 21.4.2004 zur Einführung eines europäischen Vollstreckungstitels für unbestrittene Forderungen (EuVTVO)	617
10. UN-Übereinkommen über die Geltendmachung von Unterhaltsansprüchen im Ausland vom 20.6.1956	619
11. Verordnung (EG) Nr. 1393/2007 vom 13.11.2007 über die Zustellung gerichtlicher und außergerichtlicher Schriftstücke in Zivil- oder Handelssachen in den Mitgliedstaaten (EuZVO)	620
12. Haager Übereinkommen über die Zustellung gerichtlicher und außergerichtlicher Schriftstücke im Ausland in Zivil- und Handelssachen vom 15.11.1965 (HÜZA)	621
13. Verordnung (EG) Nr. 1206/2001 vom 28.5.2001 über die Zusammenarbeit zwischen den Gerichten der Mitgliedstaaten auf dem Gebiet der Beweisaufnahme in Zivil- oder Handelssachen (EuBVO)	622

Inhaltsverzeichnis

zu § 10

14. Haager Übereinkommen über die Beweisaufnahme im Ausland in Zivil- und Handelssachen	623
15. Europäisches Übereinkommen betreffend Auskünfte über ausländisches Recht vom 7.6.1968	624
16. Anerkennungs- und Vollstreckungsausführungsgesetz – AVAG)	626
17. Auslandsunterhaltsgesetz – AUG	627
18. Nationales Verfahrensrecht bei Auslandsbezug	628
II. Internationale Zuständigkeit und Verfahren	640
1. Internationale Zuständigkeit	640
2. Rechtsschutzbedürfnis	665
3. Abänderung ausländischer Unterhaltstitel	666
4. Einstweiliger Rechtsschutz	671
5. Verfahrenskostenhilfe	675
III. Anerkennung und Vollstreckung ausländischer Unterhaltstitel	675
1. Unmittelbare Vollstreckbarkeit nach der EuUnthVO	677
2. Exequaturverfahren	682
3. Anerkennungs- und Vollstreckungshindernisse	686
4. Umsetzung durch nationales Recht	691
5. Anerkennung und Vollstreckung nach nationalem Recht	699
IV. Beitrittsgebiet (ehemalige DDR)	710

§ 10 Verfahrensrecht

1. Abschnitt: Verfahrensgegenstand, Zuständigkeit und Gericht

I. Vom Unterhaltsprozess zum Verfahren in Unterhaltsstreitsachen	1
II. Verfahrensgegenstand	2
1. Die Unterhaltssachen als Familienstreitsachen (§ 231 I FamFG)	2
2. Die Nichtunterhaltssachen	4
3. Mischverfahren	5
III. Das Familiengericht	6
1. Die sachliche Zuständigkeit	6
2. Die örtliche Zuständigkeit	8
3. Internationale Zuständigkeit	15
4. Abgabe, Verweisung und Kompetenzkonflikte	19
5. Der Familienrichter	32

2. Abschnitt: Die Schaffung und Abänderung von Unterhaltstiteln

I. Der Leistungsantrag im Hauptsacheverfahren 1. Instanz	34
1. Allgemeines	35
2. Rechtsschutzbedürfnis und Titulierungsinteresse	37
3. Die Beteiligten, gesetzliche Vertretung Minderjähriger und Verfahrensstandschaft	42
4. Verfahrensgrundsätze	53
5. Sonderformen des Leistungsantrags in Unterhaltssachen („Teilunterhalt")	55b
6. Verfahrensrechtliche Auskunftspflichten (§§ 235, 236 FamFG)	56
7. Die das Verfahren erledigende Endentscheidung (§§ 116 I, 38 FamFG)	76
II. Die Unterhaltssachen im Verbundverfahren	93
1. Das Verbundverfahren	93
2. Die Unterhaltsfolgesachen	94
3. Die Einleitung des Verbundes in Unterhaltsfolgesachen	96
4. Verfahrensgrundsätze in Unterhaltsfolgesachen	101
5. Die Abtrennung der Unterhaltsfolgesache	106
6. Die Unterhaltsfolgesache im Entscheidungsverbund	108
III. Das streitige Unterhaltsverfahren bei ungeklärter Vaterschaft	114
1. Der Kindesunterhalt bei ungeklärter Vaterschaft	114

2. Das Titulierungsverfahren (§ 237 FamFG) 115
3. Das „Korrekturverfahren" (§ 240 FamFG) 124
IV. Die Abänderung gerichtlicher Endentscheidungen (§ 238 FamFG) 133
   1. Allgemeines... 133
   2. Rechtsnatur.. 138
   3. Verfahrensgegenstand.. 139
   4. Anwendungsbereich... 141
   5. Abgrenzung zwischen Abänderungsantrag (§ 238 FamFG) und Vollstreckungsabwehrantrag (§ 767 ZPO) sowie Verhältnis zur Vollstreckungserinnerung (§ 766 ZPO)......................... 152
   6. Abgrenzung zwischen Abänderungs- (§ 238 FamFG) und negativem Feststellungsantrag... 164
   7. Abgrenzung zwischen Abänderungs- und Zusatz- oder Nachforderungsantrag....................................... 165
   8. Abgrenzung zwischen Abänderungsantrag und Rechtsmittel 171
   9. Zulässigkeit des Abänderungsverfahrens........................... 179
   10. Begründetheit des Abänderungsantrags........................... 191
   11. Darlegungs- und Beweislast im Abänderungsverfahren............... 242
   12. Die Abänderungsentscheidung 248
V. Die Abänderung von Vergleichen und Urkunden (§ 239 FamFG) 252
   1. Allgemeines... 252
   2. Der Vergleich 255
   3. Die vollstreckbaren Urkunden................................. 271
VI. Die Abänderung von Unterhaltstitel nach Art. 3 II Unterhaltsänderungsgesetz 2008.................................... 283
VII. Das Vollstreckungsabwehrverfahren (§ 767 ZPO)..................... 295
   1. Verfahrensgegenstand.. 295
   2. Zuständigkeit... 297
   3. Die Vollstreckungstitel.. 299
   4. Das Rechtsschutzbedürfnis.................................... 301
   5. Die Einwendungen (§ 767 I ZPO).............................. 303
   6. Die Rechtskraft.. 308
   7. Verzicht auf Verfahren 309
   8. Verbindung des Vollstreckungsabwehr- mit einem Abänderungsantrag. 310
   9. Vollstreckungsabwehr und negativer Feststellungsantrag.............. 312
   10. Abgrenzung zwischen Vollstreckungsabwehrantrag und Rechtsmittel.. 313
   11. Die Entscheidung.. 314
VIII. Das Feststellungsverfahren (§ 256 ZPO) 315
   1. Allgemeines... 315
   2. Feststellungsinteresse 320
   3. Abgrenzung zu anderen Verfahren 323
   4. Prüfungs- und Entscheidungsumfang............................ 324
   5. Darlegungs- und Beweislast 325
   6. Rechtskraft... 326
   7. Einstweilige Einstellung der Zwangsvollstreckung.................. 328
   8. Verfahrenswert 329
IX. Die Verfahren wegen ungerechtfertigter Bereicherung, Erstattung und Schadensersatz in Unterhaltssachen (§ 231 I FamFG).................... 330
   1. Die ungerechtfertigte Bereicherung 330
   2. Erstattungsanträge... 337
   3. Schadensersatz.. 338
X Das Drittschuldnerverfahren 343
XI Das isolierte Auskunfts-, Beleg- und Versicherungsverfahren 345
XII Das Stufenverfahren (§ 254 ZPO) 358
XIII Das Anpassungsverfahren bei außergerichtlichen Unterhaltsvereinbarungen 369

Inhaltsverzeichnis

| | zu § 10 |

XIV Das Mahnverfahren (§ 113 II FamFG, §§ 688–703d ZPO)	374
XV Das Wiederaufnahmeverfahren (§ 118 FamFG, §§ 578–591 ZPO)	375
XVI Der „Widerantrag" (§ 33 ZPO)	380
1. Allgemeines	380
2. Die Einleitung des Widerantragsverfahrens	382
3. Die allgemeinen Verfahrensvoraussetzungen	383
4. Der Zusammenhang des § 33 I ZPO	384
5. Der zeitliche Zusammenhang von Antrag und Widerantrag	385
6. Die Beteiligten des Widerantragsverfahrens	386
7. Identität der Verfahrensart von Vorantrag und Widerantrag	387
8. Sonderformen des Widerantrags, Hilfswiderantrag	388
9. Feststellungswiderantrag	389
10. Wider-Widerantrag	390
11. Gerichtsstandsvereinbarungen	391

3. Abschnitt: Vorläufige Regelung und Sicherung von Unterhaltsansprüchen

I. Die einstweilige Anordnung in Unterhaltsverfahren	392
1. Die einstweilige Anordnung als Grundtatbestand (§ 246 FamFG)	396
2. Die einstweilige Anordnung vor Geburt eines Kindes (§ 247 FamFG)	460
3. Die einstweilige Anordnung bei Feststellung der Vaterschaft (§ 248 FamFG)	469
4. Konkurrenzen	484
II. Der Arrest in Unterhaltssachen (§ 119 II FamFG, §§ 916 ff. ZPO)	485
1. Verfahrensvoraussetzungen	485
2. Verfahrensablauf	490

4. Abschnitt: Rechtsmittel in Unterhaltssachen

I. Die Beschwerde gegen in der Hauptsache ergangene Endentscheidungen (§§ 58, 117 FamFG)	501
1. Allgemeines	501
2. Zuständigkeit und Eingang	503
3. Beschwerdefrist	504
4. Die Beschwerdeschrift	508
5. Beschwerdesumme/Beschwer	513
6. Beschwerdebegründung	518
7. Beschwerdeerweiterung, Antragserweiterung	528
8. Antragsänderung/Beteiligtenänderung	531
9. Die Beschwerdeerwiderung	533
10. Der Gang des Beschwerdeverfahrens	534
11. Die Beschwerdeentscheidung (§§ 116, 69, 38 FamFG)	544
12. Die Rücknahme der Beschwerde/der Verzicht	549
13. Verfahrenskostenhilfe im Beschwerdeverfahren	556
14. Verfahrenskostenhilfe und Wiedereinsetzung in den vorigen Stand	559
15. Neuere BGH-Rechtsprechung zur Wiedereinsetzung	574
II. Die Anschlussbeschwerde (§§ 66, 117 II FamFG)	590
III. Die sonstige befristete Beschwerde gegen Endentscheidungen (§ 58 FamFG)	597
IV. Die sofortige Beschwerde (§§ 567–572 ZPO)	602
V. Die Rechtsbeschwerden	610
1. Die Rechtsbeschwerde gegen Endentscheidungen (§§ 70–75 FamFG)	610
2. Die Rechtsbeschwerde gegen sonstige Entscheidungen (§§ 574–577 ZPO)	618
VI. Die Anhörungsrüge (§ 321a ZPO)	623

1. Verfahrensgegenstand	623
2. Zulässigkeit der Rüge	626
3. Gang des Verfahrens	628
4. Die Abhilfe	632

5. Abschnitt: Das vereinfachte Verfahren über den Unterhalt Minderjähriger (§§ 249–260 FamFG)

1. Allgemeines	634
2. Zulässigkeit des vereinfachten Verfahrens	637
3. Abgrenzung zu anderen Verfahren	640
4. Erstmalige Unterhaltsfestsetzung iSd § 249 II FamFG	643
5. Einstweiliger Rechtsschutz und vereinfachtes Verfahren	646
6. Zuständigkeit, Formalien, Kosten, Verfahrenswert und VKH	648
7. Zurückweisung des Antrags	656
8. Verbindung mehrerer Verfahren	660
9. Mitteilung an Antragsgegner	661
10. Einwendungen des Antragsgegners	662
11. Folgen der Einwendungen	672
12. Der Festsetzungsbeschluss (§ 253 FamFG)	674
13. Die Beschwerde im vereinfachten Verfahren (§ 256 FamFG)	678
14. Die Behandlung von zulässigen Einwendungen und der Erlass eines Teilbeschlusses	686
15. Der Übergang ins streitige Verfahren (§ 255 FamFG)	688
16. Die Abänderung („Korrektur") von Endentscheidungen im vereinfachten Verfahren (§ 240 FamFG)	692

		Seite
Anhang D:	Düsseldorfer Tabelle 2019 (mit Hinweisen zur DT 2018/2017/ 2016) sowie Tabelle zur Höhe des Kindergeldes	2161
Anhang R:	Rechtsprechungsauszüge	2171
	Register der auszugsweise abgedruckten Entscheidungen	2519
Sachverzeichnis		2525

Abkürzungsverzeichnis

AVAG	Anerkennungs- und Vollstreckungsausführungsgesetz vom 30.5.1988 (BGBl. I 662)
AUG	Auslandsunterhaltsgesetz vom 23.5.2011 (BGBl. I 898)
BL	Unterhaltsrechtliche Leitlinien der Familiensenate des Kammergerichts Berlin
BraL	Unterhaltsleitlinien des OLG Brandenburg
BrauL	Leitlinien des OLG Braunschweig
BrL	unterhaltsrechtliche Leitlinien der Familiensenate des Hanseatischen OLG in Bremen
Brüssel IIa	Verordnung (EG) Nr. 2201/2003 des Rates vom 27. November 2003 über die Zuständigkeit und die Anerkennung und Vollstreckung von Entscheidungen in Ehesachen und in Verfahren betreffend die elterliche Verantwortung und zur Aufhebung der Verordnung (EG) Nr. 1347/2000
CL	Unterhaltsrechtliche Leitlinien des OLG Celle
DL	Leitlinien zum Unterhalt des OLG Düsseldorf
DrL	Unterhaltsleitlinien des OLG Dresden
DT	Düsseldorfer Tabelle
EuGVÜ	Europäisches Übereinkommen über die gerichtliche Zuständigkeit und Vollstreckung gerichtlicher Entscheidungen in Zivil- und Handelssachen vom 27.9.1968
EuGVVO	VO (EG) Nr. 44/2001 über die gerichtliche Zuständigkeit und die Anerkennung und Vollstreckung von Entscheidungen in Zivil- und Handelssachen (Brüssel I – VO) vom 22.12.2000
EuUntVO	VO (EG) Nr. 4/2009 über die Zuständigkeit, das anwendbare Recht, die Anerkennung und Vollstreckung von Entscheidungen und die Zusammenarbeit in Unterhaltssachen vom 18.12.2008
EuVTVO	VO (EG) Nr. 805/2004 zur Einführung eines europäischen Vollstreckungstitels für unbestrittene Forderungen vom 21.4.2004
FL	Unterhaltsgrundsätze des OLG Frankfurt am Main
HaL	Unterhaltsrechtliche Leitlinien des Hanseatischen OLG Hamburg
HKUVÜ 58	Haager Übereinkommen über die Anerkennung und Vollstreckung von Entscheidungen auf dem Gebiet der Unterhaltspflicht gegenüber Kindern vom 15.4.1958
HL	Leitlinien des OLG Hamm zum Unterhaltsrecht
HUP 2007	Haager Protokoll über das auf Unterhaltspflichten anzuwendende Recht vom 23.11.2007
HÜÜ 56	Haager Übereinkommen über das auf Unterhaltspflichten gegenüber Kindern anwendbare Recht vom 24.10.1956
HÜÜ 73	Haager Übereinkommen über das auf Unterhaltspflichten anwendbare Recht vom 2.10.1973
HUVÜ 2007	Haager Übereinkommen über die Geltendmachung der Unterhaltsansprüche von Kindern und anderen Familienangehörigen vom 23.11.2007
IPR	Internationales Privatrecht
IZPR	Internationales Zivilprozessrecht
KL	Unterhaltsleitlinien des OLG Köln
KobL	Unterhaltsleitlinien des OLG Koblenz

Abkürzungsverzeichnis

LugÜ .... Luganer Übereinkommen über die gerichtliche Zuständigkeit und die Anerkennung und Vollstreckung von Entscheidungen in Zivil- und Handelssachen vom 30.10.2007
NaL .... Unterhaltsleitlinien des OLG Naumburg
OL .... Unterhaltsrechtliche Leitlinien der Familiensenate des OLG Oldenburg
RL .... Unterhaltsrechtliche Leitlinien der Familiensenate des OLG Rostock
Rom III............ Verordnung (EU) Nr. 1259/2010 des Rates vom 20. Dezember 2010 zur Durchführung einer Verstärkten Zusammenarbeit im Bereich des auf die Ehescheidung und Trennung ohne Auflösung des Ehebandes anzuwendenden Rechts
SaL .... Unterhaltsrechtliche Leitlinien des Saarländischen OLG
SchL .... Unterhaltsrechtliche Leitlinien des Schleswig-Holsteinischen OLG
SL (SüdL).......... Süddeutsche Leitlinien
ThL .... Unterhaltsrechtliche Leitlinien der Familiensenate des Thüringer OLG

Im Übrigen werden die gebräuchlichen Abkürzungen benutzt, wie sie in den Verzeichnissen von FamRZ bzw. NJW nachgewiesen sind.

Hinweise für die Benutzung der 10. Auflage

Die Gerichtsentscheidungen sind dann mit Fundstellen aus den Zeitschriften FamRZ und NJW zitiert, wenn sie nicht (auszugsweise) im Anhang R abgedruckt wurden; andernfalls ist eine Fundstelle und der Verweis auf die Ziffer im Teil R angegeben. Bei den Seitenangaben erfolgt eine Angabe der Folgeseiten nur dann, wenn sich die konkret zitierte Stelle weder auf der ersten noch auf der zweiten Seite der zitierten Entscheidung befindet.

Rund 300 der wichtigsten Entscheidungen des BGH und des Bundesverfassungsgerichts sind im **Rechtsprechungsanhang R** auszugsweise enthalten. Dieser Anhang bildet eines der konzeptionellen Merkmale des Handbuches und soll es dem Praktiker ermöglichen, zentrale Passagen aus der Judikatur sofort nachzuschlagen. Eine Umfrage unter Beziehern hatte ja ergeben, dass dieser Rechtsprechungsteil sehr geschätzt wird. Insgesamt 35 neue wichtige Entscheidungen aus den letzten Jahren wurden nachgetragen. Die Nummerierung dieser Entscheidungsauszüge (R 473–R 794) enthält eine Entscheidung, die innerhalb der fortlaufenden Zählung mit einem Großbuchstaben gekennzeichnet ist (R 485 A) – dies ist dadurch verursacht, dass die Entscheidungen nach dem Datum sortiert sind und diese Entscheidung nachträglich eingefügt wurde. Einen schnellen Überblick bietet die am Ende des Anhangs R abgedruckte Konkordanzliste.

Damit der Umfang der Neuauflage nicht so groß wird, wurde auch bei dieser Auflage auf den Abdruck der meisten unterhaltsrechtlichen Tabellen und Leitlinien verzichtet, zumal diese in einer Beilage zur NJW sowie durch die Veröffentlichungen in der FamRZ allen Praktikern leicht zugängig sind. Der **Anhang D** enthält deshalb nur noch die aktuelle Fassung der Düsseldorfer Tabelle sowie erstmals eine Aufstellung der Kindergeldhöhe seit 1997 sowie der jährlichen Kindergeldfreibeträge.

Die Randnummern sind in jedem der 10 Hauptparagraphen durchgezählt. An verschiedenen Stellen befinden sich Lücken in der Randnummernzählung; diese sollen Platz für Erweiterung der entsprechenden Kommentierungsabschnitte in späteren Auflagen bieten, ohne dass dann die bisher vorhandene Randnummernzählung geändert werden müsste.

Querverweisungen innerhalb eines Hauptkapitels geben nur die jeweilige Randnummer an, bei einer Verweisung auf eine Stelle in einem anderen Hauptkapitel ist zusätzlich auch der Paragraph angegeben (Beispiel: vgl. → Rn. 393 → § 6 Rn. 123).

Paragraphen sind grundsätzlich wie folgt zitiert: § 1361 IV 3 BGB – die römischen Ziffern bezeichnen also die Absätze der einzelnen Paragraphen, die arabischen Zahlen die Sätze der einzelnen Absätze.

Da sich dieses Handbuch schon von seiner Konzeption her schwerpunktmäßig mit der Rechtsprechung – insbesondere der des Bundesgerichtshofes – auseinandersetzt, wurde auf ein **Literaturverzeichnis** bewusst verzichtet. Einschlägige Literatur ist in den Fußnoten nachgewiesen.

§ 1 Die Ermittlung des unterhaltsrechtlich relevanten Einkommens

1. Abschnitt: Überblick und Grundlagen

I. Der Unterhaltsanspruch

1. Unterhaltsberechtigungen

Gegenstand des vorliegenden Buches sind die auf Ehe oder Lebenspartnerschaft, Verwandtschaft und gemeinsamer Elternschaft oder auf Vertrag beruhenden Unterhaltsansprüche. Wer nicht in der Lage ist, für sich selbst aufzukommen, ist auf fremde Hilfe angewiesen. Nach dem Subsidiaritätsprinzip (→ § 8 Rn. 7 ff.) sind dafür in erster Linie die im Gesetz vorgesehenen Unterhaltspflichtigen verantwortlich. Für Ansprüche innerhalb der Familie enthält das deutsche Unterhaltsrecht **keine Generalklausel,** die den Kreis der Unterhaltsberechtigten und Unterhaltspflichtigen festlegt. Das Gesetz beschränkt sich vielmehr auf drei Grundverhältnissen für Unterhaltspflichten, nämlich die Ehe (§§ 1360 ff., 1569 ff. BGB) oder Lebenspartnerschaft (§§ 5, 12, 16 LPartG), die Verwandtschaft in gerader Linie (§§ 1601 ff. BGB) und die gemeinsame Elternschaft (§ 1615l BGB). Es regelt insoweit bestimmte Unterhaltstatbestände und legt fest, wer in welchem Umfang unterhaltsberechtigt und unterhaltspflichtig ist. Geschwistern, Onkeln, Tanten, Nichten, Neffen, Vettern, Cousinen, Schwiegereltern und Schwiegerkindern wird hingegen kein Unterhalt geschuldet. 1

Der Unterhaltsanspruch **minderjähriger Kinder** beruht auf den §§ 1601 ff. BGB. Die Eltern trifft ihnen gegenüber nach § 1603 II 1 BGB eine gesteigerte Unterhaltspflicht (→ § 2 Rn. 366). Der Elternteil, der das Kind allein oder überwiegend[1] betreut, erfüllt in der Regel allein dadurch seine Unterhaltspflicht (§ 1606 III 2 BGB). Der Barunterhalt wird dann in voller Höhe vom anderen Elternteil geschuldet (→ § 2 Rn. 410 ff.). Nur im Wechselmodell, also wenn eine (fast) hälftige Teilung der Kinderbetreuung vorliegt, haben beide Elternteile für den Barunterhalt einzustehen.[2] Stets leiten minderjährige Kinder, die noch keine eigene Lebensstellung erlangt haben, ihre Lebensstellung und damit ihren Unterhaltsbedarf aber von beiden Elternteilen ab.[3] Bei eingeschränkter Leistungsfähigkeit des Unterhaltspflichtigen ist der Unterhaltsanspruch minderjähriger Kinder und privilegierter volljähriger Kinder vorrangig vor allen anderen Unterhaltsansprüchen (§ 1609 Nr. 1 BGB). Der Unterhalt minderjähriger Kinder wird in § 2 A Abschnitte 1–5, 7 und 8 (→ § 2 Rn. 1 ff., 299 ff.) behandelt. Zu den früheren Besonderheiten des Kindesunterhalts in den neuen Bundesländern siehe § 2 Rn. 313 f., 316. 2

Der Unterhalt **volljähriger Kinder** richtet sich ebenfalls nach den §§ 1601 ff. BGB und ist daher mit dem Unterhalt der minderjährigen Kinder identisch (→ § 2 Rn. 28).[4] Die Eltern haften nach § 1606 III 1 BGB ab Eintritt der Volljährigkeit anteilig nach ihren Einkommens- und Vermögensverhältnissen für den Barunterhalt (→ § 2 Rn. 472). Wegen des Wegfalls der gesteigerten Unterhaltspflicht gegenüber nicht privilegierten volljährigen Kindern (§ 1603 II 2 BGB) und ihres Nachrangs (§ 1609 Nr. 4 BGB) wird den Eltern auch ein höherer Selbstbehalt zugestanden (→ § 2 Rn. 546). Im Mangelfall haben neben den Unterhaltsansprüchen minderjähriger sowie privilegierter volljähriger Kinder nach § 1609 Nr. 2–3 BGB auch diejenigen der Ehegatten oder sonstige Ansprüche auf Betreuungsunterhalt (§ 1615l BGB) Vorrang (→ § 2 Rn. 556 f.). Der Unterhalt volljähriger

---

[1] Vgl. BGH FamRZ 2014, 917 Rn. 30 = R 750c; 2007, 707 Rn. 16 = R 672.
[2] BGH FamRZ 2015, 236 Rn. 17 f. = R 765.
[3] BGH FamRZ 2017, 437 Rn. 25 = R 780b.
[4] BGH FamRZ 1984, 682.

Kinder wird in § 2 A Abschnitt 1–4 und 6–8 (→ § 2 Rn. 1 und → § 2 Rn. 468) behandelt.

3   Auch der Unterhaltsanspruch von **Eltern gegen ihre Kinder** und die Unterhaltsansprüche von Verwandten in gerader Linie ab dem zweiten Grad beruhen auf den §§ 1601 ff. BGB. Sie sind gemäß § 1609 Nr. 6 BGB gegenüber den zuvor erwähnten Ansprüchen und den Ansprüchen der Enkel und weiteren Abkömmlinge nachrangig. Bei diesen Ansprüchen wird deswegen auf den Eigenbedarf des Pflichtigen noch stärker Rücksicht genommen (s. dazu § 2 B (→ § 2 Rn. 900 ff.).

4   Der **Familienunterhalt** nach §§ 1360 ff. BGB soll den gesamten Lebensbedarf der Familie einschließlich des Bedarfs der Kinder bei bestehender Lebensgemeinschaft sichern. Er ist, bis auf das Taschengeld,[5] nicht auf eine Geldrente gerichtet, sondern auf Bedarfsbefriedigung durch häusliche Arbeitsleistungen und finanzielle Beiträge. Dieser Anspruch wird in § 3 behandelt (→ § 3 Rn. 1). Der Anspruch ist nur ausnahmsweise wie der Trennungsunterhalt oder der nacheheliche Unterhalt in Geld zu berechnen, wenn über gleich- oder nachrangige Ansprüche Dritter (zB der Eltern eines Ehegatten oder Kinder aus erster Ehe) zu befinden ist (→ § 3 Rn. 2).[6]

5   Der Unterhalt **getrennt lebender Ehegatten** nach § 1361 BGB ist durch Zahlung einer Geldrente zu leisten (§ 1361 IV 1 BGB), weil jetzt die häusliche Gemeinschaft aufgelöst ist. Der Anspruch auf Trennungsunterhalt ist weder mit dem Familienunterhalt noch mit dem Anspruch auf nachehelichen Unterhalt identisch (→ § 4 Rn. 6). Der in der Ehe bisher nicht erwerbstätige Ehegatte wird in § 1361 II BGB besonders geschützt (→ § 4 Rn. 32). Der Trennungsunterhalt wird im 2. Abschnitt des § 4 (→ § 4 Rn. 21 ff.) behandelt.

6   Der Unterhalt **geschiedener Ehegatten** nach §§ 1569 ff. BGB betrifft die Zeit nach Rechtskraft der Scheidung. Es handelt sich dabei um einen neuen, eigenständigen Anspruch.[7] Jetzt wirkt sich aus, dass die Verantwortung der Eheleute füreinander nach der Scheidung primär auf einen Ausgleich ehebedingter Nachteile gerichtet ist. Nur ergänzend beruht sie auf der nachehelichen Solidarität, deren Maß durch die konkret geführte Ehe bestimmt ist und die mit weiterem Zeitablauf stetig abnimmt.[8] Ein Anspruch besteht allerdings nur, wenn der Berechtigte nach der Scheidung nicht selbst für seinen Unterhalt sorgen kann (§ 1569 BGB). Das ist der Fall, solange und soweit
- von dem Bedürftigen wegen
  – Kinderbetreuung (§ 1570 BGB; → § 4 Rn. 157 f.),
  – Alters (§ 1571 BGB; → § 4 Rn. 214 ff.) oder
  – Krankheit oder Gebrechen (§ 1572 BGB; → § 4 Rn. 237 ff.)
  eine Erwerbstätigkeit nicht erwartet werden kann,
- der Bedürftige keine angemessene Erwerbstätigkeit zu finden vermag (§ 1573 I BGB; → § 4 Rn. 268 ff.),
- die Einkünfte aus einer angemessenen Erwerbstätigkeit zum vollen Unterhalt nach § 1578 BGB nicht ausreichen (Aufstockungsunterhalt; § 1573 II BGB; → § 4 Rn. 308 ff.),
- der Bedürftige zur Erlangung einer angemessenen Erwerbstätigkeit einen Ausbildungsbedarf hat (§ 1575 BGB; → § 4 Rn. 328 ff., 338 ff.) oder
- aus sonstigen schwerwiegenden Gründen die Versagung von Unterhalt grob unbillig wäre (§ 1576 BGB; → § 4 Rn. 368 ff.).

Der nacheheliche Unterhalt wird im 2.–8. Abschnitt von § 4 B (→ § 4 Rn. 102 ff.) behandelt.

Wurde die Ehe in den alten Bundesländern **vor dem 1.7.1977 geschieden,** gilt nach Art. 12 Nr. 3 II 1 des 1. EheRG[9] noch das frühere verschuldensabhängige Unterhaltsrecht (§§ 58 f. EheG). Die Düsseldorfer Tabelle[10] sieht in B II 1 dazu folgende Regeln vor:

---

[5] BGH FamRZ 2014, 1990 Rn. 14 = R 763.
[6] BGH FamRZ 2010, 1535 Rn. 30 ff. = R 714 und FamRZ 2014, 538 Rn. 26 ff. = R 746c.
[7] BGH FamRZ 1981, 242.
[8] Dose FamRZ 2011, 1341 (1344 ff).
[9] BGBl. 1976 I S. 1421 (1462).
[10] Abgedruckt im Anhang D; vgl. auch FamRZ 2019, 17 (19).

1. Abschnitt: Überblick und Grundlagen § 1

- Bei Ansprüchen nach §§ 58, 59 EheG, die auf alleinigem oder überwiegendem Verschulden des Unterhaltspflichtigen beruhen, wird Unterhalt in gleicher Höhe geschuldet, wie er nach dem neuen Recht zu zahlen wäre.
- Bei Ansprüchen nach § 60 EheG ist in der Regel die Hälfte des nach den §§ 58, 59 geschuldeten Unterhalts zu zahlen.
- Bei Ansprüchen nach § 61 EheG entscheidet die Billigkeit. Obergrenze ist der nach §§ 59, 60 EheG geschuldete Unterhalt.

Diese Regelung erscheint sachgerecht und wird, soweit ersichtlich, auch überall so praktiziert.[11]

Für Unterhaltsansprüche von Ehegatten, die vor dem 3.10.1990 in der früheren DDR geschieden worden sind, ist nach Art. 234 § 5 EGBGB noch das **FGB-DDR** maßgeblich. Diese Ansprüche sind zuletzt in der 5. Auflage im 8. Abschnitt von § 6 ab Rn. 6/650 behandelt worden.

Nach § 1313 BGB kann eine fehlerhaft zustande gekommene Ehe durch ein Gestaltungsurteil mit Wirkung ex nunc aufgehoben werden.[12] Der Unterhalt von Ehegatten, deren **Ehe aufgehoben** wurde folgt grundsätzlich den Vorschriften über den nachehelichen Unterhalt (§ 1318 I BGB). Unterhalt steht nach § 1318 II BGB uneingeschränkt allerdings nur dem hinsichtlich des Aufhebungsanspruches gutgläubigen Ehegatten zu. Wer die Aufhebbarkeit kannte, kann Unterhalt nur verlangen, wenn auch der andere bösgläubig war. Die Interessen gemeinsamer Kinder haben jedoch Vorrang.

Unterhalt aus gemeinsamer Elternschaft. Sind oder waren die Eltern eines Kindes 7 nicht miteinander verheiratet, gewährt § 1615l BGB Unterhaltsansprüche für den betreuenden Elternteil. Dieser Betreuungsunterhalt, der in § 7 näher behandelt wird, hat seine wesentliche Wurzel in der gemeinsamen Elternschaft und der daraus folgenden gemeinsamen Verantwortung für das Kind. Für die Dauer des Mutterschutzes hat der Vater der Mutter Unterhalt zu leisten, weil sie in dieser Zeit nicht in der Lage ist, für ihren Unterhalt selbst zu sorgen (§ 1615l I BGB). Der daran anschließende Unterhaltsanspruch für die Dauer von drei Jahren ab der Geburt des Kindes[13] mit Verlängerungsmöglichkeit nach Billigkeit aus kind- und elternbezogenen Gründen soll dem berechtigten Elternteil die notwendige Erziehung des gemeinsamen Kindes ermöglichen. Um insoweit eine Diskriminierung nichtehelich geborener Kinder zu vermeiden hat der Gesetzgeber den Betreuungsunterhalt aus gemeinsamer Elternschaft (§ 1615l BGB) dem nachehelichen Unterhalt (§ 1570 BGB) weitgehend angeglichen.[14] Ein Unterschied besteht allerdings bei der Höhe des Unterhaltsanspruchs, weil sich der nacheheliche Betreuungsunterhalt gemäß § 1578 I 1 BGB nach den ehelichen Lebensverhältnissen richtet, während sich der Bedarf des Betreuungsunterhalts aus gemeinsamer nichtehelicher Elternschaft gemäß § 1610 I BGB nach der eigenen Lebensstellung des Unterhaltsberechtigten richtet.[15]

2. Struktur des Unterhaltsanspruchs

Der Unterhaltsanspruch unterscheidet sich grundlegend von allen anderen auf Zahlung 8 einer Geldsumme gerichteten Ansprüchen. Denn neben den Voraussetzungen des Unterhaltstatbestandes muss für den jeweiligen Unterhaltszeitraum beim Unterhaltsberechtigten stets seine **Bedürftigkeit** und beim Unterhaltspflichtigen zugleich dessen **Leistungsfähigkeit** vorliegen.[16] Während es bei schuldrechtlichen Ansprüchen auf die Leistungsfähigkeit erst im Rahmen der Vollstreckung ankommt, steht sie im Unterhaltsrecht neben der

---

[11] Vgl. BGH FamRZ 2006, 317; 1991, 1040.
[12] Vgl. BGH FamRZ 2012, 940 Rn. 11 ff.; 2011, 872; 1967, 562; OLG Braunschweig FamRZ 2017, 910; OLG Celle FamRZ 2013, 955; OLG Nürnberg FamRZ 2011, 1508; OLG Frankfurt FamRZ 2002, 705.
[13] BGH FamRZ 2010, 444 Rn. 23 ff.; 2010, 357 Rn. 45 ff. = R 709c; 2006, 1362; vgl. auch BT-Drs. 16/1830, 30 ff.
[14] BGH FamRZ 2015, 1369 Rn. 12 = R 769 und 2010, 444 Rn. 24.
[15] BGH FamRZ 2008, 1739 Rn. 24 ff.
[16] BVerfG FamRZ 2005, 1051.

Bedarfsbemessung im Vordergrund aller Streitigkeiten. Nach Feststellung des konkreten Unterhaltstatbestands sind daher stets die Einkommens- und Vermögensverhältnisse des Unterhaltspflichtigen und des Unterhaltsberechtigten sorgfältig zu klären. In der Regel sind sie auch für die Höhe des Unterhalts maßgeblich, die nur in Ausnahmefällen unabhängig vom Einkommen des Unterhaltspflichtigen festgelegt wird (→ § 2 Rn. 8, → § 2 Rn. 508, → § 4 Rn. 763 ff.).

Der Unterhaltsanspruch wird nicht als Einheit gesehen, sondern entsteht für jeden Zeitabschnitt neu, in dem seine Voraussetzungen vorliegen.[17] Im Einklang mit der vom Gesetz vorgesehenen monatlichen Zahlungsweise (§§ 1361 IV 2, 1585 I 2, 1612 III 1 BGB) geschieht dies also von Monat zu Monat. Ein klagabweisendes Urteil erwächst deswegen nur insoweit in Rechtskraft, als danach weder ein Unterhaltsrückstand noch ein gegenwärtiger Unterhaltsanspruch besteht. Für die erst zukünftigen Unterhaltsansprüche enthält die Klagabweisung hingegen keine rechtskräftige Entscheidung, so dass ein neuer Leistungsantrag für spätere Zeiträume nicht an die Voraussetzungen des § 238 FamFG gebunden ist.[18] Für die einzelnen Unterhaltsrechtsverhältnisse gibt es zum Teil gemeinsame Regeln, etwa auf dem Gebiet der Einkommensermittlung (→ Rn. 21 ff.), zum Teil bestehen aber auch ganz erhebliche Unterschiede, die auf die verschiedenen Unterhaltstatbestände und deren Rang zurückzuführen sind. Das gilt vor allem für die Höhe des Unterhalts, die Selbstbehalte der Unterhaltspflichtigen, die Dispositionsfreiheit der Beteiligten, die Verwirkung[19] usw.

3. Prüfungsschema

9 Wegen der Abhängigkeit des Unterhaltsanspruchs von den beiderseitigen Einkommens- und Vermögensverhältnissen ist bei der rechtlichen Beurteilung stets das Folgende **Prüfungsschema** zu beachten:
- Ist der Tatbestand einer **konkreten Anspruchsgrundlage** (§§ 1601, 1360 f., 1361, 1570 ff., 1615l BGB) erfüllt?
- Wie hoch ist der **Bedarf des Berechtigten** (= Bedarfsstufe)? Die Höhe bestimmt sich oberhalb der Mindestbedarfssätze[20] nach den konkreten Lebensverhältnissen, wie sie sich aus den Einkommens- und Vermögensverhältnissen der Beteiligten ergeben. Beim Trennungs- und nachehelichen Unterhalt ist bei den ehelichen Lebensverhältnissen[21] anzusetzen (§§ 1361 I 1, 1578 I 1 BGB; → § 4 Rn. 400 ff.), während sich der Unterhaltsbedarf beim Verwandtenunterhalt und beim Betreuungsunterhalt nach § 1615l BGB nach der eigenen Lebensstellung des Berechtigten richtet (§ 1610 I BGB; → § 2 Rn. 311, 503, 508, → § 7 Rn. 1 ff.).
- Ist der **Unterhaltsberechtigte** in Höhe seines Bedarfs auch bedürftig, dh kann er seinen Bedarf nicht ganz oder jedenfalls teilweise durch eigene Einkünfte decken (= Stufe der Bedürftigkeit)?
- Ist der **Unterhaltspflichtige** in dieser Höhe ohne Beeinträchtigung seines (notwendigen, eheangemessenen[22] oder angemessenen)[23] eigenen Bedarfs auch leistungsfähig (= Leistungsstufe, Prüfung der Leistungsfähigkeit)?[24]
- Bestehen für den konkreten Fall weitere für oder gegen den Unterhaltsanspruch sprechende Voraussetzungen oder sonstige Besonderheiten? Dabei handelt es sich im Wesentlichen um

---

[17] BGH FamRZ 2007, 453 = R 665c; vgl. auch BGH FamRZ 2014, 1622 Rn. 17 = R 758.
[18] BGH FamRZ 2005, 101 = R 620.
[19] BGH FamRZ 2018, 681 Rn. 20 ff.; 2018, 589 Rn. 16 ff. = R 790 und NJW-RR 2014, 195 Rn. 7 ff.
[20] Für den Kindesunterhalt vgl. § 1612a BGB; für den Ehegatten- und den Betreuungsunterhalt vgl. BGH FamRZ 2013, 534 Rn. 26 und 2010, 357 Rn. 28 ff.
[21] Insoweit grundlegend BGH FamRZ 2012, 281 Rn. 16 ff. = R 731a.
[22] BGH FamRZ 2006, 683.
[23] Vgl. die Selbstbehaltsätze unter Ziff. 21 der Leitlinien der Oberlandesgerichte.
[24] Zur Verbraucherinsolvenz → Rn. 1118 ff.

1. Abschnitt: Überblick und Grundlagen §1

- die Herabsetzung und zeitliche Begrenzung des Unterhalts (→ § 4 Rn. 1000 ff.),[25]
- die Verwirkung (→ § 2 Rn. 936 ff., → § 4 Rn. 1200 ff.),
- den Verzug (→ § 6 Rn. 119 ff.),
- die Rückforderung (→ § 6 Rn. 200 ff.),
- die Aufrechnung (→ § 6 Rn. 300 ff.),
- die Mangelverteilung (→ § 5 Rn. 1 ff.),
- die Rangfolge (→ § 5 Rn. 105 ff.) und
- den Unterhaltsanspruch bei Gütergemeinschaft (→ § 6 Rn. 400 ff.).

- Abschließend ist das Ergebnis nach den jeweiligen Umständen des Einzelfalles stets auf seine Angemessenheit und Ausgewogenheit hin zu überprüfen, und zwar gleichgültig, ob es sich um einen so genannten Mangelfall handelt[26] oder nicht.[27]

4. Höhe des Unterhalts und Zahlungsweise

- Beim Ehegattenunterhalt richtet sich die Höhe gemäß §§ 1361 I 1, 1578 I 1 BGB nach den **ehelichen Lebensverhältnissen**.[28] Dieser Begriff umschreibt somit eine zentrale Frage des Unterhaltsrechts. Zwar besteht auch nach der neueren Rechtsprechung des BGH zur Bemessung nach der Differenzmethode[29] Übereinstimmung, dass sich der Unterhalt in der Regel nach einer Quote dieser ehelichen Lebensverhältnisse bemisst.[30] Maßgeblich für die Bemessung der ehelichen Lebensverhältnisse sind aber nicht die Bareinkünfte, die während der Ehe zur Deckung des Lebensbedarfs zur Verfügung standen, sondern die Einkünfte, die im Unterhaltszeitraum selbst zur Verfügung stehen oder erzielbar wären (→ § 4 Rn. 400 ff.). **10**

- Minderjährige Kinder, ihnen gleichgestellte privilegierte volljährige Kinder (§ 1603 II BGB)[31] und sonstige volljährige Kinder, die noch bei ihren Eltern wohnen, leiten ihre Lebensstellung (§ 1610 I BGB) grundsätzlich vom Einkommen beider unterhaltspflichtigen Eltern ab.[32] Weil der allein oder überwiegend betreuende Elternteil minderjährigen Kindern nach § 1606 III 2 BGB aber keinen Barunterhalt schuldet, ist die Unterhaltspflicht des anderen Elternteils regelmäßig auf den Unterhalt allein nach seinem Einkommen begrenzt. Nur ausnahmsweise, etwa hinsichtlich eines Mehrbedarfs des Kindes[33] oder im Falle der Betreuung nach einem gleichgewichtigen Wechselmodell[34] haften beide Eltern auch dem minderjährigen Kind für dessen Barbedarf anteilig. Dann richtet sich der Unterhalt wie bei volljährigen Kindern, denen beide Eltern nur Barunterhalt schulden, nach dem vollen Bedarf auf der Grundlage der Einkünfte beider Eltern. Nur wenn in diesen Fällen ein Elternteil nicht leistungsfähig ist, ist die Unterhaltspflicht des anderen Elternteils auf den Unterhalt allein nach seinen Einkünften begrenzt.[35] Auf dieser Grundlage richtet sich die Höhe des Unterhalts nach den im jeweiligen OLG-Bezirk geltenden Tabellen und Leitlinien (→ Rn. 20), die sich durchweg den Werten der Düsseldorfer Tabelle anschließen (s. Anhang D und → § 2 Rn. 216 ff., 503). Volljährige Kinder mit eigener Wohnung haben demgegenüber eine eigene Lebensstellung,

---

[25] BGH FamRZ 2010, 874 = R 711; 2010, 1971 = R 719 und 2010, 2059 = R 720.
[26] BGH FamRZ 2006, 26 = R 637a; 2005, 354 = R 624; 2003, 363 m Anm Scholz FamRZ 2003, 514.
[27] BGH FamRZ 2005, 1154; 2000, 1492 = R 546c; 1987, 456 (459).
[28] Grundlegend BGH FamRZ 2012, 281, 16 ff. = R 731a und nachfolgend FamRZ 2014, 1183 = R 754.
[29] BGH FamRZ 2005, 1979 = R 640d; 2005, 1154 = R 630e; 2004, 1173; 2003, 848; 2001, 986 = R 563.
[30] BGH FamRZ 2018, 260 Rn. 16 ff. = R 788b.
[31] Vgl. insoweit BGH FamRZ 2006, 99 = R 641a.
[32] BGH FamRZ 2009, 962 = R 700.
[33] BGH FamRZ 2011, 1041 Rn. 40 = R 725e; 2009, 962 = R 700.
[34] BGH FamRZ 2015, 236 Rn. 17 f. = R 765; FamRZ 2017, 437 Rn. 25 = R 780b und FamRZ 2007, 707 = R 672.
[35] BGH FamRZ 2006, 99 Rn. 13.

weswegen die Rechtsprechung für sie von festen Bedarfssätzen ausgeht (→ § 2 Rn. 505 ff., 508).[36]
- Bei den Unterhaltsansprüchen sonstiger Verwandter richtet sich die Höhe nach der Lebensstellung des Bedürftigen, die Leistungsfähigkeit des Unterhaltspflichtigen ist allerdings zu beachten (→ § 2 Rn. 933 ff., 938 ff.).[37]
- Beim Unterhalt wegen gemeinsamer Elternschaft kommt es ebenfalls auf die Lebensstellung des Berechtigten an (→ § 7 Rn. 1 ff.), weil § 1615l III 1 BGB auf den Verwandtenunterhalt (§ 1610 I BGB) verweist.[38] Diese richtet sich grundsätzlich nach dem Einkommen, das der Berechtigte ohne die Geburt des Kindes zur Verfügung hätte,[39] bemisst sich aber jedenfalls nach einem Mindestbedarf in Höhe des Existenzminimums, der unterhaltsrechtlich mit dem notwendigen Selbstbehalt eines Nichterwerbstätigen pauschaliert werden darf.[40] Allerdings ist der Unterhaltsbedarf durch den Halbteilungsgrundsatz auf die Hälfte des dem Unterhaltspflichtigen nach Abzug des Erwerbstätigenbonus verbleibenden Einkommens begrenzt.[41] Die Leistungsfähigkeit ist wie beim Ehegattenselbstbehalt durch einen Betrag begrenzt, der zwischen dem notwendigen und dem angemessenen Selbstbehalt liegt.[42]

11 In der Regel wird eine monatlich im Voraus fällige Geldrente – also **Barzahlung** – geschuldet; §§ 1361 IV, 1585 I, 1612 I und III BGB. **Fällig** ist der Unterhaltsanspruch danach ab dem konkreten Tag, von dem ab Unterhalt geschuldet wird. Rückständiger Familien-, Kindes-, Trennungs- und nachehelicher Unterhalt wird nach der für diese Berechtigten maßgeblichen Regelung in § 1613 I 2 BGB (vgl. auch §§ 1361 IV 4, 1360a III BGB) stets schon mit dem Ersten des Monats geschuldet, in dem Auskunft verlangt wurde, Verzug entstanden oder Rechtshängigkeit eingetreten ist, sofern der Anspruch dem Grunde nach bestand. Das gilt seit der Änderung des § 1585b II BGB durch das Unterhaltsrechtsänderungsgesetz zum 1.1.2008[43] auch für den nachehelichen Unterhalt (→ § 6 Rn. 100 f.).

Die Zahlung des geschuldeten Unterhalts richtet sich nach § 270 BGB, weil auch die Unterhaltsschuld eine Geldschuld iS dieser Vorschrift ist.[44] Das Geld hat der Schuldner daher auf seine Kosten und seine Gefahr an den Gläubiger zu übermitteln. Unter Berücksichtigung der Rechtsprechung des Europäischen Gerichtshofs[45] zur Richtlinie 2000/35/EG des Europäischen Parlaments und des Rates vom 29.6.2000 zur Bekämpfung von Zahlungsverzug im Geschäftsverkehr ist § 270 BGB nunmehr dahingehend auszulegen, dass die Geldschuld eine **Bringschuld** des Schuldners darstellt. Dies bedeutet, dass der Wohnsitz des Gläubigers sowohl Leistungs- als auch Erfolgsort der Geldschuld ist. Für die Rechtzeitigkeit der Leistung kommt es daher nunmehr darauf an, dass das Geld rechtzeitig dem Unterhaltsberechtigten zugeht. Der Unterhaltsschuldner hat die Wahl, ob er seiner Zahlungspflicht durch Barzahlung oder durch Überweisung genügt. Wenn er sich für die Überweisung entscheidet, ist es seine Aufgabe, von dem Gläubiger die erforderlichen Daten seiner Bankverbindung zu erfragen.[46]

Unterhaltszahlungen erfolgen regelmäßig unbar durch **Kontoüberweisungen.** Da Barzahlung geschuldet wird, liegt hierin lediglich eine Leistung an Erfüllungs Statt. Dies kann zu Problemen führen, wenn der Unterhalt auf ein überzogenes Konto überwiesen wird und die Bank keine Verfügung über das Guthaben zulässt. War die Kontenüberweisung

---

[36] BGH FamRZ 2009, 762 Rn. 28 ff. = R 703; 2007, 1232 Rn. 28; 2007, 542 (543); 2006, 99 (100) = R 641a und Ziff 13.1.2 der Leitlinien der Oberlandesgerichte.
[37] BGH FamRZ 2006, 26 = R 637a; 2004, 795; 2004, 792; 2003, 1179; 2002, 1698.
[38] Vgl. BGH FamRZ 1998, 541.
[39] BGH FamRZ 2015, 1369 Rn. 34 = R 769.
[40] BGH FamRZ 2010, 357 = R 709a, b.
[41] BGH FamRZ 2005, 442 = R 625b.
[42] BGH FamRZ 2005, 354 = R 624; 2005, 357.
[43] BGBl. 2007 I S. 3189 (3190).
[44] OLG Köln FamRZ 1990, 1243.
[45] EuGH NJW 2008, 1935 Rn. 28.
[46] LG Saarbrücken FamFR 2010, 309; aA Palandt/Brudermüller BGB 78. Aufl. § 1612 Rn. 3.

1. Abschnitt: Überblick und Grundlagen § 1

nicht vereinbart, muss der Unterhaltspflichtige ein zweites Mal zahlen.[47] Überweisungen auf ein Konto müssen daher vorher abgesprochen werden.

Mit der Umstellung der deutschen Währung von DM auf **Euro** (Art. 10, 15 EuroVO) ist dieser gesetzliches Zahlungsmittel geworden. Alle Verträge und Vollstreckungstitel mit DM-Beträgen sind auf den Euro umgerechnet (Art. 14 EuroVO).[48] Dies ist nur eine **Währungsumstellung**. Die Werte bleiben unverändert, es kann daher nicht zu Äquivalenzänderungen im Sinne von § 313 BGB kommen. Die Vertragskontinuität bleibt gewahrt. 12

5. Härteregelungen

Bei schuldhaften Verfehlungen des Unterhaltsberechtigten oder grober Unbilligkeit aus anderen Gründen kann der Unterhalt ganz oder jedenfalls zum Teil entfallen. Beim Ehegattenunterhalt richtet sich dies nach §§ 1361 III, 1579 BGB (→ § 4 Rn. 87 ff., → § 4 Rn. 1200 ff.), beim Verwandtenunterhalt nach § 1611 BGB (→ § 2 Rn. 600 ff., → § 2 Rn. 936 ff.). Daneben ist der nacheheliche Unterhalt unter Berücksichtigung aller Umstände des Einzelfalls, insbesondere ev. ehebedingter Nachteile und des Maßes der nachehelichen Solidarität,[49] herabzusetzen oder zeitlich zu befristen, wenn ein an den ehelichen Lebensverhältnissen orientierter ungekürzter Unterhalt auch unter Berücksichtigung der Belange eines gemeinsamen Kindes unbillig wäre (§ 1578b BGB; → § 4 Rn. 1000 ff.). 13

6. Unterhalt und Sozialhilfe

Nach § 19 I SGB XII ist Hilfe zum Lebensunterhalt „Personen zu leisten, die ihren notwendigen Lebensunterhalt nicht oder nicht ausreichend aus eigenen Kräften und Mitteln, insbesondere aus ihrem Einkommen und Vermögen, bestreiten können". Diese Hilfe (= Sozialhilfe) ist jedoch nach § 2 SGB XII nachrangig.[50] Gesetzliche Ansprüche auf Unterhalt haben grundsätzlich Vorrang. Wird gleichwohl Sozialhilfe geleistet, weil der Unterhaltsschuldner seiner Verpflichtung nicht nachkommt, geht der Unterhaltsanspruch nach § 94 I SGB XII auf den Träger der Sozialhilfe über und kann dann von diesem durchgesetzt werden.[51] Die öffentlichen Leistungen sind aber dann nicht subsidiär, sondern bedarfsdeckend, wenn sie eigene staatliche Aufgaben verfolgen. So sieht das Kinder- und Jugendhilferecht (SGB VIII) zB für Fälle der Heimunterbringung keinen Übergang des zivilrechtlichen Unterhaltsanspruches, sondern lediglich einen Anspruch auf einen öffentlich-rechtlichen Kostenbeitrag vor.[52] Leistungen nach dem Bundesausbildungsförderungsgesetz (BAföG) sind nur dann subsidiär und führen zum Anspruchsübergang, wenn sie als Vorausleistungen gezahlt werden (§§ 36–38 BAföG). Erfolgt die Ausbildungsförderung hingegen mangels Leistungsfähigkeit der Eltern, ist sie bedarfsdeckend.[53] Das Verhältnis von Unterhalt und Sozialhilfe wird in → § 8 Rn. 1 ff. näher behandelt (→ Rn. 110 ff. zum ALG II). 14

7. Gerichtliches Verfahren

Alle Unterhaltssachen sind Familiensachen. Nach § 23a I 1 Nr. 1, S. 2 GVG, § 23b I GVG, §§ 111 Nr. 8, 231 FamFG gehören sie zur ausschließlichen Zuständigkeit des 15

---

[47] Vgl. OLG Hamm FamRZ 1988, 499.
[48] 1 Euro = 1,95583 DM.
[49] Vgl. Dose FamRZ 2011, 1341.
[50] BGH FamRZ 2000, 1358 (1359).
[51] BGH; FamRZ 2010, 1888 Rn. 43; 2010, 1418 Rn. 22; 2005, 25; 2004, 1097 = R 610 (einschränkend).
[52] BGH FamRZ 2007, 377 (378 f.) = R 666d.
[53] BGH FamRZ 2013, 1644 Rn. 14 ff. = R 740.

Familiengerichts. Es gilt das Verfahrensrecht des FamFG, das nach §§ 112 Nr. 1, 113 I FamFG und im Rechtsmittelverfahren nach § 117 FamFG durch Vorschriften der ZPO ergänzt wird. Unterhalt für ein minderjähriges Kind kann außer in einem ordentlichen Verfahren wahlweise auch in einem stark vereinfachten Verfahren nach §§ 249 ff. FamFG geltend gemacht werden (→ § 10 Rn. 634 ff.). Das gerichtliche Verfahren wird in § 10 behandelt (→ § 10 Rn. 1 ff.).

II. Zu den Tabellen und Leitlinien der Oberlandesgerichte

1. Die Bedeutung von Tabellen und Leitlinien in der Praxis

16 Im Rahmen der zum 1.1.2008 in Kraft getretenen Unterhaltsrechtsreform hat der Gesetzgeber die Orientierung an Leitlinien ausdrücklich hervorgehoben und ausgeführt: „Das Unterhaltsrecht beschränkt sich in weiten Teilen auf konkretisierungsbedürftige Grundaussagen und Generalklauseln. Der Gesetzgeber gibt den Gerichten damit bewusst einen relativ breiten Spielraum, um dem konkreten Einzelfall nach Billigkeits- und Zumutbarkeitsgesichtspunkten gerecht zu werden. Die Gerichte orientieren sich dabei an Leitlinien der Oberlandesgerichte, die zur Rechtsvereinheitlichung und zum Rechtsfrieden ganz erheblich beitragen. Diese Grundkonzeption hat sich in der Vergangenheit bewährt und soll beibehalten werden."[54] Weil das Gesetz zur Bestimmung des angemessenen Unterhalts keine festen Maßstäbe, sondern nur ausfüllungsbedürftige unbestimmte Rechtsbegriffe enthält, sind von den Oberlandesgerichten im Interesse einer Einheitlichkeit der Rechtsprechung der Instanzgerichte und der Rechtssicherheit Unterhaltstabellen und Leitlinien entwickelt worden. Für die Zeit ab dem 1.7.2003 haben sich die Oberlandesgerichte auf eine einheitliche Leitlinienstruktur[55] geeinigt und ihre Leitlinien auch inhaltlich weitgehend angeglichen. Die Tabellen und Leitlinien besitzen **keinen Rechtssatzcharakter** und keine einer Rechtsnorm vergleichbare Verbindlichkeit. Es handelt sich um Hilfsmittel, die der Richter zur Ausfüllung des unbestimmten Rechtsbegriffs „angemessener Unterhalt" verwendet, um eine möglichst gleichmäßige Behandlung gleichartiger Lebenssachverhalte zu erreichen. Im Abänderungsverfahren ist das Gericht wegen des fehlenden Rechtssatzcharakters nicht verpflichtet, die im Ersturteil herangezogenen Leitlinien oder Tabellen wiederum zugrunde zu legen. Es kann daher beim Ehegattenunterhalt ohne weiteres die Beteiligungsquote geändert oder von der Anrechnungsmethode zur Differenzmethode übergegangen werden, soweit dies sachlich veranlasst ist (→ § 10 Rn. 230).[56]

17 Die **Leitlinien**[57] enthalten Hinweise zur Rechtsanwendung in Standardsituationen. Bei ihrer Anwendung muss der Tatrichter aber stets die gesetzlichen Vorgaben und die Besonderheiten des konkret zu entscheidenden Falls beachten.[58] Den Tabellen ist der konkret geschuldete Unterhalt bei feststehendem Einkommen zu entnehmen. Beim Kindesunterhalt hat sich die **Düsseldorfer Tabelle** (s. Anhang D und → § 2 Rn. 319) bundesweit durchgesetzt. Sie beruht auf Koordinierungsgesprächen zwischen Richtern der Familiensenate an den Oberlandesgerichten Düsseldorf, Hamm und Köln sowie allen übrigen Oberlandesgerichten und der Unterhaltskommission des Deutschen Familiengerichtstags e. V. Ausgangspunkt ist der Mindestunterhalt minderjähriger Kinder der sich gemäß § 1612a I BGB nach dem steuerfrei zu stellenden sachlichen Existenzminimum des minderjährigen Kindes richtet und seit dem 1. Januar 2016 gemäß § 1612a IV BGB durch Rechtsverordnung des Bundesministerium der Justiz und für Verbraucherschutz festgelegt ist.[59] Gemäß § 1612a I 3 BGB beträgt er von dem festgelegten Monatsbetrag

---

[54] BT-Drs. 16/1830, 13.
[55] FamRZ 2003, 909.
[56] BGH FamRZ 2003, 848; 2003, 518; 2001, 1687.
[57] Veröffentlicht ua im Internet unter: https://www.famrz.de/arbeitshilfen.html.
[58] BGH FamRZ 2006, 683 unter 2.
[59] Verordnung vom 28.9.2017 BGBl. I S. 3525 zum Mindestunterhalt ab dem 1.1.2018 und ab dem 1.1.2019.

1. Abschnitt: Überblick und Grundlagen § 1

für Kinder bis zur Vollendung des 6. Lebensjahres 87%, sodann bis zur Vollendung des 12. Lebensjahres 100% und danach bis zur Volljährigkeit 117% (→ § 2 Rn. 312). Mit der Anpassung der ersten Einkommensgruppe der Düsseldorfer Tabelle an den wieder eingeführten Mindestunterhalt minderjähriger Kinder ist die Tabelle ohne Einschränkungen auch auf Unterhaltstatbestände in den neuen Bundesländern anzuwenden. Wegen des gesetzlich festgelegten Mindestbedarfs bleibt auch bei geringem Einkommen kein Raum für einen nach der früheren **Berliner Vortabelle** gekürzten Unterhaltsbedarf (→ § 2 Rn. 313, 316).

Nach ständiger Rechtsprechung des BGH ist eine Orientierung des Tatrichters an **18** Tabellen und Leitlinien revisionsrechtlich unbedenklich, sofern nicht im Einzelfall besondere Umstände eine Abweichung erfordern.[60] Die Anwendung von Tabellen und Leitlinien obliegt dem tatrichterlichen Ermessen. Revisionsrechtlich kann vom BGH nur überprüft werden, ob die Richtwerte den anzuwendenden Rechtsvorschriften entsprechen, ob ein entsprechender Lebenserfahrungssatz aufgestellt werden kann, ob besondere Umstände des Einzelfalls hinreichend berücksichtigt sind und ob sich das Gericht an die selbst gesetzten Maßstäbe gehalten hat.[61]

Aus den Vorbemerkungen der Tabellen und Leitlinien ist ersichtlich, dass sie auch von ihren Verfassern nur in diesem Sinn als Orientierungshilfe gemeint sind und so verstanden werden sollen. Auf dieser Basis sind die Tabellen und Leitlinien neben der Rechtsprechung des BGH wichtige Erkenntnisquellen nicht nur für Richter und Rechtsanwälte, sondern auch für die Betroffenen selbst. Die mit der Veröffentlichung der Leitlinien erfolgte Aufdeckung der früher oft nur schwer erkennbaren allgemeinen Maßstäbe hat auch durch die dadurch ausgelösten Diskussionen eine Annäherung der Rechtsprechung in den einzelnen Oberlandesgerichtsbezirken bewirkt. Entsprechend haben sich vor einigen Jahren die Oberlandesgerichte Bamberg, Karlsruhe, München, Nürnberg, Stuttgart und Zweibrücken weitgehend auf gemeinsame Süddeutsche Leitlinien[62] geeinigt.

2. Düsseldorfer Tabelle zum Unterhaltsbedarf

Inzwischen bestimmen alle Oberlandesgerichte den Unterhaltsbedarf minderjähriger **19** sowie volljähriger Kinder ohne eigene Lebensstellung nach den Beträgen der auf dem Mindestunterhalt nach § 1612a I, IV BGB basierenden Düsseldorfer Tabelle. Sie wird in den oberlandesgerichtlichen Leitlinien lediglich in unterschiedlichem Umfang ergänzt bzw. zu einzelnen Punkten abgeändert. Die Düsseldorfer Tabelle, (DT), Stand 1.1.2019,[63] ist in dieser Auflage des Handbuchs abgedruckt unter → § 2 Rn. 319 sowie im Anhang D. Nachdem Neufassungen der Düsseldorfer Tabelle in der Vergangenheit stets zum 1. Juli in Kraft traten, wird die Tabelle seit 2008 wegen der Anknüpfung des Mindestunterhalts (= 1. Einkommensgruppe der DT) an den steuerlichen Kinderfreibetrag aus § 32 VI 1 EStG und dessen seit dem 1.1.2016 alle zwei Jahre erfolgenden Festsetzung durch Rechtsverordnung bei Bedarf ebenfalls zum 1. Januar des betreffenden Jahres angepasst.[64] Die frühere Berliner Vortabelle zur Düsseldorfer Tabelle für das Beitrittsgebiet, zuletzt Stand 1.7.2007, ist letztmals in der 6. Auflage abgedruckt, und zwar dort in Rn. 2/210a und im Anhang L.[65] Sie gilt nur noch für Unterhaltszeiträume bis Ende Dezember 2007, weil das neue Unterhaltsrecht für die Zeit ab Januar 2008 in § 1612a BGB einen einheitlichen Mindestunterhalt

---

[60] BGH FamRZ 2016, 1142; 2016, 1053 Rn. 15 = R 777; 2014, 1536 Rn. 27 = R 757; 2010, 802 Rn. 27; 2006, 683; 2000, 358; 1985, 354; 1983, 678.
[61] BGH FamRZ 2008, 968; 2006, 683; 1983, 678.
[62] Stand 1.1.2019 im Internet veröffentlicht unter: www.famrz.de/arbeitshilfen/unterhaltsleitlinien. html sowie unter: „www.olg-karlsruhe.de" (Suchbegriff: Leitlinien); „www.olg-stuttgart.de" (Suchbegriff: Leitlinien).
[63] FamRZ 2015, 105 und im Internet veröffentlicht unter: www.famrz.de; vgl. auch Otto FamRZ 2012, 837 ff.
[64] Vgl. Klinkhammer FamRZ 2008, 194 und Soyka FamRZ 2011, 73.
[65] Zum Stand 1.7.2007 vgl. auch FamRZ 2007, 1370.

3. Oberlandesgerichtliche Leitlinien zum Unterhaltsrecht

20 Inzwischen haben nahezu alle deutschen Oberlandesgerichte Leitlinien entwickelt, die sich aus Gründen der Übersichtlichkeit und zur weiteren Angleichung seit dem 1.7.2003 an eine gemeinsam festgelegte Struktur[67] halten. Die Leitlinien sind unter **www.famrz.de**/arbeitshilfen/unterhaltsleitlinien.html abrufbar. Es liegen vor:

– Unterhaltsrechtliche Leitlinien der Familiensenate in Süddeutschland – Oberlandesgerichte Bamberg, Karlsruhe, München, Nürnberg, Stuttgart und Zweibrücken –, Stand 1.1.2019,[68] abgekürzt SüdL.[69]
– Unterhaltsrechtliche Leitlinien der Familiensenate des Kammergerichts in Berlin, Stand 1.1.2019,[70] abgekürzt BL.
– Unterhaltsleitlinien des OLG Brandenburg, Stand 1.1.2019,[71] abgekürzt BraL.
– Unterhaltsrechtliche Leitlinien des OLG Braunschweig, Stand 1.1.2019,[72] abgekürzt BrauL.
– Leitlinien zum Unterhaltsrecht der Familiensenate des Hanseatischen Oberlandesgerichts in Bremen, Stand 1.1.2019,[73] abgekürzt BrL.
– Unterhaltsrechtliche Leitlinien des Oberlandesgerichts Celle, Stand 1.1.2019,[74] abgekürzt CL.
– Unterhaltsleitlinien des OLG Dresden, Stand 1.1.2019,[75] abgekürzt DrL.
– Leitlinien der Familiensenate des Oberlandesgerichts Düsseldorf zum Unterhaltsrecht, Stand 1.7.2019,[76] abgekürzt DL.
– Unterhaltsgrundsätze des OLG Frankfurt, Stand 1.1.2019,[77] abgekürzt FL.
– Unterhaltsrechtliche Grundsätze der Familiensenate des Hanseatischen Oberlandesgerichts Hamburg, Stand 1.5.2019,[78] abgekürzt HaL.
– Leitlinien zum Unterhaltsrecht der Familiensenate des Oberlandesgerichts Hamm, Stand 1.1.2019,[79] abgekürzt HL.

---

[66] Vgl. Vossenkämper FamRZ 2008, 215; siehe auch BT-Drs. 16/1830, 14, 27 und BT-Drs. 16/6980, 23.
[67] Bundeseinheitliche Struktur für unterhaltsrechtliche Leitlinien, FamRZ 2003, 909.
[68] Sonderheft zu NJW Heft 8/2019 S. 13 ff.
[69] Im Internet sind die SüdL außerdem veröffentlicht unter: „www.olg-karlsruhe.de" (Suchbegriff: Leitlinien); „www.olg-stuttgart.de" (Suchbegriff: Leitlinien).
[70] Im Internet veröffentlicht unter: www.famrz.de/arbeitshilfen/unterhaltsleitlinien.html; vgl. auch die Homepage im Internet: „www.kammergericht.de (Service für sie)".
[71] Im Internet veröffentlicht unter: www.famrz.de/arbeitshilfen/unterhaltsleitlinien.html; vgl. auch die Homepage im Internet: „olg.brandenburg.de (Suchbegriff: Leitlinien)".
[72] Im Internet veröffentlicht unter: www.famrz.de/arbeitshilfen/unterhaltsleitlinien.html; vgl. auch die Homepage im Internet: „www.oberlandesgericht-braunschweig.niedersachsen.de" (Suchbegriff: Leitlinien).
[73] Im Internet veröffentlicht unter: www.famrz.de/arbeitshilfen/unterhaltsleitlinien.html; vgl. auch die Homepage im Internet: „www.oberlandesgericht.bremen.de" (unter Informationen).
[74] Im Internet veröffentlicht unter: www.famrz.de/arbeitshilfen/unterhaltsleitlinien.html; vgl. auch die Homepage im Internet: „www.oberlandesgericht-celle.niedersachsen.de" (unter Rechtsprechung).
[75] Im Internet veröffentlicht unter: www.famrz.de/arbeitshilfen/unterhaltsleitlinien.html; vgl. auch die Homepage im Internet: „www.justiz.sachsen.de/olg/ (Unterhaltsleitlinien)".
[76] Im Internet veröffentlicht unter: www.famrz.de/arbeitshilfen/unterhaltsleitlinien.html; vgl. auch die Homepage im Internet: „www.olg-duesseldorf.nrw.de" (Suchbegriff: Leitlinien).
[77] Im Internet veröffentlicht unter: www.famrz.de/arbeitshilfen/unterhaltsleitlinien.html; vgl. auch die Homepage im Internet: „www.olg-frankfurt.justiz.hessen.de (Unterhaltsgrundsätze)".
[78] Im Internet veröffentlicht unter: www.famrz.de/arbeitshilfen/unterhaltsleitlinien.html; vgl. auch die Homepage im Internet: „justiz.hamburg.de/oberlandesgericht/service".
[79] Im Internet veröffentlicht unter: www.famrz.de/arbeitshilfen/unterhaltsleitlinien.html; vgl. auch die Homepage im Internet: „www.olg-hamm.nrw.de" (Suchbegriff: Leitlinien).

1. Abschnitt: Überblick und Grundlagen § 1

– Thüringer Tabelle zum Unterhaltsrecht des OLG Jena, Stand 1.1.2019,[80] abgekürzt ThL.
– Unterhaltsleitlinien des OLG Koblenz, Stand 1.1.2019,[81] abgekürzt KobL.
– Unterhaltsrichtlinien der Familiensenate des Oberlandesgerichts Köln, Stand 1.1.2019,[82] abgekürzt KL.
– Unterhaltsleitlinien des OLG Naumburg, Stand 1.1.2019,[83] abgekürzt NaL.
– Unterhaltsrechtliche Leitlinien der Familiensenate des OLG Oldenburg, Stand 1.1.2019,[84] abgekürzt OL.
– Unterhaltsrechtliche Grundsätze des OLG Rostock, Stand 1.1.2019,[85] abgekürzt RL.
– Unterhaltsrechtliche Leitlinien des Saarländischen Oberlandesgerichts, Stand 1.1.2019,[86] abgekürzt SaL.
– Unterhaltsrechtliche Leitlinien des Schleswig-Holsteinischen Oberlandesgerichts, Stand 1.1.2019,[87] abgekürzt SchL.

III. Zum anrechenbaren monatlichen Nettoeinkommen

Die Einkommensermittlung erfolgt für Unterhaltsberechtigte und Unterhaltspflichtige nach den **gleichen allgemeinen Grundsätzen.** Es macht zunächst auch keinen Unterschied, ob die Höhe von Familienunterhalt, Ehegattenunterhalt oder Kindesunterhalt bestimmt werden soll. Erst bei der später zu prüfenden Bedarfsstufe und im Rahmen der Leistungsfähigkeit ist zu entscheiden, ob alle ermittelten Einkünfte für die Unterhaltsbestimmung maßgeblich sein sollen. Dies kann wegen der unterschiedlichen Ausgestaltung der Unterhaltsansprüche beim Kindes- und Ehegattenunterhalt und auch beim sonstigen Verwandtenunterhalt abweichend zu beurteilen sein (→ Rn. 31 ff.). Auf eine genaue Einkommensermittlung kann nur in Ausnahmefällen verzichtet werden. Beim **Ehegattenunterhalt** ist dies möglich, wenn das Einkommen des Unterhaltspflichtigen so hoch ist, dass anstelle des Quotenunterhalts der konkrete Bedarf festgestellt werden kann und der Unterhaltsberechtigte sich für diese Art der Bemessung seines Unterhaltsbedarfs entscheidet (→ § 4 Rn. 763 ff.).[88] Beim **Kindesunterhalt** kann auf die Einkommensermittlung verzichtet werden, wenn der Unterhaltspflichtige seine uneingeschränkte Leistungsfähigkeit einräumt und der gesamte Bedarf des Berechtigten jedenfalls nicht über dem anerkannten Betrag liegt.[89]

21

---

[80] Im Internet veröffentlicht unter: www.famrz.de/arbeitshilfen/unterhaltsleitlinien.html; vgl. auch die Homepage im Internet: „www.thueringen.de/th4olg/infothek/unterhaltsrechtliche_leitlinien".
[81] Im Internet veröffentlicht unter: www.famrz.de/arbeitshilfen/unterhaltsleitlinien.html und auf der Homepage im Internet www.olgko.justiz.rlp.de (Unterhaltsleitlinien).
[82] Im Internet veröffentlicht unter: www.famrz.de/arbeitshilfen/unterhaltsleitlinien.html; vgl. auch die Homepage im Internet: „www.olg-koeln.nrw.de" (Suchbegriff: Leitlinien).
[83] Im Internet veröffentlicht unter: www.famrz.de/arbeitshilfen/unterhaltsleitlinien.html; vgl. auch die Homepage im Internet: „www.olg.sachsen-anhalt.de/unterhaltsleitlinien".
[84] Im Internet veröffentlicht unter: www.famrz.de/arbeitshilfen/unterhaltsleitlinien.html; vgl. auch die Homepage im Internet: „www.oberlandesgericht-oldenburg.niedersachsen.de" (unter Rechtsprechung).
[85] Im Internet veröffentlicht unter: www.famrz.de/arbeitshilfen/unterhaltsleitlinien.html; vgl. auch die Homepage im Internet: „www.mv-justiz.de/dokumente/Leitlinien_2013.pdf".
[86] Im Internet veröffentlicht unter: www.famrz.de/arbeitshilfen/unterhaltsleitlinien.html; vgl. auch die Homepage im Internet: „www.saarland-olg.de" (Das OLG).
[87] Im Internet veröffentlicht unter: www.famrz.de/arbeitshilfen/unterhaltsleitlinien.html; vgl. auch die Homepage im Internet: „www.olg-schleswig.de" (Unterhaltsrechtliche Leitlinien).
[88] BGH FamRZ 2018, 260 Rn. 15 ff. = R 788b; 2012, 947 Rn. 32 ff.; 2011, 192; 2010, 1637 = R 715a; 2007, 117 (118) = R 662b; 1994, 1169.
[89] Vgl. zum Ehegattenunterhalt BGH FamRZ 2013, 1027 Rn. 9 f.; 2001, 1603 (1604); 2000, 358; 1983, 473.

1. Grundsatz der unterschiedslosen Erfassung aller Einkünfte aus allen Einkommensarten

22 Bei der Einkommensermittlung gilt sowohl für den Unterhaltsberechtigten als auch für den Unterhaltspflichtigen der Grundsatz der unterschiedslosen Erfassung aller unterhaltsrechtlich relevanten Einkünfte, dh es sind auf beiden Seiten grundsätzlich **alle zufließenden Einkünfte** anzurechnen, gleichgültig welcher Art sie sind und aus welchem Anlass sie gezahlt werden (→ Rn. 74 ff.).[90] Auch Sachleistungen,[91] ein Lottogewinn[92] und selbst regelmäßige Gewinne eines Skatspielers sind heranzuziehen.[93] Zu erfassen sind somit alle Einkünfte aus allen Einkunftsarten. Innerhalb jeder Einkunftsart zählen dazu alle aus dieser Einkunftsart zufließenden Einkünfte, zB beim Arbeitseinkommen (→ Rn. 74 f.) ua auch Sonderzuwendungen, Zulagen, Spesen,[94] erhaltene Prämien, Weihnachtsgeld, Urlaubsgeld, Auslösungen, Überstundenvergütungen sowie sonstige Nebeneinnahmen (→ Rn. 78 ff.). Sogar die Tilgungsanteile einer Leibrente sind zu berücksichtigen.[95] Dabei trifft sowohl den Unterhaltspflichtigen als auch den Berechtigten eine Obliegenheit, alle ihm zumutbaren Einkünfte zu erzielen. Sie sind verpflichtet, sowohl ihre Arbeitskraft als auch ihr Vermögen so gut wie möglich einzusetzen. Kommen sie dieser Pflicht nicht nach, können ihnen unter besonderen Voraussetzungen **fiktive Einkünfte** zugerechnet werden. Beim Unterhaltspflichtigen erhöhen diese zusätzlichen Einkünfte sein anrechenbares Einkommen (→ Rn. 735 ff.), beim Berechtigten mindern sie die Bedürftigkeit (→ Rn. 773 ff.). Wird der Unterhaltspflichtige oder der Unterhaltsberechtigte hingegen, etwa neben einer Kinderbetreuung, **überobligatorisch** tätig, ist nur der unterhaltsrelevante Teil dieser Einkünfte in die Unterhaltsermittlung einzubeziehen (→ Rn. 800 ff.).[96]

2. Zur Berechnung des anrechenbaren Nettoeinkommens

23 Maßgeblich für die Unterhaltsberechnung ist nur der Teil des Einkommens, der zur Deckung des laufenden Lebensbedarfs zur Verfügung steht und bei Anlegung eines objektiven Maßstabs dafür eingesetzt werden kann.[97] Dies ist das **unterhaltsrechtlich relevante Nettoeinkommen**. Bei den nicht anzurechnenden Teilen des Bruttoeinkommens handelt es sich um folgende typische Abzugsposten (→ Rn. 850 f.):

- Zahlungen für **Lohn- oder Einkommensteuer,** Solidaritätszuschlag und Kirchensteuer (→ Rn. 870 ff., 582 ff., 1009 ff.).
- **Vorsorgeaufwendungen** für Krankheit, Pflegebedürftigkeit, Invalidität, Alter[98] und Arbeitslosigkeit (→ Rn. 1029 ff.).
- Aufwendungen, die zur Erzielung des Einkommens erforderlich sind. Es handelt sich hierbei im Wesentlichen um **Werbungskosten.** Der Abzug berufsbedingter Aufwendungen setzt allerdings voraus, dass die betreffenden Kosten notwendigerweise mit der Ausübung der Erwerbstätigkeit verbunden sind und sich eindeutig von denjenigen der privaten Lebensführung abgrenzen lassen. Dass bestimmte Aufwendungen steuerlich als Werbungskosten anerkannt werden, hat unterhaltsrechtlich nicht die entsprechende Be-

---

[90] BGH FamRZ 2006, 99 = R 641c, e (zum Kindergeld und zur Ausbildungsvergütung beim Kindesunterhalt); 1986, 780 (zur Aufwandsentschädigung eines Abgeordneten); 1983, 670 (zu Sitzungsgeldern kommunaler Abgeordneter).
[91] BGH FamRZ 2005, 97.
[92] OLG Frankfurt FamRZ 1995, 874; zum Lottogewinn als Zugewinn vgl. BGH FamRZ 2014, 24 Rn. 11 ff.
[93] OLG Düsseldorf FamRZ 1994, 896.
[94] BGH NZFam 2017, 864 Rn. 14; OLG Düsseldorf – 6 UF 150/07, BeckRS 2008, 17153.
[95] BGH FamRZ 1994, 228; vgl. auch BGH FamRZ 2009, 198.
[96] BGH FamRZ 2018, 23 Rn. 17 = R 787; 2017, 711 Rn. 19 = R 783; 2016, 199 Rn. 17 = R 775; 2011, 454 = R 721; 2009, 1391 Rn. 18; 2009, 770 = R 704a; 2005, 1154 = R 630c, e.
[97] BGH FamRZ 2007, 1532 (1534); 1989, 838; 1986, 780.
[98] Zur zusätzlichen Altersvorsorge neben der gesetzlichen Altersvorsorge vgl. BGH FamRZ 2015, 2138 Rn. 27 ff. = R 773; 2013, 616 Rn. 15 ff.; 2010, 1535 Rn. 25 f.; 2009, 1207 Rn. 29 ff.

1. Abschnitt: Überblick und Grundlagen § 1

wertung zur Folge.⁹⁹ Bei Einkünften aus abhängiger Arbeit werden die Werbungskosten auch berufsbedingte oder ausbildungsbedingte Aufwendungen¹⁰⁰ genannt (→ Rn. 122 ff.). Bei Einkünften von bilanzierenden und nicht bilanzierenden Unternehmern oder Freiberuflern und Landwirten heißen sie Betriebsausgaben (→ Rn. 330 ff.). Bei den übrigen Einkunftsarten heißen sie wie im Steuerrecht Werbungskosten.
- Regelmäßiger Mehrbedarf durch Kinderbetreuung¹⁰¹ (→ Rn. 1053 ff.), durch Ausbildung, durch Krankheit¹⁰² (vgl. § 1610a BGB), durch Behinderung oder durch Alter (→ § 4 Rn. 400 ff., 840 ff.).
- Berücksichtigungsfähige Zins- und Tilgungsleistungen¹⁰³ bei Schulden (→ Rn. 1072 ff.).
- Beim Ehegattenunterhalt zusätzlich:
  - Eheprägende oder sonstige berücksichtigungsfähige Aufwendungen des Unterhaltspflichtigen oder des Unterhaltsberechtigten zur Vermögensbildung, soweit nach der Trennung auch der andere Ehegatte noch daran partizipiert, etwa durch den Zugewinnausgleich oder durch einen Abtrag auf gemeinsame Verbindlichkeiten (→ § 4 Rn. 453 ff.).¹⁰⁴
  - Der Kindesunterhalt, soweit er dem Gesetz oder einer hinzunehmenden Vereinbarung entspricht.¹⁰⁵
  - Freiwillige Leistungen sind Geschenke an Dritte, die dem unterhaltspflichtigen Ehegatten nicht einkommensmindernd und dem Unterhaltsberechtigten nicht bedarfserhöhend entgegengehalten werden dürfen.¹⁰⁶

3. Zum monatlichen Nettoeinkommen

Der geschuldete Unterhalt ist jeweils monatlich im Voraus zu zahlen; § 1361 IV 2, **24** § 1585 I 2, § 1612 I und III BGB. Für den gesamten rückständigen Unterhalt ab Auskunftsbegehren oder Verzugseintritt (§§ 1613 I, 1360a III, 1361 IV 4, 1585b II BGB) kann das zugrunde liegende Einkommen konkret ermittelt werden.¹⁰⁷ Für den künftigen Unterhalt muss wegen dessen Abhängigkeit von den beiderseitigen Einkünften hingegen vorausschauend geprüft werden, welches Einkommen dem Unterhaltspflichtigen und dem Unterhaltsberechtigten voraussichtlich künftig monatlich zur Verfügung stehen wird.¹⁰⁸ Diese **Zukunftsprognose** beruht auf den Werten der Vergangenheit, die bei unverändertem Bezug ohne weiteres der Berechnung auch des zukünftigen Unterhalts zugrunde gelegt werden können. Gab es im Prüfungszeitraum außerordentliche Einnahmen oder Ausgaben, mit deren Wiederholung nicht zu rechnen ist, muss das Ergebnis um diese Zahlungsvorgänge bereinigt werden. Gleiches gilt, wenn künftig, zB wegen eines Wechsels der Steuerklasse in Folge der Ehescheidung, höhere Abzüge geschuldet sind (→ Rn. 907). Das unbereinigte Ergebnis kann dann nur für den rückständigen Unterhalt gelten, nicht aber für die Zukunft.

Das in der Vergangenheit liegende Monatseinkommen, das zum Ausgangspunkt der **25** Unterhaltsberechnung für die Zukunft werden soll, bemisst sich wegen der Unregelmäßigkeit nahezu aller Einkünfte bei Arbeitnehmern nach dem Durchschnitt des letzten Jahres-

---

[99] BGH FamRZ 2009, 762 Rn. 38 ff.; 2007, 193 = R 664a; 1988, 159 (161).
[100] BGH FamRZ 2016, 887 Rn. 18 = R 776.
[101] Vgl. insoweit aber BGH FamRZ 2018, 23 Rn. 18 ff. = R 787 und 2017, 437 Rn. 31 ff. = R 780c.
[102] BGH FamRZ 2018, 1506 Rn. 21 = R 792.
[103] BGH FamRZ 2017, 519 Rn. 29 ff. = R 781b zu Tilgungsleistungen für eine selbst genutzte Immobilie.
[104] BGH FamRZ 2008, 693.
[105] BGH FamRZ 2012, 281 Rn. 19 = R 731b; vgl. aber BGH FamRZ 2005, 1817 = R 632e (zu Stiefkindern).
[106] BGH FamRZ 2008, 968; 2008, 594; 2005, 967 (969) (zu freiwilligen Leistungen von Dritten); OLG Karlsruhe FamRZ 1985, 286 (288); OLG Zweibrücken FamRZ 1982, 1016.
[107] BGH FamRZ 2007, 1532.
[108] BGH FamRZ 2010, 1050 Rn. 47; 2008, 1739 Rn. 56; 2005, 101 = R 620; zur Abänderung bei einer von der Prognose abweichenden Entwicklung vgl. BGH FamRZ 2007, 983 = R 676a.

einkommens. Dazu können die Einkünfte entweder der letzten 12 Monate vor der Unterhaltsbemessung oder **im letzten abgelaufenen Kalenderjahr** herangezogen werden. Bei im Wesentlichen gleichbleibenden Einkünften empfiehlt es sich, von dem letzten abgelaufenen Kalenderjahr auszugehen. Auf diesem Weg können die einzelnen Bestandteile des Einkommens am besten und sichersten berücksichtigt werden. Dies gilt auch für Arbeitnehmer, denen unregelmäßige Zahlungen geleistet werden oder Kosten erwachsen (zB Steuererstattungen,[109] Steuernachzahlungen,[110] Sonderzuwendungen), unter deren Berücksichtigung so problemlos ein Durchschnittseinkommen gebildet werden kann.[111] Die Heranziehung des Kalenderjahres ist bei Arbeitnehmern auch deshalb sinnvoll, weil es dann in der Regel genügt, zur Einkommensermittlung die Jahresabrechnung oder die Lohnsteuerbescheinigung vorzulegen (→ Rn. 69 ff.).

26 Eine **Korrektur** des aus dem abgelaufenen Kalenderjahr berechneten durchschnittlichen Einkommens muss aber dann erfolgen, wenn feststeht, dass sich das Einkommen bereits im laufenden Jahr nicht unwesentlich und nachhaltig geändert hat oder künftig ändern wird.[112] In einem solchen Fall muss die eingetretene oder absehbare Änderung des Einkommens schon in die Prognose des künftigen Durchschnittseinkommens einfließen. Das fiktive Durchschnittseinkommen muss dann ggf. auf der Grundlage aktueller Einkommensbelege für kurze Zeitabschnitte errechnet werden. Wird jedoch nur geltend gemacht, dass Änderungen zu erwarten sind und lässt sich deren Umfang noch nicht konkret bestimmen, muss wegen der Unsicherheit von Zukunftsprognosen jeder Art deren Eintritt abgewartet werden. Anschließend kann eine Abänderung nach §§ 238 f. FamFG erfolgen (→ § 10 Rn. 190 ff.).[113]

27 Bei den jährlich schwankenden Einkünften von **Gewerbetreibenden, Freiberuflern,** bilanzierenden Unternehmern oder bei schwankenden **Miet- oder Kapitaleinkünften** ist ein möglichst zeitnaher Mehrjahresdurchschnitt, im Regelfall ein Durchschnitt aus den letzten drei Jahren, zu bilden, damit nicht ein zufällig günstiges oder ungünstiges Jahr als Maßstab für die Zukunft dient (→ Rn. 420 f.).[114] Wegen der hier bestehenden Abhängigkeit von den Jahresabschlüssen, dh Bilanzen mit Gewinn- und Verlustrechnungen (→ Rn. 169 ff.), oder Einnahmen-Überschuss-Rechnungen (→ Rn. 250 ff.) sind in diesen Fällen stets abgeschlossene Kalenderjahre zugrunde zu legen. Wenn mit einer stetigen Weiterentwicklung der Einkünfte zu rechnen ist, kann im Einzelfall auch eine Prognose auf der Grundlage des zuletzt erreichten Einkommens zugrunde gelegt werden.[115] Bei Vorliegen besonderer Umstände, vor allem bei sehr schwankenden Einkünften und tendenziellen Änderungen kann auch ein Zeitraum von mehr als drei Jahren herangezogen werden (Fünfjahresdurchschnitt). Wie weit in die Vergangenheit zurückgegangen werden soll, ist Sache des Tatrichters.[116] Stets ist aber die mit einiger Sicherheit vorauszusehende künftige Entwicklung in die Betrachtung einzubeziehen. Dazu gehört auch ein mit hoher Wahrscheinlichkeit eintretender, nicht abzuwendender und dem Selbständigen nicht vorwerfbarer Einkommensrückgang.[117] Das kann aber nicht ohne weiteres auch für einen Einkommensrückgang gelten, der so einschneidend ist, dass er den erreichten Lebensstandard grundlegend verändert, und der von unabsehbarer Dauer und ohne Aussicht auf Besserung ist. Unter solchen Umständen gewinnt die unterhaltsrechtliche Erwerbsobliegenheit besondere Bedeutung, wonach ein Unterhaltspflichtiger seine Arbeitskraft und

---

[109] BGH FamRZ 2017, 519 Rn. 50 ff. = R 781; 2013, 935 Rn. 30 f.; 2013, 616 Rn. 14; 2013, 191 Rn. 21; 2009, 1207 Rn. 26 ff.
[110] BGH FamRZ 2011, 1851 Rn. 19.
[111] BGH FamRZ 1986, 87; 1983, 996; OLG München FamRZ 1984, 173.
[112] BGH FamRZ 2010, 869 Rn. 25; 1984, 353; OLG München FamRZ 1984, 173.
[113] BGH FamRZ 2010, 1318 Rn. 32 ff. und 2010, 1150 Rn. 17 ff. (Abänderung eines Versäumnisurteils); 2010, 192 = R 708a (Abänderung eines Vergleichs); 2008, 872 Rn. 12 ff. (Abänderung bei fiktiven Einkünften); vgl. aber BGH FamRZ 2005, 101 = R 620.
[114] BGH FamRZ 2004, 1177; 1986, 48 (51); 1985, 471; 1985, 357; vgl. auch Ziff. 1.5 der Leitlinien der Oberlandesgerichte.
[115] BGH FamRZ 1985, 471; OLG Hamm FamRZ 1997, 310 (Arzt).
[116] BGH FamRZ 1985, 357.
[117] BGH FamRZ 2008, 1739 Rn. 57; 2006, 683; 2003, 590.

1. Abschnitt: Überblick und Grundlagen   § 1

sonstige zu Gebote stehende Einkommensquellen so gut wie möglich einzusetzen hat.[118] Erwirtschaftet der selbständige Unternehmer nur Verluste oder äußerst geringe Einkünfte, kann er nach einer Übergangszeit unterhaltsrechtlich zur Aufgabe des Unternehmens und zur Aufnahme einer abhängigen Arbeit verpflichtet sein (→ Rn. 769).[119]

Das durchschnittliche Monatseinkommen ergibt sich bei Arbeitnehmern, indem ihr **28** Jahreseinkommen durch 12 geteilt wird. Bei Selbstständigen werden die zusammengerechneten Jahresgewinne durch die Zahl der Monate des Prüfungszeitraums geteilt. Ein regelmäßiges wöchentliches Einkommen wird auf das Jahr hochgerechnet und durch 12 geteilt. Ein wöchentliches Arbeitslosengeld von 300 EUR ergibt somit ein Monatseinkommen von $300 \times 52 : 12 = 1300$ EUR (zum Prüfungszeitraum für Arbeitnehmer → Rn. 69 f. und bei Freiberuflern → Rn. 420 f.).

4. Zur Berücksichtigung von Abfindungen und einmaligen höheren Zuwendungen

Höhere einmalige **Sonderzuwendungen**, wie zB aus Mitarbeiterbeteiligung, aus Anlass **29** eines Jubiläums, als Abfindung bei Arbeitsplatzverlust auf Grund eines Sozialplanes oder aus Anlass der Aufhebung eines Arbeitsvertrags oder als Übergangsbeihilfe der Bundeswehr, sind bei der Unterhaltsberechnung zu berücksichtigen, soweit sie Lohnersatzfunktion haben (→ Rn. 93).[120] Auch wenn die Beteiligten die Sonderzuwendung durch Ehevertrag oder unterhaltsrechtlichen Vergleich in die Unterhaltsberechnung einbezogen haben, bleibt es bei dieser Zuordnung, was eine **Doppelberücksichtigung** beim Zugewinnausgleich ausschließt.[121] Allgemein kann für die Zuordnung zum Unterhalt oder zum Zugewinn danach differenziert werden, ob und in welchem Umfang der Vermögenswert oder dessen Erträge der Sicherung des allgemeinen Lebensunterhalts dienen.[122] Soweit die Sonderzuwendung bei der Unterhaltsberechnung (und nicht beim Zugewinnausgleich) zu berücksichtigen ist, ist sie auf mehrere Jahre zu verteilen.[123] Eine Abfindung bei Beginn des Vorruhestands ist auf die Zeit bis zur erwarteten Verrentung aufzuteilen.[124] Eine Sonderzuwendung, die auf Grund einer früheren unzumutbaren Tätigkeit gezahlt wird, ist in vollem Umfang zu berücksichtigen, da es sich insoweit um zumutbares Einkommen handelt.[125] Soweit erforderlich ist die Abfindungssumme selbst (nicht nur etwaige Zinseinkünfte) im Rahmen einer sparsamen Wirtschaftsführung zur Deckung des nach den **ehelichen Lebensverhältnissen** zu bemessenden Unterhaltsbedarfs aller Berechtigten und des Unterhaltpflichtigen zu verwenden. Der Unterhaltpflichtige ist aber bei beengten wirtschaftlichen Verhältnissen nicht gehalten, die ihm aus der Abfindung zur Verfügung stehenden Mittel voll einzusetzen, um die aus dem verminderten laufenden Einkommen nicht mehr finanzierbaren Ansprüche des Berechtigten nach den früheren ehelichen Lebensverhältnissen weiter zu bezahlen, wenn ihm bei angemessenem Verbrauch selbst nur ein Betrag unterhalb der früheren ehelichen Lebensverhältnisse verbleibt.[126] Wird die Abfindung erst nachehelich gezahlt und erzielt der Unterhaltspflichtige aus einer neuen Erwerbstätigkeit Einkünfte in unveränderter Höhe, bleibt sie bei der Unterhaltsbemessung nach den ehelichen Lebensverhältnissen unberücksichtigt. Das gilt auch dann, wenn sie zur Tilgung von Verbindlichkeiten verwendet wird, die unterhaltsmindernd berücksichtigt sind. Wie im Falle eines Karrieresprungs können solche während der Ehezeit noch nicht absehbare nacheheliche Entwicklungen den nach-

---

[118] BGH FamRZ 1993, 1304.
[119] OLG Hamm FamRZ 2018, 1311; OLG Düsseldorf FamRZ 1997, 1078.
[120] BGH FamRZ 2012, 1201 Rn. 22 = R 733b; 2007, 983 = R 676d; 2001, 278; 1998, 362.
[121] BGH FamRZ 2008, 761 (763); 2004, 1352 und 2003, 432 (433).
[122] BGH FamRZ 2011, 705 Rn. 35; zum Verbot der Doppelberücksichtigung allgemein: Schulz FamRZ 2006, 1237.
[123] BGH FamRZ 1987, 930; 1987, 359; 1982, 250.
[124] BGH FamRZ 2012, 1048 Rn. 8 ff.; 2012, 1040 Rn. 36 ff. = R 732i; OLG München FamRZ 2005, 714; OLG Karlsruhe FamRZ 2001, 1615; OLG Frankfurt FamRZ 2000, 611.
[125] OLG Köln FamRZ 2006, 342; OLG Koblenz FamRZ 2002, 325.
[126] Vgl. BGH FamRZ 2008, 968 =; 2006, 683; BGH FamRZ 1990, 269 (271).

ehelichen Unterhalt nicht über die Verhältnisse in der Ehezeit hinaus erhöhen. Denn der nacheheliche Unterhalt beruht grundsätzlich auf einer nachehelichen Solidarität, die nicht stärker sein kann, als die gegenseitige Verantwortung während der Ehezeit.[127] Eine Verteilung auf mehrere Jahre kommt auch bei überdurchschnittlich hohen Erträgen aus selbstständiger Erwerbstätigkeit in Betracht[128] (→ Rn. 93 ff.).

30 Eine Abfindung dient als Ersatz des fortgefallenen Arbeitseinkommens dazu, dass für eine gewisse Zeit die bisherigen wirtschaftlichen Verhältnisse aufrechterhalten werden können. Ergibt sich aus ihrem Zweck, etwa der Einkommenssicherung bis zum Rentenbeginn, keine feste Dauer, ist sie zeitlich so zu verteilen, dass der angemessene Bedarf des Unterhaltsberechtigten und des Unterhaltspflichtigen in bisheriger Höhe sichergestellt wird. Dann erfolgt erst nach Ablauf dieser Zeit eine Anpassung des Unterhalts an die veränderten Verhältnisse.[129] Bei gesteigerter Unterhaltspflicht gegenüber minderjährigen Kindern sind die Mittel für den eigenen Bedarf sparsam einzusetzen, um den notwendigen Unterhalt des minderjährigen Kindes nach Möglichkeit bis zur Volljährigkeit sicherzustellen[130] (→ Rn. 94). Weil die Abfindung nicht aus einer fortdauernden Erwerbstätigkeit herrührt, ist von ihr ein **Erwerbstätigenbonus** nicht in Abzug zu bringen.[131]

IV. Unterschiedliche Berücksichtigung der Einkünfte bei der Berechnung des Kindesunterhalts und des Ehegattenunterhalts

1. Berücksichtigung der Einkünfte beim Kindesunterhalt

31 Für die Berechnung des Kindesunterhalts spielen uneingeschränkt alle Nettoeinkünfte des Unterhaltspflichtigen und alle Nettoeinkünfte des Kindes eine Rolle. Der von beiden Eltern abgeleitete Bedarf **minderjähriger Kinder** ergibt sich aus der Düsseldorfer Tabelle (→ Rn. 19), wobei für die Einordnung in die unterschiedlichen Einkommensgruppen ohne Einschränkung alle Einkünfte des Barunterhaltspflichtigen maßgeblich sind (→ Rn. 22). Gleiches gilt für den Bedarf volljähriger Kinder, die noch im Haushalt eines Elternteils leben und ihren Unterhaltsbedarf weiterhin von der Lebensstellung beider Eltern ableiten. Denn ihr Unterhaltsbedarf ergibt sich aus der vierten Altersgruppe der Düsseldorfer Tabelle.[132]

Soweit sich der Unterhaltsbedarf **volljähriger Kinder** wegen ihrer eigenen Lebensstellung, etwa als Student, auf Grund von unterhaltsrechtlichen Leitlinien nach festen Bedarfssätzen bemisst,[133] sind die Einkünfte eines Unterhaltspflichtigen für die Bedarfsfeststellung an sich ohne Bedeutung. Sind allerdings beide Eltern barunterhaltspflichtig, müssen für die Berechnung des jeweiligen Unterhaltsanteils alle Einkünfte beider Eltern ermittelt und berücksichtigt werden (→ § 2 Rn. 560 ff.).[134]

32 Im Rahmen der **Bedürftigkeitsprüfung** sind uneingeschränkt alle Einkünfte des Kindes bedürftigkeitsmindernd auf den Bedarf des Kindes anzurechnen (→ § 2 Rn. 51 ff., 107 ff.).[135] Zur Beurteilung der **Leistungsfähigkeit** des Unterhaltspflichtigen sind ebenfalls ohne Einschränkung alle Einkünfte des Unterhaltspflichtigen bedeutsam.[136] Unterste Opfergrenze ist der jeweilige Selbstbehalt des Unterhaltspflichtigen (→ § 5 Rn. 1 ff.).

---

[127] BGH FamRZ 2010, 1311 Rn. 27 ff.
[128] BGH FamRZ 1982, 250.
[129] BGH FamRZ 2012, 1040 Rn. 36 ff. = R 732i; 1987, 359; 1982, 250; OLG Koblenz FamRZ 2006, 1447.
[130] BGH FamRZ 2012, 1048 Rn. 8 ff.; 1987, 930.
[131] BGH FamRZ 2007, 983 (987) = R 676e.
[132] Vgl. Ziff. 11 und 13.1.1 der Leitlinien der Oberlandesgerichte.
[133] BGH FamRZ 2006, 1100 Rn. 38; vgl. auch Ziff. 13.1.2 der Leitlinien der Oberlandesgerichte.
[134] BGH FamRZ 2009, 762 = R 703 und FamRZ 2017, 370 Rn. 39 = R 779b zur Darlegungs- und Beweislast des Kindes zur Unterhaltsquote.
[135] BGH FamRZ 2009, 762 Rn. 55; 2006, 1100 = R 654h; 2006, 99 (101) = R 641c, e; 1988, 159; 1980, 1109.
[136] BGH FamRZ 1982, 250.

2. Berücksichtigung der Einkünfte beim Ehegattenunterhalt

Der Unterhaltsbedarf des Berechtigten bemisst sich sowohl beim Trennungsunterhalt (§ 1361 I 1 BGB) als auch beim nachehelichen Unterhalt (§ 1578 I 1 BGB) nach den **ehelichen Lebensverhältnissen.** Danach werden die ehelichen Lebensverhältnisse im Sinne von § 1578 I 1 BGB grundsätzlich durch die Umstände bestimmt, die bis zur Rechtskraft der Ehescheidung eintreten. Bei der Bemessung des Unterhaltsbedarfs nach den ehelichen Lebensverhältnissen sind somit jedenfalls die Umstände zu berücksichtigen, die das für Unterhaltszwecke verfügbare Einkommen auch schon vor Rechtskraft der Ehescheidung beeinflusst haben.[137] Die ehelichen Lebensverhältnisse im Sinne von § 1578 I 1 BGB können aber auch durch solche Umstände beeinflusst werden, die erst nach Rechtskraft der Ehescheidung entstanden sind und mit der Ehe in Zusammenhang stehen. Dies setzt nach der Rechtsprechung des Bundesverfassungsgerichts zumindest einen gewissen Bezug zu den ehelichen Lebensverhältnissen voraus, damit die Auslegung noch vom Wortlaut der §§ 1361 I 1, 1578 I 1 BGB gedeckt ist.[138] Solches ist bei Entwicklungen der Fall, die einen Anknüpfungspunkt in der Ehe finden, also gleichsam in ihr angelegt waren, oder die auch bei Fortbestand der Ehe deren Verhältnisse geprägt hätten.[139] Die grundsätzliche Anknüpfung an den Stichtag der Rechtskraft der Ehe schließt es somit nicht aus, einzelne nacheheliche Entwicklungen schon bei der Bedarfsermittlung zu berücksichtigen (→ § 4 Rn. 426 ff.).[140] Nach dem Sinn des Gesetzes ist bei der Bemessung des Unterhaltsbedarfs nach den ehelichen Lebensverhältnissen zudem danach zu unterscheiden, ob sich die Einkünfte seit Rechtskraft der Ehescheidung erhöht oder verringert haben. Nach ständiger Rechtsprechung des BGH können sich **Einkommensverbesserungen,** die erst nach der Scheidung beim unterhaltspflichtigen Ehegatten eintreten, dann bedarfssteigernd auswirken, wenn ihnen eine Entwicklung zugrunde liegt, die aus der Sicht zum Zeitpunkt der Scheidung mit hoher Wahrscheinlichkeit zu erwarten war und diese Erwartung die ehelichen Lebensverhältnisse deswegen bereits geprägt hatte. Das ist regelmäßig bei Lohnanpassungen, nicht aber bei einem Karrieresprung, der Fall.[141] Umgekehrt sind grundsätzlich auch nach der Scheidung eintretende **Einkommensminderungen** bei die Bedarfsbemessung zu berücksichtigen, sofern sie nicht auf einer Verletzung der Erwerbsobliegenheit des Unterhaltspflichtigen beruhen oder durch freiwillige berufliche oder wirtschaftliche Dispositionen des Unterhaltspflichtigen veranlasst sind und von diesem durch zumutbare Vorsorge aufgefangen werden können. Denn solche Einkommensminderungen wären auch bei fortbestehender Ehe eingetreten und sind somit in ihr angelegt. Das Unterhaltsrecht will den bedürftigen Ehegatten, der seine Lebensstellung grundsätzlich von der Lebensstellung des Unterhaltspflichtigen ableitet, nach der Scheidung nicht wirtschaftlich besser stellen, als er ohne die Scheidung stünde. Bei Fortbestehen der Ehe hätte ein Ehegatte die negative Einkommensentwicklung des anderen Ehegatten ebenfalls wirtschaftlich mit zu tragen. Es ist nicht einzusehen, warum die Scheidung ihm das Risiko einer solchen – auch vom unterhaltspflichtigen Ehegatten hinzunehmenden – Entwicklung, wenn sie dauerhaft und vom Schuldner nicht durch in Erfüllung seiner Erwerbsobliegenheit gebotenen Anstrengungen vermeidbar ist, abnehmen soll.[142] Maßgeblich sind deshalb beim Trennungsunterhalt die tatsächlich vorhandenen Einkünfte bis zur Ehescheidung, was grundsätzlich auch beim nachehelichen Unterhalt gilt; spätere Entwicklungen beeinflussen die ehelichen Lebensverhältnisse für die Zukunft nur dann, wenn sie in der Ehe angelegt waren, oder auch bei Fortbestand der Ehe deren Verhältnisse geprägt hätten. Insoweit ist deswegen zwischen Einkommenssteigerungen[143] und Einkommensminderun-

33

---

[137] BGH FamRZ 2014, 1183 Rn. 15 ff. = R 754a und grundlegend 2012, 281 Rn. 16 ff. = R 731a.
[138] BVerfG FamRZ 2011, 437 Rn. 70.
[139] BGH FamRZ 2012, 281 Rn. 22 ff. = R 731c.
[140] Zur Berücksichtigung der Haushaltstätigkeit und Kindererziehung schon BGH FamRZ 2001, 986 = R 563.
[141] BGH FamRZ 2010, 1311 Rn. 28; 2009, 411; 2008, 968; 1987, 459; 1985, 791; 1982, 684.
[142] BGH FamRZ 2008, 968; 2006, 683; 2003, 590.
[143] BGH FamRZ 2010, 869 Rn. 22 f.

gen nach Rechtskraft der Ehescheidung zu unterscheiden (weiter → § 4 Rn. 61 ff. und → § 4 Rn. 426 ff., 467 ff.).[144]

34 Bei der Bedarfsbemessung nach den ehelichen Lebensverhältnissen sind daher grundsätzlich alle aktuellen Einkünfte, bis auf die bei Rechtskraft der Ehescheidung nicht absehbaren Einkommenssteigerungen (Karrieresprung), zu berücksichtigen.
– In der sog **Alleinverdienerehe** sind dies nach der Rechtsprechung des BGH[145] aber nicht nur die schon in der Ehezeit vorhandenen Einkünfte des Unterhaltspflichtigen. Soweit der unterhaltsberechtigte Ehegatte während der Ehe mit der Haushaltsführung und Kindererziehung befasst war und erst nach der Scheidung ein Einkommen erzielt oder erzielen kann, ist dieses Einkommen nach der **Differenzmethode** in die Unterhaltsberechnung einzubeziehen (→ § 4 Rn. 468 ff., 800 ff.).[146] Soweit der Unterhaltsberechtigte (zB wegen fortdauernder Kindererziehung) allerdings auch weiterhin kein eigenes Einkommen erzielen kann, bemisst sich der Bedarf allein nach den Einkommens- und Vermögensverhältnissen des Unterhaltspflichtigen. Dann wird der Unterhaltsbedarf durch Multiplikation des vorhandenen Einkommens des Unterhaltspflichtigen mit der Ehegattenquote (zB $3/7$) berechnet.[147]

Beispiel:
Erwerbseinkommen des Unterhaltspflichtigen: 3500;
Berechtigter ohne eigenes Einkommen;
Unterhaltsbedarf des Berechtigten (Bonus $1/7$): $3500 \times 3 : 7 = 1500$.

35 – In der **Doppelverdienerehe** sind die vorhandenen oder erzielbaren Einkünfte beider Ehegatten maßgeblich.[148] Die Bedarfsbemessung hat auf der Grundlage der Einkünfte beider Ehegatten unter Berücksichtigung des jedem Ehegatten auf sein Erwerbseinkommen zustehenden Erwerbstätigenbonus[149] zu erfolgen. Auf den so errechneten Betrag ist das eigene Einkommen des Berechtigten anzurechnen. Dieses gilt auch für das Einkommen des Unterhaltsberechtigten, das dieser an Stelle der früheren Haushaltstätigkeit und Kinderbetreuung nach der Scheidung erzielt oder erzielen kann. Es bestimmt also ebenfalls die ehelichen Lebensverhältnisse und erhöht damit den Unterhaltsbedarf. Wenn nur Erwerbseinkünfte vorliegen und deswegen bei allen zu berücksichtigenden Einkünften ein Erwerbstätigenbonus zu berücksichtigen ist, lässt sich der Unterhaltsbedarf einfacher nach der **Differenzmethode** ermitteln. Dieses erfolgt durch Multiplikation der Differenz der beiderseits vorhandenen oder erzielbaren Einkünfte mit der Ehegattenquote.[150]

Beispiel:
Erwerbseinkommen M 3500; Erwerbseinkommen F 700;
Unterhaltsanspruch nach der Additionsmethode (Bonus $1/7$): $(3500 \times 3/7 = 1500) + (700 \times 4/7 = 400) = 1900 - 700 = 1200$;
Unterhaltsanspruch nach der Differenzmethode (Bonus $1/7$): $3500 - 700 = 2800 \times 3 : 7 = 1200$.

36 Der **Erwerbstätigenbonus** ist bei der Bemessung des Unterhaltsbedarfs nach den ehelichen Lebensverhältnissen vom bereinigten Nettoeinkommen abzuziehen (→ § 4 Rn. 773 ff.).[151] Bei Mischeinkünften darf er nur vom Erwerbseinkommen, nicht hingegen von sonstigen Einkünften abgezogen werden.[152] Hat also der Unterhaltspflichtige Erwerbs-

---

[144] BGH FamRZ 2010, 111; 2009, 411; vgl. auch BVerfG FamRZ 2011, 437 Rn. 64, 70.
[145] BGH FamRZ 2001, 986 = R 563.
[146] BGH FamRZ 2010, 1050 Rn. 31 ff.; 2009, 1391 Rn. 19 ff.; 2009, 770 = R 704a; 2004, 1170 = R 612; 2004, 1173.
[147] Vgl. DT B I 1a; FamRZ 2010, 1960 (1961).
[148] BGH FamRZ 2004, 443; 1989, 838.
[149] BGH FamRZ 2009, 307 (→ Rn. 15 zum Krankengeld und → Rn. 25 zum ALG I); 2007, 983 (987); 2004, 1867 (1868).
[150] Vgl. DT B I 1b; FamRZ 2010, 1960 (1961).
[151] BGH FamRZ 1997, 806; kein Abzug hingegen im Rahmen der Leistungsfähigkeit BGH FamRZ 2014, 912 Rn. 39 und 2013, 1366 Rn. 87.
[152] BGH NJW 2011, 303 Rn. 24 ff.; 2010, 1050 Rn. 48 (zum Wohnvorteil); 2009, 307 = R 699a und c (zum Krankengeld und ALG I); 2007, 983 (987); 2006, 387 (391); 1991, 1163 (1166); 1990, 989 (unter 3.).

1. Abschnitt: Überblick und Grundlagen   § 1

einkünfte und der Unterhaltsberechtigte Renteneinkünfte,[153] ist nur das Erwerbseinkommen des Unterhaltspflichtigen vor der Unterhaltsberechnung um $1/7$ bzw. $1/10$ (zur Höhe → § 4 Rn. 782 ff.) zu bereinigen (zum Erwerbstätigenbonus → Rn. 131). Der Bedarf beim Ehegattenunterhalt beträgt dann $1/2$ aus der Differenz der verbleibenden Einkünfte.[154]

Beispiel:
Nettoeinkommen M 3500 – $1/7$ (500) = 3000; Rente F 1000;
Unterhaltsanspruch: 3000 – 1000 = 2000 : 2 = 1000.

Der berechtigte Ehegatte ist **bedürftig,** wenn und soweit er seinen Unterhaltsbedarf **37** nicht durch anrechenbare eigene Einkünfte decken kann. Hierzu zählen auf dieser Stufe auch alle Einkünfte des Berechtigten, die keinen Bezug zu den ehelichen Lebensverhältnissen haben, etwa – entsprechend dem Karrieresprung beim Unterhaltspflichtigen – nacheheliche Einkommenssprünge, die nach der **Anrechnungsmethode**, dh durch Abzug von dem ohne sie errechneten (geringeren) Unterhaltsbedarf, berücksichtigt werden.

Beispiel:
Erwerbseinkommen M 3500;
nachehelich unvorhersehbares Erwerbseinkommen F 1400 – $1/7$ (200) = 1200;
Unterhalt: 3500 × 3 : 7 = 1500 – 1200 = 300.

Verfügt der Unterhaltsberechtigte sowohl über Einkünfte, die bei der Bemessung des **38** Unterhaltsbedarfs nach den ehelichen Lebensverhältnissen zu berücksichtigen sind, als auch über nacheheliche unvorhersehbare Einkünfte, etwa aus einem späteren Lottogewinn, sind die Differenzmethode und die Anrechnungsmethode **nebeneinander** anzuwenden. Die während der Ehe absehbaren Einkünfte werden auf der Stufe der Bedarfsbemessung (→ Rn. 34, 35) im Weg der Differenzmethode zunächst (in Höhe von $4/7$) bedarfserhöhend und sodann (in vollem Umfang) bedarfsdeckend berücksichtigt. Unabhängig von der Art der Berücksichtigung sind allerdings sämtliche Erwerbseinkünfte vor der Anrechnung um $1/7$ bzw. $1/10$ (als Arbeitsanreiz) zu bereinigen (→ § 4 Rn. 776).

Beispiel:
Erwerbseinkommen M 3500;
Erwerbseinkommen F 700;
Unterhaltsbedarf: 3500 – 700 = 2800 × $3/7$ = 1200;
Erwerbseinkommen F aus Lottogewinn = 600;
Unterhalt: 1200 – 600 = 600.

Bei der abschließenden Beurteilung der **Leistungsfähigkeit** des Unterhaltspflichtigen sind seine gesamten Einkünfte ohne Abzug eines Erwerbstätigenbonus heranzuziehen.[155] Vorrangige Unterhaltspflichten, zB auf Kindesunterhalt, sind zuvor in tatsächlich gezahlter Höhe und nicht um das anrechenbare Kindergeld erhöht oder gemindert vom Einkommen abzuziehen.[156] Als unterste Opfergrenze des Unterhaltspflichtigen ist sein Selbstbehalt zu wahren (→ § 5 Rn. 1).[157]

Anstelle der Differenzmethode und der Anrechnungsmethode wird teilweise auch die **39** **Additionsmethode** zur Unterhaltsberechnung herangezogen (→ § 4 Rn. 814 ff.).[158] Diese Methode (→ § 4 Rn. 800, 821) unterscheidet sich nur in den einzelnen Rechenschritten von der oben dargestellten Berechnung, führt aber – bei beiderseits bereinigtem Ein-

---

[153] BGH FamRZ 1982, 894; OLG Hamm FamRZ 1998, 295.
[154] BGH FamRZ 1989, 1160 (1162); DT B I 1a; auf die Leistungsfähigkeit wirkt sich der Erwerbstätigenbonus hingegen nicht aus, vgl. BGH FamRZ 2014, 912 Rn. 39 und 2013, 1366 Rn. 87.
[155] BGH FamRZ 2013, 1366 Rn. 87; 1986, 780; 1985, 354.
[156] BGH FamRZ 2009, 1477 Rn. 22 f. (Zahlbetrag auf Minderjährigenunterhalt für Leistungsfähigkeit); 2009, 1300 = R 705c (Zahlbetrag auf Minderjährigenunterhalt für Bedarfsbemessung); 2006, 99 = R 641e und 2005, 347 (Zahlbetrag auf Volljährigenunterhalt).
[157] BGH, FamRZ 2010, 1535 = R 714b, c (Familienselbstbehalt); 2009, 404 Rn. 10 f. (Trennungsunterhalt); 2009, 311 Rn. 20 und 2009, 307 = R 699c (Betreuungsunterhalt); 2008, 594 = R 688b (Ersparnis durch Zusammenleben); 2006, 683; BVerfG FamRZ 2004, 253.
[158] BGH FamRZ 2005, 1979 = R 640b–d; vgl. Mayer FamRZ 1992, 138; Gerhardt FamRZ 1993, 261.

kommen – stets zum gleichen Ergebnis.[159] Im zuletzt dargestellten Beispiel rechnet die Additionsmethode 3500 × 6 : 7 + 700 × 6 : 7 = 3000 + 600 = 3600 : 2 (Halbteilungsprinzip) = 1800 (Bedarf) – 1200 (Einkommen F 700 × 6 : 7 + Lottogewinn F 600) = 600.

40 Eine weitere Berechnungsmöglichkeit **(Quotenbedarfsmethode)**, ergibt sich aus Ziff. 15.2 iVm dem Anhang der unterhaltsrechtlichen Leitlinien des OLG Düsseldorf.[160] Danach beträgt der Bedarf des Berechtigten ³/₇ der Erwerbseinkünfte des anderen Ehegatten und ⁴/₇ der eigenen Einkünfte sowie ½ des sonstigen Einkommens beider Eheleute, soweit die Einkünfte und geldwerten Vorteile bei der Bedarfsbemessung zu berücksichtigen sind. Vorhandenes Erwerbseinkommen des Berechtigten und sonstiges Einkommen ist hierauf grundsätzlich voll anzurechnen, wenn eine Erwerbstätigkeit den Bedarf nicht erhöht hat nur mit ⁶/₇. Mit dem hier gegebenen Beispiel wäre daher so zu rechnen: (3500 Erwerbseinkommen des Ehegatten × 3 : 7) + (700 eigenes Erwerbseinkommen × 4 : 7) = 1500 + 400 = 1900 – 700 (volles bei der Bedarfsbemessung berücksichtigtes Einkommen F) – 600 (voller Lottogewinn F) = 600, also der gleiche Betrag (→ § 4 Rn. 822 ff.).

3. Zusammenfassendes Ergebnis

41 Die Einkünfte können ausnahmsweise in **unterschiedlichem Umfang** zur Unterhaltsberechnung heranzuziehen sein, je nachdem, ob es sich um Kindesunterhalt oder Ehegattenunterhalt handelt. Dies ist auch dann in den entsprechenden Einzelfällen zu berücksichtigen, wenn im gleichen Verfahren sowohl Ehegattenunterhalt als auch Kindesunterhalt verlangt wird.
– Beim **Kindesunterhalt** sind auf allen Stufen alle Einkünfte des Unterhaltspflichtigen und des Unterhaltsberechtigten maßgeblich.
– Beim **Ehegattenunterhalt** bleiben die nachehelichen unvorhersehbaren Einkünfte des Unterhaltspflichtigen und des Unterhaltsberechtigten aus einem Karrieresprung ua[161] auf der Stufe der Bedarfsbemessung unberücksichtigt. Dies gilt nach ständiger Rechtsprechung des BGH zur Bedarfsbemessung nach den ehelichen Lebensverhältnissen[162] aber nur für außergewöhnliche nacheheliche Einkommenssteigerungen und auch nicht im Rahmen der Leistungsfähigkeit.[163] Die regelmäßig zu berücksichtigenden Einkünfte des Berechtigten werden auf dieser Stufe mittels der Differenzmethode berechnet. Nur die nicht bedarfsprägenden Einkünfte des Berechtigten werden auf der Bedürftigkeitsstufe auf den ohne sie festgestellten Bedarf angerechnet. Bei der Prüfung der **Leistungsfähigkeit** sind allerdings alle Einkünfte des Unterhaltspflichtigen bedeutsam (→ § 4 Rn. 966 ff.).

V. Ermittlung der unterhaltsrechtlich relevanten Einkünfte anhand steuerrechtlicher Unterlagen

1. Darlegungen der Beteiligten zum unterhaltsrechtlich relevanten Einkommen

42 Den Unterhaltsberechtigten trifft die **Darlegungs- und Beweislast** für die Voraussetzungen seines Unterhaltsanspruchs. Das betrifft zunächst die Tatbestandsvoraussetzungen einer unterhaltsrechtlichen Anspruchsnorm. Als weitere Voraussetzung seines Unterhaltsanspruchs hat er die Höhe seines Unterhaltsbedarfs[164] und somit auch das Einkom-

---

[159] BGH FamRZ 2001, 986 (988) = R 563.
[160] Veröffentlicht unter www.famrz.de/arbeitshilfen/unterhaltsleitlinien.html vgl. auch „www.olg-duesseldorf.nrw.de" (Suchbegriff: Leitlinien).
[161] Zur Unterhaltspflicht gegenüber einer geschiedenen und einer neuen Ehefrau vgl. aber BGH FamRZ 2009, 579 Rn. 43 f. und 2009, 411; vgl. auch BVerfG FamRZ 2011, 437 Rn. 64, 70.
[162] BGH FamRZ 2008, 968; 2006, 683; 2004, 1173; 2001, 986.
[163] BGH FamRZ 2013, 1366 Rn. 72 f.
[164] BGH FamRZ 2010, 357 Rn. 39.

1. Abschnitt: Überblick und Grundlagen § 1

men des Unterhaltspflichtigen darzulegen und zu beweisen, soweit sich sein Bedarf danach bemisst. Schließlich hat er auch die Darlegungs- und Beweislast für seine Bedürftigkeit (→ § 6 Rn. 703 ff.). Der Unterhaltspflichtige hat demgegenüber die Darlegungs- und Beweislast für eine von ihm behauptete Leistungsunfähigkeit (→ § 6 Rn. 721 ff.). Da die Unterhaltsbeteiligten die genauen Einkommensverhältnisse des jeweils anderen nicht oder nur teilweise kennen, sind sie sich nach den §§ 1360a III; 1361 IV 3, 1580 1, 1605 BGB gegenseitig zur vollständigen Angabe ihrer Einkommens- und Vermögensverhältnisse verpflichtet.[165] Sie können daher zur Vorbereitung eines Unterhaltsverfahrens **Auskunft** und Vorlage entsprechender Unterlagen[166] verlangen (zum Auskunftsanspruch allgemein → Rn. 1150 ff.). Der Berechtigte kann seinen Auskunftsanspruch entweder isoliert in einem eigenständigen Verfahren oder im Wege eines Stufenantrags gemeinsam mit dem sich dann ergebenden Unterhaltsanspruch geltend machen (→ § 10 Rn. 358 ff.). Um den laufenden Unterhalt ab Aufforderung zur Auskunft zu sichern, ist ein Stufenantrag allerdings generell nicht mehr notwendig, zumal das Gesetz jetzt auch für den nachehelichen Unterhalt auf § 1613 I BGB verweist (§§ 1585 II, 1360a III, 1361 IV 4 BGB) und der Berechtigte danach Unterhalt für die Vergangenheit schon von dem Zeitpunkt an fordern kann, in dem er den Unterhaltspflichtigen isoliert zur Auskunft aufgefordert hat.

Im Rahmen des Auskunftsanspruchs hat der jeweils Berechtigte gegenüber dem anderen einen Anspruch auf Vorlage einer systematischen Aufstellung der erforderlichen Angaben, die ihm ohne übermäßigen Arbeitsaufwand die Berechnung des Unterhaltsanspruchs ermöglicht (→ Rn. 1150 ff. und für die Auskunft durch Selbständige → Rn. 424 ff.).[167] Die Einkommensberechnungen erfolgen in der Praxis häufig so, wie auch dem **Finanzamt** gegenüber abgerechnet wird.[168] Dazu werden die Angaben aus den Steuerbescheiden oder den für das Finanzamt erstellten Jahresabschlüssen und Steuererklärungen einfach übernommen. Im Unterhaltsverfahren müssen die Einnahmen und die behaupteten Aufwendungen allerdings im Einzelnen so dargestellt werden, dass die allein steuerrechtlich beachtlichen Aufwendungen von solchen, die auch unterhaltsrechtlich bedeutsam sind, abgegrenzt werden können.[169] 43

Eine nur ziffernmäßige Aneinanderreihung einzelner Kostenarten wie Abschreibungen,[170] allgemeine Kosten, Kosten für Versicherungen usw genügt solchen Anforderungen nicht.[171] Steuerrechtlich beachtliche Aufwendungen oder Abschreibungen können ganz oder teilweise unberücksichtigt bleiben, wenn ihre unterhaltsrechtliche Abzugsfähigkeit nicht näher dargelegt wird (→ Rn. 314 ff.).[172] Das Gericht kann zB Bewirtungs- oder Repräsentationskosten unberücksichtigt lassen oder die Abschreibungsbeträge für einen Pkw kürzen und die Abschreibungszeit verlängern (→ Rn. 341 ff.).[173] 44

Die erforderlichen Darlegungen können nicht durch einen Antrag auf Vernehmung eines Steuerberaters oder Sachverständigen ersetzt werden, weil dies auf einen unzulässigen Ausforschungsbeweis hinausliefe.[174] Eine Beweiserhebung durch Zeugenvernehmung oder Sachverständigengutachten kommt erst in Betracht, wenn und soweit vom Gegner die Richtigkeit **detailliert** behaupteter Ausgaben bestritten wird.[175]

---

[165] BGH FamRZ 2018, 260 Rn. 10 ff. = R 788a; 2011, 21; zur Beschwer durch ein Auskunftsurteil vgl. BGH FamRZ 2010, 964 Rn. 14.
[166] Zur Beschwer durch eine Verpflichtung zur Auskunft und zur Vorlage von Belegen vgl. BGH FamRZ 2018, 1934 Rn. 8 ff.
[167] BGH FamRZ 2011, 21; 1997, 811 (Scheidungsverbund); 1994, 1169 (bei konkreter Bedarfsermittlung); 1004, 28; 1983, 996 (998).
[168] BGH FamRZ 1982, 680.
[169] BGH FamRZ 2012, 288 Rn. 24; 1987, 46 (48); 1985, 357; 1980, 770.
[170] BGH FamRZ 2012, 514 Rn. 32 ff. (zur Abschreibung von Gebäuden).
[171] BGH FamRZ 1980, 770.
[172] BGH FamRZ 2012, 288 Rn. 28.
[173] BGH FamRZ 2005, 1159 = R 623a; 2003, 741; 1987, 46 (48); 1984, 39.
[174] BGH FamRZ 1980, 770.
[175] BGH FamRZ 1980, 770.

2. Richterliche Ermittlung unterhaltsrechtlich relevanter Einkünfte und Vorlage von Unterlagen

45 In der Praxis bereitet die Ermittlung der unterhaltsrechtlich relevanten Einkünfte oft große Schwierigkeiten, weil die Unterhaltsbeteiligten hierzu nur ungenaue, verschleiernde, unvollständige und – nicht selten – auch bewusst falsche Angaben machen, die teilweise sogar den Tatbestand eines versuchten Prozessbetrugs erfüllen. Dieser Umstand verpflichtet das Gericht zur genauen Nachprüfung nicht hinreichend substantiierter oder bestrittener Auskünfte. Zuverlässige Feststellungen lassen sich für den Zahlungsantrag dann regelmäßig nur anhand **schriftlicher Unterlagen** treffen, deren Beschaffung und unterhaltsrechtliche Auswertung deshalb zu den wichtigsten richterlichen Aufgaben gehört (→ Rn. 46). Zu solchen Unterlagen zählen in der Regel Verdienstbescheinigungen des Arbeitgebers und Steuerbescheide (Einkommensteuer) mit entsprechenden Steuererklärungen nebst dazugehörigen Belegen und Unterlagen, die für die steuerlichen Ermittlungen der Einkünfte notwendig sind, wie Aufzeichnungen, Gewinn- und Verlustrechnungen, Bilanzen uÄ. Eine Verpflichtung zur Vorlage solcher Belege, auch der Steuerbescheide und Steuererklärungen, besteht nach den §§ 1361 IV 4, 1580 S. 2, 1605 I 2 BGB (→ Rn. 1150 ff.).[176]

46 Vom Gericht kann die Vorlage solcher Belege auf Antrag eines Beteiligte nach § 235 II, III FamFG bzw. nach § 113 I 2 FamFG iVm § 421 ZPO angeordnet werden. Die Vorlage von Handelsbüchern (§ 238 HGB) kann nach § 258 HGB auch in Unterhaltssachen verlangt werden. Kommt der Verfahrensgegner einer solchen Anordnung nicht nach, können die Behauptungen des Beweisführers über den Inhalt der zurückgehaltenen Unterlagen entsprechend § 113 I 2 FamFG iVm § 427 ZPO als bewiesen angesehen werden.[177] Das Gericht kann aber auch ohne entsprechenden Antrag eines Beteiligten eine Gehaltsauskunft bei Dritten einholen, wenn – wie in der Regel – die Einkommensverhältnisse in dem Verfahren eine Rolle spielen.[178] Denn neben den materiell-rechtlichen Verpflichtungen zur Auskunft nach §§ 1361 IV 4, 1580 2, 1605 I 2 BGB hat das Gesetz mit den §§ 235, 236 FamFG auch die **verfahrensrechtliche Auskunftspflicht** der Beteiligten und Dritter aufrechterhalten (→ Rn. 1151).[179] Danach kann das Gericht auch von Amts wegen Auskünfte von den Beteiligten oder Dritten einholen, wenn es darauf in dem Unterhaltsverfahren ankommt. Nach §§ 235 II, 236 II FamFG hat es die notwendigen Auskünfte einzuholen, wenn ein Beteiligter dies beantragt und der andere Beteiligte seiner Auskunftspflicht nicht fristgemäß nachgekommen ist. Die nach dieser Vorschrift erlassene Aufforderung zur Auskunft ist nicht isoliert anfechtbar.[180] Die Zulässigkeit des auf die materielle Auskunftspflicht gestützten Stufenantrags ist durch die Möglichkeit einer verfahrensrechtlichen Auskunft an das Gerichts nicht entfallen.[181]

3. Unterhaltsrechtliche Relevanz steuerrechtlich erfasster Einkünfte

47 Das Einkommen wird auch im Steuerrecht regelmäßig genau erfasst. Es stehen daher meist **steuerrechtliche Unterlagen** zur Überprüfung der unterhaltsrechtlichen Angaben zur Verfügung. Um die Angaben in solchen steuerrechtlichen Unterlagen besser auf ihre unterhaltsrechtliche Relevanz überprüfen und auswerten zu können, ist es hilfreich, wenn man Sinn, Zweck und Bedeutung solcher Angaben im Rahmen der steuerrechtlichen Ermittlungen versteht und wenn man die Positionen kennt, bei denen die entsprechenden Angaben mit besonderer Aufmerksamkeit auf ihre unterhaltsrechtliche Relevanz überprüft

---

[176] BGH FamRZ 2002, 666; 1982, 680 (682); 1982, 151.
[177] OLG Karlsruhe FamRZ 1990, 533.
[178] BGH FamRZ 1986, 885; zu §§ 235 I, 236 I FamFG vgl. Klein FPR 2011, 9.
[179] Zur früheren prozessualen Auskunftspflicht nach § 643 ZPO aF vgl. BGH FamRZ 2005, 1986.
[180] §§ 58 I, 235 IV, 236 V FamFG; zum früheren Recht OLG Naumburg EzFamR aktuell 2000, 357; OLGR Celle 1999, 304.
[181] Vgl. BGH FamRZ 2012, 1555; zum früheren Recht OLG Naumburg FamRZ 2000, 101; zur internationalen Zuständigkeit bei einem Stufenantrag BGH FamRZ 2013, 1113 Rn. 16 ff.

werden müssen (→ Rn. 314 ff., 330 ff.). Denn das unterhaltsrechtlich relevante Einkommen ist nicht identisch mit dem steuerpflichtigen Einkommen (→ Rn. 970 ff.).[182]

Die zu versteuernden Einkünfte eines Unterhaltspflichtigen sind in der Regel **nicht identisch** mit dem Einkommen, nach dem sich der Unterhalt bemisst.[183] Teilweise ist das Steuerrecht großzügiger als das Unterhaltsrecht. Denn unterhaltsrechtlich wird einerseits zusätzlich vieles als Einkommen angerechnet, was nicht versteuert werden muss, zB Wohngeld[184] (→ Rn. 665), BAföG-Leistungen (→ Rn. 670 ff.), teilweise Renten (→ Rn. 646 ff.) uÄ. Ebenso wird nicht alles, was steuerrechtlich als Werbungskosten oder Betriebsausgaben abgezogen werden kann, auch unterhaltsrechtlich als berechtigter Abzugsposten anerkannt.[185] Es gibt eine Vielzahl von steuerspezifischen Absetzungs- und Abschreibungsmöglichkeiten zur Konjunkturbelebung oder Vermögensbildung, die zum Schutz der Unterhaltsberechtigten nicht einkommensmindernd berücksichtigt werden dürfen[186] (→ Rn. 341 ff.). Andererseits ist das Steuerrecht in Teilbereichen auch restriktiver als das Unterhaltsrecht. Denn Aufwendungen für die **Altersvorsorge** können unterhaltsrechtlich in Höhe der gesetzlichen Rentenversicherung (gegenwärtig 18,6% des Bruttoeinkommens)[187] und zusätzlich als private Altersvorsorge in Höhe weiterer 4% des Bruttoeinkommens[188] (beim Elternunterhalt sogar 5%)[189] berücksichtigt werden, während das Steuerrecht neben den Beiträgen zur gesetzlichen Rentenversicherung (§ 10 I Nr. 2 EStG) eine zusätzliche Altersvorsorge nur bis zu einem Höchstbetrag von 2100 EUR/jährlich vorsieht (§§ 10a I, 82 EStG). Bereits ab einem Bruttojahreseinkommen von 52500 EUR ist das Steuerrecht insoweit also restriktiver. Auch die sonstige Vorsorge durch Kranken-, Pflege- und Unfallversicherung ist steuerlich auf einen Jahresbetrag von 2800 EUR, bei Nichtselbständigen sogar nur auf 1900 EUR/jährlich, begrenzt (§ 10 I Nr. 3a, IV EStG), während sie unterhaltsrechtlich regelmäßig voll abgezogen werden kann. Schließlich ist nach § 9 I Nr. 4 EStG auch die steuerliche Berücksichtigung von berufsbedingten Fahrtkosten auf die Hälfte des tatsächlichen Aufwands (Entfernungspauschale) begrenzt,[190] während unterhaltsrechtlich die gesamte Fahrtstrecke zu berücksichtigen ist (→ Rn. 133 ff.).

Wegen der besonderen Großzügigkeit bei der steuerlichen **Abschreibung von Gebäuden** (→ Rn. 205 ff.) ist die Übertragbarkeit auf das Unterhaltsrecht sehr sorgfältig zu prüfen.[191] Denn unterhaltsrechtlich dürfen nur solche Beträge abgeschrieben werden, die mit einem tatsächlichen Wertverzehr einhergehen oder für die Erhaltung der Einkommensquelle wirklich erforderlich sind bzw. waren (→ Rn. 141, 975). Alles, was darüber hinausgeht und aus wirtschaftlichen Gründen auf eine Steuerersparnis hinausläuft, der Vermögensmehrung dient oder in sonstiger Weise zu einer unterhaltsrechtlich nicht zumutbaren Minderung des Unterhaltsanspruchs führt, hat außer Betracht zu bleiben (→ Rn. 141, 205 ff., 341 ff.).[192] Allerdings ist dabei zu beachten, dass die Abschreibung (Absetzung für Abnutzung = AfA) jedenfalls beim Anlagevermögen regelmäßig nur zu einer Gewinnverschiebung führt (→ Rn. 205 ff.).

Auch bei **Einkünften aus Vermietung und Verpachtung** wirken sich erfahrungsgemäß Abschreibungen für die Abnutzung (AfA) von Gebäuden sowie Instandsetzungskosten erheblich zugunsten des Steuerpflichtigen aus. Wenn mit den steuerlichen Absetzungsbeträgen kein gleich hoher Wertverlust einhergeht, dürfen diese nicht in gleicher

---

[182] BGH FamRZ 1998, 357; 1987, 46 (48); 1980, 770.
[183] BGH FamRZ 2012, 288 Rn. 28; 2009, 762 Rn. 38 ff.; 1997, 281 (283).
[184] BGH FamRZ 2003, 860.
[185] BGH FamRZ 2009, 762 Rn. 38 ff.; 1980, 770.
[186] BGH FamRZ 2003, 741; 1997, 281 (283).
[187] Zu den Beitragssätzen der Sozialversicherung siehe im Internet unter www.deutsche-rentenversicherung.de.
[188] BGH FamRZ 2005, 1817 (1822) = R 632j.
[189] BGH FamRZ 2004, 792 (793).
[190] Zur Bemessung im Rahmen der Verfahrenskostenhilfe vgl. BGH FamRZ 2012, 1629 Rn. 10 ff. und 2012, 1374 Rn. 18 ff.
[191] BGH FamRZ 2012, 514 Rn. 32 ff. (zur Abschreibung von Gebäuden).
[192] BGH FamRZ 1998, 357; 1987, 46 (48); 1980, 770.

Weise unterhaltsrechtlich berücksichtigt werden.[193] So berühren die Abschreibungen für die Abnutzung von Gebäuden das unterhaltsrechtlich maßgebliche Einkommen nicht, wenn ihnen lediglich eine pauschal vermutete Wertminderung von Vermögensgegenständen zugrunde liegt, die keinem realen Wertverlust entspricht. Insoweit gehen die zulässigen steuerlichen Pauschalen vielfach über das tatsächliche Ausmaß einer Wertminderung hinaus. Außerdem kann eine solche Wertminderung durch eine günstige Entwicklung des Immobilienmarktes ausgeglichen werden, was gegenwärtig insbesondere in Großstädten der Fall ist. Steuerlich anerkannte Verluste aus Vermietung oder Verpachtung sowie aus Beteiligungen sind deswegen unterhaltsrechtlich nur dann zu berücksichtigen, wenn der Unterhaltspflichtige substantiiert darlegt, wie sich die Beträge im Einzelnen zusammensetzen, und wenn eine Prüfung der einzelnen Positionen ergibt, dass sie nach unterhaltsrechtlichen Grundsätzen anerkennungsfähig sind. Dabei sind Positionen, die keine Vermögenseinbuße zum Gegenstand haben oder nicht einer tatsächlichen Wertminderung entsprechen, nicht zu berücksichtigen.[194] **Instandhaltungs- oder Instandsetzungskosten** oder sonstige Investitionen können nur insoweit einkommensmindernd berücksichtigt werden, als es sich um notwendigen Erhaltungsaufwand handelt und nicht um Aufwand für Vermögensbildung, wie er etwa vorliegt, wenn Ausbauten und wertsteigernde Verbesserungen vorgenommen worden sind.[195] Grundsätzlich ist es zwar ratsam, die handelsrechtlichen und steuerrechtlichen Belege wegen ihres meist unersetzlichen informativen Wertes für die Einkommensermittlung heranzuziehen. Bei der unterhaltsrechtlichen Bewertung jeder einzelnen steuerrechtlichen Einkunftsart ist es aber wichtig, an die Unterschiede der steuerrechtlichen Ermittlung zu denken und dabei aufmerksam die jeweiligen unterhaltsrechtlichen Besonderheiten zu erkennen und korrigierend zu berücksichtigen.

4. Steuerrechtliche und unterhaltsrechtliche Einkunftsarten

51 Die nahezu lückenlose Einkommenserfassung im Steuerrecht legt es nahe, die hierzu entwickelte Systematik auch für das Unterhaltsrecht heranzuziehen. Das Steuerrecht kennt sieben Einkunftsarten (§ 2 EStG):
– Einkünfte aus Land- und Forstwirtschaft (§§ 13–14a EStG).
– Einkünfte aus Gewerbebetrieb (§§ 15–17b EStG).
– Einkünfte aus selbständiger Arbeit (§ 18 EStG).
– Einkünfte aus nichtselbständiger Arbeit (§ 19 EStG).
– Einkünfte aus Kapitalvermögen (§ 20 EStG).
– Einkünfte aus Vermietung und Verpachtung (§ 21 EStG).
– Sonstige Einkünfte im Sinn der §§ 22–23 EStG.

52 Die Einkünfte aus den drei ersten Einkunftsarten werden wegen der Art ihrer Ermittlung als **Gewinn** bezeichnet (§ 2 II 1 Nr. 1 EStG). Die Gewinnermittlung erfolgt je nach Größe und Art des Betriebes im Weg des Betriebsvermögensvergleichs (Bilanzierung; § 4 I EStG) oder auf vereinfachte Weise durch eine Einnahmen-Überschuss-Rechnung (§ 4 III EStG). Gewinn nach der zuletzt genannten Methode ist die Summe der Betriebseinnahmen abzüglich aller steuerrelevanten Betriebsausgaben. Die Einkünfte aus den vier weiteren Einkunftsarten sind wegen der Art ihrer Ermittlung so genannte **Überschusseinkünfte.** Überschuss ist die Summe aller Einnahmen abzüglich der Werbungskosten (§ 2 II 1 Nr. 2 EStG).

53 Die steuerrechtlich relevanten Einkünfte sind also in allen Fällen so genannte **Reineinkünfte,** die sich errechnen aus der Summe aller zugeflossenen steuerpflichtigen Bruttoeinnahmen abzüglich der Aufwendungen, die zum Erwerb, zur Sicherung oder zur Erhaltung der Einnahmen notwendig waren. Das sind alle Betriebsausgaben und Werbungskosten. Die gleiche Weise der Einkommensermittlung gilt im Prinzip auch für die

---

[193] BGH FamRZ 2012, 514 Rn. 32 ff. (zur Abschreibung von Gebäuden).
[194] BGH FamRZ 1997, 281; OLGR Koblenz 2002, 46.
[195] BGH FamRZ 1997, 281; 1984, 39 (41).

1. Abschnitt: Überblick und Grundlagen § 1

unterhaltsrechtlich relevanten Einkünfte. Auch diese sind Reineinkünfte, dh Bruttoeinnahmen abzüglich Werbungskosten oder Betriebsausgaben. Beim Arbeitseinkommen werden die Werbungskosten im Unterhaltsrecht als **berufsbedingte Aufwendungen** bezeichnet. Zu den steuerrechtlich relevanten Einkunftsarten kommen unterhaltsrechtlich auch vermögenswerte Vorteile wie zB **Wohnvorteile** (→ Rn. 473 ff.), nicht zu versteuernde Einkommensteile und **fiktives Einkommen** aus unterlassener zumutbarer Erwerbstätigkeit (→ Rn. 734 ff.) oder aus nicht verantwortlich genutztem Vermögen (→ Rn. 632 ff.) hinzu. Einer besonderen Erörterung bedürfen auch Einkünfte aus **unzumutbarer oder überobligatorischer Erwerbstätigkeit,** weil diese nach den §§ 242, 1577 II BGB nur teilweise zu berücksichtigen sind (→ Rn. 800 ff.).[196]

5. Gliederung der unterhaltsrechtlich relevanten Einkünfte

Aus Gründen der unterhaltsrechtlichen Praxis hält sich die Gliederung der Einkünfte in § 1 dieses Buches nicht an die im Steuerrecht vorgegebene Reihenfolge der einzelnen Einkunftsarten. Übereinstimmung besteht jedoch mit der Art und Weise der jeweils im Steuerrecht durchzuführenden Einkommensermittlung bei den verschiedenen Einkunftsarten. Werden die unterhaltsrelevanten Einkünfte nach sachlichen Gesichtspunkten geordnet, kann man von Erwerbseinkünften, Vermögenseinkünften, Erwerbsersatzeinkünften sowie sonstigen Einkünften sprechen. 54

Erwerbseinkünfte sind alle Einkünfte, die auf dem Einsatz der Arbeits- und Leistungskraft beruhen. Nur von diesen Einkünften ist dem Erwerbstätigen bei der Ermittlung des Bedarfs beim Ehegattenunterhalt der so genannte „Erwerbstätigenbonus" (→ Rn. 36; 131 sowie → § 4 Rn. 773 ff.) zu belassen. Der Erwerbstätigenbonus soll nach ständiger Rechtsprechung des BGH den mit der Erwerbstätigkeit einer gehenden Aufwand abgelten und zugleich einen Arbeitsanreiz bieten.[197] Auch bei fiktiven Einkünften wegen unterlassener zumutbarer Erwerbstätigkeit ist ein Erwerbstätigenbonus zu berücksichtigen.[198] Bei den übrigen Einkünften ist dies hingegen nicht angebracht. Zu den Erwerbseinkünften zählen: 55
– Einkünfte aus abhängiger Arbeit (→ Rn. 65 ff.).
– Einkünfte von Freiberuflern, sonstigen Selbstständigen und Gewerbetreibenden, die nicht buchführungspflichtig sind und auch freiwillig keine Bücher führen (→ Rn. 250 ff.).
– Einkünfte von Vollkaufleuten, Gewerbetreibenden und sonstigen Selbstständigen, die ihren Gewinn nach § 5 EStG durch Betriebsvermögensvergleich ermitteln (→ Rn. 160 ff.). Bei dieser Einkunftsart ist zu berücksichtigen, dass es sich genau genommen um eine Mischung von Erwerbseinkünften und Vermögenseinkünften handelt, weil der Gewinn in Form von Zinsen und Mieten auch auf dem investierten Kapital beruht (§§ 15, 18 EStG; → Rn. 222 ff.). Diese Einkünfte werden unterhaltsrechtlich zu den Erwerbseinkünften gerechnet, wenn und soweit auch der persönliche Leistungseinsatz für die Gewinnerzielung bedeutsam ist.
– Einkünfte aus Land- und Forstwirtschaft, für die das Vorgenannte ebenso gilt (→ Rn. 266 ff., 436).

Bei den **Vermögenseinkünften** handelt es sich im Wesentlichen um Nutzungen aus einem Vermögen oder Kapital einschließlich der Gebrauchsvorteile eines Vermögens. Unterhaltsrechtlich sind in diesem Zusammenhang auch die Probleme einer zumutbaren aber unterlassenen Vermögensverwertung zu erörtern (→ Rn. 632 ff.). 56
Die bedeutsamsten Vermögenseinkünfte sind:
– Einkünfte aus Vermietung und Verpachtung (→ Rn. 450 ff.).

---

[196] BGH FamRZ 2013, 1558 Rn. 12; 2013, 1366 Rn. 88; 2011, 454 = R 721; 2005, 1154 = R 630c, d.
[197] BGH FamRZ 1992, 539; kein Abzug hingegen im Rahmen der Leistungsfähigkeit BGH FamRZ 2014, 912 Rn. 39 und 2013, 1366 Rn. 87.
[198] BGH FamRZ 2005, 23 (25); OLGR Köln 2005, 679 = NJOZ 2005, 4419; zur Bemessung eines ehebedingten Nachteils im Rahmen des § 1578b BGB vgl. aber BGH FamRZ 2009, 406 Rn. 17.

– Wohnvorteil als Gebrauchsvorteil eines Vermögens (→ Rn. 473 ff.).[199]
– Einkünfte aus Kapital, etwa Zinsen, Dividenden oder Verwertungserlöse (→ Rn. 600 ff.).
– Zurechenbare Einkünfte aus unterlassener zumutbarer Vermögensverwertung (→ Rn. 632 ff.).

57 Bei den **Erwerbsersatzeinkünften** handelt es sich um Einkommen aus einer früheren Erwerbstätigkeit, die wegen Alters oder Invalidität beendet wurde oder wegen Krankheit oder Arbeitslosigkeit vorübergehend unterbrochen ist. Hierzu zählen:
– Einkünfte aus Renten und Pensionen (→ Rn. 646 ff.).
– Einkünfte aus vergleichbaren Erwerbsersatzleistungen, wie etwa Arbeitslosengeld I, Krankengeld usw (→ Rn. 115 ff.).

58 Zu den **sonstigen Einkünften** zählen insbesondere:
– Alle sozialstaatlichen Zuwendungen wie Arbeitslosengeld II, Wohngeld, BAföG, Kindergeld, Pflege-, Erziehungs- und Elterngeld, Ausbildungsbeihilfen und Leistungen der Grundsicherung (→ Rn. 110 ff., 664 ff.).
– Der steuerrechtliche Splittingvorteil[200] (→ Rn. 917 ff. und → § 4 Rn. 437, 579).
– Freiwillige unentgeltliche Zuwendungen Dritter (→ Rn. 708 ff.).
– Zuwendungen eines neuen Partners an den Berechtigten sowie entsprechende fiktive Einkünfte als Gegenleistungen für die Haushaltsführung oder sonstige Versorgungsleistungen[201] (→ Rn. 712 ff.).
– Einkünfte aus Unterhaltsleistungen (→ Rn. 721 ff.).

59 Abschließend sind verschiedene sozialstaatliche Leistungen zu behandeln, die unterhaltsrechtlich überwiegend nicht als Einkommen zu werten sind (→ Rn. 727 sowie → § 8 Rn. 1 ff.). Gesondert erörtert wird die unterhaltsrechtlich bedeutsame fiktive Zurechnung erzielbarer Einkünfte bei unterlassener zumutbarer Erwerbstätigkeit (→ Rn. 734 ff.) und die Anrechnung von Einkünften aus unzumutbarer oder überobligatorischer Erwerbstätigkeit[202] (→ Rn. 800 ff.). Da es sich bei den hier beschriebenen Einkünften um Reineinkünfte und nicht um Nettoeinkünfte handelt, sind diese noch zu vermindern um die Einkommensteile, die für Unterhaltszwecke nicht zur Verfügung stehen (→ Rn. 1000 ff.).

60–64 – *in dieser Auflage nicht belegt* –

2. Abschnitt: Einkünfte aus abhängiger Arbeit sowie Nebeneinkünfte und Lohnersatzleistungen bei oder nach einem bestehenden Arbeitsverhältnis

I. Überblick

1. Bruttoeinnahmen und berufsbedingte Aufwendungen

65 Die Einkünfte aus abhängiger Arbeit sind **Überschusseinkünfte** (→ Rn. 52). Sie errechnen sich aus der Summe aller Bruttoeinnahmen eines Kalenderjahres abzüglich aller in dem gleichen Kalenderjahr entstandener Ausgaben, die notwendig waren, um dieses Einkommen zu erzielen oder zu erhalten. Diese Ausgaben werden **berufsbedingte Aufwendungen** oder wie im Steuerrecht Werbungskosten genannt. Zu ermitteln ist somit der Überschuss, der sich nach Abzug der berufsbedingten Aufwendungen ergibt.

---

[199] Zur Bemessung vgl. BGH FamRZ 2017, 519 Rn. 23 ff. = R 781b; 2009, 1300 Rn. 29 ff. = R 705b; 2008, 963 Rn. 15 = R 692.
[200] BGH FamRZ 2010, 1318 Rn. 18 ff.; 2008, 2189 = R 697 (beim Kindesunterhalt); 2010, 869 Rn. 33; 2008, 1911 (zum Ehegattenunterhalt) 2007, 793 = R 674e; 2005, 1817 = R 632b, c; vgl auch BVerfG 2003, 1821, 1823 f.
[201] BGH FamRZ 2012, 1201 Rn. 16 = R 733; 2004, 1170, 1171; 2004, 1173.
[202] BGH FamRZ 2009, 1124 Rn. 25, 37; 2008, 1739 Rn. 103 f. (beim Betreuungsunterhalt); 2005, 1154 = R 630c-e (allgemein).

2. Abschnitt: Einkünfte aus abhängiger Arbeit § 1

Zu den Bruttoeinnahmen zählen grundsätzlich alle Einkünfte, die ein Arbeitnehmer aus einem Arbeits- oder Dienstverhältnis laufend, unregelmäßig oder einmalig bezieht, einschließlich Sonderzuwendungen, Zulagen, Zuschlägen, Zuschüssen, Sachbezügen, sonstigen Nebeneinnahmen[1] und Steuererstattungen.[2] Es kommt auch nicht darauf an, ob die Erwerbstätigkeit legal oder als **„Schwarzarbeit"** ausgeübt wird.[3] Da „Schwarzarbeit" allerdings jederzeit folgenlos beendet werden darf, weil sie gesetzwidrig und damit auch unzumutbar ist,[4] können Einkünfte daraus nicht bei der Einkommensprognose zur Berechnung des künftigen Unterhaltsanspruchs berücksichtigt werden.[5] Diesem ist vielmehr ein ordnungsgemäß versteuertes fiktives Einkommen zugrunde zu legen. Stammen die „schwarzen" Einkünfte allerdings aus einer Nebentätigkeit, sind die dazu entwickelten Grundsätze (→ Rn. 96 ff.) zu beachten. Das laufende Entgelt sowie gesetzliche, tarifliche oder freiwillige Zulagen oder Zuwendungen sind in der Regel anhand der **Verdienstbescheinigungen** des Arbeitgebers, der Steuerbescheinigung (→ Rn. 984 ff.) oder des **Steuerbescheids** nebst **Steuererklärung** festzustellen. Zwischen den Berufseinnahmen und den berufsbedingten Aufwendungen muss ein zweckbedingter wirtschaftlich notwendiger Zusammenhang bestehen.[6] 66

Anders als im Steuerrecht, das Werbungskosten in der Regel anerkennt, wenn der Pflichtige sie als berufsnotwendig bezeichnet, sind **berufsbedingte Aufwendungen** unterhaltsrechtlich stets vom Gericht auf ihre objektive Notwendigkeit und Angemessenheit zu überprüfen und gegebenenfalls nach einer Schätzung gemäß § 287 ZPO herabzusetzen (→ § 6 Rn. 750 ff.). Deshalb sind genaue Darlegungen zur Notwendigkeit und zur Höhe der berufsbedingten Aufwendungen erforderlich, wenn ein konkreter Abzug über die gängigen Pauschalen hinaus (→ Rn. 124 ff.) verlangt wird. 67

2. Nicht berufsbedingte Aufwendungen

Nicht zu den berufsbedingten Aufwendungen zählen vor allem die Ausgaben für die **Vermögensbildung,** soweit sie über eine zulässige Altersvorsorge (→ Rn. 48) hinausgehen, und alle Kosten der **privaten Lebensführung,** wie Aufwendungen für Ernährung, Wohnung, Kleidung, Repräsentation und für Wirtschaftsgüter, deren Nutzung auf den privaten Bereich beschränkt ist. Betreffen so genannte gemischte Aufwendungen sowohl die private Lebensführung als auch den beruflichen Bereich, so sind sie grundsätzlich überhaupt nicht absetzbar. Ausnahmsweise ist eine Aufteilung in einen nicht absetzbaren Anteil für die private Lebensführung und einen abziehbaren berufsbedingten Anteil zulässig, wenn objektive Merkmale und Unterlagen eine zutreffende und leicht nachprüfbare Trennung und Anteilsschätzung nach § 287 ZPO (→ § 6 Rn. 750) ermöglichen. Dies kann zB der Fall sein bei Kraftfahrzeug-[7] (→ Rn. 134 ff.), Telefon- (→ Rn. 144) und Reisekosten (→ Rn. 148), wenn genaue und zuverlässige Einzelangaben vorliegen. 68

II. Der Prüfungszeitraum

In der Praxis der Instanzgerichte wird aus Gründen der Praktikabilität das jeweils **zuletzt abgelaufene Kalenderjahr** als Beurteilungszeitraum bevorzugt (→ Rn. 25).[8] Dabei wer- 69

---

[1] BGH FamRZ 2013, 935 Rn. 23; 2012, 1201 Rn. 22 = R 733b; 1986, 780.
[2] Vgl. BGH FamRZ 2013, 935 Rn. 30 f.; 2009, 1207 Rn. 26 f.; 2005, 104; OLG Nürnberg FamRZ 2006, 1132; OLGR Hamm 2001, 47; → Rn. 892 ff.
[3] OLG Nürnberg EzFamR aktuell 1997, 339.
[4] Vgl. insoweit BGH NJW 2014, 1805 Rn. 13 ff.
[5] OLG Hamm Urteil vom 19.1.1978 – 1 UF 259/77, BeckRS 1978, 01350.
[6] BGH FamRZ 2014, 1536 Rn. 30 = R 757a.
[7] BGH FamRZ 2006, 846 = R 648a.
[8] BGH FamRZ 1983, 996; OLG Frankfurt FamRZ 1989, 1300, OLG Hamm FamRZ 1986, 1102; OLG München FamRZ 1984, 173.

den auch die erst in der Jahresmitte oder am Jahresende bezogenen Sonderzuwendungen in vollem Umfang mit einbezogen.[9] Dieser Weg bietet erhebliche Vorteile. Das Jahreseinkommen lässt sich ohne weiteres entweder der Lohnsteuerbescheinigung (→ Rn. 1179 ff.) oder der Gehaltsabrechnung für den Dezember entnehmen, wenn darin auch die aufgelaufenen Jahresbeträge ausgewiesen werden. Zusätzlich muss in der Regel nur nach etwaigen Steuernachzahlungen oder -erstattungen gefragt werden. Werden dagegen die Gehaltsabrechnungen für die letzten 12 Monate herangezogen, müssen zunächst alle Monatsabrechnungen beschafft und sodann alle Einzelbeträge zusammengerechnet werden. Dies kann bei einmaligen Sonderzahlungen zu Schwierigkeiten führen, weil sie steuerlich auf das Kalenderjahr der Zahlung umzulegen sind. Die höhere Aktualität der Gehaltsabrechnungen der letzten 12 Monate kann den erhöhten Aufwand deswegen nur dann rechtfertigen, wenn seit Beendigung des letzten Kalenderjahres nicht unerhebliche Änderungen des relevanten Einkommens eingetreten sind.

70 Sind nach dem zugrunde gelegten Kalenderjahr durch **Lohnerhöhungen** oder -kürzungen, Änderungen der Steuerklasse uÄ wesentliche Veränderungen eingetreten, muss ihnen für den künftigen Unterhaltsanspruch durch Zu- oder Abschläge von dem für die Vergangenheit nachgewiesenen Einkommen Rechnung getragen werden. Hat etwa ein bisher gut verdienender Unterhaltspflichtiger kurz vor der mündlichen Verhandlung das Rentenalter erreicht und verfügt er jetzt nur über eine bescheidene Rente, darf für die in der Zukunft liegenden Zeiträume nur von der Rente ausgegangen werden. Für die Zeit bis zur Verrentung ist der Unterhalt dagegen noch nach den Einkünften des vergangenen Kalenderjahres zu bestimmen.[10]

71 Manchmal **verändert** sich das unterhaltsrechtlich relevante Einkommen mehrmals im Kalenderjahr nicht unerheblich. Auch in diesen Fällen sollte jedenfalls für den rückständigen Unterhalt regelmäßig auf den Jahresdurchschnitt abgestellt werden.

> **Beispiel:**
> Zu Beginn des Jahres beträgt das relevante Einkommen 2100 EUR. Im Mai fällt eine bisher berücksichtigte Verbindlichkeit von 300 EUR weg, von September bis November wird nur Arbeitslosengeld von monatlich 1300 EUR gezahlt, im Dezember beläuft sich das Erwerbseinkommen auf 2400 EUR.

72 Vielfach wird der Unterhalt in diesen Fällen für die einzelnen Zeitabschnitte getrennt berechnet, also von Januar bis Mai aus 2100 EUR, von Juni bis August aus 2400 EUR, von September bis November aus 1300 EUR und für die folgende Zeit aus 2400 EUR. Dieses umständliche Verfahren bürgt nur scheinbar für größere Gerechtigkeit. Der Berechtigte erhält ständig wechselnde Beträge und kann sich daher nur schwer auf die Höhe künftiger Einnahmen einstellen. Das nur in einem Monat erzielte Einkommen von 2400 EUR kann deswegen nur dann als dauerhaft erzielbar behandelt werden, wenn es auf einer nachhaltigen Einkommenserhöhung beruht. Jedenfalls für die Vergangenheit sollte allerdings selbst in solchen Fällen von dem **Durchschnittseinkommen** von 2100 × 5 (Januar bis Mai) + 2400 × 3 (Juni bis August) + 1300 × 3 (September bis November) + 2400 (Dezember) = 10 500 + 7200 + 3900 + 2400 = 24 000 : 12 = 2000 EUR ausgegangen werden.[11] Das gilt auch für den künftigen Unterhalt, wenn die Zukunftsprognose eine ähnliche Entwicklung des künftigen Erwerbslebens nahe legt. Eine andere Beurteilung der zukünftigen Unterhaltsansprüche ist nur dann veranlasst, wenn sich zusätzliche Anhaltspunkte dafür ergeben, dass das im Dezember erzielte Einkommen von 2400 EUR dauerhaft gesichert ist. Ist etwa der Unterhaltspflichtige Beamter mit diesem Einkommen geworden, wäre es richtig, für die Vergangenheit vom Durchschnittseinkommen aber für die Zeit ab Januar des Folgejahres ausschließlich von dem nunmehr erzielten Einkommen von 2400 EUR auszugehen.

---

[9] BGH FamRZ 2012, 1201 Rn. 22 = R 733b; OLG Hamburg FamRZ 1997, 574.
[10] BGH FamRZ 2010, 1050 Rn. 47; 2010, 869 Rn. 25; 2008, 1739 Rn. 56; 2005, 101 = R 620; zur Abänderung bei einer von der Prognose abweichenden Entwicklung vgl. BGH FamRZ 2007, 983 = R 676a.
[11] OLG Zweibrücken FamRZ 2000, 112.

Bei Unterhaltsstreitigkeiten, die sich in die Länge ziehen, kann es erforderlich werden, den Prüfungszeitraum zu verändern und dem Zeitablauf anzupassen. Wurde etwa im Oktober 2018 Trennungsunterhalt für die Zeit ab der Trennung im Juni 2018 auf der Basis der durchschnittlichen Einkünfte des Jahres 2017 geltend gemacht und kommt es 2018 nicht mehr zum Verfahrensabschluss, sollte sofort mit Beginn des Jahres 2019 der Unterhalt nach den jetzt bekannten Einkünften im Jahr 2018 neu berechnet werden.[12] Die neu berechneten Einkünfte sind dann nicht nur für die Zukunft, sondern auch für die Rückstände aus dem Jahr 2018 maßgeblich. Das führt für den rückständigen Unterhalt schon deswegen zu gerechteren Ergebnissen, weil dieser nach dem konkret erzielten Einkommen errechnet werden kann und es somit keiner **Prognose** bedarf. Für den künftigen Unterhalt bildet das zeitnähere Einkommen ebenfalls eine bessere Grundlage der erforderlichen Zukunftsprognose. Wenn sich allerdings nur wenig verändert hat, ist es nicht zwingend erforderlich, den Prüfungszeitraum im laufenden Verfahren zu verändern.

73

III. Typische Bruttoeinnahmen

1. Barbezüge aller Art

– Löhne, Gehälter, Provisionen[13] und Tantiemen,[14] Prämien[15] für besondere Leistungen, Umsatz- und Gewinnbeteiligungen,[16] nebst Zuschlägen, Zulagen und Sonderzuwendungen aller Art[17] sowie der Wehrsold nach dem Wehrsoldgesetz.[18]
– Beamtengehalt nebst Familienzuschlag (→ Rn. 75),[19] einschließlich kinderbezogener Bestandteile der Dienstbezüge.[20] Beruht der Familienzuschlag auch darauf, dass der Unterhaltspflichtige eine weitere Ehe eingegangen ist (vgl. § 40 I Nr. 1 und 3 BBesG), ist er beim Kindesunterhalt in voller Höhe zu berücksichtigen.[21] Bei der Bemessung des Unterhaltsanspruchs eines ersten Ehegatten ist er grundsätzlich hälftig als Einkommen zu berücksichtigen.[22] In Fällen, in denen der Unterhaltsanspruch einer geschiedenen Ehefrau im Rahmen der Leistungsfähigkeit nach Maßgabe der Dreiteilung mit dem Unterhaltsanspruch einer neuen Ehefrau bemessen wird, ist der Familienzuschlag in voller Höhe dem Einkommen hinzuzurechnen (→ Rn. 75 ff.).[23] Auch der Zuschlag zum Ortszuschlag, den der in einer neuen Ehe verheiratete Beamte für ein bei ihm lebendes Stiefkind erhält, zählt bei der Bemessung des Unterhaltsanspruchs eines früheren Ehegatten grundsätzlich nicht zum unterhaltsrelevanten Einkommen.[24] Auch dieser ist – wie der Splittingvorteil – allerdings dann bei der Bemessung des Unterhaltsanspruchs einer geschiedenen Ehefrau zu berücksichtigen, wenn ihr Anspruch nach den ehelichen

74

---

[12] BGH FamRZ 2007, 1532.
[13] OLG Koblenz FamRZ 2009, 524 Rn. 18.
[14] BGH FamRZ 2003, 432 Rn. 15; OLGR Frankfurt 1997, 166.
[15] OLG Saarbrücken NJW-RR 2010, 1303 Rn. 34.
[16] BGH FamRZ 1982, 680; OLGR Schleswig 2001, 373.
[17] BGH FamRZ 2013, 935 Rn. 23; 2012, 1201 Rn. 22 = R 733b; 1986, 780; 1982, 250.
[18] BGH FamRZ 2012, 1201 = R 733 (auch zur Auslandszulage); BFH DStR 1991, 905; OLG Hamm FamRZ 2010, 1085 und OLG Schleswig FamRZ 2005, 369.
[19] BGH FamRZ 2014, 1183 Rn. 16 = R 754a; 2010, 869 Rn. 32 ff.; 2007, 793 = R 674h, i; 2007, 882; 1990, 981 (983); OLG Köln FamRZ 1983, 750; zum Familienzuschlag beim Wechselmodell vgl. BVerwG NVwZ-RR 2014, 689.
[20] BGH FamRZ 2018, 681 Rn. 29 ff.; 2007, 882; 1989, 172; 1983, 49; BVerfG FamRZ 1999, 561.
[21] BGH FamRZ 2010, 1318 Rn. 18 ff.; 2008, 2189.
[22] BGH FamRZ 2014, 1183 Rn. 16 = R 754a; 2007, 793 (797 f.) = R 674h; OLG Hamm FamRZ 2005, 1177.
[23] BGH FamRZ 2012, 281 Rn. 44 mwN = R 731k; 2010, 869 Rn. 32 f.; vgl. aber BVerfG FamRZ 2011, 437.
[24] BGH FamRZ 2007, 793 (798) = R 674i; OLG Hamm FamRZ 2005, 1177 (unter Hinweis auf BGH FamRZ 2005, 1817 = R 632b–d, f und BVerfG FamRZ 2003, 1821.

Lebensverhältnissen im Wege der Dreiteilung bemessen wird.[25] Stehen beide Elternteile im öffentlichen Dienst, ist der nur einmal ausbezahlte kindbezogene Teil des Familienzuschlages nicht zwischen den Eltern aufzuteilen. Ein gewisser unterhaltsrechtlicher Ausgleich erfolgt aber insoweit, als die kindbezogenen Bestandteile der Beamtenbezüge dem unterhaltsrelevanten Einkommen des Empfängers zuzurechnen sind.[26]
– Die Haushalts- und Erziehungszulage eines Beamten der Europäischen Kommission.[27]
– Entgelt für Arbeit in einer Behindertenwerkstatt.[28]
– Kinderzuschüsse, die das Kindergeld übersteigen.[29] Das ergibt sich jetzt ausdrücklich aus § 1612c BGB.
– Erhöhte Auslandsdienstbezüge nebst Zuschlägen und Zulagen, die dem Ausgleich der besonderen materiellen und immateriellen Belastungen infolge des Dienstes im Ausland dienen.[30] Zum Ausgleich für schwierige Lebensbedingungen kann jedoch ein Teil anrechnungsfrei bleiben.[31] Der Auslandsverwendungszuschlag eines Soldaten ist dessen unterhaltsrelevanten Einkünften wegen des damit verbundenen überobligatorischen Einsatzes regelmäßig nicht in voller Höhe zuzurechnen. Zwar gehören auch Einsätze in Kriegs- und Krisengebieten zum Berufsbild eines Soldaten, bei solchen Einsätzen kommen allerdings verschiedene erheblich belastende Umstände zusammen, die den Soldaten unmittelbar persönlich betreffen. Der Auslandsverwendungszuschlag gilt nach § 56 BBesG alle materiellen Mehraufwendungen und immateriellen Belastungen der besonderen Verwendung im Ausland mit Ausnahme der nach deutschem Reisekostenrecht zustehenden Reisekostenvergütung ab. Dazu gehören insbesondere Mehraufwendungen auf Grund besonders schwieriger Bedingungen im Rahmen der Verwendung oder Belastungen durch Unterbringung in provisorischen Unterkünften sowie Belastungen durch eine spezifische Bedrohung der Mission oder deren Durchführung in einem Konfliktgebiet. Er wird für jeden Tag der Verwendung gewährt und als einheitlicher Tagessatz abgestuft nach dem Umfang der Mehraufwendungen und Belastungen für jede Verwendung festgesetzt. Nach § 2 der Verordnung über die Zahlung eines Auslandsverwendungszuschlags (AuslVZV BGBl. I 2009, 809) werden als materielle Mehraufwendungen und immaterielle Belastungen allgemeine psychische und physische Belastungen, insbesondere unter anderem Einschränkung der persönlichen Bewegungsfreiheit, der Privatsphäre und der Freizeitmöglichkeiten, Unterbringung in Zelten, Containern oder Massenunterkünften, erhebliche und damit potenziell gesundheitsgefährdende Mängel in den Sanitär- und Hygieneeinrichtungen, Gefahr für Leib und Leben, insbesondere Terrorakte, organisierte Kriminalität, hohe Gewaltbereitschaft, bürgerkriegsähnliche und kriegerische Auseinandersetzungen berücksichtigt. Der Tagessatz der höchsten Stufe beträgt nach § 3 AuslVZV 110 EUR. Daraus ergibt sich das Ausmaß der mit dem Einsatz verbundenen Belastung, die es gerechtfertigt erscheinen lässt, dem Soldaten einen Teil des überobligatorisch erzielten Zuschlags als Ausgleich hierfür anrechnungsfrei zu belassen. In welchem Umfang das Einkommen aus überobligatorischer Tätigkeit für den Unterhalt heranzuziehen ist, ist nach den Grundsätzen von Treu und Glauben aufgrund aller konkreten Umstände zu beurteilen (→ Rn. 800 ff.). Die Abwägung der in Betracht kommenden Gesichtspunkte ist Aufgabe des Tatrichters. Wenn sie

---

[25] BGH FamRZ 2012, 281 Rn. 44 mwN = R 731k; 2010, 869 Rn. 32 f.; 2009, 411; 2009, 23 Rn. 32; 2008, 1911 (jeweils zum Splittingvorteil).
[26] BGH FamRZ 2018, 681 Rn. 29.
[27] BGH FamRZ 2009, 1990 Rn. 26 ff.; OLG Koblenz FamRZ 1995, 1374.
[28] OLG Brandenburg FamRZ 2010, 302 (zum Unterhaltsbedarf eines behinderten Kindes; vgl. insoweit auch BGH FamRZ 2010, 1418 Rn. 22 ff.); FamRB 2004, 287; der Auffassung des OLG Oldenburg FamRZ 1996, 625, eine bedarfsmindernde Anrechnung dürfe nicht erfolgen, weil das Entgelt nur eine Anerkennung darstelle und die Eingliederung in das Erwerbsleben vorbereiten solle, kann nicht gefolgt werden.
[29] BGH FamRZ 1981, 28; 1980, 1112; OLG Hamm FamRZ 1994, 895.
[30] BGH FamRZ 1980, 342 (344); OLG Hamm NJW-RR 2006, 168; OLGR Hamm 1999, 90; OLG Koblenz FamRZ 2000, 1154.
[31] OLG Schleswig FamRZ 2005, 369; OLG Stuttgart FamRZ 2002, 820; OLG Köln FamRZ 1991, 940.

2. Abschnitt: Einkünfte aus abhängiger Arbeit § 1

zu dem Ergebnis führt, dass nur ein Teilbetrag – etwa $1/3$ bis $1/2$ des Zuschlags – als Einkommen zu berücksichtigen ist, ist das revisionsrechtlich nicht zu beanstanden.[32] In vollem Umfang können der Kaufkraftausgleich und ein Mietzuschuss unberücksichtigt bleiben, wenn schon nach § 287 ZPO angenommen werden kann, dass damit nur ein tatsächlich vorhandener Mehraufwand abgedeckt wird (→ Rn. 38).[33]

– Urlaubs- und Weihnachtsgeld sowie sonstige Sonderzuwendungen.[34] Dabei dürfen nicht die im Monat der Auszahlung einbehaltenen Steuern, sondern nur die aufs ganze Jahr bezogenen Steuern abgesetzt werden (Näheres zu den Steuern → Rn. 850 ff.).
– Berufsübliche Prämien wie Treue- und Leistungsprämien; Prämien für Verbesserungsvorschläge, Umsatzbeteiligungen uÄ.[35]
– 13. oder 14. Monatsgehalt.[36]
– Monatszulagen.[37]
– Krankenversicherungszuschüsse des Arbeitgebers für einen privat krankenversicherten Arbeitnehmer.[38] Abzugsfähig sind dann im Gegenzug allerdings die gesamten Krankenversicherungsbeiträge.
– Stellenzulagen für fliegendes Personal nach der Allgemeinen Verwaltungsvorschrift zu Nummer 6 der Vorbemerkungen zu den Bundesbesoldungsordnungen A und B des Bundesbesoldungsgesetzes.[39] Die Mehraufwendungen zum Erhalt der fliegerischen Leistungsfähigkeit können gemäß § 287 ZPO pauschal mit $1/3$ geschätzt werden.[40]
– Streckengeld eines Postbediensteten.[41] Der Arbeitnehmer muss belegen, dass diese Zahlungen durch erhöhte berufsbedingte Aufwendungen verbraucht werden.
– Vermögenswirksame Leistungen des Arbeitgebers. Zwar sind vermögenswirksame Leistungen des Arbeitgebers grundsätzlich Bestandteil des Arbeitsentgelts und daher lohnsteuer- und sozialversicherungspflichtig. In Höhe der Zusatzleistungen des Arbeitgebers (Sparzulage → Rn. 730) verbleiben sie allerdings unterhaltsrechtlich anrechnungsfrei, weil sie dem Arbeitnehmer insoweit zweckgebunden nur für eine Vermögensanlage zur Verfügung stehen. In diesem Umfang sind die vermögenswirksamen Leistungen daher mit der Nettoquote von dem Arbeitsentgelt abzuziehen (vgl. unterhaltsrechtliche Leitlinien der Oberlandesgerichte Ziff. 10.6).[42] Soweit der Antragsgegner über die zweckgebundenen vermögenswirksamen Leistungen seines Arbeitgebers hinaus Teile seines Arbeitsentgelts vermögenswirksam anlegt, ist dies unterhaltsrechtlich nur im Rahmen der vom Bundesgerichtshof gebilligten zusätzlichen Altersversorgung zu berücksichtigen.[43]
– Arbeitgeberzahlungen für eine als betriebliche Altersversorgung ausgestaltete Direktversicherung sind nur als Durchgangsposition dem Einkommen hinzuzurechnen.[44] Denn die Zuschüsse sind als Beiträge für die Direktversicherung sogleich wieder abzusetzen,

---

[32] BGH FamRZ 2012, 1201 Rn. 24 ff. = R 733b (für einen Einsatz in Afghanistan).
[33] OLG Bamberg FamRZ 1997, 1339; zum Wohngeld vgl. BGH FamRZ 2012, 1201 Rn. 15.
[34] BGH FamRZ 2008, 2104 Rn. 27; 1982, 250; 1991, 416 (418); OLG München FamRZ 1996, 307.
[35] BGH FamRZ 2013, 935 Rn. 23, 27 f.; 1970, 636; 1982, 250; OLG Saarbrücken NJW-RR 2010, 1303 Rn. 34.
[36] BGH FamRZ 2010, 869 Rn. 34; 1970, 636.
[37] BGH FamRZ 1982, 887.
[38] OLG Hamm FamRZ 2001, 370.
[39] VMBl 2012, 3; vgl. auch § 23f der Erschwerniszulagenverordnung – EZulV in der Fassung vom 13.12.2011 BGBl. 2011 I S. 2692).
[40] BGH FamRZ 1994, 21; OLG Hamm FamRZ 1991, 576; vgl. auch BGH FamRZ 2012, 1201 Rn. 24 ff. = R 733b.
[41] OLG Köln v. 23.11.1978 – 21 UF 86/78 – unveröffentlicht.
[42] BGH FamRZ 1980, 984; OLG Karlsruhe FamRZ 2003, 1675.
[43] BGH FamRZ 2013, 616 Rn. 15 ff.; 2006, 1511 Rn. 29 ff.; FamRZ 2005, 1817 = R 632j (bis zu 4% des Bruttoeinkommens beim Kindes- und Ehegattenunterhalt); 2004, 792(bis zu 5% des Bruttoeinkommens beim Elternunterhalt).
[44] OLG Celle FamRZ 2005, 297; OLG Schleswig FamRZ 2005, 211; OLG Nürnberg EzFamR aktuell 2002, 67; OLGR Hamm 1998, 66.

soweit sie sich im Rahmen einer zulässigen zusätzlichen Altersversorgung halten (→ Rn. 1029 ff.).[45]
- Ministerialzulage.[46]
- Heimarbeiterzuschlag.
- Abgeordnetenentschädigungen und Kostenpauschale zur Abgeltung typischer mandatsbedingter Aufwendungen. Der Abgeordnete muss darlegen und beweisen, in welchem Umfang er durchschnittlich die Aufwandsentschädigung oder Kostenpauschale für mandatsbedingte Aufwendungen benötigt.[47]
- Sitzungsgelder bei Mitwirkung in kommunalen Gebietsvertretungen.[48]
- Entschädigungen für Schöffentätigkeit und für die Führung einer Betreuung, einer Vormundschaft[49] sowie für ähnliche ehrenamtliche Tätigkeiten.
- Vergütungen des Krankenhauspersonals aus Liquidationseinnahmen der Chefärzte oder aus einem Mitarbeiterfonds (Liquidationspool).
- Trinkgelder einschließlich der Anteile aus einem Trinkgeldpool. Besteht Streit über die Höhe der Trinkgelder, darf nicht einfach eine Schätzung nach § 287 ZPO erfolgen, wenn konkrete Beweisangebote vorliegen.[50]
- Erfindervergütungen.
- Übergangsbeihilfe der Bundeswehr für einen ausgeschiedenen Soldaten.[51]
- Krankenhaustagegelder aus einem privaten Versicherungsvertrag.[52]
- Steuererstattungen (dazu → Rn. 931).[53]

75 **Familienzuschlag** nach § 40 I BBesG (Stufe 1) erhalten Beamte, Richter oder Soldaten ua, wenn sie verheiratet sind oder wenn sie geschieden und aus dieser Ehe in Höhe des Familienzuschlags zum Unterhalt verpflichtet sind.[54] Stehen beide Elternteile im öffentlichen Dienst, ist der nur einmal ausbezahlte kindbezogene Teil des Familienzuschlages zwar nicht zwischen den Eltern aufzuteilen. Ein gewisser unterhaltsrechtlicher Ausgleich erfolgt aber insoweit, als die kindbezogenen Bestandteile der Beamtenbezüge dem unterhaltsrelevanten Einkommen des Empfängers zuzurechnen sind.[55] Ist ein Ehegatte seinem geschiedenen Ehegatten aus erster Ehe vorrangig unterhaltspflichtig (§ 1609 Nr. 2 BGB) und ist er nach der Scheidung eine zweite Ehe eingegangen, beruht die Zahlung des Familienzuschlags auf zwei alternativen Rechtsgründen (§ 40 I Nr. 1 und 3 BBesG). Nachdem das BVerfG und folgend der BGH entschieden haben, dass in solchen Fällen der **Splittingvorteil** (→ Rn. 917 ff.) aus der zweiten Ehe nur dieser Ehe zugutekommt und deswegen beim nachehelichen Unterhaltsanspruch des ersten Ehegatten unberücksichtigt bleibt,[56] stellte sich die Frage, wie mit dem Familienzuschlag zu verfahren ist. Die Rechtsprechung zum Ehegattensplitting ist darauf nicht übertragbar, weil der Familienzuschlag nach seiner öffentlich-rechtlichen Zweckbestimmung nicht stets der neuen Ehe vorbehalten bleiben und nur deren Belastungen mildern soll. Nach § 40 I Nr. 3 BBesG wird er vielmehr auch bewilligt, um die Unterhaltslasten aus einer geschiedenen Ehe abzumildern. Dann treten durch die neue Ehe keine finanziellen Veränderungen ein und der Familienzuschlag wird auch nicht erst durch die Eheschließung ausgelöst, weil er schon zuvor gewährt wurde. Einem ersten Ehegatten, auf dessen Unterhaltsanspruch das Gesetz

---

[45] BGH FamRZ 2013, 616 Rn. 15 ff.; 2005, 1817 = R 632j (4% der Bruttoeinkünfte); 2004, 792 (5% der Bruttoeinkünfte beim Elternunterhalt).
[46] OLG Köln FamRZ 1982, 706.
[47] BGH FamRZ 1986, 780; OLG Stuttgart FamRZ 1994, 1251.
[48] BGH FamRZ 1983, 670 (672); 1986, 780; OLG Bamberg FamRZ 1999, 1082 und 1986, 1144.
[49] BGH FamRZ 1983, 670 (673).
[50] BGH FamRZ 2011, 1041 Rn. 33; 1991, 182 (184).
[51] BGH FamRZ 1987, 930; OLG Brandenburg FamRZ 2009, 521; OLG Naumburg FamRZ 2003, 474.
[52] BGH FamRZ 2013, 191 Rn. 36 f.; 1994, 626; 1987, 930; 1987, 36; OLG Bremen FamRZ 1991, 86 (zur Absetzbarkeit der Beiträge BGH FamRZ 2009, 1207).
[53] BGH FamRZ 2009, 1207 Rn. 26 f.; 2005, 104.
[54] Zum Familienzuschlag beim Wechselmodell vgl. BVerwG NVwZ-RR 2014, 689.
[55] BGH FamRZ 2018, 681 Rn. 29.
[56] BVerfG FamRZ 2003, 1821 = R 598; BGH FamRZ 2005, 1817 = R 632b–d.

ebenfalls abstellt, kann der Familienzuschlag deswegen durch die zweite Ehe nicht vollständig entzogen werden.[57]

Andererseits ergibt sich aus der Begründung des Gesetzes zur Reform des öffentlichen Dienstrechts, mit dem der bis Juni 1997 geltende Ortszuschlag durch den neuen Familienzuschlag ersetzt wurde, dass damit die Funktion des familienbezogenen Bezahlungsbestandteils verdeutlicht werden sollte.[58] Sinn und Zweck des Familienzuschlags ist es danach, den unterschiedlichen Belastungen des Familienstands Rechnung zu tragen. Weil der Familienzuschlag somit auch die zusätzlichen Belastungen in der neuen Familie abmildern will, ist es nicht gerechtfertigt, ihn in vollem Umfang für einen gegenüber dem neuen Ehegatten vorrangigen Unterhaltsanspruch des geschiedenen Ehegatten zu verwenden. Das wäre aber der Fall, wenn der Familienzuschlag stets voll als Einkommen berücksichtigt würde und deswegen ein nach § 1609 BGB bevorrechtigter Unterhaltsberechtigter davon profitieren könnte. Wird der Familienzuschlag also wegen der bestehenden (zweiten) Ehe und zugleich nach § 40 I Nr. 3 BBesG wegen einer fortdauernden Unterhaltspflicht aus einer früheren Ehe gezahlt, ist er nach seinem Sinn und Zweck auf beide Ansprüche aufzuteilen und deswegen bei der Bemessung des Unterhaltsanspruchs der geschiedenen Ehefrau nur **hälftig** zu berücksichtigen (→ § 4 Rn. 579).[59]

Soweit nach der neueren Rechtsprechung des BGH der Unterhaltsanspruch einer geschiedenen Ehefrau im Rahmen der Leistungsfähigkeit nach Maßgabe der Dreiteilung mit dem Unterhaltsanspruch eines neuen Ehegatten zu bemessen ist, kann der **volle** Familienzuschlag – wie der Splittingvorteil – in die Berechnung eingestellt werden.[60] **76**

Beim **Kindesunterhalt** ist ebenfalls der gesamte Familienzuschlag zu berücksichtigen. Denn beim Verwandtenunterhalt ist nicht auf einen Bedarf nach den ehelichen Lebensverhältnissen, sondern auf das tatsächlich vorhandene Einkommen und die reale Steuerlast abzustellen, aus denen gleichermaßen ein Kind aus einer neuen Ehe als auch das Kind aus der geschiedenen Ehe seine Lebensstellung ableitet.[61] **77**

2. Zweckbestimmte Entgelte für berufsbedingte Mehraufwendungen wie Spesen, Reisekosten und Auslösungen

Spesen und Reisekosten sind durch Geschäfts- oder Dienstreisen veranlasste Aufwendungen. Meist sind es Fahrtkosten, zusätzlicher Aufwand für die Verpflegung, Übernachtungskosten sowie sonstige Nebenkosten. Dazu können auch die Kosten für Wochenendheimfahrten bei einer längeren Reise gehören.[62] **78**

Unterhaltsrechtlich werden Spesen[63] und Reisekosten zunächst als Einkommen behandelt. Die durch die beruflich veranlasste Reise tatsächlich entstandenen und nachgewiesenen Aufwendungen sind jedoch grundsätzlich in vollem Umfang abzuziehen, etwa die Fahrtkosten bei Sitzungsgeldern.[64] Wenn solche Entgelte im konkreten Fall oder nach der Lebenserfahrung nur einen tatsächlich anfallenden Mehraufwand abdecken, können sie daher unterhaltsrechtlich von vorneherein unberücksichtigt bleiben (→ Rn. 92, 153 f.).[65] Auch wenn bei bescheiden bemessenen Pauschalvergütungen nur geringe rechnerische Überschüsse verbleiben, können diese Beträge wegen Geringfügigkeit anrechnungsfrei bleiben.[66] **79**

---

[57] BGH FamRZ 2014, 1183 Rn. 16 = R 754a; 2007, 793 (797 f.) = R 674h; OLG Celle FamRZ 2005, 716; OLG Oldenburg FamRZ 2006, 1127.
[58] BT-Drs. 13/3994, 29, 42.
[59] BGH FamRZ 2014, 1183 Rn. 16 = R 754a, 2007, 793 (797 f.) = R 674h; OLG Hamm FamRZ 2005, 1177.
[60] BGH FamRZ 2012, 281 Rn. 44 mwN = R 731k; 2010, 869 Rn. 32 f.; 2009, 411; 2009, 23 Rn. 32; 2008, 1911 (jeweils zum Splittingvorteil); vgl. aber BVerfG FamRZ 2011, 437.
[61] BGH FamRZ 2010, 1318 Rn. 18 ff.; 2008, 2189.
[62] Vgl. BGH FamRZ 2014, 1536 Rn. 30 f. = R 757a.
[63] Vgl. BGH NZFam 2017, 864 Rn. 14.
[64] BGH FamRZ 1983, 670 (672).
[65] BGH FamRZ 1990, 266; OLG Köln FamRZ 2003, 602; OLG Frankfurt FamRZ 1994, 1031.
[66] BGH FamRZ 1983, 670 (673).

80 **Auslösungen,** manchmal heißt es auch Auslösen, sind Entschädigungen, die Arbeitgeber ihren privaten Arbeitnehmern zum Ausgleich für Mehraufwendungen infolge auswärtiger Beschäftigung zahlen. Dies gilt auch bei Beschäftigungen im Ausland.[67] Der Anspruch ist häufig in Tarifverträgen arbeitsrechtlich geregelt. Auslösungen sind steuerfrei, soweit sie konkret entstandenen Mehraufwand ausgleichen. Zahlt der Arbeitgeber höhere Auslösungen, als es dem tatsächlichen Mehraufwand entspricht, sind diese insoweit steuerpflichtig. Zahlt er geringere Auslösungen, zählt der Fehlbetrag zu den abziehbaren Werbungskosten des Arbeitnehmers. Unterhaltsrechtlich gilt für die Auslösungen im Prinzip das Gleiche wie für Spesen.[68] Sind Auslösungen erkennbar höher als der tatsächliche Mehraufwand, empfiehlt sich eine konkrete Berechnung, wobei der Betrag, der den tatsächlichen Aufwand übersteigt, auch unterhaltsrechtlich zum Einkommen gerechnet werden muss.[69] Der anrechenbare Differenzbetrag kann nach § 287 ZPO geschätzt werden (→ § 6 Rn. 750 ff.).

81 In Einzelfällen können solche zweckbestimmten Entgelte zwar mit konkreten Aufwendungen einher gehen aber im Gegenzug eine **häusliche Ersparnis** bei den privaten Lebenshaltungskosten zur Folge haben. Diese Ersparnis ist dann ebenfalls nach § 287 ZPO zu schätzen und zum Einkommen zu rechnen. Sie kann bis zu $1/3$ oder $1/2$ der Aufwandsentschädigung betragen.[70] Eine solche **Ersparnis** wird allerdings regelmäßig nur bei Abwesenheitsspesen vorliegen,[71] wie bei Tagesspesen, Essensspesen, Trennungsentschädigungen, Auslösungen, Montageprämien und Aufwandsentschädigungen. Fraglich ist eine häusliche Ersparnis bei Übernachtungsgeldern, weil diese nicht zu einer merklichen Entlastung führen, sowie bei Kleider- und Schmutzzulagen, weil ihnen entsprechende Kosten gegenüberstehen. Allenfalls bei gehäuften häuslichen Abwesenheiten sollte darüber nachgedacht werden, ob sich dadurch Einsparungen an Wasser-, Strom- und Heizkosten ergeben. In anderen Fällen, in denen eine häusliche Ersparnis weniger naheliegt, sollte kleinliches Nachrechnen hingegen vermieden werden. Dies gilt vor allem, wenn nur über den Kindesunterhalt zu entscheiden ist, weil das zusätzlich zu berücksichtigende Einkommen häufig ohnehin nicht zu einer höheren Einkommensgruppe der Düsseldorfer Tabelle führt. Der mit der Überprüfung verbundene Arbeitsaufwand lohnt sich deswegen regelmäßig nur bei einem mit großzügigem Spesenersatz verbundenen häufigen Aufenthalt im Ausland (zu den besonderen Problemen beim Ersatz von Fahrtkosten → Rn. 134 ff.).

82 In der gerichtlichen Praxis wurde in der Vergangenheit häufig um eine teilweise Zurechnung von Spesen und Auslösungen bei der Einkommensermittlung gerungen. Der damit verbundene Aufwand an Zeit und Energie lohnt sich jedoch nur selten. Weil die Spesen oft dem entstandenen Aufwand entsprechen, kann regelmäßig von ihrer Bewertung nach steuerrechtlichen Grundsätzen ausgegangen werden. Handelt es sich um **steuerfreie** Spesen, Reisekosten und Auslösungen, wird vermutet, dass nur ein tatsächlich entstandener Aufwand abgedeckt wurde. In diesen Fällen kann allenfalls eine häusliche Ersparnis berücksichtigt werden, die in den Leitlinien der Oberlandesgerichte (Ziff. 1.4) regelmäßig mit $1/3$ geschätzt wird. Wenn auch eine häusliche Ersparnis ausgeschlossen ist (zB beim Kilometergeld), scheidet eine Zurechnung dieser Entgelte vollständig aus. Soweit Spesen und Auslösungen hingegen **steuerpflichtig** sind, erfolgt eine Zurechnung des Nettobetrages zum Einkommen, die nur insoweit entfällt, als ein entsprechender tatsächlicher Aufwand dargelegt werden kann.

83 Zusammenfassend sind Spesen, Reisekosten und Auslösungen also als Einkommen zu behandeln. Davon sind die mit ihrer Leistung zusammenhängenden Aufwendungen abzuziehen; eine ev. häusliche Ersparnis ist dem Einkommen hinzuzurechnen. Wenn die

---

[67] OLG Koblenz FamRZ 2000, 1154; OLGR Hamm 1999, 90.
[68] BGH FamRZ 1990, 266.
[69] BGH FamRZ 1980, 342 (zu Auslandsentschädigungen); 1986, 780 (zur Aufwandsentschädigung eines Abgeordneten).
[70] BGH VRS 1960, 801; OLG Hamm FamRZ 2010, 1085; OLG Düsseldorf – 6 UF 150/07, BeckRS 2008, 17153; OLG Stuttgart FamRZ 2002, 820.
[71] OLG Bamberg FamRZ 1982, 519.

2. Abschnitt: Einkünfte aus abhängiger Arbeit **§ 1**

Oberlandesgerichte deswegen in Regelfällen, in denen – anders als beim Kilometergeld – eine häusliche Ersparnis nicht von vornherein ausgeschlossen ist, pauschal $^1/_3$ der Spesen und Auslösungen zum Einkommen hinzurechnen,[72] bestehen dagegen grundsätzlich keine Bedenken. Dabei ist aber stets zu beachten, dass ein verbleibender Vorteil aus den Zuwendungen oder eine nachgewiesene häusliche Ersparnis vielfach als Einkommen aus „unzumutbarer Tätigkeit" angesehen werden muss und deshalb nach § 242 oder § 1577 II BGB nicht angerechnet werden darf (→ Rn. 800 ff.). Dies kommt zB in Betracht, wenn eine besonders lästige Reisetätigkeit vorliegt oder wenn ein Fernfahrer, statt sich im Hotel einzuquartieren, die Nacht in seinem Lastzug verbringt.

Wenn der Unterhaltspflichtige detailliert und unter Beweisantritt vorträgt, er habe von **84** seinem Arbeitgeber Fahrtkostenerstattung nur gegen konkreten Nachweis der tatsächlich angefallenen Kosten erhalten und Spesen sowie Auslöse seien für entsprechende Mehraufwendungen voll verbraucht worden, reicht es nicht aus, dass der Unterhaltsberechtigte diesem Vortrag unsubstantiiert bestreitet. Das Gericht kann den substantiierten Tatsachenvortrag des Unterhaltspflichtigen zu Fahrtkostenerstattungen, Spesen oder Auslösungen dann mangels ebenso substantiierten Bestreitens ohne Beweisaufnahme seiner Entscheidung zugrunde legen.[73] Im Allgemeinen sollte kleinliches Nachrechnen in diesem Bereich vermieden werden.

3. Die Leitlinien zu den Spesen, Reisekosten, Auslösen

Nach der neu vereinbarten bundeseinheitlichen Leitlinienstruktur (→ Rn. 16) werden **85** die Spesen, Reisekosten und Auslösungen jeweils unter **Ziff. 1.4** geregelt. Die einzelnen Leitlinien sehen hierzu folgende Regelungen vor (zu den Abkürzungen → Rn. 20).
– Nach SüdL 1.4 gelten Spesen und Reisekosten sowie Auslösen in der Regel als Einkommen. Damit zusammenhängende Aufwendungen, vermindert um häusliche Ersparnisse, sind jedoch abzuziehen. Bei Aufwendungspauschalen (außer Kilometergeld) kann $^1/_3$ als Einkommen angesetzt werden.
– Die BL 1.4 sind wortgleich mit Ziff. 1.4 der SüdL.
– Nach BraL 1.4 werden Spesen und Auslösungen dem Einkommen zugerechnet, soweit dadurch eine Ersparnis eintritt oder Überschüsse verbleiben. Im Zweifel kann davon ausgegangen werden, dass eine Ersparnis eintritt oder Überschüsse verbleiben, die mit $^1/_3$ der Nettobeträge zu bewerten und insoweit dem Einkommen zuzurechnen sind.
– Nach BrauL 1.4 werden Spesen und Auslösungen pauschal zu $^1/_3$ als Einkommen behandelt, soweit nicht der Nachweis geführt wird, dass derartige Leistungen notwendigerweise in weitergehendem Umfang verbraucht werden und deshalb keine häusliche Ersparnis eintritt. Bei steuerfrei gewährten Auslösungen pp. wird grundsätzlich davon ausgegangen, dass sie als Aufwandsentschädigung auf Nachweis gezahlt worden sind.
– Nach BrL 1.4 gelten Spesen und Reisekosten sowie Auslösen in der Regel als Einnahmen. Damit zusammenhängende Aufwendungen, vermindert um häusliche Ersparnisse, sind jedoch abzuziehen. Bei Aufwendungspauschalen kann in der Regel $^1/_3$ als Einkommen angesetzt werden.
– Nach CL 1.4 werden Spesen und Auslösungen pauschal zu $^1/_3$ dem Einkommen hinzugerechnet, soweit nicht nachgewiesen wird, dass die Zulagen notwendigerweise in weitergehendem Umfang verbraucht werden und keine häusliche Ersparnis eintritt.
– Nach DL 1.4 sind Auslösungen und Spesen nach den Umständen des Einzelfalls anzurechnen. Soweit solche Zuwendungen geeignet sind, laufende Lebenshaltungskosten zu ersparen, ist diese Ersparnis in der Regel mit $^1/_3$ des Nettobetrags zu bewerten.
– Die DrL 1.4 sind wortgleich mit Ziff. 1.4 der SüdL.

---

[72] OLG Stuttgart FamRZ 2002, 820; OLGR Braunschweig 1995, 262; Leitlinien der Oberlandesgerichte Ziff. 1.4.
[73] BGH FamRZ 1990, 266.

- Nach FL 1.4 ist über die Anrechenbarkeit von Spesen und Auslösungen nach Maßgabe des Einzelfalls zu entscheiden. Als Anhaltspunkt kann eine anzurechnende häusliche Ersparnis (also nicht für reine Übernachtungskosten oder Fahrtkosten bis zu der in Ziff. 10.2.2 definierten Höhe) von einem Drittel in Betracht kommen.
- Die HaL 1.4 sind annähernd wortgleich mit Ziff. 1.4 der SüdL.
- Nach HL 1.4 ist über die Anrechnung von Auslösungen und Spesen nach Maßgabe des Einzelfalls zu entscheiden. Im Zweifel kann davon ausgegangen werden, dass eine Ersparnis eintritt, die mit $^1/_3$ der Nettobeträge zu bewerten und insoweit dem anrechenbaren Einkommen zuzurechnen ist.
- Die ThL 1.4 sind annähernd wortgleich mit Ziff. 1.4 der SüdL.
- Nach KL 1.4 gelten Spesen und Reisekosten sowie Auslösungen in der Regel als Einkommen. Damit zusammenhängende Aufwendungen, vermindert um häusliche Ersparnis, sind jedoch abzuziehen.
- Nach KobL 1.4 sind Auslösungen und Spesen nach den Umständen des Einzelfalls anzurechnen. Soweit solche Zuwendungen geeignet sind, laufende Lebenshaltungskosten zu ersparen, ist diese Ersparnis idR mit $^1/_3$ des Nettobetrags zu bewerten.
- Die NaL 1.4 sind wortgleich mit Ziff. 1.4 der SüdL.
- Nach OL 1.4 sind Auslösungen und Spesen Einnahmen, soweit sie sich nicht auf die Erstattung nachgewiesener Auslagen beschränken. Aufwendungspauschalen sind aufgrund häuslicher Ersparnis idR mit $^1/_3$ ihres Nettowertes anzurechnen.
- Die RL 1.4 sind wortgleich mit Ziff. 1.4 der SüdL.
- Die SchL 1.4 sind annähernd wortgleich mit Ziff. 1.4 der SüdL.

4. Vergütungen und Zuschläge für Überstunden, Mehrarbeit, Urlaubsabgeltung und sonstige überobligatorische Belastungen, wie bei Zuschlägen für Schicht-, Nacht-, Feiertags- und Sonntagsarbeit sowie bei Zulagen für Schmutz-, Schwer- und Schwerstarbeit

86 Solche Vergütungen sind in der Regel, auch wenn sie ganz oder teilweise steuerfrei gewährt werden, voll anzurechnen, wenn sie **berufstypisch** sind und entweder in geringem Umfang anfallen oder zumindest das im Beruf des Pflichtigen übliche Maß nicht übersteigen[74] (→ Rn. 96 ff.). Im Regelfall wird man Überstunden bis zu 10% der normalen Arbeitszeit als Überstunden in geringem Umfang ansehen können und voll anrechnen.[75] Bei Berufskraftfahrern können in der Regel Überstunden **bis zu 25%** der normalen Arbeitszeit noch als berufstypisch beurteilt werden.[76] Wegen der gesteigerten Unterhaltspflicht gegenüber minderjährigen und ihnen nach § 1603 II 2 BGB gleichgestellten Kindern (§ 1603 II BGB) können vom Unterhaltspflichtigen auch darüber hinaus geleistete Überstunden unter Umständen sogar in weitergehendem Umfang voll oder jedenfalls teilweise anrechenbar sein.[77]

87 Geht das Maß der Überstunden oder die sonstige Mehr- bzw. Sonderarbeit deutlich über diesen üblichen Rahmen hinaus,[78] sind die Einkünfte daraus wie solche aus **unzumutbarer Arbeit** zu bewerten und gemäß Treu und Glauben nach den Umständen des Einzelfalls anteilig zu berücksichtigen.[79] Beim unterhaltsberechtigten Ehegatten erfolgt eine Anrechnung unzumutbarer Überstunden nach § 1577 II BGB, sonst nach Billigkeit gemäß § 242 BGB (→ Rn. 800 ff.).

---

[74] BGH FamRZ 2013, 935 Rn. 23 f.; 1983, 886; 1982, 779; 1980, 984; OLG Hamm FamRZ 2009, 2009; OLG Köln FamRZ 2008, 1657; OLG Brandenburg FamRZ 2004, 484.
[75] BGH FamRZ 2004, 186 = R 595a; OLG Nürnberg EzFamR aktuell 2000, 292.
[76] OLG Köln FamRZ 1984, 1109; OLG Hamm FamRZ 2000, 605.
[77] OLG Köln FamRZ 2008, 1657; OLG Koblenz FamRZ 2005, 650; OLG Hamm FamRZ 2001, 565; OLG Nürnberg FuR 1997, 154; vgl. auch BGH FamRZ 2014, 1992 Rn. 19, 23 = R 761.
[78] Vgl. OLG Bamberg FamRZ 2005, 1114.
[79] BGH FamRZ 2005, 1154 = R 630c–e; 1980, 984; BVerfG FamRZ 2007, 273; OLG Stuttgart FamRZ 1995, 1487.

Ähnliches gilt bei Zuschlägen für **Schicht-, Sonntags-, Feiertags- und Nachtarbeit** 88
sowie bei Zuschlägen für sonstige überobligatorische Belastungen. Auch sie sind voll anzurechnen, wenn sie berufstypisch sind und in geringem Umfang anfallen.[80] Übersteigen sie dieses Maß, können sie ebenfalls wie Einkünfte aus unzumutbarer Erwerbstätigkeit behandelt werden. Es handelt sich dann auch insoweit um Einkünfte aus überobligatorischen Leistungen mit der Folge, dass der Mehrverdienst um einen gewissen „Bonus" vermindert bzw. nur ein Anteil dieser Einkunft angerechnet werden kann. Nach Auffassung des OLG München[81] kann in solchen Fällen etwa ein Drittel der Zuschläge als Kompensation für die erheblichen Belastungen anrechnungsfrei verbleiben. Der Pflichtige soll sich hierdurch eine etwas aufwändigere Freizeit und Erholungsgestaltung leisten können und einen Anreiz erhalten, die belastende Schicht- und Feiertagsarbeit im Interesse der Unterhaltsberechtigten auch weiterhin auszuüben. Dieses gilt allerdings nicht für geldwerte Versorgungsleistungen (an einen neuen Partner), die regelmäßig am Wochenende erbracht werden[82] (→ Rn. 713 ff.).

Urlaubsabgeltung: Auch Einkünfte, die durch Verzicht auf den tarifgemäßen Urlaub 89 erzielt werden (sog Urlaubsabgeltung), sind wie Einkünfte aus unzumutbarer Arbeit (→ Rn. 800 ff.) zu behandeln. Sie resultieren aus überobligatorischen Anstrengungen, weil einem Arbeitnehmer nach allgemeiner Überzeugung und sozialer Gepflogenheit ein Verzicht auf den Jahresurlaub nicht zugemutet werden kann.[83] Wenn allerdings nur ein Anteil des Jahresurlaubs abgegolten wurde, weil dieser ohnehin nicht mehr fristgerecht angetreten werden konnte, bestehen keine Bedenken, jedenfalls die Hälfte des ausgezahlten Betrages als unterhaltsrelevantes Einkommen zu berücksichtigen.[84]

Soweit es sich bei den Einkünften um **überobligatorische** und damit unzumutbare 90 Tätigkeit handelt, können vom Unterhaltsberechtigten und vom Unterhaltspflichtigen die zum Mehrverdienst führenden belastenden Umstände (hohe Überstunden, Urlaubsverzicht, Schichtarbeit, Schmutzarbeit und dergleichen) **jederzeit beendet** werden.[85] Erst ab dann ist die unzumutbare Tätigkeit nicht mehr bei der Bemessung des Unterhaltsbedarfs nach den ehelichen Lebensverhältnissen oder nach der von beiden Eltern abgeleiteten Lebensstellung eines Kindes zu berücksichtigen (→ § 4 Rn. 944 ff.).[86] Solange die Einkünfte aus der überobligatorischen Tätigkeit allerdings erzielt werden, ist es regelmäßig unbillig, diese überhaupt nicht zu berücksichtigen.[87]

5. Sachbezüge, dh zusätzliche Leistungen des Arbeitgebers, die in einem geldwerten Vorteil bestehen

Die Bewertung der Sachbezüge erfolgt mit dem Betrag, der am Verbrauchsort für eine 91 vergleichbare Ware oder Leistung üblicherweise zu zahlen ist. Dieser Wert ist nach § 287 ZPO zu schätzen.[88] Anzurechnen ist also die durch die Sachzuwendung eingetretene **Ersparnis.** Sachbezüge sind:
– Freie Wohnung (oder Unterkunft),[89] Zuschüsse zu den Energiekosten, zur Verpflegung[90] und zu den Aufwendungen für Dienstpersonal.[91]

---

[80] BGH FamRZ 2013, 935 Rn. 24; OLG Celle FamRZ 2004, 1573; OLG Nürnberg EzFamR aktuell 2000, 292; OLG Naumburg DAVorm 1992, 1121.
[81] OLG München NJW 1982, 835.
[82] BGH FamRZ 2004, 1170 = R 612; 2004, 1173 (jeweils Differenzmethode); OLG Hamm FamRZ 1995, 1152.
[83] EuGH NJW 2019, 36, 495 und 499; BGH FamRZ 2012, 1483 Rn. 34; NJW-RR 1992, 1282, 1283; OLG Köln FamRZ 1984, 1108; AG Freiburg FamRZ 2004, 705.
[84] BGH NJW-RR 1992, 1282.
[85] BGH FamRZ 2013, 1558 Rn. 12 = R 739a; 2011, 454 Rn. 53; 2009, 770 = R 704a; 1983 146, 148; OLG Hamburg FamRZ 1984, 1257.
[86] BGH FamRZ 2006, 683 und 2003, 590; anders noch BGH FamRZ 1985, 360 (362).
[87] BGH FamRZ 2013, 1558 Rn. 12; 2011, 454 Rn. 53; 2005, 1154 = R 630c–e.
[88] OLG Karlsruhe FamRZ 2016, 237 (238).
[89] OLG Nürnberg FamRZ 2009, 345 Rn. 61 ff.; OLG Bremen vom 20.7.1977 – WF 37/77 –.
[90] OLG Brandenburg – 10 WF 206/08 BeckRS 2008, 23471; OLG Frankfurt FamRZ 1994, 1031.
[91] BGH FamRZ 1983, 352.

- Verbilligte Dienst- oder Werkswohnung oder sonstige Miet- und Wohnvorteile.
- Verbilligter Warenbezug und sonstige Einkaufs- oder Sonderrabatte.[92]
- Deputate in der Land- und Forstwirtschaft.
- Unentgeltliche Überlassung eines Dienst- oder Geschäftswagens für private Zwecke.[93] Wenn der Arbeitgeber einen Betriebs-Pkw nur für die Fahrten zwischen Wohnung und Arbeitsstätte unentgeltlich zur Verfügung stellt, steht dies jedenfalls insoweit berufsbedingten Kosten entgegen.
- Jahreswagenvorteil.[94]
- Gewährung von Zuschüssen für private Anschaffungen.
- Privater Anteil der vom Arbeitgeber übernommenen festen und laufenden Kosten eines Telefonanschlusses in der Wohnung des Arbeitnehmers.
- Aufwendungen des Arbeitgebers für Verpflegungsmehraufwendungen und für doppelte Haushaltsführung.[95]
- Verbilligte Überlassung von Aktien zu einem Vorzugskurs.[96]
- Zuschüsse des Arbeitgebers zur freiwilligen Weiterversicherung in der Altersversorgung (→ Rn. 74).
- Freifahrten und Freiflüge für private Zwecke.

92 Für die Anrechnung von Sachbezügen kommt es zunächst darauf an, ob mit ihnen ein tatsächlich entstandener beruflicher Mehraufwand abgegolten werden soll. Wird zB ein beruflicher Mehraufwand während eines Auslandsaufenthalts mit berufsbedingten Repräsentationspflichten durch zusätzliche Sachleistungen des Arbeitgebers wie freie Zweitwohnung, Dienstwagen und sonstige Vorteile ausgeglichen, sind die Sachleistungen unterhaltsrechtlich ebenso wenig zu bewerten wie der Aufwand.[97] Handelt es sich jedoch um zusätzliche Leistungen ohne beruflichen Mehraufwand (zB freie Kost und Wohnung), sind sie grundsätzlich dem Einkommen hinzuzurechnen. Für die Bemessung eines beruflichen Mehraufwands kann auf die Bewertungsrichtlinien des Steuer- und Sozialversicherungsrechts zurückgegriffen werden, weil sie realistisch sind und regelmäßig den Marktpreisen angepasst werden.[98] Unabhängig von einem mit den Sachbezügen einher gehenden Mehraufwand sind aber stets auch die damit ev. verbundenen ersparten Aufwendungen zu bewerten und bei der Einkommensermittlung zu berücksichtigen (→ Rn. 82, 153 f.).

6. Einmalige Zahlungen und Sonderzuwendungen wie zB Abfindungen uÄ

93 **Abfindungen** aus Arbeitsverhältnissen (→ Rn. 29 f.) haben regelmäßig Lohnersatzfunktion und sind deshalb als Einkommen zu bewerten.[99] Jedenfalls wenn die Beteiligten die Sonderzuwendung schon durch Ehevertrag oder unterhaltsrechtlichen Vergleich in die Unterhaltsberechnung einbezogen haben, bleibt es bei dieser Zuordnung,[100] was eine **Doppelverwertung** bei der Unterhaltsbemessung und beim Zugewinnausgleich ausschließt (→ § 4 Rn. 480 ff.).[101] Ist die Abfindung hingegen bereits im Zugewinnausgleich

---

[92] OLG Hamm FamRZ 1999, 166; vgl. auch BGH FamRZ 2013, 1795.
[93] OLG Karlsruhe FamRZ 2016, 237 (238); OLG Saarbrücken FuR 2010, 235 Rn. 46; OLG Stuttgart FamRZ 2010, 217 Rn. 23; OLG Hamm FamRZ 2009, 981 Rn. 52; OLG Celle FamRZ 2008, 1627 Rn. 8; OLG Karlsruhe FuR 2006, 472; OLG Hamburg EzFamR aktuell 2001, 45; OLGR Frankfurt 1997, 166; OLG Hamburg FamRZ 1987, 1044; OLG Köln FamRZ 1981, 489.
[94] Vgl. AG Essen FamRZ 1990, 195 (ca. 195 EUR mtl. = alle 8 Jahre Neuwagen erspart); AG Stuttgart FamRZ 1990, 195 (20% Rabatt jährlich).
[95] Vgl. aber OLG Zweibrücken FamRZ 1997, 837.
[96] OLG Celle NJW 2010, 79 Rn. 25.
[97] BGH FamRZ 1983, 352; OLG Köln FamRZ 2003, 602 (zu Reisekosten).
[98] BFH, NJW 2007, 1167 (zur steuerlichen Bewertung eines Dienstwagens).
[99] BGH FamRZ 2012, 1048 Rn. 8 ff.; 2012, 1040 Rn. 36 ff. = R 732i; 2011, 705 Rn. 35; 2001, 278; 1998, 362; KG FamRZ 2017, 1309; OLGR Köln 2004, 285.
[100] BGH FamRZ 2004, 1352 und 2003, 432.
[101] Zum Verbot der Doppelberücksichtigung allgemein: BGH FamRZ 2003, 432; Schulz FamRZ 2006, 1237.

hälftig ausgeglichen worden, bleibt es auch unterhaltsrechtlich bei dieser Zuordnung. Bei der Unterhaltsbemessung nach den ehelichen Lebensverhältnissen können dann zur Vermeidung einer unzulässigen Doppelverwertung nur noch die Vermögenseinkünfte (Zinsen) berücksichtigt werden, nicht aber der Vermögensstamm.[102] Sind Abfindungen unterhaltsrechtlich zu berücksichtigen, sind sie, wie sonstige einmalige Zuwendungen, je nach Höhe auf einen größeren Zeitraum (ein Jahr und länger) angemessen zu verteilen.[103] Ein Abfindungsbetrag wegen **Ausscheidens aus dem Erwerbsleben** ist auf eine längere Zeit zu verteilen.[104] Ein verhältnismäßig geringer Einmalbetrag kann aber in vollem Umfang dem Jahr des Geldflusses zugeschlagen werden und hat damit keine Auswirkungen auf Folgejahre.[105] Im Einzelnen zählen hierzu:
– Gratifikationen[106] und Jubiläumszuwendungen.[107]
– Abfindungen bei Verlust eines Arbeitsplatzes zB auf Grund eines Sozialplans.[108]
– Austrittsvergütungen, die ein Arbeitnehmer bei vorzeitiger Beendigung seines Arbeitsverhältnisses aus gesundheitlichen Gründen von der Versorgungskasse seines Arbeitgebers erhält.[109]
– Sonstige Abfindungen, Übergangsgelder oder Übergangsbeihilfen bei Entlassung aus einem Dienst- oder Arbeitsverhältnis oder aus der Bundeswehr.[110]

Ist die Abfindung nicht mehr vorhanden, kann sich der Unterhaltsschuldner auf seine Leistungsunfähigkeit nur dann berufen, wenn er sich nicht unterhaltsbezogen leichtfertig oder verantwortungslos gehandelt hat.[111] Die Abfindungssumme selbst, nicht nur die Zinseinkünfte, ist im Rahmen einer sparsamen Wirtschaftsführung zur Deckung des nach den früheren ehelichen Lebensverhältnissen bemessenen Unterhaltsbedarfs aller zu verwenden. Die Abfindung dient als Ersatz des fortgefallenen Arbeitseinkommens dazu, dass die bisherigen wirtschaftlichen Verhältnisse vorübergehend aufrechterhalten werden können.[112] Sie ist deshalb zeitlich so zu verteilen, dass der angemessene Bedarf des Unterhaltsberechtigten und des Unterhaltspflichtigen in bisheriger Höhe sichergestellt bleibt.[113] Bei älteren Arbeitnehmern und beim Vorruhestand ist die Abfindung auf die Zeit bis zum Rentenbeginn zu verteilen.[114] Eine Übergangsbeihilfe der Bundeswehr, die in einer Summe ausgezahlt wird,[115] dient dazu, die Zeit bis zum Erwerb eines neuen Arbeitsplatzes zu überbrücken. Erst nach Ablauf dieser Zeit erfolgt eine Anpassung des Unterhalts an die veränderten Verhältnisse.[116] Auch im Rahmen des Ehegattenunterhalts ist von der als Ersatz für ein fortgefallenes Arbeitseinkommen gezahlten und auf einen längeren Zeitraum umgelegten Abfindung **kein Erwerbstätigenbonus**

94

---

[102] KG NJW 2016, 2345.
[103] BGH FamRZ 1987, 930; 1987, 359; 1982, 250 (252); KG FamRZ 2017, 1309; OLG Karlsruhe FamRZ 2001, 1615.
[104] BGH FamRZ 2012, 1048 Rn. 11 f.; 2012, 1040 Rn. 36 ff. = R 732i; 2007, 983 (987) = R 676d.
[105] BGH FamRZ 1988, 1039.
[106] OLG Karlsruhe FamRZ 2004, 1651; OLG München FamRZ 1996, 307.
[107] BGH FamRZ 1970, 636.
[108] BGH FamRZ 2012, 1048 Rn. 8 ff.; 2012, 1040 Rn. 36 ff. = R 732i; 2007, 983 = R 676d; 1982, 250 (252); OLG Koblenz FamRZ 2006, 1447 und 1991, 573; OLG München FamRZ 2005, 714; OLG Saarbrücken FuR 2004, 260; OLG Dresden FamRZ 2000, 1433; a. A. OLG Hamm FamRZ 1999, 1068 (Zugewinn).
[109] OLG Köln FamRZ 1998, 619.
[110] BGH FamRZ 1987, 930; OLG München FamRZ 2006, 1125; OLG Köln FamRZ 2006, 342; OLG Naumburg FamRZ 2003, 474.
[111] BGH FamRZ 2008, 1163; OLG München FamRZ 1998, 559; OLG Celle FamRZ 1992, 590.
[112] BGH FamRZ 2012, 1048 Rn. 11; 2012, 1040 Rn. 39 f. = R 732i; OLGR Koblenz 2000, 143; OLG Frankfurt FamRZ 2000, 611.
[113] BGH FamRZ 1987, 930; 1987, 359; 1982, 250; OLG Dresden FamRZ 2000, 1433.
[114] BGH FamRZ 2012, 1048 Rn. 11; FamRZ 2012, 1040 Rn. 39 f. = R 732i; OLG Koblenz FamRZ 2008, 2281 Rn. 11 f.; OLG München FamRZ 2005, 714; OLG Karlsruhe FamRZ 2001, 1615 (8 Jahre und 8 Monate); OLG Frankfurt FuR 2001, 371 ($6^{1}/_{4}$ Jahre); OLG Hamm FamRZ 1999, 233; OLG Koblenz FamRZ 1991, 573 (6 Jahre).
[115] OLG Naumburg FamRZ 2003, 474.
[116] BGH FamRZ 1987, 359; 1982, 250; OLG Koblenz FamRZ 2006, 1447.

abzusetzen.[117] Endet der Zeitraum der Arbeitslosigkeit früher als vermutet, ist der verbliebene Teil der Abfindung nicht dem neuen Arbeitseinkommen hinzuzurechnen sondern verbleibt dem Unterhaltspflichtigen als gewöhnliches Vermögen,[118] wenn er nicht zur Aufstockung des neuen Einkommens auf das frühere Maß erforderlich ist.[119] Auch wenn nach Zahlung der Abfindung sofort wieder ein Arbeitsplatz mit gleichem Einkommen wie zuvor zur Verfügung steht, bleibt die Abfindung bei der Bemessung des Unterhaltsbedarfs nach den ehelichen Lebensverhältnissen unberücksichtigt. Selbst wenn mit der vorhandenen Abfindung dann ein zuvor unterhaltsrechtlich berücksichtigter Kredit getilgt wird, bleibt dies unberücksichtigt.[120]

95 Der Unterhaltspflichtige ist aber bei beengten wirtschaftlichen Verhältnissen nicht gehalten, die ihm aus der Abfindung zur Verfügung stehenden Mittel voll einzusetzen, um die aus dem verminderten laufenden Einkommen nicht mehr finanzierbaren Ansprüche des Berechtigten nach den früheren ehelichen Lebensverhältnissen weiter zu zahlen, wenn ihm bei angemessenem Verbrauch selbst nur ein Betrag unterhalb der früheren ehelichen Lebensverhältnisse verbleibt.[121] Bei gesteigerter Unterhaltspflicht gegenüber minderjährigen Kindern (§ 1603 II 1 BGB) sind die Mittel für den eigenen Bedarf sparsam einzusetzen, um möglichst den Mindestunterhalt des minderjährigen Kindes bis zur Volljährigkeit sicherzustellen.[122]

7. Einkünfte aus Nebentätigkeiten und sonstiger Zweitarbeit neben einer hauptberuflichen Tätigkeit

96 Die Berücksichtigung von Einnahmen aus einer Nebentätigkeit zusätzlich zu den Einkünften aus einem vollzeitigen Arbeitsverhältnis richtet sich vornehmlich nach **Zumutbarkeitsgesichtspunkten**.[123] Wie bei der Berücksichtigung von Einkünften aus Überstunden (→ Rn. 86) ist auch hier § 1577 II BGB zu beachten, dessen Rechtsgedanke über § 242 BGB auch für den Verwandtenunterhalt gilt.[124] Der Umfang der Anrechnung richtet sich daher stets nach Treu und Glauben unter Berücksichtigung der Umstände des Einzelfalls.[125] Hat der Beteiligte des Unterhaltsrechtsstreits die Nebentätigkeit allerdings aus freien Stücken und nicht aus finanzieller Not im Zusammenhang mit der Trennung und Scheidung aufgenommen, spricht dies – wie bei überobligatorischer Tätigkeit allgemein – als **Indiz** dafür, dass ihm die zusätzliche Tätigkeit möglich ist und die daraus resultierenden Einkünfte, solange sie erzielt werden, jedenfalls teilweise zu berücksichtigen sind.[126] Geht die Nebentätigkeit allerdings über das zumutbare Maß hinaus, kann der Unterhaltsberechtigte eine Aufnahme der zusätzlichen Nebentätigkeit nicht verlangen und der Unterhaltspflichtige eine bislang ausgeübte Nebentätigkeit jederzeit einschränken oder sogar aufgegeben.[127] Das gilt ebenso für eine Nebentätigkeit, die nach Eintritt des allgemeinen Rentenalters ausgeübt wird.[128] Eine dadurch bedingte Minderung des Gesamteinkommens und damit des Unterhalts ist mit einem Abänderungsantrag geltend zu machen.[129]

---

[117] BGH FamRZ 2007, 983 (987) = R 676e.
[118] BGH FamRZ 2012, 1048 Rn. 10; FamRZ 2012, 1040 Rn. 38 = R 732i; KG NJW 2016, 2345; OLG Frankfurt FPR 2001, 404.
[119] BGH FamRZ 2012, 1048 Rn. 11; FamRZ 2012, 1040 Rn. 39 = R 732i; OLG Dresden FamRZ 2000, 1433.
[120] BGH FamRZ 2010, 1311 Rn. 28 f.
[121] Vgl. BGH FamRZ 2006, 683; BGH FamRZ 1990, 269 (271).
[122] BGH FamRZ 2012, 1048 Rn. 12 ff.; 1987, 930; OLG Hamm FamRZ 1997, 1169; OLG Brandenburg FamRZ 1995, 1220.
[123] BGH FamRZ 1988, 156; 1983, 152; vgl. auch BVerfG FamRZ 2008, 1403 Rn. 12 f.; 2003, 661.
[124] BGH FamRZ 1995, 475.
[125] BGH FamRZ 1980, 984.
[126] BGH FamRZ 2006, 846 = R 648c; 2005, 1154 = R 630c–e; 2005, 442 = R 625c; BVerfG FamRZ 2003, 661 (662).
[127] BGH FamRZ 2009, 314 = R 701; 2006, 846 = R 648d; 2005, 1154 = R 630c, d; vgl. auch BVerfG FamRZ 2008, 1403 Rn. 12 f.; 2007, 273.
[128] BGH FamRZ 2013, 191 Rn. 14 ff.
[129] BGH FamRZ 1988, 156; 1983, 152.

2. Abschnitt: Einkünfte aus abhängiger Arbeit § 1

Als Obergrenze darf nach **§ 3 ArbZG** die werktägliche Arbeitszeit der Arbeitnehmer 97 grundsätzlich acht Stunden nicht überschreiten. Auf bis zu zehn Stunden kann sie nur verlängert werden, wenn innerhalb von sechs Kalendermonaten oder innerhalb von 24 Wochen im Durchschnitt acht Stunden werktäglich nicht überschritten werden. Nach § 9 I ArbZG dürfen Arbeitnehmer an Sonn- und gesetzlichen Feiertagen grundsätzlich nicht beschäftigt werden. Damit ist die wöchentliche Arbeitszeit regelmäßig auf (6 Tage × 8 Stunden =) 48 Stunden begrenzt, wobei nach § 2 ArbZG die Arbeitszeiten bei verschiedenen Arbeitgebern zusammenzurechnen sind. Lediglich in mehrschichtigen Betrieben können der Beginn und das Ende der Sonn- und Feiertagsruhe verschoben werden. Darüber hinaus sieht § 10 ArbZG Ausnahmen für bestimmte Arbeiten vor, die nicht an Werktagen vorgenommen werden können. Mit diesen Vorschriften ist aus objektiver Sicht die Obergrenze der zumutbaren Erwerbstätigkeit auch für die Fälle vorgegeben, in denen der Unterhaltspflichtige nach § 1603 II 1 und 2 BGB gesteigert unterhaltspflichtig ist.[130] Übersteigt die Arbeitsbelastung aus Haupt- und Nebentätigkeit diese Grenze, ist stets von einer überobligatorischen und damit unzumutbaren Tätigkeit auszugehen. Entscheidend ist dabei auf die **Summe der Arbeitsbelastung** aus Haupt- und Nebentätigkeit abzustellen.[131]

Was dem Einzelnen bis zu der genannten gesetzlichen Höchstgrenze an Arbeit zumutbar ist, ist bei abhängiger Arbeit weitgehend durch Tarifverträge oder Gesetze geregelt. Grundsätzlich besteht bei einer abhängigen Arbeit nur eine Verpflichtung zu tarifgemäßer oder dienstzeitgemäßer Erwerbstätigkeit.[132] Wird neben einer vollschichtige Erwerbstätigkeit eine Nebentätigkeit ausgeübt, handelt es sich regelmäßig um eine überobligatorische zusätzliche Arbeitsbelastung, die mit der Situation eines Überstunden leistenden Arbeitnehmers vergleichbar ist (→ Rn. 86).[133] Nur in Fällen gesteigerter Unterhaltspflicht gegenüber minderjährige oder privilegiert volljährigen Kindern (§ 1603 II 1 und 2 BGB) kann die Summe der Erwerbspflicht aus Haupt- und Nebentätigkeit bis zur Höchstgrenze nach dem Arbeitszeitgesetz (48 Stunden wöchentlich) angemessen sein.[134] Dabei sind aber alle Umstände des Einzelfalls, insbesondere auch die zeitliche Belastung durch die Ausübung eines Umgangsrechts mit dem Kind zu beachten.[135] Ein vollschichtig tätiger Arbeitnehmer mit tariflichem Einkommen ist deswegen auch bei gesteigerter Unterhaltspflicht gegenüber minderjährigen Kindern (§ 1603 II BGB) nicht generell verpflichtet, eine zusätzliche Nebentätigkeit aufzunehmen.[136] Soweit die Rechtsprechung einiger Oberlandesgerichte pauschal über diese Grenze hinausgeht, ist dies schon von Verfassungs wegen nicht haltbar.[137] Geht der Unterhaltspflichtige hingegen keiner vollschichtigen Erwerbstätigkeit nach, obwohl er dazu in der Lage ist, muss er regelmäßig, stets aber in Fällen der gesteigerten Unterhaltspflicht nach § 1603 II BGB, eine zusätzliche Nebentätigkeit übernehmen, um den Unterhalt seiner Kinder sicherzustellen.[138] Ist ein Unterhaltspflichtiger arbeitslos und auf Grund seines Alters und seiner Ausbildung für eine Vollzeitstelle nicht mehr vermittelbar, kann ihn die Obliegenheit treffen, sich um eine isolierte Nebentätigkeit

---

[130] BGH FamRZ 2011, 1041 Rn. 30 f. = R 725c; 2009, 314 = R 701 und FamRZ 2008, 872 (875); BVerfG FamRZ 2003, 661 (662).
[131] BGH FamRZ 2008, 872 = R 690c; KG FamRZ 2003, 1208 (1210).
[132] BVerfG FamRZ 2003, 661 (662).
[133] BGH FuR 2001, 224; vgl. KG FamRZ 2003, 1208.
[134] OLG Hamm NZFam 2015, 715.
[135] BGH FamRZ 2011, 1041 Rn. 31 = R 725c.
[136] BGH FamRZ 2011, 1041 Rn. 30 f. = R 725c; 2009, 314 = R 701; BVerfG FamRZ 2008, 1403 Rn. 12 f.; 2003, 661; KG NJW 2016, 2345.
[137] OLGR Nürnberg 2002, 215 (allgemein nicht zumutbar); OLG Koblenz FamRZ 2002, 965 (nur für Leistungsfähigkeit); OLG Celle FamRZ 2002, 694 (nicht zumutbar); OLG Koblenz FamRZ 2002, 481 (geringer Nebenverdienst zumutbar); KGR Berlin 2002, 146 (neben Kindeserziehung); OLG Düsseldorf FamRZ 2001, 1477 (leichte Erwerbstätigkeit neben Erwerbsunfähigkeitsrente); OLG Stuttgart FuR 2001, 569 (Nebentätigkeit eines Arbeitslosen bis zur Anrechnungsgrenze); OLG Hamm FamRZ 2001, 565 (bis insgesamt 200 Std. monatlich); OLG Hamm FuR 2001, 559 (bis zum Regelbetrag).
[138] BGH FamRZ 2012, 517 Rn. 34 f.; FuR 2001, 224.

zu bemühen, bei der er so viel hinzu verdienen kann, wie es ihm ohne Anrechnung auf die Arbeitslosenunterstützung erlaubt ist. Denn es kann nicht ohne weiteres davon ausgegangen werden, dass der für eine Vollzeitbeschäftigung nicht mehr vermittelbare Unterhaltspflichtige auch für solche Nebentätigkeiten nicht mehr vermittelbar ist.[139]

98 Hatte der Unterhaltspflichtige über längere Zeit bis nach der Trennung der Beteiligten eine zusätzliche Wochenendarbeit **ausgeübt,** kann es zweifelhaft sein, ob diese Tätigkeit als überobligatorische zu beurteilen ist. Dann liegt es nicht fern, die aus einem derart beständigen Nebenerwerb erzielten Einkünfte auch weiterhin in vollem Umfang der Unterhaltsermittlung zugrunde zu legen, wenn sie nach wie vor erzielt werden (→ Rn. 96).[140] Ergibt die tatrichterliche Beurteilung allerdings, dass es sich hierbei in der gegenwärtigen Lebenssituation des Unterhaltspflichtigen um eine unzumutbare überobligatorische Tätigkeit handelt, können die daraus erzielten Einkünfte teilweise unberücksichtigt bleiben. Dann ist nur der nicht überobligatorische **unterhaltsrelevante Teil** in die Unterhaltsbemessung einzubeziehen.[141] Auch insoweit ist eine Anrechnung in **Mangelfällen** oder bei einer nach § 1603 II BGB gesteigerten Unterhaltspflicht eher zumutbar.[142] Nebeneinkünfte des Unterhaltspflichtigen sind in der Regel auch dann nicht bedarfserhöhend zu berücksichtigen, wenn der Unterhaltsberechtigte selbst nur einer Teilzeitarbeit nachgeht und mit den hieraus erzielten Einkünften seinen daraus und nach dem Haupteinkommen des Unterhaltspflichtigen berechneten Bedarf selbst decken kann.[143]

99 Einnahmen aus einer Nebentätigkeit sind bei der Unterhaltsberechnung voll zu berücksichtigen, soweit die zusätzliche Tätigkeit unter Billigkeitsgesichtspunkten zumutbar ist. Bei überobligatorischer Nebentätigkeit können die daraus erzielten Einkünfte teilweise unberücksichtigt bleiben.[144] Nur der unterhaltsrelevante Teil dieser Einkünfte ist dann bei der Unterhaltsbemessung zu berücksichtigen.[145] Nach der Rechtsprechung des BGH ist dieser unterhaltsrechtlich zu berücksichtigende Anteil der erzielten Nebeneinkünfte nach Billigkeit unter Berücksichtigung der Umstände jedes Einzelfalles (Umfang der gesamten Arbeitsleistung, Dauer der Nebentätigkeit in der Vergangenheit, hohe Schuldenbelastung, Sicherung des Mindestbedarfs, Umfang der Arbeitsleistung des Berechtigten) zu bemessen.[146] Im Rahmen der Bedarfsbemessung beim Ehegattenunterhalt[147] sind Nebeneinkünfte nicht für die Bestimmung der ehelichen Lebensverhältnisse heranzuziehen, wenn sie während des Zusammenlebens nicht zum Familienunterhalt, sondern im Wesentlichen zur Vermögensbildung verwendet wurden und der Unterhaltsberechtigte sonst nachehelich besser stünde, als er während der Ehezeit mit dem Unterhaltspflichtigen stand.

100 Für Einkünfte aus einer Arbeit als **Werkstudent** oder ähnliche Nebeneinkünfte bei Schülern, Lehrlingen und Studenten gelten besondere Grundsätze. Schüler, Lehrlinge und Studenten sind grundsätzlich nicht verpflichtet, durch eine zusätzliche Erwerbstätigkeit zu ihrem Unterhalt beizutragen, denn ihre Haupttätigkeit in Schulbesuch, Ausbildung, Fortbildung und Studium ist als volle Arbeitstätigkeit anzusehen, der sie sich mit ganzer Kraft widmen müssen.[148] Unter Berücksichtigung dieses Grundsatzes ist im konkreten Einzelfall zu prüfen, ob eine Nebentätigkeit im Hinblick auf Art, Ziel, Dauer, Intensität und Stand

---

[139] BGH FamRZ 2012, 517 Rn. 34 f.; 1983, 152.
[140] BVerfG FamRZ 2003, 661 (662); vgl. auch OLG Saarbrücken FF 2001, 23 m Anm Büttner.
[141] BGH FamRZ 2005, 1154 = R 630e; dazu s. auch OLG Hamburg FamRZ 1996, 217 (Busfahrer und Schiffsführer am Wochenende); OLG Stuttgart FamRZ 1995, 1487 (Nebentätigkeit als Discjockey); OLGR Hamm 2000, 346 (Einnahmen als Hobbymusiker).
[142] BGH FamRZ 1983, 569 (571); OLG Celle FamRZ 2000, 1430.
[143] OLG Koblenz FamRZ 1991, 1440.
[144] BGH FamRZ 2005, 1154 = R 630c, d; vgl. auch Ziff. 7 der Leitlinien der Oberlandesgerichte.
[145] BGH FamRZ 2013, 191 Rn. 14 ff.; 2011, 454 = R 721; 2009, 1391 Rn. 18; 2009, 770 = R 704a; 2005, 1154 = R 630c, e.
[146] BGH FamRZ 2005, 1154 = R 630c, d.
[147] OLG Köln FamRZ 1998, 1427.
[148] BGH FamRZ 1995, 475 (477); OLG Koblenz FamRZ 2017, 2018 (2019); OLG Celle FamRZ 2001, 1640 (1641); OLG Hamm FamRZ 1997, 231; OLGR Düsseldorf 1993, 8; vgl. auch § 1 IV Arbeitslosengeld II/Sozialgeldverordnung.

der Ausbildung[149] oder des Studiums einerseits sowie Art und Umfang der Nebentätigkeit andererseits ohne Gefährdung von Ausbildung oder Studium ausnahmsweise möglich und zumutbar ist. Dabei ist auch die gesetzliche Wertung des § 9 II 2 SGB II zu beachten. Nach dieser Vorschrift ist bei unverheirateten Kindern, die mit ihren Eltern oder einem Elternteil in einer Bedarfsgemeinschaft leben und die die Leistungen zur Sicherung ihres Lebensunterhalts nicht aus ihrem eigene Einkommen oder Vermögen beschaffen können, auch das Einkommen oder Vermögen der Eltern oder eines Elternteils und dessen in Bedarfsgemeinschaft lebenden Partners zu berücksichtigen. Demgegenüber sieht § 9 II SGB II keine Anrechnung des Einkommens oder Vermögens von Kindern bei ihren Eltern vor.[150] Ein etwa den eigenen sozialrechtlichen Bedarf übersteigendes Einkommen des schulpflichtigen oder studierenden Kindes kann daher den Eltern nicht leistungsmindernd entgegen gehalten werden. Entsprechend umfasst auch die öffentlich-rechtliche Ausbildungsförderung nach § 11 I BAföG mit den Kosten für Lebensunterhalt und Ausbildung den gesamten Unterhaltsbedarf.

Während der **Schulzeit** ist eine Nebentätigkeit generell unzumutbar.[151] Regelmäßig **101** bleibt auch der tatsächlich erzielte Betrag anrechnungsfrei, den sich der Schüler als Taschengeld durch Austragen von Zeitungen verdient. Eine Anrechnung von Schülereinkünften kommt nur ausnahmsweise dann in Betracht, wenn der Unterhaltspflichtige dartut und beweist, dass ihn die Unterhaltspflicht besonders hart trifft, weil ihm unterhaltsbezogene Vorteile (zB Kindergeld, Kindergeldanteil mit Familienzuschlag) verloren gehen oder sich der Unterhaltszeitraum deshalb verlängert, weil sich der Berechtigte nicht hinreichend der Ausbildung widmet.[152] Zwischen Abitur und Studium ist dem Schüler eine Erholungszeit von ca. 3 Monaten zuzubilligen, in der eine Nebentätigkeit nicht verlangt werden kann.[153] Erst bei einer weiteren Verzögerung ist eine vorübergehende Tätigkeit zumutbar, die auch aus einfacher Hilfsarbeit bestehen kann. Nach allgemeiner Auffassung trifft auch einen **Studenten** neben dem Studium regelmäßig keine Erwerbsobliegenheit.[154] Denn er soll sich, auch im Interesse des Unterhaltspflichtigen, mit ganzer Kraft sowie dem gehörigen Fleiß und der gebotenen Zielstrebigkeit dem Studium widmen, um dieses innerhalb angemessener und üblicher Dauer zu beenden. Das gilt auch für die Zeit der Semesterferien, die neben der notwendigen Erholung einer Wiederholung und Vertiefung des Stoffes dient, soweit sie nicht ohnehin durch studienbedingte Arbeiten (Hausarbeiten) oder Klausuren ausgefüllt ist.[155] Allerdings ist eine Nebentätigkeit während des Studiums ganz oder teilweise zumutbar, wenn es sich zB um studienbegleitende Praktika oder sonst studienfördernde Nebenarbeit im Studienfach handelt.[156] Übt ein Student sonst eine (Neben-)Erwerbstätigkeit aus, so stellt die Vergütung, die er hierfür erhält, grundsätzlich Einkommen aus überobligatorischer Tätigkeit dar, das jedenfalls nicht in voller Höhe zu berücksichtigen ist.[157] Gleiches gilt dann, wenn der Unterhaltspflichtige noch in zulässiger Weise eine eigene Ausbildung absolviert.[158]

Die Anrechnung solcher Einkünfte aus unzumutbarer Tätigkeit bestimmt sich auch im **102** Verwandtenunterhaltsrecht nach dem – hier nach § 242 BGB entsprechend heranzuziehenden – Rechtsgedanken des § 1577 II BGB. Danach bleiben Einkünfte des Unterhaltsberechtigten anrechnungsfrei, soweit der Unterhaltspflichtige nicht den vollen Unterhalt leistet (§ 1577 II 1 BGB). Darüber hinaus kommt eine Anrechnung in Betracht, soweit dies unter Berücksichtigung der beiderseitigen wirtschaftlichen Verhältnisse der

---

149 Zur Aufnahme einer Erstausbildung des Unterhaltspflichtigen BGH FamRZ 2011, 1041.
150 OLG Brandenburg FuR 2010, 290 Rn. 59.
151 OLGR Zweibrücken 2001, 157; OLG Köln FamRZ 1996, 1101; KG FamRZ 1982, 516.
152 OLGR Zweibrücken 2001, 157; OLG Köln FamRZ 1996, 1101.
153 BGH FamRZ 2013, 1375 Rn. 15; KG FamRZ 1985, 962.
154 OLG Jena FamRZ 2009, 1416 Rn. 76.
155 BGH FamRZ 1995, 475.
156 OLG Jena FamRZ 2009, 1416 Rn. 77; OLG Karlsruhe – 16 UF 138/02 BeckRS 2004, 06930.
157 OLG Brandenburg NZFam 2018, 660.
158 BGH FamRZ 2011, 1041 Rn. 35 ff. = R 725d.

Billigkeit entspricht (§ 1577 II 2 BGB).[159] Ausnahmen kommen allenfalls bei Mithilfe im elterlichen Betrieb, bei eigener Unterhaltspflicht gegenüber minderjährigen Kindern[160] und im Einzelfall in den ersten Studiensemestern in Betracht. In der Regel wird die Nebentätigkeit jedenfalls dann nicht mehr zumutbar sein, wenn sie eine zielstrebige Ausbildung, vor allem einen bevorstehenden Examensabschluss, verzögern oder gefährden würde.[161]

103 Ist dem Schüler oder Studenten im Einzelfall eine Nebentätigkeit aus besonderen Gründen ganz oder teilweise **zumutbar,** sind die Einkünfte daraus auf seinen Bedarf anzurechnen, weil Einkünfte aus zumutbarer Tätigkeit nach §§ 1602, 1577 I BGB grundsätzlich anzurechnen sind. Nur ausnahmsweise kann bei geringfügigen Einkünften von einer Anrechnung abgesehen werden, wenn mit den Einnahmen Kosten einhergehen oder sie als zusätzliches Taschengeld neben dem Unterhalt gerechtfertigt sind.[162] Das Entgelt aus einer Nebentätigkeit ist hingegen voll anzurechnen, wenn der Student „bummelt" und seiner Ausbildungsverpflichtung nicht in einer von ihm zu erwartenden Weise nachkommt.[163]

104 Ist die ausgeübte Nebentätigkeit **unzumutbar,** kann der Student, Auszubildende oder Schüler sie jederzeit aufgeben. Erzielt er die Einkünfte gleichwohl auch weiterhin, ist über deren Anrechnung nach den Rechtsgedanken der §§ 1577 II, 242 BGB zu entscheiden[164] (→ Rn. 100). Soweit danach ein unterhaltsrelevanter Teil des Einkommens zu berücksichtigen ist, erfolgt dies bei der Bemessung des Ehegattenunterhalts in Wege der Differenzmethode.[165] Bei den Einkünften eines Studenten ist stets zwischen Art, Ziel und Dauer der Ausbildung einerseits und den Belangen des Unterhaltsberechtigten und des Unterhaltspflichtigen andererseits abzuwägen, wobei es entscheidend auch auf die Höhe der Einkünfte ankommt.[166] Je nach dem Ergebnis dieser Abwägung können die Einkünfte ganz oder teilweise anrechnungsfrei bleiben, oder als unterhaltsrelevanter Teil berücksichtigt werden. Erzielt zB ein ausnahmsweise noch unterhaltsberechtigter Student nach Ablauf der Regelstudienzeit und bevorstehendem Examen weiterhin Nebeneinkünfte, können diese nunmehr voll angerechnet werden.[167] Nicht vertretbar ist es hingegen, einem Studenten, dem monatlich Unterhalt iHv ca. 735 EUR zur Verfügung steht (vgl. insoweit die OLG-Leitlinien Ziff. 13.1.2), generell eigene Einkünfte bis zur Höhe des notwendigen Selbstbehalts eines Erwerbstätigen anrechnungsfrei zu lassen.[168] Die Verwendung für besondere Wünsche (zB Urlaubsreisen) ist kein geeignetes Kriterium für eine Anrechnung nach Billigkeitsgesichtspunkten.[169] Für eine Nichtanrechnung kann allerdings sprechen, dass die Eltern überdurchschnittlich gut verdienen[170] (→ Rn. 825 ff.). Die Darlegungslast für die nur ausnahmsweise in Betracht kommende Anrechnung von Schüler- und Studenteneinkünften trägt der Unterhaltspflichtige.[171]

---

[159] BGH FamRZ 1995, 475; OLGR Hamm 1998, 174 (verschwiegene Einkünfte des Studenten); OLG Hamm FamRZ 1997, 1496; OLG Koblenz FamRZ 1996, 382.
[160] Vgl. aber BGH FamRZ 2011, 1041 Rn. 35 ff. = R 725d; OLG Nürnberg EzFamR aktuell 2001, 216; OLG Hamm FamRZ 1992, 469.
[161] BGH FamRZ 1983, 140; 1980, 126; OLG Hamm FamRZ 1992, 469.
[162] OLG Düsseldorf FamRZ 1986, 590; OLG Koblenz FamRZ 1996, 382.
[163] LG Hamburg FamRZ 1997, 1421.
[164] BGH FamRZ 1995, 475 (477); OLG Hamm FamRZ 1998, 767; FamRZ 1997, 1496; FamRZ 1997, 232; OLGR Karlsruhe 1998, 46.
[165] BGH FamRZ 2005, 1154 = R 630e.
[166] OLG Celle FamRZ 2001, 1640 (1641) (16 000 DM jährlich); OLG Hamm FamRZ 1998, 767 (350 DM mtl. anrechnungsfrei); OLG Schleswig FamRZ 1996, 814 (600 DM mtl. anrechnungsfrei).
[167] LG Hamburg FamRZ 1997, 1421.
[168] BGH FamRZ 1995, 475.
[169] BGH FamRZ 1995, 475 (478); OLG Köln FamRZ 1996, 1101 (Verwendung für PKW, Motorrad).
[170] OLG Hamm FamRZ 1994, 1279.
[171] OLG Zweibrücken NJWE-FER 2001, 4.

8. Sozialleistungen mit Lohnersatzfunktion

Sozialleistungen werden nach ihrem Leistungszweck dahin unterschieden, ob sie eine **105 Lohnersatzfunktion** haben oder eine **Unterhaltsersatzfunktion.** Diese Differenzierung ist vor allem bedeutsam für die Beantwortung der Frage, ob und in welchem Umfang Sozialleistungen unterhaltsrechtlich als Einkommen anzurechnen sind. Sozialleistungen mit Lohnersatzfunktion sind unterhaltsrechtlich als Einkommen anzurechnen und somit für den Unterhaltsberechtigten bedarfsdeckend. Weil eine bedarfsdeckende Sozialleistung die Unterhaltsforderung zum Erlöschen bringt, ist mit ihr auch kein Anspruchsübergang auf den Sozialleistungsträger verbunden. Soweit wegen der Subsidiarität einer Sozialleistung nur eine Unterhaltsersatzfunktion besteht, wie etwa bei der Sozialhilfe oder beim Arbeitslosengeld II (→ Rn. 110 ff.), will die Sozialleistung hingegen nur den akuten Unterhaltsbedarf sichern. Sie ist dann nicht bedarfsdeckend, führt deswegen nicht zum Erlöschen des Unterhaltsanspruchs und der fortbestehende Unterhaltsanspruch geht aufgrund besonderer Vorschriften auf den Träger der Sozialhilfe über (→ Rn. 727 f. und → § 8 Rn. 1 ff.). Als bedarfsdeckende Sozialleistungen mit Lohnersatzfunktion hat der Gesetzgeber folgende Leistungen ausgestaltet:

a) Arbeitslosengeld I (ALG I). Der Anspruch auf Arbeitslosengeld I bei Arbeitslosig- **106** keit und beruflicher Weiterbildung nach §§ 136 ff. SGB III[172] setzt voraus, dass der Arbeitslose arbeitsfähig ist und sich der Arbeitsvermittlung zur Verfügung stellt, seine Arbeitskraft also dem Arbeitsmarkt anbietet. Das Arbeitslosengeld I ist ein Ausgleich für entgangenen Arbeitsverdienst, und wird auf der Grundlage des zuvor erzielten pauschalen Nettoarbeitsentgelts (§§ 149, 151 SGB III) bemessen. Weil die Leistungen auf ALG I durch Beiträge zur Arbeitslosenversicherung erdient wurden, ist es gegenüber Unterhaltsansprüchen nicht subsidiär[173] und hat mithin Lohnersatzfunktion.[174] Es ist auch dann voll anzurechnen, wenn es Ersatz für eine an sich unzumutbar gewesene Tätigkeit ist.[175] Beim Ehegattenunterhalt wird **kein Erwerbstätigenbonus** vorweg abgezogen.[176] Kosten, die bei der Suche nach einer neuen Stelle entstehen, sind jedoch abzuziehen (→ Rn. 141 Stichwort „Anzeigen").

Die Dauer des Anspruchs auf Arbeitslosengeld I richtet sich gemäß § 147 SGB III **107** einerseits nach der Dauer des versicherungspflichtigen Arbeitsverhältnisses und andererseits nach dem Lebensalter bei der Entstehung des Anspruchs. Sie beträgt für Versicherte unter 50 Jahren abhängig von der Dauer des Versicherungsverhältnisses 6 bis 12 Monate. Für über 50-jährige wird ALG I seit Januar 2008 ab einer Versicherungsdauer von 30 Monaten für 15 Monate geleistet, für über 55-jährige ab einer Versicherungsdauer von 36 Monaten für 18 Monate und für über 58-jährige ab einer Versicherungsdauer von 48 Monaten für 24 Monate (§ 147 II SGB III). Nach § 149 Nr. 1 SGB III beträgt das Arbeitslosengeld I für Arbeitslose, die mindestens ein Kind iSd § 32 I, III–V EStG (also eheliche oder nichteheliche Kinder) haben, 67% des pauschalierten Nettoentgelts **(erhöhter Leistungssatz)**, während es sonst nur 60% (allgemeiner Leistungssatz, § 149 Nr. 2 SGB III) beträgt. Der wegen eines leiblichen Kindes gewährte erhöhte Leistungssatz des Arbeitslosengeldes ist auch im Falle einer Wiederverheiratung des Unterhaltspflichtigen bei der Bemessung des nachehelichen Unterhaltsanspruchs der ersten Ehefrau als Einkommen zugrunde zu legen.[177] Denn umgekehrt wird der Unterhalt für das leibliche Kind auch bei der Bemessung des Ehegattenunterhalts von dem maßgeblichen Einkommen des Unterhaltspflichtigen abgezogen.[178]

---

[172] BGH FamRZ 1987, 456 (458); NJW 1984, 1811.
[173] Zur Subsidiarität gegenüber anderen öffentlichen Leistungen vgl. § 22 I SGB III.
[174] BGH FamRZ 2008, 594 Rn. 20; NJW 1984, 1811; Leitlinien der Oberlandesgerichte Nr. 2.1.
[175] OLG Düsseldorf FamRZ 2002, 99; OLGR München 1996, 150; OLG Hamburg FamRZ 1992, 1308; OLG Stuttgart FamRZ 1996, 415; a. A. OLG Köln FamRZ 2001, 625; FamRZ 1994, 897.
[176] BGH FamRZ 2009, 307 = R 699c; 2007, 983 (987) = R 676e; OLG Karlsruhe FamRZ 1998, 746; OLG Stuttgart FamRZ 1996, 415; OLGR München 1996, 150; OLGR Hamburg 1996, 8.
[177] BGH FamRZ 2007, 983 (986) = R 676c.
[178] BGH FamRZ 2006, 683 (686).

108 Zwar erhält ein Arbeitsloser den erhöhten Leistungssatz nach § 149 Nr. 1 SGB III auch dann, wenn dessen Ehegatte oder Lebenspartner mindestens ein Kind im Sinne des § 32 I, IV–V EStG hat, sofern beide Ehegatten oder Lebenspartner unbeschränkt einkommensteuerpflichtig sind und nicht dauernd getrennt leben. Dieser erhöhte Leistungssatz infolge eines Kindes des Lebensgefährten ist aber nicht auf die eigene Unterhaltspflicht gegenüber dem Kind, sondern auf die Einkommensgemeinschaft innerhalb der neuen Ehe oder Lebensgemeinschaft zurückzuführen. In solchen Fällen muss der erhöhte Leistungssatz – wie nach der Rechtsprechung des BVerfG und des BGH der Splittingvorteil aus der neuen Ehe[179] – im Falle einer isolierten Betrachtung allein des nachehelichen Unterhalts der neuen Lebensgemeinschaft verbleiben.[180] Wenn allerdings auch gegenüber dem neuen Ehegatten (§§ 1570 ff. BGB) eine Unterhaltspflicht besteht, kann der erhöhte Leistungssatz im Rahmen der Leistungsfähigkeit nach der Dreiteilungsmethode insgesamt zugrunde gelegt werden.[181]

Ein aus einer Nebenbeschäftigung erzieltes Einkommen wird mindestens in Höhe eines monatlichen Nettofreibetrags von 165 EUR nicht angerechnet (§ 155 I, II SGB III). Weil unterhaltsrechtlich ein strengerer Maßstab für die Erwerbspflicht anzuwenden ist als dies für den Bezug des ALG I gilt, kann es dem Unterhaltspflichtigen zumutbar sein, neben dem Bezug des ALG I eine Nebentätigkeit aufzunehmen oder sich über die Obliegenheit nach dem SGB III hinaus um Aufnahme einer neuen vollschichtigen Erwerbsmöglichkeit zu bemühen.[182] Die Arbeitslosigkeit als eine der Voraussetzung des Bezugs von ALG I setzt ohnehin die Verfügbarkeit am Arbeitsmarkt (§§ 137, 139 SGB III), also die Erwerbsfähigkeit voraus. Wenn gleichwohl keine Nebentätigkeit aufgenommen wird, ist für die Frage der Anrechnung fiktiver Einkünfte allerdings zusätzlich zu klären, ob für die betreffende Person eine reale Beschäftigungschance gegeben ist (→ Rn. 782 ff.).[183] Neben dem ALG I wird häufig auch Wohngeld gezahlt, das bedarfsdeckend zu berücksichtigen ist, wenn es nicht erhöhte Wohnkosten ausgleicht (→ Rn. 665 ff.).

109 Nach § 115 SGB III sind daneben als allgemeine Leistungen der Arbeitsförderung nach Maßgabe des § 112 SGB III Leistungen zur Aktivierung und beruflichen Eingliederung (§ 115 Nr. 1 SGB III), Leistungen zur Förderung der Berufsvorbereitung und Berufsausbildung einschließlich der Berufsausbildungsbeihilfe (§ 115 Nr. 2 SGB III), Leistungen zur Förderung der beruflichen Weiterbildung (§ 115 Nr. 3 SGB III) und Leistungen zur Förderung der Aufnahme einer selbständigen Tätigkeit (§ 115 Nr. 4 SGB III) vorgesehen. Daneben kommen nach § 118 SGB III das Übergangsgeld (§ 118 S. 1 Nr. 1 SGB III), das Ausbildungsgeld, wenn ein Übergangsgeld nicht gezahlt werden kann (§ 118 S. 1 Nr. 2 SGB III) und die Übernahme der Teilnahmekosten für eine Maßnahme (§ 118 S. 1 Nr. 3 SGB III) in Betracht. Außerdem sind in den §§ 131 ff. befristete Leistungen vorgesehen. Diesen Leistungen decken regelmäßig allerdings besondere Kosten ab und bilden insoweit kein Einkommen. Nur soweit finanzielle Mittel zur Existenzsicherung gezahlt werden, führt deren Lohnersatzfunktion zur Bedarfsdeckung. Das **ALG I** für Arbeitnehmer, die infolge eines Arbeitsausfalls einen Entgeltausfall haben, nach §§ 136 ff. SGB III,[184] das Teilarbeitslosengeld nach § 162 SGB III und das **Insolvenzgeld** für Arbeitnehmer, die wegen Zahlungsunfähigkeit des Arbeitgebers kein Arbeitsentgelt erhalten, nach §§ 165 ff. SGB III (früher Konkursausfallgeld) haben Lohnersatzfunktion und sind wie Arbeitslosengeld als Erwerbsersatzeinkommen zu behandeln (→ Rn. 121).[185]

---

[179] BVerfG FamRZ 2003, 1821; BGH FamRZ 2012, 281 Rn. 26 = R 731e; 2007, 793 (796) = R 674e; 2005, 1817 (1819) = R 632b–d.
[180] BGH FamRZ 2007, 983 (986) = R 676c.
[181] Zum Splittingvorteil vgl. BGH FamRZ 2012, 281 Rn. 44 = R 731k; 2010, 869 Rn. 32 f.; 2008, 1911 und zum Karrieresprung vgl. BGH FamRZ 2010, 111; 2009, 411; vgl. aber BVerfG FamRZ 2011, 437.
[182] BGH FamRZ 2008, 594 Rn. 21; vgl. auch BGH FamRZ 2017, 109 Rn. 21 ff. und 2012, 517 Rn. 30, 35.
[183] Zur Aufgabe des ALG I zwecks Aufnahme einer selbständigen Erwerbstätigkeit vgl. OLG Celle OLGR 2008, 812 Rn. 54.
[184] OLG Saarbrücken NJW-RR 2010, 1303 Rn. 33.
[185] OLG Hamburg EzFamR aktuell 2001, 45.

b) Grundsicherung für Arbeitssuchende – Arbeitslosengeld II (ALG II) ohne Lohnersatzfunktion. Die frühere Arbeitslosenhilfe ist mit Wirkung zum 1.1.2005 entfallen. Das SGB II hat die Arbeitslosenhilfe und die Sozialhilfe für Erwerbsfähige zu einer einheitlichen Leistung, dem Arbeitslosengeld II (ALG II), zusammengeführt (→ § 8 Rn. 201 ff.).[186] Nach § 7 SGB II erhalten Personen zwischen dem 15. Lebensjahr und Erreichen der Altersgrenze[187] ALG II, wenn sie erwerbsfähig und hilfebedürftig sind und ihren gewöhnlichen Aufenthalt in der Bundesrepublik Deutschland haben.[188] Inzwischen sind mehrere Änderungen des SGB II in Kraft getreten, von denen die wichtigste mit § 33 SGB II die frühere Anspruchsüberleitung mittels Verwaltungsakt durch einen gesetzlichen Anspruchsübergang ersetzt hat.[189] Damit und mit der Subsidiarität des ALG II (§§ 9, 12a SGB II) ist die Lohnersatzfunktion der früheren Arbeitslosenhilfe entfallen und durch eine bloße Unterhaltsersatzfunktion ersetzt worden. Das ALG II ist deswegen, auch soweit es an die Stelle der früheren Arbeitslosenhilfe getreten ist, grundsätzlich unterhaltsrechtlich nicht mehr als Einkommen zu berücksichtigen (→ § 8 Rn. 225 ff.).[190] Ein an den **Unterhaltsberechtigten** gezahltes ALG II wirkt folglich nicht bedarfsdeckend, zumal nur so der Übergang des fortbestehenden Unterhaltsanspruchs auf den Träger der Leistungen möglich ist. Auch ein an den **Unterhaltspflichtigen** gezahltes ALG II deckt grundsätzlich allein den sozialhilferechtlichen Lebensbedarf ab, hat damit lediglich Unterhaltsersatzfunktion und gewährt auch zur Höhe kein Einkommen, das den verfassungsrechtlich gewährleisteten Mindestselbstbehalt[191] übersteigt.[192] Die Leistungsfähigkeit eines Unterhaltspflichtigen erhöht sich auch nicht nach § 11b I 1 Nr. 7 SGB II durch die sozialrechtliche Berücksichtigung titulierter Unterhaltspflichten bei einem Antrag auf Leistungen der Grundsicherung für Arbeitsuchende. Zwar sind danach von dem Einkommen eines Antragstellers der Grundsicherung für Arbeitsuchende Aufwendungen zur Erfüllung gesetzlicher Unterhaltsverpflichtungen bis zu dem in einem Unterhaltstitel oder in einer notariell beurkundeten Unterhaltsvereinbarung festgelegten Betrag abzusetzen. Der titulierte und geleistete Unterhalt steht somit nicht als Einkommen für seinen eigenen Lebensunterhalt zur Verfügung. Das setzt aber eine Unterhaltspflicht auf der Grundlage der erzielten Einkünfte voraus. Ein aus diesen Einkünften nicht leistungsfähiger Unterhaltspflichtiger kann den unterhaltsrechtlich nicht geschuldeten Unterhalt auch nicht wirksam titulieren lassen, um über den Freibetrag ergänzende Leistungen nach dem SGB II zu bekommen (→ § 8 Rn. 197).[193]

---

[186] Viertes Gesetz für moderne Dienstleistungen am Arbeitsmarkt vom 24.12.2003 (Hartz IV; BGBl. I S. 2954); Gesetzentwurf BT-Drs. 15/1516; zur Verfassungsmäßigkeit vgl. BVerfG NJW 2011, 1058; vgl. auch Klinkhammer FamRZ 2004, 1909.

[187] Vgl. insoweit §§ 35 S. 2, 235 SGB VI.

[188] ALG II in der Fassung der Bekanntmachung vom 13.5.2011 (BGBl. I S. 850, 2094) zuletzt geändert durch Art, 3 des Qualifizierungschancengesetzes vom 18.12.2018 (BGBl. I S. 2651); vgl. auch die Verordnung zur Berechnung von Einkommen sowie zur Nichtberücksichtigung von Einkommen und Vermögen beim Arbeitslosengeld II/Sozialgeld (Arbeitslosengeld II/Sozialgeld-Verordnung – Alg II–V) vom 17.12.2007, BGBl. I S. 2942 zuletzt geändert durch Art. 1 der Verordnung vom 25.7.2016 (BGBl. I. S. 1858).

[189] Gesetz zur Fortentwicklung der Grundsicherung für Arbeitsuchende vom 20.7.2006 (Fortentwicklungsgesetz; BGBl. I S. 1706) in der Fassung des Neunten Gesetzes zu Änderung des Zweiten Buches Sozialgesetzbuch – Rechtsvereinfachung – vom 26.7.2016 (BGBl. I S. 1824, 1829); BGH FamRZ 2011, 197 Rn. 13 ff.; vgl. auch Scholz FamRZ 2006, 1417 und Klinkhammer FamRZ 2006, 1171.

[190] BGH NJW-RR 2011, 145 Rn. 19; 2011, 97 Rn. 31 f.; 2009, 307 = R 699b; OLG Stuttgart FamRZ 2008, 795 Rn. 16 f.

[191] Vgl. insoweit BGH FamRZ 2008, 594 = R 688a und 2006, 683; BVerfG FamRZ 2001, 1685; zum Mindestbedarf des Berechtigten vgl. BGH FamRZ 2010, 802 Rn. 18 und 2010, 357 = R 709b.

[192] OLGR Köln 2009, 611 Rn. 13 ff.; Klinkhammer FamRZ 2004, 1909 (1913 f.), vgl. auch die Leitlinien der Oberlandesgerichte jeweils unter Ziff. 2.2.

[193] BGH FamRZ 2013, 1378 Rn. 25 ff. = R 737c; vgl. auch BGH FamRZ 2013, 1962 Rn. 19 = R 743.

111 Wie bei der Sozialhilfe (→ Rn. 727) treten jedoch Probleme auf, wenn die Gesamteinkünfte des Unterhaltspflichtigen seine notwendigsten Bedürfnisse übersteigen, weil bei der Bemessung der Sozialhilfe von einem anrechenbaren Nettoeinkommen Freibeträge abgesetzt werden (§ 11b III SGB II; → § 8 Rn. 220 ff.).[194] Während das Einkommen des Unterhaltspflichtigen allein seinen Selbstbehalt dann regelmäßig nicht übersteigt, kann er aus der Summe seines Einkommens und des ergänzenden Arbeitslosengeldes II zu Unterhaltsleistungen in der Lage sein. Soweit das Arbeitslosengeld II wegen der im Gesetz vorgesehenen **Freibeträge** nicht zurückgefordert werden kann, muss der Unterhaltspflichtige diese Sozialleistung zunächst für die Sicherung der eigenen notwendigen Bedürfnisse verwenden. Sein zusätzliches Einkommen benötigt der Unterhaltspflichtige dann nicht mehr in voller Höhe zur Sicherung seines eigenen Selbstbehalts. Dann kann er den Teil seines Einkommens für Unterhaltszwecke einsetzen, der gemeinsam mit dem Arbeitslosengeld II den jeweiligen Selbstbehalt übersteigt.[195] Diese Beurteilung ist auch für besondere Leistungen nach dem SGB II geboten, die über den sozialhilferechtlichen Lebensbedarf hinausgehen, von der Subsidiarität ausgenommen sind und somit auch den Unterhaltspflichtigen entlasten sollen (→ § 8 Rn. 220 ff.). Dabei handelt es sich um folgende Leistungen (s. auch Ziff. 2.2 der Leitlinien der Oberlandesgerichte):

112 • Den **Zuschlag**, den der erwerbsfähige Hilfsbedürftige nach § 24 SGB II innerhalb von zwei Jahren nach dem Ende des Bezugs von ALG I erhielt, hat der Gesetzgeber für die Zeit ab dem 1.1.2011 abgeschafft.[196] Er war also nur noch bei Unterhaltsansprüchen bis Ende 2010 zu berücksichtigen. In der ursprünglichen Fassung des § 19 S. 1 SGB II war dieser Zuschlag ausdrücklich von den sonstigen Leistungen zur Sicherung des Lebensunterhalts abgegrenzt. In der bis Ende 2010 geltenden Fassung wurde diese Differenzierung zwar aufgegeben. Dafür wurde schon in der Überschrift des Unterabschnitts 1 des 3. Kapitels und 2. Abschnitts des SGB II zwischen dem ALG II und dem befristeten Zuschlag differenziert. § 19 SGB II bezog sich damit ausdrücklich nur noch auf das ALG II ieS, während der befristete Zuschlag in § 24 SGB II geregelt war. Auch der Sache nach verfolgte der befristete Zuschlag eher eine Lohnersatzfunktion, zumal er zur Höhe an der Differenz zwischen dem erdienten ALG I (→ Rn. 106) und dem ALG II ansetzte und nicht zum sozialhilferechtlichen Lebensbedarf des ALG II zählte.[197] Für die jetzt in § 21 SGB II geregelten Mehrbedarfe gilt dies allerdings nicht; sie unterliegen den gleichen Voraussetzungen wie der Regelbedarf, knüpfen ergänzend an besondere bedarfserhöhende Umstände an und haben deswegen wie das ALG nur eine Unterhaltsersatzfunktion. Auch sie sind deswegen subsidiär und werden vom gesetzlichen Anspruchsübergang des § 33 SGB II erfasst.[198]

113 • Nach § 16b SGB II (bis 31.12.2008 § 29 SGB II)[199] kann erwerbsfähigen Hilfsbedürftigen, die arbeitslos sind, bei Aufnahme einer sozialversicherungspflichtigen oder selbständigen Erwerbstätigkeit zur Überwindung von Hilfebedürftigkeit ein **Einstiegsgeld** erbracht werden, wenn dies zur Eingliederung in den allgemeinen Arbeitsmarkt erforderlich ist. Das Einstiegsgeld kann auch erbracht werden, wenn die Hilfebedürftigkeit durch oder nach Aufnahme der Erwerbstätigkeit entfällt. Damit soll es einen Anreiz bieten, eine neue Arbeitsstelle anzutreten oder eine selbständige Tätigkeit zu ergreifen, was eine Unterhaltsersatzfunktion ausschließt. Es wird für höchstens 24 Monate erbracht (§ 16b II Satz 1 SGB II). Zur Höhe knüpft es allerdings nicht an das frühere Erwerbseinkommen, sondern nach § 16b II Satz 1 SGB II an die Dauer der Arbeitslosigkeit und die Größe

---

[194] Zum Freibetrag nach § 11b I Nr. 7 SGB II wegen titulierter Unterhaltsschulden s. OLG Hamm FamRZ 2010, 570 Rn. 37 ff.
[195] BGH FamRZ 2013, 1378 Rn. 23 = R 737c.
[196] Gesetzes zur Ermittlung von Regelbedarfen und zur Änderung des Zweiten und Zwölften Buches des Sozialgesetzbuches vom 24.3.2011 BGBl. I S. 453, 464 ff.
[197] Klinkhammer FamRZ 2006, 1171 (1172); im Ergebnis ebenso OLG München FamRZ 2006, 1125 und OLG Zweibrücken FamRZ 2006, 135; vgl. auch OLG Köln r+s 2009, 435.
[198] Zur Berücksichtigung im VKH-Verfahren gemäß § 115 ZPO vgl. BGH FamRZ 2010, 1324 Rn. 13 ff., 24 ff.; OLG Köln FamRB 2012, 248.
[199] Gesetz zur Neuausrichtung der arbeitsmarktpolitischen Instrumente BGBl. 2008 I S. 2917; 2009 I S. 23.

der Bedarfsgemeinschaft an. In diesem gesetzlichen Rahmen enthält § 16b III SGB II eine Verordnungsermächtigung zur Bemessung der Höhe des Einstiegsgeldes (→ § 8 Rn. 215).[200] Das als Zuschuss zum ALG II bezogene Einstiegsgeld hat nach seinem gesetzgeberischen Sinn und Zweck Lohnersatzfunktion und ist in die Unterhaltsberechnung einzustellen. Denn es dient nicht der reinen Sicherung des Lebensunterhalts, sondern der Eingliederung in den Arbeitsmarkt und soll einen Anreiz für die Fortführung einer aufgenommenen Erwerbstätigkeit darstellen. Die unterhaltsrechtliche Berücksichtigung ist also deswegen geboten, weil das Einstiegsgeld neben dem ALG II gewährt wird und somit über den sozialhilferechtlichen Lebensbedarf des ALG II hinausgeht.[201] Weil das Einstiegsgeld aber als staatliche Subvention gezahlt wird, ist der Abzug eines Erwerbstätigenbonus nicht gerechtfertigt.

- **Nicht** anrechenbar ist hingegen der in dem ALG II enthaltene **Wohnkostenanteil**. Zwar erhielten Sozialhilfeempfänger bis Ende 2004 neben der Sozialhilfe Wohngeld nach dem WoGG, das unterhaltsrechtlich grundsätzlich als Einkommen zu berücksichtigen ist (→ § 1 Rn. 666).[202] Inzwischen sind Empfänger des ALG II, wie die Empfänger von Sozialhilfe nach dem SGB XII, vom Bezug des Wohngeldes ausgeschlossen (§ 7 I Satz 1 Nr. 1, 2–4 WoGG), weil dieses aus Gründen der Verwaltungsvereinfachung nach § 22 SGB II bereits bei der Höhe ihrer allgemeinen Sozialleistung berücksichtigt ist.[203] Diese strikte Trennung ist mit dem ersten Gesetz zur Änderung des Wohngeldgesetzes[204] teilweise aufgegeben worden. Zwar besteht eine Verpflichtung zur Inanspruchnahme von Wohngeld als vorrangige Leistung nach § 12a Satz 2 Nr. 2 SGB II nur, wenn dadurch die Hilfebedürftigkeit aller Mitglieder der Bedarfsgemeinschaft für mindestens drei Monate beseitigt würde. Nunmehr kann jedoch ein selbst vom Wohngeld ausgeschlossener Wohngeldberechtigter für ein mit ihm zusammenlebendes Haushaltsmitglied Wohngeld beantragen, wenn dadurch dessen Hilfebedürftigkeit nach dem SGB II beseitigt wird. Inhaber des Anspruchs auf **Kinderwohngeld** ist zwar der Elternteil, der die gemeinsame Wohnung gemietet hat. Weil es aber den individuellen Wohnbedarf des Kindes abdeckt, ist es grundsicherungsrechtlich Einkommen des Kindes.[205] Das spricht auch unterhaltsrechtlich für eine bloße Unterhaltsersatzfunktion des gesamten ALG II und gegen eine unterhaltsrechtliche Anrechnung des Wohnkostenanteils.[206]

114

c) **Krankengeld.** Nach § 44 SGB V haben gesetzlich Krankenversicherte Anspruch auf Krankengeld, wenn die Krankheit sie arbeitsunfähig macht oder sie auf Kosten der Krankenkasse stationär in einem Krankenhaus, einer Vorsorge- oder Rehabilitationseinrichtung (§ 23 IV, §§ 24, 40 II und 41 SGB V) behandelt werden. Nach § 46 S. 1 SGB V entsteht der Anspruch auf Krankengeld bei Krankenhausbehandlung oder Behandlung in einer Vorsorge- oder Rehabilitationseinrichtung von ihrem Beginn an, im Übrigen von dem Tag an, der auf den Tag der ärztlichen Feststellung der Arbeitsunfähigkeit folgt. Das Krankengeld beträgt 70% des erzielten regelmäßigen Arbeitsentgelts und Arbeitseinkommens, soweit es der Beitragsberechnung unterliegt (Regelentgelt). Das aus dem Arbeitsentgelt berechnete Krankengeld darf aber 90% des Nettoarbeitsentgelts nicht übersteigen (§ 47 I SGB V). Bei Bezug von Arbeitslosengeld, Unterhaltsgeld und Kurzarbeitergeld wird Krankengeld in Höhe des Betrages des Arbeitslosengeldes oder des Unterhaltsgeldes gewährt, den der Versicherte zuletzt bezogen hat. Das Krankengeld wird vom ersten Tage der Arbeitsunfähigkeit an gewährt (§ 47b I SGB V). Versicherte erhalten Krankengeld ohne zeitliche Begrenzung, für den Fall der Arbeitsunfähigkeit wegen derselben Krankheit jedoch für längstens achtundsiebzig Wochen innerhalb von je drei Jahren, gerechnet vom

115

---

[200] Verordnung zur Bemessung von Einstiegsgeld (Einstiegsgeld-Verordnung – ESGV) vom 29.7.2009; vgl. auch die Anlage 1 zur Weisung 201702004 der Bundesagentur für Arbeit.
[201] OLG Celle FamRZ 2006, 1203; vgl. auch Klinkhammer FamRZ 2006, 1171 (1172); 2004, 1909 (1911).
[202] BGH FamRZ 1982, 587; 1982, 898.
[203] BSG FamRZ 2018, 1898 (1899); vgl. auch BT-Drs. 15/3943, 10 f.
[204] Vom 22.12.2008 (BGBl. I S. 2963).
[205] BSG FamRZ 2018, 1898 (1900 f.).
[206] OLG Celle FamRZ 2006, 1203; vgl. auch Klinkhammer FamRZ 2006, 1171 (1172 f.) mwN.

Tage des Beginns der Arbeitsunfähigkeit an. Tritt während der Arbeitsunfähigkeit eine weitere Krankheit hinzu, wird die Leistungsdauer nicht verlängert (§ 48 I SGB V). Für Versicherte, die im letzten Dreijahreszeitraum wegen derselben Krankheit für achtundsiebzig Wochen Krankengeld bezogen haben, besteht nach Beginn eines neuen Dreijahreszeitraums ein neuer Anspruch auf Krankengeld wegen derselben Krankheit, wenn sie bei Eintritt der erneuten Arbeitsunfähigkeit mit Anspruch auf Krankengeld versichert sind und in der Zwischenzeit mindestens sechs Monate nicht wegen dieser Krankheit arbeitsunfähig waren und erwerbstätig waren oder der Arbeitsvermittlung zur Verfügung standen (§ 48 II SGB V). Bei der Feststellung der Leistungsdauer des Krankengeldes werden Zeiten, in denen der Anspruch auf Krankengeld ruht oder für die das Krankengeld versagt wird, wie Zeiten des Bezugs von Krankengeld berücksichtigt. Zeiten, für die kein Anspruch auf Krankengeld besteht, bleiben unberücksichtigt (§ 48 III SGB V). Versicherte haben auch dann Anspruch auf Krankengeld, wenn es nach ärztlichem Zeugnis erforderlich ist, dass sie zur Beaufsichtigung, Betreuung oder Pflege ihres erkrankten und versicherten Kindes der Arbeit fernbleiben, eine andere in ihrem Haushalt lebende Person das Kind nicht beaufsichtigen, betreuen oder pflegen kann und das Kind das zwölfte Lebensjahr noch nicht vollendet hat oder behindert und auf Hilfe angewiesen ist (§ 45 I SGB V). Ein solcher Anspruch auf Krankengeld besteht in jedem Kalenderjahr für jedes Kind längstens für 10 Arbeitstage, für alleinerziehende Versicherte längstens für 20 Arbeitstage. Der Anspruch besteht für Versicherte insgesamt für nicht mehr als 25 Arbeitstage, für alleinerziehende Versicherte insgesamt für nicht mehr als 50 Arbeitstage je Kalenderjahr (§ 45 II SGB V).

Krankengeld,[207] Krankentagegeld und Krankenhaustagegeld[208] sind **Lohnersatzleistungen** und somit als Einkommen anzurechnen.[209] Entsprechend sind allerdings auch die zur Erlangung dieser Lohnersatzleistungen notwendigen Beiträge vom Erwerbseinkommen abzusetzen.[210] Unterhaltsrelevantes Einkommen ist auch die sonstige Lohnfortzahlung im Krankheitsfall, die ebenfalls der Sicherung des Erwerbseinkommens im Falle der Krankheit dient. Von dem Einkommen sind jedoch krankheitsbedingte Mehrkosten abzuziehen.[211] Diese sind allerdings konkret nachzuweisen, weil die Vermutung des § 1610a BGB für diese Einkünfte mit Lohnersatzfunktion nicht gilt.[212] Zu beachten ist auch, dass die Mehrkosten häufig als außergewöhnliche Belastungen steuerlich absetzbar sind.[213] Dann kann unterhaltsrechtlich allenfalls der um den Steuersatz verminderte Betrag der nachgewiesenen Krankheitskosten abgesetzt werden. Weil auch diese Einkünfte nicht auf einer Erwerbstätigkeit beruhen, sind weder pauschale berufsbedingte Kosten noch bei der Bedarfsbemessung des Ehegattenunterhalts ein **Erwerbstätigenbonus** abzuziehen.[214] Entsprechend ist im Mangelfall lediglich der Selbstbehalt eines nicht Erwerbstätigen zu belassen.[215] Der Bezieher von Krankheitsgeld ist unterhaltsrechtlich allerdings verpflichtet, alles zu unternehmen, um seine Arbeitskraft wiederherzustellen. Wenn er nichts dafür unternimmt und sich auf einen langfristigen Bezug des Krankheitsgeldes einrichtet, bestehen keine Bedenken dagegen, ihn für die Zukunft fiktiv so zu behandeln, als ob er dem Arbeitsmarkt wieder zur Verfügung stünde.[216] Im Falle unzureichender Arbeitsbemühungen bei gleichzeitig gegebener Erwerbsfähigkeit ist er nicht etwa als weiterhin (fiktiv) krank, sondern als fiktiv erwerbstätig zu behandeln. Bei der Bemessung des erzielbaren Einkommens kann

---

[207] KG NJW 2016, 2345.
[208] BGH FamRZ 2013, 191 Rn. 36 f.; 2009, 1207 Rn. 28; OLG Bremen FamRZ 1991, 86.
[209] BGH FamRZ 2013, 191, 36 f.; 2009, 1207 Rn. 28; 1987, 36 (38); OLG Köln FamRZ 2001, 177; OLG Karlsruhe FamRZ 2000, 1091; Leitlinien der Oberlandesgerichte Nr. 2.1.
[210] BGH FamRZ 2009, 1207 Rn. 28.
[211] BGH FamRZ 1987, 36 (38); OLG Hamm FamRZ 2006, 124; KGR 2002, 163.
[212] BGH FamRZ 2009, 307 = R 699a; OLG Schleswig SchlHA 1998, 81; OLG Schleswig SchlHA 1992, 216.
[213] BFH NJW 2000, 2767.
[214] BGH FamRZ 2009, 307 = R 699a; OLG Hamburg FamRZ 1992, 1308; OLGR Hamburg 1996, 8.
[215] BGH FamRZ 2009, 311 Rn. 14.
[216] BGH FamRZ 2009, 311 Rn. 10; KG NJW 2016, 2345.

d) **Erziehungsgeld.** Nach § 1 des Bundeserziehungsgeldgesetzes (BErzGG) hatte Anspruch auf Erziehungsgeld, wer ua mit einem Kind, für das ihm die Personensorge zustand, in einem Haushalt lebte, es selbst betreute und erzog und keine oder keine volle (weniger als 30 Stunden wöchentlich) Erwerbstätigkeit ausübte. Das BErzGG galt nur für Ansprüche auf Erziehungsgeld wegen Betreuung von Kindern, die vor dem 1.1.2007 geboren wurden; es ist deswegen und im Hinblick auf die zweijährige Förderungsdauer auf die Zeit **bis Ende 2008 befristet** worden. Für später geborene Kinder richtet sich die Förderung nach dem Bundeselterngeld- und Elternzeitgesetzes – BEEG (→ Rn. 117 f.), auf das die Rechtsprechung zum Erziehungsgeld entsprechend übertragen werden kann. Wurde das Kind von beiden Eltern betreut, konnte nur einem von ihnen, den sie bestimmen mussten, Erziehungsgeld gezahlt werden. Einem nicht sorgeberechtigten Elternteil konnte Erziehungsgeld nur mit Zustimmung des sorgeberechtigten gezahlt werden (§ 3 BErzGG). Das Erziehungsgeld wurde unter Beachtung der Einkommensgrenzen bis zur Vollendung des 12. Lebensmonats als Budget oder bis zur Vollendung des 24. Lebensmonats als Regelbetrag gezahlt (§ 4 BErzGG). Die Höhe des Erziehungsgeldes betrug – jeweils einkommensabhängig – bei einer beantragten Zahlung als Budget monatlich 450 EUR und bei einer beantragten Zahlung als Regelbetrag monatlich 300 EUR (§ 5 BErzGG). Ein Mutterschaftsgeld war für die Zeit ab der Geburt auf das Erziehungsgeld anzurechnen (§ 7 BErzGG). Das Erziehungsgeld und das entsprechend anrechenbare Mutterschaftsgeld blieben für den Bezug von Sozialleistungen als Einkommen unberücksichtigt (§ 8 BErzGG). Nach § 9 BErzGG wurden Unterhaltsverpflichtungen durch die Zahlung des Erziehungsgeldes und anderer vergleichbarer Leistungen der Länder nicht berührt; dies galt jedoch nicht in den Fällen des § 1361 III, der §§ 1579, 1603 II und des § 1611 I BGB.

Das Erziehungsgeld hatte somit **keine Lohnersatzfunktion**, sondern wurde auch an Eltern gezahlt, die zuvor nicht erwerbstätig waren. Weil das Erziehungsgeld weder tatsächliche Einkommenseinbußen ausgleichen noch für den tatsächlichen Betreuungsaufwand entschädigen sollte, wurde durch den Bezug die Betreuung und Erziehung eines Kindes durch eine nicht oder nicht voll erwerbstätige, sorgeberechtigte Person in der ersten Lebensphase des Kindes allgemein gefördert.[217] Es ermöglichte und erleichterte somit den Eltern, im Anschluss an die Mutterschutzfrist ganz oder teilweise auf eine Erwerbstätigkeit zu verzichten. Damit diente es sozialpolitischen Zielen und schaffte zugleich einen finanziellen Anreiz für die Kindererziehung.[218] Dieses sozialpolitische Ziel wurde dadurch unterstützt, dass nach § 9 S. 1 BErzGG **Unterhaltsverpflichtungen** grundsätzlich nicht durch die Zahlung des Erziehungsgelds und anderer vergleichbarer Leistungen der Länder berührt wurden. Der Barunterhaltspflichtige sollte durch die Zahlung des Erziehungsgelds an den Unterhaltsberechtigten grundsätzlich nicht von seiner Unterhaltsverpflichtung entlastet werden. Die Leistung nach dem Bundeserziehungsgeldgesetz sollte dem Erziehungsgeldberechtigten also regelmäßig ungeschmälert zugutekommen. Nach übereinstimmender Auffassung war das Erziehungsgeld deswegen im Regelfall nicht als anrechenbares Einkommen bei der Bemessung von Unterhaltsansprüchen zu berücksichtigen.[219]

Dies galt nach § 9 S. 2 BErzGG allerdings nicht in den Fällen der **gesteigerten Unterhaltspflicht** gegenüber minderjährigen Kindern (§ 1603 II BGB)[220] und im Rahmen einer Billigkeitsabwägung nach den §§ 1361 III, 1579[221] und 1611 I BGB. In diesen Fällen steht die Unterhaltsgewährung in besonderem Maße unter dem Gebot der Billigkeit, und es konnte zu groben Ungerechtigkeiten führen, wenn das Erziehungsgeld bei der Bemessung des Unterhalts unberücksichtigt blieb.[222] Ob das Erziehungsgeld nach § 9 S. 2

---

[217] BVerfG FamRZ 1994, 363.
[218] BT-Drs. 10/3729, 13; BGH; FamRZ 2006, 1010.
[219] BVerfG FamRZ 2000, 1149 m wN.
[220] OLGR Dresden 2000, 426; OLGR Koblenz 2000, 335; OLGR Hamm 2000, 59; OLG Nürnberg FamRZ 1998, 981; Leitlinien der Oberlandesgerichte Nr. 2.5.
[221] OLG Zweibrücken NJW-RR 2000, 1388.
[222] BT-Drs. 10/3792, 18.

BErzGG auch im Rahmen des Anspruchs auf Familienunterhalt zu berücksichtigen war, wenn es nicht von dem – auch von seinen minderjährigen Kindern aus erster Ehe in Anspruch genommenen – Unterhaltspflichtigen, sondern von seinem (ebenfalls) unterhaltsberechtigten zweiten Ehegatten bezogen wurde und wenn wegen der eingeschränkten Leistungsfähigkeit des Unterhaltspflichtigen ein absoluter Mangelfall vorlag, war in Rechtsprechung und Literatur umstritten. Zur Klärung dieser Frage war im Rahmen der Auslegung des § 9 S. 2 BErzGG zwischen zwei Fallgruppen mit unterschiedlichem Regelungsinhalt zu unterscheiden:[223]

Soweit die Vorschrift des § 9 S. 2 BErzGG auf § 1579 BGB (ggf. iVm § 1361 III BGB) und auf § 1611 I BGB abstellte, ließen sich die **Billigkeitskriterien** zur Vermeidung grober Ungerechtigkeiten[224] unmittelbar aus diesen Bestimmungen entnehmen. Wenn wegen eines sittlichen Verschuldens des Unterhaltsberechtigten eine Herabsetzung, zeitliche Begrenzung oder, bei grober Unbilligkeit, sogar eine vollständige Versagung des Unterhalts in Betracht kam, lag es nahe, ihm auch sein Erziehungsgeld nicht anrechnungsfrei zu belassen. Denn diesen Bestimmungen war gemein, dass sie – bis auf § 1579 Nr. 1 BGB – auf ein sittliches Verschulden des Unterhaltsberechtigten abstellten. In solchen Fällen hätte es zu groben Ungerechtigkeiten geführt, wenn das Erziehungsgeld – wie im Regelfall nach § 9 S. 1 BErzGG – nicht bei der Unterhaltsbemessung berücksichtigt, sondern dem Unterhaltsberechtigten in voller Höhe zusätzlich belassen worden wäre. Im Ergebnis galt aber auch nichts Anderes in Fällen kurzer Ehedauer nach § 1579 Nr. 1 BGB, der den Grundsatz der Eigenverantwortlichkeit beider Ehegatten nach § 1569 BGB betont. Auch in solchen Fällen wäre es mit der Möglichkeit einer Begrenzung, Herabsetzung oder vollständigen Versagung des Unterhalts nicht vereinbar gewesen, wenn dem Unterhaltsberechtigten das von ihm bezogene Erziehungsgeld stets anrechnungsfrei verblieben wäre. Die in § 9 S. 2 BErzGG aus Gründen der Billigkeit geregelten Ausnahmen vom Grundsatz der Nichtanrechnung des Erziehungsgelds, nämlich in den Fällen der §§ 1361 III, 1579 und 1611 I BGB, griffen daher nur ein, wenn der **Unterhaltsberechtigte das Erziehungsgeld erhielt.** Bezog hingegen der unterhaltspflichtige Ehegatte das Erziehungsgeld, war kein Grund dafür ersichtlich, den geschuldeten Unterhalt wegen eines sittlichen Verschuldens des Unterhaltsberechtigten sogar zu erhöhen. Dann blieb es für den Unterhaltsberechtigten bei dem Grundsatz des § 9 S. 1 BErzGG, wonach die Unterhaltspflicht durch das Erziehungsgeld nicht berührt wurde. Anderenfalls wäre das sittliche Verschulden des Unterhaltsberechtigten bzw. die ihm auferlegte Eigenverantwortlichkeit indirekt zu seinem Vorteil geraten, weil das unterhaltsrechtlich zu berücksichtigende Einkommen des Unterhaltspflichtigen um das an diesen gezahlte Erziehungsgeld erhöht worden wäre.

Nicht vergleichbar war damit der weitere von § 9 S. 2 BErzGG erfasste Fall der gesteigerten Unterhaltspflicht gegenüber minderjährigen oder ihnen nach § 1603 II 2 BGB gleichgestellten Kindern. In einem solchen Fall waren grobe Ungerechtigkeiten denkbar, wenn das Erziehungsgeld dem Berechtigten (neben sonstigen Einkünften) anrechnungsfrei verblieb, während vorrangige minderjährige Kinder, die ihren Unterhalt naturgemäß nicht selbst decken können, im Mangelfall nicht ihren vollen Unterhalt erhielten. Der Regelungsgehalt dieses Ausnahmetatbestands des § 9 S. 2 BErzGG erfasste deswegen lediglich die Fälle, in denen der nach § 1603 II BGB **Unterhaltspflichtige das Erziehungsgeld bezog.**[225] Nur dann entsprach es dem Gebot der Billigkeit, den Unterhaltspflichtigen wegen seiner gesteigerten Unterhaltspflicht gegenüber minderjährigen Kindern auch auf das Erziehungsgeld zurückgreifen zu lassen. Erhielt hingegen der unterhaltsberechtigte Ehegatte das Erziehungsgeld, rückte der Zweck des Erziehungsgeldes als einkommensunabhängige Sozialleistung mit sozialpolitischen Zielen in den Vordergrund. Nach dem Willen des Gesetzgebers sollte der Unterhaltspflichtige durch den Bezug des Erziehungsgeldes auf Seiten des Berechtigten gerade nicht entlastet werden, auch wenn

---

[223] BGH FamRZ 2006, 1182.
[224] Vgl. BT-Drs. 10/3792, 18.
[225] OLG Hamm FamRZ 1995, 805 (806); BVerfG FamRZ 2000, 1149 (für Ansprüche nach § 1615l II BGB).

dies dazu führte, dass konkurrierende Unterhaltsansprüche minderjähriger Kinder nicht voll befriedigt werden konnten.[226]

Auch soweit Erziehungsgeld nach § 9 S. 2 BErzGG als Einkommen des Unterhaltspflichtigen zu berücksichtigen war, musste es unterhaltsrechtlich allerdings erst dann eingesetzt werden, wenn und soweit sein eigener Selbstbehalt sichergestellt war (zum Pflege- und Erziehungsgeld nach §§ 23 III, 39 SGB VIII → Rn. 690).[227]

e) Elterngeld. Nach § 1 I des Bundeselterngeld- und Elternzeitgesetzes (BEEG)[228] hat **117** Anspruch auf Elterngeld, wer einen Wohnsitz oder gewöhnlichen Aufenthalt in Deutschland hat, mit seinem Kind in einem Haushalt lebt, es selbst betreut und erzieht und keine oder keine volle (weniger als 30 Stunden wöchentlich, § 1 VI BEEG) Erwerbstätigkeit ausübt. Bei Mehrlingsgeburten besteht nur ein Anspruch auf Elterngeld. § 1 II BEEG weitet den Kreis der Berechtigten auf bestimmte Personen mit vorübergehendem Auslandsaufenthalt aus. Nach § 1 III BEEG besteht der Anspruch auch bei Betreuung anzunehmender Kinder, bei Kindern des Ehegatten oder des Lebenspartners und für die Zeit vor Wirksamkeit einer Vaterschaftsanerkennung oder -feststellung. Ein Anspruch entfällt nach § 1 VIII BEEG bei einem zu versteuernden Jahreseinkommen über 250.000 EUR oder, bei zwei anspruchsberechtigten Personen, über 500.000 EUR. Das Gesetz gilt nur für Kinder, die **ab dem 1.1.2007 geboren** wurden; für früher geborene Kinder galten die Vorschriften des BErzGG weiter fort (§ 27 BEEG; → Rn. 116). Erfüllen beide Elternteile die Voraussetzungen für Elterngeld, bestimmen sie, wer von ihnen welche Monatsbeträge in Anspruch nimmt (§ 5 I BErzGG). Das Elterngeld kann von dem Tag der Geburt bis zur Vollendung des 14. Lebensmonats des Kindes bezogen werden (§ 4 I 1 BEEG); stattdessen kann die berechtigte Person auch Elterngeld Plus für die doppelte Dauer in halber Höhe beziehen (§ 4 I 2, III BEEG).[229] Dieses Wahlrecht hat der bezugsberechtigte Elternteil auch dann, wenn die Summe seiner Einkünfte aus der Teilzeittätigkeit und dem dann nur halben Elterngeld dadurch unter den Selbstbehalt für andere Unterhaltsansprüche fällt.[230] Ein Elternteil kann allerdings nur für mindestens zwei und höchstens zwölf Monate Elterngeld beziehen (§ 4 IV, V BEEG).[231] Die Eltern können die jeweiligen Monatsbeträge abwechselnd oder gleichzeitig beziehen (§ 4 II 4 BEEG). In welchem Umfang dem einen oder dem anderen betreuenden Elternteil Elterngeld zustehen soll, können die Eltern in diesem gesetzlichen Rahmen gemäß § 5 I BEEG frei festlegen. Beanspruchen beide Elternteile zusammen mehr als die ihnen zustehenden zwölf oder 14 Monatsbeträge Elterngeld, besteht der Anspruch eines Elternteils, der nicht über die Hälfte der Monatsbeträge hinausgeht, ungekürzt; der Anspruch des anderen Elternteils wird gekürzt auf die verbleibenden Monatsbeträge. Beanspruchen beide Elternteile Elterngeld für mehr als die Hälfte der Monate, steht ihnen jeweils die Hälfte der Monatsbeträge zu (§ 5 II BEEG). Nach § 4 II S. 4 BEEG können die Eltern die jeweiligen Monatsbeträge abwechselnd oder gleichzeitig beziehen.

Elterngeld wird in Höhe von 67% des in den letzten zwölf Kalendermonaten vor der Geburt des Kindes durchschnittlich erzielten monatlichen Einkommens aus Erwerbstätigkeit bis zu einem Höchstbetrag von 1800 EUR monatlich für volle Monate gezahlt, in denen die berechtigte Person kein Einkommen aus Erwerbstätigkeit erzielt (§ 2 I BEEG).[232] War das durchschnittliche monatliche Einkommen aus Erwerbstätigkeit vor der Geburt geringer als 1000 EUR, erhöht sich der Prozentsatz von 67 stufenweise auf bis zu 100; war das Einkommen aus Erwerbstätigkeit vor der Geburt höher als 1200 EUR, sinkt

---

[226] BVerfG FamRZ 2000, 1149.
[227] BGH FamRZ 2006, 1010; BVerfG FamRZ 2004, 253.
[228] In der Neufassung des Gesetzes zum Elterngeld und zur Elternzeit (Bundeselterngeld- und Elternzeitgesetz – BEEG) vom 27. Januar 2015, BGBl I S. 34 zuletzt geändert durch Art. 6 IX des Gesetzes zur Neuregelung des Mutterschutzrechts vom 23.5.2017 (BGBl. I S. 1228).
[229] Vgl. Borth FamRZ 2015, 1079 f.
[230] BGH FamRZ 2015, 738 Rn. 19 ff.
[231] Zur Verfassungsmäßigkeit dieser Regelung vgl. BVerfG FamRZ 2011, 1645.
[232] Zur Verfassungsmäßigkeit der einkommensbezogenen Differenzierung vgl. BVerfG FamRZ 2012, 91; zur Steuerklassenwahl und zum Faktorverfahren als Möglichkeiten für eine Erhöhung des Elterngeldes vgl. Hosser FamRZ 2010, 951.

§ 1   Die Ermittlung des unterhaltsrechtlich relevanten Einkommens

der Prozentsatz von 67 stufenweise auf bis zu 65 (§ 2 II BEEG).[233] Unabhängig davon wird Elterngeld mindestens in Höhe von monatlich 300 EUR gezahlt, auch wenn die berechtigte Person vor der Geburt des Kindes kein Einkommen aus Erwerbstätigkeit hatte (§ 2 IV BEEG). Lebt die berechtigte Person mit zwei Kindern unter drei Jahren oder mindestens drei Kindern unter sechs Jahren zusammen, wird das Elterngeld nach § 2a I BEEG im Wege des Geschwisterbonus um 10%, mindestens um 75 EUR erhöht. Bei Mehrlingsgeburten erhöht sich das Elterngeld um je 300 EUR für das zweite und jedes weitere Kind (Mehrlingszuschlag). Dies gilt auch, wenn ein Geschwisterbonus nach § 2a I gezahlt wird (§ 2a IV BEEG). Ein Mutterschaftsgeld, das der Mutter nach dem SGB V oder dem Gesetz über die Krankenversicherung der Landwirte ab dem Tag der Geburt zusteht (§ 19 I MuSchG), wird auf das Elterngeld angerechnet. Das gilt nicht für ein Mutterschaftsgeld nach § 19 II 1 MuSchG, das einer Frau zusteht, die nicht Mitglied einer gesetzlichen Krankenkasse ist, und sich auf höchstens 210 EUR beläuft. Das Elterngeld und das entsprechend anrechenbare Mutterschaftsgeld bleiben für den Bezug von Sozialleistungen, deren Zahlung von anderen Einkünften abhängig ist, bis zur Höhe von 300 EUR monatlich als Einkommen unberücksichtigt (§ 10 I BEEG). Nach § 11 BEEG werden Unterhaltsverpflichtungen durch die Zahlung des Elterngeldes und anderer vergleichbarer Leistungen der Länder grundsätzlich nur insoweit berührt, als die Zahlung 300 EUR monatlich (bei Mehrlingsgeburten vervielfacht mit der Anzahl der Kinder, bei Verlängerung auf die doppelte Zeit bei halber Höhe 150 EUR monatlich) übersteigt.[234] Das gilt nach § 11 S. 4 BEEG jedoch nicht in den Fällen des § 1361 III, der §§ 1579, 1603 II und des § 1611 I BGB (→ Rn. 116).

118   Weil das Elterngeld einkommensabhängig gewährt wird, hat es **Lohnersatzfunktion** und ist deswegen im Grundsatz als Einkommen des bezugsberechtigten Elternteils zu berücksichtigen. Nur bis zur Höhe von 300 EUR monatlich bleibt es – wie früher das gesamte Erziehungsgeld (→ Rn. 116) – nach der ausdrücklichen Regelung in § 11 S. 1 BEEG unberücksichtigt.[235] Wird es hälftig an beide Eltern oder als Elterngeld Plus für die doppelte Zeit in halber Höhe gezahlt, bleibt es jeweils bis zur Höhe von 150 EUR anrechnungsfrei (§§ 4 I S. 2, III und 11 S. 2 BEEG). Bei Mehrlingsgeburten vervielfachen sich die Sätze mit der Zahl der geborenen Kinder (§ 11 S. 3 BEEG). In besonders gelagerten Fällen, die § 11 S. 4 BEEG im Einzelnen aufzählt, ist allerdings das gesamte Elterngeld bei der Unterhaltsbemessung zu berücksichtigen. Das ist bei Bezug des Elterngeldes durch den Unterhaltsberechtigten der Fall, wenn auf seiner Seite ein Verwirkungstatbestand erfüllt ist (§§ 1361 III, 1579, 1611 I BGB). Ein vom Unterhaltspflichtigen bezogenes Elterngeld ist hingegen nur dann nach § 11 S. 4 BEEG iVm § 1603 II BGB in vollem Umfang zu berücksichtigen, wenn eine gesteigerte Unterhaltspflicht gegenüber minderjährigen Kindern oder privilegierten Volljährigen vorliegt (→ Rn. 116).[236]

119   **Betreuungsgeld.** Nach § 4a I BEEG hat Anspruch auf Betreuungsgeld, wer die Voraussetzungen auf Elterngeld nach § 1 I Nr. 1–3, II–V, VII, VIII BEEG erfüllt und für das Kind keine Leistungen auf Förderung in Tageseinrichtungen und in Kindertagespflege nach §§ 22, 23, 24 II SGB VIII in Anspruch nimmt. Nach § 4b BEEG beträgt das Betreuungsgeld für jedes Kind 150 EUR pro Monat. Dem Betreuungsgeld oder Elterngeld vergleichbare Leistungen, auf die ein Berechtigter im Ausland oder gegenüber einer über- oder zwischenstaatlichen Einrichtung Anspruch hat, werden nach § 4c BEEG nach Maßgabe des § 3 I 1 Nr. 3 BEEG auf das Betreuungsgeld angerechnet. Das Betreuungsgeld kann für die Zeit ab Wegfall des Elterngeldes, also ab dem ersten Tag des 15. Lebensmonats des Kindes bis zur Vollendung des 36. Lebensmonats des Kindes gewährt werden. Haben die Eltern das Elterngeld nach § 4 III, IV BEEG schon früher aufgebraucht, können sie nach § 4d I S. 1, 2 BEEG im Anschluss unmittelbar Betreuungsgeld erhalten. Auch dann wird

---

[233] Zur verfassungsrechtlichen Einordnung des Elterngeldes und der steuerlichen Absetzbarkeit von Kinderbetreuungskosten vgl. Brosius-Gersdorf JZ 2007, 326.
[234] BGH FamRZ 2011, 97 Rn. 29.
[235] BGH FamRZ 2011, 97 Rn. 29; OLG Bremen FamRZ 2009, 343 Rn. 20.
[236] BGH FamRZ 2014, 1183 Rn. 41 = R 754f; 2006, 1182 und 2006, 1010 (zur gleichen Rechtsfrage beim Erziehungsgeld).

das Betreuungsgeld nach § 4d I S. 3 BEEG aber höchstens für 22 Lebensmonate gezahlt. Für einen Lebensmonat eines Kindes kann nach § 4d III BEEG nur ein Elternteil Betreuungsgeld beziehen. Anspruchsberechtigte nicht sorgeberechtigte Elternteile oder Personen können Betreuungsgeld nur mit Zustimmung des sorgeberechtigten Elternteils beziehen. Auch das Betreuungsgeld hat **Lohnersatzfunktion** und ist deswegen im Grundsatz als Einkommen des bezugsberechtigten Elternteils zu berücksichtigen. Nur bis zur Höhe von 300 EUR bzw. bei hälftigem Bezug 150 EUR monatlich bleibt es – wie das Elterngeld – nach der ausdrücklichen Regelung in § 11 S. 1 BEEG grundsätzlich unberücksichtigt (→ Rn. 118).

f) Bayerisches Familiengeld. Mit dem Bayerischen Familiengeldgesetz vom 24. Juli 2018 (BayFamGG)[237] gewährt der Freistaat Bayern seit dem 1. September 2018 den Eltern für jedes ab dem 1.10.2015 geborene Kind im zweiten und dritten Lebensjahr, also vom 13. bis zum 36. Lebensmonat, monatlich 250 EUR, ab dem 3. Kind sogar 300 EUR. Die Leistung wird allen Familien gewährt, unabhängig vom Einkommen oder einer Erwerbstätigkeit. Eltern erhalten das Familiengeld also auch unabhängig davon, ob das Kind eine Krippe besucht oder in der Familie betreut wird. Voraussetzung ist nach Art. 2 I BayFamGG, dass der Elternteil seinen Hauptwohnsitz oder seinen gewöhnlichen Aufenthalt in Bayern hat, er mit seinem Kind in einem Haushalt lebt und dieses Kind selbst erzieht. Nach Art. 6 I BayFamGG ist das Familiengeld unter Verwendung der bereitgestellten Formulare zu beantragen; wurde oder wird in Bayern Elterngeld nach dem Bundeselterngeld- und Elternzeitgesetz (BEEG) bewilligt, gilt der zugrundeliegende Antrag auch als Antrag auf Familiengeld. Erfüllen mehrere Personen die Anspruchsvoraussetzungen, so wird das Familiengeld demjenigen gezahlt, den die Sorgeberechtigten zum Berechtigten bestimmen (Art. 5 I BEEG). Dabei gilt die Person als berechtigt, für die in den überwiegenden Monaten Elterngeld bewilligt wurde (Art. 6 I 3 BEEG). Nach Art. 4 BayFamGG werden auf das Familiengeld dem Familiengeld vergleichbare Leistungen an den Berechtigten angerechnet, die außerhalb Bayerns oder von einer über- oder zwischenstaatlichen Einrichtung gezahlt werden.

Zur Zweckbestimmung des Bayerischen Familiengeldes ist in Art. 1 BayFamGG folgendes geregelt: „In Weiterentwicklung des Bayerischen Landeserziehungsgeldes erhalten Eltern mit dem Bayerischen Familiengeld eine vom gewählten Lebensmodell der Familie unabhängige, gesonderte Anerkennung ihrer Erziehungsleistung. Eltern erhalten zugleich den nötigen Gestaltungsspielraum, frühe Erziehung und Bildung der Kinder einschließlich gesundheitsfördernder Maßnahmen in der jeweils von ihnen gewählten Form zu ermöglichen, zu fördern und insbesondere auch entsprechend qualitativ zu gestalten. Das Familiengeld dient damit nicht der Existenzsicherung. Es soll auf existenzsichernde Sozialleistungen nicht angerechnet werden." Auf dieser Grundlage war die Rechtsfrage, ob Familiengeld nach dem BayFamGG als **Einkommen nach § 11 SGB II** auf Leistungen der Grundsicherung für Arbeitssuchende nach dem SGB II anzurechnen ist, zwischen dem Bund und dem Freistaat Bayern höchst umstritten.[238] Das Bundesministerium für Arbeit und Soziales vertrat die Auffassung, dass es anzurechnen sei und stützt sich im Wesentlichen darauf, dass es sich nicht um eine zweckbestimmte Einnahme im Sinne von § 11a III 1 SGB II handle und sich eine Anrechnungsfreiheit auch nicht aus § 27 II BEEG ergebe, da das Familiengeld keine dem früheren Erziehungsgeld vergleichbare Leistung sei und § 9 BErzGG (→ Rn. 117) deswegen nicht entsprechend anwendbar sei. Demgegenüber geht der bayerische Landesgesetzgeber von einer Anrechnungsfreiheit aus. Es handele sich dabei um zweckgebundene Einnahmen, die nach § 11a III SGB II anrechnungsfrei seien. Zum anderen sei das Familiengeld als Weiterentwicklung des Bayerischen Landeserziehungsgelds eine erziehungsgeldartige Leistung, die nach § 27 BEEG auf einkommensabhängige Sozialleistungen wie die Grundsicherung für Arbeitssuchende anrechnungsfrei bleibe.[239] Inzwischen haben der Bund und der Freistaat Bayern in dieser sozialrechtlichen Frage eine Einigung herbeigeführt. Der bayerische Landesgesetzgeber wird den besonderen Förderungszweck des Familiengeldes durch eine Änderung des Landesgesetzes zusätzlich

---

[237] Verkündet als § 3 des 2. Nachtragshaushaltsgesetzes 2018 vom 24.7.2018 GVBl. S. 613).
[238] Vgl. SG Nürnberg Beschluss vom 15.11.2018 – S 22 AS 1038/18 ER, BeckRS 2018, 29721.
[239] So auch SG Bayreuth Beschluss vom 11.9.2018 – L 11 AS 932/18.

betonen. Danach wird das Familiengeld gezahlt, damit die Eltern für eine förderliche frühkindliche Betreuung ihres Kindes sorgen können; es dient also nicht mehr der Existenzsicherung. Im Gegenzug akzeptiert der Bund diesen zusätzlichen Zweck, der über die Zielrichtung des SGB II als bloße Existenzsicherung hinausgeht und gewährt trotz Bezugs des Familiengelds die Leistungen der Grundsicherung für Arbeitssuchende nach dem SGB II ohne Abzug, also anrechnungsfrei.[240]

Diese Einigung beim Bezug der Sozialleistungen sagt aber noch nichts dazu aus, wie das dann zusätzlich zur Grundsicherung für Arbeitssuchende gewährte Familiengeld **unterhaltsrechtlich** zu behandeln ist. Dabei ist zunächst zu berücksichtigen, dass das Familiengeld unabhängig vom Einkommen oder einer Erwerbstätigkeit allen Eltern gewährt wird, wenn sie die Anspruchsvoraussetzungen erfüllen. Das spricht gegen eine Einkommensersatzfunktion und für eine bloße Unterhaltsersatzfunktion. Andererseits dient das Familiengeld ausdrücklich nicht der Existenzsicherung; es wird nicht subsidiär, sondern bedarfsdeckend und ohne Anrechnung auf andere Einkünfte oder die Leistungen der Grundsicherung für Arbeitssuchende geleistet. Entsprechend ist auch kein Übergang eines familienrechtlichen Unterhaltsanspruchs auf den Träger der Sozialleistung vorgesehen. Der Berechtigte hat das Familiengeld also zusätzlich zu seinen sonstigen Einkünften zur Verfügung. Damit ist das Familiengeld nicht anders zu behandeln, als die anrechnungsfreien Zusatzleistungen im Rahmen der Grundsicherung für Arbeitssuchende (→ Rn. 111). Weil das Familiengeld nach dem genannten Förderungszweck nicht den Unterhaltsbedarf des Kindes decken, sondern den Eltern zusätzlich zustehen soll, ist es **dem bezugsberechtigten Elternteil unterhaltsrechtlich als Einkommen** zuzurechnen. Etwas Anderes könnte nur dann gelten, wenn mit dem Familiengeld ein zusätzlicher monetärer Bedarf gedeckt würde, es für einen solchen zusätzlichen Bedarf also aufgebraucht würde. Das ist allerdings nicht der Fall, weil das Existenzminimum bereits durch die eigenen Einkünfte oder Sozialleistungen, wie etwa die Grundsicherung für Arbeitsuchende, gedeckt ist und der Förderungszweck des Familiengelds nicht mit einem zusätzlichen Bedarf einhergeht. Unterhaltsrechtlich ist das Familiengeld deswegen je nach Bezugsberechtigung bei einem unterhaltsberechtigten Elternteil bedarfsdeckend oder bei einem unterhaltspflichtigen Elternteil einkommenserhöhend zu berücksichtigen.

120 **g) Mutterschaftsgeld.** Das Mutterschaftsgeld nach §§ 19, 20 MuSchG iVm §§ 11 I Nr. 1, 24c Nr. 6, 24i SGB V hat Lohnersatzfunktion und ist deswegen als Einkommen zu berücksichtigen. Frauen, die Mitglieder der gesetzlichen Krankenkasse sind, erhalten während der Zeit des Beschäftigungsverbots nach § 3 I, II MuSchG ein Mutterschaftsgeld nach § 19 I, II MuSchG iVm §§ 11 Nr. 1, 24i SGB V. Ergänzend dazu erhalten sie nach § 20 I MuSchG einen Zuschuss des Arbeitgebers in Höhe der Differenz zu ihrem Nettoeinkommen. Diese Lohnersatzleistung währen des Mutterschutzes (sechs Wochen vor bis acht Wochen nach der Geburt) wird nach § 3 I Nr. 1 BEEG auf das Elterngeld angerechnet, verliert dadurch aber nicht seinen Charakter als Lohnersatzleistung.[241]

121 **h) Sonstige Leistungen mit Lohnersatzfunktion**
– Renten aus der gesetzlichen[242] oder einer privaten[243] Unfallversicherung.
– Kurzarbeitergeld nach §§ 95 ff. SGB III,[244] Schlechtwettergeld,[245] Streikgeld.[246]

---

[240] https://www.handelsblatt.com/politik/deutschland/anrechnung-auf-hartz-iv-soeder-setzt-sich-beim-bayerischen-familiengeld-gegen-heil-durch/23937364.html?ticket=ST-832836-Iaw5mA9bTKsIgAk4QRho-ap5.

[241] BGH FamRZ 2006, 1010 (1013); OLG Zweibrücken FamRZ 1987, 820; a. A. OLG Brandenburg FamRB 2004, 287.

[242] BGH FamRZ 1982, 252; OLG Brandenburg NJW-RR 2009, 1371 Rn. 45; OLGR Naumburg 1997, 337; → Rn. 339 f.

[243] OLG Brandenburg FamRZ 2004, 484; zur Berufsunfähigkeitszusatzversicherung vgl. OLG Hamm FamFR 2010, 153 Rn. 44 f.; vorausgehend BGH FamRZ 2009, 1207.

[244] OLG Saarbrücken NJW-RR 2010, 1303; OLG Brandenburg FamFR 2011, 393; so auch LSG Bay InVo 2002, 157.

[245] OLG Zweibrücken FamRZ 2000, 112; die §§ 209 ff. SGB III sind zum 1.4.2006 aufgehoben worden.

[246] So BSGE 19, 230; zum Steuerrecht BFHE 184, 474.

2. Abschnitt: Einkünfte aus abhängiger Arbeit § 1

– Insolvenzgeld nach §§ 165 ff. SGB III[247] (früheres Konkursausfallgeld nach §§ 141a, 141b AFG).[248]
– Ausbildungsvergütungen (zu Ausbildungsbeihilfen → Rn. 701) und Anlernzuschüsse sind anrechenbares Einkommen nach Vorabzug ausbildungsbedingter Aufwendungen.[249]
– Anwärterbezüge (früher Unterhaltszuschüsse) für Beamte im Vorbereitungsdienst uÄ.[250]
– Stipendien.[251]
– Eigengeld eines Strafgefangenen[252] sowie das Überbrückungsgeld für den Entlassungsmonat, in dem das Überbrückungsgeld ausbezahlt wird; das so genannte Hausgeld bleibt als Sicherung des eigenen Selbstbehalts anrechnungsfrei (→ Rn. 731 f.).[253]

Bezüge aus Renten, Pensionen und ähnlichen Leistungen, die genau genommen auch Lohnersatzleistungen sind, werden in → Rn. 646 ff. gesondert erörtert.

IV. Berufs- und ausbildungsbedingte Aufwendungen

1. Berufs- und ausbildungsbedingte Aufwendungen als Abzugsposten

Berufsbedingte Aufwendungen sind vom Einkommen abziehbare Werbungskosten, weil sie zur Einkommenserzielung notwendig sind.[254] Sie werden in allen OLG-Bezirken **vor Abzug eines Erwerbstätigenbonus** (→ Rn. 131 sowie → § 4 Rn. 773 ff.) konkret oder pauschaliert vom Einkommen abgezogen.[255] Denn die für berufsbedingte Aufwendungen benötigten Einkünfte können nicht mehr zur Bestreitung der Kosten der allgemeinen Lebensführung verwendet werden und mindern deshalb das unterhaltsrechtlich relevante Einkommen. Dafür ist aber erforderlich, dass sich die Aufwendungen nach objektiven Kriterien eindeutig **von den Kosten der privaten Lebenshaltung abgrenzen** lassen.[256] Ein Abzug berufsbedingter Aufwendungen setzt allerdings zwingend voraus, dass solche zusätzlichen Kosten überhaupt entstanden sind und künftig fortbestehen.[257] Erfahrungsgemäß können bei Einkünften aus abhängiger Arbeit berufsbedingte Aufwendungen für **Fahrten zur Arbeitsstätte**[258] (→ Rn. 133 ff.), außerhäusliche Verpflegung, erhöhten Kleiderverschleiß, Beiträge zu Berufsverbänden uÄ entstehen. Steuerrechtlich entspricht dem die Zuerkennung eines Arbeitnehmerpauschalbetrages nach § 9a I Nr. 1a EStG in Höhe von jährlich 1000 EUR, sofern nicht konkret höhere Aufwendungen geltend gemacht und belegt werden. Bei Selbständigen sind die Werbungskosten oft schon bei der Einkommensermittlung berücksichtigt und dürfen dann nicht erneut abgezogen werden. Das gilt etwa für Einzelkaufleute, Inhaber freiberuflicher Praxen oder Kanzleien oder Gesellschaftsbeteiligungen. Ist ein Gesellschafter aber zusätzlich angestellter Geschäftsfüh-

122

---

[247] Zur Höhe BSG ArbuR 2002, 359; LSG Celle ZInsO 2002, 392.
[248] OLG Hamburg EzFamR aktuell 2001, 45.
[249] BGH FamRZ 2013, 1375 Rn. 6, 13 f.; 2006, 99 = R 641c; 1988, 159; 1981, 541; OLG Naumburg FamRZ 2001, 1480; OLG Hamm FamRZ 1998, 1612; vgl. auch die OLG-Leitlinien Nr. 10.2.3 und 13.2.
[250] BVerfG MDR 1993, 290; OLG Braunschweig NJW 1955, 1599.
[251] Vgl. BVerfG FamRZ 1998, 893; BFH DStRE 2002, 276 (ERASMUS); OLG Koblenz NJW-RR 1992, 389; OLG Bamberg FamRZ 1986, 1028.
[252] BGH FamRZ 2015, 1473 Rn. 13 ff.
[253] BGH FamRZ 2002, 813; 1982, 792 (794); 1982, 913; OLG Naumburg FamRZ 2010, 572 Rn. 22; OLG München FamRZ 2010, 127 Rn. 18; OLG Hamm FamRZ 2004, 1743; OLG Zweibrücken FamRZ 2004, 1291; OLG Karlsruhe FamRZ 1998, 45; → Rn. 385b.
[254] BGH FamRZ 2014, 1536 Rn. 30 = R 757a; 1988, 159 (161).
[255] Vgl. Ziff. 10.2.1 der Leitlinien der Oberlandesgerichte und Anmerkung A 3 zur Düsseldorfer Tabelle.
[256] Vgl. die Regelungen in den Leitlinien SüdL; BL; BrauL; CL; DrL; FL; HaL; ThL; KL; KobL; NaL jeweils unter 10.2.
[257] BGH FamRZ 2014, 1536 Rn. 27; 2011, 1041 Rn. 33; 2003, 860; OLG Karlsruhe FamRZ 1992, 344.
[258] BGH FamRZ 2017, 519 Rn. 15 ff. = R 781a.

123 rer, sind von diesem Einkommen berufsbedingte Kosten abzuziehen, wenn sie nicht auf vertraglicher Grundlage von der Gesellschaft erstattet werden.[259] Unterhaltsrechtlich anzuerkennende berufsbedingte Aufwendungen können allerdings nicht ohne nähere Prüfung mit den steuerlich anerkannten Werbungskosten gleichgesetzt werden.[260]

Unterhaltsrechtlich sind solche Aufwendungen im Einzelnen **darzulegen** und entweder der Höhe nach pauschaliert (→ Rn. 124 ff.) geltend zu machen oder konkret aufzuschlüsseln und nachzuweisen (→ Rn. 132). Für ausbildungsbedingte Aufwendungen von Lehrlingen oder Studenten und Schülern mit eigenen Einkünften gilt im Prinzip das Gleiche (genaueres → § 2 Rn. 112 ff.).[261] Bei der unterhaltsrechtlichen Einkommensermittlung können zu den berufsbedingten Aufwendungen auch außergewöhnliche Kinderbetreuungskosten zählen, wenn infolge der Berufstätigkeit die Betreuung durch Dritte erforderlich wird, ein Ehegatte diese Kosten allein trägt und die Beteiligung des anderen Ehegatten damit einvernehmlich über den Ehegattenunterhalt erfolgt (→ Rn. 146).[262] Zwar können berufsbedingte Aufwendungen nur dann berücksichtigt werden, wenn solche tatsächlich entstanden sind. Zu Höhe ist nach ständiger Rechtsprechung des BGH[263] aber eine Schätzung nach § 287 ZPO zulässig (→ § 6 Rn. 755 ff.). Dabei sind die Pauschalierungen nach den Leitlinien der Oberlandesgerichte Orientierungshilfen für die gebotene Schätzung. Erhält der Arbeitnehmer eine Entschädigung und ist diese etwa gleich hoch wie der nachgewiesene Mehraufwand, muss neben dem Aufwand auch die Entschädigung in vollem Umfang unberücksichtigt bleiben, weil sich die Beträge gegenseitig aufheben. Bei nicht Erwerbstätigen, etwa Rentnern und Pensionären, kann es keine abziehbaren berufsbedingten Aufwendungen geben.[264]

2. Zur Pauschalierung berufsbedingter Aufwendungen

124 Da einerseits im Zusammenhang mit einer Erwerbstätigkeit regelmäßig berufsbedingte Aufwendungen entstehen und andererseits ein konkreter Nachweis oft mühsam und schwer ist, erkennt die Praxis überwiegend (su) eine **Pauschalierung** berufsbedingter Aufwendungen an, wenn auch in unterschiedlichem Umfang. Die Leitlinien der Oberlandesgerichte sehen teilweise eine solche Pauschalierung vor, wenn keine höheren berufsbedingten Aufwendungen behauptet und nachgewiesen werden. Voraussetzung ist aber stets, dass überhaupt berufsbedingte Aufwendungen entstanden sind, die sich von den privaten Lebenshaltungskosten eindeutig abgrenzen lassen und dies vorgetragen ist.[265]

125 Nach der neu vereinbarten bundeseinheitlichen Leitlinienstruktur (→ Rn. 8) werden die berufsbedingten Aufwendungen jeweils unter **Ziff. 10.2.1** geregelt.
- Nach SüdL kann bei Vorliegen entsprechender Anhaltspunkte eine Pauschale von 5% des Nettoeinkommens angesetzt werden. Übersteigen die berufsbedingten Aufwendungen diese Pauschale, so sind sie im Einzelnen darzulegen. Bei beschränkter Leistungsfähigkeit kann im Einzelfall nur mit konkreten Kosten gerechnet werden.
- Nach BL sind berufsbedingte Aufwendungen bei Einkünften aus nichtselbständiger Tätigkeit vom Einkommen abzuziehen, wobei ohne Nachweis eine Pauschale von 5% – mindestens 50 EUR, bei geringfügiger Teilzeitarbeit auch weniger, und höchstens 150 EUR monatlich – des Nettoeinkommens geschätzt werden kann. Übersteigen die berufsbedingten Aufwendungen diese Pauschale, so sind sie im Einzelnen darzulegen.

---

[259] BGH FamRZ 2008, 1739 Rn. 73 f.
[260] BGH FamRZ 2009, 762 Rn. 39 f.
[261] BGH FamRZ 2006, 99 = R 641c; vgl. auch die Leitlinien der Oberlandesgerichte unter Nr. 13.2.
[262] BGH FamRZ 2018, 23 Rn. 15 ff. = R 787; 2005, 1154 = R 630c; 2005, 442 = R 625c; 2001, 350; OLG Celle FamRZ 2004, 1380; vgl. auch Leitlinien der Oberlandesgerichte unter Nr. 10.3 und §§ 4 f. EStG.
[263] BGH FamRZ 2013, 1375 Rn. 27; 2006, 108 = R 642a; 1981, 541 (543).
[264] BGH FamRZ 2012, 1483 Rn. 32; 1982, 579 (581).
[265] BGH FamRZ 2014, 1536 27; 2011, 1041 Rn. 33; 2003, 860; OLG Braunschweig FamRZ 1995, 356; OLG Karlsruhe FamRZ 1992, 344.

2. Abschnitt: Einkünfte aus abhängiger Arbeit §1

Bei beschränkter Leistungsfähigkeit kann im Einzelfall mit konkreten Kosten gerechnet werden.
– Nach BraL sind berufsbedingte Aufwendungen im Rahmen des Angemessenen vom Arbeitseinkommen abzuziehen. Sie können in der Regel mit einem Anteil von 5% des Nettoeinkommens angesetzt werden, wenn hinreichende Anhaltspunkte für eine Schätzung bestehen. Werden höhere Aufwendungen geltend gemacht oder liegt ein Mangelfall vor, so sind sämtliche Aufwendungen im Einzelnen darzulegen und nachzuweisen.
– Nach BrauL kann bei Vorliegen entsprechender Anhaltspunkte von Einkünften aus nichtselbstständiger Erwerbstätigkeit eine Pauschale von 5% des Nettoeinkommens angesetzt werden, höchstens jedoch monatlich 150 EUR und mindestens monatlich 50 EUR bzw. 25 EUR bei geringerem Monatseinkommen als 500 EUR. Übersteigen die berufsbedingten Aufwendungen diese Pauschale oder werden sie substantiiert bestritten, so sind sie im Einzelnen darzulegen.
– Nach BrL setzt die Berücksichtigung berufsbedingter Aufwendungen eine konkrete Darlegung des Aufwands voraus.
– Nach CL kann bei Vorliegen entsprechender Anhaltspunkte von Einkünften aus nichtselbstständiger Erwerbstätigkeit eine Pauschale von 5% des Nettoeinkommens angesetzt werden. Übersteigen die berufsbedingten Aufwendungen diese Pauschale, so sind sie insgesamt im Einzelnen darzulegen.
– Nach DL, die sich auf Ziff. A 3 der DT beziehen, sind berufsbedingte Aufwendungen, die sich von den privaten Lebenshaltungskosten nach objektiven Merkmalen eindeutig abgrenzen lassen, vom Einkommen abzuziehen, wobei bei entsprechenden Anhaltspunkten eine Pauschale von 5% des Nettoeinkommens – mindestens 50 EUR, bei geringfügiger Teilzeitarbeit auch weniger, und höchstens 150 EUR monatlich – geschätzt werden kann. Übersteigen die berufsbedingten Aufwendungen die Pauschale, sind sie insgesamt nachzuweisen. Dies gilt somit für alle Oberlandesgerichte, die die Düsseldorfer Tabelle uneingeschränkt anwenden und keine abweichende Regelung getroffen haben.
– Nach DrL kann bei Vorliegen entsprechender Anhaltspunkte eine Pauschale von 5% des Nettoeinkommens, höchstens aber 150 EUR angesetzt werden. Übersteigen die berufsbedingten Aufwendungen die Pauschale, so sind sie im Einzelnen darzulegen. Bei beschränkter Leistungsfähigkeit ist mit konkreten Kosten zu rechnen.
– Nach FL kann bei Vorliegen entsprechender Anhaltspunkte eine Pauschale von 5% des Nettoeinkommens (maximal 150 EUR) abgesetzt werden. Diese Pauschale wird vom Nettoeinkommen vor Abzug von Schulden und besonderen Belastungen abgezogen. Die Pauschale erfasst alle berufsbedingten Aufwendungen einschließlich der Fahrtkosten. Übersteigen die berufsbedingten Aufwendungen diese Pauschale, so sind sie im Einzelnen darzulegen.
– Nach HaL wird eine Pauschale in der Regel nicht gewährt, sondern die berufsbedingten Aufwendungen sind im Einzelnen darzulegen.
– Nach HL mindern notwendige berufsbedingte Aufwendungen von Gewicht das Einkommen, soweit sie konkret dargelegt werden. Werden fiktive Erwerbseinkünfte zugerechnet, kann für beruflichen Aufwand pauschal ein Abzug von 5% des Nettoeinkommens vorgenommen werden.
– Nach ThL sind berufsbedingte Aufwendungen, die sich von den privaten Lebenshaltungskosten nach objektiven Merkmalen eindeutig abgrenzen lassen, vom Einkommen abzuziehen. Bei entsprechenden Anhaltspunkten kann – auch bei fiktiven Einkünften – eine Pauschale von 5% des Nettoeinkommens – mindestens 50 EUR, bei geringfügiger Teilzeitarbeit auch weniger, und höchstens 150 EUR monatlich – geschätzt werden. Übersteigen die berufsbedingten Aufwendungen die Pauschale, sind sie in voller Höhe konkret darzulegen.
– Nach KL wird eine Pauschale von 5% in der Regel nicht gewährt, sondern die berufsbedingten Aufwendungen sind im Einzelnen darzulegen.
– Nach KobL sind berufsbedingte Aufwendungen, die sich von den privaten Lebenshaltungskosten nach objektiven Merkmalen abgrenzen lassen, vom Einkommen abzuziehen, wobei bei entsprechenden Anhaltspunkten eine Pauschale von 5% des Nettoein-

§ 1   Die Ermittlung des unterhaltsrechtlich relevanten Einkommens

kommens – bei Vollerwerbstätigkeit mindestens 50 EUR, bei Teilzeitarbeit auch weniger, und höchstens 150 EUR monatlich – geschätzt werden kann. Übersteigen die berufsbedingten Aufwendungen die Pauschale, sind sie insgesamt nachzuweisen.
- Nach NaL kann bei Vorliegen entsprechender Anhaltspunkte eine Pauschale von 5% des Nettoeinkommens angesetzt werden. Übersteigen die berufsbedingten Aufwendungen diese Pauschale oder liegt ein Mangelfall vor, so sind sie im Einzelnen darzulegen und ggf. nachzuweisen.
- Nach OL ist bei Einnahmen aus nichtselbständiger Tätigkeit eine Pauschale von 5% des Nettoeinkommens – bei Vollzeittätigkeit mindestens 50 EUR und höchstens 150 EUR – anzusetzen. Eine Anerkennung von diese Pauschale übersteigenden sowie mit anderen Einnahmen verbundenen Aufwendungen setzt die konkrete Darlegung des Aufwands voraus.
- Nach RL setzt die Berücksichtigung berufsbedingter Aufwendungen eine konkrete Darlegung voraus. Eine Schätzung nach § 287 ZPO ist möglich.
- Nach SaL ist auch insoweit die Düsseldorfer Tabelle anwendbar (s. DL).
- Nach SchL werden notwendige berufsbedingte Aufwendungen vom Einkommen nur abgezogen, wenn sie konkret nachgewiesen sind. Eine Pauschale wird nicht gewährt.

126   **Gegen eine Pauschalierung** sprechen sich somit nur noch die Oberlandesgerichte Bremen (BrL), Hamburg (HaL), Hamm (HL), Köln (KL), Rostock (RL) und Schleswig (SchL) aus. Auch nach den Leitlinien dieser Gerichte ist bei konkretem Vortrag aber eine Schätzung nach § 287 ZPO zulässig.

127   Der BGH[266] hat in einer früheren Entscheidung zu **ausbildungsbedingten** Aufwendungen ausgeführt, dass solche Kosten zum Ausgleich eines erhöhten Bedarfs grundsätzlich auch von der Ausbildungsvergütung abgezogen werden können, jedoch nicht pauschal in Höhe der Hälfte der gesamten Vergütung. Sie seien vielmehr entsprechend den besonderen Verhältnissen des Einzelfalls festzustellen,[267] wobei jedoch Richtsätze, die auf die gegebenen Verhältnisse abstellen und der Lebenserfahrung entsprechen, als Anhalt dienen können, falls nicht im Einzelfall besondere Umstände eine Abweichung gebieten. Der BGH hatte damals einen Betrag von 120 DM akzeptiert. In der Folgezeit hat er für den Regelfall einen monatlichen ausbildungsbedingten Mehrbedarf von pauschal 145 DM,[268] später einen solchen von pauschal 160 DM und jüngst einen solchen in Höhe der Anmerkung A 8 zur Düsseldorfer Tabelle[269] (jetzt 100 EUR) für bedenkenfrei gehalten. Entsprechend gehen einige Oberlandesgerichte in Ziff. 10.2.3 ihrer Leitlinien inzwischen von einem regelmäßigen ausbildungsbedingten Mehrbedarf aus (SüdL = 100 EUR; BraL = 100 EUR; BrauL = 100 EUR; BrL = 100 EUR; DrL = pauschal 5%; DL und DT = 100 EUR falls im Haushalt der Eltern wohnhaft, sonst 5%; FL = pauschal 5%; HaL = konkret; HL = 100 EUR; KL = 100 EUR; KobL = 100 EUR; NaL = 10% max. 100 EUR; OL = 100 EUR; RL = 100 EUR; SaL = 100 EUR falls im Haushalt der Eltern wohnhaft, sonst 5%; SchL = 100 EUR). Dem ist aus Gründen der Rechtseinheitlichkeit zuzustimmen, sofern sich die genannten Beträge nicht von dem üblichen Wert solcher Aufwendungen entfernen, lediglich für den Regelfall gelten und stets auch die Besonderheiten des konkreten Einzelfalles berücksichtigt werden können.

128   Der BGH hat in ständiger Rechtsprechung betont, dass die Bemessung **berufsbedingter** Aufwendungen nach pflichtgemäßem Ermessen des Tatrichters zu erfolgen hat.[270] Ebenso hat er in ständiger Rechtsprechung die pauschale Kürzung des Nettoeinkommens um 5% für berufsbedingte Aufwendungen als im Rahmen des tatrichterlichen Ermessens liegend akzeptiert.[271] In einer weiteren Entscheidung[272] hat er eine den Pauschalabzug von

---

[266] BGH FamRZ 1981, 541 (543).
[267] So auch OLG Dresden FamRZ 1999, 1351.
[268] BGH FamRZ 1988, 159.
[269] BGH FamRZ 2013. 1375 Rn. 6 und 9; 2006, 99 = R 641b.
[270] BGH FamRZ 2006, 108 = R 642a.
[271] BGH FamRZ 2013, 1375 Rn. 6 und 9; 2006, 108 = R 642a; 2002, 536 (537) = R 572a; 1984, 151 (153); 1982, 887.
[272] BGH FamRZ 1986, 790.

2. Abschnitt: Einkünfte aus abhängiger Arbeit § 1

5% versagende OLG-Entscheidung sogar aufgehoben und ausgeführt, dass der Pauschalabzug berechtigt sei, weil sich die Beteiligten darauf verständigt hätten. Ein entsprechender Beteiligtenwille sei zu beachten. Wenn ein Einkommen aus fiktiver Erwerbstätigkeit berücksichtigt wird, sind berufsbedingte Kosten erst recht zu pauschalieren, weil ein konkreter Vortrag hinsichtlich fiktiver Einkünfte nicht verlangt werden kann.[273] Bei einem pauschalierten Abzug in Höhe von 5% des Nettoeinkommens kann es aber dann nicht verbleiben, wenn der Unterhaltspflichtige höhere Aufwendungen konkret vorgetragen hat.[274] In solchen Fällen muss der Tatrichter, notfalls im Wege der Schätzung nach § 287 ZPO, den Gesamtbetrag der substantiiert vorgetragenen und ggf. bewiesenen berufsbedingten Aufwendungen bemessen.

Werden berufsbedingte Aufwendungen nach einer prozentualen Pauschale (etwa 5%) des Nettoeinkommens bemessen, ist vor der Berechnung der Pauschale das Bruttoeinkommen **um Steuern und Vorsorgeaufwendungen zu bereinigen.**[275] **129**

Beispiel:
70.564 EUR (Bruttoeinkommen) − 16.192,92 EUR (Lohnsteuer) − 890,52 EUR (Solidaritätszuschlag) − 6562,45 EUR (Rentenversicherung) − 882,05 EUR (Arbeitslosenversicherung) − 4274,33 EUR (Krankenversicherung) − 966,49 EUR (Pflegeversicherung) = 40.795,25 EUR : 12 = 3399,60 EUR × 5% = 169,98 EUR. Das bereinigte Nettoeinkommen beträgt somit 3399,60 EUR − 169,98 EUR = 3229,62 EUR.

Mit der Inanspruchnahme einer Pauschale sind **alle berufsbedingten Aufwendungen** aus abhängiger Arbeit abgegolten. Es können dann neben der Pauschale nicht zusätzliche konkrete Aufwendungen abgerechnet werden. Werden über die Pauschale hinausgehende berufsbedingte Aufwendungen geltend gemacht, sind die gesamten berufsbedingten Aufwendungen konkret darzulegen und in der nachgewiesenen oder nach § 287 ZPO geschätzten Höhe abzuziehen. **130**

Da mit dem Abzug einer Pauschale alle berufsbedingten Aufwendungen abgegolten sind, ist umstritten, ob danach und nach Abzug eines ev. Kindesunterhalts vom bereinigten Einkommen[276] bei der Bedarfsmessung des Ehegattenunterhalts[277] noch ein **Erwerbstätigenbonus** (→ Rn. 36)[278] in der noch überwiegend üblichen **Höhe** von $^1/_7$ (nur die süddeutschen Leitlinien berücksichtigen inzwischen lediglich 10%) abgesetzt werden darf.[279] Nach ständiger Rechtsprechung des BGH muss dem Unterhaltspflichtigen bei der Bemessung des Unterhaltsbedarfs nach den ehelichen Lebensverhältnissen ein die Hälfte des verteilungsfähigen Einkommens „maßvoll übersteigender Betrag" verbleiben.[280] Diesen Erwerbstätigenbonus hat der BGH stets damit begründet, dass der mit der Erwerbstätigkeit verbundene höhere Aufwand abzugelten und **zugleich** ein Anreiz für die weitere Erwerbstätigkeit zuzubilligen sei.[281] Sind berufsbedingte Kosten bereits in voller Höhe vom Einkommen abgezogen worden, ist der nur noch als Anreiz zur Erwerbstätigkeit dienende pauschale Bonus geringer zu bemessen, als wenn er berufsbedingte Aufwendungen einschließt.[282] Das muss aber auch dann gelten, wenn berufsbedingte Aufwendungen pauschal mit 5% abgesetzt wurden, weil auch damit regelmäßig der beruflich entstandene zusätzliche Aufwand vollständig abgegolten ist. Deswegen hat der BGH[283] für solche Fälle eine Herabsetzung des Erwerbstätigenbonus von $^1/_7$ auf $^1/_9$ gebilligt, wenngleich er dabei erneut **131**

---

273 BGH FamRZ 2009, 314 Rn. 39.
274 BGH FamRZ 2006, 108 = R 642b.
275 Vgl. BGH FamRZ 2008, 968 Rn. 29.
276 BGH FamRZ 1999, 367; 1997, 806.
277 Nicht hingegen bei der Leistungsfähigkeit, vgl. BGH FamRZ 2014, 912 Rn. 39 und 2013, 1366 Rn. 87.
278 BGH FamRZ 2004, 1867 (1868).
279 BGH FamRZ 1993, 1304; 1990, 989; dafür OLG Düsseldorf FamRZ 1999, 1349, OLG München FamRZ 1993, 328; zur Höhe vgl. die Leitlinien der Oberlandesgerichte unter Ziff. 15.2.
280 BGH FamRZ 2008, 1911; 2006, 683; 1990, 1090; 1990, 503; 1989, 842 (selbst mit $^1/_7$ bemessen).
281 BGH FamRZ 2004, 254 Rn. 15; 1997, 806; 1992, 539; 1988, 265; 1985, 161 (164); 1981, 1165.
282 BGH FamRZ 1998, 899; 1997, 806; 1995, 346 (unter 4b); 1990, 1090; OLG Karlsruhe FamRZ 1996, 350.
283 BGH FamRZ 1997, 806; 1990, 989 (unter 3.); 1990, 979.

darauf hingewiesen hat, dass die Höhe des Erwerbstätigenbonus allein im Ermessen des Tatrichters steht und deswegen nur bedingt revisionsrechtlich nachprüfbar ist. Bei besonders beengten wirtschaftlichen Verhältnissen kann neben dem Vorwegabzug berufsbedingter Aufwendungen ein weiterer Bonus sogar vollständig entfallen.[284] Im Regelfall genügt hingegen der bloße Abzug berufsbedingter Kosten, auch wenn er mit 5% pauschaliert ist, dem doppelten Zweck des Erwerbstätigenbonus nicht.[285] Auf der Grundlage dieser Rechtsprechung des BGH sollte es beim Abzug eines zusätzlichen Erwerbstätigenbonus bei der Bemessung des Unterhaltsbedarfs nach den ehelichen Lebensverhältnissen (§§ 1361 I 1, 1578 I 1 BGB) auch neben pauschalen berufsbedingten Auslagen bleiben (→ § 4 Rn. 773 ff.). Die Unterscheidung zwischen berufsbedingten Auslagen und Erwerbstätigenbonus ist nämlich auch deswegen geboten, weil bei dem Einkommen Selbstständiger regelmäßig schon die berufsbedingten Auslagen berücksichtigt sind und deswegen nur noch der Erwerbstätigenbonus abgesetzt werden muss.[286] Allerdings halte ich auf der Grundlage der genannten Rechtsprechung des BGH eine Herabsetzung des Erwerbstätigenbonus auf $^{1}/_{10}$ für geboten, wenn er sich – wie nach der Rechtsprechung aller Oberlandesgerichte – nur noch auf den Arbeitsanreiz beschränkt.[287] Denn unabhängig von der Möglichkeit einer Pauschalierung der berufsbedingten Aufwendungen lassen alle Oberlandesgerichte den zusätzlichen Abzug aller berufsbedingten Aufwendungen zu, die sich von den privaten Lebenshaltungskosten nach objektiven Merkmalen eindeutig abgrenzen lassen. Beim Familienunterhalt ist nach ständiger Rechtsprechung des BGH ohnehin kein Erwerbstätigenbonus zu berücksichtigen.[288]

3. Konkrete Bemessung berufsbedingter Aufwendungen

132   Werden berufsbedingte Aufwendungen **konkret geltend** gemacht, was auch bei den Oberlandesgerichten möglich ist, die eine pauschale Geltendmachung anerkennen (→ Rn. 125), müssen alle berufsbedingten Aufwendungen nach Grund und Höhe dargelegt und bei Bestreiten nachgewiesen werden.[289] Die behaupteten Aufwendungen müssen eindeutig von privaten Lebenshaltungskosten abgegrenzt werden. Es darf sich also nicht um so genannte Mischaufwendungen handeln. Für eine solche konkrete Geltendmachung gibt es eine Reihe von typischen Einzelpositionen, die in → Rn. 141 ff. zusammengestellt sind und erörtert werden. Bei jeder dieser Positionen sind Grund und Höhe nach den besonderen Verhältnissen des Einzelfalls vom Gericht festzustellen. Dabei können Richtsätze, die auf die individuellen Verhältnisse abstellen und der Lebenserfahrung entsprechen, als Anhalt dienen.[290] Die Höhe eines substantiiert vorgetragenen und ggf. nachgewiesenen berufsbedingten Aufwands kann auch dann nach § 287 ZPO (→ § 6 Rn. 750 ff.) geschätzt werden. Wenn der Berechtigte den unter Beweis gestellten substantiierten Tatsachenvortrag nur allgemein und unsubstantiiert bestreitet, kann das Gericht den Tatsachenvortrag sogar als unstreitig behandeln und ohne Beweisaufnahme entscheiden.[291]

4. Berechnung von Fahrtkosten

133   Grundsätzlich besteht die Verpflichtung, für Fahrten zwischen Wohn- und Arbeitsstätte die billigeren **öffentlichen Verkehrsmittel** zu benutzen. Die dadurch entstehenden

---

[284] BGH FamRZ 1992, 539; OLG Koblenz FamRZ 1995, 169.
[285] BGH FamRZ 2010, 1637 = R 715b; 2010, 968 Rn. 29; 2004, 254; 1991, 670; 1991, 170; 1990, 1085.
[286] Vgl. Leitlinien der Oberlandesgerichte Nr. 15.2.
[287] BGH FamRZ 1998, 899; so jetzt auch Ziff. 15.2 der SüdL.
[288] BGH FamRZ 2013, 363 Rn. 40.
[289] OLG Dresden FamRZ 2001, 47; OLGR Hamm 2000, 292.
[290] BGH FamRZ 1981, 541 (543).
[291] BGH FamRZ 1990, 266.

Kosten sind regelmäßig anzuerkennen.[292] Kann die Arbeitsstätte in zumutbarer Weise mit einem öffentlichen Verkehrsmittel erreicht werden, können höhere Kraftfahrzeugkosten nicht als berufsbedingte Aufwendungen abgesetzt werden.[293] Auch für dienstliche Fahrten muss sich der Pflichtige mit dem Verkehrsmittel begnügen, dessen dienstliche Notwendigkeit vom Dienstherrn anerkannt wird. Wenn der Dienstherr zeitsparende Pkw-Reisen im Dienst nicht nach den Reisekostenvorschriften ersetzt, muss davon ausgegangen werden, dass er die Zeitersparnis dienstlich nicht für notwendig hält.[294] In all diesen Fällen dürfen trotz Benutzung des eigenen Pkw nur die Kosten abgezogen werden, die bei Benutzung öffentlicher Verkehrsmittel entstanden wären.[295] Dabei kommt es stets auch auf die wirtschaftlichen Verhältnisse aller Beteiligten, auch diejenigen des Unterhaltspflichtigen an.[296] Bei besonders hohen Fahrtkosten kann einen Unterhaltsschuldner nach § 1603 II BGB ausnahmsweise eine Obliegenheit treffen, in die Nähe seiner Arbeitsstelle umzuziehen[297] oder, wenn er wegen einer neuen Verbindung oder aus anderen Gründen nicht umziehen kann,[298] sich eine neue Arbeit in unmittelbarer Nähe des Wohnorts zu suchen.

Der Ersatz von **Kraftfahrzeugkosten** (→ Rn. 334, → Rn. 1045 ff.) kann somit nur verlangt werden, wenn die Arbeitsstätte mit öffentlichen Verkehrsmitteln nicht oder nur in verkehrsmäßig nicht zumutbarer Weise erreicht werden kann, wenn das Fahrzeug auch während der Berufstätigkeit beruflich benötigt wird (zB im Außendienst oder bei wechselnden Beschäftigungsorten) oder wenn der Unterhaltspflichtige aus persönlichen Gründen (zB Krankheit, Gehbehinderung oder sonstige wesentliche Körperbehinderung) auf die Benutzung eines Pkw dringend angewiesen ist.[299] Gleiches kann gelten, wenn der Unterhaltspflichtige im Schichtdienst arbeitet und deswegen auf die Benutzung seines PKW angewiesen ist.[300] Wenn eine solche Notwendigkeit substantiiert vorgetragen und ggf. bewiesen ist oder sich sonst aus den Umständen ergibt, können also auch die Kosten der Fahrt mit eigenem PKW berücksichtigt werden.[301] Im Mangelfall kann allerdings auch bei längerer Fahrtzeit die Benutzung öffentlicher Verkehrsmittel zumutbar sein.[302] Teilweise wird bei beengten finanziellen Verhältnissen oder bei längerer Fahrstrecke auch die Höhe der Kilometerkosten reduziert.[303] **134**

Wird ein Pkw – wie meist – auch privat genutzt, sind die Gesamtkosten im Falle einer konkreten Berechnung im Verhältnis der beruflichen und privaten Nutzung aufzuteilen.[304] Dazu ist festzustellen, wie viele Kilometer jährlich gefahren werden und welcher Anteil davon dienstlich veranlasst ist, weil nur die Kosten des beruflichen Anteils abgezogen werden können. Sie sind auf der Grundlage entsprechender Feststellungen nach § 287 ZPO zu schätzen, wenn eine eindeutige Abgrenzung der berufsbedingten Fahrten von den privaten Lebenshaltungskosten nicht möglich ist.[305] Bei einem Netto- **135**

---

[292] BGH FamRZ 1998, 1501.
[293] BGH FamRZ 2002, 536 = R 572a; 1998, 1501; 1984, 988 (990); 1982, 360 (362); OLG Karlsruhe FuR 2001, 565; OLG Dresden FamRZ 1999, 1528; FamRZ 1999, 1351 (jeweils zur Darlegungslast); OLG Hamburg ZfJ 1999, 354; OLG Hamm FamRZ 1996, 958; OLG Karlsruhe FamRZ 1981, 783 (Entfernung 3 km).
[294] OLG Köln FamRZ 1982, 707.
[295] OLG Karlsruhe FuR 2001, 565.
[296] BGH FamRZ 1989, 483.
[297] BGH FamRZ 2009, 762 Rn. 27 ff. (Umzug eines Studenten an den Studienort); 1998, 1501; OLG Koblenz FamRZ 1994, 1609; OLG Naumburg FamRZ 1997, 311; a. A. OLG Hamm FamRZ 2001, 46.
[298] BVerfG FamRZ 2007, 273.
[299] OLG Karlsruhe FuR 2001, 565; OLG Hamm NJW-RR 1998, 724.
[300] BGH NJW-RR 1995, 129; OLG Naumburg FamRZ 1998, 558.
[301] BGH FamRZ 2014, 538 Rn. 44; 2009, 762 Rn. 36; 2006, 108 = R 642a.
[302] OLG Brandenburg FamRZ 1999, 1010.
[303] OLGR Hamm 2000, 276: Bei längerer Strecke als 20 km/täglich Reduzierung von 0,42 DM/km auf 0,35 DM/km.
[304] BGH, NJW-RR 1992, 1282; FamRZ 1982, 360 (362); vgl. auch OLG Saarbrücken FuR 2010, 235 Rn. 46; OLG Karlsruhe FuR 2006, 472; OLG Hamm NJW-RR 2005, 515.
[305] BGH FamRZ 2009, 404 Rn. 12 ff.; OLG München FamRZ 1984, 173.

einkommen des Mannes von ca. 1600 EUR und der Frau von ca. 1400 EUR ist die Nutzung eines Pkw grundsätzlich den allgemeinen Lebenshaltungskosten zuzurechnen. Für die berufsbedingten Fahrten zur Arbeitsstelle können dann nicht die gesamten Betriebskosten, sondern nur die durch diese Fahrten entstehenden **Mehrkosten** vom Einkommen abgezogen werden.[306] Bei berechtigter Pkw-Benutzung zählen sowohl die Betriebskosten als auch die **Anschaffungskosten** zu den abziehbaren berufsbedingten Aufwendungen.[307] Für eine notwendig werdende Neuanschaffung dürfen Rücklagen gebildet werden,[308] die aber nicht neben Kreditkosten für das alte Auto berücksichtigt werden dürfen.[309] Die Anschaffungskosten für einen Pkw können aber auch auf die voraussichtliche Laufzeit des Fahrzeugs umgelegt und wie bei Abschreibungen abgesetzt werden. Die Betriebskosten (Steuer, Versicherung, Treibstoff, Wartung und Reparaturen) sind entweder konkret abzurechnen oder können nach § 287 ZPO geschätzt werden (→ Rn. 1047 f.).

136 Nach ständiger Rechtsprechung des BGH[310] können für die **gesamten Pkw-Kosten** „mangels sonstiger konkreter Anhaltspunkte" aber auch die Kostenansätze nach § 5 des Justizvergütungs- und -entschädigungsgesetzes (JVEG) herangezogen werden.[311] Darin ist für Zeugen ein Satz von 0,25 EUR/km vorgesehen, was allerdings nur die Abgeltung der Betriebskosten und die Abnutzung des KFZ erfasst (§ 5 II Nr. 1 JVEG). Für Sachverständige ist zur Abgeltung der Anschaffungs-, Unterhaltungs- und Betriebskosten sowie zur Abgeltung der Abnutzung ein Satz von 0,30 EUR/km vorgesehen (§ 5 II Nr. 2 JVEG). Wird nach dieser Pauschale abgerechnet, sind damit alle Pkw-Kosten einschließlich der Anschaffungskosten abgegolten.[312] Sind die Anschaffungskosten bereits durch eine Kreditrate berücksichtigt, kann daneben nicht der volle Kilometersatz berücksichtigt werden.[313] Bei der Ermittlung der Kilometerleistung begegnet es keinen rechtlichen Bedenken, wenn der Berechnung nicht die kürzeste Strecke, sondern diejenige zugrunde gelegt wird, die ohne Staugefahr genutzt werden kann[314] oder die auch bislang genutzt wurde, weil sie schneller ist, und sie nur geringfügig höhere Kosten verursacht.[315] Die Ermittlung der notwendigen Fahrtkosten über eine Kilometerpauschale ist wegen der deutlich einfacheren Berechnung und besseren Transparenz einer Berechnung der Gesamtkosten mit Bildung einer Quote für die berufsbedingten Fahrtkosten vorzuziehen.

137 Entsprechend lehnt sich die überwiegende Zahl der Oberlandesgerichte in seinen **Leitlinien** (→ Rn. 20; nach der neuen einheitlichen Leitlinienstruktur jeweils unter Ziff. 10.2.2) an die Höhe der Entschädigung für Sachverständige an (§ 5 II Nr. 2 JVEG); sie setzen für notwendige berufsbedingte Fahrtkosten regelmäßig **0,30 EUR**/km ab. Das ergibt sich aus den SüdL, BL, BraL, BrauL, BrL, CL, DL, DrL, FL, HaL, HL, ThL, KL, NaL, OL, RL und den SchL. Bei Entfernungen ab 30 km einfache Fahrtstrecke sollen für

---

[306] BGH FamRZ 1984, 988 (990).
[307] BGH FamRZ 2014, 923 Rn. 29; OLG Hamm ZFE 2006, 156; OLG Dresden FamRZ 2000, 1176; OLG Karlsruhe NJWE-FER 1999, 268; OLG Hamm FamRZ 1998, 1512.
[308] BGH FamRZ 1982, 360 (362).
[309] OLG Hamm FamRZ 1997, 835.
[310] BGH FamRZ 2012, 1374 Rn. 11 ff.; 1994, 87; vgl. auch OLG Saarbrücken MDR 2005, 635.
[311] Im Rahmen der Bewilligung von Verfahrenskostenhilfe sind berufsbedingte Fahrtkosten hingegen in Anlehnung an § 3 VI Nr. 2 Buchst. a der Durchführungsverordnung zu § 82 SGB XII zu ermitteln, wonach monatlich, sofern keine öffentlichen Verkehrsmittel verfügbar sind, pro Entfernungskilometer zwischen Wohnung und Arbeitsstätte 5,20 € abgesetzt werden können, BGH FamRZ 2012, 1374 Rn. 18 ff.
[312] BGH FamRZ 2014, 923 Rn. 29; 2014, 538 Rn. 44; 2006, 1182 Rn. 9; 2006, 846 = R 648a.
[313] Das OLG Hamm (FamRZ 1997, 835) hat die reinen Betriebskosten nach § 287 ZPO auf 0,15 DM pro Entfernungskilometer geschätzt. Das liegt allerdings auch deutlich unter dem Kilometersatz des § 5 II Nr. 1 JVEG von 0,25 EUR/km. Besser wäre es wohl gewesen, den Kredit unberücksichtigt zu lassen und stattdessen die Pauschale von 0,30 EUR/km zu berücksichtigen. Dann wären die Kosten der privaten Lebensführung zugleich ausgeschieden.
[314] BGH FamRZ 2009, 762 Rn. 37.
[315] BGH FamRZ 2017, 519 Rn. 17 = R 781a.

die Mehrkilometer nur 0,20 EUR/km (SüdL, BrauL, BrL, CL, DL, DrL, HaL, HL, ThL, KL, OL, SchL) oder allgemein weniger (BL, FL, NaL, RL) berücksichtigt werden.[316] Diese Rechtsprechung hat der BGH ausdrücklich gebilligt.[317]

Nur nach den KobL sind pro Entfernungskilometer nur 10 EUR monatlich mit Kürzungsmöglichkeit auf die Hälfte bei längerer Fahrstrecke zu berücksichtigen.[318]

Bei Benutzung **anderer Fahrzeuge** können nur entsprechend geringere Pauschalen berücksichtigt werden. Das OLG Karlsruhe[319] ging bei Benutzung eines Motorrades von 0,24 DM/km, das OLG Hamm[320] bei der Nutzung eines Motorrollers von 0,12 EUR/km aus. **138**

Die berufsbedingt gefahrenen Kilometer sind substantiiert darzulegen und zu belegen. Das schließt einen Vortrag zur Entfernung zwischen Wohnung und Arbeitsstätte und die Häufigkeit der Fahrten ein. Unter Berücksichtigung der Wochenenden sowie der Urlaubs- und Feiertage ist regelmäßig von einem Jahresdurchschnitt an Arbeitstagen auszugehen. Bei normaler Arbeitszeit ergeben sich etwa **220 Arbeitstage** im Jahr. Liegt die Arbeitsstätte von der Wohnung 15 km entfernt, ergibt sich ein monatlicher Aufwand von 15 km × 2 Fahrten × 220 Tage × 0,30 EUR/km : 12 Monate = 165 EUR. **139**

Ergibt sich bei **weiten Entfernungen** eine unangemessen hohe Belastung, muss geprüft werden, ob ein Umzug in eine näher gelegene Wohnung zumutbar ist.[321] Ein Wechsel der Arbeitsstelle kommt hingegen nur in Betracht, wenn ein Umzug wegen einer neuen gefestigten Verbindung des Unterhaltsschuldners ausgeschlossen und der Wechsel der Arbeitsstelle unter Berücksichtigung aller Umstände des Einzelfalls zumutbar ist (→ Rn. 133). „Echte" Fahrtkosten von monatlich 227 EUR sind nach dem OLG Hamm[322] noch nicht zu beanstanden. In einem Mangelfall beim Kindesunterhalt hat das OLG Koblenz[323] die rechnerischen Fahrtkosten von rd. 500 EUR auf ein Viertel reduziert. Der BGH hat bei ausreichenden Einkünften sogar schon einen Abzug von Fahrtkosten in Höhe von 700 EUR monatlich akzeptiert.[324] **140**

Fahrtkosten sind allerdings nicht abzuziehen, wenn und soweit sie durch **Kilometergeldzahlungen** oder sonstige Fahrtkostenerstattungen des Arbeitgebers erstattet werden. Werden die Aufwendungen für Anschaffung und Haltung eines Pkw in Anlehnung an ADAC-Tabellen geschätzt, so ist zu beachten, dass auch in einer solchen Schätzung in der Regel die vollen Anschaffungs- und Betriebskosten enthalten sind. Deshalb sind auch dann Zuschüsse des Arbeitgebers zu den Anschaffungskosten oder steuerliche Vorteile zu berücksichtigen.[325]

Davon abweichend sind im Rahmen der Bewilligung von **Verfahrenskostenhilfe** berufsbedingte Fahrtkosten nach der Rechtsprechung des BGH in Anlehnung an § 3 VI Nr. 2 Buchst. a der Durchführungsverordnung zu § 82 SGB XII zu ermitteln. Dabei ist die Begrenzung des Fahrtkostenabzugs auf Fahrtstrecken von bis zu 40 Entfernungskilometern

---

316 Vgl. OLG Hamm FamRZ 1997, 836.
317 BGH FamRZ 2006, 1511 = R 658 (unter 1d); vgl. auch OLG Jena FamRZ 2010, 2079 Rn. 64 f.; OLG Naumburg NJW-RR 2010, 655 Rn. 18; OLG Braunschweig FamRZ 2010, 987 Rn. 46; OLG Zweibrücken NJW-RR 2010, 514 Rn. 5; OLG Hamm FamRZ 2009, 2093 Rn. 50; OLG Celle NJW 2010, 79 Rn. 31 und FamRZ 2010, 54 Rn. 9 ff. (im Rahmen der VKH); OLG Schleswig NJW 2009, 3732 Rn. 31; OLG Düsseldorf FamRZ 2009, 1698 Rn. 7; KG FamRZ 2009, 336 Rn. 18; OLG Karlsruhe NJW 2008, 3290 Rn. 16 f.; OLG Köln FamRZ 2009, 449 Rn. 21 und 2008, 2119 Rn. 12; OLG München FamRZ 2008, 1945 Rn. 48; OLG Dresden FamRZ 1999, 1528.
318 OLG Koblenz FuR 2018, 592 und NJWE-FER 2000, 80.
319 FuR 2001, 565.
320 OLG Hamm BeckRS 2003, 09223.
321 BGH FamRZ 1998, 1501; vgl. aber KG FuR 2009, 116 Rn. 18 und OLG Hamm FamRZ 2001, 46.
322 OLG Hamm FamRZ 1997, 356.
323 FamRZ 1994, 1609.
324 BGH FamRZ 2017, 519 Rn. 15 ff. = R 781a.
325 BGH FamRZ 1982, 579 (581).

jedoch nicht anzuwenden.[326] Allerdings deckt die Pauschale von monatlich 5,20 EUR je Entfernungskilometer in diesem Zusammenhang nur die Betriebskosten einschließlich Steuern ab. Zusätzlich sind konkret nachgewiesene Anschaffungskosten als besondere Belastung im Sinne des § 115 I 3 Nr. 4 ZPO zu berücksichtigen.[327]

5. Zusammenstellung weiterer berufsbedingter oder ausbildungsbedingter Aufwendungen

141 • **Abschreibungen** oder AfA (Absetzungen für Abnutzung) bezüglich der Anschaffungskosten von berufsbedingt benötigten Gegenständen (genaueres zur AfA → Rn. 205 ff.). Immobilien[328] oder bewegliche Sachen, die zur Erzielung unterhaltsrelevanter Einkünfte bestimmt sind, können grundsätzlich auch unterhaltsrechtlich abgeschrieben werden, soweit damit Kosten oder ein Wertverlust einhergehen (→ Rn. 49, → Rn. 975). Dabei handelt es sich um eine Aufteilung der beruflich bedingten Anschaffungskosten auf eine pauschale Gesamtzeit der Verwendung. Die Kosten werden dann von den mit Hilfe der Gegenstände erzielten Gewinnen abgesetzt. Die zeitliche Aufteilung der Kosten kann unterhaltsrechtlich sinnvoll und geboten sein, damit der Unterhaltsanspruch nicht zu sehr durch hohe einmalige Ausgaben gemindert wird und nicht abhängig vom Anschaffungszeitpunkt schwankt. Das gilt für Sachen, die für einen Gewerbebetrieb oder sonstige selbständige Erwerbstätigkeit erforderlich sind (→ Rn. 341 ff.) aber auch für andere Sachen, aus denen unmittelbar Einkünfte erzielt werden.[329] Bei Einkünften aus unselbständiger Arbeit sind Abschreibungen hingegen seltener. Ausnahmsweise können darunter zB die Anschaffungskosten für ein beruflich benötigtes Auto (siehe aber → Rn. 134 ff.), für notwendige Einrichtungsgegenstände eines beruflich benötigten eigenen Arbeitszimmers (su) oder für sonstige wichtige Gegenstände oder Werkzeuge wie zB für das Musikinstrument eines angestellten Musikers fallen. Sind die Kosten hingegen nicht zur Erzielung von Einkünften erforderlich, handelt es sich um Kosten der privaten Lebensführung, die nicht abgesetzt werden können. Eine Bindung an die steuerlichen Abschreibungssätze besteht nicht.[330] Steuerlich wirksame Abschreibungen können unterhaltsrechtlich vielmehr nur dann übernommen werden, wenn es dadurch nicht zu Verfälschungen der unterhaltsrechtlichen Leistungsfähigkeit kommt und sie sich im Wesentlichen mit einer tatsächlichen Verringerung der für den Lebensbedarf verfügbaren Mittel decken. Dies gilt für geringfügige Wirtschaftsgüter im Jahr der Anschaffung und für die lineare Abschreibung beweglicher Wirtschaftsgüter, soweit sie einen tatsächlichen Wertverlust der Wirtschaftsgüter widerspiegelt, der irgendwann ausgeglichen werden muss. Bezüglich der linearen Abschreibung eines Pkw der gehobenen Klasse ist von einer Nutzungsdauer von mindestens zehn Jahren auszugehen.[331] Der Unterhaltspflichtige hat die Voraussetzungen der von ihm geltend gemachten Abschreibung darzulegen und deswegen auch dazu vorzutragen, dass und weshalb der Zeitraum der Abschreibung und der tatsächlichen Lebensdauer der betroffenen Güter deckungsgleich sind. Bestehen daran ernsthafte Zweifel, kann im Einzelfall pauschal $^1/_3$ des steuerlichen Abschreibungsbetrages dem unterhaltsrelevanten Einkommen zugeschlagen werden.[332] Dabei ist die Verteilung der Gesamtkosten allerdings nach unterhaltsrechtlichen Zumutbarkeitsgesichtspunkten unter Berücksichtigung der beiderseitigen Interessen vorzunehmen. So

---

[326] BGH FamRZ 2012, 1629 Rn. 10 ff. und FamRZ 2012, 1374 Rn. 18 ff.
[327] BGH FamRZ 2012, 1629 Rn. 15 und FamRZ 2012, 1374 Rn. 21.
[328] BGH FamRZ 2012, 514 Rn. 32 ff. (zur Abschreibung von Gebäuden).
[329] Zur Abschreibung von Immobilien bei Mieteinnahmen BGH FamRZ BGH FamRZ 2012, 514 Rn. 32 ff.; 2007, 1532 (1534) und 1997, 281; vgl. auch OLG Düsseldorf – 8 UF 38/10 – BeckRS 2010, 30169 = FamFR 2011, 47 Rn. 31; OLG Hamm FF 2009, 28 Rn. 32 und FamRZ 2009, 981 Rn. 41.
[330] BGH FamRZ 2005, 1159 = R 623a; 2003, 741 (743); 1998, 357; 1984, 39.
[331] OLG Koblenz BeckRS 2001, 30212022.
[332] OLG Köln FamRZ 2002, 819; vgl. aber OLG Celle FamRZ 2005, 1098.

2. Abschnitt: Einkünfte aus abhängiger Arbeit § 1

hat das OLG Hamm[333] für Musiker einer Tanzband nur ²/₃ der steuerlichen Abschreibungen ihrer Instrumente anerkannt. Bei der Berücksichtigung von Ansparabschreibungen eines Selbständigen sind neben der Erforderlichkeit auch alle Umstände des Unterhaltsrechtsverhältnisses zu berücksichtigen. Sie dürfen auch insoweit nicht unberücksichtigt bleiben, als dem Selbständigen die unternehmerische Entscheidung verbleiben muss, ob er die Kosten für notwendige Investitionen vorher anspart oder einen dafür aufgenommenen Kredit nachträglich tilgt.[334] Wird die Ansparabschreibung akzeptiert, ist aber darauf zu achten, dass sich diese und die Kredittilgung nicht summieren.[335] Auch ist zu berücksichtigen, in welchem Umfang Ansparabschreibungen gebildet und ggf. im Gegenzug aufgelöst wurden.[336] Wird eine Ansparabschreibung im Einzelfall unterhaltsrechtlich korrigiert, müssen auch die steuerlichen Auswirkungen beachtet werden.[337]

- Anzeigen und sonstige **Bewerbungskosten** eines Arbeitslosen oder Arbeitsuchenden; zB auch entsprechende Schreib- und Telefonkosten, Reisekosten für Vorstellungsgespräche uÄ. Dabei ist allerdings zu beachten, dass nach §§ 45, 47 SGB III iVm § 3 der Anordnung des Verwaltungsrats der Bundesanstalt für Arbeit zur Unterstützung der Beratung und Vermittlung (Anordnung UBV) für jede nachgewiesene Bewerbung ein Betrag von 5 EUR erstattet wird. Nach § 5 Anordnung UBV ist auch eine pauschalierte Erstattung von Reisekosten möglich.
- **Arbeitsmittel,** wie Aufwendungen für **Fachliteratur,**[338] die nicht dienstlich zur Verfügung steht, oder für spezifische **Berufskleidung,**[339] die von den durchschnittlichen Verhältnissen im Sozialbereich des Pflichtigen erheblich abweicht,[340] oder für Werkzeuge und Gegenstände, die dringend zur Berufsausübung benötigt werden, zB das Instrument eines Musikers[341] uÄ. In der Regel sind solche Arbeitsmittel vom Arbeitgeber zu stellen und deshalb nur ausnahmsweise abziehbar. Der Abzug berufsbedingter Aufwendungen setzt voraus, dass die betreffenden Kosten notwendigerweise mit der Ausübung der Erwerbstätigkeit verbunden sind und sich eindeutig von denjenigen der privaten Lebensführung abgrenzen lassen.[342] Dass bestimmte Aufwendungen steuerlich als Werbungskosten anerkannt werden, hat unterhaltsrechtlich nicht die entsprechende Bewertung zur Folge.
- **Arbeitsgerichtsprozess,** zB Kosten eines Kündigungsschutzprozesses[343] oder eines Folgeprozesses.
- **Arbeitszimmer.** Aufwendungen hierfür sind nur ausnahmsweise abziehbar, wenn der Arbeitgeber ein solches nicht zur Verfügung stellt, obwohl es für die Erwerbstätigkeit dringend benötigt wird,[344] wie es zB bei Provisionsvertretern und Heimarbeitern möglich sein kann. Bei nur gelegentlicher häuslicher Erwerbstätigkeit entfällt ein zwingendes Erfordernis für ein Arbeitszimmer.[345] Ein Abzug entfällt auch dann, wenn die privaten Wohnräume zum Arbeiten (zB bei Heimarbeit) genutzt werden, weil das

---

[333] OLGR Hamm 1999, 124.
[334] BGH FamRZ 2004, 1177 (1178) Rn. 23 ff.; OLG Hamm FamRZ 2009, 981 Rn. 38; a. A. OLG Brandenburg – 10 UF 132/09 – BeckRS 2010, 21333 Rn. 26 ff.
[335] OLG Saarbrücken FuR 2010, 235 Rn. 49; OLG Brandenburg – 10 UF 17/05 – BeckRS 2009, 10159 Rn. 63.
[336] Vgl. OLG Celle FamRZ 2010, 1673 Rn. 32.
[337] BGH FamRZ 2004, 1177.
[338] BGH FamRZ 2009, 1391 Rn. 37; OLG München FamRZ 2008, 1945 Rn. 53; OLG Karlsruhe FamRZ 1999, 1276; BGH NJW-RR 1992, 1282 (konkreter Nachweis erforderlich); FamRZ 1984, 374 a. E.; → § 2 Rn. 511.
[339] KG FamRZ 2009, 336 Rn. 21; OLG Düsseldorf FamRZ 1994, 1049 (unter 5.); vgl. aber OLG Karlsruhe FamRZ 1996, 350 (unter 1a).
[340] OLG Köln FamRZ 1982, 706.
[341] OLG Hamm NJWE-FER 1999, 180.
[342] KG FamRZ 2003, 1107 (unter 1bb).
[343] Vgl. aber OLG Dresden FamRZ 2000, 1433; OLG Hamm FamRZ 1996, 1017.
[344] OLG Düsseldorf FamRB 2010, 168 Rn. 22 ff.; OLG Bamberg FamRZ 1987, 1295.
[345] OLG Köln FamRZ 1983, 750 (753).

Arbeitszimmer von der privaten Nutzung klar abgegrenzt sein muss.[346] Wird die Absetzbarkeit anerkannt, sind auch beruflich dringend benötigte **Einrichtungsgegenstände** absetzbar.

142
- **Beiträge** zu berufswichtigen Verbänden wie Gewerkschaften,[347] Beamtenbund, Richterbund ua,[348] sowie Kammerbeiträge[349] aber auch Beiträge zur Sterbegeldkasse[350] sind absetzbar.
- **Betriebsrat.** Abziehbar sind Aufwendungen, die notwendig mit einer Betriebsratstätigkeit zusammenhängen und vom Arbeitgeber nicht erstattet werden.

143
- **Doppelte Haushaltsführung.** Mehraufwendungen für einen doppelten Haushalt sind unterhaltsrechtlich nur abziehbar, wenn sowohl die Begründung als auch die Aufrechterhaltung einer doppelten Haushaltsführung beruflich notwendig ist und ein Umzug an den Beschäftigungsort nicht möglich oder nicht zumutbar ist. In der Regel wird eine solche Notwendigkeit nur bei verheirateten Ehegatten, die nicht getrennt leben, oder im Interesse von Kindern bejaht werden können. Bei Einsatzwechseltätigkeit steht dem Erwerbstätigen nach der finanzgerichtlichen Rechtsprechung ein Wahlrecht zu, Heimfahrten entweder als Fahrtkosten von und zum Arbeitsort und damit als Werbungskosten oder aber als Mehraufwand im Rahmen doppelter Haushaltsführung geltend zu machen.[351] Bei getrennt lebenden oder geschiedenen Ehegatten setzt eine Berücksichtigung voraus, dass die Kosten niedrig sind und besondere persönliche Gründe die doppelte Haushaltsführung gerechtfertigt erscheinen lassen.[352] Im Falle einer berechtigten doppelten Haushaltsführung sind die tatsächlichen Kosten der zweiten Unterkunft am Beschäftigungsort, Mehraufwendungen für Verpflegung und Kosten für wöchentliche Familienheimfahrten abzuziehen.[353] Zuschüsse des Arbeitgebers sind allerdings darauf ebenso anzurechnen, wie steuerliche Vorteile.[354]

144
- **Fachliteratur** (s. Arbeitsmittel).[355]
- **Fehlbeträge** bei der Kassenführung durch Arbeitnehmer sind abziehbar, wenn sie nach vertraglicher Vereinbarung vom Arbeitnehmer zu tragen sind, der Fehlbestand nachgewiesen ist und nicht auf Vorsatz oder grober Fahrlässigkeit beruht.
- **Fernsprechgebühren** sind nur absetzbar, wenn nachgewiesen werden kann, dass Telefongespräche dringend für berufliche Zwecke geführt werden müssen.[356] Im Zweifel handelt es sich um Kosten der privaten Lebensführung. Nur ausnahmsweise wird der berufliche Anteil eindeutig vom privaten Anteil abgegrenzt und geschätzt werden können.[357]
- **Fortbildungskosten** sind Aufwendungen, die erforderlich sind, um in einem bereits ausgeübten Beruf auf dem Laufenden zu bleiben und den jeweiligen Anforderungen dieses Berufs gerecht zu werden oder um sich im Falle eines drohenden Verlustes des Arbeitsplatzes eine andere Beschäftigungschance zu sichern.[358] Dazu zählt der Besuch von notwendigen Fachtagungen und Fachlehrgängen. Abziehbar sind Lehrgangskosten, Tagungsgebühr, Fahrt-, Verpflegungs- und Übernachtungskosten, abzüglich der vom Arbeitgeber übernommenen oder erstatteten Leistungen sowie einer etwaigen

---

346 OLG Celle FamRZ 2006, 1203 (unter 1c); KG FamRZ 2003, 1107 (unter 1bb).
347 BGH FamRZ 2006, 1511 = R 658 (unter 1d); OLG Frankfurt DAV 1983, 92; OLG Köln FamRZ 1985, 1166; vgl. aber OLG Düsseldorf FamRZ 2005, 2016.
348 OLG Köln FamRZ 1983, 751 (753).
349 OLG Köln EzFamR aktuell 2001, 122 = BeckRS 2003, 0144978.
350 OLG Celle FamRZ 1999, 162; OLG Hamm 4 UF 225/77 – unveröffentlicht; zu Leistungen der Sterbegeldkasse als zulässige Vermögensbildung vgl. OLG Hamm 13 UF 272/07 – BeckRS 2010, 04808 = FamFR 2010, 153.
351 BFH 1995, 179 ff.; vgl. auch BGH FamRZ 2009, 762 Rn. 36; 2006, 108 Rn. 28.
352 OLG Zweibrücken FamRZ 1997, 837.
353 BGH FamRZ 2009, 762 Rn. 36.
354 BGH FamRZ 1990, 266.
355 BGH FamRZ 2009, 1391 Rn. 37.
356 BGH FamRZ 1990, 499; OLG Bamberg FamRZ 1987, 1295.
357 BGH FamRZ 2009, 762 Rn. 40; 2007, 193 Rn. 14.
358 OLGR Hamm FamRZ 1997, 280.

häuslichen Ersparnis (→ Rn. 81). Die Fortbildung ist auch bei vorübergehender Einkommensminderung hinzunehmen, wenn der Mindestunterhalt gewahrt bleibt und die Unterhaltsreduzierung bei Abwägung der wechselseitigen Interessen zumutbar ist.[359]

- Instandhaltungs- und Reparaturkosten sind nur abziehbar, wenn sie sich auf berufsnotwendige Arbeitsmittel und sonstige berufsnotwendige Gegenstände beziehen (zur Berücksichtigung bei der Bemessung eines Wohnwerts → Rn. 502). **145**

- **Kinderbetreuungskosten**, etwa die Kosten einer Ganztagsschule, sind grundsätzlich Mehrbedarf des Kindes, für den beide Eltern – wie gegenüber dem Unterhaltsanspruch volljähriger Kinder – gemäß § 1006 III 1 BGB anteilig nach ihren Erwerbs- und Vermögensverhältnissen haften (→ Rn. 1053 und → § 2 Rn. 233, 400).[360] Bei der Bemessung weiterer Ansprüche kann jeder Elternteil dann den von ihm zu tragenden Teil dieser Betreuungskosten abziehen.[361] Wenn hingegen ein Elternteil die Betreuungskosten allein trägt, etwa weil sie dem Sorgeberechtigten für die Betreuung der Kinder entstehen, damit er einer Erwerbstätigkeit nachgehen kann (zB Entgelt für Pflege- oder Aufsichtsperson uÄ), kann er diese Kosten in voller Höhe von seinem Einkommen absetzen.[362] Sinnvoll ist dies für den betreuenden Elternteil aber nur dann, wenn ihm ein eigener Unterhaltsanspruch zusteht und die Berücksichtigung der Betreuungskosten zu einem höheren eigenen Unterhalt und somit zu der anteiligen Teilhabe des Unterhaltspflichtigen an den Betreuungskosten führt. Entfällt der eigene Unterhaltsanspruch, sollte der betreuende Elternteil darauf drängen, dass die Betreuungskosten einen Mehrbedarf des Kindes bilden und deswegen von beiden Eltern anteilig geschuldet sind. Zur Höhe ist jedoch zu beachten, dass die Kinderbetreuungskosten schon steuerlich berücksichtigt werden können. Aufwendungen für Dienstleistungen zur Betreuung eines zum Haushalt des Steuerpflichtigen gehörenden Kindes, die wegen einer Erwerbstätigkeit des Steuerpflichtigen anfallen, können bei Kindern, die das 14. Lebensjahr noch nicht vollendet haben oder wegen einer vor Vollendung des 25. Lebensjahres eingetretenen körperlichen, geistigen oder seelischen Behinderung außerstande sind, sich selbst zu unterhalten, in Höhe von zwei Dritteln der Aufwendungen, höchstens 4000 Euro je Kind, bei der Ermittlung der Einkünfte aus Land- und Forstwirtschaft, Gewerbebetrieb oder selbständiger Arbeit wie Betriebsausgaben abgezogen werden (§§ 2 Va 2, 10 I Nr. 5 EStG → Rn. 51 f.). Dies gilt für Aufwendungen für Unterricht, die Vermittlung besonderer Fähigkeiten sowie für sportliche und andere Freizeitbetätigungen. Ist das zu betreuende Kind nicht nach § 1 I oder II EStG unbeschränkt einkommensteuerpflichtig, ist der genannte Betrag zu kürzen, soweit es nach den Verhältnissen im Wohnsitzstaat des Kindes notwendig und angemessen ist.[363] Voraussetzung für den Abzug der Aufwendungen nach Satz 1 ist, dass der Steuerpflichtige für die Aufwendungen eine Rechnung erhalten hat und die Zahlung auf das Konto des Erbringers der Leistung erfolgt ist (§ 10 I Nr. 5 S. 2–4 EStG). Neben den steuerlichen Vorteilen sind auch Unterstützungsleistungen nach den §§ 22 ff. SGB VIII zu berücksichtigen. **146**

Die Anrechnung solcher konkret feststehenden Kosten als berufsbedingte Aufwendung wird dem Grundsatz von Treu und Glauben besser gerecht als die Nichtanrechnung des Einkommens wegen unzumutbarer Erwerbstätigkeit. Nach früherer Rechtsprechung des BGH konnte sogar ein pauschaler Betreuungsbonus gewährt werden, wenn die Betreuung zwar ohne konkreten Kostenaufwand, jedoch unter besonderen Erschwernissen erfolgte.[364] Das trug der überobligatorischen Belastung aus der Summe von Erwerbstätigkeit

---

[359] OLG Bamberg FamRZ 2000, 307.
[360] BGH FamRZ 2018, 23 Rn. 14 ff. = R 787; 2011, 1041 Rn. 40 = R 725e; 2009, 962 = R 700.
[361] Zur Berechnung vgl. BGH FamRZ 2009, 762 = R 703.
[362] BGH FamRZ 2001, 350; OLG Köln FamRZ 2002, 463.
[363] Vgl. Scholz FamRZ 2006, 737.
[364] BGH FamRZ 2013, 109 Rn. 28; 2006, 846 = R 648b; 2005, 818; 2001, 350 (352); 1991, 182 (184) mit weiteren Nachweisen; vgl. jetzt aber BGH FamRZ 2010, 1050 Rn. 36 f.; 2005, 442, 444.

und Betreuung Rechnung. Besser ist es hingegen, zunächst die konkret angefallenen Betreuungskosten bei dem Elternteil abzusetzen, der sie als betreuender Elternteil (ggf. anteilig) trägt und von dessen verbleibenden Einkünften – je nach Umfang der anderweitigen Betreuungsleistung und einer sich dann noch ergebenden überobligatorischen Belastung – nur einen Teil zu berücksichtigen.[365] Nach der einheitlichen Leitlinienstruktur der Oberlandesgerichte (→ Rn. 16) werden die Kinderbetreuungskosten unter **Ziff. 10.3** geregelt. Nach den Leitlinien fast aller Oberlandesgerichte sind Kinderbetreuungskosten entsprechend abzugsfähig. In den SüdL, BraL, BrauL, BrL, CL, DrL, DL, FL, HaL, HL, ThL, KobL, KL, NaL, OL, RL und den SchL ist ein Abzug konkreter Kinderbetreuungskosten vorgesehen, soweit infolge der Berufstätigkeit die Betreuung durch Dritte erforderlich ist. Teilweise wird im Einklang mit der Rechtsprechung des BGH ein mangels konkreter Betreuungskosten überobligatorisch erzieltes Einkommen nur anteilig angerechnet (BraL, HL, RL). Teilweise ist daneben auch noch der Abzug eines Kinderbetreuungsbonus vorgesehen (BrauL, BrL, ThL, NaL). Die FL begrenzen einen pauschalen Abzug auf monatlich bis zu 200 EUR. Nach der neueren Rechtsprechung des BGH ist der überobligatorischen Belastung des betreuenden Elternteils allerdings über eine individuelle nur anteilige Berücksichtigung seiner überobligatorisch erzielten Einkommens und nicht durch den Abzug eines pauschalen Betreuungsbonus Rechnung zu tragen.[366] In vielen Leitlinien sind die Kosten von Kindertagesstätten ausdrücklich ausgenommen. Die dafür genannte Begründung ist allerdings missverständlich. Zutreffend bauen diese Leitlinien zwar auf der Rechtsprechung des BGH auf, wonach solche Kosten kein Bedarf des betreuenden Elternteils, sondern Mehrbedarf des Kindes sind.[367] In dem Umfang, in dem ein Elternteil dafür aber (anteilig) Unterhalt schuldet, kann er diesen auch von seinem Einkommen absetzen (so ausdrücklich auch die FL). Allein die BL sehen keinen ausdrücklichen Abzug vor, schließen diesen auf der Grundlage der Rechtsprechung des BGH aber auch nicht aus. Ein Freibetrag für Kinderbetreuungskosten kann auch dann gerechtfertigt sein, wenn ein neuer Ehegatte unentgeltlich Betreuungsleistungen für die Kinder des Unterhaltspflichtigen aus der 1. Ehe erbringt[368] (→ Rn. 712 ff. und → § 4 Rn. 438).

147 • **Prozesskosten** und Rechtsberatungskosten in Arbeitsgerichtsverfahren, zB wegen Kündigung, sind bei der Unterhaltsbemessung zu berücksichtigen, wenn sie nicht mutwillig entstanden sind.[369] Absetzbar sind auch die Kosten des Scheidungsverfahrens[370] einschließlich der notwendigen Folgesachen. Die Kosten des Unterhaltsverfahrens sind hingegen als Kosten der allgemeinen Lebensführung nicht abzugsfähig, weil sonst der Unterhaltsberechtigte über die Höhe des Unterhalts das gegen ihn geführte Verfahren mitfinanzieren würde.

148 • **Reinigungskosten** bei spezieller Berufskleidung sind vom Erwerbseinkommen absetzbar,[371] falls sie nicht vom Arbeitgeber ersetzt werden. Soweit solche Kosten auch bei Normalkleidung anfallen, sind sie als Kosten allgemeiner Lebensführung zu behandeln und nicht abzusetzen,[372] es sei denn, außergewöhnliche berufliche Verschmutzung verursacht einen erhöhten Reinigungsbedarf.

• **Reisekosten** für beruflich veranlasste Reisen sind, anders als Kosten privater Reisen, die zu den Kosten allgemeiner Lebensführung zählen, unterhaltsrechtlich zu berücksichtigen. Hierzu gehören ua Fahrtkosten, Mehraufwendungen für Verpflegung, Übernachtungskosten, Nebenkosten und unter Umständen auch Kosten für Zwischenheim-

---

[365] BGH FamRZ 2005, 1154 = R 630c, d.
[366] BGH FamRZ 2010, 1050 Rn. 36 f.; 2005, 442, 444; 2005, 1154 = R 630c, d.
[367] BGH FamRZ 2011, 1041 Rn. 40 = R 725e; 2009, 962 = R 700.
[368] BGH FamRZ 1995, 537.
[369] BGH FamRZ 2013, 109 Rn. 30; OLG Koblenz FamRZ 2010, 379 Rn. 30 und FF 2009, 83 Rn. 13.
[370] BGH FamRZ 2009, 23, Rn. 20; OLG Karlsruhe NJW-RR 1998, 578.
[371] KG FamRZ 2009, 336 Rn. 21.
[372] OLG Karlsruhe NJW 2008, 3645 Rn. 137; OLG Stuttgart FamRZ 2004, 1109; OLG München FamRZ 1999, 1350; OLG Schleswig DAVorm 1987, 268 (270).

2. Abschnitt: Einkünfte aus abhängiger Arbeit § 1

fahrten.[373] Erstattungen durch den Arbeitgeber sind allerdings anzurechnen und können das unterhaltsrechtlich relevante Einkommen sogar erhöhen, wenn dem keine tatsächlichen Mehraufwendungen gegenüberstehen[374] (→ Rn. 78 ff., 134 ff.).
- Repräsentations- und Bewirtungskosten sind regelmäßig nicht abziehbare Kosten der privaten Lebensführung. Dies gilt auch, wenn sie der Berufsausübung dienen. Die Rechtsprechung ist insoweit zu Recht sehr zurückhaltend.[375]
- **Steuerberatungskosten** sind anzuerkennen, wenn die Zuziehung eines Steuerberaters zweckdienlich erscheint. Weil sie unmittelbar mit der Erzielung der unterhaltsrelevanten Einkünfte zusammenhängen, können sie nicht der privaten Lebensführung zugerechnet werden.[376] Hinzu kommt, dass sich geringere Steuern über das dann verbleibende höhere Nettoeinkommen auch für den Gegner des Unterhaltsrechtsstreits positiv auswirken. Das OLG Hamm[377] hat die Berücksichtigung dieser Kosten bei Arbeitnehmern grundsätzlich abgelehnt, sofern nur eine „ganz normale Steuererklärung" abzugeben sei. Diese Auffassung ist abzulehnen, weil sich erst durch die Beratung ergeben kann, ob steuerliche Besonderheiten vorliegen. Ein Abzug der tatsächlich angefallenen Steuerberaterkosten ist deswegen – auch wegen des gegenwärtig noch sehr komplizierten Steuerrechts – nur dann ausgeschlossen, wenn von vornherein feststeht, dass für das abgelaufene Steuerjahr weder eine Steuerpflicht noch eine Erstattung in Betracht kommt.[378] **149**
- Taxikosten sind nur dann zu absetzbar, wenn sie beruflich oder krankheitsbedingt unbedingt notwendig waren und nicht als unangemessen anzusehen sind. Auch dann sind aber stets die Erstattungsbeträge des Arbeitgebers oder der Krankenkasse sowie ev. steuerliche Vorteile anzurechnen.[379] **150**
- **Umzugskosten** können berücksichtigt werden, wenn und soweit sie beruflich veranlasst waren, zB durch Betriebsverlegung an einen anderen Ort, nicht hingegen bei Wohnungswechsel innerhalb desselben Ortes. Dies kommt auch in Betracht, wenn der Umzug notwendig ist, um am neuen Ort eine Erwerbstätigkeit aufzunehmen[380] oder um ausnahmsweise die Fahrtkosten zu der entfernt liegenden Arbeitsstelle zu verringern (→ Rn. 140). Auch die Kosten des Umzugs in eine kleinere Wohnung nach Auszug aus der Ehewohnung können in angemessenem Umfang berücksichtigt werden.[381] Die Kosten sind konkret nachzuweisen. Erstattungen durch den Arbeitgeber oder steuerliche Vorteile sind anzurechnen (→ § 6 Rn. 18). **151**
- **Unfallkosten** sind jedenfalls dann zu berücksichtigen, wenn sich der Unfall im Beruf oder während einer beruflich veranlassten Fahrt ereignet hat und der Schaden nicht vom Arbeitgeber oder einem ersatzpflichtigen Dritten ersetzt wurde. Aber auch sonst können unvermeidbare Folgekosten eines Unfalls, die die Kosten der allgemeinen Lebensführung übersteigen, unterhaltsrechtlich berücksichtigt werden.[382] Dann kann ein unfallbedingter Mehrbedarf mit einer Verletztenrente aus der gesetzlichen Rentenversicherung verrechnet werden.[383] (zur Unfallversicherung → Rn. 1029).
- Verpflegungsmehraufwendungen, wenn sie auf Dienstreisen, anlässlich einer zu berücksichtigenden doppelten Haushaltsführung (→ Rn. 143), anlässlich sonstiger berufsbedingter längerer Abwesenheit von zu Hause oder bei ständig wechselnden Arbeits- **152**

---

[373] OLG Schleswig FamRZ 2009, 1414 Rn. 18; OLG Düsseldorf – 6 UF 150/07 – BeckRS 2008, 17153 Rn. 5.
[374] OLG Hamm NJW 2014, 1746 (II 2c cc); OLG Köln FamRZ 2003, 602; OLG Braunschweig FamRZ 1996, 39; OLG Zweibrücken FamRZ 1981, 257 unter Hinweis auf BGH FamRZ 1980, 770.
[375] BGH FamRZ 1987, 46; vgl. aber OLG Hamm NJWE-FER 1999, 110 und OLG Köln FamRZ 1992, 322.
[376] So auch OLGR Zweibrücken 2008, 884 (886).
[377] OLG Hamm FamRZ 1992, 1177; so auch OLG Frankfurt JurBüro 1988, 360.
[378] BGH FamRZ 2009, 1207 Rn. 27; vgl. aber BGH NZFam 2017, 864 Rn. 11 ff.
[379] OLG Frankfurt FamRZ 2009, 526 Rn. 48.
[380] BGH FamRZ 1983, 29.
[381] BGH FamRZ 2013, 1558 Rn. 21.
[382] BGH FamRZ 2009, 23 Rn. 23.
[383] BGH FamRZ 1982, 252.

stellen entstehen.[384] Weil dem ersparte Aufwendungen entgegenzusetzen sind, kann lediglich der Aufwand berücksichtigt werde, um den die nachgewiesenen Kosten in der konkreten Lebenssituation den allgemeinen Aufwand übersteigen.[385]

6. Berufsbedingte Aufwendungen, für die Zulagen (Auslands-, Kleider-, Schmutzzulagen) oder ähnliche Entgelte (Aufwandsentschädigungen, Spesen, Reisekosten) gezahlt werden

153 Wie schon oben in → Rn. 79 und 92 ausgeführt wurde, sind solche Zulagen und Entgelte zunächst unabhängig von ihrer Zweckbestimmung grundsätzlich als Entgelt für die Berufstätigkeit voll dem Bruttoeinkommen zuzurechnen. Im Gegenzug kann der tatsächlich beruflich entstandene Aufwand vom Gesamteinkommen abgezogen werden, wenn er nicht bestritten oder nachgewiesen ist.[386] Sind die pauschale Entschädigung und die berufsbedingten Aufwendungen – wie in der Regel – der Höhe nach unterschiedlich, ist die Differenz als Einkommen (wenn die Entschädigung höher ist)[387] oder als Ausgabe (wenn die Aufwendungen höher sind) zu berücksichtigen. Sind die Entschädigungen und der Aufwand im Wesentlichen gleich, können beide Posten unterhaltsrechtlich unberücksichtigt bleiben[388] (zur Darlegungs- und Beweislast → § 6 Rn. 700 ff.).

154 Der BGH hat als berücksichtigungsfähige Aufwendungen, für die gesonderte Entgelte gezahlt werden, ua anerkannt:
– Bei behaupteten besonderen Repräsentationskosten im Ausland die Kosten für Dienstpersonal, Taxifahrten, einen Casinobeitrag und den Beitrag für die deutsche Delegation.[389]
– Bei der Mitwirkung an Sitzungen einer kommunalen Bezirksvertretung die Fahrtkosten, Kosten für gelegentliche Stärkungen während der Sitzung und ein an den Beteiligten abzuführender Geldbetrag.[390] Umgekehrt wird die Aufwandsentschädigung (Kostenpauschale) eines Bundestagsabgeordneten,[391] eines Landtagsabgeordneten (Bayern)[392] sowie eines Bürgermeisters oder Kreisrats (Bayern)[393] aber auch als Einkommen behandelt, soweit sie nicht durch konkreten Aufwand aufgezehrt wird. Das OLG Hamm[394] hat überschießende Einkünfte eines Gemeinderatsmitglieds abgelehnt, weil die Kostenpauschale für die Deckung der Aufwendungen bestimmt und dafür auch nötig sei.
– Die Entschädigungen für eine Schöffentätigkeit und für die Führung einer Vormundschaft hat der BGH im Hinblick auf fast gleich hohe konkrete Mehrausgaben unberücksichtigt gelassen.[395]

155–159 – in dieser Auflage nicht belegt –

---

[384] OLG Frankfurt FamRZ 1994, 1031; a. A. für einen Soldaten OLG Koblenz FamRZ 2010, 1915.
[385] Vgl. auch BGH FamRZ 2010, 123 Rn. 9 und BGH FamRZ 2009, 962 Rn. 28 f.
[386] BGH FamRZ 1983, 352; 1980, 342 (344); OLG Köln FamRZ 2003, 602.
[387] OLG Hamm FamRZ 2009, 2009 Rn. 33.
[388] BGH FamRZ 2009, 1207 Rn. 28; 1983, 670.
[389] BGH FamRZ 1983, 352; 1980, 342; vgl. auch OLG Koblenz FamRZ 2000, 1154; OLGR Hamm 1999, 90.
[390] BGH FamRZ 1983, 670.
[391] OLG Stuttgart FamRZ 1994, 1251.
[392] BGH FamRZ 1986, 780; OLG Bamberg FamRZ 1986, 1144.
[393] OLG Bamberg 1999, 1082.
[394] OLG Hamm FamRZ 1980, 997.
[395] BGH FamRZ 1983, 670.

3. Abschnitt: Gewinneinkünfte – Einkommensermittlung durch Betriebsvermögensvergleich

I. Die steuerlichen Gewinnermittlungsarten

Das Einkommensteuergesetz unterteilt die sieben in § 2 I EStG aufgeführten Einkunftsarten (→ Rn. 51) in **Gewinneinkünfte** und **Überschusseinkünfte**. 160
Gemäß § 2 II EStG sind Gewinneinkünfte
– Einkünfte aus Land- und Forstwirtschaft (§ 13 EStG)
– Einkünfte aus Gewerbebetrieb (§ 15 EStG)
– Einkünfte aus selbstständiger Arbeit (§ 18 EStG).
Anders als bei den Überschusseinkünften, bei denen die Einkünfte durch Ermittlung des Überschusses der (zugeflossenen) Einnahmen über die (abgeflossenen) Werbungskosten (= berufsbedingte Aufwendungen) ermittelt werden, sind die Einkünfte aus Land- und Forstwirtschaft, Gewerbebetrieb und selbstständiger Arbeit durch Feststellung des Gewinns nach §§ 4 ff. EStG zu ermitteln. Dies geschieht im Regelfall durch den **Betriebsvermögensvergleich,** der in diesem Abschnitt dargestellt wird.

Ausnahmsweise können jedoch gemäß § 4 III EStG auch Gewinneinkünfte entsprechend den Überschusseinkünften durch **Ermittlung des Überschusses der** (zugeflossenen) **Einnahmen über die** (abgeflossenen) **Betriebsausgaben** (→ Rn. 250 ff.) ermittelt werden. Eine weitere Sonderregelung gilt für die Einkünfte aus Land- und Forstwirtschaft, die je nach Umfang durch Betriebsvermögensvergleich, Einnahmen-Überschuss-Rechnung oder gemäß § 13a EStG nach **Durchschnittssätzen** (→ Rn. 266) festzustellen sind. 161

Unabhängig von der Art der Gewinnermittlung können an Gewinneinkünften mehrere Personen sei es in Form einer Bruchteilsgemeinschaft oder einer Personengesellschaft beteiligt sein. In diesem Fall wird der Gewinn wie bei Einzelpersonen für die Personengesellschaft festgestellt und im Wege der **gesonderten und einheitlichen Gewinnfeststellung** den Beteiligten zugeschrieben. Das Ergebnis der gesonderten und einheitlichen Gewinnfeststellung ist dann Grundlage der Individualbesteuerung des Einzelnen. Steuersubjekt ist damit nicht die Bruchteilsgemeinschaft oder die Personengesellschafter, sondern der dahinterstehende Gesellschafter (Transparenzprinzip).

Sofern der Steuerpflichtige seiner Verpflichtung zur Einkommensermittlung nicht nachkommt, kann dieses vom Finanzamt gemäß § 162 AO durch **Schätzung** (→ Rn. 269) festgestellt werden.

Die besonderen Arten der Einkommensermittlung werden im 4. Abschnitt dargestellt. Mit der unterhaltsrechtlichen Bewertung der steuerlichen Einkommensermittlung befasst sich der 5. Abschnitt.

II. Einkünfte aus Gewerbebetrieb

1. Definition im Einkommensteuergesetz

Einkünfte aus Gewerbebetrieb sind gemäß § 15 EStG insbesondere: 162
– Einkünfte aus gewerblichen Unternehmen
– Gewinnanteile der Gesellschafter von Personengesellschaften.
Nach § 15 II EStG ist Gewerbebetrieb eine **selbstständige**[1] **nachhaltige**[2] **Betätigung,** die **mit Gewinnerzielungsabsicht**[3] unternommen wird und sich als Beteiligung am allgemeinen wirtschaftlichen Verkehr darstellt, wenn die Betätigung weder der Land- und

---
[1] BFH BStBl. II 1973, 260.
[2] BFH BStBl. II 2015, 897.
[3] BFH DStR 2019, 6.

Forstwirtschaft gemäß § 13 EStG noch der selbstständigen Tätigkeit nach § 18 EStG zuzuordnen ist. Die steuerrechtliche Bedeutung der Zuordnung zu den gewerblichen Einkünften liegt in den Vorschriften zur Gewinnermittlung und der Belastung gewerblicher Einkünfte mit Gewerbesteuer.

Steuersubjekt im Sinne des EStG ist immer der Gewerbetreibende selbst. Bei Einzelpersonen (Einzelunternehmern) führt dies zur Zusammenführung von privaten und gewerblichen Einkünften nach Ermittlung der Einkünfte aus jeder Einkunftsart („Einheitsprinzip"). Gem. § 180 I Nr. 2b AO ist jedoch eine gesonderte Feststellungserklärung abzugeben, wenn eine Einzelperson Einkünfte aus Land- und Forstwirtschaft (§ 13 EStG), Einkünfte aus Gewerbebetrieb (§ 15 EStG) oder Einkünfte aus freiberuflicher Tätigkeit (§ 18 EStG) erzielt **und das Betriebsstättenfinanzamt nicht mit dem Wohnsitzfinanzamt identisch ist.** Bei Bruchteilsgemeinschaften und Personengesellschaften ist Steuersubjekt im Sinne des EStG jeder einzelne Gesellschafter selbst und nicht die Gesellschaft, es wird durch die Gesellschaft „durchgeschaut" auf den einzelnen Gesellschafter („Transparenzprinzip"). Dabei wird auf der Ebene Gesellschaft eine „einheitliche und gesonderte Gewinnfeststellung" erforderlich. Eine gesonderte und einheitliche Feststellungserklärung ist daher abzugeben, wenn die Einkünfte einer Personengesellschaft oder Bruchteilsgemeinschaft festgestellt werden müssen (§ 179 II 2 AO). Das steuerliche Ergebnis wird zuerst einheitlich für die Gesellschaft festgestellt und dann erfolgt die gesonderte Feststellung für jeden Gesellschafter. Eine Ausnahme bildet die Gewerbesteuer, da hier Steuersubjekt die Gesellschaft ist.

Im Gegensatz zu Bruchteilsgemeinschaften und Personengesellschaften ist Steuersubjekt bei juristischen Personen nicht der einzelne Gesellschafter, sondern die **Kapitalgesellschaft als juristische Person („Trennungsprinzip").** Diese wird nach der Ermittlung des zu versteuernden Einkommens (Gewinn) nach dem Körperschaftssteuergesetz (KStG) veranlagt (→ Rn. 600 ff.). Das zu versteuernde Einkommen der juristischen Person selbst, also der Gewinn, ermittelt sich gemäß § 8 I 1 KStG nach den Vorschriften des EStG. Wegen dieser zivilrechtlichen Trennung (Trennungsprinzip) zwischen der Vermögensebene der juristischen Person und des dahinterstehenden Gesellschafters kommt es erst dann zu einem Zufluss und damit zu Einkünften aus Kapitalvermögen des Gesellschafters selbst, wenn die juristische Person Ausschüttungen an ihn vornimmt. Nach § 29 I 1 GmbHG haben die Gesellschafter einen Anspruch auf den Jahresüberschuss, jedoch nur so weit, wie keine gesetzliche oder statutarische Ausschüttungssperre eingreift oder die Gesellschafter nicht gemäß § 29 II, § 46 Nr. 1 GmbHG eine andere Verwendung (etwa Einstellung in die Rücklage) beschließen. Die Ergebnisverteilung erfolgt – vorbehaltlich anderslautender Satzungsbestimmungen – nach dem Verhältnis der Geschäftsanteile (§ 29 III 1 GmbHG). Entgegen dem insoweit missverständlichen Wortlaut des § 29 I 1 GmbHG vermittelt die Regelung nur ein Gewinnbezugsrecht, welches erst dann zu einem klagbaren Gewinnanspruch wird, wenn ein entsprechender Ergebnisverwendungsbeschluss (§ 42a II GmbHG) gefasst wurde. Gewinnverwendungsbeschlüsse sind jedoch als Rechtsakt der Gesellschaft dieser jeweils zuzurechnen. Das nach § 29 GmbHG aF vorgesehene Vollausschüttungsgebot gilt nach § 29 GmbHG nF nicht mehr. Damit ist zwischen Gewinnbezugsrecht und Gewinnanspruch zu differenzieren. Erst mit Beschluss der Gesellschafterversammlung über die Verwendung des Gewinns (§ 46 Nr. 1 GmbHG) erwächst für den Gesellschafter aus dem mitgliedschaftsrechtlichen Gewinnbezugsrecht ein Anspruch auf Auskehrung des auf seinen Anteil entfallenden Gewinns. Dieses Forderungsrecht wird als Gewinnanspruch bezeichnet und ist ein Gläubigerrecht des Gesellschafters gegenüber der Gesellschaft. Eine „Entstrickung" zwischen „Geschäftsanteil" und „Ertrag" tritt also erst mit dem Gewinnausschüttungsbeschluss ein (§ 29 GmbHG, §§ 99 III, 100, 101 Nr. 2 BGB).

Für den Gesellschafter einer Personengesellschaft ist die Entnahme und Auszahlung des gesamten Gewinns der Regelfall. Die gesetzliche Regelung findet sich für eine KG in den §§ 161 II, 122 HGB für den Komplementär und in § 169 HGB für die Kommanditisten. Dem liegt die Vorstellung der tätigen Mitunternehmerschaft zugrunde, die dem Lebensunterhalt des Gesellschafters zu dienen bestimmt ist. Die unterschiedliche Terminologie, Entnahme einerseits und Gewinnauszahlung andererseits, ist darauf zurückzuführen, dass der Komplementär die ihm zustehenden Gewinnanteile selbst entnehmen darf, während die Kommanditisten auf eine Auszahlung durch den persönlich haftenden Gesellschafter angewiesen sind. Einer „Entstrickung" zwischen „Geschäftsanteil" und „Ertrag" durch einen Gewinnausschüttungsbeschluss bedarf es daher bei der Personengesellschaft von Gesetzes wegen **nicht**.

2. Umfang der Einkünfte aus Gewerbebetrieb

Alle Einkünfte, die im Rahmen eines Gewerbebetriebs erzielt werden, sind **gewerbliche Einkünfte**, auch wenn sie für sich gesehen einer anderen der sieben Einkunftsarten nach § 2 I EStG zuzurechnen wären. 163

Beispiel:
Ein Kraftfahrzeughändler vermietet zu seinem Betriebsvermögen gehörende Garagen an Privatpersonen. Die Mieten sind nicht nach § 21 EStG als Einkünfte aus Vermietung und Verpachtung, sondern als Einkünfte aus Gewerbebetrieb nach § 15 I EStG zu erfassen.
Ein Fabrikant legt betrieblich eingenommene Gelder als Festgeld an. Die Zinsen sind nicht nach § 20 EStG als Einkünfte aus Kapitalvermögen, sondern als Einkünfte aus Gewerbebetrieb nach § 15 I EStG zu erfassen und zu versteuern.

Diese Einkünfte werden im Steuerbescheid also nicht ihrem eigentlichen Wortlaut nach bei den Einkunftsarten „Vermietung und Verpachtung" und „Kapitalvermögen" erfasst, sondern bei den Einkünften aus Gewerbebetrieb bzw selbständiger Arbeit.

Eine Suche nach solchen Einkünften in den Anlagen „V" (Vermietung und Verpachtung) oder „KAP" (Kapitalvermögen) zur Einkommensteuererklärung wäre also erfolglos.

Auch an sich nicht gewerbliche Einkünfte einer **GmbH & Co KG** werden nach § 15 III Nr. 2 EStG steuerlich grundsätzlich wie Einkünfte aus Gewerbebetrieb behandelt (durch die Komplementär GmbH gewerblich geprägte Einkünfte). 164

Löhne, Gehälter[4]**, Mieten und Zinsen,** die eine Personengesellschaft an ihre Gesellschafter zahlt, sind gemäß § 15 I Nr. 2 EStG bei der steuerlichen Gewinnermittlung als sogenannte „Vorabvergütung" den gewerblichen Einkünften der Gesellschaft zuzurechnen und im Rahmen der gesonderten und einheitlichen Gewinnfeststellung (→ Rn. 275) auf die betreffenden Gesellschafter zu verteilen. § 15 I 1 Nr. 2 2.Hs. EStG differenziert insbesondere nicht zwischen Vergütungen an geringfügig Beteiligte oder andere Minderheitsgesellschafter und beherrschende Gesellschafter. 165

Beispiel:
An der ABC-Altenpflegeheim KG sind die Gesellschafter A, B und C beteiligt. Die KG ist von der Gewerbesteuer befreit. A hat als Komplementär die Geschäfte der KG geführt und dafür 60 000 EUR entnommen, die auf seinem Verrechnungskonto verbucht wurden. B hat der oHG das Betriebsgebäude für 48 000 EUR pa. vermietet, C hat für ein der oHG gewährtes Darlehen 6000 EUR Zinsen erhalten. In der betriebswirtschaftlichen Gewinnermittlung sind neben den sonstigen Betriebsausgaben auch diese Beträge abgezogen worden. Der verbleibende Gewinn ist mit 100 000 EUR ausgewiesen. Die Einkünfte aus Gewerbebetrieb betragen 100 000 EUR[5] + 48 000 EUR + 6000 EUR = 154 000 EUR.

Ob derartige Einkünfte bilanzsteuerrechtlich als Betriebsausgaben gewinnmindernd oder als laufende Entnahmen auf den Gewinnanteil des jeweiligen Gesellschafters zu buchen sind, hängt von der Ausgestaltung der Rechtsbeziehungen zwischen Gesellschaft und Gesellschaftern ab. Gegebenenfalls sind die betrieblichen Jahresabschlüsse der Gesellschafter (Ergänzungsbilanzen, Sonderbilanzen) zu überprüfen. Der dem jeweiligen Gesellschafter zuzurechnende **Gewinnanteil** ergibt sich aber immer verbindlich und spezifiziert aus der

---

[4] BFH DStR 1998, 482.
[5] Da das Gehalt des A als Entnahme gebucht worden ist, hat es den Gewinn nicht gemindert, muss daher auch nicht zugerechnet werden. Anders wäre es, wenn es in der Buchhaltung als Betriebsausgabe erfasst worden wäre.

gesonderten und einheitlichen Gewinnfeststellung (§§ 180 I Nr. 2b, 179 II 2 AO) (→ Rn. 275).

3. Gesetzliche Grundlagen der Gewinnermittlung

166 Nach der Definition des § 4 I EStG ist der Gewinn der Unterschiedsbetrag zwischen dem Betriebsvermögen (→ Rn. 236) am Schluss des Wirtschaftsjahres und dem Betriebsvermögen am Schluss des vorangegangenen Wirtschaftsjahres, vermehrt um den Wert der Entnahmen und vermindert um den Wert der Einlagen. § 4 I EStG stellt damit auf einen Vermögensvergleich zu zwei **Stichtagen** ab. Unberücksichtigt bleiben bei diesem Vermögensvergleich **Entnahmen und Einlagen** (→ Rn. 237 ff.).

167 Bei Gewerbetreibenden, die auf Grund gesetzlicher Vorschriften verpflichtet sind, Bücher zu führen und regelmäßig Abschlüsse zu erstellen oder dies freiwillig tun, ist gemäß § 5 I EStG das **Betriebsvermögen** anzusetzen, das nach den handelsrechtlichen Grundsätzen ordnungsgemäßer Buchführung auszuweisen ist. Entsprechend kodifiziert § 140 AO die steuerliche Verpflichtung zu Buchführung und Jahresabschluss für den, der auf Grund anderer Gesetze Bücher führen muss.

Für Gewerbetreibende gelten die §§ 238 ff. HGB. Danach sind die **ordnungsmäßige Buchführung** (§ 238 I HGB) und die **Erstellung eines Jahresabschlusses,** bestehend aus der **Bilanz und der Gewinn- und Verlustrechnung** (§ 242 II HGB) vorgeschrieben. Für Gewerbetreibende, die nicht unter §§ 238 ff. HGB fallen, gilt § 5 EStG nur dann, wenn sie freiwillig Bücher führen und regelmäßig Abschlüsse machen. Darunter fallen in erster Linie Selbstständige im Sinn des § 18 EStG. Dass Einnahmen und Ausgaben im Wege der doppelten Buchführung (→ Rn. 183 ff.) erfasst werden, führt allein noch nicht zur Bilanzierungspflicht.

4. Ausnahmeregelungen

168 Für sonstige Gewerbetreibende besteht eine Verpflichtung zur Buchführung und zur Erstellung eines Jahresabschlusses nur, wenn
– der Umsatz 600 000 EUR oder
– der Gewinn 60 000 EUR

pro Jahr übersteigt (→ Rn. 250). Dies ergibt sich aus § 141 AO für das Steuerrecht (§ 241a HGB für das Handelsrecht), der in solchen Fällen die §§ 238 bis 240 I, §§ 243 bis § 256 HGB für entsprechend anwendbar erklärt. Es besteht **keine Verpflichtung,** neben der Bilanz auch eine **Gewinn- und Verlustrechnung zu erstellen,** da auf § 242 Abs. 2 HGB nicht verwiesen wird.

Da gemäß § 1 I HGB der Kreis der Kaufleute alle Gewerbetreibenden unabhängig von der Art des Gewerbes erfasst, dürfte § 141 AO nur insoweit von Bedeutung sein, als entgegen den unbestimmten Rechtsbegriffen in § 1 II HGB für das Steuerrecht präzise definiert ist, wer nicht buchführungs- und abschlusspflichtig ist.

III. Der Jahresabschluss

1. Die Elemente des Jahresabschlusses

169 Gemäß § 242 I und II HGB gehören zum Jahresabschluss die Bilanz mit der Gegenüberstellung von Vermögen (Aktiva) und Schulden und Eigenkapital (Passiva) zum Schluss des Geschäftsjahres sowie die **Gewinn- und Verlustrechnung** (GuV) mit der Gegenüberstellung der Aufwendungen und Erträge des abgelaufenen Geschäftsjahres. Kapitalgesellschaften haben nach § 264 I HGB den Jahresabschluss um einen **Anhang** zu erweitern, der mit der Bilanz und der Gewinn- und Verlustrechnung eine Einheit bildet.

3. Abschnitt: Gewinneinkünfte – Einkommensermittlung § 1

2. Handelsbilanz

Nach § 247 HGB sind als Mindestinhalt in die Handelsbilanz aufzunehmen **170**
- das Anlagevermögen,
- das Umlaufvermögen,
- das Eigenkapital,
- die Schulden und
- die Rechnungsabgrenzungsposten.

Ab dem Wirtschaftsjahr 2012 müssen bilanzierende Unternehmer ihre nach steuerlichen Grundsätzen erstellte Bilanz und GuV nach amtlich vorgeschriebenem Datensatz elektronisch an das Finanzamt übermitteln (§ 5b EStG sogenannte E – Bilanz nach Datenschema der Taxonomien, derzeit Version 6.2)[6]. Wie das Anlage- und Umlaufvermögen und die Schulden zu bewerten sind, ist im HGB ebenso geregelt wie Einzelheiten zur Bildung von Rechnungsabgrenzungsposten und Rückstellungen. Die nach diesen Grundsätzen erstellte Bilanz heißt „**Handelsbilanz**". Die Handelsbilanz soll dem Kaufmann selbst und seinen Geschäftspartnern, vorrangig den Kreditgebern regelmäßig Aufschluss über sein Vermögen geben. Die handelsrechtlichen Vorschriften für die Bilanz sind deshalb vom **Prinzip vorsichtiger Bewertung** geprägt;[7] Gewinn und Vermögen sollen eher zu niedrig als zu hoch angesetzt werden.[8]

Über die Ordnungsvorschrift der §§ 247 ff. HGB, gibt es keine weiteren Vorschriften **171** wie eine Bilanz genau zu gliedern ist. Eine Ausnahme gilt für Kleinstkapitalgesellschaften und offene Handelsgesellschaften, Kommanditgesellschaften bei denen nicht mindestens ein persönlich haftender Gesellschafter eine natürliche Person ist (KapCoGes). Für diese gelten die Vorschriften der §§ 264 ff. HGB. Die Untergrenze einer zulässigen Gliederungstiefe der Bilanz soll sich jedoch rechtsformübergreifend gemäß § 266 I 4 HGB nach dem Mindestinhalt für Kleinstkapitalgesellschaften ergeben.[9]

Die Bilanz einer Kleinstkapitalgesellschaft ist nach § 266 I 4 HGB in **Kontenform** aufzustellen, und hat, wie nachfolgend dargestellt, mindestens zu enthalten:

Aktiva	Passiva
A. Anlagevermögen	A. Eigenkapital
B. Umlaufvermögen	B. Rückstellungen
C. Rechnungsabgrenzungsposten	C. Verbindlichkeiten
D. Aktive latente Steuern, sofern § 274 HGB freiwillig angewandt wird	D. Rechnungsabgrenzungsposten
E. Aktiver Unterschiedsbetrag aus der Vermögensverrechnung	E. Passive latente Steuern, sofern § 274 HGB freiwillig angewandt wird

Auf der linken Seite steht immer das positive Vermögen (Aktivkonten), auf der rechten Seite stehen die Schulden und das Eigenkapital (Passivkonten).

3. Das Eigenkapital

Da das positive Vermögen abzüglich der Schulden (Rückstellungen, Verbindlichkeiten, **172** Rechnungsabgrenzungsposten und passive latente Steuern) den Wert des Unternehmens ausmacht, stellt das **Eigenkapital** den Wert des Unternehmens dar.

Das mag verwirren: obwohl doch das Eigenkapital den Wert des Betriebs darstellt, wird es wie die Schulden auf der Passivseite geführt. Im Gegensatz zum Fremdkapital handelt es

---

[6] BMF v. 6.6.2018 BStBl. I 2018, 714; www.esteuer.de
[7] Winkeljohann/Büssow in BeckBilKo § 252 Rn. 29 ff.
[8] Winkeljohann/Büssow in BeckBilKo § 252 Rn. aaO.
[9] Schubert/Waubke in BeckBilKo § 247 Rn. 5.

§ 1 Die Ermittlung des unterhaltsrechtlich relevanten Einkommens

sich beim Eigenkapital um jene Mittel, die von den Eigentümern (Anteilseignern) zur Finanzierung des Unternehmens aufgebracht oder als erwirtschafteter Gewinn im Unternehmen belassen wurden (Grundsatz der Selbstfinanzierung). **Das Eigenkapital stellt also die „Schulden" dar, die das Unternehmen gegenüber seinen Eigentümern (Anteilseignern) hat.**

173 **Beispiel:**
U will einen Handelsbetrieb eröffnen. Er beschafft sich dazu ein Gebäude zum Kaufpreis von 800 000 EUR, Büroinventar für 50 000 EUR, Kraftfahrzeuge für 100 000 EUR und Waren für den Weiterverkauf für 200 000 EUR. Aus einer Erbschaft und Ersparnissen hat er 100 000 EUR, von denen er 50 000 EUR auf das betriebliche Girokonto einzahlt und 50 000 EUR für die Anschaffungen verwendet. Im Übrigen finanziert er das Anlagevermögen durch Bankkredit. Die für die Verarbeitung bestimmten Waren erwirbt er mit der Vereinbarung, sie beim Weiterverkauf zu bezahlen.

Seine Eröffnungsbilanz sieht dem gemäß so aus:

AKTIVA		PASSIVA	
Anlagevermögen		**Eigenkapital**	
Gebäude	800 000	Kapital	100 000
Inventar	50 000		
Kraftfahrzeuge	100 000		
		Verbindlichkeiten	
Umlaufvermögen		Verbindlichkeiten aus Lieferung und Leistung	200 000
Waren	200 000		
Girokonto	50 000	Langfristige Verbindlichkeiten	900 000
	1 200 000		**1 200 000**

174 Die von U vorgenommene Einlage ist in das Betriebsvermögen eingegangen und dort in den bilanzierten Aktiva enthalten. Das **Kapital** beinhaltet keinen eigenen Vermögenswert, sondern **stellt spiegelbildlich das Nettovermögen dar.** Übersteigen die Aktiva die Passiva, ist also das Nettovermögen positiv, so steht das Kapital auf der Passivseite. Würden dagegen die Passiven die Aktiven übersteigen, müsste das Kapital die werthaltigeren Passiven ausgleichen. In diesem Fall spricht man vom **negativen Kapital.** Das Unternehmen hat in diesem Fall keine Schulden bei seinem Eigentümer (Anteilseigner), sondern eine Forderung ihm gegenüber (→ Rn. 172).

Das negative Kapital wird in diesem Fall als letzter Posten auf der Aktivseite mit der Bezeichnung **„nicht durch Einlage gedeckte Verluste/Entnahmen des Geschäftsinhabers"** erfasst.

175 **Beispiel:**
Am Jahresende wird der Bestand des Betriebsvermögens festgestellt. Nach Berücksichtigung der Abschreibungen ergeben sich beim Anlagevermögen
- für das Gebäude　　　　　　　　　　　　　　　　　　　　　　　780 000 EUR
- für das Inventar　　　　　　　　　　　　　　　　　　　　　　　　45 000 EUR
- für die Kraftfahrzeuge　　　　　　　　　　　　　　　　　　　　　80 000 EUR

Beim Umlaufvermögen sind zu erfassen
- Waren　　　　　　　　　　　　　　　　　　　　　　　　　　　　40 000 EUR
- Girokonto　　　　　　　　　　　　　　　　　　　　　　　　　　　5 000 EUR

Die Schulden haben sich reduziert
- Verbindlichkeiten aus Lieferung und Leistung　　　　　　　　　100 000 EUR
- Langfristige Verbindlichkeiten　　　　　　　　　　　　　　　　855 000 EUR

3. Abschnitt: Gewinneinkünfte – Einkommensermittlung § 1

Die Bilanz des U nach Ablauf des ersten Wirtschaftsjahres stellt sich daher dar:

AKTIVA		PASSIVA	
Anlagevermögen			
Gebäude	780 000		
Inventar	45 000		
Kraftfahrzeuge	80 000		
Umlaufvermögen		**Verbindlichkeiten**	
Rohwaren	40 000	Verbindlichkeiten aus Lieferung und Leistung	100 000
Girokonto	5 000		
Nicht durch Einlagen gedeckter Verlust	5 000	Langfristige Verbindlichkeiten	855 000
	955 000		955 000

Die Verbindlichkeiten bei Banken und Lieferanten übersteigen mit 955 000 EUR das Aktivvermögen von 950 000 EUR um 5000 EUR, der Betrieb ist also bei steuerlichen Ansätzen um diesen Betrag überschuldet, das Kapital mit 5000 EUR negativ. Im Fall einer Insolvenz hätte der persönlich haftende Betriebsinhaber 5000 EUR aus dem Privatvermögen einzuschießen, wenn die Buchwerte den tatsächlichen Verkehrswerten entsprächen.

Eine **Untergliederung des Eigenkapitals** ist beim Einzelkaufmann nicht verpflichtend. Empfohlen ist eine Darstellung seiner Entwicklung:[10] **176**
Eigenkapital zu Beginn des Geschäftsjahres
minus Entnahmen im Geschäftsjahr
plus Einlagen im Geschäftsjahr
plus oder minus Jahresergebnis
gleich Eigenkapital zum Schluss des Geschäftsjahres.

Das Eigenkapital einer **Personengesellschaft** wird jedoch untergliedert, da zwischen **177** dem eigentlichen Eigenkapital und den Verbindlichkeiten und Forderungen zwischen Gesellschaft und Gesellschaftern differenziert werden muss.[11]
Unterschieden wird vor allem auch zwischen **Festkapital** und **variablem Kapital**.

4. Die Steuerbilanz

Gemäß § 5 I EStG ist das in der Handelsbilanz festgestellte Betriebsvermögen auch für **178** die nach § 4 I EStG für die Ermittlung des steuerlichen Gewinns zu erstellende **Steuerbilanz** maßgeblich.[12] Das handelsrechtliche **Prinzip vorsichtiger Bewertung** läuft jedoch dem Interesse des Fiskus zuwider, da der Gewinn für die steuerlich relevanten Einkünfte maßgeblich ist und demzufolge nicht zu gering sondern möglichst realistisch festgestellt werden soll. Die handelsrechtlichen Vorschriften sind daher ua durch § 5 II bis VI, § 6 und § 7 EStG modifiziert. Andererseits sind in der Steuerbilanz[13] steuerliche Vergünstigungen, etwa Sonderabschreibungen (→ Rn. 213) oder Sonderposten mit Rücklageanteil (→ Rn. 232) zu berücksichtigen, die handelsrechtlich nicht relevant sind.

---

[10] Schmidt/K. Hoffmann in BeckBilKo § 247 Rn. 155; instruktiv Ley, DStR 2013, 271.
[11] Schmidt/K. Hoffmann in BeckBilKo § 247 Rn. 160 ff; instruktiv Ley, DStR 2013, 271.
[12] Einzelheiten und Besonderheiten der Maßgeblichkeit der Handelsbilanz bleiben hier unerörtert.
[13] BFH BFH/NV 2008, 1454.

§ 1   Die Ermittlung des unterhaltsrechtlich relevanten Einkommens

Auf Grund des in den maßgeblichen Vorschriften des HGB und des EStG vorhandenen Spielraums war es möglich, eine beiden Gesetzen entsprechende Bilanz, also eine **Einheitsbilanz** aufzustellen.[14] Daher waren Handels- und Steuerbilanzen bei kleineren Unternehmen in der Vergangenheit selten nebeneinander zu finden. Für bilanzierungspflichtige Kaufleute ist seit der Änderung der handelsrechtlichen Bilanzierungsvorschriften durch das BilMoG (Bilanzrechtsmodernisierungsgesetz) und das BilRUG (Bilanzrichtlinie-Umsetzungsgesetz) die Erstellung einer Einheitsbilanz jedoch nur noch seltener möglich.

Wenn die Einkünfte von Unterhaltspflichtigen und/oder Unterhaltsberechtigten möglichst sachgerecht ermittelt werden sollen, ist die **Handelsbilanz als Mittel zur Feststellung des unterhaltsrechtlich relevanten Einkommens weniger geeignet als die Steuerbilanz.** Abgesehen von den unterhaltsrechtlich erforderlichen Korrekturen ist der steuerliche Jahresabschluss, insbesondere die dazu gehörende Gewinn- und Verlustrechnung nach wie vor die geeignetste Grundlage für die Ermittlung des unterhaltsrechtlich maßgeblichen Einkommens.

179   Die im HGB vorgeschriebene **Gliederung der Bilanz** (→ Rn. 171) wird üblicherweise auch **für die Steuerbilanz** verwendet. Die Grundstruktur ist allgemeingültig, die Untergliederung erfolgt darüber hinaus nach branchenspezifischen Bedürfnissen oder Vorgaben.

Aufgrund des Zusammenhangs zwischen Bilanz einerseits und Gewinn- und Verlustrechnung andererseits gelten die vorstehenden Ausführungen in gleicher Weise für die steuerrechtliche Gewinn- und Verlustrechnung.

5. Gewinn- und Verlustrechnung

180   Zum ordnungsgemäßen kaufmännischen Jahresabschluss gehört nach § 242 II HGB die **Gegenüberstellung der Aufwendungen und Erträge,** die sogenannte Gewinn- und Verlustrechnung. Während die Bilanz statisch das Betriebsvermögen zum jeweiligen Bilanzstichtag darstellt, werden in der Gewinn- und Verlustrechnung alle Erträge und Aufwendungen des abgelaufenen Wirtschaftsjahres erfasst.

Anders ausgedrückt liefert die Bilanz eine kumulierte Mehrjahresschau der Vermögensentwicklung des Unternehmens, auf den jeweiligen Stichtag, während die Gewinn- und Verlustrechnung die jeweils unterjährige Ermittlung des Gewinns oder Verlusts zeigt. Der sich aus der jeweiligen jährlichen Gewinn – und Verlustrechnung ergebende Gewinn oder Verlust wird dann in die Bilanz übertragen.

Unterhaltsrechtlich ist daher primär die unterjährige Gewinn- und Verlustrechnung von Interesse, da sie den unterjährigen Zufluss der Einnahmen zeigt und den unterjährigen Abfluss der handelsrechtlichen und/oder steuerrechtlichen anerkannten Absetzungen.

Auch hier soll rechtsformübergreifend mindestens das Gliederungsschema für Kleinstkapitalgesellschaften iSd § 267a I HGB iVm § 275 V HGB anzuwenden sein.[15] Gemäß § 275 I HGB ist die Gewinn- und Verlustrechnung in **Staffelform** aufzustellen. In § 275 II und III HGB ist detailliert beschrieben, wie die einzelnen Erlöse und Aufwendungen aufzuführen sind. Die nachfolgende Übersicht orientiert sich am Mindestinhalt für Kleinstkapitalgesellschaften (§ 275 V HGB), welcher rechtsformübergreifend anzuwenden sein soll.

Umsatzerlöse
  + sonstige Erträge
  − Materialaufwand
  − Personalaufwand
  − Abschreibungen
  − sonstige Aufwendungen
  − Steuern
  = Jahresüberschuss/Jahresfehlbetrag.

---

[14] Zwirner DStR 2011, 1191.
[15] Schmidt/Peun in BeckBilKo § 247 Rn. 600 ff.

Die Definition der Umsatzerlöse in § 277 I HGB ist im Zuge des BilRUG (Bilanzrichtlinie-Umsetzungsgesetz) ab dem 1.1.2016 geändert. Darunter werden nunmehr alle Erlöse aus dem Verkauf, der Vermietung oder Verpachtung von Produkten sowie aus der Erbringung von Dienstleistungen verstanden. Die Differenzierung nach Erlösen aus der gewöhnlichen Geschäftstätigkeit und dem „typischen Leistungsangebot" entfällt. Dies spiegelt sich auch in der Änderung der Gliederung der Gewinn- und Verlustrechnung (§ 275 HGB) wieder. Das „Ergebnis der gewöhnlichen Geschäftstätigkeit" sowie „außerordentliche Erträge und Aufwendungen" werden nicht mehr gesondert ausgewiesen. Vielmehr sind diese Angaben nach § 285 Nr. 31 HGB für außergewöhnliche Sachverhalte im Anhang anzugeben. Jedoch soll bei der Veräußerung des Anlagevermögens der Ausweis eines etwaigen Veräußerungsgewinns unter den sonstigen betrieblichen Erträgen bzw. eines etwaigen Veräußerungsverlustes unter den sonstigen betrieblichen Aufwendungen erfolgen.[16]

Der Anhang ist daher stets im Rahmen der Belegpflicht nach § 1605 BGB als Teil des „Jahresabschlusses" anzufordern, um „außergewöhnliche Sachverhalte" nach § 285 Nr. 31 HGB feststellen zu können.

Sowohl die Bilanz als auch die Gewinn- und Verlustrechnung weisen den Gewinn der jeweiligen Rechnungsperiode aus. Wenn die Buchführung zwischen zwei Bilanzstichtagen einerseits, die Feststellung des Betriebsvermögens zu diesen Zeitpunkten andererseits ordnungsgemäß war, so müssen die Auswirkungen der einzelnen Geschäftsvorfälle auf das Betriebsvermögen logischerweise zu demselben Ergebnis führen wie der Bestandsvergleich, da die Summe der Erträge und der Gesamtaufwand in der Gewinn- und Verlustrechnung das Anfangsvermögen in der Bilanz erhöhen bzw. verringern (→ Rn. 201). **181**

6. Anhang und Lagebericht

Kapitalgesellschaften haben gemäß § 264 I HGB den Jahresabschluss um einen Anhang **182** zu erweitern und einen Lagebericht aufzustellen.

Aufgabe des Anhanges (§ 288 HGB) ist die Vermittlung von Informationen über die Vermögens-, Finanz- und Ertragslage neben und zusätzlich zur Bilanz und GuV, außerdem von Informationen, die keinen unmittelbaren Zusammenhang mit dem Jahresabschluss haben.[17] Der Anhang soll ein den tatsächlichen Verhältnissen entsprechendes Bild der Vermögens-, Finanz- und Ertragslage vermitteln. Kleinstkapitalgesellschaften und offenen Handelsgesellschaften, Kommanditgesellschaften bei denen nicht mindestens ein persönlich haftender Gesellschafter eine natürliche Person ist (KapCoGes) dürfen wiederum einen verkürzten Anhang aufstellen §§ 267, 274a HGB).

Im zusätzlichen Lagebericht (§§ 264 I, 289 HGB) soll das Geschäftsergebnis erläutert und die aktuelle wirtschaftliche Situation des Unternehmens sowie eine Prognose für die Zukunft dargestellt werden. Umfang und Inhalt richten sich nach der Größe der Gesellschaft.

Die Schwellenwerte „Bilanzsumme" und „Umsatzerlöse" zur Ermittlung der Größenklassen nach § 267 HGB für Kapitalgesellschaften und offenen Handelsgesellschaften, Kommanditgesellschaften bei denen nicht mindestens ein persönlich haftender Gesellschafter eine natürliche Person ist (KapCoGes) sind durch das BilRUG (Bilanzrichtlinie-Umsetzungsgesetz) angehoben worden mit Wirkung ab 1.1.2016. Dadurch hat sich die Anzahl der „kleinen" Gesellschaften erhöht. Dies führt ab 1.1.2016 zu Erleichterungen, da beispielsweise kein Lagebericht (§ 264 I 4 HGB) erstellt werden muss und die gesetzliche Prüfungspflicht entfällt (§ 316 I 1 HGB). Die Offenlegung umfasst für diese Gesellschaften nur Bilanz und Anhang (§ 326 I 1 HGB).

Im Einzelfall kann der schon beim Bundesanzeiger hinterlegte Abschluss erste Informationen für die familienrechtliche Fallbearbeitung liefern. Dieser zu hinterlegende Abschluss ist für Jedermann aus dem Bundesanzeiger abrufbar.[18]

---

[16] Schmidt/Peun in BeckBilKo, § 275 Rn. 49.
[17] Grottel in BeckBilKo § 284 Rn. 6 ff.
[18] https://www.bundesanzeiger.de/ebanzwww/wexsservlet.

IV. Die Doppelte Buchführung

1. Vorbemerkung

183 Auch soweit keine Verpflichtung zur Buchführung nach § 238 HGB oder § 141 AO besteht, zeichnen Gewerbetreibende wie Selbstständige die Geschäftsvorfälle ihres Betriebs in der Form der **doppelten Buchführung** auf, da die EDV-Buchführung, derer sie sich in der Regel bedienen, entsprechend aufgebaut ist. Die **einfache Buchführung** genügt nur unter besonderen Verhältnissen, etwa in Kleinbetrieben des Einzelhandels oder Handwerks, die aber in der Regel nicht buchführungspflichtig sind.[19] Da die Buchführung die Grundlage für die Gewinn- und Verlustrechnung ist und auch der überwiegende Teil der Posten der Bilanz aus der Buchführung entnommen wird, ist es für das Verständnis des Jahresabschlusses unverzichtbar, sich mit den Grundlagen der Buchführung vertraut zu machen.

2. Grundzüge der doppelten Buchführung

184 Während die Geschäftsvorfälle in der einfachen Buchführung[20] nur auf **Erfolgskonten** erfasst werden, werden in der doppelten Buchführung[21] sowohl **Bestandskonten** als auch **Erfolgskonten** bebucht. Bestandskonten gehören zur Bilanz, Erfolgskonten zur Gewinn- und Verlustrechnung.

> **Beispiel:**
> In der einfachen Buchführung wird eine Verfügung über das Guthaben auf dem Geschäftskonto nur dort als Abfluss gebucht. In der doppelten Buchführung muss dagegen zwingend eine Gegenbuchung erfolgen, zB auf dem Kassenkonto (Bestandskonto), wenn der Betrag in die Geschäftskasse eingelegt wurde, auf dem Konto „Mieten" (Erfolgskonto), wenn damit die Geschäftsmiete bezahlt wurde oder auf dem Privatkonto (Bestandskonto), wenn das Geld zu betriebsfremden Zwecken entnommen wurde.

185 Zu Beginn eines Wirtschaftsjahres werden die Bilanzposten aus der Schlussbilanz des Vorjahres in die Buchführung übernommen. Wie die Bilanz selbst gliedert sich die Buchführung in Konten auf. Die Aktiva, also das positive Vermögen, stehen wie in der Bilanz auf der linken Seite, die Passiva, also die Schulden und das Eigenkapital, finden sich auf der rechten Seite. In der Buchführung werden jedoch nicht die Begriffe „Aktiva" und „Passiva" aus der Bilanz verwandt, sondern **„Soll" und „Haben"** aus der Gewinn- und Verlustrechnung. Aktiva stehen also im „Soll", Passiva im „Haben".[22]

Die laufenden Geschäftsvorfälle werden zwingend doppelt erfasst, nämlich einmal im „Soll" und einmal im „Haben". Wie das obige Beispiel zeigt, ist aber unterschiedlich, ob der Geschäftsvorfall mit Buchung und Gegenbuchung auf Bestandskonten oder mit einer Buchung auf einem Bestandskonto und mit der Gegenbuchung auf einem Erfolgskonto zu buchen ist.

Wird durch einen Geschäftsvorfall nur ein Bestandskonto berührt, die dort eintretende Vermögensänderung also nicht durch Änderung eines anderen Bestandskontos kompensiert, so ändert sich um den Buchungsbetrag das Betriebsvermögen. Eine **Bestandsbuchung im Soll** ergibt sich aus einer **Vermögensmehrung**, eine **Buchung im Haben** aus einer **Vermögensminderung** in der Bilanz, die Gegenbuchung im Soll führt zu

---

[19] Winkeljohann/Lewe in BeckBilKo, § 238 Rn. 118 ff.
[20] Gehringer in BeckHdb Rechnungslegung A. 120 Rn. 35–39 f.
[21] Gehringer in BeckHdb Rechnungslegung A. 120 Rn. 3 f.
[22] Durch den täglichen Umgang mit dem eigenen Girokonto wird mit dem Begriff „Haben" das Guthaben, mit dem Begriff „Soll" das überzogene Konto, also die Schulden jeweils aus der Sicht des Kontoinhabers verbunden. Genau das Gegenteil ist aus der Sicht der bilanzierenden Bank, also für deren eigene doppelte Buchhaltung richtig. „Soll" auf dem Girokonto bedeutet für die Bank, dass der Kontoinhaber an sie zahlen soll, die Forderung hat also die Bank. „Haben" dagegen bedeutet, dass die Bank gegenüber dem Kunden eine Verbindlichkeit hat.

einem Aufwand, im Haben zu einem Ertrag in der Gewinn- und Verlustrechnung. Die durch eine Buchung verursachten Veränderungen in der Bilanz einerseits und der Gewinn- und Verlustrechnung andererseits sind in jedem Fall betragsmäßig identisch.

In der Buchführung werden alle Geschäftsvorfälle erfasst, die das Betriebsvermögen betreffen. Dies können sein: **186**
- Vermögensverlagerungen (keine Veränderung des Betriebsvermögens)
- Entnahmen und Einlagen (außerbetrieblich bedingte Veränderung des Betriebsvermögens)
- Aufwendungen und Erträge (betrieblich bedingte Veränderung des Betriebsvermögens).

Drei Grundprinzipien sind für die doppelte Buchführung charakteristisch: **187**
- Die Kontenform der Bilanz bleibt auch in der laufenden Buchführung erhalten, indem für jeden Bilanzposten – sowohl Aktiva als auch Passiva – ein eigenes Konto mit „Soll" und „Haben" eröffnet wird. Bestandserhöhungen werden daher auf dem jeweiligen Konto im „Soll", Bestandsminderungen im „Haben" gebucht. In der laufenden Buchhaltung wird – außer bei Stornierung fehlerhafter Buchungen – nicht saldiert.
- Jeder „Soll"-Buchung ist zwingend eine „Haben"-Buchung zugeordnet und umgekehrt, so dass auch in der laufenden Buchführung das Gleichgewicht immer erhalten bleibt.
- Wenn beide Buchungen auf Bestandskonten erfolgen, ergibt sich nur eine qualitative aber keine quantitative Änderung des Betriebsvermögens, also kein Gewinn oder Verlust. Wird ein Geschäftsvorfall dagegen auf einem Bestands- und einem Erfolgskonto erfasst, ergibt sich daraus eine quantitative Veränderung des Betriebsvermögens, also ein Gewinn oder Verlust.

3. Buchungen auf Bestandskonten

Beispiel: **188**
Bei U ergeben sich folgende Geschäftsvorfälle:
1. Vom Girokonto hebt U 500 EUR ab und legt sie in die Bürokasse.
2. U kauft einen Schreibtischsessel für 1190 EUR brutto und lässt den Kaufpreis von seinem Girokonto abbuchen.
3. U schafft einen PKW an. Seine Bank überweist den Kaufpreis von brutto 35 700 EUR unmittelbar von seinem Darlehenskonto.[23]
4. U erhöht seinen Lagerbestand durch Ankauf von Waren für 23 800 EUR brutto.
5. Die laufende Rate in Höhe von 10 000 EUR für das Darlehen wird vom Girokonto abgebucht.

Diese Geschäftsvorfälle werden in der Buchführung – im sogenannten „Buchungssatz" – wie folgt erfasst: **189**

| Kasse | 500 | S | Girokonto | 500 | H |

Obwohl das Girokonto in der Eröffnungsbilanz mit einem Guthaben auf der Aktivseite, in der Buchführung also im Soll steht, wird der entnommene Betrag nicht dort im Minus gebucht, sondern im Haben, also der Passivseite. Dies lässt sich anhand der sogenannten „T-Konten", der Darstellung der Einzelkonten darstellen:

Girokonto
| | Übertrag in Kasse | 500 EUR |

(Haben = Vermögensminderung auf dem Girokonto)

Kasse
| Übertrag vom Girokonto | 500 EUR | |

(Soll = Vermögensmehrung in der Kasse)

---
[23] Die umsatzsteuerliche Sonderregelung für betrieblich und privat genutzte Pkw bleibt hier zur Vereinfachung unberücksichtigt.

§ 1 Die Ermittlung des unterhaltsrechtlich relevanten Einkommens

Erst in der Bilanz erfolgt die Zusammenfassung je nach Saldo auf der Aktiv- oder Passivseite.
Die Buchungssätze für die weiteren Geschäftsvorfälle lauten:

Inventar	1000	S	Girokonto	1190	H
Vorsteuer	190	S			
Kraftfahrzeuge	30 000	S	Langfristige Verbindlichkeiten	35 700	H
Vorsteuer	5700	S			

Die vorstehenden Buchungen zeigen, dass beim bilanzierenden Unternehmer der Abzugsmöglichkeit der an die Lieferanten bezahlten **Umsatzsteuer** – der sogenannten **Vorsteuer**[24] – dadurch Rechnung getragen wird, dass nur die verbleibende Vermögensmehrung durch die angeschafften Wirtschaftsgüter im Anlage- oder Umlaufvermögen erfasst wird. Die Vermögensminderung durch die an den Lieferanten gezahlte oder geschuldete Vorsteuer wird durch die gleichzeitige Erfassung als Forderung gegenüber dem Finanzamt kompensiert.[25]

190 Auch die Zahlung der **Tilgungsrate** führt nicht zu Gewinn oder Verlust. Gemäß § 362 BGB erlischt durch die Tilgung (= Zahlung vom Girokonto) die Verbindlichkeit (= anteilige Rückführung des Darlehens).

Langfristige Verbindlichkeiten	10 000	S	Girokonto	10 000	H

191 Fasst man die dargestellten Buchungen in einer „Zwischenbilanz" zusammen, so ergibt sich folgende Darstellung:[26]

Anlagevermögen		**Kapital**	
2) Sessel	+ 1000		
3) Kraftfahrzeuge	+ 30 000		
Umlaufvermögen		**Verbindlichkeiten**	
1) Girokonto	− 500	3) Langfristige Verb.	+ 35 700
1) Kasse	+ 500	4) Verb. aus Lieferung + Leistung	− 23 800
2) Girokonto	− 1190	5) Langfristige Verbindlichkeiten	+ 10 000
5) Girokonto	− 10 000		
2) Vorsteuer	+ 190		
3) Vorsteuer	+ 5700		
4) Warenbestand	+ 20 000		
4) Vorsteuer	+ 3800		
Summe Aktivbuchungen	**49 500**	**Summe Passivbuchungen**	**49 500**

Dem Prinzip der doppelten Buchführung entsprechend sind die Summen von „Soll"- und „Haben"-Buchungen gleich. Da nur Bestandskonten angesprochen worden sind, heben sich Vermögensmehrungen und Minderungen per Saldo auf. Es gibt weder Gewinn noch Verlust. In der Bilanz ist dieses daraus zu entnehmen, dass sich das Eigenkapital nicht geändert hat.

---

[24] Die Abzugsfähigkeit der Vorsteuer setzt nach § 14 UStG die Vorlage einer Rechnung mit ausgewiesener Umsatzsteuer voraus.
[25] Ausführlich dazu → Rn. 226.
[26] Die Ziffern bei den Bilanzposten beziehen sich auf die Nummern des Beispielsfalls.

3. Abschnitt: Gewinneinkünfte – Einkommensermittlung   § 1

4. Buchungen auf Erfolgskonten

Dies ist anders, wenn die Geschäftsvorfälle auf Erfolgskonten gegenzubuchen sind.   192

Beispiele:
1. U bezahlt die Miete von 3000 EUR netto für das Ladengeschäft per Dauerauftrag von seinem Girokonto.
2. U schuldet am Monatsende Löhne/Gehälter von 10 000 EUR netto zzgl. 6000 EUR Lohnsteuer, Kirchensteuer und Solidaritätszuschlag. Die Löhne und Gehälter zahlt er noch am Monatsletzten aus. Die Sozialabgaben in Höhe von 8000 EUR (AG + AN) hat er Ende des Monats gezahlt, die Steuern führt er erst Anfang des folgenden Monats ab.
3. U verkauft aus seinen Beständen Waren mit dem Buchwert von 20 000 EUR zum Verkaufspreis von 50 000 EUR zzgl. USt.

Im Fall 1. verringert sich der Bestand des Girokontos um 3570 EUR, im Fall 2 um 18 000 EUR. Hier erhöhen sich außerdem die Verbindlichkeiten um 6000 EUR, da die Steuern im folgenden Monat abgeführt werden müssen. Im Fall 3 vermindert sich der Warenbestand um 20 000 EUR, die Forderungen erhöhen sich um 59500 EUR. Auch die Umsatzsteuer und der Vorsteuer (derzeit 19%) werden auf den Bestandskonten erfasst. Erfasst man die Geschäftsvorfälle in einer „Zwischenbilanz" nur mit den Bestandsbuchungen, würde sich dies so darstellen:

Anlagevermögen		Kapital	
Umlaufvermögen		**Verbindlichkeiten**	
1) Girokonto	− 3570	2) Verb. Lohnsteuer pp.	+ 6000
1) Vorsteuer	+ 570	3) Umsatzsteuer	+ 9500
2) Girokonto	− 18 000		
3) Warenbestand	− 20 000		
3) Forderungen aus L+L	+ 59 500		
Summe Aktivbuchungen	**+ 18 500**	**Summe Passivbuchungen**	**+ 15 500**

Im Gegensatz zu den reinen Bestandsbuchungen heben sich Vermögensmehrungen und   193
Vermögensminderungen nicht auf. Da die Bilanz jedoch im Gleichgewicht bleiben muss, können die Gegenbuchungen nur beim Kapital erfolgen. Dies ist auch folgerichtig: das Kapital gibt den Bestand des Betriebsvermögens wieder. Vermögensmehrungen oder -minderungen senken oder steigern also das Kapital. Die Vorgänge haben also das Betriebsvermögen um 3000 EUR erhöht; diese Vermögensmehrung ist nach der Definition des § 4 EStG der Gewinn.

Anlagevermögen		Kapital	
		Gewinn + 3000	
Umlaufvermögen		**Verbindlichkeiten**	
1) Girokonto	− 3570	2) Verb. Lohnsteuer pp.	+ 6000
1) Vorsteuer	+ 570	3) Umsatzsteuer	+ 9500
2) Girokonto	− 18 000		
3) Warenbestand	− 20 000		
3) Forderungen aus L+L	+ 59 500		
Summe Aktivbuchungen	**+ 18 500**	**Summe Passivbuchungen**	**+ 15 500**

5. Die Gewinn- und Verlustrechnung

Die Geschäftsvorfälle, die das Betriebsvermögen verändern, werden jedoch nicht auf   194
dem zum Kapital gehörenden Bestandskonto gegengebucht; dort wird erst beim Jahresabschluss der Saldo als Gewinn oder Verlust erfasst. In der Buchführung wird das Kapitalkonto in **Ertrags- und Aufwandskonten** der Gewinn- und Verlustrechnung untergliedert, die zum einen den Erfordernissen des § 275 HGB entsprechen müssen und sich im

Übrigen nach den Bedürfnissen des Buchführenden bezüglich der Spezifizierung seiner Buchführung richten. Die in den Beispielen dargestellten Geschäftsvorfälle werden dem gemäß wie folgt gebucht:

| *Miete*[27] | 3000 | S | Girokonto | 3570 | H |
| *Vorsteuer*[28] | 570 | S | | | |

Löhne/Gehälter	10 000	S	Girokonto	10 000	H
Sozialabgaben	8000				
Lohnsteuer	6000	S	Verbindlichkeiten	6000	H

| *Wareneinsatz*[29] | 20 000 | S | Waren | 20 000 | H |

Forderungen	59500	S	*Erlöse*	50 000	H
			Umsatzsteuer	9500	H
					H

195 Wie das Kapital in der Bilanz spiegelbildlich den Gesamtwert des Vermögens darstellt, entspricht der Vermögensänderung im Einzelfall spiegelbildlich die Erfassung des erlöswirksamen Vorgangs außerhalb der Bilanz in der Gewinn- und Verlustrechnung. So geht vom Konto des U die Miete mit 3000 EUR netto ab. Die Buchung des Betrags im Haben des Girokontos mindert dessen Bestand und damit das Betriebsvermögen. Die Gegenbuchung auf dem Erfolgskonto spiegelt diesen Vorgang als Aufwand in dem Erfolgskonto der Gewinn- und Verlustrechnung.[30]

6. Das Privatkonto oder das variable Kapitalkonto

196 Nicht nur Erträge und Aufwendungen, sondern auch Entnahmen und Einlagen verändern das Betriebsvermögen und damit das Kapitalkonto. Wichtig ist, festzustellen, ob „Entnahmen" von einem Gewinn des Unternehmens getragen sind oder ob es sich um „Überentnahmen" handelt. Eine nicht vom Gewinn getragene Überentnahme ist immer ein „Angriff (Rückgriff)" auf den Vermögensbestand.

Eine Überentnahme ist der Betrag, um den die Entnahmen die Summe des Gewinns und der Einlagen des Wirtschaftsjahres übersteigen (§ 4 IVa 1 EStG).[31] Unterhaltsrechtlich ist bei einer festgestellten Überentnahme immer – vorbehaltlich unterhaltsrechtlicher Korrekturen des Gewinns – wertend mit zu prüfen, ob eine Verpflichtung besteht, den Stamm des Vermögens zu Unterhaltszwecken einzusetzen. Um gemäß § 4 I EStG die durch Entnahmen und Einlagen bedingten Kapitalveränderungen von denen zu unterscheiden, die auf Erträge oder Aufwendungen zurückzuführen sind, wird das Kapitalkonto nicht nur in die Konten der Gewinn- und Verlustrechnung untergliedert. Es werden also

---

[27] Zur besseren Übersicht sind in dieser Darstellung die Erfolgskonten immer kursiv dargestellt.
[28] Auch bei der Erfassung von Aufwand und Ertrag werden die Umsatzsteuer und Vorsteuer auf Bestandskonten gebucht, weil die dem Kunden in Rechnung gestellte Umsatzsteuer an das Finanzamt abgeführt werden muss, während die dem Unternehmer in Rechnung gestellte Vorsteuer mit der Umsatzsteuer verrechnet bzw. vom Finanzamt zurückgefordert werden kann. Die **Umsatzsteuer** ist daher beim bilanzierenden Unternehmer **erfolgsneutral**.
[29] Zum Warenkonto und Wareneinsatz vgl. → Rn 238 f.
[30] Die bezahlte Umsatzsteuer wird als Vorsteuer (Forderung gegenüber dem Finanzamt) aktiviert, der Vorgang bleibt erfolgsneutral.
[31] BFH BStBl. I 2018, 744; BFH/NV 2014, 339; BMF v. 2.11.2018 BStBl. I 2018, 1207.

auch für Privatentnahmen und -einlagen entsprechende Unterkonten gebildet. Beim Einzelunternehmer sind dies die Privatkonten.³²

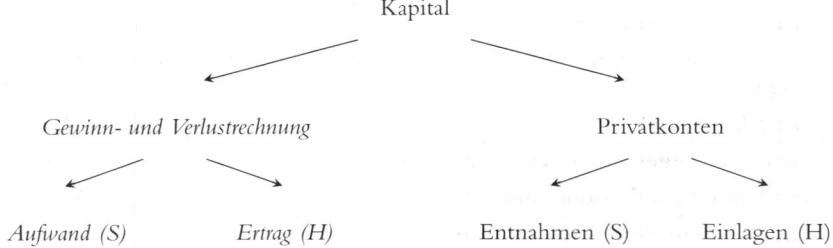

Auch das Privatkonto kann wieder in Unterkonten aufgeteilt werden, vorrangig in Einlagen und Entnahmen, darüber hinaus jedoch in beliebig viele Unterkonten (→ Rn. 177).

Die Tiefe der Darstellung Kapitalkonten für Personenhandelsgesellschaften und andere Mitunternehmerschaften hängt auch davon ab, wieviel Konten bei der Gesellschaft hinsichtlich des „variablen Kapitals" für den Gesellschafter geführt werden.³³ Mindestens erforderlich sind zwei (Zweikontenmodell) oder wahlweise drei (Dreikontenmodell) bzw. vier (Vierkontenmodell).³⁴

Im BMF-Schreiben vom 28. September 2011 ist geregelt, dass für Wirtschaftsjahre, die nach dem 31.12.2014 beginnen, für Personenhandelsgesellschaften und andere Mitunternehmerschaften eine Kapitalkontenentwicklung (KKE) in der E-Bilanz (nach dem Datenschema der Taxonomien, derzeit Version 6.2)³⁵,³⁶ der Personengesellschaft bzw. Mitunternehmerschaft zu übermitteln ist.³⁷ Rechtsgrundlage dafür ist § 5b EStG iVm § 60 EStDV. Der „Mussrahmen" der einzureichenden KKE Entwicklung ergibt sich aus den Anforderungen des BMF. Als Wertentwicklung der Kapitalkonten ist je Gesellschafter die folgende Form derzeit vorgegeben:³⁸

+/-	Positionsbezeichnung	Feldtyp
	Anfangsbestand Kapitalkonto	Mussfeld
+	**Einlagen**	Mussfeld
	davon Einlagen Grundstücksertrag	
	davon Einlagen Privatsteuern	
	davon Sacheinlagen zum Buchwert	
	davon übrige Sacheinlagen	
-	**Entnahmen**	Mussfeld
	davon Privatsteuern	
	davon Sonderausgaben und außergewöhnliche Belastungen	
	davon Grundstücksaufwand	
	davon unentgeltliche Wertabgaben	

---

32 Bei Personengesellschaften werden stattdessen Variable Kapitalkonten geführt.
33 BFH BStBl. II 2009, 272.
34 Weiterführend OFD Niedersachsen DB 2017, 579.
35 BMF v. 6.6.2018 BStBl. I 2018, 714; www.esteuer.de.
36 Weiterführend dazu Schubert/Adrian in BeckBilKo, § 266 Rn. 325 ff.
37 BMF v. 28.9.2011 BStBl. I 2011, 855.
38 Weiterführend Adrian/Fey/Hahn/Handwerker DStR 2014, 2522; Ley, DStR 2013, 271.

+/-	Positionsbezeichnung	Feldtyp
	davon Sachentnahmen zum Buchwert	
	davon übrige Sachentnahmen	
+	**Kapitaländerung durch Übertragung einer § 6b EStG Rücklage**	Mussfeld
+	**Ergebnisanteil**	Mussfeld
+	**Umbuchungen auf andere Kapitalkonten**	Mussfeld
+	**andere Kapitalkontenanpassungen**	Mussfeld
=	**Endbestand Eigenkapitalkonto**	# Mussfelder

Die Kapitalkontenentwicklung (KKE) je Gesellschafter sollte daher obligatorisch unbedingt im Rahmen der Belegpflicht nach § 1605 BGB mit angefordert werden, da die Erkenntniskraft insbesondere für Unterhaltsansprüche groß ist, aber auch im Zugewinnausgleich für die Bewertung von Anteilen und/oder Unternehmen.

197   a) **Bareinzahlungen und Barauszahlungen**

Beispiel:
1. Um einen finanziellen Engpass zu überbrücken, überweist U von seinem privaten Girokonto 5000 EUR auf das Geschäftskonto.
2. U hebt vom Geschäftskonto 3000 EUR für seinen Privatbedarf ab.

Durch die Einlage von 5000 EUR erhöht sich das Guthaben auf dem Geschäftskonto und damit das Betriebsvermögen, während die Entnahme von 3000 EUR das Guthaben und damit das Betriebsvermögen mindert. Da das Kapital spiegelbildlich den Wert des Betriebsvermögens darstellt, verändert sich betragsgleich das Kapital, wie es auch durch die Erträge und Aufwendungen geschieht. Versteht man das Eigenkapital sinnbildlich als Schulden des Betriebs gegenüber seinem Inhaber (→ Rn. 121), so erhöhen sich diese bei jeder Einlage und verringern sich bei jeder Entnahme. Das **Privatkonto** ist ein **Bestandskonto**.

Die Beispielsfälle 1. und 2. werden daher wie folgt erfasst:

Geschäftskonto	5000	S	Privateinlagen	5000	H
Privatentnahmen	3000	S	Geschäftskonto	3000	H

198   b) **Private Nutzung und Entnahme betrieblicher Wirtschaftsgüter**[39]

Beispiel:
1. U nutzt das betriebliche Telefon auch privat. Er schätzt die auf die privaten Telefonate anfallenden Kosten auf 200 EUR p. a.
2. U entnimmt einen im Anlagevermögen mit 1000 EUR erfassten Schreibtisch; der Teilwert zuzüglich Umsatzsteuer beträgt 1428 EUR.

Der private Kostenanteil wird nicht von den Betriebsausgaben abgezogen, sondern mit den Selbstkosten des U als Ertrag erfasst, als ob er diese Leistung – Überlassung des Telefons – an einen Dritten erbracht hätte. Der fiktive Ertrag wird gleichzeitig als Entnahme erfasst, so dass wie folgt zu buchen ist:

Privatentnahmen	238	S	*Unentgeltliche Wertabgabe*	200	H
			Umsatzsteuer	38	H

---

[39] Einzelheiten dazu in → Rn. 240 ff.

Die Entnahme ist gemäß § 6 I Nr. 4 EStG mit dem **Teilwert** anzusetzen. Das ist gemäß § 6 I Nr. 1 3 EStG der Betrag, den ein Erwerber des ganzen Betriebs im Rahmen des Gesamtkaufpreises für das einzelne Wirtschaftsgut ansetzen würde. **Untergrenze** ist der **Einzelveräußerungspreis, Obergrenze** für den Teilwert sind die **Wiederbeschaffungskosten.**[40] Die Entnahme unterliegt gemäß § 3 I b 1 UStG der Umsatzsteuer,[41] so dass sie in der Buchführung wie folgt zu erfassen ist:

Privatentnahmen	1428	S	*Unentgeltliche Wertabgabe*	1200	H
			Umsatzsteuer	228	H
Abgang Anlagevermögen	1000	S	Anlagevermögen	1000	H

U bucht wie bei einer Veräußerung an einen Dritten einen Nettoertrag von 1200 EUR. Diesem steht nur ein Aufwand aus dem Abgang aus dem Anlagevermögen in Höhe von 1000 EUR gegenüber. Die Differenz zwischen dem Buchwert und dem Teilwert des Anlagevermögens – die sogenannte „**Stille Reserve**" – stellt steuerpflichtigen Ertrag dar. Der entnommene Gegenstand ist mit dem Teilwert und der zu Umsatzsteuer als Privatentnahme zu buchen. U wird also so behandelt, als hätte er einen Bruttoerlös von 1428 EUR erzielt und diesen Betrag seinem Geschäftskonto entnommen, um den Schreibtisch zu diesem Betrag zu erwerben.

7. Entwicklung des Jahresabschlusses aus der Buchführung

Zur Erstellung des Jahresabschlusses werden die während des Geschäftsjahres in der Buchführung erfassten Konten saldiert und nach Bestandskonten und Erfolgskonten getrennt. Die Bestandskonten gehen in die Bilanz ein, die Erfolgskonten in die Gewinn- und Verlustrechnung. In der Bilanz sind daher nur die durch die Buchungsvorgänge des abgelaufenen Geschäftsjahres geänderten Vermögenswerte zu finden, die Änderungsvorgänge selbst gehen auf in dem Abschluss der Konten.[42] Da sie aber spiegelbildlich durch die Gegenbuchungen auf den in die Gewinn- und Verlustrechnung eingegangenen Erfolgskonten erfasst worden sind, können die Vermögensveränderungen dort erfasst und saldiert nach den verursachenden Geschäftsvorfällen entnommen werden.

Wenn – was in aller Regel der Fall ist – die Erträge sowie die dadurch verursachten Vermögensmehrungen einerseits und die Aufwendungen und die dadurch bedingten Vermögensminderungen andererseits sich nicht decken, so ergibt sich als Differenz der Gewinn oder Verlust. Da wiederum alle auf den Erfolgskonten erfassten und in die Gewinn- und Verlustrechnung eingegangenen Erträge den auf den Bestandskonten erfassten Vermögensmehrungen entsprechen, während alle auf den Erfolgskonten erfassten und in die Gewinn- und Verlustrechnung eingegangenen Aufwendungen den auf den Bestandskonten erfassten Vermögensminderungen entsprechen, ist die Differenz in der Bilanz und in der Gewinn- und Verlustrechnung betragsmäßig gleich.

Der Zusammenhang zwischen Vorjahresbilanz, Buchführung, Gewinn- und Verlustrechnung und Schlussbilanz lässt sich so darstellen:

---

[40] BMF v. 16.7.2014, BStBl. I 2014, 1162.
[41] BMF v. 2.1.2012, BStBl. I 2012, 60; v. 2.1.2014, BStBl. I 2014, 119.
[42] Gehringer in BeckHdb Rechnungslegung A. 120 Rn. 15 ff.

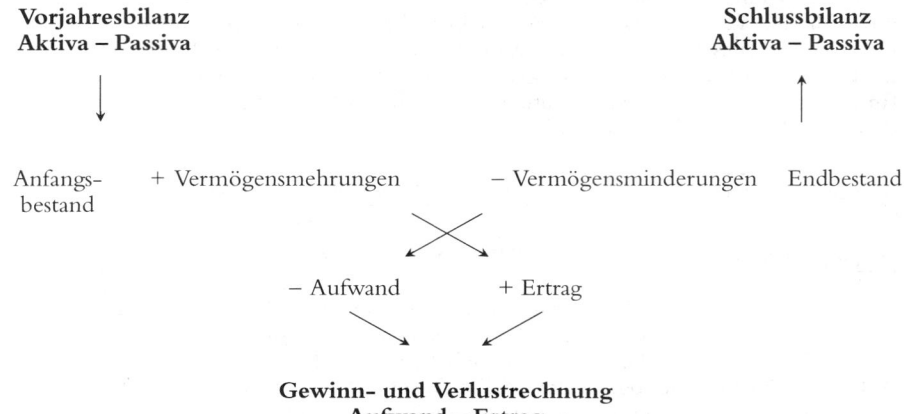

Die Vermögensmehrungen (= Bestand) im Soll werden als Ertrag (= Gewinn- und Verlustrechnung) im Haben, Vermögensminderungen (= Bestand) im Haben werden als Aufwand (= Gewinn- und Verlustrechnung) im Soll gebucht.

V. Die steuerliche Behandlung des Anlagevermögens

1. Definition

202 Das Steuerrecht unterscheidet zwischen **Umlaufvermögen** und **Anlagevermögen**. Während das Umlaufvermögen selbst Gegenstand der betrieblichen Tätigkeit – Anschaffung und Veräußerung beim Handelsbetrieb bzw. Anschaffung, Verarbeitung und Veräußerung beim Werkunternehmen – darstellt, dient das Anlagevermögen dem eigentlichen Betriebszweck. Lediglich diese Kriterien sind für die Unterscheidung von Umlauf- und Anlagevermögen von Bedeutung.[43] Selbst **gleichartige Wirtschaftsgüter** können in ein- und demselben Betrieb **einmal Umlaufvermögen, ein andermal Anlagevermögen** sein.

Beispiel:
K ist selbstständiger Fahrzeugmechaniker. Er betreibt eine Werkstatt und befasst sich außerdem mit der Anschaffung und Veräußerung von Gebrauchtfahrzeugen. Zu seinem Betriebsvermögen gehört ua ein Kleinlastwagen, den K für den Einkauf von Ersatzteilen, etc. einsetzt. Außerdem hat er 20 Fahrzeuge gebraucht erworben, instandgesetzt und zum Zwecke der Weiterveräußerung bereitgestellt.

Der Kleinlastwagen gehört zum Anlagevermögen; alle übrigen Fahrzeuge sind Umlaufvermögen.

Beispiel:
Der Immobilienmakler M betreibt sein Büro in einem ausschließlich zu diesem Zweck genutzten Reihenhaus. Neben der Vermittlung von Immobilienkaufverträgen erwirbt M Wohneigentum in Versteigerungen, um es weiterzuveräußern. Gegenwärtig befinden sich aus solchen Geschäften in seinem Betriebsvermögen zwei Eigentumswohnungen.

Das Reihenhaus, in dem M sein Büro betreibt, dient der Ausübung seines Berufes und ist deshalb Anlagevermögen. Die beiden Eigentumswohnungen sind Objekte seiner Tätigkeit – Ankauf und Verkauf von Immobilien – und somit Umlaufvermögen.

---

[43] BFH BStBl. II 2008, 137 (139); Schubert/F. Huber in BeckBilKo § 247 Rn. 350.

3. Abschnitt: Gewinneinkünfte – Einkommensermittlung § 1

Die Unterscheidung ist deshalb von Bedeutung, weil Anlagevermögen und Umlaufvermögen bei der Gewinnermittlung und bei der Ermittlung des unterhaltsrechtlichen Einkommens unterschiedlich behandelt werden.

2. Arten des Anlagevermögens

Das Steuerrecht unterscheidet zwischen   203
- beweglichem und unbeweglichem Anlagevermögen
- abnutzbarem und nicht abnutzbarem Anlagevermögen.

Unbewegliches Anlagevermögen sind Grundstücke und Gebäude, die im Gegensatz zum Zivilrecht nicht als einheitlicher Gegenstand angesehen werden, sondern unterschiedlich zu behandeln sind.

Grundstücke unterliegen grundsätzlich keiner Abnutzung und sind nicht planmäßig abzuschreiben. Zu beachten ist dabei, dass „Grundstück" nur der Grund und Boden, also ausschließlich etwaiger Grundstücksbestandteile (wie zB Zäune etc), ist.[44] Außerplanmäßige Abschreibungen sind hingegen auch bei Grundstücken nach § 253 III 5 HGB vorzunehmen, wenn infolge von Veränderungen in der Bodenbeschaffenheit der Wert voraussichtlich dauerhaft gemindert ist (Beispiel beseitigungspflichtige Altlasten nach dem USchadG, BBodSchG). In der Regel können daher aber Grund und Boden nicht als abnutzbares Wirtschaftsgut abgeschrieben werden, Aufbauten und, sofern vorhanden, die sogenannten Betriebsvorrichtungen (§ 68 II Nr. 2 BewG) unterliegen jedoch einem „Wertverzehr" oder „einer Abnutzung". Sogar einzelne Gebäudeteile können bei unterschiedlicher Nutzung selbstständige der Abnutzung unterliegende Wirtschaftsgüter sein.

Beispiel:
R kauft ein Grundstück und errichtet darauf ein Wohn- und Geschäftshaus. Im Erdgeschoss richtet er seine Anwaltskanzlei ein, im gleich großen Obergeschoss befindet sich seine Familienwohnung.

Das erste Geschoss des Hauses ist abnutzbares unbewegliches Anlagevermögen; das Obergeschoss gehört zum Privatvermögen. Das Grundstück ist hälftig unbewegliches nicht abnutzbares Anlagevermögen und hälftig Privatvermögen. Erträge und Aufwendungen sind entsprechend steuerbar dem Betrieb oder steuerfrei dem privaten Bereich zuzurechnen.

3. Anschaffungskosten in der Bilanz

Bei der Gewinnermittlung durch Betriebsvermögensvergleich ist der Zufluss und Ab-   204
fluss von Geldmitteln ohne Bedeutung.[45]

Zu den Ausprägungen des in § 252 I Nr. 4 Halbsatz 2 HGB normierten Realisationsprinzips (= Zu-/Abfluss) gehört das Anschaffungskostenprinzip (§ 253 I und § 255 HGB), das besagt, dass Anschaffungs- und Herstellungskosten gewinnneutral behandelt werden sollen.

Die Anschaffung eines Wirtschaftsguts[46] hat daher keinen Einfluss auf den Gewinn; sie schlägt sich daher nicht in der Gewinn- und Verlustrechnung nieder. Dem durch die Anschaffung des neuen Wirtschaftsguts verursachten Mehrwert des Anlagevermögens steht daher eine Minderung des Geldvermögens gegenüber.

Unterhaltsrechtlich ist also in eine wertende Betrachtung einzubeziehen, ob die gewinnneutrale Anschaffung eines Wirtschaftsgutes als freie Vermögensverwendung (= Umschichtung des vorhandenen Vermögens oder wenn solches nicht vorhanden ist, als Neuverschuldung) anzuerkennen ist.

---

[44] Schubert/Andrejewski in BeckBilKo § 253 Rn. 402 ff.
[45] Die Umsatzsteuer bleibt bei den nachfolgenden Ausführungen unberücksichtigt, da sie sich auf die maßgeblichen Probleme nicht auswirkt.
[46] BFHE 177, 385, BStBl. II 1995, 702.

In der Buchführung stellt sich die Anschaffung eines Lkw so dar:

| Kraftfahrzeuge | 45 000 | S | Bank | 45 000 | H |

Dem Zuwachs im Anlagevermögen (Kraftfahrzeuge im Soll) steht ein Abgang im Umlaufvermögen (Girokonto im Haben) gegenüber, das Betriebsvermögen ändert sich also nicht. Dies gilt auch, wenn die Anschaffung aus einem Kredit finanziert wird:

| Kraftfahrzeuge | 45 000 | S | Verbindlichkeiten | 45 000 | H |

Aktiva und Passiva erhöhen sich durch den Anschaffungsvorgang in gleichem Umfang. Die Gewinn- und Verlustrechnung wird weder durch die Anschaffung noch durch die Bezahlung oder Finanzierung des Kaufpreises berührt. Erst die **Wertminderung** des angeschafften Wirtschaftsgutes ändert den Bestand des Betriebsvermögens. Dieser Änderung in der Bilanz entspricht die Abschreibung oder Absetzung für Abnutzung in der Gewinn- und Verlustrechnung.

4. Absetzung für Abnutzung in der Bilanz und der Gewinn- und Verlustrechnung

205 Der Begriff „**Abschreibung**" stammt aus dem Bilanzrecht des HGB. § 253 I 1 HGB bestimmt insoweit:

„Vermögensgegenstände sind höchstens mit den Anschaffungs- oder Herstellungskosten, vermindert um die Abschreibungen nach den Absätzen 2 und 3 anzusetzen."

Die Handelsbilanz soll zum maßgeblichen Stichtag, insbesondere zum Ende eines Wirtschaftsjahres, den Wert des Handelsunternehmens für den Unternehmer selbst, insbesondere aber auch für Kreditgeber, Geschäftspartner und Anteilseigner darstellen. Da der Wertansatz zum Schutz der Gläubiger gemäß § 252 I Nr. 4 HGB vorsichtig zu erfolgen hat, die Wirtschaftsgüter also keinesfalls überbewertet werden dürfen,[47] müssen nutzungs- und alterungsbedingte, aber auch technische Wertminderungen der ursprünglich mit den Anschaffungskosten bilanzierten Wirtschaftsgüter durch angemessene Abschläge, eben die „Abschreibungen" korrigiert werden.

Unterhaltsrechtlich ist also immer der Anerkennung der „Abschreibung (Wertminderung)" die Frage vorgelagert, ob als Ergebnis einer wertenden Betrachtung die gewinnneutrale Anschaffung eines Wirtschaftsgutes als freie Vermögensverwendung (= Umschichtung des vorhandenen Vermögens oder wenn solches nicht vorhanden ist, als Neuverschuldung) anzuerkennen ist. Nur wenn die Vermögensverwendung (Anschaffung) als solches anerkannt wird, stellt sich unterhaltsrechtlich die nachgelagerte Frage, ob dann eine „Abschreibung (Aufwand oder Wertminderung)" unterhaltsrechtlich ihrerseits anerkannt wird.

206 Die dem § 253 I 1, III, V HGB entsprechende Bewertungsvorschrift des Bilanzsteuerrechts findet sich in § 6 EStG.

Danach sind Wirtschaftsgüter des Anlagevermögens, die der Abnutzung unterliegen, mit den Anschaffungs- oder Herstellungskosten vermindert um die **Absetzung für Abnutzung** anzusetzen. Anstelle des Begriffs der Abschreibung ist also bei abnutzbaren Wirtschaftsgütern von der „Absetzung für Abnutzung" die Rede, die unter der Abkürzung „**AfA**" geläufiger ist. Im EStG finden sich ausführliche Regelungen zur AfA.

In § 7 EStG werden aufgeführt:[48]
— in Abs. 1 Satz 1 bis 3 die lineare AfA,
— in Abs. 1 Satz 5 die AfA nach Maßgabe der Leistung,
— in Abs. 1 Satz 6 die AfA für außergewöhnliche technische oder wirtschaftliche Abnutzung,
— in Abs. 2 die degressive AfA für Anschaffungen bis 31.12.2007 und vom 1.1.2009 bis 31.12.2010.

---

[47] BFH DStR 2014, 1961 (Rn. 23 m wN).
[48] Sonderregeln gelten gemäß § 7 IV und V EStG für Gebäude. Gemäß §§ 7g bis i EStG können in bestimmten Fällen Sonderabschreibungen vorgenommen werden.

Auch der Ansatz der für die Höhe der Jahres-AfA maßgeblichen **betriebsgewöhnli-** 207
chen Dauer der Abschreibung ist nicht in das Belieben des Steuerpflichtigen gestellt, sondern in vom Bundesministerium der Finanzen herausgegebenen AfA-Tabellen[49] geregelt. Diese sind für die AfA ausnahmsweise nicht maßgeblich, wenn im Einzelfall der Steuerpflichtige geltend macht, dass in seinem Betrieb die betriebsgewöhnliche Dauer der Abschreibung auf Grund höherer Beanspruchung des Wirtschaftsguts geringer ist. Änderungen der in den Tabellen geregelten Dauer der Abschreibung erfolgen mit genereller Wirkung aus technischen[50] oder steuerlichen[51] Gründen.

> **Beispiel:**
> U macht geltend, eine mit der betriebsgewöhnlichen Dauer der Abschreibung von 12 Jahren in der AfA-Tabelle verzeichnete Maschine werde bei ihm im Dreischichtbetrieb 24 Stunden täglich eingesetzt. Die Nutzungsdauer betrage deshalb nur vier Jahre.

Die Erfassung der Wertminderung in den Bestandsbuchungen erfolgt durch Buchung im Haben, also auf der Passivseite. Die Gegenbuchung wird auf dem Erfolgskonto „Absetzung für Abnutzung" im Soll vorgenommen. Bei einer betriebsgewöhnlichen Nutzungsdauer von neun Jahren gemäß der amtlichen AfA-Tabelle ergibt sich für den LKW (→ Rn. 204) in jedem vollen Kalenderjahr:[52]

| AfA Kraftfahrzeuge | 5000 | S | Kraftfahrzeuge | 5000 | H |

Die im Haben durch die Abschreibung erfasste Wertminderung wird mit dem Bestand 208
saldiert und verringert das Betriebsvermögen beim Jahresabschluss in der Bilanz. Die Buchung der AfA wird als Aufwand in der Gewinn- und Verlustrechnung erfasst. Nach der Aufteilungs-/**Wertverzehrthese** (→ Rn. 263)[53] wird die AfA als Verteilung des Aufwands für das erworbene Wirtschaftsgut und Berücksichtigung des Werteverzehrs desselben verstanden.[54]

5. Lineare AfA

Die Grundregeln der steuerlichen AfA finden sich in § 7 EStG. § 7 I EStG bestimmt: 209

> „Bei Wirtschaftsgütern, deren Verwendung oder Nutzung durch den Steuerpflichtigen zur Erzielung von Einkünften sich erfahrungsgemäß auf einen Zeitraum von mehr als einem Jahr erstreckt, ist jeweils für ein Jahr der Teil der Anschaffungs- oder Herstellungskosten abzusetzen, der bei gleichmäßiger Verteilung dieser Kosten auf die Gesamtdauer der Verwendung oder Nutzung auf ein Jahr entfällt (Absetzung für Abnutzung in gleichen Jahresbeträgen). Die Absetzung bemisst sich hierbei nach der betriebsgewöhnlichen Nutzungsdauer des Wirtschaftsgutes."

Diese Methode wird als lineare Abschreibung bezeichnet. Die jährliche AfA bemisst sich für die gesamte Nutzungsdauer mit einer gleichbleibenden Quote der Anschaffungskosten. Die AfA und der jeweilige Restwert stellen sich bei einem Anfang des Jahres 01 für 10 000 EUR angeschafften Wirtschaftsgut mit einer Nutzungsdauer von 10 Jahren wie folgt dar:

Jahr	AfA (Gewinn- und Verlustrechnung)	Restwert (Bilanz)
01	1000 EUR	9000 EUR
02	1000 EUR	8000 EUR
usw.	usw.	usw.

---

[49] BMF BStBl. I 2000, 1532; Die Tabellen enthalten aufgegliedert nach einer Vielzahl von Gewerbebetrieben verbindliche Regeln für die Nutzungsdauer der dort verwendeten Wirtschaftsgüter.
[50] zB Verkürzung der AfA für Computer auf drei Jahre.
[51] zB Verlängerung der Nutzungsdauer langlebiger Wirtschaftsgüter durch die Steuerreform zum 1.1.2001.
[52] Jahr der Anschaffung monatlich zeitanteilig.
[53] Siehe ua FG München EFG 2014, 522 mit Anmerkung v. Bolik BB 2014, 1074.
[54] Hennrichs/Riedel NZG 2015, 586.

Jahr	AfA (Gewinn- und Verlustrechnung)	Restwert (Bilanz)
08	1000 EUR	2000 EUR
09	1000 EUR	1000 EUR
10	1000 EUR	0 EUR

210 Für ein Gebäude, soweit es zu einem Betriebsvermögen gehört und nicht Wohnzwecken dient, beträgt die AfA 3% der Anschaffungs- oder Herstellungskosten, sofern der Bauantrag (R 7.2 Abs. 4 EStR; H 7.2 EStH) nach dem 31.3.1985 gestellt worden ist (§ 7 IV Nr. 1 EStG).

Bei nicht zu einem Betriebsvermögen gehörenden Gebäuden und bei Wohngebäuden ist für den Regelfall bei dem auf die Bemessungsgrundlage anzuwendenden AfA-Satz wie folgt nach § 7 IV 2 EStG zu differenzieren: Fertigstellung nach dem 31.12.1924: jährlich 2%, Fertigstellung vor dem 1.1.1925: jährlich 2,5%. Ein 2% bzw. 2,5% übersteigender AfA-Satz ist dann zulässig, wenn die tatsächliche Nutzungsdauer des Gebäudes weniger als 50 bzw. 40 Jahre beträgt (§ 7 IV 2 EStG).

Die Abschreibung der Anschaffungs- oder Herstellungskosten für ein Gebäude erfolgt also nach typisierten Abschreibungssätzen. Die typisierten Abschreibungssätze von 2%, 2,5%, 3% bzw. 4% entsprechen einer unterstellten Nutzungsdauer des Gebäudes von 50/40/33/25 Jahren.

6. Degressive AfA

211 Die degressive AfA gibt es nur für vor dem 1.1.2008 und zwischen dem 31.12.2008 und dem 1.1.2011 angeschaffte Wirtschaftsgüter. Die in diesen Zeiträumen angeschafften Wirtschaftsgüter können linear oder degressiv abgeschrieben werden. Während die lineare AfA auch bei Überschusseinkünften (zB Vermietung, Nichtselbstständige Tätigkeit) möglich ist, gab es die **degressive Abschreibung nur bei den Gewinneinkünften** (Land- und Forstwirtschaft, Gewerbebetrieb, Selbstständige Arbeit). Die Definition findet sich in § 7 II EStG:

„*Bei **beweglichen Wirtschaftsgütern des Anlagevermögens*** kann der Steuerpflichtige statt der Absetzung für Abnutzung in gleichen Jahresbeträgen die Absetzung für Abnutzung in fallenden Jahresbeträgen bemessen."

Die degressive AfA errechnet sich mit einem **festen Prozentsatz vom jeweiligen Wert** beim Beginn der AfA-Periode, also den Anschaffungskosten im ersten, dem jeweiligen Restbuchwert in den folgenden Jahren; der Prozentsatz durfte höchstens das Dreifache der linearen AfA-Rate und 30% betragen.[55] Zu dem Zeitpunkt, zu dem die lineare Abschreibung auf der Basis des vorhandenen Restwertes und der Restnutzungsdauer günstiger wird, kann auf die lineare Abschreibung übergegangen werden (§ 7 III EStG). Tabellarisch ergibt sich gegenüber dem vorangehenden Beispiel:

Jahresende	AfA linear	AfA 20% degressiv	Restwert Linear	Restwert – degressiv
01	1000 EUR	2000 EUR	9000 EUR	8000 EUR
02	1000 EUR	1600 EUR	8000 EUR	6400 EUR
03	1000 EUR	1280 EUR	7000 EUR	5120 EUR
04	1000 EUR	1024 EUR	6000 EUR	4096 EUR
05	1000 EUR	819 EUR	5000 EUR	3277 EUR
06	1000 EUR	655 EUR	4000 EUR	2622 EUR
07	1000 EUR	655 EUR	3000 EUR	1967 EUR

---

[55] Für vom 1.1.2001 bis 31.12.2007 angeschaffte Wirtschaftsgüter das Zweifache und 20%.

3. Abschnitt: Gewinneinkünfte – Einkommensermittlung § 1

Jahresende	AfA linear	AfA 20% degressiv	Restwert Linear	Restwert – degressiv
08	1000 EUR	655 EUR	2000 EUR	1312 EUR
09	1000 EUR	655 EUR	1000 EUR	657 EUR
10	1000 EUR	657 EUR	0 EUR	0 EUR
	10 000 EUR	10 000 EUR		

Degressive AfA-Raten sind **in den ersten vier Jahren höher, danach niedriger** als bei der linearen AfA.[56] Der linearen und der degressiven AfA ist gemeinsam, dass sie über die Dauer der betriebsgewöhnlichen Nutzungsdauer den steuerlichen Wert des abnutzbaren Anlagevermögens Jahr für Jahr verringern und als Betriebsausgaben abzugsfähig sind, bis die Summe der AfA-Beträge die Anschaffungskosten kompensiert hat.

Die degressive AfA ist zum Teil sachbezogen, da nicht wenige Wirtschaftsgüter gerade zum Anfang der Nutzungsdauer überdurchschnittlich an Wert verlieren. In erster Linie stellt sie eine steuerliche Vergünstigung dar, die dem Unternehmer die Anschaffung neuer Wirtschaftsgüter erleichtern und damit die Wirtschaft allgemein fördern soll. Sie ist daher wiederholt zum Gegenstand von Gesetzesänderungen geworden. Während sie bis 2000 das Dreifache der linearen AfA, höchstens 30% der Anschaffungskosten betrug, betrug der Höchstsatz von 2001 bis 2005 das Zweifache bzw 20% der Anschaffungskosten, um dann in 2006 und 2007 auf die ursprünglichen Sätze zurückzugehen. Für Anschaffungen nach dem 31.12.2007 gibt es keine degressive AfA mehr:[57]

Für **Gebäude** gab es **bis 2005** in § 7 V EStG **unterschiedliche Sonderregelungen** 212 für die degressive AfA, die ausschließlich der Subvention dienten. Angesichts der Nutzungsdauer von Gebäuden sind ist die degressive AfA für vor diesem Stichtag angeschaffte Gebäude noch zu beachten. Nur für nach dem 31.12.1995 angeschaffte Gebäude liegt die jährliche AfA zurzeit noch über der linearen AfA.

7. Sonderabschreibungen, und Investitionsabzugsbetrag

a) Sonderabschreibungen. Sonderabschreibungen sind auf Grund unterschiedlicher 213 steuerlicher Vorschriften möglich. Sie sind gemäß § 7a VIII EStG nur zulässig, wenn die Wirtschaftsgüter die zu einem Betriebsvermögen gehören, in ein besonderes, **laufend zu führendes Verzeichnis** aufgenommen werden, das den Tag der Anschaffung oder Herstellung, die Anschaffungs- oder Herstellungskosten, die betriebsgewöhnliche Nutzungsdauer und die Höhe der Sonderabschreibungen enthält, soweit dies nicht bereits aus der Buchführung ersichtlich ist. Häufigste Erscheinungsform der Sonderabschreibung ist die Sonderabschreibung zur Förderung kleiner und mittlerer Betriebe nach **§ 7g V EStG**.

Nach dieser Vorschrift können bei beweglichen Wirtschaftsgütern[58] des Anlagevermögens unter bestimmten Voraussetzungen im Jahr der Anschaffung oder Herstellung und in den folgenden vier Jahren neben der linearen oder degressiven Abschreibung Sonderabschreibungen bis zu insgesamt 20% der Anschaffungs- oder Herstellungskosten vorgenommen werden.

Beispiel:
Der Unternehmer U, der die Voraussetzungen des § 7g EStG erfüllt, hat im Jahr 01 eine neue Maschine für 100 000 EUR angeschafft, nachdem sich auf Grund eines außergewöhnlichen Auftrags ein überdurchschnittlicher Gewinn abgezeichnet hat. Nach der maßgeblichen AfA-Tabelle beträgt die betriebsgewöhnliche Nutzungsdauer der Maschine 5 Jahre, die jährliche AfA bei linearer Absetzung also 20%. U nimmt daneben die Sonderabschreibung nach § 7g EStG gleich ersten Jahr voll in Anspruch.

---

[56] Der Zeitpunkt hängt von der jeweiligen Nutzungsdauer ab.
[57] Abgesehen von der Sonderregelung vom 1.1.2009 bis 31.12.2010.
[58] Bei Anschaffungen bis 31.12.2007 nur für neue Wirtschaftsgüter.

Jahr	lineare AfA	AfA § 7g EStG	Jahres-AfA
01	20 000 EUR	20 000 EUR	40 000 EUR
02	20 000 EUR		
03	20 000 EUR		
04	20 000 EUR		
05	0 EUR		

U kann die Sonderabschreibung jedoch auch anders verteilen, zB:

Jahr	lineare AfA	AfA § 7g EStG	Jahres-AfA
01	20 000 EUR	10 000 EUR	30 000 EUR
02	20 000 EUR	8000 EUR	28 000 EUR
03	20 000 EUR	0 EUR	20 000 EUR
04	20 000 EUR	2000 EUR	22 000 EUR
05	0 EUR		

Durch die Inanspruchnahme der Sonderabschreibung sind bereits nach dem vierten Jahr der fünfjährigen Nutzungsdauer alle Anschaffungskosten abgeschrieben, es ist also für das fünfte Jahr keine AfA mehr einkommens- und steuermindernd anzusetzen. Auch bei Inanspruchnahme der Sonderabschreibung kann das Wirtschaftsgut insgesamt nur zu 100% abgesetzt werden. Der **Vorteil** liegt in der durch die **Verschiebung der anteiligen Steuerlast** bedingten Liquidität und dem Zinsvorteil.

Dem vom Bundestag am 29.11.2018 verabschiedeten „Gesetz zur steuerlichen Förderung des Mietwohnungsneubaus", welches Bauherren für vermietete Wohnbauten, für die der Bauantrag oder die Bauanzeige zwischen dem 31. August 2018 und 1. Januar 2022 erfolgt, in den ersten vier Jahren nach der Fertigstellung neben der normalen linearen Abschreibung von zwei Prozent per annum eine Sonderabschreibung von fünf Prozent pro Jahr (höchstens für vier Jahre) zubilligte, hat der Bundesrat am 28.6.2019 nun doch zugestimmt.[59]

214 **b) Investitionsabzugsbetrag.** Seit dem 1.1.2008 können Steuerpflichtige nach § 7g EStG einen Investitionsabzugsbetrag[60] in Anspruch nehmen.

Hierfür dürfen die folgenden Betriebsgrößenmerkmale nicht überschritten werden (§ 7g I Nr. 1 EStG):
- bei Gewerbebetrieben oder der selbständigen Arbeit dienenden Betrieben, die ihren Gewinn nach § 4 I oder § 5 ermitteln, ein Betriebsvermögen von 235 000 EUR;
- bei Betrieben der Land- und Forstwirtschaft einen Wirtschaftswert oder einen Ersatzwirtschaftswert von 125 000 EUR oder
- bei Betrieben nach Variante 1. oder 2., die ihren Gewinn nach § 4 III ermitteln, ohne Berücksichtigung der Investitionsabzugsbeträge einen Gewinn von 100 000 EUR.

Die Investitionsfrist beträgt drei Jahre; der Abzugsbetrag kann auch für gebrauchte Wirtschaftsgüter in Anspruch genommen werden. Im Gegensatz zur früheren Ansparrücklage erfolgt die Abwicklung außerhalb der Bilanz. Der Investitionskostenabzug beeinflusst daher nicht den im Jahresabschluss ausgewiesenen steuerlichen Gewinn, sondern wird separat steuermindernd erfasst.

Wenn die begünstigte Investition nicht erfolgt wird der Investitionskostenabzug rückgängig gemacht. Es erfolgt also keine Auflösung ex nunc mit Verzinsung der nachzuzahlenden Steuern, sondern eine Änderung des früheren Steuerbescheids ex tunc mit verzinster Nachversteuerung. Damit besteht nicht mehr die Möglichkeit, die Versteuerung von Gewinnspitzen in ein späteres schlechtes Jahr zu verschieben.

Beispiel:
U hat im Jahr 01 aufgrund außergewöhnlich guter Umsätze einen zu versteuernden Jahresgewinn von 80 000 EUR gegenüber dem Durchschnitt von rund 40 000 EUR. Da ein Teil der Umsätze auf vorgezogenen Investitionen von Stammkunden beruht, reduzieren sich die Gewinne in 02 und 03

---

[59] BT-Drs. 19/4949 und 6140.
[60] BMF v. 20.3.2017 BStBl. I 2017, 423; BFH, BStBl. II 2013, 719; BFHE 244, 426; BFHE 242, 14.

auf 30 000 EUR. U nimmt für zwei Wirtschaftsgüter Investitionsabzüge von je 20 000 EUR in Anspruch die er mit je 20 000 EUR in den beiden folgenden Jahren – Jahresgewinn wieder auflöst.

Durch den Investitionsabzug reduziert er seinen zu versteuernden Gewinn in 01 auf 40 000 EUR. Aufgrund der späteren Auflösung wird der Gewinn 01 durch die späteren Berichtigungen so versteuert, als hätte er den Abzug nie in Anspruch genommen. Er zahlt außerdem 6% Zinsen auf die Steuern.

Haben die Voraussetzungen im Abzugsjahr vorgelegen und fallen diese später weg, hat dies zur Folge, dass der Abzug im Jahr der Gewinnminderung nachträglich unzulässig wird und rückgängig zu machen ist. Eine Gewinnerhöhung im Jahr des Wegfalls der Voraussetzungen für den Investitionsabzugsbetrag sieht § 7g EStG nicht vor. Vielmehr regelt die Vorschrift, dass sowohl im Fall des Ausbleibens der Investition (§ 7g III EStG) als auch im Fall des Nichteinhaltens der Nutzungs- und Verbleibensvoraussetzungen nach der Investition (§ 7g IV EStG) der Abzug im Jahr der Gewinnminderung rückgängig zu machen ist. Demgemäß muss auch im Fall des Wegfalls der Investitionsabsicht die Gewinnminderung im Jahr des Abzugs rückgängig gemacht werden. Der Wegfall der Investitionsabsicht hat damit materielle Rückwirkung auf das Jahr der Gewinnminderung.[61]

Erfolgt die Investition planmäßig, so kann der Abzugsbetrag im Ergebnis gewinnneutral auf die Anschaffungskosten übertragen werden. Damit reduziert sich die Bemessungsgrundlage für die AfA, nur 60% der Anschaffungskosten bleiben abzuschreiben. Das gilt nach § 7g II EStG auch für die Sonderabschreibung, die also neben dem Investitionskostenabzug abgesetzt werden kann.

Beispiel:
U beabsichtigt, im Jahr 04 eine Maschine für 100 000 EUR anzuschaffen. Er kann im Jahr 01 einen Investitionskostenabzugsbetrag von 40 000 EUR gewinnmindernd in Anspruch nehmen. Bei der Anschaffung im Jahr 04 ist der Investitionskostenabzugsbetrag gewinnerhöhend aufzulösen, jedoch können gleichzeitig die Anschaffungskosten um denselben Betrag gewinnmindernd abgesetzt werden. Für die AfA stehen damit nur noch 60 000 EUR, bei zehnjähriger Nutzungsdauer also eine jährliche AfA von 6000 EUR – im Jahr der Anschaffung ggf. zeitanteilig – zur Verfügung. Bei Inanspruchnahme der Sonderabschreibung (→ Rn. 213) kommen im Jahr der Anschaffung und den folgenden vier Jahren noch einmal bis zu insgesamt 12 000 EUR dazu.

Bevor das Wirtschaftsgut angeschafft ist, können 40% der Anschaffungskosten vom Gewinn abgesetzt werden, dazu kommen im Anschaffungsjahr bis zu 18%.

Eine begünstigte Investition iSd § 7g EStG liegt auch dann vor, wenn bei einer Personengesellschaft der Investitionsabzugsbetrag vom Gesamthandsgewinn abgezogen wurde und die geplante Investition später (innerhalb des dreijährigen Investitionszeitraums) von einem ihrer Gesellschafter vorgenommen und in dessen Sonderbetriebsvermögen aktiviert wird. Im Wirtschaftsjahr der Anschaffung ist der in Anspruch genommene Investitionsabzugsbetrag in einem solchen Fall dem Sonderbetriebsgewinn des investierenden Gesellschafters außerbilanziell hinzuzurechnen.[62]

8. Sofortabschreibung bei geringwertigen Wirtschaftsgütern

Die gesetzlichen Bestimmungen für die ratenweise Absetzung für Abnutzung gelten zunächst unabhängig von der Höhe der Anschaffungs- oder Herstellungskosten. Die Abschreibung von geringwertigen Wirtschaftsgütern (GWG) erfährt ständig gesetzliche „Neuerungen". Bis zum 31.12.2007 durften GWG sofort abgeschrieben werden. 2008 führte der Gesetzgeber die sogenannte Pool-Abschreibung für GWG ein. Damit stehen ab 2018 für GWG folgende Abschreibungsmöglichkeiten selbständig nebeneinander,
- sofortiger Betriebsausgabenabzug gemäß § 6 IIa 4 EStG bei Wirtschaftsgütern bis zu einem Wert von 250 EUR
- die Abschreibung (§ 7 EStG) über die Nutzungsdauer gemäß AfA-Tabelle,

---

[61] BFH DStR 2013, 1891.
[62] BFH DStR 2018, 397.

§ 1 Die Ermittlung des unterhaltsrechtlich relevanten Einkommens

- die Sofortabschreibung für alle GWG mit Anschaffungskosten bis 800 EUR (§ 6 II 1 EStG) und
- die Sammelabschreibung (Pool-Abschreibung) für alle GWG mit Anschaffungskosten zwischen 251 und 1000 EUR (§ 6 IIa 1 EStG).

9. Veräußerungserlöse

216 Im Gegensatz zur Anschaffung kann die Veräußerung bei der Gewinnermittlung durch Betriebsvermögensvergleich zu steuerlich relevanten Gewinnen oder Verlusten führen, da der Veräußerungserlös in der Regel nicht mit dem in der letzten Bilanz erfassten Buchwert übereinstimmt.

Handels- und steuerrechtlich bildet der Buchwert die Anschaffungskosten eines einzelnen Wirtschaftsgutes abzüglich der (handelsrechtlichen) Afa bzw. der (steuerrechtlichen) AfA ab. Dieser Buchwertansatz weicht vom „tatsächlichen" Wert (der im Steuerrecht als Teilwert bzw. gemeiner Wert bezeichnet wird) eines Wirtschaftsgutes in aller Regel ab. Wird nun ein Wirtschaftsgut veräußert, so entsteht, wenn der Veräußerungserlös über dem Buchwert liegt ein steuerbarer Veräußerungsgewinn, der die Umsatzerlöse erhöht und ein Veräußerungsverlust, wenn der Veräußerungserlös unter dem Buchwert, der die Umsatzerlöse verringert.

Beispiel:

217 Der Unternehmer hat einen für 30 000 EUR angeschafften Pkw linear mit 16,67% p. a. abgesetzt; der Buchwert beträgt, als U den Pkw nach drei Jahren verkauft, noch 15 000 EUR. Er erzielt beim Verkauf einen Erlös von 20 000 EUR.[63]

Die Gewinnauswirkung zeigt sich am einfachsten in der entsprechenden Buchung:[64]

Girokonto	20 000	S	Kraftfahrzeuge	15 000	H
			Gewinn	*5000*	H

Das Vermögen erhöht sich um 20 000 EUR durch den Geldzufluss und verringert sich um 15 000 EUR durch Verkleinerung des Pkw-Bestands. Die Differenz ergibt den Gewinn in der Bilanz. In der Buchhaltung wird häufig auch der gesamte Erlös als Ertrag verbucht; dann wird der Abgang des Wirtschaftsgutes ebenfalls erfolgswirksam als Aufwand erfasst, so dass im Ergebnis derselbe Gewinn herauskommt:

Girokonto	20 000	S	*Erlös aus Veräußerung von Anlagevermögen*	*20 000*	H
Abgang von Anlagevermögen	*15 000*	S	Kraftfahrzeuge	15000	H

In der Bilanz erhöht sich das Guthaben um 20 000 EUR, der Fahrzeugbestand verringert sich um 15 000 EUR; die Änderung des Betriebsvermögens beträgt + 5000 EUR. In der Gewinn- und Verlustrechnung wird ein Ertrag von 20 000 EUR und ein Aufwand von 15000 EUR erfasst, was per Saldo ebenfalls einen Gewinn von 5000 EUR ergibt.

Beispiel:
Wie vor, jedoch erzielt U beim Verkauf nur 10 000 EUR.

Dieser Fall ist in der Buchführung wie folgt zu erfassen:

Girokonto	10 000	S	Kraftfahrzeuge	15 000	H
Verlust	*5000*	S			H

Die Differenz der Vermögensmehrung durch den Verkaufserlös zum Buchwert des abgegebenen Fahrzeugs wird als Aufwand gewinnmindernd erfasst. Saldiert man beide Positionen, also die AfA über die gesamte tatsächliche Nutzungsdauer und den Veräußerungsgewinn bzw. Verlust, so hat sich von der Anschaffung bis zum Verkauf der genaue wirtschaftliche Wertverlust **steuermindernd** ausgewirkt.

---

[63] Die Umsatzsteuer wird in diesem Beispiel vernachlässigt.
[64] Zum besseren Verständnis ist die Buchung gekürzt dargestellt.

3. Abschnitt: Gewinneinkünfte – Einkommensermittlung § 1

	Ausgangsfall	Variante
Anschaffungskosten	30 000 EUR	30 000 EUR
Veräußerungserlös	– 20 000 EUR	– 10 000 EUR
Aufwand	**10 000 EUR**	**20 000 EUR**
AfA	– 15 000 EUR	– 15 000 EUR
Gewinn/Verlust	+ 5000 EUR	– 5000 EUR
Aufwand	**10 000 EUR**	**20 000 EUR**

Auch bei nicht abnutzbaren Wirtschaftsgütern können durch die Veräußerung steuerpflichtige Erlöse entstehen, wenn der Veräußerungserlös wegen eines besonders günstigen Kaufpreises oder zwischenzeitlicher Wertsteigerung über den Anschaffungskosten liegt. **218**

Beispiel:
1. U hat in einer Zwangsversteigerung ein Grundstück für 175 000 EUR zzgl. 5000 EUR Erwerbsnebenkosten erworben. Da er es entgegen seiner ursprünglichen Planung nicht benötigt, verkauft er es nach neun Monaten zum tatsächlichen Verkehrswert von 250 000 EUR.
2. U hat eine Lizenz für die Herstellung und den Verkauf einer Software für 10 000 EUR erworben. Durch eine gute Markteinführung werden ihm für die Lizenz ein Jahr später 60 000 EUR geboten, als er sie wegen einer betrieblichen Umstrukturierung zum Verkauf anbietet.

Im Fall 1) sind die den Buchwert von 180 000 EUR übersteigenden 70 000 EUR, im Fall 2) 50 000 EUR steuerpflichtige Veräußerungsgewinne. Die Differenz zwischen Veräußerungserlös und Buchwert bezeichnet man als **stille Reserven,** die beim Abgang aus dem Betriebsvermögen **aufgedeckt** und den Umsatzerlösen zugerechnet werden. Im Ergebnis stellt daher immer die Differenz zwischen den Anschaffungs- bzw. Herstellungskosten und dem Veräußerungserlös den zu versteuernden Ertrag (Veräußerungsgewinn) oder den steuermindernden Aufwand (Veräußerungsverlust) dar, gleichgültig ob und in welcher Höhe zwischenzeitlich abgeschrieben wurde.

10. Finanzierung

Steuerlich ist die Regelung, dass private Schuldzinsen nicht abgesetzt werden können, mit dem Grundgesetz vereinbar.[65] Dies gilt erst recht für den Tilgungsanteil. Der Schuldzinsenabzug ist steuerrechtlich immer zweistufig zu prüfen: Zunächst ist zu prüfen, ob der betreffende Kredit eine betriebliche oder private Schuld ist.[66] Handelt es sich um eine private Schuld greift das Abzugsverbot. Handelt es sich um eine betriebliche Schuld ist auf einer zweiten Stufe zu prüfen, ob und in welchem Umfang die betrieblich veranlassten Schuldzinsen nach § 4 IV EStG abziehbar sind.[67] **219**

Der Abzug von Schuldzinsen als Betriebsausgaben wird durch § 4 IVa EStG eingeschränkt, wenn der Unternehmer mehr aus dem Betriebsvermögen entnommen hat, als dem Betrieb zuvor durch Einlagen und Gewinne zugeführt worden ist (sog. Überentnahmen). Schuldzinsen werden, soweit sie auf Überentnahmen beruhen, pauschal dem Gewinn wieder hinzugerechnet.[68] Darlehen zur Finanzierung außerbetrieblicher Zwecke, insbesondere zur Finanzierung von Entnahmen, sind daher nicht betrieblich veranlasst. Unterhält der Steuerpflichtige für den betrieblich und den privat veranlassten Zahlungsverkehr ein einheitliches – gemischtes – Kontokorrentkonto, ist für die Ermittlung der als Betriebsausgaben abziehbaren Schuldzinsen der Sollsaldo grundsätzlich aufzuteilen.

Bei Annuitätendarlehen sind daher bereits in der Buchführung Zins- und Tilgungsanteil auseinander zu halten.

---

[65] BVerfG BStBl. 1979 II, 322; HFR 1989, 316.
[66] BFH DStR 1998, 159.
[67] BFH DStR 2012, 1430; BFH/NV 2013, 187.
[68] OFD Frankfurt/M. v. 25.1.2019 – S 2144 A – 117 – St 210.

Beispiel:
U nimmt am 31.12. einen Kredit von 10 000 EUR auf, der mit 8% p. a. zu verzinsen und in 36 zum Monatsende fälligen gleichbleibenden Raten in Höhe von 313,36 EUR zurückzuzahlen ist. Der Kredit wird auf das betriebliche Girokonto ausgezahlt; von diesem Konto werden die monatlichen Annuitäten abgebucht.

Die Kreditaufnahme wird wie folgt gebucht:

| Girokonto | 10 000 | S | Langfr. Verbindlichkeit | 10 000 | H |

Die monatlichen Raten sind in Zins und Tilgung aufzuteilen:
31.1.

| Langfristige Verbindlichkeit | 246,70 | S | Girokonto | 313,36 | H |
| Zinsen | 66,66 | | | | |

28.2.

| Langfristige Verbindlichkeit | 248,34 | S | Girokonto | 313,36 | H |
| Zinsen | 65,02 | | | | |

31.3.

| Langfristige Verbindlichkeit | 250,00 | S | Girokonto | 313,36 | H |
| Zinsen | 63,36 | | | | |

etc.

Im Jahresabschluss sind die Tilgungen nur aus dem Vergleich zwischen dem Anfangs- und Endbestand zu entnehmen, da die einzelnen Beträge mit dem Anfangsbestand saldiert werden und nur der sich daraus ergebende Endbestand übernommen wird. Die Summe der Zinszahlungen findet sich dagegen in der Gewinn- und Verlustrechnung als Aufwandsposten.

11. Investitionszulagen

220 Investitionszulagen nach dem Investitionszulagengesetz[69] wurden bis zum 31.12.2013 unter im Einzelnen geregelten Voraussetzungen für Investitionen im Fördergebiet[70] gewährt. Nach § 13 InvZulG gehören Investitionszulagen nicht zu den Einkünften im Sinne des Einkommensteuergesetzes. Sie mindern nicht die steuerlichen Anschaffungs- und Herstellungskosten, damit auch nicht die AfA. Das bedeutet, dass die vollen Anschaffungskosten ohne Abzug der Investitionszulage abgeschrieben werden können, ohne dass die Zulage versteuert werden muss.

Beispiel:
U erhält für die Anschaffung einer Produktionsanlage mit einer betriebsgewöhnlichen Nutzungsdauer von 10 Jahren und Anschaffungskosten von 100 000 EUR eine **Investitionszulage** nach § 5 InvZulG in Höhe von 12 500 EUR, bezahlt also 87 500 EUR selbst.

Dennoch kann er den vollen Kaufpreis von 100 000 EUR absetzen. U erhält daher noch eine Steuerminderung in Höhe seines jährlichen Spitzensteuersatzes bezogen auf die jährliche AfA aus den vom Staat bezahlten 12 500 EUR.

12. Investitionszuschüsse

221 Die Einkommensteuer-Richtlinien (R 6.3–6.5 EStÄR 2012) gewähren im betrieblichen Bereich ein Wahlrecht, empfangene Zuschuss nicht sogleich als Betriebseinnahme zu

---

[69] BMF v. 23.7.2009, BStBl. I 2009, 810.
[70] Berlin, Brandenburg, Mecklenburg-Vorpommern, Sachsen, Sachsen-Anhalt und Thüringen.

3. Abschnitt: Gewinneinkünfte – Einkommensermittlung § 1

versteuern. Sie können stattdessen von den Anschaffungs- oder Herstellungskosten des bezuschussten Anlageguts abgesetzt werden. Das gilt auch für nachträgliche Anschaffungs- oder Herstellungskosten. Das Wahlrecht ist eine sachliche Billigkeitsmaßnahme, die unabhängig davon zulässig ist, ob sie bilanzsteuerrechtlich mit dem Realisationsprinzip vereinbar oder handelsrechtlich zulässig ist. .

Es können also entweder die vollen Anschaffungskosten einschließlich des Investitionszuschusses aktiviert und damit der Zuschuss versteuert werden.[71] Dann werden die vollen Anschaffungskosten über die betriebsgewöhnliche Nutzungsdauer gewinnmindernd abgesetzt.

Es können aber auch nur die tatsächlichen Anschaffungskosten aktiviert und abgesetzt werden. Die erste Variante wird in der Regel nur dann gewählt, wenn im Jahr des Zuschusses nur ein sehr geringer Gewinn oder sogar ein Verlust erwirtschaftet wurde, mit dem der Zuschuss dann verrechnet werden kann.

> **Beispiel:**
> U erhält für die Anschaffung einer Produktionsanlage mit Anschaffungskosten von 100 000 EUR einen **Investitionszuschuss** von 12 500 EUR. Hier hat U die Wahl, die vollen Anschaffungskosten zu aktivieren; er kann dann 100 000 EUR über die Nutzungsdauer anteilig absetzen. Wenn er den Investitionskostenzuschuss steuerfrei bucht, setzt er auch nur 87 500 EUR ab.

Hinzuweisen ist auf die Vorschriften des § 7h I 4 EStG (Sanierungsgebiete) und des § 7i I 7 EStG (Baudenkmäler), die das Wahlrecht insofern berühren, als die erhöhten Absetzungen nur auf die um Zuschüsse aus öffentlichen Kassen gekürzten Anschaffungs- oder Herstellungskosten zu gewähren sind.

VI. Unterhaltsrechtlich relevante Merkmale der Gewinnermittlung durch Betriebsvermögensvergleich

1. Periodengerechte Gewinnermittlung

a) Grundsatz. Die wesentlichen und prinzipiellen Merkmale der Bilanz mit Gewinn- und Verlustrechnung bestehen im „Stichtagsprinzip" und der periodengerechten Gewinnermittlung. In der Bilanz werden alle aktiven und passiven Vermögenswerte, die den Wert des Betriebes ausmachen, zum Bilanzstichtag erfasst.

Dem trägt die periodengerechte Gewinnermittlung Rechnung. Nicht der tatsächliche Zufluss oder der tatsächliche Abfluss von Geldmitteln ist für das Betriebsvermögen maßgeblich, sondern die Erhöhung oder Verminderung des Vermögens, die nicht notwendig zeitgleich erfolgen müssen. Ertrag und Aufwand in der Gewinn- und Verlustrechnung decken sich daher nicht notwendig zeitlich mit dem Zufluss von Betriebseinnahmen oder dem Abfluss von Betriebsausgaben.

b) Forderungen und Verbindlichkeiten. Dementsprechend müssen alle Betriebseinnahmen und Betriebsausgaben bereits bei der Entstehung der ursächlichen Forderungen und Verbindlichkeiten in die Gewinn- und Verlustrechnung aufgenommen werden, auch wenn der tatsächliche Zu- oder Abfluss der Geldmittel bereits vor Beginn oder erst nach Ende des maßgeblichen Geschäftsjahres erfolgt ist.

> **Beispiel:**
> U hat für K ein umfangreiches Gutachten erstellt. Nach Fertigstellung und Übergabe übersendet er am 28.11.01 die Ausfertigungen mit einem abschließenden Schreiben und seiner Honorarrechnung über 23 800 EUR brutto. K bezahlt diese am 20.1.02.
> Von dem eingegangenen Honorar bezahlt U die Rechnung für die Wartung seiner EDV-Anlage, die Anfang Dezember 01 durchgeführt und am 23.12.02 mit 4760 EUR in Rechnung gestellt wurde.

---

[71] Das Betriebsvermögen vermehrt sich um die vollen Anschaffungskosten und vermindert sich um den tatsächlichen Aufwand. Die Differenz – also der Zuschuss – ist steuerbarer Ertrag.

Wenn U seinen Gewinn nach § 4 I EStG durch Betriebsvermögensvergleich ermittelt, sind sowohl das Honorar als Erlös als auch die erhaltene Rechnung als Aufwand im Jahr 01 zu erfassen, auch wenn die Bezahlung erst im Jahr 02 zu einer Betriebseinnahme bzw Betriebsausgabe führt. Die Leistungen sind in 01 erbracht, die Gegenleistungen werden geschuldet.

Würde U zum 31.12.01 seinen Betrieb mit allen Aktiven und Passiven verkaufen, so würde der Käufer die Honorarforderung erwerben und das im Januar 02 zufließende Honorar vereinnahmen dürfen, ohne die dafür ursächliche Leistung noch erbringen zu müssen, wie er andererseits auch die Verbindlichkeit gegenüber dem EDV-Betrieb übernehmen und im Januar begleichen müsste, obwohl der Vorteil nicht mehr ihm zugutekommt. Der Wert des Unternehmens erhöht sich also durch die Forderungen und vermindert sich durch die Verbindlichkeiten bereits bei ihrer Entstehung und nicht erst bei der Erfüllung, also dem Zu- oder Abfluss.

Demgemäß hat U die Forderung als Aktiv-Posten, die Verbindlichkeit als Passiv-Posten in die Bilanz zum 31.12.01 einzustellen und das Honorar als Erlös, die Rechnung für die EDV-Wartung als Aufwand in der Gewinn- und Verlustrechnung 02 zu erfassen.

In der Buchführung stellen sich die Bildung von Forderungen und Verbindlichkeiten so dar:

Forderungen	23 800	S	*Erlöse aus Gutachten*	20 000	H
			Umsatzsteuer	3 800	H

Instandhaltungskosten	4000	S	Verbindlichkeiten aus Lieferungen und Leistungen	4760	H
Vorsteuer	760	S			

Zum Zeitpunkt des Entstehens der Forderung erfolgt also die Berücksichtigung für Ertrags- und Umsatzsteuer.[72]

224 Wenn dann später die Zahlungen eingehen bzw geleistet werden, sind diese Vorgänge **erfolgsneutral,** also ohne Gewinnauswirkung zu erfassen. Dies erfolgt durch die **Auflösung** der Forderungen und Verbindlichkeiten:

Girokonto	23 800	S	Forderungen	23 800	H

Verbindlichkeiten	4760	S	Girokonto	4760	H

Wenn die Erfüllung der Forderung und der Verbindlichkeiten nicht in demselben Geschäftsjahr erfolgt, in dem sie gebildet wurden, werden sie beim Jahresabschluss in die Bilanz aufgenommen. Der Ertrag bzw der Aufwand wird dementsprechend in der Gewinn- und Verlustrechnung bereits erfasst, ohne dass der tatsächliche Zufluss oder der tatsächliche Abfluss erfolgt wäre.

225 **c) Wertberichtigungen.** Der Tatsache, dass sich nicht mit Sicherheit prognostizieren lässt, dass die sich als Ertrag verbuchten Forderungen auch realisieren lassen, trägt das Bilanzrecht dadurch Rechnung, dass Wertberichtigungen gewinnmindernd gebucht werden. Für Steuerpflichtige die ihren Gewinn gemäß § 5 I EStG ermitteln, ergibt sich aufgrund des Grundsatzes der Maßgeblichkeit und des handelsrechtlichen strengen Niederstwertprinzips für Wirtschaftsgüter des Umlaufvermögens (§ 253 IV HGB) bei gesunkenem Teilwert steuerrechtlich **eine Pflicht** zur Abschreibung auf den niedrigeren Teilwert gemäß § 6 VI Nr. 2 S. 2 EStG.[73]

---

[72] Zur Ist-Versteuerung siehe → Rn. 226.
[73] BMF v. 2.9.2016 BStBl. I 2016, 995; BFH/NV 2014, 304.

3. Abschnitt: Gewinneinkünfte – Einkommensermittlung　　　　　　§ 1

Steht für eine Forderung also endgültig fest, dass keine (weitere) Zahlung erfolgen wird, liegt eine uneinbringliche Forderung vor. Dies kann der Fall sein, wenn eine Zwangsvollstreckung fruchtlos ist, das Insolvenzverfahren mangels Masse eingestellt wird oder die Forderung verjährt ist. Diese Forderungen müssen gemäß § 253 III HGB in voller Höhe ausgebucht werden. Der Begriff „voraussichtlich dauernde Wertminderung" ist aber weder im HGB noch im Steuerrecht definiert. Er bezeichnet im Grundsatz eine Minderung des Teilwerts (handelsrechtlich: des beizulegenden Werts), die einerseits nicht endgültig sein muss, andererseits aber nicht nur vorübergehend sein darf. Ob eine Wertminderung „voraussichtlich dauernd" ist, muss unter Berücksichtigung der Eigenart des jeweils in Rede stehenden Wirtschaftsguts beurteilt werden.[74]

Durch **Einzelwertberichtigung** wird eine Forderung korrigiert, die ganz oder teilweise uneinbringlich geworden ist.

Dies geschieht verkürzt wie folgt:
Buchwert des nominellen Forderungsbetrags
– erwartete Tilgungszahlungen
– erwartete Einzahlungen aus Sicherheitenverwertung
= Betrag der Einzelwertberichtigung

Die Pauschalwertberichtigung stellt eine Durchbrechung des Einzelbewertungsgrundsatzes dar. Pauschale Wertberichtigungen tragen dem Umstand Rechnung, dass neben den dem Unternehmen bekannten, forderungsspezifischen Einzelrisiken auch weitere dem Unternehmen noch nicht bekannte, jedoch mit einer gewissen Wahrscheinlichkeit eintretende Risiken bestehen. Durch **Pauschalwertberichtigung** wird der Forderungsbestand zum Ende des Geschäftsjahres verringert, um voraussichtlichen Ausfällen und Beitreibungskosten Rechnung zu tragen. Bei der Bemessung der Pauschalwertberichtigung sind grundsätzlich alle Forderungen einzubeziehen, für die keine Einzelwertberichtigung gebildet wurde. Auch wenn aus Sicht des Unternehmens keine Ausfallrisiken bestehen, sind die Forderungen bei der Bildung der Pauschalwertberichtigung zu berücksichtigen. Lediglich Forderungen, für die ein Ausfall objektiv ausgeschlossen werden kann, sind aus der Bemessungsgrundlage auszuschließen. Gewinnauswirkung hat nur die Veränderung der Wertberichtigung gegenüber dem Vorjahr. Nur die Vermögensveränderung stellt nach der Definition in § 4 EStG einen Gewinn oder Verlust dar; dies gilt auch für die Gewinnauswirkung einzelner Bilanzposten.

Unterhaltsrechtlich dürfte die Pauschalwertberichtigung ohne Belang sein, da ein Abzug einer ungewissen „Verbindlichkeit" unterhaltsrechtlich nicht anzuerkennen ist.

d) **Umsatzsteuer.** Bei der Gewinnermittlung durch Betriebsvermögensvergleich wirken sich umsatzsteuerliche Vorgänge nicht auf den Gewinn aus. Zwar entsteht mit Erbringung und Abrechnung einer umsatzsteuerpflichtigen Leistung eine Forderung in Höhe des Bruttobetrages, gleichzeitig entsteht jedoch gegenüber dem Finanzamt eine Verbindlichkeit in Höhe der vereinnahmten Umsatzsteuer, so dass sich Steuerforderung und -verbindlichkeit aufheben, sich also nur die Nettoforderung auf den Gewinn auswirkt. Dasselbe gilt umgekehrt im Hinblick auf Vorsteuer. Mit Erbringung und Abrechnung einer umsatzsteuerpflichtigen Leistung gegenüber dem Steuerpflichtigen entsteht für diesen eine Verbindlichkeit in Höhe des Bruttobetrages, gleichzeitig jedoch eine Forderung in Höhe der anteiligen Umsatzsteuer gegenüber dem Finanzamt auf Erstattung der Vorsteuer, so dass sich auch hier beide Posten gewinnmäßig neutralisieren.

226

Dies gilt auch in den Fällen der **Ist-Versteuerung** gemäß § 20 UStG.[75] In diesem Fall wird die Umsatzsteuer, die als Forderung gewinnerhöhend erfasst aber noch nicht eingenommen ist, als **„nicht fällige Umsatzsteuer"** gewinnmindernd passiviert.

e) **Rechnungsabgrenzungsposten.** Der periodengerechten Gewinnermittlung tragen auch Rechnungsabgrenzungsposten nach § 250 HGB und § 5 V EStG Rechnung. Rechnungsabgrenzungsposten (RAP) sind zu bilden, wenn Einnahmen oder Ausgaben für einen Zeitraum getätigt werden, der das Ende des Geschäftsjahres überdauert.[76] Diese Vorschrif-

227

---

[74] BFH DStR 2013, 21; BStBl. II 2013, 162 m w N.
[75] BMF v. 31.7.2013 BStBl. I 2013, 964.
[76] BFH DStR 2005, 862.

ten sollen zB bei Einnahmen gewährleisten, dass ein vom Steuerpflichtigen vorab vereinnahmtes Entgelt entsprechend dem Realisationsprinzip (§ 252 I Nr. 4 2. Halbsatz, Nr. 5 HGB) erst dann – durch Auflösung des RAP – erfolgswirksam wird, wenn der Kaufmann seine noch ausstehende Gegenleistung erbracht hat.[77]

Zu unterscheiden ist dabei zwischen der aktiven und passiven Rechnungsabgrenzung. Bei der aktiven Rechnungsabgrenzung werden die als Aufwendungen gebuchten Ausgaben dahingehend überprüft, inwieweit sie erfolgsmäßig einer späteren Periode zuzurechnen sind. Ist dies der Fall, werden die Aufwendungen durch aktive Rechnungsabgrenzungsposten in Handels- und Steuerbilanz erfolgsmäßig neutralisiert. Durch Auflösung der Rechnungsabgrenzungsposten in der späteren Periode werden die Aufwendungen zeitlich bestimmungsgemäß der zutreffenden Periode zugerechnet. Durch die Aktivierung von Rechnungsabgrenzungsposten werden somit Ausgaben zeitlich zutreffend als Geschäftserfolg abgegrenzt. Die Aktivierung beruht daher auf dem Grundsatz der Periodenabgrenzung. Bei den passiven Rechnungsabgrenzungsposten sind Einnahmen vor dem Abschlussstichtag auszuweisen, soweit sie Ertrag für eine bestimmte Zeit nach diesem Tag darstellen. Es handelt sich um einen Bilanzposten eigener Art, der neben dem Eigenkapital und den Schulden Teil der Bilanz ist (§ 247 I HGB). Durch die Bildung des passiven Abgrenzungspostens wird eine periodengerechte Abgrenzung von Erträgen erreicht. Erträge werden somit der Periode zugerechnet, in der sie wirtschaftlich entstanden sind.

Beispiele:[78]
Am 1.10. zahlt U Versicherungsprämien in Höhe von 6000 EUR für die folgenden zwölf Monate. Der auf das laufende Wirtschaftsjahr entfallende Anteil ist als Betriebsausgabe zu buchen; der für das folgende Jahr bezahlte Anteil ist durch Rechnungsabgrenzung gewinnneutral zu erfassen und im folgenden Jahr gewinnmindernd aufzulösen.

Für eine für 18 Monate vermietete Baumaschine hat der Vermieter die gesamte Miete in Höhe von 24 000 EUR bereits bei Übergabe am 30.6. im Voraus bezahlt bekommen. Nur in Höhe des auf das Wirtschaftsjahr entfallenden Anteils ist die Miete als Ertrag zu buchen. Die Miete für die Zeit nach Abschluss des Geschäftsjahres ist gewinnneutral abzugrenzen und im folgenden Jahr gewinnerhöhend aufzulösen.

In der Buchführung erfolgt die Erfassung dieser Vorgänge so:

Versicherungsbeiträge	2000	S	Girokonto	6000	H
Aktive Rechnungs-abgrenzung	4000	S			
Girokonto	24 000	S	*Erlöse aus Vermietung*	8000	H
			Passive Rechnungs-abgrenzung	16 000	

Erst bei der Auflösung im folgenden Jahr erfolgt die Erfassung des zeitanteiligen Aufwands bzw. Ertrages:

Versicherungsbeiträge	4000	S	Aktive Rechnungs-abgrenzung	4000	H
Pass. Rechnungsabgrenzung	16 000	S	*Erlöse aus Vermietung*	16 000	

Zu Lasten der Bilanzposten – also ohne Zufluss oder Abfluss – werden die dem neuen Wirtschaftsjahr zuzuordnenden Erträge bzw. Aufwendungen gebucht. Obwohl durch die Auflösung der Rechnungsabgrenzungsposten keine Einnahmen oder Ausgaben anfallen, wird ein Aufwand gebucht und geht in die Gewinnermittlung ein. Die Bildung und Auflösung von Rechnungsabgrenzungsposten verlagert die Betriebsausgaben in den Zeitraum der wirtschaftlichen Zugehörigkeit. Die Aufnahme der Rechnungsabgrenzungsposten in die Bilanz erfasst den Anspruch auf kostenlose, – da bereits bezahlte – zu beanspru-

---

[77] BFH DStR 2005, 862.
[78] Zur Vereinfachung der Darstellung bleibt die Umsatzsteuer unberücksichtigt.

chende Gegenleistung bzw die Verpflichtung zur „kostenlos" noch zu erbringenden Leistung als einen positiven bzw negativen Vermögenswert.

f) Rückstellungen. Die Bildung von Rückstellungen ist in § 249 HGB geregelt. Rückstellungen sind für die in § 249 HGB abschließend aufgeführten „ungewissen" Verbindlichkeiten und bestimmte andere Belastungen zu bilden, deren Höhe und/oder Zeitpunkt der Inanspruchnahme ungewiss ist. Sie stellen damit Schulden eines Unternehmens dar und gehören zum Fremdkapital. Nach dem Grundsatz vorsichtiger Bewertung des Betriebsvermögens sind in der Handelsbilanz **Pflichtrückstellungen** zu bilden für

– für ungewisse Verbindlichkeiten (§ 249 I 1 HGB),
– für drohende Verluste aus schwebenden Geschäften (§ 249 I 1 HGB),
– für im Geschäftsjahr unterlassene Aufwendungen für Instandhaltung, die im folgenden Geschäftsjahr innerhalb *von drei Monaten* nachgeholt werden (§ 249 I 2 Nr. 1 Alt. 1 HGB),
– für Abraumbeseitigung, die in folgenden Geschäftsjahren nachgeholt werden (§ 249 I 2 Nr. 1 Alt. 2 HGB),
– für Gewährleistungen, die ohne rechtliche Verpflichtung erbracht werden (§ 249 I 2 Nr. 2 HGB).

Darüber hinaus dürfen in der Handelsbilanz keine Rückstellungen gebildet werden (§ 249 II 1 HGB).[79]

Da der Grundsatz vorsichtiger Bewertung steuerrechtlich nur eingeschränkt gilt, wird § 249 HGB in § 5 III–IVb EStG modifiziert (siehe ESt R 5.7 (1) 61). Zum Beispiel dürfen nach § 5 IVa EStG Rückstellungen für drohende Verluste aus schwebenden Geschäften nicht gebildet werden. Weitere Einschränkungen finden sich in § 5 III und IVb EStG.

Wenn der erwartete Aufwand anfällt, für den die Rückstellung gebildet worden ist, darf dieser bis zum Betrag der Rückstellung nicht erneut als gewinnmindernd gebucht werden, die Rückstellung ist gewinnneutral aufzulösen. Fällt er nicht oder nur in geringerem Umfang an, so ergibt die Auflösung der Rückstellung einen außerordentlichen Ertrag. Ist der tatsächliche Aufwand höher, so ist der Mehrbetrag als periodenfremder Aufwand gewinnmindernd zu erfassen.

Beispiele:
1. Für das abgelaufene Jahr ist Gewerbesteuer in Höhe 2000 EUR nachzuzahlen; tatsächlich sind es nur 1600 EUR.
2. Es werden für den Jahresabschluss Steuerberatungskosten von voraussichtlich 8000 EUR anfallen; tatsächlich werden es 9000 EUR.

Die Verpflichtung zur Zahlung der Gewerbesteuer, die sich aus dem Jahresgewinn errechnet, entsteht erst mit dem Ablauf des Wirtschaftsjahres, also erst nach Ablauf des Veranlagungszeitraums. Sie ist aber dem abgelaufenen Geschäftsjahr wirtschaftlich zuzuordnen. Der Kaufmann hat den Jahresabschluss für das abgelaufene Geschäftsjahr zu erstellen; die Tätigkeit des Steuerberaters kann aber erst nach Vorliegen aller Daten, also nach Jahresabschluss aufgenommen werden. Es liegen also zum Jahresende noch keine Verbindlichkeiten vor. Um die Kosten in die Gewinn- und Verlustrechnung einbuchen zu können, bucht man entsprechende Rückstellungen auf einem Bestandskonto vermögensmindernd gegen.

Gewerbesteuer	2000	S	Gewerbesteuer-Rückstellung	2000	H
Abschlusskosten	8000	S	Rückstellung für Abschlusskosten	8000	H

Wie bei den Verbindlichkeiten erfolgt die **Auflösung von Rückstellungen erfolgsneutral.**

---

[79] Schubert in BeckBilKo § 249 Rn. 325.

Gewerbesteuer-Rück-stellung	2000	S	Girokonto	1600	H
		S	*Ertrag aus Auflösung der Rückstellung*	400	H
Rückstellung für Abschlusskosten	8000	S	Girokonto	9000	H
periodenfremder Aufwand	1000				

230   **g) Langfristige und unregelmäßige Rückstellungen.** Während die Rückstellungen für Gewerbesteuer und Abschlusskosten jährlich gebildet und jährlich wieder aufgelöst werden, bleiben zB Gewährleistungs- und Pensionsrückstellungen über mehrere Geschäftsjahre hinweg zum Teil langfristig bestehen. Nach § 253 I 2 HGB sind Rückstellungen in Höhe des nach vernünftiger kaufmännischer Beurteilung notwendigen Erfüllungsbetrags anzusetzen. Nach § 253 II HGB sind Rückstellungen mit einer Laufzeit von mehr als einem Jahr zwingend abzuzinsen (sog. Abzinsungsmethode), und zwar mit dem ihrer Restlaufzeit entsprechend durchschnittlichen Marktzinssatz der vergangenen zehn Geschäftsjahre für Pensionsrückstellungen und sieben Geschäftsjahre für sonstige Rückstellungen. Die **unveränderte Übernahme einer Rückstellung hat keine Gewinnauswirkung,** da gemäß § 4 EStG nur die Änderung des Betriebsvermögens als Gewinn oder Verlust zu erfassen ist. Soweit sich die Rückstellung später als begründet erweist, ist sie **erfolgsneutral aufzulösen.** War sie der Höhe oder gar dem Grunde nach unnötig, entsteht ein **periodenfremder Ertrag.**

Beispiel:
U hat auf Grund eines selbstständigen Beweisverfahrens im Jahre 02 50 000 EUR für Gewährleistungen auf in 01 erbrachte Leistungen zurückgestellt.[80] Im anschließenden Prozess wird im Dezember 04 ein Vergleich abgeschlossen auf Grund dessen U an den A Anfang 05 20 000 EUR zahlt.

In der Buchführung werden die Vorgänge wie folgt erfasst:
Zum Bilanzstichtag des Geschäftsjahres 01 wird die Rückstellung gebildet:

Gewährleistungen	50 000	S	Rückstellung	50 000	H

Die Rückstellung (= Bestandskonto) geht vermögensmindernd in die Bilanz, die zu erwartenden Betriebsausgaben für die Durchführung der Gewährleistung oder Erstattung des Werklohns werden als Aufwand in der Gewinn- und Verlustrechnung erfasst.
Zum Bilanzstichtag der Geschäftsjahre 02 und 03 wird der Posten unverändert übernommen. Da nur Änderungen des Betriebsvermögens zu Gewinnen oder Verlusten führen, tritt keine Vermögensänderung ein. Demgemäß ist auch kein diesbezüglicher Gewinn oder Verlust zu verzeichnen.
Durch den Vergleich im Geschäftsjahr 04 wird aus der ungewissen Verbindlichkeit eine gewisse in Höhe von 20 000 EUR; die darüberhinausgehende Rückstellung ist aufzulösen.[81]

Rückstellungen	50 000	S	Verbindlichkeiten	20 000	H
			Periodenfremder Ertrag	30 000	H

Die in 01 um 50 000 EUR vorgenommene Verminderung des Einkommens wird durch die Erfassung eines fiktiven Ertrags in Höhe von 30 000 EUR auf den tatsächlich begründeten Aufwand von 20 000 EUR reduziert. In 05 wird erfolgsneutral die Betriebsausgabe erfasst.

Verbindlichkeiten	20 000	S	Bank	20 000	H

---

[80] Die rückstellungsfähigen Verfahrenskosten bleiben außer Betracht.
[81] Jetzt eventuell anfallende Umsatzsteuer/Vorsteuer bleibt zur Vereinfachung außer Ansatz.

3. Abschnitt: Gewinneinkünfte – Einkommensermittlung § 1

Von der Gewährleistungsrückstellung unterscheidet sich die Pensionsrückstellung (→ Rn. 389) dadurch, dass sie in der Regel stufenweise gebildet und auch stufenweise wieder aufgelöst wird. Für jedes Jahr der Betriebszugehörigkeit des begünstigten Arbeitnehmers kann der Unternehmer den Betrag als (Personal-)Aufwand buchen, den er ansparen müsste, um den daraus resultierenden Anteil an der Betriebsrente bei Fälligkeit abdecken zu können. Ein hoher Betrag entsteht nur in dem Jahr der erstmaligen Bildung der Pensionsrückstellung, da die Betriebsrente in der Regel erst nach längerer Betriebszugehörigkeit zugesagt wird und die Rentenverpflichtung im ersten Jahr für die bereits erfüllte Betriebszugehörigkeit rückwirkend entsteht. Nur die **Bildung und die jährliche Erhöhung** stellt **betrieblichen Aufwand** dar. 231

h) Sonderposten mit Rücklageanteil (Rücklage gemäß § 6b EStG)[82]. Durch das Bilanzrechtsmodernisierungsgesetz wurde die Abschaffung der sogenannten umgekehrten Maßgeblichkeit und damit auch die Anerkennung der Sonderposten mit Rücklageanteil handelsrechtlich vorgeschrieben. Steuerlich werden auf Antrag (= Wahlrecht) Sonderposten mit Rücklageanteil gemäß § 6b EStG gebildet, um die an sich steuerpflichtige Auflösung stiller Reserven aus Veräußerung (→ Rn. 213) von betrieblichen Grundstücken oder Gebäuden[83] sowie Aufwuchs bei land- oder forstwirtschaftlichem Grundbesitz steuerfrei auf Ersatzbeschaffungen zu übertragen. Mit den steuerlichen Rücklagen gestattet also der Steuergesetzgeber für bestimmte Fallgestaltungen eine zeitlich befristete Steuerstundung auf realisierte stille Reserven. Der in den Sonderposten mit Rücklageanteil eingestellte Betrag wird zunächst nicht besteuert. Die Bildung des Sonderpostens mit Rücklageanteil erfolgt über den Posten „sonstige betriebliche Aufwendungen", die Auflösung über den Posten „sonstige betriebliche Erträge". Die Aufwände und Erträge aus der Bildung bzw. Auflösung des Sonderpostens mit Rücklageanteil, sind hinsichtlich ihres Betrags und ihrer Art zu erläutern. 232

Die Bildung einer Rücklage gemäß § 6b III EStG ist ein sog. Bilanzierungswahlrecht, welches bei der Gewinnermittlung nach § 4 I oder § 5 EStG durch entsprechenden Ansatz oder die Auflösung einer Rücklage in der Steuerbilanz, bzw. bei der Veräußerung von Sonderbetriebsvermögen in der jeweiligen Sonderbilanz ausgeübt wird. Wird der Gewinn nach § 4 III EStG ermittelt, gilt auf Grund der in § 6c EStG angeordneten entsprechenden Anwendung des § 6b EStG nichts anderes.[84] Sie werden daher wie Rückstellungen behandelt, sind daher nach Realisierung der Investition oder Ablauf der gesetzlichen Frist aufzulösen.

Beispiel:
U hat vor Jahrzehnten für – umgerechnet – 10 000 EUR ein Betriebsgrundstück erworben. Er verkauft dieses zum Verkehrswert von 100 000 EUR im Jahr 01 und erwirbt für 120 000 EUR im Jahr 02 ein Ersatzgrundstück.

An sich würde der die bilanzierten Anschaffungskosten um 90 000 EUR übersteigende Anteil am Veräußerungserlös (Aufdeckung „stiller Reserven") als steuerpflichtiger Gewinn zu erfassen sein (→ Rn. 217). Die späteren Anschaffungskosten dürften nicht abgeschrieben werden, da ein Grundstück kein abnutzbares Wirtschaftsgut ist. Diese steuerlich konsequente aber wirtschaftlich unverständliche Belastung wird vermieden, indem der Veräußerungsgewinn als Sonderposten mit Rücklageanteil gebucht wird.

Bank	100 000	S	Grundstück	10 000	H
			Veräußerungsgewinn	*90 000*	H
Veräußerungsgewinn	*90 000*		SoPo (6b-Rücklage)	90 000	

---

[82] Weiterführend BMF v. 7.3.2018 BStBl. I 2018, 309.
[83] Bei der Gewinnermittlung durch Einnahmen-/Überschussrechnung siehe § 6c EStG.
[84] BFH/NV 2014, 1369.

Der Veräußerungsgewinn wird also in die Rücklage umgebucht. Bei Anschaffung des Ersatzgrundstücks ist der Sonderposten aufzulösen.

| Grundstück | 30 000 | S | Bank | 120 000 | H |
| SoPo (6b-Rücklage) | 90 000 | S | | | |

Von den Anschaffungskosten wird nur der den Sonderposten mit Rücklagenanteil übersteigende Betrag als Grundstück aktiviert. Die in dem alten Grundstück ruhenden stillen Reserven werden ohne Aufdeckung und Versteuerung auf das neue Grundstück übertragen. Obwohl die Anschaffungskosten 120 000 EUR betragen haben, wird es nur mit 30 000 EUR aktiviert. Mit den restlichen 90 000 EUR wir die 6b-Rücklage aufgelöst. Würde das neue Grundstück verkauft, wären dann auch die stillen Reserven aus dem alten Grundstück zu versteuern.

Das gilt auch dann, wenn die Neuinvestition nicht innerhalb der gesetzlichen Fristen[85] erfolgt. Werden nach § 6b EStG stille Reserven auf ein abnutzbares Wirtschaftsgut, etwa ein Betriebsgebäude, übertragen, mindern sich die Anschaffungskosten und gehen in Höhe der Rücklage nicht in die Absetzung für Abnutzung ein. Würde das Grundstück später für 150 000 EUR veräußert oder entnommen, so wären auch die aus dem ersten Grundstück stammenden stillen Reserven zu versteuern.

| Bank | 150 000 | S | Grundstück | 30 000 | H |
| | | | *Veräußerungsgewinn* | 120 000 | |

Die 120 000 EUR setzen sich zusammen aus der Wertsteigerung des neuen Grundstücks in Höhe von 30 000 EUR und den übertragenen stillen Reserven von 90 000 EUR.

233 **i) Ansparrücklage gemäß § 7g EStG** Auch die Ansparrücklage war bis zum 31.12.2007 in der Bilanz als Sonderposten mit Rücklageanteil erfasst. Die Bildung einer Ansparrücklage war letztmals im Jahr 2007 möglich. Seit dem 1.1.2008 können Steuerpflichtige nach § 7g EStG einen Investitionsabzugsbetrag in Anspruch nehmen (→ Rn. 214).[86]

2. Wareneinkauf, Bestandsveränderungen und Inventur

234 Da bei der Gewinnermittlung durch Betriebsvermögensvergleich das Betriebsvermögen zum jeweiligen Bilanzstichtag zu bewerten ist, ergibt sich zwingend, dass Wertveränderungen **Gewinnauswirkung** haben. Der Bestand kann **durch qualitative oder quantitative Veränderungen des Umlaufvermögens** erhöht oder verringert werden.

Qualitative Änderung ist zB die AfA (→ Rn. 205 ff.) beim Anlagevermögen. Beim Umlaufvermögen führt die Verarbeitung zu einer Neubewertung. Auch die Reduzierung des Teilwerts durch Sinken des Marktpreises für die Neuanschaffung führt zu einer – geringeren – Neubewertung in der Bilanz.[87]

> **Beispiel:**
> F ist als Zulieferer für einen Metallverarbeitungsbetrieb tätig. Er verzinkt gleichartige Eisenteile, die er unbehandelt anschafft und nach Verarbeitung mit Gewinn weiterveräußert. Aus der Buchführung ergibt sich
> – ein Anfangsbestand[88] unbehandelter Teile von 10 000 Stück mit Gesamtwert von 8000 EUR und
> – ein Anfangsbestand verarbeiteter Teile von 5000 Stück mit Gesamtwert von 12 000 EUR,
> – ein Zukauf unbehandelter Teile von 100 000 Stück mit Gesamtwert von 80 000 EUR,
> – ein Verkauf verarbeiteter Teile von 90 000 Stück mit Gesamtwert von 270 000 EUR,
> – Die Inventur am Jahresende ergibt
> – einen Endbestand unbehandelter Teile von 15 000 Stück mit Gesamtwert von 12 000 EUR und
> – einen Endbestand verarbeiteter Teile von 10 000 Stück mit Gesamtwert von 28 000 EUR.

---

[85] Vier Jahre, bei Neuerrichtung von Gebäuden sechs Jahre.
[86] Weiterführend BMF v. 20.3.2017 BStBl. I 2017, 423.
[87] BFH/NV 2014, 304.
[88] Die Posten der Vorjahresbilanz werden im Wege der Eröffnungsbuchung (= EB) in die Buchführung übernommen (→ Rn. 185).

3. Abschnitt: Gewinneinkünfte – Einkommensermittlung   § 1

Die **Anschaffung von Wirtschaftsgütern des Umlaufvermögens** hat bei der Gewinnermittlung durch Betriebsvermögensvergleich **keinen Einfluss auf den Gewinn.** Der Einkauf wird zwar zunächst mit den Einkaufspreisen als Aufwand gebucht, zB:[89]   235

| Wareneinkauf | 80 000 | S | Girokonto | 80 000 | H |

Der Verkauf wird mit den Verkaufspreisen als Ertrag erfasst:

| Erlöse aus Verkauf | 270 000 | S | Bank | 270 000 | H |

Obwohl dem aus dem Verkauf erzielten Erlös der Abgang der verkauften Waren gegenübersteht, wird der Warenausgang nicht als Aufwand gewinnmindernd gebucht, weil der Warenbestand mit dem Einkaufspreis, der Warenverkauf mit dem Verkaufspreis erfasst wird. Es müsste als bei jedem Verkauf der Einkaufspreis des verkauften Gegenstands ermittelt und gegengebucht werden. Auch die qualitative Wertsteigerung durch die Verarbeitung wird nicht laufend ermittelt.

Stattdessen wird am Ende des Geschäftsjahres im Wege der **Inventur** festgestellt, was an Waren noch vorhanden ist. Auch werden dabei die Werte festgestellt.

Die Differenz zum Anfangsbestand erhöht oder vermindert die Betriebsausgaben.

Endbestand unbehandelter Werkstücke	12 000
./. Anfangsbestand	– 8000
Bestandsveränderung	+ 4000

Endbestand verarbeiteter Werkstücke	28 000
./. Anfangsbestand	– 12 000
Bestandsveränderung	+ 16 000

Die im Wege der vom Steuerpflichtigen vorgenommenen Inventur ermittelte Veränderung des Warenbestands wird eingebucht:

| Warenbestand, unbehandelt. | 4000 | S | *Bestandsveränderung* | 4000 | H |
| Warenbestand, verarbeitet. | 16 000 | S | *Bestandsveränderung* | 16 000 | H |

In diesem Beispielsfall verändert sich auf die Weise der aus der Buchführung ermittelte Gewinn um
- quantitative Erhöhung des gesamten Lagerbestandes,
- qualitative Wertsteigerung durch Verarbeitung und
- Teilwertveränderungen.

Bestandsveränderungen wirken sich bei der Einnahmen-Überschussrechnung nicht aus. Der Unternehmer braucht weder sein Anfangs- noch sein Endvermögen aufzuzeichnen. Auch der Verbrauch von Gütern wirkt sich nur über die Anschaffung, nicht über die tatsächliche Verwendung aus.

3. Betriebsvermögen

Dem Betriebsvermögen steht das steuerrechtlich irrelevante Privatvermögen gegenüber.[90] Die Zuordnung von Wirtschaftsgütern ist mitunter nicht einfach, da viele Wirtschaftsgüter nicht ausschließlich betrieblich oder ausschließlich privat genutzt werden. Bei der Gewinnermittlung wird unterschieden zwischen   236

---

[89] Umsatzsteuer bleibt zur Vereinfachung unberücksichtigt; dazu → Rn. 226.
[90] BFH BStBl. II 2005, 830.

Betriebliche Nutzung	Privatvermögen oder Betriebsvermögen?[91]
Unter 10%[92]	100% Privatvermögen (Notwendiges Privatvermögen)
10% bis 50%	Wahlrecht 100% Privatvermögen oder 100% Betriebsvermögen (gewillkürtes Privat- oder Betriebsvermögen)
Über 50%	100% Betriebsvermögen (notwendiges Betriebsvermögen)

Notwendiges Betriebsvermögen stellen nach der Rechtsprechung des BFH die Wirtschaftsgüter dar, die funktional auf den Einsatz im Betrieb ausgerichtet sind und bei denen diese Bestimmung objektiv erkennbar ist. Zum **notwendigen Privatvermögen** gehören solche Wirtschaftsgüter, die keinen anzuerkennenden funktionalen Bezug zum Betrieb aufweisen, die also der privaten Lebensführung des Steuerpflichtigen und seiner Angehörigen dienen.[93]

Als **gewillkürtes Betriebsvermögen** kommen solche Wirtschaftsgüter in Betracht, die bestimmt und geeignet sind, den Betrieb zu fördern. Die Verknüpfung mit der Ausübung des Betriebs ist daher weniger eng als beim notwendigen Betriebsvermögen, die Rechtsprechung dazu meist großzügig.[94] Gewillkürtes Betriebsvermögen durfte nach der früheren Rechtsprechung nur in einer Bilanz gebildet werden. Der BFH hat seine Rechtsprechung jedoch geändert[95] und die Bildung von gewillkürtem Betriebsvermögen auch in der Einnahmen-Überschuss-Rechnung zugelassen.

Beispiel:
U erwirbt ein Mehrfamilienwohnhaus. Die Wohnungen vermietet er an seine Arbeiter und ihre Familien zum ortsüblichen Mietzins.

Das Wohnhaus ist kein notwendiges Betriebsvermögen. Seine Erwerbstätigkeit kann U genauso gut ausüben, wenn seine Arbeiter auf dem freien Markt Wohnungen nehmen. Der betriebliche Zusammenhang reicht jedoch für gewillkürtes Betriebsvermögen aus, wenn U das Wohnhaus im Anlagevermögen aktiviert. Bei der Einnahmen-Überschussrechnung ist die Zuordnung eines Wirtschaftsgutes zum gewillkürten Betriebsvermögen in unmissverständlicher Weise durch entsprechende, zeitnah erstellte Aufzeichnungen auszuweisen.[96]

VII. Entnahmen und Einlagen

1. Entnahmen

237   Das Betriebsvermögen ändert sich nicht nur aus betrieblicher Veranlassung durch Erträge oder Aufwand, sondern auch durch **nicht betrieblich veranlasste Vorgänge.** Bei der Buchung der Geschäftsvorfälle ist aus der Veränderung der Bestandskonten nicht ersichtlich, ob diese betriebsbedingt oder privat veranlasst sind. Gemäß § 4 I EStG müssen aber die privaten von den betriebsbedingten Vermögensänderungen unterschieden werden (→ Rn. 166). Bereits in der Buchführung werden daher die **vermögensändernden Geschäftsvorfälle** auf einem der Gewinn- und Verlustrechnung zugeordneten **Erfolgs-**

---

[91] R 4.2 – Betriebsvermögen – EStR.
[92] BFH DStR 2012, 2477.
[93] BFH BStBl. II 2016, 976.
[94] BFH BStBl. II 1986, 713.
[95] BFH BStBl. II 2004, 985.
[96] BFH BStBl. II 2004, 985.

konto oder einem der Bilanz zugeordneten **Kapital- oder Privatkonto** gegengebucht. Die Summe der Privatentnahmen und die Summe der Privateinlagen eines Geschäftsjahres finden sich deshalb **in der Bilanz beim Kapital.**

§ 4 I 2 EStG definiert als Entnahmen **alle Wirtschaftsgüter,**[97] nämlich
- Barentnahmen
- Waren
- Erzeugnisse
- Nutzungen
- Leistungen.

Entnahmen eines Steuerpflichtigen für sich, für seinen Haushalt oder für andere betriebsfremde Zwecke sind mit dem **Teilwert** anzusetzen (→ Rn. 198). Wenn im Fall einer Entnahme der **Buchwert,** also der Betrag, mit dem das entnommene Wirtschaftsgut in einer auf diesen Tag zu erstellenden Bilanz aufzunehmen wäre, vom Teilwert abweicht, ergibt sich ein Gewinn oder Verlust. 238

a) Barentnahmen. Bei Barentnahmen sind Buchwert und Teilwert gleich, sie sind daher immer erfolgsneutral[98] (→ Rn. 198). 239

Nicht auf Grund steuerlicher Vorschriften, sondern zum Zwecke einer übersichtlicheren Erfassung der Privatentnahmen werden diese häufig weiter aufgeschlüsselt. So sehen zB die gängigen DATEV-Kontenrahmen SKR 03 und SKR 04 vor:
- Privatentnahmen allgemein (enthält nicht nur Barentnahmen!)
- Privatsteuern
- beschränkt abzugsfähige Sonderausgaben
- unbeschränkt abzugsfähige Sonderausgaben
- Zuwendungen, Spenden
- Außergewöhnliche Belastungen
- Unentgeltliche Wertabgaben
- Grundstücksaufwand[99]
- Privateinlagen.

Ob von diesen **Buchungsmöglichkeiten** Gebrauch gemacht wird oder ob sogar weitere Unterkonten eingerichtet werden, ist in keiner Weise vorgeschrieben, sondern steht **im Belieben des Steuerpflichtigen.** Es besteht auch keine Notwendigkeit, eingerichtete Konten regelmäßig zu bebuchen. So kann er zum Beispiel bei entsprechendem Guthaben die Einkommensteuervorauszahlungen vom Betriebskonto, bei fehlender Liquidität vom Privatkonto überweisen. Privat veranlasste Zahlungen führen uU zu steuerschädlichen Überentnahmen (→ Rn. 367).

b) Entnahmen von Anlagevermögen. Entnahmen von Anlagevermögen und Umlaufvermögen sind erfolgsneutral, wenn **Buchwert und Teilwert** (→ Rn. 198) des entnommenen Wirtschaftsgutes **gleich** sind, sie haben jedoch Gewinnauswirkung, wenn der Buchwert nicht mit dem Teilwert übereinstimmt. Bei umsatzsteuerpflichtigen Personen ist die Entnahme jedoch umsatzsteuerpflichtig. 240

Beispiel:
U schenkt einen bisher ausschließlich betrieblich genutzten PKW seinem Sohn zum Staatsexamen. Das Fahrzeug war für 24 000 EUR angeschafft worden und wird durch Absetzung für Abnutzung in der Bilanz noch mit 12 000 EUR geführt. Der Teilwert beträgt

a) 12 000 EUR,   b) 16 000 EUR,   bzw. c) 8000 EUR.

Im Fall a) ergibt sich weder ein Gewinn noch ein Verlust, da Buchwert und Teilwert übereinstimmen. Im Fall b) liegt der Teilwert um 4000 EUR über dem Buchwert. Durch den tatsächlichen Wertverzehr übersteigende AfA-Raten haben sich **stille Reserven** gebildet, die bei der Entnahme – wie bei einem Verkauf – aufgelöst und versteuert werden.[100]

---

[97] R 4.3.2 – Entnahmen – EStR.
[98] Sie ändern den Gewinn nicht.
[99] Für privaten Grundbesitz.
[100] Bei umsatzsteuerpflichtigen Unternehmern fallen auch 19% Umsatzsteuer an.

Im Fall c) ist der Teilwert geringer als der Buchwert; die AfA-Raten waren geringer als der tatsächliche Wertverzehr. Die durch die Entnahme aufgedeckte Differenz wird als erlösschmälernder Aufwand erfasst.

241 **c) Entnahmen von Umlaufvermögen.** Auch Umlaufvermögen ist bei der Entnahme mit dem Teilwert anzusetzen. Wäre U in dem unter Rn. 240 dargestellten Beispiel Kfz-Händler und gehörte der PKW zu seinem Gebrauchtwagenbestand, so wäre der Teilwert des Fahrzeugs ebenfalls in Ansatz zu bringen. Auch hier ist die Entnahme umsatzsteuerpflichtig.

Für die in der Praxis regelmäßig vorkommenden Entnahmen von selbst hergestellten Lebensmitteln werden von den Oberfinanzdirektionen Pauschalwerte zugrunde gelegt, die jährlich an die wirtschaftliche Entwicklung angepasst werden. Bei diesen Schätzwerten sind nicht nur die Kosten des Wareneinkaufs, sondern auch die Verarbeitungs-[101] und die anteiligen Gemeinkosten[102] berücksichtigt[HD1][HD2].

Die Pauschalen beruhen auf Erfahrungswerten und bieten dem Steuerpflichtigen die Möglichkeit, die Warenentnahmen monatlich pauschal zu verbuchen. Sie entbinden ihn damit von der Aufzeichnung einer Vielzahl von Einzelentnahmen. Diese Regelung dient der Vereinfachung und lässt keine Zu- und Abschläge wegen individueller persönlicher Ess- oder Trinkgewohnheiten zu. Auch Krankheit und Urlaub rechtfertigen keine Änderung der Pauschbeträge. Die Pauschbeträge sind Jahreswerte für eine Person. Für Kinder von über 2 bis zu 12 Jahren ist die Hälfte des jeweiligen Wertes anzusetzen. Tabakwaren sind in den Pauschbeträgen nicht enthalten. Soweit diese entnommen werden, sind die Pauschbeträge entsprechend zu erhöhen (Schätzung). Die pauschalen Werte berücksichtigen im jeweiligen Gewerbezweig das allgemein übliche Warensortiment. Bei gemischten Betrieben (Metzgerei oder Bäckerei mit Lebensmittelangebot oder Gastwirtschaft) ist nur der jeweils höhere Pauschbetrag der entsprechenden Gewerbeklasse anzusetzen.

Für 2019 gelten folgende Werte für den Eigenverbrauch (Jahresbetrag pro erwachsene Person):[103]

Gewerbezweig	Jahreswert für eine Person ohne Umsatzsteuer		
	ermäßigter Steuersatz	voller Steuersatz	insgesamt
	EUR	EUR	EUR
Bäckerei	1.211	404	1.615
Fleischerei/Metzgerei	886	860	1.746
Gaststätten aller Art			
a) mit Abgabe von kalten Speisen	1.120	1.081	2.201
b) mit Abgabe von kalten und warmen Speisen	1.680	1.758	3.438
Getränkeeinzelhandel	105	300	405
Café und Konditorei	1.172	638	1.810
Milch, Milcherzeugnisse, Fettwaren und Eier (Eh.)	586	79	665
Nahrungs- und Genussmittel (Eh.)	1.133	678	1.811
Obst, Gemüse, Südfrüchte und Kartoffeln (Eh.)	274	235	509

242 **d) Nutzungs- und Leistungsentnahmen.** Die Nutzung betrieblicher Wirtschaftsgüter und die Inanspruchnahme von betrieblichen Leistungen sind als Entnahme zu erfassen. Da sich der Wert der Nutzungen und Leistungen nicht in der Bilanz verkörpert,

---

[101] Insbesondere Lohnkosten, Hilfsstoffe.
[102] Alle betrieblichen Festkosten.
[103] BMF v. 12.12.2018, DStR 2018, 2701.

3. Abschnitt: Gewinneinkünfte – Einkommensermittlung § 1

führen derartige Entnahmen mit ihrem vollen Wert zu steuerpflichtigen Erlösen. Der Unternehmer wird im Ergebnis so behandelt, als hätte er die Nutzungen oder Leistungen einem fremden Dritten gegen Entgelt gewährt und den daraus erzielten Erlös entnommen. Allerdings bleibt die dabei zu erzielende Gewinnspanne außer Ansatz; es werden die Selbstkosten zuzüglich Umsatzsteuer angesetzt.

Bei dem in der Praxis häufigsten Fall, der **privaten Nutzung eines betrieblichen PKW** ist Folgendes zu beachten:[104]

Nach § 6 I Nr. 4 Sätze 2 und 4 EStG wird der ertragsteuerliche Wert der Nutzungsentnahme entweder durch die Listenpreismethode (1%-Regelung) oder nach den auf die Privatfahrten entfallenden tatsächlichen Aufwendungen (Fahrtenbuchmethode) ermittelt.

Durch eine Änderung von § 6 I 1 Nr. 4 S. 2, 3 EStG soll ab dem Veranlagungsjahr 2019 die Elektromobilität gefördert werden. Danach soll die private Nutzung betrieblicher Elektro- und Hybridelektrofahrzeuge monatlich pauschal mit 1% des halbierten inländischen Bruttolistenpreises bewertet werden. Die Regelung soll auf drei Jahre beschränkt sein und für Fahrzeuge gelten, die im Zeitraum vom 1.1.2019 bis zum 31.12.2021 angeschafft oder geleast werden. Extern aufladbare Hybridelektrofahrzeugen müssen die Voraussetzungen von § 3 II Nr. 1 oder 2 des Elektromobilitätsgesetzes erfüllen.

Gemäß § 6 I Nr. 4 S. 2 EStG wird die Anwendung der 1%-Regelung auf Fahrzeuge des notwendigen Betriebsvermögens (betriebliche Nutzung zu mehr als 50%) beschränkt. Nach Auffassung des BFH ist es verfassungsrechtlich nicht geboten, die nach der 1%-Regelung ermittelte Nutzungsentnahme auf 50% der Gesamtaufwendungen für das Kfz zu begrenzen.[105] Befindet sich ein Fahrzeug im gewillkürten Betriebsvermögen (betriebliche Nutzung zu mindestens 10% bis 50%), ist der Entnahmewert nach § 6 I Nr. 4 S. 1 EStG zu ermitteln und mit den auf die geschätzte private Nutzung entfallenden Kosten anzusetzen. Dieser Nutzungsanteil ist vom Stpfl. im Rahmen allgemeiner Darlegungs- und Beweislastregelungen nachzuweisen. Die Führung eines Fahrtenbuchs ist dazu nicht zwingend erforderlich.

2. Einlagen

Einlagen bestehen nicht ausschließlich in **Bareinzahlungen.** In Betracht kommen nach § 4 I 5 EStG daneben alle **sonstigen Wirtschaftsgüter.**[106] **243**

Wie Barentnahmen führen auch Bareinzahlungen weder zu Ertrag noch zu Aufwand. Auch für Einlagen können in der Buchführung beliebige Unterkonten geführt werden, was nur sinnvoll ist, wenn es sich um regelmäßige Einlagen handelt. Privat verauslagte Betriebsausgaben werden als Privateinlage erfasst, wenn der Steuerpflichtige sich die verauslagten Kosten nicht aus dem Betriebsvermögen (Kasse, Bank) erstatten lässt.

> **Beispiel:**
> U benutzt für eine Geschäftsreise den PKW seiner Ehefrau, weil sich das Geschäftsfahrzeug in der Reparatur befindet. Die Kosten für die Übernachtung zahlt er mit seiner privaten Kreditkarte. Auf der Rückfahrt wird er unverschuldet in einen Unfall verwickelt; der Unfallverursacher flüchtet unerkannt. Das Fahrzeug erleidet einen Totalschaden. Es besteht keine Kaskoversicherung.

U kann die Kosten der PKW Nutzung mit einem Pauschalbetrag von 0,30 EUR/km als Einlage buchen, ebenso die Übernachtungskosten.

Normalerweise würde es sich um Betriebsausgaben handeln. Dies scheitert aber hier daran, dass es sich um den Privatwagen der Ehefrau handelt. Indes sind Betriebsausgaben aber alle Aufwendungen, die durch den Betrieb veranlasst sind (§ 4 Abs. 4 EStG). Dazu gehören auch solche Aufwendungen, die durch die betrieblich veranlasste Nutzung von (eigenen) betriebsfremden Wirtschaftsgütern entstehen (sog. Aufwandseinlage). Der Wert des Fahrzeugs vor dem Unfall wird daher als „Aufwandseinlage" gebucht.[107]

– *in dieser Auflage nicht belegt* – **244–249**

---

[104] weiterführend Dorn, Hauf, Schmitt NWB Nr. 52 vom 24.12.2018 Beilage 4/2018 S. 5.
[105] BFH BStBl. II 2018, 712.
[106] R 4.3.1 – Einlagen – EStR.
[107] Vgl. BFH DStR 2014, 576 (Aufwandseinlage).

4. Abschnitt: Sonstige Gewinneinkünfte – Einkommensermittlung durch Einnahmen-Überschuss-Rechnung und nach Durchschnittssätzen sowie das Einkommen von Personengesellschaften

I. Einnahmen-Überschuss-Rechnung

1. Gesetzliche Grundlagen und Personenkreis

250 Die Gewinnermittlung durch Einnahmen-Überschuss-Rechnung stellt die **Ausnahme gegenüber** der Gewinnermittlung durch **Betriebsvermögensvergleich** dar. Nur in den Fällen, in denen sich nicht aus den im 3. Abschnitt dargelegten Vorschriften die Verpflichtung zur Gewinnermittlung durch Betriebsvermögensvergleich ergibt, darf der Steuerpflichtige gemäß **§ 4 III EStG** als Gewinn den **Überschuss der Einnahmen über die Ausgaben** ansetzen.

Nach § 140 AO iVm §§ 1, 238 HGB ist jeder Gewerbetreibende von der Einnahmen-Überschuss-Rechnung ausgeschlossen und zur Gewinnermittlung durch Betriebsvermögensvergleich verpflichtet, wenn sein Unternehmen einen kaufmännischen Geschäftsbetrieb erfordert oder im Handelsregister eingetragen ist.

Nach § 141 AO kommt bei **Gewerbetreibenden** die Einnahmen-Überschuss-Rechnung nur in Betracht, wenn
- die Umsätze 600 000 EUR

oder
- der Gewinn 60 000 EUR

im Wirtschaftsjahr, bei Einkünften aus **Land- und Forstwirtschaft**
- selbstbewirtschaftete land- und forstwirtschaftliche Flächen mit einem Wirtschaftswert von mehr als 25 000 EUR

oder
- der Gewinn 60 000 EUR

im Kalenderjahr nicht übersteigen.

251 Diese Einschränkungen gelten nach den Vorschriften der Abgabenordnung nicht für **Einkünfte aus selbstständiger Arbeit.** Derartige Einkünfte erzielen nach § 18 EStG unter anderem
– Wissenschaftler, Künstler, Schriftsteller, Lehrende und Erzieher,
– Ärzte, Zahnärzte, Tierärzte, Rechtsanwälte, Notare, Patentanwälte, Steuerberater
– Vermessungsingenieure, Ingenieure, Architekten,
– Heilpraktiker, Krankengymnasten sowie
– Journalisten, Dolmetscher und Übersetzer,

sofern es sich nicht um Einkünfte aus unselbständiger Arbeit handelt im Rahmen eines Anstellungsverhältnisses.[1]

252 **Selbstständige** sind von der Gewinnermittlung durch Einnahmen-Überschuss-Rechnung nur nach § 5 I EStG ausgeschlossen, dh wenn sie freiwillig Bücher führen und Abschlüsse machen. Buchführung in diesem Sinn ist die doppelte Buchführung unter Zugrundelegung der periodengerechten Gewinnermittlung.[2]

Die **Einnahmen-Überschuss-Rechnung** ist für Selbstständige der **Regelfall,** für Gewerbetreibende die Ausnahme.

---

[1] Zur Scheinselbstständigkeit BFH/NV 2008, 1133.
[2] BFH BStBl. II 1990, 287.

4. Abschnitt: Sonstige Gewinneinkünfte § 1

2. Methode der Gewinnermittlung

In der Einnahmen-Überschuss-Rechnung sind alle **Einnahmen** und **Ausgaben** zu 253 erfassen, soweit es sich nicht um solche handelt, die im Namen und für Rechnung eines anderen vereinnahmt oder verausgabt werden, wie zB Fremdgelder oder Gerichtskosten bei Rechtsanwälten. Einnahmen sind in § 4 III EStG nicht definiert. Nach der Definition des BFH sind es in entsprechender Anwendung von § 8 I EStG[3]

*„Alle Zugänge in Geld oder Geldeswert, die durch den Betrieb veranlasst sind. Ein Wertzuwachs ist betrieblich veranlasst, wenn insoweit ein nicht nur äußerlicher, sondern sachlicher, wirtschaftlicher Zusammenhang gegeben ist. Von den Betriebseinnahmen zu unterscheiden sind Wertzugänge, deren Zufluss durch private Umstände veranlasst worden ist. Für die Beurteilung des Veranlassungszusammenhangs kommt es nicht auf die zivilrechtliche Rechtsgrundlage der Leistung an. Als betrieblich veranlasst sind nicht nur solche Einnahmen zu werten, die aus der maßgeblichen Sicht des Unternehmers Entgelt für betriebliche Leistungen darstellen. Es ist weder erforderlich, dass der Vermögenszuwachs im Betrieb erwirtschaftet wurde, noch, dass der Steuerpflichtige einen Rechtsanspruch auf die Einnahme hat. Betriebseinnahmen können auch vorliegen, wenn der Steuerpflichtige als Betriebsinhaber **unentgeltliche Zuwendungen** erhält, mit denen weder ein zuvor begründeter Rechtsanspruch erfüllt, noch eine in der Vergangenheit erbrachte Leistung vergütet werden soll."*

Der Begriff der Aufwendungen als Betriebsausgabe im Sinne von § 4 IV BGB ist für das EStG eigenständig nach dessen Systematik zu bestimmen. Er erfasst mithin als Obergriff nicht nur Ausgaben – dh Güter in Geld oder Geldeswert, die beim Steuerpflichtigen abfließen –, sondern auch sonstigen Aufwand (Wertverzehr), dem nach den Bestimmungen des Ertragssteuerrecht die rechtliche Qualität einer den Gewinn mindernden Aufwendung zukommt (zB AfA, RAP, Rückstellungen für – wirtschaftlich – bereits entstandene Verbindlichkeiten.

Damit sind Aufwendungen danach zu unterscheiden, ob sie einer Aktivierungspflicht (ggfls. verbunden mit einer Abschreibung über den Nutzungszeitraum) oder einer sofortigen Aufwandsverrechnung unterliegen.[4] Bei der Ermittlung der Einkünfte sind daher Aufwendungen als Werbungskosten (§ 9 I 1 EStG) oder Betriebsausgaben (§ 4 IV EStG) abzuziehen, wenn sie durch die Erzielung der Einkünfte veranlasst sind. Eine solche Veranlassung ist dann gegeben, wenn die Aufwendungen mit der Erzielung der Einkünfte objektiv zusammenhängen und ihr subjektiv zu dienen bestimmt sind, d. h. wenn sie in wirtschaftlichem Zusammenhang mit einer der Einkunftsarten des Einkommensteuergesetzes stehen Als maßgebliches Kriterium für einen steuerrechtlich anzuerkennenden wirtschaftlichen Zusammenhang zwischen Aufwendungen und einer Einkunftsart wird die wertende Beurteilung des die betreffenden Aufwendungen „auslösenden Moments" sowie dessen „Zuweisung zur einkommensteuerrechtlich relevanten Erwerbssphäre" angesehen.[5]

Während also in der Gewinn- und Verlustrechnung unabhängig vom Zeitpunkt des tatsächlichen Zuflusses oder tatsächlichen Abflusses der Einnahmen und Betriebsausgaben diese als **Ertrag und Aufwand** erfasst werden, sobald sie sich im Betriebsvermögen auswirken (→ Rn. 222), werden in der Einnahmen-Überschuss-Rechnung gemäß § 11 I 1 und II 1 EStG Einnahmen und Ausgaben nur erfasst, die **innerhalb des Kalenderjahres bezogen** wurden, in dem sie dem Steuerpflichtigen tatsächlich **zu- bzw. abgeflossen** sind oder als zu- bzw. abgeflossen gelten.

Das **Zuflussprinzip** in der Einnahmen-Überschuss-Rechnung wird jedoch in § 11 254 EStG insoweit eingeschränkt, als **regelmäßig wiederkehrende Einnahmen,** die kurz vor Beginn oder kurze Zeit nach Beendigung des Kalenderjahres fällig werden, als in dem Kalenderjahr getätigt gelten, dem sie wirtschaftlich zuzuordnen sind, mithin **periodengerecht** erfasst werden.

Beispiel:
1. U zahlt die Miete für seinen Laden an V durch Dauerauftrag zum Ersten des jeweiligen Monats. Wegen des Neujahrestages buchte die Bank die Januarmiete bereits kurz vor dem Ende des Wirtschaftsjahres 01 von seinem Konto ab.

---

[3] BFH DStR 2008, 2358.
[4] Blümich/Wied 145. EL Dezember 2018, EStG § 4 Rn. 551.
[5] BFH BStBl. II 2013, 275; BStBl. II 2010, 672.

§ 1   Die Ermittlung des unterhaltsrechtlich relevanten Einkommens

2. Mit K hat U in einem Unternehmensberatervertrag vereinbart, dass er monatlich im Voraus ein Pauschalhonorar erhält. Da K über die Jahreswende verreist, überweist er vor seiner Abreise das Januarhonorar an U, auf dessen Konto es kurz vor Jahresende eingeht.

Bei strenger Anwendung des Zuflussprinzips müsste U das Honorar in 01 als Erlös, die Miete als Betriebsausgabe erfassen. Gemäß § 11 EStG gilt jedoch für derartige Fälle nicht das Zuflussprinzip, sondern ausnahmsweise die periodengerechte Gewinnermittlung. Voraussetzung ist allerdings, dass die Zahlungen kurz vor oder nach dem **Jahreswechsel** erfolgen, wobei nur ein **Zeitraum von höchstens zehn Tagen** als kurz gilt. Abgeführte Lohnsteuern und Sozialabgaben – fällig am 15. des Folgemonats – werden daher erst im Folgejahr erfasst, auch wenn sie wirtschaftlich dem Kalenderjahr zuzuordnen sind.

Unter diese Regelung fallen auch
– Zinsen
– Zahlung von Arbeitslohn
– Honorarzahlungen der kassenärztlichen Vereinigung,
– Umsatzsteuervorauszahlungen.[6]

3. Steuerliche Unterlagen

255   Bei der Gewinnermittlung durch Einnahmen-Überschuss-Rechnung wird **keine Bilanz** aufgestellt, da das Betriebsvermögen und seine Veränderungen für die Gewinnermittlung ohne Bedeutung sind. **Nach § 4 III EStG besteht keine Notwendigkeit irgendwelche Aufzeichnungen** zu fertigen. Es muss keine Inventur gemacht werden; es wäre steuerrechtlich nicht zu beanstanden, wenn lediglich eine Belegsammlung vorgelegt würde, aus der sich die betrieblichen Einnahmen und Ausgaben ersehen lassen.[7]

Dennoch bestehen auch bei der Gewinnermittlung durch Einnahmen-Überschuss-Rechnung Aufzeichnungspflichten. Nach Hinweis H 18.2 EStH 2013 sind ua zu führen:
– § 4 III 5 EStG Verzeichnis nicht abnutzbarer Anlagegüter,
– § 4 IVa 6 EStG besondere Aufzeichnungen für Entnahmen und Einlagen
– § 6c EStG Verzeichnis bei Gewinnen aus der Veräußerung bestimmter Anlagegüter,
– § 7a VIII EStG Verzeichnis bei erhöhten Absetzungen und Sonderabschreibungen,
– § 41 EStG, Aufzeichnungspflichten beim Lohnsteuerabzug,
– § 22 UStG, Umsatzsteuerrechtliche Aufzeichnungspflicht,
– §§ 294, 295 I SGB V iVm dem Bundesmantelvertrag-Ärzte für Praxisgebühr (BMF vom 25.5.2004 – BStBl. I 526) bis zum 31.12.2012.

256   Wenn Einkünfte in unterhaltsrechtlich relevanter Höhe erzielt werden, dürfte der Steuer- und Unterhaltspflichtige nicht nur eine Einnahmen-Überschuss-Rechnung, sondern auch **Buchführungsunterlagen** besitzen, die von gleicher Qualität sind, wie die bei der Gewinnermittlung durch Betriebsvermögensvergleich. **In aller Regel** wird wie beim bilanzierenden Steuerpflichtigen auf eine **EDV-Buchführung** zurückgegriffen werden können.

Die EDV-Buchführung baut auf demselben **Kontenrahmen** auf **wie die Doppelte Buchführung** für die Gewinn- und Verlustrechnung.[8] Sie unterscheidet sich ausschließlich dadurch, dass die Geschäftsvorfälle erst zum Zeitpunkt des Zuflusses oder Abflusses erfasst werden.[9] Forderungen und Verbindlichkeiten, Rechnungsabgrenzungsposten, Rückstellungen etc. werden daher nicht gebucht. Die Konten des Anlagevermögens und teilweise des Umlaufvermögens (Kasse, Banken) sowie die Privatkonten werden gebucht, in der Einnahmen-Überschuss-Rechnung am Jahresende aber nicht ausgedruckt.

Zu Kontrollzwecken (Abstimmung der Buchungen) werden sie jedoch mit der Einnahmen-Überschuss-Rechnung als „**Sonstige Konten**" erfasst und ausgedruckt.

---

[6] BFH DStR 2007, 1856.
[7] BFH/NV 2013, 1548 Rn. 24–26.
[8] In aller Regel wird der Kontenrahmen SKR 03 verwendet.
[9] Zu den Besonderheiten beim Anlagevermögen → Rn. 260 ff. und Entnahmen von betrieblichen Wirtschaftsgütern → Rn. 263 f.

4. Unterschiede zur Gewinn- und Verlustrechnung

a) Zuflussprinzip. Einnahmen und Ausgaben werden bei der Gewinnermittlung durch Einnahmen-Überschuss-Rechnung zum **Zeitpunkt** des Zu- oder Abflusses erfasst. Auf die Auswirkung auf das Betriebsvermögen kommt es nicht an, eine Zuordnung zum Jahr der wirtschaftlichen Veranlassung erfolgt nicht. Der Steuerpflichtige, der seinen Gewinn durch Einnahmen-Überschuss-Rechnung ermittelt, hat es in der Hand, den **Gewinn** auf das folgende Jahr zu **verschieben,** indem er
– Betriebseinnahmen erst im Folgejahr einzieht,
– im Folgejahr fällige Rechnungen schon vor Jahresende bezahlt,
– Vorschüsse auf ihm noch nicht erbrachte Leistungen zahlt.

Umgekehrt kann er **Gewinne** in ein früheres Jahr **vorziehen,** indem er
– auf noch nicht abgeschlossene Leistungen Vorschüsse einzieht,
– Rechnungen trotz Fälligkeit erst im Folgejahr bezahlt.

Während dies bei der Gewinnermittlung durch Betriebsvermögensvergleich eine Steuerverkürzung darstellen würde, ist es in der Einnahmen-Überschuss-Rechnung erlaubt.

Der **Totalgewinn,** also der gesamte Gewinn zwischen Beginn und Beendigung der Einkunftserzielung ist mit dem durch Betriebsvermögensvergleich ermittelten Gewinn gleich.[10] Der Grundsatz der Totalgewinngleichheit, bedeutet nicht, dass auch die Steuer in dem Zeitraum des Bestehens des Betriebs in identischer Höhe entsteht. Das Postulat der Gesamtgewinngleichheit zielt auf die Identität des von der Eröffnung bis zur Beendigung des Betriebs erzielten Totalgewinns, schließt aber unterschiedliche Periodengewinne in einzelnen Jahren gerade nicht aus.[11]

Dies gilt zum größten Teil auch in kurzen Zeitabschnitten, da der Bildung der für die periodengerechte Gewinnermittlung erforderlichen Bilanzposten die Auflösung der entsprechenden Posten aus dem Vorjahr gegenübersteht (→ Rn. 224, 227 und 229).

Während die **Umsatzsteuer,** die **Vorsteuer** und die **Zahlung oder Erstattung von Umsatzsteuer** in der Gewinn- und Verlustrechnung keine Auswirkungen auf den Gewinn haben, werden sie in der Einnahmen-Überschuss-Rechnung beim Zufluss als Einnahme, beim Abfluss als Ausgabe behandelt. Durch **Anschaffung hochwertiger Anlagegüter** kann daher auf Grund der sofort nach Vorlage der Rechnung mit Umsatzsteuerausweis abzugsfähigen Vorsteuer eine gravierende Gewinnverschiebung herbeigeführt werden, ohne dass dies steuerrechtlich zu beanstanden wäre.

Beispiel:
Der nicht bilanzierungspflichtige Selbstständige U kauft Anfang Dezember einen ausschließlich betrieblich genutzten PKW für 60 000 EUR zuzüglich 11400 EUR Umsatzsteuer.

Die im Kaufpreis enthaltene **Vorsteuer** kann U in der Einnahmen-Überschuss-Rechnung für das abgelaufene Geschäftsjahr **gewinnmindernd** als Betriebsausgabe ansetzen, sobald ihm die Rechnung mit ausgewiesener Umsatzsteuer vorliegt. Im Januar des folgenden Jahres mindert sie die von U zu zahlende Umsatzsteuer und erhöht damit den Gewinn. Im Gegensatz zur Gewinnermittlung durch Betriebsvermögensvergleich, bei der die Umsatzsteuer gewinnneutral behandelt wird (→ Rn. 226), wirkt sie sich in der Einnahmen-Überschussrechnung auf den Gewinn aus.

Umgekehrt wirkt sich die eingenommene Umsatzsteuer gewinnerhöhend aus:

Beispiel:
R erhält Ende des Geschäftsjahres ein Anwaltshonorar von 1000 EUR zuzüglich 190 EUR Umsatzsteuer.

Die Umsatzsteuer erhöht das Einkommen von R, obwohl sie bereits im Januar des folgenden Jahres an das Finanzamt abgeführt wird und das Einkommen des R wieder mindert.

---

[10] BFHE 242, 134 = DStR 2013, 1982.
[11] BFHE 242, 134 = DStR 2013, 1982.

260 Während in der Gewinn- und Verlustrechnung durch Rechnungsabgrenzung **Vorauszahlungen von Jahresbeiträgen** uä auf das laufende und folgende Jahr, **Disagio** und **Leasingsonderzahlungen** auf mehrere Jahre verteilt werden, stellen sie in der Einnahmen-Überschuss-Rechnung **sofort abzugsfähige Betriebsausgaben** dar.[12]

> **Beispiel:**
> U nimmt für die Anschaffung einer Maschine einen Kredit in Höhe von 100 000 EUR auf. Die Bank zahlt den Betrag an den Lieferanten und bucht vom Geschäftskonto das vereinbarte Disagio von 10% = 10 000 EUR ab. Die Laufzeit für das Darlehen beträgt fünf Jahre.

Während das Disagio für das zweite bis fünfte Jahr in der Bilanz im Wege der Rechnungsabgrenzung gewinnerhöhend zu aktivieren und Jahr für Jahr mit 2000 EUR aufzulösen ist (→ Rn. 227), kann es in der Einnahmen-Überschuss-Rechnung sofort als Betriebsausgabe abgezogen werden.

261 **b) Umlaufvermögen.** Während die **Anschaffung** von Umlaufvermögen in der Gewinn- und Verlustrechnung nicht zu einer Gewinnminderung führt (→ Rn. 235), stellen die Anschaffungskosten in der Einnahmen-Überschuss-Rechnung zum Zeitpunkt des Abflusses eine gewinnmindernde Betriebsausgabe dar. Durch **Erhöhung des Vorrates** an hochwertigem Umlaufvermögen lassen sich daher uU massive Gewinnverschiebungen herbeiführen.

> **Beispiel:**
> Um das in diesem Jahr überdurchschnittlich hohe Einkommen zu kompensieren kauft und bezahlt der Zahnarzt Z Ende Dezember einen für sieben Jahre reichenden Vorrat an Zahngold.

Der Bundesfinanzhof hat das Vorliegen einer sofort abzugsfähigen Betriebsausgabe bejaht.[13]

Qualitative Bestandsveränderungen durch Verarbeitung von Umlaufvermögen (→ Rn. 235) wirken sich dagegen in der Einnahmen-Überschuss-Rechnung nicht auf Gewinn aus, ebenso wenig Veränderungen des Marktwertes bereits angeschaffter Warenvorräte. Die Wertsteigerung wirkt sich erst bei der Veräußerung aus.

262 **c) Das Anlagevermögen in der Einnahmen-Überschuss-Rechnung.** Bei Aufwendungen für die **Anschaffung von** Wirtschaftsgütern des Anlagevermögens wird das **Zuflussprinzip durchbrochen**. Obwohl die Anschaffungskosten Ausgaben im Sinn des § 11 II EStG sind, darf der Steuerpflichtige sie bei nicht abnutzbaren Wirtschaftsgütern erst im Jahr der Veräußerung als Betriebsausgabe berücksichtigen, gemäß § 4 III 3 EStG bei abnutzbaren Wirtschaftsgütern des Anlagevermögens nicht die Anschaffungskosten sondern nur die **AfA gemäß § 7 EStG** wie eine Betriebsausgabe berücksichtigen.

> **Beispiel:**
> A hat Anfang Januar 01 zum Betrieb einer Arztpraxis ein Geschäftshaus erworben. Die Anschaffungskosten betrugen umgerechnet 300 000 EUR, A hat den Betrag aus einer Erbschaft auf das Praxiskonto eingezahlt und von dort bei Fälligkeit von Kaufpreis und diversen Anschaffungsnebenkosten die Überweisungen getätigt. Von den Anschaffungskosten entfielen 100 000 EUR auf das Grundstück. Ende 03 verkauft er das Objekt zum Preis von 360 000 EUR. Auf das Grundstück entfallen davon 120 000 EUR.

Jahr	Vorgang	Betrag	Gewinnauswirkung
01	Kauf		
	Grundstück	100 000 EUR	
	Gebäude	200 000 EUR	0 EUR
01	AfA § 7 IV EStG	6000 EUR	− 6000 EUR
02	AfA § 7 IV EStG	6000 EUR	− 6000 EUR
03	AfA § 7 IV EStG	6000 EUR	− 6000 EUR
03	Verkauf		
	Grundstück	120 000 EUR	+ 20 000 EUR
	Gebäude	240 000 EUR	+ 58 000 EUR

---

[12] BFH BStBl. II 1984, 713 = DStR 1984, 692.
[13] BFH BStBl. II 1994, 750.

Obwohl aus betrieblicher Veranlassung im Jahr 01 umgerechnet 300 000 EUR abgeflossen sind, darf A diese nicht als Betriebsausgabe absetzen. Gemäß § 4 III 4 EStG dürfen die **Anschaffungskosten für das Grundstück** erst **bei der Veräußerung, die für das Gebäude** nur im Wege der **AfA nach § 7 IV EStG** einkommensmindernd als Betriebsausgabe angesetzt werden.

Beim Grundstück ist der anteilige Verkaufspreis von 120 000 EUR als Einnahme, der anteilige Kaufpreis von 100 000 EUR als Ausgabe anzusetzen. Daraus ergibt sich ein Veräußerungsgewinn von 20 000 EUR. Beim Gebäude stellt ebenfalls der anteilige Verkaufspreis von 240 000 EUR eine Einnahme dar. Die Differenz zwischen dem Verkehrswert 240 000 EUR und dem Buchwert von 182 000 EUR ergibt den Veräußerungsgewinn von 64 000 EUR.

Durch diese Sondervorschriften erfolgt eine **Gleichstellung** mit der Behandlung **des Anlagevermögens** in der Gewinnermittlung durch **Betriebsvermögensvergleich**.

Die „**Wertverzehrthese**", die besagt, dass die Anschaffung abnutzbarer Wirtschaftsgüter eine Vermögensumschichtung darstellt und erst der quantitative oder qualitative Wertverzehr durch die Abnutzung einen steuerlich relevanten Aufwand ausmacht, ist für die Einnahmen-Überschuss-Rechnung **nicht anwendbar**, da auch der Wertverzehr keinen Geldabfluss, also keine Betriebsausgabe darstellt. Nach der „**Aufwandsverteilungsthese**"[14] stellen die Anschaffungskosten an sich sofort abzugsfähige Betriebsausgaben dar, die jedoch auf Grund der gesetzlichen AfA-Regelung über die betriebsübliche Nutzungsdauer verteilt werden müssen.

d) Entnahmen und Einlagen. Der Gewinn ergibt sich in der Einnahmen-Überschuss-Rechnung aus dem **Überschuss der Betriebseinnahmen über die Betriebsausgaben**. Nur diese sind daher bei der Gewinnermittlung zu erfassen. **Privat veranlasste** Entnahmen oder Einlagen von Geld oder Geldeswerten sind daher **ohne Relevanz.** Einer ausdrücklichen Regelung, dass sie sich nicht auf den Gewinn auswirken dürfen, wie sie für die Gewinnermittlung durch Betriebsvermögensvergleich in § 4 I EStG enthalten ist, bedarf es für die Einnahmen-Überschuss-Rechnung daher nicht. Entnahmen und Einlagen brauchten daher bis 1999 nicht aufgezeichnet werden und erschienen nicht in der Einnahmen-Überschuss-Rechnung.

Dies hat sich durch die Einfügung des § 4 IVa EStG geändert, der in Satz 6 eine gesonderte Aufzeichnung von Einnahmen und Ausgaben zum Zweck der Ermittlung von Überentnahmen vorschreibt.[15]

Es gibt in der Einnahmen-Überschuss-Rechnung **keine Privatkonten,** da diese zu der Bilanz zugeordneten Bestandskonten gehören (→ Rn. 196). Da in der Regel auch für die Aufzeichnung zur Einnahmen-Überschuss-Rechnung die doppelte Buchführung verwendet wird (→ Rn. 257), werden **in der Buchführung** auch die Privatkonten geführt und bebucht und neben der Einnahmen-Überschuss-Rechnung als „**Sonstige Konten**" ausgedruckt.[16]

Anders ist es jedoch bei der **Entnahme** oder der privaten Nutzung von Wirtschaftsgütern. Diese führen zu unentgeltlichen Wertabgaben, die wie in der Gewinnermittlung durch **Betriebsvermögensvergleich** behandelt werden (→ Rn. 240–242). Für die Einkommensermittlung ist jedoch nicht die Entnahme als solche, sondern nur die Gewinnauswirkung der Entnahmehandlung, nämlich die **Aufdeckung stiller Reserven** (→ Rn. 199), entscheidend. Sie wird – wie in der Gewinn- und Verlustrechnung beim Ertrag – in der Einnahmen-Überschuss-Rechnung bei den Einnahmen erfasst und ist wie die regulären Einnahmen **umsatzsteuerpflichtig**.[17]

---

[14] Kemper FuR 2003, 113 ff. und 168 ff., Kemper FamRZ 2003, 1430.
[15] BFH DStR 2014, 1216; DStRE 2012, 1362; BStBl. II 2006, 588.
[16] Wegen der Einzelheiten kann daher auf → Rn. 239 verwiesen werden.
[17] Die Gleichbehandlung ergibt sich aus der Gleichstellung der Einnahmen-Überschuss-Rechnung mit dem Betriebsvermögensvergleich in § 4 III Satz 3 und 4 EStG.

II. Gewinnermittlung nach Durchschnittssätzen

1. Zum Personenkreis und zur Einkommensermittlung

266 Zum Personenkreis, der seine Gewinne nach Durchschnittssätzen gemäß § 13a EStG ermitteln kann, zählen ausschließlich **Land- und Forstwirte**.[18] Voraussetzung ist aber, dass
- keine Verpflichtung zur Buchführung und zum Jahresabschluss besteht (§ 13a I Nr. 1 EStG) und
- ein im Einzelnen gesetzlich bestimmter Umfang der Landwirtschaft nicht überschritten wird (§ 13a I Nr. 2–4 EStG).

Landwirte, die buchführungspflichtig sind und einen Jahresabschluss machen müssen, haben dies auch zum Zweck der Gewinnermittlung zu tun.[19] Besteht eine solche Verpflichtung nicht, werden jedoch die in § 13a I Nr. 2–4 EStG vorgegebenen Werte überschritten, so besteht auch für Land- und Forstwirte die Verpflichtung zur Gewinnermittlung durch Einnahmen-Überschuss-Rechnung nach § 4 III EStG (→ Rn. 250 ff.).

2. Die Ermittlung der Durchschnittssätze

267 Gemäß § 13a III EStG setzt sich der Durchschnittssatzgewinn zusammen aus
- dem Grundbetrag (IV),
- den Zuschlägen für Sondernutzungen (V),
- den nach VI zu ermittelnden Gewinnen,
- den vereinnahmten Miet- und Pachtzinsen,
- den vereinnahmten Kapitalerträgen, die sich aus Kapitalanlagen von Veräußerungserlösen im Sinne des Absatzes 6 Satz 1 Nr. 2 ergeben.

268 Was tatsächlich aus der landwirtschaftlichen Nutzung erwirtschaftet worden ist, ist nur in den Fällen von steuerlicher Relevanz, in denen der Landwirt freiwillig oder auf Grund gesetzlicher Vorschriften seinen Gewinn durch Einnahmen-Überschuss-Rechnung oder Bilanz mit Gewinn- und Verlustrechnung ermittelt. Der nach Durchschnittssätzen ermittelte Gewinn hat mit den realen Verhältnissen nichts gemein.

III. Einkommensermittlung durch Schätzung

269 Soweit die Finanzbehörde den Gewinn nicht ermitteln oder berechnen kann, hat sie nach § 162 AO die **Besteuerungsgrundlagen** zu **schätzen**. Die Schätzungsbefugnis steht also nur der Finanzbehörde zu, nicht dem Steuerpflichtigen selbst. Geschätzt wird nicht der Gewinn als solcher, geschätzt werden dürfen **nur Tatsachen**. Dies ist regelmäßig der Fall, wenn dem Steuerpflichtigen die genaue Ermittlung der einkunftsrelevanten Tatsachen nicht möglich oder nicht zuzumuten ist.

> **Beispiel:**
> A hat seine Praxis und seine Wohnung im selben Gebäude. An die Telefonanlage sind die Telefongeräte der Wohnung und der Praxis angeschlossen.
>
> Die Finanzbehörde wird den privaten Anteil an den Telefonkosten nach ihren Erfahrungssätzen schätzen.[20]

Sofern die vom Steuerpflichtigen erteilten **Auskünfte nicht ausreichen** oder **Unterlagen,** die der Steuerpflichtige zu führen hat, **nicht vorgelegt** werden oder es ihnen an

---

[18] Einzelheiten BMF v. 10.11.2015, BStBl. I 2015, 877.
[19] In diesem Fall kann auf die Ausführungen zur Gewinnermittlung im → 3. Abschnitt verwiesen werden.
[20] BFH BStBl. II 1979, 149; vgl. auch → Rn. 180; FG Düsseldorf – 9 K 4673/08 E – BeckRS 2012, 96416.

4. Abschnitt: Sonstige Gewinneinkünfte § 1

Beweiskraft ermangelt, können die gesamten Besteuerungsgrundlagen **geschätzt** werden, unabhängig davon, aus welchen Gründen die erforderlichen Unterlagen und Aufzeichnungen für Zwecke der Besteuerung nicht vorgelegt werden können; es kommt dabei nicht auf ein Verschulden des Steuerpflichtigen an.[21]

Behauptet der Steuerpflichtige, die Voraussetzungen eines Steuertatbestands seien nicht gegeben und unterlässt er es die „Einkünfte" substantiiert darzulegen, trägt er die Gefahr, dass das Finanzamt die Besteuerungsgrundlagen nicht ermitteln kann und deshalb die Voraussetzungen für eine Schätzung gemäß § 162 AO gegeben sind. Das gilt auch, wenn hinsichtlich der „Einkünfte" keine spezifischen steuerrechtlichen Dokumentationspflichten bestehen.[22]

IV. Wechsel der Gewinnermittlungsart

Steuerpflichtige, die nicht auf Grund der gesetzlichen Bestimmungen zur Gewinnermittlung durch Betriebsvermögensvergleich verpflichtet sind, können durch die **Art ihrer Aufzeichnungen** die **Art der Gewinnermittlung** bestimmen. Freiwillige Buchführung mit Abschlusserstellung zwingt zur Gewinnermittlung durch Betriebsvermögensvergleich[23] (→ Rn. 252). Der Wechsel der Gewinnermittlungsart ist nur zum Beginn eines Wirtschaftsjahres möglich. Die notwendigen Maßnahmen beim Wechsel von der Einnahmen-Überschuss-Rechnung zum Betriebsvermögensvergleich sind zum Jahresbeginn erforderlich und können nicht nachgeholt werden.[24] Der Steuerpflichtige ist an seine Wahl drei Jahre gebunden. 270

Durch **Zurechnung von Forderungen und Warenbestand, Abzug von Anzahlungen, Verbindlichkeiten, und Rückstellung sowie Zurechnung oder Abzug von Rechnungsabgrenzungsposten** ergibt sich eine Veränderung des Gewinns, in der Regel eine Erhöhung, weil neben den vor dem Wechsel mangels Zufluss noch nicht versteuerten Erträgen auch die am Jahresende noch nicht zugeflossenen Betriebseinnahmen nach dem Prinzip der periodengerechten Gewinnermittlung gewinnerhöhend erfasst werden müssen, während die Erfassung von Betriebsausgaben und Aufwand meistens geringer ist. Dieser sogenannte **Übergangsgewinn** (Saldo aus Zu- und Abrechnungen) kann auf drei Jahre verteilt werden.[25]

Veräußert ein Steuerpflichtiger, der den Gewinn nach § 4 III EStG ermittelt, den Betrieb, wird er so behandelt, als wäre er im Augenblick der Veräußerung zunächst zur Gewinnermittlung durch Betriebsvermögensvergleich nach § 4 I EStG übergegangen.[26] Der Übergangsgewinn ist in dem Jahr anzusetzen, in dem erstmals der Gewinn durch Buchführung ermittelt wird (H 4.6 EStH). Der Übergangsgewinn ist als laufender Gewinn außerhalb der Bilanz anzusetzen und dem bilanziellen Gewinn hinzuzurechnen.

V. Ermittlung des Einkommens aus Beteiligung an Gesellschaften

1. Gesetzliche Grundlagen und Personenkreis

Personengesellschaften, nämlich 271
– Gesellschaften bürgerlichen Rechts,
– Partnerschaftsgesellschaften,
– offene Handelsgesellschaften,
– Kommanditgesellschaften

---

[21] BFH/NV 2010, 2017.
[22] BFH DStR 2009, 2295.
[23] BFH/NV 2006, 1457.
[24] BFH DStR 2013, 1982.
[25] Einzelheiten EStR 4.6, Amtliche Hinweise 4.6.
[26] EStR R 4.6 (Zu § 4 EStG).

sind als solche nicht einkommensteuerpflichtig. In § 1 I EStG werden nur natürliche Personen aufgeführt. Einkommensteuerpflichtig sind ihre Gesellschafter (Transparenzprinzip). Ihre Einkünfte, gleich welcher Art (→ Rn. 51) sie sind, werden nach § 15 I Nr. 2 EStG als Einkünfte aus Gewerbebetrieb behandelt (Ausnahme → Rn. 274). Die Personengesellschaft trägt aber die Umsatzsteuer und die Gewerbesteuer. Einkommensteuerpflichtig sind aber die einzelnen Gesellschafter mit ihren jeweiligen Gewinnanteilen.[27] Steuerrechtlich werden diese Personenvereinigungen als **Mitunternehmerschaften bezeichnet.**[28]

Wenn Gesellschafter von einer Personengesellschaft Einkünfte beziehen, zB Tätigkeitsvergütungen, Vermietung oder Darlehen, werden diese im Rahmen der Gewinnverteilung den jeweiligen Gesellschaftern als Vorabgewinn zugeordnet, auch wenn es sich zivilrechtlich um einen Leistungsaustausch handelt. Verträge zwischen der Personengesellschaft und ihren Gesellschaftern werden **steuerrechtlich nicht anerkannt** (→ Rn. 275 ff.).

272 Anders ist es bei den **Kapitalgesellschaften.** Dieses sind nach § 1 des Körperschaftssteuergesetzes (KStG)
– Kapitalgesellschaften (insbesondere Europäische Gesellschaften, Aktiengesellschaften, Kommanditgesellschaften auf Aktien, Gesellschaften mit beschränkter Haftung);
– Genossenschaften einschließlich der Europäischen Genossenschaften;
– Versicherungs- und Pensionsfondsvereine auf Gegenseitigkeit;
– sonstige juristische Personen des privaten Rechts;
– nicht rechtsfähige Vereine, Anstalten, Stiftungen und andere Zweckvermögen des privaten Rechts;
– Betriebe gewerblicher Art von juristischen Personen des öffentlichen Rechts.

Körperschaften sind eigene Steuersubjekte (Trennungsprinzip). Deshalb werden Verträge zwischen der Körperschaft und ihren Anteilseigner auch steuerrechtlich anerkannt. Alle in § 2 II 1 EStG aufgeführten Einkünfte sind bei der Kapitalgesellschaft Einkünfte aus Gewerbebetrieb. Geschäftsführerbezüge und sonstige Gehälter, Mieten, Zinsen etc. sind bei der Körperschaft Betriebsausgaben und werden bei den Anteilseignern erfasst, wie wenn sie diese Einkünfte von fremden Dritten erzielen würden.

273 **Beispiel:**
A ist Gesellschafter der X-GmbH. Er erhält von der GmbH als deren Geschäftsführer ein regelmäßiges Jahresgehalt von 100 000 EUR. Für die Vermietung eines Lagerplatzes an die GmbH erhält er eine jährliche Miete von 12 000 EUR. A hat der GmbH zum marktüblichen Zins von 5% ein Darlehen von 100 000 EUR gegeben. Die GmbH erzielt im Jahr 01 einen Gewinn vor Körperschaftssteuer in Höhe von 100 000 EUR, im Jahr 02 sind es 200 000 EUR. Im Jahr 01 werden keine Gewinne ausgeschüttet. Im Jahr 02 schüttet die GmbH Gewinne aus; A erhält 20 000 EUR.

Zu versteuern sind – sofern *keine* Betriebsaufspaltung vorliegt –

Jahr	GmbH		Gesellschafter	
01	100 000 EUR	§ 1 KStG,	100 000 EUR	§ 19 EStG (→ Rn. 65 ff.)
		§ 15 EStG	12 000 EUR	§ 21 EStG (→ Rn. 293, 409)
			5000 EUR	§ 20 EStG (→ Rn. 408)
02	200 000 EUR	§ 1 KStG,	100 000 EUR	§ 19 EStG (→ Rn. 46 ff.)
		§ 15 EStG	12 000 EUR	§ 21 EStG (→ Rn. 293, 409)
			5000 EUR	§ 20 EStG (→ Rn. 408)
			20 000[29] EUR	§ 20 EStG (→ Rn. 408)

Alle Einkünfte des A werden bei seiner Steuerveranlagung erfasst. Mit Ausnahme der Gewinnausschüttung sind es bei der GmbH Betriebsausgaben. Bei der Besteuerung der ausgeschütteten Gewinne wird die Vorbelastung durch die Körperschaftssteuer pauschal kompensiert: Bis einschließlich 2007 galt gemäß § 3 Nr. 40 EStG das **Halbeinkünfte-**

---

[27] Anders bei der Gewerbesteuer: steuerpflichtig ist nach § 5 GewStG das Unternehmen.
[28] BFH DStR 2013, 299; BFH DStR 2008, 1187; FG München – 1 K 2243/10, BeckRS 2014, 96214.
[29] Bis 2009 Halbeinkünfteverfahren = $1/2$ von 20.000 = 10.000; ab 2009 Abgeltungsteuer auf 20.000 oder bei Option Teileinkünfteverfahren = 60% von 20.000 = 12 000 EUR.

4. Abschnitt: Sonstige Gewinneinkünfte § 1

verfahren, ab 2009 das **Teileinkünfteverfahren oder das Abgeltungsverfahren.** Damit wird der Reduzierung der Körperschaftsteuer von 25% auf 15% Rechnung getragen. Werden **fiktive Gewinnausschüttungen** dem unterhaltsrechtlichen Einkommen zugerechnet, so ist die entsprechende fiktive Steuerbelastung nach diesen Grundsätzen zu ermitteln. In der Regel macht dies die Hinzuziehung eines Steuersachverständigen nötig.

Eine **Personengesellschaft** die nur **aus Selbstständigen** im Sinn des § 18 EStG **274** besteht, erzielt Einkünfte aus selbstständiger Tätigkeit. Wenn jedoch auch nur einem der Gesellschafter die Qualifikation des § 18 EStG fehlt oder er gewerbliche Einkünfte erzielt, sind die gesamten Einkünfte der Personengesellschaft gewerbliche Einkünfte.[30]

Beispiele:
1. Die Architekten A und B üben ihren Beruf gemeinsam in einer Gesellschaft bürgerlichen Rechts aus. Nach dem Tod von A geht der Anteil auf seine Ehefrau F über, die als gelernte Steuerfachangestellte im Anstellungsverhältnis die Buchhaltung der GbR und die rechnerische Abwicklung der Bauvorhaben übernommen hatte. B führt mit F die Gesellschaft weiter.
2. Die Architekten A und B üben ihren Beruf gemeinsam in einer Gesellschaft bürgerlichen Rechts aus. Außerdem erwerben sie Mehrfamilienhäuser und verkaufen diese nach Umbau und Renovierung als Eigentumswohnungen weiter.

Im Fall 1. erzielt die GbR gewerbliche Einkünfte, weil F keinen freien Beruf iSd § 18 EStG ausübt. Im Fall 2. erzielt die GbR neben den Einkünften aus § 18 EStG auch aus dem Immobiliengeschäft Einkünfte aus gewerblicher Tätigkeit. In beiden Fällen sind die gesamten Einkünfte der GbR solche aus Gewerbebetrieb.

2. Gesonderte und einheitliche Gewinnfeststellung bei Mitunternehmerschaften

Die Ermittlung der Gewinnanteile aus einer Mitunternehmerschaft erfolgt in zwei **275** Stufen. Zunächst wird nach den Gewinnermittlungsvorschriften des Einkommensteuergesetzes der Gewinn des Unternehmens festgestellt. Dieser wird dann gemäß § 180 AO in der gesonderten und einheitlichen Gewinnfeststellung auf die einzelnen Mitunternehmer verteilt.

Beispiel:
An der ABC-KG sind die Gesellschafter A, B und C beteiligt. Aufgrund entsprechender Regelung im Gesellschaftsvertrag haben
- A als Komplementär die Geschäfte der KG geführt und dafür monatlich 6000 EUR entnommen,
- B hat an die KG das Betriebsgebäude vermietet, wofür ihm im Laufe des Jahres 48 000 EUR auf sein privates Girokonto überwiesen wurden,
- C für die Vermittlung einzelner Geschäfte insgesamt 12 000 EUR erhalten.

Die Zahlungen sind vertragsgemäß als Vorabgewinn in der Buchhaltung auf den variablen Kapitalkonten der Gesellschafter gewinnneutral erfasst worden. Den verbleibenden Gewinn haben sie gleichmäßig aufgeteilt. Der Gewinn ist in der Gewinn- und Verlustrechnung mit 252 000 EUR ausgewiesen.
Die gesonderte und einheitliche Gewinnfeststellung ergibt folgendes Bild:

	ABC KG	
A	B	C
Vorabgewinn 72 000 EUR + Anteil am lfd. Gewinn 40 000 EUR = **Gewerbliche Einkünfte 112 000 EUR**	Vorabgewinn 48 000 EUR + Anteil am lfd. Gewinn 40 000 EUR = **Gewerbliche Einkünfte 88 000 EUR**	Vorabgewinn 12 000 EUR + Anteil am lfd. Gewinn 40 000 EUR = **Gewerbliche Einkünfte 52 000 EUR**

Die Einkünfte der KG aus Gewerbebetrieb sind den Gesellschaftern nach dem vorstehend erläuterten Schlüssel zuzurechnen. Die Gesellschafter erzielen mit ihren **Vorabgewinnen** keine Einkünfte aus nichtselbstständiger Tätigkeit bzw. aus Vermietung. Alle

---

[30] Und damit auch gewerbesteuerpflichtig!

§ 1 Die Ermittlung des unterhaltsrechtlich relevanten Einkommens

Einkünfte sind Einkünfte aus Gewerbebetrieb und werden so in den Steuererklärungen der Gesellschafter erfasst und in den Steuerbescheiden ausgewiesen.

276 Der in der Gewinn- und Verlustrechnung oder Einnahmen-Überschuss-Rechnung **ausgewiesene Gewinn** und der **Gesamtgewinn** der Mitunternehmerschaft sind **nicht notwendig identisch.** Wenn die den Gesellschaftern zustehende Sondervergütung nicht nur aus dem erzielten Gewinn sondern auf Grund eines im Gesellschaftsvertrag oder sondervertraglich vereinbarten Leistungsaustauschverhältnisses zu Lasten der Gesellschaft auch dann beansprucht werden kann, wenn der Gewinn nicht ausreicht oder sogar ein Verlust erwirtschaftet worden ist, wird sie in der Gewinn- und Verlustrechnung als Aufwand bzw in der Einnahmen-Überschuss-Rechnung als Betriebsausgabe gewinnmindernd erfasst.

In solchen Fällen werden die **Sonderbetriebseinnahmen** – ebenso damit verbundene **Sonderbetriebsausgaben** der Gesellschafter in einem eigenen zusätzlichen Jahresabschluss erfasst. Die Form dieses besonderen Jahresabschlusses richtet sich nach der Gewinnermittlung der Mitunternehmerschaft. Wenn diese bilanziert, sind auch die Sondervergütungen im Wege einer (Sonder-)bilanz zu ermitteln; ermittelt die Mitunternehmerschaft – etwa eine Anwaltssozietät oder ärztlich Gemeinschaftspraxis – ihren Gewinn nach § 4 III EStG, gilt dieses auch für die Sondervergütungen

277 **Beispiel:**
Die ABC-KG hatte im vorigen Beispielsfall alle Leistungen an die Gesellschafter A, B und C aufgrund individueller Verträge mit den Gesellschaftern zu erbringen, und zwar auch bei Verlusten der Gesellschaft. Im Jahresabschluss wird ein Verlust von 60 000 EUR ausgewiesen: Die Aufwendungen an die Gesellschafter sind gewinnmindernd als Aufwand gebucht. A hatte ein Jahresgehalt von 72 000 EUR bezogen; B der Gesellschaft das in seinem Eigentum stehende Gebäude gegen eine Jahresmiete von 48 000 EUR überlassen. Die Instandhaltungskosten, die im abgelaufenen Wirtschaftsjahr 20 000 EUR betrugen, hatte B vertragsgemäß getragen; sonstige Kosten sind im Rahmen der Vermietung bei ihm mit 4000 EUR angefallen. C hat als einziger Gesellschafter auswärts gewohnt. Für die Teilnahme an Gesellschafterversammlungen sind ihm Kosten in Höhe von 1000 EUR entstanden, die ihm die Gesellschaft nicht zu erstatten hatte.

Sonderbetriebseinnahmen und -ausgaben der Gesellschafter sind auch hier Einkünfte aus Gewerbebetrieb. Sie sind in **Sonderbilanzen** zu erfassen. Die gesonderte und einheitliche Gewinnfeststellung sieht schematisch dargestellt wie folgt aus:

ABC KG		A		B		C	
Jahresergebnis	−60 000	Anteil	−20 000	Anteil	−20 000	Anteil	−20 000
+			+				
Löhne und Gehälter	72 000	SBE*	72 000				
+					+		
Mieten und Pachten	48 000			SBE*	48 000		
						+	
Provisionen	12 000					SBE*	12 000
−					−		
Sonderbetriebs-ausgaben B	24 000			SBA*	24 000		
						−	
Sonderbetriebs-ausgaben C	1 000					SBA*	1 000
=		=		=		=	
Gewinn (f. GewSt)	47 000	Gewerbliche Einkünfte	52 000 EUR	Gewerbliche Einkünfte	4 000 EUR	Gewerbliche Einkünfte	−9 000 EUR

* SBA = Sonderbetriebsausgaben; SBE = Sonderbetriebseinnahmen

4. Abschnitt: Sonstige Gewinneinkünfte § 1

Für die Ermittlung der Einkommensteuer werden jeweils gesondert die Sonderbetriebseinnahmen und Sonderbetriebsausgaben für A, B und C zusammengefasst und als Einkünfte nach § 15 EStG versteuert. Für die Ermittlung der Gewerbesteuer, die die ABC KG zu zahlen hat, wird der Verlust der ABC KG um die Sonderbetriebseinnahmen von A, B und C erhöht; ihre Sonderbetriebsausgaben werden abgezogen. Der steuerliche Gewinn der KG beträgt also 47 000 EUR.

Soweit sich für einzelne Gesellschafter **andere Wertansätze als in der Bilanz** ergeben, ist dies in **Ergänzungsbilanzen** darzustellen. Die daraus resultierenden zusätzlichen Gewinne oder Verluste gehen ebenfalls in die gesonderte und einheitliche Gewinnfeststellung ein. 278

Beispiel:
D übernimmt den Anteil des C an der ABC KG. Für dessen Anteil am Betriebsvermögen mit einem Buchwert von 100 000 EUR zahlt D entsprechend dem Verkehrswert 200 000 EUR.

Soweit der Kaufpreis auf abnutzbare Wirtschaftsgüter des Anlagevermögens entfällt, hat D auch die Differenz zwischen dem Buchwert und seinen Anschaffungskosten in einer Ergänzungsbilanz darzustellen. Er kann die daraus resultierende **zusätzliche AfA** einkommensmindernd berücksichtigen. Auch die Ergebnisse aus der Ergänzungsbilanz sind in der **gesonderten und einheitlichen Gewinnfeststellung** zu berücksichtigen. Die dort für die einzelnen Gesellschafter ausgewiesenen Gewinne sind die Berechnungsgrundlage für das unterhaltsrechtliche Einkommen.

3. Betriebsverpachtung und Betriebsaufspaltung

Wenn ein Unternehmer seinen Betrieb an einen anderen verpachtet, bleiben seine Einkünfte aus der **Betriebsverpachtung** solche aus Gewerbebetrieb nach § 15 EStG, solange der Betrieb nach Ende der Pachtzeit von ihm selbst wieder übernommen und in der bisherigen Art fortgeführt werden kann. Dies gilt dann nicht, wenn der Unternehmer dem Finanzamt gegenüber die Betriebsaufgabe erklärt hat. Dann erzielt er nur noch Einkünfte aus Vermietung und Verpachtung. Die stillen Reserven seines Betriebs einschließlich des ideellen Geschäftswertes sind jedoch im Jahr der Aufgabe nach § 16 EStG zu versteuern. 279

Strittig ist, ob der Aufgabeerlös unterhaltsrechtlich kein Einkommen, sondern eine Vermögensverwertung darstellt. Der Selbständige kann seine „Erwerbsquelle" auch dadurch „aufgeben" oder „einschränken", dass er sein Unternehmen oder seine Unternehmensbeteiligung ganz oder teilweise gegen Entgelt (oder vorwerfbar mutwillig ganz oder teilweise unentgeltlich) veräußert oder aufgibt. Fraglich ist dann unterhaltsrechtlich, wie der „Aufgabe-/Veräußerungsgewinn" zu behandeln ist. Die Antwort kann unter Heranziehung der Parallelwertung der „Verteilung" einer „Arbeitnehmerabfindung"[31] gefunden werden.

Eine **Betriebsaufspaltung** setzt ein **Besitzunternehmen** und ein **Betriebsunternehmen** voraus, die sachlich und personell verflochten sind. Das Besitzunternehmen muss dem Betriebsunternehmen funktional wesentliche Betriebsgrundlagen – etwa Grundstücke, Gebäude, Produktionsanlagen – überlassen haben **(sachliche Verflechtung)**. Dieselben Personen oder Personengruppen müssen Inhaber beider Unternehmen sein oder in beiden Unternehmen bestimmen können **(personelle Verflechtung)**. 280

Personelle Verflechtung. Eine Person oder mehrere Personen zusammen (Personengruppe) beherrschen sowohl das Besitzunternehmen als auch das Betriebsunternehmen in dem Sinne, dass sie in der Lage sind, in beiden Unternehmen einen einheitlichen geschäftlichen Betätigungswillen durchzusetzen.[32] Am klarsten tritt dies bei **Beteiligungsidentität** zutage, dh, wenn an beiden Unternehmen dieselben Personen im gleichen Verhältnis beteiligt sind. Der geschäftliche Betätigungswille kann aber auch bei **Beherrschungsidentität** vorhanden sein, dh, wenn die Personen, die das Besitzunternehmen tatsächlich beherrschen, in der Lage sind, auch in der Betriebskapitalgesellschaft ihren Willen durchzusetzen.[33]

---

[31] Dazu: BGH FamRZ 2012, 1048.
[32] BFH BStBl. II 1994, 466.
[33] BFH BStBl. II 1999, 445.

Sachliche Verflechtung. Ein „Unternehmen" überlässt eine wesentliche Betriebsgrundlage an eine gewerblich tätige Kapitalgesellschaft (Wesentliche Betriebsgrundlage). Das die wesentliche Betriebsgrundlage überlassende Unternehmen ist das Besitzunternehmen. Die Personen- oder Kapitalgesellschaft ist das Betriebsunternehmen. Wesentliche Betriebsgrundlagen sind solche WG, denen ein besonderes wirtschaftliches Gewicht für die Betriebsführung zukommt und die zur Erreichung des Betriebszwecks erforderlich sind.[34] Nicht entscheidend ist, ob das WG erhebliche stille Reserven enthält[35] oder jederzeit am Markt ersetzbar wäre.[36]

Rechtsfolge. Die Nutzungsüberlassung von WG im Rahmen einer Betriebsaufspaltung ist eine gewerbliche Tätigkeit iSd § 15 III Nr. 1 EStG.[37] *Dies hat zur Folge, dass sämtliche Einkünfte des ansonsten nicht gewerblich tätigen Besitzunternehmens als solche aus Gewerbebetrieb zu behandeln sind.*[38]

Beispiel:
U hat seinen bisher allein geführten Fabrikationsbetrieb mit dem gesamten Betriebsvermögen an die X-GmbH verpachtet. Gesellschafter der GmbH sind U mit 60% und A mit 40% der Anteile. Alle wesentlichen Entscheidungen in der Gesellschafterversammlung der GmbH können mit einfacher Mehrheit beschlossen werden. U und A sind Geschäftsführer der GmbH. U hat im abgelaufenen Wirtschaftsjahr 200 000 EUR Pacht und 150 000 EUR Gehalt von der GmbH erhalten.
Hätte U mit 50% oder weniger oder überhaupt nicht an der GmbH beteiligt, so wären die Pachteinnahmen als Einkünfte aus Vermietung und Verpachtung nach § 21 EStG zu erfassen. Aufgrund der Betriebsaufspaltung sind sie jedoch Einkünfte aus Gewerbebetrieb nach § 15 EStG. Das Geschäftsführergehalt ist trotz Betriebsaufspaltung Einkunft aus nichtselbständiger Tätigkeit.

Besondere Vorsicht ist bei der Zusammenrechnung der Anteile von Eltern und ihrer minderjährigen beteiligten Kinder geboten – sogenannte „Sorgerechtsfalle" –. Nach R 15.7 Abs. 8 EStÄR 2008[39] kommt es zu einer Addition der Beteiligung des minderjährigen Kindes über das Vermögenssorgerecht. Regelungen zur Vermögenssorge des minderjährigen Kindes können daher diese Addition zerstören, was zu einem Aufgabegewinn führen kann oder gar zu einer niemals gewollten Betriebsaufspaltung. Als Grundsatz sollte beachtet werden, niemals das Vermögenssorgerecht von minderjährigen Kindern ohne steuerliche Beratung zu regeln, sondern allenfalls im vorläufigen Rechtsschutz das Aufenthaltsbestimmungsrecht.

In der Regel ist das Besitzunternehmen ein Einzelunternehmen oder eine Personengesellschaft, das Betriebsunternehmen eine GmbH. Zwingend ist dies aber nicht: beide Unternehmen können in jeder beliebigen Form betrieben werden. Die Besitzgesellschaft erhält von der Betriebsgesellschaft für die Überlassung des Betriebs einen Pachtzins, der bei der Betriebsgesellschaft gewinnmindernd als Aufwand erfasst wird. **Gewinnausschüttungen sind Sonderbetriebseinnahmen** (→ Rn. 274) bei der Besitzgesellschaft, da die Anteile der Besitzgesellschafter an der Betriebsgesellschaft zum Sonderbetriebsvermögen bei der Besitzgesellschaft gehören. Die **Bezüge des Geschäftsführers der Besitzgesellschaft** gehören dagegen bei ihm zu den **Einkünften aus nichtselbständiger Arbeit,** auch wenn der Geschäftsführer der Betriebsgesellschaft gleichzeitig Besitzgesellschafter ist. Dies gilt aber nur, wenn die Betriebsgesellschaft eine GmbH oder andere Körperschaft ist.

Bei Unterhaltsbeteiligten, die an Besitzunternehmen und Betriebsunternehmen beteiligt sind, beziehen sie auch aus beiden Unternehmen unterhaltsrechtlich relevante Einnahmen.[40] Aufschluss geben in solchen Fällen die Einkommensteuerbescheide und die einheitlichen und gesonderten Gewinnfeststellungen (→ Rn. 275).

281–299 – *in dieser Auflage nicht belegt* –

---

[34] BFH BStBl. II 1986, 299.
[35] BFH BStBl. II 1998, 104.
[36] BFH BStBl. II 1993, 718; BStBl. II 2002, 662; BFH/NV 2003, 41; BFH/NV 2003, 910; BFH/NV 2006, 2182; BFH/NV 2008, 439.
[37] BFH BStBl. II 1998, 254; BStBl. II 1999, 483 § 50i I 4 EStG.
[38] BMF-Schreiben vom 8.6.1999, BStBl. I 1999, 454.
[39] R 15.7. EStÄR 2008, BStBl. I 2008, 1017.
[40] BGH NJW 2014, 3647; FamRZ 2004, 1179.

5. Abschnitt: Gewinneinkünfte im Unterhaltsrecht

I. Vorbemerkung

1. Verwertbarkeit steuerlicher Einkommensermittlung im Unterhaltsrecht

Trotz aller Kritik an der Verwertbarkeit der steuerlichen Einkommensermittlung stellt diese in der Praxis die unverzichtbare Ausgangsbasis für die Feststellung des unterhaltsrechtlichen Einkommens dar. Die Auffassung, es müsse zur Ermittlung des unterhaltsrechtlich relevanten Einkommens eine „Unterhaltsbilanz" erstellt werden,[1] hat sich nicht durchgesetzt. Kaum ein Steuerberater verfügt über ausreichende unterhaltsrechtliche Kenntnisse. Entscheidend ist aber wohl eher, dass der erhebliche Aufwand für die Erstellung zusätzlicher Jahresabschlüsse (Bilanz nebst Gewinn- und Verlustrechnung oder Einnahmen-Überschussrechnung) und die damit verbundenen Kosten in keinem vertretbaren Verhältnis zu dem angestrebten Nutzen stehen.[2]

Es wird daher auch in Zukunft kein Weg daran vorbeigehen, die steuerlichen Unterlagen daraufhin zu prüfen, ob und in welchen Punkten die steuerlichen Grundlagen unterhaltsrechtlich zu modifizieren sind.

Dass das steuerrechtlich relevante Einkommen und das unterhaltsrechtlich relevante nicht immer identisch sind,[3] ist zutreffend. Dies ist aber kein „Privileg" der Gewinneinkünfte.

300

Je nach Lage des Einzelfalls kann daher das steuerlich relevante Einkommen auch bei Nichtselbstständigen höher oder niedriger als das unterhaltsrechtliche sein. Dagegen ist die Schlussfolgerung[4] unzutreffend – zumindest nicht allgemein gültig –, dass das steuerlich ermittelte (Netto-)Einkommen bei Gewerbetreibenden und Selbstständigen das (unterhaltsrechtliche) Mindesteinkommen darstellt.

301

Beispiel:
U bebaut ein zum Betriebsvermögen gehörendes Grundstück mit einem Wohnhaus zum Zweck privater Nutzung. Die im Jahr 1970 angefallenen Anschaffungskosten des Grundstücks haben 20 000 EUR betragen; der Verkehrswert (Teilwert) zum Zeitpunkt der Bebauung beträgt 80 000 EUR.

Unterhaltsrechtlich findet kein Zufluss von verfügbarem Einkommen statt; es liegt lediglich eine Vermögensverlagerung vor. Einkommensteuerrechtlich führt die Entnahme von Betriebsvermögen in das Privatvermögen zur Aufdeckung stiller Reserven, dh zu einem Gewinn in Höhe der Differenz zwischen Anschaffungskosten und Teilwert, hier 60 000 EUR.[5]

2. Vorbehalt der Nachprüfung

Im 3. Abschnitt (→ Rn. 160 ff.) ist dargestellt, dass im Gegensatz zum bei der handelsrechtlichen Gewinnermittlung maßgeblichen Vorsichtsprinzip (→ Rn. 178) bei der steuerlichen Gewinnermittlung durch Betriebsvermögensvergleich nach §§ 4, 5 EStG oder Einnahmen-Überschuss-Rechnung nach § 4 III EStG ein möglichst realistisches Einkommen festgestellt wird.

302

Nicht immer jedoch ist der im steuerlichen Jahresabschluss und dem daraufhin erlassenen Steuerbescheid festgestellte Gewinn mit dem tatsächlichen steuerlichen Gewinn identisch.

---

[1] Nickl, Die unterhaltsrechtliche Bilanz als Basis der Einkommensermittlung bei selbstständigen Unterhaltsverpflichteten, Bremen 1987.
[2] Für eine einzige Einkommensermittlung wären wenigstens drei Unterhaltsbilanzen aufzustellen.
[3] Ständige Rechtsprechung: BGH FamRZ 2003, 741 = R 590.
[4] BGH FamRZ 2003, 741 = R 590.
[5] Dies gilt in gleicher Weise für Gewinn- und Verlustrechnung und Einnahmen-Überschuss-Rechnung.

Das gilt insbesondere dann, wenn der **Steuerbescheid**[6] **unter dem Vorbehalt der Nachprüfung** steht. Steuern können unter dem Vorbehalt der Nachprüfung (§ 164 AO) festgesetzt werden, solange der Steuerfall nicht abschließend geprüft ist. Solange der Vorbehalt der Nachprüfung wirksam ist, bleibt der gesamte Steuerfall „offen", die Steuerfestsetzung kann jederzeit (unabhängig von einem Rechtsbehelfsverfahren) uneingeschränkt zugunsten wie zuungunsten des Steuerpflichtigen, aus tatsächlichen oder rechtlichen Gründen, geändert werden. Die Grundsätze des Vertrauensschutzes (§ 176 AO) sind aber zu beachten. Ob das Finanzamt den Vorbehalt der Nachprüfung setzt, ist eine Ermessensentscheidung. Das Gesetz überlässt es der Finanzbehörde, ob sie einen Bescheid unter dem Vorbehalt der Nachprüfung ergehen lassen will. Bei Steuerpflichtigen, die der regelmäßigen Betriebsprüfung unterliegen oder bei denen eine Außenprüfung bevorsteht, erfolgt auf jeden Fall eine Steuerfestsetzung unter dem Vorbehalt der Nachprüfung. Mit Ablauf der Festsetzungsfrist entfällt der Vorbehalt der Nachprüfung kraft Gesetzes oder er kann vorher nach pflichtgemäßem Ermessen der Finanzbehörde jederzeit, auch auf Antrag des Steuerpflichtigen, aufgehoben werden.

3. Steuerliche Außenprüfung (Betriebsprüfung)

303 Eine Außenprüfung – im täglichen Sprachgebrauch „Betriebsprüfung" genannt – ist nach § 193 AO bei allen Steuerpflichtigen, die Einkünfte aus Gewerbebetrieb (→ Rn. 162), Land- und Forstwirtschaft (→ Rn. 266) oder selbstständiger Arbeit (→ Rn. 251) beziehen, ohne Einschränkung zulässig. Sie erfolgt gemäß § 193 AO, „wenn zu erwarten ist, dass eine größere Anzahl von Lebensvorgängen mit einem größeren Zeitaufwand zu prüfen ist", als dies im Rahmen der Steuerveranlagung möglich wäre.

Nach § 3 der Betriebsprüfungsordnung werden untergliedert
– Großbetriebe
– Mittelbetriebe
– Kleinbetriebe und
– Kleinstbetriebe,

wobei die Zuordnung zu den einzelnen Klassen von den Finanzbehörden festgelegt wird.[7] Nur bei Großbetrieben erfolgt – in der Regel im dreijährigen Turnus – eine lückenlose Prüfung der Jahresabschlüsse. Bei den übrigen Betrieben liegt die Anordnung im Ermessen der Finanzbehörde, wobei davon auszugehen ist, dass dafür die Wahrscheinlichkeit der Erzielung erheblicher Nachzahlungen maßgeblich ist. Betriebsprüfungen kleinerer Betriebe werden insbesondere auch dann angeordnet, wenn sich aus **Kontrollmitteilungen** bei Prüfungen der Geschäftspartner Anhaltspunkte für Unregelmäßigkeiten bei der Gewinnermittlung ergeben.

4. Steuerhinterziehung

304 Allein die Möglichkeit zur Verschaffung von Schwarzgeld bei Gewerbetreibenden und Selbstständigen darf genauso wenig wie die Möglichkeit zur Schwarzarbeit bei einem nichtselbstständig Tätigen Veranlassung zu Zurechnungen zum steuerlich ermittelten Einkommen geben, solange nicht konkrete Hinweise für solche Steuerhinterziehungen vorliegen. Nach § 370 I 1 AO ist strafbar, wer der Finanzbehörde über steuerlich erhebliche Tatsachen unrichtige oder unvollständige Angaben macht, oder nach § 370 I 2 AO, wer die Finanzbehörde pflichtwidrig über steuerlich erhebliche Tatsachen in Unkenntnis lässt. Der Steuerpflichtige ist somit nicht gehindert, jede Rechtsauffassung zu vertreten, selbst wenn er weiß, dass die Finanzverwaltung oder die Finanzgerichtsbarkeit dieser Auffassung nicht folgen wird oder sie bei objektiver Betrachtung völlig absurd sein sollte; er muss der Finanzverwaltung nur durch entsprechende Hinweise in der Erklärung Gelegenheit geben,

---

[6] Einkommensteuerbescheid beim Einzelunternehmer, Gesonderte und einheitliche Gewinnfeststellung bei Personengesellschaften.
[7] Zuletzt BMF v. 24.4.2012 BStBl. I S. 492 iVm. der Änderung BMF v. 9.6.2015, BStBl. I S. 504.

sich hiermit auseinanderzusetzen. Steuerpflichtigen ist es regelmäßig möglich und zumutbar, aus ihrer Sicht bestehende offene Rechtsfragen nach Aufdeckung des vollständigen und wahren Sachverhalts im Besteuerungsverfahren zu klären, statt auf das Bestehen einer vermeintlichen Strafbarkeitslücke zu hoffen.[8] Dabei sind Ehegatten nur für die Richtigkeit der Angabe ihrer eigenen Einkünfte oder gemeinsam erzielten Einkünfte verantwortlich, nicht für die vom andren Ehehatten allein erzielten Einkünfte.[9]

II. Steuerrechtlich und unterhaltsrechtlich irrelevante Aufwendungen

Ein aus einer ordnungsgemäßen Buchführung entwickelter Jahresabschluss entspricht insoweit auch unterhaltsrechtlichen Anforderungen, als nicht betriebsbedingte Aufwendungen **nicht gewinnmindernd** erfasst werden dürfen. Ausschließlich persönlich bedingte Aufwendungen, die unterhaltsrechtlich nicht einkommensmindernd berücksichtigt werden dürfen, stellen auch steuerrechtlich keine gewinnmindernden Ausgaben dar.

Nach § 12 EStG dürfen ua Kosten der privaten Lebensführung, die **für den Haushalt** des Steuerpflichtigen **und für den Unterhalt** seiner Familienangehörigen aufgewendet werden, ebenso wenig bei den Einkünften abgezogen werden wie die Aufwendungen für die Lebensführung, die die wirtschaftliche oder gesellschaftliche Stellung des Steuerpflichtigen mit sich bringt, auch wenn diese zur Förderung des Berufs oder der Tätigkeit des Steuerpflichtigen erfolgen.

Rein privat veranlasste Ausgaben, etwa der Einkauf von Lebensmitteln für den Haushalt oder die Anschaffung privater Kleidung gehören daher nicht zu den Betriebsausgaben oder Werbungskosten, sondern sind als **Privatentnahme** zu erfassen, sofern die Barzahlung aus der betrieblichen Kasse oder vom Geschäftskonto erfolgt.

Beispiel:
U kauft sich einen neuen Anzug und bezahlt dieses mit der Bankkarte, die für das Geschäftskonto ausgestellt ist. Der Betrag wird von diesem Konto abgebucht.

Der Vorgang ist als Privatentnahme zu erfassen. Buchungsmäßig steht ein solcher Vorgang einer privaten Geldentnahme gleich; wofür das Geld verwendet worden ist, ist steuerlich irrelevant. Derartige Vorgänge dürfen daher weder in der Gewinn- und Verlustrechnung noch in der Einnahmen-Überschuss-Rechnung zu finden sein.

Auch nicht eindeutig beruflich bedingter Aufwand[10] stellt steuerlich weder Betriebsausgabe noch Werbungskosten dar.

Beispiel:
R macht geltend, dass er üblicherweise legere und preisgünstige Kleidung benutze, ausschließlich aus beruflicher Veranlassung in der Kanzlei teure Maßanzüge tragen müsse.

Die Nutzung der Anzüge wird steuerlich nicht als Betriebsausgabe anerkannt. Bei der Beurteilung der Abzugsfähigkeit derartiger Aufwendungen wird kein Unterschied zwischen Selbstständigen und Nichtselbstständigen gemacht. Im Unterhaltsrecht wird man im Einzelfall entscheiden müssen, ob gemischte Aufwendungen anteilig anzurechnen sind.

Nur wenn sich berufliche und private Nutzung abgrenzen und getrennt erfassen lassen, ist bei der steuerlichen Einkommensermittlung eine Aufteilung vorzunehmen, die entweder auf einer Schätzung beruht – wie etwa bei der privaten Nutzung des betrieblichen Telefons – oder auf Grund pauschalierter Berechnungsmethoden zu ermitteln ist, so beim privat und betrieblich genutzten PKW (→ Rn. 242 und 324).

---

[8] BVerfG NJW 2011, 3778.
[9] BFH/NV 2010, 2239.
[10] BFH DStR 2010, 101; DStR 2014, 1331.

III. Unterhaltsrechtlich relevante Unterschiede zwischen Gewinn- und Verlustrechnung und Einnahmen-Überschuss-Rechnung

307 Unabhängig davon, ob der Gewinn durch Gewinn- und Verlustrechnung oder durch Einnahmen-Überschuss-Rechnung ermittelt wird, der sogenannte Totalgewinn von der Aufnahme bis zur Beendigung der Erwerbstätigkeit ist betragsmäßig identisch. Aus der unterschiedlichen Art der Gewinnermittlung ergeben sich jedoch zeitliche Verschiebungen. Während in der **Gewinn- und Verlustrechnung** der **Eintritt der Vermögensmehrung** maßgeblich ist, kommt es in der **Einnahmen-Überschuss-Rechnung** auf den **Zufluss oder Abfluss** der für eine Leistung zu erbringenden **Geldzahlung** an.

Soweit die Auswirkung eines Geschäftsvorfalls auf das Vermögen und der damit verbundene Zufluss oder Abfluss von Geldmitteln in ein und demselben Wirtschaftsjahr erfolgen, ergeben sich auch bei der Ermittlung des Jahresgewinns gegenüber der Einnahmen-Überschuss-Rechnung keine Unterschiede. Nur wenn zwischen der Vermögensänderung und dem Zu- oder Abfluss ein Bilanzstichtag liegt, ergeben sich vorübergehende Abweichungen.

> **Beispiele:**
> Der ausschließlich mit der Bauplanung beauftragte Architekt hat am 10.11. dem Auftraggeber die fertigen Planungsunterlagen übergeben und sein Honorar in Rechnung gestellt. Die Zahlung des Honorars geht auf seinem Konto
> a) am 27.12.
> b) am 5.1. des folgenden Jahres
> ein.

Für eine Gewinn- und Verlustrechnung ist die Forderung im November erlöswirksam zu buchen; das Honorar wird also unabhängig vom Zeitpunkt des Zahlungseingangs erfasst. Für eine Einnahmen-Überschuss-Rechnung wird erst der Zahlungseingang als Erlös verbucht; im Fall a) wird das Honorar daher noch im selben Geschäftsjahr, im Fall b erst im Folgenden als Einkommen erfasst. Ein Unterschied zwischen dem durch Betriebsvermögensvergleich ermittelten Gewinn und der Einnahmen-Überschuss-Rechnung ergibt sich also nur, wenn der Zufluss oder Abfluss der Betriebseinnahmen oder Betriebsausgaben nicht in dem Wirtschaftsjahr erfolgen, dem der Aufwand oder Ertrag wirtschaftlich zuzuordnen ist.

308 Das für die Gewinnermittlung durch Betriebsvermögensvergleich maßgebliche Prinzip der periodengerechten Gewinnermittlung entspricht dem aus der Unterhaltsrechtsprechung zur Anrechnung von Steuern bekannten **Für-Prinzip** (→ Rn. 584c[RS3]). Die Einnahmen-Überschuss-Rechnung baut dagegen auf dem unterhaltsrechtlichen **In-Prinzip** entsprechenden Zufluss-Prinzip auf.

Bei der Erfassung von
– Forderungen und Verbindlichkeiten (→ Rn. 223),
– Rechnungsabgrenzungsposten (→ Rn. 227) und
– Rückstellungen (→ Rn. 228 ff.)

in der Bilanz werden in der Gewinn- und Verlustrechnung Erträge und Aufwendungen in dem Jahr gewinnwirksam gebucht, dem sie wirtschaftlich zuzuordnen sind, auch wenn der Zufluss oder Abfluss der in Geld oder Geldeswert bestehenden Betriebseinnahmen oder -ausgaben außerhalb des Jahres erfolgt sind. Der in der Bilanz und der Gewinn- und Verlustrechnung festgestellte Gewinn basiert daher zu einem nicht unerheblichen Teil auf noch nicht geflossenen Einkünften bzw noch nicht bezahlten Schulden, was sich aber zum großen Teil durch die Auflösung entsprechender Bilanzposten aus dem Vorjahr bzw. innerhalb des Auskunftszeitraums ausgleicht.

IV. Unterhaltsrechtliche Bewertung der Gewinnermittlung nach Durchschnittssätzen und durch Schätzung

1. Gewinnermittlung nach Durchschnittssätzen

Die Gewinnermittlung nach Durchschnittssätzen (→ Rn. 266 ff.) ist für die Berechnung des unterhaltsrechtlich relevanten Einkommens **unbrauchbar**. Die Schätzwerte liegen weit unter dem tatsächlich zur Verfügung stehenden Einkommen. Soweit nicht auf Grund der erteilten Auskünfte (→ Rn. 437[RS4]) ein **Sachverständigengutachten** Aufschluss geben kann, wird man allenfalls über die Kosten der tatsächlichen Lebensführung **den konkreten Bedarf ermitteln** können, wobei besonders zu berücksichtigen ist, dass Landwirte in großem Umfang den Lebensunterhalt aus dem eigenen Betrieb decken können. 309

2. Steuerliche Gewinnschätzungen

Wenn mangels der nach der Abgabenordnung geschuldeten Mitwirkung der Gewinn von Gewerbetreibenden und Selbstständigen durch die Finanzbehörde geschätzt (→ Rn. 269) worden ist, liegen dieser Schätzung die für das steuerliche Einkommen maßgeblichen Kriterien zugrunde. Die Schätzung erfolgt auf der Basis des **innerbetrieblichen Vergleichs** mit Veranlagungszeiträumen, für die Gewinnermittlungen vorliegen, und dem Fremdvergleich mit vergleichbaren anderen Betrieben und auf der Basis der Richtwerte. 310

Mit der Schätzung greift die Finanzbehörde – insbesondere bei dem Verdacht von Steuerhinterziehungen – in der Regel sehr hoch, um die Abgabe einer Steuererklärung als das „kleinere Übel" zu erzwingen. Da ein Sachverständiger kaum bessere Möglichkeiten hat als die Finanzbehörden, wird man für die Ermittlung des unterhaltsrechtlich relevanten Einkommens **auf den Schätzbetrag zurückgreifen** können. Dabei ist allerdings genau wie bei der regulären Gewinnermittlung die Erforderlichkeit unterhaltsrechtlich bedingter Korrekturen zu prüfen.

Die Literatur empfiehlt zumindest dann die analoge Anwendung des § 162 AO im Unterhaltsrecht, wenn dessen steuerrechtliche Voraussetzungen vorliegen und auch sonst keine geeigneten Schätzungsgrundlagen vorhanden sind.[11] So wird zB der private Nutzungsanteil stets nach § 287 ZPO geschätzt, wenn konkreter Vortrag dazu fehlt.[12]

3. Einkünfte des Gesellschafter-Geschäftsführers einer GmbH

Wie bei → Rn. 273 dargestellt, kann der Gesellschafter einer GmbH von dieser außer **ausgeschütteten Gewinnen** auch andere Einkünfte beziehen, insbesondere **Lohn** oder **Gehalt, Mieten** oder **Zinsen**. Wenn der Unterhaltsbeteiligte weder aus seiner Gesellschafterstellung noch aus einer eventuellen Tätigkeit für die GmbH gesellschaftsrechtlich Einfluss auf die Gewinnerzielung und oder Gewinnausschüttung hat, sind seine jeweiligen Einkünfte anhand seiner persönlichen Unterlagen, zB Ausschüttungsbescheinigungen, Verdienstbescheinigungen, Miet- und Darlehensverträgen festzustellen. 311

Beispiel:
Eine Privatperson hält einen 10%-igen Anteil an einer GmbH im Privatvermögen. Er erhält aus dieser GmbH Gewinnausschüttungen (Dividenden) von 100.000 EUR und als Arbeitnehmer 80.000 EUR, aber nicht von dieser GmbH.

---

[11] Schürmann FamRB 2006, 149; Kuckenberg FuR 2006, 255; Strohal UnterhaltsR Rn. 213 f.
[12] OLG Brandenburg FamFR 2010, 560; KG FamRZ 2007, 2100; OLG Karlsruhe NJW-Spezial, 2006, 489; OLG München FamRZ 1999, 1350.

§ 1 Die Ermittlung des unterhaltsrechtlich relevanten Einkommens

Steuerrechnung	ESt + Abgeltungssteuer
aus nicht selbständiger Tätigkeit	80.000
./. Tarifliche ESt.	25.428
./. 5,5 % SolZ v. 25.428	1.398
Zwischensumme I	53.174
aus Dividenden	100.000
./. 25% Abgeltungssteuer	25.000
./. 5,5% SolZ v. 25.000	1.375
Zwischensumme II	73.625
Nettoeinkommen = Zwischensumme I + Zwischensumme II	126.799
Gesamtsteuerbelastung	53.201

Grundsätzlich gilt die Einkommensteuer auf Dividenden, die ein Gesellschafter als natürliche Person erhält, mit der Abgeltungsteuer als „bezahlt". Dies ist der Regelfall, wenn die Beteiligung im Privatvermögen gehalten wird. Die Einkommensteuer ist damit abgegolten. Allerdings dürfen in diesem Fall auch keine Werbungskosten in Zusammenhang mit der Beteiligung – wie zB Kosten der Finanzierung – steuerlich in Abzug gebracht werden. Die Privatperson erhält von der GmbH eine Steuerbescheinigungen für Kapitalerträge nach § 45a II, III EStG und die von der GmbH **direkt für ihn abgeführte** **Abgeltungssteuer**.[13]

Beispiel:
Eine Privatperson hält mehr als 1% Anteil aber weniger als 10% an einer GmbH im Privatvermögen. Er erhält aus dieser GmbH Gewinnausschüttungen (Dividenden) von 100.000 EUR und erhält gleichzeitig als Geschäftsführer oder Angestellter der GmbH 80.000 EUR.

Der Gesellschafter ist mindestens zu 1% bei beruflicher Tätigkeit des Gesellschafters für die Kapitalgesellschaft, an der Kapitalgesellschaft beteiligt. In diesem Fall kann der Gesellschafter die Beteiligungserträge wahlweise nach dem Teileinkünfteverfahren versteuern (§ 32d II Nr. 3 EStG). Dies bedeutet, dass die Beteiligungserträge nur in Höhe von 60% der Einkommensteuer unterliegen und Werbungskosten nur in Höhe von 60% Prozent angesetzt werden können (§ 3c II EStG). Für die Ausübung des Wahlrechtes ist ein entsprechender Antrag – spätestens zusammen mit der Abgabe der Einkommensteuererklärung – zu stellen. Der Antrag gilt dann für diesen und die folgenden vier Veranlagungszeiträume. Die Antragsvoraussetzungen sind nur im ersten Jahr nachzuweisen. Innerhalb des 5-Jahres-Zeitraumes kann der Antrag widerrufen werden, allerdings ist nach dem Widerruf kein erneuter Antrag möglich.[14]

Steuerrechnung	Teileinkünfteverfahren (EUR)	Abgeltungssteuer (EUR)
aus nicht selbständiger Tätigkeit	80.000	80.000
60% der Gewinnausschüttung	60.000	—
z. v. E. neu	140.000	80.000
./. Tarifliche ESt	50.628	25.428
./. 5,5% SolZ	(von 50.628) 2.784	(von 25.428) 1.398
Zwischensumme I		53.174
aus Dividenden	—	100.000
25% Abgeltungssteuer	—	25.000
+ 5,5 % SolZ	—	(von 25.000) 1.375
Zwischensumme	86.588	

---

[13] BMF v. 15.12.2017 BStBl. I 2018, 13.
[14] BMF v. 15.12.2017 BStBl. I 2018, 13; BFH BStBl. II 2015, 892.

5. Abschnitt: Gewinneinkünfte im Unterhaltsrecht § 1

Steuerrechnung	Teileinkünfteverfahren (EUR)	Abgeltungssteuer (EUR)
Zwischensumme II		73.625
Nettoeinkommen bei Abgeltungsverfahren = Zwischensumme I + Zwischensumme II		126.799
Nettoeinkommen bei Teileinkünfte	86.588 (steuerfreie Einkünfte) +40.000 126.588	
Gesamtbelastungsvergleich	53.412	53.201

Unterhaltsrechtlich besteht eine Vorlagepflicht auch bzgl. der Jahresabschlüsse einer Kapitalgesellschaft, sowie der Steuerbescheinigungen für Kapitalerträge nach § 45a II, III EStG, wenn der Auskunftspflichtige als Gesellschafter (nicht notwendig Alleingesellschafter) bzw. Geschäftsführer auch vom Gewinn der Gesellschaft abhängige Einkünfte bezieht.[15] Beim Teileinkünfteverfahren ist zudem darauf zu achten, dass der steuerfreie Anteil von 40% bei der Feststellung des unterhaltsrechtlich maßgeblichen Einkommens nicht vergessen wird.

4. Unterhaltsrechtliche Ausschüttungsobliegenheit 313

Bei einem **alleinigen Gesellschafter-Geschäftsführer** sollte die Ermittlung des unterhaltsrechtlich maßgeblichen Einkommens in gleicher Weise **wie bei einem Selbständigen** erfolgen, wenn offenkundig ist, dass er seine Einkünfte in der GmbH thesauriert. Das bedeutet im Beispielsfall, dass S Auskunft über die Einkünfte der GmbH in den letzten drei Jahren zu erteilen und die Jahresabschlüsse der Gesellschaft vorzulegen hat. Die Gewinne der GmbH werden in derselben Weise unterhaltsrechtlich geprüft wie die eines Selbständigen. Auch die Gewinnthesaurierung der GmbH unterliegt der unterhaltsrechtlichen Überprüfung. Soweit sie weder betrieblich veranlasst ist, noch den Einkommensverhältnissen entspricht, kann sie unterhaltsrechtlich keinen Bestand haben. Im Beispielsfall läge nahe, die Einkünfte aus seiner selbständigen Tätigkeit für den Unterhalt heranzuziehen, wenn sich die Umsätze nicht wesentlich geändert haben sollten.

Entscheidend für die Frage der Vorwerfbarkeit einer mangelnden Realisierung von Gewinnen aus einer Gesellschaft ist daher nicht, dass eine Realisierung derartiger Gewinne überhaupt möglich gewesen wäre. Vorwerfbar ist ein solches Verhalten vielmehr erst dann, wenn der als Gesellschafter tätige Unterhaltsschuldner mit dem Unterlassen der Gewinnausschüttung die Grenzen seiner unternehmerischen Freiheit in einer Art und Weise überschreitet, die dem Unterhaltsgläubiger unter Berücksichtigung seiner Interessen auf Sicherstellung einer monatlichen Unterhaltsrente nicht zumutbar ist.[16]

Unterhaltsrechtlich kann eine „Ausschüttungsobliegenheit" nur angenommen werden, **wenn ein rechtliches „Können"** (§ 29 GmbHG) gegeben ist **und** die fiktive Ausschüttung **zumutbar** ist (§ 254 AktG analog). In der Regel ist das „rechtliche Können" bei einem Mehrheitsgesellschafter nicht problematisch, sondern allenfalls die „Zumutbarkeit".

Anders ist die Rechtslage beim Minderheitsgesellschafter bei dem „fiktiv" zu prüfen ist, ob eine „Anfechtungsklage" gegen einen „Nichtausschüttungsbeschluss der Mehrheit der Gesellschafter" zum Erfolg geführt hätte. Bei der Entscheidung über die Ergebnisverwendung sind die berechtigten Interessen der einzelnen Gesellschafter an einer hohen Gewinnausschüttung gegenüber dem Interesse der Gesellschaft an einer Rücklagenbildung, den

---

[15] BGH FamRZ 1982, 680 unter Hinweis auf BGHZ 75, 195 (198) = FamRZ 1980, 37 (38); OLG Schleswig NJW-FER 1999, 209.
[16] OLG Hamm FamRZ 2009, 981.

Bedürfnissen der Selbstfinanzierung und Zukunftssicherung der Gesellschaft abzuwägen. Für diese gesellschaftsrechtlich nur eingeschränkt nachprüfbare Abwägung und insoweit in Betracht kommenden prognostische Erwägungen (etwa hinsichtlich eines Investitionsbedarfs der Gesellschaft) ist der Kenntnisstand der Gesellschafter zum Zeitpunkt der Beschlussfassung maßgebend.

Wenn der unterhaltsbeteiligte Gesellschafter und/oder Geschäftsführer auf die Geschäfts- und Bilanzpolitik der Gesellschaft Einfluss nehmen kann, gelten für die Auskunfts- und Belegpflicht dieselben Kriterien wie bei der Personengesellschaft (→ Rn. 435). Immer können die – verkürzten – Bilanzen beim **Handelsregister** eingesehen werden, wenn die Gesellschaft nach § 325 HGB zur Offenlegung verpflichtet ist.

Wenn der Unterhaltsbeteiligte die Gewinnausschüttung nach nicht gesellschaftsbedingten Kriterien, sondern persönlichen Interessen maßgeblich beeinflussen kann, sind die Gründe für geringe Gewinnausschüttungen zu hinterfragen. Die Beweislast für betriebliche Gründe liegt beim Gesellschafter.

313a 5. Gestaltungsmissbrauch – Korrektur inkongruenter Gewinnausschüttungen

Die steuerliche Anerkennung einer inkongruenten Gewinnausschüttung setzt zunächst voraus, dass eine vom Anteil am Grund- oder Stammkapital abweichende Gewinnverteilung zivilrechtlich wirksam bestimmt ist.[17] Bei Gesellschaften mit beschränkter Haftung setzt dies voraus:

Es wurde im Gesellschaftsvertrag gem. § 29 III 2 GmbHG ein anderer Maßstab der Verteilung als das Verhältnis der Geschäftsanteile im Gesellschaftsvertrag festgesetzt. Für eine nachträgliche Satzungsänderung zur Regelung einer ungleichen Gewinnverteilung ist gemäß § 53 III GmbHG die Zustimmung aller beteiligten Gesellschafter erforderlich. Oder:

Die Satzung enthält anstelle eines konkreten Verteilungsmaßstabs eine Klausel, nach der alljährlich mit Zustimmung der beeinträchtigten Gesellschafter oder einstimmig über eine von der satzungsmäßigen Regelung abweichende Gewinnverteilung beschlossen werden kann, und der Beschluss ist mit der in der Satzung bestimmten Mehrheit gefasst worden.

Ein Missbrauch (§ 42 II 2 AO) liegt vor, wenn eine unangemessene rechtliche Gestaltung gewählt wird, die beim Steuerpflichtigen oder einem Dritten im Vergleich zu einer angemessenen Gestaltung zu einem gesetzlich nicht vorgesehenen Steuervorteil führt. Von einem solchen Missbrauch ist bei Vereinbarung einer inkongruenten Gewinnausschüttung nicht auszugehen, wenn für die vom gesetzlichen Verteilungsschlüssel abweichende Gewinnverteilung beachtliche wirtschaftlich vernünftige außersteuerliche Gründe nachgewiesen werden. Diese Prüfung ist unter Zugrundelegung der besonderen Umstände des Einzelfalls vorzunehmen. Ein Indiz für eine unangemessene Gestaltung kann sein, wenn die Gewinnverteilungsabrede nur kurzzeitig gilt oder wiederholt geändert wird.[18]

Der Verzicht auf eine kongruente Gewinnausschüttung zu Lasten des Unterhaltsschuldners dürfte daher im Zweifel unterhaltsrechtlich immer zu korrigieren sein.

V. Posten der Gewinn- und Verlustrechnung und der Einnahmen-Überschuss-Rechnung nach unterhaltsrechtlichen Kriterien

1. Erträge/Einnahmen

314 **a) Umsatzerlöse.** Alle der betrieblichen Tätigkeit zuzuordnenden Betriebseinnahmen sind als Umsatzerlöse zu erfassen, in der Gewinn- und Verlustrechnung periodengerecht[19] zum Zeitpunkt des Entstehens der Forderung, in der Einnahmen-Überschuss-Rechnung

---

[17] BMF v. 17.12.2013, BStBl. I 2014, 63.
[18] BMF v. 17.12.2013, BStBl. I 2014, 63.
[19] Dazu → Rn. 222.

zum Zeitpunkt des Zuflusses der Gegenleistung.[20] Zu den Umsatzerlösen gehören auch solche aus Nebenleistungen, wie etwa dem Kunden in Rechnung gestellte Verpackungs- und Transportkosten bei einem Handelsbetrieb. Inwieweit eine Untergliederung in einzelne Umsatzarten erfolgt, liegt im Belieben des Unternehmers und richtet sich in erster Linie nach betriebswirtschaftlichen Überlegungen.

> **Beispiel:**
> U betreibt eine Kraftfahrzeugwerkstatt und handelt mit Gebrauchtfahrzeugen und Ersatzteilen.

U kann in seiner Buchführung und im Jahresabschluss alle Umsätze auf einem Konto erfassen oder aber untergliedern, zB
– Erlöse aus Verkauf von Kraftfahrzeugen
– Erlöse aus Verkauf von Ersatzteilen
– Erlöse aus Reparaturen
und mehr.

b) Erträge aus Verkauf von Anlagevermögen. Die Erlöse aus dem Verkauf von Anlagevermögen erhöhen den laufenden Gewinn (→ Rn. 217), soweit stille Reserven aufgedeckt werden. Dies ist dann der Fall, wenn das Wirtschaftsgut beim Verkauf mehr als die Anschaffungskosten bringt oder durch frühere Abschreibungen (AfA) der Buchwert unter dem Verkaufspreis liegt. Falls unterhaltsrechtliche Korrekturen als erforderlich angesehen werden, ist zu beachten, dass in der Regel der **Veräußerungserlös** – also nicht nur der **Veräußerungsgewinn** – bei den Erträgen und der Buchwert als **Anlagenabgang** beim Aufwand, gewinnerhöhend erfasst wird. Unterhaltsrechtlich ist zu prüfen, inwieweit Gewinnerhöhungen aus Anlageverkäufen in die Einkommensprognose einfließen dürfen. Gewinne oder Verluste aus dem Auskunftszeitraum sind unterhaltsrechtlich zu korrigieren, wenn sie im Zahlungszeitraum nicht mehr zu erwarten sind (hierzu im Einzelnen oben → Rn. 26). **315**

> **Beispiel:**
> U hat einen kleinen Betrieb, in dem er mit einer Maschine Werkzeugteile herstellt. Die Maschine ist zum Zeitpunkt ihres Verkaufs seit fünf Jahren auf 0 EUR abgeschrieben. Beim Verkauf im letzten Jahr des Auskunftszeitraums erzielt U einen Kaufpreis von netto 18 000 EUR.

Wenn man den Gewinn nicht unterhaltsrechtlich storniert, wird dem U ein Mehreinkommen von monatlich 500 EUR brutto zugerechnet, das er in den folgenden Jahren nicht erzielen wird, da ein derartiger Verkauf nicht mehr ansteht.

Im Fall eines Unterhaltsabänderungsverfahrens ist außerdem zu prüfen, ob möglicherweise im früheren Unterhaltsverfahren Abschreibungen nicht anerkannt wurden. In diesem Fall ist auch der Veräußerungsgewinn zu berichtigen, damit unterhaltsrechtlich maßgebliches Einkommen nicht doppelt berücksichtigt wird. **316**

> **Beispiel:**
> U hat im Januar 01 einen Lkw für 90 000 EUR angeschafft und linear mit 10 000 EUR abgeschrieben. Im Anschaffungsjahr hat er eine Sonderabschreibung nach § 7g EStG in Höhe von 18 000 EUR Anspruch genommen. Im Unterhaltsverfahren Anfang 02 wurde die Sonderabschreibung nicht anerkannt, sondern das Einkommen um 18 000 EUR erhöht. Ende Dezember 04 verkauft U dem Lkw für 54 000 EUR. Buchwert zum Zeitpunkt des Verkaufes beträgt 30 000 EUR. Demgemäß wird in der Bilanz für 04 ein Veräußerungsgewinn von 18 000 EUR ausgewiesen. Im Unterhaltsverfahren wird keine Berichtigung vorgenommen.

Aus dem erzielten Verkaufserlös von 54 000 EUR ergibt sich, dass die lineare Abschreibung von jährlich 9000 EUR den tatsächlichen Wertverlust des Fahrzeugs ergeben hätte. Ohne die Sonderabschreibung hätte der Buchwert des Fahrzeugs genau 54 000 EUR betragen, so dass kein Veräußerungsgewinn entstanden wäre. Den in 01 durch die Sonderabschreibung erzielten Steuervorteil holt das Finanzamt sich in 04 durch Besteuerung des Veräußerungsgewinns zurück. Da unterhaltsrechtlich die Verminderung des Gewinns bereits in 01 durch Stornierung der Sonderabschreibung korrigiert wurde, muss konsequenterweise in 04 der Veräußerungsgewinn ebenfalls storniert werden.[21]

---

[20] Dazu → Rn. 192, 223 f., 253.
[21] Im Einzelnen dazu → Rn. 351.

317 Ob der **Erlös aus dem Verkauf von Anlagevermögen** unterhaltsrechtlich zum Einkommen zählt oder der Vorgang der Vermögenssphäre zuzuordnen ist, muss im Einzelfall entschieden werden. Veräußerungsgewinne aus dem Verkauf von teilweise oder ganz abgeschriebenen Wirtschaftsgütern sind dann unterhaltsrechtlich relevantes Einkommen, soweit die AfA-Beträge auch bei der Festsetzung des Unterhalts berücksichtigt worden sind.

Ein Veräußerungsgewinn aus der **Wertsteigerung eines Grundstücks** wird man in der Regel der **Vermögenssphäre** zurechnen müssen.

Beispiel:
Zum Betriebsvermögen des U gehört ein Grundstück, dass U mit dem Betrieb zusammen im Jahr 2000 von seinem Vater geerbt hat. Es ist in der Bilanz ordnungsgemäß mit den Anschaffungskosten aus dem Jahr 1958 in Höhe von umgerechnet 2000 EUR aktiviert und wird im Auskunftszeitraum für 52 000 EUR verkauft. In der Gewinn- und Verlustrechnung sind die stillen Reserven von 50 000 EUR dem laufenden Gewinn zugerechnet.

Der Veräußerungsgewinn ist in diesem Fall unterhaltsrechtlich irrelevant. Er ist als Vermögensmehrung auf der güterrechtlichen Ebene zu berücksichtigen. Soweit die Wertsteigerung bei Eingehung der Ehe schon vorhanden war, fällt sie in den privilegierten Erwerb.

318 Die auf den Veräußerungsgewinn entfallenden Steuern sind ebenfalls auf der Vermögensebene zu berücksichtigen.[22]

319 **c) Erträge aus Bestandsveränderungen.** Bei der Gewinnermittlung durch Betriebsvermögensvergleich – nicht bei der Einnahmen – Überschussrechnung (§ 4 III EStG) – führen alle Mehrungen des Umlaufvermögens, die nicht auf Einlagen zurückzuführen sind, zu Erträgen oder Aufwendungen, gleichgültig ob irgendwelche Geldmittel oder sonstige Vermögenswerte dem Betrieb zugeflossen wären.[23] In Betracht kommen (→ Rn. 234 f.)
– Wertsteigerung durch Verarbeitung (→ Rn. 261)
– Veränderung des Bestands durch nicht verbrauchten Wareneinkauf.

Rechnerisch ergibt sich der Wert der Bestandsveränderung grundsätzlich als Unterschied zwischen den Bilanzansätzen der Posten „fertige und unfertige Erzeugnisse" des Berichtsjahres zu denen des Vorjahres. Die Bestandsveränderungen können gleichermaßen auf Änderungen der Menge und des Wertes zurückzuführen sein. Abschreibungen auf fertige und unfertige Erzeugnisse sind – soweit sie über das übliche Maß hinausgehen – allerdings nicht in den Saldo des Postens „Erhöhung oder Verminderung des Bestands an fertigen und unfertigen Erzeugnissen" einzubeziehen, sondern fließen in den Posten „Abschreibungen auf Vermögensgegenstände des Umlaufvermögens, soweit diese die in der Kapitalgesellschaft üblichen Abschreibungen überschreiten" ein. Nicht unter die Bestandsveränderungen, sondern unter den GuV-Posten „Aufwendungen für Roh-, Hilfs- und Betriebsstoffe und für bezogene Waren" fallen Bestandsveränderungen der fremdbezogenen Roh-, Hilfs- und Betriebsstoffe sowie Bestandsveränderungen von Handelswaren. Ein gesonderter Ausweis der Bestandsveränderungen von fertigen Erzeugnissen einerseits und Bestandsveränderungen von unfertigen Erzeugnissen andererseits ist nicht erforderlich, so dass nur ein saldierter Ausweis vorzunehmen ist.

Obwohl kein Geldzufluss vorliegt, sollte unterhaltsrechtlich keine Korrektur erfolgen, da sich die Wertveränderungen in der Regel kurzfristig gewinnneutral monetarisieren. So wirkt sich zB der Verkaufserlös nicht mehr auf den Gewinn aus, soweit er auf der bereits berücksichtigten Wertsteigerung beruht. Zu beachten ist aber, dass die Bestandsveränderung durch die vom Steuerpflichtigen selbst durchzuführenden **Inventur** ermittelt wird. Wird der Bestand in der Bilanz zu gering bewertet, sinkt der Gewinn. Wenn die Entwicklung während des Auskunftszeitraums zu Bedenken Anlass gibt, ist die Einholung eines Gutachtens geboten, wenn sich die Abweichungen nicht klären lassen.

320 **d) Erträge aus Herabsetzung oder Auflösung von Wertberichtigungen.** Bei der Gewinnermittlung durch Betriebsvermögensvergleich – nicht bei der Einnahmen – Überschussrechnung (§ 4 III EStG) – kann gegen die in der Bilanz ausgewiesenen **Netto-**

---

[22] BGH FamRZ 1987, 36.
[23] Vgl. dazu BGH FamRZ 2003, 741 = R 590b.

forderungen (→ Rn. 225) aus Lieferungen und Leistungen kann eine erlösmindernde Wertberichtigung gebucht werden. Reduzieren sich in der Bilanz die Forderungen gegenüber dem Vorjahr, so reduziert sich auch die Wertberichtigung in entsprechendem Umfang und wird gewinnerhöhend aufgelöst.

> **Beispiel:**
> Gegenüber der Bilanz 01 mit Forderungen in Höhe von 250 000 EUR sind in der Bilanz 02 nur noch 200 000 EUR ausgewiesen. Die Wertberichtigung ist wie folgt aufzulösen:

| Pauschalwertberichtigung | 50 000 | S | *Erlöse aus der Auflösung von Pauschalwertberichtigungen* | 50 000 | H |

Der Erhöhung des Betriebsvermögens in der Bilanz (= Gewinn) entspricht der Ertrag in der Gewinn- und Verlustrechnung (= Gewinn). Eine unterhaltsrechtliche Korrektur ist nicht geboten. Der Gewinnerhöhung durch die Auflösung entspricht die frühere Gewinnminderung durch die Bildung der Pauschalwertberichtigung.

Eine gewinnsteigernde Wertberichtigung ergibt sich auch dann, wenn sich eine Forderung, für die wegen Illiquidität eines Schuldners früher eine Einzelwertberichtigung vorgenommen wurde, doch noch ganz oder teilweise erfüllt wird.

> **Beispiel:**
> U hat eine Forderung von netto 40 000 EUR[24] gegen einen Kunden im Jahr 01 im Wege der Einzelwertberichtigung vollständig ausgebucht, nachdem in der Ersten nach Insolvenzeröffnung durchgeführten Gläubigerversammlung vom Insolvenzverwalter die Einstellung mangels Masse prognostiziert worden war. Erst in 02 stellte sich heraus, dass verbindlich mit einer Befriedigung in Höhe von 25% zu rechnen sei.
>
> U muss in der nächsten Bilanz gewinnerhöhend einbuchen, was die Forderung wert ist.

| Forderungen | 10 000 | S | *Erlöse aus der Auflösung von Wertberichtigungen* | 10 000 | H |

Unterhaltsrechtlich ist eine Korrektur allenfalls dann vorzunehmen, wenn es sich um eine hohe Wertberichtigung handelt, die vor dem unterhaltsrechtlich maßgeblichen Zeitraum gebildet wurde und in Zukunft ein entsprechender Gewinn nicht mehr zu erwarten ist.

e) Erträge aus der Auflösung von Sonderposten mit Rücklageanteil – Rücklage nach § 6b EStG. Sonderposten mit Rücklageanteil (→ Rn. 232) sind bei in der Gewinnermittlung durch Betriebsvermögensvergleich zulässigen Rücklagen nach § 6b EStG aufzulösen, wenn die Ersatzbeschaffung nicht fristgerecht erfolgt oder die Rücklage nicht in vollem Umfang auf die Anschaffungskosten übertragen wird. Unterhaltsrechtlich stellt sich der Auflösungsertrag als zeitlich verschobener Gewinn aus Vermögensverwertung dar. Er ist daher nach den dafür geltenden Kriterien (→ Rn. 315 ff.) zu berücksichtigen. Nach der Rechtsprechung des BGH ist die Einkommensteuerbelastung für die Ermittlung des unterhaltsrechtlich maßgeblichen Einkommens fiktiv zu ermitteln. Da der Geldzufluss sich nicht auswirkt, darf der Unterhaltsberechtigte auch nicht mit der diesbezüglichen Einkommensteuer belastet werden (→ Rn. 980).[25]

321

Da die unterhaltsrechtliche Einkommensermittlung im Allgemeinen nicht unerhebliche Zeit nach dem letzten Bilanzstichtag stattfindet, wird in der Regel feststehen, was aus der gewinnmindernden Maßnahme geworden ist.

f) Sachbezüge. Abgabe oder Nutzung von Umlaufvermögen zugunsten seiner Arbeitnehmer – sogenannte Sachbezüge – sind beim Arbeitgeber als umsatz- und einkommensteuerpflichtiger Erlös gewinnerhöhend zu buchen, wobei auch hier vielfach pauschaliert wird. Zu erwähnen sind vor allem:
– freie Kost,[26]

322

---

[24] Die Umsatzsteuer wird im Beispielsfall nicht dargestellt.
[25] BGH FamRZ 1987, 36; bestätigt durch BGH FamRZ 1992, 1045.
[26] Sozialversicherungsentgeltverordnung – SvEV – 2019 BGBl. 2018 I S. 1842.

- freie oder verbilligte Unterkunft,[27]
- kostenloser oder verbilligter Warenbezug und
- private Nutzung betrieblicher Kraftfahrzeuge[28].

In der Gewinnberechnung des Arbeitgebers heben sich die Sachbezüge auf, da sie im Rahmen der Erträge als Erlöse, beim Aufwand in gleicher Höhe als Aufwand/Betriebsausgaben erfasst werden. Als Unkosten bleiben ihm die für die Bereitstellung der Sachbezüge angefallenen Kosten (Wareneinkauf, Herstellungskosten etc.) Soweit es sich um Leistungen an fremde Arbeitnehmer des Unterhaltspflichtigen handelt, können daher die in den steuerlichen Unterlagen vorgegebenen Zahlen unbeanstandet in die Berechnung des unterhaltsrechtlich maßgeblichen Einkommens übernommen werden, da der Arbeitgeber auch bei zu gering angesetzten Pauschalen keinen wirtschaftlichen Vorteil hätte sondern lediglich der Arbeitnehmer private Aufwendungen verbilligt erhielte.

Aufmerksamkeit ist aber geboten, wenn ein **neuer Lebens- oder Ehepartner im Betrieb** des Unterhaltspflichtigen – oder auch Unterhaltsberechtigten – tätig ist, dessen Einkommen ermittelt werden muss. In diesem Fall hat man, wenn man das Arbeitsverhältnis nicht als berufsbedingt anerkennt, den einkommenserhöhenden Sachbezug zu berücksichtigen, den Personalaufwand einschließlich des darin enthaltenen Sachbezugs jedoch dem Einkommen zuzurechnen.

323 g) **Versicherungsentschädigungen.** Werden Schäden an versicherten Wirtschaftsgütern instandgesetzt und die dadurch anfallenden Kosten ganz oder teilweise von einer Sach- oder Haftpflichtversicherung ersetzt, sind die Ersatzleistungen steuer- wie unterhaltsrechtlich relevante Erlöse und kompensieren die Instandsetzungskosten. Betriebseinnahme und Betriebsausgabe heben sich im Ergebnis auf.

Wird das beschädigte Wirtschaftsgut nicht repariert, kann eine Absetzung für Abnutzung in Höhe der Wertminderung erfolgen: Soweit diese sich nicht mit der Versicherungsleistung deckt, entstehen Aufwand/Betriebsausgabe oder Ertrag/Betriebseinnahme.

324 h) **Unentgeltliche Wertabgaben. aa) Grundlagen.** Während Barentnahmen (→ Rn. 239) oder privat veranlasste Abhebungen vom Geschäftskonto über das Privatkonto gebucht werden und den Gewinn nicht beeinflussen, verhält es sich anders, wenn betrieblich angeschaffte oder hergestellte Gegenstände zu privaten Zwecken entnommen (→ Rn. 240 f.) oder neben der betrieblichen Nutzung auch zu privaten Zwecken genutzt (→ Rn. 242) werden. In solchen Fällen werden nicht etwa die Betriebsausgaben anteilig gekürzt. Vielmehr werden alle zugrundeliegenden Aufwendungen als Betriebsausgaben erfasst, die privaten Entnahmen und Nutzungen also wie Leistungen an Dritte als Erlöse aufgeführt.

Da die privaten Entnahmen und Nutzungen von betrieblichen Wirtschaftsgütern als Erlöse zu erfassen sind, ist aus einem ordnungsgemäß erstellten Jahresabschluss zu erkennen, ob und in welcher Höhe privat bedingte Aufwendungen gebucht worden sind. Eine **unterhaltsrechtliche Korrektur** darf zur Vermeidung doppelter Berücksichtigung nur bei den Einnahmen und **nicht bei den Betriebsausgaben** erfolgen.

325 bb) **Sachentnahmen.** Bei Selbstständigen und Gewerbebetreibenden kommen insbesondere in Betracht
- der private Verbrauch von Lebensmitteln und Getränken bei Gastwirten und einschlägigen Handelsbetrieben,
- der private Verbrauch von Arzneimitteln bei Apothekern und Ärzten,
- die private Nutzung des betrieblichen Telefons,
- die private Nutzung des betrieblichen Kraftfahrzeuges,
- die Entnahme von betrieblich genutzten Gegenständen ins Privatvermögen sowie
- der Einsatz von Betriebspersonal zu privaten Zwecken.

Der nach § 6 I Nr. 4 Satz 1 EStG für die Privatentnahmen anzusetzende Teilwert wird in diesen Fällen nicht tatsächlich ermittelt, sondern vom Steuerpflichtigen geschätzt oder mit Pauschalbeträgen angesetzt. So wird zB der Eigenverbrauch von Lebensmitteln nach jährlich vom Bundesministerium der Finanzen festgesetzten Werten (→ Rn. 241) gebucht.

---

[27] Dazu BMF v. 16.11.2018 -BStBl I 2018, 1231.
[28] Vgl. Dorn/Hauf/Schmitt Übersicht Beilage 4 zu NWB Heft 52/2018.

5. Abschnitt: Gewinneinkünfte im Unterhaltsrecht § 1

Bei korrekter Buchführung wird der Eigenverbrauch mit diesen Pauschalwerten als steuerpflichtige Einnahme erfasst.

Beispiel:
Der geschiedene Gastwirt lebt mit seiner Lebensgefährtin und deren beiden minderjährigen Kindern zusammen. Alle Mahlzeiten nehmen die vier Personen in der Gaststätte ein.

Die **Beköstigung eines Gastwirtes** im eigenen Betrieb wird im Jahresabschluss als **unentgeltliche Wertabgabe** erfasst. Sie beträgt 3105 EUR (→ Rn. 241) für jede erwachsene Person, die Hälfte für das minderjährige Kind. Der monatliche Eigenverbrauch der Beispielpersonen beträgt also 3 × 259 EUR = 777 EUR und ist wie folgt zu erfassen:[29]

Privat (Kapital)	891	S	Unentgeltliche Wertabgabe	777	H
			Umsatzsteuer	114	H

Dadurch dass die Entnahme der Lebensmittel als umsatzsteuerpflichtiger Erlös gebucht wird, wird der Steuerpflichtige im Ergebnis so behandelt, als hätte er die für die Beköstigung seiner neuen Familie erforderlichen Lebensmittel zum Preis von 891 EUR monatlich = 9,90 EUR pro erwachsene Person und Tag aus versteuertem Einkommen erworben. Auf die Pauschalansätze wird man jedenfalls dann zurückgreifen können, wenn kein Mangelfall vorliegt.

Dagegen bedürfen die **Entnahmen von Anlage- oder Umlaufvermögen** einer sorgfältigen Prüfung, bei der man auch nicht immer auf den Teilwert abstellen kann. Es ist vielmehr festzustellen, was ein Nichtselbstständiger hätte aufwenden müssen. **326**

Beispiel:
U stellt Motorrasenmäher her. Er entnimmt einen davon aus dem Lagerbestand
 a) für seinen eigenen Hausgarten,
 b) als Geschenk für eine gemeinnützige Einrichtung.
In der Buchführung wird der Vorgang nicht erfasst. In der Inventur finden sich nur die noch im Lager befindlichen Rasenmäher, die – für diesen Typ – zutreffend mit 300 EUR bewertet wurden. Der Ladenverkaufspreis beträgt 500 EUR netto.

Steuerlich wäre die Entnahme in beiden Fällen mit dem Teilwert anzusetzen gewesen. Unterhaltsrechtlich wird man zumindest im Fall a) den Verkaufspreis ansetzen müssen.[30]

cc) Nutzungsentnahmen. Wenn der Unterhaltspflichtige sein Telefon auch privat benutzt, insbesondere wenn die Privatwohnung an die Telefonanlage des Betriebs angeschlossen ist, wird der Privatanteil vom Finanzamt in der Regel geschätzt und[31] als unentgeltliche Wertabgabe dem Gewinn zugerechnet.[32] Entnahmen des Steuerpflichtigen für sich, seinen Haushalt oder für andere betriebsfremde Zwecke sind daher gemäß § 6 I Nr. 4 S. 1 EStG mit dem Teilwert anzusetzen. Für die Feststellung des Entnahmewerts bei Nutzungen und Leistungen können die Grundsätze für die Bewertung von Sachbezügen herangezogen werden. Bei der Entnahme von selbst hergestellten Gütern und Nutzungsentnahmen erfolgt der Ansatz mit den Selbstkosten. **327**

Wenn die Schätzung zu großzügig erfolgt oder wenn der Unterhaltspflichtige von höheren Ansätzen ohne erklärbaren Grund abweicht, ist dies gegebenenfalls unterhaltsrechtlich zu korrigieren. Nach der Sonderregelung des § 6 I Nr. 4 S. 2 EStG ist für die private Nutzung eines zu mehr als 50% betrieblich genutzten Kfz pro Kalendermonat 1% des inländischen Listenpreises im Zeitpunkt der Erstzulassung zzgl. der Kosten für Sonderausstattung einschließlich Umsatzsteuer anzusetzen. Durch eine Änderung von § 6 I 1 Nr. 4 S. 2, 3 EStG soll ab dem Veranlagungsjahr 2019 die Elektromobilität gefördert werden. Danach soll die private Nutzung betrieblicher Elektro- und Hybridelektrofahrzeuge monatlich pauschal mit 1% des halbierten inländischen Bruttolistenpreises bewertet

---

[29] Zu den aktuellen Werten ab 2019 BMF v. 12.12.2018, BStBl I 2018, 1395.
[30] Zur Entnahme von Anlagevermögen vgl. das Beispiel → Rn. 301.
[31] Ggfs. zuzüglich der gesetzlichen Umsatzsteuer.
[32] BFH BStBl. II 2018, 712.

werden. Die Regelung soll auf drei Jahre beschränkt sein und für Fahrzeuge gelten, die im Zeitraum vom 1.1.2019 bis zum 31.12.2021 angeschafft oder geleast werden. Extern aufladbare Hybridelektrofahrzeugen müssen die Voraussetzungen von § 3 II Nr. 1 oder 2 des Elektromobilitätsgesetzes erfüllen.

Auch das Steuerrecht stellt bei Selbständigen Angemessenheitsprüfungen hinsichtlich des genutzten PKW an. Bei der Prüfung der Angemessenheit von Aufwendungen nach § 4 V 1 Nr. 7 EStG ist darauf abzustellen, ob ein ordentlicher und gewissenhafter Unternehmer angesichts der erwarteten Vorteile die Aufwendungen ebenfalls auf sich genommen hätte. Neben der Größe des Unternehmens, der Höhe des längerfristigen Umsatzes und des Gewinns sind vor allem die Bedeutung des Repräsentationsaufwands für den Geschäftserfolg und seine Üblichkeit in vergleichbaren Betrieben als Beurteilungskriterien heranzuziehen. Bei Beschaffung und Unterhaltung eines Kfz, ist danach zu beurteilen, ob ein ordentlicher und gewissenhafter Unternehmer – ungeachtet seiner Freiheit, den Umfang seiner Erwerbsaufwendungen selbst bestimmen zu dürfen – angesichts der erwarteten Vorteile und Kosten die Aufwendungen ebenfalls auf sich genommen hätte. Die Überlassung eines Dienstwagens zur unbeschränkten und selbstbeteiligungsfreien Privatnutzung des Arbeitnehmers ist im Rahmen eines geringfügigen – zwischen Ehegatten geschlossenen – Beschäftigungsverhältnisses (§ 8 I Nr. 1 SGB IV) fremdunüblich und daher als Aufwand nicht abziehbar.[33]

Zu den unter das Abzugsverbot des § 4 V 1 Nr. 7 EStG fallenden Kraftfahrzeugaufwendungen gehört vor allem die AfA nach § 7 I EStG. Diese kann nur insoweit als Betriebsausgabe abgezogen werden, als sie auf den als „angemessen" anzusehenden Teil der Anschaffungskosten entfällt. Die übrigen Betriebskosten (Kfz-Steuer und Versicherung, Kraftstoff, Instandsetzungs-, Wartungs- und Pflegekosten, Garagenmiete usw.) werden in der Regel nicht als „unangemessen" iSd § 4 V 1 Nr. 7 EStG anzusehen sein, da diese Aufwendungen auch für ein „angemessenes" Fahrzeug angefallen wären.[34]

Auch unterhaltsrechtlich hat das OLG Hamm eine Herabsetzung der steuerlichen Bewertung der privaten Nutzung eines betrieblichen PKW vorgenommen, weil aus betrieblichen Gründen ein besonders repräsentatives Fahrzeug zur Verfügung gestellt worden war.[35]

328 **i) Zinsen und sonstige Kapitalerträge.** Zinsen für betriebliche Bankguthaben oder sonstige Erträge aus angelegtem Betriebsvermögen sind immer Gewinneinkünfte gemäß § 2 II Nr. 1 EStG und nicht Einkünfte aus Kapitalvermögen nach § 20 EStG (→ Rn. 163). Eine Korrektur ist nicht geboten. Zu beachten ist, dass die Zinsen nicht außerhalb der Gewinneinkünfte noch einmal als Zinseinkünfte erfasst werden. Dies ist ausgeschlossen, wenn man die Gesamteinkünfte anhand der Steuerbescheide überprüft.

329 **j) Umsatzsteuer.** Die mit der bei der Gewinnermittlung durch Betriebsvermögensvergleich mit den Forderungen erfasste Umsatzsteuer ist gewinnneutral, da ihr eine identische Verbindlichkeit gegenüber dem Finanzamt gegengebucht wird (→ Rn. 192, 226). Sie wird als nicht fällige Umsatzsteuer gegengebucht, wenn dem Unternehmer gemäß § 20 UStG vom Finanzamt die **Ist-Versteuerung** gestattet ist,[36] dh zwar ihre Einkünfte periodengerecht erfassen und versteuern müssen, jedoch die Umsatzsteuer erst bei Vereinnahmung abzuführen haben.

Die **Umsatzsteuer** stellt jedoch in der **Einnahmen-Überschuss-Rechnung** zum Zeitpunkt des Zuflusses des Erlöses eine **Betriebseinnahme** dar und erhöht den Gewinn (→ Rn. 259). Da sie auch hier nur ein durchlaufender Posten ist, sollte sie bei der Ermittlung des unterhaltsrechtlichen Einkommens abgezogen werden.[37]

Unterhaltsrechtliche Änderungen bei der Umsatzsteuer müssen zwingend auch bei der Vorsteuer und den Umsatzsteuerzahlungen (→ Rn. 368) vorgenommen werden.

---

[33] BFH NJW 2019,10.
[34] EStH H 4.10 (12) (Zu § 4 EStG).
[35] OLG Hamm FamRZ 2008, 281.
[36] Die Sonderregelung gilt ua für freiwillig bilanzierende Selbstständige.
[37] Vgl. den Beispielsfall in → Rn. 259.

2. Aufwand/Betriebsausgaben

a) Allgemeines. Bei allen Betriebsausgaben ist grundsätzlich die Frage zu stellen, ob es 330 sich jeweils um berufsbedingten Aufwand handelt oder sie nur den persönlichen Bedarfsvorstellungen entsprechen. Dies gilt zB für die Größe und Ausstattung der Praxis oder des Büros von Freiberuflern. Obwohl die Anschaffungskosten von Anlagevermögen als solche den Gewinn nicht beeinflussen, wirken sie sich über Gebrauchs- und Unterhaltungskosten, AfA und eventuell Zinsen für Anschaffungskredite auf den Gewinn aus. Für die steuerliche Anerkennung sind weder Notwendigkeit, noch Angemessenheit, Üblichkeit oder Zweckmäßigkeit Voraussetzung, es sei denn eine Zuordnung allein zum betrieblichen Bereich (ohne private Lebensführung) [38] ist nicht möglich oder es handelt sich um eine Liebhaberei, die nicht von einer Totalgewinnabsicht getragen ist.[39]

Soweit durch die Betriebsausgaben die private Lebensführung des Steuerpflichtigen berührt wird, erfolgt nach § 4 V 1 Nr. 7 EStG EStG eine Angemessenheitsprüfung.[40] Diese erfolgt im Allgemeinen recht großzügig.

Unterhaltsrechtlich sind engere Grenzen geboten als die nach Steuerrecht ausreichende „bloße Veranlassung" durch den Beruf und/oder die Einkunftserzielung, vor allem wenn Aufwendungen in einem unangemessenen Verhältnis zu den Einnahmen und dem verbleibenden Gewinn stehen. Insbesondere ist bei erst nach der Scheidung angeschafften Wirtschaftsgütern stets auch zu prüfen, ob diese die ehelichen Lebensverhältnisse geprägt haben, sofern sich nicht die wirtschaftlichen Gegebenheiten nachhaltig verändert haben. Man sollte aber wie bei allen erforderlich erscheinenden Korrekturen im Auge behalten, ob sich die für notwendig erachteten Änderungen wirklich nennenswert auf den Unterhalt auswirken.

Das OLG Düsseldorf hat im Jahr 1981[41] geurteilt, der Unterhaltspflichtige habe bei seinen Investitionsentscheidungen vorrangig seine Unterhaltsverpflichtungen zu berücksichtigen. Diese Auffassung ist zu Recht auf Kritik gestoßen.[42] Eine Überprüfung ist nur dann zulässig und geboten, wenn die Investitionen gegenüber früheren Jahren erst bei Absehbarkeit der Trennung erheblich zugenommen haben und/oder auch den privaten Bedürfnissen dienen.[43] Auch wird im Mangelfall ein strengerer Maßstab anzulegen sein.

Grundsätzlich wird es dem Familienrichter schon mangels betriebswirtschaftlicher Sachkunde verwehrt sein, über das Unterhaltsrecht eine Investitionskontrolle nach den Kriterien der „Notwendigkeit" oder „bloßen Nützlichkeit" auszuüben. Es wird jedoch Sache des Unterhaltspflichtigen sein, in begründeten Fällen die **Berufsbedingtheit von Anschaffungen und Betriebsausgaben** darzulegen und nachzuweisen, insbesondere dann, wenn sich gegenüber der Zeit des Zusammenlebens gravierende Abweichungen ergeben oder die Investitionen oder Betriebsausgaben in einem offensichtlichen Missverhältnis zu den Erträgen stehen.

b) Wareneinkauf. Die Anschaffung von Vorratsvermögen wird in der Gewinn- und 331 Verlustrechnung nur insoweit als Aufwand erfasst, als es im Geschäftsjahr verarbeitet oder verkauft worden ist. Dies erfolgt durch Erfassung der Bestandsveränderung mittels der **Inventur**[44] (→ Rn. 234 f.). Dabei werden auch Änderungen des Wertes des Umlaufvermögens erfasst. Schon weil der Stichtag für die Inventur bei der Überprüfung des Jahresabschlusses – sei es im Rahmen einer Betriebsprüfung (→ Rn. 303), sei es bei der Ermittlung des unterhaltsrechtlichen Einkommens – längst verstrichen ist, ist die Ermittlung des Warenbestands und die dadurch bedingte Gewinnveränderung nicht nachprüfbar. Eine unterhaltsrechtliche Kontrolle ist nur in eingeschränkten Maß möglich, in dem

---

[38] BFH DStR 2014, 1590.
[39] BFH/NV 2014, 1359.
[40] BFH DStR 2014, 1590.
[41] FamRZ 1982, 1108.
[42] Strohal UnterhaltsR Rn. 293.
[43] Pkw, Büroausstattung, betrieblich genutztes Flugzeug.
[44] Bestandsaufnahme am Ende des Wirtschaftsjahres.

man den Wareneinsatz über mehrere Jahre vergleicht. Anhand der vom Bundesfinanzministerium alljährlich für die Betriebsprüfung (→ Rn. 303) herausgegebenen **Richtsatzsammlung**[45] lässt sich das Verhältnis von Wareneinsatz und Gewinn prüfen. Gegebenenfalls wird man eine Auskunft des Finanzamtes einholen oder ein Gutachten erstellen lassen müssen.

Bei der unterhaltsrechtlichen Auswertung der **Einnahmen-Überschuss-Rechnung** (→ Rn. 261) ist zu prüfen, ob der Wareneinkauf nennenswert gestiegen ist, um auf Kosten des unterhaltsberechtigten Partners schon für spätere Jahre einzukaufen. Die **Anschaffung von Umlaufvermögen** ist in der Einnahmen-Überschuss-Rechnung ohne Einschränkung nach dem Zuflussprinzip zu erfassen. Die Sonderregelung des § 4 III 4 EStG gilt nur für die Anschaffung von abnutzbarem **Anlage**vermögen. Beim Umlaufvermögen bietet sich eine Möglichkeit, durch **Vorverlagerung von Betriebsausgaben** das steuerliche Einkommen auf legale Weise erheblich zu mindern.

332 c) **Aufwendungen für Hilfs- und Betriebsstoffe.** Bei den Roh- und Hilfsstoffen handelt es sich um fremdbezogene und noch unverarbeitete Stoffe. Bei den Betriebsstoffen handelt es sich um Güter, die im Herstellungsprozess und für die Aufrechterhaltung der Betriebsbereitschaft verbraucht werden. Der Aufwand für Rohstoffe geht als Hauptbestandteil in den herzustellenden Vermögensgegenstand bzw. in das herzustellende Wirtschaftsgut ein. Die Hilfsstoffe hingegen gehen als Nebenbestandteil in das Produkt ein und sind deshalb von untergeordneter Bedeutung. Bei den Betriebsstoffen handelt es sich um Verbrauchsgüter für die Produktion wie bzw. Schmier- und Reinigungsstoffe oder Stromkosten für den Maschinenbetrieb.

Die Anschaffung von Hilfs- und Betriebsstoffen führt in der Gewinn- und Verlustrechnung nicht zu einer Gewinnminderung. Sie werden zwar wie die zur Verarbeitung und/oder Weiterveräußerung bestimmten Waren bei der Anschaffung als Aufwand gebucht. Jedoch wird durch Inventur der Endbestand am Bilanzstichtag ermittelt und im Vergleich mit dem Vorjahresbestand festgestellt, was tatsächlich verbraucht worden ist. Auf diese Weise wird als Aufwand nur erfasst, was wirtschaftlich dem Geschäftsjahr zuzuordnen ist.

Im Gegensatz dazu gilt auch hier in der Einnahmen-Überschuss-Rechnung das Zuflussprinzip. So werden zB die für die Anschaffung von Heizöl aufgewandten Kosten unabhängig von der Notwendigkeit der Anschaffung der jeweiligen Menge zum Zeitpunkt der Bezahlung der Rechnung als Betriebsausgabe erfasst.

> **Beispiel:**
> H, der Inhaber einer kleinen Pension deckt sich üblicherweise im April mit Heizöl ein, da es zu diesem Zeitpunkt erfahrungsgemäß am billigsten ist. Nach der Trennung von seiner Ehefrau tankt er am 31.12. noch einmal voll und bezahlt den Kaufpreis von 3000 EUR noch am selben Tag.

Für die Einkommensermittlung sind diese 3000 EUR korrekt im laufenden Jahr gewinnmindernd einzubuchen. Legt man der Ermittlung des unterhaltsrechtlich relevanten Einkommens den zurückliegenden Dreijahreszeitraum zugrunde, reduziert sich das Durchschnittseinkommen um 1000 EUR p. a. Unterhaltsrechtlich wird man daher diesen Aufwand dem Einkommen zuschlagen müssen.[46]

Wäre der Hotelier zur Gewinnermittlung durch Betriebsvermögensvergleich verpflichtet, müsste er in der Bilanz den Heizölbestand am Jahresende in der Bilanz gewinnerhöhend erfassen. Der Einkauf würde sich – jedenfalls bei korrekter Inventur – nicht auf den Gewinn auswirken.

333 d) **Personalkosten.** Bei Personalkosten[47] ist dann eine Überprüfung angesagt, wenn der neue Lebens- oder Ehepartner als Arbeitnehmer des Steuerpflichtigen beschäftigt ist. Das Finanzamt prüft nicht, ob der Steuerpflichtige nur das betriebsnotwendige Personal eingestellt hat. Kontrolliert wird allenfalls

---

[45] BMF v. 5.7.2018 BStBl. I 2018, 724 (Richtsatzsammlung für 2017).
[46] Dasselbe Problem kann natürlich auftreten, wenn beim Unterhalt Vermietungseinkünfte eine Rolle spielen.
[47] Zur Anerkennung von Familiengesellschaften Einkommensteuerrichtlinien R 15.9.

– ob ein Scheinarbeitsverhältnis mit einer nahen stehenden Person – etwa dem nicht verheirateten Lebenspartner – zum Zweck der Einkommensverlagerung (Vermeidung des Progressionsnachteils (→ Rn. 924)) vorliegt oder
– beim Ehegattenarbeitsverhältnis unter Fremden übliche Bedingungen gelten.

Auch wenn steuerlich nur wirksam vereinbarte, tatsächlich ausgeübte und einem Fremdvergleich standhaltende Arbeitsverhältnisse zwischen Familienangehörigen anerkannt werden, ist der Missbrauch nicht selten, sei es, dass das gesamte Arbeitsverhältnis fingiert ist, sei es, dass dem nahe stehenden Arbeitnehmer Bezüge oder Vergünstigungen gewährt werden, die aus der persönlichen Beziehung, nicht aber aus dem Arbeitsverhältnis resultieren, wie etwa Direktversicherung oder betriebliche Altersversorgung. Durch ein solches Arbeitsverhältnis können uU auch mittelbare Folgekosten verursacht werden, wie etwa zusätzlich Haftpflichtversicherungsprämien oder die Einrichtung eines zusätzlichen Arbeitsplatzes.

Abgesehen davon, dass das Finanzamt in der Regel kaum wissen wird, ob und mit welcher beschäftigten Person der nicht wiederverheiratete Steuerpflichtige eine private Beziehung unterhält, wird eine Feststellung des tatsächlich zu hohen Einkommens erst im Rahmen einer Betriebsprüfung erfolgen, die zum Zeitpunkt der Auskunftserteilung noch in ferner Zukunft liegen wird.

Nach der Rechtsprechung des BFH[48] ist die steuerrechtliche Anerkennung von Vertragsverhältnissen zwischen nahen Angehörigen zunächst davon abhängig, dass die Verträge bürgerlich-rechtlich wirksam vereinbart worden sind, leicht nachprüfbar sind, die Gestaltung der Verträge dem zwischen Fremden Üblichen entspricht (sog. Fremdvergleich) und die Verträge tatsächlich auch entsprechend ihrem Wortlaut durchgeführt werden.

Die Beachtung der zivilrechtlichen Formerfordernisse bei Vertragsabschluss und die Kriterien des Fremdvergleiches bilden aber lediglich Beweisanzeichen (Indizien) bei der im Rahmen einer Gesamtbetrachtung zu treffenden Entscheidung, ob die streitigen Aufwendungen in einem sachlichen Zusammenhang mit der Erzielung von Einkünften stehen oder dem nicht steuerbaren privaten Bereich (§ 12 EStG) zugehörig sind.[49]

Soweit der neue Lebenspartner unverheiratet keinen Unterhaltsanspruch hat oder verheiratet dem bisherigen Ehepartner im Unterhaltsrang nachgeht, wird auch **bei einem tatsächlich ausgeübten Arbeitsverhältnis** zu prüfen sein, ob hier nicht die den früheren Ehepartner schützende gesetzliche Regelung der **Rangfolge unterlaufen** wird. Maßgeblich dürfte in einem solchen Fall sein, ob durch die Einstellung des Lebenspartners ein anderer Arbeitnehmer entlassen wurde oder die Einstellung eines anderen Arbeitnehmers eingespart werden konnte. Die Schaffung eines betrieblich nicht erforderlichen Arbeitsplatzes ist zwar steuerlich anerkennungsfähig, nicht aber unterhaltsrechtlich.

e) Fahrzeugkosten. Bei ordnungsgemäßer Buchführung wird der Anteil der privaten Nutzung eines betrieblichen PKW bei den unentgeltlichen Wertabgaben (→ Rn. 324) einkommenserhöhend berücksichtigt, ebenso die Überlassung an den als Arbeitnehmer beschäftigten neuen (Ehe-)Partner. Eine Kürzung der Fahrzeugkosten kommt daher wohl nur in Betracht, wenn der Unternehmer ein unangemessen teures Fahrzeug mit entsprechend hohen Betriebsausgaben (feste Kosten, AfA, lfd. Kosten) benutzt (→ Rn. 330).

f) Reisekosten. Reisekosten werden bei Gewerbetreibenden und Selbstständigen in gleicher Weise kritisch auf private Veranlassung geprüft wie beim Arbeitnehmer. Dies geschieht aber in der Regel erst im Rahmen einer Betriebsprüfung, so dass eine unterhaltsrechtliche Prüfung bei ungeprüften Jahresabschlüssen geboten sein kann, wenn Anlass zur Annahme von missbräuchlichem Ansatz besteht. In der Regel wird der unterhaltsbegehrende Ehepartner die notwendigen Informationen aus der Handhabung von Geschäftsreisen während des ehelichen Zusammenlebens haben, die dem Finanzamt nicht gegeben wurden. Bei Ungereimtheiten ist substantiiert zu bestreiten, womit dem Auskunftspflichtigen obliegt, die Berufsbedingtheit der Aufwendungen spezifiziert darzulegen und zu beweisen.

g) Bewirtungskosten. Gemäß § 4 V Nr. 2 EStG sind Bewirtungsaufwendungen nur mit 70% als Betriebsausgabe zu berücksichtigen, soweit sie angemessen und ihre betrieb-

---
[48] Vgl. BFH BFHE 205, 261; NJW 2016, 3470, jeweils mwN.
[49] Vgl. BFH BFHE 205, 261.

liche Veranlassung durch Angabe ua des Anlasses und der bewirteten Personen nachzuweisen.[50] Inwieweit darüber hinaus unterhaltsrechtlich Zurechnungen erfolgen müssen, wird man im Einzelfall entscheiden müssen. Bei unterhaltsrechtlichen Zurechnungen ist der steuerliche Pauschalabzug von 30% zu berücksichtigen, soweit er bei der steuerlichen Gewinnermittlung bereits erfasst sein sollte (→ Rn. 338). In einer ordnungsgemäßen Buchführung werden nicht abzugsfähige Bewirtungskosten und nicht abzugsfähige Betriebsausgaben auf besonderen Konten erfasst, mindern aber nicht den im Jahresabschluss ausgewiesenen Gewinn. Bei der Ermittlung des unterhaltsrechtlichen Einkommens ist daher darauf zu achten, dass dies nicht übersehen wird. Ein Vergleich des Gewinns mit den im Steuerbescheid aufgeführten Einkünften aus Gewerbebetrieb ist immer geboten.

337 **h) Geschenke.** Geschenke an Personen, die nicht seine Arbeitnehmer sind, dürfen den Gewinn nicht mindern, es sei denn, dass sie 35 EUR pro Empfänger und Jahr nicht überschreiten. Geschenke an Arbeitnehmer sind bei diesem lohnsteuerpflichtig, für den Arbeitgeber Personalkosten (→ Rn. 333).

338 **i) Gewerbesteuer.** Steuerlich nicht abzugsfähige Betriebsausgabe ist nach § 4 Vb EStG auch die Gewerbesteuer. Sie mindert zwar noch den betrieblichen Gewinn, ist also in der Gewinn- und Verlustrechnung, bzw der Einnahmen-Überschuss-Rechnung gewinnmindernd erfasst. Zur Berechnung des Einkommens aus Gewerbebetrieb in der steuerlichen Veranlagung wird sie jedoch dem betrieblichen Gewinn zugerechnet. Als Ausgleich erhält der Steuerpflichtige eine Gutschrift auf die Einkommensteuer. Die Gewerbesteuer ist nach wie vor berufsbedingter Aufwand und damit unterhaltsrechtlich einkommensmindernd zu berücksichtigen.[51]

339 **j) Instandhaltungskosten/Instandsetzungskosten.** Den Positionen Instandsetzung und Instandhaltung ist jedenfalls dann unterhaltsrechtlich besondere Beachtung zu schenken, wenn diese außergewöhnlich hoch sind, insbesondere im Vergleich mit früheren Jahren. Selbst die **Generalüberholung** eines Gebäudes für etliche hunderttausend Euro kann unter steuerlichen Aspekten als sofort abzugsfähige Instandhaltung bei den Betriebsausgaben einkunftsmindernd erfasst werden, wobei es nicht darauf ankommt, ob diese Maßnahmen notwendig waren. Werterhaltenden Reparaturen in diesem Sinne dienen der laufenden Instandhaltung und stellen die Funktionsfähigkeit des Anlagegutes lediglich sicher. Die Funktion erfährt hierdurch keine Verbesserung oder Wertsteigerung. Deshalb handelt es sich bei rein werterhaltenden Instandhaltungsmaßnahmen um sofort abzugsfähigen Aufwand. Hiervon abzugrenzen sind im Einzelfall die Reparaturen, durch der Gegenstand eine Verbesserung, Veränderung oder Substanzmehrung erfährt.[52] Dies ist bspw. bei Reparaturmaßnahmen an Anlagen und Maschinen der Fall, wenn deren betriebsgewöhnliche Nutzungsdauer durch den Einbau umfangreicher und höherwertiger Ersatzteile erheblich verlängert wird. Diese nachträglichen Herstellungskosten gelten im Jahr des Anfalls als zu Beginn des Jahres entstanden und erhöhen damit den Buchwert zum Jahresbeginn. Die aufwandsmäßige Berücksichtigung erfolgt über die Abschreibung auf die Restnutzungsdauer des Anlagegutes.[53]

Nach der Rechtsprechung des BGH sind Instandsetzungskosten bei Gebäuden unterhaltsrechtlich nur insoweit einkommensmindernd zu berücksichtigen, als es sich um **notwendigen Erhaltungsaufwand** handelt und nicht um solchen für Ausbauten und wertsteigernde Verbesserungen, die der Vermögensbildung dienen.[54]

Es ist durchaus nicht ausgeschlossen, dass der Unterhaltspflichtige in dem für den Unterhaltsbedarf maßgeblichen Zeitraum – zufällig oder absichtlich – einmalig langfristig werterhaltende Maßnahmen vornimmt, die sich der Unterhaltsberechtigte dann mit der Folge massiver Unterhaltskürzung anrechnen lassen müsste, wenn hier keine Korrekturen vorgenommen werden.

---

[50] EStR R 4.10 (Zu § 4 EStG).
[51] Einzelheiten → Rn 854.
[52] BFH DStRE 2008, 142; BMF BStBl. I 2003, 386.
[53] BFH BStBl II 2003, 590.
[54] BGH FamRZ 2005, 1159 = R 623.

5. Abschnitt: Gewinneinkünfte im Unterhaltsrecht § 1

Grundsätzlich ist bei Instandsetzungsmaßnahmen größeren Umfangs zu überlegen, ob diese nicht über einen längeren Zeitraum zu verteilen bzw bei unterschiedlich hohen Aufwendungen in mehreren Jahren mit dem zu errechnenden Mittelwert in Ansatz zu bringen sind.[55]

Bei der Gewinnermittlung durch Betriebsvermögensvergleich kommt bei der Gewinnermittlung durch Betriebsvermögensvergleich außerdem eine Rückstellung (→ Rn. 228 ff.; → Rn. 388) für unterlassene Aufwendungen für Instandhaltung in Betracht, wenn diese in den ersten drei Monaten des folgenden Jahres nachgeholt wird.

k) Mieten und Pachten, Leasing, Disagio. Die Ausführungen zu den Personalkosten (→ Rn. 333) gelten auch bei Miet- und Pachtzinsen, wenn Vermieter oder Verpächter eine nahe stehende Person ist. In solchen Fällen wird die Angemessenheit der Höhe der Miet- oder Pachtzinsen zu prüfen sein. Zu prüfen ist in solchen Fällen unter Umständen auch, ob das Objekt überhaupt benötigt wird, während dies bei Anmietung oder Anpachtung von Fremden sicherlich der unternehmerischen Entscheidung und nicht der unterhaltsrechtlichen Kontrolle unterliegt. **340**

In der Einnahmen-Überschuss-Rechnung können wegen des Zu- und Abflussprinzips Mietvorauszahlungen (→ Rn. 260) unmittelbar als Betriebsausgabe gewinnmindernd angesetzt werden. Dies schafft die Möglichkeit, unterhaltsrechtlich irrelevante Betriebsausgaben in einem scheinbar unverdächtigen Posten unterzubringen. Dasselbe gilt für Leasing-Sonderzahlungen.

Entsprechend kann das Disagio in der Einnahmen-Überschuss-Rechnung sofort abzugsfähiger Aufwand sein, während es in der Bilanz über die Laufzeit des Darlehens aktiviert und zeitanteilig als Betriebsausgabe abgesetzt wird.

Beispiel:
1. A least im Jahr nach der Trennung einen Mercedes – Kaufpreis 45 000 EUR und leistet eine Leasingsonderzahlung von 10 000 EUR. Die Leasingraten betragen im ersten Jahr 14 400 EUR. Steuerlich sind für die Sonderzahlung und die laufenden Raten 24 400 EUR als Betriebsausgabe erfasst.
2. Für die Einrichtung eines neuen Behandlungszimmers nimmt er im Dezember ein Darlehen in Höhe von 40 000 EUR auf. Er erhält 90% ausgezahlt. Das Darlehen ist bei einer Laufzeit von 5 Jahren mit 6% zu verzinsen. Der Steuerberater hat die Zinsen für Dezember in Höhe von 400 EUR und das Disagio in Höhe von 4000 EUR als Betriebsausgabe gebucht.

Während derartige Aufwendungen in der Bilanz durch Rechnungsabgrenzungsposten auf mehrere Jahre verteilt werden, sind sie bei der Einnahmen-Überschuss-Rechnung sofort abzugsfähiger Aufwand. Es erscheint sachgerecht, auch unterhaltsrechtlich derartige Aufwendungen zeitanteilig zu erfassen, auch wenn dies dem In-Prinzip widerspricht.

l) Abschreibung/Absetzung für Abnutzung/AfA[56] **341**
aa) Rechtsprechung und herrschende Auffassung. Die wirtschaftlichen Auswirkungen der Nutzung von Anlagevermögen bei der unterhaltsrechtlichen Einkommensermittlung zu erfassen, hat in der Vergangenheit erhebliche Schwierigkeiten gemacht und war deshalb in der Rechtsprechung und Literatur jahrelang eines der umstrittensten Themen.

Zu unterscheiden sind zunächst die sog. Zeitabschreibung und die sog. Leistungsabschreibung.[57] Erstere kann wiederum unterteilt werden in die sog. lineare Abschreibung und die sog. degressive Abschreibung; die erstere bemisst die Abschreibungsbeträge nach Zeitabschnitten, letztere nach tatsächlicher Nutzung, zB nach Stückzahlen. Bei beweglichen Wirtschaftsgütern des Anlagevermögens konnte bis zum 31.12.2007 statt der linearen Abschreibung auch die degressive Abschreibung gewählt werden (§ 7 II EStG aF). Die degressive AfA für nach dem 31.12.2007 angeschaffte oder hergestellte Wirtschaftsgüter ist abgeschafft. Ab dem 1.1.2008 ist somit nur noch die lineare AfA zulässig. **342**

---

[55] Diese gelten auch bei Einkünften aus Vermietung oder Verpachtung → Rn. 338.
[56] Eine umfassende Darstellung der Behandlung der AfA im Steuerrecht findet sich unter → Rn. 202 ff.
[57] Zu Beispielen weiterführender Art siehe Sorg StuB 23/2001, 1164; ab dem 1.1.2004 ist Vereinfachungsregel – Halbjahresregel – (R 44 Abs. 2 Satz 3 EStR 2003) nicht mehr zulässig.

Nach Auffassung des BFH dient § 7 I EStG nicht nur dem Ausgleich eines eingetretenen Wertverzehrs („Wertverzehrthese") ohne Aufwand, sondern ist nach seinem Wortlaut und Zweck dazu bestimmt, Aufwendungen des Steuerpflichtigen in Gestalt von Anschaffungs- oder Herstellungskosten für das jeweilige Wirtschaftsgut typisierend periodengerecht zu verteilen („Aufwandsthese").[58] Der durch die AfA typisierte Wertverzehr bestimmt sich im Rahmen der Wertverzehrthese nach der betriebsgewöhnlichen Nutzungsdauer des Wirtschaftsguts. Beide AfA-Funktionen stehen in der Rechtsprechung des BFH aber gleichwertig nebeneinander.

Zu unterscheiden ist andererseits nach der Veranlassung der Abschreibung zwischen Normalabschreibung, Sonderabschreibung und gemäß 6 I Nr. 1 S. 2, Nr. 2 S. 2 EStG der Möglichkeit zur Vornahme außerplanmäßiger Abschreibungen auf den niedrigeren Teilwert (sog. Teilwertabschreibungen).[59] Teilwertabschreibungen sind Ausfluss des über die Maßgeblichkeit in das Steuerrecht übernommenen Imparitätsprinzips, welches gebietet, dass Verluste und Risiken bereits dann bilanziell zu berücksichtigen sind, wenn sie lediglich drohen (§ 252 I Nr. 4 HGB). Derartige Teilwertabschreibungen setzen das Vorliegen einer voraussichtlich dauernden Wertminderung voraus. Sie sind damit auch Ausdruck der „Wertverzehrthese" Schon die steuerliche Konkretisierung des Begriffes „erforderliche voraussichtlich dauernde Wertminderung" ist hoch streitig.[60] Korrektiv ist die nach § 253 V 1 HGB bestehende Wertaufholungspflicht für alle Vermögensgegenstände, wenn nach außerplanmäßigen Abschreibungen gem. § 253 III und IV HGB aus den Vorjahren in nachfolgenden Perioden die Gründe für die außerplanmäßigen Abschreibungen ganz oder teilweise entfallen sind. Die vollständige oder teilweise Wertaufholungspflicht besteht unabhängig davon, ob in den Vorjahren für die außerplanmäßigen Abschreibungen ein Wahlrecht oder eine Pflicht bestand. Obergrenze der Wertaufholung bilden die um planmäßige Abschreibungen verringerten Anschaffungskosten und Herstellungskosten. Ausnahme dazu: Ein niedriger Wertansatz eines entgeltlich erworbenen Geschäfts- oder Firmenwerts ist nach § 253 V S. 2 HGB beizubehalten (Wertaufholungsverbot).[61]

Für das Unterhaltsrecht bedeutet dies, das mindestens die nach dem BMF Schreiben erforderlichen steuerlichen Voraussetzungen vorliegen müssen und bei Anwendung des „In-Prinzips" die dauernde Wertminderung im Sinne der „Wertverzehrthese" darüber hinaus zumindest bereits greifbare Formen angenommen hat und nicht nur ein Wahlrecht für die außerplanmäßigen Abschreibungen besteht, sondern eine Pflicht.

343 Unterhaltsrechtlich geht es bei der Anerkennung der sog. lineare Abschreibung immer um die nach Anerkennung der Investitionsentscheidung als solches nachgelagerte Frage, ob der Aufwand nach der „Wertverzehrthese" oder „Aufwandthese" gewinnmindernd anerkannt wird, denn die Afa ist nichts anderes als ein „zeitlich gestreckter" Aufwand, lässt also den „Sofortabzug" als Aufwand in voller Höhe im Jahr der Anschaffung nicht zu.[62] Herrschende Auffassung war, dass die **AfA für Gebäude** im Regelfall das unterhaltsrechtlich maßgebliche Einkommen nicht mindert. Dahinter steht wohl die Auffassung, dass ein Gebäude keinem „Wertverzehr" unterliege und eine Verteilung des Aufwandes („Aufwandthese") nicht in Betracht komme. Zur AfA sonstigen Anlagevermögens vertritt der BGH im Urteil vom 23.4.1980[63] die Auffassung, dem durch das steuerliche Institut der Abschreibung pauschal berücksichtigten Verschleiß von Gegenständen des Anlagevermögens entspreche oft keine tatsächliche Wertminderung in Höhe des steuerlich anerkennungsfähigen Betrages, erst recht keine entsprechende Minderung des Einkommens, und gemäß dieser Auffassung hat er in **ständiger Rechtsprechung** den Ansatz einer verlängerten Nutzungsdauer und damit die Kürzung der jährliche AfA für geboten gehalten. Damit vertritt der BGH wohl entgegengesetzt zum Handels- und Steuerrecht im Normalfall nur die „Wertverzehrthese".

---

[58] BFH BStBl. II 2008, 480; BVerfG, HFR 1986, 318.
[59] BMF BStBl. I 2016, 995; BFH BStBl. II 2014, 616.
[60] Zur steuerlichen Anerkennung BMF BStBl. I 2016, 995.
[61] Winkeljohann/Taetzner in BeckBilKo, § 253 Rn. 633 ff mwN.
[62] BVerfG HFR 1986, 318.
[63] FamRZ 1980, 770.

5. Abschnitt: Gewinneinkünfte im Unterhaltsrecht § 1

Auch mit seinem Urteil vom 19.2.2003[64] verritt der BGH die „Wertverzehrthese". Nach dieser Entscheidung soll der Ansatz sog. lineare Abschreibung nach den von der Finanzverwaltung herausgegebenen AfA-Tabellen im Regelfall in die Ermittlung des unterhaltsrechtlich maßgeblichen Einkommens übernommen werden können. Die Gerichte sind jedoch nicht daran gebunden, insbesondere sind auch die AfA – Tabellen dann unbeachtlich, wenn sie „erkennbar nicht auf Erfahrungswissen beruhen, also offensichtlich unzutreffend sind". Maßgeblich für diese Entscheidung war, dass nach Auffassung des BGH die AfA-Tabellen regelmäßig den tatsächlichen Wertverzehr wiedergeben. Dies gelte insbesondere für die vom Bundesministerium der Finanzen im Jahr 2000 erstellte – heute noch gültige – AfA-Tabelle für die allgemein verwendbaren Anlagegüter.[65]

Eine solche Auffassung ist bereits in der Vergangenheit von einer größeren Zahl der Gerichte vertreten worden.[66] Für die auch unterhaltsrechtlich zu beachtende Angemessenheit der linearen AfA nach den aktuellen AfA-Tabellen spricht die Vermutung. Wer bei der Ermittlung des unterhaltsrechtlich maßgeblichen Einkommens davon abweichen will, hat die Vermutung mit substantiiert darzulegenden Tatsachen zu entkräften; einfaches Bestreiten reicht nicht mehr aus.[67]

Eine Sonderstellung nimmt die **Gebäude-AfA** (→ Rn. 210 und 212) ein. Sie wird in **345** den Leitlinien von wenigen Ausnahmen abgesehen nicht bei den Einkünften von Selbstständigen, sondern bei den Einkünften aus Vermietung und Verpachtung erwähnt; ihre Berücksichtigung bei der Ermittlung des unterhaltsrechtlich maßgeblichen Einkommens wird abgelehnt. Dies ist nach wie vor als herrschende Auffassung anzusehen. Die Frage, ob an dieser Rechtsprechung festzuhalten ist, hat der BGH in seiner Entscheidung vom 1.12.2004[68] ausdrücklich als nicht entscheidungserheblich offengelassen.

Zur steuerrechtlich korrekt vorgenommenen **Sonderabschreibung** (→ Rn. 213) hat **346** der BGH[69] entschieden, dass das betreffende Wirtschaftsgut im Jahr der Anschaffung und in der Folgezeit zu unterhaltsrechtlichen Zwecken fiktiv linear abzuschreiben ist. Der die lineare AfA übersteigende Betrag sei dem Gewinn zuzurechnen, da nur die lineare AfA dem tatsächlichen, unterhaltsrechtlich relevanten Wertverzehr entspreche. Eine fiktive Steuerberechnung (→ Rn. 980) – auf der Basis des so erhöhten Einkommens – sei nicht erforderlich.

bb) Kritik. Nach herrschender Auffassung ist für die Berechnung des Unterhalts auf das **347** verfügbare Einkommen abzustellen. Berufsbedingte Aufwendungen sind als einkommensmindernd in Abzug zu bringen. Dass die Anschaffung und Nutzung betriebsnotwendigen Anlagevermögens berufsbedingt ist, lässt sich nicht bestreiten, wird aber nicht angemessen berücksichtigt, wenn die AfA isoliert behandelt und die **zusammenhängenden Auswirkungen** von **Anschaffung, Abschreibung und Veräußerung** (ausführlich dazu → Rn. 202 ff.) nicht beachtet und in die unterhaltsrechtliche Beurteilung einbezogen werden.

Beispiel:[70] **348**
U schafft im Januar 01 für 30 000 EUR einen ausschließlich betrieblich genutzten PKW an. Da das Geschäft im Jahr 03 schlecht gelaufen ist und das Fahrzeug inzwischen nicht mehr benötigt wird, verkauft er es gleich Anfang Januar 04 für 18 000 EUR. U erteilt Auskunft über seinen Gewinn von 01 bis 03.

Dass in Höhe der Differenz von 12 000 EUR zwischen Anschaffungskosten von 30 000 EUR und Veräußerungserlös von 18 000 EUR berufsbedingte Aufwendungen zu

---

[64] FamRZ 2003, 741.
[65] BStBl. I 2000, 1532.
http://www.bundesfinanzministerium.de/Web/DE/Themen/Steuern/Weitere_Steuerthemen/Betriebspruefung/AfA_Tabellen/afa_tabellen.html.
[66] OLG Bremen FamRZ 1995, 935; OLG Bamberg FamRZ 1987, 1181; OLG Karlsruhe FamRZ 1990, 1234; OLG Frankfurt a. M. FuR 2002, 83; OLG München OLGR 2001, 98.
[67] So auch Schürmann FamRB 2006, 183 (186).
[68] BGH, NJW 2005, 2077.
[69] BGH FamRZ 2003, 741 = R 590c.
[70] Die Umsatzsteuer bleibt zur Vereinfachung unberücksichtigt.

berücksichtigen sind, sollte außer Frage stehen. Von der nahe liegenden Möglichkeit, die Anschaffungskosten im Jahr 01 als einkommensmindernd und den Veräußerungserlös im Jahr 04 als einkommenserhöhend zu erfassen, wird im Unterhaltsrecht kein Gebrauch gemacht, obwohl es dem Zuflussprinzip entspräche: das verfügbare Einkommen hat sich im Jahr 01 durch die Bezahlung des Kaufpreises um 30 000 EUR verringert, im Jahr 04 durch Erhalt des Verkaufserlöses um 18 000 EUR erhöht.

349 Bei der **Gewinnermittlung durch Betriebsvermögensvergleich** (ausführlich dazu → Rn. 204 ff.) ist der Zufluss und Abfluss von Geldeswert ohne Bedeutung: ausschließlich die **quantitative Veränderung** des Betriebsvermögens ist **maßgeblich**. Durch die **Anschaffung von Anlagevermögen** ergibt sich nur eine **Vermögensverschiebung:** das Guthaben auf dem Geschäftskonto verringert sich um den Betrag, mit dem der PKW ins Anlagevermögen aufzunehmen ist; bei Finanzierung der Anschaffungskosten steht dem angeschafften Wirtschaftsgut eine entsprechende Lieferanten- oder Bankverbindlichkeit gegenüber. Das Vermögen bleibt quantitativ unverändert, die Anschaffung von Anlagevermögen hat keine Gewinnauswirkung.

In die Bilanzen 01 bis 03 darf das Fahrzeug nur mit dem durch die AfA verringerten Wert aufgenommen werden. Die Wertminderung wird nach der amtlichen AfA-Tabelle mit $1/6$ der Anschaffungskosten, also 5000 EUR/Jahr angesetzt. Ende 03 beträgt der Buchwert somit 15 000 EUR.

Wegen des Zusammenhangs zwischen Bilanz und Gewinn- und Verlustrechnung muss in der Buchführung[71] der im „Haben" auf dem Konto „PKW" gebuchte **jährliche Minderwert** in der Gewinn- und Verlustrechnung im „Soll", also als Aufwand erfasst werden.

Gewinn- und Verlustrechnung § 7 I EStG: „Wertverzehr"		Bilanz § 6 I 1 EStG: Minderwert		
AfA	5000	S	PKW	5000	H

Dieser Zusammenhang zwischen bilanziellem Ansatz und Berücksichtigung in der Gewinn- und Verlustrechnung stützt sich auf die vom BGH für das Unterhaltsrecht übernommene **„Wertverzehrthese"** und der offensichtlichen Ablehnung der „Aufwandsthese" für das Unterhaltsrecht.[72]

350 Wenn U seinen Gewinn im Wege der **Einnahmen-Überschuss-Rechnung** (→ Rn. 250 ff.) ermitteln würde, käme es auf die Vermögensänderungen für die Gewinnermittlung nicht an, da das Vermögen in der Einnahmen-Überschuss-Rechnung nicht erfasst wird, sondern der Gewinn sich aus der Gegenüberstellung der Einnahmen und der Betriebsausgaben ergibt. Jedoch dürfen gemäß § 4 III 3 EStG auch bei der Einnahmen-Überschuss-Rechnung die Anschaffungskosten nicht zum Zeitpunkt des Abflusses als Betriebsausgabe abgesetzt werden (→ Rn. 262 f.), sondern stattdessen erst über die betriebsgewöhnliche Nutzungsdauer verteilt in Höhe der jährlichen AfA.

351 Beim Verkauf im Jahr 04 erhöht sich das bilanzierte Vermögen um den erhaltenen Verkaufserlös von 18 000 EUR und verringert sich um den Buchwert des abgegebenen Fahrzeugs von 15 000 EUR.

Bank	18 000	S	PKW	15 000	H
			Veräußerungsgewinn	3000	H

Da durch Erfassung des Gewinns oder Verlusts bei der Veräußerung eines abschreibungsfähigen Wirtschaftsgutes die **zu hohe oder zu niedrige AfA** und damit in der Vergangenheit zu niedrige oder zu hohe Steuer **kompensiert** wird, und so exakt der tatsächliche Aufwand für das genutzte Wirtschaftsgut als einkunftsmindernde Betriebsausgabe erfasst wird, ist **über die gesamte Nutzungsdauer** zwischen Anschaffung und Veräußerung gesehen der **wirtschaftlich zutreffende Gewinn der Besteuerung** zugrunde gelegt worden.

---

[71] Zu den Grundsätzen der Doppelten Buchführung → Rn. 183–201.
[72] → Rn. 208.

5. Abschnitt: Gewinneinkünfte im Unterhaltsrecht § 1

Da auch die Unterhaltsverpflichtung in der Regel über einen längeren Zeitraum besteht, beim Gewerbetreibenden und Selbstständigen sogar nicht nach dem jeweiligen Jahresbetrag sondern nach einem mehrjährigen Mittelwert des Einkommens errechnet wird, wird sich häufig eine im Einzelfall zu hohe AfA ausgleichen. Dies gilt insbesondere dann, wenn der Einkommensermittlung nicht mehr wie bisher einen Drei- sondern wie anlässlich des 14. Familiengerichtstages gefordert einen Fünfjahreszeitraum zugrunde gelegt wird.[73]

Die in der Rechtsprechung früher regelmäßig vorgenommenen Korrekturen wie Verlängerung der Nutzungsdauer,[74] aber auch die heute noch nach der Rechtsprechung des BGH und der herrschenden Auffassung vorzunehmende Umrechnung degressiver auf lineare AfA sind in vielen Fällen überflüssig. Übersehen wird nämlich,[75] dass in Fällen linearer AfA **bei unterhaltsrechtlich verlängerter Nutzungsdauer** AfA-Raten zugerechnet werden müssen, wenn das Wirtschaftsgut steuerlich längst abgeschrieben ist, da nunmehr der **unterhaltsrechtlich fingierte Restbuchwert** weiter abgeschrieben werden muss. 352

An Bedeutung verloren hat die degressive Afa.[76] 353

Für „Altfälle" vor dem 1.1.2008 und zwischen dem 31.12.2008 und dem 1.1.2001 zeigt sich aber die in der Rechtsprechung **übersehene Kompensation** durch Berücksichtigung des Veräußerungserlöses[77] in der nachfolgenden Gegenüberstellung: 354

Jahr	Lineare AfA	Degressive AfA	Einkommens-änderung
01	− 10 000	− 20 000	− 10 000
02	− 10 000	− 16 000	− 6 000
03	− 10 000	− 12 800	− 2 800
Gesamt	− 30 000	− 48 800	− 18 800
Restbuchwert	+ 70 000	− 51 200	
Veräußerungserlös	+ 60 000	+ 60 000	
Veräußerungsgewinn/-verlust	− 10 000	+ 8 800	+ 18 800

Die zunächst durch die AfA eingetretene Einkommensminderung wird bei der Veräußerung durch die unterschiedlich hohen Veräußerungsgewinne auf den tatsächlichen Aufwand reduziert. Der bei der steuerlichen Einkommensermittlung erfasste **Veräußerungsgewinn** muss **unterhaltsrechtlich abgezogen** werden, soweit in den Vorjahren die degressive AfA unterhaltsrechtlich nicht anerkannt, das Einkommen also um die AfA-Differenz erhöht wurde.[78]

Entsprechende Korrekturen sind erforderlich, wenn man gemäß der herrschenden Auffassung und der Rechtsprechung des BGH[79] die **Sonderabschreibung** nicht anerkennt. Durch die Sonderabschreibung erhöht sich das AfA-Volumen nicht. Es kann zwar zusätzlich zur linearen oder degressiven AfA die Sonderabschreibung vorgenommen werden, um diese verringert sich aber die verbleibende AfA (→ Rn. 213). Bei neben linearer AfA vorgenommener Sonderabschreibung ist das Wirtschaftsgut früher abgeschrieben, so dass nach steuerlicher Vollabschreibung noch ein unterhaltsrechtlicher Restwert abzuschreiben wäre, bei degressiver AfA wird früher als ohne Sonderabschreibung der Zeitpunkt erreicht, von dem ab die degressiven Raten unter denen der linearen AfA liegen. 355

---

73 Empfehlungen des 14. Deutschen Familiengerichtstags in FamRZ 2002, 296.
74 Nicht mehr BGH vgl. FamRZ 2003, 741 = R 590c.
75 Siehe dagegen zutreffend Weychardt FamRZ 1999, 1407.
76 Nach EStG nur zulässig für vor dem 1.1.2008 und zwischen dem 31.12.2008 und dem 1.1.2001 angeschaffte Wirtschaftsgüter.
77 Bejahend jetzt bei der unterbewerten Umlaufvermögen BGH FamRZ 2003, 741 = R 590b.
78 Klein FamRZ 1998, 1346; Weychardt FamRZ 1999, 1407; Fischer-Winkelmann FamRZ 1999, 1403.
79 BGH FamRZ 2003, 741 = R 590c.

356 Außerdem ist zu berücksichtigen, dass in der Mehrzahl der Fälle der Unterhaltspflichtige nicht nur einige wenige Wirtschaftsgüter steuerlich absetzt und darüber hinaus außer bei Neugründung des Unternehmens die Anschaffungen über Jahre verteilt sind. Den steuerlich noch absetzbaren Wirtschaftsgütern steht in der Regel eine weitaus größere Zahl an noch genutzten aber längst voll abgeschriebenen Wirtschaftsgütern gegenüber, wie sich aus dem vorstehend (→ Rn. 351 f.) dargestellten Fall zeigt.[80]

357 Zu beachten ist daher bei der Beurteilung vermeintlich zu hoher AfA nicht nur die Kompensation bei der Veräußerung, sondern auch die notwendige Berücksichtigung des nach steuerlich vollständiger Abschreibung auf Grund unterhaltsrechtlich längerer Nutzungsdauer noch zu berücksichtigenden restlichen „Wertverzehrs" Der BGH verneint in der Regel die Notwendigkeit einer fiktiver Steuerberechnung (→ Rn. 977 ff.) bei Herabsetzung der AfA.

358 **Fazit:** Die Absetzung für Abnutzung ist ein notwendiges **Instrument des Bilanzsteuerrechts.** Da es bei der Gewinnermittlung durch Betriebsvermögensvergleich nicht auf den Zu- und Abfluss von Geld oder Geldeswerten ankommt, sondern auf die Veränderung des Betriebsvermögens, muss dessen aufwandsbedingter oder mindestens nutzungsbedingter Wertverlust gewinnmindernd erfasst werden.

Die Absetzung für Abnutzung ist der Einnahmen-Überschuss-Rechnung **wesensfremd,** da es nicht auf den Wert des Betriebsvermögens, sondern nur auf den Geldfluss ankommt. Sie wird jedoch gemäß § 4 III EStG als **entsprechend anwendbar** erklärt. Da der Wertverzehr in der Einnahmen-Überschuss-Rechnung mangels Betriebsvermögensvergleich ohne Relevanz ist, ist die **Aufwandsthese** der dogmatisch richtige Ansatz, denn nach der Aufwandsthese erfüllen die Anschaffungs- oder Herstellungskosten für das zur Einkunftserzielung eingesetzte Wirtschaftsgut den Tatbestand der „Betriebsausgabe"; der „Sofortabzug" scheitert allein an der verbindlichen Anweisung, diese Aufwendungen auf verschiedene Ermittlungsperioden zu verteilen (§ 4 III 3 EStG).[81] Danach bezwecken die AfA-Vorschriften die Anschaffungskosten über die Nutzungsdauer zu verteilen. Der Zusammenhang zwischen Anschaffungskosten, Absetzung für Abnutzung und Veräußerungsgewinn gewährleistet, dass in jedem Fall – gleich welche AfA-Methode man wählt – die Differenz zwischen Anschaffungskosten und Veräußerungserlös gewinnmindernd erfasst wird. Wie immer im Unterhaltsrecht die AfA berücksichtigt wird, muss dieses auch hier gewährleistet sein. Denn diese Differenz ist berufsbedingter Aufwand.

359 **m) Absetzung für Abnutzung und Tilgung von Anschaffungskrediten.** In den meisten Fällen wird die Anschaffung von Wirtschaftsgütern mit mehrjähriger Nutzungsdauer nicht aus vorhandenen Mitteln, sondern aus Anschaffungskrediten finanziert. Diese müssen nicht nur verzinst, sondern auch getilgt werden.

> **Beispiel:**
> U hat einen ausschließlich betrieblich genutzten PKW für 36 000 EUR netto angeschafft und dafür in gleicher Höhe ein Darlehen aufgenommen. Vertragsgemäß zahlt er das Darlehen in 72 Monatsraten zu je 500 EUR zurück. Die Zahlungen leistet er durch Überweisung vom Guthaben des betrieblichen Girokontos.

Das Guthaben auf dem Girokonto mindert sich monatlich um 500 EUR, in gleicher Höhe reduziert sich das Darlehen; es liegt ein sogenannter Aktiv-Passivtausch vor. Die Höhe des Betriebsvermögens ändert sich nicht. Die buchhalterische Erfassung erfolgt ausschließlich auf Bestandskonten; die Gewinn- und Verlustrechnung wird nicht betroffen. Die Zahlung von **Tilgungsraten** ist **gewinnneutral** (→ Rn. 219).
Der PKW wird nach der gültigen AfA-Tabelle bei einer Nutzungsdauer von sechs Jahren mit jährlich 6000 EUR steuerlich abgeschrieben. Würden die steuerliche AfA als Wertverzehr und die Tilgungsraten als unterhaltsrechtlich relevante Vermögensbildung anerkannt und nebeneinander angesetzt, würden dem U für die Nutzung des PKW in sechs Jahren insgesamt 36 000 EUR AfA und 36 000 EUR Tilgung als berufsbedingter Aufwand angerechnet, also die doppelten Anschaffungskosten. Tilgungsraten dürfen daher **unter-**

---

[80] Fischer-Winkelmann FamRZ 1999, 1403.
[81] Blümich/Brandis EStG § 7 Rn. 30 mwN.

haltsrechtlich nicht angesetzt** werden, **soweit** die **AfA für das Wirtschaftsgut berücksichtigt** wird, dessen Anschaffungskosten mit dem Darlehen finanziert worden sind.[82]

Die **Tilgung** von Bau- oder Anschaffungsdarlehen bei Gebäuden, bei denen die steuerliche AfA beim Unterhalt nicht einkommensmindernd berücksichtigt wird, hat der BGH zutreffend als Vermögensbildung angesehen, die im entschiedenen Fall den Unterhaltsberechtigten nicht angerechnet werden dürfe.[83] Ob der BGH im Umkehrschluss die Tilgung eines für den Bau oder Erwerb eines Gebäudes aufgenommenen Kredits einkommensmindernd berücksichtigen würde, wenn der Aufwand im Rahmen der eheprägenden Einkommensverhältnisse als angemessen anzusehen ist, lässt die Entscheidung nicht erkennen. In einer späteren Entscheidung[84] hat der BGH entschieden, dass Tilgungsleistungen für ein Darlehen zum Erwerb einer Immobilie als Form zusätzlicher Altersversorgung zu berücksichtigen sein können. 360

Zum Elternunterhalt ist der BGH nunmehr der Auffassung, dass neben den Zinsen die Tilgungsleistungen bis zur Höhe des Wohnvorteils vom Einkommen des Elternunterhaltspflichtigen abzuziehen sind, ohne dass dies seine Befugnis zur Bildung eines zusätzlichen Altersvorsorgevermögens schmälert. Der den Wohnvorteil dann noch übersteigende Tilgungsanteil ist als Vermögensbildung zu Lasten des Unterhaltsberechtigten im Rahmen der sekundären Altersvorsorge auf die Altersvorsorgequote von 5 % des Bruttoeinkommens des Elternunterhaltspflichtigen anzurechnen.[85] Der BGH hat inzwischen angedeutet, dass die Grundsätze dieser Entscheidung auch auf den Ehegatten-/Kinderunterhalt (mit Ausnahme in den Fällen von § 1603 II 1 BGB) übertragbar sind.[86] Streitig bleibt dann noch, ob die Behandlung von Tilgungsleistungen auf Immobiliendarlehen, Praxisdarlehen und Darlehen zum Erwerb sonstigen Vermögens, dessen Erträgnisse bereits als unterhaltsrelevant erfasst werden, einer völligen „Neujustierung" bedarf.[87]

Bei **Annuitätendarlehen** wird ein fester Monatsbetrag auf Zins- und Tilgungsraten gezahlt. Infolge des Tilgungsanteils reduziert sich laufend der Zins; der Tilgungsanteil wird höher. In der Gewinn- und Verlustrechnung wird **nur der Zinsanteil** erfasst; der Tilgungsanteil geht in die Bilanz ein.

n) Abschreibungsbedingte Steuerermäßigung im Unterhaltsrecht. Nach der Rechtsprechung des BGH sind dem Unterhaltsbeteiligten die Steuervorteile zu belassen, die auf Grund tatsächlicher einkommensmindernder, unterhaltsrechtlich jedoch nicht anerkannter Aufwendungen gewährt werden. Dies ist bereits 1986 im „Bauherrenmodellfall"[88] entschieden. Dort stellt der BGH fest, dass 361

> „zwar einerseits die in diesem Rahmen anfallenden Zins- und Tilgungsaufwendungen nicht als einkommensmindernd berücksichtigt werden dürfen, dass aber andererseits auch die dadurch erzielte Steuerersparnis außer Betracht bleiben muss."

In diesem Zusammenhang ist zu beachten, dass die durch den Gesetzesentwurf zur steuerlichen Förderung des Mietwohnungsneubaus vorgesehene erhöhte AfA („Sonder-AfA") zum 1.1.2019 nunmehr auch durch den Bundesrat am 28.6.2019 gebilligt wurde.

In seiner Entscheidung vom 1.12.2004[89] hat der BGH diese Auffassung bestätigt. 362

Wo der BGH die AfA nicht anerkennt oder kürzt, weil er keinen Wertverzehr sieht, ist in den einschlägigen Entscheidungen von einer fiktiven Steuerberechnung nicht einmal die Rede. Das unterhaltsrechtlich maßgebliche Einkommen wird um den nicht anerkannten Teil der AfA erhöht, die **abschreibungsbedingte Steuerersparnis wird nicht korrigiert.**

Für die **Sonderabschreibung** hat der BGH dies ausdrücklich entschieden[90] und zusätzlich damit begründet, dass im entschiedenen Fall die Steuerersparnis wegen geringer 363

---

[82] BGH FamRZ 2004, 1179.
[83] BGH FamRZ 2005, 1159 = R 623.
[84] BGH FamRZ 2005, 1817 = R 632.
[85] BGH FamRZ 2017, 519.
[86] BGH FamRZ 2018, 1506 Rn. 31.
[87] vgl. Norpoth NZFam 2017, 307 mwN.
[88] BGH FamRZ 1987, 36.
[89] BGH FamRZ 2005, 1159 = R 623.
[90] BGH FamRZ 2003, 741 = R 590c.

Einkünfte in den Folgejahren endgültig erhalten geblieben sei. Dies ist aber im Allgemeinen nicht so: auch bei Vornahme von Sonderabschreibungen wird insgesamt nur der tatsächliche Wertverlust während der Nutzung steuermindernd berücksichtigt (→ Rn. 213).

Zur Behandlung der Steuerbelastung im Fall der Bildung der bis 2007 steuerlich zulässigen **Ansparrücklage** nach § 7g III EStG hat der BGH[91] zwar zunächst zutreffend festgestellt, dass es sich um eine Rückstellung für künftige abschreibungsfähige Investitionen handele; die sich als vorgezogene Abschreibung darstelle. Es heißt dann:

> „Sie stellt sich als vorgezogene Abschreibung und damit wirtschaftlich als eine befristete Kreditierung der Steuerschuld dar. Sie dient der Verbesserung der Liquidität und Eigenkapitalausstattung kleinerer und mittlerer Betriebe und soll diesen die Vornahme von Investitionen erleichtern."
>
> „Bereits daraus ist ersichtlich, dass der Zweck dieser Vorschrift weitgehend durchkreuzt würde, wenn die hierdurch erhöhte Liquidität des Unternehmens automatisch eine erhöhte Unterhaltsschuld des Unternehmers zur Folge hätte, da die zusätzlich zur Verfügung stehenden liquiden Mittel gerade nicht in den privaten Konsum fließen sollen, was das letztlich vom Fiskus übernommene Insolvenzrisiko erhöhen würde."

Nicht anders ist es aber im Fall der **Sonderabschreibung** und der **degressiven AfA**: auch hier wird durch gegenüber der linearen AfA frühere Abschreibung dem Unternehmer durch zinsfreie Kreditierung der Steuerschuld ein **Liquiditätsvorteil** gewährt. Die zunächst durch höhere AfA ersparte Steuer zahlt er in den Jahren zurück, in denen die AfA gegenüber der regulären linearen AfA geringer und der für die Einkommensteuer maßgebliche Gewinn entsprechend höher ausfällt (→ Rn. 213). Der Widerspruch ist bisher ungeklärt.

364 **o) Sofortabschreibung GWG.** Von der Möglichkeit, die Anschaffungskosten für geringwertige Wirtschaftsgüter im Jahr der Anschaffung voll abzuschreiben (→ Rn. 215) wird in der Praxis in der Regel Gebrauch gemacht. Zum einen führt die Sofortabschreibung zu sofortiger Gewinn- und Steuerminderung, zum andern erspart man sich Buchführungsaufwand. In aller Regel ist der Aufwand pro Jahr etwa gleichbleibend, so dass es sachgerecht ist, sie unterhaltsrechtlich zu übernehmen.[92]

365 **p) Telefon.** Der Privatanteil an betrieblichen Telefonkosten wird in einem korrekten Jahresabschluss bei den Erlösen auf dem Konto „Unentgeltliche Wertabgaben" erfasst (→ Rn. 324). Eine Korrektur bei unterhaltsrechtlich nicht akzeptablem steuerlichen Ansatz muss daher dort erfolgen.

366 **q) Zinsaufwendungen.** Steuerlich stellen Zinsen für Kredite zum Zwecke der Anschaffung von betrieblich genutzten Wirtschaftsgütern Betriebsausgaben dar. Zu beachten ist, dass **steuerlich unerheblich ist, ob die Kreditaufnahme notwendig ist**. Betrieblich bedingte Kreditzinsen werden vom Finanzamt auch dann anerkannt, wenn der Steuerpflichtige das Wirtschaftsgut ohne Inanspruchnahme eines Kredites aus seinem Privatvermögen hätte bezahlen können.

367 Nach Einführung des § 4 IVa EStG mit Wirkung zum Wirtschaftsjahr 1999 ist der Schuldzinsenabzug zweistufig zu prüfen. Es ist zunächst zu klären, ob der betreffende Kredit nach den von der Rechtsprechung aufgestellten Grundsätzen eine betriebliche oder private Schuld ist.[93] Sodann ist zu prüfen, ob und in welchem Umfang die betrieblich veranlassten Schuldzinsen nach § 4 IVa EStG abziehbar sind.[94]

Private Verbindlichkeiten, deren Zinsen nach § 4 IV EStG nicht betrieblich veranlasst sind, sind bei der Ermittlung der Entnahmen iSd § 4 IVa EStG nicht zu berücksichtigen.

Werden eingehende Betriebseinnahmen zur Tilgung eines Sollsaldos verwendet, der aufgrund privater Zahlungsvorgänge entstanden ist oder sich dadurch erhöht hat, liegt hierin im Zeitpunkt der Gutschrift eine Entnahme, die bei der Ermittlung der Überentnahmen iSd § 4 IVa EStG zu berücksichtigen ist.[95]

---

[91] BGH FamRZ 2004, 1177.
[92] Anders wird man entscheiden müssen, wenn ohne betrieblichen Anlass die Anschaffungskosten weit über denen früherer Jahre liegen.
[93] BFH BStBl II 2018, 744.
[94] BMF BStBl. I 2018, 1207.
[95] BFH DStR 2005, 2159.

5. Abschnitt: Gewinneinkünfte im Unterhaltsrecht § 1

r) Vorsteuer und gezahlte Umsatzsteuer. Während Vorsteuer und Umsatzsteuerzahlungen in der Gewinn- und Verlustrechnung nicht erscheinen,[96] werden sie in der Einnahmen-Überschuss-Rechnung **als Betriebseinnahmen** bzw **Betriebsausgaben** erfasst. Obwohl es sich wirtschaftlich um durchlaufende Posten handelt, da der Steuerpflichtige die eingenommene Umsatzsteuer abführen muss und die gezahlte Vorsteuer verrechnen kann, ergeben sich durch die Erfassung in der Einnahmen-Überschuss-Rechnung unter Umständen erhebliche Gewinnverschiebungen. 368

Beispiel:
Der nicht bilanzierende selbstständige S kauft am 20.12.2002 einen neuen PKW zur ausschließlich betrieblichen Nutzung für 50 000 EUR und eine EDV-Anlage mit Software für 25 000 EUR zuzüglich 8000 EUR + 4000 EUR Umsatzsteuer. Dadurch reduziert sich sein Gewinn um diese 12 000 EUR, nämlich die an die Lieferanten gezahlte Umsatzsteuer. Die kompensierende Gewinnerhöhung tritt erst im Jahr 2003 ein, wenn sich die als Betriebsausgabe zu buchende Umsatzsteuerzahlung um den anrechenbaren Vorsteuerbetrag vermindert.

Dass der Steuerpflichtige in einem solchen Fall die aus diesen 12 000 EUR resultierende Einkommensteuer erst ein Jahr später zahlen muss, trifft den Fiskus nicht besonders schwer. Wenn aber der Unterhaltsschuldner den Kauf in dem letzten für die Unterhaltsberechnung maßgeblichen Jahr ausführt, ist die Unterhaltseinbuße erheblich. Es ist meines Erachtens daher das einzig Sinnvolle, Umsatzsteuer, Vorsteuer und Umsatzsteuerzahlungen auch in der Einnahmen-Überschuss-Rechnung außer Betracht zu lassen, da es sich letztlich um durchlaufende Posten handelt.[97]

Bei Korrekturen der Vorsteuern und Umsatzsteuerzahlungen ist auch die Umsatzsteuer entsprechend zu korrigieren (→ Rn. 329).

s) Steuern vom Einkommen und vom Ertrag. Beim Einzelunternehmer und bei gewerblichen Personengesellschaften wird hier nur die Gewerbesteuer erfasst („Transparenzprinzip"). In der Gewinn- und Verlustrechnung werden die Gewerbesteuervorauszahlungen für das abgelaufene Wirtschaftsjahr sowie der als Rückstellung (→ Rn. 388) gegengebuchte noch offene Betrag ausgewiesen. Gewerbesteuerzahlungen für frühere Jahre finden sich auf einem besonderen Konto, da es sich um periodenfremden Aufwand handelt. 369

In der Einnahmen-Überschuss-Rechnung werden alle im Laufe des Wirtschaftsjahres gezahlten Gewerbesteuern in der Regel auf ein Konto gebucht, gleichgültig, für welchen Zeitraum sie gezahlt wurden.

Seit 2008 gilt gemäß § 4 Vb EStG die Gewerbesteuer beim Einzelunternehmer und bei Personengesellschaften als nicht abzugsfähige Betriebsausgabe. Die Korrektur erfolgt außerhalb der Bilanz und Gewinn- und Verlustrechnung bzw Einnahme-Überschussrechnung. Als Ausgleich wird jedoch die Einkommensteuer ermäßigt.[98]

Wenn auf dem Konto Steuern vom Einkommen und Ertrag Einkommensteuern gebucht sind, verfälscht das den Gewinn, da Einkommensteuern Privatsteuern sind, die bei Zahlung aus dem Betriebsvermögen auf einem Privatkonto (→ Rn. 1/239) gewinnneutral gebucht werden müssen und nicht als „Aufwand". 370

t) Bildung von Sonderposten mit Rücklageanteil – § 6b – Rücklage. Durch Bildung eine Rücklage nach § 6b EStG soll verhindert werden, dass bei der Veräußerung von Betriebsvermögen ein steuerbarer Gewinn entsteht, wenn innerhalb von vier Jahren nach Ablauf des Jahres, in dem die Veräußerung erfolgt ist, eine Re-Investition erfolgt (→ Rn. 232). Wenn der Veräußerungsgewinn als solcher nicht unterhaltsrechtlich relevant ist (→ Rn. 354) sind keine Korrekturen nötig.[99] 371

– in dieser Auflage nicht belegt – 372–379

---

[96] Mit Verbuchung der umsatzsteuerpflichtigen Forderung wird eine Verbindlichkeit gegenüber dem Finanzamt, mit Verbuchung der vorsteuerbelasteten Verbindlichkeit eine Forderung gegen das Finanzamt gebucht. Es werden also nur Bestandskonten, keine Erfolgskonten berührt.
[97] So auch OLG Celle FamRZ 2000, 1153.
[98] Im Einzelnen dazu → Rn. 854.
[99] Zum Zusammenhang zwischen Bildung und Auflösung von Rücklagen siehe → Rn. 321 und 390.

VI. Bilanzposten in unterhaltsrechtlicher Betrachtung

1. Vorbemerkung

380 Die Bilanz als solche dient nicht der Gewinnermittlung, sondern gibt den Stand des Betriebsvermögens am Bilanzstichtag zu steuerlichen Wertansätzen wieder (→ Rn. 178 ff.). Der in der Bilanz aufgeführte Gewinn ergibt sich theoretisch aus dem Betriebsvermögensvergleich mit Vorjahresbilanz; in der Praxis wird er aus der Gewinn- und Verlustrechnung eingebucht und separat beim Vorjahreskapital ausgewiesen (→ Rn. 200 f.).

Aus der Bilanz ist jedoch zu ersehen, inwieweit in der Gewinn- und Verlustrechnung Aufwand gewinnmindernd aufgezeichnet ist, der noch nicht als Betriebsausgabe ab- bzw. Einnahme noch nicht zugeflossen ist. Die Bilanz erspart daher die umständliche **Prüfung** einzelner Posten der Gewinn- und Verlustrechnung **auf Abweichungen vom In-Prinzip.**

> **Beispiel:**
> Die Gewinn- und Verlustrechnung 02 weist einen Aufwand für Gewährleistungen in Höhe von 100 000 EUR aus. Die Bilanz enthält eine Rückstellung für Gewährleistungen in Höhe von 20 000 EUR, die in der Bilanz 01 noch nicht enthalten ist.

Da die Rückstellung im Jahr 02 gebildet worden ist, ist der verbuchte Aufwand in dieser Höhe noch nicht als Betriebsausgabe abgeflossen.[100] Eine bereits am Jahresbeginn bestehende Rückstellung wirkt sich auf den Gewinn nicht aus, da insoweit das Betriebsvermögen am Jahresanfang und am Jahresende gleich ist (→ Rn. 166).

Der Vergleich einzelner Posten in mehreren aufeinander folgenden Bilanzen lässt zumeist erkennen, ob die Bildung und Auflösung per Saldo zu Gewinnveränderungen geführt hat. Die **Änderung eines Bilanzposten** gegenüber dem Vorjahr **zeigt,** inwieweit sich innerhalb des Jahres eine **Gewinnauswirkung** ergeben hat. Häufig heben sich die Bildung von Bilanzposten und die Auflösung der Vorjahresposten auf.

> **Beispiel:**
> 1. U zahlt für eine Betriebsausfallversicherung jährlich gleichbleibend jeweils am 1. September 12 000 EUR.
> 2. Am 31.12.01 verzeichnet U gewinnerhöhend noch nicht bezahlte Forderungen in Höhe von 100 000 EUR. Die in der Vorjahresbilanz mit 80 000 EUR ausgewiesen Forderungen sind im Lauf des Jahres bezahlt worden. Seinen am 31.12.01 bilanzierten unbezahlten Verbindlichkeiten in Höhe von 40 000 EUR steht die Begleichung der Vorjahresverbindlichkeiten in Höhe von 50 000 EUR gegenüber.

Fall 1: Zum Bilanzstichtag ist für den auf das folgende Wirtschaftsjahr entfallenden Anteil eine Rechnungsabgrenzung (→ Rn. 227) in Höhe von 8000 EUR gewinnerhöhend einzubuchen. Sofern noch nicht in der Buchführung geschehen ist die Rechnungsabgrenzung in derselben Höhe aus der Vorjahresbilanz für die Monate 01–08 des abgelaufenen Jahres gewinnmindernd auszubuchen. Die Buchungen heben sich daher auf; im Ergebnis wird nur als Betriebsausgabe berücksichtigt, was für das jeweilige Wirtschaftsjahr gezahlt worden ist.

Fall 2: Der Saldo aus der Bilanzierung der Forderungen und der Auflösung der Vorjahresforderungen mit + 20 000 EUR, stehen − 10 000 EUR Saldo aus Erfassung und Auflösung von Verbindlichkeiten gegenüber.

Soweit nicht bereits durch derartige Vorgänge die Unterschiede zwischen der periodengerechten Gewinnermittlung durch Betriebsvermögensvergleich und der dem Zuflussprinzip weitgehend entsprechenden Gewinnermittlung durch Einnahmen-Überschuss-Rechnung im Lauf eines Jahres kompensiert werden, tritt dieser Effekt umso stärker ein, je länger der Zeitraum ist über den der Gewinn ermittelt wird. Die Gewinnermittlung durch Betriebsvermögensvergleich führt nicht zu einem anderen Gewinn als die Einnahmen-Überschuss-

---

[100] Vgl. zu den steuerlichen Grundlagen → Rn. 230.

5. Abschnitt: Gewinneinkünfte im Unterhaltsrecht § 1

Rechnung, er wird nur zeitlich verschoben erfasst.[101] Unterhaltsrechtlich ist die steuerliche Behandlung zu übernehmen, es sei denn, dass man die gesamte Gewinnermittlung auf das Zuflussprinzip umstellen will. Eine Umrechnung der Gewinn- und Verlustrechnung in eine Einnahmen-Überschuss-Rechnung ist in der Regel nicht erforderlich.

Um festzustellen, ob eine Korrektur überhaupt eine nennenswerte Änderung des Gewinns ergibt, reicht es aus, beim zu überprüfenden Posten nur den Bestand am Beginn des Auskunftszeitraums mit dem Bestand an dessen Ende zu vergleichen, da nur die Änderung von Vermögensposten Auswirkung auf den Gewinn hat. Soweit die Bilanz des ersten Jahres des Auskunftszeitraums nicht die Vorjahreszahlen enthält, ergibt sich der Anfangsbestand aus dem entsprechenden Konto der Buchhaltung. **381**

Beispiel:
In den Bilanzen des Auskunftszeitraums verzeichnet U folgende Gewährleistungsrückstellungen:
Jahr 1:   20 000 EUR
Jahr 2:   160 000 EUR
Jahr 3:   40 000 EUR
Aus dem Konto „Gewährleistungsrückstellungen des Jahres 1 ergibt sich ein Anfangsbestand von 34 000 EUR.

Für die Berechnung des unterhaltsrechtlichen Einkommens wird auf den Durchschnittsgewinn des Auskunftszeitraums abgestellt; dies ist ein Drittel des Gesamtgewinns. Der Gewinn ist nach der Definition des § 4 I EStG der Unterschied des Betriebsvermögens am Ende des Wirtschaftsjahres zu dem am Anfang des Wirtschaftsjahres. Mithin ist der Gesamtgewinn der Unterschied zwischen dem Betriebsvermögen am Anfang und am Ende des Auskunftszeitraums.

Die Rückstellungen des U gehen in das Betriebsvermögen am Anfang des Auskunftszeitraums mit 34 000 EUR, am Ende mit 40 000 EUR ein, sie haben daher den Gesamtgewinn um 6000 EUR, den Durchschnittsgewinn um 2000 EUR vermindert. Falsch wäre es, Rückstellungen und ähnliche Bilanzposten für die Ermittlung des unterhaltsrechtlichen Einkommens zu eliminieren.

Nur die **Änderung des Betriebsvermögens** führt zu **Gewinn oder Verlust, nur die Änderung eines Bilanzpostens** hat daher **Gewinnauswirkung.**

2. Anlagevermögen

Anschaffungskosten für Anlagevermögen wirken sich nicht unmittelbar (→ Rn. 204) sondern ausschließlich über die Afa (Absetzung für Abnutzung) (→ Rn. 205 ff. und 341 ff.) gewinnmindernd aus. Bei der Veräußerung entsteht meistens ein Gewinn oder Verlust, da der Buchwert in der Regel nicht dem Veräußerungserlös entspricht (→ Rn. 315). **382**

3. Umlaufvermögen

Die Anschaffungskosten von Umlaufvermögen werden zwar als Aufwand gewinnmindernd erfasst. Durch Inventur und einzubuchende Bestandsveränderungen (→ Rn. 329) wirken sich im Jahresabschluss jedoch nur der tatsächliche Wareneinsatz und eventuelle Wertveränderungen auf den Gewinn aus. **383**

Beim Wertansatz des Umlaufvermögens ist ein nicht unerheblicher Beurteilungsspielraum gegeben, so dass die vom Steuerpflichtigen und die vom Finanzamt vorgenommenen Wertansätze sich häufig deutlich unterscheiden. Je niedriger das Umlaufvermögen bewertet wird, umso geringer fällt der Gewinn aus. Dies wird jedoch beim Verkauf durch einen entsprechend höheren Gewinn wieder kompensiert. Zutreffend hat der BGH[102] die Bewertung des Umlaufvermögens für entscheidungsunerheblich angesehen. Dies gilt jedoch

---
[101] Vgl. dazu nachfolgend → Rn. 384–391.
[102] BGH FamRZ 2003, 741 = R 590b.

uneingeschränkt nur dann, wenn die Veräußerung in angemessener Zeit erfolgt und nicht zu niedrig bewertete Waren gehortet werden.[103]

4. Forderungen und Verbindlichkeiten

384 In aller Regel stellen die Bilanzposten „Forderungen" und „Verbindlichkeiten" vom Umfang her die größte Abweichung vom unterhaltsrechtlich maßgeblichen In-Prinzip dar. Für die Ermittlung des der Bilanz zugrunde zulegenden Betriebsvermögens kommt es auf das Entstehen und nicht auf die Realisierung der Forderungen und Verbindlichkeiten an (→ Rn. 223). Dem wird in der der Gewinn- und Verlustrechnung zugrundeliegenden Buchführung Rechnung getragen, indem bereits die **Forderungen als Ertrag**, die **Verbindlichkeiten als Aufwand** erfasst werden. Der in der Bilanz und der Gewinn- und Verlustrechnung festgestellte Gewinn basiert daher zu einem häufig nicht unerheblichen Teil auf noch nicht geflossenen Einkünften bzw. noch nicht bezahlten Schulden.[104]

Soweit Bildung und Auflösung der Forderungen und Verbindlichkeiten in demselben Wirtschaftsjahr erfolgen, heben sie sich auf. Es gibt also keinen Unterschied zur Einnahmen-Überschuss-Rechnung. Erfolgt die Bezahlung der Forderung erst in einem späteren Wirtschaftsjahr, führt dies aber zu einer Vorverlagerung des Gewinns zum Zweck der periodengerechten Gewinnermittlung, läuft also dem unterhaltsrechtlichen In-Prinzip konträr zuwider. Dies gilt bei der Buchung von Verbindlichkeiten und ihrer Begleichung im Folgejahr mit umgekehrten Vorzeichen entsprechend. Hier werden Betriebsausgaben gewinnmindernd vorgezogen.

Unterhaltsrechtliche Korrekturen sind in der Regel nicht erforderlich (→ Rn. 380, 381).

385 Aus dem Vergleich der Bilanzansätze für **Darlehen** ergibt sich die jährliche Tilgung. Tilgungsraten stellen keine quantitative Vermögensveränderung, sondern nur eine Umschichtung – in der Regel vom Girokonto auf das Darlehenskonto – dar. Sie haben daher keine Gewinnauswirkung. Wenn sie nach dem Zuflussprinzip unterhaltsrechtlich als einkommensmindernde Vermögensbildung oder Rückführung eheprägender Verbindlichkeiten anzusetzen sind, muss dies daher unter Abänderung des unterhaltsrechtlichen Einkommens erfolgen.[105]

5. Anzahlungen

386 Bei der Gewinnermittlung durch Betriebsvermögensvergleich werden **Anzahlungen** als **Passivposten** erfasst. Damit wird dem Umstand Rechnung getragen, dass entweder die Leistung, für die die Anzahlung erbracht ist, bereits vermögensmehrend gebucht oder aber noch geschuldet wird und damit das Betriebsvermögen vermindert. In der Einnahmen-Überschuss-Rechnung dagegen ist der als Anzahlung geleistete Geldeingang ohne Korrektur als Erlös erfasst.

> **Beispiel:**
> U hat einen Auftrag zur Herstellung und Montage von Fenstern für ein Bürogebäude erhalten. Der Festpreis beträgt 10 000 EUR, Liefertermin ist der 1.3.02. Nach Auftragserteilung am 20.12.01 hat er eine Anzahlung von 1500 EUR erhalten.

Das Betriebsvermögen hat sich zum 31.12. erhöht um die Einzahlung auf der Bank, es ist mit der Liefer- und Montageverpflichtung belastet, der nur noch die restliche Werklohnforderung gegenübersteht. Ein Unternehmenskäufer würde die Anzahlung kaufpreismindernd bewerten, da er die Gegenleistung insoweit unentgeltlich erbringen müsste.

---

[103] Anders in der Einnahmen-Überschuss-Rechnung (→ Rn. 261).
[104] Vgl. dazu auch → Rn. 307.
[105] Zur Konkurrenz von AfA und Tilgung wird auf die Ausführungen unter → Rn. 359 verwiesen.

6. Rechnungsabgrenzungsposten

Bei den Rechnungsabgrenzungsposten handelt es sich in den meisten Fällen – zB Kfz- **387** Steuern, betriebliche Versicherungen – um Jahresbeiträge, die regelmäßig anfallen. Soweit sich nicht die Auflösung und die Neubildung decken und dadurch periodengerechter Aufwand und tatsächlicher Mittelabfluss übereinstimmen, erfolgt in der Regel ein kurzfristiger Ausgleich, so dass unterhaltsrechtlich kein Handlungsbedarf bestehen dürfte. Dies lässt sich durch den Vergleich der entsprechenden Bilanzposten kontrollieren, da ja nach dem System der Gewinnermittlung durch Betriebsvermögensvergleich **nur die Veränderung des Betriebsvermögens** zu Gewinn oder Verlust führt.

Beispiel:
U zahlt die Versicherungsbeiträge für seinen Taxibetrieb zu unterschiedlichen Zeitpunkten während des Geschäftsjahres. Während des unterhaltsrechtlichen Auskunftszeitraums 01–03 haben sich die Tarife und die Zahl der Versicherungsverträge mehrfach geändert. In der Gewinn- und Verlustrechnung sind im Jahresdurchschnitt Versicherungsbeiträge von 8000 EUR erfasst. In den Bilanzen sind für die Versicherungsbeiträge folgende aktive Rechnungsabgrenzungen aufgeführt:

01	2800 EUR
02	3700 EUR
03	2700 EUR

Aus der Bilanz 01 ergibt sich der Vorjahresbetrag mit 2400 EUR.[106]

In der Zeit vom Anfang 01 bis Ende 03 hat sich dieser Bilanzposten daher nur um 300 EUR erhöht (2700 EUR – 2400 EUR); bei konsequenter Anwendung des Zuflussprinzips könnte U daher die Verringerung seines Einkommens um 300 EUR, jährlich also 100 EUR verlangen.

Das Resultat ergibt sich auch aus der Überlegung, dass zwar durch Bildung der aktiven Rechnungsabgrenzung (→ Rn. 227) in Höhe von 2700 EUR per 31.12.03 die tatsächlich abgeflossenen Versicherungsbeiträge um 2700 EUR gekürzt und erst in 04 als Aufwand gebucht werden dürfen, dass aber umgekehrt durch Auflösung des Bilanzpostens (→ Rn. 227) aus 00 im Jahr 01 ein gewinnmindernder Aufwand gebucht wurde, der tatsächlich bereits in 00 als Betriebsausgabe abgeflossen war.

7. Rückstellungen und Rücklagen

Für kurzfristige und regelmäßige Rückstellungen (→ Rn. 228 f.) gelten die Ausführun- **388** gen zur Rechnungsabgrenzung (→ Rn. 387) entsprechend: Im Allgemeinen werden bei der Ermittlung des unterhaltsrechtlichen Einkommens keine Korrekturen notwendig sein.

Bei **Gewährleistungsrückstellungen** uä (→ Rn. 230, 380 f.) muss zunächst geprüft werden, ob und wann sie aufgelöst wurden. Erfolgten Bildung und Auflösung im Auskunftszeitraum, dann besteht kein Handlungsbedarf, weil sich im Ergebnis nur der tatsächliche Aufwand gewinnmindernd ausgewirkt hat. Da in aller Regel zwischen dem Stichtag für die letzte Bilanz und der Entscheidung über den Unterhalt erhebliche Zeit verstrichen ist, sind bis dahin möglicherweise in der letzten Bilanz enthaltene Rückstellungen gewinnneutral oder gewinnerhöhend aufgelöst.[107] Die unterhaltsrechtliche Behandlung ist unterschiedlich: Wenn der Aufwand, für den die Rückstellung gebildet wurde, tatsächlich entstanden ist, wird man sie anerkennen, andernfalls einkommenserhöhend herausrechnen müssen. Nach zutreffender Auffassung des **BGH**[108] ist gegebenenfalls mit sachverständiger Hilfe zu überprüfen, ob der Beklagte sein Einkommen durch eine entsprechende Bilanzpolitik, durch **erhöhte Rückstellungen** steuerlich vermindert hat, was unterhaltsrechtlich nicht anzuerkennen wäre.

---

[106] Der Betrag ist aus den Buchführungsunterlagen 01 zu entnehmen, da der Bilanzposten als Anfangsbestand in das Buchführungskonto übernommen werden musste.
[107] Vgl. dazu das Beispiel in → Rn. 230.
[108] BGH FamRZ 2003, 741 = R 590.

389 Zu beachten ist jedoch auch hier, dass nur die **Bildung oder Auflösung der Rückstellung gewinnwirksam** ist. Sie darf daher, wenn sie in mehreren aufeinander folgenden Bilanzen steht, nicht mehrfach zugerechnet werden.

390 Rücklagen nach § 6b EStG oder § 7g EStG beeinflussen ebenfalls den Gewinn nur in den Jahren, in denen sie gebildet oder aufgelöst werden. Grundsätzlich ist daher auch hier zur unterhaltsrechtlichen Einkommensüberprüfung die Gewinn- und Verlustrechnung heranzuziehen. Der jeweilige Bestand der Rücklage in der Bilanz ist unmaßgeblich. Nur Änderungen des Betriebsvermögens, also auch der Einzelnen bilanzierten Positionen wirken sich auf den Gewinn aus.

Allerdings kann man die Gewinnauswirkung auch aus der Bilanz ermitteln. Wenn man auch den Stand am Beginn des Prüfungszeitraums kennt, hat man dabei sogar den Vorteil, dass man die gesamte Gewinnauswirkung im Prüfungszeitraum in einem Rechengang feststellen kann. Ist der Bestand am Ende höher, liegt in Höhe der Differenz eine Minderung des Gewinns, ist er niedriger eine Erhöhung des Gewinns vor.

> **Beispiel:**
> U hat über sein Einkommen in den Jahren 01 bis 03 Auskunft erteilt. Aus den Bilanzen ergeben sich folgende Daten zu Gewährleistungsrücklagen:
> 01   100 000 EUR
> 02   150 000 EUR
> 03   36 000 EUR
> In der Bilanz des Jahres 01 waren auch die Vorjahreswerte angegeben. Eine Gewährleistungsrücklage war dort nicht aufgeführt.
>
> Da die Bilanz nur über den Vermögensstatus Auskunft gibt, wäre es bei unterhaltsrechtlicher Nichtanerkennung der Ansparrücklage falsch, die Gewinne des U um die angegebenen Jahresbeträge zu erhöhen. Nur die Änderung des Betriebsvermögens und damit partiell auch die Änderung eines Bilanzpostens stellen den Gewinn dar. Die Auswirkung auf den Gewinn ergibt sich aus Endbestand − Anfangsbestand = Gewinnauswirkung. Hier hatte U Anfang 01 keine Ansparrücklage bilanziert, Ende 03 standen 36 000 EUR in der Bilanz. Das Betriebsvermögen hat sich durch diesen Posten daher im Prüfungszeitraum um 36 000 EUR vermindert. Wenn man die Ansparrücklage unterhaltsrechtlich zurechnen müsste, ergibt sich eine Erhöhung gegenüber dem steuerlichen Ansatz um 36 000 EUR : 3 = 12 000 EUR pro Jahr.

8. Wertberichtigungen

391 Wenn bei Erstellung der Bilanz bereits konkret abzusehen ist, dass eine Forderung nicht realisierbar ist, muss wegen des handelsrechtlichen Vorsichtsprinzips eine Wertberichtigung vorgenommen werden, dh die Forderung darf nur insoweit bilanziert werden, als mit einer Tilgung zu rechnen ist. Auch in der Steuerbilanz erfolgt in der Regel eine solche **Einzel-Wertberichtigung (→ Rn. 225)**.

Die Tatsache, dass sich erfahrungsgemäß auch solche Forderungen zT nicht realisieren lassen, bei denen dies bei Erstellung der Bilanz noch nicht abzusehen ist, wird in der Steuerbilanz dadurch Rechnung getragen, dass eine **Pauschalwertberichtigung** prozentual vom Nettobetrag der in der Bilanz ausgewiesenen Forderungen aus Lieferungen und Leistungen vorgenommen wird. Maßgeblich für die Quote sind die betrieblichen Erfahrungen in der Vergangenheit (→ Rn. 225). Wenn diese Wertberichtigung − wie üblich − fortlaufend bilanziert wird, tritt eine Gewinnerhöhung oder Gewinnreduzierung nur in Höhe der Änderung des Betrags zum Vorjahr ein. In der Regel wird man daher die Pauschalwertberichtigung auch unterhaltsrechtlich akzeptieren können.

5. Abschnitt: Gewinneinkünfte im Unterhaltsrecht § 1

Beispiel:

Bilanz	Forderungen (brutto 19% MwSt)	Pauschalwertberichtigung 1%
00	1 190 000 EUR	10 000 EUR
01	1 190 000 EUR	10 000 EUR
02	1 428 000 EUR	12 000 EUR
03	1 368 500 EUR	11 500 EUR

Wie bei allen Bilanzposten gilt auch hier, dass nur die Änderung Gewinnauswirkung hat. Dem Anfangsbestand am Beginn des Auskunftszeitraums 01–03 in Höhe von 10 000 EUR steht am Ende ein Bestand von 11 500 EUR gegenüber, der Durchschnittsgewinn würde sich daher vor Gewerbe- und Einkommensteuer um 500 EUR jährlich erhöhen.

Aufmerksamkeit ist aber dann geboten, wenn erstmals in einem für die Unterhaltsberechnung maßgeblichen Jahr eine Wertberichtigung gebucht wird. Auch hohe Einzelwertberichtigungen können manipuliert sein.

9. Kapital

Das Kapital (→ Rn. 171 ff.) stellt keinen eigenen Vermögenswert dar. Es ist ein fiktiver **392** Posten, der den Wert des Unternehmens wiedergibt. In der Jahresbilanz natürlicher Personen und Personengesellschaften werden die Vermögensveränderungen gegenüber dem Vorjahr getrennt nach Gewinn, Einlagen und Entnahmen ausgewiesen (→ Rn. 200).

10. Privatentnahmen und Privateinlagen

Einlagen und Entnahmen dürfen gemäß § 4 I EStG den Gewinn nicht beeinflussen. Da **393** sie jedoch Auswirkung auf das Betriebsvermögen haben, werden sie bei der Gewinnermittlung durch Betriebsvermögensvergleich in der Buchführung erfasst. Wenn bei der Einnahmen-Überschuss-Rechnung eine EDV-Buchhaltung gemacht wird, wird ebenfalls doppelt gebucht, auch wenn weder Bank- noch Kapital- oder Privatkonten in der Einnahmen-Überschuss-Rechnung erscheinen.

Die Höhe der Entnahmen wird nach herrschender Meinung zur Überprüfung des verfügbaren Einkommens herangezogen, wenn die steuerlichen Unterlagen nicht vollständig oder widersprüchlich sind.[109]

Gemäß § 4 I 2 EStG sind Entnahmen alle Wirtschaftsgüter (Barentnahmen, Waren, Erzeugnisse, Nutzungen oder Leistungen), die der Steuerpflichtige dem Betrieb für sich, für seinen Haushalt oder für andere betriebsfremde Zwecke im Lauf des Wirtschaftsjahres entnommen hat.

Neben Nutzungsentnahmen, die immer Gewinnauswirkung haben, ist auch bei Entnahmen von Anlage- oder Umlaufvermögen eine Gewinnauswirkung gegeben, wenn Buchwert und Teilwert nicht identisch sind (→ Rn. 301). Da die Gewinnauswirkung aber bei den Erträgen oder bei Aufwand erfasst wird, bedarf es insoweit keiner Kontrolle der Privatkonten.

Wichtig ist, festzustellen, ob „Entnahmen" von einem Gewinn des Unternehmens getragen sind oder ob es sich um „Überentnahmen" handelt. Eine nicht vom Gewinn getragene Überentnahme ist immer ein „Angriff (Rückgriff)" auf den Vermögensbestand.

Eine Überentnahme ist der Betrag, um den die Entnahmen die Summe des Gewinns und der Einlagen des Wirtschaftsjahres übersteigen (§ 4 IVa 1 EStG).[110] Unterhaltsrechtlich ist bei einer festgestellten Überentnahme immer – vorbehaltlich unterhaltsrechtlicher Korrekturen des Gewinns – wertend mit zu prüfen, ob eine Verpflichtung besteht, den Stamm des Vermögens zu Unterhaltszwecken einzusetzen.

---

[109] Dazu → Rn. 438.
[110] BFH/NV 2014, 339.

Nach ständiger Rechtsprechung BGH besteht eine Obliegenheit zur Vermögensumschichtung, wenn nach den gegenwärtigen Verhältnissen keine wirtschaftlich angemessene Nutzung des vorhandenen Vermögens verwirklicht wird.[111] Dabei muss die tatsächliche Anlage des Vermögens – unter Berücksichtigung aller Umstände des Einzelfalles – sich als eindeutig unwirtschaftlich darstellen, bevor der geschiedene Ehegatte auf eine andere Anlageform und daraus erzielbare Erträge verwiesen werden kann.[112]

Vorrangig besteht nur die Obliegenheit des Schuldners zur Aufgabe einer unprofitablen unternehmerischen Tätigkeit, sowie Aufnahme einer angemessenen zumutbaren abhängigen Beschäftigung und die Frage, ob bei Ausübung einer solchen greifbaren (realistischen) Erwerbschance höhere verfügbare Einkünfte erzielt werden können.[113] Dabei richtet sich diese Obliegenheit primär auf die Einsicht, dass der Schuldner dieses Ziel durch Verwertung seiner Arbeitskraft erreichen konnte. Damit setzt der Negativbeweis die Darlegung der gesamten Entwicklung der Finanzlage einschließlich der laufenden Unterhaltsschulden voraus. Dazu gehört dann auch die nachvollziehbare Darlegung, dass die Verbindlichkeiten mit an Sicherheit grenzender Wahrscheinlichkeit zusammen mit dem laufenden (gegenwärtigen) Unterhalt befriedigt werden konnten.[114] In der Praxis ist daher ein Prognosezeitraum von höchstens zwei Jahren[115] üblich und angemessen und nicht ein unendlicher Prognosezeitraum.

11. Investitionszulagen und Investitionszuschüsse

394 Mit der unterhaltsrechtlichen Behandlung von **Investitionszulagen** (→ Rn. 220) hat sich der BGH in seinem Urteil vom 19.2.2003[116] befasst und die AfA einkommenserhöhend zugerechnet, wie sie auf den subventionierten Teil der Anschaffungskosten entfiel. Dass dies allerdings mit der in demselben Urteil noch einmal bestätigten Auffassung nicht zu vereinbaren ist, nach der die AfA unterhaltsrechtlich in Höhe des tatsächlichen Wertverzehrs anzuerkennen ist, wird nicht angesprochen (ausführlich → Rn. 357).

Das Urteil ist **auf Investitionszuschüsse nicht anwendbar,** da Investitionszuschüsse nicht steuerfrei gewährt werden.[117]

VII. Steuerliche Korrekturen außerhalb der Bilanz und Gewinn- und Verlustrechnung

395 Wenn aufgrund steuerlicher Vorschriften der im Jahresabschluss ausgewiesene Gewinn durch Hinzurechnungen oder Kürzungen verändert wird, erfolgt dies nicht durch Änderung der Positionen im Jahresabschluss. Viel mehr werden diese Änderungen in einem besonderen Abschnitt ausgewiesen.

Muster:

Betrieblicher Gewinn lt. Bilanz		140 000 EUR
Steuerliche Korrekturen		
Hinzurechnungen		
1. Nicht abzugsfähige Betriebsausgaben		
a) Geschenke	Rn. 337	400 EUR
b) Bewirtungskosten	Rn. 338	650 EUR

---

[111] BGH FamRZ 2008, 1325.
[112] BGH FamRZ 2008, 1325.
[113] OLG Koblenz FamRZ 2009, 1921.
[114] vgl. auch Argument aus der Rechtsprechung zu § 18 InsO: BGH NZI 2003, 147; Schulte ZInsO 2002, 265.
[115] Vgl. OLG Düsseldorf FamRZ 1997, 1078 (zwei Jahre).
[116] BGH FamRZ 2003, 741 = R 590d.
[117] Steuerliche Einzelheiten unter → Rn. 221.

5. Abschnitt: Gewinneinkünfte im Unterhaltsrecht   § 1

c) Gewerbesteuer	Rn. 369 f., 854	
Kürzungen		
2. Bildung Investitionsabzugsbetrag	Rn. 214	− 40 000 EUR
Steuerlicher Gewinn für die ESt-Veranlagung		101 050 EUR

– in dieser Aufl. nicht belegt –   396–419

VIII. Berechnung des unterhaltsrechtlichen Einkommens

1. Prüfungszeitraum

Wegen der jährlich der Höhe nach stark schwankenden Einkünften von Gewerbetreibenden und Selbstständigen ist ein **möglichst zeitnaher Mehrjahresdurchschnitt** zu bilden, damit nicht ein zufällig günstiges oder ungünstiges Jahr als Maßstab für die Zukunft dient. Dies gilt vor allem dann, wenn in Zukunft mit weiteren Schwankungen zu rechnen ist.[118] Dies wird der Regelfall sein. Wenn mit einem stetigen Anstieg oder Rückgang der Einkünfte zu rechnen ist, kann im Einzelfall der Tatrichter auch das zuletzt erreichte Einkommen zugrunde legen.[119]   420

Richtigerweise geht der BGH dabei davon aus, dass die Bemessung eines Unterhaltsanspruchs **für die Zukunft** stets auf einer Einkommensprognose beruht,[120] während für die in der Vergangenheit liegenden Unterhaltszeiträume stets von den in dieser Zeit tatsächlich erzielten Einkünften auszugehen ist.[121] Zur Vereinfachung der Berechnung darf bei Unterhalt für die Vergangenheit von einem Jahresdurchschnitt ausgegangen werden. Von durchschnittlichen Einkünften aus mehreren Jahren darf hingegen nur dann ausgegangen werden, wenn der rückständige Unterhalt für diese Gesamtzeit ermittelt wird oder der laufende Unterhaltsanspruch auf der Grundlage einer Einkommensprognose ermittelt werden muss.[122]

Beispiel:
A hat im Jahr 01 eine Facharztpraxis eröffnet. Im Jahr 04 erteilt er Auskunft über seine Einkommen bis 03. Es ergibt sich ein unterhaltsrechtlich relevantes Einkommen

für 01	20 000 EUR
für 02	50 000 EUR
für 03	80 000 EUR.

Wenn keine Anhaltspunkte für einen Einkommensrückgang bestehen, wäre es unbillig, den Unterhalt aus 50 000 EUR zu berechnen.

Nach herrschender Auffassung in Literatur und Rechtsprechung wird für die Ermittlung des unterhaltsrechtlich relevanten Einkommens ein **Zeitraum von drei Jahren** als erforderlich und **ausreichend** angesehen.[123] Im Hinblick auf die Besonderheiten bei Gewerbetreibenden und Selbstständigen ist der Empfehlung des 14. Familiengerichtstags zuzustimmen, dass ein **Fünfjahreszeitraum** zugrunde zu legen ist.[124] Dies gilt insbesondere bei starken Gewinnschwankungen, umfangreichen Abschreibungen und Rückstellungen, da sich im Fünfjahreszeitraum nahezu alle derartigen Einflüsse ausgleichen. Man wird auch dann auf den Fünfjahreszeitraum abstellen müssen, wenn Anlass zur Annahme besteht, dass in Kenntnis der bevorstehenden Unterhaltspflichten im Gegensatz zur früheren betrieblichen Praxis steuerlich legale Mittel der Gewinnverlagerung genutzt und die Gewinne durch strafrechtliche Methoden verkürzt wurden.

---

[118] BGH FamRZ 1986, 48 (51); FamRZ 1985, 357; FamRZ 1983, 680.
[119] BGH FamRZ 1985, 471; ausführlich dazu Strohal UnterhaltsR Rn. 206 ff.
[120] BGH FamRZ 2005, 101.
[121] BGH FamRZ 2007, 1532; FamRZ 1985, 357.
[122] BGH FamRZ 2007, 1532.
[123] Niepmann/Seiler Unterhalt Rn. 680 mit umfangreichen Nachweisen; Strohal UnterhaltsR Rn. 206.
[124] FamRZ 2002, 296.

Bei kontinuierlichen Gewinnveränderungen – Steigerung oder Minderung – wird wie im obigen Beispielsfall einer Betriebsgründung der Mittelwert keine zuverlässige Prognose für den Unterhaltszahlungszeitraum geben. Hier kann unter Umständen aus der in der laufenden Buchhaltung abgelaufener aber noch nicht abgeschlossener Jahre festgestellt werden, ob mit einer weiteren Steigerung/Minderung der Gewinne zu rechnen ist. Zu beachten ist aber, dass Rückschlüsse aus dem vorläufigen Gewinn aus der Buchhaltung gegenüber den Bilanzgewinnen früherer Jahre ohne steuerliche Fachkenntnisse nicht möglich sind.

2. Berücksichtigung von Verlusten aus anderen Wirtschaftsjahren

421 Soweit in einem Wirtschaftsjahr die Aufwendungen/Betriebsausgaben Ertrag/Betriebseinnahmen übersteigen, entsteht ein Verlust. Dieser kann gemäß § 2 II EStG bei der Einkommensteuerveranlagung zunächst in eingeschränktem Umfang mit positiven Einkünften aus derselben oder einer anderen Einkunftsart verrechnet werden. Im Fall der Zusammenveranlagung (→ Rn. 924) ist auch die Verrechnung mit positiven Einkünften des Ehepartners möglich.

Soweit danach noch negative Einkünfte verbleiben, können diese gemäß § 10d I EStG vom Gesamtbetrag der Einkünfte des unmittelbar vorangegangenen Wirtschaftsjahres (= Verlustrücktrag), weiter verbleibende in den folgenden Wirtschaftsjahren (= Verlustvortrag) abgezogen werden.

Die Verluste aus dem folgenden oder aus früheren Jahren erscheinen also nicht in den Gewinn- und Verlustrechnungen oder Einnahmen-Überschuss-Rechnungen; der Ausgleich erfolgt außerhalb des Jahresabschlusses im Rahmen der Steuerveranlagung. Der Verlustabzug beeinflusst nicht die Gewinnermittlung, sondern nur die Höhe der Steuerbelastung.

Der Verlustabzug ist auch nicht auf Gewinneinkünfte (→ Rn. 160) beschränkt. Verluste – also negative Einkünfte – sind in allen Einkommensarten möglich.

3. Berücksichtigung außerbetrieblicher Aufwendungen

422 Da in der Gewinn- und Verlustrechnung und der Einnahmen-Überschuss-Rechnung alle berufsbedingten Aufwendungen enthalten sind, besteht kein Anlass, von dem ermittelten (Brutto-)Einkommen die 5%ige Pauschale für berufsbedingten Aufwand in Abzug zu bringen.[125]

Abzugsfähig sind jedoch alle anderen Aufwendungen, die auch dem Nichtselbstständigen zustehen, vor allem
- Steuern (ausführlich unter → Rn. 850 ff., → Rn. 1009 ff.)
- Vorsorgeaufwendungen (→ Rn. 1029 ff.)
- ehebedingte Verbindlichkeiten (→ Rn. 1072 ff.).

Nach ständiger Rechtsprechung des BGH[126] sind von den unterhaltsrechtlich bereinigten Gewinneinkünften die tatsächlich in den einzelnen Jahren des Prüfungszeitraums gezahlten Steuern abzuziehen und erstatteten Steuern zuzurechnen. Dies ist in Rechtsprechung und Literatur umstritten.[127] Dagegen ist an Vorsorgeaufwendungen in Abzug zu bringen, was in dem Jahr, für das Unterhalt verlangt wird, entrichtet wurde oder voraussichtlich entrichtet werden muss (→ Rn. 1029 ff.).

---

[125] Offengelassen von BGH FamRZ 2008, 1739.
[126] BGH FamRZ 2008, 17.
[127] Ausführlich dazu → Rn. 976 ff.

4. Berücksichtigung des Übergangsgewinns beim Wechsel der Gewinnermittlungsart

In der Regel entsteht beim Wechsel von der Einnahmen-Überschuss-Rechnung zum Betriebsvermögensvergleich (→ Rn. 270) ein Übergangsgewinn, weil nach dem Wechsel die bisher mangels Zu- oder Abflusses noch nicht als Ertrag oder Aufwand berücksichtigten Betriebseinnahmen und -ausgaben erfasst werden. Im ersten Jahr nach dem Wechsel wird der Gewinn um die im Vorjahr noch nicht erfassten Betriebseinnahmen und -ausgaben verfälscht. Wenn der Wechsel zu Beginn des ersten Jahres des Auskunftszeitraums vorgenommen wurde, ist der Übergangsgewinn bei der Berechnung des unterhaltsrechtlich maßgeblichen Einkommens zu stornieren, die Steuerbelastung ist fiktiv zu ermitteln.[128] Ist der Wechsel jedoch nach dem ersten Jahr des Auskunftszeitraums erfolgt, müssen die steuerlichen Gewinnkorrekturen insoweit berücksichtigt werden, wie sie auf Betriebseinnahmen oder -ausgaben des Auskunftszeitraums entfallen. 423

Beim Wechsel vom Betriebsvermögensvergleich zur Einnahmen-Überschuss-Rechnung erfolgt nach dem Wechsel in der Regel eine Gewinnminderung, da der bereits gewinnerhöhend berücksichtigte Zufluss den gewinnmindernd berücksichtigten Abfluss übersteigen dürfte. Auch hier muss beim Wechsel jeweils beachtet werden, dass steuerliche Korrekturen immer dann auch unterhaltsrechtlich relevant sind, wenn sie auf Vorgänge innerhalb des Auskunftszeitraums zurückzuführen sind.

IX. Auskunfts- und Belegpflichten

1. Allgemeines

Gewerbetreibende und Selbstständige sind nach denselben gesetzlichen Bestimmungen zur Erteilung von Auskünften und Vorlage von Belegen verpflichtet **wie alle anderen am Unterhaltsverfahren beteiligten Personen**. In erster Linie gelten deshalb die allgemeinen Grundsätze.[129] Die Auskunft ist zu erteilen durch Vorlage einer systematischen Aufstellung aller Angaben, die nötig sind, damit der Berechtigte ohne übermäßigen Arbeitsaufwand seinen Unterhaltsanspruch berechnen kann. 424

Eine Auskunftspflicht besteht nicht, wenn der Unterhalt nach dem Bedarf berechnet wird und der Unterhaltspflichtige diesen anerkennt.[130]

2. Besonderheiten des Auskunftsanspruchs gegenüber Gewerbetreibenden und Selbstständigen

Während bei Nichtselbstständigen auf das Einkommen der letzten zwölf Monate abgestellt wird, sind Gewerbetreibende und Selbstständige verpflichtet über **drei volle Geschäftsjahre** Auskunft zu erteilen.[131] Im Allgemeinen deckt sich das Geschäftsjahr von Gewerbetreibenden und Selbstständigen mit dem Kalenderjahr, jedoch können im Handelsregister eingetragene Unternehmen gemäß § 4a I 2 EStG beim Finanzamt ein **abweichendes Wirtschaftsjahr** beantragen, wovon insbesondere bei saisonabhängigen Betrieben Gebrauch gemacht wird, um ein wirtschaftlich sinnvolles Ergebnis zu erzielen. 425

Bei der Veranlagung zur Einkommensteuer wird bei Gewerbetreibenden gemäß § 4a II 2 EStG der Gewinn des Wirtschaftsjahres, das im Veranlagungsjahr endet, als Einkunft aus Gewerbebetrieb erfasst. Bei Land- und Forstwirten ist jedoch der jeweils hälftige Gewinn aus den beiden in den Veranlagungszeitraum fallenden Halbjahren zusammenzurechnen und der Besteuerung zugrunde zu legen.

---

[128] Der BGH bejaht steuerliche Korrekturen, wenn die Ursachen unterhaltsrechtlich nicht berücksichtigt werden. BGH FamRZ 2008, 1739, FamRZ 2005, 1159.
[129] Ausführungen dazu im 14. Abschnitt → Rn. 661 ff.
[130] BGH FamRZ 1994, 1169.
[131] OLG München FamRZ 1992, 1207.

427 Unabhängig von den handelsrechtlichen und steuerrechtlichen Erfordernissen wird im Unterhaltsrecht die **Erstellung des Jahresabschlusses innerhalb von sechs Monaten** nach Ende des Wirtschaftsjahres verlangt.[132] Für den Zeitraum zwischen dem Ablauf des letzten Geschäftsjahres und der Geltendmachung des Anspruchs besteht keine Auskunftspflicht.[133] Dem ist zuzustimmen: bei Gewerbetreibenden und Selbstständigen kann im Allgemeinen aus der **Hochrechnung eines Jahresabschnitts** auf ein volles Kalenderjahr **kein verwertbares Ergebnis** erzielt werden, weil die Einnahmen und Betriebsausgaben nur selten kontinuierlich über das Jahr verteilt anfallen. In Ausnahmefällen kann aber der Vergleich eines Zeitabschnitts mit dem entsprechenden Vorjahresabschnitt Aufschluss über die weitere Entwicklung geben, wenn etwa in der Eröffnungs- oder Anstiegsphase[134] eine Prognose überprüft werden soll.[135]

428 Die Auskunft darf sich weder auf die Wiedergabe der steuerlichen Daten beschränken noch ist der Hinweis ausreichend, der Steuerberater sei zur Auskunft Erteilung bereit Die Erfüllung der Auskunftsverpflichtung hat zu erfolgen durch Vorlage einer systematischen Aufstellung der erforderlichen Angaben, die dem Berechtigten ohne übermäßigen Arbeitsaufwand die Berechnung des Unterhaltsanspruchs ermöglicht.[136] Es ist eine systematische Aufstellung aller (Brutto-)Einnahmen **und** der mit ihnen verbundenen Abzüge bzw. Ausgaben vorzulegen. Dies muss mittels einer in sich geschlossenen Darstellung geschehen, dh ohne Verweis auf andere Unterlagen. Der Auskunftspflichtige muss sich folglich der Mühe unterziehen, alle von ihm zu machenden Angaben zu ordnen und aus seinen Unterlagen in einem geschlossenen Werk[137] zusammenzuführen. Der Auskunftspflichtige kann sich insbesondere nicht darauf berufen, das Familiengericht habe ihm entsprechende Auflagen erteilen müssen.[138]

Diese Anforderungen können auf die Einkommensermittlung durch Betriebsvermögensvergleich übertragen werden, sofern man die systembedingte Abweichung vom unterhaltsrechtlichen In-Prinzip hinnimmt (→ Rn. 222 ff.).

3. Besonderheiten des Beleganspruchs gegenüber Gewerbetreibenden und Selbstständigen

429 Bei der in der überwiegenden Zahl der Fälle angewandten EDV Buchführung liegen vor oder können aus der Buchführung und dem Jahresabschluss „per Knopfdruck" erstellt werden:

Betriebsvermögensvergleich	Einnahmen-Überschuss-Rechnung
• Bilanz	• Einnahmen-Überschuss-Rechnung
• Gewinn- und Verlustrechnung	
• Bilanz nach Konten	• Einnahmen-Überschuss-Rechnung nach Konten
• Gewinn- und Verlustrechnung nach Konten	• Einnahmen-Überschuss-Rechnung mit Kontennachweis
• Bilanz mit Kontennachweis	• Sonstige Konten
• Gewinn- und Verlustrechnung mit Kontennachweis	
• Entwicklung des Anlagevermögens (Summenblatt und Einzelkonten)	• Entwicklung des Anlagevermögens (Summenblatt und Einzelkonten)

---

[132] OLG München FamRZ 1992, 1207.
[133] OLG München FamRZ 1992, 1207.
[134] Strohal UnterhaltsR Rn. 206 ff.
[135] Wegen der Möglichkeit zur Verschiebung von Einkünften müssen aber Einkommensrückgänge während der Auseinandersetzung äußerst zurückhaltend bewertet werden.
[136] BGH NJW 2014, 3647; BGH FamRZ 1983, 454.
[137] BGH NJW 2014, 3647; OLG Hamm FamRZ 2005, 1194.
[138] OLG Koblenz FamRZ 2000, 605.

- Betriebswirtschaftliche Auswertungen
- Liquiditätsberechnungen
- Summen- und Saldenlisten
- Einzelkonten
- Lohn- und Gehaltsabrechnungen
- ggfs. Betriebsprüfungsberichte

Außerdem hat der Steuerpflichtige aufzubewahren
– Sparkassen- und Bankunterlagen;
– Kassenbuch und
– Einzelbelege.

Während die Bilanz, die Gewinn- und Verlustrechnung und die Einnahmen-Überschuss-Rechnung die aus der Buchführung und der Inventur[139] erfassten Daten in wenigen Sammelposten saldiert darstellen und deshalb zur unterhaltsrechtlichen Überprüfung ungeeignet sind, sind in den **nach Konten gegliederten Abschlussunterlagen** alle Positionen einzeln aufgeführt, für die nach Abschluss der Buchführung positive oder negative Salden vorhanden waren. In der Fassung „**mit Kontennachweis**" sind die Nummern der jeweiligen Einzelkonten aufgeführt.

Die **Vorlage der Bilanz** sowie Gewinn- und Verlustrechnung bzw der Einnahmen-Überschuss-Rechnung jeweils mit Kontennachweis sollte mit dem Belegansspruch verlangt werden, da aus ihnen erforderlichenfalls auf die Einzelkonten (Jahreskonten) der Buchführung zurückgegriffen werden kann, wenn dies zur Überprüfung unterhaltsrechtlicher Relevanz erforderlich erscheint. Auf den Einzelkonten sind alle einzelnen Buchungen unter Angabe von Gegenkonto, Datum und Einzelbeleg ausgewiesen, so dass jeder Geschäftsvorfall bis in seinen Ursprung zurückverfolgt werden kann. 430

Personalkosten werden allerdings in die Buchführung nur mit den monatlichen Gesamtbeträgen übernommen, soweit nicht zum Zweck betriebswirtschaftlicher Kontrolle eine Untergliederung[140] vorgenommen wurde. Hier muss man die **Lohnabrechnungen** verlangen, wenn zB der neue Lebens- oder Ehepartner beim Auskunftspflichtigen angestellt ist.

In der Praxis wird man zunächst die Bilanz mit Gewinn- und Verlustrechnung[141] – jeweils mit Kontennachweis – vorlegen lassen, um dann die **Einzelposten** auf unterhaltsrechtliche Relevanz zu **prüfen**. Soweit diese substantiiert bestritten werden, hat der Auskunftspflichtige durch Vorlage der detaillierten Unterlagen die betriebliche Veranlassung der Aufwendungen oder Betriebsausgaben darzulegen und zu beweisen.

Die einzelnen Anlagegüter sind in einem **Anlagenverzeichnis** aufgeführt, in dem Anschaffungskosten, Zeitpunkt der Anschaffung, Nutzungsdauer, Abschreibungsart, Sonderabschreibungen und Veräußerungszeitpunkt eines jeden einzelnen Wirtschaftsgutes aufgezeichnet werden.

Da die Jahresabschlüsse erst im Rahmen einer **Betriebsprüfung** auf steuerliche Korrektheit überprüft werden, ist auch Auskunft zu erteilen, ob hinsichtlich der Abschlüsse im Auskunftszeitraum eine Betriebsprüfung durchgeführt worden ist. Ob die vorgelegten Steuerbescheide auf Grund einer Betriebsprüfung ergangen sind, ergibt sich aus den Erläuterungen am Schluss des Bescheids. Gegebenenfalls ist der **Abschlussbericht** vorzulegen.[142] Der Schlussbericht ist zwar kein formaler Bescheid, sondern gibt dem Finanzamt lediglich die Veranlassung zur Abänderung der für den Prüfungszeitraum ergangenen Steuerbescheide; dem Bericht sind aber Einzelheiten zu den Ansätzen in der Bilanz und der Gewinn- und Verlustrechnung bzw in der Einnahmen-Überschuss-Rechnung zu entnehmen. Allein die Tatsache, dass der Bescheid nicht mehr unter dem Vorbehalt der 431

---

139 Eine Inventur findet nur bei der Gewinnermittlung durch Betriebsvermögensvergleich statt.
140 ZB Verwaltung, Produktion, Verkauf, Transportwesen oä.
141 Bzw. Einnahmen-Überschuss-Rechnung.
142 Strohal UnterhaltsR Rn. 162.

Nachprüfung steht, besagt nicht unbedingt zwingend, dass bereits eine Betriebsprüfung erfolgt ist.

432 Die **Betriebswirtschaftliche Auswertung (BWA)** stellt für den jeweiligen Buchungszeitraum – in der Regel den Kalendermonat – Aufwand und Ertrag bzw Betriebseinnahmen und Betriebsausgaben gegenüber; insbesondere bei Unternehmen mit hohen und schwankenden Umsätzen ist die BWA für unterhaltsrechtliche Berechnungen ungeeignet (→ Rn. 420), auch wenn sie außer den Daten für den aktuellen Monat die jeweiligen Jahressummen enthält. Dazu kommt, dass häufig die AfA erst am Jahresende eingebucht wird und ebenso wenig wie nicht monatlich anfallende Betriebsausgaben (Urlaubsgeld, Weihnachtsgeld, Versicherungsbeiträge) zeitanteilig gebucht werden.

Die **Summen- und Saldenliste (SuSa)** enthält eine Aufstellung aller bebuchten Konten und zwar die monatlichen Buchungen, die Jahressummen der jeweiligen Buchungen seit Beginn des Wirtschaftsjahres und den Saldo der bebuchten Konten zum Zeitpunkt der letzten Erfassung. Die Summen- und Saldenliste ist ebenso wenig verwertbar wie die BWA.

433 Daneben sind – soweit erstellt bzw erlassen – vorhanden
- Einkommensteuererklärungen
- Einkommensteuerbescheide
- Gewerbesteuererklärungen
- Gewerbesteuerbescheide
- Umsatzsteuererklärungen
- Umsatzsteuerbescheide
- Umsatzsteuervoranmeldungen.

Die Steuererklärungen von Gewerbetreibenden und Selbstständigen dürften nahezu ausnahmslos mit Computerprogrammen erstellt sein, mit denen auch die Steuerberechnungen ausgedruckt werden können. Wenn also die Steuererklärung gefertigt, der Bescheid aber noch nicht erlassen ist, wird man vom Auskunftspflichtigen auch die Vorlage einer solchen **Steuerberechnung** verlangen können.

434 Für die unterhaltsrechtliche Einkommensermittlung sind nur **Einkommensteuerbescheide** geeignet. Die **Gewerbesteuer** basiert zwar auch auf dem Gewinn aus dem Gewerbebetrieb; dieser wird jedoch durch komplizierte Zu- und Abrechnungen modifiziert. **Umsatzsteuerbescheide** sind für die Einkommensermittlung **ungeeignet**. Die Umsatzsteuer ist gemäß § 4 I EStG in der Gewinnermittlung durch Betriebsvermögensvergleich gewinnneutral, in der Einnahmen-Überschuss-Rechnung durchlaufender Posten. Auf den Gewinn hat sie deshalb nur bei der Einnahmen-Überschuss-Rechnung vorübergehend Einfluss. Umsatzsteuervoranmeldungen basieren auf der monatlichen Buchführung, so dass – wenn überhaupt auf unterjährige Belege zurückgegriffen werden muss, zweckmäßigerweise auf die Betriebswirtschaftliche Auswertung und/oder Summen- und Saldenliste zurückgegriffen wird.

4. Besonderheiten bei Personengesellschaften

435 Personengesellschaften sind als Unternehmer umsatzsteuerpflichtig und gegebenenfalls als Gewerbebetriebe gewerbesteuerpflichtig. Der Einkommensteuerpflicht unterliegen jedoch nur die einzelnen Gesellschafter. Für deren Einkommensermittlung liegen vor (→ Rn. 275):
- der Jahresabschluss der Gesellschaft,
- die **gesonderte und einheitliche Gewinnfeststellung** (→ Rn. 276),
- ggf. **Sonderbilanzen** und
- ggf. **Ergänzungsbilanzen** (→ Rn. 278).

Der Auskunftspflichtige hat im Hinblick auf die Daten der Gesellschaft bis zur Grenze seines gesellschaftsrechtlichen Auskunfts- und Kontrollrechtes die für die unterhaltsrechtliche Überprüfung seines Einkommens erforderlichen Auskünfte zu erteilen.[143] Daten, die

---

[143] OLG Naumburg FamRZ 2001, 1303.

5. Abschnitt: Gewinneinkünfte im Unterhaltsrecht § 1

ausschließlich die anderen Gesellschafter betreffen, sind gegebenenfalls unkenntlich zu machen.[144]

5. Auskünfte von Land- und Forstwirten

Soweit Land- und Forstwirte ihren Gewinn durch Betriebsvermögensvergleich oder Einnahmen-Überschuss-Rechnung ermitteln (→ Rn. 250, 266), gelten die zu diesen Gewinnermittlungsarten erörterten Grundsätze ohne Abstriche. Wird der Gewinn dagegen nach Durchschnittssätzen ermittelt (→ Rn. 267), besteht keine Verpflichtung, Aufzeichnungen zu machen oder Belege aufzubewahren. Eine solche Verpflichtung ergibt sich auch nicht aus den unterhaltsrechtlichen Bestimmungen. Wenn man es nicht vorzieht, den Unterhaltsbedarf im Wege der Schätzung aus der tatsächlichen Lebensführung zu ermitteln, ist über die einkommensrelevanten Daten Auskunft zu erteilen.

436

6. Auskunftspflichten bei Schätzungen

Inwieweit über einkommensrelevante Tatsachen Auskünfte erteilt werden, wenn der Steuerpflichtige dieser Verpflichtung gegenüber der Finanzbehörde nicht nachgekommen ist, ist mehr als fraglich. Bei Zugrundelegung der steuerlichen Schätzung (→ Rn. 269) wird man ergänzende Auskünfte gleichwohl für unterhaltsrechtlich relevante Posten verlangen können.

437

Eine Grenze ist aber dort erreicht, wo die Auskunft dazu führen würde, über eine eigene Obliegenheitsverletzung unterhaltsrechtlich Auskunft zu erteilen. Es besteht daher keine Verpflichtung, über eine unterhaltsrechtliche Obliegenheitsverletzung Auskunft zu erteilen (hier: Übertragung eines Erwerbsgeschäfts auf die Ehefrau)[145] Es besteht auch kein Anspruch auf Auskunft über die „erzielbaren Einkünfte".[146]

X. Alternative Methoden der Einkommensermittlung

1. Entnahmen als Grundlage der Einkommensermittlung

a) **Vorbemerkung.** Der BGH hat sich zur Frage der Privatentnahmen als Kriterium der Gewinnermittlung bisher nicht geäußert. Die unterhaltsrechtlichen Leitlinien schweigen sich zu diesem Aspekt meistens aus. Als Indiz für den Gewinn sehen die OLG Bremen, Braunschweig, Hamm und Oldenburg auch Entnahmen an, Braunschweig jedoch nur in Ausnahmefällen, Hamm bei erheblichem Gewinnrückgang oder Manipulationsverdacht oder wenn der Gewinn anders nicht zuverlässig zu ermitteln ist. Nach OLG Schleswig kann ausnahmsweise auf die Privatentnahmen abgestellt werden, soweit sie Ausdruck eines nicht durch Verschuldung finanzierten Lebensstandards sind. Die OLG Hamburg und Koblenz wollen ausnahmsweise auf die Entnahmen abzüglich der Einlagen abstellen, wenn eine zuverlässige Gewinnermittlung nicht möglich oder der Betriebsinhaber unterhaltsrechtlich zur Verwertung seines Vermögens verpflichtet ist. Für das OLG Oldenburg können die Entnahmen Indizcharakter für die Feststellung der verfügbaren Mittel haben.

438

b) **Einzelheiten.** Privatentnahmen und Privateinlagen bestehen nicht nur in Geldzuflüssen, Geldabflüssen und der Erfassung der privaten Nutzung betrieblicher Wirtschaftsgüter (→ Rn. 393). Es trifft auch nicht zu, dass über die Privatentnahmen nur der tägliche Bedarf finanziert und über Einlagen nur andere Einkünfte in den Betrieb einfließen. Ausnahmslos jede außerbetrieblich bedingte **Änderung des Betriebsvermögens** wird

439

---

[144] BGH FamRZ 1983, 680 (zum Einkommensteuerbescheid bei Zusammenveranlagung mit dem neuen Partner).
[145] OLG Bamberg FamRZ 1986, 685.
[146] OLG Karlsruhe FamRZ 1988, 737.

über die **Entnahmen und Einlagen** erfasst. Die meisten Geschäftsvorfälle werden – da steuerlich ohne Belang – auf dem allgemeinen Privatkonto erfasst.

Ob der Steuerpflichtige seine Privatentnahmen bereits bei der Entnahme nach den im Kontenrahmen vorgegebenen Unterkonten (→ Rn. 239) spezifiziert, obliegt seiner freien Entscheidung ebenso wie, ob er dies regelmäßig tut. So wird er zur Vermeidung von steuerschädlichen Überentnahmen (→ Rn. 367) oder des Einblicks seiner Buchhaltung in seine privaten Verhältnisse die Einkommensteuervorauszahlungen nicht vom betrieblichen Konto vornehmen. Die Analyse der Privatentnahmen ist nicht weniger kompliziert als die der steuerlichen Gewinnermittlung.

Privatentnahmen liegen auch vor, wenn lediglich eine Umschichtung von betrieblichem Vermögen ins Privatvermögen vorgenommen wird, die unterhaltsrechtlich irrelevant ist.[147] Da Privatentnahmen Vermögensverfügungen sind, kann es **Überschneidungen mit dem Zugewinn** geben.

> **Beispiel:**
> In den drei Jahren nach seiner Ehescheidung liefen die Geschäfte des U ausnehmend schlecht. Die Betriebseinnahmen deckten gerade einmal die Betriebsausgaben. Auf Drängen der Bank verkaufte U eine weitere kleinere Teilfläche des nicht mehr benötigten Lagerplatzes für 30 000 EUR an den Nachbarn zur Arrondierung dessen Privatgrundstücks. Beim Zugewinnausgleich war das Grundstück mit dem Verkehrswert berücksichtigt worden. Die Entnahmen in den drei Jahren betrugen 60 000 EUR.

Würde man den Unterhalt aus den Entnahmen berechnen, so würde die Ehefrau des U zum zweiten Mal an dem zur Deckung der Überentnahmen veräußerten Vermögen partizipieren.

440 **Entnahmen und Einlagen** steuern bei Selbstständigen und Gewerbetreibenden das Betriebsvermögen. Wie beim nichtselbstständig Tätigen die **Vermögensbildung** aber nur bei entsprechenden Einkommensverhältnissen unterhaltsrechtlich zu berücksichtigen ist und das Vermögen nur ausnahmsweise für den Unterhalt herangezogen werden muss, muss man auch bei Selbstständigen und Gewerbetreibenden dieselben Maßstäbe ansetzen. Nur soweit die Entnahmen dem gegebenenfalls unterhaltsrechtlich zu bereinigenden Gewinn entsprechen, sind sie verfügbares Einkommen.

> **Beispiel:**
> 1. Der Angestellte A hat ein Jahresnettoeinkommen von 60 000 EUR. Er unterhält ein Gehaltskonto, auf das der Arbeitgeber monatlich das Nettogehalt überweist. Per Dauerauftrag gehen davon auf das Hauswirtschaftskonto monatlich 2000 EUR. Davon werden alle Lebenshaltungskosten der dreiköpfigen Familie gedeckt. Das verbleibende Gehalt verwendet A zur Anschaffung von Wertpapieren.
> 2. Der in gleichen familiären Verhältnissen lebende Unternehmer U, der nach Abzug von Steuern und Vorsorgeaufwendungen auch über das gleiche Einkommen wie A verfügt, überweist von seinem Geschäftskonto monatlich auf das Hauswirtschaftskonto 2000 EUR.

Nach herrschender Auffassung wird die Vermögensbildung unterhaltsrechtlich nur akzeptiert, soweit sie angemessen ist. Eine Vermögensbildung von 36 000 EUR ist nicht angemessen, wenn für den Lebensunterhalt nicht mehr als der notwendige Bedarf übrigbleibt, weder beim Nichtselbstständigen noch beim Gewerbetreibenden oder Selbstständigen.

441 **c) Fazit**
1. Durch Entnahmen und Einlagen wird die Vermögensbildung des Gewerbetreibenden und Selbstständigen gesteuert. Zur Prüfung der Angemessenheit muss daher wie beim nichtselbstständigen Tätigen das verfügbare Einkommen festgestellt werden. Dies ergibt sich aus dem unterhaltsrechtlich zu bereinigenden Gewinn.
2. Die steuerliche Erfassung der Privatentnahmen und Privateinlagen beschränkt sich nicht auf die Entnahme oder Einlage von Geld. Sie bedarf in gleicher Weise wie die steuerliche Gewinnermittlung einer unterhaltsrechtlichen Überprüfung, wenn man sie für die Einkommensermittlung heranzieht.

---

[147] Vgl. das Beispiel unter → Rn. 301.

3. Der herrschenden Auffassung, die die Entnahmen nur in Ausnahmefällen heranzieht, ist zuzustimmen. Dabei sind Einlagen und Entnahmen zu saldieren. Zu prüfen ist, inwieweit Privatentnahmen bereits gewinnerhöhend erfasst worden sind.

2. Cash flow

Häufig wird bei der Analyse und der Erläuterung von Bilanzen der Begriff „Cash flow" (= Geldflussrechnung) verwendet. Der Cash flow stellt die ertragsbezogene Liquidität eines Unternehmens dar. Eine einheitliche Definition dieses Begriffes gibt es aber nicht. Auch wenn der Cash flow der Umsetzung der periodengerechten Gewinnermittlung in das Zuflussprinzip nahe kommt und hier wie dort Vermögensveränderungen ohne Liquiditätsauswirkung eliminiert, erscheint angesichts der unklaren Definition und der unterschiedlichen Varianten der Berechnung unzweckmäßig, den Cash flow als unterhaltsrechtlich maßgebliche Berechnungsgrundlage zu übernehmen.[148]

442

3. Fazit

Wenn der Empfehlung des 14. Familiengerichtstags[149] folgend der Prüfungszeitraum für die Ermittlung des Durchschnittseinkommens – wenigstens in den Fällen zweifelhafter Ergebnisse bei der Auswertung des Dreijahreseinkommens – auf fünf Jahre erstreckt wird, nivellieren sich die Unterschiede zwischen der steuerlichen Gewinnermittlung durch Betriebsvermögensvergleich weitgehend, so dass allenfalls wenige der unterhaltsrechtlich relevanten Bilanzposten (→ Rn. 368 ff.) weiterer Korrekturen bedürfen. Dabei wird dann in der Regel die Zuziehung des Steuerberaters die Einholung eines Sachverständigen ersetzen.

443

– in dieser Auflage nicht belegt –

444–449

6. Abschnitt: Einkünfte aus Vermietung und Verpachtung sowie aus einem Wohnvorteil

I. Einkünfte aus Vermietung und Verpachtung

1. Zur Einkunfts- und Gewinnermittlungsart

Miet- und Pachteinnahmen sind Einkünfte aus der Nutzung eines Vermögens (→ Rn. 600).

450

Einkünfte aus Vermietung und Verpachtung sind sog Überschusseinkünfte (§ 2 II Nr. 2 EStG) und werden wie Einkünfte aus abhängiger Arbeit (→ Rn. 65) durch Abzug der Werbungskosten von den Bruttoeinnahmen ermittelt (→ näher Rn. 455 ff.). Zum Nachweis können Überschussrechnungen verlangt werden, die eine genaue Aufstellung der Bruttoeinkünfte und aller sie kürzenden Werbungskosten enthalten (vgl. §§ 8, 9 EStG).

451

Bei **mehreren Objekten** reicht eine Teilauskunft nicht aus.[1] Für jede Immobilie müssen die Einnahmen und Ausgaben gesondert dargestellt werden, um etwaige Leerstände und Mietrückstände sowie die Angemessenheit der einzelnen Ausgaben überprüfen zu können. Erst die Gesamtheit der Teilauskünfte ermöglicht dem Auskunftsberechtigten die Ermittlung seines Unterhaltsbedarfs bzw. die Überprüfung der Leistungsfähigkeit.[2] Die nach Einzelobjekten aufgeteilte Aufstellung der Einnahmen und Werbungskosten überschreitet

---

[148] So auch Strohal UnterhaltsR Rn. 168, 211.
[149] FamRZ 2002, 296.
[1] BGH FamRZ 2015, 127 (128) = R 764.
[2] BGH FamRZ 2015, 127 (128) = R 764.

auch bei einer größeren Anzahl von Immobilien nicht die Grenzen der Zumutbarkeit,[3] zumal sie steuerlich sowieso erstellt werden muss. Ob einzelne Teilauskünfte in Verbindung mit anderen Teilauskünften in verschiedenen Schriftsätzen ausreichend sind, ist eine Tatsachenfrage,[4] wobei insoweit ein großzügiger Maßstab angelegt werden sollte. Im Rahmen der Auskunft zu den wertbildenden Faktoren ist stets die Wohnfläche in qm anzugeben.[5]

Mieteinkünfte schwanken der Höhe nach vielfach. Für ihre Ermittlung ist deshalb ein Mehrjahresdurchschnitt maßgebend, üblicher Weise gebildet aus drei Jahren (→ Rn. 1170). Geht es um **Unterhaltsrückstände,** sind die in diesem Zeitraum tatsächlich erzielten Mieteinkünfte heranzuziehen, da der Unterhalt aus diesen Einkünften zu zahlen war. Aus Vereinfachungsgründen kann bei einem über drei Jahre liegenden Rückstand ein einheitlicher Mehrjahresdurchschnitt gebildet werden.[6] Bei der für den **künftigen Unterhalt** zu treffenden Prognoseentscheidung ist, soweit die Mieteinnahmen der Höhe nach schwanken, ein möglichst zeitnaher Mehrjahresdurchschnitt zu bilden.[7] Beim Ehegattenunterhalt sind nur die tatsächlich erzielten Mieteinkünfte **in der Ehe angelegt,** wenn vorhandener Wohnraum zum Teil nicht verwerfbar leer stand.[8]

452 Vermietet oder verpachtet werden gegen Miet- oder Pachtzins in erster Linie Grundstücke, Gebäude, Gebäudeteile, Wohnungen, möblierte Zimmer, aber auch bewegliche Gegenstände, Betriebe, Geschäfte, Praxen, Entnahme von Bodenschätzen (Sand, Kies), vgl. § 21 EStG. Das vermietete oder verpachtete Objekt selbst zählt zum Vermögen. Der Wertzuwachs, der sich aus der Entwicklung des Immobilienmarktes oder aus sonstigen Gründen ergibt, ist kein Einkommen. Die Berücksichtigung des Werts der Immobilie im Zugewinnausgleich und der Mieteinkünfte im Unterhalt beinhaltet **keinen Verstoß** gegen das **Verbot der Doppelverwertung,** da es einmal um den Vermögensstamm und einmal um die Nutzungen aus dem Vermögen als Einkommen geht (→ § 4 Rn. 480). Muss wegen des Zugewinnausgleichs eine Immobilie veräußert werden, reduziert sich aber das Einkommen des Ausgleichspflichtigen ab Scheidung entsprechend, dh es dürfen insoweit keine fiktiven Mieteinkünfte angesetzt werden. Auch Nießbraucher und Untervermieter erzielen Einkünfte aus Vermietung und Verpachtung. Bei einer Untervermietung entfällt aber der Ansatz eines Einkommens, wenn sie nur der Reduzierung der zu hohen eigenen Mietkosten dient (→ Rn. 462).

2. Einnahmen

453 Zu den Einnahmen zählen in der Regel:
– Miet- oder Pachtzinsen.
– Mietvorauszahlungen, Mietzuschüsse und Baukostenzuschüsse.
– Alle Nebenleistungen des Mieters für Strom, Wasser, Heizung, Müllabfuhr, Straßenreinigung uÄ. sowie sonstige Erstattungen von Werbungskosten durch den Mieter. Im Ergebnis sind diese Zahlungen des Mieters aber wertneutral, weil sie als allgemeine Hauskosten einen Abzugsposten von den Einnahmen bilden (→ Rn. 455).
– Entschädigungen, die als Ersatz für entgangene Miet- oder Pachtzinsen gezahlt werden.
– Schadensersatzleistungen des Mieters oder Pächters, die auf einer Vertragsverletzung beruhen.
– Wert von Sachleistungen oder Dienstleistungen des Mieters anstelle eines Barzinses.
– Bau- oder Reparaturaufwendungen des Mieters, die mit der Miete verrechnet werden.
– Einnahmen aus Immobilienfonds, soweit sie keine Kapitaleinkünfte darstellen.

454 Steuerrechtlich zählt der Nutzwert eines eigengenutzten Hauses (Wohnung) nur noch als Mieteinnahme, wenn das Haus vor dem 1.1.1987 errichtet und nicht wahlweise in das Privateigentum übergeführt wurde. Seit 1.1.1987 wird der Nutzwert einer nach diesem

---

[3] BGH FamRZ 2015, 127 (129).
[4] BGH FamRZ 2015, 127 (128) = R 764.
[5] BGH FamRZ 2015, 127 (129).
[6] BGH FamRZ 2007, 1532.
[7] BGH FamRZ 2007, 1532.
[8] BGH FamRZ 2007, 1532.

6. Abschnitt: Einkünfte aus Vermietung und Verpachtung § 1

Zeitpunkt errichteten eigengenutzten Wohnung nicht mehr besteuert. **Unterhaltsrechtlich** ist ein solcher Wohnvorteil in jedem Fall als Einkommen anzusetzen (→ Rn. 473 ff.).

3. Abziehbare Ausgaben

Abziehbare Werbungskosten, jeweils bezogen auf ein konkretes Objekt, für das Einnahmen erzielt werden, soweit sie vom Vermieter bezahlt und vom Mieter weder erstattet noch direkt an den Erzeuger geleistet werden: **455**
- Allgemeine **Hauskosten** als Werbungskosten: Grundsteuer und öffentliche Gebühren für Müllabfuhr, Abwasser, Straßenreinigung, Kaminkehrer, Wasser, Strom, Heizung, Warmwasserbereitung, Fahrstuhl, Hauslicht, Hausmeister (vgl. § 556 I BGB, § 2 BetrKV).
  – Ausgaben für Hausverwaltung,
  – notwendige Reisekosten zum Mietobjekt,
  – notwendige Prozesskosten für Miet- und Räumungsprozesse,
  – Beiträge zum Haus- und Grundbesitzerverein,
  – Prämien für notwendige Hausversicherungen (Sach-Haftpflicht-, Brand- und sonstige Schadensversicherungen).
- Notwendige **Erhaltungsaufwendungen** (= Kosten für Instandhaltungs- und Schönheitsreparaturen): Instandsetzungskosten können unterhaltsrechtlich **bei Alleineigentum** nur einkommensmindernd berücksichtigt werden, wenn es sich um einen notwendigen Erhaltungsaufwand handelt, dagegen nicht, wenn sie der Vermögensbildung dienen, zB bei Ausbauten und wertsteigernden Verbesserungen.[9] Gegebenenfalls ist durch einen Sachverständigen der Anteil der notwendigen Erhaltungsaufwendungen und der Anteil für wertsteigernde Vermögensverbesserungen festzustellen. Handelt es sich beim Ehegattenunterhalt um eine **gemeinsame Immobilie**, sind ausnahmsweise auch wertsteigernde Ausbauten zu berücksichtigen, da es sich dann um eine beiden Ehegatten zu Gute kommende gemeinsame Vermögensbildung handelt (→ Rn. 458). Größere notwendige Erhaltungsaufwendungen können nach einem wirtschaftlich sinnvollen Zeitplan auf etwa zwei bis fünf Jahre verteilt werden. Stehen konkrete Instandhaltungsmaßnahmen bevor, können hierfür **Rücklagen** gebildet werden, wenn sie sich im Rahmen der zu erwartenden Instandhaltungskosten bewegen.[10] Zur Finanzierung können, falls die entsprechenden Barmittel nicht vorhanden sind, Darlehen aufgenommen werden. Beim Ehegattenunterhalt sind diese Abzahlungen, auch wenn sie erst nach Trennung/Scheidung aufgenommen wurden, als sog unumgängliche Schulden in der Ehe angelegt (→ Rn. 1084).[11] Einmalige Modernisierungsarbeiten sind bei der Prognose künftiger Mieteinnahmen nicht zu berücksichtigen, da es sich um keine wiederkehrenden Erhaltungsaufwendungen handelt.[12] Bei Eigentumswohnanlagen sind auch die nach der Eigentümerordnung pauschal zu leistenden Rücklagen zu berücksichtigen.   **456**
- **Abschreibungen** für Gebäudeabnutzungen (AfA): Steuerrechtlich sind solche Abschreibungen möglich (vgl. §§ 7 ff. EStG). Steuerrechtlich zulässige Abschreibungen für Gebäudeabnutzung und Instandsetzungskosten **berühren** nach BGH bei Einkünften aus Vermietung und Verpachtung in der Regel das **unterhaltsrechtlich maßgebliche Einkommen nicht,** weil diesen lediglich ein pauschal angerechneter Verschleiß von Vermögensgegenständen zugrunde liegt, der erfahrungsgemäß entweder konkret nicht vorliegt oder zumindest über das tatsächliche Ausmaß der Wertminderung hinausgeht und auch ausgeglichen sein kann durch eine günstige Entwicklung des Immobilienmarktes.[13] Die kurzfristige Abnützung von Gebäuden wird zudem durch Instandhaltungsmaßnahmen aufgefangen. Der langfristige Wertverlust eines Gebäudes erstreckt sich über einen   **457**

---

[9] BGH FamRZ 2000, 351; 1997, 281.
[10] BGH FamRZ 2000, 351.
[11] OLG München FamRZ 2002, 1407; Gerhardt FuR 2007, 393.
[12] BGH FamRZ 2009, 770.
[13] BGH FamRZ 2012, 514; 2005, 1159 = R 623a; 1997, 281.

Zeitraum von 80–100 Jahren, dh es handelt sich um eine gegenüber der Unterhaltspflicht vernachlässigbare Größe. Trotzdem ist die generelle Nichtberücksichtigung der AfA problematisch, da auch Gebäude einer Abnutzung, dh einem Wertverlust, unterliegen. Der BGH hat in seiner Entscheidung vom 18.1.2012 wegen der geäußerten Kritik an dieser Rechtsprechung die Frage offen gelassen und lediglich klargestellt, dass die AfA zu berücksichtigen ist, wenn der eingetretene Wertverlust sich ausnahmsweise durch Vergleich des Gebäudewerts bei der Anschaffung und der Veräußerung konkret ermitteln lässt und in etwa den Abschreibungsbeträgen entspricht.[14]

Generell ist bei der steuerlichen AfA zu beachten, dass dafür nach § 9 EStG im Gegenzug die Tilgung von Immobilienschulden nicht angesetzt werden kann. In der Regel werden Immobilien nicht bar bezahlt, sondern finanziert. Die Tilgung des Anschaffungsdarlehens entspricht vom Grundsatz her dem Wertverlust des Gebäudes, auch wenn Tilgung und AfA von der Höhe her wegen der unterschiedlichen Nutzungsdauer eines Gebäudes und Laufzeit eines Darlehens nicht übereinstimmen. Der Eigentümer des Gebäudes wird aber doppelt benachteiligt, wenn in diesen Fällen bei Alleineigentum weder die Tilgung als Vermögensbildung (→ Rn. 458) noch die AfA berücksichtigt wird, obwohl der Anschaffungsgegenstand einer Abnutzung unterliegt. Dies gilt vor allem für Fälle, in denen die Immobilie als Einkommensquelle (Mieteinkünfte) erworben wurde. Der BGH hat zwischenzeitlich bei Alleineigentum einer in der Ehe erworbenen Immobilie seine Rechtsprechung präzisiert und bezeichnet die Tilgung bis zur Höhe der Mieteinkünfte nicht als einseitige Vermögensbildung (Rn. 458). Wird die Tilgung als Abzugsposten berücksichtigt, spricht dies in diesen Fällen gegen eine zusätzliche Berücksichtigung der AfA, ansonsten würde der Immobilieneigentümer doppelt bevorzugt.

Ob die Nichtberücksichtigung der AfA auch für Gewerbeimmobilien mit schnellerer Abnutzung gegenüber Wohngebäuden oder für Gebäude mit kurzer Nutzungsdauer (Lagerhallen usw) gilt, hat der BGH noch nicht entschieden. Insoweit wird man die AfA wie bei sonstigem Betriebsvermögen zu berücksichtigen haben (→ Rn. 205 ff.), soweit die Tilgung zur Anschaffung des Betriebsgebäudes nicht berücksichtigt wird.

Die Nichtberücksichtigung der AfA nach der derzeitigen Rechtsprechung führt zu einer fiktiven Steuerberechnung (→ Rn. 1018).

458 • Laufend noch zu zahlende **Kredit- und Finanzierungskosten**. **Abziehbar** sind wie im Steuerrecht immer die Zinsen als Betriebsausgabe. Bei der **Tilgung** ist zu differenzieren, ob es sich bei der Anschaffung der Immobilie um eine gemeinsame oder einseitige Vermögensbildung handelt und ob es um Ehegatten- oder Verwandtenunterhalt geht. Tilgungen sind dabei auch Leistungen in eine Tilgungslebensversicherung. Handelt es sich um eine gemeinsame Immobilie der Eheleute und damit um eine **gemeinsame** Vermögensbildung, sind Tilgungsleistungen immer zu berücksichtigen, da sie beiden Eheleuten zugute kommen, dh die regelmäßige Bedienung der Kredite auch nach Trennung/Scheidung bis zur Vermögensauseinandersetzung im beiderseitigen Interesse der Eheleute liegt (→ Rn. 1091). Tilgt nur einer der Eheleute die gemeinsame Schuld, erfolgt durch die entsprechende unterhaltsrechtliche Berücksichtigung kein Gesamtschuldnerausgleich nach § 426 I 1 BGB (→ Rn. 1094). Bei **Alleineigentum** ist zunächst zu beachten, dass ab Rechtshängigkeit des Scheidungsverfahrens als Stichtag für den Zugewinnausgleich bzw. bei Gütertrennung ab Trennung der Ehepartner an den Tilgungsbeträgen nicht mehr partizipiert. Handelt es sich beim **Ehegattenunterhalt** beim Kauf der Immobilie um eine Einnahmequelle, die die ehelichen Lebensverhältnisse erhöht hat, ist nach der Entscheidung des BGH vom 18.1.2017 zu beachten, dass eine einseitige Vermögensbildung nicht vorliegt, wenn sich nach Vorabzug der Zinsen die Tilgung in Höhe der Miete bewegt, da ohne Darlehensaufnahme die entsprechenden Mieteinkünfte nicht erzielt würden (sog. **sukzessiver Eigentumserwerb**).[15] Die darüber hinausgehende Tilgung kann im Einzelfall berücksichtigt werden, wenn es sich um eine zulässige Altersvorsorge handelt (→ Rn. 1034, 1037, 1092). Ansonsten handelt es sich bei der die erzielbare Miete nach Vorabzug der Zinsen übersteigenden Tilgung um

---

[14] BGH FamRZ 2012, 514.
[15] BGH FamRZ 2017, 519 (522) = R 781b.

eine einseitige Vermögensbildung, die nicht zu Lasten des Unterhaltsbedürftigen erfolgen darf. Wird die Immobilie erst nach der Trennung/Scheidung erworben, erhöhen die erzielten Mieteinkünfte den Bedarf nach den ehelichen Lebensverhältnissen nicht, so dass bei der Leistungsfähigkeit nur die Zinsen, nicht die Tilgungen berücksichtigungswürdig sind, außer es handelt sich um eine zulässige Altersvorsorge (vgl. auch → Rn. 507 ff mit Rechenbeispiel). Soweit der Bedürftige eine nur ihm gehörende Immobilie erwirbt, gelten die gleichen Grundsätze. Beim **Verwandtenunterhalt** ist generell darauf abzustellen, ob nach Vorabzug der Zinsen durch Kürzung der Tilgung noch ein Resteinkommen aus Vermietung verbleibt und ob die über die Miete hinausgehende Tilgung eine zulässige Altersvorsorge bildet (→ Rn. 578).[16]

Sind die Mieteinkünfte **nach einem objektiven Maßstab** beim Ehegattenunterhalt so hoch, dass sie für die Lebensführung nicht benötigt werden, sind sie für die Unterhaltsberechnung nicht heranzuziehen;[17] es erfolgt dann in der Regel eine konkrete Bedarfsermittlung (→ Rn. 1135, → § 4 Rn. 763).

Der Tilgung gleichgestellt sind entsprechende Surrogate, insbesondere eine für den Erwerb des Objektes geleistete **Leibrente**.

4. Verluste

Liegen steuerrechtliche Verluste aus Vermietung und Verpachtung vor, ist unterhaltsrechtlich zu differenzieren. **459**

- Beruhen die Verluste nur auf Abschreibungen und/oder überhöhten Instandhaltungspauschalen, ist das steuerrechtliche Einkommen nach der Rechtsprechung des BGH zu korrigieren. Auch wenn nur dadurch positive Mieteinkünfte entstehen, hat der Steuervorteil aus der Abschreibung bei **Alleineigentum** dem Pflichtigen/Bedürftigen zu verbleiben, da das Steuerrecht im Gegensatz zum Unterhaltsrechts diesen Abzugsposten anerkennt und deshalb eine fiktive Steuerberechnung vorzunehmen ist (→ Rn. 1018).[18] Handelt es sich um eine **gemeinsame** Vermögensbildung der Eheleute, ist diese bis zur Vermögensauseinandersetzung zu berücksichtigen (→ Rn. 1134), dh es verbleibt nach der derzeitigen Rechtsprechung des BGH beim Abzug der AfA und bei der tatsächlich gezahlten Steuer (s. auch unten).
- Handelt es sich um mehrere Objekte, bei denen nur ein Teil nach Korrektur der Abschreibung Verluste macht, ist nach Objekten getrennt abzurechnen.
- Liegen kurzfristige Verluste vor, zB durch vorübergehende Mietausfälle, sind die Negativeinkünfte unterhaltsrechtlich zu akzeptieren.
- Bei regelmäßigen Verlusten aus der Bildung von **Negativeinkünften** (idR zur Steuerersparnis) handelt es sich um Aufwendungen zur **Vermögensbildung**, die der Verpflichtete zu Lasten des Unterhalts ab Rechtshängigkeit des Scheidungsverfahrens als Stichtag für den Zugewinnausgleich bzw. bei Gütertrennung ab Trennung nicht mehr fortsetzen darf, wenn es sich um eine **einseitige** Vermögensbildung handelt.[19] Hierfür anfallende **Zins- und Tilgungsleistungen** dürfen dann **nicht einkommensmindernd** berücksichtigt werden, da sie die Mieteinkünfte übersteigen.[20] Der Berechtigte kann allerdings verlangen, so gestellt zu werden, als hätten die vermögensbildenden Aufwendungen nicht stattgefunden, nachdem das Steuerrecht im Gegensatz zum Unterhaltsrecht die Abzugsposten Zinsen und AfA anerkennt. Die **Steuervorteile** aus den Verlusten **verbleiben** dem Verpflichteten daher allein.[21] Dies führt zu einer **fiktiven** Steuerberechnung (→ Rn. 1018). Sie erfolgt in der Weise, dass das zu versteuernde Einkommen um den in dem Steuerbescheid ausgewiesenen Verlustabzug aus Vermietung erhöht wird. Aus dem erhöhten Einkommen wird eine fiktiv zu zahlende Steuer nach der Steuertabelle ermit-

---

[16] BGH FamRZ 2017, 519 (522) = R 781b.
[17] BGH FamRZ 2007, 1532.
[18] BGH FamRZ 2005, 1159 = R 623a.
[19] BGH FamRZ 2010, 1633; 2009, 23; 2008, 963.
[20] BGH FamRZ 2017, 519 (522) = R 781b.
[21] BGH FamRZ 2005, 1159 = R 623a; 2003, 741.

telt. Von dem unterhaltsrechtlich relevanten Bruttoeinkommen (ohne Berücksichtigung eines Verlustabzuges und ggf. weiterer nur steuerlich, nicht aber unterhaltsrechtlich zu berücksichtigender Ausgaben, → Rn. 1018) ist anstelle der tatsächlich gezahlten Steuer die fiktiv ermittelte Steuerlast in Abzug zu bringen.

- Handelt es sich bei der Bildung von Negativeinkünften um eine **gemeinsame** Vermögensbildung, sind die Abzahlungen (Zins und Tilgung) in voller Höhe als Abzugsposten zu berücksichtigen, ebenso die daraus resultierenden Steuervorteile durch die AfA (→ Rn. 458). Nur die einseitige Vermögensbildung geht zu Lasten des Bedürftigen und muss daher hinter dem Unterhalt zurückstehen, soweit sie die Mieteinkünfte übersteigt. Eine gemeinsame Vermögensbildung kommt dagegen als Vermögensmehrung beiden Eheleuten zugute; eine Einstellung der Zahlungen hätte vielfach auch hohe Verzugszinsen zur Folge, für die beide Eheleute haften. Früher war umstritten, ob die Abzahlungen dabei die Erwerbseinkünfte kürzen oder ob negative Mieteinkünfte zu bilden sind. Letzteres beeinflusst die Höhe des Erwerbstätigenbonus. Wie der BGH beim Wohnwert entschieden hat,[22] sind negative Mieteinkünfte zu bilden, da es sich um eine allein dieser Einkunftsart zuzuordnende gemeinsame Schuld handelt (→ Rn. 520 ff.).

5. Zurechnung von Mieteinnahmen aus einem gemeinsamen Objekt und fiktive Mieteinnahmen aus unterlassener zumutbarer Vermietung

460 Sind beide Eheleute Miteigentümer des Mietobjektes, stehen im Regelfall die Mieteinnahmen nach § 743 I BGB jedem zur Hälfte zu. Etwas anderes gilt nur dann, wenn sich die Parteien ausdrücklich oder stillschweigend geeinigt haben, dass die Einkünfte einem Beteiligten allein gehören sollen[23] oder es sich nicht um die übliche hälftige Beteiligung an der Immobilie handelt.

461 Vermietbarer Grundbesitz ist, wie sonstiges Vermögen, unterhaltsrechtlich in zumutbarer, ertragbringender Weise zu nutzen (→ Rn. 632, 635). Für den berechtigten Ehegatten ergibt sich aus § 1577 I BGB die Obliegenheit, vorhandenes Vermögen so ertragreich wie möglich anzulegen und zu nutzen, weil auch solche Einkünfte seine Bedürftigkeit mindern, die zwar tatsächlich nicht gezogen werden, aber in zumutbarer Weise gezogen werden könnten (→ Rn. 633, → § 4 Rn. 593).[24] Dies gilt auch für vermietbare Garagen.[25] Wer eine zumutbare Nutzung durch Vermietung unterlässt, dem ist der durchschnittlich erzielbare Ertrag (Mietzins) als **fiktives Einkommen** zuzurechnen. Die gleichen Grundsätze gelten, wenn es um die Leistungsfähigkeit des Pflichtigen geht, soweit ein unterhaltsbezogen leichtfertiges Verhalten zu bejahen ist.[26] Als Orientierung für eine Schätzung (§ 287 ZPO) dient der voraussichtlich erzielbare Mietzins für ein nach Ortslage, Größe, Zuschnitt und Baujahr vergleichbares, qualitativ gleichwertiges Objekt.[27] Werden – teilweise – nicht vorwerfbar keine Mieteinkünfte erzielt, zB wenn der Mieter den Mietzins nicht leistet oder eine kurzfristige Vermietung nicht möglich oder zumutbar ist, entfällt der Ansatz fiktiver Mieteinkünfte.[28]

462 Bei selbst genutztem **Wohnungseigentum** ist zu prüfen, ob es dem Benutzer zugemutet werden kann, künftig anderweitig eine Wohnung zu nehmen, um auf diese Weise uU eine wirtschaftlich günstigere Verwertung des Hauses zu ermöglichen[29] und überschüssige Mieteinnahmen zur Deckung des Unterhaltsbedarfs einzusetzen. Zumutbar kann es auch sein, durch Vermietung einzelner Räume des Hauses Mieteinnahmen zu erzielen.[30] Entsprechende Einkünfte können dann fiktiv zugerechnet werden. In der Regel löst sich dieses

---

[22] BGH FamRZ 2007, 879.
[23] BGH FamRZ 1986, 434.
[24] BGH FamRZ 1998, 87 (89); FamRZ 1990, 269 (270); FamRZ 1990, 283 (288).
[25] BGH FamRZ 1990, 283 (288).
[26] BGH FamRZ 1990, 269; 1990, 283 (288).
[27] BGH FamRZ 1985, 89.
[28] BGH FamRZ 2007, 1532.
[29] BGH FamRZ 2000, 950; 1988, 145 (149); 1984, 358 (360).
[30] BGH FamRZ 1988, 145 (149).

Problem jedoch bereits durch Ansatz der objektiven Marktmiete beim Unterhalt für den Wohnvorteil (→ Rn. 480).

Während der **Trennungszeit** ist eine Vermietung oder Teilvermietung des Familienheimes bis zum endgültigen Scheitern der Ehe, d. h. bis zur Rechtshängigkeit des Scheidungsverfahrens, in der Regel nicht zumutbar, weil eine mögliche Wiederherstellung der ehelichen Lebensgemeinschaft nicht erschwert werden darf (→ Rn. 479 ff.). Deswegen ist ein Wohnvorteil in dieser Zeit nur mit einer angemessen ersparten Miete und nicht mit einem höheren objektiven Mietwert zu bemessen.[31] Die Verpachtung eines Wochenendgrundstückes oder eines Ferienheimes ist regelmäßig zumutbar.[32]

463

Von einem **volljährigen Kind mit eigenem Einkommen** muss der Pflichtige und der Berechtigte nach der Trennung für die Wohnungsüberlassung ein entsprechendes Entgelt verlangen und im Fall seiner Weigerung die Wohnung anderweitig vermieten. Denn insoweit liegt eine Vermögensnutzung vor, die nach der Trennung nicht mehr zu Lasten des Unterhaltsberechtigten bzw. -pflichtigen kostenlos fortgeführt werden darf. Unterlässt dies der Berechtigte/Pflichtige, können ihm bedarfsmindernd bzw. leistungserhöhend fiktive Einkünfte für die unterlassene Teilvermietung zugerechnet werden, wenn und soweit das Kind nicht mehr auf mietfreie Überlassung der Wohnung angewiesen ist.[33] Diese Grundsätze gelten nicht, wenn sich das Kind noch in Ausbildung befindet[34] oder sich beide Elternteile über die weitere kostenlose Nutzung der Immobilie des bereits verdienenden Volljährigen einig sind.

464

In allen Fällen einer fiktiven Zurechnung von Einkünften wegen unterlassener Vermietung oder Teilvermietung müssen im Rahmen einer Zumutbarkeitsprüfung die Belange des Berechtigten und des Verpflichteten unter Berücksichtigung der Umstände des Einzelfalls angemessen gegeneinander abgewogen werden.[35]

465

Soweit fiktive Einkünfte angesetzt werden, **erhöhen** sie den **Bedarf** nach den ehelichen Lebensverhältnissen **nicht,** wenn sie in der Ehe nicht erzielt wurden und damit nicht in der Ehe angelegt sind.[36] Sie reduzieren nach § 1577 I BGB lediglich die **Bedürftigkeit** des Berechtigten[37] bzw. erhöhen die **Leistungsfähigkeit** des Pflichtigen.[38]

466

Bei **Gütergemeinschaft** dürfen auch nach der Scheidung keine erzielbaren Mieteinkünfte als fiktives Einkommen zugerechnet werden, weil alle erzielbaren Einnahmen bis zur vollzogenen Auseinandersetzung in das Gesamtgut fallen und bei der Auseinandersetzung beide Eheleute an solchen Einnahmen zu gleichen Teilen partizipieren (§§ 1474 ff. BGB). Deshalb dürfen faktische oder fiktive Mieteinnahmen nicht nochmals einseitig einem Ehegatten zugerechnet werden[39] (→ Rn. 492 und insgesamt → § 6 Rn. 400 ff.).

467

6. Eigene Mietkosten

Bei den Mietkosten für die selbstgenutzte Wohnung handelt es sich um keine Einnahmen-, sondern um eine **Ausgabenposition.** Sie gehören zu den allgemeinen Lebenshaltungskosten und sind jeweils im Bedarf des Berechtigten bzw. Selbstbehalt (= Eigenbedarf) des Pflichtigen enthalten. Sie sind vom **Bedürftigen** aus seinem Eigeneinkommen einschließlich Unterhalt,[40] vom **Pflichtigen** aus den ihm nach Unterhaltsleistung verbleibenden Resteinkünften zu begleichen.

468

Zahlt der Pflichtige dem Bedürftigen nach der Trennung die Mietkaution für die Anmietung einer neuen Wohnung, handelt es sich um eine Unterhaltsleistung.[41]

---

[31] BGH FamRZ 2007, 879 Rn. 10 f.
[32] BGH FamRZ 1989, 1160.
[33] BGH FamRZ 1990, 269 (271).
[34] BGH FamRZ 2000, 351.
[35] BGH FamRZ 1988, 145 (149); 1990, 269 (271).
[36] BGH FamRZ 1990, 269 (271).
[37] BGH FamRZ 1990, 269 (271).
[38] BGH FamRZ 1990, 283 (288).
[39] BGH FamRZ 1984, 559 (561).
[40] OLG Köln FamRZ 2002, 98.
[41] OLG München FamRZ 2013, 552.

469 Beim **Pflichtigen** sind die eigenen Wohnkosten im Selbstbehalt enthalten (→ § 5 Rn. 19 ff.) und insoweit in den Leitlinien seit der gemeinsamen Leitlinienstruktur vom 1.7.2003 in Nr. 21.2, 21.3, 21.4 geregelt. Sie betragen seit der letzten Neufassung der DT und der Leitlinien zum 1.1.2019 beim Verwandtenunterhalt einheitlich in allen OLG-Bezirken beim **notwendigen Selbstbehalt** 380 EUR, beim **angemessenen Selbstbehalt** gegenüber Volljährigen sowie Eltern/Großeltern 480 EUR.[42] Bei Ansprüchen nach § 1615l BGB werden sie mit 430 EUR angesetzt.[43] Werden diese Kosten erheblich und nach den Umständen nicht vermeidbar überschritten, ist der Selbstbehalt entsprechend anzuheben. Dies gilt vor allem für Großstädte, in denen die Mieten in den letzten Jahren stark angestiegen sind. Die Wohnkosten sind vor allem beim notwendigen Selbstbehalt (Existenzminimum) zu beachten, da der Pflichtige ansonsten sozialhilfebedürftig würde. Maßgebend wird jeweils der überhöhten Mietkosten sein, ob nach den Umständen des Einzelfalls auch eine billigere Wohnung anmietbar ist oder nicht. Anhaltspunkte zur Beurteilung angemessener Wohnkosten können die Sätze der örtlichen Sozialleistungsträger sein.[44] Bestehen bei niedrigeren Einkünften **Wohngeldansprüche,** besteht eine Obliegenheit, diese in Anspruch zu nehmen und dadurch die Eigenbelastung zu kürzen (→ Rn. 665 ff.).[45] Seit Inkrafttreten des SGB II und SGB XII zum 1.1.2005 ist allerdings bei Bezug von Arbeitslosengeld II und Sozialhilfe Wohngeld in diesen Sozialleistungen mit enthalten. Bewohnen beim Verwandtenunterhalt neben dem Pflichtigen weitere Personen die Wohnung, sind die Mietkosten für Erwachsene nach Köpfen aufzuteilen und für minderjährige Kinder mit $^{1}/_{5}$ des Tabellenunterhalts anzusetzen.[46] Wohnt der Pflichtige billiger, uU sogar umsonst, spielt dies nur im **Mangelfall** eine Rolle. Problematisch ist, ob der Selbstbehalt dann im Einzelfall, vor allem wenn es um den Unterhalt minderjähriger Kinder und die Sicherung des Mindestunterhalts geht, entsprechend zu kürzen ist. Wohnt der Pflichtige kostenlos bei den Eltern, handelt es sich um eine freiwillige Leistung, die im Mangelfall bewertet werden kann.[47] Wohnt der Pflichtige beim Elternunterhalt kostengünstiger, kann nach BGH der Selbstbehalt nicht reduziert werden, weil es dem Pflichtigen überlassen bleibt, wie er bei beengten Verhältnissen seine Mittel verteilt.[48] Entsprechendes hat beim Unterhalt Volljähriger und beim Ehegattenunterhalt zu gelten. Nach BGH kann auch beim Unterhalt minderjähriger Kinder aus den genannten Gründen der Selbstbehalt nicht gekürzt werden.[49] Dem kann aus mehreren Gründen nicht gefolgt werden, wenn die tatsächlichen Wohnkosten unter 380 EUR liegen. Nach § 1603 II 1, 2 BGB sind zur Bezahlung des Unterhalts Minderjähriger im Gegensatz zum sonstigen Verwandtenunterhalt und Ehegattenunterhalt alle Mittel einzusetzen, damit auch Ersparnisse gegenüber den im Selbstbehalt angesetzten Kosten. Außerdem ist zu beachten, dass im Sozialrecht zwischen Wohnkosten und sonstigen Lebenshaltungskosten differenziert wird. Das Argument, jeder dürfe selbst entscheiden, wie er seine Mittel verbraucht, betrifft beim Existenzminimum (= notwendiger Selbstbehalt) deshalb nur die Lebenshaltungskosten und nicht auch die Wohnkosten. Dies gilt aber nur, wenn der Pflichtige in einer Gegend mit generell unterdurchschnittlichen Mieten lebt. Dagegen kann nie verlangt werden, wenn sich seine Wohnkosten auf 380 EUR belaufen, dass er in eine billigere Unterkunft umzieht. Geht es beim Verwandtenunterhalt um den **Familienbedarf** des verheirateten Pflichtigen, ist die Ersparnis durch das Zusammenleben zu beachten (vgl. Eigenbedarfssätze DT B VI, Leitlinien Nr. 22).[50]

---

[42] Vgl. DT A 5; B IV, D I, II; SüdL, BrL, BraL, BrauL, DrL, HL, HaL, KL, KoL, jeweils Nr. 21.2, 21.3.1; NaL Nr. 21.5.2; nach FL 380/480 EUR, nach ThL 290/330 EUR (Kaltmiete).
[43] Vgl. zB SüdL Nr. 21.3.2.
[44] 20. Deutscher Familiengerichtstag-Empfehlungen des Vorstandes, FamRZ 2013, 1948.
[45] Vgl. zB SüdL Nr. 21.5.2.
[46] Vgl. SüdL Nr. 21.5.2.
[47] BGH FamRZ 1999, 843.
[48] BGH FamRZ 2004, 370; FamRZ 2004, 186.
[49] BGH FamRZ 2009, 314; 2006, 1664 = R 657e.
[50] BGH FamRZ 2010, 1535 = R 714c.

6. Abschnitt: Einkünfte aus Vermietung und Verpachtung § 1

Im **Ehegattenmindestselbstbehalt** belaufen sich die Mietkosten seit 1.1.2019 auf **470** 430 EUR (vgl. DT B IV; SüdL Nr. 21.4). Beim Ehegattenunterhalt ist aber bei der Trennung zusätzlich zu beachten, dass es um die Mietkosten beider Eheleute geht. Bleibt der Pflichtige nach Trennung der Eheleute und Auszug des Bedürftigen in der Ehewohnung und zahlt die Mietkosten weiter, handelt es sich bei überhöhten Mietkosten um trennungsbedingte Mehrkosten. Auch wenn nach der geänderten Rechtsprechung des BGH zu den ehelichen Lebensverhältnissen ein trennungsbedingter Mehrbedarf nicht mehr Teil des Bedarfs sein kann, ist er als **Ausgabenposition** zu berücksichtigen (→ Rn. 556, 1067, 1084). Durch Übernahme der vollen Mietkosten, besteht beim Pflichtigen eine im Rahmen der Bedarfsermittlung zu prüfende Mehrbelastung, die grundsätzlich berücksichtigungsfähig ist. Liegt der eheangemessene Selbstbehalt (= Hälfte des Bedarfs) über dem Ehegattenmindestselbstbehalt von derzeit 1200 EUR, wird es regelmäßig zumutbar sein, die Mehrbelastung selbst zu tragen, soweit die Mietkosten in einer vertretbaren Relation zum verbleibenden Einkommen stehen (bis 50% einschließlich Nebenkosten). Verbleibt dem Pflichtigen dagegen unter Berücksichtigung der Mietkosten nur der Ehegattenmindestselbstbehalt, ist zu prüfen, ob ihm die Aufgabe der durch den Auszug des Bedürftigen zu großen Ehewohnung zumutbar ist. Nach den beim Wohnwert entwickelten Grundsätzen ist dafür maßgebend, ob durch Aufgabe der Ehewohnung eine Versöhnung der Eheleute erschwert wird (→ Rn. 479), ferner, ob und wann mietrechtlich überhaupt eine Kündigung möglich ist. Da die Aufgabe einer Mietwohnung nicht so weitreichende Konsequenzen wie der Verkauf eines Eigenheimes hat, wird man **spätestens nach Ablauf des Trennungsjahres** den Wechsel in eine kleinere billigere Wohnung zumuten können.[51] Bis dahin ist der Selbstbehalt entsprechend den überhöhten Mietkosten anzuheben, da der Pflichtige ansonsten sozialhilfebedürftig würde. Die Oberlandesgerichte gehen teilweise von Übergangsfristen von lediglich 2 bis 6 Monaten aus.[52] Dies erscheint im Hinblick auf die vom Gesetzgeber mit dem Trennungsjahr bezweckten Überlegungsfrist von einem Jahr für eine Versöhnung der Eheleute im Regelfall zu kurz.

Beim **Bedürftigen** spielen erhöhte Mietkosten idR nur beim Ehegattenunterhalt eine **471** Rolle. Beim Unterhalt **Minderjähriger** und noch **bei den Eltern lebender volljähriger Kinder** tragen die Eltern die Mietkosten. Im Tabellenunterhalt ist dabei ein Zuschuss zu den Mietkosten von 20% enthalten (→ § 2 Rn. 326). Bei **Volljährigen mit eigenem Hausstand** belaufen sich die Mietkosten im Bedarfssatz von derzeit 735 EUR auf 380 EUR;[53] bei nicht vermeidbaren höheren Kosten ist der Bedarf entsprechend zu erhöhen.

Bleibt beim **Trennungsunterhalt** der Bedürftige in der Ehewohnung, während der **472 Pflichtige** die Miete **weiter bezahlt,** ist die Mietzahlung abweichend von den sonstigen Grundsätzen zunächst wie eine berücksichtigungswürdige Schuld zu behandeln, dh sie kürzt bei der Bereinigung des Nettoeinkommens das Einkommen des Pflichtigen (→ Rn. 1084).[54] Denn es besteht für beide Eheleute zunächst keine Obliegenheit, die durch den Auszug eines Ehepartners für den anderen zu große Wohnung sofort aufzugeben, um eine Versöhnung nicht zu erschweren. Ein Mietverhältnis kann regelmäßig auch nicht sofort beendet werden, bei einem gemeinschaftlichen Mietverhältnis bedarf es zudem der Kündigung durch beide Eheleute. Wie beim Pflichtigen wird man aber auch beim Bedürftigen aus den dort genannten Gründen nicht erst ab dem endgültigen Scheitern der Ehe durch Rechtshängigkeit des Scheidungsverfahrens (→ Rn. 480), sondern bereits zu einem früheren Zeitpunkt, dh spätestens nach Ablauf des Trennungsjahres, verlangen können, die zu große Ehemietwohnung aufzugeben[55] und deshalb ab diesem Zeitpunkt die Bezahlung der Mietkosten als Teilzahlung auf den Unterhalt ansehen. Der Berechtigte erhält damit nur den um die gezahlte Miete gekürzten Unterhalt ausbezahlt, während die

---

[51] OLG Köln FamRZ 2014, 847.
[52] Vgl. zB OLG Düsseldorf FamRZ 2011, 375 (6 Monate); OLG München FamRZ 1996, 291 (2 Monate); OLG Köln FamRZ 2018, 1816 (3 Monate).
[53] Vgl. zB SüdL, BrL, BraL, FL, HaL, KL, NaL jeweils Nr. 13.1.2; DT A 7.
[54] OLG Köln FamRZ 2002, 98.
[55] OLG Köln FamRZ 2002, 98.

Miete als Restzahlung unmittelbar an den Vermieter geht (§§ 362 II, 185 BGB). Die nach § 185 BGB notwendige Einwilligung des Berechtigten liegt zumindest konkludent in dem bisherigen Einverständnis der Fortzahlung der Miete durch den Ehepartner an den Vermieter.

Stellt der Pflichtige die Mietzahlungen ein, obwohl der gemeinsame Mietvertrag noch fortbesteht, dh er noch weiter haftet, verbleibt es bei den oben genannten Grundsätzen (→ Rn. 509).[56] Muss der Bedürftige die Miete allein tragen, weil der Mietvertrag umgeschrieben wurde oder nach einem Umzug höhere Mietkosten anfallen, handelt es sich um ein Problem des **trennungsbedingten Mehrbedarfs.** Dieser bildet seit der geänderten Rechtsprechung des BGH zu den ehelichen Lebensverhältnissen mit der Surrogatlösung keinen Teil des Bedarfs mehr (→ Rn. 556; → § 4 Rn. 406). Er ist im Einzelfall nur noch als Ausgabenposition (sog unumgängliche Schuld) zu berücksichtigen (→ Rn. 556, 1084). Beim nachehelichen Unterhalt ist ferner der Grundsatz der Eigenverantwortung zu beachten, dh es wird regelmäßig Bedürftigen und Pflichtigen zumutbar sein, ihre Mietkosten den verfügbaren Mitteln anzupassen. Bei einem gemieteten großen Haus oder einer größeren Wohnung wird im Einzelfall eine **Teilvermietung** zumutbar sein, um die Mietbelastung zu senken. Die Mieteinnahmen aus Untervermietung sind dann regelmäßig keine eigenen Einkünfte, sondern dienen nur der Reduzierung der eigenen Kosten.

II. Der Wohnvorteil beim Wohnen im eigenen Haus

1. Der Wohnvorteil als unterhaltsrechtlich zu berücksichtigender Vermögensvorteil

473 Unterhaltsrechtlich zu berücksichtigende Einkünfte sind auch Vermögenserträge und sonstige wirtschaftliche Nutzungen, die aus einem Vermögen gezogen werden. Zu solchen Nutzungen des Vermögens zählen die Vorteile des mietfreien Wohnens im eigenen Haus. Es handelt sich insoweit um Nutzungen des Grundstückseigentums iSv § 100 BGB in Form von Gebrauchsvorteilen.[57]

474 Der Nutzen besteht im Wesentlichen darin, dass der Eigentümer für das Wohnen keine Mietzinszahlungen leisten muss, die in der Regel einen Teil des allgemeinen Lebensbedarfs ausmachen. Soweit diese ersparten Mietaufwendungen höher sind als die mit dem Eigentum verbundenen Kosten, ist die Differenz, dh **der Betrag, um den der Eigentümer billiger als der Mieter lebt,** als Einkommen anzusetzen.[58] Der Wohnwert besteht dabei sowohl bei Allein- als auch bei Miteigentum der Immobilie, ebenso bei Gütergemeinschaft, Nießbrauch[59] oder einem unentgeltlichen dinglichen oder schuldrechtlichen Wohnrecht. Da es um die Nutzung und nicht um die Verwertung des Vermögens geht, kommt es auf die Herkunft der Mittel zur Schaffung des Wohneigentums nicht an, ein Wohnwert ist daher auch anzusetzen bei Erwerb eines dinglichen Wohnrechts aus einer Schmerzensgeldzahlung,[60] bei Kauf eines Reihenhauses aus ererbten Mitteln[61] oder aus dem Zugewinn bzw. Erlös aus der Vermögensauseinandersetzung (→ Rn. 557 ff.).[62]

475 Bei **freiwilligen Zuwendungen Dritter,** zB der Eltern, kommt es auf die Willensrichtung des Zuwendenden an (→ Rn. 708 ff.). Soweit die Eltern ihrem Kind während

---

[56] OLG Köln FamRZ 2002, 98.
[57] BGH FamRZ 2017, 519 (521) = R 781b; 2014, 923 = R 751a; 2013, 1554 = R 741c; 2013, 191; 2010, 1633; 2009, 1300; 2009, 23; 2008, 963; 2007, 879; 2007, 793; 2005, 1817; 2003, 1179; 2000, 950.
[58] BGH FamRZ 2013, 1554 = R 741c; 2012, 517; 2012, 514; 2010, 1633; 2009, 1300; 2008, 963; 2007, 879; 2003, 1179; 2000, 950.
[59] BGH FamRZ 2010, 1633.
[60] BGH FamRZ 1988, 1031 (1033).
[61] BGH FamRZ 1986, 560 (562).
[62] BGH FamRZ 2014, 1098.

der Ehe und/oder nach der Trennung/Scheidung ohne Gegenleistung kostenlos eine Wohnung zur Verfügung stellten, handelt es sich um eine freiwillige Leistung ohne Einkommenscharakter, so dass kein Wohnwert anzusetzen ist.[63] Anders ist die Sachlage, wenn für das mietfreie Wohnen Gegenleistungen zu erbringen sind, zB Pflege und Betreuung[64] oder ein Leibgeding. Eine freiwillige Leistung Dritter liegt auch vor, wenn die Eltern dem Unterhaltspflichtigen Geld schenken, mit dem er ein Eigenheim kauft[65] oder ihm ein Haus schenken, sich aber den lebenslangen Nießbrauch vorbehalten.[66] Im Mangelfall können nach BGH allerdings freiwillige Leistungen Dritter ausnahmsweise bewertet werden (→ § 5 Rn. 73 ff.).[67]

Heiratet der Pflichtige wieder und lebt in einem seiner **neuen Ehefrau gehörenden Eigenheim,** liegt **keine freiwillige Leistung** eines Dritten vor, da dann das mietfreie Wohnen von der Ehefrau im Rahmen ihrer Pflicht zum Familienunterhalt nach § 1360a BGB gewährt wird.[68] Diese Gebrauchsvorteile sind sowohl beim Verwandtenunterhalt, zB Kindesunterhalt, zu berücksichtigen als auch bei der Leistungsfähigkeit gegenüber dem geschiedenen Ehegatten bei Konkurrenz mit einem neuen Ehegatten, da bei der Leistungsfähigkeit auch nicht in der Ehe angelegtes Einkommen heranzuziehen ist.[69] Gegenüber dem ersten Ehegatten ist bei der Bedarfsermittlung allerdings zu beachten, dass dieser Wohnvorteil nicht in der Ehe angelegt war, also nicht bedarfserhöhend angesetzt werden kann (→ § 4 Rn. 435, 573).[70]   475a

Ist ein Teil des Grundstücks, zB eine Garage, vermietet, handelt es sich bei dem Mietzins um „Früchte" des Grundstücks iSv § 99 III BGB. Unterbleibt die Teilvermietung, rechnet die Möglichkeit zur Nutzung der Garage ebenfalls zu den Gebrauchsvorteilen iSv § 100 BGB.[71]   476

2. Die unterhaltsrechtliche Bewertung des Wohnvorteils beim Ehegattenunterhalt

a) **Grundsatz.** Der Wert des Wohnens als Vermögensnutzung kann objektiv festgestellt werden. Es bedarf dazu der Ermittlung des objektiven Mietwerts auf der einen und der mit dem Grundeigentum verbundenen Lasten auf der anderen Seite. Die steuerrechtliche Behandlung ist für diese Bewertung unbeachtlich.[72]   477

Der Wohnwert entspricht damit grundsätzlich der **objektiven Marktmiete** ohne Mietnebenkosten, dh der sog Kaltmiete für eine nach Ortslage, Größe, Beschaffenheit, Zuschnitt und Bequemlichkeit vergleichbare Wohnung (→ Rn. 485).[73] Nur die Marktmiete bewertet den Gebrauchsvorteil entsprechend dem Mietobjekt. Nach der geänderten Rechtsprechung des BGH wird der Wohnwert nicht um die nach § 556 I BGB iVm §§ 1, 2 BetrKV auf den Mieter umlegbare Betriebskosten gekürzt (→ Rn. 499 ff.).[74] Der Begriff beinhaltet die sog Vergleichsmiete nach § 558 BGB, in der Betriebs-, Modernisierungs- und Kapitalkosten gemäß §§ 556, 559, 560 BGB nicht enthalten sind (sog Netto-Kaltmiete bzw. **Nettomiete**).[75]   478

Nicht gefolgt werden kann der Auffassung, dass von der ersparten Miete eine fiktive Steuerlast abzuziehen ist.[76] Denn im Gegensatz zu vielen anderen europäischen Ländern ist

---

[63] OLG München FamRZ 1996, 169.
[64] BGH FamRZ 1995, 537.
[65] OLG Brandenburg FamRZ 2009, 1837; OLG Saarbrücken FamRZ 1999, 396.
[66] OLG Koblenz FamRZ 2003, 534.
[67] BGH FamRZ 1999, 843 (847).
[68] BGH FamRZ 2008, 968 = R 689j.
[69] BGH FamRZ 2008, 968 = R 689j.
[70] BGH FamRZ 2012, 281 = R 731e.
[71] BGH FamRZ 1990, 283 (288); 1986, 434.
[72] BGH FamRZ 1995, 869; 1990, 283 (288).
[73] BGH FamRZ 2013, 191; 2012, 517; 2012, 514; 2003, 1179; 2000, 950.
[74] BGH FamRZ 2009, 1300 = R 705b.
[75] BGH FamRZ 2013, 291; 2012, 517; 2012, 514; 2009, 1300 = R 705b.
[76] Vgl. zB Hauß FamRB 2016, 203; Viefhues FuR 2014, 617.

nach dem deutschen Steuerrecht das mietfreie Wohnen im Eigenheim steuerfrei (§§ 10, 21 EStG); eine nicht bestehende Steuerlast kann aber nicht wohnwertmindernd berücksichtigt werden.

479 **b) Bewertung beim Trennungsunterhalt.** Beim mietfreien Wohnen ist jedoch zu beachten, dass Wohnkosten zu den allgemeinen Lebenshaltungskosten zählen und deshalb einen Teil des Unterhaltsbedarfs des Berechtigten sowie des Eigenbedarfs des Verpflichteten beinhalten. Diese Bedarfspositionen ändern sich mit der Zurechnung eines Wohnwerts, dem als Rechnungsposten ein verfügbares Einkommen nicht entspricht, so dass ein Ausgleich nur durch Einsparungen bei den übrigen Lebenshaltungskosten möglich wird.[77] Gebrauchsvorteile sind kein Bargeld. In sehr vielen Fällen ist das Haus, das als Heim für die ganze Familie angelegt war, nach der Trennung für den zurückbleibenden Ehegatten und dessen neuen Lebenszuschnitt zu groß, zu aufwändig und auch zu kostspielig. Es ist wie mit einem zu großen Gewand, das von ihm nicht mehr ausgefüllt werden kann. Graba spricht deshalb zu Recht von einem „**toten Kapital**".[78] Der BGH hat diesen Begriff übernommen.[79] Maßgebend ist unterhaltsrechtlich, ob nach Treu und Glauben eine Vermögensverwertung oder (Unter-)Vermietung des wegen der Trennung zu groß gewordenen Familienheims zumutbar ist. In der Trennungszeit ist das zunächst nicht der Fall[80] (→ Rn. 463). Denn es dürfen keine Fakten geschaffen werden, die eine mögliche Wiederherstellung der ehelichen Lebensgemeinschaft erschweren.[81]

Diese „aufgedrängte Bereicherung" hat zur Folge, dass in der **Trennungszeit** zunächst nicht der objektiv erzielbare, sondern aus Billigkeitsgründen nur ein **unterhaltsrechtlich angemessener Betrag** als Wohnwert anzusetzen ist.[82] Dieser angemessene Betrag ist so zu bewerten, dass den Parteien noch ausreichende Mittel für ihre sonstige Lebensführung zur Verfügung bleiben. Nach BGH muss der Wert aber objektbezogen bemessen werden.[83] Bewohnt der Pflichtige oder Bedürftige **mit einem Kind** nach der Trennung das Familienheim, ist dies bei der Bewertung des angemessenen Wohnwerts zu berücksichtigen (näher → Rn. 486).[84] Zur Höhe des angemessenen Wohnwerts → Rn. 486.

480 In Änderung seiner früheren Rechtsprechung hat der BGH am 5.3.2008 entschieden, dies betreffe **nicht die gesamte Trennungszeit** unabhängig von der Trennungsdauer, sondern nur, bis eindeutig feststeht, dass die **Ehe endgültig gescheitert ist**.[85] Davon ist auszugehen, wenn **das Scheidungsverfahren rechtshängig wird,**[86] die Eheleute in der Trennungszeit einen Ehevertrag mit Gütertrennung schließen, durch Veräußerung des gemeinsamen Familienheimes an einen Dritten oder an den Ehepartner bereits die Vermögensauseinandersetzung durchführen (→ Rn. 557 ff.)[87] oder die Trennungsdauer über 3 Jahre liegt, weil ab diesem Zeitraum nach § 1566 II BGB grundsätzlich vom Scheitern einer Ehe auszugehen ist.[88] Es ist dann ab diesem Zeitpunkt die **objektive Marktmiete** als Wohnwert anzusetzen.[89]

Entsprechendes gilt, wenn in der Trennungszeit ein Teil der Ehewohnung **untervermietet**, dh das tote Kapital voll genutzt wird. Die objektive Marktmiete ist auch anzusetzen, wenn ein **neuer Lebensgefährte** in die Wohnung aufgenommen wird.[90] Es wird regelmäßig zumutbar sein, dass dieser einen Wohnkostenbeitrag leistet. Nach dem Verbot

---

[77] BGH FamRZ 2003, 1179.
[78] Graba NJW 1987, 1721.
[79] BGH FamRZ 1998, 899; 1989, 1160.
[80] BGH FamRZ 2013, 191; 2012, 517; 2012, 514; 2009, 1300 = R 705a; 2008, 963 = R. 692b; 2007, 879 Rn. 10 f.; 2003, 1179; 2000, 351.
[81] BGH FamRZ 2000, 351; 1989, 1160.
[82] BGH FamRZ 2014, 924 = R 751a; 2013, 191; 2012, 517; 2012, 514; 2007, 879; 2003, 1179.
[83] BGH FamRZ 2007, 879; 2003, 1179.
[84] BGH FamRZ 2013, 191.
[85] BGH FamRZ 2014, 923 = R 751a; 2013, 191; 2008, 963 = R 692b; 2007, 879 Rn. 10 f.
[86] BGH FamRZ 2013, 191; 2012, 517; 2012, 514; 2008, 963 = R 692b, c.
[87] BGH FamRZ 2009, 23; 2008, 963 = R 692b.
[88] BGH FamRZ 2008, 963 = R 692b, c; Gerhardt FuR 2007, 393.
[89] BGH FamRZ 2013, 191; 2012, 517; 2012, 514; 2009, 23; 2008, 963 = R 692b, c.
[90] OLG Koblenz NJW 2003, 1816; Gerhardt FamRZ 1993, 1139.

der Doppelverwertung dürfen dann allerdings aus diesem Grund keine Einkünfte wegen ersparter Aufwendungen durch Zusammenleben mit einem neuen Partner angesetzt werden (näher zur Ersparnis → § 4 Rn. 585).

c) Nachehelicher Unterhalt. Beim nachehelichen Unterhalt besteht in der Regel 481 keine Veranlassung, für die Wohnwertberechnung vom Grundsatz der objektiven Marktmiete abzuweichen. Die unterhaltsrechtliche Obliegenheit, vorhandenes Vermögen so ertragreich wie möglich anzulegen, um die Bedürftigkeit zu mindern, bzw. die Leistungsfähigkeit zu erhöhen,[91] bedeutet, dass der erzielbare Wohnwert, dh die objektive Marktmiete als Vermögensnutzung heranzuziehen ist.[92] **Ab Scheidung** besteht keine Veranlassung mehr, eine zu große Wohnung aus der Ehezeit beizubehalten. Will der Berechtigte auf den bisherigen Wohnkomfort nicht verzichten, muss er sich den entsprechenden „Mehrwert" als Einkommen anrechnen lassen.[93]

Durch den Auszug des Ehepartners besteht zwar nach BGH der Wohnvorteil nur in Höhe der eingeschränkten Nutzung, der im Familienheim zurückbleibende Ehegatte ist aber verpflichtet, sein Vermögen und damit den freiwerdenden Raum ertragreich zu verwerten.[94] Im Ergebnis führt dies regelmäßig zur objektiven Marktmiete.[95] Vom Grundsatz her entspricht der Wohnwert als Nutzung des Grundeigentums im Sinne des § 100 BGB dem Wert, um den der Eigentümer billiger als ein Mieter lebt.[96] Nur aus Billigkeitsgründen ist dieser Wert in der Trennungszeit bis zum endgültigen Scheitern der Ehe auf einen angemessenen Betrag herabzusetzen, um eine Versöhnung der Eheleute nicht zu erschweren.

Die Marktmiete ist generell anzusetzen, wenn nach der Trennung/Scheidung ein **neuer Wohnwert** gebildet wird, zB aus Mitteln der Vermögensauseinandersetzung, des Zugewinnausgleichs usw.

Seltene **Ausnahmefälle**, in denen auch beim nachehelichen Unterhalt aus Billigkeitsgründen nur ein angemessener Wohnwert anzusetzen ist, liegen nur vor, wenn nach Abwägung aller Umstände des Einzelfalls nach Treu und Glauben eine **Weiter- oder Untervermietung unzumutbar** oder ein Verkauf nicht durchführbar ist, dh eine Vermögensverwertung aus Billigkeitsgründen nicht verlangt werden kann.[97] Derartige Gründe liegen zB vor, wenn die Eheleute **zwei Immobilien als Ehewohnung** hatten und ein Ehegatte diese nach Trennung und endgültigem Scheitern der Ehe allein weiter nutzt, eine Verwertung zumindest einer Immobilie aber noch nicht möglich oder zumutbar ist (→ näher Rn. 488).[98] Das Gleiche gilt, wenn es sich um ein von einem Ehegatten bereits in die Ehe eingebrachtes Familienheim handelt, die finanziellen Verhältnisse beengt sind, das mietfreie Wohnen zur Sicherung des eigenen Unterhalts benötigt wird und deshalb eine Veräußerung der Immobilie nicht zumutbar erscheint oder es sich um ein nicht veräußerbares oder nur mit starken Verlusten verkaufbares Objekt handelt. Im Einzelfall ist dabei immer zu prüfen, ob der im Familienheim verbleibende Ehegatte mit den vorhandenen Barmitteln seine Lebenshaltungskosten finanzieren kann, ansonsten ist nach § 242 BGB eine Ergebniskorrektur veranlasst. In der Regel besteht beim Ehegattenunterhalt keine Obliegenheit, eine im Alleineigentum stehende Immobilie zu veräußern, um Unterhalt leisten zu können, da das mietfreie Wohnen der Sicherung des eigenen Unterhalts dient, vor allem im Alter.[99] Beim Verwandtenunterhalt wird vom BGH vertreten, der angemessene Wohnwert könne auch angesetzt werden, wenn sich der Pflichtige eine der Marktmiete entsprechende Mietwohnung nicht hätte leisten können.[100] Diese Auffassung

---

[91] BGH FamRZ 2003, 1179; 2000, 950.
[92] BGH FamRZ 2014, 923; 2013, 191; 2012, 517; 2012, 514; 2003, 1179; 2000, 950.
[93] BGH FamRZ 2000, 950.
[94] BGH FamRZ 2000, 950.
[95] BGH FamRZ 2003, 1179.
[96] Vgl. zB BGH FamRZ 1995, 896.
[97] BGH FamRZ 2009, 1300 = R 705a; 2003, 1179; 2000, 950.
[98] BGH FamRZ 2009, 1300 = R 705a.
[99] BGH FamRZ 2017, 519 (521) = R 781b.
[100] BGH FamRZ 2013, 1554 = R 741c; 2003, 1179.

kann man bei Alleineigentum auf die Ehegatten übertragen, vor allem, wenn die Immobilie vom Pflichtigen bereits in die Ehe mitgebracht wurde.

Bei Miteigentum gilt dieser Grundsatz dagegen nicht, weil man in der Regel nicht weiß und wissen kann, welche Miete die Eheleute gezahlt hätten, wenn sie sich kein Wohnungseigentum angeschafft hätten. Im Übrigen orientieren sich die ehelichen Lebensverhältnisse nach einem objektiven Maßstab (→ § 4 Rn. 463 ff.), dem als Nutzung des Vermögens allein die Marktmiete entspricht. Ein Ausnahmefall ist bei einer gemeinsamen Immobilie auch nicht gegeben, wenn sich der weiterhin im Familienheim lebende Ehepartner weigert, das gemeinsame Wohnungseigentum zu veräußern.[101] Umgekehrt kann einem im gemeinsamen Familienheim nach der Trennung lebenden Bedürftigen nicht verwehrt werden, bereits vor Veräußerung der Immobilie auszuziehen, wenn der Pflichtige den Unterhalt ab Rechtshängigkeit des Scheidungsverfahrens mit der Begründung kürzt, als Wohnwert sei jetzt nach der Rechtsprechung die Marktmiete und nicht mehr nur der angemessene Wohnwert anzurechnen (→ Rn. 484a).

483 Soweit ein Ehegatte nach der Trennung oder nach der Scheidung eine **neue Immobilie** erwirbt und dadurch mietfrei wohnt, zB aus dem Verkaufserlös des Familienheims (→ Rn. 557 ff.) oder aus einer Erbschaft, ist aus den oben genannten Gründen ebenfalls die objektive Marktmiete als Wohnwert anzusetzen.[102] Das Gleiche gilt, wenn er vom gemeinsamen Familienheim die Haushälfte des Ehepartners erwirbt (→ Rn. 569).[103]

484 **d) Wohnwert bei mehreren bedürftigen Ehegatten.** Vom BGH noch nicht entschieden wurde die Frage, welcher Wohnwert nach der seit der Unterhaltsreform 2008 geltenden Rechtslage bei **Konkurrenz mehrerer bedürftiger Ehegatten** anzusetzen ist. Generell ist zu differenzieren, ob der Pflichtige oder der Bedürftige mietfrei wohnt.

Lebt der **Pflichtige** in der ersten und zweiten Ehe mietfrei, ist ein einheitlicher Wohnwert für die Bedarfsermittlung des Geschiedenen und die Korrekturberechnung bei der Leistungsfähigkeit anzusetzen, nachdem auf Grund der Entscheidung des BVerfG vom 25.1.2011 und der daraufhin geänderten Rechtsprechung des BGH beim Bedarf des Geschiedenen der Unterhalt für den neuen Ehegatten nicht berücksichtigt werden darf (eingehend → Rn. 1127; § 4 Rn. 426 ff., 805 ff.).[104] Um die Berechnung nicht zu erschweren, ist dabei generell die Marktmiete anzusetzen, auch für den Wohnwert in der zweiten Ehe. Der Ansatz der Ersparnis auf Grund des Zusammenlebens mit dem zweiten Ehegatten entfällt dadurch nicht, weil die vom BGH analog § 20 III SGB II hierfür angesetzten 20% allein die Lebenshaltungskosten erfassen (näher zur Ersparnis → § 4 Rn. 585).[105] Dabei ist zu beachten, dass der Wohnwert beim Familienunterhalt nur ein Rechenfaktor ist, der sich bei Zusammenleben nach der tatsächlichen Ersparnis richtet, dh mangels toten Kapitals nach der Marktmiete. Bei Scheitern auch der zweiten Ehe ist bereits nach der derzeitigen Rechtsprechung generell die Marktmiete heranzuziehen. Der Ansatz der Marktmiete in der ersten und zweiten Ehe gilt dabei unabhängig vom Rang der bedürftigen Ehegatten. Zu einem Rechenbeispiel → Rn. 497.

Wohnt der **erste Ehegatte als Bedürftiger** weiterhin mietfrei, verbleibt es beim bisherigen Ansatz der Marktmiete ab Scheidung. Lebt der **zweite bedürftige Ehegatte** nach Scheitern der zweiten Ehe weiterhin mietfrei, gilt das Gleiche.

Besteht **nur in der zweiten Ehe der Wohnvorteil**, spielt er beim Bedarf des Geschiedenen keine Rolle, weil er die ehelichen Lebensverhältnisse der ersten Ehe nicht geprägt hat. Er ist daher nur bei der Leistungsfähigkeit im Rahmen der notwendigen Korrekturberechnung bei einem gleichrangigen oder vorrangigen neuen Ehegatten zu berücksichtigen (vgl. näher → § 4 Rn. 449, 805 ff.).[106] Dabei hatte der BGH schon seit längerem klargestellt, dass zusätzliche Unterhaltslasten zunächst durch zusätzliches, dh nichtprägendes Einkommen zu decken ist, weil der Grundsatz der Halbteilung dadurch nicht verletzt wird

---

[101] BGH FamRZ 1994, 1100 (1102).
[102] BGH FamRZ 2010, 1633; 2009, 1300 = R 705a; 2009, 23.
[103] BGH FamRZ 2014, 1098 = R 753; 2008, 963.
[104] BGH FamRZ 2012, 281 = R 731b, e, k.
[105] BGH FamRZ 2010, 1535 = R714c; vgl. näher Gerhardt/Gutdeutsch FamRZ 2011, 597.
[106] BGH FamRZ 2012, 281 = R 731k, l.

6. Abschnitt: Einkünfte aus Vermietung und Verpachtung § 1

(→ § 4 Rn. 435, 573).[107] Außerdem ist bei der Leistungsfähigkeit generell das gesamte Einkommen des Pflichtigen anzusetzen.

e) Wohnwert bei Auszug beider Eheleute vor der Vermögensauseinandersetzung. Gehört die Immobilie nur **einem Ehegatten,** der zur Herbeiführung der Trennung auszieht, muss er bei Auszug des anderen sein Vermögen nutzen, dh entweder wieder einziehen oder das Objekt vermieten. 484a

Bei **Miteigentum** besteht zwar bei Auszug eines Ehegatten zunächst eine Obliegenheit für den anderen Ehegatten, die Immobilie weiter zu nutzen, um seine Bedürftigkeit zu reduzieren bzw. seine Leistungsfähigkeit zu erhöhen. Diese Obliegenheit entfällt aber, wenn der andere Ehegatte ab Rechtshängigkeit des Scheidungsverfahrens die Marktmiete verlangt und sich der Bedürftige/Pflichtige die für ihn allein zu große Wohnung nicht mehr leisten kann (→ Rn. 482) oder wenn der Ausziehende die Vermögensauseinandersetzung verzögert, weil er sich dadurch finanzielle Vorteile verspricht. Maßgebend ist jeweils, ob dem im Familienheim zurückgebliebene Ehegatte durch den Auszug ein unterhaltsbezogen leichtfertiges Verhalten vorgeworfen werden kann. Ist dies nicht der Fall und steht das gemeinsame Familienheim bis zur Vermögensauseinandersetzung leer, kann für diese Zeit kein Wohnwert angesetzt werden, weil nicht vorwerfbar keine Nutzung des Vermögens erfolgt. Soweit noch Abzahlungen zu erbringen sind → Rn. 526a. Nach der Vermögensauseinandersetzung lebt der Wohnwert aber wieder auf, da er in der Ehe angelegt war (hierzu näher → Rn. 540a). Der Fall liegt nicht anders als bei einem nicht vorwerfbaren vorübergehenden Ausfall des Erwerbseinkommens.

f) Bemessung des Wohnwerts. Ist die **objektive Marktmiete** als Wohnwert anzusetzen, ist ein durchschnittlicher, nach Ortslage, Größe, Zuschnitt und Ausstattung vergleichbarer Wert heranzuziehen.[108] Unter **Marktmiete** ist dabei die Miete ohne die auf einen Mieter umlegbaren Nebenkosten zu verstehen (→ Rn. 498 ff.),[109] dh der Wert, um den der Eigentümer gegenüber einem Mieter billiger lebt (sog. **Nettomiete**).[110] Der objektive Mietwert ist tatrichterlich festzustellen. Ein mit Ort und Mietpreisen vertrauter Richter oder Anwalt wird ihn in der Regel nach § 287 ZPO schätzen können, wobei zu berücksichtigen ist, dass die Eheleute regelmäßig schon längere Zeit das Eigenheim bewohnten, es also nicht um eine maximal erzielbare Miete wie bei einer Neuvermietung geht. Die mit erheblichen Kosten und Zeitverlust verbundene Einschaltung eines Sachverständigen erscheint in den meisten Fällen entbehrlich. Nach der Rechtsprechung ist die Schätzung möglich, wenn alle **wertbildenden Faktoren** vortragen werden, dh insbesondere die qm, Anzahl der Räume, Baujahr des Objekts, Einzelhaus mit Garten oder Eigentumswohnanlage usw.[111] 485

Eine Wohnwertermittlung kann unterbleiben, wenn sich die Parteien auf einen bestimmten Wohnwert geeinigt haben oder einen behaupteten Wohnwert etwa zur Vermeidung von Sachverständigenkosten außer Streit stellen.[112]

Der **angemessene Wohnwert** wurde früher nach der sog Drittelobergrenze ermittelt,[113] die sich an den Einkommensverhältnissen der Parteien orientierte. Mit Entscheidung vom 22.4.1998[114] hat der BGH diese Rechtsprechung geändert und ausgeführt, der angemessene Wohnwert als eingeschränkter Wohnvorteil sei unter Berücksichtigung des durch den Auszug eines Ehepartners entstehenden „toten Kapitals" nur in einer Höhe anzusetzen, wie sie sich als angemessene Wohnungsnutzung durch den Zurückbleibenden gegenüber der Marktmiete darstelle; die ehelichen Lebensverhältnisse verwirklichen sich nach der Trennung in Form eines entsprechend geringer anzusetzenden Gebrauchsvorteils 486

---

[107] BGH FamRZ 2010, 111; 2009, 579; 2009, 411.
[108] BGH FamRZ 2012, 517; 2012, 514; 2009, 23; 2003, 1179.
[109] BGH FamRZ 2014, 538 Rn. 35 mwN; vgl. Auch SüdL, BL, BraL, BrL, BrauL, CL, DL, DrL, FL, HaL, HL, KL, KoL, NaL, OL, RL, SchL jeweils Nr. 5.
[110] BGH FamRZ 2009, 1300 = R 705b.
[111] BGH FamRZ 2015, 127; 2008, 1325.
[112] BGH FamRZ 1986, 434.
[113] Vgl. 3. Auflage § 1 Rn. 229 ff.
[114] BGH FamRZ 1998, 899.

als bedarfsbestimmender Wohnwert.[115] Der verbleibende Gebrauchswert ist dabei in der Regel danach zu bestimmen, welchen Mietzins der Ehegatte auf dem örtlichen Wohnungsmarkt für eine **dem ehelichen Lebensstandard entsprechende kleinere Wohnung** zahlen müsste, nach oben begrenzt durch die objektive Marktmiete.[116] Haben die Eheleute im Einzelfall, gemessen an ihren sonstigen wirtschaftlichen Verhältnissen, zu aufwändig gewohnt, kann dies berücksichtigt und der verbleibende Wohnwert auf einen angemessenen Betrag zurückgeführt werden.

Die Bewertung des angemessenen Wohnwerts ist grundsätzlich dem Tatrichter vorbehalten. Im Ergebnis ist die Reduzierung der Marktmiete auf einen angemessenen Betrag vom Tatrichter zu **schätzen**.[117] Ein Anhaltspunkt können die Mietkosten des ausziehenden Ehegatten sein,[118] soweit er eine dem ehelichen Lebensstandard entsprechende kleinere Wohnung anmietet, die er mit seinen ihm nach Abzug des Unterhalts verbleibenden Mitteln bezahlen kann. In den meisten Fällen wird man zu einem sachgerechten Ergebnis kommen, wenn man die objektive Marktmiete um etwa ein Drittel reduziert und den dann rechnerisch ermittelten Unterhalt nochmals auf seine Angemessenheit überprüft (vgl. Beispiel → Rn. 497).[119] Zusätzlich zu berücksichtigen ist aber auch, welche Barmittel beiden Eheleuten entsprechend dem angesetzten Wohnwert verbleiben. Haben die Eheleute gemessen an den vorhandenen Einkünften zu aufwendig gewohnt, ist dies mit zu beachten.

Bei der Schätzung eines vom **Pflichtigen** oder **Bedürftigen mit einem gemeinsamen Kind** weiterhin bewohnten Familienheimes ist beim angemessenen Wohnwert des Elternteils der Wohnbedarf des Kindes mit zu berücksichtigen (→ Rn. 573 mit Beispiel → Rn. 580).

487 g) **Leitlinien.** Die unterhaltsrechtlichen Leitlinien behandeln den Wohnwert gemäß der zwischen allen Oberlandesgerichten ab 1.7.2003 vereinbarten einheitlichen Leitlinienstruktur unter **Nr. 5.** In den Neufassungen seit 2013 ist in allen Leitlinien die neue Rechtsprechung des BGH zum Ansatz der Marktmiete oder des angemessenen Wohnwerts, ebenso zu den Abzugsposten eingearbeitet (vgl. zB SüdL Nr. 5).

488 h) **Zusatzfragen.** Haben die Eheleute in der Ehezeit **zwei Immobilien** bewohnt, sind beide Wohnwerte für die Einkommensermittlung heranzuziehen. Benutzt nach der Trennung jeder Ehegatte eine Wohnung, ist regelmäßig bei jedem die objektive Marktmiete anzusetzen, außer es liegt noch ein sog totes Kapital durch Auszug des Ehepartners vor, weil eine der beiden Wohnungen für einen Ehepartner an sich zu groß ist.

489 Benutzt nur noch ein Ehegatte beide Immobilien und haben sich die Eheleute beim Miteigentum noch nicht über die Verwertung einigen können, ist nur der jeweils angemessene Wohnwert heranzuziehen (→ Rn. 482).[120]

490 Hatten die Eheleute neben dem Familienheim ein **Mietobjekt**, in das ein Ehegatte nach der Trennung zieht, ist dieser neue Wohnwert beim Ehegattenunterhalt **Surrogat der früheren Mieteinkünfte** und damit ebenfalls in der Ehe angelegt. Als Wohnwert ist die Marktmiete heranzuziehen, weil bereits eine Vermögensauseinandersetzung der Ehegatten erfolgte.

491 Hatten die Eheleute neben ihrem Eigenheim noch eine **Ferienwohnung,** ist im Einzelfall auch für diese Ferienwohnung ein Nutzungsvorteil anzusetzen.[121] Wird die Ferienwohnung von den Eheleuten nach der Trennung abwechselnd genutzt, ist dieser Nutzungsvorteil wertneutral und muss dann nicht einbezogen werden.

---

[115] BGH FamRZ 2007, 879; 2003, 1179; vgl. auch BGH FamRZ 2014, 923 = R 751a; 2013, 191; 2012, 517; 2012, 514; 2009, 1300 = R 705a.
[116] BGH FamRZ 2014, 923 = R 751a; 2013, 191; 2012, 517; 2012, 514; 2009, 1300 = R 705a; 2007, 879.
[117] Gerhardt FuR 2007, 393.
[118] BGH FamRZ 2009, 1300 = R 705a.
[119] Brühler Schriften zum Familienrecht, 13. Deutscher Familiengerichtstag, Beschlüsse Arbeitskreis 3, I 2b; Gerhardt FuR 2007, 393.
[120] BGH FamRZ 2009, 1300 = R 705a.
[121] OLG Karlsruhe FamRZ 2009, 48.

6. Abschnitt: Einkünfte aus Vermietung und Verpachtung § 1

Bei einer **konkreten Bedarfsermittlung** darf der Wohnwert nicht generell als wertneutral angesehen werden, wenn der Bedürftige weiterhin das Familienheim bewohnt.[122] Maßgebend ist vielmehr, ob der konkrete Wohnbedarf und der aktuelle Wohnwert übereinstimmen. Dies kann nur der Fall sein, wenn sich der Wohnvorteil nach dem angemessen Wohnwert richtet, der regelmäßig dem konkreten Wohnbedarf entspricht. Wenn dagegen ab Rechtshängigkeit des Scheidungsverfahrens der volle Wohnwert anzurechnen ist, liegt der Wohnwert über den im konkreten Bedarf angesetzten Wohnkosten, die sich aus der Marktmiete des von beiden Eheleuten bewohnten Familienheimes ableiten und den Kosten einer kleineren Wohnung für einen Ehegatten entsprechen.[123] 491a

Bei einer **Gütergemeinschaft** kann bis zur endgültigen Auseinandersetzung des Gesamtgutes, dh auch über die Scheidung hinaus, regelmäßig nur ein angemessener Wohnwert angesetzt werden, soweit noch ein Ehegatte das Familienheim bewohnt. Ab Scheidung verwalten die Eheleute bei der Auseinandersetzung das Gesamtgut gemeinsam, auch wenn vorher ein Alleinverwaltungsrecht eines Ehegatten bestand (§§ 1471, 1472 BGB). Die Eheleute können das Eigenheim daher nur gemeinsam anderweitig (unter-)vermieten oder veräußern, der Erlös fließt nach § 1473 BGB ins Gesamtgut.[124] Der Ansatz eines fiktiven Einkommens wegen unterlassener anderweitiger (Unter-)Vermietung oder Veräußerung scheidet somit aus.[125] Ist das Gesamtgut dagegen auseinandergesetzt und hat einer der Eheleute das Familienheim übernommen, ist der Wohnwert mit der Marktmiete zu bewerten. 492

Bewohnen die Eheleute in der Ehe oder ein Ehegatte nach der Trennung **kostenlos ohne Gegenleistung eine Immobilie der Eltern,** handelt es sich um eine freiwillige Zuwendung Dritter, die kein unterhaltsrechtliches Einkommen darstellt (→ Rn. 475). Etwas anderes würde gelten, wenn eine Gegenleistung erbracht wird (näher → Rn. 475). 493

i) **Zusammenfassung und Rechenbeispiele.** Der Wohnwert bestimmt sich somit grundsätzlich nach der **objektiven Marktmiete.** Beim **Trennungsunterhalt** ist aus Billigkeitsgründen zunächst nur ein **angemessener** Wohnwert anzusetzen, da eine Verwertung des durch den Auszug des Partners entstehenden sog toten Kapitals nicht verlangt werden kann, um eine Versöhnung der Eheleute nicht zu erschweren. Etwas anderes gilt, wenn das **endgültige Scheitern der Ehe** durch Rechtshängigkeit des Scheidungsverfahrens feststeht[126] oder wenn der im Familienheim zurückbleibende Ehegatte aus eigenem Entschluss aus den frei gewordenen Räumen bereits Nutzungen zieht, zB durch Untervermietung oder Aufnahme eines neuen Lebensgefährten. Bei Verkauf des Familienheimes sind statt des bisherigen Wohnwerts die Zinsen aus dem Erlös eheprägendes Surrogat (→ Rn. 557 ff.). Beim **nachehelichen Unterhalt** ist als Wohnwert regelmäßig die objektive Marktmiete anzusetzen, ebenso bei einem neuen, erst nach der Trennung der Parteien entstandenen Wohnwert. 494

Nachdem Trennungs- und nachehelicher Unterhalt verschiedene Streitgegenstände sind, bereitet die unterschiedliche Bewertung des Wohnwerts beim Trennungs- und nachehelichen Unterhalt keine Probleme. Soweit beim Trennungsunterhalt ab Rechtshängigkeit des Scheidungsverfahrens die Marktmiete anzusetzen ist, kann dies bereits bei der ersten Berechnung des Trennungsunterhalts berücksichtigt werden, da es um einen bestimmbaren Zeitpunkt geht. Nachdem es sich nur um eine Berechnungsmethode handelt, besteht im Abänderungsverfahren insoweit keine Bindungswirkung.[127]

Soweit bei der Unterhaltsberechnung ein Wohnwert anzusetzen ist, empfiehlt es sich, die **Additionsmethode** heranzuziehen (→ § 4 Rn. 800 ff.). Sie ist die verständlichere Methode[128] und führt vor allem bei schwierigen Fällen mit Mischeinkünften zu nachvollziehbaren Lösungen. Um zu sachgerechten Ergebnissen zu kommen, ist nämlich in vielen 495

---

[122] BGH FamRZ 2012, 517; 2012, 514.
[123] BGH FamRZ 2012, 517; 2012, 514.
[124] BGH FamRZ 1984, 559.
[125] OLG Nürnberg FamRZ 1997, 1217; OLG Karlsruhe FamRZ 1996, 1414.
[126] BGH FamRZ 2009, 1300 = R 705a; 2009, 23; 2008, 963 = R 692b, c.
[127] BGH FamRZ 1994, 1100.
[128] BGH FamRZ 2001, 986 (991) = R 563d.

Fällen exakt zwischen dem Bedarf nach den ehelichen Lebensverhältnissen und dem hierauf anzurechnenden Einkommen des Berechtigten zu trennen, insbesondere wenn es um die Anrechnung von Hauslasten auf den Wohnwert (→ Rn. 505 ff.) oder um das Zinseinkommen aus dem Verkaufserlös des Familienheims als Surrogat des früheren Wohnwerts geht (→ Rn. 557 ff.).

496 Wird der Unterhalt nach der Additionsmethode errechnet, ist der Wohnwert sowohl bei der Ermittlung des Unterhaltsbedarfs als auch bei der Feststellung der Unterhaltshöhe mit der gleichen Bezugsgröße, dh nach dem angemessenen Wohnwert oder der objektiven Marktmiete, anzusetzen, da es sich um einen einheitlichen Rechenvorgang handelt.[129] Würde man anders vorgehen und den Wohnwert zB bei der Bedarfsermittlung nach der objektiven Marktmiete, bei der Bedürftigkeit nach dem angemessenen Wohnwert ansetzen, wäre die Leistungsfähigkeit des Pflichtigen nicht mehr gewahrt, weil ihm nicht mehr die Hälfte des Bedarfs verbleiben würde.

497 **Rechenbeispiele** zur Berechnung des Unterhalts bei mietfreiem Wohnen im Familienheim, wenn das Ehepaar ein Haus bewohnt, für das eine ortsübliche Marktmiete von 800 EUR bezahlt werden müsste und der angemessene Wohnwert auf 500 EUR zu schätzen ist. Bei dieser Berechnung ist zu berücksichtigen, dass es sich bei der Zurechnung eines Wohnvorteils nicht um Erwerbseinkünfte handelt, sondern um sonstige Einkünfte, bei denen ein **Erwerbstätigenbonus nicht berücksichtigt** werden darf[130] (→ § 4 Rn. 787, 801). Der Wohnwert der **Ehewohnung** ist stets **in der Ehe angelegt** (→ Rn. 535 ff.). Die Berechnung erfolgt nach der Additionsmethode, wobei die Beispiele jeweils mit einem Erwerbstätigenbonus von $1/10$ (SüdL) und $1/7$ (DT) gerechnet werden.

Beispiel 1:
Bereinigtes Nettoerwerbseinkommen M: 2000 EUR; F 1000 EUR (prägend); M und F trennen sich, das Scheidungsverfahren ist noch nicht rechtshängig.
a) M bleibt in Ehewohnung
b) F bleibt in Ehewohnung
Lösung:
Beim Trennungsunterhalt ist zunächst der angemessene Wohnwert, dh 500 EUR, anzusetzen.
a) M bleibt in Ehewohnung:
Nach SüdL mit $1/10$
Bedarf: $1/2 \times (9/10 \times 2000 + 500 + 9/10 \times 1000) = 1600$;
Höhe: $1600 - 9/10 \times 1000 = 700$
Nach DT mit $1/7$
Bedarf: $1/2 \times (6/7 \times 2000 + 500 + 6/7 \times 1000) = 1536$;
Höhe: $1536 - 6/7 \times 1000 = 679$
Die Leistungsfähigkeit des M ist jeweils gegeben, da ihm einschließlich des mietfreien Wohnens die Hälfte des gemeinsamen Einkommens verbleibt und der Mindestehegattenselbstbehalt von 1200 EUR gewahrt ist.
b) F bleibt in Ehewohnung
Nach SüdL mit $1/10$
Bedarf: $1/2 \times (9/10 \times 2000 + 500 + 9/10 \times 1000) = 1600$;
Höhe: $1600 - (9/10 \times 1000 + 500) = 200$
Nach DT mit $1/7$
Bedarf: $1/2 \times (6/7 \times 2000 + 500 + 6/7 \times 1000) = 1536$;
Höhe: $1536 - (6/7 \times 1000 + 500) = 179$

Beispiel 2:
Wie 1, aber das Scheidungsverfahren ist rechtshängig oder M und F lassen sich scheiden.
a) M bleibt in Ehewohnung
b) F bleibt in Ehewohnung
Lösung:
Ab endgültigen Scheitern der Ehe durch Rechtshängigkeit des Scheidungsverfahrens und beim nachehelichen Unterhalt ist die objektive Marktmiete, dh 800 EUR, als Wohnwert anzusetzen.

---

[129] *BGH FamRZ* 1998, 899.
[130] *BGH FamRZ* 1991, 1163; 1990, 989 (991); 1989, 1160 (1163).

6. Abschnitt: Einkünfte aus Vermietung und Verpachtung § 1

a) M bleibt in Ehewohnung:
Nach SüdL mit $^1/_{10}$
Bedarf: $^1/_2 \times (^9/_{10} \times 2000 + 800 + ^9/_{10} \times 1000) = 1750$;
Höhe: $1750 - ^9/_{10} \times 1000 = 850$
Nach DT mit $^1/_7$
Bedarf: $^1/_2 \times (^6/_7 \times 2000 + 800 + ^6/_7 \times 1000) = 1686$;
Höhe: $1686 - ^6/_7 \times 1000 = 829$
Die Leistungsfähigkeit des M ist jeweils gegeben, da ihm einschließlich des mietfreien Wohnens die Hälfte des gemeinsamen Einkommens verbleibt und der Mindestehegattenselbstbehalt von 1200 EUR gewahrt ist.
b) F bleibt in Ehewohnung:
Nach SüdL mit $^1/_{10}$
Bedarf: $^1/_2 \times (^9/_{10} \times 2000 + 800 + ^9/_{10} \times 1000) = 1750$;
Höhe: $1750 - (^9/_{10} \times 1000 + 800) = 50$
Nach DT mit $^1/_7$
Bedarf: $^1/_2 \times (^6/_7 \times 2000 + 800 + ^6/_7 \times 1000) = 1686$;
Höhe: $1686 - (^6/_7 \times 1000 + 800) = 29$
Ob ein Aufstockungsunterhalt in dieser Höhe beim nachehelichen Unterhalt zuzusprechen ist, ist eine Einzelfallfrage (vgl. → § 4 Rn. 322).

Beispiel 3:
M hat unter Berücksichtigung des geleisteten Kindesunterhalts ein bereinigtes Nettoeinkommen nach Steuerklasse 3 von 2000 EUR, nach Steuerklasse 1 von fiktiv 1800 EUR, seine geschiedene erste Ehefrau F 1 von 700 EUR, seine mit ihm zusammenlebende zweite Ehefrau F 2 hat kein Einkommen. M bewohnt wie in der Ehe mit F 1 weiterhin mit F 2 das ihm gehörende Eigenheim. F 1 und F 2 betreuen jeweils gemeinsame Kinder, ein Verstoß gegen die Erwerbsobliegenheit liegt nicht vor. Unterhaltsanspruch F 1?
Lösung (nach SüdL mit $^1/_{10}$):
Beide bedürftigen Ehegatten sind nach § 1609 Nr. 2 BGB gleichrangig. Als Wohnwert ist jeweils die Marktmiete anzusetzen, auch für die zweite Ehe. Zunächst ist der Bedarf der geschiedenen F1 ohne Berücksichtigung des Unterhalts von F 2 nach Steuerklasse 1 zu ermitteln. Im Rahmen der Leistungsfähigkeit ist dann eine Korrektur nach der Dreiteilung vorzunehmen (→ § 4 Rn. 803, 805 ff.). Für F 2 ist der Familienunterhalt als Rechenfaktor wie bei einer Trennung anzusetzen. Bei der Korrekturrechnung im Rahmen der Leistungsfähigkeit ist bei M von der tatsächlich gezahlten Steuer auszugehen und die Ersparnis durch das Zusammenleben von M mit F 2 zu berücksichtigen durch Erhöhung des Bedarfs von F 1 um 10% und Kürzung des Bedarfs von F 2 um 10% (→ § 4 Rn. 809, → § 5 Rn. 109).
Bedarf F1: $^1/_2 (^9/_{10} \times 1800 + 800 + ^9/_{10} \times 700) = 1525$
Höhe: $1525 - ^9/_{10} \times 700 = 895$
Mangelfallkorrektur durch Dreiteilung: $^1/_3 \times (^9/_{10} \times 2000 + 800 + ^9/_{10} \times 700) = 1077$
Höhe F 1: Erhöhung des Bedarfs um 10%: $1077 + 10\% = 1184$
$1184 - ^9/_{10} \times 700 = 554$
(F 2: $1077 - 10\% = 970$)
Leistungsfähigkeit M wegen mietfreien Wohnens gegeben: $2000 + 800 - 554 - 970 = 1276$
Kontrollrechnung: F 1 verbleiben damit 1254 EUR (554 + 700), M und F 2 mit mietfreiem Wohnen 2076 EUR (1276 + 970). Dies entspricht einer angemessenen Verteilung für beide Familien.

3. Abziehbare Hauslasten, Instandhaltungskosten und Annuitätsleistungen vom Wohnwert

Nach der Rechtsprechung des BGH ist dem Eigentümer ein Wohnvorteil nur insoweit zuzurechnen, als der Wohnwert die mit dem Grundeigentum verbundenen Kosten übersteigt.[131] Ein Wohnwert besteht nämlich nur, soweit der Eigentümer billiger lebt als der Mieter.[132] Er soll bei der Unterhaltsbemessung weder besser noch schlechter gestellt werden. Es wird ihm daher nur die Differenz aus Wohnwert und dem Mietzins vergleichbarem Aufwand als Einkommen zugerechnet.

498

---

[131] BGH FamRZ 2013, 1554 = R 741c; 2014, 538; 2013, 191; 2009, 1300 = R 705b; 2008, 963; 2007, 879; 2003, 1179; 2000, 951; 2000, 351 (354).
[132] BGH FamRZ 2009, 1300 = R 705b; 1995, 869.

499 **a) Betriebskosten.** Der BGH hat bei den Grundstückskosten früher zwischen den mit dem Grundeigentum verbundenen allgemeinen Grundstückskosten und -lasten, wozu er die sog verbrauchsunabhängigen Nebenkosten und Instandhaltungskosten (→ Rn. 502) rechnete und den sog verbrauchsabhängigen Nebenkosten unterschieden. Abzugsposten waren dabei nach seiner früheren Rechtsprechung die verbrauchsunabhängigen Nebenkosten und Instandhaltungskosten,[133] nicht aber verbrauchsabhängige Nebenkosten als allgemeine Lebenshaltungskosten. Im Mietrecht werden die verbrauchsabhängigen und verbrauchsunabhängigen Nebenkosten als Betriebskosten bezeichnet (§ 556 BGB iVm § 2 BetrKV) und nur zwischen Betriebskosten und Instandhaltungskosten differenziert. Nur dies entspricht heute der üblichen Gestaltung von Mietverträgen.[134]

Mit Urteil vom 27.5.2009 hat der BGH seine Rechtsprechung geändert und dargelegt, dass alle auf den Mieter nach § 556 I BGB, §§ 1, 2 BetrKV **umlegbaren Betriebskosten** beim Wohnwert keine Abzugsposten darstellen, weil der Eigentümer insoweit nicht billiger als ein Mieter wohnt.[135]

Dies sind zum einen alle sog **verbrauchsabhängigen Nebenkosten,** dh insbesondere die Kosten für Heizung, Strom, Gas, Müllabfuhr, Wasser, Abwasser uÄ, die als allgemeine Lebenshaltungskosten generell nicht abzugsfähig sind. Diese Kosten können sich je nach wechselndem Verbrauch laufend ändern und individuell gesteuert werden.

500 Zum anderen sind dies aber auch die umlegbaren sog **verbrauchsunabhängigen Lasten** am Grundstückseigentum, zB Grundsteuer, Brandversicherung, Haushaftpflicht, Kaminkehrer, Aufzug, Hausreinigung, Gartenpflege, Beleuchtung, Antennenanlage, Sach- und Haftpflichtversicherung sowie Hauswart usw. Auch diese Kosten können gemäß § 556 I BGB, § 2 BetrKV als Betriebskosten auf den Mieter umgelegt werden.[136] Dies entspricht seit langem der mietvertraglichen Praxis. **Nicht erfasst** werden im Ergebnis bei Wohnanlagen lediglich die Kosten der Hausverwaltung und des Geldverkehrs, die gemäß § 556 IV BGB, § 2 BetrKO als dort nicht aufgeführte Betriebskosten generell nicht auf einen Mieter umlegbar sind.

Mit dieser geänderten Rechtsprechung wurde erreicht, dass der im Unterhaltsrecht verwendete Mietbegriff als Anhaltspunkt für die Bemessung des Wohnwerts mit dem mietrechtlichen Mietbegriff gemäß § 558 BGB übereinstimmt (→ Rn. 478). In den meisten Leitlinien wurde in Nr. 5 bereits des Längerem aufgeführt, dass alle umlegbaren Betriebskosten entsprechend dem Mietrecht den Wohnwert nicht kürzen.

501 Die **Differenzierung** zwischen den sog verbrauchsabhängigen Nebenkosten als allgemeine Lebenshaltungskosten und den sog verbrauchsunabhängigen Nebenkosten als Lasten am Grundeigentum wird aber in der Praxis noch benötigt für die **Abrechnung von Betriebskosten** nach Trennung der Eheleute bei einer im **Miteigentum der Eheleute** stehenden Immobilie. Zahlt wie häufig der Pflichtige nach der Trennung die verbrauchsunabhängigen Nebenkosten allein weiter, ist zu beachten, dass bei Miteigentum jeder Ehegatte nach Gemeinschaftsrecht bis zur Vermögensauseinandersetzung verpflichtet ist, die nicht auf den individuellen Verbrauch fallenden Hauskosten je zur Hälfte zu tragen. Dies gilt unabhängig davon, wer die Immobilie bewohnt. Deshalb ist es in diesen Fällen rechnerisch einfacher, die verbrauchsunabhängigen Nebenkosten entsprechend der früheren Rechtsprechung des BGH vom Wohnwert abzuziehen.[137] Ein Ausgleichsanspruch entfällt dadurch. Bei Alleineigentum eines Ehegatten muss dieser die verbrauchsunabhängigen Nebenkosten dagegen allein tragen. Die sog verbrauchsabhängigen Nebenkosten als allgemeine Lebenshaltungskosten hat dagegen immer der Ehegatte zu tragen, der nach der Trennung das Familienheim bewohnt.

---

[133] Vgl. 8. Aufl. § 1 Rn. 335 ff.
[134] BGH FamRZ 2009, 1300 = R 705b.
[135] BGH FamRZ 2009, 1300 = R 705b; vgl auch BGH FamRZ 2013, 1554 = R 741c; 2013, 191; 2012, 956; 2012, 517; 2012, 514.
[136] BGH FamRZ 2012, 956; 2009, 1300 = R 705b.
[137] Gerhardt FuR 2007, 393.

b) Instandhaltungskosten. Abziehbar sind ferner notwendige Instandhaltungsaufwendungen als Grundstückslasten.[138] Insoweit lebt der Eigentümer nicht billiger als ein Mieter. Unter Instandhaltungskosten versteht man die Kosten zur Erhaltung des Wohnraumes (vgl. §§ 535 I 2, 554 I BGB), die konkret anfallen. Sie sind abzugrenzen von Kosten für Ausbauten und Modernisierungsaufwendungen (vgl. § 554 II, III BGB), die als vermögensbildende Ausgaben anzusehen sind.[139] Diese sind nur Abzugsposten, wenn es sich um Miteigentum handelt und beide Eheleute mit der Wertverbesserung einverstanden sind. Generell ist beim Wohnwert allerdings an den Begriff Instandhaltungskosten ein großzügiger Maßstab anzulegen, da Wohnwertverbesserungen zB durch Einbau einer neuen Heizung oder neuer Fenster zu einer Erhöhung der anzusetzenden Marktmiete führen können (vgl. § 559 BGB), aber unterhaltsrechtlich als Erhaltungsaufwand und nicht als Modernisierung zu werten sind. Bei einem Wohnwert durch Nießbrauch sind diese Kosten nach BGH ebenfalls Erhaltungsaufwand und damit Abzugsposten.[140]

502

Zur Finanzierung für Instandhaltungskosten können **Rücklagen** gebildet werden, wenn es sich um konkrete unaufschiebbare Maßnahmen handelt, die zur ordnungsgemäßen Bewohnbarkeit der Immobilie erforderlich sind.[141] Dies ist vor allem bei Einzelobjekten zu beachten. Eine generelle Rücklagenbildung wird man bei Eigentumswohnungen zulassen, da sie nach der Eigentümerordnung regelmäßig vorgeschrieben ist und der Vermeidung von sehr hohen konkreten Instandhaltungskosten dient.[142] Zur Finanzierung von Instandhaltungskosten können auch **Kredite** aufgenommen werden, wenn die vorhandenen Barmittel nicht ausreichen.[143]

503

Ausgaben für Instandhaltungsmaßnahmen, auch soweit sie über Kredite finanziert werden, sind bei einem in der Ehe angelegten Wohnwert **berücksichtigungswürdig**, auch wenn sie erst nach Trennung/Scheidung entstehen.[144] Dies gilt nicht nur für die Zinsen, sondern auch für die Tilgung,[145] da es sich um keine Vermögensbildung handelt. Auch bei einem **nicht in der Ehe angelegten** Wohnwert sind Verbindlichkeiten für notwendige Instandhaltungsmaßnahmen als nicht leichtfertig entstandene einseitige neue Schulden berücksichtigungsfähig (→ Rn. 1084). Instandhaltungskosten sind, auch wenn sie bar bezahlt werden, je nach Höhe immer auf einen **angemessenen** Zeitraum umzulegen, zB auf drei bis fünf Jahre.

504

c) Zins und Tilgung. Bei Abzahlungen ist zwischen Zins- und Tilgungsleistung zu differenzieren, bei Tilgungen, ob es sich um einen in der Ehe angelegten oder nicht in der Ehe angelegten Wohnwert handelt (→ Rn. 535 ff.), wem das Eigenheim gehört und wer abzahlt.

505

Abzuziehen sind stets die **Kreditzinsen** für Hausschulden eines in der Ehe angelegten Wohnwerts,[146] dh Zinsen, die im Berechnungszeitraum noch zu bezahlen waren. Das Gleiche gilt für die Zinsen eines Darlehens bei einem nicht in der Ehe angelegten Wohnwert.[147] Sie sind wie eine Nutzungsentschädigungen am direktesten mit einem Mietzins vergleichbar. Außerdem sind die Zinsen auch bei Mieteinkünften als Werbungskosten Abzugsposten (→ Rn. 458). Bei der Bedürftigkeit/Leistungsfähigkeit ist lediglich zu beachten, wer den Kredit abzahlt.

506

Bei der **Tilgungsleistung als Vermögensbildung** ist nach der geänderten Rechtsprechung des BGH zu differenzieren, ob es sich um einen in der Ehe angelegten oder nicht in der Ehe angelegten Wohnwert handelt, beim in der Ehe angelegten Wohnwert ferner, ob die Immobilie im **Allein- oder Miteigentum** der Ehegatten steht, wie hoch

507

---

138 BGH FamRZ 2014, 538; 2000, 351 (354); 1997, 281 (283).
139 BGH FamRZ 1997, 281 (283).
140 BGH FamRZ 2010, 1633.
141 BGH FamRZ 2000, 351 (354).
142 OLG München FamRZ 2002, 1407.
143 BGH FamRZ 2010, 1633; 2000, 351.
144 OLG München FamRZ 2002, 1407.
145 BGH FamRZ 2010, 1633.
146 BGH FamRZ 2009, 23; 2008, 963; 2007, 879; 2000, 950 (952).
147 BGH FamRZ 2008, 963; 2000, 950.

der Wohnwert ist und wer abzahlt. Bei Alleineigentum in der Ehe ist außerdem zu prüfen, ob es sich bei der über den Wohnwert hinausgehenden Tilgung um eine zulässige Altersvorsorge handelt (→ Rn. 1034, 1037).

Der BGH hat zu dieser Frage mit Urteil vom 5.3.2008 seine frühere Rechtsprechung bei in der Ehe angelegtem Alleineigentum geändert[148] und wie beim Verwandtenunterhalt die Auffassung vertreten, dass bereits bei der Bedarfsermittlung die **Unterhaltspflicht** der einseitigen Vermögensbildung **vorgeht** (→ Rn. 510).[149] Eine **einseitige Vermögensbildung** zu Lasten des anderen Ehegatten **liegt aber erst vor,** wenn nach Vorabzug der Zinsen die Tilgung den Wohnwert überschreitet; denn ohne die Darlehensaufnahme hätte der Pflichtige/Berechtigte keinen Wohnvorteil erlangt (sog. **sukzessive Vermögensbildung**).[150] Bis zu dieser Höhe ist die Tilgung Abzugsposten, erst die darüber hinausgehende Tilgung ist eine einseitige Vermögensbildung, die im Einzelfall nur noch als zulässige Altersvorsorge einen Abzugsposten bildet (→ Rn. 1034).

Solange sich Zins und Tilgung innerhalb des Wohnwerts bewegen, kommt es bei Alleineigentum trotz Berücksichtigung der Tilgung nach der Rechtshängigkeit des Scheidungsverfahrens zu **keiner Doppelverwertung,** wenn die Verbindlichkeit (= Tilgung) auch beim Zugewinnausgleich angesetzt wird, weil sich durch den Ansatz des bedarfsprägenden Restwohnwerts der Unterhalt des Bedürftigen erhöht (→ § 4 Rn. 484 mit Beispiel Rn 485).

Etwas anderes gilt für einen **neuen Wohnwert** nach Trennung/Scheidung. Da er bei der Bedarfsermittlung nicht angesetzt wird, sondern nur bei der Bedürftigkeit/Leistungsfähigkeit, können nur die Zinsen, nicht die Tilgung berücksichtigt werden, soweit es sich um keine zulässige Altersvorsorge handelt. Ansonsten müsste bei einem neuen Wohnwert des Bedürftigen der Pflichtige über einen höheren Unterhalt die Vermögensbildung des Bedürftigen finanzieren bzw. würde bei einem neuen Wohnwert des Pflichtigen die Vermögensbildung der Unterhaltsverpflichtung vorgehen (→ Rn. 458).

Waren für einen **in der Ehe angelegten Wohnwert** bei der Trennung **noch Abzahlungen** zu leisten, gilt daher folgendes:

508 • Für die **Ermittlung des Bedarfs** nach den ehelichen Lebensverhältnissen kürzen bei **Miteigentum** Zins und Tilgung den in der Ehe angelegten Wohnwert.[151] Unter Tilgung fällt auch eine gesonderte Abzahlung durch monatliche Einzahlungen in eine sog Tilgungslebensversicherung oder eine Leibrentenzahlung. Zu berücksichtigen ist auch eine Risikolebensversicherung zur Absicherung des Hauskredits.[152] Soweit das Ehepaar während des Zusammenlebens auf das gemeinsame Eigenheim Kredite (= Zins und Tilgung) leistet, wohnt es nicht billiger als ein Mieter.

Bei der **Bedarfsermittlung** ist die Berücksichtigung der Abzahlungen bei Miteigentum unproblematisch, da sie den gemeinsamen Wohnwert und nicht das Erwerbseinkommen kürzen und es deshalb nicht darauf ankommt, wer abzahlt. Die Abzahlung kommt aber beiden Eheleuten zugute und ist deshalb auch über die Scheidung hinaus bis zur Vermögensauseinandersetzung zu berücksichtigen.[153] Bei Miteigentum handelt es sich regelmäßig um gemeinsame Schulden der Eheleute, deren Fortzahlung im gemeinsamen Interesse liegt, um hohe Verzugszinsen oder eine Zwangsversteigerung durch den Darlehensgläubiger zu vermeiden. Sie vermehrt bis zu einer Vermögensauseinandersetzung das gemeinsame Vermögen. Deshalb ist es unproblematisch, dass die Tilgung Vermögensbildung ist (→ Rn. 1091, 1134). Die unterhaltsrechtliche Berücksichtigung einer gemeinsamen Schuld lässt einen Gesamtschuldnerausgleich nach § 426 I 1 BGB entfallen, da eine anderweitige Regelung vorliegt (→ Rn. 1094).[154] Etwas anderes gilt nur, wenn die Parteien in einem Unterhaltsvergleich ausdrücklich vereinbaren, dass die Frage von

---

[148] BGH FamRZ 2008, 963.
[149] BGH FamRZ 2013, 191; 2010, 1633; 2009, 23; 2008, 963 = R 692d; 2007, 879.
[150] BGH FamRZ 2017, 519 (522) = R 781b.
[151] BGH FamRZ 2013, 191; 2003, 1179; 2000, 950 (952).
[152] BGH FamRZ 2017, 519 (520) = R 781b.
[153] BGH FamRZ 1995, 869.
[154] BGH FamRZ 1988, 264; 1986, 881; OLG Köln FamRZ 1994, 961; 1995, 1149.

6. Abschnitt: Einkünfte aus Vermietung und Verpachtung § 1

Ausgleichsansprüchen ausgeklammert und offen gehalten bleiben soll und die Abzahlung bei der Unterhaltsberechnung ausgeklammert wurde.[155] Von derartigen Vereinbarungen ist aber im Hinblick auf die nachfolgenden Ausführungen generell abzuraten.
Bei Miteigentum sind deshalb auf der **Bedürftigkeitsstufe** nicht nur die Zinsen, sondern auch die Tilgung bis zur Verwertung des Objekts, dh auch über die Scheidung hinaus, als Abzugsposten beim nach § 1577 I BGB anzurechnenden Wohnwert des Berechtigten zu berücksichtigen, soweit er nach der Trennung weiterhin mietfrei in der Ehewohnung lebt.[156] Das Gleiche gilt bei der Prüfung der **Leistungsfähigkeit,** wenn der Verpflichtete nach der Trennung in der Ehewohnung bleibt. Voraussetzung für die Anrechnung von Zins und Tilgung auf den Wohnwert ist allerdings in beiden Fällen, dass der **mietfrei Wohnende** auch die **Abzahlungen leistet.** Zahlt der mietfrei wohnende Bedürftige sie nur **zur Hälfte,** während die andere Hälfte vom Pflichtigen getilgt wird, kürzt sie den nach § 1577 I BGB auf den Bedarf anzurechnenden Wohnwert nur in dieser Höhe, während sich gleichzeitig die Leistungsfähigkeit des Pflichtigen um den von ihm übernommenen Anteil der Schuld mindert.[157] Zahlt der **Pflichtige allein** die Hausschulden ab, während der **Bedürftige** weiterhin **mietfrei** im Eigenheim lebt, ist der nach § 1577 I BGB bedarfsmindernde Wohnwert ohne Kürzung durch Hausschulden anzusetzen; als berücksichtigungswürdige Schuld kürzt die Abzahlung dagegen die Leistungsfähigkeit des Pflichtigen. Rechnerisch führt dies jeweils dazu, dass durch die Berücksichtigung der Abzahlung bei der Bedürftigkeit/Leistungsfähigkeit der Unterhalt so verändert wird, wie wenn beide Eheleute je die Hälfte des Kredits zahlen würden (vgl. Beispiele → Rn. 518).

- Ein Sonderfall besteht, wenn der **Pflichtige** seine **Zahlungen** auf Zins und Tilgung **einstellt** und auch der weiterhin im Familienheim lebende Bedürftige nichts abbezahlt. Für die Bedarfsermittlung entfällt bei dieser Sachlage die Anrechnung eines in der Ehe angelegten Wohnvorteils in Höhe der Schuld, da mietfreies Wohnen unterhaltsrechtlich nur zu berücksichtigen ist, soweit der Wohnwert nicht durch damit verbundene Belastungen und Kosten aufgezehrt wird.[158] Haftet der Berechtigte wie üblich bei Miteigentum als Gesamtschuldner, ist nach BGH auch von einem nach § 1577 I BGB auf den Bedarf anzurechnenden gekürzten Mietvorteil, dh einem Wohnwert nach Schuldenabzug des weiterhin im gemeinsamen Eigentum lebenden Bedürftigen auszugehen, obwohl auch er nichts abzahlt. Denn auch der Berechtigte schuldet gegenüber dem Darlehensgläubiger die Zahlung, so dass der Fall nicht anders liegt als bei einem Mieter, der die geschuldete Miete nicht zahlt.[159] Der Auffassung des BGH ist zu folgen, da ansonsten die Zahlungseinstellung den Pflichtigen privilegiert würde und er es in der Hand hat, durch Wiederaufnahme der Abzahlung zu erreichen, dass ab diesem Zeitpunkt im Rahmen der Anrechnung des Eigeneinkommens des Bedürftigen nach § 1577 I BGB der ungekürzte Wohnwert den Unterhalt reduziert (s. oben und Beispiel → Rn. 518). **509**

- Bei **Alleineigentum** hat der BGH 2007 seine frühere Rechtsprechung hingegen grundlegend geändert und sie 2017 präzisiert. Es ist dann zu beachten, dass beim gesetzlichen Güterstand die **Tilgung** ab Rechtshängigkeit des Scheidungsverfahrens nur eine **einseitige nicht zu berücksichtigende Vermögensbildung** darstellt, soweit sie nach Vorabzug der Zinsen über den durch Darlehensaufnahme geschaffenen Wohnwert hinausgeht. Ansonsten ist sie zu berücksichtigen, soweit auch in diesem Umfang ist sie jedoch zu berücksichtigen, soweit auch der Ehegatte daran partizipiert, entweder bis zur Rechtshängigkeit durch Erhöhung seines Vermögens oder ab Rechtshängigkeit durch Erhöhung seines Unterhalts, weil sich nach Vorabzug der Zinsen die Tilgung innerhalb des Wohnwerts bewegt, dh noch ein Restwohnwert verbleibt. Trotz Tilgung erhöht dieser beim Ehegattenunterhalt den Bedarf und damit den Unterhalt des Bedürftigen, **510**

---

[155] BGH FamRZ 1995, 216 (218).
[156] Gerhardt FamRZ 1993, 1039 (1041).
[157] BGH FamRZ 1994, 1100 (1102).
[158] BGH FamRZ 1995, 291.
[159] BGH FamRZ 1995, 291.

was ohne Aufnahme des Darlehens nicht geschehen wäre.[160] Die **über den Wohnwert** (Marktmiete) **hinausgehende Tilgung** ist nur noch zu berücksichtigen, wenn es sich **um eine zulässige Altersvorsorge** handelt (→ Rn. 1034, 1037)

511 • Nach BGH ist in der Trennungszeit bei der **Bedürftigkeit** zusätzlich zu berücksichtigen, dass die Kreditbelastungen bei Alleineigentum des Bedürftigen nur in Höhe der Eigeneinkünfte einschließlich des Wohnwerts als Abzugsposten angesetzt werden können.[161]

512 • Zinsen und Tilgungsleistungen werden im Allgemeinen zusammen in festen Raten (Annuitäten) an Banken und Bausparkassen bezahlt. Obige Ausführungen gelten aber auch, wenn es sich um getrennte Verträge handelt und für das Darlehen nur die Zinsen gezahlt werden, während die Tilgung durch Beitragszahlung auf eine Lebensversicherung erfolgt, die nach Auszahlung den Kredit ablöst. Wegen der differenzierten Beurteilung der Tilgungsleistungen ist es meist notwendig, dass der auf die Annuitäten entfallende Zins- und Tilgungsanteil getrennt beziffert wird.

513 • Läuft die Darlehensrückzahlung, die auf den in der Ehe angelegten Wohnwert geleistet wird, aus, ist ab diesem Zeitpunkt weder Zins noch Tilgung abzuziehen, weil für die ehelichen Lebensverhältnisse auch der Wegfall von Schulden zu berücksichtigen ist (→ Rn. 1093).[162] Seit der geänderten Rechtsprechung des BGH zu den ehelichen Lebensverhältnissen mit Wegfall der Lebensstandardgarantie (→ § 4 Rn. 426 ff., 467 ff.) kommt es dabei nicht mehr darauf an, ob die Abzahlung in einem nahen Zusammenhang mit der Scheidung endet, da auch Veränderungen nach der Scheidung zu berücksichtigen sind, die auch ohne Scheidung eingetreten wären.[163] Maßgebend sind allein die tatsächlichen Verhältnisse, dh der Wegfall der Schuld. Wird die Schuld **vorzeitig getilgt,** ist dies ebenfalls zu berücksichtigen, da es sich bei der vorzeitigen Ablösung von Krediten bei Trennung/Scheidung aus vorhandenem Kapital um eine wirtschaftlich vernünftige Überlegung und deshalb um keine Abweichung vom Normalverlauf handelt.[164]
Bei Reduzierung der Abzahlung → Rn. 1093.
Übersteigen die Abzahlungen den Wohnwert, → Rn. 520 ff.

514 • Wird aus einem eheprägenden Surrogat, zB dem Erlös des Familienheims, ein neuer Wohnwert gebildet, ist dieser für die ehelichen Lebensverhältnisse anzusetzen (→ Rn. 557 ff.).[165] Wird hierfür eine neue Schuld aufgenommen, ist zu differenzieren. Abzugsfähig sind nach BGH **nur die Zinsen, nicht** aber die **Tilgung** als einseitige Vermögensbildung,[166] da der andere Ehegatte sonst über den Unterhalt die nicht in der Ehe angelegte Schuld und damit die Vermögensbildung mitfinanzieren müsste. Der Unterhalt dient aber nur zur Bezahlung der Lebenshaltungskosten, nicht zur Bezahlung von vermögensbildenden Aufwendungen.[167] Die Berücksichtigung der Zinsen beruht darauf, dass sie auch bei Mieteinkünften einen Abzugsposten bilden (→ Rn. 458, 506). Es ist aber in diesen Fällen immer zu prüfen, ob es sich bei der Tilgung der neuen Schuld um eine zu berücksichtigende **Altersvorsorge** handelt (→ Rn. 1034, 1037).[168] Nach BGH ist in diesen Fällen außerdem zu prüfen, ob bei dem Erwerb der Immobilie mit Krediten unter Berücksichtigung von Zins und Tilgung bei der Abzahlung eine zu niedrige Rendite gegenüber einer Anlage des Geldes ohne Schuldenaufnahme erzielt wird.[169] Bei Unwirtschaftlichkeit ist der Wohnwert nicht in voller Höhe, sondern durch **Vermögensumschichtung** mit einem Betrag anzusetzen, den man bei Kauf einer Immobilie ohne Schuld erzielt hätte (→ Rn. 568). Bei Verkauf des Familienheims an Dritte oder den Ehepartner → Rn. 560, 569.

---

[160] BGH FamRZ 2017, 519 (522) = R 781b.
[161] BGH FamRZ 2007, 879.
[162] BGH FamRZ 1995, 869.
[163] BVerfG FamRZ 2011, 437; BGH FamRZ 2012, 281 = R 731c.
[164] BGH FamRZ 1998, 899.
[165] BGH FamRZ 2014, 1098 = R 753; 2005, 1159 = R 623b, c; 2001, 1140.
[166] BGH FamRZ 2010, 1633; 2000, 950 (952).
[167] BGH FamRZ 1998, 87 (88); 1992, 423 (425).
[168] BGH FamRZ 2017, 519 (521) = R 781b; 2014, 1098 = R 753; 2008, 963 = R 692f; 2007, 897.
[169] BGH FamRZ 2009, 23; 2005, 1159 = R 623d; 2006, 387 = R 643f; 2001, 1140.

6. Abschnitt: Einkünfte aus Vermietung und Verpachtung § 1

- Das Gleiche gilt, wenn es sich um einen neuen **nicht in der Ehe angelegten Wohn-** 515
wert handelt, zB aus einer Erbschaft nach Trennung/Scheidung (→ § 4 Rn. 598) oder Ersparnissen nach Trennung/Scheidung, der mit einem Darlehen finanziert werden musste. Auch insoweit handelt es sich um keine berücksichtigungswürdige Schuld. Abzuziehen sind nur die **Zinsen** (→ Rn. 506), die **Tilgung** als einseitige Vermögensbildung nur, wenn sie als **Altersvorsorge** zu berücksichtigen ist (→ Rn. 1034, 1037).[170] Entsprechendes gilt, wenn die neue Immobilie mit einer Leibrente bezahlt wird oder der Pflichtige sich an den Abzahlungen einer Eigentumswohnung seiner neuen Lebensgefährtin beteiligt.

Sind Instandhaltungskosten sowie Zins und Tilgung abzugsfähig, ist genau zwischen 516 Bedarf und Bedürftigkeit (= Unterhaltshöhe) zu trennen. Die Unterhaltsberechnung kann dann nur nach der Additionsmethode erfolgen (ausführlich→ § 4 Rn. 800 ff.), weil die Differenzmethode den Bedarf nach den ehelichen Lebensverhältnissen nicht ermittelt, sondern nur den Restbedarf quotiert.

d) Zusammenfassung. (1) Verbrauchsunabhängige Nebenkosten, die ausnahmsweise 517 nicht auf einen Mieter umgelegt werden können, und notwendige Instandhaltungsaufwendungen kürzen den Wohnwert. Alle üblichen Betriebskosten sind dagegen nicht zu berücksichtigen. Etwas anderes kann aus Vereinfachungsgründen zur Vermeidung eines sonst notwendige Gesamtschuldnerausgleichs nur gelten, wenn es sich um eine gemeinsame Immobilie handelt, in der der Bedürftige lebt, während der Pflichtige weiterhin die sog. verbrauchsunabhängigen Nebenkosten wie Grundsteuer und Hausversicherungen trägt, an denen sich auch der Bedürftige beteiligen muss.
(2) Bei einem in der Ehe angelegten Wohnwert eines im gemeinsamen Eigentum der Eheleute stehenden Familienheimes kürzen bis zur Vermögensauseinandersetzung angefallene Abzahlungen (Zins und Tilgung) das für den Bedarf nach den ehelichen Lebensverhältnissen anzusetzende Einkommen für mietfreies Wohnen. Tilgung ist auch die Zahlung auf eine Tilgungslebensversicherung. Bei der Anrechnung des Eigeneinkommens des Berechtigten auf diesen Bedarf, bzw. bei der Feststellung der Leistungsfähigkeit des Pflichtigen kürzen Zins und Tilgung weiterhin den Wohnwert, soweit der mietfrei Wohnende sie bezahlt. Soweit der nicht mietfrei Wohnende Pflichtige für die Hausschulden aufkommt, ist dagegen beim Berechtigten der ungekürzte Wohnwert auf den Bedarf anzurechnen. Stellt der Pflichtige Zahlungen auf einen in der Ehe angelegten Wohnwert ein, kürzen sie bei einer Gesamtschuld den nach § 1577 I BGB auf den Bedarf anzurechnenden Wohnwert des Berechtigten in Höhe der Schuld, auch wenn er nichts abzahlt.
(3) Bei in der Ehe angelegtem mietfreien Wohnen und Alleineigentum kürzen die Zinsen für die Bedarfsermittlung und bei der Bedürftigkeit/Leistungsfähigkeit den Wohnwert. Die Tilgungsleistungen als Vermögensbildung sind dagegen generell nur bis zur Rechtshängigkeit des Scheidungsverfahrens als Stichtag für den Zugewinnausgleich als Abzugsposten zu berücksichtigen, danach nur noch, wenn und soweit sie nach Vorabzug der Zinsen den Wohnwert nicht übersteigen. Liegen die Tilgungsleistungen über dem Wohnwert, können sie nur noch im Rahmen einer zulässigen Altersvorsorge angesetzt werden.
(4) Bei einem als Surrogat des früheren mietfreien Wohnens anzusetzenden in der Ehe angelegtem Wohnwert und bei einem nicht in der Ehe angelegtem Wohnwert sind bei neuen nicht berücksichtigungswürdigen Schulden nur die Zinsen, nicht aber die Tilgung als einseitige Vermögensbildung anzusetzen, es sei denn, es handelt sich um eine zulässige Altersvorsorge (vgl. 3). Vorab ist in diesen Fällen stets zu prüfen, ob mit dem nur durch Schuldenaufnahme geschaffenen neuen Wohnwert eine angemessene Rendite erzielt wird, ansonsten ist eine Vermögensumschichtung vorzunehmen.

Rechenbeispiele: 518
Fall 1:
M und F trennen sich, bereinigtes Nettoerwerbseinkommen M 3000 EUR; F 1000 EUR (prägend); M zahlt für in gemeinsamem Eigentum stehende Ehewohnung mit Mietwert 800 EUR Zinsen von 250 EUR und Tilgung von 50 EUR. Der Wert einer angemessenen kleineren Woh-

---

[170] BGH FamRZ 2014, 1098 = R 753; 2008, 963.

nung für eine Person (2½ Zimmer) beläuft sich auf 500. Ein Scheidungsverfahren ist noch nicht rechtshängig.
a) M bleibt in Wohnung
b) F bleibt in Wohnung
Lösung (nach Additionsmethode):
Da Trennungsunterhalt, ist zunächst der angemessene Wohnwert von 500 EUR und nicht die objektive Marktmiete anzusetzen. Für die Bedarfsermittlung ist dieser Wohnwert jeweils um 250 EUR Zinsen und 50 EUR Tilgung auf 200 EUR zu kürzen.
a) M bleibt in Ehewohnung:
Nach SüdL mit $^1/_{10}$
1) Bedarf: $^1/_2 \times (^9/_{10} \times 3000 + 200 + ^9/_{10} \times 1000) = 1900$
2) Höhe (Bedürftigkeit): $1900 - ^9/_{10} \times 1000 = 1000$
Leistungsfähigkeit M gegeben, da mietfrei = 200 EUR wohnt und ihm 2200 EUR verbleiben (3000 + 200–1000), dh die Hälfte des Bedarfs einschließlich seines Erwerbstätigenbonus und sein Ehegattenmindestselbstbehalt von 1200 EUR gewahrt ist.
Nach DT mit $^1/_7$
1) Bedarf: $^1/_2 \times (^6/_7 \times 3000 + 200 + ^6/_7 \times 1000) = 1814$
2) Höhe: $1814 - ^6/_7 \times 1000 = 957$
Leistungsfähigkeit M gegeben, da mietfrei = 200 EUR wohnt und ihm 2243 EUR verbleiben (3000 + 200–957), dh die Hälfte des Bedarfs einschließlich seines Erwerbstätigenbonus und sein Ehegattenmindestselbstbehalt von 1200 EUR gewahrt bleibt.
b) F bleibt in Ehewohnung:
Wohnwert für Bedarf 200 EUR, für Bedürftigkeit (= Höhe) 500 EUR, da M Kredit zahlt
Nach SüdL mit $^1/_{10}$
1) Bedarf: $^1/_2 \times (^9/_{10} \times 3000 + 200 + ^9/_{10} \times 1000) = 1900$
2) Höhe: $1900 - (^9/_{10} \times 1000 + 500) = 500$
Leistungsfähigkeit M gegeben, da ihm weiterhin 2200 EUR (3000 – 250 – 50–500) bleiben, dh die Hälfte des Bedarfs einschließlich seines Erwerbstätigenbonus und sein Ehegattenmindestselbstbehalt von 1200 EUR gewahrt ist.
Nach DT mit $^1/_7$
1) Bedarf: $^1/_2 \times (^6/_7 \times 3000 + 200 + ^6/_7 \times 1000) = 1814$
2) Höhe: $1814 - (^6/_7 \times 1000 + 500) = 457$
Leistungsfähigkeit M gegeben, da ihm weiterhin 2243 EUR (3000 – 250 – 50–457) bleiben, dh die Hälfte des Bedarfs einschließlich seines Erwerbstätigenbonus und sein Ehegattenmindestselbstbehalt von 1200 EUR gewahrt ist.
Hinweis: Im Ergebnis wird die Abzahlung des Kredits so gewertet, wie wenn er von beiden Eheleuten zu gleichen Teilen geleistet wurde. Wegen der anderweitigen Regelung erfolgt jeweils kein Gesamtschuldnerausgleich (§ 426 I 1 BGB).
Fall 2:
M und F werden geschieden. M hat ein bereinigtes Nettoerwerbseinkommen von 3000 EUR, F von 1000 EUR. Die objektive Marktmiete des beiden Eheleuten gehörenden Familienheimes beträgt 1000 EUR, die Hausschulden belaufen sich auf 400 EUR (Zinsen 300 EUR, Tilgung 100 EUR).
a) M bleibt in der Ehewohnung und zahlt Zins und Tilgung
b) F bleibt in der Ehewohnung und zahlt alles ab
c) F bleibt in der Ehewohnung, M zahlt Zins und Tilgung
d) F bleibt in der Ehewohnung und zahlt ½ Zins und Tilgung, M zahlt die andere Hälfte des Kredits.
Lösung:
Wohnwert jeweils nach objektiver Marktmiete
a) M bleibt in Ehewohnung:
Wohnwert: $1000 - 300 - 100 = 600$
Unterhalt:
Lösung nach SüdL mit $^1/_{10}$
1) Bedarf: $^1/_2 \times (^9/_{10} \times 3000 + 600 + ^9/_{10} \times 1000) = 2100$
2) Höhe: $2100 - ^9/_{10} \times 1000 = 1200$
Leistungsfähigkeit M gegeben, da mietfrei (= 600 EUR) wohnt und ihm daher unter Berücksichtigung der Abzahlung 2400 EUR verbleiben (3000 + 600 –1200), dh die Hälfte des Bedarfs einschließlich seines Erwerbstätigenbonus und der Ehegattenmindestselbstbehalt von 1200 EUR gewahrt ist.
Lösung nach DT mit $^1/_7$
1) Bedarf: $^1/_2 \times (^6/_7 \times 3000 + 600 + ^6/_7 \times 1000) = 2014$

6. Abschnitt: Einkünfte aus Vermietung und Verpachtung § 1

2) Höhe: $2014 - {}^6/_7 \times 1000 = 1157$
Leistungsfähigkeit M gegeben, da mietfrei (= 600 EUR) wohnt und ihm daher 2443 EUR verbleiben (3000 + 600–1157), dh die Hälfte des Bedarfs einschließlich seines Erwerbstätigenbonus und der Ehegattenmindestselbstbehalt von 1200 EUR gewahrt ist.
b) F bleibt in Ehewohnung:
Wohnwert wie a
Unterhalt:
Lösung nach SüdL mit $^1/_{10}$
1) Bedarf: $^1/_2 \times (^9/_{10} \times 3000 + 600 + {}^9/_{10} \times 1000) = 2100$
2) Höhe: $2100 - ({}^9/_{10} \times 1000 + 600) = 600$
Leistungsfähigkeit M gegeben, da ihm 2400 EUR verbleiben (3000 – 600), dh die Hälfte des Bedarfs einschließlich seines Erwerbstätigenbonus und der Ehegattenmindestselbstbehalt von 1200 EUR gewahrt ist.
Lösung nach DT mit $^1/_7$
1) Bedarf: $^1/_2 \times (^6/_7 \times 3000 + 600 + {}^6/_7 \times 1000) = 2014$
2) Höhe: $2014 - ({}^6/_7 \times 1000 + 600) = 557$
Leistungsfähigkeit M gegeben, da ihm 2443 EUR verbleiben (3000 – 557) dh die Hälfte des Bedarfs einschließlich seines Erwerbstätigenbonus und der Ehegattenmindestselbstbehalt von 1200 EUR gewahrt ist.
c) F bleibt in Ehewohnung, M zahlt ab:
Wohnwert für Bedarf 600, für Höhe 1000
Unterhalt:
Lösung nach SüdL mit $^1/_{10}$
1) Bedarf: $^1/_2 \times (^9/_{10} \times 3000 + 600 + {}^9/_{10} \times 1000) = 2100$
2) Höhe: $2100 - ({}^9/_{10} \times 1000 + 1000) = 200$
Leistungsfähigkeit M gegeben, da ihm auch hier 2400 EUR verbleiben (3000 – 300 – 100–200), vgl. a.
Lösung nach DT mit $^1/_7$
1) Bedarf: $^1/_2 \times (^6/_7 \times 3000 + 600 + {}^6/_7 \times 1000) = 2014$
2) Höhe: $2014 - ({}^6/_7 \times 1000 + 1000) = 157$
Leistungsfähigkeit M gegeben, da ihm auch hier 2443 EUR verbleiben (3000 – 300 – 100–157), vgl. a.
Der Unterhalt der F kürzt sich jeweils genau in Höhe der von M übernommenen Abzahlung der gemeinsamen Schuld (vgl. b)
d) F bleibt in Ehewohnung und zahlt $^1/_2$ Zins + $^1/_2$ Tilgung:
Wohnwert für Bedarf 600, für Höhe 1000 – 150 – 50 = 800
Unterhalt:
Lösung nach SüdL mit $^1/_{10}$
1) Bedarf: $^1/_2 \times (^9/_{10} \times 3000 + 600 + {}^9/_{10} \times 1000) = 2100$
2) Höhe: $2100 - ({}^9/_{10} \times 1000 + 800) = 400$
Leistungsfähigkeit M gegeben, da ihm weiterhin 2400 EUR verbleiben (3000 – 150 – 50–400), vgl. a.
Lösung nach DT mit $^1/_7$
1) Bedarf: $^1/_2 \times (^6/_7 \times 3000 + 600 + {}^6/_7 \times 1000) = 2014$
2) Höhe: $2014 - ({}^6/_7 \times 1000 + 800) = 357$
Leistungsfähigkeit M gegeben, da ihm weiterhin 2443 EUR verbleiben (3000 – 150 – 50–357), vgl. a.
Der Unterhalt der F kürzt sich wiederum im Verhältnis der von M weiterhin geleisteten Abzahlung (vgl. b)
Fall 3
M hat ein in der Ehe angelegtes bereinigtes Nettoeinkommen aus Erwerbstätigkeit von 3000 EUR, F von 1400 EUR. F arbeitet im öffentlichen Dienst und hat dort eine Zusatzaltersversorgung von 4% ihres Bruttoeinkommens. Die Parteien lebten mietfrei im Eigenheim, das F gehört, und trennen sich. Die objektive Marktmiete der 100 qm großen 4-Zimmerwohnung beläuft sich auf 1000 EUR, der Wert einer angemessenen kleineren Wohnung für eine Person ($2^1/_2$-Zimmer) 600 EUR. Für die Wohnung sind von F noch mtl. 900 EUR (700 EUR Zinsen, 200 EUR Tilgung) abzuzahlen. F bleibt nach der Trennung in ihrer Wohnung und verlangt Unterhalt. Welchen Anspruch hat F
a) ab der Trennung?
b) ab Rechtshängigkeit des Scheidungsverfahrens?
c) ab Scheidung, wenn die Abzahlung 1000 EUR (700 EUR Zinsen, 300 EUR Tilgung) beträgt und die kinderlose Ehe 7 Jahre dauerte?

Lösung:
Zu a)
§ 1361 BGB
Der Wohnwert ist zunächst beim Trennungsunterhalt, da regelmäßig eine Vermietung nicht zumutbar ist, mit einem angemessenen Betrag für geschätzte Wohnkosten einer kleineren Wohnung und damit mit 600 EUR anzusetzen. Die objektive Marktmiete bleibt außer Betracht. Hiervon sind nicht nur die Zinsen, sondern auch die Tilgung als einseitige Vermögensbildung abzuziehen, da M über den Zugewinn noch an der Vermögensbildung von F partizipiert. Da Zins und Tilgung über den angemessenen Wohnwert hinausgehen, ist ein negativer Wohnwert zu bilden (Rn. 520 ff).
Der Restwohnwert beträgt damit – 300 EUR (600 – 700 – 200).
Nach SüdL mit $^1/_{10}$:
Bedarf: $^1/_2 \times (^9/_{10} \times 3000 + ^9/_{10} \times 1400 - 300) = 1830$
Höhe: $1830 - (^9/_{10} \times 1400 - 300) = 870$
Nach DT mit $^1/_7$:
Bedarf: $^1/_2 \times (^6/_7 \times 3000 + ^6/_7 \times 1400 - 300) = 1736$
Höhe: $1736 - (^6/_7 \times 1400 - 300) = 836$
Zu b:
Ab Rechtshängigkeit des Scheidungsverfahrens ist mit einer Wiederherstellung der ehelichen Lebensgemeinschaft nicht mehr zu rechnen und damit als Wohnwert die Marktmiete einzusetzen. Die Tilgung ist vorliegend zu berücksichtigen, da sie sich innerhalb des Wohnwerts bewegt. Der Restwohnwert beträgt nunmehr 100 EUR (1000 – 700 – 200).
Nach SüdL mit $^1/_{10}$:
Bedarf: $^1/_2 \times (^9/_{10} \times 3000 + ^9/_{10} \times 1400 + 100) = 2030$
Höhe: $2030 - (^9/_{10} \times 1400 + 100) = 670$
Nach DT mit $^1/_7$:
Bedarf: $^1/_2 \times (^6/_7 \times 3000 + ^6/_7 \times 1400 + 100) = 1736$
Höhe: $1736 - (^6/_7 \times 1400 + 100) = 636$
Zu c:
§ 1573 II BGB
Wohnwert: Objektive Marktmiete, gekürzt um die Zinsen und die Tilgung, da dadurch kein negativer Wohnwert zur einseitigen Vermögensbildung entsteht. Der Wohnwert ist damit Null (1000 – 700 – 300).
Nach SüdL mit $^1/_{10}$:
Bedarf: $^1/_2 \times (^9/_{10} \times 3000 + ^9/_{10} \times 1400) = 1980$
Höhe: $1980 - ^9/_{10} \times 1400 = 720$
Nach DT mit $^1/_7$:
Bedarf: $^1/_2 \times (^6/_7 \times 3000 + ^6/_7 \times 1400) = 1886$
Höhe: $1886 - ^6/_7 \times 1400 = 686$
Wegen der kurzen Ehedauer wäre dieser Anspruch nach § 1578b BGB zeitlich zu begrenzen (Einzelfallfrage). Das günstigere Ergebnis gegenüber b beruht darauf, dass F mehr abzahlt und ihr damit insgesamt weniger Mittel zur Verfügung stehen. Die Abzahlung bis zur Höhe des Wohnwerts im Fall c kann aber nur zugebilligt werden, wenn sie auch in der Ehe in dieser Höhe geleistet wurde.
Beispiel zu Ehegatten- und Kindesunterhalt → Rn. 580.

4. Eigenheimzulage und sonstige staatliche Fördermittel

519 Bei Errichtung und Kauf eines im Inland gelegenen Eigenheims zwischen 1996 und 2005 konnten staatliche Fördermittel nach dem früheren Eigenheimzulagengesetz (EigZulG) beansprucht werden. Die Eigenheimzulage ist, soweit sie in der Vergangenheit bezahlt wurde, unterhaltsrechtliches Einkommen.[171] Sie erhöhte entweder den Wohnwert oder kürzte die Abzahlungen.[172] Zu den näheren Einzelheiten vgl. Vorauflage Rn. 519.
Unterhaltsrechtliches Einkommen ist entsprechend der Rechtsprechung des BGH auch das seit 18.9.2018 eingeführte **Baukindergeld** sowie die nur **in Bayern** bezahlte **bayrische Eigenheimzulage** und das **Elterngeld Plus**.[173] Das Baukindergeld von jährlich

---

[171] Vgl. Leitlinien Nr. 5, zB SüdL Nr. 5.
[172] BGH FamRZ 2013, 868; OLG München FamRZ 1999, 251.
[173] Eingehend Götsche FuR 2019, 130.

6. Abschnitt: Einkünfte aus Vermietung und Verpachtung § 1

1200 EUR, d. h. monatlich 100 EUR kann von einer Familie mit mindestens einem minderjährigen Kind für den Neubau oder Erwerb von Wohnungseigentum für den Eigengebrauch ab März 2019 für 10 Jahre bezogen werden, wenn das zu versteuernde Einkommen der Eltern (Ehegatten, Partner in einer nichtehelichen Lebensgemeinschaft) nicht über 75000 EUR jährlich beträgt. Dies ergibt pro Kind eine Gesamtförderung von 12000 EUR. Durch die bayerische Eigenheimzulage können zusätzlich insgesamt weitere10000 EUR bezogen werden, durch das bayerische Elterngeld Plus pro Kind jährlich weitere 3000 EUR (→ § 1 Rn. 665 ff.).[174]

5. Abzug von Hausschulden, die den Wohnwert übersteigen

Sind die berücksichtigungswürdigen Hausschulden bei einer im **Miteigentum** stehenden Immobilie höher als der in der Ehe angelegte Wohnwert, so entfällt für die Bedarfsermittlung die Zurechnung eines Wohnvorteils.[175] Der Hausbewohner erbringt für das Wohnen eine höhere Gegenleistung als der Mieter eines vergleichbaren Wohnobjektes. Nach BGH ist in diesen Fällen ein negativer Wohnwert zu bilden (→ Rn. 523 und Beispiel → Rn. 527).[176] **520**

Bei **Alleineigentum** eines in der Ehe angelegten Wohnwerts sind beim gesetzlichen Güterstand die Zinsen Abzugsposten. Bei der Tilgung ist zu differenzieren zwischen der Zeit bis zur Rechtshängigkeit des Scheidungsverfahrens und ab Rechtshängigkeit (→ Rn. 510). Ab Rechtshängigkeit ist zu prüfen, ob sich die Tilgung nach Vorabzug der Zinsen innerhalb des als Gegenwert geschaffenen Wohnwerts bewegt (Rn. 507), soweit sie darüber hinausgeht, ob es sich um eine zulässige Altersvorsorge handelt (→ Rn. 1034, 1037). Zur Überschuldung → Rn. 1100 ff.

Im Einzelnen sind folgende Umstände bedeutsam:
- Die Verbindlichkeiten müssen **ehebedingt** sein, dh aus der Zeit des ehelichen Zusammenlebens stammen und für das Haus verwendet worden sein.[177] **521**
- Die Tilgung berücksichtigungswürdiger Schulden hat im Rahmen eines **vernünftigen Tilgungsplans** in angemessenen Raten zu erfolgen.[178] **522**
- Bei einem in **Miteigentum** stehenden Eigenheim und einer gemeinsamen Schuld der Eheleute sind auch über den Wohnwert hinausgehende Zins- und Tilgungsleistungen aus den oben bereits genannten Gründen beim Bedarf und der Bedürftigkeit/Leistungsfähigkeit zu berücksichtigen (→ Rn. 508 ff.). Der Bedarf nach den ehelichen Lebensverhältnissen ist dann ohne Wohnwert und gekürzt um den über den Wohnwert hinausgehenden Schuldenanteil anzusetzen. Dies gilt auch über die Scheidung hinaus bis zur Vermögensauseinandersetzung. Die Berücksichtigung der Abzahlung bewirkt, dass kein Gesamtschuldnerausgleich erfolgt, es sich also weiter um eine gemeinsame Zahlung und gemeinsame Vermögensbildung handelt. Um im Hinblick auf die Gesamtschuld eine Gleichbehandlung der Eheleute zu erreichen, ist die den Wohnwert übersteigende Schuld nicht beim Erwerbseinkommen (und damit bonusmindernd, → § 4 Rn. 773), sondern als **negativer Wohnwert** anzusetzen.[179] Abzüge sind bei der Einkommensart vorzunehmen, zu der sie gehören. Würde man hingegen die den Wohnwert übersteigende Schuld, wie zT vertreten wird, beim Erwerbseinkommen des Pflichtigen abziehen, würde sich dessen Erwerbstätigenbonus entsprechend reduzieren und der Unterhalt des Bedürftigen erhöhen, solange der Erwerbstätigenbonus von der Rechtsprechung weiterhin angesetzt wird (→ Rn. 1050, 4/781).[180] Dies ist nicht gerechtfertigt, nachdem es um eine gemeinsame Schuldentilgung und Vermögensbildung geht. **523**

---

174 Götsche FuR 2019, 130.
175 BGH FamRZ 1995, 291; 1987, 572 (575).
176 BGH FamRZ 2007, 879.
177 BGH FamRZ 1984, 358; 1982, 157; 1982, 23.
178 BGH FamRZ 1982, 355; 1982, 23.
179 BGH FamRZ 2007, 879.
180 Zur Kritik am Ansatz eines Erwerbstätigenbonus Gerhardt FamRZ 2013, 834.

524 • Bei **Alleineigentum** gelten beim gesetzlichen Güterstand bis zur Rechtshängigkeit des Scheidungsverfahrens die gleichen Grundsätze. Ab Rechtshängigkeit ist zu berücksichtigen, dass es sich bei der Tilgung, die über den Wohnwert (Marktmiete) hinausgeht und die sich dadurch bei dem mit dem Darlehen geschaffenen Wohnwert nicht mehr bedarfserhöhend auswirkt, um eine **nicht mehr berücksichtigungsfähige einseitige Vermögensbildung** handelt, die nicht mehr abgezogen werden kann (→ Rn. 510). Etwas anderes gilt, wenn es sich um eine zulässige **Altersvorsorge** handelt (→ Rn. 1034, 1037). Das Gleiche gilt bei der Gütertrennung ab Trennung, bzw. ab Beginn dieses Güterstandes. Abzuziehen sind dagegen stets die Zinsen. Übersteigen Zins und Tilgung in der Trennungszeit den angemessenen Wohnwert bzw. nach der Scheidung die Marktmiete, entfällt für die Bedarfsermittlung ein Wohnwert (→ Rn. 520). Den Wohnwert übersteigende Zinsen und die Tilgung sind bis zur Rechtshängigkeit beim Bedarf als negativer Wohnwert zu berücksichtigen (→ Rn. 523). Ab Rechtshängigkeit kann die den Wohnwert übersteigende Tilgung nur noch als Altersvorsorge angesetzt werden.[181] Bis zur Rechtshängigkeit des Scheidungsverfahrens ist bei der Bedürftigkeit außerdem zu berücksichtigen, dass nach BGH eine Abzugsfähigkeit der Verbindlichkeit nur möglich ist bis zur Höhe des Eigeneinkommens einschließlich Wohnwert (vgl. 511).[182]

525 • Wurde das **Anwesen** nach Trennung und Scheidung **veräußert** und dabei alle Schulden getilgt, sind die Zinsen aus dem Erlös als Surrogat des früheren Wohnwerts in der Ehe angelegt (→ Rn. 558),[183] auch wenn in der Ehe nur ein negativer Wohnwert vorlag. Denn auch ein über dem Wohnwert liegender Zinserlös ist Surrogat des früheren Wohnwerts.[184] Gerade bei zu hohen Belastungen ist ein Verkauf mit vorzeitiger Ablösung der Kredite eine wirtschaftlich vernünftige Überlegung, der Wegfall der Schuld damit berücksichtigungswürdig (→ Rn. 513).[185] Bei Hypothekendarlehen ist allerdings zu beachten, dass bei vorzeitiger Ablösung in der Regel eine sog Vorfälligkeitsentschädigung anfällt. **Verbleiben** nach Veräußerung des Familienheims noch **Verbindlichkeiten,** die durch den Erlös nicht abgedeckt wurden, handelt es sich bei **Miteigentum** um berücksichtigungsfähige Schulden (→ Rn. 523). Bei **Alleineigentum** ist zu beachten, dass durch den Verkauf der Immobilie eine einseitige Vermögensbildung mehr vorliegt und die Überschuldung in der Ehe angelegt war. Deshalb ist ab Rechtshängigkeit für die verbleibenden Schulden eine Gesamtabwägung vorzunehmen, inwieweit eine Berücksichtigungswürdigkeit gegeben ist. Hierbei ist auf die Belange des Pflichtigen und Bedürftigen abzustellen, ferner wann und warum es zu einer einseitigen Vermögensbildung kam. Bei hohem Einkommen wird man regelmäßig zur Berücksichtigungswürdigkeit kommen. Bei beengten Verhältnissen sollte zumindest einschließlich Eigeneinkommen ein Eigenbedarf in Höhe des Selbstbehalts (derzeit 1200 EUR) gesichert bleiben. Etwas anderes kann gelten, wenn es dadurch zu einer dauerhaften Überschuldung des Pflichtigen kommt.

526 • Bei einem **nicht in der Ehe angelegten Wohnwert** können nur die Zinsen, nicht die Tilgung abgezogen werden (→ Rn. 515), außer es handelt sich bei der Tilgung um eine zulässige Altersvorsorge (→ Rn. 1033 ff). Übersteigen die Zinsen den Wohnwert, sind sie nur bis zur Höhe des Wohnwerts berücksichtigungsfähig. Außerdem ist eine Vermögensumschichtung zu prüfen.

526a • Steht das beiden Ehegatten gehörende Familienheim nach der Trennung bis zur Vermögensauseinandersetzung leer, weil beide Eheleute nicht vorwerfbar auszogen und sich über die Vermögensauseinandersetzung nicht einigen konnten, ist kein Wohnwert anzusetzen. Die noch abzuzahlenden Verbindlichkeiten sind als negativer Wohnwert zu berücksichtigen (→ Rn. 523 und Beispiel → Rn. 527).

---

[181] BGH FamRZ 2018, 1506 Rn. 31 mwN.
[182] BGH FamRZ 2007, 879.
[183] BGH FamRZ 2009, 23; 2008, 963 = R 692a; 2006, 349; 2005, 1817 = R 632; 2005, 1159 = R 623b, c; 2001, 1140; 2001, 986 (991).
[184] BGH FamRZ 2002, 88.
[185] BGH FamRZ 1998, 899.

6. Abschnitt: Einkünfte aus Vermietung und Verpachtung § 1

- **Nicht abgezogen** werden darf ein Kredit zur Finanzierung des Zugewinns, durch den 527 die vom Gesetz zugemutete Verwertung des Hauses (Verkauf) abgewendet wurde. Es handelt sich insoweit um keine berücksichtigungswürdige Schuld (→ Rn. 1096). Denn der Unterhalt darf durch diese Art des Vermögenserhalts (= Vermögensbildung) nicht zu Lasten des anderen Partners verkürzt werden.[186]

Rechenbeispiel:
Fall:
M und F trennen sich. Bereinigtes Nettoerwerbseinkommen M 4000 EUR, F 1050 EUR. M zahlt für die im gemeinsamen Eigentum stehende Ehewohnung mit Mietwert 1000 EUR die Zinsen von 800 EUR sowie die Tilgung von 400 EUR ab. Die geschätzten Wohnkosten für eine angemessenere kleinere Wohnung betragen 700 EUR. Unterhalt F?
a) F bleibt in Wohnung und will Trennungsunterhalt; das Scheidungsverfahren ist noch nicht rechtshängig
b) M bleibt in Wohnung, F will Trennungsunterhalt
c) F bleibt in Wohnung und will nachehelichen Unterhalt
d) M bleibt in Wohnung, F will nachehelichen Unterhalt
e) Wie a, aber die Wohnung gehört M, der durch eine Direktversicherung eine Altersvorsorge von 24% hat.
f) Die den Eheleuten gemeinsam gehörende Wohnung steht durch Auszug beider nach der Trennung leer, weil sie sich bisher nicht über eine Vermögensauseinandersetzung einigen konnten. Der Auszug stellt bei keinem Ehegatten ein unterhaltsbezogen leichtfertiges Verhalten dar. M hat bereits eine Zusatzaltersversorgung von 24%.
Lösung:
a) F bleibt in Ehewohnung und will Trennungsunterhalt:
Für den Trennungsunterhalt ist als Wohnwert zunächst nur ein angemessener Betrag, hier 700 EUR, anzusetzen. Die Abzahlungen sind unter Berücksichtigung des mietfreien Wohnens auch bezüglich der Tilgung zu berücksichtigen, da es sich um eine gemeinsame Vermögensbildung handelt. Da es um die Hausschulden geht, sind sie beim Wohnwert abzuziehen und insoweit ein negativer Wohnwert zu bilden.
Der Wohnwert beträgt damit für den Bedarf minus 500 EUR (700 EUR – 800 EUR – 400 EUR). Bei der Unterhaltshöhe ist er, soweit F in der Wohnung verbleibt, in Höhe von 700 EUR anzusetzen, da F nichts abzahlt
Berechnung nach SüdL mit $^1/_{10}$
Bedarf: $^1/_2$ ($^9/_{10}$ × 4000 EUR + $^9/_{10}$ × 1050 EUR – 500 EUR) = 2023 EUR
Höhe: 2023 EUR – ($^9/_{10}$ × 1050 EUR + 700 EUR) = 378 EUR
Leistungsfähigkeit M gegeben, da M trotz Abzahlung 2422 EUR verbleiben (4000 EUR – 800 EUR – 400 EUR – 378 EUR), dh der Hälfte des gemeinsamen Einkommens zuzüglich seines Erwerbsbonus und der Mindestselbstbehalt von 1200 EUR gewahrt ist.
Berechnung nach DT mit $^1/_7$
Bedarf: $^1/_2$ × ($^6/_7$ × 4000 EUR + $^6/_7$ × 1050 EUR – 500 EUR) = 1914 EUR
Höhe: 1914 EUR – ($^6/_7$ × 1050 EUR + 700 EUR) = 314 EUR
Leistungsfähigkeit M gegeben, da M trotz Abzahlung 2486 EUR verbleiben (4000 EUR – 800 EUR – 400 EUR – 314 EUR), dh der Hälfte des gemeinsamen Einkommens zuzüglich seines Erwerbsbonus und der Mindestselbstbehalt von 1200 EUR gewahrt ist.
Hinweis: Ab Rechtshängigkeit des Scheidungsverfahrens Lösung wie c
b) M bleibt in Ehewohnung, F will Trennungsunterhalt:
Wohnwert wie a für Bedarf
Berechnung nach SüdL mit $^1/_{10}$
1. Stufe: $^1/_2$ ($^9/_{10}$ × 4000 EUR + $^9/_{10}$ × 1050 EUR – 500 EUR) = 2023 EUR
2. Stufe: 2023 EUR – $^9/_{10}$ × 1050 EUR = 1078 EUR
Leistungsfähigkeit M gegeben, da M auch hier trotz Abzahlung durch das mietfreie Wohnen 2422 EUR verbleiben (4000 EUR + 700 EUR – 800 EUR – 400 EUR – 1078 EUR), vgl. a.
Berechnung nach DT mit $^1/_7$
1. Stufe: $^1/_2$ × ($^6/_7$ × 4000 EUR + $^6/_7$ × 1050 EUR – 700 EUR) = 1915 EUR
2. Stufe: 1915 EUR – $^6/_7$ × 1050 EUR = 1015 EUR
Leistungsfähigkeit M gegeben, da M auch hier trotz Abzahlung durch das mietfreie Wohnen 2486 EUR verbleiben (4000 EUR + 700 EUR – 800 EUR – 400 EUR – 1015 EUR), vgl. a

---

[186] BGH FamRZ 2000, 950 (952).

c) F bleibt in Wohnung und will nachehelichen Unterhalt
Für den nachehelichen Unterhalt ist als Wohnwert die Marktmiete, hier 1000 EUR, anzusetzen, ansonsten wie a. Der Wohnwert beträgt damit für den Bedarf minus 200 EUR (1000 EUR − 800 EUR − 400 EUR). Bei der Unterhaltshöhe ist er, soweit F in der Wohnung verbleibt, in Höhe von 1000 EUR anzusetzen, da F nichts abzahlt
Berechnung nach SüdL mit $1/10$
Bedarf: $1/2$ ($9/10 \times 4000$ EUR + $9/10 \times 1050$ EUR − 200 EUR) = 2173 EUR
Höhe: 2173 EUR − ($9/10 \times 1050$ EUR + 1000 EUR) = 228 EUR
Leistungsfähigkeit M gegeben, da M trotz Abzahlung 2572 EUR verbleiben (4000 EUR − 800 EUR − 400 EUR − 228 EUR), dh die Hälfte des gemeinsamen Einkommens und der Mindestselbstbehalt von 1200 EUR gewahrt ist.
Berechnung nach DT mit $1/7$
Bedarf: $1/2 \times$ ($6/7 \times 4000$ EUR + $6/7 \times 1050$ EUR − 200 EUR) = 2065 EUR
Höhe: 2065 EUR − ($6/7 \times 1050$ EUR + 1000 EUR) = 165 EUR
Leistungsfähigkeit M gegeben, da M trotz Abzahlung 2635 EUR verbleiben (4000 EUR − 800 EUR − 400 EUR − 165 EUR), dh die Hälfte des gemeinsamen Einkommens und der Mindestselbstbehalt von 1200 EUR gewahrt ist.
d) M bleibt in Ehewohnung, F will nachehelichen Unterhalt:
Wohnwert wie c für Bedarf
Berechnung nach SüdL mit $1/10$
1. Stufe: $1/2$ ($9/10 \times 4000$ EUR + $9/10 \times 1050$ EUR − 200 EUR) = 2173 EUR
2. Stufe: 2173 EUR − $9/10 \times 1050$ EUR = 1273 EUR
Leistungsfähigkeit M gegeben, da M auch hier trotz Abzahlung durch das mietfreie Wohnen 2572 EUR verbleiben, (4000 EUR + 1000 EUR − 800 EUR − 400 EUR − 1273 EUR), s. o.
Berechnung nach DT mit $1/7$
1. Stufe: $1/2$ ($6/7 \times 4000$ EUR + $6/7 \times 1050$ EUR − 200 EUR) = 2065 EUR
2. Stufe: 2065 EUR − $6/7 \times 1050$ EUR = 1165 EUR
Leistungsfähigkeit M gegeben, da M auch hier trotz Abzahlung 2635 EUR verbleiben (4000 EUR + 1000 EUR − 800 EUR − 400 EUR − 1165 EUR), s. o.
e) Wie a, aber die Wohnung gehört M
Es ist bei der Berechnung zu differenzieren bis zur Rechtshängigkeit und nach der Rechtshängigkeit.
Bis zur Rechtshängigkeit verbleibt es bei der Lösung a, da F noch an der Vermögensbildung des M über den Zugewinnausgleich partizipiert.
Ab Rechtshängigkeit:
Abzuziehen sind nur die Zinsen sowie die Tilgung bis zur Höhe des Wohnwerts, d. h. in Höhe von 200 EUR (1000 − 800 − 200). Es verbleibt dann kein Wohnwert. Die über den Wohnwert hinausgehende Tilgung von 200 EUR (400 − 200) ist als einseitige Vermögensbildung nicht zu berücksichtigen, nachdem sie keine zulässige Altersvorsorge darstellt. Als Wohnwert ist die Marktmiete anzusetzen. Der Wohnwert beträgt damit für den Bedarf Null (1000−800 − 200). Bei der Bedürftigkeit ist dagegen bei F der volle Wohnwert anzurechnen, da sie nichts abzahlt.
Berechnung nach SüdL mit $1/10$
1. Stufe: $1/2$ ($9/10 \times 4000$ EUR + $9/10 \times 1050$ EUR) = 2273 EUR
2. Stufe: 2273 EUR − ($9/10 \times 1050 + 1000$)= 328 EUR
Leistungsfähigkeit M gegeben, da M 2672 EUR verbleiben (4000 EUR − 800 EUR − 200 EUR − 328 EUR), d. h. die Hälfte des Bedarfs zuzüglich des Erwerbsbonus. Die nicht berücksichtigte Tilgung von 200 EUR muss M aus diesen Mitteln bezahlen, um F durch die einseitige Vermögensbildung in dieser Höhe nicht zu benachteiligen.
Berechnung nach DT mit $1/7$
1. Stufe: $1/2 \times$ ($6/7 \times 4000$ EUR + $6/7 \times 1050$ EUR) = 2165 EUR
2. Stufe: 2165 EUR − ($6/7 \times 1050$ EUR + 1000 EUR) = 265 EUR
Leistungsfähigkeit M gegeben, da M trotz Abzahlung 2735 EUR verbleiben (4000 − 800 − 200).
f) Wohnung steht leer:
Es ist kein Wohnwert anzusetzen, weil die Eheleute die Wohnung nicht mehr nutzen, ohne dass ein unterhaltsbezogen leichtfertiges Verhalten vorliegt. Wegen der noch zu leistenden Abzahlungen ist aber beim Bedarf und bei der Leistungsfähigkeit des M ein negativer Wohnwert in Höhe der Abzahlungen zu bilden. Er beträgt minus 1200 EUR (800 EUR Zinsen + 400 EUR Tilgung).
Berechnung nach SüdL mit $1/10$
1. Stufe: $1/2$ ($9/10 \times 4000$ EUR + $9/10 \times 1050$ EUR − 1200 EUR) = 1673 EUR
2. Stufe: 1673 EUR − $9/10 \times 1050$ EUR = 728 EUR
Leistungsfähigkeit M gegeben, da M durch trotz Abzahlung 2072 EUR verbleiben (4000 EUR − 800 EUR − 400 EUR − 728 EUR), d.h. sein Selbstbehalt zuzüglich seines Erwerbsbonus.

6. Abschnitt: Einkünfte aus Vermietung und Verpachtung §1

Berechnung nach DT mit $^1/_7$
1. Stufe: $^1/_2 \times (^6/_7 \times 4000 \text{ EUR} + ^6/_7 \times 1050 \text{ EUR} - 1200 \text{ EUR}) = 1564 \text{ EUR}$
2. Stufe: $1564 \text{ EUR} - ^6/_7 \times 1050 \text{ EUR} = 664 \text{ EUR}$
Leistungsfähigkeit M gegeben, da M trotz Abzahlung 2136 EUR verbleiben (4000 − 800 − 400 − 664).

6. Nutzungsvergütung

Eine Nutzungsvergütung kann auf Grund einer richterlichen Entscheidung oder auf Grund einer Vereinbarung der Eheleute anfallen, wenn der ausziehende Ehegatte Eigentümer oder Miteigentümer der Immobilie ist oder ein dingliches Nutzungsrecht (zB ein Wohnrecht) besitzt.[187] Sie entspricht einem Mietzins für einen Teil des Anwesens. Nach der geänderten Rechtsprechung des BGH ist sie Surrogat des früheren Wohnwerts und damit bei einer Unterhaltsberechnung in der Ehe angelegt.[188] Wird bei der Bemessung des **Unterhalts** ein Wohnwert bedarfserhöhend angesetzt, schließt dies eine zusätzliche Nutzungsvergütung aus (→ Rn. 533).[189] 528

Bei einem Streit der Eheleute, wer von ihnen ab **Trennung** zur alleinigen Benutzung einer im Miteigentum oder Alleineigentum stehenden Ehewohnung berechtigt ist, entscheidet der Familienrichter nach § 1361b BGB. Er kann bei der Zuweisung an einen Ehegatten wegen des Alleineigentums oder Miteigentumsteils des anderen Ehegatten oder dessen dinglichen Nutzungsrecht auf Antrag nach § 1361b III 2 BGB eine Nutzungsvergütung nach Billigkeit festlegen.[190] Die in § 1361b BGB neugefasste familienrechtliche Regelung geht in der Trennungszeit bei Miteigentum als lex specialis den gemeinschaftsrechtlichen Regelungen nach § 745 II BGB vor.[191] Ein Herausgabeanspruch nach § 985 BGB bei Alleineigentum ist aus den gleichen Gründen unzulässig.[192] § 1361b BGB stellt nur noch auf die faktische Überlassung der Wohnung ab, ohne dass es darauf ankommt, ob der weichende Ehegatte die Ehewohnung freiwillig verlässt oder verpflichtet ist, auszuziehen.[193] Auch nach Auszug eines Ehegatten behält sie während der gesamten Trennungszeit den Charakter der Ehewohnung.[194] 529

Die Nutzungsvergütung soll nach Billigkeit den Verlust des Wohnbesitzes ausgleichen und einen Ausgleich schaffen, dass entgegen der Lebensplanung nur noch ein Ehegatte die Nutzung ziehen kann.[195]

Bei Miteigentum bezieht sich die Nutzungsvergütung nur auf den dem ausziehenden Ehegatten gehörenden Hälfteanteil der Immobilie.[196]

Beim **nachehelichen Unterhalt** kommt bei Allein- oder Miteigentum des ausziehenden Ehegatten eine Wohnungsüberlassung an den anderen Ehegatten nach § 1568a II 1 BGB nur aus Billigkeitsgründen in Ausnahmefällen in Betracht. § 1568a V BGB eröffnet zwar die Möglichkeit des Abschlusses eines regelmäßig zu befristenden Mietverhältnisses mit der ortsüblichen Miete, in der Praxis wird von dieser Möglichkeit aber kein Gebrauch gemacht. In der Regel besteht nur ein Nutzungsverhältnis, insbesondere bei Miteigentum, wenn sich die Eheleute noch nicht über die Vermögensauseinandersetzung einigen konnten. Da der Gesetzgeber bewusst für diese Fälle in § 1568a BGB entgegen § 1361b BGB keine Regelung zur Festsetzung einer Nutzungsvergütung traf,[197] scheidet eine analoge 529a

---

[187] BGH FamRZ 2014, 460; 2010, 1630.
[188] BGH FamRZ 2005, 1817 = R 632h.
[189] BGH FamRZ 2003, 432.
[190] BGH FamRZ 2014, 460.
[191] BGH FamRZ 2017, 693 (696).
[192] BGH FamRZ 2017, 22 (23)
[193] BGH FamRZ 2014, 460.
[194] BGH FamRZ 2017, 22 (23).
[195] BGH FamRZ 2014, 460.
[196] Vgl. zB OLG Karlsruhe FamRZ 2009, 775; OLG Brandenburg FamRZ 2013, 1980.
[197] BT-Drs. 16/13027, 11.

Anwendung des § 1361b BGB aus. Die Nutzungsvergütung richtet sich deshalb bei Miteigentum nach § 745 II BGB, bei Alleineigentum nach §§ 987 I, 990 I, 100 BGB.[198]

530 Ein angemessener Ausgleich für die alleinige Benutzung kann statt einer Nutzungsvergütung darin bestehen, dass der das Haus bewohnende Ehegatte die Kosten des Hauses einschließlich aller Annuitätszahlungen übernimmt, soweit die Kosten in etwa dem Nutzungsentgelt entsprechen und damit ein ausgewogenes Verhältnis besteht.[199] Ein Gesamtschuldnerausgleich kommt dann nicht in Betracht, weil es sich um eine anderweitige Regelung im Sinne des § 426 I BGB handelt.[200]

Eine Neuregelung nach §§ 1361b, 1568a BGB wird erst ab dem Zeitpunkt wirksam, ab dem sie erstmals mit Nachdrücklichkeit verlangt wurde.[201] Eine bloße Zahlungsaufforderung reicht dazu nicht aus.[202] Eine beim Trennungsunterhalt geforderte Nutzungsentschädigung wirkt nicht für den nachehelichen Unterhalt, sondern es bedarf eines Neuregelungsverlangens.[203]

Verlangt ein Ehegatte, der nach der Trennung der Parteien in der beiden gehörenden Ehewohnung allein weiter lebt und wie bisher die Hauskredite weiter bedient, später rückwirkend einen Gesamtschuldnerausgleich nach § 426 I BGB, kann der andere Ehegatte rückwirkend mit einem Anspruch auf Nutzungsentschädigung aufrechnen.[204]

530a Bei der Entscheidung über die Höhe der Nutzungsvergütung sind vom Gericht ua zu berücksichtigen der Mietwert des Hauses, Nebenkosten, Zins- und Tilgungsleistungen sowie etwaige zufließende Mieteinnahmen. Da es sich um ein Surrogat des mietfreien Wohnens in der Ehe handelt, ist es vielfach naheliegend, bei Miteigentum die Hälfte des Wohnwerts anzusetzen, bei Alleineigentum des nicht mehr im Familienheim lebenden Ehegatten den vollen Wohnwert. Der BGH hat in seiner Entscheidung vom 5.2.2014 allerdings darauf hingewiesen, dass es um eine Billigkeitsregelung geht, die im tatrichterlichen Ermessen liegt, bei der auch zusätzliche Umstände zu berücksichtigen sind, z.B. ob neben dem Ehegatten noch erwachsene Kinder die Immobilie nutzen oder dem in der Immobilie verbleibenden Ehegatten die Nutzung aufgedrängt wurde.[205] Er hat deshalb nicht beanstandet, dass die Nutzungsvergütung bei einem dinglichen Wohnrecht beider Eheleute auf ein Fünftel des Gesamtwohnwerts des Anwesens festgesetzt wurde, weil neben dem Ehemann noch vier erwachsene Töchter und ein Enkelkind das Objekt nutzten.[206]

Ein entsprechendes Nutzungsentgelt kann auch ohne gerichtliche Entscheidung vereinbart werden.

531 **Vereinbarten die Parteien** bei einem im gemeinsamen Eigentum stehenden Familienheim neben dem Barunterhalt, dass ein Ehegatte auch nach der Scheidung mit den Kindern **weiterhin das Eigenheim bewohnen darf,** handelt es sich bei der zur Verfügung gestellten Nutzung der gemeinsamen Immobilie um einen neben der Geldrente geleisteten **Naturalunterhalt**.[207] Für nach dem 1.1.2008 geschlossene Vereinbarungen muss dabei zur Wirksamkeit die nach der **Neufassung des § 1585c BGB** notwendige **Form** gewahrt sein. Auch wenn § 1585 BGB beim nachehelichen Unterhalt grundsätzlich eine Geldrente vorsieht, kann nach § 1585c BGB diese Art der Unterhaltsleistung vereinbart werden.[208] Darin liegt zugleich eine Neuregelung der Nutzung und Verwaltung, wobei ein an sich höherer Unterhaltsanspruch durch die alleinige Nutzung der gemeinsamen Immobilie kompensiert wird. Veräußert der Ausziehende später seinen Miteigentumsanteil an einen Dritten, und muss der im Anwesen Verbleibende an den Dritten eine Nutzungsvergütung

---

[198] Elden NJW-Spezial 2011, 196.
[199] BGH FamRZ 2017, 693 (696).
[200] BGH FamRZ 2018, 1517 Rn. 17 ff.
[201] BGH FamRZ 2018, 1517 Rn. 23; 1995, 216; 1993, 676.
[202] OLG Hamm NJW-Spezial 2014, 134.
[203] BGH FamRZ 2017, 693 (696) mit Anm. Wever.
[204] BGH FamRZ 1993, 676.
[205] BGH FamRZ 2014, 460.
[206] BGH FamRZ 2014, 460.
[207] BGH FamRZ 1997, 484 = R 508.
[208] BGH FamRZ 1997, 484 = R 508.

zahlen, muss ihn der Ausziehende unterhaltsrechtlich von dieser Nutzungsvergütung freistellen.[209]

Im Ergebnis liegt bei Nutzung des Miteigentums des Ehegatten, auch wenn dies unterhaltsrechtlich berücksichtigt wurde, immer eine Naturalleistung in Höhe des halben Wohnwerts vor; bei Durchführung des **Realsplittings** kann diese deshalb statt oder neben dem Barunterhalt als Sonderausgabe gemäß § 10 I 1 EStG angesetzt werden.[210] 532

Soweit im **Unterhaltsverfahren** ein Wohnwert einkommenserhöhend berücksichtigt wurde, kommt daneben keine Nutzungsvergütung nach §§ 1361b, 1568a BGB in Betracht.[211] Ansonsten würde ein Verstoß gegen das **Verbot der Doppelverwertung** vorliegen (→ § 4 Rn. 480).[212] Wie oben bereits ausgeführt wurde, ist die Nutzungsvergütung insoweit unterhaltsrechtlich bereits kompensiert.[213] Denn der im Unterhaltsverfahren angesetzte Wohnwert beinhaltet bereits eine Regelung über den Nutzungswert des dem Ausziehenden gehörenden, aber vom anderen Ehegatten genutzten Miteigentums. Dies gilt nicht nur bei einem Wohnwert nach der objektiven Marktmiete, sondern auch bei Ansatz des angemessenen Wohnwerts in der Trennungszeit, da auch insoweit über den Gebrauchswert der gesamten Wohnung entschieden wurde.[214] Der ausziehende bzw. verbleibende Ehegatte wird dadurch nicht schlechter gestellt, soweit die Nutzungsvergütung dem Wohnwert entspricht (→ Rn. 531 und Beispiel → Rn. 534). 533

Eine anderweitige Regelung liegt auch vor, wenn durch Berücksichtigung des mietfreien Wohnens des Bedürftigen der Unterhaltsanspruch entfällt.[215] Das grundsätzliche Verlangen auf Trennungsunterhalt kann sich auch konkludent ergeben, wenn der Bedürftige bei rückwirkender Geltendmachung einer Nutzungsvergütung einwendet, er habe von Anfang an nur wegen des mietfreien Wohnens davon abgesehen, Trennungsunterhalt zu verlangen. Entfällt der Unterhaltsanspruch dagegen bereits aus anderen Gründen, steht keine anderweitige Regelung dem Begehren auf Nutzungsvergütung entgegen.[216]

Wird nur für die **Hälfte einer gemeinsamen Immobilie eine Nutzungsvergütung** vereinbart, ist dagegen bei der Unterhaltsberechnung ein Wohnwert für das gesamte Objekt anzusetzen, der sich um die gezahlte Nutzungsvergütung kürzt (vgl. Rechenbeispiel).

Rechenbeispiel: 534
M und F werden geschieden. Erwerbseinkommen M 2000 EUR, F 1000 EUR (in der Ehe angelegt). Der Mietwert der gemeinsamen Ehewohnung beträgt 700 EUR. F beantragt nachehelichen Unterhalt.
a) M bleibt in der Ehewohnung.
b) M bleibt in der Ehewohnung und zahlt F eine Nutzungsvergütung von 350 EUR.
c) F bleibt in der Ehewohnung.
d) F bleibt in der Ehewohnung und zahlt M eine Nutzungsvergütung von 350 EUR.
Lösung (nach der Additionsmethode):
a) M bleibt in Ehewohnung:
Nach SüdL mit $^1/_{10}$
Bedarf: $^1/_2 \times (^9/_{10} \times 2000 + ^9/_{10} \times 1000 + 700) = 1700$
Höhe: $1700 ./. ^9/_{10} \times 1000 = 800$
M verbleiben damit einschließlich des Wohnwerts 1900 EUR (2000 + 700 ./. 800), F 1800 EUR (1000 + 800).
Nach DT mit $^1/_7$
Bedarf: $^1/_2 \times (^6/_7 \times 2000 + ^6/_7 \times 1000 + 700) = 1636$
Höhe: $1636 ./. ^6/_7 \times 1000 = 778$
M verbleiben damit einschließlich des Wohnwerts 1922 EUR (2000 + 700 ./. 778), F 1778 EUR (1000 + 778).

---

[209] BGH FamRZ 1997, 484 = R 508.
[210] BFH FamRZ 2000, 1360.
[211] BGH FamRZ 2014, 460; 2003, 432.
[212] BGH FamRZ 2003, 432.
[213] BGH FamRZ 1997, 484 (486) = R 508.
[214] Gerhardt FamRZ 1993, 1139.
[215] OLG Karlsruhe FamRZ 2009, 775.
[216] OLG Karlsruhe FamRZ 2009, 775.

b) M bleibt in Ehewohnung und zahlt eine Nutzungsvergütung:
Der Wohnwert beträgt wegen Zahlung der Nutzungsvergütung 350 EUR (700–350), das zusätzliche Einkommen der F als Surrogat des mietfreien Wohnens ebenfalls 350 EUR.
Nach SüdL mit $^1/_{10}$
Bedarf: $^1/_2 \times (^9/_{10} \times 2000 + ^9/_{10} \times 1000 + 350 + 350) = 1700$
Höhe: 1700 ./. $(^9/_{10} \times 1000 + 350) = 450$
M verbleiben damit einschließlich des Wohnwerts 1900 EUR (2000 + 700 ./. 350 ./. 450), F 1800 EUR (1000 + 350 + 450).
Nach DT mit $^1/_7$
Bedarf: $^1/_2 \times (^6/_7 \times 2000 + ^6/_7 \times 1000 + 700) = 1636$
Höhe: 1636 ./. $(^6/_7 \times 1000 + 350) = 428$
M verbleiben damit einschließlich des Wohnwerts weiterhin 1922 EUR (2000 + 700 ./. 350 ./. 428), F 1778 EUR (1000 + 350 + 428).

c) F bleibt in Ehewohnung:
Nach SüdL mit $^1/_{10}$
Bedarf: $^1/_2 \times (^9/_{10} \times 2000 + ^9/_{10} \times 1000 + 700) = 1700$
Höhe: 1700 ./. $(^9/_{10} \times 1000 + 700) = 100$
M verbleiben damit 1900 EUR (2000 ./. 100), F einschließlich des Wohnwerts 1800 EUR (1000 + 700 + 100).
Nach DT mit $^1/_7$
Bedarf: $^1/_2 \times (^6/_7 \times 2000 + ^6/_7 \times 1000 + 700) = 1636$
Höhe: 1636 ./. $(^6/_7 \times 1000 + 700) = 78$
M verbleiben damit weiterhin 1922 EUR (2000 ./. 78), F einschließlich des Wohnwerts 1778 EUR (1000 + 700 + 78).

d) F bleibt in Ehewohnung und zahlt eine Nutzungsvergütung:
Der Wohnwert beträgt wegen Zahlung der Nutzungsvergütung 350 EUR (700–350), das zusätzliche Einkommen der F als Surrogat des mietfreien Wohnens ebenfalls 350 EUR (s. oben b).
Nach SüdL mit $^1/_{10}$
Bedarf: $^1/_2 \times (^9/_{10} \times 2000 + ^9/_{10} \times 1000 + 350 + 350) = 1700$
Höhe: 1700 ./. $(^9/_{10} \times 1000 + 350) = 450$
M verbleiben damit 1900 EUR (2000 + 330 ./. 450), F einschließlich des Wohnwerts 1800 EUR (1000 + 350 + 450).
Nach DT mit $^1/_7$
Bedarf: $^1/_2 \times (^6/_7 \times 2000 + ^6/_7 \times 1000 + 700) = 1636$
Höhe: 1636 ./. $(^6/_7 \times 1000 + 350) = 428$
M verbleiben damit weiterhin 1922 EUR (2000 + 350 ./. 428), F einschließlich des Wohnwerts 1778 EUR (1000 + 350 + 428).

7. Unterhaltsrechtliche Auswirkung eines Wohnvorteils beim Ehegattenunterhalt

535 a) **Wohnvorteil und Bedarfsbemessung.** Im Rahmen der Bedarfsbemessung (§§ 1361, 1578 BGB) zählt der Wohnvorteil (= Differenz zwischen Wohnwert und abzugsfähigen Hauskosten) zu den **in der Ehe angelegten Einkünften,** wenn die Eheleute bis zur Trennung ein eigenes Haus oder eine Eigentumswohnung (Allein- oder Miteigentum) bewohnt haben.[217]

536 • Für diese Beurteilung als in der Ehe angelegt ist der Lebenszuschnitt maßgeblich, den die Eheleute während der Zeit des Zusammenlebens in der Ehe (= bis zur Trennung) durch ihre Leistungen begründet haben.[218]

537 • **In der Ehe angelegt** ist dabei der Wohnwert, der nach Abzug der Instandhaltungskosten und nicht umlegbarer Betriebskosten sowie bei Trennung/Scheidung noch zu zahlenden berücksichtigungsfähigen Abzahlungen (Zins und bei Miteigentum Tilgung; bei Alleineigentum Zins sowie Tilgung bis zur Höhe des Wohnwerts → Rn. 510) verbleibt, da die Eheleute nur in dieser Höhe billiger als ein Mieter wohnten[219] (→ Rn. 498 ff.). Er

---

[217] BGH FamRZ 2014, 923 = R 751a; 2013, 191; 2012, 517; 2012, 514; 2010, 1633; 2009, 23; 2008, 963 = R 692a; 2007, 879; 2005, 1817 = R 632g; 2003, 1179; 2001, 1140 (1143); 2001, 986 (991) = R 563e.
[218] BGH FamRZ 2007, 879; 1998, 899.
[219] BGH FamRZ 2013, 191; 2012, 517; 2012, 514; 2007, 879; 2003, 1179; 2000, 950 (951).

6. Abschnitt: Einkünfte aus Vermietung und Verpachtung § 1

bemisst sich in der Trennungszeit zunächst nach einem angemessenen Wert, ab Rechtshängigkeit des Scheidungsverfahrens und nach der Scheidung nach der objektiven Marktmiete (→ Rn. 478 ff.). Auch wenn durch den Ansatz eines angemessenen Wohnwerts der Bedarf während der Trennungszeit zunächst aus Billigkeitsgründen niedriger ausfällt als bei Ansatz der objektiven Marktmiete, ist dies hinzunehmen. Denn die ehelichen Lebensverhältnisse verwirklichen sich nach der Trennung der Parteien in Form eines entsprechend geringer anzusetzenden Gebrauchsvorteils als bedarfsbestimmend.[220] Dies gilt nicht, wenn die Endgültigkeit der Trennung feststeht, zB ab Rechtshängigkeit des Scheidungsverfahrens, durch einen Ehevertrag in der Trennungszeit mit Gütertrennung oder bei einer Trennung über drei Jahre (→ Rn. 480).[221] Im Ergebnis geht es insoweit nur um eine Bewertungsfrage unter Berücksichtigung der vorhandenen Barmittel für einen Zeitraum, in dem eine Vermögensverwertung/-umschichtung des durch den Auszug des Ehepartners entstandenen sog toten Kapitals noch nicht verlangt werden kann, um eine Versöhnung der Eheleute nicht zu erschweren. Es bleibt aber beim Grundsatz, dass die ehelichen Lebensverhältnisse durch mietfreies Wohnen bestimmt wurden. Bei Übernahme des Familienheimes durch einen Ehegatten s. unten Rn. 542.

- Haben die Eheleute in der Ehezeit zwei Immobilien als Familienheim genutzt, sind beide **538** Wohnwerte in der Ehe angelegt.[222] Dies ist vor allem zu beachten, wenn die Eheleute nach der Trennung jeweils eine der Wohnungen nutzen. Benutzt ein Ehegatte nach der Trennung beide Wohnungen, ist regelmäßig auch nach endgültigem Scheitern der Ehe aus Billigkeitsgründen für die Wohnung, die zum Verkauf bestimmt ist, nur ein angemessener Wohnwert bis zum Verkauf anzusetzen.[223]
- Ein in der Ehe angelegtes mietfreies Wohnen liegt auch vor, wenn den Eheleuten in der **539** Ehe zwei Wohnungen gehörten, wovon sie eine bewohnten und die andere vermieteten, das Mietverhältnis wegen der Trennung gekündigt wurde und diese Wohnung dann von dem aus dem Familienheim ausziehenden Ehegatten genutzt wird. Denn dieses mietfreie Wohnen ist dann **Surrogat** der früheren in der Ehe angelegten Mieteinkünfte.
- **Wohnen beide Eheleute** nach der Trennung zunächst noch **weiter im Eigenheim**, ist **540** der Wohnwert beim Bedarf als in der Ehe angelegt zu berücksichtigen, auch wenn er sich bei der Unterhaltsberechnung im Ergebnis als wertneutral auswirkt, da er dann auf der Bedürftigkeitsstufe zur Hälfte anzurechnen ist. Es ist jedoch zu beachten, dass sich der Bedarf durch das mietfreie Wohnen erhöht. Außerdem wird dadurch berücksichtigt, wer Hausschulden abzahlt (→ Rn. 505 ff.).
- Wohnt bei **mehreren** bedürftigen **Ehegatten** der **Pflichtige** in der ersten und zweiten **541** Ehe mietfrei, ist die Marktmiete als Wohnwert anzusetzen. Der Ausgleich in der zweiten Ehe, dass dort bei Zusammenleben der Eheleute an sich nur der angemessene Wohnwert anzusetzen wäre, wird durch die Ersparnis aus dem Zusammenleben ausgeglichen (→ Rn. 484), zumal bei Zusammenleben kein totes Kapital entsteht und es damit auf den tatsächlichen Wohnwert ankommt. Entsprechendes gilt für den Bedürftigen, der mietfrei wohnt. Wohnt der Pflichtige nur in der zweiten Ehe mietfrei, ist dieser Wohnwert gegenüber dem ersten Ehegatten zwar nicht in der Ehe angelegt. Er ist aber nach BGH wegen der zusätzlichen Unterhaltslast durch den zweiten Ehegatten bei der Korrekturberechnung im Rahmen der Leistungsfähigkeit anzusetzen, weil dadurch der Grundsatz der Halbteilung nicht verletzt wird und bei der Leistungsfähigkeit das gesamte Einkommen des Pflichtigen heranzuziehen ist (→ Rn. 484, → § 4 Rn. 434).[224]
- Wird das gemeinsame Familienheim nach Trennung/Scheidung veräußert, sind die **542** Zinsen Surrogat des früheren Wohnwerts,[225] auch wenn sie über dem früheren Wohn-

---

[220] BGH FamRZ 2014, 923 = R 751a; 2009, 1300 = R 705a; 2000, 351 (353); NJW 1998, 2821 (2823).
[221] BGH FamRZ 2009, 1300 = R 705a; 2009, 23; 2008, 963 = R 692b, c.
[222] BGH FamRZ 2009, 1300 = R 705a.
[223] BGH FamRZ 2009, 1300 = R 705a.
[224] BGH FamRZ 2010, 111; 2009, 579; 2009, 411.
[225] BGH FamRZ 2014, 1098 = R 753; 2009, 23; 2008, 963 = R 692a; 2001, 1140; 2001, 986 = R 563e.

wert liegen (eingehend Rn. 557 ff.).[226] Wird aus dem Erlös eine neue Immobilie angeschafft, ist der neue Wohnwert als Surrogat des früheren mietfreien Wohnens in der Ehe angelegt (→ Rn. 558 ff.).[227] Übernimmt ein Ehegatte die Haushälfte des Anderen, bleibt der Wohnwert in Höhe der Marktmiete als bedarfserhöhend bestehen (→ Rn. 569).[228] Das Gleiche gilt bei Übernahme der Haushälfte des anderen Ehegatten im Rahmen einer Zwangsversteigerung.[229]

543 • In der Ehe angelegt ist auch der Wohnwert, der Surrogat sonstiger in der Ehe angelegter Einkünfte ist, zB von Kapital- oder Mieteinkünften oder aus dem Zugewinnausgleich angeschafft wurde (→ § 4 Rn. 597, 598).

544 • Die ehelichen Lebensverhältnisse werden **nicht bestimmt** durch ein Haus, das von den Eheleuten zwar als Ehewohnung geplant, aber nicht gemeinsam bewohnt wurde, weil es bei Trennung erst im Rohbau fertiggestellt war.[230]

545 • Ein Wohnvorteil ist **nicht in der Ehe angelegt**, wenn ein Ehegatte das Haus oder die Ehewohnung erst **nach der Trennung/Scheidung** mit nicht in der Ehe angelegten Mitteln, zB einer Erbschaft, einem Lottogewinn oder nach der Trennung aufgebauten Ersparnissen, erworben und bezogen hat.[231]

546 • Kein in der Ehe angelegter Wohnwert ist anzusetzen, wenn die Eheleute in der Ehe mietfrei und ohne Gegenleistung in einer Immobilie der Eltern oder eines nahen Angehörigen lebten (→ Rn. 475).

547 **Entfallen** für einen Ehepartner infolge seines Auszugs bei Trennung die **Nutzungen der Immobilie,** während der andere Ehegatte in der Ehewohnung verbleibt, hat dieser Ausfall der Nutzungen **keinen Einfluss** auf die Beurteilung der in der Ehe angelegten ehelichen Lebensverhältnisse, weil der bedürftige Ehegatte nach der Intention des Gesetzes vor einem sozialen Abstieg infolge der Scheidung bewahrt werden soll.[232] Der Wohnwert bleibt als in der Ehe angelegt erhalten, während der Trennungszeit zunächst in Höhe eines angemessenen Werts, ab endgültigem Scheitern der Ehe zB wegen Rechtshängigkeit des Scheidungsverfahrens und nach Scheidung in Höhe der objektiven Marktmiete. Am besten lässt sich dies nach der Additionsmethode darstellen, da dort klar erkennbar ist, dass es für die Bedarfsermittlung nicht darauf ankommt, wer nach Trennung/Scheidung im Familienheim bleibt, sondern nur, dass ein in der Ehe angelegter Wohnwert vorhanden ist (vgl. Beispiele → Rn. 497). Nutzungen der Ehewohnung, die der ausziehende Ehegatte nicht mehr ziehen kann, bleiben bei dem **auf den Bedarf** nach den ehelichen Lebensverhältnissen **anzurechnenden Einkommen** des Berechtigten, bzw. der Leistungsfähigkeit des Pflichtigen **außer Betracht,** dh dem **Ausziehenden** ist nach §§ 1577 I, 1581 BGB **kein Wohnvorteil** zuzurechnen. Dabei kommt es auf die Gründe der Trennung nicht an. Ein Ehegatte führt nicht dadurch mutwillig seine Bedürftigkeit herbei, dass er aus der Ehewohnung auszieht. Das gilt in gleicher Weise für den Verpflichteten und den Berechtigten.[233]

547a **Ziehen beide Eheleute** aus dem im Miteigentum stehenden Familienheim aus, bevor es veräußert wird, ohne dass einem beim Auszug ein unterhaltsbezogen leichtfertiges Verhalten vorgeworfen werden kann, besteht ab diesem Zeitpunkt bis zur Vermögensauseinandersetzung – ausnahmsweise – **kein bedarfserhöhender Wohnwert,** da es an einer Nutzung des gemeinsamen Vermögens fehlt (→ Rn. 484a und Beispiel → Rn. 527). Es handelt sich insoweit aber nur um einen vorübergehenden Wegfall einer Einkommensart. Ab Vermögensauseinandersetzung lebt der Wohnwert wieder auf, entweder in Höhe des bisherigen Wohnwerts bei Übernahme der Immobilie durch einen Ehegatten (→ Rn. 542) oder als Surrogat in Höhe der Zinsen aus dem Verkaufserlös (→ Rn. 557 ff.).

---

[226] BGH FamRZ 2002, 88.
[227] BGH FamRZ 2014, 1098 = R 753; 2009, 1300 = R 705a; 2009, 23; 2008, 693 = R 692a; 2006, 387 = R 643f; 2005, 1159 = R 623b, c; 2001, 1140 (1143); 2001, 986 (991) = R 563e.
[228] BGH FamRZ 2014, 1098 = R 753; 2008, 963 = R 692a.
[229] BGH FamRZ 2008, 1817.
[230] BGH FamRZ 1988, 145.
[231] BGH FamRZ 1988, 1031; vgl. auch OLG Brandenburg FamRZ 2009, 1837.
[232] BGH FamRZ 1986, 437.
[233] BGH FamRZ 1989, 1160 (1162); FamRZ 1986, 434.

6. Abschnitt: Einkünfte aus Vermietung und Verpachtung § 1

b) Wohnvorteil und Bedürftigkeit des Berechtigten. Hat der **Berechtigte** nach 548 der Trennung weiterhin einen **in der Ehe angelegten Wohnvorteil,** weil er in der Ehewohnung verbleibt, **kürzt** dieser seinen sich aus den ehelichen Lebensverhältnissen ergebenden **Bedarf** (§ 1577 I BGB). Er ist beim Trennungsunterhalt zunächst auf einen angemessenen Wert zu begrenzen, da er auch bei der Bedarfsermittlung nur mit einem angemessenen Wert angesetzt wurde,[234] ab endgültigem Scheitern der Ehe zB ab Rechtshängigkeit des Scheidungsverfahrens und beim nachehelichen Unterhalt richtet er sich bei Bedarf und Bedürftigkeit nach der objektiven Marktmiete (→ Rn. 479 ff.). Der **in der Ehe angelegte Wohnwert** ist also vom **Wertansatz** bei der Ermittlung des Bedarfs und des auf diesen Bedarf anzurechnenden Einkommens des Berechtigten (= Unterhaltshöhe) stets **identisch**[235] (vgl. Beispiele → Rn. 497). Die **tatsächlich anzurechnende Wohnwerthöhe** kann jedoch differieren. Denn bei den zum Zeitpunkt der Trennung auf das Eigenheim noch zu leistenden Abzahlungen ist zwischen Bedarfsermittlung und anzurechnendem Einkommen bei der Bedürftigkeit zu unterscheiden. Bei der Ermittlung des Bedarfs sind sie bei Miteigentum in vollem Umfang zu berücksichtigen (→ Rn. 508 ff.), bei Alleineigentum bis zur Rechtshängigkeit des Scheidungsverfahrens, danach nur noch die Zinsen und eine darüber hinausgehende Tilgung bis zur Höhe der Marktmiete (→ Rn. 507).[236] Eine weitergehende Tilgung kann nur noch als Altersvorsorge Berücksichtigung finden (→ Rn. 510). Beim anzurechnenden Einkommen kommt es darauf an, ob und in welcher Höhe sie der Berechtigte nach der Trennung weiterbezahlt, wenn ja ferner, ob es sich um Allein- oder Miteigentum handelt (→ Rn. 507 ff.).

Eine Ausnahme besteht bei einer **konkreten Bedarfsermittlung**. Für den konkreten 548a Bedarf richtet sich der Wohnbedarf des Bedürftigen nach einer den Lebensverhältnissen entsprechenden kleineren Wohnung (= angemessener Wohnwert). Ab endgültigen Scheitern der Ehe, dh in der Regel ab Rechtshängigkeit des Scheidungsverfahrens ist dagegen auf den ermittelten konkreten Bedarf der volle Wohnwert (= Marktmiete) anzurechnen, wenn der Bedürftige weiterhin im Familienheim lebt (→ Rn. 491a).[237]

Handelt es sich um einen in der Ehe angelegten Wohnwert aus einem Surrogat früherer 549 in der Ehe angelegter Einkünfte (Wohnwert, Mieteinkünfte, Zugewinnausgleich usw) mit einer neuen und damit nicht berücksichtigungswürdigen Hausschuld, sind bei Bedarf und Bedürftigkeit/Leistungsfähigkeit nur die Zinsen, nicht die Tilgung als einseitige Vermögensbildung Abzugsposten (→ Rn. 514), außer es handelt sich um eine zulässige Altersvorsorge.

Hat der Berechtigte einen **nicht in der Ehe angelegten Wohnvorteil,** zB durch 550 Eigentumserwerb aus Mitteln eines Lottogewinn oder einer Abfindung nach der Trennung, aus nach der Trennung aufgebauten Ersparnissen, aus einer Erbschaft nach der Trennung oder aus einem neuen dinglichen Wohnrecht, dann mindert dieser Wohnvorteil die Bedürftigkeit ebenfalls, weil der Berechtigte nach § 1577 I BGB alle in der Ehe angelegten und nicht in der Ehe angelegten Einkünfte bedarfsmindernd heranziehen muss.[238] Der nicht in der Ehe angelegte neue Wohnwert ist stets mit der **objektiven Marktmiete** anzusetzen. Werden zum Erwerb der neuen Immobilie Schulden aufgenommen, kürzen nach BGH zwar die **Zinsen,** nicht aber die **Tilgung** als einseitige Vermögensbildung den Wohnwert, da der Unterhalt nicht der Finanzierung der Vermögensbildung des Bedürftigen dient.[239] Es ist aber zu prüfen, ob durch Vermögensumschichtung eine bessere Rendite zu erzielen ist. Letzteres führt vielfach dazu, nur einen ohne Aufnahme von Schulden erzielbarer Wohnwert anzusetzen, bzw. soweit dieser neue Wohnwert im Verhältnis zum eingesetzten Kapital eine zu geringe Rendite erbringt, Zinsen aus dem eingesetzten Kapital (→ Rn. 568).

---

[234] BGH FamRZ 2014, 923 = R 751a.
[235] BGH FamRZ 1998, 899.
[236] BGH FamRZ 2017, 519 (521) = R 781b.
[237] BGH FamRZ 2012, 517; 2012, 514.
[238] BGH FamRZ 1998, 87; NJW-RR 1988, 1093 (1095).
[239] BGH FamRZ 2000, 950 (951); 1998, 87; 1992, 423.

551 Wenn die Parteien in einem früheren Urteil/Beschluss einen Wohnvorteil in der Ehe bei der Bedarfsbemessung völlig unberücksichtigt gelassen haben, dann ist auch in einem **Abänderungsverfahren** kein Wohnvorteil zu berücksichtigen. Denn es ist die sich aus der Präklusion ergebende Einschränkung der Abänderbarkeit im Verfahren nach § 238 II FamFG zu beachten.[240] Nach ständiger Rechtsprechung des BGH binden auch fehlerhafte Feststellungen, da § 238 FamFG – ebenso § 323 ZPO für Altverfahren – nur der Korrektur fehlgeschlagener Prognosen dient, nicht wie ein Rechtsmittel der Beseitigung von Fehlern (→ § 10 Rn. 222).[241]

552 Die Bedürftigkeit des Berechtigten wird nicht gemindert, wenn ihm die Eltern oder ein naher Angehöriger **freiwillig und kostenlos** als Sachleistung eine Wohnung zur Verfügung stellen oder ihn in ihre Wohnung unentgeltlich aufnehmen (→ Rn. 475). Die Anrechenbarkeit solcher Leistungen hängt in diesen Fällen grundsätzlich vom Willen des Zuwendenden ab. Geht der Wille, wie in der Regel, dahin, den Berechtigten zu unterstützen, ohne den Verpflichteten von seiner Unterhaltspflicht zu entlasten, ist die Zuwendung nicht mit dem Unterhaltsanspruch zu verrechnen.[242] Eine Ausnahme besteht nur im Mangelfall, da im Mangelfall auch freiwillige Leistungen Dritter als Einkommen angesetzt werden können (→ § 5 Rn. 73 ff.).[243]

Erfolgt die Wohnungsgewährung im Rahmen der **Haushaltsführung für einen neuen Lebensgefährten,** ist in dem für die als vermögenswerter Vorteil anzusetzende Ersparnis das kostenlose Wohnen mit enthalten (→ § 4 Rn. 585 ff.).[244]

553 Erhält der Berechtigte für die Nutzung seines Miteigentumsanteils oder seines Alleineigentums gemäß einer Vereinbarung oder einer richterlichen Entscheidung eine Nutzungsvergütung, so mindert diese Zahlung seine Bedürftigkeit und ist auf seinen Bedarf nach den ehelichen Lebensverhältnissen anzurechnen (→ Rn. 528 mit Beispiel → Rn. 534).

554 c) **Wohnvorteil und Leistungsfähigkeit des Verpflichteten.** Bei der Ermittlung der **Leistungsfähigkeit** des Verpflichteten sind wie beim Bedürftigen **alle Einkünfte** heranzuziehen, die diesem zufließen, gleich welcher Art sie sind und auf welcher Grundlage er sie bezieht[245] (→ § 4 Rn. 972). Dazu zählen sowohl die in der Ehe angelegten Einkünfte, zB ein Wohnvorteil, als auch alle nicht in der Ehe angelegten Einkünfte, zB ein Wohnvorteil aus einem erst nach der Trennung aus einer Erbschaft erworbenen Haus oder bei Wiederverheiratung das kostenlose Wohnen im Haus des neuen Ehegatten.[246] Bei neuen erst nach der Scheidung entstandenen Unterhaltslasten für Kinder, nach § 1615l BGB oder für einen neuen Ehegatten sind diese Ausgaben nach der geänderten Rechtsprechung des BGH erst im Rahmen der Leistungsfähigkeit anzusetzen (→ § 4 Rn. 426 ff.).[247] Zur Höhe eines in der Ehe oder nicht in der Ehe angelegten Wohnwerts gelten die bereits beim Bedürftigen gemachten Ausführungen (→ Rn. 548 ff.).

Bei einem **negativen Wohnwert** ist zu beachten, dass Abzahlungen, die den Wohnwert übersteigen, nicht berücksichtigungsfähig sind, soweit sie dem Mietkostenanteil im Selbstbehalt entsprechen; sie würden ansonsten im Ergebnis doppelt verwertet (→ Rn. 579).

555 Im Rahmen der Leistungsfähigkeit darf dem Verpflichteten – wie beim Berechtigten – nicht leistungserhöhend zugerechnet werden, dass ihn die Eltern oder ein naher Angehöriger unentgeltlich in der Wohnung aufnehmen oder ihm als Sachleistung kostenlos eine Wohnung zur Verfügung stellen. Seine Leistungsfähigkeit erhöht sich dadurch nur, wenn es sich um eine Gegenleistung handelt (→ Rn. 475, 468 ff.). Eine Ausnahme besteht im Mangelfall; der Selbstbehalt kann dann um den im Selbstbehalt enthaltenen Wohnkosten-

---

[240] FamRZ 2007, 793; 1990, 269.
[241] BGH FamRZ 2001, 905 (906); 2000, 1687.
[242] BGH FamRZ 1999, 843 (847); 1980, 40 (42); 1980, 879; 1985, 584; vgl. auch OLG München FamRZ 1996, 199.
[243] BGH FamRZ 1999, 843 (847).
[244] BGH FamRZ 1995, 343.
[245] BGH FamRZ 1986, 780; 1985, 354 (356); 1980, 342; 1982, 250; 1981, 338.
[246] BGH FamRZ 2008, 986 = R 689j.
[247] BGH FamRZ 2012, 281 = R 731e, g.

anteil gekürzt werden.²⁴⁸ Etwas anderes gilt, wenn der Pflichtige nach Wiederverheiratung in das Haus des neuen Ehepartners zieht, da das mietfreie Wohnen dann Teil des Familienunterhalts nach § 1360a BGB ist (→ Rn. 554).²⁴⁹

Nimmt der Pflichtige einen neuen Lebensgefährten mietfrei bei sich auf oder zieht der Pflichtige zu einem neuen Lebensgefährten, liegt durch die jeweilige Ersparnis ein nicht in der Ehe angelegtes Einkommen vor, da der Doppelhaushalt billiger ist als der Einzelhaushalt und sich der neue Partner an den Kosten beteiligen kann.²⁵⁰ Nach BGH handelt es sich bei der Ersparnis um keine freiwillige Leistung, sondern um als Folge des Zusammenlebens eintretende Synergieeffekte (→ § 4 Rn. 585).²⁵¹

d) Wohnvorteil und trennungsbedingter Mehrbedarf. Wie der BGH inzwischen mehrfach entschieden hat, gibt es seit seiner geänderten Rechtsprechung zu den ehelichen Lebensverhältnissen mit der Surrogatlösung bei Ausübung der Familienarbeit in der Ehe (näher → § 4 Rn. 422) keinen unterhaltsrechtlich zu berücksichtigenden trennungsbedingten Mehrbedarf als Teil des Bedarfs nach den ehelichen Lebensverhältnissen mehr (→ § 4 Rn. 406).²⁵² Soweit einige Oberlandesgerichte weiterhin am trennungsbedingten Mehrbedarf festhalten, obwohl dieser bereits begrifflich nicht in der Ehe angelegt sein kann und deshalb auch vom Gesetzgeber nicht als Teil des Bedarfs normiert wurde (vgl. §§ 1361, 1578 BGB), kann dem nicht gefolgt werden.²⁵³ **556**

Trennungsbedingte Mehrkosten können deshalb nicht mehr bedarfserhöhend angesetzt werden. Sie können aber als **Abzugsposten** zu berücksichtigen sein, wenn es sich um eine unumgängliche erst nach der Trennung entstandene Verbindlichkeit handelt, die nach der geänderten Rechtsprechung des BGH berücksichtigungswürdig ist (→ Rn. 1084).

8. Wohnvorteil und Unterhalt nach Veräußerung des Familienheims

a) Erlös als Surrogat. Nach der vor 2001 geltenden Rechtsprechung des BGH war bei Veräußerung des Familienheims nach Trennung oder Scheidung der **Wohnvorteil**, der die ehelichen Lebensverhältnisse geprägt hatte, festzustellen und als Bestandteil der ehelichen Lebensverhältnisse bei der Ermittlung des Bedarfs fiktiv mit in die Bemessungsgrundlage für den Unterhaltsanspruch einzubeziehen.²⁵⁴ Auf diese Weise sollte ein sozialer Abstieg des Bedürftigen durch die Veräußerung des Familienheims vermieden werden. **557**

Diese Rechtsprechung hat der BGH 2001 zeitgleich mit der Änderung seiner Rechtsprechung zur Haushaltsführung in der Ehe entsprechend einer Empfehlung des Arbeitskreises 3 des 13. Deutschen Familiengerichtstages 1999²⁵⁵ grundlegend geändert.²⁵⁶ Die **Zinsen aus dem Erlös** oder ein mit dem Erlös angeschaffter **neuer Wohnwert** sind **Surrogat** des früheren Wohnwerts und damit **in der Ehe angelegt**.²⁵⁷ Dies gilt auch, wenn die Zinsen aus dem Erlös den früheren Wohnwert **übersteigen**.²⁵⁸ **558**

Die Änderung seiner früheren von der Praxis oft angegriffenen Rechtsprechung war sehr zu begrüßen. Es handelt sich um eine Lösung, die immer schon gangbar und wesentlich einleuchtender war. Die frühere Rechtsprechung wurde vom Normalbürger – und auch von vielen Juristen – nicht verstanden, weil bei einem Verkauf des Eigenheimes **559**

---

[248] OLG Koblenz FamRZ 2002, 1215; OLG Dresden, FamRZ 1999, 1522.
[249] BGH FamRZ 2008, 986 = R 689j.
[250] BGH FamRZ 2012, 281 = R 731k.
[251] BGH FamRZ 2012, 281 = R 731k; 2010, 1535 = R 714a; 2009, 314; 2008, 594 = R 688b, c.
[252] BGH FamRZ 2010, 111; 2007, 1303.
[253] Vgl. eingehend 7. Auflage § 1 Rn. 377 ff.
[254] Vgl. zB BGH FamRZ 1998, 87; 1994, 1100 (1102).
[255] Brühler Schriften zum Familienrecht, Bd. 11, 13. Deutscher Familiengerichtstag 1999, Beschlüsse Arbeitskreis 3 III.
[256] Gerhardt FamRZ 2003, 414.
[257] BGH FamRZ 2014, 1098 = R 753; 2009, 23; 2008, 963 = R 692a; 2006, 387 = R 643f; 2005, 1817 = R 632g; 2005, 1159 = R 623b, c; 2002, 88; 2001, 986 (991) = R 563e; 2001, 1140 (1143).
[258] BGH FamRZ 2002, 88 (91).

immer nur die beiderseitigen Erlösanteile verglichen wurden, nicht aber der frühere Wohnwert und der Erlös. Letzterer war in der Praxis selten identisch und konnte im Einzelfall auch zu unbilligen Ergebnissen führen, zB wenn der Wohnwert durch Abzahlungen niedrig, der Verkaufserlös dagegen durch teure Grundstückspreise hoch lag. Die Surrogatlösung ist daher auch gerechter, da die Parteien das Risiko des Verkaufs teilen. Wie der BGH zu Recht ausgeführt hat, beinhaltet sie auch Abweichungen vom früheren Wohnwert, nachdem der Wert eines Surrogats nicht identisch mit dem abzulösenden Wert sein muss. Beide Eheleute teilen damit das Risiko des durch Beendigung der Ehe notwendigen Verkaufs, nachdem die Immobilie bei Trennung/Scheidung nicht real zwischen ihnen geteilt werden kann. Der Wert hat sich an dem jetzt vorhandenen und nicht zugunsten bzw. zulasten eines Ehegatten an einen früher vorhandenen Nutzungsvorteil zu orientieren, auch wenn der Verkauf durch die Trennung ausgelöst wurde. Nur dieses Ergebnis entspricht den realen Verhältnissen. Der Unterhalt kann nur aus den vorhandenen Einkünften bezahlt werden. Der Verkauf des Familienheimes wegen der Trennung ist auch kein unterhaltsbezogen leichtfertiges Verhalten, das mit einem fiktiven, früher vorhandenen Einkommen sanktioniert werden muss.

Die Surrogatlösung führt dazu, die Zinsen in voller Höhe anzusetzen, selbst wenn sie den früheren Wohnwert übersteigen.[259] Letzteres muss auch gelten, wenn im Einzelfall durch hohe Abzahlungen der Wohnwert null oder sogar negativ war und durch einen hohen Immobilienwert nicht nur die Schulden beglichen werden, sondern auch ein Erlös verbleibt. Denn maßgebend für das Surrogat sind allein die derzeitigen Verhältnisse.[260] Es besteht zwar keine generelle Verpflichtung, wegen der Trennung/Scheidung Vermögen zu veräußern, um eine höhere Rendite und damit höhere Einkünfte zu erzielen.[261] Wenn aber eine Veräußerung des Familienheimes wegen Trennung/Scheidung erfolgen muss, weil eine Teilung in Natur bei gemeinsamem Immobilieneigentum nicht möglich ist bzw. sonstige bei Trennung/Scheidung entstehende finanzielle Belastungen, zB durch den Zugewinn, bei Alleineigentum einen Verkauf erfordern, sind die nunmehr gezogenen Nutzungen, idR Zinsen aus dem Erlös oder ein mit dem Erlös angeschaffter neuer Wohnwert, als tatsächlich vorhandenes Einkommen, für die Unterhaltsbemessung maßgebend.

Für die Praxis ist darauf hinzuweisen, dass sich nach **Veräußerung des gemeinsamen Familienheimes** die **Unterhaltsberechnung ändert.** Während bis dahin der Wohnwert bei der Bedürftigkeit bzw. Leistungsfähigkeit nur bei dem Ehegatten angesetzt wurde, der in der Wohnung verblieb, werden die Zinsen aus dem Erlös als Surrogat bei beiden Ehegatten je zur Hälfte eingestellt.

560   **b) Eigenheim gehört den Ehegatten gemeinsam.** Die geänderte Rechtsprechung führt im Hauptanwendungsfall, dass das Familienheim beiden Eheleuten gemeinsam gehört, wegen der Trennung veräußert werden muss und der Erlös geteilt wird, zu wesentlich einfacheren Lösungen. Denn im Ergebnis sind die beiderseitigen Zinsen beim Ehegattenunterhalt wertneutral. Streitigkeiten der Eheleute über die erzielbare Zinshöhe sind damit überflüssig, da die Zinsen für beide gleich hoch anzusetzen sind. Ausnahmen könnten sich allenfalls ergeben, wenn die Zinsen erheblich über den steuerlichen Freibeträgen liegen und ein Ehegatte einen Steuersatz unter der Kapitalertragsteuer hat. IdR werden diese Abweichungen aber vernachlässigbar sein. Die **beiderseitigen Zinsen** sind damit in gleicher Höhe beim Bedarf anzusetzen und in Höhe des jeweiligen (Hälfte-)Anteils bei der Bedürftigkeit bzw. Leistungsfähigkeit.

> **Fall 1:**
> M hat ein bereinigtes Nettoeinkommen von 3000 EUR, F von 1500 EUR. M und F wohnten im Eigenheim mit einem Wohnwert von 1000 EUR, wobei sie noch 400 EUR Schulden monatlich abzahlen mussten. Welchen Unterhaltsanspruch hat F, wenn der Verkaufserlös des Hauses 200 000 EUR betrug, wovon sie 100 000 EUR erhielt und hieraus Zinseinkünfte von monatlich 400 EUR erzielt?

---

[259] BGH FamRZ 2002, 88.
[260] BGH FamRZ 2008, 968 = R 689g.
[261] BGH FamRZ 1997, 281; 1992, 1045.

6. Abschnitt: Einkünfte aus Vermietung und Verpachtung **§ 1**

Lösung:
In der Ehe angelegt ist neben dem Erwerbseinkommen der Parteien nach Veräußerung des Eigenheimes nicht mehr der frühere Wohnwert von 600 EUR (1000 ./. 400), sondern als Surrogat die Zinsen aus dem Verkaufserlös, auch wenn sie den Wohnwert übersteigen. Dabei ist zu beachten, dass beide Ehepartner je 400 EUR Zinsen erhalten. Die Lösung erfolgt nach der Additionsmethode, da nur nach dieser Methode der Bedarf ermittelt wird, was zur verständlicheren Darstellung unumgänglich ist.

Nach SüdL mit $^1/_{10}$:
Bedarf: $^1/_2$ ($^9/_{10}$ 3000 + $^9/_{10}$ 1500 + 2 × 400) = 2425
Höhe: 2425 ./. ($^9/_{10}$ 1500 + 400) = 675

Nach DT mit $^1/_7$:
Bedarf: $^1/_2$ ($^6/_7$ 3000 + $^6/_7$ 1500 + 2 × 400) = 2328;
Höhe: 2328 ./. ($^6/_7$ 1500 + 400) = 643

Wäre der Erlös wegen höherer Schulden auf dem Eigenheim nur 100 000 EUR, so dass jeder Ehegatte 50 000 EUR erhält und hieraus 200 EUR Zinsen erzielt, würde sich das Ergebnis rechnerisch nicht ändern.

Nach SüdL mit $^1/_{10}$:
Bedarf: $^1/_2$ ($^9/_{10}$ 3000 + $^9/_{10}$ 1500 + 2 × 200) = 2225
Höhe: 2225 ./. ($^9/_{10}$ 1500 + 200) = 675

Nach DT mit $^1/_7$:
Bedarf: $^1/_2$ ($^6/_7$ 3000 + $^6/_7$ 1500 + 2 × 200) = 2128;
Höhe: 2128 ./. ($^6/_7$ 1500 + 200) = 643

Im Ergebnis kann beim Ehegattenunterhalt **bei gemeinsamem Eigentum bei Vergleichen vereinfacht** vorgegangen werden. Da der Erlös wertneutral ist, kann man als Geschäftsgrundlage vereinbaren, dass sich der Bedarf nur aus dem sonstigen Einkommen, idR dem Erwerbseinkommen, ermittelt, dagegen die Zinsen aus dem Verkaufserlös weder beim Bedarf noch bei der Bedürftigkeit/Leistungsfähigkeit angesetzt werden, da sich das Ergebnis rechnerisch nicht ändert. Dies hat den großen Vorteil, dass die Ehegatten über das Kapital frei verfügen können und in den Verhandlungen die üblichen gegenseitigen Vorwürfe, Geld verschleudert zu haben, unterbleiben, vor allem auch in späteren Abänderungsfällen. Wegen der ab 1.1.2008 geltenden **neuen Rangordnung** mit der Möglichkeit, dass zu einem späteren Zeitpunkt gleichrangige Ehegattenansprüche oder Ansprüche nach § 1615l BGB entstehen können, sollte in der Geschäftsgrundlage ein Passus aufgenommen werden, dass im Abänderungsfall beim Bedürftigen und Pflichtigen ein gleichhoher bestimmter Betrag als Zinseinkommen anzusetzen ist. **561**

Fall 1 (vereinfacht):
Lösung:
Nach SüdL mit $^1/_{10}$:
$^1/_2$ ($^9/_{10}$ 3000 + $^9/_{10}$ 1500) = 2025
2025 ./. $^9/_{10}$ 1500 = 675
Nach DT mit $^1/_7$:
$^3/_7$ (3000 ./. 1500) = 643

Um Missverständnisse zu vermeiden: Diese **vereinfachte Lösung gilt nur bei Miteigentum** der Ehegatten, nicht bei Alleineigentum Sie gilt ferner nicht in einem Mangelfall, wenn es um die Leistungsfähigkeit des Pflichtigen geht und nicht beim Kindesunterhalt, bei dem die Zinsen als Surrogat des früheren Wohnwerts beim Barunterhaltspflichtigen selbstverständlich für die Bedarfsermittlung des Kindes heranzuziehen sind. Bei mehreren gleichrangigen Ehegatten nach der ab 1.1.2008 geltenden Rangordnung gilt die wertneutrale Lösung nur, wenn die zweite Ehe noch besteht, nicht dagegen, wenn auch die zweite Ehe des Pflichtigen gescheitert ist. **562**

Soweit mit dem Erlös ein neuer Wohnwert angeschafft wurde, → Rn. 567. **563**

c) Eigenheim im Alleineigentum eines Ehegatten. Bei Alleineigentum des Bedürftigen/Pflichtigen sind die Zinsen als Surrogat des früheren Wohnwerts in der Ehe angelegt, bei der Bedürftigkeit/Leistungsfähigkeit sind sie in vollem Umfang beim Eigentümer als Einkommen anzusetzen. **564**

Fall 2:
Wie Fall 1, aber das Eigenheim stand im Alleineigentum von
a) M
b) F
Lösung:
Zu a)
Nach SüdL mit $^1/_{10}$:
Bedarf: $^1/_2$ ($^9/_{10}$ 3000 + $^9/_{10}$ 1500 + 800) = 2425
Höhe: 2425 ./. $^9/_{10}$ 1500 = 1075
Leistungsfähigkeit M: gegeben, da ihm 2725 EUR verbleiben (3000 + 800 ./. 1075), dh die Hälfte des Bedarfs zuzüglich seines Erwerbstätigenbonus und der Ehegattenmindestselbstbehalt von 1200 EUR gewahrt bleibt.
Nach DT mit $^1/_7$:
Bedarf: $^1/_2$ ($^6/_7$ 3000 + $^6/_7$ 1500 + 800) = 2328;
Höhe: 2328 ./. $^6/_7$ 1500 = 1043
Leistungsfähigkeit M: gegeben, da ihm 2757 EUR verbleiben (3000 + 800 ./. 1043), dh die Hälfte des Bedarfs zuzüglich seines Erwerbstätigenbonus und der Ehegattenmindestselbstbehalt von 1200 EUR gewahrt bleibt.
Zu b)
Nach SüdL mit $^1/_{10}$:
Bedarf: $^1/_2$ ($^9/_{10}$ 3000 + $^9/_{10}$ 1500 + 800) = 2425
Höhe: 2425 ./. ($^9/_{10}$ 1500 + 800) = 275
Nach DT mit $^1/_7$:
Bedarf: $^1/_2$ ($^6/_7$ 3000 + $^6/_7$ 1500 + 800) = 2328;
Höhe: 2328 ./. ($^6/_7$ 1500 + 800) = 243

565 **d) Verwendung und Verbrauch des Erlöses.** Aus der unterhaltsrechtlichen Obliegenheit des Bedürftigen, sich möglichst selbst zu unterhalten bzw. des Pflichtigen, für den errechneten Unterhalt leistungsfähig zu sein, ergibt sich zum einen die Verpflichtung, den Verkaufserlös adäquat anzulegen, zum anderen, das Geld nicht ungerechtfertigt zu verbrauchen.

566 • Soweit der Berechtigte das Geld **angelegt** hat, hat er die Obliegenheit, sein Vermögen so ertragreich wie möglich zu nutzen.[262] Sparbuchzinsen reichen hierfür regelmäßig nicht aus. Es kann aber nicht verlangt werden, spekulative Wertanlagen zu tätigen. Wegen der derzeitigen sehr niedrigen Zinsphase kann aber angesonnen werden, aus dem Erlös eine neue kleinere Immobilie anzuschaffen, wenn dies ohne Aufnahme von Schulden möglich ist. Im Einzelfall wird zuzubilligen sein, dass ein Teil des Geldes so angelegt wird, dass es schnell verfügbar bleibt, zB über Festgeld. Höhere Kapitaleinkünfte sind vor ihrer Anrechnung auf den Bedarf um die Zinsabschlagsteuer (seit 2009 pauschal 25%, §§ 43, 43a EStG) zu kürzen,[263] wobei der Freibetrag einschließlich Werbungskosten ohne Berücksichtigung ihrer tatsächlichen Höhe seit 2009 bei Einzelveranlagung 801 EUR, bei gemeinsamer Veranlagung 1602 EUR beträgt (§ 20 IX EStG). Wie bereits ausgeführt, spielt diese Frage bei Veräußerung eines im gemeinsamen Miteigentum stehenden Familieneigenheimes beim Ehegattenunterhalt keine Rolle, da die Zinsen in gleicher Höhe angesetzt werden (→ Rn. 560). Bei Alleineigentum eines Ehegatten, bei mehreren gleichrangigen Ehegatten, beim Anspruch nach § 1615l BGB oder beim Kindesunterhalt ist dieses Problem aber zu beachten.

567 • Wurde das Geld ganz oder teilweise **verbraucht,** ohne Nutzungen zu ziehen, können fiktive Zinseinkünfte nur angesetzt werden, wenn der Bedürftige unwirtschaftlich handelte und dadurch eine mutwillige Herbeiführung der Bedürftigkeit nach § 1579 Nr. 4 BGB vorliegt (→ § 4 Rn. 1308 ff.).[264] Dies ist der Fall, wenn sich der Berechtigte unter grober Missachtung dessen, was jedem einleuchten muss, oder in Verantwortungs- und Rücksichtslosigkeit gegen den Unterhaltspflichtigen über die erkannte Möglichkeit nachteiliger Folgen für seine Bedürftigkeit hinweggesetzt hat.[265] Nur dann kann ein

---

[262] BGH FamRZ 2009, 23; 1992, 423 (425).
[263] OLG München FamRZ 1994, 1459.
[264] BGH FamRZ 2010, 629; 2005, 1159 = R 623e.
[265] BGH FamRZ 1990, 989 (991).

6. Abschnitt: Einkünfte aus Vermietung und Verpachtung **§ 1**

unterhaltsbezogen leichtfertiges oder mutwilliges Verhalten vorgeworfen werden. Letzteres entfällt, soweit der Berechtigte das Geld für Verfahrenskosten, den Umzug, notwendige neue Einrichtungsgegenstände oder Fahrzeuge oder für seine unzureichende Altersversorgung ausgegeben hat.[266] Betreut der Bedürftige gemeinschaftliche minderjährige Kinder, entfällt ein Ansatz fiktiver Zinsen bei Verbrauch des Verkaufserlöses, wenn der Mindestbedarf der Kinder nicht gesichert ist.[267]

Probleme ergeben sich in der Praxis, wenn die Parteien einen Teil des Erlöses in **unterschiedlicher Höhe verbraucht** haben. Aus Billigkeitsgründen wird man in der Regel bei Miteigentum die beiderseitigen Zinseinkünfte bei Verbrauch eines Teils des Geldes gleich hoch ansetzen, so dass sie sich im Ergebnis wertneutral verhalten (→ Rn. 560 Fall 1).[268] Das OLG Koblenz schlägt dabei vor, dass von den Zinsen aus dem niedrigeren Kapitalrest auszugehen ist, um den sparsamen Ehegatten nicht zu benachteiligen.[269]

- Wurde mit dem Erlös neues Wohneigentum gebildet, ist der **neue Wohnwert** Surrogat 568 des früheren vollen Wohnwerts bzw. bei Miteigentum halben Wohnwerts und insoweit in der Ehe angelegt.[270] Er richtet sich regelmäßig nach der **objektiven Marktmiete** (→ Rn. 480, 542). Abzugsposten sind, falls für den Erwerb neue, dh nichtprägende Kredite aufgenommen wurden, nach BGH nur die Zinsen, nicht aber die Tilgung, da letztere zur **einseitigen** Vermögensbildung führt.[271] Der Unterhalt dient aber nicht dazu, Vermögensbildung zu ermöglichen.[272] Etwas anderes gilt nur, wenn es sich um eine zulässige Altersvorsorge handelt (→ Rn. 1034, 1037).[273] Die neue Rechtsprechung des BGH zum Abzug einer Tilgung bis zur Höhe des Wohnwerts gilt nicht bei neuen nicht in der Ehe angelegten Verbindlichkeiten. Die Berücksichtigung der Zinsen beruht hingegen darauf, dass sie auch bei Mieteinkünften als Werbungskosten Abzugsposten darstellen und damit berücksichtigungswürdig sind (→ Rn. 458, 506), auch wenn sie Teil der neuen Schuld sind. Ergibt der neue Wohnwert im Verhältnis zum eingesetzten Kapital keine ertragreiche Rendite, ist im Einzelfall zu prüfen, ob eine Verpflichtung zur **Vermögensumschichtung** besteht.[274] Dabei sind nach BGH alle Umstände des Einzelfalls unter Berücksichtigung der Belange des Berechtigten und Pflichtigen gegeneinander abzuwägen. Zu beachten sind die beiderseitigen früheren wie jetzigen Wohnverhältnisse, ferner wie hart den Pflichtigen die Unterhaltslast trifft und welcher Entscheidungsspielraum dem Vermögensinhaber eingeräumt werden kann.[275] Der neue Wohnwert darf durch eine Darlehensaufnahme nicht auf oder gegen Null reduziert werden, wenn man bei Kauf einer kleineren Immobilie oder mit einer anderen Vermögensanlage positive Einkünfte erzielen würde.[276] Bei Miteigentum wird es aus Gleichbehandlungsgründen vielfach angemessen sein, durch Vermögensumschichtung für die Unterhaltsberechnung nur die objektive Marktmiete einer ohne Schulden angeschafften Immobilie bzw. Zinsen aus dem vorhanden gewesenen Kapital als Einkommen anzusetzen.[277] Zu vergleichen ist dabei der neue Wohnwert abzüglich Zins und Tilgung mit einem ohne Schuldenaufnahme gebildeten neuen Wohnwert, bzw. die Zinsen aus einer Kapitalanlage.[278] Denn

---

[266] BGH FamRZ 1990, 989 (991).
[267] BGH FamRZ 1997, 873 (875).
[268] Brühler Schriften zum Familienrecht, Bd. 12, 14. Deutscher Familiengerichtstag 2001, Beschlüsse Arbeitskreis 13 zu II 1.
[269] OLG Koblenz FamRZ 2002, 1407.
[270] BGH FamRZ 2014, 1098 = R 753; 2009, 23; 2006, 387 = R 643f; 2005, 1159 = R 623b; 2001, 1140 (1143); 2001, 986 (991) = R 563e.
[271] BGH FamRZ 2009, 23; 2008, 963 = R 692d, e; 2005, 1159 = R 623c; 2001, 1140 (1143); 2000, 950.
[272] BGH FamRZ 1998, 87 (88).
[273] BGH FamRZ 2008, 963 = R 692f; 2007, 879.
[274] BGH FamRZ 2009, 23; 2005, 1159 = R 623d; 2001, 1140 (1143).
[275] BGH FamRZ 2009, 23; 2001, 1140 (1143).
[276] BGH FamRZ 2009, 23.
[277] BGH FamRZ 1998, 87 (89).
[278] BGH FamRZ 1998, 87 (89).

569   **e) Veräußerung des Hälfteanteils an den Ehepartner.** Kauft ein Ehepartner dem anderen seinen Hälfteanteil ab, ist nach BGH bei einem Ehegatten der **volle Wohnwert** abzüglich der **Zinsen aus den Hausschulden** und der **Zinsen** des für die Veräußerung an den Ehegatten **aufgenommenen Darlehens,** beim anderen Ehegatten die **Zinsen aus dem Erlös** als in der Ehe angelegt beim Bedarf anzusetzen.[279] Die Tilgung des neu aufgenommenen Darlehens ist als **einseitige Vermögensbildung** nicht zu berücksichtigen, es sei denn es handelt sich um eine zusätzliche **Altersvorsorge.**[280] Bei den aus der Ehezeit übernommenen Hausschulden ist zu berücksichtigen, dass durch die Übertragung des Hälfteanteils die zunächst in der Ehe gemeinsame Vermögensbildung zur **einseitigen Vermögensbildung** wird.[281] Der Ansatz des vollen Wohnwerts beim Erwerber entspricht den realen Verhältnissen und rechtfertigt sich nach BGH durch die Berücksichtigung der zusätzlichen Zinsen aus dem Übernahmedarlehen, womit praktisch ausgeglichen wird, dass beim anderen Ehegatten bereits für eine Haushälfte Zinsen als Surrogat angesetzt wurden.[282] Die gleiche Lösung gilt, wenn die gemeinsame Immobilie von einem Ehegatten im Rahmen der **Zwangsversteigerung** erworben wurde.[283] Anders ist die Sachlage nach BGH nur, wenn sich die Übernahme des Familienheimes durch einen Ehepartner nicht als angemessene Vermögensnutzung darstellt, sondern unwirtschaftlich ist und deshalb eine Obliegenheit zur Vermögensumschichtung besteht.[284]

Gegen die Lösung des BGH bestehen für die praktische Anwendung Bedenken, auch wenn sie von den realen Gegebenheiten ausgeht. Die Lösung des BGH beruht auf dem Blickwinkel der Revisionsinstanz und dem vorgegebenen Sachverhalt, dass bei Übertragung der Haushälfte – fehlerhaft – der Unterhalt nicht gleichzeitig einvernehmlich mit geregelt wurde. In der Tatsacheninstanz ist für den Richter und Rechtsanwalt zu beachten, dass die Lösung des BGH meistens zur **Benachteiligung eines Ehegatten** führt, weil Wohnwert und Zinsen aus dem Erlös selten gleich hoch sind. Die Benachteiligung kann sowohl den Pflichtigen als auch den Bedürftigen treffen, je nachdem, ob der Wohnwert hoch bzw. durch Belastungen niedrig oder der Erlös hoch oder niedrig ist (vgl. unten Fall 3). Dies erschwert aber eine Einigung über die Übertragung der Haushälfte an einen Ehepartner. Nach der Gesetzeslage kann aber eine Übertragung nur einvernehmlich erfolgen oder durch Zwangsversteigerung. Zumindest für einvernehmliche Lösungen ist deshalb die Übertragung der Haushälfte an den Ehepartner nicht anders zu werten als der Verkauf der Immobilie an einen Dritten mit einem **wertneutralen Erlös** für beide Ehegatten (→ Rn. 561 ff.). Nur dadurch wird mit Übertragung an den Ehepartner keiner der Eheleute unterhaltsrechtlich benachteiligt. Der Unterhalt muss darum in diesen Fällen immer sofort mit erledigt werden.

Fall 3:
a) M und F werden am 10.8.2019 geschieden. Sie wohnten im Eigenheim mit einer Marktmiete von 1000 EUR, wobei für aufgenommene Grundschulden noch 600 EUR abzuzahlen sind (500 EUR Zinsen, 100 EUR Tilgung). M kauft F ihren Hälfteanteil des Familienheims für 100 000 EUR ab und übernimmt ihren Hälfteanteil offener Schulden von 40 000 EUR (offene Gesamtschuld 80 000 EUR). Zur Zahlung der 100 000 EUR an F nahm er einen Kredit auf, den er mit mtl. Raten von 500 EUR (400 EUR Zinsen, 100 EUR Tilgung) abbezahlt. M hat ein bereinigtes Nettoerwerbseinkommen von 2000 EUR, wobei er über eine Gesamtaltersvorsorge von 24% des Bruttoeinkommens verfügt. F war in der Ehe Hausfrau und ist jetzt ganztägig berufstätig mit einem bereinigten Nettoeinkommen von 1000 EUR. Aus dem Erlös hat F Zinseinkünfte von 250 EUR. Unterhaltsanspruch F?

---

[279] BGH FamRZ 2014, 1098 = R 753; 2008, 963 = R 692a, d, e; 2005, 1159 = R 623c.
[280] BGH FamRZ 2014, 1098 = R 753; 2008, 963 = R 692f.
[281] BGH FamRZ 2008, 963 = R 692d, e; anders noch BGH FamRZ 2005, 1159 = R 623c.
[282] BGH FamRZ 2008, 963 = R 692a; 2005, 1159 = R 623c.
[283] BGH FamRZ 2005, 1817 = R 632h.
[284] BGH FamRZ 2009, 23; 2005, 1159 = R 623d.

6. Abschnitt: Einkünfte aus Vermietung und Verpachtung   § 1

b) Wie a, aber die Abzahlung des Familienheimes betrug nur noch 400 EUR (300 EUR Zinsen, 100 EUR Tilgung).
c) Wie a, aber das Familienheim war schuldenfrei.
Lösung:
Zu a)
In der Ehe angelegt ist bei M nach BGH der volle Wohnwert abzüglich der Zinsen des eheprägenden Kredits (= 500 EUR), der Zinsen von mtl. 400 EUR des neu aufgenommenen nicht in der Ehe angelegten Kredits von 100 000 EUR zur Auszahlung der F sowie der Tilgung des eheprägenden Kredits von monatlich 100 EUR, da sie sich nach Abzug aller Zinsen noch im Rahmen des in der Ehe angelegten Wohnwerts bewegt (1000 − 500 − 100 − 400 = 0). Nicht abzusetzen ist dagegen die Tilgung aus dem neu aufgenommenen nichtprägenden Kredit, , da es sich insoweit um eine einseitige nicht berücksichtigungswürdige Vermögensbildung handelt. Sie bildet auch keine zulässige Altersvorsorge im Rahmen einer Gesamtaltersversorgung von 24% des Bruttoeinkommens. Der Wohnwert beläuft sich damit auf Null (1000 − 500 − 400 − 100).
Bei F sind nach BGH die Zinsen von mtl. 250 EUR aus dem Erlös als Surrogat des früheren Wohnwerts anzusetzen.
Nach SüdL mit $^1/_{10}$:
$^1/_2$ ($^9/_{10}$ 2000 + 250 + $^9/_{10}$ 1000) = 1475
1475 − ($^9/_{10}$ 1000 + 250) = 325
Nach DT mit $^1/_7$:
$^1/_2$ ($^6/_7$ 2000 + 250 + $^6/_7$ 1000) = 1411
1411 − ($^6/_7$ 1000 + 250) = 304
AA, insbesondere für gütliche Einigung:
Nach dem vorliegenden Beispiel würde F durch den Verkauf an den Ehegatten statt an einen Dritten schlechter gestellt, weil bei Verkauf an einen Dritten nach Abzug der Schulden von einem Erlös von 200 000 EUR (2 × 100 000) und damit von Zinseinkünften von 500 EUR (2 × 250) auszugehen wäre. Damit kann für eine gütliche Lösung als Geschäftsgrundlage eine Vermögensumschichtung bei M verlangt werden, wodurch der Wohnwert bei M und die Zinsen aus dem Erlös bei F wertneutral werden.
Nach SüdL (vereinfacht):
$^1/_2$ ($^9/_{10}$ 2000 + $^9/_{10}$ 1000) = 1350
1350 − ($^9/_{10}$ 1000) = 450
Nach DT mit $^1/_7$:
$^3/_7$ (2000 − 1000) = 429
Zu b)
Nach BGH beträgt der in der Ehe angelegte Wohnwert des M jetzt 200 EUR (1000 − 300 − 400 − 100)
Nach SüdL mit $^1/_{10}$:
$^1/_2$ ($^9/_{10}$ 2000 + 200 + 250 + $^9/_{10}$ 1000) = 1575
1575 − ($^9/_{10}$ 1000 + 250) = 425
Nach DT mit $^1/_7$:
$^1/_2$ ($^6/_7$ 2000200 + 250 + $^6/_7$ 1000) = 1511
1511 − ($^6/_7$ 1000 + 250) = 404
AA:
Lösung wie a.
Zu c:
Nach BGH beträgt der in der Ehe angelegte Wohnwert des M jetzt 600 EUR (1000 − 400)
Nach SüdL mit $^1/_{10}$:
$^1/_2$ ($^9/_{10}$ 2000 + 600 + 250 + $^9/_{10}$ 1000) = 1775
1775 − ($^9/_{10}$ 1000 + 250) = 625
Nach DT mit $^1/_7$:
$^1/_2$ ($^6/_7$ 2000 + 600 + 250 + $^6/_7$ 1000) = 1711
1711 − ($^6/_7$ 1000 + 250) = 604
AA:
Lösung wie a. Es besteht ansonsten die Gefahr, dass der Pflichtige zur Vermeidung der nach BGH höheren Unterhaltslast den für den Bedürftigen vielfach ungünstigeren Weg der Zwangsversteigerung beschreitet.

f) Verkaufserlös und Zugewinn. Enthält der Erlös nach Veräußerung des Eigenheimes bei einem Ehegatten zugleich auch einen Zugewinnausgleich, sind die Zinsen aus dem Zugewinnausgleichsbetrag nach der geänderten Rechtsprechung des BGH ebenfalls **in der Ehe angelegt.** Es bleibt daher bei den bereits allgemein geschilderten Grundsätzen. Wie   **570**

der BGH entschieden hat, sind die Zinsen aus dem Zugewinnausgleich Surrogat, soweit sie bereits die Ehe als Erträge des ausgleichspflichtigen Ehegatten beeinflusst hatten.[285] Der BGH hat in seiner Entscheidung zwar offen gelassen, ob dies auch gilt, wenn der Zugewinn auf Vermögen beruht, aus dem in der Ehe keine Nutzungen gezogen wurden, zB aus unterschiedlichem Anfangsvermögen, Kapitallebensversicherungen, Firmenbewertungen. Unter Berücksichtigung des Vereinfachungsgrundsatzes wird man künftig aber auch in diesem Fall die Zinsen – im weitesten Sinn – als Surrogat der beim Endvermögen vorhandenen Aktiva bzw. von berücksichtigungswürdigen Passiva (Zahlung auf Lebensversicherung als Altersvorsorge) ansehen können. Dies entspricht auch der gewandelten Rechtsprechung, die Lebensverhältnisse stärker am vorhandenen realen Einkommen zu orientieren.[286] Es würde auch auf unüberwindbare Schwierigkeiten stoßen, Zinsen aus dem Zugewinnausgleichsbetrag unterschiedlich zu behandeln, insbesondere wenn das Endvermögen durch Passiva gekürzt wurde.

Bei der Unterhaltsberechnung ist allerdings zu beachten, dass bei dieser Sachlage der Erlös aus der Veräußerung des Eigenheimes zwar zu gleich hohen Zinssätzen bei beiden Eheleuten führt, aber zu keiner wertneutralen Lösung, weil beide Eheleute durch den Zugewinnausgleich unterschiedliche Endbeträge erhalten und damit unterschiedliche Kapitaleinkünfte beziehen. Am einfachsten errechnet sich dies, indem man nach der Additionsmethode beim Bedarf die Gesamtzinsen aus dem Verkaufserlös ansetzt und bei der Bedürftigkeit (Höhe) die nach der Zugewinnverrechnung anteilig auf den Bedürftigen fallenden Zinsen anrechnet.

Fall 4:
M. hat eine bereinigtes Nettoerwerbseinkommen von 2000 EUR, F von 1000 EUR. Der Verkaufserlös des Familienheimes betrug 200 000 EUR, wovon an sich jedem Ehegatten 100 000 EUR zustanden und jeder hieraus 350 EUR monatliche Zinseinkünfte erzielen könnte. Ferner fällt noch ein Zugewinnausgleich von 50 000 EUR an.
a) Ausgleichspflichtig für den Zugewinn ist M, so dass F aus dem Verkaufserlös 150 000 EUR erhält (100 000 + 50 000), dh weitere Zinsen (neben 350 EUR aus 100 000 EUR) von 175 EUR hat, während M nur 175 EUR Zinsen verbleiben.
b) Ausgleichspflichtig für den Zugewinn ist F, so dass F nur 50 000 EUR ausbezahlt erhält (100 000 ./. 50 000), dh nur 175 EUR Zinsen erzielt, während M einen Zinserlös von 525 EUR hat.
Lösung:
Zu a)
Beim Bedarf sind die Zinsen aus dem beiderseits verbleibenden Erlös und Zugewinnausgleich als Surrogat anzusetzen, dh bei F 525 EUR (350 + 175), bei M 175 EUR aus den ihm verbleibenden 50000 EUR. Im Ergebnis verbleibt es damit beim Bedarf bei dem Ansatz der Gesamtzinsen aus dem Verkaufserlös von 700 EUR (2 × 350) Bei der Bedürftigkeit sind bei F die Zinsen aus dem Erlösanteil und aus dem Zugewinn von 525 EUR zu berücksichtigen.
Nach SüdL mit $^1/_{10}$:
Bedarf: $^1/_2$ ($^9/_{10}$ 2500 + $^9/_{10}$ 1000 + 175 + 525) = 1925
Höhe: 1925 ./. ($^9/_{10}$ 1000 + 525) = 500
Die Leistungsfähigkeit des M bleibt trotz Zugewinnzahlung gewahrt, da ihm 2175 EUR verbleiben (2500 + 175 ./. 500), dh die Hälfte des Bedarfs zuzüglich der Erwerbsbonus und der Ehegattenmindestselbstbehalt von 1200 EUR gewahrt bleibt
Nach DT mit $^1/_7$:
Bedarf: $^1/_2$ ($^6/_7$ 2500 + $^6/_7$ 1000 + 175 + 525) = 1850
Höhe: 1850 ./. ($^6/_7$ 1000 + 525) = 468
Zu b)
Beim Bedarf sind nunmehr bei M 525 EUR Zinsen und bei F 175 EUR Zinsen anzusetzen, dh er ändert sich gegenüber der Lösung a nicht. Bei der Bedürftigkeit sind bei F nur 175 EUR Zinsen aus dem ihr verbleibenden Betrag von 50 000 EUR anzurechnen.
Nach SüdL mit $^1/_{10}$:
Bedarf: $^1/_2$ ($^9/_{10}$ 2500 + $^9/_{10}$ 1000 + 525 + 175) = 1925
Höhe: 1925 ./. ($^9/_{10}$ 1000 + 175) = 850

---

[285] BGH FamRZ 2008, 963 = R. 692h; 2007, 1532.
[286] Vgl. auch Brühler Schriften zum Familiengerichtstag, Bd. 15, 17. Deutscher Familiengerichtstag 2007, Empfehlungen des Arbeitskreises 3.

Die Leistungsfähigkeit des M bleibt gewahrt, da ihm weiterhin 2175 EUR verbleiben (2500 + 525 ./. 850), dh die Hälfte des Bedarfs zuzüglich der Erwerbsbonus und der Ehegattenmindestselbstbehalt von 1200 EUR gewahrt bleibt
Nach DT mit $^1/_7$:
Bedarf: $^1/_2$ ($^6/_7$ 2500 + $^6/_7$ 1000 + 525 + 175) = 1850
Höhe: 1850 ./. ($^6/_7$ 1000 + 175) = 817

9. Unterhaltsrechtliche Auswirkungen des Wohnwerts beim Verwandtenunterhalt

a) Kindesunterhalt. Das mietfreie Wohnen im Eigenheim ist auch für die Einkommensermittlung beim Kindesunterhalt als Vermögensertrag zu berücksichtigen.[287] Beim Kindesunterhalt ist zu unterscheiden, ob der barunterhaltspflichtige oder der das Kind betreuende Elternteil mietfrei wohnt, ob es um den Bedarf des Kindes oder um die Leistungsfähigkeit des Pflichtigen geht,[288] ob neben dem Kindesunterhalt auch Ehegattenunterhalt verlangt wird bzw ob der Kindesunterhalt bei Naturalleistung nur als Abzugsposten für den Ehegattenunterhalt ermittelt werden muss.

• **Mietfreies Wohnen des Pflichtigen.** Für die Bedarfsbemessung und für die Leistungsfähigkeit des Verpflichteten ist jedes Einkommen heranzuziehen, damit auch das mietfreien Wohnen im Eigenheim.[289] Wohnt der Pflichtige mietfrei, ist daher vor der Einordnung in eine Einkommensgruppe nach der Düsseldorfer Tabelle ein Wohnvorteil einkommenserhöhend zuzurechnen, weil für die Einkommensgruppen der Tabelle das gesamte Einkommen des Unterhaltsschuldners heranzuziehen ist. Zur Wohnwertbemessung → Rn. 577. Anders als beim Ehegattenunterhalt, der nach den in der Ehe angelegten Einkünfte bemessen wird, spielt es beim Kindesunterhalt keine Rolle, ob der Wohnvorteil in der Ehe angelegt war, weil das Kind ohne jede Einschränkung an der Entwicklung des Lebensstandards des barunterhaltspflichtigen Elternteils in gleicher Weise weiterhin teilnimmt wie während intakter Ehe.[290] Bewohnen neben dem Pflichtigen weitere mit dem bedürftigen Ehegatten nicht verwandte Familienangehörige das Eigenheim, zB bei Wiederverheiratung der neue Ehegatte oder bei Kindern nichtverheirateter Eltern dessen Ehefrau, kann der Wohnwert nur anteilig angesetzt werden. Bei Erwachsenen ist der Wohnwert nach Köpfen zu verteilen,[291] Kinder sind geringer, zB mit $^1/_5$ des Tabellenbetrags des Unterhalts nach der Düsseldorfer Tabelle, anzusetzen (→ Rn. 573).
Wohnt der **Pflichtige mit einem gemeinsamen Kind** mietfrei und wird vom anderen Elternteil Ehegattenunterhalt verlangt, ist der als Naturalleistung erbrachte Kindesunterhalt als Rechenfaktor zu monetarisieren und als Abzugsposten beim Ehegattenunterhalt anzusetzen. Im Kindesunterhalt ist dabei ein Wohnkostenzuschuss enthalten (näher → Rn. 573), den der Pflichtige durch Naturalleistung erbringt und der beim Ansatz des Wohnwerts zu berücksichtigen ist.[292] Der Wohnvorteil des Pflichtigen ist deshalb für den Ehegattenunterhalt – ebenso für den monetarisierten Kindesunterhalt – entsprechend zu erhöhen (näher → Rn. 574, 577).[293] Dies gilt auch, wenn das Kind volljährig ist[294]
Vom BGH noch nicht entschieden wurde der Fall einer sog. **Patchworkfamilie** mit Wohnwert. Der Pflichtige lebt mit einem Kind aus zweiter Ehe mietfrei, sein Kind aus erster Ehe lebt mit seiner geschiedenen Frau in einer Mietwohnung. Um die beiden Kinder nicht ungleich zu behandeln, ist in diesem Fall beim Wohnwert die Marktmiete anzusetzen und dieser Wohnwert um 20% für das bei ihm lebende Kind zu kürzen (Beispiel → Rn 580 Fall 3)

---

[287] BGH FamRZ 2014, 923 = R 751a.
[288] BGH FamRZ 2014, 923 = R 751a.
[289] BGH FamRZ 2014, 923 = R 751a.
[290] BGH FamRZ 2000, 358.
[291] OLG München FamRZ 1999, 251.
[292] BGH FamRZ 2013, 191.
[293] BGH FamRZ 2013, 191; 1992, 425; 1989, 1160.
[294] BGH FamRZ 2013, 191.

573 • **Mietfreies Wohnen des betreuenden Elternteils.** Beim **minderjährigen Kind** wird durch den Barunterhalt dessen gesamter Lebensbedarf abgedeckt mit Ausnahme des Betreuungsbedarfs, den der sorgeberechtigte Elternteil bis zur Volljährigkeit gleichwertig erbringt. Durch die Bedarfssätze der Düsseldorfer Tabelle wird daher auch ein Wohnbedarf des Kindes mit abgegolten, dh in dem geleisteten Barunterhalt ist ein Teil für den Wohnbedarf bestimmt.[295]

Wenn – wie in der Regel – das minderjährige Kind mietfrei in Wohn- und Haushaltsgemeinschaft mit einem sorgeberechtigten Elternteil lebt, wird dadurch die Bedürftigkeit des Kindes nicht gemindert. Der Sorgeberechtigte darf eigenverantwortlich den Unterhalt für den Gesamtbedarf des Kindes verwenden. Außerdem will er nach der Lebenserfahrung mit einer Wohnungsgewährung nicht den barunterhaltspflichtigen Elternteil entlasten. Das mietfreie Wohnen des betreuenden Elternteils führt damit nach BGH nicht zu einer Kürzung des Barunterhalts des Kindes.[296] Dies gilt auch, wenn der betreuende Elternteil für den Barunterhalt des minderjährigen Kindes aufkommt und es um die Höhe des Abzugspostens Kindesunterhalt für die Berechnung des Ehegattentrennungsunterhalts geht (→ Rn. 572).[297] Eine Ausnahme kann im Mangelfall angebracht sein, wenn die vorhandenen Mittel des Pflichtigen nicht ausreichen, den Mindestunterhalt bezahlen zu können. Der Barunterhalt kann dann im Einzelfall wegen des mietfreien Wohnens bis zu 20% gekürzt werden (→ § 5 Rn. 27).

574 Der für das Kind geleistete Barunterhalt **erhöht** aber beim **Trennungsunterhalt** durch den darin enthaltenen Mietkostenzuschuss den **Wohnwert** des mietfrei wohnenden, das **Kind betreuenden Elternteils.** Bei der Berechnung des Ehegattenunterhalts ist der Wohnwert daher in diesen Fällen angemessen zu erhöhen. Beim angemessenen Wohnwert, der in der Trennungszeit zunächst herangezogen wird (→ Rn. 479, 486), geschieht das am einfachsten, indem man bei der Abwägung, welche Wohnungsgröße unter Berücksichtigung des sog toten Kapitals angemessen ist, das Kinderzimmer mitberücksichtigt und bewertet; also zB bei einer Wohnungsgröße von 4 Zimmern mit einer Marktmiete von 800 EUR als angemessenen Wohnwert nicht eine 2–2$^1/_2$ Zimmer große Wohnung mit einem Wohnwert von 500 EUR, sondern eine 3 Zimmer große Wohnung mit einem Wohnwert von 600 EUR ansetzt (vgl. Beispiel → Rn. 580). Ist beim Ehegattenunterhalt dagegen die **objektive Marktmiete** heranzuziehen, entfällt eine Erhöhung, da der Wert des mietfreien Wohnens bereits voll ausgeschöpft ist.

575 • **Eigener Wohnvorteil des Kindes.** Ein Wohnvorteil mindert die Bedürftigkeit des Kindes nur, wenn die Wohnung dem Kind selbst gehört, wenn also zB das Kind durch Erbfolge oder Schenkung eine eigene Wohnung erhalten hat, die vom Sorgeberechtigten verwaltet und mitbenutzt wird. In einem solchen Fall ist der Barunterhalt des minderjährigen Kindes um den Wohnkostenanteil im Tabellenunterhalt von 20% zu kürzen (s. oben), regelmäßig dagegen nicht um einen höheren Betrag, da eine Vermögensverwertung des Eigenheimes durch das Kind nach § 1602 II BGB nicht in Betracht kommt und dem Kind ein angemessener Betrag für die allgemeinen Lebenshaltungskosten verbleiben muss.

576 • **Wohnvorteil beim volljährigen Kind.** Bei volljährigen Kindern wird in der Regel ebenfalls mit festen Bedarfssätzen oder den Sätzen der Altersstufe 4 der Düsseldorfer Tabelle der gesamte Lebensbedarf des Kindes, also auch ein Wohnbedarf, mitabgegolten. Es ist insoweit aber zu **differenzieren,** ob das Kind einen eigenen Hausstand hat oder nicht. Bei eigenem Hausstand mindert ein Wohnvorteil des Kindes (zB Wohnen in einer ihm gehörenden Eigentumswohnung) dessen Bedürftigkeit. Lebt ein noch in Ausbildung befindlicher Volljähriger mit eigenem Hausstand im Eigenheim, wird man seinen Bedarf von derzeit 735 EUR[298] um den darin enthaltenen Wohnanteil für Unterkunft und Heizung von 300 EUR auf 435 EUR kürzen.[299]

---

[295] BGH FamRZ 1992, 425; 1989, 1160 (1163).
[296] BGH FamRZ 1992, 425; 1989, 1160 (1163); vgl. auch OLG Koblenz FamRZ 2009, 891.
[297] BGH FamRZ 2013, 191.
[298] DT Anm. A 7; SüdL, BL, BrL, CL, FL, HaL, HL, KL, OL jeweils Nr. 13.1.2.
[299] SüdL, BrL, FL, HaL, KL, NaL jeweils Nr. 13.1.2.

Lebt das Kind in der Wohnung eines leistungsfähigen Elternteils, kürzt das mietfreie Wohnen dagegen seinen Bedarf nach der Altersstufe 4 der DT nicht. Es handelt sich insoweit um eine Naturalleistung des Pflichtigen, die ihn teilweise von seiner Unterhaltspflicht gegenüber dem Volljährigen befreit[300] und die seinen Wohnvorteil bei einer Unterhaltsverpflichtung gegenüber dem Ehegatten erhöht (→ Rn. 572).[301] Der die Unterkunft gewährende Elternteil kann vom Volljährigen deshalb für diese Naturalleistung **Kostgeld** verlangen und mit seinem anteiligen Unterhaltsanspruch verrechnen.[302]

Lebt das Kind in Haushalts- und Wohngemeinschaft mit einem nicht leistungsfähigen Elternteil, so mindert dieser Vorteil den Barunterhaltsanspruch gegen den anderen Elternteil ebenfalls nicht, weil der nicht barunterhaltspflichtige Elternteil in der Regel mit seiner freiwilligen unentgeltlichen Zuwendung nicht den barunterhaltspflichtigen Elternteil von dessen Unterhaltsverpflichtung entlasten will. Im Einzelfall kann es bei beengten Verhältnissen auch des Pflichtigen gerechtfertigt sein, in solchen Fällen im Hinblick auf Ersparnisse durch das Zusammenleben in Haushalts- und Wohngemeinschaft von einem geminderten Gesamtbedarf des Kindes auszugehen, insbesondere im Mangelfall.

- **Wohnwertbemessung beim Kindesunterhalt.** Nach der Entscheidung des BGH vom 19.3.2014 ist zwischen der **Bedarfsermittlung** und der **Leistungsfähigkeit** zu differenzieren.[303]

577

Ob für die **Bedarfsermittlung** als Wohnwert beim Kindesunterhalt die objektive Marktmiete oder nur ein angemessener Wohnwert anzusetzen ist, hängt wie beim Ehegattenunterhalt davon ab, ob eine anderweitige Verwertung der Immobilie zumutbar ist oder nicht.[304] Bei ehelichen Kindern gelten die Gründe, die beim Trennungsunterhalt aus Billigkeitsgründen zur Begrenzung auf den sog angemessenen Wohnwert führen, weil eine sofortige Unter- oder Weitervermietung nicht zumutbar ist, auch für den Kindesunterhalt.[305] Vor dem endgültigen Scheitern der Ehe kann deshalb auch beim Kindesunterhalt nur der **angemessene Wohnwert** angesetzt werden (näher → Rn. 480). Entsprechendes muss aus Gleichheitsgründen auch bei einer **nichtehelichen Lebensgemeinschaft** gelten, wobei deren endgültiges Scheitern im Einzelfall genau festzustellen ist. Wie bereits ausgeführt, ist der angemessene Wohnwert für den Trennungsunterhalt anzuheben, wenn für das Kind Barunterhalt geleistet wird, da in den Sätzen der Düsseldorfer Tabelle auch ein Wohnkostenzuschuss enthalten ist (→ Rn. 574 und Beispiel → Rn. 580).[306] Ab endgültigem Scheitern der Ehe ist dagegen die **Marktmiete** anzusetzen.[307]

Diese Grundsätze gelten auch für **volljährige Kinder.**

In der Praxis sollte bei beengten Verhältnissen stets zusätzlich eine Kontrollrechnung vorgenommen werden, wie viel Bargeld dem Pflichtigen zur Lebensführung verbleibt, dh ob gegenüber minderjährigen Kindern sein notwendiger Selbstbehalt ohne Wohnkosten (derzeit 1080 ./. 380 = 700 EUR) gewahrt ist (→ Rn. 580 Rechenbeispiel 1c).[308]

- Bei der **Leistungsfähigkeit** ist dagegen nach BGH bei minderjährigen Kindern und privilegierten Volljährigen wegen der gesteigerten Unterhaltspflicht nach § 1603 II 1 BGB das mietfreie Wohnen stets mit der **Marktmiete** zu bewerten,[309] auch wenn beim Bedarf nur der angemessene Wohnwert angesetzt wurde. Der Wohnvorteil kann deshalb im Mangelfall nicht lediglich mit den im Selbstbehalt enthaltenen Wohnkosten bemessen werden.

577a

Gegenüber nichtprivilegierten Volljährigen gelten diese Grundsätze nicht, da ihnen gegenüber keine erhöhte Erwerbsobliegenheit besteht. Wurde beim Bedarf nur der

---

[300] BGH FamRZ 2013, 191.
[301] BGH FamRZ 2013, 191.
[302] BGH FamRZ 1988, 1039.
[303] BGH FamRZ 2014, 923 = R 751a.
[304] BGH FamRZ 2014, 923 = R 751a.
[305] BGH FamRZ 2014, 923 = R 751a.
[306] BGH FamRZ 2013, 191.
[307] BGH FamRZ 2014, 923 = R 751a.
[308] BGH FamRZ 2008, 968 = R 689i.
[309] BGH FamRZ 2014, 923 = R 751a.

angemessene Wohnwert angesetzt, ist er auch bei der Leistungsfähigkeit entsprechend heranzuziehen. Auch insoweit gilt aber, dass der Wohnwert nicht lediglich mit den im Selbstbehalt enthaltenen Wohnkosten bewertet werden darf.[310]

578 **Abzug von Hausschulden beim Wohnwert des Pflichtigen.** Die Frage, inwieweit Hausschulden zu berücksichtigen sind, richtet sich regelmäßig nach den bereits beim Ehegattenunterhalt geschilderten Grundsätzen, da den Belastungen durch den Wohnwert ein Gegenwert durch mietfreies Wohnen gegenübersteht und das mietfreie Wohnen den eigenen Unterhalt des Elternteils sichert. Bei den Verbindlichkeiten ist wie bei allen Schulden beim Kindesunterhalt eine umfassende Interessenabwägung nach dem Zweck der Verbindlichkeit, Zeitpunkt und Art der Entstehung der Schuld sowie Kenntnis der Unterhaltsverpflichtung nach Grund und Höhe vorzunehmen.[311] Der Kredit muss im angemessenen Rahmen zum Wohnwert stehen.[312] Verbindlichkeiten (Zins und Tilgung) bis zur Höhe des Wohnwerts sind in der Regel wegen des mietfreien Wohnens anzuerkennen,[313] weil ein Gegenwert in Form des mietfreien Wohnwerts besteht und das Kind nicht benachteiligt wird, weil ohne Schuldenaufnahme kein Wohnwert vorhanden wäre.[314] Zu berücksichtigen ist ferner, ob es sich um eine bereits in der Ehe bzw. vor Kenntnis der Barunterhaltsverpflichtung angeschaffte Immobilie handelt, bei nach Kenntnis der Unterhaltsverpflichtung erworbenem Eigenheim, inwieweit es den Wohnbedarf des Pflichtigen und ggf. einer neuen Familie abdeckt. Beim minderjährigen Kind muss im Regelfall zumindest der **Mindestunterhalt** gesichert sein (vgl. § 1603 II 1, 2 BGB). Insoweit ist bei beengten Verhältnissen zunächst zu prüfen, ob eine Umschuldung oder Tilgungsaussetzung in Betracht kommt.[315] Eine Reduzierung des Mindestunterhalts kann nach BGH ausnahmsweise in Betracht kommen, wenn weder eine Umschuldung noch eine Tilgungsaussetzung möglich ist und eine Verwertung des Objektes mit Tilgung der Schulden aus dem Verkaufserlös bei Miteigentum derzeit an der Verkaufsbereitschaft des anderen Elternteils scheitert.[316] Über den Wohnwert hinausgehende Schulden sind regelmäßig nicht anzuerkennen,[317] außer es liegen sehr gute Einkommensverhältnisse vor oder es handelt sich bei der über den Wohnwert hinausgehenden Tilgung um eine zulässige Altersvorsorge[318] Bei beengten Verhältnissen ist ferner zu prüfen, ob bei Wiederverheiratung oder einer neuen Lebensgemeinschaft sich der neue Partner an der Abzahlung beteiligen kann.[319] In Ausnahmefällen kann bei zu hoher Belastung des Eigenheims oder bei Kenntnis der Unterhaltsschuld bei einem erst nach der Trennung der Eltern neugeschaffenen Wohnungseigentum eine Vermögensumschichtung in Betracht kommen, wenn dies bei Abwägung der beiderseitigen Belange aus der Sicht des Unterhaltsberechtigten notwendig und für den Pflichtigen zumutbar erscheint.[320] Kommt eine Vermögensumschichtung nicht in Betracht, kann es im Einzelfall angebracht sein, die Tilgungsrate für den Hauskredit als Vermögensbildung außer Ansatz zu lassen.[321] Zieht der Pflichtige nach der Trennung aus dem Familienheim aus, während der Ehegatte mit Kindern weiter dort wohnt, zahlt aber wie bisher die auf dem Familienheim lastenden Schulden ab, kürzen letztere sein Erwerbseinkommen, da es beim Verwandtenunterhalt keinen Erwerbsbonus gibt. Da ein mietfreie Wohnen im eigenen Heim den eigenen Unterhalt des Pflichtigen teilweise deckt, ist insgesamt zu beachten, dass bei Berücksichtigung von Abzahlungen auf ein Eigenheim beim Kindesunterhalt ein zu kleinlicher Maßstab zu vermeiden ist, soweit bei Minderjährigen und privilegierten Volljährigen der **Mindestunterhalt** gesichert ist, bei noch bei einem Elternteil lebenden Volljährigen der Unterhalt nach Gruppe 1 der Altersstufe 4 der DT, bei Volljährigen

---

[310] BGH FamRZ 2006, 1100.
[311] BGH FamRZ 2014, 923 = R 751a; 2002, 815.
[312] BGH NJW-RR 1995, 129; FamRZ 1984, 358.
[313] BGH FamRZ 2004, 1184.
[314] BGH FamRZ 2017, 519 (521) = R 781b.
[315] BGH FamRZ 2014, 923 = R 751a.
[316] BGH FamRZ 2014, 923 = R 751a.
[317] BGH FamRZ 2003, 445 (447)
[318] BGH FamRZ 2017, 519 (520) = R 781b.
[319] BGH FamRZ 2003, 445 (447).
[320] BGH NJW-RR 1995, 129.
[321] BGH FamRZ 2003, 445 (447).

6. Abschnitt: Einkünfte aus Vermietung und Verpachtung § 1

mit eigenem Hausstand der Festbetrag von derzeit 735 EUR jeweils nach Abzug des Bedarfs deckenden hälftigen bzw. vollen Kindergeldes (§ 1612b I Nr. 1, 2 BGB).

Bei der Leistungsfähigkeit ist im Mangelfall bzw. bei Volljährigen bei der Haftungsverteilung ferner zu beachten, dass nach BGH **Hausschulden im Einzelfall nicht zu berücksichtigen** sind, soweit sie den **Wohnkosten entsprechen,** die nach den normalen Lebenshaltungskosten aufzubringen sind.[322] Dies gilt zumindest für die im notwendigen bzw. angemessenen Selbstbehalt enthaltenen Wohnkosten (380 EUR/480 EUR).[323] Denn diese Abzahlungen entsprechen im Ergebnis einer Miete und würden damit zu einem doppelten Ansatz führen. Die Nichtberücksichtigung von Schulden gilt dabei abweichend von den sonstigen Grundsätzen **nur im Rahmen der Leistungsfähigkeit,** nicht bereits bei der Bedarfsermittlung (= Eingruppierung), da nur bei der Leistungsfähigkeit der Mietanteil im Selbstbehalt eine Rolle spielt. Es muss in diesen Fällen aber stets eine **Kontrollrechnung** vorgenommen werden, ob dem Pflichtigen unter Berücksichtigung der Hausschulden zumindest die für die Lebensführung notwendigen Mittel, dh der notwendige Selbstbehalt ohne Wohnkosten von derzeit 700 EUR (1080 EUR − 380 EUR) verbleiben, da er sonst gezwungen wäre, das Eigentum zu veräußern (vgl. Fall 2).

579

Beispiele
Fall 1:
M und F wohnen im 4 Zimmer großen Eigenheim und trennen sich. M hat ein in der Ehe angelegtes bereinigtes Nettoeinkommen von 2971 EUR, F hat kein Einkommen. Sie betreut die gemeinsamen Kinder K 1 (2) und K 2 (6) und erhält das Kindergeld für beide Kinder von 408 EUR. Die Marktmiete für das Eigenheim beträgt 800 EUR, der angemessene Wohnwert für eine kleinere 2-Zimmer-Wohnung für eine Person 500 EUR, für eine kleinere 3-Zimmer-Wohnung für eine Person mit 2 Kindern 600 EUR. F begehrt ab 1.7.2019 Kindes- und Trennungsunterhalt. Das Scheidungsverfahren ist noch nicht rechtshängig.
a) M wohnt mietfrei in der Ehewohnung
b) F wohnt mietfrei in der Ehewohnung
c) Wie wäre es, wenn M mietfrei in der Ehewohnung wohnt, die beiden Kinder betreut und vereinbarungsgemäß auch für deren Barunterhalt aufkommt und F Trennungsunterhalt verlangt, wobei sie wegen einer noch nicht abgeschlossenen Ausbildung kein Einkommen hat und im ersten Trennungsjahr auch noch keine Erwerbsobliegenheit besteht?
d) F wohnt ab Rechtshängigkeit mit den beiden Kindern in der Ehewohnung und hat kein Einkommen.

580

Lösung:
a) M wohnt mietfrei:
Anzusetzen ist nach der Trennung beim Bedarf der angemessene Wohnwert, da M allein im Familienheim lebt. Der Wohnwert ist damit nur mit 500 EUR anzusetzen.
Kindesunterhalt: Einkommen M: 2971 + 500 = 3471
K 1: DT (Stand 1.1.2019) Gr 4 (Herabstufung um eine Gruppe, vgl. DT Anm. A 1, SüdL Nr. 11.2)
St 1 = 408 (= 115% des Mindestunterhalts); 408 − 102 (= $^{1}/_{2}$ Kindergeld) = 306
K 2: DT Gr 4 St 2 = 467 (= 115% des Mindestunterhalts); 467 − 102 ($^{1}/_{2}$ Kindergeld) = 365
Trennungsunterhalt:
Bereinigtes Nettoerwerbseinkommen M: 2971 − 306 − 365 (jeweils Zahlbetrag) = 2300
Nach SüdL mit $^{1}/_{10}$: $^{1}/_{2}$ × ($^{9}/_{10}$ × 2300 + 500) = 1285
Nach DT mit $^{1}/_{7}$: $^{1}/_{2}$ × ($^{6}/_{7}$ × 2971 + 500) = 1236
Leistungsfähigkeit M ist jeweils gegeben, da er mietfrei wohnt und ihm zB nach SüdL noch 1015 EUR Bargeld verbleiben (2971 − 306 − 365 − 1285), dh sein notwendiger Selbstbehalt und sein Ehegattenselbstbehalt abzüglich Wohnkosten (1200 − 430 = 770).
b) F wohnt mietfrei.
Kindesunterhalt:
K 1: DT Gr 3 (− 1), St 1 = 390 (= 110% des Mindestunterhalts); keine Reduzierung wegen mietfreien Wohnens; 390 − 102 = 288
K 2: DT Gr 3 St 2 = 447 (= 110% des Mindestunterhalts); 447 − 102 = 345
Trennungsunterhalt:
Anzusetzen ist nach der Trennung der angemessene Wohnwert mit Kind, da F mit den Kindern im Familienheim lebt, von 600 EUR.

---

[322] BGH FamRZ 2002, 815 = R 570c.
[323] Vgl. DT Anm. A 5; SüdL 21.2, 21.3.1.

Bereinigtes Nettoeinkommen M: 2971 − 288 − 345 = 2338
Nach SüdL mit $^1/_{10}$:
Bedarf: $^1/_2 \times (^9/_{10} \times 2338 + 600) = 1352$
Höhe: 1352 − 600 = 752
Nach DT mit $^1/_7$:
Bedarf: $^1/_2 \times (^6/_7 \times 2338 + 600) = 1302$
Höhe: 1302 − 600 = 702
Die Leistungsfähigkeit des M ist jeweils gegeben, da ihm über 1200 EUR verbleiben.
c) M wohnt mietfrei und betreut die Kinder.
Der angemessene Wohnwert ist wie im Fall b auf 600 EUR anzuheben. Der Kindesunterhalt ist bezüglich des geleisteten Barunterhalts zu monetarisieren. Das Einkommen des M beträgt insoweit 3571 EUR (2971 + 600), der Kindesunterhalt richtet sich damit nach DT Gr 5 (− 1) St 1 und 2 und beträgt nach Kindergeldverrechnung 323 EUR und 386 EUR. Das bereinigte Nettoerwerbseinkommen des M für den Trennungsunterhalt beläuft sich damit auf 2262 EUR (2971 − 323 − 386).
Nach SüdL mit $^1/_{10}$:
$^1/_2 \times (^9/_{10} \times 2262 + 600) = 1318$.
Die Leistungsfähigkeit des M ist gegeben, da er mietfrei wohnt und ihm sein Mindestselbstbehalt ohne Wohnkosten von 770 EUR (1200 − 430) verbleibt (2971 − 323 − 386 − 1318 = 944).
Nach DT mit $^1/_7$:
$^1/_2 \times (^6/_7 \times 2262 + 600) = 1269$
Die Leistungsfähigkeit des M ist gegeben, da er mietfrei wohnt und ihm noch 993 EUR Bargeld verbleiben (2262 − 1269), dh sein notwendiger Selbstbehalt ohne Wohnkosten (1200 − 430 = 770).
d) F wohnt ab Rechtshängigkeit weiter mit den Kindern in der Ehewohnung.
Der Wohnwert beträgt jetzt 800 EUR.
Kindesunterhalt und bereinigtes Nettoerwerbseinkommen wie b
Trennungsunterhalt: Da K noch keine drei Jahre alt ist, besteht bei F keine Erwerbsobliegenheit
Nach SüdL mit $^1/_{10}$:
Bedarf: $^1/_2 (^9/_{10} \times 2338 + 1000) = 1552$.
Höhe: 1552 − 1000 = 552 EUR
Nach DT mit $^1/_7$:
Bedarf: $^1/_2 (^6/_7 \times 2338 + 1000) = 1502$
Höhe: 1502 − 1000 = 502 EUR
Fall 2:
a) M hat einen nichtehelichen Sohn K1 (geb. 10.6.2017), der von ihm ab 1.7.2019 Unterhalt verlangt. M hat ein bereinigtes Nettoerwerbseinkommen von 1900 EUR; er wohnt in einer Eigentumswohnung mit einem Wohnwert von 500 EUR, für die er monatlich noch 200 EUR Schulden abzahlen muss. Der angemessene Wohnwert würde 300 EUR betragen.
Welchen Anspruch hat K ab 1.7.2019, wenn M ansonsten keine weiteren Unterhaltspflichten hat?
b) Wie wäre es, wenn M noch für seine beiden weiteren Kinder K 2 (geb. 4.5.2007) und K 3 (geb. 8.6.2004) Unterhalt zahlen müsste?
Lösung
Zu a)
Da keine beengten Verhältnisse vorliegen, ist die Marktmiete anzusetzen und um die Schulden (Zins und Tilgung) zu kürzen, so dass sich der Restwohnwert auf 300 EUR beläuft (500 ./. 200).
Einkommen M: 1900 EUR + 300 EUR = 2200 EUR;
DT (Stand 1.1.2019) Gr. 3 (+ 1), St. 1 : 390 (= 110% des Mindestunterhalts)
Kindergeldverrechnung: 390 − 102 = 288
Zu b)
Bei drei Berechtigten ist der Unterhalt um eine Gruppe herabzustufen. Da die Kinder aus verschiedenen Familien stammen, ist K 1 für die Kindergeldverrechnung kein drittes Kind.
DT Gr. 1 (− 1), St 1 (K1) und 3 (K2 und K3)
K1 : 354; 354 ./. 102 = 252
K 2 + K 3: jeweils 476; 476 ./. 102 = 374
Leistungsfähigkeit M gegeben, da insoweit die Wohnwertschulden nicht anzusetzen sind, da sie den Wohnkosten im Selbstbehalt entsprechen.
Für die Leistungsfähigkeit beträgt damit das Einkommen des M 2400 EUR (1900 + 500); 2400 − 252 − 374 − 374 = 1400).
Kontrollrechnung: 1900 (tatsächliche Barmittel) − 252 − 2 × 374 (Zahlbeträge beim Kindesunterhalt) − 200 (Hausschuld) = 700, dh die notwendigen Lebenshaltungskosten (1080 − 380 = 700) verbleiben M.

6. Abschnitt: Einkünfte aus Vermietung und Verpachtung § 1

Fall 3:
M hat ein bereinigtes Nettoeinkommen von 2400 EUR und bewohnt mit seiner nicht berufstätigen Frau F 2 aus zweiter Ehe und dem aus dieser Ehe stammenden Kind K2 (6 Monate) im Eigenheim. Die Marktmiete beträgt 1200 EUR, der angemessene Wohnwert 800 EUR. Sein Sohn K1 (14) aus erster Ehe lebt mit seiner wiederverheirateten ersten Ehefrau F1 in einer Mietwohnung.
a) Welchen Unterhaltsanspruch hat K1 ab 1.7.2019, wenn das Eigenheim M gehört?
b) Wie wäre es, wenn das Eigenheim M und F2 gehört?
Lösung:
Zu a:
Da keine beengten Verhältnisse vorliegen, ist als Wohnwert des M die Marktmiete von 1200 EUR anzusetzen. Es ist aber zu berücksichtigen, dass M im Eigenheim nicht allein lebt, sondern mit F2 und K2. Der Wohnwert ist daher nach Köpfen aufzuteilen, wobei zunächst für K2, für den er Naturalunterhalt leistet, 20% abzuziehen sind[324] und für F2 vom Rest die Hälfte anzusetzen ist.
Restwohnwert damit: 1200 − 20% (= 240) = 960; 960 : 2 = 480
Das Einkommen des M für den Kindesunterhalt K1 beläuft sich damit auf 2880 EUR (2400 + 480). Bei der Eingruppierung ist von 3 Unterhaltsberechtigten auszugehen (K1, K2; F2), auch wenn M für K2 und F2 Naturalunterhalt leistet.
DT(Stand 1.1.2019) Gr. 3 (-1), St. 3: 524; 524 − 102 = 442 EUR
Zu b:
Da M nur Miteigentümer ist, ist nur der halbe Wohnwert von 600 EUR anzusetzen und dieser um 20% (= 120) anzusetzen. Der Wohnwert beträgt damit 480 EUR. F wird nicht berücksichtigt, da sie einen eigenen Wohnwert hat. Lösung damit wie a.

b) Sonstiger Verwandtenunterhalt. Beim **Elternunterhalt** ist der Wohnwert beim 581 Pflichtigen nach BGH nur mit der ersparten Miete, dh in der Regel nur mit dem **angemessenen Wohnwert** zu bemessen.[325] Dabei ist vor allem zu beachten, dass das mietfreie Wohnen des Pflichtigen der Sicherung seines eigenen Unterhalts dient und die Sicherung des eigenen Unterhalts außer beim Unterhalt minderjähriger Kinder der Zahlung des Unterhalts an Dritte vorgeht.[326] Außerdem hat der Gesetzgeber dem Elternunterhalt rangmäßig nur eine untergeordnete Stellung eingeräumt und damit schwach ausgestaltet.[327] Da der Wohnwert kein Bargeld ist, muss beachtet werden, dass durch den Ansatz des Wohnwerts als ersparte Miete noch genügend Barmittel für die Lebenshaltungskosten nach Zahlung des Unterhalts verbleiben. Der Ansatz des Wohnwerts darf nicht dazu führen, dass das Eigenheim verkauft werden muss,[328] d.h. der Wohnwert ist dann entsprechend zu reduzieren. Zu beachten ist ferner, ob der Wohnwert über die individuellen Verhältnisse hinausgeht, z.B. wenn das Eigenheim durch Eigenleistungen kostengünstig errichtet wurde[329] oder der Pflichtige das Grundstück durch Schenkung oder Erbfall kostenlos erhalten hatte. Beim Elternunterhalt darf die Unterhaltsverpflichtung nicht zu einer spürbaren Absenkung des Lebensstandards führen, so dass bereits aus diesem Grunde regelmäßig nicht die Marktmiete, sondern nur ein angemessener Wohnwert angesetzt werden kann.[330] Entsprechendes gilt bei der **Ersatzhaftung der Großeltern.**[331] Im Ergebnis kommt es beim Eltern- und Großelternunterhalt darauf an, welcher Lebensstand dem Pflichtigen im Verhältnis zu dem Bedürftigen zuzubilligen ist, da keine Obliegenheit zur Verwertung der Immobilie besteht.[332] Bewohnen mehrere mit dem Bedürftigen nicht verwandte Familienangehörige das Eigenheim, wird man den Wohnwert nach Köpfen verteilen (→ Rn. 572). Ansonsten gelten die bereits beim Kindesunterhalt dargelegten Grundsätze (→ Rn. 571 ff.), dh der Wohnwert erhöht das Einkommen des Pflichtigen, bzw. reduziert den Bedarf des Berechtigten.

---

[324] Die 20% entsprechen dem in der DT in den Tabellensätzen enthaltenem Mietkostenbeitrag für das Kind.
[325] BGH FamRZ 2017, 519 (520); 2014, 538; 2013, 1554 = R 741c; 2013, 868; 2003, 1179.
[326] BGH FamRZ 2017, 519 (521) = R 781b.
[327] BGH FamRZ 2003, 1179.
[328] BGH FamRZ 2003, 1179.
[329] BGH FamRZ 2003, 1179.
[330] BGH FamRZ 2017, 519 (520); 2013, 1554 = R 741c; 2003, 1179.
[331] BGH FamRZ 2006, 26 = R 637b.
[332] BGH FamRZ 2003, 1179.

582 **Abzahlungen** sind regelmäßig bezüglich der Zins- und auch der Tilgungsleistungen bis zur Höhe des Wohnwerts zu berücksichtigen.[333] Geht die Tilgung nach Vorabzug der Zinsen darüber hinaus, ist sie abzugsfähig, wenn sie eine zulässige Altersvorsorge bildet (→ Rn. 1033 ff).[334] Abzugsposten sind ferner Instandhaltungskosten, nicht auf einen Mieter umlagefähige Betriebskosten und Kosten für notwendige Rücklagen (→ Rn. 498 ff., 579).[335]

Bei der **Leistungsfähigkeit** ist beim Pflichtigen wie beim Kindesunterhalt zu beachten, dass die Abzahlungen nicht anzusetzen sind, soweit sie den Wohnkosten im Selbstbehalt entsprechen (→ Rn. 579). Außerdem ist bei beengten Verhältnissen in einer Kontrollrechnung zu überprüfen, wie viele Barmittel für die Lebenshaltung verbleiben.

583–599 – in dieser Auflage nicht belegt –

7. Abschnitt: Einkünfte aus Vermögen, Verwertung des Vermögensstamms und fiktive Einkünfte bei unterlassener zumutbarer Vermögensnutzung bzw. unterlassener Verwertung des Vermögensstamms

I. Einkünfte aus Vermögen

1. Vermögenserträge

600 Zu den Vermögenserträgen zählen vor allem:
– Zinsen aus Kapitalvermögen (→ Rn. 605).
– Einkünfte aus Beteiligungen an Kapitalgesellschaften, zB an einer GmbH oder an einer Aktiengesellschaft (→ Rn. 601, 604 f.). Einkünfte aus Beteiligungen an Personengesellschaften, zB an einer GbR, einer Partnerschaftsgesellschaft, einer OHG oder einer KG, sind solche aus selbständiger Tätigkeit oder gewerbliche Einkünfte (→ Rn. 271 ff.).
– Einkünfte aus Vermietung und Verpachtung (→ Rn. 450 ff.).
– Einkünfte aus Gebrauchsvorteilen, insbesondere Wohnvorteilen (→ Rn. 473 ff.).
– Einkünfte aus Verwertung des Vermögensstamms (→ Rn. 607 ff.) mit Schaffung wiederkehrender Leistungen, zB aus einer Leibrente (→ Rn. 617, 650).
– Einkünfte aus Erbansprüchen und Pflichtteilsforderungen (→ Rn. 642).
– Einkünfte aus sonstigem Vermögen jeder Art. Anzurechnende Vermögenserträge sind auch eine monatliche Haftungsentschädigung, die für die Bereitstellung eines Grundstücks als Sicherheitsleistung bezahlt wird,[1] oder Erträge aus der Anlage von Schmerzensgeld.[2]

2. Anrechnung von Vermögenseinkünften

601 Vermögenseinkünfte erhöhen als Erträge des Vermögens das unterhaltsrechtlich relevante Einkommen des jeweiligen Vermögensinhabers, also sowohl das des Unterhaltsberechtigten als auch das des Unterhaltspflichtigen.[3] Auf die **Herkunft** des Ertrag bringenden Vermögens kommt es nicht an.[4] Das Vermögen, dessen Zinserträge zu berücksichtigen sind,

---

[333] BGH FamRZ 2017, 519 (521 = R 781b.
[334] BGH FamRZ 2017, 519 (521) = 781b.
[335] BGH FamRZ 2014, 538.
[1] BGH FamRZ 1987, 36 (38).
[2] BGH FamRZ 1988, 1031.
[3] BGH FamRZ 2010, 1637 Rn. 38; 2009, 23 Rn. 20; OLG Köln – 4 WF 103/05, BeckRS 2005, 09837.
[4] BGH FamRZ 1985, 471; 1985, 582; 1985, 357 (359); OLG Celle FamRZ 1999, 508; OLG Bamberg FamRZ 1992, 1305.

7. Abschnitt: Einkünfte aus Vermögen § 1

kann aus einer Erbschaft,[5] aus erarbeitetem Vermögen, einem Zugewinnausgleich,[6] einer Leibrente (vgl. insoweit aber → Rn. 617, 650),[7] aus der Anlage einer kapitalisierten Schmerzensgeldrente,[8] aus einer Grundstücksveräußerung oder -versteigerung, einer Abfindung nach Auflösung einer stillen Gesellschaft[9] oder auch aus einem Kapital stammen, das mit Mitteln des Unterhalts angespart worden ist.[10] Den Vermögenserträgen darf kein inflationsbedingter Wertverlust des Vermögensstamms gegen gerechnet werden.[11] Allerdings sind die Vermögenserträge um Tilgungsleistungen für Kredite zu kürzen, mit denen die Einkommensquelle finanziert worden ist,[12] und die weiterhin anfallen. Der Berücksichtigung von Vermögenserträgen steht das Verbot der Doppelverwertung grundsätzlich nicht entgegen. Denn nur soweit der Unterhalt, wie in der Regel, lediglich aus den Vermögenseinkünften bemessen wird, bleibt der Vermögensstamm dem Zugewinnausgleich vorbehalten.[13] Dann ist allerdings zu beachten, dass durch den Zugewinnausgleich die Vermögenseinkünfte verlagert werden, was für die Zukunft unterhaltsrechtliche Auswirkungen hat.[14] Ist eine Vermögensposition hingegen dem Zugewinnausgleich entzogen, steht jedenfalls das Verbot der Doppelbewertung einer unterhaltsrechtlichen Berücksichtigung auch des Vermögensstamms nicht entgegen.[15]

Als Vermögenseinkünfte sind auch **Einnahmen aus Kapitalbeteiligungen** an Personengesellschaften[16] (zB Kommanditbeteiligung an einer KG oder OHG; → Rn. 271 ff.) oder Kapitalgesellschaften[17] (zB als Gesellschafter einer GmbH oder einer Aktiengesellschaft) zu berücksichtigen. Bei Gewinnanteilen an Kapitalgesellschaften kommen auch die der Körperschaftssteuern nach § 20 I EStG zugrunde liegenden Einkünfte in Betracht. Die Einnahmen aus diesen Beteiligungen sind wegen der eingeschränkten Verfügungsbefugnis (zB als Mitgesellschafter) regelmäßig nur im tatsächlich erzielten Umfang zu berücksichtigen. Nur wenn der Vermögende, zB als Alleingesellschafter und Geschäftsführer einer GmbH, unmittelbar Einfluss auf die Dispositionen der Gesellschaft hat und somit die Höhe der Erträge steuern kann, was ihm erhebliche Manipulationsmöglichkeiten verschaffen würde, sind die Einkünfte nach den Maßstäben für Einkommen von Freiberuflern und Gewerbetreibenden (→ Rn. 162 ff., 300 ff.) zu beurteilen. Bei einem **Mehrheitsgesellschafter** ist deswegen unterhaltsrechtlich zu prüfen, ob der Gewinn korrekt ermittelt wurde,[18] bei einem Minderheitsgesellschafter dürfen solche Korrekturen hingegen nicht vorgenommen werden.[19] Bei der Beteiligung an einer Personengesellschaft ist auch der Umfang des zustehenden Entnahmerechts zu berücksichtigen.[20]

---

[5] BGH FamRZ 2010, 1637 Rn. 38; OLG Oldenburg FamRZ 2005, 718; OLG Hamm FamRZ 1998, 620.
[6] BGH FamRZ 2008, 1325 Rn. 33; 2007, 1532; 1987, 912; 1985, 357; OLG Koblenz FamRZ 2018, 257; OLG Saarbrücken NJW-RR 2005, 1454 und FamRZ 2003, 685; OLG Bamberg FamRZ 1992, 1305; OLG Koblenz FamRZ 1989, 59; zum Verbot der Doppelverwertung vgl. aber OLG München FamRZ 2005, 714.
[7] BGH FamRZ 1994, 228.
[8] BGH FamRZ 1988, 1031; OLG Karlsruhe FamRZ 2002, 750.
[9] Dazu BGH (II. ZS) FamRZ 2001, 1290; vgl. aber BGH FamRZ 2010, 1311 Rn. 28 f.
[10] BGH FamRZ 2007, 1532; 1986, 441; 1985, 582; 1985, 357.
[11] BGH FamRZ 1986, 441; 1992, 423; a. A. zuvor OLG Stuttgart FamRZ 1985, 607; OLG Saarbrücken FamRZ 1985, 447.
[12] BGH FamRZ 2005, 1159 und 2003, 1179 (zum Wohnwert); 1991, 1163; OLG Hamm – 3 UF 365/03, BeckRS 2008, 26139; OLG Stuttgart FamRZ 2004, 1109.
[13] Zum Ausgleich eines Wohnvorteils im Wege einer Nutzungsentschädigung oder im Rahmen des Unterhalts vgl. KG Berlin FamRZ 2015, 1191 (1192).
[14] BGH FamRZ 2011, 705 Rn. 34; 2011, 622 Rn. 33 ff.
[15] OLG Stuttgart FamRZ 2016, 638 (640).
[16] BGH FamRZ 2003, 432; OLG Bamberg FamRZ 2006, 344.
[17] BGH FamRZ 2008, 1739 Rn. 57 f.; 2004, 1179; 1982, 680; OLG Celle FuR 2001, 509; OLGR Frankfurt 1994, 175.
[18] OLG Celle FuR 2001, 509.
[19] Im Einzelnen s. hierzu Fischer-Winkelmann, FamRZ 1996, 1391.
[20] BGH, VersR 1968, 770; OLG Frankfurt FuR 2001, 370; OLG Dresden FamRZ 1999, 850.

Bei Zahlung eines **Schmerzensgelds** steht einer Berücksichtigung der Vermögenseinkünfte die spezifische schadensersatzrechtliche Funktion des Schmerzensgeldes als Ausgleich immaterieller Beeinträchtigungen des Betroffenen und als Genugtuung zwar nicht entgegen (→ Rn. 726). Allerdings kann unter Berücksichtigung des Rechtsgedankens des § 1610a BGB eine Ausnahme gelten, soweit ein immaterieller Mehrbedarf besteht, für dessen Ausgleich die Leistung bestimmt war. Hat der Empfänger von Schmerzensgeld derartig schwere körperliche Verletzungen davongetragen, dass er noch während des Unterhaltszeitraums unter fortdauernden schwerwiegenden Behinderungen zu leiden hat, können auch die Kapitaleinkünfte aus dem Schmerzensgeld bei der Bedarfsbemessung unberücksichtigt bleiben. Auf Seiten des Unterhaltspflichtigen kann dem aber auch bei der Bemessung seiner Leistungsfähigkeit durch eine maßvolle, die Belange des Unterhaltsberechtigten berücksichtigende Anhebung seines notwendigen Selbstbehalts Rechnung getragen werden.[21]

602 Beim **Kindesunterhalt** sind sowohl beim Unterhaltsberechtigten (auch bei minderjährigen Kindern, § 1602 II BGB) als auch beim Unterhaltspflichtigen ohne Einschränkung alle Vermögenserträge bedeutsam und zwar für die Bedarfsbemessung, die Bedürftigkeit und die Leistungsfähigkeit.[22]

603 Beim **Ehegattenunterhalt,** der auf einer nachehelichen Solidarität beruht, dürfen bei der Bedarfsbemessung nach §§ 1361 I, 1578 I BGB Vermögenserträge nur in dem Umfang berücksichtigt werden, in dem sie bereits während der Ehe[23] zum Verbrauch zur Verfügung gestanden haben[24] (näher → Rn. 33 f.). Dazu zählen auch Erträge aus einem vor der rechtskräftigen Ehescheidung durch Erbfall erworbenen Vermögen eines der Ehegatten, sofern dies die ehelichen Lebensverhältnisse noch geprägt hat.[25] Dem bei der Bemessung des Unterhaltsbedarfs nach den ehelichen Lebensverhältnissen zu beachtenden objektiven Maßstab steht es nicht entgegen, wenn ein Ehegatte mit Rücksicht auf eine zu erwartende Erbschaft sein gesamtes verfügbares Einkommen verlebt und davon absieht, in angemessener Weise für sein Alter vorzusorgen. In diesem Umfang sind dann auch die erst nach der Scheidung anfallenden Einkünfte aus einer Erbschaft zu berücksichtigen, weil sie lediglich eine Fortsetzung des schon ehezeitlich zu großzügigen Lebensstils erlauben.[26] Nur wenn mit später hinzugetretenen Vermögenserträgen ein erheblicher Anstieg der Lebensverhältnisse gegenüber den ehelichen Lebensverhältnissen einhergeht, müssen diese, wie bei einem Karrieresprung,[27] unberücksichtigt bleiben.[28] Die danach zu berücksichtigenden Erträge sind bei der Bedarfsbemessung in die Differenzrechnung (→ Rn. 34) einzustellen, andere Erträge sind nur der Person zuzurechnen, der sie auch zufließen. Erträge und Nutzungen des Berechtigten, die nicht bei der Bedarfsbemessung berücksichtigt werden können, mindern somit dessen Bedürftigkeit und sind mittels der Anrechnungsmethode (→ Rn. 37) auf seinen Unterhaltsanspruch anzurechnen. Entsprechend sind nicht eheprägende Erträge und Nutzungen beim Unterhaltspflichtigen zwar nicht bei der Bedarfsbemessung aber im Rahmen seiner Leistungsfähigkeit zu berücksichtigen. Zu beachten ist, dass bei Vermögenserträgen der sog „**Ehegattenbonus**" als Erwerbsanreiz entfällt und deswegen die Ehegattenquote insoweit in der Regel 50% beträgt (→ § 4 Rn. 778, 787 und Fn. 36).[29] Das wird häufig bei gemischten Einkünften übersehen.

---

[21] BGH FamRZ 1989, 170 (172) (zum Kindesunterhalt).
[22] KG Berlin NJW 2016, 2345.
[23] BGH FamRZ 2012, 281 Rn. 17 f. = R 731b; BVerfG FamRZ 2011, 437 Rn. 69 f.
[24] BGH FamRZ 2013, 195 Rn. 55 ff.; 2012, 1483 Rn. 36; vgl. auch BGH FamRZ 2006, 683.
[25] BGH FamRZ 1988, 1145 (1147); OLG Hamm FamRZ 1998, 620.
[26] Vgl. BGH FamRZ 2006, 387 = R 643a; OLG Frankfurt FamRZ 1986, 165.
[27] Vgl. aber BGH FamRZ 2009, 579 Rn. 42 ff.
[28] OLG Düsseldorf FF 2016, 205.
[29] Vgl. BGH FamRZ 2009, 307 Rn. 15.

3. Ermittlung der Vermögenserträge

Die Ermittlung der Vermögenserträge erfolgt als **Überschussrechnung** durch Abzug **604** der Werbungskosten von den Bruttoeinnahmen (§ 2 II Nr. 2, §§ 8 ff. EStG). Auch bei solchen Einkünften (etwa aus einer Kapitalgesellschaft) kann es – wie bei Freiberuflern – erhebliche Einkommensschwankungen geben. In solchen Fällen ist unterhaltsrechtlich ebenfalls der Durchschnittswert aus einem **längeren Zeitraum** zugrunde zu legen (→ Rn. 274 f.). Wer Kapitaleinkünfte bezieht, die vom Gewinn einer Kapitalgesellschaft abhängen (zB der Gesellschafter einer GmbH), muss im Rahmen seiner Auskunftspflicht (→ Rn. 1150 ff.) auf Verlangen die Bilanzen nebst Gewinn- und Verlustrechnung sowie weitere Belege vorlegen, aus denen der Unternehmensgewinn ermittelt werden kann (→ Rn. 1182). Dies ist ihm regelmäßig innerhalb von 6 Monaten nach Ablauf des Geschäftsjahres möglich, weil der gesetzliche Vertreter einer Kapitalgesellschaft den **Jahresabschluss** mit der Bilanz und der Gewinn- und Verlustrechnung nach §§ 242, 264 I HGB in den ersten drei Monaten des Geschäftsjahres für das vergangene Geschäftsjahr aufzustellen hat.[30]

Häufig handelt es sich bei den Einkünften aus Kapital allerdings um **Zinseinkünfte**.[31] Insoweit kann vom Unterhaltspflichtigen die Vorlage der entsprechenden Bankbelege, Sparbücher, Darlehensverträge und sonstiger Verträge verlangt werden. Über den **Vermögensstamm** kann nach §§ 1605 I 3, 1361 IV, 1580, 260 I BGB, §§ 12 S. 2, 16 S. 2 LPartG Auskunft und Vorlage eines Bestandsverzeichnisses verlangt werden, wenn ausnahmsweise eine Verwertung des Vermögensstamms in Betracht kommt (→ Rn. 607 ff.) oder der begründete Verdacht einer Sorgfaltspflichtverletzung besteht. Die Richtigkeit der Auskunft ist auf Verlangen dann ebenfalls nach § 260 II BGB an Eides Statt zu versichern (zur Auskunft und Abgabe der eidesstattlichen Versicherung → Rn. 1150, 1195 ff.). Daneben ist das Gericht nach §§ 235 f. FamFG befugt, Auskünfte über das Einkommen, das Vermögen und die persönlichen und wirtschaftlichen Verhältnisse der Beteiligten von ihnen oder von Dritten anzufordern und die Vorlage bestimmter Belege zu verlangen, soweit dies für die Bemessung des Unterhalts von Bedeutung ist (→ Rn. 46).

Wer einen Unterhaltsanspruch geltend macht, hat sodann die zur Begründung des Anspruchs sowie die zur Bemessung seines Unterhaltsbedarfs und seiner Bedürftigkeit notwendigen tatsächlichen Umstände wahrheitsgemäß anzugeben und darf nichts verschweigen, was seine Unterhaltsbedürftigkeit in Frage stellen könnte. Das gilt mit Rücksicht auf die nach § 113 I FamFG iVm § 138 I ZPO bestehende Wahrheitspflicht im Verfahren erst recht während eines laufenden Rechtsstreits. Ändern sich die maßgeblichen Verhältnisse während des Rechtsstreits, sind Umstände, die sich auf den geltend gemachten Anspruch auswirken können, auch ungefragt anzuzeigen (→ Rn. 1199 ff.).[32] Die Entscheidung darüber, ob und gegebenenfalls in welchem Umfang der Vermögensstamm nach § 1577 III BGB anrechenbar ist oder ob er zumindest mit anrechenbaren Zinseinkünften angelegt werden muss, obliegt dem Gericht und nicht dem jeweiligen Beteiligten.[33]

4. Einkünfte aus Kapitalvermögen

Zu den Einnahmen aus Kapitalvermögen zählen ua **Zinsen** aus Sparvermögen, Festgeld, **605** voll angespartem Bausparguthaben, nicht unterhaltsrelevanten Abfindungen (→ § 1 Rn. 29),[34] gegebenen Darlehen und Hypotheken, Anleihen, Einlagen und sonstigen Konten bei Kreditinstituten sowie Diskonterträge bei Wechselgeschäften, Ausschüttungen von Investmentgesellschaften, Stückzinsen, Gewinnanteile aus Beteiligung an Kapitalgesellschaften, Dividenden sowie Einkünfte aus stiller Gesellschaft und aus sonstigen Wertpapie-

---

[30] Vgl. BGH FamRZ 2014, 290 Rn. 18 f.
[31] BGH FamRZ 2015, 1172 Rn. 18; OLG Stuttgart FamRZ 2016, 638 (639); OLG Brandenburg NZFam 2017, 808.
[32] BGH FamRZ 2008, 1325 = R 694.
[33] BGH FamRZ 2000, 153.
[34] KG Berlin NJW 2016, 2345.

ren. Nach der Rechtsprechung des Bundesverwaltungsgerichts[35] können auch **Wertzuwächse von Papieren ohne Ausschüttung** Kapitaleinkünfte begründen. Diese Rechtsprechung ist auf das Unterhaltsrecht allerdings nicht übertragbar, soweit die Wertzuwächse dem Unterhaltspflichtigen selbst nicht zur Verfügung stehen. Weil unterhaltsrechtlich jedoch eine Obliegenheit besteht, das Vermögen ertragreich anzulegen, können fiktive Erträge in der Höhe berücksichtigt werden, wie sie im Falle einer Vermögensanlage mit Ausschüttung zur Verfügung stünden. Damit ist es dem Unterhaltspflichtigen verwehrt, die Berücksichtigung von Vermögenserträgen durch bestimmte Anlageformen zu umgehen. Zu den Vermögenseinkünften können auch Spekulationsgewinne gehören, die der Versteuerung unterliegen.[36] Wenn solche Gewinne in erheblichem Umfang neben das während der Ehezeit vorhandene Einkommen treten oder schon damals vorhanden waren aber nur dem Vermögenszuwachs dienten und deswegen nicht für den allgemeinen Lebensunterhalt zur Verfügung standen, sind sie der Bemessung des Unterhaltsbedarfs nach den ehelichen Lebensverhältnissen nicht zugrunde zu legen.[37] Dann sind sie nur bei der Bedarfsbemessung im Verwandtenunterhalt und allgemein im Rahmen der Leistungsfähigkeit zu berücksichtigen (→ Rn. 603).

- **Abziehbare Werbungskosten** sind: Depotgebühren, Bankspesen, Schließfachmiete, Kosten für die Teilnahme an einer Hauptversammlung, Versicherungsbeiträge, Kosten für einen notwendigen Vermögensverwalter sowie anteilige Steuern (Kapitalertragssteuer und persönliche Steuern).
- **Nicht abziehbar** sind Aufwendungen für das Kapital oder das sonstige Vermögen sowie ein Verlust des Kapitals oder des Vermögens; ferner Aufwendungen zur Wertverbesserung. Auch ein Ausgleich für zukünftige Kaufkraftverluste kann nicht abgezogen werden.[38]

5. Einkünfte aus Grundstücken

606 Grundstücke können vermietet oder verpachtet werden. Die hierauf beruhenden Einkünfte werden in → Rn. 450 ff. behandelt. Bewohnt der Eigentümer sein Haus oder seine Eigentumswohnung selbst, kann ihm ein geldwerter Wohnvorteil abzüglich der Belastungen[39] zugerechnet werden (dazu → Rn. 473 ff.). Das gilt sowohl für den Unterhaltsberechtigten als auch für den Unterhaltspflichtigen. Zum Einkommen gehört auch der Betrag, den ein Ehegatte von einem neuen Partner als Entgelt für Wohnungsgewährung erhält oder den er sich dafür als Entgelt des leistungsfähigen Partners anrechnen lassen muss.[40] Werden Grundstücke schuldhaft weder vermietet oder verpachtet, noch vom Eigentümer genutzt oder verkauft, können auch insoweit fiktive Einkünfte angesetzt werden (→ Rn. 632 ff.). Ist der Eigentümer ausnahmsweise verpflichtet, auch den Stamm seines Vermögens einzusetzen (→ Rn. 607 ff.), muss er eine nicht selbst bewohnte Immobilie verkaufen. Der Erlös ist dann bei der Unterhaltsberechnung wie das Kapital einer zur Unterhaltssicherung ausbezahlten Lebensversicherung einzusetzen (→ Rn. 629 f.). Muss der Stamm nicht verwertet werden, kommt es auf den erzielten oder bei einer Vermietung oder Verpachtung erzielbaren Erlös an.

---

[35] Vgl. BVerwG FamRZ 1999, 1653.
[36] OLG Stuttgart FamRZ 2002, 635; vgl. aber OLG Stuttgart 2009, 53 Rn. 23 das Spekulationsgewinne und Verluste dem eigenen Risikobereich zuordnet.
[37] Vgl. BGH FamRZ 2009, 411; 2007, 1532; OLG Hamm NJWE-FER 1999, 204.
[38] BGH FamRZ 1992, 423; 1986, 441.
[39] BGH FamRZ 2017, 519 Rn. 33 f. = R 781b und 2018, 1506 Rn. 31.
[40] BGH FamRZ 1983, 150; 1980, 879 (880); 1980, 665 (668); für den umgekehrten Fall des Wohnens bei einem neuen Lebenspartner als freiwillige Leistung vgl. aber OLG Hamm NJWE-FER 2000, 249.

II. Zur Verwertung des Vermögensstamms

1. Obliegenheit zur Verwertung des Vermögensstamms auf Grund einer Billigkeitsabwägung

Ob bei der Unterhaltsbemessung neben den Einkünften auch ein Vermögensstamm einzusetzen ist, ist grundsätzlich nach Billigkeit zu entscheiden. Fehlt es an ausreichenden sonstigen Mitteln müssen **unterhaltsberechtigte** Ehegatten (→ Rn. 611 ff., 614 ff.) und Verwandte mit Ausnahme minderjähriger Kinder (→ Rn. 621, 624, → § 2 Rn. 932 f.) ebenso wie ein **Unterhaltspflichtiger** (→ Rn. 617, 618, 619 f., 622 f.) bei beschränkter Leistungsfähigkeit den Vermögensstamm verwerten, soweit dies nicht unwirtschaftlich oder unter Berücksichtigung der beiderseitigen wirtschaftlichen Verhältnisse unbillig ist (§§ 1577 I und III, 1581 S. 2, 1602 I, 1603 II 3 BGB). Nur **minderjährige Kinder** (→ Rn. 621) müssen ihren eigenen Vermögensstamm im Verhältnis zu ihren Eltern nicht angreifen, solange die Eltern leistungsfähig sind (§ 1602 II BGB). 607

Die danach gebotene Billigkeitsabwägung ist Sache des Tatrichters. Sie erfordert eine umfassende Beurteilung der Umstände des Einzelfalls. Diese Beurteilung kann vom Revisionsgericht nur darauf überprüft werden, ob dieser die im Rahmen der Billigkeitsprüfung maßgebenden Rechtsbegriffe verkannt oder für die Einordnung unter diese Begriffe wesentliche Umstände unberücksichtigt gelassen hat.[41] Die Obliegenheit zur Vermögensverwertung findet jedenfalls dort ihre Grenze, wo dem Unterhaltspflichtigen nicht mehr die Mittel zur Bestreitung des eigenen unentbehrlichen Lebensbedarfs (Selbstbehalt) verbleiben würden und er durch die Unterhaltszahlungen selbst sozialhilfebedürftig würde.[42] Dies gilt auch dann, wenn der Unterhalt nur aus dem Stamm des Vermögens aufgebracht werden kann.[43] Zum Stamm des Vermögens gehören auch die stillen Reserven eines Unternehmers (→ Rn. 265).

Je **größer** das Vermögen ist, umso eher kommt eine Obliegenheit zur Verwertung in Betracht. Kleinere Vermögen können geschont werden, damit eine Reserve für Notfälle oder als Altersvorsorge[44] erhalten bleibt; bei größeren Vermögen kann ein entsprechender Sockelbetrag als Schonvermögen verbleiben.[45] Die Auffassung, dass eine Verwertung schon dann ausscheidet, wenn der Erlös nicht für einen lebenslangen Unterhalt ausreicht,[46] überzeugt jedenfalls nicht, wenn ohnehin nur ein zeitlich befristeter Bedarf, etwa für Ausbildungsunterhalt, besteht und dieser durch die Verwertung eines einsetzbaren Vermögens abgedeckt wird.[47] Besteht eine Pflicht zur Verwertung des Vermögensstamms, so hat ein Affektionsinteresse an bestimmten Gegenständen umso weniger Gewicht, je höher der Wert ist.[48]

Grundsätzlich dient somit das Vermögen, zusammen mit den Einkünften, der lebenslangen Unterhaltssicherung (zur Abfindung → Rn. 93 ff.). Es soll nicht den **Erben** erhalten werden, wenn davon zu Lebzeiten neben der eigenen Unterhaltssicherung ein berechtigter Unterhaltsanspruch erfüllt werden kann. Verletzt der Unterhaltspflichtige die Obliegenheit, Vermögenswerte zu realisieren, ist er unterhaltsrechtlich so zu behandeln, als habe er die Obliegenheit erfüllt.[49] Das Vermögen ist daher so zu verwerten, dass der Unterhalts- 608

---

[41] BGH FamRZ 2005, 97; 1987, 912; 1986, 560.
[42] BGH FamRZ 2013, 1554 Rn. 25 = R 741d; 2006, 683 (zum Ehegattenselbstbehalt); BVerfG FamRZ 2004, 253.
[43] BGH FamRZ 1989, 170 (172); zum Elternunterhalt vgl. BGH FamRZ 2006, 1511 = R 658e.
[44] BGH FamRZ 2013, 1554 Rn. 26 ff. = R 741d; 2006, 1511 = R 658d.
[45] BGH FamRZ 1998, 367; OLG Celle FamRZ 2001, 47 (Schonbetrag von 5000 DM bei Unterhaltsanspruch eines volljährigen Kindes); OLG Karlsruhe NJWE-FER 2001, 147 (schwer behindertes Kind); OLG Schleswig MDR 2000, 163 BeckRS 1999, 30085328 (Schonbetrag von 4500 DM bei Unterhaltsanspruch eines volljährigen Kindes).
[46] OLG Hamm FamRZ 1997, 1537.
[47] BGH FamRZ 2002, 1698 (1702).
[48] BGH FamRZ 1998, 367 (369).
[49] BGH FamRZ 2013, 278 Rn. 21.

609 Zuvor ist allerdings auch schon bei der Bestimmung des **Schonvermögens,** das zur Sicherung des eigenen Unterhaltsbedarfs des Unterhaltspflichtigen (Selbstbehalt) unberücksichtigt bleiben muss, die voraussichtlich gesamte Lebensdauer des Unterhaltspflichtigen zu beachten.[51] Dabei ist insbesondere zu berücksichtigen ob das Vermögen zur Sicherung der **eigenen Altersvorsorge** vorgesehen ist. Zwar erfolgt die primäre Altersvorsorge grundsätzlich im Wege der Regelversorgungen des § 32 VersAusglG. Nachdem sich jedoch zunehmend die Erkenntnis durchgesetzt hat, dass die primäre Versorgung und eine evtl. betriebliche Zusatzversorgung in Zukunft nicht mehr für eine angemessene Altersversorgung ausreichen werden, sondern zusätzlich private Vorsorge zu treffen ist,[52] darf einem Unterhaltspflichtigen diese Möglichkeit nicht mit dem Hinweis auf eine Beeinträchtigung der Leistungsfähigkeit zur Erfüllung von Unterhaltsansprüchen genommen werden. Denn die eigene angemessene Altersvorsorge geht jedenfalls dann der Sorge für die Unterhaltsberechtigten vor, wenn er diesen nicht nach § 1603 II BGB gesteigert unterhaltspflichtig ist und dem Unterhaltspflichtigen deswegen vorrangig auch die Sicherung des eigenen angemessenen Unterhalts zu gewährleisten ist.[53] Ihm ist deshalb die Möglichkeit eröffnet, geeignete Vorkehrungen dafür zu treffen, dass er nicht seinerseits im Alter auf Unterhaltsansprüche oder sonstige staatliche Förderung angewiesen ist. Vor diesem Hintergrund hat der BGH die einer zusätzlichen Altersversorgung dienenden Aufwendungen grundsätzlich als abzugsfähig anerkannt[54] (→ Rn. 1034). Ist es dem Unterhaltsschuldner aber gestattet, die zur eigenen Alterssicherung notwendigen Beträge zusätzlich zurückzulegen, dann müssen auch die so geschaffenen Vermögenswerte als Alterssicherung dem Zugriff der Unterhaltsgläubiger entzogen bleiben, um den Zweck der Alterssicherung erreichen zu können. Dabei steht es dem Unterhaltspflichtigen nach ständiger Rechtsprechung des BGH grundsätzlich frei, in welcher Weise er – jenseits der gesetzlichen Rentenversicherung – Vorsorge für sein Alter trifft. Der BGH hat deswegen sowohl den Abschluss von **Lebensversicherungen** als auch sonstige vermögensbildende Investitionen als angemessene Art der Altersversorgung gebilligt, soweit sie geeignet sind, diesen Zweck zu erreichen. Das gilt auch für den Erwerb von Wertpapieren oder Fondsbeteiligungen und sogar für bloßes Sparvermögen.[55] In welchem Umfang vorhandenes Vermögen im konkreten Einzelfall für den eigenen angemessenen Unterhalt einschließlich der eigenen Altersvorsorge erforderlich und deswegen dem Zugriff der Unterhaltsgläubiger entzogen ist, kann in diesem Rahmen nur individuell beantwortet werden.[56]

610 Die Umrechnung eines vorhandenen Kapitals in eine **lebenslange Rente** ist wegen der unbekannten individuellen Lebenserwartung und wegen der sich ständig ändernden Ertragsmöglichkeiten schwierig. Der BGH hat eine Umrechnung nach § 14 BewG und dem vom Bundesministerium der Finanzen regelmäßig veröffentlichten Vervielfacher für den Kapitalwert einer lebenslänglichen Nutzung oder Leistung für zutreffend erachtet.[57] Da unterhaltsrechtlich ohnehin eine entsprechende Anlage erforderlich ist, kann im Einzelfall auch bei einer Bank oder einem größeren Versicherungsunternehmen nachgefragt werden, in welcher Höhe sich eine lebenslange Rente ergäbe, wenn das einzusetzende Kapital

---

[50] BGH FamRZ 1985, 357; 1985, 354; 1966, 28.
[51] BGH FamRZ 1989, 170.
[52] Vgl. Art. 6 des Altersvermögensgesetzes vom 26.6.2001, BGBl. I S. 1310, 1335.
[53] BGH FamRZ 2011, 1041 Rn. 36 f. = R 725d (Erstausbildung des Unterhaltspflichtigen); 2003, 1179 (1182) (zum Elternunterhalt); vgl. aber BGH FamRZ 2013, 616 Rn. 20 f. (zur gesteigerten Unterhaltspflicht beim Kindesunterhalt).
[54] BGH FamRZ 2013, 1554 Rn. 26 ff. = R 741d; 2012, 956 Rn. 19; 2010, 1535 Rn. 25 ff.; 2005, 1817 = R 632j (bis zu 4% des Bruttoeinkommens); 2004, 792 (bis zu 5% des Bruttoeinkommens beim Elternunterhalt); vgl. aber BGH FamRZ 2013, 616 Rn. 15 ff. (Mindestunterhalt bei gesteigerter Unterhaltspflicht).
[55] BGH FamRZ 2012, 956 Rn. 19; 2006, 1511 = R 658d; 2003, 860.
[56] BGH FamRZ 2006, 1511 = R 658d, e.
[57] BGH FamRZ 2013, 203 Rn. 38 ff.; vgl. das Schreiben des BMF v. 22.11.2018 (IV C 7 – S 3104/09/10001, 2018/0947021 BStBl. I 2018, 1306).

7. Abschnitt: Einkünfte aus Vermögen § 1

sofort in einem Betrag eingezahlt würde. Da den Erben nichts erhalten werden muss, ist von den möglichen Vertragsvarianten diejenige maßgeblich, die ohne Rückzahlung eines nicht verbrauchten Kapitalrestes im Todesfall die größte Rente ergibt.[58] Bei Lebensversicherungen auf Kapitalbasis mit Rentenwahlrecht muss nur geklärt werden, welche Rente sich bei Ausübung des **Rentenwahlrechts** ergeben würde. Auch hier ist die Variante maßgeblich, die den Erben nichts oder jedenfalls möglichst wenig belässt und deshalb eine höhere laufende Rente ergibt.[59]

2. Verwertung des Vermögensstamms des Berechtigten beim nachehelichen Unterhalt (§ 1577 III BGB)

Der **Anspruchsberechtigte auf nachehelichen Unterhalt** hat sich grundsätzlich aus seinen Einkünften und seinem Vermögen selbst zu unterhalten (§ 1577 I BGB). Auch Vermögen, das aus der Veräußerung eines früher gemeinsam genutzten Anwesens herrührt, soll grundsätzlich, wie alle Vermögenswerte eines Unterhaltsberechtigten, dazu dienen, ergänzend dessen Unterhaltsbedarf auf Lebenszeit zu sichern.[60] Einzusetzen sind deswegen jedenfalls die **Erträge** aus dem vorhandenen Vermögen, insbesondere aus einem 611
– Versteigerungserlös,[61]
– Vermögen aus Zugewinnausgleich,[62]
– Kapital aus einer ausbezahlten Lebensversicherung (→ Rn. 629 f.),[63]
– Miteigentumsanteil am Haus (→ Rn. 628),[64]
– Erbanteil, zB an einem Baugrundstück[65] sowie aus einem
– Sparguthaben.[66]

Den **Stamm des Vermögens** muss der Unterhaltsberechtigte nach § 1577 III BGB 612 ausnahmsweise nicht verwerten, *soweit die Verwertung unwirtschaftlich oder unter Berücksichtigung der beiderseitigen Interessen unbillig wäre*. Danach muss der Unterhaltsberechtigte den Vermögensstamm dann nicht verwerten, wenn dies für ihn mit einem wirtschaftlich nicht mehr vertretbaren Nachteil verbunden wäre. Bei der insoweit gebotenen Billigkeitsabwägung sind vor allem folgende Umstände zu berücksichtigen:
• Voraussichtliche Dauer der Unterhaltsbedürftigkeit des Berechtigten und der Ertragsmöglichkeit des zur Verfügung stehenden Vermögens.[67]
• Belange naher Angehöriger wie Eltern und Kinder.[68]
• Der Umstand, dass ein Vermögenswert aus dem Verkauf eines gemeinsamen Hauses stammt und dass auch der Unterhaltspflichtige einen entsprechenden Erlösanteil zur freien Verfügung erhalten hat.[69]
• Der Umstand, dass das Vermögen aus einem während des Zusammenlebens übertragenen Betriebsgrundstück stammt, was der Steuerersparnis dienen sollte.[70]

---

[58] Zur Leibrente vgl. BGH FamRZ 1994, 228.
[59] Vgl. den vom OLG Hamm in FamRZ 1998, 1520 behandelten Fall mit kritischer Anmerkung Bienko FamRZ 1999, 512; zur Verwendung von Sterbetafeln zur Ermittlung von Schätzwerten beim Zugewinnausgleich vgl. BGH FamRZ 1992, 1155 (1159).
[60] BGH FamRZ 1985, 354 (356); OLG Karlsruhe FamRZ 2010, 655; OLG Bamberg FamRZ 1992, 1305.
[61] BGH FamRZ 1985, 582.
[62] BGH FamRZ 2008, 1325 Rn. 33; 1985, 357 (359); zum Verbot der Doppelverwertung vgl. aber BGH FamRZ 2012, 517 Rn. 69; 2007, 1532; 2004, 1352 und 2003, 432 und allgemein: Schulz FamRZ 2006, 1237.
[63] OLG Hamm FamRZ 2000, 1286.
[64] BGH FamRZ 2009, 1300 = R 705a, b; 1984, 662.
[65] BGH FamRZ 1980, 43; OLG Celle NJW 2010, 79 Rn. 41 f.; OLG Oldenburg FamRZ 2005, 718.
[66] BGH FamRZ 1985, 582; 1985, 360.
[67] BGH FamRZ 1985, 354 (356); OLG München FamRZ 1994, 1459.
[68] BGH FamRZ 1980, 126 (128).
[69] BGH FamRZ 2006, 387; 2005, 1159; OLG Brandenburg NJW-RR 2009, 1371 Rn. 39.
[70] BGH FamRZ 2012, 517 Rn. 69.

Dose 231

- In welcher Höhe der Berechtigte sonstiges Vermögen oder Altersvorsorge besitzt.[71]
- Das Ausmaß der Belastung des Unterhaltspflichtigen durch eine Unterhaltsgewährung aus seinem Einkommen oder Vermögen.
- Der Verlust eines Wohnvorteils (→ Rn. 473 ff.).[72]
- Die Verwertung einer angemessenen **selbst genutzten Immobilie**, was ohnehin stets zur Anrechnung eines Wohnvorteils führt, kann regelmäßig nicht verlangt werden.[73]

613 Besteht der Vermögensstamm aus einem **Barvermögen** (Sparguthaben), so ist dessen Verwertung zwar grundsätzlich nicht unwirtschaftlich[74] (aber → Rn. 609). Erzielt der Berechtigte keine eigenen Erwerbseinkünfte, ist ihm aber zumindest eine „Reserve" als Notgroschen für Fälle plötzlich auftretenden Sonderbedarfs zu belassen.[75] Insoweit dürfen mithin nur Vermögenserträge in Form einer Rendite für kurzfristig verfügbare Sparguthaben in Ansatz gebracht werden.[76] Der Miteigentumsanteil an einem Einfamilienhaus macht eine solche Rücklage nicht entbehrlich, weil er bei eigener Nutzung regelmäßig nicht verwertet werden muss und auch sonst erfahrungsgemäß nur unter Schwierigkeiten, daher nicht kurzfristig und häufig auch nur unwirtschaftlich verwertbar ist.[77] Hat der Unterhaltspflichtige seinerseits kein Vermögen, das er zur Deckung plötzlich auftretenden Sonderbedarfs verwenden könnte, wäre es allerdings unbillig, dem Unterhaltsberechtigten zu gestatten, einen Teil seines Vermögens auf Kosten des Unterhaltspflichtigen als „Notgroschen" unangegriffen zu lassen (→ § 4 Rn. 959 ff.).[78]

Besteht das Vermögen aus einer **Lebensversicherung**, die dem Unterhaltsberechtigten zur Abgeltung der Ansprüche aus dem Versorgungsausgleich übertragen wurde, dient das Kapital im Zweifel zur Deckung des laufenden Lebensunterhalts im Alter. Der ausgezahlte Betrag muss dann unter Berücksichtigung der statistischen Lebenserwartung und der erzielbaren Zinsen auf längere Zeit umgelegt werden[79] (→ Rn. 629 f.).

3. Verwertung des Vermögensstamms des Berechtigten beim Trennungsunterhalt

614 Für den **Unterhaltsberechtigten beim Trennungsunterhalt** fehlt eine dem § 1577 III BGB entsprechende Bestimmung (→ Rn. 611 ff.). Eine Pflicht zur Verwertung des Vermögensstammes kann sich nach der Rechtsprechung des BGH[80] jedoch aus § 1361 I und II BGB ergeben, wenn der Unterhalt des Berechtigten nicht aus den Vermögenseinkünften, wohl aber aus dem Stamm seines Vermögens bestritten werden kann.[81] Diese Verpflichtung geht allerdings beim Trennungsunterhalt weniger weit als beim nachehelichen Unterhalt, bei dem jeder der beiden Scheidungspartner im Grundsatz wirtschaftlich auf eigenen Füßen stehen soll (§ 1569 BGB), während beim Trennungsunterhalt die wirtschaftliche Grundlage der ehelichen Gemeinschaft zunächst noch nicht beeinträchtigt und offen gehalten werden soll, dass die Ehegatten nach Möglichkeit wieder zu ihrer ehelichen Gemeinschaft zurückfinden (vgl. zB § 1361 II BGB). Außerdem haben die Eheleute während der Trennungszeit noch eine stärkere Verantwortung füreinander als nach der Scheidung, was ebenfalls gegen eine Obliegenheit zur Verwertung des Vermögens des Berechtigten sprechen kann.[82]

---

[71] BGH FamRZ 2006, 1511 = R 658c, d; 1985, 360.
[72] BGH FamRZ 1985, 360.
[73] BGH FamRZ 2006, 1511 = R 658c, d; vgl. auch BVerfG FamRZ 2005, 1051 und Brudermüller NJW 2004, 633 (637) mwN
[74] BGH FamRZ 1985, 360.
[75] BGH FamRZ 2006, 1511 = R 658b; 1998, 367 (369); 1986, 439; 1985, 354 (356); 1985, 360.
[76] BGH FamRZ 1986, 439.
[77] BGH FamRZ 1985, 360.
[78] BGH FamRZ 1984, 364 (367).
[79] BGH FamRZ 2013, 203 Rn. 38 ff.; OLG Hamm FamRZ 2000, 1286.
[80] BGH FamRZ 2009, 307 Rn. 17; 1985, 360.
[81] OLG Koblenz FamRZ 2017, 108 f.
[82] BGH FamRZ 2012, 514 Rn. 36; 2009, 307 Rn. 17; 2008, 963 = R 692b (zum Wohnvorteil); 2005, 97; 1986, 556; OLG Koblenz FamRZ 2017, 108 f. und 2005, 1482.

7. Abschnitt: Einkünfte aus Vermögen § 1

Eine solche Obliegenheit besteht für den Unterhaltsberechtigten vor allem dann, wenn **615** die Eheleute dies schon **während der bestehenden Ehe** zur Unterhaltsdeckung getan haben. Sie kann aber auch bestehen, wenn die Ehegatten nach ihrem gemeinsamen Lebensplan während intakter Ehe den Vermögensstamm nicht oder nur in besonderen Fällen angegriffen haben. Mit der Aufgabe der häuslichen Gemeinschaft tritt nämlich eine wesentliche Änderung der Verhältnisse ein. Dann sind beide Ehegatten einander nicht mehr gemäß § 1360 BGB verpflichtet, die Familie angemessen zu unterhalten. Bei dem Anspruch auf Trennungsunterhalt nach § 1361 BGB handelt es sich demgegenüber um einen Anspruch auf Barunterhalt eines Ehegatten gegen den anderen, was diesen Anspruch von dem Anspruch auf Familienunterhalt grundlegend unterscheidet. Deshalb kann ein entsprechender früherer gemeinsamer Lebensplan bezüglich der Nichtverwertung des Vermögensstamms bei der gebotenen Billigkeitsabwägung nur als ein Umstand unter mehreren anderen bedeutsam werden.

Als weitere zu berücksichtigende Umstände kommen neben der Höhe des dem Unter- **616** haltsberechtigten zur Verfügung stehenden Vermögens besonders die **Einkommens- und Vermögensverhältnisse des Unterhaltspflichtigen** in Betracht.[83] Auch die Dauer des Getrenntlebens kann bedeutsam sein, weil bei kurzer Trennung noch eher eine Aussicht auf eine Wiederaufnahme der ehelichen Lebensgemeinschaft besteht. Je länger die Trennung währt, desto eher kann eine Verwertung des Vermögensstamms durch den Unterhaltsberechtigten verlangt werden.[84] Von Bedeutung kann aber auch sein, dass die Ehegatten nur kurze Zeit zusammengelebt haben und dem Berechtigten neben Grundvermögen auch ein größeres Wertpapierdepot zusteht.[85]

4. Verwertung des Vermögensstamms des Unterhaltspflichtigen beim nachehelichen Unterhalt (§ 1581 S. 2 BGB)

Der **Unterhaltspflichtige** muss nach § 1581 S. 2 BGB auch bei eingeschränkter Leis- **617** tungsfähigkeit den Stamm seines Vermögens nicht für den **nachehelichen Unterhalt** verwerten, *soweit die Verwertung unwirtschaftlich oder unter Berücksichtigung der beiderseitigen wirtschaftlichen Verhältnisse unbillig wäre*.[86] Einschränkungen der Obliegenheit zum Einsatz des Vermögensstamms ergeben sich daraus, dass nach dem Gesetz auch die sonstigen Verpflichtungen des Unterhaltsschuldners zu berücksichtigen sind und er seinen eigenen angemessenen Unterhalt nicht zu gefährden braucht. Eine Verwertung des Vermögensstamms kann deshalb nicht verlangt werden, wenn sie den Unterhaltsschuldner von fortlaufenden Einkünften abschneiden würde, die er zur Erfüllung weiterer Unterhaltsansprüche oder anderer berücksichtigungswürdiger Verbindlichkeiten oder zur Bestreitung seines eigenen Unterhalts benötigt.[87] Danach muss der Unterhaltspflichtige ein angemessenes Hausgrundstück, das er selbst bewohnt, regelmäßig nicht für den nachehelichen Unterhalt verwerten. Im Rahmen der Billigkeitsabwägung ist auch beim Unterhaltsschuldner zu berücksichtigen, in welchem Umfang er Vermögen angespart hat und ob dieses als notwendige Rentenergänzung bei sonst sehr geringer Altersrente vorgesehen ist.[88] Dann muss er aber ab Rentenbeginn – vorbehaltlich seiner Leistungsfähigkeit – den Stamm des Vermögens nicht nur für den eigenen Unterhalt, sondern auch für den Unterhalt des Berechtigten verwenden (→ Rn. 610).[89] Da unterhaltsrechtlich grundsätzlich keine Vermögenslage hinzunehmen ist, die keinen oder nur einen eindeutig unwirtschaftlichen Ertrag bringt, kann auch eine Umschichtung des Vermögens (→ Rn. 637 ff.) zumutbar

---

[83] BGH FamRZ 1997, 281 (285); OLG Koblenz FPR 2002, 310.
[84] BGH FamRZ 2008, 963 = R 692b, d (zum Wohnvorteil); 1985, 360; OLG Hamm FamRZ 1993, 1085; OLG Karlsruhe FamRZ 1990, 163.
[85] OLG Hamm FamRZ 1993, 1085 (1087); OLG Frankfurt FamRZ 1995, 874 (Anteil am Lottogewinn iHv 350 000 DM).
[86] BGH FamRZ 1986, 560; 1985, 354.
[87] BGH FamRZ 2013, 1554 Rn. 25 = R 741d; 2013, 203 Rn. 34.
[88] BGH FamRZ 2006, 1511 = R 658c.
[89] OLG Schleswig FuR 2004, 279.

sein. Hat der unterhaltspflichtige Ehegatte sein Vermögen veräußert und in ein Rentenstammrecht **umgewandelt**, aus dem wiederkehrende Leistungen fließe, hat er im Ergebnis den Vermögensstamm bereits für sich selbst angegriffen und zum laufenden Verbrauch bestimmt. Die aus der Veräußerung fließenden Leibrentenzahlungen sind damit von vornherein nicht als Vermögensstamm anzusehen (→ Rn. 648).[90] Gleiches gilt für den Betrag einer Rentennachzahlung, der ebenfalls nicht Vermögen, sondern unterhaltsrechtlich relevantes Einkommen ist.[91]

5. Verwertung des Vermögensstamms des Unterhaltspflichtigen beim Trennungsunterhalt

618 Für die Frage, ob und in welchem Umfang der **Unterhaltspflichtige** auch beim **Trennungsunterhalt** den Stamm seines Vermögens einsetzen muss, sind im Rahmen des § 1361 BGB auch die Grundsätze des § 1581 S. 2 BGB (→ Rn. 617) heranzuziehen.[92] Die in § 1581 S. 2 BGB festgelegten Billigkeits- und Wirtschaftlichkeitsmaßstäbe setzen dabei eine äußerste Grenze, bis zu der vom Unterhaltspflichtigen eine Vermögensverwertung verlangt werden kann. Ergänzend sind die Besonderheiten zu berücksichtigen, die das Verhältnis der Ehegatten während des Getrenntlebens von demjenigen nach der Scheidung unterscheiden. Einerseits tragen die Ehegatten während der Ehe noch mehr Verantwortung füreinander als nach der Ehescheidung. Andererseits legt die besondere Verbundenheit, von der das Verhältnis der Ehegatten geprägt wird, dem Unterhaltsberechtigten während des Getrenntlebens auch noch ein höheres Maß an Rücksichtnahme auf die Interessen des Unterhaltspflichtigen auf, als dies nach der Scheidung der Fall ist. Diese Obliegenheit kann dazu führen, dass dem Unterhaltspflichtigen während der Trennungszeit die Verwertung seines Vermögens noch nicht zugemutet werden kann.[93] Wichtig sind in diesem Zusammenhang also vor allem die noch bestehende stärkere Verantwortung der Eheleute füreinander, das höhere Maß an Rücksichtnahme auf die beiderseitigen Interessen und der Umstand, dass Eheleute bei der Regelung ihrer unterhaltsrechtlichen Beziehungen im Interesse der Aufrechterhaltung ihrer Ehe möglichst nicht zu Änderungen ihrer Lebensverhältnisse gedrängt werden sollen, die die Zerrüttung ihrer Ehe weiter fördern könnten. Diese Obliegenheit zur Rücksichtnahme kann dem Interesse des Unterhaltspflichtigen überwiegendes Gewicht verleihen und dazu führen, dass ihm die Verwertung seines Vermögens nicht zugemutet werden kann, während er es nach der Scheidung für den Unterhalt des anderen einsetzen muss. Deshalb ist dem Unterhaltspflichtigen eine Vermögensverwertung, die ihm die Grundlage seiner beruflichen Existenz entziehen und die gemeinsame Lebensplanung und -grundlage im Fall einer Fortsetzung der ehelichen Lebensgemeinschaft gefährden würde, grundsätzlich nicht zuzumuten.[94] Er braucht insbesondere einen landwirtschaftlichen Betrieb während der Trennungszeit nicht zu veräußern, allenfalls kann ihm eine Teilverwertung durch Veräußerung oder Belastung einzelner Grundstücke zugemutet werden.[95] Auch hier ist allerdings die Dauer der Trennung ein bedeutsamer Umstand, weil bei kurzer Trennung noch eher Aussicht auf Wiederaufnahme der ehelichen Gemeinschaft besteht. Je länger die Trennung währt, desto eher kann eine Verpflichtung zur Verwertung des Vermögensstamms angenommen werden.[96] Auch dabei ist die Zustellung des Scheidungsantrags ein wesentlicher Umstand, weil danach regelmäßig nicht mehr mit einer Wiederherstellung der ehelichen Gemeinschaft zu rechnen ist.[97]

---

[90] BGH FamRZ 1994, 228.
[91] OLGR Braunschweig 1997, 157; OLG Hamburg FamRZ 1991, 953 (zur Umlegung auf einen angemessenen Zeitraum).
[92] OLG Saarbrücken FamRZ 2016, 311 (312 f.).
[93] BGH FamRZ 2012, 514 Rn. 36; 2009, 307 Rn. 17; 2005, 97; 1986, 556; 1985, 360.
[94] OLG Koblenz FamRZ 2017, 108 (109).
[95] BGH FamRZ 1986, 556.
[96] OLG Karlsruhe FamRZ 1990, 163.
[97] Vgl. BGH FamRZ 2008, 963 = R 692b (zum Wohnvorteil).

Schließlich kann auch beim Trennungsunterhalt die Höhe des Vermögens ein wichtiges Zumutbarkeitskriterium sein.[98]

6. Verwertung des Vermögensstamms des Unterhaltspflichtigen beim Kindesunterhalt

Wie allgemein beim Verwandtenunterhalt muss der **Unterhaltspflichtige** grundsätzlich auch im Verhältnis zu Kindern den Stamm seines Vermögens zur Bestreitung des Unterhalts einsetzen. Eine allgemeine Billigkeitsgrenze, wie sie § 1581 Satz 2 BGB für die Leistungsfähigkeit beim nachehelichen Ehegattenunterhalt vorsieht, enthält das Gesetz im Bereich des Verwandtenunterhalts nicht, weil diese Vorschriften ein deutlich breiteres Spektrum verschiedener Unterhaltsansprüche umfassen. Der Einsatz des Vermögens ergibt sich hier allein aus § 1603 I BGB, wonach nicht unterhaltspflichtig ist, *wer bei Berücksichtigung seiner sonstigen Verpflichtungen außerstande ist, ohne Gefährdung seines eigenen angemessenen Unterhalts den Unterhalt zu gewähren.*[99] Diese Regelung ermöglicht es, auch insoweit den unterschiedlich starken Schutz der einzelnen Unterhaltstatbestände vom Unterhaltsanspruch minderjähriger Kinder (§§ 1603 II 1, 1609 Nr. 1 BGB) bis hin zum Enkel- und Elternunterhalt (§ 1609 Nr. 5 und 6 BGB) zu berücksichtigen. 619

Einschränkungen der Obliegenheit zum Einsatz auch des Vermögensstamms ergeben sich somit allein daraus, dass nach dem Gesetz auch die sonstigen Verpflichtungen des Unterhaltsschuldners zu berücksichtigen sind und er seinen eigenen angemessenen Unterhalt nicht gefährden muss. Daraus folgt, dass eine Verwertung des Vermögensstamms nicht verlangt werden kann, wenn sie den Unterhaltsschuldner von fortlaufenden Einkünften abschneiden würde, die er zur Erfüllung weiterer Unterhaltsansprüche, anderer berücksichtigungswürdiger Verbindlichkeiten[100] oder zur Bestreitung seines eigenen Unterhalts benötigt. Auch die Verwertung, jedenfalls die Veräußerung, eines nach den übrigen Verhältnissen der Familie angemessenen Familieneigenheims kann grundsätzlich nicht verlangt werden, weil es ebenfalls der Befriedigung des Unterhaltsbedarfs des Schuldners und seiner weiteren Familienangehörigen dient und zugleich Mietaufwendungen erspart.[101] Allgemein muss der Schuldner des Familienunterhalts den Stamm seines Vermögens auch nicht verwerten, wenn dies für ihn mit einem wirtschaftlich nicht mehr vertretbaren Nachteil verbunden wäre. Denn das wäre mit der nach dem Gesetz gebotenen Berücksichtigung der sonst zu erfüllenden Verpflichtungen nicht zu vereinbaren und würde letztlich auch den eigenen angemessenen Unterhaltsbedarf des Unterhaltspflichtigen in Mitleidenschaft ziehen.[102] Diese Grundsätze gelten gleichermaßen für den Unterhaltsanspruch von Abkömmlingen (Deszendenten) wie für den Anspruch auf Zahlung von Elternunterhalt (→ Rn. 622).[103] Da das Gesetz keine allgemeine Billigkeitsgrenze vorsieht, sind umfassende Zumutbarkeitsabwägungen erforderlich, in deren Rahmen auch Zuwendungen an nachrangig berechtigte Angehörige berücksichtigt werden können.[104] Danach ist dem Unterhaltspflichtigen die Verwertung eines Ferienhauses jedenfalls dann zumutbar, wenn dieses weder als Einkommensquelle noch zur Befriedigung des Wohnbedarfs der Familie benötigt wird.[105]

Gegenüber **minderjährigen Kindern** hat der unterhaltspflichtige Elternteil nach § 1603 II 1 BGB alle verfügbaren Mittel, dh auch den Vermögensstamm, zu seinem und 620

---

[98] OLG Koblenz FamRZ 2017, 108 (109).
[99] BGH FamRZ 2004, 1184.
[100] Vgl. BGH FamRZ 2013, 1554 Rn. 25 = R 741d; 2013, 203 Rn. 34; 1989, 170; 1982, 157 f.; OLGR Frankfurt 2009, 484 Rn. 19 f.; OLG Hamm FamRZ 1998, 1609.
[101] OLGR Frankfurt 2009, 484 Rn. 19 f.; Brudermüller NJW 2004, 633 (637); vgl. auch § 90 II Nr. 8 SGB XII.
[102] BGH FamRZ 1988, 604; 1986, 48.
[103] BGH FamRZ 2006, 1511 = R 658c–e.
[104] BGH FamRZ 1998, 367 (369).
[105] BGH FamRZ 1986, 48 (50).

der Kinder Unterhalt gleichmäßig zu verwenden.[106] Das gilt nach § 1603 II 2 BGB gleichermaßen für den Unterhaltsanspruch privilegierter volljähriger Kinder. Der Unterhaltspflichtige kann dann auch zum Verkauf seines Miteigentumsanteils an einem Grundstück verpflichtet sein; sein Wunsch, auf dem Grundstück zur Vermögensbildung Eigentumswohnungen zu errichten, ist gegenüber dem Anspruch der Kinder auf Mindestunterhalt (§ 1612a BGB) nachrangig.[107] Auch der Verkauf eines Gesellschaftsanteils kann von dem unterhaltspflichtigen Elternteil verlangt werden, um zu Zahlung des Mindestunterhalts leistungsfähig zu sein.[108] Selbst im Rahmen dieser gesteigerten Unterhaltspflicht darf der Vermögensstamm jedoch nur dann zur Befriedigung des Mindestbedarfs des Kindes herangezogen werden, wenn der notwendige Selbstbehalt des Unterhaltspflichtigen unter Berücksichtigung seiner voraussichtlichen Lebensdauer sowie unter Einbeziehung zu erwartender künftiger Erwerbsmöglichkeiten bis an sein Lebensende gesichert bleibt.[109] Denn nach ständiger Rechtsprechung des BVerfG und des BGH besteht eine Unterhaltspflicht nicht, soweit der Unterhaltsschuldner infolge einer Unterhaltsleistung selbst sozialhilfebedürftig würde. Dem Unterhaltspflichtigen muss also schon aus verfassungsrechtlichen Gründen jedenfalls der Betrag verbleiben, der seinen eigenen Lebensbedarf nach sozialhilferechtlichen Grundsätzen sicherstellt. Die finanzielle Leistungsfähigkeit endet somit dort, wo der Unterhaltspflichtige auch unter Berücksichtigung seines Vermögens nicht mehr in der Lage ist, seine eigene Existenz zu sichern.[110] Gegenüber minderjährigen Kindern wird dem unterhaltspflichtigen Elternteil im Rahmen des § 1603 II 1 BGB grundsätzlich auch der Einsatz eines erhaltenen Schmerzensgeldes zugemutet.[111] Leidet der Unterhaltspflichtige allerdings während des Unterhaltszeitraums unter fortwirkenden schwerwiegenden Behinderungen, kann dem im Hinblick auf die besondere Ausgleichsfunktion des Schmerzensgeldes bei der Unterhaltsbemessung dadurch Rechnung getragen werden, dass ein Teil des Schmerzensgeldes unberücksichtigt bleibt.[112] Auch insoweit ist also eine Verwertung des vorhandenen Vermögensstamms ausgeschlossen, wenn dem Unterhaltspflichtigen dadurch die für seinen eigenen notwendigen Bedarf erforderlichen Einkünfte verloren gehen.[113] Die bei der Billigkeitsentscheidung zu berücksichtigende gesteigerte Unterhaltspflicht für minderjährige und privilegiert volljährige Kinder aus § 1603 II 1 und 2 BGB entfällt allerdings nach § 1603 II 3 BGB, wenn das Kind eigenes Vermögen hat und seinen Unterhalt aus dem Stamm seines Vermögens bestreiten kann (→ Rn. 621).

7. Verwertung des Vermögensstamms des Unterhaltsberechtigten beim Kindesunterhalt

621 **Vermögen der Kinder.** Eine allgemeine Billigkeitsgrenze, wie sie § 1577 III BGB für den Bedarf beim nachehelichen Ehegattenunterhalt vorsieht, enthält das Gesetz im Bereich des Verwandtenunterhalts nur für den Unterhaltsanspruch minderjähriger Kinder (§ 1602 II BGB). Sonst ist für den Unterhaltsbedarf auf § 1602 I BGB abzustellen, wonach nur derjenige unterhaltsberechtigt ist, der *außerstande ist, sich selbst zu unterhalten*. Hierzu außerstande ist jedoch nicht, wer über verwertbares Vermögen verfügt. Auch dabei ist allerdings auf Zumutbarkeitserwägungen abzustellen.

---

[106] OLG Frankfurt FamRZ 2016, 1174 (1175); OLG Hamburg FamRZ 2000, 1431; OLG Dresden FamRZ 1999, 396.
[107] OLG Köln FamRZ 2006, 809; KG FamRZ 2004, 1745; OLG Dresden FamRZ 1999, 396; OLGR Celle 1998, 42 (jeweils zum früheren Regelbetrag).
[108] OLG Hamm FamRZ 2018, 1311 (1313).
[109] BGH FamRZ 1989, 170; OLG Jena NJW-RR 2015, 1475; OLG Hamm FamRZ 2009, 1258 Rn. 53 f.; KG FamRZ 2003, 1864.
[110] BVerfG FamRZ 2006, 683; 2001, 1685; BGH FamRZ 2006, 765 (zum Ehegattenselbstbehalt); 1996, 1272; 1990, 849; OLG Koblenz FamRZ 2018, 347 (348 f.).
[111] BGH FamRZ 1989, 170.
[112] BGH FamRZ 1989, 170 (Erhöhung des Selbstbehalts).
[113] OLG Hamburg FamRZ 1991, 472.

7. Abschnitt: Einkünfte aus Vermögen § 1

Für **volljährige Kinder** ist die Grenze der Unzumutbarkeit nach der Rechtsprechung des BGH etwas enger zu ziehen als für den Unterhaltsberechtigten im Rahmen des nachehelichen Unterhalts gemäß § 1577 III BGB. Das volljährige Kind muss ein vorhandenes Vermögen nur dann nicht einsetzen, wenn dies grob unbillig wäre. Der Tatrichter hat darüber im Einzelfall nach einer umfassenden Zumutbarkeitsabwägung zu entscheiden, die alle bedeutsamen Umstände und insbesondere auch die Lage des Unterhaltspflichtigen berücksichtigt.[114] Dabei kann auch volljährigen Kindern ein Sockelbetrag als Schonvermögen verbleiben (→ Rn. 607 ff.),[115] grundsätzlich müssen sie zunächst aber ihr eigenes Vermögen verwerten, soweit dies nicht unwirtschaftlich ist.[116] Hat etwa ein volljähriges Kind von seiner Großmutter Investmentanteile im Wert von 25 000 EUR geerbt, sind diese vorrangig bis zu einem Schonbetrag für den eigenen Unterhalt zu verwenden.[117] Eigenes erhebliches Vermögen des volljährigen unterhaltsberechtigten Kindes schließt also regelmäßig dessen Bedürftigkeit aus.[118] In der Rechtsprechung der Oberlandesgerichte ist teilweise sogar vertreten worden, dass ein volljähriges Kind mit Anspruch auf Ausbildungsunterhalt, welches Eigentümer eines mit einem Nießbrauchsrecht belasteten Grundstücks ist, ein Kredit aufzunehmen hat, bei dem die Rückzahlungsraten bis zum Eintritt in das Erwerbsleben gestundet werden.[119] Ich halte das für falsch, weil nach ständiger Rechtsprechung des BVerfG und des BGH Bedürftigkeit des Unterhaltsberechtigten und Leistungsfähigkeit des Unterhaltspflichtigen gleichzeitig bestehen müssen. Wenn der Unterhaltsberechtigte das belastete Grundstück nicht verwerten kann, kann dieses auch nicht dazu herhalten, ein erst später erzielbares Einkommen vorzuziehen.[120]

Minderjährige Kinder müssen ihren eigenen Vermögensstamm im Verhältnis zu ihren Eltern allerdings nicht verwerten, solange die Eltern leistungsfähig sind (§ 1602 II BGB).[121] Die Eltern können das Kind aber nach § 1603 II 3 BGB auf den Stamm seines Vermögens verweisen, wenn andernfalls ihr eigener angemessener Unterhalt[122] gefährdet wäre.[123] Denn die gesteigerte Unterhaltspflicht des § 1603 II 1, 2 BGB, die gegenüber minderjährigen und privilegiert volljährigen Kindern den Einsatz vorhandener Einkünfte bis zum notwendigen Selbstbehalt verlangt, tritt nach § 1603 II 3 BGB nicht ein, soweit das Kind seinen Unterhalt aus dem Stamm seines Vermögens bestreiten kann. In einem solchen Fall ist das Vermögen des minderjährigen Kindes allerdings zunächst ausdrücklich vom Familiengerichtgericht freizugeben (§§ 1643 I, 1822 Nr. 1 bzw. §§ 1629 II, 1795 II, 181 BGB). Auch bei der Verwertung von Kindesvermögen müssen keine unwirtschaftlichen oder unbilligen Maßnahmen getroffen werden (→ Rn. 612 sowie → § 2 Rn. 132 ff.).[124] Hat ein minderjähriges Kind vorhandenes Vermögen bereits verbraucht, ist ihm das nach § 1611 II BGB nicht vorwerfbar.[125]

---

[114] BGH FamRZ 1998, 367; OLG Jena NJW-RR 2016, 973; OLG Karlsruhe FamRZ 2001, 47 (behindertes Kind).
[115] OLG Oldenburg FamRZ 2018, 917 (918); OLG Jena NJW-RR 2016, 973.
[116] OLG Zweibrücken FamRZ 2016, 727; OLG Celle FamRZ 2001, 47 (Schonvermögen 5000 DM); OLG Schleswig MDR 2000, 163 (Schonvermögen 4500 DM); OLG Düsseldorf FamRZ 1990, 1137; OLG Braunschweig NJW 1996, 3016.
[117] OLG München FamRZ 1996, 1433 (50 000 DM).
[118] OLG Celle FamRZ 2001, 47; OLG Köln FamRZ 1999, 1277.
[119] OLG Bamberg FamRZ 1999, 876.
[120] Vgl. insoweit BGH FamRZ 2013, 1022 Rn. 20; BVerfG FamRZ 2005, 1051.
[121] OLG Frankfurt NJW 2009, 3105 Rn. 21.
[122] Bis Ende 2010 = 1100 EUR, ab dem 1.1.2011 = 1150 EUR, ab dem 1.1.2013 = 1200 EUR und seit dem 1.1.2015 = 1300 EUR; vgl. Leitlinien der Oberlandesgerichte Nr. 21.3.1 unter www.famrz.de/arbeitshilfen.
[123] BGH FamRZ 1985, 360.
[124] OLG Köln FamRZ 2017, 1309 (1311 f.); OLG Koblenz NZFam 2017, 118.
[125] BGH FamRZ 1988, 159.

8. Verwertung des Vermögensstamms des Unterhaltspflichtigen beim Elternunterhalt

622 Die Rechtsprechung hat sich zunehmend mit Unterhaltsansprüchen von unterhaltsbedürftigen Eltern gegen ihre erwachsenen Kinder zu befassen.[126] Diese Ansprüche gehören ebenso zum Verwandtenunterhalt nach §§ 1601 ff. BGB wie die Ansprüche der Kinder gegen die Eltern (→ Rn. 619 ff.). Auch im Rahmen des Elternunterhalts muss der Unterhaltspflichtige deswegen grundsätzlich den Stamm seines Vermögens einsetzen. Hinsichtlich der Opfergrenze für den Unterhaltspflichtigen ergeben sich jedoch erhebliche Unterschiede, die durch Bedeutung und Rang des Elternunterhalts im Gefüge der gesetzlichen Unterhaltstatbestände bedingt sind und sich vor allem in einem „maßvollen Zuschlag" beim Selbstbehalt (→ § 2 Rn. 923 ff., 932 ff.) auswirken.[127] Hinsichtlich der Verwertung des Vermögensstamms fehlt es im Verwandtenunterhalt – im Unterschied zur Regelung des § 1577 III BGB für die Bedürftigkeit und des § 1581 S. 2 BGB für die Leistungsfähigkeit beim nachehelichen Unterhalt – zwar an einer allgemeinen gesetzlichen Billigkeitsgrenze.[128] Gleichwohl ist auch hier im Rahmen einer umfassenden **Zumutbarkeitsabwägung** auf der Grundlage des § 1602 I, II BGB für die Bedürftigkeit und des § 1603 I, II 3 BGB für die Leistungsfähigkeit der besonderen Lage von erwachsenen Unterhaltspflichtigen gegenüber ihren Eltern Rechnung zu tragen[129] (→ § 2 Rn. 932 ff.).

Einschränkungen der Obliegenheit zum Einsatz des Vermögensstamms ergeben sich daraus, dass nach § 1603 I BGB auch die sonstigen Verpflichtungen des **Unterhaltsschuldners** zu berücksichtigen sind und er seinen eigenen angemessenen Unterhalt nicht zu gefährden braucht.[130] Daraus folgt, dass eine Verwertung des Vermögensstamms nicht verlangt werden kann, wenn sie den Unterhaltsschuldner von fortlaufenden Einkünften abschneiden würde, die er zur Erfüllung weiterer, regelmäßig vorrangiger, Unterhaltsansprüche, anderer berücksichtigungswürdiger Verbindlichkeiten oder zur Bestreitung seines eigenen Unterhalts benötigt.[131] Allgemein muss der Unterhaltsschuldner den Stamm seines Vermögens auch dann nicht verwerten, wenn dies für ihn mit einem wirtschaftlich nicht mehr vertretbaren Nachteil verbunden wäre (→ Rn. 617 zum nachehelichen Unterhalt); denn auch das wäre mit dem nach dem Gesetz gebotenen Berücksichtigung der sonstigen Verpflichtungen nicht zu vereinbaren und würde letztlich den eigenen angemessenen Unterhaltsbedarf des Unterhaltspflichtigen in Mitleidenschaft ziehen.[132] Diese für den Unterhalt von Abkömmlingen (Deszendenten) entwickelten Grundsätze müssen jedenfalls auch dann herangezogen werden, wenn ein Anspruch auf Zahlung von Elternunterhalt zu beurteilen ist. Denn in dem rechtlich sogar schwächer ausgestalteten Unterhaltsrechtsverhältnis zwischen unterhaltsberechtigten Eltern und ihren unterhaltspflichtigen Kindern können keine strengeren Maßstäbe für den Unterhaltspflichtigen gelten.[133]

623 Dass der Elternunterhalt vergleichsweise schwach ausgestaltet ist, wirkt sich somit nicht nur auf den dem **Unterhaltspflichtigen** monatlich zu belassenden Selbstbehalt, sondern auch auf sein **Schonvermögen** und damit auf seine Obliegenheit zum Einsatz des Vermögensstamms aus. Auch insoweit ist zu berücksichtigen, dass ein unterhaltspflichtiges Kind seine Vermögensdispositionen regelmäßig in Zeiten getroffen hat, in denen Elternunterhalt nicht geschuldet wurde. Deswegen hat es regelmäßig auch seine Lebensverhält-

---

[126] BGH FamRZ 2015, 1172 Rn. 22 ff.; 2014, 538 = R 746; 2013, 1554 = R 741; 2013, 363; 2013, 203; 2010, 1535; 2006, 1511 = R 658e; 2006, 935 = R 644; 2004, 1184; 2004, 795; 2004, 792; 2004, 443; 2004, 370; 2004, 366; 2002, 1698.
[127] BGH FamRZ 2014, 538 Rn. 46; 2010, 1535 = R 714b; 2006, 1511 = R 658c, d; 2003, 1179; 2002, 1698; 1992, 795; vgl. Ziff. 21.3.3 der Leitlinien der Oberlandesgerichte.
[128] BGH FamRZ 1998, 367 (369).
[129] OLG Hamm FamRZ 2002, 1212; OLG München FuR 2000, 350 (Beleihung einer vom Berechtigten geschenkten Immobilie).
[130] BGH FamRZ 2013, 1554 Rn. 25 = R 741d; 2013, 203 Rn. 34.
[131] BGH FamRZ 2015, 1172 Rn. 24; 2013, 1554 Rn. 25 = R 741d; 2013, 203 Rn. 34; 1989, 170; OLG Hamm FamRZ 2010, 303 Rn. 41; 2006, 885.
[132] BGH FamRZ 1986, 48; OLG Köln FamRZ 2003, 471.
[133] BGH. FamRZ 2006, 1511; 2004, 1184; OLG Karlsruhe FamRZ 2004, 292.

nisse auf die vorhandenen Einkünfte und Vermögenswerte eingerichtet.[134] Das gilt jedenfalls insoweit, als der Unterhaltsschuldner seine Vermögenswerte als Alterssicherung vorgesehen und deswegen seinen gesamten Lebensplan auch auf diese Beträge eingestellt hat. Zwar erfolgt die primäre Altersversorgung regelmäßig durch die gesetzliche Rentenversicherung. Nachdem sich jedoch zunehmend die Erkenntnis durchgesetzt hat, dass die primäre Versorgung in Zukunft nicht mehr für eine angemessene Altersversorgung ausreichen wird, sondern zusätzlich private Vorsorge zu treffen ist,[135] darf einem Unterhaltspflichtigen diese Möglichkeit nicht mit dem Hinweis auf die Beeinträchtigung der Leistungsfähigkeit zur Erfüllung von Unterhaltsansprüchen genommen werden. Denn auch die eigene angemessene Altersvorsorge geht der Sorge für die Unterhaltsberechtigten grundsätzlich vor, wenn dem Unterhaltspflichtigen – wie bei der Inanspruchnahme auf Elternunterhalt – vorrangig die Sicherung seines eigenen angemessenen Unterhalts zu gewährleisten ist.[136] Dem Unterhaltspflichtigen ist deshalb die Möglichkeit eröffnet, geeignete Vorkehrungen dafür zu treffen, dass er nicht seinerseits im Alter auf Unterhaltsansprüche oder sonstige staatliche Förderung angewiesen ist. Vor diesem Hintergrund hat der BGH beim Elternunterhalt auch die der zusätzlichen Altersversorgung dienenden Aufwendungen bis zu 5% des Bruttoeinkommens als abzugsfähig anerkannt.[137] Auf diese Weise kann in dem rechtlich schwächer ausgestalteten Unterhaltsrechtsverhältnis zwischen erwachsenen Kindern und ihren unterhaltsbedürftigen Eltern der notwendige Handlungsspielraum gewahrt werden, der es dem Unterhaltspflichtigen erlaubt, sich selbst für das Alter angemessen abzusichern. Ist es dem Schuldner des Anspruchs auf Elternunterhalt aber gestattet, die zur eigenen Alterssicherung notwendigen Beträge zusätzlich zurückzulegen, müssen auch die so geschaffenen Vermögenswerte als Alterssicherung dem Zugriff des Unterhaltsberechtigten entzogen bleiben, um den Zweck der Alterssicherung erreichen zu können. Dabei steht es dem Unterhaltspflichtigen nach ständiger Rechtsprechung des BGH grundsätzlich frei, in welcher Weise er – jenseits der gesetzlichen Rentenversicherung – Vorsorge für sein Alter trifft. Wenn er sich angesichts der unsicheren Entwicklung der herkömmlichen Altersversorgungen für den Abschluss von Lebensversicherungen entscheidet, muss dieser Entschluss unterhaltsrechtlich im Allgemeinen akzeptiert werden. Gleiches gilt für Wertpapiere oder Fondsbeteiligungen aber auch für ein zur Alterssicherung angelegtes Sparvermögen.[138] Bei der Bemessung einer individuellen Vermögensfreigrenze sind die Besonderheiten des jeweiligen Einzelfalles zu berücksichtigen, ohne dass dies einer Pauschalierung für den Regelfall entgegenstehen müsste. Hat der Unterhaltspflichtige selbst das allgemeine Rentenalter erreicht, muss er die für diesen Zweck gebildete Alterssicherung allerdings verwerten. Das Vermögen kann dann neben weiteren Renteneinkünften in der Weise für den Elternunterhalt eingesetzt werden, als dieses in eine an der statistischen Lebenserwartung des Unterhaltspflichtigen orientierte Monatsrente umgerechnet und dessen Leistungsfähigkeit aufgrund des so ermittelten Gesamteinkommens nach den für den Einkommenseinsatz geltenden Grundsätzen bemessen wird (→ Rn. 610).[139]

Der BGH hat neben dem in zumutbarer Weise als Alterssicherung zurück gelegten Vermögen auch die Rücklage für ein beruflich benötigtes Kraftfahrzeug anerkannt.[140] Daneben kann sich auch bei dem Unterhaltspflichtigen aus den Wechselfällen des Lebens ein unerwarteter Bedarf ergeben, den er aus seinem laufenden Einkommen nicht zu befriedigen vermag. Hinsichtlich der Höhe eines zusätzlichen **Notgroschens** ist aufseiten des Unterhaltspflichtigen grundsätzlich ein großzügigerer Maßstab als beim Unterhaltsberechtigten anzulegen, der fremde Hilfe zur Deckung seines Lebensbedarfs in Anspruch nimmt. Deshalb stellt der sozialhilferechtliche Schonbetrag die untere Grenze dar. Darüber

---

[134] BGH FamRZ 2013, 203 Rn. 35.
[135] Vgl. Art. 6 des Altersvermögensgesetzes vom 26.6.2001, BGBl. I 1310, 1335.
[136] BGH FamRZ 2015, 1172 Rn. 26 f.; 2003, 1179.
[137] BGH FamRZ 2004, 792; zum Ehegattenunterhalt vgl. BGH FamRZ 2005, 1817 = R 632j.
[138] BGH FamRZ 2013, 1554 Rn. 26 ff. = R 741d; 2003, 860.
[139] BGH FamRZ 2015, 1172 Rn. 28 f.; 2013, 203 Rn. 33 ff.
[140] BGH FamRZ 2006, 1511 = R 658g (für ein Gesamtvermögen von 113 400 EUR); OLG München FamRZ 2005, 299 (80 000 EUR).

hinaus wird vertreten, für Notfälle seien jedenfalls drei Netto-Monatsgehälter zu reservieren. Teilweise wird weitergehend angenommen, ein Schonbetrag von 10 000 EUR bis 26 000 EUR sei unabdingbar, auch um dem durch die Pflegeversicherung nur unzulänglich abgesicherten Risiko der Folgen der Pflegebedürftigkeit oder der Gefahr einer langjährigen Erkrankung begegnen zu können. Allerdings lässt sich die Höhe eines Betrages für Notfälle nicht pauschal festlegen; nach Auffassung des BGH hängt es vielmehr von den Umständen des Einzelfalls, wie den Einkommensverhältnissen und sonstigen Unterhaltsverpflichtungen, ab, in welchem Umfang hierfür zusätzlich Mittel zu belassen sind.[141]

Für den Unterhaltspflichtigen ist die Verwertung des Eigentums an einem selbst genutzten **Familienwohnheim** zugunsten der Unterhaltsansprüche seiner Eltern stets unwirtschaftlich; dies kann daher nicht von ihm verlangt werden.[142] Gleiches gilt für eine selbst genutzte Eigentumswohnung.[143] Das ist aber nicht der Fall, wenn der Unterhaltsschuldner wegen einer geringen Restforderung auf einen Teil seines erheblichen freien Vermögens zurückgreifen muss. Dann kommt es auch nicht auf die voraussichtliche Lebensdauer des Unterhaltspflichtigen an.[144]

9. Verwertung des Vermögensstamms des Unterhaltsberechtigten beim Elternunterhalt

624   Ein – nicht minderjähriger – **Unterhaltsberechtigter** ist im Verhältnis zu dem Unterhaltspflichtigen grundsätzlich gehalten, vorhandenes Vermögen zu verwerten, soweit ihm dies – auch unter Wirtschaftlichkeitsgesichtspunkten – zumutbar ist.[145] Weil sich die gesetzlichen Regelungen der §§ 1602 II, 1603 II 3 BGB auf den Unterhaltsanspruch minderjähriger Kinder beschränken, ist im Rahmen des Elternunterhalts die Vorschrift des § 1577 III BGB entsprechend heranzuziehen. Danach muss der Unterhaltsberechtigte den Stamm seines Vermögens nicht verwerten, soweit die Verwertung unwirtschaftlich oder unter Berücksichtigung der beiderseitigen wirtschaftlichen Verhältnisse unbillig wäre. Auf dieser Grundlage kann dem Unterhaltsberechtigten eine gewisse Vermögensreserve als so genannter Notgroschen für Fälle plötzlich auftretenden (Sonder-)Bedarfs belassen bleiben. Auch betagte Eltern können noch Notfallreserven benötigen, deren Auflösung von ihnen deshalb grundsätzlich nicht verlangt werden kann. Dabei ist dem Unterhaltsberechtigte regelmäßig zumindest der sozialhilferechtliche Schonbetrag zu belassen (§ 90 II Nr. 9 SGB XII).[146] Hat ein unterhaltsberechtigter Elternteil nicht unerhebliches Vermögen in Form der Teilhabe an einer ungeteilten Erbengemeinschaft, ist er verpflichtet, entweder auf die unverzügliche Aufteilung der Erbengemeinschaft hinzuwirken oder den Anteil als Kreditunterlage für seinen Pflegebedarf zu nutzen.[147] Auch ein Unterhaltsberechtigter, der pflegebedürftig ist und sich in Heimpflege befindet, hat somit zunächst sein Vermögen bis auf einen angemessenen Notgroschen einzusetzen, bevor er sein Kind auf Unterhalt in Anspruch nehmen kann.[148]

10. Vermögensverwertung beim Unterhaltsanspruch aus Anlass der Geburt

625   Der Unterhaltsanspruch aus Anlass der Geburt (§ 1615l II 2 BGB) war schon in der Vergangenheit immer stärker dem Unterhaltsanspruch des geschiedenen Ehegatten we-

---

[141] BGH FamRZ 2015, 1172 Rn. 29; 2013, 1554 Rn. 37 = R 741e.
[142] BGH FamRZ 2013, 1554 Rn. 39 = R 741f; 2013, 868 Rn. 17; LG Heidelberg FamRZ 1998, 164.
[143] OLG Köln FamRZ 2001, 1475.
[144] BGH FamRZ 2002, 1698 (1702); OLG Köln (27. ZS) FamRZ 2003, 470; a. A. OLG Köln (25. ZS) FamRZ 2003, 471, das lediglich offensichtlich unwirtschaftliche Vermögensverwertungen ausnimmt.
[145] Vgl. BGH FamRZ 2013, 203 Rn. 33 ff.
[146] BGH FamRZ 2013, 1554 Rn. 36 = R 741e; 2004, 370.
[147] BGH FamRZ 2006, 935 = R 644.
[148] OLG Koblenz FamRZ 2017, 660 (663); OLG Köln FamRZ 2001, 437.

gen Betreuung eines Kindes (§ 1570 BGB) angeglichen worden.[149] Entsprechend hatte die Rechtsprechung auch die Anspruchsvoraussetzungen mit Blick auf die auch hier im Vordergrund stehende Betreuung und Erziehung des gemeinsamen Kindes dem nachehelichen Betreuungsunterhalt weitgehend **angeglichen**.[150] Weil beide Ansprüche auf Betreuungsunterhalt auch zur Höhe jedenfalls das Existenzminimum des betreuenden Elternteils sichern sollen, kann die fehlende nacheheliche Solidarität insoweit auch aus verfassungsrechtlicher Sicht keine gravierenden Unterschiede in der Ausgestaltung des Unterhaltsrechts rechtfertigen, solange das Kind auch unter Berücksichtigung staatlicher Hilfen einer (zeitweisen) Betreuung bedarf. Unterschiede sind hinsichtlich der Höhe des Unterhaltsanspruchs lediglich insoweit gerechtfertigt, als der nacheheliche Betreuungsunterhalt auf einer nachehelichen Solidarität beruht, die einen über die eigene Lebensstellung hinausgehenden Unterhaltsanspruch nach den ehelichen Lebensverhältnissen begründet (vgl. allgemein → § 7 Rn. 1 ff.).[151] Nachdem der Gesetzgeber nunmehr die Vorschriften der §§ 1570, 1615l II 2 BGB weitgehend angeglichen und beiden Unterhaltsansprüchen den gleichen Rang (§ 1609 Nr. 2 BGB) zugewiesen hat, sind im Rahmen der Obliegenheit zum Einsatz des Vermögens jedenfalls auch die gesetzlichen Vorgaben für den nachehelichen Betreuungsunterhalt zu berücksichtigen (→ Rn. 611 ff., 617 ff.). Zwar sehen die nach § 1615l III 1 BGB anwendbaren Vorschriften über den Verwandtenunterhalt im Unterschied zur Regelung des § 1577 III BGB für die Bedürftigkeit des Unterhaltsberechtigten und des § 1581 S. 2 BGB für die Leistungsfähigkeit des Unterhaltspflichtigen beim nachehelichen Unterhalt keine allgemeine gesetzliche Billigkeitsgrenze vor.[152] Gleichwohl ist auch hier im Rahmen einer umfassenden **Zumutbarkeitsabwägung** auf der Grundlage des § 1602 I BGB für die Bedürftigkeit und des § 1603 I BGB für die Leistungsfähigkeit der weitgehenden Angleichung des Anspruchs an den nachehelichen Betreuungsunterhalt Rechnung zu tragen.

Beim **Unterhaltsberechtigten** ist im Rahmen der Zumutbarkeit aber zu berücksichtigen, dass ihm aus § 1615l II BGB kein Anspruch auf Altersvorsorgeunterhalt oder Krankheitsunterhalt zusteht und er ev. vorhandenes eigenes Vermögen deswegen zur Alterssicherung und Krankheitsvorsorge benötigt.[153]

11. Verwertung von Grundstücken

Grundvermögen kann durch Veräußerung, Belastung oder (Teilungs-)Versteigerung verwertet werden (zur Obliegenheit → Rn. 607). Zwar kann einen Ehegatten die Obliegenheit treffen, sein in einem Eigenheim gebundenes Vermögen zur Erzielung höherer Erträge umzuschichten. Ob eine solche Obliegenheit zur Vermögensumschichtung besteht, bestimmt sich jedoch nach Zumutbarkeitsgesichtspunkten, wobei unter Berücksichtigung der Umstände des Einzelfalls, auch der beiderseitigen früheren wie jetzigen Wohnverhältnisse, die Belange des Unterhaltsberechtigten und des Unterhaltspflichtigen gegeneinander abzuwägen sind. Es kommt einerseits darauf an, ob der Unterhaltsberechtigte den Unterhalt dringend benötigt oder die Unterhaltslast den Unterhaltspflichtigen besonders hart trifft; andererseits muss dem Vermögensinhaber ein gewisser Entscheidungsspielraum belassen werden. Die tatsächliche Anlage des Vermögens muss sich als **eindeutig unwirtschaftlich** darstellen, ehe der betreffende Ehegatte auf eine andere Anlageform und daraus erzielbare Beträge verwiesen werden kann.[154] Die Tatsache, dass im Fall einer sofortiger Verwertung **künftige Wertsteigerungen** verloren gehen, führt für sich genommen noch nicht zu einer Unzumutbarkeit oder Unwirtschaftlichkeit, zumal der Erlös auch durch Zinsen im Wert steigen kann. Dies gilt erst recht bei der Verwertung von Erbanteilen, etwa an einem

626

---

[149] Vgl. BGH FamRZ 2005, 347.
[150] BGH FamRZ 2005, 442 = R 625b; 2005, 357; 2005, 354 = R 624; 2005, 347.
[151] BGH FamRZ 2010, 444 Rn. 23 ff.; 2009, 1391 Rn. 16 ff.; 2009, 77 = R 704a; 2006, 1362.
[152] BGH FamRZ 1998, 367 (369).
[153] Vgl. BGH FamRZ 2010, 357 Rn. 53 f.; KG Berlin FPR 2003, 671; OLG Hamm FF 2000, 137.
[154] BGH FamRZ 2012, 517 Rn. 59 ff.; 2012, 514 Rn. 36; 2009, 23 Rn. 19.

Baugrundstück.[155] Statt einer gebotenen Verwertung kann der Erbanteil auch zur Kreditbeschaffung für den Unterhalt verwendet werden. Wenn wirtschaftlich vertretbare Rückzahlungsmöglichkeiten bestehen, kann bis zur Höhe des Vermögens auch die Inanspruchnahme eines Real- oder Personalkredits für Unterhaltszwecke mit Kreditsicherung durch Vermögensbelastung zumutbar sein. Gestaltet sich der an sich gebotene Verkauf einer nicht selbst genutzten Eigentumswohnung schwierig und zeitraubend, kann es wirtschaftlich sinnvoller sein, die Wohnung zu vermieten.[156] Im Rahmen der Billigkeitsabwägung ist auch zu berücksichtigen, wenn ein nicht unerheblicher Zugewinn aus der früheren Ehewohnung vom anderen Ehegatten nachehelich verbraucht wurde und ihm insoweit keine Zinseinkünfte mehr zugerechnet werden können. Dann ist es auch nicht zu beanstanden, wenn dem Eigentümer über einen ev. Wohnvorteil hinaus keine fiktiven Vermögenseinkünfte zugerechnet werden.[157] Bewohnt der Eigentümer ein angemessenes Wohneigentum selbst, ist er jedenfalls als Schuldner des Elternunterhalts weder zur Verwertung verpflichtet, noch kann ihm fiktiv ein Vermögen zugerechnet werden.[158]

627 Die Verwertung **landwirtschaftlich** genutzter Flächen scheitert häufig an der mit diesen Flächen verbundenen Sicherung des eigenen Lebensbedarfs. Ein Hof wird regelmäßig als der maßgebende Vermögensbestandteil die wirtschaftliche Grundlage der Einkünfte darstellen, die der Unterhaltsschuldner als Lebens- und Erwerbsgrundlage für sich und andere vor- oder gleichrangige Unterhaltsberechtigte erhalten muss.[159] Die Aufnahme von Krediten unter Belastung der Hofflächen würde den Schuldner immer weiter in die Verschuldung treiben, was ihm nach der Rechtsprechung des BGH nicht zumutbar ist.[160] Eine solche Belastung oder ein Verkauf einzelner Flächen, kommt also nur dann in Betracht, wenn die Flächen wegen der Größe des Betriebs nicht zur Fortführung des Hofes erforderlich sind oder wenn der Hof auf Dauer ohnehin keine genügenden Einkünfte abwirft und dem Unterhaltsschuldner deswegen ein Berufswechsel zumutbar ist. Eine Verpachtung einzelner Flächen ist hingegen nicht zumutbar, wenn diese zur Fortführung des Hofes notwendig sind oder wenn dadurch keine höheren Gewinne erzielt werden können als gegenwärtig aus landwirtschaftlicher Tätigkeit in Verbindung mit den dafür erzielten Subventionen.[161]

628 Sind der Unterhaltsberechtigte und der Unterhaltspflichtige **Miteigentümer** eines Hausgrundstücks, blockieren sie sich häufig gegenseitig bei der Verwertung.[162] Denn ein Ehegatte kann die Zustimmung zur Teilungsversteigerung[163] so lange verweigern, bis das Scheidungsverfahren und ein Verfahren auf Zugewinnausgleich abgeschlossen sind.

> **Beispiel:**
> F ist ausgezogen und verlangt von M Unterhalt. Das Haus ist schuldenfrei. M bietet F für ihren Hälfteanteil 150.000 EUR und erklärt, dass sie von diesem Kapital ihren Unterhalt bestreiten könne. F möchte jedoch 200.000 EUR. Dazu ist M nicht bereit und verlangt nun, dass F ihren Hälfteanteil beleiht und davon lebt. F beantragt hierauf lediglich die Teilungsversteigerung und verlangt erneut Unterhalt.

Es liegt kein Verstoß gegen unterhaltsrechtliche Obliegenheiten vor, wenn sich ein Miteigentümer auf die Aufhebung der Gemeinschaft durch **Teilungsversteigerung**[164] und anschließende Erlösteilung (§ 753 BGB) beschränkt, weil die Wirtschaftlichkeit am ehesten durch Verwertung im Weg der Aufhebung der Miteigentumsgemeinschaft gewähr-

---

[155] BGH FamRZ 1980, 43.
[156] OLG Karlsruhe FuR 1998, 361.
[157] BGH FamRZ 2009, 23 Rn. 19; 2004, 1184.
[158] BGH FamRZ 2013, 1554 Rn. 39 = R 741f; 2003, 1179 (1180); zum nachehelichen Unterhalt vgl. auch BGH FamRZ 2012, 517 Rn. 61.
[159] BGH FamRZ 2005, 97.
[160] BGH FamRZ 2005, 608 = R 627a.
[161] OLG Hamm Agrar- und Umweltrecht 2003, 377.
[162] Vgl. BGH FamRZ 2014, 923 Rn. 20 f. = R 751b.
[163] Zur Erlösverteilung im Verfahren der Teilungsversteigerung vgl. BGH FamRZ 2017, 693 Rn. 20 ff.
[164] Vgl. insoweit BGH FamRZ 2014, 285.

leistet ist. Denn bei einem Verkauf oder einer Beleihung des Miteigentumsanteils ist erfahrungsgemäß nur ein geringerer Erlös zu erwarten.[165] Erwirbt ein Ehegatte den Miteigentumsanteil des anderen im Wege der Teilungsversteigerung oder durch Kauf, muss er das Grundstück regelmäßig nicht verwerten, solange er es selbst als Wohnung nutzt (→ Rn. 617). Dann muss sich der Erwerber künftig den vollen Wohnwert anrechnen lassen, gemindert allerdings um Zinsaufwendungen und bis zur Höhe des Wohnwerts zusätzlich um die Tilgungsraten für den aufgenommenen Kredit.[166] Bei dem veräußernden Ehegatten tritt der Erlös als Surrogat an die Stelle des früheren Miteigentums und der daraus erzielbare Zins an die Stelle der früheren Nutzungsvorteile. Wie der Erwerber ist auch er dann nicht gehalten, den Verkaufserlös als Vermögensstamm zu verwerten (→ Rn. 612).[167]

Einer Teilungsversteigerung nach § 180 ZVG können allerdings nicht unerhebliche rechtliche Hindernisse entgegenstehen. So bedarf schon der Antrag gemäß § 1365 BGB der **Zustimmung** des anderen Ehegatten, wenn die Ehegatten (noch) im gesetzlichen Güterstand leben und der Grundstücksanteil des Antragstellers dessen ganzes Vermögen darstellt.[168] Die Zustimmung kann verweigert werden, wenn durch sie der Anspruch auf Zugewinnausgleich konkret gefährdet wäre oder wenn voraussichtlich nach Beendigung des Güterstandes gemäß § 242 BGB ein Anspruch auf Übereignung des Grundstücksanteils selbst bestehen wird.[169] Damit kann ein Ehegatte die Zustimmung zur Teilungsversteigerung so lange verweigern, bis das Scheidungsverfahren und ein Verfahren auf Zugewinnausgleich abgeschlossen sind.[170] Ausnahmsweise kann der Teilungsversteigerung auch noch nach rechtskräftiger Ehescheidung der Einwand der unzulässigen Rechtsausübung entgegenstehen, solange die Aufhebung der Gemeinschaft für einen Ehegatten mit einem unzumutbar unbilligen Ergebnis verbunden wäre.[171] Die Zwangsversteigerung kann auch zur Abwendung einer ernsthaften Gefährdung des Wohls eines gemeinschaftlichen Kindes einstweilen eingestellt werden (§ 180 III 1 ZVG).[172]

12. Verwertung des ausgezahlten Kapitals einer Lebensversicherung

Lebensversicherungen können der Altersvorsorge (→ Rn. 609, 613) aber auch der Kapitalbildung dienen.[173] Im Fall der Scheidung unterliegen Lebensversicherungen nunmehr dem Versorgungsausgleich, wenn sie auf eine Rentenzahlung gerichtet sind oder wenn ein Kapitalrecht als Anrecht im Sinne des Betriebsrentengesetzes oder des Altersvorsorgeverträge-Zertifizierungsgesetzes besteht (§ 2 II VersAusglG).[174] Ein güterrechtliche Ausgleich findet für diese Anrechte nicht statt (§ 2 IV VersAusglG). Lebensversicherungen auf Kapitalbasis, die die genannten Voraussetzungen nicht erfüllen, sind beim gesetzlichen Güterstand in den Zugewinnausgleich einzubeziehen.[175] Bei Gütertrennung erfolgt hingegen kein Ausgleich des in der Ehe angesammelten Kapitals (vgl. auch § 1414 S. 2 BGB). Die laufenden Beiträge des Versicherungsnehmers werden bei der Unterhaltsberechnung vom Einkommen vorweg abgezogen, soweit es sich um eine angemessene Altersvorsorge

629

---

[165] BGH FamRZ 1984, 662.
[166] BGH FamRZ 2017, 519 Rn. 33 ff. = R 781b; 2018, 1506 Rn. 31.
[167] BGH FamRZ 2013, 109 Rn. 30.
[168] BGH FamRZ 2007, 1634 Rn. 11 ff.; OLG Frankfurt FamRZ 1999, 524; BayObLG FamRZ 1996, 1013; OLG Düsseldorf FamRZ 1995, 309; OLG Bremen FamRZ 1984, 272.
[169] BayObLG FamRZ 1981, 46.
[170] OLG Köln FamRZ 2002, 97; 2001, 176; OLG Frankfurt FamRZ 1997, 1490.
[171] BGH FamRZ 1977, 458.
[172] Näher zur Verwertung des Miteigentumsanteils siehe Schulz/Hauß, Vermögensauseinandersetzung 6. Auflage Rn. 1341 ff.
[173] Zum Wert vgl. BGH FamRZ 2012, 694 Rn. 22.
[174] BGH FamRZ 2012, 1039 Rn. 15 ff.; 2011, 1931 Rn. 15 ff.; zum früheren Recht vgl. BGH FamRZ 2003, 664; 1993, 684 (zur Ausübung des Rentenwahlrechts); 1984, 156.
[175] BGH FamRZ 2012, 1039 Rn. 15 ff.; 2011, 1931 Rn. 15 ff.; zum früheren Recht vgl. BGH FamRZ 2003, 664 (zur Ausübung des Kapitalwahlrechts nach Ende der Ehezeit); 2003, 1267; 1995, 1270.

handelt (→ Rn. 1033 ff.).[176] Ob schon während der Ehezeit Beiträge für die zusätzliche Altersversorgung gezahlt wurden, ist unerheblich, wenn jedenfalls im Unterhaltszeitraum solche gezahlt werden (→ § 4 Rn. 550 ff.).[177] Diese unterschiedliche Ausgangslage lässt keine einheitliche Beantwortung der Frage zu, ob ein später ausbezahltes Kapital auch unterhaltsrechtlich verwertet werden muss. Dabei ist zunächst zu beachten, dass ein und dieselbe Vermögensmasse nicht doppelt ausgeglichen werden darf.[178] Das steht einer Berücksichtigung der Vermögenserträge regelmäßig aber schon deswegen nicht entgegen, weil im Versorgungsausgleich oder im Zugewinnausgleich nur der Vermögensstamm ausgeglichen wird, während unterhaltsrechtlich grundsätzlich nur die Vermögenserträge relevant sind. Der Rückgriff auf diese unterschiedlichen Vermögensmassen schließt eine Doppelverwertung aus (→ Rn. 601).[179] Allerdings ist zu beachten, dass sich die Höhe der Vermögenserträge mit Durchführung des Zugewinnausgleichs oder des Versorgungsausgleichs verändert. Vorsicht ist zudem geboten, wenn unterhaltsrechtlich nicht nur auf die Vermögensgewinne, sondern ausnahmsweise auch auf einen Verbrauch des Vermögensstamms abgestellt wird (→ Rn. 607 ff.).

630 Beim **nachehelichen Ehegattenunterhalt** ist für den **Unterhaltspflichtigen** von § 1581 S. 2 BGB auszugehen. Danach braucht auch das Kapital aus einer Lebensversicherung nicht eingesetzt zu werden, soweit dies unwirtschaftlich oder unter Berücksichtigung der beiderseitigen wirtschaftlichen Verhältnisse unbillig wäre. Die danach geforderte Billigkeitsabwägung verlangt eine umfassende Bewertung aller Umstände des Einzelfalles. Folgende Gesichtspunkte können sich dabei auswirken:
– Kann der Unterhaltsbedarf des Unterhaltsberechtigten auch ohne Kapitalverwertung gesichert werden?
– Verbleibt dem Vermögensinhaber, der ebenfalls vom Vermögen leben muss, genug für den eigenen lebenslangen Bedarf?[180]
– Wie sind die Vermögensverhältnisse des anderen Ehegatten?[181]
– Wurden die Versicherungsprämien bei der Unterhaltsberechnung in der Vergangenheit einkommensmindernd berücksichtigt?[182]
– Wirkte sich die Lebensversicherung schon beim Zugewinnausgleich oder beim Versorgungsausgleich auf die Ausgleichsforderung aus (→ Rn. 29 f.)?[183]
– Liegt eine Einkommensänderung vor, die eine Herabsetzung des Unterhaltsbedarfs rechtfertigen kann (→ § 4 Rn. 557 ff.).

Daneben muss bei der Bemessung des Bedarfs auf Ehegattenunterhalt stets auch geprüft werden, ob es den ehelichen Lebensverhältnissen gemäß § 1578 I 1 BGB entspricht, auch auf das Kapital der Lebensversicherung zurückzugreifen.[184]

Fall:
Der Arzt M zahlt seit 2005 für eine private Lebensversicherung monatlich 1000 EUR. 2010 wird er geschieden. Unter Berücksichtigung des Aufwands für die Lebensversicherung wurden der kranken Ehefrau F als Unterhalt monatlich 1800 EUR zugesprochen. Im Jahr 2015 beendet M seine Tätigkeit. Er erhält von der Lebensversicherung 500 000 EUR. Davon kauft er Pfandbriefe zu 6% und hat deshalb monatlich nur noch 2500 EUR zur Verfügung. F wehrt sich gegen eine Herabsetzung der Unterhaltszahlungen.

Die Lebensversicherung war in diesem Fall als einzige Altersvorsorge gedacht, sollte also im Alter die ehelichen Lebensverhältnisse aufrechterhalten. Wegen fehlender weiterer

---

[176] BGH FamRZ 2013, 616 Rn. 16; 2008, 1739 Rn. 67 f.; 2005, 1817 = R 632j (4% der Bruttoeinkünfte); 2004, 792 (5% der Bruttoeinkünfte beim Elternunterhalt).
[177] BGH FamRZ 2009, 1207 Rn. 30 f.
[178] BGH FamRZ 2008, 761 Rn. 16 f.
[179] BGH FamRZ 2011, 705 Rn. 34; 2011, 622 Rn. 33 ff.; 2010, 1311 Rn. 28 f. (zur Abfindung).
[180] OLG München FamRZ 1994, 1459.
[181] BGH FamRZ 1986, 560; OLG Hamm FamRZ 2000, 1286.
[182] OLG Hamm FamRZ 1998, 1520.
[183] BGH FamRZ 2011, 622 Rn. 31 ff.; OLG Düsseldorf FamRZ 1998, 621; zum Verbot der Doppelberücksichtigung allgemein: Schulz FamRZ 2006, 1237.
[184] Vgl. zur nachehelich gezahlten Abfindung BGH FamRZ 2010, 1311 Rn. 28 f.

Altersvorsorge war abzusehen, dass dazu auch das Kapital der Lebensversicherung verbraucht werden muss.[185] Es ist deswegen auch für den Unterhaltsanspruch der Ehefrau einzusetzen. Dafür spricht auch, dass F durch eine langjährige Unterhaltsschmälerung die Lebensversicherung mitfinanziert hatte (→ § 4 Rn. 682). Die Umrechnung des Kapitals in Monatsbeträge geschieht nach den oben (→ Rn. 610) mitgeteilten Grundsätzen.

Das Gleiche gilt nach § 1577 III BGB beim nachehelichen Unterhalt für den **Unterhaltsberechtigten.** Wird ihm eine Lebensversicherung ausbezahlt, ist nach ähnlichen Kriterien zu prüfen, ob auch das Kapital in die Prüfung der Bedürftigkeit einzubeziehen ist.[186] Nicht grundlegend anders ist beim Trennungsunterhalt (→ Rn. 614, 618) und beim Verwandtenunterhalt (→ Rn. 619 ff.) zu verfahren. Maßgeblich sind stets Gesichtspunkte der Billigkeit. Bei der Bemessung der Bedürftigkeit im Rahmen der Verfahrenskostenhilfe ist allerdings stets auf das Kapital einer Lebensversicherung zurückzugreifen.[187]

631

III. Zurechnung fiktiver Erträge bei unterlassener zumutbarer Vermögensnutzung oder Vermögensverwertung

1. Fiktive Zurechnung erzielbarer Erträge im Rahmen einer Obliegenheit zur Erzielung von Vermögenserträgen oder zur Vermögensverwertung

Sowohl dem Unterhaltsberechtigten als auch dem Unterhaltspflichtigen sind fiktive Erträge als Einkommen zuzurechnen, wenn sie es unterlassen, ihr Vermögen in zumutbar Ertrag bringender Weise zu nutzen oder zu verwerten (zu sonstigen fiktiven Einkünften → Rn. 734 ff.).[188] Das setzt allerdings ein noch vorhandenes Vermögen voraus, dessen möglichst ertragreicher Einsatz zumutbar ist.[189] Die Feststellung einer entsprechenden Obliegenheit verlangt somit eine **Zumutbarkeitsprüfung**, bei der die Belange des Unterhaltsberechtigten und des Unterhaltspflichtigen unter Berücksichtigung aller Umstände des Einzelfalls gegeneinander abzuwägen sind.[190]

632

Beim **unterhaltsberechtigten Ehegatten** können fiktive Vermögenseinkünfte nach Verbrauch eines vorhandenen Vermögens gemäß § 1579 Nr. 4 BGB nur dann angesetzt werden, wenn ein mutwilliges Verhalten vorliegt.[191] Zwar mindern die von einem unterhaltsberechtigten Ehegatten tatsächlich erzielten Vermögenserträge nach ständiger Rechtsprechung des BGH gemäß § 1577 I BGB seine Bedürftigkeit ohne Rücksicht auf die Herkunft des Vermögens und auf Billigkeitsgründe.[192] Darüber hinaus besteht auch für ihn eine grundsätzliche Obliegenheit, vorhandenes Vermögen **so ertragreich wie möglich** anzulegen und zu nutzen. Deswegen wird seine Bedürftigkeit auch durch solche fiktiven Einkünfte gemindert, die er in zumutbarer Weise ziehen könnte, aber mutwillig nicht zieht.[193] Der Verbrauch von Vermögen für trennungsbedingte Ausgaben wie etwa Anwalts- und Gerichtskosten ist jedoch grundsätzlich nicht vorwerfbar.[194] Wenn der Unterhaltsberechtigte ertragsloses Vermögen besitzt, wie zB eine Münzsammlung, die zwar im Wert steigt aber keine selbständigen Erträge erzielt, wird ihm die Umschichtung in ein Erträge abwerfendes Vermögen zwar in der Regel zuzumuten sein. Geht es hingegen darum, ob in

633

---

185 Vgl. zur Abfindung BGH FamRZ 2012, 1040 Rn. 36 ff. = R 732i.
186 OLG Hamm FamRZ 2000, 1286; OLG Celle FamRZ 2000, 1153 (von Zugewinn iHv 340 000 DM einen Teilbetrag iHv 100 000 DM für Alterssicherung ohne Zinsgewinn verwendet).
187 BGH FamRZ 2010, 1643 und VersR 2011, 1028.
188 BGH FamRZ 2014, 923 Rn. 19 = R 751a; 2013, 616 Rn. 18.
189 BGH FamRZ 2013, 278 Rn. 20 f.; 2012, 517 Rn. 54 f.; FamRZ 1990, 989 (991)
190 BGH FamRZ 1990, 269; 1988, 145 (149); 1986, 560; 1986, 439; OLGR Hamm 2000, 329 (an ein Kind verschenktes Vermögen).
191 BGH FamRZ 2013, 109 Rn. 31.
192 BGH FamRZ 1985, 357 (359); zum Verbrauch BGH FamRZ 2010, 629 Rn. 20.
193 BGH FamRZ 2013, 278 Rn. 20 ff.; 2013, 109 Rn. 31; 1990, 269; 1988, 145 (149); 1986, 439; 1986, 560; 1986, 441.
194 BGH FamRZ 2013, 109 Rn. 31.

einer anderen Anlageform eine höhere Rendite erzielbar ist, ist aber Zurückhaltung geboten; dem Vermögensinhaber muss insoweit eine gewisse Entscheidungsfreiheit belassen werden. Von ihm kann nicht verlangt werden, wegen möglicher höherer Erträge die Sicherheit der Vermögensanlage zu vernachlässigen oder eine im Verkehr ungewöhnliche Anlageform zu wählen. Stets muss sich die tatsächliche Anlage des Vermögens als eindeutig unwirtschaftlich darstellen, ehe der Unterhaltsberechtigte auf eine anderweitige Anlage und daraus erzielbare Einkünfte verwiesen werden kann[195] Darüber hinaus kann nach § 1577 III BGB für den Berechtigten beim nachehelichen Unterhalt auf Grund einer Billigkeitsabwägung sogar eine Obliegenheit zur Verwertung des Vermögensstamms bestehen (→ Rn. 611 ff.). Ähnliche Obliegenheiten bestehen beim Trennungsunterhalt im Rahmen des § 1361 I und II BGB (→ Rn. 614 ff.)[196] und beim Verwandtenunterhalt im Rahmen des § 1602 I, II BGB (→ Rn. 621, 624).[197] Besteht eine solche Obliegenheit zur Verwertung, kann im Rahmen der Bedürftigkeit auch ein fiktiver Verwertungserlös berücksichtigt werden.

634 Auch den **unterhaltspflichtigen Ehegatten** trifft eine Obliegenheit, alle ihm zumutbaren Erträge aus seinem Vermögen zu erzielen.[198] Unterlässt er dieses, muss er sich insoweit als leistungsfähig behandeln lassen. In besonderen Fällen kann ihn sogar eine Obliegenheit zur Vermögensverwertung treffen, die sich im Rahmen des nachehelichen Unterhalts aus § 1581 BGB (→ Rn. 617) und im Rahmen des Trennungsunterhalts aus § 1361 BGB herleiten lässt (→ Rn. 618).[199] Weil der Unterhaltsbedarf nach den ehelichen Lebensverhältnissen gemäß § 1578 I 1 BGB auf der Grundlage der ehezeitlich vorhandenen und der objektiv[200] erzielbaren Einkünfte zu bemessen ist, können fiktive Einkünfte ausnahmsweise bereits bei der Bedarfsbemessung berücksichtigt werden (→ Rn. 761 ff.).[201] Die Grenze dafür bildet aber eine nacheheliche Entwicklung, die – wie ein Karrieresprung – keine hinreichende Anknüpfung an die ehelichen Lebensverhältnisse hat und wegen der allmählich nachlassenden nachehelichen Solidarität jedenfalls nicht zu deutlich höheren Unterhaltsansprüchen führen kann, als dies der Ehe zugrunde lag. Wer ein größeres Vermögen noch nie wirtschaftlich genutzt hat, darf deswegen auch nicht auf Grund fiktiver Einkünfte aus diesem Vermögen zu höherem Unterhalt verurteilt werden, als es der bisherigen Lebensstellung entsprach.[202] Im Rahmen der Leistungsfähigkeit sind solche fiktiven Einkünfte aus unterlassener zumutbarer Vermögensnutzung, Vermögensumschichtung oder Vermögensverwertung allerdings stets zu berücksichtigen.

Auch beim **Verwandtenunterhalt** müssen sich der Unterhaltspflichtige und grundsätzlich auch der Unterhaltsberechtigte fiktive Vermögenserträge zurechnen lassen, die sie in zumutbarer Weise erzielen könnten (→ § 2 Rn. 207).[203] Der Unterhaltspflichtige muss nach § 1603 I, III BGB auch den Vermögensstamm verwerten, wenn dies nicht mit einem wirtschaftlich nicht mehr vertretbaren Nachteil für ihn verbunden ist[204] (→ Rn. 619 f., 622 f.).

2. Obliegenheiten bei Immobilien

635 Sowohl der Unterhaltsberechtigte als auch der Unterhaltspflichtige muss ein angemessenes und selbst genutztes Einfamilienhaus grundsätzlich nicht verwerten. Regelmäßig ist stattdessen nur der Wohnvorteil zu berücksichtigen (→ Rn. 473 ff.; vgl. auch § 90 II Nr. 8 SGB XII). Dabei handelt es sich um die Gebrauchsvorteile eines Eigenheims, denn durch

---

[195] BGH FamRZ 2009, 23 Rn. 19 f.; 2008, 1325 Rn. 18; 1998, 87 (89); 1986, 439.
[196] BGH FamRZ 1986, 556; 1985, 360.
[197] BGH FamRZ 2006, 1511.
[198] BGH FamRZ 1988, 604 (607); 1986, 556.
[199] BGH FamRZ 1986, 556; OLG Koblenz FamRZ 2017, 108 (109).
[200] BGH FamRZ 1995, 869; 1990, 1085; 1982, 151 (152).
[201] Vgl. KG Berlin NJW 2016, 2345.
[202] BGH FamRZ 2006, 683; 1997, 281.
[203] KG Berlin NJW 2016, 2345; OLG Frankfurt NJW 2015, 3105; OLG Hamm FamRZ 2009, 981.
[204] BGH FamRZ 1988, 604 (607); 1986, 48 (50); OLG Hamm FamRZ 2018, 1311 (1313).

das Bewohnen eines eigenen Hauses oder einer Eigentumswohnung entfällt die Notwendigkeit der Mietzahlung, die in der Regel einen Teil des allgemeinen Lebensbedarfs ausmacht. Soweit bei einer Gegenüberstellung der ersparten Wohnkosten und der zu berücksichtigenden Belastungen der Nutzungswert eines Eigenheims den Aufwand übersteigt, ist die Differenz zwischen den beiden Beträgen dem Einkommen des Unterhaltspflichtigen hinzuzurechnen.[205] Sonstiges Grundvermögen ist hingegen regelmäßig bestmöglich zu verwerten (→ Rn. 626 ff.). Selbst wenn eine Verwertung nicht in Betracht kommt, ist die Immobilie unter Berücksichtigung aller Umstände des Einzelfalls möglichst ertragreich einzusetzen. Das kann folgende Verpflichtungen nach sich ziehen:
- Vermietung eines großen luxuriösen Hauses und Anmietung einer günstigeren Wohnung.[206] Allerdings führt die Bemessung des Wohnvorteils mit dem vollen Mietwert ab dem Zeitpunkt der Verwertungspflicht, beim Ehegattenunterhalt also regelmäßig ab Zustellung des Scheidungsantrags,[207] zum gleichen Ergebnis.
- Vermietung einzelner Räume eines Hauses.[208] Im Allgemeinen wird die Vermietung von Einzelräumen an Fremde wegen der damit verbundenen Schwierigkeiten bei der Benutzung der sanitären Einrichtungen und der Küche aber unzumutbar sein. Für Räume, die während der Ehe volljährigen Kindern unentgeltlich überlassen waren, ist jedoch ein Entgelt zu fordern, wenn die Kinder ein eigenes Einkommen haben und nicht mehr auf die kostenlose Überlassung angewiesen sind.[209] Auch von einem aufgenommenen neuen Lebenspartner ist Miete zu verlangen.[210]
- Veräußerung eines Hauses zur Deckung des Unterhaltsbedarfs mit den Erträgen des anzulegenden Kapitals.[211]
- Veräußerung einzelner Grundstücke eines landwirtschaftlichen Anwesens (→ Rn. 627)[212] oder eines Baugrundstücks.[213]
- Kreditaufnahme und Belastung des Grundvermögens im Rahmen des Zumutbaren und unter Berücksichtigung der Tilgungsmöglichkeiten.[214]
- Mitwirkung bei der Verwertung einer im Miteigentum stehenden Familienwohnung (→ Rn. 628).[215]

Wer sich gegen eine solche unter Abwägung der Umstände des Einzelfalls mögliche Pflicht sträubt, läuft Gefahr, dass ihm erzielbare fiktive Einkünfte zugerechnet werden.

3. Obliegenheiten bei Barvermögen, wie Sparguthaben, Zugewinnausgleichszahlungen oder Veräußerungserlösen

636 Bei **Barmitteln** besteht die Verpflichtung, sie möglichst gewinnbringend anzulegen.[216] Bei erstmaligem Zufluss von Barmitteln zB aus dem Zugewinnausgleich, einer sonstigen Vermögensauseinandersetzung oder aus einer Unterhaltsabfindung besteht eine angemesse-

---

[205] BGHZ 213, 288 = FamRZ 2017, 519 Rn. 23 ff., 32 ff. = R 781b und 2018, 1506 Rn. 31; BGH FamRZ 2014, 538 Rn. 34; 2013, 1554 Rn. 19 f. = R 741c; 2012, 517 Rn. 50 f.
[206] BGH FamRZ 1988, 145 (149); 1984, 358 (360).
[207] BGH FamRZ 2014, 923 Rn. 17 ff. = R 751a; 2012, 517 Rn. 50.
[208] BGH FamRZ 1988, 145 (149); 1984, 358; 1986, 439; OLG Jena NJW 2006, 1745.
[209] BGH FamRZ 2006, 99 = R 641; 1990, 269; OLG Hamm FamRZ 2004, 108; OLG Bamberg FamRZ 1999, 849.
[210] BGH FamRZ 2008, 594 = R 688b; OLG Frankfurt NJW-RR 1995, 945 (dann auch während der Trennungszeit voller Wohnwert).
[211] Vgl. BGH FamRZ 2005, 1159; 1988, 145 (149).
[212] BGH FamRZ 1986, 556; OLG Schleswig FamRZ 1985, 809.
[213] BGH FamRZ 1982, 23 (25); bei Verbrauch vgl. BGH FamRZ 1997, 873; KG FamRZ 2004, 1745.
[214] BGH FamRZ 1988, 259 (263); 1982, 678; OLG München FuR 2000, 350; OLG Bamberg FamRZ 1999, 876.
[215] OLG Frankfurt FamRZ 1992, 823; vgl. aber OLG Köln FamRZ 2002, 97 (zum Trennungsunterhalt).
[216] BGH FamRZ 1988, 145 (149); 1986, 439; OLG Koblenz FF 2005, 193; OLG Köln – 16 Wx 15/03, BeckRS 2003, 08414; OLG Frankfurt FuR 2001, 371.

ne Überlegungsfrist zu Art und Zeitpunkt der Anlage. Fiktive Einkünfte dürfen erst nach Verstreichen dieser Frist zugerechnet werden.[217] Eine solche Zurechnung kommt in Betracht, wenn das Geld leichtfertig dem Unterhalt entzogen,[218] vergeudet oder verspielt[219] wurde oder wenn es so angelegt ist, dass es keinen oder einen zu geringen Ertrag bringt (→ Rn. 637 f.). Hat der Unterhaltspflichtige durch Schenkung einen erheblichen Geldbetrag erhalten und nach teilweisem Verbrauch den Restbetrag ohne Rechtsgrund an den Schenker zurückgegeben, ist das Vermögen als fiktiv noch vorhanden zu bewerten und bei der Unterhaltsbemessung zu berücksichtigen.[220]

4. Obliegenheit zur Vermögensumschichtung

637 Ein unterhaltsberechtigter Ehegatte ist grundsätzlich verpflichtet, vorhandenes Vermögen so **anzulegen**, dass dieses möglichst sichere und hohe Erträge abwirft.[221] Wenn der Berechtigte ertragloses Vermögen besitzt, zB eine Münzsammlung, die zwar im Wert steigt aber keine gesonderten Erträge abwirft, wird ihm die Umschichtung in ein Erträge abwerfendes Vermögen in der Regel zuzumuten sein.[222] Sonst kommt es darauf an, ob es ihm zumutbar ist, sein Vermögen zu günstigeren Bedingungen einzusetzen. Ist dieses nicht der Fall, muss die gewählte Anlageform unterhaltsrechtlich hingenommen werden.[223] Zurückhaltung ist aber geboten, wenn es nur darum geht, aus einer anderen Anlageform eine höhere Rendite zu erzielen. Der Vorteil eines Ehegatten aus dem **mietfreien Wohnen** im eigenen Haus, der bei der Ermittlung des unterhaltsrechtlich relevanten Einkommens dieses Ehegatten zu berücksichtigen ist, bemisst sich grundsätzlich nach den tatsächlichen Verhältnissen und der Höhe nach aus der erzielbaren Marktmiete.[224] Für die Ermittlung der ihm zufließenden Einkünfte ist deshalb grundsätzlich von diesem tatsächlichen, um einen Zins- und Tilgungsaufwand geminderten,[225] Wohnvorteil auszugehen. Zwar kann den Ehegatten grundsätzlich auch eine Obliegenheit treffen, sein in einem Eigenheim gebundenes Vermögen zur Erzielung höherer Erträge umzuschichten. Ob eine solche Obliegenheit zur Vermögensumschichtung besteht, bestimmt sich jedoch nach Zumutbarkeitsgesichtspunkten, wobei unter Berücksichtigung der Umstände des Einzelfalles, auch die beiderseitigen früheren wie jetzigen Wohnverhältnisse sowie die Belange des Unterhaltsberechtigten und des Unterhaltspflichtigen gegeneinander abzuwägen sind. Es kommt einerseits darauf an, ob der Unterhaltsberechtigte den Unterhalt dringend benötigt oder die Unterhaltslast den Unterhaltspflichtigen besonders hart trifft. Andererseits muss dem Vermögensinhaber ein gewisser Entscheidungsspielraum belassen werden. Die tatsächliche Anlage des Vermögens muss sich als **eindeutig unwirtschaftlich** darstellen, ehe der betreffende Ehegatte auf eine andere Anlageform und daraus erzielbare Beträge verwiesen werden kann.[226] Davon kann nicht schon dann ausgegangen werden, wenn ein Wohnvorteil nicht den Ertrag erreicht, der aus einem Veräußerungserlös erzielbar wäre. Von dem Vermögensinhaber kann jedenfalls nicht verlangt werden, nur wegen möglicherweise höherer Erträge die Sicherheit der Vermögensanlage zu vernachlässigen oder eine im Verkehr ungewöhnliche Anlageform zu wählen. Würde ein etwaiger Verkauf des Haus-

---

[217] BGH FamRZ 1986, 441 (443).
[218] BGH FamRZ 2007, 1532; OLGR Hamm 2000, 326.
[219] OLG Hamm FamRZ 1999, 516.
[220] OLG Koblenz FamRZ 2017, 108 (109).
[221] BGH FamRZ 2012, 517 Rn. 54; 2000, 950 (951); OLG Stuttgart FamRZ 1993, 559; OLG München VersR 2000, 743.
[222] Unveröffentlichtes Urteil des BGH vom 29.6.1983 – IVb ZR 395/81.
[223] BGH FamRZ 1986, 441; 1988, 145 (zur vollständigen oder teilweisen Vermietung eines großen und luxuriösen Einfamilienhauses).
[224] BGH FamRZ 2014, 923 Rn. 17 ff. = R 751a; 2012, 517 Rn. 50.
[225] BGHZ 213, 288 = FamRZ 2017, 519 Rn. 33 f. = R 781b und 2018, 1506 Rn. 31.
[226] BGH FamRZ 2009, 23 Rn. 19 f.; 2008, 1325 Rn. 18; 2006, 387 = R 643f; 2005, 1159 = R 623d; 2001, 1140 (1143); 2000, 950 (951); 1998, 87 (Einsatz von 263.000 DM zum Kauf eines Einfamilienhauses); 1992, 423.

grundstücks keinen nennenswerten Überschuss erbringen, scheidet schon deswegen eine Pflicht zur Vermögensumschichtung durch Veräußerung des Grundbesitzes aus.[227] Hinzu kommt, dass nur die Vermögenserträge, nämlich der Wohnvorteil in Höhe der Marktmiete mit dem Zinsgewinn aus einem Veräußerungserlös verglichen werden dürfen, wenn nicht in besonderen Einzelfällen eine Pflicht zur Verwertung des Vermögensstamms besteht. Der allgemeine Grundsatz, dass die Obliegenheit eines **getrennt lebenden** Ehegatten zur Verwertung seines Vermögensstamms im Allgemeinen nicht so weit geht wie diejenige eines Geschiedenen (→ Rn. 614 ff.), gilt entsprechend auch für die Obliegenheit zu einer Vermögensumschichtung.[228] Grundlegende Veränderungen der Vermögensanlage werden in der Trennungszeit nur unter besonderen Umständen und nicht kurzfristiger Vorteile wegen verlangt werden können. Gerade dann muss sich die bisherige Vermögensanlage als eindeutig unwirtschaftlich darstellen, ehe vom Vermögensinhaber eine Umschichtung verlangt werden kann.[229]

Entsprechend ist der Unterhaltsberechtigte auch nicht befugt, vorhandenes Vermögen so **umzuschichten**, dass es zu erheblichen Einkommensverlusten führt.[230] Wer etwa aus der Vermögensauseinandersetzung im Rahmen der Ehescheidung 300 000 EUR erhält, zusätzlich 200 000 EUR aufnimmt, für 500 000 EUR ein Haus kauft und wegen der Kreditverbindlichkeiten fast keinen anrechenbaren **Wohnwert** erzielt, muss sich den Vorwurf der Unwirtschaftlichkeit gefallen lassen.[231] Bei dem Vergleich des Mietwerts mit einem möglichen Kapitalertrag sind bis zur Zustellung des Scheidungsantrags eine angemessene ersparte Miete und danach der volle Mietwert zu berücksichtigen.[232] Von diesem Mietwert sind bis zu dessen Höhe allerdings die gesamten Finanzierungskosten, also die Zinsen und die Tilgungsleistungen, abzuziehen.[233] Weil sich der Wohnvorteil danach bemisst, in welchem Umfang der Eigentümer billiger lebt als ein Mieter, können von dem verbleibenden Wohnwert weitere Nebenkosten abgesetzt werden, die der Eigentümer, nicht hingegen ein Mieter zu zahlen hat. Danach können auch die vom Eigentümer zu tragenden verbrauchsunabhängigen Kosten nur dann von seinem Wohnvorteil abgezogen werden, wenn es sich um nicht umlagefähige Kosten im Sinne der § 556 I BGB, §§ 1, 2 BetrKV handelt.[234] Beim Ehegattenunterhalt ist sodann bei der Bedarfsbemessung zu berücksichtigen, dass die Beteiligten ursprünglich gemeinsam Eigentümer eines Hauses waren, in dem sie mietfrei wohnten, auch wenn die Wohnung seit der Trennung nur noch von einem Ehegatten genutzt wird. Schon der Lebensbedarf während der Ehe war dann durch die gezogenen Nutzungsvorteile erhöht.[235] Diese Nutzungsvorteile entfallen zwar, wenn das gemeinsam genutzte Haus im Zusammenhang mit der Scheidung veräußert wird. An ihre Stelle treten aber die Vorteile, die die Ehegatten aus dem Erlös ihrer Miteigentumsanteile ziehen oder ziehen könnten. Das können entweder Zinseinkünfte sein oder, soweit mit dem Erlös ein neues Eigenheim finanziert worden ist, der Vorteil, der in dem mietfreien Wohnen in diesem besteht.[236] Zwar kann auch in solchen Fällen eine Obliegenheit zur erneuten Vermögensumschichtung bestehen, etwa wenn andernfalls keine wirtschaftlich angemessene Nutzung des Verkaufserlöses verwirklicht worden ist. Davon kann aber nicht schon dann ausgegangen werden, wenn der nunmehr zuzurechnende Wohnvorteil nicht den Ertrag erreicht, den der Ehegatte unmittelbar aus dem erhaltenen Erlös hätte erzielen können. Vielmehr muss sich auch hier die tatsächliche Anlage des Vermögens – unter Berücksichtigung der Umstände des Einzelfalls – als eindeutig unwirtschaftlich darstellen,

---

[227] BGH NJW-RR 1995, 129.
[228] BGH FamRZ 1986, 439.
[229] BGH FamRZ 1986, 560; 1986, 439.
[230] OLG Hamm FamRZ 1999, 917.
[231] BGH FamRZ 2009, 23 Rn. 19; 2006, 387 = R 643f; 2005, 1159 = R 623d; 2001, 1140 (1143); 2000, 950 (951); 1992, 423; vgl. auch OLG Stuttgart FamRZ 2016, 638 (639).
[232] BGH FamRZ 2014, 923 Rn. 17 ff. = R 751a; 2012, 517 Rn. 50.
[233] BGHZ 213, 288 = FamRZ 2017, 519 Rn. 33 f. = R 781b und 2018, 1506 Rn. 31.
[234] BGH FamRZ 2014, 538 Rn. 35 ff.; 2009, 1300 = R 705b.
[235] BGH FamRZ 2009, 23 Rn. 19; 1998, 87 (88).
[236] BGH FamRZ 2014, 1098 Rn. 11 f. = R 753; 2009, 23 Rn. 19; 2006, 387 = R 643f; 2001, 1140 (1143); 2001, 986 (991); 1998, 87 (92).

bevor der Ehegatte auf eine andere Anlageform als sein neues Eigenheim und daraus erzielbare Erträge verwiesen werden kann.[237] Nur dann ist, wie in dem oben geschilderten Fall, davon auszugehen, dass der Wohnbedarf auch mit einer Eigentumswohnung zu einem deutlich geringeren Kaufpreis und ohne Aufnahme eines weiteren Kredits angemessen hätte befriedigt werden können. Bei der Unterhaltsberechnung ist in solchen Fällen nur der fiktive Wohnwert einer entsprechend kleineren – dann aber unbelasteten – Wohnung anzurechnen. Das OLG Koblenz[238] hält es für unwirtschaftlich, wenn ein Barvermögen von rund 36 000 EUR zum Kauf einer Eigentumswohnung verwendet wird, die insgesamt 102 000 EUR kostet. Um entscheiden zu können, ob eine solche Verwendung des vorhandenen Barvermögens zu nicht hinnehmbaren Einkommensverlusten führt, sind allerdings auch alle weiteren Umstände des Einzelfalls zu berücksichtigen, etwa die Höhe des Wohnvorteils und der Umstand, ob auch der andere Ehegatte in Wohneigentum lebt. Eine eindeutig unwirtschaftliche Anlage des Vermögens liegt jedenfalls dann nicht vor, wenn die Wohnung unter Berücksichtigung aller Umstände des Einzelfalls weder zu groß, noch zu teuer ist. Dagegen spricht auch, dass der Erwerb den Lebensverhältnissen während der Ehe entspricht, weil die Eheleute zuvor in einem ihnen gehörenden Haus gewohnt hatten und auch die Tilgung einer angemessenen Altersvorsorge entspricht.[239] Dem anderen Ehegatten ist diese Verwendung des Geldes dann regelmäßig zuzumuten, insbesondere wenn er auf die Anrechnung von Zinsen aus dem Betrag von 36 000 EUR nicht angewiesen ist. Entsprechend hat das OLG Frankfurt[240] den Kauf des Miteigentumsanteils an einer Doppelhaushälfte mit einem aus der Zwangsversteigerung des ehelich genutzten Hauses zugeflossenen Betrag von 118 000 EUR als nicht eindeutig unwirtschaftlich angesehen. Wer aber als allein stehende Person ein nach den Umständen zu großes und zu teures Haus bewohnt und gleichwohl Unterhalt verlangt, wird sich stets auf eine nutzbringendere Anlage seines Vermögens verweisen lassen müssen.[241] Das verlangt allerdings nicht zwingend eine Vermögensumschichtung, weil auch die Anrechnung der vollen erzielbaren Marktmiete eine wirtschaftlich sinnvolle und damit hinnehmbare Anlageform bilden kann.

639 Dabei ist stets auch danach zu fragen, ob die wirtschaftlichen Verhältnisse des Beteiligten es erfordern, dass der andere Beteiligte aus seinem Vermögen einen bestmöglichen Ertrag erzielt.[242] Bei der Umschichtung von Immobilien in eine Kapitalanlage muss zudem der **Kaufkraftverlust** von Geldvermögen im Verhältnis zu Immobilienwerten mitbedacht werden.[243] Der Grundsatz, dass beim Trennungsunterhalt die Obliegenheit zur Verwertung des Vermögensstamms nicht so weit geht wie beim nachehelichen Unterhalt (→ Rn. 614 ff.), gilt auch für die Obliegenheit zur Vermögensumschichtung.[244]

5. Obliegenheit zur Belastung eines vorhandenen Vermögens, zur Kreditaufnahme und zur Einziehung von Forderungen

640 Der **Unterhaltsschuldner** kann auch verpflichtet sein, sich Mittel für den Unterhalt zu verschaffen, indem er sein Vermögen beleiht (aber → Rn. 626 ff.).[245] Dies kommt insbesondere in Betracht, wenn im Einzelfall eine Pflicht zur Verwertung des Vermögensstamms besteht und eine andere Verwertung des Vermögens zu wirtschaftlichen Bedingungen nicht möglich ist.[246] Muss der einkommenslose Unterhaltspflichtige beim Verwandtenunterhalt im Rahmen seiner Leistungsfähigkeit auch den Vermögensstamm einer vom Unterhaltsberechtigten geschenkten Immobilie einsetzen (→ Rn. 619 f.; 622 f.), ist ihm

---

[237] BGH FamRZ 2009, 23 Rn. 19; 2006, 387 = R 643f; 2005, 1159 = R 623d; 2000, 950 (951).
[238] OLG Koblenz FamRZ 1997, 371.
[239] BGH FamRZ 2007, 879 Rn. 18 f.; 2006, 387 = R 643e.
[240] OLG Frankfurt FuR 2001, 371.
[241] Vgl. dazu OLG Düsseldorf FamRZ 1996, 1418 (1420).
[242] BGH FamRZ 1986, 560.
[243] BGH FamRZ 1986, 560 (561); 1986, 439; OLG Karlsruhe FamRZ 2001, 47.
[244] BGH FamRZ 1986, 556.
[245] BGH FamRZ 1988, 259; 1985, 916; 1982, 678; OLG Bamberg FamRZ 1999, 876.
[246] BGH FamRZ 1986, 48.

7. Abschnitt: Einkünfte aus Vermögen § 1

jedenfalls eine Beleihung zumutbar, wenn sogar die Voraussetzungen der Rückgewähr der Schenkung wegen Notlage nach § 528 BGB gegeben sind.[247] Als Sicherheit für einen aufzunehmenden Kredit ist vorhandenes und auch einzusetzendes Vermögen dann zu nutzen, wenn die spätere Rückzahlung des Kredits nach Ende der Unterhaltspflicht möglich ist. So kann selbst die Beleihung eines Erbteils in Form der Teilhabe an einer ungeteilten Erbengemeinschaft zumutbar sein.[248] Ist der Unterhaltspflichtige bereits so sehr überschuldet, dass die Kreditrückzahlung seine finanziellen Möglichkeiten übersteigt, kann ihm eine weitere Erhöhung der Schulden nicht zugemutet werden.[249] Die Verpflichtung, sich durch Inanspruchnahme eines Kredits eigene Mittel für den Unterhalt zu verschaffen, ist stets begrenzt durch die Möglichkeit, die Zins- und Tilgungszahlungen für das Darlehen aufbringen zu können.[250] Wenn aber ein vorhandener Vermögensstamm einzusetzen ist, deckt auch dieser die Kreditkosten ausreichend ab. Auch der **Unterhaltsberechtigte** hat im Rahmen des Zumutbaren alle Möglichkeiten einer Kreditaufnahme durch Beleihung vorhandenen Vermögens auszunutzen, um nicht unterhaltsbedürftig zu werden.[251] Verfügt etwa ein volljähriger Unterhaltsberechtigter über beleihungsfähigen Grundbesitz, der ihm eine Kreditaufnahme nebst Stundung entsprechender Ratenzahlungsverbindlichkeiten ermöglicht, mit dem er seinen Unterhalt bis zum Eintritt ins Erwerbsleben selbst decken kann, fehlt es an der Bedürftigkeit.[252] **Minderjährige Kinder** sind wegen § 1602 II BGB hingegen nicht zur Kreditaufnahme verpflichtet (zur gesteigerten Unterhaltspflicht s. § 1603 II 3 Hs. 2 BGB).[253]

Wer in Kenntnis der Unterhaltspflicht oder Bedürftigkeit erhebliche Vermögenswerte verschenkt, verschleiert oder sonst in unverantwortlicher Weise verbraucht und dadurch Einkünfte verliert, ist fiktiv so zu behandeln, als hätte er die Vermögenswerte und die daraus zu erzielenden Erträge noch. Außerdem ist in solchen Fällen eine Verwirkung des Unterhaltsanspruchs zu prüfen (→ § 2 Rn. 601 ff.; → § 4 Rn. 1289 ff.). Eigene Forderungen haben der Unterhaltsberechtigte zur Bedarfsdeckung und der Unterhaltspflichtige zur Wahrung seiner Leistungsfähigkeit einzuziehen. Für Unterhaltsansprüche gilt dies allerdings nur insoweit, als damit der eigene Bedarf gedeckt wird (→ Rn. 721). 641

6. Obliegenheit zur Verwertung von Erbanteilen und Pflichtteilsrechten

Den Beteiligten eines Unterhaltsrechtsstreits können auch Beteiligungen an noch nicht auseinander gesetzten Erbengemeinschaften oder Pflichtteilsrechte nach einem verstorbenen Elternteil zustehen. Dabei handelt es sich häufig um „totes Kapital", das keinen Ertrag abwirft und dadurch einer Berücksichtigung bei der Leistungsfähigkeit oder bei der Bedürftigkeit entzogen ist. Solche Rechte, die zum Vermögensstamm gehören, sind nach ständiger Rechtsprechung allerdings rasch und konsequent zu realisieren. Im Ausnahmefall kann sogar schon die bloße Erwartung eines Erbanfalls die Höhe des Unterhaltsbedarfs nach den ehelichen Lebensverhältnissen (§ 1578 I 1 BGB) beeinflussen, wenn die Ehegatten im Hinblick darauf keine oder nur eine geringe Altersvorsorge betrieben und ihr verfügbares Einkommen vollständig verbraucht haben.[254] 642

Auch ein **Pflichtteilsanspruch** zählt nach der Rechtsprechung des BGH zu den Vermögensbestandteilen, deren Verwertung dem Unterhaltsberechtigten grundsätzlich zumutbar ist. Ein einklagbarer Anspruch auf Geltendmachung eines Pflichtteils besteht zwar nicht; verletzt ein Beteiligter aber seine unterhaltsrechtliche Obliegenheit zur Realisierung dieses Vermögenswerts ist er fiktiv so zu behandeln, als habe er die Obliegenheit

---

[247] OLG München FuR 2000, 350.
[248] BGH FamRZ 2006, 935 = R 644; 1980, 43.
[249] BGH FamRZ 2005, 608 = R 627a; 1982, 678; zur Entschuldung im Wege der Verbraucherinsolvenz vgl. BGH FamRZ 2008, 497 = R 687; 2008, 137 = R 684b-d; 2005, 608 = R 627a, b.
[250] BGH FamRZ 1966, 28.
[251] BGH FamRZ 1988, 259 (263); 1985, 916.
[252] OLG Bamberg 1999, 876.
[253] BGH FamRZ 1985, 916.
[254] BGH FamRZ 2006, 387 = R 643d, e; OLG Hamburg FamRZ 2003, 1108.

erfüllt.²⁵⁵ Denn bei solchen Ansprüchen handelt es sich in aller Regel um einen fälligen Zahlungsanspruch, dessen Geltendmachung nicht generell als unwirtschaftlich angesehen werden kann.²⁵⁶ Lediglich im Einzelfall kann die sofortige Durchsetzung des Pflichtteilsrechts für den Unterhaltspflichtigen nach § 1581 S. 2 BGB unzumutbar sein. Solche Zumutbarkeitsgesichtspunkte sind nach § 1577 III BGB auch auf Seiten des Unterhaltsberechtigten zu berücksichtigen.²⁵⁷

643 Die Durchsetzung eines Pflichtteilsrechts kann in folgenden Fällen unzumutbar sein:
- Eine Obliegenheit zur Durchsetzung des Pflichtteilsanspruchs besteht dann nicht, wenn es sich um relativ geringe, **unsichere Beträge** handeln.²⁵⁸
- Pflichtteilsansprüche entstehen oft durch den Tod des zuerst versterbenden Elternteils, wenn der überlebende Elternteil Vollerbe wird. Werden in dieser Situation gegen den Vollerben Pflichtteilsansprüche durchgesetzt, besteht die Gefahr einer Enterbung oder des Wegfalls der Einsetzung zum Schlusserben im Wege des **„Berliner Testaments"** (§ 2269 BGB). Diese Gefahr des Wegfalls der späteren Erbenstellung kann der Unterhaltsberechtigte dem Unterhaltspflichtigen aber nicht als allein entscheidenden Umstand entgegenhalten. Maßgeblich sind dabei auch alle weiteren Umstände des Einzelfalls, etwa die Höhe des Pflichtteilsanspruches, Umstände und Höhe der Erberwartung sowie die wirtschaftliche Situation des Pflichtteilschuldners und des Unterhaltsschuldners. In der Regel wird dem Unterhaltsberechtigten die Verwertung des Pflichtteilsanspruches zur Behebung seiner Bedürftigkeit nach § 1577 I, III BGB sogar zugemutet werden müssen.²⁵⁹
- Steht dem Unterhaltspflichtigen ein Erbanteil oder Pflichtteilsrecht zu, ist beim **Ehegattenunterhalt** zu prüfen, ob es auch bei intakter Ehe zu einer Verwertung gekommen wäre oder sogar schon gekommen ist, weil eine Berücksichtigung sonst über die ehelichen Lebensverhältnisse nach § 1578 I 1 BGB hinaus ginge.²⁶⁰ Nur wenn dies der Fall ist und damit eine Anhebung der Lebensverhältnisse während der Ehe verbunden war oder bei fortbestehender Ehe gewesen wäre, dürfen bei einer späteren Bedarfsberechnung insoweit fiktive Einkünfte herangezogen werden.²⁶¹ Sonst sind diese Einkünfte lediglich im Rahmen der Leistungsfähigkeit zu berücksichtigen.
- Beim **Kindesunterhalt**, der sich gemäß § 1610 BGB nach der Lebensstellung des Unterhaltsberechtigten richtet, sind ebenfalls Zumutbarkeitsgesichtspunkte zu berücksichtigen. Ein unterhaltsberechtigtes minderjähriges unverheiratetes Kind muss nach § 1602 II BGB allerdings weder einen Erbteil noch einen sonstigen Vermögensstamm für seinen Unterhalt einsetzen. Lediglich die gesteigerte Unterhaltspflicht gegenüber minderjährigen Kindern und die Absenkung des dem Unterhaltspflichtigen zu belassenden Selbstbehalts auf den notwendigen Selbstbehalt entfallen nach § 1603 II 3 BGB, soweit das Kind seinen Unterhalt durch vorhandenes Vermögen selbst decken kann. Auf Seiten des Unterhaltspflichtigen ist entscheidend, in welchem Umfang das übrige Vermögen und Einkommen zur Unterhaltsleistung herangezogen werden kann und ob dadurch der Mindestunterhalt nach § 1612a BGB gesichert ist.²⁶² Es können aber auch Gesichtspunkte der Pietät gegenüber einem Erben oder Miterben, etwa dem überlebenden Elternteil, entscheidend sein.

---

²⁵⁵ BGH FamRZ 2013, 278 Rn. 14 f., 22.
²⁵⁶ BGH FamRZ 1993, 1065; OLG Oldenburg FamRZ 2005, 718.
²⁵⁷ BGH FamRZ 1993, 1065.
²⁵⁸ OLG Hamm FamRZ 1997, 1537.
²⁵⁹ BGH FamRZ 1993, 1065.
²⁶⁰ BGH FamRZ 2006, 387 = R 643d, e (zur Erberwartung); 1982, 996; OLG Hamm FamRZ 1998, 620.
²⁶¹ BGH FamRZ 2006, 387 = R 643d, e; 1988, 1145; 1982, 996 (für einen Pflichtteil), OLG München FamRZ 1993, 62 (für einen Erbteil); OLG Karlsruhe FamRZ 2002, 1141 (für ein vorweggenommenes Erbrecht).
²⁶² OLG Köln FamRZ 2006, 809.

8. Abschnitt: Einkünfte aus Pensionen, Renten und ähnlichen Bezügen § 1

7. Höhe der fiktiv zurechenbaren Erträge

Fiktiv zuzurechnen ist grundsätzlich der erzielbare Ertrag einer zumutbaren Nutzung 644
oder Verwertung, zB die angemessene Verzinsung eines Kapitals in dem Unterhaltszeitraum.
- Bei der Zurechnung fiktiver **Zinsen** kann sich der Tatrichter an den langfristig erzielbaren Renditen öffentlicher Anleihen, etwa der Bundesschatzbriefe, oder, wenn dies günstiger ist, an den Zinssätzen für Festgelder orientieren. Zinsen dürfen nicht sofort ab dem Kapitalzufluss zugerechnet werden, sondern erst nach Ablauf einer Überlegungsfrist über die Art der Anlage.[263] Werden die Erträge erst später ausgezahlt, kann für die Übergangszeit unter Berücksichtigung der Umstände des Einzelfalls der Einsatz des Vermögensstamms oder eine Überbrückung durch Kredit zumutbar sein.
- Bei leerstehenden **Wohnungen**, deren Vermietung möglich und zumutbar ist, ist von dem angemessenen ortsüblichen Mietzins auszugehen (zum Wohnvorteil beim Wohnen im eigenen Haus → Rn. 473 ff.). Davon kann allenfalls für eine Übergangszeit abgesehen werden, wenn ein Verkauf ernsthaft betrieben wird und eine Vermietung unterbleibt, um die Verkaufsbemühungen nicht zu gefährden.[264]
- Bei der fiktiven Zurechnung des Werts eines Vermögensstamms ist auf den Verkehrswert abzustellen.

Bei fiktiven Vermögenseinkünften aus Kapital oder Vermietung ist die anfallende **Steu-** 645
erlast unter Berücksichtigung steuerlicher Abzugsmöglichkeiten anhand von Computerprogrammen zu ermitteln oder nach § 287 ZPO zu schätzen und vom fiktiven Ertrag abzuziehen.[265] Bei den Einkünften aus Kapital sind nach § 20 IX EStG die Werbungskosten und der Sparerfreibetrag (801 EUR bei Ledigen, 1602 EUR bei Verheirateten) zu berücksichtigen. Der sich daraus ergebende Ertrag darf nicht zum Ausgleich eines inflationsbedingten Kaufkraftschwundes gemindert werden.[266]

8. Abschnitt: Einkünfte aus Pensionen, Renten und ähnlichen wiederkehrenden Bezügen Nichterwerbstätiger

1. Allgemeines

Laufende Einkünfte aus Pensionen und Renten aller Art nebst Zuschlägen und Zulagen 646
(→ Rn. 649 ff.) sind unterhaltsrechtlich als Erwerbseinkommen zu berücksichtigen.[1] Das gilt auch für andere Bezüge, Vorteile und Zulagen, die wegen Erreichens der Altersgrenze, teilweiser oder voller Erwerbsminderung[2] oder für Witwen und Waisen[3] gewährt werden. Gleiches gilt für Leibrenten und sonstige private Rentenzahlungen aus Anlass von Vermögensübertragungen, für private Versorgungsrenten und Schadensrenten aus Versicherungsverträgen, für betriebliche Renten und andere wiederkehrende Leistungen wie Altenleistungen in der Landwirtschaft uÄ. Bei diesen Einkommensersatzleistungen gibt es **keine berufsbedingten Aufwendungen** (Werbungskosten) und deshalb auch keinen entsprechenden pauschalen oder konkreten Abzug.[4] Dafür kann ein nachgewiesener kon-

---

[263] BGH FamRZ 1986, 441 (443).
[264] Vgl. BGH FamRZ 2014, 923 Rn. 20 = R 751b.
[265] Vgl. BGH FamRZ 2011, 1367 Rn. 47 ff.
[266] BGH FamRZ 1986, 441; 1992, 423.
[1] BGH FamRZ 2011, 454 = R 721; 2003, 848 (851) = R 588a; 2005, 1479 = R 636a und OLGR Saarbrücken 1998, 446 (zu den ehelichen Lebensverhältnissen bei durchgeführtem Versorgungsausgleich).
[2] BGH FamRZ 2010, 1057 Rn. 16; 2010, 869 Rn. 42; 2009, 406 Rn. 34; OLG Köln FamRZ 2001, 1524.
[3] BGH FamRZ 2009, 762 Rn. 55; 2006, 1597 = R 659b.
[4] BGH FamRZ 2009, 762 Rn. 39 ff.; 2009, 307 = R 699a (zum Krankengeld); 1983, 150; FamRZ 1982, 579 (581).

kreter Mehrbedarf abgezogen werden (→ Rn. 652 ff., 1064 ff.). Ein **Erwerbstätigenbonus** ist von Renteneinkünften bei der Bemessung des Bedarfs auf Ehegattenunterhalt regelmäßig ebenfalls nicht abzusetzen.[5] In Ausnahmefällen können allerdings beim Bezug einer Erwerbsunfähigkeitsrente besondere Gründe wie etwa krankheitsbedingte Nachteile dafür sprechen, auch dem Rentenempfänger einen entsprechenden Bonus zu gewähren.[6] Ab Erreichen der allgemeinen Altersgrenze können Vorsorgeaufwendungen für das Alter grundsätzlich nicht mehr berücksichtigt werden.[7] Denn regelmäßig ist mit dem Eintritt in das Rentenalter der Lebensabschnitt erreicht, für den mit Rücksicht auf die sinkenden Einkünfte Vorsorge getroffen worden ist. Anderes gilt nur dann, wenn die betroffene Person vorzeitig in Ruhestand geht und deswegen keine weitere primäre Altersvorsorge aufbauen kann. Dann darf sie bis zur Erreichung der gesetzlichen Altersgrenze eine weitere zusätzliche Altersvorsorge im unterhaltsrechtlich zulässigen Rahmen aufbauen.[8]

647   Beim Ehegattenunterhalt treten die Renteneinkünfte an die Stelle der früheren Erwerbseinkünfte und sind deswegen im Wege der **Differenzmethode** zu berücksichtigen, und zwar unabhängig davon, ob sie (teilweise) auf eigenen vorehelich erworbenen Rentenanrechten, auf dem infolge der Scheidung durchgeführten Versorgungsausgleich oder auf nachehelich erworbenen Rentenanrechten beruhen.[9] Entgegen der früheren Auffassung des BGH gilt dies auch für Anwartschaften, die mit Mitteln des Altersvorsorgeunterhalts erworben sind,[10] auch diese prägen die ehelichen Lebensverhältnisse. Denn sonst würde der unterhaltsberechtigte Ehegatte mit dem Altersvorsorgeunterhalt und der damit verbundenen Kürzung des Elementarunterhalts anrechenbare Versorgungsanwartschaften erwerben, die im Wege der Anrechnungsmethode nur den Unterhaltspflichtigen entlasten würden. Richtig ist es deswegen, auch den Altersvorsorgeunterhalt als Fortentwicklung der Lebensverhältnisse während der Ehe anzusehen und die daraus begründeten Anwartschaften im Wege der Differenzmethode zu berücksichtigen.

648   Renten mit Einkommensersatzfunktion sind stets als Einkommen bei der Unterhaltsberechnung zu berücksichtigen.[11] Wird eine Rente allerdings wegen eines Körper- oder Gesundheitsschadens gezahlt, will sie regelmäßig auch die dadurch entstandenen Mehrkosten ausgleichen. Die dafür notwendigen Beträge sind dem Verletzten deswegen ohne Berücksichtigung bei der Unterhaltsbemessung vorweg zu belassen.[12] **§ 1610a BGB**, der zum 23.1.1991 in Kraft getreten ist, stellt insoweit für den Verwandtenunterhalt eine gesetzliche Vermutung auf, wonach die Sozialleistungen regelmäßig nicht höher sind, als die Aufwendungen infolge eines Körper- oder Gesundheitsschadens. Für den Trennungsunterhalt verweist § 1361 I 1 Hs. 2 BGB, für den nachehelichen Unterhalt § 1578a BGB auf diese Vorschrift. Mit der gesetzlichen Vermutung nimmt § 1610a BGB einem körper- oder gesundheitsbeschädigten Unterhaltsberechtigten oder Unterhaltspflichtigen die Darlegungs- und Beweislast für einen konkreten schadensbedingten Mehrbedarf, und zwar sowohl hinsichtlich des Schadensgrundes als auch hinsichtlich der Höhe im Umfang der Sozialleistung. Nunmehr obliegt es dem Unterhaltsgegner darzulegen und zu beweisen, dass die Sozialleistung nicht zum Schadensausgleich geleistet wird oder dass sie den tatsächlichen schadensbedingten Mehraufwand übersteigt. Für bestimmte Rentenarten schließt das Gesetz diesen Gegenbeweis sogar ausdrücklich aus (→ Rn. 651 für Contergarenten). Die Vorschrift erfasst aber nur solche Sozialleistungen für Körper- und Gesundheitsbeschädigte, die allein oder neben einem ideellen Ausgleich den Ausgleich schädigungsbedingter Mehraufwendungen bezwecken, also keine Einkommensersatzfunktion haben

---

[5] BGH FamRZ 2010, 1050 Rn. 49; 1982, 894; OLG Hamm FamRZ 1998, 295.
[6] BGH FamRZ 1990, 981.
[7] BGH FamRZ 2012, 956 Rn. 21 f.
[8] BGH FamRZ 2010, 1535 Rn. 26.
[9] BGH FamRZ 2005, 1479 = R 636a; 2002, 88 (91); vgl. aber BGH FamRZ 2006, 317 (zu außergewöhnlichen nachehelichen Rentenentwicklungen) und 2003, 848 = R 588a (zu vorehelich erworbenen Rentenanwartschaften).
[10] BGH FamRZ 2005, 1479 (1480) = R 636a; a. A. noch BGH FamRZ 2002, 88 (91).
[11] BGH FamRZ 1994, 21.
[12] Vgl. zB BGH FamRZ 1982, 252.

8. Abschnitt: Einkünfte aus Pensionen, Renten und ähnlichen Bezügen　　　　§ 1

(→ Rn. 654 ff.). Hat eine Rente daneben auch Einkommensersatzfunktion, gilt die Vermutung des § 1610a BGB nicht, sodass die Höhe der unfallbedingten Mehraufwendungen dann vom Verletzten dargelegt und bewiesen werden muss (→ Rn. 652 f.).

2. Arten von Versorgungsbezügen und Renten nebst Zulagen und Zuschlägen

- **Pensionen,**[13] Familienzuschlag (→ Rn. 75)[14] und kinderbezogene Bestandteile der Bezüge eines Beamten oder Ruhestandsbeamten haben in vollem Umfang Einkommensersatzfunktion.[15] 649
- Gleiches gilt für **Renten** einschließlich Zusatzrenten[16] und den Kinderzuschuss zu Renten (§§ 270, 294 ff. SGB VI),[17] ggf. abzüglich eines Betrags in Höhe des fiktiven Kindergelds (§ 1612b, c BGB). Soweit der Zuschuss neben dem Kindergeld geleistet wird, dient er der Deckung der Bedürfnisse des Rentenempfängers und nicht – wie das Kindergeld – ausschließlich der Erleichterung der Unterhaltslast aller Unterhaltspflichtigen gegenüber Kindern.[18]
- Auch die Rente wegen teilweiser oder voller **Erwerbsminderung** (§ 43 SGB VI; zur Grundsicherung bei Erwerbsminderung → Rn. 703 ff.)[19] oder die Rente für Bergleute (§ 45 SGB VI) einschließlich eines Übergangsgelds neben dem Krankengeld hat Einkommensersatzfunktion.[20]
- Die Grundrente nach § 31 BVG gilt als Teil der Kriegsopferversorgung nach der Zielsetzung des Bundesversorgungsgesetzes zwar als Entschädigung für den Verlust der körperlichen Integrität und als Ausgleich für Mehraufwendungen infolge der Schädigung. Sie steht dem Beschädigten aber auch zur Deckung seines tatsächlichen Lebensbedarfs zur Verfügung, und zwar je nach den Verhältnissen des Einzelfalls teilweise die schädigungsbedingt besonderen als auch des allgemeinen Bedarfs. Deshalb ist die Rente grundsätzlich als Einkommen zu behandeln, soweit sie nicht durch den tatsächlichen Mehrbedarf aufgezehrt wird.[21] Trotz der Doppelfunktion geht die Rechtsprechung bei dieser Grundrente aber von der Vermutung des § 1610a BGB aus, wonach die Aufwendungen infolge eines Körper- oder Gesundheitsschadens nicht geringer sind, als die Höhe der Leistungen[22] (aber → Rn. 652 f., 654 ff.). Dem entspricht auch die Bewertung der Grundrente und der Schwerstbeschädigtenzulage als kein Einkommen im Rahmen der Einkommensbemessung für die Ausbildungsförderung nach § 21 IV Nr. 1 BAföG).
- Die Schwerstbeschädigten- und Pflegezulage nach §§ 31 und 35 BVG wird, wie die Grundrente, als pauschaler Ausgleich für die Beeinträchtigung der körperlichen Unversehrtheit und für Mehraufwendungen gewährt.[23] Allerdings wird die Vermutung des § 1610a BGB bei diesen Einkünften kaum widerlegbar sein, sodass regelmäßig davon auszugehen ist, dass sie durch den tatsächlichen Mehrbedarf aufgezehrt werden.
- Die Ausgleichsrente, die Schwerbeschädigte nach § 32 BVG erhalten, wenn sie infolge ihres Gesundheitszustands, hohen Alters oder aus einem von ihnen nicht zu vertretenden sonstigen Grund eine ihnen zumutbare Erwerbstätigkeit nicht, nur in beschränktem

---

[13] BGH FamRZ 2004, 254 (zur Erwerbsobliegenheit bei frühzeitiger Pensionierung).
[14] BGH FamRZ 2014, 1183 Rn. 16 = R 754a; 2010, 869 Rn. 25, 32; 2008, 1911 Rn. 52 ff.; 2007, 793 (797 f.) = R 674h, i; vgl. auch OLGR Saarbrücken 1998, 446.
[15] BGH FamRZ 2014, 1183 Rn. 33 = R 754; 2007, 882; 1989, 172.
[16] BGH FamRZ 2011, 454 = R 721a; Zur sog Riester-Rente vgl. Strohal FamRZ 2002, 277.
[17] BGH FamRZ 1994, 1100 Rn. 23 mwN.
[18] BGH FamRZ 2010, 1318 Rn. 28 f.; 2009, 1477 Rn. 22 f.; 2009, 1300 = R 705c; 2005, 347; 1997, 806 (809); 1981, 28; 1980, 1112.
[19] BGH FamRZ 2010, 1057 Rn. 16; 2010, 869 Rn. 42; 2009, 406 Rn. 34; OLG Jena FamRZ 2006, 1299 (zur Zuverdienstmöglichkeit); OLG Hamm FamRZ 2004, 1807 (zur Grundsicherung wegen Erwerbslosigkeit).
[20] OLG Brandenburg FuR 2009, 211.
[21] BGH FamRZ 1983, 674; 1982, 579; 1982, 252; 1981, 1165.
[22] OLGR München 1994, 126; OLG Nürnberg EzFamR aktuell 1993, 71; OLG Hamm FamRZ 1992, 186 (beschränkt auf die Grundrente) und 1991, 1199.
[23] BGH FamRZ 1983, 674; 1982, 579; 1982, 252; 1981, 1165.

Umfang oder nur mit überdurchschnittlichem Kräfteaufwand ausüben können, hat Einkommensersatzfunktion und ist deswegen grundsätzlich bei der Unterhaltsbemessung zu berücksichtigen.[24] Allerdings ist auch hier ein konkret vorzutragender tatsächlicher Mehrbedarf wegen der Schwerbeschädigung abzusetzen, soweit er nicht bereits von weiteren Rentenbezügen abgezogen wurde.

650
- Bei einer **Leibrente**, die als Gegenleistung für eine Vermögensveräußerung vereinbart ist, wurde das Kapital dem Vermögensstamm entzogen und in ein Rentenstammrecht umgewandelt, aus dem die einzelnen Rentenleistungen als wiederkehrende Leistungen fließen.[25] Damit sind auch diese Rentenleistungen von vornherein nicht als Vermögensstamm iSv § 1581 S. 2 BGB, sondern als Einkommen anzusehen (→ Rn. 617). In der laufenden Leibrentenzahlung ist zwar wirtschaftlich gesehen neben der Zinsleistung auch ein Tilgungsanteil enthalten. Unterhaltsrechtlich beinhaltet das aber keine Verwertung des Vermögensstamms und steht deswegen einer Berücksichtigung der gesamten Leibrente nicht entgegen. Eine Verwertung des Vermögensstamms würde nur dann vorliegen, wenn das Rentenstammrecht selbst – etwa durch eine Rekapitalisierung – angegriffen würde.[26]
- Eine Berufsschadensausgleichsrente nach § 30 III BVG hat Einkommensersatzfunktion und ist deswegen als unterhaltsrelevantes Einkommen zu berücksichtigen.[27] Die gesetzliche Vermutung des § 1610a BGB, wonach die Aufwendungen infolge eines Körper- oder Gesundheitsschadens nicht geringer sind, als die Höhe der Leistungen, gilt wegen der Einkommensersatzfunktion für diesen Rentenanteil nicht.[28]
- Auch der Ehegattenzuschlag nach § 33a BVG ist unterhaltsrechtlich relevantes Einkommen, denn er soll die Erfüllung einer Unterhaltspflicht erleichtern.[29]
- Die Kleiderzulage nach § 15 BVG befriedigt, wie die Grundrente, allgemeine Unterhaltsbedürfnisse. Sie ist deswegen grundsätzlich als Einkommen zu berücksichtigen.[30] Allerdings deckt sie einen erhöhten Bedarf ab; deswegen gilt auch für sie die Vermutung des § 1610a BGB, wonach die Leistungen regelmäßig durch einen erhöhten Bedarf aufgebraucht werden.[31]
- Die Verletztenrente aus der gesetzlichen Unfallversicherung nach §§ 7 ff., 26 ff. SGB VII hat auch Einkommensersatzfunktion und ist deswegen unterhaltsrechtlich grundsätzlich als Einkommen zu behandeln.[32] Weil die Rente daneben unfallbedingte Mehraufwendungen ausgleichen will, sind die dafür notwendigen Beträge dem Verletzten vorweg zu belassen.[33] Insoweit gilt wegen der Einkommensersatzfunktion die Vermutung des § 1610a BGB jedoch nicht, sodass die Höhe der unfallbedingten Mehraufwendungen vom Verletzten dargelegt und bewiesen werden muss.
- Auch Renten nach dem Bundesentschädigungsgesetz (BEG) wegen Schadens an Körper und Gesundheit (§§ 28 ff. BEG) und wegen Schadens im beruflichen Fortkommen (§§ 64 ff. BEG) sind als unterhaltsrelevantes Einkommen zu berücksichtigen, weil sie Einkommensersatzfunktion haben.[34] Auch insoweit sind schadensbedingte Mehraufwendungen vom Verletzten darzulegen und zu beweisen und werden wegen der Einkommensersatzfunktion nicht nach § 1610a BGB vermutet.

651
- **Waisenrenten**[35] und Halbwaisenrenten (§ 48 SGB VI; vgl. auch §§ 45 f. BVG)[36] sind als eigenes Einkommen des Kindes auf dessen Unterhaltsbedarf anzurechnen. Wegen der aus

---

[24] BGH FamRZ 1983, 674; 1982, 252.
[25] Vgl. BGH FamRZ 2009, 198.
[26] BGH FamRZ 1994, 228; OLGR München 1992, 122; OLG Köln FamRZ 1983, 643.
[27] BGH FamRZ 1983, 674; OLG Bamberg FamRZ 1981, 266.
[28] OLG Hamm FamRZ 1992, 186.
[29] BGH FamRZ 1982, 252; vgl. aber BGH FamRZ 2005, 1817 = R 632.
[30] BGH FamRZ 1983, 674; 1982, 579.
[31] OLG Hamm FamRZ 1991, 1199.
[32] BGH FamRZ 1983, 674; OLG Koblenz FamRZ 2003, 1106; OLG Hamm FamRZ 2001, 441 (Rente für Bergleute).
[33] BGH FamRZ 1982, 252.
[34] BGH FamRZ 1983, 674.
[35] BGH FamRZ 1980, 1109 (1111); OLG Frankfurt FamRZ 1989, 279.
[36] BGH FamRZ 2009, 762 Rn. 55; 2006, 1597 = R 659b.

8. Abschnitt: Einkünfte aus Pensionen, Renten und ähnlichen Bezügen § 1

§ 1606 II 2 BGB folgenden Gleichwertigkeit ist die an minderjährige Kinder gezahlte (Halb-)Waisenrente hälftig auf den Betreuungs- und den Barunterhalt anzurechnen.[37] Bei volljährigen Kindern ist sie in voller Höhe auf den Barunterhalt anzurechnen. Damit kommen sie mehreren Unterhaltspflichtigen im Verhältnis ihrer Haftungsanteile für Bar- und Betreuungsunterhalt zugute, weil sich der Unterhaltsbedarf um den Rentenbetrag mindert und die Haftung nur für den Restbetrag bestehen bleibt.[38] Einem allein unterhaltspflichtigen überlebenden Elternteil kommt die Halbwaisenrente stets in voller Höhe zugute.[39] Wird eine Halbwaisenrente nach dem Tod des Stiefvaters gewährt, kommt die dadurch eintretende sonstiges Kindesvermögen beiden leiblichen Eltern und damit mehreren Unterhaltspflichtigen im Verhältnis ihrer Haftungsanteile zugute.

- Witwenrente nach § 46 SGB VI[40] und Erziehungsrente nach § 47 SGB VI[41] sind ebenfalls als unterhaltsrelevantes Einkommen zu berücksichtigen (zur wieder aufgelebten Witwenrente → Rn. 729).
- Das **Blindengeld** ist ebenfalls grundsätzlich unterhaltsrelevantes Einkommen.[42] Weil mit dieser Sozialleistung allerdings neben einem ideellen Ausgleich nur der Ausgleich schädigungsbedingter Mehraufwendungen bezweckt ist, gilt insoweit die Vermutung des § 1610a BGB, wonach die Sozialleistung regelmäßig durch die erhöhten Aufwendungen aufgebraucht wird.[43] Auch ein aus dem Blindengeld angesparter Vermögensstamm muss unterhaltsrechtlich nicht eingesetzt werden.[44]
- **Conterganrenten** bleiben bei der Unterhaltsbemessung stets unberücksichtigt. Das ergibt sich aus der insoweit eindeutigen gesetzlichen Grundlage. Gemäß § 18 I ContStifG bleiben Leistungen nach dem Conterganstiftungsgesetz bei der Ermittlung oder Anrechnung von Einkommen, sonstigen Einnahmen und Vermögen nach anderen Gesetzen, insbesondere dem Zweiten, Dritten, Fünften und Zwölften Buch Sozialgesetzbuch und dem Bürgerlichen Gesetzbuch, außer Betracht. § 18 II 1 ContStifG bestimmt darüber hinaus, dass Verpflichtungen Anderer, insbesondere Unterhaltspflichtiger und der Träger der Sozialhilfe oder anderer Sozialleistungen, durch das Conterganstiftungsgesetz nicht berührt werden. Denn Conterganrenten gehören zu den Sozialleistungen, die für Aufwendungen infolge eines Körper- oder Gesundheitsschadens gewährt werden und bei denen gemäß § 1610a BGB bei der Feststellung eines Unterhaltsanspruches vermutet wird, dass die Kosten der Aufwendungen nicht geringer sind als die Höhe dieser Sozialleistungen. Zwar stellt § 1610a BGB lediglich eine widerlegbare gesetzliche Vermutung auf, so dass die ausgleichspflichtige Person den Gegenbeweis dafür führen könnte, dass die ausgleichsberechtigte Person, die eine Conterganrente bezieht, tatsächlich keinen durch Körper- und Gesundheitsschaden bedingten Mehrbedarf in voller Höhe ihrer Rente hat. Gerade diesen Gegenbeweis wollte der Gesetzgeber aber durch die Fassung des § 18 ContStifG ausschließen.[45]
- Auch Leistungen nach § 16 I HIVHG[46] bleiben bei der Unterhaltsbemessung stets unberücksichtigt. Die verschiedenen Leistungen nach dem **HIV-Hilfegesetz** werden nach § 17 I HIVHG nicht auf andere Leistungen aus öffentlichen Mitteln angerechnet und auch nicht bei der gesetzlich vorgesehenen Ermittlung von Einkommen und Vermögen berücksichtigt. Der Regelungsgehalt der Vorschrift beschränkt sich aber nicht auf die Nichtanrechnung bei Leistungen aus öffentlichen Mitteln, sondern umfasst allgemein

---

[37] BGH FamRZ 2009, 762 Rn. 55; 1980, 1109 (1111).
[38] BGH FamRZ 2006, 1597 (1599) = R 659b; BGHZ 44, 312 (316 f.) = FamRZ 1966, 97; BVerfGE 25, 167 (194).
[39] BGH FamRZ 2006, 1597 (1599) = R 659b.
[40] OLG Düsseldorf FamRZ 2007, 835 Rn. 21 f.
[41] BGH FamRZ 2010, 444 Rn. 20, 31.
[42] OLG Hamm FamRZ 1990, 405; OLG Nürnberg FamRZ 1981, 964; vgl. auch Ziff. 2.7 der Leitlinien der Oberlandesgerichte.
[43] OLG Zweibrücken NJW-RR 2010, 514; OLG Hamm FamRZ 2003, 1771; OLG Schleswig FamRZ 1992, 471.
[44] Vgl. BSG FEVS 59, 441.
[45] BGH FamRZ 2014, 1619.
[46] Vgl. insoweit BGH FamRZ 2018, 1506 Rn. 12.

auch die Ermittlung des Einkommens von infizierten Personen.[47] Da Renten nach dem HIV-Hilfegesetz kein unterhaltsrelevantes Einkommen darstellen, findet § 1610a BGB insoweit keine Anwendung.[48]
- Zu Lebensversicherungen → Rn. 629 ff.

3. Berücksichtigung von konkretem Mehrbedarf und Mehraufwand

652 **a) Die allgemeine Regelung.** Ein Teil der hier behandelten Einkünfte wird jedenfalls auch wegen **körperlicher Behinderungen** und der dadurch bedingten zusätzlichen Aufwendungen gewährt. Nach der Rechtsprechung des BGH ist ein solcher Mehrbedarf grundsätzlich nur in dem Umfang zu berücksichtigen, in dem er tatsächlich entsteht und die Vermutung des § 1610a BGB gilt deswegen nicht. Der Betroffene muss den konkreten Mehrbedarf vielmehr (vorbehaltlich → Rn. 654 ff.) substantiiert darlegen. Der Tatrichter muss bei der Feststellung des Mehrbedarfs in jedem Einzelfall die von dem Betroffenen vorgetragenen besonderen Bedürfnisse berücksichtigen. Den Aufwand, der mit bestimmten vermehrten Bedürfnissen eines Geschädigten üblicherweise verbunden ist, darf er allerdings nach § 287 ZPO schätzen (→ 6 Rn. 750), wobei auch der ideelle Zweck einer Rente in billiger Weise berücksichtigt werden kann. Je nach den Umständen des Einzelfalls kann eine großzügigere Beurteilung geboten sein, wenn und soweit es dem Geschädigten nicht zumutbar ist, seine Mehraufwendungen in allen Einzelheiten spezifiziert darzulegen.[49] Unentgeltlich für den Unterhaltsberechtigten erbrachte Pflege- und Hilfeleistungen naher Verwandter wirken sich unterhaltsrechtlich nicht bedarfsmindernd aus. Denn bei diesen Leistungen handelt es sich um freiwillige Leistungen Dritter, die dem Unterhaltsschuldner nur dann zugutekommen, wenn der Dritte auch ihn mit seiner Pflegeleistung unterhaltsrechtlich entlasten will.[50] Der für Pflegeleistungen erforderliche Einsatz des Dritten ist regelmäßig aber als Ausgleich des tatsächlichen Mehrbedarfs anzusehen und von der Rente abzusetzen.[51]

653 Ist im konkreten Einzelfall wegen der Art der Verletzung eine genaue Trennung zwischen allgemeinem Lebensbedarf und schadensbedingtem Mehrbedarf nur schwer möglich, kann der Aufwand einheitlich bemessen werden, indem zB die Kosten einer Heimunterbringung um einen angemessenen Zuschlag erhöht werden.[52] Ist der Geschädigte, etwa weil er beiderseits oberschenkelamputiert ist, auf die Benutzung eines Pkw angewiesen, sind seine Aufwendungen für die Anschaffung, Umrüstung und Benutzung des Pkw sowie für eine Pflegekraft und eine Haushaltshilfe als schädigungsbedingter Mehrbedarf zu berücksichtigen.[53] Zuschüsse Dritter, auf die ein Rechtsanspruch besteht, sind wiederum auf den Mehrbedarf anzurechnen.[54] Der Mehraufwand wird in der Weise berücksichtigt, dass er in der festgestellten Höhe von der gezahlten Rente abgezogen wird, weil sie insoweit verbraucht ist. Ein solcher Abzug unterbleibt allerdings, wenn ein Mehrbedarf nicht konkret geltend gemacht wird und die Voraussetzungen des § 1610a BGB nicht vorliegen oder wenn ein Mehrbedarf nicht vorhanden ist.[55] Auch wenn eine objektiv erforderliche Hilfskraft nicht beschäftigt wird, können die dafür notwendigen Kosten ausnahmsweise berücksichtigt werden, soweit der Behinderte stattdessen „in einer schlicht unzumutbaren häuslichen Situation dahinlebt".[56] Ausnahmsweise kann der ideelle Charakter einer Rentenleistung es rechtfertigen, dem Unterhaltspflichtigen den Rentenbetrag

---

[47] BGH FamRZ 2018, 1506 Rn. 13 f.
[48] BGH FamRZ 2018, 1506 Rn. 21.
[49] BGH FamRZ 1982, 898; 1981, 1165; 1981, 338.
[50] BGH FamRZ 2005, 967 (969).
[51] OLG Hamm FamRZ 1990, 405 (zum staatlichen Blindengeld).
[52] BGH FamRZ 1981, 1165.
[53] BGH FamRZ 1982, 579; OLGR München 1994, 126.
[54] BGH FamRZ 1982, 579.
[55] BGH FamRZ 1982, 579.
[56] OLG Karlsruhe FamRZ 1998, 479.

8. Abschnitt: Einkünfte aus Pensionen, Renten und ähnlichen Bezügen § 1

auch insoweit zur alleinigen Verfügung zu belassen, als die staatliche Sozialleistung von ihm nicht dazu benötigt wird, die materiellen Mehraufwendungen abzudecken.[57]

b) Die Sonderregelung der §§ 1610a, 1578a, 1361 I 1 Hs. 2 BGB. Durch die Neuregelung der §§ 1610a, 1578a, 1361 I 1 Hs. 2 BGB zum 23.1.1991 wurde die **Darlegungs- und Beweislast** für bestimmte Sozialleistungen geändert.[58] Im Geltungsbereich dieser Vorschriften wird gesetzlich vermutet, dass ein Behinderter die wegen der Behinderung empfangenen Sozialleistungen auch tatsächlich für den mit der Behinderung einhergehenden Mehraufwand benötigt.[59] Diese Regelung gilt für den **Unterhaltsberechtigten** ebenso wie für den **Unterhaltspflichtigen.** Es macht auch keinen Unterschied, ob es um Kindesunterhalt, Trennungsunterhalt, nachehelichen Unterhalt, Betreuungsunterhalt aus gemeinsamer Elternschaft oder sonstigen Verwandtenunterhalt geht. Dadurch wird neben einer Vereinfachung des Unterhaltsverfahrens auch die Besserstellung des Behinderten erreicht, zumal er keinen Verwendungsnachweis mehr führen muss. Wenn der Gegner den vollständigen Verbrauch dieser Rentenleistungen für den Körper- oder Gesundheitsschaden bezweifelt, muss er dies substantiiert vortragen und unter Berücksichtigung einer sekundären Darlegungslast des Behinderten ggf. beweisen.[60] Da dies kaum gelingen wird, kann als Grundregel festgehalten werden, dass Sozialleistungen, die von § 1610a BGB erfasst werden, unterhaltsrechtlich in der Regel nicht relevant sind. **654**

Die Vermutung des vollständigen Verbrauchs der Rentenleistung für einen schadensursächlich erhöhten Bedarf gilt nach dem gesetzlichen Wortlaut aber nur für diejenigen Sozialleistungen, die ihren Leistungsgrund in **Körper- und Gesundheitsschäden** haben. Davon sind jedenfalls alle Sozialleistungen im Sinn von § 5 SGB I erfasst. Privilegiert sind aber auch Körper- und Gesundheitsgeschädigte, denen andere Sozialleistungen zufließen, die allein oder neben einem ideellen Ausgleich den Ausgleich schädigungsbedingter Mehraufwendungen bezwecken und keine Einkommensersatzfunktion haben. Hat eine Rente daneben auch Einkommensersatzfunktion, gilt die Vermutung des § 1610a BGB grundsätzlich nicht. In solchen Fällen muss die Höhe der unfallbedingten Mehraufwendungen auch weiterhin vom Verletzten dargelegt und bewiesen werden (→ Rn. 105 ff.: Renten wegen teilweiser oder voller Erwerbsminderung,[61] Krankengeld, Unfallrente[62] uÄ und → Rn. 649 f.: Ausgleichsrenten nach §§ 30 III und 32 BVG, Ehegattenzuschlag nach § 33a BVG; anders allerdings bei der Grundrente nach § 31 BVG → Rn. 649).[63] **655**

Unter die Regelung der §§ 1610a, 1578a, 1361 I Hs. 2 BGB fallen somit (→ Rn. 649 f.) Sozialleistungen wie **656**
– Leistungen an den Pflegebedürftigen aus der Pflegeversicherung (zur Pflegeperson → Rn. 689 ff.),[64]
– Blindengeld, das nach landesrechtlichen Vorschriften gewährt wird,[65]
– orthopädische Hilfsmittel nach § 13 BVG,[66]
– Führungshundezulage für Blinde nach § 14 BVG,[67]
– Kleider- und Wäschezuschuss nach 15 BVG,[68]

---

57 OLG Karlsruhe FamRZ 1990, 1240 (zum staatlichen Blindengeld).
58 OLG Bamberg FamRZ 1992, 185; OLG Hamm FamRZ 1991, 1199.
59 BGH NJW 2011, 1284.
60 OLG Schleswig FamRZ 2000, 1367; OLG Hamm FamRZ 1991, 1199.
61 OLG Köln FamRZ 2001, 1524.
62 OLG Hamm FamRZ 2001, 441 (Rente für Bergleute); OLG Schleswig FamRZ 1993, 712.
63 BGH FamRZ 1994, 21; für eine differenzierende Betrachtungsweise bei der Unfallrente sprechen sich Brudermüller/Klattenhoff in FuR 1993, 333 aus.
64 OLG Koblenz FamRZ 2005, 1482; OLG Hamm FamRZ 2003, 1771 und 1994, 1193; OLG Zweibrücken FamRZ 2001, 629; OLGR München 1995, 263; OLG Stuttgart FamRZ 1994, 1407.
65 OLG Zweibrücken NJW-RR 2010, 514; OLG Brandenburg ZFE 2008, 191; OLG Hamm FamRZ 2003, 1771; OLG Schleswig FamRZ 1992, 471.
66 Vgl. BSG Behindertenrecht 2005, 138.
67 Vgl. BSG FEVS 55, 437.
68 BGH FamRZ 1983, 674; 1982, 579; OLG Hamm FamRZ 1991, 1199.

§ 1 Die Ermittlung des unterhaltsrechtlich relevanten Einkommens

- Kosten von Krankenbehandlung und Badekuren nach § 18 BVG,[69]
- Grundrente nach § 31 I BVG,[70]
- Schwerstbeschädigtenzulage nach § 31 V BVG,[71]
- Pflegezulagen nach § 35 BVG,[72]
- Leistungen nach § 80 Soldatenversorgungsgesetz (SVG),[73] nach §§ 47, 47a und 50 Zivildienstgesetz (ZDG), nach § 52 II Bundespolizeigesetz (BPolG), nach § 1 Opferentschädigungsgesetz (OEG), nach §§ 28, 31 BEG[74] und ähnlichen Rechtsvorschriften,
- Conterganrenten[75] und Renten nach dem HIV-Hilfegesetz[76] fallen nicht unter diese Vermutung, weil sie schon nicht als Einkommen bei der Unterhaltsbemessung berücksichtigt werden.

657 Werden Leistungen nach diesen oder ähnlichen Vorschriften gewährt, hat der Gegner, **darzulegen und zu beweisen,** dass die Sozialleistungen den behinderungsbedingten Mehrbedarf übersteigen, sofern das Gesetz diesen Gegenbeweis nicht ausdrücklich ausgeschlossen hat. Der Vortrag, dass während des Zusammenlebens ein Teil der Sozialleistungen dem allgemeinen Konsum zugeführt wurde, reicht dafür nicht aus. Denn durch die Trennung und den damit verbundenen Ausfall der Betreuungsleistungen des Partners entstehen in der Regel erhebliche zusätzliche Aufwendungen für Hilfspersonen. Die gesetzliche Vermutung kann daher nur durch den Nachweis entkräftet werden, dass in dem Zeitraum, für den Unterhalt beansprucht wird, mit den Sozialleistungen entweder der allgemeine Konsum finanziert oder eine Vermögensbildung betrieben wird.[77] Dieser Nachweis wird je nach Zweck der bewilligten Sozialleistung auch unter Berücksichtigung einer sekundären Darlegungslast des Behinderten zu seinem behinderungsbedingten Mehrbedarf nur schwer zu führen sein.[78] Geschieht die Pflege kostenlos durch einen Dritten, gelten die für unentgeltliche Zuwendungen Dritter entwickelten Grundsätze (→ Rn. 708 f.).

4. Berücksichtigung von Nebeneinkünften

658 Nebeneinkünfte von Rentnern und Pensionären sind wie Einkünfte aus **unzumutbarer Tätigkeit** zu behandeln (→ Rn. 96 ff. und 800 ff.).[79] Nach dem Erreichen der Regelaltersgrenze (vgl. §§ 35, 235 SGB VI, § 51 BBG) entfällt nach den sozialen Gepflogenheiten grundsätzlich eine Verpflichtung zu weiterer Erwerbstätigkeit. Kein Ehegatte kann von dem anderen verlangen, dass er nach Erreichen des Ruhestandsalters weiterarbeitet. Eine darüber hinaus andauernde Erwerbstätigkeit kann allenfalls in außergewöhnlichen Einzelfällen aus besonderen Gründen geboten sein. Erzielt der gegenüber einem minderjährigen Kind gesteigert Unterhaltspflichtige (§ 1603 II BGB) eine Erwerbsunfähigkeitsrente wegen eingeschränkter Erwerbsfähigkeit, kann er im Mangelfall aber ausnahmsweise verpflichtet sein, weiterhin eine leichte Nebentätigkeit auszuüben.[80] Nur in solchen Ausnahmefällen, in denen noch eine (teilweise) Erwerbspflicht besteht, ist die Erwerbstätigkeit nicht überobligatorisch und das daraus erzielte Einkommen in voller Höhe zu berücksichtigen. Regelmäßig kann eine über die Regelaltersgrenze hinaus fortgeführte Berufstätigkeit jedoch jederzeit aufgegeben werden.

---

[69] Vgl. BSGE 92, 19.
[70] BGH FamRZ 1982, 579; OLGR München 1994, 126; OLG Nürnberg EzFamR aktuell 1993, 71; OLG Hamm FamRZ 1992, 186 (nicht für Berufsschadensausgleichsrente nach § 30 BVG).
[71] BGH FamRZ 1982, 579.
[72] OLGR München 1994, 126.
[73] Vgl. BGH VersR 2005, 1004.
[74] BGH FamRZ 1983, 674.
[75] BGH FamRZ 2014, 1619.
[76] BGH FamRZ 2018, 1506 Rn. 12 ff., 21.
[77] OLG Schleswig FamRZ 2000, 1367; OLG Hamm NJWE-FER 1999, 294; OLG Bamberg FamRZ 1992, 185; OLG Hamm FamRZ 1991, 1199.
[78] OLGR München 1994, 126; OLG Nürnberg EzFamR aktuell 1993, 71.
[79] BGH FamRZ 2011, 454 = R 721b.
[80] OLG Düsseldorf FamRZ 2001, 1477; OLG Schleswig ZfS 1998, 522.

8. Abschnitt: Einkünfte aus Pensionen, Renten und ähnlichen Bezügen § 1

Einkünfte, die ohne fortdauernde Erwerbspflicht nach Vollendung der Regelaltersgrenze 659
aus Erwerbstätigkeit erzielt werden, stammen aus unzumutbarer Tätigkeit. Ob und in welchem Umfang ein solches **überobligatorisch** erzieltes Einkommen bei der Unterhaltsberechnung zu berücksichtigen ist, lässt sich nach der Rechtsprechung des BGH nicht pauschal beantworten, sondern ist stets von den besonderen Umständen des Einzelfalls abhängig.[81] Dabei kann die freiwillige Ausübung einer Berufstätigkeit ein maßgebendes Indiz für eine Vereinbarkeit der Arbeit mit der persönlichen Situation sein. Dies kann etwa bei Freiberuflern der Fall sein, die auch bei fortgesetzter Ehe nach Erreichen des 65. Lebensjahres weitergearbeitet hätten. Ein überobligatorisch erzieltes Einkommen ist bei der Unterhaltsbemessung deswegen nicht von vornherein völlig unberücksichtigt zu lassen. Über die Anrechnung ist vielmehr nach Treu und Glauben unter Berücksichtigung der Umstände des Einzelfalls zu entscheiden. Dabei ist nicht zu beanstanden, wenn zunächst die Kosten für einen besonderen Aufwand von dem Einkommen abgesetzt werden, der berufsbedingt wegen des Alters oder wegen der teilweisen Erwerbsunfähigkeit zusätzlich entsteht. In welchem Umfang ein überobligatorisch erzieltes Einkommen nach diesen Grundsätzen unberücksichtigt bleibt, ist dann grundsätzlich einer tatrichterlichen Entscheidung vorbehalten, die sich allerdings nicht auf feste Prozentsätze stützen darf, sondern stets die besonderen Umstände des Einzelfalls berücksichtigen muss.[82] Unter besonderen Umständen können die Einkünfte aus der Nebentätigkeit sogar bis zur Differenz aus dem Vollzeiteinkommen und der Rente angerechnet werden, zB wenn ein vorzeitig pensionierter Beamter in zumutbarer Weise Einkünfte neben seiner Pension erzielt.[83] Beim Ehegattenunterhalt ist der sog unterhaltsrelevante Teil der überobligatorisch erzielten Einkünfte im Wege der Additions- bzw. Differenzmethode in die Unterhaltsberechnung einzubeziehen, während der übrige – nicht unterhaltsrelevante – Teil wie beim Verwandtenunterhalt vollständig unberücksichtigt bleibt.[84]

5. Berücksichtigung eines Rentenanspruchs ab Antragstellung sowie einer Rentennachzahlung

Eine Rentennachzahlung, die der **Unterhaltspflichtige** für einen längeren zurück- 660
liegenden Zeitraum erhält, ist nicht auf die zurückliegenden Monate, für die nach § 1613 BGB kein Unterhalt mehr verlangt werden kann, aufzuteilen, sondern grundsätzlich nach dem In-Prinzip für einen entsprechenden zukünftigen Zeitraum den laufenden Bezügen für Zwecke der Unterhaltsberechnung hinzuzurechnen.[85] Denn ein Unterhaltsanspruch setzt stets die Bedürftigkeit des Berechtigten und die Leistungsfähigkeit des Unterhaltspflichtigen in dem betreffenden Unterhaltszeitraum voraus. Die Leistungsfähigkeit des Unterhaltspflichtigen erhöht sich aber mit dem Erhalt der Nachzahlung erst für die Zukunft. So hätte die Nachzahlung auch bei Fortbestand der Ehe nur für künftige Unterhaltszwecke zur Verfügung gestanden. Ein bereits bestehender Titel kann dann im Hinblick auf diese zusätzlichen Einkünfte abgeändert werden, wenn die weiteren Voraussetzungen der §§ 238 f. FamFG erfüllt sind, insbesondere die Wesentlichkeitsschwelle (§ 238 I FamFG) überschritten und die Zeitschranke (§ 238 III FamFG) eingehalten ist.[86] Wird die Nachzahlung allerdings geleistet noch bevor über den rückständigen Unterhaltsanspruch entschieden ist, kann und muss (§ 238 II FamFG) der dann vorhandene Betrag auch auf die noch offene Zeit angerechnet werden.[87] Nachzahlungen in Unterhaltsfällen nach §§ 5, 6

---

[81] BGH FamRZ 2011, 454 = R 721b; FamRZ 2010, 1880 Rn. 19; 2009, 770 = R 704a; 2005, 1154 = R 630c–e; 2005, 442 (444) = R 625c.
[82] BGH FamRZ 2005, 1154 = R 630c–e; OLG Köln FamRZ 1984, 269; OLG Frankfurt FamRZ 1985, 481.
[83] BGH FamRZ 2011, 454 = R 721b; OLG Hamm FamRZ 1995, 1422.
[84] BGH FamRZ 2005, 1154 = R 630e.
[85] OLG Nürnberg FamRZ 1997, 961; OLG Hamburg FamRZ 1991, 953; vgl. BGH FamRZ 2013, 935 Rn. 30 (zur Steuererstattung); aber auch BGH FamRZ 2011, 1851 Rn. 19.
[86] BGH FamRZ 2013, 1215 Rn. 21; 2012, 1284 Rn. 16; 2010, 1150 = R 713 und 1985, 155 (jeweils zu § 323 ZPO).
[87] So im Ergebnis für den Berechtigten OLG Frankfurt EzFamR aktuell 2002, 85.

VAHRG aF (das sog. Rentnerprivileg ist durch die gesetzliche Neuregelung im VersAusglG entfallen) erfolgten an den Unterhaltsberechtigten und den Unterhaltspflichtigen je zur Hälfte und galten damit pauschal etwaige Unterhaltsansprüche ab.[88] Der Unterhaltspflichtige, der eine Rente beantragt hat und auf diese Rente noch keine Vorschüsse erhält, kann sich mit Blick auf die erwartete Bewilligung bereits anderweitig einen Kredit verschafft haben. Hat er seine Lebensstellung auf die künftige Rente eingerichtet und hat auch der Unterhaltsberechtigte von dieser Lebensstellung profitiert, ist die Nachzahlung mit dem Kredit zu verrechnen. Lässt er den Berechtigten an seiner auf diese Weise verbesserten Leistungsfähigkeit allerdings nicht teilhaben, kann er die Verpflichtungen aus einem solchen Kredit der späteren Rentennachzahlung auch nicht einkommensmindernd entgegenhalten.[89]

661 Erhält der **Unterhaltsberechtigte** eine Rentennachzahlung, mindert sich seine Bedürftigkeit aus den gleichen Gründen regelmäßig erst ab Zugang der Nachzahlung und nicht rückwirkend.[90] Die Unterhaltsbedürftigkeit kann dann für eine Übergangszeit ganz entfallen. Selbst wenn der Unterhaltsberechtigte im Zeitpunkt der Antragstellung bereits das Rentenalter erreicht und einen Rentenantrag unter Berücksichtigung der ihm durch den Versorgungsausgleich übertragenen oder begründeten Rentenanwartschaften gestellt hat, ist seine Bedürftigkeit allein dadurch noch nicht entfallen (→ § 6 Rn. 239 f.). Die Bedürftigkeit entfällt erst dann im Umfang der geleisteten Rente, wenn diese tatsächlich gezahlt wird. Im Fall einer rückwirkenden Rentenbewilligung, die nach § 1613 BGB für die Vergangenheit nicht mehr verrechnet werden kann, ist auch der Unterhaltsberechtigte grundsätzlich verpflichtet, diese zusätzlichen Einkünfte für seinen künftigen Unterhalt einzusetzen. Ist der Unterhaltsanspruch für den betreffenden Zeitraum allerdings noch rechtshängig, kann die Nachzahlung noch für diese Zeit bedürftigkeitsmindernd berücksichtigt werden. Sonst kann der Nachzahlungsbetrag angemessen auf die Zukunft verteilt als künftiges Einkommen bedürftigkeitsmindernd berücksichtigt werden, was der Unterhaltsschuldner unter den Voraussetzungen der §§ 238 f. FamFG im Wege des Abänderungsantrags durchsetzen kann. In der Praxis wird aber auch der Weg gewählt, dem Unterhaltsschuldner Ausgleich in der Höhe zu leisten, in der sich sein Unterhaltsanspruch für die Vergangenheit ermäßigt hätte, wenn die Rente schon während des fraglichen Zeitraums gezahlt worden wäre (→ Rn. 662).[91] Um sich diesen Rückzahlungsanspruch zu erhalten und dem Einwand der Entreicherung nach § 818 III BGB zu entgehen,[92] kann der Unterhaltsschuldner dem Unterhaltsberechtigten ab Stellung seines Rentenantrags zur Abwendung der gegenwärtig noch vorliegenden Bedürftigkeit ein zins- und tilgungsfreies Darlehen mit der Verpflichtung anbieten, im Fall einer endgültigen Ablehnung des Rentenantrags auf dessen Rückzahlung zu verzichten[93] (→ § 6 Rn. 204 ff.). Zur Sicherung eines solchen Darlehens kann der Anspruch auf Rentennachzahlung abgetreten werden. Dem Berechtigten obliegt es, einen solchen Kredit zur Minderung seiner Bedürftigkeit anzunehmen und in eine Sicherungsabtretung einzuwilligen. Tut er dies nicht, muss er sich später unterhaltsrechtlich so behandeln lassen, als hätte er dem zugestimmt und die Unterhaltsleistungen lediglich darlehensweise erhalten.[94] Denn es verstößt gegen Treu und Glauben, wenn der Unterhaltsberechtigte durch die Ablehnung eines solchen Kreditangebots seine Bedürftigkeit zu Lasten des Unterhaltspflichtigen aufrechterhalten will.

662 Insbesondere wenn mit der auf die Zukunft umlegbaren Rentennachzahlung wegen geringerer Unterhaltslast auch eine Rentenkürzung beim Unterhaltspflichtigen einhergeht

---

[88] OLG Düsseldorf FamRZ 2003, 769; OLG Frankfurt FuR 2002, 81; vgl. auch OLG Nürnberg FamRZ 1997, 961.
[89] BGH FamRZ 1985, 155.
[90] BGH FamRZ 1990, 269; OLGR Braunschweig 1997, 157; OLG Hamburg FamRZ 1991, 953; a. A. OLG Frankfurt EzFamR aktuell 2002, 85.
[91] BGH FamRZ 1990, 269; OLG Zweibrücken FamRZ 1997, 504; OLG Hamm FamRZ 1988, 732.
[92] Vgl. insoweit BGH FamRZ 2010, 1637 Rn. 55; s. auch Dose/Kraft Einstweiliger Rechtsschutz in Familiensachen 4. Aufl. Rn. 505 ff.
[93] BGH FamRZ 1998, 951; OLGR Oldenburg 2005, 696.
[94] BGH FamRZ 1983, 574.

(zum Unterhaltsprivileg vgl. jetzt §§ 33 f. VersAusglG;[95] zum Rentenprivileg §§ 101 III 4, 268a SGB VI aF), kann die Änderung unterhaltsrechtlich oft nicht vollständig ausgeglichen werden. In Fällen einer Rentennachzahlung an den Unterhaltsberechtigten nimmt die Rechtsprechung dann nach § 242 BGB einen **Erstattungsanspruch** des Unterhaltspflichtigen gegen den Berechtigten für die Zeit und in der Höhe an, in der sich der Unterhaltsanspruch ermäßigt hätte, wenn die Rente schon in der fraglichen Zeit gezahlt worden wäre. Wird eine Rente rückwirkend für einen Zeitraum nachgezahlt, in dem der Unterhaltsanspruch bereits durch Leistungen des Unterhaltspflichtigen erfüllt war, so „verfehle" die Nachzahlung den mit ihr verfolgten Zweck, den Unterhaltsbedarf zu sichern. Es widerspreche deswegen Treu und Glauben, dem Berechtigten für den Zeitraum, in dem er Unterhalt bezogen hat, zu Lasten des Unterhaltspflichtigen auch die nachgezahlte Rente in vollem Umfang zu belassen.[96] Ein solcher Erstattungsanspruch bestehe nicht nur, wenn die Rentennachzahlung auf einem Versorgungsausgleich beruhe und eine Rentenkürzung des Unterhaltspflichtigen zur Folge habe, sondern auch, wenn sie ganz oder teilweise auf Grund von Anwartschaften gewährt werde, die der Berechtigte durch eine eigene Erwerbstätigkeit erlangt hat (zur Unterhaltsbemessung bei Rentenbezug → Rn. 646 f.).[97] Eine Neuberechnung des Unterhalts sei auch notwendig, wenn der Anspruch auf nachehelichen Unterhalt auf der Grundlage einer Rente berechnet worden sei, die durch den Versorgungsausgleich aus einer früheren Ehe gekürzt war und der Unterhaltsgläubiger nach dem Tod dieses Ehegatten aus der früheren Ehe auf seinen Antrag die **Rentenkürzung erstattet** erhalte (§ 4 VAHRG aF, jetzt § 37f VersAusglG).[98] Die Entscheidung über den Erstattungsanspruch erfolge auf Grund einer tatrichterlichen **Billigkeitsabwägung** im Rahmen des § 242 BGB. Sie unterliege der revisionsrechtlichen Nachprüfung nur im Hinblick darauf, ob sie einen Rechtsirrtum oder einen Verstoß gegen allgemeine Erfahrungssätze enthalte oder wesentliches Vorbringen der Beteiligten ersichtlich unberücksichtigt gelassen habe.[99] Ein solcher Erstattungsanspruch sei vor allem dann gegeben, wenn die Nachzahlung aus dem Versorgungsausgleich stamme und zu einer Kürzung der laufenden Altersrente des Unterhaltspflichtigen führe.[100] Er solle aber auch dann gewährt werden, wenn nicht nach → Rn. 661 verfahren werden kann, weil wegen der Rentengewährung für die Zukunft kein Unterhaltsanspruch mehr besteht.

Diese Rechtsprechung zum Erstattungsanspruch nach § 242 BGB ist schon deswegen **verfehlt,** weil sie entweder die Rechtskraft der bestehenden Unterhaltsentscheidung übergeht oder auf einer Anspruchsgrundlage beruht, deren Voraussetzungen nicht vorliegen. Würde sich der Anspruch unmittelbar auf Rückzahlung des (nach der Rentennachzahlung) überzahlten Unterhalts richten, müsste er die Rechtskraft früherer Entscheidungen zum Unterhalt beachten. Denn eine rechtskräftige Entscheidung zur Hauptsache bildet (unbeschadet der Möglichkeit nach → Rn. 661) den Rechtsgrund der Unterhaltszahlung, was einer Rückforderung entgegensteht. Die Rechtskraft kann zwar durch eine Unterhaltsabänderung nach §§ 238 f. FamFG beseitigt werden, wobei eine Herabsetzung des geschuldeten Unterhalts nach den §§ 238 III FamFG, 1585b II, 1613 I BGB aber erst für die Zeit ab Auskunftsverlangen, Verzug oder Rechtshängigkeit möglich ist. Soweit die Rechtsprechung hingegen, zur Vermeidung dieses Widerspruchs mit der Rechtskraft eines bestehenden Unterhaltstitels, einen direkten Anspruch auf Auszahlung eines Teils der erhaltenen Rentennachzahlung annimmt, fehlt dem eine Anspruchsgrundlage. Die §§ 242, 313 BGB enthalten selbst keine eigene Anspruchsgrundlage für den Rückzahlungsanspruch, sondern betreffen lediglich die Geschäftsgrundlage oder den Zweck der Leistung, hier also der Rentennachzahlung. Eine Rückforderung käme dann allenfalls nach §§ 812 ff. BGB in Betracht, was aber ausscheidet, weil insoweit eine Leistung des Renten-

663

---

[95] BGH FamRZ 2014, 461 Rn. 18 ff.; 2013, 1547 Rn. 13 f.; 2013, 189 Rn. 12 ff., 18 ff.; 2012, 853 Rn. 14 ff.; BVerfG FamRZ 2014, 1259.
[96] BGH FamRZ 1990, 269; 1989, 718.
[97] BGH FamRZ 2005, 1479 (1480) = R 636a; 1990, 269.
[98] BGH FamRZ 2013, 852; OLG Frankfurt FamRZ 2002, 958.
[99] BGH FamRZ 1990, 269.
[100] BGH FamRZ 1989, 718.

versicherungsträgers und nicht eine solche des Unterhaltsschuldners vorliegt. Im Ergebnis kommt eine Rückforderung des auf einen Unterhaltstitel geleisteten Unterhalts im Falle einer Rentennachzahlung deswegen nur dann in Betracht, wenn der Unterhaltsschuldner den Unterhalt als Darlehen geleistet hat (→ Rn. 661). Sonst sollte der erhaltene Betrag – wenn möglich – zur Sicherung des Unterhaltsbedarfs für die Zukunft genutzt werden.

9. Abschnitt: Sonstige Einkünfte aus sozialstaatlichen Zuwendungen, freiwilligen Zuwendungen Dritter, Versorgungsleistungen des Berechtigten für seinen neuen Partner, aus Unterhaltsleistungen, Schmerzensgeld sowie nicht anzurechnende Vermögensvorteile

I. Sozialstaatliche Zuwendungen wie Wohngeld, BAföG, Pflege- und Erziehungsgeld, Kindergeld, Ausbildungsbeihilfen und -geld sowie Leistungen nach §§ 41 ff. SGB XII (Grundsicherung im Alter und bei Erwerbsminderung)

1. Allgemeines (vgl. auch → § 8 Rn. 1 ff. (Unterhalt und Sozialleistungen) und → § 8 Rn. 262 ff. (Unterhaltsvorschuss)

664 Nach ständiger Rechtsprechung sind sozialstaatliche Zuwendungen unabhängig von ihrer sozialpolitischen Zweckbestimmung unterhaltsrechtlich als Einkommen anzurechnen, soweit sie geeignet sind, den allgemeinen Lebensunterhalt des Empfängers **abschließend** zu decken, also wenn sie Einkommensersatzfunktion haben. Dies trifft zu für das Wohngeld (→ Rn. 665 ff.),[1] für abschließende BAföG-Leistungen (→ Rn. 670 ff.),[2] nicht aber für Pflegegelder (→ Rn. 689 ff.).[3] Ferner, wie bereits erörtert, für vermögenswirksame Leistungen (→ Rn. 74), Teile des Arbeitslosengeldes II mit **Einkommensersatzfunktion** (→ Rn. 111 ff.)[4] und sozialstaatliche Renten (zB nach dem BEG; → Rn. 650) sowie für das Eigengeld und das Überbrückungsgeld des Strafgefangenen (→ Rn. 121, 731). Eine Sonderstellung nimmt das Kindergeld ein (→ Rn. 677 ff.). Nicht als Einkommen anzurechnen sind hingegen **subsidiäre Sozialleistungen**[5] wie etwa die Sozialhilfe (→ Rn. 727 f.) und der Regelbetrag des Arbeitslosengeldes II (→ Rn. 110) sowie wegen sonstiger besonderer Umstände die Sparzulage[6] (→ Rn. 74) und das Hausgeld des Strafgefangenen (→ Rn. 121, 731 f.); solche Leistungen dienen lediglich der vorübergehenden Unterhaltssicherung mit Rückgriffsmöglichkeit gegen einen vorrangig Unterhaltspflichtigen, sie haben also lediglich **Unterhaltsersatzfunktion**. Ansprüchen auf Grundsicherung sind gegenüber den darin privilegierten Verwandten gerader Linie als Einkommen zu behandeln (→ Rn. 703 ff.).

2. Zur Anrechnung von Wohngeld und Baukindergeld

665 Ein Anspruch auf Zahlung von Wohngeld ergibt sich aus den Vorschriften des Wohngeldgesetzes WoGG.[7] Das Wohngeld ist 2001, 2008 und zuletzt wegen des erheblichen

---

[1] BGH FamRZ 2003, 860; OLG Brandenburg FamRZ 2010, 1915 Rn. 54 f.
[2] BGH FamRZ 2000, 640.
[3] BGH FamRZ 2008, 2189 = R 697; 2006, 846 (848) = R 648c; vgl. BVerwG FamRZ 2003, 756.
[4] BGH NJW-RR 2011, 145 Rn. 19; 2011, 97 Rn. 31 f.; 2009, 307 = R 699b; 1996, 1067 (1069); 1987, 456.
[5] BGH FamRZ 2009, 307 = R 699b; 1993, 417; 2000, 1358.
[6] BGH FamRZ 1980, 984 f.
[7] Wohngeldgesetz in der Fassung des Ersten Gesetzes zur Änderung des Wohngeldgesetzes vom 22.12.2008, BGBl. I S. 2963, zuletzt geändert durch Art. 22 IV des 6. SGB IV-Änderungsgesetzes vom 11.11.2016 (BGBl. I S. 2500).

9. Abschnitt: Sonstige Einkünfte aus sozialstaatlichen Zuwendungen   § 1

Anstiegs der Heizkosten zum 1.1.2016 erhöht worden. Empfänger von ALG II, von Hilfe zum Lebensunterhalt nach dem SGB XII von Grundsicherung im Alter und von bestimmten anderen Sozialleistungen erhalten nach § 7 I WoGG kein Wohngeld, weil ihre Wohnkosten schon durch die anderen Leistungen abgedeckt sind.

Nach der Rechtsprechung des BGH und der Oberlandesgerichte ist Wohngeld bei der Unterhaltsbemessung grundsätzlich einkommenserhöhend zu berücksichtigen, soweit es nicht erhöhte Aufwendungen für den Wohnbedarf ausgleicht.[8] Im Einklang mit der Rechtsprechung des BGH[9] wird der Bezug von Wohngeld aber häufig als Indiz dafür angesehen, dass den Wohngeldempfänger Wohnkosten treffen, die unterhaltsrechtlich als erhöht zu werten sind. Dann gleicht das Wohngeld nur die überhöhten Mietkosten aus und ist nicht als zusätzliches Einkommen zu berücksichtigen. Weil das aber nicht zwingend der Fall ist, muss der Wohngeldempfänger **darlegen und ggf. beweisen,** dass und in welcher Höhe das Wohngeld im konkreten Fall erhöhte Wohnkosten ausgleicht.[10] Kommt er dem nicht nach, ist das Wohngeld als Einkommen anzurechnen.[11] Wohngeld ist danach voll anzurechnen, wenn die tatsächlich gezahlte Miete niedriger ist als der im Unterhaltsanspruch oder im jeweiligen Selbstbehalt enthaltene Wohnkostenanteil, weil dann das Wohngeld nicht unvermeidbare erhöhte Aufwendungen für den Wohnbedarf ausgleicht.[12] Darauf, um wie viel die gezahlte Miete das Wohngeld unterschreitet, kommt es dann nicht an.[13] Ist dagegen die tatsächlich gezahlte Miete höher als der im Unterhaltsanspruch oder im jeweiligen Selbstbehalt[14] enthaltene Wohnkostenanteil, so bleibt ein Betrag in Höhe der Differenz zwischen der tatsächlich gezahlten Miete und dem Wohnkostenanteil des Selbstbehalts anrechnungsfrei. Nur der überschießende Rest des Wohngeldes ist dann als Einkommen anzurechnen.[15] Ist die gezahlte Miete so hoch oder sogar höher als die Summe aus Wohnkostenanteil und Wohngeld, gleicht das Wohngeld in vollem Umfang erhöhte Wohnkosten aus und bleibt unterhaltsrechtlich völlig unberücksichtigt.[16]

666

Um festzustellen, ob und in welcher Höhe Wohngeld als Einkommen anzurechnen ist, sind nach der Rechtsprechung des BGH also folgende Punkte zu klären:

667

- Wie hoch ist die auf die vom Unterhaltsrechtsstreit betroffene Person entfallende **Miete?** Das setzt Vortrag zum tatsächlich gezahlten Mietzins und dazu voraus, für wie viele Personen der Mietzins den Mietbedarf deckt. Wird die Wohnung zB vom Berechtigten nicht allein bewohnt, sondern zusammen mit dem neuen Partner und zwei Kindern, so sind die Wohnkosten im Verhältnis von $1/3 : 1/3 : 1/6 : 1/6$ aufzuteilen.[17]
- Wie hoch ist der im Unterhaltsanspruch oder Eigenbedarf enthaltene **Wohnkostenanteil?** Dieser Anteil am Lebensbedarf, dessen Einsatz für Wohnkosten unterhaltsrechtlich zuzubilligen ist, ist im Rahmen der Bedarfsbemessung an der konkreten Unterhaltshöhe und den individuellen Verhältnissen zu messen.[18] In der Regel, dh bei Fehlen besonderer Umstände, wird dieser Anteil aber nicht höher als mit $1/3$ des Unterhaltsanspruchs anzusetzen sein, weil nach der Lebenserfahrung für Wohnzwecke nicht mehr als $1/3$ des Unterhalts (= des für den Gesamtlebensbedarf zur Verfügung stehenden Einkommens) ausgegeben werden kann. Unter Berücksichtigung der Umstände des Einzelfalls ist dieser Anteil grundsätzlich eher niedriger ansetzen; nur in Großstädten kann ein höherer Anteil üblich sein. Dabei sind aber stets die individuellen Verhältnisse zu berücksichtigen, wie die Höhe des Gesamteinkommens und die örtlichen Gegebenheiten. Im Rahmen der Leistungsfähigkeit ist zu berücksichtigen, in welcher Höhe Kosten für die

---

[8] BGH FamRZ 2003, 860; 1985, 374; 1984, 772 (774); 1982, 587 (589 f.); vgl. auch die Leitlinien der Oberlandesgerichte unter 2.3.
[9] BGH FamRZ 2012, 1201 Rn. 15 = R 733; 2003, 860 (862); 1982, 587 (589).
[10] BGH FamRZ 1984, 772.
[11] BGH FamRZ 1985, 374; OLG Karlsruhe FamRZ 2016, 1469 (1471).
[12] BGH FamRZ 1985, 374; 1984, 772; 1982, 898.
[13] BGH. FamRZ 2006, 1664 (1666) = R 657d.
[14] Vgl. insoweit Nr. 21.2 bis 21.4 der Leitlinien der Oberlandesgerichte.
[15] BGH FamRZ 2003, 860 (862); 1982, 587 (590).
[16] OLG Brandenburg FamRZ 2010, 1915 Rn. 54 f.
[17] BGH FamRZ 1982, 587.
[18] BGH FamRZ 2000, 950 (951); 1998, 899.

Unterkunft einschließlich umlagefähiger Nebenkosten und Heizung (Warmmiete) in dem jeweiligen Selbstbehalt enthalten sind. Nach der Düsseldorfer Tabelle (Anm. A 5 und B IV) und den Leitlinien der Oberlandesgerichte (Ziff. 21.2 bis 21.4) sind im notwendigen Selbstbehalt (zzt. 880/1080 EUR) 380 EUR, im angemessenen Selbstbehalt (zzt. 1300 EUR) 480 EUR, im Selbstbehalt beim Elternunterhalt (zzt. 1800 EUR) 480 EUR und im Ehegattenselbstbehalt (zzt. 1200 EUR) 430 EUR für die Warmmiete enthalten.

- Für welche Personen wird das **Wohngeld** bezogen? Bei mehreren Personen erfolgt die Aufschlüsselung des Wohngeldes nach den gleichen Grundsätzen wie die Aufteilung der Wohnungsmiete (s. oben).[19] Das Wohngeldgesetz selbst sieht keine anteilige Aufschlüsselung des Wohngeldes vor (§ 6 WoGG).[20]

In Höhe der **Differenz** zwischen dem auf die betreffende Person entfallenden Mietzinsanteil und dem in ihrem Bedarf oder Selbstbehalt enthaltenen Wohnkostenanteil gleicht ihr Wohngeldanteil lediglich erhöhte Wohnkosten aus und bleibt insoweit anrechnungsfrei. Nur ein überschießender Wohngeldanteil ist dann als Einkommen anzurechnen. Ist der Mietzinsanteil hingegen geringer als der Wohnkostenanteil, ist das Wohngeld voll als Einkommen anzurechnen.

668 In der **Praxis** wird – wohl auch wegen dieser komplizierten Berechnung – das Wohngeld vielfach von vornherein anrechnungsfrei gelassen, weil nach der Lebenserfahrung davon ausgegangen werden könne, dass den Wohngeldempfänger unterhaltsrechtlich erhöhte Wohnkosten treffen, die das Wohngeld vollständig aufzehren.[21] Weil dieser Schluss allerdings nicht zwingend ist,[22] sollte der Bezieher des Wohngeldes stets die **Darlegungs- und Beweislast** dafür beachten, dass und in welchem Umfang das Wohngeld erhöhte Wohnkosten – als Differenz der auf ihn entfallenden tatsächlichen Miete mit seinem Wohnkostenanteil der Einkünfte oder des Selbstbehalts – ausgleicht. Die in der Praxis gebräuchliche Pauschalierung ist deswegen jedenfalls für die Fälle abzulehnen, in denen die Wohnung von mehreren Personen mit jeweils eigenen Einkünften bewohnt wird, etwa auch von unterhaltsberechtigten Kindern. In solchen Fällen kann sich der Mietanteil so verringern, dass er unter dem Wohngeldanteil liegt, was zu einer entsprechenden Anrechnung des Wohngelds führen muss.[23]

Baukindergeld

669 Durch das Haushaltsgesetz 2019 wurde zum 18.9.2018 das neue **Baukindergeld** eingeführt.[24] Mit ihm soll ein schnell wirksamer Impuls für die Bildung von Wohnungseigentum für Familien gesetzt werden. Die Bundesregierung will damit den Haus- und Wohnungsbau ankurbeln und vorrangig Familien unterstützen, die sich sonst kein Eigentum leisten könnten. Gefördert wird der erstmalige Neubau oder Erwerb von Wohneigentum zur eigenen Nutzung. Die Förderung entfällt also, wenn bereits selbstgenutztes oder vermietetes Wohneigentum vorhanden ist. Neubauten werden gefördert, wenn die Baugenehmigung zwischen dem 1.1.2018 und dem 31.12.2020 erteilt wird oder der notarielle Kaufvertrag über eine Bestandsimmobilie in dieser Zeitspanne unterzeichnet wird. Weitere Voraussetzung ist, dass mindestens ein Kind noch nicht volljährig ist, im selben Haushalt wie die Eltern lebt und noch kindergeldberechtigt ist. Das zu versteuernde Einkommen der Familie mit einem Kind darf nicht über (75.000 EUR + 15.000 EUR für das Kind =) 90.000 EUR liegen. Für jedes weitere Kind kommt ein Freibetrag von 15.000 EUR hinzu. Ermittelt wird das durchschnittliche Einkommen auf der Grundlage des zweiten und dritten Jahres vor Antragstellung (bei Antragstellung 2019 also das Einkommen aus 2016 und 2017, bei Antragstellung 2020 das Einkommen aus 2017 und 2018). Eine Kreditaufnahme ist nicht Voraussetzung, sodass ein Anspruch

---

[19] Vgl. aber LSG Celle-Bremen – L 8 AS 307/05, BeckRS 2006, 41733.
[20] BGH FamRZ 1982, 587.
[21] BGH FamRZ 2012, 1201 Rn. 15 = R 733; 2003, 860; OLG Hamburg FamRZ 1985, 291; OLG Karlsruhe FamRZ 1985, 286 (288) und FamRZ 1981, 783; OLG Hamm FamRZ 1984, 783.
[22] BGH FamRZ 1984, 772 (774); 1982, 898 (899); 1982, 587 (588).
[23] Vgl. auch BGH FamRZ 2003, 860 (862).
[24] BGBl. 2018 I S. 2528; vgl. auch BT-Drucksache 19/5920 und BR-Drucksache 330/18.

9. Abschnitt: Sonstige Einkünfte aus sozialstaatlichen Zuwendungen § 1

auch besteht, wenn die Immobilie mit vorhandenem Vermögen gebaut oder erworben wird. Das Baukindergeld ist ein staatlicher Bauzuschuss der nicht zurückgezahlt werden muss. Auf das Baukindergeld besteht allerdings kein Rechtsanspruch, denn im Haushaltsplan sind dafür lediglich 10 Mrd. EUR eingeplant und die Bewilligung erfolgt nach Antragstellung, also nach dem Windhundprinzip. Das Baukindergeld muss online bei der KfW beantragt werden,[25] der Antrag muss binnen drei Monaten ab dem Einzug gestellt werden. In den ersten drei Monaten seit dem Inkrafttreten hatten schon knapp 50.000 Familien Baukindergeld beantragt und wöchentlich kamen ca. 3000 Anträge hinzu.

Familien, die die genannten Voraussetzungen erfüllen, erhalten durch das Baukindergeld je Kind jährlich im Voraus 1200 EUR, also für die Gesamtförderung von 10 Jahren insgesamt 12.000 EUR. Das Baukindergeld ist zwar bundeseinheitlich geregelt, Besonderheiten gelten aber für Bayern. Denn dort gibt es landesrechtlich zusätzlich die **bayerische Eigenheimzulage** in Höhe von insgesamt 10.000 EUR und das **„Baukindergeld Plus"** in Höhe von zusätzlich 300 EUR pro Kind und Jahr. Diese Leistungen sind bei der Bayerischen Landesbodenkreditanstalt zu beantragen.[26] Während also eine Familie mit zwei minderjährigen Kindern bundesweit (1200 EUR x 2 Kinder x 10 Jahre =) 24.000 EUR erhält, bekommt eine Familie in Bayern (24.000 EUR + 10.000 EUR + 300 EUR x 2 Kinder x 10 Jahre =) 40.000 EUR.

Damit ersetzt das Baukindergeld die frühere Eigenheimzulagen nach dem Eigenheimzulagengesetz (EigZulG),[27] das zum 1.1.2006 ersatzlos aufgehoben worden war und wegen der 8-jährigen Bezugsdauer spätestens am 31.12.2013 endete.

Wie die frühere Eigenheimzulage[28] sind auch das Baukindergeld sowie die bayerische Eigenheimzulage und das bayerische Baukindergeld Plus als unterhaltsrelevantes Einkommen zu berücksichtigen. Allerdings stehen diesen Einkünften regelmäßig Zins- und Tilgungskosten der Kreditfinanzierung gegenüber. Unterhaltsrechtlich ist deswegen zunächst der geschaffene Wohnvorteil (→ Rn. 485) zu ermitteln. Bei der Berechnung des verbleibenden Wohnwerts ist das Baukindergeld zunächst von dem auf der Immobilie lastenden Abtrag und nur im Übrigen von der Zinslast abzuziehen.[29] Denn sie ist – wie eine vermögenswirksame Leistung des Arbeitgebers (→ Rn. 74) – eine zweckgebundene Sozialleistung, die die Bildung von Wohneigentum und somit von Vermögen erleichtern soll (→ Rn. 519).[30] Die Zinsbelastung und der noch verbleibende Kreditabtrag sind sodann von dem Wohnvorteil abzuziehen. Ein dann noch verbleibender Wohnvorteil ist als Einkommen zu berücksichtigen. Sind der nach Abzug des Baukindergelds noch verbleibende Abtrag und die Zinsen höher als der Wohnvorteil, kann aber unterhaltsrechtlich kein Verlust durch den Bau oder den Kauf der Immobilie berücksichtigt werden, weil dies einer unzulässigen Vermögensbildung „zu Lasten des Unterhaltsberechtigten" entspräche. Dann kommt eine Berücksichtigung nur in den Grenzen der zusätzlichen Altersvorsorge in Betracht.[31]

Beispiel 1:
Wohnvorteil:	1000 EUR
Kredittilgung:	900 EUR
Zinsbelastung:	400 EUR
Baukindergeld für 2 Kinder:	200 EUR.

Von den Tilgungskosten ist zunächst das Baukindergeld abzusetzen; es verbleibt dann eine Belastung von (900 EUR − 200 EUR =) 700 EUR. Diese ungedeckten Tilgungskosten und die Zinsbelastung sind von dem Wohnvorteil abzuziehen, sodass nur ein

---

[25] www.kfw.de.
[26] https://bayernlabo.de.
[27] Vom 26. März 1997 (BGBl. I S. 734), zuletzt geändert durch Art. 8 des Gesetzes vom 18. Juli 2014 (BGBl. I S. 1042).
[28] BGH FamRZ 2013, 868 Rn. 19, 22; OLG Jena NJW 2009, 2832; OLG Koblenz FamRZ 2009, 531 Rn. 5 und FamRZ 2004, 1573; OLGR Köln 2002, 251 = BeckRS 2002, 05932.
[29] BGH FamRZ 2013, 868 Rn. 22 (zur früheren Eigenheimzulage).
[30] OLG München FamRZ 1999, 251(zur früheren Eigenheimzulage).
[31] BGHZ 213, 288 = FamRZ 2017, 519 Rn. 34 = R 781b.

negativer Wohnvorteil von (1000 EUR − 700 EUR − 400 EUR =) − 100 EUR verbleibt. Damit entfällt die Zurechnung eines Wohnvorteils und die überschießende Kreditbelastung kann bis zur Höhe einer zusätzlichen Altersversorgung (4% des Bruttoeinkommens beim Kindes- und Ehegattenunterhalt und 5% des Bruttoeinkommens beim Elternunterhalt)[32] von dem übrigen Einkommen abgesetzt werden.

Wird das Baukindergeld hingegen gezahlt, obwohl keine oder nur geringe Kreditkosten anfallen, bleibt es regelmäßig bei einem gewissen, dem Einkommen zurechenbarer Wohnvorteil.

Beispiel 2:
Wohnvorteil: 1200 EUR
Kredittilgung: 600 EUR
Zinsbelastung: 150 EUR
Baukindergeld für 1 Kind: 100 EUR.

Von den Tilgungskosten ist wieder zunächst das Baukindergeld, im Beispielsfall für ein Kind, abzusetzen; es verbleibt dann eine Belastung von (600 EUR − 100 EUR =) 500 EUR. Diese ungedeckten Tilgungskosten und die Zinsbelastung ist von dem Wohnvorteil abzuziehen, sodass noch ein restlicher Wohnvorteil von (1200 EUR − 500 EUR − 150 EUR =) 550 EUR verbleibt. Dieser ist ggf. im zulässigen Umfang um die Kosten einer zusätzlichen Altersvorsorge zu reduzieren und im Übrigen als zusätzliches unterhaltsrelevantes Einkommen zu berücksichtigen.

Für die Praxis ist noch von besonderer Bedeutung, dass das Baukindergeld durch die KfW-Bank ausgezahlt wird, aber nicht im Steuerbescheid auftaucht. Der Auskunftsanspruch des Unterhaltsgläubigers (§§ 1361 IV, 1580, 1605 BGB) erstreckt sich deswegen auch auf die Höhe dieser bewilligten Sozialleistungen.[33]

3. Zur Anrechnung von BAföG-Leistungen

670 Leistungen nach dem Bundesausbildungsförderungsgesetz (BAföG; → § 8 Rn. 279 ff.)[34] sind als bedarfsdeckendes **Einkommen** anzurechnen, soweit sie als **Regelleistungen** gewährt werden; insoweit haben sie also eine bedarfsdeckende Einkommensersatzfunktion. Dies gilt auch, soweit die Förderung des Auszubildenden nach § 17 II, III BAföG nur darlehensweise gewährt wird.[35] Nicht als Einkommen anzurechnen sind jedoch die **Vorausleistungen** nach § 36 BAföG, weil diese nur subsidiär gewährt werden und nach Anspruchsübergang gemäß § 37 BAföG von dem Unterhaltspflichtigen zurückgefordert werden können;[36] die Vorausleistungen haben somit lediglich eine Unterhaltsersatzfunktion. Dem Land steht als Träger der Sozialleistung ein eigenes öffentlich-rechtliches Auskunftsrecht nach § 47 IV BAföG iVm § 60 SGB I auch gegenüber den Eltern und dem Ehegatten zu, um die Bedürftigkeit des Auszubildenden unter Berücksichtigung von Unterhaltsansprüchen prüfen zu können. Mit dem Übergang eines Unterhaltsanspruches nach § 37 BAföG geht zudem der unterhaltsrechtliche Auskunftsanspruch des Unterhaltsberechtigten auf das Land über (s. die Leitlinien der Oberlandesgerichte → Rn. 20 unter 2.4).[37] Entsprechend hatte auch eine Ausbildungsbeihilfe nach § 40 I 1 AFG aF Einkommensersatzfunktion.[38] Subsidiär war hingegen

---

[32] BGH FamRZ 2013, 1554 Rn. 26 ff. = R 741d; 2012, 956 Rn. 19; 2010, 1535 Rn. 25 ff.; 2005, 1817 = R 632j (bis zu 4% des Bruttoeinkommens); 2004, 792 (bis zu 5% des Bruttoeinkommens beim Elternunterhalt); vgl. aber BGH FamRZ 2013, 616 Rn. 15 ff. (Mindestunterhalt bei gesteigerter Unterhaltspflicht).
[33] OLG Bamberg FamRZ 2006, 344 (zur früheren Eigenheimzulage).
[34] Neufassung des Bundesausbildungsförderungsgesetzes vom 7.12.2010 (BGBl. 2010 I S. 1962 ff. und 2012, 197) zuletzt geändert durch Art, 2 des Familiennachzugsneuregelungsgesetzes vom 12.7.2018 (BGBl. I S. 1147).
[35] BGH NJW-RR 1986, 1262; FamRZ 1985, 916; FamRZ 1989, 499.
[36] BGH FamRZ 1996, 798; NJW-RR 1986, 1262; FamRZ 1985, 916; FamRZ 1980, 126 (128).
[37] KG Berlin FamRZ 2009, 702 Rn. 26; anders zur früheren Rechtslage BGH FamRZ 1991, 1117.
[38] OLG Hamm FamRZ 1995, 958; OLG Oldenburg FamRZ 1989, 531; OLG Schleswig SchlHA 1988, 53.

9. Abschnitt: Sonstige Einkünfte aus sozialstaatlichen Zuwendungen § 1

schon seinerzeit eine Ausbildungsbeihilfe, die nach § 40 III AFG aF als Vorauszahlung geleistet wurde.[39] Eine gleiche Aufteilung gilt für die jetzt nach §§ 59 ff. SGB III geleistete **Berufsausbildungsbeihilfe**. Als Maßnahme der Arbeitsförderung hat sie für die Versicherungspflichtigen nach §§ 56 ff. SGB III grundsätzlich Einkommensersatzfunktion. Lediglich die Vorausleistungen nach § 68 SGB III werden subsidiär gewährt; auch insoweit geht der Unterhaltsanspruch gegen unterhaltspflichtige Eltern gemäß § 68 II SGB III mit dem unterhaltsrechtlichen Auskunftsanspruch auf die Agentur für Arbeit über (→ Rn. 701 f.).

Nach § 1 BAföG besteht ein Rechtsanspruch auf individuelle Ausbildungsförderung **671** für eine der Neigung, Eignung und Leistung entsprechende Ausbildung, wenn dem Auszubildenden die für seinen Lebensunterhalt und seine Ausbildung erforderlichen Mittel nicht anderweitig zur Verfügung stehen. Dabei ist zunächst das eigene Einkommen[40] und Vermögen des Auszubildenden zu berücksichtigen (§§ 22, 23 BAföG). Einkommen und Vermögen der unterhaltspflichtigen Eltern und des Ehegatten[41] eines Schülers ist nur dann heranzuziehen, wenn es die Einkommensgrenzen der §§ 24–25b BAföG übersteigt. Entsprechend geht ein Unterhaltsanspruch gegen die Eltern nach § 37 I 1 BAföG bis zur Höhe der geleisteten Aufwendungen nur dann auf das Land über, wenn das Einkommen der Eltern nach den Vorschriften des BAföG auf den Bedarf des Auszubildenden anzurechnen ist.[42] Die BAföG-Förderung ist somit zwar grundsätzlich subsidiär gegenüber Unterhaltspflichten der Eltern und nicht dauernd getrennt lebender Ehegatten. Eine dauerhafte staatliche Förderung scheidet aber nur dann aus, wenn auch nach **verwaltungsrechtlichem Maßstab**[43] vorrangig auf Eltern oder nicht getrennt lebende Ehegatten zurückgegriffen werden muss (→ Rn. 672). Hat die Behörde dem Antrag des Kindes auf Regelleistungen hingegen unter Berücksichtigung des Einkommens der Eltern und eines ev Ehegatten nach verwaltungsrechtlichem Maßstab des BAföG stattgegeben, ist damit zugleich ein Rückgriff ausgeschlossen und die Förderung somit als bedarfsdeckendes Einkommen des Kindes zu berücksichtigen. Für die Vergangenheit ist ein die verwaltungsrechtlichen Grenzen übersteigendes Einkommen der Eltern und eines ev Ehegatten nur zu berücksichtigen, wenn die Voraussetzungen des § 1613 BGB vorliegen, die Unterhaltspflichtigen an der Antragstellung mitgewirkt haben oder sie von der Antragstellung Kenntnis hatten und darüber belehrt wurden, unter welchen Voraussetzungen eine Inanspruchnahme möglich ist (§ 37 IV BAföG). Gegenüber anderen zivilrechtlichen Unterhaltspflichtigen ist die Förderung von vornherein bedarfsdeckend und nicht subsidiär, zumal insoweit auch kein Anspruchsübergang vorgesehen ist. Auf die unterhaltsrechtliche Leistungsfähigkeit eines getrennt lebenden Ehegatten oder sonstiger Verwandter kommt es also nicht an.[44] Auch nichteheliche Lebensgemeinschaften berühren den Anspruch nicht. Selbst tatsächlich erbrachte Unterhaltsleistungen der Großeltern oder eines Lebensgefährten sind nicht auf den Anspruch anzurechnen.[45]

Für Eltern und nicht dauernd getrennt lebende Ehegatten ergeben sich **Einschränkun- 672 gen der Subsidiarität** von BAföG-Leistungen somit sowohl aus dem – günstigeren – verwaltungsrechtlichen Maßstab bei der Berechnung ihres unterhaltsrelevanten Einkommens, als auch aus dem Ausbildungsablauf des Förderungsberechtigten. Einkommen der Eltern bleibt stets außer Betracht, wenn der Auszubildende ein Abendgymnasium oder Kolleg besucht oder bei Beginn des Ausbildungsabschnitts das 30. Lebensjahr vollendet

---

[39] BGH FamRZ 1986, 151 (153); OLG Oldenburg FamRZ 1989, 531.
[40] § 21 III 1 Nr. 4 BAföG iVm der Verordnung zur Bezeichnung der als Einkommen geltenden sonstigen Einnahmen nach § 21 III Nr. 3 Bundesausbildungsförderungsgesetz (BAföG-EinkommensV) vom 5.4.1988 BGBl. I 505 zuletzt geändert durch Art. 6 III des Gesetzes vom 23.5.2015 (BGBl. I S. 1228).
[41] Zum Anspruch nach § 1615l BGB vgl. OLG Nürnberg FamRZ 2010, 577.
[42] BGH FamRZ 2013, 1644 Rn. 14 f.
[43] BGH FamRZ 2013, 1644 Rn. 14 ff. (zum Prüfungsmaßstab des Familiengerichts); 2000, 640; OLG Dresden FuR 1999, 479; OLG Stuttgart FamRZ 1995, 489; zur Sozialhilfe → § 8 Rn. 91 f.
[44] BGH FamRZ 1980, 126.
[45] OLG Celle FamRZ 1993, 352; OVG Münster NJW 1990, 2640.

§ 1   Die Ermittlung des unterhaltsrechtlich relevanten Einkommens

hatte (§ 11 III Nr. 1 und 2 BAföG). Gleiches gilt nach § 11 III Nr. 3 und 4 BAföG, wenn er vor Beginn des Ausbildungsabschnitts entweder nach Vollendung des 18. Lebensjahres fünf Jahre oder nach einer Berufsausbildung von wenigstens drei Jahren weitere drei Jahre erwerbstätig und in der Lage war, sich selbst zu unterhalten.[46] In diesen Fällen ist die gezahlte Ausbildungsförderung nach dem BAföG also stets bedarfsdeckendes Einkommen des Auszubildenden. Im Übrigen richtet sich das anrechenbare Einkommen der Unterhaltspflichtigen nach den Bestimmungen des BAföG.[47] Danach bleiben von dem Einkommen der Eltern und des Ehegatten pauschale Freibeträge anrechnungsfrei und auch das darüber hinausgehende Einkommen wird nur zu 50% (abzüglich 5% für jedes weitere anrechenbare Kind) angerechnet (§ 25 I bis IV BAföG). Maßgeblich ist das Einkommen der Unterhaltspflichtigen im vorletzten Kalenderjahr vor Beginn des Bewilligungszeitraums (§ 24 I BAföG) und nur auf Antrag das Einkommen das im Bewilligungszeitraum, wenn es wesentlich niedriger ist (§ 24 III BAföG).

673   Macht der Auszubildende glaubhaft, dass seine Eltern auch den nach den Vorschriften des BAföG geschuldeten und auf die Förderung anzurechnenden Unterhaltsbetrag nicht leisten, kann ihm auf Antrag und nach Anhörung der Eltern insoweit eine subsidiäre **Vorausleistung** bewilligt werden (§ 36 BAföG). In dieser Höhe geht sein Unterhaltsanspruch zusammen mit dem unterhaltsrechtlichen Auskunftsanspruch bis zur Höhe der geleisteten Beträge auf das Land über (§ 37 BAföG). Im Gegensatz zur dauerhaften Förderung ist die Vorausleistung deswegen subsidiär und nicht als Einkommen des Kindes bedarfsdeckend zu berücksichtigen.[48]

674   Erhält der Unterhaltsberechtigte Leistungen nach dem BAföG, sind diese also (mit Ausnahme der subsidiären Vorausleistungen nach § 36 BAföG) als eigenes bedarfsdeckendes Einkommen anzurechnen. Bei der Berechnung einer darüber hinausgehenden ergänzenden Unterhaltsforderung gegen die Eltern sind die als Einkommen zu behandelnden BAföG-Leistungen um einen ausbildungsbedingten Mehrbedarf zu kürzen und nur im Übrigen auf den Unterhaltsbedarf anzurechnen (→ Rn. 127).[49] Die bedarfsdeckende Einkommensersatzfunktion des BAföG gilt grundsätzlich auch für die dem Auszubildenden bewilligten BAföG-**Darlehen** (§§ 17 II, III, 18 ff.; 37 I Satz 3 BAföG), weil auch diese wegen ihrer besonders günstigen Konditionen erhebliche unterhaltsrechtlich relevante wirtschaftlichen Vorteile enthalten. Sie sind regelmäßig bis zum Zahlungstermin unverzinslich (§ 18 I, II 1 BAföG) und nach § 18a BAföG nur in einkommensabhängigen Raten nach Abschluss der Ausbildung zurückzuzahlen. Außerdem ist ein leistungsabhängiger Teilerlass des Darlehens möglich (§ 18b BAföG). Letztlich ist das Darlehen für eine Erstausbildung nach § 17 II 1 BAföG auch nur bis zu einem Höchstbetrag von 10.000 EUR zurückzuzahlen. Entscheidend ist aber, dass die augenblickliche Bedürftigkeit des Empfängers durch eine als Darlehen gewährten Leistungen in gleicher Weise gemindert wird, wie durch endgültig gewährte Leistungen. Würden die Darlehensleistungen nicht auf den Unterhalt angerechnet, würde der Auszubildende sie zusätzlich zum Unterhalt beziehen, dh er würde mehr erhalten, als ihm zivilrechtlich als Unterhalt zustünde. Da Beginn und Umfang der Rückzahlung von seinen späteren Einkommensverhältnissen und seinem Leistungseinsatz abhängig sind, belastet ihn die Rückzahlungsverpflichtung nicht unangemessen hart. Auch deswegen spricht nichts dagegen, darlehensweise gewährte BAföG-Leistungen bedarfsdeckend auf den Unterhalt anzurechnen.[50] Entsprechend sind die BAföG-Leistungen, wenn es nicht subsidiäre Vorausleistungen sind, auch als Einkommen des **unterhaltspflichtigen** Auszubildenden zu berücksichtigen. Weil die Höhe allerdings regelmäßig hinter dem eigenen zivilrechtlichen Unterhaltsbedarf eines Studenten (zzt. 735 EUR; s. Ziff. 13.1.2 der unterhaltsrechtlichen Leitlinien der Oberlandesgerichte; dem entspricht zurzeit allerdings der Förderungshöchstbetrag mit ebenfalls 735 EUR, der

---

[46] OLG Stuttgart FamRZ 1996, 181.
[47] BGH FamRZ 2000, 640.
[48] BGH FamRZ 1996, 798 (zur unwirksamen Unterhaltsbestimmung nach § 1612 II BGB).
[49] OLG Brandenburg NJW-RR 2009, 941 Rn. 5; OLGR Schleswig 1999, 245; a. A. OLGR Köln 2005, 204.
[50] BGH FamRZ 1985, 916; NJW-RR 1986, 1262.

zudem ab dem WS 2019/2020 stufenweise auf 850 EUR erhöht werden soll) zurückbleibt, ist der Auszubildende ohne hinzurechnende weitere Einkünfte auch seinen minderjährigen Kindern nicht leistungsfähig.[51]

Wegen der günstigen Darlehensbedingungen ist einem Studierenden in der Regel die Kreditaufnahme in Form eines BAföG-Darlehens zumutbar.[52] Allerdings sind im Rahmen der gebotenen **Zumutbarkeitsprüfung** stets die beiderseitigen Interessen zu berücksichtigen. Die Frage stellt sich aber nur bei Eltern, die zwar aus zivilrechtlicher Sicht teilweise leistungsfähig wären, deren Einkommen nach dem System der verwaltungsrechtlichen Einkommens- und Vermögensanrechnung (§§ 21 ff. und 26 ff. BAföG) aber nicht zu berücksichtigen ist. Dabei handelt es sich also ohnehin um Eltern, denen die Unterhaltsgewährung nicht leicht fällt. Außerdem haben sie im Allgemeinen ihre Kinder bereits über die übliche Ausbildungszeit hinaus bis zur Erlangung der Hochschulreife unterhalten.[53] Besondere Umstände, die eine Unterhaltspflicht der Eltern trotz bedarfsdeckender Darlehensleistung nach dem BAföG begründen könnten, müsste – als Abweichung vom Regelfall – der Studierende **behaupten und nachweisen**. Wenn das BAföG-Darlehen den Mindestbedarf des Auszubildenden nicht deckt, verbleibt es ohnehin bei dem ergänzenden zivilrechtlichen Unterhaltsanspruch.[54] Ein die Darlehensleistung ergänzender zivilrechtlicher Unterhaltsanspruch gegen die Eltern kommt auch dann in Betracht, wenn der Auszubildende noch minderjährig ist (vgl. § 10 BAföG).[55]

675

Wenn dem Auszubildenden im Hinblick auf die (auch anteilig) mögliche Darlehensleistung ein BAföG-Antrag zumutbar ist, trifft ihn auch eine entsprechende unterhaltsrechtliche **Obliegenheit**. Stellt er einen solchen Antrag nicht und könnte er bei Antragstellung ein BAföG-Darlehen erhalten, ist ihm ein **fiktives Einkommen** in Höhe der BAföG-Leistungen zuzurechnen.[56] Allerdings erfüllt der Studierende seine Obliegenheit regelmäßig schon durch die erstmalige Antragstellung. Eine unterhaltsrechtlich vorwerfbare Obliegenheitsverletzung liegt jedenfalls nicht vor, wenn ein früherer Antrag abgelehnt wurde und der Unterhaltsschuldner den Berechtigten nicht ausdrücklich angehalten hat, wegen geänderter Umstände einen neuen Antrag zu stellen.[57] Der Unterhaltsberechtigte ist grundsätzlich auch nicht verpflichtet, gegen einen ablehnenden Bescheid Rechtsmittel einzulegen, wenn dies der Unterhaltspflichtige nicht ausdrücklich von ihm verlangt.[58] Ändert sich nach einer vorangegangenen Ablehnung allerdings die finanzielle Situation der Eltern, kann das Kind auf ihr Verlangen verpflichtet sein, eine Abänderung des zunächst ablehnenden BAföG-Bescheides nach § 53 BAföG zu beantragen.[59] **Rückzahlungsraten** aus einem BAföG-Darlehen sind nicht bereits während der Förderungsdauer, sondern erst dann vom Einkommen des Auszubildenden abzuziehen, wenn die Rückzahlungsverpflichtung nach §§ 18 III 3, V b und 20 BAföG besteht oder zumindest unmittelbar bevorsteht.[60]

676

---

[51] OLG Jena FamRZ 2010, 746 Rn. 28 ff.; zum Selbstbehalt in diesen Fällen vgl. BGH FamRZ 1987, 930.
[52] BGH FamRZ 1989, 499.
[53] Vgl. aber BGH FamRZ 1985, 916; NJW-RR 1986, 1262.
[54] So OLG Köln FamRZ 1985, 1166.
[55] OLG Hamm FamRZ 1987, 91; BGH FamRZ 1985, 916 bezieht sich auf volljährige Darlehensempfänger.
[56] BGH FamRZ 1980, 126 (128); OLG Jena FamRZ 2009, 1416 Rn. 72 ff.; OLG Schleswig FamRZ 2006, 571.
[57] OLG Hamm FamRZ 1998, 1612.
[58] BGH FamRZ 1989, 499; OLG Brandenburg – 10 UF 133/08 Juris.
[59] OLG Karlsruhe NJW-RR 2010, 8.
[60] BGH FamRZ 1986, 148; OLGR Celle 2008, 812 zur Freistellungsmöglichkeit nach § 18a I BAföG.

4. Kindergeld und Kinderzuschlag nach § 6a BKGG

677 Das staatliche Kindergeld[61] nach §§ 62 f. EStG[62] und nach dem BKGG[63] dient dem allgemeinen **Familienleistungsausgleich** (→ § 2 Rn. 700 ff., 707). Es ist eine öffentliche Sozialleistung, die gewährt wird, um die Unterhaltslast der Eltern gegenüber ihren Kindern zu erleichtern.[64] Das gilt auch, wenn ein im Ausland lebender barunterhaltspflichtiger Elternteil in dem ausländischen Staat kindergeldberechtigt wäre und sein dort begründeter Anspruch wegen der sich aus dem deutschen Recht ergebenden Kindergeldberechtigung des anderen Elternteils ruht.[65] Volljährige Kinder, die bereits einen ersten Abschluss in einem öffentlich-rechtlich geordneten Ausbildungsgang erlangt haben, haben für eine berufsbegleitende Weiterbildung keinen Anspruch auf Kindergeld.[66] Das staatliche Kindergeld soll zwar beide Eltern entlasten. Aus Gründen der Verwaltungsvereinfachung wird es gemäß § 64 I EStG aber immer nur an einen Berechtigten ausgezahlt.[67] Der interne Ausgleich unter den Eltern erfolgte ursprünglich mit der Konstruktion eines familienrechtlichen Ausgleichsanspruches. In der Praxis der Gerichte entwickelte sich dann die Übung, das Kindergeld über eine entsprechende Erhöhung oder Herabsetzung des Kindesunterhalts zwischen den unterhaltspflichtigen Eltern auszugleichen.[68] Der BGH hatte sich dem angeschlossen und zugleich entschieden, dass Kindergeld **nicht als Einkommen des bezugsberechtigten Elternteils** anzusehen ist.[69] Das Kindergeld wurde somit zwar zwischen den unterhaltspflichtigen Eltern ausgeglichen, für weitere Unterhaltsansprüche wurde es aber nicht herangezogen; es verblieb den Eltern somit hälftig für eigene Zwecke, etwa auch zur Finanzierung der Ausübung des Umgangsrechts. Mit der zum 1.7.1998 in Kraft getretenen früheren Fassung des § 1612b BGB hatte das Gesetz diese Regelung im Wesentlichen übernommen (zu den Einzelheiten → § 2 Rn. 714, sowie für minderjährige Kinder → § 2 Rn. 718 und für volljährige Kinder → § 2 Rn. 722 f.). Entsprechend war das Kindergeld auch nach den Leitlinien der Oberlandesgerichte (→ Rn. 20) nicht als Einkommen des unterhaltspflichtigen Elternteils zu berücksichtigen.[70] Im Einklang damit sah § 1612b V BGB aF ausdrücklich vor, dass das Kindergeld für den Unterhalt nur eingesetzt werden musste, um den Regelbetrag bei der Neufassung zum 1.1.2001 bis zu 135% des Regelbetrags nach der früheren Regelbetrag-Verordnung sicherzustellen.[71] Nur in besonders beengten Verhältnissen war das Kindergeld für den Bedarf des Kindes einzusetzen und stand den Eltern dann nicht mehr zur Verfügung. Wegen der damit erstrebten Sicherung des Existenzminimums der Kinder war diese Regelung trotz der damit (teilweise) entfallenen Entlastung der Eltern verfassungsrechtlich nicht zu beanstanden.[72] Im Übrigen verblieb das Kindergeld den Eltern anrechnungsfrei, indem im Rahmen

---

[61] Seit dem 1.1.2018 beträgt es für das 1. bis 2. Kind 194 EUR, für das 3. Kind 200 EUR und ab dem 4. Kind 225 EUR; zur Entwicklung seit 1975 vgl. FamRZ 2005, 1402; 2009, 184; 2010, 177; → § 2 Rn. 707 für die Zeit ab dem 1.7.2019 wird es erhöht für das 1. bis 2. Kind auf 204 EUR, für das 3. Kind auf 210 EUR und ab dem 4. Kind auf 235 EUR.

[62] Neufassung des Einkommensteuergesetzes vom 8.10.2009 BGBl. I 3366, 3862, zuletzt geändert durch Art. 3 des Familienentlastungsgesetzes vom 29.11.2018 (BGBl. I 2210).

[63] Neufassung des Bundeskindergeldgesetzes vom 28.1.2009 BGBl. I 142, 3177, zuletzt geändert durch Art. 7 des Familienentlastungsgesetzes vom 29.11.2018 (BGBl. I S. 2210).

[64] BGH FamRZ 2007, 542 Rn. 13 ff.

[65] BGH FamRZ 2004, 1639; zu vergleichbaren Leistungen im Ausland s. FamRZ 2005, 1402; zum Kindergeld bei Ansprüchen auf Auslandsunterhalt Rinck NJW 2014, 1905.

[66] BFH DStR 2019, 614 Rn. 13 ff.

[67] Zum Streit über die Bezugsberechtigung vgl. BGH FamRZ 2014, 646.

[68] → § 2 Rn. 530 ff., → § 2 Rn. 539 ff.

[69] BGH FamRZ 1997, 806; anders jedoch im Rahmen der Verfahrenskostenhilfe: BGH FamRZ 2017, 633 Rn. 7 f.

[70] Vgl. Leitlinien der Oberlandesgerichte Ziff. 3 und 14.

[71] BGH FamRZ 2006, 108 = R 642a; 2003, 445.

[72] BVerfG FamRZ 2003, 1370; BGH FamRZ 2003, 445; zum Ausgleich durch Erhöhung des Selbstbehalts vgl. BGH FamRZ 2005, 706 (708) = R 626; vgl. auch BVerfG FamRZ 2001, 541 (und 756).

9. Abschnitt: Sonstige Einkünfte aus sozialstaatlichen Zuwendungen § 1

des Ehegattenunterhalts nicht nur der tatsächliche Zahlbetrag auf den Kindesunterhalt, sondern der ungekürzte Tabellenbetrag abgesetzt wurde.

In seiner neueren Rechtsprechung hat der BGH zwar daran festgehalten, dass das Kindergeld kein Einkommen der Eltern bildet. Darüber hinaus hat er aber dem Kind einen Anspruch auf Auskehr des auf den Barbedarf entfallenden Kindergelds zugesprochen und dieses bedarfsdeckend auf seinen Baruntherhaltsanspruch angerechnet. Damit hat er das Kindergeld unterhaltsrechtlich insoweit als **Einkommen des Kindes** bewertet.[73] Zwar bezweckt das Kindergeld grundsätzlich eine gezielte Förderung von Familien mit Kindern, deren Lebensverhältnisse sich durch den Bedarf der Kinder generell schwieriger gestalten.[74] Es ist deswegen auch dazu bestimmt, die Eltern von ihrer jeweiligen Unterhaltspflicht zu entlasten. Diese Entlastung betrifft aber nicht das Verhältnis der Eltern untereinander, sondern nur ihr Verhältnis zu den Kindern, weil mit dem Kindergeld der Kindesunterhalt gesichert werden soll. Die vom Gesetz bezweckte Entlastung der Eltern tritt dadurch ein, dass sie nur noch den um das (hälftige) Kindergeld reduzierten Barunterhalt schulden[75] Das geht einher mit sozialhilferechtlichen Vorschriften, in denen das Kindergeld ebenfalls als Einkommen des Kindes gewertet wird. Denn aus sozialhilferechtlicher Sicht ist das an minderjährige Kinder gezahlte Kindergeld dem jeweiligen Kind als Einkommen zuzurechnen, soweit es bei diesem zur Deckung des notwendigen Lebensunterhaltes benötigt wird (§ 82 I 3 SGB XII). Gleiches gilt nach § 11 I 3, 4 iVm § 7 III Nr. 2 und 4 SGB II für Kinder innerhalb einer Bedarfsgemeinschaft bis zur Vollendung des 25. Lebensjahres, also bis zur neuen Förderungshöchstdauer. Mit der Neufassung des § 1612b BGB zum 1.1.2008 hat der Gesetzgeber sich dem auch für die unterhaltsrechtliche Einordnung des Kindergeldes angeschlossen. **678**

Der BGH hat seine schon vor in Kraft treten des § 1612b BGB vertretene Auffassung[76] in ständiger Rechtsprechung bestätigt und daran festgehalten, dass Kindergeld kein Einkommen der Eltern ist, das bei der Berechnung des **Ehegattenunterhalts** nach § 1578 BGB berücksichtigt werden darf.[77] Diese Rechtsprechung wird durch die Neufassung des § 1612b BGB gestützt. Zwar steht das Kindergeld jetzt unmittelbar dem Kind als Einkommen zu und ist deswegen auf dessen Baruntherhaltsanspruch (bei minderjährigen Kindern hälftig, bei volljährigen Kindern in voller Höhe)[78] bedarfsdeckend anzurechnen (→ Rn. 680). Mit dieser Bedarfsdeckung entlastet es den baruntherhaltspflichtigen Elternteil und – bei minderjährigen Kindern in Höhe der zweiten Hälfte des Kindergeldes – auch den betreuenden Elternteil. Bei volljährigen Kindern ergibt sich durch die Bedarfsdeckung des Kindergeldes eine Entlastung der baruntherhaltspflichtigen Eltern im Umfang ihres Anteils an der Baruntherhaltspflicht.[79] Weil das Kindergeld jetzt aber dem Kind als Einkommen zusteht, hat es mit dieser Entlastung der Eltern von ihrer Baruntherhaltspflicht sein Bewenden. Ein zusätzlicher Ausgleich im Rahmen des Ehegattenunterhalts oder des Unterhalts nach § 1615l BGB ist nicht mehr geboten. Insoweit ist nur noch die Belastung zu berücksichtigen, die durch den vorrangigen Kindesunterhalt tatsächlich entsteht. Seit mit der Neufassung des § 1612b BGB das Kindergeld als Einkommen des Kindes behandelt wird, ist deswegen von dem unterhaltsrelevanten Einkommen nur noch der **tatsächliche Zahlbetrag** auf den Kindesunterhalt abzusetzen (→ § 2 Rn. 729 f.).[80] Das trägt auch zu **679**

---

[73] So grundlegend BGH FamRZ 2006, 99 (101) = R 641e und jetzt FamRZ 2010, 1318 Rn. 28; zur Entwicklung der Rechtsprechung vgl. auch Dose, FamRZ 2007, 1289 ff.
[74] BVerfG FamRZ 1977, 611; BGH FamRZ 1988, 604.
[75] BGH FamRZ 2010, 1318 Rn. 28; 2006, 99 (101) = R 641e; 2006, 1597 (1599) = R 659b; 2005, 347; 2003, 445; zur Tenorierung vgl. auch BGH FamRZ 2014, 917 Rn. 45 = R 750.
[76] BGH FamRZ 1997, 806 (808 ff.).
[77] BGH FamRZ 2005, 347; 2003, 445; 2000, 1492 (1494) = R 546d; vgl. auch BVerfG FamRZ 2003, 1370.
[78] Zum Kindergeldausgleich beim Wechselmodell vgl. BGHZ 213, 254 = FamRZ 2017, 437 Rn. 47 ff. und BGH FamRZ 2016, 1053 Rn. 23 ff.
[79] Vgl. insoweit BGH FamRZ 2006, 99 (101) = R 641e; 2006, 1597 (1599) = R 659b.
[80] BGH FamRZ 2011, 1498 Rn. 22; 2010, 1318 Rn. 28 f. (Mangelfall); 20091477 Rn. 21 ff. (Leistungsfähigkeit); 2009, 1300 = R 705c (Bedarfsbemessung); 2008, 963 = R 692g; BT-Drs. 16/1830, 29; vgl. auch Gerhardt FamRZ 2007, 945 (948); Dose FamRZ 2007, 1289 (1292 f.); Scholz FamRZ 2007, 2221 (2224); Klinkhammer FamRZ 2008, 193 (199).

der gewünschten Vereinfachung des Unterhaltsrechts bei, zumal jetzt bei der Bemessung des Ehegattenunterhalts nur noch der Betrag abgesetzt werden darf, der tatsächlich auf den Kindesunterhalt geleistet wird und deswegen nicht für andere Unterhaltszwecke zur Verfügung steht. Der Umstand, dass dem betreuenden Elternteil eines minderjährigen Kindes das hälftige Kindergeld anrechnungsfrei verbleibt,[81] während sich die Entlastung des barunterhaltspflichtigen Elternteils auf die Höhe des Ehegattenunterhalts auswirkt, kann diese Rechtsprechung nicht in Frage stellen. Denn auch einem unterhaltspflichtigen Ehegatten bleibt im Rahmen des Ehegattenunterhalts von seiner hälftigen Entlastung durch das Kindergeld ein Anteil von 55% bzw. $^4/_7$ für eigene Zwecke, während der betreuende Elternteil von diesem Teil nur 45% bzw. $^3/_7$ erhält. Die hälftige Entlastung des ein minderjähriges Kind betreuenden Elternteils geht mit zusätzlichen Belastungen durch die Betreuung einher und ist unterhaltsrechtlich nicht zwischen den Eltern auszugleichen.[82] Im Mangelfall, wenn also dem unterhaltspflichtigen Ehegatten trotz der Entlastung durch das Kindergeld nur der Ehegattenselbstbehalt verbleibt, kann es bei besonders hohen Umgangskosten jetzt allerdings geboten sein, seinen jeweiligen Selbstbehalt mäßig anzuheben.[83]

680 Soweit der BGH in seiner früheren Rechtsprechung zur Bemessung des Ehegattenunterhalts das Kindergeld verschiedentlich sogar dem Einkommen des Unterhaltspflichtigen hinzugerechnet hatte, handelte es sich dabei stets um besonders gelagerte Sachverhalte. In einem Fall[84] war der Kindesunterhalt bereits durch Pflegegeld vollständig gesichert, in anderen Fällen[85] handelte es sich um volljährige Kinder, für die ausschließlich der Vater aufkam. Soweit der BGH in einer weiteren Entscheidung[86] darauf abgestellt hatte, dass es sich um einen Mangelfall handele, hat er dieser Rechtsprechung inzwischen ebenfalls aufgegeben.[87] Diese Entscheidungen durften zudem schon in der Vergangenheit nicht so verstanden werden, dass das Kindergeld bei der Bemessung des Ehegattenunterhalts generell dem Einkommen der Eheleute hinzuzurechnen wäre. Im Regelfall wäre dies beim Kindergeld für minderjährige Kinder auch ein überflüssiger Rechenschritt, weil sich bei der hälftigen Aufteilung des Kindergeldes auf beide Ehegatten die Zurechnung zu den beiderseitigen Einkünften gegenseitig aufhebt.[88]

> **Beispiel:**
> Verbleiben dem unterhaltspflichtigen Ehegatten nach Abzug des Unterhalts für ein Kind noch 2800 EUR, würden einem einkommenslosen unterhaltsberechtigten Ehegatten hiervon 2800 × 3:7 = 1200 EUR zustehen. Würde das Kindergeld von 204 EUR jedem Ehegatten zur Hälfte als Einkommen zugerechnet, ergäbe sich keine Veränderung. Das Einkommen des Unterhaltspflichtigen betrüge nunmehr 2800 + 102 = 2902 EUR, beim Berechtigten wären es 102 EUR. Danach wären unverändert 2902 − 102 = 2800 × 3:7 = 1200 EUR zu zahlen.

Das Kindergeld für volljährige Kinder, das den Eltern wegen ihrer unterschiedlichen Haftungsquote in unterschiedlichem Umfang zugutekommt,[89] bleibt deswegen erst recht und selbst im Mangelfall[90] bei der Bemessung anderer Unterhaltsansprüche unberücksichtigt. Das entspricht der Neufassung des § 1612b BGB, der das Kindergeld jetzt auch aus unterhaltsrechtlicher Sicht als Einkommen des Kindes versteht. Der BGH lehnt in seiner ständigen Rechtsprechung[91] deswegen zu Recht selbst dann eine Zurechnung von Kindergeld zu dem bei der Bedarfsermittlung für den Ehegattenunterhalt relevanten Ein-

---

[81] BGH FamRZ 2017, 711 Rn. 15 ff.
[82] BGH FamRZ 2017, 711 Rn. 15 ff.
[83] BGH FamRZ 2005, 706 (708) = R 626 (zu den Kosten des Umgangsrechts).
[84] BGH FamRZ 1984, 769 (771).
[85] BGH FamRZ 1990, 979; 1990, 499 (502); vgl. jetzt aber BGH FamRZ 2006, 99 (101) = R 641e.
[86] BGH FamRZ 1992, 539 (541).
[87] BGH FamRZ 2010, 1318 Rn. 28 f. (Mangelfall); 2009, 1477 Rn. 21 ff. (Leistungsfähigkeit); 2005, 347.
[88] Vgl. BGH FamRZ 2006, 99 = R 641e.
[89] BGH FamRZ 2006, 99 = R 641e.
[90] BGH FamRZ 2005, 347.
[91] BGH FamRZ 2000, 1492 (1494) = R 546d, mit dem er das abweichende Urteil des OLG München FamRZ 1999, 511 abgeändert hat; 1997, 806.

9. Abschnitt: Sonstige Einkünfte aus sozialstaatlichen Zuwendungen   § 1

kommen ab, wenn das Kindergeld für ein nicht gemeinschaftliches Kind gezahlt wird. Auch soweit einem Ehegatten wegen eines weiteren nicht gemeinsamen Kindes hinsichtlich der gemeinsamen Kinder ein sog **Zählkindvorteil** erwächst, ist dieser nicht als unterhaltsrelevantes Einkommen in die Bedarfsberechnung einzubeziehen, sondern kommt dem betreffenden Elternteil allein zugute[92] (s. § 1612b II BGB; zum Kindergeld und Zählkindervorteil im Mangelfall → § 5 Rn. 62 ff., → § 2 Rn. 732, zur Verrechnung des Kindergeldes mit dem Unterhalt → § 2 Rn. 716 ff., 732). Ähnliche Leistungen sind der im Jahre 2009 einmalig gezahlte Kinderbonus nach § 6 III BKGG bzw. § 66 I 2 EStG,[93] der **Kinderzuschuss** aus der gesetzlichen Rentenversicherung, Kinderzulagen aus der gesetzlichen Unfallversicherung und die Kinderzulagen von zwischen- oder überstaatlichen Einrichtungen.[94] Diese Zuwendungen verdrängen nach § 65 EStG das Kindergeld. Soweit dies der Fall ist, gilt nach § 1612c BGB die gleiche Regelung wie in § 1612b BGB (→ § 2 Rn. 713).

Bei **minderjährigen Kindern** wird das Kindergeld nur zur Hälfte auf den Barbedarf **681** angerechnet.[95] Denn wenn ein minderjähriges unverheiratetes Kind von seinen Eltern in der Weise unterhalten wird, dass der eine Elternteil das Kind pflegt und erzieht und der andere für den Barunterhalt aufkommt, ist darin regelmäßig eine Unterhaltsleistung der Eltern zu gleichen Anteilen zu erblicken (§ 1606 III 2 BGB). Das hat zur Folge, dass sie durch eigene Einkünfte des minderjährigen Kindes[96] und somit auch durch das Kindergeld je zur Hälfte entlastet werden.[97] Entsprechend sieht § 1612b I Nr. 1 BGB für solche Fälle ausdrücklich nur eine hälftige Anrechnung auf den Barunterhaltsbedarf des Kindes vor. Das gilt auch dann, wenn das Kind in intakter Ehe von beiden Eltern betreut wird. Bei der Unterhaltsbemessung für einen geschiedenen Ehegatten ist auch dann der – nur um das hälftige Kindergeld geminderte – Kindesunterhalt zu berücksichtigen.[98]

Volljährigen Kindern haften die Eltern nur noch für einen – erhöhten – Barunter- **682** haltsbedarf, während der Anspruch auf Betreuungsunterhalt entfallen ist. Eine Entlastung der Eltern durch das Kindergeld ist nur noch insoweit geboten, als sie den geschuldeten Barunterhalt anteilig erbringen. Für die anteilige Aufteilung des Kindergeldes hat das Gesetz im Einklang mit der Rechtsprechung des BGH[99] mit der Neufassung des § 1612b BGB I Nr. 2 BGB den einfachsten Weg gewählt. Danach ist das volle Kindergeld bedarfsdeckend auf den Unterhaltsbedarf des volljährigen Kindes anzurechnen, womit erreicht wird, dass beide Elternteile entsprechend der jeweils geschuldeten Unterhaltsquote vom Barunterhalt entlastet werden. Die Zurechnung des Kindergelds als Einkommen des volljährigen Kindes geht einher mit der Vorschrift des § 74 I EStG, die dem Kind unter Umständen sogar ein eigenes Bezugsrecht für das Kindergeld einräumt.

Für **privilegierte Volljährige** oder sonstige volljährige Kinder, die noch bei einem **683** (nicht barunterhaltspflichtigen) Elternteil wohnen, ergibt sich insoweit kein Unterschied. Soweit dieser Elternteil trotz seiner Leistungsunfähigkeit Naturalleistungen durch Wohnungsgewährung und im Rahmen der gemeinsamen Haushaltsführung erbringt, kann er dafür zwar ein erhaltenes Kindergeld einsetzen. Im Unterschied zur Unterhaltspflicht gegenüber einem minderjährigen Kind erfüllt er mit den Naturalleistungen aber keine zusätzliche eigene Unterhaltspflicht. In diesem Umfang wird das Kindergeld also ebenfalls – in Form von Naturalleistungen – bedarfsdeckend eingesetzt und entlastet deswegen die für den Barbedarf unterhaltspflichtigen Eltern. Erbringt der nicht (bar-)leistungsfähige Elternteil hingegen keine Naturalleistungen oder nur solche in einem Umfang, der die

---

[92] BGH FamRZ 2000, 1492 = R 546d.
[93] Vgl. insoweit Diehl FamRZ 2009, 932.
[94] Vgl. OLG Koblenz FamRZ 1995, 1374 für die Beamten der Europäischen Kommission; zu vergleichbaren Leistungen im Ausland s. FamRZ 2005, 1402 ff.
[95] BGHZ 213, 254 = FamRZ 2017, 437 Rn. 49.
[96] BGH FamRZ 2009, 762 Rn. 55; 2006, 1597 (alleinige Unterhaltspflicht beim Tod eines Elternteils).
[97] BGH FamRZ 2014, 1183 Rn. 36 ff. = R 754e; 2010, 1318 Rn. 28; 2006, 1597 (1599) = R 659b; 2006, 99 (101) = R 641e.
[98] BGH FamRZ 2014, 1183 Rn. 36 ff. = R 754e.
[99] BGH FamRZ 2006, 99 (101) = R 641e.

Höhe des vollen Kindergelds nicht erreicht, steht dem Kind im Übrigen unterhaltsrechtlich ein Anspruch auf Auskehr des Kindergelds zu, weil es sonst beim nicht leistungsfähigen (und auch nicht leistenden) Elternteil verbliebe und den Zweck einer Entlastung von der Unterhaltspflicht nicht erreichen könnte (vgl. § 1612b I BGB). In beiden Fällen wird die dem allein barunterhaltspflichtigen Elternteil zustehende Entlastung durch bedarfsdeckende Naturalleistungen an das Kind gegen Verrechnung mit dem Kindergeld oder durch eine ebenfalls bedarfsdeckende Auskehr des Kindergelds erreicht. Für die volle bedarfsdeckende Anrechnung des Kindergelds kommt es deswegen nicht darauf an, ob das volljährige Kind bei dem nicht (bar-)leistungsfähigen Elternteil wohnt und von diesem Naturalleistungen erhält, oder ob es sich (zB als auswärts wohnender Student) in vollem Umfang selbst unterhält und deswegen das Kindergeld zur eigenen Verfügung hat.[100]

684 Nach § 6a BKGG könne Personen für die in ihrem Haushalt lebenden und noch nicht 25 Jahre alten Kinder auf Antrag (§§ 6a I BKGG, 28 SGB X) einen **Kinderzuschlag** erhalten. Zum 1. Juli 2019 ist der Kinderzuschlag durch das „Starke-Familien-Gesetz" neugestaltet worden (BGBl. 2019 I S. 530). Er beträgt jetzt bis zu 185 EUR monatlich (§§ 6a II, III, 20 II 1 BKGG). Ab 2021 wird die Höhe entsprechend des Existenzminimumberichts dynamisiert. Nach §§ 6a VII, 20 III BKGG soll der Kinderzuschlag für jeweils 6 Monate bewilligt werden; die früher in § 6a II 3 BKGG vorgesehene Befristung des Kinderzuschlags auf 36 Monate war schon zum 1.1.2008 aufgehoben worden. Die Summe der Kinderzuschläge für mehrere Kinder wird zu einem Gesamtkinderzuschlag zusammengefasst (§ 6a IV BKGG). Voraussetzung für die Zahlung ist nach § 6a I BKGG, dass die Antragsteller für die in ihrem Haushalt lebenden Kinder Anspruch auf Kindergeld nach dem BKGG oder nach §§ 62 ff. EStG haben (Nr. 1), ihr nach § 11 I 1 SGB II zu bemessendes Einkommen und Vermögen ohne Abzug der Beträge nach § 10b SGB II und mit Ausnahme des Wohngeldes und des Kindergeldes 900 EUR, bei Alleinerziehenden 600 EUR, nicht unterschreitet Nr. 2), das nach §§ 11 bis 12 SGB II zu bemessende Einkommen mit Ausnahme des Wohngeldes einen Betrag in Höhe des jeweils maßgebenden ALG II nach §§ 11 bis 12 SGB II zuzüglich des Gesamtkinderzuschlags nicht überschreitet (Nr. 3) und dass deswegen durch die Zahlung des Gesamtkinderzuschlags eine Hilfsbedürftigkeit nach § 9 SGB II vermieden werden kann (Nr. 4). Mit dem Kinderzuschlag will der Gesetzgeber somit die Eltern, deren eigener Bedarf durch ihr Einkommen oder Vermögen gedeckt ist, davor bewahren, Arbeitslosengeld II oder Sozialgeld beantragen zu müssen, um den notwendigen Lebensunterhalt ihrer minderjährigen Kinder sicherstellen zu können.[101] Für Zeiträume, in denen das Kind zumutbare Anstrengungen zur Einkommenserzielung unterlassen hat, wird kein Kinderzuschlag gezahlt (§ 6a III 3 BKGG).

685 Der Kinderzuschlag minderte sich bislang um das nach den §§ 11, 12 SGB II zu berücksichtigende **Einkommen des Kindes** mit Ausnahme des Wohngelds und des Kindergelds (§ 6a III 1, 2 BKGG). Liegt das maßgebliche **Einkommen des Antragstellers** unter dem eigenen Bedarf nach dem SGB II, wurde ein Kinderzuschlag nicht gewährt, weil dann ohnehin Arbeitslosengeld II gezahlt werden musste. Liegt das maßgebliche Einkommen des Antragstellers hingegen über diesem Betrag und unterhalb der Höchstgrenze, wurde der Kinderzuschlag stufenweise gemindert (§ 6a IV 3–5 BKGG). Dann wurde der Kinderzuschlag, bei mehreren Kindern der Gesamtkinderzuschlag, für je 10 EUR höhere Erwerbseinkünfte seit dem 1.10.2008 um noch um jeweils 5 EUR (davor um jeweils 7 EUR) gekürzt (§ 6a IV 6 BKGG). Anderes Einkommen sowie anrechenbares Vermögen minderten den Kinderzuschlag in voller Höhe (§ 6a IV 7–8 BKGG). Der Anspruch auf Kinderzuschlag entfällt, wenn der Berechtigte erklärt, ihn wegen eines damit verbundenen Verlustes von anderen höheren Ansprüchen nicht geltend machen zu wollen. Die Erklärung kann aber für die Zukunft widerrufen werden (§ 6a V 3 BKGG).[102]

Zum 1. Januar 2020 wird die Abbruchkante, an der der Kinderzuschlag bislang schlagartig entfällt, abgeschafft. Dazu werden die oberen Einkommensgrenzen aufgehoben.

---

[100] BGH FamRZ 2006, 99 (102) = R 641e.
[101] BGS FamRZ 2018, 1898 Rn. 17.
[102] Zur Berechnung des Kinderzuschlags vgl. LSG RhPf BeckRS 2006, 44913 und SG Koblenz BeckRS 2006, 44181.

9. Abschnitt: Sonstige Einkünfte aus sozialstaatlichen Zuwendungen § 1

Zusätzliches Einkommen der Eltern soll den Gesamtkinderzuschlag nur noch zu 45% mindern, statt wie bisher zu 50%. Wenn das Einkommen der Eltern steigt, läuft die Leistung langsamer aus und der Familie bleibt damit mehr vom Kinderzuschlag. Zunächst befristet auf drei Jahre wird ein erweiterter Zugang zum Kinderzuschlag für Familien geschaffen, die in verdeckter Armut leben. Familien sollen auch dann den Kinderzuschlag erhalten können, wenn sie bisher kein ALG II beziehen, obwohl sie einen Anspruch darauf haben. Um den erweiterten Zugang in Anspruch nehmen zu können, dürfen ihnen mit ihrem Erwerbseinkommen, dem Kinderzuschlag und ggf dem Wohngeld höchstens 100 EUR fehlen, um Hilfebedürftigkeit nach dem SGB II zu vermeiden.[103]

Nach §§ 3 II 1, 6a I BKGG wird der Kinderzuschlag an den Elternteil gezahlt, in dessen **686** Haushalt das Kind lebt. Sozialrechtlich wird er hingegen, wie das Kindergeld,[104] dem Kind als Einkommen zugerechnet, weil dessen Bedarf gedeckt und dessen Hilfebedürftigkeit nach dem SGB II vermieden werden soll (§ 11 I 2, 3 SGB II). **Unterhaltsrechtlich** ist ein Kinderzuschlag – wie das Kindergeld – zur Deckung des Unterhaltsbedarfs des Kindes zu verwenden und deswegen ebenfalls als **Einkommen des Kindes** zu behandeln.[105] Zwar ist § 1612b BGB nicht unmittelbar auf den Kinderzuschlag anwendbar und auch § 1612c BGB, der die Vorschrift auf andere wiederkehrende Leistungen für entsprechend anwendbar erklärt, greift nicht ein, weil der Kinderzuschuss neben und nicht an Stelle des Kindergeldes gezahlt wird.[106] Für eine Behandlung des Kinderzuschlags als Einkommen des Kindes spricht aber schon die neuere Rechtsprechung des BGH zu § 1612b BGB a. F.[107] Wie durch das Kindergeld soll auch durch den Kinderzuschlag die Unterhaltslast gegenüber dem Kind erleichtert werden. Der Kinderzuschuss wird nur gezahlt, wenn der berechtigte Antragsteller über Einkünfte verfügt, die zwar seinen eigenen Bedarf, nicht aber den Bedarf des Kindes decken. Er soll also gezielt einen sonst ungedeckten Unterhaltsbedarf des Kindes abdecken, um eine Hilfsbedürftigkeit nach § 9 SGB II zu vermeiden. Dann muss ein gezahlter Kinderzuschlag auch für diesen Bedarf des Kindes verwendet werden, steht also in vollem Umfang dem Kind zu. Erbringt der berechtigte Elternteil aus dem gezahlten Kinderzuschlag keine Naturalleistungen, die den Barunterhaltsbedarf des Kindes decken, steht dem Kind unterhaltsrechtlich ein Anspruch auf Auskehr des Kinderzuschlags zu.[108] Damit deckt der Kinderzuschlag den Bedarf des Kindes und verhindert, dass nur wegen dieses Bedarfs Leistungen nach dem SGB II beantragt werden müssen.

Als eigenes Einkommen deckt ein gezahlter Kinderzuschlag somit den Unterhaltsbedarf **687** des Kindes und steht in diesem Umfang einem Anspruch auf Kindesunterhalt **für die Vergangenheit** entgegen, soweit keine Rückforderung in Betracht kommt.[109] Im Einklang damit sieht das Gesetz für den Kinderzuschlag auch weder einen gesetzlichen Anspruchsübergang wie in § 94 SGB XII und in § 33 SGB II noch eine Überleitungsmöglichkeit durch Verwaltungsakt vor, wie dies bei anderen subsidiären Sozialleistungen der Fall ist. Einem Anspruch auf **künftigen Kindesunterhalt** steht der Kinderzuschlag allerdings nicht entgegen. Denn unabhängig davon, ob dieser als eigenes Einkommen des Kindes anzusehen ist, mindert sich der Anspruch auf Kinderzuschlag nach § 6a III BKGG um eigenes Einkommen und Vermögen des Kindes, also auch um dessen Anspruch auf Barunterhalt. Darin kommt eine Subsidiarität des Kinderzuschlags zum Tragen, die einer Deckung des künftigen Unterhaltsbedarfs des Kindes entgegensteht.[110] Wird ein Kinderzuschlag gezahlt, ist dieser allerdings trotz seiner Subsidiarität als bedarfsdeckendes Ein-

---

[103] Entnommen aus der Pressemitteilung 014 des BMJV vom 21.3.2019.
[104] Vgl. insoweit BGH FamRZ 2006, 99 (101).
[105] So auch OLG Düsseldorf JAmt 2013, 659; a. A. wohl OLG Brandenburg FamFR 2013, 332.
[106] Klinkhammer FamRZ 2004, 1909 (1912); BSG FamRZ 2018, 1898 Rn. 17; vgl. auch OLG Koblenz FamRZ 2017, 1403 (1406).
[107] BGH FamRZ 2006, 99 (102).
[108] BGH FamRZ 2006, 99 (102) (zum Kindergeld nach früherem Recht).
[109] OLG Koblenz FamRZ 2017, 1403 (1406); so auch Schürmann FF 2005, 10; a. A. Klinkhammer FamRZ 2004, 1909 (1912).
[110] So auch Klinkhammer FamRZ 2004, 1909 (1912); zur gleichgelagerten Frage bei der Grundsicherung im Alter vgl. BGH FamRZ 2007, 1158 = R 667a, b.

kommen des Kindes und damit wie die Regelleistungen nach dem BAföG (→ Rn. 670) zu behandeln.

688 Im Rahmen eines Anspruchs auf **Ehegattenunterhalt** oder auf Betreuungsunterhalt nach § 1615l BGB ist auch ein für die Vergangenheit gezahlter Kinderzuschlag nicht als Einkommen des Elternteils zu berücksichtigen. Als Einkommen des Kindes (→ Rn. 678 f.) ist der Kinderzuschlag für seinen Unterhaltsbedarf zu verwenden und steht damit dem antragsberechtigten Elternteil, um dessen Bedarf es beim Ehegattenunterhalt geht, nicht zusätzlich zur Verfügung.

Durch das „Starke-Familien-Gesetz" werden zum 1.8.2019 auch die Leistungen für Bildung und Teilhabe verbessert. Der Betrag für die Ausstattung mit persönlichem Schulbedarf erhöht sich von 100 EUR auf 150 EUR und wird künftig in gleicher Weise wie der Regelbedarf erhöht. Der Teilhabebetrag erhöht sich von bis zu 10 EUR auf bis zu 15 EUR/monatlich und die Eigenanteile der Eltern für gemeinschaftliche Mittagsverpflegung und Schülerbeförderung fallen weg. Künftig erhalten auch Schülerinnen und Schüler Lernförderung, die nicht unmittelbar versetzungsgefährdet sind. Schulen sollen die Möglichkeit bekommen, ihre Leistungen für leistungsberechtigt Kinder für Schulausflüge gesammelt mit einem zuständigen Träger abzurechnen.[111] Auch diese Leistungen sind nicht als Einkünfte der Eltern zu qualifizieren, sondern als Einkünfte der Kinder, denen aber entsprechende Ausgaben gegenüberstehen. Sie bleiben deswegen unterhaltsrechtlich unberücksichtigt, können aber, soweit sie besondere Bedarfe des Kindes decken, einem entsprechenden Mehrbedarf entgegenstehen.

5. Pflege- und Erziehungsgeld nach SGB VIII, Pflegegeld für Pflegepersonen nach SGB XI, Pflegegeld nach SGB XII, Leistungen nach dem Stiftungs- und dem Kindererziehungsleistungsgesetz

689 Ansprüche auf **Pflegegeld** ergeben sich in verschiedenen tatsächlichen Konstellationen aus unterschiedlichen gesetzlichen Grundlagen. Dabei sind die folgenden Fallgestaltungen zu unterscheiden:
– Pflegegeld nach §§ 23 I, II, 39 SGB VIII (KJHG) bei Förderung in Kindertagespflege, Erziehung in einer Tagesgruppe, Vollzeitpflege, Heimerziehung, sozialpädagogischer Einzelbetreuung oder Eingliederungshilfe für seelisch behinderte Kinder und Jugendliche (→ Rn. 690 ff.),
– Pflegegeld nach dem Sozialgesetzbuch XI – Soziale Pflegeversicherung nach § 37 I SGB XI (→ Rn. 694 ff.),
– Pflegegeld nach § 64 SGB XII, insbesondere für die Pflege eigener schwer behinderter Kinder (→ Rn. 697),
– Pflegezulagen nach § 35 BVG, § 37 SGB V und § 269 I LAG (→ Rn. 698 ff.).

690 Nach **§§ 23 I, 24 SGB VIII** (KJHG) umfasst die Förderung in Kindertagespflege neben der Vermittlung des Kindes zu einer geeigneten Tagespflegeperson sowie deren fachlicher Beratung, Begleitung und weiterer Qualifizierung auch die Gewährung einer laufenden Geldleistung. Die an die Pflegeperson zu zahlende laufende Geldleistung umfasst nach § 23 II SGB VIII die Erstattung ihres angemessenen Sachaufwands der Pflegeperson, einen angemessenen Beitrag zur Anerkennung ihrer Förderungsleistung, die Erstattung von Beiträgen zur Unfallversicherung und die hälftige Erstattung von Beiträgen zur Renten-, Kranken- und Pflegeversicherung. Die Höhe der laufenden Geldleistung wird von den Trägern der öffentlichen Jugendhilfe festgelegt, soweit Landesrecht nicht etwas anderes bestimmt. Der Betrag zur Anerkennung der Förderungsleistung der Tagespflegeperson ist leistungsgerecht auszugestalten. Dabei sind der zeitliche Umfang der Leistung und die Anzahl sowie der Förderbedarf der betreuten Kinder zu berücksichtigen (§ 23 IIa SGB VIII).

Wird Hilfe zur Erziehung in einer Tagesgruppe, Vollzeitpflege, Heimerziehung, sozialpädagogische Einzelbetreuung oder Eingliederungshilfe für seelisch behinderte Kinder und

---

[111] Entnommen aus der Pressemitteilung 014 des BMJV vom 21.3.2019.

Jugendliche gewährt, so ist nach § 39 I SGB VIII auch der notwendige Unterhalt des Kindes oder Jugendlichen außerhalb des Elternhauses einschließlich der Kosten der Erziehung sicherzustellen. Nach § 39 II SGB VIII soll durch die laufende Leistung der gesamte regelmäßig wiederkehrende Bedarf gedeckt werden, was – außer bei Erziehung in einer Tagesgruppe oder einer Tageseinrichtung – auch einen angemessenen Barbedarf zur persönlichen Verfügung des Kindes (Taschengeld) umfasst.

Das Pflege- und Erziehungsgeld nach den §§ 23 I, II, 39 SGB VIII wird zwar zur **691** Förderung des Kindes oder Jugendlichen gewährt, unterhaltsrechtlich ist es aber (wie die entsprechenden Einkünfte nach dem früheren JWG) als **Einkommen der Pflegeperson** zu berücksichtigen, soweit es, wie in der Regel, den für den Unterhalt des Pflegekindes benötigten Betrag übersteigt und als Anerkennung für die Betreuung und erzieherischen Bemühungen der Pflegeperson gezahlt wird (vgl. § 23 II Nr. 2 SGB VIII).[112] Der Bedarf des Pflegekindes umfasst alles, was es zum Lebensunterhalt benötigt, insbesondere die Aufwendungen für Ernährung, Bekleidung, Reinigung, Körper- und Gesundheitspflege, Hausrat, Unterkunft, Heizung, Beleuchtung, Schulbedarf, Bildung und Unterhaltung.[113] Um den überschießenden Anerkennungsbedarf ermitteln zu können, ist zunächst der Bedarf des Pflegekindes festzustellen und notfalls nach § 287 ZPO zu schätzen. Die Düsseldorfer Tabelle bietet hierfür keinen ausreichenden Anhaltspunkt, weil das Pflegegeld zwar gestaffelt nach Altersgruppen (§ 39 II 2 Hs. 2, V SGB VIII) aber unabhängig vom Einkommen gewährt wird. Außerdem enthalten die Sätze der Düsseldorfer Tabelle in der Regel einen für die Fremdunterbringung zu niedrigen Mietanteil. Der den Bedarf des Kindes übersteigende Teil des Pflegegeldes ist den Pflegeeltern als Einkommen zuzurechnen. Wenn allerdings pauschal $^1/_3$ des Pflegegeldes, etwa bei 600 EUR Pflegegeld grundsätzlich 200 EUR, als Einkommen für die Pflegeperson berücksichtigt wird, berücksichtigt dies die Umstände des Einzelfalles nicht in ausreichender Weise.[114] Soweit das Pflegegeld unter Berücksichtigung aller Umstände des Einzelfalles als Einkommen der Pflegeperson aus Erwerbstätigkeit zu behandeln ist, ist davon auch ein **Erwerbstätigenbonus** abzusetzen.[115]

Auf den **Unterhaltsanspruch des Kindes oder des Jugendlichen** wirkt sich das auf **692** ihren Bedarf gezahlte Pflegegeld bedarfsdeckend aus. Das gilt nach neuester Rechtsprechung des BGH sowohl für das frühere Recht, als auch für die zum 1.10.2005 in Kraft getretene Neufassung des SGB VIII.[116] Zwar umfasst der Unterhaltsbedarf eines auswärts untergebrachten Kindes neben dem Barunterhalt auch den Betreuungsunterhalt, der sich nach der Rechtsprechung des BGH pauschal nach der Höhe des Barunterhalts richtet.[117] Dieser Unterhaltsbedarf wurde aber schon nach dem früheren Recht in vollem Umfang durch die Leistungen der Kinder- und Jugendhilfe gedeckt. Die nach den Vorschriften des SGB VIII in der **bis zum 30.9.2005** geltenden Fassung gewährten Leistungen waren zwar grundsätzlich gegenüber Unterhaltsansprüchen subsidiär, zumal durch sie die Verpflichtungen Anderer, insbesondere Unterhaltspflichtiger ausdrücklich nicht berührt werden sollten (§ 10 I 1 SGB VIII aF).[118] Diese grundsätzliche Subsidiarität wurde aber schon nach früherem Recht durch diverse Vorschriften eingeschränkt und speziell ausgestaltet. War ein Kind schon vor der Maßnahme der Kinder- und Jugendhilfe von seinen Eltern getrennt, ging der zivilrechtliche Unterhaltsanspruch in Höhe des Betrags auf den Träger der öffentlichen Jugendhilfe über, der zu zahlen wäre, wenn die Leistungen der Jugendhilfe und der sie veranlassende besondere Bedarf außer Betracht bleiben. Wurden die Kinder hingegen

---

[112] OLG Nürnberg FamRZ 2010, 1361; OLG Köln FamRB 2010, 3; OLG Zweibrücken FamRB 2002, 167; OLG Hamm NJWE-FER 1999, 294; OLG Hamburg FamRZ 1992, 444; OLG Karlsruhe FamRZ 2004, 645 (zur Berücksichtigung im PKH-Verfahren); vgl. auch Nr. 2.8 der Leitlinien der Oberlandesgerichte.
[113] BGH FamRZ 1984, 769 (771).
[114] So aber OLGR Zweibrücken 2002, 75.
[115] OLG Zweibrücken FuR 2009, 298 Rn. 11; OLG Braunschweig FamRZ 1996, 1216.
[116] BGH FamRZ 2007, 377 (379) = R 666c, d.
[117] BGH FamRZ 2006, 1597 (1598) = R 659a.
[118] Wiesner SGB VIII Kinder- und Jugendhilfe 5. Aufl. vor § 90 Rn. 2 f.

erst durch die Maßnahme der Kinder- und Jugendhilfe von ihren Eltern getrennt, erfolgte kein Anspruchsübergang; der Träger der öffentlichen Jugendhilfe war dann darauf verwiesen, die Eltern durch öffentlich-rechtlichen Leistungsbescheid zu den durch die Maßnahme ersparten Unterhaltskosten heranzuziehen.[119] In beiden Fällen sollte die finanzielle Belastung der Eltern durch die Maßnahme der Kinder- und Jugendhilfe nicht erhöht werden. Soweit deren Kosten die Unterhaltspflicht nach der Düsseldorfer Tabelle überstiegen, waren die Sozialleistungen deswegen nicht subsidiär und die Eltern nicht zur Erstattung verpflichtet.

693 An dieser begrenzten Subsidiarität hat sich durch die **seit dem 1.10.2005** geltende Fassung des SGB VIII nichts geändert. Zwar werden auch jetzt nach § 10 I SGB VIII Verpflichtungen Anderer durch die Leistungen der Kinder- und Jugendhilfe grundsätzlich nicht berührt. Zugleich hat der Gesetzgeber aber in § 10 II SGB VIII die Art der Inanspruchnahme unterhaltspflichtiger Personen dahin konkretisiert, dass sie stets im Wege des öffentlich-rechtlichen Kostenbeitrags an den Kosten der Leistungen und vorläufigen Maßnahmen zu beteiligen sind. Im Einklang damit ordnet § 10 II 2 SGB VIII jetzt ausdrücklich an, dass der Bedarf des jungen Menschen durch die Leistungen und vorläufigen Maßnahmen gedeckt ist, was beim zivilrechtlichen Unterhaltsanspruch berücksichtigt werden muss. Wegen des somit stets voll gedeckten zivilrechtlichen Unterhaltsanspruchs hat das Gesetz die frühere Vorschrift zur Überleitung dieses zivilrechtlichen Anspruchs auf den Träger der Jugendhilfe ersatzlos gestrichen. Zum Umfang des jetzt nur noch vorgesehenen öffentlich-rechtlichen Kostenbeitrags enthält § 94 V SGB VIII eine Verordnungsermächtigung, von der durch die Kostenbeitragsverordnung[120] Gebrauch gemacht worden ist.[121]

694 Für die Leistungen der **Pflegeversicherung nach § 37 I SGB XI** gilt Folgendes:[122]

Die **bedürftige Person**, für die das Pflegegeld als Einkommensersatz gezahlt wird, kann sich auf die Vermutung des § 1610a BGB stützen (→ Rn. 654). Weil danach regelmäßig vermutet wird, dass mit dem Pflegegeld ein entsprechend hoher zusätzlicher pflegebedingter Aufwand einhergeht, wird der allgemeine Lebensbedarf des Pflegebedürftigen durch die Leistungen der Pflegeversicherung regelmäßig nicht berührt.[123] Im Einzelfall kann es sogar unschädlich sein, wenn das Pflegegeld nicht vollständig für Hilfsdienste ausgegeben wird, weil diese zum Teil unentgeltlich erbracht werden.[124] Denn der zusätzliche Pflegebedarf kann auch dann die Höhe des Pflegegeldes erreichen und eine (teilweise) unentgeltliche Pflege soll regelmäßig den Bedürftigen aber nicht den Unterhaltspflichtigen entlasten. Weil die Einstufung in die Pflegestufen des § 37 I SGB XI auf der Grundlage des konkreten Pflegebedarfs erfolgt, wird die Vermutung des § 1610a BGB bei diesen Leistungen kaum zu widerlegen sein.[125]

695 Auch bei der **Pflegeperson**, an die das nach § 37 I SGB XI bewilligte Pflegegeld weitergeleitet wird, bleibt dieses nach der ausdrücklichen gesetzlichen Regelung in § 13 VI 1 SGB XI bei der Ermittlung von Unterhaltsansprüchen **grundsätzlich unberücksichtigt**. Mit dieser Regelung soll erreicht werden, dass das Pflegegeld nicht nur dem Pflegebedürftigen selbst, sondern auch der Pflegeperson, die die häusliche Pflege übernommen hat, möglichst ungeschmälert erhalten bleibt.[126] Damit wollte der Gesetzgeber

---

[119] BGH FamRZ 2007, 377 (378) = R 666c.
[120] Verordnung zur Festsetzung der Kostenbeiträge für Leistungen und vorläufige Maßnahmen in der Kinder- und Jugendhilfe (Kostenbeitragsverordnung – KostenbeitragsV) vom 1.10.2005 (BGBl. I 2907) in der Fassung der Ersten Verordnung zur Änderung der Kostenbeitragsverordnung vom 5.12.2013 (BGBl. I 4040).
[121] BGH FamRZ 2007, 377 (379) = R 666d.
[122] Grundlegend dazu Büttner FamRZ 1995, 193 ff. und FamRZ 2000, 596; zur zulässigen Differenzierung zwischen häuslicher Pflege und Pflege durch bezahlte Pflegekräfte vgl. BVerfG FamRZ 2014, 911.
[123] BGH NJW 2011, 1284.
[124] OLG Hamm FamRZ 1998, 1431.
[125] Vgl. BGH NJW 2006, 3565 Rn. 7; BGH FamRZ 2004, 1471 Rn. 8 (zu § 44 II 3 SGB VII); OLG Brandenburg FamRZ 2010, 991 Rn. 38 ff.
[126] BGH FamRZ 2006, 846 (848) = R 648c–e; OLG Saarbrücken – 9 UF 25/03 BeckRS 2003, 30333771; OLG Schleswig – 10 WF 611/02, BeckRS 2002, 30260520.

9. Abschnitt: Sonstige Einkünfte aus sozialstaatlichen Zuwendungen § 1

ausdrücklich von der bisherigen zivilrechtlichen Rechtsprechung zum Pflegegeld nach dem BSHG und dem SGB V abweichen, wonach das vom Pflegebedürftigen an die Pflegeperson weitergeleitete Pflegegeld zu einem erheblichen Teil als „Vergütungsanteil" der Pflegeperson bewertet und demzufolge unterhaltsrechtlich als Einkommen der Pflegeperson berücksichtigt worden war. Eine solche Anrechnung als Einkommen der Pflegeperson hielt der Gesetzgeber nicht für vereinbar mit dem sozialpolitischen Anliegen einer Förderung der häuslichen Pflege und Stärkung der Pflegebereitschaft und -fähigkeit im häuslichen Bereich. Mit der Neuregelung sollte vielmehr erreicht werden, dass zB der nacheheliche Unterhaltsanspruch nicht mehr gemindert wird, wenn der unterhaltsberechtigte Ehegatte für die Pflege des gemeinsamen behinderten pflegebedürftigen Kindes Pflegegeld erhält.[127] Der BGH hat mit Blick auf diese zum 1.8.1999 in Kraft getretene Neufassung des § 13 VI 1 SGB XI nicht mehr an seiner entgegenstehenden früheren Auffassung festgehalten.[128] Soweit keiner der in § 13 VI 2 SGB XI geregelten Ausnahmefälle (hierzu nachstehend) vorliegt, verbietet sich mithin eine unterhaltsrechtliche Berücksichtigung des Pflegegeldes.[129]

696 Ein an die Pflegeperson weitergeleitetes Pflegegeld ist nach § 13 VI 2 SGB XI nur in wenigen **Ausnahmefällen** als ihr Einkommen zu berücksichtigen. Dabei hat der Gesetzgeber (mit Ausnahme der letzten Alternative) die gleichen Fälle aufgezählt, die nach § 9 Satz 2 BErzGG für das Erziehungsgeld galten (→ Rn. 116) und nach § 11 Satz 2 BEEG für das Elterngeld gelten (→ Rn. 117 ff.). Das ist für die entsprechenden Personen der Fall, wenn:
– die Pflegeperson ihren Anspruch auf Trennungsunterhalt nach § 1361 III iVm § 1579 Nr. 2 bis 8 BGB, ihren Anspruch auf nachehelichen Unterhalt nach § 1579 Nr. 1 bis 8 BGB oder ihren Anspruch auf Verwandtenunterhalt nach § 1611 I BGB verwirkt hat,
– die Pflegeperson selbst nach § 1603 II BGB gesteigert unterhaltspflichtig ist oder
– die Pflegeperson eine Erwerbsobliegenheit trifft und sie deswegen ihren Unterhaltsbedarf ganz oder teilweise durch eigene Einkünfte decken kann, soweit der Pflegebedürftige mit dem Unterhaltspflichtigen nicht in gerader Linie verwandt ist. Das gilt also nicht, wenn die Ehefrau ein gemeinsames behindertes Kind oder die Eltern des Unterhaltspflichtigen betreut.[130] Anders ist es allerdings, wenn die Pflegeperson einen Pflegebedürftigen pflegt, der nicht mit dem Unterhaltspflichtigen in gerader Linie verwandt ist, sondern den eigenen Elternteil. Dann ist die Ausnahmevorschrift des § 13 VI 2 Nr. 3 SGB XI erfüllt und das Pflegegeld als Einkommen der Pflegeperson zu behandeln.[131]

Die Pflegeperson muss ihre Einkünfte allerdings nicht **versteuern,** wenn sie zu den Angehörigen zählt oder mit der Pflege eine sittliche Pflicht iSv § 33 II EStG erfüllt (§ 3 Nr. 36 EStG).

697 **Pflegegeld nach § 64a SGB XII** (früher § 69 BSHG), das für häusliche Pflege durch nahe stehende Personen (zB Eltern) der nach § 61a SGB XII pflegebedürftigen Person oder als Nachbarschaftshilfe nach § 63 SGB XII gewährt wird und sich zur Höhe nach den Beträgen der Pflegeversicherung in § 37 I SGB XI richtet,[132] ist wie beim Pflegegeld nach §§ 23 I, II, 39 SGB VIII (→ Rn. 690 ff.) der **Pflegeperson** in Höhe des den Bedarf des Pfleglings übersteigenden Teiles als Einkommen zuzurechnen.[133] Soweit die gerichtliche Praxis der Pflegeperson im Zweifel etwa ein Drittel des Pflegegeldes als Einkommen

---

[127] BT-Drs. 14/580, 5.
[128] Zum früheren Recht vgl. noch BGHR SGB XI § 37 I Pflegegeld, OLG Hamm FamRZ 1999, 852.
[129] BGH FamRZ 2008, 2189 Rn. 26; 2006, 846 (848) = R 648c–e; OLG Hamm FamRZ 2008, 1937; OLG Bremen FamRZ 2013, 60 (auch kein im Rahmen der Verfahrenskostenhilfe einsetzbares Einkommen).
[130] OLG Koblenz FamRZ 2000, 826.
[131] OLG Nürnberg IPRax 2012, 551.
[132] BVerwG FamRZ 2003, 756.
[133] Vgl. BGHR SGB XI § 37 I Pflegegeld; BGH FamRZ 1987, 259 (261).

zurechnet, erscheint dies einerseits wie dort zu pauschal und lässt andererseits die Vermutung des § 1610a BGB unberücksichtigt (→ Rn. 654 ff.).[134] Bezieht die Pflegeperson neben dem Pflegegeld für die Pflege ihres Kindes das staatliche Kindergeld, das sie im Wege des Familienleistungsausgleichs zusätzlich entlastet (→ Rn. 677 ff.), kann ihr das Pflegegeld ausnahmsweise in höherem Umfang als Einkommen zugerechnet werden, weil die zu einer angemessenen Versorgung des Kindes erforderlichen Mittel teilweise bereits anderweitig durch das Kindergeld gedeckt sind.[135]

Für die Bemessung des Unterhaltsanspruchs des **Pflegebedürftigen** ist das Pflegegeld schon wegen seiner subsidiären Natur (§ 94 SGB XII) nicht als bedarfsdeckendes Einkommen anzurechnen.[136] Unabhängig davon scheidet eine Berücksichtigung als Einkommen des Pflegebedürftigen auch deswegen aus, weil mit den Pflegeleistungen regelmäßig ein entsprechend höherer Bedarf einhergeht (§ 1610a BGB). Hinzu kommt, dass sich die Höhe des Pflegegelds gemäß § 63 I bis III SGB XII nach dem Umfang der erforderlichen Pflegeleistungen richtet und auch bei Kindern nur den zusätzlichen Pflegebedarf gegenüber einem gesunden gleichaltrigen Kind umfasst (§ 64 IV SGB XII).

698 Auch für **sonstige Arten von Pflegegeld** (zB nach Landesrecht) gilt für den Pflegebedürftigen regelmäßig der Grundsatz, dass die Sozialleistung nur den behinderungsbedingt erhöhten Bedarf ausgleicht (§ 1610a BGB; → Rn. 654 ff.). Das Pflegegeld darf deswegen grundsätzlich auch nicht teilweise auf seinen allgemeinen Unterhaltsbedarf angerechnet werden.[137] Wird das Pflegegeld allerdings als nicht subsidiäre Sozialleistung für den gesamten Unterhaltsbedarf gewährt, deckt es nicht nur den behinderungsbedingten Mehrbedarf ab.[138] Insoweit ist es mangels Forderungsübergang und Subsidiarität auf den – den Pflegeaufwand übersteigenden – allgemeinen Bedarf des Pflegebedürftigen anzurechnen (→ Rn. 690 ff.).

699 Auch die Leistungen nach dem **Kindererziehungsleistungsgesetz** vom 12.7.1987 (KLG),[139] die nach den §§ 294 ff. SGB VI nur den vor 1921 geborenen Müttern zustehen, haben, wie jetzt die Kindererziehungszeiten in der gesetzlichen Rentenversicherung nach § 56 SGB VI, versicherungsrentenähnlichen Charakter. Solche Leistungen sind deswegen als Lohnersatzleistungen auf den Bedarf eines Berechtigten **anzurechnen**.[140]

Die Leistungen nach dem Gesetz über die Errichtung einer Stiftung „**Hilfswerk für behinderte Kinder**" vom 17.12.1971 (HiWerkBehKG) werden im Sozialrecht nicht auf den Bedarf des Behinderten angerechnet,[141] weil sie ihm bessere Eingliederungschancen eröffnen und ihm daher ungeschmälert zugutekommen sollen. Diese besondere Zweckbestimmung begründet eine bloße Unterhaltsersatzfunktion und lässt auch unterhaltsrechtlich eine Anrechnung auf den Bedarf des Behinderten nicht zu (s. auch § 1610a BGB, → Rn. 654 ff.). Diese Einordnung ist unabhängig davon, ob insoweit ein Übergang des Unterhaltsanspruchs auf den Träger der Sozialleistung vorgesehen ist, denn die Leistungen umfassen lediglich einen Zusatzbedarf und befreien damit ohnehin nicht von der zusätzlichen Barunterhaltpflicht. Eine Pflegeperson muss sich allerdings auch bei solchen, an sie gezahlten Leistungen (wie beim Pflegegeld nach §§ 23 I, 24 SGB VIII, → Rn. 690 ff.) einen nach § 287 ZPO zu schätzenden Anteil der Leistungen als Einkommen zurechnen lassen, wenn sie selbst Unterhalt beansprucht oder schuldet.

700 Pflegezulagen sind außerdem vorgesehen in § 37 SGB V (häusliche Krankenpflege), in §§ 267 I 3–7, 269 II, 279 I 2 Nr. 3, 280 II 2 Nr. 3 LAG und nach den Vorschriften des BVG.[142]

---

[134] Vgl. OLG Oldenburg FamRZ 2010, 992 Rn. 22 ff.
[135] So im Ergebnis auch BGH FamRZ 1984, 769 (771).
[136] BGH FamRZ 1993, 417.
[137] aA noch BGH FamRZ 1985, 917 (919).
[138] BGH FamRZ 1993, 417.
[139] BGBl 1987 I S. 1585.
[140] BGH FamRZ 2013, 203 Rn. 28; 1992, 162.
[141] BVerwG FamRZ 1993, 181.
[142] BGH FamRZ 1993, 411 (zu § 35 BVG); OLG Hamm FamRZ 1992, 186 (zu § 30 BVG).

9. Abschnitt: Sonstige Einkünfte aus sozialstaatlichen Zuwendungen § 1

6. Ausbildungsbeihilfe und Ausbildungsgeld nach dem Arbeitsförderungsrecht (SGB III = AFG)

Berufsausbildungsbeihilfen nach den §§ 56 ff. SGB III sind als Lohnersatzleistungen grundsätzlich – wie Leistungen nach dem BAföG (→ Rn. 670 ff.) – Einkommen des Auszubildenden. Weil sie im Regelfall von der Agentur für Arbeit nicht zurückgefordert werden können und dem Unterhaltsberechtigten daneben nicht auch noch Unterhaltsansprüche gegen die Eltern zustehen können, begründet die gesetzliche Regelung eine Einkommensersatzfunktion für den Auszubildenden und führt zu einer bedarfsdeckenden Entlastung der Eltern.[143] Einen Übergang des Unterhaltsanspruchs auf die Agentur für Arbeit sieht das Gesetz in § 68 II SGB III nur für den Fall vor, dass die Förderung als **Vorausleistung** nach § 72 I SGB III ohne Rücksicht auf bestehende Unterhaltsansprüche gewährt wurde. Nur in diesem Fall ist die Berufsausbildungsbeihilfe (wie beim BAföG) subsidiär und deswegen nicht auf den Unterhaltsbedarf anzurechnen.[144] Dann bleibt der Unterhaltsanspruch bestehen und die Agentur für Arbeit kann nach Anspruchsübergang gemäß § 68 II 1 SGB III Rückgriff bei dem Unterhaltspflichtigen nehmen (zur Berechnung → Rn. 671). Hatte dieser trotz der Vorausleistung und des damit verbundenen Anspruchsübergangs mit befreiender Wirkung (erneut) an den Unterhaltsberechtigten gezahlt, kann die Agentur für Arbeit nach § 68 II 4 SGB III sogar Erstattung der an den Auszubildenden gezahlten Vorausleistungen verlangen. Selbst im Falle einer Vorausleistung können die Eltern des Auszubildenden nach § 68 III SGB III für die Vergangenheit nur von dem Zeitpunkt an in Anspruch genommen werden, in dem die Voraussetzungen des § 1613 BGB vorlagen, sie bei dem Antrag auf Ausbildungsförderung mitgewirkt haben oder von ihm Kenntnis erhalten haben und darüber belehrt worden sind, unter welchen Voraussetzungen das SGB III eine Inanspruchnahme von Eltern ermöglicht.

Berufsausbildungsbeihilfen **für Arbeitslose** nach § 70 SGB III können weder zurückgefordert werden noch ist ein Forderungsübergang vorgesehen. Sie sind deswegen nicht subsidiär und somit ebenfalls als bedarfsdeckendes Einkommen des Berechtigten anzurechnen.

Gleiches gilt für das **Ausbildungsgeld für Behinderte** nach § 73 SGB III. Auch diese Leistung wird unabhängig von Unterhaltsansprüchen gewährt; ein Forderungsübergang ist nur in eingeschränktem Umfang bei Überschreitung der Einkommensfreigrenzen des § 68 SGB III vorgesehen und wird erst mit der Anzeige der Förderung an die Eltern wirksam (§ 68 III SGB III). Im Regelfall ist das Ausbildungsgeld daher – wie die Regelleistungen nach dem BAföG (→ Rn. 670) – nicht subsidiär, sondern deckt den Unterhaltsbedarf des Auszubildenden auch im Verhältnis zum Unterhaltspflichtigen endgültig ab. Dann bleibt es auch hier bei der Grundregel, dass Einkünfte jeder Art die Bedürftigkeit der Unterhaltsberechtigten mindern.[145] Seit Inkrafttreten des § 1610a BGB spricht allerdings eine (widerlegbare) Vermutung dafür, dass ein behinderungsbedingter Mehrbedarf in Höhe der Sozialleistung vorliegt, der vorweg vom bedarfsdeckenden Ausbildungsgeld abzuziehen ist (→ Rn. 654 ff.).

701

702

7. Leistungen der Grundsicherung im Alter und bei Erwerbsminderung (§§ 41 ff. SGB XII)

Als Bestandteil der Rentenreform des Jahres 2001 war mit Art. 12 des Altersvermögensgesetzes (AVmG) vom 26.6.2001[146] das Gesetz über die bedarfsorientierte Grundversorgung im Alter und bei Erwerbsminderung (Grundsicherungsgesetz – GSiG) verabschiedet wor-

703

---

[143] BGH FamRZ 2000, 640 (zu BAföG-Leistungen).
[144] BGH FamRZ 2006, 1100 = R 654a–d (zum Ausbildungsunterhalt); 1986, 151; OLG Brandenburg ZfJ 2001, 159; OLG Oldenburg FamRZ 1989, 531; OLG Schleswig SchlHA 1988, 53.
[145] OLG Brandenburg FamRB 2004, 287; OLG München FamRZ 1992, 212 (214) zu der insoweit gleichgebliebenen früheren Regelung in §§ 40, 58 I 3 AFG.
[146] BGBl. 2001 I S. 1310.

den, das zum 1.1.2003 in Kraft getreten war.[147] Zum 1.1.2005 sind diese Vorschriften als **§§ 19 II, 41 ff. SGB XII** in das Sozialhilferecht übernommen worden (→ § 8 Rn. 135). Es gewährt dem berechtigten Personenkreis (§ 41 SGB XII), nämlich Personen, die die Altersgrenze nach § 41 II SGB XII erreicht haben oder volljährigen Personen, die dauerhaft voll erwerbsgemindert iSv § 41 III SGB VI sind, einen gegenüber der Sozialhilfe vorrangigen (§ 19 II 2 SGB XII) Anspruch auf Grundsicherung.[148] Voraussetzung ist, dass der Berechtigte seinen Lebensunterhalt nicht aus eigenem Einkommen oder Vermögen beschaffen kann (§ 41 I SGB XII). Von dem Erwerbseinkommen aus selbständiger oder nichtselbständiger Tätigkeit ist regelmäßig allerdings zusätzlich ein Betrag von 30%, höchstens jedoch 50% des Eckregelsatzes, bei Beschäftigung in einer Werkstatt für behinderte Menschen ein Achtel des Eckregelsatzes zuzüglich 25% des diesen Betrag übersteigenden Entgelts abzusetzen (§ 82 III SGB XII). Einkommen und Vermögen eines nicht getrennt lebenden Ehegatten sowie des Partners einer eheähnlichen Lebensgemeinschaft, die dessen notwendigen Lebensunterhalt übersteigen, sind zu berücksichtigen (§ 43 I SGB XII).[149] Keinen Anspruch auf Grundsicherung haben Personen, die ihre Bedürftigkeit in den letzten zehn Jahren vorsätzlich oder grob fahrlässig herbeigeführt haben (§ 41 IV SGB XII). Das ist zB der Fall, wenn sie in dieser Zeit ohne gesetzliche oder moralische Pflicht ein eigenes Vermögen an Dritte übertragen haben. Nach § 42 S. 1 SGB XII lehnen sich die Leistungen der Grundsicherung unter Aufgabe der früheren Pauschalierung durch das GSiG den Leistungen der Sozialhilfe nach den §§ 27 ff. SGB XII an. Sie umfassen den Regelsatz nach §§ 27a, 28 SGB XII, Aufwendungen für Unterkunft und Heizung nach § 35 SGB XII,[150] Mehrbedarfe nach § 30 SGB XII sowie einmalige Bedarfe nach § 31 SGB XII, die Kranken- und Pflegeversicherungsbeiträge nach § 32 SGB XII, Vorsorgebeiträge nach § 33 SGB XII und Bedarfe für Bildung und Teilhabe nach § 34 SGB XII. Lebt der Berechtigte in einer Einrichtung, ergibt sich der sozialhilferechtliche Bedarf aus § 27b SGB XII. Reichen diese Leistungen nicht aus, um den Bedarf eines Berechtigten zu decken, können entsprechend § 37 SGB XII ergänzende Darlehen erbracht werden (§ 42 Nr. 5 SGB XII).

704 Bei der **Bedürftigkeitsprüfung** bleiben gemäß § 43 III 1 SGB XII Unterhaltsansprüche gegenüber Eltern und Kindern der Leistungsberechtigten unberücksichtigt, wenn deren jährliches Nettogesamteinkommen nach § 16 SGB IV unter 100.000 EUR liegt. Ob dies auch gegenüber entfernteren Verwandten in gerader Linie gilt,[151] ist unerheblich, weil gegenüber Unterhaltspflichtigen ab dem 2. Grad nach § 94 I 3 SGB XII ohnehin kein Anspruchsübergang auf den Sozialhilfeträger erfolgt. Nach § 43 V 2 SGB XII wird **vermutet**, dass das Einkommen eines Unterhaltspflichtigen die Wertgrenze nicht überschreitet. Nach dem Sinn des Gesetzes müssen dann auch freiwillige Leistungen solcher nachrangigen Verwandten unberücksichtigt bleiben, soweit ihre Berücksichtigung für die Leistungsberechtigten eine besondere Härte bedeuten würde (§ 84 II SGB XII).[152] Denn regelmäßig wollen sie nicht den Staat entlasten, sondern dem Bedürftigen zusätzliche Einkünfte verschaffen. Die Landkreise und kreisfreien Städte sind als Träger der Grundsicherung bei der Prüfung des anrechenbaren Einkommens zunächst ausschließlich auf die Angaben des Antragstellers angewiesen; zur Widerlegung der Vermutung nach § 43 V 2 SGB XII kann der zuständige Träger der Sozialhilfe lediglich von den Leistungsberechtigten Angaben verlangen, die Rückschlüsse auf die Einkommensverhältnisse der Unterhaltspflichtigen zulassen (§ 43 V 4 SGB XII). Ein eigenständiger Auskunftsanspruch gegen dessen unterhaltspflichtige Kinder und Eltern besteht nach § 43 V 5 SGB XII nur, wenn „hinreichende Anhaltspunkte" für ein Überschreiten der genannten Einkommensgrenze vorliegen.[153] Ein

---

[147] Vgl. zum früheren GSiG Klinkhammer FamRZ 2002, 997 (1002).
[148] Vgl. BGH FamRZ 2002, 1698 (1701) unter 3 f.; vgl. auch Sartorius FPR 2009, 465.
[149] Vgl. insoweit die Empfehlungen des Deutschen Vereins für öffentliche und private Vorsorge FamRZ 2005, 1387, Nr. 172–176; vgl. auch die Homepage im Internet unter: https://www.deutscher-verein.de.
[150] Vgl. Paul ZfF 2005, 145.
[151] Vgl. Klinkhammer FamRZ 2002, 997 (999).
[152] Vgl. BGH FamRZ 2005, 967 (969).
[153] Dazu Steymans FamRZ 2002, 1687.

9. Abschnitt: Sonstige Einkünfte aus sozialstaatlichen Zuwendungen § 1

Anspruch des Leistungsberechtigten auf Grundsicherung entfällt nur insoweit, als die Vermutung des § 43 V 2 SGB XII durch die Angaben des Berechtigten und die darauf folgende Auskunft eines Unterhaltspflichtigen widerlegt ist (§ 43 V 3 SGB XII). Auch dann haftet der privilegierte Unterhaltspflichtige nach Sinn und Zweck der Regelung nur mit dem die Haftungsgrenze von 100 000 EUR/jährlich übersteigenden Einkommen vorrangig vor den Leistungen der Grundsicherung. Weil in § 43 III 1 SGB XII lediglich vom Gesamteinkommen des Unterhaltspflichtigen, nicht aber von dessen Vermögen die Rede ist, hat sich die Auffassung durchgesetzt, dass Grundsicherung im Alter und bei Erwerbsminderung unabhängig von dem Vermögen eines dem Grunde nach unterhaltspflichtigen Elternteils oder Kindes zu bewilligen ist.[154]

Ob Unterhaltsansprüche **Einkommen iSv § 43 SGB XII** sind und damit den Anspruch auf Grundsicherung ausschließen können, hängt von der Unterhaltsbeziehung ab. Das SGB XII privilegiert in § 43 III 1 nur den Unterhalt von Verwandten, während es im Übrigen, insbesondere bei getrennt lebenden oder geschiedenen Ehegatten, beim grundsätzlichen Vorrang des Unterhalts vor der Sozialleistung verbleibt. Jede von **nicht privilegierten** Unterhaltspflichtigen zugeflossene Unterhaltszahlung ist also als Einkommen zu behandeln. Das gilt auch für die von diesen Personen noch geschuldeten Unterhaltsleistungen, sodass der Berechtigte darauf verwiesen werden kann, zunächst das Bestehen eines Unterhaltsanspruches gegen einen aktuellen oder geschiedenen Ehegatten oder gegen die Einkommensgrenze des § 43 V 1 SGB XII überschreitende Eltern oder Kinder zu prüfen und diesen geltend zu machen.[155] Selbst wenn die Durchsetzung ungewiss oder die Vollstreckung gefährdet ist, sind die Anforderungen an eine Unzumutbarkeit der Anspruchserhebung erheblich höher anzusetzen als bei der Sozialhilfe, denn die Grundsicherung dient weder der Verhinderung akuter Notsituationen, noch kann, wie bei der Sozialhilfe mittels Anspruchsübergang nach § 94 SGB XII, beim Unterhaltsschuldner Rückgriff genommen werden.[156] Bei zweifelhafter Realisierbarkeit eines Unterhaltsanspruchs gegen nicht privilegierte Unterhaltspflichtige ist also zunächst Sozialhilfe zu beantragen; Grundsicherung tritt erst an deren Stelle, wenn Unterhalt auch von ihnen nicht erlangt werden kann. Aus denselben Gründen gilt auch nichts anderes, wenn der Unterhaltsanspruch gegen nicht privilegierte Unterhaltspflichtige auf fiktiven Einkünften beruht.

Unterhaltsleistungen **privilegierter** Verwandter sind hingegen allenfalls dann ausnahmsweise als Einkommen zu werten und können den Anspruch auf Grundsicherung ausschließen, wenn und soweit sie in der Vergangenheit tatsächlich geflossen sind, um den Bedarf des Leistungsberechtigten zu decken.[157]

Umgekehrt ist die auf Grund eines stattgebenden Bescheids der Sozialbehörde gewährte Grundsicherung stets auch bedarfsdeckendes **Einkommen des Leistungsberechtigten** im unterhaltsrechtlichen Sinn und vermindert den Bedarf gegenüber privilegierten Unterhaltspflichtigen. Der **privilegierte** Unterhaltspflichtige (Verwandter in gerader Linie) kann den Berechtigten sogar auf die Inanspruchnahme der Grundsicherung verweisen, was im Unterhaltsrechtsstreit zur fiktiven Anrechnung der daraus möglichen Einkünfte führt.[158] Dieses folgt schon daraus, dass die eigenständige Grundsicherung weder einen Nachrang entsprechend § 2 SGB XII, noch einen Anspruchsübergang entsprechend § 94 SGB XII kennt und Verwandte in gerader Linie durch § 43 V 1 SGB XII mit seiner bedarfsdeckenden Wirkung ausdrücklich entlasten will.[159]

---

[154] BGH FamRZ 2006, 1511 (1515) = R 658f (zum Elternunterhalt).
[155] OLG Zweibrücken FamRZ 2003, 1850; s. auch Ziff. 2.9 der Leitlinien der Oberlandesgerichte.
[156] So auch Klinkhammer FamRZ 2002, 997 (1000).
[157] BGH FamRZ 2007, 1158 (1159f.) = R 667b; OLG Saarbrücken – 6 UF 77/03 BeckRS 2005, 00424; OLG Nürnberg FamRZ 2004, 1988; OLG Brandenburg FamRB 2004, 287; BVerwG ZMR 1998, 113 mwN (zum Wohngeld).
[158] BGHZ 206, 177 = FamRZ 2015, 1467 Rn. 11 = R 770a; OLG Frankfurt – 5 UF 146/07 – Juris Rn. 16 ff.
[159] BGH FamRZ 2007, 1158 (1159f.) = R 667a mAnm Scholz; 2002, 1698 (1701) unter 3 f.; OLG Brandenburg JAmt 2006, 262; OLG Hamm FamRZ 2006, 125 (allerdings begrenzt auf Leistungen nach den GSiG); OLG Nürnberg FamRZ 2004, 1988 (bei Obliegenheitsverstoß); OLG Hamm FamRZ 2004, 1807; OLG Oldenburg FamRZ 2004, 295.

Gegenüber **nicht privilegierten** Unterhaltspflichtigen (getrennt lebende oder geschiedene Ehegatten) ist der Anspruch auf Grundsicherung hingegen nachrangig und deswegen für die Bedürftigkeit bedeutungslos. Ein Anspruch auf Grundsicherung kommt dann nur im Mangelfall in Betracht, wenn der vollständige Bedarf des Berechtigten durch den vorrangigen Unterhaltsanspruch gegenüber einen getrennt lebenden oder geschiedenen Ehegatten nicht gedeckt werden kann.[160]

707 Unbillige Ergebnisse entstehen auch dann nicht, wenn zB mit zwei Geschwistern Unterhaltspflichtige vorhanden sind, von denen nur einer die Einkommensgrenze von 100 000 EUR/jährlich überschreitet und deswegen nicht mehr nach § 43 V 1 SGB XII privilegiert ist. Wenn nur der privilegierte Sohn vorhanden wäre, könnte er sich auf den Nachrang seiner Unterhaltspflicht gegenüber den bedarfsdeckenden Leistungen der Grundsicherung berufen. Umgekehrt schuldet der nicht privilegierte Sohn Unterhalt, weil der Unterhaltsanspruch gegen ihn bei der Ermittlung des Einkommens des Berechtigten berücksichtigt wird und nach § 43 V 3 SGB XII den Anspruch auf Grundsicherung vollständig ausschließt und deswegen Leistungen der Sozialhilfe gewährt werden müssen.[161] Da die Unterhaltspflichtigen aber nicht gesamtschuldnerisch sondern nach § 1606 III 1 BGB anteilig nach ihren Erwerbs- und Vermögensverhältnissen haften, verbleibt es bei der alleinigen Haftung des nicht privilegierten Sohnes nur in dem Umfang, in dem er unterhaltsrechtlich neben seinem Bruder haften würde. Weil diese anteilige Haftung aber nicht zu einer vollständigen Bedarfsdeckung führt, haftet im Rahmen seiner Leistungsfähigkeit für den Rest (§ 1606 III 1 BGB) des auf das Sozialamt übergegangenen Unterhaltsanspruchs grundsätzlich der geringer verdienende Bruder. In diesem Fall stellt der gesetzliche Übergang des Unterhaltsanspruchs auf den Sozialhilfeträger für das eigentlich privilegierte Kind mit einem unter 100.000 EUR liegenden Nettojahreseinkommen eine unbillige Härte iSv § 94 III 1 Nr. 2 SGB XII dar.[162] Diese Regelung verstößt nicht gegen den Gleichheitssatz des Art. 3 I GG, weil die vom Gesetz gewollte Privilegierung des geringer verdienenden Sohnes durch den insoweit eingeschränkten Anspruchsübergang erreicht wird, wodurch die Unterhaltspflicht gegen den nicht privilegierten Sohn auf die sich aus dem Verhältnis der Einkünfte beider Kinder ergebende anteilige Haftung begrenzt ist (vgl. auch Klinkhammer Rn. 8/160).[163] Mit seinem darunter liegenden Einkommen haftet er neben dem anderen Sohn nur insoweit anteilig nach den Einkommens- und Vermögensverhältnissen, als der Unterhaltsbedarf nicht schon durch den dann vorrangigen und bedarfsdeckenden Anspruch auf Grundsicherung gedeckt ist.

Beispiel:
Die 70-jährige O ist verwitwet. Sie hat einen Bedarf von 880 EUR, wohnt in einer Mietwohnung (Wohnungskosten: 380 EUR) und bezieht eine Rente von 400 EUR.
Tochter T ist alleinstehend und bezieht ein bereinigtes Einkommen von 2300 EUR.
a) Unterhaltsberechnung ohne Berücksichtigung der Grundsicherung:

Bedarf der O	880 EUR	
abzüglich Rente	400 EUR	
ungedeckter Bedarf	480 EUR	480,00 EUR
Leistungsfähigkeit der T:		
Einkommen	2300 EUR	
abzüglich Selbstbehalt	1800 EUR	
Leistungsfähigkeit	500 EUR × ½	250,00 EUR
Unterhaltsanspruch		250,00 EUR

b) Unterhaltsberechnung unter Berücksichtigung der Grundsicherung nach dem SGB XII:

Ungedeckter Bedarf (s. o.)		480,00 EUR
Abzüglich Grundsicherung		
– Regelsatz nach § 28 SGB XII[164]	424,00 EUR	
– Kranken- und Pflegeversicherung (§ 32 SGB XII)	59,40 EUR	

---

[160] BGH NJW 2011, 1284; a. A. OLG Bremen FamRZ 2005, 801.
[161] BGHZ 206, 177 = FamRZ 2015, 1467 Rn. 19 = R 770b.
[162] BGHZ 206, 177 = FamRZ 2015, 1467 Rn. 32 = R 770c.
[163] BGHZ 206, 177 = FamRZ 2015, 1467 Rn. 48.
[164] Vgl. FamRZ 2005, 1386 sowie die Homepage: www.bmas.de.

– Kosten Unterkunft/Heizung (§ 3529 SGB XII)	380,00 EUR	
Summe der Grundsicherung	863,40 EUR	
Abzüglich eigene Rente (§ 41 II SGB XII)	400,00 EUR	
Zu leistende Grundversorgung	463,40 EUR	463,40 EUR
Unterhaltsanspruch		16,60 EUR.

II. Freiwillige unentgeltliche Zuwendungen eines Dritten

Freiwillige Zuwendungen eines Dritten (zB eines nahen Angehörigen) können in Barleistungen[165] und Sachleistungen (zB kostenloser Wohnungsgewährung) bestehen. Auch in der unterlassenen Geltendmachung von Unterhaltsansprüchen kann eine freiwillige Leistung Dritter liegen.[166] Solche Leistungen, durch die allenfalls einer nur sittlichen Pflicht entsprochen wird, können den Zuwendungen auf Grund rechtlicher Verpflichtung grundsätzlich nicht gleichgestellt werden; der Empfang solcher Leistungen mindert die Bedürftigkeit des Berechtigten nicht.[167] Ebenso wenig mindert die Zahlung freiwilliger Leistungen an Dritte das unterhaltsrelevante Einkommen des Unterhaltspflichtigen und hat deswegen auch keinen Einfluss auf seine Leistungsfähigkeit.[168] Bei Leistungen Dritter ist daher zunächst zu klären, ob der Empfänger einen rechtlichen Anspruch auf solche Leistungen hat. Leistet der Dritte auf eine Rechtspflicht, handelt es sich nicht um eine unerhebliche freiwillige Leistung. Zweckgebundene Zusatzleistungen eines barunterhaltspflichtigen Elternteils (etwa für Reit- und Klavierunterricht) decken aber zunächst lediglich seinen Anteil auf einen entsprechenden Mehrbedarf ab und können nur im Übrigen auf den Barunterhaltsbedarf angerechnet werden.[169] Besteht kein rechtlicher Anspruch auf die Leistung, hängt die Anrechenbarkeit im Unterhaltsrechtsstreit vom **Willen des Zuwendenden** ab.[170] Der Zweck der Zuwendung kann sich aus einer ausdrücklichen Willensbestimmung des Zuwendenden aber auch aus den persönlichen Beziehungen der Beteiligten zueinander ergeben.[171] Geht der Wille, wie in der Regel, dahin, den Empfänger zusätzlich zu unterstützen, von den Unterhaltspflichtigen von dessen Unterhaltspflicht zu entlasten oder die Bedürftigkeit des Unterhaltsberechtigten zu mindern, ist die Zuwendung unterhaltsrechtlich nicht zu berücksichtigen.[172] Wird größeres Kapital geschenkt, sind die hieraus erzielbaren Zinsen allerdings als eigenes Einkommen zu berücksichtigen.[173] Selbst im Mangelfall können die freiwilligen unentgeltlichen Zuwendungen eines Dritten nur ausnahmsweise ganz oder teilweise bei der Billigkeitsabwägung berücksichtigt werden (→ § 5 Rn. 73 ff.).[174] Wird der Dritte selbst auf Unterhalt in Anspruch genommen, kann er seine freiwilligen Leistungen in keinem Fall unterhaltsmindernd absetzen.[175] Leistet allerdings ein Elternteil Unterhalt für ein gemeinsames Kind, ohne hierzu verpflichtet zu sein, muss der andere Elternteil diese Zahlungen nach Treu und Glauben gegen sich gelten lassen, solange er die Zahlungen beanstandungslos entgegengenommen hat.[176] Gleiches gilt, wenn beide Eltern einem (volljährigen) Kind barunterhaltspflichtig sind aber einvernehmlich nur einer den vollen Kindesunterhalt zahlt. Dann kann er bei der Bemessung des Ehegattenunterhalts auch den vollen gezahlten Unterhalt von seinem unterhaltsrelevanten Einkommen absetzen.[177] Auch wenn ein Elternteil an den volljährigen Sohn Unterhalt

708

---

[165] Zu einem gestundeten Mietzins als zinsloser Kredit vgl. OLG Hamm FamRZ 2008, 893 Rn. 92.
[166] OLG Stuttgart FamRZ 2008, 1653 Rn. 27.
[167] OLG Hamm FamRZ 2014, 222 (223).
[168] OLG Braunschweig FamRZ 2014, 481 (482).
[169] OLG Hamm FamRZ 2013, 139 (140).
[170] BGH FamRZ 2005, 967 (969); 1995, 537; 1993, 417 (419).
[171] BGH FamRZ 2005, 967 (969).
[172] BGH FamRZ 2000, 153 (154); 1995, 537 (538 f.); 1988, 159; 1985, 584; 1980, 40 (42).
[173] OLG Köln FamRZ 1993, 711.
[174] BGH FamRZ 2000, 153 (154); 1999, 843.
[175] OLG Braunschweig FamRZ 2014, 481 (482).
[176] OLGR Hamm 2000, 326.
[177] BGH FamRZ 2011, 628 = R 723; 2009, 762 = R 703.

gezahlt hat, weil dieser die Unterhaltsleistung im gerichtlichen Verfahren verlangt hatte und der Antrag erst später abgewiesen wurde, sind die vorangegangenen Leistungen im Hinblick auf deren Zweck keine freiwilligen Leistungen Dritter, sondern beim Sohn bedarfsdeckend zu berücksichtigen und bei dem zahlenden Elternteil vom Einkommen abzusetzen.[178]

709 Zuwendungen in diesem Sinn können auch **Naturalleistungen** sein, wie etwa persönliche Dienstleistungen in Form von Pflege und Betreuung, für die der Leistungsempfänger sonst bezahlen müsste. Wird zB ein unterhaltspflichtiger Behinderter von seiner Ehefrau unentgeltlich gepflegt, bleiben die „eingesparten" Mittel unterhaltsrechtlich unberücksichtigt, wenn der Ehepartner nur ihn und nicht zugleich den Unterhaltsberechtigten unterstützen will.[179] Das Gleiche gilt, wenn die neue Ehefrau eines Unterhaltspflichtigen oder die Großeltern unentgeltlich Kinder aus der ersten Ehe betreuen.[180] Die Freistellung von den Betreuungskosten[181] bleibt dann unterhaltsrechtlich unberücksichtigt. Auch der geldwerte Vorteil, den der Pflichtige dadurch hat, dass er **mietfrei** im Haus eines neuen Partners lebt, kann seinen sonstigen Einkünften grundsätzlich nicht hinzugerechnet werden.[182] Allerdings sind in solchen Fällen die durch die gemeinsame Haushaltsführung ersparten Kosten der Lebenshaltung zu berücksichtigen, weil sie auf einem Synergieeffekt und nicht auf freiwilligen Leistungen des Lebenspartners beruhen.[183] Ist der Empfänger der Leistung allerdings mit dem Leistenden verheiratet, sind er und sein Ehegatte einander nach § 1360a BGB zum Familienunterhalt und damit auch zur Wohnungsgewährung verpflichtet. Wechselseitig erbrachte Leistungen erfolgen dann auf dieser rechtlichen Grundlage und nicht als freiwillige Leistungen Dritter.[184]

710 Am Merkmal einer unentgeltlichen Zuwendung fehlt es auch insoweit, als der Empfänger seinerseits gegenüber dem Dritten unentgeltliche Leistungen (zB Versorgungsleistungen; → Rn. 712 ff.) erbringt.[185] Aus wirtschaftlicher Sicht handelt es sich bei den Leistungen des Dritten dann um **vermögenswerte Gegenleistungen,** um die Zuwendungen des Empfängers abzugelten. In Höhe des Wertes der Gegenleistungen sind die Zuwendungen dann einem Einkommen, das beim Ehegattenunterhalt im Wege der Differenzmethode zu berücksichtigen ist (vgl. aber → Rn. 689 ff.).[186] Die Höhe der Zuwendungen und einer ev. Gegenleistung hat das Gericht unter Berücksichtigung der Umstände des Einzelfalls zu ermitteln und gegebenenfalls nach § 287 ZPO zu schätzen (→ § 6 Rn. 750 f.).[187]

711 Dritter in diesem Sinn kann beim **Kindesunterhalt** auch der andere Elternteil sein, der an das Kind Leistungen erbringt, zu denen er gesetzlich nicht verpflichtet ist.[188] Nach der Lebenserfahrung kann grundsätzlich nicht angenommen werden, dass ein Elternteil den anderen nach der Trennung von dessen gesetzlicher Unterhaltsverpflichtung entlasten will, wenn er trotz Leistungsunfähigkeit Sachleistungen, zB in Form der Wohnungsgewährung, an das gemeinsame volljährige Kind erbringt. Die ohne gesetzliche Verpflichtung gewährten Leistungen mindern die Bedürftigkeit des Kindes also grundsätzlich nicht. Soweit der Elternteil diese Leistungen aber mit dem noch an ihn ausgezahlten Kindergeld verrechnet und dieses entgegen § 1612b I BGB nicht an das volljährige Kind auskehrt, entlasten die

---

[178] BGH FamRZ 2009, 411 Rn. 38.
[179] BGH FamRZ 1995, 537; OLGR Hamm 1997, 205; OLG Hamm FamRZ 1990, 405.
[180] BGH IVb ZR 379/81 vom 29.6.1983 zit. in BGH FamRZ 1995, 537; OLG Hamm FamRZ 2014, 222 (223).
[181] Vgl. BGH FamRZ 2009, 962 = R 700.
[182] BGH FamRZ 2010, 444 Rn. 16; 2010, 357 = R 709a; 2008, 1739 Rn. 32; 2008, 594 Rn. 42 (Beteiligung an Wohnkosten); OLG Hamm FamRZ 2008, 893 Rn. 92; OLG Bamberg FamRZ 1996, 628; OLG München FamRZ 1996, 169.
[183] BGH FamRZ 2014, 912 Rn. 39; 2012, 281 Rn. 46 = R 731k (jeweils zur Höhe des Synergieeffekts von 10% des Gesamtbedarfs der Ehegatten); 2010, 1535 = R 714c; 2008, 594 = R 688.
[184] BGH FamRZ 2008, 968.
[185] OLG Hamm NJWE-FER 2000, 249.
[186] BGH FamRZ 2004, 1170 = R 612; 2004, 1173.
[187] BGH FamRZ 1983, 146; 1980, 665 (668); 1980, 40 (42); OLG Hamm FamRZ 2000, 1285.
[188] Vgl. OLGR Hamm 2000, 326.

9. Abschnitt: Sonstige Einkünfte aus sozialstaatlichen Zuwendungen § 1

– auf diese Weise in Höhe des Kindergeldes entgeltlich erbrachten[189] – Leistungen den barunterhaltspflichtigen anderen Elternteil (zur Berücksichtigung freiwilliger Zuwendungen eines Dritten oder eines Elternteils an Kinder → § 2 Rn. 121 ff.; zu Zuwendungen eines **Lebensgefährten des Kindes** → § 2 Rn. 131).[190]

III. Zuwendungen eines neuen Partners an den Berechtigten sowie Gegenleistungen des Berechtigten an den neuen Partner

1. Allgemeines

Grundsätzlich gelten die Ausführungen zu → Rn. 708 ff. auch für das Verhältnis von Personen, die in eheähnlicher Lebensgemeinschaft zusammenleben, da die eheähnliche Lebensgemeinschaft als solche keine Rechtsbeziehungen und gegenseitige Rechtsansprüche zwischen den Partnern schafft.[191] Freiwillige Zuwendungen des neuen Partners an den Unterhaltsberechtigten mindern dessen Bedürftigkeit grundsätzlich nicht,[192] weil der Berechtigte auf solche Zuwendungen keinen Rechtsanspruch hat[193] und sein neuer Partner nach der Lebenserfahrung nur ihn unterstützen, aber nicht den früheren Partner von dessen Unterhaltspflicht entlasten will. Dies gilt im Prinzip für alle Leistungen des neuen Partners, vor allem für die **Wohnungsgewährung** (→ Rn. 719 f.), finanzielle Zuwendungen und ähnliche Leistungen.[194]

712

2. Zur Anrechnung von Leistungen des neuen Partners

Führt der **Unterhaltsberechtigte** seinem neuen Partner allerdings den **Haushalt**[195] oder erbringt er ihm sonstige Versorgungsleistungen, so können dessen im Gegenzug erbrachte Bar- und Sachleistungen (zB Wohnungsgewährung) nicht mehr als unentgeltlich beurteilt werden. Sie beinhalten dann wirtschaftlich eine Vergütung für die erbrachten Versorgungsleistungen (aber → Rn. 716, 722 sowie → § 4 Rn. 585 ff.). Dabei kommt es nicht darauf an, ob die beiden Partner ausdrücklich entsprechende Absprachen getroffen haben.[196] Denn unabhängig davon ist der wirkliche Wert dessen, was der Unterhaltsberechtigte von seinem neuen Partner unter Berücksichtigung dessen Leistungsfähigkeit als Gegenleistung erhält oder erhalten müsste Einkommen und somit – ggf. auch als **Surrogat** früherer Kindererziehung und Haushaltstätigkeit – im Wege der Differenzmethode in die Unterhaltsberechnung einzubeziehen.[197] Die geldwerten Versorgungsleistungen für einen Lebenspartner sind somit nicht anders zu beurteilen, als eine bezahlte Tätigkeit des Unterhaltsberechtigten in einem fremden Haushalt.[198] Allerdings kann heute nicht mehr davon ausgegangen werden, dass in der neuen Lebensgemeinschaft die Frau den Haushalt allein versorgt.[199] Solches muss vielmehr im Einzelfall konkret festgestellt werden. Wenn der Unterhaltsberechtigte einen neuen Partner allerdings neben einer eigenen vollschichtigen Erwerbstätigkeit versorgt, sind die Versorgungsleistungen überobligatorisch und er kann

713

---

[189] BGH FamRZ 2006, 774 Rn. 9; 2006, 99 = R 641e.
[190] BGH FamRZ 2006, 99 (101) = R 641e.
[191] BGH FamRZ 2008, 1739 Rn. 32 f.
[192] Zu § 1579 Nr. 2 BGB vgl. aber BGH FamRZ 2011, 1854 Rn. 18 ff.
[193] BGH FamRZ 2010, 1422 Rn. 16; 2010, 357 = R 709a; 2009, 1391 Rn. 33; 2008, 594 = R 688c.
[194] BGH FamRZ 1995, 537; 1980, 40 (42); 1980, 879 (880), OLG Hamm FamRZ 2000, 1285.
[195] Zur Hausmannrechtsprechung beim Unterhaltspflichtigen vgl. BGH FamRZ 2006, 1827 (1828) = R 660b; 2006, 1010 (1012) = R 650; → § 2 Rn. 172 ff.
[196] BGH FamRZ 2012, 1201 Rn. 16 = R 733; 2004, 1170 (1171).
[197] BGH FamRZ 2012, 1201 Rn. 16 = R 733; 2004, 1170 (1171); 2004, 1170 = R 612; 2004, 1173.
[198] BGH FamRZ 2001, 1693 (1694).
[199] OLG Zweibrücken FamRZ 2009, 49 Rn. 34.

diese jederzeit einstellen. Solange er die Leistungen aber erbringt und dafür eine Gegenleistung verlangen kann, bleibt der Wert dieser überobligatorischen Tätigkeit, wie allgemein bei überobligatorischen Einkünften, nicht völlig unberücksichtigt, sondern ist nach Billigkeit mit einem Anteil in die Unterhaltsbemessung einzustellen.[200] Zur Ermittlung der unterhaltsrelevant angemessenen Vergütung ist daher stets zu klären, in welchem Umfang der Unterhaltsberechtigte erwerbstätig ist und welche Leistungen er seinem Partner (daneben) erbringt. Erbringt der Partner für die Versorgungsleistungen konkrete Gegenleistungen, können diese, etwa ein Wohnwert, als Indiz für die Bewertung der Versorgungsleistung herangezogen werden.

714 Oft besteht die Zuwendung des Partners in der Bereitstellung der **Wohnung** (→ Rn. 719) und der (teilweisen) Übernahme von Kosten der allgemeinen Lebenshaltung, wie Heizung, Strom, Lebensmittel uÄ. Von den Gesamtkosten der Lebenshaltung ist der Teil abzusetzen, der auf den neuen Partner selbst entfällt. Der Rest, vorbehaltlich besserer Erkenntnisse die Hälfte der vom Partner erbrachten gesamten Lebenshaltungskosten, ist als Zuwendung für die erbrachte Haushaltstätigkeit zu berücksichtigen. Regelmäßig sind die Zuwendungen des neuen Partners in dieser Höhe, abzüglich eines Abschlags für ev. eigene Mehraufwendungen als Abgeltung der hauswirtschaftlichen Tätigkeit und sonstiger Versorgungsleistungen, als Einkommen des Berechtigten zu behandeln.[201] Ergibt sich der Wert der Versorgungsleistungen nicht bereits über den Wert der Gegenleistung des Partners, ist der Umfang der Betreuungs- und Versorgungsleistungen konkret zu ermitteln und zu bewerten; dabei handelt es sich in der Regel um Instandhaltungs- und Pflegearbeiten in der Wohnung, Waschen der Wäsche, Einkaufen, Überlassung von Haushaltsgeräten, Kochen, Betreuung von Kindern des neuen Partners uÄ.[202]

3. Zur fiktiven Anrechnung einer angemessenen Vergütung für Versorgungsleistungen des Unterhaltsberechtigten

715 Erbringt der neue Partner keine Gegenleistungen oder bleibt sein Beitrag hinter dem tatsächlichen **Wert der Versorgungsleistungen** zurück, die ihm der Unterhaltsberechtigte gewährt, muss der wirkliche Wert der vom Berechtigten erbrachten Leistungen in entsprechender Anwendung des § 850h ZPO als maßgeblich angesehen werden. Eine fehlende oder verhältnismäßig zu geringe Gegenleistung für die Versorgungsleistungen an den neuen Partner kann hier ebenso wenig zu Lasten des unterhaltspflichtigen Ehegatten maßgeblich sein, wie im Bereich des § 850h ZPO zum Nachteil eines Gläubigers. Der Unterhaltsberechtigte muss sich in solchen Fällen deswegen grundsätzlich fiktiv eine angemessene Vergütung für seine Versorgungsleistungen anrechnen lassen.[203] Fiktive Zuwendungen des neuen Partners für die Versorgungsleistungen können allerdings nicht angerechnet werden, wenn dieser nicht leistungsfähig ist.[204] Der neue Partner muss also **finanziell im Stande sein,** die ihm erbrachten Leistungen zu vergüten.[205] Bei relativ geringen Einkünften des neuen Lebenspartners ist allerdings zu berücksichtigen, dass dieser die Aufwendungen auch dann aus seinem geringen Einkommen finanzieren müsste, wenn er allein leben würde.[206] Das ist jedenfalls dann der Fall, wenn er die Leistungen nicht selbst erbringen könnte. Dafür, dass der neue Partner nicht in der Lage ist, eine Vergütung für die vom Unterhaltsberechtigten erbrachten Versorgungsleistungen zu zahlen, ist der Unterhaltsberechtigte im Rahmen der Darlegung seiner Bedürftigkeit darlegungs- und beweis-

---

[200] Zur Berücksichtigung überobligatorischer Einkünfte vgl. BGH FamRZ 2005, 1154 (1156) = R 630c–e; → Rn. 800 ff.
[201] BGH FamRZ 1980, 40 (42).
[202] BGH FamRZ 1989, 487.
[203] BGH FamRZ 2004, 1170 = R 612; 1984, 662; 1980, 665 (668); 1980, 879; OLGR Koblenz 1997, 205; OLGR Hamm 2000, 326; OLGR Hamm 2000, 236, a. A. OLG München FamRZ 2006, 1535.
[204] BGH FamRZ 1985, 273.
[205] BGH FamRZ 1989, 487.
[206] BGH FamRZ 1987, 1011 (1013) (für ein Nettoeinkommen von 1366 DM im Jahre 1987).

9. Abschnitt: Sonstige Einkünfte aus sozialstaatlichen Zuwendungen § 1

pflichtig. Ist das Einkommen des neuen Partners nicht bekannt, kann dies uU der Bescheinigung zum Lohnausfall für die Zeugenentschädigung entnommen werden.[207] Ist der neue Partner zu einer Vergütung der Versorgungsleistungen nicht in der Lage, muss geprüft werden, ob der Unterhaltsberechtigte an Stelle der Versorgungsleistungen für den neuen Partner eine anderweitige **Erwerbstätigkeit** ausüben und sich diese Einkünfte fiktiv anrechnen lassen muss. Dem neuen Partner kann eine Unterstützung zugemutet werden, weil er die Leistungen des Berechtigten sonst kostenlos erhalten würde.

Im Rahmen eines Anspruchs auf Betreuungsunterhalt nach §§ 1570, 1615l BGB ist das Maß einer zumutbaren eigenen Erwerbstätigkeit unter Berücksichtigung der Kindesbetreuung und der Haushaltstätigkeit für den Haushalt des Unterhaltsberechtigten und des Kindes zu ermitteln.[208] Weitere Versorgungsleistungen sind dem betreuenden Elternteil daneben grundsätzlich nicht zumutbar und deswegen **überobligatorisch.** Wie allgemein bei überobligatorischen Einkünften kann die Tätigkeit zwar jederzeit eingestellt werden. Eine gleichwohl ausgeübte Versorgungsleistung für einen neuen Partner ist allerdings zu berücksichtigen und nach Billigkeit anteilig in die Unterhaltsbemessung einzustellen.[209] Auch soweit die Versorgungsleistungen neben einer vollschichtigen Erwerbstätigkeit überobligatorisch sind, können sie nach den zu § 1577 II BGB entwickelten Grundsätzen **mindestens teilweise** in die Unterhaltsberechnung einbezogen werden (→ Rn. 550).[210] Macht der Unterhaltspflichtige derartige Versorgungsleistungen des Unterhaltsberechtigten mit entsprechend zurechenbaren Einkünften geltend, obliegt es dem Unterhaltsberechtigten, dies als Teil seiner Bedürftigkeit zu widerlegen.[211] Eine solche Vergütung, die jederzeit wegfallen kann, darf aber nicht einer unterhaltssichernden Erwerbstätigkeit nach § 1573 IV BGB gleichgesetzt werden.[212]

716

4. Zur Bemessung der angemessenen Vergütung

Die Höhe des anzurechnenden Betrags ist vom Gericht zu ermitteln. Dabei ist – ausgehend vom Umfang der Versorgungsleistungen oder dem Wert der Wohnungsgewährung – vor allem auf den **objektiven Wert** abzustellen, den die Haushaltsführung und die sonstigen Vermögensleistungen für den Partner unter Berücksichtigung seines Einkommens haben.[213] Bei dieser Wertermittlung können Richtsätze, die auf die vorliegenden Verhältnisse abgestimmt sind und der Lebenserfahrung entsprechen, sowie Richtlinien und Erfahrungssätze, die zur Bestimmung von Schadensersatzrenten für die Verletzung oder Tötung von Hausfrauen entwickelt worden sind, als Anhalt dienen, soweit nicht im Einzelfall besondere Umstände eine Abweichung gebieten.[214]

717

Nach Ziff. 6 der Leitlinien der Oberlandesgerichte (→ Rn. 20) ist für die Person, die einem leistungsfähigen Dritten den Haushalt führt, ein entsprechendes Einkommen zu berücksichtigen. Die Bremer, Dresdener, Berliner, Kölner, Rostocker und Süddeutschen Leitlinien[215] bewerten die Haushaltsführung durch einen nicht Erwerbstätigen in der Regel mit einem Betrag von 200 bis 550 EUR.[216] Bei Bestehen einer eheähnlichen Lebens- und Haushaltsgemeinschaft berücksichtigt das OLG Oldenburg in der Regel einen wirtschaftlichen Vorteil von 500 EUR, wenn nicht die Leistungsunfähigkeit des Partners feststeht.[217] Das OLG Frankfurt und das OLG Jena berücksichtigen für die Führung des Haushalts eines

718

---

[207] OLG Hamm FamRZ 1993, 1450.
[208] BGH FamRZ 2009, 1124 Rn. 37; 2008, 1739 Rn. 103.
[209] BGH FamRZ 2010, 1818 Rn. 19; 2009, 1391 Rn. 18; 2005, 1154 = R 630d; so im Ergebnis auch BGH FamRZ 1995, 343; 1988, 259 (263); 1987, 1011.
[210] BGH FamRZ 2005, 1154 = R 630c–e; 1995, 343.
[211] BGH FamRZ 1995, 291.
[212] BGH FamRZ 1987, 689.
[213] BGH FamRZ 2001, 1693 (1694).
[214] BGH FamRZ 2009, 596 Rn. 5 ff.; 1993, 411; 1984, 662; 1980, 40 (42).
[215] Jeweils unter Ziff. 6.
[216] Vgl. BGH FamRZ 2001, 1693 (1694) mAnm Büttner.
[217] Leitlinien Ziff. 6.

leistungsfähigen Dritten durch einen Nichterwerbstätigen regelmäßig ein fiktives Einkommen von 450 EUR, das OLG Koblenz regelmäßig ein Einkommen von 350 EUR und das OLG Düsseldorf ein solches von regelmäßig 400 EUR. Das OLG Hamm fingiert für die Haushaltstätigkeit im Falle der Vollversorgung eine Vergütung von 250 bis 500 EUR.[218] Die Leitlinien der Oberlandesgerichte Brandenburg, Braunschweig, Celle, Hamburg, Naumburg und Schleswig erkennen zwar ebenfalle Einkünfte aus der Haushaltsführung für einen leistungsfähigen Dritten an, enthalten aber keine Wertmaßstäbe. Der BGH hat eine Bewertung der Haushaltstätigkeit in kinderloser Ehe mit 400 DM revisionsrechtlich gebilligt.[219] **Gegenleistungen des neuen Partners gegenüber Kindern** des Berechtigten (zB Hausaufgabenüberwachung) können bei der Schätzung nicht berücksichtigt werden, weil diese Tätigkeit den Unterhaltsberechtigten in entsprechendem Umfang entlastet und ihm insoweit die Möglichkeit zu einer ergänzenden Erwerbstätigkeit verschafft. Der Wert der Versorgungsleistungen für den neuen Partner ist daher ohne Abzug für dessen Betreuungsleistungen zu ermitteln.[220] Können solche Versorgungsleistungen nicht angenommen werden, weil jeder Partner den auf ihn entfallenden Anteil der Haushaltsleistungen selbst oder die Hälfte der insgesamt anfallenden Arbeiten trägt, verbleibt es jedoch bei der durch den Synergieeffekt gerechtfertigten gemeinsamen **Haushaltsersparnis von 10% des Gesamtbedarfs der Lebenspartner**.[221] Diese Haushaltsersparnis kann bei einem Unterhaltsberechtigten bedarfsmindernd zugrunde gelegt werden,[222] während beim Zusammenleben eines Unterhaltspflichtigen dessen Selbstbehalt entsprechend um 10% herabzusetzen ist.[223]

5. Zur Wohnungsgewährung durch den neuen Partner

719   Häufig wird der **Unterhaltsberechtigte in der Wohnung** des neuen Partners aufgenommen und erbringt dort seine fiktiv zu bewertenden Versorgungsleistungen.[224] Eine isolierte Betrachtung der Wohnungsgewährung ergibt folgendes Bild: Trägt sein neuer Partner die Wohnkosten allein, kann der Unterhaltsberechtigte nicht den vollen Unterhalt, sondern nur den Teil verlangen, der nicht bereits durch die Wohnungsgewährung gedeckt ist. Zusätzlich zu dem gedeckten Wohnbedarf wäre noch eine fiktive Vergütung für die Haushaltstätigkeit zu berücksichtigen. Die Darlegungs- und Beweislast dafür, dass diese Vorteile nicht auf Grund einer konkreten Absprache mit dem neuen Partner zu verrechnen sind, trägt der Unterhaltsberechtigte als Teil seiner Bedürftigkeit.[225] Diese Sicht berücksichtigt allerdings die **Freiwilligkeit der Leistungen Dritter** (→ Rn. 708 ff.) nicht ausreichend. Denn so würde die Haushaltstätigkeit mit dem fiktiven Entgelt und der Wohnungsgewährung des neuen Partners doppelt vergolten. Ist die Haushaltstätigkeit bereits durch das fiktive Entgelt voll abgegolten, bleibt als Rechtsgrund für die Wohnungsgewährung nur die Freiwilligkeit der Leistungen durch den neuen Lebenspartner. Der Wohnbedarf ist deswegen nur dann unterhaltsmindernd gedeckt, wenn und soweit die Wohnungsgewährung nicht als freiwillige Leistung Dritter sondern als Entgelt für die Haushaltstätigkeit erfolgt, was neben fiktiv zu bewertende Versorgungsleistungen regelmäßig nicht der Fall ist.[226] Erbringt der Unterhaltsberechtigte in seiner neuen Lebensgemeinschaft also Haushaltsleistungen und erhält er dafür im Gegenzug freies Wohnen, kann dies nur einfach, nämlich mit dem Wert der Haushaltsleistung, dem Einkommen hinzugerechnet werden.

---

[218] Leitlinien Ziff. 6; vgl. auch OLG Hamm FamRZ 2000, 344.
[219] BGH FamRZ 2001, 1693.
[220] BGH FamRZ 1983, 146 (148).
[221] BGH FamRZ 2014, 912 Rn. 39; 2012, 281 Rn. 46 = R 731k.
[222] BGH FamRZ 2010, 1535 = R 714c; 2004, 792 (793) OLG München FamRZ 2004, 485; OLG Hamburg FamRZ 1987, 1044; OLG Frankfurt FamRZ 1985, 957; a. A. OLG Karlsruhe FamRZ 2004, 1209.
[223] BGH FamRZ 2008, 593 Rn. 34 ff.
[224] Vgl. OLG Nürnberg NJW-RR 1996, 1412.
[225] BGH FamRZ 1995, 343.
[226] OLG Hamm FamRZ 2001, 46; OLG Hamm FamRZ 2000, 1285; so auch Büttner, FamRZ 1996, 126 (138).

Diese Leistung wird vom neuen Partner entweder durch das freie Wohnen oder durch ein (fiktives) Entgelt abgegolten. Ein freies Wohnen, das im Wert über den Wert der Haushaltsleistungen hinausgeht, bleibt regelmäßig als freiwillige Leistung Dritter unberücksichtigt.

Anders zu beurteilen ist die kostenlose Wohnungsgewährung des neuen Partners für die **in die Wohnung mit aufgenommenen Kinder** aus der früheren Ehe, da insoweit weder Gegenleistungen der Kinder vorliegen, noch nach der Lebenserfahrung ein Wille des neuen Partners auf Entlastung des baruntershaltspflichtigen Elternteils von dessen Unterhaltspflicht gegenüber den Kindern angenommen werden kann.[227] In diesen Fällen ist die Wohnungsgewährung durch den neuen Partner in vollem Umfang eine freiwillige Leistung Dritter und hat keinen Einfluss auf den vom anderen Elternteil ungekürzt zu zahlenden Kindesunterhalt. 720

IV. Unterhaltsleistungen als anrechnungsfähiges Einkommen

1. Grundsatz

Auch Unterhaltsleistungen, die ein Unterhaltspflichtiger von seinem Ehegatten erhält, zählen zu seinem Einkommen, wenn sie auf Geldleistungen gerichtet sind. Weil diese Unterhaltsleistungen aber nur der **Deckung des eigenen angemessenen Bedarfs** dienen, ist im Rahmen der Bemessung seines Bedarfs und seiner Bedürftigkeit nur auf den Unterhaltsberechtigten selbst abzustellen; dass er wiederum anderen Berechtigten unterhaltspflichtig ist, hat auf seinen Unterhaltsbedarf keinen Einfluss. Das gilt erst recht, wenn der Ehegattenunterhalt unter Vorwegabzug des Kindesunterhalts berechnet wurde.[228] Wenn beide Eltern ihren volljährigen Kindern dem Grunde nach gemäß §§ 1601, 1606 III 1 BGB unterhaltspflichtig sind, der Aufstockungsunterhalt unter ihnen (§ 1573 II BGB) aber auf der Grundlage errechnet wird, dass der Besserverdienende den vollen Kindesunterhalt bezahlt, muss der andere Ehegatte sein Einkommen und den entsprechend reduzierten Aufstockungsunterhalt nicht mehr für den Kindesunterhalt einsetzen.[229] Der eigene Unterhaltsbedarf eines Ehegatten nach den ehelichen Lebensverhältnissen wird generell nicht dadurch erhöht, dass er von Kindern auf Unterhalt in Anspruch genommen wird.[230] Anderenfalls müsste auch ein neuer Ehegatte über den Umweg des erhöhten Ehegattenunterhalts Kindesunterhalt zahlen, für den er nach dem Gesetz nicht haftet.[231] 721

Erhaltene Unterhaltsleistungen sind in Rahmen der eingeschränkten Leistungsfähigkeit auch dann nicht für andere Unterhaltsansprüche einzusetzen, wenn der Empfänger die Unterhaltsleistungen braucht, um seinen eigenen angemessenen Unterhalt decken zu können. Das gilt auch, sofern er den Kindern nach § 1603 I, II 3 BGB nur bis zur Grenze seines eigenen angemessenen Unterhalts haftet.[232] Für diese Fälle ergibt sich unmittelbar aus § 1603 I BGB, dass auch aus einem Unterhalt, der den angemessenen eigenen Bedarf nicht übersteigt, kein Unterhalt für Kinder bezahlt werden muss.[233] Jedenfalls in diesem Rahmen des vom Gesetz geschützten Selbstbehalts kann der berechtigte Ehegatte auch seinen Unterhalt nach Belieben verwenden. Es ist ihm auch nicht verwehrt, den seinem Selbstbehalt unterfallenden Unterhalt teilweise, zB für eine ergänzende Altersversorgung,[234] anzusparen. Durch eine solche freiwillige Einschränkung in der Lebensführung mindert sich seine eigene Bedürftigkeit nicht. Diese mindert sich erst dann, wenn er seinen Bedarf dauerhaft zumindest teilweise aus eigenen Kräften oder mit eigenen Mitteln, etwa Zins-

---

[227] BGH FamRZ 1980, 665 (669).
[228] OLG Hamm FamRZ 1992, 91.
[229] BGH FamRZ 2009, 762 = R 703.
[230] BGH FamRZ 2013, 363 Rn. 29; 2004, 1370, 1372; 1985, 273.
[231] Zur Hausmann-Rechtsprechung vgl. BGH FamRZ 2006, 1827 = R 660b.
[232] BGH FamRZ 2008, 137 = R 684g.
[233] BGH FamRZ 2006, 1827 (1828) = R 660b; 2006, 1010 (1014); 1991, 182; 1980, 555.
[234] BGH FamRZ 2007, 793 = R 674c; 2006, 1511 (1513) = R 658d; 2005, 1817 = R 632j; vgl. aber BGH FamRZ 2013, 616 Rn. 15 ff.

einkünften aus dem Ersparten, decken kann (→ § 2 Rn. 247 ff.; zum **Taschengeld**[235] → § 3 Rn. 56).[236]

2. Ausnahmen

722   Im Verhältnis von Eltern zu ihren **minderjährigen Kindern** besteht nach § 1603 II 1, 2 BGB eine gesteigerte Unterhaltsverpflichtung der Eltern, die auf der besonderen familienrechtlichen Verantwortung der Eltern gegenüber minderjährigen und privilegierten volljährigen Kindern beruht.[237] Die Eltern sind dann verpflichtet, alle verfügbaren Mittel gleichmäßig zu ihrem Unterhalt und zum Unterhalt der Kinder zu verwenden. Den barunterhaltspflichtigen Elternteil trifft deswegen grundsätzlich eine Obliegenheit zur Aufnahme einer Erwerbstätigkeit, um dadurch wenigstens den eigenen notwendigen Lebensbedarf und den Mindestunterhalt der Kinder sicherzustellen (→ § 2 Rn. 275 ff.).[238] War der seinen Kindern unterhaltspflichtige Elternteil in seiner früheren Ehe erwerbstätig und hat er diese Erwerbstätigkeit zugunsten der Haushaltsführung und Kindererziehung in seiner neuen Ehe aufgegeben, kann dieser **Rollenwechsel** mit der sich daraus ergebenden Minderung seiner Erwerbseinkünfte aus unterhaltsrechtlicher Sicht nur ausnahmsweise hingenommen werden. Das ist nur dann der Fall, wenn wirtschaftliche Gesichtspunkte oder sonstige Gründe von gleichem Gewicht, die einen erkennbaren Vorteil für die neue Familie mit sich bringen, im Einzelfall den Rollentausch rechtfertigen. Die minderjährigen Kinder aus erster Ehe müssen die damit verbundene Gefährdung ihrer Unterhaltsansprüche also nur hinnehmen, wenn das Interesse des Unterhaltspflichtigen und seiner neuen Familie an der Aufgabenverteilung ihr eigenes Interesse an der Beibehaltung der bisherigen Unterhaltssicherung deutlich überwiegt.[239] Das ist etwa der Fall, wenn die neue Ehefrau deutlich mehr verdient als der unterhaltspflichtige Ehemann und die Entscheidung der Ehegatten, die Erziehung der Kinder aus dieser Ehe dem Ehemann zu übertragen, auch aus objektiver Sicht nachvollziehbar ist. Liegen diese Voraussetzungen nicht vor, ist der Ehemann gegenüber seinen Kindern aus erster Ehe erwerbspflichtig und ihm ist ein erzielbares fiktives Einkommen zuzurechnen (→ Rn. 734 ff.).

723   Müssen die minderjährigen Kinder aus erster Ehe den Rollenwechsel in der neuen Familie hingegen hinnehmen, können sie für ihre Unterhaltsansprüche grundsätzlich nicht auf **Unterhaltsleistungen eines späteren Ehepartners** zurückgreifen. Denn aus Sicht des neuen Ehegatten liefe dies auf eine Unterhaltspflicht für die Kinder seines Ehegatten aus erster Ehe hinaus, die im Gesetz nicht vorgesehen ist.[240] Stattdessen ist der barunterhaltspflichtige Elternteil verpflichtet, neben der Kindererziehung in zweiter Ehe eine Nebenerwerbstätigkeit aufzunehmen. Diese Verpflichtung ergibt sich aus dem Gleichrang der minderjährigen Kinder aus beiden Ehen, der es dem Elternteil versagt, sich allein den Kindern aus einer Ehe zu widmen. Weil der neue Ehegatte es auch im Falle der Vollerwerbstätigkeit des den Kindern aus erster Ehe unterhaltspflichtigen Ehepartners hinnehmen müsste, dass die Einnahmen daraus nicht in voller Höhe dem Familienunterhalt zur Verfügung stünden, sondern teilweise für den Unterhalt der Kinder aus erster Ehe verwendet werden müssten, trifft ihn auch in dieser Konstellation nach dem Rechtsgedanken des § 1356 II BGB eine Pflicht, die **Nebentätigkeit** zu ermöglichen. Das durch die Nebentätigkeit erlangte eigene Einkommen kann der barunterhaltspflichtige Elternteil in vollem Umfang für den Unterhaltsanspruch seiner Kinder aus erster Ehe verwenden, soweit sein eigener notwendiger Lebensbedarf durch den Anspruch auf Familienunterhalt gegen seinen zweiten Ehegatten gesichert ist.[241] Erzielt der barunterhaltspflichtige Elternteil wegen der Erziehung der Kleinkinder in seiner neuen Ehe allerdings Erziehungsgeld,

---

[235] BGH FamRZ 2006, 1827 (1830) = R 660b; 2004, 366.
[236] BGH FamRZ 1985, 582.
[237] BGH FamRZ 1989, 170.
[238] BGH FamRZ 2009, 314 = R 701; 2006, 1827 (1828) = R 660a, b; 2006, 1010 (1012).
[239] BGH FamRZ 2006, 1827 (1828) = R 660a; 2006, 1010 (1012).
[240] BGH FamRZ 2006, 1827 (1830) = R 660b.
[241] BGH FamRZ 2006, 1827 (1828) = R 660b; 2004, 24 = R 660a, b.

9. Abschnitt: Sonstige Einkünfte aus sozialstaatlichen Zuwendungen § 1

Elterngeld oder Betreuungsgeld, ist ihm daneben keine Erwerbstätigkeit zumutbar. An Stelle der Einkünfte daraus ist dann aber der unterhaltsrelevante Teil des Erziehungs-, Eltern- oder Betreuungsgeldes (→ Rn. 116 ff.) für den Kindesunterhalt einzusetzen, sofern der eigene notwendige Lebensbedarf durch seinen Anspruch auf Familienunterhalt gesichert ist.[242]

Neben dem eigenen Einkommen aus Nebentätigkeit, Erziehungs-, Eltern- oder Betreuungsgeld muss der barunterhaltspflichtige Elternteil nach der Rechtsprechung des BGH den von seinem aktuellen Ehegatten geschuldeten Familienunterhalt nur insoweit für den Unterhaltsanspruch der Kinder aus erster Ehe einsetzen, als er einen zusätzlich geschuldeten Anspruch auf **Taschengeld** betrifft. Nur dieser Teil des Familienunterhalts ist auf eine Geldleistung gerichtet und stehe ihm zur Befriedigung seiner persönlichen Bedürfnisse nach eigenem Gutdünken und freier Wahl unabhängig von einer Mitsprache des anderen Ehegatten zur Verfügung. Im Rahmen seiner gesteigerten Unterhaltspflicht nach § 1603 II BGB hat er ein ggf. zusätzlich geschuldetes Taschengeld[243] (→ § 3 Rn. 64) deswegen ebenfalls für den Kindesunterhalt zu verwenden, wenn sein eigener notwendiger Lebensbedarf durch den Familienunterhalt im Übrigen vollständig gedeckt ist. Wegen der Beschränkung auf den frei verfügbaren Teil des Familienunterhalts, dessen Höhe isoliert und ohne Berücksichtigung der Unterhaltspflicht für die Kinder aus erster Ehe zu ermitteln ist, führt dies nicht zu einer indirekten Haftung des neuen Ehegatten für den Unterhaltsanspruch der Kinder seines Ehegatten aus erster Ehe. Nur dieser Taschengeldanspruch ist deswegen im Rahmen der gesteigerten Unterhaltspflicht nach § 1603 II BGB als Teil des Familienunterhalts zu berücksichtigen.[244]

724

Der BGH hat diese Auffassung inzwischen auch zum Elternunterhalt bekräftigt.[245] Danach bilden **grundsätzlich auch eigene Unterhaltsansprüche Einkommen**, aus dem Unterhalt an unterhaltsberechtigte Dritte gezahlt werden kann. Das setzt aber voraus, dass der eigene Unterhaltsanspruch zur Höhe ohne die weitere Unterhaltspflicht ermittelt auf Geldleistung gerichtet ist und damit auch monetär als eigenes Einkommen für Unterhaltsleistungen zur Verfügung steht. Ist dies, wie bei den Ansprüchen aus den §§ 1361, 1570 ff., 1601 ff. BGB, der Fall, kann der eigene Unterhalt im Rahmen der **Leistungsfähigkeit** unmittelbar für Unterhaltsleistungen an Dritte eingesetzt werden. Ist der Unterhalt hingegen, wie beim Familienunterhalt nach §§ 1360 f. BGB, auf die Deckung des eigenen Lebensbedarfs und nicht auf Geldleistungen gerichtet (→ § 3 Rn. 25 ff.), kann er lediglich den eigenen Selbstbehalt abdecken, nicht aber für andere Unterhaltsansprüche eingesetzt werden. Der Familienunterhalt kann deswegen grundsätzlich nur zur Sicherung des eigenen Lebensbedarfs des Ehegatten verwendet werden. Reicht der Unterhalt dafür aus, ermöglicht dies ihm allerdings, alles weitere Einkommen, etwa aus Nebentätigkeit oder aus Eltern- oder Betreuungsgeld (s. § 11 BEEG), für den Unterhaltsberechtigten zu verwenden (→ Rn. 116 ff.). Weil das Taschengeld als Teil des Familienunterhalts ebenfalls auf Geldleistung gerichtet ist (→ § 3 Rn. 62 ff.), kann und muss dieser Teil, wie alle übrigen auf Geldleistung gerichteten Unterhaltsansprüche, auch für Unterhaltsansprüche Dritter eingesetzt werden. Allerdings ist das Taschengeld neben der Bedarfssicherung durch den übrigen Familienunterhalt grundsätzlich auch für die eigenen Bedürfnisse des berechtigten Ehegatten bestimmt.[246] Deswegen hat der BGH inzwischen entschieden, dass dem unterhaltspflichtigen Kind von dem Taschengeld in seiner aktuellen Ehe beim Elternunterhalt ein Teilbetrag verbleiben muss, der sich auf der Grundlage von Gesamteinkünften der Familie in Höhe des Familienselbstbehalts von zurzeit (1800 EUR × 2 = 3600 EUR − 10% =) 3240 EUR ergibt. Bei einem Taschengeld in Höhe von 5% des Familieneinkommens wären das 162 EUR. Ist das tatsächlich geschuldete Taschengeld wegen eines höheren Familieneinkommens höher, ist die Differenz für den Elternunterhalt

---

[242] BGH FamRZ 2006, 1010 (1014); 2001, 1065.
[243] BGH FamRZ 1998, 608.
[244] BGH FamRZ 2006, 1827 (1830) = R 660b (beim Kindesunterhalt); 2004, 366 (beim Elternunterhalt); vgl. auch BVerfG FamRZ 1985, 143 (146).
[245] BGHZ 196, 21 = FamRZ 2013, 363 Rn. 25 ff. (zum Elternunterhalt)
[246] Zur Bemessung vgl. BGH FamRZ 1998, 608 f.

einzusetzen.²⁴⁷ Diese Rechtsprechung zum nur begrenzten Einsatz des Taschengeldes für den Elternunterhalt dürfte aber auf den Kindesunterhalt im Rahmen der Hausmannrechtsprechung nicht zu übertragen sein. Im Hinblick auf die gesteigerte Unterhaltspflicht dürfte beim Kindesunterhalt jedenfalls bis zur Sicherung des Mindestbedarfs das volle Taschengeld einzusetzen sein.

Um in Fällen der Konkurrenz des Familienunterhalts mit andern Unterhaltsansprüchen eine dem Gesetz entsprechende Aufteilung der vorhandenen Einkünfte zu ermöglichen, hat es der BGH in ständiger Rechtsprechung gebilligt, den Familienunterhalt – wie sonst den nachehelichen Unterhalt – als Geldforderung zu bemessen.²⁴⁸ Auch das ist nicht zu beanstanden.²⁴⁹

725   Erhält der berechtigte Elternteil zusätzlich zu eigenen Erwerbseinkünften **Aufstockungsunterhalt nach § 1573 II BGB**, ist er ebenso zu Unterhaltsleistungen gegenüber seinen minderjährigen²⁵⁰ und volljährigen²⁵¹ Kindern verpflichtet, wenn sein Gesamteinkommen aus bedarfsdeckenden Unterhaltsleistungen und eigenen Einkünften höher ist als sein eigener (notwendiger oder angemessener) Lebensbedarf (→ § 2 Rn. 247). Dabei wird der eigene Lebensbedarf durch den Aufstockungsunterhalt und das eigene Erwerbseinkommen gesichert. Soweit die Summe über den eigenen Lebensbedarf hinausgeht, kann der Unterhaltsanspruch der Kinder sowohl aus dem Aufstockungsunterhalt als auch aus seinem eigenen Erwerbseinkommen geleistet werden.²⁵² Wenn im Falle einer Konkurrenz von Ansprüchen auf Ehegattenunterhalt und auf Volljährigenunterhalt der Kindesunterhalt nicht im Einklang mit tatsächlichen Zahlungen vorab vom Einkommen des besser verdienenden Ehegatten abgezogen wird, sind auch bei der Berechnung der Haftungsanteile für den Volljährigenunterhalt nach § 1606 III 1 BGB der Aufstockungsunterhalt und das Erwerbseinkommen des unterhaltsberechtigten Ehegatten zusammenzurechnen (näher dazu → § 2 Rn. 148).²⁵³

V. Schmerzensgeld

726   Ein Schmerzensgeld bleibt unterhaltsrechtlich jedenfalls in dem Umfang unberücksichtigt, in dem es neben einem ideellen Anteil den Ausgleich von Mehraufwendungen für Körper- und Gesundheitsschäden bezweckt. Denn dann wird nach **§ 1610a BGB** vermutet, dass die Kosten der zusätzlichen Aufwendungen nicht geringer sind als das gezahlte Schmerzensgeld (→ Rn. 648, 654 ff.).²⁵⁴ Auch wenn diese Vermutung auf der Grundlage der konkreten Verhältnisse des Einzelfalles widerlegt werden kann, ist das Schmerzensgeld bei vorliegenden Behinderungen nur teilweise als unterhaltsrelevantes Einkommen anzurechnen oder hinsichtlich der Leistungsfähigkeit eines Unterhaltspflichtigen der Selbstbehalt maßvoll zu erhöhen.²⁵⁵ Handelt es sich allerdings um ein Schmerzensgeld, das einem minderjährigen unterhaltsberechtigten Kind gezahlt wurde, bleiben der darin liegende Vermögensstamm nach § 1602 II BGB völlig unberücksichtigt; nur die Zinsen als Vermögenseinkünfte sind dann bedarfsdeckend einzubeziehen. Wurde das Schmerzensgeld noch während der Minderjährigkeit gezahlt, bleibt der Stamm auch dann unberücksichtigt, wenn das Kind inzwischen volljährig ist (→ Rn. 621).²⁵⁶

---

²⁴⁷ BGH FamRZ 2013, 363 Rn. 46 ff.; 2014, 1543 = R 759 (zum früheren Selbstbehalt).
²⁴⁸ BGH FamRZ 2010, 1535 = R 714b; 2004, 186; 2003, 860; 2002, 742; 2001, 1065 (1066).
²⁴⁹ Vgl. auch BGH FamRZ 2014, 1183 Rn. 28. ff. = R 754d; 2012, 281 Rn. 40 ff. = R 731j und 2009, 762 = R 703.
²⁵⁰ Vgl. aber § 1606 III 2 BGB und BGH FamRZ 2007, 707 = R 672 (zum Wechselmodell).
²⁵¹ BGH FamRZ 2009, 762 = R 703; OLG Hamm FamRZ 1988, 1270 mit Anmerkung Däther FamRZ 1989, 507.
²⁵² OLG Celle FamRZ 1998, 1614 (für Arbeitslosengeld).
²⁵³ BGH FamRZ 2009, 762 = R 703; 1986, 153.
²⁵⁴ BGH FamRZ 1994, 21; OLG Hamm FamRZ 2003, 1771.
²⁵⁵ BGH FamRZ 1989, 170.
²⁵⁶ OLG Düsseldorf FamRZ 1992, 1097; BVerwG FamRZ 1995, 1348 (zum Einsatz des Schmerzensgeldes als Härte iSv § 88 III BSHG).

9. Abschnitt: Sonstige Einkünfte aus sozialstaatlichen Zuwendungen § 1

Soweit das Schmerzensgeld nicht zum Ausgleich zusätzlicher Bedürfnisse benötigt wird, ist es jedenfalls im Rahmen der aus § 1603 II 1, 2 BGB folgenden gesteigerten Unterhaltspflicht bei der Leistungsfähigkeit eines Elternteils gegenüber **minderjährigen Kindern** als Einkommen zu berücksichtigen. Im Rahmen der Billigkeit ist dann aber stets zu prüfen, ob dem Unterhaltspflichtigen unter Berücksichtigung des ideellen Anteils des Schmerzensgeldes selbst noch ein angemessener Unterhalt verbleibt (§ 1603 II 3 BGB).

Beim **Ehegattenunterhalt** sind hingegen regelmäßig lediglich die Einkünfte aus dem Schmerzensgeld anzurechnen (→ Rn. 607 ff.).[257] Das Kapital selbst darf der Empfänger frei verwenden, „um sich nach seinen Wünschen und Interessen einen gewissen Ausgleich für den erlittenen immateriellen Schaden zu ermöglichen" (→ Rn. 607 ff.).

VI. Zu den nicht als Einkommen anzurechnenden Geldeinkünften

Sozialhilfe (→ § 8 Rn. 18 ff.),[258] die dem **Unterhaltsberechtigten** nach den Vorschriften des SGB XII geleistet wird, hat auf den Unterhaltsanspruch keinen Einfluss (zur Grundsicherung nach den §§ 41 ff. SGB XII vgl. aber → Rn. 703 ff.). Sie mindert die Bedürftigkeit des Unterhaltsberechtigten nicht, weil sie wegen ihres subsidiären Charakters (§ 2 SGB XII) und des mit ihrer Leistung verbundenen Anspruchsübergangs (§ 94 I SGB XII) den Unterhaltspflichtigen nicht von seiner Leistungspflicht befreien soll.[259] Wie die allgemeinen Leistungen des Arbeitslosengelds II (→ Rn. 110 ff.) hat auch die Sozialhilfe keine Einkommensersatz-, sondern nur eine subsidiäre Unterhaltsersatzfunktion. Dieser Grundsatz gilt allerdings nicht uneingeschränkt. Soweit der Anspruchsübergang ausnahmsweise gemäß **§ 94 II 1 SGB XII** ausgeschlossen ist, ist dem Sozialhilfeträger ein Rückgriff aus sozialstaatlichen Gründen ausdrücklich verwehrt und die Sozialhilfe ausnahmsweise als bedarfsdeckendes Einkommen zu berücksichtigen (→ § 8 Rn. 91 ff.)[260] Gleiches gilt, soweit ein Anspruchsübergang gemäß **§ 94 III 1 Nr. 1 SGB XII** ausgeschlossen ist, weil der Unterhaltspflichtige selbst nach dem Dritten und Vierten Kapitel des SGB XII leistungsberechtigt ist oder im Falle von Unterhaltszahlungen würde. Nach dem allgemeinen Grundsatz, dass niemand durch Unterhaltszahlungen selbst sozialhilfebedürftig werden darf, ist die Sozialhilfe auch insoweit bedarfsdeckend, als kein Unterhaltspflichtiger mit Einkünften oberhalb der Sozialhilfe vorhanden ist (→ § 8 Rn. 92 ff., 124 ff.). Schließlich scheidet ein Rückgriff des Sozialhilfeträgers gegen den Unterhaltspflichtigen nach **§ 94 III 1 Nr. 2 SGB XII** auch dann aus, wenn der Anspruchsübergang eine unbillige Härte für den Unterhaltspflichtigen bewirken würde (→ § 8 Rn. 87 ff., 124 ff.).[261] Auch dann ist eine geleistete Sozialhilfe ausnahmsweise als bedarfsdeckend zu berücksichtigen. Ist ein Forderungsübergang ausgeschlossen, weil der Unterhaltsschuldner keine Einkünfte erzielt und der Unterhaltsanspruch lediglich auf der Berücksichtigung **fiktiver Einkünfte** beruht,[262] kann es nach § 242 BGB angebracht sein, auch auf die Unterhaltsansprüche, die vor Zustellung der Antragsschrift entstanden sind, die dann bedarfsdeckenden Sozialhilfeleistungen ganz oder teilweise anzurechnen.[263]

Für den **Unterhaltspflichtigen** kann die allgemeine Sozialhilfe grundsätzlich schon deswegen nicht als Einkommen berücksichtigt werden, weil sie geleistet wird, um seine

727

728

---

[257] BGH FamRZ 1988, 1031; OLG Karlsruhe FamRZ 2002, 750.
[258] Siehe die Empfehlungen des Deutschen Vereins für öffentliche und private Fürsorge für die Heranziehung Unterhaltspflichtiger in der Sozialhilfe, FamRZ 2005, 1387 und im Internet unter: https://www.deutscher-verein.de .
[259] BGH FamRZ 2010, 1888 Rn. 43 ff.; 2010, 1418 Rn. 22 ff.; 2010, 1057 Rn. 12; 2010, 802; 2000, 1358 (1359); 1999, 843; 1984, 364 (366); 1983, 574; 1981, 30; OLG Hamm FamRZ 2000, 1091.
[260] BGH FamRZ 2012, 530 Rn. 11 ff.; 2010, 1418 Rn. 22 ff.; 2000, 1358 (1359); s. auch OLG Koblenz – 11 UF 742/03, BeckRS 2004, 30470612; OLG Hamm FamRZ 2002, 751; FamRZ 2000, 1222; OLG Koblenz MDR 1999, 1330.
[261] BGH FamRZ 2010, 1888 Rn. 43 ff.; 2010, 1418 Rn. 22 ff.; 2004, 1097 = R 610.
[262] BGH FamRZ 1990, 849; vgl. aber BGH FamRZ 2001, 619 und FuR 2001, 320 (zum UVG).
[263] BGH FamRZ 2000, 1358; 1999, 843; 1998, 818.

notwendigsten Bedürfnisse abzudecken. Nach ständiger Rechtsprechung des BVerfG und des BGH muss dem Unterhaltspflichtigen aber stets ein Einkommen verbleiben, das seinen eigenen notwendigsten Bedarf abdeckt.[264] Hatte der Unterhaltspflichtige allerdings Vermögen verschenkt und ist er deswegen sozialhilfebedürftig geworden, kann der Sozialhilfeträger auf der Grundlage des auf ihn übergeleitete Anspruchs Rückgabe des Geschenks wegen Verarmung verlangen. Dem ebenfalls sozialhilfeberechtigten Beschenkten ist die Notbedarfseinrede nach Treu und Glauben verwehrt, wenn er annehmen muss, den zugewendeten Gegenstand einer Verwertung zur Deckung des Unterhaltsbedarfs des Unterhaltsbedarfs des Schenkers zu entziehen.[265] Wie bei dem Arbeitslosengeld II (→ Rn. 110 ff.) treten allerdings Probleme auf, wenn die Gesamteinkünfte des Unterhaltspflichtigen seine notwendigsten Bedürfnisse übersteigen, weil bei der Bemessung der Sozialhilfe von einem grundsätzlich anrechenbaren Nettoeinkommen Freibeträge abgesetzt werden (§ 82 III SGB XII). Während das Einkommen des Unterhaltspflichtigen allein seinen Selbstbehalt dann regelmäßig nicht übersteigt, kann er aus der Summe seines Einkommens und der ergänzenden Sozialhilfe zu Unterhaltsleistungen in der Lage sein. Weil die Sozialhilfe wegen der Freibeträge in diesen Fällen nicht zurückgefordert wird, muss der Unterhaltspflichtige diese Sozialleistung zunächst für die Sicherung der eigenen notwendigen Bedürfnisse verwenden. Sein Einkommen benötigt der Unterhaltspflichtige dann nicht mehr in voller Höhe zur Sicherung seines eigenen Selbstbehalts. Dann kann er den Teil seines Einkommens für Unterhaltszwecke einsetzen, der gemeinsam mit der ergänzenden Sozialhilfe den jeweiligen Selbstbehalt übersteigt.

729 Eine **wieder aufgelebte Witwenrente** nach dem vorletzten Ehegatten gemäß §§ 46 III, 90, 107, 243 IV, 269 II–IV SGB VI und § 44 II–V BVG bleibt als Einkommen unberücksichtigt, weil sie gegenüber dem Anspruch auf Witwenrente, Versorgung oder Unterhalt nach bzw. gegenüber dem letzten Ehegatten subsidiär ist (zum Einkommen aus Renten allgemein → Rn. 438 ff.).[266] Gleiches gilt für den Anspruch auf beamtenrechtliche Witwenversorgung nach aufgelöster neuer Ehe gemäß § 61 III BeamtVG. Wegen des Nachrangs dieser wieder aufgelebten Renten- oder Versorgungsbezüge ist der Unterhaltsanspruch gegenüber dem nachfolgenden Ehegatten so zu berechnen, als existiere diese Rente nicht. Nach Rechtskraft des Unterhaltsurteils wird der Versorgungsträger die Rente oder die Versorgung wegen der bedarfsdeckenden Unterhaltsleistung entsprechend kürzen.[267] Diese Subsidiarität besteht grundsätzlich auch dann fort, wenn ein Unterhaltsanspruch nach § 1579 BGB aus Billigkeitsgesichtspunkten nur gekürzt wird oder wenn der Anspruch nach einer Verschuldensscheidung auf den §§ 60 ff. EheG beruht. Weil die wiederauflebende Witwenversorgung keine Unterhaltsersatzfunktion hinsichtlich der neuen Ehe hat, kann in die Billigkeitserwägung des § 1579 BGB nicht einfließen, dass auch eine wieder aufgelebte Witwenversorgung besteht.[268] Das gilt auch dann, wenn der dem Unterhaltspflichtigen verbleibende Betrag erheblich niedriger ist als die Summe aus den Einkünften des Berechtigten und seiner wieder aufgelebten Witwenrente. Eine „Schieflage mit unterhaltsrechtlich unvertretbaren Ergebnissen"[269] entsteht schon deswegen nicht, weil bei der Bemessung des Unterhalts die Halbteilung zu beachte ist und die subsidiäre Rentenleistung gerade nicht gezahlt wird. Nur soweit ein Unterhaltsanspruch wegen Unbilligkeit nach § 1579 BGB aus anderen Gründen vollständig entfällt, kann die wieder aufgelebte Witwenrente nicht als subsidiär dahinter zurücktreten.[270] Denn soweit ein Unterhaltsanspruch nicht zu verwirklichen ist, wird er auf die wieder aufgelebte Witwenrente nicht angerechnet;[271] dann ist diese Rente bedarfsdeckend.

---

[264] BGH FamRZ 2010, 357 = R 709b; 2009, 404 Rn. 10; 2009, 311 Rn. 20; 2009, 307 Rn. 26 f.; 2008, 594; 2006, 683 (684); 1990, 849; BVerfG FamRZ 2004, 253; 2001, 1685.
[265] BGH NJW 2019, 1229 Rn. 18 ff.
[266] BGH FamRZ 1979, 211; OLGR Saarbrücken 1998, 446; OLG Hamm FamRZ 1987, 597.
[267] BGH FamRZ 1986, 889; 1979, 211; 1979, 470.
[268] BGH FamRZ 1986, 889; 1979, 470; vgl. auch BVerfGE 38, 187 (200).
[269] So OLG Düsseldorf FamRZ 1998, 743 und 1996, 947 mit weiteren Nachweisen; OLG Koblenz FamRZ 1987, 1154.
[270] OLG Hamm NJW-RR 2006, 651.
[271] BSG ZfS 1976, 181; FamRZ 1968, 158; NJW 1965, 414; LSG Berlin-Brandenburg FamRZ 2012, 1096 Rn. 33 f.

9. Abschnitt: Sonstige Einkünfte aus sozialstaatlichen Zuwendungen § 1

Die **Arbeitnehmersparzulage** ist als zweckgebundene freiwillige Leistung des Arbeitgebers nicht anzurechnen (→ Rn. 74).[272]   730

Ein unterhaltspflichtiger **Untersuchungs- oder Strafgefangener** kann sich grundsätzlich auf seine durch die Haft bedingte eingeschränkte Leistungsfähigkeit berufen (→ Rn. 121). Vorbehaltlich weiterer Vermögenseinkünfte ergibt sich seine Leistungsfähigkeit deswegen regelmäßig allein aus den während der Haft erzielten oder erzielbaren Einkünften. Eine Berufung auf die haftbedingte eingeschränkte Leistungsfähigkeit ist ihm nach Treu und Glauben nur ausnahmsweise verwehrt, wenn die Strafhaft auf einem Fehlverhalten beruht, das sich gerade auf die Unterhaltspflicht gegenüber dem Unterhaltsgläubiger bezieht,[273] etwa bei Verurteilung wegen Verletzung der Unterhaltspflicht nach § 170 StGB. Nur in solchen Fällen kommt deswegen weiterhin eine Anrechnung fiktiver Einkünfte in Höhe des auf dem allgemeinen Arbeitsmarkt erzielbaren Einkommens in Betracht (→ Rn. 770 f.).[274]   731

Soweit er sich allerdings auf die haftbedingte eingeschränkte Leistungsfähigkeit berufen darf und tatsächlich – als Freigänger oder innerhalb der Haft – Einkommen erzielt, ist dieses bei der Unterhaltsbemessung zu berücksichtigen. Grenzen ergeben sich lediglich aus einem (auch insoweit zu wahrenden) Selbstbehalt des Inhaftierten[275] und der unterhaltsrechtlich verbindlichen konkreten Zweckbestimmung der Einkünfte. Während der Haft kann der Gefangene Arbeitsentgelt nach § 43 StVollZG, Ausbildungsbeihilfe nach § 44 StVollZG, (Arbeits-)Ausfallentschädigung nach § 45 StVollZG oder Taschengeld nach § 46 StVollZG erhalten. Nach § 47 I StVollZG darf er ³/₇ der Vollzugsbezüge, mindestens 30 EUR monatlich, als Hausgeld, bei Arbeit in einem freien Beschäftigungsverhältnis ein angemessenes Hausgeld, sowie das angemessene Taschengeld für den Einkauf oder anderweitig verwenden. Nach § 49 StVollZG ist auf Antrag des Gefangenen zur Erfüllung einer gesetzlichen Unterhaltspflicht aus seinen Bezügen ein Unterhaltsbeitrag an den Unterhaltsberechtigten oder einen Dritten zu zahlen. Reichen seine Einkünfte nach Abzug des Hausgeldes und des Unterhaltsbeitrags nicht aus, um den bei zusätzlichen Einkünften geschuldeten Haftkostenbeitrag (§ 50 StVollZG) zu begleichen, wird der Unterhaltsbeitrag nur bis zur Höhe des nach § 850c ZPO unpfändbaren Betrags gezahlt.[276] Aus den Bezügen des Gefangenen ist ferner nach § 51 StVollZG ein Überbrückungsgeld zu bilden, das den Lebensunterhalt des Gefangenen und seiner Unterhaltsberechtigten für die ersten vier Wochen nach seiner Entlassung sichern soll. Bezüge des Gefangenen, die nicht als Hausgeld, Haftkostenbeitrag, Unterhaltsbeitrag oder Überbrückungsgeld in Anspruch genommen werden, stehen ihm nach § 52 StVollZG als Eigengeld wie Einkommen zur Verfügung.

Hausgeld[277] erzielt der Inhaftierte durch seine Arbeit für den Einkauf von Nahrungs- und Genussmitteln, von Körperpflegemitteln oder zur Bezahlung von Postgebühren (§ 47 StVollzG). Die Höhe des Hausgeldes übersteigt auch unter Berücksichtigung der freien Unterkunft, Verpflegung, Bekleidung und Gesundheitsfürsorge nicht den notwendigen Selbstbehalt und ist dem Strafgefangenen unter Berücksichtigung des Resozialisierungsgedankens auch bei gesteigerter Unterhaltspflicht nach § 1603 II 1, 2 BGB zu belassen.[278] Wenn die notwendigen Bedürfnisse des Strafgefangenen allerdings bereits durch einen eigenen Unterhaltsanspruch abgedeckt sind, kann das Hausgeld zur Befriedigung von Unterhaltsansprüchen gegen den Inhaftierten herangezogen werden (→ Rn. 722 ff.).[279]

---

[272] BGH, DAVorm 1982, 263; FamRZ 1980, 984; OLG Karlsruhe FamRZ 2003, 1675.
[273] BGH FamRZ 2002, 813; 1982, 913; OLG Naumburg FamRZ 2010, 572 Rn. 16; OLG Hamm FamRZ 2004, 1743; OLG Koblenz FamRZ 2004, 1313.
[274] Vgl. BGH FamRZ 2008, 872 Rn. 19 ff.
[275] BGH FamRZ 2015, 1473 Rn. 26 f. (Taschengeld zB nach § 53 I JVollzG BW III); OLG Hamm FamRZ 2004, 1743 (Selbstbehalt eines Freigängers 280 EUR/mtl.); OLG Köln FamRZ 2004, 1744 (Selbstbehalt 480 EUR/mtl.).
[276] BGH FamRZ 2015, 1473 Rn. 44.
[277] BGH FamRZ 2015, 1473 Rn. 13 ff.
[278] BGH FamRZ 2015, 1473 Rn. 14 f.; BGH FamRZ 2002, 813; 1982, 913; OLG Koblenz FamRZ 2004, 1313; vgl. auch OLG Frankfurt NStZ 1994, 608.
[279] OLG Hamm FamRZ 2004, 1734; OLG Zweibrücken FamRZ 1990, 553.

Umgekehrt deckt das Hausgeld im Zusammenhang mit den sonstigen gesetzlichen Ansprüchen auf freie Unterkunft und Versorgung den Unterhaltsbedarf eines inhaftierten Unterhaltsberechtigten voll ab, sodass daneben kein weiterer Unterhaltsbedarf mehr besteht.[280]

Im Gegensatz zum Hausgeld dient das **Überbrückungsgeld**[281] dem Unterhalt des Gefangenen und seiner Familie in den ersten vier Wochen nach seiner Haftentlassung (§ 51 I StVollzG). Zwar wird es aus den Bezügen des Inhaftierten während seiner Zeit im Strafvollzug gebildet. Es wird jedoch erst bei Entlassung für den Bedarf der nächsten 4 Wochen ausgezahlt. Weil der Gefangene erst nach seiner Entlassung über dieses Geld verfügen kann, steht es auch für Unterhaltspflichten erst ab diesem Zeitpunkt zur Verfügung. Im Falle der Arbeitslosigkeit ist es dann – wie eine Sonderzuwendung oder Abfindung (→ Rn. 29 f.) – als Lohnersatzleistung auf einen angemessenen Zeitraum aufzuteilen.[282]

Zwar kann sich auch der inhaftierte Unterhaltsschuldner auf einen zu wahrenden **Selbstbehalt**[283] berufen. Weite Bereiche seines Selbstbehalts sind innerhalb der Haftanstalt aber bereits durch das unentgeltliche Wohnen, die gewährte Verpflegung und die Gesundheitsfürsorge gesichert. Für seine persönlichen Bedürfnisse kann der Inhaftierte auf das Hausgeld zurückgreifen, das sich regelmäßig auf $3/7$ der Bezüge nach dem Strafvollzugsgesetz beläuft. Damit ist auch der frei verfügbare Teil des Selbstbehalts ausreichend abgesichert.[284] Die weiteren $4/7$ der Bezüge nach dem Strafvollzugsgesetz bzw. sonstige Einkünfte nach Abzug eines Haftkostenbeitrags kann er – sei es im Wege des Unterhaltsbeitrags nach § 49 I StVollzG, sei es im Rahmen seiner verbliebenen Leistungsfähigkeit – als **Eigengeld** nach § 52 StVollzG für Unterhaltszwecke verwenden. Allerdings ist von diesen zusätzlichen Einkünften zunächst nach § 51 StVollzG das Überbrückungsgeld zu bilden, das den notwendigen Lebensunterhalt des Gefangenen und seiner Unterhaltsberechtigten für die ersten vier Wochen nach seiner Entlassung sichern soll. Ist dieses unpfändbare Überbrückungsgeld zurückgelegt, steht das weitere Eigengeld voll für Unterhaltszwecke zur Verfügung.[285]

732 **Conterganrente.** Nach § 18 I Conterganstiftungsgesetz (ContStiftG)[286] bleiben Leistungen nach diesem Gesetz bei der Ermittlung oder Anrechnung von Einkommen, sonstigen Einnahmen und Vermögen nach anderen Gesetzen, insbesondere dem Zweiten, Dritten, Fünften, Neunten und Zwölften Buch SGB und dem Bürgerlichen Gesetzbuch, außer Betracht. Sie bleiben also auch bei der Unterhaltsberechnung völlig unberücksichtigt (→ Rn. 651).[287]

Nach allgemeiner Auffassung gehört die Conterganrente zu den Sozialleistungen, die für Aufwendungen infolge eines Körper- oder Gesundheitsschadens gewährt werden und bei denen gemäß § 1610a BGB bei der Feststellung eines Unterhaltsanspruches vermutet wird, dass die Kosten der Aufwendungen nicht geringer sind als die Höhe dieser Sozialleistungen.[288] Zwar stellt § 1610a BGB lediglich eine widerlegbare gesetzliche Vermutung auf, so dass die ausgleichspflichtige Person den Gegenbeweis dafür führen könnte, dass die ausgleichsberechtigte Person, die eine Conterganrente bezieht, in voller Höhe ihrer Rente tatsächlich keinen durch Körper- und Gesundheitsschaden bedingten Mehrbedarf hat. Gerade diesen Gegenbeweis wollte der Gesetzgeber aber durch die Fassung des § 18 ContStifG ausschließen; es sollte ausweislich der Begründung des Gesetzentwurfes klar-

---

[280] OLG Zweibrücken FamRZ 2004, 1291.
[281] BGH FamRZ 2015, 1473 Rn. 16 f.
[282] BGH FamRZ 1982, 792 (794); OLG Frankfurt NStZ-RR 2006, 156; OLG Karlsruhe NStZ 2006, 62; OLG Hamm FamRZ 2004, 1743; OLG Koblenz FamRZ 2004, 1313; OLG Hamburg StV 2003, 403.
[283] BGH FamRZ 2015, 1473 Rn. 26 f.
[284] BGH FamRZ 2015, 1473 Rn. 21 ff.
[285] BGH FamRZ 2015, 1473 Rn. 17 f.
[286] Vom 13.10.2005, BGBl. I S. 2967 neu gefasst durch Bekanntmachung vom 25.6.2009 BGBl. I S. 1537 in der Fassung vom 21.2.2017 BGBl. I S. 263; vgl. auch BT-Drucks. 15/5654 S. 13.
[287] BGH FamRZ 2018, 1506 Rn. 15 ff. und FamRZ 2014, 1619 Rn. 11 ff.
[288] BGH FamRZ 2014, 1619 Rn. 12 mwN; vgl. auch BT-Drucks. 15/5654, S. 13.

9. Abschnitt: Sonstige Einkünfte aus sozialstaatlichen Zuwendungen § 1

gestellt werden, dass die Leistungen nach dem neuen Conterganstiftungsgesetz „als echte Zusatzleistungen" auch unterhaltsrechtlich erhalten bleiben (BT-Drucks. 15/5654, S. 13).[289]

Leistungen nach dem HIV-Hilfegesetz. Zweck des HIV-Hilfegesetzes (HIVHG)[290] **733** ist nach dessen § 1, aus humanitären und sozialen Gründen und unabhängig von bisher erbrachten Entschädigungs- und sozialen Leistungen an Personen, die durch Blutprodukte unmittelbar oder mittelbar mit HIV infiziert wurden oder infolge davon an AIDS erkrankt sind, und an deren unterhaltsberechtigte Angehörige finanzielle Hilfe zu leisten. Anspruchsberechtigt sind dabei nach § 15 HIVHG über die vor dem 1. Januar 1988 HIV-Infizierten und/oder an AIDS Erkrankten hinaus auch mittelbar infizierte Personen (Ehepartner, Verlobte und Lebenspartner oder bei der Geburt infizierte Kinder) sowie nicht infizierte Kinder und Ehepartner von Infizierten oder Erkrankten. Nach § 16 Abs. 3 HIVHG erhielten nicht infizierte Ehepartner für einen Zeitraum von fünf Jahren monatlich 511,29 EUR, wenn die infizierte Person im Zeitpunkt des Inkrafttretens des Gesetzes am 31. Juli 1995 bereits verstorben war, während nicht infizierte Kinder gemäß § 16 Abs. 2 HIVHG nach dem Tod der infizierten Person monatlich 511,29 EUR bis zum Abschluss ihrer Berufsausbildung erhalten, längstens bis zum Ablauf des 25. Lebensjahres. Nach § 16 Abs. 1 HIVHG erhalten HIV-infizierte Personen monatlich 766,94 EUR und AIDS-erkrankte Personen monatlich 1533,88 EUR.[291]

Sämtliche Leistungen werden nach § 17 Abs. 1 HIVHG nicht auf andere Leistungen aus öffentlichen Mitteln angerechnet und auch nicht bei der gesetzlich vorgesehenen Ermittlung von Einkommen und Vermögen berücksichtigt. Der Regelungsgehalt dieser Vorschrift beschränkt sich allerdings nicht darauf, dass die Leistungen nach dem HIV-Hilfegesetz nicht auf andere Leistungen aus öffentlichen Mitteln angerechnet werden (vgl. dazu BT-Drucks. 13/1298 S. 11), sondern umfasst nach seinem Wortlaut allgemein auch die Ermittlung des Einkommens von infizierten Personen. Die gesetzliche Regelung erstreckt sich daher auch auf die unterhaltsrechtliche Einkommensermittlung.[292]

In der Gesetzesbegründung wird insoweit ausdrücklich ausgeführt, dass es sich bei der Aufnahme des Bürgerlichen Gesetzbuches als Verweis um eine Klarstellung handele, da die beispielhafte Aufzählung von Gesetzen in § 21 Abs. 2 Satz 1 des Errichtungsgesetzes nicht abschließend sei. Obwohl die Bundesregierung von jeher die Auffassung vertreten habe, dass diese Leistungen bei der Bemessung von Unterhaltsleistungen grundsätzlich nicht berücksichtigt werden dürften, habe in der Vergangenheit in Einzelfällen bei Scheidungen offensichtlich Unsicherheit darüber bestanden, ob die Conterganrenten bei der Bemessung von Unterhaltsleistungen nach dem Bürgerlichen Gesetzbuch herangezogen werden könnten. Ein ausdrücklicher Verweis auf das Bürgerliche Gesetzbuch sei im Errichtungsgesetz unterblieben, da in Anbetracht des damaligen Alters der Contergangeschädigten eine Unterhaltsanrechnung im Trennungs- oder Scheidungsfall nicht explizit geregelt worden sei. Dem Gesetzgeber obliege es jedoch, auch in Zukunft darüber zu wachen, dass die Leistungen der Stiftung der übernommenen Verantwortung gerecht würden. Zur Vermeidung von Auslegungsproblemen sei es daher erforderlich, klarzustellen, dass die Leistungen nach dem neuen Conterganstiftungsgesetz auch bei der Bemessung des Unterhalts als echte Zusatzleistungen erhalten bleiben (BT-Drucks. 15/5654 S. 13).[293]

---

[289] BGH FamRZ 2014, 1619 Rn. 13 mwN; vgl. auch BT-Drucks. 15/5654, S. 13.
[290] Vom 24.7.1995, BGBl. I 979 in der Fassung vom 18.7.2017 BGBl. I 2757; vgl. auch BT-Drucks. 15/5654 S. 13.
[291] BGH FamRZ 2018, 1506 Rn. 12.
[292] BGH FamRZ 2018, 1506 Rn. 13 f.
[293] BGH FamRZ 2018, 1506 Rn. 18.

10. Abschnitt: Fiktives Einkommen aus unterlassener zumutbarer Erwerbstätigkeit

734 Die tragenden Grundsätze des Unterhaltsrechts, nach denen
– nur bei Bedürftigkeit Unterhalt verlangt werden kann (§§ 1577, 1602 BGB)
– und bei Leistungsunfähigkeit kein Unterhalt geschuldet wird (§§ 1581, 1603 BGB),
stellen nicht allein auf das tatsächlich vorhandene Einkommen und Vermögen ab. Daneben ist stets auch nach dem Grund einer Erwerbslosigkeit sowie nach der der Arbeits- und Erwerbsfähigkeit und somit nach den Ursachen einer Bedürftigkeit oder einer Leistungsunfähigkeit zu fragen. Im Einzelfall kann dies dazu führen, dass ein an sich Mittelloser keinen Unterhalt verlangen kann oder sogar seinerseits zum Unterhalt verpflichtet ist. **Dogmatisch** werden solche Ergebnisse dadurch abgesichert, dass bei selbstverschuldeter Mittellosigkeit in bestimmten Fällen **fiktive Einkünfte** zugerechnet werden. Fiktive Einkünfte sind somit sowohl bei der Leistungsunfähigkeit des Unterhaltspflichtigen (→ Rn. 735 ff.) als auch bei der Bedürftigkeit des Berechtigten (→ Rn. 773 ff.) von Bedeutung. Bei der Bedarfsbemessung sind weitere Besonderheiten zu beachten (→ Rn. 761 ff.). Im Rahmen der **Verfahrenskostenhilfe** werden fiktive Einkünfte normalerweise nicht zugerechnet. Dies kann allenfalls dann geschehen, wenn es „andernfalls zu einer missbräuchlichen Inanspruchnahme von Verfahrenskostenhilfe durch arbeitsunlustige Personen käme" und die erzielbaren Einkünfte die Verfahrenskosten decken würden.[1] Auch die **Sozialhilfe** kennt keine Zurechnung fiktiver Einkünfte. Unterhaltsansprüche, die auf der Zurechnung fiktiver Einkünfte beruhen, gehen daher nach der Rechtsprechung des BGH gemäß § 94 III 1 Nr. 1 SGB XII nicht auf den Sozialhilfeträger über[2] sondern verbleiben dem Unterhaltsberechtigten. Weil das Gesetz in § 94 SGB XII, anders als noch in § 91 II 1 BSHG, keine ausdrückliche Einschränkung des Anspruchsübergangs enthält, ist nach der Rechtsprechung des BGH mit der Sozialleistung keine endgültige Bedarfsdeckung verbunden. Werden die Unterhaltsansprüche trotz des Bezugs von Sozialhilfe weiter verfolgt, kann ihm der Unterhaltspflichtige uU den Einwand unzulässiger Rechtsausübung entgegenhalten.[3] Das läuft in solchen Fällen faktisch auf eine Bedarfsdeckung durch die Sozialhilfeleistung hinaus (→ § 8 Rn. 126 ff.).

Fiktive Einkünfte werden in erster Linie bei Verletzung von Erwerbsobliegenheiten zugerechnet.[4] Eine solche Verletzung kann sich sowohl aus einer leichtfertigen Aufgabe einer Erwerbstätigkeit (→ Rn. 743 ff.) als auch aus unzureichenden Bemühungen um Aufnahme einer neuen Erwerbsmöglichkeit bei realistischer Beschäftigungschance (→ Rn. 753 ff.) ergeben. Damit befasst sich der vorliegende Abschnitt. Wird ein **Vermögen** nicht wirtschaftlich genutzt, können ebenfalls fiktiv erzielbare Einkünfte zugerechnet werden (→ Rn. 632 ff.). Auch eine unterlassene Nutzung von **Steuervorteilen** kann zu fiktiven Einkommenserhöhungen führen (→ Rn. 564 ff.). Eine Zurechnung fiktiven Einkommens kann sich auch aus einem Verzicht auf öffentlich-rechtliche Hilfe ergeben, sofern diese nicht subsidiär, sondern wegen ihrer Einkommensersatzfunktion bedarfsdeckend sind. Wer zB als BAföG-Berechtigter aus Nachlässigkeit keinen Antrag stellt, kann so behandelt werden, als ob er BAföG-Leistungen erhielte (→ Rn. 670 ff. sowie → § 8 Rn. 279 ff.).[5] Gleiches gilt für einen unterhaltsberechtigten Elternteil, der einen ihm zustehenden Anspruch auf Grundsicherung im Alter und bei Erwerbsminderung nach den §§ 41 ff SGB XII nicht geltend macht; auch ihm können Einkünfte in Höhe der entgangenen Leistungen angerechnet werden.[6]

---

[1] BVerfG NJW-RR 2005, 1725; OLG Karlsruhe FamRZ 2004, 1120; OLG Naumburg FamRZ 2001, 924; OLG Koblenz FamRZ 1997, 376.
[2] BGH FamRZ 2000, 1358; 1999, 843; 1998, 818 (jeweils zum früheren § 91 II 1 BSHG).
[3] BGH FamRZ 1999, 843 (846).
[4] BGH FamRZ 2013, 1378 Rn. 17 = R 737b; 2013, 278 Rn. 21.
[5] BGH FamRZ 1980, 126 (128); OLG Hamm FamRZ 1998, 1612.
[6] BGHZ 206, 177 = FamRZ 2015, 1467 Rn. 11 = R 770a.

10. Abschnitt: Fiktives Einkommen aus unterlassener zumutbarer Erwerbstätigkeit § 1

I. Zurechnung fiktiver Einkünfte beim Unterhaltsschuldner

1. Allgemeine Grundsätze

Das Gesetz trifft keine besondere Bestimmung für den Fall, dass der Unterhaltspflichtige seine Leistungsunfähigkeit selbst herbeigeführt hat. Hieraus folgt der BGH, dass dessen Leistungsunfähigkeit grundsätzlich auch dann zu beachten ist, wenn sie von ihm selbst – auch schuldhaft – herbeigeführt wurde. Nur **ausnahmsweise** wird dem Unterhaltspflichtigen „nach Maßgabe von Treu und Glauben" die Berufung auf seine Leistungsunfähigkeit verwehrt.[7] In der gerichtlichen Praxis werden in diesem Zusammenhang zwei unterschiedliche Fallgruppen behandelt.[8]

735

> **Fall 1:**
> M verfügte über erhebliches Einkommen, so dass er gut für seine Angehörigen sorgen konnte. Nach der Scheidung vermindern sich seine Einkünfte dauerhaft mit der Folge, dass er seinen Unterhaltsverpflichtungen nur noch eingeschränkt nachkommen kann.
> In diesem Fall ist zunächst die Frage zu beantworten, ob und in welchem Umfang sich der Einkommensrückgang auf den **Bedarf** der Unterhaltsberechtigten auswirkt. Danach ist zusätzlich die **Leistungsfähigkeit** des Unterhaltspflichtigen zu prüfen.

- Nach der Rechtsprechung des BGH wirkt sich eine Einkommensreduzierung des Unterhaltspflichtigen nicht nur auf den **Unterhaltsbedarf** der Kinder, sondern auch auf denjenigen des Ehegatten nach den ehelichen Lebensverhältnissen aus, wenn sie auch bei fortbestehender Ehe eingetreten wäre.[9] Letzteres ist nur dann ausnahmsweise nicht der Fall, wenn die Reduzierung des Einkommens auf einer Verletzung der Erwerbsobliegenheit des Unterhaltspflichtigen beruht oder durch eine freiwillige berufliche oder wirtschaftliche Dispositionen des Unterhaltspflichtigen veranlasst ist und von ihm nicht durch zumutbare Vorsorge aufgefangen werden kann (→ Rn. 761 ff.).[10] Regelmäßig hat eine hinzunehmende Reduzierung des Einkommens deswegen auch eine Herabsetzung des danach zu bemessenden Unterhaltsbedarfs zur Folge.
- Gleiches gilt für die **Leistungsfähigkeit** des Unterhaltspflichtigen. Ist ihm jedoch die Reduzierung seines Einkommens vorwerfbar, wird er in Höhe des bisherigen Unterhaltsbedarfs weiterhin als leistungsfähig angesehen. Das frühere Einkommen bleibt also weiterhin maßgeblich, auch wenn der Unterhaltspflichtige nicht mehr so viel verdient (hierzu vertiefend → Rn. 743 ff.).[11] Ist die Einkommensminderung hingegen nicht vorwerfbar und darf deshalb auch nicht an das frühere Einkommen angeknüpft werden, so ist auch die Leistungsfähigkeit auf der Grundlage der veränderten Einkünfte unter Abwägung der beiderseitigen Interessen neu zu bemessen (→ Rn. 753 ff.).

> **Fall 2:**
> M hat noch nie gut verdient. Er hat zwar eine ordentliche Ausbildung, aus Bequemlichkeit geht er jedoch keiner regelmäßigen Arbeit nach und ist deshalb nicht in der Lage, Unterhalt zu leisten. Sein Vermögen ist so festgelegt, dass es keinen Ertrag bringt.
> In diesem Fall kann bei der Bemessung des eheangemessenen **Bedarfs** nicht an ein früheres Einkommen angeknüpft werden. Der Unterhaltsbedarf kann dann entweder nach den vorhandenen geringen Einkünften bemessen werden oder, wenn das Fehlen der Einkünfte nicht unverschuldet ist, auf der Grundlage einer fiktiven Einkommenszurechnung (→ Rn. 761 ff.). Entsprechend ist in diesem Fall auch die Leistungsfähigkeit entweder nach den geringen vorhandenen Einkünften oder, wenn er seine Leistungsfähigkeit oder sein Vermögen schuldhaft nicht in zumutbarer Weise ausnutzt, mit einen fiktiv erzielbaren Einkommen zu ermitteln (→ Rn. 743 ff., 753 ff.).[12]

---

[7] BGH FamRZ 2008, 872 = R 690; 2002, 813; 1985, 273 (275).
[8] Vgl. die Gegenüberstellung in BGH FamRZ 1987, 252; zu dieser Differenzierung → § 2 Rn. 244.
[9] BGH FamRZ 2012, 281 Rn. 24 = R 731c; 2008, 968; 2007, 793 (795) = R 674b; 2006, 683 (685); 2005, 1479 (1480); 2003, 590 (591).
[10] BGH FamRZ 2012, 1040 Rn. 35 = R 732i; 2012, 281 Rn. 24 = R 731c; 2008, 968; 2006, 683 (685); 2005, 1479 (1480); 2003, 590 (591).
[11] BGH FamRZ 2008, 872 = R 690d.
[12] Zur Erforderlichkeit der Differenzierung vgl. BGH FamRZ 1997, 281.

§ 1   Die Ermittlung des unterhaltsrechtlich relevanten Einkommens

736   Die Anrechnung fiktiver Einkünfte beruht auf folgenden Überlegungen:
Die gesetzlichen Unterhaltspflichten und insbesondere die gesteigerte Unterhaltspflicht nach § 1603 II 1 BGB enthält eine Ausprägung des Grundsatzes der Verhältnismäßigkeit im Unterhaltsrecht. Aus diesen Vorschriften und aus Art. 6 II GG folgt auch die Verpflichtung zum Einsatz der eigenen Arbeitskraft und des eigenen Vermögens. Wenn der Unterhaltspflichtige die Fortsetzung oder Aufnahme einer ihm möglichen und zumutbaren Erwerbstätigkeit unterlässt, obwohl er diese bei gutem Willen ausüben könnte, können deswegen nach ständiger Rechtsprechung des BGH nicht nur die tatsächlichen, sondern auch fiktiv erzielbare Einkünfte berücksichtigt werden.[13] Die Leistungsfähigkeit des Unterhaltsschuldners (zur Bedürftigkeit des Unterhaltsberechtigten → Rn. 773 ff.) wird somit nicht nur durch sein tatsächlich vorhandenes Vermögen und Einkommen bestimmt, sondern auch durch seine **Arbeits- und Erwerbsfähigkeit.** Reichen seine tatsächlichen Einkünfte nicht aus, so trifft ihn unterhaltsrechtlich die Obliegenheit, die ihm zumutbaren Einkünfte zu erzielen, insbesondere seine Arbeitsfähigkeit so gut wie möglich einzusetzen und eine ihm mögliche Erwerbstätigkeit auszuüben. Kommt er dieser Erwerbsobliegenheit nicht nach, muss er sich so behandeln lassen, als ob er ein Einkommen, das er bei gutem Willen erzielen könnte, auch tatsächlich erzielt. Zum unterhaltsrechtlich relevanten Einkommen zählen daher auch Einkünfte, die der Unterhaltspflichtige in zumutbarer Weise erzielen könnte, aber tatsächlich nicht erzielt.[14] Die Erwerbsobliegenheit verpflichtet grundsätzlich (mit Ausnahmen zB bei Kindererziehung) zur Aufnahme einer **Vollzeiterwerbstätigkeit.**[15] Deswegen ist auch ein Unterhaltsschuldner, der eine sichere Teilzeitbeschäftigung hat, regelmäßig verpflichtet, sich nachhaltig um eine vollschichtige Erwerbstätigkeit zu bemühen. Stattdessen kann es auch zumutbar sein, das gegenwärtige Einkommen aus einer nicht vollschichtigen Berufstätigkeit durch eine zusätzliche Nebenbeschäftigung aufzubessern.[16] Neben eine vollschichtigen Berufstätigkeit besteht nur ausnahmsweise eine Verpflichtung zur Aufnahme einer **Nebentätigkeit** wenn dies wegen der gesteigerten Unterhaltspflicht gegenüber minderjährigen und ihnen gleichgestellten Kindern nach § 1603 II 1, 2 BGB geboten ist (→ Rn. 96 ff.).[17]

737   Das vorwerfbare Verhalten des Unterhaltsschuldners, das eine fiktive Zurechnung höherer Einkünfte auslöst, kann entweder darin liegen, dass er eine zuvor ausgeübte vollschichtige Berufstätigkeit leichtfertig aufgegeben hat oder darin, dass er sich bei unverschuldeter (teilweisen) Erwerbslosigkeit nicht hinreichend um eine zumutbare und besser besoldete Arbeit bemüht. In der zweiten Alternative setzt die Berücksichtigung fiktiver Einkünfte neben dem Vorwurf nicht ausreichender Bemühungen um einen solchen Arbeitsplatz aber zusätzlich die Feststellung voraus, dass er unter Berücksichtigung seiner persönlichen Qualifikation Einkünfte in der fiktiv zurechenbaren Höhe tatsächlich erzielen könnte (**realistische Beschäftigungschance** → Rn. 782 f.).[18] Verstöße gegen die Erwerbsobliegenheit können also auch unabhängig von früheren Einkünften dazu führen, dass eine vorhandene Leistungsunfähigkeit nicht berücksichtigt wird (→ Rn. 761 f.). Hat der Unterhaltsschuldner hingegen leichtfertig eine Einkommensminderung herbeigeführt, knüpft die fiktive Zurechnung des früher erzielten Einkommens allein an die Aufgabe dieser Erwerbs-

---

[13] BGH FamRZ 2014, 637 Rn. 9 = R 744; 2013, 1378 Rn. 17 = R 737b; 2011, 1041 Rn. 29 = R 725c und 2009, 314 Rn. 20 = R 701.

[14] BVerfG FamRZ 2005, 1893; BGH FamRZ 2005, 23 (24); 2003, 1471 (1473); 1994, 372 (373) = R 473c und 1987, 252 für Verstöße gegen Erwerbsobliegenheiten; 1990, 283 (288) für unterlassene Vermietung von Garagen; 1980, 126 (128) für nicht geltend gemachte BAföG-Einkünfte.

[15] BGH FamRZ 2017, 109 Rn. 18 mwN.

[16] Vgl. aber BGH FamRZ 2012, 1483 Rn. 24; 2012, 517 Rn. 34 ff.; 2008, 594 (596) = R 688 und BVerfG FamRZ 2008, 1403 (1404); 2008, 131 (133); 2007, 273 (274); 2003, 661 (662); OLG Schleswig NJW-RR 2011, 7; OLG Hamm FamRZ 2010, 985; OLG Saarbrücken NJW-RR 2009, 942; OLG Karlsruhe FamRZ 2005, 1855; OLG Bamberg FamRZ 2005, 1114.

[17] BGH FamRZ 2011, 1041 Rn. 30 f. = R 725c; 2009, 314 = R 701 und FamRZ 2008, 872 = R 690d; BVerfG FamRZ 2003, 661 (662).

[18] BGH FamRZ 2014, 637 Rn. 9 = R 744; 2013, 1378 Rn. 18 = R 737b; 2011, 1041 Rn. 30 = R 725c und 2009, 314 Rn. 28 = R 701; 2003, 1471; OLG Karlsruhe FamRZ 2005, 1855; OLG Hamm FamRZ 2005, 803.

10. Abschnitt: Fiktives Einkommen aus unterlassener zumutbarer Erwerbstätigkeit § 1

tätigkeit an (→ Rn. 743 ff.). Dann kann ihm das zuvor erzielte Einkommen weiterhin fiktiv zugerechnet werden, ohne dass es auf eine anderweitige Beschäftigungschance ankommt. Im Ergebnis wird damit der in Ehekrisen häufig anzutreffenden Tendenz entgegengewirkt, zum Nachteil der Berechtigten vorhandenes Einkommen einzuschränken.[19] Fällt dem Unterhaltspflichtigen ein solcher Vorwurf zur Last, kommt es also nicht mehr darauf an, ob er seine früheren Einkünfte in Zukunft an einem anderen Arbeitsplatz erzielen könnte. Er bleibt vielmehr im Umfang der zuvor erzielten Einkünfte leistungsfähig.[20] Dagegen kann er sich in einem späteren Abänderungsverfahren nur mit der Argumentation zur Wehr setzen, dass er auch bei Fortdauer des früheren Arbeitsverhältnisses nicht mehr das frühere Einkommen erzielen würde. Das kann der Fall sein, wenn der frühere Arbeitgeber seine Tätigkeit eingestellt hat, ein Abbau von Arbeitsplätzen auch den Unterhaltsschuldner getroffen hätte oder ein struktureller Einkommensrückgang unvermeidbar gewesen wäre. Nach ständiger Rechtsprechung des BGH ist die Zurechnung fiktiven Einkommens für jedes Unterhaltsverhältnis gesondert zu beurteilen, weil dies voraussetzt, dass der Unterhaltspflichtige im jeweiligen Unterhaltsverhältnis gegen seine unterhaltsrechtliche Erwerbsobliegenheit verstoßen hat. Die Erwerbsobliegenheiten beim Ehegattenunterhalt und beim Kindesunterhalt sind allerdings unterschiedlich ausgestaltet. Sie unterscheiden sich zudem danach, ob sie den Unterhaltsberechtigten oder den Unterhaltspflichtigen betreffen.[21] Stets gelten sie aber nur bis zum Erreichen der gesetzlichen Regelaltersgrenze.[22]

Gegenüber **minderjährigen Kindern** haben Eltern nach § 1603 II 1, 2 BGB eine gesteigerte Unterhaltspflicht und daraus folgend auch eine verstärkte Erwerbsobliegenheit. Sie sind minderjährigen Kindern gegenüber verpflichtet, alle verfügbaren Mittel zu ihrem und aller Kinder Unterhalt gleichmäßig zu verwenden. Deshalb dürfen sie in einer neuen Ehe nicht ohne Grund die Haushaltsführung und Kindererziehung übernehmen und auf eine eigene Erwerbstätigkeit verzichten.[23] Stets müssen die Eltern im Verhältnis zu minderjährigen Kindern auch ihre Arbeitsfähigkeit so gut wie möglich einsetzen und sich Einkünfte anrechnen lassen, die sie durch zumutbare Erwerbstätigkeit erreichen könnten.[24] Diese Verpflichtung legt ihnen nicht nur bei der Wahl ihres Arbeitsplatzes, sondern auch bei der Aufgabe einer vorhandenen Beschäftigung weitere Pflichten auf. Von den Eltern kann in zumutbaren Grenzen sogar sowohl ein Orts- als auch ein Berufswechsel verlangt werden, wenn sie auf diese Weise ihre Unterhaltspflicht erfüllen können.[25] Gegenüber dieser, sich als höherwertig erweisenden familienrechtlichen Unterhaltspflicht muss uU auch das Recht des unterhaltspflichtigen Elternteils auf freie Entfaltung seiner Persönlichkeit sowie auf freie Berufswahl zurücktreten (vgl. auch § 10 SGB II).[26] Allerdings setzt die

738

---

[19] BGH FamRZ 2008, 872 = R 690b–d; OLG Karlsruhe FamRZ 2006, 223; OLG Hamm FamRZ 1999, 1528 zur bewussten unterhaltsbezogenen Aufgabe des Arbeitsplatzes.
[20] BGH FamRZ 2008, 872 = R 690b, c; 1994, 372 = R 473c; 1992, 1045 (1047); 1988, 597 (599); 1987, 930 (932); 1987, 372 (374).
[21] BGH FamRZ 2008, 2104 = R 696b.
[22] BGH FamRZ 2011, 454 Rn. 18 ff.
[23] BGH FamRZ 2006, 1827 = R 660a; 2006, 1010 (1012).
[24] BGH FamRZ 2014, 637 Rn. 9 ff. = R 744; 2013, 1558 Rn. 16 = R 739a; 2013, 1378 Rn. 17 f. = R 737b; 2011, 1041 Rn. 30 = R 725c; 2009, 314 = R 701; 2003, 1471; OLG Bremen FamRZ 2010, 574; OLG Nürnberg FuR 2010, 50; OLG Köln FamRZ 2009, 1920; OLG Bremen FamRZ 2009, 889.
[25] BGH FamRZ 1980, 1113; OLG Koblenz FamRZ 2005, 650. Nach OLG Dresden in FamRZ 1997, 836 besteht die Obliegenheit, aus einem neuen Bundesland in ein altes Bundesland umzusiedeln, aber nur, wenn dort ein Arbeitsplatz konkret in Aussicht steht. Nach der gleichen Entscheidung besteht in der Regel aber keine Obliegenheit zu einer Nebentätigkeit während einer Umschulungsmaßnahme. Nach OLG Hamm FamRZ 1998, 42 (43) muss sich ein arbeitsloser Hilfsarbeiter „bundesweit" um Arbeit bemühen, wenn ihm ein konkreter Rat gegeben werden kann, in welcher anderen Region bessere Chancen für eine Hilfsarbeiterstelle bestehen; vgl. auch OLG Naumburg NJW-RR 2009, 873. Zu den Grenzen vgl. aber BVerfG FamRZ 2006, 469.
[26] BGH FamRZ 2003, 1471 (1473); 1987, 930 (932); 1981, 341 (344); 1981, 539; 1980, 1113; OLG Brandenburg FamFR 2013, 443; vgl. aber BGH FamRZ 2011, 1041 Rn. 36 = R 725d.

Verpflichtung zu einer bundesweiten Arbeitssuche im Einzelfall stets die Prüfung voraus, ob dies dem Unterhaltspflichtigen unter Berücksichtigung seiner persönlichen Bindungen, insbesondere des Rechts und der Obliegenheit zum Umgang mit seinen Kindern, zumutbar ist.[27] Von einem Landwirt mit dauerhaft unzureichendem Einkommen kann verlangt werden, dass er zur Nebenerwerbslandwirtschaft übergeht oder notfalls die Landwirtschaft ganz aufgibt und eine anderweitige volle Erwerbstätigkeit mit höheren Einkünften aufnimmt.[28] Gleiches gilt bei sonstiger selbständiger Tätigkeit, wenn über Jahre hinweg nur Verluste erwirtschaftet wurden[29] oder aus anderen Gründen eine nachhaltige Sicherung des Unterhalts ausgeschlossen ist. Bei unverschuldeter Arbeitslosigkeit ist der Unterhaltspflichtige, der gegenwärtig keine Aussicht auf eine neue vollzeitige Berufstätigkeit hat, wegen der gesteigerten Erwerbsobliegenheit (§ 1603 II 1, 2 BGB) zur Aufnahme einer geringfügigen Nebenbeschäftigung verpflichtet, weil nach § 141 I, II SGB III ein Teil des Einkommens neben dem bezogenen Arbeitslosengeld I anrechnungsfrei verbleibt.[30] Es kann auch eine Verpflichtung zur beruflichen Weiterbildung bestehen (vgl. §§ 77 ff., 141 III SGB III), wenn auf diese Weise zeitnah der Kindesunterhalt gesichert werden kann. Andererseits müssen unterhaltspflichtige Eltern im Interesse der Kinder regelmäßig auf eine Weiterbildung (zB weiterführende Schule oder Hochschulstudium) oder Umschulung verzichten, wenn sie eine zumutbare Erwerbstätigkeit in ihrem früher erlernten Beruf finden können (→ Rn. 767 f.).[31] Demgegenüber hat eine Erstausbildung regelmäßig Vorrang vor der Unterhaltspflicht (→ Rn. 747).[32]

739 Bei Eingriffen in die vom Unterhaltsschuldner gewählte Erwerbstätigkeit kommt es stets jedoch auf den Einzelfall an. Einem Oberarzt kann es wegen der regelmäßig günstigen Prognose durchaus gestattet sein, eine eigene Praxis zu gründen, auch wenn er in der Anlaufphase nur geringeren Unterhalt zahlen kann.[33] Die Einkommensreduzierung eines Polizeibeamten zur Vorbereitung des Aufstiegs in den gehobenen Polizeidienst ist von den Unterhaltsberechtigten hinzunehmen, wenn der Mindestunterhalt gewahrt und ihnen die Reduzierung unter Abwägung der beiderseitigen Interessen zumutbar ist.[34] Allerdings muss der gesteigerte Unterhaltspflichtige sich besonders intensiv um Arbeit bemühen und deswegen im Rahmen der Zumutbarkeit auch Aushilfstätigkeiten und Gelegenheitsarbeiten annehmen.[35] Wenn er eine Umschulung durchführt oder ein Studium aufgenommen hat, kann er verpflichtet sein, zeitweilig in seinem früher ausgeübten Beruf zu arbeiten, soweit er mit diesen weiteren Einkünften den Mindestunterhalt seiner minderjährigen Kinder aufbringen kann.[36] In besonders gelagerten Fällen kann eine entsprechende Pflicht auch gegenüber dem **geschiedenen Ehegatten** bestehen, obwohl es insoweit an einer gesteigerten Unterhaltspflicht fehlt.[37]

740 Gegenüber **volljährigen Kindern** besteht grundsätzlich keine gesteigerte Erwerbsobliegenheit (vgl. aber § 1603 II 2 BGB). Ein Volljähriger, der sich nicht in Berufsausbildung befindet, ist in erster Linie für seinen Lebensunterhalt selbst verantwortlich (→ § 2 Rn. 468 ff.). Hat er eine (ggf. mehrstufige)[38] Berufsausbildung abgeschlossen, ist er ver-

---

[27] BVerfG FamRZ 2007, 469; 2006, 469; OLG Naumburg NJW-RR 2009, 873.
[28] BGH FamRZ 1998, 357; 1993, 1304.
[29] BGH FamRZ 2003, 741 = R 590f; OLG Hamm FamRZ 2018, 1311; OLG Koblenz FamRZ 2009, 1921 und 2000, 288; OLG Naumburg NJW-RR 2008, 1389; OLG Dresden FF 2000, 31; OLG Hamm FamRZ 1993, 970; vgl. aber OLG Hamm FamRZ 2004, 1514 und OLGR Stuttgart 2002, 231.
[30] OLG Zweibrücken FamRZ 2000, 308 (309) mAnm Luthin.
[31] BGH FamRZ 1987, 930 (932); 1981, 539; 1980, 1113; OLG München FamRZ 2012, 795 (796); OLG Karlsruhe FamRZ 2010, 1342; OLG Saarbrücken NJW-RR 2010, 219; OLGR Jena 2005, 584.
[32] BGH FamRZ 2011, 1041 Rn. 36 = R 725d.
[33] OLG Frankfurt FamRZ 1990, 786.
[34] OLG Bamberg FamRZ 2000, 307 (308); vgl. auch OLG Dresden FamRZ 2010, 575.
[35] OLG Hamburg FamRZ 1984, 924; OLG Koblenz FamRZ 1984, 1225.
[36] OLG Hamburg FamRZ 1991, 106; OLG Koblenz FamRZ 1991, 1475.
[37] BGH FamRZ 1981, 539 (unter Hinweis auf dem Gleichrang nach früherem Recht).
[38] BGH FamRZ 2017, 1132 Rn. 13; 2017, 799 Rn. 13; 2006, 1100 = R 654b–d.

10. Abschnitt: Fiktives Einkommen aus unterlassener zumutbarer Erwerbstätigkeit § 1

pflichtet, seine eigene Arbeitskraft zur Sicherung seines notwendigen Unterhaltsbedarfs und des Bedarfs der ihm gegenüber Unterhaltsberechtigten zu nutzen.[39] Für die Obliegenheit eines gesunden Volljährigen zur Nutzung seiner Arbeitskraft gelten dann ähnliche Maßstäbe wie beim Unterhaltspflichtigen gegenüber minderjährigen Kindern (→ Rn. 738 f.). Er ist gehalten, notfalls auch berufsfremde Tätigkeiten aufzunehmen und ihm sind sogar Arbeiten unterhalb seiner gewohnten Lebensstellung zuzumuten.[40] Ehe der erwerbslose Volljährige von seinen Eltern Unterhaltszahlungen verlangen kann, muss er zunächst selbst bis zur Zumutbarkeitsgrenze Opfer auf sich nehmen und im gesamten Bundesgebiet nach einer Arbeitsstelle als ungelernter Arbeiter suchen,[41] wenn dem nicht besondere Umstände im Einzelfall entgegenstehen. Diese eigene Erwerbsobliegenheit des volljährigen Kindes ist bei der Beurteilung einer Erwerbsobliegenheit der Eltern stets mit zu beachten. Allerdings besteht regelmäßig auch gegenüber einem noch bestehenden Unterhaltsanspruch volljähriger Kinder eine Obliegenheit zur Ganztagsarbeit. Arbeitet ein Elternteil ohne besonderen Anlass nur halbtags, kann daher auch bei solchen Unterhaltspflichten fiktiv ein Einkommen aus Ganztagstätigkeit berücksichtigt werden.[42]

741 Wenn sich der Unterhaltspflichtige beruflich unter **Aufgabe seiner bisherigen Tätigkeit** verändern will und diese Veränderung für ihn voraussichtlich eine zeitweise rückläufige Einkommensentwicklung zur Folge haben wird, muss er vorher sicherstellen, dass er den geschuldeten Unterhalt auch bei geringeren Einkünften erfüllen kann. Dies kann durch Kreditaufnahme oder vorherige **Rücklagenbildung** geschehen. Sonst darf er im Regelfall seine bisherige Tätigkeit nicht freiwillig aufgeben (→ Rn. 769).[43] Unter den genannten Voraussetzungen können folgende berufliche Veränderungen in Betracht kommen:
- die Aufgabe des Arbeitsplatzes, um sich selbstständig zu machen;[44]
- ein beruflicher Wechsel vom Krankenhausarzt zum frei praktizierenden Arzt;[45]
- der Beginn einer weiteren Ausbildung nach vorangegangener Berufstätigkeit;[46]
- jede weitere berufliche Veränderung, die zu einer besser qualifizierten Stelle oder zu höheren bzw. sicheren Einkünften führt.

Die Erfüllung von Unterhaltspflichten hat aber grundsätzlich Vorrang vor den beruflichen Interessen des Unterhaltspflichtigen.[47]

742 Auch bei fiktiven Erwerbseinkünften ist im Rahmen des Ehegattenunterhalts ein **Erwerbstätigenbonus** zu berücksichtigen (→ Rn. 131).[48] Kreditraten, die zuvor vom tatsächlich erzielten Einkommen abgesetzt werden konnten sind auch weiterhin vom fiktiven Einkommen abzuziehen.[49] Im Rahmen der gesteigerten Unterhaltspflicht gegenüber minderjährigen Kindern kann im Einzelfall aber eine Pflicht zur Einleitung der **Verbraucherinsolvenz** gegeben sein, wenn der Unterhaltspflichtige neben den Kreditraten nicht wenigstens den Mindestunterhalt zahlen kann (→ Rn. 1118).[50] Bei der Prüfung, ob der Unterhaltspflichtige seine Arbeitskraft bestmöglich verwertet hat, obliegt ihm die **Darlegungs- und Beweislast** für eine Einschränkung oder den Verlust seiner Leistungsfähigkeit

---

[39] BGH FamRZ 2011, 1041 Rn. 36 = R 725d; 1985, 273; 1987, 930 (932).
[40] BGH FamRZ 1985, 1245; 1985, 273.
[41] OLG Zweibrücken FamRZ 1984, 1250; OLG Köln FamRZ 1983, 942; vgl. aber BVerfG FamRZ 2007, 469.
[42] OLG Hamm FamRZ 1998, 42.
[43] BGH FamRZ 1988, 145 (147); 1988, 256; 1987, 372 (374); OLGR Naumburg 2001, 55; OLG Hamm FamRZ 1996, 959.
[44] BGH FamRZ 1987, 372 (374).
[45] BGH FamRZ 1988, 256; 1988, 145 (147); OLG Hamm FamRZ 1996, 959.
[46] BGH FamRZ 1987, 930 (932); zur Erstausbildung vgl. BGH FamRZ 2011, 1041 = R 725.
[47] BGH FamRZ 1985, 782 (786); 1982, 365.
[48] BGH FamRZ 2005, 23; 1997, 806; 1991, 307 (310).
[49] OLG Hamm FamRZ 1995, 1203.
[50] BGH FamRZ 2005, 608 = R 627a–c; zur Bemessung des unterhaltsrelevanten Einkommens nach Eröffnung der Verbraucherinsolvenz vgl. BGH FamRZ 2008, 137 (138 ff.) = R 684b–e; im Rahmen des Ehegattenunterhalts trifft den Unterhaltspflichtigen hingegen regelmäßig keine Obliegenheit zur Einleitung der Verbraucherinsolvenz vgl. BGH FamRZ 2008, 497 = R 687.

§ 1 Die Ermittlung des unterhaltsrechtlich relevanten Einkommens

(→ § 6 Rn. 721 f.).[51] Soweit der Unterhaltspflichtige sich auf eine von ihm nachgewiesene Leistungsunfähigkeit beruft, obliegt dem Unterhaltsberechtigten der Nachweis, dass eine Einkommensminderung gleichwohl unterhaltsbezogen leichtfertig eingetreten ist.[52]

2. Leistungsfähigkeit des Unterhaltspflichtigen bei leichtfertig herbeigeführter Einkommensminderung durch Arbeitsaufgabe, Berufswechsel, Selbständigkeit oder sonstige berufliche Veränderung

743   Bei **Aufgabe seines Arbeitsplatzes** (zB durch eigene Kündigung), bei Arbeitgeberkündigung sowie bei Berufswechsel, Übernahme einer selbständigen Erwerbstätigkeit oder sonstiger beruflicher Veränderung, die sich nachteilig auf die Einkünfte auswirken, ist stets zu prüfen, ob der Unterhaltspflichtige eine sich daraus ergebende Leistungsunfähigkeit oder Leistungsminderung selbst **schuldhaft herbeigeführt** hat. Für den von § 1579 Nr. 4 BGB erfassten umgekehrten Fall einer vom Unterhaltsgläubiger selbst verursachten Bedürftigkeit hatte der BGH schon früh entschieden, dass eine Verwirkung des Unterhaltsanspruchs zwar kein vorsätzliches Verhalten voraussetzt, andererseits aber einfache Fahrlässigkeit nicht ausreicht. Erforderlich ist insoweit vielmehr ein leichtfertiges, vom üblichen sozialen Standard abweichendes Verhalten, bei dem sich die zugrunde liegenden Vorstellungen und Antriebe auch auf die Bedürftigkeit als Folge dieses Verhaltens erstrecken müssen (sog **unterhaltsbezogene Leichtfertigkeit**). Leichtfertig in diesem Sinn handelt, wer seine Arbeitskraft oder sein Vermögen, also die Faktoren, die ihn in die Lage versetzen, seinen Lebensunterhalt selbst zu bestreiten, auf sinnlose Art aufs Spiel setzt und einbüßt. Der Unterhaltsberechtigte muss sich unter grober Nichtachtung dessen, was jedem einleuchten muss, oder in Verantwortungslosigkeit und Rücksichtslosigkeit gegen den Unterhaltspflichtigen über die als möglich erkannten nachteiligen Folgen für seine Bedürftigkeit hinweggesetzt haben (→ § 4 Rn. 1289 ff.).[53] Im Gegensatz zur Regelung für die Bedürftigkeit des Unterhaltsberechtigten enthält das Gesetz zwar keine ausdrücklichen Regelungen zur selbst herbeigeführten Leistungsunfähigkeit des Unterhaltspflichtigen. Für diesen gesetzlich nicht besonders geregelten Fall der vom **Unterhaltsschuldner** selbst verursachten Leistungsunfähigkeit können allerdings keine geringeren Anforderungen gelten. Der BGH löst diese Lücke nach dem Grundsatz von **Treu und Glauben** (§ 242 BGB) unter Berücksichtigung des gesetzlichen Maßstabs zum Wegfall der Bedürftigkeit nach § 1579 Nr. 4 BGB. Auch wer seine Leistungsunfähigkeit freiwillig herbeigeführt hat, kann sich nur dann darauf berufen, wenn er dabei nicht unterhaltsbezogen leichtfertig gehandelt und somit nicht gegen Treu und Glauben verstoßen hat.[54]

744   Unterhaltsrechtlich kann ein **selbst verschuldeter** aber doch ungewollter Verlust des Arbeitsplatzes nicht der freiwilligen Aufgabe einer versicherungspflichtigen Tätigkeit gleichgestellt werden. Im ersten Fall ist dem Unterhaltspflichtigen nur dann aus Treu und Glauben eine Berufung auf seine Leistungsunfähigkeit verwehrt, wenn dem Fehlverhalten ein schwerwiegendes und nicht nur leichtes Verschulden zugrunde liegt und sich die zugrunde liegenden Vorstellungen und Antriebe auch auf die Verminderung der unterhaltsrechtlichen Leistungsfähigkeit als Folge des Verhaltens erstreckt haben.[55] Erforderlich ist somit, dass sich das für den Verlust des Arbeitsplatzes ursächliche Verhalten seinerseits als Verletzung der Unterhaltspflicht darstellt. Für diesen unterhaltsrechtlichen Bezug (auch einer Straftat) reicht es nicht aus, dass ein Verhalten für den Verlust des Arbeitsplatzes kausal geworden ist oder dass sich der Verlust des Arbeitsplatzes außer auf den Lebensstandard des Unterhaltspflichtigen auch auf denjenigen seiner unterhaltsberechtigten Angehörigen auswirkt. Vielmehr ist grundsätzlich ein Fehlverhalten erforderlich, dass sich unmittelbar auf

---

[51] BGH FamRZ 2017, 109 Rn. 19 mwN.
[52] OLG Karlsruhe FamRZ 2000, 1419; OLG Düsseldorf FamRZ 1994, 926; a. A. OLG Hamm FamRZ 1994, 755.
[53] BGH FamRZ 2001, 541; 2000, 815; 1988, 375; 1984, 364 (367 f.); 1981, 1042 (1044 f.) (jeweils zum früheren § 1579 Nr. 3 BGB).
[54] BGH FamRZ 2008, 872 Rn. 19; 2003, 1471 (1473); 2000, 815 (816 f.); 1994, 240.
[55] BGH FamRZ 1994, 240.

die Unterhaltspflicht bezieht. Selbst wenn es aber an einem solchen objektiven Unterhaltsbezug fehlt, kann sich ein für den Verlust des Arbeitsplatzes ursächliches Fehlverhalten im Einzelfall gleichwohl als Verletzung seiner Unterhaltspflicht darstellen. Das setzt dann jedoch die auf diesen Einzelfall bezogene Wertung voraus, dass sich die der Tat zugrunde liegenden Vorstellungen und Antriebe des Täters auf die Verminderung seiner unterhaltsrechtlichen Leistungsfähigkeit als Folge seines Verhaltens erstreckt haben. Damit bietet die Vorhersehbarkeit des Arbeitsplatzverlustes für sich genommen kein geeignetes Kriterium, um den unterhaltsrechtlichen Bezug einer vom Unterhaltsschuldner begangenen Straftat zu begründen (→ Rn. 770 f.).[56] Auch dem Unterhaltsschuldner ist die Berufung auf die eigene Leistungsunfähigkeit also nur dann versagt, wenn er seine Leistungsunfähigkeit durch **unterhaltsbezogene Mutwilligkeit** herbeigeführt hat, die allerdings nicht stets vorsätzliches Handeln erfordert, sondern auch leichtfertig herbeigeführt sein kann. In Anlehnung an die Regelungen zum Wegfall der Bedürftigkeit des Unterhaltsberechtigten bejaht der BGH[57] also auch beim Unterhaltspflichtigen eine Anrechnung fiktiven Einkommens nur bei schuldhaftem Verhalten zumindest in Form einer unterhaltsbezogenen Leichtfertigkeit.

Ein solches schuldhaftes Verhalten liegt vor, wenn **745**
– der Unterhaltspflichtige seinen Arbeitsplatz aufgibt, um sich der Unterhaltspflicht zu entziehen oder um seine Einkünfte zu vermindern oder zu verschleiern,
– der Unterhaltspflichtige bewusst seine wirtschaftliche Existenz zerstört oder absichtlich gebummelt hat oder
– wenn er seinen Arbeitsplatz infolge eines mutwilligen oder verantwortungslosen oder zumindest leichtfertigen Verhaltens verloren hat.

Dabei hält der BGH an früheren Formulierungen, wie Aufgabe des Arbeitsplatzes „ohne zureichenden Grund" oder „ohne vernünftigen Grund" nicht mehr fest, sondern verlangt stets eine **„unterhaltsbezogene Leichtfertigkeit"** zumindest in der Schuldform der **bewussten Fahrlässigkeit,** die als Regelfall angesehen wird,[58] also ein Verschulden in der Form eines zumindest leichtfertigen Verhaltens.[59]

Nach dieser Rechtsprechung des BGH ist eine tatsächlich bestehende Leistungsunfähig- **746** keit **grundsätzlich zu beachten,** und zwar selbst dann, wenn der Unterhaltspflichtige sie durch freiwillige Aufgabe seines Arbeitsplatzes herbeigeführt hat.[60] Nur besondere Gründe sind geeignet, ihm nach Treu und Glauben im Verhältnis zu Ehegatten und Kindern eine Berufung auf seine Leistungsunfähigkeit zu verwehren. Ein solcher Verstoß gegen Treu und Glauben kann im Allgemeinen nur angenommen werden, wenn sich der Unterhaltspflichtige verantwortungslos oder zumindest leichtfertig verhalten hat,[61] was voraussetzt, dass ihm nach seinen Erkenntnismöglichkeiten die Verantwortungslosigkeit seines Verhaltens ersichtlich war.[62] Ob dies der Fall ist, kann sich vor allem aus dem Bezug seines Verhaltens zu seiner Unterhaltspflicht ergeben.

Die Annahme eines **zumindest leichtfertigen Verhaltens** erfordert somit stets eine **747** genaue Bewertung und Abwägung aller maßgeblichen Umstände des Einzelfalles.[63] Dabei sind vor allem folgende Umstände zu berücksichtigen:
– der bisherige berufliche Werdegang des Unterhaltspflichtigen,
– der Anlass für die Aufgabe der bisherigen Erwerbstätigkeit durch den Unterhaltspflichtigen,
– seine Erfahrungen, Fähigkeiten und beruflichen Neigungen sowie seine Motivation,
– berechtigte Erwartung auf langfristige Verbesserungen der beruflichen und wirtschaftlichen Situation,

---

[56] BGH FamRZ 2002, 813 (814); 2000, 815 (816 f.).
[57] BGH FamRZ 2000, 815 (816 f.).
[58] BGH FamRZ 1994, 240.
[59] BGH FamRZ 2008, 968; 2002, 813 (814); 2000, 815 (816 f.); 1985, 158; 1985, 273 (275).
[60] BGH FamRZ 1987, 372 (374); 1985, 158; OLG Hamm FamRZ 2014, 1027, 1029 (Arbeitsaufgabe des Unterhaltsberechtigten infolge einer psychischen Erkrankung).
[61] BGH FamRZ 1989, 159; OLG Dresden FamRZ 2014, 45.
[62] BGH FamRZ 1993, 1055; 1985, 158 (160).
[63] BGH FamRZ 2011, 1041 = R 725; 1988, 597 (599); 1987, 930 (932).

- die Ausnutzung von Möglichkeiten einer Unterhaltsvorsorge durch Rücklagenbildung oder Kreditaufnahme bei vorübergehender rückläufiger Einkommensentwicklung,
- sonstige wirtschaftliche und persönliche Verhältnisse des Unterhaltspflichtigen und seiner unterhaltsberechtigten Angehörigen und
- der grundsätzliche Vorrang einer Erstausbildung.[64]

748 Bei der Prüfung einer Leichtfertigkeit dürfen später hinzutretende Umstände, die im Zeitpunkt der beruflichen Veränderung noch nicht voraussehbar waren, nicht berücksichtigt werden. Das Grundrecht auf freie Berufswahl und Berufsausübung (Art. 12 GG) steht zwar in Wechselwirkung zu der aus Art. 6 GG folgenden Verantwortung für die Familie; im Zweifel, also wenn keine unterhaltsbezogene Leichtfertigkeit festgestellt werden kann, muss aber eine berufliche Entscheidung respektiert werden.[65] Dabei ist stets auch das **Elternrecht** zu beachten.[66] Wenn einem Elternteil auch nur vorläufig das Aufenthaltsbestimmungsrecht für seine Kinder übertragen wurde, darf ihm kein Vorwurf daraus gemacht werden, dass er zugunsten der Kindesbetreuung seine beruflichen Möglichkeiten nachvollziehbar und im Rahmen der Rechtsprechung zu den §§ 1570, 1615l II 2–5, IV BGB einschränkt.[67] Andererseits kann die Erfüllung von Unterhaltspflichten nach den Besonderheiten eines Einzelfalls auch Vorrang vor den beruflichen Interessen des Unterhaltspflichtigen haben.[68]

749 Diese Grundsätze sind entsprechend anwendbar, wenn der Unterhaltspflichtige eine berufliche Entscheidung trifft, die eine gegenüber dem früheren Zustand **erheblich eingeschränkte Leistungsfähigkeit** zur Folge hat.[69] Dies betrifft die Fälle, in denen nach der Trennung Überstunden abgebaut oder weniger anstrengende und deshalb schlechter bezahlte Tätigkeiten übernommen werden. Generell werden solche Entscheidungen zu akzeptieren sein, solange eine hinreichende Grundversorgung der Unterhaltsberechtigten verbleibt. Problematisch sind aber **Vorruhestandsvereinbarungen,** wenn das verbleibende Einkommen nicht mehr für den notwendigen Unterhalt ausreicht.[70] Gegen ein unterhaltsrechtlich leichtfertiges Verhalten spricht die Vereinbarung einer größeren Abfindung, die regelmäßig Einkommensersatzfunktion hat und von deren Vermögensstamm auch der Unterhaltsberechtigte durch die Umlage auf die Zeit bis zur allgemeinen Altersgrenze profitiert (→ Rn. 29 f.).[71] Grundsätzlich ist jedoch jeder verpflichtet, bis zur Vollendung der allgemeinen Altersgrenze (s. § 235 SGB VI und § 51 BBG) zu arbeiten.[72] Wenn der Arbeitnehmer keine schwerwiegenden Gründe für die Beendigung des Arbeitsverhältnisses darlegen und beweisen kann und dem Arbeitgeber kein Recht zur Kündigung zustand, kann eine unterhaltsbezogene Leichtfertigkeit und damit ein Verstoß gegen die unterhaltsrechtliche Erwerbsobliegenheit angenommen werden.[73] In der Vereinbarung von **Altersteilzeit** ist allerdings dann keine unterhaltsbezogene Mutwilligkeit zu sehen, wenn der Bedarf der Unterhaltsberechtigten schon durch eigene Einkünfte auf einem relativ hohen Niveau sichergestellt ist[74] oder wenn im Zeitpunkt der Vereinbarung überwiegende betriebliche, gesundheitliche und persönliche Gründe dafür sprechen.[75] Erhält ein Beamter allerdings wegen eines aus persönlichen Gründen in Anspruch genommenen sog **Sabbatjahres** reduzierte Bezüge, muss er sich für die Berechnung des Ehegattenunterhalts sein volles Einkommen anrechnen lassen.[76] Auch ein

---

[64] BGH FamRZ 2011, 1041 = R 725; 1994, 372 (375) = R 473d.
[65] BGH FamRZ 1988, 256.
[66] BVerfG FamRZ 2007, 469; 2006, 469.
[67] BVerfG FamRZ 1996, 343.
[68] BGH FamRZ 1985, 782 (786); 1983, 140.
[69] BGH FamRZ 1987, 930 (932); 1987, 372 (374).
[70] BGH FamRZ 2012, 1483 Rn. 29 ff.
[71] BGH FamRZ 2004, 1352; OLG München FamRZ 2005, 714; OLG Hamm FamRZ 1998, 27.
[72] BGH FamRZ 1999, 708.
[73] OLG Koblenz FamRZ 2004, 1573 (Mitarbeiter der Deutschen Bahn).
[74] BGH FamRZ 2012, 1483 Rn. 30 ff.; OLG Koblenz FamRZ 2000, 610; vgl. aber OLG Saarbrücken FamRR 2011, 153.
[75] OLG Hamm NJW 2005, 161; OLG Koblenz NJW-RR 2004, 938; OLG Köln FamRZ 2003, 602; OLG Hamm FamRZ 2001, 1476 und FamRZ 2001, 482.
[76] OLGR Schleswig 2002, 25.

10. Abschnitt: Fiktives Einkommen aus unterlassener zumutbarer Erwerbstätigkeit § 1

voll erwerbsfähiger Unterhaltspflichtiger, der sich bereits im Alter von 41 Jahren mit seinen Versorgungsbezügen als Strahlflugzeugführer bei der Bundeswehr begnügt, verletzt grundsätzlich seine Erwerbsobliegenheit. Das gilt nur dann nicht, wenn er darlegt und beweist, dass eine unterhaltsbezogene Leichtfertigkeit deswegen ausscheidet, weil er auf Grund seiner Beanspruchung einen besonderen physischen und psychischen Verschleiß erlitten hat und ihm eine andere berufliche Tätigkeit nicht mehr zumutbar wäre. Sonst obliegt es ihm unterhaltsrechtlich, das Niveau seines bisherigen Erwerbseinkommens über seine frühzeitige Pensionierung hinaus durch eine andere berufliche Tätigkeit zu erhalten.[77]

Der Verzicht eines Arbeitnehmers auf eine **Kündigungsschutzklage** kann nur dann leichtfertig sein, wenn die Kündigung offensichtlich unbegründet war.[78] An der erforderlichen Leichtfertigkeit fehlt es schon dann, wenn der Arbeitsplatz während einer längeren Zeit der **Arbeitsunfähigkeit** aufgegeben wurde. Stellt sich später heraus, dass die Arbeitsunfähigkeit gleichwohl nur vorübergehend war, entsteht aber eine Obliegenheit, schon während des Krankengeldbezugs nach einem neuen Arbeitsplatz zu suchen.[79] Wer aus einem alten Bundesland in seinen Heimatort in den neuen Bundesländern zurückkehrt, handelt jedenfalls bei familiären oder sonstigen persönlichen Bindungen nicht leichtfertig und ihm kann unterhaltsrechtlich keinen Nachteil daraus erwachsen, dass er in einem seiner Ausbildung und seinen Fähigkeiten entsprechenden neuen Arbeitsverhältnis weniger verdient.[80] Eine nach **Erreichen der Regelaltersgrenze** (→ Rn. 749) ausgeübte Tätigkeit darf ohne unterhaltsrechtliche Nachteile grundsätzlich jederzeit eingestellt werden.[81] 750

Wird im Rahmen einer Zumutbarkeitsabwägung allerdings eine unterhaltsbezogen zumindest leichtfertige Arbeitsaufgabe des Unterhaltspflichtigen bejaht, ist es ihm nach Treu und Glauben verwehrt, sich auf seine Leistungsunfähigkeit oder eine eingeschränkte Leistungsfähigkeit zu berufen. Er wird unterhaltsrechtlich so behandelt, als wenn er sein Einkommen **in bisheriger Höhe** weiterhin erzielen würde und damit weiterhin den ungekürzten Unterhalt zahlen könnte.[82] Der Unterhalt ist dann auf der Grundlage der früheren regelmäßigen Erwerbseinkünfte des Unterhaltspflichtigen zu berechnen, denn für die Unterhaltsbemessung bleiben die Einkommensverhältnisse vor einer leichtfertigen beruflichen Veränderung maßgeblich.[83] 751

Einem Unterhaltsschuldner, der sich selbständig gemacht hat und der später arbeitsunfähig **erkrankt** ist, kann die Berufung auf seine Leistungsunfähigkeit schon dann verschlossen sein, wenn er sich unterhaltsbezogen leichtfertig nicht für eine Lohnfortzahlung im Krankheitsfall mit anschließendem Krankengeld versichert hat. Denn er muss schon bei Aufgabe seiner abhängigen Arbeit den jederzeit möglichen Fall einer Erkrankung bedenken und geeignete Vorsorge treffen, um seiner Unterhaltspflicht auch im Krankheitsfall nachkommen zu können. Ähnliches gilt, wenn er eine ihm angebotene Möglichkeit zur Aufnahme einer anderen versicherungspflichtigen Tätigkeit nicht wahrgenommen hat.[84]

In den folgenden **Fallgruppen** hat die Rechtsprechung bisher einen Unterhaltspflichtigen wegen unterhaltsbezogen leichtfertigen Verhaltens als weiterhin leistungsfähig behandelt oder jedenfalls eine Überprüfung der Leichtfertigkeit verlangt (→ § 4 Rn. 605 ff.): 752
– Leichtfertige Kündigung des Arbeitsplatzes durch den Unterhaltspflichtigen.[85] Dabei handelt auch derjenige leichtfertig, der seine Arbeit wegen aufgetretener Konflikte am Arbeitsplatz aufgibt, ohne zuvor eine interne Bereinigung anzustreben oder sich einen Ersatzarbeitsplatz zu verschaffen.[86]

---

[77] BGH FamRZ 2004, 254.
[78] BGH FamRZ 1994, 372 = R 473c; OLG Hamm FamRZ 2002, 1427; OLG Dresden FamRZ 2000, 1433 und 1997, 836; vgl. auch OLG Koblenz FamFR 2011, 80.
[79] OLG Hamm FamRZ 1997, 1016.
[80] OLG Brandenburg FamRZ 1997, 1073; aM OLG Dresden FamRZ 1998, 979.
[81] BGH NJW 2011, 303; 2006, 683 (684); OLG Hamm FamRZ 1997, 883.
[82] BGH FamRZ 1987, 930 (932); 1987, 372 (374); 1981, 539.
[83] BGH FamRZ 2008, 872 = R 690b, c; 1987, 930 (932).
[84] BGH FamRZ 1988, 597 (599).
[85] BGH FamRZ 2008, 872 = R 690b–d; 1985, 158; OLGR Hamburg 1996, 8; OLG Bamberg FamRZ 1988, 1083; OLG Stuttgart FamRZ 1982, 1076.
[86] OLG Hamm FamRZ 1997, 357.

§ 1 Die Ermittlung des unterhaltsrechtlich relevanten Einkommens

- Vom Unterhaltspflichtigen zumindest leichtfertig verschuldete Kündigung durch den Arbeitgeber.[87]
- Leichtfertige weitere Ausbildung nach abgeschlossener Berufsausbildung oder Berufsausübung, ohne den Unterhalt der Angehörigen ausreichend abzusichern.[88]
- Leichtfertige Aufgabe eines Arbeitsplatzes um sich selbstständig zu machen, ohne vorherige Unterhaltssicherung durch Kreditaufnahme oder Rücklagenbildung.[89]
- Unterlassene Vorsorge bei Berufswechsel mit voraussehbarem Einkommensrückgang.[90]
- Fortsetzung eines Studiums, wenn die Regelstudienzeit bereits um drei Semester überschritten und ein Studienabschluss noch nicht absehbar ist.[91]

Auch ein Arbeitsplatzverlust infolge von Straftaten, sonstiger Verfehlungen oder Alkoholmissbrauch kann unterhaltsrechtlich leichtfertig sein und zur Berücksichtigung fiktiver Einkünfte führen (→ Rn. 770 f.).

3. Unterhaltsbemessung bei nicht leichtfertig herbeigeführter Einkommensminderung

753   Wird auf Grund einer **Zumutbarkeitsabwägung** (→ Rn. 747) festgestellt, dass der Unterhaltspflichtige bei seiner beruflichen Veränderung und der damit zusammenhängenden Einkommensminderung nicht unterhaltsbezogen leichtfertig gehandelt hat, ist zu prüfen, ob und in welcher Höhe nach den Umständen des Einzelfalles der Unterhalt vorübergehend oder auf Dauer neu zu bemessen ist. Dabei kann sich sogar der ursprünglich maßgebliche Unterhaltsbedarf eines geschiedenen Ehegatten verringern (→ Rn. 761 ff.).[92] Denn in diesem Fall hat der Berechtigte die berufliche Veränderung und deren unterhaltsrechtliche Auswirkungen grundsätzlich zu akzeptieren.[93] Das bedeutet allerdings nicht, dass jede damit verbundene, vorübergehende Einkommensminderung sofort auch eine Unterhaltsminderung zur Folge hat. Denn auch wenn kein treuwidriges Verhalten im Zusammenhang mit der beruflichen Veränderung selbst vorliegt, sind ergänzend die allgemeinen Grundsätze heranzuziehen, die für die Leistungsfähigkeit des Unterhaltspflichtigen gelten. Führt der Unterhaltspflichtige durch seine berufliche Veränderung freiwillig eine voraussehbar rückläufige Entwicklung seiner Einkünfte herbei, ist bereits bei Prüfung der unterhaltsbezogenen Leichtfertigkeit zu klären, ob er in geeigneter Weise durch **Rücklagenbildung oder Kreditaufnahme** sichergestellt hat, dass er seine Unterhaltsverpflichtungen in der Übergangszeit auch bei geringeren Einkünften erfüllen kann (→ Rn. 743 ff.).[94] Konnte er eine solche Vorsorge treffen, ist das Unterlassen unterhaltsbezogen leichtfertig. Er kann sich dann nicht auf die geringeren Einkünfte berufen und muss den Unterhalt in unveränderter Höhe weiterzahlen.[95] Die Dauer einer solchen Übergangszeit ist nach den Umständen des Einzelfalls, auch unter Berücksichtigung der früher erzielten Einkünfte zu bemessen.

754   Ist eine zeitweilige Absenkung der ehelichen Lebensverhältnisse auch durch eine Kreditaufnahme oder Verwendung von Rücklagen nicht zu vermeiden oder stellt sich später heraus, dass die nunmehr erzielten Einkünfte unter Berücksichtigung einer angemessenen Tilgung für aufgenommene Kredite den früheren Verdienst nicht innerhalb der vorgesehenen Zeit wieder erreichen, stellt sich die Frage, ob, in welcher Höhe und für welche Zeit der Unterhalt auf der Grundlage verminderter Einkünfte neu zu be-

---

[87] BGH FamRZ 1993, 1055; 1988, 597 (599); OLG Hamm FamRZ 1998, 979; OLG Karlsruhe NJW-RR 1992, 1412.
[88] BGH FamRZ 1987, 930 (932); 1980, 1113; OLG Hamm FamRZ 1998, 979.
[89] BGH FamRZ 1987, 930 (932); 1987, 372 (374); 1980, 1113; OLG Hamm FamRZ 1996, 959.
[90] BGH FamRZ 1982, 365; zum Einkommensrückgang vgl. iÜ BGH FamRZ 2003, 590; OLG Bamberg JurBüro 1990, 1646.
[91] OLG Hamm FamRZ 1998, 30.
[92] BGH FamRZ 2012, 281 Rn. 24 = R 731c; 2007, 793 (795); 2006, 683 (685); 2003, 590 (591).
[93] BGH FamRZ 1988, 145 (147).
[94] BGH FamRZ 1988, 145 (147); 1987, 372; OLG Hamm FamRZ 1996, 959.
[95] BGH FamRZ 1988, 256; OLG Brandenburg FamRZ 1995, 1220.

10. Abschnitt: Fiktives Einkommen aus unterlassener zumutbarer Erwerbstätigkeit § 1

rechnen ist.[96] Zwar müssen Unterhaltsberechtigte, seien es Verwandte (§§ 1601 ff. BGB), außerhalb einer Ehe geborene Kinder (§ 1615l BGB) oder frühere Ehegatten (§§ 1570 ff. BGB), einen Rückgang des Einkommens des Unterhaltpflichtigen grundsätzlich mittragen.[97] Auch im Rahmen der Leistungsfähigkeit gilt dies aber dann nicht, wenn die Reduzierung des Einkommens auf eine freie Entscheidung des Unterhaltspflichtigen zurückzuführen ist, obwohl diese Auswirkungen von vornherein für ihn **absehbar** waren. Die Berücksichtigung dieser Auswirkungen erfordert deswegen eine neue Prüfung der unterhaltsbezogenen Leichtfertigkeit. Dabei ist neben den persönlichen und wirtschaftlichen Verhältnissen und der Absehbarkeit der künftigen Entwicklung vor allem zu klären, ob im konkreten Fall das größere Schwergewicht dem Interesse des Unterhaltspflichtigen an der beruflichen Veränderung oder dem Interesse des Unterhaltsberechtigten an der Beibehaltung des bisherigen Lebensstandards zukommt. Im Rahmen des Ehegattenunterhalts kann für diese Abwägung auch von Bedeutung sein, ob die berufliche Veränderung der ursprünglichen **gemeinsamen Lebensplanung** vor der Trennung entsprach. Wenn sich der Unterhaltsberechtigte auch bei Fortbestand der ehelichen Lebensgemeinschaft vorübergehenden wirtschaftlichen Beschränkungen in seiner Lebensführung auferlegt hätte, um die finanziellen Lasten des anderen in einem gewissen Umfang und für eine beschränkte Zeit zu erleichtern, spricht auch dies für eine Herabsetzung der ehelichen Lebensverhältnisse.[98]

Weil das künftig erzielbare Einkommen stets auf einer Prognose beruht und das früher aus einer anderen Tätigkeit erzielte Einkommen keine sicheren Rückschlüsse auf die spätere Entwicklung zulässt, wird der Tatrichter einen nach der Änderung der Verhältnisse neu festzulegenden Unterhaltsbedarf zunächst nur im Weg einer Schätzung nach § 287 ZPO ermitteln können.[99] Der Berechtigte kann aber verlangen, dass sein Unterhalt wieder auf das vor der beruflichen Veränderung erreichte Niveau angehoben wird, sobald und soweit die neuen Einkünfte dies unter Berücksichtigung einer angemessenen Tilgung erlauben.[100] Bei späteren Einkommenssteigerungen im Rahmen einer auch nach den ehelichen Lebensverhältnissen normalen beruflichen Entwicklung ist der Unterhalt dann auch nach Maßgabe dieser höheren Einkünfte abzuändern. 755

War die berufliche Veränderung (zB Beginn einer Zweitausbildung) nicht leichtfertig, weil etwa der Lebensbedarf zu dieser Zeit gesichert war, und ist der Unterhaltsberechtigte erst später in gesteigertem Umfang und nicht vorhersehbar bedürftig geworden, ist diesem eine vorübergehende Unterhaltsminderung und im Einzelfall sogar ein **zeitweiliger Wegfall** der Unterhaltszahlungen zumutbar, wenn die Ausbildung nur noch eine verhältnismäßig kurze Zeit in Anspruch nimmt, erhöhte Einkommens- und Aufstiegschancen bietet und nicht gegen den Willen des Berechtigten aufgenommen worden war. Jedenfalls dann ist eine Fortsetzung der in zulässiger Weise begonnenen Fortbildung nicht unterhaltsbezogen leichtfertig. Denn letztlich erhöht eine in der Ehe angelegte verbesserte berufliche Situation des Unterhaltspflichtigen auch den späteren Anspruch des Berechtigten.[101] Mit ähnlicher Begründung hat der BGH sogar den zeitweiligen Wegfall von Unterhaltsleistungen für den Berechtigten für zumutbar gehalten, wenn sich nach seiner Ausbildung der Mediziner im Hinblick auf die zu erwartenden wirtschaftlichen Verbesserungen sofort wirtschaftlich selbstständig gemacht und anfangs noch keinen Gewinn erzielt hat.[102] Auch dann partizipieren die Unterhaltsberechtigten später an den absehbaren höheren Einkünften. Erhält ein unterhaltspflichtiger Maurer eine Winterkündigung, ist davon auszugehen, dass er im Frühjahr beim selben Arbeitgeber eine Beschäftigung findet, so dass er nicht gehalten ist, sich um eine anderweitige vollschichtige Tätigkeit zu bemühen. Ihm ist dann 756

---

[96] BGH FamRZ 1993, 1304; 1988, 256; 1988, 145 (147).
[97] BGH FamRZ 2012, 281 Rn. 24 = R 731c; 2007, 793 (795); 2006, 683 (685); 2003, 590 (591).
[98] BGH FamRZ 2012, 281 Rn. 24 = R 731c.
[99] BGH FamRZ 1988, 256.
[100] BGH FamRZ 1988, 256.
[101] BGH FamRZ 2012, 281 Rn. 24 = R 731c; 1983, 140; vgl. auch OLG Bamberg FamRZ 2000, 307.
[102] BGH FamRZ 1985, 782 (786).

jedoch zuzumuten, während der Arbeitslosigkeit einer Nebenbeschäftigung nachzugehen.[103]

757 Ein freiwilliger **Arbeitsplatzwechsel** ist auch dann nicht unterhaltsbezogen leichtfertig, wenn durch die neue Tätigkeit ein annähernd gleich hoher Verdienst erzielt wird. Kommt es später aus nicht vorhersehbaren und vom Unterhaltspflichtigen nicht zu vertretenden Gründen dennoch zu nachhaltigen Einkommenseinbußen (zB durch Währungsverfall bei Arbeit im Ausland), ist der Unterhalt nach dem tatsächlichen Einkommen neu zu bemessen. Ein fiktives Einkommen darf dann nicht angerechnet werden.[104]

758 Hat der Unterhaltspflichtige eine **Arbeitgeberkündigung** nicht leichtfertig verschuldet, ist der Unterhalt auf der Grundlage des im SGB III geregelten Arbeitslosengeldes I (→ Rn. 106) neu zu berechnen. Denn eine unerwartet eintretende unverschuldete Arbeitslosigkeit des Unterhaltspflichtigen beeinflusst nicht nur dessen Leistungsfähigkeit, sondern auch die für die Bedarfsbemessung maßgeblichen ehelichen Lebensverhältnisse.[105] Nach Beendigung der Arbeitslosigkeit ist der Unterhalt dann nicht mehr auf der Grundlage des früheren Erwerbseinkommens, sondern nach den Einkünften aus der neuen Erwerbstätigkeit zu bemessen. Bei einer Kündigung durch den Arbeitgeber kann dem Pflichtigen in der Regel zugemutet werden, die **Kündigungsschutzvorschriften** auszunutzen, wenn dies nicht von vornherein aussichtslos erscheint.[106] Ist die Kündigung nicht zu verhindern, muss er im Kündigungsschutzprozess auch **Abfindungsansprüche** gegen seinen Arbeitgeber geltend machen (→ Rn. 93 ff.).[107] Um seinen Arbeitsplatz zu erhalten, darf und muss der Unterhaltspflichtige eine Gehaltskürzung akzeptieren. Erklärt er sich mit einer wegen schwieriger Auftrags- und Beschäftigungslage beabsichtigten Änderungskündigung (geplante 10%ige Lohnkürzung) nicht einverstanden und wird ihm deshalb ordnungsgemäß gekündigt, kann ihm wegen unterhaltsbezogener Leichtfertigkeit statt des ALG I sogar ein entsprechend um 10% gekürztes fiktives Einkommen zugerechnet werden (→ § 4 Rn. 605 ff., 654).[108]

759 Im Hinblick auf die **Beendigung einer bestehenden Arbeitslosigkeit** treffen den Unterhaltspflichtigen die gleichen Pflichten wie den Unterhaltsberechtigten (→ Rn. 782 ff.). Bei Arbeitslosigkeit muss der Unterhaltspflichtige daher nachprüfbar vortragen, was er im Einzelnen unternommen hat, um einen neuen Arbeitsplatz zu finden. Dazu gehören konkrete Angaben, wann und bei welchem Arbeitgeber er sich beworben hat. Allein die Verletzung dieser Obliegenheit rechtfertigt es aber noch nicht, dem Unterhaltspflichtigen ein Einkommen aus Erwerbstätigkeit zuzurechnen. Zusätzlich ist immer auch zu prüfen, ob der Arbeitslose überhaupt vermittelbar war. Das hängt neben den Verhältnissen am Arbeitsmarkt auch von den persönlichen Eigenschaften des Bewerbers, insbesondere seinem Alter, seiner Ausbildung, seiner Berufserfahrung und seinem Gesundheitszustand ab.[109] Zu dieser realistischen Beschäftigungschance als in solchen Fällen weitere Voraussetzung der Anrechnung fiktiver Einkünfte muss das Gericht nachprüfbare Feststellungen treffen.[110] In der Rechtsprechung wird teilweise gefordert, dass der Arbeitslose für die Suche nach Arbeit etwa die Zeit aufwendet, die ein Erwerbstätiger für seinen Beruf aufwendet, so dass monatlich 20 Bewerbungen zu verlangen seien (→ Rn. 782).[111] Nur wenn von vornherein sicher feststeht, dass ein passender Arbeitsplatz nicht zu finden ist, kann auf Bewerbungen verzichtet werden.[112] Für die Feststellung, dass für einen Unter-

---

[103] OLG Brandenburg – 10 UF 149/08, BeckRS 2009, 09474 Rn. 21 f.
[104] BGH FamRZ 1988, 705.
[105] BGH FamRZ 2012, 281 Rn. 24 = R 731c; 2008, 968; 2006, 683 (685); 2003, 590 (591); 1988, 256.
[106] OLG Hamm FamRZ 2002, 1427 und 1995, 1203; OLG Frankfurt FamRZ 1983, 392.
[107] BGH FamRZ 2012, 1048 Rn. 9; 2012, 1040 Rn. 37 = R 732i; OLG Hamburg FamRZ 1998, 619; OLG Brandenburg FamRZ 1995, 1220; OLG Koblenz FamRZ 1991, 573.
[108] OLG Celle FamRZ 1983, 704; a. A. OLG Hamm FamRZ 1997, 356.
[109] BGH FamRZ 1996, 345; 1994, 372; 1987, 912 (913); 1987, 144 (145).
[110] BGH FamRZ 1996, 345; 1993, 789.
[111] OLG Karlsruhe FamRZ 2002, 1567; OLG Köln FamRZ 1997, 1104; OLG Naumburg FamRZ 1997, 311; vgl. dazu auch OLG Hamm FamRZ 1998, 982 (983); vgl. aber BGH FamRZ 2011, 1851 Rn. 16.
[112] OLG Nürnberg FamRZ 1998, 857.

haltsschuldner keine reale Beschäftigungschance bestehe, sind allerdings – insbesondere im Bereich der gesteigerten Unterhaltspflicht nach § 1603 II BGB – strenge Maßstäbe anzulegen.[113] Das wird häufig bei Unterhaltspflichtigen der Fall sein, die in erheblichem Umfang erwerbsbehindert sind oder kurz vor dem allgemeinen Rentenalter stehen. Unterlässt ein arbeitsloser Unterhaltspflichtiger trotz realistischer Beschäftigungschance eine ihm mögliche und zumutbare Suche nach einer Erwerbstätigkeit, liegt schon darin ein unterhaltsbezogen leichtfertiges Verhalten, sodass ihm ein fiktives Einkommen unabhängig von der Verletzung der Erwerbsobliegenheit selbst zugerechnet werden kann (näheres → § 2 Rn. 244).[114] Weil die Treuwidrigkeit in diesen Fällen nicht in der Aufgabe der früheren Erwerbstätigkeit, sondern in den fehlenden Bemühungen um eine neue Tätigkeit liegt, richtet sich die **Höhe der fiktiven Einkünfte** nicht nach den früher erzielten Einkünften. Maßstab ist vielmehr das Entgelt, das der Unterhaltspflichtige bei erfolgreichen Bewerbungen hätte erzielen können (→ Rn. 793 ff.).[115]

Hat der Unterhaltspflichtige infolge **betrieblicher Umstrukturierung** bei demselben Arbeitgeber einen neuen Arbeitsvertrag mit deutlich ungünstigeren Bedingungen geschlossen, ist er nach einer kurzen Orientierungsfrist gehalten, sich anderweitig um eine besser bezahlte Arbeitsstelle zu bemühen. Neben der Vollzeitbeschäftigung muss er aber nur ausnahmsweise eine zusätzliche Nebentätigkeit aufnehmen (→ Rn. 96 ff.).[116] 760

4. Bedarfsbemessung auf der Grundlage von fiktiv zugerechneten Einkünften des Unterhaltspflichtigen

Kann auf einen festen Unterhaltsbedarf oder auf eine zuvor maßgebliche Bedarfsbemessung zurückgegriffen werden, ist auf der Grundlage geänderter unterhaltsrelevanter Einkünfte des Unterhaltspflichtigen jedenfalls die **Leistungsfähigkeit** zu prüfen. Die Höhe der Einkünfte wirkt sich aber auch auf den vom Einkommen der Eltern abgeleiteten Unterhaltsbedarf beim Kindesunterhalt aus (→ Rn. 31). Nach der Rechtsprechung des BVerfG[117] und des BGH[118] wirkt sich eine nacheheliche Verminderung des maßgeblichen Einkommens schon auf den Unterhaltsbedarf nach den ehelichen Lebensverhältnissen aus, wenn sie auch bei fortbestehender Ehe eingetreten wäre (→ Rn. 735 Fall 1).[119] Wenn ein Unterhaltspflichtiger noch nie entsprechend seinen Möglichkeiten nachhaltig am Wirtschaftsleben teilgenommen hat, ist ein abgeleiteter Unterhaltsbedarf des Berechtigten losgelöst von einem früher erzielten Einkommen nach der Höhe der erzielbaren Einkünfte zu ermitteln (→ Rn. 735 Fall 2). Auch dann wirken sich die weiteren Probleme bei der Ermittlung der Höhe der erzielbaren Einkünfte schon auf die Bemessung des **fiktiven Bedarfs** aus. Dies ist nur dann nicht der Fall, wenn der Bedarf unabhängig vom Einkommen des Unterhaltspflichtigen festgestellt werden kann, etwa bei auswärtiger Unterbringung eines minderjährigen Kindes,[120] (wie nach den Leitlinien aller OLG → Rn. 20)[121] beim Unterhaltsanspruch volljähriger Kinder, die nicht mehr im Haushalt eines Elternteils leben (→ § 2 Rn. 508 ff.), beim Unterhaltsanspruch aus gemeinsamer Elternschaft nach § 1615l BGB[122] oder beim Elternunterhalt.[123] Auch der Mindestunterhalt minderjähriger Kinder nach § 1612a BGB wird als unterste Grenze des Bedarfs stets unabhängig vom 761

---

[113] BGH FamRZ 2014, 637 Rn. 12 ff. = R 744.
[114] OLG Düsseldorf FamRZ 1998, 851.
[115] OLG Hamm FamRZ 2000, 1219 und FamRZ 1998, 979; OLG Frankfurt FamRZ 1995, 1217.
[116] BGH FamRZ 2009, 314 = R 701; OLG Hamm FamRZ 2003, 177.
[117] BVerfG FamRZ 2011, 437 Rn. 70.
[118] BGH FamRZ 2012, 281 Rn. 24 = R 731c; 2008, 968; 2006, 683 (685); 2003, 590 (591).
[119] BGH FamRZ 2012, 281 Rn. 24 = R 731c; 2007, 793 (795).
[120] BGH FamRZ 2007, 377 (378) = R 666b; 2006, 1597 (1598) = R 659a.
[121] Vgl. Ziff. 13.1 der jeweiligen Leitlinien und Anm. A 7 Abs. 2 zur DT.
[122] BGH FamRZ 2015, 1369 Rn. 34.
[123] BGH FamRZ 2015, 2138 Rn. 14 ff.; 2013, 1554 Rn. 15 f. = R 741b; 2013, 203 Rn. 15 ff.; 2003, 860 (861).

Einkommen des Unterhaltspflichtigen als Mindestbedarf geschuldet.[124] Auch in diesen Fällen kommt es also nur noch auf die Leistungsfähigkeit des Unterhaltspflichtigen an.[125]

762 Muss hingegen schon der **Unterhaltsbedarf anhand fiktiver Einkünfte** festgestellt werden, dürfen sich keine Widersprüche zu den gesetzlichen Bestimmungen ergeben, nach denen für die Unterhaltsbemessung konkrete Lebenssachverhalte, wie etwa die ehelichen Lebensverhältnisse, maßgeblich sein sollen. Das gilt auch auf der Grundlage der Rechtsprechung des BGH zu den **ehelichen Lebensverhältnissen**.[126] Denn durch diese Rechtsprechung des BGH ist die Unterhaltsbemessung nicht von dem gesetzlich in § 1578 I BGB vorgegebenen Maßstab losgelöst, sondern lediglich der unbestimmte Rechtsbegriff der ehelichen Lebensverhältnisse weiter konkretisiert worden. Während dieser Begriff schon wegen der Begrenzungsmöglichkeit nach § 1578b BGB keine Lebensstandardgarantie gewährleistet und der Unterhaltsberechtigte auch ein unverschuldetes Absinken des maßgeblichen Einkommens mittragen muss, hat nicht jede spätere Einkommenssteigerung einen Bezug zu den ehelichen Lebensverhältnissen, sodass auch weiterhin jedenfalls der sog Karrieresprung bei der Bedarfsbemessung nach § 1578 I 1 BGB unberücksichtigt bleibt.[127] So hatte der BGH[128] schon im Jahre 1992 entschieden, dass allein gedachte wirtschaftliche Verhältnisse, die keine Grundlage in der tatsächlichen Einkommenssituation der Ehegatten während der Ehe haben, die ehelichen Lebensverhältnisse nicht prägen können. Ein nachehelicher Unterhaltsbedarf könne daher nicht aus fiktiven Mitteln hergeleitet werden, die den Ehegatten während des Zusammenlebens objektiv nie oder jedenfalls nicht nachhaltig zur Verfügung gestanden hätten. Der BGH gibt dazu folgendes Beispiel: Ein Ehegatte hätte nach seinen Kenntnissen und Fähigkeiten bei zumutbarem Einsatz seiner Arbeitskraft während des Zusammenlebens ein höheres Einkommen erzielen können. Aus Bequemlichkeit habe er dies jedoch unterlassen, so dass sich beide Eheleute von vornherein mit einem niedrigeren Standard begnügen mussten. Liege eine solche Situation vor, dürften zur Bedarfsbestimmung für den nachehelichen Unterhalt die erzielbaren höheren Einkünfte nicht fiktiv herangezogen werden. Auch zum **Trennungsunterhalt** hatte der BGH entschieden, dass der Bedarf grundsätzlich nicht aus höheren fiktiven Mitteln hergeleitet werden darf. Beim Ehegattenunterhalt sei insoweit auch keine Korrektur wegen des zu beachtenden objektiven Maßstabs, wonach sowohl eine zu dürftige Lebensführung als auch ein übermäßiges Ausgabeverhalten unberücksichtigt bleibt (→ § 4 Rn. 463 ff.),[129] möglich. Der objektive Maßstab dürfe nicht dazu führen, dass der Boden der ehelichen Lebensverhältnisse verlassen werde und Einkünfte als prägend herangezogen würden, die tatsächlich nie vorhanden waren. Beim nachehelichen Unterhalt gilt dies für einen erheblichen Anstieg des Einkommens durch fiktive Zurechnung weiterer Einkünfte nach wie vor, wenn diese in der Ehezeit noch nicht erzielbar waren. Hätten die fiktiv erzielbaren Einkünfte aber schon während der Ehezeit erzielt und zugerechnet werden können, haben sie schon den Unterhaltsbedarf nach den ehelichen Lebensverhältnissen beeinflusst, weil die ehelichen Lebensverhältnisse nicht nur durch die tatsächlich erzielten Einkünfte, sondern auch durch die **Erwerbsfähigkeit der Ehegatten** beeinflusst werden.

763 Unter Bezug auf eine Entscheidung des OLG Karlsruhe[130] hatte der BGH[131] seine zurückhaltende Rechtsprechung sodann auf den **Kindesunterhalt** erstreckt. Die Höhe eines von der Einkommenssituation des Unterhaltspflichtigen abhängigen Unterhaltsbedarfs könne nicht aus lediglich fiktivem Einkommen hergeleitet werden. Nur gedachte wirtschaftliche Verhältnisse, die keine Grundlage in der tatsächlichen Einkommenssituation

---

[124] BGH FamRZ 2009, 962 Rn. 21 = R 700; vgl. auch BGH FamRZ 2003, 1471 (1472); 2002, 536 (538).
[125] OLG Karlsruhe FamRZ 1993, 1481.
[126] BGH FamRZ 2012, 281 = R 731; 2007, 793 (795).
[127] BGH FamRZ 2006, 683 (685); 2003, 590 (591); anders bei der Leistungsfähigkeit BGH FamRZ 2013, 1366 Rn. 87.
[128] BGH FamRZ 1992, 1045 (1047).
[129] BGH FamRZ 2007, 1532; 1989, 1160 (1161).
[130] OLG Karlsruhe FamRZ 1993, 1481.
[131] BGH FamRZ 1997, 281.

10. Abschnitt: Fiktives Einkommen aus unterlassener zumutbarer Erwerbstätigkeit § 1

des Unterhaltspflichtigen haben, könnten die Lebensstellung des Kindes (§ 1610 I BGB) nicht bestimmen. Daher könne ein Unterhaltsbedarf nicht aus fiktiven Mitteln hergeleitet werden, die dem Unterhaltspflichtigen nie zur Verfügung gestanden haben. Das gilt nach der neueren Rechtsprechung des BGH aber schon dann nicht, wenn der Unterhaltspflichtige bereits zuvor über einen längeren Zeitraum Einkünfte in dieser Höhe erzielt und damit die Lebensstellung des Kindes dauerhaft bestimmt hatte.[132] Dann begründet das fiktive Einkommen keine fiktiv höhere Lebensstellung, sondern stellt lediglich die bereits zuvor erreichte Lebensstellung wieder her. Hinzu kommt, dass auch die Lebensstellung des Kindes nicht nur von dem tatsächlich erzielten Einkommen, sondern zudem von der Leistungsfähigkeit des Unterhaltspflichtigen bestimmt wird.[133] Deswegen und weil die von den Eltern abgeleitete Lebensstellung des minderjährigen Kindes sich nach den gegenwärtigen Verhältnissen richtet, bestimmen die fiktiv hinzuzurechnenden Einkünfte auch den abgeleiteten Bedarf des Kindes (vgl. auch → § 2 Rn. 207).

Diese Auffassung steht im Einklang mit der Bedarfsbemessung beim Ehegattenunterhalt. **764** Während der Bedarf des minderjährigen Kindes nach der abgeleiteten Lebensstellung (§ 1610 I BGB) auf die Einkünfte und Erwerbsmöglichkeiten im Unterhaltszeitraum abstellt, knüpft der Bedarf beim nachehelichen Unterhalt (§ 1578 I 1 BGB) an die ehelichen Lebensverhältnisse an und schließt damit lediglich Entwicklungen aus, die während der Ehezeit nicht absehbar waren. Die Erwerbsfähigkeit während der Ehezeit war aber schon seinerzeit absehbar und hat sich später durch Arbeitsaufnahme oder Hinzurechnung eines fiktiven Einkommens realisiert. Insoweit besteht also kein Unterschied zum Kindesunterhalt. Nur soweit die Umstände während der Ehe noch keine fiktive Einkommenszurechnung zuließen und dies erst jetzt durch nacheheliches Hinzutreten unvorhersehbarer weiterer Umstände möglich ist, sind die ehelichen Lebensverhältnisse (wie beim Karrieresprung) nicht durch nachehelich erzielbare fiktive Einkünfte bestimmt worden. In der Praxis dürften sich solche Fallkonstellationen nicht sehr häufig ergeben, weil Unterhaltsverhältnisse mit dauerhaft fehlenden Einkünften nicht allzu häufig anzutreffen sind. In den meisten Fällen werden sich früher erzielte Einkünfte feststellen lassen, an die entsprechend den oben aufgezeigten Regeln angeknüpft werden kann. Schließlich ist in besonders eingeschränkten Verhältnissen ohnehin von dem Mindestbedarf auszugehen, den die Rechtsprechung als Existenzminimum in Höhe des notwendigen Selbstbehalts eines nicht erwerbstätigen Unterhaltspflichtigen pauschaliert.[134]

Soweit sich eine Lebensstellung des unterhaltsberechtigten Ehegatten und ein sich daraus **765** herzuleitender Unterhaltsbedarf ausnahmsweise nicht aus fiktiven Mitteln herleiten lassen, erfordert die Bemessung des geschuldeten Unterhalts weitere Feststellungen zur maßgeblichen Lebensstellung, insbesondere zu einem unterhaltsrechtlich relevanten früheren Einkommen des Unterhaltsschuldners. Dann ist zu klären, welche Einkünfte der Unterhaltspflichtige während der Ehezeit hatte und ob er diese auch jetzt noch erzielen würde (zur Arbeitslosigkeit → Rn. 759). Gleiches gilt, wenn ein Vermögen nicht sinnvoll genutzt wird (→ Rn. 632 ff.). Weil es hier nur um die Bemessung der objektiven Lebensstellung geht, kommt es insoweit auf eine unterhaltsbezogene **Leichtfertigkeit** nicht an, sondern allein auf die Erwerbsfähigkeit (→ § 2 Rn. 244). Bestand für den Unterhaltspflichtigen eine realistische Beschäftigungschance mit bestimmten Einkünften, „so stellt sich allein die Frage, ob ihm die dazu erforderliche Erwerbstätigkeit auch zugemutet werden kann".[135]

Zusammenfassend lassen sich folgende Feststellungen treffen: **766**
- Als erstes ist zu prüfen, ob zur Bedarfsbestimmung an **früher erzieltes** Einkommen angeknüpft werden kann, ohne dass es eines Rückgriffs auf ein fiktiv zurechenbares Einkommen bedarf (→ Rn. 494 ff., 502 ff.).
- Wenn dies nicht möglich ist, kommt es beim **Ehegattenunterhalt** hinsichtlich des Bedarfs ausschließlich auf die ehelichen Lebensverhältnisse an, die allerdings auch durch

---

[132] BGH FamRZ 2000, 1358; 1993, 1304.
[133] BGH FamRZ 2003, 1471.
[134] BGH FamRZ 2013, 534 Rn. 26; 2010, 802 Rn. 18 ff.; 2010, 629 Rn. 32 f.; 2010, 444 Rn. 17 ff.; 2010, 357 Rn. 25 ff.
[135] BGH FamRZ 1987, 252.

die Erwerbspflicht und die Erwerbsfähigkeit des Unterhaltspflichtigen während der Ehezeit bestimmt wird. Fiktive Einkünfte dürfen danach auch zur Bemessung des Unterhaltsbedarfs nach den ehelichen Lebensverhältnissen berücksichtigt werden, soweit der Unterhaltspflichtige schon während der Ehezeit in diesem Umfang erwerbspflichtig und -fähig war. Soweit der Unterhaltspflichtige sein Einkommen schon seinerzeit leichtfertig vermindert hatte, kann auch nach der Rechtsprechung des BGH an das schon früher fiktiv erzielbare Einkommen angeknüpft werden.

- Beim **Kindesunterhalt** ist der Bedarf von fiktiven Einkünften unabhängig, wenn feste Bedarfsbeträge maßgeblich sind. Sonst bemisst sich auch der Unterhaltsbedarf des Kindes jedenfalls dann nach der Höhe eines fiktiven Einkommens, wenn der unterhaltspflichtige Elternteil zuvor über längere Zeit Einkünfte in dieser Höhe erzielt und damit die Lebensstellung des Kindes geprägt hatte. Aber selbst wenn dies nicht der Fall ist, führt die Erwerbspflicht des Unterhaltspflichtigen dazu, dass fiktiv zurechenbare Einkünfte auch den abgeleiteten Unterhaltsbedarf nach § 1610 I BGB bestimmen. So sind etwa die Kinder eines arbeitsunwilligen Arztes nicht dauerhaft auf den Mindestbedarf nach § 1612b BGB verwiesen, sondern können die Höhe ihres Unterhaltsbedarfs von den fiktiv zurechenbaren Einkünften ableiten.

5. Arbeitsplatzaufgabe wegen beruflicher Weiterbildung oder Zweitausbildung

767 Ein Unterhaltspflichtiger ist grundsätzlich nicht berechtigt, seinen Beruf, der seiner Familie eine auskömmliche Lebensgrundlage bietet, zum Zweck einer weiteren Ausbildung aufzugeben. Tut er es trotzdem ohne Rücksicht auf eine bereits bestehende Bedürftigkeit der von ihm abhängigen Familienangehörigen und ohne deren Einverständnis, muss er die Ausbildung später selbst dann abbrechen, wenn sie bereits weit fortgeschritten ist. Kommt er dem nicht nach, ist ihm im Hinblick auf die leichtfertige Arbeitsaufgabe ein fiktives Einkommen zuzurechnen.[136] Hatte der Unterhaltspflichtige die Zweitausbildung hingegen **im Einvernehmen** mit seinem Ehegatten aufgenommen und war der Unterhalt zunächst durch eine Erwerbstätigkeit des anderen Ehegatten gesichert, ist ihm ein Abbruch der Zweitausbildung jedenfalls dann nicht mehr zuzumuten, wenn deren Abschluss alsbald (in ca. 1 bis 2 Jahren) bevorsteht. Weil der Beginn der Zweitausbildung in solchen Fällen nicht unterhaltsrechtlich leichtfertig erfolgt ist, steht einer Fortsetzung auch nicht entgegen, dass der Frau wegen der Geburt eines Kindes eine weitere Erwerbstätigkeit unmöglich geworden ist, soweit ein Abbruch der einvernehmlich aufgenommenen Weiterbildung unwirtschaftlich und unvernünftig wäre.[137] Dann hat der Unterhaltspflichtige seine Fortbildung aber mit dem gebotenen Fleiß und zielstrebig zum Abschluss zu bringen.[138] Wer sich allerdings noch in der „Erstausbildung" befindet, muss sich keine fiktiven Einkünfte zurechnen zu lassen.[139]

768 Auch aus Sicht des Unterhaltsberechtigten ist eine vorübergehende Unterhaltsminderung und uU sogar ein zeitweiliger Wegfall von Unterhaltszahlungen zumutbar, wenn die Zweitausbildung des Unterhaltspflichtigen bereits weit fortgeschritten ist und nur noch eine verhältnismäßig kurze Zeit in Anspruch nimmt, erhöhte Einkommens- und Aufstiegschancen bietet und nicht gegen den Willen des Berechtigten aufgenommen wurde. Zulässig kann eine berufliche Fortbildung des Unterhaltspflichtigen unter Berücksichtigung aller übrigen Gesichtspunkte auch dann sein, wenn während ihrer Dauer jedenfalls das **Existenzminimum**[140] der Berechtigten gesichert ist.[141] Denn schließlich begünstigt die verbesserte berufliche Situation des Unterhaltspflichtigen auch den Unter-

---

[136] BGH FamRZ 1983, 140.
[137] BGH FamRZ 1983, 140.
[138] OLG Koblenz FamRZ 2006, 725.
[139] BGH FamRZ 2011, 1041 = R 725; 1994, 372 (375) = R 473d; vgl. aber KGR 2004, 408.
[140] BGH FamRZ 2010, 357 = R 709b (§ 1615l BGB); 2010, 802 Rn. 18 ff. (nachehelicher Unterhalt); zum Mindestbedarf minderjähriger Kinder vgl. § 1612a BGB; s. auch BGH FamRZ 2003, 363.
[141] OLG Bamberg FamRZ 2000, 307 (308).

10. Abschnitt: Fiktives Einkommen aus unterlassener zumutbarer Erwerbstätigkeit   § 1

haltsberechtigten, weil sie ihm mit besseren Berufsaussichten regelmäßig höhere Einkünfte bietet.[142] Die Tatsache, dass eine nach freiwilliger Aufgabe des Arbeitsplatzes beabsichtigte oder durchgeführte Umschulung mit öffentlichen Mitteln gefördert wird, ist hingegen unterhaltsrechtlich ohne Bedeutung und kann bei unterhaltsrechtlich leichtfertigem Verzicht auf eine Erwerbstätigkeit ebenfalls die Anrechnung eines fiktiven Einkommens in der früher erzielten Höhe zur Folge haben.[143] Anders ist es allerdings, wenn das Arbeitsamt einem unverschuldet arbeitslos gewordenen Unterhaltspflichtigen die Förderung einer Umschulungsmaßnahme aus Gründen besserer Vermittelbarkeit bewilligt hat. Dann kann während der Förderungszeit kein fiktives Einkommen angerechnet werden.[144] Auch unter Berücksichtigung der gesteigerten Unterhaltspflicht nach § 1603 II BGB ist dem Unterhaltsschuldner eine Umschulung zuzubilligen, wenn für ihn sonst praktisch **keine Vermittlungschancen** bestehen.[145] Eine Zurechnung fiktiver Einkünfte scheitert in solchen Fällen schon daran, dass der Unterhaltspflichtige vor der Umschulung keine reale Beschäftigungschance auf dem Arbeitsmarkt hat (→ Rn. 784 f.). Wer jedoch bisher nur „ungelernte Tätigkeiten" ausgeübt hat, darf sich jedenfalls dann nicht auf eine Umschulung berufen, wenn damit nur der Hauptschulabschluss und keine konkrete Berufsqualifikation erreicht werden soll.[146] Wenn die unterhaltsrechtlich zulässige Umschulung den Schüler wie eine vollschichtige Erwerbstätigkeit beansprucht, besteht grundsätzlich keine Verpflichtung zur Aufnahme einer weiteren Nebentätigkeit.[147] Das kann allerdings ausnahmsweise der Fall sein, wenn der Unterhaltspflichtige trotz gesteigerter Unterhaltspflicht gegenüber seinen Kindern nach § 1603 II 1, 2 BGB deren Mindestbedarf sonst nicht sicherstellen kann und ihm die Nebentätigkeit unter Berücksichtigung aller Umstände des Einzelfalls zumutbar ist.[148]

6. Fiktives Einkommen bei Selbständigen

Für Selbständige gelten die bereits erörterten Grundsätze mit folgenden Besonderheiten: **769**
— Wer künftig eine selbständige Tätigkeit ausüben will und dadurch eine voraussehbare rückläufige Einkommensentwicklung herbeiführt, muss bestehende und absehbare Unterhaltsverpflichtungen durch **Bildung von Rücklagen** bzw. durch Kreditaufnahme für die Übergangszeit, in der geringere Gewinne zu erwarten sind, sicherstellen (→ Rn. 741) oder in sonstiger Weise dafür sorgen, dass er den Unterhalt in bisheriger Höhe weiterzahlen kann. Er muss auch dafür sorgen, dass er bei einem unvorhergesehenen Krankheitsfall leistungsfähig bleibt (→ Rn. 751).
— Der Selbständige ist verpflichtet, seinen Betrieb weiterhin so zu führen, dass er Unterhalt in bisheriger Höhe weiterzahlen kann.
— Einem selbständigen Unternehmer, der nur Verluste erwirtschaftet, kann die Aufgabe des Unternehmens und die Aufnahme einer abhängigen Arbeit zugemutet werden, wenn er sonst auf längere Zeit nicht zu Unterhaltsleistungen in der Lage ist (→ Rn. 738).[149] Dabei sind alle Umstände des Falles sorgfältig abzuwägen, und dem Unterhaltspflichtigen ist zusätzlich eine Karenzzeit zuzubilligen, die bis zu zwei Jahre betragen kann.[150]

---

[142] BGH FamRZ 1983, 140.
[143] OLG Stuttgart FamRZ 1983, 1233.
[144] OLG Düsseldorf FamRZ 1984, 392.
[145] BGH FamRZ 2011, 1041 = R 725; OLG Hamm FamRZ 1997, 1168.
[146] OLG Hamm FamRZ 1998, 979 mit ablehnender Anmerkung Struck, FamRZ 1998, 1610.
[147] BGH FamRZ 1994, 372 = R 473c; BVerfG FamRZ 2003, 661; OLG Hamm FamRZ 1997, 1168; OLG Dresden FamRZ 1997, 836; a. A. OLG Koblenz FamRZ 2002, 1215; KG NJWE-FER 2001, 119 (zum Kindesunterhalt).
[148] Vgl. BGH FamRZ 2009, 314 = R 701.
[149] BGH FamRZ 1993, 1304; OLG Hamm FamRZ 2018, 1311; OLG Koblenz FamRZ 1984, 1225; OLG Köln FamRZ 1983, 87.
[150] OLG Hamm FamRZ 2004, 1514; OLG Düsseldorf FamRZ 1997, 1078.

– Auch ein Selbständiger darf eine nach Erreichen der allgemeinen Altersgrenze (vgl. §§ 35, 235 SGB VI, § 51 BBG) noch ausgeübte Tätigkeit jederzeit ohne unterhaltsrechtliche Nachteile einstellen.[151]

7. Fiktives Einkommen bei Arbeitsplatzverlust infolge von Straftaten, sonstigen Verfehlungen oder Alkoholmissbrauch

770 Bei dieser Fallgruppe handelt es sich regelmäßig um verschuldete, aber nicht gewollte Leistungsunfähigkeiten. Der Dieb will normalerweise seine Leistungsfähigkeit sogar verbessern. Der Alkoholiker verharmlost sein Trinkverhalten und geht in der Regel davon aus, dass er auch am Arbeitsplatz nicht auffällt und die Trunksucht keinen Krankheitswert erlangt. Die Regeln, die bei der freiwilligen Aufgabe eines Arbeitsplatzes gelten (→ Rn. 743 ff., 767 ff.), können daher für diese Fälle nicht ohne weiteres übernommen werden.[152] Die unterhaltsrechtliche Vorwerfbarkeit einer durch Straftaten bedingten Leistungsunfähigkeit ist auf schwerwiegende Fälle zu beschränken, vor allem auf die, in denen sich das strafbare Verhalten **gegen den Unterhaltsberechtigten gewendet** hat.[153] Um einen solchen unterhaltsrechtlichen Bezug einer vom Unterhaltsschuldner begangenen Straftat zu begründen genügen allerdings für sich genommen weder die Kausalität für den Arbeitsplatzverlust noch dessen Vorhersehbarkeit.[154] Dem Unterhaltsschuldner ist die Berufung auf die eigene Leistungsunfähigkeit auch in solchen Fällen nur dann versagt, wenn er seine Leistungsunfähigkeit durch unterhaltsbezogene Mutwilligkeit herbeigeführt hat, die aber nicht nur vorsätzliches, sondern auch **leichtfertiges Handeln** umfasst (→ Rn. 743 f.).[155] Für eine solche Leichtfertigkeit, die gewöhnlich bewusste Fahrlässigkeit sein wird, ist es erforderlich, dass der Unterhaltsschuldner die Möglichkeit des Eintritts der Leistungsunfähigkeit als Folge seines Verhaltens erkennt und im Bewusstsein dieser Möglichkeit, wenn auch im Vertrauen auf den Nichteintritt jener Folge, handelt. Der Unterhaltsschuldner muss sich somit unter grober Missachtung dessen, was jedem einleuchten muss, oder in Verantwortungslosigkeit und Rücksichtslosigkeit gegen den Unterhaltsgläubiger über die erkannte Möglichkeit nachteiliger Folgen für seine Leistungsfähigkeit hinweggesetzt haben. Wesentlich ist also, ob die der Tat zugrunde liegenden Antriebe und Vorstellungen auch auf die Verminderung der Leistungsfähigkeit als Folge der Straftat gerichtet waren oder sich solches zumindest aufgedrängt hat.[156] Für die vom **Unterhaltsgläubiger** selbst verursachte Bedürftigkeit hatte der BGH dies nach § 1579 Nr. 3 BGB aF schon wiederholt entschieden.[157] Entsprechend kann ein unterhaltsrechtlich leichtfertiges Verhalten auch bei schuldhaften Verstößen gegen die Arbeitspflicht vorliegen, wenn sich zB ein Arbeitnehmer mit einem Arzttest eine tatsächlich nicht bestehende Arbeitsunfähigkeit bescheinigen lässt und ihm daraufhin gekündigt wird.[158] Ebenso kann auch die Berufung eines strafgefangenen Unterhaltsschuldners auf seine Leistungsunfähigkeit gegen Treu und Glauben verstoßen (→ Rn. 731 ff.).[159] Dies kann zB für den Fall einer Fahnenflucht gelten, weil damit die Einkommensquelle verloren geht und der Unterhaltsanspruch unmittelbar gefährdet wird.[160] Nach Auffassung des OLG Koblenz sollen bei sexuellem Missbrauch eines minderjährigen Kindes für die Dauer der Haft zwar dem geschädigten Kind gegenüber fiktive Einkünfte herangezogen werden, den Geschwistern gegenüber allerdings nicht.[161] Das überzeugt schon wegen der unterschiedlichen Behandlung der

---

[151] BGH FamRZ 2011, 454 = R 721b; OLG Hamm FamRZ 1997, 883.
[152] BGH FamRZ 1993, 1055.
[153] BGH FamRZ 2002, 813.
[154] BGH FamRZ 2000, 815 (816 f.).
[155] BGH FamRZ 1994, 240; 1993, 1055.
[156] BGH FamRZ 2001, 541; 2000, 815; 1988, 375.
[157] BGH FamRZ 1984, 364 (367 f.); 1981, 1042 (1044 f.).
[158] OLG Hamm FamRZ 1998, 979.
[159] BGH FamRZ 1982, 913 (914).
[160] OLG Bamberg FamRZ 1997, 1486.
[161] OLG Koblenz FamRZ 1998, 44.

gleichrangigen Kinder nicht. Entsprechend hat auch der BGH darauf hingewiesen, dass sich der Täter einer Sexualstraftat (noch dazu im familiären Bereich) regelmäßig keine Vorstellungen darüber macht, dass er auf Grund seiner Tat den Arbeitsplatz verlieren und seine unterhaltsrechtliche Leistungsfähigkeit einbüßen könnte.[162]

Wer wegen wiederholten Arbeitsantritts in **alkoholisiertem** Zustand seinen Arbeitsplatz **771** verloren hat, darf sich jedenfalls dann auf verminderte Leistungsfähigkeit berufen, wenn es sich „ähnlich wie beim Führen eines Kraftfahrzeugs unter Alkoholeinfluss" um ein typisches jugendlich unüberlegtes Vorgehen gehandelt hat, verbunden mit dem Gedanken, schon nicht aufzufallen.[163] Trotz des Krankheitscharakters der Alkoholabhängigkeit kann eine darauf beruhende Kündigung vorwerfbar sein, wenn die Abhängigkeit leichtfertig und unentschuldbar herbeigeführt wurde (→ Rn. 787 ff.).[164] Unterlässt der alkoholkranke Unterhaltspflichtige eine Erfolg versprechende Langzeittherapie, muss er sich so behandeln lassen, als ob die Kur alsbald durchgeführt worden wäre und er danach dem Arbeitsmarkt wieder zur Verfügung stünde.[165] Gleiches gilt, wenn der Unterhaltsschuldner eine begonnene Entzugstherapie bei voller Einsichtsfähigkeit in die eigene Krankheit und deren unterhaltsbezogene Auswirkungen abbricht.[166] Allerdings sind dann strenge Voraussetzungen an die Einsichts- und Steuerungsfähigkeit zu stellen, was regelmäßig nicht ohne sachverständige Hilfe beantwortet werden kann.

8. Fiktives Einkommen bei unentgeltlichen oder unterbezahlten Dienstleistungen gegenüber Dritten

Leistet der Unterhaltspflichtige einem Dritten ständig ganz oder teilweise unentgeltliche **772** oder unterbezahlte Dienste, die normalerweise vergütet werden, muss er sich, wie im Vollstreckungsrecht gemäß § 850h II ZPO, grundsätzlich eine angemessene Vergütung für seine Dienste anrechnen lassen. Der BGH hatte dies zunächst für einen in eheähnlicher Gemeinschaft lebenden Berechtigten entschieden (→ Rn. 715 ff.).[167] Erst recht gilt dieser Rechtsgedanke für Leistungen des Unterhaltspflichtigen nach Trennung und Scheidung.[168] Eine in nichtehelicher Lebensgemeinschaft lebende Mutter, die ein aus dieser Verbindung hervorgegangenes Kleinkind bis zur Vollendung des 3. Lebensjahres betreut, ist jedoch nicht verpflichtet, zur Erfüllung von Unterhaltsansprüchen minderjähriger Kinder aus einer früheren Ehe erwerbstätig zu werden.[169] Fiktive Einkünfte können ihr deswegen in dieser Zeit auch nicht nach den Grundsätzen der Hausmannrechtsprechung des BGH zugerechnet werden (zur Erwerbsobliegenheit und fiktiven Zurechnungen bei Übernahme der **Hausmann- oder Hausfrauenrolle** in neuer Ehe → Rn. 792 ff. sowie → § 2 Rn. 400).[170] Wer anstelle einer Erwerbstätigkeit seine betagten Eltern betreut, muss sich in der Regel gegenüber minderjährigen Kindern als leistungsfähig behandeln lassen, weil diese den Eltern im Rang vorgehen. In jedem Fall sind aber das Einkommen und das Vermögen der betreuten Eltern sorgfältig zu ermitteln; auf dieser Grundlage ist dann ein fiktives Entgelt für die Betreuungsleistung zu bestimmen.

---

[162] BGH FamRZ 2002, 813 (814 f.).
[163] BGH FamRZ 1994, 240.
[164] BGH FamRZ 1981, 1042; OLG Hamm FamRZ 1996, 1017.
[165] BGH FamRZ 1981, 1042; OLG Hamburg FamRZ 1998, 182.
[166] KG Berlin FamRZ 2001, 1617.
[167] BGH FamRZ 1987, 1011; 1984, 683; 1984, 662; 1980, 665.
[168] BGH FamRZ 2004, 1173; 2004, 1170 = R 612.
[169] BGH FamRZ 2010, 357 Rn. 47 = R 709c; Vgl. OLG Frankfurt FamRZ 1992, 979.
[170] BGH FamRZ 2006, 1827 (1828) = R 660b; 2006, 1010 (1012).

II. Zurechnung fiktiver Einkünfte beim Berechtigten

1. Bedürftigkeitsminderung durch Zurechnung fiktiver Einkünfte bei unterlassener zumutbarer Erwerbstätigkeit

773 Beim Unterhaltsberechtigten ist die Anrechnung tatsächlicher oder fiktiver Erwerbseinkünfte ein Problem seiner Bedürftigkeit (§§ 1361 II, 1577 I, 1602 BGB). Insoweit gelten für den Berechtigten trotz der grundsätzlichen Eigenverantwortung ähnliche Grundsätze wie für den Unterhaltspflichtigen in Bezug auf dessen Leistungsfähigkeit.[171] Die auch nachehelich nach den §§ 1353 I, 1569 ff. BGB fortwirkende Verantwortlichkeit von **Ehegatten** füreinander verpflichtet den unterhaltsberechtigten Ehegatten zur Minderung seiner Bedürftigkeit. Wie der Unterhaltspflichtige hat auch er die Obliegenheit, seine Arbeitsfähigkeit so gut wie möglich einzusetzen. Entsprechend muss er sich Einkünfte anrechnen lassen, die er bei gutem Willen durch eine zumutbare (§ 1574 BGB) und mögliche Erwerbstätigkeit erzielen könnte.[172] Ein unterhaltsberechtigter Ehegatte, der sich nachehelich nicht hinreichend um eine zumutbare Arbeit bemüht, muss sich ein fiktives Einkommen in erzielbarer Höhe anrechnen lassen, dass als Surrogat des wirtschaftlichen Werts seiner bisherigen Leistung durch Haushaltsführung und/oder Kindererziehung nach der Additions- bzw. Differenzmethode in die Unterhaltsberechnung einzubeziehen ist.[173] Der Bedarf richtet sich dann nach der Summe dieses fiktiven, an die Stelle der Hausarbeit und Kindererziehung in der Ehe getretenen Einkommens und des in der Ehe erzielten und auch heute noch erzielbaren Einkommens des anderen Ehegatten.[174] So können etwa einer beurlaubten Beamtin, deren Kinder deutlich älter als drei Jahre sind, regelmäßig fiktive Einkünfte jedenfalls aus Teilzeittätigkeit in ihrer Beamtenstelle zugerechnet werden, wenn sie ihrer Erwerbsobliegenheit nicht nachkommt und stattdessen aus dem Beamtenverhältnis ausscheidet.[175] Wenn dem bedürftigen Ehegatten ein fiktives Einkommen aus zumutbarer vollschichtiger Tätigkeit zugerechnet wird, das den im Rahmen der Differenzmethode angestiegenen Bedarf nach den ehelichen Lebensverhältnissen gemäß § 1578 I 1 BGB aber nicht voll deckt, dann beruht der verbleibende Unterhaltsanspruch als Aufstockungsunterhalt auf § 1573 II BGB und nicht auf Erwerbsunfähigkeit.[176] Entsprechend beruht der Unterhaltsanspruch bei fiktiver Zurechnung eines zumutbaren Einkommens aus Halbtagstätigkeit neben der Erziehung und Betreuung eines Kindes nur bis zur Höhe des vollschichtig erzielbaren Einkommens auf § 1570 BGB und darüber hinaus, bis zur Höhe des gesamten Unterhaltsbedarfs nach den ehelichen Lebensverhältnissen gemäß § 1578 I 1 BGB, als Aufstockungsunterhalt auf § 1573 II BGB.[177]

774 Nach ähnlichen Grundsätzen sind **volljährige Kinder,** die sich nicht in Ausbildung befinden,[178] verpflichtet, durch den Einsatz ihrer Arbeitsfähigkeit selbst für den eigenen Lebensbedarf zu sorgen (→ Rn. 740).[179] Befindet sich der Unterhaltsberechtigte noch in der Ausbildung, ist er verpflichtet, bestehende BAföG-Ansprüche geltend zu machen. Auch die Verletzung dieser Obliegenheit kann zur Anrechnung fiktiver Einkünfte führen (→ Rn. 670 ff.). Auch **minderjährigen Kindern** kann ein fiktives Einkommen zugerechnet werden, wenn sie nach Abschluss der allgemeinen Schulausbildung keiner weiteren Berufsausbildung und auch keiner Erwerbstätigkeit nachgehen (§ 1602 II BGB; → § 2

---

[171] BGH FamRZ 2010, 629 Rn. 19.
[172] BGH FamRZ 1988, 927 (929); 1988, 256 (258); 1988, 159; 1981, 1042; OLG Karlsruhe FamRZ 2002, 1567; OLG Köln FuR 2002, 531.
[173] BGH FamRZ 2005, 1979 (1981) = R 640b–d.
[174] BGH FamRZ 2003, 434; OLG Hamm FamRZ 2002, 751.
[175] BGH FamRZ 2009, 770 = R 704a; OLG Celle FamRZ 1998, 1518.
[176] BGH FamRZ 2011, 192 Rn. 15 ff.; 1988, 927 (929).
[177] BGH FamRZ 2010, 869 = R 712; 2009, 406 Rn. 20 ff.; 2007, 793 (798) = R 674j (Aufstockungsunterhalt neben Betreuungsunterhalt); FamRZ 2007, 1232 (1233) = R 678 (Aufstockungsunterhalt neben Unterhalt wegen Krankheit).
[178] BGH FamRZ 2006, 1100 = R 654b–d (zur gestuften Ausbildung).
[179] BGH FamRZ 1985, 273.

10. Abschnitt: Fiktives Einkommen aus unterlassener zumutbarer Erwerbstätigkeit § 1

Rn. 55).[180] Die Anrechnung ist allerdings durch die Vorschriften des Gesetzes zum Schutz der arbeitenden Jugend (Jugendarbeitsschutzgesetz – JArbSchG) begrenzt. Nach dessen § 5 dürfen Kinder, also Minderjährige, die das 15. Lebensjahr noch nicht vollendet haben (§ 1 I JArbSchG), grundsätzlich nicht beschäftigt werden. Ausnahmen sind nur nach § 5 II bis V oder § 6 JArbSchG für leichte Tätigkeiten oder nach § 7 JArbSchG außerhalb einer Vollzeitschulpflicht zulässig. Nur in diesem Rahmen können sie ihren Bedarf deswegen durch eigene Erwerbstätigkeit decken.

Gibt der Unterhaltsberechtigte eine Erwerbstätigkeit **leichtfertig** auf oder verdient er bei einem freiwilligen Arbeitsplatzwechsel weniger als vorher, ist er wie ein Unterhaltspflichtiger unterhaltsrechtlich so zu behandeln, als hätte er weiterhin die Einkünfte aus seiner bisherigen Tätigkeit (→ Rn. 743 f.). Regelmäßig kann dem Unterhaltsberechtigten sogar ein Wechsel des Arbeitsplatzes zugemutet werden, wenn er bei einer anderen Stelle mehr verdienen könnte, ohne dadurch sonstige Nachteile zu erleiden. Wird ein unterhaltsberechtigter Ehegatte **unverschuldet arbeitslos**, zB durch eine nicht leichtfertig verursachte Arbeitgeberkündigung, ist der Unterhalt – wie bei entsprechender Leistungsunfähigkeit des Unterhaltspflichtigen (→ Rn. 753 ff.) – neu zu berechnen, wenn schon zuvor der Einsatzzeitpunkt für einen nachehelichen Unterhalt gegeben oder Betreuungsunterhalt geschuldet war (→ § 4 Rn. 654). Dann ist aber auch er, wie der Unterhaltspflichtige, gehalten, sich ernsthaft um eine zumutbare Beschäftigung zu bemühen (→ Rn. 782 ff.). Macht sich der Berechtigte selbständig oder produziert er in seinem Unternehmen nur Verluste, gelten ebenfalls ähnliche Grundsätze wie für den Unterhaltspflichtigen (→ Rn. 769). 775

Ein Unterhaltsanspruch kann nach dem Maßstab früher erzielter oder gegenwärtig erzielbarer eigener Einkünfte auch entfallen oder herabgesetzt werden, wenn der berechtigte Ehegatte seine Bedürftigkeit **mutwillig herbeigeführt** hat (§§ 1361 III, 1579 Nr. 4 BGB; → § 4 Rn. 1289 ff.). Das kann auch dann der Fall sein, wenn der Unterhaltsberechtigte durch sein früheres Verhalten in vorwerfbarer Weise krank und erwerbsunfähig geworden ist oder nicht dafür gesorgt hat, dass er wieder erwerbsfähig wird. Ähnliches gilt nach § 1611 I BGB grundsätzlich auch beim Kindesunterhalt, wenn das Kind durch ein sittliches Verschulden bedürftig geworden ist und die Inanspruchnahme des unterhaltspflichtigen Elternteils deswegen unbillig wäre (→ § 2 Rn. 601 ff.), wobei allerdings § 1611 II BGB eine Ausnahme davon für den Unterhaltsbedarf minderjähriger unverheirateter Kinder regelt. Stets setzt eine Verwirkung aber ein erheblich vorwerfbares Verhalten des Unterhaltsberechtigten mit zumindest **unterhaltsbezogener Leichtfertigkeit** voraus (→ Rn. 743 ff.).[181] Fiktives Einkommen aus Rentenbezügen kann im Rentenalter über § 1579 Nr. 4 BGB zugerechnet werden, wenn der Berechtigte Vorsorgeunterhalt zweckwidrig nicht an einen Versorgungsträger weitergeleitet hat.[182] 776

Der Berechtigte hat die **Darlegungs- und Beweislast** für seine Bedürftigkeit und somit für alle Umstände, die dafür bedeutsam sind. Er muss also auch zu seiner Arbeitsunfähigkeit, seinen Bemühungen um einen Arbeitsplatz, seiner Nichtvermittelbarkeit auf dem Arbeitsmarkt uÄ substantiiert vortragen (→ § 6 Rn. 723).[183] Verbleibende Zweifel gehen deshalb zu seinen Lasten (→ Rn. 782, 786, 787). Eine unzureichende Arbeitssuche führt indessen noch nicht notwendig zur Versagung des Unterhaltsanspruchs. Die mangelhafte Arbeitssuche muss vielmehr für die Arbeitslosigkeit auch ursächlich sein. Eine Ursächlichkeit besteht nicht, wenn nach den tatsächlichen Gegebenheiten des Arbeitsmarkts sowie den persönlichen Eigenschaften und Fähigkeiten des Unterhalt begehrenden Ehegatten für ihn ohnehin keine reale Beschäftigungschance bestanden hat (→ Rn. 782 ff.).[184] Beruft sich der Unterhaltsberechtigte gegenüber seiner Erwerbsobliegenheit auf eine krankheits- 777

---

[180] OLG Koblenz JAmt 2004, 153; OLG Köln FuR 2005, 570; OLG Brandenburg FamRZ 2005, 2094; OLG Brandenburg JAmt 2004, 504; a. A. OLG Stuttgart FamRZ 1997, 447.
[181] BGH FamRZ 1985, 273 (275).
[182] BGH FamRZ 2005, 1479 (zum Rentenbezug); OLGR Koblenz 2002, 9; OLGR Schleswig 2001, 41; OLG Hamm FamRZ 1991, 1056.
[183] BGH FamRZ 2012, 517 Rn. 30; 2011, 1851 Rn. 13 ff.
[184] BGH FamRZ 2011, 1851 Rn. 14; 2008, 2104 Rn. 22 und 1993, 789 (791).

bedingte Einschränkung seiner Erwerbsfähigkeit, muss er grundsätzlich Art und Umfang der behaupteten gesundheitlichen Beeinträchtigung angeben und zusätzlich darlegen, inwieweit sich die gesundheitliche Beeinträchtigung auf die Erwerbsfähigkeit auswirkt. Erfüllt er die Voraussetzungen einer Rente wegen voller Erwerbsminderung, ergibt sich daraus lediglich, dass er nicht drei Stunden oder mehr arbeitstäglich erwerbstätig sein kann und einer Vermittlung durch die Agentur für Arbeit nicht zur Verfügung steht. Dann trägt er auch die Darlegungs- und Beweislast dafür, dass er aus den gesundheitlichen Gründen neben der Erwerbsminderungsrente auch keine geringfügige Tätigkeit (sog. Mimi-Job) übernehmen kann.[185]

2. Zumutbare Erwerbstätigkeiten des Berechtigten

778 Art und Umfang einer Erwerbstätigkeit, die vom Berechtigten zur Minderung seiner Bedürftigkeit verlangt werden kann, sind auch von der jeweiligen Anspruchsgrundlage abhängig.

Beim **Trennungsunterhalt** kann der nicht erwerbstätige Ehegatte nur dann darauf verwiesen werden, *seinen Unterhalt durch eine Erwerbstätigkeit selbst zu verdienen, wenn dies von ihm nach seinen persönlichen Verhältnissen, insbesondere wegen einer früheren Erwerbstätigkeit unter Berücksichtigung der Dauer der Ehe, und nach den wirtschaftlichen Verhältnissen beider Ehegatten erwartet werden kann* (§ 1361 II BGB; → § 4 Rn. 32 ff.).[186] Liegt danach grundsätzlich eine Erwerbsobliegenheit vor, ist eine konkrete Erwerbstätigkeit nur dann zumutbar, wenn sie – nach dem Maßstab für den nachehelichen Unterhalt in § 1574 II BGB – schon während der Trennungszeit eheangemessen ist.

779 Beim **nachehelichen Unterhalt** besteht wegen des Grundsatzes der Eigenverantwortung nach § 1569 BGB grundsätzlich die Obliegenheit, eine angemessene Erwerbstätigkeit auszuüben (§ 1574 I BGB). *Angemessen ist eine Erwerbstätigkeit, die der Ausbildung, den Fähigkeiten, einer früheren Erwerbstätigkeit, dem Lebensalter und dem Gesundheitszustand des geschiedenen Ehegatten entspricht, soweit eine solche Tätigkeit nicht nach den ehelichen Lebensverhältnissen, insbesondere unter Berücksichtigung der Ehedauer und der Dauer der Pflege oder Erziehung gemeinschaftlicher Kinder, unbillig wäre* (§ 1574 II BGB; → § 4 Rn. 139 ff.). Wenn der unterhaltsberechtigte Ehegatte nach den Feststellungen des Gerichts nicht mehr in der Lage ist, eine Vollzeittätigkeit auszuüben, folgt daraus noch nicht, dass ihm nicht mehr als eine geringfügige Tätigkeit möglich ist. Denn von einem teilzeitschichtig beschäftigten Ehegatten kann selbst dann, wenn er zur Aufgabe seines Teilzeitarbeitsplatzes nicht verpflichtet ist, grundsätzlich verlangt werden, dass er zur Sicherung seines Unterhalts eine weitere Teilzeittätigkeit aufnimmt. Denn auch die Übernahme von zwei Teilzeitbeschäftigungen kann grundsätzlich eine „angemessene" Erwerbstätigkeit im Sinne von §§ 1573 I, 1574 BGB sein.[187] Schließlich bestehen außer der Vollzeitbeschäftigung und einer geringfügigen Beschäftigung (sog. Mini-Job, § 8 SGB IV) weitere Möglichkeiten, die im Gegensatz zur geringfügigen Beschäftigung (vgl. § 7 SGB V) sogar ein Versicherungsverhältnis in der gesetzlichen Krankenversicherung begründen können. Bei einem Einkommen von über 400 EUR greift auch noch nicht sogleich die volle Beitragspflicht zur Sozialversicherung, sondern die Arbeitnehmerbeiträge steigen in der so genannten Gleitzone von 400,01 EUR bis 800 EUR (§ 20 II SGB IV) erst allmählich zur vollen Beitragspflicht an. Eine Beschäftigung in diesem Einkommenssektor (sog. Midi-Job) kann sich nach § 8 II SGB IV auch durch Zusammenrechnung der Arbeitsentgelte aus zwei geringfügigen Tätigkeiten ergeben (→ Rn. 736).[188] Soweit erforderlich trifft den Unterhaltsberechtigten auch eine Obliegenheit zur beruflichen Aus- oder Fortbildung, wenn er nach deren Abschluss voraussichtlich eine geeignete Erwerbstätigkeit aufnehmen oder ausweiten kann (§ 1574 III BGB). Eine approbierte Ärztin ohne Berufserfahrung, die keine adäquate Beschäftigung findet, muss

---

[185] BGH FamRZ 2017, 109 Rn. 22 ff.
[186] BGH FamRZ 2005, 23; OLG Köln FamRZ 1993, 711; Dose FamRZ 2007, 1289 (1296).
[187] BGH FamRZ 2012, 1483 Rn. 24.
[188] BGH FamRZ 2012, 517 Rn. 34 f.

10. Abschnitt: Fiktives Einkommen aus unterlassener zumutbarer Erwerbstätigkeit § 1

sich zB einer Fortbildung unterziehen und darf sich dann nicht nur um Stellen in einer Arztpraxis oder einem Krankenhaus bewerben, sondern muss auch Ausbildungstätigkeiten in Alten- oder Krankenpflegeschulen und dergleichen übernehmen.[189] Im Rahmen des § 1578b BGB kommt es allerdings auf die Einwendungen des Unterhaltspflichtigen, wonach der Unterhaltsberechtigte schon während des ehelichen Zusammenlebens die gebotenen Erwerbsbemühungen unterlassen habe, schon deshalb nicht an, weil für die Bewertung der in § 1578b BGB aufgeführten Kriterien maßgeblich auf die tatsächlich gelebte Ehe, also auf objektive Umstände abzustellen ist.[190]

Ob und inwieweit der Unterhaltsberechtigte nach diesen Bestimmungen zu einer Erwerbstätigkeit verpflichtet ist, ist im konkreten Einzelfall auf Grund einer **Zumutbarkeitsabwägung** der maßgeblichen Umstände festzustellen.[191] Wenn der Unterhaltspflichtige nach § 1581 BGB[192] nur nach Billigkeitsgrundsätzen Unterhalt zu leisten hat, weil ohne eigener angemessener Unterhalt gefährdet ist, kann dies zu einer Verschärfung der Anforderungen an die Erwerbspflicht des Unterhaltsberechtigten führen.[193] **780**

An die Unterhaltsbedürftigkeit eines **volljährigen Kindes,** das sich nicht in einer Ausbildung befindet,[194] stellt die Rechtsprechung, sofern nicht besondere Erschwernisgründe vorgetragen sind, strenge Anforderungen. Es muss sich alsbald nach Abschluss der Schulausbildung um einen entsprechenden Ausbildungsplatz bemühen und die Ausbildung zielstrebig beginnen. Zwar ist einem jungen Menschen eine gewisse Orientierungsphase zuzugestehen, deren Dauer von Fall zu Fall unterschiedlich ist und sich jeweils nach Alter, Entwicklungsstand und den gesamten Lebensumständen des Auszubildenden richtet. Je älter er indessen bei Schulabgang ist und je eigenständiger er seine Lebensverhältnisse gestaltet, desto mehr tritt an die Stelle der Elternverantwortung die Eigenverantwortung für seinen Berufs- und Lebensweg.[195] Die Oberlandesgerichte billigen für die Suche eines Ausbildungsplatzes regelmäßig einen Zeitraum von bis zu 3 Monaten zu.[196] Ein unterhaltsberechtigtes Kind verliert den Anspruch auf Ausbildungsunterhalt gegenüber seinen Eltern aber nicht schon dann, wenn es ihm aufgrund eines notenschwachen Schulabschlusses erst nach drei Jahren vorgeschalteter Berufsorientierungspraktika und ungelernter Aushilfstätigkeiten gelingt, einen Ausbildungsplatz zu erlangen.[197] Für die Erwerbsobliegenheit eines volljährigen Kindes, das schon eine abgeschlossene Berufsausbildung hat und sich nicht in Berufsausbildung befindet, gelten ähnliche Maßstäbe wie für die Eltern im Rahmen ihrer verstärkten Unterhaltspflicht gegenüber minderjährigen Kindern. Dem Volljährigen sind zur Deckung des eigenen Unterhaltsbedarfs dann auch berufsfremde Tätigkeiten sowie Arbeiten unterhalb seiner gewohnten Lebensstellung zuzumuten.[198] Der Volljährige muss grundsätzlich auch eine von einem Elternteil angebotene Stelle annehmen.[199] Nach allgemeiner Auffassung trifft einen **Studenten** neben dem Studium in der Regel allerdings keine Erwerbsobliegenheit. Denn er soll sich, auch im Interesse des Unterhaltspflichtigen, mit ganzer Kraft sowie dem gehörigen Fleiß und der gebotenen Zielstrebigkeit dem Studium widmen, um dieses innerhalb angemessener und üblicher Dauer abzuschließen. Das gilt auch für die vorlesungsfreie Zeit (Semesterferien), die neben der notwendigen Erholung der Wiederholung und Vertiefung des Stoffes dient, soweit sie nicht ohnehin durch studienbedingte Arbeiten (Hausarbeiten) ausgefüllt ist. Übt ein Student gleichwohl eine (Neben-)Erwerbstätigkeit aus, stellt die Vergütung, die er hierfür erhält, grundsätzlich Einkommen aus überobligatorischer **781**

---

[189] OLG Hamm FamRZ 1998, 243; zur nachehelichen Erwerbsobliegenheit nach neuem Recht vgl. Dose FamRZ 2007, 1289 (1296 ff.).
[190] BGH FamRZ 2014, 1007 Rn. 24 = R 752.
[191] BGH FamRZ 1985, 50; 1982, 148; OLG Karlsruhe FamRZ 2002, 1567.
[192] Vgl. BGH FamRZ 2006, 683.
[193] BGH FamRZ 1983, 569 (571).
[194] BGH FamRZ 2006, 1100 = R 654b–d (zur gestuften Ausbildung).
[195] BGH FamRZ 2013, 1375 Rn. 15.
[196] OLG Hamm NJW-RR 2006, 509 (Zeit zwischen Abitur und Studium); OLG Hamburg FamRZ 2003, 180 (181); OLG Hamm FamRZ 1987, 411.
[197] BGH FamRZ 2013, 1375 Rn. 20 f.
[198] BGH FamRZ 1987, 930 (932); 1985, 273.
[199] OLG Zweibrücken FamRZ 1984, 1250.

Tätigkeit dar. Die Anrechnung solcher Einkünfte aus unzumutbarer Tätigkeit bestimmt sich auch beim Verwandtenunterhalt nach dem – hier entsprechend heranzuziehenden – Rechtsgedanken des § 1577 II BGB.[200] Danach bleiben Einkünfte anrechnungsfrei, soweit der Unterhaltspflichtige nicht den vollen Unterhalt nach den §§ 1578, 1578b BGB leistet (§ 1577 II 1 BGB). Einkünfte, die den vollen Unterhalt übersteigen, sind insoweit anzurechnen, als dies unter Berücksichtigung der beiderseitigen wirtschaftlichen Verhältnisse der Billigkeit entspricht (§ 1577 II 2 BGB).[201] Allerdings kann einem Studierenden während der Semesterferien ausnahmsweise eine gewisse Erwerbstätigkeit zugemutet werden, wenn dadurch der Examensabschluss nicht verzögert oder gefährdet wird (zur Berücksichtigung eines Einkommens von Studenten und Schülern → Rn. 100 f.).[202]

III. Ernsthafte Bemühungen um eine Erwerbstätigkeit und reale Beschäftigungschancen

1. Ernsthafte Bemühungen um eine Arbeitsstelle

782 Wer zur Aufnahme oder zur Ausweitung einer Erwerbstätigkeit verpflichtet ist, muss sich ernsthaft und intensiv um eine zumutbare Arbeitsstelle bemühen.[203] Die Meldung bei der Agentur für Arbeit (Jobcenter) zum Zweck der Arbeitsvermittlung (s. § 35 SGB III) reicht hierzu nicht aus, weil nach aller Erfahrung nicht alle Arbeitsstellen über die Arbeitsagentur vermittelt werden.[204] Viele Arbeitgeber suchen neue Arbeitskräfte ohne Einschaltung der Arbeitsagentur über Stellenanzeigen in Tageszeitungen und Anzeigenblättern. Deswegen gehört es zu den zumutbaren Bemühungen um eine Arbeitsstelle, dass sich der Erwerbslose aus eigenem Antrieb laufend auch über Zeitungsannoncen, Vermittlungsagenturen und ähnliches um Arbeit bemüht.[205] Er muss Stellenangebote in den örtlichen und regionalen Zeitungen und Anzeigenblättern auf entsprechende Anzeigen sorgfältig überprüfen. Die Obliegenheit kann sich aber auch auf weitere private Initiativen wie Erkundigungen im Bekanntenkreis, Nachfrage bei früheren Arbeitgebern uÄ erstrecken. Zu der geschuldeten Obliegenheit gehören aber vor allem aussagekräftige zeitnahe schriftliche oder persönliche (nicht nur telefonische) Bewerbungen bei privaten Arbeitgebern und Behörden, die über zumutbare Arbeitsplätze verfügen. In der Rechtsprechung wird teilweise gefordert, dass der Arbeitslose für die Suche nach Arbeit etwa die Zeit aufwendet, die ein Erwerbstätiger für seinen Beruf aufwendet, so dass monatlich 20 Bewerbungen zu verlangen seien.[206] Wichtiger als die Quantität ist aber die Qualität und Aussagekraft der einzelnen Bewerbungen und der Adressatenkreis.[207] Die Anzahl der vorgetragenen Bewerbungen ist nur ein Indiz für entsprechende Arbeitsbemühungen, nicht aber deren alleiniges Merkmal. Vielmehr kann auch bei nachgewiesenen Bewerbungen in großer Zahl die Arbeitsmotivation nur eine vorgeschobene sein, während andererseits bei realistischer Einschätzung der Arbeitsmarktlage auch Bewerbungen in geringerer Zahl ausreichend sein können, wenn etwa nur geringe Chancen für einen Wiedereintritt in das betreffende Berufsfeld bestehen. Deswegen kommt es auch insofern vorwiegend auf die individuellen Verhältnisse an, die vom Familiengericht aufgrund des – ggf. beweisbedürftigen – Beteiligtenvortrags und der offenkundigen Um-

---

[200] BGH FamRZ 1985, 916; OLG Jena FamRZ 2009, 1416; OLGR Karlsruhe 1999, 46; OLGR Hamm 1998, 174; OLG Karlsruhe FamRZ 1994, 1278.
[201] BGH FamRZ 2005, 23 (24); 1995, 475.
[202] BGH FamRZ 1983, 140; FamRZ 1980, 126.
[203] Wönne FF 2013, 476 ff.
[204] BGH FamRZ 2014, 637 Rn. 17 = R 744; 1986, 1085; 1986, 244 (246); OLG Hamm FuR 2016, 361.
[205] BGH FamRZ 2017, 109 Rn. 26; 2008, 2104 Rn. 19; 2000, 1358 (1359 f.).
[206] OLG Köln ZKJ 2010, 284; OLG Stuttgart Rn. 20; FamRZ 2008, 1653; OLG Hamm FamRZ 2004, 298; OLG Hamm NJW-RR 2004, 149; OLGR Jena 2002, 316; OLG Naumburg FamRZ 1997, 311.
[207] OLG Hamm FamRZ 2004, 298.

10. Abschnitt: Fiktives Einkommen aus unterlassener zumutbarer Erwerbstätigkeit   § 1

stände umfassend zu würdigen sind.[208] Um seiner **Darlegungs- und Beweislast** für hinreichende Erwerbsbemühungen zu genügen, muss im Rahmen von Bedarf und Bedürftigkeit der Unterhaltsberechtigte und bei mangelnder Leistungsfähigkeit der Unterhaltspflichtige in nachprüfbarer Weise vortragen, welche Schritte er im Einzelnen unternommen hat, um eine Arbeitsstelle zu finden.[209] Er muss nachprüfbar darlegen, um welche Stellen er sich in der fraglichen Zeit beworben hat, welche Reaktionen er auf diese Bewerbungen erhalten und was er sonst konkret unternommen hat, um eine Arbeitsstelle zu finden. Um eine Nachprüfung der Qualität seiner Erwerbsbemühungen zu ermöglichen, muss er auch die entsprechenden Bewerbungsschreiben und die Antwortschreiben vorlegen.[210]

Die Bemühungen um eine Erwerbstätigkeit müssen von subjektiver **Arbeitsbereitschaft** getragen und ernsthaft sein. Wenn daran Zweifel bestehen, muss der Richter die Ernsthaftigkeit besonders sorgfältig nachprüfen. Erkenntnisse dafür kann er aus den konkreten Bemühungen um eine Erwerbstätigkeit aber auch aus der Arbeitsbiographie, dem weiteren Beteiligtenvortrag oder sonstigen Umständen gewinnen.[211] Anhaltspunkte dafür können sich vor allem aus dem Text von Bewerbungsschreiben oder der darauf erhaltenen Absagen aber auch anlässlich einer Beweiserhebung zu dem Inhalt von Vorstellungsgesprächen ergeben. Schließlich kann eine fehlende Arbeitswilligkeit auch dadurch verschleiert werden, dass zwar einerseits umfangreich zu missglückten Bewerbungen vorgetragen wird, andererseits aber zumutbare ernsthafte **Stellenangebote verschwiegen** werden.[212] Deswegen sind selbst 50 Absagen und mehr noch kein zwingender Nachweis für die Ernsthaftigkeit ausreichender Bemühungen um einen Arbeitsplatz. Zweifel an der Ernsthaftigkeit von Bewerbungsbemühungen gehen zu Lasten des Arbeitsuchenden, der sich auf die fehlenden eigenen Einkünfte beruft (→ Rn. 786).[213]

783

2. Reale Beschäftigungschance auf dem Arbeitsmarkt

Die Darlegungs- und Beweislast für eine mangelnde Leistungsfähigkeit liegt beim Unterhaltspflichtigen, was auch für das Fehlen einer realen Beschäftigungschance gilt.[214] Für die Feststellung, dass für einen Unterhaltsschuldner keine reale Beschäftigungschance bestehe, sind – insbesondere im Bereich der gesteigerten Unterhaltspflicht nach § 1603 II BGB – **strenge Maßstäbe** anzulegen. Für gesunde Arbeitnehmer im mittleren Erwerbsalter wird auch in Zeiten hoher Arbeitslosigkeit regelmäßig kein Erfahrungssatz dahin gebildet werden können, dass sie nicht in eine vollschichtige Tätigkeit zu vermitteln seien.[215] Ob ein Arbeitsuchender eine geeignete Vollzeitstelle, eine geschuldete Nebentätigkeit, eine geringfügige Beschäftigung (sog. Mini-Job)[216] oder eine Erwerbstätigkeit im Rahmen der Gleitzone nach § 20 II SGB IV (sog. Midi-Job)[217] finden kann, ist auch von objektiven Voraussetzungen abhängig, etwa von den jeweiligen Verhältnissen auf dem Arbeitsmarkt und den persönlichen Eigenschaften des Arbeitsuchenden wie Alter, Ausbildung, Berufserfahrung, Gesundheitszustand, Geschlecht uÄ.[218] Dabei folgt aus der Feststellung, dass ein Unterhaltsberechtigter auf dem Arbeitsmarkt keine Vollzeitstelle erlangen kann, noch

784

---

[208] BGH FamRZ 2011, 1851 Rn. 15; 1996, 345 (346).
[209] BGH FamRZ 2000, 1358 (1359 f.); 1996, 345 (346); OLG Nürnberg FamRZ 2009, 345 Rn. 75 f.
[210] OLG Dresden FamRZ 1999, 1527; OLG Hamburg FamRZ 1984, 1245; OLG Zweibrücken FamRZ 1984, 1250; OLG Stuttgart FamRZ 1983, 1233.
[211] Vgl. etwa BGH FamRZ 2014, 637 Rn. 13 = R 744.
[212] BGH FamRZ 1986, 244 (246).
[213] OLG Brandenburg JAmt 2004, 502.
[214] BGH FamRZ 2014, 637 Rn. 11 = R 744; 2012, 517 Rn. 30; 2008, 2104 Rn. 24; vgl. auch BVerfG FamRZ 2008, 1145 (1146).
[215] BGH FamRZ 2014, 637 Rn. 13 = R 744.
[216] BGH FamRZ 2017, 109 Rn. 23 ff.
[217] BGH FamRZ 2012, 517 Rn. 30 ff.
[218] BGH FamRZ 2013, 1378 Rn. 18 = R 737b; 2011, 1041 Rn. 30 f. = R 725c; 2009, 314 Rn. 21 ff.; 2005, 23 (24); 1996, 345 (346); 1994, 372; 1993, 789; 1987, 912; 1987, 144; 1986, 885; 1986, 244.

nicht, dass ihm auch geringfügige Beschäftigungen, etwa im Rahmen eines sog. Midi-Jobs, verschlossen sind.[219] Auf seine mangelnden Sprachkenntnisse kann der Unterhaltspflichtige sich nur für eine Übergangszeit berufen. Denn zu den gesteigerten Anforderungen an seine Bemühungen um einen neuen Arbeitsplatz gehört es nicht nur, die berufliche Qualifikation weiter zu fördern (s. §§ 46 f. SGB III), sondern auch, sich unter Ausnutzung sämtlicher Hilfsangebote intensiv um eine Verbesserung der deutschen Sprachkenntnisse zu bemühen.[220] Allgemein bestehen in dicht besiedelten Gebieten mit hohem Beschäftigungsstand bessere Bedingungen als in strukturschwachen und weniger bevölkerten Landesteilen.[221] In der gegenwärtigen Arbeitsmarktlage annähernder Vollbeschäftigung sind an den Nachweis vergeblichen Bemühens höhere Anforderungen zu stellen als in Zeiten hoher Arbeitslosigkeit auf dem einschlägigen Arbeitsmarkt. Allerdings kann die allgemeine Arbeitsmarktsituation allein eine reale Beschäftigungschance nicht ausschließen, weil auch in besonders angespannten Zeiten ein gewisser Wechsel am Arbeitsmarkt stattfindet. Es müssen deswegen stets auch individuelle Umstände hinzukommen, um eine Beschäftigungschance im Einzelfall ausschließen zu können. Oft kann deswegen über die Beschäftigungschance nur unter Berücksichtigung der fehlgeschlagenen Erwerbsbemühungen entschieden werden. Die bisherige Tätigkeit eines Unterhaltsschuldners im Rahmen von untertariflich entlohnten Zeitarbeitsverhältnissen ist kein hinreichendes Indiz dafür, dass es ihm bei ausreichenden Erwerbsbemühungen nicht gelingen kann. eine besser bezahlte Stelle auf dem Arbeitsmarkt zu finden; dazu müssen weitere Umstände hinzutreten, die die Annahme rechtfertigen, dass er auch bei Erfüllung seiner Erwerbsobliegenheit nicht in der Lage ist, eine tariflich entlohnte Festanstellung auf dem allgemeinen Arbeitsmarkt zu erhalten.[222] Im Einzelfall kann die persönliche Situation bei fehlender beruflicher Qualifikation zwar dafür sprechen, dass ein Unterhaltspflichtiger auch bei entsprechenden Erwerbsbemühungen jedenfalls keine Einkünfte erzielen kann, die seinen zu beachtenden Selbstbehalt übersteigen.[223] Auch bei längerer (und sogar mehrjähriger) Arbeitslosigkeit besteht aber kein genereller Erfahrungssatz, dass ein älterer Unterhaltspflichtiger keine Arbeitsstelle mehr finden wird. Er kann sich deswegen nicht pauschal auf eine fehlende reale Erwerbsmöglichkeit berufen, sondern hat substantiiert darzulegen und gegebenenfalls zu beweisen, dass er keine reale Chance auf einen Arbeitsplatz hat.[224] Nach langjähriger Unterbrechung der Erwerbstätigkeit wegen Kindererziehung kann eine realistische Beschäftigungschance in dem erlernten Beruf allerdings entfallen sein, wenn seitdem eine deutliche Entwicklung der beruflichen Anforderungen eingetreten ist. Dann ist jedoch zu prüfen, ob die Möglichkeit besteht, die eigene Qualifikation durch Fortbildungsmaßnahmen auf den neuesten Stand zu bringen, um die eigene Beschäftigungschance zu erhöhen. Ist das nicht der Fall, kann nur das erzielbare Einkommen aus einer entsprechend geringer qualifizierten ungelernten Tätigkeit berücksichtigt werden.[225] **Der Tatrichter** muss im Einzelfall darüber entscheiden, ob die Chance, eine Arbeit zu finden, jedenfalls nicht völlig irreal oder nur theoretischer Art ist. Jeder ernsthafte Zweifel daran, ob bei sachgerechten Bemühungen eine nicht ganz von der Hand zu weisende Beschäftigungschance bestanden hätte und besteht, geht zu Lasten des Arbeitspflichtigen.[226] Andererseits kann der Nachweis als geführt angesehen werden, wenn nach dem Ergebnis der tatrichterlichen Würdigung eine Beschäftigungschance praktisch nicht besteht.[227] Solches kann bei erheblichen krankheitsbedingten Einschränkungen der Fall sein, insbesondere wenn die Person ohnehin kurz vor dem Rentenbeginn steht.

---

[219] BGH FamRZ 2012, 517 Rn. 34.
[220] BGH FamRZ 2014, 637 Rn. 14 = R 744; OLG Celle FamRZ 1999, 1165.
[221] BGH FamRZ 1986, 244 (246).
[222] BGH FamRZ 2014, 637 Rn. 13 = R 744; OLG Hamm NJW-RR 2010, 1657.
[223] OLG Schleswig FamRZ 2009, 1163; vgl. aber BGH FamRZ 2014, 637 Rn. 13 = R 744.
[224] OLG Dresden NJWE-FER 2000, 256; OLG Hamm FamRZ 1999, 1011.
[225] BGH FamRZ 2009, 1300 Rn. 42; OLG Stuttgart FamRZ 2010, 217 Rn. 46.
[226] BGH FamRZ 2014, 637 Rn. 13 = R 744.
[227] BGH FamRZ 1994, 372; 1987, 144; 1986, 885.

10. Abschnitt: Fiktives Einkommen aus unterlassener zumutbarer Erwerbstätigkeit § 1

Wird zum Beweis der substantiiert behaupteten Nichtvermittelbarkeit die Einholung 785
einer **Auskunft der Arbeitsagentur** beantragt, muss diese eingeholt werden, denn die amtliche Auskunft einer Behörde ersetzt die Zeugenvernehmung des sonst in Frage kommenden Sachbearbeiters. Der Richter darf sich über einen solchen Beweisantrag nicht hinwegsetzen und nicht ohne die Beweisaufnahme vom Gegenteil ausgehen.[228] Bestätigt die Arbeitsagentur, dass die betreffende Person von der Arbeitsverwaltung voraussichtlich nicht vermittelt werden kann, sind die dafür benannten Gründe tatrichterlich zu würdigen. Es ist aber in jedem Fall weiter zu fragen, ob bei ausreichender Privatinitiative (→ Rn. 527) nicht gleichwohl ein angemessener Arbeitsplatz gefunden werden könnte.[229] Derartigen Bestätigungen der Agentur für Arbeit kommt daher für die Praxis nur eine begrenzte Bedeutung zu. Eine auf der Erfahrung des Gerichts und seiner Kenntnis von den Verhältnissen des örtlichen Arbeitsmarktes beruhende und ggf auf einer Auskunft der Arbeitsagentur aufbauende tatrichterliche Beurteilung der Vermittelbarkeit ist jedenfalls aus Rechtsgründen (rechtsbeschwerderechtlich) nicht zu beanstanden.[230]

3. Darlegungs- und Beweislast zu den Arbeitsbemühungen und zur Beschäftigungschance

Ein **Unterhaltsberechtigter**, der trotz Erwerbslosigkeit Unterhalt beansprucht, hat die 786
Darlegungs- und Beweislast für seine Bedürftigkeit (→ § 6 Rn. 716). Er muss in nachprüfbarer Weise auch vortragen, welche Schritte er im Einzelnen unternommen hat, um einen zumutbaren Arbeitsplatz zu finden und die sich ergebenden Erwerbsmöglichkeiten auszunutzen. Eine Beweiserleichterung nach § 287 II ZPO kommt ihm nicht zugute.[231] Er muss außerdem ggf. darlegen und nachweisen, dass für ihn objektiv eine reale Beschäftigungschance für eine Vollzeitstelle, eine geschuldete Nebentätigkeit, eine geringfügige Beschäftigung (sog. Mini-Job) oder eine Erwerbstätigkeit im Rahmen der Gleitzone nach § 20 II SGB IV (sog. Midi-Job) nicht bestanden hat.[232] Gleiches gilt für den **Unterhaltsschuldner**, der sich auf seine Leistungsunfähigkeit oder beschränkte Leistungsfähigkeit infolge Arbeitslosigkeit beruft (→ § 6 Rn. 721).[233] Allgemein aber besonders im Rahmen der nach § 1603 II 1, 2 BGB gesteigerten Erwerbsobliegenheit ist der Unterhaltsschuldner darlegungs- und beweispflichtig dafür, dass er die Kündigung seines Arbeitsverhältnisses nicht zu vertreten hat und trotz intensiver Anspannung aller Kräfte keine neue Erwerbstätigkeit finden konnte.[234] Bei verbleibenden Zweifeln wird er als leistungsfähig behandelt.

IV. Krankheitsbedingte Arbeitsunfähigkeit

1. Krankheitsbedingte Erwerbsunfähigkeit und Pflicht zur Wiederherstellung der Arbeitskraft

Fehlendes oder unzulängliches Erwerbseinkommen wird häufig mit krankheitsbedingter 787
Arbeitsunfähigkeit begründet. Wer behauptet, infolge Krankheit arbeitsunfähig oder nur beschränkt arbeitsfähig zu sein, hat seine gesundheitliche Beeinträchtigung und das Ausmaß der Minderung seiner Arbeitsfähigkeit substantiiert darzulegen und ggf. zu beweisen.[235]

---

[228] BGH FamRZ 2012, 517 Rn. 37; 1987, 912.
[229] OLG Köln NJWE-FER 1997, 174.
[230] BGH FamRZ 1993, 789; 1988, 604.
[231] BGH FamRZ 2014, 637 Rn. 11 = R 744; 2013, 109 Rn. 35 ff.; 2008, 2104 Rn. 18 f.
[232] BGH FamRZ 2017, 109 Rn. 24; 2012, 517 Rn. 30 ff.; 2009, 1300 Rn. 42; 2008, 2104 (2105); 1996, 345; 1993, 789 (791); 1987, 144; 1986, 885; 1986, 244 (246).
[233] OLG Karlsruhe FamRZ 2000, 1419.
[234] OLG Brandenburg JAmt 2004, 502; OLG Stuttgart JAmt 2001, 48; OLG Hamm FamRZ 1998, 1252.
[235] BGH FamRZ 2013, 1558 Rn. 13 f. = R 739a; OLG Karlsruhe FamRZ 2017, 1575 (1576).

Das gilt sowohl für den Unterhaltsberechtigten als auch für den Unterhaltspflichtigen. Beruft sich der Unterhaltsberechtigte gegenüber seiner Erwerbsobliegenheit auf eine krankheitsbedingte Einschränkung seiner Erwerbsfähigkeit, muss er grundsätzlich Art und Umfang der behaupteten gesundheitlichen Beeinträchtigung angeben und zusätzlich darlegen, inwieweit sich die gesundheitliche Beeinträchtigung auf die Erwerbsfähigkeit auswirkt. Erfüllt er die Voraussetzungen einer Rente wegen voller Erwerbsminderung, ergibt sich daraus lediglich, dass er nicht drei Stunden oder mehr arbeitstäglich erwerbstätig sein kann und einer Vermittlung durch die Agentur für Arbeit nicht zur Verfügung steht. Dann trägt er auch die Darlegungs- und Beweislast dafür, dass er aus den gesundheitlichen Gründen neben der Erwerbsminderungsrente auch keine geringfügige Tätigkeit (sog. Mimi-Job) übernehmen kann.[236] Die Anerkennung als Schwerbehinderter, sei es auch zu 100%, rechtfertigt nicht ohne weiteres den Schluss auf eine vollständige Erwerbsunfähigkeit.[237] Fehlt es an entsprechendem Vortrag zu konkreten Erwerbsbeeinträchtigungen, muss sich der Unterhaltspflichtige als erwerbsfähig behandeln lassen; ihm sind dann die nach den Umständen des Einzelfalles erzielbaren Einkünfte fiktiv zuzurechnen. Auf substantiierten Vortrag, der auf Arztberichte oder Privatgutachten gestützt werden sollte, kann der Nachweis einer Minderung der Erwerbsfähigkeit bei ebenso substantiiertem Bestreiten durch die Gegenseite durch einen Beweisantritt auf Einholung eines **ärztlichen Sachverständigengutachtens** geführt werden.[238] Empfehlenswert ist es, damit einen Arbeitsmediziner zu beauftragen, der neben den gesundheitlichen Einschränkungen auch die Anforderungen im Erwerbsleben berücksichtigen kann. Der Sachverständige hat dann zu klären, ob qualitative oder quantitative Leistungseinschränkungen vorliegen.

788 Zu den **qualitativen Leistungseinschränkungen** gehören
– die Unfähigkeit zu Arbeiten unter Zeitdruck,
– die Unfähigkeit zu Nacht- oder Wechselschicht,
– die Unfähigkeit, schwer zu heben oder schwer zu tragen,
– die Unverträglichkeit von bestimmten Reizstoffen, Hitze oder Kälte,
– die Unfähigkeit, in offenen oder in geschlossenen Räumen zu arbeiten, und
– die Unfähigkeit, im Sitzen, Gehen oder Stehen zu arbeiten.

Die **quantitativen Einschränkungen** bringen ein herabgesetztes Leistungsvermögen in zeitlicher Hinsicht zum Ausdruck, in erster Linie die Unfähigkeit zur Ganztagsarbeit und die Notwendigkeit häufiger Pausen. Ursache können körperliche Beeinträchtigungen sein aber auch psychische Erkrankungen, die das Durchhaltevermögen, die Leistungsmotivation, die Ausdauer, die nervliche Belastbarkeit, die Anpassungsfähigkeit oder die geistige Beweglichkeit beeinträchtigen.

789 Im Fall seiner Erkrankung trifft den Unterhaltsberechtigten wie den Unterhaltspflichtigen eine Obliegenheit, alles zur **Wiederherstellung seiner Arbeitskraft** Erforderliche zu tun, um seine Unterhaltsbedürftigkeit zu mindern bzw. seine Leistungsfähigkeit wiederherzustellen. Wer leichtfertig oder fahrlässig die Möglichkeit einer ärztlichen Behandlung zur Behebung der einer Aufnahme einer Erwerbstätigkeit entgegenstehenden Umstände nicht nutzt, muss sich unterhaltsrechtlich so behandeln lassen, als hätte die Behandlung Erfolg gehabt. Er kann dann als unterhaltsrechtlich leistungsfähig angesehen werden.[239] Der Unterhaltsberechtigte kann seinen Unterhaltsanspruch auch verwirken, wenn er seine Bedürftigkeit mutwillig herbeigeführt oder aufrechterhalten hat (§§ 1579 Nr. 4, 1611 I BGB).[240] Die bewusste Ablehnung einer ärztlichen Behandlung, etwa bei einer neurotischen Depression, kann dazu führen, dass der Unterhaltsberechtigte als erfolgreich therapiert anzusehen ist (→ § 4 Rn. 238 ff.,

---

[236] BGH FamRZ 2017, 109 Rn. 22 ff.
[237] OLGR Saarbrücken 2002, 174.
[238] BGH FamRZ 2013, 1558 Rn. 13 f. = R 739a; 2003, 1471 (1473); OLG Schleswig FF 2003, 110; OLG Celle FamRZ 2000, 1153.
[239] KG Berlin FamRZ 2001, 1617.
[240] BGH FamRZ 1988, 375 (377); 1987, 359 (361); 1981, 1042; OLG Hamm NJW-RR 2003, 510; OLG Hamburg FamRZ 1982, 702; OLG Düsseldorf FamRZ 1982, 518.

10. Abschnitt: Fiktives Einkommen aus unterlassener zumutbarer Erwerbstätigkeit § 1

1289 ff.).[241] War der Unterhaltsberechtigte, dessen überwiegend psychisch bedingte Krankheitssymptome zur völligen Erwerbsunfähigkeit geführt hatten, allerdings krankheitsbedingt wegen fehlender Therapieeinsicht auch zur Durchführung von Heilmaßnahmen nicht in der Lage, kann ihm dies unterhaltsrechtlich nicht angelastet und ihm ein Unterhaltsanspruch nicht wegen mutwilliger Herbeiführung der Bedürftigkeit versagt werden.[242] Gleiches gilt, wenn er eine Therapie durchgeführt hat, die aber ohne Erfolg geblieben ist.[243]

Auch bei **Suchtdelikten** wie Alkohol- oder Drogenabhängigkeit kann die Bedürftigkeit im Sinne des § 1579 Nr. 4 BGB dadurch mutwillig herbeigeführt sein, dass der Unterhaltsberechtigte es leichtfertig unterlassen hat, durch geeignete und zumutbare Maßnahmen seine Erwerbsfähigkeit wiederherzustellen (→ Rn. 771). Die Frage, von welchem Zeitpunkt an dem Bedürftigen die Kenntnis der Art seiner Erkrankung zugerechnet werden muss, und die Beurteilung des Zeitraums, innerhalb dessen er gehalten war, wirksame Maßnahmen zur Wiederherstellung seiner Gesundheit zu ergreifen, sind Gegenstand tatrichterlicher Würdigung.[244] Wer allerdings aus krankhafter und somit nicht vorwerfbarer Labilität und Charakterschwäche nicht in der Lage ist, dem Alkoholmissbrauch entgegenzusteuern und Maßnahmen zu dessen Bekämpfung zu ergreifen, muss unterhaltsrechtliche Nachteile nicht befürchten (→ § 4 Rn. 1296 ff.).[245]   790

2. „Rentenneurose" des Berechtigten

Bei psychischen Krankheiten, die der so genannten „**Rentenneurose**" oder „Prozessneurose" des Haftpflichtrechts und Sozialrechts vergleichbar sind, lassen sich keine körperlichen Einschränkungen der Erwerbsfähigkeit feststellen, während die Person subjektiv von der Krankheit überzeugt und deswegen nicht zu einer Erwerbstätigkeit in der Lage ist. Dies wirft zunächst erhebliche Darlegungs- und Beweisschwierigkeiten auf. Selbst wenn ein Unterhaltsberechtigter derart erkrankt ist, kann er aus unterhaltsrechtlicher Sicht nur dann als bedürftig behandelt werden, wenn er erfolglos versucht hat, wieder erwerbstätig zu werden. Zwar ist nach allgemeiner Meinung grundsätzlich auch derjenige bedürftig, der infolge einer seelischen Störung erwerbsunfähig ist. Anders ist die Bedürftigkeit jedoch zu beurteilen, wenn die seelische Störung ihr Gepräge erst durch das – wenn auch unbewusste – Begehren nach einer Lebenssicherung oder durch die Ausnutzung einer vermeintlichen Rechtsposition erhält und der Unterhaltsanspruch zum Anlass genommen wird, den Mühen des Arbeitslebens auszuweichen. Diese Grundsätze hat der Bundesgerichtshof im Schadensersatzrecht zur Haftungsbegrenzung bei so genannten Rentenneurosen entwickelt.[246] Damit wird dem Gesichtspunkt Rechnung getragen, dass die Wiedereingliederung neurotisch labiler Personen in den sozialen Lebens- und Pflichtenkreis teilweise nur daran scheitert, dass die Aussicht besteht, ein bequemes Renteneinkommen zu erhalten. Dem Rentenneurotiker, dessen Verhalten wesentlich von Begehrensvorstellungen bestimmt ist, darf seine **Flucht in die seelische Krankheit** rechtlich nicht durch Bewilligung der erstrebten Versorgungsleistung „honoriert" werden. Denn die Bewilligung der aus der Krankheit heraus begehrten Zahlungen würde sogar zur Verfestigung eines Zustandes beitragen, der letztlich der körperlichen und seelischen Gesundung des Geschädig-   791

---

[241] OLG Hamm FamRZ 1999, 237; vgl. auch OLG Düsseldorf FamRZ 1990, 68 und FamRZ 1987, 1262; OLG Hamburg FamRZ 1982, 702.
[242] KG Berlin FamRZ 2002, 460; OLG Bamberg FamRZ 1998, 370; OLG Hamm FamRZ 1996, 1080.
[243] OLGR Schleswig 2001, 248.
[244] OLG Brandenburg FamRZ 2007, 72 (73); KG Berlin FamRZ 2001, 1617; OLGR Schleswig 2001, 248; OLG Düsseldorf FamRZ 1987, 1262; OLG Frankfurt FamRZ 1985, 1043; OLG Düsseldorf FamRZ 1985, 310; OLG Stuttgart FamRZ 1981, 963.
[245] OLG Bamberg FamRZ 1998, 370; OLG Hamm FamRZ 1996, 1080; OLG Frankfurt DAVorm 1987, 677.
[246] Grundlegend BGHZ 20, 137 = NJW 1956, 1108; BGH NJW 2012, 2964; 1998, 813; 1979, 1935.

ten abträglich ist. Entsprechende Erwägungen gelten im Recht der gesetzlichen Rentenversicherung. Erforderlich für eine Anerkennung der Erkrankung ist dort, dass die seelische Störung nicht aus eigener Kraft überwunden werden kann. Wenn vorhersehbar ist, dass eine Ablehnung der begehrten Rente die neurotischen Erscheinungen entfallen lässt, muss die Rente sogar versagt werden. Denn mit dem Sinn und Zweck der Rentengewährung bei Berufsunfähigkeit wäre es nicht zu vereinbaren, dass gerade die Rente den Zustand aufrechterhält, dessen nachteilige Folgen sie ausgleichen soll.[247]

792 Im **Unterhaltsrecht,** das zwischen geschiedenen Ehegatten auf der Fortwirkung der ehelichen Beistandspflichten im Sinne einer nachehelichen Solidarität und im Übrigen auf der Verwandtschaft von Unterhaltsberechtigtem und Unterhaltspflichtigem beruht, kann den Auswirkungen von seelischen Störungen und Fehlreaktionen keine geringere rechtliche Bedeutung beigemessen werden als im Haftungs- und Sozialversicherungsrecht. Eine krankheitsbedingte Bedürftigkeit entfällt deswegen ganz oder teilweise, wenn voraussehbar ist, dass eine Versagung oder Minderung des Unterhaltsanspruchs über die dadurch bedingte Aktivierung eigener Kräfte den neurotischen Zustand verbessern kann.[248] Ist dagegen die seelische Störung so übermächtig, dass sie voraussichtlich auch nach Aberkennung des Unterhaltsanspruchs fortdauern würde, muss von einer fortbestehenden Unterhaltsbedürftigkeit ausgegangen werden.[249] Wegen der Möglichkeiten zur Simulation ist in diesen Fragen stets besondere Wachsamkeit des Tatrichters und des Sachverständigen geboten. Dem Erwerbslosen obliegt allerdings die Darlegungs- und Beweislast dafür, dass bei ihm eine Erkrankung in Form einer Rentenneurose vorliegt und dass seine seelische Erkrankung so übermächtig ist, dass sie auch nach Aberkennung eines Unterhaltsanspruchs nicht überwunden werden kann.[250]

Neurosen haben Krankheitswert, sind aber durch eine **therapeutische Behandlung** veränderbar. Es besteht daher die unterhaltsrechtliche Verpflichtung, sich zur Wiederherstellung der Erwerbsfähigkeit in eine solche therapeutische Behandlung zu begeben und aktiv daran mitzuwirken, die psychische Arbeitsunwilligkeit zu heilen. Verstößt der Kranke gegen diese Obliegenheit, muss er sich unterhaltsrechtlich so behandeln lassen, als sei eine solche Behandlung erfolgreich gewesen.[251]

V. Bemessung und Dauer der fiktiven Einkünfte

1. Zur Bemessung fiktiver Einkünfte

793 Die Höhe fiktiver Einkünfte mangels hinreichender Bemühungen um einen Arbeitsplatz kann im Allgemeinen nur im Weg einer Schätzung nach **§ 287 ZPO** ermittelt werden.[252] Maßgeblich ist in diesen Fällen stets das **erzielbare Einkommen.** Geschätzt wird ein **Nettobetrag,** der nach Abzug von Steuern und Vorsorgeaufwendungen erzielt werden könnte. Dabei ist unter Berücksichtigung der örtlichen Besonderheiten ein Einkommen zu ermitteln, das der Betreffende nach seinem Alter, seiner Vorbildung, seinen Fähigkeiten, seiner früheren Erwerbstätigkeit und seinem Gesundheitszustand gegenwärtig erzielen könnte.[253] Fehlen im Einzelfall verlässliche konkrete Anhaltspunkte für eine Schätzung, können als vergleichbare Beträge die in den Anlagen zum **Fremdrentengesetz** (FRG)[254] aufgeführten Bruttojahresentgelte herangezogen werden.[255] Diese Bruttojahresentgelte be-

---

[247] BSG SozVers 1991, 81; NJW 1964, 2223 (2224).
[248] Vgl. OLG Hamburg FamRZ 2009, 781 Rn. 40 f.
[249] BGH FamRZ 1984, 660; OLG Düsseldorf FamRZ 1990, 68.
[250] BGH FamRZ 1984, 660; 1981, 1042; OLG Hamburg FamRZ 1982, 702.
[251] OLG Hamm FamRZ 1999, 237; OLG Düsseldorf FamRZ 1982, 518.
[252] BGH FamRZ 1986, 885; 1984, 662; OLG Köln FamRZ 1982, 707 (709).
[253] BGH FamRZ 1984, 374 (377); OLG Koblenz FamRZ 2006, 725; KG FuR 2005, 454; OLG Hamm FamRZ 2005, 35.
[254] In der Fassung vom 11.11.2016, BGBl. I S. 2500.
[255] Vgl. BGBl. 2006 I 1881 ff.

10. Abschnitt: Fiktives Einkommen aus unterlassener zumutbarer Erwerbstätigkeit § 1

ruhen auf zuverlässigen, für die gesamte Bundesrepublik geltenden Erhebungen und Feststellungen und sind daher für eine vergleichbare Schätzung durchschnittlicher Einkommen besonders geeignet.[256] Stattdessen kann auch auf die von den Berufskammern herausgegebenen Übersichten über das im jeweiligen Bereich erzielbare Durchschnittseinkommen zurückgegriffen werden. Ohne besonderen Grund können keinesfalls nur die untersten beruflichen Möglichkeiten maßgeblich sein.[257] Wurde hingegen ein früheres Arbeitsverhältnis **leichtfertig aufgegeben**, ist bei der Bemessung der fiktiven Einkünfte auf die Höhe des früheren Einkommens abzustellen, wenn keine Gründe dagegen sprechen, dass dieses Einkommen ohne die leichtfertige Auflösung des Arbeitsverhältnisses nach wie vor erzielt würde.[258]

Sonst ist bei der Schätzung der erzielbaren Einkünfte auf den objektiven **Wert der Arbeitsleistungen** abzustellen. Für Versorgungsleistungen und Haushaltsführung können Richtsätze als Anhalt dienen, die auf die gegebenen Verhältnisse abgestimmt sind und der Lebenserfahrung entsprechen, aber auch Richtlinien und Erfahrungssätze, die zur Bestimmung von Schadensrenten für die Verletzung oder Tötung von Hausfrauen entwickelt worden sind, soweit nicht im konkreten Einzelfall besondere Umstände eine Abweichung gebieten (→ Rn. 717 f.).[259] Die fiktive Höhe eines Verdienstes aus wechselnden Aushilfs- und Gelegenheitsarbeiten muss vom Gericht in nachprüfbarer Weise dargelegt und begründet werden. Nötig sind dazu Angaben zur Art der in Betracht kommenden Gelegenheits- und Aushilfstätigkeiten, zum „Markt" für solche Tätigkeiten in dem für den Erwerbslosen erreichbaren Einzugsgebiet sowie zu dem möglichen persönlichen Zugang zu diesem „Markt".[260] Häufig wird es sich dabei um Arbeiten in einem **fremden Haushalt** handeln (zum Wert der Haushaltstätigkeit → Rn. 718). Im Falle einer Obliegenheit zur Ausübung einer Ganztagstätigkeit kann die Höhe des erzielbaren Einkommens allerdings nicht auf den Wert der üblichen Haushaltstätigkeit beschränkt bleiben. Bei der Bemessung ist im Einzelfall neben dem Umfang der Erwerbspflicht auch der Gesundheitszustand der betroffenen Person zu berücksichtigen.[261] Wird Ehegattenunterhalt geltend gemacht, ist auch von dem fiktiv erzielbaren Einkommen ein **Erwerbstätigenbonus** (→ Rn. 131) abzusetzen.[262]

794

Wer sich im Rahmen seiner Bedürftigkeit auf eine Obliegenheit des Verfahrensgegners zur Erzielung fiktiver Einkünfte beruft, hat ein der beruflichen Qualifikation des Gegners entsprechendes erzielbares Einkommen schlüssig vorzutragen. Die **Darlegungs- und Beweislast** dafür, dass ein solches Einkommen nicht erzielbar ist, trifft dann den erwerbslosen Gegner.[263]

795

2. Zur Dauer fiktiver Einkünfte

Ein fiktives Einkommen ist so lange zuzurechnen, wie sich die maßgeblichen Umstände, die nach § 242 BGB zur Annahme eines fiktiven Einkommens geführt haben, nicht wesentlich geändert haben (§§ 238 f. FamFG).[264] Bei einem Unterhaltspflichtigen, der seinen **Arbeitsplatz leichtfertig aufgegeben** hatte, ist daher zu klären, ob er die Arbeit zu einem späteren Zeitpunkt aus hinnehmbaren Gründen ohnehin verloren hätte. Nur wenn dies der Fall ist, dürfen die Einkünfte aus dem früheren Arbeitsverhältnis nicht mehr fiktiv zugerechnet werden. Erst dann kommt es darauf an, was der Unterhaltspflichtige bei

796

---

[256] OLG Düsseldorf FamRZ 1981, 255.
[257] OLG Düsseldorf FamRZ 1991, 220.
[258] BGH FamRZ 2008, 872 = R 690b, c; 2005, 1979 (1981) = R 640b–d; KG FamRZ 2003, 1208; OLG Hamburg FamRZ 1982, 611.
[259] BGH FamRZ 1984, 662; 1980, 40 (42).
[260] Vgl. BGH FamRZ 2009, 314 Rn. 29.
[261] BGH FamRZ 1984, 682 (686).
[262] BGH FamRZ 2005, 23 (25); 1991, 307.
[263] BGH FamRZ 1986, 244; OLG Brandenburg JAmt 2004, 502; OLG Naumburg FamRZ 1998, 557.
[264] OLG Karlsruhe FamRZ 1983, 931.

zureichenden Bemühungen um eine neue Arbeitsstelle hätte verdienen können.[265] Dann kann auch in diesen Fällen eingewandt werden, dass inzwischen kein oder nur noch ein geringeres Einkommen erzielbar wäre.[266] Soweit in der Vergangenheit vertreten wurde, dass die früheren Einkünfte stets nur für eine gewisse Übergangszeit maßgeblich sein können,[267] ist der BGH dem im Hinblick auf die Möglichkeit zur Einleitung einer Verbraucherinsolvenz nicht gefolgt.[268] Erfolgt die Zurechnung hingegen wegen **fehlender Bemühungen** um einen Arbeitsplatz, kann einem Unterhaltspflichtigen ein fiktives Einkommen nur so lange angerechnet werden und die entsprechende Bedürftigkeit eines Unterhaltsberechtigten nur so lange verneint werden, wie sich der Betreffende nicht hinreichend um einen neuen Arbeitsplatz bemüht (→ Rn. 782 ff.). Ein solches ernsthaftes und intensives Bemühen kann im Weg eines **Abänderungsantrags** geltend gemacht werden, auch wenn es wegen der Arbeitsmarktlage, eines fortgeschrittenen Alters oder eines verschlechterten Gesundheitszustands erfolglos geblieben ist.[269] Das erfolglose Bemühen kann dann die frühere Prognose der Erzielbarkeit entsprechender Erwerbseinkünfte widerlegen. Für ein Abänderungsbegehren mit dem Ziel der Anhebung des Kindesunterhalts auf den Mindestunterhalt nach § 1612a BGB genügt die Darlegung von Verhältnissen, die eine fiktive Zurechnung von Einkünften auf Seiten des Unterhaltspflichtigen erlauben.[270] Das ist zB beim Auslaufen einer Eingliederungshilfe durch die Agentur für Arbeit der Fall, weil der Betreffende dann dem Arbeitsmarkt wieder zur Verfügung steht und entsprechende Anstrengungen unternehmen muss, um seine Arbeitskraft voll auszuschöpfen.[271] Mit dem Abänderungsantrag kann aus Gründen der Rechtskraft hingegen nicht geltend gemacht werden, dass bereits im Ausgangsverfahren ein zu hohes fiktives Einkommen angesetzt wurde, auch wenn dies im Versäumnisverfahren geschehen ist.[272]

3. Vorsorgeunterhalt

797   Die fiktive Unterstellung eines Einkommens aus Erwerbstätigkeit hat beim **Unterhaltsberechtigten** grundsätzlich zur Folge, dass insoweit auch kein Vorsorgeunterhalt geschuldet wird.[273] Denn im Umfang der gebotenen Erwerbstätigkeit würde der Unterhaltsberechtigte selbst für seine Kranken- und Altersvorsorge sorgen. Die Höhe des Altersvorsorgeunterhalts bemisst sich dann nur noch auf der Grundlage des verbleibenden Anspruchs auf Barunterhalt.[274] Krankenvorsorgeunterhalt wird schon dann nicht mehr geschuldet, wenn Einkommen aus einer Teilzeitarbeit zuzurechnen ist, weil die gesetzliche Krankenversicherung eine Vollversicherung schon bei Teilzeittätigkeit sicherstellt.[275] Der Altersvorsorgeunterhalt ist auf der Grundlage des geschuldeten Barunterhalts regelmäßig im Wege der zweistufigen Berechnung zu ermitteln.[276] Nur wenn die Zahlung des Altersvorsorgeunterhalts ausnahmsweise nicht zur Gefährdung der Halbteilung führt, etwa bei der Bemessung des Barunterhalts nach den ehelichen Lebensverhältnissen im Wege der konkreten Bedarfsbemessung[277] oder bei einer Reduzierung des nachehelichen Unterhalts

---

[265] BGH FamRZ 2008, 872 Rn. 19; OLG Hamm FamRZ 1995, 1217.
[266] BGH FamRZ 2008, 872 = R 690b.
[267] OLG Schleswig FuR 2001, 570.
[268] BGH FamRZ 2008, 872 = R 690c.
[269] OLG Schleswig FamRZ 1985, 69; OLG Celle FamRZ 1983, 717; OLG Karlsruhe FamRZ 1983, 931.
[270] Vgl. BGH FamRZ 2014, 637 Rn. 11 ff. = R 744.
[271] OLG Köln FamRZ 2003, 1960.
[272] BGH FamRZ 2010, 1150 = R 713; OLG Hamm FamRZ 1997, 891; zur Abänderung eines Anerkenntnisurteils vgl. BGH FamRZ 2007, 1459 = R 680.
[273] OLG Köln FamRZ 1993, 711.
[274] BGH FamRZ 2010, 1637 Rn. 37.; 2007, 117 (118) = R 662a-e (zur Bemessung des Altersvorsorgeunterhalts).
[275] OLG Hamm FamRZ 1994, 107.
[276] BGH FamRZ 2010, 1637 Rn. 35 f.; 2007, 117 Rn. 22 ff.; 1990, 372 (373 f.).
[277] BGH FamRZ 2010, 1637 Rn. 37; vgl. jetzt aber BGHZ 217, 24 = FamRZ 2018, 260 Rn. 16 ff. = R 788b.

gemäß § 1578b I BGB auf den angemessenen Lebensbedarf,[278] ist dieser zusätzlich zum vollen Barunterhalt geschuldet.[279] Erhält ein Ehegatte Altersvorsorgeunterhalt und verwendet er diesen zweckwidrig für den allgemeinen Lebensbedarf, handelt er grundsätzlich mutwillig iSv § 1579 Nr. 4 BGB, es sei denn, er weist nach, dass er aus einer besonderen Notlage heraus gehandelt hat. Erbringt er diesen Beweis nicht, ist er so zu behandeln, als hätte er den Altersvorsorgeunterhalt zum Aufbau einer eigenen Altersvorsorge verwendet. Die daraus erzielbare höhere Rente ist ihm dann später als fiktives Renteneinkommen zuzurechnen.[280]

– in dieser Auflage nicht belegt –   **798, 799**

11. Abschnitt: Einkommen aus unzumutbarer Erwerbstätigkeit

I. Grundsatz

1. Abgrenzung zumutbare und unzumutbare Tätigkeit

Das Unterhaltsrecht legt den Parteien wechselnde Obliegenheiten auf. Der Unterhaltsgläubiger hat die Unterhaltslast soweit wie möglich zu verringern, der Unterhaltsschuldner hat sich leistungsfähig zu halten. Bedürftiger wie Pflichtiger müssen daher ihre Arbeitskraft so gut wie möglich einsetzen (→ Rn. 735 ff. und → Rn. 773 ff.).   **800**

Die Erwerbsobliegenheit bezieht sich aber nur auf **zumutbare Tätigkeiten.** Wird der Berechtigte oder Verpflichtete dagegen **überobligationsmäßig** tätig, zB durch Berufstätigkeit nach der Trennung/Scheidung trotz Betreuung eines Kindes unter drei Jahren, durch Zusatztätigkeiten neben einer Vollzeittätigkeit, durch Berufstätigkeit über die Regelarbeitszeit hinaus oder durch Ferienarbeit als Student, handelt es sich um eine sog. **unzumutbare Erwerbstätigkeit.** Unzumutbar bedeutet, dass für diese Tätigkeit keine Erwerbsobliegenheit besteht. Derjenige, der sie ausübt, ist unterhaltsrechtlich nicht gehindert, sie **jederzeit zu beenden,** gleichgültig, ob er Unterhaltsschuldner ist und möglicherweise seine Leistungsfähigkeit herabsetzt oder ob er sich in der Rolle des Unterhaltsgläubigers befindet und seine Bedürftigkeit erhöht.[1] Dies kann auch gelten, wenn die Ausübung einer Erwerbstätigkeit mit einer an sich unzumutbaren gesundheitlichen Belastung verbunden ist.[2]   **801**

Die Ausübung einer Erwerbstätigkeit kann auch nur **teilweise** überobligatorisch sein,[3] z. B. wenn nur eine Teilerwerbsunfähigkeit nach § 43 I SGB VI besteht und ganztags gearbeitet wird (→ Rn. 817a) oder bei voller Berufstätigkeit und Betreuung eines über drei Jahre alten Kindes mit erheblicher Restbetreuung (→ Rn. 806).

Die unterhaltsrechtliche Berücksichtigung des Einkommens aus unzumutbarer Tätigkeit ist im Gesetz nur unvollkommen in dem schwer verständlichen § 1577 II BGB beim Ehegattenunterhalt geregelt. Nach der Rechtsprechung wird es nach Treu und Glauben nur zum Teil oder überhaupt nicht angerechnet (→ Rn. 812, → Rn. 821 ff., → Rn. 835 ff.). Im konkreten Einzelfall ist deshalb zunächst **zu prüfen,** ob es sich um Einkünfte aus einer nachhaltig erzielten, dauerhaften und damit zumutbaren oder aus einer überobligationsmäßigen, jederzeit beendbaren und damit unzumutbaren Tätigkeit handelt. Trifft letzteres zu, ist nach Treu und Glauben unter Berücksichtigung des konkreten Einzelfalles in einem zweiten Schritt abzuwägen, ob und wenn ja in welcher Höhe das überobligatorisch erzielte Einkommen für die Unterhaltsberechnung herangezogen wird.[4]   **802**

---

[278] BGH FamRZ 2014, 1276 Rn. 47 f. = R 755g; 2014, 1007 Rn. 40; 2014, 823 Rn. 18 = R 749c.
[279] BGH FamRZ 2010, 1637 Rn. 37 f.
[280] BGH FamRZ 2003, 848; (Differenzmethode); 1987, 684 (686); OLGR Koblenz 2002, 9; OLG Köln NJW 2001, 3716; OLGR Schleswig 2001, 41.
[1] BGH FamRZ 2013, 1558 = R 739a; 2006, 846 = R 648d; 1984, 364; 1983, 146 (149).
[2] BGH FamRZ 2013, 1558 = R 739a.
[3] BGH FamRZ 2013, 1558 = R 739a.
[4] BGH FamRZ 2013, 1558 = R 739a; 2013, 191.

2. Erwerbstätigkeit trotz Betreuung kleiner Kinder

803 Die Wahrung der Kindesbelange und die gemeinschaftliche Verantwortung von Eltern für ihre Kinder bewirken, dass bei deren Betreuung auch beim Ehegattenunterhalt der Grundsatzes der Eigenverantwortung zurücktritt und in erster Linie auf die Belange des Kindes abgestellt werden muss.[5] Darauf hat der Gesetzgeber bei der Reform des Unterhaltsrechts zum 1.1.2008 trotz der Stärkung der Eigenverantwortung in § 1569 BGB beim nachehelichen Unterhalt in seinen Materialien zur Neufassung des § 1570 BGB ausdrücklich hingewiesen.[6] Auch wenn die Neufassung der §§ 1570, 1615l BGB insgesamt bei ehelichen Kindern zu einer Vorverlagerung des Beginns der Erwerbsobliegenheit führt, dienen Betreuungsansprüche nicht der Entlastung des Pflichtigen, sondern der Stärkung und Förderung des Kindeswohls durch eine frühere Absicherung des Arbeitsplatzes des das Kind betreuenden Elternteils. Die Vorverlagerung des Beginns der Berufstätigkeit entspricht den geänderten realen Verhältnissen mit dem ab Vollendung des 3. Lebensjahrs eines Kindes garantierten Kindergartenplatz (§ 24 III SGB VIII) und den in den letzten Jahrzehnten erfolgten gesellschaftlichen Veränderungen mit einem früheren Einstieg in das Berufsleben trotz Kinderbetreuung.[7] Nach den Vorstellungen des Gesetzgebers erfordert das Kindeswohl regelmäßig nur bis zur Vollendung des dritten Lebensjahres eines Kindes eine persönliche Betreuung durch einen Elternteil. Für die Zeit danach wurde dieser Vorrang gegenüber anderen kindgerechten Betreuungsmöglichkeiten aufgegeben.[8]

804 Durch die Neufassung der §§ 1570, 1615l II BGB zum 1.1.2008 besteht damit bei Ansprüchen auf nachehelichen Unterhalt oder Ansprüchen nicht verheirateter Eltern mindestens bis zur **Vollendung des 3. Lebensjahres** eines Kindes keine Erwerbsobliegenheit.[9] Wird in dieser Zeit trotzdem einer Erwerbstätigkeit nachgegangen, ist sie immer **überobligatorisch**.[10] Dies bedeutet allerdings nicht, dass das hieraus erzielte Einkommen überhaupt nicht angesetzt wird, es ist vielmehr im Rahmen des § 1577 II BGB nach Treu und Glauben zu kürzen (→ Rn. 812, → Rn. 822). Für den Trennungsunterhalt gelten die gleichen Grundsätze (→ Rn. 4/59). Es ist lediglich zu beachten, dass in der Trennungszeit im Gegensatz zum nachehelichen Unterhalt (§ 1570 BGB: … „gemeinschaftliche Kinder") auch die Betreuung nichtgemeinschaftlicher im Haushalt lebender Kinder zu berücksichtigen ist (→ § 4 Rn. 38).

805 Ab welchem Zeitpunkt und in welchem Umfang danach eine Erwerbsobliegenheit beginnt, ist im Gegensatz zur bis 31.12.2007 geltenden Rechtslage nach dem Willen des Gesetzgebers in Abkehr vom bis dahin angewandten sog Altersphasenmodell stärker nach dem konkreten Einzelfall zu beurteilen. Dabei sind nach §§ 1570 I 3, 1615l II 5 BGB in erster Linie die Belange des Kindes und die bestehenden Kinderbetreuungsmöglichkeiten zu berücksichtigen, nach §§ 1570 II, 1615l II 5 BGB ferner der Vertrauensschutz in die während des Zusammenlebens vereinbarte und praktizierte Rollenverteilung und Ausgestaltung der Kinderbetreuung (→ § 4 Rn. 160 ff.).[11] Nach dem sich aus den Materialien ergebenden Willen des Gesetzgebers ist dabei kein abrupter Wechsel von der elterlichen Betreuung zur Vollzeittätigkeit gewollt, sondern wie bisher ein **gestufter, an den Belangen des Kindes und den bestehenden Kinderbetreuungsmöglichkeiten orien-**

---

[5] BT-Drs. 16/6980, 9.
[6] BT-Drs. 16/6980, 9.
[7] BT-Drs. 16/6980, 8; inzwischen hat ein Kind schon nach Vollendung des ersten Lebensjahres nach § 24 II SHB VIII Anspruch auf frühkindliche Förderung in einer Tageseinrichtung und selbst davor nach § 24 I SGB VIII Anspruch auf Förderung in einer Einrichtung oder Kindertagespflege, ua wenn die Eltern erwerbstätig sind.
[8] BGH FamRZ 2012, 1040 = R 732b; 2010, 1880 = R 716a; 2010, 1050; 2010, 357 = R 709c; 2009, 1124; 2009, 770 = R 704a.
[9] BGH FamRZ 2015, 1369 = 769a; 2010, 1880 = R 716a; 2010, 357 = R 709c; 2009, 1391; 2009, 1124; 2009, 770 = R 704a.
[10] BGH FamRZ 2010, 1880 = R 716a; 2010, 357 = R 709c; 2009, 1391; 2009, 1124; 2009, 770 = R 704a.
[11] BT-Drs. 16/6980, 8, 10.

11. Abschnitt: Einkommen aus unzumutbarer Erwerbstätigkeit § 1

tierter **Übergang** ins Berufsleben.[12] Nach BGH dürfen deshalb an die Darlegung kindbezogener Gründe keine überzogenen Anforderungen gestellt werden.[13] Hierbei ist auch zu berücksichtigen, dass ein Ehegatte, der wegen der Kinderbetreuung seine eigene Erwerbstätigkeit dauerhaft oder eingeschränkt aufgegeben hat, anders zu behandeln ist als ein Ehegatte, der trotz Kinderbetreuung alsbald in den Beruf zurückkehren wollte.[14]

Vorrangig zu prüfen sind nach der Neufassung des Gesetzes zum 1.1.2008 für die Frage einer Erwerbsobliegenheit nach Vollendung des 3. Lebensjahres eines Kindes die sog **kindbezogenen Gründe** (Alter, Anzahl der Kinder, gesundheitliche Beeinträchtigung des Kindes, besondere Bedürfnisse durch sportliche oder musische Aktivitäten, notwendige Hausaufgabenbetreuung, generelle Betreuungssituation, kindgerechte Betreuungsmöglichkeit),[15] daneben aber auch **elternbezogene Gründe** (Vertrauensschutz, persönliche Restbetreuung neben der Fremdbetreuung, Beteiligung am Umgangsrecht).[16]

Nach BGH kann auch bei Betreuung von **über drei Jahre alten** Kindern eine **überobligatorische Tätigkeit** vorliegen, wenn der nach der Betreuung in einer Tageseinrichtung verbleibende Anteil an der persönlichen Betreuung zu einer überobligatorischen Belastung führt.[17] Wann dies der Fall ist, ist eine Einzelfallfrage, die vor allem genaue Ausführungen des betreuenden Elternteils zum Umfang der ihm trotz Fremdbetreuung verbleibenden Restbetreuung erfordert. Indizien sind insbesondere das Alter des Kindes, da kleinere Kinder noch eine Betreuung rund um die Uhr benötigen, die Anzahl der Kinder sowie deren Gesundheitszustand, Entwicklungsstand, außerschulische Aktivitäten und individuelle Bedürfnisse.[18] Entsprechendes gilt, wenn bei Betreuung mehrerer Kinder entgegen der Eheplanung eine Erwerbstätigkeit aufgenommen werden muss, weil sich der Pflichtige weigert, Unterhalt zu zahlen oder auf Grund Überschuldung nur bedingt leistungsfähig ist. Da nach dem Willen des Gesetzgebers kein übergangsloser Wechsel von Ganztagsbetreuung in Ganztagserwerbsobliegenheit erfolgen soll,[19] ist bei Prüfung dieser Frage ein großzügiger Maßstab anzulegen. Dabei ist nach BGH eine gerechte Lastenverteilung zwischen den Eltern zu beachten.[20] Es wird sich allerdings regelmäßig nur um eine **teilweise überobligatorische** Tätigkeit handeln, zB bezüglich des über eine Halbtagstätigkeit hinausgehenden Einkommens. Auch in diesen Fällen richtet sich für die Rangfrage nach § 1609 Nr. 2 BGB der Unterhaltsanspruch beim nachehelichen Unterhalt allein nach § 1570 BGB und nicht als Teilanspruch auch nach § 1573 II BGB.[21]

Nicht ausreichend ist für die Annahme einer unzumutbaren Tätigkeit nach BGH, dass Berufsausübung und Kinderbetreuung einen täglichen Umfang von 8 Stunden überschreiten.[22]

Eine überobligatorische Tätigkeit liegt regelmäßig vor, wenn das zu betreuende Kind **schwer behindert** ist, selbst wenn Pflegegeld nach § 13 VI SGB XI bezahlt wird (→ Rn. 816).[23]

Nach der geänderten Rechtsprechung des BGH ist beim Ehegattenunterhalt auch eine überobligatorische Tätigkeit **eheprägend**. Das Einkommen ist aber vorab nach § 1577 II BGB um einen anrechnungsfreien Teil zu kürzen (→ Rn. 822, → § 4 Rn. 552, → § 4

806

807

808

---

[12] BGH FamRZ 2015, 1369 = R 769a; 2011, 1375= R 727; 2010, 1880 = R 716a; 2010, 357 = R 709c; 2009, 1391; 2009, 1124; 2009, 770 = R 704a.
[13] BGH FamRZ 2014, 1987 = R 762a; 2012, 1040 = R 732d; 2011, 1375 = R 727.
[14] BT-Drs. 16/6980, 9; Gerhardt FuR 2008, 9.
[15] BGH FamRZ 2012, 1040 = R 732d; vgl. auch Gerhardt FuR 2010, 61 mit einem Prüfungsschema.
[16] BGH FamRZ 2010, 1880 = R 716a; 2009, 1391; 2009, 1124; 2009, 770 = R 704a.
[17] BGH FamRZ 2014, 1987 = R 762a; 2012, 1040 = R 732f; 2010, 1880 = R 716a; 2009, 1391; 2009, 1739.
[18] BGH FamRZ 2014, 1987 = R 762a; 2012, 1040 = R 732f; 2009, 1391.
[19] BT-Drs. 16/6980, 9.
[20] BGH FamRZ 2012, 1040 = R 732 f.
[21] BGH FamRZ 2014, 1987 = R 762b.
[22] BGH FamRZ 2010, 1050.
[23] BGH FamRZ 2015, 1369 = R 769b; 2006, 846 = R 648c.

Rn. 583).[24] Dies gilt auch, wenn der **Pflichtige** die Kinder betreut, wobei dann die Kürzung des Einkommens aus Billigkeitsgründen nach § 242 BGB zu erfolgen hat (→ Rn. 834, → Rn. 839).[25]

809 Die neue Rechtslage ab 1.1.2008 zeigt deutlicher als früher auf, dass das Problem der Berufstätigkeit neben der Kinderbetreuung an sich nicht in der Einordnung als normale oder überobligatorische Tätigkeit liegt, weil sich am Aufgabenbereich des neben der Kinderbetreuung berufstätigen Elternteils nichts geändert hat. Entscheidend ist vielmehr die in diesen Fällen immer schon gegebene und auch künftig weiterhin bestehende **Doppelbelastung**.[26]

810 Die Doppelbelastung wird zum Teil ausgeglichen durch die Berücksichtigung konkreter **Kinderbetreuungskosten** (→ Rn. 1053)[27] und der Mehrbedarfskosten des Kindes wie Kindergarten oder Hort (→ Rn. 1054). Die Berücksichtigung der Kinderbetreuungskosten hat nicht nur zu erfolgen, wenn es beim nachehelichen Ehegattenunterhalt um den Tatbestand des § 1570 BGB geht, sondern auch bei einem Anspruch nach § 1573 II BGB, wenn der Kinder betreuende Elternteil nur durch eine Kosten verursachende Ganztagsbetreuung des Kindes einer Vollzeittätigkeit nachgehen kann. Entsprechendes gilt bei Ansprüchen nach § 1615l BGB.

811 Strittig ist, ob bei voller Berufstätigkeit trotz Kinderbetreuung ein Ausgleich der Doppelbelastung durch Ansatz eines sog. **Betreuungsbonus** statt oder neben konkreten Kinderbetreuungskosten vorgenommen werden kann (→ Rn. 1058 ff.).[28]

812 Handelt es sich um eine **überobligatorische** Tätigkeit, sind die konkreten Betreuungskosten und der Betreuungsbonus im Rahmen des anrechnungsfreien Betrages nach § 1577 II BGB zu berücksichtigen (→ Rn. 1053).[29] Eine zusätzliche Berücksichtigung als Abzugsposten bei der Bereinigung des Nettoeinkommens nach Nr. 10.3 der Leitlinien kommt wegen des Verbots der Doppelverwertung dann nicht mehr in Frage. Der anrechnungsfreie Betrag ist nach den Umständen des Einzelfalls zu ermitteln und darf nicht pauschaliert werden. In der Regel wird der anrechnungsfreie Betrag in der Praxis geschätzt, wobei er über den darin enthaltenen konkreten Betreuungskosten liegen muss. Wird eine **normale Tätigkeit** angenommen oder betreut **der Pflichtige** die Kinder und geht zugleich einer Erwerbstätigkeit nach, erfolgt die Berücksichtigung der Kinderbetreuungskosten bei der Bereinigung des Nettoeinkommens (→ Rn. 1053 ff.).[30]

813 **Berechnungsbeispiele:**
a) M hat nach Abzug des Kindesunterhalts ein bereinigtes Nettoeinkommen von 2000 EUR, F aus einer Geringverdienertätigkeit von 400 EUR, wobei sie das gemeinsame zweijährige Kind betreut, erst nach der Trennung wegen der beengten finanziellen Verhältnisse zu arbeiten begann und konkrete Fahrtkosten von 20 EUR hat. Anspruch F?
b) Wie wäre es, wenn F konkrete Betreuungskosten von 50 EUR geltend machen würde?
c) Wie wäre es im Fall a, wenn das Kind bereits vier Jahre alt wäre, F nur einen Halbtagskindergartenplatz bekommt, wobei die Kindergartenkosten 100 EUR betragen, und F wie in der Ehe beabsichtigt eine Halbtagstätigkeit mit einem Nettoeinkommen von 750 EUR bei konkreten Fahrtkosten von 50 EUR aufgenommen hat?

Lösung
zu a)
Das Einkommen der F ist beim Alter des Kindes überobligatorisch und daher nach § 1577 II 2 BGB nur zum Teil anzusetzen. Als anrechnungsfreier Betrag kommen zB 100 EUR in Betracht. Das bereinigte Nettoeinkommen von F beträgt dann nach Abzug von 20 EUR berufsbedingten Aufwendungen und des anrechnungsfreien Betrages 280 EUR (400 ./. 20 ./. 100). Nach der geänderten Rechtsprechung des BGH ist das Einkommen der F in dieser Höhe prägend.

---

[24] BGH FamRZ 2006, 846 = R 648a; 2006, 683; 2005, 1154 = R 630a; 2005, 967.
[25] BGH FamRZ 2003, 848 = R 588d; FamRZ 2001, 350.
[26] Vgl. den von Meier FamRZ 2008, 101 eindrucksvoll geschilderten Tagesablauf einer allein erziehenden Mutter.
[27] Vgl. insoweit aber BGH FamRZ 2018, 23 Rn. 14 ff.
[28] Ablehnend BGH FamRZ 2017, 711 Rn. 19.
[29] Gerhardt in Anm. zu BGH FamRZ 2005, 1154.
[30] Vgl. SüdL, BL, BraL, BrL, CL, DrL, DL, FL, HaL, KoL, NaL, OL, RL, SchL, ThL jeweils Nr. 10.3.

Nach SüdL mit $^1/_{10}$:
$^1/_2$ ($^9/_{10}$ 2000 + $^9/_{10}$ 280) = 1026;
1026 ./. $^9/_{10}$ 280 = 774.
Nach DT mit $^1/_7$:
$^3/_7$ (2000 ./. 280) = 737

zu b)
Die konkreten Betreuungskosten sind bei der Billigkeitsabwägung zu berücksichtigen, so dass weiterhin von einem anrechnungsfreien Betrag von 100 EUR auszugehen ist (Rest ist Betreuungsbonus); Lösung dann wie a.

zu c)
Es liegt keine überobligatorische Tätigkeit vor, da die Halbtagsbetreuung des Kindes im Kindergarten eine Halbtagserwerbstätigkeit der F ermöglicht. Die Kindergartenkosten sind als Mehrbedarf des Kindes bei M abzuziehen, da F ohne die Berücksichtigung des Ehegattenunterhalts hierfür nicht leistungsfähig ist. Eine Mehrfachberechnung, in der zunächst der Ehegattenunterhalt ohne Kindergartenkosten berechnet wird, ist mE wegen des Vereinfachungsgrundsatzes entbehrlich, da sich F durch die Berücksichtigung des Mehrbedarfs Kindergartenkosten (Teil des Kindesunterhalts) bei der Bereinigung des Nettoeinkommens des M wegen der Halbteilung beim Ehegattenunterhalt zu 50% an den Kindergartenkosten durch entsprechende Kürzung ihres Unterhalts beteiligt.
Weitere Bereinigung Nettoeinkommen M: 2000 ./. 100 = 1900
Bereinigtes Nettoeinkommen F: 750 ./. 50 (konkrete Fahrtkosten) = 700

Nach SüdL mit $^1/_{10}$:
Bedarf: $^1/_2$ ($^9/_{10}$ 1900 + $^9/_{10}$ 700) = 1170
Höhe: 1170 ./. $^9/_{10}$ 700 = 540
Leistungsfähigkeit M gegeben, da sein Mindestselbstbehalt von 1200 EUR gesichert ist (1900 ./. 540 = 1360).

Nach DT mit $^1/_7$:
$^3/_7$ (1900 ./. 700) = 514

Beim **Verwandtenunterhalt** gelten diese Kriterien nicht. Bei minderjährigen Kindern besteht eine gesteigerte Erwerbsobliegenheit (→ § 2 Rn. 366 ff.). Zur Sicherung des **Mindestunterhalts** ist deshalb auch ein überobligatorisch erzieltes Einkommen in vollem Umfang anzusetzen.[31] Bei Betreuung eines Kindes und Barunterhaltspflicht gegenüber einem weiteren beim anderen Elternteil lebenden Kind gelten die beim Unterhaltsanspruch nach §§ 1570, 1615l BGB entwickelten Kriterien, ab wann eine Erwerbsobliegenheit besteht, nicht. Nach BGH kann vielmehr die Erwerbsobliegenheit bereits ab Beendigung der Zahlung von Elterngeld (vor dem 1.1.2007 Erziehungsgeld) beginnen.[32] Bei mehreren Kindern, die in verschiedenen Haushalten leben, darf nach BGH nicht nur für ein Kind eine Unterhaltsleistung erbracht werden (sog Hausmann-Rechtsprechung, → § 2 Rn. 275 ff.). Auch ein trotz Betreuung kleiner Kinder erzieltes Einkommen ist deshalb bei der Leistungsfähigkeit zur Sicherung des Existenzminimums des Barmindestunterhalts eines weiteren beim anderen Elternteil lebenden Kindes regelmäßig ungekürzt heranzuziehen.[33] Geht es dagegen um höhere Einkommensgruppen, kann es angebracht sein, aus Billigkeitsgründen nach § 242 BGB einen Teil des Einkommens anrechnungsfrei zu belassen. Umgekehrt geht es beim Pflichtigen in diesen Fällen nicht um die Ausübung einer überobligatorischen Tätigkeit, sondern um die Übernahme von Bar- und Betreuungsunterhalt für das Kind (→ Rn. 839 ff.).

814

II. Unzumutbare Tätigkeit beim Berechtigten

1. Unzumutbare Tätigkeit beim Ehegattenunterhalt

Nach der **ab 1.1.2008 geltenden Rechtslage** kann man bei Berufstätigkeit und Kinderbetreuung von einer vollständig überobligatorischen Tätigkeit nur noch ausgehen, wenn das Kind das 3. Lebensjahr noch nicht vollendet hat; dies gilt auch bei **Ansprüchen**

815

---

[31] BGH FamRZ 2013, 1558 = R 739.
[32] Vgl. insoweit BGH FamRZ 2006, 1010 = R 650 beim früheren Erziehungsgeld.
[33] BGH FamRZ 2013, 1558 = R 739a; 2006, 1827 (1828).

nach § 1615l BGB (→ Rn. 804, → § 7 Rn. 24).³⁴ Bei der Betreuung über dreijähriger Kinder kann nach BGH im konkreten Einzelfall eine überobligatorische Tätigkeit vorliegen, wenn trotz Fremdbetreuung des Kindes noch eine erhebliche persönliche Restbetreuung verbleibt (→ Rn. 806).³⁵ Es wird dann aber regelmäßig nur ein Teil der Erwerbstätigkeit überobligatorisch sein, zB die über eine Halbtagstätigkeit hinausgehende Berufstätigkeit.

816 Im Einzelfall kann ferner eine überobligatorische Tätigkeit vorliegen, wenn der Bedürftige ein **behindertes Kind** betreut und daneben arbeitet, selbst wenn für das Kind Pflegegeld nach § 13 VI SGB XI geleistet wird.³⁶ Dies gilt auch bei einem **betreuungsbedürftigen Volljährigen,** der nicht in einer Behindertenwerkstatt tätig sein kann und einer umfassenden Einzelfallbetreuung bedarf.

817 Eine unzumutbare Tätigkeit ist ferner gegeben, wenn der Bedürftige nach der **Verrentung oder Pensionierung** mit Erreichen der Regelaltersgrenze der §§ 35, 235 SGB VI, § 51 BBG, für 1954 geborene Versicherte 65 Jahren und 8 Monaten, weiter arbeitet oder Nebentätigkeiten verrichtet (→ Rn. 833).³⁷ Wie der BGH mit Urteil vom 12.1.2011 klarstellte, endet mit der Regelaltersgrenze von derzeit 65 Jahren 8 Monaten (2019) die Erwerbsobliegenheit, so dass für die Zeit danach grundsätzlich keine Ausübung einer Berufstätigkeit mehr verlangt werden kann.³⁸ Dies gilt auch bei Ausübung einer **selbständigen Tätigkeit,** selbst wenn es in bestimmten Berufen üblich ist, auch über 65 Jahre hinaus tätig zu sein. Zum Umfang der Kürzung → Rn. 823.

817a Eine überobligatorische Tätigkeit kann auch vorliegen, wenn die Ausübung der Berufstätigkeit mit unzumutbaren gesundheitlichen Belastungen verbunden ist.³⁹ Den Bedürftigen trifft hierfür die Darlegungs- und Beweislast; er hat Art und Umfang der behaupteten gesundheitlichen Beeinträchtigung anzugeben und darzulegen, inwieweit sich dies auf seine Erwerbsfähigkeit auswirkt.⁴⁰ Soweit nur eine Teilerwerbsunfähigkeit nach § 43 I SGB VI vorliegt, betrifft die überobligatorische Tätigkeit nur die über eine Halbtagsbeschäftigung hinausgehende Erwerbstätigkeit.

818 Das Gleiche gilt, wenn die Berechtigte nach der Trennung beim Ehegattenunterhalt trotz ausreichender Bemühungen keine angemessene Arbeit im Sinne des § 1574 II BGB findet und deshalb eine **untergeordnete Stellung** annimmt, zB statt in ihrem erlernten Beruf als Kindergärtnerin als Verkaufshilfe arbeitet.⁴¹ Gemäß § 1577 II 2 BGB ist das Einkommen der Bedürftigen dann nicht in voller Höhe, sondern mit einem der Billigkeit entsprechenden gekürzten Betrag anzusetzen. Anders ist seit der Unterhaltsreform 2008 die Sachlage, wenn bereits in der Ehe vom Bedürftigen eine im Verhältnis zur Ausbildung untergeordnete Tätigkeit ausgeübt wurde, da letztere nach der Neufassung des § 1574 II BGB zum 1.1.2008 eine angemessene Tätigkeit darstellt.

819 Erhält der Bedürftige bei einer überobligatorischen Tätigkeit wegen Verlusts des Arbeitsplatzes **Arbeitslosengeld,** handelt es sich um kein Einkommen aus unzumutbarer Tätigkeit.⁴²

820 **Keine überobligatorische Tätigkeit** liegt vor, wenn eine Frau trotz **teilweiser Berufstätigkeit** einem neuen Lebensgefährten den **Haushalt führt** und für ihn Versorgungsleistungen erbringt. Nach BGH bildet die anzusetzende Vergütung regelmäßig ein Einkommen aus zumutbarer Tätigkeit, da die Haushaltsführung erfahrungsgemäß eher als eine Erwerbstätigkeit mit anderen Verpflichtungen vereinbar ist.⁴³ Nach der Rechtspre-

---

³⁴ BGH FamRZ 2010, 1880 = R 716a; FamRZ 2010, 357 = R 709c; FamRZ 2009, 1391; FamRZ 2009, 1124; FamRZ 2009, 770 = R 704a.
³⁵ BGH FamRZ 2015, 1369 = R 769a; 2014, 1987 = R 762a; 2012, 1040 = R 732f; 2010, 1880 = R 716a; 2009, 770 = R 704a; 2009, 1391.
³⁶ BGH FamRZ 2015, 1369 = R 769b; 2006, 846 = R 648c.
³⁷ BGH FamRZ 2013, 191; 2011, 454 = R 721b, c; 2006, 683.
³⁸ BGH FamRZ 2011, 454 = R 721b, c.
³⁹ BGH FamRZ 2013, 1558 = R 739a.
⁴⁰ BGH FamRZ 2013, 1558 = R 739a.
⁴¹ BGH NJW-RR 1992, 1282.
⁴² OLG Köln FamRZ 2006, 342.
⁴³ BGH FamRZ 1995, 343.

chung des BGH wird bei einer **Vollzeittätigkeit** aber davon auszugehen sein, dass die Haushaltsführung in der neuen Partnerschaft geteilt wird und deshalb keine Vergütungsleistung anzusetzen ist.[44] Meines Erachtens handelt es sich in beiden Fällen um kein Problem der Zahlung einer Vergütungsleistung, weil bekanntermaßen für eine Haushaltstätigkeit weder in der Ehe noch in einer neuen Partnerschaft etwas bezahlt wird, sondern um ersparte Aufwendungen durch das Zusammenleben (→ § 4 Rn. 596 ff.).[45] Bei ersparten Aufwendungen stellt sich das Problem des unzumutbaren Einkommens nicht.

2. Anrechnung nach § 1577 II BGB beim Ehegattenunterhalt

Die Höhe der Anrechnung richtet sich nach § 1577 II BGB. § 1577 II BGB beinhaltet eine Spezialregelung für die Anrechnung von Einkünften aus unzumutbarer Erwerbstätigkeit des Bedürftigen beim nachehelichen Unterhalt. § 1577 II BGB wird auch auf den Trennungsunterhalt angewendet.[46] Nach der geänderten Rechtsprechung des BGH handelt es sich bei einem Einkommen aus überobligatorischer Tätigkeit ebenfalls um ein Surrogat der Familienarbeit und damit ein **in der Ehe angelegtes** Einkommen. Es bleibt nicht völlig anrechnungsfrei, sondern wird vorab aus Billigkeitsgründen um einen anrechnungsfreien Teil gekürzt (vgl. Beispiel → Rn. 813).[47] **821**

Die Höhe der Kürzung ist eine Einzelfallfrage, die der Tatrichter nach umfassender Prüfung aller Umstände bestimmt.[48] Bei dem Hauptanwendungsfall, der **Betreuung von kleinen Kindern** sind anfallende Betreuungskosten und ein evtl. zuzuerkennender Betreuungsbonus in die Billigkeitsentscheidung einzubeziehen (näher Rn. 812).[49] Wegen des Verbots der Doppelverwertung dürfen sie dann nicht mehr zusätzlich bei der Bereinigung des Nettoeinkommens nach Nr. 10.3 der Leitlinien angesetzt werden. Andererseits ist zu beachten, dass das Ergebnis nicht zu weit vom Halbteilungsgrundsatz abweicht. IdR wird ein Abzug von 20–30% angemessen sein, bei hohen konkreten Betreuungskosten aber auch ein Betrag darüber hinaus. **822**

Die Höhe der Kürzung bei Fortsetzung einer **Tätigkeit über die Regelaltersgrenze hinaus** oder bei Ausübung einer Nebentätigkeit nach Verrentung/Pensionierung hängt im Wesentlichen davon ab, warum weiter gearbeitet wird bzw. warum Nebentätigkeiten verrichtet werden (zB Schuldenabbau, unzureichende Altersvorsorge),[50] ferner wie die beiderseitigen wirtschaftlichen Verhältnisse sind und wie stark bei fortschreitendem Alter die körperliche und seelische Belastung ist.[51] Im Einzelfall kann das bisherige Einkommen weiterhin voll angesetzt werden. Es darf aber durch die Verrentung/Pensionierung nicht zu einer Erhöhung des bisherigen Einkommens kommen, dh die ab 65 Jahren gezahlte Altersvorsorge und der Alterssteuerfreibetrag haben dem Bedürftigen anrechnungsfrei zu verbleiben, wenn man das bisherige Einkommen noch eine gewisse Zeit weiter ansetzt. Es kann aber auch, wenn die Fortsetzung der Berufstätigkeit nur wegen hoher Schulden oder fehlender ausreichender Altersversorgung erfolgen muss, lediglich das Einkommen aus den vorhandenen Versorgungsbezügen angesetzt werden. Zu berücksichtigen ist in diesem Zusammenhang auch ein fortgeschrittenes Alter,[52] dh bei einem Alter über 70 Jahren wird auch bei voller Erwerbstätigkeit eines Selbständigen generell nur eine Teilanrechnung des Einkommens nach § 1577 II BGB über das Einkommen aus den Versorgungsbezügen hinaus in Betracht kommen. **823**

Zur Anrechnung des Einkommens aus unzumutbarer Tätigkeit bei Ehegatten nach dem alten Recht gemäß §§ 58 ff. EheG vgl. 8. Aufl. Rn. 1/824. **824**

---

[44] BGH FamRZ 2005, 567.
[45] OLG München FamRZ 2006, 1535; 2005, 713; Gerhardt 2003, 372.
[46] BGH FamRZ 1983, 146.
[47] BGH FamRZ 2006, 683; 2005, 1154 = R 630e; 2005, 967.
[48] BGH FamRZ 2013, 1558 = R 739a.
[49] BGH FamRZ 2005, 1154 = R 630c; Gerhardt in Anm. zu BGH FamRZ 2005, 1154.
[50] BGH FamRZ 2013, 191; 2011, 454 = R 721c.
[51] BGH FamRZ 2013, 191.
[52] BGH FamRZ 2011, 454 = R 721c.

3. Anrechnung bei Kindern

825 Bei **minderjährigen Schülern** besteht keine Erwerbsobliegenheit, zumindest solange sie noch schulpflichtig sind und den Einschränkungen des JugArbSchG unterliegen.[53] Eine Ausnahme kann nur bestehen, wenn der Minderjährige nach Beendigung der Schulzeit seine Ausbildung nicht fortsetzt oder eine aufgenommene Lehre abbricht. Er ist dann je nach Lage des Einzelfalls zur Aufnahme von Aushilfsarbeiten oder einer Hilfsarbeitertätigkeit verpflichtet. Dies gilt auch bei einer Teilzeitausbildung.[54] Ansonsten dienen Einkünfte aus Ferienjobs oder Zeitungsaustragen regelmäßig nur der Verbesserung des Taschengelds, sind daher überobligatorisch und aus Billigkeitsgründen nicht auf den Kindesunterhalt anzurechnen, sondern anrechnungsfrei (→ Rn. 100, → § 2 Rn. 109). Dies gilt selbst dann, wenn das erzielte Einkommen höher ist oder für Luxuswünsche (gebrauchter Pkw oder Motorrad) verwendet wird.[55]

826 Beim **volljährigen Schüler bis 21 Jahre,** der noch im Haushalt eines Elternteils lebt, besteht grundsätzlich ebenfalls keine Obliegenheit, neben der Schule einer Erwerbstätigkeit nachzugehen, so dass die gleichen Grundsätze gelten. Im Mangelfall kann unter Umständen verlangt werden, durch Aufnahme einer Aushilfsbeschäftigung selbst zur Deckung des Lebensbedarfs beizutragen.[56] Das dann erzielte Einkommen wäre zumindest teilweise analog § 1577 II BGB auf den Bedarf anzurechnen.

827 Bei sonstigen **volljährigen Kindern** in Ausbildung kommen Einkünfte aus unzumutbarer Tätigkeit vor allem bei Werkstudentenarbeit vor. Vergütungen für Nebentätigkeiten eines Studenten in den Semesterferien sind grundsätzlich Einkommen aus einer überobligationsmäßigen Tätigkeit.[57] Der Student soll sich, auch im Interesse des Unterhaltspflichtigen, mit ganzer Kraft sowie dem gehörigen Fleiß und der gebotenen Zielstrebigkeit dem Studium widmen, um dieses innerhalb angemessener Zeit und üblicher Dauer zu beenden. Die Semesterferien dienen daher neben der Erholung der Vertiefung und Wiederholung des Stoffes, soweit sie nicht ohnehin durch studienbedingte Arbeiten (Praktikum, Hausarbeiten) ausgefüllt sind.[58]

Da eine gesetzliche Regelung fehlt, ist die **Anrechenbarkeit** solcher Leistungen **nach § 1577 II BGB analog** unter Berücksichtigung der Umstände des Einzelfalls zu beurteilen. Danach bleiben Einkünfte anrechnungsfrei, soweit der Verpflichtete nicht den vollen Unterhalt leistet. Darüber hinaus kommt eine Anrechnung in Betracht, soweit dies unter Berücksichtigung der beiderseitigen wirtschaftlichen Verhältnisse der Billigkeit entspricht.[59] Zu berücksichtigen sind dabei ua die Lebenshaltungskosten (zB Mietkosten eines Studenten über den in den Leitlinien ausgewiesenen Wohnkosten von derzeit 300 EUR[60]) und studienbedingte Mehraufwendungen. Soweit ein entsprechender Mehrbedarf besteht, wird das insoweit erzielte Einkommen anrechnungsfrei zu belassen sein. Das Gleiche gilt, wenn der Unterhalt nicht freiwillig bezahlt, sondern im Wege der Zwangsvollstreckung beigetrieben werden muss.[61] Ein pauschaler anrechnungsfreier Betrag zB in Höhe der Differenz des Bedarfs eines Studenten und des notwendigen Selbstbehalts des Pflichtigen als Existenzminimum ist dagegen ohne nähere Prüfung des Einzelfalls abzulehnen[62] (→ Rn. 100 ff., → § 2 Rn. 109).

---

[53] OLG Düsseldorf FamRZ 2010, 2082.
[54] OLG Düsseldorf FamRZ 2010, 2082.
[55] OLG Köln FamRZ 1996, 1001.
[56] BGH FamRZ 2003, 363 (365).
[57] BGH FamRZ 1995, 475.
[58] BGH FamRZ 1995, 475.
[59] BGH FamRZ 1995, 475.
[60] Vgl. zB DT Anm. A 7; SüdL Nr. 13.1.2.
[61] BGH FamRZ 1995, 475.
[62] BGH FamRZ 1995, 475.

4. Anrechnung bei Ansprüchen nach § 1615l BGB

Bei Ansprüchen nach § 1615l BGB kann sich die Frage einer überobligatorischen Tätigkeit nur darauf beziehen, ob wegen der Kinderbetreuung nicht oder nicht in vollem Umfang gearbeitet werden muss. Wie bereits ausgeführt besteht bei Kindern unter drei Jahren auch bei Ansprüchen nach § 1615l BGB keine Erwerbsobliegenheit (→ Rn. 804, → Rn. 815). Eine trotzdem ausgeübte Erwerbstätigkeit ist überobligatorisch und in analoger Anwendung des § 1577 II BGB nach den Umständen des Einzelfalls wie beim Ehegattenunterhalt nur zum Teil anzurechnen (→ Rn. 822). Ist das Kind über drei Jahre alt, kann bei einer Ganztagstätigkeit eine teilweise überobligatorische Tätigkeit vorliegen, wenn noch eine erhebliche Restbetreuung besteht (→ Rn. 806).

827a

III. Anrechnung von Einkommen aus unzumutbarer Erwerbstätigkeit beim Verpflichteten

1. Einkünfte des Verpflichteten aus unzumutbarer Erwerbstätigkeit

Beim Verpflichteten ist ein Erwerbseinkommen aus unzumutbarer Tätigkeit ua möglich in folgenden Fällen:
- Bei über das übliche Maß hinausgehenden Überstunden,[63] Urlaubsabgeltung und sonstigen überobligationsmäßigen, unüblichen Mehrarbeiten und Belastungen[64] (→ Rn. 87 ff.).
- Bei Nebentätigkeit und sonstiger unzumutbarer Zweitarbeit[65] (vgl. Ausführungen → Rn. 96 ff.).
- Bei Zusatztätigkeit (Aufsichtsratmandat) oder bezahlter ehrenamtlicher Tätigkeit (zB Präsident der Handwerkskammer) neben einer vollen Erwerbstätigkeit (→ Rn. 831).[66]
- Bei einem Auslandseinsatz in einem Kriegs- und Krisengebiet (→ Rn. 832).[67]
- Bei Berufstätigkeit des Verpflichteten trotz Kinderbetreuung (→ Rn. 803 ff., 834).[68]
- Bei Berufstätigkeit trotz unzumutbarer gesundheitlicher Belastung (→ Rn. 832).[69]
- Bei Berufstätigkeit von Selbständigen und Nichtselbständigen über die Regelaltersgrenze von derzeit 65 Jahren 8 Monaten (2019) hinaus (→ Rn. 833).[70]
- Bei Zusatzverdienst bei Renten- und Pensionsempfängern (vgl. auch Ausführungen → Rn. 658 ff.).[71]

828

Ob in den genannten Fällen von einer vollen oder teilweisen unzumutbaren Tätigkeit auszugehen ist, hängt von den konkreten Umständen des Einzelfalles ab. Ein wesentliches Kriterium ist das jeweilige Berufsbild. Mehrarbeit, für die keine Erwerbsobliegenheit besteht und die jederzeit beendet werden kann, ist regelmäßig überobligatorisch.[72] Außerdem ist zu differenzieren, um welchen Unterhalt es geht.

829

a) Verwandtenunterhalt: Bei der Leistungsfähigkeit für den Verwandtenunterhalt ist ein überobligatorisch erzieltes Einkommen nach Treu und Glauben unter Berücksichtigung des Einzelfalls voll, nur zum Teil oder überhaupt nicht anzusetzen.[73] Dabei ist beim Kindesunterhalt Minderjähriger und privilegierter Volljähriger wegen der erhöhten Erwerbsobliegenheit nach § 1603 II 1, 2 BGB zu beachten, dass eine Nebentätigkeit oder

830

---

[63] BGH FamRZ 2004, 186 = R 595a.
[64] BGH FamRZ 1980, 984.
[65] BGH FamRZ 2006, 846 = R 648d; 1985, 360 (362); 1983, 152.
[66] BGH FamRZ 2013, 1366.
[67] BGH FamRZ 2012, 1201 = 733b.
[68] BGH FamRZ 2001, 350.
[69] BGH FamRZ 2013, 1558 = R 739a.
[70] BGH FamRZ 2011, 454 = R 721b.
[71] BGH FamRZ 2013, 191; 2011, 454 = R 721b.
[72] BGH FamRZ 2013, 1558 = R 739a; vgl. auch eingehend Born, FamRZ 1997, 129 (136).
[73] BGH FamRZ 2013, 1558 = R 739a.

Überstunden zur Sicherung des **Mindestunterhalt** von minderjährigen Kindern regelmäßig als zumutbar anzusehen ist und deshalb diese Einkünfte voll anzusetzen sind (→ § 2 Rn. 366 ff.).[74] Geht es dagegen um den Unterhalt minderjähriger Kinder oder privilegierter Volljähriger über den Mindestbedarf nach Gruppe 1 der DT hinaus, ist bereits bei der Ermittlung des Einkommens für die Eingruppierung zu berücksichtigen, in welchem Umfang ein überobligatorisches Einkommen nach Treu und Glauben anzusetzen ist.[75] Das Gleiche gilt beim sonstigen Verwandtenunterhalt.

831 b) **Ehegattenunterhalt:** Beim Ehegattenunterhalt ist eine neben einer vollschichtigen Erwerbstätigkeit ausgeübte Nebentätigkeit unzumutbar, soweit sie jederzeit beendet werden kann (→ Rn. 96 ff., → Rn. 801). Anders ist die Sachlage, wenn bei bestimmten Berufsgruppen oder bei Selbständigen Zusatzarbeiten Bestandteil ihrer Tätigkeit sind (zB Gutachter-, Prüfertätigkeit), sich der Beruf aus mehreren Tätigkeiten zusammensetzt (freischaffender Künstler und Hochschullehrer,[76] Arzt und Gutachter, Arztpraxis und Werksarzt, Abgeordneter und Rechtsanwalt) und damit nur als eine einheitliche Tätigkeit gewertet werden kann. Maßgebendes Abgrenzungskriterium ist allein, ob der Pflichtige seine Zusatztätigkeit jederzeit folgenlos beenden kann. Auf die Dauer der Ausübung der Zusatztätigkeit kommt es dagegen nicht an. Beim Ehegattenunterhalt ist im Gegensatz zum Kindesunterhalt Minderjähriger niemand neben einer Vollzeittätigkeit zu Zusatzarbeiten verpflichtet, auch nicht bei beengten Verhältnissen.

832 Bei Überstunden oder Sonntagsarbeit Nichtselbständiger kommt es darauf an, ob die Mehrarbeit berufstypisch ist oder nicht (im Einzelnen → Rn. 87 ff.).

Bei Selbständigen ist zu beachten, dass für sie nicht die gleichen Arbeitszeiten gelten wie für Nichtselbständige. Die Reduzierung der Arbeitszeit eines Selbständigen auf die bei Nichtselbständigen üblichen Arbeitsstunden wird daher regelmäßig nicht zu akzeptieren sein, wenn sie nicht aus gesundheitlichen oder betrieblichen Gründen erfolgt.

Bei einem Auslandseinsatz eines Soldaten in einem Kriegs- und Krisengebiet wie Afghanistan ist der Auslandsverwendungszuschlag wegen der physischen und psychischen Belastungen als überobligatorisch nur zum Teil anzusetzen.[77]

Ist die Erwerbstätigkeit des Pflichtigen mit so starken gesundheitlichen Einschränkungen verbunden, dass er seine Tätigkeit an sich wegen Erwerbsunfähigkeit beenden könnte, ist die trotzdem ausgeübte Berufstätigkeit als überobligatorisch zu bewerten.[78] Das hieraus erzielte Einkommen ist dann nur zum Teil anzusetzen, wobei Untergrenze die bei Beendigung der Erwerbstätigkeit bezogene Erwerbsunfähigkeitsrente ist.

833 Wird die Berufstätigkeit **über die Regelzeit der Altersrente** von derzeit 65 Jahren und 8 Monaten hinaus fortgesetzt oder werden von einem Rentner/Pensionär **Zusatztätigkeiten** ausgeübt, handelt es sich stets um eine überobligatorische Tätigkeit.[79] Der Pflichtige kann insoweit nicht anderes behandelt werden wie der Bedürftige (→ Rn. 817).[80] Es darf auch nicht differenziert werden, ob es sich um einen Selbständigen oder Nichtselbständigen handelt. Ebenso wenig kommt es nach BGH zu Recht darauf an, ob es in bestimmten Berufen, zB bei Rechtsanwälten, Apothekern, niedergelassenen Ärzten, Firmeninhabern, üblich ist, über 65 Jahre hinaus zu arbeiten.[81] Auch Selbständige können ihre Tätigkeit ab Vollendung des 65. Lebensjahres jederzeit beenden. Die Problematik ist deshalb nur über die Frage zu lösen, in welchem Umfang die über das 65. Lebensjahr hinausgehenden Erwerbseinkünfte nach § 242 BGB angesetzt werden (→ Rn. 838).

834 In welchem Umfang bei der Bemessung des Ehegattenunterhalts das Mehreinkommen eines Ehegatten aus einer Erwerbstätigkeit zu berücksichtigen ist, die er **neben der**

---

[74] BGH FamRZ 2013, 1558 = R 739a.
[75] BGH FamRZ 2013, 1558 = R 739a.
[76] BGH FamRZ 1983, 152.
[77] BGH FamRZ 2012, 1201 = R 733b.
[78] BGH FamRZ 2013, 1558 = R 739a.
[79] BGH FamRZ 2013, 191; 2011, 454 = R 721b.
[80] BGH FamRZ 2013, 191; 2011, 454 = R 721b; 2003, 848.
[81] BGH FamRZ 2011, 454 = R 721b.

Betreuung von Kindern über das gebotene Maß hinaus ausübt, ist nach den Grundsätzen von Treu und Glauben unter Berücksichtigung der Umstände des Einzelfalls tatrichterlich zu beurteilen. Generell liegt wie beim Bedürftigen nur eine **unzumutbare Tätigkeit** vor, wenn das betreute Kind das dritte Lebensjahr noch nicht vollendet hat (→ Rn. 804). Ansonsten hängt es von der Betreuungsbedürftigkeit der Kinder und den vorhandenen Betreuungseinrichtungen ab; insoweit gilt beim Pflichtigen nichts anderes wie beim Bedürftigem (vgl. § 1570 I 2, 3 BGB). Reduziert er wegen der Kinderbetreuung berechtigt seine Tätigkeit, ist dies zu akzeptieren, da der Bedeutung und Tragweite des Elternrechts Rechnung zu tragen ist.[82]

2. Zur Anrechnung solcher Einkünfte

Beim Verpflichteten fehlt wie beim Kindesunterhalt eine dem § 1577 II BGB entsprechende Bestimmung. Deshalb ist bei ihm ein Einkommen aus unzumutbarer Tätigkeit nach den allgemeinen unterhaltsrechtlichen Grundsätzen von **Treu und Glauben** unter Berücksichtigung der besonderen Umstände des Einzelfalls **anzurechnen**.[83] Wie bereits ausgeführt ist dabei zwischen Kindes- und Ehegattenunterhalt zu differenzieren. Beim Unterhalt minderjähriger oder privilegiert volljähriger Kinder kommt eine zumindest teilweise Anrechnung überobligatorischer Einkünfte des Pflichtigen eher in Betracht wie beim Unterhalt für Ehegatten und sonstige Verwandte.[84] **835**

Beim Unterhalt **minderjähriger Kinder** oder privilegierter Volljähriger ist zur Sicherung des Mindestunterhalts bzw. des Ausbildungsbedarfs **Volljähriger** auch ein an sich überobligatorisches Einkommen in voller Höhe anzusetzen.[85] Dies gilt auch beim Ausbildungsunterhalt nicht privilegierter Volljähriger, nachdem die Eltern ihren Kindern gemäß § 1610 II BGB eine angemessene Ausbildung schulden. Ansonsten kann das überobligatorisch erzielte Einkommen nur teilweise angerechnet werden, zB wenn es um die Eingruppierung in eine höhere Gruppe der DT[86] oder um die Berechnung des Haftungsanteils gegenüber einem Volljährigen geht.[87] **836**

Beim **Ehegattenunterhalt** hat der BGH seine frühere Rechtsprechung geändert und behandelt auch dieses Einkommen als **in der Ehe angelegt,** soweit es nach Treu und Glauben anzusetzen ist.[88] Insoweit wird man unter Berücksichtigung des konkreten Einzelfalls regelmäßig nur einen Teil des Einkommens, zB $1/3$ bis $1/2$, der Unterhaltsberechnung zugrunde legen, wenn es sich um eine neben der vollen Berufstätigkeit ausgeübte Neben- oder Zusatztätigkeit handelt (zB Gutachter-, Autoren- oder Referententätigkeit, bezahltes Ehrenamt).[89] Beendet der Pflichtige die Nebentätigkeit und senkt sich dadurch das Einkommen, ist diese Einkommensreduzierung eheprägend und damit vom Bedürftigen zu akzeptieren (→ § 4 Rn. 584), weil keine entsprechende Erwerbsobliegenheit bestand, dh ein Titel entsprechend abzuändern. **837**

Diese Grundsätze von Treu und Glauben gelten auch für die Anrechenbarkeit von Erfindervergütungen.[90]

Die Regelaltersgrenze beträgt für 1954 geborene Versicherte 65 Jahre und 8 Monate und verlängert sich bis zu den 1958 Geborenen für jedes Jahr um 1 Monat und sodann für jedes Jahr um 1 Monat bis zur Erreichung der neuen Regelaltersgrenze von 67 Jahren (§§ 35, 235 SGB VI). Wird über die **Regelaltersgrenze** hinaus in vollem Umfang gearbeitet, kann allenfalls das bisherige Einkommen ohne Berücksichtigung der zusätzlich gezahlten Altersvorsorge und des steuerlichen Altersfreibetrages angesetzt werden, dh die überobligatori- **838**

---

[82] BVerfG FamRZ 1996, 343 (344).
[83] BGH FamRZ 2013, 1558 = R 739a; 2013, 191; 2001, 350.
[84] BGH FamRZ 2013, 1558 = R 739a.
[85] BGH FamRZ 2011, 454.
[86] BGH FamRZ 1558 = R 739a.
[87] BGH FamRZ 2011, 454.
[88] BGH FamRZ 2013, 191; 2003, 848.
[89] BGH FamRZ 2013, 1366: $1/2$ beim Ehrenamt.
[90] Nichtveröffentlichte BGH-Entscheidung vom 4.11.1984 – IV b ZR 614/80.

sche Tätigkeit des Pflichtigen kann nicht zu einer Verbesserung der Lebensstellung des Bedürftigen führen. Es ist aber auch zu prüfen, ob die Altersvorsorge und ein kleiner Teil des bisherigen Einkommens nach Treu und Glauben für die Unterhaltsberechnung herangezogen wird oder nur die Altersvorsorge. Es handelt sich immer um eine Einzelfallprüfung.[91] Prüfungskriterien sind insbesondere, warum trotz Bezugs der Altersrente weitergearbeitet wird (Freude an der Tätigkeit, Überschuldung, fehlende ausreichende Altersversorgung, Umfang der Belastung durch die Fortführung der Tätigkeit, Gesundheitszustand usw)[92] und inwieweit der Bedürftige auf Fortzahlung des bisherigen Unterhalts angewiesen ist. Dabei ist auch ein fortgeschrittenes Alter des Pflichtigen einzubeziehen.[93] Erhält der Pflichtige mangels ausreichender Altersvorsorge ausnahmsweise ab dem 65. Lebensjahr keine oder zu geringe Versorgungsbezüge und muss er deshalb noch weiterarbeiten, dient dieses überobligatorische erzielte Einkommen idR seiner eigenen Versorgung und damit der Sicherung des eigenen Unterhalts. Für die Bedarfsermittlung kann es damit nur in dem Umfang herangezogen werden, in dem der Pflichtige üblicherweise ab dem 65. Lebensjahr eine Altersversorgung hätte, es sei denn, der Verdienst wird nicht nur für die Altersversorgung herangezogen. Entsprechendes gilt bei einer Überschuldung. Bei **Selbständigen** ist es in vielen Berufen üblich, auch über 65 Jahre hinaus zu arbeiten. Es bleibt trotzdem bei dem Grundsatz, dass die Tätigkeit ab 65 Jahren überobligatorisch wird und deshalb das hieraus bezogene Einkommen nach den näheren Umständen des Einzelfalls gemäß § 242 BGB nur zum Teil anzusetzen ist.[94] Bei **Nebentätigkeiten** eines Rentners ist in jedem Einzelfall zu prüfen, inwieweit dieses Zusatzeinkommen nach Treu und Glauben in voller Höhe, nur zum Teil oder überhaupt nicht herangezogen wird, eine generelle Nichtanrechnung ohne Angaben von Gründen kommt nicht in Betracht.[95] Um den Anreiz in die Fortführung zu erhalten, wird man im Regelfall aus Billigkeitsgründen das Einkommen aus einer über die Regelaltersgrenze fortgesetzten Tätigkeit und das Zusatzeinkommen eines Rentners nur zum Teil ansetzen. Bei einer **Berufstätigkeit über 70 Jahre** hinaus wird man das hieraus erzielte Einkommen nur noch in Ausnahmefällen heranziehen. Zu beachten ist außerdem, ob auch beim Bedürftigen bereits der Rentenfall eintrat und er über den Versorgungsausgleich eine zusätzliche Altersversorgung erhielt.[96]

839 Handelt es sich bei einer **Berufstätigkeit neben der Betreuung von Kindern** um eine – teilweise – überobligatorische Tätigkeit, ist nach Treu und Glauben nur ein Teil des Einkommens anzusetzen. Dabei sind wie beim Bedürftigen die konkreten Betreuungskosten und/oder ein „Betreuungsbonus" als anrechnungsfrei zu berücksichtigen (→ Rn. 812).[97] Handelt es sich um eine **normale Tätigkeit,** sind wegen der **Doppelbelastung** Berufstätigkeit und Kinderbetreuung wie beim Bedürftigen bei der Bereinigung des Nettoeinkommens nach Nr. 10.3 der Leitlinien die konkreten **Betreuungskosten** und im Einzelfall ein **Betreuungsbonus**[98] abzuziehen (→ Rn. 812, → Rn. 1053 ff.). In beiden Fällen ist damit das Einkommen wie beim Bedürftigen nicht in voller Höhe anzusetzen, sondern gekürzt um einen anrechnungsfreien Betrag, entweder im Rahmen des § 242 BGB oder bei der Bereinigung des Nettoeinkommens.

Muss der Pflichtige daneben auch für den Barunterhalt des Kindes aufkommen, weil ihn der andere Elternteil nicht leistet, ist der aus seinem Einkommen errechnete Zahlbetrag des Kindesunterhalts vorab abzuziehen. Dabei ist für die Eingruppierung beim Kindesunterhalt nach BGH das volle Einkommen des Pflichtigen anzusetzen.[99] Berücksichtigt werden darf dabei für den Kindesunterhalt kein Betreuungsbonus, sondern allenfalls konkrete Betreuungskosten.

---

[91] BGH FamRZ 2013, 191; 2011, 454 = R 721c.
[92] BGH FamRZ 2013, 191; 2011, 454 = R 721c.
[93] BGH FamRZ 2011, 454 = R 721c.
[94] BGH FamRZ 2011, 454 = R 721c.
[95] BGH FamRZ 2013, 191.
[96] BGH FamRZ 2011, 454 = R 721c.
[97] BGH FamRZ 2001, 350.
[98] Ablehnend BGH FamRZ 2017, 711 Rn. 19.
[99] BGH FamRZ 2006, 1597 = R 659c.

Beispiel: 840

M und F werden am 1.8.2019 nach 10-jähriger Ehe geschieden. Das gemeinsame Kind K (7) bleibt bei M und geht nach der Schule in den Hort. M erhält das Kindergeld für K. Er hat ein Nettoeinkommen von 2800 EUR, fährt mit öffentlichen Verkehrsmitteln zum Arbeitsplatz, zahlt ein Ehedarlehen von monatlich 215 EUR ab und hat Hortkosten von 100 EUR. Welchen Unterhaltsanspruch hat F gegen M bei der Scheidung, wenn sie ein eheprägendes Nettoeinkommen aus einer Vollzeittätigkeit von 1100 EUR und nachgewiesene Fahrtkosten von 100 EUR hat, sie trotz teilweiser Übernahme der Familienarbeit in der Ehe keine beruflichen Nachteile hat, deshalb auch bei einer durchgehenden vollen Erwerbstätigkeit 1100 EUR verdienen würde und für K keinen Barunterhalt leistet?

Lösung
Anspruch nach § 1573 II BGB.
Bereinigtes Nettoeinkommen M:
Abzugsposten sind 5% berufsbedingte Aufwendungen (= 140 EUR), die Eheschuld, die Hortkosten und der bei ihm als Barunterhalt anzusetzende Unterhalt für K (Zahlbetrag), wobei sich der Unterhalt aus dem bereinigten Nettoeinkommen des M errechnet. Wegen der Unterbringung im Hort liegt bei M keine überobligatorische Tätigkeit vor. 2800 ./. 140 ./. 215 ./. 100 = 2345; Kindesunterhalt: DT Gr. 3 St. 2 = 447; 447 ./. 102 = 345
2345 ./. 345 = 2000
Bereinigtes Nettoeinkommen F: 1100 ./. 100 = 1000
Nach SüdL mit $^{1}/_{10}$:
Bedarf: $^{1}/_{2}$ ($^{9}/_{10}$ 2000 + $^{9}/_{10}$ 1000) = 1350
Höhe: 1350 ./. $^{9}/_{10}$ 1000 = 450
Nach DT mit $^{1}/_{7}$:
$^{3}/_{7}$ (2000 ./. 1000) = 429
Der Anspruch ist bei einer Ehedauer von 10 Jahren ohne berufliche Nachteile der F nach § 1578b BGB aus Billigkeitsgründen zu begrenzen. Ob eine zeitliche Begrenzung des Anspruchs nach § 1578b II BGB oder eine Begrenzung auf den angemessenen Bedarf nach § 1578b I BGB aus Billigkeitsgründen in Betracht kommt, ist eine Einzelfallfrage, kann aber hier dahingestellt bleiben. Denn auch bei einer Begrenzung auf den angemessenen Bedarf wäre der Unterhaltsanspruch beendet, weil F mit ihrem Eigeneinkommen den angemessenen Bedarf selbst deckt.[100] Die Dauer der Übergangszeit ist ebenfalls eine Einzelfallfrage, die von den näheren Umständen abhängt. In Betracht käme zB eine Übergangszeit von drei Jahren.

– in dieser Auflage nicht belegt – 841–849

12. Abschnitt: Unterhalt und Einkommensteuer

I. Einführung

1. Besteuerung von Ehe und Familie und Grundgesetz

Das BVerfG hat wiederholt im Lichte des Art. 6 GG Einfluss auf die Besteuerung des Familieneinkommens genommen. Das **Ehegattensplitting** wurde bereits auf Grund des Urteils vom 17.1.1957[1] eingeführt und vom BVerfG auch für die kinderlose Ehe als verfassungsgemäß bestätigt.[2] 850

Die Befugnisse des Staates, in Erfüllung seiner grundgesetzlichen Schutzpflicht aus Art. 6 I GG für Ehe und Familie tätig zu werden, bleiben aber auch im Steuerrecht gänzlich unberührt von der Frage, inwieweit Dritte etwaige Gleichbehandlungsansprüche (Art. 3 I GG) geltend machen können.[3] Allein der Gleichheitssatz (Art. 3 I GG) entscheidet nach Auffassung des BVerfG auch im Steuerrecht darüber, ob und inwieweit Dritten ein Anspruch auf Gleichbehandlung mit einer gesetzlichen oder tatsächlichen Förderung von

---

[100] BGH FamRZ 2007, 2052.
[1] BVerfG FamRZ 1957, 208; siehe zur Kritik und Änderungsvorschlägen Engels FamRZ 2018, 1877.
[2] BVerfG FamRZ 1982, 1185.
[3] Vgl. BVerfG NJW 2013, 2257 („Gleichbehandlung Ehegattensplitting nach dem EStG").

Ehegatten und Familienangehörigen zukommt.[4] Daher hat das BVerfG eine strenge Gleichheitsprüfung in den Fällen gefordert, in denen der Gesetzgeber eine mit der sexuellen Orientierung von Personen zusammenhängende Differenzierung vornimmt. Der bloße Verweis auf Art. 6 I GG reicht also nicht, um andere Lebensformen als die durch Ehe begründete Familie einseitig bevorzugen zu können.[5]

Der Gesetzgeber hat auch auf diese Rechtsprechung des BVerfG reagiert und insbesondere die Gleichstellung der eingetragenen Lebenspartner im EStG, sowie anderen steuerlichen Vorschriften,[6] integriert, als auch die in eine „Ehe für alle"[7] nachträglich umgewandelte eingetragene Lebenspartnerschaft.[8]

851 Die steuerliche Förderung der Ehe durch das Ehegattensplitting darf nicht durch Berücksichtigung des Steuervorteils bei der Ermittlung des für den **Unterhalt eines früheren Ehepartners** maßgeblichen Einkommens der neuen Ehe teilweise wieder entzogen werden.[9] Die Rechtsprechung des BGH, nach der das tatsächliche Gesamteinkommen des Unterhaltspflichtigen, des geschiedenen und des neuen Ehepartners unter Einbeziehung des Splittingvorteils aus der neuen Ehe den Beteiligten mit je einem Drittel zukommen solle,[10] hat das BVerfG für verfassungswidrig erklärt.[11] Jedenfalls auf der Bedarfsebene ist das Einkommen bei der Berechnung des geschiedenen Ehegatten auf der Basis der Einzelveranlagung nach § 25 III EStG (→ Rn. 916) und damit unterjährig nach den Lohnsteuerklassen I oder II (→ Rn. 907 ff.), sowie gegebenenfalls unter Berücksichtigung des Realsplittings mit Nachteilsausgleich (→ Rn. 956 ff.) zu ermitteln. Im Rahmen der Billigkeitsabwägung nach § 1581 BGB ist in die bei gleichrangigen Unterhaltsberechtigten mögliche Dreiteilung das gesamte unterhaltsrelevante Einkommen des Unterhaltspflichtigen und der Unterhaltsberechtigten einzubeziehen. Auch der Splittingvorteil einer neuen Ehe muss im Rahmen der Dreiteilung der vorhandenen Einkommen bei der Leistungsfähigkeit nicht eliminiert werden, weil eine gleichrangige Unterhaltspflicht aus einer neuen Ehe regelmäßig zu einer Kürzung der Unterhaltsansprüche des geschiedenen Ehegatten führt.[12]

852 Bereits mit seiner Entscheidung vom 25.9.1992[13] hat das BVerfG die **Verfassungswidrigkeit der Besteuerung des Existenzminimums** festgestellt. Demzufolge sieht das Einkommensteuergesetz einen **Grundfreibetrag** vor, der unabhängig von der Höhe des zu versteuernden Einkommens **steuerfrei** bleibt. Dieser Grundfreibetrag muss das Existenzminimum des Steuerpflichtigen abdecken.

In der Entwicklung seit 2017 gestaltet sich der Grundfreibetrag (§ 32a I EStG) wie folgt:

Jahr	Ledige	Verheiratete
Grundfreibetrag 2020	9.408 EUR	18.816 EUR
Grundfreibetrag 2019	9.168 EUR	18.336 EUR
Grundfreibetrag 2018	9.000 EUR	18.000 EUR
Grundfreibetrag 2017	8.820 EUR	17.640 EUR

Dem entspricht der Grundfreibetrag im Steuertarif, und zwar für einzeln veranlagte Steuerpflichtige nach dem Grundtarif (§ 32a I EStG) und für zusammen veranlagte Ehepaare nach dem Splittingtarif (§ 32a V EStG).

Dass nicht nur das Existenzminimum des Steuerpflichtigen und seines Ehepartners, sondern auch das **Existenzminimum der Kinder steuerfrei** bleiben muss, wurde vom

---

[4] Vgl. BVerfG NJW 2010, 2783 („Gleichbehandlung nach dem ErbStG"); NJW 2012, 2719 („Gleichbehandlung nach dem GrEStG").
[5] BVerfG NJW 2010, 2783.
[6] Gesetz vom 18.7.2014, BGBl. I S. 1042.
[7] BGBl. 2018 I S. 2639.
[8] Art. 97 § 9 Absatz 5 EGAO BGBl. 2018 I S. 2338.
[9] BVerfG FamRZ 2003, 1281.
[10] BGH FamRZ 2008, 1911.
[11] BVerfG FamRZ 2011, 437; im Anschluss aufgegeben BGH FamRZ 2012, 281.
[12] BGH FamRZ 2012, 281.
[13] BVerfG FamRZ 1993, 285.

12. Abschnitt: Unterhalt und Einkommensteuer § 1

BVerfG ebenfalls bereits im Jahr 1998[14] in mehreren Entscheidungen festgestellt. Unter Beachtung dieser und weiterer verfassungsrechtlicher Vorgaben erfolgt die einkommensteuerrechtliche Berücksichtigung von Kindern bei ihren Eltern im System des Familienleistungsausgleichs (→ § 2 Rn. 700f → § 2 Rn. 707 ff.), indem bei der Besteuerung der Eltern ein dementsprechender Betrag (Freibeträge für Kinder iSd § 32 VI EStG) steuerfrei belassen wird, zunächst aber durch monatlich auf Antrag festgesetztes und ausgezahltes Kindergeld (vgl. § 31 EStG).[15] Nach Ablauf des Kalenderjahres prüft das Finanzamt von Amts wegen bei der Veranlagung der Eltern zur Einkommensteuer, ob mit dem Anspruch auf Kindergeld bzw. mit den mit dem Kindergeld vergleichbaren Leistungen iSd § 65 EStG das Existenzminimum der Kinder steuerfrei gestellt wurde. Ist dies nicht der Fall, werden die Freibeträge für Kinder vom Einkommen abgezogen und der Anspruch auf Kindergeld mit der steuerlichen Wirkung der Freibeträge verrechnet. In diesem Fall beschränkt sich der Familienleistungsausgleich auf die verfassungsrechtlich gebotene Steuerfreistellung. Soweit das Kindergeld bzw. diesem vergleichbare Leistungen im Inland oder Ausland darüber hinausgehen, bleiben diese der Familie erhalten und dienen deren Förderung.

Aus Art. 6 I GG folgt dagegen für das Steuerrecht keine Verpflichtung des Gesetzgebers, Steuerpflichtige vor den Folgen ihrer selbst gewählten, möglicherweise weniger vorteilhaften Gestaltungsformen zu bewahren oder die rückwirkende Korrektur von im Nachhinein als nachteilig sich erweisenden Sachverhaltsgestaltungen zu gestatten, soweit die Begünstigung aus Gründen, die in der Sphäre des Begünstigten liegen, entfällt.

Zu den in die Sphäre des Begünstigten fallenden Gründen gehört auch die Trennung und Scheidung.[16] Die den Eheleuten eingeräumte Wahl – und/oder Gestaltungsfreiheit korrespondiert mit der eigenverantwortlichen Ausübung. Die Eheleute, die diese Begünstigung in Anspruch nehmen, müssen daher bedenken, dass mit dem Ende ihrer die Begünstigung rechtfertigenden Ehe auch die Begünstigung selbst entfallen kann.

Die Nutzung der Steuervergünstigungen bleibt daher grundsätzlich im Verantwortungsbereich der Steuerpflichtigen. Viele Entscheidungen, in denen Verfassungsbeschwerden beim BVerfG im Steuerrecht eingelegt waren hatten nur deshalb Erfolg, weil gegen das Gebot der Folgerichtigkeit verstoßen wurde und der Gesetzgeber „versucht hat", die verfassungsrechtlichen Verstöße „zu heilen".

2. Unterhaltsrechtliche Relevanz von Steuern

Während die Einkünfte aus nichtselbständiger Tätigkeit nur mit Einkommensteuer, Solidaritätszuschlag und gegebenenfalls Kirchensteuer belastet werden, belastet der Staat andere Einkunftsarten mit weiteren Steuern. 853

Die bei den Einkünften von Unternehmern[17] anfallende **Umsatzsteuer** geht allerdings gar nicht erst in die Gewinnermittlung ein, wenn der Gewinn durch Betriebsvermögensvergleich (§ 4 I 1 EStG) ermittelt wird. Wird der Gewinn durch Einnahmen-Überschuss-Rechnung (§ 4 III EStG) ermittelt, so handelt es sich bei der Umsatzsteuer um einen durchlaufenden Posten, der durch Vorsteuer und Umsatzsteuerzahlungen kompensiert wird. Bei der Ermittlung des unterhaltsrechtlich relevanten Einkommens sind die umsatzsteuerrechtlichen Vorgänge zu eliminieren (→ Rn. 329 und → Rn. 368).

Die **Gewerbesteuer** (→ Rn. 369) ist betrieblich veranlasst. Nach § 4 Vb EStG[18] ist die Gewerbesteuer jedoch eine **steuerlich nicht abzugsfähige Betriebsausgabe**. Sie mindert daher den betrieblichen, nicht aber den steuerlichen Gewinn.[19] Für Einzelunternehmer und für Gesellschafter von gewerblichen Personengesellschaften wird eine Steuerer- 854

---

[14] Ua BVerfG FamRZ 1999, 291.
[15] Vgl. BVerfG NJW 2010, 431 („steuerfreies Existenzminimum").
[16] BVerfG BeckRS 1993, 08437; BFH/NV 2004, 162.
[17] Unternehmer ist nach § 4 UStG, wer eine gewerbliche oder berufliche Tätigkeit selbständig ausübt.
[18] Gilt erstmals für 2008.
[19] BMF v. 3.11.2016 BStBl. I 2016, 1187.

§ 1 Die Ermittlung des unterhaltsrechtlich relevanten Einkommens

mäßigung bei Einkünften aus Gewerbebetrieb automatisch in der Veranlagung vorgenommen. Die tarifliche Einkommensteuer wird durch eine pauschalierte Anrechnung der Gewerbesteuer ermäßigt, soweit sie anteilig auf im zu versteuernden Einkommen enthaltene gewerbliche Einkünfte fällt (§ 35 EStG). Das Ziel ist die weitgehende Entlastung der Unternehmen von der Gewerbesteuer. Davon profitieren auch Mitunternehmer, d. h. natürliche Personen als Gesellschafter einer Personengesellschaft. Der Ermäßigungsbetrag beträgt das 3,8 fache des maßgeblichen Gewerbesteuermessbetrags. Er ist auf die tatsächlich zuzahlende Gewerbesteuer beschränkt (§ 35 I EStG). Bei der Ermittlung des Ermäßigungshöchstbetrags nach § 35 EStG ist keine quellenbezogene Betrachtung anzustellen. Innerhalb einer Einkunftsart sind somit positive und negative Ergebnisse aus verschiedenen Quellen zu saldieren.[20]

Im Unterhaltsverfahren ist vom **betrieblichen** Gewinn auszugehen, da die Gewerbesteuer **berufsbedingter Aufwand** ist. Betrieblicher Gewinn und steuerlicher Gewinn werden am Ende der Gewinn- und Verlustrechnung bzw. der Einnahmen-Überschuss-Rechnung getrennt ausgewiesen. Im Einkommensteuerbescheid ist bei den Einkünften aus Gewerbebetrieb der um die Gewerbesteuer erhöhte Gewinn angegeben.[21]

Beispiel:
Der Einzelunternehmer U hat einen Gewinn von 114.500 EUR erzielt (§ 7 I GewStG). Nach § 8 GewStG ergeben sich Hinzurechnungen[22] von 24.000 EUR, nach § 9 GewStG Kürzungen von 14.000 EUR. Der Gewerbeertrag beträgt daher 124..500 EUR. Abzüglich des Freibetrags von 24.500 EUR (§ 11 I Nr. 1 GewStG) verbleiben 100.000 EUR, die mit der Steuermesszahl von 3,5% (§ 11 II GewStG) multipliziert einen Steuermessbetrag von 3500 EUR ergeben. Die Gemeinde hat einen Hebesatz von 400% beschlossen, so dass sich eine Gewerbesteuer von 14.000 EUR ergibt.
Die tarifliche Einkommensteuer ermäßigt sich jedoch, soweit sie anteilig auf die gewerblichen Einkünfte entfällt, nach § 35 EStG um einen Freibetrag in Höhe des 3,8-fachen des Steuermessbetrags. Die Einkommensteuer von U verringert sich also um 3500 EUR × 3,8 = 13 300 EUR.
Die Steuerermäßigung nach § 35 EStG mindert zusätzlich die Bemessungsgrundlage des Soli (§ 3 II SolZG), nicht aber die Bemessungsgrundlage der Kirchensteuer (KiSt).[23]
Für die persönliche Steuerbelastung ergibt sich damit folgendes Bild aus rein steuerlicher Sicht:

zu versteuerndes Einkommen 114.500 EUR	2018	Anrechnung Gewerbesteuer	effektive Belastung
Einkommensteuer	39.468,00 EUR	./. 13.300,00 EUR	26.168,00 EUR
Soli	2.170,74 EUR	5,5% von 26.168 EUR-	1.439,24 EUR
Kirchensteuer 9%	3.552,12 EUR	unverändert	3.552,12 EUR
Gesamtbelastung	45.190,86 EUR		**31.159,36 EUR**

Ergebnis: das steuerliche Nettoeinkommen beträgt **69.340,64 EUR** (114.500 − 14.000 Gewerbesteuer − 31.159,36 Einkommensteuer, Soli und Kirchensteuer)

Für die Ermittlung des unterhaltsrechtlichen Einkommens ergibt sich damit folgendes Bild:

Fiktiv zu versteuerndes Einkommen 100.500 EUR	2018 fiktiv	effektive Belastung
Einkommensteuer	33.588,00 EUR	26.168,00 EUR
Soli	1.847,34 EUR	1.439,24 EUR
Kirchensteuer 9%	3.022,92 EUR	3.552,12 EUR
Gesamtbelastung	38.458,26 EUR	**31.159,36 EUR**

Das unterhaltsrechtliche Nettoeinkommen auf der Basis eines zu versteuernden Einkommens von 100.500 EUR (114.500 − 14.000 Gewerbesteuer) beträgt, da die Gewerbesteuer Betriebsausgabe im unterhaltsrechtlichen Sinne ist, **69.340,64 EUR** (100.500 − 31.159,36). Abzuziehen ist die reale

---

[20] BFH BStBl. II 2016, 871; BStBl. II 2016, 875.
[21] OLG Koblenz FamRZ 2018, 259.
[22] Beispiel für Hinzurechnungen sind Miet-/Pachtzinsen siehe BFH DStR 2018, 1814.
[23] BMF v. 3.11.2016 BStBl. I 2016, 1187.

12. Abschnitt: Unterhalt und Einkommensteuer § 1

Steuerlast (effektive Belastung)[24] von 31.159,36 EUR und nicht die fiktive Steuerlast von 38.458,26 EUR. Im Ergebnis bedeutet dies, dass in den Fällen, in denen es zur vollständigen Anrechnung der Gewerbesteuer auf die Einkommensteuer und den Soli kommt, kein Unterschied zwischen steuerlichem Nettoeinkommen und unterhaltsrechtlichem Einkommen, besteht. Verbleibt aber ein Überhang der tatsächlich gezahlten Gewerbesteuer nach der Anrechnung (§ 35 EStG), dann mindert dieser Überhang das unterhaltsrechtlich relevante Nettoeinkommen.

Zu beachten ist auch für Körperschaften das Abzugsverbot der Gewerbesteuer gemäß § 8 KStG iVm § 4 Vb EStG 2002, welches nicht verfassungswidrig ist.[25]

Die auf das Einkommen von Körperschaften erhobene **Körperschaftssteuer** nach dem Körperschaftsteuergesetz (KStG) betrifft das Einkommen der Gesellschafter nicht unmittelbar, sondern nur insoweit, als sie als Betriebsausgabe den Gewinn und damit den ausschüttungsfähigen Gewinnanteil des Gesellschafters mindert. Was als Einkommen der Körperschaft gilt und wie das Einkommen zu ermitteln ist, bestimmt sich nach den Vorschriften des EStG, soweit sich nicht aus den Bestimmungen des KStG etwas anderes ergibt (§ 8 I 1 KStG). Beim Gesellschafter wird als Einkommen nur erfasst, was ihm von der Gesellschaft tatsächlich gewährt wird (Zufluss § 11 EStG iVm. § 44 I 2 EStG). Der **ausgeschüttete Gewinnanteil** wird bei ihm bei den **Einkünften aus Kapitalvermögen** (→ Rn. 272) ausgewiesen, wenn er den Geschäftsanteil im Privatvermögen hält, bei den **Einkünften aus Gewerbebetrieb** (→ Rn. 163 ff.), wenn er zum Betriebsvermögen des Gesellschafters gehört oder er dazu optiert hat (§ 32d VI EStG).

855

Sonstige Zuwendungen der Kapitalgesellschaft an die Gesellschafter, wie zB **Gehalt, Miete** oder **Zinsen** werden bei den entsprechenden Einkommensarten in gleicher Weise erfasst, wie wenn diese Einkünfte von einem fremden Dritten bezogen würden, es sei denn es liegt eine Betriebsaufspaltung vor (→ Rn. 279 ff.). Es kann daher **bei der Ermittlung des unterhaltsrechtlichen Einkommens** eines Gesellschafters an einer Kapitalgesellschaft auf die Angaben im **Einkommensteuerbescheid** und die unbedingt erforderliche Kapitalertragssteuerbescheinigung (§ 45a EStG[26]) abgestellt werden.

Die unterschiedliche Erfassung der Einkünfte im System der Einkunftsarten des Einkommensteuergesetzes, zB. je nach Beteiligungshöhe des Gesellschafters an der Kapitalgesellschaft zeigt der folgende Überblick:

Zivilrechtliche Grundlage	*wenn Beteiligung des F kleiner = 50% an der GmbH*	Steuerrechtliche Grundlage	Norm des EStG
F-GmbH als Mieter	Gesellschafter F als Vermieter	=**VuV**	§ 21
F-GmbH als Darlehnsnehmer	Gesellschafter F als Darlehnsgeber	=**KAP**	§ 20
F-GmbH als Dienstgeber	Gesellschafter F als Dienstnehmer	= N	§ 19
	wenn Beteiligung des F größer als 50% an der GmbH		
F-GmbH als Mieter	Gesellschafter F als Vermieter	= G	§ 15
F-GmbH als Darlehnsnehmer	Gesellschafter F als Darlehnsgeber	= G	§ 15
F-GmbH als Dienstgeber	Gesellschafter F als Dienstnehmer	= N	§ 19

Im Rahmen der Ermittlung des unterhaltsrechtlich maßgeblichen Einkommens ist also nur die **Einkommensteuer** von Bedeutung, sowie deren Unterarten die **Lohnsteuer** (→ Rn. 892, → Rn. 900 ff.), und die **Kapitalertragsteuer** (→ Rn. 893), nebst ihren Annexsteuern **Solidaritätszuschlag** (Soli) und **Kirchensteuer** (KiSt).

---

[24] Nach BGH ist maßgeblich die reale Steuerbelastung: BGH FamRZ 2015, 1594; FamRZ 2008, 968.
[25] BVerfG BStBl. II 2016, 812; BFH DStR 2014, 941.
[26] Muster siehe BMF v. 15.12.2017 BStBl. I 2018, 13.

3. Steuersätze

857 Einkommensteuer, Kirchensteuer und Solidaritätszuschlag sind in der Regel der **größte Abzugsposten** beim Bruttoeinkommen. Der **Durchschnittssteuersatz** gibt das Verhältnis zwischen Steuerbetrag und Bemessungsgrundlage (zu versteuerndes Einkommen) an, währender der **Grenzsteuersatz** angibt, mit welchem Prozentsatz ein zusätzliches Einkommen besteuert wird. Er bezeichnet damit den Steuersatz, mit dem der jeweils nächste Euro der Steuerbemessungsgrundlage (= zu versteuerndes Einkommen) belastet wird und ist damit der individuelle Steuersatz.

Der Grundfreibetrag steigt von 9000 EUR (2018) auf 9168 EUR (2019) und 9408 EUR (2020). Um der „kalten Progression" zu begegnen, werden die Eckwerte des Einkommensteuertarifs für die Veranlagungszeiträume 2019 (1,84%) und 2020 (1,95%) nach rechts verschoben (§ 32a I Nr. 1–5 EStG). Hiermit soll dem Effekt begegnet werden, dass durch den Einkommenssteigerungen im Falle einer Inflation durch den progressiven Steuersatz mitunter aufgezehrt werden.

Bei der Berechnung des unterhaltsrechtlich relevanten Einkommens für 2019 ist daher die „Steuerersparnis" in 2019 gegenüber dem Jahr 2018 zu beachten, sowie das unterhaltsrechtliche Einkommen auf die Verhältnisse in 2019 zu kontrollieren und ggf. zu aktualisieren.

Beispiel:
zu versteuerndes Einkommen 2018 mit Soli + Kirchensteuer 30.000 EUR-Grundtarif, in 2019 verändert es sich nicht

	2018	2019
Einkommensteuer	5.348,00 EUR	5.275,00 EUR
Soli	294,14 EUR	290,12 EUR
Kirchensteuer 9%	481,32 EUR	474,75 EUR
Gesamtbelastung	6.123,46 EUR	6.039,87 EUR
Durchschnittsbelastung	20,41%	20,13%
Grenzbelastung	35,51%	35,24%

858 Beim Abzug von Posten, die das zu versteuernde Einkommen mindern, kommt es damit nicht auf den Durchschnittssteuersatz, sondern auf den höheren **Grenzsteuersatz** an.

Beispiel:
zu versteuerndes Einkommen 2018 mit Soli + Kirchensteuer 29.900 EUR-Grundtarif, in 2019 verändert es sich nicht

	2018	2019
Einkommensteuer	5.317,00 EUR	5.245,00 EUR
Soli	292,43 EUR	288,47 EUR
Kirchensteuer 9%	478,53 EUR	472,05 EUR
Gesamtbelastung	6.087,96 EUR	6.005,52 EUR
Durchschnittsbelastung	20,36%	20,09%
Grenzbelastung	35,46%	35,19%

Beispiel:
zu versteuerndes Einkommen 2018 mit Soli + Kirchensteuer 30.100 EUR-Grundtarif, in 2019 verändert es sich nicht

	2018	2019
Einkommensteuer	5.379,00 EUR	5.306,00 EUR
Soli	295,84 EUR	291,83 EUR
Kirchensteuer 9%	484,11 EUR	477,54 EUR
Gesamtbelastung	6.158,95 EUR	6.075,37 EUR
Durchschnittsbelastung	20,46%	20,18%
Grenzbelastung	35,56%	35,29%

12. Abschnitt: Unterhalt und Einkommensteuer § 1

Hat ein Steuerpflichtiger neben steuerpflichtigen Einkünften auch solche bezogen, die nicht der (deutschen) Einkommensteuer unterliegen, zB **Arbeitslosengeld**, **Krankengeld** oder **Mutterschaftsgeld**[27], in Deutschland nicht steuerbare **ausländische Einkünfte** etc.,[28] gilt nach § 32b EStG ein besonderer Steuersatz. Dieser wird ermittelt, indem aus dem um die zusätzlichen Einkünfte erhöhten Einkommen der Durchschnittssteuersatz ermittelt und dieser dann auf das zu versteuernde Einkommen angewandt wird. Durch diesen sogenannten **Progressionsvorbehalt** wird gewährleistet, dass das zusätzliche Einkommen als solches zwar steuerfrei bleibt, das zu versteuernde Einkommen jedoch mit der Progression des Gesamteinkommens (→ Rn. 924) versteuert wird.[29] 859

Beispiel:
Das zu versteuernde Einkommen des A beträgt in 2018 20 000 EUR. Zusätzlich hat A jedoch in 2018 ein steuerfreies Krankengeld von 5000 EUR erhalten, in 2019 verändert es sich nicht.
erster Rechenschritt
(20.000 EUR ohne Krankengeld)

	2018	2019
Einkommensteuer	2.467,00 EUR	2.414,00 EUR
Soli	135,68 EUR	132,77 EUR
Kirchensteuer 9%	222,03 EUR	217,26 EUR
Gesamtbelastung	2.824,71 EUR	2.764,03 EUR
Durchschnittsbelastung	14,12%	13,82%
Grenzbelastung	30,47%	30,29%

zweiter Rechenschritt (fiktiv):
(25000 EUR mit Krankengeld)

	2018	2019
Einkommensteuer	3.852,00 EUR	3.791,00 EUR
Soli	211,86 EUR	208,50 EUR
Kirchensteuer 9%	346,68 EUR	341,19 EUR
Gesamtbelastung	4.410,54 EUR	4.340,69 EUR
Durchschnittsbelastung	17,64%	17,36%
Grenzbelastung	32,99%	32,76%

dritter Rechenschritt endgültige Steuer:
(auf 20.000 zu versteuernden Einkommen angewandter Durchschnittsbelastung 17,64% (2018) und 17,36% (2019) aus zweitem Rechenschritt)

	2018	2019
Einkommensteuer	3.081,00 EUR	3.032,00 EUR
Soli	169,45 EUR	166,76 EUR
Kirchensteuer 9%	277,29 EUR	272,88 EUR
Gesamtbelastung	3.527,74 EUR	3.471,64 EUR
Durchschnittsbelastung	17,64%	17,36%
Grenzbelastung	29,92%	29,68%

Ergebnis: das Nettoeinkommen beträgt in 2018 21.472,26 EUR (25.000 EUR − 3.527,74 EUR).
das Nettoeinkommen beträgt in 2019 21.528,36 EUR (25.000 EUR − 3.471,64 EUR).

Der **Solidaritätszuschlag** wird als Ergänzungsabgabe zur Einkommensteuer und zur Körperschaftsteuer erhoben. Auf die Festsetzung und Erhebung des Solidaritätszuschlags sind die Vorschriften des Einkommensteuergesetzes und des Körperschaftsteuergesetzes entsprechend anzuwenden (vgl. § 1 Solidaritätszuschlaggesetz). Der Soli beträgt 5,5% der Einkommensteuer (§ 4 SolZG), wobei jedoch Freibeträge gemäß § 3 III SolZG zu beachten sind. 860

---

[27] BMF v. 16.7.2013 BStBl. I 2013, 922.
[28] Vollständige Aufstellung in § 32b EStG.
[29] BFH DStR 2012, 1504.

Entsprechendes gilt für die Berechnung der **Kirchensteuer**, die landesgesetzlich geregelt ist und teils 8%, teils 9% der Einkommensteuer beträgt. Solidaritätszuschlag und Kirchensteuer werden zusammen mit der Einkommensteuer bzw. Lohnsteuer erhoben.

861 **Besondere Steuersätze** gelten zB gemäß § 34 EStG auch für außerordentliche Einkünfte und gemäß § 34a EStG für nicht entnommene Gewinne.

Außerordentliche Einkünfte im Sinn des § 34 EStG sind Gewinne nach § 16 I EStG aus der **Veräußerung eines Gewerbebetriebs** insgesamt oder auch eines Teilbetriebs oder der **Veräußerung eines Mitunternehmeranteils an einer Personengesellschaft**. Dies gilt gemäß § 18 EStG auch bei freiberuflicher Arbeit. Auch **Vergütungen für mehrjährige Tätigkeiten** sind außergewöhnliche Einkünfte. Die infolge der Zusammenballung von solchen Einkünften auf einen Veranlagungszeitraum massive Erhöhung der Progression (→ Rn. 924) wird durch eine besondere Berechnung der Einkommensteuer nach dem Fünftelungsprinzip (§ 34 EStG) vermindert.[30]

Bei Veräußerungsgewinnen kann stattdessen nach § 16 IV EStG ein **Freibetrag** und nach § 34 III EStG ein **ermäßigter Steuersatz** in Anspruch genommen werden. Dies gilt aber nur für einen einzigen Veräußerungsfall im Leben und setzt die Vollendung des 55. Lebensjahres oder dauernde Berufsunfähigkeit voraus.[31]

Um die Benachteiligung von Einzelunternehmern und Personengesellschaften gegenüber Kapitalgesellschaften zu mindern, kann nach § 34a EStG für **nicht entnommene Gewinne** ab dem Veranlagungszeitraum 2008 ein **auf 28,25% reduzierter Steuersatz** beantragt werden. Bei späterer Entnahme dieses Gewinns erfolgt eine Nachversteuerung.

Die Begünstigung erfolgt **auf Antrag** durch einen **ermäßigten Steuersatz** von 28,25% (**Thesaurierungssteuersatz**) anstelle des persönlichen Steuersatzes.[32] Die Nachversteuerung späterer Entnahmen erfolgt mit 25% zzgl. Solidaritätszuschlag.

Voraussetzungen sind:
– ordnungsgemäßer Antrag
– thesaurierungsfähiger Gewinn
– Bilanzierung nach § 4 I bzw. § 5 EStG.

Daraus ergibt sich eine Gesamtbelastung mit Einkommensteuer, von 46,1875%. Das bedeutet, dass selbst derjenige, dessen Grenzsteuersatz bei 42% liegt, an der Thesaurierung über einen gewissen Zeitraum festhalten muss, um den Zinsvorteil, der sich aus der Anwendung des **Thesaurierungssteuersatzes** ergibt, so groß werden zu lassen, dass die **Nachbelastung** in Höhe des Abgeltungssteuersatzes nicht zu einer insgesamt höheren Steuerlast führt. Der hierfür nötige Zeitraum verlängert sich umso mehr, je stärker sich der individuelle Grenzsteuersatz des Steuerpflichtigen vom Spitzensteuersatz entfernt. Problematisch wird dieses Zeitproblem zusätzlich dadurch, dass gem. § 34a IV EStG nachzuversteuern ist, sobald ein eventueller **Überschuss der Entnahmen über die Einlagen** den Gewinn eines späteren Jahres übersteigt. Die **Nachversteuerung** kann also – insbesondere im Falle unerwarteter Verluste zu einem relativ frühen Zeitpunkt einsetzen. Die von § 34a I 4 EStG eingeräumte Möglichkeit, den Thesaurierungsantrag bis zur Unanfechtbarkeit des Einkommensteuerbescheides für das auf das Jahr der Thesaurierung folgende Jahr zurückzunehmen, kann hier zwar extreme Auswirkungen abmildern, dürfte aber in vielen Fällen nicht weit genug reichen.

Die Definition des thesaurierungsfähigen Gewinns ist im Gesetz wie folgt geregelt: nicht entnommener Gewinn ist gleich laufender steuerpflichtiger Gewinn + Einlagen – Entnahmen. Nicht entnahmefähig und damit nicht begünstigt sind außerbilanzielle Hinzurechnungen (einschließlich Gewerbesteuer).

---

[30] BFH/NV 2014, 1514.
[31] BFH DStR 2014, 584.
[32] BMF v. 11.8.2008, BStBl. I 2008, 838.

Beispiel

Gewinn:	200 000 EUR
Einlagen:	40 000 EUR
Entnahmen:	80 000 EUR
nicht entnommener Gewinn:	160 000 EUR

Die Thesaurierungsbegünstigung des § 34a EStG kann jedoch nicht in Anspruch genommen werden, wenn zwar begünstigungsfähige Einkünfte vorhanden sind, das zu versteuernde Einkommen aber negativ ist.[33]

Eine besondere Regelung gilt für **Parteispenden:** diese mindern nach § 34g EStG die tarifliche Einkommensteuer um 50% der Zuwendungen, höchstens jedoch um 825 EUR, bei zusammenveranlagten Ehegatten um 1650 EUR. Weitere 825 EUR (bei Zusammenveranlagung 1650 EUR) können nach § 10b II EStG als Sonderausgaben abgesetzt werden.

862

Die Abgeltungssteuer ist eine am 1.1.2009 eingeführte „Unterart" der Einkommensteuer, die auf alle Kapitaleinkünfte erhoben wird. Der Abgeltungssteuer unterliegen **private** Kapitalerträge und Gewinne aus der Veräußerung von privaten Kapitalanlagen sowie Termin- und Optionsgeschäfte ohne Haltefrist und Stillhalteprämien.[34] Dazu wurden die Einkünfte aus Kapitalvermögen iSd § 20 EStG um Einkünfte aus der Veräußerung von Kapitalanlagen erweitert. Neben den Erträgen aus Kapitalanlagen nach § 20 I EStG werden auch Wertzuwächse durch die Veräußerung der Kapitalanlagen unabhängig von der Haltedauer der Kapitalanlage – vom Anwendungsbereich des § 20 EStG erfasst. Ab dem Veranlagungszeitraum (VZ) 2018 werden gem. § 43 I Nr. 5 EStG auch Erträge aus Investmentfonds mit Ausnahme der Gewinne aus der Veräußerung der Investmentanteile von der Abgeltungssteuer erfasst. Dazu gehören nach § 43 I Nr. 5 EStG iVm § 16 InvStG die Ausschüttungen des Investmentfonds und die sog. Vorabpauschale. Die Besteuerung von Investmentfonds selbst und deren Anlegern richtet sich nach dem Investmentsteuergesetz (InvStG).

863

Mit der Abgeltungssteuer (Abzugssteuer) ist die Einkommensteuer des Steuerpflichtigen für die Kapitaleinkünfte abgegolten. Die Einbehaltung und Abführung der Kapitalertragssteuer obliegt dem Schuldner der Kapitalerträge bzw. der auszahlenden Stelle (Quellensteuer), die hierüber eine Steuerbescheinigung zu erteilen hat (§ 45a EStG[35]). Die nach § 45a EStG angemeldete Kapitalertragsteuer steht nach § 168 AO einer Steuerfestsetzung unter dem Vorbehalt der Nachprüfung gleich. Da jedoch der Gläubiger der Kapitalerträge die Kapitalertragsteuer sowie den im Abzugsverfahren erhobenen Solidaritätszuschlag schuldet und demgemäß der Vergütungsschuldner die Steuerabzüge für Rechnung des Gläubigers der Kapitalerträge vorgenommen hat (§ 44 I 3 EStG), werden im Fall der Rechtswidrigkeit der nach § 168 AO fingierten Steuerbescheide auch rechtlich geschützte Interessen des Gläubigers der Kapitalerträge berührt Danach ist eine Drittanfechtung der Kapitalertragsteuer-Anmeldung durch den Gläubiger der Kapitalerträge grundsätzlich möglich.[36]

Die Steuer entsteht in dem Zeitpunkt, in dem Kapitalerträge dem Gläubiger zufließen (§ 11 I 1 EStG). In diesem Zeitpunkt hat der Schuldner der Kapitalerträge oder die die Kapitalerträge auszahlende Stelle den Steuerabzug für Rechnung des Gläubigers vorzunehmen (§ 44 I 2 EStG). Bei beherrschenden Gesellschaftern ist der Zufluss eines Vermögensvorteils aber nicht erst im Zeitpunkt der Gutschrift auf dem Konto des Gesellschafters, sondern bereits im Zeitpunkt der Fälligkeit der Forderung anzunehmen; denn ein beherrschender Gesellschafter hat es regelmäßig in der Hand, sich geschuldete Beträge auszahlen zu lassen.[37] Der Anspruch des Gesellschafters einer GmbH auf Auszahlung des Gewinns **entsteht** mit dem Beschluss der Gesellschafterversammlung über die

---

[33] BFH BStBl. II 2017, 958 = DStR 2017, 1645.
[34] siehe BMF v. 16.6.2016 BStBl. I 2016, 527.
[35] Muster siehe BMF v. 15.12.2017 BStBl. I 2018, 13.
[36] BFH DStR 2019, 782.
[37] BFH BStBl. II 2017, 336; BStBl. II 2015, 333.

Feststellung des Jahresabschlusses und die Verwendung des Gewinns. Er wird nach Fassung des Gewinnverteilungsbeschlusses sofort *fällig*, wenn nicht die Satzung der GmbH Vorschriften über Gewinnabhebungen oder Auszahlungen zu einem späteren Zeitpunkt enthält.[38]

Nach § 25 I EStG werden Kapitalerträge, deren Besteuerung nach § 43 V EStG abgegolten ist, **nicht** in die Veranlagung einbezogen. Die Abgeltungssteuer ist damit auch progressionsunabhängig und beträgt definitiv auf alle steuerbaren Kapitalerträge 25% (§ 32d EStG), zuzüglich 1,375% Solidaritätszuschlag, sowie zuzüglich Kirchensteuer zwischen 1,9608% (für alle Bundesländer außer Bayern und Baden-Württemberg) und 2,1996% (für Bayern und Baden-Württemberg).

Unerlässlich ist es daher, bereits in der Auskunft (§ 1605 BGB) die Einkünfte aus Kapitalvermögen abzufragen, die der Abgeltungssteuer unterliegen, und als Beleg die Kapitalertragssteuerbescheinigung nach § 45a EStG zu verlangen. Die bloße Vorlage des Einkommensteuerbescheids und der Einkommensteuererklärung würde daher nicht Kapitaleinkünfte offendecken, die der Abgeltungssteuer unterworfen wurden.

Nach § 32d VI 1 EStG werden auf **Antrag private** Kapitaleinkünfte dem regulären tariflichen Steuersatz unterworfen, wenn dies zu einer niedrigeren Steuer einschließlich Zuschlagsteuern führt (Günstigerprüfung) In diesem Fall würde die Vorlage des Einkommensteuerbescheides und der Einkommensteuererklärung Aufschluss über die erzielten Einkünfte aus Kapitalvermögen geben. Die Ermittlung der Kapitaleinkünfte ist indes auch bei der Günstigerprüfung nach § 20 IX EStG vorzunehmen. Damit findet auch im Falle der Günstigerprüfung die mit dem System der Abgeltungssteuer eingeführte Bruttobesteuerung Anwendung, nach der der Abzug der tatsächlich entstandenen Werbungskosten ausgeschlossen ist und lediglich der Sparer-Pauschbetrag (801 EUR bei Einzelanlagung/1602 EUR bei Zusammenveranlagung) gewährt wird.[39] Bei einer (nachträglichen) Einbeziehung der Kapitalerträge in die Einkommensteuerfestsetzung zB aufgrund eines Antrags nach § 32d EStG entfällt das Rechtsschurzbedürfnis für eine Drittanfechtungsklage des Gläubigers gegen eine Bescheinigung nach § 45a EStG des Schuldners der Kapitalerträge.[40]

4. Einkommensteuergesetz, Richtlinien und amtliche Hinweise

864 Die Besteuerung des Einkommens natürlicher Personen regelt das Einkommensteuergesetz (EStG). Seit dem 1.1.1996 sind im EStG in §§ 62 bis 78 auch die **Regelungen für das Kindergeld** (→ § 2 Rn. 700 ff.) enthalten. Ausführliche Erläuterungen zu den einzelnen Vorschriften enthalten die **Einkommensteuerrichtlinien** (EStR)[41] sowie die **Amtlichen Hinweise** (EStH)[42]. Richtlinien und Hinweise haben keinen Gesetzescharakter, sondern sind als Selbstbindung der Finanzverwaltung anzusehen. Der Steuerpflichtige kann auf Grund des Gleichheitsgrundsatzes die Anwendung der Richtlinien und Hinweise auf seine Steuerveranlagung verlangen. Nimmt er eine günstigere Auslegung für sich in Anspruch und lehnt das Finanzamt dies ab, so kann er gegebenenfalls durch die Finanzgerichte die Vereinbarkeit der einschlägigen Richtlinien und Hinweise mit dem Gesetz und der Verfassung überprüfen lassen.

866–869 – in dieser Auflage nicht belegt –

---

[38] BFH BStBl. II 2017, 336; BStBl. II 2015, 333; BGH DB 1998, 2212.
[39] BFH BStBl. II 2015, 393.
[40] BFH BeckRS 2018,41278.
[41] EStR (2012) v. 16.12.2005 (BStBl. I Sondernummer 1/2005), Änderungsrichtlinien 2008 (EStÄR 2008) v. 18.12.2008 (BStBl. I 1017); Änderungsrichtlinien 2012 (EStÄR 2012) v. 25.3.2013 (BStBl. I 276).
[42] Amtliches Einkommensteuer-Handbuch 2017 https://bmf-esth.de/esth/2017/home.html.

12. Abschnitt: Unterhalt und Einkommensteuer　　　　　　　　　　　　　　§ 1

II. Grundbegriffe des Einkommensteuerrechts

1. Steuerpflicht

Das EStG unterscheidet zwischen **unbeschränkter** (§ 1 EStG) und **beschränkter Steuerpflicht** (§ 50 EStG). Diese Unterscheidung hat auch Bedeutung für das Unterhaltsrecht. Einerseits führt nur die **unbeschränkte Steuerpflicht** zur steuerlichen Erfassung des gesamten steuerbaren Einkommens, gleich wo dieses Einkommens erzielt wird („Welteinkommensprinzip"),[43] andererseits ist die unbeschränkte Steuerpflicht Voraussetzung für die Gewährung steuerlicher Vergünstigungen, wie etwa der **Ehegattenveranlagung** nach §§ 26 ff. EStG (→ Rn. 917 ff.), des **Realsplitting** nach § 10 Ia Nr. 1 EStG[44] (→ Rn. 950 ff.), der sonstigen **Sonderausgaben** der §§ 10, 10a und 10c EStG sowie der **außergewöhnlichen Belastungen** nach §§ 33 ff. EStG (→ Rn. 963 ff.). 870

Unbeschränkt steuerpflichtig sind nach § 1 EStG **natürliche Personen,** die **im Inland** ihren **Wohnsitz** oder **gewöhnlichen Aufenthalt** haben. Einen Wohnsitz hat nach § 8 der Abgabenordnung (AO) jemand dort, wo er eine Wohnung unter Umständen hat, die darauf schließen lassen, dass er die Wohnung beibehalten und benutzen wird. Nach § 9 AO hat jemand dort den gewöhnlichen Aufenthalt, wo er sich unter Umständen aufhält, die erkennen lassen, dass er an diesem Ort oder in diesem Gebiet nicht nur vorübergehend verweilt. Als gewöhnlicher Aufenthalt im Geltungsbereich dieses Gesetzes ist stets und von Beginn an ein zeitlich zusammenhängender Aufenthalt von mehr als sechs Monaten Dauer anzusehen; kurzfristige Unterbrechungen bleiben unberücksichtigt. Dies gilt nicht, wenn der Aufenthalt ausschließlich zu Besuchs-, Erholungs-, Kur- oder ähnlichen privaten Zwecken genommen wird und nicht länger als ein Jahr dauert.

Auf Antrag werden jedoch nach § 1 III EStG auch natürliche Personen ohne Wohnsitz oder gewöhnlichen Aufenthalt als **unbeschränkt einkommensteuerpflichtig** behandelt, die im Inland weder Wohnsitz noch gewöhnlichen Aufenthalt haben, soweit sie **inländische Einkünfte** im Sinne des § 49 EStG beziehen. Dies gilt nur, wenn ihre gesamten Einkünfte im Kalenderjahr mindestens zu 90% der deutschen Einkommensteuer unterliegen oder die nicht der deutschen Einkommensteuer unterliegenden Einkünfte den **Grundfreibetrag** nach § 32a I 1 Nr. 2 EStG (→ Rn. 924) nicht übersteigen. Dieser Betrag ist zu kürzen, soweit es nach den Verhältnissen im Wohnsitzstaat des Steuerpflichtigen notwendig und angemessen ist. 871

Die **fiktive unbeschränkte Steuerpflicht von Angehörigen der EU** oder des Europäischen Wirtschaftsraums (EWR)[45] nach § 1a EStG reicht für die Inanspruchnahme des **Realsplittings** nach § 10 Ia Nr. 1 EStG aus, wenn die Besteuerung des Unterhalts beim Empfänger durch eine Bescheinigung der ausländischen Steuerbehörde nachgewiesen wird (§ 1a I Nr. 1 EStG). Die **Ehegattenveranlagung** nach §§ 26 ff. EStG (→ Rn. 915, → Rn. 917) ist möglich, wenn einer der Ehegatten seinen Wohnsitz oder gewöhnlichen Aufenthalt im Inland hat oder die zusammengerechneten Einkünfte der Eheleute zu höchstens 10% oder dem doppelten Grundfreibetrag im EU-Ausland erzielt werden (§ 1a I Nr. 2 EStG). Die Höhe aller, also auch der ausländischen Einkünfte ist nach dem deutschen Einkommensteuerrecht zu ermitteln.[46] 872

Beispiel:
A, der sein überwiegendes Einkommen in Deutschland erzielt, hat laut österreichischem Steuerbescheid Einkünfte aus nichtselbständiger Tätigkeit in Höhe von 8440 EUR. Seine Krankenversicherungsbeiträge belaufen sich auf monatlich 30 EUR. Die Entfernung zwischen Wohnung und Arbeitsstätte beträgt 10 km.

---

[43] BFH DStRE 2014, 705.
[44] Vgl. dazu § 50 I EStG.
[45] Island, Norwegen und Liechtenstein.
[46] BFH DStR 2008, 2255; zur Berechnung bei Ehegatten BFH BStBl. II 2015, 957.

§ 1 Die Ermittlung des unterhaltsrechtlich relevanten Einkommens

Er kann auf einen entsprechenden Antrag nach § 1 III EStG nicht die Veranlagung in Deutschland wählen. In Österreich werden Krankenversicherungsbeiträge als Werbungskosten abgezogen, das 13. und 14. Monatsgehalt[47] sind steuerfrei. Fahrten zwischen Wohnung und Arbeitsstätte sind keine Werbungskosten, sondern werden mit einem Steuerabzugsbetrag abgegolten. Nach deutschem Steuerrecht betragen die Einkünfte aus nichtselbständiger Tätigkeit daher: Bruttogehalt (8440 EUR + 360 EUR KV) + 1300 EUR steuerfreies Gehalt − 1000 EUR Arbeitnehmerpauschbetrag = 9100 EUR und überschreiten damit den Grenzbetrag von 9000 EUR (ab 1.1.2019 9168 EUR).[48]

Allerdings muss es sich um Einkünfte handeln, die als solche nach den Gesetzen des anderen EU-Staats, nicht nach den deutschen Gesetzen steuerbar sind. So sind Wochengeld, ein Karenzgeld und Familienbeihilfe, die nach österreichischem Recht steuerfrei sind, nicht nach § 1 III EStG als Einkommen zu berücksichtigen.[49]

873   **Beschränkt Steuerpflichtige** dürfen Betriebsausgaben (§ 4 IV bis VIII EStG) oder Werbungskosten (§ 9 EStG) nur insoweit abziehen, als sie mit inländischen Einkünften in wirtschaftlichem Zusammenhang stehen. Sonderausgaben und außergewöhnliche Belastungen sind nicht abzugsfähig; Realsplitting und Ehegattenveranlagung sind nicht möglich.

2. Umfang der Besteuerung und Ermittlung des zu versteuernden Einkommens

874   **a) Umfang der Besteuerung.** Der Einkommensteuer unterliegen (§ 2 I Nr. 1–7 EStG)
1. Einkünfte aus Land- und Forstwirtschaft (→ Rn. 266 ff.),
2. Einkünfte aus Gewerbebetrieb (→ Rn. 163 ff.),
3. Einkünfte aus selbständiger Arbeit (→ Rn. 251 ff.),
4. Einkünfte aus nichtselbständiger Arbeit (→ Rn. 65 ff.),
5. Einkünfte aus Kapitalvermögen (→ Rn. 605),
6. Einkünfte aus Vermietung und Verpachtung (→ Rn. 450 ff., → Rn. 606),
7. sonstige Einkünfte im Sinn des § 22 (→ Rn. 664 ff.),

die der Steuerpflichtige während seiner unbeschränkten Steuerpflicht oder als inländische Einkünfte erzielt.

Die Aufzählung ist abschließend; ein Beurteilungs- oder Ermessensspielraum besteht nicht. Analoge Anwendungen der Bestimmungen zu Lasten des Steuerpflichtigen sind nicht zulässig. Die Steuerpflicht erfasst daher zum Teil unterhaltsrechtlich nicht relevante Einkünfte (zB nichtprägende Einkünfte); zum Teil sind unterhaltsrechtlich maßgebliche Einkünfte nicht steuerpflichtig (zB fiktives Erwerbseinkommen, Wohnvorteil).

Das EStG unterteilt die sieben Einkunftsarten in zwei Gruppen (§ 2 II EStG). Diese ergeben sich aus der Methode der Einkünfteermittlung. Einkünfte aus Land- und Forstwirtschaft, Einkünfte aus Gewerbebetrieb und Einkünfte aus selbstständiger Arbeit werden als Gewinn iSd §§ 4–7g EStG definiert (Gewinneinkünfte − § 2 I Nr. 1–3 EStG), die übrigen Einkünfte als Überschuss der Einnahmen über die Werbungskosten iSd §§ 8–9a EStG (Überschusseinkünfte − § 2 I Nr. 4–7 EStG).

Wichtig ist, festzustellen, ob Einkünfte vom abschließenden System einer Einkunftsart des EStG erfasst werden und damit steuerbar sind oder ob sie nicht vom abschließenden System der Einkunftsarten des EStG erfasst werden und damit nicht steuerbar sind. Nicht steuerbare Einkünfte werden demnach auch nicht in einem Einkommensteuerbescheid oder einer Einkommensteuererklärung ausgewiesen. Ein Auskunftsbegehren (§ 1605 BGB) sollte daher von vornherein auch das Verlangen auf Auskunft über nicht steuerbare Einkünfte beinhalten. Zur Feststellung des Einkommens des Unterhaltspflichtigen sind daher alle Einnahmen zu erfassen, unabhängig davon, ob sie steuerbar oder nicht steuerbar sind.[50] Zu den nicht steuerbaren Einnahmen gehören ua: Lotteriegewinne und andere (Glücks-)Spielgewinne (außer bei Berufsspielern); Erbschaften und Schenkungen; der Erwerb durch

---

[47] Das nach österreichischem Recht steuerfreie 13. und 14. Monatsgehalt wird, wenn es nicht bereits im Lohnausweis separat ausgewiesen ist, aus dem Gesamtgehalt fiktiv ermittelt.
[48] BFH DStR 2008, 2626.
[49] EuGH DStR 2007, 232.
[50] BGH FamRZ 2012, 1201.

Fund; Einnahmen im Rahmen einer steuerlich unbeachtlichen Liebhaberei sowie grundsätzlich der Verkauf von Privatvermögen (Ausnahmen: § 17 EStG; § 20 II EStG; § 23 EStG; § 21 UmwStG).

Der Begriff „steuerbar" ist nicht zu verwechseln mit dem Begriff „steuerfrei". Steuerfrei im engeren Sinne sind diejenigen Einnahmen, die ihrer Art nach unter eine der 7 Einkunftsarten des § 2 I Nr. 1–7 EStG fallen, also steuerbar sind, die aber vom Gesetzgeber ausdrücklich für ganz oder teilweise steuerfrei erklärt worden sind (zB §§ 3, 3b EStG). Ein Auskunftsbegehren (§ 1605 BGB) sollte daher ebenfalls von vornherein auch das Verlangen auf Auskunft über ganz oder teilweise steuerfreie Einkünfte beinhalten. Auch insoweit gilt, dass zur Feststellung des Einkommens des Unterhaltspflichtigen auch alle Einnahmen zu erfassen sind, unabhängig davon, ob sie steuerbar oder nicht steuerbar sind.[51] Allerdings können steuerfreie Einnahmen insbesondere im Rahmen des Progressionsvorbehalts (→ Rn. 859.) zu einer steuerlichen Mehrbelastung führen, zB Lohnersatzleistungen (zB Winter- und Winterausfallgeld sowie Insolvenz-, Übergangs-, Kranken- und Mutterschaftsgeld). Deshalb muss der Steuerpflichtige diese Einnahmen auch in seiner Einkommensteuererklärung angeben. Der Progressionsvorbehalt bewirkt, dass die Einnahmen zwar steuerfrei bleiben, dass sich jedoch der persönliche Steuersatz auf die übrigen Einkünfte entsprechend erhöht.

b) Ermittlung des zu versteuernden Einkommens. Einkünfte sind bei Gewinneinkunftsarten der Gewinn (§§ 4–7k EStG), also der Überschuss der Betriebseinnahmen über die Betriebsausgaben (§ 4 III EStG) bzw. die Betriebsvermögens-Differenz (§ 4 I 1 EStG), d. h. die Differenz von Aufwand und Ertrag und bei Überschusseinkunftsarten der Überschuss der Einnahmen über die WK (§§ 8–9a EStG), die der Steuerpflichtige iRd der sieben Einkunftsarten erzielt (§ 2 II EStG). Prinzipiell sind alle Aufwendungen, die durch die Einnahmeerzielung veranlasst sind (bloßes Veranlassungsprinzip in Abgrenzung zu. ganz oder teilweise[52] nicht abziehbarem privat veranlassten Aufwand[53] oder nicht abziehbarem Aufwand im Rahmen einer Liebhaberei[54]), als Betriebsausgaben oder Werbungskosten abziehbar (objektives Nettoprinzip). Die Einkommensteuer besteuert das Nettoeinkommen; dementsprechend definiert § 2 II EStG (nur) den Gewinn bzw. den Überschuss der Einnahmen über die Ausgaben als zu erfassende Einkünfte.[55] Offen ist, ob und in welchem Umfang über den „Schutz des Existenzminimums" hinaus auch sonstige **unvermeidbare oder zwangsläufige** private Aufwendungen über den Katalog des § 12 S. 1 1.Hs. EStG hinaus, bei der Bemessungsgrundlage des zu versteuernden Einkommens einkommensmindernd zu berücksichtigen sind (subjektives Nettoprinzip).[56]

Die Ermittlung des zu versteuernden Einkommens selbst, also nach vorheriger Ermittlung der jeweiligen Einkünfte, ist in § 2 III–V EStG geregelt. Eine ausführliche Übersicht enthält R 2 der Einkommensteuerrichtlinien (EStR). Das zu versteuernde Einkommen errechnet sich nach R 2 EStR wie folgt:

1		Summe der Einkünfte aus den Einkunftsarten
2	=	**Summe der Einkünfte (§ 2 III EStG)**
3	–	Altersentlastungsbetrag (§ 24a EStG)
4	–	Entlastungsbetrag für Alleinerziehende (§ 24b EStG)
5	–	Freibetrag für Land- und Forstwirte (§ 13 III EStG)
6	+	Hinzurechnungsbetrag (§ *52 I 5 EStG, § 8 V 2 AIG*)
7	=	**Gesamtbetrag der Einkünfte (§ 2 III EStG)**
8	–	Verlustabzug nach § 10d EStG

---

[51] BGH FamRZ 2012, 1201.
[52] BFH BStBl. II 2017, 949 „häusliches Arbeitszimmer".
[53] BFH/NV 2018, 712; NJW 2017, 1052; DStRE 2015, 5.
[54] BFH/NV 2017, 897; BStBl. II 2015, 380; Bei verschiedenen, wirtschaftlich eigenständigen Betätigungen ist die Gewinnerzielungsabsicht in Abgrenzung zur Liebhaberei gesondert für die jeweilige Betätigung zu prüfen vgl. BFH BFH/NV 2018, 36.
[55] BVerfG DStR 2010, 1563; BFH DStR 2016, 210; Kirchhof BB 2017, 662.
[56] BVerfG DStR 2008, 2460 („Pendlerpauschale").

9	−	Sonderausgaben (§§ 10, 10a, 10b, 10c EStG)
10	−	außergewöhnliche Belastungen (§§ 33 bis 33b EStG)
11	−	Steuerbegünstigung der zu Wohnzwecken genutzten Wohnungen, Gebäude und Baudenkmale sowie der schutzwürdigen Kulturgüter
12	+	Erstattungsüberhänge (§ 10 IVb 3 EStG)
13	+	zuzurechnendes *Einkommen* gem. § 15 I AStG2
14	=	**Einkommen (§ 2 IV EStG)**
15	−	Freibeträge für Kinder (§§ 31, 32 VI EStG)
16	−	Härteausgleich nach § 46 III EStG, § 70 EStDV
17	=	**zu versteuerndes** *Einkommen* **(§ 2 V EStG).**

3. Überblick über wichtige Abzugsposten von der Summe der Einkünfte oder dem Gesamtbetrag der Einkünfte

876 a) **Entlastungsbeträge.** Der **Altersentlastungsbetrag** ist nach § 24a Sätze 1 und 5 EStG bis zu einem Höchstbetrag im Kalenderjahr ein nach einem Vom-Hundert-Satz ermittelter Betrag des Arbeitslohns und der positiven Summe der Einkünfte, die nicht solche aus nichtselbständiger Arbeit sind. Nach Maßgabe des § 24a Satz 2 EStG bleiben bestimmte Versorgungsbezüge bzw. Alterseinkünfte bei der Bemessung des Betrags außer Betracht. Im Fall der Zusammenveranlagung von Ehegatten zur Einkommensteuer ist die Regelung für jeden Ehegatten gesondert anzuwenden (§ 24a Satz 4 EStG).[57] Er wird ohne Antrag bei der Steuerveranlagung des Kalenderjahres berücksichtigt, vor dem der Steuerpflichtige das 64. Lebensjahr vollendet hat, also erstmals in dem Jahr, in dem der Steuerpflichtige 65 Jahre alt wird.

877 Der **Entlastungsbetrag für Alleinerziehende** nach § 24b EStG in Höhe von 1908 EUR (VZ 2018) steht alleinstehenden Steuerpflichtigen zu, wenn zu ihrem Haushalt wenigstens ein Kind gehört, für das ihm ein **Kinderfreibetrag** nach § 32 VI EStG (→ § 2 Rn. 700 ff.) oder Kindergeld nach § 64 EStG (→ § 2 Rn. 707) zusteht. Die steuerliche Identifikationsnummer des Kindes ist anzugeben (§ 24b I 4 EStG, § 139b EStG). Auch wenn mehrere Steuerpflichtige die Voraussetzungen für den Abzug des Entlastungsbetrags für Alleinerziehende erfüllen, kann wegen desselben Kindes für denselben Monat nur einer der Berechtigten den Entlastungsbetrag abziehen.[58]

§ 24b I 2 EStG vermutet unwiderlegbar, dass ein Kind, das in der Wohnung des alleinstehenden Steuerpflichtigen **gemeldet** ist, zu dessen Haushalt gehört.[59] Für jeden vollen Kalendermonat, in dem die Voraussetzungen des § 24b I EStG nicht vorgelegen haben, ermäßigt sich der Entlastungsbetrag um ein Zwölftel (§ 24b III EStG). § 24b I 3 EStG trifft eine Kollisionsregelung für den Fall, dass ein Kind bei mehreren Steuerpflichtigen gemeldet ist. Es kommt dann auf die tatsächliche Haushaltsaufnahme (§ 64 II 1 EStG) an. Ist ein Kind annähernd gleichwertig in die beiden Haushalte seiner alleinstehenden Eltern aufgenommen, können die Eltern – unabhängig davon, an welchen Berechtigten das Kindergeld ausgezahlt wird – untereinander bestimmen, wem der Entlastungsbetrag zustehen soll. Dies gilt nicht, wenn einer der Berechtigten bei seiner Veranlagung oder durch Vorlage einer Lohnsteuerbescheinigung mit der Steuerklasse II bei seinem Arbeitgeber (§ 38b Satz 2 Nr. 2 EStG) den Entlastungsbetrag bereits in Anspruch genommen hat.[60]

Treffen die Eltern keine Bestimmung über die Zuordnung des Entlastungsbetrags, steht er demjenigen zu, an den das Kindergeld ausgezahlt wird.[61] Beim sog. „Wechselmodell" dürfte daher im Streitfall zwischen den Eltern analog § 64 II 3 EStG nach den gleichen Grundsätzen zu entscheiden sein.

---

[57] BFH DStR 2013, 459.
[58] BFH NJW 2010, 3263.
[59] BFH BStBl. II 2015, 926.
[60] BFH NJW 2010, 3263.
[61] BFH NJW 2010, 3263.

12. Abschnitt: Unterhalt und Einkommensteuer § 1

Lebt der Steuerpflichtige mit anderen volljährigen Personen – etwa einem neuen Partner – in Haushaltsgemeinschaft, steht ihm der Entlastungsbetrag nicht zu. Bundesfinanzhof[62] und Bundesverfassungsgericht[63] haben die Beschränkung auf alleinstehende Eltern nicht als verfassungswidrig angesehen; der EuGH hat die dagegen eingelegte Beschwerde als unzulässig verworfen.

Ein Kind ist in den Haushalt des Elternteils aufgenommen, bei dem es wohnt, versorgt und betreut wird, sodass es sich in der Obhut dieses Elternteils befindet.[64] Das Merkmal der Haushaltsaufnahme wird in erster Linie durch den tatsächlichen Umstand bestimmt.

Formale Gesichtspunkte, zB die Sorgerechtsregelung oder die Eintragung in ein Melderegister, können bei der Beurteilung, in welchen Haushalt das Kind aufgenommen ist, allenfalls unterstützend herangezogen werden.[65]

b) Negative Einkünfte (Verlustausgleich, Verlustrücktrag – Verlustvortrag) des Steuerpflichtigen werden zunächst im Jahr ihrer Entstehung mit positiven Einkünften aus derselben Einkunftsart (= vertikaler Verlustausgleich) und sodann mit positiven Einkünften aus anderen Einkunftsarten (= horizontaler Verlustausgleich) verrechnet. 878

Beispiel:

Gewinn aus Gewerbebetrieb (§ 15 Abs. 1 Nr. 1 EStG)	100.000 EUR
Verlust aus Gewerbebetrieb (§ 15 Abs. 1 Nr. 2 EStG)	-30.000 EUR
Überschuss Einkünfte aus nicht selbstständiger Arbeit (§ 19 Abs. 1 EStG)	60.000 EUR
Verlust aus Vermietung und Verpachtung (§ 21 EStG)	-50.000 EUR
Ergebnis:	
Einkünfte aus Gewerbebetrieb nach horizontalem Verlustausgleich	+70.000 EUR
Summe der Einkünfte nach vertikalem Verlustausgleich	+80.000 EUR

Dann übrig gebliebene Verluste sind nach § 10d I 1 EStG bis zu einem Betrag von 1. Mio. EUR (bei Ehegatten 2. Mio. – §§ 26, 26b EStG) vom Gesamtbetrag der Einkünfte des unmittelbar **vorangegangenen** Veranlagungszeitraums vorrangig vor Sonderausgaben, außergewöhnlichen Belastungen und sonstigen Abzugsbeträgen abzuziehen (**Verlustrücktrag**).[66] Damit ist nur ein Verlustrücktrag für ein vorangegangenes Veranlagungsjahr möglich.

Verluste, die nicht im Wege des Verlustrücktrags ausgeglichen werden konnten, sind ab Veranlagungszeitraum 2004 im Rahmen des **Verlustvortrags** nur noch begrenzt verrechnungsfähig. Nach § 10d II 1 EStG können sie nur noch bis zu einem Gesamtbetrag der Einkünfte von 1 Mio. EUR (bei Ehegatten 2. Mio. EUR – §§ 26, 26b EStG) unbeschränkt abgezogen werden. Darüberhinausgehende negative Einkünfte aus früheren Veranlagungszeiträumen sind nur in Höhe von 60% des 1 Mio. EUR übersteigenden Gesamtbetrags der Einkünfte ausgleichsfähig.[67]

Da der Verlust als erster Posten vom Gesamtbetrag der Einkünfte abgezogen wird (→ Rn. 875), verfallen die Steuervorteile aus Sonderausgaben, außergewöhnlichen Belastungen, Kinderfreibeträgen usw. sowie dem Grundfreibetrag. Da bei Zusammenveranlagung auch die Vergünstigungen des Ehepartners entfallen, ist die Einzelveranlagung (§ 26a EStG) vorzuziehen.

c) Sonderausgaben. Unterhaltsleistungen an den dauernd getrenntlebenden oder geschiedenen Ehegatten können nach § 10 Ia Nr. 1 EStG bis zur Höhe von 13 805 EUR als Sonderausgabe angezogen werden. Der Höchstbetrag von 13 805 EUR erhöht sich seit dem 1.1.2010 um den Betrag der im jeweiligen Veranlagungszeitraum nach § 10 Ia Nr. 1 S. 2 EStG im Bereich der **Krankheitsvorsorge** für die **Absicherung** des geschiedenen oder dauernd getrennt lebenden unbeschränkt einkommensteuerpflichtigen Ehegatten auf- 879

---

[62] BFH BStBl. II 2007, 637; DStR 2007, 342; FuR 2007, 175.
[63] BVerfG FamRZ 2009, 1295.
[64] BGH FamRZ 2007, 707 Rn. 8.
[65] BFH NJW 2009, 3472.
[66] BFH DStRE 2013, 913.
[67] BFH DStRE 2013, 913.

§ 1 Die Ermittlung des unterhaltsrechtlich relevanten Einkommens

gewandten Beiträge. Das Verfahren wird als **Realsplitting** (→ Rn. 950) bezeichnet, da im Gegensatz zur fiktiven Einkommensaufteilung bei der Zusammenveranlagung nur der real gezahlte Unterhalt berücksichtigt wird.

Beispiel:
M und F sind verheiratet. M hat ein zu versteuerndes Einkommen von 36.000 , F hat kein steuerpflichtiges Einkommen. M und F haben zwei Kinder von 12 und 14 Jahren. Im Januar 2017 haben sich M und F getrennt. M zahlt monatlich 500 EUR Trennungsunterhalt.
Im Trennungsjahr 2017 werden M und F zusammenveranlagt (→ Rn. 919). Ein Abzug der Unterhaltsleistungen an M ist bei einer Zusammenveranlagung nicht möglich. Es verbleibt also bei einem zu versteuernden Einkommen von 36.000 EUR.
Die steuerliche Belastung 2017 bei einer Zusammenveranlagung und einem zu versteuernden Einkommen von 36.000 EUR beträgt:

Einkommensteuer	3.986,00 EUR
Solidaritätszuschlag	219,23 EUR
Kirchensteuer	148,50 EUR

Im Jahr 2018 ist keine Zusammenveranlagung mehr möglich. M ist einzeln zu veranlagen.
Durch die Inanspruchnahme des Realsplittings durch M reduziert sich sein zu versteuerndes Einkommen von 36.000 EUR um den gezahlten Ehegattenunterhalt von 6000 EUR auf 30.000 EUR in 2018 (§§ 2 IV, 10 Ia Nr. 1 EStG). Die steuerliche Belastung des M beträgt im Jahr 2018 bei einem zu versteuernden Einkommen von 30.000 EUR und Einzelveranlagung:

Einkommensteuer	5348,00 EUR
Solidaritätszuschlag	294,14 EUR
Kirchensteuer	232,20 EUR

Würde M nicht das begrenzte Realsplitting in Anspruch nehmen, ergäbe sich für ihn folgende steuerliche Belastung bei einem zu versteuernden Einkommen von dann 36.000 EUR und Einzelveranlagung:

Einkommensteuer	7.288,00 EUR
Solidaritätszuschlag	400,84 EUR
Kirchensteuer	655,92 EUR

Mit der Inanspruchnahme des begrenzten Realsplittings durch M in 2018 werden die an F gezahlten 6000 EUR bei dieser als steuerbare sonstige Einkünfte erfasst (§ 22 Nr. 1a EStG). Da der von M gezahlte Betrag von 6000 EUR bei der F unter ihrem Freibetrag nach § 32a I EStG liegt, ist er bei ihr steuerfrei (§ 32a I EStG).
Die Inanspruchnahme des begrenzten Realsplittings durch M in 2018 ist also günstiger als die Nichtinanspruchnahme desselben.

880 Ein Abzug von Kindesunterhalt als Sonderausgabe ist nicht möglich.[68] Die steuerliche Berücksichtigung von Kinderbetreuungskosten ist ab dem Veranlagungszeitraum 2012 vereinheitlicht worden. Systematisch handelt es sich nunmehr einheitlich um Sonderausgaben. § 4b und § 9c EStG sind entfallen. § 9c EStG[69] ist – modifiziert – in § 10 I Nr. 5 EStG integriert worden. Die seit 2009 in § 9c EStG zusammengeführten Regelungen zum Abzug von erwerbsbedingten und nicht erwerbsbedingten Kinderbetreuungskosten bis zu einem Höchstbetrag von 4000 EUR[70] je Kind sind systematisierend vereinheitlicht und ab dem Veranlagungszeitraum 2012 als Sonderausgaben in § 10 I Nr. 5 EStG geregelt.[71] Kinderbetreuungskosten sind danach in Höhe von zwei Dritteln der Aufwendungen, höchstens 4000 EUR je Kind und Kalenderjahr abziehbar. Die Unterscheidung nach erwerbsbedingten und nicht erwerbsbedingten Kinderbetreuungskosten ist ab dem VZ 2012 entfallen. Ein volljähriges Kind zwischen 18 und 25 Jahren wird unabhängig von seinen eigenen Einkünften und Bezügen berücksichtigt. Aufwendungen werden ab dem VZ 2012 als Sonderausgaben anerkannt, ohne Prüfung auf die persönlichen Anspruchs-

---

[68] Die Berücksichtigung der Aufwendungen für Kinder geschieht durch Kindergeld oder Kinderfreibeträge (→ § 2 Rn. 486 ff.).
[69] Zur alten Regelung des § 9c EStG: FG Niedersachsen EFG 2013, 1116.
[70] Der Höchstbetrag soll verfassungsgemäß sein: BFH BStBl. II 2012, 816.
[71] BMF v. 14.3.2012, BStBl. I 2012, 307.

12. Abschnitt: Unterhalt und Einkommensteuer § 1

voraussetzungen bei den Eltern (Erwerbstätigkeit, Ausbildung, Krankheit oder Behinderung).

Vorsorgeaufwendungen sind zu unterteilen in Vorsorgeaufwendungen der Basisversorgung (§ 10 I Nr. 2 EStG), Beiträge zur Basiskrankenversicherung und gesetzlichen Pflegeversicherung (§ 10 I Nr. 3 EStG), sowie sonstige Vorsorgeaufwendungen (§ 10 I Nr. 3 EStG). **Vorsorgeaufwendungen** die der **Alters- und Hinterbliebenenvorsorge**[72] des Steuerpflichtigen dienen, sind ab dem Veranlagungszeitraum (VZ) 2015 gemäß § 10 III 1 EStG bis zum Höchstbeitrag zur knappschaftlichen Rentenversicherung abziehbar (bis zu 24.350 EUR im VZ 2019). Im Falle der Zusammenveranlagung von Ehegatten **oder Lebenspartnern** verdoppelt sich der Betrag gemäß § 10 III 2 EStG (bis zu 48.700 EUR im VZ 2019), unabhängig davon, wer von den Ehegatten **oder Lebenspartnern** die begünstigten Beiträge entrichtet hat. 881

In einer Übergangszeit bis 2019 werden die nach altem Recht geltenden Höchstbeiträge für die Altersvorsorge reduziert, die neuen Beiträge werden um jährlich 2% ansteigend seit 2005 mit 60% auf 100% im Jahr 2025 erhöht.

Mit dem Gesetz zur verbesserten steuerlichen Berücksichtigung von Vorsorgeaufwendungen (Bürgerentlastungsgesetz Krankenversicherung vom 16.7.2009) hat der Gesetzgeber die steuerliche Berücksichtigung von Kranken- und Pflegeversicherungsbeiträgen zum 1.1.2010 neu geregelt.[73] Die vom Steuerpflichtigen tatsächlich geleisteten Beiträge für eine Absicherung auf sozialhilfegleichem Versorgungsniveau (Basisabsicherung) zur privaten und gesetzlichen Krankenversicherung und zur gesetzlichen Pflegeversicherung werden in vollem Umfang steuerlich berücksichtigt. Ab dem Veranlagungszeitraum 2010 ist deshalb innerhalb der sonstigen Vorsorgeaufwendungen zwischen den Basiskrankenversicherungsbeiträgen und den Beiträgen zur gesetzlichen Pflegeversicherung in § 10 I Nr. 3 EStG sowie den weiteren sonstigen Vorsorgeaufwendungen in § 10 I Nr. 3a EStG zu unterscheiden.[74]

Bei Steuerpflichtigen, die ohne eigene Beitragsleistungen Anspruch auf Vorsorge haben, zB bei Beamten und, Sozialversicherten, erfolgt eine **Kürzung der Höchstbeträge.** Der Höchstbetrag nach § 10 III 1 EStG ist um einen fiktiven Gesamtbeitrag zur allgemeinen Rentenversicherung zu kürzen. Bemessungsgrundlage für den Kürzungsbetrag sind die erzielten steuerpflichtigen Einnahmen aus der Tätigkeit, die die Zugehörigkeit zum Personenkreis des § 10 III 3 Nr. 1a EStG begründen, höchstens bis zum Betrag der Beitragsbemessungsgrenze in der allgemeinen Rentenversicherung.[75] Altersvorsorgeaufwendungen oberhalb der Höchstbeträge des § 10 III EStG beruhen auf einer freiwilligen Entscheidung des Steuerpflichtigen; Rentenansprüche, die daraus erwachsen, gehen über die bloße Existenzsicherung hinaus. Das subjektive Nettoprinzip verpflichtet den Gesetzgeber nicht dazu, die Absicherung des aktuellen Lebensstandards des Erwerbstätigen im Alter steuerlich zu fördern.[76]

Bei Zusammenveranlagung von Eheleuten (→ Rn. 919) oder Lebenspartnern ist zunächst für jeden Ehegatten oder Lebenspartner nach dessen persönlichen Verhältnissen der ihm zustehende Höchstbetrag zu bestimmen. Die Summe der beiden Höchstbeträge ist der gemeinsame Höchstbetrag (§ 10 IV 3 EStG). Übersteigen die von den Ehegatten oder Lebenspartnern geleisteten Beiträge für die Basisabsicherung (Basiskrankenversicherung und gesetzliche Pflegeversicherung) in der Summe den gemeinsamen Höchstbetrag, sind diese Beiträge für die Basisabsicherung als Sonderausgaben zu berücksichtigen. Eine betragsmäßige Deckelung auf den gemeinsamen Höchstbetrag erfolgt in diesen Fällen nicht.[77]

Vorsorgeaufwendungen nach § 10 I Nr. 2, 3, 3a EStG sind ferner unionskonform bei Auslandsbeschäftigungsfällen zu berücksichtigen, soweit sie in unmittelbarem wirtschaftlichen Zusammenhang mit in einem EU-/EWR-Staat erzielten Einnahmen aus nichtselb-

---

[72] BMF v. 24.5.2017, BStBl. I 2017, 820; BStBl I 2017, 1455.
[73] BMF v. 24.5.2017, BStBl. I 2017, 820.
[74] BMF v. 24.5.2017, BStBl. I 2017, 820.
[75] BMF v. 24.5.2017, BStBl. I 2017, 820.
[76] BVerfG BStBl. II 2016, 801.
[77] BMF v. 24.5.2017, BStBl. I 2017, 820.

ständiger Tätigkeit stehen, diese Einnahmen nach einem DBA im Inland steuerfrei sind und der Beschäftigungsstaat keinerlei steuerliche Berücksichtigung von Vorsorgeaufwendungen im Rahmen der Besteuerung dieser Einnahmen zulässt.[78]

882 **d) Außergewöhnliche Belastungen.** Erwachsen einem Steuerpflichtigen zwangsläufig größere Aufwendungen als der überwiegenden Mehrzahl der Steuerpflichtigen gleicher Einkommensverhältnisse, gleicher Vermögensverhältnisse und gleichen Familienstands, so sind diese gemäß § 33 EStG **auf Antrag** als außergewöhnliche Belastung einkommensmindernd zu berücksichtigen.

Aufwendungen erwachsen dem Steuerpflichtigen nur zwangsläufig, wenn er sich ihnen aus rechtlichen, tatsächlichen oder sittlichen Gründen nicht entziehen kann. Das ist der Fall, wenn die Gründe der Zwangsläufigkeit derart von außen auf die Entschließung des Steuerpflichtigen einwirken, dass er ihnen nicht ausweichen kann, er also tatsächlich keine Entscheidungsfreiheit hat, bestimmte Aufwendungen vorzunehmen oder zu unterlassen. Liegt eine maßgeblich vom menschlichen Willen beeinflusste Situation vor, so handelt es sich dagegen um keine Zwangslage in diesem Sinne.[79] So werden als außergewöhnliche Aufwendungen für Krankheitskosten solche berücksichtigt, die zum Zweck der Heilung einer Krankheit (zB Medikamente, Operation) oder mit dem Ziel getätigt werden, die Krankheit erträglicher zu machen. Aufwendungen für die eigentliche Heilbehandlung werden typisierend als außergewöhnliche Belastung berücksichtigt, ohne dass es im Einzelfall der nach § 33 II 1 EStG an sich gebotenen Prüfung der Zwangsläufigkeit dem Grunde und der Höhe nach bedarf.[80]

Außergewöhnliche Aufwendungen sind jedoch um die **zumutbare Belastung** zu kürzen. Diese wird aus dem Gesamtbetrag der Einkünfte wie folgt ermittelt:

Stand 2018

Familienstand	Jahreseinkünfte in EUR		
	bis 15.340	bis 51.130	über 51.130
Ledige ohne Kind	5%	6%	7%
Verheiratete ohne Kind	4%	5%	6%
mit 1 oder 2 Kindern	2%	3%	4%
mit mehr als 2 Kindern	1%	1%	2%

Der Gesamtbetrag der Einkünfte errechnet sich aus der Summe der Einkünfte abzüglich des Altersentlastungsbetrags, des Entlastungsbetrags für Alleinerziehende und des Freibetrags für Land- und Forstwirte. Ein Erstattungsüberhang aus der Kranken- und Pflegeversicherungsleistung (§ 10 I Nr. 3 EStG) oder der Kirchensteuer (§ 10 I Nr. 4 EStG) ist dem Gesamtbetrag der Einkünfte hinzuzurechnen.

    Summe der Einkünfte (§ 2 Abs. 2 EStG)
./. Altersentlastungsbetrag (§ 24a EStG)
./. Entlastungsbetrag für Alleinerziehende (§ 24b EStG)
./. **Abzug für Land- und Forstwirte (§ 13 III EStG)**
= **Gesamtbetrag der Einkünfte (§ 2 III EStG)**

Sobald der Gesamtbetrag der Einkünfte eine der in § 33 III 1 EStG genannten Grenzen überschreitet, ist die Regelung so zu verstehen, dass nur der Teil des **Gesamtbetrags der Einkünfte** (§ 2 III EStG), der den im Gesetz genannten Grenzbetrag übersteigt, mit dem jeweils höheren Prozentsatz belastet wird.[81]

Beispiel
Der Gesamtbetrag der Einkünfte des Ehemanns beträgt im Jahr 2018 30.000 EUR bei einem Kirchensteuersatz von 9% Prozent Die Eheleute haben ein Kind und werden zusammenveranlagt. Für eine aufwändige Laserbehandlung der Augen hatte der Ehemann außergewöhnliche Belastungen in Höhe von 3000 EUR.

---

[78] BMF v. 11.12.2017, BStBl. I 2017, 1624; § 52 XVIII 4 EStG, BGBl. I 2018, 2338.
[79] BFH BStBl. II 2017, 949; DStRE 2014, 1872.
[80] BFH BStBl. II 2017, 949.
[81] BFH NJW 2017, 1500.

12. Abschnitt: Unterhalt und Einkommensteuer § 1

Die zumutbare Belastung errechnet sich wie folgt:[82]
- 2% von 15.340 EUR = 306,80 EUR
- 3% vom Gesamtbetrag der Einkünfte # 15.340 EUR = 439,80 EUR

Summe. = **746,60 EUR**

Somit kann von dem Betrag von 3000 EUR ein Betrag von 2253,40 EUR als außergewöhnliche Belastung vom Gesamtbetrag der Einkünfte abgesetzt werden (3000 EUR – 746,60 EUR).

Was im Einzelnen als außergewöhnliche Belastung im Sinn des § 33 EStG berücksichtigt wird ist gesetzlich nicht geregelt. Eine erste aktuelle Übersicht geben die Einkommensteuerrichtlinien und -hinweise.

Der Abzug von Zivilprozesskosten eines Scheidungsverfahrens nach § 33 II EStG aF wird durch BFH für Veranlagungsjahre bis 31.12.2012 nunmehr wieder einheitlich beurteilt. Kosten familienrechtlicher und sonstiger Regelungen im Zusammenhang mit einer Ehescheidung außerhalb des sog. Zwangsverbunds sind regelmäßig nicht als außergewöhnliche Belastungen zu berücksichtigen. Dies gilt grundsätzlich auch für Aufwendungen für nicht im Zwangsverbund zu entscheidende Rechtsstreitigkeiten betreffend die Aufwendungen für die vergleichsweise Beilegung von Streitigkeiten über die elterliche Sorge für die gemeinsamen Kinder, den Kindesunterhalt sowie den Ehegattenunterhalt einschließlich des teilweisen Unterhaltsverzichts, den Zugewinn, den Hausrat, das in gemeinsamem Eigentum stehende Einfamilienhaus, sowie für Auseinandersetzungen über vertragliche Ansprüche betreffend eine Teilungsversteigerung und die Auseinandersetzung der gemeinsamen Vermietungsgesellschaft.[83]

Ab dem Veranlagungsjahr (VZ) 2018 ist § 33 II 4 EStG in der ab dem 1.1.2013 geltenden Fassung anzuwenden. Danach sind nunmehr Scheidungskosten Aufwendungen für die Führung eines Rechtsstreites iSd § 33 II 4 EStG. Sie sind durch § 33 II 4 EStG vom Abzug als außergewöhnliche Belastungen ausgeschlossen. Denn ein Steuerpflichtiger erbringt die Aufwendungen für ein Scheidungsverfahren regelmäßig nicht zur Sicherung seiner Existenzgrundlage und seiner lebensnotwendigen Bedürfnisse.[84]

Mithin sind ab dem VZ 2013 weder Scheidungskosten, Kosten eines notwendigen Verbundverfahrens, noch die Kosten eines Verfahrens außerhalb des Zwangsverbundes als außergewöhnliche Belastung abziehbar.

Für typische und häufige außergewöhnliche Belastungen sind in § 33a EStG **Pauschalregelungen** vorgesehen:
– Unterhalt[85] 9000 EUR[86] (ab 1.1.2019 9168 EUR) – (→ Rn. 963)
– Ausbildungsfreibeträge 924 EUR (→ Rn. 885)

Gemäß § 33a III EStG gibt es neben § 33a EStG keine Steuerermäßigung nach § 33 EStG. Ein Abzug für zumutbare Belastung wird in den Fällen des § 33a EStG nicht vorgenommen.

Unterhalt ist nur als außergewöhnliche Belastung abzugsfähig, wenn er – anders als beim Realsplitting – auf Grund gesetzlicher Verpflichtung gezahlt wird und für den Unterhaltsberechtigten kein Kindergeld gezahlt oder Kinderfreibetrag in Anspruch genommen werden kann.[87] Liegen die Voraussetzungen nicht für das ganze Kalenderjahr vor, so werden die Unterhaltsaufwendungen gemäß § 33a IV EStG für jeden vollen dieser Monate um $1/12$ von 9000 EUR (ab 1.1.2019 $1/12$ von 9168 EUR) gekürzt.[88]

884

Die Erfüllung gesetzlicher Unterhaltsverpflichtungen zwischen Ehegatten stellt grundsätzlich keine außergewöhnliche Belastung dar. Ausnahmsweise kommt bei Erfüllung gesetzlicher Unterhaltsverpflichtungen zwischen Ehegatten ein Abzug als außergewöhnliche Belastung in Betracht, wenn der unterstützte Ehegatte aufgrund außergewöhnlicher

---

[82] https://www.finanzamt.bayern.de/Informationen/Steuerinfos/Steuerberechnung/Zumutbare_Belastung/default.php?vlg=2&kinder=1&agb=3000&gbe=30000&s=Berechnen.
[83] BFH BeckRS 2016, 17535; BFH NZFam 2016, 1033.
[84] BFH FamRZ 2017, 1627.
[85] Vgl. BFH BStBl. II 2017, 194.
[86] BFH BStBl. II 2011, 281.
[87] BFH/NV 2012, 1438.
[88] BFH BStBl. II 2018, 643.

885 Zur Abgeltung des Sonderbedarfs eines sich in Berufsausbildung befindlichen, auswärtig untergebrachten Kindes wird nach § 33a II EStG ein **Ausbildungsfreibetrag** von 924 EUR gewährt.[90] Auch dieser wird nur einmal gewährt.[91] Nach § 33a II 6 EStG kann auf gemeinsamen Antrag der Eltern eine andere als hälftige Aufteilung vorgenommen werden, wobei darauf hinzuweisen ist, dass die Übertragung des (hälftigen) Ausbildungsfreibetrages auch zivilrechtlich beansprucht werden kann, wenn der abgegebene Elternteil dadurch keine steuerlichen Nachteile erleidet.[92]

886 Geschiedene oder verheiratete und dauernd getrenntlebende Eltern des Kindes erhalten den Freibetrag zur Hälfte; ebenso Eltern nicht ehelicher Kinder. Auf gemeinsamen Antrag des Elternpaares ist eine andere Aufteilung möglich und damit auch eine vollständige Übertragung. Sind sich die Eltern nicht einig, so muss der auf Zustimmung begehrende Elternteil, den die Zustimmung verweigernden Elternteil gerichtlich auf Erteilung der Zustimmung in Anspruch nehmen.[93] Dieser ist zur Zustimmung verpflichtet, wenn er seinerseits dadurch keine steuerlichen Nachteile erleidet.

4. Die Entstehung und die Höhe der Einkommensteuer

887 Die Einkommensteuer[94] entsteht nach § 36 I EStG mit Ablauf des Veranlagungszeitraums; dies ist das jeweilige Kalenderjahr.[95] Die konkrete **Einkommensteuerschuld** eines Jahres entsteht damit nur als betagte Verbindlichkeit mit dem Ende des jeweiligen Veranlagungszeitraums (§ 36 I EStG).[96] Ab diesem Zeitpunkt ist sie in jeder Hinsicht zu berücksichtigen.[97]

Dies gilt aber auch schon unterjährig für festgesetzte Vorauszahlungen auf die Einkommensteuer (§ 37 EStG), Lohnsteuer bei Einkünften aus nichtselbständiger Arbeit mit dem Tag der Zahlung (§ 38 II EStG)[98], sowie Kapitalertragsteuer spätestens mit dem Tag des Zuflusses (§ 44 I 2 iVm 5 EStG).

Bei vom Kalenderjahr **abweichendem Wirtschaftsjahr** von **Gewerbetreibenden** gelten die Einkünfte gemäß § 4a II Nr. 2 EStG als in dem Jahr bezogen, in dem das Wirtschaftsjahr endet; bei **Land- und Forstwirten** dagegen werden die Einkünfte zeitanteilig erfasst (§ 4a II Nr. 1 EStG). Die Einkommensteuer wird gemäß § 25 EStG nach Ablauf des Kalenderjahres nach dem Einkommen erhoben, das der Steuerpflichtige in diesem Veranlagungszeitraum bezogen hat.

Beispiel:
Das Wirtschaftsjahr des Landwirtes L beginnt am 1.7. und endet am 30.6. des darauffolgenden Jahres. Sein Gewinn betrug:
40 000 EUR im Wirtschaftsjahr 01/02, davon 30 000 EUR von Juli 01 bis Dezember 01 und 10 000 EUR Zeit von Januar 02 bis Juni 02
48 000 EUR im Wirtschaftsjahr 02/03, davon 36 000 EUR von Juli 02 bis Dezember 02 und 12 000 EUR Zeit von Januar 03 bis Dezember 03
In der Einkommensteuerveranlagung 02 werden Einkünfte aus Landwirtschaft in Höhe von 10 000 EUR + 36 000 EUR = 46 000 EUR erfasst. Bei einem Gewerbetreibenden mit den gleichen Bedingungen würde im Jahr der gesamte Gewinn des Wirtschaftsjahres 01/02 in Höhe von 40 000 EUR besteuert.

---

[89] BFH/NV 2012, 1438.
[90] R 33a.2 EStR 2012 und H 33a.2 EStH 2012.
[91] BFH DStRE 2011, 286.
[92] BFH/NV 2007, 1119.
[93] BFH/NV 2007, 1119.
[94] Soweit im Folgenden nicht ausdrücklich anders erwähnt gelten die Ausführungen sinngemäß auch für die Kirchensteuer und den Solidaritätszuschlag.
[95] BFH DStR 2013, 1547.
[96] OLG Hamburg FamRZ 1983, 168.
[97] Für den Zugewinn: BGH FamRZ 1991, 48; OLG Dresden FamRZ 2011, 113.
[98] BFH DStRE 2014, 385.

12. Abschnitt: Unterhalt und Einkommensteuer § 1

Gemäß § 149 II AO ist für Veranlagungen ab dem 1.1.2018 die Einkommensteuererklärung bis zum 31.7. des Folgejahres abzugeben. Fristverlängerungen werden auf Antrag gewährt, insbesondere dann, wenn das zu versteuernde Einkommen wie bei Gewinneinkünften und bei Einkünften aus Vermietung und Verpachtung vom Steuerpflichtigen oder seinem Berater selbst ermittelt werden muss. In solchen Fällen ist die Abgabefrist der Berater für Veranlagungen ab dem 1.1.2018 der 28.2.des übernächsten Jahres. Die Erzielung des Einkommens und die Feststellung der darauf zu erhebenden Steuern fallen daher in der Regel – teilweise sogar ganz erheblich – zeitlich auseinander. 888

Die Höhe der Einkommensteuer richtet sich gemäß § 32a EStG nach der Höhe des zu versteuernden Einkommens. Als Grundlage gilt die Berechnungsformel in § 32a I EStG, nach dem das BMF einen Algorithmus für die maschinelle Berechnung der Steuertabellen veröffentlicht hat. Amtlich berechnete und veröffentlichte Grundtabellen oder Splittingtabellen gehören somit der Vergangenheit an. Dem **Grundtarif** (§ 32a I EStG) ist die **bei Einzelveranlagung,** dem **Splittingtarif** (§ 32a V EStG) die **bei Zusammenveranlagung** anfallende Steuer zu entnehmen. Beim Splittingtarif werden für jeden einzelnen der beiden Ehegatten dessen Einkünfte iSv § 2 I Nr. 1–7 EStG getrennt ermittelt (§ 26b EStG) und, soweit nichts anderes vorgeschrieben ist, die Ehegatten sodann gemeinsam als Steuerpflichtiger behandelt. Das sich dann ergebende zu versteuernde Einkommen wird halbiert. Darauf ($1/2$) wird der Grundtariftarif nach § 32a I EStG angewandt und die so ermittelte Steuer verdoppelt (§ 32a V EStG). 889

Der jährliche Programmablaufplan (derzeit 2019[99]) für die maschinelle Berechnung der vom Arbeitslohn einzubehaltenden Lohnsteuer, des Solidaritätszuschlags und der Maßstabsteuer für die Kirchenlohnsteuer enthält auf der Grundlage des § 51 IV Nr. 1a EStG die Berechnung für die Herstellung von Lohnsteuertabellen einschließlich der Berechnung des Solidaritätszuschlags und der Bemessungsgrundlage für die Kirchenlohnsteuer mit Lohnstufen. Damit kann weiter die unterjährige Lohnsteuer mit dem amtlichen Berechnungsprogramm berechnet werden oder aus den daraus hergestellten Lohnsteuertabellen berechnet werden. Anders als in dem Lohnsteuerprogramm oder der Lohnsteuertabelle sind in den Einkommensteuertarifen **keine Abzüge berücksichtigt.** Die Lohnsteuertabelle (§ 51 IV Nr. 1a EStG) geht vom (Brutto-) Einkommen aus nichtselbständiger Arbeit aus, die Einkommensteuertarife basieren auf dem zu versteuernden Einkommen (→ Rn. 875). Auf der Grundlage der Tarife sind die EDV-Steuerberechnungsprogramme erstellt.

5. Vorauszahlungen

Im Allgemeinen werden vom Finanzamt Vorauszahlungen auf die für das im laufenden Jahr erzielte Einkommen voraussichtlich anfallende Einkommensteuer, den Solidaritätszuschlag und die Kirchensteuer erhoben, soweit es sich nicht um Einkünfte aus nichtselbständiger Arbeit handelt. Die Einkommensteuervorauszahlung entspricht nur bei Einkünften aus unselbständiger Arbeit der Lohnsteuer, denn auch die Lohnsteuer ist bei der Durchführung einer Veranlagung zum Schluss des Kalenderjahres nichts anderes als eine „abrechenbare Einkommensteuervorauszahlung". Wenn die Einkommensteuervorauszahlungsschuld durch **Vorauszahlungsbescheid** festgestellt ist, entsteht die Verpflichtung zum 1. eines jeden Quartals,[100] Zahlungen sind jedoch erst am 10. März, 10. Juni, 10. September und 10. Dezember zu leisten. 890

Die Festsetzung von Vorauszahlungen des unterhaltsberechtigten Ehegatten auf die Einkommensteuer gemäß § 37 I EStG kann rechtmäßig sein, wenn die Ehegatten in den zurückliegenden Veranlagungszeiträumen einvernehmlich das Realsplitting durchgeführt haben. Allein der Umstand, dass der Unterhaltspflichtige sein Wahlrecht zum Sonderausgabenabzug im Zeitpunkt der Festsetzung der Vorauszahlungen noch nicht ausgeübt hat, steht der Rechtmäßigkeit der Festsetzung nicht notwendig entgegen. Denn die Möglichkeit, dass sich die auf der Grundlage der zuletzt veranlagten Einkommensteuer getroffene

---

[99] für 2019 siehe BMF v. 12.11.2018 BStBl. I 2018, 1152.
[100] Nicht geleistete Vorauszahlungen sind daher beim Zugewinnausgleich nur zu berücksichtigen, wenn ein Vorauszahlungsbescheid vorliegt.

Prognose aufgrund einer Veränderung des Sachverhalts in der Zukunft als unzutreffend erweist, besteht auch bei jeder anderen Festsetzung von Vorauszahlungen.[101]

Die **Höhe der Vorauszahlungen** richtet sich nach dem zu versteuernden Einkommen aus der letzten Einkommensteuerveranlagung, es sei denn, dass sich aus schlüssigen Angaben des Steuerpflichtigen etwas anderes ergibt. Für das laufende Jahr werden die noch nicht fälligen Vorauszahlungen angepasst, wenn diesen ein geringeres Einkommen zugrunde liegt. Wenn zwischen dem Veranlagungszeitraum, der Gegenstand des Steuerbescheids war, und dem Zeitpunkt des Erlasses dieses Steuerbescheids ein volles Kalenderjahr liegt, werden für dieses gegebenenfalls höhere Vorauszahlungen nachträglich festgesetzt. Eine Anpassung kann auch von Amts wegen veranlasst werden, wenn aus den Umsatzsteuervoranmeldungen auf ein höheres Einkommen zu schließen ist.

891 **Beispiel:**
Das Finanzamt erlässt den Steuerbescheid für 02 im Juli 04 und setzt die Steuern auf insgesamt 24 000 EUR fest. Da die Vorauszahlungen für 02 auf 4 × 5000 EUR festgesetzt waren, wird eine Nachzahlung von 4000 EUR angeordnet. Gleichzeitig erfolgt eine nachträgliche Anpassung der Vorauszahlungen für 03 von ebenfalls 4 × 5000 EUR um weitere 4000 EUR. Die für September und Dezember 04 noch nicht fälligen Vorauszahlungen werden von 5000 EUR auf 7000 EUR angepasst, so dass sich auch für 04 insgesamt Vorauszahlungen in Höhe von 24 000 EUR ergeben.

6. Abzugsteuern

892 Vorauszahlungen stellen auch die Abzugsteuern dar. Dies sind die Lohnsteuer und die Kapitalertragsteuer.

a) Lohnsteuer. Die Lohnsteuer ist keine selbständige Steuer, sondern Einkommensteuer, die bei Einkünften aus nichtselbständiger Tätigkeit nicht im Wege der Veranlagung nach § 25 EStG festgesetzt, sondern gemäß § 38 EStG durch **Abzug vom Arbeitslohn** oder Gehalt durch den Arbeitgeber einbehalten und an das Finanzamt abgeführt wird. Sie wird bei der Steuerveranlagung **wie eine Steuervorauszahlung** nach § 37 EStG auf die Einkommensteuerschuld **angerechnet.**

893 **b) Kapitalertragsteuer (Abgeltungsteuer auf Kapitalerträge)** ist ebenfalls keine selbständige Steuer, sondern Einkommensteuer, die ab dem Jahr 2009 auf **private** Kapitalerträge und Gewinne aus der Veräußerung von privaten Kapitalanlagen anzuwenden ist, sowie auf Termin- und Optionsgeschäfte ohne Haltefrist und Stillhalteprämien.[102] Der Abzug der Kapitalertragsteuer hat durch den Gläubiger direkt zu erfolgen. Dazu wurden die Einkünfte aus Kapitalvermögen iSd § 20 EStG um Einkünfte aus der Veräußerung von Kapitalanlagen erweitert. Neben den Erträgen aus Kapitalanlagen nach § 20 I EStG werden auch Wertzuwächse durch die Veräußerung der Kapitalanlagen – unabhängig von der Haltedauer der Kapitalanlage – vom Anwendungsbereich des § 20 EStG erfasst. Ab dem Veranlagungszeitraum (VZ) 2018 werden gem. § 43 I Nr. 5 EStG auch Erträge aus Investmentfonds mit Ausnahme der Gewinne aus der Veräußerung der Investmentanteile von der Abgeltungsteuer erfasst. Dazu gehören nach § 43 I Nr. 5 EStG iVm § 16 InvStG die Ausschüttungen des Investmentfonds und die sog. Vorabpauschale.

Mit dem Abzug der Abgeltungsteuer auf private Kapitalerträge ist eine definitive Abgeltungswirkung für Erträge im Privatvermögen verbunden, mit einem definitiven Abgeltungssteuersatz von 25% (zzgl. Soli von 5,5% und Kirchensteuer von 8% oder 9%). Der Abzug der Kapitalertragsteuer hat durch den Schuldner der Kapitalerträge direkt zu erfolgen.[103] Nach wie vor ist es sinnvoll auf Antrag die der Abgeltungsteuer unterliegenden Einkünfte in die Veranlagung auf Antrag einzubeziehen, wenn die Einkommensteuerschuld insgesamt unter dem Abgeltungssteuersatz liegt. Insoweit besteht ein Veranlagungswahlrecht. Die Höhe des allgemeinen Einkommensteuertarifs ist dabei nicht entscheidend, maßgebend ist allein, wie hoch die Steuerbelastung bei einer Einbeziehung der Kapital-

---

[101] OLG Bremen BeckRS 2014, 17661.
[102] Übersicht der Einkünfte aus Kapitalvermögen: siehe BMF Schreiben v. 16.6.2016 BStBl. I 2016, 527.
[103] OLG Hamm, BeckRS 2018, 29977.

einkünfte in das zu versteuernde Einkommen im Vergleich zu einer Besteuerung mit dem Abgeltungssteuersatz ist. In diesen Fällen führt dies dazu, dass die einbehaltene Abgeltungssteuer auf Kapitalerträge auf die Einkommensteuer anzurechnen ist („Günstigkeitsprüfung"). Für die Anrechnung ist eine Steuerbescheinigung der abführenden Stelle (= Schuldner der Kapitalerträge) gemäß § 45a EStG[104] erforderlich.

Für die weit überwiegende Zahl der Steuerpflichtigen dürfte sich die Ausübung des Veranlagungswahlrechts kaum lohnen, denn bereits ab einem zu versteuernden Einkommen für das Veranlagungsjahr 2018 von 16.330 EUR und 32.660 EUR bei zusammenveranlagten Ehegatten wird ein (Grenz-) Steuersatz von 25% erreicht.

Beispiel:
M hat in 2018 ein zu versteuerndes Einkommen von 16.330 EUR und Zinseinkünfte von 3000 EUR. Er wählt die Einzelveranlagung und übt die Option nach § 32d EStG nicht aus.
Ergebnis:
Abgeltungssteuer (3000 EUR – 801 EUR (Sparerfreibetrag))

Abgeltungssteuer	537,65 EUR
Soli	29,57 EUR
Kirchensteuer 9%	48,38 EUR
Gesamtbelastung	615,60 EUR
Durchschnittsbelastung	27,995%

Einkommensteuer (16.330 EUR)

Einkommensteuer	1.519,00 EUR
Soli	83,54 EUR
Kirchensteuer 9%	136,71 EUR
Gesamtbelastung	1.739,25 EUR
Durchschnittsbelastung	28,62%

Steuerbelastung gesamt 615,60 EUR + 1739,25 EUR = 2354,85 EUR
Einkommensteuer bei Ausübung der Option nach § 32d EStG (16.330 EUR + 3000 EUR – 801 EUR (Sparerfreibetrag))

Einkommensteuer	2.080,00 EUR
Soli	114,40 EUR
Kirchensteuer 9%	187,20 EUR
Gesamtbelastung	**2.381,60 EUR**
Durchschnittsbelastung	29,73%

Die Abgeltungssteuer auf Kapitalerträge wird bis zur Höhe von 801 EUR, bei Zusammenveranlagung von 1602 EUR nicht einbehalten, wenn der Steuerpflichtige gemäß § 44a II EStG auf dem amtlich vorgeschriebenen Formular einen **Freistellungsantrag** stellt. Der abführungspflichtige Schuldner darf von der Abführung der Abgeltungssteuer jedoch nur absehen, wenn der Gläubiger der Kapitalerträge seine Identifikationsnummer (§ 139b der Abgabenordnung) und bei gemeinsamen Freistellungsaufträgen auch die Identifikationsnummer des Ehegatten mitteilt (§ 44a IIa 1 EStG). Der Freistellungsantrag ist damit eine „Selbststeuererklärung" des Gläubigers.

Dies gilt nach § 32d VI EStG auch dann, wenn die Steuerveranlagung aufgrund geringer Einkünfte des Steuerpflichtigen zu einer Steuerbelastung unter 25% führt. Entsprechend der Obliegenheit zur Stellung eines Antrages auf Gewährung eines Freibetrages im Rahmen des Lohnsteuer-Ermäßigungsverfahrens (→ Rn. 911 ff.) besteht unterhaltsrechtlich auch die Verpflichtung einen Freistellungsauftrag zu stellen.

Beispiel: 894
S erteilt Auskunft über Zinseinkünfte im Prüfungszeitraum in Höhe von insgesamt 567 EUR. Aus den Abrechnungen der Bank, zu deren Vorlage S verpflichtet ist, ergibt sich folgende Berechnung:

Zinsen	800 EUR
./. Kapitalertragsteuer	240 EUR
./. Solidaritätszuschlag	13 EUR
Auszahlung	567 EUR

Einen Freistellungsauftrag hat S nicht gestellt. Ein Steuerbescheid für den Prüfungszeitraum liegt noch nicht vor. Im Vorjahresbescheid waren keine Zinserträge erfasst.

---

[104] Muster siehe BMF v. 15.12.2017 BStBl. I 2018, 13.

Dem unterhaltsrechtlichen Einkommen sind 253 EUR zuzurechnen, da bei einer Freistellung aus 801 EUR keine Steuern angefallen wären. Zu beachten ist allerdings, ob mit dem Steuerbescheid eine Steuererstattung erfolgt. Diese darf dann nicht nochmals zugerechnet werden.

895–899 – *in dieser Auflage nicht belegt –*

III. Besteuerung von Einkünften aus nichtselbständiger Tätigkeit

1. Einkommensermittlung

900 a) **Werbungskosten/Arbeitnehmerpauschbetrag.** Für die Besteuerung von Einkünften aus nichtselbständiger Arbeit (→ Rn. 46 ff.) nach § 19 EStG gelten besondere Regeln. So wird gemäß § 9a I EStG für Aufwendungen, die im Zusammenhang mit der Erwerbstätigkeit anfallen („Werbungskosten"), der **Arbeitnehmerpauschbetrag** in Höhe von **1000 EUR**[105] abgezogen, auch wenn geringere oder gar keine Werbungskosten angefallen sind. Bei Versorgungsbezügen ist ein Pauschbetrag von 102 EUR steuerfrei. Wenn der Steuerpflichtige höhere Werbungskosten geltend machen will, geschieht dies im Veranlagungsverfahren (→ Rn. 915 ff.).[106]

Abzugsfähig sind bei den Einkünften aus nichtselbständiger Tätigkeit nach § 9 EStG ua
- Beiträge zu Berufsständen und Berufsverbänden (Absatz 1 Nr. 3),
- Mehraufwendungen, die einem Arbeitnehmer wegen einer aus beruflichem Anlass begründeten doppelten Haushaltsführung entstehen, und zwar unabhängig davon, aus welchen Gründen diese beibehalten wird (Absatz 1 Nr. 5),[107]
- Aufwendungen für Arbeitsmittel, zB Werkzeuge und typische Berufskleidung (Absatz 1 Nr. 6),
- Abschreibung von Arbeitsmitteln, die bei Gewinneinkünften zum Anlagevermögen gehören würden (Absatz 1 Nr. 7).[108]

901 **Begrenzt abzugsfähige Werbungskosten** sind die Aufwendungen für **Fahrten zwischen Wohnung und Arbeitsstätte** (§ 9 I 3 Nr. 4 EStG). Zur Abgeltung derartiger Aufwendungen wird eine Entfernungspauschale von 0,30 EUR pro vollen Entfernungskilometer und jeden Arbeitstag gewährt. Der absetzbare Betrag ist auf 4500 EUR[109] pro Kalenderjahr begrenzt, wenn nicht bei Nutzung eines PKW höhere Kosten angefallen sind. Die Pauschale wird auch gewährt, wenn keine Kosten anfallen.[110]

Nach § 3 Nr. 15 S. 1 EStG werden ab dem 1.1.2019 Zuschüsse des Arbeitgebers steuerfrei gestellt, die zusätzlich zum ohnehin geschuldeten Arbeitslohn zu den Aufwendungen des Arbeitnehmers für Fahrten mit öffentlichen Verkehrsmitteln im Linienverkehr (ohne Luftverkehr) zwischen Wohnung und erster Tätigkeitsstätte sowie für Fahrten im öffentlichen Personennahverkehr gewährt wurde („Jobticket") . Die Steuerbefreiung umschließt auch private Fahrten im öffentlichen Personennahverkehr, indes nicht die private Nutzung öffentlicher Verkehrsmittel außerhalb des öffentlichen Personennahverkehrs. Das Gleiche gilt nach § 3 Nr. 15 S. 2 EStG für die unentgeltliche oder verbilligte Nutzung öffentlicher Verkehrsmittel im Linienverkehr (ohne Luftverkehr) für Fahrten zwischen Wohnung und erster Tätigkeitsstätte, die der Arbeitnehmer aufgrund seines Dienstverhältnisses zusätzlich zum ohnehin geschuldeten Arbeitslohn in Anspruch nehmen kann. Die insoweit steuerfreien Leistungen mindern den Abzug der Entfernungspauschale iSd § 9 I 3 Nr. 4 S. 2 EStG (§ 3 Nr. 15 S. 3 EStG). Darüber hinaus stellt § 3 Nr. 37 EStG die Überlassung eines betrieblichen Fahrrads steuerfrei, falls sie zusätzlich zum ohnehin geschuldeten Arbeitslohn gewährt wird,

---

[105] Bis 31.12.2010: 920 EUR.
[106] Zur Eintragung von Freibeträgen → Rn. 911 ff.
[107] BFH DStR 2019, 1194.
[108] Vgl. dazu die Ausführungen → Rn. 202 ff. und → Rn. 341 ff.
[109] Die Begrenzung ist verfassungsgemäß: BFH BStBl. II 2017, 228.
[110] BMF v. 24.10.2014 BStBl. I 2014, 1412.

12. Abschnitt: Unterhalt und Einkommensteuer § 1

Beispiel: 902
A fährt von seiner Wohnung mit dem Fahrrad 4 km zu einem Treffpunkt, von wo er zusammen mit seinem Vater zur Arbeit fährt. Die Strecke beträgt 36 km. Der Vater berechnet ihm keine Kosten.
A kann die volle Pauschale von 40 km × 0,30 EUR/km = 12 EUR pro Arbeitstag in Anspruch nehmen.

Unterhaltsrechtlich sind die Pauschalen ohne Bedeutung, maßgeblich sind für die Fahrten zwischen Wohnung und Arbeitsstätte die unterhaltsrechtlichen Ansätze (→ Rn. 133 ff.).[111]

b) Lohnsteuer/Antragsveranlagung. Im Gegensatz zu den Gewinneinkünften wird 903 die Einkommensteuer nicht im Wege veranlagter Steuervorauszahlungen (→ Rn. 890) erhoben, sondern vom Arbeitgeber – bei Versorgungsbezügen vom Versorgungsträger – auf der Basis des monatlichen Bruttobezugs ermittelt, einbehalten und an die zuständige Finanzkasse abgeführt. Die so gezahlte Einkommensteuer wird als **Lohnsteuer** (→ Rn. 892) bezeichnet. Die monatliche Lohnsteuer berechnet sich nach dem tatsächlichen Monatsgehalt oder Monatslohn. Bei stark wechselnden Einkünften wird daher wegen der Steuerprogression (→ Rn. 924) insgesamt zu viel Steuer abgezogen.

Beispiel:
Das monatliche Bruttoeinkommen des A beträgt 3000 EUR; der Arbeitgeber behält davon jeweils 484,33 EUR für Lohnsteuer und Solidaritätszuschlag ein. Zum 1.7. wird das Gehalt auf 4000 EUR erhöht, der Steuerabzug beträgt nunmehr 790,37 EUR.
Insgesamt werden daher 7648,20 EUR abgeführt. Für das Jahreseinkommen von 42 000 EUR werden jedoch nur 7584,39 EUR geschuldet. Der gleiche Effekt tritt bei Zahlung von Gratifikationen oder Tantiemen ein.

Auf Antrag kann ein Arbeitgeber mit der Auszahlung des Dezemberbezugs den Lohnsteuerausgleich vornehmen, bei mindestens zehn Beschäftigten ist der **Lohnsteuerjahresausgleich durch den Arbeitgeber** Pflicht. Voraussetzungen und Ausnahmen ergeben sich aus § 42b EStG. Der Arbeitgeber darf ua jedoch keinen Lohnsteuerjahresausgleich vornehmen, wenn Verheiratete die unterjährige Lohnsteuerklassenkombination III/V oder das Faktorverfahren gewählt haben (§ 42b I 3 Nr. 3, 3b EStG) oder auf Antrag Freibeträge als Abzugsmerkmal gewährt wurden (§ 42b I 3 Nr. 3a EStG).

Auf Grund der Aufzeichnungen im Lohnkonto hat der Arbeitgeber nach Abschluss des Lohnkontos für jeden Arbeitnehmer der zuständigen Finanzbehörde nach Maßgabe des § 93c AO bis zum letzten Tag des Monats Februar des folgenden Jahres eine elektronische Lohnsteuerbescheinigung zu übermitteln (§ 41b I 2 EStG iVm § 93c I Nr. 1 AO).[112] Dem Arbeitnehmer ist ein nach amtlich vorgeschriebenem Muster gefertigter Ausdruck der elektronischen Lohnsteuerbescheinigung mit Angabe der Identifikationsnummer (IdNr.) auszuhändigen oder elektronisch bereitzustellen (§ 41b I 3 EStG). Die Lohnsteuerbescheinigung ist nur ein Beweismittel für den Lohnsteuerabzug, wie er tatsächlich stattgefunden hat.[113] Sie dient aber nicht dem Nachweis des Lohnsteuerabzugs, wie er hätte durchgeführt werden müssen. Etwaige Fehler beim Lohnsteuerabzug können im Rahmen der Einkommensteuerveranlagung berichtigt werden.[114] Eine abweichende Einkommensteuerveranlagung ist durch eine unrichtige Lohnsteuerbescheinigung nicht ausgeschlossen, da dieser lediglich eine widerlegbare Beweiswirkung bei der Veranlagung zukommt.[115] Eine Bindungswirkung kommt ihr nicht zu.[116]

Auch deshalb kann **unabhängig von der unterjährigen Lohnsteuerklassenwahl** während des laufenden Kalenderjahrs im Rahmen der Einkommensteuerveranlagung nach Ablauf des Kalenderjahres die Wahlrechtsausübung zwischen Zusammenveranlagung (§ 26b EStG) und Einzelveranlagung der Ehegatten (§ 26a EStG) für das abgelaufene Veranlagungsjahr noch abweichend erfolgen. Dies ist aus der Sicht des Steuerrechts weder

---

[111] Vgl. auch BGH FamRZ 2006, 108 (110) = R 642.
[112] BMF v. 27.9.2017 BStBl. I 2017, 1339; v. 31.8.2018 BStBl. I 2018, 1009.
[113] BFH BStBl. II 2009, 354 = DStRE 2009, 374.
[114] BFH BFH/NV 2008, 944.
[115] BFH BFH/NV 2011, 2042.
[116] BFH BFH/NV 2011, 786; BAG DStR 2013, 1345.

rechtsmissbräuchlich, noch gegenüber der Finanzverwaltung ein Gestaltungsmissbrauch gemäß § 42 AO.[117]

904 Die **Jahreslohnsteuer** bemisst sich gemäß § 38a I 1 iVm II EStG nach dem Arbeitslohn, den der Arbeitnehmer im maßgeblichen Kalenderjahr bezieht. Dabei gilt abweichend von dem für Einkünfte aus nichtselbständiger Arbeit gültigen Zuflussprinzip (§ 11 EStG) als Kalenderjahr der **Lohnabrechnungszeitraum**.

> **Beispiel:**
> A hat am 3.1. von seinem Arbeitgeber 15 000 EUR brutto erhalten. Darin enthalten sind 5000 EUR laufendes Gehalt für den Vormonat Dezember und ein Bonus in Höhe von 10 000 EUR für das abgelaufene Jahr.
> Als im abgelaufenen Kalenderjahr bezogen gelten 12 × 5000 EUR = 60 000 EUR. Der Bonus von 10 000 EUR wird mit dem Einkommen des laufenden Jahres versteuert, weil er nicht zum Lohnzahlungszeitraum um den Jahreswechsel gehört.

905 Unter besonderen Voraussetzungen, die in § 46 EStG im Einzelnen aufgeführt sind, ist bei einem Lohnsteuerpflichtigen **keine Veranlagung zur Einkommensteuer** erforderlich. § 46 EStG unterscheidet dabei Tatbestände der Amts-/Pflichtveranlagung (§ 46 II Nr. 1 bis 7 EStG) vom Tatbestand der Antragsveranlagung (§ 46 II Nr. 8 EStG). Die Pflichtveranlagung von Amts wegen umschließt Fälle, in denen regelmäßig Nachzahlungen zu erwarten sind. Die Veranlagung auf Antrag des Steuerpflichtigen dient seinem Interesse. Der Antragsveranlagung liegt der Gedanke zugrunde, dass bei den von ihr erfassten Fällen der Anspruch des Staates auf Einkommensteuer bereits durch den Lohnsteuerabzug befriedigt ist.[118]

> **Beispiel:**
> M ist im Veranlagungsjahr nur bei einem Arbeitgeber tätig gewesen. Antrag auf Gewährung eines Freibetrags im Rahmen des Lohnsteuer-Ermäßigungsverfahrens wurde nicht gestellt. Sonstige Einkünfte hat M nicht erzielt.
> M ist nicht zur Abgabe einer Einkommensteuererklärung verpflichtet. Er kann eine solche aber im Wege der Antragsveranlagung abgeben, wenn er mit einer Steuererstattung rechnen kann, weil er zB höhere Werbungskosten als den Arbeitnehmerpauschbetrag geltend machen kann oder Sonderausgaben über die Pauschale von 36 EUR (vgl. § 10c I EStG) hatte.

906 Eine Veranlagung ist aber ua dann **vorgeschrieben,** wenn
- Verheiratete die unterjährige Lohnsteuerklassenkombination III/V (→ Rn. 907) gewählt haben (§ 46 II Nr. 3a EStG)oder
- auf Antrag Freibeträge als Abzugsmerkmal gewährt wurden (§ 46 II Nr. 4 EStG) (→ Rn. 911 ff.) .

2. Lohnsteuerklassen

907 Bei der Bemessung der Lohnsteuer werden nach § 38a EStG auch die persönlichen Verhältnisse des Steuerpflichtigen berücksichtigt, soweit sie typischerweise vorliegen. Dies erfolgt durch die Einreihung in die in § 38b EStG definierten Lohnsteuerklassen I bis VI.
Im Verfahren der elektronischen Lohnsteuerabzugsmerkmale (ELStAM-Verfahren) ist die Finanzverwaltung für die Bildung und Änderung der Lohnsteuerabzugsmerkmale und deren Bereitstellung für den Abruf durch den Arbeitgeber zuständig. Die steuerlichen Rechte und Pflichten der Arbeitgeber und Arbeitnehmer ergeben sich aus den §§ 38 bis 39f EStG. Es ist nicht erforderlich, dass der Arbeitnehmer die Aufnahme einer Beschäftigung bzw. Beginn eines Dienstverhältnisses beim Finanzamt anzeigt oder einen Antrag zur Bildung der ELStAM (Elektronische Lohnsteuerabzugsmerkmale) stellt. Soweit ein Arbeitgeber für die Durchführung des Lohnsteuerabzugs Lohnsteuerabzugsmerkmale benötigt, werden sie auf Veranlassung des Arbeitnehmers gebildet (§ 39 I 1 EStG). Die

---

[117] BFH HFR 2013, 225.
[118] BVerfG NJW 2014, 139.

12. Abschnitt: Unterhalt und Einkommensteuer § 1

Bildung der ELStAM erfolgt grundsätzlich automatisiert durch das Bundeszentralamt für Steuern (§ 39e I 1 EStG) aufgrund der gespeicherten Daten (ELStAM-Datenbank).[119]
Dabei werden je Arbeitnehmer grundsätzlich die Steuerklasse und die Kinderfreibeträge für die in den Steuerklassen I bis IV zu berücksichtigenden Kinder gebildet (§ 39 IV 1 Nr. 1 und 2 iVm § 38b I, II EStG). Soweit das Finanzamt auf Antrag des Arbeitnehmers Lohnsteuerabzugsmerkmale nach § 39 I und II EStG bildet (zB Freibeträge nach § 39a EStG oder Steuerklassen nach antragsgebundenem Steuerklassenwechsel), teilt es diese dem Bundeszentralamt für Steuern zum Zweck der Bereitstellung für den automatisierten Abruf durch den Arbeitgeber mit.[120]

Steuerklassen 2019	I	II	III	IV	V	VI
Grundfreibetrag (§ 32a EStG)	9168	9168	18336	9168	nein	nein
Arbeitnehmerpauschbetrag (§ 9a EStG)	1000	1000	1000	1000	1000	nein
Sonderausgabenpauschbetrag (§ 10c S. 1)	36	36	36	36	36	nein
Vorsorgepauschale (individuell bruttolohnabhängig § 39b II Nr. 3 EStG)	ja	ja	ja	ja	ja	ja
Entlastungsbetrag für Alleinerziehende (§ 24b EStG)[121]	nein	1908	nein	nein	nein	nein
Kinderfreibetrag je Kind (§ 32 VI EStG)	7620	7620	7620	3810	nein	nein

Nach Heirat oder bei Begründung einer Lebenspartnerschaft erhielten bis zum Veranlagungszeitraum (VZ) 2017 verheiratete Arbeitnehmer die Steuerklasse III, wenn nur ein Ehepartner/Lebenspartner berufstätig war. Nach der Gesetzesänderung zum VZ 2018 werden beide Ehegatten ab dem 1.1.2018 bei Heirat programmgesteuert stets in die Steuerklasse IV eingereiht (Änderung des § 39 III 3 EStG). Die bisherige Unterscheidung bis zum VZ 2017, ob nur ein Ehegatte als Arbeitnehmer tätig ist (dann Steuerklassenkombination III/V) oder beide (dann Steuerklassenkombination IV/IV), ist ab dem 1.1.2018 entfallen.[122]

908

Ab dem 1.1.2018 ist in Folge dessen ein **einseitiger** Antrag auf Steuerklassenwechsel von III/V zu IV/IV eingeführt worden (§ 38 III 2 EStG). Dadurch wird sichergestellt, dass die Steuerklassenkombination III/V nur angewendet wird, wenn und solange beide Ehegatten dies gemeinsam wollen.[123] Deshalb ist § 38 III 2 EStG dahin gehend ab dem 1.1.2018 ergänzt worden, dass der Wechsel aus der Steuerklasse III/IV in die Steuerklasse IV auch auf Antrag nur eines Ehegatten möglich ist, mit der Folge, dass beide Ehegatten in die Steuerklasse IV eingereiht werden.[124]

Für die Änderung der Lohnsteuerklasse ist das Finanzamt auf Antrag auch nur eines Ehegatten mittels amtlichen Vordrucks zuständig (§ 39 IV Nr. 1 iVm § 39 VI 1 EStG iVm § 38b III 2 EStG).[125]

Innerhalb des Kalenderjahres kann eine Änderung auf Antrag grundsätzlich nur einmal, und zwar von Seiten des Finanzamts, bis spätestens zum 30.11. vorgenommen werden (zur Steuerklassenwahl III/V (→ Rn. 939)). Ein weiterer Antrag ist möglich, wenn ein Ehegatte keinen steuerpflichtigen Arbeitslohn mehr bezieht oder verstorben ist, wenn sich die Ehegatten auf Dauer getrennt haben oder wenn ein Dienstverhältnis wieder aufgenommen wird, zB nach einer Arbeitslosigkeit oder einer Elternzeit. Eine Änderung der Steuerklassenkombination in IV/IV im Laufe des Kalenderjahres wird mit Wirkung vom Beginn des auf die Antragstellung folgenden Kalendermonats eingetragen (§ 39 VI 2 EStG).

---

[119] BMF v. 8.11.2018 BStBl. I 2018, 1137.
[120] BMF v. 8.11.2018 BStBl. I 2018, 1137.
[121] Je weiterem Kind Erhöhung um 240 EUR.
[122] Gesetz v. 23.6.2017, BGBl. I 2017, 1682.
[123] Gesetz v. 23.6.2017, BGBl. I 2017, 1682; Motive BT-Drucks.18/12127, S. 60.
[124] Motive BT-Drucks.18/12127, S. 60.
[125] Elektronischer Antragsvordruck siehe im Formular-Management-System (FMS) der Bundesfinanzverwaltung.

Auf Antrag beider Ehegatten kann die Kombination IV/IV Faktorverfahren[126] (§§ 39 VI 2, 39f I 1 EStG) gewählt werden oder von IV/IV Faktor bzw. IV/IV ohne Faktor in die Kombination III/V (§§ 39 VI 2, 38b I 2 Nr. 3a EStG). Durch die gemeinsame Wahl der Steuerklassenkombination IV/IV in Verbindung mit dem vom Finanzamt zu berechnenden und als ELStAM zu bildenden Faktor (§ 39f EStG) wird erreicht, dass für jeden Ehegatten/Lebenspartner durch Anwendung der Steuerklasse IV der für ihn geltende Grundfreibetrag beim Lohnsteuerabzug berücksichtigt wird und sich der einzubehaltende Lohnsteuerabzug durch Anwendung des Faktors von 0,... (stets kleiner als eins) entsprechend der Wirkung des Splittingverfahrens reduziert. Der Faktor ist ein steuermindernder Multiplikator, der sich bei unterschiedlich hohen Arbeitslöhnen der Ehegatten/Lebenspartner aus der Wirkung des Splittingverfahrens in der Veranlagung errechnet.[127] Wirtschaftlich soll damit erreicht werden, dass der sich eigentlich erst durch die Veranlagung im Folgejahr ergebende Splittingvorteil, schon vorher unterjährig, nach dem Ergebnis der Veranlagung des Vorjahres auf die Ehegatten (vorab) aufgeteilt wird. Damit soll die **Gleichberechtigung** des Ehegatten/Lebenspartners hinsichtlich der bereits unterjährigen *persönlichen* Verfügbarkeit des „Splittingvorteils" erreicht werden.[128]

Die Formel lautet:

$$\text{Faktor (F)} = \frac{\text{Voraussichtliche jährliche Einkommensteuer beider Steuerpflichtiger (Y)}}{\text{jährliche Lohnsteuer beider Steuerpflichtigen (X)}} = \textbf{Faktor}$$

Das Faktorverfahren berücksichtigt durch seine Anbindung an Steuerklasse IV bereits beim unterjährigen Lohnsteuerabzug den familienrechtlich im Innenverhältnis zwischen den Ehegatten bestehenden Ausgleichsanspruch des einen Ehegatten (in der Regel der Ehefrau) gegen den anderen Ehegatten (in der Regel des Ehemannes), jedoch nur für die Einkünfte aus nichtselbständiger Arbeit.[129] Mit dem Faktorverfahren wird erreicht, dass bei dem jeweiligen Ehegatten mindestens die ihm persönlich zustehenden steuerentlastend wirkenden Vorschriften beim unterjährigen Lohnsteuerabzug berücksichtigt werden (Grundfreibetrag, Vorsorgepauschale, Sonderausgaben-Pauschbetrag, Kinder); dies beruht auf Anwendung der Steuerklasse IV. Mit dem Faktor Y: X (einem einzutragenden Multiplikator stets kleiner als 1, also eine 0 mit drei Nachkommastellen) wird die Lohnsteuer der Steuerklasse IV jedoch entsprechend der Wirkung des Splittingverfahrens (§ 32a V EStG) schon unterjährig gemindert.[130]

Die der Steuerklasse VI unterliegenden Arbeitslöhne aus zweiten u. weiteren Dienstverhältnis sind im Faktorverfahren nicht zu berücksichtigen (§ 39f I 8 EStG). Das Gleiche gilt für steuerfreie Bezüge, die dem Progressionsvorbehalt (§ 32b EStG) unterliegen.

Mit Ablauf des der Trennung folgenden 31.12. desselben Jahres endet auch das Wahlrecht der Ehegatten, sei es im Rahmen der unterjährigen Lohnsteuerklassenwahl im Folgejahr, als auch, sowei kein Versöhnungsversuch im steuerrechtlichen Sinne[131] im Folgejahr erfolgt, das Veranlagungswahlrecht für Zeiträume ab dem 1.1. des Folgejahres.

Beide Ehegatten sind verpflichtet mittels amtlichen Vordrucks[132] dies dem Finanzamt umgehend (dh ohne schuldhaftes Zögern)[133] bereits nach der Trennung mitzuteilen und die Lohnsteuerklasse zum 1.1. des Folgejahres ändern zu lassen (§ 39 IV Nr. 1 iVm § 39 V 1 EStG). Auch einen Versöhnungsversuch können die Ehegatten wiederum nur gemeinsam auf dem amtlichen Vordruck anzeigen.

---

[126] Zum Faktorverfahren zB Perleberg-Kölbel NZFam 2015, 904; FuR 2010, 451.
[127] Vgl. Perleberg-Kölbel aaO.
[128] Motive BT-Drucks. 16/10189, S. 54 ff.
[129] Motive BT-Drucks. 16/10189, S. 54 ff.
[130] Motive BT Drucks. 16/10189, S. 54 ff.
[131] zuletzt BFH BFH/NV 2007, 458; FG Nürnberg DStRE 2005, 938 mwN.
[132] Elektronischer Antragsvordruck siehe im Formular-Management-System (FMS) der Bundesfinanzverwaltung.
[133] Thürmer in Blümich § 39 EStG Rn. 70 ff.

12. Abschnitt: Unterhalt und Einkommensteuer § 1

Beide Ehegatten können daher selbst eine Straftat iSd § 370 I Nr. 2 AO (Steuerhinterziehung) oder eine Ordnungswidrigkeit in Gestalt der leichtfertigen Steuerverkürzung (§ 378 I AO) jeden Monat ab dem 1.1. des Folgejahres zB dadurch begehen, indem sie die Speicherung unrichtiger Lohnsteuerabzugsmerkmale (§ 39 EStG) herbeiführen oder im Falle der Trennung bestehen lassen und dadurch bewirken, dass die Lohnsteuer vom Arbeitgeber zu niedrig berechnet, angemeldet und abgeführt wird.[134]

Die unterjährige Lohnsteuer richtet sich in der Steuerklasse III nach dem **Splittingtarif,** in den Steuerklassen I und II sowie IV bis VI nach dem **Grundtarif.** Der Steuerpflichtige wird in der Steuerklasse III versteuert, als ob sein Einkommen das Gesamteinkommen der Ehepartner wäre, auch dann, wenn der andere Ehepartner ebenfalls zu versteuerndes Einkommen hat. Dieser muss daher zwingend in die Lohnsteuerklasse V, in der die zu hohe Begünstigung des anderen ausgeglichen wird; er zahlt also einen Teil der Steuern des anderen aus seinem Einkommen. Da die Zurechnung pauschal erfolgt und nicht mit der tatsächlichen Steuerbelastung der beiden Eheleute übereinstimmt, ist in den Fällen der Besteuerung nach den Steuerklassen III/V oder nach der Steuerklasse IV mit Faktor (§ 39f EStG) eingetragen worden ist gemäß § 46 II Nr. 3a EStG die Abgabe einer Jahres-Einkommensteuererklärung zwingend vorgeschrieben.

909

Ob damit in Ansehung der mit der Steuerklasse IV/V Faktor beabsichtigten unterjährigen **Gleichberechtigung** des Ehegatten/Lebenspartners hinsichtlich der bereits unterjährigen **persönlichen** Verfügbarkeit des „Splittingvorteils" überhaupt noch ein Anspruch auf Zustimmung eines unterjährigen Wechsels in die Steuerklasse III/V besteht, darf zumindest bezweifelt werden. Wenn das Faktorverfahren Ausdruck der Gleichberechtigung der Partner ist, dann sind zumindest dann, wenn kein Unterhalt geschuldet wird, kaum Fälle vorstellbar, in denen die Durchbrechung dieses Grundsatzes gerechtfertigt wäre. Der absolute Wille des Gesetzgebers, die Gleichberechtigung auch unterjährig herzustellen, war auch das Motiv, ab dem 1.1.2018 ein **einseitiges** Antragsrecht auf Steuerklassenwechsel von III/V zu IV/IV (§ 38 III 2 EStG) einzuführen. Dadurch sollte sichergestellt werden, dass die Steuerklassenkombination III/V nur angewendet wird, wenn und solange beide Ehegatten dies **gemeinsam** wollen.[135] Deshalb ist § 38 III 2 EStG auch dahingehend ab dem 1.1.2018 ergänzt worden, dass der Wechsel aus der Steuerklasse III/IV in die Steuerklasse IV auch auf Antrag nur eines Ehegatten unterjährig möglich ist, mit der Folge, dass beide Ehegatten in die Steuerklasse IV eingereiht werden.[136] Auf Antrag beider Ehegatten kann die Kombination IV/IV Faktorverfahren (§§ 39 VI 2, 39f I 1 EStG) gewählt werden oder von IV/IV Faktor bzw. IV/IV ohne Faktor in die Kombination III/V (§§ 39 VI 2, 38b I 2 Nr. 3a EStG).

Beispiel 2019
Nachrichtlich ist jeweils – ohne Detailrechnung – der Nettolohn 2018 als Vergleichszahl mit angegeben.

Partner 1 Lohnsteuerklasse IV Faktor		Partner 2 Lohnsteuerklasse IV Faktor	
Nettolohn	3.301,42	**Nettolohn**	1.074,41
(Nettolohn 2018 3.267,13)		(Nettolohn 2018 1.064,11)	
Faktor von 0.866 berücksichtigt		Faktor von 0.866 berücksichtigt	
Lohnsteuer	1.045,83	Lohnsteuer	44,08
Solidaritätszuschlag	57,52	Solidaritätszuschlag	0,00
9% Kirchensteuer	94,12	9% Kirchensteuer	3,96
Summe der Steuern	**1.197,47**	**Summe der Steuern**	**48,04**
Sozialversicherung	**1.001,11**	**Sozialversicherung**	**277,55**
Bruttolohn	**5.500,00**	**Bruttolohn**	**1.400,00**

---

[134] Vgl. allgemein BGH NJW 2011, 2526.
[135] Gesetz v. 23.6.2017 (BGBl. I S. 1682); Motive BT-Drucks.18/12127, S. 60.
[136] Motive BT-Drucks.18/12127, S. 60.

§ 1 Die Ermittlung des unterhaltsrechtlich relevanten Einkommens

Partner 1 Lohnsteuerklasse IV ohne Faktor		Partner 2 Lohnsteuerklasse IV ohne Faktor	
Nettolohn	**3.116,13**	**Nettolohn**	**1.066,96**
(Nettolohn 2018 3.078,38)		(Nettolohn 2018 1.056,03)	
Lohnsteuer	1.207,66	Lohnsteuer	50,91
Solidaritätszuschlag	66,42	Solidaritätszuschlag	0,00
9% Kirchensteuer	108,68	9% Kirchensteuer	4,58
Summe der Steuern	**1.382,76**	**Summe der Steuern**	**55,49**
Sozialversicherung	1.001,11	Sozialversicherung	277,55
Bruttolohn	**5.500,00**	**Bruttolohn**	**1.400,00**

Partner 1 Lohnsteuerklasse III		Partner 2 Lohnsteuerklasse V	
Nettolohn	**3.624,69**	**Nettolohn**	**898,72**
(Nettolohn 2018 3.592,31)		(Nettolohn 2018 884,69)	
Lohnsteuer	763,50	Lohnsteuer	195,41
Solidaritätszuschlag	41,99	Solidaritätszuschlag	10,74
9% Kirchensteuer	68,71	9% Kirchensteuer	17,58
Summe der Steuern	**874,20**	**Summe der Steuern**	**223,73**
Sozialversicherung	1.001,11	Sozialversicherung	277,55
Bruttolohn	**5.500,00**	**Bruttolohn**	**1.400,00**

Auch in Fällen, in denen nach bisheriger Auffassung des BGH[137] eine Wahl der Ehegatten zur Zusammenveranlagung (§ 26b EStG oder unterjährig III/V; V/III) unterhaltsrechtlich zu korrigieren ist durch eine fiktive Einzelveranlagung (§ 26a EStG oder unterjährig IV/IV) mit dem Aufteilungsmaßstab des § 270 AO, sowie in den gegenläufigen Fällen eine Wahl der Ehegatten zur Einzelveranlagung (§ 26a EStG oder unterjährig IV/IV) in eine fiktive Zusammenveranlagung (§ 26b EStG oder unterjährig III/V) mit der Aufteilung des Gesamtvorteils auf den Unterhaltsschuldner und den Ehegatten der neuen Ehe im Verhältnis der jeweiligen Einkünfte[138], ist das Faktorverfahren der genauere unterjährige Aufteilungsmaßstab. Besondere Bedeutung kommt dem Faktorverfahren daher bei der Bemessung des unterhaltsrechtlichen Einkommens aus nicht selbständiger Arbeit zu, wenn laufender unterjähriger Unterhalt bei Einkünften aus nichtselbständiger Arbeit zu berechnen ist.

Beispiel:
In 2019 M hat einen voraussichtlichen Jahresbruttolohn von 36.000 EUR und F von 18.000 EUR. Der Vergleich der Einreihung in die unterjährigen Lohnsteuerklasse für das Veranlagungsjahr 2019 ergibt folgendes Bild:[139]

Lohnsteuer nach Steuerklasse	M	F	Summe	Differenz zur Einkommensteuer aus der Jahresveranlagung = voraussichtliche Jahressteuer aus einer Zusammenveranlagung 5.668,00 EUR
III / V	2.132,00 EUR	2.813,00 EUR	4.945,00 EUR	−723,00 EUR
V / III	8.943,00 EUR	0,00 EUR	8.943,00 EUR	3.275,00 EUR
IV / IV (ohne Faktor)	5.076,00 EUR	856,00 EUR	5.932,00 EUR	264,00 EUR
IV / IV (inkl. Faktor 0,955)	4.847,00 EUR	817,00 EUR	5.664,00 EUR	−4,00 EUR

---

[137] BGH FamRZ 2017, 519; FamRZ 2015, 1594.
[138] BGH FamRZ 2015, 1594; FamRZ 2004, 443; OLG Nürnberg BeckRS 2015, 2839.
[139] https://www.bmf-steuerrechner.de/.

12. Abschnitt: Unterhalt und Einkommensteuer § 1

Weiteres Beispiel
In 2019 hat M einen voraussichtlichen Jahresbruttolohn von 36.000 EUR und F von 5400 EUR.
Der Vergleich der Einreihung in die unterjährigen Lohnsteuerklasse für das Veranlagungsjahr 2019 ergibt folgendes Bild:

Lohnsteuer nach Steuerklasse	M	F	Summe	Differenz zur Einkommensteuer aus der Jahresveranlagung = voraussichtliche Jahresteuer aus einer Zusammenveranlagung 2.950,00 EUR
III / V	2.132,00 EUR	466,00 EUR	2.598,00 EUR	-352,00 EUR
V / III	8.943,00 EUR	0,00 EUR	8.943,00 EUR	5.993,00 EUR
IV / IV (ohne Faktor)	5.076,00 EUR	0,00 EUR	5.076,00 EUR	2.126,00 EUR
IV / IV (inkl. Faktor 0,581)	2.949,00 EUR	0,00 EUR	2.949,00 EUR	-1,00 EUR

Weiteres Beispiel
In 2019 hat M einen voraussichtlichen Jahresbruttolohn von 36.000 EUR und F von 1,00 EUR.
Der Vergleich der Einreihung in die unterjährigen Lohnsteuerklasse für das Veranlagungsjahr 2019 ergibt folgendes Bild:

Lohnsteuer nach Steuerklasse	M	F	Summe	Differenz zur Einkommensteuer aus der Jahresveranlagung = voraussichtliche Jahresteuer aus einer Zusammenveranlagung 2.124,00 EUR
III / V	2.132,00 EUR	0,00 EUR	2.132,00 EUR	8,00 EUR
V / III	8.943,00 EUR	0,00 EUR	8.943,00 EUR	6.819,00 EUR
IV / IV (ohne Faktor)	5.076,00 EUR	0,00 EUR	5.076,00 EUR	2.952,00 EUR
IV / IV (inkl. Faktor 0,418)	2.121,00 EUR	0,00 EUR	2.121,00 EUR	-3,00 EUR

Damit zeigt sich, dass insgesamt das Faktorverfahren auf das ganze Jahr gesehen, also unter Einschluss der zu erwartenden tatsächlichen Jahres-Veranlagung und damit unter Berücksichtigung von Erstattungen und Nachzahlungen aufgrund der Pflichtveranlagung bei der Einreihung in III/V, V/III und in IV/IV Faktorverfahren (§ 46 II Nr. 3a EStG), der genauere unterjährige Aufteilungsmaßstab ist, zumindest bei auf das Jahr hoch gerechneten gleichbleibenden Monatsbezügen aus nichtselbständiger Arbeit, sowie keinen anderweitigen zu versteuernden Einkünften aus einem zweiten Arbeitsverhältnis oder sonstigen Einkünften aus anderen Einkunftsarten.

In den Fällen, in denen keine jährliche Pflichtveranlagung bei Einkünften aus nichtselbständiger Arbeit stattfindet (IV/IV ohne Faktor) wird durch das Faktorverfahren unterjährig die im Wege der Lohnsteuervorauszahlung zu viel oder zu wenig gezahlte Lohnsteuer gerecht nach einer fiktiven Zusammenveranlagung verteilt. Ungenauigkeiten durch andere Einkünfte aus anderen Einkunftsarten werden nachträglich durch die Pflichtveranlagung aufgefangen, denn auch bei der Wahl IV/IV Faktorverfahren besteht nach Ablauf des Kalenderjahres die Pflicht zur Abgabe einer Steuererklärung und damit eine Pflichtveranlagung (§ 46 II Nr. 3a EStG).

Die Auffassung des BGH, in Unterhaltsfällen, in denen der Splittingvorteil aufzuteilen ist, die Aufteilung unterjährig bei laufendem Unterhalt anhand einer fiktiven Einzelveranlagung (§ 26a EStG = IV/IV) unter Anwendung des Aufteilungsmaßstabes § 270 AO vorzunehmen, setzt voraus, dass nicht nur die unterjährige Lohnsteuer berechnet wird, sondern die Jahressteuerschuld aufgrund einer tatsächlichen fiktiven Jahres-Veranlagung. Ebenso führt die Aufteilung im sogenannten „gegenläufigen Fall" nach dem Verhältnis der unterjährigen Einkünfte zu ungenauen Ergebnissen mit Blick auf die zu erwartende Jahressteuerschuld (§ 46 II Nr. 3a EStG).

Diese Fälle der unterjährigen Anwendung des Faktorverfahrens zur Bestimmung des unterjährigen laufenden Unterhaltsanspruchs bei Einkünften aus nicht selbständiger Arbeit sind jedoch nicht mit den Fällen zu verwechseln, in denen zB der Splittingvorteil der Neuehe bei der Bedarfsberechnung für den Ehegattenunterhalt des geschiedenen Ehegatten unberücksichtigt bleiben muss (→ Rn. 851).

Sie sind auch nicht zu verwechseln mit den Fällen der Nachzahlung oder Erstattung von Steuern, denn insoweit kann es in diesen Fällen bei der Aufteilung nach § 270 AO verbleiben (→ Rn. 851).

3. Freibeträge

910 Kinderfreibetragszähler werden als Lohnsteuerabzugsmerkmal ab Beginn des Jahres der Geburt des Kindes bis zum Ablauf des Jahres, in dem die Voraussetzungen für die Berücksichtigung des Kindes nach § 32 I, II, IV und V. EStG entfallen, berücksichtigt (Jahresprinzip). Treten die Voraussetzungen für die Gewährung eines Kinderfreibetrags erstmals im Laufe des Jahres ein, ist die Bescheinigung der Kinderfreibetragszähler ab dem ersten Tag des Monats vorzunehmen, in dem erstmals alle Voraussetzungen vorgelegen haben. Bei minderjährigen Kindern im Sinne des § 32 I Nr. 1 EStG werden in den Steuerklassen IV/IV oder IV/IV Faktor der Eltern (nicht in der Steuerklasse V) die Kinderfreibetragszähler bei beiden Elternteilen entsprechend der Regelungen in § 38b II EStG automatisch berücksichtigt, sofern Eltern und Kind in derselben Gemeinde wohnen. Bei einem unterjährigen Wechsel von der Steuerklasse III/V in die Steuerklasse IV/IV oder IV/IV Faktor würde dies an sich zwangsläufig auch zu einer unterjährigen Anpassung des Kinderfreibetragszählers bei den Ehegatten führen, hier demjenigen der „erstmals" aus der Steuerklasse V in die Steuerklasse IV wechselt. Entfallen aber erst im Laufe des Kalenderjahres die Voraussetzungen für die Berücksichtigung eines Kindes, wie im Falle der unterjährigen Trennung mit Lohnsteuerklassenwechsel III/V zu IV/IV, wird im unterjährigen Lohnsteuerverfahren der Freibetrag trotzdem bis zum 31.12. des betreffenden Jahres berücksichtigt. Da sich die Kinderfreibetragszähler bei der Lohnabrechnung ausschließlich bei den Zuschlagsteuern Solidaritätszuschlag und Kirchenlohnsteuer auswirken, wird aus Vereinfachungsgründen auf eine unterjährige Löschung verzichtet.

Der jeweilige Kinderfreibetragszähler im unterjährigen Lohnsteuerabzugsverfahren entfällt somit erst mit Wirkung zum 1.1. des Folgejahres. Ab dem Jahr, das auf die Trennung erfolgt, erhalten daher die getrennt lebenden Eheleute jeder für jedes Kind einen halben Kinderfreibetrag. Jeder Elternteil kann aber im Veranlagungsverfahren (zB Einzelveranlagung von Ehegatten nach § 26a EStG) zum Ende des Kalenderjahres den hälftigen Kinderfreibetrag steuerlich geltend machen.

Bei getrennt lebenden Eltern wird dann bei der Günstigerprüfung (Vergleich Kinderfreibetrags zu Kindergeld) im Rahmen der Einzelveranlagung der Ehegatten nach § 26a EStG, nur das hälftige Kindergeld mindernd angerechnet.[140]

911 Das Lohnsteuer-Ermäßigungsverfahren ist an die Stelle des „Voreintrages auf die Lohnsteuerkarte getreten". Im Rahmen des Lohnsteuer-Ermäßigungsverfahrens nach § 39a II EStG[141] hat der Steuerpflichtige die Möglichkeit, die Berücksichtigung von weiteren Freibeträgen zu beantragen. Diese werden als Lohnsteuerabzugsmerkmale berücksichtigt und dem Arbeitgeber elektronisch zum Abruf bereitgestellt. Ein solcher Freibetrag kann auf Antrag des Steuerpflichtigen für zwei Jahre berücksichtigt werden (§ 39a I 3 bis 5 EStG).[142]

Dies sind
- die Pauschale übersteigende Werbungskosten,
- diverse Sonderausgaben,
- diverse außergewöhnliche Belastungen. Diese Vorteile in Anspruch zu nehmen ist eine **unterhaltsrechtliche Obliegenheit.**[143]

Der Antrag kann nur in der Zeit vom 1.10. des Vorjahres (für das der Freibetrag gelten soll) bis zum 30. 11. des Kalenderjahres (für das der Freibetrag gilt) auf einem amtl. vorgeschriebenen Vordruck gestellt werden und ist vom Steuerpflichtigen eigenhändig zu unterschreiben (§ 39a II 1 bis 3). Wenn der Antrag im Lauf eines Kalenderjahres eingereicht wird, erfolgt keine rückwirkende Abänderung. Der Jahresfreibetrag wird auf die noch verbleibenden Monate verteilt. Die Eintragung von Werbungskosten, Sonderausgaben und außergewöhnlichen Belastungen ist nur zulässig, wenn die Aufwendungen – bei Werbungskosten abzüglich des Arbeitnehmerpauschbetrags – insgesamt einen **Mindestbetrag von 600 EUR** übersteigen (§ 39a II 4 EStG).

---

[140] Zuletzt BFH DStRE 2018, 1113 = FamRZ 2018, 1309 mwN.
[141] Siehe EStR 39a.1.
[142] BMF v. 21.5.2015, BStBl. I 2015, 488.
[143] Leitlinien Nr. 10.1.

12. Abschnitt: Unterhalt und Einkommensteuer § 1

Ohne Mindestgrenze sind auf Antrag zu berücksichtigen der Freibetrag für den Erhöhungsbetrags nach § 24b II 2 EStG, für selbstgenutztes Wohnungseigentum und/oder negative Einkünfte, die Kinder- und Betreuungsfreibeträge, sowie die Übertragung des Grundfreibetrages.

Ändern sich die tatsächlichen Verhältnisse zu Gunsten des Steuerpflichtigen, kann er die Anpassung des Freibetrags beantragen (§ 39a I 4 EStG). Eine Änderung zu seinen Ungunsten muss der Steuerpflichtige dem Finanzamt unverzüglich (dh ohne schuldhaftes Zögern) mitteilen (§ 39a I 5 EStG).

Die Ermittlung eines Freibetrags als Lohnsteuer-Abzugsmerkmal ist ein Feststellungsbescheid (§ 39 I 4 EStG), der unter dem Vorbehalt der Nachprüfung besteht. Gegen diesen Bescheid ist bei vollständiger oder teilweiser Ablehnung des Eintragungsantrages der Einspruch statthaft (§ 347 AO). Entspricht das Finanzamt dem Antrag nicht voll oder beantragt der Steuerpflichtige die Erteilung eines Bescheids, hat das Finanzamt hierüber einen schriftlichen Bescheid mit Rechtsbehelfsbelehrung zu erteilen (§ 39 I 8 EStG). Ab der Bekanntgabe eines solchen Bescheides beträgt die Rechtsbehelfsfrist einem Monat (§ 355 AO). Das Rechtsschutzbedürfnis für eine Klage oder das Verfahren des einstweiligen Rechtsschutzes entfällt, wenn sich der Freibetrag nicht mehr im Lohnsteuer-Abzugsverfahren auswirken kann.[144] Dies ist ab dem 1. 4. des Folgejahres der Fall, weil sich ein Eintrag ab diesen Zeitpunkt nicht mehr auf den Lohnsteuerabzug des vorgehenden Jahres auswirken kann. Für den Steuerpflichtigen besteht nunmehr die Möglichkeit, seine Interessen iRd Veranlagung geltend zu machen.[145] Ausnahmsweise ist dennoch eine Fortsetzungsfeststellungsklage (§ 100 I 4 FGO) mit dem Begehren zulässig, festzustellen, dass der angefochtene Verwaltungsakt rechtswidrig gewesen ist. Das hierfür erforderliche Feststellungsinteresse wird vom BFH dann bejaht, wenn eine hinreichend konkrete Wiederholungsgefahr besteht, also die Frage der Rechtmäßigkeit des beantragten Abzugsmerkmals sich auch in den Folgejahren fortsetzt.[146] Ansonsten gelten die Lohnsteuerabzugsmerkmale gegenüber dem Steuerpflichtigen als bekannt gegeben, sobald der Arbeitgeber dem Steuerpflichtigen den Ausdruck der Lohnabrechnung mit dem nach § 39e V 2 EStG darin ausgewiesenen elektronischen Lohnsteuerabzugsmerkmalen ausgehändigt oder elektronisch bereitgestellt hat (§ 39e VI 3 EStG).

Auch der nach § 10 Ia Nr. 1 EStG als Sonderausgabe abzugsfähige an den geschiedenen **912** Ehepartner im laufenden Jahr zu zahlende Ehegattenunterhalt kann im Rahmen des Lohnsteuer-Ermäßigungsverfahrens als Abzugsmerkmal beantragt werden.

Beispiel:
A ist geschieden er hat zwei Kinder. Er hat ein monatliches Bruttoeinkommen von 4800 EUR. Sein Nettoeinkommen – Lohnsteuerklasse I/1 – beträgt 2800 EUR. Ehegattenunterhalt zahlt er nach der Trennung der Ehegatten in 2017 und seit Anfang des Jahres 2018 in Höhe von 700 EUR.
Ergebnis
ohne Antrag auf Freibetrag-Realsplitting
monatlicher Nettolohn 3007,09 EUR
mit Antrag auf Freibetrag – Realsplitting 12x 700 EUR
monatlicher Nettolohn 3302,15 EUR

In ständiger Rechtsprechung seit 2007[147] hat der BGH die Obliegenheit zur Stellung eines Antrages auf Lohnsteuer-Ermäßigung als Abzugsmerkmal für das **Realsplitting eingeschränkt**: einzutragen ist nur der Unterhalt, der auf Grund eines Anerkenntnisses oder einer rechtskräftigen Verurteilung oder der freiwillig gezahlt worden ist. Der BGH stellt zutreffend darauf ab, dass das Finanzamt wegen der für Sonderausgaben geltenden Abflussprinzips nach § 11 II EStG den Unterhalt erst dann einkommensmindernd berücksichtigt, wenn der Unterhalt tatsächlich gezahlt wird.

---

[144] BFH/NV 2013, 1625.
[145] BFH DStRE 2017, 584; DStR 2013, 185.
[146] BFH DStRE 2017, 584; DStR 2013, 185.
[147] BGH FamRZ 2007, 793 (797) = R 674g; FamRZ 2007, 885 = R 675c, zuletzt FamRZ 2009, 1124.

Zu beachten sind die steuerlichen Voraussetzungen: der Sonderausgabenabzug ist nur in dem Jahr möglich, in dem die Zahlungen geleistet werden. Eine fiktive Erhöhung des Einkommens darf daher nur erfolgen, soweit der Unterhaltsschuldner den Sonderausgabenabzug noch hätte in Anspruch nehmen können (→ Rn. 976).

913 Neben der Gewährung eines Freibetrags von steuermindernden Aufwendungen kann die Lohnsteuer auch reduziert werden, wenn der Steuerpflichtige mehrere Arbeitsverhältnisse hat. Im Rahmen des Lohnsteuer-Ermäßigungsverfahrens kann als Abzugsmerkmal für die Lohnsteuerklasse VI für ein zweites oder weitere Dienstverhältnisse ein **Freibetrag** bis zur Höhe des Betrags beantragt werden, für den beim ersten Dienstverhältnis der Grundfreibetrag noch nicht ausgeschöpft ist (§ 39a I 1 Nr. 7 EStG). Dieser nicht ausgeschöpfte Teil des Grundfreibetrags wird im Rahmen des Lohnsteuer-Ermäßigungsverfahrens als Abzugsmerkmal für das erste Dienstverhältnis als Hinzurechnungsbetrag berücksichtigt. Zur Vermeidung einer doppelten Inanspruchnahme des Grundfreibetrags und zur Berücksichtigung etwaiger Änderungen des Arbeitslohns aus dem ersten Dienstverhältnis, ist der Arbeitslohn aus dem ersten Dienstverhältnis in gleicher Höhe um einen Betrag (Hinzurechnungsbetrag) zu erhöhen (§ 39a I 1 Nr. 7 S. 2 EStG). Dieser ist ggf. mit einem auf das erste Dienstverhältnis entfallenden Freibetrag zu verrechnen und nur die Differenz (je nachdem, ob der Hinzurechnungsbetrag oder der Freibetrag höher ist) entweder als Hinzurechnungsbetrag oder als Freibetrag zu berücksichtigen (§ 39a I 1 Nr. 7 S. 3, 4 EStG).

Hiermit wird erreicht, dass der volle Freibetrag schon bei der Lohnsteuer erfasst wird. Überzahlungen der Lohnsteuer nach Klasse VI werden vermieden oder verringert. Der Antrag ist auf einem amtlichen Vordruck zu stellen.

914 Beispiel:
Die unterhaltsberechtigte F hat zwei lohnsteuerpflichtige Arbeitsverhältnisse. Bei beiden Arbeitgebern beträgt ihr monatliches Bruttoeinkommen 510 EUR. Mit Lohnsteuerklasse II/0,5 werden vom ersten Arbeitgeber keine Steuern einbehalten, beim anderen mit Lohnsteuerklasse VI sind es 76,50 EUR. Sie will sich ihr Nettoeinkommen nach Abzug von berufsbedingten Aufwendungen und Erwerbstätigenbonus mit 943,50 EUR auf den Unterhaltsbedarf anrechnen lassen.
Wenn F im Rahmen des Lohnsteuer-Ermäßigungsverfahrens einen jährlichen Freibetrag von 6120 EUR als Abzugsmerkmal beantragt, bezieht sie ihren Zweitlohn steuerfrei. Beim ersten Arbeitsverhältnis ergibt sich trotz der Zurechnung dieses Freibetrags immer noch kein Steuerabzug. Das Nettoeinkommen der F erhöht sich also um monatlich 76,50 EUR.
In die Unterhaltsberechnung einzustellen sind also 1020 EUR.

Die Obliegenheit zur Minderung der Steuerbelastung trifft also nicht nur den Unterhaltspflichtigen, sondern auch den Unterhaltsberechtigten. Diesen trifft in gleicher Weise wie den Unterhaltspflichtigen die Obliegenheit, durch Antrag im Lohnsteuer-Ermäßigungsverfahren Abzugsmerkmale seine Lohnsteuerbelastung und damit den Nachteilsausgleich möglichst gering zu halten. Er hat auch die aus dem **Vorsorgeunterhalt** aufzubringenden Versicherungsbeiträge **als Sonderausgabe** bei der Lohnsteuer oder den Steuervorauszahlungen berücksichtigen zu lassen. Unterlässt er dieses, muss die mögliche Steuerersparnis und der daraus resultierende Nachteilsausgleich fiktiv ermittelt werden.

Ungeklärt aber meines Erachtens zu bejahen ist, ob eine fiktive Berechnung auch dann geboten ist, wenn der Unterhaltsberechtigte den Vorsorgeunterhalt zweckwidrig verwendet und daher keinen Sonderausgabenabzug hat.[148]

---

[148] Siehe dazu auch → Rn. 978, § 4 Rn. 873.

12. Abschnitt: Unterhalt und Einkommensteuer § 1

IV. Einkommensteuerveranlagung nach steuerrechtlichen Kriterien

1. Veranlagungsarten im Einkommensteuergesetz

Durch das Steuervereinfachungsgesetz 2011 sind **ab dem Veranlagungsjahr 2013**[149] 915
nur noch **vier** gesetzliche Veranlagungsarten vorgesehen:
- *Einzelveranlagung mit Grundtarif (§ 25 III, bei Ehegatten iVm §§ 26 I, 26a EStG),*
  Achtung § 26a II EStG bestimmt aber:
  Sonderausgaben, außergewöhnliche Belastungen und die Steuerermäßigung nach § 35a werden demjenigen Ehegatten zugerechnet, der die Aufwendungen wirtschaftlich getragen hat.
  ***Auf übereinstimmenden Antrag** der Ehegatten werden sie jeweils zur Hälfte abgezogen. **Der Antrag des Ehegatten**, der die Aufwendungen wirtschaftlich getragen hat, **ist in begründeten Einzelfällen** ausreichend. § 26 II 3 gilt entsprechend.*
- *Verwitweten-Splitting (§§ 26b, 32a VI Nr. 1 EStG),*
- *„Sonder-Splitting" im Trennungsjahr (§§ 26b, 32a VI Nr. 2 EStG),*
- *Zusammenveranlagung mit Ehegatten mit Splittingtarif (§§ 26, 26b EStG).*[150]

2. Einzelveranlagung

Die Modalitäten der Einzelveranlagung (§ 25 III EStG) sind nicht ausdrücklich geregelt; 916
sie ergeben sich aus der Anwendung der für die Einkommens- und Steuerermittlung maßgeblichen Bestimmungen des EStG. Nur bei der Einzelveranlagung wird der **Entlastungsbetrag für Alleinerziehende** (→ Rn. 877) nach § 24b EStG gewährt.

3. Ehegattenveranlagung

Ehegatten, die beide **unbeschränkt steuerpflichtig** (→ Rn. 870) im Sinn des § 1 I 917
oder II oder des § 1a EStG (→ Rn. 872) sind und nicht während des gesamten Veranlagungszeitraumes dauernd getrennt leben und bei denen diese Voraussetzungen zu Beginn des Veranlagungszeitraums vorgelegen haben oder im Laufe des Veranlagungszeitraums eingetreten sind, können gemäß § 26 I 1 EStG) zwischen der Zusammenveranlagung (§ 26b EStG) und Einzelveranlagung (§ 26a EStG) wählen.

a) Einzelveranlagung § 26a EStG. Wenn die Ehegatten die Einzelveranlagung (§§ 26 918
I, 26a EStG) wählen, wird das zu versteuernde Einkommen eines jeden Ehegatten nach dem Grundsatz der Individualbesteuerung ermittelt und sodann die Steuerlast aus dem Grundtarif (§ 32a I EStG) ermittelt.

Sonderausgaben, außergewöhnliche Belastungen und die Steuerermäßigung nach § 35a werden demjenigen Ehegatten zugerechnet, der die Aufwendungen wirtschaftlich getragen hat. Auf übereinstimmenden Antrag der Ehegatten werden sie jeweils zur Hälfte abgezogen. Der Antrag des Ehegatten, der die Aufwendungen wirtschaftlich getragen hat, ist in begründeten Einzelfällen ausreichend.

b) Zusammenveranlagung § 26b EStG. Bei zusammenveranlagten Ehegatten wird auf das zu versteuernde Einkommen der Splittingtarif (§ 32a V EStG) angewandt. Dies beinhaltet, dass für jede einzelne Einkunftsart nach dem Grundsatz der Individualbesteuerung für jeden Ehegatten getrennt, die Einkünfte ermittelt werden, sodann die **Summe der Einkünfte** beider Eheleute **zusammengerechnet,** Sonderausgaben, außergewöhnliche Belastungen und persönliche Freibeträge zusammengefasst abgezogen werden. Die Steuer beträgt das Zweifache des Steuerbetrags, der sich für die Hälfte ihres gemeinsam zu versteuernden Einkommens nach dem Grundtarif ergibt (§ 32a V EStG). Dadurch wird

---

[149] Steuervereinfachungsgesetz 2011 v. 1.11.2011, BStBl. I 2011, 986; dazu Perleberg-Kölbel FuR 2011, 375.
[150] Motive BT-Drucks. 17/5125.

die Auswirkung der Steuerprogression vermindert und zwar umso deutlicher, je größer der Einkommensunterschied ist (→ Rn. 924 f.).

920 Die Möglichkeit zur Zusammenveranlagung besteht auch noch **im Trennungsjahr**. Wenn allerdings bei Ehegatten eine Wahl zwischen Zusammenveranlagung (§ 26b EStG) und Einzelveranlagung (§ 26a EStG) nach Ablauf des Kalenderjahres in dem die tatsächliche Trennung erfolgte, noch möglich ist, kann unabhängig von der unterjährigen Lohnsteuerklassenwahl während des laufenden Kalenderjahres im Rahmen der Einkommensteuerveranlagung nach Ablauf des Kalenderjahres diese Wahlrechtsausübung (noch) für das abgelaufene Veranlagungsjahr erfolgen. Dies ist aus der Sicht des Steuerrechts weder rechtsmissbräuchlich, noch gegenüber der Finanzverwaltung ein Gestaltungsmissbrauch gemäß § 42 AO.[151]

Liegen die Voraussetzungen zur Ehegattenveranlagung auf Grund einer vor dem 1.1. des Veranlagungsjahres vollzogenen Trennung nicht vor, kann ein unterjähriger **Versöhnungsversuch** zur vorübergehenden Aufhebung einer dauerhaften Trennung führen und dadurch die Zusammenveranlagung in dem Jahr ermöglichen,[152] in dem dieser Versuch stattgefunden hat. Erforderlich dafür ist, dass die eheliche Lebens- und Wirtschaftsgemeinschaft zeitweise wiederhergestellt worden ist.[153] Die Kriterien dafür hat der BFH nicht konkretisiert, sondern den Rechtsstreit an das Finanzgericht zurückverwiesen.

921 Das FG Hamburg[154] hat bereits früher folgende Auffassung vertreten:

> „Da grundsätzlich bereits das Zusammenleben an einem Tage im Veranlagungszeitraum für die Zusammenveranlagung genügt, so dass eine Heirat am 31. Dezember zur Zusammenveranlagung im abgelaufenen Jahr und eine Trennung der Ehegatten am 1. Januar die Zusammenveranlagung im neuen Jahr ermöglicht, kommt es weniger auf die Dauer des Versöhnungsversuchs an. Ausschlaggebend ist vielmehr, dass die Eheleute die vorangegangene Trennung rückgängig machen und die Lebens- und Wirtschaftsgemeinschaft auf Dauer wiederherstellen wollen. Gelegentliche gemeinsame Übernachtungen, mehrtägige Besuche oder auch gemeinsame Urlaubsreisen begründen deshalb noch keine Lebens- und Wirtschaftsgemeinschaft und unterbrechen mithin das Getrenntleben nicht."

922 Vom FG Nürnberg wird dagegen der **Dauer des Versöhnungsversuchs** die **größere Bedeutung** zugemessen.[155] Das Gericht führt in diesem Urteil aus:

> „Bei einer vorangegangenen dauernden Trennung von Eheleuten kann erst bei einem Zusammenleben von über einem Monat und weiteren objektiven Gegebenheiten und Umständen sowie unter Heranziehung der inneren Einstellung der Ehegatten zur ehelichen Lebensgemeinschaft von einer – wenn auch (nicht absehbar) kurzen – Wiederherstellung der ehelichen Lebensgemeinschaft gesprochen werden, die zu einem „nicht dauernd getrennt" Leben führt und damit die Zusammenveranlagung eröffnet."

Zutreffend sind folgende Unterscheidungen vorzunehmen:
- Hat die Lebensgemeinschaft am ersten Tag des Veranlagungszeitraums noch bestanden, so kommt es nicht darauf an, nach wie vielen Tagen sie auseinandergeht. Die Ehegattenveranlagung – zusammen (§ 26b EStG) oder einzeln (§ 26a EStG) – ist in jedem Fall zwingend, die Einzelveranlagung (§ 25 III EStG) ist ausgeschlossen.
- Haben die Eheleute zu Beginn des Veranlagungszeitraums getrennt gelebt, ziehen aber in der ernsthaften Absicht zusammen, die Lebensgemeinschaft auf Dauer wieder aufzunehmen, lebt das Recht zur Ehegattenveranlagung wieder auf, und zwar auch dann, wenn der Versöhnungsversuch scheitert.
- Erfolgt die Rückkehr in die Ehewohnung in der unverbindlichen Absicht, es noch einmal zu versuchen, oder verbringt man nur noch einmal einen gemeinsamen Urlaub, so bleibt es bei der Einzelveranlagung (§ 25 III EStG).
- Ob der Versöhnungsversuch nach den familienrechtlichen Kriterien vorliegt ist nicht entscheidend; § 1567 II BGB ist nicht maßgeblich. Es kommt auf die tatsächlichen Umstände des Einzelfalls an.

---

[151] BFH HFR 2013, 225.
[152] BFH BeckRS 2006, 25010834.
[153] BFH BeckRS 2006, 25010834.
[154] FG Hamburg BeckRS 2002, 21010173.
[155] FG Nürnberg DStRE 2005, 938: ein Monat.

12. Abschnitt: Unterhalt und Einkommensteuer § 1

- Die Aufgabe der nach der Trennung bezogenen Zweitwohnung wird unabhängig von der Dauer des Versöhnungsversuchs die Zusammenveranlagung rechtfertigen.
- Ein Versöhnungsversuch nach der Scheidung ist steuerrechtlich irrelevant, da keine Ehegatteneigenschaft mehr vorliegt.

Bei der **Steuerveranlagung** sind die **Angaben im Scheidungsurteil unerheblich.**[156] Die **Beiziehung der Scheidungsakten** gegen den Willen der Ehegatten ist **unzulässig,** es sei denn dass dies im überwiegenden Interesse der Allgemeinheit unter strikter Wahrung der Verhältnismäßigkeit erforderlich ist.[157] In der Regel sind die Angaben der Ehegatten anzuerkennen, sie lebten nicht dauernd getrennt, es sei denn, dass die äußeren Umstände gegen das Bestehen einer ehelichen Lebens- und Wirtschaftsgemeinschaft sprechen.[158] Diese Rechtsprechung ist in die EStH 2009[159] aufgenommen worden und damit für die Finanzverwaltung verbindlich. Da die Zusammenveranlagung eine Steuervergünstigung mit sich bringt, liegt die Darlegungs- und Beweislast beim Steuerpflichtigen.[160]   923

c) Vor- und Nachteile der Zusammenveranlagung. Der Einkommensteuertarif ist gemäß § 32a EStG gestaffelt bis zu einem **Grundfreibetrag** von 9000 EUR (ab VZ 2019 9168 EUR), zwei unterschiedliche **Progressionszonen** und zwei **Proportionalzonen.** In den Proportionalzonen erhöht sich die Steuer mit dem Prozentsatz der Erhöhung des Einkommens, in den Progressionszonen steigt auch der Prozentsatz der Steuer an.   924

Bei der Zusammenveranlagung wird der **Nachteil der Progression reduziert,** und zwar umso mehr, je unterschiedlicher die Einkünfte der Ehegatten sind.   925

Beispiel:
Das zu versteuernde Einkommen des Ehemannes beträgt 60 000 EUR. Die Ehefrau hat keine Einkünfte:
Ergebnis 2018:

	Grundtarif	Splittingtarif	Steuerersparnis
Bemessungsgrundlage	60.000,00 EUR	60.000,00 EUR	
Einkommensteuer	16.578,00 EUR	10.696,00 EUR	
Soli	911,79 EUR	588,28 EUR	
Kirchensteuer 9%	1.492,02 EUR	962,64 EUR	
Gesamtbelastung	**18.981,81 EUR**	**12.246,92 EUR**	**6.734,89 EUR**

Wenn die Eheleute ein gleich hohes zu versteuerndes Einkommen haben, führen Einzelveranlagung (§ 26a EStG) und Zusammenveranlagung (§ 26b EStG) zum selben Ergebnis.

Beispiel:
Das zu versteuernde Einkommen des Ehemannes beträgt 40.000 EUR. Die Ehefrau hat ebenfalls ein zu versteuerndes Einkommen von 40.000 EUR:
Ergebnis 2018:

	Ehemann	Ehefrau	Ehemann	Zusammenveranlagung	Steuerersparnis
Bemessungsgrundlage	40.000,00 EUR	40.000,00 EUR		80.000,00 EUR	
Einkommensteuer	8.940,00 EUR	8.940,00 EUR		17.880,00 EUR	
Soli	476,85 EUR	476,85 EUR		476,85 EUR	
Kirchensteuer	804,60 EUR	804,60 EUR		1.609,20 EUR	
Gesamtbelastung	**9.927,15 EUR**	**9.927,15 EUR**		**9.927,15 EUR**	**0,00 EUR**

Die **Einzelveranlagung** (§ 26a EStG) ist häufig auch dann **vorzuziehen,** wenn einer der Ehegatten einen **Verlust** erzielt hat, weil mit der Verlustverrechnung auch dessen Grundfreibetrag und die steuermindernden Posten sich nicht mehr auswirken.

---

[156] BFH BStBl. II 1986, 486.
[157] BFH BStBl. II 1991, 806.
[158] BFH DStRE 1998, 54.
[159] R 26 EStR 2012 „Getrenntleben"; EStH 2012 H 26 „Getrenntleben".
[160] FG Hamburg VI 87/01, BeckRS 2002, 21010173.

Beispiel:

	Steuerpflichtiger	Partner
Kirchensteuersatz	9,00	9,00
Einkünfte aus Gewerbebetrieb	−12 000	
Nichtselbständiger Arbeit		12 000
Sonderausgaben	2000	2400

Ergebnis

	Grundtarif	Splittingtarif	Vorteil Splitting (Nachteil „-")
Tarifliche Einkommensteuer auf 9600	87,00	0	87,00
Festzusetzende Einkommensteuer	87,00	0	87,00
Solidaritätszuschlag	4,79	0	4,79
Kirchensteuer	7,83	0	7,83
Summe	**99,62**	**0**	**99,62**

926 Zu beachten ist, dass **steuerliches und unterhaltsrechtliches Einkommen stark differieren** können, zB bei unterhaltsrechtlich nicht anerkennungsfähigen Verlusten aus der Abschreibung von Immobilien. Es ist daher im Einzelfall – gegebenenfalls durch den Steuerberater – zu prüfen, ob sich eine Auseinandersetzung um die Veranlagung (→ Rn. 936 ff.) überhaupt lohnt.

Wenn beide Eheleute ein zu versteuerndes Einkommen über je 54.951 EUR (ab VZ 2019 55.961 EUR) haben, wirkt sich die Zusammenveranlagung nicht mehr aus, da von diesem Betrag an, der Prozentsatz der Einkommensteuer 42% + Soli + Kirchensteuer vom zu versteuernden Einkommen beträgt.

Beispiel:
Das zu versteuernde Einkommen des Ehemannes beträgt 55000 EUR. Die Ehefrau hat ein zu versteuerndes Einkommen von 60.000 EUR:
Ergebnis 2018:

	Ehemann	Ehefrau	Zusammenveranlagung	Steuerersparnis
Bemessungsgrundlage	55.000,00 EUR	60.000,00 EUR	115.000,00 EUR	
Einkommensteuer	14.861,00 EUR	16.961,00 EUR	31.822,00 EUR	
Solidaritätszuschlag	796,29 EUR	796,29 EUR	796,29 EUR	
Kirchensteuer	1.303,02 EUR	1.303,02 EUR	1.303,02 EUR	
Gesamtbelastung	**16.577,31 EUR**	**16.577,31 EUR**	**16.577,31 EUR**	**0,00 EUR**

Diese Regel gilt allerdings wiederum dann nicht, wenn durch die Zusammenveranlagung einer der Ehepartner aus der „Reichensteuer herausgeholt" werden kann. Der Steuersatz für die Reichensteuer beträgt 2018 ab einem zu versteuernden Einkommen von 260.533 EUR (ab VZ 2019 ab 265.327 EUR) 45% für jeden weiteren EUR. Im Falle der Zusammenveranlagung verdoppeln sich die Einkommensgrenzen entsprechend.

Beispiel:
Das zu versteuernde Einkommen des Ehemannes beträgt 270000 EUR. Die Ehefrau hat ein zu versteuerndes Einkommen von 40.000 EUR:
Ergebnis 2018:

	Ehemann	Ehefrau	Zusammenveranlagung	Steuerersparnis
Bemessungsgrundlage	270.000,00 EUR	40.000,00 EUR	310.000,00 EUR	
Einkommensteuer	105.062,00 EUR	8.670,00 EUR	112.956,00 EUR	
Solidaritätszuschlag	5.778,41 EUR	476,85 EUR	6.212,58 EUR	
Kirchensteuer	9.455,58 EUR	780,30 EUR	10.166,04 EUR	
Gesamtbelastung	**120.295,99 EUR**	**9.927,15 EUR**	**129.334,62 EUR**	**888,52 EUR**

4. Verfahren

Das Finanzamt führt die **Einzelveranlagung** (§ 26a EStG) gemäß § 26 II EStG **nur** 927 **auf Antrag** eines Ehegatten durch. Wird von den Steuerpflichtigen keine diesbezügliche Erklärung abgegeben, wird nach § 26 III EStG unterstellt, dass die Ehegatten die Zusammenveranlagung wählen. Dies ist aber nur dann der Fall, wenn die gewünschte Veranlagungsart in der Steuererklärung nicht angekreuzt wird, da nach § 25 III EStG in jedem Fall die Einkommensteuererklärung **von beiden Ehegatten eigenhändig unterschrieben** werden muss. Das Wahlrecht der Ehegatten für eine Einzel- oder Zusammenveranlagung zur Einkommensteuer wird in der Insolvenz eines Ehegatten durch den Insolvenzverwalter und im vereinfachten Insolvenzverfahren durch den Treuhänder ausgeübt.[161]

Dem Antrag auf Zusammenveranlagung fehlt auch nicht das Rechtsschutzbedürfnis, wenn der auf Zustimmung in Anspruch genommene Ehegatten bereits für Veranlagungsjahre (VZ) ab 2013 die Einzelveranlagung für Ehegatten (§ 26a EStG) gewählt hätte und dessen Bescheid unanfechtbar wäre.

Zwar bestimmt § 26 III 4 EStG, dass nach Eintritt der Unanfechtbarkeit des Steuerbescheids nur noch eingeschränkt eine Ausübung des Wahlrechts möglich ist, aber unter verfassungsrechtlichen Gesichtspunkten ist der Begriff „des Steuerbescheides" (= Singular), so auszulegen, dass damit gemeint sind „die Steuerbescheide" (= Plural) gegenüber beiden Ehegatten. Solange also nur die Veranlagung eines Ehegatten offen ist, können die Ehegatten nach wie vor die Zusammenveranlagung wählen bzw. zu dieser Veranlagungsart zurückkehren.[162] Genauso können die Ehegatten von dem ausgeübten Wahlrecht zur Zusammenveranlagung durch gemeinsame (nachträgliche) Wahl zur Einzelveranlagung für Ehegatten (§ 26a EStG) zurückkehren.

Vor Straffung der Veranlagungsarten ab dem VZ 2013 war dies unstreitig, denn sowohl bei der Zusammenveranlagung (§ 26b EStG aF), als auch bei der getrennten Veranlagung (§ 26a EStG aF) erging „ein Steuerbescheid" gegenüber den Ehegatten, während bei der Einzelveranlagung (§ 25 I EStG aF) „zwei Steuerbescheide" ergingen. Nach altem Recht bis zum VZ 2012 schlossen sich also die „Ehegattenveranlagung" in Form der Zusammenveranlagung (§ 26b EStG aF) oder der getrennten Veranlagung (§ 26a EStG aF) einerseits und die Einzelveranlagung (§ 25 I EStG aF) andererseits aus. Dies bedeutete, dass ein unanfechtbarer Bescheid aufgrund einer Einzelveranlagung (§ 25 I EStG aF) die „Rückkehr" zur Ehegattenveranlagung in Form der Zusammenveranlagung (§ 26b EStG aF) oder getrennter Veranlagung (§ 26a EStG aF) ausgeschlossen hat.[163]

Da ab dem VZ 2013 die getrennte Veranlagung (§ 26a EStG aF) weggefallen ist, aber das Wahlrecht der Ehegatten (§ 26 I 1 EStG) nunmehr zwischen Zusammenveranlagung (§ 26b EStG) und Einzelveranlagung (§ 26a EStG) bestehen bleiben sollte, sperrt die Einzelveranlagung eines Ehegatten nach § 26a EStG nicht die Rückkehr zum Wahlrecht der Zusammenveranlagung,[164]

Zusätzliche Voraussetzung der „Rückkehr" zur Zusammenveranlagung nach § 26 II Nr. 3 EStG ist aber nach hM ab dem VZ 2013, dass der Unterschiedsbetrag aus der Differenz der festgesetzten Einkommensteuer entsprechend der bisher gewählten Veranlagungsart und der festzusetzenden Einkommensteuer, die sich bei einer geänderten Ausübung der Wahl der Veranlagungsarten ergeben würde, positiv ist. In der Summe muss die Steuerlast gemindert werden. Hierbei ist ein Vergleich der Steuerlast des jeweiligen Veranlagungszeitraums, die sich aus dem neuen Steuerbescheid bei Zusammenveranlagung (§ 26b EStG) und der Summe der Steuerlast bei Einzelveranlagung beider Ehepartner (§ 26a EStG) ergibt, durchzuführen.

Nach wie vor sperrt aber die Rückkehr zum „Ehegattenwahlrecht" eine unanfechtbare Einzelveranlagung (sogenannte „Single Veranlagung") nach § 25 III 1 EStG. Strittig ist

---

[161] BFH BStBl. II 2018, 789; BGH FamRZ 2007, 1320.
[162] BFH DStR 2018, 2269.
[163] FG Hamburg Gerichtsbescheid v. 1.8.2013 – 2 K 279/12, BeckRS 2013, 96316; Hessisches Finanzgericht EFG 1982, 33.
[164] Ettlich in Blümich, EStG § 26 Rn. 112; OLG Celle BeckRS 2019, 6596 mwN.

dabei, nach welchen Kriterien zu entscheiden ist, ob ein Einzelveranlagungsbescheid (§ 25 III EStG) oder ein auf Einzelveranlagung von Ehegatten (§ 26a EStG) beruhender Bescheid ergangen ist.[165]

Die nachträgliche Änderung der Veranlagungsart wirkt sich dann rechtsgestaltend auf die Steuerschuld aus, und zwar rückwirkend auf die Entstehung der Steuer zum Ablauf des Veranlagungszeitraums (§ 36 I EStG). Sie führt nicht zu einer Änderung des vorausgegangenen Steuerbescheides, sondern setzt ein neues, selbständiges Veranlagungsverfahren in Gang und die ursprünglichen Steuerbescheide sind nicht zu ändern, sondern aufgrund eines rückwirkenden Ereignisses gemäß § 175 I 1 Nr. 2 AO aufzuheben.[166]

928 Die nachträgliche **Wahl** zwischen der Zusammenveranlagung und der Einzelveranlagung ist seit dem VZ 2013 jedoch stark eingeschränkt, sofern beide Ehegatten bereits **unanfechtbar** veranlagt wurden.

Aus Gründen der Verwaltungsökonomie sieht die Neuregelung eine Bindung der Ehegatten an die von ihnen gewählte Veranlagungsart vor. Es soll nun sichergestellt werden, dass Ehegatten nur unter bestimmten Voraussetzungen (z. B. Veränderung der Höhe der Einkünfte) die Wahl der Veranlagungsart ändern können.

Voraussetzung für ein Wiederaufleben des Wahlrechts sind **drei kumulativ** zu erfüllende Voraussetzungen:

- Der Einkommensteuerbescheid der zusammen veranlagten Eheleute oder einer oder beide Einkommensteuerbescheide der einzeln veranlagten Ehegatten werden geändert oder berichtigt. Dabei ist *unerheblich*, nach welcher Korrekturnorm der *AO* die Änderung oder Berichtigung erfolgt. Wie bisher schon hängt die Änderung der Wahl der Veranlagungsart *dann wieder* vom Antrag eines *oder* beider Ehegatten ab.
- Die Änderung der Wahl der Veranlagungsart muss der zuständigen Finanzbehörde bis zum Eintritt der Unanfechtbarkeit des Änderungs- oder Berichtigungsbescheides schriftlich oder elektronisch mitgeteilt oder zur Niederschrift erklärt worden sein. Dies entspricht den schon bisher geltenden Grundsätzen zur Ausübung steuerlicher Wahlrechte und wird im Interesse der Rechtsklarheit ausdrücklich bestimmt.
- Der Antrag ist *nur* zulässig, wenn der Unterschied zwischen der *festzusetzenden Einkommensteuer* im Änderungsbescheid und der festzusetzenden Einkommensteuer, die sich bei einer geänderten Ausübung des Veranlagungswahlrechts ergeben würde, *positiv* ist. Die sich bei Einzelveranlagung der Ehegatten (§ 26a EStG) ergebenden Steuerbeträge sind hierfür *zusammenzurechnen*.

929 Der **Antrag** auf Einzelveranlagung ist für das Finanzamt nur dann **unbeachtlich, wenn** die Einzelveranlagung dem Antragsteller offenkundig keinerlei Vorteile bietet, er also über **keine steuerpflichtigen Einkünfte** verfügt und auch **keine Verluste** erklären kann. Das gilt auch dann, wenn dem anderen Ehegatten eine Steuerstraftat zur Last gelegt wird.[167] In allen anderen Fällen muss der Ehegatte, der durch die Einzelveranlagung Nachteile erwartet, seinen Anspruch auf Zusammenveranlagung gegenüber dem anderen vor dem Zivilgericht geltend machen.[168]

5. Gesamtschuld und Haftungsbeschränkung

930 Durch die Abgabe einer gemeinsamen Steuererklärung allein übernimmt der Ehegatte **keine Verantwortung für die Richtigkeit** der Angaben des anderen Ehegatten über dessen Einkünfte, er haftet daher nicht für dessen Steuerschulden nach § 71 AO.

Eine Beihilfe oder gar Mittäterschaft eines Ehegatten zur Steuerhinterziehung des anderen Ehegatten liegt – trotz eines „massiven" eigenen Interesses[169] – allerdings nach finanzgerichtlicher Rechtsprechung nicht bereits dann vor, wenn er die gemeinsame

---

[165] Vgl. zur alten Rechtslage BFH DStR 2018, 2269.
[166] BFH BFH/NV 2016, 1428.
[167] BFH NJW 1992, 1471.
[168] BGH FamRZ 2002, 1024.
[169] OLG Karlsruhe NJW 2008, 162.

12. Abschnitt: Unterhalt und Einkommensteuer　　　　　　　　　　　　§ 1

Steuererklärung[170] mit unterzeichnet, obwohl er weiß, dass der andere Ehegatte falsche Angaben zu seinen eigenen Einkünften gemacht hat.[171]

Zusammenveranlagte Ehegatten sind zwar nach § 44 I AO als **Gesamtschuldner** für die Zahlung der gesamten Steuer verpflichtet. Jeder Ehegatte kann jedoch seine gesamtschuldnerische Verpflichtung für den Anteil des anderen an der gemeinsamen Steuerschuld durch Antrag nach §§ 268 ff. AO ausschließen. Die Aufteilung erfolgt gemäß § 270 AO nach dem Maßstab fiktiven Einzelveranlagung (§ 26a EStG),[172] erstreckt sich aber nur auf noch nicht durch Vorauszahlungen getilgte Steuerschulden.

6. Erstattung von Steuern

Grundsätzlich kann das Finanzamt in Fällen der Ehegattenveranlagung (§§ 26a, 26b EStG) mit schuldbefreiender Wirkung an einen Ehegatten Erstattungsbeträge auszahlen (§ 36 IV 3 EStG). Soweit das Finanzamt aber nach Aktenlage erkennt oder erkennen musste, dass ein Ehegatte aus beachtlichen Gründen nicht mit der Auszahlung des gesamten Erstattungsbetrags an den anderen Ehegatten einverstanden ist, darf es nicht mehr an den anderen Ehegatten auszahlen. Das ist zB insbesondere dann der Fall, wenn die Ehegatten dem Finanzamt mitteilen, dass sie inzwischen geschieden sind oder getrennt leben oder wenn dem Finanzamt aus sonstigen Umständen bekannt ist, dass ein Ehegatte die Erstattung an den anderen nicht billigt.[173] Werden Einkommensteuer-Vorauszahlungen für zusammen zur Einkommensteuer veranlagte Eheleute geleistet, kann aus der Sicht des Finanzamts als Zahlungsempfänger mangels entgegenstehender ausdrücklicher Absichtsbekundungen aufgrund der zwischen den Eheleuten bestehenden Lebens- und Wirtschaftsgemeinschaft angenommen werden, dass derjenige Ehegatte, der die Zahlung auf die gemeinsame Steuerschuld bewirkt, mit seiner Zahlung auch die Steuerschuld des anderen mit ihm zusammen veranlagten Ehepartners begleichen will. Das hat zur Folge, dass bei einer Überzahlung in solchen Fällen beide Ehegatten erstattungsberechtigt sind.[174] Der Erstattungsbetrag ist dann zwischen ihnen hälftig aufzuteilen.[175]

931

Nach § 218 III AO wird ab 1.1.2015 zukünftig **auf Antrag** eines Ehegatten oder Lebenspartners die Korrektur einer Anrechnungsverfügung oder eines Abrechnungsbescheids zu seinen Gunsten, es ermöglichen, sich eine danach ergebende widerstreitende Entscheidung in anderen Anrechnungsverfügungen oder Abrechnungsbescheiden in entsprechender Anwendung der für Steuerbescheide bereits geltenden Regelung in § 174 IV und V AO aufzulösen.[176]

– in dieser Auflage nicht belegt –　　　　　　　　　　　　　　　　　　　　　　932–934

V. Unterhaltsrechtliche Kriterien für die Steuerveranlagung

1. Frühere Rechtsprechung des Bundesgerichtshofes

Bereits im Jahr 1976 hat der BGH entschieden, dass ein Ehegatte dem anderen gemäß § 1353 I EStG zur Zusammenveranlagung bei der Einkommensteuer verpflichtet ist, wenn dies ihm selbst keine steuerlichen Nachteile, dem anderen aber **steuerliche Vorteile** bringt. Die Verletzung dieser Verpflichtung führte schon nach damaliger Rechtsprechung

935

---

[170] BFH NJW 2002, 2495; NJW 2006, 2430; OLG Karlsruhe NJW 2008, 162; BayObLG NStZ 2001, 487.
[171] Perleberg-Kölbel/Vollmer FuR 2010, 661; Bornheim/Schnüttgen DStR 2010, 1942.
[172] Vgl. Beispiele → Rn. 944 und 945.
[173] BMF v. 14.1.2015 BStBl. I 2015, 83 mwN.
[174] BMF v. 14.1.2015 BStBl. I 2015, 83.
[175] Zuletzt BFH BFH/NV 2017, 906 mwN.
[176] § 218 III AO v. 22.12.2014, BGBl. 2014 I S. 2415.

zum Anspruch des anderen Ehegatten auf **Schadensersatz**.[177] Über die Frage, wie bei beiderseitigen Einkünften im Detail zu verfahren ist, hatte der BGH nicht zu entscheiden, da der Sachverhalt dazu keine Veranlassung gegeben hatte. Der BGH beschränkte sich auf die allgemeine Feststellung, dass es ausreiche, wenn im Fall eigener Einkünfte die gegenüber der Einzelveranlagung der Ehegatten (§ 26a EStG) anfallende Mehrsteuer ersetzt werde. Es bestehe **kein Anspruch auf Beteiligung an der Steuerersparnis** des begünstigten Ehegatten.[178]

In der zum Zugewinnausgleich ergangenen Entscheidung vom 6.12.1978[179] hat der BGH festgestellt, dass Eheleute auch im Güterstande der Zugewinngemeinschaft hinsichtlich ihres Vermögens grundsätzlich völlig selbständig sind, gleichermaßen beim Vermögen und bei den Schulden. Deshalb habe im Verhältnis der Ehegatten zueinander jeder von ihnen für die Steuer, die auf seine Einkünfte entfalle, selbst aufzukommen. Dies führe im Falle der Zusammenveranlagung dazu, dass bei der Aufteilung der Steuerschuld die Höhe der beiderseitigen Einkünfte zu berücksichtigen ist, die der Steuerschuld zugrunde liegen. Mit dem Hinweis, dass nur bei Aufteilung mit der Quote der Steuerbelastung bei fiktiver Einzelveranlagung die Auswirkung der Steuerprogression (→ Rn. 924 f.) angemessen berücksichtigt werde, ließ der BGH die Frage der Aufteilung mangels Entscheidungserheblichkeit offen.

2. Aktuelle Rechtsprechung

936 **a) Grundsätzliche Voraussetzungen für die Zusammenveranlagung.** Nach wie vor ist es ständige Rechtsprechung des BGH, dass auch nach der Trennung die Eheleute wechselseitig der Zusammenveranlagung zustimmen müssen.[180] Bei **Insolvenz** des Unterhaltsberechtigten obliegt die Verpflichtung zur Zustimmung dem Insolvenzverwalter.[181]

Die gesamtschuldnerische Haftung nach § 44 AO ist kein rechtfertigender Grund für eine Verweigerung, da gemäß § 268 AO die Haftung bei Zusammenveranlagung auf die Steuern aus dem eigenen Einkommen beschränkt werden kann.

937 Die Verpflichtung zur Zusammenveranlagung besteht auch, wenn **ungewiss** ist, **ob sie steuerlich überhaupt** möglich ist.[182] Letzteres ist insbesondere bei Zweifeln an der steuerlichen Relevanz eines Versöhnungsversuchs (→ Rn. 920) der Fall. Über die steuerliche Seite hat nicht das Zivilgericht, sondern das Finanzamt zu entscheiden.

> **Beispiel:**
> M verlangt für das Jahr nach der Trennung die Zusammenveranlagung, weil er für drei Wochen in die Ehewohnung zurückgekehrt war. F hat die Einzelveranlagung (§ 25 III EStG) beantragt, weil sie nie die Absicht zur Versöhnung gehabt habe.

Nur wenn die Zusammenveranlagung gewählt wird, kann das Finanzamt die Voraussetzungen dafür prüfen. Ein Antrag auf Einzelveranlagung (§ 25 III EStG) würde daher zu einer Prüfung der Voraussetzungen für eine Zusammenveranlagung keinen Anlass geben (→ Rn. 927).

Beim Vorliegen einer **Ehegatteninnengesellschaft** gelten deren Kriterien auch für die Veranlagung zur Einkommensteuer. Ein Anspruch auf Zustimmung zu einer Zusammenveranlagung zur Einkommensteuer ergibt sich dann aus der Verpflichtung, an der Erreichung des gemeinsamen Gesellschaftszwecks mitzuwirken.[183] Diese Auffassung erscheint sehr problematisch,[184] da das Privileg der Zusammenveranlagung den Ehegatten um der im

---

[177] BGH FamRZ 1977, 38.
[178] Nach wie vor ständige Rechtsprechung, zuletzt BGH FamRZ 2011, 210.
[179] BGH NJW 1979, 546.
[180] BGH FamRZ 2010, 269; 2011, 210.
[181] BGH FamRZ 2011, 210.
[182] BGH FamRZ 2005, 182; FamRZ 2010, 269.
[183] BGH FamRZ 2003, 1454.
[184] Ablehnend auch Wever FamRZ 2003, 1457; Wever FamRZ 2004, 1073, 1079; Arens FamRB 2004, 124, 127.

12. Abschnitt: Unterhalt und Einkommensteuer § 1

Veranlagungszeitraum (noch) bestehenden *ehelichen* Lebens- und Wirtschaftsgemeinschaft willen gewährt wird, die gerade nach Auffassung des BGH nicht Gesellschaftszweck i. S. v. § 705 BGB sein kann.[185]

b) Zurechnung von Lohnsteuerabzügen nach Lohnsteuerklassen III/V vor der Trennung. In dem der Entscheidung vom 12.6.2002[186] zugrunde liegenden Fall hatten die Parteien, die beide Einkünfte aus nichtselbständiger Tätigkeit bezogen, in den Jahren vor der Trennung einvernehmlich die Lohnsteuerklasse III (→ Rn. 900 ff.) für den Ehemann mit dem höheren Einkommen und die Lohnsteuerklasse V für die Ehefrau gewählt und waren für mehrere Jahre vor der Trennung zusammenveranlagt worden. Während der Ehemann die gegen ihn ergangenen Bescheide bestandskräftig werden ließ, hatte die Ehefrau vor Rechtskraft der Zusammenveranlagungsbescheide die Einzelveranlagung (§ 26a EStG) beantragt und dem entsprechend eine hohe Steuerrückzahlung erhalten. Der Ehemann, nunmehr nach § 175 AO, § 26a EStG ebenfalls Einzeln veranlagt, musste eine weitaus höhere Nachzahlung leisten.[187] 938

Nach dem Urteil des BGH kann der Ehegatte, der während des Zusammenlebens die ungünstige Steuerklasse V gewählt hatte, nach der Trennung die Zustimmung zur Zusammenveranlagung nicht davon abhängig machen, dass ihm die Steuern in Höhe des Differenzbetrags zur Einzelveranlagung (§ 26a EStG) – Steuerklasse IV – ersetzt werden. Er hat lediglich Anspruch darauf, dass er nicht mehr als die von seinem Gehalt abgeführte Lohnsteuer zu tragen hat. Der BGH verneint zwar nicht die in der Entscheidung von 1976 (→ Rn. 935) vertretene Auffassung, wonach Eheleute die Steuern im Verhältnis der Besteuerung ihrer jeweiligen Einkünfte bei Einzelveranlagung zu tragen haben, lässt dies aber dann nicht gelten, wenn sie ausdrücklich oder stillschweigend eine andere Aufteilung vereinbart haben. Eine solche abweichende Regelung liege auch im Fall der Steuerklassenwahl III/V vor.

In seiner Entscheidung vom 23.5.2007[188] hat der BGH seine Rechtsprechung bestätigt.

c) Zurechnung von Steuervorauszahlungen vor der Trennung. Bereits am 20.3.2002[189] hatte der BGH den Anspruch des klagenden Ehemanns auf Erstattung einer anteilig auf die Steuerschuld der Ehefrau verrechneten Steuervorauszahlung mit derselben Begründung verneint: Wie die Wahl der Steuerklassen ist auch die Handhabung der Steuervorauszahlung eine **bindende Abweichung** vom Prinzip der Belastung des jeweiligen Ehegatten mit der seinen Einkünften entsprechenden Einkommensteuer und vom Gesamtschuldnerausgleich nach § 426 BGB. 939

In einer dritten Entscheidung im Jahr 2002[190] hat der BGH dem Ehemann den Anspruch auf die gesamte Steuererstattung zugesprochen, weil dieser in der Vergangenheit ständig alle Steuervorauszahlungen für beide Ehegatten gezahlt, aber auch sämtliche Erstattungen einbehalten hatte.

d) Aufteilung von Lohnsteuern im Trennungsjahr. Sehr detailliert hat sich der BGH in seiner Entscheidung vom 23.5.2007[191] mit der Steuerveranlagung im Trennungsjahr befasst. Die Parteien, beide nichtselbständig tätig, hatten sich nach zehnjähriger Ehe im November getrennt. Der Abzug der Lohnsteuer erfolgte bis zum Jahresende beim Verdienst des Ehemanns nach Lohnsteuerklasse III, während vom Verdienst der Ehefrau der Lohnsteuerabzug nach Lohnsteuerklasse V abgeführt wurde. Die Ehefrau hatte beim Finanzamt nach Ablauf des Kalenderjahres die Einzelveranlagung (§ 26a EStG) beantragt und einen Betrag von rund 3000 EUR erstattet bekommen. Der Ehemann, nunmehr ebenfalls einzeln veranlagt (§ 26a EStG) , sollte rund 3900 EUR nachzahlen. Er verlangte deshalb von der Ehefrau die Zustimmung zur Zusammenveranlagung. Zwischen den Parteien war streitig, ob die Ehefrau die Mehrsteuern aus der Lohnsteuerklasse V gegenüber der Steuerklasse IV erstattet verlangen konnte. 940

---

185 BGH FamRZ 1980, 664; FamRZ 1999, 1580.
186 BGH FamRZ 2002, 1024.
187 Zur steuerrechtlichen Behandlung → Rn. 929.
188 BGH FamRZ 2007, 1229.
189 BGH FamRZ 2002, 729.
190 BGH FuR 2002, 498.
191 BGH FamRZ 2007, 1229.

Der BGH hat dies gemäß seiner Entscheidung vom 12.6.2002 (→ Rn. 938) verneint, jedoch der Ehefrau für den Teil des Trennungsjahres **ab der Trennung** einen **Ausgleich** zugesprochen, der entweder durch Unterhaltszahlung oder durch Erstattung der sich für diesen Zeitraum gegenüber der Einzelveranlagung (§ 26a EStG) ergebenden Mehrsteuern.

941 **e) Aufteilung von Steuernachzahlungen für Zeiten vor der Trennung.** Der Entscheidung des BGH vom 31.5.2006[192] lag vereinfacht dargestellt folgender Sachverhalt zugrunde:

> **Fall**
> M und F hatten sich 1999 getrennt. Aufgrund einer Betriebsprüfung im Jahr 2001 für einen Zeitraum vor der Trennung ergaben sich bei Zusammenveranlagung Nachforderungen in Höhe von umgerechnet 17 650 EUR. Diese resultierten daraus, dass ursprünglich das positive Einkommen der F mit einem Verlust des M in Höhe von 100 000 EUR verrechnet worden war. Durch Verrechnung des Verlustes (→ Rn. 878) mit den Einkünften der F ergab sich ein zu versteuerndes Einkommen bei der Zusammenveranlagung von 150 000 EUR (F) – 100 000 (M) auf 50 000 EUR. In der Betriebsprüfung wurde der Verluste nur in Höhe von 50 000 EUR anerkannt, wodurch sich das zu versteuernde Einkommen auf 100 000 EUR erhöhte. F machte geltend, nur das – wenn auch negative – Einkommen des M sei höher festgesetzt worden, M berief sich darauf, dass auch nach der Änderung sein Einkommen negativ und daher steuerfrei geblieben sei. Die ursprünglich festgesetzte Steuer hatte F bezahlt.

Der BGH hat entschieden, dass die Aufteilung einer nach der Trennung fällig gewordenen Steuerschuld und der sich hieraus ergebenden Erstattungs- bzw. Nachzahlungsansprüche zusammen veranlagter Ehegatten im Innenverhältnis grundsätzlich unter entsprechender Heranziehung des § 270 AO **auf der Grundlage einen fiktiven Einzelveranlagung (§ 26a EStG) der Ehegatten** zu erfolgen hat.

Der Gesamtschuldnerausgleich (§ 426 BGB) ist nicht nachrangig gegenüber dem Zugewinnausgleich. Die Gesamtschuld ist als Passivposten in das Endvermögen beider Ehegatten einzustellen, während der wechselseitige am Maßstab des § 270 AO ausgerichtete Ausgleichsanspruch in der jeweiligen Höhe als Aktivposten zu berücksichtigen ist. Durch diese Vorgehensweise mindert die Gesamtschuld das Endvermögen beider Ehegatten im Verhältnis ihrer jeweiligen Haftungsanteile.[193] Ist ein Ehegatte nicht in der Lage, seinen Anteil zu tragen, muss wieder auf die Einzelsaldierung zurückgegriffen werden. Der davon rechtlich nicht beeinflusste Ausgleichs- oder Befreiungsanspruch gegen den Leistungsunfähigen ist dann uneinbringlich, deshalb wertlos und mit Null anzusetzen, so dass im Ergebnis die Gesamtschuld allein beim leistungsfähigen Ehegatten in voller Höhe zu bilanzieren ist.[194]

942 **f) Einkommensteuerveranlagung nach der Trennung für Zeiten vor der Trennung.** Am 18.11.2009 hatte der BGH über einen weiteren Fall der Steuerveranlagung zu entscheiden.[195]

> **Fall**
> Die Beteiligten hatten im Jahr 1997 geheiratet und sich Anfang 2000 getrennt. Im Jahr 2003 wurde die Ehe geschieden. Für 1997 hatten sie die Zusammenveranlagung gewählt und dies auch noch – nach der Trennung – für 1998 so gehandhabt. Da die Ehefrau in 1998 Verluste erwirtschaftet hatte, wurden diese mit den positiven Einkünften des Ehemanns verrechnet,[196] der dadurch einen Teil seiner Steuervorauszahlungen erstattet bekam. Erst ein Jahr später beantragte die Ehefrau für 1998 und gleichzeitig für 1999 die Einzelveranlagung. Infolgedessen wurde gegen den Ehemann eine erhebliche Steuernachzahlung festgesetzt. Die Ehefrau erhielt in beiden Jahren Verlustvorträge, die sie mit positiven Einkünften in 2000 und 2001 verrechnen konnte. Sie machte die Zustimmung zur Zusammenveranlagung davon abhängig; dass der Ehemann ihr auch die in 2000 und 2001 dadurch entstehenden Steuerbelastungen ersetze.

---

[192] BGH FamRZ 2006, 1178.
[193] Wever, Vermögensauseinandersetzung der Ehegatten außerhalb des Güterrechts, 7. Aufl., 2018, Rn. 345; Brudermüller NJW 2011, 3196.
[194] BGH FamRZ 2011, 25; Brudermüller NJW 2011, 3196.
[195] BGH FamRZ 2010, 269.
[196] Zur steuerlichen Behandlung von Verlusten bei Ehegatten siehe → Rn. 878.

12. Abschnitt: Unterhalt und Einkommensteuer § 1

Der BGH hat die Entscheidung des Berufungsgerichts verworfen, das die Verpflichtung der Ehefrau zur Zusammenveranlagung verneint hatte. Der Rechtsstreit wurde zurückverwiesen. Die Entscheidung lässt leider die sorgfältige Analyse der Urteilsbegründung des vorstehend unter → Rn. 941 dargestellten Falls vermissen. Die dort aufgestellten Grundsätze sind auch hier anzuwenden. Diese werden in der Kritik von Tiedtke und Szczesny[197] ebenfalls übersehen, sind aber auch hier einschlägig: Steuernachzahlungen oder Erstattungen nach der Trennung sind entsprechend § 270 AO im Verhältnis fiktiver Einzelveranlagungen (§ 26a EStG) aufzuteilen. Steuerzahlungen und Erstattungen vor der Trennung dürfen nicht nachträglich verändert werden. D. h. die während des Zusammenlebens infolge der Verluste der Ehefrau erfolgten Minderungen der Vorauszahlungen dürfen nicht nachträglich durch die Einzelveranlagung (§ 26a EStG) vom Ehemann auf die Ehefrau übertragen werden, da sie durch die eheliche Wirtschaftsgemeinschaft beiden Eheleuten zugutegekommen sind. Die Steuererstattung, die dem Ehemann nach der Trennung zugeflossen ist, muss gemäß dem Urteil vom 31.5.2006[198] aufgeteilt werden. Dies ist in dem Urteil des BGH nicht berücksichtigt.

3. Zusammenfassung der Grundsätze und Musterberechnungen

a) Zusammengefasste Grundsätze. Die Zustimmung zur Zusammenveranlagung kann nicht von einer unmittelbaren Beteiligung am Steuervorteil des Ehegatten abhängig gemacht werden, sofern dies nicht schon vor der Trennung so gehandhabt worden war. Die steuerrechtliche Zulässigkeit und sonstige Steuerprobleme sind **im Veranlagungsverfahren vom Finanzamt zu klären** und berühren die familienrechtliche Verpflichtung zur Zusammenveranlagung nicht. 943

Für die Zeit vor der Trennung und im Trennungsjahr besteht die gegenseitige Verpflichtung zur Zusammenveranlagung, sofern nicht ausnahmsweise feststeht, dass keiner der Ehegatten davon einen Vorteil hat.

Für die Aufteilung der Steuerschuld gelten für die Zeit bis zum Tag der Trennung die **ausdrückliche Vereinbarung** oder tatsächliche Handhabung vor der Trennung. Die Wahl der Lohnsteuerklassen, die Regelung der Vorauszahlungen und die Abwicklung von Nachzahlungen und Erstattungen sind für diesen Zeitraum auch nach der Trennung maßgeblich. Vor der Trennung geleistete Vorauszahlungen oder abgeführte Lohnsteuern müssen vom begünstigen Ehepartner nicht erstattet oder verrechnet werden.

Für eine nach der Trennung bis zum Ende des Trennungsjahres entstehende Steuerbelastung sind **frühere Regelungen nicht mehr verbindlich.** Für diesen Zeitraum ist bei der Zusammenveranlagung die Steuerlast (Lohnsteuer; Einkommensteuervorauszahlungen jeweils mit Solidaritätszuschlag und Kirchensteuer) nach dem Verhältnis der jeweiligen Steuerlast der Ehepartner bei fiktiver Einzelveranlagung (§ 26a EStG) aufzuteilen oder der Steuernachteil durch Unterhalts- oder Ausgleichszahlung zu kompensieren.

Soweit durch die Steuerveranlagung oder nachträgliche Änderungen vorangegangener Steuerfestsetzung nach der Trennung Nachzahlungen oder Erstattungen anfallen, werden diese **im Verhältnis fiktiver Veranlagung** aufgeteilt. Die tatsächliche Aufteilung der während der Lebensgemeinschaft erfolgten Zahlungen und Erstattungen bleibt unberührt. Die Forderungen oder Nachzahlungen entstehen am Ende des Veranlagungszeitraums (→ Rn. 887) und sind beim gesetzlichen Güterstand ins **Endvermögen** einzustellen. Die Quotierung ist daher überflüssig, wenn die Differenz über den Zugewinnausgleich wieder nivelliert wird.

b) Aufteilung von Jahressteuern bei fiktiver Einzelveranlagung (§ 26a EStG). Die Berechnung der Verteilung der gesamten Steuern im Trennungsjahr zeigt das folgende Beispiel, wobei zur Vereinfachung von einer Trennung bereits zu Anfang des Jahres ausgegangen wird. 944

---

[197] FamRZ 2011, 425.
[198] BGH FamRZ 2006, 1178; → Rn. 941.

Beispiel:[199]
M und F haben sich am 2. Januar 2017 getrennt. Er verlangt von F die Zustimmung zur Zusammenveranlagung für 2017. Sein Steuerberater hat zutreffend Einkommensteuer und Solidaritätszuschlag von insgesamt 17 900 EUR berechnet. Aufgrund der Vorauszahlungen des M in Höhe von 11 900 EUR und der vom Arbeitgeber der F abgeführten Lohnsteuer mit Solidaritätszuschlag von insgesamt 4000 EUR ergibt sich eine Nachzahlung von 2000 EUR. Die Eheleute sind konfessionslos. Bei Einzelveranlagung wären von F 2000 EUR und von M 18 000 EUR auf die Einkommensteuer und den Solidaritätszuschlag zu zahlen.

Fiktive Einzelveranlagung	Steuerschuld 20 000 p. a.	EUR	in %		
Anteil F		2000	10		
Anteil M		18 000	90		
Zusammenveranlagung	**Steuerschuld 17.900 p. a.**	**EUR**	**in %**	**gezahlt**	**Differenz**
Anteil F		1790	10	4000	2210
Anteil M		16 110	90	11 900	4210
Aufteilung der Differenzen					**EUR**
An F von M					2210
An Finanzamt von M					2000

Nur in seltenen Fällen wird man beim internen Ausgleich der Ehegatten untereinander mit dieser Berechnung auskommen, da die Zusammenveranlagung von Eheleuten letztmals im Trennungsjahr möglich ist. Nur in zwei Fällen ist daher die gesamte Jahressteuer noch fiktiver Einzelveranlagung (§ 26a EStG) denkbar: entweder haben sich die Eheleute bereits zu Jahresbeginn getrennt (→ Rn. 915) oder für das streitgegenständliche Kalenderjahr sind noch keine Vorauszahlungen geleistet und keine Lohnsteuer abgeführt. Dies kommt nur in Betracht, wenn beide Eheleute selbständig tätig sind, und auch da nur in Ausnahmefällen. In der Regel werden also nur Nachzahlungen oder Erstattungen auszugleichen sein (→ Rn. 945). Bedeutsam ist die Berechnung allerdings dann, wenn die Steuerbelastung eines zusammenveranlagten wiederverheirateten Unterhaltsbeteiligten (→ Rn. 976) festgestellt werden muss.

945 c) **Aufteilung von Steuernachzahlungen nach der Trennung.** Die Aufteilung von Steuernachzahlungen nach der Trennung bei während des Zusammenlebens erfolgter Zahlung von Lohnsteuern, Vorauszahlungen oder Schlusszahlungen soll an einem weiteren Beispiel dargestellt werden:

Beispiel:[200]
M hat ein monatliches Durchschnittseinkommen von 5500 EUR brutto, F ein solches von 1400 EUR. Vom Jahreseinkommen des M sind in der Steuerklasse III durch den Arbeitgeber an Lohnsteuer und Solidaritätszuschlag insgesamt 9889,57 EUR einbehalten worden, von F waren es in Steuerklasse V 2559,43 EUR, insgesamt also 12.449 EUR. Nach Ablauf des Jahres haben sich M und F getrennt. Die in der Zusammenveranlagung festgestellte Jahressteuer beträgt 13.712,89 EUR EUR, so dass M und F 1263,89 EUR nachzahlen müssen.
Eine nachträgliche Einzelveranlagung (§ 26a EStG) ergäbe folgende Steuerschulden
14.763,67 EUR des M
   851,39 EUR der F
15.615,06 EUR Gesamt
Das Finanzamt würde bei nachträglicher Einzelveranlagung (§ 26a EStG) wie folgt abrechnen:
M   14.763,67 EUR   – 9.889,57 EUR = 4.874,10 EUR Nachzahlung
F   851,39 EUR   – 2.559,43 EUR = 1.708,04 EUR Erstattung

Die Steuerbelastung von M und F zusammen läge damit bei einer Einzelveranlagung (§ 26a EStG) um 1902,17 EUR EUR höher als bei der Zusammenveranlagung (§ 26b EStG).
Da unterhaltrechtlich der steuerliche Mehraufwand der F während des Zusammenlebens als ausgeglichen gilt und nicht nachträglich korrigiert werden darf, muss F der Zusammenveranlagung zustimmen.

---

[199] Solidaritätszuschlag und Kirchensteuer sind zum besseren Verständnis im Beispielsfall nicht berücksichtigt, die Steuerbeträge sind stark abgerundet.
[200] Steuer gemäß EStG 2018.

12. Abschnitt: Unterhalt und Einkommensteuer § 1

Die Nachzahlung (13.712,89 − 12.449 = 1263,19) wird im Verhältnis fiktiver Einzelveranlagung (§ 26a EStG) aufgeteilt.

Fiktive Einzelveranlagung	Steuerschuld 15.615,06	in%
Anteil F	851,39	5,45
Anteil M	14.763,67	94,55
Zusammenveranlagung	in%	Nachzahlung 1.263,89
Anteil F	5,45	68,88
Anteil M	94,55	1.195,01

So ist gewährleistet, dass es hinsichtlich der vor der Trennung geleisteten Zahlungen oder erhaltenen Erstattungen bei der ausdrücklichen oder konkludenten Vereinbarung bleibt.

Wenn die bei Lohnsteuer berücksichtigten Pauschalen übersteigende Werbungskosten und Sonderausgaben oder außergewöhnliche Belastungen im Rahmen des Lohnsteuer-Ermäßigungsverfahrens berücksichtigt waren, wird daran nichts geändert. Auch auf diese Steuervorteile erstreckt sich die Bindung an die ausdrückliche oder stillschweigende Vereinbarung. Werden derartige **Steuerminderungen** jedoch erst bei der Steuerveranlagung nach der Trennung aufgrund der zum Ablauf des folgenden 31.12. berücksichtigt, sind sie bei der fiktiven Steuerberechnung dem **Ehegatten zuzurechnen, bei dem sie angefallen sind.** Maßgeblich ist der Zeitpunkt der Zahlungen: bis zur Trennung gilt die bisherige Handhabung, nach der Trennung gilt die Aufteilung nach fiktiver Einzelveranlagung (§ 26a EStG). **946**

Beispiel:
Wie im vorigen Fall hat M hat ein monatliches Durchschnittseinkommen von 5500 EUR brutto, F ein solches von 1400 EUR. Vom Jahreseinkommen des M sind in der Steuerklasse III durch den Arbeitgeber an Lohnsteuer und Solidaritätszuschlag jedoch nicht 11392 EUR, sondern 10600 EUR wegen der Eintragung hoher Werbungskosten einbehalten worden, bei F waren es wie im Grundfall in Steuerklasse V 3096 EUR. Die in der nach dem 31.12. durchgeführten Zusammenveranlagung (§ 26b EStG) festgesetzte Nachzahlung beträgt auf Grund dieser Werbungskosten und nur auf F allein entfallender außergewöhnlicher Belastungen nur 800 EUR.

In die obige Berechnungsformel geht die tatsächliche − geringere − Lohnsteuer mit Solidaritätszuschlag ein, die vom Gehalt des M einbehalten worden ist. Die außergewöhnlichen Belastungen verringern die Steuerbelastung der F in der fiktiven Einzelveranlagung (§ 26a EStG) und damit ihren Anteil an der Nachzahlung. Dies entspricht den Grundsätzen des BGH, weil die tatsächlich bei M einbehaltene Lohnsteuer mit Solidaritätszuschlag die wirtschaftlichen Verhältnisse während des Zusammenlebens geprägt hat und im Regelfall beiden Eheleuten zugutegekommen ist. Die Steuererstattung auf Grund der außergewöhnlichen Belastungen der F fließt erst nach der Auflösung des gemeinsamen Haushaltes. Es gibt keinen Grund die Berücksichtigung von steuermindernden Aufwendungen anders zu behandeln als die Wahl der unterjährigen Steuerklassen. Wenn F von M nicht die auf Grund der unterjährigen Steuerklasse V zu hohe Lohnsteuer zurückverlangen kann, braucht sie auch keinen Ausgleich zu leisten, wenn ihre außergewöhnlichen Belastungen aus der „gemeinsamen Kasse" aufgebracht worden sind. **947**

− *in dieser Auflage nicht belegt* − **948–949**

VI. Die Abzugsfähigkeit von Unterhaltslasten beim Einkommen

1. Realsplitting

a) Steuerliche Grundlagen. Der für die Familienangehörigen gezahlte Unterhalt sowie freiwillige oder auf Grund einer freiwillig begründeten Rechtspflicht oder auf Grund gesetzlicher Verpflichtung an eine unterhaltsberechtigte Person erbrachte Zuwendungen dürfen nach § 12 Nr. 1 und Nr. 2 EStG weder bei den einzelnen Einkunftsarten noch **950**

beim Gesamtbetrag der Einkünfte abgezogen werden. Nur soweit dies ausdrücklich gesetzlich geregelt ist, sind derartige Aufwendungen als Sonderausgabe (→ Rn. 879) oder außergewöhnliche Belastung (→ Rn. 884) abzugsfähig.

Unterhaltsleistungen eines unbeschränkt Steuerpflichtigen an den geschiedenen oder dauernd getrenntlebenden unbeschränkt steuerpflichtigen oder als EU-Angehörigen gemäß § 1a EStG gleichgestellten Ehegatten (→ Rn. 872) sind nach § 10 Ia Nr. 1 EStG bis zu einem Höchstbetrag einkommensmindernde Sonderausgaben, wenn der Geber dies **mit Zustimmung des Empfängers** beantragt, sogenanntes **„begrenztes Realsplitting"**.[201] Ein Familiensplitting[202] im Sinne der grundsätzlichen Berücksichtigung der Unterhaltslasten in tatsächlicher Höhe ist verfassungsrechtlich nicht geboten.[203]

Voraussetzung für den Abzug ist die Angabe der erteilten Identifikationsnummer (§ 139b der AO) der unterhaltenen Person in der Steuererklärung des Unterhaltsleistenden, wenn die unterhaltene Person der unbeschränkten oder beschränkten Steuerpflicht unterliegt. Die unterhaltene Person ist für diese Zwecke verpflichtet, dem Unterhaltsleistenden ihre erteilte Identifikationsnummer (§ 139b AO) mitzuteilen. Kommt die unterhaltene Person dieser Verpflichtung nicht nach, ist der Unterhaltsleistende berechtigt, bei der für ihn zuständigen Finanzbehörde die Identifikationsnummer der unterhaltenen Person zu erfragen (§ 10 Ia Nr. 1 S. 8 EStG).

Zu unterscheiden ist zwischen typischen und untypischen Unterhaltsaufwendungen. Nach § 10 Ia Nr. 1 EStG zu berücksichtigen sind lediglich typische Aufwendungen zur Bestreitung der Lebensführung, z. B. für Ernährung, Wohnung, Kleidung.[204]

951 Das Realsplitting ist bei Unterhaltszahlungen der **Erben** des unterhaltpflichtigen Ehepartners nach § 1586b EStG nicht zulässig,[205] auch nicht Zahlungen des Vaters an die nicht mit ihm verheiratete Mutter seines Kindes nach § 1615l BGB.[206] Das Realsplitting gilt auch für Lebenspartner (§ 2 VIII EStG).

952 Eine gesetzliche Unterhaltspflicht ist nicht Voraussetzung für den Sonderausgabenabzug. Es genügen auch Unterhaltszahlungen, die **freiwillig** oder auf Grund einer freiwillig eingegangenen Verpflichtung geleistet werden.[207] Nur der im jeweiligen Kalenderjahr real geleistete Unterhalt kann – begrenzt auf den Höchstbetrag von 13 805 EUR p. a. – als Sonderausgabe abgesetzt werden, gleichgültig für welchen Zeitraum die Zahlung bestimmt ist.

Beispiel:
M lebt seit Ende 01 getrennt. Unterhalt an F zahlt er trotz Stufenmahnung im Januar 02 nicht, obwohl diese wegen der Betreuung der gemeinsamen Kinder keiner Erwerbstätigkeit nachgeht. Mit einer einstweiligen Anordnung wird M im Mai 02 zu monatlichen Unterhaltszahlungen in Höhe 600 EUR verurteilt. Er zahlt bis zum Jahresende 4800 EUR, im Jahr 03 7200 EUR. Im Hauptverfahren vergleichen M und F sich im Dezember 03 auf einen monatlichen Ehegattenunterhalt von 1000 EUR ab Jan 04; nachzuzahlen sind für Januar 02 bis Dezember 03 insgesamt 12000 EUR (7200 EUR für 02, 4800 EUR für 03).
Den auf 02 nachzuzahlenden, aber erst in 03 geflossenen Unterhalt kann M nicht vom Gesamtbetrag der Einkünfte in 02 absetzen, auch wenn der Steuerbescheid noch nicht bestandkräftig wäre. Nur die tatsächlich in 02 gezahlten 4800 EUR sind als Sonderausgabe abzugsfähig. In 03 sind durch die Zahlungen auf Grund der einstweiligen Anordnung 7200 EUR vom Höchstbetrag „verbraucht". M kann also maximal noch 6605 EUR abziehen, wenn er mindestens diesen Betrag vor Jahresende zahlt. In 04 kann er den laufenden Unterhalt 12 000 EUR abziehen, so dass von der Nachzahlung noch 1805 EUR geltend gemacht werden können. Wenn F sich nicht darauf einlässt, dass der verbleibende Rückstand erst ab 05 mit anteilig 1805 EUR jährlich getilgt wird, verfällt die steuerliche Abzugsmöglichkeit.[208]

---

[201] Gilt aufgrund von Doppelbesteuerungsabkommen auch für Dänemark, Kanada, USA und Schweiz (EStH 10.2).
[202] zu Änderungsvorschlägen Engels FamRZ 2018, 1877.
[203] BFH FamRZ 2012, 874.
[204] BFH/NV 2013, 525.
[205] BFH NJW 1998, 1584.
[206] BFH/NV 1995, 777.
[207] BFH FamRZ 2000, 1360.
[208] Für 05 und ggfs. weitere Jahre kann M nicht nur den laufenden Unterhalt sondern auch die Nachzahlung, insgesamt höchstens 13 805 EUR als Abzugsmerkmal beantragen (→ Rn. 911 ff.).

12. Abschnitt: Unterhalt und Einkommensteuer § 1

Der Höchstbetrag gilt bei mehreren Unterhaltspflichten für jede.[209] 953

Beispiel:
M hat nach der Scheidung von F1 wieder geheiratet, lebt aber inzwischen von der zweiten Ehefrau F2 getrennt. Er hat in 019600 EUR nachehelichen Unterhalt an F1 und 6000 EUR Trennungsunterhalt an F2, insgesamt also 15 600 EUR gezahlt.
M kann den gesamten Unterhalt steuerlich absetzen, da die Zahlungen an F1 und F2 jeweils unter dem Höchstbetrag lagen.

Neben **Barunterhalt** kommen auch **Sachleistungen oder Nutzungen,** insbesondere 954 die **unentgeltliche Überlassung einer Wohnung** in Betracht.[210] Wird eine Wohnung unentgeltlich zu Unterhaltszwecken überlassen und dadurch der Anspruch der Unterhaltsberechtigten auf Barunterhalt vermindert, so ist die Wohnungsüberlassung **mit dem objektiven Mietwert** einer geldwerten Sachleistung (Ausgabe) gleichzusetzen, mit der lediglich der Zahlungsweg der Unterhaltsleistungen abgekürzt wird. Aus demselben Grund kann der Unterhaltsverpflichtete die von ihm übernommenen umlagefähigen Nebenkosten als Unterhalt nach § 10 Ia Nr. 1 EStG absetzen.

Beispiel:
F bewohnt mit den gemeinsamen Kindern die frühere Ehewohnung. Diese gehört F und M je zur Hälfte. Der objektive Mietwert beträgt monatlich 800 EUR. Der Wohnwert ist im Unterhaltsprozess mit 500 EUR festgestellt. M hat sich im Wege eines Vergleichs verpflichtet, der F die Wohnung zur alleinigen Nutzung zu überlassen und sämtliche Nebenkosten von 180 EUR zu tragen.
Als Sonderausgabe kann M ansetzen:
- den auf sein Miteigentum entfallenden Anteil an der objektiven Miete von 400 EUR,
- die verbrauchsabhängigen[211] Nebenkosten von 180 EUR;
- die verbrauchsunabhängigen Nebenkosten, soweit sie auf den Miteigentumsanteil der F entfallen.

Maßgeblich hierfür ist, dass der Verpflichtete seiner Ehefrau auch einen entsprechend höheren Barunterhalt hätte bezahlen und im Gegenzug die Erstattung der von ihm übernommenen Kosten hätte fordern können.

Das Realsplitting kann **nicht auf Teile eines Jahres beschränkt** werden. Ob der 955 Höchstbetrag ausgeschöpft wird oder nur ein Teil des Unterhalts geltend gemacht wird, liegt aber im Ermessen der Beteiligten.[212] Eine Beschränkung auf einen Teil des Unterhalts ist insbesondere zu erwägen, wenn der volle Abzug beim Unterhaltsempfänger auch zu außersteuerlichen Nachteilen führt (→ Rn. 956).

Die **Zustimmung ist unbefristet** und kann vom Empfänger nicht für das laufende oder frühere Kalenderjahre widerrufen werden. Der Geber muss den **Sonderausgabenabzug** in jedem Jahr neu beantragen; dies erfolgt in der Steuererklärung. Wenn die Zustimmung erst nachträglich erteilt und auch der Antrag erst nachträglich gestellt worden ist, sind auch bereits bestandskräftige Steuerbescheide zu ändern.[213] Auch die Erweiterung der ursprünglich beschränkten Zustimmung stellt einen Fall der rückwirkenden Änderung nach § 175 AO[214] dar und kann daher nachträglich zur Steuerermäßigung führen.[215] Ein erst nach Bestandskraft des Einkommensteuerbescheids gestellter Antrag auf Abzug von Unterhaltsleistungen im Wege des Realsplittings ist jedoch kein rückwirkendes Ereignis, wenn die Zustimmungserklärung des Unterhaltsempfängers dem Geber bereits vor Eintritt der Bestandskraft vorlag.[216]

---

[209] EStR 10.2 III.
[210] BFH FamRZ 2000, 1360; BFH/NV 2007, 1283; EStH 10.2 „Wohnungsüberlassung".
[211] Vgl. BGH FamRZ 2009, 1300 (beim Wohnwert „umlagefähige Nebenkosten").
[212] EStR 10.2 I.
[213] EStR 10.2 „Allgemeines"; BFH DB 1989, 2259.
[214] Anwendungserlass zur AO 2014 (AEAO) v. 31.1.2014 BStBl. I 2014, 290, zuletzt geändert durch BMF v. 19.6.2018 BStBl. I 2018, 706.
[215] BFH NJW-RR 2007, 217.
[216] BFH DStR 2014, 2458.

Beispiel:
M und F haben sich nach der Trennung im Jahr 01 über einen Ehegattenunterhalt in Höhe von 200 EUR geeinigt Außerdem hat F in der den Eheleuten je zur Hälfte gehörenden ETW gewohnt. Sie hat keine Miete, jedoch die Nebenkosten bezahlt. Der objektive Mietwert betrug 600 EUR monatlich. Ab 02 waren M und F in der Lohnsteuerklasse I bzw. II. Von der Möglichkeit des Realsplitting war ihnen nichts bekannt. Als sie Ende 03 im Rahmen der Scheidungsvereinbarung informiert wurden, waren die Steuerbescheide für 02 bestandskräftig.

M kann eine Änderung seines Steuerbescheides nach § 175 AO beantragen und 12 × 200 EUR Barunterhalt sowie 12 × 300 EUR für die unentgeltliche Überlassung seines Anteils an der ETW als Sonderausgabe absetzen. Der Steuerbescheid der F wird nach § 175 AO von Amts wegen geändert: 6000 EUR werden als sonstige Einkünfte nach § 22 EStG angesetzt.

956 **b) Nachteilsausgleich.** Die Unterhaltsleistungen stellen beim Empfänger gemäß § 22 Nr. 1a EStG „Sonstige Einkünfte" dar, soweit sie vom Unterhaltspflichtigen als Sonderausgaben abgesetzt werden. Sie sind zu versteuern, soweit sie allein oder zusammen mit anderen steuerpflichtigen Einkünften die Freibeträge übersteigen. Dies gilt auch dann, wenn der Unterhaltspflichtige durch das Realsplitting keine Steuern spart, etwa aufgrund von Verlusten.[217] Wenn der Unterhaltsempfänger, nicht aber der Unterhaltspflichtige unbeschränkt steuerpflichtig ist, ist der Unterhalt beim Empfänger nicht zu versteuern.[218]

Nach § 10 Ia Nr. 1 EStG als Sonderausgabe abgezogener Unterhalt ist auch nach anderen Gesetzen **als Einkommen zu behandeln.** So kann der Trennungsunterhalt schon vor der Rechtskraft der Scheidung dazu führen, dass der Empfänger aus der **Familienversicherung** des Unterhaltspflichtigen herausfällt.[219] Dies ist gemäß § 10 I Nr. 5 SGB V dann der Fall, wenn mit dem Trennungsunterhalt regelmäßig eine Einkommensgrenze von einem Siebtel der monatlichen Bezugsgröße nach § 18 SGB IV überschritten wird.[220] Die dann anfallenden Versicherungsbeiträge übersteigen leicht den steuerlichen Vorteil beim Geber. Auch können durch Überschreiten von Einkommensgrenzen öffentlich-rechtliche Vergünstigungen etc. entfallen, zB Wohnungsbauprämien. Diese Nachteile können durch **Beschränkung des Realsplitting** auf den unschädlichen Teilbetrag oder den Ansatz des Unterhalts nach § 33a I als außergewöhnliche Belastung (→ Rn. 963) vermieden werden.

Unschädlich ist das Realsplitting dagegen im Hinblick auf eine Geringfügige Beschäftigung, den sogenannten **„Minijob".** Nach § 40a IV EStG ist nur eine andere Beschäftigung bei demselben Arbeitgeber, nicht aber sonstiges Einkommen schädlich. Nach § 8 II SGB IV sind nur mehrere Geringfügige Beschäftigungen zusammenzurechnen und führen zur Versicherungspflicht. Sonstige Einkünfte im Sinn des § 22 EStG, zu denen auch der beim Geber als Sonderausgabe geltend gemachte Unterhalt gehört, ändern an der Steuer- und Versicherungsfreiheit eines Minijobs nichts.

957 Je geringer der Unterschied des jeweils zu versteuernden Einkommen bei Geber und Empfänger vor der Berücksichtigung der Unterhaltszahlung ist, umso geringer sind die steuerlichen Vorteile.

Beispiel:
M hat ein zu versteuerndes Einkommen von 50 000 EUR, bei F sind es 24 000 EUR. Das unterhaltsrechtliche Einkommen entspricht dem zu versteuernden. M zahlt 6000 EUR Kindesunterhalt. M zahlt an F einen Jahresunterhalt von 6000 EUR.[221]

Ohne Realsplitting zahlen M und F zusammen 17578 EUR Einkommensteuer und Solidaritätszuschlag, mit Realsplitting sind es 16954 EUR. Die Steuerersparnis beträgt 624 EUR pro Jahr.

---

[217] BFH BeckRS 2009, 25016415.
[218] BFH FamRZ 2004, 1286.
[219] BSG FamRZ 1994, 1239; Lösungsmöglichkeit → Rn. 963.
[220] Dies sind 435 EUR (Stand 2018).
[221] Der Erwerbstätigenbonus bleibt diesem und dem folgenden Beispiel zur Vereinfachung außer Ansatz.

12. Abschnitt: Unterhalt und Einkommensteuer § 1

Beispiel:
M hat ein zu versteuerndes Einkommen von 36 000 EUR, bei F sind es 24 000 EUR. Das unterhaltsrechtliche Einkommen entspricht dem zu versteuernden. Kinder sind nicht vorhanden. M zahlt an F einen Jahresunterhalt von 6000 EUR.

Ohne Realsplitting zahlen M und F zusammen 12 042 EUR Einkommensteuer und Solidaritätszuschlag, mit Realsplitting sind es 11 766 EUR. Die Steuerersparnis beträgt 275 EUR pro Jahr.

Wenn der Nachteilsausgleich beim Unterhalt berücksichtigt wird, teilen sich die Ersparnisse zwischen M und F im Verhältnis 4 : 3 – bei Geltung der SüdL 55 : 45 – auf.[222] Es sollte daher vor der Geltendmachung des Realsplitting in jedem Einzelfall geprüft werden, was tatsächlich an Steuerersparnis herauskommt.

c) Unterhaltsrechtliche Fragen. Der Empfänger hat die Zustimmung zum Realsplitting auf Verlangen des Gebers nach dem Grundsatz von Treu und Glauben zu erteilen,[223] weil er damit die finanzielle Belastung des Gebers verringert. 958

Die Zustimmungspflicht zum begrenzten Realsplitting besteht auch dann, wenn zweifelhaft erscheint, ob die steuerlich geltend gemachten Aufwendungen dem Grunde und der Höhe nach als Unterhaltsleistungen i. S. d. § 10 Ia Nr. 1 EStG anerkannt werden. Die Klärung des Sonderausgabenabzuges erfolgt allein durch die Finanzbehörden bzw. Finanzgerichte.[224]

Eine schuldhafte **Verweigerung** der Zustimmung führt zur **Schadensersatzpflicht**.[225] Die Zustimmung kann aber davon abhängig gemacht werden, dass der Geber dem Empfänger die wirtschaftlichen Nachteile (Einkommensteuer, Solidaritätszuschlag, Kirchensteuer und sonstige finanzielle Nachteile)[226] ausgleicht, die ihm durch das Realsplitting entstehen.

Der unterhaltsberechtigte Ehegatte kann die Erstattung der durch das begrenzte Realsplitting entstandenen Nachteile verlangen, wenn er dem unterhaltspflichtigen Ehegatten diejenigen Tatsachen zur Kenntnis bringt, die diesem ermöglichen, die Angaben des unterhaltsberechtigten Ehegatten und die Berechtigung seiner Ausgleichsforderung zu überprüfen. Dieser Obliegenheit genügt der unterhaltsberechtigte Ehegatte in der Regel durch Vorlage seines Steuerbescheides. Dagegen ist er nicht gehalten, selbst den auf dem Realsplitting beruhenden Steuernachteil zu berechnen.[227]

Im Jahr der **Wiederheirat des Empfängers** beschränkt sich der Ausgleich jedoch auf die Nachteile, die auch ohne die Wiederheirat entstanden wären.[228] Dies gilt nach Auffassung des BGH auch, wenn der Unterhalt für die Zeit vor der neuen Eheschließung geschuldet und bei rechtzeitiger Zahlung keine oder geringere Steuern nach sich gezogen hätte, aber erst danach gezahlt worden ist und infolge der Zusammenveranlagung mit dem gut verdienenden neuen Ehepartner erhebliche zusätzliche Steuern verursacht hat.[229] Offen lässt der BGH dabei, ob ein weitergehender Anspruch als Verzugsschaden geltend gemacht werden kann.[230]

Für die Erteilung der Zustimmung gelten nach der Rechtsprechung des BGH[231] folgende Kriterien: 959

- Der barunterhaltsberechtigte Ehegatte muss dem sog. begrenzten Realsplitting grundsätzlich zustimmen, wenn der Unterhaltspflichtige die **steuerlichen Nachteile ausgleicht,** die dem Berechtigten daraus erwachsen.
- Die Zustimmung kann nur Zug um Zug gegen eine **bindende Erklärung** verlangt werden, durch die sich der Unterhaltsverpflichtete zur Freistellung des Unterhaltsberechtigten von den ihm entstehenden steuerlichen Nachteilen verpflichtet.

---

222 Die Steuerersparnis erhöht sich bei Kirchensteuerpflicht und wenn F Kranken- oder/und Altersvorsorgeunterhalt erhält und als Sonderausgabe abziehen kann.
223 BGH FamRZ 1998, 953.
224 OLG Schleswig FuR 2014, 606; KG BeckRS 2013, 19422; OLG München FamFR 2013, 131.
225 BGH FamRZ 1988, 820; NJW 1988, 2886.
226 BGH FamRZ 1983, 576.
227 OLG Hamm NJW-Spezial 2014, 484.
228 BGH FamRZ 1992, 1050.
229 BGH FamRZ 2010, 717 Rn. 16 ff.
230 BGH FamRZ 2010, 717 Rn. 20.
231 BGH FamRZ 1983, 576; NJW 1983, 1545.

- Von einer entsprechenden Verpflichtung zum Ausgleich sonstiger Nachteile kann der Unterhaltsberechtigte seine Zustimmung nur abhängig machen, wenn er diese **Nachteile im Einzelfall substantiiert** darlegt.
- Ob der Unterhaltsberechtigte seine Zustimmung von einer **Sicherheitsleistung** abhängig kann machen, ist vom BGH bisher nicht entschieden. Das OLG Schleswig[232], sowie das OLG Stuttgart[233] haben dies für den Fall bejaht, dass zu besorgen ist, dass der Unterhaltspflichtige seine Verpflichtung zum Ausgleich der finanziellen Nachteile nicht oder nicht rechtzeitig erfüllen wird.

960 Zu den grundsätzlich zu erstattenden Nachteilen aus der Inanspruchnahme des begrenzten Realsplittings gehören auch die Steuervorauszahlungen des Ehegatten, dessen Einkommen sich durch diese Wahl der Besteuerung erhöht und deshalb zur Festsetzung von Vorauszahlungen führt.[234] Der Anspruch auf Erstattung der Steuervorauszahlungen kann bereits **zum Zeitpunkt ihrer Fälligkeit** gegeben sein.

961 Die Zustimmung ist auch bei **Streitigkeiten über die Höhe des Unterhalts** zu erteilen, da die Höhe des gezahlten Unterhalts keine Frage der Zustimmung zum Realsplitting ist; die Zustimmung gilt der Grunde nach, soweit sie nicht ausnahmsweise betragsmäßig beschränkt wird. Die Angabe des als Sonderausgabe abzusetzenden Betrags erfolgt in der Anlage U, die mit der Einkommensteuererklärung des Unterhaltsverpflichteten abgegeben wird. Die Unterzeichnung der **Anlage U** wird nicht geschuldet.[235] Bei Meinungsverschiedenheiten über die Höhe des als Sonderausgabe abzugsfähigen Unterhalts, zB bei Sachleistungen, kann dem unterhaltsberechtigten Ehepartner kein Anerkenntnis zugemutet werden.

Die Zustimmung darf nicht davon abhängig gemacht werden, dass der Geber den Empfänger **an der Steuerersparnis beteiligt,** die dieser auf Grund des Sonderausgabenabzugs erhält.[236] Diese kommt dem Empfänger verspätet durch die Einkommenserhöhung beim Geber zugute, wobei der von diesem geleistete Nachteilsausgleich wiederum einkommensmindernd ins Gewicht fällt. Eine Aufrechnung gegen den Anspruch auf Nachteilsausgleich ist nicht zulässig.[237]

Die Zustimmung ist zum Nachweis in der Regel **schriftlich** oder zur Niederschrift des Finanzamtes zu erklären. Wird sie gegenüber dem Finanzamt erklärt, ist der Geber zu benachrichtigen.[238] Die Klage auf Zustimmung ist eine Familiensache und richtet sich auf Abgabe einer Willenserklärung. Eine Vollstreckung aus dem Urteil erübrigt sich wegen der Fiktion nach § 894 ZPO. Ein Widerruf durch den Unterhaltsberechtigten ist in diesem Fall ausgeschlossen, gegebenenfalls muss er klagen.

962 Der **Nachteilsausgleich** kann **auch nach Ablauf der Jahresfrist** des § 1585b BGB noch geltend gemacht werden. Er ist ein Anspruch eigener Art und fällt nicht unter diese Bestimmung; sie ist auch nicht analog anzuwenden, da der Geber bei Inanspruchnahme des Realsplittings mit der Erstattungspflicht rechnen muss und insoweit keinen Vertrauensschutz genießt.[239] Im Sinne des Art. 5 II EuGVVO ist der Anspruch auf Nachteilsausgleich jedoch eine Unterhaltssache.[240] Der Unterhaltsberechtigte kann daher seinen Anspruch auf Nachteilsausgleich bei dem für seinen Wohnsitz zuständigen Gericht einklagen, wenn der Unterhaltsverpflichtete im EU-Ausland lebt. Auch einkommensteuerrechtlich wird der Nachteilsausgleich als Unterhalt und damit als Sonderausgabe abzugsfähige Unterhaltsleistung behandelt.[241]

---

[232] NJW-RR 2007, 660.
[233] FamRZ 2017, 1391.
[234] Str. siehe zuletzt OLG Hamm NZFam 2018, 1094 mwN.
[235] BGH FamRZ 1998, 953.
[236] BGH FamRZ 1984, 1211.
[237] BGH FamRZ 1997, 544.
[238] OLG Karlsruhe FamRZ 2004, 960.
[239] BGH FamRZ 1985, 1232 = R 273; BGH FamRZ 2005, 1162 = R 631.
[240] BGH FamRZ 2008, 40.
[241] BFH FamRZ 2008, 888.

2. Unterhaltszahlungen als außergewöhnliche Belastung

Der an den auf Dauer getrennt lebenden oder geschiedenen Ehegatten auf Grund gesetzlicher Verpflichtung gezahlte Unterhalt[242] kann statt als Sonderausgabe nach § 10 Ia Nr. 1 EStG **bis zur Höhe von 9000 EUR (ab 1.1.20199168 EUR)** auch gemäß § 33a EStG als außergewöhnliche Belastung vom Gesamtbetrag der Einkünfte abgezogen werden, wenn der Unterhaltsempfänger kein oder nur geringes Vermögen hat. Dies ist nach Auffassung der Finanzverwaltung ein Vermögen mit einem Verkehrswert von nicht mehr als 15 500 EUR.[243] Ein angemessenes Hausgrundstück im Sinne von § 90 II Nr. 8 SGB XII bleibt unberücksichtigt (§ 33a I 4 2. Hs. EStG).

963

Voraussetzung für den Abzug ist die Angabe der erteilten Identifikationsnummer (§ 139b der AO) der unterhaltenen Person in der Steuererklärung des Unterhaltsleistenden, wenn die unterhaltene Person der unbeschränkten oder beschränkten Steuerpflicht unterliegt. Die unterhaltene Person ist für diese Zwecke verpflichtet, dem Unterhaltsleistenden ihre erteilte Identifikationsnummer (§ 139b AO) mitzuteilen. Kommt die unterhaltene Person dieser Verpflichtung nicht nach, ist der Unterhaltsleistende berechtigt, bei der für ihn zuständigen Finanzbehörde die Identifikationsnummer der unterhaltenen Person zu erfragen (§ 33a I 9 EStG).

Die Beantwortung der Frage, ob für die steuerliche Berücksichtigung von Unterhaltsaufwendungen ein Unterhaltsanspruch vorliegt, richtet sich nach inländischem Recht, dh nach den Vorschriften des BGB, setzt also Bedarf, Bedürftigkeit und Leistungsfähigkeit voraus.[244]

Eigene Einkünfte sind auf den Abzugsbetrag **anzurechnen,** soweit sie 624 EUR im Jahr übersteigen. Im Gegensatz zum Realsplitting ist der vom Unterhaltspflichtigen als außergewöhnliche Belastung abgesetzte Unterhalt beim Empfänger **kein Einkommen,** so dass er nicht zu versteuern ist und auch nicht zum Ausscheiden aus der Familienversicherung führt. Der Nachteilsausgleich entfällt. Die Berücksichtigung des Unterhalts als außergewöhnliche Belastung ist daher beim Trennungsunterhalt eine Möglichkeit, den Versicherungsschutz des unterhaltsberechtigten Ehepartners aus der Familienversicherung (→ Rn. 956) zu erhalten.

Wenn sowohl § 10 Ia Nr. 1 EStG als auch § 33a EStG anwendbar sind, kommt es auf die Verhältnisse im Einzelfall an, welcher Ansatz der günstigere ist. In der Regel ist dies das Realsplitting, sobald der Unterhalt den Grenzbetrag nach § 33a EStG übersteigt oder der Unterhaltsempfänger eigene Einkünfte über 52 EUR monatlich hat.

964

Kirchensteuerpflicht, Kinderfreibeträge und die Absetzbarkeit von Vorsorgeaufwendungen auf Seiten des Unterhaltsberechtigten wirken sich aus, so dass man um eine Vergleichsrechnung nicht auskommt.

Auch wo der Abzug nach § 33a EStG eine geringere Steuerentlastung bringt, muss der Vorteil berücksichtigt werden, dass er ohne Zustimmung und ohne die Umstände und Risiken des Nachteilsausgleichs geltend gemacht werden kann. Man sollte deshalb auf das Realsplitting verzichten, wenn der Unterhalt nicht oder nur wenig höher ist als der nach § 33a EStG absetzbare Betrag und die steuerrechtlichen Voraussetzungen für den Abzug als außergewöhnlich Belastung (→ Rn. 963) vorliegen.

Der den Höchstbetrag nach § 10 Ia Nr. 1 EStG übersteigende Unterhalt kann nicht nach § 33 EStG als außergewöhnliche Belastung abgesetzt werden. Nach Auffassung des BFH wird **durch die Wahl des Realsplitting der gesamte Unterhalt zur Sonderausgabe** erklärt, so dass andere Abzugsmöglichkeiten ausscheiden.[245]

965

Die Berücksichtigung als außergewöhnliche Belastung kommt dann in Betracht, wenn der Unterhaltsempfänger den Unterhalt nicht versteuern muss. Dies ist bei nicht unbeschränkt Steuerpflichtigen der Fall und bei Unterhaltsempfängern in der EU zu prüfen.[246]

---

[242] BFH BStBl. II 2018, 643.
[243] EStR 33a.1 II.
[244] BFH FamRZ 2010, 1661.
[245] EStH 10.2 „Allgemeines"; BFH DStR 2001, 338.
[246] Vgl. § 1a I EStG 1. Alternative.

Ein weiterer Anwendungsfall des § 33a EStG ist die Belastung mit Unterhaltspflichten nach § 1615l BGB. Steuerrechtlich geht die Verpflichtung des Kindesvaters gegenüber der Mutter eventuellen Unterhaltspflichten ihrer Eltern vor, so dass der Kindsvater die Absatzmöglichkeit nach § 33a BGB hat und die Eltern der Kindsmutter keine Kinderfreibeträge für diese in Anspruch nehmen können.[247]

Ein Abzug des Unterhalts nach § 33 EStG (→ Rn. 882) kommt nicht in Betracht, da § 33a EStG lex specialis ist.[248] Dies gilt auch für Nachzahlungen. Jedoch gilt dies nur für den regulären Unterhalt. Besondere Aufwendungen können daneben als außergewöhnlich Belastung nach § 33 EStG abgesetzt werden.[249]

966–969 – *in dieser Auflage nicht belegt* –

VII. Berücksichtigung der Steuerbelastung beim unterhaltsrechtlichen Einkommen

1. Grundlagen

970 Durch die Unterhaltszahlung soll der Unterhaltsempfänger am laufenden Einkommen des Unterhaltspflichtigen **angemessen beteiligt** werden. Dabei ist auf die aktuellen Einkommensverhältnisse abzustellen, soweit sie eheprägend sind (→ Rn. 4/416). Da es aber nicht möglich ist, das im Zahlungszeitraum zur Verfügung stehende Einkommen zeitgleich zu ermitteln, muss im Wege einer Prognose das **künftige Einkommen geschätzt** werden (vgl. → Rn. 24 ff.). Diese Prognose basiert auf den Einkünften in möglichst aktueller Vergangenheit. Die einkommenserheblichen Umstände aus der Vergangenheit müssen jedoch korrigiert werden, soweit sie erkennbar im Unterhaltszeitraum nicht mehr eintreten werden (vgl. → Rn. 24, 26, 72).[250] Wenn eine künftige Änderung zwar zu erwarten, ihr Umfang jedoch nicht zu bestimmen ist, muss deren Eintritt abgewartet und dann eine Abänderung des Unterhalts veranlasst werden.

2. Rechtsprechung des Bundesgerichtshofes

971 Der BGH hält trotz vielfach zugestandener Ausnahmen in ständiger Rechtsprechung am **In-Prinzip als Grundsatz** fest: bei der Ermittlung des unterhaltsrechtlichen Einkommens ist auf die Steuern abzustellen, die **im Prüfungszeitraum**, dh bei nichtselbständig Tätigen in den letzten zwölf Monaten, bei selbständig Tätigen in den letzten drei Jahren vor der Unterhaltsberechnung **tatsächlich gezahlt oder erstattet** worden sind.[251]

972 Auch für Steuern auf **Einkünfte von Selbständigen** soll in der Regel das In-Prinzip zur realitätsnahen Erfassung der Einkünfte gelten. In der Entscheidung des BGH vom 19.2.2003[252] führt der BGH aus:

> „*Vielmehr entspricht es der Rechtsprechung des Senats, dass Steuern regelmäßig in der Höhe angerechnet werden, in der sie im Prüfungszeitraum real angefallen sind.*"

Bei der Bedarfsermittlung ist es jedoch auf Grund der beiderseitigen Einkommensverhältnisse auch Aufgabe der Tatsacheninstanzen, unter den gegebenen Umständen des Einzelfalls eine geeignete Methode zur möglichst realitätsgerechten Ermittlung des Nettoeinkommens zu finden. Daher kann es im Einzelfall zulässig und geboten sein, die

---

247 BFH DStRE 2004, 1143.
248 Schmidt/Loschelder § 33 Rn. 35 „Unterhalt".
249 BFH DStR 2008, 1961.
250 BGH FamRZ 2004, 1177 = R 615.
251 BGH FamRZ 1990, 981; FamRZ 1990, 503; NJW 1991, 224; FamRZ 1991, 670; FamRZ 2013, 935.
252 BGH FamRZ 2003, 741 (744) = R 590c.

12. Abschnitt: Unterhalt und Einkommensteuer § 1

abzuziehende Einkommensteuer nicht nach dem sogenannten In-Prinzip, sondern nach dem Für-Prinzip zu ermitteln.[253]

In seiner Entscheidung vom 23.5.2007[254] hat der BGH noch einmal dargelegt, dass grundsätzlich **von den tatsächlich erzielten Einkünften auszugehen** und deswegen auch die Steuerlast in ihrer jeweils realen Höhe maßgebend ist. Dies gilt nach Auffassung des BGH unabhängig davon, ob sie im konkreten Fall seit der Trennung gestiegen oder gesunken ist und ob das auf einem gesetzlich vorgeschriebenen Wechsel der Steuerklasse oder auf einer Änderung des Steuertarifs beruht.[255] **973**

Berichtigungen der tatsächlichen, durch Steuerbescheid oder Lohnabrechnung nachgewiesenen Nettoeinkünfte sind nur in besonders gelagerten Fällen vorzunehmen, wenn zB

- nicht prägende Einkünfte geflossen sind,[256]
- steuerliche Vergünstigungen vorliegen, die dem Unterhaltsberechtigten nicht zugute kommen dürfen (Ehegattensplitting aus neuer Ehe,[257] Verheiratetenzuschlag aus zweiter Ehe,[258] oder der auf den neuen Ehepartner entfallende Kinderfreibetrag[259]),
- erreichbare Steuervorteile entgegen einer Obliegenheit (→ Rn. 911ff., → Rn. 1020) nicht in Anspruch genommen worden sind.[260]

Weitere Ausnahmen vom In-Prinzip wurden schon früher anerkannt, so etwa **974**

- wenn wegen **Verletzung der Erwerbsobliegenheit** fiktive Einkünfte oder Mehreinkünfte zu berücksichtigen sind,[261]
- steuerliche Vergünstigungen in Form von zwar steuerlich, aber nicht unterhaltsrechtlich anerkannten Ausgabenpositionen dem Steuerpflichtigen zu verbleiben haben.[262]

In der letztgenannten zum Bauherrenmodell ergangenen Entscheidung hat der BGH festgestellt, dass bei der unterhaltsrechtlichen Einkommensermittlung eine **fiktive Steuerberechnung** erfolgen muss, wenn steuerlich relevante Betriebsausgaben oder Werbungskosten **unterhaltsrechtlich nicht anerkannt** werden. In diesem Fall sei es unbillig, die dadurch erzielten, die Einkommensminderung teilweise kompensierenden Steuervorteile nicht ebenfalls außer Ansatz zu lassen.

Dementsprechend wurde in einer anderen Entscheidung[263] der Steuervorteil aus wegen nach § 323 ZPO (jetzt §§ 238, 239 FamFG) nicht berücksichtigter Fahrkosten dem Unterhaltsschuldner belassen.

Anders dagegen verhält es sich, wenn die unterhaltsrechtlich nicht anerkannten einkommensmindernden Umstände **nicht zu einem Abfluss von Geldmitteln** geführt haben, etwa bei **linearer Abschreibung von Gebäuden**.[264] Allerdings hat der BGH in dieser Entscheidung die durch das OLG vorgenommene fiktive Steuerberechnung mit der Begründung bestätigt, dass ohne die Anschaffung der Immobilie die Steuerminderung nicht erfolgt wäre. Auch bei Sonderabschreibungen[265] hält der BGH eine fiktive Steuerberechnung nicht für nötig. **975**

Wenn jedoch die Bildung von **Ansparrücklagen (ab 2008 Investitionsabzugsbetrag**[266]) unterhaltsrechtlich nicht als abzugsfähig anerkannt wurde, musste nach einer späteren Entscheidung eine fiktive Steuerberechnung vorgenommen werden.[267] Es ist

---

[253] BGH FamRZ 2011, 1851; FamRZ 2007, 882; FamRZ 2004, 1177.
[254] BGH FamRZ 2007, 1232 = R 678.
[255] BGH FamRZ 2007, 1232 (1234).
[256] BGH FamRZ 1990, 981.
[257] BGH FamRZ 2005, 1817; NJW 2005, 3277.
[258] BGH FamRZ 2007, 882 (884); nicht dagegen beim Kinderzuschlag und beim Kinderfreibetrag.
[259] BGH FamRZ 2007, 882 (884).
[260] Hinweis auf BGH FamRZ 1998, 953.
[261] BGH FamRZ 1998, 953.
[262] BGH FamRZ 1987, 36; bestätigt FamRZ 1992, 1045; FamRZ 2009, 762.
[263] BGH FamRZ 2007, 882 (884).
[264] BGH FamRZ 2005, 1159 = R 623.
[265] BGH FamRZ 2003, 741 = R 590c.
[266] BMF v. 20.3.2017 BStBl. I 2017, 423.
[267] BGH FamRZ 2004, 1177.

diejenige Steuerbelastung – fiktiv – zu berücksichtigen, die ohne die Ansparabschreibung (ab 2008 Investitionsabzugsbetrag) angefallen wäre. Der BGH begründet dies damit, dass der Zweck der Ansparrücklage (ab 2008 Investitionsabzugsbetrag) weitgehend durchkreuzt würde, wenn die hierdurch erhöhte Liquidität des Unternehmens automatisch eine erhöhte Unterhaltsschuld des Unternehmers zur Folge hätte, da die zusätzlich zur Verfügung stehenden liquiden Mittel gerade nicht in den privaten Konsum fließen sollen, was das letztlich vom Fiskus übernommene Insolvenzrisiko erhöhen würde.

An die Stelle der Ansparrücklage ist ab 2008 der **Investitionsabzugsbetrag** (→ Rn. 214) getreten. Die Veränderungen sind unterhaltsrechtlich nicht relevant. Die Rechtsprechung des BGH zur Ansparrücklage gilt in gleicher Weise für die unterhaltsrechtliche Behandlung der Steuerbelastung beim Investitionsabzugsbetrag.

Dies gilt aber in gleicher Weise bei der Sonderabschreibung, die ebenso wie die Ansparrücklage die Liquidität des investierenden Unternehmens durch nachgelagerte Besteuerung erhöhen soll (→ Rn. 213 ff.; 346).

976 Dass in Fällen der **Wiederheirat des Unterhaltspflichtigen** das für den nachehelichen Unterhalt maßgebliche Einkommen mit einer fiktiven Steuerberechnung auf der Basis von Einzelveranlagungen ermittelt werden muss, war nach dem Urteil des Bundesverfassungsgerichts vom 7.10.2003[268] nicht mehr umstritten.[269] Nach der Änderung des Unterhaltsrechts zum 1.1.2008 hat der BGH in seiner Rechtsprechung[270] zur Dreiteilungsmethode festgestellt, dass bei **Wiederheirat des Unterhaltspflichtigen** der nacheheliche Unterhalt und der Unterhalt der neuen Ehefrau unter Berücksichtigung des Splittingvorteils aus der neuen Ehe zu ermitteln sei. Der Gleichrang des neuen Ehegatten nach § 1609 nF BGB beseitige die Benachteiligung, die Grundlage für die Entscheidung des BVerfG zur fiktiven Steuerberechnung gewesen sei. Allerdings hat der BGH auch festgestellt, dass dem geschiedenen Ehegatten

> „danach Unterhalt allenfalls in der Höhe zu(stehe), wie er sich ergäbe, wenn der Unterhaltspflichtige nicht neu geheiratet hätte und deswegen weder ein Splittingvorteil noch ein neuer unterhaltsberechtigter Ehegatte vorhanden wären."

Unter Berücksichtigung der Entscheidung des BVerfG zur Dreiteilungsmethode[271] ist bei der Ermittlung des Unterhaltsbedarfs die bisherige Rechtsprechung[272] zu Grunde zu legen, also der Splittingvorteil aus der neuen Ehe nicht zu berücksichtigen, während bei der Leistungsfähigkeit das tatsächliche Einkommen unter Berücksichtigung von Splitting und Realsplitting heranzuziehen ist.[273]

Beim Kinderfreibetrag (→ Rn. 2/708) ist zu unterscheiden: Die Freibeträge des § 32 VI EStG für alle Kinder – gleich aus welcher Ehe sind immer zu berücksichtigen, soweit sie dem Unterhaltspflichtigen zustehen. Die der neuen Ehefrau zustehenden Freibeträge stehen jedoch nur der zweiten Ehe zu. Da diese bei Zusammenveranlagung durch Verdopplung der Freibeträge berücksichtigt werden, sind die im Steuerbescheid berücksichtigten Beträge bei der fiktiven Einzelveranlagung zu halbieren.[274]

977 Für die **Berechnung des Unterhalts der Kinder** – gleichgültig aus welcher Ehe – ist jedoch das tatsächliche Einkommen **unter Berücksichtigung des Ehegattensplittings** und gegebenenfalls Realsplittings zu Grunde zu legen,[275] und zwar auch dann, wenn der zweite Ehegatte nachrangig ist.[276] Eine Ungleichbehandlung der Kinder aus erster und zweiter Ehe ist unzulässig.[277]

---

[268] BVerfG FamRZ 2003, 1821.
[269] BGH FamRZ 2005, 1817 = R 632; FamRZ 2007, 882; FamRZ 2007, 1232 (1233) = R 678b.
[270] BGH FamRZ 2008, 1911 Rn 49.
[271] BVerfG FamRZ 2011, 437 = NJW 2011, 836.
[272] BGH FamRZ 2007, 1232 (1232) = R 678.
[273] Im Einzelnen dazu → § 4 Rn. 579.
[274] BGH FamRZ 2007, 983; 2008, 968.
[275] BGH FamRZ 2007, 882 = R 675b.
[276] BGH FamRZ 2010, 1318.
[277] BGH FamRZ 2008, 2189.

12. Abschnitt: Unterhalt und Einkommensteuer　　　　　　　　　　　　　　　　§ 1

Daran, dass das unterhaltsrechtlich maßgebliche Einkommen des Unterhaltspflichtigen **nicht aus der Lohnsteuerklasse V** errechnet werden darf,[278] hat sich nichts geändert. In der Lohnsteuerklasse V wird ein Zuschlag zum tatsächlichen Einkommen versteuert zum Ausgleich dafür, dass der andere Ehepartner mit einer Progression ohne Berücksichtigung des zweiten Einkommens begünstigt wird.

Wenn in der neuen Ehe **beide Ehegatten steuerpflichtige Einkünfte** erzielen, darf für den Ehegattenunterhalt unterjährig nicht von der Steuerklasse III ausgegangen werden. Der auf den Unterhaltspflichtigen entfallende Steueranteil ist nicht mehr durch einen Zuschlag, sondern wie bei der Ermittlung der unterhaltsrechtlichen Einkünfte im Verhältnis **fiktiver Einzelveranlagungen (§ 25 III EStG)** zu ermitteln.[279]

Lediglich in den Fällen in denen der Splittingvorteil unterjährig aufzuteilen ist, ist bei der Ermittlung des unterjährigen Einkommens, die unterjährige Lohnsteuer auf der Basis des Faktorverfahren (→ Rn. 909) zu ermitteln. Dem nicht unterhaltspflichtigen Ehepartner müssen dabei auch die Steuervergünstigungen aus Werbungskosten, Sonderausgaben, außergewöhnlichen Belastungen und Freibeträgen verbleiben,[280] da er sonst an der Unterhaltsverpflichtung des anderen beteiligt würde.

Beim **Realsplitting** (→ Rn. 950 ff.) wird die Verpflichtung zur Stellung eines Antrages auf Gewährung eines Freibetrages im Rahmen des Lohnsteuer-Ermäßigungsverfahrens nur hinsichtlich des bereits festgestellten oder vom Schuldner anerkannten Betrags oder Teilbetrags angenommen (→ Rn. 912), jedoch Steuerminderung fiktiv auch dann berücksichtigt, wenn Zahlungen trotz Anerkenntnis oder Verurteilung schuldhaft nicht erbracht worden sind.[281]

Eine fiktive Steuerberechnung beim Unterhaltsberechtigten wird man vornehmen müssen, wenn dieser den **Vorsorgeunterhalt zweckwidrig verbraucht** und deshalb keine Vorsorgeaufwendungen als Sonderausgabe abziehen kann (→ Rn. 914; → § 4 Rn. 873). 978

3. Ermittlung der unterhaltsrechtlich abzugsfähigen Steuern nach dem In-Prinzip

In der Entscheidung zur Ansparrücklage (→ Rn. 975)[282] hat der BGH festgestellt, dass die Ermittlung des unterhaltsrechtlich maßgeblichen Einkommens aus dem Einkommen des Prüfungszeitraums, also das In-Prinzip nicht als Dogma missverstanden werden dürfe. Die Heranziehung der Ergebnisse der Vorjahre erscheine ausnahmsweise nicht gerechtfertigt, wenn sie keinen zuverlässigen Schluss auf die Höhe des laufenden Einkommens zulasse. Wenn man diesen Grundsatz der unterhaltsrechtlichen Berücksichtigung der Steuerbelastung zugrunde legt, ergibt sich folgendes: die Steuerbelastung ist ein Abzugsposten bei der Ermittlung des unterhaltsrechtlich maßgeblichen Einkommens (→ Rn. 595 ff.). Wenn das unterhaltsrechtlich maßgebliche Einkommen aus dem steuerrechtlich maßgeblichen Einkommen ermittelt ist, lässt sich der Umfang der daraus resultierenden Steuerbelastung genau berechnen; ein Rückgriff auf die Steuerbelastung im Prüfungszeitraum ist daher nicht zulässig, wenn die steuerrechtlich relevanten Verhältnisse im Zahlungszeitraum, sei es auf der Ebene der Einkommensermittlung, sei es auf der Ebene der Steuergesetze, von denen im Prüfungszeitraum nennenswert abweichen. In einem solchen Fall muss die Steuerbelastung fiktiv ermittelt werden. 979

Die Betrachtung der BGH-Rechtsprechung zeigt, dass das In-Prinzip nicht der tragende Grund für die jeweilige Entscheidung war. Teils wurde es nur erwähnt, wenn es wegen besonderer Umstände nicht angewandt wurde,[283] teils wurde es nur unterstützend herangezogen. So ist das wesentliche Argument für den BGH in der ausführlich begründeten Entscheidung vom 24.1.1990,[284] dass das nach Abzug der Lohnsteuer aus Klasse I verbleibende Nettoeinkommen zum Zeitpunkt der Ehescheidung bereits prägend war. Dann heißt es: 980

---

[278] BGH FamRZ 1980, 984.
[279] BGH FamRZ 2007, 882 (884), zur Regelung ab 1.1.2008 → Fn. 123.
[280] BGH FamRZ 2007, 983 = R 676.
[281] BGH FamRZ 1990, 504; 2007, 1232 (1234) = R 678d; 2007, 793 (797) = R 674g.
[282] BGH FamRZ 2004, 1177.
[283] Siehe die Fundstellen für die Entscheidungen unter → Rn. 973 bis 976.
[284] BGH FamRZ 1990, 981 (unter II. 4. Abs. 1 der Begründung).

Spieker

> *„Gleichwohl hat der Senat seine Rechtsprechung **auch** (Hervorhebung durch Verf.) auf Gründe der Praktikabilität gestützt, weil die Ermittlung eines fiktiven Einkommens unter Ansatz einer anderen als der tatsächlich zugrunde gelegten Steuerklasse mit Schwierigkeiten und Unsicherheiten behaftet sein könne."*

Dass die Argumentation mit der Schwierigkeit fiktiver Steuerberechnung nicht mehr zeitgemäß ist, hat das Bundesverfassungsgericht inzwischen ausdrücklich festgestellt.

> *„Auch im Übrigen ist aber eine etwas schwierigere, jedoch mögliche und durch Technik und Programme unterstützte Berechnung kein hinreichender Grund, Steuervorteile in Abweichung von der gesetzgeberischen Absicht zuzuordnen."*[285]

981 Bei **Einkünften aus Gewerbebetrieb,** Selbstständiger Arbeit und Land- und Forstwirtschaft oder auch bei Einkünften aus Vermietung oder Verpachtung ist die Abweichung der künftigen Steuerlast von den im Prüfungszeitraum angefallenen Steuern **die Regel**, eine Übereinstimmung wäre der reine Zufall. Die **Festsetzung der Steuervorauszahlung** erfolgt im Allgemeinen auf der Grundlage der Einkünfte, die im letzten Steuerbescheid festgestellt worden waren, und entspricht daher nur selten den tatsächlichen Einkünften. Die endgültige Steuerbelastung wird in den meisten Fällen erst ein bis zwei Jahre nach Ablauf des Veranlagungszeitraums festgesetzt, meistens unter dem Vorbehalt der Nachprüfung (→ Rn. 302), so dass unter Umständen erst nach weiteren drei bis fünf Jahren nach Abschluss einer Betriebsprüfung (→ Rn. 303) eine verbindliche Festsetzung vorliegt. Eine Betriebsprüfung führt häufig **zu erheblichen Nachzahlungen** oder selten zu Erstattungen.

Nach der Rechtsprechung des BGH ist das unterhaltsrechtlich relevante Einkommen aus dem Einkommensdurchschnitt der letzten drei Jahre zu ermitteln (→ Rn. 420), wobei dabei die jeweilige tatsächliche Steuerbelastung zu berücksichtigen ist (→ Rn. 972). Unerheblich ist dabei bei strikter Anwendung des In-Prinzips, ob die Steuerbelastung den tatsächlichen Einkünften entspricht und ob geflossene Steuerzahlungen und Steuererstattungen überhaupt im Bezug zum Einkommen des Jahres stehen.

Beispiel:
U erteilt zur Ermittlung seines unterhaltsrechtlich maßgeblichen Einkommens Auskunft für die Wirtschaftsjahre 03 bis 05. In den Jahren 03 und 04 hat er neben den Steuervorauszahlungen für das jeweils laufende Jahr auf Grund von Steuerbescheiden für 01 und 02 insgesamt 12 000 EUR nachgezahlt. In Jahr 04 und 05 hat er Vorauszahlungen in Höhe von jeweils 30 000 EUR pro Jahr geleistet. In 04 kam dazu eine Nachzahlung von 20 000 EUR auf Grund der Betriebsprüfung für die Jahre 00 bis 02. Aufgrund der Steuerveranlagung für 04 ergibt sich im Jahr 06 eine Steuererstattung von 10 000 EUR, in 07 für 05 eine Erstattung von 5000 EUR.

U hat im Prüfungszeitraum neben den Steuern für 02 und 03, die mit dem sich für die beiden Jahr ergebenden Betrag bis 05 abgewickelt waren, folgende Einkommensteuern gezahlt:

Nachzahlung für 02 und 03	12 000 EUR
Vorauszahlungen für 04 und 05	60 000 EUR
Nachzahlung für 00 bis 02	20 000 EUR
insgesamt	92 000 EUR

Davon entfallen 32 000 EUR auf Einkünfte vor 03, die nicht in die unterhaltsrechtliche Einkommensermittlung eingehen. Von den Vorauszahlungen in 04 und 05 für die laufenden Jahre erhält er nach dem Prüfungszeitraum insgesamt 15 000 EUR zurück. Im Ergebnis werden also 47 000 EUR mehr an Steuern einkommensmindernd berücksichtigt, als auf das maßgebliche Einkommen entfallen.

Bei anderen Konstellationen ergeben sich zu geringe Steuerabzüge. Dass sich die im Prüfungszeitraum für die vorangegangene Zeit realisierten Steuern mit denen aufheben, die für den Prüfungszeitraum erst nach dessen Ablauf zu- oder abfließen, ist kaum jemals der Fall.

---

[285] BVerfG FamRZ 2003, 1821 Rn. 44 letzter Satz.

12. Abschnitt: Unterhalt und Einkommensteuer § 1

Das **In-Prinzip** ist deshalb vor allem insoweit **seit Jahren in der Kritik,** als es auch bei der Einkommensermittlung von Gewerbetreibenden und Selbstständigen angewandt wird. Die unterschiedlichen Alternativen zum strengen In-Prinzip des BGH bei der Berücksichtigung der Einkommensteuer bei der Ermittlung des unterhaltsrechtlich relevanten Einkommens sind[286]

- das Für-Prinzip unter Berücksichtigung der veranlagten Steuern,
- das Für-Prinzip mit vollständiger fiktiver Steuerberechnung und
- das Für-Prinzip mit partieller fiktiver Steuerberechnung.

982

Das **Für-Prinzip** unter Berücksichtigung der veranlagten Steuern[287] bedeutet, dass statt der tatsächlich im Prüfungszeitraum gezahlten und erstatteten Steuern die vom Finanzamt **für den Prüfungszeitraum veranlagten Steuern** ohne Korrekturen in Ansatz gebracht werden. Beim Für-Prinzip mit vollständiger fiktiver Steuerberechnung werden zunächst **alle unterhaltsrechtlich relevanten Korrekturen** am steuerlichen Einkommen vorgenommen und aus diesem sodann fiktiv die Einkommensteuer errechnet. Dies steht der differenzierten Auffassung zur Berücksichtigung steuerlicher Auswirkungen von unterhaltsrechtlich nicht anerkannten Posten in der steuerlichen Gewinnermittlung entgegen.[288] Der **BGH** wendet daher inzwischen in Einzelfällen das Für-Prinzip mit partieller fiktiver Steuerberechnung an (→ Rn. 974). Danach werden die veranlagten Steuern nur korrigiert, soweit die Einkommenskorrektur auf Grund tatsächlicher, aber unterhaltsrechtlich nicht anerkannter Einkommensveränderungen erfolgt.

Es wäre wünschenswert, das In-Prinzip generell bei der Ermittlung des unterhaltsrechtlich maßgeblichen Einkommens als ungeeignet aufzugeben.

Dabei sollte jedoch **nicht für jedes Jahr** des Prüfungszeitraums die **fiktive Steuerbelastung** ermittelt werden. Die für Gewerbetreibende und Selbständige auf der Basis der Vorjahreseinkünfte erstellte Prognose für das im Unterhaltszeitraum maßgebliche Einkommen ist noch weniger zuverlässig ist als beim Nichtselbstständigen. Daher bringt auch die Ermittlung der auf die Einkünfte in den einzelnen Kalenderjahren des Prüfungszeitraums entfallende Einkommensteuer keine größere Genauigkeit. Gemessen an den Unsicherheiten der Einkommensprognose ist die Auswirkung der jeweiligen Steuerprogression (→ Rn. 924) minimal.

983

Es ist daher sachgerecht, die Steuerbelastung aus dem unterhaltsrechtlich maßgeblichen Bruttoeinkommen, also dem **Mehrjahresmittel,** nach den für den Unterhaltszeitraum gültigen Sätzen zu berechnen. Dies macht es überflüssig, für die Ermittlung des unterhaltsrechtlich maßgeblichen Einkommens drei Steuerberechnungen vorzunehmen.

Auch bei **Einkünften aus nichtselbstständiger Arbeit** hat der BGH inzwischen wiederholt die fiktive Steuerberechnung zugelassen (→ Rn. 973). Grundsätzlich sollen jedoch nach wie vor die tatsächlichen, durch Steuerbescheid oder Lohnabrechnung **nachgewiesenen Nettoeinkünfte** für das unterhaltsrechtlich maßgebliche Einkommen herangezogen werden.[289]

984

Im Gegensatz zu den Steuervorauszahlungen bei Selbständigen errechnet sich die vom Arbeitgeber in Abzug gebrachte Lohnsteuer aus den tatsächlich bezogenen Einkünften. Auch bei Einkünften aus nichtselbständiger Arbeit gibt es jedoch viele Konstellationen, in denen die **Besteuerung** im Prüfungszeitraum für den Zahlungszeitraum **nicht repräsentativ** und eine zuverlässige Prognose für das zu versteuernde Einkommen im Zahlungszeitraum möglich ist, zB:

- Im Prüfungszeitraum waren die Eheleute noch zusammen veranlagt, im Zahlungszeitraum ist die Einzelveranlagung vorgeschrieben.

---

[286] Zitiert nach Maier, Das unterhaltsrechtliche Einkommen von Selbstständigen 1996, 368 ff.; vgl. auch Fischer-Winkelmann/Maier FamRZ 1993, 880 und 1995, 79; Blaese FamRZ 1994, 216; Kleffmann FuR 1994, 159; Strohal Rn. 316 ff.
[287] So bereits OLG Frankfurt FamRZ 1989, 1300.
[288] Vgl. BGH FamRZ 2003, 741 und 1987, 36.
[289] BGH FamRZ 2007, 1232 = R 678.

- Maßgeblich ist das nach dem Ehegattensplitting zu ermittelnde Einkommen eines Wiederverheirateten; es ist noch keine Steuerveranlagung erfolgt, die Lohnsteuer wurde nach Steuerklasse III oder V berechnet.[290]
- Im Prüfungszeitraum ergingen ausnahmsweise Steuerbescheide für mehrere Jahre oder gar keiner.
- Im Prüfungszeitraum waren noch keine Steuerfreibeträge als Steuerabzugsmerkmal im Rahmen des Lohnsteuer-Ermäßigungsverfahrens berücksichtigt.
- Im Prüfungszeitraum waren die Möglichkeiten der Gewährung eines Abzugsbetrages im Rahmen des Lohnsteuer-Ermäßigungsverfahrens ausgeschöpft, die Steuerermäßigung aber zugleich noch für das Vorjahr im Rahmen der Steuerveranlagung vergütet worden.
- Im Zahlungszeitraum ergeben sich aus anderen Gründen – zB Steuersenkungen 2019 und 2020 – wesentliche Veränderungen der Steuerbelastung.
- Werbungskosten, Sonderausgaben oder außergewöhnliche Belastungen ändern sich, zB durch Einzahlungen für eine Riesterrente, Änderung der Entfernungspauschale durch Wechsel des Arbeitsplatzes oder der Wohnung, Wegfall oder Entstehen von Unterhaltspflichten, die nach § 33a EStG abzugsfähig sind.

Bei Zusammenveranlagung eines Unterhaltsbeteiligten mit seinem Ehepartner muss selbst dann in der Regel eine fiktive Steuerberechnung vorgenommen werden, wenn es bei der Zusammenveranlagung bleibt, weil der Anteil des unterhaltsbeteiligten Ehepartners am gesamten Nettoeinkommen im Verhältnis fiktiver Einzelveranlagung erfolgen muss (→ Rn. 976). Insbesondere in der Zeit der Änderung der steuerlichen Verhältnisse infolge von Trennung und Scheidung ist daher das In-Prinzip auch bei Einkünften aus nichtselbständiger Tätigkeit die Ausnahme, die fiktive Steuerberechnung die Regel.

985 **Fazit:** Der BGH hat mit seiner Rechtsprechung zu den Fällen fiktiver Steuerberechnung praktikable Grundsätze aufgestellt, die anders als die Anwendung des In-Prinzips zu einem realistischen und gerechten Ansatz der steuerbedingten Einkommenskürzung führen. Diese Grundsätze sollten allgemein und nicht nur in Ausnahmefällen der Maßstab für die Ermittlung der unterhaltsrechtlich maßgeblichen Steuerbelastung sein. Das In-Prinzip kann nach wie vor bei Einkünften aus nichtselbständiger Tätigkeit als Vereinfachung gelten, wenn – abgesehen von den Umbrüchen in der Trennungs- und Scheidungsphase – die Einkommens- und damit auch die Einkommensteuerverhältnisse nur geringen Veränderungen unterliegen (siehe → Rn. 981).

986–994 – *in dieser Auflage nicht belegt* –

VIII. Steuerfragen bei Unterhalt, Zugewinn und Vermögen

1. Doppelberücksichtigung von Steuerschulden und Forderungen

995 Steuern sind bei der Ermittlung des unterhaltsrechtlichen Einkommens vom Bruttoeinkommen abzuziehen. Nach dem zwar häufig durchbrochenen aber noch nicht revidierten Grundsatz der BGH-Rechtsprechung sind Steuernachzahlungen oder -erstattungen zum Zeitpunkt des Zuflusses oder Abflusses auch bei der Ermittlung des unterhaltsrechtlich maßgeblichen Einkommens zu berücksichtigen.

Beispiel:
M und F leben seit mehreren Jahren getrennt und werden auch einzeln zur Einkommensteuer veranlagt. Anfang Januar 04 wird der Scheidungsantrag zugestellt. F macht nachehelichen Unterhalt geltend und verlangt Auskunft über das Einkommen des M im Jahr 03. In diesem Jahr hatte der nichtselbständig tätige M ausweislich der Jahresverdienstbescheinigung ein Nettoeinkommen von

---

[290] Bei der Besteuerung von Ehegatten mit Lohnsteuerklassenkombination III und V ergibt weder beim einen noch beim anderen den maßgeblichen Steueranteil; der Ehepartner mit der Steuerklasse V zahlt einen erheblichen Teil der auf das Einkommen des anderen entfallenden Steuer (→ Rn. 940).

30 000 EUR. In 03 hat er die Steuerbescheide für die beiden vorangegangenen Jahre 01 und 02 erhalten. Es werden jeweils ca. 2000 EUR erstattet. Eine Erstattung in dieser Höhe fiel regelmäßig auch in früheren Jahren an und ist auch bei der letztmaligen Unterhaltsfestsetzung in die Unterhaltsberechnung eingegangen.

Bei strenger Anwendung des In-Prinzips (→ Rn. 971) müssten für den Unterhalt 04 2 × 2000 EUR zusätzliches Einkommen zugerechnet werden. Anderseits sind Ansprüche aus dem Steuerverhältnis Vermögensgegenstände die bei der Ermittlung des Zugewinns zu berücksichtigen sind.[291] Aufgrund des **Verbots der Doppelberücksichtigung**[292] von Vermögen im Unterhalt und beim Zugewinn sind die Ansprüche auf Steuererstattungen nicht ins Endvermögen einzustellen, soweit sie bei der Ermittlung des Unterhalts berücksichtigt worden sind. Ob dies auch gilt, wenn es sich um Steuernachzahlungen, also Schulden handelt, ist umstritten und höchstrichterlich noch nicht entschieden.

2. Steuerprobleme bei der Übertragung von Einkommensquellen

Bei hohen Unterhaltsverpflichtungen kommt es zur **Überschreitung des** steuerlich abzugsfähigen **Höchstbetrags**; der Mehrbetrag muss dann aus versteuertem Einkommen aufgebracht werden. In manchen Fällen besteht auch das Interesse an einer Vermeidung langwieriger Unterhaltspflichten. Durch Kapitalisierung der Unterhaltsverpflichtung lassen sich nur geringe Steuervorteile erzielen, da eine Steuerminderung durch Realsplitting (→ Rn. 950 ff.) auch bei Unterhaltsabfindungen auf den Jahresbetrag von 13 805 EUR begrenzt ist und ein Abzug als außergewöhnliche Belastung (→ Rn. 963) an der fehlenden Zwangsläufigkeit scheitert. 996

Durch eine **Übertragung von ertragbringendem Vermögen** auf den unterhaltsberechtigten Ehepartner gehen steuerbare Einkünfte des Unterhaltspflichtigen auf den Unterhaltsberechtigten über und kompensieren oder mindern dessen Unterhaltsbedarf. Zu beachten ist aber, dass solche Maßnahmen **erhebliche Belastungen** mit Einkommensteuer, Gewerbesteuer und Umsatzsteuer auslösen können. 997

Insbesondere der Zugewinnausgleich ist nach Auffassung des BFH ein **auf Geld** gerichteter Anspruch gegen den Ausgleichsverpflichteten (§ 1378 BGB) und ist ausschließlich der Privatsphäre zuzuordnen.[293] Der kraft Gesetzes und damit „unentgeltlich" erworbene Anspruch auf Zugewinnausgleich entsteht mit der Auflösung der Zugewinngemeinschaft. Eine Tilgung der Geldschuld durch eine andere Art der Leistung stellt damit ebenfalls einen einkommensteuerbaren Veräußerungsvorgang (Leistung an Erfüllung statt) dar, da er auf einer von der Zahlung einer Geldschuld zu trennenden, freien Vereinbarung der Eheleute beruht.[294] An dieser Sicht dürfte sich trotz der Regelung in § 1383 BGB nichts geändert haben. Veräußerungspreis ist dabei der Wert der Gegenleistung des Erwerbers, die der Veräußerer durch Abschluss des Veräußerungsgeschäfts am maßgebenden Stichtag erlangt.[295]

Nach § 3 Nr. 5 GrEStG ist aber die Übertragung eines Grundstücks zur **Abgeltung des Zugewinnausgleichsanspruchs** grunderwerbsteuerfrei. Nach dieser Vorschrift ist der Grundstückserwerb durch den früheren Ehegatten des Veräußerers im Rahmen der Vermögensauseinandersetzung nach der Scheidung von der Besteuerung ausgenommen. In sachlicher Hinsicht sind alle Erwerbe aus Anlass der Ehescheidung von der Steuer befreit. Begünstigt ist **jede Vermögensauseinandersetzung, die ihre Ursache in der Scheidung** hat.[296] Die Vermögensauseinandersetzung erstreckt sich dabei auf die Regelung sämtlicher vermögensrechtlicher Beziehungen der geschiedenen Ehegatten und damit auch auf die Auseinandersetzung von Bruchteilsgemeinschaften der Ehegatten.

---

[291] BGH FamRZ 2006, 1178.
[292] BGH FamRZ 2004, 1352.
[293] BFH BStBl. II 2003, 282.
[294] BFH NJW-RR 2005, 736; OFD München DStR 2001, 1298; Münch FamRB 2006, 92.
[295] BFH NJW-RR 2011, 392.
[296] BFH BStBl. II 2011, 980.

Gerade bei der Übertragung von Immobilien droht die Realisierung eines privaten Veräußerungsgeschäfts und damit die „Spekulationssteuer" gemäß § 23 EStG. Die Grundstücksübertragung kann dabei nämlich als entgeltliches Geschäft angesehen werden, bei dem stille Reserven aufgedeckt und versteuert werden müssen. Der in diesem Zusammenhang häufig verwendete Begriff der **„Spekulationssteuer"** ist missverständlich, weil es auf eine „Spekulationsabsicht" dabei nicht ankommt. Der Gesetzgeber spricht daher nur von **„privaten Veräußerungsgeschäften"**. Neben einer möglichen Steuerpflicht nach § 23 EStG kommt auch eine Steuerpflicht wegen gewerblichen Grundstückshandels im Rahmen der Übertragung von Grundstücken bei Vermögensauseinandersetzung in Betracht.[297] Hinsichtlich der Frage des Überschreitens der sog. Drei-Objekt-Grenze kommt auch die Einbeziehung einer dem Ehegatten geschenkten oder unentgeltlich überlassenen Immobilie dann in Betracht, wenn der übertragende Steuerpflichtige -.bevor er den Schenkungs-/Übertragungsentschluss fasst – die (zumindest bedingte) Absicht hatte, auch dieses Objekt am Markt zu verwerten.[298]

Die Rechtsprechung zum gewerblichen Grundstückshandel stellt nach Auffassung des BVerfG[299] eine zulässige Rechtsfortbildung dar. Es gilt auch insoweit die Drei-Objekt-Grenze, die allerdings in besonderen Fallgestaltungen auch unterschritten werden kann. So soll etwa bei der Veräußerung von nicht mehr als drei Objekten, die schon in Weiterveräußerungsabsicht erworben wurden, gewerblicher Grundstückshandel vorliegen.

Dies gilt auch dann, wenn der übertragene Gegenstand zu einem Betriebsvermögen gehört.

Beispiel:
M ist zum nachehelichen Unterhalt in Höhe von 1000 EUR monatlich verpflichtet. Außerdem hat er Zugewinnausgleich in Höhe von 150 000 EUR zu leisten. Zu seinem Vermögen gehört eine vermietete Eigentumswohnung im gleichen Wert. Die daraus nach Abzug der Kosten erzielten Mieten von monatlich 500 EUR sind beim Einkommen des M berücksichtigt. Den Kaufpreis der Eigentumswohnung mit umgerechnet 120 000 EUR hatte M bei den Einkünften aus Vermietung gemäß § 7 V Nr. 3c) EStG acht Jahre lang mit 4% abgeschrieben. Der steuerliche Wert der Eigentumswohnung beträgt aktuell 81 600 EUR

998   Wenn M in Anrechnung auf den Zugewinnausgleich die Wohnung überträgt, mindern sich seine Einkünfte um 6000 EUR im Jahr, die der F erhöhen sich um denselben Betrag. Entsprechend vermindert sich bei M das zu versteuernde Einkommen zu Lasten der F. Wenn zwischen Anschaffung der Wohnung und der Übertragung auf F nicht mehr als zehn Jahre vergangen sind, ist der Unterschiedsbetrag zwischen dem Verkehrswert zum Zeitpunkt der Übertragung und dem steuerlichen Wert („Buchwert") nach § 23 I EStG einkommensteuerpflichtig. Im Beispielsfall – Veräußerung nach acht Jahren – müsste M 68 400 EUR versteuern.

Bei anderen Wirtschaftsgütern, insbesondere bei Wertpapieren beträgt die Frist ein Jahr (§ 23 I Nr. 2 EStG).

Mit dem Eigenheimrentengesetz wurde geregelt, dass das in der geförderten Wohnung oder dem geförderten Dauerwohnrecht gebundene steuerlich geförderte Kapital in einem Wohnförderkonto erfasst wird. Die im Wohnförderkonto erfassten Beträge sind in der Auszahlungsphase vom Zulageberechtigten nachgelagert zu versteuern. Soweit das Eigentum an der geförderten Wohnung oder an dem geförderten Dauerwohnrecht im Rahmen der Regelung von Scheidungsfolgen auf den anderen Ehegatten übergeht, ist es interessengerecht insoweit auch die damit verbundene nachgelagerte Besteuerung auf den anderen Ehegatten übergehen zu lassen (**cessio legis** § 92a IIa EStG). Mit dem Übergang des Wohnförderkontos auf den anderen Ehegatten gehen alle Rechte und Pflichten mit auf den anderen Ehegatten über. Der andere Ehegatte wird damit nach der Übertragung im Verfahren wie ein Zulageberechtigter behandelt. Dabei ist auf das Lebensalter des anderen Ehegatten abzustellen. Hat der andere Ehegatte das Lebensalter für den vertraglich vereinbarten Beginn der Auszahlungsphase oder soweit kein Beginn der Auszahlungsphase

---

[297] BFH DStR 2018, 180.
[298] BFH DStR 2018, 180.
[299] BVerfG DStRE 2005, 698.

vereinbart wurde, das 67. Lebensjahr im Zeitpunkt des Übergangs des Wohnförderkontos bereits überschritten, so soll als Beginn der Auszahlungsphase der Zeitpunkt des Übergangs des Wohnförderkontos gelten (§ 92a IIa EStG).[1] Mit anderen Worten, wer als Ehegatte im Rahmen der Auseinandersetzung ein gefördertes Objekt erhält, begibt sich in den sogenannten „Alters-Behaltenskäfig" und trägt die Folgen einer vorzeitigen späteren schädlichen Verwendung allein. Mit der Regelung wird vermieden, dass es beim abgebenden Ehegatten zu einer schädlichen Verwendung und der Notwendigkeit der Besteuerung des dem Eigentumsanteils entsprechenden Stands des Wohnförderkontos im Zeitpunkt der Abgabe des Eigentumsanteils kommt.[2]

Gehört der übertragene Vermögensgegenstand zu einem Betriebsvermögen (→ Rn. 236), so führt **jede Veräußerung** (= entgeltliche Übertragung) zur **Besteuerung** des Differenzbetrags (sogenannte Auflösung „Stiller Reserven"). **999**

13. Abschnitt: Berechnung des bereinigten Nettoeinkommens durch unterhaltsrechtlich relevante Abzüge

I. Überblick zu den relevanten Abzügen

1. Das bereinigte Nettoeinkommen

Wie bereits erörtert (→ Rn. 23), geht der Unterhalt nicht allen sonstigen Verbindlichkeiten vor (vgl. zB §§ 1581, 1603 I BGB). Für die Unterhaltsberechnung ist nur der Teil des Einkommens zugrunde zu legen, der zur Deckung des laufenden Lebensbedarfs zur Verfügung steht und bisher dafür eingesetzt wurde bzw. bei Anlegung eines objektiven Maßstabs dafür eingesetzt werden könnte.[1] Diese Mittel werden als **bereinigtes Nettoeinkommen** bezeichnet.[2] **1000**

Dieses bereinigte Nettoeinkommen wird berechnet, indem von den Bruttoeinkünften aus den bisher erörterten Einkunftsarten alles abgezogen wird, was für andere Zwecke als den laufenden Lebensbedarf verwendet werden muss und deshalb unterhaltsrechtlich als zulässiger Abzugsposten anerkannt werden kann.[3] Man spricht deshalb auch vom verteilungsfähigen Einkommen.

Nach der gemeinsamen Leitlinienstruktur der Oberlandesgerichte ist deshalb Grundlage der Unterhaltsberechnung das bereinigte Nettoeinkommen, dh das Bruttoeinkommen abzüglich Steuern und Aufwendungen für Altersvorsorge, Arbeitslosen- und Krankenversicherung, wovon im Einzelfall noch weitere Abzüge wie insbesondere berufsbedingte Aufwendungen, Kinderbetreuungskosten, berücksichtigungswürdige Schulden, Unterhaltslasten vorzunehmen sind (→ Rn. 1007).[4]

Bei der Bildung des bereinigten Nettoeinkommens ist zu **differenzieren,** ob es sich um **Verwandten-** oder **Ehegattenunterhalt** handelt. **1001**

Beim **Verwandtenunterhalt** sind stets die aktuellen Einkünfte und die berücksichtigungsfähigen aktuellen Abzugsposten anzusetzen. **1002**

Beim **Ehegattenunterhalt** ist gemäß der Entscheidung des BVerfG vom 25.1.2011 – teilweise – zu unterscheiden, ob es um den Bedarf oder die Bedürftigkeit/Leistungsfähigkeit geht.[5] Mit dieser Entscheidung hatte das BVerfG die geänderte Rechtsprechung des **1003**

---

[1] BT-Drucks. 17/2249.
[2] BT-Drucks. 17/2249.
[1] BGH FamRZ 2012, 281 = R 731b; 2008, 968; 2006, 683.
[2] BGH FamRZ 1985, 471.
[3] BGH FamRZ 1985, 357.
[4] SüdL, BL, BraL, BrauL, BrL, CL, DL, DrL, FL, HaL, HL, KL, KoL, NaL, OL, RL, SchL, TL jeweils Nr. 10.
[5] BVerfG FamRZ 2011, 437; zur Unterscheidung Bedarf-Bedürftigkeit vgl . z.B. auch SüdL, BL, BrL, CL, DrL, HaL, KL, NaL, RL, SchL jeweils vor 1.

BGH beanstandet, bei Unterhaltslasten durch einen neuen Ehegatten die Stichtagsregelung abzuschaffen.[6] Mit Urteil vom 7.11.2011 hat der BGH deshalb bei Unterhaltslasten die Stichtagsregelung wieder eingeführt und differenziert bei ihnen, ob sie vor oder nach Rechtskraft der Scheidung entstanden sind (s. näher → Rn. 1121 ff.).[7] Nur vor Rechtskraft der Scheidung vorhandene Unterhaltslasten sind beim Bedarf des Geschiedenen zu berücksichtigen, neue erst nach Rechtskraft der Scheidung entstandene dagegen erst bei der Leistungsfähigkeit (eingehend → Rn. 1121 ff.).

1003a Das BVerfG ist in seiner Entscheidung bei der Darstellung der ehelichen Lebensverhältnisse und der Problematik einer Einkommenssenkung nach der Scheidung nur auf die Frage der unterhaltsrechtlich nicht leichtfertig entstandenen Einkommensreduzierung, zB durch Verrentung oder Arbeitslosigkeit,[8] nicht aber auf die in der Praxis wesentlich häufiger auftretende Problematik der Senkung des vorhandenen Einkommens durch höhere Ausgaben eingegangen. Da letztere vielfach weder in der Ehe noch nach der Scheidung im Gegensatz zu Einkommenssteigerungen voraussehbar sind, kann bei Ausgaben nicht generell auf einen Bezug zu den ehelichen Lebensverhältnissen abgestellt werden, sondern nur auf deren **Berücksichtigungswürdigkeit** im Sinne eines **unterhaltsbezogen nicht leichtfertig** entstandenen Verhaltens (näher unten → Rn. 1005). Der Begriff der ehelichen Lebensverhältnisse wurde bei der Eherechtsreform 1977 aus § 58 I EheG des alten Rechts übernommen,[9] dh dem Unterhaltsanspruch des schuldlos geschiedenen Bedürftigen. Er stammt aus einer Zeit, in der das Leitbild noch die sog. Haushaltsführungsehe war,[10] einer nach den Vorstellungen des Gesetzgebers bei der Unterhaltsreform 2008 längst überholten Realität von Ehe und Familie.[11] Nach dem alten Recht wurden auch erst nach der Scheidung nicht leichtfertig entstandene neue Ausgaben im Rahmen der ehelichen Lebensverhältnisse gewürdigt und deshalb beim Bedarf gemäß § 59 I 2 EheG die damals gleichrangigen Unterhaltslasten weiterer nach der Scheidung geborener minderjähriger Kinder und neuer Ehegatten berücksichtigt,[12] ebenso nach § 59 I 1 EheG sonstige Verbindlichkeiten. Es wurde generell auf das sog. **Nettoeinkommen** abgestellt, wobei der Begriff nicht im Sinne des Steuerrechts verstanden wurde, sondern als **verteilungsfähiges Einkommen**.[13] Den Begriff „bereinigtes Nettoeinkommen" gab es damals noch nicht, er wurde erst viel später entwickelt. Der im Gesetz nicht normierte Begriff der Prägung stammt aus der Zeit vor der Eherechtsreform 1977 und bezog sich damals **nur auf Einnahmen** und deren Erhöhungen, nicht auf Ausgaben.

1003b Bei Veränderungen nach der Trennung/Scheidung bestand seit der Eherechtsreform 1977 für Ausgaben bei der Bedarfsermittlung keine einheitliche Rechtsprechung. Überwiegend wurde zu Recht auf die **tatsächlich vorhandenen Belastungen** abgestellt (zB Steuer, Vorsorgeaufwendungen, berufsbedingte Aufwendungen, Kinderbetreuungskosten, Mehrbedarf wegen Krankheit und Alter), teilweise aber – fehlerhaft – auf die **Prägung** (z. T. Schulden, Unterhaltslasten, vermögensbildende Ausgaben). Im Ergebnis beruhte diese uneinheitliche Rechtsprechung darauf, dass der Gesetzgeber den Begriff der **„ehelichen Lebensverhältnisse"** in § 1578 BGB nicht näher erläutert hatte. Aus dem inhaltsgleichen § 1361 BGB ergibt sich, dass er darunter in erster Linie nur die **Einkommens- und Vermögensverhältnisse** subsummieren wollte.[14] Dies bedeutete nicht, dass Verbindlichkeiten nur bei der Leistungsfähigkeit angesetzt werden sollten, wo sie ausdrücklich normiert wurden (vgl. §§ 1581, 1603 I BGB), sondern dass der Gesetzgeber es wie nach dem früheren EheG der Rechtsprechung überließ, was im Einzelfall beim Bedarf als Abzugsposten zu berücksichtigen war, auch bei Änderungen nach Trennung und Schei-

---

[6] BGH FamRZ 2008, 1911.
[7] BGH FamRZ 2012, 281 = R 731b; vgl. auch BGH FamRZ 2014, 1183 = R 754a, d.
[8] BVerfG FamRZ 2011, 437.
[9] BGH FamRZ 2006, 317; eingehend Gerhardt FamRZ 2011, 8.
[10] Dieckmann FamRZ 1977, 81.
[11] BT-Drucks. 16/1830 S. 12; vgl. auch BVerfG FamRZ 2002, 527.
[12] Eingehend Gerhardt FamRZ 2012, 589 mit weiteren Nachweisen.
[13] Gerhardt FamRZ 2012, 589.
[14] Gerhardt in Anm. zu BVerfG FamRZ 2011, 537.

13. Abschnitt: Berechnung des bereinigten Nettoeinkommens § 1

durch die Entscheidung des BVerfG vom 25.1.2011 nicht erreicht, da erst nach der Scheidung neu entstandene Unterhaltslasten nicht nur bei gleichrangigen Ehegatten oder Ansprüchen nach § 1615l BGB (näher → Rn. 1127, 1128), sondern auch bei den vorrangigen Ansprüchen minderjähriger Kinder regelmäßig zu einer Doppelberechnung mit Korrektur des Bedarfs des Geschiedenen im Rahmen der Leistungsfähigkeit führen, wenn wie üblich keine zusätzlichen nichtprägenden Einkünfte des Pflichtigen vorhanden sind (näher → Rn. 1122).[33] Dieses vom Gesetzgeber nicht gewollte Ergebnis kann nur durch eine **Gesetzesänderung** korrigiert werden, worauf auch das BVerfG hingewiesen hat. §§ 1578 I 1, 1361 I 1 BGB wären insoweit zu ergänzen, dass bei den ehelichen Lebensverhältnissen entsprechend § 1581 BGB „Verbindlichkeiten" zu berücksichtigen sind.[34] Leider ist der Gesetzgeber bisher entsprechenden Vorschlägen zur Vereinfachung des Unterhaltsrechts nicht nachgekommen.

2. Die Abzugsposten im Einzelnen:

– Lohn- oder Einkommensteuer einschließlich Solidaritätszuschlag und Kirchensteuer. 1007
– Vorsorgeaufwendungen für Krankheit, Invalidität, Alter, Pflegebedürftigkeit und Arbeitslosigkeit.
– Berufsbedingte Aufwendungen, Werbungskosten oder Betriebsausgaben.
– Kinderbetreuungskosten und Betreuungsbonus.
– Im konkreten Einzelfall Aufwendungen für einen berechtigten Mehrbedarf wegen Krankheit, Behinderung oder Alter.
– Berücksichtigungswürdige Schulden.
  Beim Ehegattenunterhalt und beim **sonstigen Verwandtenunterhalt** (ohne Kindesunterhalt Minderjähriger) außerdem
– Unterhaltsleistungen für Kinder und sonstige berücksichtigungswürdige Unterhaltspflichten sowie berücksichtigungswürdige Aufwendungen des Verpflichteten für die Vermögensbildung.

Nicht abziehbar sind die Kosten des laufenden Lebensbedarfs wie Miete, Haushaltsgeld 1008
usw (zur Miete → Rn. 468 ff.). Die Lebenshaltungskosten sind im eigenen Unterhalt, dem sog Selbstbehalt enthalten.

Kein Abzugsposten ist beim Ehegattenunterhalt ferner der sog Erwerbstätigenbonus. Er ist nur bei der Quotierung zu berücksichtigen und kürzt bei der Unterhaltsberechnung das bereinigte Nettoeinkommen (→ § 4 Rn. 772 ff.). Zur Problematik, ob der Ansatz eines Erwerbstätigenbonus heute noch gerechtfertigt ist vgl. näher → Rn. 1050 und → § 4 Rn. 781.

II. Abzug von Steuern

1. Abzug der tatsächlich angefallenen Steuern

Abziehbar sind die Einkommensteuer bzw. Lohnsteuer, der Solidaritätszuschlag sowie 1009
die Kirchensteuer,[35] vom Grundsatz her in der Höhe, in der sie in dem maßgeblichen Kalenderjahr entrichtet wurden (sog **In-Prinzip,** → Rn. 971 ff., 979 ff.).[36] Dies gilt auch bei einem Wechsel der Steuerklasse von III in I und umgekehrt bzw. von einer gemeinsamen in eine Einzelveranlagung. Eine **Ausnahme** besteht bei einer **fiktiven Steuerberechnung,** die stets zum sog **Für-Prinzip** führt. Eine fiktive Steuerberechnung ist im Unterhaltsrecht relativ häufig erforderlich, zB weil steuerlich anerkannte Ausgabenpositionen unterhaltsrechtlich nicht berücksichtigt werden (→ Rn. 1018), für die Prognoseent-

---

[33] Gerhardt FamRZ 2012, 589.
[34] Gerhardt FamRZ 2012, 589.
[35] Vgl. BGH FamRZ 2018, 1766 Rn. 7.
[36] BGH FamRZ 2007, 793 = R 674b.

scheidung zur künftigen Unterhaltslast statt der gemeinsamen Veranlagung bzw. bei Lohnsteuerpflichtigen der Klasse III von einer Einzelveranlagung bzw. Steuerklasse I auszugehen ist (→ Rn. 1021) oder bei nicht eingetragenen Freibeträgen eine Obliegenheitspflichtverletzung vorliegt (→ Rn. 1020).

Der frühere Streit zwischen dem sog In- und Für-Prinzip (→ Rn. 971 ff.) ist heute überholt. Maßgebend ist beim Verwandten- wie beim Ehegattenunterhalt stets die tatsächliche Steuerlast, bei Durchführung einer fiktiven Berechnung das sog Fürprinzip. Auch der BGH hat darauf hingewiesen, dass diese Frage bei Selbständigen kein Dogma ist.[37] Bei Selbständigen ist in der Praxis meistens wegen der getrennten Veranlagung gegenüber der gemeinsamen Veranlagung in der Ehe und/oder Korrekturen bei den Ausgaben eine fiktive Steuerberechnung (= Fürprinzip) durchzuführen (vgl. → Rn. 1021).

Die **Gewerbesteuern** bei Unternehmen sind steuerlich seit der Unternehmenssteuerreform 2008 keine Betriebsausgaben mehr; unterhaltsrechtlich sind sie aber bei der Gewinnermittlung als Abzugsposten anzusetzen, da sie das entsprechende Einkommen reduzieren.[38]

1010 Nachdem es auf die tatsächlichen Verhältnisse ankommt, ist beim Ehegattenunterhalt eine erst nach der Scheidung entstandene **neue Steuer berücksichtigungswürdig,** zB eine durch Wiedereintritt in die Kirche entstandene Kirchensteuer.[39]

Bei **Doppelverdienern** mit Einkommensgefälle und der Steuerklassenkombination III/V besteht seit 2010 auf Antrag die Möglichkeit des sog **Faktorverfahrens,** das insbesondere im Trennungsjahr zur tatsächlichen individuellen Steuerlast führt (→ Rn. 908).[40]

Seit 1.1.2013 ist die Wahl der Veranlagung für Ehegatten (Einzelveranlagung oder gemeinsame Veranlagung, §§ 26a, b EStG) bindend und kann ab Bestandskraft des Steuerbescheides nicht mehr rückwirkend geändert werden (vgl. näher Rn. 928).[41] Dies ist insbesondere im Trennungsjahr zu beachten, wenn ein Ehegatte ohne Kenntnis des anderen die Einzelveranlagung durchgeführt hat, der andere Ehegatte dies nicht wusste und deshalb die für ihn steuerlich günstigere gemeinsame Veranlagung nicht mehr vornehmen kann. Im Trennungsjahr haben die Eheleute noch die Möglichkeit, eine gemeinsame Veranlagung zu wählen, weil sie in diesem Zeitraum nicht dauerhaft getrennt lebten (vgl. auch → Rn. 1026).[42]

1011 **Steuererstattungen** erhöhen nach ständiger Rechtsprechung des BGH das Einkommen im Jahr des Anfalls,[43] **Steuernachzahlungen** mindern es.[44] Soweit wegen verzögerter Abgabe der Steuererklärung oder aus anderen Gründen in einem Jahr zwei Steuererstattungen anfielen, im Vorjahr dagegen keine, können diese im Einzelfall auf beide Jahre verteilt werden, um Einkommensverzerrungen zu vermeiden. Entfallen bisherige Steuerfreibeträge, kann für die Prognoseentscheidung des künftig zu zahlenden Unterhalts eine darauf beruhende Steuererstattung nicht mehr angesetzt werden. Erfolgt eine fiktive Steuerberechnung, kommt es für diesen Zeitraum auf Steuererstattungen oder -nachzahlungen nicht an. Führt eine Steuernachzahlung ohne einen Liquiditätsverlust zu einer Verzerrung der Einkommensverhältnisse, kann nach BGH für die Prognoseentscheidung des künftigen Unterhalts vom Inprinzip abgewichen und nach dem Fürprinzip nur die künftige Steuerlast herangezogen werden, um eine realitätsgerechtes Einkommen zu ermitteln.[45] Dies ist vor allem bei Selbständigen zu beachten, bei denen die Steuerfestsetzung häufig erst Jahre später erfolgt.

Generelle Steuervorteile, zB durch nach § 10 IV EStG festgestellte **Verlustvorträge,** kommen allen Beteiligten zugute.

---

[37] BGH FamRZ 2011, 1851.
[38] Eingehend Perleberg-Kölbel FuR 2015, 649 ff; vgl. auch OLG Koblenz FuR 2018, 412.
[39] BGH FamRZ 2007, 793 = R 674b; offengelassen von BGH FamRZ 2014, 1183.
[40] Perleberg/Kölbel FuR 2010, 451.
[41] Schlünder/Geißler FamRZ 2013, 348.
[42] Elden NJW-Spezial 2012, 708; Perleberg-Kölbel FuR 2013, 428.
[43] BGH FamRZ 2013, 191; 2011, 1851.
[44] BGH FamRZ 1980, 984.
[45] BGH FamRZ 2011, 1851 mAnm Schürmann.

13. Abschnitt: Berechnung des bereinigten Nettoeinkommens § 1

Steuerberaterkosten sind nach BGH abzugsfähig, wenn die Einschaltung eines Steuerberaters zu einem erhöhten Nettoeinkommen führt.[46]

2. Eintragung von Freibeträgen

Um beim Ansatz der tatsächlichen Steuerlast ein möglichst reales Einkommen ermitteln zu können, besteht für Lohnsteuerpflichtige die Obliegenheit, alle gesetzlichen Möglichkeiten zur Steuerentlastung durchzuführen.[47] Dies wird bei Lohnsteuerpflichtigen (= Nichtselbständigen) durch die **Eintragung von Freibeträgen auf der Lohnsteuerkarte** erreicht, die über der Arbeitnehmerpauschale liegen (→ Rn. 911). Werden mögliche Freibeträge nicht eingetragen, ist eine fiktive Steuerberechnung vorzunehmen (→ Rn. 1022).[48] 1012

Freibeträge sind insbesondere einzutragen bei hohen Fahrtkosten (→ Rn. 901 ff., auch zur Höhe). Zur Abgrenzung der Fahrtkosten eines Leiharbeiters mit unterschiedlichen Einsatzorten und doppelter Haushaltsführung → Rn. 900. 1013

Die Höhe des Freibetrags muss aber zweifelsfrei feststehen. Dies ist vor allem beim Realsplitting zu beachten, wenn über die Unterhaltshöhe noch gestritten wird (→ Rn. 1025).

3. Wiederverheiratung des Pflichtigen

a) Ehegattenunterhalt. Beim Ehegattenunterhalt hat der **Steuervorteil** bei Wiederverheiratung des Pflichtigen nach einem Beschluss des BVerfG vom 7.10.2003 der neuen Ehe zu verbleiben.[49] Das BVerfG hatte die frühere anderweitige Rechtsprechung des BGH wegen Verstoßes gegen Art. 6 GG für verfassungswidrig erklärt. Der BGH übernahm diese Rechtsprechung und führte aus, dass bei der Bedarfsermittlung des Geschiedenen in diesen Fällen eine **fiktive Berechnung** entsprechend einer getrennten Veranlagung des Pflichtigen unter Berücksichtigung des Realsplittingvorteils durchzuführen ist.[50] Auswirkungen hatte dies im Ergebnis aber nur, wenn der neue Ehegatte über kein oder nur ein geringes Einkommen nach Steuerklasse V verfügte, da ansonsten Steuerklasse I und IV identisch sind. 1014

Soweit der BGH nach der Unterhaltsreform 2008 zwischenzeitlich bei gleichrangigen Ehegatten im Rahmen der sog. Dreiteilungsmethode den Steuervorteil aus der Wiederverheiratung des Pflichtigen beim Bedarfs des Geschiedenen berücksichtigte,[51] musste er diese Rechtsprechung nach der Entscheidung des BVerfG vom 25.1.2011 korrigieren. Nachdem bei Unterhaltslasten entsprechend dem Gebot des BVerfG wieder das Stichtagsprinzip zu beachten ist, muss der **Bedarf des Geschiedenen** bei Wiederverheiratung des Pflichtigen getrennt vom Bedarf des neuen Ehegatten ermittelt und eine **fiktive Steuerberechnung** beim Pflichtigen mit getrennter Veranlagung bzw. Steuerklasse I durchgeführt werden.[52] Eine Ausnahme besteht nur, wenn der neue Ehegatte des Pflichtigen ebenfalls Einkünfte hat, weil die dann beim Pflichtigen angesetzte Steuerklasse IV mit Steuerklasse I identisch ist.

Erfolgt bei **gleichrangigen Ehegatten** im Rahmen der **Leistungsfähigkeit** die Korrekturberechnung nach der Dreiteilung, bleibt es dagegen beim Ansatz der tatsächlichen Steuerlast des Pflichtigen, weil bei der Leistungsfähigkeit dessen gesamtes Einkommen und

---

[46] BGH FamRZ 2009, 1207.
[47] BGH FamRZ 2008, 968; 2007, 793 = R 674 f.
[48] BGH FamRZ 2008, 968; 2007, 793 = R 674 f.
[49] BVerfG FamRZ 2003, 1821; vgl. auch BVerfG 2011, 437; vgl. auch BGH FamRZ 2012, 281 Rn. 26, 47.
[50] BGH FamRZ 2008, 968 = R 689b; 2007, 1232 = R 678; 2005, 1817 = R 632b; 2007, 983 = R 676b.
[51] BGH FamRZ 2008, 1911 .
[52] BGH FamRZ 2014, 1183 = R 754a; 2012, 281 Rn. 26 = R 731e.

damit auch der Steuervorteil aus Wiederverheiratung heranzuziehen ist. Im Übrigen verteilen sich durch die Gleichteilung alle Steuervorteile einschließlich des Splitting- und Realsplittingvorteils auf alle Beteiligten gleichmäßig.[53] In der Praxis wird dies zur Vermeidung überflüssiger fiktiver Steuerberechnungen dazu führen, bei Gleichrangigen nur noch den im Rahmen der Leistungsfähigkeit zu ermittelnden tatsächlich zu zahlenden Ehegattenunterhalt zu berechnen.

Bei einem **vorrangigen** geschiedenen Ehegatten hat sich der BGH im vollen Umfang der Lösung des BVerfG angeschlossen,[54] dh bei seinem Bedarf ist der Steuervorteil aus der Wiederverheiratung nicht zu berücksichtigen. Bei der Leistungsfähigkeit wird die neue nachrangige Unterhaltslast nicht angesetzt, da sie erst nach dem Stichtag Scheidung entstanden ist. Der Unterhalt des neuen Ehegatten ist neben Eigeneinkommen auf den Steuervorteil durch Wiederverheiratung und den Vorteil durch die Ersparnisse aus dem Zusammenleben in einem Doppelhaushalt beschränkt (näher → Rn. 1127).[55]

Bei einem **nachrangigen** geschiedenen Ehegatten gilt für die Bedarfsermittlung nichts Anderes. Bei der Leistungsfähigkeit muss aber sowohl der Unterhalt des neuen, nach der Scheidung geborenen Kindes, das den Vorrang des neuen Ehegatten begründet, als auch der Unterhalt des neuen Ehegatten berücksichtigt und insoweit der Steuervorteil aus Wiederverheiratung angesetzt werden (näher → Rn. 1127).[56]

1015 b) **Verwandtenunterhalt.** Beim **Kindesunterhalt** ist der Splittingvorteil der neuen Ehe generell für alle Kinder zu berücksichtigen. Insoweit ist stets das tatsächlich vorhandene Einkommen und damit auch die tatsächlich gegebene Steuerlast einschließlich aller Steuervorteile anzusetzen.[57] Ansonsten käme es entgegen Artikel 6 V GG zu einer Ungleichbehandlung der Kinder aus verschiedenen Ehen bzw. einer neuen Partnerschaft. Auch den Kindern aus der ersten Ehe kommt damit der Steuervorteil durch Wiederverheiratung einschließlich des Realsplittingvorteils zugute.[58] Dies gilt selbst dann, wenn der neue Ehegatte wegen Nachrangs keinen Unterhaltsanspruch hat.[59]

Ist der Pflichtige **verheiratet** bzw. wiederverheiratet und hat sein Ehegatte **eigene Einkünfte**, ist der Splittingvorteil auf den Unterhaltspflichtigen und seinen neuen Ehegatten im Maßstab einer fiktiven Einzelveranlagung beider Ehegatten zu verteilen (vgl. → Rn. 1027).[60]

1016 Beim **sonstigen Verwandtenunterhalt** gilt nichts Anderes. Auch insoweit kommt es stets auf die tatsächliche Steuerlast an.

Entsprechendes gilt bei **Ansprüchen nach § 1615l BGB**, weil § 1615l III 1 BGB auf den Verwandtenunterhalt verweist.

1017 c) **Obliegenheitspflichtverletzung.** Dem Unterhaltspflichtigen ist es bei Wiederverheiratung aus den fortbestehenden gegenseitigen unterhaltsrechtlichen Treuepflichten nicht gestattet, bei Berufstätigkeit des neuen Ehepartners die ungünstige Steuerklasse V statt IV zu wählen, um sein Einkommen zu reduzieren.[61] Die Verschiebung der Steuerbelastung ist in diesen Fällen durch einen an Hand der Steuerklasse IV in tatrichterlicher Verantwortung zu schätzenden Abschlag zu korrigieren.[62] Generell ist in diesen Fällen seit 2010 auch vom Einkommensschwächeren das sog Faktorverfahren zu wählen (→ Rn. 1010).

---

[53] BGH FamRZ 2012, 281 Rn. 47 = R 731k; vgl. auch Gerhardt FamRZ 2012, 589.
[54] BGH FamRZ 2014, 1183 = R 754c; 2012, 281 = R 731m; vgl. auch BVerfG FamRZ 2011, 437.
[55] BGH FamRZ 2014, 1183 = R 754c.
[56] BGH FamRZ 2014, 1183 = R 754d; 2012, 281 = 731l.
[57] BGH FamRZ 2014, 1183 = R 754e; 2013, 1563; 2008, 968 = R 689c; 2007, 882; 2005, 1817 = R 632c.
[58] BGH FamRZ 2007, 882; 2005, 1817 = R 632c.
[59] BGH FamRZ 2010, 1318.
[60] BGH FamRZ 2013, 1563.
[61] BGH FamRZ 2004, 443.
[62] BGH FamRZ 2004, 443.

4. Fiktive Berechnung

a) Unterhaltsrechtlich nicht anerkannte steuerliche Ausgaben. Wenn der betreffende Steuerschuldner, idR der Unterhaltspflichtige, Ausgaben hat, die nach dem Steuerrecht anerkannt, unterhaltsrechtlich aber **nicht berücksichtigt** werden, ist eine fiktive Steuerberechnung durchzuführen. Das Steuerrecht lässt zB zu Investitionsanreizen Ausgabenpositionen zu, die keinen tatsächlichen Ausgaben bzw. nicht in dieser Höhe entsprechen, der Vermögensbildung dienen oder unter Berücksichtigung einer Unterhaltsverpflichtung nicht erforderlich scheinen. Nach ständiger Rechtsprechung des BGH sind deshalb steuerliche Ausgaben unterhaltsrechtlich zu prüfen und ggf. zu korrigieren.[63] Bei einer unterhaltsrechtlichen Korrektur der steuerrechtlich anerkannten Ausgaben muss dem Betreffenden aber der **Steuervorteil verbleiben**, um ihn nicht doppelt zu benachteiligen. Dies gilt insbesondere, wenn Bewirtungs-, Repräsentations- oder Werbungskosten nicht oder nur zum Teil anerkannt werden,[64] bei nicht anerkannten Fahrtkosten,[65] wenn unterhaltsrechtlich nicht berücksichtigte außergewöhnliche Belastungen nach § 33 EStG das Einkommen mindern (→ Rn. 882 ff.), bei Einkünften Selbständiger oder Gewerbetreibender, soweit einzelne Ausgabenpositionen unterhaltsrechtlich nicht anerkannt wurden, zB bei der Korrektur von Investitionsabzugsbeträgen/Ansparabschreibungen, die im Berechnungszeitraum nicht wieder in gleicher Höhe aufgelöst wurden (→ Rn. 975),[66] bei geänderten Abschreibungssätzen, weil die gewählte Abschreibungsdauer nicht der tatsächlichen Nutzungsdauer entspricht (→ Rn. 341 ff.)[67] oder bei geänderten Privatanteilen bei nur teilweiser Nutzung eines Pkw als Firmenfahrzeug, bei Negativeinkünften zur einseitigen Vermögensbildung, insbesondere bei Einnahmen aus Vermietung und Verpachtung (→ Rn. 459),[68] bei einer unterhaltsrechtlich nicht berücksichtigten AfA von Gebäuden (→ Rn. 457),[69] bei nicht in voller Höhe berücksichtigten Steuerberaterkosten, bei Ansatz fiktiver Einkünfte oder bei teilweise nicht in der Ehe angelegten und deshalb für die Bedarfsermittlung beim Ehegattenunterhalt nicht heranzuziehendem Einkommen.[70] Aus Praktikabilitätsgründen ist allerdings vor Durchführung einer fiktiven Steuerberechnung bei kleineren steuerlich, aber nicht unterhaltsrechtlich berücksichtigten Positionen zu überprüfen, ob die fiktive Steuerberechnung zu einer relevanten Änderung des Ergebnisses führt.

Beinhaltet der steuerlich anerkannte Abzugsposten ausnahmsweise keine tatsächliche Ausgabe, sondern dient lediglich Investitionsanreizen, zB eine **Sonderabschreibung,** ist dagegen keine fiktive Steuerberechnung durchzuführen (→ Rn. 975).[71] Der dadurch entstehende Steuervorteil kommt vielmehr allen Beteiligten zugute. Das Gleiche gilt, wenn es sich um Negativeinkünfte zur **gemeinsamen Vermögensbildung** handelt (→ Rn. 459).

b) Obliegenheitspflichtverletzung. Eine fiktive Unterhaltsberechnung ist ferner vorzunehmen, wenn mögliche **Steuerfreibeträge** nicht in die Lohnsteuerkarte eingetragen wurden (→ Rn. 1012; beim Realsplitting → Rn. 1025) oder wenn bei Wiederverheiratung die Steuerklassenwahl nicht ordnungsgemäß erfolgte (→ Rn. 1017). Entsprechendes gilt, wenn beim Verwandtenunterhalt der Pflichtige wiederverheiratet ist, sein nicht unterhaltspflichtiger Ehegatte über ein Einkommen verfügt und die anteilige Steuerlast zu ermitteln ist (→ Rn. 1027).

Eine fiktive Steuerberechnung ist ferner bei Ansatz fiktiver Einkünfte vorzunehmen.[72]

---

[63] BGH FamRZ 2009, 762 (zu berufsbedingten Aufwendungen); 1998, 357; 1980, 770.
[64] BGH FamRZ 2009, 762; 2003, 741.
[65] BGH FamRZ 2007, 882.
[66] BGH FamRZ 2004, 1177.
[67] BGH FamRZ 2003, 741.
[68] BGH FamRZ 2005, 1159 = R 623a; 2003, 741.
[69] BGH FamRZ 2005, 1159 = R 623a.
[70] BGH FamRZ 2007, 793 = R 674 f.
[71] BGH FamRZ 2003, 741.
[72] BGH FamRZ 2013, 1366.

1021   c) **Steuerklassenwechsel.** Eine fiktive Steuerberechnung hat ferner zu erfolgen, wenn nur Einkommensunterlagen für die Vergangenheit vorliegen, aber eine **Prognoseentscheidung für das künftige Einkommen** zu treffen ist und feststeht, dass sich beim Lohnsteuerpflichtigen die Steuerklasse geändert hat (I statt III) bzw. bei Einkommensteuerpflichtigen eine getrennte und keine gemeinsame Veranlagung mehr erfolgt. Die frühere Rechtsprechung des BGH, auch in diesen Fällen die bisherige Steuerlast anzusetzen und hinsichtlich der geänderten Verhältnisse auf ein Abänderungsverfahren zu verweisen, um fiktive Berechnungen zu vermeiden,[73] ist seit der Entscheidung des BVerfG vom 7.10.2003 überholt (→ Rn. 1009).[74] Da sich eine Prognoseentscheidung an einem möglichst realen Einkommen zu orientieren hat,[75] muss auch ein Einkommensrückgang durch eine höhere Steuerbelastung berücksichtigt werden. Dies führt nicht nur bei Nichtselbständigen ab dem der Trennung folgenden Jahr, sondern vor allem auch bei Selbständigen/Gewerbetreibenden regelmäßig zu einer fiktiven Steuerberechnung. Geht es dabei um einen Unterhaltsrückstand für mehrere Jahre, kann nach BGH aus Vereinfachungsgründen aus dem Bruttoeinkommen ein Durchschnitt gebildet[76] und hieraus die fiktive Steuerlast ermittelt werden (s. unten → Rn. 1022).

1022   d) **Durchführen einer fiktiven Steuerberechnung.** Ist eine fiktive Steuerberechnung durchzuführen, ist bei Nichtselbständigen das letzte Jahresbruttoeinkommen heranzuziehen und die Steuerlast an Hand der aktuellen Steuertabellen umzurechnen. Bei **Selbstständigen/Gewerbetreibenden** wird der letzte Steuerbescheid benötigt, um an Hand der im Einzelfall zu berücksichtigenden konkreten Werbungskosten und Sonderausgaben das zu versteuernde Einkommen ermitteln zu können. Angesetzt werden können nur die unterhaltsrechtlich zu berücksichtigenden Werbungskosten, Sonderausgaben und außergewöhnlichen Belastungen usw. Erst aus dem auf diese Weise festgestellten zu versteuernden Einkommen ist die genaue aktuelle Steuerlast zu ermitteln. Im Hinblick auf den Vereinfachungsgrundsatz ist dabei die Steuerlast bei Selbständigen/Gewerbetreibenden für den Unterhaltsrückstand nicht für jedes herangezogene Jahr gesondert, sondern nur aus dem ermittelten Mehrjahresdurchschnitt zu errechnen. Für die Zukunft ist dagegen die Steuerlast aus dem aktuellsten Einkommen zu ermitteln, bei nachgewiesenen Veränderungen im Einzelfall nur aus dem letzten abgeschlossenen Geschäftsjahr.[77] Zu den näheren Einzelheiten vgl. → Rn. 983 ff.

5. Realsplitting

1023   Steuervorteile auf Grund des Realsplittings sind vom Pflichtigen wahrzunehmen.[78] Realsplitting bedeutet, dass der geleistete Ehegattenunterhalt bis zu einem Höchstbetrag von 13 805 EUR im Jahr (§ 10 Ia Ziff. 1 EStG) steuerlich als Sonderausgabe abgezogen werden kann (→ Rn. 950 ff.). Abzugsfähig sind dabei nur im entsprechenden Kalenderjahr **tatsächlich erbrachte Zahlungen**, d. h. auch ein in diesem Jahr bezahlter Unterhaltsrückstand. Seit 1.1.2010 erhöht sich dieser Freibetrag durch das Bürgerentlastungsgesetz um die im jeweiligen Veranlagungszeitraum für die Absicherung des getrennt lebenden oder geschiedenen Ehegatten aufgewandten **Beiträge zur Kranken- und Pflegeversicherung**, soweit sie nach § 10 I Nr. 3, IV EStG steuerlich berücksichtigungsfähig sind.[79] Dies sind bei Privatversicherten 2800 EUR jährlich bei Einzel- bzw. 5600 EUR bei gemeinsamer Veranlagung, bei gesetzlich Versicherten 1900/3800 EUR.[80] Der Kindesunterhalt kann im Rahmen des Realsplitting nicht angesetzt werden, sondern im Einzelfall nur als außergewöhnliche Belastung gemäß § 33a EStG, nachdem es trotz vieler Forderungen bisher kein Familiensplitting gibt. Beim Ehegattenunterhalt besteht ein Wahlrecht, ob

---

[73] Vgl. zB BGH FamRZ 1990, 981.
[74] BVerfG FamRZ 2003, 1821.
[75] Vgl. BGH FamRZ 2007, 793 = R 674f; 2007, 1232 = R 678.
[76] BGH FamRZ 2007, 1532.
[77] BGH FamRZ 2011, 1851.
[78] BGH FamRZ 2010, 717; 2007, 1303; 2007, 793; 2005, 1162 = R 631.
[79] Perleberg-Kölbel FuR 2010, 18 mit Beispiel; Borth FamRZ 2010, 416.
[80] Perleberg-Kölbel FuR 2010, 18.

13. Abschnitt: Berechnung des bereinigten Nettoeinkommens   § 1

statt des Realsplittings der Unterhalt steuerlich mit einem geringeren Höchstbetrag als außergewöhnliche Belastung angesetzt wird (näher → Rn. 963).[81]

Das Realsplitting ist erst im Jahr des Vorteilseintritts ab getrennter Veranlagung möglich. **1024** Der Bedürftige muss nach Treu und Glauben dem Realsplitting zustimmen, wenn der Pflichtige die daraus entstehenden Nachteile ersetzt[82] und sich hierzu bindend verpflichtet.[83] Die Anlage U zur Einkommensteuererklärung muss er nicht unterzeichnen, es ist vielmehr ausreichend, wenn er dem Finanzamt des Pflichtigen seine Zustimmung mitteilt.[84] Die **Zustimmung zum Realsplitting** ist auch zu erteilen, wenn zweifelhaft ist, ob die vom Pflichtigen steuerliche geltend gemachten Aufwendungen dem Grunde und der Höhe nach als Unterhaltsleistungen im Sinne des § 10 I Nr. 1 EStG anerkannt werden.[85] Unterhaltsleistungen nach § 10 I Nr. 1 EStG sind nicht nur der geleistete Barunterhalt, sondern auch Naturalleistungen wie die unentgeltliche Überlassung des Miteigentumsanteils an einer gemeinsamen Wohnung (→ Rn. 954),[86] die Zahlung von Zinsen und Hausnebenkosten des Ehepartners, seiner Krankenversicherung usw. Bei Durchführung des Realsplittings muss der Pflichtige dem Bedürftigen daraus entstehende **Nachteile ersetzen**,[87] worunter nicht nur steuerliche Nachteile einschließlich Vorauszahlungen fallen, sondern auch höhere Krankenkassenkosten bei der gesetzlichen Krankenversicherung oder der Wegfall öffentlicher Leistungen (→ Rn. 956); der Ersatz von Steuerberaterkosten kann nur verlangt werden, wenn die Zustimmung zum Realsplitting ohne Übernahme dieser Kosten wegen schwieriger steuerrechtlicher Fragen unzumutbar ist.[88] Insoweit ist aber ein großzügiger Maßstab angebracht, nachdem der BGH inzwischen generell Steuerberaterkosten als Abzugsposten anerkennt (→ Rn. 1011), wenn sich dadurch eine geringere Steuerlast ergibt.[89] Eine Sicherheitsleistung für die zu erstattenden Kosten muss der Pflichtigen lediglich leisten, wenn zu befürchten ist, dass er seiner Verpflichtung zum Ausgleich finanzieller Nachteile nicht oder nicht rechtzeitig nachkommt.[90] Zum Realsplitting im Jahr der Wiederverheiratung → Rn. 958. Für den Nachteilsausgleich gilt § 1585b III BGB nicht (→ § 6 Rn. 117).[91] Da es sich um einen Teil des Unterhalts handelt, darf mit dem Nachteilsausgleich nicht aufgerechnet werden (→ § 6 Rn. 302).[92]

Für das Realsplitting sind **Freibeträge** einzutragen, wenn der Unterhalt durch **1025** Anerkenntnis, Verurteilung oder freiwillige Leistung erfüllt wird.[93] Ist beim Unterhalt nur der Spitzenbetrag streitig, der Sockelbetrag dagegen nicht, ist ein Freibetrag zum Realsplitting in Höhe des Sockelbetrags einzutragen; wird dies unterlassen, ist eine entsprechende fiktive Steuerberechnung vorzunehmen.[94] Kein Freibetrag ist nach BGH dagegen einzutragen, wenn beim Realsplitting noch über die Unterhaltshöhe insgesamt gestritten wird.[95] Nach BGH kann in diesen Fällen auch keine fiktive Ermittlung des Realsplittingvorteils über eine zweistufige Berechnung erfolgen, weil die steuerliche Anerkennung des Realsplittings voraussetzt, dass der Unterhalt in diesem Jahr auch tatsächlich bezahlt wurde (§ 11 II 1 EStG).[96] Dieses Argument des BGH gilt allerdings nur für rückständigen, nicht für künftigen Unterhalt, so dass bei gütlichen Einigungen eine volle Einbeziehung des Realsplittingvorteils erfolgen kann, um Abänderungsverfahren zu vermeiden.

---

[81] Näher Schürmann FamRZ 2014, 272.
[82] BGH FamRZ 2007, 1303; 1998, 953.
[83] BGH FamRZ 2010, 717; 2005, 1162 = R 631.
[84] BGH FamRZ 1998, 953.
[85] BGH FamRZ 1998, 953.
[86] BFH FamRZ 2000, 1360.
[87] BGH FamRZ 2010, 717; 2005, 1162.
[88] BGH FamRZ 2002, 1024 (1027).
[89] BGH FamRZ 2009, 1207.
[90] BGH FamRZ 2009, 1207.
[91] BGH FamRZ 2005, 1162 = R 631c.
[92] BGH FamRZ 2010, 717; 2007, 793 = R 674g.
[93] BGH FamRZ 2008, 968 = R 689e; 2007, 882; 2007, 1232 = R 678c; 2007, 793 = R 674b.
[94] BGH FamRZ 1999, 372.
[95] BGH FamRZ 2007, 793 = R 674g.
[96] BGH FamRZ 2007, 793 = R 674g; 2007, 882.

6. Zusammenveranlagung

1026 Nach ständiger Rechtsprechung des BGH besteht bei Ehegatten während des Zusammenlebens eine **Obliegenheit**, der gemeinsamen Veranlagung zuzustimmen, wenn einer dies aus finanziellen Gründen wünscht.[97] Dies gilt auch, wenn ein Ehegatte in diesem Zeitraum steuerliche Verluste erwirtschaftet hat, die er im Wege des Verlustvortrags nach § 10d II EStG auf einen späteren Veranlagungszeitraum übertragen könnte.[98] Wenn die Eheleute nach der standesamtlichen Trauung nicht zusammengezogen sind, dies aber beabsichtigten, ist einer beantragten gemeinsamen Veranlagung zuzustimmen. Ob diese steuerlich anerkannt wird, obliegt der Entscheidung des Finanzamtes, nicht des Familiengerichts.[99] Zu den näheren Einzelheiten der Zusammenveranlagung vgl. → Rn. 919 ff.

Streit entsteht zwischen Eheleuten vielfach im Trennungsjahr, wenn steuerlich noch eine gemeinsame Veranlagung möglich ist. Insoweit ist seit 2013 zu beachten, dass nach dem Steuervereinfachungsgesetz 2011 eine von einem Ehegatten vorgenommene Einzelveranlagung ab Eingang der Steuererklärung beim Finanzamt bindend ist und im Gegensatz zur früheren Rechtslage bis zur Bestandskraft des Steuerbescheides gemäß § 26 EStG nicht mehr geändert werden kann (vgl. auch → Rn. 1010).[100] Da die Steuererklärungen für das Trennungsjahr vielfach erst längere Zeit nach der Trennung abgegeben werden, muss rechtzeitig dafür Sorge getragen werden, dass einer gemeinsamen Veranlagung zugestimmt wird, wenn sie für einen Ehegatten von Vorteil ist.

1027 Ist der Pflichtige beim Verwandtenunterhalt verheiratet bzw. wiederverheiratet und hat der mit dem Bedürftigen nicht verwandte Ehegatte bei gemeinsamer Veranlagung eigene Einkünfte, ist die Steuerbelastung des Pflichtigen fiktiv zu ermitteln. Steuerfreibeträge, die auf den Ehegatten fallen, sind diesem bei der Ermittlung der fiktiven Steuer zu belassen.[101] Nach BGH ist in diesen Fällen zunächst die Steuerlast des Pflichtigen im Innenverhältnis unter Heranziehung des § 270 AO auf der Grundlage einer getrennten Veranlagung fiktiv zu ermitteln.[102] Im Verhältnis der dabei festgestellten fiktiven Steuerlast für jeden Ehegatten ist sodann die tatsächlich angefallene Steuer aufzuteilen. Zu den näheren Einzelheiten vergleiche → Rn. 935 ff.

1028 Das Gleiche gilt, wenn beim Ehegattenunterhalt der **berufstätige neue Ehegatte** des Pflichtigen nach § 1609 Nr. 3 BGB gegenüber dem ersten Ehegatten **nachrangig** und deshalb bei der Unterhaltsberechnung auch bei der Leistungsfähigkeit des Pflichtigen nicht zu berücksichtigen ist (näher → Rn. 1014), ebenso bei Vorrang des neuen Ehegatten (vgl. → Rn. 1014). Bei **Gleichrang** ist dagegen bei der Leistungsfähigkeit die jeweilige tatsächliche Steuerlast anzusetzen, da sich durch die Drittelrechnung ein eventueller interner Steuerausgleich nicht auswirkt (→ Rn. 1014, → § 4 Rn. 437).

III. Abzug von Vorsorgeaufwendungen

1. Bei Nichtselbstständigen

1029 **a) Kranken-, Pflege- und Arbeitslosenvorsorge.** Abziehbar sind Vorsorgeaufwendungen für eine Krankenversicherung, Pflegeversicherung und Arbeitslosenversicherung. Wie bei der Steuer kommt es dabei immer auf die **aktuelle Höhe** dieser Aufwendungen an. Bei Einkünften aus abhängiger Arbeit des Pflichtigen und berufstätigen Bedürftigen fallen hierunter alle gesetzlichen Abzüge für Krankheit, Pflege, Unfall und Arbeitslosigkeit,

---

[97] BGH FamRZ 2010, 269 Rn. 14 ff.; 2007, 1229; 2005, 182; 2003, 1454; 2002, 1025.
[98] BGH FamRZ 2010, 269.
[99] OLG München NJW-Spezial 2013, 741.
[100] Schlünder/Geißler FamRZ 2013, 348; Elden NJW-Spezial 2012, 708; Perleberg-Kölbel FuR 2013, 428.
[101] BGH FamRZ 2007, 983 = R 676b; 2007, 882.
[102] BGH FamRZ 2017, 519 (523); 2015, 1594 (1598); 2013, 1563; 2006, 1178.

13. Abschnitt: Berechnung des bereinigten Nettoeinkommens § 1

soweit sie den Arbeitnehmer treffen. Diese Aufwendungen sind regelmäßig aus der Brutto- und Nettoeinkommensbestätigung des Arbeitgebers zu ersehen.
Abzugsposten ist auch eine Unfallversicherung.

Bei einer **gesetzlichen Krankenversicherung** ist nur der Arbeitnehmeranteil abzusetzen. Umfasst der ausgewiesene Krankenkassenzahlungsbetrag auch den Arbeitgeberanteil (= voller Krankenkassenbeitrag), so ist vor Abzug des vollen Krankenkassenbeitrags das Bruttoeinkommen um den Arbeitgeberanteil zu erhöhen bzw. der Krankenkassenbeitrag um den Arbeitgeberanteil zu kürzen.[103] Bei einer **privaten Krankenversicherung** gelten die gleichen Grundsätze (→ § 4 Rn. 900, 903). Leistet der Arbeitgeber bei denjenigen, die über der Beitragsbemessungsgrenze für die gesetzliche Krankenversicherung liegen und sich deshalb privat versichern, Zuschüsse, sind die Kranken- und Pflegeversicherungskosten um diese Beiträge zu reduzieren. Durch die Leistungseinschränkungen bei der gesetzlichen Krankenversicherung im Zuge der Gesundheitsreform sind auch private Zusatzversicherungen, zB für Krankenhausaufenthalt oder Zahnersatz, berücksichtigungsfähig, soweit sie zu einer ausreichenden Krankheitsvorsorge erforderlich sind.[104] Das Gleiche gilt, wenn bei einer Privatversicherung eine Eigenbeteiligung vereinbart wurde und nachgewiesen wird, dass diese Eigenbeteiligung ausgeschöpft wurde[105] und für die Beiträge von Krankenhaustagegeldversicherungen.[106]

1030

Seit 1.1.1995, dem Inkrafttreten des Pflegeversicherungsgesetzes, sind die Beiträge zur **Pflegeversicherung** zu berücksichtigen (→ § 4 Rn. 927). Bei Arbeitgeberzuschüssen gelten die zur Krankenversicherung gemachten Ausführungen entsprechend.
Eine **Unfallversicherung** ist zu berücksichtigen, soweit keine Überversicherung vorliegt. Abzugsfähig sind ferner Vorsorgeaufwendungen für Arbeitslosigkeit, insbesondere die gesetzliche **Arbeitslosenversicherung**.

1031

Beim **Ehegattenunterhalt** sind jeweils die Ausgaben in der tatsächlich entstandenen und anerkannten Höhe berücksichtigungswürdige Aufwendungen und damit **für die Bedarfsermittlung ein Abzugsposten,** unabhängig davon, ob sie bereits in der Ehe bestanden oder erst nach Trennung/Scheidung neu entstanden sind (→ Rn. 1003 ff., → § 4 Rn. 437). Denn insoweit kommt es immer auf die Höhe der tatsächlichen Zahlungen an (→ Rn. 1035).

1032

b) Altersvorsorge. Unter die **primäre Altersvorsorge** fallen die gesetzliche Rentenversicherung, die Beamtenversorgung und die weiteren Regelversorgungen iSv § 32 VersAusglG. Liegt das Einkommen des Pflichtigen **über der Beitragsbemessungsgrenze** zur Rentenversicherung (2019: 6700 EUR brutto monatlich, in den neuen Bundesländern 6150 EUR brutto), ist ihm eine **primäre Versorgung für das Alter** von ca. 20% des Bruttoeinkommens zuzubilligen,[107] wie der BGH zwischenzeitlich mehrfach anerkannt hat (→ Rn. 1037).[108] Entsprechendes gilt bei einer konkreten Bedarfsbemessung, wobei der ermittelte Bedarf (ohne Altersvorsorge) als Nettobetrag nach der Bremer Tabelle auf einen Bruttobetrag umzurechnen und hieraus nach dem aktuellen Rentenbeitragssatz die dem Bedürftigen zustehende Altersvorsorge zu ermitteln ist (→ § 4 Rn. 874 ff.).[109] Denn jeder hat den Anspruch, für sein Alter entsprechend seinen Einkommensverhältnissen adäquat versorgt zu sein, wobei beim Pflichtigen die Sicherung des eigenen Unterhalts, auch für das Alter, immer Unterhaltsleistungen an Dritte vorgeht.[110]

1033

Wegen der großen Unsicherheit über die Zukunft der gesetzlichen Rentenversicherung und der bereits erfolgten Einschränkungen in der Altersvorsorge bei Rentnern und Beam-

1034

---

[103] BGH FamRZ 1982, 887.
[104] BGH FamRZ 2012, 514; 2012, 517.
[105] OLG Brandenburg FamRZ 2008, 789.
[106] BGH FamRZ 2013, 191; 2009, 1207.
[107] BGH FamRZ 2007, 117 = R 662d, e.
[108] BGH FamRZ 2010, 1637 = R 715c; 2009, 1207; 2008, 1739; 2008, 963 = R 692f; 2007, 793 = R 674c; 2005, 1817 = R 632j; 2003, 860.
[109] BGH FamRZ 2010, 1637 = 715c.
[110] BGH FamRZ 2017, 519 (521) = R 781a; 2008, 1739; 2007, 117 = R 662d, e; 2003, 1179; 2003, 860.

ten können nach der Rechtsprechung des BGH sowohl beim Ehegatten- als auch beim Verwandtenunterhalt neben dieser **primären Altersvorsorge** grundsätzlich weitere **4% des Bruttoerwerbseinkommens als zweite Säule** für die Altersvorsorge verwendet werden,[111] so dass sich die **Gesamtversorgung für das Alter auf 24% des Bruttoerwerbseinkommens** beläuft. Die 4% wurden hierbei dem Altersvermögensgesetz vom 20.6.2001 entnommen (sog Riester-Rente). Dies gilt auch für Beamte.[112] Etwas anderes gilt nur, wenn der Betreffende bereits anderweitig für das Alter ausreichend abgesichert ist.[113] Auch bei einem Rentenbeitrag unter 20% wie derzeit verbleibt es bei einer Gesamtaltersversorgung von 24% des Bruttoeinkommens, da der BGH diesen Wert unabhängig von der aktuellen Höhe des jährlich schwankenden Rentenbeitrages festgeschrieben hat. Fehlerhaft sind deshalb Leitlinien, die ab 2015 den Abzug der Gesamtaltersvorsorge auf 23% wegen Reduzierung des Rentenbeitragssatzes unter 19% kürzen.[114]

Als Formen der privaten **Zusatzversorgung** kommen – auch neben einer betrieblichen Zusatzversorgungen bzw. einer solchen des öffentlichen Dienstes[115] – Direktversicherungen, auch wenn es sich um Kapitallebensversicherungen handelt, Tilgungen von Immobilienschulden,[116] Wertpapiere, Fonds, Gehaltsabtretungen zur Altersvorsorge und auch Sparguthaben in Betracht.[117] Dies gilt sowohl für den **Pflichtigen** als auch für den **Bedürftigen,** wenn er über eigenes Einkommen verfügt.[118] Der Umstand, dass es sich vielfach auch um Vermögensbildung handelt, steht dem nicht entgegen,[119] da in der heutigen Zeit die Vermögensbildung regelmäßig eine vernünftige Form der Altersvorsorge bildet. Deshalb erfolgt die Berücksichtigung dieser zusätzlichen Altersvorsorge bei der Bereinigung des Nettoeinkommens nicht als (einseitige) Vermögensbildung. Maßgebend ist allerdings, dass die Leistungen für diese Zusatzversorgung **tatsächlich** erbracht werden, eine fiktive Altersvorsorge gibt es nicht.[120]

Keine Altersvorsorge ist eine **Risikolebensversicherung**.[121] Sie ist aber bei Immobilienverbindlichkeiten mit zu berücksichtigen (→ Rn. 508).

Beim **Elternunterhalt** hat der BGH eine Gesamtaltersvorsorge von insgesamt 25% des Bruttoeinkommens, dh als zweite Säule 5%, anerkannt.[122] Werden aus dieser zusätzlichen Altersvorsorge Vermögenswerte geschaffen, sind sie ebenfalls dem Zugriff des Unterhaltsgläubigers entzogen.[123] Der Ansatz einer Gesamtaltersversorgung in Leitlinien von nur 24% ist fehlerhaft[124] (s. oben).

Ausnahmen, in denen keine zusätzliche Altersvorsorge zugebilligt werden kann, bestehen nur im Mangelfall[125] oder wenn der Mindestunterhalt eines minderjährigen Kindes gefährdet wäre.[126]

Mit Erreichen der Regelaltersgrenze (§§ 35, 235 SGB VI) **endet** der Abzug von Vorsorgeaufwendungen für das Alter.[127] Denn ab diesem Zeitpunkt erhalten Pflichtiger und Bedürftiger Leistungen aus ihrer Altersvorsorge. Eine **Ausnahme** kann nur in Betracht

---

[111] BGH FamRZ 2012, 956; 2011, 1209; 2009, 1391 = R 706a; 2009, 1207; 2008, 1739; 2008, 963 = 692 f.; 2007, 793 = R 674c; 2006, 387 = R 643b; 2005, 1817 = R 632j.
[112] BGH FamRZ 2009, 1391 = R 706a; 2007, 793 = R 674c.
[113] BGH FamRZ 2007, 739 = R 674c; 2006, 387 = R 643.
[114] Vgl. zB SüdL Nr. 10.1: 23%.
[115] BGH FamRZ 2009, 1300 Rn. 60.
[116] BGH FamRZ 2017, 519 (521) = R 781b.
[117] BGH FamRZ 2012, 956; 2009, 1300; 2008, 963 = R 692f; 2005, 1817 = R 632i, j; 2003, 860.
[118] BGH FamRZ 2008, 963 = R 692f; 2006, 387 = R 643b; 2005, 1817 = R 632j.
[119] BGH FamRZ 2012, 956.
[120] BGH FamRZ 2007, 793 = R 674c; 2007, 193 = R 664b; 2003, 860.
[121] BGH FamRZ 2017, 519 (520).
[122] BGH FamRZ 2013, 868; 2010, 1535; 2009, 1207; 2008, 1739; 2007, 793 = R 674c; 2006, 1511 = R 658g; 2004, 792 .
[123] BGH FamRZ 2013, 1345 = R 741d.
[124] Vgl. zB SüdL Nr. 10.1.
[125] BGH FamRZ 2003, 741.
[126] BGH FamRZ 2013, 616.
[127] BGH FamRZ 2012, 956.

13. Abschnitt: Berechnung des bereinigten Nettoeinkommens § 1

kommen, wenn die bisherige Altersvorsorge gemessen an den ehelichen Lebensverhältnissen erkennbar zu niedrig ist und daher noch eine zusätzliche Altersvorsorge aufgebaut werden muss, um sich selbst unterhalten zu können.[128]

Beim Ehegattenunterhalt sind diese Leistungen bei der **Bedarfsermittlung als Abzugsposten** anzusetzen, auch wenn sie erst nach Trennung/Scheidung aufgenommen wurden, da bei der Berücksichtigungswürdigkeit einer Altersvorsorge immer allein auf die tatsächlichen Leistungen abzustellen ist.[129] Nachdem es sich insoweit um Altersvorsorge und **keine einseitige Vermögensbildung** handelt, kommt das Verbot der Doppelverwertung nicht zum Tragen (→ § 4 Rn. 480). 1035

Zu beachten ist bezüglich der sog zweiten Säule, dass bei Eintritt des Rentenfalls auch der Vermögensstamm einer insoweit als Altersvorsorge vorgenommenen Kapitalbildung für den Unterhalt einzusetzen ist (→ § 4 Rn. 604 ff.).

2. Bei Selbstständigen und Gewerbetreibenden

a) Kranken- und Pflegeversicherung. Bei einem Selbstständigen oder bei sonstigem Erwerbseinkommen können wie bei Nichtselbstständigen die Beiträge für eine freiwillige Krankenversicherung, Pflegeversicherung und Unfallversicherung abgezogen werden (→ Rn. 1029 ff.). Bei der **Kranken- und Pflegeversicherung** richten sich die Abzüge nach den entsprechenden Kosten einer Privatversicherung einschließlich Zusatzversicherungen und Eigenanteilen. Nicht berücksichtigungsfähig sind regelmäßig Kosten für die Absicherung einer Arbeitslosigkeit, da Selbstständigen keine Kündigung droht.[130] Dies gilt auch für Gesellschafter-Geschäftsführer, die als Selbstständig anzusehen sind, da sie maßgebenden Einfluss auf die Entscheidung der Gesellschaft und damit die Fortdauer der eigenen Anstellung besitzen.[131] Abzugsposten sind aber Beiträge zur Berufsgenossenschaft. 1036

b) Altersvorsorge. Bei Selbständigen gelten die bei Nichtselbständigen gemachten Ausführungen entsprechend, dh sie haben einschließlich der sog zweiten Säule einen Anspruch auf eine **Gesamtaltersvorsorge von 24%** des Bruttoerwerbseinkommens, dh ihres **Gewinns**. Zu berücksichtigen sind insoweit neben **berufsständischen Altersversorgungen** (zB Rechtsanwalts- oder Ärzteversorgung) und **Lebensversicherungen** sonstige vermögensbildende Aufwendungen wie Tilgung für Immobilien[132] (auch bei Negativeinkünften, → § 4 Rn. 457, 461), Wertpapiere, Fonds, Sparguthaben usw, soweit es sich nicht um rein spekulative Anlageformen handelt.[133] Dies gilt auch bei sehr **hohen Einkünften,**[134] da sich jeder entsprechend seinem tatsächlichen Einkommen altersmäßig versorgen kann und die Altersvorsorge Teil des eigenen Unterhalts ist (→ Rn. 1033). Fehlerhaft ist die zum Teil ab 2015 in Leitlinien vorgenommene Reduzierung der Gesamtaltersvorsorge auf 23%[135] (vgl. oben → Rn. 1034). Wie bereits ausgeführt müssen die Leistungen aber **tatsächlich erbracht** werden (→ Rn. 1034). Eine Risikolebensversicherung ist Altersvorsorge, wenn sie den Ausfall der Arbeitskraft absichert.[136] 1037

Auch bei Selbständigen/Gewerbetreibenden endet mit Erreichen der Regelaltersgrenze der Vorabzug der Aufwendungen für die Altersvorsorge, es sei denn, sie ist gemessen an den ehelichen Lebensverhältnissen erkennbar zu niedrig und muss noch weiter aufgebaut werden (s. oben → Rn. 1034).

Die Altersvorsorge ist beim Ehegattenunterhalt in der anerkannten Höhe **beim Bedarf zu berücksichtigen,** auch wenn sie erst nach Trennung/Scheidung im zulässigen Rah- 1038

---

[128] BGH FamRZ 2012, 956.
[129] BGH FamRZ 2009, 1207; 2007, 1232 = R 678f; 2007, 793 = R 674c; 2006, 387 = R 643e.
[130] BGH FamRZ 2003, 860 (863).
[131] BGH FamRZ 2003, 860.
[132] BGH FamRZ 2017, 519 (521) = R 781b.
[133] BGH FamRZ 2012, 956; 2009, 1300; 2009, 1207; 2008, 1739; 2008, 963 = R 692f; 2007, 793 = R 674c; 2006, 387 = R 643b; 2005, 1817 = R 632j; 2004, 792; 2003, 860.
[134] Vgl. BGH FamRZ 2009, 1300 Rn. 60.
[135] Vgl. zB SüdL Nr. 10.1.
[136] OLG Hamm FamRZ 2013, 959.

§ 1   Die Ermittlung des unterhaltsrechtlich relevanten Einkommens

men angehoben oder sogar erst neu aufgenommen wurde (→ Rn. 1035). Bei Eintritt des Rentenfalls ist bei einer Vermögensanlage der daraus stammende Vermögensstamm einzusetzen (→ Rn. 1035, → § 4 Rn. 604 ff.). Dies gilt auch hinsichtlich des Erlöses aus dem Verkauf einer Praxis, Kanzlei usw. Das Vermögen ist in diesen Fällen entsprechend der Lebenserwartung als monatliche Rente umzulegen, wobei Obergrenze das vor dem Rentenfall erzielte Erwerbseinkommen ist.[137]

3. Krankenversicherungs- und Vorsorgeunterhalt

1039   Macht der berechtigte **Ehegatte** als Unterhalt auch Vorsorgeaufwendungen für Alter oder Krankheit geltend, so ist das Einkommen des Verpflichteten vor der Berechnung des endgültigen Elementarunterhalts durch Vorabzug um die Beiträge zu bereinigen, die als Altersvorsorgeunterhalt und (oder) Krankheitsvorsorgeunterhalt zugesprochen werden (vgl. Leitlinien Nr. 15.4).[138] Es handelt sich insoweit um einen gesetzlich normierten Fall des trennungsbedingt entstandenen Mehrbedarfs (§§ 1361 I, 1578 II, III BGB). Dabei ist zunächst die Krankenvorsorge abzuziehen und in einem erneuten Rechengang die Altersvorsorge zu ermitteln (→ § 4 Rn. 917 ff.). Der Vorabzug für die Ermittlung des Elementarunterhalts entfällt, wenn bei sehr guten Einkommensverhältnissen der Unterhalt nach dem konkreten Bedarf ermittelt wird oder **nicht in der Ehe angelegtes Einkommen des Bedürftigen** vorhanden ist (vgl. Leitlinien Nr. 15.4), weil der Vorsorgebedarf dann neben dem laufenden Unterhaltsbedarf befriedigt werden kann, ohne dass der Halbteilungsgrundsatz verletzt wird[139] (→ § 4 Rn. 889). Hat der Berechtigte ein eigenes Einkommen, so erfolgt der Abzug der Krankenversicherung von diesem, wenn er gesetzlich krankenversichert ist. Dies gilt auch bei Ansatz fiktiver Einkünfte wegen Verstoßes gegen die Erwerbsobliegenheit. Ein Anspruch auf Altersvorsorgeunterhalt besteht dagegen auch bei eigenen Einkünften, wenn ein ergänzender Unterhaltsanspruch gegeben ist, weil die Altersvorsorge aus dem eigenen Einkommen nicht den ehelichen Lebensverhältnissen entspricht. Genauere Ausführungen zum Altersvorsorgeunterhalt und Krankheitsvorsorgeunterhalt → § 4 Rn. 855 ff., 900 ff.

1040   Solange getrennt lebende Ehegatten noch nicht geschieden sind, ist der Bedürftige noch in der gesetzlichen Krankenversicherung des berufstätigen Ehegatten mitversichert, wenn er kein eigenes Einkommen hat, so dass ihm kein zusätzlicher eigener Krankheitsvorsorgebedarf erwächst. Nach der Scheidung kann ein solcher Bedarf entstehen, weil die Mitversicherung eine bestehende Ehe voraussetzt[140] (→ § 4 Rn. 901 ff.). Nach §§ 10, 9 I Nr. 2 SGB V besteht die Möglichkeit, innerhalb von 3 Monaten ab Rechtskraft der Scheidung der gesetzlichen Krankenversicherung beizutreten.[141] Bei privat Versicherten wird regelmäßig der bisherige Vertrag gekündigt, die Versicherung hat aber die Obliegenheit, mit dem Bedürftigen einen eigenen Vertrag abzuschließen, falls er nicht durch Aufnahme einer Berufstätigkeit gesetzlich krankenversichert wird. Die Höhe der bei privat Versicherten vom Berechtigten für eine angemessene Krankenversicherung aufzuwendenden Kosten kann danach bemessen werden, was bei einer freiwilligen Weiterversicherung beim gleichen Versicherungsträger und bei einem Einkommen in Höhe des Unterhalts gezahlt werden müsste[142] (→ § 4 Rn. 901 ff.).

Bei der Altersvorsorge endet die Teilhabe an der Versorgung des Partners mit der Rechtshängigkeit des Scheidungsverfahrens als Endstichtag für den Versorgungsausgleich (§ 1587 II BGB), so dass ab diesem Zeitpunkt ein Altersvorsorgeunterhalt verlangt werden kann (§ 1361 I 2 BGB). Die Höhe richtet sich nach dem errechneten Unterhalt (→ § 4 Rn. 874 ff.).

---

[137] Empfehlungen des Arbeitskreises 3 des 17. Deutschen Familiengerichtstages 2007.
[138] BGH FamRZ 2007, 117 = R 662a; 2003, 590.
[139] BGH FamRZ 2010, 1637 = R 715c; 2007, 117 = R 662b; 2003, 590; vgl. auch Leitlinien Nr. 15.4.
[140] BGH FamRZ 1982, 887.
[141] Näher Gutdeutsch FamRB 2013, 126.
[142] BGH FamRZ 1989, 483.

13. Abschnitt: Berechnung des bereinigten Nettoeinkommens § 1

4. Kindesunterhalt

Für den Pflichtigen gelten die bereits gemachten Ausführungen (→ Rn. 1029 ff.). Einschränkungen bezüglich der zweiten Säule der Altersvorsorge gibt es nur, wenn der Mindestunterhalt eines minderjährigen Kindes nicht gesichert ist (→ Rn. 1034). Beim Bedarf wird beim **Kindesunterhalt** in den Tabellenbeträgen der Düsseldorfer Tabelle und bei den Festbeträgen für Volljährige mit eigenem Hausstand davon ausgegangen, dass bei der Krankenversicherung eine Familienversicherung besteht. Bei privat Versicherten sind die Tabellenbeträge um die Kosten für die Krankenversicherung zu erhöhen.[143] Abzugsposten bei der Bereinigung des Nettoeinkommens für den Kindesunterhalt sind dann neben dem Elementarunterhalt gemäß der Düsseldorfer Tabelle auch die Krankenversicherungskosten einschließlich einer ggf. anfallenden Eigenbeteiligung. Die Privatversicherung sowie eine neben der gesetzlichen Krankenversicherung bestehende private Zusatzversicherung kann fortgeführt werden, wenn das Kind seit Geburt entsprechend krankenversichert war.[144] 1041

Einen Altersvorsorgeunterhalt gibt es beim Kindesunterhalt nicht.

IV. Berufsbedingte Aufwendungen

1. Bei Gewinnermittlung

Bei Einkünften aus selbstständiger Tätigkeit, Gewerbebetrieb und Land- und Forstwirtschaft ist nach § 2 II Nr. 1 EStG der Gewinn im Wege der Bilanzierung oder durch eine Einnahmen-Überschussrechnung zu ermitteln (→ Rn. 160 ff., 250 ff., 314 ff.). Sämtliche anfallenden Ausgaben sind als Betriebsausgaben bereits berücksichtigt, so dass daneben **keine zusätzlichen berufsbedingten Ausgaben** anfallen. 1042

2. Bei Einkünften aus Kapital und Vermietung und Verpachtung

Nach § 2 II Nr. 2 EStG ergibt sich hier das Einkommen aus dem Überschuss der Einnahmen über die Werbungskosten. Diese **Werbungskosten** sind in der Regel abziehbar. Vgl. insoweit näher zum Einkommen aus Vermietung und Verpachtung → Rn. 455 ff. und aus Kapital → Rn. 605. Weitere berufsbedingte Aufwendungen kommen nicht in Betracht. 1043

3. Bei Renten, Pensionen

Bei diesen Einkünften gibt es keine berufsbedingten Aufwendungen und deshalb auch **keinen** entsprechenden **pauschalen oder konkreten Abzug**.[145] 1044

4. Bei Nichtselbstständigen

a) Abgrenzung zu steuerlichen Werbungskosten. Bei Nichtselbstständigen wird das Einkommen aus dem Überschuss der Einnahmen über die Werbungskosten gebildet (§ 2 II Nr. 2 EStG). Unterhaltsrechtlich werden die steuerlichen Werbungskosten als **berufsbedingte Aufwendungen** bezeichnet. Hierunter fallen in erster Linie die Fahrtkosten zum Arbeitsplatz (→ Rn. 1047 sowie → Rn. 133 ff.). Berufsbedingte Aufwendungen sind aber auch Arbeitsmittel, Fachliteratur,[146] Beiträge zu Berufsverbänden, Fortbildungskosten 1045

---

[143] DT A 9; SüdL, BL, BraL, BrauL, BrL, CL, DL, DrL, FL, HaL, HL, KL, KoL, NaL, OL, RL, SchL, TL jeweils Nr. 11.1.
[144] OLG Frankfurt FamRZ 2013, 138.
[145] BGH FamRZ 1982, 579 (581).
[146] BGH FamRZ 2009, 1391.

und im Einzelfall Kosten der doppelten Haushaltsführung (vgl. Aufstellung → Rn. 141 ff.). Keine berufsbedingten Aufwendungen sind eine Hausrats- und/oder private Haftpflichtversicherung,[147] diese zählen vielmehr zu den allgemeinen Lebenshaltungskosten. Soweit sie zur Erzielung des Einkommens erforderlich sind und vom Arbeitgeber nicht ersetzt werden, sind berufsbedingte Aufwendungen abzugsfähig.[148] Ersetzt werden sie zB, wenn der Arbeitgeber das Fahrzeug stellt, mit dem der Arbeitsplatz erreicht wird und dessen Kosten trägt, ebenso, wenn der Arbeitgeber die Fahrtkosten erstattet; die Erstattung der Fahrtkosten beinhaltet dann auch kein unterhaltsrechtliches Einkommen.[149] Die betreffenden Kosten müssen sich eindeutig von denjenigen der privaten Lebensführung abgrenzen lassen und notwendigerweise für die Berufsausübung entstehen.[150] Der Begriff der berufsbedingten Aufwendungen ist im Unterhaltsrecht enger gefasst als der Begriff der Werbungskosten im Steuerrecht. Für die steuerliche Anerkennung reicht regelmäßig bereits aus, dass die Aufwendungen durch die Berufsausübung veranlasst sind. Im Unterhaltsrecht müssen sie für die Berufsausübung **erforderlich** sein.[151] Nicht alle steuerlich anerkannten Werbungskosten, wie zB Bewirtungs- und Repräsentationskosten, Werbekosten, Porto, Kontoführungskosten, sind deshalb unterhaltsrechtlich berücksichtigungsfähig.[152]

1046 b) **Pauschale.** Da es sich bei Unterhaltsfällen um Massenerscheinungen handelt, sind nach BGH aus Vereinfachungsgründen Pauschalen zulässig.[153] Üblich ist insoweit der Ansatz einer Pauschale von 5% des Nettoeinkommens (→ Rn. 124 ff.). Nach der zwischen den Oberlandesgerichten vereinbarten gemeinsamen Leitlinienstruktur werden die berufsbedingten Aufwendungen in den einzelnen Unterhaltsleitlinien in Nr. 10.2 abgehandelt. Eine Pauschale von 5% setzen neben der Düsseldorfer Tabelle Anm. A 3 die Süddeutschen Leitlinien und die Leitlinien des Kammergerichts sowie der Oberlandesgerichte Brandenburg, Braunschweig, Celle, Frankfurt, Dresden, Düsseldorf, Koblenz, Naumburg und Oldenburg jeweils in Nr. 10.2.1 an, die Düsseldorfer Tabelle und die Leitlinien des Kammergerichts sowie der Oberlandesgerichte Braunschweig, Düsseldorf, Koblenz und Oldenburg dabei mit einer Unter- und Obergrenze von 50 EUR bzw. 150 EUR, der Oberlandesgerichte Dresden und Frankfurt nur mit einer Obergrenze von 150 EUR. Im Gegensatz zum Steuerrecht wird die Pauschale dabei nicht aus dem Brutto-, sondern dem Nettoeinkommen gebildet. Neben der Pauschale können keine Einzelposten, zB Gewerkschaftsbeitrag, Reinigungskosten für Kleidung usw, gesondert verlangt werden, sondern bei Überschreitung des Pauschalbetrags sind alle Einzelpositionen konkret darzulegen. **Geringfügige Einzelkosten,** zB Hemden- oder Kleiderreinigung und Telefonkosten, sind dabei konkret darzulegen, eine Schätzung scheidet in diesen Fällen aus.[154] Wird keine Pauschale geltend gemacht, sind derartige Kosten regelmäßig bereits mit dem Erwerbstätigenbonus abgegolten.[155] Im Mangelfall kann verlangt werden, dass die berufsbedingten Aufwendungen konkret vorgetragen werden (vgl. SüdL Nr. 10.2.1). Nach den Leitlinien der OLG Bremen, Hamburg, Hamm, Köln, Rostock, Schleswig und Thüringen sind berufsbedingte Aufwendungen generell nur bei konkretem Nachweis abzugsfähig.[156]

Ob beim Ansatz fiktiver Erwerbseinkünfte ein Abzug von pauschalierten 5% berufsbedingten Aufwendungen zu erfolgen hat, ist eine Einzelfallfrage (vgl. auch → Rn. 128). Maßgebend ist insoweit, ob bei dem angesetzten fiktiven Einkommen davon auszugehen ist, dass berufsbedingte Aufwendungen insbesondere Fahrtkosten anfallen und vom Arbeitgeber nicht erstattet werden.[157]

---

[147] BGH FamRZ 2010, 1535.
[148] BGH FamRZ 2014, 1536.
[149] OLG Brandenburg FamRZ 2013, 1137.
[150] BGH FamRZ 2009, 762.
[151] BGH FamRZ 2009, 762.
[152] BGH FamRZ 2009, 762.
[153] BGH FamRZ 2014, 1536; 2006, 108; 2002, 536 = R 572a.
[154] BGH FamRZ 2007, 193 = R 664a.
[155] BGH FamRZ 2007, 193 = R 664a.
[156] BrL, DrL, HaL, HL, KL, RL, SchL jeweils Nr. 10.2.1.
[157] Vgl. z. B OLG Celle FamRZ 2013, 1752 (Kindesunterhalt).

13. Abschnitt: Berechnung des bereinigten Nettoeinkommens § 1

c) Fahrtkosten. Ein Überschreiten der Pauschale kommt regelmäßig bei **hohen Fahrt-** 1047
kosten in Betracht (→ Rn. 133 ff.). Ob sie anerkannt werden obliegt der Beurteilung des
Tatrichters.[158] Zunächst ist in diesen Fällen zu prüfen, ob nicht billigere Fahrten mit
öffentlichen Verkehrsmitteln zumutbar sind oder Fahrgemeinschaften gebildet werden
können.[159] Dies gilt insbesondere, wenn Fahrtkosten mit dem Pkw das Nettoeinkommen
in unverhältnismäßiger Höhe aufzehren, zB zu einem Drittel[160] oder wenn es um den
Mindestunterhalt beim minderjährigen Kind geht.[161] Im letzteren Fall wird deshalb regelmäßig ein Umzug zu einer neuen Lebensgefährtin mit höheren Fahrtkosten nicht zu
billigen sein.[162] Wird nur eine Pauschale von 5% berücksichtigt, ist zu beachten, dass dem
Pflichtigen dann der Steuervorteil der nicht berücksichtigten Fahrtkosten zu verbleiben
hat. Zu den steuerlichen Freibeträgen → Rn. 901. Wird die Benutzung des Pkw für
Fahrten zum Arbeitsplatz anerkannt, weil der Pkw auch beruflich benötigt wird (zB
Außendienst) oder aus persönlichen Gründen die Autofahrten zu erstatten sind (Krankheit,
Körperbehinderung, ungünstige öffentliche Verkehrsmittel, sehr gute Einkommensverhält-
nisse), sind die Gesamtkosten im Verhältnis der beruflichen und privaten Nutzung auf-
zuteilen. In den Leitlinien werden in Nr. 10.2.2 seit 1.1.2011 einheitliche Beträge ent-
sprechend § 5 II Nr. 2 JVEG von 0,30 EUR pro gefahrener Kilometer angesetzt
(→ Rn. 126 ff.). Bei längeren Fahrten (über 30 km einfach) besteht die Möglichkeit einer
Reduzierung dieses Betrages auf 0,20 EUR für die über 30 km liegende Wegstrecke.[163]
Wie der BGH inzwischen klargestellt hat, sind hierin **sämtliche** mit der Haltung, dem
Betrieb, der Steuer, der Versicherung, der Abnutzung und der Anschaffung anfallenden
Kosten enthalten.[164] Dies gilt auch für bei der Anschaffung des Fahrzeugs eingegangene
Schulden, ebenso für künftige Anschaffungskosten.[165] Werden die Darlehenskosten für die
Anschaffung des Fahrzeuges im Einzelfall als in der Ehe angelegte Schuld berücksichtigt,
weil sie im Verhältnis zu den errechneten Fahrtkosten zu hoch sind, können als Kilometerpauschale nur noch die zu schätzenden reinen Betriebskosten (zB 50% der Pauschale)
oder die pauschalen 5% als berufsbedingte Aufwendungen angesetzt werden.[166] Bei einer
normalen Arbeitszeit von 220 Tagen im Jahr und einer Kilometerpauschale von 0,30 EUR
ergeben sich deshalb zB bei einer Fahrtstrecke von 25 km einfach zu berücksichtigende
Fahrtkosten von 275 EUR (220 × 25 × 2 × 0,30 : 12).

Werden bei einem Einsatz als Leiharbeiter über 5% hinausgehende Fahrtkosten zu 1048
verschiedenen Arbeitsstätten geltend gemacht, dürfen an den Nachweis keine übertriebenen Anforderungen gestellt werden; soweit sie steuerlich nicht angesetzt wurden, ist zu
beachten, dass nach dem Steuerrecht diese Ausgaben auch als Kosten der doppelten Haushaltsführung deklariert werden können (→ Rn. 900).[167] Zu weiteren Einzelheiten und
Rechtsprechungshinweisen → Rn. 133 ff.

d) Berücksichtigungswürdigkeit beim Bedarf. Berufsbedingte Aufwendungen sind, 1049
da sie den steuerlichen Werbungskosten entsprechen, immer in Höhe des berücksichtigungswürdigen Anfalls abziehbar, beim Ehegattenunterhalt auch bei Veränderungen nach
der Trennung/Scheidung, da wie bei der Steuer und den Vorsorgeaufwendungen der
anzuerkennende aktuelle Aufwand **berücksichtigungswürdig** ist (→ § 4 Rn. 437 ff.).
Entfallen durch einen Wechsel des Arbeitsplatzes berufsbedingte Aufwendungen, sind sie
nicht mehr anzusetzen.[168]

---

[158] BGH FamRZ 2017, 519 (520) = R 781a.
[159] BGH FamRZ 1982, 360.
[160] BGH FamRZ 1998, 1501.
[161] BGH FamRZ 2002, 536 = R 572a.
[162] KG FuR 2013, 720.
[163] OLG Celle FamRZ 2013, 1987; vgl. auch Leitlinien z. B. SüdL Nr. 10.2.2.
[164] BGH FamRZ 2006, 846 = R 648a; BGH früher: nur künftige Anschaffungskosten, vgl. BGH NJW-RR 1992, 1282.
[165] OLG Hamm FamRZ 2013, 1146; OLG Celle FamRZ 2013, 1987.
[166] Born in Anm. zu BGH FamRZ 2006, 846 = R 648a.
[167] BGH FamRZ 2006, 108 = R 642a, b.
[168] BGH FamRZ 2012, 281 = R 731c.

1050 **e) Abgrenzung zum Erwerbstätigenbonus.** Der sog Erwerbstätigenbonus (→ Rn. 131) ist kein Abzugsposten bei der Bereinigung des Nettoeinkommens, sondern dient nur der **Quotierung** des Ehegattenunterhalts (vgl. näher → § 4 Rn. 773). Auch wenn im Gesetz weder in § 1578 BGB noch in § 1361 BGB die Höhe der Unterhaltsquote normiert ist, gilt nach ständiger Rechtsprechung des BGH für den Ehegattenunterhalt der **Grundsatz der Halbteilung**.[169] Nur dies entspricht der Gleichwertigkeit von Erwerbstätigkeit und Familienarbeit sowie der gleichen Teilhabe am gemeinsam Erwirtschafteten. Auch der Gesetzgeber[170] und das BVerfG[171] gehen vom Grundsatz der Halbteilung aus. Die Begründung des BGH in seinem Urteil vom 13.7.1979, durch Ansatz eines Erwerbstätigenbonus von der Halbteilung abzuweichen, um dem erhöhten Aufwand für die Berufstätigkeit Rechnung zu tragen und einen Arbeitsanreiz zu schaffen,[172] ist seit langem überholt und spätestens seit der Unterhaltsreform 2008 fehlerhaft.[173] Im Gegensatz zur Rechtsprechung nach dem Ehegesetz, das einen Vorabzug wegen berufsbedingter Aufwendungen nicht kannte und von dem der Begriff der ehelichen Lebensverhältnisse übernommen wurde (vgl. → Rn. 1003), werden berufsbedingte Mehrkosten zur Gleichbehandlung des Kindes- und Ehegattenunterhalts bei Nichtselbständigen nach ständiger Rechtsprechung durch den Vorabzug berufsbedingter Aufwendungen, bei Selbständigen/Gewerbetreibenden durch den Abzug der Ausgaben bei der Gewinnermittlung erfasst. Eine nochmalige Berücksichtigung dieser Kosten im Rahmen des Erwerbsbonus verstößt deshalb gegen das Verbot der Doppelverwertung. Ein Arbeitsanreiz muss nicht geschaffen werden, weil im Unterhaltsrecht die generelle Obliegenheit besteht, sich leistungsfähig zu halten bzw. seinen Bedarf möglichst selbst zu decken und diese Obliegenheit seit 1.1.2008 für den Bedürftigen in § 1574 I BGB normiert ist. Der Ansatz eines Erwerbstätigenbonus für die Bedarfsermittlung verstößt außerdem gegen die Gleichwertigkeit von Familienarbeit und Erwerbstätigkeit, bevorzugt das Erwerbseinkommen gegenüber anderen Einkunftsarten, privilegiert bei Doppelverdienern den Einkommensstärkeren und führt zu im Gesetz nicht vorgesehenen unterschiedlichen Ansätzen beim Ehegatten- und Verwandtenunterhalt. Er widerspricht außerdem der vom Gesetzgeber mit der Reform zum 1.1.2008 gewollten Vereinfachung des Unterhaltsrechts, nachdem die Rechtsprechung inzwischen in vielen Fällen bereits Ausnahmen vom Ansatz eines Erwerbsbonus macht (zB beim konkreten Bedarf, beim angemessenen Bedarf; bei Renteneinkommen Pflichtiger und Erwerbseinkommen Berechtigter usw.).[174] Im Gesetz finden wir ihn im übrigen nur in § 11b SGB II normiert. Dort bezweckt er, den von staatlichen Hilfeleistungen Abhängigen so schnell wie möglich wieder in das Erwerbsleben zurückzuführen. Dies betrifft allein das Problem der Leistungsfähigkeit und wurde insoweit auch zu Recht im Unterhaltsrecht für die Festsetzung des notwendigen Selbstbehalts übernommen. Der Ansatz eines Erwerbstätigenbonus für die Bedarfsermittlung des Ehegattenunterhalts ist daher spätestens seit der Unterhaltsreform 2008 verfehlt.[175]

1051 **f) Sonderfragen.** Bei **Azubis** sind die berufs- und ausbildungsbedingten Aufwendungen abzugsfähig, nach der Düsseldorfer Tabelle Anm. A 8 und den SüdL, BraL, DL, HL, KL, KoL NaL, OL und SchL jeweils Nr. 10.2.3 seit der letzten Neufassung zum 1.1.2019 weiterhin mit einem Pauschbetrag von 90 EUR. Ein Teil der Oberlandesgerichte setzen nach Nr. 10.2.3 eine 5%-Pauschale an oder erkennen ausbildungsbedingten Aufwendungen nur gegen konkreten Nachweis an (→ § 2 Rn. 112 ff.). Der Ansatz von Fahrtkosten neben der Ausbildungspauschale kommt nur in Betracht, wenn die Pauschale nachweisbar für sonstige Ausbildungskosten aufgewendet werden muss (vgl. auch → § 2 Rn. 115).[176]

---

[169] Vgl. z. B. BGH FamRZ 1988, 265; 1992, 539; 1999, 372; 2001, 986; 2006, 683 2008, 1911; 2009, 411; 2009, 579; 2010, 111; 2012, 281.
[170] BT-Ds 16/1830 S. 18.
[171] BVerfG FamRZ 2002, 527; 2011, 437.
[172] BGH FamRZ 1979, 692.
[173] Gerhardt FamRZ 2013, 834.
[174] Vgl. Übersicht von Gutdeutsch FamRB 2012, 350.
[175] Gerhardt FamRZ 2013, 834; vgl. auch Spangenberg FamRZ 2014, 440.
[176] Der gegenteiligen Auffassung des OLG Köln FamRZ 2013, 1406 kann daher nicht gefolgt werden.

13. Abschnitt: Berechnung des bereinigten Nettoeinkommens § 1

Bei **Arbeitslosen** sind Aufwendungen für die Arbeitsplatzsuche nur bei konkretem 1052
Nachweis zu berücksichtigen. Das Gleiche gilt für andere Sozialleistungen mit Lohnersatzfunktion (→ Rn. 105 ff.).

V. Kinderbetreuungskosten und Betreuungsbonus

1. Kinderbetreuungskosten beim Ehegattenunterhalt

Kinderbetreuungskosten sind im weitesten Sinn berufsbedingte Aufwendungen.[177] Sie 1053
werden aber in den Leitlinien in Nr. 10.3 gesondert abgehandelt und können deshalb neben pauschalen berufsbedingten Aufwendungen verlangt werden. Sie sind bei der Bereinigung des Nettoeinkommens erst nach pauschalen berufsbedingten Aufwendungen vom Nettoeinkommen abzuziehen.

In seiner Entscheidung vom 4.10.2017 hat der BGH berücksichtigungswürdige Kinderbetreuungskosten als berufsbedingte Aufwendungen bezeichnet.[178] In dieser Entscheidung ging es aber in erster Linie um die Abgrenzung von Kinderbetreuungskosten als Abzugsposten beim Ehegattenunterhalt und als Mehrbedarf des Kindes.[179] Letzteres spielt vor allem eine Rolle, wenn kein Ehegattenunterhalt geschuldet wird. Für die Praxis der Tatrichter sollte die Differenzierung berufsbedingte Aufwendungen und Kinderbetreuungskosten beibehalten werden, um bei niedrigen Einkommensverhältnissen den kinderbetreuenden Elternteil nicht zu benachteiligen. Er hat dann die vereinfachte Möglichkeit, pauschale 5% berufsbedingte Aufwendungen geltend zu machen und daneben seine konkreten Kinderbetreuungskosten und muss nicht alle sonstigen berufsbedingten Aufwendungen im Einzelnen vortragen und nachweisen.

Kinderbetreuungskosten sind generell anzuerkennen, wenn sie zur Ausübung einer Berufstätigkeit erforderlich sind und in angemessenem Rahmen geltend gemacht werden (→ Rn. 810 ff., → § 4 Rn. 438). Auf die Berücksichtigungswürdigkeit bei der Unterhaltsberechnung hat der Gesetzgeber bei der Reform des Unterhaltsrechts zum 1.1.2008 in seinen Materialien zu § 1570 BGB ausdrücklich hingewiesen.[180] Dies gilt beim Ehegattenunterhalt nicht nur für den Betreuungsanspruch, sondern auch für den Aufstockungsunterhalt, wenn nur durch eine Kosten verursachende Kinderbetreuung gearbeitet werden kann.[181] Sie können von der jeweiligen Betreuungsperson, dh sowohl vom **Bedürftigen** als auch vom **Pflichtigen** bei Ausübung einer Berufstätigkeit neben der Kinderbetreuung geltend gemacht werden. Handelt es sich beim Bedürftigen um eine **überobligatorische Tätigkeit** gemäß § 1577 II BGB, sind sie im Rahmen des anrechnungsfreien Betrags zu berücksichtigen und dürfen deshalb wegen des Verbots der Doppelverwertung nicht zusätzlich als Abzugsposten bei der Bereinigung des Nettoeinkommens angesetzt werden (→ Rn. 812).[182] Abzugsposten bei der Bereinigung des Nettoeinkommens sind sie damit nur, wenn es sich beim Bedürftigen um eine normale Tätigkeit handelt oder wenn der Pflichtige die Kinder betreut.

Unter Kinderbetreuungskosten fallen insbesondere Kosten für eine Kinderkrippe, Tagesstätte, nachmittägliche Schulbetreuung (Hort), Verpflegungskosten bei Mittagsbetreuung oder eine Betreuungsperson (auch bei Betreuung durch nahe Angehörige).[183] Die Höhe der Kosten dürfen im Hinblick auf die wechselseitigen Obliegenheiten, den Bedarf möglichst selbst zu decken bzw. sich leistungsfähig zu erhalten, nicht überhöht sein.

Von den Kinderbetreuungskosten abzugrenzen sind alle **pädagogisch veranlassten** 1054
Betreuungsaufwendungen für das Kind, die nicht in den Sätzen der Düsseldorfer Tabelle

---
[177] BGH FamRZ 2018, 23 (25) = R 787.
[178] BGH FamRZ 2018, 23 (25) = R 787.
[179] BGH FamRZ 2018, 23 (25) = R 787.
[180] BT-Drs. 16/1830 S. 17.
[181] Gerhardt FuR 2008, 9.
[182] Gerhardt in Anm. zu BGH FamRZ 2005, 1154.
[183] Vgl. Viefhues in Anm. zu BGH FamRZ 2011, 1209.

enthalten sind und deshalb einen **Mehrbedarf** des Kindes bilden. Hierunter fallen in erster Linie **Kindergartenkosten**[184] sowie die Kosten des **Horts** oder einer Schule.[185]

1055 Inwieweit im Einzelfall Kinderbetreuungskosten zu berücksichtigen sind, hängt sehr stark vom Alter des Kindes ab. Die Kosten einer Tagesmutter können nur bzw. nur in dieser Höhe angesetzt werden, wenn es sich um erforderliche Kosten für die Abholung eines Kindes von der Schule, die Essenszubereitung oder die Hausaufgabenbetreuung handelt, nicht aber, soweit sie reine Haushaltstätigkeiten (Putzen, Einkaufen usw) verrichtet.[186]

1056 Für die Praxis ist darauf hinzuweisen, dass bei Vorliegen eines Ehegattenunterhaltsanspruchs sich Auseinandersetzungen, ob es sich um Kinderbetreuungskosten oder Mehrbedarf des Kindes handelt, idR erübrigt. Übernimmt der Pflichtige oder Bedürftige diese Kosten jeweils in voller Höhe und kürzt sein bereinigtes Nettoeinkommen entsprechend, beteiligt sich der andere Ehegatte wegen der Halbteilung beim Ehegattenunterhalt hieran rechnerisch jeweils zur Hälfte. Damit besteht meist Einverständnis, zumal es sich vielfach um zeitlich begrenzte Kosten handelt.

1057 Betreuen **Großeltern** kostenlos die Enkelkinder, handelt es sich um eine freiwillige Leistung. Handelt es sich um die Eltern der bedürftigen Kindsmutter, übernehmen sie dies nicht kostenlos, um den Unterhaltspflichtigen zu entlasten. Deshalb kann hierfür **fiktiv** eine angemessene Entschädigung als Betreuungskosten angesetzt werden (zB in Höhe ersparter Krippen-, Kindergarten oder Hortkosten).[187] In diesem Sinne hat der BGH auch entschieden, wenn Eltern ihrem Kind ein zinsloses Darlehen gewähren.[188] Die Zinsfreiheit ist – wie die kostenlose Kinderbetreuung – eine freiwillige Leistung Dritter, auf die kein Rechtsanspruch besteht und die deshalb dem Pflichtigen nicht zugute kommen soll. Etwas Anderes würde nur gelten, wenn die Eltern des Pflichtigen das Enkelkind kostenlos betreuen, um der Schwiegertochter die Berufstätigkeit zu ermöglichen.

2. Betreuungsbonus

1058 Werden bei Ausübung einer Berufstätigkeit trotz Betreuung kleiner Kinder keine konkreten Betreuungskosten geltend gemacht, kann stattdessen ein sog **Betreuungsbonus** vorweg vom Nettoeinkommen abgezogen werden. Für den Pflichtigen hatte der BGH dies mehrfach entschieden.[189] Beim Bedürftigen können keine anderen Grundsätze gelten (→ Rn. 811 ff.).[190] Der Betreuungsbonus kann auch **zusätzlich** zu konkret geltend gemachten Betreuungskosten in Betracht kommen, wenn letztere im Verhältnis zum Betreuungsaufwand zu niedrig erscheinen[191] oder sich die Betreuung zwar ohne konkreten Kostenaufwand, aber nur unter besonderen Erschwernissen bewerkstelligen lässt.[192] Nach BGH gibt es **keinen pauschalen** Betreuungsbonus.[193]

1059 Der Betreuungsbonus wird beim Bedürftigen vielfach nur bei einer überobligatorischen Tätigkeit im Rahmen des nach § 1577 II BGB anrechnungsfreien Teils des Einkommens berücksichtigt. Seit der Neufassung des § 1570 I 1 BGB und der damit verbundenen erheblichen Vorverlagerung der Erwerbsobliegenheit bei der Kinderbetreuung kann aber regelmäßig nur noch von einer überobligatorischen Tätigkeit ausgegangen werden, wenn der das Kind betreuende Elternteil einer Berufstätigkeit nachgeht, obwohl das Kind das 3. Lebensjahr noch nicht vollendet hat oder wenn bei Unterbringung eines Kindes über drei Jahren in einer Betreuungseinrichtung noch ein erheblicher Restbetreuungsaufwand

---

[184] BGH FamRZ 2009, 962 = R 700; 2008, 1152.
[185] BGH FamRZ 2018, 23 (25) = R 787.
[186] BGH FamRZ 1918, 23 (26) = R 787.
[187] BGH FamRZ 2012, 1040; vgl. auch OLG Hamm FamRZ 2009, 2093.
[188] BGH FamRZ 2005, 967.
[189] BGH FamRZ 2001, 350; 1991, 482; 1986, 790.
[190] Vgl. jetzt generell ablehnend BGH FamRZ 2017, 711 Rn. 19 und 2013, 109 Rn. 26 ff.
[191] Eingehend Gerhardt NJW-Spezial 2008, 228.
[192] BGH FamRZ 2017, 711 Rn. 19; 2013, 109.
[193] BGH FamRZ 2013, 109; 2010, 1050.

13. Abschnitt: Berechnung des bereinigten Nettoeinkommens § 1

besteht (→ Rn. 804, 806). Damit hat der Betreuungsbonus einen neuen Stellenwert bekommen. Denn er kann helfen, die oft sehr schwierige Abgrenzung, ob bei einer Berufstätigkeit neben der Betreuung von Kindern über drei Jahren eine normale oder eine überobligatorische Tätigkeit vorliegt, zu erleichtern. Der Betreuungsbonus gleicht die in diesen Fällen immer gegebene Doppelbelastung des kinderbetreuenden Elternteils etwas aus, wodurch eine in der Praxis oft nur schwer zu begründende Annahme einer teilweise überobligatorischen Tätigkeit entbehrlich wird (→ Rn. 809 ff.). An der realen Situation des kinderbetreuenden Elternteils hat sich durch die vorverlagerte Erwerbsobliegenheit mit der Unterhaltsreform zum 1.1.2008 nichts geändert. Der erhöhte Aufwand, der durch eine Berufstätigkeit neben der Kinderbetreuung gegenüber einer Berufstätigkeit ohne Kinderbetreuung entsteht, wird in den meisten Fällen nicht in vollem Umfang durch die Berücksichtigung der konkreten Betreuungskosten aufgefangen. Auch im Interesse des Kindeswohls ist dieser Gesichtspunkt stärker als bisher zu beachten.[194] Deshalb hat der Gesetzgeber in seinen Materialien zur Neufassung der §§ 1570, 1615l BGB darauf hingewiesen, dass kein abrupter Wechsel von Ganztagsbetreuung zur Ganztagsberufstätigkeit bezweckt wird, sondern nur ein phasenweiser Übergang, der die Kindesbelange und die Betreuungsmöglichkeiten ausreichend berücksichtigt.[195]

Die Betreuungskosten umfassen die konkret entstehenden Mehrkosten, der Betreuungsbonus den generell vorhandenen, finanziell aber oft nicht messbaren Mehraufwand, zB das unumgänglich notwendige frühere Aufstehen, das Verbringen in den Kindergarten und das pünktliche Abholen, die Überwachung der Hausaufgaben, das kurzfristige Organisieren einer anderweitigen Betreuung in Krankheitsfällen, die Gestaltung der Ferienzeit außerhalb des eigenen Urlaubs, das Zurückstellen eigener Freizeitinteressen usw.[196] Die alleinige Zuständigkeit für die Alltagsbetreuung erfordert zudem wesentlich mehr Zuwendung und Anstrengung als die Kinderbetreuung in einer intakten Familie. Kleine Kinder benötigen außerhalb der Kindergarten- bzw. der Schulzeit regelmäßig noch eine Betreuung rund um die Uhr.[197] Der Betreuungsbonus kann die Doppelbelastung durch die Vorverlagerung der Erwerbsobliegenheit bei Kinderbetreuung finanziell etwas auffangen.[198] Wie die konkreten Betreuungskosten ist auch der Betreuungsbonus, soweit er zugebilligt wird, nicht nur bei Ansprüchen nach § 1570 BGB, sondern auch nach § 1573 II BGB anzusetzen, ebenso bei Ansprüchen nach § 1615l BGB (vgl. unten → Rn. 1063). Die Praxis erkennt diese Problematik bedauerlicherweise vielfach nicht an[199] bzw. weist die Zuerkennung eines Betreuungsbonus generell ab.[200]

Die **Höhe des Bonus** richtet sich nicht nach festen Pauschalen oder dem jeweiligen Tabellenkindesunterhalt, sondern nach den Umständen des Einzelfalls.[201] Abzustellen ist insbesondere auf das Alter des Kindes und seine Betreuungsbedürftigkeit, die Anzahl der Kinder sowie Umfang und Arbeitszeit des Elternteils.[202] Wird das Kind teilweise anderweitig betreut, zB bei Besuch eines Kindergartens, kommt es auf den Umfang der verbleibende Restbetreuung an.[203] Die Doppelbelastung ist im konkreten Einzelfall genau zu schildern, zB das notwendige frühere Aufstehen mit Fahrt zum Kindergarten. Die einzelnen Konstellationen sind insgesamt zu vielschichtig, um eine einheitliche Bewertung zu ermöglichen, so wünschenswert dies für die Praxis zur Vereinfachung wäre.[204]

1060

---

[194] Vgl. Empfehlungen des Arbeitskreises 13 des 17. Deutschen Familiengerichtstages 2007.
[195] BT-Drucks. 16/6980 S. 19.
[196] Vgl. Meier FamRZ 2008, 101 und der von ihm eindrucksvoll geschilderten Tagesablauf einer allein erziehenden Mutter.
[197] Meier FamRZ 2008, 101.
[198] Gerhardt NJW Spezial 2008, 228.
[199] In den Leitlinien ist der Betreuungsbonus nur noch in den BrL, FL, OL, NaL in Ziff. 10.3 aufgeführt.
[200] BGH FamRZ 2017, 711 Rn. 19.
[201] BGH FamRZ 2013, 109; 2010, 1050; 2005, 1154 = R 630d.
[202] BGH FamRZ 2005, 1154 = R 630d; 2001, 350.
[203] BGH FamRZ 2005, 1154 = R 630d; 2001, 350.
[204] Gerhardt in Anm. zu BGH FamRZ 2005, 1154.

1061 Betreut der für den Ehegattenunterhalt Pflichtige neben seiner vollen Erwerbstätigkeit das Kind und zahlt der andere Ehegatte wegen beengter Verhältnisse keinen Kindesunterhalt, wird in der Praxis der Abzug des Betreuungsbonus häufig verwechselt mit dem Abzug des Barunterhalts. Denn der Pflichtige muss in diesen Fällen sowohl für den Bar- als auch für den Naturalunterhalt des Kindes trotz Berufsausübung aufkommen, so dass es sich um zwei Abzugsposten handelt (→ Rn. 839).

3. Berücksichtigungswürdigkeit beim Bedarf

1062 Kinderbetreuungskosten und Betreuungsbonus kommen in erster Linie beim Ehegattenunterhalt in Betracht. Sie sind dort unabhängig, ob sie bereits in der Ehe bestanden oder erstmals nach Trennung/Scheidung anfielen, für die Bedarfsermittlung **berücksichtigungswürdig**. Dies ergibt sich bereits aus den Vorgaben des Gesetzgebers bei der Unterhaltsreform, dass wegen der Berufstätigkeit anfallende Betreuungskosten generell Abzugsposten darstellen.[205] Es kommt daher für die Berücksichtigungswürdigkeit nur auf den **tatsächlichen** Anfall bzw. Ansatz an, nicht auf den Zeitpunkt der Entstehung (→ § 4 Rn. 438).[206] Nicht berücksichtigungswürdig sind Betreuungskosten von erst nach der Scheidung geborenen Kindern aus einer **neuen Verbindung.**

4. Verwandtenunterhalt und Ansprüche nach § 1615l BGB

1063 Kinderbetreuungskosten kommen daneben auch bei Ansprüchen nach § 1615l BGB in Betracht, ferner beim **Verwandtenunterhalt,** wenn es um die Leistungsfähigkeit bei nachrangigen Unterhaltslasten geht. Bei Ansprüchen nach § 1615l BGB gelten die oben zum Ehegattenunterhalt gemachten Ausführungen entsprechend.

VI. Berücksichtigung eines Mehrbedarfs für Krankheit, Behinderung und Alter

1. Mehrbedarf und Mehrbedarfsfälle

1064 Einen Mehrbedarf kann es sowohl beim Berechtigten als auch beim Verpflichteten geben. Er kann sich durch erhöhte Kosten oder einen erhöhten Bedarf ausdrücken.
Ein erhöhter Bedarf entsteht, wenn auf Grund besonderer Umstände des Einzelfalls zusätzliche Mittel für Aufwendungen benötigt werden, die durch den Elementarbedarf nicht gedeckt werden und deshalb zusätzlich zum Elementarunterhalt als unselbstständiger Unterhaltsbestandteil des einheitlichen Lebensbedarfs aufgewendet bzw. geleistet werden müssen (→ § 4 Rn. 403, 840 ff.). Bei dem Mehrbedarf muss es sich um vorhersehbare regelmäßige Mehraufwendungen handeln. Elementarbedarf und Mehrbedarf zusammen beinhalten beim Bedürftigen den vollen Gesamtunterhalt.

1065 Erhöhte Aufwendungen können entstehen infolge Krankheit, Unfall, Alter, Pflegebedürftigkeit, Gebrechlichkeit und auf Grund einer Ausbildung, Fortbildung oder Umschulung. Auch Aufwendungen für eine aus gesundheitlichen Gründen benötigte Haushaltshilfe können ein solcher Mehrbedarf sein,[207] desgleichen der Eigenanteil für Arzt- und Arzneimittelkosten sowie Aufwendungen für eine Zugehfrau, die aus krankheits- oder altersbedingten Gründen benötigt wird.[208]
Übernimmt die (neue) **Ehefrau Pflegeleistungen** eines Schwerstbehinderten, geht dies über die im Rahmen der gegenseitigen Beistandspflicht der Ehegatten gemäß §§ 1353,

---

[205] BT-Drucks. 16/1830 S. 17.
[206] Gerhardt FamRZ 2007, 945.
[207] BGH FamRZ 1984, 151 (154).
[208] BGH FamRZ 1986, 661 (663).

13. Abschnitt: Berechnung des bereinigten Nettoeinkommens § 1

wären auch entstanden, wenn es nicht zur Scheidung gekommen wäre. Diese Ausweitung auf unterhaltsbezogen nicht leichtfertig entstandene neue Verbindlichkeiten nach der Scheidung auf die Bedarfsermittlung wurde vom BVerfG in seiner Entscheidung vom 25.1.2011 gebilligt (→ Rn. 1004).[216] Da es keine Lebensstandardgarantie mehr gibt, nimmt der Bedürftige nach der Trennung nicht nur an Einkommenserhöhungen des Pflichtigen, sondern auch an Einkommensminderungen durch nicht vorwerfbare Einkommensreduzierungen oder neue Ausgaben teil, die auch ohne Scheidung eingetreten wären.[217] Die Neuaufnahme der Schuld als berücksichtigungswürdige Ausgabe darf nur nicht auf einem unterhaltsbezogen leichtfertigen oder mutwilligen Verhalten beruhen.[218] Nach der Scheidung entstandene berücksichtigungswürdige Ausgaben sind wie sonstige nicht leichtfertig entstandene Einkommensreduzierungen bereits bei der Bedarfsermittlung des Geschiedenen und nicht erst bei der Leistungsfähigkeit zu berücksichtigen. Mit dieser Rechtsprechung des BGH erfolgte eine stärkere Anpassung an die realen Gegebenheiten.[219] Der Pflichtige kann nur aus dem tatsächlich vorhandenen Einkommen den Unterhalt bezahlen.[220]

Bei Verbindlichkeiten ist im Übrigen zwischen nicht vermögensbildenden Verbindlichkeiten, insbesondere sog Konsumschulden, und Verbindlichkeiten zur gemeinsamen oder einseitigen Vermögensbildung zu differenzieren.

Ist im Rahmen der Bedarfsbemessung die Abtragung eines Kredits zu berücksichtigen, ist zunächst das Einkommen um diese Belastungen zu vermindern und erst dann der Bedarf der Ehegatten zu errechnen.[221] Im Ergebnis gilt bei Selbstständigen und Gewerbetreibenden für betriebliche Aufwendungen nichts anderes. Darlehen für notwendige Anschaffungen kürzen als Ausgaben den Gewinn. **1075**

Verfügt der Pflichtige über **neue nichtprägende Einkünfte**, zB aus einem Karrieresprung oder einer Erbschaft nach der Trennung, muss er zunächst diese Mittel heranziehen, um neue Verbindlichkeiten abzuzahlen, weil damit der Grundsatz der Halbteilung beim Ehegattenunterhalt nicht verletzt wird.[222] **1076**

Bei der Berücksichtigungswürdigkeit einer Schuld kommt es bei Konsumgütern, die zu keiner Vermögensbildung führen (Möbel, PKW usw), nicht darauf an, wer mit dem Darlehen angeschaffte **Gegenstände nach der Trennung behält.** Letzteres ist nur eine Frage der Vermögensauseinandersetzung, nicht der Bemessung des Unterhalts.[223] **1077**

Die Abzahlung von Schulden erfolgt üblicherweise durch den **Pflichtigen.** Hat auch der **Berechtigte** ein eigenes Einkommen und **tilgt ehebedingte** Verbindlichkeiten, ist dessen Einkommen um solche Verbindlichkeiten zu bereinigen, ehe der Unterhaltsbedarf berechnet wird. **1078**

Dagegen **erhöht** sich der Bedarf des Berechtigten **nicht,** weil er Mittel für eine **neue** nach Trennung/Scheidung entstandene Schuldentilgung benötigt. Sein Unterhaltsanspruch umfasst nur seinen laufenden Lebensbedarf. Zu diesem Lebensbedarf gehört im unterhaltsrechtlichen Sinn nicht sein Interesse an der Tilgung von Schulden. Die Unterhaltslast umfasst grundsätzlich nicht die Verpflichtung, Schulden des anderen Ehegatten zu tilgen.[224] Neue Schulden des Berechtigten sind deshalb **nicht berücksichtigungswürdig** und haben keinen Einfluss auf dessen **Bedarf,** dh sie können seine Bedürftigkeit, die sich nach seinem ungedeckten Bedarf bemisst, nicht erhöhen. Eine **Ausnahme** besteht nur bei Eigeneinkommen des Bedürftigen, soweit es sich um **unumgängliche,** zB trennungsbedingte Verbindlichkeiten handelt und keine Mittel, zB Sparvermögen, zu deren Deckung vorhanden sind (→ Rn. 1084).

---

[216] BVerfG FamRZ 2011, 437.
[217] BGH FamRZ 2012, 281 = R 731c; vgl. auch 2010, 538; 2009, 411; 2008, 968; 2006, 683.
[218] BGH FamRZ 2012, 281 = R 731c; 2008, 968.
[219] Gerhardt FamRZ 2012, 589.
[220] Gerhardt FamRZ 2012, 589; 2011, 8.
[221] BGH FamRZ 2010, 538; 1997.
[222] BGH FamRZ 2010, 111; 2009, 579; 2009, 411.
[223] BGH FamRZ 1995, 869 (870); OLG München FamRZ 1995, 233.
[224] BGH FamRZ 1985, 902.

1079 c) **Berücksichtigung bei der Bedürftigkeit und Leistungsfähigkeit.** Handelt es sich um eine berücksichtigungswürdige Schuld, ist sie sowohl beim Bedarf als auch bei der Bedürftigkeit/Leistungsfähigkeit Abzugsposten.[225] Dies gilt auch für erst nach der Scheidung **neu entstandene** nicht leichtfertig eingegangene **Verbindlichkeiten**, soweit sie auch ohne Scheidung entstanden wären. Maßgebend ist bei der Bedürftigkeit/Leistungsfähigkeit lediglich, wer abzahlt. Ist die Verbindlichkeit dagegen nicht berücksichtigungsfähig, ist sie weder beim Bedarf noch bei der Bedürftigkeit/Leistungsfähigkeit anzusetzen (näher → Rn. 1103 ff.).

1080 d) **Berücksichtigung beim Verwandtenunterhalt.** Die vorstehenden Erörterungen gelten dem Grundsatz nach in gleicher Weise für den **Ehegattenunterhalt und den Verwandtenunterhalt.** Selbst Ansprüche minderjähriger Kinder haben keinen allgemeinen Vorrang vor sonstigen Verpflichtungen des Schuldners.[226] Auch beim Kindes- und sonstigen Verwandtenunterhalt sind Verbindlichkeiten deshalb vom Einkommen abzuziehen, bevor zB der Unterhaltsbedarf eines Kindes nach der DT aus dem bereinigten Nettoeinkommen bemessen wird.[227] Minderjährige Kinder leiten ihre Lebensstellung von den unterhaltspflichtigen Eltern ab, nach Trennung der Eltern bezüglich der Geldrente beschränkt auf einen Unterhalt nach dem Einkommen des barunterhaltspflichtigen Elternteils.[228] Ist der Elternteil mit Schulden belastet, beeinträchtigt dies auch die Lebensstellung des Kindes. Da es beim Kindesunterhalt immer auf das tatsächlich verfügbare Einkommen ankommt, gilt dies bei ehelichen Kindern auch für erst nach der Trennung der Eheleute aufgenommene Kredite, es ist aber insoweit immer eine Einzelfallprüfung vorzunehmen (→ Rn. 1105 ff.). Beim Unterhalt Volljähriger, beim sonstigen Verwandtenunterhalt und bei Unterhaltsansprüchen nach § 1615l II BGB ist ebenfalls bereits auf der Bedarfsebene die notwendige Einzelfallprüfung vorzunehmen, soweit beim Bedarf die Einkommensverhältnisse des Pflichtigen zu berücksichtigen sind (→ Rn. 1113 ff.).

1081 e) **Behandlung der Schulden in den Leitlinien.** Nach der gemeinsamen Leitlinienstruktur der Oberlandesgerichte wird die Berücksichtigungswürdigkeit von Schulden in Nr. 10.4 abgehandelt. Dabei wird auf die Zumutbarkeit im Rahmen einer umfassenden Interessenabwägung, dh auf die Berücksichtigungswürdigkeit abgestellt.

2. Abzug berücksichtigungswürdiger Schulden bei der Bedarfsermittlung des Ehegattenunterhalts

1082 a) **Berücksichtigungswürdige Schulden.** Wie bereits ausgeführt ist der Begriff eheprägend seit der geänderten Rechtsprechung des BGH bei Ausgaben nur noch im Sinne einer Berücksichtigungswürdigkeit zu verstehen (→ Rn. 1005, 1074). Nach der Neubewertung der ehelichen Lebensverhältnisse im Gefolge der Surrogatslösung mit einem stärkeren Abstellen auf die tatsächlichen Gegebenheiten ist deshalb bei der Bedarfsermittlung nur noch zwischen **nicht vermögensbildenden Schulden,** zB Konsumschulden (= Verbindlichkeiten für den täglichen Bedarf), in die Ehe mitgebrachte Schulden, Schulden aus Überziehungskrediten, Schadensereignissen usw und **vermögensbildenden Schulden** zu unterscheiden. Bei den nicht vermögensbildenden Schulden ist im Rahmen der **Berücksichtigungswürdigkeit** zu differenzieren, ob sie vor oder nach der Trennung/Scheidung entstanden sind (→ Rn. 1083, 1084), bei den vermögensbildenden Schulden zusätzlich, ob es sich um eine einseitige oder gemeinsame Vermögensbildung handelt, ob damit ein bedarfserhöhendes Einkommen geschaffen wurde und ob eine zulässige Altersvorsorge vorliegt (→ Rn. 1089 ff.). Aus Gleichbehandlungsgründen gelten die folgenden Ausführungen nicht nur, wenn wie üblich der Pflichtige die Schulden tilgt, sondern auch, wenn der Berechtigte über eigenes Einkommen verfügt und neue nicht leichtfertig entstandene Verbindlichkeiten abzahlt.

---

[225] BGH FamRZ 2008, 497 = R 687.
[226] BGH FamRZ 2008, 137 = R 684a.
[227] BGH FamRZ 2013, 1558 = R 739b; 2012, 956; 1996, 160 (161) = R 496b.
[228] BGH FamRZ 2017, 437 Rn. 24 f.

b) Nicht vermögensbildende Schulden. Schulden, die nicht der Vermögensbildung **1083** dienen, sind als ehebedingte Verbindlichkeiten abziehbar, wenn sie bereits vor der Trennung mit ausdrücklicher oder stillschweigender Zustimmung des anderen Ehepartners begründet oder in die Ehe mitgebracht wurden und damit die ehelichen Lebensverhältnisse bestimmt haben[229] (→ § 4 Rn. 432, 439). Die Mittel für die Abzahlung der Schulden hätten auch bei Fortsetzung des ehelichen Zusammenlebens ohne Trennung nicht zur Deckung des laufenden Lebensbedarfs zur Verfügung gestanden und sind damit berücksichtigungswürdig. Nicht ausschlaggebend ist, ob im Außenverhältnis beide Ehegatten für diese Verbindlichkeiten haften oder nur ein Ehegatte allein, bzw., wer den finanzierten Gegenstand nach der Trennung erhält.[230] Letzteres ist allein im Rahmen der Hausrats- oder Vermögensauseinandersetzung und des Zugewinns zu klären. Unter die bis zur Trennung angefallenen berücksichtigungswürdigen Schulden, die nicht der Vermögensbildung dienen, fallen insbesondere Konsumkredite, voreheliche Schulden, die auch während der Ehe weiter abbezahlt werden mussten, Überziehungskredite, auch im Zusammenhang mit der Trennung.

Für die Bedarfsermittlung zu berücksichtigende Schulden sind auch erst nach der **1084** **Trennung/Scheidung** aufgenommene **neue einseitige Verbindlichkeiten** des Pflichtigen, soweit sie unumgänglich sind bzw. nicht leichtfertig eingegangen wurden und deshalb auch ohne Scheidung entstanden wären.[231] Davon werden auch trennungs- und scheidungsbedingte Verbindlichkeiten erfasst. Wie bei einer Einkommensreduzierung muss der Bedürftige ein Absenken des Bedarfs durch neu eingegangene, nicht vermeidbare Ausgaben hinnehmen. Es gibt **keine Lebensstandardgarantie** mehr, der Bedürftige trägt daher auch die Risiken einer negativen Entwicklung der vorhandenen Mittel mit.[232] Nach der Trennung/Scheidung nicht vorwerfbar entstandene neue einseitige Belastungen sind deshalb nicht erst bei der Leistungsfähigkeit zu berücksichtigen. Der Bedürftige muss die Realität des tatsächlich vorhandenen geringeren Einkommens des Pflichtigen bereits bei der Bedarfsbemessung anerkennen. An den Begriff „unterhaltsbezogen nicht leichtfertig oder mutwillig eingegangene Schuld" ist dabei ein **strenger Maßstab** zu stellen. Es dürfen keine anderweitigen Mittel zur Abzahlung vorhanden sein (nicht in der Ehe angelegtes Einkommen, vermögensbildende Einkünfte), außerdem muss die Kreditaufnahme nach Würdigung des Einzelfalls notwendig sein. **Beispiele** sind trennungsbedingte Kredite zur Finanzierung des Umzugs, notwendigen Mobiliars, der Kaution für eine Mietwohnung usw, ferner nach der Scheidung neue nicht vorwerfbar entstandene Schulden, zB für den notwendigen Kauf eines gebrauchten Pkw bei einem mit öffentlichen Verkehrsmitteln nicht erreichbaren Arbeitsplatz. Darlehen, die der Pflichtige nach der Scheidung aufnimmt, um eine **neue Eheschließung** zu finanzieren oder um mit einem neuen Lebensgefährten einen gemeinsamen Hausstand zu gründen, sind dagegen beim Bedarf nicht berücksichtigungswürdig, weil sie ohne Scheidung nicht entstanden wären.[233] Durch die Beschränkung auf nicht leichtfertig oder mutwillig eingegangene neue Schulden ist nach **Grund und Höhe** sichergestellt, dass nicht jede neue nach Trennung eingegangene Verbindlichkeit als Abzugsposten anzuerkennen ist.[234] Entsprechendes gilt beim **Bedürftigen**, wenn er in der Ehe angelegtes Einkommen hat und Eheschulden abbezahlt. Nicht berücksichtigungswürdig sind beim Bedürftigen Kredite, die er nach der Trennung/Scheidung zur Finanzierung seiner Lebenshaltungskosten aufnimmt, da es sonst zu einer doppelten Befriedigung kommen würde, wenn er einen entsprechenden Unterhaltsanspruch hat.[235] Nicht berücksichtigungswürdig sind auch alle sonstigen nach der Trennung/Scheidung aufgenommen Darlehen, da der Pflichtige ansonsten über einen höheren Unterhalt diese neuen Schulden des Bedürftigen bezahlen müsste. Zur Ausnahme vgl. → Rn. 1096.

---

[229] BGH FamRZ 2002, 536; NJW 1998, 2821.
[230] BGH FamRZ 1995, 869; OLG München FamRZ 1995, 233.
[231] BGH FamRZ 2012, 281 = R 731c; 2010, 538; 2008, 968; 2006, 683.
[232] BGH FamRZ 2012, 281 = R 731c; 2010, 538; 2010, 111; 2008, 968; 2006, 683.
[233] Gerhardt FamRZ 2012, 589.
[234] Gerhardt FamRZ 2007, 945.
[235] BGH FamRZ 2013, 191.

§ 1 Die Ermittlung des unterhaltsrechtlich relevanten Einkommens

1085 Kosten des **Umgangsrechts** hat der Umgangsberechtigte selbst zu tragen, wenn er über ausreichende Mittel verfügt. Sie sind zunächst über das Kindergeld zu decken.[236] Höhere Kosten, die über das Kindergeld nicht abgedeckt werden, zB hohe Fahrtkosten, notwendige Übernachtungskosten sind als unumgängliche Schuld **berücksichtigungswürdig,** da die Ausübung des Umgangsrechts verfassungsrechtlich geschützt ist.[237] Dabei ist seit der Reform des Unterhaltsrechts zum 1.1.2008 zu beachten, dass durch Abzug des Zahlbetrags für den Kindesunterhalt dem Pflichtigen rechnerisch nur noch ein Viertel des Kindergeldes verbleibt.[238] Maßgebend ist stets, dass sie anfallen und im Einzelfall erforderlich sind, dh der Höhe nach nicht unterhaltsbezogen leichtfertig entstanden sind.[239]

1086 Durch eine **Umschuldung** nach der Trennung verlieren Verbindlichkeiten nicht ihren Charakter als berücksichtigungswürdige Verbindlichkeiten. Bei einer Kreditausweitung anlässlich der Umschuldung sind Beträge in Höhe der noch nicht getilgten in der Ehe angelegten Verbindlichkeiten weiter zu berücksichtigen,[240] in darüber hinausgehender Höhe dagegen nur, wenn es sich bei der Kreditausweitung um eine nicht leichtfertig begründete neue Schuld handelt.
Zu Verfahrenskosten vgl. → Rn. 1098.

1087 Ausnahmsweise **nicht berücksichtigungsfähig** sind nach Treu und Glauben Verbindlichkeiten, die während der Ehe von einem der Eheleute **leichtfertig, für luxuriöse Zwecke oder ohne verständlichen Grund** eingegangen sind.[241] Hierunter fallen Kredite für Spielschulden, einseitig betriebene teure Hobbys oder Reisen,[242] Anschaffung eines zweiten Motorrades,[243] Spekulationen usw. Bei den ehelichen Lebensverhältnissen ist auf einen objektiven Maßstab abzustellen (→ § 4 Rn. 463 ff.), dies hat auch für die Ausgaben zu gelten.

1088 Werden ehebedingte Verbindlichkeiten nach der Trennung **ohne Not aufrechterhalten,** dürfen sie nicht mehr vom Einkommen abgezogen werden. Der BGH hat dies bejaht bezüglich Bereitstellungszinsen für einen während des Zusammenlebens geplanten Hausbau, nachdem dem Bauvorhaben mit dem Auseinanderbrechen der ehelichen Lebensgemeinschaft der Boden entzogen worden war und der Berechtigte zur Mitwirkung an der möglichen Rückgängigmachung des Projekts bereit war.[244]

1089 c) **Vermögensbildende Schulden.** Bei vermögensbildenden Schulden ist zwischen **Zins** und **Tilgungen** zu differenzieren, ferner zwischen gemeinsamer und einseitiger Vermögensbildung. Außerdem ist bei einseitiger Vermögensbildung zu prüfen, ob damit ein zusätzliches Einkommen entstanden ist und ob es sich um eine zulässige Altersvorsorge handelt.

1090 • **Zinsen** als Geldbeschaffungskosten sind regelmäßig berücksichtigungsfähig, auch wenn die Verbindlichkeit erst nach Trennung/Scheidung aufgenommen wurde (vgl. zB zu den Hausschulden → Rn. 505 ff.).[245]

1091 • **Gemeinsame Vermögensbildung.** Bei einer gemeinsamen Vermögensbildung, die naturgemäß vor der Trennung gebildet wurde, ist auch die **Tilgung** als Abzugsposten zu berücksichtigen (→ Rn. 508, 1134; → § 4 Rn. 453), weil beide Ehegatten die Vermögensbildung wollten und sie beiden zugute kommt. Dies gilt auch über die Scheidung hinaus bis zur Vermögensauseinandersetzung. Übernimmt ein Ehegatte bei der Vermögensauseinandersetzung den damit finanzierten Wertgegenstand, zB die gemeinsame

---

[236] BGH FamRZ 2009, 1391 = R 706b; 2007, 193 = R 664c.
[237] BGH FamRZ 2009, 1391 = R 706b; 2008, 594 = R 688d; 2007, 193 = R 664c; 2005, 706 = R 626.
[238] Gerhardt FuR 2008, 9.
[239] Zu Umgangskosten vgl. Stellungnahme der ständigen Fachkonferenz 3 des Deutschen Instituts für Jugendhilfe und Familienrecht in FamRZ 2013, 346.
[240] BGH NJW 1998, 2821 (2822).
[241] BGH FamRZ 1996, 160; 1984, 358 (360).
[242] Gerhardt FamRZ 2007, 945.
[243] OLG Düsseldorf FamRZ 2007, 1039.
[244] BGH FamRZ 1983, 670 (673).
[245] BGH FamRZ 2009, 23; 2008, 963; 2007, 879; 2000, 950.

13. Abschnitt: Berechnung des bereinigten Nettoeinkommens § 1

Immobilie, wird aus der gemeinsamen eine einseitige Vermögensbildung (→ Rn. 569).[246]

- **Einseitige Vermögensbildung.** Tilgungsleistungen für eine einseitige Vermögensbildung durch Erwerb einer Immobilie, die bereits in der Ehe angefallen sind, sind nach BGH beim gesetzlichen Güterstand ab Rechtshängigkeit des Scheidungsverfahrens als Stichtag für den Zugewinnausgleich, bei Gütertrennung bereits ab Trennung bzw. ab Beginn der Gütertrennung nur bis zur Höhe des Wohnwertes (Marktmiete) bzw. der erzielten Miete als Abzugsposten zu berücksichtigen (→ Rn. 510).[247] Wie der BGH mit Entscheidung vom 18.1.2017 ausgeführt hat, handelt es sich insoweit noch um keine einseitige Vermögensbildung (sog. sukzessiver Eigentumserwerb).[248] Der Bedürftige wird dadurch nicht benachteiligt, weil sich durch die Schuldenaufnahme sein Bedarf erhöht hat. Die darüber hinausgehende Tilgung kann im Einzelfall berücksichtigt werden, wenn es sich um eine zulässige Altersvorsorge handelt (→ Rn. 1034, 1037).[249] Für die weitergehende Tilgung geht der **Unterhalt** der Vermögensbildung **vor.** Bei der Berücksichtigung als Altersvorsorge steht die Sicherung des eigenen Unterhalts und nicht die einseitige Vermögensbildung im Vordergrund. Die Sicherung des eigenen Unterhalts, auch im Alter, geht der Leistung des Unterhalts an einen Dritten vor.[250] Eine Ausnahme besteht, wenn nach einem objektiven Maßstab die Einkommensverhältnisse der Eheleute so gut sind, dass die in der Ehe erfolgten vermögensbildenden Aufwendungen nicht oder nicht in voller Höhe für die Lebensführung benötigt werden. Letzteres führt regelmäßig zu einer konkreten Bedarfsbemessung (→ Rn. 1135 und → § 4 Rn. 763 ff.).

Für **sonstige einseitige vermögensbildende Kredite**, die in der Ehe aufgenommen wurden, zB zum Kauf einer Praxis oder einer Maschine für eine Werkstatt, gelten für die Tilgung die gleichen Grundsätze, wenn ohne die Aufnahme der Verbindlichkeit die Einkommensquelle nicht entstanden wäre.

Die Berücksichtigung der Tilgung bei einseitigen vermögensbildenden Verbindlichkeiten führt bei Erhöhung des Bedarfs durch das dadurch entstandene Einkommen zu keinem Verstoß gegen das **Verbot der Doppelverwertung**, wenn die Verbindlichkeit auch beim Zugewinnausgleich berücksichtigt wird (→ Rn. 507, § 4 Rn. 484)

1092

Handelt es sich um eine erst **nach Trennung/Scheidung** entstandene einseitige Vermögensbildung, wirkt sie nicht bedarfserhöhend und ist damit bezüglich der Tilgung nur berücksichtigungswürdig, wenn es sich um eine zulässige Altersvorsorge handelt (→ Rn. 507).

1092a

d) **Wegfall von Verbindlichkeiten.** In der Ehe angelegte Verbindlichkeiten sind so lange einkommensmindernd zu berücksichtigen, solange tatsächliche Zahlungen auf sie geleistet werden. **Entfallen** die **Zahlungen** wegen Kredittilgung, **erhöht sich das anrechenbare Einkommen** und damit der Bedarf in Höhe der bisher geleisteten Zahlungen,[251] unabhängig davon, ob dies vor oder nach der Scheidung war (→ § 4 Rn. 439, 665).[252] Denn dieser Umstand wäre auch ohne Scheidung eingetreten.[253] Zu berücksichtigen ist bei Konsumkrediten auch eine **vorzeitige Tilgung** aus dem Erlös eines verkauften Schrebergartens oder sonstigen Gegenstands, der während der Ehe keine wirtschaftlich messbaren Vorteile brachte. Es handelt sich um eine wirtschaftlich vernünftige Überlegung, einen Kapitalwert einzusetzen, um damit aus der Ehe stammende Schulden abzulösen und dadurch die beiderseitigen finanziellen Verhältnisse zu bereinigen.[254] Entsprechendes gilt

1093

---

[246] BGH FamRZ 2008, 963 = R 692a.
[247] BGH FamRZ 2017, 519 (522) = R 781b, 2018, 1506 Rn. 31.
[248] BGH FamRZ 2017, 519 (522).
[249] BGH FamRZ 2017, 519 (522) = R 781b; 2014, 1098 = R 753; 2013, 191; 2010, 1633; 2008, 963; 2007, 879.
[250] BGH FamRZ 2017, 519 (522) = R 781b.
[251] BGH FamRZ 1988, 701 (703); 1982, 678.
[252] BGH FamRZ 2005, 967 = R 629; 1990, 1085 (1087); 1988, 701 (703).
[253] BGH FamRZ 2012, 281 = R 731c zum entsprechenden Problem beim Wegfall berufsbedingter Aufwendungen.
[254] BGH NJW 1998, 2821 (2822).

bei vermögensbildenden Krediten, zB Hausschulden, wenn sie nach der Trennung/Scheidung vorzeitig zurückgeführt (→ Rn. 513) oder reduziert werden.[255]

Etwas anderes gilt nur, wenn zwischen den Eheleuten bei der Scheidung vereinbart wurde, dass der Bedürftige erst Unterhalt verlangt, wenn der Pflichtige die von ihm übernommenen Eheschulden getilgt hat und er diese vorzeitig aus nicht in der Ehe angelegten Mitteln, zB einer nach der Scheidung bezogenen und für den Unterhalt nicht benötigten Abfindung zurückzahlt; die Verbindlichkeiten werden dann fiktiv noch bis zum normalen Ende der Rückzahlung als bestehend angesehen.[256]

1094   **e) Gesamtschuldenausgleich.** Soweit eine gemeinsame Schuld bei der Bildung des bereinigten Nettoeinkommens für den Ehegattenunterhalt berücksichtigt wird, **entfällt** ein Gesamtschuldnerausgleich, weil es sich insoweit um eine anderweitige Regelung nach § 426 I 2 BGB handelt.[257] Letztere kann ausdrücklich oder stillschweigend vereinbart werden, sich aus einem zwischen den Gesamtschuldnern bestehenden Rechtsverhältnis oder aus der Natur der Sache ergeben.[258] Die Berücksichtigung der Ratenzahlung beim bereinigten Nettoeinkommen des Pflichtigen beinhaltet, soweit keine anderweitige Vereinbarung getroffen wurde, aus der Natur der Sache eine anderweitige Regelung.[259] Der Ausgleich ist bereits durch die Berücksichtigung der vollen Ratenzahlung beim Einkommen des Unterhaltsschuldners erfolgt. Führt die Übernahme der gemeinsamen Schuld zum **Wegfall des Unterhaltsanspruchs**, gilt nichts Anderes. Auch in diesem Fall ist zumindest von einer stillschweigenden Vereinbarung auszugehen, dass wegen Übernahme der gemeinsamen Schuld kein Unterhalt verlangt wird.[260] Eine anderweitige Regelung ist auch gegeben, wenn die Eheleute einen Unterhaltsverzicht vereinbaren, bei dem berücksichtigt wurde, dass das in etwa gleich hohe Einkommen der Eheleute auf der Übernahme der Gesamtschulden durch den Pflichtigen beruhte[261] bzw. aus diesem Grund kein Ehegattenunterhalt verlangt wurde. Übersteigen die Schulden den Unterhalt erheblich, kann nur teilweise von einer anderweitigen Regelung ausgegangen werden (Einzelfallfrage). Zur Feststellung, ob derartige Konstellationen vorliegen, ist eine Doppelberechnung durchzuführen, einmal mit und einmal ohne Berücksichtigung der Schuld. Die angeführten Grundsätze sind auch bei Wohnwertschulden anwendbar, ebenso bei Steuerschulden aus der Zeit der gemeinsamen Veranlagung.[262] Ansonsten würde der Berechtigte, dessen Unterhaltsanspruch entsprechend geschmälert ist, den Haftungsanteil des Pflichtigen mitfinanzieren. Denn rechnerisch bedeutet die Kürzung des Einkommens des Pflichtigen um eine gemeinschaftliche Schuld durch den Halbteilungsgrundsatz eine Kürzung des Unterhalts um die Hälfte der Schuld, dh der Pflichtige zahlt im Ergebnis an den Gläubiger seinen Hälfteanteil und für den Bedürftigen dessen Hälfteanteil.

Eine anderweitige Regelung, die einem Gesamtschuldnerausgleich im Wege steht, ist nach ständiger Rechtsprechung generell bei Abzahlung gemeinschaftlicher Verbindlichkeiten **in der Ehe** bis zur Trennung gegeben, da Zahlungen auf gemeinsame Schulden einen spezifischen Beitrag zur ehelichen Lebensgemeinschaft bilden.[263] Der Ausgleichsanspruch kann deshalb frühestens ab der Trennung der Eheleute entstehen, selbst wenn die Eheleute in der gemeinsamen Wohnung getrennt lebten.

Bei einer sog. **unechten Gesamtschuld,** die nur im Interesse eines Ehegatten eingegangen wurde, zB einem gemeinsamen Darlehen für eine im Alleineigentum des Pflichtigen stehende Immobilie, muss der Eigentümer die Verbindlichkeit im Innenverhältnis

---

[255] BGH FamRZ 2007, 879.
[256] BGH FamRZ 2010, 1311.
[257] BGH FamRZ 2005, 1236; 1995, 216; OLG München FamRZ 2006, 208; OLG Bremen FamRZ 2007, 47; OLG Hamm FamRZ 2016, 1369.
[258] BGH FamRZ 2010, 542; 2008, 602; 2005, 1236.
[259] BGH FamRZ 2005, 1236; vgl. auch OLG Oldenburg FamRZ 2013, 550; 2013, 133; OLG München FamRZ 2006, 208; OLG Bremen FamRZ 2007, 47.
[260] OLG München FamRZ 2006, 208; OLG Bremen FamRZ 2007, 47; FamRZ 2008, 1443.
[261] OLG Oldenburg FamRZ 2013, 550.
[262] BGH FamRZ 2002, 739.
[263] Vgl. z. B. BGH FamRZ 2010, 542; 2008, 602.

allein tragen, der Nichteigentümer hat insoweit einen Freistellungsanspruch.[264] Letzterer beinhaltet ebenfalls eine anderweitige Regelung nach § 426 I 1 BGB.

Ist der **Unterhaltsanspruch beendet,** die Schuld aber noch nicht abgezahlt, gilt die ausdrückliche oder stillschweigende Vereinbarung nicht fort. Es liegt dann zumindest ein Wegfall der Geschäftsgrundlage vor, dh der Ehepartner muss sich ab diesem Zeitpunkt an der Abzahlung der gemeinsamen Schuld beteiligen.[265] Etwas Anderes gilt nur, wenn die Parteien vereinbart hatten, dass ein Ehepartner nach Trennung/Scheidung die Rückzahlung der gemeinsamen Schuld übernimmt und den anderen Ehegatten im Innenverhältnis von der Mithaftung freigestellt hat.

Keine anderweitige Regelung liegt vor, wenn eine gemeinsame Schuld lediglich bei der Bereinigung des Nettoeinkommens für den Kindesunterhalt berücksichtigt wurde.[266]

f) Darlegungs- und Beweislast. Die Darlegungs- und Beweislast für berücksichtigungswürdige Schulden des Pflichtigen trägt der Unterhaltsschuldner, da es im Ergebnis um eine Reduzierung seiner Leistungsfähigkeit geht.[267] 1095

g) Nicht in der Ehe angelegte Schulden. Keine berücksichtigungswürdigen Verbindlichkeiten sind nach der Trennung/Scheidung entstandene einseitige neue Schulden des Pflichtigen, die unterhaltsbezogen leichtfertig eingegangen wurden, dh die zur Befriedigung eigener Bedürfnisse aufgenommen wurden, ohne dass dies erforderlich war, zB für eine Urlaubsreise, Einrichtungsgegenstände zur Verbesserung des Wohnkomfort, Kauf eines größeren Pkw usw. Dies gilt auch für die Tilgung von Verbindlichkeiten für eine einseitige Vermögensbildung, außer es handelt sich um eine zulässige Altersvorsorge (→ Rn 1092a). Sie ist nicht berücksichtigungswürdig. Dies gilt insbesondere, wenn an sich ausreichende Barmittel zur Verfügung standen. Deshalb sind auch Kredite, die zur **Finanzierung des Zugewinns** aufgenommen wurden, nicht berücksichtigungsfähig,[268] weil entsprechende Vermögenswerte vorhanden sind, von denen sich der Ausgleichspflichtige nicht trennen will. Bei Wiederverheiratung des Pflichtigen gelten die gleichen Maßstäbe. Nur unumgängliche neue Verbindlichkeiten, die auch ohne Scheidung und Wiederverheiratung entstanden wären, sind berücksichtigungswürdig, nicht dagegen Schulden, die auf der neuen Eheschließung beruhen (vgl. → Rn. 1084). 1096

Beim Bedürftigen gilt nichts anderes. Bei ihm ist zusätzlich zu beachten, dass der Unterhalt nur dazu dient, die Lebenshaltungskosten zu finanzieren, nicht aber die Schulden des anderen Ehegatten zu bezahlen.[269]

Nicht berücksichtigungsfähig sind einseitig in der Ehe eingegangenen Kredite für luxuriöse oder leichtfertige oder ohne verständlichen Grund eingegangene Zwecke (→ Rn. 1087). 1097

Nicht berücksichtigungsfähig sind ferner die **Verfahrenskosten.** Verfahrenskosten für Scheidungs- und Folgeverfahren sind von jeder Partei in der Höhe, in der sie ihr auferlegt wurden, aus den Lebenshaltungskosten selbst zu tragen. Ist eine Partei dazu nicht in der Lage, kann sie Verfahrenskostenhilfe in Anspruch nehmen. Werden hierfür Verfahrenskostenhilferaten angeordnet, müssen diese selbst getragen werden, da die Freibeträge so angelegt sind, dass sie für die Lebenshaltungskosten ausreichen. Ähnliches gilt auch für Kosten anderer Prozesse. Wer zu Unrecht Verfahrenskosten verursacht hat, hat sie im Zweifel aus seinem Einkommen selbst zu tragen. Verfahrenskosten sind beim Bedürftigen auch kein Teil seines Bedarfs. Er kann lediglich im Verfahren wegen Trennungs- und Familienunterhalt nach §§ 1361 IV 4, 1360a IV BGB Verfahrenskostenvorschuss beantragen (→ § 6 Rn. 20 ff.). 1098

h) Schuldenabzug in angemessener Höhe. Soweit Kredite dem Grunde nach als berücksichtigungswürdige Verbindlichkeiten abgezogen werden können, ist zusätzlich zu prüfen, ob sie dies unter Anlegung eines objektiven Maßstabs auch der Höhe nach sind. 1099

---

[264] BGH FamRZ 1997, 484.
[265] BGH FamRZ 2005, 1236.
[266] BGH FamRZ 2008, 602; 2007, 1975.
[267] BGH FamRZ 1990, 283 (287).
[268] BGH FamRZ 2000, 950.
[269] BGH FamRZ 1985, 902.

1106 **a) Kindesunterhalt.** Schulden sind beim Kindesunterhalt wie beim Ehegattenunterhalt bereits bei der **Bedarfsermittlung** und nicht erst bei der Prüfung der Leistungsfähigkeit berücksichtigungsfähig.[281] Denn der für die Unterhaltsbemessung maßgebliche Lebensstandard wird auch durch die tatsächlich verfügbaren Mittel der Eltern geprägt mit der Folge, dass sich auch die abgeleitete Stellung des Kindes und damit die Eingruppierung in die DT nach diesen Verhältnissen richten.[282]

1107 Bei der Prüfung, ob es sich um eine **berücksichtigungsfähige Verbindlichkeit** handelt, sind der Zweck der eingegangenen Verpflichtung, der Zeitpunkt und die Art ihrer Entstehung, die Dringlichkeit der beiderseitigen Bedürfnisse, die Kenntnis des Unterhaltsschuldners von Grund und Höhe der Unterhaltsschuld und seine Möglichkeit, die Leistungsfähigkeit in zumutbarer Weise ganz oder teilweise wiederherzustellen, sowie gegebenenfalls schutzwürdige Belange des Drittgläubigers zu prüfen.[283] Es hat ein angemessener Ausgleich zwischen den Interessen des Unterhaltsgläubigers, Unterhaltsschuldners und Drittgläubigers zu erfolgen, ggf. auch durch Streckung der Tilgung.[284] Dabei ist zu differenzieren, ob es um den Mindestunterhalt[285] oder um einen Kindesunterhalt im oberen Bereich der Düsseldorfer Tabelle geht.

1108 Die **Darlegungs- und Beweislast** für eine Berücksichtigungsfähigkeit trägt der Schuldner, da es im Ergebnis um eine Herabsetzung seiner Leistungsfähigkeit geht.[286]

1109 • **Minderjähriges Kind.** Bei minderjährigen Kindern ist zu beachten, dass für sie wegen ihres Alters von vornherein die Möglichkeit ausscheidet, durch eigene Anstrengungen zur Deckung ihres notwendigen Lebensbedarfs beizutragen.[287] Handelt es sich um Schulden, die bereits die ehelichen Lebensverhältnisse der Eltern bis zur Trennung geprägt haben, ist die Schuld in der Regel berücksichtigungswürdig, auch wenn beim Kindesunterhalt andere Maßstäbe wie beim Ehegattenunterhalt anzulegen sind, da die Kinder wirtschaftlich unselbstständig sind und ihre Lebensstellung von den Eltern ableiten, dh von deren Einkommensverhältnissen und Konsumverhalten abhängig sind.[288] Maßgebend ist aber stets, dass der Mindestunterhalt gesichert bleibt (vgl. unten → Rn. 1111). Im Ergebnis gilt dies nicht nur für Konsumkredite, sondern auch für Schulden zur **gemeinsamen Vermögensbildung der Eltern,** zB zum Bau eines Familienheims (→ Rn. 578). Sie sind bei der Leistungsfähigkeit in Höhe der ersparten Wohnkosten nicht zu berücksichtigen (→ Rn. 579),[289] darüber hinaus nur, wenn sich die Abzahlung im angemessenen Rahmen hält, selbst wenn das Haus nach der Trennung vorübergehend vermietet wurde.[290] Übersteigen die Verbindlichkeiten den Wohnwert, sind die durch den Wohnwert nicht gedeckten Schulden idR nicht berücksichtigungswürdig (→ Rn. 578), außer der Pflichtige verfügt über ein sehr gutes Einkommen. Nach Kenntnis der Unterhaltsverpflichtung aufgenommene Tilgungsleistungen zur **einseitigen Vermögensbildung** des barunterhaltspflichtigen Elternteils sind regelmäßig nicht berücksichtigungsfähig, da der Unterhalt der Vermögensbildung vorgeht. Eine Ausnahme kann bestehen, wenn die Tilgung eine Altersvorsorge im zulässigen Rahmen beinhaltet (vgl. → Rn. 1034, 1037) und der Mindestkindesunterhalt gesichert ist.[291] Die gleichen Grundsätze gelten wegen des Gleichbehandlungsgrundsatzes nach Art. 6 V GG beim Unterhalt von Kindern nichtverheirateter Eltern, soweit die Schuld vor Kenntnis der Barunterhaltspflicht aufgenommen wurde.

---

[281] BGH FamRZ 2002, 536 (537).
[282] BGH FamRZ 2002, 536 (537).
[283] BGH FamRZ 2014, 923 = R 751c; 2013, 1558 = R 739b; 2012, 956; 2002, 536 (537).
[284] BGH FamRZ 2002, 536 (542).
[285] BGH FamRZ 2014, 923 = R 751c.
[286] BGH FamRZ 1990, 283 (287).
[287] BGH FamRZ 2014, 923 = R 751c.
[288] BGH FamRZ 2002, 536.
[289] BGH FamRZ 2002, 815.
[290] BGH NJW-RR 1995, 129.
[291] Offen gelassen von BGH FamRZ 2012, 956.

13. Abschnitt: Berechnung des bereinigten Nettoeinkommens § 1

- Kredite, die allein zur Befriedigung rein persönlicher Bedürfnisse aufgenommen wurden, sind hingegen, auch wenn sie in der Ehe angelegt waren, beim Kindesunterhalt nicht berücksichtigungsfähig.[292] 1110
- Zu beachten ist, dass minderjährige Kinder auch bei Vorhandensein einer erheblichen Verschuldung soweit möglich den **Mindestunterhalt** nach § 1612a I BGB erhalten sollen (→ § 2 Rn. 257), was einem Unterhalt nach der ersten Gruppe der DT entspricht. Bei minderjährigen Kindern scheidet zumindest bis zum Ende der Schulpflicht von vornherein jede Möglichkeit aus, durch eigene Anstrengungen zur Deckung des notwendigen Unterhaltsbedarfs beizutragen, so dass sie besonders schutzwürdig sind.[293] Außerdem haben Kinder im Gegensatz zu Ehegatten auf die Entstehung von Schulden selbst keinen Einfluss.[294] Die nach Billigkeitsgrundsätzen vorzunehmende Abwägung der berechtigten Interessen des Verpflichteten und der minderjährigen Kinder wird daher regelmäßig zu keiner Berücksichtigung von Schulden führen, durch die der Mindestunterhalt nicht mehr erreicht wird.[295] Denn sowohl für die Abwägung im Rahmen der Bedarfsbemessung als auch für die Mangelfallkürzung auf der Leistungsstufe ist bei minderjährigen Kindern zusätzlich zu ihrem Schutz zu berücksichtigen, dass ihnen gegenüber eine gesteigerte Unterhaltsverpflichtung besteht (§ 1603 II BGB) und sie im ersten Rang stehen (§ 1609 Nr. 1 BGB).[296] Kann der Verpflichtete den Kindesunterhalt nach Gruppe 1 der DT nur **auf Kosten einer ständig weiterwachsenden Verschuldung** leisten, sind Ausnahmen angebracht.[297] Zunächst ist aber zu prüfen, ob **niedrige Schulden** (derzeit unter 200 EUR monatlich) bei **beengten Verhältnissen** nicht als allgemeine Lebenshaltungskosten angesehen und deshalb aus dem Erwerbsbonus beim notwendigen Selbstbehalt von zur Zeit 200 EUR (Differenz 880 EUR zu 1080 EUR beim notwendigen Selbstbehalt des Nichterwerbstätigen und Erwerbstätigen, vgl. DT Anm. A 5, Leitlinien Ziff. 21.2) getragen werden können, um den Mindestunterhalt zu sichern.[298] Außerdem ist zu prüfen, ob dem Elternteil, der den Betreuungsunterhalt leistet, in Abweichung von der Regel des § 1606 III 2 BGB nicht ein Teil der Barunterhaltsverpflichtung für das minderjährige Kind auferlegt werden kann. Dies ist insbesondere dann angebracht, wenn dieser während bestehender Ehe der Kreditaufnahme zugestimmt und an ihr wirtschaftlich teilgenommen hat (vgl. auch § 1603 II 3 BGB, → § 2 Rn. 397 ff.)[299] Eine Ausnahme kann ferner bestehen, wenn die **notwendigen Umgangskosten** nicht durch das Kindergeld gedeckt sind (→ Rn. 1085); sie sind dann zu berücksichtigen, selbst wenn es dadurch zum Mangelfall kommt.[300] 1111
- In der Regel dürfen sich Eltern ferner auf Kreditverbindlichkeiten nicht berufen, die sie **in Kenntnis ihrer Barunterhaltsverpflichtung** gegenüber einem Kind eingegangen sind. Anders ist die Sachlage bei neuen Verbindlichkeiten, die als unumgänglich anzusehen sind. 1112
- **Volljähriger.** Es gelten die oben angeführten Grundsätze. Bei nicht privilegierten Volljährigen ist im Rahmen der Berücksichtigungswürdigkeit des Schuldenabzugs zu beachten, dass kein erhöhter Einsatz aller Mittel gemäß § 1603 II 1, 2 BGB besteht. Bei einer Überschuldung ist deshalb ein großzügigerer Maßstab angebracht. Andererseits ist die gemeinsame Verantwortung der Eltern für eine angemessene Ausbildung nach § 1610 II BGB zu beachten, für die sich die Eltern im Zweifel einschränken müssen. Auch vom Vater eines studierenden volljährigen Kindes kann deshalb im Allgemeinen verlangt werden, dass er auf dessen Unterhaltsbedürftigkeit bis zum Abschluss der Ausbildung 1113

---

[292] BGH FamRZ 1992, 797.
[293] BGH FamRZ 2014, 923 = R 751c; 2002, 536 = 572g.
[294] BGH FamRZ 1984, 657 (659).
[295] BGH FamRZ 1984, 657 (659).
[296] BGH FamRZ 1986, 254 (256).
[297] BGH FamRZ 2014, 923 = R 751c; 2008, 137 = R 684a.
[298] BGH FamRZ 2009, 314.
[299] BGH FamRZ 1986, 254 (256).
[300] BGH FamRZ 2007, 193 = R 664c; 2005, 706 = R 626.

Rücksicht nimmt, bevor er mit dem Bau eines Eigenheims beginnt und dadurch seine Leistungsfähigkeit erschöpfende Verbindlichkeiten eingeht.[301] Ansonsten sind Hausschulden einschließlich Tilgung, die zur Deckung des eigenen Wohnbedarfs und damit zur Sicherung des eigenen Unterhalts des Barunterhaltspflichtigen dienen, idR berücksichtigungswürdig, vor allem wenn sie sich innerhalb des Wohnwerts bewegen (→ Rn. 578 ff.).

1114 **b) Sonstiger Verwandtenunterhalt.** Auch beim sonstigen Verwandtenunterhalt ist die Berücksichtigungswürdigkeit von Schulden nach einer umfassenden Abwägung des Einzelfalls zu prüfen. Es gelten insoweit die beim Kindesunterhalt bereits dargestellten Grundsätze (→ Rn. 1109 ff.). Das Problem stellt sich regelmäßig erst bei der Prüfung der Leistungsfähigkeit. Dabei ist je nach dem Rang der Unterhaltsberechtigung ein großzügigerer Maßstab angebracht. Zu den näheren Einzelheiten → § 2 Rn. 930.

1115 Beim **Elternunterhalt** und **Großelternunterhalt** ist zu beachten, dass es sich in der Regel um keine von vornherein voraussehbare Unterhaltsverpflichtung handelt, die der Unterhaltsschuldner bei Kreditaufnahme einplanen musste. Voll zu berücksichtigen sind regelmäßig Hausschulden, wenn damit die eigenen Wohnbedürfnisse gedeckt werden, dh es sich um die Sicherung des eigenen Unterhalts handelt.[302] Dies gilt auch für die Tilgung, soweit sie sich nach Vorabzug der Zinsen im Rahmen der Marktmiete bewegt.[303] Lediglich bei der Tilgung, die darüber hinausgeht und bei Schulden, die nach Kenntnis der Unterhaltspflicht aufgenommen wurden, ist eine sorgfältige Prüfung mit Interessenabwägung geboten. Zu Schulden beim Elternunterhalt vgl. im Übrigen → § 2 Rn. 930.

1117 **c) Ansprüche nach § 1615l BGB.** Bei Ansprüchen nach § 1615l II BGB ist stets eine Abwägung der beiderseitigen Interessen vorzunehmen, vor allem, ob die Schuld bereits vor Kenntnisnahme der Schwangerschaft entstanden ist und ob der Kredit für als notwendig anzusehende Bedürfnisse aufgenommen wurde.

5. Verbraucherinsolvenz bei Überschuldung

1118 Die Obliegenheit des Pflichtigen, sich leistungsfähig zu halten, kann es bei nachhaltiger und dauerhafter Überschuldung, die zum Mangelfall führt, gebieten, ein **Verbraucherinsolvenzverfahren zu beantragen** (→ § 2 Rn. 258 ff., → § 4 Rn. 135 und → § 5 Rn. 95 ff.).[304] Seit dem Insolvenzrechtsänderungsgesetz vom 26.10.2001 und der Erhöhung der Pfändungsfreigrenzen sind die Zumutbarkeitsvoraussetzungen an den Schuldner gestiegen, über ein Verbraucherinsolvenzverfahren eine Restschuldbefreiung zu erwirken.[305] Im Gegensatz zur Verweisung auf die Pfändungsfreigrenzen, die dem Schuldner keine dauerhafte Perspektive schafft, weil Schulden einschließlich Zinsen weiterlaufen, führt die Insolvenz nach § 300 InsO zur Restschuldbefreiung.[306] Sie entlastet damit im Ergebnis auf Kosten der Kreditgeber das Sozialamt, das ansonsten für die Bedürftigen aufkommen müsste. Unterhaltsrückstände fallen dann allerdings auch in die Insolvenz.

Zu den allgemeinen Voraussetzungen für die Durchführung des Insolvenzverfahrens → § 5 Rn. 95 ff.

1119 Eine Obliegenheit, ein Verbraucherinsolvenzverfahren einzuleiten, besteht nach BGH aber nur bei **minderjährigen Kindern** und **privilegierten Volljährigen,** wenn der Mindestunterhalt durch dauerhafte Überschuldung nicht gesichert ist.[307] Denn nur ihnen gegenüber besteht eine gesteigerte Unterhaltspflicht.[308] Es ist dann Aufgabe des Pflichtigen,

---

[301] BGH FamRZ 1982, 157.
[302] BGH FamRZ 2003, 1179.
[303] BGH FamRZ 2017, 591 (522) = R 781b.
[304] BGH FamRZ 2008, 497 = R 687; 2008, 137 = R 684b; 2005, 608 = R 627a.
[305] Vgl. allgemein Hauß, FamRZ 2006, 1496; MDR 2002, 1163; Hoppenz, FF 2003, 158; Melchers FuR 2003, 145.
[306] BGH FamRZ 2008, 497 = R 687.
[307] BGH FamRZ 2008, 497 = R 687; 2008, 137 = R 684b; 2005, 608 = R 627a.
[308] BGH FamRZ 2008, 497 = R 687.

13. Abschnitt: Berechnung des bereinigten Nettoeinkommens   § 1

Umstände vorzutragen und zu beweisen, dass die Einleitung eines Insolvenzverfahrens im konkreten Einzelfall unzumutbar ist.[309] Zu prüfen ist in diesen Fällen, ob die Verbindlichkeit des Pflichtigen unterhaltsrechtlich überhaupt berücksichtigungswürdig ist, die Laufzeit der Einzelverbindlichkeiten und der Unterhaltsverpflichtung, ob eine Restschuldbefreiung im Insolvenzverfahren erreichbar ist (Zahlungsunfähigkeit des Schuldners gemäß § 17 InsO; keine Versagensgründe nach § 290 InsO), ob es dem Schuldner zumutbar ist, sich gegenüber den einzelnen Gläubigern auf Pfändungsfreigrenzen zu berufen (Bank; Privatgläubiger) und in welcher Höhe sich die Unterhaltsforderung bei Berufung auf die Pfändungsfreigrenzen beläuft. Im Ergebnis handelt es sich immer um eine Einzelfallentscheidung. Der Unterhaltsgläubiger hat zwar keinen generellen Vorgang vor anderen Gläubigern des Pflichtigen und umgekehrt. Durch das Insolvenzänderungsgesetz vom 26.10.2001 und die Erhöhung der Pfändungsfreigrenzen hat der Gesetzgeber aber mittelbar einen Vorrang des Bedürftigen durch Erhöhung des bei Unterhaltslasten nicht pfändbaren Teils des Arbeitseinkommens geschaffen. Zu beachten ist aber auch, dass durch das Insolvenzverfahren die wirtschaftliche Bewegungsfreiheit des Pflichtigen in dieser Zeit eingeschränkt wird (§ 287 InsO).[310]

Die Durchführung eines Insolvenzverfahrens ist bei der Unterhaltsberechnung des Kindesunterhalts zu berücksichtigen.[311] Die sonstigen Verbindlichkeiten des Pflichtigen sind dann nicht mehr anzusetzen. Ihm verbleiben bei Unterhaltslasten sein unpfändbarer Teil des Einkommens (§ 850c ZPO iVm der PfändungsfreigrenzenVO). Hieraus kann er Unterhalt leisten, da ihm gegenüber dem Bedürftigen gemäß § 850d ZPO nur sein jeweiliger Selbstbehalt verbleiben muss.[312] Dem Unterhalt wird insoweit ein Vorrang vor sonstigen Verbindlichkeiten eingeräumt. Bei **Selbständigen** ist allerdings zu beachten, dass Honoraransprüche ohne Abzüge in die Insolvenzmasse fallen, so dass er im Insolvenzverfahren beantragen muss, ihm hiervon soviel zu belassen, wie er für seinen eigenen und den Unterhalt der Bedürftigen benötigt, höchstens aber so viel, wie ihm verbleiben würde, wenn sein Einkommen aus laufendem Arbeits- oder Dienstlohn bestünde (§ 36 I InsO iVm § 850i I ZPO).[313] Aus Gleichbehandlungsgründen ist auch bei Selbständigen die vollständige materielle Unterhaltsschuld zu berücksichtigen.[314] Der dem Selbständigen nach § 850i ZPO zu belassende notwendige Unterhalt umfasst auch seine Vorsorgeaufwendungen.

Beim **Trennungs- und nachehelichen Unterhalt** besteht dagegen nach der Entscheidung des BGH vom 12.12.2007 **keine Obliegenheit,** ein Verbraucherinsolvenzverfahren durchzuführen.[315] Ihnen gegenüber besteht nicht wie bei minderjährigen Kindern eine gesteigerte Erwerbsobliegenheit. Beim Ehegattenunterhalt handelt es sich in der Regel auch um Schulden aus der Ehezeit, die der Bedürftige mittragen muss. Außerdem hat der Ehegatte, vor allem nach der Scheidung die Obliegenheit, den eigenen Unterhalt selbst sicher zu stellen. Die verfassungsrechtlich geschützte allgemeine Handlungsfreiheit des Pflichtigen lässt deshalb eine Obliegenheit zur Einleitung eines Verbraucherinsolvenzverfahrens entfallen.[316]

1120

---

[309] BGH FamRZ 2005, 608 = R 627a, c; vgl. auch OLG Dresden. FamRZ 2003, 1028; OLG Stuttgart, 2003, 1216; OLG Koblenz 2003, 109; NJW 2004, 1256.
[310] BGH FamRZ 2008, 497 = R 687.
[311] BGH FamRZ 2008, 137 = R 684b.
[312] BGH FamRZ 2008, 137 = R 684 f.
[313] BGH FamRZ 2008, 137 = R 684d.
[314] BGH FamRZ 2008, 137 = R 684d.
[315] BGH FamRZ 2008, 497 = R 687.
[316] BGH FamRZ 2008, 497 = R 687.

VIII. Nur beim Ehegattenunterhalt und sonstigem Verwandtenunterhalt zu berücksichtigende Abzüge

1. Kindesunterhalt und sonstige Unterhaltslasten

1121 **a) Ehegattenunterhalt.** Ehebedingte Verbindlichkeiten sind auch Unterhaltszahlungen für alle minderjährigen Kinder und nach § 1603 II 2 BGB privilegierten Volljährigen sowie für sonstige Unterhaltsberechtigte, für die bereits **während bestehender Ehe** Unterhalt geleistet werden musste, z. B. sonstige Volljährige, Eltern, Ansprüche nach § 1615l BGB. Auch solche Unterhaltsverpflichtungen werden beim Ehegattenunterhalt vom Einkommen abgezogen, ehe der Bedarf nach der Ehegattenquote bemessen wird (→ Rn. 1003 ff.; → § 4 Rn. 440 ff.). Wird Kindes- und Ehegattenunterhalt verlangt, ist deshalb zunächst immer der Kindesunterhalt zu ermitteln.

Nachdem das BVerfG mit seinem Beschluss vom 25.1.2011 die Rechtsprechung des BGH, bei der Bedarfsermittlung eines Geschiedenen auch erst nach der Scheidung entstandene Unterhaltslasten eines neuen Ehegatten zu berücksichtigen,[317] wegen Verstoßes gegen das Rechtsstaatsprinzip für verfassungswidrig erklärte,[318] hat der BGH mit Entscheidung vom 7.12.2011 seine Rechtsprechung geändert und für alle **Unterhaltslasten** wieder das **Stichtagsprinzip** eingeführt, auch für den Kindesunterhalt (vgl näher → Rn. 1003, 4/426 ff.).[319] Für die **Bedarfsermittlung** des Geschiedenen werden nur alle **bis zur Rechtskraft der Scheidung** entstandenen Unterhaltsansprüche berücksichtigt, alle erst **nach der Scheidung** entstandenen neuen Unterhaltsansprüche erst bei der **Leistungsfähigkeit**.[320] Dies führt entgegen dem Willen des Gesetzgebers bei der Unterhaltsreform zum 1.1.2008 nicht zur Vereinfachung, sondern zu einer Erschwerung aller Unterhaltsberechnungen mit neuen Unterhaltslasten. Denn wegen des auch bei der Leistungsfähigkeit geltenden Grundsatzes der Halbteilung sind in allen Fällen mit vor- und gleichrangigen Unterhaltslasten **Doppelberechnungen** mit einer Korrektur des Bedarfs des Geschiedenen bei der Leistungsfähigkeit im Rahmen einer Mangelfallberechnung durchzuführen.[321] Sind – ausnahmsweise – nicht in der Ehe angelegte zusätzliche Einkünfte des Pflichtigen vorhanden, zB durch einen Karrieresprung, hatte der BGH seit längerem entschieden, dass diese Mittel vorab für neue Unterhaltslasten einzusetzen sind, weil dadurch der Grundsatz der Halbteilung nicht verletzt wird.[322] Entgegen der Auffassung des BVerfG bestand deshalb auch keine Notwendigkeit, neue Unterhaltslasten erst bei der Leistungsfähigkeit zu prüfen. Nach der neuen Rechtsprechung ist zu beachten, dass bei der Leistungsfähigkeit immer des gesamte Einkommen des Pflichtigen anzusetzen ist, also zB auch der Splittingvorteil durch die neue Ehe und ein Familienzuschlag durch Wiederverheiratung,[323] neue Einkünfte durch einen Karrieresprung usw.

Kein Vorabzug von Unterhaltsleistungen erfolgt dagegen beim Kindesunterhalt Minderjähriger, auch wenn ein Kind vor und ein anderes Kind nach der Scheidung geboren wurde. Unterhalt für weitere Kinder sowie sonstige Unterhaltslasten werden vielmehr unabhängig vom Zeitpunkt des Entstehens bei der Eingruppierung berücksichtigt.

1122 • **Minderjährige Kinder und privilegierte Volljährige.** Der Kindesunterhalt Minderjähriger ist seit der Gesetzesreform zum 1.1.2008 vorrangig (§ 1609 Nr. 1 BGB).[324] Nach dem Willen des Gesetzgebers sollte damit erreicht werden, dass aus dem vorhandenen Einkommen des Pflichtigen zuerst der Kindesunterhalt und vom verbleiben-

---

[317] Vgl zB BGH FamRZ 2008, 1911; 2006, 683.
[318] BVerfG FamRZ 2011, 437.
[319] BGH FamRZ 2012, 281 = R 731a, b.
[320] BGH FamRZ 2014, 1183 = R 754b,d,e; 2014, 912; 2012, 281 = R 731g, i.
[321] BGH FamRZ 2014, 1183 = R 754b-e; 2012, 281 = R 731k sowie eingehend Gerhardt FamRZ 2012, 589.
[322] BGH FamRZ 2010, 111; 2009, 579; 2009, 411.
[323] BGH FamRZ 2014, 1183 = R 754a.
[324] Zur früheren Rechtslage vgl. Vorauflage § 1 Rn. 1122.

13. Abschnitt: Berechnung des bereinigten Nettoeinkommens § 1

den Rest der Ehegattenunterhalt bezahlt wird.[325] Nachdem das BVerfG für den Ehegattenunterhalt forderte, zwischen Bedarf und Bedürftigkeit/Leistungsfähigkeit zu trennen, weil der Gesetzgeber §§ 1361, 1578 I BGB nicht geändert hatte,[326] hatte dies auch beim Kindesunterhalt zur Folge, beim Ehegattenunterhalt des getrenntlebenden/geschiedenen Ehegatten zwischen vor und nach der Scheidung geborenen minderjährigen Kindern zu differenzieren. Dies hatte das BVerfG vermutlich übersehen, weil im entschiedenen Fall keine Kinder vorhandenen waren, sondern nur der erste und zweite Ehegatte. Der BGH ist mit Entscheidung vom 7.12.2011 deshalb für Unterhaltslasten zur Stichtagsregelung zurückgekehrt.[327] Der Unterhalt aller **bis zur Scheidung** geborenen minderjährigen Kinder ist daher bei der **Bedarfsermittlung** des Geschiedenen als Abzugsposten bei der Bereinigung des Nettoeinkommens anzusetzen, auch wenn sie aus einer neuen Verbindung stammen.[328] Alle erst **nach der Scheidung** geborenen Kinder sind trotz des seit 1.1.2008 bestehenden Vorrangs gemäß § 1609 Nr. 1 BGB erst bei der **Leistungsfähigkeit** zu berücksichtigen.[329] Bedarfsbestimmend ist deshalb auch der Unterhalt eines zwischen Scheidung und Rechtskraft der Scheidung geborenen nichtehelichen Kindes.[330] Nicht bedarfsbestimmend ist dagegen der Unterhalt für ein zB einen Tag nach Rechtskraft der Scheidung geborenes Kind aus einer neuen Verbindung, ebenso nach der Scheidung **adoptierte** Kinder.[331] Da der Unterhalt minderjähriger Kinder und sog. privilegierter Volljähriger seit dem 1.1.2008 nach § 1609 Nr. 1 BGB aber vorrangig ist und nach dem Willen des Gesetzgebers die für den Kindesunterhalt aufzubringenden Mittel für den Ehegattenunterhalt deshalb nicht zur Verfügung stehen,[332] muss der Geschiedene hinnehmen, dass sich sein Unterhalt durch Geburt weiterer Kinder des Pflichtigen kürzt. Ein minderjähriges Kind kann sich im Gegensatz zu einem Erwachsenen nicht selbst unterhalten.[333] Auch bei der Leistungsfähigkeit gilt beim Ehegattenunterhalt der Grundsatz der Halbteilung, der eigene angemessene Unterhalt des Pflichtigen darf nicht niedriger sein als der dem Bedürftigen zustehende Bedarf.[334] Im Rahmen der Billigkeitsabwägung bei der Leistungsfähigkeit nach § 1581 BGB führt der Vorrang einer Unterhaltslast immer zu einer Korrektur des Bedarfs des Geschiedenen, außer der Pflichtige hat nicht in der Ehe angelegte zusätzliche Einkünfte. Rechnerisch ergibt sich deshalb gegenüber einem sofortigen Abzug aller Unterhaltslasten für minderjährige Kinder beim Bedarf kein anderes Ergebnis.

Beispiel:
M hat ohne Berücksichtigung des Kindesunterhalts ein bereinigtes Nettoeinkommen von 2470 EUR. F betreut das gemeinsame Kind K1 (5 Jahre) und geht ohne Verstoß gegen die Erwerbsobliegenheit einer Halbtagstätigkeit mit einem bereinigten Nettoeinkommen von 600 EUR nach. M muss noch für ein weiteres nach der Scheidung geborenes Kind K2 Unterhalt zahlen, dessen Mutter nicht bedürftig ist. Anspruch K1, K2 und F ab 1.7.2019?
Lösung
Unterhalt für K1 und K2: jeweils DT Gr 2 (Herabstufung um eine Gruppe), Stufe 1: 372 −102 ($^1/_2$ Kindergeld) = 270
Unterhalt F:
Bereinigtes Nettoeinkommen für die Bedarfsermittlung: 2470 − 270 = 2200
Nach SüdL mit $^1/_{10}$:
Bedarf: $^1/_2$ ($^9/_{10}$ x 2200 + $^9/_{10}$ × 600) = 1260
Höhe: 1260 − $^9/_{10}$ 600 = 720
Korrektur im Rahmen der Leistungsfähigkeit wegen des vorrangigen Kindesunterhalts K2 in Höhe von ebenfalls 270 EUR (s. oben), weil der Selbstbehalt des M nach dem auch bei der Leistungs-

---

[325] BT-Drucks.16/1838 S. 23/24.
[326] BVerfG FamRZ 2011, 437.
[327] BGH FamRZ 2012, 281 = R 731b,e.
[328] BGH FamRZ 2014, 1183 = R 754e; 2012, 281 = R 731b.
[329] BGH FamRZ 2014, 1183 = R 754e; 2012, 281 = R 731e.
[330] BGH FamRZ 1999, 367.
[331] OLG Hamm FamRZ 2013, 706.
[332] BT-Drucks. 16/1830 S. 13.
[333] BT-Drucks. 16/1830 S. 23/24.
[334] BGH FamRZ 2012, 281 = R 731g.

fähigkeit geltenden Grundsatz der Halbteilung ansonsten nicht gewahrt bleibt. Sein Selbstbehalt beträgt nach SüdL 1480 EUR (Bedarf 1260 + sein herausgerechneter Erwerbsbonus von $^1/_{10}$ aus 2200 = 220), ihm verbleiben aber nur 1210 EUR (2470 − 270 − 270 − 720).
Bereinigtes Nettoeinkommen für die Leistungsfähigkeit: 2470 − 270 − 270 = 1930
$^1/_2$ ($^9/_{10}$ × 1930 + $^9/_{10}$ × 600) = 1138
1138 − $^9/_{10}$ × 600 = 598
Der an F zu leistende Unterhalt beträgt damit nicht 720 EUR, sondern nur 598 EUR.
Nach DT mit $^1/_7$:
Bedarf: $^1/_2$ ($^6/_7$ × 2200 + $^6/_7$ × 600) = 1200
Höhe: 1200 − $^6/_7$ 600 = 686
Korrektur im Rahmen der Leistungsfähigkeit (s. oben). Sein Selbstbehalt beträgt nach DT 1514 EUR (Bedarf 1200 + sein Erwerbsbonus von $^1/_7$ = 314), ihm verbleiben aber nur 1244 EUR (2470 − 270 − 270 − 686).
$^1/_2$ ($^6/_7$ × 1930 + $^6/_7$ × 600) = 1084
1084 − $^6/_7$ × 600 = 570
Der an F zu leistende Unterhalt beträgt damit nach DT nicht 686 EUR, sondern nur 570 EUR.

1122a • Lebt das nach der Scheidung geborene Kind in einer intakten neuen Familie, ist der zu berücksichtigende Kindesunterhalt, auch wenn er durch Naturalleistung erbracht wird, als **Geldwert** mit dem entsprechenden Barunterhalt anzusetzen, der bei Trennung der Eltern gegeben wäre; ansonsten würde es zu einer Ungleichbehandlung minderjähriger Kinder aus neuer und geschiedener Ehe kommen.[335] Nach BGH ist der Unterhalt des betreuten minderjährigen Kindes nicht zu monetarisieren, sondern das Einkommen des Pflichtigen ist unter Beachtung der §§ 1570 I 2,3; 1615l II 4,5 BGB teilweise überobligatorisch.[336] Rechnerisch kommt man in der Praxis zu keinem anderen Ergebnis, wenn man das teilweise überobligatorische Einkommen aus Billigkeitsgründen um den Zahlbetrag des Kindesunterhalts kürzt. Das Kindergeld ist wie bei Getrenntlebenden nur zur Hälfte und nicht in voller Höhe zur Deckung des Barbedarfs heranzuziehen.[337]

1122b • Verfügt der Pflichtige über **neue nichtprägende Einkünfte**, zB aus einem Karrieresprung oder einer Erbschaft nach der Trennung, sind diese Mittel für den Unterhalt aller Kinder, also auch für die aus der geschiedenen Ehe stammenden, einzusetzen. Denn für den Kindesunterhalt kommt es immer auf die tatsächlich vorhandenen Einkünfte an. Außerdem sind alle Kinder, auch soweit sie nichtehelich sind, gleich zu behandeln (vgl. Art. 6 V GG).
Bei der Leistungsfähigkeit des Pflichtigen für den Ehegattenunterhalt des Geschiedenen sind diese nicht in der Ehe angelegten Mittel im Gegensatz zur Bedarfsermittlung ebenfalls zu berücksichtigen, da bei der Leistungsfähigkeit wie beim Verwandtenunterhalt stets das gesamte Einkommen anzusetzen ist. Decken diese Einkünfte neue erst nach der Scheidung entstandene Unterhaltslasten, entfällt eine Doppelberechnung mit einer Korrektur des Bedarfs des Geschiedenen, da der Pflichtige im Ergebnis diese neuen Verbindlichkeiten aus dem nichtprägenden Einkommen zu bezahlen hat. Der auch bei der Leistungsfähigkeit geltende Grundsatz der Halbteilung wird dadurch nicht verletzt. Eine Korrekturberechnung muss beim Bedarf des Geschiedenen in diesen Fällen nur vorgenommen werden, wenn die neuen Unterhaltslasten für Kinder das neue nicht in der Ehe angelegte Einkommen übersteigen.
Zur Korrektur der Höhe des Kindesunterhalts bei nichtprägenden Einkünften des Pflichtigen, wenn es nur um den Unterhalt des aus der Ehe hervorgegangenen Kindes und den Ehegattenunterhalt geht → § 4 Rn. 441.

1122c • Haben sich die Ehegatten bei einem aus der Ehe hervorgegangenen Kind auf ein **Wechselmodell** geeinigt, ist der Barunterhalt des minderjährigen Kindes wie bei Volljährigen aus dem zusammengerechneten bereinigten Nettoeinkommen der Eltern zu errechnen und insoweit Abzugsposten.[338] Das Kindergeld ist gemäß § 1612b BGB in der Regel vorweg beim ermittelten Bedarf abzuziehen (§ 2 Rn. 447 ff).

---

[335] BGH FamRZ 2014, 1183 = R 754e.
[336] BGH FamRZ 2017, 711 = R 783a.
[337] BGH FamRZ 2014, 1183 = R 754e.
[338] BGH FamRZ 2017, 437 = R 780b; 2015, 236 = R 765b.

13. Abschnitt: Berechnung des bereinigten Nettoeinkommens § 1

- Liegt ein **Mangelfall im zweiten Rang** vor, weil der Mindestunterhalt des betreuenden Elternteils von derzeit 880 EUR nicht gesichert ist, ist nach den Vorstellungen des Gesetzgebers[339] unter Berücksichtigung der Bedarfskontrollbeträge bzw. einer Angemessenheitskontrolle nur der **Mindestkindesunterhalt** anzusetzen (→ § 4 Rn. 442).[340] 1123

- Der Abzug des Unterhalts minderjähriger Kinder oder privilegierter Volljähriger kann wegen ihres Vorrangs bei beengten Verhältnissen im Gegensatz zur Rechtslage vor dem 1.1.2008 dazu führen, dass der bedürftige geschiedene Ehegatte leer ausgeht, selbst wenn es sich um erst nach der Scheidung entstandene neue Unterhaltslasten handelt. Dieses Ergebnis war vom Gesetzgeber bei der Unterhaltsreform zum 1.1.2008 aber gewollt, weil sich Minderjährige im Gegensatz zu Erwachsenen nicht selbst unterhalten können. 1123a

- Lebt das **minderjährige Kind** nach dem Tod des betreuenden Elternteils bei den **Großeltern**, schuldet der überlebende Elternteil nicht den Barunterhalt, sondern auch den Betreuungsunterhalt. Dieser ist wegen der Gleichwertigkeit gemäß § 1606 III 2 BGB pauschal in Höhe des Barunterhalts zu monetarisieren.[341] 1123b

- Abzuziehen ist seit der Reform zum 1.1.2008 für minderjährige Kinder der **Zahlbetrag**, nachdem das Kindergeld gemäß § 1612b BGB bedarfsdeckend anzusetzen ist (→ § 4 Rn. 444).[342] 1124

- Zu berücksichtigen ist bei mehreren Kindern jeweils nur der **tatsächlich geschuldete** Unterhalt, nicht ein höher titulierter, soweit davon ausgegangen werden kann, dass der Titel abänderbar ist.[343] Wenn es um rückständigen Unterhalt geht, bei dem eine Änderung nicht mehr in Betracht kommt, ist dagegen der titulierte Kindesunterhalt abzuziehen (→ § 4 Rn. 451). Wird für die Vergangenheit für ein Kind kein Unterhalt geltend gemacht, ist dieser Kindesunterhalt nicht anzusetzen.[344] 1124a

- Treffen nach § 1609 Nr. 1 BGB **gleichrangige Unterhaltslasten Minderjähriger** und nach § 1603 II 2 BGB **privilegierter Volljähriger** zusammen, ergibt sich wegen der vom Gesetzgeber nur unvollständig geregelten Rechtsstellung des privilegierten Volljährigen das Problem, dass für den Unterhalt des minderjährigen Kindes nur der barunterhaltspflichtige Elternteil haftet, für den Unterhalt des privilegierten Volljährigen dagegen beide Elternteile. Bei Minderjährigen ist zu beachten, dass nach § 1612 I Nr. 1 BGB nur das halbe Kindergeld den Barbedarf deckt, beim privilegierten Volljährigen dagegen nach § 1612b I Nr. 2 BGB das volle Kindergeld. Da bei Gleichrangigen beim Kindesunterhalt kein gegenseitiger Vorabzug erfolgt, ist der Barunterhalt des minderjährigen Kindes nicht vorweg abzuziehen. Liegt ein Mangelfall vor, ist anteilig zu kürzen (→ § 2 Rn. 598 ff. mit Beispiel).[345] 1125

- **Sonstige Volljährige.** Abzugsposten ist beim Bedarf auf Ehegattenunterhalt **trotz Nachrangs** auch der Unterhalt nicht privilegierter volljähriger Kinder, da er die ehelichen Lebensverhältnisse beeinflusst hat.[346] Etwas anderes gilt nur, wenn ein Mangelfall vorliegt, weil die Leistungsfähigkeit des Pflichtigen nicht besteht oder der Bedarf des vorrangigen Ehegatten durch den Vorabzug des Unterhalts des nachrangigen Volljährigen zu stark eingeschränkt wird. Ein Mangelfall ist beim Verwandtenunterhalt für den bedürftigen vorrangigen Ehegatten nach ständiger Rechtsprechung gegeben, wenn durch den Vorabzug **ein Missverhältnis zum verbleibenden Bedarf des Ehegatten** einschließlich Eigeneinkommen entsteht, dh die sog Eigenbedarfssätze des Ehegatten gegenüber dem Volljährigen unterschritten werden.[347] Die Rangfrage spielt erst im Mangelfall eine Rolle. Da aus Gleichbehandlungsgründen der Mangelfall des Bedürftigen und Pflichtigen nicht unterschiedlich behandelt werden kann, liegt beim Bedürftigen ein 1126

---

[339] BT-Drucks. 16/1830 S. 24.
[340] BGH FamRZ 2010, 111; 2008, 1911; 2008, 968 = R 689h.
[341] BGH FamRZ 2013, 278; 2006, 1597 = R 659a.
[342] BGH FamRZ 2010, 1318; 2010, 802; 2009, 1477; 2009, 1300 = R 705c; 2009, 311; 2008, 963.
[343] BGH FamRZ 2003, 363 (367).
[344] OLG Brandenburg FamRZ 2013, 1137.
[345] BGH FamRZ 2002, 815.
[346] BGH FamRZ 2013, 191; 2006, 26 = R 637d; 2003, 860.
[347] BGH FamRZ 2009, 762 = R 703; 2006, 26; 2003, 860.

Missverhältnis zum verbleibenden Bedarf und damit ein Mangelfall vor, wenn dem vorrangigen Ehegatten einschließlich seines eigenen Einkommens der angemessene Bedarf entsprechend dem angemessenen Selbstbehalt des Volljährigen von derzeit 1300 EUR nicht verbleibt (vgl. DT Anm. A 5, Leitlinien Nr. 21.3.1 sowie eingehend → § 2 Rn. 556 ff., → § 4 Rn. 445 mit Beispiel; → § 5 Rn. 152 mit Beispiel).[348] Der Unterhalt des Volljährigen ist dann entsprechend zu kürzen.

Nach der geänderten Rechtslage zum 1.1.2008 ist das Kindergeld nach § 1612b I Nr. 2 BGB in voller Höhe **bedarfsdeckend** anzusetzen,[349] ebenso ein Eigeneinkommen zB ein Lehrlingsentgelt (→ § 2 Rn. 112 ff.). Abzugsposten ist deshalb nur der verbleibende **Restbedarf**.[350]

Beispiel:
M hat ein bereinigtes Nettoeinkommen von 2000 EUR, F hat ohne Verstoß gegen die Erwerbsobliegenheit kein Einkommen, sie betreut einen 14jährigen Sohn K1, ein weiterer Sohn K2 von 20 Jahren studiert auswärts. F erhält das Kindergeld von 408 EUR. Unterhaltsansprüche F sowie K1 und K2 nach der Trennung (1.7.2019)?
Lösung:
Bedarf K 1 wegen beengter Verhältnisse nach DT (Stand 1.1.2019) Gr 1 St. 3 = 476 − 102 ($^1/_2$ Kindergeld) = 374
Bedarf K 2 nach DT Anm. A Nr. 7, SüdL Nr 13.1.2: 735 − 204 (Abzug volles Kindergeld) = 531
Bedarf F:
Bereinigtes Nettoeinkommen M: 2000 − 374 − 531 = 1095;
Nach SüdL mit $^1/_{10}$:
$^1/_2$ aus $^9/_{10}$ × 1095 = 493
Nach DT mit $^1/_7$:
$^3/_7$ aus 1095 = 469.
Summe Bedarfsbeträge nach SüdL: 374 + 531 + 493 = 1398
Summe Bedarfsbeträge nach DT: 374 + 531 + 469 = 1374
Verteilungsmasse: Mindestselbstbehalt M beim Ehegattenunterhalt: 1200; 2000 − 1200 = 800
Damit liegt ein Mangelfall für beide Berechnungsvarianten vor. Vorrangig ist K 1 (§ 1609 Nr. 1 BGB), im zweiten Rang folgt F (§ 1609 Nr. 2 BGB), im dritten Rang K 2 (§ 1609 Nr. 4 BGB). Beim Unterhalt K 1 verbleibt es, da wegen der beengten Verhältnisse nur der Mindestunterhalt angesetzt worden war.
Neuberechnung des Bedarfs F:
F: 2000 − 374 = 1626;
Nach SüdL: $^1/_2$ aus $^9/_{10}$ × 1626 = 732
Nach DT: $^3/_7$ aus 1626 = 697
Verteilungsmasse: 1626 − 1200 = 426
Da die Verteilungsmasse für F unter dem jeweils errechneten Ehegattenunterhalt liegt, wird der Ehegattenunterhalt sowohl nach den SüdL als auch nach der DT auf 426 EUR gekürzt.
K 2 geht leer aus, da die Verteilungsmasse bereits für den zweiten Rang nicht ausreichte. Er kann aber als Volljähriger beantragen, dass ihm in diesem Fall das Kindergeld von 204 EUR weitergeleitet wird.
Ergebnis: K 1 erhält 374 EUR, F 426 EUR, K 2 nur Kindergeld von 204 EUR.

1127 • **Weiterer Ehegatte.** Nach der Entscheidung des BVerfG vom 25.1.2011 ist der Unterhalt für weitere Ehegatten beim **Geschiedenen** erst bei der **Leistungsfähigkeit** zu berücksichtigen, weil er die Scheidung voraussetzt (→ § 4 Rn. 449, 805 ff.; → § 5 Rn. 107 ff.).[351] Bei Gleichrang des neuen Ehegatten wird der Bedarf des Geschiedenen unter Berücksichtigung des Vorteils durch das Zusammenleben in der neuen Ehe und den Splittingvorteil durch Gleichteilung korrigiert (vgl. näher → Rn. 4/449a mit Beispiel).[352] Bei einem vorrangigen neuen Ehegatten gilt das Gleiche;[353] der Vorrang kann zB dadurch ausgeglichen werden, dass der Vorteil des Zusammenlebens in der neuen Ehe und der Splittingvorteil der neuen Ehe zusätzlich verbleibt (vgl. eingehend → § 4

---
[348] BGH FamRZ 2009, 762 = R 703; 1991, 1163; 1986, 553.
[349] BGH FamRZ 2006, 99 = R 641e.
[350] BGH FamRZ 2009, 762 = R 703; 2008, 963 = R 692g; vgl. auch Dose FamRZ 2007, 1229.
[351] BVerfG FamRZ 2011, 437.
[352] BGH FamRZ 2014, 1183 = R 754d; 2012, 281 = R 731k.
[353] BGH FamRZ 2012, 281 = R 731l.

13. Abschnitt: Berechnung des bereinigten Nettoeinkommens § 1

Rn. 449 mit Beispiel).[354] Bei einem vorrangigen geschiedenen Ehegatten bleibt nach BGH der nachrangige neue Ehegatte bei der Leistungsfähigkeit in der Regel unberücksichtigt (vgl. → § 4 Rn. 449b mit Beispiel).[355] Der neue Ehegatte ist in diesen Fällen meistens nicht bedürftig, da er kein minderjähriges Kind betreut und deshalb erwerbsverpflichtet ist.
Die Berechnung des Unterhalts des bedürftigen zweiten Ehegatten wird in allen drei Fällen bereits bei der Bedarfsermittlung durch den Unterhalt des geschiedenen Ehegatten beeinflusst (→ § 4 Rn. 449 ff., 805 ff.; → § 5 Rn. 107 ff.).

- **Anspruch nach § 1615l BGB.** Sie sind eine Folge der Geburt eines nichtehelichen Kindes, so dass sie nach BGH entsprechend dem Unterhalt minderjähriger Kinder zu behandeln sind. Es gilt das Stichtagsprinzip.[356] Gegenüber dem geschiedenen Ehegatten ist deshalb zu differenzieren, ob das nichteheliche Kind vor oder nach der Scheidung geboren und damit der Anspruch nach § 1615l BGB vor oder nach der Scheidung entstanden ist.[357] Je nachdem ist der Unterhalt bereits bei der Bedarfsermittlung des geschiedenen Ehegatten – ebenso bei dessen Trennungsunterhalt – oder erst bei der Leistungsfähigkeit des Pflichtigen zu berücksichtigen. Sie sind aber generell gegenüber dem Ehegatten zu berücksichtigen und kürzen den Unterhalt des Geschiedenen, weil seit der Unterhaltsreform 2008 Ansprüche nach § 1615l BGB wegen der Betreuung eines Kindes in Konkurrenzfällen mit einem Ehegatten des Pflichtigen nach § 1609 Nr. 2 BGB zumindest gleichrangig oder im Einzelfall sogar vorrangig, aber nie nachrangig sind (→ § 4 Rn. 448, 812 ff.).

1128

Beispiel:
M hat ein bereinigtes Nettoerwerbseinkommen von 2740 EUR, die von M geschiedene F aus Halbtagstätigkeit von 900 EUR, die von M getrennt lebende L ein Elterngeld nach Abzug des Freibetrags von 500 EUR. F betreut das aus der Ehe hervorgegangene Kind K1 (5 Jahre) und verstößt nicht gegen ihre Erwerbsobliegenheit. L betreut das Kind K2 (3 Monate), ist nicht erwerbstätig und hatte vor Geburt des Kindes über ein Nettoerwerbseinkommen von 1300 € verfügt.
a) Unterhaltsanspruch K1, K2, F, L ab 1.7.2019, wenn K2 vor Rechtskraft der Scheidung geboren wurde?
b) Unterhaltsanspruch K1, K2, F, L, wenn K2 nach Rechtskraft der Scheidung geboren wurde?
Lösung:
Zu a:
Alle Unterhaltslasten sind bereits beim Bedarf der Geschiedenen zu berücksichtigen.
Kindesunterhalt:
K1 + K2: Jeweils DT (Stand 1.1.2019) Gruppe 2 (Herabstufung wegen 4 Berechtigten um 2 Gruppen), Stufe 1: 372 – 102 ($^{1}/_{2}$ Kindergeld) = 270 EUR;
Anspruch F und L:
Bereinigtes Nettoeinkommen M: 2740 – 270 – 270 = 2200
Bedarf L: 1300 EUR
Bedarf F nach Drittelberechnung wegen Gleichrangs. Ein Erwerbsbonus wird dabei nicht angesetzt, da er nur beim Ehegatten gilt, nicht bei Ansprüchen nach § 1615l BGB und der Ansatz eines Erwerbsbonus nur bei der Bedarfsermittlung für F damit zu einer Benachteiligung von L führen würde (vgl. auch → Rn. 781):[358]
Bedarf F: $^{1}/_{3}$ (2200 + 900 + 500) = 1200
Höhe F: 1200 – 900 = 300 EUR.
Höhe L: Ihr Bedarf ist wegen des Grundsatzes der Halbteilung von 1300 EUR auf 1200 EUR zu reduzieren, 1200 – 500 = 700 EUR.
Die Leistungsfähigkeit des M ist gegeben, da ihm sein Mindestselbstbehalt von 1200 EUR verbleibt (2200 – 300 – 700).
Zu b:
Kindesunterhalt: jeweils 270 EUR (vgl. a)
Bedarf F und L:

---

[354] Gerhardt FamRZ 2012, 589.
[355] BGH FamRZ 2014, 1183 = R 754c; 2012, 281 = R 731m.
[356] BGH FamRZ 2012, 281 = R 731b.
[357] BGH FamRZ 2012, 281 = R 731a.
[358] Gerhardt FamRZ 2013, 834.

Wegen des Stichtagsprinzips ist für die Bedarfsermittlung der F nur die Unterhaltslast von K1 zu berücksichtigen.
Bereinigtes Nettoeinkommen M: 2740 – 270 = 2470
Bedarf F (ohne Erwerbsbonus, vgl. a): $1/2$ (2470 + 900) = 1685
Höhe: 1685 – 900 = 785
Bedarf L: 1300
Mangelfallkorrektur im Rahmen der Leistungsfähigkeit nach § 1581 BGB mit Berücksichtigung des Unterhalts von K2 sowie der gleichrangigen L unter Berücksichtigung der Halbteilung durch Dreiteilung ohne Ansatz eines Erwerbsbonus:
Bereinigtes Nettoeinkommen M nach Abzug des Kindesunterhalts für K1 und K2: 2740 – 270 – 270 = 2200 EUR
Bedarf nach Drittellösung:
$1/3$ (2200 + 900 + 500) = 1200
Damit ist der Bedarf von L wegen des Grundsatzes der Halbteilung von 1300 EUR auf 1200 EUR zu reduzieren.
F1: 1200 – 900 = 300
L: 1200 – 500 = 700
Leistungsfähigkeit M: 2200 – 300 – 700 = 1200, damit Mindestselbstbehalt von 1200 EUR gewahrt, so dass ein relativer Mangelfall vorliegt.
Die Lösung beider Fallvarianten ist damit identisch, da wegen Vorrangs des Unterhalts K2 und Gleichrangs des Unterhalts L deren Unterhalt voll ihm Rahmen der Leistungsfähigkeit des M zu berücksichtigen sind und der Bedarf der F damit entsprechend zu korrigieren ist.
Ergebnis: M 1200 EUR, F 1200 EUR (900 + 300), L 1200 EUR (500 + 700), K1 und K2 jeweils 270 EUR.

Bei Ansprüchen nach § 1615l BGB ergibt sich gegenüber dem Kindesunterhalt noch eine zusätzliche Problematik, die der durch das Gebot des BVerfG wieder eingeführten Stichtagsregelung entgegensteht. Nach § 1615l II 3 BGB kann der Anspruch nicht erst mit Geburt des Kindes entstehen, sondern wenn die Kindsmutter in keinem Beschäftigungsverhältnis stand und deshalb kein sog. Mutterschaftsgeld erhält, bereits 4 Monate vorher. Dies würde, wenn das Kind knapp nach Rechtskraft der Scheidung geboren wird, zu dem widersinnigen und mit Sicherheit nicht gewollten Ergebnis führen, dass der Unterhalt nach § 1615l BGB bereits bei der Bedarfsermittlung des Geschiedenen zu berücksichtigen ist, weil er vor der Scheidung entstand, der auf diesem Anspruch basierende Kindesunterhalt wegen des Stichtagsprinzips dagegen erst bei der Leistungsfähigkeit.[359]

1129 • **Elternunterhalt.** Auch beim Elternunterhalt gilt das Stichtagsprinzip. Soweit dieser Anspruch vor der Scheidung entstanden ist, ist er trotz Nachrangs beim Bedarf des geschiedenen – ebenso des getrenntlebenden – Ehegatten Abzugsposten, wenn er berücksichtigungswürdig ist, weil kein Missverhältnis zum verbleibenden Bedarf des Ehegatten entsteht (s. oben → Rn. 1126).[360] Ein Missverhältnis liegt entsprechend den oben angeführten Grundsätzen zur Berücksichtigung des Unterhalts Volljähriger vor, wenn beim Bedürftigen ein Mangelfall eintritt, dh dem bedürftigen Ehegatten einschließlich seines Eigeneinkommens der angemessene Bedarf entsprechend dem angemessenen Selbstbehalt des Pflichtigen nicht mehr verbleibt. Dieser beträgt gegenüber Eltern nach den Eigenbedarfssätzen mindestens 1800 EUR (vgl. DT Anm. B VI Nr. 1c; Leitlinien Nr. 22.3). Erst nach der Scheidung entstandene neue Ansprüche auf Elternunterhalt sind erst bei der Leistungsfähigkeit anzusetzen und wären dann wie der nachrangige Ehegatte generell nicht berücksichtigungswürdig (s. oben → Rn. 1127). Der BGH sprach früher aber beim Elternunterhalt von sog **latenten Unterhaltslasten,** dh Unterhaltspflichten, die in der Ehe bereits voraussehbar waren und deshalb bei der Bedarfsermittlung des Geschiedenen zu berücksichtigen sind, auch wenn sie erst nach der Scheidung entstanden, zB wenn bekannt war, dass die Eltern über keine ausreichende Altersvorsorge verfügen, um die Kosten des Aufenthalts in einem Pflegeheim zu decken.[361] Ob der BGH an dieser Rechtsprechung festhält, ist derzeit offen.[362] Generell

---

[359] Gerhardt FamRZ 2012, 589.
[360] BGH FamRZ 2004, 792; 2004, 186 = R 595; 2003, 860.
[361] BGH FamRZ 2004, 186 = R 595d; 2003, 860.
[362] Vgl. dazu BGH FamRZ 2010, 1535 Rn. 39 ff. und 2019, (XII ZB 365/18) Rn. 15 f.

13. Abschnitt: Berechnung des bereinigten Nettoeinkommens § 1

zeigt sich aber auch beim Vorabzug des Elternunterhalts wie beim Kindesunterhalt Minderjähriger die dringende Notwendigkeit einer Gesetzesreform (vgl. näher → Rn. 1006, → § 4 Rn. 431a).
Voraussetzung für den Abzug des Elternunterhalts ist stets, dass gegenüber den Eltern eine tatsächliche Unterhaltsverpflichtung besteht und nicht nur eine freiwillige Zahlung erfolgt.

- **Kein Abzugsposten.** Nicht abziehbar sind Unterhaltsleistungen, für die keine gesetzliche Verpflichtung besteht oder die über den Rahmen des gesetzlichen Unterhalts hinausgehen. Dies gilt insbesondere für den Unterhalt von **Stiefkindern.**[363] 1130

  b) Ansprüche nach § 1615l II BGB. Seit der Unterhaltsreform zum 1.1.2008 und der geänderten Rangordnung gemäß § 1609 BGB ist Abzugsposten der Unterhalt aller minderjährigen Kinder und privilegierten Volljährigen. Bei Gleichrang mit einem Ehegatten nach § 1609 Nr. 2 BGB erfolgt kein Vorwegabzug, sondern eine wechselseitige Berücksichtigung (→ Beispiel Rn. 1128 und § 4 Rn. 448; 812ff.). 1131
  Rechnerisch führen Ansprüche nach § 1615l BGB bei Konkurrenz mit einem gleichrangigen Anspruch auf Ehegattenunterhalt, wenn keine zusätzlichen Mittel des Pflichtigen vorhanden sind, die nach BGH vorab für neue Unterhaltsansprüche eingesetzt werden müssen,[364] immer zur Kürzung des Anspruchs des getrenntlebenden/geschiedenen Ehegatten, je nach Entstehen entweder bereits auf der Bedarfsebene oder bei einer wegen des Gleich- oder Vorrangs notwendigen Korrektur bei der Leistungsfähigkeit. Da für die Bedarfsermittlung bei Ansprüchen nach § 1615l BGB nach BGH ebenfalls der Grundsatz der Halbteilung gilt,[365] verbleibt es wie bei Ehegatten bei der Korrektur durch Dreiteilung, wenn der Bedarf nach §§ 1615l III 1, 1610 BGB darüber lag (vgl. oben → Rn. 1128).

  c) Sonstige Volljährige. Bei der Bildung des bereinigten Nettoeinkommens sind an sich alle vorrangigen Unterhaltslasten abzugsfähig. Dies gilt uneingeschränkt für den Unterhalt aller minderjährigen Kinder und privilegierten Volljährigen. Umstritten ist, ob auch der Ehegattenunterhalt bei der Ermittlung der Haftungsanteile zu berücksichtigen ist (→ § 2 Rn. 566ff.). Insoweit hat das Gleiche zu gelten wie nach der früheren Rechtsprechung des BGH bei Minderjährigen, dh wegen der gemeinsamen Verantwortung der Eltern für die Ausbildung des Volljährigen ist der Ehegattenunterhalt trotz Vorrangs nur im Mangelfall ein Abzugsposten.[366] Bei der Ermittlung der Haftungsanteile der unterhaltspflichtigen Eltern nach § 1606 III 1 BGB kann geleisteter Ehegattenunterhalt als Einkommen berücksichtigt werden (→ Rn. 725).[367] Um Mehrfachberechnungen zu vermeiden, sollten im Sinne des Vereinfachungsgrundsatzes aber zunächst die Haftungsanteile ermittelt und erst dann der Ehegattenunterhalt berechnet werden. 1132

  d) Sonstiger Verwandtenunterhalt. Beim sonstigen Verwandtenunterhalt sind vorab bei der Leistungsfähigkeit alle vorrangigen Unterhaltslasten, zB bei Ansprüchen der Eltern gegen ihr Kind, noch bestehende Unterhaltsansprüche der Enkelkinder und des Ehegatten des Kindes, abzuziehen (§ 1609 Nr. 1, 2, 3, 4 BGB). Der Familienunterhalt des Ehegatten ist dabei in Konkurrenzfällen zu monetarisieren und entsprechend den ehelichen Lebensverhältnissen beim Trennungs- und nachehelichen Unterhalt zu berechnen (→ § 3 Rn. 70, 74ff.).[368] 1133

2. Vermögenswirksame Leistungen des Pflichtigen

a) Ehegattenunterhalt. Eine **gemeinsame Vermögensbildung** der Eheleute ist grundsätzlich zu beachten, da sie beiden Eheleuten bis zur Vermögensauseinandersetzung und nicht nur bis zur Trennung/Scheidung durch Vermögensmehrung zugute kommt und die Fortführung damit im beiderseitigen Interesse der Eheleute liegt (→ Rn. 458, → § 4 1134

---
[363] BGH FamRZ 2005, 1817 = R 632e.
[364] BGH FamRZ 2009, 411; 2009, 579; 2010, 111.
[365] BGH FamRZ 2005, 442; 2006, 1362; 2008, 1739.
[366] BGH FamRZ 2009, 762 = R 703.
[367] BGH FamRZ 2005, 1817.
[368] BGH FamRZ 2014, 538 = R 746b; 2010, 1535 = R 714b.

Rn. 453). Dies gilt nicht nur für die Tilgung von Schulden eines gemeinsamen Eigenheims (→ Rn. 508), sondern auch für alle sonstigen Immobilien, auch bei Negativeinkünften (→ Rn. 459).[369] Zu berücksichtigen sind ferner alle einseitigen vermögensbildenden Ausgaben als Abzugsposten, die als **Altersvorsorgeaufwendungen** anerkannt wurden (→ Rn. 1034, 1037).[370] Dies ist insbesondere im Rahmen der zusätzlichen Altersversorgung als zweite Säule in Höhe von 4% des Bruttoerwerbseinkommens zu beachten sowie bei der Gesamtversorgung von Selbständigen in Höhe von 24% des Gewinns.

1135 Bei **einseitigen** vermögensbildenden Ausgaben ist zu differenzieren. Bei **sehr guten** Einkommensverhältnissen kann man generell davon ausgehen, dass ein Teil der Mittel in die Vermögensbildung fließt, weil er für die Lebensführung nicht benötigt wird. Dies kann beim Ehegattenunterhalt zu einer **konkreten Bedarfsermittlung** führen, so dass sich die Frage eines Vorabzugs vermögensbildender Ausgaben nicht stellt (→ § 4 Rn. 763 ff.). Die tatsächliche Vermutung für einen vollständigen Verbrauch ohne Vermögensbildung entfällt nach der neuesten Rechtsprechung des BGH ab einem unterhaltsrelevanten Familieneinkommen, das nach Abzug des Kindesunterhalts das Doppelte der Obergrenze der Düsseldorfer Tabelle (zurzeit 11000 EUR) übersteigt (näher → § 4 Rn. 766).[371]

Ansonsten ist beim Ehegattenunterhalt maßgebend, ob es sich um eine einseitige in der Ehe angelegte Vermögensbildung handelt, durch die sich das Einkommen des Pflichtigen erhöht (→ Rn. 458, 507). Eine einseitige Vermögensbildung liegt erst dann vor, wenn z. B. beim Erwerb einer Immobilie nach Vorabzug der Zinsen mit der Tilgung die Miete oder der Wohnwert überschritten wird. Nur diese Tilgung ist eine einseitige Vermögensbildung und nicht mehr zu berücksichtigen, außer es handelt sich um eine zulässige Altersvorsorge.[372] Eine nicht in der Ehe angelegten einseitigen Vermögensbildung kann generell nur als zusätzliche Altersvorsorge berücksichtigt werden.

1136 **b) Verwandtenunterhalt.** Berücksichtigungsfähig können nur vermögensbildende Aufwendungen des Pflichtigen sein, nie des Bedürftigen. Maßgebend ist insoweit immer eine Einzelfallbetrachtung, welchem Zweck die Vermögensbildung dient. Bei Ansprüchen minderjähriger Kinder wird man vermögensbildende Ausgaben nur ausnahmsweise anerkennen können, es sei denn, es wird damit ein unterhaltsrechtlich relevanter Gegenwert, zB ein Wohnwert, geschaffen (→ Rn. 578). Der Mindestunterhalt muss aber immer gesichert bleiben. Anzuerkennen als Altersvorsorge sind vermögensbildende Aufwendungen im Rahmen der zulässigen Gesamtversorgung von 24% (→ Rn. 1034, 1037) bzw. beim Elternunterhalt von 25% (→ Rn. 1034),[373] außer der Mindestunterhalt ist nicht gesichert (→ Rn. 1034).[374] Bei höheren Einkommensgruppen der Düsseldorfer Tabelle ist ein großzügigerer Maßstab angebracht. Der BGH hat mit Entscheidung vom 11.2.2012 anerkannt, dass auch beim Kindesunterhalt eine Altersvorsorge von 24% des Bruttoeinkommens betrieben werden kann.[375] Soweit es nicht um die Sicherung des Mindestunterhalts geht, für den alle Mittel einzusetzen sind (§ 1603 II BGB), ist zu beachten, dass die Altersvorsorge Teil des eigenen Unterhalts des Pflichtigen ist[376] und die Sicherung des eigenen Unterhalts der Zahlung von Unterhalt an Dritte vorgeht.

Beim sonstigen Verwandtenunterhalt ist wie bei Schulden eine umfassende Interessenabwägung vorzunehmen. Dabei ist generell zu beachten, dass der Unterhalt der Vermögensbildung vorgeht.[377] Vorab muss man aber prüfen, ob die Vermögensbildung der eigenen Lebensführung, dh der Sicherung des eigenen Unterhalts, dient, zB beim Kauf eines Eigenheims, oder zur Alterssicherung gedacht ist. Ein wesentliches Prüfungskriterium kann auch sein, ob die vermögensbildende Aufwendung bereits vor Kenntnis der Barunter-

---

[369] BGH FamRZ 2013, 191; 2011, 1209.
[370] BGH FamRZ 2010, 1633; 2009, 23; 2008, 963.
[371] BGH FamRZ 2018, 260 = R 788c.
[372] BGH FamRZ 2017, 519 (522) = R 781b.
[373] BGH FamRZ 2005, 1817 = R 632j.
[374] BGH FamRZ 2013, 616.
[375] BGH FamRZ 2012, 956; vgl. auch BGH FamRZ 2013, 616.
[376] BGH FamRZ 2017, 519 (521).
[377] BGH FamRZ 2004, 443; 2004, 370.

14. Abschnitt: Der Anspruch auf Auskunft und Vorlage von Belegen §1

haltspflicht getätigt wurde und ob sie ohne größere Verluste rückgängig gemacht werden kann (→ § 2 Rn. 930, 934, 954).
– in dieser Auflage nicht belegt – 1137–1149

14. Abschnitt: Der Anspruch auf Auskunft und Vorlage von Belegen

I. Der Auskunftsanspruch

1. Allgemeiner Überblick

Zweck der gesetzlichen Auskunftspflicht ist es, einer **Beweisnot** des Darlegungs- und Beweispflichtigen und dem daraus folgenden Kostenrisiko abzuhelfen (→ Rn. 424 ff. für das Einkommen Selbständiger, → § 2 Rn. 751 ff. für den Kindesunterhalt und → § 10 Rn. 345 ff. zum Verfahrensrecht). Die Auskunft soll die Beteiligten in die Lage versetzen, ihren Anspruch richtig zu bemessen und ein gerichtliches Verfahren durch Abschluss einer gütlichen Unterhaltsvereinbarung zu vermeiden. Regelmäßig verschafft die Auskunft dem vermeintlichen Unterhaltsberechtigten erst die notwendigen Informationen, um die Höhe seines Unterhaltsbedarfs und das Bestehen eines ggf durch die Leistungsfähigkeit des Unterhaltspflichtigen begrenzten Unterhaltsanspruchs prüfen zu können. Allein mit dem außergerichtlichen oder gerichtlichen Auskunftsbegehren berühmt er sich deswegen noch nicht eines Unterhaltsanspruchs, sodass es dem vermeintlichen Unterhaltspflichtigen zunächst noch an einem Feststellungsinteresse für einen negativen Feststellungsantrag fehlt (→ § 6 Rn. 747).[1] 1150

Neben den in diesem Abschnitt behandelten materiell-rechtlichen Verpflichtungen zur Auskunft nach §§ 1361 IV 4, 1580, 1605 BGB haben die §§ 235 f. FamFG die zuvor in § 643 ZPO aF geregelte **verfahrensrechtliche Auskunftspflicht** der Beteiligten und Dritter übernommen.[2] Diese Verpflichtung gilt für alle Verfahren in Unterhaltssachen nach § 231 I FamFG, also für die durch Verwandtschaft, Ehe oder gemeinsame Elternschaft begründete Unterhaltspflicht. Mit der verfahrensrechtlichen Auskunftspflicht hat sich das Unterhaltsverfahren allerdings nicht zu einem Amtsverfahren entwickelt. Denn der Amtsermittlungsgrundsatz des § 26 FamFG ist nach § 113 I FamFG in Familienstreitsachen und somit auch in Unterhaltssachen (§ 112 Nr. 1 FamFG) nicht anwendbar. Das Auskunftsrecht baut auch weiterhin auf dem Vortrag der Beteiligten auf, sodass es auch insoweit bei der Verfahrensherrschaft der Beteiligten verbleibt.[3] Mit der neuen Regelung soll lediglich die bereits nach § 113 I 2 FamFG iVm §§ 139, 142 f., 273, 358a, 377 III ZPO bestehende Möglichkeit zur Förderung des Verfahrens durch das Gericht sachgerecht erweitert werden. Zu diesem Zweck schränkt die Vorschrift des § 236 FamFG die Verschwiegenheitspflicht der Arbeitgeber, Sozialleistungsträger und sonstigen Personen oder Stellen, weiche Arbeitsentgelte, Leistungen zur Versorgung im Alter und bei verminderten Erwerbsfähigkeit sowie Leistungen zur Entschädigung und zum Nachteilsausgleich zahlen, sowie der Versicherungsunternehmen und Finanzämter gegenüber dem Gericht ein. Dies ergibt sich aus der gesetzlichen Wertung, wonach das Gericht im Unterhaltsverfahren über die Einkünfte eines Beteiligten, der seiner Aufforderung zur Auskunftserteilung nicht nachkommt, unmittelbar Auskünfte von den genannten Stellen einholen darf. Diese sind nach § 236 IV FamFG zur Auskunft verpflichtet und können sich nicht auf eine eigene Verschwiegenheitspflicht berufen, da sich der Gesetzgeber unter den im Gesetz geregelten Voraussetzungen für den Vorrang des Unterhaltsinteresses vor dem Geheimhaltungsinteresse entschieden hat. Aus dieser gesetzlichen Regelung ist ersichtlich, dass die Sicherung der 1151

---

[1] OLG Brandenburg FamRZ 2005, 117.
[2] BGH FamRZ 2011, 1498 Rn. 21; zur gesetzlichen Neuregelung vgl. Klein FPR 2011, 9.
[3] Vgl. OLG Hamm FamRZ 2013, 2002 (2003 f.); AG Reinbek FamRZ 2011, 1807 (1808) und OLG Naumburg FamRZ 2000, 101 zum früheren Recht; zur Kostenfolge vgl. BGH FamRZ 2011, 1933 Rn. 29.

§ 1 Die Ermittlung des unterhaltsrechtlich relevanten Einkommens

dauer von Beschwerden, die eine Arbeitsunfähigkeit begründen[20] oder über die Höhe von Steuererstattungen.[21] Die Auskunft muss weder höchstpersönlich noch unter Wahrung der Schriftform des § 126 BGB mit eigenhändiger Unterschrift des Auskunftspflichtigen erteilt, sondern kann auch schriftsätzlich durch einen bevollmächtigten Rechtsanwalt des Auskunftspflichtigen abgegeben werden, sofern nicht gewichtige Gründe es rechtfertigen, eine vom Anwalt gefertigte Auskunft als unzureichend zurückzuweisen (→ Rn. 1165).[22]

1154 Die Auskunftspflicht besteht nicht, wenn sie den Unterhaltsanspruch **unter keinem Gesichtspunkt** beeinflussen kann,[23] denn sie dient nicht dazu, andere als für die Bemessung des Unterhaltsanspruchs notwendige Informationen zum Zwecke der Rechtsverfolgung zu beschaffen.[24] Haben die Ehegatten Unterhaltsansprüche rechtswirksam wechselseitig ausgeschlossen (→ § 6 Rn. 615 ff.),[25] ist ein Antrag auf Auskunft über die Einkünfte des anderen Ehegatten rechtsmissbräuchlich. Gleiches gilt, wenn schon der Einsatzzeitpunkt für die allein in Betracht kommenden Tatbestände des nachehelichen Unterhalts nicht gewahrt ist (vgl. §§ 1571 Nr. 3, 1572 Nr. 2–4, 1573 III BGB) und deswegen ein nachehelicher Unterhaltsanspruch schon dem Grunde nach ausscheidet. Wenn innerhalb der Frist des § 1605 II BGB keine maßgebliche Veränderung der Verhältnisse vorgetragen ist, die Einfluss auf den Unterhaltsbedarf haben könnte, scheidet ein Auskunftsanspruch gegenwärtig ebenfalls aus.[26] Auch wenn der Bedarf auf nachehelichen Unterhalt ausnahmsweise konkret und nicht als Quotenunterhalt ermittelt wird[27] und die Leistungsfähigkeit des Unterhaltspflichtigen außer Streit steht, bedarf es unter keinem Gesichtspunkt der Auskunft.[28] Allerdings hat der BGH inzwischen entschieden, dass die Vermutung des vollständigen Verbrauchs der eheprägenden Einkünfte erst bei einem Familieneinkommen über der doppelten Obergrenze der Düsseldorfer Tabelle, zurzeit also oberhalb von 11.000 EUR entfällt. Bis dahin kann stets der Quotenunterhalt verlangt und zu dessen Ermittlung Auskunft begehrt werden. Oberhalb dieser Einkommensgrenze entfällt zwar die Vermutung für den vollständigen Verbrauch, der Unterhaltsberechtigte kann aber neben der konkreten Bedarfsbemessung nach freier Wahl auch dann den Quotenunterhalt verlangen, wenn er zusätzlich vorträgt, ob und in welcher Höhe das Einkommen nicht für die ehelichen Lebensverhältnisse, sondern zur Vermögensbildung verwand wurde.[29] Weil die Auskunft dann auch bei höheren Einkünften den Unterhaltsanspruch beeinflussen kann, ist sie auch in gehobenen Verhältnissen regelmäßig geschuldet.

Es besteht auch dann keine Auskunftspflicht, wenn die Leistungsfähigkeit für den geltend gemachten Kindesunterhalt außer Frage steht oder wenn auch bei höherem Einkommen kein höherer Unterhalt verlangt werden könnte.[30] Leistet ein geschiedener Elternteil aus freien Stücken den vollen Ausbildungsunterhalt für sein volljähriges Kind, so ist er, solange er die Unterhaltspflicht nicht in Frage stellt und gegenüber dem anderen Elternteil keinen familienrechtlichen Ausgleichsanspruch verfolgt, diesem gegenüber ebenfalls nicht zur Auskunft über seine Einkünfte verpflichtet.[31] Gleiches gilt, wenn ein Unterhaltsanspruch infolge der Härteklausel des § 1579 BGB sicher und ausnahmsweise schon unabhängig von der Höhe eines sonst gegebenen Unterhaltsanspruchs entfällt, etwa wenn der Täter einer schweren Vergewaltigung in der Ehe aus der Haft heraus seine geschiedene Ehefrau auf

---

[20] OLG Schleswig FamRZ 1982, 1018.
[21] BGH FamRZ 2009, 1207 Rn. 26 ff.; OLG Düsseldorf FamRZ 1991, 1315.
[22] BGH FamRZ 2008, 600 (601); OLG Hamm FamRZ 2005, 1194; OLGR München 1998, 82.
[23] BGHZ 217, 24 = FamRZ 2018, 260 Rn. 14 = R 788a; BGH FamRZ 2010, 964 Rn. 21; 1985, 791; 1983, 674; 1982, 996 (997); OLG Rostock FamRZ 2009, 2014; OLG Düsseldorf FamRZ 1998, 1191.
[24] BGH FamRZ 2013, 1027 Rn. 10 ff.; OLG Hamm FamRZ 2005, 1839; KGR 2002, 86.
[25] BGH FamRZ 2014, 728 Rn. 11 ff. = R 748.
[26] Vgl. OLG Köln FamRZ 2000, 609.
[27] Vgl. BGH FamRZ 2011, 192 Rn. 21 ff.; 2010, 1637 Rn. 27 ff.
[28] BGH FamRZ 2007, 117 (118) = R 662b; 1994, 1169; OLG Karlsruhe NJWE-FER 2000, 130; OLG Hamm FamRZ 1996, 736.
[29] BGHZ 217, 24 = FamRZ 2018, 260 Rn. 16 ff. = R 788b.
[30] BGH FamRZ 1983, 473.
[31] BGH FamRZ 2013, 1027 Rn. 6 ff.

14. Abschnitt: Der Anspruch auf Auskunft und Vorlage von Belegen § 1

nachehelichen Unterhalt in Anspruch nehmen will.[32] Ist dies aber wegen der unbekannten Höhe des rechnerischen Unterhalts noch zweifelhaft oder kommt nur eine Befristung oder Herabsetzung des geschuldeten Unterhalts in Betracht, kann weiter Auskunft verlangt werden.[33] Bezüglich einer nachehelich erheblichen Erhöhung des Arbeitsentgelts, die keinen Bezug zu den ehelichen Lebensverhältnissen hat und auch für die Leistungsfähigkeit nicht relevant ist, besteht auch kein Auskunftsanspruch, weil diese zur Ermittlung des Unterhaltsbedarfs nach § 1578 I 1 BGB ohnehin unerheblich ist.[34] Weil der Auskunftsanspruch aber auch die Durchsetzbarkeit des Unterhaltsanspruchs erfasst, kann der Unterhaltsberechtigte hinsichtlich nachehelicher Einkommenssteigerungen Auskunft verlangen, wenn die Leistungsfähigkeit des Unterhaltsschuldners nicht sicher feststeht. Ein Anspruch auf Auskunft kann auch dann entfallen, wenn der Unterhaltspflichtige bereits in einem anderen Verfahren, etwa in einem parallel laufenden Verfahren auf Trennungsunterhalt, verpflichtet wurde, dem Unterhaltsberechtigten für den relevanten Zeitraum Auskunft über seine Einkommensverhältnisse zu erteilen.[35]

Ein nachrangig Unterhaltspflichtiger muss eine Auskunft erst erteilen, wenn feststeht, dass die vorrangig haftenden Unterhaltspflichtigen ganz oder teilweise leistungsunfähig sind, weil erst dann der Unterhaltsanspruch gegen ihn entsteht (→ § 2 Rn. 787 ff.).[36] Der unterhaltsrechtliche Auskunftsanspruch ist kein unselbstständiges Nebenrecht, das dem Leistungsanspruch gemäß §§ 412, 401 BGB folgt. Nach früherem Recht hatte der Sozialhilfeträger deswegen mit dem übergegangenen Unterhaltsanspruch nicht zugleich den Anspruch auf Auskunft erworben.[37] Nach § 94 I 1 SGB XII (früher § 91 I BSHG) geht im Falle einer Gewährung von Sozialhilfe der Auskunftsanspruch jetzt aber ausdrücklich zusammen mit dem Unterhaltsanspruch auf den Träger der Sozialhilfe über.[38] Gleiches gilt nach § 33 I 4 SGB II für den Anspruchsübergang durch Leistungen auf Arbeitslosengeld II.

Die Auskunftsverpflichtung erstreckt sich auch auf das **Vermögen.** Diese weitgehende Verpflichtung wird in der Praxis oft nicht hinreichend beachtet. Wegen der laufenden Veränderungen des Vermögens und seiner Erträge muss in dem Titel stets ein **Stichtag** festgelegt werden. Ist dies im Beschluss übersehen worden, liegt grundsätzlich keine vollstreckbare Verpflichtung vor (→ Rn. 1188 ff.).[39] Anderes gilt nur dann, wenn der Stichtag durch Auslegung des Titels eindeutig bestimmt werden kann.[40] Über den Verbleib von früheren Vermögensgegenständen muss keine Auskunft erteilt zu werden,[41] wenn nicht ausnahmsweise wegen eines unterhaltsrechtlich leichtfertigen Verhaltens die Zurechnung fiktiver Einkünfte aus dem Vermögen in Betracht kommt (→ Rn. 632 ff.). Mit dem Auskunftsanspruch kann daher auch keine Abrechnung der während der Ehe erfolgten Geldzuflüsse verlangt werden.[42] Als Stichtag für die Vermögensbewertung sollte regelmäßig der 31. Dezember des Vorjahres herangezogen werden, weil sich auf diesen Tag regelmäßig auch die steuerlichen Unterlagen sowie die Bankabrechnungen über die Guthaben und Schulden auf den Geschäftskonten, die Wertpapiere usw beziehen. Zum Nachweis des Vermögens ist – wie beim Zugewinn (§ 1379 BGB) – nach § 260 I BGB

1155

---

[32] BGH FamRZ 1983, 996; s. auch OLG Bamberg FamRZ 1998, 741: „wenn auszuschließen ist, dass ein Unterhaltsanspruch dem Grunde nach überhaupt in Betracht kommt". Einschränkend OLG München FamRZ 1998, 741: Härtegründe nach § 1579 BGB können generell nicht zum Verlust des Anspruchs auf Auskunft führen und sind daher im Auskunftsverfahren auch nicht zu prüfen.
[33] OLG Bamberg FamRZ 2006, 344; OLG Karlsruhe – 2 WF 88/00, BeckRS 2000, 30125259.
[34] BGH FamRZ 2009, 579 Rn. 42 ff.; 2007, 793 (795); 1985, 791.
[35] OLG Köln FamRZ 2001, 1713.
[36] OLG Hamm FamRZ 2005, 1926; LG Osnabrück FamRZ 1984, 1032.
[37] BGH FamRZ 1991, 1117.
[38] OLG München FamRZ 2002, 1213; OLG Karlsruhe FamRZ 2001, 926; KG FamRZ 1997, 1405; näheres dazu Künkel FamRZ 1996, 1509.
[39] OLG Karlsruhe FamRZ 1986, 271.
[40] OLG Karlsruhe – 16 UF 168/03, BeckRS 2004, 00543.
[41] OLG Karlsruhe FamRZ 1986, 271; OLG Hamburg FamRZ 1985, 394; OLG Düsseldorf FamRZ 1981, 893.
[42] BGH FamRZ 1978, 677 für den insoweit gleichartigen güterrechtlichen Anspruch auf Auskunft.

ein Verzeichnis über den Vermögensbestand mit Wertangaben zu fertigen. Dabei sind auch die **Passiva** anzugeben, weil der Unterhaltsberechtigte sonst kein zutreffendes und belastbares Bild von der Höhe seines Anspruchs erhält. Auch diese Angaben sind unter den im Gesetz genannten Voraussetzungen gegebenenfalls eidesstattlich zu versichern (→ Rn. 1195 ff.). Die Auskunft erstreckt sich wegen der unterhaltsrelevanten Erträge auch darauf, wie das im Rahmen der Vermögensauseinandersetzung erhaltene Kapital angelegt wurde (zum Unterhaltsverfahren → § 10 Rn. 354 ff., zum Stufenverfahren → § 10 Rn. 358 ff., zur Vollstreckung → Rn. 1188 ff. und zu den allgemeinen Einschränkungen → Rn. 1154).[43]

1156 Ist der Unterhaltspflichtige seiner Auskunftspflicht nicht schon vorgerichtlich nachgekommen, wurde der Anspruch in der Vergangenheit regelmäßig im Wege des **Stufenverfahrens** geltend gemacht, um die Verzugswirkungen zu erhalten. Allerdings kann sich der Unterhaltsberechtigte den Anspruch auf rückständigen Unterhalt nach §§ 1360a III, 1361 IV 4, 1585b II 2, 1613 I BGB inzwischen auch allein dadurch erhalten, dass er den Unterhaltspflichtigen **zum Zwecke der Geltendmachung des Unterhaltsanspruchs isoliert zur Auskunft** auffordert. Der von der Rechtsprechung nach früherem Recht für erforderlich gehaltenen Stufenmahnung bedarf es jetzt also nicht mehr und der Berechtigte kann den Anspruch auf Auskunft auch isoliert in einem gerichtlichen Verfahren geltend machen. Allerdings ist der Auskunftsantrag keine Folgesache iSv § 137 II FamFG und kann deswegen nicht im Scheidungsverbund geltend gemacht werden, wenn er nicht zur Vorbereitung des nachehelichen Unterhalts oder des Kindesunterhalts (§ 137 II Nr. 2 FamFG) als Stufenantrag erhoben wird.[44] Über einen isolierten Auskunftsantrag ist durch Endentscheidung zu beschließen. Im Rahmen eines Stufenverfahrens ergeht über den Auskunftsanspruch (und später ggf. über einen Anspruch auf eidesstattliche Versicherung) eine Teilbeschluss, wenn nicht bereits der Unterhaltsantrag aus Gründen, die nicht in der Höhe des anrechenbaren Einkommens liegen, endgültig abgewiesen werden muss.[45]

1157 Hat das Gericht über den Auskunftsanspruch entschieden, richtet sich die **Beschwer** für eine Beschwerde des unterlegenen Beteiligten (§ 511 II 1 ZPO) nach dessen Interesse, das gemäß § 3 ZPO nach freiem Ermessen festzusetzen ist. Hat das Gericht den Auskunftsantrag abgewiesen, ergibt sich die **Beschwer des Antragstellers** daraus, dass mit dem Antrag die Durchsetzung des Anspruchs auf Unterhalt vorbereitet werden soll. Sie richtet sich deswegen nach einem Bruchteil des begehrten Unterhalts, der in der gerichtlichen Praxis mit Werten zwischen $1/4$ und $1/10$ der Hauptsache festgesetzt wird.[46] Hat das Gericht dem Auskunftsantrag oder dem Antrag auf Abgabe der eidesstattlichen Versicherung[47] hingegen stattgegeben, richtet sich die **Beschwer des Antraggegners** nach seinem Interesse, die Auskunft nicht erteilen zu müssen. Dabei ist – von Fällen eines besonderen Geheimhaltungsinteresses abgesehen[48] – auf den Aufwand an Zeit und Kosten abzustellen, den die Erteilung der nach dem erstinstanzlichen Beschluss geschuldeten Auskunft erfordert.[49] Die Kosten der Zuziehung einer sachkundigen Hilfsperson (zB eines Steuerberaters) können nur berücksichtigt werden, wenn sie zwangsläufig entstehen, weil der Auskunftspflichtige selbst zu einer sachgerechten Auskunft nicht in der Lage ist.[50]

---

[43] OLG Karlsruhe FamRZ 1990, 756.
[44] BGH FamRZ 1997, 811; 1982, 151 (zum früheren Recht).
[45] BGH FamRZ 2013, 1113 Rn. 30; NJW 1985, 2405 (2407).
[46] BGH FamRZ 2011, 1929 Rn. 13 ff.; FuR 2001, 236; FamRZ 1993, 1189 ($1/5$ gebilligt); 1982, 787.
[47] BGH FamRZ 2013, 105 Rn. 17.
[48] BGH FamRZ 2014, 1696 Rn. 9; 2014, 1100 Rn. 11; 2005, 1986; OLG Köln FamRZ 2010, 29.
[49] BGH FamRZ 2012, 1555 Rn. 5 ff.; 2012, 204 Rn. 6 ff.; FuR 2011, 110 Rn. 6; FamRZ 2008, 1336 Rn. 16 ff.; 2007, 714; 2005, 104; (GSZ) 1995, 349.
[50] BGH FamRZ 2014, 644 Rn. 11; 2012, 204 Rn. 9; FuR 2012, 482 Rn. 8; FamFR 2010, 254; FamRZ 2007, 1090 Rn. 7; 2006, 33 (34); 2002, 666 (667).

14. Abschnitt: Der Anspruch auf Auskunft und Vorlage von Belegen § 1

2. Auskunft beim Ehegattenunterhalt

Beim **Trennungsunterhalt** und beim **nachehelichen Unterhalt** steht beiden Ehegatten wechselseitig ein Auskunftsanspruch über die Höhe der Einkünfte und des Vermögens zu (§§ 1580, 1361 IV 4 iVm § 1605 BGB). Sinngemäß gelten diese Bestimmungen auch für Ehen, die vor dem Inkrafttreten des 1. Gesetzes zur Reform des Ehe- und Familienrechts zum 1.7.1977 geschieden wurden. Denn der seitdem im Gesetz normierte Auskunftsanspruch ist eine Ausprägung des durch Treu und Glauben (§ 242 BGB) gebotenen Grundsatzes, nach dem innerhalb eines bestehenden Schuldverhältnisses (hier das gesetzliche Unterhaltsrechtsverhältnis) derjenige, der ohne Verschulden über das Bestehen und den Umfang seiner Ansprüche in Unkenntnis ist, von dem Auskunftspflichtigen eine entsprechende Auskunft verlangen kann, wenn dieser zur Erteilung unschwer in der Lage ist.[51] Der Auskunftsanspruch nach § 1361 IV 4 iVm § 1605 BGB setzt als Tatbestandsmerkmal die Trennung der Ehegatten voraus (zur Auskunft beim Familienunterhalt → Rn. 1159). Auskunft für die Bemessung des nachehelichen Unterhalts nach § 1580 iVm § 1605 BGB wird ab Rechtshängigkeit des Scheidungsantrags geschuldet.[52] Dieser Anspruch kann im Rahmen eines Stufenantrags im Scheidungsverbund geltend gemacht werden. Dann ist über das Auskunftsbegehren vor Erlass des Scheidungs- oder Unterhaltsbeschlusses vorab durch Teilbeschluss zu entscheiden (s. §§ 137 II Nr. 2, 140, 142 FamFG).[53] Ein isoliertes Auskunftsverfahren ist allerdings keine Folgesache im Sinne von § 137 II FamFG und somit im Scheidungsverbund unzulässig.[54] Ein Auskunftsanspruch besteht ausnahmsweise dann nicht, wenn sich die Höhe des Unterhaltsbedarfs nicht im Wege der Quotenmethode nach den Einkünften des Unterhaltspflichtigen richtet, sondern wegen überdurchschnittlich hoher Einkünfte konkret bemessen wird[55] und auch die Leistungsfähigkeit des Unterhaltspflichtigen nicht in Frage stellt.[56] Denn dann kommt es weder für die Bedarfsbemessung noch für die Leistungsfähigkeit auf die Höhe des vorhandenen Einkommens und Vermögens an und die Auskunft könnte den Unterhaltsanspruch unter keinem Gesichtspunkt beeinflussen (vgl. aber Rn. 11154). Soweit es im Rahmen der Leistungsfähigkeit des Unterhaltspflichtigen auch auf seine Unterhaltspflichten gegenüber anderen Unterhaltsberechtigten ankommt, erstreckt sich die Auskunftspflicht auch auf den Umfang dieser Unterhaltspflichten. Nur so ist es dem Unterhaltsberechtigten möglich, bei weiteren gleichrangigen Unterhaltsberechtigten den ihm im Rahmen der Leistungsfähigkeit zustehenden Anteil zu ermitteln.

Für den **Familienunterhalt** sieht das Gesetz (trotz eines Gesetzentwurfs des Bundesrats vom 9.7.1999 zu § 1360a III BGB)[57] keinen ausdrücklichen Auskunftsanspruch vor.[58] Allerdings ist auch bei bestehender Ehe in vielfacher Hinsicht eine Kenntnis der Einkommens- und Vermögensverhältnisse des anderen Ehegatten erforderlich. Das gilt zum einen für die Vorbereitung von unmittelbaren Zahlungsansprüchen zwischen den Ehegatten, wie einem Antrag auf Wirtschaftsgeld,[59] Haushaltsgeld oder Taschengeld.[60] Darüber hinaus kann sich der Anspruch auf Familienunterhalt nach § 1360a BGB über die sich daraus ergebende Sicherung des eigenen Lebensbedarfs auch auf die Leistungsfähigkeit eines Ehegatten aus zusätzlichen eigenen Einkünften gegenüber anderen Unterhaltsberechtigten auswirken.[61] Dann ist für den Unterhaltspflichtigen und für den unterhaltsberechtigten

1158

1159

---

[51] BGH FamRZ 2014, 1440 Rn. 18; 1982, 680.
[52] BGH FamRZ 1983, 674.
[53] BGH FamRZ 1982, 151; 1982, 996 (zum früheren Recht).
[54] BGH FamRZ 1997, 811 (zum früheren Recht).
[55] BGH FamRZ 2011, 192 Rn. 21 ff.; 2010, 1637 Rn. 27 ff.; 1994, 1169.
[56] BGH FamRZ 1994, 1169 (1170 f.); OLG Köln FamRZ 2010, 1445; OLGR Karlsruhe 2000, 195.
[57] BR-Drs. 268/99 Anlage.
[58] OLG München FamRZ 2000, 1219.
[59] OLG Celle FamRZ 1999, 162.
[60] BGH FamRZ 2014, 538 Rn. 20 ff. = R 746b; 2013, 363 Rn. 24 ff.; 1998, 608.
[61] BGH FamRZ 2014, 538 Rn. 21 ff. = R 746b; 2010, 1535 = R 714b, c (zum Familienselbstbehalt beim Elternunterhalt); 2006, 1827 = R 660 (zur Hausmannrechtsprechung).

Dritten eine Kenntnis der Einkommens- und Vermögensverhältnisse des Ehegatten erforderlich. Die Rechtsprechung hat deswegen auch im Verhältnis der – nicht getrennt lebenden – Ehegatten einen wechselseitigen Auskunftsanspruch anerkannt. Ein solcher Anspruch ergibt sich während des Zusammenlebens der Ehegatten zwar nicht aus § 1605 I BGB, da in den §§ 1360, 1360a BGB, anders als in den §§ 1361 IV, 1580 BGB, nicht auf § 1605 BGB verwiesen wird. Ehegatten haben sich aber nach der Generalklausel der Verpflichtung zur ehelichen Lebensgemeinschaft (§ 1353 I 2 BGB) einander über die von ihnen vorgenommenen Vermögensbewegungen zu unterrichten. Daraus und aus § 242 BGB folgt auch ein wechselseitiger Anspruch auf Auskunft über die für die Höhe des Familienunterhalts und eines Taschengelds maßgeblichen finanziellen Verhältnisse. Entgegen der früheren Rechtsprechung umfasst dieser Auskunftsanspruch nicht nur eine Unterrichtung in groben Zügen,[62] weil eine derart eingeschränkte Kenntnis den Ehegatten nicht in die Lage versetzen würde, den ihm zustehenden Unterhalt zu ermitteln. Geschuldet wird vielmehr die Erteilung einer Auskunft, wie sie zur Feststellung des entsprechenden Unterhaltsanspruchs erforderlich ist. Die Auskunftspflicht entspricht damit zum Umfang derjenigen des § 1605 I 1 BGB. Diese Verpflichtung läuft dem Gebot der gegenseitigen Rücksichtnahme der Ehegatten grundsätzlich nicht zuwider, weil die Auskunft erforderlich ist, um die Bemessung der eigenen Ansprüche nach den Einkommens- und Vermögensverhältnissen des anderen Ehegatten zu ermöglichen und zur Voraussetzung hat, dass der andere Ehegatte zur Erteilung der Auskunft unschwer in der Lage ist.[63] Der Auskunftsanspruch erstreckt sich wegen des auf § 1353 I 2 BGB beruhenden wechselseitigen Vertrauens der Ehegatten allerdings nicht auf Vorlage von Belegen oder Abgabe der eidesstattlichen Versicherung zur Richtigkeit und Vollständigkeit der Angaben. Im Gegensatz zu den ausdrücklich normierten Auskunftsansprüchen wird in § 1353 I 2 BGB nicht auf die §§ 260, 261 BGB verwiesen. Dies würde auch dem aus der intakten ehelichen Lebensgemeinschaft folgenden Vertrauensgrundsatz widersprechen.[64]

3. Auskunft beim Kindesunterhalt

1160 Nach § 1605 BGB sind sich Verwandte in gerader Linie, insbesondere also Eltern gegenüber ihren Kindern und Kinder gegenüber ihren Eltern verpflichtet, auf Verlangen über ihre Einkünfte und ihr Vermögen Auskunft zu erteilen, soweit dies zur Feststellung eines Unterhaltsanspruchs erforderlich ist. Das ist für die Bemessung des Unterhaltsbedarfs in der Regel der Fall, wenn dieser einkommensabhängig nach der Düsseldorfer Tabelle ermittelt wird. Eine Auskunft ist zur Ermittlung des Unterhaltsbedarfs hingegen nicht erforderlich, wenn der Unterhalt für nicht mehr bei den Eltern lebende volljährige Kinder **nach festen Bedarfssätzen**[65] bemessen wird und nicht besondere Umstände vorgetragen sind, die ausnahmsweise eine Abweichung von diesen festen Regelbedarfssätzen rechtfertigen (→ § 2 Rn. 752).[66] Ist allerdings die Leistungsfähigkeit des Unterhaltspflichtigen im Streit, bedarf es trotz des feststehenden Unterhaltsbedarfs einer Auskunft. Zwar ist der Unterhaltspflichtige und nicht der Unterhaltsberechtigte für die (mangelnde) Leistungsfähigkeit darlegungs- und beweispflichtig. Um ein erfolgloses gerichtliches Verfahren zu vermeiden und eine außergerichtliche Einigung zu fördern, steht dem Berechtigten aber auch insoweit ein Auskunftsanspruch zu. Dies gilt nur dann nicht, wenn auch die Leistungsfähigkeit des Unterhaltspflichtigen zweifelsfrei gegeben ist.[67] **Das Kind** kann von jedem Elternteil Auskunft verlangen, der ihm Barunterhalt schuldet. Volljährigen Kindern schulden deswegen beide Eltern Auskunft, weil sie nach § 1606 III 1 BGB anteilig nach ihren Einkommens- und Vermögensverhältnissen Barunterhalt schulden und der jeweilige Anteil sowie die Leistungsfähigkeit erst durch die Auskunft geklärt werden soll. Minderjährigen Kindern

---

[62] Zur früheren Rechtsprechung vgl. BGH FamRZ 2001, 23 (24); 1986, 558 (560).
[63] BGH FamRZ 2014, 1440 Rn. 18.
[64] BGH FamRZ 2011, 21 Rn. 13 ff.
[65] Vgl. Leitlinien der Oberlandesgerichte Ziff. 13.1.
[66] OLG Naumburg FamRZ 2001, 1480.
[67] BGH FamRZ 2013, 1027 Rn. 10.

schulden grundsätzlich ebenfalls beide Eltern Auskunft, weil sich der gesamte Unterhaltsbedarf gemäß § 1610 I BGB nach der von beiden Eltern abgeleiteten Lebensstellung ergibt. Nur wenn nach § 1606 III 2 BGB lediglich der nicht betreuende Elternteil Unterhalt schuldet, der dann auf die Höhe des Unterhalts nach der allein von ihm abgeleiteten Lebensstellung begrenzt ist, schuldet nur der barunterhaltspflichtige Elternteil Auskunft. Haften die Eltern ausnahmsweise anteilig für den Barunterhalt,[68] steht auch dem minderjährigen Kind ein Auskunftsanspruch gegen beide Eltern zu, um die Haftungsquote der Eltern ermitteln zu können. Das gleiche gilt für die Ermittlung der anteiligen Haftung der Eltern bei Mehrbedarf, etwa für die Kosten einer Kinderkrippe, eines Kindergartens oder eines Horts für die Nachmittagsbetreuung des schulpflichtigen Kindes. Der neue Ehepartner eines Elternteils schuldet dem Kind keine Auskunft, weil er dem Kind nicht unterhaltspflichtig ist. Soweit es im Rahmen des Unterhaltsanspruchs gegen einen Elternteil auf dessen Familienunterhalt ankommt,[69] erstreckt sich der Auskunftsanspruch des Kindes gegen den Elternteil aber auch auf die Höhe dieses Anspruchs als den eigenen Bedarf des Unterhaltspflichtigen sichernde Vermögensposition. Weil dem unterhaltspflichtigen Elternteil insoweit ein Auskunftsanspruch gegen seinen Ehegatten zusteht (→ Rn. 1159), kann er dessen Ergebnis dem unterhaltsberechtigten Kind als eigene Vermögensposition weitergeben. Das sollte aber aus dem Tenor der Entscheidung deutlich hervorgehen.[70]

Im Zusammenhang mit der Bemessung des Kindesunterhalts kann auch **ein Elternteil vom anderen** Auskunft über dessen Einkünfte und Vermögen verlangen, wenn er bei beiderseitiger Barunterhaltspflicht (→ § 2 Rn. 560 ff.) von einem gemeinschaftlichen Kind auf Barunterhalt in Anspruch genommen wird und ohne diese Auskunft seinen Haftungsanteil nach § 1606 III 1 BGB nicht errechnen kann. Allerding kann sich der neben dem anderen Elternteil in Anspruch genommene Unterhaltspflichtige auch darauf zurückziehen, dass sein unterhaltsberechtigtes Kind ohnehin Bedarf und Bedürftigkeit und damit auch den bedarfsdeckenden Anteil des anderen Elternteils vortragen muss. Die gegenseitige Auskunftspflicht der Eltern ergibt sich auch weder unmittelbar aus § 1605 BGB noch aus einer analogen Anwendung dieser Vorschrift. Weil Eltern und Kinder sich nach § 1618a BGB einander Beistand und Rücksicht schulden, ergibt sich die Auskunftspflicht als Folge der besonderen Rechtsbeziehungen der Eltern, die gegenüber gemeinschaftlichen Kindern gleichrangig unterhaltspflichtig sind, aus § 242 BGB.[71] Diesem wechselseitigen unmittelbaren Auskunftsbegehren der Eltern steht nicht entgegen, dass das Kind seinen Auskunftsanspruch nach § 1605 BGB gegen beide Eltern geltend machen könnte.[72] Denn im Hinblick auf die Leitbildfunktion des § 1618a BGB, der auch zur Ausfüllung von Lücken im Familienrecht heranzuziehen ist, ist ein barunterhaltspflichtiger Elternteil nicht darauf verwiesen, die notwendigen Informationen auf dem Umweg über eine Inanspruchnahme des anderen barunterhaltspflichtigen Elternteils durch das gemeinsame Kind zu erlangen.[73] Diese Auskunftsverpflichtung der Eltern untereinander kann auch bei minderjährigen Kindern in Betracht kommen, wenn Anhaltspunkte dafür bestehen, dass ausnahmsweise auch der betreuende Elternteil Barunterhalt leisten muss, etwa beim echten Wechselmodell[74] oder beim Mehrbedarf[75] (→ § 2 Rn. 416 f.).[76]

1161

---

[68] BGH FamRZ 2009, 962 (zu Kindergartenkosten als Mehrbedarf); 2007, 707 (zum Wechselmodell).
[69] Zur Hausmannrechtsprechung vgl. BGH FamRZ 2006, 1827 (1828) = R 660a, b; 2006, 1010 (1012) = R 650b, c.
[70] BGH FamRZ 2011, 21 Rn. 13 ff.; OLG Hamm – 5 WF 157/10, BeckRS 2011, 02255.
[71] BGH FamRZ 2003, 1836; 1988, 268 (269); KG FamRZ 2009, 702; OLG Zweibrücken FamRZ 2001, 249; OLG Schleswig – 8 UF 210/00, BeckRS 2001, 30182251; a. A. OLG Karlsruhe FamRZ 2009, 1497.
[72] OLG Hamm FamRZ 2005, 1926.
[73] BGH FamRZ 1988, 268; OLG Schleswig – 8 UF 210/00, BeckRS 2001, 30182251.
[74] BGH FamRZ 2007, 707; 2006, 1015.
[75] BGH FamRZ 2009, 962; 2008, 1152.
[76] BGH FamRZ 1981, 347; OLG Köln FamRZ 1992, 469.

4. Auskunft beim Elternunterhalt

1162 Im Rahmen des Elternunterhalts haben mehrere unterhaltspflichtige **Geschwister** einander Auskunft über ihre Einkommens- und Vermögensverhältnisse zu geben, soweit dies für die Berechnung des eigenen Haftungsanteils erforderlich ist. Dieser Anspruch ergibt sich aus Treu und Glauben (§ 242 BGB), weil sie nach § 1606 III 1 BGB anteilig nach ihren Einkommens- und Vermögensverhältnissen für den Unterhalt der Eltern haften und deswegen in einem besonderen Rechtsverhältnis zueinander stehen. Ein solcher – über die gesetzliche Regelung des § 1605 BGB hinausgehender – Auskunftsanspruch kann nach ständiger Rechtsprechung[77] aber nur insoweit aus Treu und Glauben (§ 242 BGB) hergeleitet werden, als die besonderen rechtlichen Beziehungen unmittelbar zwischen den Beteiligten bestehen. Das ist gegenüber den Schwägern und Schwägerinnen nicht der Fall, so dass ihnen gegenüber kein unmittelbarer Auskunftsanspruch besteht.[78] Soweit deren Einkommen über den Anspruch auf Familienunterhalt für die anteilige Bemessung des Elternunterhalts erheblich ist,[79] erstreckt sich die unter Geschwistern geschuldete Auskunft aber auch auf die Einkommensverhältnisse des jeweiligen Ehegatten als Vermögensposition des unterhaltspflichtigen Kindes. Die Auskunft ist ihm auch in diesem Umfang möglich, weil ihm gegen seinen Ehegatten ein entsprechender eigener Auskunftsanspruch zusteht (→ Rn. 1159).[80] Allerdings kann sich ein seinem unterhaltsberechtigten Elternteil unterhaltspflichtiges Kind, wie die Eltern beim Unterhaltsanspruch volljähriger Kinder, darauf berufen, dass der Elternteil seinen Unterhaltsbedarf und seine Bedürftigkeit substantiieren vortragen und damit auch eine Unterhaltspflicht weiterer gleichrangiger Verwandter beziffern muss.

5. Auskunft beim Unterhaltsanspruch aus Anlass der Geburt (§ 1615l BGB)

1163 Der Unterhaltsbedarf des kindererziehenden nichtehelichen Elternteils richtet sich gemäß § 1615l III 1 iVm § 1610 I BGB nach der eigenen Lebensstellung des Unterhaltsberechtigten. Diese ist auch dann, wenn die Eltern zuvor in nichtehelicher Lebensgemeinschaft zusammen gelebt haben, unabhängig von der Höhe des Einkommens des unterhaltspflichtigen Elternteils zu bemessen.[81] Sie richtet sich vielmehr nach dem Einkommen, das der betreuende Elternteil ohne die Geburt des gemeinsamen Kindes zur Verfügung hätte. Dabei werden die Lebensstellung und damit der Unterhaltsbedarf jedoch durch den Halbteilungsgrundsatz begrenzt.[82] Weil damit schon die Höhe des Unterhaltsbedarfs durch das Einkommen des Unterhaltspflichtigen begrenzt ist, benötigt der Unterhaltsberechtigte die Auskunft nach § 1615l III 1 iVm § 1605 BGB, um seinen Anspruch berechnen zu können. Daneben bedarf der Unterhaltsberechtigte der Auskunft auch, um sich der **Leistungsfähigkeit** des Unterhaltspflichtigen zu vergewissern.[83] Weil sich die Auskunft somit sowohl auf die Höhe des Unterhaltsbedarfs auswirken kann als auch eine begrenzte Leistungsfähigkeit des Unterhaltspflichtigen belegt, setzt der Anspruch nicht voraus, dass der Unterhaltsbedarf bereits konkret dargelegt ist.[84] Erfüllt der Unterhaltspflichtige allerdings den vollen Bedarf nach der Lebensstellung des Berechtigten, weil seine Leistungsfähigkeit nicht zweifelhaft ist, könnte die Auskunft den Unterhaltsanspruch unter keinem rechtlichen Gesichtspunkt beeinflussen. Dann kommt ein Auskunftsanspruch nicht mehr in Betracht.

---

[77] BGH FamRZ 1988, 268.
[78] BGH FamRZ 2003, 1836; OLG München FamRZ 2002, 50.
[79] BGH FamRZ 2014, 538 Rn. 21 ff. = R 746b; 2010, 1535 = R 714b, c (zum Familienselbstbehalt beim Elternunterhalt).
[80] BGH FamRZ 2011, 21 Rn. 19 ff.; 2003, 1836 (1838 f.).
[81] BGH FamRZ 2008, 1739 Rn. 24 ff.
[82] BGH FamRZ 2008, 1739 Rn. 24 ff.; 2005, 442 = R 625b.
[83] OLG Nürnberg – 9 UF 225/03, BeckRS 2003, 30315642.
[84] aA OLG Frankfurt – 6 UF 152/04, BeckRS 2005, 01258.

II. Die Auskunftserteilung

1. Die systematische Aufstellung

Die Auskunft ist nach §§ 260, 261 BGB durch Vorlage einer **systematischen Aufstellung** aller Angaben zu erteilen, die nötig sind, damit der Berechtigte ohne übermäßigen Arbeitsaufwand seinen Unterhaltsanspruch berechnen kann.[85] Schon der Unterhaltsberechtigte darf sich nicht darauf beschränken, pauschal „Auskunft über die Einkommensverhältnisse" des Unterhaltspflichtigen zu verlangen, sondern er muss eindeutig festlegen, welche Auskünfte er zur Berechnung seines Unterhaltsanspruchs verlangt. Es kann nicht dem Unterhaltspflichtigen überlassen bleiben, zu ermitteln, was der Auskunft fordernde Beteiligte unter einer „Zusammenstellung über alle Ein- und Ausgaben" versteht.[86] Grundsätzlich kann der Auskunftsberechtigte Angaben zu allen Bruttoeinnahmen sowie zu den Aufwendungen, Ausgaben und den sonstigen unterhaltsrechtlich relevanten Abzügen verlangen.[87] Auch Spekulationsgewinne, die der Versteuerung unterliegen, sind unterhaltsrechtlich erheblich und damit von der Auskunftsverpflichtung umfasst.[88] An einer geordneten systematischen Aufstellung fehlt es, wenn der Unterhaltspflichtige nur eine Reihe von Belegen, etwa Lohnabrechnungen und Steuerbescheide, vorlegt. Diese müssen vielmehr von ihm vielmehr zu einem geschlossenen Werk zusammengefügt werden.[89] Der auf Wertermittlung in Anspruch genommene Ehegatte ist grundsätzlich nur insoweit zur Ermittlung und Angabe der Vermögenswerte verpflichtet, als er selbst dazu imstande ist. Dritte Personen, insbesondere einen Sachverständigen, muss er mit der Wertermittlung nicht beauftragen. Vielmehr ist es ausreichend, wenn er in seiner Auskunft die wertbildenden Faktoren von Vermögenswerten benennt. Sachkundige Hilfspersonen muss der Auskunftspflichtige grundsätzlich nur dann hinzuziehen, wenn er selbst auch zu einer sachgerechten Auskunft zu den wertbildenden Faktoren nicht in der Lage ist.[90] Dies schließt jedoch nicht aus, dass der Auskunftspflichtige – wie beim Zugewinnausgleich – zu Einzelfragen Auskünfte einholen oder Hilfskräfte einschalten muss, um den Wert der Vermögensgegenstände (zB eines Hausgrundstücks) zuverlässig ermitteln zu können, wenn es für den Unterhaltsanspruch darauf ankommt. Dadurch anfallende Auslagen gehören dann zu den Kosten der Wertermittlung, die der Auskunftspflichtige zu tragen hat.[91]

1164

Die Auskunft ist eine Wissenserklärung,[92] die – abgesehen von einfachen Fällen – grundsätzlich von dem Schuldner der Auskunft persönlich abgegeben werden muss. Die bislang streitige Frage, ob diese persönliche Auskunft der **Schriftform** bedarf, hat der Bundesgerichtshof inzwischen verneint. Danach ist zwar eine schriftlich verkörperte Zusammenstellung erforderlich, die aber keine gesetzliche Schriftform iSd § 126 BGB und damit auch keine persönliche Unterschrift des Auskunftsschuldners erfordert.[93] Das ändert allerdings nichts daran, dass die Auskunft als Wissenserklärung höchstpersönlicher Natur ist und als nach § 888 ZPO zu vollstreckende unvertretbare Handlung von dem Auskunftspflichtigen in Person zu erfüllen ist.[94] Die Information muss somit vom Auskunftspflichtigen selbst stammen, ohne dass dadurch die Hinzuziehung von Hilfspersonen als Boten des

1165

---

[85] BGH FamRZ 1983, 996; OLG Dresden FamRZ 2005, 1195; OLG Hamm FamRZ 2005, 1194.
[86] BGH FamRZ 1983, 454; OLG Hamm FamRZ 2013, 1889 (1892); OLG Düsseldorf FamRZ 2001, 836.
[87] BGH FamRZ 1983, 996; 1980, 770; OLG Dresden FamRZ 2005, 1195; OLG Köln FamRZ 2000, 622; OLG Hamm FamRZ 1983, 1232.
[88] OLG Stuttgart FamRZ 2002, 635.
[89] BGH FamRZ 1983, 1232; OLG Jena FamRZ 2013, 656 (657); OLG Hamm FamRZ 2006, 865 und 2005, 1194; OLG Köln FamRZ 2003, 235; OLGR München 1998, 82.
[90] BGH FamRZ 2014, 644 Rn. 11; 2006, 33 (34); 2002, 666 (667); NJW-RR 2001, 210; FamRZ 1991, 316.
[91] BGH FamRZ 2007, 714 Rn. 4; 2006, 33; 2002, 666 (667); 1991, 316; 1989, 731.
[92] BGH FamRZ 2014, 27 Rn. 9.
[93] BGH FamRZ 2008, 600 (601 mwN).
[94] BGH FamRZ 1986, 369.

höchstpersönlich Erklärenden, zB seines Rechtsanwalts, ausgeschlossen ist.[95] Denn lediglich die Abgabe der Erklärung ist höchstpersönlicher Natur,[96] nicht hingegen deren Übermittlung, die auch durch Hinzuziehung eines Dritten, also in Form des Schreibens eines Rechtsanwalts erfolgen kann.[97] Weil die Auskunft allerdings höchstpersönlicher Natur ist, kann auch der Rechtsanwalt lediglich als Bote und nicht als Vertreter des Auskunftspflichtigen handeln.[98] Auf die schriftliche Zusammenfassung aller Einkünfte in einer Urkunde kann auch in solchen Fällen nicht verzichtet werden, weil nur dieses Schriftstück zum Gegenstand einer eidesstattlichen Versicherung (→ Rn. 1195 ff.) werden kann.

1166 Zu allen Einnahmen sind auch die damit zusammenhängenden **Ausgaben** mitzuteilen, denn die Auskunft soll den Unterhaltsberechtigten auch vor einer zu hohen Unterhaltsforderung und den dadurch verursachten Kosten schützen.[99] Gleichartige Ausgaben können allerdings zusammengefasst werden, soweit der Verzicht auf eine detaillierte Aufschlüsselung üblich ist und eine Orientierung des Auskunftsberechtigten nicht behindert. Bei Gewinneinkünften von Freiberuflern genügt es, nur das Endergebnis in der Auskunft anzuführen und auf eine beigefügte **Gewinn- und Verlustrechnung** Bezug zu nehmen.[100] Ist ein Unterhaltspflichtiger an einer Personengesellschaft beteiligt, kann der Unterhaltsberechtigte von ihm als Beleg in der Regel die Vorlage des Bescheids über die gesonderte Feststellung des Gewinns oder Verlustes durch das Betriebsfinanzamt verlangen.[101]

1167 Die Auskunft kann von einem **Selbstständigen** schon dann verlangt werden, wenn das entsprechende Steuerjahr zwar abgelaufen ist, sein Steuerberater die steuerliche Gewinnermittlung aber noch nicht fertig gestellt hat. Die Verpflichtung zur Auskunft ist dann bereits **fällig**, dem Auskunftspflichtigen ist allerdings eine angemessene Frist zur Erfüllung seiner Auskunftspflicht zu setzen (→ Rn. 425 ff.).[102] Nach ständiger Rechtsprechung der Oberlandesgerichte kommt ein Selbständiger seiner unterhaltsrechtlichen Verpflichtung zur Auskunft über sein Erwerbseinkommen rechtzeitig nach, wenn er den für die Ermittlung seines Einkommens erforderlichen Jahresabschluss innerhalb von sechs Monaten nach Ablauf des Geschäftsjahres dem Auskunftsberechtigten übermittelt.[103] In der Praxis verschleppen Freiberufler häufig das Auskunftsverfahren unter Berufung auf eine Überlastung ihres Steuerberaters. Das kann unterhaltsrechtlich nicht toleriert werden. Spätestens ab Ende Juni eines jeden Jahres muss unterhaltsrechtlich die Gewinn- und Verlustrechnung für das Vorjahr vorliegen, wenn die nachteiligen Folgen der fehlenden Sachaufklärung vermieden werden sollen (zum **Verfahrensantrag** in solchen Fällen → § 10 Rn. 350).[104] Im Einzelfall kann es geboten sein, neben der Gewinn- und Verlustrechnung[105] auch konkret Auskunft über Anschaffungen, Abschreibungen, Veräußerungen, private Nutzungsanteile, Aushilfskräfte, staatliche Zuschüsse usw zu verlangen.[106] Weil die Auskunft kein vermögensrechtlicher Anspruch ist, bleibt sie dem auskunftspflichtigen Unterhaltsschuldner auch dann möglich, wenn über sein Unternehmen ein Gesamtvollstreckungsverfahren oder über sein Vermögen die Verbraucherinsolvenz eröffnet wurde.[107]

---

[95] BGH FamRZ 2007, 714; 2006, 33 f. und 2002, 666 (667); OLG Jena FamRZ 2013, 656 (657).
[96] BGH FamRZ 1989, 731.
[97] OLG Hamm FamRZ 2005, 1194; OLG Zweibrücken EzFamR aktuell 2000, 71; OLGR München 1998, 82; a. A. OLG Köln FamRZ 2003, 235; OLG München FamRZ 1996, 738 und 1995, 737.
[98] BGH FamRZ 2008, 600 (601).
[99] BGH FamRZ 2014, 27 Rn. 7.
[100] BGH FamRZ 2014, 644 Rn. 8; OLG München FamRZ 1996, 738.
[101] OLG Bamberg FamRZ 2006, 344.
[102] OLG Düsseldorf DAV 1982, 689; OLG Koblenz FamRZ 1981, 922; a. A. OLG Düsseldorf FamRZ 1993, 591, 592; vom BGH bislang offen gelassen, vgl. BGH FamRZ 2014, 290 Rn. 18 f.
[103] BGH FamRZ 2014, 644 Rn. 9; OLG München FamRZ 1992, 1207, 1208; OLG Bamberg FamRZ 1989, 423.
[104] BGH FamRZ 2014, 644 Rn. 8; OLG München FamRZ 1992, 1207.
[105] OLG Karlsruhe – 2 WF 55/00, BeckRS 2001, 30156983.
[106] Vgl. KG Berlin FamRZ 1997, 360.
[107] OLG Naumburg FamRZ 2008, 620; OLG Brandenburg FamRZ 1998, 178.

14. Abschnitt: Der Anspruch auf Auskunft und Vorlage von Belegen § 1

2. Der Umfang der Vorlagepflicht

Die Verpflichtung zur Vorlage von Belegen findet ihre Grenze in der **Zumutbarkeit** für 1177 den Auskunftspflichtigen. Der Berechtigte kann daher nur dann Vorlage der gesamten Buchführung verlangen, wenn es im Einzelfall ausnahmsweise darauf ankommt.[144] Wenn er keinen konkreten Anlass hat, die Richtigkeit der Bilanz anzuzweifeln, ist die Auskunftspflicht mit Vorlage der **Bilanz** erfüllt. Zu beachten ist weiterhin, dass die Vorlagepflicht nicht über den Auskunftsanspruch hinausgehen darf. Der Berechtigte kann daher nur die Vorlage solcher Belege fordern, die er für die Feststellung des Unterhaltsanspruchs benötigt. Abzustellen ist dabei auf den Informationsbedarf des Unterhaltsberechtigten.[145] Für eine Vorlage kommen folgende Unterlagen in Betracht:

Als vorzulegende Belege nennt das Gesetz in § 1605 I 2 BGB *insbesondere Bescheinigungen* 1178 *des Arbeitgebers*, womit **Verdienstbescheinigungen** gemeint sind.[146] Soweit Verdienstbescheinigungen vorgelegt sind, die für den nachzuweisenden Zeitraum lückenlos sämtliche Einkünfte aus dem Arbeitsverhältnis ausweisen, ist die Verpflichtung zur Vorlage von Belegen damit regelmäßig erfüllt. Das hat zur Folge, dass der Auskunftsberechtigte nicht die Vorlage weiterer Dokumente – etwa des Arbeitsvertrages – verlangen kann. Lässt sich die Höhe der Einkünfte für einen bestimmten Zeitraum hingegen nicht zweifelsfrei aus den vorliegenden Verdienstbescheinigungen entnehmen, kann grundsätzlich auch die Vorlage solcher Schriftstücke verlangt werden, aus denen sich entsprechende Erkenntnisse gewinnen lassen. Das ergibt sich aus dem Sinn und Zweck der Bestimmung, die sicherstellen soll, dass der Berechtigte auf Grund der belegten Auskunft in die Lage versetzt wird, den Unterhaltsanspruch konkret zu berechnen und im Verfahren einen entsprechend bezifferten Antrag zu stellen.[147]

Da für die Einkommensprognose bei Arbeitnehmern regelmäßig vom Einkommen in 1179 dem zuletzt abgelaufenen Kalenderjahr auszugehen ist (→ Rn. 69), begnügen sich die Beteiligten und ihnen folgend die Gerichte meist mit Vorlage der elektronischen **Lohnsteuerbescheinigung** (früher Lohnsteuerkarte). Im Regelfall sind diese auch hinreichend aussagekräftig. Denn nach § 41b EStG in Verbindung mit R 41 B der Lohnsteuerrichtlinien[148] hat der Arbeitgeber bei Beendigung des Arbeitsverhältnisses oder am Ende des Kalenderjahres spätestens bis zum 28. Februar des Folgejahres auf Grund der Eintragungen im Lohnkonto die Dauer des Dienstverhältnisses im Kalenderjahr, den Bruttoarbeitslohn, die Steuerabzüge, das Kurzarbeiter-, Schlechtwetter- und Winterausfallgeld, den Zuschuss zum Mutterschaftsgeld und die Arbeitgeberleistungen für Fahrten zwischen Arbeitsplatz und Wohnung zu bescheinigen. Eingetragen werden auch die steuerfrei gezahlten Verpflegungszuschüsse und Vergütungen bei doppelter Haushaltsführung und die Abgaben für die Sozialversicherung (§ 41b I 2 Nr. 10 bis 13 EStG). Dabei darf aber nicht übersehen werden, dass die Lohnsteuerkarte **Lücken** aufweisen kann, weil sie keine Auskunft über das bezogene Arbeitslosen- und Krankengeld gibt und auch die steuerfreien Leistungen, wie Spesen, Zuschläge für Feiertags- und Nachtarbeit oder ähnliches nicht erfasst. Liegen Anhaltspunkte dafür vor, dass der Arbeitnehmer im Beurteilungszeitraum Arbeitslosen- oder Krankengeld, Spesen oder sonstige steuerfreien Leistungen von seinem Arbeitgeber bezogen hat, kann auf die entsprechenden Leistungsbescheide und die monatlichen Einzelabrechnungen nicht verzichtet werden. Diese Belege sind daher in solchen Fällen zusätzlich anzufordern und müssen dann auch vorgelegt werden.[149] Der abweichenden Auffassung,[150] die Lohnsteuerkarte eigne sich generell nicht für eine Einkommensermittlung, weil sie keinen Aufschluss über die Einkommensentwicklung gebe, kann so pauschal nicht gefolgt werden. Denn Feststellungen dazu, aus welchen Monatsbeträgen sich das Jahreseinkommen im Einzelnen zusammensetzt

---

144 OLG Schleswig FamRZ 1981, 53.
145 OLG München FamRZ 1993, 202.
146 BGH FamRZ 1983, 996 (998).
147 BGH FamRZ 1994, 28.
148 www.einkommensteuerrichtlinien.de.
149 OLG Frankfurt FamRZ 1987, 1056.
150 Vogel FuR 1995, 197 (204).

und wie sich die Einkünfte im Verlauf des letzten Jahres entwickelt haben, sind oft entbehrlich. Anderes gilt nur, wenn sich die Höhe der Einkünfte innerhalb des letzten Jahres nachhaltig geändert hat und deswegen bei der Einkommensprognose für den künftigen Unterhaltsanspruch von den zuletzt gezahlten Einkünften auszugehen ist. In dem nachfolgenden Beispiel ist der Unterhalt für das Jahr 2018 auf der Grundlage des durchschnittlichen unterhaltsrelevanten Einkommens von 3000 EUR zu bemessen, während für die Zeit ab Januar 2019 von Einkünften in Höhe von 3050 EUR auszugehen ist. Das setzt allerdings einen Nachweis der Einkommensentwicklung innerhalb des Jahres 2018 voraus:

Beispiel:
Monatseinkommen in der Zeit von Januar bis Mai 2018:	2980 EUR
Monatseinkommen in der Zeit von Juni bis Oktober 2018:	3000 EUR
Monatseinkommen in der Zeit von November bis Dezember 2018:	3050 EUR
Durchschnittseinkommen für die Unterhaltsberechnung im Jahre 2018 (5 × 2980 EUR) + (5 × 3000 EUR) + (2 × 3050 EUR) = 36 000 EUR/12 =	3000 EUR
Einkommensprognose für die Unterhaltsberechnung ab Januar 2019:	3050 EUR

1180 **Einkommensteuerbescheide** und dazugehörende Einkommensteuererklärungen können verlangt werden, wenn die vorgelegten Einkommensnachweise noch keinen zuverlässigen und vollständigen Überblick über das unterhaltsrelevante Einkommen geben. Das kann der Fall sein, wenn weitere steuerrelevante Nebeneinkünfte vorliegen oder im Einzelfall mit Steuerrückerstattungen zu rechnen ist. Im Einzelfall ist eine Pflicht zur Vorlage des Einkommensteuerbescheids abgelehnt worden, weil ein unterhaltspflichtiger Beamter oder Richter, dessen Bezügemitteilungen vorlagen, keine Nebeneinkünfte aus selbständiger Tätigkeit erzielte.[151] Das ist jedenfalls dann bedenklich, wenn der Auskunftspflichtige besondere nicht unterhaltsrelevante Kosten steuerlich absetzen kann und dies zu einer Steuerrückerstattung führt, was sich aus den vorgelegten Einkommensnachweisen nicht vollständig ergibt. Wird zusätzlich Vorlage des Einkommensteuerbescheids verlangt, ist unbedingt das jeweilige Veranlagungsjahr anzugeben. Weil sich der Steuerbescheid an steuerlichen Grundlagen orientiert, können ihm allein die unterhaltsrechtlich relevanten Einkünfte nicht zuverlässig entnommen werden; er ist aber regelmäßig geeignet, wenigstens ein steuerliches Mindesteinkommen als Grundlage der Unterhaltsbemessung zu belegen. Denn ihm können jedenfalls die Höhe der steuerrelevanten Einkünfte und das nachsteuerliche Nettoeinkommen entnommen werden.[152]

1181 Auf Verlangen muss der Pflichtige auch die dem Steuerbescheid zugrunde liegenden **Steuererklärungen** vorlegen. Denn oft kann aus dem Steuerbescheid erst im Zusammenhang mit der Steuererklärung erkannt werden, welche Einkommensteile steuerrechtlich unberücksichtigt geblieben sind und inwieweit steuerrechtlich absetzbare Beträge anerkannt wurden, die unterhaltsrechtlich möglicherweise nicht als einkommensmindernd hinzunehmen sind.[153] Dies gilt vor allem für die Gewinn- und Verlustrechnung Selbständiger. Beruft sich ein Unterhaltsschuldner für seine eingeschränkte Leistungsfähigkeit auf sein steuerpflichtiges Einkommen, muss er zwar nicht sämtliche Belege vorlegen, mit denen die behaupteten Aufwendungen gegenüber der Steuerbehörde glaubhaft zu machen sind. Er muss jedoch seine Einnahmen und die behaupteten Aufwendungen im Einzelnen so darstellen, dass die allein steuerlich beachtlichen Aufwendungen von solchen, die unterhaltsrechtlich von Bedeutung sind, abgegrenzt werden können.[154] Spekulationsgewinne ergeben sich nach Maßgabe der §§ 22 Nr. 2, 23 I 1 Nr. 2 EStG schon aus dem Einkommensteuerbescheid.[155] Soweit die Vorlage von Steuerbescheiden und -erklärungen zur

---

[151] OLG Dresden FamRZ 2005, 1195.
[152] BGH FamRZ 1982, 151; vgl. insoweit auch BGH FamRZ 1998, 357.
[153] BGH FamRZ 2008, 1739 Rn. 59; 1998, 357; 1982, 680 (682); OLG München FamRZ 1993, 202; OLG Hamm FamRZ 1992, 1190; OLG Stuttgart FamRZ 1991, 84; a. A. OLG Schleswig – 8 UF 210/00, BeckRS 2001, 30182251.
[154] BGH FamRZ 1998, 357.
[155] OLG Stuttgart FamRZ 2002, 635; OLG Stuttgart – 17 WF 232/01, BeckRS 2001, 30189538.

14. Abschnitt: Der Anspruch auf Auskunft und Vorlage von Belegen § 1

Bemessung des unterhaltsrelevanten Einkommens erforderlich ist, muss es hingenommen werden, wenn aus den Unterlagen auch auf die Ertragslage einer Gesellschaft oder auf die Einkommensverhältnisse von Mitgesellschaftern geschlossen werden kann.[156]

Gesellschafter einer Abschreibungsgesellschaft, die in Form einer Personengesellschaft als GmbH & Co. KG geführt wird, müssen grundsätzlich nur die gesonderte Feststellung des Gewinns oder Verlustes durch das zuständige Betriebsfinanzamt mit der entsprechenden Steuernummer vorlegen. Diese Unterlagen dienen der Kontrolle der Angaben in der Anlage G zur entsprechenden Einkommensteuererklärung. Einen Anspruch auf weitergehende Belege, die die Gesellschaft selbst betreffen, hat der Auskunftsberechtigte nicht, weil die Anleger einer Personengesellschaft grundsätzlich keinen Einfluss auf die Geschäftsführung und die Gewinnsituation haben. Die Bilanzen haben daneben keine eigenständige Bedeutung, zumal sie ohnehin der gesonderten Gewinnfeststellung des Betriebsfinanzamtes zugrunde liegen. Anderes gilt nur, wenn der Auskunftsberechtigte substantiiert dazu vorträgt, dass die Feststellungen des Finanzamts unzutreffend seien.[157] Ist der Auskunftspflichtige allerdings zugleich **Geschäftsführer** einer GmbH und bezieht er gewinnabhängige Einkünfte, müssen auch die Bilanzen und die Gewinn- und Verlustrechnungen der GmbH vorgelegt werden.[158] Das Gleiche gilt für die Körperschafts- und Umsatzsteuerbescheide. **1182**

Der unterhaltspflichtige Gesellschafter oder Geschäftsführer kann die Vorlage nicht mit dem Hinweis auf **Belange anderer Beteiligter** verweigern.[159] Grundsätzlich hat ein selbständiger Gewerbetreibender oder sonstiger Freiberufler auch seine Einkommensteuerbescheide vorzulegen.[160] Dabei tritt der Schutz des Steuergeheimnisses regelmäßig gegenüber den Belangen des Berechtigten im Unterhaltsverfahren zurück.[161] Nach der Rechtsprechung des BGH muss der Auskunftspflichtige den Steuerbescheid auch dann vorlegen, wenn er zusammen mit seinem Ehegatten veranlagt worden ist. Er darf in dem Bescheid und den dazugehörenden Steuererklärungen jedoch solche Angaben abdecken oder sonst unkenntlich machen, die **ausschließlich seinen Ehegatten** betreffen oder in denen Werte für ihn und seinen Ehegatten zusammengefasst sind, ohne dass daraus sein eigener Anteil entnommen werden kann.[162] Beträge, die beide Ehegatten gleichermaßen oder anteilig betreffen, müssen dagegen angegeben werden, weil andernfalls der Anteil des Auskunftspflichtigen nicht ermittelt werden kann. Wenn und soweit aus diesen Angaben Schlüsse auf die Verhältnisse des Ehegatten gezogen werden können, muss dies hingenommen werden.[163] Gleiches gilt für die Vorlage steuerlicher Unterlagen, wenn der Auskunftspflichtige in einer Gemeinschaftspraxis mit einem Berufskollegen erwerbstätig ist und Gesamtgewinne ermittelt werden, die dann anteilig auf den Auskunftspflichtigen und seinen Kollegen aufzuteilen sind. Die Steuererklärung muss allerdings nicht vorgelegt werden, wenn der Auskunftspflichtige sämtliche relevanten Einkünfte bereits ausreichend in anderer Weise belegt hat oder wenn der Vorlage im Einzelfall ein schutzwürdiges Interesse des Auskunftspflichtigen entgegensteht.[164] Das gilt erst recht, wenn die Angaben für den Unterhaltsanspruch ohne besondere Bedeutung sind. Auch wenn auf Grund besonderer Umstände im Einzelfall die Gefahr einer missbräuchlichen Verwendung droht, entfällt die Vorlagepflicht.[165] **1183**

Vorlage von Geschäftsunterlagen. Vom bilanzierenden Kaufmann (→ Rn. 170 ff.) kann die Vorlage von Bilanzen nebst Gewinn- und Verlustrechnung verlangt werden, weil seine Einkünfte hieraus am sichersten entnommen werden können.[166] Wenn, wie in der **1184**

---

[156] BGH FamRZ 1982, 151; vgl auch BGH FamRZ 2012, 204 Rn. 10 f. (Steuerbescheid bei gemeinsamer Veranlagung).
[157] OLG Bamberg FamRZ 2006, 344.
[158] BGH FamRZ 2014, 644 Rn. 8; 2008, 1739 Rn. 58 ff.; 2004, 1179 (1180); 1982, 680; OLGR Schleswig 1999, 152.
[159] BGH FamRZ 1982, 151.
[160] BGH FamRZ 1983, 680 (682); 1982, 680 (682); 1982, 151.
[161] BGH FamRZ 1982, 680 (682); OLGR Schleswig 1999, 152.
[162] BGH FamRZ 2012, 204 Rn. 10 f.
[163] BGH FamRZ 2012, 204 Rn. 10 f.; 1983, 680 (682).
[164] BGH FamRZ 2005, 1986; 2005, 1064.
[165] BGH FamRZ 1982, 680 (682).
[166] Vgl. OLG Brandenburg FamRZ 2014, 219 (220 f.).

Regel, die Unterhaltshöhe vom Unternehmensgewinn abhängig ist, sind die Belege vorzulegen, aus denen sich dieser Unternehmensgewinn ergibt oder sich ermitteln lässt. Dies gilt auch für Unterlagen einer GmbH, wenn der Auskunftspflichtige als Gesellschafter und Geschäftsführer der GmbH von Gewinn der Gesellschaft abhängige Einkünfte bezieht.[167] Die Belange der Gesellschaft oder von Mitgesellschaftern müssen in einem solchen Fall regelmäßig hinter dem Interesse des Auskunftsberechtigten zurückstehen.[168] Bei konkretem Verdacht unvollständiger Angaben kann auch die Vorlage oder Einsicht in weitere Geschäftsunterlagen (Bücher, Buchhaltungsunterlagen und Konten) verlangt werden. Die gleichen Grundsätze gelten für die Einnahmen- und Überschussrechnung und sonstige Unterlagen bei nicht bilanzierenden Gewerbetreibenden und Freiberuflern (→ Rn. 250 ff.). Denn dabei handelt es sich lediglich um eine andere Gewinnermittlungsart (→ Rn. 51 ff.; zum Wechsel → Rn. 270).

1185 Unterhaltsrelevant können auch die **Umsatzsteuerbescheide** und die dazugehörenden Erklärungen sein. Diese ermöglichen eine Überprüfung der Angaben in den Einkommensteuererklärungen und den Gewinn- und Verlustrechnungen.[169] Vor allem die Angaben zum Eigenverbrauch[170] und zu Art und Höhe der Umsätze in den Umsatzsteuererklärungen lassen einen Rückschluss auf Geschäftsumfang und Lebensstil des Auskunftspflichtigen zu. Umsatzsteuererklärungen haben zudem einen hohen Informationswert für die aktuellen Einkünfte eines Freiberuflers oder Unternehmers, weil sie monatlich abzugeben sind und daher den **Zeitraum bis in die Gegenwart** erfassen. Dies gewinnt vor allem dann an Bedeutung, wenn geltend gemacht wird, dass die nach den vergangenen Kalenderjahren berechneten Einkünfte keinen sicheren Schluss auf die gegenwärtigen und künftigen Erträge zulassen.

Von einem **Abgeordneten** kann neben dem Nachweis der Diäten und weiterer Nebeneinkünfte auch die Vorlage von Belegen über die Höhe von Aufwandsentschädigungen und den mandatsbedingten Aufwand verlangt werden.[171] Daneben können bei Ihnen auch ev. Sonderleistungen oder Gebrauchsvorteile unterhaltsrelevant sein.

1186 Wenn durch eine Bescheinigung des Arbeitgebers die tatsächliche Höhe der insgesamt bezogenen Einkünfte nicht ausreichend belegt wird, kann zusätzlich die Vorlage des **Arbeitsvertrages** verlangt werden.[172] Das kann insbesondere bei einer Tätigkeit im Ausland erforderlich sein, wenn sich aus den vorgelegten Einkommensnachweisen nicht ergibt, welcher Betrag für welchen konkreten Zeitraum ausgezahlt wurde, und ob daneben weitere Zahlungen geleistet wurden, weil sich das Gehaltsgefüge des Arbeitgebers möglicherweise aus mehreren im Einzelnen nicht bekannten Elementen zusammensetzt und auch Aufwands- oder andere Entschädigungen einschließt (→ Rn. 1178 f.).

1187 Die Vorlage von Kontoauszügen ist unterhaltsrechtlich regelmäßig nicht geschuldet.[173] Sie sind entbehrlich, soweit sie zur Bemessung des unterhaltsrelevanten Einkommens nichts beitragen können. Die Höhe des Einkommens wird durch einen Kontoauszug nur indirekt und somit auch nur unzuverlässig belegt. Allenfalls Zinseinkünfte lassen sich fortlaufenden und lückenlosen Kontoauszügen entnehmen; einfacher und aussagekräftiger ist aber auch insoweit eine konkrete **Bankauskunft** zur Höhe der Zinsgewinne. Räumt ein Beteiligter bestimmte Zinseinkünfte bei einer bestimmten Bank ein, liegt sogar ein nach § 288 ZPO nicht mehr beweisbedürftiges Geständnis vor. Die Frage, ob der Beteiligte noch aus anderen Quellen weitere Zinseinkünfte bezieht, lässt sich nicht mit einem für die zugegebenen Zinsen, sondern nur mit einem auf weitere Zinsen ausgestellten Beleg klären. Da Belege nur „über die Höhe" vorzulegen sind, brauchen **keine Negativatteste** als Bestätigungen über das Nichtvorhandensein bestimmter Einkünfte vorgelegt zu werden.[174]

---

[167] BGH FamRZ 2014, 644 Rn. 8 f.; 2008, 1739 Rn. 58 ff.; 2004, 1179 (1180).
[168] BGH FamRZ 1994, 28; 1982, 680; OLG Braunschweig FamRZ 2005, 725.
[169] KG FamRZ 1997, 360; OLG München FamRZ 1996, 738.
[170] Vgl. insoweit BGH FamRZ 2004, 370; OLG Hamm FamRZ 1997, 674; OLG Frankfurt FamRZ 1992, 64.
[171] BGH FamRZ 1986, 780; OLG Stuttgart FamRZ 1994, 1251; OLG Bamberg FamRZ 1986, 1144.
[172] BGH FamRZ 1994, 28; OLG München FamRZ 1993, 202.
[173] Vgl. aber BGH FuR 2002, 423.
[174] OLG München FamRZ 1993, 202.

14. Abschnitt: Der Anspruch auf Auskunft und Vorlage von Belegen § 1

IV. Die Vollstreckung von Titeln zur Auskunft und zur Vorlage von Belegen

1. Vollstreckungsfähige Titel

Im Rahmen der Vollstreckung von Titeln zur Auskunft und zur Vorlage von Belegen[175] **1188** ist zunächst zu prüfen, ob ein vollstreckungsfähiger Inhalt vorliegt. Denn viele Titel sind nicht vollstreckungsfähig, weil sie die geschuldete Leistung **nicht konkret bezeichnen** und daher zu unbestimmt sind.[176] Vor allem der Zeitraum, für den Auskunft zur Bemessung des Unterhalts verlangt wird, und der Zeitpunkt, für das ggf. auch das Vermögen aufgelistet werden soll (→ Rn. 1176), müssen genau angegeben sein. Eine nur allgemeine Verpflichtung, Auskünfte über das Einkommen und das Vermögen zu erteilen, lässt sich hingegen nicht vollstrecken.[177] Auch die geforderten Belege müssen genau bezeichnet sein.[178] An der Vollstreckungsfähigkeit fehlt es auch dann, wenn die Auskunftserteilung im Titel von einer Zug um Zug zu erbringenden Gegenleistung abhängig gemacht wurde, die ihrerseits nicht eindeutig bestimmt ist.[179] Ist ein Auskunftstitel nicht oder nur teilweise vollstreckungsfähig, kann nach der Rechtsprechung des BGH zudem die Beschwer um die mit der Abwehr einer ungerechtfertigten Zwangsvollstreckung verbundenen Kosten erhöht sein. Setzt die Abwehr Rechtskenntnisse voraus, können dann auch die Kosten für die Einschaltung eines Rechtsanwalts maßgeblich sein.[180] Zwar kann der Schuldner auch noch im Vollstreckungsverfahren Unmöglichkeit einwenden. Er muss indessen zunächst alles Zumutbare unternommen haben, um die geschuldete Handlung vorzunehmen; erst wenn die Unmöglichkeit der Erfüllung feststeht, darf eine Zwangsmaßnahme nicht mehr verhängt werden.[181] Die Beschlussformel kann allerdings nach Maßgabe des Tatbestands und der Entscheidungsgründe ausgelegt werden.[182] Ist etwa ein Freiberufler zur Vorlage seiner „Geschäftsunterlagen" verpflichtet worden, kann die Auslegung ergeben, dass damit die Gewinn- und Verlustrechnung gemeint ist. Die nicht näher eingeschränkte Verpflichtung, Auskunft zum Einkommen in einem bestimmten Jahr zu geben, verpflichtet zur Angabe aller im Steuerrecht aufgeführten Einkommensarten (→ Rn. 51 ff.).

Eine Zwangsvollstreckung nach § 120 FamFG[183] iVm § 888 ZPO kommt nur dann in **1189** Betracht, wenn die geschuldete Auskunft verweigert wurde oder erkennbar unvollständig ist. Sonst ist für Vollstreckungsmaßnahmen zur Erzwingung der geschuldeten Auskunft kein Raum. Dem Interesse des Auskunftsberechtigten, eine wahrheitsgemäße und vollständige Auskunft zu erhalten, wird in der Bekräftigungsstufe (→ Rn. 1195 ff.) entsprochen, die im Wege des Stufenantrags (§ 113 I 2 FamFG iVm § 254 ZPO) mit dem Auskunftsverlangen verbunden werden kann.[184]

Auch im Vollstreckungsverfahren nach § 120 FamFG iVm § 888 ZPO ist (noch) zu **1190** prüfen, ob dem Schuldner die Erfüllung der titulierten Verpflichtung möglich ist.[185] Wird auf der Grundlage der Darlegungs- und Beweislast des Auskunftspflichtigen festgestellt, dass ihm die **titulierte Leistung nicht möglich** ist, weil etwa die vorzulegenden Belege nicht

---

[175] Grundlegend dazu Büttner FamRZ 1992, 629.
[176] BGH FamRZ 2011, 1290 Rn. 9; 2002, 666; 1983, 454 (455); OLG Brandenburg FamRZ 2004, 820; OLG Bamberg FamRZ 1994, 1048.
[177] OLGR Saarbrücken 2001, 498; OLG Frankfurt a. M. FamRZ 1991, 1334; OLG Karlsruhe FamRZ 1983, 631.
[178] BGH FamRZ 1989, 731.
[179] BGH FamRZ 1994, 101.
[180] BGH FamRZ 2012, 1555 Rn. 17 mwN; vgl. aber auch BGH FuR 2012, 383 Rn. 11.
[181] BGH FamRZ 2012, 24 Rn. 21.
[182] BGH FamRZ 2002, 666; 1986, 45; vgl. auch BGH FamRZ 2014, 644 Rn. 10 f. (zur Beschwer nach Auslegung).
[183] BGH FamRZ 2013, 109 Rn. 59; OLG Jena FamRZ 2013, 656 (657).
[184] BGH FamRZ 2013, 939 Rn. 43; OLG Zweibrücken EzFamR aktuell 2000, 71.
[185] BGH FamRZ 2014, 1440 Rn. 26; OLG Hamm FamRZ 1997, 1094.

existieren, scheitert die Vollstreckung schon daran.[186] Ist der Auskunftspflichtige etwa zur Vorlage der Steuererklärung und des Steuerbescheides für das letzte Jahr verpflichtet worden und existieren diese Unterlagen noch nicht, hat der Beschluss insoweit keinen vollstreckungsfähigen Inhalt. Der Auskunftspflichtige ist nach dem Tenor des Beschlusses auch nicht verpflichtet, die verlangte Steuererklärung zu erstellen. Die dafür entstehenden (Steuerberater-)Kosten bleiben dann auch bei der Bestimmung seiner Beschwer in Beschwerdeverfahren außer Betracht.[187] Allerdings ist bei der Bemessung der Beschwer auch die Gefahr zu berücksichtigen, dass der Auskunftspflichtige etwaigen Vollstreckungsversuchen zur Vorlage der noch nicht existenten Steuererklärung und des ebenfalls nicht vorhandenen Steuerbescheides entgegentreten muss.[188] Beruft sich der Schuldner erst im Vollstreckungsverfahren darauf, dass ihm die von ihm verlangten Handlungen unmöglich seien, trägt er dafür die Darlegungs- und Beweislast und muss dazu substantiiert und nachprüfbar vortragen.[189] Durch ein Insolvenzverfahren wird dem Schuldner die Auskunft nicht unmöglich. Denn die geschuldete Auskunft ist kein vermögensrechtlicher Anspruch und der Insolvenzverwalter hat ihm zumindest Kopien der erforderlichen Unterlagen herauszugeben.[190] Die Frage, ob der Vollstreckungstitel der materiellen Rechtslage entspricht, darf im Vollstreckungsverfahren nicht geprüft werden.[191] Anders ist es nur, wenn Erfüllung der geschuldeten Auskunft eingewendet wird. Denn dieser Einwand kann unmittelbar auch im Vollstreckungsverfahren nach § 120 FamFG iVm § 891 ZPO geltend gemacht werden[192] und ist dann beachtlich, wenn die vom Vollstreckungsschuldner behauptete Erfüllung offenkundig, zugestanden, unstreitig oder nachgewiesen ist.[193] Dagegen findet im Zwangsvollstreckungsverfahren keine Beweisaufnahme über die dem Erfüllungseinwand zugrunde liegenden streitigen Tatsachen statt. Wenn eine solche Beweisaufnahme notwendig wird, ist der Vollstreckungsschuldner darauf verwiesen, seinen Erfüllungseinwand im Wege eines Vollstreckungsabwehrverfahrens nach § 120 FamFG iVm § 767 ZPO geltend zu machen. Die Verpflichtung zur Vorlage von Belegen kann in der Regel durch Übersendung von Ablichtungen an den Gläubiger oder an dessen Verfahrensbevollmächtigten erfüllt werden, wenn nicht aus besonderen Gründen die Vorlage der Originale erforderlich ist.[194]

2. Die Art der Vollstreckung

1191 Die geschuldeten **Auskünfte** sind Wissenserklärungen des Auskunftspflichtigen.[195] Weil die Verpflichtung somit eine **unvertretbare Handlung** betrifft, erfolgt die Vollstreckung nach § 120 FamFG iVm § 888 ZPO.[196] Vor der Festsetzung eines Zwangsgelds und/oder einer Zwangshaft ist der Auskunftsschuldner zwar anzuhören (§ 891 ZPO); das Zwangsmittel kann aber nach § 120 FamFG iVm § 888 II ZPO – anders als bei der Anordnung eines Ordnungsmittels nach § 89 FamFG – ohne vorausgegangene Androhung festgesetzt werden. Der Beschluss, das Zwangsmittel festsetzt, bildet einen Vollstreckungstitel nach § 794 I 3 ZPO. Er wird nach § 329 III ZPO von Amts wegen zugestellt und ist nach § 793 ZPO mit sofortiger Beschwerde anfechtbar. Nach aktueller Rechtsprechung des BGH hat

---

[186] BGH FamRZ 1992, 535; 1989, 731; OLG Düsseldorf FamRZ 1997, 830.
[187] BGH FuR 2012, 383 Rn. 11; FamRZ 1992, 425.
[188] BGH FamRZ 2012, 1555 Rn. 17 mwN; EzFamR aktuell 1993, 405; a. A. OLGR München 1996, 58.
[189] OLG Brandenburg FamRZ 2007, 63; OLG Köln InVo 1996, 107.
[190] BGH FamRZ 2008, 137 = R 684a–d; OLG Naumburg FamRZ 2008, 620; OLG Koblenz FamRZ 2005, 915; OLG Brandenburg FamRZ 1998, 178.
[191] OLG München FamRZ 1992, 1207.
[192] OLG Frankfurt OLGZ 1991, 340; OLG Bamberg FamRZ 1993, 581.
[193] OLG Naumburg – 8 WF 2/10, BeckRS 2010, 18508; OLG Köln – 4 WF 100/03, BeckRS 2003, 30329405.
[194] OLG Schleswig SchlHA 1980, 71.
[195] BGH FamRZ 2014, 27 Rn. 9; 2008, 600 Rn. 13.
[196] BGH FamRZ 2012, 24 Rn. 21; OLG Jena FamRZ 2013, 656 (657).

14. Abschnitt: Der Anspruch auf Auskunft und Vorlage von Belegen § 1

die sofortige Beschwerde gegen die Verhängung eines Zwangsgelds aufschiebende Wirkung, weil § 570 I ZPO nach der Neufassung durch das Zivilprozessreformgesetz auf Beschlüsse nach den §§ 888, 890 ZPO anwendbar ist.[197] Einer einstweilige Aussetzung der Vollziehung des angefochtenen Beschlusses bedarf es deswegen nicht mehr.[198]

Die Vollstreckung des rechtskräftig festgesetzten Zwangsmittels ist allerdings sehr mühsam. Sie erfolgt nur auf Antrag des Gläubigers und nicht von Amts wegen.[199] Zuerst muss nach §§ 724 I, 725 ZPO eine **Vollstreckungsklausel** erteilt werden. Das Zwangsgeld wird dann nach den allgemeinen Regeln des Vollstreckungsrechts beigetrieben.[200] Ein zur Erzwingung der – vollständigen – Auskunftserteilung festgesetztes Zwangsgeld kann durch das Beschwerdegericht auch herabgesetzt werden, wenn zwischenzeitlich teilweise Auskunft erteilt worden ist. Denn in jeder Lage des Vollstreckungsverfahrens ist zu prüfen, ob die Maßnahme noch notwendig ist und ob nach dem Inhalt des Schuldtitels noch ein Anspruch auf weitere Erzwingung der Auskunftserteilung besteht.[201] Das beigetriebene Zwangsgeld fällt der Staatskasse an.[202] Zwangshaft wird auf Grund der Ausfertigung der Haftanordnung gemäß §§ 888 I 3, 802g ff. ZPO vollstreckt; eines zusätzlichen Haftbefehls bedarf es seit der gesetzlichen Neuregelung nicht mehr. Auch wenn der Schuldner verfahrensunfähig ist, wird das Zwangsgeld in sein Vermögen vollstreckt, die Zwangshaft aber gegen seinen gesetzlichen Vertreter.[203] Sobald die Auskunft erteilt ist, ist die Vollstreckung zu beenden.[204] Denn das Zwangsgeld nach § 888 ZPO ist ein Beugemittel und soll den Schuldner lediglich zur Durchführung der unvertretbaren Handlung anhalten. Wird die Auskunft trotz Vollstreckung des Zwangsgelds oder der Zwangshaft nicht erteilt, kann auf Antrag erneut Zwangsgeld oder Zwangshaft festgesetzt werden, sobald die Zwangsvollstreckung aus einem vorausgegangenen Beschluss abgeschlossen ist.[205]

1192

Bei einer isolierten Verpflichtung zur **Vorlage von Belegen**, handelt es sich hingegen in der Regel um eine vertretbare Handlung. Die Vollstreckung geschieht daher grundsätzlich gemäß § 120 FamFG iVm § 883 ZPO im Wege der **Wegnahme durch den Gerichtsvollzieher.** Findet der Gerichtsvollzieher die herauszugebenden Belege nicht vor, ist der Schuldner verpflichtet, auf Antrag des Gläubigers zu Protokoll an Eides statt zu versichern, dass er die Sache nicht besitze und auch nicht wisse, wo sich die Sache befinde (§ 883 II ZPO). Diese – zwischen Vollstreckung einer Auskunft und Vollstreckung der Belegherausgabe abweichende – Art der Vollstreckung ist dann sehr unbefriedigend, wenn aus dem gleichen Titel sowohl nach § 888 ZPO die Vollstreckung der Auskunft als auch nach § 883 ZPO die Vollstreckung der Belegvorlage erfolgen soll. Im Interesse einer effektiven Vollstreckung nimmt die Praxis in solchen Fällen daher an, dass es sich bei der Vorlageverpflichtung nur um eine unwesentliche Nebenverpflichtung zur Auskunftspflicht handelt, die zusammen mit dieser durch Zwangsgeld und Zwangshaft vollstreckt werden kann.[206]

1193

Der Schuldner ist nur verpflichtet, die Belege „vorzulegen". Geschuldet wird daher nur eine vorübergehende Überlassung ohne Besitzaufgabe.[207] Der Gläubiger ist jedoch berechtigt, sich vor der Rückgabe **Kopien anzufertigen.**[208] Die Praxis begnügt sich häufig

1194

---

[197] BGH FamRZ 2012, 24 Rn. 8 ff.; a. A. noch OLG Köln FamRZ 2005, 223.
[198] So noch BGH FamRZ 2005, 1064 (1065) und 2005, 1066.
[199] BGH FamRZ 1983, 578.
[200] BGH FamRZ 2012, 24 Rn. 21; 1983, 578; OLG Jena FamRZ 2013, 656 (657); OLG Stuttgart FamRZ 1997, 1495.
[201] OLG Nürnberg EzFamR aktuell 1997, 135.
[202] BGH FamRZ 1983, 578.
[203] Thomas/Putzo/Seiler ZPO 40. Aufl. § 888 Rn. 16.
[204] BGH ZIP 2015, 331 Rn. 5; Thomas/Putzo/Seiler ZPO 40. Aufl. § 888 Rn. 14.
[205] OLG Brandenburg FamRZ 1998, 180.
[206] OLG Karlsruhe NJW-RR 2000, 1172; OLG Hamm NJW 1974, 653; s. auch Büttner FamRZ 1992, 629 (632).
[207] OLG Frankfurt NJW-RR 2002, 823; OLG Hamm NJW 1974, 653; Zöller/Stöber ZPO, 30. Aufl. § 883 Rn. 2.
[208] KG Berlin FamRZ 1982, 614.

damit, dass bereits der Auskunftspflichtige Kopien anfertigt und übergibt. Bei Verdacht auf Fälschungen sollte der Berechtigte jedoch stets auf Vorlage der Originale bestehen, um diese mit den Kopien vergleichen zu können. Das ist ihm auch möglich, weil sich ein bestehender Titel immer auf Vorlage der Originale bezieht.[209]

V. Die eidesstattliche Versicherung

1. Voraussetzungen

1195   Nach § 1605 I 3 iVm §§ 259 II, 260 II BGB kann eine eidesstattliche Versicherung verlangt werden, wenn der begründete Verdacht besteht, dass die Auskunft in einzelnen Punkten **nicht mit der erforderlichen Sorgfalt** erteilt worden ist. Es muss also streitig sein, ob in einer vorliegenden Auskunft einzelne Posten falsch sind oder sogar fehlen. Dazu muss bereits eine Auskunft in der Form eines Bestandsverzeichnisses nach § 260 I BGB erteilt worden sein.[210] Ist das nicht der Fall, muss zunächst die Auskunftspflicht vollstreckt werden (→ Rn. 1191 f.). Ob der Auskunftspflichtige eine vorliegende Auskunft mit der erforderlichen Sorgfalt erteilt hat, ist eine Frage des Einzelfalls, die der Tatrichter unter Berücksichtigung aller Umstände, einschließlich der vom Berechtigten vorgetragenen Einwände beantworten muss. Das Rechtsbeschwerdegericht kann insoweit nur prüfen, ob die Erwägungen des Tatrichters von Rechtsirrtum beeinflusst sind, ob er also wesentliche Umstände unberücksichtigt gelassen hat oder seine Entscheidung gegen Denkgesetze verstößt. Für das Vorliegen der Voraussetzungen des § 260 II BGB ist der Auskunftsberechtigte **darlegungs- und beweispflichtig**.[211] Allerdings kann von ihm nur in dem Umfang substantiierter Vortrag erwartet werden, in dem er sich mit zumutbaren Anstrengungen Kenntnis verschaffen kann. Handelt es sich um Umstände aus dem Wahrnehmungsbereich des Auskunftspflichtigen, kann diesen nach den Regeln zum Beweis negativer Tatsachen auch eine sekundäre Darlegungslast zu einem weniger substantiierten Vortrag des Auskunftsberechtigten treffen.[212] Dann kann der Wissensstand des Auskunftsberechtigten zum Maßstab seiner primären Darlegungslast werden und seine Substantiierungslast reduzieren.[213] Dem Berechtigten fehlt allerdings ein Rechtsschutzinteresse für die Heranziehung des Auskunftspflichtigen zur eidesstattlichen Versicherung, wenn er sich – sei es zB als Miteigentümer oder Mitgesellschafter – über ein eigenes Einsichtsrecht leichter, schneller und zuverlässiger Gewissheit über die Richtigkeit und Vollständigkeit der Abrechnung verschaffen kann.[214]

1196   Die Feststellung, dass die Auskunft in einzelnen Punkten **unvollständig oder unrichtig** ist, begründet nicht ohne weiteres die Annahme einer für die Abgabe der eidesstattlichen Versicherung notwendigen mangelnden Sorgfalt. Der in solchen Fällen zunächst gegebene Verdachtsgrund ist entkräftet, wenn nach dem Vortrag des Auskunftspflichtigen davon auszugehen ist, dass seine mangelhafte Auskunft auf unverschuldeter Unkenntnis oder auf einem entschuldbaren Irrtum beruht. In solchen Fällen besteht noch kein Anspruch auf Abgabe der eidesstattlichen Versicherung, sondern zunächst nur ein Anspruch auf **ergänzende Auskunft**.[215] Die auf eine unzureichende Auskunft gegründete Verpflichtung zur Abgabe der eidesstattlichen Versicherung muss deshalb neben der Unvollständigkeit oder Unrichtigkeit des Verzeichnisses stets auch Feststellungen dazu treffen, dass sich die Unvollständigkeit oder Unrichtigkeit bei gehöriger Sorgfalt hätte vermeiden

---

[209] KG Berlin FamRZ 1982, 514 (und 1296); der entgegenstehenden Ansicht des OLG Frankfurt a. M. in FamRZ 1997, 1296 kann schon wegen der großen Gefahr von Fälschungen beim Ablichten nicht gefolgt werden.
[210] BGH FamRZ 1984, 144; 1983, 996 (998); OLG Hamm NJWE-FER 2001, 1.
[211] BGH FamRZ 1984, 144.
[212] Vgl. BGH FamRZ 2010, 875 Rn. 20 f.
[213] Vgl. BGH (KZR 13/92) WuW 1994, 237.
[214] BGH NJW 1998, 1636.
[215] BGH NJW-RR 2011, 667; WM 1996, 466.

14. Abschnitt: Der Anspruch auf Auskunft und Vorlage von Belegen § 1

lassen.[216] Wurde die Auskunft allerdings bereits mehrfach ergänzt oder berichtigt, kann die eidesstattliche Versicherung mit dem Inhalt verlangt werden, dass die jetzt vorliegende Aufstellung vollständig und richtig ist.[217]

Falsche oder unvollständige Auskünfte beruhen in der Praxis allerdings selten auf einem unverschuldeten Irrtum. Oft liegen **grobe Nachlässigkeiten** oder sogar handfeste Betrugsversuche vor. In solchen Fällen sollte sofort die eidesstattliche Versicherung verlangt werden, weil dies die vom Gesetzgeber vorgegebene Reaktion auf unzutreffende Auskünfte ist. Denn nach § 260 II BGB hat der Verpflichtete bei Vorliegen der Voraussetzungen an Eides statt – und unter der daraus folgenden Strafandrohung (§ 156 StGB) – zu versichern, dass er nach bestem Wissen den Bestand so vollständig angegeben habe, als er dazu imstande sei.[218] Die eidesstattliche Versicherung ist auch abzugeben, wenn der Auskunftspflichtige nicht mitgeteilt hat, wie er das bei einer Vermögensauseinandersetzung erhaltene Kapital angelegt hat.[219] Weil nach §§ 260 III, 259 III BGB in Angelegenheiten von geringer Bedeutung kein Anspruch auf Abgabe der eidesstattlichen Versicherung besteht, sind Kleinlichkeiten insoweit stets zu vermeiden.[220]

1197

2. Die Durchsetzung des Anspruchs

Die eidesstattliche Versicherung kann vor dem Gericht der freiwilligen Gerichtsbarkeit nach §§ 410 Nr. 1, 413 FamFG iVm §§ 478–480, 483 ZPO **freiwillig** abgegeben werden. Zuständig ist für diese freiwillige Abgabe der Rechtspfleger (§ 3 Nr. 1b RPflG). Wird eine freiwillige eidesstattliche Versicherung verweigert, kann der Anspruch im Wege eines gerichtlichen Verfahrens geltend gemacht werden. Ist der Auskunftspflichtige zur Abgabe einer eidesstattlichen Versicherung darüber, dass er nach bestem Wissen die Auskunft so vollständig erteilt oder den Bestand so vollständig angegeben habe, als er dazu imstande sei, verpflichtet worden, ist diese nach § 120 FamFG iVm § 889 I ZPO beim Amtsgericht als **Vollstreckungsgericht** abzugeben. Das gerichtliche Verfahren zur Abgabe der eidesstattlichen Versicherung beginnt regelmäßig erst mit dem Antrag des Berechtigten, mit dem er dem Vollstreckungsgericht Titel, Klausel und Zustellung als Voraussetzungen für die Zwangsvollstreckung nachzuweisen hat.[221] Zuständig ist auch dort der Rechtspfleger (§ 20 I Nr. 17 RPflG); die Anordnung der Erzwingungshaft ist jedoch dem Richter vorbehalten (§ 4 II Nr. 2 RPflG). Zwangsmittel nach §§ 889 II, 888 ZPO dürfen erst festgesetzt werden, wenn das nach § 889 I ZPO zuständige Amtsgericht einen Termin zur Abgabe der eidesstattlichen Versicherung bestimmt hat, in dem der Schuldner nicht erschienen ist oder die Abgabe verweigert hat.[222] Die Kosten für die Abnahme der eidesstattlichen Versicherung trägt nach § 261 II BGB der Gläubiger; das gilt sowohl für die freiwillige Abgabe nach dem FamFG, als auch für das Verfahren vor dem Vollstreckungsgericht.[223] Bleibt ein verfrüht gestellter Antrag des Auskunftsberechtigten erfolglos, fallen die Kosten, einschließlich derjenigen einer erfolgreichen Beschwerde des Auskunftspflichtigen, nach § 243 S. 2 Nr. 1 FamFG ihm zur Last.[224]

1198

---

[216] BGH FamRZ 1984, 144.
[217] OLG Braunschweig ErbR 2010, 232.
[218] BGH FamRZ 2014, 1440 Rn. 23.
[219] OLG Karlsruhe FamRZ 1990, 756.
[220] BGH FamRZ 1984, 144.
[221] OLG Frankfurt FamRZ 2004, 129.
[222] OLG Frankfurt FamRZ 2004, 129; OLG Düsseldorf FamRZ 1997, 1495.
[223] BGH NJW 2000, 2113.
[224] OLG Frankfurt FamRZ 2004, 129.

VI. Die Verpflichtung zu ungefragten Informationen

1. Voraussetzungen

1199 Nach den §§ 1361 IV 3, 1580, 1615l III 1, 1605 BGB schuldet der Auskunftspflichtige grundsätzlich nur „auf Verlangen" Auskunft über seine Einkünfte und sein Vermögen. Unter engen[225] Voraussetzungen besteht daneben nach dem Grundsatz von Treu und Glauben (§ 242 BGB) aber eine zusätzliche Verpflichtung zu „ungefragten" Informationen.[226] Eine solche Verpflichtung kann unter besonderen Umständen bestehen, wenn der **Unterhaltsberechtigte** einen rechtskräftig zuerkannten Unterhalt laufend entgegennimmt, ohne die Änderung seiner persönlichen Verhältnisse durch Aufnahme oder Aufstockung einer eigenen Erwerbstätigkeit zu offenbaren.[227] Auch dann ergibt sich eine Offenbarungspflicht aber nicht schon daraus, dass die neuen Tatsachen zu einer wesentlichen Änderung im Sinn der §§ 238 f. FamFG führen, weil die Darlegungslast für die dem Unterhaltspflichtigen günstigen Änderungen grundsätzlich bei ihm liegt. Das Schweigen muss sich darüber hinaus als „evident unredlich" darstellen, was der Fall ist, wenn der Unterhaltspflichtige die Änderung weder erwarten noch erkennen konnte und deshalb von einem förmlichen Auskunftsverlangen abgesehen hat, während der Unterhaltsberechtigte durch die fortlaufende Annahme des Unterhalts den Irrtum des Unterhaltspflichtigen noch unterstützt hat.[228] Die Pflicht zur Rücksichtnahme eines Beteiligten auf die Belange des anderen erhöht sich noch, wenn es um die Durchführung einer **Unterhaltsvereinbarung** geht. Dann ist der Unterhaltsberechtigte schon im Hinblick auf seine vertragliche Treuepflicht gehalten, jederzeit und unaufgefordert dem anderen Teil Umstände zu offenbaren, die ersichtlich dessen Verpflichtungen aus dem Vertrag berühren.[229] Soll nach einer Unterhaltsvereinbarung ein bestimmtes Einkommen des Unterhaltsberechtigten anrechnungsfrei bleiben, kann deswegen sogar vollendeter Betrug durch Unterlassen vorliegen, wenn der Unterhaltspflichtige nicht ungefragt informiert wird, sobald der Verdienst diese Grenze deutlich übersteigt.[230] Entsteht die Pflicht zur ungefragten Information noch während eines laufenden Unterhaltsverfahrens, müssen die entsprechenden Tatsachen unverzüglich mitgeteilt werden.[231] Nimmt ein Unterhaltsberechtigter titulierte Unterhaltsbeträge laufend entgegen und erreicht er durch einen weiteren Vergleich sogar eine Erhöhung des Unterhalts, obwohl er bereits seit längerem in einer nicht offenbarten eheähnlichen Versorgungsgemeinschaft zusammenlebt, erfüllt er auch den Tatbestand einer vorsätzlichen sittenwidrigen Schädigung gemäß § 826 BGB.[232]

1200 Die zu der Offenbarungspflicht eines Unterhaltsberechtigten entwickelte Rechtsprechung setzt besondere Umstände voraus, die das Unterbleiben der Information zur (teilweisen) eigenen Bedarfsdeckung oder zum Wegfall des Unterhaltsanspruchs als evident unredlich erscheinen lassen. Sie lässt sich deswegen nicht ohne weiteres auf den **Unterhaltspflichtigen** übertragen. Denn das Risiko der Aktualisierung einer erteilten Auskunft liegt grundsätzlich beim Unterhaltsberechtigten und kann nur ausnahmsweise dem Unterhaltspflichtigen aufgebürdet werden.[233] Eine Pflicht zur ungefragten Information kann sich für den Unterhaltspflichtigen aber dann ergeben, wenn er wegen eingeschränkter Leistungsfähigkeit nur einen reduzierten Unterhalt schuldet und der Grund für die Kürzung

---

[225] OLG Hamm FamRZ 1997, 433.
[226] Grundlegend dazu Hoppenz FamRZ 1989, 337 ff. und Büttner FF 2008, 15.
[227] BGH FamRZ 2008, 1325 Rn. 28; 1986, 450.
[228] BGH FamRZ 1986, 794; OLG Hamm FuR 2012, 266; OLG Koblenz FamRZ 1997, 1338; s. auch Büttner FF 2008, 15.
[229] BGH FamRZ 2008, 1325 Rn. 28; 2000, 153 (154); 1997, 483; OLG Bamberg FamRZ 2001, 834.
[230] BGH FamRZ 1997, 483; OLG Frankfurt FamRZ 2003, 1750; OLG Hamm FamRZ 1994, 1265; vgl. auch OLG Hamm FamRZ 2004, 1786.
[231] BGH FamRZ 2000, 153 (154); 1997, 483; OLG Düsseldorf FamRZ 1997, 827 (828).
[232] OLG Hamm FuR 1998, 319.
[233] KG Berlin FamRZ 2013, 1673 (1676); OLG Düsseldorf FamRZ 1995, 741.

des Unterhalts später entfällt. Auch dann setzt die Pflicht zur ungefragten Information aber voraus, dass das Schweigen über die günstige Entwicklung seiner wirtschaftlichen Verhältnisse „evident unredlich" erscheint.[234] Das ist nicht der Fall, wenn der Unterhaltspflichtige die bei der Bemessung des nachehelichen Unterhalts zunächst berücksichtigten Verbindlichkeiten nicht mehr bedient, weil er diese mit einem nachehelich unvorhersehbar hinzu gekommenen Vermögen tilgen konnte[235] oder wenn er die zuvor abgesetzten Raten für eine zusätzliche Altersversorgung[236] wegen besonders beengter wirtschaftlicher Verhältnisse nicht mehr erbringt und dadurch seine eigene Altersvorsorge gefährdet.

Eine **Pflicht zur Selbstoffenbarung** besteht somit für den Unterhaltspflichtigen[237] nur bei mehr oder weniger „betrügerischem Verhalten". Die Beurteilung, ob sich das Verschweigen unerwarteter Einkommenssteigerungen beim Unterhaltsberechtigten in besonderem Maße als unredlich erweist, kann auch davon beeinflusst werden, ob im Gegenzug der Unterhaltsschuldner Änderungen seines eigenen Einkommens für den fraglichen Zeitraum mitgeteilt hat.[238] War schon mit Veränderungen zu rechnen, konnte vom Gegner erwartet werden, dass er von seinem Auskunftsanspruch im Rahmen des § 1605 II BGB Gebrauch macht. Hat er diese ihm zumutbare Rechtsausübung unterlassen, kann das Verschweigen von Veränderungen dann nicht als „evident" unredlicher Verstoß gegen die Grundsätze von Treu und Glauben angesehen werden. Der Auffassung des OLG Hamm,[239] ein unterhaltsberechtigter Ehegatte sei grundsätzlich verpflichtet, dem Unterhaltsschuldner die Aufnahme einer eheähnlichen Lebensgemeinschaft zu offenbaren, kann daher nicht gefolgt werden. Eine solche Pflicht kann im Einzelfall nur dann eintreten, wenn der Unterhaltsschuldner im Hinblick auf frühere Äußerungen und Umstände nicht mit einer Veränderung rechnen konnte. Eine Mutter trifft gegenüber einem rechtlichen Vater (vgl. → Rn. 1152) eine Pflicht zur ungefragten Offenbarung der ihr bekannten Möglichkeit, dass das Kind von einem anderen Mann abstammt, wenn es den außerehelichen Vater zur Anerkennung der Vaterschaft bewogen hat oder das Kind während ihrer Ehe geboren wurde.[240]

1201

2. Die Folgen des Verschweigens

Wer eine bestehende Verpflichtung zur Erteilung von ungefragten Informationen verletzt, schuldet **Schadensersatz**. Der Unterhaltsberechtigte kann ohne Rücksicht auf die Vorschriften über die Geltendmachung von rückständigem Unterhalt (§§ 1360a III, 1361 IV 4, 1585b, 1613 BGB) und auf bereits vorliegende Verpflichtungen oder Vereinbarungen den zusätzlichen Unterhalt als Verzugsschaden (§ 286 BGB) geltend machen. Der Verzug bezieht sich in diesem Zusammenhang auf die unterlassene Information.[241]

1202

Im umgekehrten Fall kann der Unterhaltspflichtige bereits Geleistetes ohne die Einschränkungen des Bereicherungsrechts zurückverlangen (§§ 818 IV, 819 I BGB). Im Falle einer früheren gerichtlichen Verpflichtung kann er dabei sogar die Zeitschranke des § 238 III FamFG durchbrechen, wenn die weiteren Voraussetzungen einer sittenwidrigen Schädigung nach § 826 BGB vorliegen. Dazu genügt es, dass derjenige, der eine Veränderung trotz bestehender Offenbarungspflicht verschwiegen hat, die Tatumstände des Falls gekannt und in Bezug auf die Schadenszufügung jedenfalls bedingt vorsätzlich gehandelt hat (→ § 6 Rn. 235 ff.).[242] Als Schadensersatz wegen missbräuchlicher Vollstre-

---

[234] BGH FamRZ 1988, 270.
[235] BGH FamRZ 2010, 1311 Rn. 28 f.
[236] Vgl. BGH FamRZ 2006, 1511 Rn. 29 ff.; 2005, 1817 = R 632j (bis zu 4% des Bruttoeinkommens beim Kindes- und Ehegattenunterhalt); 2004, 792 (bis zu 5% des Bruttoeinkommens beim Elternunterhalt.
[237] Vgl. OLG Düsseldorf FamRZ 1995, 741.
[238] OLG Hamm FamRZ 1997, 433.
[239] OLG Hamm FuR 1998, 319.
[240] BGH FamRZ 2012, 1363 Rn. 27 ff.; 2012, 779 Rn. 23; vgl. aber BVerfG FamRZ 2015, 729.
[241] OLG Karlsruhe – 16 UF 238/02, BeckRS 2004, 00290; Hoppenz FamRZ 1989, 337 (341).
[242] BGH FamRZ 1988, 270 (272).

ckung (s. § 717 II ZPO) kann der Unterhaltspflichtige im Wege des Vollstreckungsgegenverfahrens nach § 120 FamFG iVm § 767 ZPO auch die Unterlassung der Zwangsvollstreckung und die Herausgabe des Titels verlangen.[243] Daneben kann die Verletzung der Pflicht zu ungefragten Informationen auch zur **Verwirkung** eines noch gegebenen Restanspruchs gemäß § 1579 Nr. 5 BGB führen.[244] Im Rahmen der Billigkeit kann es aber auch angebracht sein, nur den über den notwendigen Selbstbehalt hinausgehenden Teil des Unterhaltsanspruchs zu versagen.[245]

---

[243] OLG Düsseldorf FamRZ 1997, 827.
[244] BGH FamRZ 2008, 1325 Rn. 29 ff.; 1997, 483; OLG Koblenz FamRZ 1997, 371; OLG Hamm FamRZ 1994, 1265.
[245] OLG Frankfurt FamRZ 2003, 1750; OLG Koblenz FamRZ 1997, 1338 (1339).

§ 2 Kindes-, Eltern- und sonstiger Verwandtenunterhalt

A. Kindesunterhalt

1. Abschnitt: Grundlagen

I. Entstehung und Dauer des Unterhaltsanspruchs

1. Eltern-Kind-Verhältnis

Anspruchsgrundlage für den Kindesunterhalt ist § 1601 BGB. Danach sind Verwandte in gerader Linie verpflichtet, einander Unterhalt zu gewähren. Dies gilt besonders für **Eltern** gegenüber ihren Kindern. Die Unterhaltspflicht ist beim minderjährigen Kind Ausdruck der elterlichen Sorge (§§ 1626 ff. BGB). Sie ist von der elterlichen Sorge aber unabhängig und kann insbesondere auch dann bestehen, wenn Eltern das Sorgerecht entzogen wurde. Beim volljährigen Kind mag die Unterhaltspflicht auch als Ausfluss der über die Volljährigkeit hinausgehenden familienrechtlichen Solidarität betrachtet werden (vgl. auch § 1618a BGB).[1] Eine Unterhaltspflicht besteht jedoch nur, wenn die tatbestandlichen Voraussetzungen der §§ 1601 ff. BGB gegeben sind. Auf §§ 242, 1618a BGB allein kann der Unterhaltsanspruch nicht gestützt werden, wohl aber auf eine vertragliche Vereinbarung.[2] → Rn. 37, 755 ff.

Nach § 1601 BGB sind aber auch Kinder gegenüber ihren Eltern, Großeltern und ggf. Urgroßeltern unterhaltspflichtig. Ebenso müssen Großeltern und Urgroßeltern ggf. für ihre Enkel und Urenkel Unterhalt leisten. Vgl. hierzu *Wönne* → Rn. 900 ff.

Das Eltern-Kind-Verhältnis wird durch das **Abstammungsrecht** (§§ 1591 ff. BGB) geregelt.[3] Die Fortschritte der Medizin, insbesondere die Möglichkeit der künstlichen Befruchtung, haben den hergebrachten Begriff der Eltern in Frage gestellt. Deshalb hat § 1591 BGB idF des Kindschaftsrechtsreformgesetzes (KindRG)[4] erstmals den Begriff der Mutter definiert; die rechtlichen Voraussetzungen der Vaterschaft sind in §§ 1592, 1593 BGB geregelt worden.

Mutter ist danach die Frau, die das Kind geboren hat (§ 1591 BGB). Bei der in Deutschland verbotenen Leihmutterschaft[5] ist also die sog. Wunschmutter (ebenso wie die bloße Eizellspenderin) nicht Mutter im Sinne des Gesetzes. Sie ist im Rechtssinne mit dem Kind nicht verwandt. Das Gesetz eröffnet weder ihr noch dem Kind die Möglichkeit, in einem Statusverfahren die Abstammung feststellen zu lassen.[6] Daher sind gesetzliche Unterhaltsansprüche des Kindes gegen die Wunschmutter (bzw. Eizellspenderin) ausgeschlossen. Wenn die Wunschmutter das Kind nach der Geburt in ihren Haushalt aufgenommen hat, kann uU ein Unterhaltsanspruch auf vertraglicher Grundlage in Betracht kommen, da die Frau dadurch praktisch die elterliche Verantwortung übernommen hat.[7] Jedoch erlaubt es § 1598a BGB den in dieser Bestimmung genannten Personen nunmehr, die genetische

1

2

---

[1] Zur Rechtsentwicklung Staudinger/Klinkhammer Vorbem. § 1601 Rn. 2, 4 ff.
[2] BGH FamRZ 2015, 2134; 2001, 1601.
[3] Vgl. zum Abstammungsrecht MüKoBGB/Wellenhofer §§ 1591 ff.; Eckebrecht in Scholz/Kleffmann, Praxishandbuch Familienrecht, Teil Q.
[4] Vom 16.12.1997 – BGBl. I S. 2942.
[5] Vgl. §§ 13c, 13d Adoptionsvermittlungsgesetz, § 1 Embryonenschutzgesetz.
[6] Eckebrecht in Scholz/Kleffmann FamR-HdB Teil Q Rn. 16 ff.
[7] BGH FamRZ 2015, 2134; 1995, 861 (865); vgl. auch BGH FamRZ 1995, 995.

Abstammung zu klären; dies hat allerdings keinen Einfluss auf den rechtlichen Status des Kindes.[8]

3 **Vater** ist der Ehemann oder der innerhalb eines Zeitraums von 300 Tagen vor der Geburt verstorbene Ehemann der Mutter (§§ 1592 Nr. 1, 1593 S. 1 BGB). Bei Wiederheirat der Mutter und Geburt eines Kindes innerhalb von 300 Tagen nach Auflösung der früheren Ehe löst § 1593 S. 3 BGB den Konflikt zwischen den als Vätern in Betracht kommenden Ehemännern. Bei Kindern, die nicht von dem Ehemann der Mutter abstammen, kann die Vaterschaft auf Anerkennung oder auf gerichtlicher Feststellung beruhen (§ 1592 Nr. 2, 3 BGB). Vor Wirksamkeit der Anerkennung oder vor Rechtskraft der Feststellung dürfen die Rechtswirkungen der Vaterschaft nicht geltend gemacht werden, sofern sich nicht aus dem Gesetz anderes ergibt (§§ 1594 I, 1600d IV BGB). Deshalb sind Unterhaltsansprüche eines nichtehelichen Kindes gegen seinen (mutmaßlichen) Vater vor Anerkennung[9] oder **vor gerichtlicher Feststellung der Vaterschaft grundsätzlich ausgeschlossen.** Die Abstammung muss im Statusverfahren geklärt werden; über sie soll nicht als Vorfrage in einem der Disposition der Parteien überlassenen Zivilprozess, insbesondere in einem Rechtsstreit über Unterhalt oder über den Regress des Scheinvaters gegen den biologischen Vater, entschieden werden. Nur ausnahmsweise lässt der BGH[10] die Rechtsausübungssperre der §§ 1594 I, 1600d IV BGB in besonders gelagerten Einzelfällen aufgrund einer umfassenden Interessenabwägung nicht eingreifen. Voraussetzung ist, dass die Vaterschaft erfolgreich angefochten[11] und die leibliche Vaterschaft des Anspruchsgegners entweder unstreitig ist oder deren Voraussetzungen (§ 1600d II BGB) substantiiert behauptet werden, aus bestimmten Gründen aber ein Verfahren auf Feststellung der Vaterschaft – wegen Fehlens der Antragsbefugnis – nicht oder nicht in absehbarer Zeit stattfinden kann. Darüber hinaus lässt § 247 FamFG (früher: § 1615o I BGB) die Geltendmachung des Kindesunterhalts für die ersten drei Monate nach der Geburt durch einstweilige Anordnung gegen den Mann zu, der die Vaterschaft anerkannt hat oder der nach § 1600d II, III BGB als Vater vermutet wird. Für den Nasciturus kann die Mutter schon vor der Geburt Unterhalt verlangen (§ 247 II 1 FamFG). Die Bestellung eines Pflegers ist danach nicht erforderlich.[12]

Soweit die Sperrwirkung der §§ 1594 I, 1600d IV BGB eingreift, sind das Kind und die nichteheliche Mutter nicht rechtlos gestellt. Nach § 1613 II Nr. 2a BGB kann Unterhalt nach Anerkennung oder Feststellung der Vaterschaft auch für die davor liegende Zeit geltend gemacht werden, obwohl die Voraussetzungen des § 1613 I 1 BGB, insbesondere Verzug, nicht vorliegen, → § 6 Rn. 109.

Die Vaterschaft kann unter bestimmten Voraussetzungen (vgl. § 1600 BGB) angefochten werden. Die Klärung der Vaterschaft unabhängig vom Anfechtungsverfahren (§ 1598a BGB)[13] hat für das Unterhaltsrecht keine Bedeutung, da allein die Anfechtung der Vaterschaft, die weiterhin an bestimmte Fristen gebunden bleibt, das rechtliche Vater-Kind-Verhältnis beendet.

Ist das Kind mit Einwilligung des Mannes und der Mutter durch künstliche Befruchtung mittels Samenspende eines Dritten gezeugt worden, so ist die Anfechtung der Vaterschaft durch den Mann oder die Mutter ausgeschlossen (§ 1600 IV BGB). Dagegen ist die Anfechtung durch das Kind möglich.

4 Das Kindschaftsrechtsreformgesetz (KindRG)[14] und das Kindesunterhaltsgesetz (KindUG)[15] haben die Unterschiede zwischen **ehelichen und nichtehelichen Kindern** fast völlig beseitigt. Selbst der Begriff „nichteheliches Kind" wird vom Gesetz vermieden, sondern lediglich in § 1615a BGB in schwer verständlicher Weise umschrieben. Auch

---

[8] Eckebrecht in Scholz/Kleffmann FamR-HdB Teil Q Rn. 17a.
[9] Zur im Ausland erklärten Anerkennung vgl. BGH FamRZ 2017, 1682.
[10] FamRZ 2012, 200; 2009, 32; 2008, 1424 mAnm Wellenhofer.
[11] BGH FamRZ 2012, 437.
[12] Keidel/Giers FamFG § 247 Rn. 7.
[13] Vgl. dazu im Einzelnen Frank und Helms FamRZ 2007, 1277.
[14] Vom 16.12.1997 – BGBl. I S. 2942.
[15] Vom 6.4.1998 – BGBl. I S. 666.

1. Abschnitt: Grundlagen § 2

nicht miteinander verheiratete Eltern können seit dem 1.7.1998 das Sorgerecht für ein Kind gemeinsam ausüben (§ 1626a BGB). Für eine Legitimation nichtehelicher Kinder durch Eheschließung der Eltern und durch Ehelichkeitserklärung besteht kein Bedürfnis mehr. Die entsprechenden Vorschriften (§§ 1719 S. 1, 1736 BGB aF) sind ersatzlos aufgehoben worden. Ähnliches gilt für den Unterhalt nichtehelicher Kinder. Die §§ 1615b–1615k BGB aF sind entfallen. Als „Besondere Vorschriften für das Kind und seine nicht miteinander verheirateten Eltern"[16] sind im Gesetz nur noch §§ 1615a, 1615l bis 1615n BGB verblieben. Diese regeln aber nicht die Bemessung des Kindesunterhalts, sondern vorzugsweise die Rechte der Mutter des nichtehelichen Kindes. Der Kindesunterhalt wird noch in § 247 FamFG (früher: § 1615o I BGB) angesprochen. Alle übrigen Sondervorschriften für das nichteheliche Kind in der bis 30.6.1998 geltenden Fassung des BGB sind entweder aufgehoben oder als für alle Kinder geltendes Recht in die §§ 1601 ff. BGB neuer Fassung übernommen worden. Dies bedeutet ua, dass auch die Düsseldorfer Tabelle uneingeschränkt für nichteheliche Kinder anzuwenden ist, → Rn. 310 ff.

Ein Eltern-Kind-Verhältnis kann nach wie vor durch **Adoption** begründet werden 5 (§§ 1754, 1767 II 1 BGB). Durch die Annahme eines minderjährigen Kindes erlischt die Verwandtschaft zu den bisherigen Eltern (§ 1755 I BGB). Unterhaltsrechtlich treten diese Wirkungen teilweise schon ein, sobald die Eltern des minderjährigen Kindes die erforderliche Einwilligung in die Adoption erteilt haben und das Kind in die Obhut des Annehmenden mit dem Ziel der Annahme aufgenommen ist. Von diesem Zeitpunkt an ist der Annehmende vor den Verwandten des Kindes und damit auch vor dessen Eltern zum Unterhalt verpflichtet (§ 1751 IV 1 BGB). Zur Unterhaltspflicht bei der Adoption eines Volljährigen vgl. § 1770 III BGB. Ein vertraglicher Unterhaltsanspruch kann bestehen, wenn ein Mann und eine Frau ein Kind ohne förmliche Annahme zu sich nehmen und es durch mittelbare Falschbeurkundung im Geburtenregister als ihr eigenes Kind eintragen lassen.[17] Zur Auswirkung dieses Anspruchs auf den Familienunterhalt → § 3 Rn. 37.

Die Unterhaltspflicht der Eltern besteht gegenüber **minderjährigen und volljährigen** 6 **Kindern,** solange die → Rn. 7 ff. dargestellten Anspruchsvoraussetzungen vorliegen, insbesondere solange das Kind sich nicht selbst unterhalten kann (§ 1602 BGB). Der Unterhaltsanspruch des minderjährigen und derjenige des volljährigen Kindes sind identisch. Im Einzelnen bestehen manche Unterschiede, → Rn. 28 ff., 299 ff., 468 ff.

2. Übersicht über die wichtigsten Anspruchsvoraussetzungen und Einwendungen gegen den Anspruch

a) Bedürftigkeit. Nach § 1602 I BGB sind Kinder nur unterhaltsberechtigt, wenn sie 7 außerstande sind, sich selbst zu unterhalten, dh, wenn sie bedürftig sind. Das ist in der Regel der Fall, solange sie minderjährig sind und kein eigenes Einkommen haben. Bedürftig sind Kinder auch, solange sie sich noch in einer Berufsausbildung befinden (§ 1610 II BGB). Genaueres → Rn. 54, 68 ff.

Auf die Ursache der Bedürftigkeit kommt es beim Kindesunterhalt grundsätzlich nicht an. Die gesetzliche Regelung des Verwandtenunterhalts enthält keine dem Ehegattenunterhalt vergleichbare Aufzählung von unterschiedlichen Bedarfsgründen und Einsatzzeitpunkten (vgl. §§ 1570 ff. BGB). Das Kind kann auch nach Eintritt der Volljährigkeit erneut bedürftig werden, zB durch Arbeitslosigkeit, Krankheit oder Betreuung eines eigenen Kindes. Jedoch sind dann an die Obliegenheit des volljährigen Kindes, sich selbst durch jede, auch berufsfremde Arbeit zu unterhalten, strenge Anforderungen zu stellen.[18] Genaueres → Rn. 57, 535. Ist das volljährige Kind durch sittliches Verschulden bedürftig geworden, wird nur Unterhalt nach Billigkeit geschuldet (§ 1611 BGB; → Rn. 601, 603).

b) Bedarf. Der Bedarf des Kindes richtet sich im Allgemeinen nach den Lebensverhält- 8 nissen seiner Eltern, da es in der Regel noch keine selbstständige Lebensstellung (vgl.

---

[16] So die Überschrift vor § 1615a BGB.
[17] Vgl. BGH FamRZ 2015, 2134; 1995, 995; OLG Bremen FamRZ 1995, 1291.
[18] BGH FamRZ 1985, 273; 1985, 1245.

§ 1610 I BGB) erreicht hat. Entscheidend sind insbesondere die Einkommens- und Vermögensverhältnisse der Eltern. Genaueres → Rn. 200 ff. Der Bedarf von Kindern, die im Haushalt der Eltern oder eines Elternteils leben, wird üblicherweise nach der Düsseldorfer Tabelle (→ Rn. 319 ff.), bemessen. Die Tabelle baut auf dem **Mindestunterhalt** für minderjährige Kinder auf. Diesen hat § 1612a I 2 BGB seit dem 1.1.2008 auf den doppelten Freibetrag für das sächliche Existenzminimum eines Kindes, also den doppelten Kinderfreibetrag nach § 32 VI 1 EStG festgesetzt. Für die Zeit ab dem 26.11.2015 verweist § 1612a I 2 BGB allgemein auf das steuerfrei zu stellende Existenzminimum. Dieses wird aber nunmehr – losgelöst vom Einkommensteuergesetz – durch Mindestunterhaltsverordnung des Bundesministeriums der Justiz und für Verbraucherschutz (Mindestunterhaltsverordnung) festgelegt (§ 1612a IV BGB), → Rn. 223. Das minderjährige Kind kann den Unterhalt auch als Prozentsatz des jeweiligen Mindestunterhalts verlangen (§ 1612a I BGB), → Rn. 358 ff.

9   c) **Leistungsfähigkeit.** Ein Unterhaltsanspruch des Kindes besteht nur, wenn die Eltern bzw. der barunterhaltspflichtige Elternteil leistungsfähig sind, und zwar gerade in der Zeit, in der das Kind bedürftig ist.[19] Nach § 1603 I BGB sind Eltern nicht unterhaltspflichtig, wenn sie bei Berücksichtigung ihrer sonstigen Verpflichtungen außerstande sind, den Unterhalt ohne Gefährdung ihres eigenen angemessenen Unterhalts zu gewähren. Gegenüber **minderjährigen Kindern** besteht jedoch eine verschärfte Unterhaltspflicht (§ 1603 II 1 BGB). Die Eltern sind minderjährigen Kindern gegenüber verpflichtet, alle verfügbaren Mittel zu ihrem und der Kinder Unterhalt gleichmäßig zu verwenden. Genaueres → Rn. 366 ff. In dieser Weise haften sie auch für den Unterhalt volljähriger unverheirateter Kinder bis zur Vollendung des 21. Lebensjahrs, solange diese im Haushalt der Eltern oder eines Elternteils leben und sich in der allgemeinen Schulausbildung befinden (sog **privilegiert volljährige Kinder**; § 1603 II 2 BGB), → Rn. 579 ff. Ist der unterhaltspflichtige Elternteil nicht in der Lage, allen gleichrangig Berechtigten Unterhalt zu leisten, liegt ein sog Mangelfall vor. Dann werden zunächst die vorrangigen Ansprüche der minderjährigen unverheirateten und der privilegiert volljährigen Kinder befriedigt (§ 1609 Nr. 1 BGB). Im Übrigen ist der zur Verfügung stehende Betrag nach Abzug des Selbstbehalts auf die Berechtigten entsprechend der weiteren Rangordnung des § 1609 BGB zu verteilen; → Rn. 262 ff., Guhling § 5 Rn. 115 ff.

10   d) **Haftung der Eltern.** Nach § 1606 III 1 BGB haften die Eltern für den Barunterhalt anteilig nach ihren Erwerbs- und Vermögensverhältnissen. Jedoch erfüllt der Elternteil, der ein unverheiratetes minderjähriges Kind betreut, seine Unterhaltspflicht in der Regel durch Pflege und Erziehung (§ 1606 III 2 BGB). Zum Bar-, Natural- und Betreuungsunterhalt → Rn. 16 ff. Zur Haftung der Eltern auf Bar- und Betreuungsunterhalt beim minderjährigen Kind → Rn. 410 ff., zur Verteilung der Barunterhaltspflicht beim Wechselmodell oder annähernden Wechselmodell → Rn. 448 f., zur anteiligen Barunterhaltspflicht beim volljährigen Kind → Rn. 560 ff. Wenn ein Elternteil oder ein Dritter anstelle des eigentlich Verpflichteten Unterhalt leistet, kann ein familienrechtlicher Ausgleichsanspruch begründet sein (→ Rn. 767 ff.); ggf. kommt auch ein Übergang des Unterhaltsanspruchs auf den Leistenden in Betracht (§§ 1607 II 2, III, 1608 BGB; → Rn. 773, 787 ff.).

11   e) **Sonderfragen.**
- **Kindergeld** ist seit dem 1.1.2008 zur Deckung des Barbedarfs des Kindes zu verwenden, und zwar zur Hälfte, wenn ein Elternteil seine Unterhaltspflicht durch Betreuung nach § 1606 III 2 BGB erfüllt, im Übrigen in voller Höhe (§ 1612b I BGB).[20] → Rn. 717 ff.
- Bei mehreren Unterhaltsberechtigten und eingeschränkter Leistungsfähigkeit des Verpflichteten kommt es auf die **Rangverhältnisse** an. Dazu Guhling § 5 Rn. 115 ff.
- Unterhalt für die **Vergangenheit** wird nur unter bestimmten Voraussetzungen, insbesondere bei Verzug, geschuldet. Dazu Siebert § 6 Rn. 100 ff.

---

[19] BGH FamRZ 2006, 1511 (1512) = R 658a mAnm Klinkhammer.
[20] Bei beiderseitiger Barunterhaltspflicht ergab sich die bedarfsdeckende Anrechnung des Kindergeldes bereits aus dem Urteil des BGH vom 26.10.2005, FamRZ 2006, 99 = R 641e mAnm Viefhues und Scholz.

- Kindesunterhalt kann wegen illoyalen Verhaltens **verwirkt** werden, nicht jedoch während der Minderjährigkeit des Kindes, → Rn. 601 ff.
- Kindesunterhalt unterliegt seit dem 1.1.2002 der regelmäßigen **Verjährungsfrist** von drei Jahren (§§ 195, 197 II BGB); jedoch ist die Verjährung bis zur Volljährigkeit des Kindes gehemmt (§ 207 I 2 Nr. 2 BGB). Dazu Siebert § 6 Rn. 147 ff. Zum Übergangsrecht vgl. Art. 229 § 6 EGBGB.
- Die Geltendmachung von Kindesunterhalt kann **wegen verspäteter Geltendmachung** nach § 242 BGB unzulässig sein. Dazu Siebert § 6 Rn. 142 ff.
- Ein Unterhaltsanspruch des Kindes kann auch durch **Vertrag** begründet werden. Der gesetzliche Anspruch kann durch Vereinbarungen modifiziert werden, → Rn. 755. Jedoch ist ein **Verzicht** auf künftigen Kindesunterhalt nicht zulässig, → Rn. 758 ff.
- **Sozialleistungen** haben in vielfältiger Hinsicht Einfluss auf den Unterhaltsanspruch des Kindes. Sozialstaatliche Zuwendungen sind grundsätzlich als Einkommen zu behandeln, nicht dagegen subsidiäre Sozialleistungen. Dazu Dose Rn. 1/105 ff., 664 ff. Bei subsidiären Sozialleistungen (→ § 8 Rn. 7 ff.), insbesondere beim Arbeitslosengeld II, bei der Sozialhilfe und beim Unterhaltsvorschuss, geht der Unterhaltsanspruch nach § 33 SGB II, § 94 SGB XII, § 7 UVG uU auf den Sozialleistungsträger über. Im Einzelnen → § 8 Rn. 60 ff., 225 ff., 270 ff.

3. Beginn und Ende des Unterhaltsanspruchs

Die Unterhaltspflicht beginnt mit der Geburt des Kindes und **dauert dem Grunde nach lebenslang** fort, solange das Kind bedürftig ist und die Eltern leistungsfähig sind; sie ist nicht an bestimmte Altersgrenzen gebunden.[21]

Diese Pflicht zur Unterhaltsleistung und zur Finanzierung einer Ausbildung besteht über den Eintritt der Volljährigkeit hinaus für die Dauer normaler Ausbildungs- und Studienzeiten. Das Kind erhält in dieser Zeit den sogenannten Ausbildungsunterhalt (§ 1610 II BGB; → Rn. 68 ff.).

In der Regel **endet der Unterhaltsanspruch,** wenn das Kind nach einer abgeschlossenen Ausbildung in der Lage ist, für seinen Lebensunterhalt selbst zu sorgen. Dies wird meistens erst nach Eintritt der Volljährigkeit der Fall sein. Weigert sich das Kind, sich einer Ausbildung zu unterziehen, muss es seinen Lebensunterhalt selbst durch eigene Arbeit sicherstellen. Dies gilt auch für ein arbeitsfähiges minderjähriges Kind.[22] Unterhaltsansprüche bestehen in einem solchen Fall nicht, solange das Kind sich nicht ausbilden lässt oder nicht wenigstens eine Aushilfsarbeit aufnimmt. Genaueres → Rn. 55 ff. Beginnt das Kind eine Ausbildung oder eine Berufstätigkeit, entfällt seine Bedürftigkeit in Höhe der anzurechnenden Vergütung erst dann, wenn diese tatsächlich gezahlt wird, nicht dagegen schon mit dem Antritt der Ausbildung oder der Erwerbstätigkeit.[23]

Ein bereits entfallener Unterhaltsanspruch kann **wieder aufleben,** wenn und solange das Kind erneut bedürftig wird. An die Bedürftigkeit eines volljährigen Kindes sind dabei strenge Anforderungen zu stellen (→ Rn. 57, 535).[24]

Der Unterhaltsanspruch **erlischt** mit dem Tod des Kindes oder des verpflichteten Elternteils. Für Rückstände und bereits fällige Leistungen gilt dies natürlich nicht (§ 1615 I BGB). Stirbt das Kind während des laufenden Monats, hat der Verpflichtete den Unterhalt für den vollen Monat zu zahlen (§ 1612 III 2 BGB). Er hat auch für die Beerdigungskosten aufzukommen, soweit ihre Bezahlung nicht von dem Erben zu erlangen ist (vgl. §§ 1615 II, 1968 BGB).[25] Abweichend von der Regelung beim Ehegattenunterhalt (§ 1586b BGB) geht die Unterhaltspflicht nicht auf die Erben des Verpflichteten über. Dafür besteht kein Bedürfnis, weil das Kind beim Tod eines Elternteils erb- und pflicht-

---

[21] BGH FamRZ 2011, 1560 Rn. 17; 1984, 682.
[22] OLG Düsseldorf FamRZ 1990, 194.
[23] So zu Recht OLG Hamm FamRZ 2013, 1812; Nickel FamRZ 2006, 887 gegen AG Weiden FamRZ 2006, 565.
[24] BGH FamRZ 1985, 273; 1985, 1245.
[25] LG Münster FamRZ 2009, 431.

teilsberechtigt ist, zudem der nächste Verwandte, in erster Linie der andere Elternteil, Unterhalt zu leisten hat, falls die Erbschaft oder der Pflichtteil den Bedarf des Kindes nicht decken (§ 1601 BGB).

II. Unterhaltsarten

1. Bar-, Betreuungs- und Naturalunterhalt

16   Der Unterhaltsanspruch des Kindes umfasst nach § 1610 II BGB seinen gesamten Lebensbedarf einschließlich der Kosten für eine angemessene Ausbildung und – bei einem minderjährigen Kind – für die Erziehung. Dazu gehören im Wesentlichen Wohnung, Verpflegung, Kleidung, Versorgung, Betreuung, Erziehung, Bildung, Ausbildung, Erholung sowie Gesundheits- und Krankheitsfürsorge.[26] Zu Recht weist das Bundesverfassungsgericht,[27] allerdings im Rahmen von Ausführungen zum steuerlichen Existenzminimum, darauf hin, dass die Eltern auf Grund ihrer Unterhaltspflicht dem Kind auch eine Entwicklung zu ermöglichen haben, die es zu einem verantwortlichen Leben in der Gesellschaft befähigt, insbesondere durch Mitgliedschaft in Vereinen, durch Erlernen moderner Kommunikationstechniken, von Kultur- und Sprachfertigkeiten und durch die sinnvolle Gestaltung der Freizeit und der Ferien. Erbringen die Eltern diese vielfältigen Leistungen nicht in Natur (→ Rn. 18), werden die dafür erforderlichen Kosten dem Kind nach § 1612 I 1 BGB als sog **Barunterhalt** in Form einer Geldrente geschuldet.[28] Dies ist die Regel, wenn die Eltern nicht zusammenleben oder wenn das Kind das Elternhaus verlassen hat.

Der Barunterhaltspflichtige kann nach § 1612 I 2 BGB **verlangen,** dass ihm die Gewährung des Unterhalts ganz oder teilweise **in anderer Art,** zB in der Form von Sachleistungen, gestattet wird, wenn besondere Gründe dies rechtfertigen. Diese Vorschrift, die beim Kindesunterhalt wegen § 1612 II 1 BGB nur geringe praktische Bedeutung hat, ist immerhin die gesetzliche Grundlage dafür, dass ein erwerbstätiger Elternteil den **Krankenversicherungsschutz** seiner Kinder durch Mitversicherung in der gesetzlichen Krankenkasse sicherstellen kann.[29] Dadurch können gegenüber einer privaten Krankenversicherung beachtliche Kosten erspart werden, da Kinder, die sich einer Schul- oder Berufsausbildung unterziehen, bis zum vollendeten 25. Lebensjahr in der Regel im Rahmen der Familienversicherung beitragsfrei mitversichert sind (§ 10 II Nr. 3 SGB V). Ob der Barunterhaltspflichtige, der nicht Mitglied einer gesetzlichen Krankenkasse ist, verlangen kann, dass die Kinder weiter in seiner privaten Krankenversicherung versichert bleiben, hängt von den Umständen ab. Im Allgemeinen werden keine höheren Kosten entstehen, wenn die Versicherung vom sorgeberechtigten Elternteil für die Kinder fortgeführt wird und der Barunterhaltspflichtige die Kosten des Versicherungsschutzes als Teil des Barunterhalts den Kindern zur Verfügung stellt. Anders kann es sein, wenn der betreuende Ehegatte oder das Kind einen Versicherungsvertrag bei einem anderen Unternehmen abschließen will und dadurch höhere Kosten verursachen würde, zB wegen eines Risikozuschlages bei Vorerkrankungen.[30] Dann kann der barunterhaltspflichtige Elternteil nach § 1612 I 2 BGB verlangen, dass die bisherige Mitversicherung im Rahmen seiner Krankenversicherung fortgeführt wird, es sei denn, dass es bei der Erstattung von Krankheitskosten wegen seines Verhaltens (zB nicht pünktliche Weiterleitung der erstatteten

---

[26] BGH FamRZ 1988, 159 (161); 1983, 473.
[27] FamRZ 1999, 285 (290).
[28] Vgl auch BGH FamRZ 2013, 278 (Kein einklagbarer Anspruch auf Rückforderung einer Schenkung oder Geltendmachung eines Pflichtteilsanspruchs zur Herstellung der Leistungsfähigkeit).
[29] OLG Düsseldorf FamRZ 1994, 396 mit Anmerkung van Els FamRZ 1994, 926, der § 1618a BGB für anwendbar hält; zur Mitversicherung des Kindes in einer ausländischen gesetzlichen Krankenversicherung vgl. OLG Karlsruhe FamRZ 2008, 1209.
[30] OLG Koblenz FamRZ 2010, 1457.

Beträge) zu Unzuträglichkeiten gekommen ist.[31] Ist der barunterhaltspflichtige Elternteil, zB als Beamter, beihilfeberechtigt, kann er das Kind darauf verweisen, ihm die Belege über die Krankheitskosten zu überlassen, damit er sie der Beihilfestelle zur Erstattung vorlegen kann. Die Kosten der (privaten) Krankenversicherung sind neben dem Tabellenunterhalt zu zahlen; → Rn. 327, 512, 525.

Leben die Eltern mit dem Kind – wenn auch getrennt – noch in derselben Wohnung, so kann der Pflichtige nach § 1612 I 2 BGB den **Wohnbedarf** des Kindes dadurch decken, dass er die Miete für die gesamte Wohnung oder die Belastungen des Einfamilienhauses (der Eigentumswohnung) trägt. Dies rechtfertigt dann eine Kürzung des sich aus der Düsseldorfer Tabelle ergebenden Tabellenunterhalts, und zwar um rund 20% (SüdL 21.5.2), → Rn. 124 ff., 326.

17

Nach dem Gesetz ist der Barunterhalt nur scheinbar die Regel. Im Gegenteil wird üblicherweise minderjährigen und volljährigen Kindern, die das Elternhaus noch nicht verlassen haben, **Naturalunterhalt** gewährt, wenn die Eltern, ob verheiratet oder nicht, in einem Haushalt zusammenleben. Der Naturalunterhalt findet seine gesetzliche Grundlage in § 1612 II 1 BGB. Danach können Eltern bei unverheirateten Kindern, gleich ob minderjährig oder volljährig, **bestimmen,** in welcher **Art und** für welche **Zeit** im Voraus der Barunterhalt gewährt werden soll, sofern auf die Belange des Kindes die gebotene Rücksicht genommen wird. Dieser Naturalunterhalt umfasst alles, was in Natur zur Befriedigung der Lebensbedürfnisse geleistet wird, wie freie Kost, Wohnung, Versorgung, sonstige Sachaufwendungen und Leistungen, insbesondere für Bildung und Freizeitgestaltung;[32] hinzu kommt aber auch ein angemessenes Taschengeld. Zum Bestimmungsrecht der Eltern → Rn. 32 ff.

18

Naturalunterhalt ist gesetzlich geschuldeter Unterhalt (auch im Sinne des § 844 II BGB), und zwar selbst dann, wenn er einem verheirateten (behinderten) volljährigen Kind geleistet wird.[33] Er ist nicht kostenlos, da Nahrung, Kleidung, Spielzeug, Bücher, Lernmittel usw gekauft werden müssen und auch der für das Kind bestimmte Wohnraum finanzielle Aufwendungen erfordert. Diese Aufwendungen für das im Haushalt der Eltern lebende Kind sind bei verheirateten Eltern Teil des Familienunterhalts, zu dem beide Ehegatten durch ihre Arbeit und ihr Vermögen beizutragen haben; dabei steht die Haushaltsführung der Erwerbstätigkeit gleich (§ 1360 BGB; → § 3 Rn. 14, 45). Dieses gilt auch für das bei den Eltern lebende volljährige, unverheiratete Kind. Ihm wird auf Grund einer konkludenten Bestimmung der Eltern Naturalunterhalt gewährt. Es hat dann kein Recht auf Unterhalt in Form einer Geldrente (→ § 3 Rn. 12). Andererseits hat ein solches Kind, wenn es den Haushalt der Eltern verlassen hat, keinen Anspruch, dort wieder gegen deren Willen aufgenommen zu werden; die Eltern schulden in diesem Fall dem bedürftigen Kind eine Geldrente (§ 1612 I 1 BGB), allein sie bestimmen, nicht das Kind, ob es Naturalunterhalt erhalten soll.[34] Bei einem minderjährigen Kind ist die Bestimmung Ausfluss der elterlichen Sorge. Steht den Eltern die Sorge gemeinsam zu, ist die Bestimmung von beiden zu treffen, da sie – ebenso wie die Festlegung des Aufenthalts des Kindes bei dem einen oder anderen Elternteil – keine Angelegenheit des täglichen Lebens ist, über die der Elternteil, der das Kind in Obhut hat, allein entscheiden darf (vgl. § 1687 I 1, 2 BGB). Können sich die Eltern nicht einigen, muss das Familiengericht entscheiden und die Bestimmung einem Elternteil übertragen (§ 1628 BGB). Hat ein Elternteil allein das Sorgerecht, so bestimmt er, ob Naturalunterhalt zu gewähren ist. Der nicht sorgeberechtigte Elternteil kann die Bestimmung nur für die Zeit treffen, in der das Kind in seinen Haushalt aufgenommen worden ist (§ 1612 II 2 BGB; → Rn. 40). Bei einem Volljährigen hat grundsätzlich der von diesem in Anspruch genommene Elternteil das Bestimmungsrecht (→ Rn. 41 ff.).

Bei minderjährigen Kindern werden außer dem Barunterhalt noch die Versorgung, Betreuung, Erziehung und Haushaltsführung für das Kind geschuldet. Es ist dies ein reiner

19

---

[31] Vgl. OLG Düsseldorf FamRZ 1992, 981 (983).
[32] Vgl. Klinkhammer FamRZ 2010, 845.
[33] BGH FamRZ 2006, 1108 mAnm Luthin.
[34] BGH FamRZ 1994, 1102 = R 480 mAnm Scholz FamRZ 1994, 1314.

Leistungsaufwand, der **Betreuungsunterhalt** genannt wird. Er darf nicht mit dem Naturalunterhalt verwechselt werden.[35] Der Naturalunterhalt deckt anstelle des vom Gesetz (§ 1612 I 1 BGB) als Regel vorgesehenen Barunterhalts die materiellen Bedürfnisse des Kindes, während der Betreuungsunterhalt den Anspruch des Kindes auf Pflege und Erziehung, also auf persönliche Zuwendung und Versorgung, befriedigen soll. Der betreuende Elternteil erfüllt nach § 1606 III 2 BGB seine Verpflichtung, zum Unterhalt des Kindes beizutragen, in der Regel durch dessen Pflege und Erziehung, bei der er sich allerdings der Hilfe Verwandter oder sonstiger Dritter bedienen kann (→ Rn. 411). Die Auffassung des BGH,[36] das Recht des Kindes auf Betreuung beruhe nicht auf seinem Unterhaltsanspruch, trifft daher nicht zu. Dies räumt der BGH[37] nunmehr selbst ein, wenn er eine Pflicht der Mutter, bei der ihr minderjähriges Kind lebt, zur Leistung von Betreuungsunterhalt verneint, wenn sie krankheitsbedingt nicht in der Lage ist, das Kind angemessen zu versorgen. Richtig ist allerdings, dass das Kind den Anspruch auf Betreuung nicht einklagen, sondern nur die Verurteilung der Eltern zur Leistung von Barunterhalt gerichtlich durchsetzen kann (§ 1612 I 1 BGB). Anspruch und Klagbarkeit sind jedoch nicht unbedingt miteinander verknüpft.[38]

2. Gleichwertigkeit von Bar- und Betreuungsunterhalt

20   Bei **Minderjährigen** erfüllt der Elternteil, bei dem das Kind lebt, seinen Anteil an der gesamten Unterhaltsverpflichtung in der Regel durch die Pflege, Betreuung und Erziehung des Kindes (§ 1606 III 2 BGB). Er leistet den **Betreuungsunterhalt** (→ Rn. 19). Bar- und Betreuungsunterhalt sind im Regelfall **gleichwertig**.[39] Dies gilt jedenfalls, wenn sich die Einkommensverhältnisse beider Eltern im mittleren Bereich halten und das Einkommen des barunterhaltspflichtigen Elternteils nicht wesentlich geringer ist als das des betreuenden Elternteils.[40] Nur in Ausnahmefällen kann der betreuende Elternteil auch – ganz oder teilweise – zum Barunterhalt herangezogen werden (→ Rn. 416 ff.). § 1606 III 2 BGB gilt nur im Verhältnis der Eltern zueinander, nicht aber im Verhältnis zu den nachrangig haftenden Großeltern.[41] → Rn. 787. Ist ein Elternteil verstorben oder zB wegen einer Erkrankung weder zur Zahlung von Barunterhalt noch zur Pflege und Erziehung des Kindes in der Lage, muss der andere sowohl den Bar- als auch den Betreuungsunterhalt sicherstellen.[42] Lebt das Kind in seinem Haushalt, erhält es Naturalunterhalt (→ Rn. 18). Wird das Kind vollständig von Dritten, zB den Großeltern betreut, soll der Betreuungsunterhalt pauschal in Höhe des sich aus der Düsseldorfer Tabelle ergebenden Barunterhalts bemessen werden (→ Rn. 22). Der Elternteil schuldet dann den doppelten Tabellenbetrag. Dies schließt freilich nicht aus, dass auch höhere Betreuungskosten, zB bei Aufenthalt in einem Heim, vom Elternteil zu tragen sind.[43]

21   Der **nicht betreuende Elternteil** ist dem minderjährigen Kind – von Ausnahmefällen (→ Rn. 416) abgesehen – **allein barunterhaltspflichtig**. Er trägt die Kosten des gesamten Lebensbedarfs (→ Rn. 216 ff., 326 ff.) und stellt die dafür benötigten Mittel in Form einer Geldrente (§ 1612 I 1 BGB) als Barunterhalt zur Verfügung. Im Einvernehmen mit dem anderen Elternteil kann er einen Teil des Barunterhalts auch in der Form von Sachleistungen, also als Naturalunterhalt, erbringen.[44] Auch besondere Gründe können nach § 1612 I 2 BGB die Gewährung von Naturalunterhalt rechtfertigen (→ Rn. 16 f.).

---

[35] Ungenau: BGH FamRZ 1994, 1102 = R 480 mAnm Scholz FamRZ 1994, 1314 (1315).
[36] BGH FamRZ 1994, 1102 = R 480 mAnm Scholz FamRZ 1994, 1314.
[37] FamRZ 2010, 1888 mAnm Hauß = R 717b.
[38] Scholz FamRZ 1994, 1314.
[39] BGH FamRZ 2006, 1597 f. = R 659a mAnm Born; BGH FamRZ 1994, 696 (699) = R 477c.
[40] BGH FamRZ 1991, 182; 1980, 994 = NJW 1980, 2306.
[41] OLG Jena FamRZ 2009, 1498.
[42] BGH FamRZ 2010, 1888 mAnm Hauß = R 717b; 2009, 762 (767).
[43] BGH FamRZ 2006, 1597 mit kritischer Anm. Born.
[44] BGH FamRZ 1987, 58; 1985, 584.

1. Abschnitt: Grundlagen § 2

Der Aufwand, den die Betreuung eines minderjährigen Kindes erfordert, ist je nach 22
dessen Alter, Gesundheit und Eigenart unterschiedlich. Darauf kommt es aber in der Regel
nicht an. Barleistungen und Betreuungsleistungen sind rechtlich gleichwertig (§ 1606 III 2
BGB). Damit trägt das Gesetz der Tatsache Rechnung, dass eine auf den Einzelfall
abstellende rechnerische Bewertung des Betreuungsaufwands meist unzulänglich bleiben
müsste. Einer rechnerischen Bewertung (Monetarisierung) der Betreuung, zB durch den
Ansatz von Aufwendungen, die für die Besorgung vergleichbarer Dienste durch Hilfskräfte
erforderlich wären, bedarf es grundsätzlich nicht.[45] Zu Ausnahmefällen → Rn. 416 ff.
Wenn kein Elternteil seine Unterhaltspflicht durch Pflege und Erziehung erfüllt
(§ 1606 III 2 BGB), müssen die Eltern oder der allein leistungsfähige Elternteil auch den
Betreuungsunterhalt sicherstellen, der nach Auffassung des BGH[46] grundsätzlich pauschal
in Höhe des sich aus der Düsseldorfer Tabelle ergebenden Barunterhalts angesetzt werden
kann. Der Unterhaltsbedarf beträgt also das Doppelte des Tabellenbetrages, wenn nicht
höhere Betreuungskosten, zB bei Aufenthalt in einem Heim oder einem Internat, einen
konkret zu berechnenden Mehrbedarf begründen, → Rn. 20. Der BGH hat zudem
Kosten einer Kindertagesstätte anerkannt, weil sie den Betreuungsbedarf des Kindes abdecken und in den Tabellenbeträgen der Düsseldorfer Tabelle nicht enthalten sind.[47]
Dies schließt freilich nicht aus, den vom betreuenden Elternteil übernommenen Aufwand, der ihm dadurch entsteht, dass er infolge seiner Berufstätigkeit die Versorgung des
Kindes zum Teil Dritten übertragen muss, bei der Berechnung des Ehegattenunterhalts
einvernehmlich als Werbungskosten oder berufsbedingte Aufwendungen zu berücksichtigen.[48] Genaueres → Rn. 400 f., 411, 419 ff., 458 sowie → § 1 Rn. 107.

Der **Grundsatz der Gleichwertigkeit** von Bar- und Naturalunterhalt gilt nach der 23
Rechtsprechung des BGH im Regelfall für **jede Altersstufe** minderjähriger, unverheirateter Kinder bis zum Eintritt der Volljährigkeit.[49]

Die Einführung des **gemeinsamen Sorgerechts** hat dazu geführt, dass etliche Eltern 24
auch nach Trennung und/oder Scheidung die Verantwortung für ihre minderjährigen
Kinder weiter gemeinsam wahrnehmen und die Betreuung unter sich aufteilen. In solchen
Fällen wird man nicht stets davon ausgehen können, dass ein Elternteil den gesamten
Barunterhalt allein zu tragen hat. Teilen die Eltern die Versorgungs- und Erziehungsauf-
gaben etwa hälftig unter sich auf, kommt eine anteilige Barunterhaltspflicht in Betracht.[50]
→ Rn. 449.

Während das Gesetz bis zum 30.6.1998 davon ausging, dass ein **nichteheliches Kind** 25
von seiner allein sorgeberechtigten Mutter betreut wurde und der Vater lediglich Barunterhalt zu leisten hatte (§§ 1615 f., 1705 BGB aF), kann der Vater seitdem seine Unterhaltspflicht auch durch Betreuung erfüllen. Solange die Eltern in einer nichtehelichen
Gemeinschaft zusammenleben, wird dem Kind ohnehin Naturalunterhalt (→ Rn. 18)
geleistet. Dies beruht auf einer Bestimmung der sorgeberechtigten Mutter oder der nach
§ 1626a BGB gemeinsam sorgeberechtigten Eltern. Trennen die Eltern sich später, so steht
es ihnen frei, den Aufenthalt des Kindes beim Vater festzulegen. Dann hat dieser Betreu-
ungs- und die Mutter Barunterhalt zu leisten.

Ab Erreichen der **Volljährigkeit** werden **keine Betreuungsleistungen** mehr geschul- 26
det.[51] An die Stelle des entfallenden Betreuungsunterhalts tritt erhöhter Barbedarf.[52] Die
Unterhaltsbemessung erfolgt nach § 1606 III 1 BGB, dh anteilig nach den Einkommens-
und Vermögensverhältnissen beider Eltern.[53] Dies gilt grundsätzlich auch dann, wenn das

---

[45] BGH FamRZ 2017, 711; 2006, 1597 f. = R 659a mAnm Born.
[46] FamRZ 2006, 1597 = R 659a mit kritischer Anm. Born.
[47] BGH FamRZ 2009, 962; vgl. aber BGH FamRZ 2018, 23.
[48] BGH FamRZ 2018, 23.
[49] BGH FamRZ 2006, 1597 (1599) = R 659a mAnm Born; FamRZ 1994, 696 (698).
[50] BGH FamRZ 2006, 1015 (1017) = R 646b mAnm Luthin; vgl auch BGH FamRZ 2014, 917 (zu weit über durch das übliche Umgangsrecht hinausgehenden Kosten).
[51] BGH FamRZ 2006, 99 f. = R 641d mAnm Viefhues und Scholz; FamRZ 2002, 815 (817) = R 570b.
[52] BGH FamRZ 2002, 815 (817) = R 570b.
[53] BGH FamRZ 2002, 815 (817) = R 570b.

volljährige Kind weiterhin die Schule besucht und sich an seinen Lebensverhältnissen zunächst nichts ändert, es zB weiter im Haushalt der Mutter lebt und von ihr versorgt wird. Das Gegenteil ergibt sich auch nicht aus §§ 1603 II 2, 1609 Nr. 1 BGB. Diese Vorschriften stellen sog **privilegiert volljährige Kinder,** also volljährige unverheiratete Kinder bis zur Vollendung des 21. Lebensjahres, solange sie im Haushalt der Eltern oder eines Elternteils leben und sich in der allgemeinen Schulausbildung befinden, minderjährigen Kindern gleich; dies gilt aber nur für Leistungsfähigkeit und Rang.[54] Daher ist für eine entsprechende Anwendung des § 1606 III 2 BGB auf privilegiert volljährige Kinder kein Raum.[55] Im Einzelnen → Rn. 579 ff. Zur Anwendung des § 1606 III 1 BGB, wenn das volljährige Kind wegen Krankheit oder Behinderung tatsächlich betreuungsbedürftig ist, → Rn. 577.

27 Sind **beide Eltern** dem Kind **barunterhaltspflichtig,** haften sie anteilig nach ihren Erwerbs- und Vermögensverhältnissen (§ 1606 III 1 BGB). Allerdings kann – und wird regelmäßig – auch der (hauptsächlich) betreuende Elternteil einen Teil des Barunterhalts tragen, wenn dieser ebenfalls Einkünfte erzielt.[56] Wegen der Einzelheiten vgl. für das minderjährige Kind → Rn. 418 ff. und für das volljährige Kind → Rn. 560 ff.

3. Verhältnis des Minderjährigen- zum Volljährigenunterhalt

28 Minderjährigen- und Volljährigenunterhalt sind **identisch.**[57] Dies gilt auch dann, wenn das Kind verheiratet ist, gleichwohl aber noch eine Unterhaltspflicht der Eltern besteht.[58] Allerdings ist der Unterhaltsanspruch des minderjährigen Kindes gegenüber dem des volljährigen Kindes bevorzugt ausgestaltet. Eltern haften dem minderjährigen unverheirateten Kind verschärft und haben daher ihre verfügbaren Mittel bis zum notwendigen Selbstbehalt von 1080,– EUR bei Erwerbstätigen bzw. 880,– EUR bei Nichterwerbstätigen nach Anm. A 5 I der Düsseldorfer Tabelle Stand: 1.1.2015 einzusetzen (§ 1603 II 1 BGB). Während diese verschärfte Haftung früher mit dem Eintritt der Volljährigkeit endete, gilt sie ab 1.7.1998 auch zugunsten sog privilegiert volljähriger Kinder bis zur Vollendung des 21. Lebensjahres, solange sie im Haushalt der Eltern oder eines Elternteils leben, nicht verheiratet sind und sich in der allgemeinen Schulausbildung befinden (§ 1603 II 2 BGB), → Rn. 579 ff. Ihrem nicht privilegiert volljährigen Kind haften Eltern nur bis zur Grenze ihres eigenen angemessenen Unterhalts (§ 1603 I BGB), der nach Anm. A 5 II der Düsseldorfer Tabelle 1300,– EUR beträgt. Ab Volljährigkeit wird Betreuungsunterhalt nicht mehr geschuldet (→ Rn. 26). Der Elternteil, der seine Unterhaltsverpflichtung bisher durch Betreuung erfüllte, haftet nun, Leistungsfähigkeit vorausgesetzt, ebenfalls anteilig auf Barunterhalt (§ 1606 III 1 BGB). Volljährigenunterhalt kann verwirkt werden, Minderjährigenunterhalt dagegen nicht (§ 1611 II BGB). Diese und weitere Besonderheiten, die für den Unterhalt Minderjähriger bestehen (→ Rn. 299 ff.), rechtfertigen nicht, den Anspruch auf Volljährigenunterhalt als eigenständigen Anspruch aufzufassen. Die unveränderte Fortdauer des die Unterhaltspflicht begründenden Verwandtschaftsverhältnisses über den Eintritt der Volljährigkeit hinaus unterscheidet den Verwandtenunterhalt grundsätzlich vom Ehegattenunterhalt, der für die Zeit vor und nach der Scheidung auf jeweils anderen Anspruchsgrundlagen beruht.[59]

29 Dies hat zur Folge, dass **gerichtliche Entscheidungen über Unterhalt** und Vergleiche, die aus der Zeit der Minderjährigkeit des Kindes stammen, über den Zeitpunkt der Vollendung der Volljährigkeit hinaus **weiter gelten.**[60] Dies gilt sowohl für Titel, die auf einen bestimmten Unterhalt lauten, als auch für solche, die einen dynamischen Unterhalt

---

[54] BGH FamRZ 2002, 815 (817) = R 570b.
[55] BGH FamRZ 2002, 815 (817) = R 570b unter Hinweis auf die ganz herrschende Meinung.
[56] Vgl. BGH FamRZ 2017, 437; 2017, 711.
[57] BGH FamRZ 1994, 696.
[58] OLG Koblenz FamRZ 2007, 653.
[59] BGH FamRZ 1984, 682.
[60] BGH FamRZ 2006, 99 (100); 1983, 582; OLG Saarbrücken FamRZ 2007, 1829; anders zu Unrecht OLG Hamm FamRZ 2006, 48 mit zustimmender Anm. Otten und ablehnender Anm. Stollenwerk.

1. Abschnitt: Grundlagen § 2

im Sinne des § 1612a I 1 BGB titulieren.[61] Im Übrigen ist in verfahrensrechtlicher Hinsicht zu beachten:
– Hat ein Elternteil einen Titel in Verfahrensstandschaft für das minderjährige Kind nach § 1629 III 1 BGB erwirkt, ist nach Eintritt der Volljährigkeit gemäß § 1629 III 2 BGB, § 727 ZPO eine **Titelumschreibung** auf den Volljährigen nötig.[62]
– Wird das Kind während eines noch schwebenden Verfahrens, in dem ein Elternteil gegen den anderen Kindesunterhalt in Verfahrensstandschaft geltend macht, volljährig, so kann es nach der neueren Rechtsprechung des BGH nur durch **gewillkürten Beteiligtenwechsel** (früher: Parteiwechsel) an Stelle des bisherigen Antragstellers in das Verfahren eintreten (vgl Schmitz § 10 Rn. 50).[63]
– Führt der vertretungsberechtigte Elternteil das Unterhaltsverfahren im Namen des Kindes (vgl. § 1629 I 3, II 2 BGB), fällt mit Volljährigkeit die gesetzliche Vertretung fort. Dasselbe gilt, wenn das Jugendamt im Verfahren als Beistand und damit als gesetzlicher Vertreter des Kindes aufgetreten war.[64] Das Verfahren muss vom volljährigen Kind selbst weiter betrieben werden.
– Einzelheiten zur Verfahrensstandschaft → § 2 Rn. 448 Schmitz § 10 Rn. 47 ff.

Ein wirksamer Unterhaltstitel aus der Zeit der Minderjährigkeit kann nach Eintritt der Volljährigkeit nur auf **Abänderungsantrag** (§ 238 FamFG) abgeändert werden. Ein Leistungsantrag auf höheren Unterhalt ist ebenso unzulässig[65] wie ein Vollstreckungsgegenantrag, den der Schuldner geltend macht.[66] 30

Materiell endet der Unterhalt des Minderjährigen mit dem Tag der Volljährigkeit, nicht erst am Monatsende. Der Volljährigenunterhalt beginnt mit dem 18. Geburtstag des Kindes und nicht am Ersten des Monats, in den der Geburtstag fällt, oder gar erst am Ersten des folgenden Monats (→ Rn. 308, 330, 479). § 1612a III BGB bezieht sich nur auf den Minderjährigenunterhalt. Dies kann bei Abänderungsklagen wegen erhöhten Bedarfs oder wegen geminderter Leistungsfähigkeit des Verpflichteten infolge des veränderten Selbstbehaltssatzes (angemessener Selbstbehalt von 1300,– EUR statt des notwendigen Selbstbehalts von 1080,– EUR bzw. 880,– EUR) eine Rolle spielen (→ Rn. 385, 536 ff., 546 ff.). 31

Der anteilige Unterhalt bis zum Tage der Volljährigkeit ist in der Weise zu berechnen, dass die monatliche Unterhaltsrente mit dem Kalendertag multipliziert und durch die Anzahl der Tage im Monat (zB 30 oder 31) dividiert wird.[67]

III. Bestimmungsrecht der Eltern

1. Bestimmungsrecht

Nach § 1612 II 1 BGB können Eltern gegenüber **unverheirateten** Kindern bestimmen, in welcher Art (Bar- oder Naturalunterhalt) und für welche Zeit im Voraus Unterhalt gewährt werden soll. Daher können sie insbesondere festlegen, dass der Unterhalt weiterhin im Elternhaus entgegenzunehmen ist. In Ausnahmefällen kommt die Gewährung von Naturalunterhalt auch bei verheirateten Kindern in Betracht.[68] 32

Dieses Bestimmungsrecht gilt gegenüber **minderjährigen und volljährigen** Kindern.[69] Es ist bei einem Minderjährigen Ausfluss der elterlichen Sorge (→ Rn. 18). 33

---

[61] BGH FamRZ 2006, 99 (100); anders zu Unrecht OLG Hamm FamRZ 2006, 48 mit zustimmender Anm. Otten und ablehnender Anm. Stollenwerk.
[62] Vgl. BGH FamRZ 2015, 2150.
[63] BGH FamRZ 2013, 1378 Rn. 7.
[64] OLG Brandenburg FamRZ 2006, 1782.
[65] BGH FamRZ 1988, 1039; 1984, 682.
[66] OLG Koblenz FamRZ 2007, 653.
[67] BGH FamRZ 1988, 604.
[68] BGH FamRZ 2006, 1108.
[69] BGH FamRZ 1996, 798; 1993, 417 (420).

Der Gesetzgeber hat das umstrittene Bestimmungsrecht der Eltern bei einem volljährigen Kind zu Recht nicht in Frage gestellt. Könnte das Kind nach Eintritt der Volljährigkeit stets das Elternhaus verlassen und Unterhalt in Form einer Geldrente verlangen, würden die Eltern vielfach wirtschaftlich überfordert.[70] Jedoch wird in § 1612 II 1 BGB ausdrücklich klargestellt, dass die Bestimmung nur wirksam ist, sofern auf die Belange des Kindes die gebotene Rücksicht genommen wird. Dies hat Bedeutung insbesondere für das volljährige Kind.[71]

34 Eine wirksame Bestimmung setzt voraus, dass der Unterhaltsanspruch als solcher nicht bestritten, sondern nur die Art der Unterhaltsgewährung einseitig geregelt wird.[72]

35 Sachlich muss die Bestimmung, wie sich aus § 1610 II BGB ergibt, den **gesamten Lebensbedarf** des Kindes umfassen. Das schließt nicht aus, eine Bestimmung dahin zu treffen, dass der Unterhalt zu einem abgrenzbaren Teil in Natur (zB Wohnung und Verpflegung im Elternhaus) und im Übrigen in Geld (zB als Taschengeld sowie für sonstige Sachaufwendungen) gewährt wird. In solchen Fällen ist auch die Überlassung von Geldbeträgen ein Teil des in Form von Naturalleistungen gewährten Unterhalts.[73] Es reicht dagegen nicht aus, wenn Eltern einzelne Betreuungs- und Pflegeleistungen anbieten, den übrigen Unterhalt aber offen lassen.[74]

36 Das Bestimmungsrecht nach § 1612 II 1 BGB verschafft den Eltern über die Volljährigkeit hinaus einen gewissen **Einfluss auf die Lebensführung** des Kindes. Allerdings haben sie bei der Ausübung des Bestimmungsrechts auf die Belange des Kindes die gebotene Rücksicht zu nehmen (§ 1612 II 1 BGB; → Rn. 33, 45 f.); auch sind volljährige Kinder zur Selbstbestimmung herangewachsen. Jedoch schulden nicht nur die Eltern, sondern auch die Kinder ihren Eltern Beistand und Rücksicht (§ 1618a BGB), zumal da sie von ihnen wirtschaftlich abhängig sind. Außerdem werden die Eltern bei einer solchen Bestimmung in der Regel wirtschaftlich – vor allem durch Ersparnisse bei den Wohnkosten – entlastet. Es kann daher Kindern nach wie vor in der Regel zugemutet werden, nach Volljährigkeit noch gewisse Zeit im Elternhaus zu verbleiben. In diesem Zusammenhang ist darauf hinzuweisen, dass auch das SGB II volljährigen Kindern unter 25 Jahren ein Verbleiben im Elternhaus grundsätzlich zumutet (§§ 7 III Nr. 4, 22 V SGB II;[75] → § 8 Rn. 181, 205). Die berechtigten Interessen des Kindes werden dadurch geschützt, dass die Bestimmung der Eltern nur wirksam ist, wenn sie auf seine Belange die gebotene Rücksicht nehmen. Insbesondere darf die Bestimmung der Eltern nicht die Ausbildung des Kindes behindern oder gefährden.

37 Das Bestimmungsrecht ist ein **Gestaltungsrecht**.[76] Es ist gegenüber bereits volljährigen Kindern durch eine rechtsgeschäftliche, empfangsbedürftige Willenserklärung auszuüben. Da für die Bestimmung keine besondere Form vorgeschrieben ist, kann sie auch durch schlüssiges Verhalten erfolgen. Letzteres setzt allerdings voraus, dass der Verpflichtete weiß oder wenigstens mit der Möglichkeit rechnet, einer von ihm durch konkludentes Verhalten abgegebenen Erklärung könne rechtliche Bedeutung zukommen. Bei der Prüfung, ob im Einzelfall eine den gesetzlichen Anforderungen gerecht werdende Bestimmung vorliegt, gelten die allgemeinen Grundsätze zur Ermittlung des Inhalts empfangsbedürftiger Willenserklärungen. Dabei ist davon auszugehen, wie die Erklärung von dem Empfänger aufgefasst wurde oder bei unbefangener Würdigung nach Treu und Glauben aufgefasst werden musste.[77]

Haben die Eltern vereinbart, der Vater solle Unterhalt in Natur gewähren, so kann in der tatsächlichen Handhabung der Unterhaltsgewährung in der Folgezeit eine dieser Ver-

---

[70] Vgl. dazu die Begründung des Regierungsentwurfs zum UÄndG BT-Drs. 16/1830, 26.
[71] Vgl. Beschlussempfehlung und Bericht des Rechtsausschusses zum KindUG, BT-Drs. 13/9596, 32.
[72] OLG Stuttgart FamRZ 1984, 504.
[73] BGH FamRZ 1985, 584; 1984, 37; 1983, 369.
[74] BGH FamRZ 1993, 417 (420).
[75] In der Fassung der Bekanntmachung vom 13.5.2011 – BGBl. I S. 850.
[76] OLG Brandenburg FamRZ 2004, 900.
[77] BGH FamRZ 1983, 369; OLG Brandenburg FamRZ 2004, 900.

einbarung entsprechende elterliche Unterhaltsbestimmung durch schlüssiges Verhalten gesehen werden.[78] Den Eltern und dem Kind bleibt es unbenommen, Art und Höhe des Unterhalts durch **Vertrag** zu regeln (→ Rn. 755). So können die Eltern eine ihnen gehörende Eigentumswohnung dem Kind zum Wohnen überlassen und insoweit Naturalunterhalt gewähren, wenn sie die Kosten der Wohnung selbst tragen. Die Beteiligten können aber auch einen Mietvertrag abschließen. Dann sind die Eltern nur zum Barunterhalt verpflichtet. Das Kind hat mit Hilfe des Unterhalts die Miete zu entrichten.[79]

2. Bestimmungsberechtigung

Das Bestimmungsrecht steht nach § 1612 II 1 BGB den Eltern grundsätzlich gemeinsam zu. Es ist bei minderjährigen unverheirateten Kindern Ausfluss der elterlichen Sorge, die auch die Unterhaltsgewährung umfasst (→ Rn. 18). Bei unverheirateten volljährigen Kindern gibt es den Eltern die Möglichkeit, auf die Art der Unterhaltsgewährung Einfluss zu nehmen. Sie dürfen dieses Recht allerdings nur ausüben, wenn sie auf die Belange des Kindes die gebotene Rücksicht nehmen (§§ 1612 II 1, 1618a BGB), → Rn. 33, 36. **38**

a) Minderjährige Kinder. Leben die Eltern getrennt oder sind sie geschieden, steht das Bestimmungsrecht dem Inhaber des Sorgerechts als Teil der Personensorge zu (§ 1631 I BGB). Bei gemeinsamer elterlicher Sorge üben die Eltern es gemeinsam aus. Bei Meinungsverschiedenheiten müssen sie versuchen, sich zu einigen (§ 1627 S. 2 BGB). Misslingt das, können sie das Familiengericht anrufen. Dieses kann die Entscheidung einem Elternteil übertragen und die Übertragung mit Beschränkungen und Auflagen verbinden (§ 1628 BGB). Bei alleiniger elterlicher Sorge eines Elternteils hat nur dieser das Bestimmungsrecht.[80] Der andere Elternteil ist an die Bestimmung gebunden. Er kann insbesondere nicht die Übersiedlung des Kindes in seinen Haushalt verlangen, wenn das Kind beim Sorgeberechtigten wohnt und es von diesem im Sinne des § 1606 III 2 BGB betreut wird. Wechselt das Kind gegen den Willen des Sorgeberechtigten zum anderen Elternteil, geht das Bestimmungsrecht nicht auf diesen über.[81] Es bleibt dem anderen Elternteil überlassen, eine Änderung des Sorgerechts zu erwirken (§ 1696 BGB). Die Entscheidung des Familiengerichts über das Sorgerecht ist für den Unterhaltsprozess bindend. Trifft der Sorgeberechtigte die Bestimmung, dass das Kind von Dritten, zB in einer Pflegefamilie, einem Heim oder einem Internat betreut wird und entstehen dadurch erhebliche Mehrkosten, kann im Unterhaltsprozess geprüft werden, ob gewichtige Gründe diese Kosten rechtfertigen, → Rn. 456 ff. Mit der **Vereinbarung eines Wechselmodells** ist keine gemeinsame Bestimmung der Eltern nach § 1612 II BGB getroffen, den Unterhalt wie vor der Trennung insgesamt in Naturalien zu leisten. Denn die von den Eltern getroffene Vereinbarung des Wechselmodells betrifft lediglich die Ausübung der elterlichen Sorge in Bezug auf die Betreuung und den Aufenthalt des Kindes.[82] **39**

Der nicht sorgeberechtigte Elternteil kann eine Bestimmung nur für die Zeit treffen, in der das Kind in seinen Haushalt aufgenommen ist (§ 1612 II 2 BGB). Ein solches Recht hat er jedoch nicht für die üblichen Besuche der Kinder in den Ferien, auch wenn diese einige Wochen dauern. Derartige Besuche ermöglichen nur die **Ausübung des Umgangsrechts;** sie sind nicht unvorhersehbar und geben dem barunterhaltspflichtigen Elternteil deshalb grundsätzlich nicht die Befugnis, die pauschalierte monatliche Unterhaltsrente zu kürzen.[83] Die Betreuung im **Wechselmodell** begründet noch keine Haushaltsaufnahme im Sinne von § 1612 II 2 BGB.[84] Sie berechtigt den Barunterhaltspflichtigen also nicht etwa zu der Bestimmung, dass er den geschuldeten Unterhalt ausschließlich durch Naturalleistungen erbringen könne. Das schließt aber nicht aus, dass vom Unter- **40**

---

[78] BGH FamRZ 1985, 584.
[79] Zur steuerlichen Zulässigkeit einer solchen Vereinbarung BFH NJW 2000, 758.
[80] OLG Brandenburg FamRZ 2004, 900 f.
[81] OLG Koblenz NJW 2006, 3649.
[82] BGH FamRZ 2017, 437 Rn. 22.
[83] BGH FamRZ 2006, 1015 (1017) = R 646d; 2007, 707 = R 672c mAnm Luthin.
[84] BGH FamRZ 2017, 437 Rn. 45.

haltspflichtigen während seiner Betreuungszeit erbrachte Naturalleistungen als (teilweise) Erfüllung des von ihm geschuldeten Unterhalts anzurechnen sind.[85] → Rn. 271, 449. Der Vater, der während einer längeren Krankheit der Mutter mit deren Zustimmung oder kraft einer einstweiligen Anordnung das Kind in seinen Haushalt aufnimmt, trifft dadurch konkludent die Bestimmung, dass er Unterhalt in Natur gewähren will. Daran ist er auch nicht durch eine gerichtliche Entscheidung gehindert, die ihn zu einem früheren Zeitpunkt zur Zahlung von Barunterhalt an das Kind verpflichtet hatte.[86] Zur Minderung der Leistungsfähigkeit durch Umgangskosten → Rn. 271 ff., zum Kindesunterhalt bei gemeinsamer elterlicher Sorge → Rn. 447 ff.

41   b) **Volljährige Kinder.** Bei diesen legt es der unterhaltsrechtliche Zusammenhang nahe, im Regelfall das Bestimmungsrecht **dem Elternteil** zuzubilligen, **der** von dem volljährigen Kind **in Anspruch genommen wird.** Dieser kann das Recht – auch durch Erklärung in einem Unterhaltsverfahren –, einseitig ohne Mitwirkung des anderen Elternteils ausüben, hat jedoch dessen Interessen zu berücksichtigen.[87] → Rn. 45 ff. Die Bestimmung ist nur wirksam, sofern auf die Belange des Kindes die gebotene Rücksicht genommen wird (§ 1612 II 1 BGB).

42   Verlangt das volljährige Kind, das das Elternhaus verlassen hat, von beiden weiter **zusammenlebenden Eltern** Barunterhalt, können sie die Bestimmung, dass das Kind in ihrem Haushalt weiterhin Naturalunterhalt entgegenzunehmen hat, nur gemeinsam ausüben. Sich widersprechende Erklärungen sind unwirksam (→ Rn. 43), weil die Gewährung von Naturalunterhalt durch den einen und von Barunterhalt durch den anderen Elternteil bei Zusammenleben in einem Haushalt kaum möglich ist. Zudem weiß das Kind nicht, wie es sich verhalten soll. Dies ist mit seinen berechtigten Belangen nicht zu vereinbaren. Bei zusammenlebenden verheirateten Eltern ist der Naturalunterhalt überdies Teil des Familienunterhalts (→ § 3 Rn. 12) und daher von beiden Ehegatten aufzubringen (§ 1360 BGB).

43   Besondere Probleme entstehen, wenn das (volljährige) Kind seine **getrennt lebenden Eltern,** von denen jeder leistungsfähig ist, auf Barunterhalt in Anspruch nimmt. Widersprechende Erklärungen der Eltern können auch in diesem Fall die Belange des Kindes missachten, so zB, wenn jeder Elternteil ohne Rücksicht auf das Kind die Bestimmung trifft, dass es den Unterhalt in seinem Haushalt entgegenzunehmen hat.[88] Andererseits ist es durchaus möglich, dass die Bestimmung des einen Elternteils den wohlverstandenen Interessen des Kindes entspricht, die andere jedoch nicht. Dies ist zB der Fall, wenn der Vater nach Eintritt der Volljährigkeit dem Kind Unterhalt in seinem Hause anbietet, obwohl es seit langem ohne Beanstandungen bei der Mutter wohnt und dort weiter leben will. In solchen Fällen wird man die interessengerechte Bestimmung für wirksam halten müssen, die andere dagegen für unwirksam. Dies hat zur Folge, dass derjenige Elternteil, der die wirksame Bestimmung getroffen hat, Unterhalt in Natur leistet. Das Kind kann von dem anderen Barunterhalt verlangen. Dieser schuldet allerdings nicht mehr, als seinen Einkommens- und Vermögensverhältnissen (§ 1606 III 1 BGB) entspricht.

3. Wirksamkeit der Unterhaltsbestimmung

44   a) **Bis zum 31.12.2007 geltendes Recht.** Nach § 1612 II BGB aF war das Prozessgericht im Unterhaltsprozess an die Bestimmung der Eltern oder des bestimmungsberechtigten Elternteils gebunden. Nur schwerwiegende Mängel, insbesondere die Unbestimmtheit sowie rechtliche oder tatsächliche Undurchführbarkeit führten zur Unwirksamkeit der Erklärung.[89] Die Interessen des Kindes wurden grundsätzlich nur in einem gesonderten Verfahren berücksichtigt, in dem das Familiengericht die Unterhaltsbestimmung aus „be-

---

[85] BGH FamRZ 2017, 437 Rn. 21, 44; 2014, 917; 2006, 1015 (1017) = R 646d mAnm Luthin; OLG Düsseldorf NJW 2001, 3344; auch OLG Hamm FamRZ 1994, 529.
[86] Bedenklich: BGH FamRZ 1994, 1102 = R 480 mAnm Scholz FamRZ 1994, 1314.
[87] OLG Brandenburg FamRZ 2008, 1558; OLG Celle FamRZ 1997, 966.
[88] Vom BGH FamRZ 1988, 831 nicht entschieden.
[89] Vgl. die 6. Auflage § 2 Rn. 36 ff.

1. Abschnitt: Grundlagen § 2

sonderen Gründen" abändern konnte. Dieses Nebeneinander zweier Verfahren führte in der Praxis zu erheblichen Schwierigkeiten. In vielen Fällen war unklar, ob das Vorbringen des Kindes, das die Bestimmung nicht anerkennen wollte, im Unterhaltsprozess oder nur in dem weiteren Verfahren berücksichtigt werden durfte. Zudem war streitig, ob über die Abänderung der Unterhaltsbestimmung für ein volljähriges Kind der Richter oder der Rechtspfleger zu entscheiden hatte.[90]

b) Neufassung des § 1612 II BGB zum 1.1.2008. Das UÄndG hat Satz 2 der alten **45** Fassung zu Recht ersatzlos gestrichen und damit das Verfahren auf Abänderung der Unterhaltsbestimmung beseitigt. In der Sache selbst hat sich freilich kaum etwas geändert. Die Umstände, die früher eine Abänderung der Unterhaltsbestimmung rechtfertigten, werden nunmehr vom Richter im Unterhaltsverfahren bei Prüfung der Wirksamkeit der Bestimmung berücksichtigt.[91] Die Eltern, die einem unverheirateten minderjährigen oder volljährigen Kind zum Unterhalt verpflichtet sind, können nach § 1612 II 1 BGB Art und Weise der Unterhaltsgewährung nur bestimmen, **sofern** sie auf die Belange des Kindes die gebotene **Rücksicht** nehmen. Fehlt es daran oder leidet die Bestimmung an sonstigen Mängeln (→ Rn. 47), ist sie unwirksam.[92] Im Unterhaltsverfahren ist die Wirksamkeit der Bestimmung daher eine Vorfrage, über die der Richter zu entscheiden hat. Ist die Bestimmung unwirksam, hat das Gericht entsprechend § 1612 I 1 BGB eine Geldrente zuzusprechen. Eine wirksame Bestimmung bindet dagegen die Eltern und das Kind. Der Antrag auf Barunterhalt ist ggf. abzuweisen.

Die Entscheidung, ob die Eltern die gebotene Rücksicht auf die Belange des Kindes **46** genommen haben, hängt von einer umfassenden **Würdigung der Interessen** ab.[93] Dabei ist zugunsten der Eltern vor allem zu berücksichtigen, dass § 1612 II BGB sie vor einer wirtschaftlichen Überforderung durch längere Ausbildungszeiten und zunehmende Ausbildungskosten bewahren will.[94] Deshalb kann dem volljährigen Kind, auf das die Vorschrift vorzugsweise zugeschnitten ist, zunächst ein Verbleiben im Elternhaus zugemutet werden, wenn nicht gewichtige Gründe entgegenstehen. Solche Gründe liegen vor, wenn der Ausbildungsbetrieb oder der Studienort vom Wohnort der Eltern nur schwer zu erreichen ist oder dem Kind wegen langer Fahrzeiten eine tägliche Rückkehr in das Elternhaus nicht zugemutet werden kann, → Rn. 47. Unterhaltsrechtliche Belange des Kindes werden in der Regel nicht beeinträchtigt, wenn in Ausübung des Bestimmungsrechts der gesamte Unterhalt (→ Rn. 35) angeboten wird.[95] Das Bedürfnis des volljährigen Kindes, ein eigenes Leben, auch zusammen mit einem Freund oder einer Freundin, zu führen, genügt jedenfalls bei einem Kind, das gerade volljährig geworden ist oder in seiner Berufsausbildung noch keine nennenswerten Fortschritte gemacht hat, nicht. Die Interessen der Eltern müssen jedoch hinter denen des Kindes zurücktreten, wenn sie dessen wohlverstandenen Belangen zuwider laufen.[96] So kann es sein, wenn das Kind bereits seit einiger Zeit volljährig ist, vor allem, wenn es schon einige Jahre einen eigenen Hausstand geführt hat und kraft der Unterhaltsbestimmung wieder in den elterlichen Haushalt zurückkehren soll.[97] Dies ist insbesondere einem seit langem volljährigen Kind, das an einer schweren Krankheit leidet und in einem funktionierenden sozialen Umfeld lebt, nicht zuzumuten.[98] Anders kann es sein, wenn die Eltern ihr behindertes Kind im eigenen Haushalt wie bisher versorgen wollen und dazu auch – ggf. unter Heranziehung mobiler Pflegedienste – in der Lage sind.[99] Zum Unterhaltsanspruch des erwerbsunfähigen volljährigen Kindes → Rn. 534 f. Eine **tief greifende Entfremdung** zwischen dem bestim-

---

[90] Vgl. dazu die 6. Auflage § 2 Rn. 41.
[91] Vgl. Begründung des Regierungsentwurfs zum UÄndG, BT-Drs. 16/1830, 26.
[92] Vgl. Begründung des Regierungsentwurfs zum UÄndG, BT-Drs. 16/1830, 26.
[93] OLG Karlsruhe FamRZ 2004, 655.
[94] Vgl. Begründung des Regierungsentwurfs zum UÄndG, BT-Drs. 16/1830, 25.
[95] BGH FamRZ 1988, 831.
[96] BayObLG FamRZ 2000, 976.
[97] OLG Hamburg FamRZ 1983, 643; KG FamRZ 2006, 60.
[98] KG FamRZ 2000, 979.
[99] Vgl. BGH FamRZ 2006, 1108.

menden Elternteil und dem Kind kann zur Unwirksamkeit der Bestimmung führen, jedenfalls dann, wenn sie auch auf unangemessene Erziehungsmaßnahmen zurückzuführen ist.[100] Dazu gehören vor allem, aber nicht notwendigerweise, eine erniedrigende Behandlung oder körperliche Züchtigungen.[101] Jedoch darf das Kind die Entfremdung nicht durch eigenes Verhalten provoziert haben.[102] Übliche familiäre Streitigkeiten und unangemessene Äußerungen reichen in der Regel nicht aus.[103] Die Bestimmung kann dagegen unwirksam sein, wenn seit Jahren kein engerer Kontakt zu dem bestimmenden Elternteil besteht, zB weil das Kind nach der Scheidung von dem anderen Elternteil erzogen worden ist.[104] Auf die Belange des Kindes wird vielfach nicht die gebotene Rücksicht genommen, wenn es sich dem anderen Elternteil stärker verbunden fühlt und deshalb nach Volljährigkeit in dessen Wohnung umzieht und der Elternteil, bei dem es bisher gewohnt hat, dies zum Anlass nimmt, die Rückkehr in seinen Haushalt durch eine Bestimmung nach § 1612 II 1 BGB zu erzwingen.[105] Auch sich widersprechende Bestimmungen der Eltern können unwirksam sein (→ Rn. 42 f.).

47 Schon nach dem bis zum 31.12.2007 geltenden Recht wurde die Unterhaltsbestimmung als unwirksam angesehen, wenn sie an **schwerwiegenden Mängeln** litt. Daran hat sich durch die Neufassung des § 1612 II BGB nichts geändert, zumal da die Bestimmung in diesen Fällen regelmäßig auf die Belange des Kindes nicht die gebotene Rücksicht nimmt. Eine Unterhaltsbestimmung ist danach unwirksam,
- wenn sie **nicht den gesamten Lebensbedarf** des Kindes umfasst (→ Rn. 35),[106]
- wenn sie **rechtlich undurchführbar** ist,[107] insbesondere wenn sie mit der Aufenthaltsbestimmung des gesetzlichen Vertreters, zB des Betreuers eines volljährigen Kindes oder des Pflegers eines minderjährigen Kindes, nicht zu vereinbaren ist. Wenn das Aufenthaltsbestimmungsrecht des Betreuers oder des Pflegers in seinen Auswirkungen mit dem elterlichen Bestimmungsrecht kollidiert, haben die Befugnisse des Betreuers oder Pflegers den Vorrang.[108] Die von den Eltern gewählte Art der Unterhaltsgewährung kann auch rechtlich undurchführbar sein, wenn das Kind wegen der geltenden Zulassungsbeschränkung sein Studium nicht an dem Ort aufnehmen kann, an dem ihm Naturalunterhalt angeboten wird; in einem solchen Fall kann auch eine zunächst (zB während des Schulbesuchs) zulässige Unterhaltsbestimmung nachträglich unwirksam werden;[109]
- wenn der angebotene Unterhalt für das Kind **tatsächlich unerreichbar** ist.[110] Dies ist der Fall, wenn bei gemeinsamer elterlicher Sorge der Vater seinen minderjährigen Kindern Unterhalt in Natur anbietet, obwohl sie sich bei der Mutter aufhalten. Hier sind die Kinder wegen des entgegenstehenden Willens der Mutter ohne eigenes Verschulden nicht in der Lage, der Unterhaltsbestimmung des Vaters Folge zu leisten; der Streit der Eltern kann zu einer Entscheidung des Familiengerichts nach § 1628 BGB führen (→ Rn. 39), darf sich aber im Unterhaltsverfahren nicht zu Lasten des Kindes auswirken.[111] Bei einem volljährigen Kind kann die Unterhaltsbestimmung aus tatsächlichen Gründen dann undurchführbar sein oder nachträglich werden, wenn es sein Studium auf Grund eines Zuweisungsbescheides der ZVS an einem anderen Ort aufnehmen muss und eine tägliche Rückkehr zum Wohnort der Eltern nicht möglich oder nicht zumutbar ist;[112]

---

[100] OLG Celle FamRZ 1997, 966; KG, FamRZ 2003, 619.
[101] OKG Köln FamRZ 1996, 963; BayObLG FamRZ 1986, 930.
[102] KG FamRZ 1990, 791; OLG Hamburg FamRZ 1990, 1269.
[103] OLG Brandenburg FamRZ 2009, 236.
[104] BayObLG FamRZ 2000, 976.
[105] OLG Köln FuR 2001, 415; OLG Schleswig FuR 1998, 178.
[106] BGH FamRZ 1996, 417 (420); FamRZ 1988, 831.
[107] BGH FamRZ 1996, 798.
[108] BGH FamRZ 1985, 917.
[109] BGH FamRZ 1996, 798.
[110] BGH FamRZ 1996, 798; FamRZ 1992, 426.
[111] BGH FamRZ 1992, 426.
[112] BGH FamRZ 1996, 798; 1988, 831; OLG Celle FamRZ 2001, 116; OLG Karlsruhe FamRZ 2004, 655.

- wenn sie die schutzwürdigen **Interessen des anderen Elternteils missachtet.**[113] Zwar muss ein Elternteil zunächst auf die Belange des Kindes die gebotene Rücksicht nehmen, muss aber auch denjenigen des anderen Elternteils Rechnung tragen. In einem solchen Fall bedarf es einer **Abwägung der gegenseitigen Interessen der Eltern.** Die einseitige Bestimmung ist nur dann wirksam, wenn die Gründe des bestimmenden Elternteils die berechtigten Belange des Kindes wahren und zugleich dem anderen Elternteil unter Berücksichtigung seiner entgegenstehenden Interessen zugemutet werden kann, die beabsichtigte Art der Unterhaltsgewährung hinzunehmen. Bei dieser Abwägung spielen vor allem wirtschaftliche Interessen eine Rolle, aber auch Veränderungen der beiderseitigen Lebensverhältnisse durch die Art der Unterhaltsgewährung. Die Befürchtung, dass der Bestimmende einen familienrechtlichen Ausgleichsanspruch gegen den anderen Elternteil geltend machen werde, reicht allein noch nicht aus, um die einseitige Bestimmung als nicht gerechtfertigt zu beurteilen;[114]
- wenn sie **offensichtlich missbräuchlich** aus sachfremden Erwägungen getroffen worden ist.[115]

48 Ist die Unterhaltsbestimmung unwirksam, wird eine Geldrente geschuldet (§ 1612 I 1 BGB). Haben die Eltern dagegen eine wirksame Naturalunterhaltsbestimmung getroffen, kann das Kind **keinen Barunterhalt** verlangen. Nimmt es den angebotenen Naturalunterhalt nicht an, kann es weder eine Teilunterhaltsrente noch ein ihm ausgesetztes Taschengeld noch den Wert des von den Eltern ersparten Unterhalts beanspruchen.[116] Die Bestimmung entfaltet auch gegenüber dem Träger der Ausbildungsförderung Wirkung, führt also bei Ablehnung von Naturalunterhalt durch das Kind dazu, dass ein Anspruch auf Unterhalt in Geld, der auf den Träger der Ausbildungsförderung nach § 37 BAföG übergehen könnte, nicht besteht.[117] Dasselbe gilt für den Träger der Grundsicherung für Arbeitsuchende, den Sozialhilfeträger und das Amt für Ausbildungsförderung, wenn einem Kind, das entgegen einer wirksamen Unterhaltsbestimmung Barunterhalt verlangt, Arbeitslosengeld II, Sozialgeld (§§ 19, 23 SGB II[118]) oder Sozialhilfe gewährt wird.[119] Zum Anspruchsübergang → § 8 Rn. 60 ff., 229 ff., 288 ff.

49 Hat ein Elternteil eine wirksame Bestimmung getroffen, **leistet das volljährige Kind ihr aber nicht Folge,** kann es auch den anderen Elternteil nicht auf Barunterhalt in Anspruch nehmen, da es seinen Bedarf dadurch decken kann, dass es den angebotenen Naturalunterhalt annimmt. Leistet der andere Elternteil, weil er es mit dem Kind nicht verderben will, gleichwohl Barunterhalt, kann er gegen seinen (früheren) Partner keinen familienrechtlichen Ausgleichsanspruch geltend machen, da auf diesem Weg dessen Bestimmungsrecht letztlich gegenstandslos würde.

Haben getrennt lebende Eltern in einem Unterhaltsvergleich vereinbart, in welcher Art jeder von ihnen dem (minderjährigen oder volljährigen) Kind den Unterhalt gewährt, kann sich ein Elternteil von dieser Vereinbarung jedenfalls nicht ohne besondere Gründe durch anderweitige Bestimmung der Unterhaltsgewährung lösen. Eine solche Vereinbarung wird auch durch den Eintritt der Volljährigkeit nicht wirkungslos.[120]

4. Verfahren

50 Mit Inkrafttreten des UÄndG ist das frühere Verfahren auf Abänderung der Unterhaltsbestimmung der Eltern entfallen, → Rn. 44 f.

---

[113] BGH FamRZ 1988, 831.
[114] BGH FamRZ 1988, 831.
[115] BGH FamRZ 1996, 798.
[116] BGH FamRZ 1984, 37 = NJW 1984, 305.
[117] BGH FamRZ 1996, 798; 1984, 37.
[118] In der Fassung der Bekanntmachung vom 13.5.2011 – BGBl. I S. 850.
[119] Vgl. dazu BGH FamRZ 2002, 1698 mAnm Klinkhammer; FamRZ 1981, 250 (252).
[120] BGH FamRZ 1983, 892 (895).

2. Abschnitt: Bedürftigkeit des Kindes

I. Unvermögen des Kindes, sich selbst zu unterhalten

1. Nichterwerbspflichtige Kinder

51 **Bedürftig** ist nur, wer außerstande ist, sich selbst zu unterhalten (§ 1602 I BGB). Dies ist der Fall, wenn das Kind nicht erwerbstätig sein darf (→ Rn. 52), nicht erwerbstätig sein kann (→ Rn. 53) oder, insbesondere wegen Schulbesuchs, Studiums oder einer Ausbildung, keiner Erwerbstätigkeit nachgehen muss (→ Rn. 54 ff.) und es weder über ausreichendes sonstiges Einkommen (zB Waisenrente, Kapitaleinkünfte) oder Vermögen (→ Rn. 132 ff.) verfügt. Nicht bedürftig ist das Kind in der Regel, wenn es den Wehr- oder Ersatzdienst leistet (→ Rn. 486 ff.). Dasselbe gilt, wenn es sich in Straf- oder Untersuchungshaft befindet.[1] Jedoch kann ein Anspruch auf Prozesskostenvorschuss für die Verteidigung im Strafverfahren gegeben sein.[2] → § 6 Rn. 34.

52 **Minderjährige,** die jünger als 15 Jahre alt sind oder noch der Vollzeitschulpflicht unterliegen, dürfen nach §§ 2 III, 5 I, 7 JugArbSchG nicht beschäftigt werden und können ihren Bedarf daher nicht durch Erwerbstätigkeit decken. Auch soweit Kinder und Jugendliche ausnahmsweise mit leichten Arbeiten beschäftigt werden dürfen, besteht für sie eine Erwerbsobliegenheit nicht, solange sie sich in einer Schul- oder Berufsausbildung befinden (→ Rn. 55, 57). Gleichwohl erzieltes Einkommen, zB aus **Schülerarbeit,** Nachhilfeunterricht, Austragen von Zeitungen usw, stammt aus **unzumutbarer Tätigkeit** und ist daher in entsprechender Anwendung des § 1577 II BGB nicht anzurechnen, wenn der Unterhaltspflichtige nicht den geschuldeten Unterhalt leistet; im Übrigen kann derartiges Einkommen nach Billigkeit teilweise auf den Unterhaltsanspruch angerechnet werden.[3] Näheres → Rn. 109, 414 und → § 1 Rn. 100.

53 **Kranke oder behinderte Kinder** können erwerbsunfähig sein. Sie sind dann bedürftig und können ihre Eltern auf Unterhalt in Anspruch nehmen, auch wenn sie bereits eine selbstständige Lebensstellung erreicht hatten; allerdings sind in diesem Fall nicht ohne weiteres die Bedarfssätze anzuwenden, die für den Unterhalt volljähriger Kinder in der Düsseldorfer Tabelle festgelegt sind. Vielmehr wird in der Regel eine konkrete Bemessung des Unterhaltsbedarfs angezeigt sein (→ Rn. 534).[4] Bei gesunden, aber arbeitslosen volljährigen Kindern wird der Bedarf das Existenzminimum eines Erwachsenen von 880,– EUR (analog B V der Düsseldorfer Tabelle Stand 1.1.2019) nicht übersteigen, → Rn. 535. Erwerbsunfähige Kinder trifft die Obliegenheit, sich einer Erfolg versprechenden und zumutbaren ärztlichen Behandlung zu unterziehen (→ § 1 Rn. 789). Kinder, die aus sittlichem Verschulden krank und dadurch unterhaltsbedürftig geworden sind, können den Unterhaltsanspruch ganz oder teilweise verwirken (§ 1611 I BGB). Dies gilt allerdings grundsätzlich nur für volljährige Kinder (§ 1611 II BGB). Genaueres → Rn. 601 ff. Bei volljährigen Kindern, die an einer **Unterhaltsneurose** leiden, wird man ein sittliches Verschulden im Sinne des § 1611 I 1 BGB nur schwer bejahen können. Eine dem § 1579 Nr. 8 (früher: Nr. 7) BGB[5] entsprechende Vorschrift existiert beim Kindesunterhalt nicht. Einen Unterhaltsanspruch wird man daher nur verneinen können, wenn eine Flucht in die seelische Krankheit vorliegt und sich das Kind mit ärztlicher Hilfe aus seiner seelischen Fehlhaltung befreien kann (→ § 1 Rn. 791 f.).

---

[1] AG Stuttgart FamRZ 1996, 955 f.; vgl. OLG Zweibrücken FamRZ 2004, 1291.
[2] DIJuF JAmt 2002, 126.
[3] BGH FamRZ 1995, 475; OLG Köln FamRZ 1995, 55.
[4] BGH FamRZ 2006, 1108 f.; OLG Bamberg FamRZ 1994, 255.
[5] Zur Unterhaltsneurose beim nachehelichen Unterhalt: OLG Düsseldorf FamRZ 1990, 68.

2. Abschnitt: Bedürftigkeit des Kindes § 2

2. Ausbildungsbedürftige Kinder

Jedes Kind hat das **Recht auf** eine angemessene **Ausbildung,** damit es später seinen 54
Unterhalt selbst durch eigene Erwerbstätigkeit sicherstellen kann. Während der Ausbildung
ist das Kind unterhaltsbedürftig; sein Bedarf umfasst nicht nur die Lebenshaltungskosten,
sondern auch die Kosten der Ausbildung, zB Schulgeld und Studiengebühren, soweit sie
nicht von der öffentlichen Hand übernommen werden, Fahrtkosten zur Ausbildungsstätte
usw (§ 1610 II BGB).

Das Kind ist gehalten, sich ausbilden zu lassen. Kommt es dieser **Ausbildungsobliegen-** 55
heit nicht nach, werden die Eltern, solange es minderjährig ist, durch Erziehungsmaßnahmen auf es einwirken müssen. Hat es das Elternhaus zu Recht oder zu Unrecht bereits verlassen, kann es trotz der **Minderjährigkeit** darauf verwiesen werden, sich einer Ausbildung zu unterziehen oder, wenn es keinen Ausbildungsplatz findet, seinen Unterhalt durch eigene Erwerbstätigkeit sicherzustellen, sofern es nicht dem Arbeitsverbot des JugArbSchG oder der Schulpflicht unterliegt.[6] → Rn. 52. Bei Abbruch einer Lehre hat es sich mit Unterstützung des oder der Sorgeberechtigten nachdrücklich um einen anderen Ausbildungsplatz und in der Zwischenzeit um eine bedarfsdeckende Tätigkeit, mindestens aber eine Teilzeitbeschäftigung, zu bemühen.[7] Nimmt der Besuch einer Abendschule einschließlich der Vor- und Nachbereitung des Unterrichts nur einen Teil der Arbeitskraft des Kindes in Anspruch, besteht eine Obliegenheit zur Ausübung einer teilschichtigen Erwerbstätigkeit.[8] § 1611 II BGB verbietet es nicht, einem minderjährigen Kind bei Verletzung seiner Erwerbsobliegenheit fiktive Einkünfte zuzurechnen.[9] S. a. → § 1 Rn. 774.

Volljährige Kinder, die sich keiner Berufsausbildung unterziehen, sind grundsätzlich nicht unterhaltsbedürftig.[10] Dies gilt auch dann, wenn sie ein Praktikum oder ein freiwilliges soziales bzw. ökologisches Jahr (→ Rn. 489) durchlaufen, das für den beabsichtigten Beruf nicht förderlich ist,[11] oder wenn sie zunächst ein Fach studieren, das nicht auf das Berufsziel bezogen ist (sog Parkstudium; → Rn. 57, 77, 87).[12] Eine Au-Pair-Tätigkeit im Ausland ist allenfalls eine Ausbildung im Sinne des § 1610 II BGB, wenn sie mit dem Besuch einer (Sprach-)Schule oder von Universitätskursen verbunden ist und dies die Arbeitszeit des Kindes zu einem beachtlichen Teil in Anspruch nimmt.[13] Zudem wird der Bedarf durch Gewährung von Kost und Logis und von Taschengeld im Wesentlichen gedeckt sein.

Die Eltern haben keinen Anspruch darauf, dass ein Kind sich ausbilden lässt. Sie können, 56
wenn Erziehungsmaßnahmen nicht mehr in Betracht kommen, lediglich die Zahlung von
Unterhalt einstellen, wenn das Kind seiner Ausbildungsobliegenheit nicht nachkommt.

3. Erwerbspflichtige Kinder

Ein **Volljähriger,** der sich **nicht in einer Schul- oder Berufsausbildung** befindet 57
oder der nach Abschluss einer Ausbildung arbeitslos ist, muss primär für seinen Lebensunterhalt selbst aufkommen. An die Beurteilung seiner Bedürftigkeit sind strenge Anforderungen zu stellen. Für die Nutzung seiner Arbeitskraft gelten ähnliche Maßstäbe wie für die Haftung der Eltern gegenüber minderjährigen Kindern. Der gesunde Volljährige muss grundsätzlich **jede Arbeitsmöglichkeit** ausnutzen und auch berufsfremde Tätigkeiten

---

[6] OLG Rostock FamRZ 2007, 1267; OLG Koblenz JAmt 2004, 153; OLG Köln FuR 2005, 570; OLG Düsseldorf FamRZ 1990, 194; Staudinger/Klinkhammer § 1602 Rn. 165; a. A. OLG Saarbrücken FamRZ 2000, 40; OLG Stuttgart FamRZ 1997, 447.
[7] OLG Koblenz JAmt 2004, 153.
[8] OLG Düsseldorf FamRZ 2010, 2082.
[9] OLG Düsseldorf FamRZ 2010, 2082; 2000, 442; OLG Koblenz JAmt 2004, 153; a. A. OLG Frankfurt a. M. NJW 2009, 3105; OLG Stuttgart FamRZ 1997, 447.
[10] BGH FamRZ 1998, 671 = R 523.
[11] OLG Naumburg FamRZ 2008, 86; OLG Frankfurt a. M. FamRZ 1990, 789.
[12] OLG Koblenz FamRZ 1991, 108.
[13] Büttner NJW 2000, 2547 (2549); zur Kindergeldberechtigung vgl. BFH NJW 1999, 3214.

und Arbeiten unter seiner gewohnten Lebensstellung annehmen.[14] Dies gilt nicht nur, wenn er in seinem erlernten Beruf keine Anstellung findet, sondern auch, wenn er seine bisherige Arbeitsstelle verliert.[15] Das volljährige Kind muss ggf. eine von seinem Vater in dessen Geschäft angebotene Stelle annehmen.[16] Nimmt eine Abendschule nur einen kleinen Teil der Arbeitskraft in Anspruch, kann dem Kind unter Umständen eine Aushilfstätigkeit zugemutet werden.[17] Kommt der Volljährige einer zumutbaren Erwerbsobliegenheit nicht nach, entfällt seine Bedürftigkeit in Höhe eines erzielbaren Erwerbseinkommens. Auf § 242 BGB oder auf § 1618a BGB allein kann ein Unterhaltsanspruch nicht gestützt werden.[18] → Rn. 755.

Zum Bedarf des Kindes, das keine Berufsausbildung absolviert, gleichwohl ausnahmsweise unterhaltsberechtigt ist, → Rn. 534.

58 Auch ein **minderjähriges Kind** ist zur Erwerbstätigkeit verpflichtet, wenn es nicht mehr schulpflichtig ist und sich nicht ausbilden lässt (→ Rn. 55).

4. Erwerbspflicht des Kindes trotz Schwangerschaft oder Betreuung eines eigenen Kindes

59 Eine Tochter, die schwanger ist oder ein eigenes Kind betreut und deshalb nicht erwerbstätig ist, kann **ausnahmsweise** einen **Unterhaltsanspruch** gegen ihre Eltern haben. Ein solcher Anspruch dient nur der Behebung der eigenen Bedürftigkeit der Mutter, nicht der des (Enkel-)Kindes, für dessen Bedarf zunächst der Kindesvater aufzukommen hat.[19] Ein Unterhaltsanspruch der Tochter wird in erster Linie bei Geburt eines nichtehelichen Kindes in Betracht kommen, wenn der vorrangige Anspruch auf Betreuungsunterhalt gegen den Kindesvater (§ 1615l II 2, III 2 BGB) nicht besteht oder nicht verwirklicht werden kann. Jedoch ist auch ein Unterhaltsanspruch einer verheirateten Tochter infolge der Geburt eines ehelichen Kindes nicht ausgeschlossen, zB wenn der vorrangig haftende Ehemann (§ 1608 S. 1 BGB) verstorben ist oder Unterhaltsansprüche gegen ihn aus §§ 1360, 1361, 1570 BGB nicht realisiert werden können.

60 Eltern sind ihrem Kind, das ein eigenes (Enkel-)Kind betreut, nur dann unterhaltspflichtig, wenn der andere Elternteil des (Enkel-)Kindes nicht leistungsfähig ist. Volljährige Kinder, die selbst Kinder haben, sind für sich und ihre Kinder grundsätzlich selbst verantwortlich, → Rn. 57. Der Unterhaltsanspruch gegen die Eltern ist **nachrangig**. Vorrangig haften der Ehemann für den Unterhalt der verheirateten Mutter und der nicht verheiratete Vater für denjenigen der nichtehelichen Mutter (§§ 1608 S. 1, 1615l III 2 BGB). Das Gleiche gilt für die (eingetragene) Lebenspartnerin der Mutter (§ 1608 S. 4 BGB). Die Unterhaltspflicht des Vaters des nichtehelichen Kindes beginnt frühestens vier Monate vor der Entbindung und endet frühestens drei Jahre danach; sie verlängert sich, solange und soweit dies der Billigkeit entspricht (§ 1615l II 3, 4 BGB). Im Einzelnen → § 7 Rn. 25 ff.

61 Eine Haftung der Eltern für den Unterhalt ihrer Tochter, also der Mutter des nichtehelichen Kindes, kommt in Betracht, wenn und solange diese wegen des Mutterschutzes vor und nach der Geburt nicht beschäftigt werden darf (§§ 3, 6 MuSchG) und sie kein Mutterschaftsgeld erhält, zB weil sie keine versicherungspflichtige Tätigkeit ausgeübt hat.[20] Im Übrigen haften die Eltern – anders als der Kindesvater nach § 1615l II BGB[21] (→ § 7 Rn. 22 ff.) – nur dann auf Unterhalt, wenn die Kindesmutter alle Erwerbsmöglichkeiten

---

[14] BGH FamRZ 1987, 930 (932); 1985, 273; 1985, 1245.
[15] OLG Zweibrücken FamRZ 1984, 1250; OLG Hamburg FamRZ 1984, 607; OLG Köln FamRZ 1983, 942.
[16] OLG Zweibrücken FamRZ 1984, 1250.
[17] OLG Düsseldorf FamRZ 2010, 2082; OLG Köln FamRZ 2006, 504, das jedoch im konkreten Fall dem Kind zu viel zumutet.
[18] BGH FamRZ 2001, 1601.
[19] BGH FamRZ 1985, 273.
[20] OLG Frankfurt a. M. NJW 2009, 3195.
[21] BGH FamRZ 1998, 541.

2. Abschnitt: Bedürftigkeit des Kindes § 2

ausgeschöpft hat. Hier wird allerdings ebenfalls gelten, was der BGH zum Bezug von **Elterngeld** durch den gesteigert unterhaltspflichtigen Elternteil entschieden hat. Danach ist einem zum Minderjährigenunterhalt verpflichteten Elternteil, der sich nach Geburt eines weiteren Kindes dessen Betreuung widmet, im Fall einer zu respektierenden Rollenwahl jedenfalls für die ersten beiden Lebensjahre des von ihm betreuten Kindes unterhaltsrechtlich nicht vorzuwerfen, dass er von der Möglichkeit Gebrauch macht, die Bezugsdauer des Elterngelds zu verdoppeln, und deswegen keine für den Kindesunterhalt ausreichenden Einkünfte hat.[22] Ähnliches gilt dann auch im Verhältnis zu den (Groß-)Eltern. Generell wird man auch insoweit nicht zwischen der Betreuung ehelicher und nichtehelicher Kinder unterscheiden können, so dass die Altersgrenze für den sogenannten Basisunterhalt (§§ 1570 I 1, 1615l II 3 BGB) konsequent auch für den Unterhaltsanspruch der allein betreuenden Mutter (des bestreuenden Vaters) zu beachten ist.[23]

Der **Lebensgefährte** der Mutter ist jedenfalls dann zur unentgeltlichen Mitbetreuung des Kindes verpflichtet, wenn er dessen Vater ist. Er trägt Verantwortung für das Kind, selbst wenn er die elterliche Sorge nicht gemäß § 1626a BGB gemeinsam mit der Mutter ausübt, da wesentliche Unterschiede zwischen ehelichen und nichtehelichen Kindern nicht mehr bestehen.[24] → Rn. 4. Die Tochter kann daher ihren Eltern nicht entgegenhalten, die Betreuung des nichtehelichen Kindes durch den Kindesvater sei eine freiwillige Leistung eines Dritten, die ihre Bedürftigkeit nicht beseitige (→ Rn. 121 ff.). Führt die Mutter des Kindes dem leistungsfähigen Kindesvater den Haushalt, mindern Leistungen, die sie von ihm für die gemeinsame Lebenshaltung entgegennimmt, ihre Bedürftigkeit.[25] Vergütet der Kindesvater die Haushaltsführung durch die Mutter nicht, kann ihr ein fiktives Entgelt für die Versorgung ihres Partners zugerechnet werden (→ Rn. 111, → § 1 Rn. 713 f.). Erziehungsgeld, das ein Elternteil für ein bis zum 31.12.2006 geborenes Kind bezog, war im Verhältnis zu seinen eigenen Eltern grundsätzlich kein anrechenbares Einkommen (§ 9 BErzGG).[26] Elterngeld, das für ab 1.1.2007 geborene Kinder gezahlt wird, ist in Höhe des Sockelbetrages von 300,- EUR bzw. 150,- EUR grundsätzlich nicht als Einkommen im Sinne des Unterhaltsrechts zu behandeln; es ist dagegen als Einkommen anzurechnen, soweit es diesen Sockelbetrag übersteigt (§ 11 Bundeselterngeld- und Elternzeitgesetz – BEEG). Das gleiche galt beim Bezug von Betreuungsgeld, das seit dem 1.8.2013 gewährt wurde (§§ 4a ff. BEEG). Die diesbezügliche gesetzliche Regelung ist inzwischen vom BVerfG – ersatzlos – für verfassungswidrig (und nichtig) erklärt worden.[27] In **Bayern** wird an seiner Stelle **Familiengeld** (nach dem BayFamGG) gezahlt (dazu Dose § 1 Rn. 119a). Zur Anrechnung von Elterngeld bei Bezug von Arbeitslosengeld II, Sozialhilfe und Kinderzuschlag nach § 6a BKGG vgl. § 10 V BEEG.[28] Zum bayerischen Familiengeld fehlt es, da dieses (nur) landesrechtlich geregelt ist, an einer entsprechenden Anrechnungsregelung, so dass dieses entsprechend allgemeinen Grundsätzen als Einkommen des beziehenden Elternteils anzurechnen ist.[29]

Wenn eine Schwangere oder ein Elternteil, der ein Kind bis zur Vollendung seines sechsten Lebensjahres betreut, Arbeitslosengeld II oder Sozialhilfe bezieht, geht der Unterhaltsanspruch gegen die Eltern nicht auf den Träger der Grundsicherung für Arbeitsuchende bzw. den Sozialhilfeträger über (§ 33 II 1 Nr. 3 SGB II, § 94 I 4 SGB XII). Gleichwohl können die Eltern das Kind nicht auf die Inanspruchnahme dieser subsidiären Sozialleistungen verweisen. Es steht vielmehr dem Kind frei, von seinen eigenen Eltern Unterhalt zu verlangen und dadurch die Sozialleistung entbehrlich zu machen (→ § 8 Rn. 68, 128, 236, 256).

62

---

[22] BGH FamRZ 2015, 738; näher dazu Staudinger/Klinkhammer § 1602 Rn. 18.
[23] Staudinger/Klinkhammer § 1602 Rn. 18; teilweise anders noch die Vorauflage.
[24] So BGH FamRZ 2001, 614 (616) unter Aufgabe seiner früheren Rechtsprechung (FamRZ 1995, 598).
[25] So OLG Koblenz FamRZ 1991, 1469, jedenfalls dann, wenn die Partner seit Jahren in einem „festgefügten sozialen Verbund" leben.
[26] OLG München FamRZ 1999, 1166.
[27] BVerfG FamRZ 2015, 1459.
[28] Zum Elterngeld vgl. Scholz FamRZ 2007, 7.
[29] Dose § 2 Rn. 119a.

63 Wegen der verstärkten eigenen Erwerbsobliegenheit der Kindesmutter hindert die **Betreuung eines** schulpflichtigen siebenjährigen und eines sechzehnjährigen **Kindes** jedenfalls eine Teilerwerbstätigkeit nicht.[30] Auch die Betreuung eines weiteren zweijährigen Kindes steht nur dann einer Teilerwerbstätigkeit entgegen, wenn die ganztägige Betreuung und Versorgung des Kindes durch die Kindesmutter selbst in dessen objektivem Interesse erforderlich ist, weil eine Möglichkeit zu einer Teilzeitversorgung, zB in einer Kindertagesstätte, oder bei Verwandten nicht besteht.[31] Dasselbe gilt, wenn die Kinder durch den Lebensgefährten der Mutter betreut werden können, jedenfalls dann, wenn dieser der Vater eines der Kinder ist (→ Rn. 61).[32]

64 Im Verhältnis zu ihrem Kind erfüllt die betreuende Mutter ihre Unterhaltspflicht zwar durch dessen Betreuung (§ 1606 III 2 BGB); dies befreit sie aber nicht von der Erwerbsobliegenheit gegenüber ihren Eltern. Auch möglicherweise auftretende versorgungstechnische Schwierigkeiten im Krankheitsfall, etwaige Entfernungs- und Verkehrsprobleme, fehlende Koordinierung von Betriebs- und Kindergartenferien, sind nicht geeignet, die Kindesmutter von vornherein davon zu entbinden, sich um Arbeitsstellen zu bemühen.[33]

65 Hinsichtlich des **Selbstbehalts** der unterhaltspflichtigen Eltern gilt § 1603 BGB. Ist die (nicht verheiratete) Tochter noch minderjährig, steht ihnen nur der notwendige Selbstbehalt zu (§ 1603 II 1 BGB), → Rn. 380, 385 ff. Bei einem privilegiert volljährigen Kind (→ Rn. 579 ff.) kommt ein Anspruch auf Barunterhalt nicht in Betracht, da die Tochter dann noch im Haushalt der Eltern oder eines Elternteils leben und die Schule besuchen muss (§ 1603 II 2 BGB). In einem solchen Fall erhält sie Naturalunterhalt im elterlichen Haushalt. Nach Auszug der volljährigen Tochter aus dem elterlichen Haus verbleibt den Eltern der angemessene Selbstbehalt von 1300,– EUR gemäß § 1603 I BGB, Anm. A 5 II der Düsseldorfer Tabelle Stand: 1.1.2019, → Rn. 546 ff. Hat die Tochter die Ausbildung bereits beendet und eine selbstständige Lebensstellung erlangt, ist sie aber infolge der Schwangerschaft oder der Geburt des Kindes erneut bedürftig geworden, ist nach dem BGH[34] entsprechend den Regeln zum Elternunterhalt eine Erhöhung des angemessenen Selbstbehalts der Eltern auf 1800,– EUR bzw. 1440,– EUR (Anm. D I der Düsseldorfer Tabelle Stand: 1.1.2019), zuzüglich 50% des Mehreinkommens durchzuführen[35], → Rn. 928.

66 Sollte ausnahmsweise die Bedürftigkeit der Kindesmutter bejaht werden können, scheidet eine **Verwirkung** des Unterhaltsanspruchs nach § 1611 I BGB (→ Rn. 601 ff.) in der Regel aus.[36]

67 Die Ausführungen in → Rn. 59 bis 66 gelten sinngemäß, wenn der **Vater** das Kind betreut, er keiner oder nur einer eingeschränkten Erwerbstätigkeit nachgeht, Unterhaltsansprüche gegen die vorrangig haftende Mutter nicht bestehen oder nicht realisierbar sind und der Vater deshalb seine Eltern auf Unterhalt in Anspruch nimmt.

II. Ausbildungsunterhalt

1. Ausbildungsanspruch

68 Eltern schulden ihren minderjährigen wie ihren volljährigen Kindern, ihren Söhnen wie ihren Töchtern nach § 1610 II BGB eine angemessene Vorbildung für einen Beruf. Dies gilt selbstverständlich auch dann, wenn die Eltern nie miteinander verheiratet waren, das Kind also nicht ehelich ist.

---

[30] BGH FamRZ 1985, 1245.
[31] BGH FamRZ 1985, 1245; OLG München FamRZ 1999, 1166.
[32] BGH FamRZ 2001, 614 (616); OLG Oldenburg FamRZ 1991, 1090.
[33] BGH FamRZ 1985, 1245.
[34] BGH FamRZ 2002, 1698 (1701); 2003, 1179 (1182) jeweils mAnm Klinkhammer.
[35] BGH FamRZ 2012, 530; 2012, 1553.
[36] Zu den gegenüber der früheren BGH-Rechtsprechung gewandelten Vorstellungen s. Staudinger/Klinkhammer § 1602 Rn. 14.

2. Abschnitt: Bedürftigkeit des Kindes § 2

„Angemessen" ist eine Ausbildung, die der Begabung und den Fähigkeiten, dem 69
Leistungswillen und den beachtenswerten, nicht nur vorübergehenden Neigungen des
einzelnen Kindes entspricht. Geschuldet wird die den Eltern **wirtschaftlich zumutbare
Finanzierung einer optimalen begabungsbezogenen Berufsausbildung** ihres Kindes, die dessen Neigungen gerecht wird, ohne dass sämtliche Neigungen und Wünsche
berücksichtigt werden müssen, insbesondere nicht solche, die sich nur als flüchtig oder
vorübergehend erweisen oder mit den Anlagen und Fähigkeiten des Kindes oder den
wirtschaftlichen Verhältnissen der Eltern nicht zu vereinbaren sind.[37]

Auf den Beruf oder die gesellschaftliche Stellung der Eltern kommt es nicht an, wohl
aber auf deren wirtschaftliche Leistungsfähigkeit.

Kinder haben grundsätzlich nur Anspruch auf **eine Ausbildung,** nicht auf mehrere. 70
Haben Eltern die ihnen obliegende Pflicht, ihrem Kind eine angemessene Ausbildung zu
gewähren, in rechter Weise erfüllt und hat es den üblichen Abschluss seiner Ausbildung
erlangt, sind sie ihrer Unterhaltspflicht aus § 1610 II BGB in ausreichender Weise nachgekommen. Sie sind unter diesen Umständen grundsätzlich nicht verpflichtet, noch eine
weitere zweite Ausbildung zu finanzieren, der sich das Kind nachträglich nach Beendigung
der ersten Ausbildung unterziehen will.[38] Dieser Grundsatz ist jedoch durch zahlreiche
Ausnahmen durchlöchert (→ Rn. 91 ff., 97 ff.). Die in der Rechtsprechung entwickelten
Ausnahmen vom Grundsatz der Finanzierung nur einer Ausbildung dürfen nicht als abschließender, andere Fallgruppen ausschließender Katalog verstanden werden.[39]

2. Berufswahl

Bei **Minderjährigen** bestimmen die Eltern oder der sorgeberechtigte Elternteil im 71
Interesse des Kindes unter Berücksichtigung der in → Rn. 69 aufgeführten Kriterien
zunächst die Schule und nach Beendigung des Schulbesuchs den Beruf, in dem das Kind
ausgebildet werden soll. An dem Entscheidungsprozess ist das Kind entsprechend seinem
Entwicklungsstand zu beteiligen (§ 1626 II 2 BGB). Die Eltern haben auf Eignung und
Neigung des Kindes Rücksicht zu nehmen (§ 1631a S. 1 BGB) und auf Grund ihrer
Erfahrungen mit dem Kind eine Prognose anzustellen. Dabei müssen nur solche Neigungen und Begabungen berücksichtigt werden, deren Vorhandensein über einen längeren
Zeitraum hinweg beobachtet werden konnte und die nicht auf einer flüchtigen Laune des
Augenblicks beruhen.[40] Bei gemeinsamer elterlicher Sorge müssen die Eltern versuchen,
sich zu einigen (§ 1627 S. 2 BGB). Bei Alleinsorge ist die Entscheidung des sorgeberechtigten Elternteils von dem anderen grundsätzlich hinzunehmen, auch wenn die gewählte
Ausbildung mit Mehrkosten verbunden ist.[41] Sind die Mehrkosten, zB für ein Internat,
erheblich, müssen gewichtige Gründe vorliegen, die diese Ausbildung rechtfertigen.[42]
→ Rn. 456. Nur in Ausnahmefällen kommen Maßnahmen des Familiengerichts nach
§§ 1666, 1629 II 3, 1796 BGB in Betracht.

Volljährige entscheiden eigenverantwortlich über die Berufswahl. Die früher unter 72
Bezugnahme auf den BGH[43] vertretene Auffassung, sie würden die Entscheidung gemeinsam mit ihren Eltern treffen, wird aufgegeben.[44] Da sie die Entscheidung ggf. auch gegen
den Willen ihrer Eltern allein treffen, können sie insbesondere das Studienfach wählen.[45].
Sie müssen allerdings bei dieser Entscheidung die in → Rn. 69 erwähnten Kriterien

---

[37] BGH FamRZ 2017, 799; 2017, 1132; grundlegend BGH FamRZ 2006, 1100 = R 654a; ausführlich Staudinger/Klinkhammer § 1610 Rn. 43 ff.
[38] BGH FamRZ 2000, 420; 1993, 1057; 1992, 170; 1989, 853.
[39] BGH FamRZ 2006, 1100 (1102) = R 654d.
[40] OLG Stuttgart NJW 1979, 1166.
[41] OLG Nürnberg FamRZ 1993, 837.
[42] OLG München FF 2008, 509; vgl. auch BGH FamRZ 1983, 48.
[43] BGH FamRZ 2000, 420.
[44] Vgl. Staudinger/Klinkhammer § 1610 Rn. 68 mwN.
[45] Vgl. BGH FamRZ 1996, 798.

beachten, → Rn. 481 ff. Im Streitfall hat das Familiengericht die Angemessenheit der Ausbildung im Rahmen des Unterhaltsverfahrens zu beurteilen (→ Rn. 76).

73 **Eltern in wirtschaftlich beengten Verhältnissen** sind grundsätzlich ebenfalls zur Finanzierung einer auch aufwändigen Ausbildung verpflichtet, wenn sie den Fähigkeiten des Kindes entspricht.[46] Die Beziehungen zwischen Eltern und Kindern sind freilich nach § 1618a BGB von gegenseitiger Rücksicht geprägt.[47] Zudem verbleibt den Eltern gegenüber volljährigen Kindern, die das Elternhaus verlassen oder die allgemeine Schulausbildung beendet haben, der große Selbstbehalt (§ 1603 I, II 2 BGB), der nach der Düsseldorfer Tabelle Stand: 1.1.2019 (Anm. A 5 II) und den Leitlinien der Oberlandesgerichte (21.3.1) 1300,– EUR beträgt. Eltern werden sich daher der Finanzierung einer Ausbildung nur in seltenen Fällen entziehen können. Jedoch ist jedenfalls bei engen wirtschaftlichen Verhältnissen das Interesse des Unterhaltspflichtigen zu berücksichtigen, seine finanzielle Belastung gering zu halten.[48] Besondere Bedeutung gewinnt die **Zumutbarkeit** der weiteren Unterhaltszahlung dagegen bei Verletzung der Ausbildungsobliegenheit (→ Rn. 77) und in den Fällen der Weiterbildung, insbesondere bei dem Ausbildungsgang Abitur – Lehre – Studium (→ Rn. 97 ff.).[49]

74 Bei ernsthaften Zweifeln an der **Eignung** und am Leistungswillen des Kindes für eine beabsichtigte Ausbildung, insbesondere für ein anspruchsvolles Studium, sind die Eltern nicht gehalten, Unterhalt zu gewähren, → Rn. 79. Sie sind nicht verpflichtet, begabungsmäßig abwegige Berufswünsche und damit eine offensichtliche Fehlentwicklung zu finanzieren, die vorhersehbar zu Enttäuschungen führen wird. Dies gilt vor allem bei mehrfachem Scheitern im Rahmen der bisherigen Ausbildung, → Rn. 84. Die Eignung des Kindes ist aus der Sicht eines objektiven Beobachters bei Aufnahme der Ausbildung zu beurteilen, was allerdings nicht ausschließt, zur Bestätigung des gewonnenen Ergebnisses die spätere Entwicklung des Kindes heranzuziehen.[50] Dies gilt besonders dann, wenn es um die Frage geht, ob die Eltern die Begabung des Kindes falsch eingeschätzt haben.[51] Hat das Kind die Hochschulreife erworben, wird nur in seltenen Ausnahmefällen seine Eignung für ein Studium verneint werden können. Eine Versagung des Unterhalts kann allerdings in Betracht kommen, wenn das Kind infolge ihm anzulastender Verzögerungen das Abitur erst im vorgerückten Alter von zB 28 Jahren besteht.[52] → Rn. 79.

75 Ein Berufswunsch kann von den Eltern dagegen nicht mit der Begründung abgelehnt werden, dass später ungünstige Anstellungsaussichten bestünden. Einmal arbeiten viele Kinder, insbesondere solche mit Hochschulabschluss, nicht in dem Bereich, für den sie sich durch ihre Ausbildung in erster Linie qualifiziert haben. Zum anderen tragen die Eltern nach Ausbildungsabschluss nicht das **Arbeitsplatzrisiko des Kindes.** Vielmehr ist das Kind dann verpflichtet, selbst für seinen Lebensunterhalt zu sorgen und jede Arbeitsstelle, auch außerhalb des erlernten Berufs, notfalls Hilfsarbeiten, anzunehmen (→ Rn. 57). Das OLG Hamm[53] hat einen Anspruch auf Ausbildungsunterhalt verneint, nachdem die Tochter eine Ausbildung zur Tänzerin abgeschlossen, in dem Beruf aber keine Stelle gefunden hatte. Das erscheint insofern als Grenzfall, als die Tochter die Ausbildung mit Billigung der Eltern noch als Minderjährige aufgenommen hatte und die Berufswahl auch für die Eltern absehbar mit sehr geringen Beschäftigungschancen verbunden war. Ob die – im Fall offenbar gut situierten – Eltern damit bereits aus der Verantwortung für die Ausbildung des Kindes entlassen waren, erscheint daher fraglich. Dass es sich in dem Fall um einen BAföG-Regress handelte, sollte die Entscheidung der vorrangig zu beurteilenden unterhaltsrechtlichen Frage dabei nicht beeinflussen.

---

46 Vgl. Staudinger/Klinkhammer § 1610 Rn. 80 f.; anders noch die 9. Aufl.
47 BGH FamRZ 2017, 799; 2017, 1132; 2006, 1100 (1102) = R 654c; 1995, 416.
48 BGH FamRZ 2009, 762 (765).
49 Vgl. aktuell BGH FamRZ 2017, 799; 2017, 1132.
50 BGH FamRZ 2006, 1100 (1102) = R 654d.
51 BGH FamRZ 2017, 799; 2017, 1132; 2006, 1100 (1102) = R 654d; 2000, 420.
52 BGH FamRZ 2006, 1100 (1102) = R 654f; 2000, 420; OLG Jena NJW-RR 2009, 651.
53 OLG Hamm FamRZ 2018, 1586.

2. Abschnitt: Bedürftigkeit des Kindes § 2

Besteht zwischen Eltern und Kindern **Streit um die Angemessenheit eines Berufswunsches**, ist hierüber bei Volljährigen vom Familienrichter im Rahmen eines Unterhaltsverfahrens zu entscheiden. Bei Minderjährigen kann das Familiengericht die erforderlichen Maßnahmen nach §§ 1666, 1629 II 3, 1796 BGB treffen. 76

3. Ausbildungsverpflichtungen des Kindes und Ausbildungsdauer

a) Beginn und Durchführung der Ausbildung. Für den Anspruch auf Ausbildungsunterhalt gilt keine feste Altersgrenze.[54] Nach dem **Gegenseitigkeitsprinzip** (→ Rn. 73) steht aber der Verpflichtung der Eltern, dem Kind eine angemessene Berufsausbildung zu ermöglichen (§ 1610 II BGB), die Ausbildungsobliegenheit des Kindes gegenüber, → Rn. 55. Nach Ablauf einer **Orientierungsphase** (→ Rn. 88), deren Dauer unterschiedlich ist und sich nach Alter, Entwicklungsstand und den gesamten Lebensumständen richtet, hat das Kind seinen Berufs- und Lebensweg eigenverantwortlich zu gestalten.[55] Zu lange Verzögerungen der Aufnahme einer Berufsausbildung können zum Verlust des Ausbildungs- und damit des Unterhaltsanspruchs führen.[56] Bei einem erst mehrere Jahre nach dem Abitur begonnenen Studium müssen vielmehr anerkennenswerte Gründe für die Verzögerung dargetan werden.[57] 77

Das Kind ist gehalten, alsbald nach der Schule oder der Beendigung des letzten Ausbildungsabschnitts eine Berufsausbildung zu beginnen oder fortzusetzen und sie mit Fleiß und der gebotenen Zielstrebigkeit in angemessener und üblicher Zeit zu beenden. Ausbildungsunterhalt wird nur insoweit geschuldet, als er für eine angemessene Vorbildung zu einem Beruf erforderlich ist. Hat das Kind keine Lehrstelle gefunden, steht ihm Unterhalt auch für die Dauer der Teilnahme an einem berufsvorbereitenden Lehrgang oder am Berufsgrundschuljahr zu.[58] → Rn. 96, 586 Stichwort: Berufsschule. Wenn das Kind nachhaltig seine Obliegenheit, die Ausbildung planvoll und zielstrebig aufzunehmen und durchzuführen, verletzt, büßt es den Unterhaltsanspruch ein und ist darauf zu verweisen, seinen Unterhalt selbst durch Erwerbstätigkeit sicherzustellen (→ Rn. 57). Die Voraussetzungen für eine Verwirkung des Unterhaltsanspruchs (§ 1611 I BGB; → Rn. 601 ff.) brauchen nicht vorzuliegen.[59] Diese Grundsätze gelten auch dann, wenn das Kind den Unterricht schwänzt und deshalb von der Schule verwiesen wird oder nach Beendigung der Schule zunächst **überhaupt keine Ausbildung** beginnt.[60]

Die Konsequenzen dieser Rechtsprechung dürfen freilich nicht überschätzt werden. Es bleibt dabei, dass jedes Kind grundsätzlich Anspruch auf eine Berufsausbildung hat (→ Rn. 68 ff.). Dies gilt besonders für die Erstausbildung. Der Ausbildungsanspruch kann daher nur dann versagt werden, wenn das Kind nachhaltig während eines längeren Zeitraums seine **Ausbildungsobliegenheit** verletzt und den Eltern deshalb weiterer Unterhalt **nicht mehr zugemutet** werden kann (→ Rn. 103). Dabei sind alle Umstände des Falles, insbesondere die schulischen Leistungen und der bisherige Ausbildungsgang des Kindes zu würdigen. So verliert das unterhaltsberechtigte Kind den Ausbildungsunterhaltsanspruch gegenüber seinen Eltern nicht schon dann, wenn es ihm aufgrund eines notenschwachen Schulabschlusses erst nach drei Jahren vorgeschalteter Berufsorientierungspraktika und 78

---

54 BGH FamRZ 2011, 1560 Rn. 17.
55 BGH FamRZ 2001, 757 = R 557a.
56 BGH FamRZ 2013, 1375 Rn. 14 (im Einzelfall verneint); 1998, 671 = R 523.
57 OLG Hamm NJW-RR 2012, 970 (mehrjährige Wartezeit auf Studium der Zahnmedizin und zwischenzeitliche Lehre); OLG Koblenz BeckRS 2011, 17479 (Ausbildungsbeginn vier Jahre nach Hauptschulabschluss, während deren die Unterhaltsberechtigte zeitweise qualifizierende Maßnahmen durchlaufen, als Zimmermädchen gearbeitet und den Realschulabschluss nachgeholt hatte); vgl auch OLG Hamm FamRZ 2013, 1407 (Unterhaltsanspruch auch für neues Studium und trotz Täuschung des Unterhaltsschuldners über Ausbildungsverlauf und eigene Einkünfte, wenn es sich um die Erstausbildung handelt).
58 OLG Brandenburg FamRZ 2006, 560; OLG Hamm FamRZ 2004, 1131.
59 BGH FamRZ 1998, 671.
60 OLG Frankfurt a. M. NJW 2009, 235.

ungelernter Aushilfstätigkeiten gelingt, einen Ausbildungsplatz zu erlangen. Dies hat der BGH für den Fall entschieden, dass das Kind zunächst zwei Jahre einzelne Praktika absolvierte und erst drei Jahre nach dem Schulabgang eine Ausbildungsstelle antrat. Dass es ein Jahr lang keine Praktika durchlief, hat der BGH nicht als Hinderungsgrund angesehen.[61] Das unterhaltsberechtigte Kind verliert den Ausbildungsunterhaltsanspruch gegenüber seinen Eltern auch nicht deshalb, weil es infolge einer Schwangerschaft und der anschließenden Kindesbetreuung seine Ausbildung verzögert beginnt. Das gilt jedenfalls insoweit, als das unterhaltsberechtigte Kind seine Ausbildung nach Vollendung des dritten Lebensjahres seines eigenen Kindes – gegebenenfalls unter zusätzlicher Berücksichtigung einer angemessenen Übergangszeit – aufnimmt.[62] Es kann auch ins Gewicht fallen, dass auf Grund des Alters des Kindes steuerliche Erleichterungen, insbesondere der Kinderfreibetrag, das Kindergeld und kindbezogene Gehaltsbestandteile unabhängig vom Ausbildungsstand entfallen.[63] → Rn. 703 ff. Schließlich können auch das Alter der Eltern und die von ihnen im Vertrauen auf das Verhalten des Kindes getroffenen Dispositionen eine Rolle spielen (→ Rn. 103).[64] Hierfür spielt es auch eine Rolle, ob das Kind den Eltern über seine Ausbildungspläne hinreichende **Informationen** gegeben hat.[65] So brauchen die Eltern unter Umständen nicht mehr damit zu rechnen, dass das Kind die Hochschulreife nachholt und ein Studium beginnt.[66]

79 Nach diesen Grundsätzen hat ein Kind, das nach dem Schulabschluss nicht sogleich eine Ausbildung begonnen hat, um zB zur „Selbstfindung" eine **Weltreise** zu unternehmen, mangels Bedürftigkeit keinen Unterhaltsanspruch. Es ist vielmehr darauf angewiesen, seinen Bedarf durch ungelernte Arbeit oder aus eigenem Vermögen zu decken. Dadurch verliert es aber nicht ohne weiteres den Anspruch auf eine angemessene Ausbildung. So kann auch ein 24-jähriges Kind jedenfalls dann eine Ausbildung oder ein Studium beginnen, wenn die Eltern noch damit rechnen mussten, auf Unterhalt in Anspruch genommen zu werden.[67] Jedoch ist mit zunehmendem Alter des Kindes besonders zu prüfen, ob die erste oder ggf. die weitere Ausbildung angemessen ist, ob angesichts der Entwicklung des Kindes Zweifel an seiner Eignung und seinem Leistungswillen bestehen (→ Rn. 74) und ob mit einem erfolgreichen Abschluss des Studiums gerechnet werden kann.[68] Die Eltern werden aber dem Kind, wenn es seine Begabung zulässt, in aller Regel den Besuch der Sekundarstufe II ermöglichen müssen, damit es die Hochschulreife erlangen kann.[69] Dies gilt auch dann, wenn es – wie viele Kinder – vor Ende des Schulbesuchs noch keine genauen Vorstellungen über das Studienfach hat. Ein mäßiger Hauptschulabschluss schließt eine praktische Ausbildung nicht aus[70]; beim Scheitern des Kindes in dieser Ausbildung kann der Wechsel zu einer anderen gerechtfertigt sein.[71] Jedoch endet die Unterhaltspflicht der Eltern, wenn das Kind aus einer Verweigerungshaltung unzureichende Leistungen, zB an einer Fachschule, erbringt. Dann muss es die Ausbildung abbrechen und seinen Unterhalt durch ungelernte Arbeit sicherstellen.[72] Auch wenn eine Berufsausbildung nicht abgeschlossen oder nicht einmal begonnen wurde, kann der Anspruch des Kindes auf eine angemessene Ausbildung ausnahmsweise mit der Zeit vollständig zurücktreten, wenn das

---

[61] BGH FamRZ 2013, 1375 Rn. 14, 20 ff.
[62] BGH FamRZ 2011, 2884 Rn. 19 ff.
[63] Vgl. BGH FamRZ 2017, 1132 Rn. 25; 1998, 671.
[64] BGH FamRZ 2017, 1132 Rn. 26; 1989, 853.
[65] BGH FamRZ 2017, 1132 Rn. 26 f. (Studienbeginn erst mit 25 Jahren, nachdem die Tochter seit dem Abitur – auch auf Nachfrage des Vaters – keine Information erteilt hatte).
[66] BGH FamRZ 2013, 1375 Rn. 24; 1998, 671.
[67] Vgl. BGH FamRZ 2013, 1375; OLG Hamburg NJW-RR 2010, 1589; OLG Jena NJW-RR 2009, 651; OLG Köln FamRZ 2005, 301; OLG Stuttgart FamRZ 1996, 181; zur Abgrenzung BGH FamRZ 2017, 1132.
[68] BGH FamRZ 2000, 420 (422); OLG Jena NJW-RR 2009, 651; OLG Hamm FamRZ 1995, 1007.
[69] OLG Karlsruhe NJW-FER 1998, 148.
[70] BGH FamRZ 2013, 1375.
[71] OLG Hamm FamRZ 1997, 695.
[72] OLG Hamm FamRZ 1997, 695.

Kind eine selbstständige Lebensstellung erlangt hat und seinen Bedarf auf Grund bislang ausgeübter Tätigkeiten oder sonst erworbener Fähigkeiten selbst decken kann;[73] → Rn. 535. Voraussetzung des Ausbildungsunterhalts ist, dass das Kind seine Ausbildung **zielstrebig** und ohne wesentliche Verzögerungen, die in seinen Verantwortungsbereich fallen, betreibt.[74] Es muss darlegen und ggf. beweisen, dass es diesen Anforderungen in der Vergangenheit grundsätzlich genügt hat oder jedenfalls begründete Aussicht auf eine Änderung seines bisherigen Verhaltens besteht, wenn es weiter Unterhalt begehrt.[75] → Rn. 84. Dies bedeutet aber nicht, dass das Kind auf Möglichkeiten weiteren Kenntniserwerbs, der einer angemessenen Berufsausbildung dient, zu verzichten hat, um den Unterhaltspflichtigen zu entlasten.[76]

b) Studienverlauf. Ein Studierender hat grundsätzlich den für seinen Studiengang maßgeblichen Studienplan einzuhalten.[77] Ihm ist allerdings ein **gewisser Spielraum** für die selbstständige Auswahl der angebotenen Lehrveranstaltungen und für den eigenverantwortlichen Aufbau des Studiums zuzugestehen, sofern dadurch nicht der ordnungsgemäße Abschluss des Studiums innerhalb angemessener Frist gefährdet wird. Allein die Tatsache, dass eine vorgeschriebene Zwischenprüfung nicht rechtzeitig absolviert wurde, führt noch nicht zum Verlust des Anspruchs auf Ausbildungsunterhalt, wenn es auch sonst üblich ist, die Zwischenprüfung entgegen dem Wortlaut der Prüfungsordnung erst später abzulegen, und wenn ein ordnungsgemäßer Abschluss des Studiums innerhalb angemessener und üblicher Zeit möglich bleibt.[78] Vgl. zu Verzögerungen des Studiums → Rn. 84. 80

c) Studienort, Auslandsaufenthalt. Das volljährige Kind kann innerhalb der ihm zustehenden Gestaltungsautonomie den Studienort selbst wählen. Dabei hat es allerdings auf die Belange der Eltern, insbesondere deren finanzielle Belastungen, Rücksicht zu nehmen. Ein Student, der im Haushalt eines Elternteils lebt, kann im Verhältnis zu dem anderen Elternteil darauf verwiesen werden, am Studienort zu wohnen, wenn durch Fahrten zwischen Wohnung und Hochschule hohe Kosten entstehen und dem Interesse des anderen Elternteils, die Unterhaltsbelastung gering zu halten, keine gewichtigen Belange des Studenten entgegenstehen.[79] Nach Maßgabe des § 1618a BGB kann das Kind den Studienort wechseln oder zeitweise im Ausland studieren, wenn dadurch Kenntnisse erworben, vertieft oder erweitert werden, die seine fachliche Qualifikation und seine Berufsaussichten fördern. Soweit hierdurch ein erhöhter Unterhaltsbedarf besteht, ist dieser regelmäßig vom Verpflichteten zu tragen, sofern sich die Finanzierung in den Grenzen seiner wirtschaftlichen Leistungsfähigkeit hält und sie für ihn nicht wirtschaftlich unzumutbar ist[80]; → Rn. 103. Zeitliche Verzögerungen müssen hingenommen werden, wenn sie durch die Studienbedingungen im Ausland oder durch Sprachschwierigkeiten bedingt sind, wenn der Auslandsaufenthalt (vor allem bei Minderjährigen) von den Eltern mit zu verantworten ist oder wenn das Kind schwierigen häuslichen Verhältnissen (→ Rn. 92) entkommen wollte.[81] Jedoch darf der ordnungsgemäße Abschluss des Studiums innerhalb angemessener Frist nicht gefährdet sein.[82] 81

d) Studienreform. Unterhalt muss grundsätzlich nur **bis zum Regelabschluss** einer üblichen Ausbildung, also bis zur Abschlussprüfung nach einer Lehre oder einem Studium, gezahlt werden. Das Studium schloss bisher üblicherweise mit der Diplom- oder der Magisterprüfung, bei Juristen und Lehrern und anderen Studiengängen mit dem ersten Staatsexamen, bei Medizinern mit dem ersten Abschnitt der ärztlichen Prüfung ab. Nach der Studienreform, die mit dem Ziel der Vereinheitlichung der europäischen Studiengänge 82

---

[73] OLG Hamm FamRZ 1995, 1007.
[74] OLG Hamm FamRZ 2005, 1005.
[75] OLG Hamm FamRZ 2005, 60.
[76] BGH FamRZ 1992, 1064.
[77] BGH FamRZ 1992, 1064.
[78] BGH FamRZ 1992, 1064; 1987, 470; 1984, 777.
[79] BGH FamRZ 2009, 762 (765).
[80] Vgl. OLG Brandenburg FamRZ 2014, 847.
[81] BGH FamRZ 2001, 757 = R 557b.
[82] BGH FamRZ 1992, 1064.

bereits weitgehend durchgeführt worden ist, liegen nunmehr erste Entscheidungen der Obergerichte zur unterhaltsrechtlichen Beurteilung vor.[83] Das Studium teilt sich nunmehr in den meisten Fächern in die Bachelor-Ebene, die Master-Ebene und die Doktoratsebene auf. Nach einem Vollzeitstudium von drei bis vier Jahren kann der Grad eines **Bachelors** erworben werden, nach ein bis zwei weiteren Jahren der Grad eines **Masters.** Dagegen ist es in vielen Bundesländern bei den Staatsexamina, die vor allem Lehrer und Juristen abzulegen haben, bzw. bei der ärztlichen Prüfung bisher geblieben. Nach den Einzelheiten der Reform, die nach Anforderungen und Studienangeboten von Land zu Land und von Hochschule zu Hochschule variieren, sind die Auswirkungen auf das Unterhaltsrecht differenziert zu betrachten. Im Grundsatz gilt Folgendes. Der Bachelor soll zu einer mehr praxisbezogenen beruflichen Tätigkeit befähigen, der Master dagegen zu einer wissenschaftlich fundierten Berufsausübung. Der Masterabschluss entspricht in seiner Wertigkeit im Wesentlichen der Diplom- oder der Magisterprüfung bzw. bei Juristen, Lehrern sowie bei verwandten Berufen dem ersten Staatsexamen, bei Medizinern dem zweiten Abschnitt der ärztlichen Prüfung. Da diese Prüfungen bislang unterhaltsrechtlich als Abschluss der Ausbildung anerkannt waren, wird man die Eltern grundsätzlich für verpflichtet halten müssen, dem Kind den Masterabschluss zu ermöglichen.[84] Voraussetzung ist freilich, dass es die erste Prüfung zum Bachelor bestanden und etwaige weitere Zulassungsvoraussetzungen der Hochschule erfüllt hat. Bei Nichtbestehen dieser Prüfung gelten die zu → Rn. 84 entwickelten Grundsätze. Das auf der Bachelorprüfung aufbauende Masterstudium ist wie der Bildungsgang Abitur, Lehre, Studium keine Zweitausbildung, sondern Teil einer **einheitlichen mehrstufigen Ausbildung.**[85] Der Entschluss zum Masterstudium kann daher erst nach bestandenem Bachelorexamen gefasst werden. Notwendig ist allerdings ein enger zeitlicher Zusammenhang zwischen Bachelor- und Masterstudium (→ Rn. 101). Übt das Kind nach bestandener Bachelor-Prüfung eine berufliche Tätigkeit aus, die nicht nur der Überbrückung der Zeit bis zum Beginn des nächsten Studienabschnitts dient, endet grundsätzlich die Unterhaltspflicht der Eltern. Nimmt es später erneut das Studium mit dem Ziel des Erwerbs des Mastergrades auf, wird ein Wiederaufleben der Unterhaltspflicht allenfalls in Ausnahmefällen in Betracht kommen.

83 Eine **Promotion** ist nur ausnahmsweise der Regelabschluss eines Studiums. Dies wird auch für die Studenten gelten, die nach Bestehen der Master-Prüfung promovieren wollen. Zudem ist der Doktorand in der Regel gehalten, einer Teilzeitarbeit nachzugehen und hierdurch seinen Bedarf zu decken, so dass eine Unterhaltspflicht der Eltern im Allgemeinen nicht in Betracht kommt.[86] Unterhalt für ein Zusatzstudium nach der Abschlussprüfung für das Lehramt zum Erwerb der Lehrbefähigung für ein weiteres Unterrichtsfach wird von den Eltern auch dann nicht geschuldet, wenn sich dadurch die Anstellungschancen erhöhen.[87] Vgl. aber → Rn. 97 ff. Auch die Vorbereitung auf die **Meisterprüfung** gehört im Allgemeinen nicht zur Berufsausbildung; jedoch kann sich eine Verpflichtung der Eltern zur Fortzahlung des Unterhalts aus den Grundsätzen über die Weiterbildung ergeben.[88] → Rn. 97 ff.

84 **e) Ausbildungsdauer, Überschreitung der Regelstudienzeit.** Unterhalt wird nur während der üblichen Ausbildungsdauer geschuldet. Auf die Mindeststudiendauer kann nicht abgestellt werden. Einen Anhalt für die Zeit, innerhalb deren ein durchschnittlicher Student bei gehöriger Anstrengung den Studienabschluss erreichen kann, wird in der Regel die Höchstförderungsdauer nach § 15a BAföG bieten,[89] die sich ihrerseits an der

---

[83] Dazu im Einzelnen Liceni-Kierstein FamRZ 2011, 526.
[84] OLG Celle FamRZ 2010, 1456; OLG Brandenburg FamRZ 2011, 1067; OVG Hamburg FamRZ 2006, 1615; AG Frankfurt a. M. NJW-RR 2012, 709; vgl auch OLG Brandenburg FamRZ 2014, 847; Liceni-Kierstein FamRZ 2011, 526.
[85] BGH FamRZ 2017, 799; BFH NJW 2015, 3807; OVG Hamburg FamRZ 2006, 1615; wohl auch OLG Celle FamRZ 2010, 1456.
[86] OLG Hamm FamRZ 1990, 904; OLG Karlsruhe OLGZ 1980, 209.
[87] OLG Stuttgart FamRZ 1996, 1435.
[88] OLG Stuttgart FamRZ 1996, 1435.
[89] OLG Hamm FamRZ 1994, 387.

2. Abschnitt: Bedürftigkeit des Kindes § 2

Regelstudienzeit des § 10 II des Hochschulrahmengesetzes – HRG – orientiert. Diese beträgt beim Bachelorstudium drei bis vier Jahre, beim Masterstudiengang (weitere) ein bis zwei Jahre, bei konsekutiven Studiengängen aber nicht mehr als fünf Jahre (§ 19 II bis IV HRG), → § 8 Rn. 282. Eine **Verlängerung** dieser Zeit kann in Betracht kommen:
- bei **Krankheit**,[90]
- bei Verzögerungen, die auf gestörten Familienverhältnissen (→ Rn. 92) oder **erzieherischem Fehlverhalten** der Eltern und den daraus entstehenden psychischen Folgen für das Kind beruhen,[91]
- bei **leichterem,** nur vorübergehendem **Versagen** des Kindes,[92] zB einmaligem Nichtbestehen einer Prüfung oder bei Hinauszögern des Examens, wenn dadurch der Abschluss der gesamten Ausbildung in angemessener Zeit nicht gefährdet wird,
- bei **erheblichen Schwierigkeiten** während des Studiums, die nicht dem Kind anzulasten sind, sondern auf Mängeln des Ausbildungssystems beruhen, zB darauf, dass manche Lehrveranstaltungen, insbesondere Seminare, die belegt werden müssen, überfüllt sind und Studenten deshalb zurückgewiesen werden oder dass Bibliotheken unzureichend mit Fachliteratur ausgestattet sind,[93]
- bei **Auslandsstudium,** Wechsel des Studienorts (→ Rn. 81),[94]
- bei sonstigen **zwingenden Umständen,** die eine Unterbrechung oder eine Verzögerung des Studiums zur Folge haben. Solche Verhältnisse können vorliegen, wenn der Student seinen Lebensunterhalt durch **Nebenarbeit** verdienen muss, weil die Eltern ihren Unterhaltspflichten verschuldet oder unverschuldet nicht nachkommen, → Rn. 109. Allerdings wird das Kind in einem solchen Fall eine Vorausleistung nach § 36 BAföG beantragen müssen (→ § 8 Rn. 288).

Vom Kind ist zu verlangen, dass es die Gründe für die Verzögerung des Studiums substantiiert **darlegt und ggf. beweist.** Im Allgemeinen wird man eine Überschreitung der üblichen Studiendauer um ein bis zwei Semester tolerieren können. Nach nicht bestandener Prüfung muss einem Studierenden grundsätzlich ein, nur in seltenen Ausnahmefällen ein zweiter Wiederholungsversuch zugestanden werden, bevor Rückschlüsse auf fehlende Eignung für den angestrebten Beruf gezogen werden können. Anders kann es liegen, wenn Zweifel an der psychischen Belastbarkeit und damit an der Prüfungsfähigkeit des Kindes bestehen.[95] Ferner ist Unterhalt für die Zeit des Examens zu gewähren und für einen Zeitraum von etwa drei Monaten, innerhalb dessen sich das Kind um eine Arbeitsstelle bewerben kann.[96] 85

f) **Bummelstudium.** Die Grundsätze zu → Rn. 84 bedeuten nicht, dass die Eltern ein „Bummelstudium" finanzieren müssen. Wenn der Student nachhaltig seine Obliegenheit verletzt, dem Studium pflichtbewusst und zielstrebig nachzugehen, büßt er seinen Anspruch auf Ausbildungsunterhalt ein und muss sich darauf verweisen lassen, seinen Lebensunterhalt durch Erwerbstätigkeit selbst zu verdienen.[97] 86

g) **Parkstudium.** Die Eltern sind unterhaltsrechtlich nicht verpflichtet, ein nicht berufszielbezogenes Parkstudium zu finanzieren.[98] Vielmehr hat das Kind während der Wartezeit bis zur Zulassung zum gewünschten Studienfach seinen Bedarf durch eigene Erwerbstätigkeit sicherzustellen.[99] Wird während eines von den Eltern tolerierten Park- 87

---

[90] OLG Jena NJW-RR 2009, 651; OLG Hamm FamRZ 1990, 904; recht weitgehend OLG München FamRZ 2007, 911, das auch bei einer 38-jährigen Tochter einen Anspruch auf weitere Finanzierung eines durch Krankheit verzögerten Studiums bejaht.
[91] BGH FamRZ 2001, 757 (759) = R 557b; 2000, 420.
[92] BGH FamRZ 2006, 1100 (1102) = R 654e.
[93] OLG Hamm FamRZ 1990, 904.
[94] BGH FamRZ 1992, 1064.
[95] OLG Hamm FamRZ 1997, 767.
[96] OLG Hamm FamRZ 1990, 904.
[97] BGH FamRZ 1987, 470; OLG Hamm FamRZ 1995, 1006; 2005, 60; vgl. auch OLG Brandenburg NZFam 2018, 660 (bei Wechsel des Studienfachs müsse das neu gewählte Fach innerhalb der Regelstudienzeit absolviert werden).
[98] OLG Koblenz FamRZ 1991, 108.
[99] OLG Frankfurt a. M. FamRZ 1990, 789.

studiums Unterhalt bezahlt, muss sich das Kind bereits während der Wartezeit intensiv mit den angestrebten Fächern befassen.[100] Haben Eltern ohne rechtliche Verpflichtung ein Parkstudium finanziert oder hat sich die Ausbildung aus sonstigen Gründen verzögert, darf der Unterhalt für ein dann aufgenommenes, zielstrebig betriebenes Studium nicht um die letztlich nutzlos verstrichene Zeit gekürzt werden. Unterhalt für ein wertloses **Teilstudium** wird nicht geschuldet. Die Unterhaltspflicht für das verspätet aufgenommene Studium kann nur insgesamt bejaht oder verneint werden.[101] Beginnt das Kind ein Teilstudium, das nicht zu einem Abschluss führen kann (Magisterstudium ohne Hauptfach, aber mit zwei Nebenfächern), hat es keinen Unterhaltsanspruch.[102]

88 **h) Wechsel oder Abbruch der Ausbildung.** Ein Wechsel der Ausbildung ist unbedenklich, wenn er auf sachlichen Gründen beruht und unter Berücksichtigung der Gesamtumstände aus der Sicht des Unterhaltspflichtigen wirtschaftlich zumutbar ist. Jedem jungen Menschen ist zuzubilligen, dass er sich über seine Fähigkeiten irrt oder falsche Vorstellungen über den gewählten Beruf hat. Ihm steht daher eine **Orientierungsphase** zu (→ Rn. 77). Ein Wechsel kann insbesondere dann gerechtfertigt sein, wenn zwischen der abgebrochenen und der angestrebten Ausbildung ein **sachlicher Zusammenhang** besteht. Dem Unterhaltspflichtigen können der Wechsel der Fachrichtung oder des Ausbildungsplatzes und die damit verbundenen Mehrkosten umso mehr zugemutet werden, je früher der Wechsel stattfindet. Die Belange des Schuldners erfordern es grundsätzlich, dass das Kind versucht, sich mit ihm über seine geänderten Ausbildungspläne zu verständigen.[103]

89 Die Gründe, die die Eltern zur Finanzierung einer Zweitausbildung verpflichten (→ Rn. 91 ff.), werden auch bei einem Wechsel der Ausbildung eine weitere Unterhaltspflicht rechtfertigen.[104] Daher kann ein mehrfacher Abbruch der Ausbildung entschuldbar sein, wenn er auf erzieherischem Fehlverhalten der Eltern, den sich daraus ergebenden psychischen Folgen für das Kind oder auf einer Erkrankung beruht.[105] Liegen solche Umstände nicht vor, kommt ein Studienwechsel ohne Einverständnis des Verpflichteten in der Regel nur bis zum zweiten, allenfalls dritten Semester in Frage,[106] keinesfalls mehr in der zweiten Studienhälfte. Dasselbe gilt für den Wechsel des Ausbildungsplatzes oder einer Fach(ober-)schule, wenn bereits ein beachtlicher Teil der Ausbildungszeit verstrichen ist. Der Berechtigte hat ohne Zustimmung des Verpflichteten dann nur die Wahl zwischen Fortsetzung der begonnenen oder Selbstfinanzierung einer anderen Ausbildung. Ein nach fortgeschrittener Ausbildung behaupteter ernsthafter Neigungswandel ist kein wichtiger Grund für einen Fachrichtungswechsel, wenn es dem Auszubildenden möglich und zumutbar war, die gegen die zuerst gewählte Fachrichtung sprechenden Gründe vorher zu erkennen.[107] In der Regel ist es mit den schutzwürdigen Belangen des Verpflichteten nicht vereinbar, einem Studenten vor dem Studienabbruch wegen mangelnder Eignung eine „Überlegungs- und Erfahrungszeit" von drei Semestern zuzugestehen.[108] → Rn. 93.

90 **i) Kontrollrechte der Eltern.** Dem Grundsatz der Gegenseitigkeit (→ Rn. 73, 77) widerspricht es, wenn der Berechtigte den zu Ausbildungszwecken gezahlten Unterhalt zu anderen Zwecken (Reisen, Bummeln) verwendet. Nimmt das Kind Unterhalt entgegen, obwohl es die Ausbildung abgebrochen hat, ohne eine neue zu beginnen, kann der Unterhaltsanspruch ganz oder teilweise verwirkt sein (§ 1611 I BGB).[109] Der Verpflichtete ist deshalb zu einer gewissen Kontrolle der Ausbildung berechtigt und kann die **Vorlage von Zeugnissen** über Zwischenprüfungen, erfolgreiche Teilnahme an Übungen, Studien-

---

[100] OLG Celle FamRZ 1983, 641.
[101] BGH FamRZ 1990, 149.
[102] OLG Karlsruhe FamRZ 2001, 852.
[103] BGH FamRZ 2001, 757 (759) = R 557b.
[104] Vgl. BGH FamRZ 2000, 420, vgl auch OLG Celle NJW 2013, 2688.
[105] BGH FamRZ 2000, 420; 2001, 757 = R 557b.
[106] Vgl. OLG Hamm FamRZ 2013, 1407 (Abbruch des Studiums nach drei Semestern).
[107] OLG Frankfurt a. M. FamRZ 1997, 694.
[108] BGH FamRZ 1987, 470 (nicht ernsthaft betriebenes „Bummelstudium").
[109] OLG Köln FamRZ 2005, 301.

bescheinigungen usw verlangen.¹¹⁰ Besucht das Kind berechtigterweise eine Privatschule (→ Rn. 451 ff.), so kann der Pflichtige den Nachweis des Schulbesuchs und der Höhe des Schulgeldes insbesondere dann fordern, wenn das Kind im Ausland lebt oder der unterhaltspflichtige Elternteil keine Möglichkeit hat, sich von dem Wohlergehen und der Entwicklung des Kindes zu überzeugen.¹¹¹ Solche Kontrollrechte der Eltern ergeben sich aus § 242 BGB.¹¹² Weigert sich das Kind, die zu Recht geforderten Belege vorzulegen, sind die Eltern berechtigt, den Unterhalt bis zur Beibringung der Nachweise zurückzubehalten (§ 273 I BGB).¹¹³ Das Aufrechnungsverbot des § 394 BGB (→ § 6 Rn. 300 ff.) steht der Ausübung des Zurückbehaltungsrechts nicht entgegen, da die Zurückhaltung des Unterhalts keinen der Aufrechnung gleichkommenden Erfolg hat.¹¹⁴ Legt das Kind ordnungsgemäße Studiennachweise vor, ist der Unterhalt nachzuzahlen. Kann es den Nachweis nicht erbringen, ist der Unterhalt dagegen zu versagen, weil das Kind nicht nachgewiesen hat, die Ausbildung ordnungsgemäß betrieben zu haben.¹¹⁵

4. Finanzierung einer Zweitausbildung

Haben Eltern ihre Pflicht zur Gewährung einer Ausbildung in rechter Weise erfüllt, sind sie im Allgemeinen zur Finanzierung einer Zweitausbildung nicht verpflichtet (→ Rn. 70).¹¹⁶ Es ist unerheblich, ob und in welchem Umfang sie finanziell zur Erstausbildung beigetragen haben; denn § 1610 II BGB verfolgt nur das Ziel, dem Kind **eine angemessene Ausbildung** zu verschaffen, verlangt aber nicht unter allen Umständen, dass die Eltern diese Ausbildung bezahlt haben.¹¹⁷ Jedoch kann nicht bei der Frage, ob die Eltern trotz eines früheren vorübergehenden Versagens des Kindes eine (weitere) Ausbildung finanzieren müssen, nicht unberücksichtigt bleiben, dass das Kind sich bislang bemüht hat, sie finanziell möglichst wenig zu belasten.¹¹⁸ → Rn. 94. **91**

Unerheblich ist auch, ob die staatliche Ausbildungsförderung Beihilfen für eine bestimmte Ausbildung vorsieht. Allein die Tatsache, dass das Kind bei einem Studienfach, das einer Zulassungsbeschränkung unterliegt, die Studienberechtigung für die Zweitausbildung erlangt hat, rechtfertigt die Fortdauer der Unterhaltspflicht der Eltern nicht.¹¹⁹ Entscheidend ist allein, ob die Erstausbildung angemessen war, dh der Begabung und den Fähigkeiten des Kindes, seinem Leistungswillen und beachtenswerten Neigungen entsprochen hat.¹²⁰

Eine **Verpflichtung** der Eltern **zur Finanzierung einer Zweitausbildung** (zur Weiterbildung → Rn. 97 ff.) besteht **ausnahmsweise,** **92**
- wenn das Kind nach dem Abitur eine praktische Ausbildung durchläuft und sich erst danach zu einem Studium, entschließt **(Ausbildungsgang Abitur – Lehre – Studium;** → Rn. 99 ff.), nicht aber, wenn das Kind nach dem Sekundarabschluss I zunächst eine Lehre absolviert, dann die Fachoberschule besucht, dort die Hochschulreife erwirbt und anschließend ein Studium beginnt (→ Rn. 104);¹²¹
- wenn die Eltern das Kind gegen dessen Willen **in eine unbefriedigende Ausbildung gedrängt** hatten, die seiner Neigung und Begabung nicht entsprach.¹²² Das ist ins-

---
¹¹⁰ OLG Celle FamRZ 1980, 914.
¹¹¹ Vgl. hierzu OLG Hamm FamRZ 1996, 49.
¹¹² BGH FamRZ 1987, 470; OLG Hamm FamRZ 1996, 49.
¹¹³ OLG Hamm FamRZ 2013, 1407.
¹¹⁴ BGH NJW 1987, 3254.
¹¹⁵ BGH FamRZ 1987, 470.
¹¹⁶ BGH FamRZ 1993, 1057; 1991, 322; 1989, 853.
¹¹⁷ BGH FamRZ 1989, 853.
¹¹⁸ Vgl. BGH FamRZ 2006, 1100 (1102) = R 654g.
¹¹⁹ BGH FamRZ 1977, 629 ff.; OLG Frankfurt a. M. FamRZ 1984, 926.
¹²⁰ OLG Celle NJW 2013, 2688; OLG Frankfurt a. M. FamRZ 1984, 926.
¹²¹ BGH FamRZ 2006, 1100 (1101) = R 654c; OLG Stuttgart NZFam 2019, 177 für die Abfolge Mittlere Reife – Ausbildung (Erzieherin) Studium (Sozialarbeit, ohne Erlangung der Hochschulreife).
¹²² BGH FamRZ 2006, 1100 (1102) = R 654d; 2000, 420; 1995, 416; 1989, 853; 1980, 1115.

besondere der Fall, wenn die Eltern dem Kind ein Studium aus Kostengründen verweigert haben und es deshalb eine Lehre absolviert hat[123] oder wenn sie einen während der Ausbildung rechtzeitig vorgebrachten Wunsch nach einem Ausbildungswechsel abgelehnt haben;[124]
- wenn, vor allem bei **Spätentwicklern,** bei der Berufswahl entweder die eigentliche **Begabung** des Kindes **von den Eltern falsch eingeschätzt** oder infolge einer Entwicklungsstörung nicht rechtzeitig entdeckt und erst später, spätestens bei Ende der Erstausbildung oder beim Beginn der Zweitausbildung, erkennbar wurde;[125] vgl. dazu aber → Rn. 94.
- wenn die Voraussetzungen des Ausbildungsgangs Abitur – Lehre – Studium nicht vorliegen (→ Rn. 99 ff.), aber die bisherige Ausbildung die **Begabungen** und Fertigkeiten des Kindes **nicht voll ausgeschöpft hat** (zB die Ausbildung zum Industriekaufmann bei einem Abiturienten mit einem im oberen Bereich liegenden Notendurchschnitt) **und** die **Verzögerung** des Studienabschlusses durch die vorgeschaltete praktische Ausbildung auf einem **leichteren vorübergehenden Versagen** des Kindes beruht, zB weil es auf den Rat einer fachkundigen Behörde vertraut hat;[126] → Rn. 93;
- wenn sich **schwierige häusliche Verhältnisse,** vor allem Trennung und Scheidung der Eltern nachteilig auf die Entwicklung und Ausbildung des Kindes ausgewirkt, insbesondere zu einer Verschlechterung seiner Leistungen während der Ausbildung geführt haben;[127]
- wenn sich die **Notwendigkeit eines Berufswechsels** herausstellt, weil der erlernte Beruf aus gesundheitlichen Gründen, zB einer Allergie bei einer Friseurin, oder aus Gründen, die bei Beginn der Ausbildung nicht vorhersehbar waren, keine Lebensgrundlage mehr bietet.[128] Die Notwendigkeit muss sich jedoch während oder unmittelbar nach Abschluss der Ausbildung herausstellen, da das Kind, das durch Ausübung des erlernten Berufs bereits eine selbstständige Lebensstellung erlangt hat, das Arbeitsplatzrisiko allein trägt (→ Rn. 75).

93 Insgesamt ist festzustellen, dass der BGH seine frühere Rechtsprechung, den Eltern die Finanzierung nur einer Ausbildung aufzuerlegen,[129] zwar weiter aufrecht erhält, aber so viele Ausnahmen zugelassen hat, dass der Unterhaltsantrag eines Kindes, das dem Richter die Überzeugung vermittelt, es wolle nach etlichen Fehlschlägen eine angemessene Ausbildung beginnen und auch mit Erfolg abschließen, kaum noch abgewiesen werden kann. Während der BGH[130] früher die Auffassung vertrat, die Berücksichtigung einer **Spätentwicklung** würde zu uferlosen Ansprüchen auf Ausbildungsfinanzierung führen, die die Eltern mit unübersehbaren und unangemessenen Unterhaltspflichten belasteten, ist es nunmehr gerade Ziel der neueren Rechtsprechung, eine unangemessene Benachteiligung von Spätentwicklern zu vermeiden.[131] Deshalb hält der BGH zwar daran fest, dass die berufliche Eignung eines Kindes nach seinen Anlagen und Neigungen zu Beginn der Ausbildung zu beurteilen ist; dies gilt aber nicht, wenn die zunächst getroffene Entscheidung auf einer deutlichen Fehleinschätzung der Begabung des Kindes beruht.[132]

94 Während früher eine **Fehleinschätzung der Begabung** durch die Eltern erforderlich war (→ Rn. 92), eine unzutreffende Prognose des Kindes selbst nicht ausreichte, ist davon in den späteren Entscheidungen[133] zu Recht nicht mehr die Rede, da die Eltern den Berufsweg des minderjährigen Kindes nicht ohne dessen Beteiligung festlegen dürfen

---

123 BGH FamRZ 1991, 322.
124 BGH FamRZ 1991, 931 = NJW-RR 1991, 770.
125 BGH FamRZ 2006, 1100 (1102) = R 654d; 2000, 420.
126 BGH FamRZ 2006, 1100 (1102) = R 654e, g; 1993, 1057; vgl. auch BGH FamRZ 2000, 420 = R 536a.
127 BGH FamRZ 2000, 420; 2001, 1601.
128 BGH FamRZ 1995, 416; OLG Frankfurt a. M. FamRZ 1994, 257.
129 So zB BGH FamRZ 1977, 629 = NJW 1977, 1474.
130 BGH FamRZ 1981, 344 (346); 1981, 346 (347).
131 BGH FamRZ 2006, 1100 (1102) = R 654d mwN.
132 BGH FamRZ 2006, 1100 (1102) = R 654d mwN.
133 BGH FamRZ 2006, 1100 (1102) = R 654d; 2000, 420.

2. Abschnitt: Bedürftigkeit des Kindes § 2

(§ 1626 II BGB) und das volljährige Kind ohnehin selbst über seine Ausbildung entscheidet. Die Berücksichtigung einer Spätentwicklung scheidet jedoch nach wie vor aus, wenn das Kind nach Abschluss der Ausbildung längere Zeit in dem erlernten Beruf gearbeitet hat.[134] Dadurch hat es eine eigene Lebensstellung erlangt. Eine zusätzliche Ausbildung ist dann in der Regel nur neben der Berufsausübung, zB durch ein Fernstudium oder den Besuch einer Abendschule möglich. Sie ist vom Kind selbst zu finanzieren. Die Fehleinschätzung der Begabung geht vielfach mit einem leichteren vorübergehenden Versagen des Kindes einher. Ist dieses überwunden und erbringt das Kind nunmehr brauchbare Leistungen, werden die Eltern auch eine nicht unerhebliche Verzögerung der Ausbildung hinnehmen müssen.[135] Dabei ist ggf. zugunsten des Kindes zu berücksichtigen, dass es sich bisher bemüht hat, seine Eltern finanziell möglichst wenig zu belasten, und seinen Unterhalt weitgehend selbst gedeckt hat.[136] → Rn. 91. Jedoch kann eine besonders lange Ausbildung nach wie vor dazu führen, dass der Ausbildungsanspruch entfällt und das Kind seinen Unterhalt mit ungelernter Tätigkeit oder mithilfe seiner sonstigen Begabungen und Fähigkeiten decken muss.[137]

Durch den zweijährigen Dienst als **Zeitsoldat** hat ein Kind keine angemessene Berufsausbildung erlangt. Dies gilt jedenfalls für einen Abiturienten,[138] aber auch für ein Kind mit Haupt- oder Realschulabschluss, da die allenfalls erlangte Eignung zum Unteroffizier das Kind einseitig auf die Laufbahn eines Berufssoldaten festlegt.[139] 95

Eine auf einer Regelschule neben dem Schulabschluss erworbene berufliche Qualifikation (zB Facharbeiter mit Abitur in der früheren DDR) ist in der Regel keine angemessene Berufsausbildung. Eine weitere Ausbildung, insbesondere ein Studium, ist daher nicht ausgeschlossen.[140] Es ist nicht erforderlich, dass zwischen der mit dem Abitur erworbenen beruflichen Qualifikation und dem anschließenden Studium ein sachlicher Bezug besteht.[141] Das **Berufsgrundschuljahr,** das vor allem Kindern, die keine Lehrstelle erhalten haben, eine berufliche Grundbildung für eine nachfolgende Berufsausbildung vermitteln soll, reicht als angemessene Ausbildung im Sinne des § 1610 II BGB nicht aus. Es ist aber Bestandteil der allgemeinen Schulausbildung (vgl auch § 1603 II 2 BGB) und kann als solcher eine Unterhaltsberechtigung begründen.[142] Vgl. zur Doppelqualifikation durch eine Berufsausbildung und gleichzeitigen Schulbesuch → Rn. 586. 96

5. Weiterbildung, insbesondere Studium nach einer praktischen Ausbildung

Ein Anspruch auf Ausbildungsunterhalt kann ausnahmsweise auch dann in Betracht kommen, wenn die weitere Ausbildung als eine bloße **Weiterbildung** anzusehen ist und diese **von vornherein angestrebt** war.[143] Dann haben die Eltern ihre Verpflichtung erst erfüllt, wenn die geplante Ausbildung insgesamt beendet ist. Gleiches gilt, wenn während der ersten Ausbildung eine **besondere,** die Weiterbildung erfordernde **Begabung** des Kindes deutlich geworden ist[144] (→ Rn. 93) oder wenn sich herausstellt, dass der zunächst erlernte Beruf ohne die Weiterbildung aus nicht vorhersehbaren Gründen keine ausreichende Lebensgrundlage bietet.[145] 97

---

[134] Vgl. BGH FamRZ 1989, 853 = NJW 1989, 2253.
[135] BGH FamRZ 2006, 1100 (1103) = R 654f, g.; vgl. auch OLG Hamburg NJW-RR 2010, 1589 (zunächst abgebrochene, dann aber wieder aufgenommene Ausbildung).
[136] BGH FamRZ 2006, 1100 (1103) = R 654f, g.
[137] BGH FamRZ 2006, 1100 (1102) = R 654f.
[138] BGH FamRZ 1992, 170.
[139] BGH FamRZ 1992, 170; OLG Brandenburg FamRZ 2009, 1226 (zum Ausbildungsunterhalt eines aus der Bundeswehr entlassenen Offiziers).
[140] KG FamRZ 1994, 1055.
[141] OLG Brandenburg FamRZ 1997, 1107.
[142] OLG Köln FamRZ 2003, 179 (LS).
[143] Ausführlich Staudinger/Klinkhammer § 1610 Rn. 131 ff.
[144] BGH FamRZ 2006, 1100 (1102) = R 654d; 1989, 853.
[145] BGH FamRZ 1977, 629.

98 Im Allgemeinen kann nicht darauf abgestellt werden, ob die weitere Ausbildung als Weiterbildung oder Zweitausbildung zu qualifizieren ist, zumal insoweit nicht selten erhebliche Abgrenzungsschwierigkeiten bestehen. Es genügt auch nicht, dass mit der Erstausbildung die formelle Berechtigung zum Studium erlangt wurde. Mit dieser Begründung würde sonst bereits jede im ersten oder zweiten Bildungsweg erlangte förmliche Studienberechtigung die Verpflichtung der Eltern zur Finanzierung des Studiums nach sich ziehen. Die Entscheidung, ob eine zu finanzierende Weiterbildung vorliegt, ist im Rahmen einer **Zumutbarkeitsabwägung** in tatrichterlicher Verantwortung auf Grund der Sachlage des konkreten Einzelfalls zu treffen.[146]

Die angestrebte Weiterbildung wird meist ein Studium sein. Jedoch kann auch die Vorbereitung auf die **Meisterprüfung** ein Teil einer einheitlichen Ausbildung sein, die von den Eltern zu finanzieren ist.[147] → Rn. 83.

99 Die Abgrenzungsschwierigkeiten zwischen Zweitausbildung und Weiterbildung sind durch die Rechtsprechung des BGH weitgehend gegenstandslos geworden. Der BGH hat festgestellt, dass sich auf Grund eines veränderten Verhaltens der Schulabgänger die Ausbildung **Abitur – Lehre – Studium** zu einem eigenen und durchgehenden Ausbildungsweg entwickelt hat.[148] Deshalb hat der BGH diesen Weg unterhaltsrechtlich als **eine** mehrstufige Ausbildung gewertet, wenn die einzelnen Abschnitte in einem engen sachlichen und zeitlichen Zusammenhang stehen.[149] Dies dürfte auch für den Ausbildungsgang Abitur – Lehre – Fachhochschulstudium gelten. Zur Ausbildung Haupt-(Real-)schule, Lehre, Fachoberschule, Fachhochschule → Rn. 104.

100 Der **enge sachliche Zusammenhang** erfordert, dass praktische Ausbildung und Studium derselben Berufssparte angehören oder jedenfalls so zusammenhängen, dass das eine für das andere eine fachliche Ergänzung, Weiterführung oder Vertiefung bedeutet oder dass die praktische Ausbildung eine sinnvolle Vorbereitung für das Studium darstellt.[150]

- Dieser enge sachliche Zusammenhang ist **bejaht** worden bei einer
  - Banklehre – Studium der Wirtschaftspädagogik (Schwerpunkt katholische Theologie) mit Ziel „Bachelor of Science" und anschließend „Master of Education", trotz des Schwerpunkts jedenfalls dann, wenn die Banklehre sich als nützlich erweisen kann[151]
  - anästhesietechnische Assistentin – Medizinstudium[152]
  - Ausbildung zur Bauzeichnerin und dem Studium der Architektur,[153]
  - Banklehre und dem Studium der Rechtswissenschaft,[154]
  - kaufmännischen Lehre und dem Studium der Betriebswirtschaft,[155]
  - landwirtschaftlichen Lehre und dem Studium der Agrarwissenschaft,[156]
  - Ausbildung zur gestaltungstechnischen Assistentin für Grafikdesign und dem Studium der Pädagogik für das Lehramt der Primarstufe mit dem Schwerpunkt Kunst.[157]
- Der enge sachliche Zusammenhang ist **verneint** worden bei einer
  - kaufmännischen Lehre und dem Studium des Maschinenbaus,[158]
  - kaufmännischen Lehre und dem Medizinstudium,[159]

---

[146] BGH FamRZ 2017, 1132; 2017, 799; 1977, 629.
[147] OLG Stuttgart FamRZ 1996, 1435; vgl. auch AG Rosenheim – 3 F 1202/12, BeckRS 2013, 06292 (Weiterbildung vom Masseur und medizinischem Bademeister zum Physiotherapeuten).
[148] Näher Staudinger/Klinkhammer § 1610 Rn. 143 ff.
[149] BGH FamRZ 2006, 1100 (1102) = R 654b; 1995, 416; 1993, 1057; 1992, 170 (172); 1989, 853.
[150] BGH FamRZ 1989, 853.
[151] BGH FamRZ 2017, 799.
[152] BGH FamRZ 2017, 1132
[153] BGH FamRZ 1989, 853; der BGH hat in FamRZ 2006, 1100 (1102 f.) offen gelassen, ob ein sachlicher Zusammenhang zwischen einer Maurerlehre und dem Architekturstudium besteht.
[154] BGH FamRZ 1992, 170.
[155] So BGH FamRZ 1993, 1057 (1059).
[156] BGH FamRZ 1990, 149.
[157] OLG Köln FamRZ 2003, 1409.
[158] BGH FamRZ 1993, 1057.
[159] BGH FamRZ 1991, 1044.

- Ausbildung zum Speditionskaufmann und dem Studium der Rechtswissenschaft,[160]
- Ausbildung zur „Europasekretärin" mit dem Schwerpunkt Textverarbeitung unter gleichzeitiger Vermittlung von Fremdsprachenkenntnissen und einem anschließenden Studium der Volkswirtschaftslehre.[161]

Der **enge zeitliche Zusammenhang** erfordert, dass der Auszubildende nach dem Abschluss der Lehre das Studium mit der gebotenen Zielstrebigkeit aufnimmt. Übt er zunächst den erlernten Beruf aus, obwohl er mit dem Studium beginnen könnte, und wird der Entschluss zum Studium auch sonst nicht erkennbar, so wird der Zusammenhang und damit die Einheitlichkeit des Ausbildungsweges aufgehoben.[162] Die Ableistung des Wehr- oder Ersatzdienstes nach der Lehre, aber vor Aufnahme des Studiums ist unschädlich.[163] Der enge zeitliche Zusammenhang kann auch dann gewahrt sein, wenn die Zeit zwischen der praktischen Ausbildung und dem Studium auf zwangsläufige, dem Kind nicht anzulastende Umstände zurückzuführen ist, zB auf Entwicklungsstörungen infolge von familiären Schwierigkeiten (→ Rn. 84, 92).[164] **101**

Der **Studienentschluss** muss nicht von vornherein, sondern kann **erst nach** Beendigung **der Lehre** gefasst werden. Es entspricht gerade der Eigenart dieses Ausbildungsweges, dass die praktische Ausbildung vielfach aufgenommen wird, ohne dass sich der Auszubildende endgültig schlüssig wird, ob er nach deren Abschluss ein Studium anschließen soll.[165] Demgemäß brauchen die Eltern nicht schon vor Aufnahme des Studiums von der Absicht, die Ausbildung fortzusetzen, informiert zu werden.[166] **102**

Eine **kurzfristige Ausübung des erlernten Berufs** schließt den engen zeitlichen Zusammenhang nicht aus, wenn das Studium zum frühest möglichen Zeitpunkt nach Ende der Ausbildung aufgenommen wird, die Berufstätigkeit also im Wesentlichen die Zeit bis zum Studium überbrückt.[167]

Die Finanzierung des Studiums muss für die Eltern wie der Ausbildungsunterhalt allgemein (→ Rn. 78) **zumutbar** sein. Die Zumutbarkeit wird nicht nur durch die wirtschaftliche Leistungsfähigkeit der Eltern, sondern auch durch die Frage bestimmt, ob und inwieweit sie damit rechnen müssen, dass ihr Kind nach einer Lehre noch weitere Ausbildungsstufen anstrebt.[168] **103**

Ob sich das Studium im Rahmen der wirtschaftlichen Leistungsfähigkeit der Eltern hält, ob es ihnen zumutbar ist, muss sorgfältig geprüft werden.[169] Je älter ein Kind bei Aufnahme einer (weiteren) Ausbildung ist und je eigenständiger es seine Lebensverhältnisse gestaltet, desto mehr tritt die Elternverantwortung zurück und umso sorgfältiger ist die Angemessenheit der Ausbildung zu prüfen.[170] Zu berücksichtigen ist insbesondere:
- ob die Eltern durch die bisherige Ausbildung finanziell nicht oder nur wenig in Anspruch genommen worden sind[171] oder ob sie durch eine vom Kind bezogene Ausbildungsvergütung, durch steuerliche Vorteile, durch Kindergeld oder in anderer Weise entlastet waren,[172]
- ob das Kind mit dem Abschluss der Lehre bereits ein Alter erreicht hat, in dem die Eltern nicht mehr damit rechnen mussten, dass es noch ein Studium aufnehmen werde,[173]

---

[160] BGH FamRZ 1992, 1407.
[161] BGH FamRZ 2001, 1601.
[162] BGH FamRZ 1989, 853.
[163] So offenbar BGH FamRZ 1993, 1057 = NJW 1993, 2238; vgl. auch BGH FamRZ 1992, 170.
[164] BGH FamRZ 2001, 1601.
[165] BGH FamRZ 1989, 853.
[166] BGH FamRZ 1992, 170 ff.
[167] BGH FamRZ 1989, 853.
[168] Vgl. BGH FamRZ 2017, 1132 (Studienantritt nach Berufsausübung mit 25 Jahren, nachdem seit dem Abitur dem Unterhaltspflichtigen keine Information mehr erteilt wurde); BGH FamRZ 2017, 799.
[169] BGH FamRZ 1989, 853; vgl. auch BGH FamRZ 1998, 671 = R 523.
[170] BGH FamRZ 2006, 1100 (1103) = R 654f; 1998, 671 = R 523.
[171] BGH FamRZ 2006, 1100 (1103) = R 654g.
[172] BGH FamRZ 1989, 853.
[173] BGH FamRZ 2017, 1132; 1989, 853.

- ob die Eltern in der gerechtfertigten Erwartung eines früheren Ausbildungsabschlusses anderweitige finanzielle Dispositionen getroffen haben, die ihre Leistungsfähigkeit in Anspruch nehmen und sich nur unter Einbußen rückgängig machen lassen,[174] sich zB ein Elternteil aus wichtigem Grund einer Umschulung unterzieht (→ Rn. 541, → Rn. 371),
- ob sich die Eltern bereits der Altersgrenze nähern und ihnen ein besonderes Interesse zugestanden werden muss, ihre Geldmittel frei von Unterhaltsansprüchen zur eigenen Verfügung zu haben.[175]
- ob die gewählte Ausbildung mit hohen Kosten verbunden ist (zB Studium an einer privaten oder ausländischen Universität[176]). Dies ist aber nur dann eine Frage der Zumutbarkeit des Ausbildungsunterhalts, wenn das Ausbildungsziel nicht auf kostengünstigere Art erreicht werden kann. Anderenfalls fehlt es bereits an der Angemessenheit (Erforderlichkeit) der Kosten.

104 Die Grundsätze zum Ausbildungsgang Abitur – Lehre – Studium sind nicht anwendbar, wenn das Kind **erst nach** Abschluss **der Lehre** durch weiteren Schulbesuch die (Fach-)**Hochschulreife** erwirbt und dann ein Studium aufnimmt. Dies gilt insbesondere beim Ausbildungsgang **Haupt-(Real-)schule, Lehre, Fachoberschule, Fachhochschule**. Der BGH verneint in diesen Fällen grundsätzlich die Einheitlichkeit der Ausbildung, weil anders als in den Abitur-Lehre-Studium-Fällen die Eltern nicht mit der Aufnahme eines Studiums nach der Lehre rechnen müssten.[177] Er bejaht aber ausnahmsweise eine einheitliche Ausbildung und damit einen Unterhaltsanspruch, wenn das Kind **von vornherein die Absicht** geäußert hatte, nach der Lehre die Fachoberschule zu besuchen und anschließend **zu studieren oder** die Eltern auf Grund besonderer Anhaltspunkte mit einem derartigen Werdegang des Kindes rechnen mussten. Dies kann der Fall sein, wenn sich in der schulischen Entwicklung oder in der Lehre eine deutliche Begabung, insbesondere in theoretischer Hinsicht, zeigt.[178] Eine Verpflichtung zur Finanzierung des Studiums besteht auch, wenn die Eltern vor Antritt der Lehre sich darüber einig waren, dass dem Kind die Möglichkeit eröffnet werden sollte, später auf dem zweiten Bildungsweg das Abitur nachzuholen und dann zu studieren[179] Im Jahre 1990 hatte der BGH es dagegen noch für möglich gehalten, dass der Entschluss zum Studium erst während der praktischen Ausbildung gefasst wird.[180] Notwendig ist, dass das Studium als Weiterbildung anzusehen ist, die beiden Ausbildungen also in einem engen sachlichen und zeitlichen Zusammenhang stehen (→ Rn. 100 f.).[181] Der sachliche Zusammenhang ist zB bei einer Ausbildung zum Zimmerer und dem Studiengang „Baubetrieb" gegeben.[182] Er fehlt dagegen, wenn das Kind auf der Schule zunächst scheitert und beim Beginn der praktischen Berufsausbildung weder die Absicht besteht, nach deren Abschluss die Fachhochschule zu besuchen und zu studieren, noch nach Begabung, Leistungsbereitschaft und Leistungsverhalten eine Weiterbildung nach Abschluss der praktischen Ausbildung zu erwarten ist.[183] → Rn. 94.

105 Der Verpflichtete braucht über den Plan, nach Abschluss der Lehre die Ausbildung fortzusetzen, **nicht informiert** zu werden. Es reicht aus, wenn diese Absicht in einem ernsthaften Gespräch mit dem nicht barunterhaltspflichtigen Elternteil geäußert worden ist. Wenn der Unterhaltspflichtige hiervon allerdings erst nachträglich erfährt, kann dies im Rahmen der Zumutbarkeitsprüfung von Bedeutung sein.[184] Genaueres zur Zumutbarkeit → Rn. 103. Zum Ausbildungsgang Abitur – Lehre – Fachhochschulstudium → Rn. 99.

---

[174] BGH FamRZ 1989, 853.
[175] BGH FamRZ 1989, 853.
[176] OLG Hamm FamRZ 2014, 563; KG MDR 2013, 602; OLG Düsseldorf FamRZ 2014, 564.
[177] BGH FamRZ 2006, 1100 (1101) = R 654c; näher Staudinger/Klinkhammer § 1610 Rn. 149 ff.
[178] BGH FamRZ 2006, 1100 (1101 f.) = R 654d; 1995, 416; OLG Bamberg FamRZ 1998, 315.
[179] OLG Koblenz FamRZ 2001, 1164.
[180] BGH FamRZ 1991, 320.
[181] BGH FamRZ 2006, 1100 (1103) = R 654c; 1995, 416.
[182] OLG Karlsruhe NJW-FER 2001, 17.
[183] BGH FamRZ 1995, 416.
[184] BGH FamRZ 2017, 1132; 1991, 320.

2. Abschnitt: Bedürftigkeit des Kindes § 2

Die Unterhaltspflicht kann fortdauern, wenn die Begabung des Kindes zunächst falsch eingeschätzt worden ist oder wenn die Verzögerung des endgültigen Berufsabschlusses auf vorübergehendem leichtem Versagen des Kindes beruht.[185]

Fehlt es an einem engen sachlichen Zusammenhang zwischen **zwei Ausbildungen,** wird eine Unterhaltspflicht der Eltern nicht allein dadurch begründet, dass das Kind von vornherein die Ausbildung in zwei verschiedenen Berufen anstrebt. Notwendig ist stets, dass die zweite Ausbildung sich als bloße Weiterbildung darstellt. Dies ist bei fehlendem engem sachlichem Zusammenhang ausgeschlossen.[186] Eine Unterhaltsberechtigung des Kindes kann dann nur bejaht werden, wenn die Eltern ausnahmsweise eine Zweitausbildung finanzieren müssen (→ Rn. 91 ff.). **106**

III. Einkommen und Vermögen des Kindes

1. Anrechenbare Einkünfte des Kindes

Einkünfte des Kindes sind bei der Ermittlung seiner Bedürftigkeit genauso umfassend zu berücksichtigen wie beim Verpflichteten. Deshalb mindert **eigenes Einkommen** des Kindes jeder Art dessen Bedürftigkeit.[187] Einkünfte sind erst von dem Tag an zu berücksichtigen, an dem sie tatsächlich gezahlt worden sind. Sie können zur Vereinfachung ab dem Beginn des Zahlungsmonats angerechnet werden.[188] Auf den Beginn der Erwerbstätigkeit oder der Ausbildung kommt es bei nachschüssiger Zahlweise der Vergütung indessen nicht an.[189] Nur ausnahmsweise bestimmt das Gesetz, dass Einkünfte nicht auf den Unterhaltsanspruch anzurechnen sind. Dies ist vor allem bei **subsidiären Sozialleistungen** (→ § 1 Rn. 664 ff., → § 8 Rn. 7 ff.) der Fall, insbesondere **107**
– bei der Sozialhilfe nach dem SGB XII (→ § 1 Rn. 727, → § 8 Rn. 18 ff.),
– bei der Grundsicherung für Arbeitsuchende nach dem SGB II, vor allem beim Arbeitslosengeld II (→ § 8 Rn. 171 ff.),
– bei Leistungen nach dem Unterhaltsvorschussgesetz (→ § 8 Rn. 262 ff.),
– bei Vorausleistungen nach dem BAföG (→ § 1 Rn. 727 ff., → § 8 Rn. 287 ff.),

Erziehungsgeld für bis zum 31.12.2006 geborene Kinder (→ § 1 Rn. 116, → § 2 Rn. 61) und Elterngeld für ab 1.1.2007 geborene Kinder (→ § 1 Rn. 117, → § 2 Rn. 61) und weitergeleitetes Pflegegeld (→ § 1 Rn. 689 ff., → § 2 Rn. 467) sind nur unter bestimmten Voraussetzungen anrechenbares Einkommen (§ 9 BErzGG, § 11 BEEG, § 13 VI SGB XI). **Kindergeld** ist seit dem 1.1.2008 als Einkommen des Kindes zu berücksichtigen. Es mindert den Anspruch des Kindes auf Barunterhalt, und zwar bei Betreuung des minderjährigen Kindes gemäß § 1606 III 2 BGB zur Hälfte, im Übrigen in voller Höhe (§ 1612b I BGB). Im Einzelnen → Rn. 716 ff.

Als **anrechenbare Einkünfte** kommen vor allem in Betracht: **108**
– Ausbildungsvergütungen (→ Rn. 112 ff.);
– sonstige Einkünfte aus Erwerbstätigkeit und fiktives Einkommen aus unterlassener zumutbarer Erwerbstätigkeit (→ Rn. 243 ff., → § 1 Rn. 65 ff., 773);
– Einkünfte aus Vermietung und Verpachtung (→ § 1 Rn. 450 ff.), aus einem Wohnvorteil (→ § 1 Rn. 473 ff.), aus Zinsen und sonstigen Kapitalerträgen (→ § 1 Rn. 600 ff.);
– Waisen- und Halbwaisenrente[190] (→ § 1 Rn. 651);
– endgültige BAföG-Leistungen, auch soweit sie als unverzinsliches Darlehen gewährt werden[191] (→ § 1 Rn. 670 ff., → § 8 Rn. 286); zu Vorausleistungen → § 8 Rn. 287 ff.; das Kind trifft eine Obliegenheit, BAföG-Leistungen zu beantragen, sofern der Antrag

---

[185] BGH FamRZ 2006, 1100 (1103) = R 654d, g.
[186] BGH FamRZ 1992, 1407; 1991, 1044.
[187] BGH FamRZ 2006, 1597 = R 659b mAnm Born.
[188] Vgl. OLG Hamm FamRZ 2013, 1812.
[189] So mit Recht Nickel FamRZ 2006, 687 gegen AG Weiden FamRZ 2006, 565.
[190] BGH FamRZ 2006, 1597 (1599) = R 659b mAnm Born; FamRZ 1980, 1109.
[191] BGH FamRZ 1989, 499.

nicht von vornherein aussichtslos ist[192]; anderes gilt aber für einen – auch öffentlich geförderten – verzinslichen Bildungskredit, den das Kind nicht in Anspruch nehmen muss.[193]

– nicht subsidiäre Sozialleistungen, insbesondere solche, die der Berechtigte durch Beiträge erkauft hat, wie zB Leistungen der gesetzlichen Renten-, Kranken-, Pflege-, Arbeitslosen- oder Unfallversicherung; bei Sozialleistungen infolge eines Körper- oder Gesundheitsschadens wird vermutet, dass die schadensbedingten Aufwendungen nicht geringer sind als die Sozialleistungen (§ 1610a BGB; Näheres → § 1 Rn. 654 ff.). Leistungen nach dem SGB VIII sind bedarfsdeckend (§ 10 II 2 SGB VIII). Sie können daher den Unterhalt reduzieren oder zu seinem völligen Wegfall führen. Jedoch kann jeder unterhaltspflichtige Elternteil nach §§ 90 ff. SGB VIII zu einem öffentlich-rechtlichen Kostenbeitrag herangezogen werden;[194] → § 1 Rn. 689, → § 2 Rn. 465. Volljährige voll erwerbsgeminderte Kinder müssen vorrangig die nicht subsidiäre Grundsicherung nach §§ 43 ff. SGB XII beantragen;[195] → § 8 Rn. 167 ff.

109 Einkünfte aus **Werkstudentenarbeit und Ferienjobs** sowie ähnliches Nebeneinkommen von Schülern und Studenten sind nicht oder nur teilweise anrechenbar (→ Rn. 52, 414, 491, → § 1 Rn. 827). Da ein Schüler oder Student – auch während der Schul- bzw. Semesterferien – zu einer Erwerbstätigkeit neben dem Schulbesuch oder dem Studium nicht verpflichtet ist, stammt gleichwohl erzieltes **Einkommen aus überobligationsmäßiger Tätigkeit.** Derartige Einkünfte sind in entsprechender Anwendung des § 1577 II 1 BGB nicht anzurechnen, wenn der Verpflichtete nicht den vollen Unterhalt leistet, zB weil er die Zahlungen eingestellt hatte, das Kind also die Erwerbstätigkeit aufnehmen musste, um seinen Lebensunterhalt bestreiten zu können.[196] Von einer Anrechnung wird auch abzusehen sein, wenn der Student durch seinen Verdienst Sonderbedarf, zB Umzugskosten, decken will, für den die laufenden Unterhaltszahlungen nicht ausreichen. Man wird dem Schüler und Studenten ebenfalls nicht verwehren können, sich durch Nebentätigkeit in angemessenem Umfang einen besseren Lebensstandard zu ermöglichen, als der nach Tabellensätzen bemessene Unterhalt zulassen würde. Zu beachten ist aber, dass die Ausbildung unter der Erwerbstätigkeit nicht leiden darf.[197] Danach können insbesondere Einkünfte eines Studenten aus geringfügiger Nebentätigkeit in den Anfangssemestern anrechnungsfrei bleiben.[198] Im Übrigen kommt analog § 1577 II 2 BGB eine Anrechnung insoweit in Betracht, als dies unter Berücksichtigung der beiderseitigen wirtschaftlichen Verhältnisse der Billigkeit entspricht.[199] Steht ein Student in einem festen Anstellungsverhältnis, zB weil er in den Labors eines Wirtschaftsunternehmens Versuche für seine Diplomarbeit durchführt, wird man seinen Bedarf höher als den Studentenunterhalt nach der Düsseldorfer Tabelle (Stand: 1.1.2019) von 735,– EUR ansetzen und ihm jedenfalls den notwendigen Eigenbedarf eines Erwerbstätigen von 1080,– EUR – nach Anm. A 5, B V 1 der Düsseldorfer Tabelle zubilligen müssen; darauf kann eine etwaige Vergütung teilweise angerechnet werden.[200]

110 Bei Schülern wird die Nichtanrechnung geringer Einkünfte, auch wenn sie für Luxusanschaffungen, zB ein gebrauchtes Motorrad, verwendet werden, in der Regel der Billigkeit entsprechen, falls schutzwürdige Interessen des Pflichtigen nicht verletzt werden, insbesondere falls das Kind seine schulischen Pflichten erfüllt und dem Verpflichteten durch die Erwerbstätigkeit des Kindes keine unterhaltsbezogenen Vorteile (Kindergeld, Steuerfreibeträge, kinderbezogene Bestandteile des Familienzuschlags usw) entgehen.[201]

---

[192] OLG Hamm FamRZ 2014, 565; OLG Karlsruhe NJW-RR 2010, 8.
[193] OLG Bremen FamRZ 2013, 1050.
[194] BGH FamRZ 2007, 377.
[195] OLG Düsseldorf FF 2012, 449.
[196] BGH FamRZ 1995, 475 (477); OLG Hamm FF 2012, 459; FamRZ 1997, 231.
[197] So mit Recht OLG Hamm FamRZ 1997, 1497.
[198] BGH FamRZ 1995, 475 (477).
[199] BGH FamRZ 1995, 475 (477).
[200] OLG Hamm FamRZ 1997, 231.
[201] OLG Köln FamRZ 1996, 1101.

2. Abschnitt: Bedürftigkeit des Kindes § 2

Zu überobligationsmäßigen Einkünften eines volljährigen, in einem Heim lebenden Kindes aus Arbeit in einer Behindertenwerkstatt → Rn. 534.

Beim Zusammenleben des Kindes mit einem anderen Partner in **nichtehelicher Lebensgemeinschaft** ist die Rechtsprechung des BGH zum Ehegattenunterhalt grundsätzlich heranzuziehen, soweit sie die Bedürftigkeit des Ehegatten betrifft, nicht dagegen, soweit sie auf § 1579 BGB, insbesondere § 1579 Nr. 8 (früher Nr. 7), beruht.[202] Dem Kind kann daher ein fiktives Einkommen zugerechnet werden, wenn es dem Lebensgefährten den Haushalt führt und ihn versorgt (→ § 1 Rn. 712 ff.).[203] Auch werden im Rahmen einer auf Dauer angelegten nichtehelichen Lebensgemeinschaft finanzielle Mittel, die das Kind von seinem Partner für die gemeinsame Lebenshaltung entgegennimmt, seine Bedürftigkeit grundsätzlich mindern, auch wenn es nicht den Haushalt führt (→ Rn. 61).[204] Jedoch wird stets geprüft werden müssen, ob wirklich eine nichteheliche Lebensgemeinschaft vorliegt. Zwei Studenten leben im Zweifel in einer **Wohngemeinschaft** und nicht in einer Lebensgemeinschaft. Solange sich das unterhaltsberechtigte Kind zielstrebig einer Ausbildung unterzieht, wird ein fiktives Einkommen für die Versorgung des Partners kaum angesetzt werden können, selbst wenn sexuelle Beziehungen bestehen. In einem solchen Fall werden beide Partner sich die Haushaltsführung teilen. Zudem trifft ein Kind, das sich ausbilden lässt, keine Erwerbsobliegenheit. Dann fehlt die Rechtfertigung dafür, ein fiktives Versorgungsentgelt zuzurechnen.

111

2. Anrechnung einer Ausbildungsvergütung

Ausbildungsvergütungen, Ausbildungsbeihilfen, Zuschüsse während eines Praktikums und ähnliche Bezüge sind vom Zeitpunkt der Zahlung an (→ Rn. 107) **anrechenbare Einkünfte** des Auszubildenden. Vor der Anrechnung sind sie um ausbildungsbedingte Aufwendungen (Werbungskosten) oder ausbildungsbedingten Mehrbedarf (→ § 1 Rn. 122 ff.), zB Fahrtkosten, Lernmittel, besonderen Kleidungsaufwand uÄ, zu bereinigen.[205]

112

Die Höhe der ausbildungsbedingten Aufwendungen kann nicht pauschal mit der Hälfte der Ausbildungsvergütung angenommen werden, sondern ist grundsätzlich entsprechend den besonderen Verhältnissen des Einzelfalles vom Gericht festzustellen. Dabei ist eine Anlehnung an Richtsätze und Leitlinien möglich, die auf die gegebenen Verhältnisse abgestellt sind und der Lebenserfahrung entsprechen.[206]

113

Die Düsseldorfer Tabelle und ein Teil der Leitlinien der Oberlandesgerichte pauschalieren den ausbildungsbedingten Mehrbedarf; andere verlangen eine konkrete Darlegung der Mehraufwendungen, die dem Gericht eine Schätzung nach § 287 ZPO ermöglicht (→ § 6 Rn. 750 ff.).

114

Die meisten Oberlandesgerichte ziehen **Pauschalen für ausbildungsbedingten Mehrbedarf** von der Ausbildungsvergütung ab.

115

Die Oberlandesgerichte Brandenburg, Braunschweig, Bremen, Düsseldorf, Hamm, Koblenz, Köln, Oldenburg, Schleswig und die süddeutschen Oberlandesgerichte setzen eine Pauschale von 100,– EUR an (jeweils 10.2.3 der Leitlinien). Das OLG Düsseldorf gewährt die Pauschale nur, wenn das Kind im Haushalt der Eltern oder eines Elternteils lebt (Düsseldorfer Tabelle Stand: 1.1.2019 Anm. A 8). Die Pauschale von 100,– EUR findet ihre Rechtfertigung darin, dass die Beträge der Tabelle Kindesunterhalt im Wesentlichen auf den Bedarf eines Schülers zugeschnitten sind, der Auszubildende, der bereits am Berufsleben teilnimmt, dagegen einen höheren, nur schwer bezifferbaren Bedarf hat, der neben den üblichen berufsbedingten Aufwendungen (Fahrgeld, Berufskleidung usw) durch

---

[202] BGH FamRZ 1989, 487.
[203] Vgl. BGH FamRZ 2008, 594; 2001, 1693; gegen den Ansatz fiktiver Einkünfte und für teilweise Deckung des Bedarfs durch Zuwendungen des Lebensgefährten: Scholz FamRZ 2003, 265 (270).
[204] OLG Koblenz FamRZ 1991, 1469; a. A. OLG Celle FamRZ 1993, 352, das eine freiwillige Leistung eines Dritten annimmt.
[205] BGH FamRZ 1988, 159; 1981, 541 = NJW 1981, 2462.
[206] BGH FamRZ 1981, 541 (543) = NJW 1981, 2462.

die Pauschale abgegolten werden soll.[207] Das heißt freilich nicht, dass derartige Aufwendungen neben der vollen Pauschale von 100,– EUR geltend gemacht werden können.[208] Reicht die Pauschale für den anzuerkennenden ausbildungsbedingten Mehrbedarf nicht aus, ist der Mehraufwand insgesamt darzulegen und ggf. nachzuweisen. Insoweit gilt Anm. A 3 der Düsseldorfer Tabelle sinngemäß.

Der BGH hat den pauschalierten Abzug eines ausbildungsbedingten Mehrbedarfs in Höhe von 85,– EUR nach der Düsseldorfer Tabelle Stand: 1.1.2002[209] für rechtlich unbedenklich gehalten.[210] Dies dürfte auch für den jetzt überwiegend angesetzten Betrag von 100,– EUR gelten.

116 Hat der minderjährige oder volljährige Auszubildende bereits einen **eigenen Haushalt** und wird deshalb der Bedarf nach der Düsseldorfer Tabelle Stand: 1.1.2019 (Anm. A 7 II 3) mit 735,– EUR angesetzt, kann die Pauschale von 100,– EUR nicht gewährt werden, wie sich aus Anm. A 8 der Tabelle ergibt.[211] Die Berücksichtigung ausbildungsbedingten Mehrbedarfs wird vielfach abgelehnt, weil in dem Richtsatz von jetzt 735,– EUR derartige Mehrkosten bereits enthalten seien (→ Rn. 517). Es erscheint jedoch angemessen, statt des Pauschbetrags von 100,– EUR wenigstens die Pauschale von 5% des Einkommens für berufsbedingte Aufwendungen, mindestens aber 50,– EUR abzusetzen; diese Pauschale steht nach Anm. A 3 der Düsseldorfer Tabelle jedem zu, der einer abhängigen Erwerbstätigkeit nachgeht.[212] So ausdrücklich DL 10.2.3.

117 Die **konkrete Darlegung** des ausbildungsbedingten Mehrbedarfs wird von den Oberlandesgerichten Hamburg, Rostock und vom Kammergericht gefordert. Die Oberlandesgerichte Dresden und Frankfurt gehen auch beim Auszubildenden von einer **Pauschale von 5%** des Einkommens aus. Vgl. 10.2.3 der jeweiligen Leitlinien.

3. Anrechnung von Einkommen auf Barunterhalt und auf Betreuungsunterhalt

118 Einkünfte des Kindes kommen grundsätzlich beiden Eltern zugute, wenn jeder von ihnen Unterhalt leistet.

Nach gängiger und vom BGH gebilligter Praxis wird die Ausbildungsvergütung von **Minderjährigen** nur zur Hälfte auf den Barbedarf angerechnet. Zur Begründung wird darauf verwiesen, dass wegen der Gleichwertigkeit von Bar- und Betreuungsunterhalt nach § 1606 III 2 BGB beide Eltern je zur Hälfte durch das Einkommen des Kindes entlastet werden. Das heißt, die Einkünfte des Kindes, insbesondere Ausbildungsvergütung (auch Waisengeld und Zinseinkünfte) sind wie seit dem 1.1.2008 auch das Kindergeld (§ 1612b I 1 Nr. 1 BGB; → Rn. 716 ff.) nur **zur Hälfte auf den Barunterhalt** anzurechnen, zur anderen Hälfte dienen sie als Ausgleich für die Betreuungsleistungen des anderen Elternteils.[213] → Rn. 414.

> **Beispiel:**
> Nettoeinkommen des Vaters = 1800,– EUR. Der 16-jährige Sohn S bezieht eine Ausbildungsvergütung von 400,– EUR. Er lebt bei der Mutter, die das Kindergeld von 194,– EUR erhält.
> Unterhalt nach DT (2019) 2/3 = 500,– EUR (Höhergruppierung um eine Einkommensgruppe nach DT Anm. A 1 wegen unterdurchschnittlicher Unterhaltsbelastung; → Rn. 343 ff.).
> Anrechenbare Ausbildungsvergütung (→ Rn. 112 ff.) 400,– EUR; ausbildungsbedingte Aufwendungen 100,– EUR (→ Rn. 115). Bereinigte Vergütung: 400–100 = 300,– EUR. Anzurechnender hälftiger Anteil: 150,– EUR.
> Restbedarf, zugleich geschuldeter Unterhalt: 500 – 150 – 97 (hälftiges Kindergeld) = 253,– EUR.
> V behält 1800 – 253 = 1547,– EUR.

---

[207] Scholz FamRZ 1993, 125 (133).
[208] Anders zu Unrecht OLG Hamburg JAmt 2001, 300.
[209] FamRZ 2001, 810; vgl. auch BGH FamRZ 2008, 963 Rn. 34.
[210] BGH FamRZ 2006, 99 (100) = R 641b.
[211] So auch das OLG Hamm (HL 10.2.3, 13.1.2).
[212] OLG Düsseldorf FamRZ 1994, 1610; vgl. auch HL 10. 2. 2 in Verbindung mit 13.1.2.
[213] BGH FamRZ 1988, 159 (161); 1980, 1109 (1111) = NJW 1981, 168 (170).

2. Abschnitt: Bedürftigkeit des Kindes § 2

Dagegen sind indessen nicht zuletzt mit Rücksicht auf die jüngere Rechtsprechung des BGH nunmehr **Bedenken** zu erheben.[214] Denn ein monetärer Bedarf entsteht für den Betreuungsunterhalt grundsätzlich nicht. Vielmehr geht das Gesetz davon aus, dass die Betreuung, solange sie von den Eltern geleistet wird, gegenleistungsfrei ist. Etwas anderes gilt nur dann, wenn der Betreuungsbedarf einen Geldbedarf begründet, indem ein solcher etwa in Form von Kosten einer Kindertagesstätte oder eines Internats entsteht. Es kann auch nicht ohne weiteres als unbillig empfunden werden, wenn etwa eine auskömmliche Ausbildungsvergütung den barunterhaltspflichtigen Elternteil vollständig entlastet, während der betreuende Elternteil das Kind bis zur Volljährigkeit weiterhin betreut. Denn der Betreuungsunterhalt ist eine unentgeltliche Leistung, die nach der Rechtsprechung des BGH grundsätzlich nicht zu monetarisieren ist.[215] Anderenfalls würde die in dem Betreuungsunterhalt liegende unentgeltliche Leistung aufgrund der Erzielung eigenen Einkommens seitens des Kindes in eine entgeltliche umschlagen, ohne dass sich dies begründen ließe. Im Fall einer auskömmlichen Ausbildungsvergütung bleibt mithin der betreuende Elternteil darauf beschränkt, dass er vom Kind Beiträge für Kost und Logis verlangen kann, die sonst vom Barunterhalt abgedeckt werden. Das Kind kann sich in diesem Fall nicht auf eine Unterhaltspflicht des betreuenden Elternteils berufen, weil dieser durch die Betreuung nach § 1606 III 2 BGB befreit wird. Etwas anderes gilt nur dann, wenn der (hauptsächlich) betreuende Elternteil eigenes Einkommen erzielt und sich am Barunterhalt zu beteiligen hat[216] → Rn. 206. In diesem Fall ist die Ausbildungsvergütung folgerichtig von dem Unterhaltsbedarf abzuziehen, wie er sich aus dem zusammengerechneten Einkommen der Eltern ergibt. Besteht **bei Minderjährigen** ausnahmsweise eine **Barunterhaltspflicht beider Eltern,** zB weil das Kind in einem Heim lebt, ist grundsätzlich wie bei Volljährigen das Einkommen des Kindes in voller Höhe vom Bedarf abzuziehen und erst der Restbedarf anteilig nach § 1606 III 1 BGB zu verteilen, → Rn. 418 ff. Auch das Kindergeld wird seit dem 1.1.2008 in voller Höhe bedarfsdeckend angerechnet, wenn das Kind nicht von einem Elternteil im Sinne des § 1606 III 2 BGB betreut wird, → Rn. 722 ff. Ist ein **Elternteil verstorben,** muss der andere sowohl den Barunterhalt als auch die Betreuung des minderjährigen Kindes sicherstellen. Betreut er das Kind selbst, kommt ihm nach der oben beschriebenen herrschenden Praxis die eine Hälfte des Halbwaisengeldes zugute; die andere Hälfte ist auf den Barunterhalt anzurechnen. Wird das Kind nicht vom überlebenden Elternteil, sondern von Dritten betreut, sind Bar- und Betreuungsunterhalt insgesamt in Höhe des doppelten Tabellenbetrages anzusetzen; darauf ist die Halbwaisenrente in voller Höhe anzurechnen.[217]

119

Das **volljährige Kind** wird nach Eintritt der Volljährigkeit nicht mehr von einem Elternteil im Rechtssinne betreut, selbst wenn sich mit der Vollendung des 18. Lebensjahres an den bisherigen Ausbildungs- und Wohnverhältnissen nichts geändert hat.[218] Volljährige unverheiratete Kinder stehen zwar bis zur Vollendung des 21. Lebensjahres minderjährigen unverheirateten Kindern gleich, solange sie im Haushalt der Eltern oder eines Elternteils leben und sich in der allgemeinen Schulausbildung befinden. Dies betrifft aber nur die verschärfte Haftung der Eltern und den Rang der privilegiert volljährigen Kinder (§§ 1603 II 2, 1609 Nr. 1 BGB). § 1606 III 2 BGB gilt für ein solches Kind nicht. im Einzelnen → Rn. 580 ff., 594 ff. Deshalb sind grundsätzlich beide Eltern im Rahmen ihrer Leistungsfähigkeit dem volljährigen Kind barunterhaltspflichtig (vgl. § 1606 III 1 BGB; → Rn. 26, 560 ff.). Demgemäß sind Einkünfte des Kindes, insbesondere die Ausbildungsvergütung, aber auch sonstiges Einkommen, seit dem 1.1.2008 auch Kindergeld (→ Rn. 722 ff.), auf den nach den Tabellen und Leitlinien ermittelten Bedarf voll anzurechnen; der Restbedarf ist anteilig nach § 1606 III 1 BGB von den Eltern zu

120

---

214 Vgl. Staudinger/Klinkhammer § 1610 Rn. 159 (auch für das Folgende).
215 BGH FamRZ 2017, 711 Rn 9; vgl. auch BGH FamRZ 2018, 23; anders nur im Fall des monetären Bedarfs, vgl. BGH FamRZ 2006, 1597.
216 Vgl. BGH FamRZ 2017, 437; 2017, 711.
217 BGH FamRZ 2006, 1597 (1599) mAnm Born = R 659b.
218 BGH FamRZ 2006, 99 (102) = R 641d mAnm Viefhues und Scholz; FamRZ 1994, 696 (698) = R 477c.

tragen.²¹⁹ → Rn. 560 ff. und das Beispiel → Rn. 576. Eine volle Anrechnung des Kindeseinkommens, zB einer Halbwaisenrente, aber auch des Kindergeldes, findet selbst dann statt, wenn ein Elternteil nach dem Tode des anderen sowohl Bar- als auch Betreuungsunterhalt sicherstellen muss.²²⁰ Ist ein Elternteil nicht leistungsfähig, schuldet der andere Elternteil allein den Unterhalt in Höhe des Restbedarfs.

4. Freiwillige Zuwendungen eines Dritten oder eines Elternteils

121 Bei freiwilligen Zuwendungen eines Dritten, auf die das Kind keinen rechtlichen Anspruch hat, hängt die Anrechenbarkeit als Einkommen des Kindes grundsätzlich vom **Willen des zuwendenden Dritten** ab.²²¹ Vgl. hierzu → § 1 Rn. 708 ff. Hier geht es vielfach um Zuwendungen, die das Kind von Verwandten des Elternteils, bei dem es lebt, oder von dessen neuem Partner erhält. Diese Personen erbringen derartige Leistungen in der Regel freiwillig und ohne Rechtspflicht. Sie wollen das Kind zusätzlich unterstützen und nicht den anderen unterhaltspflichtigen Elternteil entlasten. Daher sind diese Leistungen im Normalfall nicht als anrechenbares Einkommen des Kindes anzusehen.²²² Das hat das OLG Hamm sogar in einem Fall angenommen, in dem der neue Partner unstreitig der leibliche Vater des Kindes ist und der rechtliche Vater die Anfechtungsfrist versäumt hatte.²²³ Eine Entlastung des barunterhaltspflichtigen Elternteils kann dagegen beabsichtigt sein, wenn einer seiner Verwandten, zB die Mutter des Kindesvaters, das Kind in ihren Haushalt aufnimmt und versorgt oder es in sonstiger Weise unterstützt.²²⁴ Freiwillige Leistungen können einmalige oder regelmäßige Geldgeschenke sein oder sonstige geldwerte Sach- oder Naturalleistungen, wie zB unentgeltliche Wohnungsgewährung, Verköstigung und die Pflege eines hilflosen Ehegatten.²²⁵ Vermögen, das das Kind ohne Zweckbindung als Erbe oder als Vermächtnis erhalten hat, kann dagegen nicht als freiwillige Leistung des Erblassers in dem hier erörterten Sinn angesehen werden.²²⁶ Bei Schenkungen unter Lebenden ist oft davon auszugehen, dass der Schenker einen Verbrauch des geschenkten Geldbetrages oder eine Veräußerung der geschenkten Sache, zB eines Grundstücks, nicht wünscht, zumal da ihm auf die Dauer von zehn Jahren ein Rückforderungsrecht wegen Notbedarfs zusteht (§§ 528 I, 529 I BGB). Als Einkommen sind dann nur Zinsen bzw. Nutzungsvorteile anzurechnen.²²⁷ Durch das Büchergeld der Studienstiftung des Deutschen Volkes soll die besondere Begabung des studierenden Kindes gefördert, nicht aber der Unterhaltspflichtige entlastet werden. Die Gewährung des Büchergeldes ist die freiwillige Leistung eines Dritten, mag auch der Student auf Grund des Bewilligungsbescheides einen Anspruch auf die demnächst zu zahlenden Raten des Büchergeldes haben.²²⁸ Ähnliches gilt in der Regel für sonstige Stipendien.

122 Im **Mangelfall** ist es nicht ausgeschlossen, aus Billigkeitserwägungen die freiwilligen Leistungen des Dritten, die dieser ohne Rückforderungsabsicht, aber nicht zur Entlastung des Pflichtigen erbracht hat, ganz oder teilweise auf den Unterhaltsbedarf des Berechtigten anzurechnen.²²⁹ → § 5 Rn. 73. M. E. kommt dies allerdings nur für die Vergangenheit in Betracht, da der Dritte die Leistungen jederzeit einstellen kann. Bei **Verwirkung** des

---

²¹⁹ BGH FamRZ 2006, 99 ff. = R 641e mAnm Viefhues und Scholz.
²²⁰ BGH FamRZ 2006, 1597 (1599) mAnm Born.
²²¹ BGH FamRZ 1995, 537; 1993, 417 (419).
²²² BGH FamRZ 1995, 537; 1985, 584; vgl auch – als Grenzfall – OLG Hamm MDR 2014, 229 (Unterhaltsgewährung durch den mit dem Kind zusammenlebenden leiblichen Vater, nachdem der rechtliche Vater – Unterhaltspflichtiger – die Anfechtungsfrist versäumt hat).
²²³ OLG Hamm MDR 2014, 229; i. E. zustimmend Staudinger/Klinkhammer § 1602 Rn. 45.
²²⁴ BGH FamRZ 1993, 417 (419).
²²⁵ BGH FamRZ 1995, 537; OLG Hamm FamRZ 1999, 166; vgl. auch BGH FamRZ 2005, 967 (969) = R 629b.
²²⁶ OLG München FamRZ 1996, 1433; Büttner FamRZ 2002, 1445 (1447).
²²⁷ Büttner FamRZ 2002, 1445 (1447).
²²⁸ Büttner FamRZ 2002, 1445 (1446).
²²⁹ Vgl. dazu BGH FamRZ 1999, 843 (847) = R 533c, der allerdings die Frage nicht abschließend entscheidet; a. A. Büttner FamRZ 2002, 1445 (1448).

Unterhaltsanspruchs nach § 1611 BGB sind die freiwilligen Leistungen eines Dritten nicht in die Billigkeitsabwägung einzubeziehen.[230]

Dritter in diesem Sinn kann **auch ein Elternteil** sein.[231] Deshalb sind freiwillige und überobligationsmäßige Leistungen eines Elternteils in der Regel nicht auf den Barunterhaltsanspruch gegen den anderen Elternteil anzurechnen. Es kann im Allgemeinen nach der Lebenserfahrung nicht angenommen werden, dass der zuwendende Elternteil mit seiner Leistung den anderen Elternteil von dessen Unterhaltsverpflichtung entlasten will; vielmehr ist regelmäßig nur eine freiwillige Unterstützung des Kindes beabsichtigt.[232] 123

Bei Barunterhaltspflicht beider Eltern (→ Rn. 418 ff., 560 ff.) wird der anteilige Anspruch des Kindes gegen einen Elternteil nicht dadurch erfüllt, dass der andere Elternteil überobligationsmäßige Leistungen erbringt, dh dem Kind mehr zuwendet, als es seinem Haftungsanteil entspricht.[233] 124

Gleiches gilt im Prinzip bei **Barunterhaltspflicht nur eines Elternteils** (→ Rn. 410 ff.), wenn der nicht barunterhaltspflichtige Elternteil dem Kind trotzdem Geld oder geldwerte Leistungen (zB Wohnungsgewährung) zuwendet und dafür vom Kind keine Gegenleistung verlangt.[234] Dies berührt den Unterhaltsanspruch des Kindes gegen den anderen Elternteil nicht. Vielmehr deckt der Barunterhalt den **gesamten Lebensbedarf** des Kindes ab, insbesondere alle Aufwendungen für Wohnung, Verpflegung, Kleidung, sonstige Versorgung, Ausbildung, Erholung, Gesundheitsfürsorge und Bildung, → Rn. 326. Ausgenommen sind jedoch regelmäßiger Mehrbedarf, Sonderbedarf und Prozesskostenvorschuss (→ Rn. 232 ff., 237, 451 ff., 530 ff., → § 6 Rn. 1 ff., 20 ff.). In den Bedarfssätzen der Düsseldorfer Tabelle ist berücksichtigt, dass das Kind einerseits einen **Wohnbedarf** hat und dass andererseits durch das Zusammenleben mit einem Elternteil eine Ersparnis eintritt (→ Rn. 326).[235] Dessen Aufwendungen für das vom Kind bewohnte Zimmer einschließlich der anteiligen Kosten für die von ihm mitbenutzten Räume (Wohnzimmer, Bad, Küche usw) sind durch den Barunterhalt nach der Düsseldorfer Tabelle abgegolten. Der Elternteil kann daher den Barunterhalt zum Teil zur Deckung des Wohnbedarfs des Kindes verwenden.

Um eine solche nicht anrechenbare Zuwendung handelt es sich auch, wenn ein Elternteil dem bei ihm wohnenden, in Ausbildung befindlichen Kind die Ausbildungsvergütung belässt und vom Kind keinen oder einen zu niedrigen Beitrag zu den Kosten der Wohnung, Verköstigung und sonstiger materieller Versorgung verlangt. Solche Mehrleistungen entlasten nicht den anderen Elternteil.[236] Vielmehr ist der von diesem zu zahlende Unterhalt nach den allgemeinen Regeln zu bemessen. Es bleibt dem Elternteil, bei dem das Kind wohnt, überlassen, dessen Bedarf bei Minderjährigkeit aus dem vom anderen Elternteil geschuldeten Unterhalt zu decken oder sich mit dem volljährigen Kind hinsichtlich der Leistungen, die er noch erbringt (Wohnungsgewährung, Verpflegung usw), auseinanderzusetzen und sie mit dem anteiligen Anspruch des Kindes auf Barunterhalt zu verrechnen. 125

Soweit ein Elternteil Unterhaltsleistungen erbracht hat, die über das von ihm geschuldete Maß hinausgehen, dürfte ein Rückforderungsanspruch gegen das Kind an § 685 II BGB scheitern; danach ist im Zweifel anzunehmen, dass dem Elternteil die Absicht fehlt, von dem Kind Ersatz zu verlangen.[237] 126

Bei **volljährigen Kindern** gelten im Prinzip ähnliche Grundsätze. Mit dem Tabellenunterhalt wird im Normalfall – gleichgültig, ob das Kind bereits einen eigenen Haushalt 127

---

[230] Büttner FamRZ 2002, 1445 (1447); aA Palandt/Brudermüller § 1611 Rn. 7.
[231] Vgl. BGH FamRZ 2017, 437 Rn. 45; 2006, 99 (100) = R 641d mAnm Viefhues und Scholz.
[232] BGH FamRZ 1988, 159 (161); 1986, 151 = NJW-RR 1986, 426; FamRZ 1985, 584; OLG Koblenz FamRZ 2002, 1281.
[233] BGH FamRZ 2017, 437 Rn. 45; 1988, 159 (161); 1986, 151 = NJW-RR 1986, 426; FamRZ 1985, 584.
[234] BGH FamRZ 2006, 99 (100) = R 641d mAnm Viefhues und Scholz.
[235] BGH FamRZ 2006, 99 (101) = R 641d mAnm Viefhues und Scholz.
[236] BGH FamRZ 1988, 159 (161); vgl. auch BGH FamRZ 2006, 99 (100 ff.) = R 641d mAnm Viefhues und Scholz.
[237] BGH FamRZ 1998, 367.

hat oder noch bei einem Elternteil lebt – der gesamte Lebensbedarf des Volljährigen einschließlich des Wohnbedarfs abgegolten (→ Rn. 511, 524).[238]
- Ohne Probleme ist dies, wenn der Volljährige nicht bei einem Elternteil wohnt. Sind beide Eltern barunterhaltspflichtig und wendet ihm ein Elternteil mehr zu, als seinem Haftungsanteil entspricht, so entlastet dies als freiwillige überobligationsmäßige Leistung nicht den anderen Elternteil. Gleiches gilt, wenn bei alleiniger Barunterhaltspflicht eines Elternteils der andere dem Kind freiwillige Zusatzleistungen erbringt.[239]
- Wohnt bei Barunterhaltspflicht beider Eltern der Volljährige bei einem Elternteil, so erfüllt dieser seine anteilige Unterhaltspflicht in der Regel durch Gewährung von Naturalunterhalt, indem er Wohnraum und sonstige geldwerte Leistungen zur Verfügung stellt (→ Rn. 18). Sind seine Leistungen mehr wert, als seinem Haftungsanteil entspricht, wird der Anteil des anderen Elternteils nicht gemindert. Decken die Naturalleistungen den Haftungsanteil des Elternteils nicht vollständig ab, ist der Differenzbetrag als Barunterhalt zu zahlen.
- Stellt ein nicht leistungsfähiger Elternteil seinem volljährigen Kind Wohnraum kostenlos zur Verfügung, so wird der andere allein barunterhaltspflichtige Elternteil dadurch nicht entlastet, weil es sich um eine freiwillige Zuwendung handelt. Jedoch ist bei der Bedarfsbemessung zu berücksichtigen, dass das Miteinanderwohnen und Zusammenwirtschaften Ersparnisse bei den Lebenshaltungskosten mit sich bringt.[240] Die Düsseldorfer Tabelle Stand: 1.1.2013 trägt dieser Minderung des Bedarfs dadurch Rechnung, dass sie den Unterhalt des im Haushalt eines Elternteils lebenden volljährigen Kindes wie bisher einkommensabhängig in einer 4. Altersstufe ausweist und damit – ausgenommen die 8. bis 10. Einkommensgruppe – niedriger als den Unterhalt des Kindes mit eigenem Haushalt ansetzt, der nach Anm. A 7 II in der Regel mit einem Festbetrag von 735,– EUR (→ Rn. 508 ff., 515 ff.) angenommen wird. Bei Einkünften, die der 8. bis 10. Einkommensgruppe entsprechen, kommt eine Erhöhung des Festbetrages in Betracht (→ Rn. 226 ff., 514).

128 Wohnen ein Elternteil und das Kind in einer Immobilie, die diesem Elternteil oder beiden Eltern gemeinsam gehört, ist der Wohnvorteil allein dem Elternteil zuzurechnen.[241] Trägt der barunterhaltspflichtige Elternteil die Annuitäten, tilgt er damit nicht anteilig den Kindesunterhalt. Vgl. dazu → § 1 Rn. 573 ff.

Nimmt der Unterhaltsverpflichtete das Kind vollständig in seinen Haushalt auf, gewährt er ihm im Zweifel auf Grund einer Bestimmung nach § 1612 II 1 BGB Naturalunterhalt. Dann hat auch das volljährige Kind keinen Anspruch auf Barunterhalt, → Rn. 32 ff., 48.

129 **Zuwendungen des barunterhaltspflichtigen Elternteils** bewirken in der Regel eine Erfüllung des Barunterhaltsanspruchs, soweit sie für den jeweils aktuellen Lebensbedarf verwendet werden können. Zahlungen an das minderjährige Kind reichen nicht aus; sie müssen vielmehr den gesetzlichen Vertreter erreichen.

Raten, die der barunterhaltspflichtige Elternteil regelmäßig zugunsten des Kindes auf einen Sparvertrag, auf eine Lebens- oder Unfallversicherung einzahlt, sind kein Unterhalt, sondern freiwillige Leistungen, weil mit ihnen der aktuelle Lebensbedarf nicht gedeckt werden kann.

130 Die Aufwendungen, die durch den **Umgang** des barunterhaltspflichtigen Elternteils mit dem minderjährigen Kind entstehen, sind einschließlich der Kosten für einen gemeinsamen Urlaub keine freiwilligen Leistungen; sie sind vom Umgangsberechtigten grundsätzlich selbst zu tragen, können allerdings bei engen wirtschaftlichen Verhältnissen, vor allem wenn zur Finanzierung des Mindestunterhalts das Kindergeld herangezogen werden muss, zu einer Erhöhung des notwendigen Selbstbehalts führen.[242] Nimmt der barunterhaltspflichti-

---

[238] BGH FamRZ 2006, 99 (100 f.) mAnm Viefhues und Scholz.
[239] BGH FamRZ 2006, 99 (100 f.) = R 641e mAnm Viefhues und Scholz.
[240] BGH FamRZ 1988, 1039.
[241] BGH FamRZ 1992, 425; die gegenteilige Auffassung des OLG Düsseldorf FamRZ 1994, 1049 (1053), die auch in der 5. Auflage dieses Handbuchs vertreten wurde, führt zu überaus komplizierten Berechnungen.
[242] BGH FamRZ 2005, 706 = R 626.

ge Elternteil ein weit über das übliche Maß hinausgehendes Umgangsrecht wahr, können nach dem BGH[243] außergewöhnlich hohe Aufwendungen des Unterhaltspflichtigen zum Anlass dafür genommen werden, den Barunterhaltsbedarf des Kindes unter Herabstufung um eine oder mehrere Einkommensgruppen der Düsseldorfer Tabelle zu bestimmen. Der auf diesem Weg nach den Tabellensätzen der Düsseldorfer Tabelle ermittelte Unterhaltsbedarf kann (weitergehend) gemindert sein, wenn der barunterhaltspflichtige Elternteil dem Kind im Zuge seines erweiterten Umgangsrechts Leistungen erbringt, mit denen er den Unterhaltsbedarf des Kindes auf andere Weise als durch Zahlung einer Geldrente teilweise deckt. Vgl. dazu auch 10.7 der Leitlinien der meisten Oberlandesgerichte und → Rn. 220, 271 ff. Zur Unterhaltsberechnung, wenn die Eltern die Betreuung des Kindes unter sich aufteilen oder ein über das übliche Maß hinausgehenden Umgang praktizieren, → Rn. 449.

Auch Zuwendungen eines **Lebensgefährten** eines Elternteils oder des Kindes können freiwillige Leistungen eines Dritten sein. Nur in Ausnahmefällen können sie auf den Unterhaltsanspruch angerechnet werden (→ Rn. 61, 111).[244] **131**

5. Berücksichtigung des Kindesvermögens

Ein **minderjähriges**, unterhaltsbedürftiges **Kind** muss nach § 1602 II BGB den **Stamm des eigenen Vermögens** grundsätzlich nicht für Unterhaltszwecke verwenden. Anders ist es jedoch, wenn die Eltern bei Berücksichtigung ihrer sonstigen Verpflichtungen außerstande sind, Unterhalt ohne Gefährdung ihres eigenen angemessenen Bedarfs zu gewähren; dann besteht eine gesteigerte Unterhaltspflicht der Eltern nicht (§ 1603 II 3 BGB), → Rn. 366 ff. Das Kind muss in diesem Fall das Vermögen für seinen Unterhalt bis auf einen Notgroschen einsetzen (→ Rn. 134). Dagegen sind Erträge aus Vermögen stets zur Deckung des Unterhalts heranzuziehen. Soweit sie reichen, ist das Kind nicht bedürftig. Zu den Vermögenserträgen im Einzelnen → § 1 Rn. 600 ff. **132**

Das **volljährige Kind** hat – im Gegensatz zum minderjährigen Kind – vorrangig den **Vermögensstamm** zu verwerten, bevor es seine Eltern auf Unterhalt in Anspruch nimmt.[245] Dies gilt auch für das privilegiert volljährige Kind im Sinne des § 1603 II 2 BGB (→ Rn. 580 ff.), da § 1602 II BGB nicht entsprechend anwendbar ist (→ Rn. 589). **133**

Zur Verwertung des Vermögensstammes ist zunächst auf → § 1 Rn. 607 ff., 619 ff. hinzuweisen. Zum Kindesunterhalt ist ergänzend zu bemerken: § 1577 III BGB, nach dem beim Ehegattenunterhalt die Verwertung des Vermögens nicht unwirtschaftlich und unter Berücksichtigung der beiderseitigen Vermögensverhältnisse nicht unbillig sein darf, ist nicht entsprechend anzuwenden. Das Gesetz sieht vielmehr beim Verwandten- und damit beim Kindesunterhalt eine allgemeine Billigkeitsgrenze für die Verwertung des Vermögens nicht vor. Andererseits können Billigkeitserwägungen nicht gänzlich außer Betracht bleiben. Die Grenze der Unzumutbarkeit wird daher etwas enger als bei § 1577 III BGB zu ziehen sein, angenähert etwa dem Rahmen der groben Unbilligkeit. In einer umfassenden Zumutbarkeitsabwägung sind alle bedeutsamen Umstände, insbesondere auch die Lage des Unterhaltsverpflichteten zu berücksichtigen. Hierbei können auch nachrangige Unterhaltsansprüche der Großeltern des Kindes gegen den Kindesvater eine Rolle spielen.[246] Das volljährige Kind ist daher nicht bedürftig, wenn es die Geltendmachung einer Forderung unterlässt, die es in zumutbarer Weise einziehen könnte. Dies gilt auch für eine Forderung gegen einen Elternteil, wenn dieser einen dem Kind gehörenden namhaften Geldbetrag für sich verwendet hat und ihm aufrechenbare Gegenansprüche gegen das Kind, zB ein Ersatzanspruch nach § 1648 BGB, nicht zustehen.[247] Auch ererbtes Vermögen ist zu verwerten, jedenfalls wenn es dem Kind ohne

---

[243] BGH FamRZ 2014, 917 mAnm Schürmann.
[244] BGH FamRZ 1993, 417.
[245] OLG Düsseldorf FamRZ 1990, 1137; OLG München FamRZ 1996, 1433.
[246] BGH FamRZ 1998, 367 (369).
[247] BGH FamRZ 1998, 367 (368).

Zweckbindung zugewendet worden ist.²⁴⁸ → Rn. 121. Der Verkauf eines gebrauchten Kraftfahrzeugs, insbesondere eines PKWs, ist wegen des raschen Wertverfalls gebrauchter Fahrzeuge häufig unwirtschaftlich und dem Kind nicht zuzumuten.²⁴⁹

134 Ein Sparguthaben ist grundsätzlich für den Unterhalt zu verbrauchen; jedoch muss dem Volljährigen, wenn nicht auf der Seite des Verpflichteten enge wirtschaftliche Verhältnisse vorliegen, jedenfalls ein **Notgroschen** verbleiben, der früher in Anlehnung an die Sätze des BSHG (§ 1 I Nr. 1b VO zu § 88 BSHG) mit 2301,– EUR (= 4500,– DM) angesetzt worden ist.²⁵⁰ Der BGH hat in diesem Zusammenhang Schonbeträge zwischen 1279,– EUR bis 4091,– EUR (früher: 2500,– DM bis 8000,– DM) genannt, die Höhe des „Notgroschens" aber letztlich offen gelassen; er hat jedoch darauf hingewiesen, dass dem Kind daneben nicht ohne Weiteres vom Großvater ererbte Goldmünzen als Erinnerungsstücke belassen werden können, weil an ihnen Affektionsinteresse vorliege.²⁵¹ § 1 I 1 Nr. 1 der jetzt geltenden VO zur Durchführung des § 90 II Nr. 9 SGB XII belässt dem Sozialhilfeempfänger 5000,– EUR, → § 8 Rn. 43. Da das volljährige Kind in der Regel erwerbsfähig im Sinne des § 8 I SGB II ist und deshalb nur Grundsicherung für Arbeitsuchende, nicht aber Hilfe zum Lebensunterhalt nach dem SGB XII beziehen könnte (§ 5 II 1 SGB II), bietet es sich nunmehr an, nicht mehr auf die Schonbeträge des Sozialhilferechts abzustellen, sondern auf diejenigen des SGB II. Danach hat dem volljährigen Kind ein Schonvermögen von jeweils 150,– EUR je vollendetes Lebensjahr, mindestens aber von **3100,– EUR**, zu verbleiben (§ 12 II Nr. 1 SGB II). Für das minderjährige Kind gilt einheitlich der Mindestbetrag von 3100,– EUR (§ 12 II Nr. 1a SGB II; → § 8 Rn. 199). Ein zusätzlicher Freibetrag von 750,– EUR wegen notwendiger Anschaffungen (§ 12 II Nr. 4 SGB II) sollte nicht gewährt werden, da der Unterhalt grundsätzlich pauschal den gesamten Lebensbedarf umfasst und nur ausnahmsweise bei größeren Anschaffungen ein Anspruch wegen Sonderbedarfs bestehen kann (→ § 6 Rn. 1 ff.).

135 Unwirtschaftlichkeit kann vorliegen, wenn das Kind aus dem Vermögensstamm angemessene Einkünfte erzielt, auf die es jetzt und in Zukunft angewiesen ist und die bei Verwertung des Vermögens fortfallen würden. Auch wenn das Kind gehalten ist, das Vermögen für den Unterhalt einzusetzen, muss es die vorhandenen Mittel nicht vollständig verbrauchen, bevor es von seinen Eltern Unterhalt verlangt. Es liegt vielmehr nahe, die für den eigenen Unterhalt einzusetzenden Mittel auf die voraussichtliche Ausbildungszeit umzulegen. Dies gilt jedenfalls dann, wenn die Mittel dem Kind zur Finanzierung seiner Ausbildung zugewendet worden sind.²⁵²

136 Verfügt das volljährige Kind über Bauerwartungsland, bei dem erhebliche Wertsteigerungen bevorstehen, kann es ggf. auf die Möglichkeit der Kreditaufnahme verwiesen werden.²⁵³ Dasselbe gilt, wenn es an einer ungeteilten Erbengemeinschaft beteiligt und die Auseinandersetzung nur unter Schwierigkeiten zu bewerkstelligen ist.²⁵⁴ In der Regel ist aber die Aufnahme von Fremdmitteln, deren Amortisation die finanziellen Möglichkeiten übersteigt, nicht zumutbar.²⁵⁵

137–199 *– in dieser Auflage nicht belegt –*

---

[248] OLG München FamRZ 1996, 1433; vgl. auch BGH FamRZ 1998, 367 (368).
[249] BGH FamRZ 1998, 367 (369); 2001, 21 (23); OLG Düsseldorf FamRZ 1994, 767 (770).
[250] OLG Düsseldorf FamRZ 1990, 1137; ebenso OLG Koblenz FamRZ 1996, 382; vgl. auch BGH FamRZ 2004, 370 = (zum unterhaltsbedürftigen Elternteil beim Elternunterhalt).
[251] BGH FamRZ 1998, 367 (369); vgl BGH FamRZ 2013, 1554 Rn. 36 (zum Elternunterhalt).
[252] Vgl. BGH FamRZ 1998, 367 (369); dazu im Einzelnen OLG Köln NJW-FER 1999, 176.
[253] BGH VersR 1966, 283; OLG Hamburg FamRZ 1980, 912.
[254] Vgl. BGH FamRZ 2006, 935 (937) = R 644 mAnm Hauß.
[255] BGH FamRZ 2001, 21 (23).

3. Abschnitt: Barbedarf des Kindes

I. Bedarfsbemessung nach der von den Eltern abgeleiteten Lebensstellung des Kindes

1. Lebensstellung des Kindes und Unterhaltsbedarf

Nach der allgemein für den Verwandtenunterhalt geltenden Vorschrift des § 1610 I BGB bestimmt sich das Maß des zu leistenden Unterhalts nach der Lebensstellung des Berechtigten (angemessener Unterhalt). Kriterien einer eigenen Lebensstellung sind im Allgemeinen der ausgeübte Beruf, die berufliche Stellung, die Berufsausbildung, vor allem aber Einkommen und Vermögen. Der BGH spricht – allerdings im Rahmen der Unterhaltspflicht des Kindes gegenüber seinen Eltern – zu Recht davon, dass die Unterhaltspflicht auch durch den sozialen Rang bestimmt wird.[1] Ein Kind hat bis zum Abschluss der Ausbildung noch keine Lebensstellung in diesem Sinn. Es ist wirtschaftlich unselbstständig und von seinen Eltern abhängig. Deshalb muss die Lebensstellung des Kindes von der seiner Eltern abgeleitet werden.[2] Dabei kommt es entscheidend auf die **Einkommens- und Vermögensverhältnisse der Eltern** an.[3] Dies gilt insbesondere für das minderjährige Kind, da die Berufsausbildung in aller Regel vor dem 18. Geburtstag nicht abgeschlossen werden kann. 200

Zur Lebensstellung des Kindes aus einer zerbrochenen Familie gehört die Tatsache der Trennung und Scheidung der Eltern mit den sich daraus oft ergebenden ungünstigen persönlichen und wirtschaftlichen Folgen.[4] Das Kind muss daher hinnehmen, dass sein Unterhalt nach dem jetzigen Einkommen des barunterhaltspflichtigen Elternteils bemessen wird (näher → Rn. 206), auch wenn dessen Einkünfte infolge der trennungsbedingten Einstufung in eine ungünstigere Steuerklasse gesunken sind. Dagegen kommt dem Kind – anders als dem geschiedenen Ehegatten – der Splittingvorteil aus der vom Unterhaltspflichtigen eingegangenen neuen Ehe zugute.[5] → Rn. 210. 201

Neben dieser Verknüpfung mit den wirtschaftlichen Verhältnissen seiner Eltern ist die Lebensstellung des Kindes geprägt durch seinen speziellen sozialen Rang, durch sein „**Kindsein**", also durch den Besuch des Kindergartens und der Schule oder durch die Berufsausbildung.[6] Seine Bedürfnisse werden also durch die Rolle des Kleinkindes, des Schulkindes, des Auszubildenden bestimmt. 202

Der Kindesunterhalt soll dem Kind vor allem während der Ausbildung (→ Rn. 56 ff.) kein Leben im Luxus ermöglichen (→ Rn. 226 ff.). Er bezweckt vielmehr das Hineinwachsen des Kindes in eine seiner Begabung und Ausbildung entsprechende persönliche und wirtschaftliche Selbstständigkeit. Aufgabe des Kindes ist es, mit zunehmendem Alter sich unter Entfaltung der eigenen Kräfte und Fähigkeiten eine eigene Lebensstellung zu schaffen und von seinen Eltern sowohl persönlich als auch wirtschaftlich unabhängig zu werden. Dies schließt freilich nicht aus, dass dieser Zweck, zB bei einem kranken oder behinderten Kind, nicht stets verwirklicht werden kann.

Auch bei einem **volljährigen,** in der Ausbildung befindlichen **Kind** kommt es unterhaltsrechtlich nur darauf an, dass es während der Ausbildungszeit noch keine wirtschaftliche Selbstständigkeit erreicht hat. Die Lebensstellung eines Studenten oder Auszubildenden, der – wie regelmäßig – keine oder keine ausreichenden eigenen Einkünfte hat, bleibt daher von der seiner Eltern abgeleitet, solange er noch auf die ihm von diesen zur Verfügung 203

---

[1] BGH FamRZ 2002, 1698 (1700) mAnm Klinkhammer.
[2] BGH FamRZ 2017, 711 Rn. 11; 2017, 437 Rn. 24 f. = R 780b.
[3] BGH FamRZ 2002, 536 (537) mAnm Büttner; FamRZ 2000, 358 mAnm Deisenhofer; BGH FamRZ 1996, 160; 1987, 58.
[4] BGH FamRZ 1981, 543.
[5] BGH FamRZ 2008, 2189 Rn. 16 ff. mwN; 2013, 1563 Rn. 15; 2010, 1318 Rn. 18; 2007, 1232.
[6] BGH FamRZ 1987, 58.

gestellten Mittel angewiesen ist. Deshalb richtet sie sich während des Studiums oder der Ausbildung nach den wirtschaftlichen Verhältnissen der Eltern.[7]

204 Die **Lebensstellung** und damit der Unterhalt des Kindes hängt aber auch von der Zahl der unterhaltsberechtigten Geschwister und von etwaigen **Unterhaltsansprüchen** des oder der (früheren) Ehegatten des Verpflichteten ab. Dem trägt die Düsseldorfer Tabelle durch eine grundsätzlich vom Einkommen des Schuldners abhängige Unterhaltsbemessung, durch Zu- und Abschläge bei unter- oder überdurchschnittlicher Unterhaltslast (DT A 1; → Rn. 343 ff.) und durch das System der Bedarfskontrollbeträge (DT A 6; → Rn. 351 ff.) Rechnung.[8] Das Kind muss sich also mit dem begnügen, was der verpflichtete Elternteil billigerweise an Unterhalt leisten kann. Daher ist der Unterhalt des Kindes auch von der **Leistungsfähigkeit** des Schuldners abhängig. Jedoch ist auch beim Kindesunterhalt streng zwischen Bedarf und Leistungsfähigkeit zu unterscheiden.[9] → Rn. 223, 239 ff.

2. Einkommen als Kriterium der Lebensstellung der Eltern

205 Die Lebensstellung der Eltern wird vorzugsweise durch ihre Einkünfte bestimmt, und zwar unabhängig davon, aus welcher Quelle sie stammen und zu welchem Zweck sie bestimmt sind. Die Eltern haben deshalb, soweit sie barunterhaltspflichtig sind (→ Rn. 211, 213 ff.), grundsätzlich ihr **gesamtes anrechenbares Nettoeinkommen** zur Unterhaltsleistung heranzuziehen. Dazu gehören alle Einkünfte und geldwerten Vorteile, zB Arbeitsverdienst, Renten, Zinsen, Wohnvorteil (→ § 1 Rn. 8 ff.). Im Einzelfall kann allerdings das Einkommen des unterhaltspflichtigen Elternteils überobligatorisch sein und ist dann nur insoweit heranzuziehen, wie es im Einzelfall der Billigkeit entspricht.[10] Vom Einkommen sind Steuern und Vorsorgeaufwendungen abzuziehen. Dazu zählen Aufwendungen für die gesetzliche Kranken-, Pflege-, Renten- und Arbeitslosenversicherung oder die angemessene private Kranken-, Pflege- und Altersvorsorge (Nr. 10.1 der Leitlinien der Oberlandesgerichte). Zur zusätzlichen Altersvorsorge → Rn. 412.

206 Der **BGH** hat in seiner bisherigen Rechtsprechung übereinstimmend mit der ganz herrschenden Praxis für die Bedarfsbemessung regelmäßig nur auf das **Einkommen des Barunterhaltspflichtigen** abgestellt.[11] In den Vorauflagen sind dagegen Bedenken erhoben worden, weil die Lebensstellung der Kinder sich bei geschiedenen wie auch bei zusammen lebenden Eltern regelmäßig von beiden Elternteilen ableite.[12] Der Bedarf eines Kindes sei höher, wenn beide Eltern Einkommen erzielen. Das sei damit zu begründen, dass das höhere Familieneinkommen nicht nur den Eltern, sondern auch den Kindern zugute komme. Die herkömmliche Betrachtungsweise führe dagegen zu einer Vermischung von Bedarf und Leistungsfähigkeit.[13] Diese bleibe wohl in der Regel folgenlos (und die Methode könne zur Vereinfachung angewendet werden), wenn es allein um den Kindesunterhalt gehe und der Unterhalt letztlich durch die Leistungsfähigkeit des Barunterhaltspflichtigen begrenzt werde.

Der **BGH** hat sich dem in seiner **Grundsatzentscheidung zum Wechselmodell**[14] angeschlossen und darauf hingewiesen, dass auch ein im Residenzmodell betreutes Kind regelmäßig einen höheren Lebensstandard genießt, wenn der allein oder überwiegend betreuende Elternteil ebenfalls Einkommen erzielt. Die bisherige Rechtsprechung steht dagegen vor dem Hintergrund, dass nur der barunterhaltspflichtige Elternteil für den Barunterhalt aufzukommen hat. Da dessen Haftung aber ohnedies auf den sich aus seinem Einkommen ermittelten Tabellenbedarf begrenzt ist, stellt die Bemessung des Unterhalts

---

[7] BGH FamRZ 1997, 281 = R 509h; 1987, 58.
[8] S. Klinkhammer FamRZ 2008, 193.
[9] BGH FamRZ 1997, 281 (283).
[10] BGH FamRZ 2011, 454 (wegen Alters); 2013, 1558 (wegen Krankheit).
[11] Zuletzt BGH FamRZ 2007, 707 (708).
[12] So zutreffend Scholz FamRZ 2006, 1728 (1729).
[13] Scholz FamRZ 2006, 1728 (1729).
[14] BGHZ 213, 254 = FamRZ 2017, 437 Rn. 24 f. = R 780b und FamRZ 2017, 711 Rn. 11 f.

der Sache nach eine abgekürzte Unterhaltsermittlung dar, indem der geschuldete Unterhalt sogleich nach der individuellen Leistungsfähigkeit des Barunterhaltspflichtigen festgesetzt wird.[15] Deutlich wird dies insbesondere bei Geschwistertrennung oder wenn der betreuende Elternteil zum Ehegattenunterhalt verpflichtet ist.

Beispiel:
M und F sind geschiedene Eheleute. Der zwölfjährige Sohn S lebt bei F, die siebzehnjährige Tochter T bei M. F ist wieder verheiratet. Beide Eltern sind voll berufstätig. M hat ein Nettoeinkommen von 3200,– EUR, F ein Einkommen von 1800,– EUR.
M ist barunterhaltspflichtig für S; F ist barunterhaltspflichtig für T.
Berechnung:
Nach herkömmlicher Sichtweise beträgt der Bedarf des S nach dem Einkommen des barunterhaltspflichtigen M 610,– EUR (DT 6/3, Stand 1.1.2019, Höhergruppierung um eine Gruppe). Der Bedarf seiner Schwester T läge dagegen nach dem Einkommen der barunterhaltspflichtigen F bei nur 500,– EUR (DT 2/3, Stand 1.1.2019, Höhergruppierung um eine Gruppe). Dass die T einen um 110,– EUR geringeren Bedarf haben soll, obwohl sie bei dem Elternteil mit dem höheren Einkommen lebt, will nicht recht einleuchten, ebenso wenig, dass ihr Bedarf steigen sollte, wenn sie zur weniger verdienenden Mutter umzieht.

Zutreffend ist vielmehr auch hier die Ermittlung des Bedarfs nach dem **zusammengerechneten Einkommen** beider Eltern.[16] Der Bedarf beider Kinder ist daher übereinstimmend nach dem Gesamteinkommen von 3200,– EUR + 1800,– EUR = 5000,– EUR zu bemessen mit je 724,– EUR (ohne Höhergruppierung). Abzüglich des hälftigen Kindergelds ergibt sich ein Zahlbetrag von je 622,– EUR. Erst im Rahmen der Leistungsfähigkeit erfolgt die Kürzung auf die bei alleiniger Barunterhaltspflicht zu zahlenden Beträge von 508,– EUR (610,– EUR ./. 102,– EUR DT 6/3) von M für S und 398,– EUR (500,– EUR ./. 102,– EUR) von F für T. Den Unterschiedsbetrag von 110,– EUR für T hat der M beizusteuern, der insoweit abweichend von der Regel des § 1606 III 2 BGB auch für den Barunterhalt aufzukommen hat (vgl. § 1603 II 3 BGB).

Die Frage ist nicht bloß theoretischer Natur, sondern hat insbesondere beim Ehegattenunterhalt oder aber auch bei der Frage der Mithaftung des betreuenden Elternteils praktische Auswirkungen. Zur Haftung des betreuenden Elternteils → Rn. 397.

Im **Regelfall** kann indessen zur Vereinfachung an der herkömmlichen Methode festgehalten werden. Im Folgenden wird der Bedarf deswegen nur in begründeten Ausnahmefällen auf Grund des zusammengerechneten Einkommens der Eltern ermittelt.

Die Lebensstellung der Eltern wird nicht nur durch ihre tatsächlichen Einkünfte, sondern auch durch die Erwerbsmöglichkeiten bestimmt, die sie nutzen könnten. Ist dem arbeitsfähigen Schuldner wegen unzureichender Bemühungen um eine Arbeitsstelle ein **fiktives Einkommen** zuzurechnen, ist dieses für die Bemessung des Unterhalts maßgebend.[17] Zwar ist die Zurechnung fiktiver Einkünfte in erster Linie ein Problem der Leistungsfähigkeit des Schuldners (→ Rn. 243, 375). Gleichwohl können fiktiv zuzurechnende Einkünfte bei der Bemessung des Unterhalts und damit des Bedarfs nicht unberücksichtigt bleiben. Daher ist fiktives Einkommen des barunterhaltspflichtigen Elternteils für die Eingruppierung in das System der Düsseldorfer Tabelle maßgebend. Dies gilt auch dann, wenn es über dem Mindestunterhalt nach § 1612a I BGB (1. Einkommensgruppe der Düsseldorfer Tabelle) liegt.[18] Der Ansatz eines fiktiven Einkommens, das einen höheren Unterhalt als den Regelbetrag rechtfertigt, ist zunächst unzweifelhaft zulässig, wenn der Pflichtige über längere Zeit Einkünfte in entsprechender Höhe tatsächlich erzielt und damit den Lebensunterhalt der Familie bestritten hat.[19] Darüber hinausgehend kommt es auf die früheren Einkünfte des Schuldners beim Kindesunterhalt generell nicht entscheidend an, sondern nur auf das im Unterhaltszeitraum erzielte oder erzielbare Einkommen[20]

207

---

[15] Vgl. auch (teilw. aA) Gutdeutsch, System der Unterhaltsberechnung, S. 38 f.
[16] FamRZ 2017, 437 Rn. 25; 2017, 711; Scholz FamRZ 2006, 1728 (1729).
[17] BGH FamRZ 2017, 437 Rn. 27.
[18] BGH FamRZ 2000, 1358 = R 543b; 1993, 1304 (1306) = R 464b; OLG Zweibrücken FuR 1998, 321; vgl. auch BGH FamRZ 2003, 1471 (1473).
[19] BGH FamRZ 2000, 1358.
[20] BGH FamRZ 2017, 437 Rn. 27.

(→ Rn. 210). Auch ist nicht entscheidend, ob die Eltern jemals mit dem Kind zusammen gelebt und wovon sie ihren Unterhalt bestritten haben. Deshalb kann das Kind eines Studenten, das aus einer flüchtigen Beziehung hervorgegangen ist, nicht auf den Mindestunterhalt verwiesen werden, wenn sich der Vater nach bestandenem Examen weigert, einer Erwerbstätigkeit nachzugehen. Sicher muss das Kind hinnehmen, dass der Vater nur ein geringes Einkommen erzielen kann; es braucht sich aber nicht damit abzufinden, dass er sich nicht um eine seinem Alter, seiner Vorbildung und seinen Fähigkeiten entsprechende Arbeitsstelle bemüht.[21] Damit soll nicht ausgeschlossen werden, dass ein Unterhaltspflichtiger aus achtenswerten Gründen eine ihm mögliche, besser bezahlte Arbeit ablehnen darf. Dies kann der Fall sein, wenn er eine bestimmte Tätigkeit, zB Tierversuche oder Arbeit in einem Rüstungsbetrieb, nicht (mehr) mit seinem Gewissen vereinbaren kann. Auch wird man dem Schuldner, der sich seit Jahren mit geringen Bezügen begnügt hat, nicht ohne weiteres ansinnen dürfen, eine andere, höher vergütete Arbeit anzunehmen, wenn die Ehe zerbricht und nunmehr Kindesunterhalt zu zahlen ist. Eine solche Rücksichtnahme kann aber im Allgemeinen nur dann am Platze sein, wenn das Existenzminimum des unterhaltsberechtigten Ehegatten, der minderjährigen und der privilegiert volljährigen Kinder im Sinne des § 1603 II 2 BGB gesichert ist. Keine Schonung verdient, wer bislang gut verdient hat, arbeitslos geworden ist und sich nicht um eine neue Arbeit bemüht. Zurückhaltung ist dagegen geboten bei der Zurechnung fiktiver Nebeneinkünfte, wenn der Pflichtige bereits eine vollschichtige Erwerbstätigkeit ausübt.[22] → Rn. 370; zum Mindestunterhalt und zum Existenzminimum → Rn. 222, 223.

Diese Auffassung deckt sich mit der Rechtsprechung des BGH.[23] Zu Recht betont der BGH allerdings auch, dass lediglich gedachte wirtschaftliche Verhältnisse, die keine Grundlage in der tatsächlichen Einkommenssituation des Pflichtigen haben, dessen Lebensstellung nicht prägen und daher die Höhe des Bedarfs des Kindes nicht lediglich aus fiktivem Einkommen hergeleitet werden darf. Hat der Pflichtige zusammen mit seiner Familie von einer Rente und den Erträgen von Mietgrundstücken gelebt, so dürfen der Unterhaltsbemessung nicht ohne weiteres wesentlich höhere Einkünfte zugrunde gelegt werden, die erst durch Verwertung des Vermögens und durch Kapitalverzehr erzielt werden können.[24] Entscheidender Aspekt ist in diesen Fällen, wie weit die unterhaltsrechtlichen Obliegenheiten des Unterhaltspflichtigen reichen.[25] Zur Bemessung fiktiver Einkünfte vgl. § 1 und → § 2 Rn. 243 ff., 375.

208 **Freiwillige Leistungen Dritter** erhöhen das anrechnungsfähige Einkommen des Pflichtigen und damit den Bedarf des Kindes nicht. Insoweit kann zunächst auf die entsprechenden Ausführungen im Rahmen der Bedürftigkeit des Kindes verwiesen werden (→ Rn. 100 ff.). Daher schuldet der barunterhaltspflichtige Elternteil grundsätzlich keinen höheren Unterhalt als seinem laufenden Einkommen entspricht, wenn er bei seiner jetzigen Ehefrau, seiner Lebensgefährtin oder seinen eigenen Eltern mietfrei wohnt. Anders ist es jedoch, wenn dem Unterhaltspflichtigen ein Vermögenswert geschenkt wird (→ Rn. 100). Die hieraus gezogenen Nutzungen, zB der Wohnwert des geschenkten Grundstücks, sind anrechenbares Einkommen. Allerdings wird der Wohnwert in der Regel nicht nach der Marktmiete, sondern nach der ersparten Miete für eine den Einkommensverhältnissen angemessene Wohnung festzusetzen sein, da die Veräußerung des geschenkten Grundstücks kaum zumutbar sein dürfte.[26] Wird ein Geldbetrag für einen bestimmten Zweck geschenkt, wird der Pflichtige in der Regel nicht gehalten sein, diesen Betrag

---

[21] So mit Recht OLG Düsseldorf FamRZ 1991, 220; vgl. BGH FamRZ 2011, 1041.
[22] BVerfG FamRZ 2003, 661; bedenklich allerdings insoweit die Auffassung des OLG Frankfurt a. M. NJW 2007, 382, dass für einen 36-jährigen Abiturienten und Studenten der Neurobiologie kein den Selbstbehalt übersteigendes Einkommen erzielbar sei und er gegenüber seinem minderjährigen Kind daher vollständig leistungsunfähig sei.
[23] So BGH FamRZ 2017, 437 Rn. 27; 2000, 1358 = R 543b; 2003, 1471 (1473) mAnm Luthin; vgl. auch FamRZ 1997, 281 (283).
[24] FamRZ 1997, 281 (283).
[25] BGH FamRZ 2011, 454.
[26] Vgl. dazu BGH FamRZ 2003, 1179.

entgegen dem Willen des Zuwendenden möglichst ertragreich anzulegen. Die Zurechnung fiktiver Einkünfte scheidet danach jedenfalls dann aus, wenn kein Mangelfall vorliegt. Der Pflichtige kann vielmehr den Betrag entsprechend den Absichten des Schenkers verwenden, muss sich allerdings tatsächlich gezogene Nutzungen als Einkommen bei der Unterhaltsbemessung anrechnen lassen.[27]

Schulden können die Leistungsfähigkeit des Schuldners beeinflussen.[28] Beim Bedarf des unterhaltsbedürftigen Kindes sind Verbindlichkeiten nur ausnahmsweise zu berücksichtigen, vor allem bei einer erheblichen dauernden Verschuldung, die aus der Zeit des Zusammenlebens der Eltern stammt und damit den Lebensstandard der damals noch intakten Familie geprägt hat.[29] Der Bedarf des Kindes kann indessen nicht niedriger liegen als nach der 1. Einkommensgruppe der Düsseldorfer Tabelle, der dem Mindestunterhalt nach § 1612a I BGB entspricht. Die Frage, ob Schulden bereits bei der Bedarfsbemessung oder erst im Rahmen der Leistungsfähigkeit zu berücksichtigen sind, kann von erheblicher praktischer Bedeutung sein; vgl. dazu und zur Verbraucherinsolvenz → Rn. 257, 258. **209**

3. Einkommensverhältnisse der Eltern im Unterhaltszeitraum

Der Unterhalt des Kindes wird, anders als der nacheheliche Unterhalt von Ehegatten, nicht durch die Einkommens- und Vermögensverhältnisse der Eltern zum Zeitpunkt der Auflösung ihrer Ehe oder zu einem anderen Einsatzzeitpunkt bestimmt.[30] Deshalb nimmt das Kind am weiter steigenden Lebensstandard des barunterhaltspflichtigen Elternteils in ähnlicher Weise teil wie während der Zeit der intakten Ehe der Eltern. Ebenso muss es hinnehmen, dass das Einkommen des barunterhaltspflichtigen Elternteils sinkt (→ Rn. 201), es sei denn, dieser hat infolge leichtfertigen, unterhaltsbezogenen Verhaltens eine Einkommensquelle verloren. Das Kind partizipiert damit grundsätzlich an allen Einkommensveränderungen des barunterhaltspflichtigen Elternteils, auch wenn diese nicht vorauszusehen waren und auf einer vom Normalverlauf abweichenden Entwicklung beruhen. Voraussetzung ist allerdings, dass der Schuldner seine Arbeitskraft und sonstige ihm zu Gebote stehende Einnahmequellen in ausreichendem Maße einsetzt.[31] Ist dies nicht der Fall, wird der Unterhalt nach einem fiktiven Einkommen des Schuldners bemessen (→ Rn. 207). **210**

Maßgeblich sind daher stets die **jeweiligen Einkommens- und Vermögensverhältnisse** des Barunterhaltspflichtigen in den Zeiträumen, für die Unterhalt gefordert wird.[32] Nach der Trennung der Eltern richtet sich der Kindesunterhalt folglich nach der ungünstigeren Steuerklasse. Der Vorteil aus dem begrenzten Realsplitting ist hinzuzurechnen. Heiratet der Unterhaltspflichtige erneut, so bemisst sich der Kindesunterhalt sowohl beim Bedarf als auch bei der Leistungsfähigkeit unter Einbeziehung des Splittingvorteils aus der neuen Ehe.[33]

4. Bedarfsbemessung bei alleiniger Barunterhaltspflicht eines Elternteils

Eine alleinige Barunterhaltspflicht eines Elternteils besteht **gegenüber minderjährigen Kindern,** wenn – wie im Regelfall – Barunterhalt und Betreuungsunterhalt gleichwertig sind und der andere daher seine Unterhaltspflicht durch Betreuung der Kinder erfüllt (§ 1606 III 2 BGB; Genaueres → Rn. 11 ff.). Da volljährige Kinder, auch privilegiert volljährige im Sinne des § 1603 II 2 BGB, nicht mehr von ihren Eltern betreut werden, **211**

---

[27] Vgl. dazu OLG Saarbrücken FamRZ 1999, 396, dem ich nur teilweise folgen kann.
[28] BGH FamRZ 2013, 1558 Rn. 18 ff.; 1992, 797.
[29] BGH FamRZ 2002, 536 (537, 540, 542) mAnm Büttner = R 572g; FamRZ 1996, 160 (162).
[30] BGH FamRZ 1993, 1304 (1306).
[31] BGH FamRZ 1993, 1304 (1306).
[32] BGH FamRZ 1985, 371 (373) = NJW 1985, 1340 (1343).
[33] BGH FamRZ 2008, 2189; 2010, 1318; 2013, 1563 Rn. 15.

haften diese anteilig für den Unterhalt des Kindes nach ihren Einkommens- und Vermögensverhältnissen (§ 1606 III 1 BGB).[34] → Rn. 560 ff., 594 ff.

Ein Elternteil kann ferner allein barunterhaltspflichtig sein, wenn der andere Elternteil bei Berücksichtigung seiner sonstigen Verpflichtungen außerstande ist, ohne **Gefährdung seines eigenen angemessenen Unterhalts** den Unterhalt zu gewähren (§ 1603 I BGB). Das gilt im Grundsatz sowohl für minderjährige als auch für volljährige Kinder. Bei minderjährigen Kindern ist jedoch zu beachten, dass der nicht betreuende Elternteil verpflichtet ist, alle verfügbaren Mittel für den Kindesunterhalt einzusetzen, soweit nicht sein **notwendiger Selbstbehalt** gefährdet ist (§ 1603 II 1 BGB; → Rn. 380, 384 ff.). Ist allerdings der eigene angemessene Unterhalt des barunterhaltspflichtigen Elternteils nicht gewahrt, muss ausnahmsweise, allerdings nur bei erheblich höheren eigenen Einkünften,[35] der betreuende Elternteil den Barunterhalt ganz oder teilweise mit übernehmen (§§ 1603 II 3, 1606 III 1 und 2 BGB; → Rn. 397 ff.).

212 Bei alleiniger Barunterhaltspflicht eines Elternteils lässt sich der **Unterhalt im Regelfall (vereinfachend) nur nach dem Einkommen des barunterhaltspflichtigen Elternteils bemessen** (→ Rn. 206).[36] Dies gilt bei minderjährigen Kindern jedenfalls dann, wenn sich die Einkünfte der Eltern im mittleren Bereich halten und das Einkommen des betreuenden Elternteils nicht höher ist als das des barunterhaltspflichtigen Elternteils.[37]

5. Bedarfsbemessung bei Barunterhaltspflicht beider Eltern

213 Beide Eltern sind barunterhaltspflichtig
– bei **volljährigen Kindern,** auch privilegiert volljährigen Kindern (→ Rn. 594 ff.), wenn beide leistungsfähig sind (§ 1603 I BGB),
– bei **minderjährigen Kindern,** wenn eine Ausnahme vom Regelfall bejaht wird, zB wenn ein Ehegatte durch die Betreuung allein seine Unterhaltspflicht gegenüber dem Kind nicht oder nicht in vollem Umfang erfüllt (§ 1606 III 2 BGB; Genaueres Rn. 418 ff.).

214 Bei beiderseitiger Barunterhaltspflicht ist für die Bemessung des Bedarfs **volljähriger Kinder** die **Summe des Nettoeinkommens beider Eltern** maßgeblich, weil in diesem Fall das Einkommen beider Einfluss auf die Lebensstellung des Kindes hat (§ 1606 III 1 BGB).[38] Jedoch hat ein Elternteil höchstens den Unterhalt zu leisten, der sich allein nach seinem Einkommen aus der Unterhaltstabelle ergibt (→ Rn. 523). Das zusammengerechnete Einkommen der Eltern kann allerdings nur dann maßgeblich sein, wenn der Bedarf auch des volljährigen Kindes einkommensabhängig nach der Tabelle Kindesunterhalt bemessen wird. Diese Berechnungsweise, die von der Düsseldorfer Tabelle und den Leitlinien der meisten Oberlandesgerichte für den Fall empfohlen wird, dass das volljährige Kind noch im Haushalt eines Elternteils lebt (im Einzelnen → Rn. 518 ff.), ist vom BGH[39] gebilligt worden.

Eine Bemessung des Unterhalts nach dem zusammengerechneten Einkommen beider Eltern kommt dagegen nicht in Betracht, wenn die Tabellen und Leitlinien den Bedarf mit festen Beträgen ansetzen. Dies ist nach der Düsseldorfer Tabelle der Fall bei volljährigen Kindern mit eigenem Hausstand, vor allem Studierenden (vgl. DT Anm. A 7: 735,– EUR). Nur noch wenige Oberlandesgerichte haben zuletzt feste Bedarfssätze auch bei volljährigen Kindern vorgesehen, die bei einem Elternteil leben. Zur Bemessung des Volljährigenunterhalts im Einzelnen muss auf → Rn. 526 ff., zur Problematik fester Bedarfssätze auf → Rn. 505 verwiesen werden.

---

[34] BGH FamRZ 2011, 454; 2002, 815 (817) = R 570b.
[35] BGH FamRZ 2013, 1558; 2002, 742; 1991, 182; NJW-FER 2001, 7; OLG Düsseldorf FamRZ 1992, 92 = NJW-RR 1992, 5.
[36] BGH FamRZ 2002, 536 (537).
[37] BGH FamRZ 1986, 151; 1981, 543; vgl. auch BGH FamRZ 2000, 358.
[38] BGH FamRZ 1994, 696 (698); 1988, 1039.
[39] BGH FamRZ 1994, 696 (698).

Eine Bemessung des Bedarfs **minderjähriger Kinder** nach dem zusammengerechneten 215 Einkommen beider Eltern wird man außer den bereits oben angesprochenen Fällen (→ Rn. 206) dann in Betracht ziehen können, wenn das Kind nicht von einem Elternteil, sondern von Dritten betreut wird, sich also zB in einem Heim befindet. Dann kommt überdies eine anteilige Barunterhaltspflicht beider Eltern in Frage, so etwa beim Wechselmodell (→ Rn. 418 ff.). Anders liegt es dagegen, wenn der betreuende Elternteil auf Barunterhalt haftet, weil seine Einkünfte wesentlich höher sind als die des anderen Elternteils und dieser seinen eigenen angemessenen Bedarf gefährden würde, wenn er den Barunterhalt entrichten würde (→ Rn. 397 ff.). Dann wird der Unterhalt des Kindes nach den besonderen Umständen des Einzelfalls zu bemessen sein (→ Rn. 404). Bei besonders günstigen Einkommens- und Vermögensverhältnissen des betreuenden Elternteils kommt eine konkrete Berechnung des Unterhalts nach den berechtigten Bedürfnissen des Kindes in Betracht (Genaueres → Rn. 226 ff., 341).[40]

II. Regelbedarf, regelmäßiger Mehrbedarf und Sonderbedarf

1. Pauschalierung des Kindesunterhalts nach Tabellen

In Durchschnittsfällen wird in der Praxis der Regelbedarf eines Kindes, vor allem eines 216 minderjährigen Kindes, als normaler durchschnittlicher Lebensbedarf einkommensabhängig nach **Tabellen und Leitlinien** bemessen. Die Tabellen und Leitlinien sind mit Fundstellen in 1/16 f. aufgeführt. Die wichtigste Tabelle ist die **Düsseldorfer Tabelle** (im Einzelnen → Rn. 315 ff.).[41] Sie wird beim Kindesunterhalt von allen Oberlandesgerichten angewendet, jedoch in etlichen Einzelpunkten modifiziert.

Die Tabellen und Leitlinien bemessen den Unterhalt des Kindes nach Altersstufen und 217 nach dem **Einkommen** des barunterhaltspflichtigen Elternteils. Dies gilt uneingeschränkt für minderjährige Kinder, nach der Düsseldorfer Tabelle und nahezu allen Leitlinien auch für volljährige Kinder, die im Haushalt eines Elternteils leben. Für volljährige Kinder mit eigenem Haushalt, insbesondere Studierende, werden generell feste Bedarfssätze ausgewiesen. Die Einzelheiten des Tabellenunterhalts werden für minderjährige Kinder in → Rn. 309 ff. und für volljährige Kinder in → Rn. 499 ff. dargestellt.

Die Düsseldorfer Tabelle regelt den Kindesunterhalt bis in den Bereich der gehobenen 218 und guten Einkommen hinein. Derzeit reicht die Tabelle bis zu einem Einkommen des barunterhaltspflichtigen Elternteils von 5500,– EUR (bis 2017: 5100,– EUR). Sie erfasst dagegen nicht besonders günstige Einkommens- und Vermögensverhältnisse (→ Rn. 226 ff., 341). Im Bereich der Düsseldorfer Tabelle, also in Durchschnittsfällen, sind Tabellen und Leitlinien ein anerkanntes **Hilfsmittel** für die Unterhaltsbemessung. Der Richter verwendet sie zur Ausfüllung des unbestimmten Rechtsbegriffs **„angemessener Unterhalt"**, um eine möglichst gleichmäßige Behandlung gleichartiger Lebenssachverhalte zu erreichen. Sie enthalten Regeln, die auf der allgemeinen Lebenserfahrung beruhen, und ermöglichen daher eine Vereinfachung der Unterhaltsbemessung, eine gleichmäßige konkrete Rechtsanwendung und eine Vereinheitlichung der Rechtsprechung im Regelfall. Von ihnen kann abgewichen werden, wenn besondere Umstände dies im Einzelfall erfordern. Das mit Hilfe der Tabelle gewonnene Ergebnis ist stets **auf seine Angemessenheit** für den zu entscheidenden Einzelfall **zu überprüfen**.[42] Hierfür enthält die Düsseldorfer Tabelle die Institute der Höher- und Herabgruppierung bei unterdurchschnittlicher

---

[40] BGH FamRZ 2002, 358 mAnm Deisenhofer; OLG Düsseldorf FamRZ 1994, 767; FamRZ 1992, 981; OLG Koblenz FamRZ 1992, 1217.
[41] Zur Geschichte der Düsseldorfer Tabelle und ihren Hintergründen s. Scholz, Die Düsseldorfer Tabelle, Festschrift 100 Jahre Oberlandesgericht Düsseldorf, 2006, 265 ff.; zu den Auswirkungen der Unterhaltsreform 2007 auf die Düsseldorfer Tabelle (Stand: 1.1.2008) Klinkhammer FamRZ 2008, 193.
[42] BGH FamRZ 2000, 1492; 2000, 358 mAnm Deisenhofer; FamRZ 1992, 539 (541).

bzw. überdurchschnittlicher Unterhaltslast (DT A 1; → Rn. 343 ff.) und des Bedarfskontrollbetrages (DT A 6; → Rn. 351 ff.).

219 Bei den Regelbedarfssätzen der Tabellen und Leitlinien handelt es sich um **Pauschalen,** die den gesamten Lebensbedarf abdecken (→ Rn. 326, 329, 501, 511). Durch eine solche Unterhaltspauschalierung wird aus praktischen Gründen im Allgemeinen die Berücksichtigung von bedarfserhöhenden oder bedarfsmindernden Einzelumständen vermieden. Dies liegt im Interesse der Befriedung und Beruhigung des Unterhaltsrechtsverhältnisses, das sonst durch häufige Einzelanforderungen in unerwünschter Weise belastet würde.[43] Daher scheidet eine Anhebung des Tabellenunterhalts wegen besonderer Ausgaben zB für Kleidung, für Feste und Geburtstage aus. Derartige Mehrausgaben werden durch Minderausgaben zu anderen Zeiten ausgeglichen. Anders liegt es bei regelmäßigem Mehrbedarf (→ Rn. 232 ff.) und Sonderbedarf (→ Rn. 232, 237 ff.).

220 Eine Kürzung des Tabellenunterhalts kommt nicht in Betracht, wenn der nichtsorgeberechtigte Elternteil das Kind im Rahmen seines üblichen Umgangsrechts während der **Ferien** einige Wochen bei sich hat und in dieser Zeit betreut und versorgt. Solche Teildeckungen des Unterhalts durch Naturalleistungen sind vorhersehbar und berechtigen nicht zu einer Unterhaltskürzung.[44] → Rn. 104, 271. Allerdings ist bei überdurchschnittlichen Umgangskontakten, die sich etwa einem Wechselmodell annähern, jedenfalls eine teilweise Erfüllung des Unterhaltsanspruchs durch Naturalleistungen in Betracht zu ziehen, im Übrigen – wegen Mehrkosten ohne Erfüllungswirkung – eine Herabgruppierung in der Düsseldorfer Tabelle (→ Rn. 447 ff.).[45]

2. Mindestbedarf und Existenzminimum

221 Bis zum 30.6.1998 war nach § 1615 f. I BGB aF für nichteheliche Kinder der turnusmäßig durch Rechtsverordnung (Regelunterhalts-VO) festgelegte **Regelunterhalt** zu zahlen. Danach richtete sich gemäß § 1610 III 1 BGB aF auch der Mindestunterhalt des ehelichen Kindes. Das KindUG hob §§ 1610 III, 1615 f. BGB aF ersatzlos auf. Vom 1.7.1998 bis zum Inkrafttreten der Unterhaltsreform 2007 am 1.1.2008 hatte das eheliche wie das nichteheliche Kind Anspruch auf einen seinen Verhältnissen entsprechenden **(Individual-)Unterhalt,**[46] der sich aus § 1610 I BGB ergab und sich im Wesentlichen nach den Einkommensverhältnissen des barunterhaltspflichtigen Elternteils richtete (→ Rn. 210 ff.). Dieser Unterhalt konnte nach § 1612a I BGB auch als Vomhundertsatz des jeweiligen Regelbetrages verlangt werden. Der **Regelbetrag** wurde wie der frühere Regelunterhalt durch Rechtsverordnung **(Regelbetrag-VO)** festgelegt, zuletzt zum 1.7.2007.[47] Die Regelbetrag-VO unterschied zwischen dem Regelbetrag **West** (§ 1 Regelbetrag-VO) und dem niedriger festgelegten Regelbetrag **Ost** (§ 2 Regelbetrag-VO), der für das Beitrittsgebiet galt.[48]

222 Wie das Bundesverfassungsgericht in verschiedenen Entscheidungen zum Einkommensteuerrecht ausgeführt hat, muss dem Steuerpflichtigen nach Erfüllung seiner Steuerschuld von seinem Einkommen zumindest so viel verbleiben, wie er zur Bestreitung seines notwendigen Lebensunterhalts und desjenigen seiner Familie bedarf (Familienexistenzminimum). Dieses Existenzminimum bemisst sich nach dem Mindestbedarf, wie er im Sozialhilferecht anerkannt ist, und gilt auch für das sächliche Existenzminimum eines Kindes, für das der Steuerpflichtige aufkommen muss. Dessen Leistungsfähigkeit wird aber über den existenziellen Sachbedarf hinaus auch durch den Betreuungs- und Erziehungsbedarf des Kindes gemindert. Deshalb muss das Einkommen des unterhaltspflichtigen

---

[43] BGH FamRZ 1984, 470 (472).
[44] BGH FamRZ 2007, 707 (708); 2006, 1015 jeweils mAnm Luthin; FamRZ 1984, 470 (472).
[45] BGH FamRZ 2014, 917.
[46] BGH FamRZ 2002, 536 (539) mAnm Büttner = R 572; Rühl/Greßmann Kindesunterhaltsgesetz 1998, Rn. 54; Strauß FamRZ 1998, 993; anders nach wie vor Graba FamRZ 2002, 129 (133).
[47] BGBl. 2007 I S. 1044, FamRZ 2007, 1068.
[48] Zu den Einzelheiten der bis zum 31.12.2007 geltenden Regelung s. Scholz in der 6. Auflage § 2 Rn. 127a.

3. Abschnitt: Barbedarf des Kindes § 2

Elternteils auch insoweit von der Einkommensteuer verschont werden.[49] Das sächliche Existenzminimum betrug im Jahr 2001 für alle minderjährigen Kinder 6768,– DM pro Jahr (= 564,– DM pro Monat);[50] für das Jahr 2003 geht die Bundesregierung von einem sächlichen Existenzminimum von 3648,– EUR im Jahr (= 304,– EUR pro Monat) aus.[51]

Im Hinblick auf die dargestellte Rechtsprechung des Bundesverfassungsgerichts war umstritten, ob ein Mindestbedarf des Kindes in Höhe des Existenzminimums anzuerkennen sei.[52] Der BGH hat dies abgelehnt und die Regelbeträge weiterhin angewendet.[53] Das Barexistenzminimum des Kindes sollte nach Ansicht des Gesetzgebers auf andere Weise, namentlich durch die zum 1.1.2001 geänderte Kindergeldanrechnung gemäß § 1612b V BGB (aF) sichergestellt werden. Danach war das Kindergeld ganz oder teilweise nicht auf den Tabellenunterhalt anzurechnen, wenn der Pflichtige außer Stande war, Unterhalt in Höhe von 135% des Regelbetrages zu zahlen. Das Barexistenzminimum wurde hier allerdings in bedenklicher Weise pauschal auf 135% des Regelbetrages festgelegt.[54]

Auch wenn die Vorschrift (noch) nicht verfassungswidrig war, war der Gesetzgeber aufgerufen, die von ihm durch Aufhebung des § 1610 III BGB aF geschaffene Lücke zu schließen.[55] Mit der Unterhaltsreform 2007 ist der Gesetzgeber diesem Aufruf gefolgt. Vor allem auf Grund der Entscheidung des BVerfG vom 9.4.2003[56] ist nunmehr mit dem wieder eingeführten gesetzlichen Mindestunterhalt eine verlässliche Anknüpfung geschaffen worden.[57]

223

§ 1612a I BGB definiert den unterhaltsrechtlichen Mindest-Barbedarf eines minderjährigen Kindes. Entscheidende Neuerung war nach der Begründung des Gesetzentwurfs,[58] dass die Bestimmung des Mindestunterhalts von der Anknüpfung an die Regelbetrag-VO abgekoppelt wird. Damit wurde der Kritik des BVerfG an der fehlenden Normenklarheit begegnet. Anknüpfungspunkt sind nunmehr das Steuerrecht und die dort enthaltene Bezugnahme auf den existenznotwendigen Bedarf von Kindern, der nach der Entscheidung des BVerfG vom 10.11.1998[59] von der Einkommensteuer verschont bleiben muss. Ein gesetzlicher Systemwechsel ist durch das Gesetz zur Änderung des Unterhaltsrechts und des Unterhaltsverfahrensrechts etc vom 20.11.2015 (BGBl. 2018 I) vollzogen worden. Die Anknüpfung an das Einkommensteuerrecht ist – mit Wirkung ab dem 26.11.2015 – aufgehoben worden und an ihre Stelle ist abermals eine Verordnungsermächtigung des Fachministeriums getreten.[60] Die vom Bundesministerium der Justiz und für Verbraucherschutz zu erlassende Mindestunterhaltsverordnung muss sich nunmehr unmittelbar am sächlichen Existenzminimum orientieren und nicht mehr auf dem Umweg über das Einkommensteuerrecht am (doppelten) Kinderfreibetrag.

Das Existenzminimum wird von der Bundesregierung alle zwei Jahre in einem Existenzminimum-Bericht auf der Grundlage des sozialhilferechtlichen Mindestbedarfs (bundesdurchschnittliche Regelbedarfsstufen (§ 27a III SGB XII) ermittelt.[61] Zuletzt wurde (noch) auf der – fortgeschriebenen – Grundlage der Einkommens- und Verbrauchsstichprobe (EVS) 2013 der Zwölfte Existenzminimumbericht vom 19.10.2018 veröffentlicht.[62]

---

[49] BVerfG FamRZ 1993, 285; 1999, 285; 1999, 291.
[50] Dritter Existenzminimumbericht BT-Drs. 14/1926.
[51] Sechster Existenzminimumbericht BT-Drs. 16/3265.
[52] Weitere Nachweise bei Scholz in der 6. Auflage.
[53] BGH FamRZ 2002, 536 mAnm Büttner = R 572.
[54] Vgl. BVerfG FamRZ 2003, 1370; BGH FamRZ 2003, 445.
[55] Nachdrücklich in diesem Sinne Scholz in der 8. Aufl.
[56] BVerfGE 108, 52 = FamRZ 2003, 1370.
[57] Vgl. dazu Scholz FamRZ 2007, 2021 und Klinkhammer FamRZ 2008, 193; zur weiteren Entwicklung aufgrund der Rechtsprechung des BVerfG s. Klinkhammer FamRZ 2010, 845 und Soyka FamRZ 2011, 73.
[58] BT-Drs. 16/1830, 26.
[59] BVerfG FamRZ 1999, 285; dazu Kaiser-Plessow FPR 2005, 479.
[60] Ausführlich Staudinger/Klinkhammer § 1612a Rn. 18 ff.
[61] Vgl. zur Ermittlung des sozialrechtlichen Existenzminimums BVerfG NJW 2014, 3425.
[62] BT-Drs. 19/5400.

Der Mindestunterhalt gilt seit Inkrafttreten der Unterhaltsreform am 1.1.2008 einheitlich für das **gesamte Bundesgebiet**. Die Abstufung des Bedarfs zwischen Ost und West ist damit für den Mindestunterhalt minderjähriger Kinder abgeschafft und demzufolge auch für die Düsseldorfer Tabelle ohne Bedeutung.[63]

Der Mindestunterhalt ist allerdings in der **Übergangsvorschrift** des § 36 Nr. 4 EGZPO vorübergehend abweichend von § 1612a I BGB festgelegt worden.

Er betrug für die:

1. **Altersstufe (0–5 Jahre):**	279 EUR
2. **Altersstufe (6–11 Jahre):**	322 EUR
3. **Altersstufe (12–17 Jahre):**	365 EUR.

Das beruhte auf dem Hintergrund, dass das UÄndG mit der Anknüpfung an den jeweiligen steuerlichen Kinderfreibetrag für das sächliche Existenzminimum zu niedrigeren Zahlbeträgen (West) geführt hätte, als sie sich bis zum 31.12.2007 aus den Regelbeträgen im Zusammenhang mit der eingeschränkten Kindergeldanrechnung gemäß § 1612b V BGB ergeben haben.

Diese Wirkung wurde durch die Übergangsregelung (§ 36 Nr. 4 EGZPO) gezielt vermieden, indem diese einen gegenüber § 1612a BGB höheren Mindestunterhalt festlegte.[64] Inzwischen ist die Regelung durch die deutliche Erhöhung des Kinderfreibetrags ab dem 1.1.2010 obsolet geworden.

Der **Mindestunterhalt** deckt ausgehend vom Sozialhilferecht folgende regelmäßigen **Bedarfspositionen** des täglichen Lebens ab:
- Sozialhilferechtliche Regelsätze, die insbesondere Leistungen für Ernährung, Kleidung, Körperpflege, Hausrat, Haushaltsenergie (ohne die auf die Heizung entfallenden Anteile) sowie für persönliche Bedürfnisse des täglichen Lebens umfassen,
- Kosten der Unterkunft (Bruttokaltmiete und vergleichbare Aufwendungen für Haus- oder Wohnungseigentum) sowie
- Heizkosten (ohne die im Regelsatz enthaltenen Kosten für Warmwasserbereitung)

Der Mindestunterhalt hat vor allem folgende **Wirkungen:**
- **Darlegungs- und Beweislast:** Das Kind kann im Unterhaltsprozess ohne nähere Darlegung seiner Lebensverhältnisse den Mindestunterhalt geltend machen. Es braucht insoweit seinen Bedarf (insbesondere das Einkommen des Unterhaltspflichtigen) nicht darzulegen oder zu beweisen. Der Unterhaltspflichtige trägt die Darlegungs- und Beweislast für seine mangelnde oder eingeschränkte Leistungsfähigkeit.[65] Dies gilt auch, wenn der Unterhaltsanspruch nach § 7 UVG, § 33 SGB II oder § 94 SGB XII auf einen öffentlichen Träger oder nach § 1607 BGB auf einen Dritten, insbesondere einen Verwandten übergegangen ist.[66] → Rn. 342.
- Die **Einsatzbeträge im Mangelfall** sind nicht mehr mit 135% des Regelbetrags zu bemessen, wie es nach der Rechtslage bis 2007 bei der Konkurrenz von Ehegatten- und Kindesunterhalt erforderlich war.[67] Zumal es eine Mangelfallberechnung wegen des Vorrangs minderjähriger Kinder und privilegierter Volljähriger nur noch im Verhältnis zwischen gleichrangigen Kindern geben kann, ist der Bedarf nunmehr nach dem Mindestunterhalt zu bemessen, worauf allerdings nach § 1612b I BGB das hälftige Kindergeld anzurechnen ist. In die Mangelfallberechnung sind also die **Zahlbeträge** einzustellen (Anm. C zur Düsseldorfer Tabelle).[68] Auch für privilegiert volljährige Schüler ist nach der Gruppe 4/1 der Düsseldorfer Tabelle der sich nach Abzug des vollen Kindergelds ergebende Zahlbetrag einzustellen.[69]

---

[63] Klinkhammer FamRZ 2008, 193 (194 f.).
[64] Näher dazu Scholz FamRZ 2007, 2021 (2022 f.).
[65] Vgl. BGH FamRZ 2014, 1992; (zur Rechtslage bis 2007); 2002, 536 (540) mAnm Büttner = R 572.
[66] BGH FamRZ 2003, 444 = R 582.
[67] BGH FamRZ 2003, 363.
[68] BGH FamRZ 2009, 1477 Rn. 22 ff.; Klinkhammer FamRZ 2008, 193 (200) mwN; vgl. auch BGH FamRZ 2009, 1300; FamRZ 2010, 869.
[69] Vgl. BGH FamRZ 2007, 542.

3. Abschnitt: Barbedarf des Kindes § 2

- Der Abzug von **Schulden** erfordert nach wie vor eine umfassende Abwägung der Interessen der Beteiligten. Es ist in Ausnahmefällen trotz der verschärften Haftung des Schuldners für sein minderjähriges oder privilegiert volljähriges Kind möglich, Schulden auch dann zu berücksichtigen, wenn der Mindestunterhalt nicht gezahlt werden kann.[70] → Rn. 257.
- Auch bei den Anforderungen, die an die **Erwerbsobliegenheit** des barunterhaltspflichtigen Elternteils zu stellen sind, ist zu berücksichtigen, dass die gesteigerte Unterhaltspflicht nach § 1603 II BGB eingreift, wenn der Mindestunterhalt nicht gewährleistet ist; → Rn. 366 ff.
- Schließlich greift bei nicht gewährleistetem Mindestunterhalt auch die Obliegenheit des Unterhaltsschuldners zur **Verwertung seines Vermögensstamms** (→ Rn. 382) und auch zur Aufnahme einer möglichen und zumutbaren **Nebentätigkeit**.[71]

Abänderung von vor dem 1.1.2008 errichteten Titeln nach § 36 EGZPO: Titel über Kindesunterhalt, die nach § 1612a BGB aF dynamisiert wurden, sind nach § 36 EGZPO anzupassen. Dazu bedarf es **keiner Abänderungsklage.** Anstelle des Regelbetrages tritt nach § 36 Nr. 3 S. 4 lit. a–d EGZPO der Mindestunterhalt. Das angerechnete Kindergeld ist je nach Anrechnungsmethode (Abzug des hälftigen Kindergelds oder weniger oder ohne Kindergeldanrechnung (lit. d) = lit. a; Hinzurechnung des hälftigen Kindergelds = lit. b; Anrechnung des vollen Kindergelds = lit. c) zu berücksichtigen. Weil der Unterhalt kraft Gesetzes zum 1.1.2008 umgerechnet wird und die **Umrechnung nur einmal** erfolgen soll, kommt es darauf an, wie der Unterhalt zum Stichtag 1.1.2008 umgerechnet worden wäre. Das gilt ungeachtet dessen, dass in der Folgezeit der von § 1612a I BGB in Bezug genommene Kinderfreibetrag (mehrfach) erhöht wurde oder das Kind nach dem 1.1.2008 in eine andere Altersstufe vorgerückt ist.[72] Der Auffassung des OLG Dresden,[73] nach dem schon zum 1.1.2008 die Umrechnung für jede Altersstufe gesondert und mit unterschiedlichen Prozentsätzen durchzuführen ist, ist der BGH nicht gefolgt.[74] Denn dieses Vorgehen würde im Gegensatz zum am 31.12.2007 bestehenden Titel, der nur einen Prozentsatz auswies, mehrere Berechnungen erfordern und war vom Gesetzgeber im Zweifel nicht gewollt. Der Wortlaut spricht für eine einmalige Umstellung und nur einen Prozentsatz. Es entspricht der Systematik des § 1612a I BGB, dass der Prozentsatz für alle Altersstufen einheitlich festgelegt wird. Demnach muss nicht im Voraus bedacht werden, ob sich bei einer Dynamisierung nach einer höheren Altersstufe ein anderer Unterhaltsbetrag ergeben kann. Dementsprechend ist etwa auch eine unzureichende Leistungsfähigkeit des Unterhaltspflichtigen für den Kindesunterhalt einer weiteren Altersstufe bei der Festlegung des Prozentsatzes unerheblich.

Die folgenden Beispiele verdeutlichen die Anpassung im Regelfall, dass das Kindergeld (Stand: 1.1.2008) dem betreuenden Elternteil ausgezahlt wird.

Beispiele:
Beispiel 1: Lautet der Titel auf 121% des Regelbetrags (West) der 2. Altersstufe abzüglich des anrechenbaren Kindergeldes nach § 1612b V BGB, so vollzieht sich die **Umrechnung in drei Schritten:**
1. Zahlbetrag ermitteln: 297 − 43 = 254 EUR
2. Hälftiges Kindergeld addieren: 254 + 77 = 331 EUR
3. Verhältnis zum Mindestunterhalt: 331 : 322 = **102,7%**

Kontrolle: 102,7% Mindestunterhalt = aufgerundet 331 ./. 77 Kindergeld = 254 EUR
Der Titel ist daher kraft Gesetzes auf 102,7% des Mindestunterhalts der zweiten Altersstufe umgestellt.

---

[70] BGH FamRZ 2013, 1558 Rn. 18 ff.; 2002, 536 (541) mAnm Büttner = R 572g.
[71] BGH FamRZ 2014, 1992; 2014, 637.
[72] Vgl. Anm. E zur Düsseldorfer Tabelle.
[73] OLG Dresden FamRZ 2011, 42 mwN; ebenso Knittel FamRZ 2010, 1349.
[74] BGH FamRZ 2012, 1048; richtig bereits AG Kamenz FamRZ 2010, 819 als Vorinstanz zu OLG Dresden FamRZ 2011, 42; näher Vossenkämper FamFR 2011, 73 mwN.

Beispiel 2: Ein Titel über 100% des Regelbetrages (West) der 1. Altersstufe mit eingeschränkter Kindergeldanrechnung ist wie folgt umzurechnen:
1. Zahlbetrag ermitteln: 202 − 6 = 196 EUR
2. Hälftiges Kindergeld addieren: 196 + 77 = 273 EUR
3. Verhältnis zum Mindestunterhalt: 273 : 279 = **97,8%**

Kontrolle: 97,8% Mindestunterhalt = aufgerundet 273 ./. 77 Kindergeld = 196 EUR
Der Titel ist kraft Gesetzes auf 97,8% des Mindestunterhalts der 1. Altersstufe umgestellt.
Titel, die auf **100% des Regelbetrags (West) der 2. und 3. Altersstufe** (jeweils ohne Kindergeldanrechnung) lauten, richten sich wegen der durch die Übergangsregelung beibehaltenen Bedarfssätze auf 100% des Mindestunterhalts, nunmehr abzüglich des hälftigen Kindergelds.[75]

Beispiel 3: Ein Titel über 100% des Regelbetrages **Ost** der 1. Altersstufe mit eingeschränkter Kindergeldanrechnung ist wie folgt umzurechnen:
1. Zahlbetrag ermitteln: 186 − 11 = 175 EUR
2. Hälftiges Kindergeld addieren: 175 + 77 = 252 EUR
3. Verhältnis zum Mindestunterhalt: 252 : 279 = 90,3%

Kontrolle: 90,3% Mindestunterhalt = aufgerundet 252 ./. 77 Kindergeld = 175 EUR
Der Titel ist kraft Gesetzes auf 90,3% des Mindestunterhalts der 1. Altersstufe umgestellt.

Im Ergebnis stimmen dynamisierte Titel also jeweils mit nicht dynamisierten Titeln, deren Zahlbetrag unabhängig von der gesetzlichen Neuregelung fortgilt, überein.

3. Bedarfsbemessung bei besonders günstigen Einkommens- und Vermögensverhältnissen der Eltern

226   Für besonders günstige Einkommens- und Vermögensverhältnisse der Eltern enthält die Düsseldorfer Tabelle, die sich auf den Unterhalt bei Einkommen bis zu 5500,− EUR monatlich beschränkt, keine Empfehlungen. Sie enthält nur den Hinweis, dass dann der Unterhalt „nach den Umständen des Falles" zu bemessen ist. Grundsätzlich gibt es beim Kindesunterhalt **keine** allgemein gültige obere Grenze (sog **Sättigungsgrenze**), die nicht überschritten werden dürfte. Andererseits bedeutet die Ableitung des Kindesunterhalts von der Lebensstellung der Eltern nicht, dass bei überdurchschnittlich guten wirtschaftlichen Verhältnissen der Eltern den Kindern eine luxuriöse Lebensgestaltung ermöglicht werden muss.[76]

227   Eine **Unterhaltsbegrenzung** ergibt sich vor allem aus der besonderen Lage, in der sich minderjährige Kinder während ihrer Schul- und Ausbildungszeit sowie während des Heranwachsens befinden. Trotz der Verknüpfung mit den wirtschaftlichen Verhältnissen der Eltern oder eines Elternteils ist ihre Lebensstellung in erster Linie **durch** ihr **Kindsein** geprägt (→ Rn. 202). Anders als Ehegatten, für die jedenfalls in dem noch nicht der Vermögensbildung zuzurechnenden Einkommensbereich der Grundsatz der gleichmäßigen Teilhabe gilt, können Kinder nicht einen bestimmten Anteil an dem Einkommen des Unterhaltspflichtigen verlangen. Unterhaltsgewährung für Kinder bedeutet stets Befriedigung ihres gesamten, auch eines gehobenen Lebensbedarfs, nicht aber Teilhabe am Luxus (§ 1610 II BGB). Auch in besten Verhältnissen lebende Eltern schulden dem Kind nicht, was es wünscht, sondern was es nach deren Lebensstandard, an den es sich vielfach gewöhnt hat, braucht. Dieser Lebensstandard soll dem Kind auch nach Trennung der Eltern grundsätzlich erhalten bleiben.[77] Jedoch darf die Unterhaltsbemessung weder einem gedeihlichen Eltern-Kind-Verhältnis entgegenwirken noch dazu führen, die Lebensstellung des Elternteils anzuheben, bei dem das Kind lebt.[78]

Bemerkungen des BGH[79] sprechen dafür, dass bei minderjährigen Kindern, deren Eltern in überdurchschnittlichen wirtschaftlichen Verhältnissen leben, ein Unterhaltsbedarf über die Höchstsätze der Düsseldorfer Tabelle hinaus in der Regel nicht angenommen werden

---

[75] Zu weiteren Beispielen und zu den übrigen Gestaltungen nach § 36 Nr. 3 S. 4 lit. b–d EGZPO s. Anm. E zur Düsseldorfer Tabelle.
[76] BGH FamRZ 2000, 358 mAnm Deisenhofer; FamRZ 1987, 58; FamRZ 1983, 473.
[77] BGH FamRZ 2000, 358 mAnm Deisenhofer.
[78] BGH FamRZ 1987, 58; 1983, 473.
[79] BGH FamRZ 1988, 159.

soll. In einer anderen Entscheidung hat der BGH dagegen, wenn auch bei einem volljährigen Kind, einen Unterhalt gebilligt, der deutlich über die Sätze der Düsseldorfer Tabelle hinausging.[80] Richtig ist, dass man bei einer Erhöhung des Unterhalts des minderjährigen Kindes über die **Höchstsätze der Düsseldorfer Tabelle** hinaus vorsichtig sein muss.[81] Insbesondere ist eine automatische Fortschreibung der Tabelle über den Bereich eines monatlichen Einkommens von jetzt 5500,– EUR hinaus für nicht zulässig gehalten worden.[82] Vielmehr ist auf die **Umstände des Einzelfalls** abzustellen und der Unterhalt auch bei Einkünften deutlich über dem Einkommensbereich der Düsseldorfer Tabelle nur maßvoll anzuheben. Der BGH hat klargestellt, dass der Kindesunterhalt bei günstigen wirtschaftlichen Verhältnissen nicht faktisch auf dem für die höchste Einkommensgruppe geltenden Satz festgeschrieben werden darf. Vielmehr steht es dem Kind frei, einen höheren Unterhaltsbedarf darzulegen und zu beweisen.[83] Auch wenn gewiss Unterschiede zwischen Kindesunterhalt und Ehegattenunterhalt bestehen, ist aber auch zu berücksichtigen, dass der BGH die Grenzen für eine schematische Bedarfsbemessung nach Quoten mit seiner Grundsatzentscheidung vom 15.11.2017[84] deutlich weiter gezogen hat. Das Bedürfnis für eine rechnerische Fortschreibung jenseits der Düsseldorfer Tabelle besteht in Grenzen aber auch beim Kindesunterhalt. Denn oftmals ist es gerade in gehobenen Verhältnissen mit Schwierigkeiten verbunden, wenn der während des Zusammenlebens der Familie unzweifelhaft oberhalb des Höchstbetrags liegende Unterhalt konkret dargelegt werden muss und dies etwa voraussetzt, dass sämtliche in der Vergangenheit liegenden Ausgaben für Urlaubsreisen, Hobbys, Privatunterricht etc. belegt werden müssen. Im Einzelnen → Rn. 341.

Der **Unterhalt des Studierenden** oder des volljährigen Kindes mit eigenem Haushalt **228** wird nahezu von allen Tabellen und Leitlinien mit einem Festbetrag von 735,– EUR angesetzt (DT A 7 Stand 1.1.2019; → Rn. 508 ff.). Dieser Betrag ist angesichts der Mietkosten in Universitätsstädten knapp bemessen. Man wird den Bedarfssatz von 735,– EUR für den Studierenden auch nach dessen Anhebung zum 1.1.2016 eher überschreiten dürfen als die Tabellensätze für minderjährige Kinder. Eine Anhebung des Regelunterhalts von 735,– EUR wird bereits im oberen Einkommensbereich der Tabelle in Betracht kommen, da schon bei einem Einkommen des Barunterhaltspflichtigen von ab 3901,– EUR der Unterhalt für das volljährige im Haushalt eines Elternteils lebende Kind auf Grund der Altersstufe 4 der Düsseldorfer Tabelle 717,– EUR (DT 4/7 Stand 1.1.2019) und bei einem Einkommen ab 4301,– EUR 759,– EUR beträgt (DT 4/8 Stand 1.1.2019); → Rn. 514, 518 ff. Da das Leben außerhalb des Elternhauses teurer ist und das studierende Kind mit eigenem Haushalt nicht schlechter stehen darf, als wenn es weiterhin bei einem Elternteil wohnen würde, wird man in solchen Fällen den Bedarfssatz von 735,– EUR angemessen erhöhen müssen.[85] Der Bedarfssatz beträgt seit 1.1.2016 wie der BAföG-Höchstsatz (seit 1.10.2016) 735,– EUR, beide Beträge setzen sich aber unterschiedlich zusammen. Denn der BAföG-Höchstsatz gemäß §§ 13, 13a BAföG enthält außer dem Grundbedarf auch Zuschläge für Versicherungsbeiträge, die im Unterhaltsrecht nicht Bestandteil des Regelbedarfs sind.

Bei **volljährigen Kindern,** die noch **im Haushalt eines Elternteils** leben, gelten die **229** Grundsätze → Rn. 227 f. entsprechend, jedenfalls dann, wenn man nach der Düsseldorfer Tabelle den Unterhalt der 4. Altersstufe entnimmt und damit einen einkommensabhängigen Volljährigkeitszuschlag gewährt (DT A 7 I; → Rn. 518 ff.).[86]

---

[80] BGH FamRZ 1987, 58.
[81] Vgl. auch OLG Hamm FamRZ 2010, 2080.
[82] BGH FamRZ 1980, 665 (669) = NJW 1980, 1686 (1689); OLG Frankfurt a. M. FamRZ 1992, 98.
[83] BGH FamRZ 2000, 358 mAnm Deisenhofer; vgl. auch BGH FamRZ 2001, 1603 sowie OLG Schleswig FamRZ 2012, 990; OLG Frankfurt NZFam 2014, 31.
[84] BGHZ 217, 24 = FamRZ 2018, 260.
[85] Weiter gehend Soyka FamRZ 2011, 73 (76), der in der höchsten Einkommensgruppe sogar eine Heraufsetzung auf 980 EUR vorschlägt. Diese würde konsequenterweise aber eine regelmäßige Heraufsetzung auch in den unteren Einkommensgruppen erfordern, was die bisherige Praxis erheblich erschweren dürfte und jedenfalls nicht zwingend erscheint.
[86] OLG Karlsruhe FamRZ 1992, 1217.

230 Im Übrigen ist auch bei volljährigen Kindern der Unterhalt **nach oben zu begrenzen.** Unterhaltsgewährung bedeutet auch bei Volljährigen Befriedigung des gesamten Lebensbedarfs, nicht aber Teilhabe am Luxus.[87] Anhebungen des Unterhalts über den Betrag von 735,– EUR hinaus sind nicht unbegrenzt zulässig. Es ist stets zu berücksichtigen, dass der Unterhalt auch eines Studenten deutlich unter den Nettoeinkünften eines angehenden Akademikers liegen muss. Ein Betrag von 1000,– EUR sollte nicht überschritten werden. Derartige Beträge sind bisher kaum zuerkannt worden. Der BGH hat allerdings bereits im Jahre 1987 einen Unterhalt von 1700,– DM für die studierende Tochter eines vielfachen Millionärs gebilligt.[88] Das OLG Düsseldorf hat den Bedarf einer Studentin, deren Eltern ein Einkommen von je 12 000,– DM hatten, auf 1400,– DM,[89] das OLG Köln[90] bei ähnlichen Verhältnissen auf 1500,– DM begrenzt. Das OLG Brandenburg (BraL 13.1) beschränkt die Erhöhung des Unterhalts bei guten wirtschaftlichen Verhältnissen auf das Doppelte des Regelsatzes eines nicht im Haushalt eines Elternteils lebenden volljährigen Kindes.

231 Wenn das Kind einen besonders hohen Unterhaltsbedarf geltend macht, insbesondere Unterhalt über den Höchstsätzen der Düsseldorfer Tabelle verlangt, muss es im Einzelnen **darlegen und beweisen,** worin sein erhöhter Bedarf besteht und welche Mittel zu seiner Deckung erforderlich sind **(konkrete Bedarfsermittlung).**[91] → Rn. 342.

4. Regelmäßiger Mehrbedarf

232 Mehrbedarf ist derjenige Teil des Lebensbedarfs (§ 1610 II BGB), der regelmäßig, jedenfalls während eines längeren Zeitraums, anfällt und das Übliche derart übersteigt, dass er mit Regelsätzen nicht erfasst werden kann, aber kalkulierbar ist und deshalb bei der Bemessung des laufenden Unterhalts berücksichtigt werden kann. **Sonderbedarf** ist dagegen ein unregelmäßig auftretender, außergewöhnlich hoher Bedarf (§ 1613 II BGB), der nicht auf Dauer besteht und daher zu einem einmaligen, jedenfalls aber zeitlich begrenzten Ausgleich neben dem regelmäßig geschuldeten Barunterhalt führen kann (→ Rn. 237 ff.; → § 6 Rn. 1 ff.). Der BGH[92] verlangt für Sonderbedarf, dass sich die Kosten nicht mit Wahrscheinlichkeit voraussehen lassen und bei der Bemessung des laufenden Unterhalts nicht berücksichtigt werden konnten.

233 Der typische Fall des regelmäßigen Mehrbedarfs, der durch den Regelunterhalt nach der Düsseldorfer Tabelle nicht gedeckt wird, ist der **krankheitsbedingte Mehrbedarf** des dauernd pflegebedürftigen, behinderten Kindes, soweit er nicht durch die Krankenkasse oder durch nicht subsidiäre Sozialleistungen gedeckt wird.[93] → Rn. 465. Auch **Kindergartenkosten** und Kosten des **Horts**[94] sind nach neuerer Rechtsprechung des BGH Mehrbedarf des Kindes, → Rn. 400. Dies gilt auch für die Kosten einer psychotherapeutischen Behandlung, wenn feststeht, dass die Behandlung über einen längeren Zeitraum erforderlich sein wird[95], ebenfalls können Kosten für den längerfristigen Besuch von **Förderunterricht bei einem privaten Lehrinstitut** (Therapie einer Lese-Rechtschreib-Schwäche) unterhaltsrechtlichen Mehrbedarf begründen.[96] Nicht durch den Tabellenunterhalt erfasste Mehrkosten können auch durch den **Besuch von Privatschulen,** Tagesheimschulen, Internaten oder durch eine aufwändige Ausbildung zB zum Konzertpianisten oder aber durch schon länger gepflegten Reitsport[97] entste-

---

[87] BGH FamRZ 2000, 358 mAnm Deisenhofer; FamRZ 1988, 1039; 1987, 58; KG FamRZ 1998, 1386.
[88] BGH FamRZ 1987, 58.
[89] OLG Düsseldorf FamRZ 1992, 981.
[90] NJW-FER 1999, 176.
[91] BGH FamRZ 2000, 358 mAnm Deisenhofer.
[92] BGH FamRZ 2006, 612 (613) (mAnm Luthin) für Kosten der Konfirmation.
[93] BGH FamRZ 1983, 689.
[94] BGH FamRZ 2017, 437 Rn. 37.
[95] OLG Düsseldorf FamRZ 2001, 444.
[96] BGH FamRZ 2013, 1563.
[97] OLG Naumburg FamRZ 2008, 177.

3. Abschnitt: Barbedarf des Kindes § 2

hen.[98] Auch **Nachhilfekosten**, die über einen längeren Zeitraum und nicht überraschend anfallen, sind Mehrbedarf (kein Sonderbedarf).[99] Der Mehrbedarf durch **Heimunterbringung** gemäß § 37 SGB VIII ist grundsätzlich auch unterhaltsrechtlich maßgebend, wird aber regelmäßig durch die dementsprechende Jugendhilfe gedeckt.[100] → Rn. 451 ff., 530 ff. **Kein Mehrbedarf** sind grundsätzlich Kosten einer **Tagesmutter**, insoweit handelt es sich regelmäßig um solche Kosten, die in die persönliche Betreuung durch den Elternteil fallen, der nach § 1606 III 2 BGB entsprechend vom Barunterhalt befreit ist.[101] Das gilt auch im Fall des Wechselmodells hinsichtlich etwaiger Betreuungskosten, die während der Betreuungszeit des jeweiligen Elternteils anfallen und nicht pädagogisch besonders begründet sind.[102]

Ein nicht anderweitig gedeckter Mehrbedarf ist **zusätzlich** zum Regelbedarf als 234 laufender Unterhalt zu zahlen, wenn es sich um vorhersehbare, regelmäßig anfallende Mehraufwendungen handelt **und** die kostenverursachenden **Mehraufwendungen** im Interesse des Kindes zu Lasten des Unterhaltsschuldners **berechtigt** sind. Der Gesamtunterhaltsanspruch besteht dann aus der Summe von Regelbedarf und regelmäßigem Mehrbedarf, abzüglich etwaiger Einsparungen. Ist der Kindesunterhalt oberhalb des Mindestunterhalts festgesetzt, so kann ein gewisser Teil des von der Tabelle erfassten sächlichen Mehrbedarfs schon aus dem regelmäßigen Unterhalt bestritten werden.[103] → Rn. 458, 460, 530 ff.

Am Mehrbedarf muss sich unter Umständen der **Elternteil, der ein minderjähriges** 235 **Kind betreut** und dadurch normalerweise nach § 1606 III 2 BGB seine Unterhaltspflicht erfüllen würde, **beteiligen,** wenn er über Einkünfte verfügt, insbesondere, wenn er erwerbstätig ist oder ihn eine Erwerbsobliegenheit trifft. § 1606 III 2 BGB gibt bei (erheblichem) Mehrbedarf insbesondere eines behinderten Kindes keine Grundlage dafür ab, den betreuenden Elternteil von Mehrbedarf gänzlich freizustellen.[104] Vielmehr ist unabhängig von dieser Bestimmung nach einer den Interessen der Beteiligten gerecht werdenden Lösung zu suchen. Dabei muss auch berücksichtigt werden, dass das behinderte Kind, das bei einem Elternteil lebt, besonderen Betreuungsaufwand erfordern kann.[105] Zur Verteilung der Unterhaltslast bei regelmäßigem Mehrbedarf auf beide Eltern im Einzelnen → Rn. 460 ff.

Muss sich der andere Elternteil nicht am Mehrbedarf beteiligen, hat der Unterhalts- 236 schuldner für den gesamten Bedarf (Regelbedarf und Mehrbedarf) aufzukommen, soweit ihm dies ohne Gefährdung seines eigenen angemessenen Unterhalts möglich ist (§ 1603 I BGB). Solange sein **Selbstbehalt** nicht berührt wird, hat er den Bedarf des Berechtigten selbst dann zu befriedigen, wenn dieser Bedarf höher ist als sein eigener. Diese Situation kommt gerade bei Krankheit und dadurch bedingtem Mehrbedarf vor.[106] Bei minderjährigen Kindern ist zudem die erweiterte Unterhaltspflicht nach § 1603 II 1 BGB, die ggf. bis zum notwendigen Selbstbehalt geht, zu beachten. Dem Pflichtigen wird allerdings in vielen Fällen die Unterhaltslast (teilweise) durch staatliche Leistungen abgenommen (→ Rn. 464 ff.).

---

[98] BGH FamRZ 2001, 1603; 1983, 48.
[99] OLG Düsseldorf NJW-RR 2005, 1529.
[100] BGH FamRZ 2007, 377 mAnm Doering-Striening.
[101] BGH FamRZ 2018, 23 Rn. 18.
[102] BGH FamRZ 2017, 437 Rn. 34.
[103] OLG Bremen FamRZ 2011, 43 (Kosten der Hundehaltung); die Auffassung des OLG Düsseldorf NJW-RR 2005, 1529 für – längerfristige – Nachhilfekosten dürfte insoweit aufgrund der neueren Rechtsprechung des BGH zu den Kindergartenkosten (FamRZ 2009, 962) nicht mehr aufrechterhalten werden können, weil es sich nicht um sächlichen Bedarf handelt, sondern um Betreuungsbedarf.
[104] BGH FamRZ 1998, 286; 1983, 689.
[105] BGH FamRZ 1983, 689.
[106] BGH FamRZ 1986, 48.

5. Sonderbedarf

237 Nach der Legaldefinition des § 1613 II Nr. 1 BGB ist Sonderbedarf im Gegensatz zum Regelbedarf (→ Rn. 216 ff.) oder Mehrbedarf (→ Rn. 232) ein unregelmäßiger außerordentlich hoher Bedarf, der nicht auf Dauer besteht und daher zu einem einmaligen, jedenfalls aber zeitlich begrenzten Ausgleich neben dem regelmäßig geschuldeten Barunterhalt führen kann, → Rn. 232.

Sonderbedarf muss überraschend und der Höhe nach nicht abschätzbar sein. Nur wenn er nicht mit Wahrscheinlichkeit voraussehbar war und deshalb bei der Bemessung der laufenden Unterhaltsrente – ggf. als Mehrbedarf – nicht berücksichtigt werden konnte, ist das Kind berechtigt, ihn neben der Geldrente geltend zu machen.[107] Da das Gesetz nur einen „außergewöhnlich" hohen Bedarf als Sonderbedarf gelten lässt, hat es im Zweifel bei der laufenden Unterhaltsrente sein Bewenden. Nur in Ausnahmefällen soll eine gesonderte Ausgleichung zusätzlicher unvorhergesehener Ausgaben erfolgen.[108] Wenn sich der Berechtigte auf eine voraussehbare Ausgabe einrichten kann, gehört diese im Zweifel zum laufenden Unterhalt.

238 Ob ein Sonderbedarf zu bejahen ist, kann nicht nach allgemein gültigen Maßstäben festgelegt werden. Es kann grundsätzlich nur von Fall zu Fall für die jeweils in Frage stehende Aufwendung entschieden werden, ob sie als Sonderbedarf zu behandeln ist.[109] Ein typischer Sonderbedarf sind unvorhergesehene Krankheits-, Operations- und ähnliche Kosten, soweit sie nicht von der Krankenkasse getragen werden.[110] Kein Sonderbedarf sind Kosten der Konfirmation.[111]

Zum Sonderbedarf im Einzelnen → § 6 Rn. 1 ff.

4. Abschnitt: Leistungsfähigkeit des Unterhaltspflichtigen

I. Leistungsfähigkeit und Eigenbedarf des Unterhaltsschuldners

239 Die Leistungsfähigkeit des Schuldners ist nach § 1603 BGB zu beurteilen. Entscheidend ist, ob der Schuldner imstande ist, dem Kind Unterhalt zu gewähren, ob er also den Bedarf des Kindes befriedigen kann. Dabei kommt es auf den sog **Restbedarf** an, also den Bedarf, der nach Anrechnung etwaigen Einkommens oder Vermögens des Kindes (→ Rn. 107 ff.) verbleibt. Nach der Änderung zum 1.1.2008 ist hier die **geänderte Systematik der Kindergeld-Anrechnung** zu beachten. Nach § 1612b I 2 BGB mindert das Kindergeld den Barbedarf des Kindes. Es ist damit nicht – wie bislang – auf den bereits festgestellten Unterhaltsanspruch anzurechnen. Der Unterhaltsanspruch ergibt sich vielmehr erst nach Anrechnung des Kindergelds. Weil das Kindergeld mithin – vergleichbar mit einer Ausbildungsvergütung – als Einkommen des Kindes behandelt wird, ist der Restbedarf der Tabellenbetrag abzüglich des – anteiligen – Kindergelds.[1]

Leistungsfähig ist derjenige Elternteil, der den Restbedarf des Kindes decken kann, ohne dass bei Berücksichtigung seiner sonstigen Verpflichtungen sein eigener angemessener Unterhalt, also sein eigener angemessener Bedarf gefährdet ist (§ 1603 I BGB). Gegenüber dem minderjährigen Kind wird die Leistungsfähigkeit allerdings erweitert (§ 1603 II 1 BGB), → Rn. 366 ff. Die verschärfte Unterhaltspflicht gilt seit dem 1.7.1998 auch gegenüber volljährigen unverheirateten Kindern bis zur Vollendung des 21. Lebensjahres, die

---

[107] BGH FamRZ 2006, 612 (Konfirmationskosten); 2001, 1603 (1605).
[108] BGH FamRZ 1984, 470 (472).
[109] BGH FamRZ 2006, 612; 1983, 29; 1982, 145.
[110] BGH FamRZ 1983, 29; OLG Celle NJW-RR 2008, 378 (Kieferorthopädische Behandlungskosten).
[111] BGH FamRZ 2006, 612 (613) mAnm Luthin; vgl. auch OLG Naumburg FamRZ 2006, 666 (Kommunion); OLG Brandenburg FamRZ 2006, 644 (Jugendweihe).
[1] BGH FamRZ 2009, 1300; 2009, 1477.

sich in der allgemeinen Schulausbildung befinden und im Haushalt der Eltern oder eines Elternteils leben (§ 1603 II 2 BGB), → Rn. 579 ff. Der Eigenbedarf, der dem pflichtigen Elternteil belassen werden kann, wird gerade auch durch das Vorhandensein unterhaltsberechtigter Kinder bestimmt. Dem Pflichtigen wird zugemutet, sein Einkommen und ggf. sein Vermögen[2] mit den unterhaltsberechtigten Kindern und etwaigen anderen Unterhaltsberechtigten zu teilen und ggf. mit Beträgen auszukommen, die unter dem Lebensstandard seiner Berufsgruppe liegen. Zum Selbstbehalt → Rn. 240, 380 ff., zur Verwertung des Vermögensstammes → Rn. 382.

Die **Opfergrenze** ist gegenüber Kindern der eigene angemessene Bedarf im Sinne des § 1603 I BGB. Diese Vorschrift gewährleistet jedem Unterhaltspflichtigen vorrangig die Sicherung seines eigenen angemessenen Unterhalts; ihm sollen grundsätzlich die Mittel bleiben, die er zur Deckung des seiner Lebensstellung entsprechenden allgemeinen Bedarfs benötigt.[3] Die Düsseldorfer Tabelle (A 5 II) setzt diesen zur Deckung des allgemeinen Bedarfs erforderlichen Betrag (seit 1.1.2015) mit 1300,– EUR an (vgl. zum angemessenen Selbstbehalt gegenüber volljährigen Kindern → Rn. 546 ff., gegenüber minderjährigen Kindern → Rn. 395 und gegenüber privilegiert volljährigen Kindern → Rn. 595). Gegenüber minderjährigen und privilegiert volljährigen Kindern besteht eine gesteigerte Unterhaltspflicht, wenn nicht ein anderer unterhaltspflichtiger Verwandter vorhanden ist oder das Kind über Vermögen verfügt (§ 1603 II 3 BGB). Der Schuldner ist dann verpflichtet, alle verfügbaren Mittel zu seinem und der Kinder Unterhalt gleichmäßig zu verwenden (im Einzelnen → Rn. 366 ff.). Ihm verbleibt grundsätzlich nur der **notwendige Selbstbehalt,** der nach A 5 I der Düsseldorfer Tabelle (Stand 1.1.2019) bei erwerbstätigen Schuldnern 1080,– EUR, bei nichterwerbstätigen 880,– EUR beträgt (→ Rn. 385). Auch in einem solchen Fall darf der Pflichtige aber seinen eigenen unabweisbaren Bedarf vorab befriedigen, → Rn. 392. Der Schuldner ist daher nur dann nicht leistungsfähig, wenn seine Einkünfte und ggf. sein Vermögen – allerdings unter Anlegung eines strengen Maßstabs – nicht zur Deckung seiner eigenen angemessenen, bei Unterhaltspflichten gegenüber minderjährigen und privilegiert volljährigen Kindern zur Deckung seiner notwendigen Bedürfnisse ausreichen.

II. Anrechenbare Einkünfte des Schuldners

1. Tatsächliche Einkünfte

Für die Beurteilung der Leistungsfähigkeit ist wie beim Bedarf des berechtigten Kindes (→ Rn. 205) das **gesamte Einkommen** des Schuldners maßgebend.

Die Einzelheiten der Einkommensermittlung sind in § 1 (→ § 1 Rn. 21 ff.) dargestellt. Darauf kann verwiesen werden.

Ersparnisse, die ein Schuldner erzielt, weil ihm ein Dritter ohne Rechtspflicht **freiwillige Leistungen** erbringt, die dem unterhaltsberechtigten Kind nicht zugute kommen sollen, stehen nicht für den Unterhalt des Kindes zur Verfügung (→ Rn. 121 ff., → § 1 Rn. 708 ff.). Der BGH hat es deshalb gebilligt, dass das Einkommen eines schwerstbehinderten Vaters, der auf dauernde Hilfe angewiesen ist, um die Beträge gekürzt wird, die er dadurch erspart, dass ihn seine Ehefrau über das nach § 1360 BGB gebotene Maß hinaus pflegt und versorgt.[4] Geht der Beistand eines Ehegatten über dieses Maß nicht hinaus, ist er unterhaltsrechtlich nicht zu beachten. Dies gilt auch dann, wenn die Ehegatten eine Vergütung vertraglich vereinbaren.[5] Anders kann es dagegen liegen, wenn die Ehefrau ihre Arbeitsstelle oder ihr Studium aufgegeben hat, um ihren behinderten Ehemann pflegen zu können.[6]

---

[2] BGH FamRZ 1986, 48; OLG Düsseldorf FamRZ 1994, 767 (769).
[3] BGH FamRZ 1992, 795 (797).
[4] BGH FamRZ 1995, 537 (539).
[5] OLG Hamm FamRZ 1999, 166.
[6] BGH FamRZ 1995, 537 (539).

Auch in der Gewährung eines **zinslosen Darlehens** kann eine freiwillige Zuwendung liegen, die allein dem Unterhaltspflichtigen zukommen soll.[7] Ein Wohnvorteil kann dann nicht zugerechnet werden, wenn marktübliche Zinsen den Wohnwert übersteigen.

2. Fiktive Einkünfte

243 **Leistungsunfähigkeit** liegt nicht bereits vor, wenn der Unterhaltspflichtige keine ausreichenden Einkünfte erzielt, sondern nur, wenn er nicht in der Lage ist, die zur Bestreitung des Unterhalts notwendigen Mittel zu erwirtschaften[8] → Rn. 244. Leistungsunfähigkeit in diesem Sinne ist allerdings im Unterhaltsprozess grundsätzlich **auch dann** zu beachten, **wenn** der Schuldner sie selbst **schuldhaft** herbeigeführt hat. Nur schwerwiegende Gründe, die sich aus einem verantwortungslosen, zumindest leichtfertigen und unterhaltsbezogenen Verhalten ergeben, verwehren dem Schuldner nach Treu und Glauben die Berufung auf die Leistungsunfähigkeit. Die Nichterhebung einer Kündigungsschutzklage genügt im Allgemeinen nicht,[9] wohl aber rechtfertigen die freiwillige, nicht durch besondere Gründe gerechtfertigte Aufgabe des Arbeitsplatzes[10] ebenso wie Bummelei die Zurechnung eines fiktiven Einkommens. Der BGH hat allerdings die Anforderungen an ein **verantwortungsloses, zumindest leichtfertiges und unterhaltsbezogenes Verhalten** des Pflichtigen hoch angesetzt. So reichen weder alkoholbedingter Verlust des Arbeitsplatzes noch die fristlose Kündigung des Arbeitsverhältnisses durch den Arbeitgeber wegen eines Diebstahls des Schuldners im Betrieb ohne weiteres aus.[11] Nach Auffassung des BGH muss das leichtfertige Verhalten nicht nur für den Verlust des Arbeitsplatzes ursächlich sein, sondern sich auch als Verletzung der Unterhaltspflicht darstellen.[12] Leichtfertigkeit ist gewöhnlich mit bewusster Fahrlässigkeit gleich zu setzen. Der Schuldner muss danach die Möglichkeit der Leistungsunfähigkeit als Folge seines Verhaltens erkannt und im Bewusstsein dieser Möglichkeit, wenn auch im Vertrauen auf den Nichteintritt jener Folge gehandelt und sich hierüber unter grober Missachtung dessen, was jedem einleuchten muss, oder aus Verantwortungs- oder Rücksichtslosigkeit hinweggesetzt haben.[13] Deshalb soll sich der Unterhaltsschuldner nach Auffassung des BGH auch dann nicht auf Leistungsunfähigkeit berufen dürfen, wenn er diese durch eine schwere vorsätzliche Straftat gegen den Berechtigten herbeigeführt hat, zB wenn er wegen sexuellen Missbrauchs seines Kindes inhaftiert worden ist.[14] M. E. muss sich der Vater jedenfalls dann als leistungsfähig behandeln lassen, wenn er sich einer schweren Straftat gegen das Leben oder die körperliche Integrität des Unterhaltsberechtigten oder eines nahen Familienangehörigen schuldig gemacht hat, insbesondere wenn er einen Tötungsversuch oder ein Sexualdelikt an einem seiner Kinder begangen hat. In einem solchen Fall kann es nicht darauf ankommen, ob sich der Schuldner über seine unterhaltsrechtliche Leistungsfähigkeit Gedanken gemacht hat. Es muss ausreichen, dass sich der Vater bewusst der Einsicht verschließt, dass seine Straftat Sanktionen nach sich ziehen und überdies gravierende Folgen für seine Familie haben wird. Er wird sich entgegen der Auffassung des BGH[15] nicht nur gegenüber dem berechtigten Kind, sondern auch gegenüber der Kindesmutter und einem anderen Kind aus dieser Verbindung als leistungsfähig behandeln lassen müssen, jedenfalls wenn ihm erhebliche, sich über lange Zeit erstreckende Verfehlungen zur Last fallen, → § 1 Rn. 735 ff.

---

[7] BGH FamRZ 2005, 967.
[8] Näher Staudinger/Klinkhammer § 1603 Rn. 110 ff.
[9] BGH FamRZ 1994, 373 (375) = R 473c.
[10] Vgl. BGH FamRZ 2003, 1471 (1473); 2002, 813.
[11] BGH FamRZ 2000, 815; 1994, 240; 1993, 1055; vgl. auch OLG Düsseldorf FamRZ 1994, 1049 ff.
[12] BGH FamRZ 2002, 813; 2000, 815 = R 541.
[13] BGH FamRZ 2000, 815.
[14] BGH FamRZ 2002, 813; OLG Koblenz FamRZ 1998, 44.
[15] BGH FamRZ 2002, 813; teilweise ebenso OLG Koblenz FamRZ 1998, 44.

4. Abschnitt: Leistungsfähigkeit des Unterhaltspflichtigen § 2

In der Regel wird man auch die Aufgabe des Arbeitsplatzes nicht als leichtfertig ansehen können, wenn der Vater nach Trennung der Eltern sich ganz der Betreuung kleiner Kinder widmen will, deren elterliche Sorge ihm zeitweise durch einstweilige Anordnung des Gerichts anvertraut worden war.[16] Im Einzelfall muss das unterhaltsberechtigte Kind auch eine (Erst-)Ausbildung des Elternteils hinnehmen.[17] Eine Zurechnung fiktiver Einkünfte für die Zeit nach der Betreuung der Kinder ist erst möglich, wenn eine Übergangsfrist verstrichen ist, innerhalb der sich der Vater um eine neue Stelle hat bemühen können, → Rn. 245.

Dies bedeutet aber nicht, dass fiktives Einkommen dem Schuldner nur dann zugerechnet werden darf, wenn ihm leichtfertiges, unterhaltsbezogenes Verhalten zur Last fällt. Vielmehr wird die **Leistungsfähigkeit** des Schuldners nicht nur durch tatsächlich vorhandenes Einkommen, sondern **auch durch seine Erwerbsfähigkeit** und seine Erwerbsmöglichkeiten bestimmt.[18] Verfügt er über keine Einkünfte oder reicht das vorhandene Einkommen zur Erfüllung der Unterhaltspflichten nicht aus, trifft ihn unterhaltsrechtlich die Obliegenheit, die ihm zumutbaren Einkünfte zu erzielen, insbesondere seine Arbeitskraft so gut wie möglich einzusetzen und eine einträgliche Erwerbstätigkeit auszuüben. Insbesondere legt ihm die gesteigerte Unterhaltspflicht gegenüber minderjährigen und privilegiert volljährigen Kindern eine erhöhte Arbeitspflicht unter gesteigerter Ausnutzung seiner Arbeitskraft auf.[19] Kommt er dieser Erwerbsobliegenheit nicht nach, muss er sich so behandeln lassen, als ob er ein Einkommen, das er bei gutem Willen erzielen könnte, auch tatsächlich hätte.[20] Wenn einem Unterhaltspflichtigen, der bereits eine vollschichtige Erwerbstätigkeit ausübt, fiktive Nebeneinnahmen zugerechnet werden sollen, weil er Überstunden leisten oder Nebeneinkünfte erzielen könne, so ist am Maßstab der Verhältnismäßigkeit zu prüfen, ob ihm die zeitliche und psychische Belastung durch die ausgeübte und die zusätzliche Belastung unter Berücksichtigung der Bestimmungen zum Schutze der Arbeitskraft, insbesondere des Arbeitszeitgesetzes, zugemutet werden kann.[21]

244

Diese Einkommensfiktion setzt nur voraus, dass der Schuldner eine ihm mögliche und zumutbare **Erwerbstätigkeit im Unterhaltszeitraum unterlässt,** obwohl er sie tatsächlich ausüben könnte. Ein unterhaltsbezogenes, zumindest leichtfertiges Verhalten des Pflichtigen ist insoweit nicht erforderlich.[22] → Rn. 207. Dies gilt auch dann, wenn dem Pflichtigen ein Einkommen zugerechnet werden soll, das die erste Einkommensgruppe der Düsseldorfer Tabelle übersteigt.[23] Ein leichtfertiges unterhaltsbezogenes Verhalten, das die Leistungsunfähigkeit herbeigeführt hat, ist nur Voraussetzung für die Einkommensfiktion, wenn der Pflichtige durch früheres Verhalten eine Einkommensquelle, insbesondere eine einträgliche Arbeitsstelle, verloren hat und deshalb im Unterhaltszeitraum die früheren Einkünfte nicht mehr erzielen kann. Notwendig ist freilich stets, dass der Pflichtige bei ausreichenden Bemühungen tatsächlich einen Arbeitsplatz gefunden hätte, dass also für ihn nach seinen persönlichen Eigenschaften und Fähigkeiten (Alter, Ausbildung, Berufserfahrung, Gesundheit) angesichts der Verhältnisse auf dem Arbeitsmarkt eine reale Erwerbsmöglichkeit besteht,[24] → § 1 Rn. 765.

Hat der Schuldner durch ein vorwerfbares Verhalten, das noch nicht als leichtfertig oder als unterhaltsbezogen bezeichnet werden kann, seine Arbeitsstelle verloren, kann ihm sein früheres Einkommen nicht zugerechnet werden. Dies bedeutet aber nicht, dass er auf Dauer leistungsunfähig ist. Vielmehr ist er verpflichtet, sich entsprechend seinen Fähigkeiten und seinen Erwerbsmöglichkeiten mit Nachdruck um einen neuen Arbeitsplatz zu

245

---

16 BVerfG FamRZ 1996, 343.
17 BGH FamRZ 2011, 1041 Rn. 36 f.
18 BGH FamRZ 2003, 1471; 1996, 345.
19 BGH FamRZ 2014, 1992; 2014, 637.
20 BGH FamRZ 2003, 1471; 1996, 345; 1994, 373 (375) = R 473c.
21 BVerfG FamRZ 2003, 661; 2014, 1992; 2014, 637 jeweils mwN.
22 OLG Düsseldorf FamRZ 1998, 851; wohl auch BGH FamRZ 2003, 1471 (1473) mAnm Luthin.
23 So auch BGH FamRZ 2002, 813 = R 573; 1997, 281 (283); anders zu Unrecht OLG Karlsruhe FamRZ 1993, 1481.
24 BGH FamRZ 2014, 637; 2003, 1471; 1996, 345.

bemühen. Unterlässt er das, sind ihm erzielbare Einkünfte fiktiv zuzurechnen. Dabei ist allerdings zu berücksichtigen, dass er insbesondere bei einer Straftat gegenüber dem Arbeitgeber auf dem allgemeinen Arbeitsmarkt für gut bezahlte Vertrauensstellungen nicht mehr vermittelbar sein kann und dass ihm nach Verlust des Arbeitsplatzes, vor allem wenn er bereits älter ist, eine angemessene **Übergangszeit zur Suche einer neuen Stelle** zuzubilligen ist.[25]

Beispiel:
Der bei einer Bank in gehobener Position beschäftigte Schuldner verliert wegen eines nicht unterhaltsbezogenen Diebstahls eines Computers seines Arbeitgebers fristlos seine Arbeitsstelle. Für eine Übergangszeit, während der sich der Pflichtige nachhaltig um einen anderen Arbeitsplatz zu bewerben hat, können nur die tatsächlichen Bezüge (zunächst kein Einkommen wegen der vom Arbeitsamt verhängten Sperrzeit, danach Arbeitslosengeld) als anrechenbares Einkommen angesetzt werden. Falls der Pflichtige sich ihm bietende Arbeitschancen nicht ausgenutzt hat, kann nach dieser Zeit davon ausgegangen werden, dass der Schuldner deutlich niedrigere Bezüge aus einer untergeordneten Tätigkeit erzielen könnte.

246 Weitere Einzelheiten zum Ansatz fiktiver Einkünfte → Rn. 207 und § 1. Zur Erwerbsobliegenheit bei gesteigerter Unterhaltspflicht nach § 1603 II 1 BGB → Rn. 366 ff.

3. Unterhaltsleistungen als anrechenbare Einkünfte

247 Unterhaltsleistungen, die ein Elternteil von einem Dritten erhält, sind Einkünfte und daher grundsätzlich für den Unterhalt von Kindern zu verwenden.[26] Als anrechenbares Einkommen kommt praktisch nur Unterhalt in Betracht, den ein getrennt lebender oder geschiedener Ehegatte zahlt. Das Wirtschaftsgeld, das ein mit seinem (zweiten) Ehegatten zusammen lebender Elternteil als Bestandteil des Familienunterhalts erhält, ist kein Einkommen, da es treuhänderisch für die Zwecke der neuen Familie zu verwenden ist (→ § 3 Rn. 56). Zur Unterhaltspflicht in solchen Fällen → Rn. 256. Zahlungen, die ein Elternteil von anderen, insbesondere seinen eigenen Eltern erhält, sind in der Regel freiwillige Leistungen Dritter und bei der Bemessung des Kindesunterhalts daher nicht zu berücksichtigen (→ Rn. 100 ff.).

Zwar umfasst der Ehegattenunterhalt nur den eigenen Bedarf, nicht auch denjenigen der Kinder.[27] Dies schließt aber nicht aus, dass ein Elternteil, der seinerseits Ehegattenunterhalt bezieht, seinem Kind unterhaltspflichtig ist.[28] Denn der **eheangemessene Bedarf,** den ein Elternteil von seinem Ehegatten als Unterhalt erhält (§§ 1361 I 1, 1578 I 1 BGB), kann höher sein als der **Eigenbedarf,** der ihm **gegenüber seinem Kind** nach § 1603 BGB verbleiben muss, → Rn. 248. Der Ehegattenunterhalt wird von den ehelichen Lebensverhältnissen bestimmt und besteht in der Regel in einer Quote des Einkommens, das die ehelichen Lebensverhältnisse geprägt hat und das um den Kindesunterhalt bereinigt ist. Der notwendige oder angemessene Selbstbehalt gegenüber dem Kind wird dagegen in festen Geldbeträgen ausgedrückt und beträgt nach der Düsseldorfer Tabelle 880,– EUR bzw. 1080,– EUR gegenüber dem minderjährigen und 1300,– EUR gegenüber dem volljährigen Kind (→ Rn. 385 ff., 546 ff.).

248 Praktisch wird die Problematik, ob Ehegattenunterhalt zur Deckung des Kindesunterhalts herangezogen werden kann, in der Regel nur dann, wenn der Ehegattenunterhalt ohne Vorwegabzug des Kindesunterhalts berechnet worden ist, zB wenn der bedürftige Ehegatte Unterhalt nicht vom anderen Elternteil, sondern von seinem (zweiten) Ehegatten zu beanspruchen hat. Zu Unterhaltsansprüchen gegen den anderen Elternteil und zum Vorwegabzug des Kindesunterhalts → Rn. 249 ff.

---

[25] OLG Düsseldorf FamRZ 1998, 851 (853); FamRZ 1994, 1049 = NJW-RR 1994, 327.
[26] Vgl. Staudinger/Klinkhammer § 1603 Rn. 98 ff.
[27] BGH FamRZ 1985, 273.
[28] BGH FamRZ 1985, 273; OLG Hamm FamRZ 1996, 1234; vgl. auch BGH FamRZ 2002, 742 und 2004, 24.

4. Abschnitt: Leistungsfähigkeit des Unterhaltspflichtigen § 2

Ist der Vorwegabzug des Kindesunterhalts unterblieben, so hat der seinerseits unterhaltsberechtigte Elternteil, den gegenüber seinem minderjährigen oder privilegiert volljährigen Kind eine gesteigerte Unterhaltspflicht im Sinne des § 1603 II BGB trifft, alles Einkommen, das über seinem notwendigen Selbstbehalt von 880,– EUR bzw. von 1080,– EUR liegt (vgl. DT A 5 I), für den Unterhalt des Kindes einzusetzen.[29] Aber auch einem volljährigen Kind schuldet ein Elternteil, der seinerseits auf Ehegattenunterhalt angewiesen ist, Unterhalt, wenn ihm sein eigener angemessener Unterhalt bleibt (§ 1603 I BGB).[30] Denn der angemessene Bedarf im Sinne des § 1603 I BGB, der nach der Düsseldorfer Tabelle (A 5 II) 1300,– EUR beträgt (→ Rn. 546 f.), kann geringer sein als der eheangemessene Unterhalt im Sinne des § 1578 I 1 BGB. Die Bedarfsbeträge nach §§ 1361 I 1, 1578 I 1 BGB einerseits und nach § 1603 I BGB andererseits sind daher **nicht identisch;**[31] → Rn. 250, 395, 545.

Beispiel:
Die Mutter erhält von ihrem zweiten Ehemann 1600,– EUR Ehegattenunterhalt. Hiervon stehen für den Unterhalt des volljährigen studierenden Kindes aus erster Ehe 1600 – 1300 (angemessener Selbstbehalt) = 300,– EUR zur Verfügung. Ist der Vater leistungsunfähig, schuldet die Mutter 300,– EUR Kindesunterhalt.

Unterhalt ist daher anrechenbares Einkommen. Er ist insoweit für den Kindesunterhalt einzusetzen, als er die Selbstbehaltssätze gegenüber dem minderjährigen oder volljährigen Kind nach den Tabellen und Leitlinien übersteigt.
Auch der **Aufstockungsunterhalt**, den ein getrennt lebender oder geschiedener Elternteil bezieht, der nur über Erwerbseinkünfte verfügt, die seinen eheangemessenen Bedarf nicht decken, ist für den Kindesunterhalt heranzuziehen. Bei der Bemessung des Kindesunterhalts ist von dem Erwerbseinkommen und dem Aufstockungsunterhalt auszugehen, soweit die Gesamteinkünfte die Selbstbehaltssätze übersteigen; s aber → Rn. 249 ff.

In der Praxis spielt die Unterhaltspflicht des seinerseits unterhaltsberechtigten Ehegatten nur eine untergeordnete Rolle, wenn sich der **Unterhaltsanspruch gegen den anderen Elternteil** des unterhaltsbedürftigen Kindes richtet.[32] Wohnt das minderjährige Kind beim seinerseits unterhaltsberechtigten Ehegatten, haftet dieser ohnehin nicht auf Kindesunterhalt, weil er seine Unterhaltspflicht durch Betreuung erfüllt (§ 1606 III 2 BGB).

Probleme entstehen aber, wenn das minderjährige Kind bei einem Elternteil lebt, der selbst seinem getrennt lebenden oder geschiedenen Ehegatten unterhaltspflichtig ist. Ähnliches gilt, wenn das Kind sich bei einem Dritten, zB in einer Pflegefamilie, aufhält oder wenn es nach Volljährigkeit bereits das Elternhaus verlassen hat. In all diesen Fällen wird die Problematik allerdings weitgehend entschärft, wenn der **Kindesunterhalt** – wie es abgesehen von Mangelfällen (→ Rn. 262 ff.) allgemeiner Übung entspricht – **zunächst berechnet** und vor Ermittlung des Ehegattenunterhalts vom Einkommen des beiden Berechtigten unterhaltspflichtigen Ehegatten abgezogen wird. Bei betreuungsbedürftigen minderjährigen Kindern muss das Einkommen des Pflichtigen ggf. auch um Betreuungskosten oder einen Betreuungsbonus (bzw. die teilweise Außerachtlassung überobligatorischen Einkommens[33]) bereinigt werden (→ Rn. 400). Der Vorwegabzug gilt nicht nur für den Unterhalt minderjähriger und ihnen gleichgestellter volljähriger Kinder im Sinne des § 1603 II 2 BGB, sondern bei guten wirtschaftlichen Verhältnissen auch für den Unterhalt sonstiger volljähriger und daher nachrangiger Kinder (→ Rn. 545, 566).
Der Unterhalt des nachrangigen volljährigen Kindes darf aber nur vom Einkommen des Pflichtigen abgesetzt werden, wenn dies nicht zu einem Missverhältnis zum Ehegat-

249

250

---

[29] BGH FamRZ 1985, 273.
[30] BGH FamRZ 1986, 553; die Entscheidung BGH FamRZ 1980, 555 ist überholt.
[31] BGH FamRZ 1990, 260 (262); anders Wendl in der 2. Auflage S. 172, wohl auch Dose → § 1 Rn. 721. Zur entsprechenden Problematik beim Verhältnis des Ehegatten – zum Elternunterhalt vgl. BGH FamRZ 2003, 860 (864).
[32] Zu den möglichen Berechnungsmethoden bei wechselseitiger Abhängigkeit der Unterhaltsansprüche s. BGH FamRZ 2016, 199; 2009, 1300.
[33] BGH FamRZ 2017, 711 Rn. 19.

tenunterhalt führt. Ob dem berechtigten Ehegatten mindestens ein Unterhalt in Höhe des angemessenen Eigenbedarfs von 1300,– EUR nach der Düsseldorfer Tabelle (A 5 II) verbleiben muss (→ Rn. 251)[34] oder aber lediglich der Mindestbedarf von 880 EUR, wie es nach der zwischenzeitlichen Rechtsprechung des BGH[35] naheliegen konnte, ist jedenfalls nach der Entscheidung des BVerfG vom 25.1.2011[36] derzeit offen.[37] Andernfalls – insbesondere, aber nicht nur im Mangelfall (→ Rn. 251) – muss zunächst der Ehegattenunterhalt berechnet werden; das volljährige Kind erhält also nur dann Unterhalt, wenn und soweit der andere Elternteil nach Zahlung des Ehegattenunterhalts noch leistungsfähig ist.

Wird der Kindesunterhalt vom Einkommen des Pflichtigen vorweg abgezogen, zahlt allein dieser sowohl den Ehegatten- als auch den gesamten Kindesunterhalt. Durch den Vorwegabzug des Kindesunterhalts vom anrechnungsfähigen Einkommen vermindert sich jedoch der Ehegattenunterhalt. Vgl. dazu im Einzelnen die Beispiele → Rn. 253 f.

Schwierigkeiten entstehen erst, wenn das Kind sich nicht an diese Berechnungsweise hält und trotz des Vorwegabzugs des Kindesunterhalts seinerseits Unterhaltsansprüche gegen den Elternteil geltend macht, der selbst Ehegattenunterhalt bezieht. Hat das Kind – sei es in Natur, sei es durch eine Geldrente – Unterhalt von dem zur Zahlung von Ehegattenunterhalt verpflichteten Elternteil erhalten, kann es den anderen Elternteil für die Vergangenheit nicht mehr in Anspruch nehmen. Durch den Vorwegabzug ist der Unterhaltsanspruch des Kindes bereits erfüllt. Denn bei einverständlicher Festlegung des Ehegattenunterhalts haben die Eltern stillschweigend vereinbart, dass der Kindesunterhalt allein durch den Ehegatten aufgebracht wird, der den gekürzten Ehegattenunterhalt zu zahlen hat. Bei Verurteilung zu Ehegattenunterhalt ersetzt das Urteil, das den Vorwegabzug des Kindesunterhalts anordnet, diese Vereinbarung. In jedem Fall erbringt der Elternteil, der entsprechend diesem Vertrag oder entsprechend dem Urteil den Kindesunterhalt sichergestellt hat, keine freiwillige Leistung, die nicht auf den Kindesunterhalt anzurechnen wäre (→ Rn. 100).[38] Für die Zukunft kann das Kind allerdings unabhängig von der Festlegung des Ehegattenunterhalts den anderen Elternteil in Anspruch nehmen. Es kann nach § 267 II BGB der Erfüllung seines Unterhaltsanspruchs durch den Elternteil widersprechen, der nach dem Gesetz nicht zur Zahlung des Kindesunterhalts verpflichtet ist.[39]

251 In einem **Mangelfall** kann die Unterhaltspflicht des seinerseits unterhaltsberechtigten Elternteils ohnehin nicht praktisch werden, da ihm bei einem minderjährigen oder einem privilegiert volljährigen Kind sein notwendiger, bei einem volljährigen Kind sein angemessener Selbstbehalt verbleiben muss. Dann setzt sich bei Minderjährigen und privilegiert Volljährigen der Vorrang des Kindesunterhalts durch, bei nicht privilegiert Volljährigen der Vorrang des Ehegattenunterhalts, → Rn. 262 ff., 268, 556 ff.

252 Auch wenn der **Ehegattenunterhalt tituliert** ist, kann es auf die Frage ankommen, ob der Elternteil, der von seinem Ehegatten Unterhalt erhält, seinerseits zur Zahlung von Unterhalt an ein Kind herangezogen werden muss. Dies kann zB der Fall sein, wenn das Kind erst nach dem Urteil oder dem Vergleich über den Ehegattenunterhalt geboren worden ist und demgemäß sein Unterhaltsanspruch noch nicht berücksichtigt werden konnte. Ein Urteil, das die Eltern untereinander über den Ehegattenunterhalt erwirkt haben, bindet das unterhaltsberechtigte Kind nicht. Der Unterhalt ist so zu berechnen, als ob ein Titel nicht bestünde und über alle Ansprüche zugleich entschieden würde.[40] Dem Verpflichteten muss es überlassen bleiben, durch einen Abänderungsantrag nach §§ 238, 239 FamFG den Titel an die veränderten Verhältnisse anzupassen. Ist dies, insbesondere

---

[34] Vgl. dazu BGH FamRZ 2003, 860 mAnm Klinkhammer; FamRZ 1991, 1163; 1986, 553 (555).
[35] BGH FamRZ 2010, 357; 2010, 44 und 2010, 802.
[36] FamRZ 2011, 437.
[37] Vgl BGH FamRZ 2016, 199 Rn. 14.
[38] Im Ergebnis ebenso OLG Hamm FamRZ 1996, 1234; OLG Koblenz FamRZ 2002, 1282.
[39] Offen gelassen von OLG Koblenz FamRZ 2002, 1282; anders anscheinend OLG Hamm FamRZ 1996, 1234.
[40] BGH FamRZ 1992, 797.

wegen der für den Schuldner weiterhin geltenden Sperrwirkung des § 238 III FamFG, nicht möglich, kann der titulierte Anspruch auf Ehegattenunterhalt für die Übergangszeit zwischen Eintritt des Abänderungsgrundes und Erhebung der Abänderungsklage in einem angemessenen Umfang bei der Berechnung des Kindesunterhalts als Schuld berücksichtigt werden.[41] → Rn. 340. Diese Grundsätze gelten auch für den Fall, dass ein Elternteil Aufstockungsunterhalt bezieht. Vgl. dazu das Beispiel → Rn. 254.

Beispiel 1: 253
Einkommen des Vaters (V) 3500,– EUR. Durch Urteil ist Ehegattenunterhalt der von V schwangeren Mutter (M) in Höhe von 1500,– EUR ($3/7$ von 3500) tituliert. Das Kind muss nach seiner Geburt wegen einer längeren, aber nicht dauernden Krankheit von M von einer Tante versorgt werden. Diese verlangt von den Eltern monatlich 500,– EUR für die Betreuung des Kindes. Das Kindergeld von 204,– EUR erhält der Vater (§ 64 III EStG).
Allein V schuldet den nicht nach der Düsseldorfer Tabelle, sondern konkret berechneten Bedarf des Kindes von 500,– EUR (→ Rn. 451). Bei voller Anrechnung des Kindergeldes nach § 1612b I 1 Nr. 2 BGB verbleibt ein restlicher Bedarf von 296,– EUR. V muss es überlassen bleiben, den Ehegattenunterhalt durch Abänderungsantrag auf den jetzt zutreffenden Betrag von (3500 − 296) × $3/7$ = 1373,– EUR reduzieren zu lassen.
Lediglich für die Zeit zwischen Geburt des Kindes und Erhebung des Abänderungsantrags kann eine Berücksichtigung des Ehegattenunterhalts bei der Berechnung des Unterhaltsanspruchs des Kindes in Betracht kommen. Für diese Zeit ist zu rechnen **(DT 2019)**:
Vergleichbares Einkommen des V: 3500 − 1500 (titulierter Ehegattenunterhalt) − 1300 (angemessener Eigenbedarf) = 700,– EUR. Vergleichbares Einkommen der M: 1500 − 1300 (angemessener Eigenbedarf) = 200,– EUR; vergleichbares Gesamteinkommen der Eltern 900,– EUR.
Unterhaltsanteil des V: 296 × 700 : 900 = 230,– EUR.
Unterhaltsanteil der M: 296 × 200 : 900 = 66,– EUR.
Zur Berechnung des Unterhalts eines minderjährigen Kindes bei Barunterhaltspflicht beider Elternteile → Rn. 418 ff.

Beispiel 2: 254
Einkommen des Vaters (V) 2800,– EUR, Einkommen der wegen Krankheit nur beschränkt arbeitsfähigen Mutter (M) 700,– EUR. Durch Urteil titulierter Aufstockungsunterhalt nach der Differenzmethode (2800 − 700) × $3/7$ = 900,– EUR.
Der volljährige, in einer eigenen Wohnung lebende Sohn, der bislang nicht unterhaltsbedürftig war, verlangt nunmehr Unterhalt von 735,– EUR nach der Düsseldorfer Tabelle Stand: 1.1.2019 (A 7 II). M bezieht das Kindergeld von 204,– EUR. V zahlt den gesamten Kindesunterhalt von 735 − 204 (Kindergeld) = 531,– EUR. Zur Verrechnung des Kindergeldes beim volljährigen Kind → Rn. 497.
Der Unterhalt der M ist auf (2800 − 531−700) × $3/7$ = 672,– EUR zu kürzen, ggf. im Wege des **Abänderungsantrags.** M verfügt zusammen mit dem Unterhalt über ein Einkommen von 700 + 672 = 1372,– EUR und damit über mehr als den angemessenen Eigenbedarf von 1300,– EUR gegenüber dem volljährigen Kind, so dass der Kindesunterhalt vom Einkommen des V vorweg abgezogen werden kann (→ Rn. 250).
Berechnung des Kindesunterhalts für die **Übergangszeit** bis zur Erhebung des Abänderungsantrags (Berücksichtigung des titulierten Aufstockungsunterhalts als Schuld; → Rn. 252).
Vergleichbares Einkommen des V: 2800 − 900 (titulierter Aufstockungsunterhalt) − 1300 (angemessener Eigenbedarf) = 600,– EUR. Vergleichbares Einkommen der M: 700 + 900 − 1300 = 300,– EUR. Vergleichbares Einkommen beider Eltern: 900,– EUR.
Unterhaltsanteil des V: 531 × 600 : 900 = 354,– EUR.
Unterhaltsanteil der M: 531 × 300 : 900 = 177,– EUR. Außerdem schuldet M dem Sohn das volle Kindergeld von 204,– EUR, insgesamt also 381,– EUR.

Übernimmt ein unterhaltspflichtiger **wiederverheirateter Elternteil** in der neuen Ehe 255 die **Haushaltsführung** und bezieht er von seinem neuen Ehegatten im Rahmen des Familienunterhalts (§ 1360 BGB) Wirtschaftsgeld, ist dieses nicht für den Kindesunterhalt heranzuziehen. Jedoch kann der notwendige, ggf. auch der angemessene Eigenbedarf (§ 1603 I, II BGB) durch den Familienunterhalt gedeckt sein. Dann ist der Ehegatte, der dem Kind aus erster Ehe zum Unterhalt verpflichtet ist, gehalten, aus dem Ertrag einer Nebentätigkeit dessen Unterhaltsanspruch zu befriedigen, ohne sich auf den Selbstbehalt

---

[41] BGH FamRZ 1992, 797.

berufen zu können.⁴² Im Übrigen muss auf die Ausführungen zur sog Hausmannrechtsprechung verwiesen werden, → Rn. 275 ff.

256 Ein wiederverheirateter Elternteil kann jedoch für ein Kind aus erster Ehe unterhaltspflichtig sein, wenn er sich **von seinem zweiten Ehegatten getrennt** hat oder von ihm geschieden ist und von ihm Ehegattenunterhalt erhält. Der Unterhalt ist anrechenbares Einkommen. Dem Elternteil muss aber gegenüber dem minderjährigen und dem privilegiert volljährigen Kind der notwendige, gegenüber dem sonstigen volljährigen Kind der angemessene Unterhalt verbleiben, → Rn. 248 und das dortige Beispiel.

III. Berücksichtigung sonstiger Verpflichtungen des Schuldners

1. Schulden und Verbraucherinsolvenz

257 Berücksichtigungsfähige Schulden beeinflussen in der Regel nicht den Bedarf des Kindes, sondern mindern die Leistungsfähigkeit des pflichtigen Elternteils (→ Rn. 209).⁴³ Unterhaltsansprüchen kommt kein allgemeiner Vorrang vor Forderungen anderer Gläubiger zu.⁴⁴ Andererseits dürfen Verbindlichkeiten nur unter Berücksichtigung von Unterhaltsinteressen getilgt werden. Daher bedarf es, insbesondere wenn nicht einmal der Unterhalt minderjähriger Kinder in Höhe des Mindestunterhalts sichergestellt wäre, einer umfassenden **Interessenabwägung**.⁴⁵ Dabei sind vor allem der Zweck der eingegangenen Verpflichtungen, der Zeitpunkt und die Art ihrer Entstehung, die Dringlichkeit der beiderseitigen Bedürfnisse, die Kenntnis des Schuldners vom Bestehen der Unterhaltsschuld und seine Möglichkeiten, die Leistungsfähigkeit in zumutbarer Weise wiederherzustellen, von Bedeutung.⁴⁶ Zu berücksichtigen ist auch, dass minderjährige, unverheiratete Kinder zu ihrem Unterhalt in aller Regel nicht durch eigene Anstrengungen beitragen können.⁴⁷ Nachdem der Gesetzgeber nunmehr einen Mindestbedarf von Kindern wieder eingeführt hat (§ 1612a I BGB), führt diese Interessenabwägung im Allgemeinen dazu, dass der unterhaltspflichtige Elternteil dem minderjährigen Kind wenigstens den Mindestunterhalt nach der ersten Einkommensgruppe der Düsseldorfer Tabelle zu zahlen hat, zumal ihm die Bedürftigkeit des Kindes und damit das Bestehen der Unterhaltsschuld bekannt ist. Eine Unterschreitung des Mindestunterhalts kommt nur in Ausnahmefällen in Betracht, insbesondere dann, wenn der Schuldner bei voller Berücksichtigung des Kindesunterhalts nur die Zinsen der anderen Forderungen (teilweise) aufbringen, nicht aber die Schulden selbst tilgen könnte.⁴⁸

258 **Obliegenheit zur Einleitung der Verbraucherinsolvenz?** Der BGH hat in der Entscheidung vom 23.2.2005⁴⁹ seine bisherige Rechtsprechung zur Berücksichtigungsfähigkeit von Schulden im Hinblick auf die gesetzlichen Möglichkeiten der Verbraucherinsolvenz nach §§ 304 ff. InsO und die damit eingeräumte Möglichkeit der Restschuldbefreiung nach §§ 286 ff. InsO weiter entwickelt. Er hat entschieden, dass den Unterhaltsschuldner grundsätzlich eine Obliegenheit zur Einleitung der Verbraucherinsolvenz treffe, wenn dieses Verfahren zulässig und geeignet sei, den laufenden Unterhalt seiner **minderjährigen Kinder** dadurch sicherzustellen, dass ihm Vorrang vor sonstigen Verbindlichkeiten einge-

---

[42] BGH FamRZ 2001, 1065 mAnm Büttner = R 549c; FamRZ 2002, 742 mAnm Büttner; FamRZ 2004, 24; vgl. auch BGH FamRZ 2014, 538 Rn. 29; 2014, 1543 Rn. 11 f. (jeweils zum Elternunterhalt).
[43] Zur Unterscheidung von Bedarf und Leistungsfähigkeit beim Kindesunterhalt vgl. BGH FamRZ 1997, 281 (283) = R 509f und → Rn. 112, 114 f.
[44] BGH FamRZ 2013, 1558 Rn. 18 ff. mwN.
[45] BGH FamRZ 2005, 608 mAnm Schürmann FamRZ 2005, 887; BGH FamRZ 2002, 536 (541) mAnm Büttner.
[46] BGH FamRZ 1996, 160 ff.; 1992, 797.
[47] BGH FamRZ 2005, 608 mAnm Schürmann FamRZ 2005, 887; BGH FamRZ 1996, 160 (162).
[48] BGH FamRZ 2014, 923 Rn. 26 ff.; 2013, 616 Rn. 20; 1986, 254 (256).
[49] BGH FamRZ 2005, 608.

4. Abschnitt: Leistungsfähigkeit des Unterhaltspflichtigen § 2

räumt werde. Eine Ausnahme gilt nach dem BGH nur dann, wenn der Unterhaltsschuldner Umstände vorträgt und ggf. beweist, die eine solche Obliegenheit im Einzelfall als unzumutbar darstellen. Die **Darlegungslast des Schuldners** umfasst dabei nach dem BGH auch die Interessen der Unterhaltsgläubiger.[50]

Während dem Schuldner nach bisheriger Sichtweise nicht zugemutet werden konnte, durch Unterhaltszahlungen immer tiefer in Schulden zu geraten, kann daran nach dem BGH nicht mehr uneingeschränkt festgehalten werden, nachdem der Gesetzgeber mit den §§ 304 ff. InsO die Möglichkeit der Verbraucherinsolvenz mit Restschuldbefreiung geschaffen hat.[51] Wegen der Unsicherheiten und der mit der Verbraucherinsolvenz auch für das unterhaltsberechtigte Kind verbundenen Nachteile fordert der BGH stets die **Abwägung der Vor- und Nachteile,** die mit der Einleitung des Insolvenzverfahrens verbunden sind.

Im entschiedenen Einzelfall hat der BGH übereinstimmend mit dem OLG Stuttgart als Vorinstanz[52] die Einleitung der Verbraucherinsolvenz für geboten gehalten.

Voraussetzungen und mögliche Einwände: 259

- Die Entscheidung des BGH betrifft einen Fall der **gesteigerten Unterhaltspflicht nach § 1603 II BGB,**[53] auf die der BGH in den Gründen auch verwiesen hat. Allein aus § 1603 I BGB lässt sich – etwa beim Ausbildungsunterhalt eines nicht privilegiert Volljährigen – eine Obliegenheit zur Einleitung des Insolvenzverfahrens nicht herleiten.[54] Etwas anderes gilt allerdings, wenn der Unterhaltsschuldner sich für eine Verbraucherinsolvenz entschieden hat und sich aus dem eröffneten Insolvenzverfahren im Einzelfall auch für die nachrangigen Unterhaltsgläubiger Vorteile ergeben.[55]
- Erforderlich ist in jedem Fall, dass die Voraussetzungen für die Eröffnung des Verbraucherinsolvenz-Verfahrens mit der Möglichkeit der Restschuldbefreiung gegeben sind **(Eröffnungsgrund).** Es muss also Zahlungsunfähigkeit oder drohende Zahlungsunfähigkeit (§§ 16–18 InsO) des Unterhaltsschuldners bestehen.
- Die vom Unterhaltsschuldner nach Beendigung des Verfahrens zu zahlenden **Verfahrenskosten** (vgl. § 4a InsO) sind für sich genommen kein Hinderungsgrund.
- Auch die **Einschränkungen in der Lebensführung** des Unterhaltsschuldners durch die Bestellung eines Treuhänders, die Abtretung der Bezüge aus dem Dienstverhältnis und die den Unterhaltsschuldner treffenden Auskunfts- und Mitwirkungspflichten stehen der Einleitung der Verbraucherinsolvenz nicht im Wege.
- Ob nach der Wohlverhaltensperiode von sechs Jahren die **Restschuldbefreiung** (§ 286 InsO) tatsächlich bewilligt wird, lässt sich regelmäßig nicht im Voraus feststellen.
- Die **Belange anderer Gläubiger** bleiben wegen der von der InsO vorgegebenen Rangfolge grundsätzlich unberücksichtigt, wobei der BGH aber etwa bei Unterhaltsgläubigern eine Abwägung für angebracht hält.[56]
- Die **Dauer des Insolvenzverfahrens** ist abzuwägen mit der Restlaufzeit des Kredits und der voraussichtlichen Dauer der – gesteigerten – Unterhaltspflicht nach § 1603 II BGB.
- Die **Belange des Unterhaltsschuldners** können die Einleitung der Insolvenz ebenfalls unzumutbar machen.[57]
- Da auch die **Interessen des unterhaltsberechtigten Kindes** mit einzubeziehen (und vom Unterhaltsschuldner darzulegen) sind, ist auch zu berücksichtigen, dass anders als laufender Unterhalt während des Insolvenzverfahrens die bis zur – voraussichtlichen –

---

[50] BGH FamRZ 2005, 608 (610).
[51] BGH FamRZ 2005, 608 (609).
[52] FamRZ 2003, 1216.
[53] Ebenso BGH FamRZ 2008, 137 = R 684.
[54] Ähnlich für den Ehegattenunterhalt BGH FamRZ 2008, 497 = R 687; OLG Celle FamRZ 2006, 1536 (vgl. auch OLG Karlsruhe FamRZ 2006, 953); für den Unterhalt nach § 1615l BGB OLG Koblenz NJW-RR 2005, 1457.
[55] BGH FamRZ 2008, 137 = R 684.
[56] Vgl. etwa das Beispiel von Schürmann FamRZ 2005, 887 (889).
[57] Vgl. dazu etwa Schürmann FamRZ 2005, 887 (888 f.) mwN.

Insolvenzeröffnung aufgelaufenen **Unterhaltsrückstände** zu Insolvenzforderungen werden und somit allein mit der – regelmäßig unbedeutenden – Insolvenzquote befriedigt und von der Restschuldbefreiung erfasst werden (§§ 89 II 2, 301 InsO). Nicht selten wird es hier um erhebliche Zeiträume gehen. Entscheidend ist daher der **Zeitpunkt,** zu dem die Insolvenz beantragt und – vor allem – eröffnet wird. Man wird daher auch einbeziehen müssen, ob der Unterhaltsberechtigte vom Unterhaltsschuldner die Einleitung des Insolvenzverfahrens verlangt hat und – wenn nicht – vorrangig andere Alternativen, wie zB eine **Umschuldung** und **Kreditstreckung** zu prüfen haben.

260 **Nachteile des Insolvenzverfahrens:** Insbesondere dem letztgenannten Aspekt kommt Gewicht zu. Denn im konkreten Fall kann das Insolvenzverfahren den Unterhaltsberechtigten je nach Zeitpunkt seiner Eröffnung höchst unwillkommen sein. Wenn der Unterhaltsschuldner sich bei Erhebung der Klage – wie üblicherweise – schon mehrere Monate im Rückstand befindet und bis zur erstinstanzlichen Entscheidung etwa ein Jahr vergangen ist, bis zu einem zweitinstanzlichen Urteil deutlich mehr, liegt es sogar in seinem Interesse, den Insolvenzantrag möglichst erst nach Abschluss des Verfahrens zu stellen. Denn er kann sich auf diese Weise der Unterhaltsansprüche für mehrere Jahre entledigen oder jedenfalls – bei später versagter Restschuldbefreiung – deren Vollstreckung verhindern. Ob man ihm dies unterhaltsrechtlich vorwerfen kann, ist schon deswegen praktisch unbedeutend, weil entweder die Restschuldbefreiung eintritt oder aber dem Unterhaltsberechtigten jedenfalls die Vollstreckung verwehrt wird.[58]

Nicht zuletzt aus diesen Gründen ist versucht worden, die zunächst gepriesene neue Entschuldungsmöglichkeit nunmehr auf eine Obliegenheit zur Berufung auf die Pfändungsfreigrenzen („Vollstreckungsschutzobliegenheit") zu reduzieren, wobei die wesentliche Aussage des BGH als zu weitgehend oder nur als Schlagwort bezeichnet worden ist.[59] Eine derartige Obliegenheit würde für sich betrachtet indessen zu einem stetigen Anwachsen der Schulden führen, was gerade vermieden werden soll.[60] Weil das Zurückziehen auf die Pfändungsfreigrenzen regelmäßig nur im Zusammenhang mit dem gleichzeitigen Antrag auf Einleitung der Verbraucherinsolvenz sinnvoll und zumutbar ist, lassen sich beide Aspekte (Vollstreckungsschutz und Verbraucherinsolvenz) jedenfalls im Regelfall nicht trennen. Gerade die Entschuldungsmöglichkeit hat den BGH ja maßgeblich zu seiner neuen Rechtsprechung veranlasst.

Scholz hat sich nicht zuletzt aus diesen Gründen in der 6. Auflage (→ Rn. 158a) zu den Möglichkeiten der Verbraucherinsolvenz skeptisch geäußert. An dieser Einschätzung ist demnach im Wesentlichen festzuhalten. Im praktischen Ergebnis wird die Möglichkeit der Verbraucherinsolvenz in den meisten Fällen nur als Argument bei der Interessenabwägung eine Rolle spielen. Wenn der Unterhalt minderjähriger oder privilegiert volljähriger Kinder betroffen ist, werden die Ergebnisse denen bei herkömmlicher Betrachtungsweise (Interessenabwägung) ohnehin weitgehend entsprechen.

261 **Rechtsfolgen der Insolvenzeröffnung:** Nach §§ 35, 36 InsO umfasst die Insolvenzmasse alle pfändbaren Gegenstände, die dem Schuldner zurzeit der Eröffnung gehören und die er während des Verfahrens erlangt. Rückständige Unterhaltsansprüche sind Insolvenzforderungen; sie werden von der Restschuldbefreiung erfasst (§ 301 I InsO). Künftige Unterhaltsforderungen sind dagegen außerhalb des Insolvenzverfahrens gegen den Schuldner selbst geltend zu machen (§§ 38, 40 InsO). Wegen solcher Ansprüche kann der Gläubiger in den Teil der Bezüge des Schuldners vollstrecken, der für andere Gläubiger nicht pfändbar ist (§ 89 II 2 InsO). Es handelt sich hierbei um den Differenzbetrag zwischen der allgemeinen Pfändungsfreigrenze nach §§ 850a, 850c ZPO (derzeit etwa bei der Unterhaltspflicht gegenüber zwei Kindern rund 1570 EUR netto) und dem unterhalts-

---

[58] Auch der in Einzelfällen zulässige Antrag auf Feststellung, dass der Unterhaltsanspruch – auch – auf unerlaubter Handlung beruht (vgl. § 89 II 2 InsO), hilft im praktischen Ergebnis nicht wesentlich weiter, weil das pfändbare Differenzeinkommen für eine Vollstreckung der Rückstände kaum ausreichen wird.
[59] So etwa von Hauß FamRZ 2006, 306 (308); FamRZ 2006, 1496.
[60] BGH FamRZ 2008, 497 = R 687; Wohlgemuth FamRZ 2006, 308.

4. Abschnitt: Leistungsfähigkeit des Unterhaltspflichtigen § 2

rechtlichen Selbstbehalt.[61] Der Unterhaltsschuldner ist verpflichtet, alle Möglichkeiten zur Erhöhung des pfändungsfreien Betrages auszuschöpfen.[62] Dagegen darf er auf den auch für andere Gläubiger pfändbaren Teil der Bezüge nicht im Wege der Einzelzwangsvollstreckung zugreifen.[63]

Die seit dem 1.1.2002 deutlich erhöhten **Pfändungsfreigrenzen** können im Rahmen der Interessenabwägung der Gläubiger berücksichtigt werden, vor allem bei der Beurteilung, ob dem Unterhaltsschuldner etwa eine Umschuldung zumutbar und möglich ist. Eine alleinige Orientierung der Leistungsfähigkeit an den Vollstreckungsmöglichkeiten ist jedoch nach wie vor unzulässig.[64] Um bestehende Engpässe bei **kurzfristigen Liquiditätslücken** zu vermeiden, dürfte schließlich das herkömmliche Instrumentarium, namentlich die Abwägung der Belange von Unterhaltsgläubiger, -schuldner und weiteren Gläubigern (vgl. 10.4 der Leitlinien) vollauf genügen.

2. Beeinträchtigung der Leistungsfähigkeit durch Unterhaltsansprüche anderer Berechtigter; Mangelfälle

a) Leistungsfähigkeit und Mangelfall. Ein Elternteil ist **leistungsfähig,** wenn sein Einkommen ausreicht, den **Restbedarf aller Unterhaltsberechtigten** (→ Rn. 239) und seinen eigenen angemessenen Bedarf zu decken. Der Mangelfall (im engeren Sinne) ist dagegen durch die fehlende Fähigkeit des Pflichtigen gekennzeichnet, bei Wahrung seines notwendigen Selbstbehalts aus seinem Einkommen den Bedarf der erstrangigen Berechtigten (vollständig) zu decken, so dass eine Mangelfallrechnung (gleichmäßige Verteilung des zur Verfügung stehenden Einkommens − Verteilungsmasse − auf die gleichrangigen Berechtigten) anzustellen ist.[65] 262

Die Höhe des Bedarfs der Berechtigten kann nach dem System der Düsseldorfer Tabelle, die je nach der Zahl der Unterhaltsberechtigten Höher- und Herabgruppierungen kennt (DT A 1; → Rn. 343 ff., 522), von der Zahl der Unterhaltsberechtigten abhängig sein. Erst für den Fall, dass der Pflichtige aus seinem Einkommen nicht den Bedarf aller Unterhaltsberechtigten befriedigen kann, also im Mangelfall, greift die vom Gesetzgeber (§ 1609 BGB) festgelegte Rangfolge der Unterhaltsberechtigten ein.

Vorrangig zu berücksichtigen sind die Unterhaltsansprüche minderjähriger und privilegiert volljähriger Kinder (§ 1609 Nr. 1 BGB). Danach folgen die Unterhaltsansprüche der kinderbetreuenden Elternteile (§§ 1570, 1615l BGB) sowie sonstiger Ehegattenunterhalt (§§ 1569 ff. BGB) bei Ehen von langer Dauer (§ 1609 Nr. 2 BGB), darauf die übrigen Ehegatten und geschiedenen Ehegatten (§ 1609 Nr. 3 BGB). Im vierten Rang folgen die Unterhaltsansprüche der (nicht privilegierten) volljährigen Kinder (§ 1609 Nr. 4 BGB), alsdann die der Enkel (§ 1609 Nr. 5 BGB) und zum Schluss diejenigen der Verwandten der aufsteigenden Linie, insbesondere der Eltern und Großeltern (§ 1609 Nr. 6 und 7 BGB), → Rn. 556 ff. Der Rang der Lebenspartner entspricht dem der Ehegatten (§§ 5, 16 LPartG). 263

Reicht das Einkommen des Schuldners nicht aus, um **gleichrangige Ansprüche** mehrerer Berechtigter zu befriedigen, ist das für Unterhaltszwecke zur Verfügung stehende Einkommen bei Ansprüchen minderjähriger und privilegiert volljähriger Kinder nach Abzug des notwendigen Selbstbehalts (→ Rn. 263 ff.) auf die Berechtigten zu verteilen. Die Einsatzbeträge der Berechtigten sind verhältnismäßig zu kürzen. Es findet also eine **Mangelverteilung**[66] statt. Dies gilt auch dann, wenn die Unterhaltsberechtigten, die mit 264

---

[61] BGH FamRZ 2008, 497 = R 687. Zur vollstreckungsrechtlichen Freigrenze nach § 850d ZPO s. Klinkhammer FamRZ 2007, 85 (91).
[62] BGH FamRZ 2008, 137 = R 684 (Antrag eines Selbstständigen auf Erhöhung des pfandfreien Betrages nach §§ 850f, 850i ZPO).
[63] Vgl. im Einzelnen Uhlenbruck FamRZ 1998, 1473.
[64] BGH FamRZ 2008, 497 = R 687; 1984, 657.
[65] BGH FamRZ 2003, 363 (366) mAnm Scholz FamRZ 2003, 514.
[66] Zur Unterhaltsberechnung in Mangelfällen BGH FamRZ 2003, 363 mAnm Scholz FamRZ 2003, 514.

265 b) Konkurrenz mehrerer minderjähriger oder privilegiert volljähriger Kinder. Zunächst ist zu prüfen, ob der Schuldner den Unterhalt der beteiligten Kinder unter Wahrung seines notwendigen Selbstbehalts aufbringen kann. Nach der bis zum 31.12.2007 gültigen Rechtslage war für den Kindesunterhalt der sich aus der Düsseldorfer Tabelle ergebende Tabellenbetrag maßgebend. Anrechenbares Kindergeld blieb außer Betracht, weil es auch im Mangelfall nicht als Einkommen zu berücksichtigen war.[68] Aufgrund des früheren § 1612b V BGB war eine Kindergeldanrechnung in Mangelfällen ohnedies weitestgehend ausgeschlossen.

Seit dem **1.1.2008** hat sich die rechtliche Ausgangslage verändert. Nach § 1612b I 2 BGB mindert das Kindergeld in dem nach § 1612b I 1 BGB anrechenbaren Umfang den Barbedarf des Kindes. Demzufolge sind bei der Frage, ob der Unterhaltsschuldners hinreichend leistungsfähig ist, nunmehr die **Zahlbeträge** abzuziehen (Anm. C zur Düsseldorfer Tabelle).[69]

Reicht das Einkommen des Schuldners zur Deckung des Unterhalts nicht aus, ist zu prüfen, ob er den Unterhalt nach Herabgruppierung mit Hilfe der Bedarfskontrollbeträge zahlen kann. Ein Mangelfall liegt erst vor, wenn der Pflichtige auch den Unterhalt der 1. Einkommensgruppe der Tabelle bei Wahrung seines notwendigen Selbstbehalts nicht leisten kann, → Rn. 351, 355. Ist dies der Fall, muss eine Mangelfallberechnung durchgeführt werden. Im Folgenden werden an einem Beispielfall die Berechnungsweisen nach der bis zum 31.12.2007 geltenden Rechtslage und zur Rechtslage ab 1.1.2008 gegenübergestellt. Nach der früheren Rechtslage ergaben sich die Einsatzbeträge aus der 6. Einkommensgruppe der Düsseldorfer Tabelle (Tabellenbeträge), seit 1.1.2008 sind die Mindestunterhaltsbeträge (Einkommensgruppe 1) abzüglich anrechenbares Kindergeld (Zahlbeträge) anzusetzen.

> **Beispiel zu den Auswirkungen der Gesetzesänderung zum 1.1.2008:**
> Einkommen des allein barunterhaltspflichtigen Vaters: 1450,– EUR. Die wiederverheiratete Mutter betreut die gemeinsamen Kinder K 1 (16 Jahre), K 2 (11 Jahre) und K 3 (9 Jahre). Sie bezieht das Kindergeld von je 154,– EUR.
> 1. Berechnung **bis zum 31.12.2007** (*Düsseldorfer Tabelle* 2007)
> Bedarf der Kinder nach DT 6/3 bzw. 6/2: 389 + 331 + 331 = 1051,– EUR (Gesamtbedarf).
> Für den Kindesunterhalt stehen zur Verfügung 1450 – 900 (notwendiger Selbstbehalt nach DT A 5 I) = 550,– EUR.
> Anspruch K 1: 389 × 550 : 1051 = 204,– EUR.
> Anspruch K 2 und K 3: 331 × 550 : 1051 = 173,– EUR.
> Der Kindergeldanteil des Vaters ist nach § 1612b V BGB nicht anzurechnen, da er weniger als 135% des Regelbetrages von 389–77 = 312,– EUR bzw. von 331–77 = 254,– EUR zahlen kann (vgl. dazu die Vorauflage Rn. 509, § 5 Rn. 83 ff.).
> 2. Berechnung **ab dem 1.1.2008** (*Düsseldorfer Tabelle* 2008)
> Bedarf der Kinder nach DT 1/3 (K 1): 365–77 = 288 bzw. DT 1/2 (K 2 und K 3) 322–77 = 245; Gesamtbedarf: 288 + 245 + 245 = 778 EUR. Für den Kindesunterhalt stehen zur Verfügung 1450 – 900 (notwendiger Selbstbehalt nach DT A 5 I) = 550,– EUR. Anspruch K 1: 288 × 550 : 778 = 204,– EUR. Anspruch K 2 und K 3: 245 × 550 : 778 = 173,– EUR. Die Zahlbeträge bleiben demnach gleich. Änderungen der Zahlbeträge ergeben sich nur, wenn ein Kind der 1. Altersstufe vorhanden ist, dessen Mindest-Zahlbetrag sich zum 1.1.2008 um 6,– EUR erhöht hat.
> Zur Umrechnung von Alttiteln aus der Zeit bis 2007 → Rn. 225.

266 c) Zusammentreffen eines Ehegatten mit minderjährigen oder privilegiert volljährigen Kindern. Bis zum 31.12.2007 galten nach der neueren Rechtsprechung des BGH[70] die folgenden Grundsätze:

---

[67] BGH FamRZ 1996, 1272.
[68] BGH FamRZ 1997, 806; vgl. auch BGH FamRZ 2000, 1492 mAnm Scholz.
[69] Dazu Klinkhammer FamRZ 2008, 193 (200).
[70] FamRZ 2003, 363 mAnm Scholz FamRZ 2003, 514.

4. Abschnitt: Leistungsfähigkeit des Unterhaltspflichtigen § 2

- Zunächst waren die **Unterhaltsansprüche** der Kinder und des Ehegatten individuell zu berechnen. Ein Mindestunterhalt war weder dem Kind noch dem Ehegatten geschuldet. Der Kindesunterhalt war nach der Düsseldorfer Tabelle der 1. Einkommensgruppe, bei Nichtanwendung der Bedarfskontrollbeträge (→ Rn. 351 ff.) auch einer höheren Gruppe zu entnehmen (→ Rn. 265). Der Ehegattenunterhalt war grundsätzlich unter Vorwegabzug des Kindesunterhalts mit Hilfe einer Quote (zB von $3/7$) zu ermitteln. Abzuziehen war der sich aus der Tabelle ergebende Kindesunterhalt, nicht der Zahlbetrag nach Verrechnung des Kindergeldes. Führte der Vorwegabzug des Kindesunterhalts zu einem unverhältnismäßig niedrigen Ehegattenunterhalt, war letzterer ohne Vorwegabzug neu zu ermitteln. Jedoch durfte diese Berechnung ihrerseits nicht einen Ehegattenunterhalt ergeben, der außer Verhältnis zum Kindesunterhalt stand. Dies war vor allem der Fall, wenn der so errechnete Bedarf das Existenzminimum des Ehegatten nach B V und B VI (aF) der Düsseldorfer Tabelle überstieg und deshalb mit den ehelichen Lebensverhältnissen nicht in Einklang stand. In einem solchen Fall war der Bedarf des Ehegatten auf die Beträge nach B V bzw. B VI (aF) der Düsseldorfer Tabelle zu begrenzen. Ggf. konnten diese Beträge weiter gekürzt werden.
- Konnte der Schuldner die so errechneten Ansprüche unter Wahrung seines notwendigen Selbstbehalts von grundsätzlich 1000,– EUR (gegenüber dem Ehegatten[71]) bzw. 900,–/ 770,– EUR (gegenüber den erstrangigen Kindern) nicht decken, lag ein Mangelfall vor. Dann war als Einsatzbetrag für jeden Berechtigten das jeweilige **Existenzminimum**, auf das als solches kein Anspruch bestand, das vielmehr nur als Hilfsmittel zur Berechnung der Mangelquote dient, zugrunde zu legen. Als Existenzminimum waren einzusetzen
  - für minderjährige Kinder 135% des Regelbetrages, bei privilegiert volljährigen Kindern wegen ihres Gleichrangs ebenfalls 135% des Richtsatzes der 1. Einkommensgruppe, im Ergebnis also die Richtsätze der 6. Einkommensgruppe,
  - für den getrennt lebenden oder geschiedenen Ehegatten das Existenzminimum nach B V der Düsseldorfer Tabelle von 900,– EUR bzw. von 770,– EUR, je nachdem, ob der Ehegatte erwerbstätig ist oder nicht,
  - für den mit dem Schuldner zusammenlebenden Ehegatten das Existenzminimum nach B VI der Düsseldorfer Tabelle (aF) von 615,– EUR bzw. 535,– EUR, auch hier je nach Ausübung einer Erwerbstätigkeit oder nicht.
- Das jeweilige Existenzminimum war im Verhältnis der Verteilungsmasse zur Summe der Einsatzbeträge zu kürzen und das Ergebnis schließlich auf seine **Angemessenheit** zu überprüfen.
Kindergeld wurde nach Maßgabe des § 1612b V BGB angerechnet.

Beispiel:
Bereinigtes Einkommen des allein barunterhaltspflichtigen Vaters (V): 1400,– EUR.
Die getrennt lebende Mutter (M) betreut die gemeinsamen Kinder K 1 (3 Jahre) und K 2 (1 Jahr). Sie ist nicht erwerbstätig und bezieht das Kindergeld von je 154,– EUR.
1. Berechnung **bis zum 31.12.2007** (*Düsseldorfer Tabelle* 2007)
Bedarf der Kinder nach DT 1/1 jeweils 202,– EUR. Bedarf der M: $1400 - 202 - 202 = 996 \times 3/7$ = 427,– EUR. Da offensichtlich ein Mangelfall vorliegt, kann auf eine Kontrollberechnung ohne Vorwegabzug des Kindesunterhalts verzichtet werden.
Einsatzbeträge für K 1 und K 2: Existenzminimum in Höhe von 135% des Regelbetrages (= 6. Einkommensgruppe) = jeweils 273,– EUR.
Einsatzbetrag M: Existenzminimum nach B V 2 der Düsseldorfer Tabelle = 770,– EUR. Summe der Einsatzbeträge: 273 + 273 + 770 = 1316,– EUR.
Für den Unterhalt stehen zur Verfügung: 1400 – 1000 (Ehegattenselbstbehalt) = 400,– EUR.
Anspruch der M: $770 \times 400 : 1316 = 234$,– EUR.
Anspruch der Kinder: jeweils $273 \times 400 : 1316 = 83$,– EUR; hinzukommen jeweils $1/2$ der weiteren Verteilungsmasse von 100,– EUR gegenüber Kindern (= 1000 – 900), so dass der Kindesunterhalt je 133,– EUR beträgt.
Keine Kindergeldverrechnung (§ 1612b V BGB).
2. Berechnung **ab dem 1.1.2008** (*Düsseldorfer Tabelle* 2008)

---

[71] BGH FamRZ 2006, 683.

Bedarf der Kinder nach DT 1/1 jeweils 279–77 = 202,- EUR. Bedarf der M: 1400 – 202 – 202 = 996 × 3/7 = 427,- EUR. Offensichtlich liegt ein Mangelfall vor.
Einsatzbeträge für K 1 und K 2 (Zahlbeträge): 279–77 = 202,- EUR. Der Kindesunterhalt ist nach § 1609 Nr. 1 BGB vorrangig. V verbleiben nach Abzug des Kindesunterhalts 1400 – 202 – 202 = 996,- EUR. Da V nach Abzug des Kindesunterhalts damit weniger als der Ehegattenselbstbehalt von 1000 EUR verbleibt, ist er für den Ehegattenunterhalt nicht leistungsfähig. Im praktischen Ergebnis verbleiben ihm 96,- EUR mehr als nach der bisherigen Rechtslage, weil sich der Ehegattenselbstbehalt hier anders als nach bisheriger Rechtslage auf das Ergebnis aller Unterhaltsansprüche auswirkt.

267 **d) Konkurrenz mehrerer nachrangiger volljähriger Kinder.** Nicht privilegiert volljährige Kinder kommen erst dann zum Zuge, wenn keine vorrangig Berechtigten vorhanden sind oder der Schuldner nach Deckung der vorrangigen Ansprüche unter Wahrung seines angemessenen Selbstbehalts von 1300,- EUR (Stand 1.1.2019; → Rn. 546 ff.) noch leistungsfähig ist.

268 Reicht das Einkommen des Pflichtigen nach Abzug des angemessenen Selbstbehalts von 1300,- EUR nicht aus, um außer den vorrangigen auch **nachrangige Unterhaltsansprüche** zu befriedigen, fallen die nachrangig Berechtigten ganz oder teilweise aus.[72] → Rn. 251, 557.

3. Beeinträchtigung der Leistungsfähigkeit durch Betreuung eines anderen unterhaltsberechtigten Kleinkindes

269 Nach Trennung oder Scheidung kann sich die Mutter eines minderjährigen Kindes aus erster Ehe, das vom Vater versorgt wird, nicht ohne weiteres auf Leistungsunfähigkeit berufen, wenn sie wegen der Geburt eines Kindes aus einer neuen Verbindung keiner Erwerbstätigkeit nachgeht. Der Vater erfüllt seine Unterhaltspflicht grundsätzlich durch die Betreuung des minderjährigen Kindes aus erster Ehe (§ 1606 III 1 BGB). Nur ausnahmsweise kommt seine Mithaftung in Betracht, → Rn. 416.

Ist die Mutter wiederverheiratet, greifen die Grundsätze der sog Hausmannrechtsprechung ein (→ Rn. 275 ff.). Der BGH hat diese Rechtsprechung in Abkehr von einer früheren Entscheidung[73] auch auf den Fall erstreckt, dass die Mutter mit dem Vater ihres nichtehelichen Kindes zusammen lebt.[74] → Rn. 296 ff.

Ist die Mutter nicht wiederverheiratet und lebt sie auch mit dem Vater des nichtehelichen Kindes nicht in einer Partnerschaft, so kann sie gleichwohl von ihrem früheren Ehemann keinen Ehegattenunterhalt verlangen, weil sie kein gemeinsames Kind pflegt oder erzieht (§ 1570 BGB). Dennoch darf sie sich im Verhältnis zu ihrem minderjährigen Kind aus erster Ehe nicht auf die Betreuung ihres nichtehelichen Kindes beschränken. Die Auffassung, dass die Betreuung des Kleinkindes vorgehe und von ihr die Aufnahme einer Erwerbstätigkeit nicht verlangt werden könne,[75] findet im Gesetz keine Stütze. Sie wurde schon im Jahre 1981 vom BGH[76] nicht gebilligt und ist auch mit der neueren Hausmannrechtsprechung des BGH[77] nicht zu vereinbaren. Die Unterhaltsansprüche der beiden Kinder sind gleichrangig. § 1615l II 2, 3 BGB entbindet die Mutter nur im Verhältnis zu ihrem nichtehelichen Kind und zu dessen Vater von einer Erwerbsobliegenheit, und zwar regelmäßig nur auf die Dauer von drei Jahren. Es ist daher Aufgabe der Mutter, die Betreuung des Kleinkindes aus ihrer neuen Verbindung durch Dritte, zB eine Tagesmutter, durch Verwandte, durch ihren Lebensgefährten (→ Rn. 52, 298), die Ganztagsschule oder durch einen Hort sicherzustellen.[78] Die dadurch entstehenden Kosten mindern allerdings

---

[72] BGH FamRZ 1984, 683 (685).
[73] BGH FamRZ 1995, 598.
[74] BGH FamRZ 2001, 614.
[75] OLG Frankfurt a. M. FamRZ 1992, 979 (981); OLG Stuttgart FamRZ 1984, 611.
[76] FamRZ 1982, 25 (26) sub 2e.
[77] BGH FamRZ 2001, 614.
[78] OLG Düsseldorf FamRZ 1996, 167.

4. Abschnitt: Leistungsfähigkeit des Unterhaltspflichtigen § 2

ihr anrechenbares Einkommen. Dies kann dazu führen, dass die Mutter mangels Leistungsfähigkeit für das Kind aus der früheren Ehe keinen Barunterhalt zu leisten hat.

Beispiel:
Der arbeitslose frühere Ehemann betreut das 14-jährige Kind aus der geschiedenen Ehe mit der Mutter (M). Er bezieht das Kindergeld. M verdient durch vollschichtige Tätigkeit 1480,– EUR. Sie erhält für das sechsjährige nichteheliche Kind von dessen Vater Unterhalt, nicht aber für sich selbst. Die Betreuung des Kindes kann M nur durch eine Tagesmutter sichern, die 300,– EUR verlangt. Da ihr der notwendige Selbstbehalt von 1080,– EUR nach A 5 I der Düsseldorfer Tabelle verbleiben muss, kann sie für das Kind aus ihrer früheren Ehe nur 1480 − 300 − 1080 = 100,– EUR Unterhalt zahlen.

Wenn die Mutter nach § 1615l BGB vom Vater des nichtehelichen Kindes Unterhalt erhält, kann dadurch ihr notwendiger Selbstbehalt gesichert sein. Sie muss dann den Ertrag einer Berufstätigkeit nach Abzug von Betreuungskosten voll für den Unterhalt des Kindes aus ihrer früheren Ehe einsetzen.[79] → Rn. 248.

Dieselben Grundsätze gelten, wenn sich der Vater, der einem Kind aus einer früheren 270 Ehe Unterhalt zu leisten hat, auf die Betreuung eines Kindes aus einer Verbindung mit einer anderen Partnerin beschränkt.[80] Ähnliche Probleme wie die hier erörterten können sich ergeben, wenn jeder Elternteil nach Trennung oder Scheidung ein Kind aus der gescheiterten Ehe betreut, → Rn. 440 ff.

4. Minderung der Leistungsfähigkeit durch Umgangskosten

Das minderjährige Kind hat das Recht zum Umgang mit jedem Elternteil, unabhängig 271 davon, ob die Eltern die elterliche Sorge gemeinsam ausüben oder ob einem von ihnen das Sorgerecht allein übertragen ist. Damit korrespondieren das Recht und die Pflicht des nicht betreuenden Elternteils zum Umgang (§ 1684 I BGB); sie sind Ausfluss seiner Verantwortung für dessen Wohl (§§ 1618a, 1626, 1631 BGB). Der nicht betreuende Elternteil hat ein subjektives Recht auf Umgang. Der andere Elternteil hat auf die Belange, insbesondere die Vermögensinteressen des Berechtigten Bedacht zu nehmen. Er darf die Wahrnehmung des Umgangsrechts nicht erschweren oder gar verleiden. Eine Verletzung dieser Pflicht kann Schadensersatzansprüche auslösen.[81]

Dem entsprechend hat das BVerfG gefordert, dass auch das Unterhaltsrecht dem Unterhaltspflichtigen nicht die Möglichkeit nehmen dürfe, sein Umgangsrecht zur Erhaltung der Eltern-Kind-Beziehung unter Berücksichtigung des Kindeswohls auszuüben.[82]

Teilweise abweichend von seiner früheren Rechtsprechung, nach der Umgangskosten jedenfalls in der Regel unberücksichtigt blieben,[83] hat der BGH nunmehr vor allem im Hinblick auf § 1612b V BGB aF **angemessene Umgangskosten** des barunterhaltspflichtigen Elternteils mit seinem Kind dann für anerkennungsfähig erklärt, wenn diese nicht anderweitig abgedeckt sind.[84] Das gilt vor allem, wenn der Unterhaltspflichtige die Kosten nicht aus einem ihm verbleibenden Kindergeldanteil decken kann. Die Umgangskosten können dann nach dem BGH zu einer **maßvollen Erhöhung des Selbstbehalts** oder einer entsprechenden **Minderung des unterhaltsrelevanten Einkommens** führen.

Zur Unterhaltsberechnung bei umfangreichem Umgang, der sich einer dauernden Mitbetreuung annähert, und zur diesbezüglichen Rechtsprechung des BGH[85] → Rn. 449.

Die gesonderte Berücksichtigung von Umgangskosten hat der BGH vor allem im 272 Hinblick auf die frühere Regelung zur eingeschränkten Kindergeldanrechnung nach § 1612b V BGB aF anerkannt, weil das Kindergeld nach dieser am 1.1.2001 in Kraft

---

[79] BGH FamRZ 2001, 1065 (1066) = R 549c.
[80] OLG Düsseldorf FamRZ 1996, 167.
[81] BGH FamRZ 2002, 1099 = NJW 2002, 2566.
[82] BVerfG FamRZ 2003, 1371 (1377).
[83] BGH FamRZ 1995, 215; 2002, 1099.
[84] BGH FamRZ 2005, 706 mAnm Luthin; FamRZ 2003, 445 (449); Scholz 6. Auflage Rn. 169.
[85] BGH FamRZ 2014, 917.

getretenen Vorschrift dem Unterhaltspflichtigen nicht oder nur eingeschränkt zur Finanzierung der Umgangskosten zur Verfügung stand.

Nach der durch die **Unterhaltsreform 2007** geänderten Systematik ist auch auf den Mindestunterhalt regelmäßig das hälftige Kindergeld anzurechnen. Damit wird das Kindergeld zwar – vordergründig – abweichend von § 1612b V BGB aF beim zu zahlenden Unterhalt berücksichtigt. Es ist allerdings zu beachten, dass die Anrechnung nach § 1612b I BGB bedarfsdeckend erfolgt. Das hat zur Folge, dass die Leistungsfähigkeit des Unterhaltspflichtigen nicht mehr auf Grund der ungekürzten Tabellenbeträge festzustellen ist, sondern anhand der Zahlbeträge. Während nach bisheriger Rechnung dem Unterhaltspflichtigen also noch über den Selbstbehalt hinaus das hälftige Kindergeld verblieb, ist das nun nicht mehr der Fall. Im Ergebnis bleibt das Kindergeld also entsprechend der Regelung in § 1612b V BGB aF unberücksichtigt. Die Rechtsprechung des BGH gilt also fort und greift ein, wenn der Unterhaltspflichtige nur den Mindestunterhalt (abzüglich des hälftigen Kindergelds) zu zahlen hat und die Umgangskosten aus seinem (notwendigen) Selbstbehalt aufbringen müsste.

Beispiel:
Der V hat ein bereinigtes Monatsnettoeinkommen von 1400 EUR. Er ist allein dem sechsjährigen Kind K zum Unterhalt verpflichtet. Für zweiwöchentliche Besuchskontakte hat er Fahrtkosten und zusätzlichen Verpflegungsaufwand von monatlich 120 EUR.
Der V schuldet dem K den Mindestunterhalt von 406 EUR abzüglich des hälftigen Kindergelds von 102 EUR, mithin 304 EUR. Eine Höherstufung wegen unterdurchschnittlicher Unterhaltslast kommt nicht in Betracht.
Berechnung: Die beiden vom BGH akzeptierten Methoden führen hier zum selben Ergebnis.
a) Anhebung des Selbstbehalts (DT 2019): 1080 EUR + 120 EUR = 1200 EUR. Für den Elementarunterhalt verbleiben 1400 EUR – 1200 EUR = 200 EUR.
b) Abzug vom Einkommen: 1400 EUR – 120 EUR = 1280 – 1080 EUR = 200 EUR.[86]
Die Differenz zwischen dem ungekürzten (304 EUR) und dem gekürzten Unterhalt (200 EUR) von 104 EUR entspricht den nicht durch das Einkommen und das Kindergeld abgedeckten Umgangskosten.

Für **Wohnkosten** hält der BGH indessen – von Ausnahmefällen abgesehen – einen Abzug nicht für angezeigt, weil es angemessen und ausreichend sein dürfte, die Kinder in den Wohnbedarf des Unterhaltspflichtigen entsprechenden Räumlichkeiten mit unterzubringen.[87] Die **Angemessenheit** der Kosten ist maßgeblich nach dem **Wohl des Kindes** zu bestimmen.[88] Der BGH hält dazu das hälftige Kindergeld jedenfalls in der Regel für ausreichend. Sowohl die Angemessenheit der Kosten als auch die Rechtsfolge der maßvollen Erhöhung des Selbstbehalts lassen es zu, im Einzelfall das Barexistenzminimum des Kindes in die Betrachtung einzubeziehen und mit seinen eigenen Umgangsbelangen wie denen des Unterhaltspflichtigen **abzuwägen.**

273 Verfügt der Unterhaltspflichtige indessen auch nach Abzug der Umgangskosten noch über **ausreichendes Einkommen,** bleibt es dabei, dass Umgangskosten regelmäßig nicht zu berücksichtigen sind.[89] Erst recht sollten bei besseren Verhältnissen Umgangskosten in der Regel nicht vom anrechenbaren Einkommen des unterhaltspflichtigen Elternteils abgezogen werden. Dies lässt sich mE mit § 1606 III 2 BGB begründen. Wenn zum Bedarf des Kindes auch der Umgang mit dem nicht betreuenden Elternteil gehört, fallen diesem die dadurch entstehenden Kosten in der Regel allein zur Last. **Ausnahmen** sind denkbar, wenn das Kind beim betreuenden Elternteil in einem weit entfernten Ort lebt und deshalb durch die Ausübung des Umgangs beachtliche Kosten entstehen, die vom Berechtigten angesichts seiner wirtschaftlichen Verhältnisse nicht in zumutbarer Weise aufgebracht werden können.[90] Jedoch muss der Umgangsberechtigte alle Möglichkeiten nutzen, um

---

[86] Vgl. OLG Brandenburg FamRZ 2013, 1137.
[87] BGH FamRZ 2005, 706 (708); vgl. BSG, FamRZ 2007, 465.
[88] BGH FamRZ 2005, 706 (708); vgl. OLG Schleswig MDR 2014, 477; OLG Jena v. 25.5.2010 – 1 UF 19/10, BeckRS 2010, 20342.
[89] BGH FamRZ 2006, 1015 (1018) mAnm Luthin vgl. auch OLG Jena – 1 UF 19/10 BeckRS 2010, 20342; OLG Saarbrücken – 6 UF 63/10, BeckRS 2010/29773.
[90] OLG Karlsruhe FamRZ 1992, 58; KG FamRZ 1998, 1386.

diese Kosten so niedrig wie möglich zu halten.[91] So ist er ggf. auf die Benutzung öffentlicher Verkehrsmittel zu verweisen; auch kann von ihm verlangt werden, hohe Fahrtkosten dadurch zu vermeiden, dass er die Häufigkeit des Umgangs einschränkt und dafür die einzelnen Besuche verlängert.[92] Entscheidend ist auch hier das Wohl des Kindes (→ Rn. 272).

Der nicht betreuende Elternteil kann die **Kosten,** die er **für den Unterhalt** des Kindes **während der Ausübung des Umgangsrechts,** zB für dessen Ernährung, aufwendet, in der Regel nicht vom Barunterhalt abziehen.[93] → Rn. 220. Zum Wechselmodell und diesem nahe kommenden Betreuungsmodellen → Rn. 448 f. 274

IV. Leistungsfähigkeit eines Elternteils bei Übernahme der Haushaltsführung nach Wiederverheiratung oder Begründung einer nichtehelichen Lebensgemeinschaft („Hausmannrechtsprechung")

1. Erwerbsobliegenheit des wiederverheirateten, haushaltsführenden Ehegatten gegenüber gleichrangigen Berechtigten, insbesondere gegenüber minderjährigen Kindern aus erster Ehe

Niemand darf sich seiner Unterhaltspflicht – sei es gegenüber seinen Kindern, insbesondere seinen minderjährigen Kindern, sei es gegenüber seinem (früheren) Ehegatten – dadurch entziehen, dass er eine neue Familie gründet, keiner Erwerbstätigkeit nachgeht und sich allein auf die Haushaltsführung und ggf. Kindesversorgung in der neuen Ehe beschränkt. Diese sog Hausmannrechtsprechung hat der BGH im Jahre 1979 begründet,[94] sie aber seit 1996 zugunsten der Berechtigten und zu Lasten des Unterhaltspflichtigen erheblich **verschärft.**[95] Inzwischen hat er sie auch auf die Haushaltsführung in einer nichtehelichen Lebensgemeinschaft erstreckt.[96] Eine weitere Verschärfung der Haftung hat der BGH durch seine Entscheidung vom 5.10.2006[97] vollzogen, indem er auch die mit der Rollenwahl verbundenen Vorteile in die Unterhaltspflicht mit einbezogen hat. 275

Trotz Eingehung einer neuen Ehe bleibt ein Elternteil einem minderjährigen Kind aus erster Ehe, das vom anderen Elternteil betreut wird, barunterhaltspflichtig (§ 1606 III 2 BGB), auch wenn er im Einvernehmen mit dem neuen Partner die Haushaltsführung und ggf. die Kindesbetreuung übernimmt. Damit erfüllt er nur seine Unterhaltspflicht gegenüber dem neuen Ehegatten und ggf. gegenüber dem Kind aus der neuen Ehe (§§ 1360 S. 2, 1606 III 2 BGB), dagegen nicht gegenüber dem minderjährigen Kind aus erster Ehe.[98] Dies führt zu einem Konflikt zwischen den Unterhaltsinteressen der gemeinsamen Kinder aus der alten Familie, dem früheren Ehegatten und den Mitgliedern der neuen Familie. Der barunterhaltspflichtige Ehegatte darf sich dann nicht ohne weiteres auf die Sorge für die Angehörigen aus der neuen Familie beschränken. Er muss auch für die minderjährigen und privilegiert volljährigen Kinder sowie ggf. für den unterhaltsbedürftigen Ehegatten aus der ersten Ehe (→ Rn. 276) sorgen. Deshalb kann die Beschränkung auf die Rolle des Hausmanns bzw. der Hausfrau allenfalls unter engen Voraussetzungen anerkannt werden, vor allem dann nicht, wenn der Unterhaltspflichtige früher den Familienunterhalt durch Erwerbstätigkeit sichergestellt hat, also ein **Rollentausch** vorgenommen worden ist.[99] Fehlt es im Verhältnis zu den Berechtigten aus der ersten Ehe an einem

---

[91] BGH FamRZ 1995, 215 mit ablehnender Anm. Weychardt; FamRZ 1995, 539 = R 483; OLG Karlsruhe FamRZ 1992, 58.
[92] OLG Karlsruhe FamRZ 1992, 58.
[93] BGH FamRZ 1984, 473.
[94] BGH FamRZ 1980, 43.
[95] BGH FamRZ 1996, 796.
[96] BGH FamRZ 2001, 614 mAnm Büttner.
[97] BGH FamRZ 2006, 1827 mAnm Strohal; vgl. auch BGH FamRZ 2015, 738.
[98] BGH FamRZ 1996, 796.
[99] BGH FamRZ 1996, 796.

rechtfertigenden Grund für den Rollenwechsel, ist dem Pflichtigen grundsätzlich sein bisheriges Einkommen fiktiv zuzurechnen, → Rn. 280.

Kann die Rollenwahl gebilligt werden, muss der Pflichtige gleichwohl zum Unterhalt der Berechtigten aus der ersten Ehe, insbesondere der minderjährigen Kinder, beitragen. Der neue Ehegatte hat die Erfüllung dieser Obliegenheit nach dem Rechtsgedanken des § 1356 II 2 BGB zu ermöglichen, zumal bei der Aufgabenverteilung in der neuen Ehe die beiderseits bekannte Unterhaltslast gegenüber Kindern aus früheren Ehen berücksichtigt werden muss. Denn der neue Ehegatte müsste es auch im Falle der Vollerwerbstätigkeit des unterhaltspflichtigen Ehegatten hinnehmen, dass die Einnahmen daraus nicht ganz zur Bestreitung des Familienunterhalts zur Verfügung stünden, sondern zum Teil zum Unterhalt der gleichrangigen Kinder aus der früheren Ehe verwendet werden müssten.[100] Der Pflichtige muss allerdings nicht das Haushalts- oder Wirtschaftsgeld, das er von seinem neuen Ehegatten erhält, für den Unterhalt der minderjährigen Kinder aus erster Ehe einsetzen, weil dieses nur treuhänderisch zur Verwendung für Bedürfnisse der Familie überlassen wird.[101] Er ist jedoch gehalten, Taschengeld für den Barunterhalt zu verwenden.[102] Kann er aus dem Taschengeld, wie es die Regel ist, keinen oder keinen ausreichenden Unterhalt zahlen, muss er wenigstens teilweise erwerbstätig sein, um zum Ausgleich einen entsprechenden Barunterhalt zahlen zu können;[103] denn trotz der Wahl der Rollen des Hausmanns oder der Hausfrau bleibt für den unterhaltspflichtigen Elternteil im Verhältnis zu den minderjährigen Kindern aus erster Ehe eine Erwerbsobliegenheit bestehen.[104]

276 Die Erwerbsobliegenheit des „Hausmanns" oder der „Hausfrau" besteht vor allen Dingen gegenüber **minderjährigen Kindern aus erster Ehe,**[105] aber auch gegenüber einem nichtehelichen Kind, das von dem anderen Elternteil oder einem Dritten betreut wird. Die Hausmannrechtsprechung ist auch zugunsten (nicht verheirateter) **privilegiert volljähriger Kinder** bis zur Vollendung des 21. Lebensjahres anwendbar, solange diese im Haushalt der Eltern oder eines Elternteils leben und sich in der allgemeinen Schulausbildung befinden, da diese Kinder denselben Rang wie minderjährige Kinder haben (§ 1609 Nr. 1 BGB); → Rn. 580 ff. Dieselben Grundsätze müssen aber ausnahmsweise auch gegenüber dem unterhaltsbedürftigen **früheren Ehegatten** gelten, jedenfalls dann, wenn dessen Unterhaltsberechtigung auf § 1570 BGB beruht.[106]

277 Die Grundsätze der Hausmannrechtsprechung sind auch **zugunsten eines nichtehelichen Kindes** anzuwenden, wenn der Kindesvater verheiratet ist, keine Erwerbstätigkeit ausübt, sich vielmehr auf die Betreuung eines Kindes aus dieser Ehe beschränkt, da das Gesetz nicht mehr zwischen nichtehelichen und ehelichen Kindern unterscheidet und ihre Unterhaltsansprüche daher denselben Rang haben (§ 1609 BGB). Für Unterhaltsansprüche der betreuenden **Mutter des nichtehelichen Kindes,** die nach der neuen Gesetzeslage mit dem Unterhalt der betreuenden geschiedenen Ehefrau im Rang gleichgestellt sind (§ 1609 Nr. 2 BGB) gilt nunmehr das Gleiche wie für den früheren Ehegatten.

278 Der haushaltführende Ehegatte ist nach Maßgabe der nachfolgenden Ausführungen (→ Rn. 283–287) verpflichtet, eine **(Neben-)Erwerbstätigkeit** auszuüben,
– wenn aus der neuen Ehe keine Kinder hervorgegangen sind, er vielmehr nur den Haushalt für den berufstätigen neuen Ehegatten führt (→ Rn. 284),
– wenn er in der neuen Ehe eigene Kinder zu betreuen hat,
– erst recht, wenn er in der neuen Ehe Kinder seines Ehegatten versorgt.

279 Der BGH gestattet dem haushaltführenden Elternteil nur in eingeschränktem Umfang die Berufung darauf, dass sein eigener notwendiger Bedarf, der nach der Düsseldorfer

---

[100] BGH FamRZ 2006, 1827 (1828) mwN mAnm Strohal.
[101] BGH FamRZ 1995, 537; 1986, 668.
[102] BGH FamRZ 2006, 1827 (1830) mAnm Strohal; FamRZ 2001, 1065 (1068) mAnm Büttner; BVerfG FamRZ 1985, 143 (145).
[103] BGH FamRZ 2006, 1827 (1828) mAnm Strohal.
[104] BVerfG FamRZ 1985, 143 (145); BGH FamRZ 1996, 796.
[105] BGH FamRZ 1996, 796.
[106] BGH FamRZ 1996, 796.

Tabelle bei Ausübung einer Erwerbstätigkeit 1080,– EUR beträgt (→ Rn. 385), nicht gewahrt sei. Vielmehr ist der **Verdienst** des „Hausmanns" aus einer Nebentätigkeit voll anzurechnen, auch wenn er **unter dem Selbstbehalt** bleibt, soweit sein Eigenbedarf bereits durch den Unterhalt gesichert ist, den sein Ehegatte nach §§ 1360, 1360a BGB schuldet.[107] Der haushaltführende Ehegatte ist daher grundsätzlich verpflichtet, den Barunterhalt des minderjährigen Kindes aus erster Ehe zu tragen oder sich mindestens daran zu beteiligen. Voraussetzung ist allerdings, dass sich eine Unterhaltspflicht auch dann ergäbe, wenn der Unterhalt der unterhaltsberechtigten Angehörigen der neuen Familie, allerdings mit Ausnahme des nachrangigen zweiten Ehegatten, berücksichtigt wird.[108] → Rn. 290. Wenn bei unterhaltsrechtlich hinzunehmender Rollenwahl der neue Ehegatte den Selbstbehalt des Unterhaltspflichtigen durch sein Einkommen nicht vollständig sicherstellen kann, darf der Unterhaltspflichtige seine Einkünfte aus der Nebentätigkeit zunächst zur Sicherung des eigenen notwendigen Selbstbehalts verwenden.[109] Reicht das effektive oder fiktive Einkommen des haushaltführenden Ehegatten nicht aus, um seinen angemessenen Bedarf zu decken, ist zu prüfen, ob der Vater als anderer unterhaltspflichtiger Verwandter im Sinne des § 1603 II 3 BGB in der Lage ist, ohne Beeinträchtigung seines eigenen angemessenen Bedarfs auch den Barunterhalt für das Kind ganz oder teilweise aufzubringen.[110] → Rn. 290, zur Problematik des § 1603 II BGB im Allgemeinen Rn. 394 f., 397 ff.

Voraussetzung für die Anwendung dieser „Hausmannrechtsprechung" ist, dass die Unterhaltsberechtigten der alten Familie die **Rollenwahl** in der neuen Familie hinnehmen müssen.[111] Während der BGH[112] zunächst offen gelassen hatte, ob die Rollenverteilung auch bei einem etwa gleich bleibenden Familieneinkommen zu tolerieren wäre, hat er später eindeutig klargestellt, dass die Übernahme der Haushaltsführung durch den Unterhaltspflichtigen, dagegen einer Erwerbstätigkeit durch den neuen Ehegatten mindestens zu einer **wesentlich günstigeren Einkommenssituation der neuen Familie** führen muss.[113] Er hat zu Recht darauf hingewiesen, dass allein die Möglichkeit, durch den Rollentausch eine Verbesserung des Lebensstandards zu erreichen, jedenfalls dann nicht ohne weiteres hingenommen werden kann, wenn sie mit der Leistungsunfähigkeit des Verpflichteten und infolgedessen mit einer Verschlechterung des Lebensstandards des Berechtigten verbunden ist. Der BGH neigt anscheinend dazu, dass der Verpflichtete in einem solchen Fall ähnlich wie bei einem zulässigen Berufswechsel zumutbare Vorsorgemaßnahmen zur Sicherstellung des Unterhalts des Berechtigten zu treffen hat; er hat dies allerdings letztlich offen gelassen. Es reicht danach nicht allein aus, dass die Rollenwahl wirtschaftlich oder aus sonstigen Gründen vernünftig ist. Sie kann keinesfalls geduldet werden, wenn es der neuen Familie dadurch wirtschaftlich schlechter geht als bei umgekehrter Aufgabenverteilung, da in einem solchen Fall die Absicht des Unterhaltspflichtigen, die alte Familie zu benachteiligen, offen zutage liegt.

Ist die Rollenwahl nicht hinzunehmen, bleibt der haushaltführende Ehegatte zu einer Erwerbstätigkeit in früherem Umfang verpflichtet. Ihm wird ein Einkommen aus einer solchen Tätigkeit fiktiv zugerechnet. Entsprechend diesen fiktiven Einkünften hat er Unterhalt zu leisten. Dabei sind allerdings dann bestehende gleichrangige Unterhaltsansprüche der Angehörigen der neuen Familie zu berücksichtigen.[114] Die minderjährigen Kinder profitieren in jedem Falle von einer durch die Wiederverheiratung gestiegenen Leistungsfähigkeit des Unterhaltspflichtigen,[115] sodass sich hier die Frage, ob der Rollentausch berechtigt war oder nicht, regelmäßig nicht stellt, → Rn. 275, 290.

---

[107] BGH FamRZ 2001, 1065 (1067) mAnm Büttner = R 549c; FamRZ 1996, 796 (798).
[108] BGH FamRZ 2001, 1065 (1067) mAnm Büttner = R 549c; FamRZ 1996, 796 (798).
[109] BGH FamRZ 2006, 1827 (1830); 2006, 1010 (1014) mAnm Borth.
[110] BGH FamRZ 1998, 286; 2002, 742 mAnm Büttner; FamRZ 2004, 24.
[111] BGH FamRZ 2015, 738.
[112] BGH FamRZ 1987, 472; 1987, 252.
[113] BGH FamRZ 1996, 796.
[114] BGH FamRZ 1996, 796.
[115] BGH FamRZ 2006, 1827 (1830).

281 Die Pflicht zur Aufnahme einer Erwerbstätigkeit schied nach der Rechtsprechung des BGH in der Regel aus, solange der haushaltsführende Ehegatte in der Zeit nach der Geburt eines Kindes aus der neuen Ehe **Erziehungsgeld** bezog.[116] Er war allerdings verpflichtet, dieses auch für den Unterhalt des minderjährigen Kindes aus erster Ehe einzusetzen. Zwar wurden Unterhaltspflichten durch den Bezug des Erziehungsgeldes grundsätzlich nicht berührt. Dies galt jedoch nicht im Falle der gesteigerten Unterhaltspflicht nach § 1603 II BGB (§ 9 S. 2 BErzGG).[117] Das vom neuen Ehegatten des unterhaltspflichtigen Elternteils bezogene Erziehungsgeld war (bei dessen Unterhaltsanspruch gegen den zum Kindesunterhalt verpflichteten) nicht als Einkommen zu berücksichtigen.[118] Nach der seit 1.1.2008 geltenden Rechtslage wirkte sich das allerdings kaum mehr aus, weil der Kindesunterhalt nach § 1609 Nr. 1, 2 BGB gegenüber dem Ehegattenunterhalt vorrangig ist.

Das **Kindergeld**, das für ein Kind aus der neuen Verbindung gezahlt wird, ist nicht für den Unterhalt des Kindes aus erster Ehe einzusetzen. Dies folgt bereits aus der bedarfsdeckenden Anrechnung gemäß § 1612b I BGB.

Auch während des Bezuges von **Elterngeld nach dem BEEG,** das das Erziehungsgeld für seit dem 1.1.2007 geborene Kinder ersetzt (und erweitert), ist der betreuende Elternteil zu einer Erwerbstätigkeit nicht verpflichtet.[119] Einem zum Minderjährigenunterhalt verpflichteten Elternteil, der sich nach Geburt eines weiteren Kindes dessen Betreuung widmet, kann dementsprechend im Fall einer zu respektierenden Rollenwahl jedenfalls für die ersten beiden Lebensjahre des von ihm betreuten Kindes unterhaltsrechtlich nicht vorgeworfen werden, dass er von der Möglichkeit Gebrauch macht, die Bezugsdauer des Elterngelds zu verdoppeln, und deswegen keine für den Kindesunterhalt ausreichenden Einkünfte hat.[120] Ob das Elterngeld für den Kindesunterhalt einzusetzen ist, ist differenziert zu betrachten. Hinsichtlich des Sockelbetrages von 300 EUR ist das Elterngeld zwar grundsätzlich nicht für den Unterhalt einzusetzen. Etwas anderes gilt aber für die verschärfte Unterhaltspflicht gegenüber Minderjährigen und privilegierten Volljährigen nach § 1603 II BGB. Hier ist der Sockelbetrag von 300 EUR als Einkommen einzusetzen (§ 11 S. 4 BEEG). Der darüber hinausgehende Betrag des Elterngelds ist in allen Fällen uneingeschränkt als Einkommen des Beziehers zu berücksichtigen. Zur Neuregelung des Elterngelds → § 8 Rn. 39, 192.

282 Das BVerfG hält die (frühere) Hausmannrechtsprechung des BGH für **verfassungsgemäß**.[121]

2. Umfang der Erwerbsobliegenheit des haushaltsführenden Ehegatten; Verpflichtungen des neuen Partners

283 Der **Umfang der Erwerbstätigkeit** hängt davon ab, in welchem Maße der Unterhaltspflichtige nach den individuellen Verhältnissen in der zweiten Ehe zu einer solchen Tätigkeit in der Lage ist.[122] Dabei sind neben dem Alter der von ihm betreuten Kinder auch die berufliche Inanspruchnahme seines neuen Ehegatten und sonstige Betreuungsmöglichkeiten zu berücksichtigen. Ist der neue Ehegatte beruflich derart belastet, dass er den barunterhaltspflichtigen Ehegatten nicht persönlich entlasten kann oder will, ist stets zu prüfen, ob er seiner Verpflichtung zur Rücksichtnahme auf die weiteren Unterhaltspflichten seines Ehegatten nicht auf andere Weise genügen kann. Das kann auch durch die **Finanzierung einer Hilfe** für die Haushaltsführung und Kindesbetreuung geschehen.[123]

284 Sind aus der neuen Verbindung **keine betreuungsbedürftigen Kinder** hervorgegangen, kann eine Beschränkung des unterhaltspflichtigen Elternteils auf die Haushaltsführung

---

[116] BGH FamRZ 2006, 1010 (1014) mAnm Borth.
[117] BGH FamRZ 2006, 1010 (1014) mAnm Borth.
[118] BGH FamRZ 2006, 1182 mAnm Luthin.
[119] Scholz FamRZ 2007, 7 (9), unter Hinweis auf BGH FamRZ 2006, 1010 (1014) mAnm Borth.
[120] BGH FamRZ 2015, 738 Rn. 19.
[121] BVerfG FamRZ 1985, 143 (145).
[122] BGH FamRZ 2006, 1827 (1830) mAnm Strohal = R 660.
[123] BGH FamRZ 2006, 1827 (1830) mAnm Strohal = R 660.

im Allgemeinen nicht hingenommen werden; → Rn. 280. Vielmehr ist der Elternteil in der Regel gehalten, vollschichtig erwerbstätig zu sein.[124] Hat er früher eine verantwortungsvolle und ausreichend dotierte Erwerbstätigkeit ausgeübt, wird er Unterhalt in bisheriger Höhe weiterzahlen müssen. Die Eheschließung und die Aufgabenverteilung in der neuen Ehe entbinden ihn nicht von der Unterhaltsverpflichtung gegenüber seinen Kindern und dem früheren Ehegatten. Im Gegenteil kann sein notwendiger Selbstbehalt niedriger angesetzt werden als nach der Düsseldorfer Tabelle oder den Leitlinien des zuständigen Oberlandesgerichts (in der Regel 1000,– EUR; → Rn. 385), weil der Bedarf des Unterhaltspflichtigen durch die gemeinsame Haushaltsführung mit dem ebenfalls erwerbstätigen Ehegatten geringer ist.[125] Ist ausnahmsweise die Aufgabenverteilung in der neuen Ehe hinzunehmen, so ist vom haushaltsführenden Elternteil mindestens eine umfangreiche Nebentätigkeit zu verlangen, die es ihm erlaubt, für seine minderjährigen Kinder jedenfalls den Mindestunterhalt, also den Unterhalt nach der ersten Einkommensgruppe der Düsseldorfer Tabelle aufzubringen.

Die Erwerbsobliegenheit des Pflichtigen bleibt auch dann bestehen, wenn in der neuen **285** Ehe ein oder mehrere **gleichrangige kleine Kinder** zu betreuen sind. Dies gilt grundsätzlich auch bei einem Säugling.[126] Allerdings wird es hier zunächst genügen, wenn der haushaltsführende Ehegatte das Elterngeld für den Unterhalt des Kindes aus erster Ehe einsetzt (→ Rn. 281). Jedoch können die minderjährigen Kinder der früheren Familie nicht ohne weiteres verlangen, dass der ihnen zur Leistung verpflichtete Elternteil in gleichem Umfang wie bisher erwerbstätig bleibt. Derartige Konflikte sind nach Zumutbarkeitsgesichtspunkten zu lösen. Es ist zu prüfen, inwieweit dem Pflichtigen trotz einer ihm obliegenden Betreuung der Kinder aus zweiter Ehe zugemutet werden kann, einer Erwerbstätigkeit nachzugehen, aus deren Ertrag die Ansprüche der erstehelichen Kinder gedeckt werden können. Ist die Übernahme der Haushaltsführung und der Kinderbetreuung im Vergleich zur Erwerbstätigkeit in der früheren Ehe mit einem **Rollenwechsel** (→ Rn. 275) verbunden, sind die Gründe, die dies rechtfertigen sollen, einer besonders restriktiven Prüfung zu unterziehen.[127] Kann die Rollenverteilung ausnahmsweise gebilligt werden, muss der Unterhaltspflichtige die Haushaltsführung und Betreuung der Kinder in der neuen Ehe auf das unbedingt notwendige Maß beschränken, damit er durch die Nebentätigkeit den Unterhaltsbedarf seiner unterhaltsberechtigten Kinder aus der früheren Ehe soweit wie möglich sicherstellen kann.[128] Zum Umfang der Erwerbsobliegenheit → Rn. 290.

Dem barunterhaltspflichtigen Elternteil können neben seiner Hausmannsrolle **Teilzeit-** **286** **beschäftigungen,**[129] Heimarbeit am Computer, häusliche Erledigung einfacher Lohnarbeiten,[130] Putztätigkeiten in den Abendstunden[131] und leichtere Arbeiten in einem fremden Haushalt,[132] auch eine zeitweise Tätigkeit als Nachtpförtner uÄ zugemutet werden, selbst wenn er qualifiziert ausgebildet ist (zB als Amtmann).[133]

Der neue Ehegatte kann selbst bei einer förmlichen Vereinbarung über die Aufgaben- **287** verteilung in der Ehe im Verhältnis zu den minderjährigen Kindern aus der ersten Ehe nicht verlangen, dass der Pflichtige in der neuen Ehe unter Verzicht auf eine Erwerbstätigkeit nur die Haushaltsführung und Kinderbetreuung übernimmt. **Der zweite Ehegatte** ist vielmehr gehalten, dem Unterhaltspflichtigen durch eine **Teilübernahme häuslicher Aufgaben** die erforderliche Zeit und damit die Möglichkeit zu verschaffen, seine Arbeitskraft nicht vollständig für Mitglieder der neuen Familie, sondern auch für den Unterhalt

---

[124] Vgl. BGH FamRZ 2001, 1065 mAnm Büttner = R 549b; FamRZ 1996, 796.
[125] BGH FamRZ 2002, 742 mAnm Büttner = R 576b; FamRZ 1998, 287.
[126] BGH FamRZ 1982, 25 (26) sub 2e.
[127] BGH FamRZ 1996, 796.
[128] BGH FamRZ 1996, 796.
[129] BGH FamRZ 1980, 43 = NJW 1980, 340.
[130] BGH FamRZ 1986, 668; 1982, 25.
[131] BGH FamRZ 1987, 270.
[132] BGH FamRZ 1986, 668.
[133] BGH FamRZ 1982, 590.

minderjähriger Kinder aus der ersten Ehe zu verwenden.[134] Gegebenenfalls ist es dem Unterhaltspflichtigen zuzumuten, sich die Erwerbsmöglichkeit durch den Einsatz einer Hilfskraft zu verschaffen.[135] Freilich mindern die dadurch entstehenden Kosten das erzielbare Einkommen.

3. Bemessung der dem Verpflichteten anzurechnenden (fiktiven) Nebeneinkünfte

288 Ist die Rollenverteilung hinzunehmen (→ Rn. 284 f.) und erzielt der Verpflichtete **tatsächlich Nebeneinkünfte,** muss er sie für den Unterhalt der minderjährigen Kinder aus erster Ehe einsetzen. Dies gilt aber nur dann, wenn sein **eigener Bedarf** durch den vom zweiten Ehegatten gewährten Familienunterhalt gedeckt ist.[136] Der zweite Ehegatte muss also in der Lage sein, seinen Eigenbedarf, den Bedarf seines haushaltsführenden Partners, der Kindern aus erster Ehe unterhaltspflichtig ist, und den Bedarf minderjähriger Kinder aus der neuen Ehe aufzubringen. Wegen der Berechnung der konkurrierenden Ansprüche kann zunächst auf → § 3 Rn. 70 ff. verwiesen werden. Jedoch sind hier Besonderheiten zu beachten. Der Eigenbedarf des zweiten Ehegatten, der ihm zu belassen ist, kann nicht aus §§ 1578, 1581 BGB entnommen werden, da nicht zu beurteilen ist, welcher Betrag dem zweiten Ehegatten gegenüber dem Unterhaltsberechtigten zu verbleiben hat, es vielmehr um das Konkurrenzverhältnis zwischen Unterhaltsberechtigten aus verschiedenen ehelichen oder auch nichtehelichen Verbindungen geht (→ Rn. 277). Daher sollte § 1603 I BGB mindestens entsprechend angewendet werden. Dies ist deshalb gerechtfertigt, weil der zweite Ehegatte zu den Kindern seines Partners aus erster Ehe (oder zu dessen nichtehelichen Kindern) in keinem Unterhaltsverhältnis steht und die Voraussetzungen des § 1603 II BGB daher nicht vorliegen. Der haushaltsführende Elternteil muss sich dagegen auf den notwendigen Selbstbehalt verweisen lassen. Die Selbstbehaltssätze können wegen der Ersparnis durch die gemeinsame Haushaltsführung niedriger angesetzt werden, als in Anm. A 5 der Düsseldorfer Tabelle festgelegt. In der Regel wird man den Bedarf des erwerbstätigen zweiten Ehegatten in entsprechender Anwendung von Anm. A 5 II der Düsseldorfer Tabelle mit 1300,– EUR ansetzen, nicht dagegen mit dem notwendigen Selbstbehalt von 1080,– EUR. Der verpflichtete Elternteil muss sich demgegenüber eine Haushaltsersparnis anrechnen lassen, da er mit seinem zweiten Ehegatten zusammen lebt.[137] Eine Berechnung des Familienunterhalts nach Quoten unter Berücksichtigung des Erwerbstätigenbonus scheidet aus.[138]

Für das eigene Kind hat der zweite Ehegatte mindestens den Richtsatz der ersten Einkommensgruppe der Tabelle aufzubringen, da der haushaltsführende Partner diesem Kind gegenüber seine Unterhaltspflicht durch Betreuung erfüllt (§ 1606 III 2 BGB). Das Kindergeld für das Kind aus der neuen Verbindung ist nur für dieses Kind zu verwenden, → Rn. 281. Es darf daher bei der Prüfung, ob der notwendige Selbstbehalt des haushaltsführenden Elternteils gewahrt ist, nicht berücksichtigt werden.

Das Einkommen des zweiten Ehegatten und der Ertrag der Nebentätigkeit des haushaltsführenden Elternteils sind zu addieren. Nach Abzug des Unterhalts für das Kind aus zweiter Ehe ist der verbliebene Betrag jedem Ehegatten zur Hälfte zuzuweisen.[139] Dies kommt allerdings nur in Betracht, wenn nach Teilung des Familieneinkommens für den zweiten Ehegatten mindestens der angemessene Selbstbehalt von 1300,– EUR verbleibt. Erst wenn das Einkommen der neuen Familie nach Abzug des Kindesunterhalts den angemessenen Selbstbehalt des zweiten Ehegatten und den notwendigen Selbstbehalt des pflichtigen

---

[134] BGH FamRZ 2001, 1065 (1066) mAnm Büttner = R 549a; zur Abgrenzung vgl. auch BGH FamRZ 2014, 1183 Rn. 50.
[135] BGH FamRZ 2006, 1827 (1830) mAnm Strohal = R 660; FamRZ 2001, 1065 mAnm Büttner = R 549a; FamRZ 1996, 796.
[136] BGH FamRZ 2001, 1065 (1066) mAnm Büttner = R 549a; FamRZ 2002, 742 mAnm Büttner.
[137] BGH FamRZ 2003, 363 mAnm Scholz FamRZ 2003, 514; die früher in B.VI der Düsseldorfer Tabelle enthaltenen Beträge sind seit 2008 in der Tabelle nicht mehr ausgewiesen.
[138] BGH FamRZ 2002, 742 mAnm Büttner = R 576b; vgl. auch BGH FamRZ 2001, 21.
[139] BGH FamRZ 2002, 742 mAnm Büttner = R 576b; vgl. auch BGH FamRZ 2003, 860.

4. Abschnitt: Leistungsfähigkeit des Unterhaltspflichtigen § 2

Elternteils deckt, muss der Verpflichtete den Ertrag einer Nebentätigkeit jedenfalls teilweise für den Unterhalt des Kindes aus erster Ehe verwenden. Reicht das Einkommen des zweiten Ehegatten dagegen zur Deckung des Bedarfs der neuen Familie nicht aus, darf der haushaltsführende Partner sein Nebeneinkommen zunächst zur Deckung seines eigenen Bedarfs verwenden, bevor er Unterhalt an ein minderjähriges Kind aus seiner ersten Ehe zu zahlen hat.

Beispiel:
Das 10-jährige Kind K 1 aus erster Ehe wird vom Vater betreut. Die Mutter (M) ist wiederverheiratet und versorgt das 2-jährige Kind K 2 aus der neuen Ehe. Sie verdient durch eine zumutbare Nebentätigkeit am Wochenende 300,- EUR. Das Einkommen des zweiten Ehegatten beläuft sich auf 1500,- EUR. Die Rollenwahl ist hinzunehmen, da M bei vollschichtiger Tätigkeit nur 800,- EUR, also deutlich weniger als ihr Ehemann verdienen könnte (→ Rn. 285). Einkommen der neuen Familie ohne Kindergeld für K 2: 1800,- EUR abzüglich Kindesunterhalt K 2 (Zahlbetrag) von 252,- EUR (DT 1/1) = 1548,- EUR. Da bei Halbteilung dieses Betrages der angemessene Selbstbehalt des zweiten Ehemannes von 1300,- EUR (DT 2019) gefährdet wäre, kann M hiervon nur ein Betrag von 248,- EUR zugewiesen werden. Dieser Betrag deckt (auch unter Berücksichtigung der Haushaltsersparnis) nicht einmal ihr eigenes Existenzminimum und erlaubt daher die Zahlung von Kindesunterhalt nicht.

Unterlässt der Verpflichtete eine ihm mögliche und ihm zumutbare Erwerbstätigkeit, so ist ihm ein **fiktives Einkommen** zuzurechnen. Dieses ist dann für die Beurteilung seiner Leistungsfähigkeit maßgebend.[140] → Rn. 244. **289**

Der BGH hat früher die Auffassung vertreten, dass die Erwerbsobliegenheit zu einem Nebenerwerb nur so weit reiche, dass die Unterhaltsberechtigten aus der früheren Ehe nicht schlechter gestellt würden, als sie ständen, wenn der Verpflichtete erwerbstätig wäre.[141] Dann könne – jedenfalls bei Vorhandensein eines Kleinkindes in der zweiten Ehe – der neue Partner nicht ohne weiteres erwerbstätig sein und nicht zum Unterhalt der neuen Familie beitragen. Der Verpflichtete müsse dann von seinem früheren Erwerbseinkommen in der Regel auch die neue Familie unterhalten. Vor einer dadurch bedingten Schmälerung des Barunterhalts seien die Berechtigten aus der früheren Ehe nicht geschützt. Die Obergrenze fiktiver Einkünfte sei hypothetisch danach zu bestimmen, wie der Unterhaltsanspruch bestehen würde, wenn der „Hausmann" voll erwerbstätig geblieben wäre und von seinem Einkommen die alte und die neue Familie zu unterhalten hätte.[142] Von dieser Ansicht ist der BGH inzwischen abgerückt.[143] Die jetzige Rechtsprechung des BGH ist wie folgt zusammen zu fassen: Die **Wiederverheiratung** des unterhaltspflichtigen Elternteils kann dazu führen, dass sich das ereheliche Kind als Folge des Hinzutritts weiterer minderjähriger Kinder aus der neuen Ehe eine **Schmälerung seines Unterhalts** gefallen lassen muss. Anderseits kann sich die Wiederverheiratung auch zum **Vorteil** des Kindes aus erster Ehe auswirken. Das Gesetz stellt in § 1603 BGB auf die tatsächlichen Verhältnisse des Unterhaltspflichtigen ab und bemisst die Unterhaltspflicht danach, ob und inwieweit er imstande ist, den begehrten Unterhalt ohne Gefährdung seines eigenen Bedarfs zu zahlen. Daher ist die Sicherstellung des eigenen Unterhalts des dem Kind verpflichteten Elternteils in der neuen Ehe zu berücksichtigen. In derartigen Fällen kommt es also nicht darauf an, welches fiktive Einkommen der unterhaltspflichtige Elternteil aus einer Vollzeittätigkeit erzielen und ob er aus diesen fiktiven Einkünften den Unterhalt aller Berechtigten sicherstellen könnte **(keine Kontrollberechnung)**,[144] sondern allein darauf, ob sein notwendiger Selbstbehalt durch das Einkommen des Ehegatten ganz oder teilweise gewährleistet wird und ob dem gemäß die Einkünfte des Pflichtigen die aus einer ihm möglichen und zumutbaren Nebentätigkeit die Zahlung von Kindesunterhalt erlauben.[145] **290**

---

[140] BGH FamRZ 2001, 1065 (1067) mAnm Büttner = R 549b; BVerfG FamRZ 1985, 143 (145).
[141] BGH FamRZ 1987, 472 (474); NJW 1985, 318.
[142] BGH FamRZ 1987, 472 (474); NJW 1985, 318.
[143] BGH FamRZ 2006, 1827 mAnm Strohal = R 660; FamRZ 2001, 1065 (1067) mAnm Büttner = R 549c.
[144] BGH FamRZ 2006, 1827 mAnm Strohal = R 660.
[145] BGH FamRZ 2006, 1827 mAnm Strohal = R 660; FamRZ 2001, 1065 (1067) mAnm Büttner = R 549c.

Ist durch den Unterhalt des zweiten Ehegatten und durch den Ertrag der Nebentätigkeit der notwendige, aber nicht der angemessene Selbstbehalt des haushaltsführenden Elternteils gedeckt, ist zu prüfen, ob der **frühere Ehegatte als anderer unterhaltspflichtiger Verwandter** in der Lage ist, neben der Betreuung des Kindes auch dessen Barunterhalt ganz oder teilweise sicherzustellen (§ 1603 II 3 BGB).[146] → Rn. 279 und zur Problematik des § 1603 II 3 BGB Rn. 394 f., 397 ff.

4. Unterhaltspflicht des haushaltsführenden Elternteils gegenüber einem volljährigen Kind

291 Die bisher dargestellten Grundsätze gelten nicht nur gegenüber minderjährigen Kindern, sondern – wie bereits → Rn. 276 erwähnt – auch gegenüber (nicht verheirateten) **privilegiert volljährigen Kindern** bis zur Vollendung des 21. Lebensjahres, solange diese im Haushalt der Eltern oder eines Elternteils leben und sich in der allgemeinen Schulausbildung befinden. Diese Kinder haben denselben Rang wie minderjährige Kinder (§ 1609 Nr. 1 BGB); → Rn. 579 ff.

292 Die Hausmannrechtsprechung kann dagegen nicht ohne weiteres auf **Unterhaltsansprüche anderer volljähriger Kinder** angewendet werden, auch wenn diese ihre Ausbildung noch nicht abgeschlossen haben. Es handelt sich hier um Kinder, die entweder bereits das 21. Lebensjahr vollendet, als 18–20-Jährige bereits das Elternhaus verlassen haben oder sich nicht mehr in der allgemeinen Schulausbildung befinden, sondern zB bereits in einem Lehrverhältnis stehen, studieren oder eine berufsbezogene Fachschule besuchen, → Rn. 579 ff. Diese volljährigen Kinder sind gegenüber minderjährigen und privilegiert volljährigen Kindern sowie gegenüber dem Ehegatten nachrangig (§ 1609 BGB). Ein Elternteil kann sich ihnen gegenüber grundsätzlich darauf berufen, dass er wegen Übernahme der häuslichen Aufgaben in seiner zweiten Ehe zu Unterhaltsleistungen ohne Gefährdung des eigenen Unterhalts nicht in der Lage ist (§ 1603 I BGB). Seine Unterhaltspflicht beginnt regelmäßig erst bei Einkünften oberhalb des angemessenen Selbstbehalts. Dieser beträgt nach den Tabellen und Leitlinien derzeit 1300,– EUR (→ Rn. 546 ff.). Bis zu dieser Höhe müssen dem unterhaltspflichtigen Elternteil die Einkünfte zur Deckung seines eigenen Lebensbedarfs verbleiben. Soweit er allerdings das Einkommen nicht benötigt, weil sein angemessener Bedarf durch den vom neuen Partner geleisteten **Familienunterhalt** (§§ 1360, 1360a BGB) gesichert ist, hat er die Einkünfte auch Volljährigen gegenüber für Unterhaltszwecke zu verwenden.[147] → Rn. 294.

Zu unterscheiden sind danach folgende Fallgruppen:

293 • Der wiederverheiratete **Elternteil** ist neben der Haushaltsführung in geringem Umfang **erwerbstätig** und erzielt daraus effektiv Einkünfte. Diese Nebentätigkeit kann im Verhältnis zum volljährigen Kind aus erster Ehe überobligationsmäßig sein, vor allem wenn er ein minderjähriges Kind aus der zweiten Ehe betreut, das noch in vollem Umfang betreuungsbedürftig ist. Das in dieser Weise erzielte Einkommen ist nur nach Maßgabe von Treu und Glauben anzurechnen.[148] → Rn. 294. Stammt das Einkommen nicht aus überobligationsmäßiger Tätigkeit, ist es zwar voll für die Unterhaltsberechnung anzurechnen. Es steht aber für den Unterhalt des volljährigen Kindes nur dann zur Verfügung, wenn die Einkünfte des zweiten Ehegatten so auskömmlich sind, dass er daraus den angemessenen Bedarf des Elternteils im Sinne des § 1603 I BGB decken kann. Eine Unterhaltspflicht scheidet dagegen aus, wenn dies nicht der Fall ist und der Elternteil daher sein Nebeneinkommen für seinen eigenen Bedarf benötigt.[149]

Der Bedarf des zweiten Ehemannes ist mit mindestens 1300,– EUR anzusetzen (→ Rn. 288), der Bedarf des unterhaltspflichtigen Elternteils wegen Zusammenlebens

---

[146] BGH FamRZ 2002, 742 mAnm Büttner.
[147] BGH FamRZ 1987, 472; vgl. auch BGH FamRZ 1986, 553.
[148] BGH FamRZ 2011, 454; FamRZ 1987, 472.
[149] BGH FamRZ 2011, 454; FamRZ 1987, 472; vgl. auch BGH FamRZ 2002, 742 mAnm Büttner = R 576b.

mit seinem neuen Partner bei einer Haushaltsersparnis von 10%[150] nur mit mindestens 960,– EUR, der Bedarf eines minderjährigen Kindes aus zweiter Ehe, dessen Barunterhalt der zweite Ehemann sicherzustellen hat (§ 1606 III 2 BGB), mit den Richtsätzen der Düsseldorfer Tabelle, → Rn. 288.

- Der wiederverheiratete Ehegatte führt nur den Haushalt, erzielt daher **keine Einkünfte**. Dann kommt es darauf an, ob er trotz der in der neuen Ehe übernommenen Aufgaben zu einer Nebentätigkeit gegenüber dem volljährigen Kind verpflichtet ist. Eine Erwerbsobliegenheit ist schon wegen des Vorrangs des Minderjährigenunterhalts (§ 1609 Nr. 1 BGB), der auch durch Betreuung erbracht werden kann (→ Rn. 10), in der Regel zu verneinen, wenn der wiederverheiratete Elternteil ein Kleinkind aus der zweiten Ehe betreut. Ich halte es dagegen nicht für richtig, dem Anspruch des zweiten Ehegatten einen unbeschränkten Vorrang in der Art einzuräumen, dass der einem volljährigen Kind barunterhaltspflichtige Elternteil sich in jedem Fall nur auf die Haushaltsführung beschränken darf. Vielmehr lässt sich die Führung eines kinderlosen Haushalts oder eines Haushalts mit einem Kind, das eine weiterführende Schule besucht, mindestens mit einer teilschichtigen Erwerbstätigkeit oder einer Aushilfsarbeit vereinbaren, wie die Praxis zahlreicher Ehepaare belegt. Das Recht der in zweiter Ehe verheirateten Partner, nach § 1356 BGB zu bestimmen, dass einer von ihnen sich allein auf die Haushaltsführung beschränkt, wird durch den Unterhaltsanspruch des volljährigen Kindes eingeschränkt. Dem entspricht mE auch die Auffassung des BGH,[151] der eine Unterhaltspflicht des haushaltführenden Elternteils auf Grund eines Einkommens aus einer Nebentätigkeit für möglich hält, wenn der zweite Ehegatte durch auskömmlichen Familienunterhalt den angemessenen Unterhalt des Elternteils sicherstellt, → Rn. 291. 294

Inwieweit einem Ehegatten, der in der neuen Ehe den Haushalt führt, aber nicht für ein in vollem Umfang betreuungsbedürftiges Kind sorgt, im Verhältnis zu einem volljährigen Kind aus erster Ehe eine (teilschichtige) Erwerbstätigkeit zugemutet werden kann, ist nach den Maßstäben des § 1574 II BGB (analog) zu beurteilen.[152] Danach ist entscheidend, ob eine berufliche Tätigkeit seiner Ausbildung, seinen Fähigkeiten, seinem Lebensalter und seinem Gesundheitszustand sowie den ehelichen Lebensverhältnissen entspricht; dabei sind auch die Dauer beider Ehen sowie die Dauer der Pflege und Erziehung minderjähriger Kinder zu berücksichtigen. Ist das Kind aus der zweiten Ehe nur noch teilweise betreuungsbedürftig oder ist die zweite Ehe kinderlos, kann eine Teilzeitarbeit zumutbar sein. Zu bedenken ist allerdings, dass einem Elternteil, der Jahrzehnte den Haushalt geführt hat, in vielen Fällen nicht zugemutet werden kann, in vorgerücktem Alter in das Erwerbsleben zurückzukehren und mit dem Ertrag einer Nebentätigkeit zum Unterhalt eines volljährigen Kindes beizutragen.

Beispiel:
Einkommen der wiederverheirateten Mutter (M), die ein zweijähriges Kind aus ihrer zweiten Ehe (K 2) betreut, 350,– EUR. Ein volljähriges, auswärts studierendes Kind aus erster Ehe (K 1) verlangt Unterhalt. Der Vater des Kindes ist krank und daher nicht leistungsfähig. Das Kindergeld von 204,– EUR erhält K 1 (§ 74 I EStG).
Einkommen des zweiten Ehemannes 2250,– EUR; Unterhalt für K 2 nach seinem Einkommen 372,– EUR (DT 2019 2/1) – 102,– EUR ($^1/_2$ Kindergeld) = 270,– EUR. Einkommen der Eheleute also 2600,– EUR – 270,– EUR (Unterhalt für K 2) = 2330,– EUR.
Bedarf des zweiten Ehemannes 1300,– EUR, der M 960,– EUR (→ Rn. 293), insgesamt also 2260,– EUR. Bedarf K 1 nach DT 2019 Anm. A 7 II 735,– EUR – 204,– EUR (volles Kindergeld) = 531,– EUR.
Von dem Familieneinkommen von 2330,– EUR bleiben nach Abzug der Selbstbehaltssätze von 2260,– EUR nur 70,– EUR für den Unterhalt von K 1 übrig.

---

[150] BGH FamRZ 2010, 1535; vgl. Anm. B.VI zur Düsseldorfer Tabelle.
[151] BGH FamRZ 1987, 472; vgl. auch BGH FamRZ 2002, 742 mAnm Büttner und (jeweils zum Elternunterhalt) BGH FamRZ 2004, 366; 2004, 370, beide mAnm Strohal S. 441; FamRZ 2004, 443 mAnm Schürmann.
[152] BGH FamRZ 1980, 555; OLG Hamburg FamRZ 1998, 41.

295 Verfügt der andere Elternteil des volljährigen Kindes über Einkommen, wird eine Unterhaltspflicht des wiederverheirateten Elternteils, der nur ein Kind aus der neuen Verbindung betreut, vielfach ausscheiden. Im Übrigen ist bei der Verteilung der Unterhaltslast § 1606 III 1 BGB zu beachten. Der sich auf Grund der Einkommensverhältnisse ergebende Verteilungsschlüssel kann wertend verändert werden.[153] → Rn. 577.

5. Hausmannrechtsprechung bei Übernahme der Haushaltsführung in einer nichtehelichen Lebensgemeinschaft

296 Eindeutig ist, dass sich ein Elternteil, der für ein minderjähriges Kind barunterhaltspflichtig ist und erwerbstätig sein könnte, **nicht allein durch Übernahme der Haushaltsführung** in einer nichtehelichen Lebensgemeinschaft der Unterhaltspflicht gegenüber dem Kind entziehen kann.

Dieser Grundsatz gilt auch, wenn **aus der Lebensgemeinschaft** ein **Kind** hervorgegangen ist. Auch wenn die Mutter das Kind allein betreuen muss, zB weil ihr Partner einen mit weiten Reisen verbundenen Beruf ausübt, muss sie grundsätzlich einer Erwerbstätigkeit nachgehen, um den Unterhalt für das beim Vater lebende Kind aus ihrer früheren Ehe zahlen zu können. Allerdings wird sie vielfach nicht oder nur eingeschränkt leistungsfähig sein, weil ihr Einkommen zunächst um die Kosten für die Betreuung des Kindes während ihrer Erwerbstätigkeit zu bereinigen ist (→ Rn. 269).

297 Steht der Lebenspartner der Mutter dagegen für eine Mitbetreuung des nichtehelichen Kindes zur Verfügung, stellt sich die Frage, ob die Grundsätze der **Hausmannrechtsprechung** auch im Rahmen einer **nichtehelichen Lebensgemeinschaft** anzuwenden sind. Dies hat der BGH[154] im Gegensatz zu im Schrifttum vertretenen Ansichten[155] zunächst verneint, weil der Lebensgefährte nicht verpflichtet sei, auf finanzielle Belastungen der Mutter in irgendeiner Form Rücksicht zu nehmen. Im Hinblick auf die Änderungen des Kindschafts- und des Kindesunterhaltsrechts zum 1.7.1998 und den Widerspruch in Rechtsprechung und Schrifttum hat der BGH diese Auffassung inzwischen aufgegeben.[156] Zwar ist der Lebensgefährte als solcher nicht wie der Ehegatte zur ehelichen Lebensgemeinschaft verpflichtet und daher nicht ohne weiteres gehalten, seiner Partnerin durch Teilbetreuung des gemeinsamen Kindes eine (teilschichtige) Erwerbstätigkeit zu ermöglichen. Er ist aber zugleich Vater des gemeinsamen Kindes, dessen Betreuung die Mutter an der Erfüllung ihrer Unterhaltspflichten gegenüber dem Kind aus ihrer früheren Ehe oder ihrer früheren Partnerschaft hindert. Die Zeit, in der man die Auffassung vertreten konnte, dass zwischen nicht miteinander verheirateten Eltern keine Rechtsbeziehungen bestehen, gehört der Vergangenheit an. Nach § 1615l II 3–5 BGB ist der Vater eines nichtehelichen Kindes der Mutter mindestens bis zum dritten Geburtstag des Kindes, nach Billigkeit auch darüber hinaus, zum Unterhalt verpflichtet. Er kann seit dem 1.7.1998 im Einverständnis, seit 2013 auch nach Übertragung der gemeinsamen Sorge durch das Familiengericht, mit der Mutter zusammen mit ihr die gemeinsame elterliche Sorge ausüben (§ 1626a I Nr. 1, 3 BGB). Er hat wie ein mit der Mutter verheirateter Vater ein Recht auf Umgang mit dem Kind (§ 1684 BGB). Auch wenn es nicht zur gemeinsamen elterlichen Sorge kommt, kümmert sich der Kindesvater, der mit der Mutter zusammenlebt, in aller Regel mit um die Erziehung und Versorgung des Kindes, zumal viele Väter – im Gegensatz zu den Gepflogenheiten früherer Zeiten – am Wohl ihrer nichtehelichen Kinder sehr interessiert sind und häufig Lebensgemeinschaften die Vorstufe zur Ehe sind. Dazu ist er im Übrigen dem Kind gegenüber nach § 1618a BGB verpflichtet.[157]

---

[153] OLG Hamm FamRZ 1997, 835.
[154] FamRZ 1995, 598.
[155] Schwab/Borth Scheidungsrecht, 7. Aufl., V Rn. 160; so auch die Vorauflage an dieser Stelle.
[156] BGH FamRZ 2001, 614 mAnm Büttner; dort auch umfangreiche Hinweise auf Rechtsprechung und Schrifttum.
[157] Es war schon nach dem bis 30.6.1998 geltenden Recht weitgehend anerkannt, dass § 1618a BGB auch das Verhältnis des nichtehelichen Kindes zu seinem Vater betrifft. Vgl. dazu Staudinger/Coester BGB § 1618a Rn. 21.

Man wird jedenfalls nach der Gleichstellung der ehelichen und der nichtehelichen 298
Kinder und nach der Stärkung der Rechte des Vaters des nichtehelichen Kindes durch das
KindUG § **1618a BGB** nicht auf das Verhältnis zwischen den Eltern einerseits und den
Kindern andererseits beschränken dürfen. Zu Recht leitet man auch bisher aus dieser
Vorschrift Pflichten der Geschwister untereinander her.[158] Es bestehen daher jedenfalls seit
dem 1.7.1998 keine Bedenken, mit Hilfe des § 1618a BGB auch Rechte und Pflichten der
Eltern untereinander zu begründen, wenn sich diese (bei verheirateten Eltern) nicht
ohnehin aus § 1353 BGB ergeben. Die Beziehungen zwischen den Eltern auf das Eherecht
zu beschränken,[159] wird den heutigen gesellschaftlichen Gegebenheiten nicht mehr gerecht. Freilich wird bei Zusammenleben mehr Beistand und Rücksicht gefordert, als wenn
die nicht verheirateten Eltern nie einen gemeinsamen Haushalt geführt haben oder als wenn sie
sich nach zeitweiser Lebensgemeinschaft wieder getrennt haben. Was an Beistand und
Rücksicht gefordert ist, richtet sich nach den konkreten Beziehungen.[160] Zu Recht weist
der BGH[161] darauf hin, dass zwischen den nicht verheirateten Eltern eine dem § 1356
BGB entsprechende Situation besteht. Jedenfalls dann, wenn der nichteheliche Vater im
Einvernehmen mit der Mutter einen Teil der Erziehungsaufgaben übernimmt, ist er verpflichtet, für die Mutter einzuspringen, wenn und soweit diese zur Erfüllung ihrer Unterhaltspflicht gegenüber einem Kind aus erster Ehe einer teilschichtigen Erwerbstätigkeit
nachgehen muss. Der Umstand, dass er nicht zur Übernahme dieser Teilbetreuung gezwungen werden kann, ist unerheblich. Auch in der Ehe sind Betreuungspflichten gegenüber dem Kind nicht einklagbar. Es ist Aufgabe der Mutter, die auf Unterhalt für ein Kind
aus ihrer früheren Ehe in Anspruch genommen wird, die Haushaltsführung und Kinderbetreuung mit Hilfe ihres Lebensgefährten so zu organisieren, dass sie durch Nebenarbeit
zum Unterhalt eines Kindes aus ihrer früheren Ehe beitragen kann. Sie hat darzulegen und
zu beweisen, dass sie dazu nicht in der Lage ist und dass ihr Lebensgefährte aus wichtigen
Gründen,[162] zB wegen einer Behinderung oder wegen ungewöhnlicher beruflicher Beanspruchung, zu der eine normale 40-Stunden-Woche nicht ausreicht, die Übernahme
häuslicher Aufgaben ablehnt.[163]

Dies alles gilt entsprechend, wenn nicht die Mutter, sondern der **Vater** des nichtehelichen Kindes dessen **Betreuung** und die Führung des Haushalts übernimmt.[164]

5. Abschnitt: Der Unterhaltsanspruch minderjähriger Kinder

I. Besonderheiten beim Unterhalt minderjähriger Kinder

Der Unterhalt minderjähriger und volljähriger Kinder beruht auf derselben Anspruchs- 299
grundlage. Minderjährigen- und Volljährigenunterhalt sind daher **identisch**[1] (→ Rn. 17).
Der Unterhaltsanspruch des Minderjährigen besteht nach Eintritt der Volljährigkeit – wenn
auch mit Modifikationen (vgl. dazu die Übersicht → Rn. 468 ff.) – fort. Das minderjährige
Kind wird gegenüber dem volljährigen in etlichen Punkten begünstigt.

- Während bei volljährigen Kindern die Bedürftigkeit besonderer Begründung bedarf (zB 300
  Fortdauer einer Berufsausbildung), sind minderjährige Kinder – bis auf seltene Ausnahmen – **bedürftig,** da sie entweder eine Schule (zum Schulsystem → Rn. 584 ff.)

---

[158] MüKoBGB/v. Sachsen-Gesaphe § 1618a Rn. 54; Staudinger/Coester § 1618a Rn. 24.
[159] So anscheinend Staudinger/Coester § 1618a Rn. 25.
[160] So mit Recht Staudinger/Coester § 1618a Rn. 21 für das Verhältnis des nichtehelichen Kindes zu seinem Vater.
[161] FamRZ 2001, 614 mAnm Büttner.
[162] OLG Oldenburg FamRZ 1991, 1090.
[163] Anders OLG Hamm FamRZ 1998, 1250.
[164] BGH FamRZ 2001, 614 mAnm Büttner.
[1] BGH FamRZ 1994, 696 = R 477a.

301 • Der **Bedarf** des minderjährigen Kindes richtet sich nach den Lebensverhältnissen der Eltern (→ Rn. 200). Er wird von der ganz einhelligen Praxis entsprechend dem Alter der Kinder und dem Einkommen der Eltern[2] bzw. des barunterhaltspflichtigen Elternteils (→ Rn. 206 f.) **nach der Düsseldorfer Tabelle** bemessen (→ Rn. 319 ff.). Die in den neuen Bundesländern früher herangezogenen Vortabellen zur Düsseldorfer Tabelle (→ Rn. 321) finden seit 1.1.2008 (Gleichsetzung der Bedarfssätze für das gesamte Bundesgebiet auf Grund der Unterhaltsreform 2007) keine Anwendung mehr. Der Unterhalt erhöht sich ausnahmsweise um etwaigen Mehrbedarf (→ Rn. 232 ff., 451 ff.) oder Sonderbedarf (→ Rn. 232, 237 ff.).

302 • Auch beim minderjährigen Kind wird die Unterhaltspflicht der Eltern durch deren **Leistungsfähigkeit** beschränkt. Ein barunterhaltspflichtiger Elternteil braucht grundsätzlich keinen Unterhalt zu leisten, wenn dadurch sein eigener angemessener Unterhalt gefährdet ist (§ 1603 I BGB). Dieser Grundsatz wird allerdings – vor allem für Unterhaltspflichtige, die in engen wirtschaftlichen Verhältnissen leben – weitgehend außer Kraft gesetzt. Die Eltern trifft, wenn kein anderer unterhaltspflichtiger Verwandter vorhanden ist, nach § 1603 II 1 BGB eine **gesteigerte Unterhaltspflicht** (→ Rn. 366 ff.). Ihnen verbleibt dann nur der sog notwendige Selbstbehalt (→ Rn. 380 ff., 384 ff.). Dies gilt auch für die Haftung der Eltern gegenüber privilegiert volljährigen Kindern (→ Rn. 579 ff.).

303 • Der Unterhalt des minderjährigen Kindes kann **dynamisiert** und in einem bestimmten Prozentsatz des jeweiligen Mindestunterhalts ausgedrückt werden (§ 1612a I BGB). Im Einzelnen → Rn. 358 ff.

304 • Der Elternteil, der ein gemeinsames minderjähriges Kind **betreut**, erfüllt dadurch in der Regel seine Unterhaltspflicht (§ 1606 III 2 BGB) und ist daher nicht zur Leistung von Barunterhalt verpflichtet (→ Rn. 11). Eine Barunterhaltspflicht beider Eltern besteht bei minderjährigen Kindern nur ausnahmsweise (→ Rn. 418). Das **Bestimmungsrecht** nach § 1612 II 1 BGB steht bei gemeinsamer Sorge beiden Eltern zu, bei alleiniger elterlicher Sorge dem sorgeberechtigten Elternteil (→ Rn. 27 f.).

305 • Der Unterhaltsanspruch des minderjährigen Kindes geht dem des Ehegatten und **dem Anspruch des volljährigen Kindes vor.** Privilegiert volljährige Kinder im Sinne des § 1603 II 2 BGB, also nicht verheiratete Kinder bis zur Vollendung des 21. Lebensjahres, die bei den Eltern oder bei einem Elternteil leben und sich in der allgemeinen Schulausbildung befinden, stehen rangmäßig minderjährigen Kindern gleich (§ 1609 Nr. 1 BGB), → Rn. 581 ff.

306 • **Eigenes Einkommen des Kindes,** insbesondere eine Ausbildungsvergütung, wird sowohl auf den Barunterhalt als auch auf den Betreuungsunterhalt angerechnet, und zwar nach gängiger, aber nicht unbedenklicher (→ Rn. 118) Praxis in der Regel je zur Hälfte (→ Rn. 96 ff., 414). **Kindergeld** ist wie Einkommen des Kindes zu behandeln und ist im Zweifel hälftig auf den Bedarf anzurechnen (§ 1612b I BGB).

307 • Der Unterhaltsanspruch eines minderjährigen Kindes kann grundsätzlich **nicht verwirkt** werden. Nur Fehlverhalten eines minderjährigen verheirateten Kindes kann zu einer Herabsetzung oder einem Ausschluss des Unterhalts führen (§ 1611 II BGB; → Rn. 602).

308 • Der Unterhalt eines Kindes als Minderjähriger **endet** mit dem Tag des Eintritts der Volljährigkeit, nicht erst am Monatsende.[3] Dies ist seit dem 1.7.1998 nicht mehr zweifelsfrei, weil nach § 1612a III BGB der Regelbetrag einer höheren Altersstufe ab dem Ersten des Monats zu zahlen ist, in dem das Kind das betreffende Lebensjahr vollendet. Diese Vorschrift kann für den Übergang zum Volljährigenunterhalt aber nicht analog herangezogen werden. Dagegen spricht, dass der Unterhalt des volljährigen Kindes an andere und schwerer zu erfüllende Voraussetzungen geknüpft ist als der Minderjährigenunterhalt

---

[2] BGH FamRZ 2017, 711 Rn. 11; 2017, 437 Rn. 24 f. = R 780b.
[3] BGH FamRZ 1988, 604.

(höherer Selbstbehalt; Unanwendbarkeit des § 1606 III 2 BGB, Nachrangigkeit). Deshalb ist auf den Tag abzustellen, an dem die Volljährigkeit eintritt, → Rn. 20, 330, 479.

II. Grundsätze der Bemessung des Bedarfs minderjähriger Kinder

1. Der Unterhalt des nichtehelichen Kindes bis zum 30.6.1998

Das eheliche und das nichteheliche Kind wurden bis zum 30.6.1998 bei der Bemessung des Unterhaltsbedarfs nicht gleich behandelt. Der Gesetzgeber ordnete zwar in § 1615a BGB aF die Anwendung der für eheliche Kinder geltenden Vorschriften der §§ 1601 ff. BGB an, sah sich aber in § 1615c BGB aF zu der Regelung veranlasst, dass bei der Bemessung des Unterhalts des nichtehelichen Kindes die Lebensstellung beider Eltern zu berücksichtigen sei. Diese Vorschrift wurde teilweise dahin verstanden, dass auf den Mittelwert der Einkünfte der Eltern abzustellen sei, teilweise wurde wie beim ehelichen Kind das Einkommen des allein barunterhaltspflichtigen Vaters für maßgebend gehalten.[4] Nach § 1615 f. BGB aF hatte der Vater des nichtehelichen Kindes mindestens den Regelunterhalt zu zahlen. Dieser wurde in § 1615 f. I 2 BGB aF definiert als der zum Unterhalt eines Kindes, das sich in der Pflege seiner Mutter befindet, bei einfacher Lebenshaltung im Regelfall erforderliche Betrag. Der Vater konnte mit der Klage auf Zahlung des Regelunterhalts in Anspruch genommen werden; die Angabe eines bestimmten Betrages war nicht erforderlich (§ 642 ZPO aF). Bei höherem Einkommen des Vaters konnte das Kind einen Zuschlag zum Regelunterhalt verlangen; bei unzureichender Leistungsfähigkeit war ein Abschlag festzusetzen (§ 642d ZPO aF, § 1615h BGB aF). Der Regelunterhalt wurde durch die Verordnung zur Berechnung des Regelunterhalts vom 27.6.1970[5] bestimmt, die in regelmäßigen Abständen an die Lohn- und Preisentwicklung angepasst wurde, zuletzt zum 1.1.1996.[6]

309

Der Regelbedarf eines minderjährigen Kindes war nach § 1610 III 1 BGB aF zugleich der Mindestbedarf eines ehelichen Kindes, das in den Haushalt eines geschiedenen Elternteils aufgenommen war und vom anderen Elternteil Unterhalt verlangte. Dieser Mindestbedarf (= Regelunterhalt) war der Unterhalt, der in der ersten Einkommensgruppe der Düsseldorfer Tabelle ausgewiesen war. Die Tabelle war gleichwohl bis zum 30.6.1998 nicht unmittelbar auf nichteheliche Kinder anwendbar, da deren Unterhalt, wie dargelegt, nach anderen Grundsätzen als der Unterhalt ehelicher Kinder zu bemessen war. Allerdings wurde vielfach die Düsseldorfer Tabelle als Anhaltspunkt für die Bemessung des Unterhalts des nichtehelichen Kindes herangezogen.

2. Die Bedarfsbemessung bei ehelichen und nichtehelichen Kindern seit dem 1.7.1998

Zum 1.7.1998 wurden zunächst durch das Kindschaftsrechtsreformgesetz[7] die ehelichen und die nichtehelichen Kinder in ihrem Status gleichgestellt (§§ 1591 ff., 1626 ff. BGB). Auch das Verfahrensrecht wurde vereinheitlicht. Alle Streitigkeiten, die den Status und den Unterhalt ehelicher und nichtehelicher Kinder betreffen, sind nunmehr von den Familiengerichten, im zweiten Rechtszug von den Familiensenaten der Oberlandesgerichte zu entscheiden (§§ 23b, 119 I Nr. 1 GVG).

310

Auf dem Gebiet des Unterhaltsrechts wurden **die Unterschiede zwischen ehelichen und nichtehelichen Kindern durch das Kindesunterhaltsgesetz**[8] fast vollständig be-

---

[4] Göppinger/Maurer, Unterhaltsrecht, 6. Aufl., Rn. 809 ff. mit weiteren Nachweisen.
[5] BGBl. 1970 I S. 1010.
[6] Art. 2 der VO über die Anpassung und Erhöhung von Unterhaltsrenten für Minderjährige vom 25.9.1995 – BGB. I S. 1190 = FamRZ 1995, 1327.
[7] Vom 16.12.1997 – BGBl. I S. 2942.
[8] Vom 6.4.1998 – BGBl. I S. 666.

seitigt, → Rn. 4. Der Unterhalt des minderjährigen Kindes richtet sich seit dem 1.7.1998 nach der Lebensstellung der Eltern (→ Rn. 200), mögen diese miteinander verheiratet sein, sich getrennt haben, geschieden sein, in nichtehelicher Lebensgemeinschaft verbunden sein oder nie miteinander zusammengelebt haben. Bei verheirateten oder nicht verheirateten Eltern, die mit ihren gemeinsamen Kindern zusammenleben, stellt sich die Frage, ob sie ihnen unterhaltspflichtig sind, in der Praxis kaum. Zur entsprechenden Problematik beim Familienunterhalt → § 3 Rn. 12. Leben dagegen die Eltern getrennt, so erfüllt derjenige, der das Kind betreut, seine Unterhaltspflicht durch Pflege und Erziehung (§ 1606 III 2 BGB). Für den Barunterhalt hat grundsätzlich allein der andere Elternteil aufzukommen (→ Rn. 20). Seine Lebensstellung, also seine Einkommens- und Vermögensverhältnisse, bestimmen den Bedarf des Kindes (→ Rn. 212, 206). Entscheidend für die Höhe des Kindesunterhalts ist daher in der Regel das Einkommen des barunterhaltspflichtigen Elternteils. Die verfahrensrechtlichen Vorschriften über den Regelunterhalt nichtehelicher Kinder (§§ 642ff. ZPO aF) wurden durch das KindUG aufgehoben und durch einen neuen „Abschnitt 6 – Verfahren über den Unterhalt" der ZPO ersetzt;[9] damit entfiel die Bemessung des Unterhalts nichtehelicher Kinder durch Zuschläge oder Abschläge beim Regelunterhalt (§ 642d ZPO aF). Nunmehr befindet sich die entsprechende Regelung in §§ 249ff. FamFG (vereinfachtes Unterhaltsfestsetzungsverfahren), welche – nunmehr beinahe selbstverständlich – einheitlich für alle Kinder gilt.

Demgemäß rechtfertigt das Gesetz eine unterschiedliche Bemessung des Unterhalts ehelicher und nichtehelicher Kinder nicht mehr. Der Bedarf des nichtehelichen Kindes und die Leistungsfähigkeit seiner Eltern richten sich ausschließlich nach §§ 1601ff. BGB.

311 Der Bedarf des ehelichen wie des nichtehelichen Kindes ist nach den individuellen Verhältnissen, also nach dem Einkommen des barunterhaltspflichtigen Elternteils zu bemessen (vgl. allerdings → Rn. 206). Dies geschieht üblicherweise mit Hilfe der **Düsseldorfer Tabelle,** → Rn. 315. Der so ermittelte Unterhalt kann vom Kind beziffert und damit als **statischer** Geldbetrag gefordert und ggf. eingeklagt werden. Aus dem früheren Recht des nichtehelichen Kindes (§§ 642ff. ZPO aF) hat das Gesetz aber die Möglichkeit übernommen, den Unterhalt nach einem durch Rechtsverordnung in bestimmten Abständen anzupassenden, also **dynamischen Betrag** zu bemessen, → Rn. 358ff. Dieses Recht haben seit dem 1.7.1998 alle minderjährigen Kinder, die mit dem barunterhaltspflichtigen Elternteil nicht in einem Haushalt leben (§ 1612a I BGB). Aus dem „Regelunterhalt" nach früherer Rechtslage wurde der „Regelbetrag". Damit sollte klargestellt werden, dass die Regelbeträge nicht bedarfsdeckend sind, sondern deutlich hinter dem Existenzminimum zurückblieben. Der Regelbetrag war daher eine reine Bezugsgröße.[10] Er war **nicht** mit dem Existenzminimum oder **dem Mindestbedarf** des Kindes **identisch.**[11] → Rn. 224.

312 Die Regelbeträge wurden durch die Regelbetrag-Verordnung[12] entsprechend dem Alter des Kindes für bestimmte **Altersstufen** festgesetzt, und zwar für die Zeit bis zur Vollendung des 6. Lebensjahres (1. Altersstufe), für die Zeit bis zur Vollendung des 12. Lebensjahres (2. Altersstufe) und für die Zeit vom 13. Lebensjahr an (3. Altersstufe). Die **Regelbeträge** entsprachen in der Zeit vom 1.7.1998 bis zum 30.6.1999 dem Regelunterhalt nach der letzten Regelunterhalt-Verordnung.[13] Sie wurden **zum 1. Juli jedes zweiten Jahres**, erstmals zum 1.7.1999 und letztmals zum 1.7.2007, durch Rechtsverordnung des Bundesministeriums der Justiz **angepasst.** Maßstab war nach § 1612a IV BGB die Entwicklung des durchschnittlich verfügbaren Arbeitsentgelts in den letzten zwei Kalenderjahren.

---

[9] Art. 3 Nr. 9 KindUG.
[10] BT-Drs. 13/9596, 32; vgl. auch Strauß FamRZ 1998, 994.
[11] BGH FamRZ 2002, 536 (539) mAnm Büttner = Rn. 572c.
[12] Die Verordnung ist als Art. 2 in das KindUG aufgenommen worden, kann aber durch Verordnung geändert werden (Art. 7 KindUG).
[13] VO über die Anpassung und Erhöhung von Unterhaltsrenten für Minderjährige vom 25.9.1995 – BGBl. I S. 1190 = FamRZ 1995, 1327.

5. Abschnitt: Der Unterhaltsanspruch minderjähriger Kinder § 2

Die **Regelbeträge für das alte Bundesgebiet** sind wie folgt festgesetzt worden:[14]

für den Zeitraum	0–5 Jahre	6–11 Jahre	12–17 Jahre
1.7.1998–30.6.1999	349 DM	424 DM	502 DM
1.7.1999–30.6.2001	355 DM	431 DM	510 DM
1.7.2001–31.12.2001	366 DM	444 DM	525 DM
1.1.2002–30.6.2003	188 EUR	228 EUR	269 EUR
1.7.2003–30.6.2005	199 EUR	241 EUR	284 EUR
1.7.2005–30.6.2007	204 EUR	247 EUR	291 EUR
1.7.2007–31.12.2007	202 EUR	245 EUR	288 EUR

Für die **neuen Bundesländer** gilt seit dem 3.10.1990 das Unterhaltsrecht des BGB **313** (Art. 234 § 1 EGBGB). Die Regelunterhaltssätze für das Beitrittsgebiet lagen zunächst erheblich unter den Sätzen für die alte Bundesrepublik.[15] Auch die seit dem 1.7.1998 eingeführten Regelbeträge Ost entsprachen nicht dem westlichen Niveau.

Die **Regelbeträge für das Beitrittsgebiet** sind wie folgt festgesetzt worden:[16]

für den Zeitraum	0–5 Jahre	6–11 Jahre	12–17 Jahre
1.7.1998–30.6.1999	314 DM	380 DM	451 DM
1.7.1999–30.6.2001	324 DM	392 DM	465 DM
1.7.2001–31.12.2001	340 DM	411 DM	487 DM
1.1.2002–30.6.2003	174 EUR	211 EUR	249 EUR
1.7.2003–30.6.2005	183 EUR	222 EUR	262 EUR
1.7.2005–30.6.2007	188 EUR	228 EUR	269 EUR
1.7.2007–31.12.2007	186 EUR	226 EUR	267 EUR

Die Regelbeträge, die bis zum 31.12.2007 nach § 1612a BGB aF und der vom Bundes- **314** ministerium der Justiz erlassenen Regelbetrag-VO dem Kindesunterhalt zugrunde lagen, waren nicht bedarfsdeckend ausgestaltet. Das Unterhaltsrechtsänderungsgesetz hat die Regelbeträge abgeschafft und die Bedarfsbemessung auf eine völlig neue Grundlage gestellt. Der **Mindestunterhalt** wird so bemessen, dass er das Existenzminimum des Kindes gewährleistet. Er gilt **einheitlich für das ganze Bundesgebiet.**
Der Mindestunterhalt wurde allerdings zunächst in der Übergangsvorschrift des **§ 36 Nr. 4 EGZPO** vorübergehend abweichend von der nach § 1612a I BGB an sich vorgesehenen Anknüpfung an das steuerrechtliche Existenzminimum festgelegt.

Er betrug zum 1.1.2008 für die:

1. Altersstufe (0–5 Jahre):	279 EUR
2. Altersstufe (6–11 Jahre):	322 EUR
3. Altersstufe (12–17 Jahre):	365 EUR

Die Übergangsregelung in § 36 Nr. 4 EGZPO ist inzwischen bedeutungslos geworden, weil die Beträge nach § 1612a I BGB inzwischen höher liegen. Bemerkenswert war eine deutliche Anhebung zum 1.1.2010. Diese lag darin begründet, dass durch die Anhebung des steuerlichen Freibetrags das aktuelle Existenzminimum deutlich überschritten worden ist.[17] Seit 2015 richtet sich der Mindestunterhalt nach der Mindestunterhalt-VO (→ Rn. 223). Seit 2010 hat sich der Mindestunterhalt wie folgt entwickelt:[18]

---

[14] Vgl. Art. § 1 der Regelbetrag-VO in der Fassung der Dritten VO zur Änderung der Regelbetrag-VO vom 24.4.2003 – BGB. I S. 546.
[15] Vgl. dazu die Vorauflage Rn. 6/621.
[16] Vgl. Art. § 2 der RegelbetragVO in der Fassung der Dritten VO zur Änderung der RegelbetragVO vom 24.4.2003 – BGB. I S. 546.
[17] Vgl. dazu Klinkhammer FamRZ 2010, 845.
[18] Zur Entwicklung von 2008 bis 2011 s. die 9. Aufl.

Entwicklung des Mindestunterhalts seit dem 1.1.2010:

	1.1.2010	1.1.2016	1.1.2017	1.1.2018	**1.1.2019**
1. Altersstufe (0–5 Jahre):	317 EUR	335 EUR	342 EUR	348 EUR	**353 EUR**
2. Altersstufe (6–11 Jahre):	364 EUR	384 EUR	393 EUR	399 EUR	**406 EUR**
3. Altersstufe (12–17 Jahre):	426 EUR	450 EUR	460 EUR	467 EUR	**476 EUR**

Das minderjährige Kind hat das Recht, als **dynamischen Unterhalt** nicht nur den Mindestunterhalt selbst zu verlangen, sondern einen bestimmten **Prozentsatz** des jeweiligen Mindestunterhalts (§ 1612a I BGB). Damit kann das Kind der jeweiligen Leistungsfähigkeit des barunterhaltspflichtigen Elternteils Rechnung tragen, → Rn. 358 ff.

Auch wenn das Kind von dieser Möglichkeit Gebrauch macht, ist zunächst der Unterhalt mit Hilfe der Düsseldorfer Tabelle (→ Rn. 315 ff.) zu errechnen. Der Schuldner ist je nach der Zahl der Unterhaltsberechtigten unter Wahrung des Bedarfskontrollbetrages in eine andere Einkommensgruppe der Tabelle höher- oder herabzugruppieren (→ Rn. 343 ff., 351 ff.). Seine Leistungsfähigkeit ist zu berücksichtigen (→ Rn. 366 ff.). Erst der so ermittelte individuelle Unterhalt darf in einen Prozentsatz des Mindestunterhalts umgerechnet werden, → Rn. 361. Die individuelle **Bemessung des Kindesunterhalts mit Hilfe der Düsseldorfer Tabelle** ist daher stets **vorrangig**.

III. Die Düsseldorfer Tabelle[19] und die ehemaligen Vortabellen für das Beitrittsgebiet[20]

1. Vorbemerkung

315 Die **Düsseldorfer Tabelle**[21] wird von allen Oberlandesgerichten des Bundesgebietes, zT mit gewissen Modifikationen, zur Bemessung des Unterhalts minderjähriger Kinder verwendet und meist in die eigenen Tabellen oder Leitlinien integriert. Seit dem Inkrafttreten der Unterhaltsrechtsänderung 2008 am 1.1.2008 gilt sie auch für das Beitrittsgebiet, nachdem die zwischen Ost und West unterschiedliche Bedarfsbemessung entfallen ist, → Rn. 316, 321.

Zudem haben sich die Vertreter aller Oberlandesgerichte auf eine **bundesweite Struktur der Leitlinien** geeinigt.[22] Diese liegt den Leitlinien zugrunde. Zu den Tabellen und Leitlinien und zu ihren Fundstellen → § 1 Rn. 16 f.

Das OLG Nürnberg, das zunächst eine eigene Tabelle herausgab,[23] hat sich zum 1.7.1998 den Unterhaltsleitlinien der Familiensenate in Bayern (BayL),[24] später den Unterhaltsrechtlichen Leitlinien der Familiensenate in Süddeutschland (SüdL) angeschlossen.[25]

---

[19] Vgl. dazu Scholz FamRZ 1993, 125; zu den späteren Änderungen der Tabelle vgl. Scholz FamRZ 1998, 797; 1999, 1177; 2001, 1045; Soyka FamRZ 2003, 1154; 2005, 1287; 2007, 1362; 2011, 73; zur Umstrukturierung der Düsseldorfer Tabelle nach der Unterhaltsreform 2007 (Stand 1.1.2008) s. Klinkhammer FamRZ 2008, 193.
[20] Vgl. Vossenkämper FamRZ 1998, 537; 2000, 1547; Soyka FamRZ 2003, 1154; 2005, 1287; 2007, 1362.
[21] In diesem Handbuch abgedruckt in Anhang D.
[22] FamRZ 2003, 909; dazu Schürmann FamRZ 2005, 490.
[23] Vgl. Riegner, Grundzüge der Nürnberger Tabelle 1996, FamRZ 1996, 988.
[24] FamRZ 1999, 773 = NJW 1999, Beil. zu Heft 34, S. 9.
[25] Zu den Besonderheiten in der Anwendung der Leitlinien durch das OLG Nürnberg s. Riegner FamRZ 2005, 1292.

5. Abschnitt: Der Unterhaltsanspruch minderjähriger Kinder § 2

Die Düsseldorfer Tabelle wird seit dem 1.1.1979 vom OLG Düsseldorf herausgegeben.[26] Die Tabellen der Jahre 1962 bis 1977 stammen vom damals zuständigen LG Düsseldorf.[27] Die Düsseldorfer Tabelle hat derzeit den **Stand vom 1.1.2019** und beruht auf der am 1.1.2008 in Kraft getretenen Unterhaltsrechtsänderung.[28] Sie baut auf dem **gesetzlichen Mindestunterhalt** auf, der in § 1612a I BGB festgelegt ist (→ Rn. 309). Die Richtsätze der ersten Einkommensgruppe der Tabelle entsprechen dem gesetzlichen Mindestunterhalt.

Im **Beitrittsgebiet** galten bis zum 31.12.2007 die Berliner Tabelle[29] als Vortabelle der Düsseldorfer Tabelle sowie die Leitlinien der ostdeutschen Oberlandesgerichte. Die Berliner Tabelle beruhte auf den niedrigeren Regelbeträgen Ost (→ Rn. 313) und wies zwei zusätzliche Einkommensgruppen unterhalb der Einkommensgruppe 1 der Düsseldorfer Tabelle auf. Die Berliner Tabelle ist zum 1.1.2008 entfallen. Für Übergangsfälle ist sie in ihrer jeweils gültigen Fassung weiterhin anzuwenden, wenn der Unterhalt bis zum 31.12.2007 zu ermitteln ist. 316

Die Düsseldorfer Tabelle ist ein **Hilfsmittel für die Bemessung des angemessenen Unterhalts im Sinne des § 1610 BGB.** Die in der Tabelle ausgewiesenen Richtsätze sind Erfahrungswerte, die den Lebensbedarf des Kindes – ausgerichtet an den Lebensverhältnissen der Eltern und an seinem Alter – auf der Grundlage durchschnittlicher Lebenshaltungskosten typisieren, um so eine gleichmäßige Behandlung gleicher Lebenssachverhalte zu erreichen.[30] Die Düsseldorfer Tabelle ist daher keine Rechtsquelle, insbesondere **kein Gewohnheitsrecht.**[31] Ohnehin ist nur die eigentliche Tabelle mit den Zahlenwerten für den Unterhalt minderjähriger Kinder unumstritten. Bereits die Anmerkungen zur Tabelle Kindesunterhalt werden von den anderen Oberlandesgerichten nur zum Teil übernommen. Die Düsseldorfer Tabelle ist daher – wie die anderen Unterhaltstabellen und Leitlinien – nur eine **Richtlinie.**[32] Darauf weisen die Tabelle (Anm. A 1) und die meisten Leitlinien in ihren Vorbemerkungen hin. Jedes mit Hilfe der Tabelle gewonnene Ergebnis ist im Einzelfall auf seine Angemessenheit zu überprüfen.[33] Diese **Angemessenheitskontrolle** geschieht vor allem mit Hilfe des Bedarfskontrollbetrages und durch Höher- und Herabgruppierung, → Rn. 343 ff., 351 ff. 317

Da die Richtsätze der Tabelle nur eine Empfehlung darstellen, bleibt es dem Berechtigten wie dem Pflichtigen unbenommen, im Einzelnen vorzutragen, dass die Tabellensätze auf den zu beurteilenden Sachverhalt nicht passen. So kommt zB die Zubilligung regelmäßigen Mehrbedarfs (→ Rn. 232 ff., 451 ff., 530 ff.) oder unregelmäßigen Sonderbedarfs (→ Rn. 237 ff.) in Betracht, uU auch die Kürzung des Tabellenunterhalts wegen einge-

---

[26] Die früheren Tabellen sind abgedruckt:
Stand 1.1.1979: FamRZ 1978, 854.
Stand 1.1.1980: FamRZ 1980, 19.
Stand 1.1.1982: FamRZ 1981, 1207.
Stand 1.1.1985: FamRZ 1984, 961.
Stand 1.1.1989: FamRZ 1988, 911.
Stand 1.7.1992: FamRZ 1992, 398.
Stand 1.1.1996: FamRZ 1995, 1223.
Stand 1.7.1998: FamRZ 1998, 534.
Stand 1.7.1999: FamRZ 1999, 766.
Stand 1.7.2001: FamRZ 2001, 806.
Stand 1.1.2002: FamRZ 2001, 810 (1512).
Stand 1.7.2003: FamRZ 2003, 903.
Stand 1.7.2005: FamRZ 2005, 1300.
Stand 1.7.2007: FamRZ 2007, 1367.
[27] Die Fundstellen dieser Tabellen sind bei Köhler, Festschrift für Rebmann, S. 569, 576 wiedergegeben.
[28] FamRZ 2010, 1960; dazu Soyka FamRZ 2011, 73.
[29] Zuletzt FamRZ 2007, 1370.
[30] BGH FamRZ 2000, 358.
[31] Anders Klingelhöffer ZRP 1994, 383 (385).
[32] Scholz FamRZ 1993, 125 (127); Jost JR 2003, 89.
[33] BGH FamRZ 2000, 1492 mAnm Scholz.

schränkter Leistungsfähigkeit des Schuldners (→ Rn. 257 ff.). Allerdings wird man im Einzelfall sorgfältig prüfen müssen, ob wirklich besondere Umstände vorliegen, die eine Abweichung vom pauschalierten Unterhalt (→ Rn. 326) rechtfertigen.[34]

318 Die Richtsätze der Düsseldorfer Tabelle sind seit dem 1.1.2002 in **Euro** ausgewiesen. Auf Deutsche Mark lautende Unterhaltsbeträge sind nach dem amtlichen Umrechnungskurs von 1,95583 DM = 1 Euro umzurechnen. Das gilt auch für Vollstreckungstitel. Bereits vor dem 1.1.2002 war der Euro nach Art. 2 der VO 974/98 des Rates der EU[35] seit 1.1.1999 die Währung aller Mitgliedstaaten der Europäischen Union, die den Euro eingeführt haben. Die Deutsche Mark war nur noch eine nicht dezimale Untereinheit des Euro (Art. 6 der VO). Zur Unterhaltsfestsetzung in Euro in der Zeit vor dem 1.1.2002 kann auf die 6. Auflage Rn. 2/208a verwiesen werden.

2. Die Düsseldorfer Tabelle, Stand: 1.1.2019/1.1.2018/1.1.2017/1.1.2016/1.1.2015[36]

319 *Düsseldorfer Tabelle, Stand: 1.1.2019*

Nettoeinkommen des/der Barunterhaltspflichtigen (Anm. 3, 4)	Altersstufen in Jahren (§ 1612a I BGB)				Prozentsatz	Bedarfskontrollbetrag (Anm. 6)
	0–5	6–11	12–17	ab 18		
	Alle Beträge in Euro					
1.	bis 1.900	354	406	476	527	100	880/1080
2.	1.901 – 2.300	372	427	500	554	105	1.300
3.	2.301 – 2.700	390	447	524	580	110	1.400
4.	2.701 – 3.100	408	467	458	607	115	1.500
5.	3.101 – 3.500	428	488	572	633	120	1.600
6.	3.501 – 3.900	454	520	610	675	128	1.700
7.	3.901 – 4.300	482	553	648	717	136	1.800
8.	4.301 – 4.700	510	585	686	7759	144	1.900
9.	4.701 – 5.100	539	618	724	802	152	2.000
10.	5.101 – 5.500	567	650	762	844	160	2.100
	ab 5.101	nach den Umständen des Falles					

Düsseldorfer Tabelle, Stand: 1.1.2018

Nettoeinkommen des Barunterhaltspflichtigen (Anm. 3, 4)	Altersstufen in Jahren (§ 1612a I BGB)				Prozentsatz	Bedarfskontrollbetrag (Anm. 6)
	0–5	6–11	12–17	ab 18		
	Alle Beträge in Euro					
1.	bis 1.900	348	399	467	527	100	880/1080
2.	1.901 – 2.300	366	419	491	554	105	1.300
3.	2.301 – 2.700	383	439	514	580	110	1.400
4.	2.701 – 3.100	401	459	538	607	115	1.500
5.	3.101 – 3.500	418	479	561	633	120	1.600
6.	3.501 – 3.900	446	511	598	675	128	1.700
7.	3.901 – 4.300	474	543	636	717	136	1.800

---

[34] Vgl. Jost JR 2003, 89 (93).
[35] Vom 3.5.1998, Amtsblatt der Europäischen Gemeinschaften L 139 S. 1.
[36] Zu früheren Düsseldorfer Tabellen s. Vorauflage § 2 Rn. 319.

5. Abschnitt: Der Unterhaltsanspruch minderjähriger Kinder § 2

Nettoeinkommen des Barunterhaltspflichtigen (Anm. 3, 4)	Altersstufen in Jahren (§ 1612a I BGB)				Prozentsatz	Bedarfskontrollbetrag (Anm. 6)
	0–5	6–11	12–17	ab 18		
	Alle Beträge in Euro					
8.	4.301 – 4.700	502	575	673	759	144	1.900
9.	4.701 – 5.100	529	607	710	802	152	2.000
10.	5.101 – 5.500	557	639	748	844	160	2.100
ab 5.101	nach den Umständen des Falles					

Düsseldorfer Tabelle, Stand: 1.1.2017

	Nettoeinkommen des Barunterhaltspflichtigen (Anm. 3, 4)	Altersstufen in Jahren (§ 1612a I BGB)				Prozentsatz	Bedarfskontrollbetrag (Anm. 6)
		0–5	6–11	12–17	ab 18		
		Alle Beträge in Euro					
1.	bis 1.500	342	393	460	527	100	
2.	1.501 – 1.900	360	413	483	554	105	1.180
3.	1.901 – 2.300	377	433	506	580	110	1.280
4.	2.301 – 2.700	394	452	529	607	115	1.380
5.	2.701 – 3.100	411	472	552	633	120	1.480
6.	3.101 – 3.500	438	504	589	675	128	1.580
7.	3.501 – 3.900	466	535	626	717	136	1.680
8.	3.901 – 4.300	493	566	663	759	144	1.780
9.	4.301 – 4.700	520	598	700	802	152	1.880
10.	4.701 – 5.100	548	629	736	844	160	1.980
	ab 5.101	nach den Umständen des Falles					

Düsseldorfer Tabelle, Stand: 1.1.2016

	Nettoeinkommen des Barunterhaltspflichtigen (Anm. 3, 4)	Altersstufen in Jahren (§ 1612a I BGB)				Prozentsatz	Bedarfskontrollbetrag (Anm. 6)
		0–5	6–11	12–17	ab 18		
		Alle Beträge in Euro					
1.	bis 1.500	335	384	450	516	100	880/1080
2.	1.501 – 1.900	352	404	473	542	105	1.180
3.	1.901 – 2.300	369	423	495	468	110	1.280
4.	2.301 – 2.700	386	442	518	594	115	1.380
5.	2.701 – 3.100	402	461	540	620	120	1.480
6.	3.101 – 3.500	429	492	576	661	128	1.580
7.	3.501 – 3.900	456	523	612	702	136	1.680
8.	3.901 – 4.300	483	553	648	744	144	1.780
9.	4.301 – 4.700	510	584	684	785	152	1.880
10.	4.701 – 5.100	536	615	720	826	160	1.980
	ab 5.101	nach den Umständen des Falles					

320 *Düsseldorfer Tabelle, Stand: 1.1.2015*

	Nettoeinkommen des Barunterhaltspflichtigen (Anm. 3, 4)	Altersstufen in Jahren (§ 1612a I BGB)				Prozentsatz	Bedarfskontrollbetrag (Anm. 6)
		0–5	6–11	12–17	ab 18		
		Alle Beträge in Euro					
1.	bis 1.500	317	364	426	488	100	880/1080
2.	1.501 – 1.900	333	383	448	513	105	1.180
3.	1.901 – 2.300	349	401	469	537	110	1.280
4.	2.301 – 2.700	365	419	490	562	115	1.380
5.	2.701 – 3.100	381	437	512	586	120	1.480
6.	3.101 – 3.500	406	466	546	625	128	1.580
7.	3.501 – 3.900	432	496	580	664	136	1.680
8.	3.901 – 4.300	457	525	614	703	144	1.780
9.	4.301 – 4.700	482	554	648	742	152	1.880
10.	4.701 – 5.100	508	583	682	781	160	1.980
	ab 5.101	nach den Umständen des Falles					

321 Die Düsseldorfer Tabelle galt auch vor dem 1.1.2008 hinsichtlich der Bedarfssätze für minderjährige Kinder auch im **Beitrittsgebiet**, uneingeschränkt jedoch erst ab einem Einkommen des barunterhaltspflichtigen Elternteils von 1150,– EUR. Für den darunterliegenden Bereich enthielten die Berliner Tabelle und die Leitlinien der ostdeutschen Oberlandesgerichte Vortabellen. Entsprechend den Altersstufen der Düsseldorfer Tabelle galten bis zum **31.12.2007** für das gesamte Beitrittsgebiet eigene Bedarfssätze, die für Übergangsfälle noch anwendbar sind. Auf die 7. Auflage Rn. 210a wird insoweit verwiesen.

322 Die Struktur und der Inhalt der Düsseldorfer Tabelle mussten in den vergangenen Jahren mehrfach geändert werden.[37] Die deutliche Erhöhung des Kindergeldes durch das Jahressteuergesetz 1996 bedingte eine nachhaltige Anhebung der Tabellensätze zum 1.1.1996.[38] Zum 1.7.1998 wurden die bisher neun Einkommensgruppen auf zwölf vermehrt, weil § 1612a I BGB die Möglichkeit eröffnet hatte, den Unterhalt minderjähriger Kinder als Vomhundertsatz eines Regelbetrages zu verlangen (→ Rn. 358 ff.). Dies bedingte naturgemäß einen anderen Zuschnitt der Einkommensgruppen. Es wurde eine neue Spalte „Vomhundertsatz" geschaffen, aus der abgelesen werden kann, um wie viel Prozent die Richtsätze der jeweiligen Einkommensgruppe gegenüber dem Regelbetrag, also dem Unterhalt der ersten Einkommensgruppe, steigen.[39] Nach verhältnismäßig geringfügigen Änderungen zum 1.7.1999[40] wurde zum 1.7.2001 im Hinblick auf die Rechtsprechung des BGH zur Unterhaltsbemessung bei höheren Einkünften des Pflichtigen[41] eine 13. Einkommensgruppe angefügt. Die Umstellung auf den Euro erzwang nicht nur eine Ausweisung der Tabellensätze in der neuen Währung, sondern auch eine erneute Änderung des Zuschnitts der Einkommensgruppen.[42] Ohne große Eingriffe blieben die Neufassungen zum 1.7.2005 und zum 1.7.2007, wobei die letzte Änderung sich allerdings auf Grund der erstmals gesunkenen Regelbeträge hervorhob.

Eine **grundlegende Umstrukturierung** hat die Düsseldorfer Tabelle zum **1.1.2008** auf Grund der Unterhaltsrechtsreform erfahren.[43] Nach dem Wegfall der Regelbeträge baut

---

[37] Vgl. dazu im Einzelnen Scholz in der 5. Auflage § 2 Rn. 210a–210c.
[38] Zur Düsseldorfer Tabelle Stand: 1.1.1996 vgl. Scholz FamRZ 1996, 65.
[39] Zu weiteren Einzelheiten der Düsseldorfer Tabelle, Stand: 1.7.1998 vgl. Scholz FamRZ 1998, 797.
[40] Vgl. dazu Scholz FamRZ 1999, 1177; Soyka FamRZ 2003, 1154.
[41] BGH FamRZ 2000, 358 mAnm Deisenhofer.
[42] Vgl. dazu Scholz FamRZ 2001, 1045.
[43] Vgl. dazu Klinkhammer FamRZ 2008, 193.

die Tabelle auf dem gesetzlichen Mindestunterhalt auf, der in § 1612a I BGB (vorübergehend in § 36 Nr. 4 EGZPO) festgeschrieben ist. Außer den Ausgangsbeträgen mussten auch die Prozentsätze und auch die Einkommensgruppen umgestaltet werden. Weil der Ausgangsbeträge höher liegen, enthält die Düsseldorfer Tabelle nur noch 10 Einkommensgruppen und einen höchsten Steigerungssatz von 160% (10. Einkommensgruppe). Seit 2010 ist der Ausgangsfall (drei Unterhaltsberechtigte) geändert worden. Nunmehr geht die Düsseldorfer Tabelle von **nur zwei Unterhaltsberechtigten** aus, was für die Höher- und Herabgruppierung (Anm. A.1 Abs. 2) bedeutsam ist.

Zum **1.1.2018** sind weitere **Veränderungen in der Struktur** der Düsseldorfer Tabelle vorgenommen worden. Die Einkommensgrenze der ersten Gruppe ist auf 1900 EUR hochgesetzt worden. Dadurch liegt die Obergrenze der höchsten Einkommensgruppe nunmehr bei 5500 EUR. Durch die Hochsetzung der untersten Einkommensgrenze ist der Kindesunterhalt im Ergebnis verringert worden. Ferner ist die 4. Altersgruppe von der bisherigen Hochrechnung aus Altersgruppen 2 und 3 gelöst worden und die diesbezüglichen Beträge seit 2018 nicht mehr fortgeschrieben worden. Daran ist – teils zu Recht – **Kritik** geäußert worden.[44]

3. Allgemeines zur Anwendung der Düsseldorfer Tabelle

a) Barunterhalt. Der gesamte Unterhaltsbedarf eines Minderjährigen besteht aus dem Barunterhalt, der vom barunterhaltspflichtigen Elternteil geschuldet wird, und dem **Betreuungsunterhalt,** den der betreuende Elternteil zu leisten hat (→ Rn. 16, 19). 323

Beide Unterhaltsteile sind nach § 1606 III 2 BGB im Regelfall rechtlich **gleichwertig.** Der betreuende Elternteil erfüllt in der Regel seine Unterhaltsverpflichtung vollständig dadurch, dass er das Kind versorgt, betreut, erzieht und beaufsichtigt. Demgegenüber kommt der barunterhaltspflichtige Elternteil seiner Unterhaltsverpflichtung dadurch nach, dass er die zur Befriedigung des gesamten sonstigen Lebensbedarfs des Kindes erforderlichen Barmittel in Form einer angemessenen Unterhaltsrente bereitstellt.[45] Genaueres zur Gleichwertigkeit der beiden Unterhaltsteile → Rn. 20 ff. und zu Abweichungen von diesem Grundsatz → Rn. 416 ff.

Die Richtsätze der Düsseldorfer Tabelle weisen **nur** den **Barunterhalt** aus, dh den gesamten durchschnittlichen Barbedarf eines minderjährigen Kindes. Erbringen beide Eltern keine Betreuungsleistungen, zB weil die Mutter krank oder verstorben ist und der berufstätige Vater das Kind nicht betreuen kann, muss er bei hinreichender Leistungsfähigkeit nicht nur die Kosten des Barunterhalts sicherstellen, sondern auch für die Kosten der Betreuung des Kindes, zB in einer Pflegefamilie, aufkommen.[46]

Die Regelbedarfssätze der Düsseldorfer Tabelle berücksichtigen auf Grund richterlicher Erfahrung **alle durchschnittlichen Lebenshaltungskosten** des Minderjährigen, der im Haushalt eines Elternteils lebt (zu den einzelnen Bedarfspositionen beim Mindestunterhalt → Rn. 221). Maßgeblich sind das Lohn- und Preisniveau am gewöhnlichen Aufenthaltsort des Kindes. Probleme aus unterschiedlichen Wohnorten des Kindes und des Barunterhaltspflichtigen entstehen nur in Fällen mit Auslandsberührung[47] (→ § 7 Rn. 1 ff.) und – bis zum 31.12.2007 – in den sog **Ost-West-Fällen,** wenn also der Pflichtige im Beitrittsgebiet und das berechtigte Kind im alten Bundesgebiet wohnten oder wenn das Kind im Beitrittsgebiet lebte, der Schuldner dagegen in den alten Bundesländern. In den letztgenannten Fällen richtete sich der Bedarf des Kindes nach der an seinem Aufenthaltsort geltenden Unterhaltstabelle, der Selbstbehalt des Pflichtigen nach der Tabelle, die an seinem Aufenthalt galt. Dies entsprach Nr. 25 nahezu aller Leitlinien der Oberlandesgerichte. 324

---

[44] Vgl. Schwamb FamRB 2018, 67; Wohlgemuth FamRZ 2018, 405; Staudinger/Klinkhammer § 1610 Rn. 321.
[45] BGH FamRZ 1988, 159 (161).
[46] BGH FamRZ 2006, 1597 (1598) = R 659; OLG Hamm FamRZ 1991, 107.
[47] Dazu vgl. zuletzt BGH FamRZ 2014, 1536 (Unterhaltspflichtiger mit Wohnsitz in der Schweiz).

325 Die Regelbeträge nach der Regelbetrag-VO nahmen von Vornherein nicht für sich in Anspruch, das Existenzminimum minderjähriger Kinder abzudecken. Jedenfalls die ersten vier Einkommensgruppen führten daher bis 2007 zu Beträgen, die das Existenzminimum nicht erreichten. Um das Existenzminimum der Kinder sicherzustellen, wurde nach der bisherigen Regelung das Kindergeld herangezogen.[48]

Das unterhaltsrechtliche Existenzminimum wurde nach der vom BVerfG[49] beanstandeten Vorschrift des § 1612b V BGB mit 135% des jeweiligen Regelbetrages festgelegt. Weil die Düsseldorfer Tabelle auch nach der Änderung des § 1612b V BGB zum 1.1.2001 auf den Regelbeträgen der Regelbetrag-VO aufbaute,[50] führte sie seit 2001 in den unteren Einkommensgruppen zwar zu unterschiedlichen Bedarfsbeträgen, im Ergebnis aber im Wesentlichen zu denselben Zahlbeträgen.

Der ab 1.1.2008 gültige **Mindestunterhalt** richtet sich hingegen gemäß § 1612a I 2 BGB nach dem **doppelten Freibetrag für das sächliche Existenzminimum eines Kindes** (Kinderfreibetrag) nach § 32 VI 1 EStG. Durch das Gesetz zur Änderung des Unterhaltsrechts und des Unterhaltsverfahrensrechts etc vom 20.11.2015 (BGBl. 2018 I) ist die Anknüpfung an das Einkommensteuerrecht – mit Wirkung ab dem 26.11.2015 – aufgehoben worden und an ihre Stelle ist abermals eine Verordnungsermächtigung des Fachministeriums getreten.[51] Die vom Bundesministerium der Justiz und für Verbraucherschutz zu erlassende **Mindestunterhaltsverordnung** muss sich nunmehr unmittelbar am sächlichen Existenzminimum orientieren (→ Rn. 223).

Daraus ergeben sich im Grundsatz die Ausgangsbeträge der Düsseldorfer Tabelle, und zwar zu 87% in der 1. Altersstufe, 100% in der 2. Altersstufe und 117% in der 3. Altersstufe (§ 1612a I 3 BGB).

326 In den Sätzen der Tabelle sind **alle Lebenshaltungskosten,** insbesondere die Kosten für Nahrung, Wohnung, Kleidung, Körperpflege, Schulausbildung, Unterrichtsmaterial (soweit die Kosten nicht von der öffentlichen Hand getragen werden), Ferien, musische und sportliche Interessen sowie Taschengeld **pauschal** enthalten.[52] → Rn. 219. Allerdings kann es im Einzelnen fraglich sein, ob der im Einzelfall aufgetretene Bedarf in vollem Umfang bei der Bemessung des Existenzminimums und der darauf aufbauenden Tabellenwerte abgedeckt ist.[53] Nicht von der Pauschalierung erfasst werden regelmäßiger Mehrbedarf (→ Rn. 232 ff., 451 ff.) und Sonderbedarf (→ Rn. 237, → § 6 Rn. 1 ff.). Die weitverbreitete Übung, **Wohnkosten** nur beim Ehegattenunterhalt zu berücksichtigen, ist verfehlt. Vielmehr dient ein Teil des Tabellenunterhalts zur Deckung des Wohnbedarfs des Kindes.[54] Der Ansatz für Wohnkosten ist wegen der Ersparnis durch das Zusammenwohnen mit dem betreuenden Elternteil nur gering (→ Rn. 126). Nach der Umstrukturierung der Düsseldorfer Tabelle sind die Wohnkosten im Gegensatz zur früheren Rechtslage[55] auch in den unteren Einkommensgruppen in den Bedarfssätzen enthalten. Sie können mit **20%** des Tabellensatzes veranschlagt werden.[56] Das bedeutet freilich nicht, dass der Kindesunterhalt um 20% zu kürzen ist, wenn das Kind auf Kosten des sorgeberechtigten Elternteils in dessen Wohnung lebt. Vielmehr kann der betreuende Elternteil den Wohnanteil im Tabellenunterhalt zur Deckung der Wohnkosten heranziehen, → Rn. 126. Eine Kürzung des Kindesunterhalts kommt dagegen in Betracht, wenn der Barunterhaltspflichtige die Kosten der Wohnung trägt, in der der betreuende Elternteil mit dem Kind lebt.[57] In einem solchen Fall wird ein Teil des Bedarfs des Kindes durch Naturalunterhalt (→ Rn. 18) gedeckt.

---

[48] S. dazu im Einzelnen Scholz FamRZ 2007, 2021 (2022).
[49] BVerfG FamRZ 2003, 1370, mAnm Luthin; vgl. auch BGH FamRZ 2003, 445, und zur vorausgegangenen Kritik etwa Becker FamRZ 2001, 1266 und Luthin FamRZ 2001, 1269.
[50] Vgl. BGH FamRZ 2002, 536.
[51] Ausführlich Staudinger/Klinkhammer § 1612a Rn. 18 ff.
[52] BGH FamRZ 1983, 473.
[53] BGH FamRZ 2017, 437 Rn. 38 ff. (Kosten für Musikschule und Tanzunterricht).
[54] BGH FamRZ 1989, 1160 (1163); 1992, 423 = R 442a.
[55] S. dazu Scholz in der Vorauflage.
[56] BGH FamRZ 2017, 437 Rn. 35; KL (21.5), SüdL (21.5.2).
[57] OLG Düsseldorf FamRZ 1994, 1049 (1053); zT anders OLG München FamRZ 1998, 824.

5. Abschnitt: Der Unterhaltsanspruch minderjähriger Kinder § 2

Die Tabellensätze gehen davon aus, dass das minderjährige Kind gemäß § 1612 I 2 BGB **327** (→ Rn. 16) in der gesetzlichen Familienversicherung gegen Krankheit mitversichert ist (§ 10 II SGB V). Ist dies ausnahmsweise nicht der Fall, zB bei Richtern, Beamten, Soldaten und Selbstständigen, hat der Barunterhaltsschuldner zusätzlich auch für die Kosten der **Krankenversicherung des Kindes** aufzukommen. Dies wird in der Düsseldorfer Tabelle (Anm. A 9) und in Nr. 11.1 der Leitlinien der meisten Oberlandesgerichte ausdrücklich klargestellt. Dementsprechend ist das Nettoeinkommen des Pflichtigen vor Anwendung der Tabelle auch um die Kosten der Krankenversicherung für das Kind zu bereinigen (so 11.1 der meisten Leitlinien). Vgl. das Beispiel → Rn. 328. Zur Krankenversicherung beim volljährigen Kind → Rn. 512.

Minderjährige Kinder sind bei ihren Eltern beitragsfrei in der **Pflegeversicherung** **328** mitversichert, gleichgültig ob diese Versicherung bei einer gesetzlichen Krankenkasse oder einem privaten Versicherungsunternehmen besteht (§§ 25 I, 110 I 2 lit. f SGB XI). Ein zusätzlicher Bedarf in Höhe der Beiträge zu einer Pflegeversicherung kann daher bei minderjährigen Kindern in aller Regel nicht anfallen. Zur Pflegeversicherung beim volljährigen Kind → Rn. 512.

Beispiel:
Bereinigtes Einkommen des Vaters, eines Beamten, nach Abzug der Lohn- und Kirchensteuer und des Solidaritätszuschlages 2120,– EUR. Abzusetzen sind Beiträge von 150,– EUR (eigene Krankenversicherung), 20,– EUR (eigene Pflegeversicherung) und 50,– EUR (Krankenversicherung für das Kind). Anrechnungsfähiges Einkommen daher 1900,– EUR (nicht: 1950,– EUR). Der Unterhalt ist also grundsätzlich der 1. Einkommensgruppe zu entnehmen und beträgt zB für ein 13-jähriges Kind 476,– EUR (1/3 DT 2019) abzüglich 102,– EUR (hälftiges Kindergeld) und zuzüglich 50,– EUR Krankenkassenbeitrag = 424,– EUR (vorbehaltlich einer etwaigen Höhergruppierung wegen unterdurchschnittlicher Unterhaltspflicht nach DT A 1 → Rn. 343 ff.).

Die Tabellenwerte weisen nicht den objektiven Barbedarf des Minderjährigen während **329** eines bestimmten Monats aus. Vielmehr wird der Unterhalt **über einen längeren Zeitraum pauschaliert.** Mit dem Pauschalbetrag müssen alle durchschnittlichen Lebenshaltungskosten des Minderjährigen befriedigt werden (zu den einzelnen Bedarfspositionen beim Mindestunterhalt → Rn. 221). Durch die Pauschalierung sind auch zeitweilige Bedarfserhöhungen oder Bedarfsminderungen abgegolten, sofern kein Sonderbedarf oder Mehrbedarf geltend gemacht werden kann. Dies liegt im Interesse einer Befriedung des Verhältnisses von Unterhaltsgläubiger und Unterhaltsschuldner: Dieses Verhältnis soll nicht durch häufige Einzelanforderungen in unerwünschter Weise belastet werden.[58] Genaueres zum Mehrbedarf → Rn. 232, 451 ff. und zum Sonderbedarf → Rn. 232, 237 f. und → § 6 Rn. 1 ff.

b) Altersstufen. Die Düsseldorfer Tabelle bestimmt den Kindesunterhalt zunächst nach **330** dem **Alter** des Kindes. Sie teilt die minderjährigen Kinder entsprechend § 1612a I 3 BGB in drei Altersstufen ein: bis zur Vollendung des 6. Lebensjahrs, vom Beginn des 7. bis zur Vollendung des 12. Lebensjahrs und vom Beginn des 13. bis zur Vollendung des 18. Lebensjahrs. Die neue Altersstufe wird am Ersten des Monats erreicht, in dem das Kind 6 oder 12 Jahre alt wird (§ 1612a I 3 BGB). Der höhere Unterhalt wird also vom Ersten des Monats an geschuldet, in den der 6. oder der 12. Geburtstag fällt. Um einem immer wieder vorkommenden Missverständnis vorzubeugen, ist in der Düsseldorfer Tabelle seit dem 1.7.1998 klargestellt worden, dass die erste Altersstufe für ein Kind von 0–5, die zweite von 6–11 und die dritte von 12–17 Jahren gilt.

Dem Gesetz ist nicht zu entnehmen, ab wann der Volljährigenunterhalt beginnt, da § 1612a III BGB sich allein auf den Minderjährigenunterhalt bezieht. Da das minderjährige Kind unterhaltsrechtlich in vielfältiger Weise begünstigt wird, endet der Minderjährigenunterhalt erst am Tage vor dem 18. Geburtstag und nicht am Monatsersten, → Rn. 31, 308.

c) Einkommen. Die Höhe des Kindesunterhalts hängt ferner vom Einkommen des **331** barunterhaltspflichtigen Elternteils (vgl. allerdings → Rn. 206), bei Barunterhaltspflicht

---

[58] BGH FamRZ 1984, 470 (472).

beider Eltern grundsätzlich vom zusammengerechneten Einkommen der Eltern ab. Ist der eigentlich barunterhaltspflichtige Elternteil nicht leistungsfähig, muss der andere einspringen und neben der Betreuung auch den Barunterhalt sicherstellen.[59] Dann muss sich die Eingruppierung dieses Elternteils nach seinem Einkommen richten. Dies kann wichtig werden, wenn er auch anderen Berechtigten, zB seinem früheren Ehegatten, unterhaltspflichtig ist.

332 Die Tabelle versteht unter dem Einkommen die um berufsbedingte Aufwendungen und berücksichtigungsfähige Schulden **bereinigten Nettoeinkünfte** des Unterhaltspflichtigen (DT A 3 und A 4). Die berufsbedingten Aufwendungen werden bei Einkünften aus abhängiger Tätigkeit pauschaliert. Sie betragen in der Regel 5% des Einkommens, mindestens 50,– EUR, höchstens 150,– EUR. Übersteigen die berufsbedingten Aufwendungen die Pauschale, sind sie insgesamt nachzuweisen.[60]

333 Maßgeblich für die Einordnung in eine der Einkommensgruppen ist grundsätzlich (→ Rn. 206) das anrechenbare **Einkommen des barunterhaltspflichtigen Elternteils**.[61] Der Elternteil, der das Kind betreut, erfüllt hierdurch grundsätzlich seine Unterhaltspflicht (§ 1606 III 2 BGB). Genaueres → Rn. 10.

334 Sind beide Eltern barunterhaltspflichtig, erfolgt die Einordnung nach der Summe der Einkünfte beider Eltern (→ Rn. 206, 420).

335 **Kindergeld** war nach früher hM kein unterhaltsrelevantes Einkommen. Nach § 1612b I BGB ist es seit 1.1.2008 zum Teil oder in vollem Umfang bedarfsdeckend anzurechnen und wird damit wie **Einkommen des Kindes** behandelt.[62] Es bleibt bei der Eingruppierung in die Tabelle unberücksichtigt.

336 **d) Aufenthalt und Betreuung des Kindes.** Die Tabelle geht davon aus, dass die Eltern getrennt leben, das Kind bei einem Elternteil wohnt, von diesem betreut wird und wegen dieses Zusammenlebens verminderte Bedürfnisse, insbesondere für Wohnraum hat (→ Rn. 326). Der andere Elternteil leistet demgegenüber den Barunterhalt (→ Rn. 323). Trifft dieses Betreuungsmodell (Residenzmodell) nicht zu, muss der **Tabellenunterhalt** unter Umständen **erhöht** werden.

Dies kommt vor allem in Betracht, wenn das Kind von Dritten betreut wird, zB bei den Großeltern, bei einem Vormund oder Pfleger, in einer Pflegefamilie oder in einem Heim lebt. Eine solche **Fremdbetreuung** kann erforderlich sein, wenn ein Elternteil verstorben und der andere nicht bereit oder in der Lage ist, die Versorgung des Kindes zu übernehmen, aber auch dann, wenn den Eltern das Sorgerecht ganz oder teilweise entzogen worden ist (vgl. § 1666 BGB). Das Kind kann uU auch aus Gründen, die in seiner Person liegen (zB Schwererziehbarkeit, körperliche oder geistige Behinderung), nicht durch die Eltern versorgt werden.

Nach dem **BGH**[63] ist, wenn ein Elternteil verstorben ist, der vom anderen Elternteil bei auswärtiger Unterbringung des Kindes zusätzlich zu erbringende Betreuungsunterhalt grundsätzlich **pauschal in Höhe des Barunterhalts** zu bemessen. Dies folge aus der Gleichwertigkeit von Barunterhalt und Betreuungsunterhalt sowie der Notwendigkeit einer im Unterhaltsrecht notwendigen Pauschalierung.[64] Für einen davon abweichenden Betreuungsbedarf trage derjenige die Darlegungs- und Beweislast, der sich darauf beruft.[65] Durch die Pauschalierung werden vor allem die Fälle erfasst, in denen das Kind bei Verwandten oder in einer Pflegefamilie lebt. Betreuungsleistungen Dritter entlasten den Unterhaltspflichtigen grundsätzlich nicht. Die Darlegung der Ausnahme dürfte dann vor allem auf einen Mehrbedarf bezogen sein. Wenn das Kind allerdings im **Heim** untergebracht ist, geht dies in der Regel mit Leistungen der Hilfe zur Erziehung einher, die nach

---

[59] BGH NJW 1971, 2069.
[60] Scholz FamRZ 1993, 125 (131 f.).
[61] BGH FamRZ 2002, 536 (539) mAnm Büttner = R 572; vgl. aber für bestimmte Fallkonstellationen (zB Geschwistertrennung) Rn. 206.
[62] Dose FamRZ 2007, 1289 (1292); Scholz FamRZ 2007, 2021 (2024).
[63] FamRZ 2006, 1597 mit krit. Anm. Born = R 659.
[64] Anders als im Schadensersatzrecht; vgl. etwa BGH NJW 1993, 124.
[65] aA OLG Stuttgart FamRZ 2001, 1241 mwN und Scholz in der 6. Aufl.

§ 10 II SGB VIII nur im Rahmen der öffentlich-rechtlichen Kostenerstattung gemäß §§ 91 ff. SGB VIII von den Eltern zu erstatten sind.[66]
Für die Geschwister, die vom barunterhaltspflichtigen Elternteil betreut werden, hat der BGH eine Monetarisierung des Betreuungsunterhalts abgelehnt.[67] Auch ein Betreuungsbonus wegen überobligationsmäßiger Erwerbstätigkeit ist dem Elternteil hier grundsätzlich nicht gutzuschreiben.[68] Allerdings hat der BGH anerkannt, dass das Einkommen auch beim Kindesunterhalt überobligatorisch sein kann, jedenfalls soweit es nicht von der gesteigerten Unterhaltspflicht nach § 1603 II 1 BGB erfasst wird.[69]
Betreuen die Eltern ein minderjähriges Kind, insbesondere bei gemeinsamen Sorgerecht, etwa zu gleichen Teilen, kann es angezeigt sein, den Tabellensatz wegen der dadurch entstehenden Mehrkosten, zB durch ein Kinderzimmer in der Wohnung jedes Elternteils, angemessen zu erhöhen.[70] → Rn. 449.

337 Wohnt das minderjährige **Kind** berechtigterweise nicht mehr bei einem Elternteil, sondern führt es mit Einverständnis des Sorgeberechtigten einen **eigenen Haushalt,** zB weil es nur in einer anderen Stadt einen Ausbildungsplatz gefunden hat, kann der Unterhalt nicht ohne weiteres nach der Tabelle Kindesunterhalt bemessen werden. Wenn das Kind selbstständig lebt und nennenswerte Betreuungsleistungen eines Elternteils nicht mehr erbracht werden, kann es angezeigt sein, den Bedarf entsprechend dem Ansatz für ein volljähriges Kind mit eigenem Haushalt mit 735,– EUR anzunehmen (DT A 7 II). Näheres → Rn. 508 ff. In diesem Fall haften beide Elternteile entsprechend ihren Einkommens- und Vermögensverhältnissen anteilig für den Kindesunterhalt, → Rn. 418 ff.

Ist das minderjährige Kind noch nicht selbstständig, sondern kehrt es am Wochenende und in den Ferien zu dem sorgeberechtigten Elternteil zurück, kümmert dieser sich um Wäsche, Kleidung und sonstige Bedürfnisse des Kindes, so erbringt er weiterhin nennenswerte Betreuungsleistungen. Dann wird in der Regel der Unterhalt der Tabelle Kindesunterhalt zu entnehmen und allein der nicht betreuende Elternteil zum Barunterhalt heranzuziehen sein, → Rn. 411. In diesem Fall muss allerdings die anzurechnende Ausbildungsvergütung nicht nur um ausbildungsbedingten Mehrbedarf (→ Rn. 115 ff.), sondern auch um die Kosten der Wohnung am Ausbildungsplatz und um etwaige Fahrtkosten zum betreuenden Elternteil gekürzt werden.

Ist die Restbetreuung nur geringfügig, kann es bei dem Ansatz von 670,– EUR und der beiderseitigen Barunterhaltspflicht verbleiben. Der Mehrbelastung eines Elternteils durch die Restbetreuung kann dadurch Rechnung getragen werden, dass die sich nach den Einkommens- und Vermögensverhältnissen der Eltern ergebende Verteilung der Unterhaltslast wertend zugunsten dieses Elternteils verändert wird (→ Rn. 432).

338 Wenn die Eltern mit dem Kind zusammenleben, ist der dem Kind geschuldete Unterhalt Teil des Familienunterhalts. Ein eigener Unterhaltsanspruch des Kindes kommt nur ausnahmsweise in Betracht.

339 **e) Inkrafttreten der Tabelle; Geltungsdauer.** Die Düsseldorfer Tabelle gilt jeweils von einem bestimmten **Stichtag** an, die jetzt gültige ab 1.1.2019. Für Unterhaltszeiträume bis zum 30.6.2007 ist die Tabelle Stand: 1.1.2005 anzuwenden, für die Zeit vom 1.7.2007 bis zum 31.12.2007 die Tabelle Stand 1.7.2007, vom 1.1.2008 bis 31.12.2009 die Tabelle Stand 1.1.2008, vom 1.1.2010 bis zum 31.12.2010 die Tabelle Stand 1.1.2010, vom 1.1.2011 bis 31.12.2012 die Tabelle Stand 1.1.2011, vom 1.1.2013 bis 31.12.2014 die Tabelle Stand 1.1.2013, ab 1.1.2015 für das jeweilige Jahr die Düsseldorfer Tabelle Stand 2015, 2016, 2017 und 2018. Seit 2008 tritt die Düsseldorfer Tabelle mit ihren Neufassungen nicht mehr zum 1.7., sondern zum 1.1. in Kraft. Ob eine Änderung des Zahlenwerks

---

[66] BGH FamRZ 2007, 377; zur früheren Rechtslage nach dem SGB VIII OLG Düsseldorf JAmt 2005, 94 als Vorinstanz.
[67] BGH FamRZ 2017, 709; 2006, 1597 (1598) = R 659; kritisch dazu Born FamRZ 2006, 1601.
[68] BGH FamRZ 2006, 1597 (1599) = R 659; vgl. BGH FamRZ 2017, 711 Rn. 19.
[69] BGH FamRZ 2013, 1558 Rn. 12 (Erwerbstätigkeit trotz Krankheit); FamRZ 2011, 454 (für Erwerbseinkommen nach Erreichen der gesetzlichen Regelaltersgrenze).
[70] BGH FamRZ 2017, 437; 2006, 1015 (1017); OLG Düsseldorf NJW 2001, 3344; NJW-RR 2000, 74.

erforderlich ist, richtet sich nach der seit dem 1.1.2016 alle **zwei Jahre** zu erlassenden **Mindestunterhaltsverordnung** (§ 1612a IV BGB). Dass seitdem die Tabelle dennoch jährlich neu herausgegeben werden musste, liegt an der jeweils gestuften Festsetzung des Mindestunterhalts in der Mindestunterhaltsverordnung (zuletzt für 2018 und 2019).

Schon nach früherer Rechtslage (vor 2008) war die Düsseldorfer Tabelle auch dann noch anwendbar, wenn sich die allgemeinwirtschaftlichen Verhältnisse bereits geändert hatten und mit der baldigen Neufassung der Tabelle zu rechnen war.[71] Diese Schematisierung führte dazu, dass ein **Unterhaltsurteil** (nunmehr Unterhaltsbeschluss), das kurz vor der Neufassung der Tabelle ergangen ist, nach deren Inkrafttreten trotz der Sperrwirkung des § 323 II ZPO (nunmehr § 238 II FamFG) **abgeändert** werden konnte, auch wenn die Änderung der wirtschaftlichen Verhältnisse, die ihren Niederschlag in den neuen Tabellensätzen gefunden hatte, teilweise bereits vor der letzten mündlichen Verhandlung im Vorprozess eingetreten war.[72]

Nach der seit dem 1.1.2008 gültigen Rechtslage ist jedenfalls die Änderung der Bedarfssätze wenigstens bei den Ausgangsbeträgen von der Mindestunterhaltsverordnung gesetzlich vorgegeben, so dass an dieser Praxis festzuhalten ist.

340 Der Unterhaltsbedarf eines minderjährigen Kindes nach der Düsseldorfer Tabelle wird – vorbehaltlich der Höher- bzw. Herabgruppierung nach A 1 der Düsseldorfer Tabelle (→ Rn. 343 ff.) – grundsätzlich nicht dadurch beeinträchtigt, dass ein anderer Unterhaltsberechtigter vorhanden ist. Dies gilt auch dann, wenn dieser bereits einen **vollstreckbaren Titel** erwirkt hat. Die Unterhaltsansprüche sind grundsätzlich so zu errechnen, als ob über alle Ansprüche zugleich entschieden würde. Lediglich wenn der Vollstreckungstitel des anderen Berechtigten für die Vergangenheit wegen der Vorschrift des § 238 III FamFG (früher § 323 III ZPO) nicht mehr abänderbar ist, kann dessen Unterhaltsanspruch in einem angemessenen Rahmen als Schuld berücksichtigt werden. Im Übrigen muss es dem Verpflichteten überlassen bleiben, die Abänderung des Titels zu betreiben.[73] Ist eine Abänderung nicht möglich, zB weil sich der Schuldner gegenüber einem anderen Unterhaltsberechtigten zu einem von vornherein überhöhten Unterhalt verpflichtet hat, scheidet auch eine Berücksichtigung der den gesetzlichen Unterhalt übersteigenden Unterhaltslast als Schuld aus.

341 f) **Hohes Einkommen des Unterhaltspflichtigen.** Die Düsseldorfer Tabelle begrenzt den Kindesunterhalt nicht nach oben.[74] Bei Einkünften, die über den Höchstbetrag der 10. Einkommensgruppe hinausgehen (ab 5501,– EUR), also **bei besonders günstigen wirtschaftlichen Verhältnissen,** sieht die Tabelle vor, dass sich der Kindesunterhalt „nach den Umständen des Falles" richtet (→ Rn. 226 ff.). Dies bedeutet, dass die Bedarfssätze der Tabelle nicht schematisch entsprechend dem höheren Einkommen des barunterhaltspflichtigen Elternteils fortgeschrieben werden dürfen.[75] Vielmehr müssen auch bei höherem Einkommen der Eltern Kinder in einer ihrem Alter entsprechenden Weise an einer Lebensführung teil haben, die der besonders günstigen wirtschaftlichen Situation der Eltern Rechnung trägt. Nur unter Würdigung der besonderen Verhältnisse – namentlich einer Gewöhnung des Kindes an den von seinen Eltern gepflegten aufwändigen Lebensstil – kann festgestellt werden, welche Bedürfnisse des Kindes zu befriedigen sind und welche als bloße Teilhabe am Luxus nicht erfüllt werden müssen. Diese Gesamtumstände und Bedürfnisse müssen vom unterhaltsberechtigten Kind näher dargelegt werden.[76] Zur Darlegungs- und Beweislast in solchen Fällen → Rn. 342. Insgesamt wird der Unterhalt entsprechend den Umständen des Einzelfalles auch bei Einkünften deutlich über dem Bereich der Tabelle nur maßvoll anzuheben sein. Dies entspricht auch weitgehend der bisherigen Praxis. In jüngerer Zeit hat etwa das OLG Hamm[77] den Unterhalt der höchsten Einkommensgruppe

---

[71] BGH FamRZ 1995, 221 (223).
[72] BGH FamRZ 1995, 221 (224).
[73] BGH FamRZ 1992, 797 = R 447b; 2003, 363 (367).
[74] BGH FamRZ 2000, 358 mAnm Deisenhofer.
[75] BGH FamRZ 2000, 358 mAnm Deisenhofer; OLG Hamm FamRZ 2010, 2080; OLG Düsseldorf FamRZ 1998, 1191.
[76] BGH FamRZ 2000, 358 mAnm Deisenhofer; FamRZ 2001, 1603.
[77] OLG Hamm FamRZ 2010, 2080.

um Positionen wie Musikunterricht für zwei Instrumente und die damit verbundenen Aufwendungen sowie für die geltend gemachten erhöhten Aufwendungen für Freizeitbedarf wie Reiten usw maßvoll erhöht (Zahlbetrag von 590,– EUR – DT 2010 10/3 – auf 1150,– EUR einschließlich Krankenversicherung). Dass sich die Eltern schon kurz nach der Geburt des Kindes trennten, kann dabei allerdings (insoweit entgegen dem OLG Hamm) kein Grund dafür sein, die Teilhabe von vornherein zu begrenzen. Denn das Kind leitet seine Lebensstellung auch von dem Elternteil ab, mit dem es nicht zusammengelebt hat. Das KG[78] hat in einem Fall, dass der Unterhaltspflichtige fast das Doppelte des Einkommens der höchsten Tabellengruppe erzielt, neben konkret dargelegten Grundbedarf auch einen solchen für verschiedene Sportarten wie Skifahren, Tennis, Schwimmen und Judo sowie für Skiurlaub hinzugerechnet. (Näheres → Rn. 227)

Beispiel:
Bereinigtes Nettoeinkommen des Vaters (V) 5600,– EUR, der betreuenden Mutter 2000,– EUR. Zinseinkünfte des 10-jährigen Kindes monatlich 100,– EUR; das Kindergeld von 204,– EUR erhält die Mutter.
Der Unterhaltsbedarf des Kindes beträgt nach dem Nettoeinkommen des allein barunterhaltspflichtigen V gemäß der höchsten Einkommensgruppe der Tabelle (DT 10/2) 650,– EUR.
Keine Höherstufung wegen Unterhalts für nur 1 Kind und keine Erhöhung wegen des Nettoeinkommens des V von 5600,– EUR, weil nicht dargelegt ist, worin der erhöhte Bedarf besteht (→ Rn. 342). Das Einkommen des V, das die 10. Einkommensgruppe der Tabelle nicht erheblich übersteigt, reicht dazu allein nicht aus.
Anrechnung von 100,– EUR Zinsen (nach hM → Rn. 118) und 204,– EUR Kindergeld (vgl. § 1612b I BGB) zur Hälfte auf den Bar- und auf den Betreuungsunterhalt. Das Einkommen der Mutter erhöht den Unterhalt im Ergebnis nicht (→ Rn. 206).
Unterhaltsanspruch nach DT 2019: 650–50 (Zinsanteil; hM → Rn. 118) – 102 (Kindergeldanteil) = 498,– EUR.

Solange kein höherer Barbedarf geltend gemacht wird, als der jeweiligen Einkommensgruppe entspricht, werden an die **Darlegungslast** im Prozess keine besonderen Anforderungen gestellt. Das Kind hat lediglich das entsprechende anrechnungsfähige Nettoeinkommen des Barunterhaltspflichtigen für die jeweilige Einkommensgruppe darzulegen und eventuell nachzuweisen.[79] Wird nur der Unterhaltsbedarf nach Gruppe 1 (Mindestunterhalt) verlangt, braucht das Kind zum Einkommen des Schuldners nichts vorzutragen; vielmehr muss der Verpflichtete seine behauptete Leistungsunfähigkeit nachweisen.[80]

Verlangt der Berechtigte wegen einer weiter gehenden Leistungsfähigkeit des Verpflichteten einen höheren Unterhalt als nach Gruppe 10 der Tabelle, so muss er im Einzelnen darlegen, worin sein erhöhter Bedarf besteht und welche Mittel zu seiner Deckung erforderlich sind. Allerdings werden keine übertriebenen Anforderungen an die Darlegungslast gestellt werden dürfen. Das OLG Frankfurt hat es etwa ausreichen lassen, dass die Eltern in einer vorausgegangenen Unterhaltsvereinbarung einen Gesamtunterhalt für Ehegatten- und Kindesunterhalt von zwei Kindern auf 5500 EUR und später 5700 EUR (einschließlich Kindergeldweiterleitung) vereinbarten, um Bedarfsbeträge von 1500 EUR bzw. 1300 EUR zu schätzen.[81] Das Kind ist nicht gehalten, seine gesamten – auch elementaren – Bedürfnisse und die zu deren Deckung erforderlichen Aufwendungen in allen Einzelheiten darzulegen. Es genügt der Hinweis auf besondere, vor allem auf kostenintensive Bedürfnisse. Das Gericht muss auf Grund des Parteivortrags in der Lage sein, den zur Deckung des erhöhten Bedarfs benötigten Betrag – notfalls im Wege der Schätzung – unter Heranziehung des Mehrbetrags zu berechnen, der sich aus einem Vergleich solcher Bedürfnisse mit dem bereits in der Düsseldorfer Tabelle erfassten Grundbedarf ergibt.[82] Bei Einkünften, die deutlich über dem Höchsteinkommen der Düsseldorfer Tabelle von 5500,– EUR liegen, wird man in der Regel davon ausgehen können, dass das Kind an

---

[78] KG KGR Berlin 2002, 216.
[79] BGH FamRZ 1998, 357 (359).
[80] BGH FamRZ 2002, 536 (538) mAnm Büttner = R 572.
[81] OLG Frankfurt NZFam 2014, 31.
[82] BGH FamRZ 2000, 358 mAnm Deisenhofer; FamRZ 1983, 473; OLG Düsseldorf FamRZ 1998, 1191.

dem höheren Lebensstandard der Familie ohnedies teilgenommen hat und schon deshalb auch nach der Trennung weiter teilnehmen muss (→ Rn. 227 → Rn. 341). Allerdings bleibt es dem Verpflichteten unbenommen, dies substantiiert zu bestreiten und zB darauf hinzuweisen, dass die Eltern aus erzieherischen Gründen ihren Lebenszuschnitt eingeschränkt und wesentliche Teile des Einkommens zur Vermögensbildung verwendet haben. Dann ist es Aufgabe des Kindes, diesen Vortrag zu widerlegen und die Notwendigkeit eines über den Höchstbetrag der Tabelle hinausgehenden Unterhalts darzulegen und zu beweisen, → Rn. 341.

4. Zu- oder Abschläge bei den Bedarfssätzen

343   Die Regelbedarfssätze der Düsseldorfer Tabelle sind darauf zugeschnitten, dass der Unterhaltspflichtige zwei Unterhaltsberechtigten Unterhalt zu gewähren hat. Der **Rang der Unterhaltsberechtigten** spielt hierfür keine entscheidende Rolle, was die Anmerkung A. 1 S. 1 der Düsseldorfer Tabelle ausdrücklich herausstellt.[83] Bei einer größeren Anzahl von Unterhaltsberechtigten können Abschläge von den Tabellensätzen bei einer geringeren Anzahl Zuschläge zu den Tabellenbeträgen angemessen sein. Es kommt dann die Einstufung in eine niedrigere oder eine höhere Gruppe in Betracht (DT A 1). Die Praxis spricht hier auch von **Herab- bzw. Höhergruppierung.** Dieses Verfahren ist vom BGH stets gebilligt worden, → Rn. 348. Die Wahl eines Zwischenbetrages zwischen zwei Gruppen, die früher empfohlen wurde, wird grundsätzlich nicht mehr angezeigt sein, → Rn. 322, 345, 351.

344   Die Höhergruppierung hängt damit zusammen, welche Einkommensspannen die jeweiligen Tabellengruppen aufweisen. Sind diese größer, wie es etwa bis zum 30.6.1998 der Fall war, war auch bei einer Unterhaltspflicht gegenüber nur einem Kind weitgehend anerkannt, dass in der Regel eine Höhergruppierung um zwei Einkommensgruppen vorzunehmen war. Seit dem 1.7.1998 verhielt sich das wegen einer kleineren Staffelung der Einkommensgruppen anders, sodass bei einer Unterhaltspflicht gegenüber nur einem Kind eine Höhergruppierung um drei Gruppen angemessen war.[84]

345   Seit dem **1.1.2008** enthält die wegen der Unterhaltsreform 2007 in ihrer Struktur grundlegend geänderte Düsseldorfer Tabelle mit einheitlichen Spannen von 400 EUR wiederum größer angelegte Einkommensgruppen. Das legt es nahe, zur früheren Praxis zurückzukehren und je Unterhaltsberechtigtem regelmäßig nur um eine Einkommensgruppe umzustufen.[85] Davon kann allerdings abgewichen werden, wenn sich das Einkommen an der oberen Grenze einer Einkommensgruppe befindet.

Voraussetzung jeder Höhergruppierung ist, dass der **Bedarfskontrollbetrag** derjenigen Einkommensgruppe gewahrt ist, aus welcher der Unterhalt entnommen werden soll. Ist dies nicht der Fall, hat die Höhergruppierung ganz oder teilweise zu unterbleiben, → Rn. 353. Oberlandesgerichte, die den Bedarfskontrollbetrag nicht kennen, sind auf die allgemeine Angemessenheitskontrolle angewiesen, die bei jeder Unterhaltsbemessung vorzunehmen ist.[86] → Rn. 218, 317, 355.

346   Eine **Herabgruppierung** ist geboten, wenn der Schuldner Unterhalt für mehr als zwei Unterhaltsberechtigte schuldet, → Rn. 343. In diesem Rahmen kann auch berücksichtigt werden, dass der Schuldner mit einer zusätzlichem Unterhaltspflicht gegenüber seinem nachrangigen zweiten Ehegatten belastet ist.[87] Auch hier ist der Bedarfskontrollbetrag zu beachten, → Rn. 351.

347   Die Leitlinien der Oberlandesgerichte übernehmen in Nr. 11.2 weitgehend die in → Rn. 343 wiedergegebene Formulierung der Anm. A 1 der Düsseldorfer Tabelle Es wird

---

[83] Nach FL 11.2 soll dies nur gelten, wenn für den Nachrangigen Mittel vorhanden sind (ebenso HaL) und verlangt für ein Einkommen bis 1300 für die Aufstufung eine besondere Prüfung.
[84] Näher Scholz in der 6. Auflage Rn. 232 f.
[85] BGH FamRZ 2008, 968 = R 689; Klinkhammer FamRZ 2008, 193 (195 f.).
[86] BGH FamRZ 2000, 1492 (1493) mAnm Scholz.
[87] Scholz FamRZ 2002, 1497.

meist nicht festgelegt, ob und ggf. in welchem Ausmaß über eine Höher- bzw. über eine Herabgruppierung um mehr als eine Gruppe hinaus gegangen wird.

Die Einstufung in eine andere Gruppe der Tabelle wegen des Vorhandenseins einer geringeren oder größeren Anzahl von Unterhaltsberechtigten, als sie den Tabellensätzen für den Regelfall zugrunde liegt, begegnet revisionsrechtlich keinen Bedenken, da sie im Ermessen des Tatrichters liegt; diesem steht es frei, in diesem Rahmen Bedarfskontrollbeträge heranzuziehen.[88] Der **BGH** hat bei einer Unterhaltspflicht nur gegenüber einem Kind, allerdings vor der Neugestaltung der Tabelle zum 1.7.1998 (→ Rn. 345), eine Höhergruppierung um zwei Gruppen für angemessen gehalten.[89] Andererseits hat er bei Unterhaltspflichten gegenüber einer Ehefrau und vier Kindern die Herabgruppierung von der zweiten in die erste Einkommensgruppe gebilligt.[90] 348

Im konkreten Einzelfall können die Zu- oder Abschläge auch individuell nach § 287 II ZPO geschätzt werden. 349

Der Umfang des Ehegattenunterhalts (Elementar- und Vorsorgeunterhalt) beeinflusst die Einstufung des Kindes in eine Gruppe nicht, weil der **Ehegattenunterhalt** in der Regel erst **nach Abzug des Kindesunterhalts** vom Nettoeinkommen errechnet wird.[91] Anders kann es sein, wenn bei Höhergruppierung und Vorwegabzug des Ehegattenunterhalts der Bedarfskontrollbetrag nicht gewahrt bleibt oder das Ergebnis der Berechnung nach der Tabelle im Einzelfall aus besonderen Gründen unangemessen erscheint.[92] Genaueres zum Bedarfskontrollbetrag → Rn. 351 ff. 350

5. Der Bedarfskontrollbetrag

Der Bedarfskontrollbetrag des Unterhaltspflichtigen ist eine Rechengröße. Er ist ab Gruppe 2 **nicht identisch mit dem Eigenbedarf oder dem Selbstbehalt** des Unterhaltspflichtigen. Er soll vielmehr eine ausgewogene Verteilung des Einkommens zwischen dem Unterhaltspflichtigen und den unterhaltsberechtigten Kindern gewährleisten. Wird der Bedarfskontrollbetrag der eigentlich in Betracht kommenden Einkommensgruppe unterschritten – wobei auch der Ehegattenunterhalt zu berücksichtigen ist –, muss der Tabellenbetrag der nächstniedrigeren Gruppe, deren Bedarfskontrollbetrag nicht unterschritten wird, angesetzt werden (DT A 6). Dann ist also eine Herabgruppierung vorzunehmen. 351

Die Düsseldorfer Tabelle ließ früher auch die Ansetzung eines Betrages zwischen zwei Einkommensgruppen, also eines Zwischenbetrages, zu. Nachdem aber die Zahl der Gruppen von neun auf dreizehn erhöht worden ist (→ Rn. 322) und damit der Einkommensbereich, den die Gruppen abdecken, kleiner geworden war, war ein Zwischenbetrag grundsätzlich nicht mehr angemessen.[93] Auch nachdem die Anzahl der Einkommensgruppen aber wieder auf zehn verringert worden ist (ab 1.1.2008), sollte grundsätzlich kein Zwischenbetrag mehr gewählt werden, → Rn. 343, 345.

Der **BGH**[94] hat die Herauf- oder Herabgruppierung mit Hilfe der Bedarfskontrollbeträge ausdrücklich gebilligt, aber nicht vorgeschrieben. Es handelt sich nach seiner Auffassung um eine der denkbaren Kontrollen, die der Richter bei der Überprüfung der Unterhaltsbemessung auf Angemessenheit und Ausgewogenheit stets durchzuführen hat. Der BGH lässt es auch zu, die Angemessenheitskontrolle ohne feste Kontrollbeträge erst im Rahmen einer Ergebnisprüfung als letzter Stufe der Unterhaltsberechnung vorzunehmen. Welche Methode das Gericht wählt, liegt in seinem Ermessen. In einer jüngeren Ent-

---

[88] BGH FamRZ 2000, 1492 (1493) mAnm Scholz.
[89] BGH FamRZ 1994, 696.
[90] BGH FamRZ 1992, 539 = NJW 1992, 1621; vgl. nunmehr auch BGH v. 6.2.2008 = R 689.
[91] BGH FamRZ 2003, 363 mAnm Scholz FamRZ 2003, 514; FamRZ 1999, 367.
[92] BGH FamRZ 1992, 539 (541) mAnm Graba = R 444b.
[93] Anders Steymans FuR 1999, 63, der bei Unterschreiten des Bedarfskontrollbetrages eine Art Mangelfallberechnung durchführen will. Dies führt aber zu komplizierten Berechnungen, die die Gerichte unnötig belasten würden.
[94] BGH FamRZ 2008, 2189; 2000, 1492 (1493) mAnm Scholz.

scheidung hat der **BGH**[95] nicht nur die Anwendung der Bedarfskontrollbeträge als eine Methode zur ausgewogenen Verteilung des Einkommens erwähnt, sondern auch die mit der neuen Rechtslage ab 1.1.2008 gestiegene Bedeutung hervorgehoben.

352 Bei der Kontrollrechnung wird mit dem (ungedeckten) **Unterhaltsbedarf** des Kindes gerechnet. Das war bis zum Inkrafttreten der Unterhaltsreform 2007 am 1.1.2008 regelmäßig der **Tabellenunterhalt**.[96] Aufgrund der gesetzlichen Neuregelung der Kindergeldanrechnung in § 1612b I BGB ist das Kindergeld nunmehr bedarfsdeckend anzurechnen. Es handelt sich hier um einen ausweislich der Gesetzesbegründung[97] bewusst vorgenommenen Systemwechsel, der auch hier zu beachten ist. Abziehbar ist dann nach wie vor der ungedeckte Bedarf des Kindes, der sich nunmehr allerdings aus dem Tabellenbetrag abzüglich des Kindergeldanteils **(Zahlbetrag)** ermittelt.

Beispiel:
Einkommen des Pflichtigen 2301,– EUR; Unterhalt für 3 Kinder im Alter von 13, 6 und 4 Jahren. Das Kindergeld von 204,– EUR für die ersten beiden Kinder und 210,– EUR für das dritte Kind erhält die betreuende wiederverheiratete Mutter. Kindesunterhalt (Zahlbeträge) nach Herabstufung um eine Einkommensgruppe nach DT (Stand 2019) 2/3, 2/2 und 2/1: 500 – 102 = 398 EUR ; 427 – 102 = 325 EUR; 390 – 105 = 285 EUR; 398 + 325 + 285 = 1008 EUR.
Dem Schuldner bleiben 2301 – 1008 = 1293,– EUR und damit weniger als der Bedarfskontrollbetrag der 2. Einkommensgruppe von 1300,– EUR.
Korrigierte Berechnung:
Der Kindesunterhalt ist der 1. Gruppe zu entnehmen. Er beträgt 476 – 102 = 374 EUR; 406 – 102 = 304 EUR; 354 – 105 = 249 EUR; 374 + 304 + 249 = 927 EUR. Dem Schuldner bleiben (2301 – 927 =) 1374,– EUR und damit mehr als der notwendige Selbstbehalt. Zwar bleibt ihm nunmehr auch mehr als der Bedarfskontrollbetrag der 2. Einkommensgruppe. Das gibt aber wegen der gebotenen Vereinfachung keine Veranlassung zu einer weiteren Korrektur.

353 Die **Eingruppierung in eine höhere Einkommensgruppe** setzt voraus, dass dem Pflichtigen nach Abzug des Kindes- und Ehegattenunterhalts der für die höhere Einkommensgruppe maßgebende Bedarfskontrollbetrag (nicht nur der notwendige Eigenbedarf) verbleibt. Unterschreitet der verbleibende Betrag den Bedarfskontrollbetrag, ist der Kindesunterhalt nach einer niedrigeren Einkommensgruppe zu bestimmen (so DT A 6; BraL, BrL, CL, HL, SL jeweils 11. 2). Die bei einem Einzelkind nach → Rn. 345 gebotene Höhergruppierung hat daher zu unterbleiben, wenn der Bedarfskontrollbetrag der höheren Einkommensgruppe nicht gewahrt ist.

354 Der Bedarfskontrollbetrag hat seine besondere Bedeutung, wenn neben dem Kindesauch **Ehegattenunterhalt** geschuldet wird. Dass der Ehegattenunterhalt gegenüber dem Kindesunterhalt nunmehr nachrangig ist, ist nicht entscheidend.[98] Der Ehegattenunterhalt wird üblicherweise in der Weise berechnet, dass der **Zahlbetrag**[99] des Kindesunterhalts vorweg vom Einkommen des Pflichtigen abgezogen wird. Der nach bisherigem Recht (bis 31.12.2007) anzustellenden Betrachtung, ob der Ehegattenunterhalt und der vorweg abgezogene Kindesunterhalt in einem Missverhältnis stehen,[100] bedarf es nach der ab 1.1.2008 geltenden Rechtslage nicht mehr. Regelmäßig wird – bei Anwendung der Bedarfskontrollbeträge – in einem Mangelfall im 2. Rang der Kindesunterhalt der 1. Einkommensgruppe zu entnehmen sein.

355 Der Bedarfskontrollbetrag ermöglicht diese vom BGH geforderte **Angemessenheitskontrolle** gerade dann, wenn es um die Frage geht, ob bereits ein Mangelfall vorliegt oder nicht und wenn deshalb besonders auf ein ausgewogenes Verhältnis von Ehegatten- und Kindesunterhalt geachtet werden muss. Zum Mangelfall vgl. insbesondere → Rn. 262, 266 ff. Bei der üblichen Berechnung des Unterhalts kann der Ehegatten-Selbstbehalt des Schuldners bereits tangiert und demgemäß eine Kürzung des Ehegattenunterhalts erforderlich sein, wenn der Kindesunterhalt einer höheren Einkommensgruppe der Düsseldorfer

---

[95] BGH FamRZ 2008, 968 = R 689.
[96] Zuletzt BGH FamRZ 2005, 347 (350 f.); Scholz 8. Aufl. mwN.
[97] BT-Drs. 16/1830, 29.
[98] BGH FamRZ 2008, 968 = R 689.
[99] Vgl. Klinkhammer FamRZ 2008, 193 (199) mwN.
[100] BGH FamRZ 2003, 363 mAnm Scholz FamRZ 2003, 514.

Tabelle entnommen wird. In einem solchen Fall kann jedoch noch der notwendige Selbstbehalt, der mit dem Bedarfskontrollbetrag der 1. Einkommensgruppe identisch ist, gewahrt sein, wenn der Kindesunterhalt unter entsprechender Herabgruppierung nach A 1 der Düsseldorfer Tabelle nach der 1. Gruppe bemessen wird. Dann kann auch unter Berücksichtigung des (etwas höheren) Ehegattenunterhalts der Schuldner hinreichend leistungsfähig sein, so dass noch kein Mangelfall gegeben ist.

Beispiel:
Einkommen des Vaters (V) 2900,– EUR. Ehegattenunterhalt und Unterhalt für zwei 3- und 4-jährige Kinder. Die nicht erwerbstätige Mutter (M) bezieht das Kindergeld von je 204,– EUR.
Berechnung ohne Bedarfskontrollbetrag:
Kindesunterhalt nach DT (Stand 2019) 3/1 (nach Herabstufung um eine Gruppe): 390 – 102 = 288 + 288 = 576 EUR.
Ehegattenunterhalt: (2900 – 576) × 3/7 = 996,– EUR.
V behält 2800 – 576 – 996 = 1328 EUR, also weniger als den Bedarfskontrollbetrag von 1400,– EUR.
Korrigierte Berechnung mit Bedarfskontrollbetrag:
Da der Bedarfskontrollbetrag der Einkommensgruppe 3 nicht gewahrt ist, muss der Kindesunterhalt der 2. Einkommensgruppe entnommen werden.
Kindesunterhalt also jeweils 372 – 102 = 270,– EUR. Ehegattenunterhalt: 2900 – 270 – 270 = 2360x 3/7 = 1011,– EUR.
V behält dann 2900 – 270 – 270 – 1011 = 1349,– EUR. Der Bedarfskontrollbetrag von 1300 EUR ist gewahrt. Ehegatten-, Kindesunterhalt und Selbstbehalt stehen in angemessenem Verhältnis.

356 Die Bedarfskontrollbeträge der Düsseldorfer Tabelle werden von der weit überwiegenden Mehrheit der Oberlandesgerichte, insbesondere den Oberlandesgerichten **Brandenburg** (2019), **Bremen** (2019), **Celle** (2019), **Hamburg** (2019), **Hamm** (2013), **Schleswig** (2019), **Rostock** (2019) und **den süddeutschen Oberlandesgerichten** (2019) anerkannt; allerdings werden sie nicht von allen Senaten in die Praxis umgesetzt. Dagegen enthalten die Leitlinien des **Kammergerichts** und der Oberlandesgerichte **Frankfurt, Jena, Köln, Naumburg** und **Oldenburg** und keine Bedarfskontrollbeträge. Vgl. jeweils 11. 2 der Leitlinien.

357 Es ist nicht zu verkennen, dass die Bedarfskontrollberechnung verschiedene Rechengänge erfordern kann, bevor der endgültige Tabellenunterhalt ermittelt worden ist. Der Vorwurf, dass die Berechnungen mit dem Bedarfskontrollbetrag zu umständlich seien, geht gleichwohl fehl. Einmal muss jede Unterhaltsberechnung zum Schluss überprüft werden, damit festgestellt werden kann, ob das Ergebnis angemessen ist.[101] Der Bedarfskontrollbetrag schematisiert diese Prüfung und gibt damit zugleich den Maßstab für die in jeder Unterhaltsfestsetzung vorzunehmenden Angemessenheitsprüfung (→ Rn. 218, 317, 355). Zum anderen erkennt der Praktiker bei einiger Übung alsbald, ob er nur eine oder zwei Gruppen herabgruppieren muss oder ob er den Unterhalt, weil ohnehin nur der Selbstbehalt gewahrt sein kann, sogleich der ersten Einkommensgruppe zu entnehmen hat. Zudem erleichtern Rechenmaschinen, Taschenrechner und Computerprogramme die Berechnung.[102]

IV. Dynamischer Unterhalt nach dem Mindestunterhalt

358 Seit dem KindUG hat das minderjährige Kind ein **Wahlrecht zwischen statischem und dynamischem Unterhalt.**[103] Es kann Unterhalt in Form eines statischen Betrages begehren. Dieser wird der Düsseldorfer Tabelle entnommen und muss bei Änderung der Verhältnisse neu festgesetzt werden, sei es durch Parteivereinbarung, sei es auf Abände-

---

[101] BGH FamRZ 2000, 1492 (1493) mAnm Scholz; FamRZ 2003, 363 (366) mAnm Scholz FamRZ 2003, 514.
[102] So das Berechnungsprogramm von Gutdeutsch Familienrechtliche Berechnungen (Beck'sche Beratungssysteme).
[103] Vgl. dazu eingehend Schumacher/Grün FamRZ 1998, 778; Strauß FamRZ 1998, 993.

rungsantrag durch gerichtlichen Beschluss. Die seit dem 1.7.1998 bestehende Möglichkeit der Dynamisierung, wenn es mit dem pflichtigen Elternteil nicht in einem Haushalt lebt, richtete sich nach § 1612a I BGB aF bis zum 31.12.2007 auf den Unterhalt als Vomhundertsatz des jeweiligen Regelbetrages nach der in zwischen abgeschafften RegelbetragVO. Die Regelbeträge wurden durch Rechtsverordnung des Bundesministeriums der Justiz für drei verschiedene Altersstufen im Abstand von jeweils zwei Jahren festgesetzt und zum 1. Juli jeden zweiten Jahres der Lohnentwicklung angepasst (§ 1612a IV BGB aF). Die letzte Änderung der Regelbeträge erfolgte zum 1.7.2007[104] und galt bis zum Inkrafttreten der Änderungen am 1.1.2008.

Die Festsetzung des Kindesunterhalts ist durch die **Unterhaltsrechtsreform 2007** grundlegend geändert worden. An Stelle der für das Existenzminimum von Vornherein unzureichenden Regelbeträge enthält das Gesetz nunmehr in § 1612a BGB einen am Existenzminimum der Kinder orientierten **Mindestunterhalt.** Dieser ist nach der gesetzlichen Verweisung auf § 32 VI EStG nach dem im Steuerrecht geltenden sächlichen Existenzminimum zu bestimmen, → Rn. 222, 311. Für den dynamisierten Kindesunterhalt steht insbesondere das **Vereinfachte Verfahren** über den Unterhalt Minderjähriger (§§ 249 ff. FamFG) zur Verfügung.

Das Wahlrecht zwischen statischem und dynamischem Unterhalt kann sowohl bei der erstmaligen Festsetzung des Unterhalts als auch im Rahmen eines **Abänderungsverfahrens** ausgeübt werden.[105] Allein der Wunsch, nunmehr statt des statischen dynamischen Unterhalt zu erhalten, reicht jedoch nicht aus. Vielmehr muss der Abänderungsantrag aus anderen Gründen eröffnet sein; es müssen sich also die Verhältnisse, die dem Titel zugrunde liegen, wesentlich geändert haben (§§ 238, 239 FamFG).[106]

359 Seit dem **1.1.2008** kann nach § 1612a I BGB ein **Prozentsatz des jeweiligen Mindestunterhalts** verlangt werden, der für das Kind nach § 1612a I 3 BGB entsprechend der erreichten Altersstufe derzeit gilt. Mit der Geltendmachung des jeweiligen Mindestunterhalts ist gemeint, dass das Kind schon vor Erreichen des 6. oder 12. Lebensjahres einen bestimmten Prozentsatz des Mindestunterhalts der erst später geltenden Altersstufe einklagen kann. In diesem Fall hat das Kind mit dem Ersten des Monats, in dem es das 6. oder 12. Lebensjahr vollendet (→ Rn. 330), Anspruch auf den Mindestunterhalt der 2. bzw. 3. Altersstufe, vervielfältigt mit dem im Titel festgelegten Prozentsatz (§ 1612a I BGB). Es kann daher nunmehr auch sog **Staffelunterhalt** zugesprochen werden.[107] Der Antrag/Tenor könnte etwa wie folgt lauten:

Beispiel (DT 2019; Kindergeld ab 1.7.2019):
Der Beklagte wird verpflichtet, an den am 3.2.2017 geborenen Kläger zu Händen der Kindesmutter ab 9/2017 monatlich im Voraus den Mindestunterhalt nach § 1612a I 3 BGB der Altersstufe 1 bis 1/2023, Altersstufe 2 von 2/2023 bis 1/2029 und Altersstufe 3 ab 2/2029 zu zahlen, jeweils abzüglich des halben Kindergelds für ein erstes Kind, derzeit zu zahlen also 252 EUR.

360 Erreicht das Kind das 18. Lebensjahr, so steigt es mit dem dynamisierten Unterhalt nicht in die 4. Altersstufe der Düsseldorfer Tabelle auf, da der § 1612a I 3 BGB nur drei Altersstufen kennt.[108] Andererseits wird der Titel nicht unwirksam, wenn das Kind **volljährig** wird (§ 244 FamFG – früher: § 798a ZPO).[109] Es behält zunächst den Unterhalt der 3. Altersstufe. Dem Kind bzw. dem bisher allein barunterhaltspflichtigen Elternteil bleibt es überlassen, eine Abänderung des Titels nach §§ 238, 239 FamFG zu betreiben, wenn sie eine anderweitige Festsetzung des Kindesunterhalts für angezeigt halten. Zu den

---

[104] Fünfte VO zur Änderung der Regelbetrag-VO vom 5.6.2007 – BGBl. I S. 1044, FamRZ 2007, 1068.
[105] Schumacher/Grün FamRZ 1998, 778 (781).
[106] Fünfte VO zur Änderung der Regelbetrag-VO vom 5.6.2007 – BGB. I S. 1044, FamRZ 2007, 1068, vgl. zur Abgrenzung OLG Dresden FamRZ 2011, 42 (Abänderungsverlangen bei einseitiger Titulierung in statischer Form entgegen dem Verlangen des Unterhaltsberechtigten) und → Rn. 225.
[107] Graba/Maier in Johannsen/Henrich BGB § 1612a Rn. 4.
[108] OLG Karlsruhe – 2 UF 45/09, BeckRS 2011, 04661.
[109] OLG Hamm FamRZ 2015, 1998; vgl. auch Staudinger/Klinkhammer § 1612a Rn. 30 ff.

5. Abschnitt: Der Unterhaltsanspruch minderjähriger Kinder　　　　　　　　§ 2

Unterschieden zwischen Minderjährigen- und Volljährigenunterhalt → Rn. 468 ff. Es ist angesichts dieser Rechtslage fehlerhaft, ein Urteil über dynamischen Unterhalt nach § 1612a I BGB bis zur Vollendung des 18. Lebensjahres zu begrenzen.[110]

Um den Prozentsatz ermitteln zu können, muss zunächst der betragsmäßig geschuldete Unterhalt mit Hilfe der Düsseldorfer Tabelle festgelegt werden. Dabei reicht es nicht aus, den Unterhalt der jeweiligen Einkommensgruppe der Düsseldorfer Tabelle zu entnehmen. Es ist vielmehr zu prüfen, ob eine Höher- oder Herabgruppierung vorzunehmen ist (→ Rn. 343 ff.), ob der Bedarfskontrollbetrag (→ Rn. 351 ff.) und der Selbstbehalt gewahrt (→ Rn. 366 ff.) sind und ob sich ggf. der Elternteil, bei dem das Kind lebt, am Barunterhalt zu beteiligen hat (→ Rn. 416 ff.). Die **individuelle Bemessung des Unterhalts** nach der Düsseldorfer Tabelle ist daher auch bei Zubilligung dynamischen Unterhalts nach § 1612a I BGB unerlässlich, → Rn. 314. 361

Der nach → Rn. 361 ermittelte Unterhalt der maßgebenden Einkommensgruppe ist in einem **Prozentsatz** des Mindestunterhalts der maßgebenden Altersstufe auszudrücken. Der Prozentsatz ist auf eine Dezimalstelle zu begrenzen; jede weitere Dezimalstelle wird nicht berücksichtigt (§ 1612a II 1 BGB). Eine Auf- oder Abrundung findet also nicht statt. Erst der mit Hilfe des Prozentsatzes errechnete Unterhalt wird auf den nächsten vollen Euro aufgerundet (§ 1612a II 2 BGB). 362

Das Gesetz sieht keinen Höchstbetrag vor, bis zu dem der Unterhalt in einem Vomhundertsatz verlangt werden kann. Es kann also durchaus Unterhalt nach der höchsten Einkommensgruppe der Düsseldorfer Tabelle in Form eines Prozentsatzes von 160% des Mindestunterhalts begehrt und eingeklagt werden. Dagegen ist der Unterhalt, der im Vereinfachten Verfahren geltend gemacht werden kann, auf das 1,2-fache des Mindestunterhalts beschränkt (§ 249 I FamFG). 120% des Mindestunterhalts entsprechen den Richtsätzen der 5. Einkommensgruppe der Düsseldorfer Tabelle. 363

Es ist auch nicht ausgeschlossen, bei eingeschränkter Leistungsfähigkeit des Schuldners, also im Mangelfall, einen Unterhalt von weniger als 100%, zB 80% des Mindestunterhalts zu verlangen. Allerdings ist dies in der Regel nicht empfehlenswert, → Rn. 365.

Das **Kindergeld** ist auch auf den dynamischen Unterhalt nach Maßgabe des § 1612b BGB bedarfsmindernd anzurechnen. Das Kindergeld muss nicht beziffert werden.[111] Die mit der eingeschränkten Kindergeldanrechnung nach dem früheren § 1612b V BGB verbundenen Schwierigkeiten sind durch die Unterhaltsreform 2007 beseitigt. § 1612b I BGB sieht nur noch die hälftige oder volle Kindergeldanrechnung vor. Festzulegen ist demnach lediglich, ob es sich um ein erstes, zweites oder weiteres Kind handelt, → Rn. 359. Falsch wäre es, nur die Zahlbeträge als Mindestunterhalt zu titulieren. 364

In der Praxis wird die Dynamisierung des Minderjährigenunterhalts hauptsächlich von den Jugendämtern im Rahmen des Vereinfachten Verfahrens beantragt. Viele Anwälte und Richter begegnen ihr aber mit Vorbehalten, weil Klageantrag und Urteilstenor angesichts der komplizierten gesetzlichen Regelung Mühe machen. Zu empfehlen ist die Geltendmachung dynamischen Unterhalts, wenn nur ein oder zwei Kinder Unterhalt begehren und mit wesentlichen Veränderungen des Einkommens des Schuldners und anderer unterhaltsrechtlich bedeutsamer Umstände in absehbarer Zeit nicht zu rechnen ist. Abzuraten ist von einer Dynamisierung 365
– wenn sich die Grundlagen der Unterhaltsbemessung voraussichtlich ändern werden, also wenn **Einkommensänderungen** bevorstehen, zB die Veränderung der Steuerklasse im Jahr nach der Trennung, oder wenn mit dem Hinzutreten weiterer Unterhaltsberechtigter (Kinder aus zweiter Ehe) zu rechnen ist,
– in **Mangelfällen,** weil dann bereits geringe Veränderungen des Einkommens die Leistungsfähigkeit und damit die Unterhaltshöhe beeinflussen können; zudem ändert sich das „Verteilungsgefüge",[112] wenn ein Kind in die nächste Altersstufe gelangt und bei ihm ein höherer Einsatzbetrag zu berücksichtigen ist,

---

110 OLG Saarbrücken NJW-FER 2000, 142.
111 Vgl. (zum früheren § 1612b V BGB) OLG Düsseldorf FamRZ 2002, 1046.
112 Strauß FamRZ 1998, 993 (997).

– in Fällen mit **Auslandsberührung**,[113] da der ungewöhnliche Titel zu Schwierigkeiten bei der Vollstreckung im Ausland führen kann.

Dann können sich die Vorteile der Dynamisierung, die gerade in der Vermeidung von Abänderungsverfahren bestehen, nicht auswirken.

V. Leistungsfähigkeit der Eltern beim Unterhalt minderjähriger Kinder

1. Gesteigerte Unterhaltsverpflichtung der Eltern nach § 1603 II 1 BGB

366 Nach § 1603 II 1 und 3 BGB sind Eltern gegenüber minderjährigen Kindern verpflichtet, das seinen Unterhalt nicht etwa aus dem Stamm seines Vermögens decken kann, alle verfügbaren Mittel gleichmäßig zu ihrem Unterhalt und zum Unterhalt der Kinder zu verwenden, wenn kein anderer unterhaltspflichtiger Verwandter vorhanden ist, der den Unterhalt der Kinder ohne Gefährdung seines eigenen angemessenen Bedarfs (§ 1603 I BGB) aufbringen könnte (→ Rn. 394 ff.). Dies gilt nur für die Unterhaltspflicht gegenüber unverheirateten Kindern, nicht dagegen, wenn das Kind verheiratet war und die Ehe durch Tod, Scheidung oder Aufhebung aufgelöst worden ist. Vgl. zur entsprechenden Problematik beim privilegiert volljährigen Kind → Rn. 582. Durch § 1603 II 1 BGB wird die Leistungsfähigkeit der Eltern über die Grenze der Gefährdung des eigenen angemessenen Unterhalts hinaus erweitert.[114] Die Eltern trifft also eine **gesteigerte Unterhaltsverpflichtung**.[115] Sie beruht auf ihrer besonderen Verantwortung für den angemessenen, nicht bloß den notwendigen Unterhalt ihrer minderjährigen Kinder.[116] Seit dem 1.7.1998 gilt die gesteigerte Unterhaltspflicht nach § 1603 II 2 BGB auch gegenüber volljährigen unverheirateten Kindern bis zur Vollendung des 21. Lebensjahres, solange sie im Haushalt der Eltern oder eines Elternteils leben und sich in der allgemeinen Schulausbildung befinden. Vgl. zu diesen **privilegiert volljährigen Kindern** im Einzelnen → Rn. 581 ff.

367 Für die Eltern besteht insbesondere eine Pflicht zur **gesteigerten Ausnutzung ihrer Arbeitskraft**, dh eine verstärkte Erwerbsobliegenheit. Die Eltern sind verpflichtet, alle zumutbaren Erwerbsmöglichkeiten auszuschöpfen.[117] Jedoch ist stets der Grundsatz der Verhältnismäßigkeit zu wahren.[118] → Rn. 370.

368 Der gesteigert Unterhaltspflichtige muss sich besonders intensiv um eine Erwerbstätigkeit bemühen. Es sind ihm auch **Gelegenheitsarbeiten sowie berufsfremde Tätigkeiten** oder Arbeiten unterhalb seiner gewohnten Lebensstellung zuzumuten.[119] Stets darf dem Unterhaltspflichtigen aber nur ein Einkommen zugerechnet werden, das von ihm **realistischerweise zu erzielen** ist.[120]

369 Die Eltern sind in zumutbaren Grenzen sowohl zu einem **Ortswechsel** als auch zu einem **Berufswechsel** verpflichtet.[121] Jedoch sind derartige Anstrengungen nur zumutbar, wenn sie Erfolg versprechen, also an anderem Ort oder in einem anderen Beruf bessere Arbeitschancen bestehen.[122] Zur Darlegungs- und Beweislast → Rn. 259a. Geht ein Elternteil einer selbstständigen landwirtschaftlichen Tätigkeit nach, die unzureichende Erträge abwirft, ist er gehalten, zur Nebenerwerbswirtschaft überzugehen und notfalls die

---

[113] Empfehlung des DIJUF zur Durchsetzung von Unterhaltsansprüchen im Ausland mit dynamisiertem Titel, JAmt 2001, 468.
[114] BGH FamRZ 1984, 682.
[115] BGH FamRZ 2014, 637; 2014, 1992; 1994, 372 ff. = R 473c; 1989, 170 = R 379a.
[116] BGH FamRZ 2003, 1171 (1173); 2000, 1358.
[117] BGH FamRZ 2009, 314 Rn. 20; 1994, 372 ff. = R 473c.
[118] BGH FamRZ 2009, 314 Rn. 20; BVerfG FamRZ 2007, 273; 2006, 469; 2003, 661.
[119] BGH FamRZ 1994, 372 ff. = R 473c; OLG Koblenz FamRZ 1997, 1104.
[120] BVerfG NJW 2010, 1658 (ehemaliger Drogenabhängiger); vgl. BGH FamRZ 2009, 314.
[121] BGH FamRZ 1994, 372 = R 473c.
[122] OLG Hamm FamRZ 1998, 43; OLG Dresden FamRZ 1997, 836.

5. Abschnitt: Der Unterhaltsanspruch minderjähriger Kinder § 2

Landwirtschaft ganz aufzugeben und eine höhere Einkünfte versprechende anderweitige volle Erwerbstätigkeit aufzunehmen.[123]

Den Eltern werden zusätzliche Anstrengungen zugemutet. Sie müssen notfalls **Überstunden** leisten oder **Nebenbeschäftigungen** aufnehmen, wenn das Existenzminimum (Mindestunterhalt) ihrer minderjährigen Kinder nicht gesichert ist. Im Rahmen der gesteigerten Unterhaltspflicht ist dann vom Unterhaltsschuldner auch zu verlangen, dass er neben einer vollschichtigen Erwerbstätigkeit (u. U. auch bei Bezug einer Erwerbsminderungsrente[124]) eine ihm mögliche und zumutbare Nebentätigkeit ausübt.[125] Allerdings wird den Eltern nicht jeder zeitlich mögliche, sondern nur ein Einsatz abverlangt, der ihnen nach dem Grundsatz der Verhältnismäßigkeit zugemutet werden kann. Zu berücksichtigen sind der Gesundheitszustand des Pflichtigen[126] sowie die körperliche und zeitliche Belastung durch den Hauptberuf.[127] Von einem Elternteil, der in seinem Hauptberuf bereits erhebliche Überstunden leistet, kann demnach nur unter besonderen Umständen eine Nebentätigkeit verlangt werden.[128] Außerdem ist zu gewährleisten, dass der Unterhaltspflichtige durch eine Nebentätigkeit nicht gehindert werden darf, mit seinem Kind (und weiteren Kindern) Umgang zu pflegen.[129] Auch sonstige Unterhalts- und familiäre Unterstützungspflichten sind zu berücksichtigen[130], die allerdings mit dem Vorrang Minderjähriger und privilegiert Volljähriger vereinbar sein müssen. Da auch Eltern minderjähriger Kinder Anspruch auf Erholung haben,[131] sind die Vorschriften des Arbeitszeitgesetzes zu beachten.[132] Zu prüfen ist stets, ob der Schuldner überhaupt die tatsächliche und rechtliche Möglichkeit hat, eine Nebenbeschäftigung auszuüben oder Überstunden zu leisten.[133] Dies ist etwa bei angespanntem Arbeitsmarkt nicht selbstverständlich. Zudem bedürfen Nebentätigkeiten in der Regel der Genehmigung des Arbeitgebers, auf deren Erteilung allerdings vielfach ein Rechtsanspruch bestehen wird. Bei Arbeitslosen oder Umschülern sind die gesetzlichen Anrechnungsvorschriften bezüglich Arbeitslosengeld oder Unterhaltsgeld zu beachten.[134] Beim Arbeitslosengeld ist ein Nebeneinkommen nur in Höhe von 165 EUR (§ 155 I SGB III) anrechnungsfrei.

Insgesamt ist bei der fiktiven Zurechnung von Nebeneinkünften Vorsicht geboten. Die Anforderungen, die die Gerichte in diesem Zusammenhang an die Erwerbsobliegenheit des barunterhaltspflichtigen Elternteils stellen, gehen teilweise zu weit.[135] Nach der Entscheidung des BVerfG vom 5.3.2003[136] und der folgenden Rechtsprechung des BGH[137] sind für die Aufnahme einer **Nebentätigkeit** vor allem folgende Umstände von Bedeutung: Die Beschränkungen des Arbeitszeitgesetzes (§§ 3, 6 ArbZG) sind zu berücksichtigen. Zusätzlich ist zu prüfen, ob und in welchem Umfang es dem betreffenden Unterhaltsverpflichteten unter Abwägung seiner von ihm darzulegenden besonderen Lebens- und Arbeitssituation sowie gesundheitlichen Belastung mit der Bedarfslage des Unterhaltsberechtigten zugemutet werden kann, eine Nebentätigkeit auszuüben. Schließlich ist zu prüfen, ob es Nebentätigkeiten entsprechender Art für den Betreffenden auf dem Arbeitsmarkt gibt und der Aufnahme einer solchen Tätigkeit wiederum keine rechtlichen

370

---

123 BGH FamRZ 1998, 357 (359).
124 BGH FamRZ 2017, 109.
125 BGH FamRZ 2014, 637; 2014, 1992.
126 BVerfG FamRZ 2010, 626.
127 BVerfG FamRZ 2003, 661; OLG Celle FamRZ 2002, 694.
128 BGH FamRZ 2009, 314 Rn. 22.
129 BGH FamRZ 2009, 314 Rn. 25.
130 OLG Bremen FamRZ 2010, 574 („alleinerziehender" Vater mit zwei volljährigen Kindern, schulpflichtiger Sohn und epilepsiekranke Tochter).
131 OLG Hamburg FamRZ 1990, 784.
132 BGH FamRZ 2009, 314 Rn. 22.
133 BVerfG FamRZ 2003, 661.
134 Vgl. Schürmann FPR 2005, 448.
135 Zu weitgehend im Einzelfall mE: OLG Koblenz FamRZ 1991, 1475; OLG Hamburg FamRZ 1990, 784.
136 FamRZ 2003, 661.
137 BGH FamRZ 2009, 314; 2011, 1041 Rn. 31 f.; 2014, 1992.

Hindernisse entgegenstünden. Die **Darlegungs- und Beweislast** liegt allerdings beim Unterhaltsverpflichteten.[138] Neben einer vollschichtigen Tätigkeit wird es in der Regel nicht möglich sein, ein Einkommen aus einer die gesetzlichen Freigrenzen ausschöpfenden Nebentätigkeit („400 EUR-Job") zu erzielen, sodass in Anbetracht zunehmend verbreiteter Niedriglöhne bei ungelernten Arbeitskräften eine (teilweise) Leistungsunfähigkeit akzeptiert werden muss.

Eine – mit einem Umzug verbundene – **Verpflichtung zur bundesweiten Arbeitsplatzsuche** (vgl. auch § 10 SGB II) muss im Einzelfall begründet werden.[139] Zu beachten sind dabei die bestehenden persönlichen Bindungen.[140] Wichtig ist hier vor allem auch, dass die Zurechnung eines fiktiven Einkommens wegen Verstoßes gegen unterhaltsrechtliche Obliegenheiten im Einzelfall konsequent zu Ende gedacht wird. Wenn einem Unterhaltspflichtigen der Umzug in eine andere Region abverlangt wird, sind auch damit verbundene Umzugskosten zu berücksichtigen. Außerdem sind dadurch notwendig werdende Umgangskosten vom Einkommen abzuziehen oder dem Selbstbehalt hinzuzurechnen, → Rn. 271 f., 392.

371 Die Eltern müssen grundsätzlich **auf eigene Aus- und Fortbildungswünsche verzichten**.[141] Dies gilt vor allem dann, wenn der Unterhaltspflichtige bereits über eine Berufsausbildung verfügt und ihm die Erwerbsmöglichkeiten in dem erlernten Beruf, wenn auch möglicherweise nach einem zumutbaren Ortswechsel, eine ausreichende Lebensgrundlage bieten. Dann muss er in der Regel die angestrebte zusätzliche Ausbildung so lange verschieben, bis die Kinder nicht mehr unterhaltsbedürftig sind.[142] Kinder müssen allerdings eine Weiterbildung des Unterhaltspflichtigen hinnehmen, wenn sie nur mit einem vorübergehenden Einkommensrückgang verbunden und ihr Existenzminimum (Mindestunterhalt) gesichert ist.[143] Außerdem müssen sie im Ausnahmefall hinnehmen, dass der unterhaltspflichtige Elternteil eine Erstausbildung absolviert.[144] → Rn. 222 f. Verfügt der Schuldner noch über keine abgeschlossene Berufsausbildung, ist die bisher ausgeübte Tätigkeit als ungelernte oder angelernte Hilfskraft fortgefallen und bestehen reale Arbeitsmöglichkeiten in diesem Bereich nicht mehr, kann ihm die Aufnahme einer Ausbildung nicht verwehrt werden, auch wenn die Schulzeit länger zurückliegt. Denn die Erlangung einer angemessenen Berufsausbildung gehört zum eigenen Lebensbedarf des Pflichtigen, den dieser grundsätzlich vorrangig befriedigen darf.[145]

372 Die verstärkte Erwerbsobliegenheit legt den Eltern nicht nur bei der Wahl ihres Arbeitsplatzes, sondern auch bei der **Aufgabe einer Erwerbstätigkeit** Beschränkungen auf. Dies ändert allerdings nichts daran, dass sich der Schuldner auch dann auf den Verlust einer Arbeitsstelle berufen darf, wenn er ihn selbst – auch schuldhaft – herbeigeführt hat. Nur verantwortungsloses, zumindest **leichtfertiges** und **unterhaltsbezogenes Verhalten** rechtfertigt es, dem Schuldner die Berufung auf seine Leistungsunfähigkeit zu versagen.[146] Die Nichterhebung einer **Kündigungsschutzklage** ist jedenfalls dem Pflichtigen nicht vorzuwerfen, wenn der Erfolg der Klage zweifelhaft, die Kündigung also nicht eindeutig unwirksam ist.[147] Zudem darf der Unterhaltsschuldner eine etwaige Abfindung nach § 9 KSchG zunächst zur Deckung seines eigenen notwendigen Selbstbehalts verwenden.[148]

Man wird allerdings gerade bei Unterhaltsansprüchen minderjähriger Kinder die Anforderungen an die Leichtfertigkeit nicht überspannen dürfen. Ein Elternteil, der ein

---

[138] BGH FamRZ 2014, 1992; 2014, 637; 2009, 314 Rn. 28; 1998, 357 (359); BVerfG FamRZ 2003, 661; 1985, 143.
[139] BVerfG NJW 2006, 2317; FamRZ 2007, 273.
[140] BVerfG FamRZ 2007, 273.
[141] Vgl. Grün FPR 2008, 370.
[142] BGH FamRZ 1994, 372 (374 f.) = R 473d; OLG Hamm FamRZ 1998, 979 mAnm Born.
[143] OLG Bamberg FamRZ 2000, 307.
[144] BGH FamRZ 2011, 1041 Rn. 36 f. (Unterhaltspflichtige Mutter, die die Kinder im Alter von 16 bzw. 18 Jahren geboren hatte).
[145] BGH FamRZ 1994, 372 (374 f.) = R 473c, d.
[146] BGH FamRZ 1994, 372 (374 f.) = R 473c.
[147] BGH FamRZ 1994, 372 (374 f.) = R 473c; anders wohl OLG Hamm FamRZ 2002, 1427.
[148] aA offenbar OLG Hamm FamRZ 2002, 1427.

minderjähriges Kind zu unterhalten hat, handelt in der Regel leichtfertig, wenn er ohne wichtige Gründe (zB Krankheit) eine Arbeitsstelle aufgibt, obwohl eine hinreichend sichere Aussicht auf einen anderen im Wesentlichen gleichwertigen Arbeitsplatz nicht besteht. Dasselbe gilt, wenn er **sich selbstständig macht,** ohne jedenfalls für eine Übergangszeit dafür zu sorgen, dass der Unterhalt des Kindes sichergestellt ist. Näheres → § 1 Rn. 738 ff.

Hat der Pflichtige seine Arbeitsstelle schuldlos verloren, so kann ihm gleichwohl fiktives Einkommen zugerechnet werden, wenn er im Unterhaltszeitraum sich nicht um eine neue Arbeitsstelle bemüht und eine ihm mögliche und zumutbare Erwerbstätigkeit nicht aufnimmt.[149] → Rn. 244.

Für die Verwendung einer arbeitsrechtlichen Abfindung zur Aufstockung des für die Bemessung des Unterhaltsbedarfs minderjähriger Kinder maßgeblichen Einkommens des Unterhaltspflichtigen gelten grundsätzlich die gleichen Anforderungen wie beim Ehegattenunterhalt.[150] Danach ist die vom Unterhaltspflichtigen nach dem – unterhaltsrechtlich nicht vorwerfbaren – Verlust seines Arbeitsplatzes erhaltene Abfindung, wenn dieser im Anschluss daran eine neue Arbeitsstelle mit dauerhaft geringerem Einkommen gefunden hat, bis zur Höchstgrenze des Bedarfs aufgrund des früheren Einkommens grundsätzlich für den Unterhalt zu verwenden. Ob eine Aufstockung bis zum bisherigen Einkommen geboten ist und der bisherige Lebensstandard vollständig aufrechterhalten werden muss, beurteilt sich nach den Umständen des Einzelfalls unter Berücksichtigung der beiderseitigen Interessen, insbesondere auch nach der vom Unterhaltspflichtigen zu erwartenden weiteren Einkommensentwicklung.[151]

Ein Elternteil, der ein minderjähriges Kind aus einer neuen Ehe versorgt, muss jedenfalls eine geringfügige Tätigkeit ausüben, um den Unterhalt eines minderjährigen Kindes aus einer früheren Ehe mindestens teilweise zu decken.[152] Genaueres zu den so genannten **„Hausmannfällen"** in → Rn. 275 ff., 408. **373**

Gegenüber dieser aus Art. 6 I und II GG herzuleitenden verstärkten Unterhaltsverpflichtung müssen das Recht der Eltern auf **freie Entfaltung der Persönlichkeit** (Art. 2 I GG) sowie das Recht auf **freie Berufswahl** (Art. 12 I 1 GG) grundsätzlich zurücktreten.[153] Die Abwägung der grundrechtlich geschützten Interessen führt jedoch nicht in jedem Fall zu einem Vorrang des Unterhaltsanspruchs des minderjährigen Kindes vor den Belangen der Eltern. Die gesteigerte Unterhaltspflicht verpflichtet die Eltern vor allem, **das Existenzminimum des Kindes** sicherzustellen, → Rn. 223 f.; 366. Verfügt das Kind wenigstens über das Existenzminimum, kann unter Umständen auch ein Wechsel in eine geringer bezahlte Arbeitsstelle und damit eine Herabsetzung des Unterhalts hingenommen werden, zB wenn der Pflichtige mit dem Wechsel der Arbeitsstelle gesundheitsgefährdenden Schichtdienst vermeiden kann.[154] Vgl. auch zu der vergleichbaren Problematik einer Berufsausbildung des Unterhaltsschuldners → Rn. 371 und der Aufgabe einer Erwerbstätigkeit → Rn. 372. **374**

Kommen die Eltern ihren gesteigerten Erwerbspflichten nicht nach, werden sie unterhaltsrechtlich so behandelt, als würden sie über die Einkünfte, die sie bei gutem Willen durch eine zumutbare Erwerbstätigkeit erzielen könnten, auch tatsächlich verfügen. Es wird ihnen ein entsprechendes **Einkommen fiktiv zugerechnet,**[155] und zwar sowohl für die Bedarfsbemessung als auch für die Beurteilung der Leistungsfähigkeit. Es muss allerdings feststehen oder zumindest nicht auszuschließen sein, dass bei genügenden Bemühungen eine **reale Erwerbschance** bestanden hätte.[156] An die Feststellung, dass für einen Unterhaltsschuldner keine reale Beschäftigungschance besteht, sind nach der Rechtsprechung des **375**

---

149 OLG Düsseldorf FamRZ 1998, 851; vgl. BGH FamRZ 2008, 872.
150 BGH FamRZ 2012, 1048 unter Bezugnahme auf BGH FamRZ 2012, 1040.
151 BGH FamRZ 2012, 1040.
152 BGH FamRZ 1996, 796; 1987, 270.
153 BGH FamRZ 1981, 341 (344); 1981, 539.
154 OLG Karlsruhe FamRZ 1993, 836.
155 BGH FamRZ 1994, 372 ff. = R 473c.
156 BGH FamRZ 1994, 372 ff. = R 473c.

BGH[157] indessen – insbesondere im Bereich der gesteigerten Unterhaltspflicht nach § 1603 II BGB – strenge Maßstäbe anzulegen. Dass der Unterhaltspflichtige aus dem Ausland stammt und über keine abgeschlossene Berufsausbildung verfügt, rechtfertigt allein noch nicht die Schlussfolgerung, dass für ihn keine reale Beschäftigungschance im Hinblick auf eine sozialversicherungspflichtige Vollzeitstelle bestehe. Siehe auch → Rn. 207, 243 ff. Bei entsprechenden Erwerbschancen kann dem Schuldner auch ein Einkommen fiktiv zugerechnet werden, das über der ersten Einkommensgruppe der Düsseldorfer Tabelle liegt.[158] Nur Einkommen, das dem Unterhaltspflichtigen nie oder jedenfalls nicht so nachhaltig zur Verfügung gestanden hat, dass es die Lebensstellung des Kindes prägen konnte, bleibt grundsätzlich unberücksichtigt.[159] Allerdings kann es in besonderen Fallkonstellationen angebracht sein, von einem höheren Bedarf auch aufgrund fiktiven Einkommens auszugehen, wenn der Unterhaltsschuldner eine mögliche und seiner – etwa durch ein nach der Geburt abgeschlossenes Studium erworbenen – Qualifikation entsprechende Tätigkeit unterlässt, → Rn. 207. Außerdem muss der Schuldner das Existenzminimum des Kindes ggf. auch durch Verwertung seines Vermögens sicherstellen (→ Rn. 224 f.).[160] Zum Einsatz des Vermögens → Rn. 382.

376 Wer als Unterhaltsverpflichteter nach dem Ausscheiden aus der Bundeswehr eine **Übergangsbeihilfe** erhält, muss diese im Rahmen einer sparsamen Wirtschaftsführung auch zur Deckung des Unterhaltsbedarfs eines minderjährigen Kindes verwenden. Mit Rücksicht auf die gesteigerte Unterhaltspflicht darf er diese Mittel – ähnlich wie eine **Abfindung** bei Ausscheiden aus einem Arbeitsverhältnis – für seinen eigenen Bedarf nur sparsam einsetzen, um den notwendigen Unterhalt des Minderjährigen möglichst bis zur Volljährigkeit sicherstellen zu können.[161]

377 Ein Elternteil, der selbst unterhaltsberechtigt ist und Ehegattenunterhalt erhält, muss uU auch diesen **Unterhalt** bis zur Höhe seines notwendigen Selbstbehalts für den Unterhalt eines minderjährigen Kindes verwenden, wenn und soweit die gesteigerte Unterhaltspflicht nach § 1603 II 1 BGB besteht.[162] Näheres → Rn. 247 ff., 275 ff.

378 Die erweiterte Unterhaltsverpflichtung gebietet es, die Leistungsfähigkeit unabhängig davon zu beurteilen, woher die zur Verfügung stehenden Mittel stammen. Dies rechtfertigt es, auch ein **Schmerzensgeld,** das der unterhaltspflichtige Elternteil erhalten hat, zu den Mitteln zu rechnen, deren Einsatz ihm nach § 1603 II 1 BGB zugemutet wird. Wenn der Verpflichtete während des Unterhaltszeitraumes noch unter fortdauernden schweren Behinderungen zu leiden hat, kann der Ausgleichsfunktion des Schmerzensgeldes durch eine maßvolle, die Belange des Kindes mitberücksichtigende Anhebung des notwendigen Selbstbehalts Rechnung getragen werden.[163] **Elterngeld** ist zwar im Hinblick auf den Sockelbetrag von 300,– EUR grundsätzlich nicht zum Unterhalt einzusetzen. Das gilt aber nicht bei gesteigerter Unterhaltspflicht für den Kindesunterhalt (§ 11 S. 4 BEEG; ebenso Erziehungsgeld § 9 S. 2 BErzGG).[164] Zur Neuregelung → § 8 Rn. 39, 192. Dagegen gilt die Privilegierung von Sozialleistungen für Körper- und Gesundheitsschäden nach § 1610a BGB auch im Rahmen der verschärften Haftung nach § 1603 II 1 BGB, da eine dem § 11 S. 4 BEEG (§ 9 S. 2 BerzGG) entsprechende Regelung fehlt.[165] Zum Einsatz des Vermögens → Rn. 382.

379 Das minderjährige Kind, das nur den Mindestunterhalt nach § 1612a I BGB (1. Einkommensgruppe der Düsseldorfer Tabelle) verlangt, braucht seinen Bedarf nicht weiter darzulegen. Der Barunterhaltspflichtige hat demgegenüber **darzulegen und zu bewei-**

---

[157] BGH FamRZ 2014, 637.
[158] BGH FamRZ 2003, 1471 (1473); 2000, 1358 = R 543b; OLG Düsseldorf FamRZ 1991, 220.
[159] BGH FamRZ 2000, 1358 = R 543b; vgl. auch BGH FamRZ 1997, 281 (283); 1993, 1304 (1306).
[160] Vgl. BGH FamRZ 1989, 170.
[161] BGH FamRZ 1987, 930.
[162] BGH FamRZ 1985, 1243.
[163] BGH FamRZ 1989, 170 (172).
[164] OLG Hamm FamRZ 2000, 311.
[165] So mit Recht MüKoBGB/Born § 1610a dort Fn. 21; Graba/Maier in Johannsen/Henrich BGB § 1610a Rn. 5.

sen, dass er trotz der gebotenen Anstrengungen (→ Rn. 367 ff.) nicht in der Lage ist, Unterhalt in dieser Höhe zu zahlen.[166] → Rn. 342. Diese Verteilung der Darlegungs- und Beweislast darf allerdings nicht dazu führen, dass jedem Schuldner ohne nähere Prüfung ein Einkommen zugerechnet wird, das ihm die Zahlung des Mindestunterhalts für ein oder mehrere Kinder ermöglicht.[167] Der notwendige Selbstbehalt und der Mindestunterhalt für ein minderjähriges Kind sind heute so hoch, dass sie zusammen das Einkommen, das der Pflichtige als ungelernte Kraft erzielen kann, häufig übersteigen. Das gilt besonders, wenn die Mutter barunterhaltspflichtig ist oder wenn Unterhalt für ein oder mehrere Kinder der 3. Altersstufe zu zahlen ist.[168]

2. Notwendiger Selbstbehalt bei gesteigerter Unterhaltspflicht

Wenn nicht ein anderer leistungsfähiger Verwandter vorhanden ist (§ 1603 II 3 BGB; → Rn. 394 ff.), haben Eltern im Rahmen der gesteigerten Unterhaltspflicht nach § 1603 II 1 BGB gleichsam das „Letzte" mit ihren minderjährigen Kindern zu teilen. Dasselbe gilt hinsichtlich der privilegiert volljährigen Kinder im Sinne des § 1603 II 2 BGB (→ Rn. 572 ff.). Die Unterhaltsverpflichtung der Eltern findet erst dort ihre Grenze, wo die Möglichkeit der eigenen Fortexistenz in Frage gestellt wäre und ihnen nicht mehr die Mittel zur Bestreitung des unentbehrlichen Lebensbedarfs, also des **Existenzminimums,** verbleiben würden.[169] Den Eltern dürfen also die Mittel für ihren eigenen notwendigen Lebensbedarf nicht genommen werden. Die Düsseldorfer Tabelle spricht in diesem Zusammenhang vom **notwendigen Eigenbedarf (Selbstbehalt)** des Verpflichteten (DT Anm. A 5 I). Gebräuchlich sind auch die Bezeichnungen „notwendiger Selbstbehalt" und „kleiner Selbstbehalt", jeweils in Abgrenzung zum „angemessenen Selbstbehalt" oder „großen Selbstbehalt" im Sinne von § 1603 I BGB. Die „untere Opfergrenze" des notwendigen Selbstbehalts wird weniger durch die individuellen Lebensumstände des Verpflichteten als vielmehr durch das Erfordernis bestimmt, die Grenze seiner Inanspruchnahme generalisierend festzulegen.[170] Zur Bemessung des notwendigen Selbstbehalts → Rn. 384 ff. **380**

Das **Existenzminimum** wird im Wesentlichen durch den **Sozialhilfebedarf** bestimmt. Hiervon gehen auch die Berichte der Bundesregierung über die Höhe des steuerfrei zu lassenden Existenzminimums von Kindern und Familien aus, → Rn. 222 f. Der im 12. Existenzminimum-Bericht für das Jahr 2020 angenommene Betrag für das sächliche Existenzminimum eines Alleinstehenden von 9408,– EUR pro Jahr, also von 784,– EUR pro Monat, kann gleichwohl nicht für das Unterhaltsrecht übernommen werden, da der Bericht offensichtlich zu niedrige Wohnkosten zugrunde legt.[171] Zu den Wohnkosten → Rn. 268, zum Existenzminimum für das unterhaltsberechtigte Kind → Rn. 222 f. Abzustellen ist für die Bemessung des Existenzminimums im Unterhaltsrecht auf die Sozialhilfe, die der Unterhaltspflichtige erhalten könnte. Daher kann niemand unterhaltspflichtig sein, der bei Zahlung von Unterhalt selbst Sozialhilfe in Anspruch nehmen müsste.[172] Dieser schon früher geltende Grundsatz findet seinen Niederschlag in § 94 III 1 SGB XII. In den in der Praxis verwendeten Tabellen und Leitlinien wird deshalb der notwendige Selbstbehalt mit einem Betrag angesetzt, der die Sätze der Sozialhilfe und damit den notwendigen Unterhalt nach § 850d I 2 ZPO maßvoll übersteigt.[173] Ist die Sozialhilfe, die **381**

---

[166] BGH FamRZ 2002, 536 mAnm Büttner = R 572; BGH FamRZ 2014, 1992.
[167] Vgl. OLG Brandenburg NJW-FER 2001, 8.
[168] Vgl. Büttner/Niepmann NJW 2001, 2215 (2222).
[169] BGH FamRZ 2008, 594; 1994, 372 ff. = R 473c; s. Lipp FamRZ 2012, 1; Klinkhammer FamRZ 2007, 85.
[170] BGH FamRZ 1982, 365 = NJW 1982, 1050.
[171] Bericht über die Höhe des Existenzminimums von Erwachsenen und Kindern für das Jahr 2020 (12. Existenzminimumbericht) BT-Drs. 19/5400 S. 4 f.
[172] BGH FamRZ 2006, 683; 1996, 1272; 1990, 849; vgl. auch BGH FamRZ 2000, 1358; Lipp FamRZ 2012, 1 und Klinkhammer FamRZ 2007, 85.
[173] BGH FamRZ 2003, 1466; 1993, 1186 (1188) = R 463; 1984, 1000 = R 210; vgl. BGH FamRZ 2011, 208 Rn. 9, 13; 2010, 1798.

der Unterhaltsschuldner erhalten könnte, wenn er selbst bedürftig wäre, höher als der notwendige Selbstbehalt, muss dieser im Einzelfall angemessen erhöht werden.[174] → Rn. 392. Dies gilt jedoch nur zugunsten des Pflichtigen selbst, nicht auch zugunsten weiterer Unterhaltsberechtigter, die mit ihm in einer Haushaltsgemeinschaft leben. Das Verhältnis mehrerer Berechtigter untereinander wird allein durch die Rangvorschriften (§ 1609 BGB, § 16 LPartG) bestimmt.[175] Damit weicht das Unterhaltsrecht in einem wichtigen Punkt vom Sozialhilferecht ab, das die Mitglieder der so genannten Bedarfsgemeinschaft bei der Bemessung des sozialhilferechtlichen Bedarfs des Hilfeempfängers mit berücksichtigt.

382 Der barunterhaltspflichtige Elternteil ist verpflichtet, den **Stamm seines Vermögens** einzusetzen, wenn er den Unterhalt des Kindes nicht durch Erwerbstätigkeit aufbringen kann. Eine Verwertung des Vermögensstammes kann allerdings nicht verlangt werden, wenn diese den Unterhaltsverpflichteten von fortlaufenden Einkünften abschneiden würde, die er zur Bestreitung seines eigenen Unterhalts benötigt. Auch im Rahmen der erweiterten Unterhaltspflicht darf der Vermögensstamm zur Befriedigung des Mindestbedarfs eines Kindes nur dann herangezogen werden, wenn unter Berücksichtigung der voraussichtlichen Lebensdauer und unter Einbeziehung etwa zu erwartender künftiger Erwerbsmöglichkeiten der notwendige Eigenbedarf des Verpflichteten bis an dessen Lebensende gesichert bleibt.[176] → § 1 Rn. 607 ff. Zur Verpflichtung, im Rahmen der gesteigerten Unterhaltspflicht auch erhaltenes Schmerzensgeld einzusetzen, → Rn. 378 und → § 1 Rn. 601.

Nach diesen Grundsätzen muss der Schuldner auch Grundeigentum durch Verkauf oder Belastung verwerten, um den Unterhalt des minderjährigen Kindes zu sichern. Der Plan, auf dem Grundstück ein Wohngebäude zu errichten, muss demgegenüber zurücktreten.[177]

383 Ob dem barunterhaltspflichtigen Elternteil eine **zusätzliche Altersvorsorge** zuzubilligen ist,[178] ist inzwischen vom BGH entschieden worden. Das OLG Brandenburg[179] hatte pauschal einen Abzug von 4% des Bruttoeinkommens für die zusätzliche (sekundäre) Altersvorsorge gebilligt (für vom Unterhaltspflichtigen unterhaltene private Kapitalversicherungen). Es hat sich hierfür auf die Rechtsprechung des BGH zum Ehegattenunterhalt[180] bezogen. Dagegen spricht allerdings, dass nach § 1603 II BGB – anders als beim Ehegattenunterhalt – alle verfügbaren Mittel für den Unterhalt einzusetzen sind. Zudem ist der Unterhaltsschuldner bei unzureichendem Einkommen auch zum Einsatz seines Vermögens verpflichtet. Der Unterhaltsschuldner hat in jedem Fall die Gründe darzulegen, warum es ihm nicht zumutbar ist, den jeweiligen Vertrag für die naturgemäß vorübergehende Zeit seiner Pflicht zum Kindesunterhalt etwa ruhend zu stellen. Das Kammergericht hatte es einem vier minderjährigen Kindern gegenüber unterhaltsverpflichteten Vater nicht für zumutbar gehalten, dass dieser auf den Aufbau einer zusätzlichen Altersvorsorge in Form einer betrieblichen Direktversicherung (bis zu 4% des Bruttoeinkommens) verzichtet.[181]

Nach der Rechtsprechung des BGH[182] sind Aufwendungen des gesteigert unterhaltspflichtigen Elternteils für eine zusätzliche Altersversorgung und eine Zusatzkrankenversicherung unterhaltsrechtlich nicht berücksichtigungsfähig, wenn der Mindestunterhalt für ein minderjähriges Kind andernfalls nicht aufgebracht werden kann. Nach dem BGH bestehen zwar grundsätzlich keine Bedenken, Aufwendungen für eine zusätzliche Altersversorgung unterhaltsrechtlich zu berücksichtigen. Denn durch die aus dem Erwerbsein-

---

[174] Seetzen NJW 1994, 2505 (2508) mwN; Hampel, Bemessung des Unterhalts an Hand von Unterhaltstabellen und Leitlinien der Oberlandesgerichte, 1994, Rn. 95.
[175] BGH FamRZ 1996, 1272.
[176] BGH FamRZ 1989, 170; OLG Karlsruhe NJW-FER 1999, 23.
[177] OLG Dresden FamRZ 1999, 396; vgl. auch BGH FamRZ 2014, 923 (zum Wohnwert des ehemaligen Familienhausgrundstücks im Fall, dass die Veräußerung zwar beabsichtigt, aber noch nicht möglich ist).
[178] Vgl. BGH FamRZ 2005, 1817 (Ehegattenunterhalt).
[179] Urt. v. 27.11.2007 – 10 UF 137/07 – juris.
[180] BGH FamRZ 2005, 1817.
[181] KG v. 31.7.2008 – 16 UF 189/07, BeckRS 2009, 07835.
[182] BGH FamRZ 2013, 616.

kommen abzuführenden Beiträge zur gesetzlichen Rentenversicherung könne eine angemessene Altersversorgung nicht mehr erreicht werden, so dass beim Ehegatten- und Kindesunterhalt grundsätzlich Aufwendungen bis zu 4% des Gesamtbruttoeinkommens des Vorjahres als angemessene zusätzliche Altersversorgung angesehen werden könnten.[183] Die besonderen Anforderungen, die an gesteigert unterhaltspflichtige Eltern zu stellen seien, beträfen aber nicht nur die Ausnutzung der Arbeitskraft, sondern auch einen eventuellen Verzicht, der ihnen im Ausgabenbereich zuzumuten sei. Ob eine Verpflichtung unterhaltsrechtlich als abzugsfähig anzuerkennen sei, müsse deshalb im Einzelfall unter umfassender Interessenabwägung beurteilt werden. Dabei komme es insbesondere auf den Zweck der Verbindlichkeit, den Zeitpunkt und die Art ihrer Entstehung, die Kenntnis des Unterhaltspflichtigen von Grund und Höhe der Unterhaltsschuld und andere Umstände an.[184] Da der zusätzlichen Altersvorsorge keine der aktuellen Sicherung des Existenzminimums des Kindes vergleichbare Dringlichkeit zukommt, ist diese in der Regel bei Eingreifen der gesteigerten Unterhaltspflicht somit nachrangig und bei der Einkommensermittlung nicht zu berücksichtigen.[185]

3. Die Bemessung des notwendigen Selbstbehalts nach den Tabellen und Leitlinien der Oberlandesgerichte

384 Der Gesetzgeber hat den notwendigen Selbstbehalt nicht betragsmäßig festgelegt. Auch der BGH hat keine Beträge vorgegeben, aber verlangt, dass dem Schuldner jedenfalls das Existenzminimum, also der Bedarf nach Sozialhilferecht verbleiben müsse.[186] Der notwendige Selbstbehalt müsse die Sozialhilfe, die der Schuldner erhalten könne, maßvoll übersteigen.[187] Nach der Rechtsprechung des BGH[188] ist die Bemessung des notwendigen Selbstbehalts Sache des Tatrichters. Diesem ist es nicht verwehrt, sich dabei an Erfahrungs- und Richtwerte in Unterhaltsleitlinien anzulehnen, sofern nicht im Einzelfall besondere Umstände eine Abweichung bedingen (→ Rn. 317). Der notwendige Selbstbehalt ist – zumal im Rahmen der gesteigerten Unterhaltspflicht nach § 1603 II BGB – am sozialhilferechtlichen Bedarf zu orientieren, allenfalls geringfügig darüber.[189]

385 Die Oberlandesgerichte des gesamten Bundesgebiets gehen in ihren Leitlinien (Nr. 21.2; → Rn. 386) von den Beträgen der **Düsseldorfer Tabelle** für den **notwendigen Selbstbehalt** aus. Sie unterscheiden meist zwischen dem notwendigen Selbstbehalt des erwerbstätigen und des nicht erwerbstätigen Unterhaltsschuldners.

Die Sätze für den notwendigen Selbstbehalt betragen:
- **ab 1.1.2015:**
  - **1080,– EUR** als notwendiger Selbstbehalt eines Erwerbstätigen,
  - **880,– EUR** als notwendiger Eigenbedarf eines Nichterwerbstätigen.
- vom 1.1.2013 bis 31.12.2014:
  - 1000,– EUR als notwendiger Selbstbehalt eines Erwerbstätigen,
  - 800,– EUR als notwendiger Eigenbedarf eines Nichterwerbstätigen.

Früher betrugen die Selbstbehaltssätze der Düsseldorfer Tabelle:
- vom 1.1.2011 bis zum 31.12.2012:
  - 950,– EUR als notwendiger Selbstbehalt eines Erwerbstätigen,
  - 770,– EUR als notwendiger Eigenbedarf eines Nichterwerbstätigen.
- vom 1.7.2007 bis zum 31.12.2010:
  - 900,– EUR als notwendiger Selbstbehalt eines Erwerbstätigen,
  - 770,– EUR als notwendiger Eigenbedarf eines Nichterwerbstätigen.

---

[183] BGH FamRZ 2013, 616 Rn. 16 mwN.
[184] BGH FamRZ 2013, 616 Rn. 19.
[185] Vgl. BGH FamRZ 2013, 616 Rn. 20 mwN.
[186] Zu den Hintergründen Lipp FamRZ 2012, 1; Klinkhammer FamRZ 2007, 85.
[187] BGH FamRZ 2006, 683; 1994, 372 = R 473c; 1984, 1000.
[188] FamRZ 1982, 365.
[189] BGH FamRZ 2008, 594 (596) = R 688.

- vom 1.7.2005 bis zum 30.6.2007:
  - 890,– EUR als notwendiger Selbstbehalt eines Erwerbstätigen,
  - 770,– EUR als notwendiger Eigenbedarf eines Nichterwerbstätigen.
- vom 1.1.2002 bis zum 30.6.2005:
  - 840,– EUR als notwendiger Selbstbehalt eines Erwerbstätigen,
  - 730,– EUR als notwendiger Eigenbedarf eines Nichterwerbstätigen.
- vom 1.7.2001 bis 31.12.2001:
  - 1640,– DM als notwendiger Selbstbehalt eines Erwerbstätigen,
  - 1425,– DM als notwendiger Eigenbedarf eines Nichterwerbstätigen.
- vom 1.1.1996 bis 30.6.2001:
  - 1500,– DM als notwendiger Selbstbehalt eines Erwerbstätigen,
  - 1300,– DM als notwendiger Eigenbedarf eines Nichterwerbstätigen.

386 **Abweichende Beträge** für den notwendigen Selbstbehalt hat bis 2012 das OLG Frankfurt a. M. (FL 21. 2) für Nichterwerbstätige angesetzt (800,– EUR statt 770,– EUR).

387 Die **Oberlandesgerichte der neuen Bundesländer** legten bis zum 31.12.2007 in ihren Leitlinien (jeweils 21. 2.) niedrigere Selbstbehaltssätze zugrunde (vgl. auch die bis 31.12.2007 gültige Berliner Tabelle).

388 Der höhere notwendige Selbstbehalt eines Erwerbstätigen steht auch einem **Umschüler** zu, wenn die Umschulung seine volle Arbeitskraft in Anspruch nimmt und er etwa den gleichen Aufwand wie ein Erwerbstätiger hat, zB weil er günstige Einkaufsangebote aus Zeitmangel nicht nutzen kann oder er sich besser als ein Nichterwerbstätiger kleiden muss.[190] Bei Bezug von **Krankengeld** ist vom Selbstbehalt eines Erwerbstätigen auszugehen, wenn eine Wiedereingliederung in das Erwerbsleben abzusehen ist.

389 Der **volle Selbstbehalt für Erwerbstätige** von 1080,– EUR ist nicht bereits bei einer geringfügigen oder weniger als halbschichtigen Erwerbstätigkeit anzuwenden.[191] In solchen Fällen hat der BGH allenfalls einen **Zwischenbetrag** für angebracht gehalten.[192] Um hier nicht zu viele Abstufungen vorzusehen, erscheint folgende Staffelung angemessen:
- Bei einer Erwerbstätigkeit, die noch keine halbschichtige Erwerbstätigkeit erreicht: Selbstbehalt in Höhe des **Zwischenbetrags** von 1080/880 = **980,– EUR**.[193]
- Ab halbschichtiger Erwerbstätigkeit: voller Erwerbstätigenselbstbehalt von **1080,– EUR**

Der um 200,– EUR höhere Selbstbehalt für einen erwerbstätigen Schuldner (vgl. die → Rn. 385, 387 aufgeführten Tabellen und Leitlinien) ist in erster Linie ein **Anreiz,** seine Erwerbstätigkeit nicht aufzugeben und sich statt dessen mit Sozialhilfe zu begnügen.[194] Dagegen werden konkret bezifferbare berufsbedingte Aufwendungen nicht durch den Zuschlag von 200,– EUR berücksichtigt. Vielmehr werden beim Pflichtigen, der sein Einkommen aus unselbstständiger Arbeit bezieht, bezifferbare berufsbedingte Aufwendungen von diesen Einkünften vorab abgezogen, und zwar pauschal 5%, mindestens 50,– EUR, höchstens aber 150,– EUR (so die Düsseldorfer Tabelle – DT Anm. A 3 – und die ihr folgenden Tabellen und Leitlinien),[195] oder der tatsächliche Aufwand auf Grund entsprechenden konkreten Vortrags. Genaueres zu den berufsbedingten Ausgaben → § 1 Rn. 122 ff.

Beispiel:
Erwerbseinkommen des Schuldners 1240,– EUR. Anrechenbar sind 1240,– EUR – 5% = 1178,– EUR. Unter Berücksichtigung des Selbstbehalts von 1080,– EUR stehen 98,– EUR für den Kindesunterhalt zur Verfügung.

Der Trennung zwischen berufsbedingten Ausgaben und Erwerbstätigenzuschlag, wie sie die Düsseldorfer Tabelle vorsieht, entsprach der Einkommensermittlung nach § 76 BSHG.

---

[190] OLG Hamm FamRZ 2005, 2015; FamRZ 1999, 1015; OLG Dresden FamRZ 2006, 1703; anders OLG Dresden FamRZ 1999, 1015.
[191] BGH FamRZ 2008, 594 (597) = R 688.
[192] BGH FamRZ 2008, 594 (597) = R 688.
[193] OLG Brandenburg – 9 UF 202/07, BeckRS 2009, 11350.
[194] Scholz FamRZ 1993, 125 (132); vgl. auch BGH FamRZ 1997, 806; allgemein Klinkhammer FamRZ 2007, 85; Lipp FamRZ 2012, 1.
[195] Scholz FamRZ 1993, 125 (131).

5. Abschnitt: Der Unterhaltsanspruch minderjähriger Kinder **§ 2**

Nach § 76 II Nr. 4 BSHG waren die mit der Erzielung des Einkommens verbundenen notwendigen Ausgaben, in der Systematik der Düsseldorfer Tabelle (Anm. A 3) also die berufsbedingten Ausgaben, abzusetzen. Weiter waren nach § 76 II a Nr. 1 BSHG für Erwerbstätige Beträge in jeweils angemessener Höhe vom Einkommen abzuziehen. Dieser Abzug für Erwerbstätige, der in den meisten westlichen Bundesländern zuletzt 148,– EUR betrug, entsprach in seiner Funktion dem Zuschlag von 130,– EUR, der nach Anm. A 5 I der Düsseldorfer Tabelle dem Erwerbstätigen beim Selbstbehalt gewährt wurde. Die seit dem 1.1.2005 deutlich erhöhten **Einkommensfreibeträge nach §§ 11b, 30 SGB II** verfolgen jedoch zum großen Teil arbeitsmarktpolitische Zwecke und sind auf das Unterhaltsrecht nicht zu übertragen.[196] Eine Koppelung des Selbstbehalts an die sozialrechtlichen Einkommensfreibeträge erscheint daher bedenklich. Zulässig ist es hingegen, den zusätzlichen Freibetrag nach § 30 SGB II in die Betrachtung einzubeziehen.[197]

Der Schuldner hat keinen Anspruch darauf, dass ihm neben dem notwendigen Selbstbehalt auch das Kindergeld zur Hälfte (§ 1612b I BGB) verbleibt. **Kindergeld** ist zwar – auch nach der ab 1.1.2008 gültigen Unterhaltsreform – kein unterhaltsrelevantes Einkommen **der Eltern**.[198] Da es aber nach § 1612b I BGB auf den Barbedarf des Kindes anzurechnen ist, steht es dem Unterhaltspflichtigen nicht neben dem Selbstbehalt zur Verfügung. **390**

> **Beispiel:**
> V verfügt über ein bereinigtes Einkommen von 1332,– EUR. Er ist nur einem 5-jährigen Kind unterhaltspflichtig. Da ihm 1080,– EUR verbleiben, kann er den Mindestunterhalt von 354 – 102 = 252,– EUR aufbringen. Von der Kindergeldanrechnung profitiert er nicht, denn auch ohne sie hätte er nur 252,– EUR zu zahlen.

In den Selbstbehaltssätzen der Düsseldorfer Tabelle von 1080,– EUR bzw. von 880,– EUR sind **Wohnkosten** enthalten, und zwar **bis zu 380,– EUR** für Unterkunft einschließlich umlagefähiger Nebenkosten und Heizung **(Warmmiete).** Der Selbstbehalt kann angemessen erhöht werden, wenn dieser Betrag im Einzelfall erheblich überschritten wird und dies nicht vermeidbar ist (DT Anm. A 5). Dem sind die Oberlandesgerichte Bremen, Braunschweig, Dresden, Hamburg, Hamm, Koblenz, Schleswig, Jena sowie Köln, ferner die süddeutschen Oberlandesgerichte gefolgt (jeweils Nr. 21. 2 der Leitlinien). **391**

Andere Ansätze hinsichtlich des im Selbstbehalt enthaltenen Wohnkostenanteils enthielten bis 2014 die folgenden Leitlinien:
– Frankfurt (2019): 290,– Kaltmiete + 90,– Nebenkosten und Heizung
– Celle, Naumburg, Oldenburg Rostock, KG: kein Wohnkostenanteil ausgewiesen.

Eine **Erhöhung der Selbstbehaltssätze** kommt vor allem dann in Betracht, **392**
- wenn die **Wohnkosten** des Schuldners **überhöht sind,** also über dem im Selbstbehalt enthaltenen Ansatz von 380,– EUR liegen (→ Rn. 391).[199] Allerdings ist, wie sich aus der Formulierung in der Düsseldorfer Tabelle (Anm. A 5) ergibt, Zurückhaltung geboten. Die Überschreitung des Betrages von 380,– EUR monatlich für Warmmiete muss erheblich und unvermeidbar sein. Der Schuldner ist gehalten, sich um eine preisgünstigere Wohnung zu bemühen und die Wohnkosten durch die Inanspruchnahme von Wohngeld zu senken.[200] Er hat darzulegen und zu beweisen, dass er dieser Obliegenheit nachgekommen ist. Als Anhalt für einen noch angemessenen Mietpreis können die Bestimmungen des Wohngeldgesetzes dienen. Die Wohnkosten dürfen auf Dauer nicht höher sein als die nach dem Wohngeldgesetz zu berücksichtigenden Aufwendungen;[201]
- wenn **angemessene Umgangskosten** des barunterhaltspflichtigen Elternteils mit seinem Kind nicht anderweitig abgedeckt sind, etwa durch das dem Unterhaltspflichtigen verbleibende Kindergeld, können die Umgangskosten zu einer maßvollen Erhöhung des Selbstbehalts (oder einer entsprechenden Minderung des unterhaltsrelevanten Einkom-

---

[196] Ausführlich dazu Lipp FamRZ 2012, 1; Klinkhammer FamRZ 2007, 85.
[197] Zur Erhöhung zum 1.1.2011 s. Soyka FamRZ 2011, 73.
[198] BGH FamRZ 2000, 1492 (1494).
[199] BGH FamRZ 1984, 1000 = NJW 1984, 1614; OLG Bamberg FamRZ 1993, 66.
[200] OLG Bamberg FamRZ 1993, 66.
[201] KG FamRZ 1994, 1047.

mens) führen (→ Rn. 271 f.).²⁰² Diese Folgen hat der BGH im Hinblick auf die frühere Regelung zur eingeschränkten Kindergeldanrechnung nach § 1612b V BGB aF ausgesprochen, weil das Kindergeld dem Unterhaltspflichtigen nicht oder nur eingeschränkt zur Finanzierung der Umgangskosten zur Verfügung stand. Nach der **Unterhaltsreform 2007** findet zwar wiederum eine Kindergeldanrechnung statt. Weil diese indessen bedarfsdeckend erfolgt, steht das (anteilige) Kindergeld dem Unterhaltspflichtigen jedenfalls im Bereich des Mindestunterhalts im Ergebnis ebenfalls nicht zur Verfügung, sodass die neuere Rechtsprechung des BGH ihre Bedeutung behalten hat (→ Rn. 272). Zum weit über das übliche Maß hinausgehenden Umgangsrecht und der neueren Rechtsprechung des BGH²⁰³ → Rn. 449.

393 Eine **Herabsetzung des notwendigen Selbstbehalts** ist möglich, wenn der Schuldner im Einzelfall deutlich geringere Kosten hat, als in den Tabellensätzen berücksichtigt sind. Dies kann der Fall sein, wenn er mit einem leistungsfähigen neuen Partner in einer ehelichen oder nichtehelichen Gemeinschaft lebt und es deshalb zu **Ersparnissen durch eine gemeinsame Haushaltsführung** kommt.²⁰⁴ Der barunterhaltspflichtige Elternteil kann sich nicht auf den notwendigen Selbstbehalt berufen, wenn sein eigener Unterhaltsbedarf durch den Familienunterhalt gesichert ist, den sein erwerbstätiger und leistungsfähiger Ehegatte leistet.²⁰⁵ Eine Herabsetzung des Selbstbehalts kommt nicht schon dann in Betracht, wenn der Schuldner in einem bescheidenen Zimmer wohnt und deshalb weniger als 360,– EUR im Monat für die Warmmiete aufwenden muss. Es muss dem Pflichtigen überlassen bleiben, wie er sich innerhalb des ohnehin kargen notwendigen Selbstbehalts arrangiert. Ihm kann nicht verwehrt werden, für die Wohnung wenig auszugeben, sich dafür aber andere Annehmlichkeiten zu verschaffen. Auch ist eine pauschale Herabsetzung des notwendigen Selbstbehalts unter Hinweis auf den ländlichen Lebensbereich des Schuldners unzulässig.²⁰⁶

Bei der Bemessung der Ersparnis durch gemeinsame Haushaltsführung ist nach dem **BGH**²⁰⁷ danach zu unterscheiden, ob der Unterhaltsschuldner verheiratet ist oder in einer nichtehelichen **Lebensgemeinschaft** wohnt. Bei verheiratetem Unterhaltsschuldner ist entscheidend darauf abzustellen, dass der Unterhaltsschuldner gegen seinen neuen Ehegatten nach §§ 1360, 1360a BGB einen Anspruch auf Familienunterhalt hat. Auch bei nicht verheirateten Partnern komme es auf Grund der Synergieeffekte zu Ersparnissen bei **Wohnungskosten** und **allgemeinen Lebenshaltungskosten.** In beiden Fällen wird vorausgesetzt, dass der Partner zur Beteiligung an den Kosten in der Lage ist. Die Darlegungs- und Beweislast liegt beim Unterhaltsschuldner.

Lebt der Unterhaltspflichtige allerdings besonders sparsam, begnügt er sich etwa mit kärglichen Wohnverhältnissen, und verwendet er das dadurch freibleibende Einkommen für andere Zwecke, so berechtigt dies nicht zur Herabsetzung des Selbstbehalts.²⁰⁸ Die **Ersparnis auf Grund bescheidener Lebensweise** ist abzugrenzen von der auf Grund des Synergieeffekts der Lebensgemeinschaft eintretenden Ersparnis.²⁰⁹

Ist der Schuldner auf Dauer in einem **Pflegeheim** untergebracht und werden die Kosten durch Leistungen der Pflegeversicherung und sein Einkommen gedeckt, so braucht ihm nicht der notwendige Selbstbehalt in vollem Umfang belassen zu werden. Es genügt, wenn er einen Betrag behält, der seine restlichen Bedürfnisse im Heim deckt.²¹⁰

---

[202] BGH FamRZ 2005, 706; 2003, 445; 2008, 594 (599).
[203] BGH FamRZ 2014, 917.
[204] BGH FamRZ 2008, 594 (597) = R 688; 1998, 286 (288); vgl. auch BGH FamRZ 1995, 344 = R 488; 1995, 343; 1991, 182; vgl. auch BGH FamRZ 2003, 860 (866) (Berücksichtigung der Ersparnisse als Einkommen „erhöhend"?).
[205] BGH FamRZ 2006, 1827; 2001, 1065 = R 549a, c; 2004, 24; vgl. auch BL, BraL, BrL, CL, DrL, HaL, HL, OL (jeweils 21. 5), FL (21. 4. 1), RL (21. 6).
[206] OLG Düsseldorf FamRZ 1999, 1020; anders OLG Dresden FamRZ 1999, 1015.
[207] BGH FamRZ 2008, 594 (597 f.).
[208] BGH FamRZ 2006, 1664.
[209] BGH FamRZ 2008, 594 (598) = R 688.
[210] BGH FamRZ 1990, 849.

5. Abschnitt: Der Unterhaltsanspruch minderjähriger Kinder § 2

Beispiel:
Der schwerst pflegebedürftige Vater (V), der einem 16-jährigen Kind unterhaltspflichtig ist, verfügt über eine Pension von netto 2200,– EUR. Pflegegeld nach § 43 II S. 2 Nr. 4 SGB XI 2005,– EUR. Heimkosten 3500,– EUR. V bleiben 705,– EUR, die er angesichts des weitgehend gedeckten Lebensbedarfs und seiner höchst eingeschränkten sonstigen Bedürfnisse nicht in Höhe des notwendigen Selbstbehalts von 880,– EUR, sondern zB nur noch in Höhe von 300,– EUR für Taschengeld, Kleidung usw benötigt. V kann daher dem Kind den Mindestunterhalt nach DT (2019) 1/3 in Höhe von 476,– EUR abzüglich 102,– EUR Kindergeld = 374,– EUR zahlen.

4. Keine gesteigerte Unterhaltsverpflichtung bei Vorhandensein eines anderen leistungsfähigen Verwandten

a) Angemessener Bedarf der Eltern als Haftungsgrenze. Die gesteigerte Haftung 394 der Eltern tritt nicht ein, wenn weitere leistungsfähige unterhaltspflichtige Verwandte (zB Großeltern) vorhanden sind, denen auch bei Unterhaltsleistung ihr eigener angemessener Unterhalt verbleibt oder wenn das Kind seinen Unterhalt aus dem Stamm seines Vermögens decken kann (§ 1603 II 3 BGB).[211] Die Eltern haften in diesem Fall nur dann ihrem minderjährigen Kind auf Barunterhalt, wenn und soweit ihr Einkommen ihren eigenen angemessenen Unterhalt übersteigt.

Der angemessene Bedarf der Eltern ist nach § 1603 I BGB, nicht dagegen nach § 1578 395 BGB zu bemessen. Er ist daher mit dem eheangemessenen Unterhalt und dem Ehegattenselbstbehalt nicht identisch.[212] → Rn. 247, 545. Dies geht schon deshalb nicht an, weil der eheangemessene Bedarf durch die Unterhaltspflicht gegenüber minderjährigen Kindern bestimmt wird und der Kindesunterhalt in der Regel vor Bemessung des Bedarfs vom bedarfsprägenden Einkommen abgezogen wird; anders ist dies nur, wenn der Vorwegabzug zu einem Missverhältnis zwischen Ehegattenunterhalt und Kindesunterhalt führt[213] (→ Rn. 266, 354). Der angemessene Bedarf gegenüber minderjährigen Kindern wird daher nach der Düsseldorfer Tabelle analog DT Anm. A 5 II, der ausdrücklich nur den großen Selbstbehalt gegenüber dem volljährigen Kind festlegt (→ Rn. 546 ff.), auf **1300,– EUR** zu bemessen sein.[214]

b) Großeltern als andere unterhaltspflichtige Verwandte. Sind Eltern außerstande, 396 ohne Gefährdung ihres eigenen angemessenen Bedarfs von 1300,– EUR den Unterhalt des Kindes zu decken, kommt in der Praxis vor allem eine Haftung der Großeltern nach § 1603 II 3 BGB in Betracht. Der Umfang des Unterhaltsanspruchs des Kindes richtet sich auch in diesem Fall nach der Lebensstellung der Eltern, nicht nach den möglicherweise deutlich besseren Einkommens- und Vermögensverhältnissen eines Großelternteils (→ Rn. 200 ff.). Sind die Eltern nicht leistungsfähig, wird ihr Einkommen gering sein und der Unterhalt des Enkelkindes in der Regel nicht über den Mindestunterhalt hinausgehen. Naturgemäß muss auch dem Großvater sein eigener angemessener Bedarf verbleiben. Eine unterschiedslose Festsetzung des angemessenen Selbstbehalts der Eltern und der Großeltern würde dazu führen, dass ein minderjähriges Kind schon dann seinen leistungsfähigen **Großvater** in Anspruch nehmen könnte, wenn seinem Vater bei Erfüllung der Unterhaltspflicht weniger als 1300,– EUR verbleiben würden (und die Mutter nicht über Einkommen verfügt). Unbillige Ergebnisse können dadurch vermieden werden, dass der angemessene Selbstbehalt anderer unterhaltspflichtiger Verwandter, insbesondere der Großeltern, die ohnehin ihren Enkeln nicht verschärft haften und im Allgemeinen nicht damit rechnen müssen, von diesen auf Unterhalt in Anspruch genommen zu werden, über den Tabellensatz von 1300,– EUR hinaus erhöht wird.[215] Schon in der 6. Auflage hat Scholz daher befürwortet, die Sätze heranzuziehen, die in Abschnitt D 1 der Düsseldorfer Tabelle bzw. in den Leitlinien der Oberlandesgerichte für den angemessenen Selbstbehalt der Kinder gegenüber ihren bedürftigen Eltern aufgeführt sind. Dem ist der **BGH**[216] gefolgt. Er hat dies vor allem mit

---
[211] Vgl. BGH FamRZ 2013, 1558 Rn. 26; 2011, 454 Rn. 35 ff.
[212] BGH FamRZ 2006, 683; 1990, 260 (264).
[213] BGH FamRZ 2003, 363 mAnm Scholz FamRZ 2003, 514.
[214] BGH FamRZ 2002, 742 = R 576b.
[215] OLG Oldenburg NJW 2000, 2516.
[216] BGH FamRZ 2006, 26 (28).

unterschiedlichen Lebensverhältnissen im Hinblick auf eine der natürlichen Generationenfolge entsprechenden Entwicklung begründet, wie sie dem Volljährigenunterhalt und dem Unterhalt sonstiger Verwandter zugrunde liegen, außerdem mit dem unterschiedlichen Rang. Der BGH den Selbstbehalt der Großeltern zumindest in Höhe des **Selbstbehalts beim Elternunterhalt** (Anm. D der Düsseldorfer Tabelle) veranschlagt.[217] Das gilt auch dann, wenn die Enkel minderjährig sind und sich nicht selbst helfen können.[218] Dadurch dürfte auch die früher abweichende Praxis einiger Oberlandesgerichte, die den Selbstbehalt mit dem gegenüber Volljährigen gültigen Betrag veranschlagten,[219] überholt sein.

Der **angemessene Selbstbehalt anderer unterhaltspflichtiger Verwandter** (mit Ausnahme der Eltern) ist demnach auf 1800,– EUR (DT 2019) zuzüglich der Hälfte des darüber hinausgehenden Einkommens festzusetzen. Im erhöhten Selbstbehalt von 1800,– EUR ist ein Betrag von bis zu 480,– EUR als Warmmiete enthalten. Darüber hinausgehende Mietkosten sind in der Regel anzuerkennen. Dies gilt jedenfalls dann, wenn der andere unterhaltspflichtige Verwandte den Mietvertrag unterschrieben oder das Eigenheim erworben hat, bevor er von seinem Enkelkind auf Unterhalt in Anspruch genommen worden ist.

Die Haftung der anderen Verwandten, insbesondere des Großvaters, wird auch dadurch eingeschränkt, dass dem Unterhaltsanspruch des Enkels der Anspruch des Ehegatten, also der Großmutter, vorgeht (§ 1609 Nr. 3 BGB). Der angemessene Unterhalt der Ehefrau des nur aushilfsweise haftenden Großvaters ist analog Abschnitt D der Düsseldorfer Tabelle mit mindestens 1440,– EUR anzusetzen.[220] Auch darin ist ein Wohnkostenanteil enthalten, der 380,– EUR beträgt.

Beispiel:
Pension des Großvaters netto 3100,– EUR. Unterhaltspflicht gegenüber der nicht erwerbstätigen Ehefrau (Großmutter). Miete für ein Einfamilienhaus 900,– EUR. Der Enkel fordert Unterhalt, weil die Mutter verstorben ist und der erwerbsunfähige Vater seinen eigenen angemessenen Bedarf von 1300,– EUR (DT 2019) nicht decken kann.
Der Großvater muss zunächst seinen angemessenen Bedarf von 1800,– EUR und denjenigen seiner Ehefrau von 1440,– EUR behalten. Die Wohnkosten sind von den Selbstbehaltssätzen abgedeckt.
Der Großvater ist also nicht leistungsfähig, da sein Einkommen von 2900,– EUR seinen angemessenen Eigenbedarf von 1600,– EUR, den Mindestbedarf seiner Ehefrau von 1280,– EUR und zusätzliche Wohnkosten von 100,– EUR, insgesamt also 2980,– EUR nicht übersteigt.

Unklar ist der Bedarf der Großmutter, wenn das Einkommen über dem Gesamtselbstbehalt liegt. Die Sachlage ist nicht vollständig vergleichbar mit dem Bedarf der vorrangigen Ehefrau des unterhaltspflichtigen Kindes beim Elternunterhalt, weil auch die Großmutter mit ihrem Enkel – anders als Schwiegertochter mit den Schwiegereltern – verwandt und ihm unterhaltspflichtig ist.

397 **c) Haftung des betreuenden Elternteils.** Eine Haftung des betreuenden Elternteils auf den Barunterhalt kommt in zwei Fällen in Frage:[221]
- Bei Gefährdung des angemessenen Selbstbehalts von 1300,– EUR des barunterhaltspflichtigen Elternteils (§ 1603 II 3 BGB).
- Bei erheblichem Ungleichgewicht der beiderseitigen Einkünfte (Ausnahme von der Regel des § 1606 III 2 BGB; → Rn. 418, 434).

398 Ein anderer unterhaltspflichtiger Verwandter iSd § 1603 II 3 BGB kann auch der **andere Elternteil** sein, sofern dieser bei Berücksichtigung seiner sonstigen Verpflichtungen in der Lage ist, den Barunterhalt des Kindes ohne Gefährdung seines eigenen angemessenen Unterhalts zu leisten.[222] Dann kann die verschärfte Unterhaltspflicht des nicht betreuenden Elternteils entfallen. Der andere Elternteil erfüllt zwar bei minderjährigen

---

[217] BGH FamRZ 2006, 26 (28); 2007, 375.
[218] BGH FamRZ 2007, 375.
[219] S. dazu Scholz in der 6. Auflage.
[220] Vgl. zum Elternunterhalt BGH FamRZ 2010, 1535.
[221] Näher dazu Scholz in: Schwab/Hahne, Familienrecht im Brennpunkt, 2004, S. 99, 107 ff.
[222] BGH FamRZ 2013, 1558 Rn. 26; 2011, 1041 Rn. 41; 2008, 137 (140); 1999, 286 (288); 1991, 182; OLG Bamberg FamRZ 1995, 566; OLG Düsseldorf FamRZ 1992, 92; vgl. auch BGH FamRZ 2011, 454 Rn. 35 ff.

5. Abschnitt: Der Unterhaltsanspruch minderjähriger Kinder § 2

Kindern in der Regel seine Unterhaltspflicht in vollem Umfang durch deren Pflege und Erziehung (zur Gleichwertigkeit von Betreuungs- und Barunterhalt → Rn. 20 ff.). Die Barunterhaltspflicht des nicht betreuenden Elternteils kann insbesondere aber entfallen oder sich ermäßigen, wenn er zur Unterhaltszahlung nicht ohne Beeinträchtigung seines eigenen angemessenen Unterhalts in der Lage wäre, während der andere Elternteil neben der Betreuung des Kindes auch den Barunterhalt leisten könnte, ohne dass dadurch sein eigener angemessener Unterhalt gefährdet würde.[223] In diesem Fall entfällt aber lediglich die gesteigerte Unterhaltspflicht nach § 1603 II 1, 2 BGB, also die Beschränkung auf den notwendigen Selbstbehalt. Davon nicht betroffen ist die Haftung, soweit Einkommen über dem angemessenen Selbstbehalt vorhanden ist. Der **angemessene Eigenbedarf der Eltern** ist grundsätzlich mit 1300,– EUR anzusetzen[224] (→ Rn. 395), nicht dagegen mit dem notwendigen Selbstbehalt von 1080,– EUR. Der angemessene Selbstbehalt kann ermäßigt werden, wenn der Bedarf des Elternteils durch gemeinsame Haushaltsführung mit seinem erwerbstätigen (Ehe-)Partner geringer ist als bei einer Einzelperson.[225] → Rn. 393. Eine Erhöhung des angemessenen Eigenbedarfs von 1300,– EUR für den betreuenden Ehegatten, wie für die Großeltern vorgeschlagen (→ Rn. 396), kommt dagegen nicht in Betracht. Zu Recht hat der BGH[226] darauf hingewiesen, dass sich der betreuende Elternteil auch im Rahmen des § 1603 I BGB Einschränkungen zugunsten seiner minderjährigen Kinder gefallen lassen muss, sofern das Einkommen des nicht betreuenden Elternteils nicht ausreicht, um seinen eigenen angemessenen Bedarf von ebenfalls 1300,– EUR zu befriedigen.

Eine (Mit-)Haftung des betreuenden Elternteils setzt nach dem BGH aber weiterhin voraus, dass die Inanspruchnahme des nicht betreuenden Elternteils zu einem **finanziellen Ungleichgewicht** zwischen den Eltern führen würde.[227]

Beispiel:
Einkommen des betreuenden Vaters (V) 1500,– EUR, der Mutter (M) 1400,– EUR. Bedarf des 5-jährigen Kindes auf Grund des Einkommens der M nach DT (2019) 1/1354–102 = 252,– EUR. 204,– EUR Kindergeld bezieht der V
1. Schritt: M haftet allein mit dem Betrag, der über ihrem angemessenen Selbstbehalt liegt: 1400 – 1300 = 100,– EUR
2. Schritt: V müsste zur Wahrung des angemessenen Selbstbehalts der M 252–100 = 152,– EUR aufbringen.
3. Schritt (Gewichtung): M verbleiben 1300 EUR; V verbleiben 1500 – 152 = 1348,– EUR (und 102,– EUR Kindergeldanteil). Bei voller Haftung der M verbleiben M 1400 – 252 = 1148,– EUR; V verblieben 1500,– EUR (und 102,– EUR Kindergeldanteil).

Stellt man allein auf den angemessenen Selbstbehalt ab, so bliebe die Betreuung durch M im Ergebnis ohne Auswirkungen und ließe die Bestimmung in § 1606 III 2 BGB leerlaufen. Diese Folge kann nur vermieden werden, wenn die Beteiligung des betreuenden Elternteils am Barunterhalt davon abhängig gemacht wird, dass ein erheblicher Unterschied zwischen den Einkünften der Eltern besteht.[228] Der BGH hat bei einem Einkommen des betreuenden Elternteils von rund 1600,– EUR jedenfalls eine alleinige Haftung des betreuenden Elternteils in Zweifel gezogen.[229] Nach Scholz[230] müssen dem betreuenden Elternteil nach Deckung des Kindesunterhalts wenigstens 500,– EUR mehr verbleiben als dem Barunterhaltspflichtigen.

---

[223] BGH FamRZ 2008, 137 (140) = R 684; 1998, 286 (288); 1991, 182.
[224] BGH FamRZ 2011, 454; 2009, 962 Rn. 32; vgl. dazu auch BGH FamRZ 2002, 742 = R 576b.
[225] BGH FamRZ 2002, 742; 1999, 286 (288).
[226] BGH FamRZ 1991, 182 (184).
[227] BGH FamRZ 2013, 1558 Rn. 26; 2011, 1041 Rn. 41 f.; 2008, 137 (140) = R 684; 1998, 286 (288); 1991, 182 (183); OLG Hamm FamRZ 2009, 1919; OLG Brandenburg NJW 2007, 85.
[228] OLG Düsseldorf FamRZ 1992, 92 = NJW-RR 1992, 2 im Anschluss an BGH FamRZ 1991, 182; vgl. auch BGH FamRZ 2002, 742.
[229] BGH FamRZ 2008, 137 (140) = R 684.
[230] Scholz in: Schwab/Hahne, Familienrecht im Brennpunkt, 99, 110; Scholz FamRZ 2006, 1728; mit anderem Ansatz (Selbstbehalt des betreuenden Elternteils analog der Praxis zum Elternunterhalt) Gutdeutsch FamRZ 2006, 1724 (1727).

Im Beispielsfall scheidet eine Beteiligung des Vaters am Barunterhalt aus, weil der Unterschied von 1500 – 1148 = 352,- EUR unter Berücksichtigung der Betreuung durch V nicht zu einem finanziellen Ungleichgewicht zwischen den Eltern führt. Das gilt erst recht bei einer Ermittlung des Bedarfs des Kindes nach dem zusammengerechneten Einkommen der Eltern. Für den danach über 252,- EUR liegenden Bedarf muss ohnedies V aufkommen (→ Rn. 206), was das Ergebnis bekräftigt.

Diese Auffassung entspricht auch den Leitlinien zahlreicher Oberlandesgerichte (jeweils Nr. 12.3), so der Oberlandesgerichte Bremen, Dresden, Düsseldorf (DL 12.1), Frankfurt, Oldenburg Rostock, Schleswig. Die SüdL sehen dagegen für die Mithaftung des betreuenden Elternteils, wenn der angemessene Selbstbehalt des anderen nicht gewahrt ist, nicht ausdrücklich eine weitere Einschränkung vor, ähnlich Hamm (12.3), Koblenz, Köln und Celle (jeweils 12.1). Weitere Beispiele → Rn. 405 ff.[231]

399 Verbleibt dagegen – im Unterschied zum vorgenannten Fall – dem barunterhaltspflichtigen Elternteil nach Zahlung des Kindesunterhalts sein eigener angemessener Bedarf, so kommt eine Beteiligung des anderen Elternteils, der in wesentlich günstigeren Verhältnissen lebt, **abweichend von der in § 1606 III 2 BGB enthaltenen Regel** nur ausnahmsweise in Betracht.[232] Der BGH[233] hat hier ein etwa dreifach höheres unterhaltsrelevantes Nettoeinkommen des betreuenden Elternteils verlangt, → Rn. 434.

400 **d) Betreuungskosten und Betreuungsbonus.** Das Einkommen des betreuenden Elternteils, der auch zum Barunterhalt herangezogen werden soll, ist ggf. vor Vergleich der beiderseitigen Einkünfte um die Kosten der Betreuung des Kindes zu bereinigen. Dabei ist zu unterscheiden

– zwischen den Kosten, die als Mehrbedarf Teil des Kindesunterhalts sind, zB dem Aufwand, der durch die Heranziehung von Pflegepersonen bei einem behinderten Kind entsteht; Näheres zum Mehrbedarf des Kindes → Rn. 232 ff., 336, 435 ff., 451 ff., 458 und → § 1 Rn. 605 ff.

– und den Kosten für die Betreuung, die der betreuende Ehegatte aufwendet, um selbst berufstätig sein zu können.[234]

Zu diesen **durch den Beruf bedingten Aufwendungen** gehören zB die Vergütung für eine Tagesmutter, deren Heranziehung ohne die Berufstätigkeit des betreuenden Elternteils nicht erforderlich wäre, die Aufwendungen für Hausaufgabenüberwachung und sonstige Kosten, die dem betreuenden Elternteil infolge der erhöhten Inanspruchnahme durch Arbeit und Kinder in der allgemeinen Haushalts- und Lebensführung entstehen, zB Pkw-Kosten, damit er vor der Arbeit das Kind zum Kinderhort bringen und von dort nach der Arbeit wieder abholen kann.[235]

Kindergartenkosten sieht der **BGH** in neuerer Rechtsprechung nicht als berufsbedingten Aufwand des betreuenden Elternteils, sondern als (Mehr-)**Bedarf des Kindes** an.[236] Die Kosten des halbtägigen Kindergartenbesuchs sollten nach der zur Rechtslage bis 2007 ergangenen Rechtsprechung des BGH allerdings vom Bedarf nach der Düsseldorfer Tabelle gedeckt sein, falls dieser das Existenzminimum des Kindes nicht unterschritt.[237] Inzwischen hat der BGH seine Rechtsprechung klargestellt, dass Kindergartenkosten generell nicht im sächlichen Bedarf enthalten sind.[238] Im Existenzminimum, wie es gemäß §§ 1612a I 2 BGB dem Mindestunterhalt zugrunde liegt, sind Kindergartenkosten nicht einkalkuliert. Dementsprechend hat der BGH entschieden, dass Kindergartenbeiträge und vergleichbare Aufwendungen für die Betreuung eines Kindes in einer kindgerechten Einrichtung in den Unterhaltsbeträgen, die in den Unterhaltstabellen ausgewiesen sind,

---

[231] Vgl. auch die Berechnungsbeispiele von Ehinger in Ehinger/Rasch/Schwonberg/Siede Handbuch Unterhaltsrecht Rn. 1.108.
[232] BGH FamRZ 2013, 1558 Rn. 27; 2002, 742.
[233] BGH FamRZ 2013, 1558 Rn. 29 f.
[234] BGH FamRZ 2018, 23.
[235] BGH FamRZ 2018, 23; vgl. auch BGH FamRZ 2017, 437 Rn. 32 ff.
[236] FamRZ 2008, 133; 2017, 437 Rn. 37 (Hortkosten).
[237] BGH FamRZ 2007, 882; 2008, 133.
[238] BGH FamRZ 2009, 962.

5. Abschnitt: Der Unterhaltsanspruch minderjähriger Kinder § 2

unabhängig von der sich im Einzelfall ergebenden Höhe des Unterhalts nicht enthalten sind. Die in einer Kindereinrichtung anfallenden Verpflegungskosten sind dagegen mit dem Tabellenunterhalt abgegolten.[239] Kindergartenkosten sind demnach generell Mehrbedarf des Kindes.

Das Einkommen des betreuenden Elternteils kann, wenn sich die Betreuung zwar ohne konkreten Kostenaufwand, aber nur unter besonderen Erschwernissen bewerkstelligen lässt, wegen überobligatorischer Tätigkeit um einen Betreuungsbonus (bzw. die teilweise **Außerachtlassung überobligatorischen Einkommens**[240], → Rn. 22) gemindert werden.[241] Eine solche Erschwernis der Betreuung kann bei einem Kleinkind ohne Weiteres bejaht werden. Der Bonus ist auch dann zu gewähren, wenn die Betreuung durch den dazu nicht verpflichteten (zweiten) Ehegatten oder den Partner des Elternteils sichergestellt wird, bei dem das Kind lebt.[242] Bei der Bemessung des Bonus wird man nicht kleinlich verfahren dürfen, nachdem das BVerfG,[243] wenn auch nur zum Sozialhilfe- und zum Einkommensteuerrecht, die Betreuungskosten als Teil des Existenzminimums des Kindes anerkannt hat, → Rn. 221 ff. UU kann **neben dem Abzug effektiver Betreuungskosten** ein Bonus gewährt werden. Dies kommt insbesondere in Betracht, wenn bei einem kleinen Kind durch die tatsächlich aufgewendeten Kosten die Betreuung des Kindes nur teilweise sichergestellt werden kann und sich die Restbetreuung nur unter besonderen Erschwernissen bewerkstelligen lässt.[244] Zu beachten ist indessen, dass der BGH einen Betreuungsbonus für die vom Unterhaltspflichtigen neben dem Barunterhalt übernommene Betreuung jedenfalls bei gesteigerter Unterhaltspflicht nach § 1603 II BGB abgelehnt hat.[245]

401

Schließlich kann das Einkommen des betreuenden Elternteils zum Teil aus **unzumutbarer Erwerbstätigkeit** stammen und dann nach § 242 BGB nur teilweise anzurechnen sein. Dies bedarf allerdings besonderer Feststellungen im Einzelfall.[246] Die Berücksichtigung **konkreter Mehrkosten** wird in der Regel dem Grundsatz von Treu und Glauben besser gerecht als die pauschale Nichtanrechnung eines Teils des Einkommens.[247] Eine generelle Anrechnung von Einkünften aus unzumutbarer Arbeit nur zur Hälfte[248] wäre gerade bei der Haftung gegenüber einem weiteren Kind, das sich bei dem anderen Elternteil oder in einem Heim befindet oder das aus einer anderen Verbindung stammt, offenbar unangemessen (vgl. zum Unterhalt bei Geschwistertrennung → Rn. 440 ff.). In der Regel empfiehlt es sich daher, den besonderen Belastungen des betreuenden Ehegatten entweder durch Abzug der tatsächlich entstehenden Betreuungskosten oder durch einen Betreuungsbonus Rechnung zu tragen.

402

e) Kindergeld. Nach der vom 1.7.1998 bis zum 31.12.2007 geltenden Rechtslage war Kindergeld kein unterhaltsrelevantes Einkommen.[249] Seit dem 1.1.2008 ist das Kindergeld hingegen nach § 1612b I BGB bedarfsdeckend anzurechnen und wird insoweit unterhaltsrechtlich wie Einkommen des Kindes behandelt.[250] Soweit es dem betreuenden Elternteil verbleibt, ist es nicht als Einkommen zu berücksichtigen, weil damit der allgemeine Betreuungsbedarf abgedeckt werden soll und eine für dem Barunterhalt entsprechende Anrechnungsbestimmung fehlt. Der betreuende Elternteil wird allerdings im praktischen Ergebnis mit dem Kindergeld die Lücke bis zum Unterhalt nach dem zusammengerechneten Einkommen der Eltern auffüllen müssen (→ Rn. 206) oder etwa für sonstige, nicht

403

---

239 BGH FamRZ 2009, 962 Rn. 25.
240 BGH FamRZ 2017, 711 Rn. 19.
241 BGH FamRZ 2001, 352; 1991, 182; OLG Zweibrücken FuR 1998, 423.
242 BGH FamRZ 2001, 352.
243 BVerfG FamRZ 1995, 86; 1999, 285 (287).
244 BGH FamRZ 1991, 182 (185); OLG Hamm FamRZ 2002, 1708 (allerdings für den Ehegattenunterhalt); vgl. auch SüdL 10.3.
245 BGH FamRZ 2006, 1597 (1599) mit krit. Anm. Born = R 659.
246 BGH FamRZ 1991, 182; vgl. BGH FamRZ 2011, 454.
247 BGH FamRZ 1982, 779.
248 So OLG Hamm FamRZ 1996, 488; Born FamRZ 1997, 129 (137); dagegen mit Recht OLG Zweibrücken FuR 1998, 423.
249 BGH FamRZ 2000, 1492; Näheres in der 8. Aufl.
250 Näher dazu Dose FamRZ 2007, 1289 (1291); Scholz FamRZ 2007, 2021 (2024).

gesondert geltend zu machende Betreuungskosten verwenden müssen → Rn. 400 und das Beispiel → Rn. 398.

404   **f) Berechnung des Unterhalts.** In den Fällen des § 1603 II 3 BGB muss die Unterhaltsbemessung letztlich dem **Einzelfall** vorbehalten bleiben. § 1606 III 1 BGB, der allein auf das Verhältnis der Einkommens- und Vermögensverhältnisse der Eltern abstellt, kann nicht herangezogen werden (→ Rn. 418 ff.). Zu Recht hat der BGH[251] in einem vergleichbaren Fall die **Verteilungsquote** im Hinblick auf die zusätzliche Belastung des betreuenden Ehegatten, der auch noch Barunterhalt aufbringen soll, **wertend verändert.** Auch der BGH[252] stellt nicht in erster Linie auf die beiderseitigen Einkommens- und Vermögensverhältnisse, sondern auf Billigkeitserwägungen (§ 242 BGB) ab.

Beispiel 1:
Einkommen der Mutter (M) 1500,– EUR, des Vaters (V) 2400,– EUR. Das 16-jährige Kind lebt bei V. Ehegattenunterhalt wird nicht geschuldet. V bezieht das Kindergeld von 204,– EUR. Bedarf des Kindes nach dem Einkommen der M gemäß DT (2019) 1/3: 476–102 = 374,– EUR. Würde M verschärft auf Unterhalt haften, wäre sie für den Kindesunterhalt leistungsfähig: 1500–1080 = 420,– EUR. Da ein 16-jähriges Kind keine besondere Betreuung mehr erfordert und ein erhebliches Einkommensgefälle besteht, dürfte es der Billigkeit entsprechen, dass M ihren angemessenen Bedarf von 1300,– EUR behält und 200,– EUR zum Unterhalt beiträgt, während V den Rest von 174,– EUR aufbringt (V verbleiben 2226,– EUR und das hälftige Kindergeld).

Beispiel 2:
Einkommen der Mutter (M) 1380,– EUR, des Vaters (V) 1800,– EUR. V betreut die 4- und 5-jährigen Kinder. Er bezieht das Kindergeld von je 204,– EUR und zahlt für die Betreuung der Kinder in einer Tagesstätte (→ Rn. 400) 350,– EUR (Mehrkosten der Kinderbetreuung). Ehegattenunterhalt wird nicht geschuldet. Barbedarf der Kinder nach DT (2019) 1/1 je 354–102 = 252,– EUR, insgesamt also 504,– EUR. M kann jedoch unter Wahrung ihres notwendigen Selbstbehalts von 1080,– EUR nur 300,– EUR für beide Kinder aufbringen. V muss daher aus seinem Einkommen zunächst den restlichen Kindesunterhalt von 504 + 350–300 = 554,– EUR tragen. Ihm bleiben nur 1246,– EUR. Daher besteht kein erheblicher Einkommensunterschied. Es verbleibt bei der Zahlung von 300,– EUR durch M. (→ Rn. 398).

Beispiel 3:
Bereinigtes Einkommen des Vaters (V), der ein 7-jähriges Kind versorgt, 3200,– EUR; Einkommen der nicht selbst unterhaltsberechtigten Mutter (M) 1300,– EUR. V bezieht das Kindergeld von 204,– EUR. M kann ohne Gefährdung ihres angemessenen Unterhalts von 1300,– EUR den nach ihrem Einkommen berechneten Kindesunterhalt nach DT (2019) 1/2 von 406–192 = 304,– EUR auch nicht teilweise decken, während der große Selbstbehalt des V von 1300,– EUR selbst dann nicht annähernd berührt wird, wenn von seinem Einkommen angemessene Betreuungskosten abgezogen werden. V muss daher den Bar- und den Betreuungsunterhalt allein sicherstellen. Er behält das gesamte Kindergeld. Eine Mithaftung der M scheidet aus.[253]

408   **g) Hausmannfälle.** Aus § 1603 II 3 BGB ergeben sich unbefriedigende Konsequenzen in all den Fällen, in denen ein wiederverheirateter sorgeberechtigter Elternteil in einer neuen Ehe die **„Hausmann– oder Hausfrauenrolle"** übernimmt und sich deshalb zur Zahlung von Unterhalt an ein gemeinschaftliches Kind aus erster Ehe, das sich in der Obhut des früheren Ehegatten befindet, nicht für verpflichtet hält. Der BGH[254] vermeidet solche Konsequenzen, indem er aus dem Grundsatz der Gleichrangigkeit der Unterhaltsansprüche minderjähriger Kinder aus erster und zweiter Ehe (§ 1609 Nr. 1 BGB) im Interesse der gemeinsamen Kinder eine Erwerbspflicht und damit auch die Unterhaltspflicht des wiederverheirateten Ehegatten ableitet. Der neue Ehegatte muss es ihm ermöglichen, einer solchen Erwerbsverpflichtung nachzugehen. Genaueres zu dieser „Hausmannrechtsprechung" und den entsprechenden BGH-Entscheidungen → Rn. 275 ff.

---

[251] BGH FamRZ 2013, 1558 Rn. 30; 1983, 689; vgl. auch OLG Bamberg FamRZ 1995, 566 (568).
[252] BGH FamRZ 1991, 182.
[253] Ebenso OLG Köln BeckRS 2007, 18455 (Einkommen des betreuenden Vaters: 2836 EUR, der barunterhaltspflichtigen Mutter von 1000 EUR bei einem angemessenen Selbstbehalt von zeitweise noch 1000 EUR). Vgl. BGH FamRZ 2013, 1558 Rn. 27 sowie → Rn. 398.
[254] FamRZ 1996, 796.

5. Abschnitt: Der Unterhaltsanspruch minderjähriger Kinder § 2

h) Beweislast. Beruft sich im Falle des § 1603 II 3 BGB der vom Kind auf Barunterhalt 409
in Anspruch genommene Elternteil darauf, dass der andere, das Kind betreuende Elternteil
im Hinblick auf seine günstigen wirtschaftlichen Verhältnisse zum Barunterhalt beizutragen
habe, so hat er darzulegen und zu beweisen, dass sein angemessener Bedarf bei Leistung des
Barunterhalts gefährdet wäre und dass die Einkommens- und Vermögensverhältnisse des
anderen Elternteils dessen Heranziehung zum Barunterhalt rechtfertigen.[255]

VI. Alleinige Barunterhaltspflicht eines Elternteils oder Beteiligung beider Eltern am Barunterhalt

1. Alleinige Barunterhaltspflicht eines Elternteils

Im Regelfall besteht eine **Barunterhaltspflicht nur für den nicht betreuenden** 410
Elternteil, weil der andere Elternteil nach § 1606 III 2 BGB wegen der grundsätzlichen
Gleichwertigkeit von Barunterhalt und Betreuungsunterhalt mit der Betreuung und Erziehung des minderjährigen Kindes seine Unterhaltspflicht erfüllt (→ Rn. 19).

An dieser Gleichwertigkeit ändert sich grundsätzlich auch nichts durch eine **Erwerbs-** 411
tätigkeit des betreuenden Elternteils. Bei der Betreuung des Kindes kann er sich
durchaus zeitweise der Hilfe Verwandter (oder sonstiger Dritter) bedienen. Dies gilt auch
bei längerem Aufenthalt eines Schülers im Ausland, insbesondere einem Schüleraustausch,
wenn die Verbindung zum betreuenden Elternteil nicht abreißt.[256] In welcher Weise und
zu welcher Zeit die Kindesbetreuung wahrgenommen wird, ist weder für die Frage der
Erfüllung der Unterhaltspflicht noch der Gleichwertigkeit ausschlaggebend.[257] Jedoch muss
stets ein nennenswerter Teil der Betreuung selbst wahrgenommen werden. Überlässt ein
Elternteil die Pflege und Erziehung des Kindes (nahezu) völlig Dritten, zB der Großmutter,
erfüllt er seine Unterhaltspflicht nicht durch Betreuung (§ 1606 III 2 BGB); er ist dann zu
anteiligem Barunterhalt verpflichtet.[258] → Rn. 418 ff.

Der Unterhalt des Kindes richtet sich bei Barunterhaltspflicht nur eines Elternteils nach 412
dessen **anrechenbarem Nettoeinkommen** (aber → Rn. 206). Vom Bruttoeinkommen
sind Einkommen- bzw. Lohnsteuer, Kirchensteuer, Solidaritätszuschlag, Sozialversicherungsabgaben einschließlich des Beitrags zur Pflegeversicherung abzuziehen. Bei Selbstständigen sind Krankenversicherungsbeiträge und ebenfalls Beiträge zu einer Pflegeversicherung sowie Aufwendungen für die Altersvorsorge in angemessener Höhe (in der
Regel 20% des Gesamteinkommens)[259] zu berücksichtigen. Aufwendungen für die **zusätzliche Altersvorsorge** (zB „Riester-Rente") sollen nach der neueren BGH-Rechtsprechung bis zu 4% des Bruttoeinkommens berücksichtigungsfähig sein, wenn die gesteigerte
Unterhaltspflicht nach § 1603 II BGB nicht eingreift und soweit sie tatsächlich gemacht
werden.[260] Zu Einschränkungen im Rahmen der Leistungsfähigkeit bei gesteigerter Unterhaltspflicht → Rn. 366 ff. Das Einkommen ist ferner um berufsbedingte Aufwendungen
zu bereinigen. Diese werden bei Einkünften aus abhängiger Tätigkeit vielfach pauschaliert
(nach A 5 der Düsseldorfer Tabelle mit 5% des Einkommens, mindestens 50,– EUR,
höchstens 150,– EUR) oder konkret berechnet. Der Unterhalt des Kindes ist gemäß
seinem Alter der entsprechenden Einkommensgruppe der Düsseldorfer Tabelle zu entnehmen (Genaueres → Rn. 330 ff.).

Das **Kindergeld,** das ein Elternteil erhält, wird nach § 1612b I BGB hälftig mit dem 413
Unterhaltsanspruch verrechnet (= Kindergeldausgleich). Nach dem Obhutsprinzip wird
das Kindergeld in der Regel an den Elternteil gezahlt, der das Kind in seinen Haushalt

---

[255] BGH FamRZ 2002, 742; 1981, 347; OLG Köln FamRZ 1983, 714.
[256] OLG Hamm FamRZ 1999, 1149; a. A. wohl Büttner NJW 2000, 2555.
[257] BGH FamRZ 1981, 347; 1980, 994; vgl. auch BVerfG FamRZ 1999, 285 (287).
[258] OLG Hamm FamRZ 1991, 104; FamRZ 1990, 307.
[259] BGH FamRZ 2003, 860 mAnm Klinkhammer.
[260] BGH BGH FamRZ 2013, 616; 2005, 1817 (1821) = R 632 (Ehegattenunterhalt); 2007, 793 (795).

aufgenommen hat (§ 64 II 1 EStG). Dann vermindert sich der Barunterhalt, den der andere Elternteil zu zahlen hat, um das halbe Kindergeld.

414 **Eigenes Einkommen des Kindes,** zB aus einer Ausbildungsvergütung, ist nach Bereinigung um ausbildungsbedingten Mehrbedarf (→ Rn. 112 ff.) bedürftigkeitsmindernd auf den Unterhaltsanspruch anzurechnen. Genaueres zur Anrechnung der Ausbildungsvergütung → Rn. 118.

Einkommen aus **Schülerarbeit** stammt in der Regel aus unzumutbarer Tätigkeit und ist daher in analoger Anwendung des § 1577 II BGB nicht anzurechnen, wenn der Pflichtige nicht den geschuldeten Unterhalt leistet; im Übrigen kommt nur eine teilweise Anrechnung im Rahmen der Billigkeit in Betracht.[261] Bessert der Schüler lediglich sein Taschengeld geringfügig auf, wird von einer Anrechnung vielfach abgesehen werden können, → Rn. 52, 110, → § 1 Rn. 552.

415 Die **Rundung** des errechneten Unterhalts ist in der Praxis nicht einheitlich. Nach § 1612a II 2 BGB ist der dynamisierte Unterhalt (→ Rn. 358 ff.) auf volle Euro aufzurunden. Wenn sich bei der Berechnung statischen Unterhalts ein nicht auf volle Euro lautender Betrag ergibt, wird § 1612a II 2 BGB zum Teil analog angewendet:[262] Nr. 25 HbL, KG, SchlL, KL, BraL, DrL, FrL, SüdL, BrL, RostL, Nr. 24 NL. Andere Oberlandesgerichte runden kaufmännisch (so auch hier): Nr. 25 CL, HL, Nr. 24 DL, BrbL, KoL. Bei der Kindergeldanrechnung für ein viertes Kind wurde bis 2007 eine Rundung nicht vorgenommen. Das wurde bei der Zahlbetragstabelle (Anhang zur Düsseldorfer Tabelle) beibehalten, obwohl die Kindergeldanrechnung seit 2008 bedarfsdeckend erfolgt. Dementsprechend sieht die Zahlbetragstabelle der Düsseldorfer Tabelle 2019 für das vierte Kind gebrochene Beträge vor.

2. Barunterhaltspflicht des betreuenden Elternteils

416 Auch wenn das Kind nur von einem Elternteil betreut wird, kann es **Ausnahmen** von der grundsätzlichen Gleichwertigkeit des Bar- und des Betreuungsunterhalts nach § 1606 III 2 BGB geben. Dies hat zur Folge, dass der betreuende Elternteil ganz oder teilweise barunterhaltspflichtig sein kann.

Dies kann der Fall sein,
- wenn und soweit der andere Elternteil auch bei gesteigerter Unterhaltspflicht nach § 1603 II 1 BGB **nicht leistungsfähig** ist, zB wegen anzuerkennender Schulden[263] (→ Rn. 209, 257), ihm also bei Erfüllung der Barunterhaltspflicht weniger als sein eigener notwendiger Selbstbehalt verbleibt, der nach der Düsseldorfer Tabelle (Anm. A 5 I) 1080,– EUR bei einem Erwerbstätigen bzw. 880,– EUR bei einem Nichterwerbstätigen beträgt. Vgl. dazu und zu abweichenden Selbstbehaltssätzen → Rn. 264 ff. Dasselbe gilt, wenn der andere Elternteil zwar wegen Verletzung der Erwerbsobliegenheit fiktives Einkommen zugerechnet wird, Unterhalt aber nicht beigetrieben werden kann (§ 1607 II 1 BGB). In einem solchen Fall muss der leistungsfähige betreuende Elternteil auch den Barunterhalt decken. Auch eine Ersatzhaftung der Großeltern scheidet in diesem Fall aus (§ 1606 II BGB),
- wenn der **nicht betreuende Elternteil** bei voller Leistung des Barunterhalts **seinen eigenen angemessenen Bedarf von 1300,– EUR gefährden** würde, während der betreuende Elternteil als anderer unterhaltspflichtiger Verwandter im Sinne des § 1603 II 3 BGB über ein deutlich höheres Einkommen verfügt und deshalb neben der Betreuung auch den Barunterhalt ganz oder zum Teil ohne Gefährdung seines angemessenen Eigenbedarfs aufbringen kann. In diesem Fall greift die verschärfte Unterhaltspflicht nicht ein. Die Berechnung der Haftungsanteile der Eltern richtet sich dann nach den Besonderheiten des Einzelfalls, → Rn. 397 ff. Hiervon ist der Fall zu unterscheiden, dass der barunterhaltspflichtige Elternteil den Tabellenunterhalt ohne Gefährdung seines an-

---

[261] BGH FamRZ 1995, 475 (477).
[262] So auch Scholz in der 6. Auflage.
[263] BGH FamRZ 2013, 1558 Rn. 18 ff.; 1996, 160.

gemessenen Selbstbehalts tragen kann, die wirtschaftlichen Verhältnisse des anderen Elternteils aber so außergewöhnlich sind, dass ein erhebliches finanzielles Ungleichgewicht entsteht, → Rn. 399, 434;
- bei **Zusatzbedarf,** also bei Mehrbedarf, Sonderbedarf und Verfahrenskostenvorschuss (→ Rn. 418, 435, 451 ff., → § 6 Rn. 1 ff.).

Macht der auf Barunterhalt in Anspruch genommene Elternteil einen solchen Ausnahmefall geltend, muss er konkret **darlegen** und nachweisen, dass die Einkommens- und Vermögensverhältnisse des betreuenden Elternteils sowie die sonstigen Umstände dessen – zumindest teilweise – Heranziehung zum Barunterhalt rechtfertigen.[264]   **417**

3. Anteilige Barunterhaltspflicht beider Eltern nach § 1606 III 1 BGB

a) **Voraussetzungen.** Nach § 1606 III 2 BGB haftet ein Elternteil in der Regel allein   **418**
auf den gesamten Barunterhalt, wenn das minderjährige Kind (im Wesentlichen) bei dem anderen Elternteil lebt und von diesem betreut wird. Nur ausnahmsweise, wenn besondere Umstände gegeben sind, ist auf die Grundregel des § 1606 III 1 BGB abzustellen, nach der die Eltern entsprechend ihren Erwerbs- und Vermögensverhältnissen für den Kindesunterhalt haften. Die Anwendung des § 1606 III 1 BGB kann sich bei Zusatzbedarf auf diesen beschränken, während es beim Elementarunterhalt bei der alleinigen Unterhaltspflicht des nicht betreuenden Elternteils verbleibt, → Rn. 435. Im Einzelfall kann es bei gemeinsamer Barunterhaltspflicht zu schwierigen Abgrenzungsfragen kommen, da zwischen alleiniger Betreuung durch einen Elternteil, genau aufgeteilter Betreuung durch beide Eltern und Fremdbetreuung zahlreiche Mischformen denkbar sind, die zunehmend von engagierten Eltern trotz ihrer Konflikte auf der Paarebene praktiziert werden.

Eine anteilige Barunterhaltspflicht beider Eltern kommt danach in Betracht,
- wenn das **Kind von Dritten betreut** wird, zB bei Verwandten, in einer Pflegefamilie, in einem Heim oder Internat lebt;
- wenn das minderjährige Kind mit Zustimmung des Sorgeberechtigten oder bei gemeinsamer Sorge mit Zustimmung beider Eltern bereits in einem **eigenen Haushalt** lebt (→ Rn. 337);
- wenn die Eltern das Kind gemeinsam betreuen (Wechselmodell → Rn. 449);
- wenn die wirtschaftlichen Verhältnisse des betreuenden Elternteils **wesentlich günstiger** sind als die des anderen;
- wenn **Zusatzbedarf** (Mehrbedarf, Sonderbedarf, Verfahrenskostenvorschuss) zu decken ist.

b) **Drittbetreuung des Kindes.** Wird das minderjährige Kind von Dritten betreut, zB   **419**
von den **Großeltern,** befindet es sich bei **Pflegeeltern,** in einem **Heim** oder im **Internat,** müssen sich beide Eltern am Barunterhalt für das minderjährige Kind beteiligen (§ 1606 III 1 BGB). Dasselbe gilt, wenn das Kind bereits einen **eigenen Haushalt** hat, zB in einer vom Jugendamt betreuten Wohnung lebt. Die Haftung der Eltern für den Bedarf des Kindes richtet sich dann grundsätzlich nach den vergleichbaren Erwerbs- und Vermögensverhältnissen der Eltern. Auf die Grundsätze, die bei Berechnung des Unterhalts volljähriger Kinder gelten, wird verwiesen (→ Rn. 560 ff.). Der **Restbetreuung** des Kindes durch einen oder beide Elternteile ist ggf. durch Veränderung des Verteilungsschlüssels Rechnung zu tragen (→ Rn. 432). Der jeweilige Unterhaltsanteil wird danach wie folgt berechnet:

Zunächst ist der **gesamte Lebensbedarf** des Kindes zu ermitteln. Dieser besteht aus   **420**
dem Regelbedarf, der nach der Düsseldorfer Tabelle bemessen wird (→ Rn. 323 ff.). Hinzu kommt der Betreuungsbedarf, der wegen der Fremdbetreuung nicht mehr der pauschalen Regelung des § 1606 III 2 BGB unterfällt. Zu bemessen sind demnach der Regelbedarf und der Betreuungsbedarf.

Für die Feststellung des **Regelbedarfs** nach der Düsseldorfer Tabelle ist von der Summe   **421**
der **Einkünfte beider Eltern** auszugehen, weil bei beiderseitiger Barunterhaltspflicht die

---

[264] BGH FamRZ 1981, 347.

Lebensstellung des Kindes durch das Einkommen der beiden Eltern geprägt wird. Der BGH[265] hat dies zunächst für den Unterhalt Volljähriger so entschieden (→ Rn. 523). Die Begründung dazu trifft aber auch auf minderjährige Kinder zu (→ Rn. 206)[266]. Das wirkt sich insbesondere dann auch praktisch aus, wenn Bar- und Betreuungsunterhalt nicht gleichwertig sind und sich daher beide Eltern am Barunterhalt beteiligen müssen.[267] Jedoch darf die Zusammenrechnung der Einkommen der Eltern nicht dazu führen, dass ein Elternteil höheren Unterhalt zu zahlen hat, als er allein nach seinem Einkommen nach der Düsseldorfer Tabelle zahlen müsste.[268] Diese Beschränkung gilt allerdings in Sonderfällen, insbesondere bei Mehrbedarf eines behinderten Kindes, nicht (→ Rn. 435, 451 ff., 463 ff.).

Haben beide Eltern zusammen ein **Einkommen** von 5501,– EUR und höher (= Obergrenze des Einkommens nach der Düsseldorfer Tabelle), richtet sich der Kindesunterhalt „nach den Umständen des Falles". Vielfach kann es bei den Regelbedarfssätzen der Einkommensgruppe 10 der Tabelle verbleiben (→ Rn. 226 f., 341).

422 Die früher streitige Frage, ob der bei Fremdunterbringung zusätzlich entstehende **Betreuungsbedarf** konkret zu bemessen ist[269] oder wegen der Gleichwertigkeit von Bar- und Betreuungsunterhalt pauschal zu monetarisieren ist, hat der **BGH**[270] nunmehr im Sinne der zweiten Meinung entschieden. Danach ist der Betreuungsunterhalt grundsätzlich pauschal in Höhe des Barunterhalts zu bemessen. Der BGH hat für die Pauschalierung neben dem Grundsatz der Gleichwertigkeit von Bar- und Betreuungsunterhalt auf die Notwendigkeit abgestellt, die Bemessung der Leistungen zu erleichtern. Die vom BGH entschiedene Fallgestaltung einer von den Großeltern betreuten Halbwaisen weist keinen entscheidenden Unterschied zur Fremdbetreuung bei Haftung beider Eltern auf.

Die Methode der pauschalen Bemessung nach Tabellenbeträgen ist allerdings nicht widerspruchsfrei. Sie führt etwa dazu, dass der Betreuungsunterhalt für ein Kind mit zunehmendem Alter entsprechend dem steigenden Barunterhalt höher zu bemessen ist. Für die Betreuung eines Siebzehnjährigen wäre demnach mehr zu veranschlagen als für die Betreuung eines Kleinkindes.[271]

Der BGH lässt **Ausnahmen** von der Gleichwertigkeit des Bar- und Betreuungsunterhalts zu. Die Darlegungs- und Beweislast trägt derjenige Elternteil, der sich auf eine Ausnahme beruft. In Fällen der Heim- oder Internatsunterbringung stehen die Kosten regelmäßig fest, so dass die Darlegung der konkreten Kosten keine ernsthaften Schwierigkeiten bereitet. Unterhält das Kind einen eigenen Haushalt und wird von niemandem betreut, so kann im Einzelfall der Betreuungsbedarf entfallen.[272] Bei der **Heimunterbringung** ist ohnedies zu beachten, dass regelmäßig öffentliche Jugendhilfeleistungen nach dem **SGB VIII** erbracht werden, die als (nicht subsidiäres) Einkommen des Kindes anzurechnen sind.[273]

423 Von dem Gesamtbedarf ist **eigenes Einkommen des Kindes** jeder Art bedürftigkeitsmindernd **voll abzuziehen**.[274] Auf diese Weise kommt das Kindereinkommen beiden Eltern entsprechend ihrem Haftungsanteil zugute. Eine Ausbildungsvergütung ist vor der Anrechnung um ausbildungsbedingten Mehrbedarf zu bereinigen (→ Rn. 112 ff.; 517).

424 **Kindergeld** ist nach § 1612b I BGB zur Deckung des Barbedarfs des Kindes zu verwenden. Der Unterhalt, den der das Kindergeld nicht beziehende Elternteil zu zahlen hat, ist im Wege der bedarfsdeckenden Anrechnung um die Hälfte des Kindergeldes zu vermindern (§ 1612b I 1 Nr. 1 BGB). Der Unterhalt des Elternteils, der das Kindergeld

---

[265] BGH FamRZ 1994, 696; 1986, 151.
[266] BGH FamRZ 2017, 711; 2017, 437.
[267] BGH FamRZ 1984, 39.
[268] BGH FamRZ 2017, 437 Rn. 25; 1984, 39.
[269] So Scholz in der 6. Aufl., der vom BGH FamRZ 2006, 1597 (1598) unzutreffend für die a. A. zitiert worden ist.
[270] BGH FamRZ 2006, 1597 mwN mit krit. Anm. Born.
[271] Zur Kritik an der BGH-Rechtsprechung näher Staudinger/Klinkhammer § 1606 Rn. 39; § 1610 Rn. 279.
[272] OLG Koblenz FamRZ 2013, 1140 mAnm Liceni-Kierstein FamRB 2013, 240.
[273] BGH FamRZ 2007, 377 mAnm Doering-Striening.
[274] BGH FamRZ 2006, 1597 (1599) = R 659.

5. Abschnitt: Der Unterhaltsanspruch minderjähriger Kinder § 2

erhält, ist um die Hälfte des Kindergeldes zu erhöhen. An dieser aus § 1612b II BGB aF hergeleiteten Regelung hat die Unterhaltsreform 2007 nichts geändert. Kindergeld ist nach § 1612b I 1 Nr. 2 bedarfsdeckend vom errechneten Tabellenunterhalt abzuziehen, wenn es bei Drittbetreuung nach §§ 64 II 1, 32 I EStG unmittelbar der Betreuungsperson zufließt.[275] Die auf Pflegeeltern grundsätzlich anwendbare Vorschrift des § 1612b I BGB passt bei Barunterhaltspflicht beider Eltern nicht.

Die Eltern **haften** gemäß § 1606 III 1 BGB für den verbleibenden **Restbedarf anteilig** 425 nach ihren Erwerbs- und Vermögensverhältnissen.[276] Die Unterhaltsquoten sind **nach der Leistungsfähigkeit** der Eltern zu bemessen.[277] Die Leistungsfähigkeit richtet sich nach den ihnen für Unterhaltszwecke tatsächlich zur Verfügung stehenden Mitteln,[278] also nach den **vergleichbaren Einkünften der Eltern**. Von dem jeweiligen Nettoeinkommen sind zunächst **alle notwendig zu erfüllenden Verpflichtungen** für Steuern, Krankheits- und Altersvorsorge, Pflegeversicherung, mit der Berufstätigkeit eines Elternteils zusammenhängende Betreuungskosten, ggf. ein Betreuungsbonus (bzw. die teilweise Außerachtlassung überobligatorischen Einkommens[279], → Rn. 400 f.) abzuziehen, ferner berücksichtigungswürdige Verbindlichkeiten und Unterhaltszahlungen an andere Berechtigte, insbesondere an gleichrangige Geschwister und Halbgeschwister des unterhaltsberechtigten minderjährigen Kindes; denn die entsprechenden Gelder stehen zur Bestreitung des eigenen Bedarfs nicht zur Verfügung.[280] Zur vergleichbaren Problematik bei Berechnung des Unterhaltsanspruchs privilegiert volljähriger Kinder → Rn. 598. Dagegen ist das Einkommen eines Elternteils nicht deshalb zu vermindern, weil er ein anderes Kind betreut, ohne dass dadurch besondere Kosten oder ein besonderer Betreuungsaufwand entstehen, wie dies zB bei einem fast volljährigen Kind der Fall ist.[281] Vgl. dazu unten Beispiel → Rn. 428.

Außerdem ist bei den Einkünften beider Eltern der für den eigenen Unterhalt erforder- 426 liche Betrag, in der Regel ein gleich hoher **Sockelbetrag,** abzuziehen. Dadurch werden ungleiche Belastungen bei erheblichen Unterschieden der vergleichbaren Einkünfte vermieden. Der BGH sieht in dem Abzug eines solchen Sockelbetrags eine billigenswerte Methode, durch die eine unangemessene Belastung der Bezieher unterschiedlich hoher Einkünfte vermieden werden kann.[282] Der Sockelbetrag kann bei höheren Einkünften der Eltern wie beim Volljährigenunterhalt (→ Rn. 574) in Höhe des **angemessenen Selbstbehalts von 1300,– EUR** nach der Düsseldorfer Tabelle (A 5 II) angesetzt werden.[283] Dadurch wird erreicht, dass jeder Elternteil mindestens seinen angemessenen Selbstbehalt behält. Vgl. dazu die Beispiele → Rn. 428, 431. Wird der Kindesunterhalt bei dieser Berechnung nicht gedeckt, müssen die Eltern ihr Einkommen ggf. bis zum **notwendigen Selbstbehalt,** der nach Anm. A 5 I der Düsseldorfer Tabelle bei Erwerbstätigen 1080,– EUR, bei Nichterwerbstätigen 880,– EUR beträgt (→ Rn. 385), für den Kindesunterhalt einsetzen. Das liegt darin begründet, dass nunmehr – für beide Elternteile – die verschärfte Unterhaltspflicht nach § 1603 II BGB eingreift. Diese Unterhaltsbemessung entspricht der Berechnung des Unterhalts beim privilegiert volljährigen Kind, → Rn. 595 sowie das Beispiel → Rn. 429. Die Auffassung der Oberlandesgerichte Bremen und Oldenburg (ähnlich OLG Düsseldorf, jeweils 12. 3 der Leitlinien), dass als Sockelbetrag stets der notwendige Selbstbehalt vom Einkommen abzuziehen sei, ist zweifelhaft. Sie benachteiligt den weniger verdienenden Elternteil und kann dazu führen, dass dieser entgegen der Wertung des § 1603 II 3 BGB seinen angemessenen Selbstbehalt anzugreifen hat, obwohl der besser verdienende Elternteil über ausreichendes Einkommen oberhalb des angemessenen Selbstbehalts verfügt. Aus diesem Grund wird vielfach (in Einzelfällen auch

---

[275] Vgl. dazu BGH FamRZ 1986, 151 = NJW-RR 1986, 416.
[276] BGH FamRZ 1988, 159 (161).
[277] BGH FamRZ 2011, 454 Rn. 34; 1986, 153.
[278] BGH FamRZ 2011, 454 Rn. 34; 1988, 1039.
[279] BGH FamRZ 2017, 711 Rn. 19.
[280] BGH FamRZ 1988, 1039.
[281] BGH FamRZ 2006, 1597; 1988, 1039.
[282] BGH FamRZ 1988, 1039; 1986, 153; 1986, 151.
[283] BGH FamRZ 2017, 437 Rn. 43.

vom BGH[284]) zwischen beengten und besseren Einkommensverhältnissen differenziert und nur im Mangelfall die Quotierung unter Abzug des notwendigen Selbstbehalts als Sockelbetrag durchgeführt, während es ansonsten bei dem angemessenen Selbstbehalt als Sockelbetrag verbleibt.[285] Auch dies führt indessen zu Widersprüchen, die das Beispiel 1, → Rn. 428 (Abwandlung) verdeutlicht, → Rn. 595 f. In diesem Sinne hat es auch der BGH in jüngeren Entscheidungen abgelehnt, vom notwendigen Selbstbehalt als Sockelbetrag auszugehen, weil ein Mangelfall erst vorliegt, wenn auch der angemessene Selbstbehalt des besser verdienenden Elternteils nicht gewahrt ist[286] (→ Rn. 596; zu notwendigen Korrekturen zur Berücksichtigung der Betreuung → Rn. 397 ff.).

427 Hier wird demnach vorgeschlagen, die Quotenberechnung auf Grund des nach Abzug des **angemessenen Selbstbehalts als Sockelbetrag** verbleibenden Einkommens als vergleichbares Einkommen vorzunehmen **(1. Schritt)**. Erst wenn (und soweit) sich bei dieser Methode noch eine Bedarfslücke beim Kindesunterhalt ergibt **(Mangelfall)**, haften beide Eltern für den Fehlbetrag anteilig mit ihrem jeweiligen Einkommen zwischen dem notwendigen und angemessenen Selbstbehalt **(2. Schritt)**.[287] Näheres beim Beispiel 1, → Rn. 428.

428 Verbleibt bei einem Elternteil eine Restbetreuung, kann der Verteilungsschlüssel uU wertend verändert werden (→ Rn. 436).

Beispiel 1:
Den getrennt lebenden Eltern ist das Sorgerecht für ihr Kind (15 Jahre) vorläufig entzogen. Das Kind lebt bei einer Tante, die nach § 74 I 1 EStG das Kindergeld bezieht. Die Tante verzichtet im Interesse der Eltern auf eine Erstattung der Kosten für die Betreuung. Das Jugendamt macht als Vormund den Barunterhalt geltend. Der Vater (V) hat ein Einkommen von 1650,– EUR, die Mutter (M) ein Einkommen von 1250,– EUR.
Bedarf des K auf Grund des zusammengerechneten Einkommens der Eltern von 2900,– EUR nach DT (2019) 4/3: 548–204 (volles Kindergeld) = 344,– EUR. Keine Höhergruppierung wegen unterdurchschnittlicher Unterhaltslast, da diese bei Zusammenrechnung der Einkommen beider Eltern zu unangemessenen Ergebnissen führt.[288]
Quotenberechnung mit notwendigem Selbstbehalt als Sockelbetrag:
Vergleichbares Einkommen V: 1650 – 1080 = 570,– EUR
Vergleichbares Einkommen M: 1250 – 1080 = 170,– EUR
Quote V: 570 : (570 + 170) × 344 = 265,– EUR; V verbleiben 1650 – 265 = 1385,– EUR
Quote M: 170 : (570 + 170) × 344 = 79,– EUR; M verbleiben 1250 – 79 = 1171,– EUR
M müsste 130,– EUR aus ihrem angemessenen Selbstbehalt aufbringen. Das widerspräche der gesetzlichen Regelung in § 1603 II 3 BGB, die eine verschärfte Unterhaltspflicht wegen des leistungsfähigen V nicht vorsieht.
Hier vorgeschlagene Methode:
1. Schritt (§§ 1603 I, 1606 III 1 BGB):
Vergleichbares Einkommen V: 1650 – 1300 = 350,– EUR
Vergleichbares Einkommen M: 1250 – 1300 = 0,– EUR
V ist hinreichend leistungsfähig (1650 – 350 = 1300,– EUR) und haftet demzufolge für den Kindesunterhalt in Höhe von 350,– EUR alleine.
2. Schritt (§§ 1603 II, 1606 III 1 BGB): Nicht erforderlich, weil kein Mangelfall vorliegt.
Kontrollberechnung: Wäre V alleine zum Unterhalt verpflichtet, so würde sich der Unterhalt wie folgt berechnen:
Bedarf nach DT 2/3: 500,– EUR; Höherstufung um 1 Gruppe wegen unterdurchschnittlicher Unterhaltslast
Unterhalt: 500–204 (Kindergeld) = 296,– EUR (Bedarfskontrollbetrag ist gewahrt). V haftet somit nur auf **296,– EUR**. Eine ersatzweise Heranziehung der M für den ungedeckten Betrag von 48,– EUR (= 344–296) scheidet aus, weil der Mindestunterhalt des K gedeckt ist und demzufolge kein Mangelfall nach § 1603 II BGB vorliegt.

---

[284] Vgl. BGH FamRZ 2011, 454 Rn. 35 mwN; 2008, 137.
[285] So auch Scholz in der 6. Auflage.
[286] BGH FamRZ 2011, 454 Rn. 36 f. (bei privilegierten Volljährigen) und 2009, 962 Rn. 32 (bei Minderjährigen; Kindergartenkosten); vgl. auch BGH FamRZ 2011, 1041; 2013, 1563.
[287] Ähnlich Luthin/Schumacher Unterhaltsrecht 10. Aufl., Rn. 3181; nur im Ausgangspunkt übereinstimmend Luthin/Koch/Schürmann Unterhaltsrecht 11. Aufl. Rn. 4163.
[288] BGH FamRZ 1986, 151; Scholz FamRZ 1993, 125 (135).

Abwandlung: Das Einkommen des V beträgt 1490,– EUR, das Einkommen der M 1200,– EUR Bedarf des K auf Grund des zusammengerechneten Einkommens von 2690,– EUR DT 3/3: 524,– EUR; 524–204 = 320,– EUR (ohne Höhergruppierung s. o.)
Quotenberechnung mit notwendigem Selbstbehalt als Sockelbetrag:
Vergleichbares Einkommen V: 1490 – 1080 = 410,– EUR
Vergleichbares Einkommen M: 1200 – 1080 = 120,– EUR
Quote V: 430: (410 + 120) × 320 = 248,– EUR; V verbleiben 1490 – 248 = 1242,– EUR
Quote M: 120 : (410 + 120) × 320 = 72,– EUR; M verbleiben 1200 – 72 = 1128,– EUR
Auch hier würde sich die Quote überproportional zu Lasten der M verschieben.
Hier vorgeschlagene Methode:
1. Schritt (§§ 1603 I, 1606 III 1 BGB):
Vergleichbares Einkommen V: 1490 – 1300 = **190,– EUR**
Vergleichbares Einkommen M: 1200 – 1300 = 0,– EUR
Mangelfall: V ist nicht hinreichend leistungsfähig, weil ihm für den Kindesunterhalt von 320,– EUR nur 190,– EUR zur Verfügung stehen. Demnach ist zunächst auf der Bedarfsebene anzupassen, weil der Elternteil nur dann seinen angemessenen Selbstbehalt angreifen muss, wenn der Mindestunterhalt des Kindes nicht gedeckt ist. Der Mindestunterhalt beträgt hier 476,– EUR (DT 1/3). 476–204 = 272,– EUR.
2. Schritt (§§ 1603 II, 1606 III 1 BGB):
Vergleichbares Einkommen V (unterhalb des angemessenen Selbstbehalts): 1300–1080 = 220,– EUR
Vergleichbares Einkommen M (unterhalb des angemessenen Selbstbehalts): 1200–1080 = 120,– EUR
Quote V: 220: (220 + 120) × (272–190) = **53,– EUR**
Quote M: 120: (220 + 120) × (272–190) = **29,– EUR**
Ergebnis: V schuldet demnach 190 + 53 = **243,– EUR**; M schuldet **29,– EUR**; V verbleiben 1410–243 = 1247,– EUR; M verbleiben 1200 – 29 = 1171,– EUR.
Kontrollberechnung: Ist hier entbehrlich, weil der Bedarf trotz beiderseitiger Elternhaftung nur der Gruppe 1 der Düsseldorfer Tabelle entnommen worden ist (Mindestunterhalt).
429 bis 431 (einstweilen frei)

Der Sockelbetrag bei **nicht aus Erwerbstätigkeit stammendem Einkommen** beträgt bei der Haftung gemäß § 1603 I BGB (angemessener Selbstbehalt) 1300,– EUR, bei der Haftung gemäß § 1603 II (notwendiger Selbstbehalt) 880,– EUR.

Der **Haftungsanteil** ist **wertend zu verändern,** wenn bei grundsätzlicher Fremdbetreuung ein Elternteil **restliche Betreuungsaufgaben** erfüllt. Das Ausmaß dieser wertenden Veränderung des allein nach den finanziellen Verhältnissen ermittelten Haftungsanteils zugunsten des in dieser Weise zusätzlich belasteten Elternteils ist abhängig vom Umfang der tatsächlich erforderlichen und zu erbringenden Betreuungsleistungen.[289] → Rn. 397 ff., 436.

c) Gemeinsame Betreuung des Kindes durch die Eltern. Insbesondere bei beiderseitiger Berufstätigkeit teilen Eltern immer häufiger die tägliche Pflege und Erziehung des Kindes unter sich auf, ohne sich an die gesetzliche Vorgabe in § 1687 BGB zu halten, nach der nur ein Elternteil das Kind betreut und die Mitbestimmung des anderen nur Angelegenheiten von erheblicher Bedeutung betrifft. Dies kommt vor allem bei nicht verheirateten Lebensgefährten, aber auch bei Ehegatten vor, die nach Trennung oder Scheidung die elterliche Sorge weiterhin gemeinsam ausüben, → Rn. 336, 447 ff. Die zeitweilige Betreuung des Kindes während der Ausübung des Umgangsrechts reicht allerdings nicht aus (→ Rn. 129, 220, 274). Derartige Betreuungsmodelle können zu beachtlichen Schwierigkeiten bei der Unterhaltsberechnung führen. Zu den Einzelheiten → Rn. 449.

d) Wesentlich günstigere Einkommensverhältnisse eines Elternteils. Der betreuende Elternteil ist verpflichtet, auch den Barunterhalt ganz oder teilweise zu tragen, wenn der angemessene Bedarf des anderen Elternteils bei Erfüllung der Barunterhaltspflicht gefährdet würde (→ Rn. 397, 416). Aber auch dann, wenn dies nicht der Fall ist, jedoch die wirtschaftlichen Verhältnisse des betreuenden Elternteils wesentlich günstiger sind als die des anderen, kann die alleinige Barunterhaltspflicht des anderen Elternteils zu einem

---

[289] BGH FamRZ 1983, 689.

erheblichen finanziellen Ungleichgewicht der beiderseitigen Belastungen führen.[290] In einem solchen Fall ist der betreuende Elternteil gehalten, sich am Barunterhalt zu beteiligen. Dies ist aber auf wenige Ausnahmefälle zu beschränken.[291] Die Leitlinien der Oberlandesgerichte setzen zumeist für eine Mithaftung voraus, dass das Einkommen des betreuenden Elternteils **bedeutend höher** ist als das Einkommen des barunterhaltspflichtigen. Nach den Leitlinien des OLG Frankfurt a. M. (FL 12.3) kommt eine Mithaftung des betreuenden Elternteils bei etwa dreifach höherem Einkommen und günstigen Vermögensverhältnissen in Betracht.

Der BGH hat in einer neueren Entscheidung betont, dass wenn der an sich barunterhaltspflichtige Elternteil bei Zahlung des vollen Kindesunterhalts seinen angemessenen Selbstbehalt verteidigen kann, eine vollständige oder anteilige Haftung des betreuenden Elternteils für die Aufbringung des Barunterhalts nur in wenigen, besonderen Ausnahmefällen in Betracht komme.[292] Erforderlich sei eine umfassende Billigkeitsabwägung, die unter anderem zu berücksichtigen habe, dass der besser verdienende Elternteil das Kind „faktisch" an dessen gehobenen Lebensverhältnissen teilhaben lasse und den hierfür notwendigen Barbedarf von vornherein allein aufbringe[293] (zur rechtlichen Einordnung → Rn. 206). Wenn der betreuende Elternteil etwa über das **Dreifache der unterhaltsrelevanten Einkünfte** des an sich barunterhaltspflichtigen Elternteils verfüge, könne es unter gewöhnlichen Umständen der Billigkeit entsprechen, den betreuenden Elternteil auch den Barunterhalt des Kindes in voller Höhe aufbringen zu lassen.[294] Unterhalb dieser Schwelle seien die Haftungsanteile **wertend zu verändern**, indem etwa der Sockelbetrag des betreuenden Elternteils erhöht werde.[295]

> **Beispiel:**
> V wohnt mit dem dreijährigen Kind zusammen mit seinen Eltern, die ihm die Betreuung des Kindes weitgehend abnehmen, in einem ihm gehörenden Haus, das im Wesentlichen schuldenfrei ist. Er verdient 6000,– EUR, M nur 1600,– EUR.
> M kann den Unterhalt für K nach DT (2019) 1/1 von 354 – 102 = 244,– EUR zahlen, ohne dass ihr angemessener Bedarf gefährdet würde. Gleichwohl muss angesichts der wesentlich günstigeren Einkommens- und Vermögensverhältnisse V den Barunterhalt zusätzlich zur Betreuung übernehmen.

435 **e) Zusatzbedarf.**[296] Fällt bei einem minderjährigen Kind Zusatzbedarf an, der nicht durch den Tabellenbetrag abgedeckt wird, so muss sich der betreuende Ehegatte grundsätzlich im Rahmen seiner Leistungsfähigkeit hieran beteiligen. Die Barunterhaltspflicht des anderen Elternteils in Höhe des Tabellenbetrages bleibt grundsätzlich unberührt.[297] In Betracht kommt dies vor allem bei Mehrbedarf infolge Erkrankung oder infolge Besuchs eines Internats (→ Rn. 451 ff.). Häusliche Ersparnisse, zB durch Verpflegung in der Mensa des Internats, sind zu berücksichtigen. Gemeinsam zu tragender Zusatzbedarf kann auch Sonderbedarf oder ein Verfahrenskostenvorschuss sein. Die Eltern haften für den Zusatzbedarf gemäß § 1606 III 1 BGB nach ihren Erwerbs- und Vermögensverhältnissen.[298] Die Betreuung des Kindes befreit den betreuenden Elternteil auch nicht ohne Weiteres von seiner Erwerbsobliegenheit. Das Kind kann allerdings regelmäßig nicht darauf verwiesen werden, den Unterhalt auf Grund fiktiven Einkommens gegen den betreuenden Elternteil geltend zu machen; → Rn. 440.

436 **f) Veränderung des Verteilungsschlüssels.** Insbesondere bei behinderten Kindern ist es häufig nicht angemessen, den betreuenden Elternteil an den dadurch entstehenden Kosten allein nach dem Maßstab der beiderseitigen Einkommens- und Vermögensverhält-

---

[290] BGH FamRZ 1991, 182 (184).
[291] BGH FamRZ 2002, 742.
[292] BGH FamRZ 2013, 1558 Rn. 27.
[293] BGH FamRZ 2013, 1558 Rn. 28.
[294] BGH FamRZ 2013, 1558 Rn. 29 mwN.
[295] BGH FamRZ 2013, 1558 Rn. 30 mwN.
[296] Vgl. BGH FamRZ 2013, 1563 Rn. 12.
[297] BGH FamRZ 1998, 286; 1983, 689.
[298] BGH FamRZ 2009, 962 Rn. 32 (Kindergartenkosten).

5. Abschnitt: Der Unterhaltsanspruch minderjähriger Kinder § 2

nisse zu beteiligen. Vielmehr muss seiner Zusatzbelastung durch die häufig anstrengende Betreuung und eine (Teil-)Barunterhaltspflicht dadurch Rechnung getragen werden, dass der Verteilungsschlüssel **wertend** verändert wird.[299] Es muss vermieden werden, dass der Elternteil, der das Kind ganz oder teilweise betreut und daher mehr leisten muss als der andere, durch die zusätzliche Heranziehung zum Barunterhalt im Verhältnis zum anderen Elternteil ungerecht belastet wird. Durch eine entsprechende Veränderung der Haftungsquoten soll die erhöhte Belastung aufgefangen und dem zusätzlich belasteten Elternteil als Ausgleich dafür im Vergleich zum anderen ein größerer Spielraum zur Befriedigung persönlicher Bedürfnisse belassen werden.[300] Das Ausmaß richtet sich danach, in welchem Umfang der sorgeberechtigte Elternteil erhöhte oder verminderte Betreuungsleistungen zu erbringen hat und worin diese im Einzelnen bestehen.[301]

(einstweilen frei)   437

g) Betreuungskosten. Bislang war umstritten, ob Betreuungskosten Mehrbedarf des Kindes oder berufsbedingte Aufwendungen des betreuenden Elternteils sind. Der BGH hat zunächst für den Fall der Ganztagsbetreuung in einer Kindertagesstätte entschieden, dass die Kosten als Mehrbedarf des Kindes anzusehen sind.[302] In einer weiteren Entscheidung[303] hat er sämtliche Kindergartenkosten als (Mehr-)Bedarf des Kindes angesehen, sodann ebenfalls Hortkosten.[304] Kein Mehrbedarf, sondern allenfalls berufsbedingte Aufwendungen beim Ehegattenunterhalt sind dagegen Kosten einer Tagesmutter, weil diese die gemäß § 1606 III 2 BGB grundsätzlich unentgeltliche persönliche Betreuung durch den Elternteil lediglich ersetzen.[305]   438

h) Keine Gesamtschuld. Die Eltern haften dem Kind für ihren jeweiligen Unterhaltsanteil nicht als Gesamtschuldner, sondern als Teilschuldner.[306] → Rn. 564. Dies gilt auch bei gesetzlichem Forderungsübergang, zB nach §§ 33 SGB II, 94 SGB XII.   439

4. Unterhalt bei Geschwistertrennung

a) Keine Verrechnung des Kindesunterhalts. Bei Geschwistertrennung erfüllt jeder Elternteil, der mindestens eines von mehreren gemeinsamen minderjährigen Kindern betreut, nur gegenüber dem bei ihm befindlichen Kind seine Unterhaltspflicht durch Pflege und Erziehung (§ 1606 III 2 BGB). Dem anderen Kind ist er grundsätzlich zum Barunterhalt verpflichtet. Jedes Kind hat daher gegen den Elternteil, bei dem es nicht lebt, Anspruch auf Barunterhalt, dessen Höhe sich nach dem anrechenbaren Nettoeinkommen dieses Elternteils richtet. Sind die Einkünfte bei beiden Eltern annähernd gleich hoch, empfiehlt sich eine einvernehmliche Vereinbarung, dass jeder Elternteil in vollem Umfang für den Unterhalt (Bar- und Betreuungsbedarf) des bei ihm lebenden Kindes aufkommt, für das andere Kind dagegen keinen Barunterhalt zu leisten hat. Dies geschieht rechtlich in zulässiger Weise durch eine wechselseitige **Freistellungsvereinbarung** der Eltern, die allerdings nur sie selbst bindet.[307] Der Unterhaltsanspruch der Kinder bleibt unberührt, da die Eltern nicht in deren Namen mit Wirkung für die Zukunft auf Unterhalt verzichten können (§ 1614 I BGB).   440

b) Einkünfte der Eltern. Verfügen beide Eltern über Einkommen, insbesondere aus voll- oder halbschichtiger Erwerbstätigkeit, bemisst sich die Barunterhaltspflicht des Elternteils gegenüber dem von ihm nicht betreuten Kind nach den bisher dargestellten Grundsätzen (→ Rn. 410 ff.). Maßgebend ist daher zunächst das anrechenbare Nettoeinkommen des jeweils barunterhaltspflichtigen Elternteils (vgl. allerdings → Rn. 206).   441

---

[299] BGH FamRZ 2013, 1558 Rn. 30 mwN; FamRZ 1985, 917.
[300] BGH FamRZ 2013, 1558 Rn. 30; 1983, 689.
[301] BGH FamRZ 1983, 689.
[302] BGH FamRZ 2008, 1152.
[303] FamRZ 2009, 962.
[304] BGH FamRZ 2017, 437 Rn. 37.
[305] BGH FamRZ 2018, 23; vgl. auch BGH FamRZ 2017, 437 Rn. 32 ff.
[306] BGH FamRZ 1986, 153.
[307] OLG Zweibrücken FamRZ 1997, 178; vgl. BGH FamRZ 2009, 768.

442 Mehrkosten, die dem Verpflichteten dadurch entstehen, dass er trotz des bei ihm befindlichen betreuungsbedürftigen Kindes einer Erwerbstätigkeit nachgeht (Kosten für den Besuch eines Horts, einer Ganztagsschule oder eines Kindergartens), sind nach der Rechtsprechung des **BGH** nun weitgehend als Mehrbedarf des Kindes anzusehen und nicht – wie bisher wohl überwiegend vertreten – als berufsbedingte Aufwendungen des betreuenden Elternteils. Der BGH hat dies indessen mit der Zweckrichtung der Unterbringung des Kindes begründet und darauf abgestellt, dass der Kindergartenbesuch in erster Linie **erzieherischen Zwecken** dient. Das gilt nach dem BGH nicht für Kosten einer Tagesmutter.[308] Denn diese übernimmt wiederum vorwiegend die vom Elternteil zu erbringende Betreuungsleistung, die zur Befreiung vom Barunterhalt führt. .

443 Das Einkommen des barunterhaltspflichtigen Elternteils wird nur in seltenen Ausnahmefällen aus **unzumutbarer Erwerbstätigkeit** stammen. Bei Geschwistertrennung besteht eine ähnliche Situation wie bei der Hausmannrechtsprechung (→ Rn. 275 ff.). Der Elternteil, der nur eines von zwei Kindern betreut, erfüllt nur diesem gegenüber seine Unterhaltspflicht durch Pflege und Erziehung (§ 1606 III 2 BGB). Dem anderen Kind ist er barunterhaltspflichtig. Er darf sich also nicht auf die Betreuung des bei ihm lebenden Kindes beschränken, sondern muss mindestens durch eine Nebentätigkeit zum Unterhalt des anderen beitragen.[309] → Rn. 446.

444 Schließlich kann dem barunterhaltspflichtigen Elternteil wegen Betreuung des bei ihm lebenden Kindes ggf. ein Betreuungsbonus (d. h. ein Teil des Einkommens bleibt **wegen überobligatorischer Erwerbstätigkeit anrechnungsfrei**[310]) gewährt werden, wenn die Betreuung zwar ohne konkret erfassbare Mehrkosten, aber doch nur unter tatsächlichen Schwierigkeiten möglich ist.[311] → Rn. 401.

445 Es ist stets darauf zu achten, dass bei den Eltern **mit gleichem Maß** gemessen wird. Es geht nicht ohne weiteres an, die Erwerbstätigkeit der Mutter, die ein 6-jähriges Kind betreut, für unzumutbar zu halten, beim Vater, in dessen Haushalt der 5-jährige Bruder lebt, dagegen das Einkommen voll anzurechnen. Dies kann allenfalls bei gesteigerter Unterhaltspflicht nach § 1603 II 1 BGB in Betracht kommen, wenn die Betreuungsmöglichkeiten, die dem Vater zur Verfügung stehen, wesentlich günstiger sind, zB weil er das bei ihm lebende Kind in die Obhut der Großmutter geben kann. Auch hier wird aber vielfach ein Betreuungsbonus (bzw. die teilweise Außerachtlassung überobligatorischen Einkommens[312]) zu gewähren sein.

Bei der Berechnung des Ehegattenunterhalts ist der Kindesunterhalt vorweg vom Einkommen des Verpflichteten, aber – bei gemeinsamen Kindern – auch von den Einkünften des Berechtigten abzuziehen.[313]

446 **c) Erwerbsobliegenheit.** Wenn die Eltern nichts Gegenteiliges vereinbaren, kann ein Elternteil sich dem Unterhaltsanspruch des bei ihm nicht lebenden Kindes grundsätzlich nicht mit der Begründung entziehen, er betreue dessen Bruder oder Schwester (→ Rn. 440, 443). Er ist verpflichtet, das Existenzminimum des vom anderen Elternteil betreuten Kindes sicherzustellen (→ Rn. 222, 224), wenn er dazu nach seinen beruflichen Fähigkeiten ohne Gefährdung seines notwendigen Selbstbehalts in der Lage ist. Er ist daher in der Regel verpflichtet, einer Erwerbstätigkeit nachzugehen und dafür zu sorgen, dass das bei ihm lebende Kind teilweise von Dritten betreut wird. Die insbesondere beim Ehegattenunterhalt (§ 1570 BGB) und dem Unterhalt nach § 1615l BGB geltende Regel, dass ein Kleinkind der ständigen Betreuung durch einen Elternteil bedarf, kann nicht ohne weiteres herangezogen werden, da jeder der Eltern für den Unterhalt jedes seiner Kinder zu sorgen hat; → Rn. 275 ff. Die Mutter kann sich daher grundsätzlich nicht darauf berufen, sie könne nur einer teilschichtigen Arbeit nachgehen, weil sie eine 6-jährige (Halb-)Schwester

---

[308] BGH FamRZ 2018, 23.
[309] Vgl. dazu OLG Hamm FamRZ 2003, 179.
[310] BGH FamRZ 2017, 711 Rn. 19.
[311] BGH FamRZ 1991, 182 (184).
[312] BGH FamRZ 2017, 711 Rn. 19.
[313] BGH FamRZ 1992, 1163; bedenklich KG NJW-RR 1996, 1287, das den Kindesunterhalt beim unterhaltsberechtigten Ehegatten nur zu $3/7$ abzieht.

des unterhaltsberechtigten Kindes betreuen müsse. Eine **Erwerbspflicht** eines Elternteils wird nur unter besonderen Umständen verneint werden können, zB wenn er ein Kleinkind zu betreuen hat und eine Fremdbetreuung auch bei Anlegung eines strengen Maßstabs nicht möglich ist,[314] während die Betreuungsmöglichkeiten beim anderen Elternteil deutlich günstiger sind, zB weil das bei ihm lebende Kind wesentlich älter und schon weitgehend selbstständig ist, → Rn. 269. Im Übrigen kann eine Barunterhaltspflicht eines Elternteils entfallen, wenn sein eigener angemessener Bedarf bei Leistung von Barunterhalt gefährdet wäre, während die Einkommens- und Vermögensverhältnisse des anderen deutlich günstiger sind (→ Rn. 397 ff., 416).

5. Kindesunterhalt bei gemeinsamer elterlicher Sorge und Wechselmodell

Die Regelung der elterlichen Sorge ist für die Frage, welcher Elternteil Barunterhalt zu leisten hat, unerheblich. Es kommt auch nicht darauf an, ob die Eltern verheiratet oder geschieden sind, ob sie zeitweilig oder ob sie nie zusammengelebt haben. Entscheidend ist allein, ob und in welchem Umfang ein Elternteil das Kind pflegt und erzieht und dadurch seine Unterhaltspflicht erfüllt (§ 1606 III 2 BGB; → Rn. 11 ff.). Dies gilt auch bei allen Formen der gemeinsamen elterlichen Sorge, gleichgültig, ob sie nach Trennung und Scheidung verheirateter Eltern fortbesteht oder ob sie bei nicht verheirateten Eltern auf einer Sorgeerklärung nach § 1626a BGB beruht. Ist das Kind in den Haushalt eines Elternteils eingegliedert und beschränkt sich der andere nur auf eine gelegentliche Betreuung, die der Ausübung eines Umgangsrechts nahekommt, so haftet dieser allein auf Barunterhalt. Die Höhe des Unterhalts ergibt sich wie üblich aus der Düsseldorfer Tabelle. Wechseln die Eltern in der Betreuung ab, ist der Unterhalt unter Berücksichtigung der beiderseitigen Betreuungsleistungen zu berechnen. **447**

Steht die elterliche Sorge den Eltern gemeinsam zu, so kann der Elternteil, in dessen **Obhut** sich das Kind befindet, Unterhaltsansprüche des minderjährigen Kindes gegen den anderen Elternteil geltend machen (§ 1629 II 2 BGB in der seit 1.7.1998 geltenden Fassung). Bei verheirateten Eltern, die getrennt leben oder zwischen denen eine Ehesache anhängig ist, kann der nach § 1629 II 2 BGB vertretungsberechtigte Ehegatte die Unterhaltsansprüche des Kindes nur als Verfahrensstandschafter im eigenen Namen geltend machen (§ 1629 III 1 BGB). Der Unterhaltsschuldner kann an den anderen Elternteil gezahlten Kindesunterhalt nicht sogleich auf Grund anderer Forderungen gegen diesen wieder pfänden.[315] **448**

Die durch die Obhut begründete gesetzliche Vertretung zur Geltendmachung von Unterhaltsansprüchen gilt für alle Fälle der gemeinsamen Sorge, also auch, wenn sie auf Sorgeerklärungen nach § 1626a BGB beruht. Der Elternteil, bei dem das Kind lebt, kann nach § 1713 I 2 BGB auch bei gemeinsamer Sorge die Anordnung einer Beistandschaft beantragen und dem Jugendamt die Geltendmachung des Unterhalts überlassen. Betreuen beide Eltern das Kind trotz ihrer Trennung weiter, so kommt es darauf an, bei wem der **Schwerpunkt der Pflege und Erziehung** des Kindes liegt.[316] Es muss genügen, dass der Anteil eines Elternteils an Betreuung und Versorgung den Anteil des anderen geringfügig übersteigt. Nach dem BGH entfällt die Obhut des einzelnen Elternteils erst beim (strikten = paritätischen) **Wechselmodell,** wenn das Kind in etwa gleichlangen Phasen beim einen und dem anderen Elternteil lebt.[317] Entscheidend ist, für welche Zeiten ein Elternteil für das Kind die Verantwortung hat, auch wenn er die Betreuung teilweise durch Dritte sicherstellt[318] (→ Rn. 411). Eine Differenzierung nach Tages- und Nachtzeiten ist grundsätzlich nicht angebracht.[319] Der gegenteiligen Auffassung, die ein eindeutiges Übergewicht der Betreuung bei einem Elternteil verlangt,[320] ist der BGH jedenfalls für die Frage der

---

[314] Vgl. OLG Düsseldorf FamRZ 1996, 167.
[315] BGH FamRZ 2006, 860; 2014, 917.
[316] BGH FamRZ 2014, 917 Rn. 16 f.; 2006, 1015 mAnm Luthin.
[317] BGH FamRZ 2014, 917 Rn. 16 ff.; 2006, 1015 (1016); 2007, 707 jeweils mAnm Luthin.
[318] OLG Düsseldorf NJW 2001, 3344.
[319] BGH FamRZ 2014, 917 Rn. 20.
[320] KG FamRZ 2003, 53, das bei Mitbetreuung zu $^1/_3$ eine Prozessstandschaft verneint.

Befugnis zur Geltendmachung des Unterhalts zu Recht nicht gefolgt. Sie ist wenig praktikabel, weil sie in zahlreichen Fällen zu einem Verfahren nach § 1628 BGB oder – weil Unterhalt gegen beide Elternteile geltend zu machen ist – zur Bestellung eines Ergänzungspflegers zwingt.[321] Nach dem BGH liegt noch **kein Wechselmodell** vor, wenn das Kind etwa zu $^1/_3$ vom Barunterhaltspflichtigen betreut wird[322] und auch dann nicht, wenn es regelmäßig fünf von vierzehn Tagen sowie die Hälfte der Schulferien vom Barunterhaltspflichtigen betreut wird.[323]

Praktizieren die Eltern dagegen ein **Wechselmodell** im oben beschriebenen strengen Sinne (etwa hälftige Teilung der Betreuung), besteht weder alleinige Vertretungsmacht noch Verfahrensstandschaft. Dann muss entweder für die Bestellung eines Ergänzungspflegers gesorgt oder aber nach § 1628 BGB die Entscheidungsbefugnis in der Unterhaltsfrage einem Elternteil übertragen werden.[324] Zur Berechnung des Unterhalts → Rn. 450.

449 Jedenfalls seit Einführung der gemeinsamen elterlichen Sorge ist festzustellen, dass sich viele Kinder öfter und länger beim umgangsberechtigten Elternteil aufhalten und dass sich der Umgang teilweise einer Mitbetreuung annähert. Gleichwohl muss es im Grundsatz dabei bleiben, dass die Ausübung auch eines großzügigen Umgangsrechts für sich genommen nicht zur – teilweisen – Erfüllung des Unterhalts führt,[325] → Rn. 271. Der BGH hat eine teilweise Bedarfsdeckung selbst dann abgelehnt, wenn das Kind regelmäßig fünf von vierzehn Tagen und die Hälfte der Schulferien beim Barunterhaltspflichtigen verbringt.[326]

Dem Umstand, dass dies nicht selten zu einer deutlichen Mehrbelastung eines Elternteils führen konnte, hat der BGH in einer neueren Entscheidung dadurch Rechnung getragen, dass bei einem weit über das durchschnittliche Maß hinausgehenden Umgang die dadurch entstehenden **Mehraufwendungen des barunterhaltspflichtigen Elternteils** berücksichtigt werden können. Dabei ist im Ausgangspunkt zu unterscheiden zwischen Kosten, die zu einer teilweisen Bedarfsdeckung führen, und solchen Kosten, die reinen Mehraufwand für die Ausübung des Umgangsrechts darstellen und den anderen Elternteil nicht entlasten.[327] Im letzten Fall kann die wirtschaftliche Belastung des Unterhaltspflichtigen insbesondere mit zusätzlichen Fahrtkosten und den Kosten für das Vorhalten von Wohnraum der Barunterhaltsbedarf unter **Herabstufung um eine oder mehrere Einkommensgruppen** der Düsseldorfer Tabelle bestimmt werden.[328] Der auf diesem Weg nach den Tabellensätzen der Düsseldorfer Tabelle ermittelte Unterhaltsbedarf kann (weitergehend) gemindert sein, wenn der barunterhaltspflichtige Elternteil dem Kind Leistungen erbringt, mit denen er den Unterhaltsbedarf des Kindes auf andere Weise als durch Zahlung einer Geldrente teilweise deckt.[329]

Die **Kosten** sind im Verfahren so darzulegen, dass sie eine Schätzung des Gerichts nach **§ 113 I 2 FamFG, § 287 ZPO** ermöglichen. Ob und inwiefern den Aufwendungen konkrete **Ersparnisse** des (hauptsächlich) betreuenden Elternteils gegenüberstehen, kann dann ebenfalls nach § 113 I 2 FamFG, § 287 ZPO geschätzt werden.

Der erweiterte Umgang stellt in der Regel auch nicht in Frage, dass der andere Elternteil im Sinne des § 1606 III 2 BGB durch Pflege und Erziehung seine Unterhaltspflicht erfüllt, da er die Hauptverantwortung für das Kind trägt und in erster Linie dessen Ansprechpartner ist.[330] Zudem erlauben ihm die Zeiten, über die er durch den Aufenthalt des Kindes

---

[321] Vgl. BGH FamRZ 2014, 917 Rn. 16.
[322] BGH FamRZ 2006, 1015.
[323] BGH FamRZ 2007, 707 = R 672; 2014, 917 Rn. 16.
[324] BGH FamRZ 2006, 1015 (1016) mAnm Luthin; 2014, 917 Rn. 16.
[325] BGH FamRZ 2014, 917 Rn. 16 mAnm Schürmann; vgl. auch – kritisch – Sünderhauf NZFam 2014, 585.
[326] BGH FamRZ 2007, 707 = R 672; wohl zu Recht krit. insoweit Luthin FamRZ 2007, 710: Nach der Lebenserfahrung treffen den Vater in diesem Fall erhebliche Aufwendungen und liegen beträchtliche Ersparnisse der Mutter vor.
[327] BGH FamRZ 2014, 917 Rn. 33.
[328] BGH FamRZ 2014, 917 Rn. 37.
[329] BGH FamRZ 2014, 917 Rn. 38 ff.
[330] BGH FamRZ 2006, 1015 (1017).

5. Abschnitt: Der Unterhaltsanspruch minderjähriger Kinder § 2

beim anderen Elternteil verfügt, in der Regel die Ausübung oder Erweiterung einer Erwerbstätigkeit nicht, weil der Umgang schwerpunktmäßig am Wochenende stattfindet.

Anders kann es sein, wenn die Eltern sich in der Betreuung abwechseln, so dass auf jeden von ihnen etwa die Hälfte der Pflege und Versorgung entfällt **(Wechselmodell)**.[331] Dann kann eine anteilige Barunterhaltspflicht in Betracht kommen, → Rn. 433, 450. Es wird im Einzelfall zu prüfen sein, ob die Richtsätze der Düsseldorfer Tabelle für den Bedarf ausreichen oder ob der **Tabellenunterhalt** wegen der **Mehrkosten** angemessen erhöht werden muss, die durch die Aufteilung der Betreuung entstehen, zB dadurch, dass in der Wohnung jedes Elternteils ein Kinderzimmer, Kleidung, Spielzeug, Schulbedarf usw vorhanden sein müssen. Auch kann ein Wechselmodell zu häufigen **Fahrten zwischen den beiden Wohnungen** führen.[332] → Rn. 336.

In einem solchen Fall sind die Eltern in der Regel beide zu einer Erwerbstätigkeit verpflichtet. Sie haben sich den Unterhalt entsprechend ihren Einkommens- und Vermögensverhältnissen ggf. unter wertender Veränderung des Verteilungsschlüssels (→ Rn. 427, 436, 458) zu teilen. Beide Eltern werden einen Teil des Unterhalts in Natur decken, so dass Barunterhalt nur in Form einer den Tabellenunterhalt nicht erreichenden Ausgleichszahlung zu entrichten sein wird.[333]

Zu unterscheiden sind demnach im wesentlichen drei Fallgruppen: **Übliches Umgangsrecht** (grundsätzlich keine Berücksichtigung der Umgangskosten; Ausnahme: Mangelfall), **annäherndes Wechselmodell** (Herabstufung in der Düsseldorfer Tabelle und Erfüllungswirkung entlastender Aufwendungen) und – strenges – **Wechselmodell** (anteilige Barunterhaltspflicht). Der **BGH**[334] hat in einer Grundsatzentscheidung die wesentlichen Maßstäbe der Unterhaltsbemessung im Fall des Wechselmodells festgelegt. Danach gilt Folgendes: Grundsätzlich haben beide Elternteile für den Barunterhalt des Kindes einzustehen. Der Unterhaltsbedarf bemisst sich nach dem beiderseitigen Einkommen der Eltern und umfasst außerdem die infolge des Wechselmodells entstehenden Mehrkosten. Der dem Kind von einem Elternteil während dessen Betreuungszeiten im Wechselmodell geleistete Naturalunterhalt führt nicht dazu, dass ein Barunterhaltsanspruch nicht geltend gemacht werden kann. Der geleistete Naturalunterhalt ist vielmehr nur als (teilweise) Erfüllung des Unterhaltsanspruchs zu berücksichtigen. Der Unterhaltsanspruch kann in zulässiger Weise vom Kind gegen den besser verdienenden Elternteil geltend gemacht werden. Dass er sich auf den Ausgleich der nach Abzug von den Eltern erbrachter Leistungen verbleibenden Unterhaltsspitze richtet, macht ihn nicht zu einem (nur zwischen den Eltern bestehenden) familienrechtlichen Ausgleichsanspruch. Das Kindergeld ist auch im Fall des Wechselmodells zur Hälfte auf den Barbedarf des Kindes anzurechnen.[335] Der auf die Betreuung entfallende Anteil ist zwischen den Eltern hälftig auszugleichen. Der Ausgleich kann in Form der Verrechnung mit dem Kindesunterhalt erfolgen.

Beispiel 1 (Wechselmodell): 450

V und M praktizieren für ihren fünfjährigen Sohn Florian ein strenges Wechselmodell mit gleichen Betreuungsanteilen auch während der Kindergartenferien.[336] Es entstehen – gegenüber dem im Tabellenbetrag etwa in Höhe von 20% enthaltenen Wohnkosten – Mehrkosten für die Wohnung des V (50,– EUR) und für die Wohnung der M (30,– EUR).[337] Außerdem fallen Fahrtkosten (50,– EUR) an, die der V trägt. Florian leidet an einer Allergie. Die homöopathische Behandlung verursacht einen nicht durch die Krankenversicherung abgedeckten Mehraufwand von mtl. 130,– EUR. Die Kosten trägt der V. Für die Bekleidung des Kindes, die von M besorgt wird, fallen

---

[331] BGH FamRZ 2006, 1015 (1017).
[332] BGH FamRZ 2006, 1015 (1017); KG v. 26.2.2010 – 13 UF 97/09 juris – Rn. 54 f. = BeckRS 2010, 21693 (insoweit nicht in FamRZ 2010, 1447 abgedruckt); OLG Düsseldorf NJW 2001, 3344; OLG Düsseldorf NJW-RR 2000, 74.
[333] BGH FamRZ 2006, 1015 (1017); OLG Düsseldorf NJW 2001, 3344; zur Beteiligung des betreuenden Elternteils am Barunterhalt eingehend Scholz FamRZ 2006, 1728.
[334] BGHZ 213, 254 = FamRZ 2017, 437.
[335] So bereits BGH FamRZ 2015, 536.
[336] Fall angelehnt an das Beispiel von Hammer FamRB 2006, 275 (281 f.).
[337] Bausch/Gutdeutsch/Seiler FamRZ 2012, 258 (259) schlagen vor, die Wohnkosten gleichzusetzen, worauf hier nicht eingegangen werden soll.

mtl. durchschnittlich 70,– EUR an. Ferner fallen 285,– EUR Kindergartenkosten (einschließlich Essensgeld 70,– EUR) an. Diese trägt die M, die auch das Kindergeld bezieht.
V hat ein monatliches Nettoeinkommen von 2800,– EUR, M ein solches von 2000,– EUR.
Berechnung:
1. Regelbedarf nach DT (2019) 9/1 auf Grund 4800,– EUR (Einkommen von M und F): 539,– EUR. Darin sind die Kosten für Bekleidung und Essensgeld enthalten.
Restlicher Regelbedarf: 539–102 (hälftiges Kindergeld nach § 1612b I 1 Nr. 1 BGB) = 437,– EUR. Das Kindergeld ist nur zur Hälfte anzurechnen, weil die Eltern das Kind betreuen (kein Fall des § 1612b I 1 Nr. 2 BGB – mangelnde Betreuungsbedürftigkeit oder Fremdbetreuung des Kindes) und bei Anrechnung des vollen Kindergelds der Kindergeldausgleich hinsichtlich der beiderseits erbrachten – gleichwertigen – Betreuungsleistungen zu Gunsten des besser verdienenden Elternteils verzerrt werden würde.[338]
2. Mehrbedarf:
a) Zusatzkosten des Wechselmodells: 50 (zus. Wohnkosten V) + 30 (zus. Wohnkosten M) + 50 (Fahrtkosten) = 130,– EUR[339]
b) Krankheitskosten: 130,– EUR
c) Kindergartenkosten: 250–70 Essensgeld (Regelbedarf) = 180,– EUR
Summe Mehrbedarf: 130 + 130 + 180 = 440,– EUR
Gesamtbedarf des Kindes: 437 + 440 = 877,– EUR.[340]
3. Aufteilung (§ 1606 III 1 BGB):
Vergleichbares Einkommen V (→ Rn. 295 ff.): 2800 – 1300 = 1500,– EUR
Vergleichbares Einkommen M: 2000 – 1300 = 700,– EUR
Anteil V am Gesamtbedarf: 1500: (1500 + 700) × 877 = 598,– EUR
Anteil M am Gesamtbedarf: 700: (1500 + 700) × 877 = 279,– EUR
Eine wertende Veränderung des Verteilungsschlüssels ist wegen der gleichen Betreuungsanteile nicht erforderlich.
4. Anrechnung erbrachter Leistungen/Kindergeld:
V: 598–130 (Krankheitskosten) – 100 (Wohn-, Fahrtkosten) = 368,– EUR
M: 279–70 (Kleidung) – 250 (Kindergarten einschließlich Essensgeld) – 30 (Wohnkosten) + 102 (Kindergeld[341])) = 31,– EUR.
5. Ausgleichszahlung: 368–31 = 337,– EUR; 337 : 2 = 168,50,– EUR, die der V an M als Ausgleich für den Barunterhalt zu zahlen hat. Davon ist der auf die Betreuung entfallende Kindergeldanteil (102,– EUR) zur Hälfte, also mit 51,– EUR abzuziehen. V schuldet M also einen Ausgleich von (168,50–51 =) gerundet 118,– EUR.

Die Kindergeldanrechnung erklärt sich aus § 1612b I 1 BGB. Dem Kind steht zur Verwendung durch V und M jeweils die Hälfte des Kindergelds zu, weil beide Eltern sich die Betreuung und den Barunterhalt teilen. Der auf den Barunterhalt entfallende Anteil wird nach der sich aus den beiderseitigen Einkommen ergebenden Beteiligungsquote ausgeglichen, der auf die Betreuung entfallende Anteil hälftig.[342] V zahlt insgesamt: 547 EUR (= 598 – 51 Kindergeldanteil); M zahlt insgesamt 432 EUR (279 + 102 + 51 Kindergeldanteile).[343]

Die „Ausgleichszahlung" stellt im Verfahren keinen familienrechtlichen Ausgleichsanspruch dar. Mit ihr wird vielmehr die Unterhaltsspitze unter Verrechnung der beiderseits (im Zweifel hälftig) erbrachten Leistungen geltend gemacht.[344] Deshalb bleibt der An-

---

[338] BGH FamRZ 2017, 437 Rn. 47 ff.; FamRZ 2016, 1053 Rn. 12; vgl. Bausch/Gutdeutsch/Seiler FamRZ 2012, 258 (259); Finke FamFR 2013, 488; Wohlgemuth FPR 2013, 157.
[339] Ein Mehrbedarf gegenüber den in der Düsseldorfer Tabelle bereits einkalkulierten Wohnkosten muss dargelegt werden (BGH FamRZ 2017, 437 Rn. 35); bei auf beiden Seiten annähernd gleichen (Mehr-) Kosten können die Wohnkosten bei der Berechnung auch schlicht gekürzt werden.
[340] Einer Aufteilung in sächlichen Bedarf und Betreuungsbedarf (Kindergartenkosten) bedarf es nicht, weil die Haftungsverteilung den gleichen Regeln folgt (BGH FamRZ 2009, 962).
[341] Hierbei handelt es sich um die Kindergeldhälfte, die M für den Barbedarf beizusteuern hat. Die andere Berechnungsweise von Bausch/Gutdeutsch/Seiler FamRZ 2012, 258 (259) – volles Kindergeld – beruht darauf, dass diese (im Ergebnis wie hier) den Ausgleich des Betreuungsanteils zur Vereinfachung bereits in die Berechnung des Barbedarfs mit einbeziehen.
[342] BGH FamRZ 2017, 437 Rn. 47 ff.; 2016, 1053 Rn. 12.
[343] Zum Muster einer möglichen Vereinbarung vgl. Hammer FamRB 2006, 275 (281 f.).
[344] BGH FamRZ 2017, 437 Rn. 44.

spruch auch Unterhaltsanspruch des Kindes. Soweit der weniger verdienende Elternteil mehr geleistet hat, als von ihm geschuldet wird, handelt es sich um freiwillige Leistungen, die den anderen Elternteil nicht entlasten sollen.

Beispiel 2 (Abwandlung: Annäherndes Wechselmodell):
Sachverhalt wie Beispiel 1, die Betreuungsanteile liegen hier aber bei 40% (V) zu 60% (M). V hat Mehraufwendungen für Verpflegung von 70,– EUR, die die M entlasten.[345]
Berechnung:
1. Regelbedarf nach DT (2019) 4/1 auf Grund von 2800,– EUR (Einkommen von M): 408,– EUR. Von einer Höherstufung wegen unterdurchschnittlicher Unterhaltslast wird wegen der Mehrkosten des M (Fahrtkosten und erhöhte Wohnkosten von 100,– EUR) abgesehen. Restlicher Regelbedarf: 408–102 (hälftiges Kindergeld nach § 1612b I 1 Nr. 1 BGB) = 306,– EUR. In Höhe von 70,– EUR ist Erfüllung eingetreten, so dass der M für den Regelbedarf 236 EUR zu zahlen hat.
2. Mehrbedarf:
a) ...
b) Krankheitskosten: 130,– EUR
c) Kindergartenkosten: 250–70 Essensgeld (Regelbedarf) = 180,– EUR
Summe Mehrbedarf: 130 + 180 = 310,– EUR
3. Aufteilung Mehrbedarf (§ 1606 III 1 BGB):
Vergleichbares Einkommen V (→ Rn. 295 ff.): 2800 – 306 (Regelbedarf) – 1300 = 1194,– EUR
Vergleichbares Einkommen M: 2000 – 1300 = 700,– EUR
Anteil V am Mehrbedarf: 1194: (1194 + 700) × 310 = 195,– EUR; darauf sind gezahlte 130 EUR anzurechnen.
Anteil M am Mehrbedarf: 700: (1194 + 700) × 310 = 115,– EUR
4. Ergebnis (Vergleich mit strengem Wechselmodell):
V hat noch zu zahlen: 236 (restlicher Regelbedarf) + 65 (restlicher Mehrbedarfsanteil von 195–130) = 301 EUR.

V trägt somit im wirtschaftlichen Ergebnis 306 EUR (Regelbedarf) + 100 EUR (Mehrkosten für Fahrten und Wohnung) + 195 (Mehrbedarfsanteil) = 601 EUR gegenüber 554 EUR beim strengen Wechselmodell.[346] Das Ergebnis scheint zum einen wegen des höheren Betreuungs- und Verantwortungsanteils der M angemessen, bietet aber zum anderen auch einen Ansatz zu einer vergleichsweisen Regelung, wobei ein Streit um das Erreichen der Grenze des Wechselmodells sich nicht als lohnend erweist.

VII. Mehrbedarf minderjähriger Kinder

1. Berechtigung des Mehrbedarfs

Mehrbedarf ist derjenige Teil des Lebensbedarfs, der regelmäßig, jedenfalls während eines längeren Zeitraums anfällt und das Übliche derart übersteigt, dass er mit Regelsätzen nicht erfasst werden kann, aber kalkulierbar ist und deshalb bei der Bemessung des laufenden Unterhalts durch Anhebung des Tabellensatzes berücksichtigt werden kann. Im Einzelnen → Rn. 232 ff.

451

Bei minderjährigen Kindern entsteht Mehrbedarf zB **als krankheitsbedingter Mehrbedarf** für ein behindertes Kind oder als **schulischer Mehrbedarf** für Sonderunterricht, Besuch einer **Privatschule,** Ganztagsschule oder eines **Internats.** Auch die Kosten des **Kindergartens** stellen Mehrbedarf des Kindes dar[347], ebenfalls **Hortkosten.**[348] Auch die

---

[345] Dass diese Kosten beim Wechselmodell im Regelfall nicht näher ermittelt werden müssen, beruht darauf, dass sie sich bei gleichen Betreuungsanteilen der Eltern im Wesentlichen entsprechen werden.
[346] Ohne Mehrbedarf (Krankheits-, Kindergartenkosten) wäre die Differenz etwas größer. Der geringere Kindesbedarf erklärt sich daraus, dass die Einkommen nicht zusammengerechnet werden (vgl. dazu Rn. 206: die Differenz zum vollen Bedarf bei zusammengerechneten Einkommen trägt iE die M).
[347] BGH FamRZ 2013, 1563; FamRZ 2009, 962.
[348] BGH FamRZ 2017, 437 Rn. 37.

Notwendigkeit, ein außergewöhnliches künstlerisches Talent zu fördern, kann Mehrbedarf begründen. Die Pflege musischer, künstlerischer oder sportlicher Interessen im Rahmen einer angemessenen Erziehung ist dagegen grundsätzlich aus dem Tabellenunterhalt zu bestreiten.[349] Ein solcher Mehrbedarf ist in Abgrenzung zum Sonderbedarf nur dann zu bejahen, wenn es sich um voraussehbare, regelmäßig anfallende laufende Mehrkosten handelt. Ob die Kosten für Nachhilfeunterricht Mehrbedarf oder Sonderbedarf darstellen, richtet sich nach der Regelmäßigkeit und der Voraussehbarkeit.[350]

Mehrbedarf kann auch dann entstehen, wenn ein Kind in einem Heim oder bei Pflegeeltern untergebracht werden muss, weil die Eltern das Kind verschuldet oder unverschuldet nicht versorgen können und ihnen daher das Sorgerecht ganz oder teilweise nach § 1666 BGB entzogen worden ist. Bei Anordnung einer Vormundschaft oder Pflegschaft kann auch die **Vergütung des Vormundes** oder Pflegers Mehrbedarf oder Sonderbedarf des Kindes sein. Vgl. dazu §§ 1836c Nr. 1, 1836d Nr. 2 BGB. Mehrbedarf kommt insbesondere bei einer länger dauernden Vormundschaft in Betracht, wenn dem Vormund eine laufende und der Höhe nach abschätzbare Vergütung zu gewähren ist.[351] Die Vergütung wird in der Regel von der Staatskasse übernommen. In ihrer Höhe geht der Unterhaltsanspruch des Kindes auf die Staatskasse über (§ 1836e I BGB), → Rn. 534.

Ist der Besuch eines Horts, einer Ganztagsschule oder eines Internats nicht im Interesse des Kindes geboten, sondern – im Ausnahmefall – ausschließlich deshalb erforderlich, damit der **betreuende Elternteil einer Erwerbstätigkeit** nachgehen kann, liegt kein Mehrbedarf des Kindes vor. In einem solchen Fall mindern die durch die Fremdbetreuung entstehenden Kosten das Einkommen des Elternteils, → Rn. 438, 458. Zu Kindergartenkosten → Rn. 400.

452 Zunächst ist zu klären, ob der Mehrbedarf des Kindes als **berechtigt** anerkannt werden kann und daher vom Verpflichteten (mit-)zutragen ist.

453 Die Berechtigung **krankheitsbedingten Mehrbedarfs** wird in der Regel nicht angezweifelt, da die Notwendigkeit zusätzlicher Pflege und Versorgung eines behinderten Kindes meist offen zutage liegt. Ähnliches gilt bei Unterbringung eines schwer erziehbaren Kindes in einem Heim oder einer Pflegefamilie (→ Rn. 465). Zum Umfang des Mehrbedarfs → Rn. 463 ff. Kommt es zwischen den Eltern über die Berechtigung des Mehraufwands, sind die → Rn. 454 ff. dargestellten Grundsätze anzuwenden.

454 Dagegen ist die Berechtigung **schulischen Mehrbedarfs** häufig ein Streitpunkt der Eltern. Zu unterscheiden ist zwischen gemeinsamem und alleinigem Sorgerecht.

455 **Bei gemeinsamem Sorgerecht** gehört die Frage, ob ein Kind eine andere Schule besuchen soll, zu den Angelegenheiten, die für das Kind von erheblicher Bedeutung sind und die daher von beiden Eltern in gegenseitigem Einvernehmen entschieden werden müssen (§ 1687 I 1 BGB). Dies gilt besonders für den oft mit erheblichen Kosten verbundenen Wechsel zu einer Privatschule oder für die Unterbringung des Kindes in einem Internat, in der Regel aber nicht für Sonder- oder Nachhilfeunterricht.[352] Können sich die Eltern in einer wichtigen Frage nicht einigen, kann das Familiengericht auf Antrag die Entscheidung einem Elternteil übertragen (§ 1628 BGB). Trifft dieser die Entscheidung, gelten die Ausführungen in → Rn. 456. Einigen sich die Eltern über einen Schulwechsel, müssen sie beide die dadurch verursachten Mehrkosten unterhaltsrechtlich gegen sich gelten lassen, → Rn. 457, 460 ff.

456 **Bei alleinigem Sorgerecht** ist der sorgeberechtigte Elternteil nach § 1631 I BGB berechtigt, die Ziele und Wege einer Ausbildung unter Berücksichtigung der Eignung und Neigung des Kindes **verantwortlich** festzulegen. Dasselbe gilt, wenn bei gemeinsamer Sorge ein Elternteil den kostenträchtigen Schulwechsel veranlasst hat, nachdem ihm die Entscheidung vom Familiengericht übertragen worden ist (§ 1628 BGB). Der barunterhaltspflichtige Elternteil muss solche Entscheidungen hinnehmen, auch wenn sie sich

---

[349] Vgl. BGH FamRZ 2017, 437 Rn. 38 f.; 2001, 1603.
[350] Vgl. OLG Düsseldorf FuR 2005, 565.
[351] Vgl. Oelkers/Kraeft FamRZ 2002, 790 (793). Zur Abgrenzung Mehrbedarf – Sonderbedarf vgl. OLG Nürnberg FamRZ 1999, 1684.
[352] Vgl. BGH FamRZ 2013, 1563; 2008, 1152; OLG Düsseldorf FuR 2005, 565.

kostensteigernd für ihn auswirken und sie ihm nicht sinnvoll erscheinen. Fehlentscheidungen sind ggf. durch das Familiengericht nach § 1666 BGB zu korrigieren.[353] Deshalb können im Unterhaltsverfahren Maßnahmen des Sorgerechtsinhabers grundsätzlich nicht auf ihre Rechtmäßigkeit oder Zweckmäßigkeit überprüft werden. Das gilt auch bei der Wahl einer Mehrkosten verursachenden Privatschule.[354]

Trotz der generellen Bindung an eine Entscheidung des Sorgeberechtigten kann das Kind **Mehrbedarf nicht unbeschränkt** geltend machen. Dies gilt vor allem dann, wenn die entstehenden Mehrkosten erheblich sind. Die kostenverursachende Maßnahme muss sachlich begründet und wirtschaftlich zumutbar sein. Es müssen – ähnlich wie bei einem Auslandsstudium (→ Rn. 81) – **wichtige Gründe** vorliegen, die es rechtfertigen, die durch die Wahl einer Privatschule verursachten Mehrkosten zu Lasten des Unterhaltspflichtigen als angemessene Bildungskosten anzuerkennen. Bei dieser Prüfung müssen insbesondere die Einkommens- und Vermögensverhältnisse der Eltern berücksichtigt werden.[355] Zu prüfen ist ferner, ob andere Möglichkeiten der schulischen Förderung des Kindes bestehen, die bei geringeren Kosten zu einem vergleichbaren Erfolg führen würden.[356]

Mehrbedarf ist stets anzuerkennen, wenn der **barunterhaltspflichtige Elternteil** mit der Maßnahme des Sorgeberechtigten **einverstanden** war. Ist der Mehrbedarf **berechtigt,** muss sich unter Umständen der betreuende Elternteil **an seiner Finanzierung beteiligen.**[357] → Rn. 460 ff.

457

Ergibt die Prüfung, dass die Mehrkosten **nicht berechtigt** sind, verbleibt es beim **Tabellenunterhalt.** Die Mehrkosten muss dann der Elternteil tragen, der sie veranlasst hat.

Die **Internatsunterbringung** kann durch Gründe, die in der Person des Kindes liegen, wie zB durch Lern- und Erziehungsschwierigkeiten und gesundheitliche Behinderungen, gerechtfertigt sein. Wegen der erheblichen Mehrkosten ist die Berechtigung dieser Maßnahme besonders **sorgfältig zu überprüfen,** → Rn. 454 ff.

458

Bei Internatsunterbringung wird in der Regel eine **beiderseitige Barunterhaltspflicht** bestehen, wenn der Sorgeberechtigte auf diese Weise einer eigenen Erwerbstätigkeit nachgehen und deshalb die von ihm veranlassten Kosten mitfinanzieren kann. Der Verteilungsschlüssel ist im Hinblick auf eine verbleibende Restbetreuung wertend zu verändern.[358] Dabei ist zu berücksichtigen, dass der sorgeberechtigte Elternteil das Kind vielfach in den Schulferien, also etwa während eines Vierteljahres, und an Wochenenden betreuen muss. Zur Berechnung des Unterhaltsanteils nach § 1606 III 1 BGB → Rn. 418 ff.

Der Gesamtbedarf (Regelbedarf und Internatskosten) muss ggf. im Hinblick auf die erheblichen **Einsparungen** bei den laufenden Lebenshaltungskosten gekürzt werden.[359] → Rn. 435.

Ist die Internatsunterbringung nicht im Interesse des Kindes gerechtfertigt, sondern wird sie damit begründet, dass der **betreuende Elternteil** auf diese Weise einer **eigenen Erwerbstätigkeit** nachgehen kann (→ Rn. 400, 411, 438), sind die Internatskosten vom sorgeberechtigten Ehegatten zu tragen.[360] Er kann allerdings unter Umständen bei einem betreuungsbedürftigen Kind gegen den anderen Elternteil einen Anspruch auf Ehegattenunterhalt haben.

Macht das Kind Mehrbedarf geltend, muss es ebenfalls konkret **darlegen** und nachweisen, worin der Mehrbedarf besteht und warum er unterhaltsrechtlich berechtigt ist. Die zusätzlichen Aufwendungen sind mindestens für einen repräsentativen Zeitraum detailliert

459

---

[353] BGH FamRZ 1983, 48.
[354] BGH FamRZ 1983, 48.
[355] Ausführlich Staudinger/Klinkhammer § 1610 Rn. 281 ff.
[356] BGH FamRZ 1983, 48.
[357] BGH FamRZ 1999, 286; 1983, 689.
[358] BGH FamRZ 1985, 917.
[359] OLG Nürnberg FamRZ 1993, 837.
[360] BGH FamRZ 1983, 689.

2. Berechnung des geschuldeten Unterhalts bei berechtigtem Mehrbedarf

460 Ist der Mehrbedarf berechtigt, besteht der **Gesamtbedarf** des Kindes aus dem **Regelbedarf** nach der Düsseldorfer Tabelle **und** dem konkret zu ermittelnden **Mehrbedarf**. Bei der Bemessung des Gesamtbedarfs muss berücksichtigt werden, dass unter Umständen Aufwendungen eingespart werden, die normalerweise aus dem Tabellenunterhalt zu decken wären. Von den Gesamtkosten können dann Abzüge gemacht werden, zB wenn das Kind in einem Hort oder einer Ganztagsschule ein Mittagessen erhält. Die **Einsparung** kann durch Schätzung nach § 113 I 2 FamFG, § 287 II ZPO ermittelt werden. Außerdem ist zu berücksichtigen, dass bei den Einkommensgruppen oberhalb der ersten Tabellengruppe (Existenzminimum) ein gewisser Betrag für andere Zwecke als den Elementarunterhalt abgezweigt oder angespart werden kann, was vom BGH für die Kosten der Konfirmation erwogen worden ist.[362] Die Kindergartenkosten (Beiträge, nicht Essensgeld) sind nach der neueren Rechtsprechung des BGH vom sächlichen Regelbedarf nicht gedeckt. Daran ändert sich auch dann nichts, wenn der Regelbedarf aus einer höheren Einkommensgruppe der Düsseldorfer Tabelle gezahlt wird.[363]

Die Aufteilung des Gesamtbedarfs in Tabellenunterhalt und Mehrbedarf wird insbesondere in Betracht kommen, wenn das Kind von einem Elternteil oder Verwandten betreut wird. Lebt es dagegen in einem Heim, deckt sich der Bedarf in der Regel mit den Heimkosten und etwaigen zusätzlichen Aufwendungen, zB für Fahrtkosten der Eltern zum Besuch des Kindes.[364] Der so errechnete Betrag ist allerdings um nicht subsidiäre Sozialleistungen zu kürzen, → Rn. 463 ff.

461 Hat der **betreuende Elternteil kein eigenes Einkommen** und ist er, zB wegen Erwerbsunfähigkeit, nicht zu einer Berufstätigkeit verpflichtet, trägt der Barunterhaltspflichtige den Gesamtbedarf des Kindes einschließlich der Mehrkosten allein, soweit er dazu im Rahmen seiner Leistungsfähigkeit unter Berücksichtigung seiner gesteigerten Unterhaltspflicht gegenüber minderjährigen Kindern in der Lage ist. Ihm sollte grundsätzlich der Bedarfskontrollbetrag (→ Rn. 351 ff.) verbleiben. Im Mangelfall muss er allerdings auf den notwendigen Selbstbehalt verwiesen werden, selbst wenn der an das Kind zu zahlende Unterhalt höher sein sollte als der Betrag, den er selbst behält.[365]

462 Hat der **betreuende Elternteil eigenes Einkommen**, so hat er sich unter Berücksichtigung der beiderseitigen Einkommensverhältnisse nur am Mehrbedarf zu beteiligen (→ Rn. 435 ff.), wenn er weiter seine Unterhaltspflicht durch Betreuung erfüllt.[366] Dann bleibt die Barunterhaltspflicht des anderen Elternteils in Höhe des Tabellenunterhalts bestehen. Betreut kein Elternteil das Kind oder rechtfertigt die Restbetreuung durch einen Elternteil die Anwendung des § 1606 III 2 BGB nicht, ist der Unterhalt nach § 1606 III 1 BGB anteilig von beiden Eltern entsprechend ihren Einkommens- und Vermögensverhältnissen zu tragen. Ggf. ist der Verteilungsmaßstab wertend zu verändern (→ Rn. 427, 436, 458).

> **Beispiel:**[367]
> M und V streiten über die Beteiligung an Nachhilfekosten. Diese fallen mit mtl. 150 EUR regelmäßig für den elfjährigen Sohn K an und sind rechtzeitig geltend gemacht worden. Einkommen des V nach Abzug des Tabellenunterhalts gemäß Einkommensgruppe 4 der Düsseldorfer Tabelle (2019) ermittelten Kindesunterhalts für ein Kind (Regelbedarf) und des der M geschuldeten Ehegattenunterhalts: 1600,- EUR; Einkommen der M einschließlich Ehegattenunterhalt: 1400,- EUR.

---

[361] BGH FamRZ 2001, 1603.
[362] BGH FamRZ 2006, 612; vgl. auch OLG Düsseldorf NJW-RR 2005, 1529 (Nachhilfekosten).
[363] BGH FamRZ 2009, 962 (unter Aufgabe von BGH FamRZ 2007, 882).
[364] OLG Bremen FamRZ 2001, 1300.
[365] BGH FamRZ 1986, 48; 1983, 48.
[366] BGH FamRZ 1998, 286; 1983, 689.
[367] Vgl. OLG Düsseldorf NJW-RR 2005, 1529.

5. Abschnitt: Der Unterhaltsanspruch minderjähriger Kinder § 2

Der Tabellenunterhalt auf Grund Einkommensgruppe 4/2 (467,– EUR) lässt es zu, dass daraus Beträge für andere Zwecke abgezweigt oder angespart werden können,[368] was etwa ab Gruppe 2 mit je 10,– EUR veranschlagt werden kann. Verbleibender Mehrbedarf daher 150–30 = 120,– EUR. Der verbleibende Betrag ist nach dem vergleichbaren Einkommen der Eltern aufzuteilen.
Vergleichbares Einkommen V: 1600 – 1300 = 300,– EUR
Vergleichbares Einkommen M: 1400 – 1300 = 100,– EUR
Anteil V: 300: (300 + 100) × 120 = 90,– EUR
Anteil M: 100: (300 + 100) × 120 = 30,– EUR
Zur Berechnung der Haftungsanteile beim Mehrbedarf → Rn. 450

3. Mehrbedarf des behinderten minderjährigen Kindes

Der Mehrbedarf eines behinderten Kindes kann erheblich sein und insbesondere bestehen **463**
– in den Mehrkosten der Unterbringung, Erziehung, Pflege und Versorgung des Kindes in einem **Heim,** einschließlich der Fahrkosten zum Besuch des Kindes durch beide Eltern, nicht nur durch den sorgeberechtigten Elternteil,[369]
– in den Mehrkosten, die durch die **Versorgung des Kindes im Haushalt eines Elternteils** entstehen, insbesondere durch die behindertengerechte Ausstattung der Wohnung (Fahrstuhl, rollstuhlgerechte Türen, behindertengerechte Toilette und Badewanne usw) oder durch die Pflege und Versorgung des Kindes, sei es durch den betreuenden Elternteil selbst (→ Rn. 467), sei es durch Dritte, vor allem mobile Pflegedienste,
– im Mehraufwand für Kleidung,
– im Mehraufwand für Hilfsmittel, zB einen Rollstuhl,
– in den Kosten einer psychotherapeutischen oder heilpädagogischen Behandlung,
– in den Mehrkosten einer Behindertenfreizeit gegenüber einem normalen Urlaub,
– in den Kosten für Sonderunterricht.

Infolge des Mehrbedarfs erhält das Kind vielfach **subsidiäre Sozialleistungen.** Diese **464** sind kein anrechnungsfähiges Einkommen. Sozialhilfe ist nachrangig (§ 2 II SGB XII). Zudem steht dem Träger der Sozialleistung vielfach die Möglichkeit des Rückgriffs gegen den Unterhaltspflichtigen offen (vgl. zB § 94 SGB XII; vgl. dazu § 8).

Zu den **subsidiären Sozialleistungen** gehört in erster Linie die **Sozialhilfe,** die Mehrbedarf hauptsächlich durch das Pflegegeld nach § 64 SGB XII abdeckt. Dieses Pflegegeld ist von dem Pflegegeld, das seit 1.4.1995 durch die Pflegekassen gewährt wird (→ Rn. 466), scharf zu unterscheiden. Das Pflegegeld nach § 64 SGB XII ist als Sozialhilfeleistung nicht bedarfsdeckend (§ 2 II SGB XII) und daher grundsätzlich **nicht** auf den Unterhaltsanspruch **anzurechnen** (→ § 1 Rn. 664, → § 1 Rn. 727). Vielmehr geht in seinem Umfang der Unterhaltsanspruch auf den Sozialhilfeträger über (§ 94 SGB XII). Hinsichtlich des Umfangs des Anspruchsübergangs sind die Schutzvorschriften der § 94 III SGB XII zu beachten. Genaueres dazu § 8. Nur ausnahmsweise kann für die Vergangenheit eine Anrechnung des subsidiären Pflegegeldes auf den Unterhalt in Betracht kommen, wenn der gesetzliche Forderungsübergang ausgeschlossen ist.[370]

Leistungen der **Jugendhilfe** sind nach der Rechtsprechung des **BGH**[371] als bedarfs- **465** deckendes Einkommen zu berücksichtigen und damit grundsätzlich nicht subsidiär.[372] Für seinen Rückgriff gegen die Eltern ist der Träger der Kinder- und Jugendhilfe nun stets auf einen öffentlich-rechtlichen Kostenbeitrag (§§ 92, 94 SGB VIII) verwiesen.

---

[368] OLG Düsseldorf NJW-RR 2005, 1529 mwN (zur Rechtslage bis 2007).
[369] OLG Bremen FamRZ 2001, 1300, das jedoch die Kosten des lediglich umgangsberechtigten Elternteils nicht berücksichtigen will.
[370] BGH FamRZ 1999, 843 (847).
[371] BGH FamRZ 2007, 377 mAnm Doering-Striening.
[372] Anders noch Scholz in der 6. Aufl., aber schon mit Hinweis auf die großteils anzutreffende Praxis der Leistungsträger, von einem Rückgriff abzusehen.

466 **Nicht subsidiäre Sozialleistungen** sind vor allem Leistungen, die durch Versicherungsbeiträge erkauft werden, zB Leistungen der gesetzlichen Kranken- und Pflegekasse, insbesondere das im Rahmen der Pflegeversicherung zu zahlende **Pflegegeld nach § 37 I SGB XI,** oder die Übernahme der Pflegekosten bei vollstationärer Unterbringung (§ 43 SGB XI). Zu den nicht subsidiären Sozialleistungen gehört weiter das Blindengeld nach den Landesblindengesetzen. Das Blindengeld nach § 72 SGB XII (früher § 67 BSHG) ist zwar grundsätzlich subsidiär, wurde aber bis 2004 praktisch an alle Zivilblinden wegen der hohen Einkommensgrenze von 1705,– EUR (§ 81 II BSHG; zu den Einkommensgrenzen nach §§ 79 ff. BSHG vgl. die 6. Aufl. Rn. 6/538) wie eine Versorgungsleistung gewährt.[373] Auch wenn die hohe Einkommensgrenze inzwischen abgeschafft worden ist, dürfte sich daran im Ergebnis wegen der weiterhin bestehenden Vergünstigungen für blinde Menschen im Ergebnis nichts geändert haben.[374] Derartige Sozialleistungen, insbesondere Pflegegeld nach § 37 I SGB XI, sind **Einkommen** des Unterhaltsberechtigten. Sie sind daher auf den Unterhaltsanspruch anzurechnen, grundsätzlich aber nicht auf den Elementarunterhalt, sondern auf den Mehrbedarf. Dem steht § 1610a BGB nicht entgegen.[375] Zu § 1610a BGB → § 1 Rn. 654 ff.

467 Versorgt der betreuende Elternteil, zB die Mutter, das behinderte Kind, so kann sie das **Pflegegeld,** soweit sie es nicht für Sachaufwendungen (häufiger Wechsel der Wäsche, Windeln usw) benötigt, für sich behalten. Es darf daher an sie „weitergeleitet" werden. Weitergeleitetes Pflegegeld ist seit dem 1.8.1999 im Unterhaltsrecht wie im Sozialhilferecht[376] **nicht als Einkommen des betreuenden Elternteils** anzurechnen (§ 13 VI SGB XI[377]) und damit anders als nach der vorherigen Rechtsprechung[378] bei der Ermittlung von Unterhaltsleistungen grundsätzlich nicht zu berücksichtigen. Eine Anrechnung findet dagegen nach § 13 VI 2 SGB XI bei verschärfter Unterhaltspflicht (§ 1603 II BGB) und in Verwirkungsfällen (§§ 1361 III, 1579, 1611 I BGB) statt, ferner dann, wenn von der Pflegeperson erwartet werden kann, ihren Bedarf ganz oder teilweise durch eigene Einkünfte zu decken, und der Pflegebedürftige mit dem Unterhaltspflichtigen nicht in gerader Linie verwandt ist. Pflegt die unterhaltspflichtige Mutter eines beim Vater wohnenden Kindes ihre eigene Mutter, so wird das weitergeleitete Pflegegeld nicht als Einkommen der Kindesmutter angerechnet, wenn es um den Unterhalt des Kindes geht, da es mit seiner Großmutter in gerader Linie verwandt ist. Verlangt die Kindesmutter dagegen Ehegattenunterhalt vom Kindesvater, ist das weitergeleitete Pflegegeld als ihr Einkommen zu berücksichtigen, weil der unterhaltspflichtige Ehemann mit seiner pflegebedürftigen Schwiegermutter nicht verwandt ist.

6. Abschnitt: Der Unterhaltsanspruch volljähriger Kinder

I. Besonderheiten beim Unterhalt volljähriger Kinder

468 Der Unterhaltsanspruch des volljährigen Kindes folgt grundsätzlich den allgemeinen Regeln des Verwandtenunterhalts. Er ist nicht in gleicher Weise privilegiert wie der Minderjährigenunterhalt. Seit dem 1.7.1998 stehen jedoch volljährige Kinder unter bestimmten Voraussetzungen bis zur Vollendung des 21. Lebensjahres hinsichtlich der verschärften Unterhaltspflicht der Eltern (§ 1603 II 2 BGB; → Rn. 471) und hinsichtlich des Ranges (§ 1609 Nr. 1 BGB; → Rn. 480) minderjährigen Kindern gleich. Zu diesen privilegiert volljährigen Kindern → Rn. 579 ff.

---

[373] Schellhorn BSHG, 16. Aufl., § 67 Rn. 2.
[374] Schellhorn SGB XII, 17. Aufl., § 72 Rn. 1.
[375] BGH FamRZ 1993, 417.
[376] Hess. VGH FamRZ 1996, 976.
[377] IdF des 4. SGB XI-Änderungsgesetzes vom 21.7.1999 – BGBl. I S. 1656.
[378] BGH FamRZ 1993, 417.

6. Abschnitt: Der Unterhaltsanspruch volljähriger Kinder § 2

Das volljährige Kind ist **bedürftig**, solange es sich berechtigterweise einer Berufsausbildung unterzieht (§ 1610 I BGB; → Rn. 68 ff., 481 ff.) oder bei Anlegung eines strengen Maßstabs, zB wegen Krankheit, nicht in der Lage ist, seinen Lebensunterhalt selbst aufzubringen (→ Rn. 57, 484). **469**

Der **Bedarf** des volljährigen Kindes richtet sich, solange es noch wirtschaftlich von seinen Eltern abhängig ist, insbesondere die Berufsausbildung noch nicht beendet hat, nach deren Lebensverhältnissen (→ Rn. 200, 482). Auch beim Volljährigen werden zur Bemessung des Bedarfs Tabellen und Leitlinien herangezogen (→ Rn. 501 ff.). Zu berücksichtigen sind ausnahmsweise auch Mehrbedarf (→ Rn. 232 ff., 530 ff.) und Sonderbedarf (→ Rn. 237 ff., § 6). **470**

Nach § 1603 I BGB entfällt die **Leistungsfähigkeit** und damit die Unterhaltsverpflichtung eines Elternteils bereits dann, wenn dieser bei Berücksichtigung seiner sonstigen Verpflichtungen außerstande ist, ohne Gefährdung seines eigenen angemessenen Bedarfs dem Volljährigen Unterhalt zu gewähren. Eine gesteigerte Unterhaltspflicht, wie sie gegenüber dem minderjährigen Kind bestehen kann (§ 1603 II 1 BGB; → Rn. 366 ff.), kommt nur bei volljährigen unverheirateten Kindern bis zur Vollendung des 21. Lebensjahres in Betracht, solange sie im Haushalt der Eltern oder eines Elternteils leben und sich in der allgemeinen Schulausbildung befinden (§ 1603 II 2 BGB; im Einzelnen → Rn. 579 ff.). Hat der Volljährige bereits eine eigenständige Lebensstellung erreicht und wird er später erneut unterhaltsbedürftig, kommen den Eltern die erhöhten Selbstbehaltssätze wie beim Elternunterhalt zugute.[1] Zur Leistungsfähigkeit beim Volljährigenunterhalt im Einzelnen → Rn. 536 ff. **471**

Mit Eintritt der Volljährigkeit erlischt das Sorgerecht (§ 1626 I BGB). Die Eltern verlieren ihre Vertretungs- und Erziehungsbefugnisse (§§ 1626, 1629 BGB), gleichgültig ob gemeinsame oder alleinige elterliche Sorge bestand; sie sind nicht mehr zur Betreuung und Erziehung des Kindes berechtigt oder verpflichtet. **Betreuungsunterhalt** wird **nicht mehr geschuldet** (→ Rn. 26).[2] Wegen des Wegfalls der Betreuungsverpflichtung wird der bisher betreuende Elternteil ebenfalls barunterhaltspflichtig, sofern er leistungsfähig ist. Beide Eltern haften nach § 1606 III 1 BGB anteilig nach ihren Erwerbs- und Vermögensverhältnissen für den Unterhalt des Kindes.[3] Dies gilt auch gegenüber privilegierten volljährigen Kindern im Sinne des § 1603 II 2 BGB (→ Rn. 80, 594 ff.). Das Kind kann von jedem Elternteil nur den Teil des Unterhalts verlangen, der nach der anteiligen Haftung gemäß § 1606 III 1 BGB auf diesen Elternteil entfällt.[4] Ein Elternteil bleibt nur dann allein barunterhaltspflichtig, wenn der andere Elternteil nicht leistungsfähig ist (§ 1603 I BGB). Zur Berechnung der Haftungsanteile der Eltern → Rn. 560 ff. **472**

Trotz der Eigenverantwortlichkeit des Volljährigen können Eltern bei einem unverheirateten Kind bestimmen, in welcher Art und für welche Zeit im Voraus Unterhalt gewährt werden soll (§ 1612 II 1 BGB), insbesondere dass das Kind Naturalunterhalt im Elternhaus entgegenzunehmen hat. Dieses **Bestimmungsrecht** steht den Eltern gemeinsam zu, bei getrennt lebenden oder geschiedenen Eltern grundsätzlich demjenigen von ihnen, der von dem volljährigen Kind auf Unterhalt in Anspruch genommen wird. Genaueres → Rn. 32 ff., 41 f. **473**

Eigenes Einkommen, insbesondere eine Ausbildungsvergütung, wird nach Bereinigung um berufsbedingte Aufwendungen oder ausbildungsbedingten Mehrbedarf auf den Bedarf des volljährigen Kindes angerechnet (→ Rn. 490 ff.). Der Barunterhalt wird entsprechend gekürzt. Eine Anrechnung des Einkommens auf fortdauernde Versorgungsleistungen des Elternteils, bei dem das Kind lebt, ist überholt (→ Rn. 579). **474**

Nach Volljährigkeit kann das Kind den Unterhalt nicht mehr in dynamischer Form als Prozentsatz des Mindestunterhalts geltend machen (§ 1612a I 1 BGB; → Rn. 358 ff.). Auch das vereinfachte Verfahren nach § 249 FamFG steht ihm nicht zu Gebote.[5] **475**

---

[1] BGH FamRZ 2012, 1533; 2012, 530.
[2] BGH FamRZ 2002, 815 (817) = R 570b.
[3] BGH FamRZ 2002, 815 (817) = R 570b.
[4] BGH FamRZ 1988, 1039.
[5] OLG Brandenburg FamRZ 2002, 1346.

476 **Kindergeld** wird seit dem 1.1.2008 bei volljährigen Kindern auf den Unterhalt in voller Höhe bedarfsdeckend angerechnet (§ 1612b I 1 Nr. 2 BGB). Zur Situation bis zum 31.12.2007 → Rn. 497.

477 Der Unterhaltsanspruch des volljährigen Kindes kann ganz oder teilweise **verwirkt** werden, wenn das Kind durch sittliches Verschulden bedürftig geworden ist oder sich einer schweren Verfehlung gegenüber dem unterhaltspflichtigen Elternteil schuldig gemacht hat (§ 1611 I BGB). Genaueres → Rn. 601 ff.

478 Der Unterhaltsanspruch des minderjährigen und des volljährigen Kindes sind **identisch**. Die Besonderheiten, die für den Unterhalt Minderjähriger bestehen (→ Rn. 299 ff.), rechtfertigen es nicht, den Anspruch auf Volljährigenunterhalt als eigenständigen Anspruch aufzufassen.[6] Die unveränderte Fortdauer des die Unterhaltspflicht begründenden Verwandtschaftsverhältnisses über den Eintritt der Volljährigkeit hinaus unterscheidet den Verwandtenunterhalt grundsätzlich vom Ehegattenunterhalt, der für die Zeit vor und nach der Scheidung auf jeweils anderen Anspruchsgrundlagen beruht.

Dies hat zur Folge:

– **Unterhaltsbeschlüsse** und Vergleiche, die aus der Zeit der Minderjährigkeit des Kindes stammen, gelten über den Zeitpunkt der Vollendung der Volljährigkeit hinaus bis zu einer Abänderung fort.[7] Wird dagegen Unterhalt nicht mehr geschuldet, weil der Bedarf des volljährigen Kindes auf längere Zeit gedeckt ist, muss der Titel dahin abgeändert werden, dass die Unterhaltspflicht entfällt, selbst wenn nicht ausgeschlossen werden kann, dass später der Unterhaltsanspruch wieder auflebt.[8]

– War ein solcher Titel von einem Elternteil in **Prozessstandschaft** (Verfahrensstandschaft) für das Kind nach § 1629 BGB erwirkt worden, ist nach Eintritt der Volljährigkeit gemäß §§ 95 FamFG, § 727 ZPO eine Umschreibung des Titels auf den Volljährigen nötig.

– Wird das Kind während eines noch schwebenden Prozesses volljährig, kann es durch gewillkürten **Parteiwechsel** (Beteiligtenwechsel) an die Stelle des bisher antragstellenden, sorgeberechtigten Elternteils in das Verfahren eintreten;[9] war das Kind, gesetzlich vertreten durch den betreuenden Elternteil, nach der Scheidung selbst Beteiligter, fällt lediglich die gesetzliche Vertretung fort.

– Ein wirksamer Unterhaltstitel aus der Zeit der Minderjährigkeit kann nach Eintritt der Volljährigkeit nur im Weg des **Abänderungsantrags** (§§ 238, 239 FamFG) abgeändert werden. Ein Zahlungsantrag ist unzulässig.[10]

– Die Vollstreckungsgegenklage (Vollstreckungsabwehrantrag) gegen einen Unterhaltstitel, durch den einem minderjährigen Kind dynamischer Unterhalt im Sinne des § 1612a I BGB (→ Rn. 358 ff.) zuerkannt worden ist, kann nicht allein darauf gestützt werden, dass Minderjährigkeit nicht mehr bestehe (§ 244 FamFG).

479 Materiell **beginnt der Unterhalt des volljährigen Kindes** mit dem Tag der Volljährigkeit, nicht bereits am Ersten des laufenden Monats. Dies kann insbesondere bei Abänderungsanträgen wegen des höheren Regelbedarfs des Volljährigen nach den Tabellen und Leitlinien oder wegen geminderter Leistungsfähigkeit des Verpflichteten infolge des veränderten Selbstbehaltssatzes (angemessener Selbstbehalt von 1300,– EUR statt des notwendigen Selbstbehalts von 1080,– EUR bzw. 880,– EUR) eine Rolle spielen (→ Rn. 546 ff.). Der volle Monatsbetrag des infolge der Volljährigkeit höheren Unterhalts kann nicht verlangt werden, weil es insoweit an einer gesetzlichen Regelung fehlt. § 1612a I 3, III BGB, der das Aufsteigen in den Altersstufen betrifft, gilt nur für minderjährige Kinder, → Rn. 31, 308, 330. Die anteilige Berechnung erfolgt in der Weise, dass die monatliche Unterhaltsrente mit dem Kalendertag multipliziert und durch die Anzahl der Tage im Monat (zB 30 oder 31) dividiert wird.[11]

---

[6] BGH FamRZ 1994, 696; 1984, 682.
[7] BGH FamRZ 1983, 582; OLG Hamm FamRZ 1983, 208.
[8] OLG Koblenz FamRZ 1999, 677.
[9] BGH FamRZ 2013, 1378 (unter teilweiser Aufgabe seiner früheren Rechtsprechung).
[10] BGH FamRZ 1988, 1039; 1986, 153; 1984, 682; 1983, 582.
[11] BGH FamRZ 1988, 604.

6. Abschnitt: Der Unterhaltsanspruch volljähriger Kinder § 2

Unterhaltsansprüche volljähriger Kinder sind gegenüber den Unterhaltsansprüchen minderjähriger Kinder und des früheren sowie des jetzigen Ehegatten des Pflichtigen **nachrangig,** → Rn. 556 ff. Jedoch stehen privilegierte Kinder im Sinne des § 1603 II 2 BGB im Rang ihren minderjährigen (Halb-)Geschwistern und dem Ehegatten des Unterhaltsschuldners gleich (§ 1609 Nr. 1 BGB). im Einzelnen → Rn. 579 ff. **480**

II. Bedürftigkeit des volljährigen Kindes

1. Auswirkungen der Volljährigkeit auf die Bedürftigkeit

Mit Eintritt der Volljährigkeit wird das Kind voll geschäftsfähig. Die Eltern verlieren ihre gesetzliche Vertretungsbefugnis. Der Volljährige kann sein weiteres Leben eigenverantwortlich selbst gestalten und entsprechende Entscheidungen **rechtlich selbstständig** treffen.[12] Er kann zB seinen Beruf oder eine entsprechende Berufsausbildung, insbesondere das Studienfach,[13] selbst wählen, ggf. auch gegen den Willen seiner Eltern; → Rn. 72. **481**

Trotz der rechtlichen Selbstständigkeit bleibt der Volljährige **wirtschaftlich noch von seinen Eltern** abhängig, solange er sich noch in einer Ausbildung befindet oder nach Ende der Berufsausbildung aus sonstigen Gründen unterhaltsbedürftig ist. Er hat während dieser Zeit noch keine eigene originäre Lebensstellung. Seine Lebensstellung im Sinn des § 1610 I BGB ist wegen der wirtschaftlichen Abhängigkeit noch von der seiner Eltern abgeleitet und richtet sich deshalb nach den wirtschaftlichen Verhältnissen seiner Eltern.[14] Deshalb hat er nach dem **Gegenseitigkeitsprinzip** bei seinen Entscheidungen auf die wirtschaftlichen Verhältnisse seiner Eltern Rücksicht zu nehmen. Er ist verpflichtet, seine Lebensplanung so zu gestalten, dass er möglichst bald von seinen Eltern auch wirtschaftlich unabhängig wird.[15] → Rn. 72, 77. **482**

Daraus ergeben sich für den Volljährigen folgende wichtige Verpflichtungen: **483**

- Das volljährige Kind muss seine Ausbildung **zielstrebig,** intensiv und mit Fleiß betreiben und sie innerhalb angemessener und üblicher Dauer beenden.[16] Genaueres → Rn. 72 ff., 77 ff. Die Eltern haben insoweit nach dem Gegenseitigkeitsprinzip **Kontrollrechte** (→ Rn. 90). Verletzt der Volljährige seine Obliegenheit, der Ausbildung pflichtbewusst und zielstrebig nachzugehen, muss er sich darauf verweisen lassen, seinen Lebensbedarf durch eigene Erwerbstätigkeit selbst zu verdienen. Allein die darin liegende Verletzung des Gegenseitigkeitsprinzips führt zum Wegfall des Unterhaltsanspruchs, ohne dass die Voraussetzungen der Verwirkung (§ 1611 BGB; → Rn. 601 ff.) vorliegen müssten.[17]
- Der Volljährige muss bei seinen die Ausbildung betreffenden Entscheidungen auf die finanziellen Verhältnisse seiner Eltern **Rücksicht** nehmen. Bei nachhaltiger Verschlechterung der wirtschaftlichen Verhältnisse der Eltern muss er sich, wenn nicht die staatliche Ausbildungsförderung eingreift[18], auf eine weniger kostspielige Ausbildung oder auf einen weniger kostspieligen Ausbildungsort verweisen lassen (→ Rn. 73). Nach einer abgeschlossenen Ausbildung sind Eltern in der Regel zur Finanzierung einer Zweitausbildung nicht mehr verpflichtet.[19] Dieser Grundsatz hat allerdings zahlreiche Ausnahmen (im Einzelnen → Rn. 91 ff., 97 ff.). Er hat überdies durch die Rechtsprechung des BGH[20] zur einheitlichen Ausbildung Abitur – Lehre – Studium (→ Rn. 99 ff.) einen großen Teil seiner Bedeutung verloren. Zum Ausbildungsunterhalt im Einzelnen → Rn. 68 ff.

---

[12] BGH FamRZ 1998, 671.
[13] BGH FamRZ 1996, 798.
[14] BGH FamRZ 1987, 58; 1986, 151.
[15] BGH FamRZ 2006, 1100.
[16] BGH FamRZ 2001, 757 = R 557a; 1998, 671.
[17] BGH FamRZ 2001, 757 = R 557a; 1998, 671.
[18] Vgl. auch BGH FamRZ 2013, 1644.
[19] BGH FamRZ 2000, 420; 2006, 1100.
[20] FamRZ 1989, 853.

484 Bereits das minderjährige Kind, das nicht die Schule besucht und sich auch keiner Berufsausbildung unterzieht, kann auf eine eigene Erwerbstätigkeit verwiesen werden (→ Rn. 55).[21] Die Obliegenheit zur eigenverantwortlichen Sicherung des Lebensunterhalts trifft den Volljährigen stärker als das minderjährige Kind. Ein **Volljähriger,** der sich **nicht in einer berechtigten Ausbildung** befindet, zB den Schulbesuch einstellt[22] oder nach Ausbildungsabschluss arbeitslos ist, muss primär für seinen Lebensunterhalt selbst aufkommen und dazu verstärkt seine eigene Arbeitsfähigkeit einsetzen. Er muss, wenn er gesundheitlich dazu in der Lage ist, jede Arbeit annehmen, auch berufsfremde Tätigkeiten und Arbeiten unterhalb seiner gewohnten Lebensstellung. Für die Nutzung seiner Arbeitskraft gelten ähnliche Maßstäbe wie für die Haftung der Eltern gegenüber minderjährigen Kindern.[23] Kommt der Volljährige dieser Erwerbsobliegenheit nicht nach, entfällt seine Bedürftigkeit in Höhe eines erzielbaren Erwerbseinkommens, → Rn. 57.

Zur Bedarfsbemessung, wenn der Volljährige nach diesen Maßstäben, zB wegen Krankheit, unterhaltsberechtigt ist, → Rn. 534 f.

485 Diese Grundsätze gelten auch für das privilegiert volljährige Kind im Sinne des § 1603 II 2 BGB. Dieses Kind steht nur hinsichtlich der verschärften Unterhaltspflicht der Eltern (§ 1603 II 2 BGB) und hinsichtlich des Ranges (§ 1609 I 1, II BGB) einem minderjährigen Kind gleich. Gibt ein solches Kind den Schulbesuch auf, so entfällt die Privilegierung; unverschuldete Unterbrechungen der Schulausbildung, zB durch Krankheit, sind dagegen unschädlich. im Einzelnen → Rn. 579 ff., 588.

2. Unterhalt bei Wehr- oder Ersatzdienst, freiwilligem sozialem Jahr

486 Die allgemeine Wehrpflicht ist derzeit wie der ersatzweise Zivildienst „ausgesetzt"[24] und wird voraussichtlich – in Friedenszeiten – nicht wieder aufgenommen.[25] Die hierzu ergangene Rechtsprechung hat aber für Übergangsfälle weiterhin Bedeutung. Außerdem können in anderen Fällen staatlicher Fürsorge in besonderen Statusverhältnissen (etwa bei Strafhaft) Anleihen genommen werden. An die Stelle der Wehrpflicht ist ein **freiwilliger Wehrdienst für Frauen und Männer** getreten, der nach § 58b SG aus sechs Monaten Probezeit und bis zu 17 Monaten anschließendem zusätzlichen Wehrdienst besteht. Auf den Freiwilligen Wehrdienst sind nach § 58f SG die Regelungen, die an die Ableistung des Grundwehrdienstes (§ 5 WpflG) oder des freiwilligen zusätzlichen Wehrdienstes im Anschluss an den Grundwehrdienst (§ 6b WpflG) anknüpfen, entsprechend anzuwenden.

Die folgenden Grundsätze, die zur allgemeinen Wehrpflicht entwickelt worden sind, können daher für den freiwilligen Wehrdienst herangezogen werden.

Ein **Wehrpflichtiger,** der den Grundwehrdienst ableistete, war in der Regel nicht unterhaltsbedürftig. Der BGH[26] hat zu Recht darauf hingewiesen, dass die Kaserne zuletzt nicht mehr wie früher der Lebensmittelpunkt der Wehrpflichtigen war, sondern dass die jungen Soldaten sie häufig nach Dienstschluss verließen und im Elternhaus übernachteten („Heimschläfer") oder jedenfalls am Wochenende nach Hause fuhren. Gleichwohl wurde der **Bedarf** des wehrpflichtigen Soldaten durch die Zuwendungen der Bundeswehr **in der Regel gedeckt.** Der Wehrpflichtige erhielt freie Unterkunft und Verpflegung. Er hatte Anspruch auf kostenlose Heilfürsorge. Die Dienstkleidung wurde ihm gestellt. Die Kleidung wurde gereinigt und instand gesetzt. Er hatte Anspruch auf freie Wochenendheimfahrten. Für die Tage, an denen der Soldat von der Gemeinschaftsverpflegung befreit war, wurde ihm ein Verpflegungsgeld gewährt. Für die Dauer des Erholungsurlaubs erhielt er den doppelten Satz des Verpflegungsgeldes. Auch der Sohn gut verdienender oder vermögender Eltern hatte daneben grundsätzlich keinen Anspruch auf ergänzenden Unterhalt.

---

[21] OLG Düsseldorf FamRZ 2000, 442; 1990, 194; OLG Köln FuR 2005, 570.
[22] OLG Karlsruhe FamRZ 1992, 1217.
[23] BGH FamRZ 1987, 930 (932); 1985, 1245.
[24] Gesetz zur Änderung wehrrechtlicher Vorschriften vom 28.4.2011, BGBl. I S. 678. Vgl. BeckOK GG/Schmidt-Radefeldt Art. 12a Rn. 7.
[25] Vgl. BeckOK GG/Schmidt-Radefeldt Art. 12a Rn. 7.
[26] FamRZ 1990, 394.

Ihm standen durch den Wehrsold zur Befriedigung des verbleibenden Bedarfs für Freizeitgestaltung, Zivilkleidung und zusätzliche Reisekosten bereits Mittel zur Verfügung, wie sie ein auswärts studierendes Kind, das monatlich in der Regel 735,– EUR erhält (→ Rn. 509), schwerlich für derartige Zwecke erübrigen kann.

Andererseits konnte im Einzelfall ein **besonderer Unterhaltsbedarf** bestehen, den der Wehrpflichtige aus den Mitteln, die ihm von der Bundeswehr zufließen, nicht befriedigen konnte. Derartiges konnte in Betracht kommen, wenn die Eltern dem Sohn vor dem Wehrdienst die Eingehung von nicht unbedeutenden, wiederkehrenden Verpflichtungen ermöglicht hatten (zB den Bezug von periodisch erscheinenden Veröffentlichungen, die Mitgliedschaft in einem Sportverein, Musikunterricht oÄ) und eine Beendigung der Verpflichtung nicht möglich, wirtschaftlich unvernünftig oder unzumutbar gewesen wäre, so dass der Wehrpflichtige die insoweit anfallenden erheblichen Kosten weiter zu tragen hatte. Voraussetzung eines solchen Anspruchs war aber, dass der Wehrpflichtige die besonderen Umstände, auf denen sein Mehrbedarf beruhte, konkret vortrug und bei Bestreiten nachwies.[27] 487

Während des **Ersatzdienstes** galten dieselben Grundsätze,[28] da auf den Dienstpflichtigen in Fragen der Fürsorge und der Heilfürsorge, der Geld- und Sachbezüge, der Reisekosten und des Urlaubs die Bestimmungen Anwendung finden, die für einen Soldaten des untersten Mannschaftsdienstgrades galten (§ 35 I ZDG). Auch dem Zivildienstleistenden stand der Sold zur Befriedigung des Freizeitbedarfs zur Verfügung; seine elementaren Lebensbedürfnisse (Verpflegung, Wohnung, eventuelle Dienstkleidung sowie Heilfürsorge) waren durch Leistungen des Bundes gedeckt. Anders konnte es jedoch sein, wenn der Ersatzdienstleistende nicht in einer dienstlichen Unterkunft, sondern weiterhin bei einem Elternteil wohnt. Für diesen Fall stand ihm eine Mietbeihilfe nicht zu. Der Dienstpflichtige war grundsätzlich nicht gehalten, sich um die Einberufung zu einer Dienststelle zu bemühen, die eine dienstliche Unterkunft gewährte. Daher war der Unterhaltsschuldner verpflichtet, die anteiligen Kosten der Wohnung des Dienstpflichtigen zu tragen. Der Umstand, dass der Elternteil, bei dem das Kind lebte, von diesem keinen Beitrag zu den Wohnkosten verlangte, entlastete den Unterhaltspflichtigen nicht, da die kostenlose Wohnungsgewährung ihm als freiwillige Leistung eines Dritten nicht zugute kommen durfte.[29] → Rn. 121 ff. 488

Ein **freiwilliges soziales oder ökologisches Jahr** (nunmehr **Jugendfreiwilligendienst** nach dem Gesetz zur Förderung von Jugendfreiwilligendiensten – JFDG – vom 16.5.2008 BGBl. I S. 842[30]) steht schon wegen seiner Freiwilligkeit dem (ehemaligen) allgemeinen Wehr- oder Ersatzdienst nicht gleich. Wenn die soziale Tätigkeit nicht als Voraussetzung für eine andere Ausbildung (zB zum Altenpfleger) gefordert wird, kann es unterhaltsrechtlich nicht als Ausbildung anerkannt werden.[31] Schon deshalb kann das volljährige Kind während dieses Jahres in der Regel keinen Unterhalt verlangen (→ Rn. 57). Zudem ist sein Bedarf wie (ehemals) beim Zivildienstleistenden in der Regel durch Unterkunft und Verpflegung, Taschengeld und Sozialversicherung gedeckt.[32] 489

3. Anrechnung von Einkommen, Vermögen und Kindergeld

Grundsätzlich ist Einkommen jeglicher Art (→ Rn. 107 f.) auf den Unterhalt des volljährigen Kindes anzurechnen. Dies gilt vor allem für Ausbildungsvergütungen (→ Rn. 112 ff.) und BAföG-Leistungen, auch soweit sie darlehensweise gewährt werden.[33] 490

---

[27] FamRZ 1990, 394.
[28] BGH FamRZ 1994, 303.
[29] BGH FamRZ 2006, 99; 1994, 303.
[30] Zuletzt geändert durch Gesetz vom 20.12.2011 BGBl. I S. 2854.
[31] OLG Naumburg FamRZ 2008, 86; vgl. BFH FamRZ 2015, 578; BFH DStRE 2014, 915; a. A. OLG Celle FamRZ 2012, 995; OLG Hamm FamRZ 2015, 1200 (VKH-Entscheidung); vgl. auch BGH FamRZ 2013, 1214.
[32] Vgl. OLG München – 12 VF 1289/01, BeckRS 2001, 15075.
[33] BGH FamRZ 1989, 499.

491 Auch ein volljähriger Schüler oder Student ist zu einer **Erwerbstätigkeit** neben dem Schulbesuch oder dem Studium nicht verpflichtet.[34] Gleichwohl erzieltes **Einkommen** stammt **aus überobligationsmäßiger Tätigkeit.** Es ist entsprechend § 1577 II 1 BGB nicht anrechenbar, wenn das Kind nicht den vollen Unterhalt erhält, darüber hinaus nur nach Billigkeit (§ 1577 II 2 BGB).[35] Dies gilt auch für ein privilegiert volljähriges Kind im Sinne des § 1603 II 2 BGB, → Rn. 109, 579 ff., 589.

492 Alle Einkünfte aus Erwerbstätigkeit sind vor ihrer Anrechnung um **berufsbedingte Aufwendungen** (→ § 1 Rn. 122 ff.) zu bereinigen; eine Ausbildungsvergütung ist um ausbildungsbedingten Mehrbedarf (→ Rn. 114 ff., Rn. 517) zu kürzen.

493 Das bereinigte Einkommen des Volljährigen mindert in voller Höhe dessen Bedürftigkeit und damit den Unterhaltsanspruch. Es ist **auf den Bedarf anzurechnen,**[36] nicht auf den Betrag, den der Schuldner leisten kann (→ Rn. 259). Da die Eltern volljährigen Kindern keine Betreuung mehr schulden (→ Rn. 26, 472), entfällt auch die bei Minderjährigen im Regelfall notwendige hälftige Anrechnung des Einkommens auf den Bar- und den Betreuungsunterhalt gemäß § 1606 III 2 BGB. Die gegenteilige Praxis einer nur anteiligen Anrechnung der Ausbildungsvergütung hat der BGH nicht gebilligt.[37] Vom nicht barunterhaltsleistenden Elternteil gleichwohl erbrachte Betreuungsleistungen sind freiwillige Leistungen, die unterhaltsrechtlich unberücksichtigt bleiben müssen, zumal der Wohnbedarf des Kindes bereits mit dem Barunterhalt nach der 4. Altersstufe der Düsseldorfer Tabelle gedeckt wird.[38] Zu Übergangsfällen in der ersten Zeit nach Volljährigkeit → Rn. 579 ff.; zur Anrechnung von Einkünften eines privilegiert volljährigen Kindes → Rn. 491, 589.

494 Grundsätzlich sind bei Volljährigen, auch bei volljährigen Kindern im Sinne des § 1603 II 2 BGB (→ Rn. 579 ff., 594 ff.), beide Eltern im Rahmen ihrer Leistungsfähigkeit barunterhaltspflichtig. Sie haften nach § 1606 III 1 BGB **anteilig** nach ihren Erwerbs- und Vermögensverhältnissen für **den Restbedarf,** also den Teil des Bedarfs, der nicht durch eigenes Einkommen des Berechtigten gedeckt ist und dem Kind als Unterhalt geschuldet wird.[39] Auf diese Weise werden die Eltern durch das Kindeseinkommen entsprechend ihrem Haftungsanteil entlastet.

495 Ist nur ein Elternteil barunterhaltspflichtig, weil der andere Elternteil nicht leistungsfähig ist, so schuldet der barunterhaltspflichtige Elternteil allein den Kindesunterhalt in Höhe des Restbedarfs. Einkommen des Kindes ist auch nicht teilweise zugunsten des nichtunterhaltspflichtigen Elternteils zu verrechnen, weil dieser weder Bar- noch Betreuungsunterhalt schuldet und leistet. Soweit er **freiwillig Naturalleistungen** erbringt, zählen diese **nicht als Einkommen** des Kindes, weil er nach der Lebenserfahrung mit seinen Leistungen nicht den anderen Elternteil von dessen Unterhaltsverpflichtung entlasten will.[40] Im Einzelnen → Rn. 121 ff.

496 **Vermögen** des Kindes mindert ggf. den Unterhaltsanspruch. Im Einzelnen → Rn. 133.

497 **Kindergeld** ist nach der durch das Unterhaltsrechtänderungsgesetz 2007 geänderten Systematik gemäß § 1612b I BGB bedarfsdeckend anzurechnen. Es wird daher wie Einkommen des Kindes behandelt.[41]

Schon auf Grund der **bis zum 31.12.2007 geltenden Regelung** in § 1612b I BGB (aF), wonach das auf das Kind entfallende **Kindergeld zur Hälfte** auf den Unterhaltsanspruch anzurechnen war, wenn es an den anderen Elternteil ausgezahlt wurde, war bereits nach der zuletzt ergangenen Rechtsprechung des BGH[42] eine Einschränkung

---

[34] OLG Brandenburg – 10 UF 161/10, BeckRS 2011, 02245.
[35] BGH FamRZ 1995, 475 (477).
[36] BGH FamRZ 2006, 99; vgl. BGH FamRZ 2009, 1300; 2009, 1477 (jeweils zur Kindergeldanrechnung als Vorfrage beim Ehegattenunterhalt).
[37] BGH FamRZ 2006, 99; zur Verrechnung beim Minderjährigenunterhalt → Rn. 118.
[38] BGH FamRZ 2006, 99; → Rn. 326.
[39] BGH FamRZ 2002, 815 = R 570b; 1988, 159 (161); 1985, 917 (919).
[40] BGH FamRZ 1995, 537 ff.; 1988, 159 (161); 1986, 151.
[41] BGH FamRZ 2009, 1300; 2009, 1477 (jeweils zur Kindergeldanrechnung als Vorfrage beim Ehegattenunterhalt); Dose FamRZ 2007, 2007 (1829); Scholz FamRZ 2007, 2021 (2024); Klinkhammer FamRZ 2008, 193.
[42] BGH FamRZ 2006, 99.

geboten, entsprechend der Zweckbestimmung des Kindergelds, die in der Erleichterung der Unterhaltslast bestand. Zumal der Barunterhaltspflichtige dem volljährigen Kind über den Bedarfssatz nach der Düsseldorfer Tabelle den gesamten Unterhalt zuwendet, sollte ihm schon nach bisheriger Rechtslage auch die Entlastung durch das Kindergeld in vollem Umfang zugute kommen.

Naturalleistungen, die der andere Elternteil an das volljährige Kind erbringt, kann sich der Elternteil vergüten lassen (etwa durch Verrechnung mit dem Anspruch auf Auskehrung des Kindergelds). Das gilt und galt schon vor dem 1.1.2008 auch für **privilegierte Volljährige.** Nach dem BGH macht es keinen Unterschied, ob ein volljähriges unverheiratetes Kind bis zum 21. Lebensjahr noch eine allgemeine Schulausbildung absolviert und deswegen nach § 1603 II 2 BGB privilegiert ist, oder ob ein volljähriges unterhaltsberechtigtes Kind während der Ausbildung eine eigene Wohnung unterhält. Denn auch in diesen Fällen soll das Kindergeld nur den allein barunterhaltspflichtigen Elternteil entlasten.[43]

Beispiel:
Bereinigtes Nettoeinkommen des Vaters (V): 2200 EUR. Ausbildungsvergütung des Kindes (K): 300 EUR zuzüglich 40 EUR Fahrtkostenerstattung. Das volljährige Kind (K) lebt bei der Mutter, die das Kindergeld von 204 EUR bezieht. Die Mutter hat kein Einkommen. Keine weiteren Unterhaltspflichten.
Der Bedarf des Kindes richtet sich hier allein nach dem Einkommen des V und beträgt nach DT (2019) 3/4: 580,– EUR (Höherstufung um eine Gruppe wegen unterdurchschnittlicher Unterhaltslast, weil V allein verpflichtet ist, → Rn. 522).
Anrechenbares Einkommen des Kindes: 300 + 40 − 90 (Pauschale nach Anm. A.8 der DT) = 250,– EUR
Berechnung des Unterhalts: 580 − 250 − 204 (Kindergeld) = 126,– EUR (Unterhaltsanspruch).

Volljährige Kinder, die auf Dauer voll erwerbsgemindert sind (§ 43 II SGB VI), haben seit dem 1.1.2003 bei Bedürftigkeit Anspruch auf **Grundsicherung bei Erwerbsminderung** (§§ 41 ff. SGB XII, bis 31.12.2004: GSiG[44]) (Leistungen der Grundsicherung sind unter den Voraussetzungen des § 43 II 1 SGB XII (bis 31.12.2004: § 2 I 3 GSiG) auf den Unterhaltsbedarf eines Leistungsempfängers anzurechnen. Unterhaltsleistungen mindern – anders als bloße Unterhaltsansprüche – nach dem **BGH** allerdings den Anspruch auf Grundsicherungsleistungen.[45] Das **BSG** geht darüber hinaus und sieht auch (Natural-) Unterhaltsleistungen bei grundsätzlicher Subsidiarität nicht als Hinderungsgrund für die Bewilligung der Grundsicherung an.[46] Im Einzelnen → § 8 Rn. 135 ff.

III. Bedarf des volljährigen Kindes

1. Lebensbedarf und Bedarfsbemessung

a) Sicherstellung des Bedarfs. Der Unterhalt Volljähriger umfasst – wie der Unterhalt Minderjähriger – grundsätzlich den gesamten Lebensbedarf einschließlich der Kosten für eine Berufsausbildung (§ 1610 II BGB). Zu diesem Lebensbedarf zählen im Wesentlichen alle Aufwendungen für Wohnung, Verpflegung, Kleidung, Körperpflege, Taschengeld, Ausbildung, Freizeitgestaltung und Erholung (→ Rn. 16). Zum Bedarf des volljährigen Kindes, soweit es noch keine eigene Lebensstellung innehat, gehört auch der Prozesskosten-/Verfahrenskostenvorschuss.[47]

Erziehungs- und Betreuungsleistungen werden von den Eltern seit Eintritt der Volljährigkeit nicht mehr geschuldet.[48] → Rn. 26, 472. Auch bei privilegiert volljährigen

---
[43] BGH FamRZ 2006, 99.
[44] S. dazu Klinkhammer FamRZ 2002, 997; FamRZ 2003, 1793.
[45] BGH FamRZ 2007, 1158 mwN; vgl. auch OLG Brandenburg FPR 2004, 474 (Ls.).
[46] BSG HFR 2008, 74 Rn. 32 f.
[47] BGH FamRZ 2005, 883.
[48] BGH FamRZ 2002, 815 (817) = R 570b; 1994, 696 (698); vgl. auch BGH FamRZ 1988, 159 (162).

Kindern im Sine des § 1603 II 2 BGB, die noch im Haushalt der Eltern oder eines Elternteils wohnen, findet eine Betreuung im Rechtssinne nicht mehr statt, → Rn. 579 ff. Ist ein volljähriges **Kind** noch betreuungsbedürftig, zB weil es geistig oder körperlich **behindert** ist, müssen die Eltern die Kosten der Pflege und der Betreuung grundsätzlich in Form einer Geldrente zur Verfügung stellen (§ 1612 I 1 BGB). Bei einem unverheirateten Kind können sie allerdings bestimmen, dass es den Unterhalt weiterhin in Natur, zB im Haushalt der Eltern oder eines Elternteils, entgegenzunehmen hat (§ 1612 II 1 BGB). Dann müssen sie aber den gesamten Lebensunterhalt, insbesondere auch die Pflege, durch eigene Arbeit oder durch den Einsatz Verwandter oder berufsmäßiger Pflegekräfte sicherstellen. Einzelheiten zum Bestimmungsrecht der Eltern → Rn. 32 ff., zum Bedarf des volljährigen behinderten Kindes → Rn. 534.

501 **b) Bedarfsbemessung nach Tabellen und Leitlinien.** Im Regelfall wird der Gesamtbedarf des Volljährigen mit pauschalierten Regelbedarfssätzen bemessen, die sich für den Ausbildungsunterhalt aus Tabellen oder Leitlinien ergeben (→ Rn. 503 f., 508 ff., 518 ff.). In Durchschnittsfällen sind die Leitlinien und die Unterhaltstabellen der Oberlandesgerichte ein anerkanntes **Hilfsmittel für eine Bedarfsbemessung**. Mit dem Tabellenunterhalt muss der Volljährige selbstverantwortlich seinen gesamten Lebensbedarf, auch den Wohnbedarf, bestreiten. Er muss mit diesen Mitteln auskommen. Die Unterhaltspauschalierung vermeidet aus praktischen Gründen im Allgemeinen die Berücksichtigung von bedarfserhöhenden oder bedarfsmindernden Einzelumständen.[49] Näheres → Rn. 218 f.

502 Abweichend hiervon kann bei Vorliegen besonderer Umstände, vor allem bei günstigen Einkommens- und Vermögensverhältnissen der Eltern und bei Heimunterbringung des Kindes, im Einzelfall der **Bedarf** auch **konkret** ermittelt werden nach den notwendigen Aufwendungen für konkrete Einzelpositionen des Gesamtbedarfs, → Rn. 226, 531 ff.

503 Die **Düsseldorfer Tabelle** unterscheidet bei der Bedarfsbemessung
– zwischen **Volljährigen**, die noch **im Haushalt** der Eltern oder **eines Elternteils** leben,
– und Studierenden sowie **Kindern mit eigenem Haushalt**.

Bei im Haushalt der Eltern oder eines Elternteils lebenden volljährigen Kindern wird der Unterhalt **einkommensabhängig** in der Weise ermittelt, dass der Bedarf der **4. Altersstufe** der Tabelle Kindesunterhalt entnommen wird (vgl. Anm. A 7 I der Düsseldorfer Tabelle). Die Richtsätze dieser Altersstufe entsprachen – von Rundungsdifferenzen abgesehen – lange Zeit den Tabellenbeträgen der 3. Altersstufe, erhöht um die Differenz zu den Beträgen der 2. Altersstufe.[50] Davon hat sich die Düsseldorfer Tabelle allerdings neuerdings ohne erkennbare abweichende Systematik abgewendet und die Beträge der 4. Altersstufe unverändert gelassen → Rn. 322. Die Unterhaltsbemessung gilt auch für privilegiert volljährige Kinder im Sinne des § 1603 II 2 BGB (→ Rn. 519, 579 ff.). Einzelheiten und Beispiele → Rn. 518 ff. Eine Besonderheit enthalten die Leitlinien des OLG Frankfurt a. M. (2014), die bei einem Kind mit eigenem Einkommen einen Mindestbedarf von 560 EUR vorsehen (Nr. 13.1.1).

504 Bei **Studierenden** und **volljährigen Kindern mit eigenem Haushalt** wird der angemessene Gesamtunterhaltsbedarf in der Regel mit einem Festbetrag von 735,- EUR angesetzt. Einzelheiten → Rn. 508 ff.

Der Düsseldorfer Tabelle folgen die meisten Oberlandesgerichte des Bundesgebiets, → Rn. 508 ff., 518 ff.

505 Der **BGH** geht ebenfalls davon aus, dass der Unterhalt eines Volljährigen, der noch bei einem Elternteil wohnt, entsprechend dem zusammengerechneten Einkommen der Eltern nach der Düsseldorfer Tabelle zu bestimmen ist.[51] Er hat bereits vor Jahren eine Berechnung des Unterhalts des bei einem Elternteil lebenden volljährigen Kindes nach dem zusammengerechneten Einkommen ausdrücklich gebilligt.[52] Demgegenüber hat er die Bemessung des Bedarfs mit einem Festbetrag von 950,- DM nach der Düsseldorfer Tabelle Stand 1.7.1992 Anm. 7 II (→ Rn. 515) bei einem volljährigen behinderten Kind, das im

---

[49] BGH FamRZ 1984, 470 (472).
[50] Scholz FamRZ 2001, 1045 (1047), Soyka FamRZ 2003, 1154; Klinkhammer FamRZ 2008, 193.
[51] BGH FamRZ 2006, 99 (100); vgl. BGH FamRZ 2017, 437.
[52] BGH FamRZ 1994, 696; 1986, 151.

6. Abschnitt: Der Unterhaltsanspruch volljähriger Kinder § 2

selben Haus wie seine Eltern, jedoch in der Wohnung seiner Schwester lebt und von der Mutter betreut wird, beanstandet und eine einkommensabhängige Unterhaltsbemessung verlangt.[53]

Für den Studenten, der einen eigenen Haushalt unterhält, hat der BGH einen festen Regelbedarfssatz für unbedenklich gehalten.[54] M. E. ermöglicht die von den meisten Oberlandesgerichten angewandte Methode, den Unterhalt des im Haushalt eines Elternteils lebenden volljährigen Kindes einkommensabhängig nach der Düsseldorfer Tabelle zu bestimmen (→ Rn. 518 ff.), dagegen bei Kindern, die das Elternhaus bereits verlassen haben, grundsätzlich von einem einheitlichen Regelbedarfssatz auszugehen (→ Rn. 508 ff.), in der Regel eine zutreffende Bemessung des Unterhalts. Man darf jedoch nicht unberücksichtigt lassen, dass auch der Unterhalt eines volljährigen Kindes mit eigenem Haushalt weiter von der Lebensstellung der Eltern abhängt und daher eine Erhöhung des Regelsatzes von 670,– EUR bei guten Einkommensverhältnissen der Eltern möglich ist (→ Rn. 514).[55]

Die Regelbedarfssätze und die Tabellensätze gelten nur für den Durchschnittsfall. Bei Vorliegen besonderer Umstände kann von ihnen nach oben und unten abgewichen werden. Das gewonnene Ergebnis ist – wie stets bei der Anwendung von Tabellen und Leitlinien – **auf die Angemessenheit zu überprüfen.**[56] → Rn. 218. Macht der Volljährige einen höheren Bedarf geltend, muss er – wie ein Minderjähriger (→ Rn. 342) – **darlegen und nachweisen,** worin der erhöhte Bedarf besteht und welche Mittel zur Bedarfsdeckung im Einzelnen erforderlich sind.[57] Hält dagegen der Verpflichtete den sich aus den Tabellen und Leitlinien ergebenden Bedarf für überhöht, muss er dartun und ggf. beweisen, auf Grund welcher besonderen Umstände ein niedrigerer Bedarf gerechtfertigt ist. **506**

Frühere Schwierigkeiten, wenn das Kind in dem einen, die Eltern oder ein Elternteil in einem anderen OLG-Bezirk wohnen und die Leitlinien der Oberlandesgerichte verschiedene Sätze für den Bedarf und die Leistungsfähigkeit vorsehen, sind seit dem 1.1.2008 auf Grund der Unterhaltsreform 2007 weitgehend entfallen. Hinsichtlich der Differenzen zwischen den alten und den neuen Bundesländern kann auf die 6. Auflage verwiesen werden (→ Rn. 212a ff.). **507**

2. Bedarf von Studenten und Kindern mit eigenem Haushalt

Wohnt der Volljährige nicht bei einem Elternteil, wenden alle Oberlandesgerichte feste Bedarfssätze an. **508**

a) Bei **Studierenden,** die nicht bei einem Elternteil leben und einen eigenen Haushalt führen (zu sonstigen Kindern mit eigenem Haushalt → Rn. 515 ff.), beträgt der Gesamtunterhaltsbedarf nach der Düsseldorfer Tabelle (Anm. A 7 II) seit dem 1.1.2016 in der Regel **735,– EUR**, vom 1.1.2011 bis 31.12.2015 belief er sich auf 670,– EUR, vom 1.7.2005 bis 31.12.2010 auf 640,– EUR. Dem folgen, soweit ersichtlich, alle Oberlandesgerichte des alten Bundesgebiets (vgl. Nr. 13.1.2 der Leitlinien). **509**

Die für das Beitrittsgebiet zuständigen Oberlandesgerichte gehen auf Grund der Unterhaltsreform 2007 seit dem 1.1.2008 von den gleichen Richtsätzen aus. Wegen abweichender früherer Richtsätze, die für die Vergangenheit weiter anzuwenden sind, wird auf die 6. Auflage und die bis 2007 vorgenommenen Änderungen verwiesen. **510**

Der Richtsatz von 735,– EUR stimmt derzeit (Frühjahr 2019) mit dem Höchstsatz der Leistungen nach dem BAföG überein, der allerdings anders strukturiert ist (→ Rn. 228; im Einzelnen → § 8 Rn. 279 ff.). Ob und inwiefern die Erhöhung des BAföG-Höchstsatzes von 735,– EUR auf 861,– EUR (ab 2020) auch von der Düsseldorfer Tabelle über- **511**

---

[53] BGH FamRZ 1997, 281 (283 f.).
[54] BGH FamRZ 1985, 916.
[55] Vgl. BGH FamRZ 1997, 281 (283 f.); 1985, 916.
[56] BGH FamRZ 2000, 1492; 2000, 358.
[57] BGH FamRZ 2000, 358.

nommen wird, ist derzeit noch offen. Der Betrag von 735,– EUR **deckt** den **gesamten Bedarf** des Studenten ab, also vor allem Verpflegung, Wohnen, Fachliteratur, Fahrten am Studienort und Heimfahrten zu den Eltern oder einem Elternteil (aber → Rn. 517). Beiträge zur Krankenversicherung und Pflegeversicherung sind darin nicht enthalten, auch nicht die in den vergangenen Jahren neu eingeführten **Studiengebühren** (Anm. A.9 zur Düsseldorfer Tabelle).

512 Die Kosten einer **Krankenversicherung** und Pflegeversicherung sind zusätzlich zum Regelsatz von 735,– EUR zu zahlen, wenn das Kind nicht in der Familienversicherung eines Elternteils beitragsfrei mitversichert ist. Diese Mitversicherung ist in der gesetzlichen Krankenversicherung und Pflegeversicherung bis zum vollendeten 25. Lebensjahr des Kindes möglich, wenn es sich in Schul- oder Berufsausbildung befindet oder ein freiwilliges soziales oder ökologisches Jahr (→ Rn. 489) leistet (§ 10 II Nr. 3 SGB V, § 25 II Nr. 3 SGB XI). Die private Krankenversicherung, die Selbstständige, Richter, Beamte und Soldaten abschließen müssen, bietet in aller Regel keine beitragsfreie Mitversicherung von Kindern an. Dass der Unterhaltspflichtige auch die Krankenversicherung des Kindes – ggf. durch Zahlung eines zusätzlichen Beitrags neben dem Richtsatz der Tabellen – sicherzustellen hat, wird von der Düsseldorfer Tabelle (Anm. A 9) und den meisten Leitlinien (13.2) anerkannt.

513 **Wohnkosten** sind Teil des Regelbedarfs. Sie werden von der Düsseldorfer Tabelle (Anm. A.7) und den meisten Leitlinien der Oberlandesgerichte (Stand 2019) ausgewiesen und betragen insoweit einheitlich **300 EUR**. Nicht ausgewiesen ist der Wohnkostenanteil in den Leitlinien der Oberlandesgerichte Celle, Oldenburg, Koblenz, Rostock und des Kammergerichts Berlin (Stand 2019).

514 Der Richtsatz für das studierende Kind mit eigenem Haushalt kann bei **guten Einkommensverhältnissen der Eltern erhöht** werden (→ Rn. 226 ff.). Dies ist insbesondere angezeigt, wenn das Kind nach der Tabelle einen höheren Unterhalt als 735,– EUR erhalten würde, falls es noch im elterlichen Haushalt lebte. Das ist nach der Düsseldorfer Tabelle 2019 der Fall bei einem zusammengerechneten Einkommen der Eltern ab 4301,– EUR, wonach sich ein Tabellenbetrag von 759,– EUR ergibt.

Das volljährige Kind mit eigenem Haushalt hat im Zweifel höhere Wohnkosten.[58] → Rn. 228. Die meisten Leitlinien lassen deshalb eine angemessene Erhöhung des Studentenunterhalts oder jedenfalls eine Abweichung vom Richtsatz von 735,– EUR bzw. den Sätzen für das Beitrittsgebiet zu (jeweils 13.1 der Leitlinien).

515 **b) Volljährige Kinder mit eigenem Haushalt.** Der Richtsatz von 735,– EUR kann auch für volljährige Schüler oder Auszubildende angesetzt werden, die das Elternhaus verlassen und einen eigenen Hausstand gegründet haben.[59] Dazu gehört auch das Leben in einer Wohngemeinschaft. Es reicht aber nicht aus, wenn ein volljähriges behindertes Kind in die Wohnung seiner Schwester umgezogen ist, aber noch im selben Haus wie seine Eltern lebt und von seiner Mutter betreut wird. In einem solchen Fall ist der Unterhalt einkommensabhängig nach der Düsseldorfer Tabelle zu bemessen.[60]

516 Der entsprechenden Empfehlung der **Düsseldorfer Tabelle** (DT Anm. A 7 II) folgen alle Leitlinien. Die obigen Ausführungen zum Studentenunterhalt (→ Rn. 509 ff.) gelten sinngemäß für den Unterhalt des volljährigen Kindes mit eigenem Haushalt.

517 Nicht einheitlich beantwortet wird die Frage, ob in dem Bedarfssatz von 735,– EUR ausbildungsbedingter Mehrbedarf (besser: **Ausbildungsaufwand**), enthalten ist. Eine Sonderregelung findet sich nur für Studiengebühren. Ob eine pauschale Anrechnung des Ausbildungsaufwands erfolgen kann, behandeln die Oberlandesgerichte in der Düsseldorfer Tabelle und den Leitlinien 2011 unterschiedlich. Die Leitlinien des OLG Hamm gehen davon aus, dass in dem Betrag von 735 EUR ein ausbildungsbedingter Bedarf von 90,– EUR enthalten sei (Nr. 13.1.2). Einzelne Oberlandesgerichte ermitteln das Einkommen wie das des Unterhaltspflichtigen (Abzug von 5%: OLG Dresden, OLG Frankfurt

---

[58] Soyka FamRZ 2003, 1154.
[59] Nach OLG Düsseldorf NJW-RR 2007, 794 auch für ein bei Pflegeeltern lebendes, in der Ausbildung befindliches Kind.
[60] BGH FamRZ 1997, 281 (283 f.).

a. M.), erwarten einen konkreten Nachweis (KG, OLG Hamburg) oder sehen in ihren Leitlinien keine ausdrückliche Regelung vor (OLG Celle). Die Düsseldorfer Tabelle sowie die meisten Leitlinien der Oberlandesgerichte sehen dagegen seit 2011 einen Betrag von **100,– EUR** für „ausbildungsbedingten Mehrbedarf" vor (jeweils Nr. 13.2 und 10.2.3).

3. Bedarf von Schülern, Studenten und Auszubildenden, die im Haushalt eines Elternteils leben

a) Unterhaltsbemessung nach der Düsseldorfer Tabelle. Nach der Düsseldorfer Tabelle (A 7 I) wird der Unterhalt volljähriger Kinder, die noch im Haushalt der Eltern oder eines Elternteils wohnen, seit 1.1.1996 nach den Richtsätzen der **Altersstufe 4** bemessen. Zur Errechnung der Richtsätze dieser Altersstufe → Rn. 503, 322. Dem folgt die weitaus überwiegende Zahl der Oberlandesgerichte (jeweils Nr. 13.1 der LL). 518

Die Leitlinien einzelner Oberlandesgerichte sehen Modifikationen vor. Das OLG Frankfurt a. M. sieht für ein Kind mit eigenem Einkommen einen Mindestbedarf von 610,– EUR vor (Nr. 13.1.1 LL 2019).

Die Richtsätze der Altersstufe 4 gelten gerade nach nunmehr nahezu einheitlicher Praxis auch für **privilegiert volljährige Kinder** im Sinne des § 1603 II 2 BGB (zu diesen Kindern im einzelnen → Rn. 579 ff.).[61] Das OLG Oldenburg, das den Unterhalt für solche Kinder der Altersstufe 3 entnommen hat, hat diese Praxis inzwischen aufgegeben. Dies entspricht dem Erfahrungssatz, dass volljährige Kinder bei pauschaler Betrachtung einen höheren Bedarf haben als minderjährige Kinder im Alter von 12–17 Jahren. Sie verlangen, auch wenn sie noch im Elternhaus leben, die Gleichbehandlung mit Erwachsenen, haben demgemäß – nicht zu Unrecht – höhere Ansprüche an Kleidung und Lebenshaltung und beanspruchen vielfach höheres Taschengeld. Demgemäß war es bis 30.6.1998 allgemeine Praxis, einem volljährigen Kind, auch wenn es bei seinen Eltern verblieb, einen höheren Unterhaltsbedarf zuzubilligen. Durch die Gleichstellung der privilegiert volljährigen Kinder mit Minderjährigen hat sich daran nichts geändert, da sich diese Gleichstellung nur auf die Leistungsfähigkeit des Schuldners und den Rang des Kindes bezieht (§§ 1603 II 2, 1609 I 1, II BGB). 519

Die Anwendung der Altersstufe 4 setzt auch und gerade bei nicht privilegiert volljährigen Kindern voraus, dass das Kind noch im Haushalt der Eltern oder eines Elternteils lebt, sich also die **Lebensverhältnisse** durch die Volljährigkeit **nicht wesentlich geändert** haben. Sie ist daher vor allem bei Schülern oder Auszubildenden angebracht, aber auch bei Kindern, die am Wohnort der Eltern studieren. Jedoch kann gerade dann der nach der Tabelle errechnete Bedarf zu niedrig sein, zB für einen **Studenten**, der weiter im Elternhaus wohnt, aber durch Fahrten zum Studienort, Literatur, Repetitor, Mensaessen usw besondere Aufwendungen hat, die in dem in erster Linie auf Schüler zugeschnittenen Tabellenunterhalt nicht berücksichtigt sind.[62] Studierende Kinder, deren Wohnort in einiger Entfernung von der Universitätsstadt liegt, bleiben häufig bei einem Elternteil wohnen, obwohl dies unterhaltsrechtlich nicht ohne weiteres von ihnen verlangt werden kann, sparen sich einen Kleinwagen zusammen und nehmen beachtliche Fahrzeiten und Fahrtkosten auf sich. Hier kann es sich empfehlen, das Kind so zu behandeln, als wohne es am Studienort, und den Bedarf mit 735,– EUR nach A 7 II der Tabelle anzusetzen. Das gilt aber auch im umgekehrten Fall, dass ein Umzug an den Studienort die preiswertere Alternative wäre.[63] 520

Die Ermittlung des Unterhalts des volljährigen Kindes nach der Altersstufe 4 der Düsseldorfer Tabelle ist insbesondere dann angezeigt, wenn nur ein Elternteil barunterhaltspflichtig ist, also zB die Mutter, bei der das Kind lebt, nicht erwerbstätig zu sein braucht 521

---

[61] OLG Hamm FamRZ 1999, 1018; Strauß FamRZ 1998, 993 (995) FamRefK/Häußermann § 1610 Rn. 4; vgl. auch BGH FamRZ 2002, 815.
[62] Scholz FamRZ 1993, 125 (135); Soyka FamRZ 2003, 1154. Generell für eine Kürzung des Festbetrages um eine Wohnkostenersparnis: OLG Koblenz FamRZ 1996, 382.
[63] BGH FamRZ 2009, 762.

(→ Rn. 540) oder sie durch ihr Einkommen den angemessenen Selbstbehalt von 1300,– EUR (→ Rn. 546 ff.) nicht deckt. Auf einen solchen Fall ist die Düsseldorfer Tabelle in erster Linie zugeschnitten.[64] Zur Bedarfsbemessung bei beiderseitiger Barunterhaltspflicht der Eltern → Rn. 523.

522 Bei unterdurchschnittlicher Unterhaltslast des allein barunterhaltspflichtigen Elternteils ist eine **Höhergruppierung,** bei überdurchschnittlicher Belastung des Schuldners mit Unterhaltspflichten ist eine **Herabgruppierung** nach Anm. A 1 der Düsseldorfer Tabelle möglich, → Rn. 343 ff. Bestimmt sich der Bedarf des volljährigen Kindes nach den zusammengerechneten Einkünften der Eltern, ist dagegen in der Regel von einer Höhergruppierung abzusehen.[65] → Rn. 523.

> **Beispiel:**
> Einkommen des allein barunterhaltspflichtigen Vaters 2200,– EUR. Die wiederverheiratete Mutter (M) ist erwerbsunfähig. Sie bezieht das Kindergeld von 204,– EUR. Da der Vater nur dem volljährigen, bei M lebenden Kind barunterhaltspflichtig ist, ergibt sich der Unterhalt unter einmaliger Höhergruppierung nach A 1 der Düsseldorfer Tabelle (2019) aus der 4. Einkommensgruppe, → Rn. 345. Der von V geschuldete Unterhalt beträgt also 580,– EUR und ist um das volle Kindergeld von 204,– EUR zu kürzen. V hat also 376,– EUR zu zahlen.

523 Sind **beide Eltern** einem volljährigen Kind, das bei einem von ihnen lebt, barunterhaltspflichtig, ist der Bedarf nach den **zusammengerechneten Einkünften** der Eltern zu bemessen und der entsprechenden Einkommensgruppe der Tabelle zu entnehmen.[66] Ein Elternteil hat aber höchstens den Unterhalt zu leisten, der sich bei Zugrundelegung allein seines Einkommens aus der Tabelle ergeben würde.[67] Hiervon gehen alle Oberlandesgerichte aus, die den Bedarf des volljährigen Kindes, das im Haushalt eines Elternteils lebt, nach der 4. Altersstufe der Tabelle bestimmen (→ Rn. 518). Jedoch ist zu berücksichtigen, dass die Eltern dadurch besonders belastet sind, dass jeder von ihnen einen eigenen Haushalt führen muss. Deshalb ist eine Höhergruppierung nach A 1 der Düsseldorfer Tabelle in der Regel nicht angebracht.[68]

524 Der Tabellenunterhalt des volljährigen Kindes enthält wie beim Minderjährigen den **gesamten Lebensbedarf,** also auch die Wohnkosten. Diese sind jedoch wegen der Ersparnis infolge des Zusammenlebens mit einem Elternteil geringer als beim Studentenunterhalt (→ Rn. 513 f., → Rn. 326).

525 Der Unterhaltspflichtige hat neben dem Elementarunterhalt auch den **Krankenversicherungsschutz** und die Pflegeversicherung sicherzustellen, wenn das Kind nicht bei einem Elternteil in der Versicherung eingeschlossen ist. Auf die obigen Ausführungen wird verwiesen (→ Rn. 512).

526 **b) Unterhaltsbemessung nach festen Regelbedarfssätzen.** Die früher von einer Reihe von Oberlandesgerichten auf den Unterhalt des im Haushalt eines Elternteils lebenden nicht privilegiert volljährigen Kindes angewandten festen Regelbedarfssätze (s. dazu die 6. Auflage) werden heute – soweit ersichtlich – nicht mehr aufrechterhalten.

527 **c) Unterhaltsbemessung teilweise nach der Düsseldorfer Tabelle, teilweise nach festen Regelbedarfssätzen.** Das OLG Frankfurt a.M. (FL 2019 13.1.1) setzt für den im Haushalt eines Elternteils lebenden Volljährigen, der über kein Erwerbseinkommen verfügt, den Tabellenbetrag der 4. Altersstufe der Düsseldorfer Tabelle entsprechend dem zusammengerechneten Einkommen der Eltern an. Erzielt der bei einem Elternteil lebende Volljährige dagegen eigenes Erwerbseinkommen, so ist von einem festen Bedarfsbetrag von mindestens 610,– EUR auszugehen.

528 Dieser Berechnung folgt das OLG **Jena** (ThL 13.1.1. Stand: 2019). Es bemaß zudem den Bedarf wegen der wirtschaftlichen Vorteile durch das Zusammenleben mit einem

---

[64] Scholz FamRZ 1993, 125 (135).
[65] BGH FamRZ 1986, 151; Scholz FamRZ 1993, 125 (135).
[66] BGH FamRZ 2006, 99.
[67] BGH FamRZ 2006, 99; 1994, 696 (698); 1988, 1039; 1986, 151; Gerhardt FamRZ 2006, 740, hält diese Einschränkung nach der vom BGH nunmehr angewendeten vollen Kindergeldanrechnung für entbehrlich; dagegen Gutdeutsch FamRZ 2006, 1502.
[68] BGH FamRZ 1986, 151; Scholz FamRZ 1993, 125 (135).

6. Abschnitt: Der Unterhaltsanspruch volljähriger Kinder § 2

Elternteil auf 530,– EUR, soweit sich nicht aus der Tabelle ein höherer Bedarf ergab, hat diese Besonderheit aber inzwischen fallen gelassen (Stand 2019).

d) Konkrete Unterhaltsbemessung. Auch der Unterhalt eines im Haushalt eines Elternteils lebenden Schülers, Studenten oder Auszubildenden kann **bei günstigen Einkommensverhältnissen der Eltern** über die Richtsätze der Tabellen und Leitlinien hinaus erhöht werden. Genaueres → Rn. 226 ff., 514. 529

4. Regelmäßiger Mehrbedarf des volljährigen Schülers, Studenten oder Auszubildenden

Bei den Bedarfssätzen nach den Tabellen und Leitlinien handelt es sich um eine **pauschalierte Bemessung des** gesamten durchschnittlichen **Normalbedarfs** des Volljährigen. Im Einzelfall kann dieser Normalbedarf auch bei Volljährigen erhöht werden, wenn infolge besonderer Umstände ein Mehrbedarf besteht und dieser regelmäßig anfällt (→ Rn. 232 ff.). 530

So kann zB bei einem behinderten volljährigen Kind, das sich einer Ausbildung unterzieht und dessen Bedarf daher nach den Regelsätzen der Tabellen und Leitlinien bemessen wird, der Normalbedarf um **behinderungsbedingte** regelmäßige **Mehrkosten** erhöht werden.[69] Ergänzend kann auf die Ausführungen zum behinderungsbedingten Mehrbedarf bei Minderjährigen und zu seiner teilweisen Deckung durch Sozialleistungen hingewiesen werden (→ Rn. 463 ff.). Zum Bedarf behinderter volljähriger Kinder, die sich in keiner Ausbildung befinden, → Rn. 534. Das volljährige Kind ohne selbstständige Lebensstellung hat einen Anspruch auf **Prozess-/Verfahrenskostenvorschuss.**[70] 531

Regelmäßiger Mehrbedarf kann uU bejaht werden, wenn für ein **Studium im Ausland**,[71] für eine **Privatschule**[72] oder für eine sonstige entgeltliche Ausbildung, zB für Klavierunterricht zur Vorbereitung auf die Aufnahmeprüfung eines Konservatoriums,[73] zusätzliche Kosten anfallen. Voraussetzung ist allerdings, dass die kostenverursachende Maßnahme sachlich berechtigt ist und die sich daraus ergebenden Mehrkosten dem Unterhaltsverpflichteten nach dessen Einkommens- und Vermögensverhältnissen wirtschaftlich **zumutbar** sind. Monatliche Kosten von knapp 4000,– EUR für ein mehrjähriges Studium in den USA dürften auch bei sehr guten, aber nicht außergewöhnlichen Einkommens- und Vermögensverhältnissen den von den Eltern zu finanzierenden Rahmen sprengen.[74] Für die Zumutbarkeit gelten auch hier sinngemäß die Ausführungen zum Minderjährigenunterhalt (→ Rn. 451 ff.). Bei den hier erörterten Zusatzkosten der Ausbildung handelt es sich in der Regel nicht um Sonderbedarf, weil sie nicht überraschend auftreten und weil sie der Höhe nach bei vorausschauender Planung abschätzbar sind.[75] 532

Wer über den Normalbedarf hinausgehenden **Mehrbedarf** geltend macht, muss im Einzelnen **darlegen und** bei Bestreiten **beweisen,** worin dieser Mehrbedarf besteht und warum er berechtigt ist. Die Höhe berechtigter regelmäßiger Mehrkosten ist konkret zu ermitteln. Sie kann nach § 113 I 2 FamFG, § 287 II ZPO geschätzt werden, wenn ein ausreichender entsprechender Sachvortrag besteht. Der Richter kann zu einem festen Betrag auf rechtlich nicht angreifbare Weise im Wege der Schätzung kommen.[76] Dabei kann auch berücksichtigt werden, dass es auf Grund der Mehraufwendungen auch **Einsparungen** beim Normalbedarf geben kann (→ Rn. 458). 533

---

[69] BGH FamRZ 1985, 917 (919).
[70] BGH FamRZ 2005, 883.
[71] BGH FamRZ 1992, 1064; OLG Karlsruhe FamRZ 2011, 1303; KG Berlin NJOZ 2013, 964.
[72] OLG Hamm FamRZ 1997, 960.
[73] OLG München FamRZ 1992, 595; vgl. auch BGH FamRZ 2001, 1603.
[74] Anders zu Unrecht AG Köln FamRZ 2000, 482.
[75] OLG Hamm FamRZ 1994, 1281.
[76] BGH FamRZ 1985, 917 (919); vgl. auch OLG Düsseldorf FamRZ 2002, 854.

5. Bemessung des Bedarfs des Volljährigen, der sich nicht in einer Ausbildung befindet

534 Die Unterhaltstabellen und die Regelbedarfssätze gelten bei einem volljährigen Kind vor allem, wenn und soweit es noch ausgebildet wird oder es sich noch einer Ausbildung unterziehen will, sei es auf einer Schule oder Hochschule, sei es in Form einer Lehre. Sie passen nicht oder allenfalls bedingt auf volljährige Kinder, die zB wegen einer **Behinderung** geistiger oder körperlicher Art eine Ausbildung nicht absolvieren können (→ Rn. 484). Hier wird vielfach eine konkrete Bemessung des Bedarfs angebracht sein. So wird der Bedarf eines in einem Heim untergebrachten Kindes häufig den Unterbringungskosten und einem angemessenen Taschengeld entsprechen.[77] Lebt das behinderte volljährige Kind dagegen in der Familie, müssen die den Bedarf erhöhenden Umstände im Einzelnen dargelegt werden.[78] Eine Vergütung für die Arbeit in einer Behindertenwerkstatt wird in der Regel Einkommen aus unzumutbarer Tätigkeit sein, wenn das Kind arbeitsunfähig und daher nicht zu einer Erwerbstätigkeit verpflichtet ist; die ohnehin meist nur geringe Entlohnung kann daher allenfalls zur teilweisen Deckung des Taschengeldes herangezogen werden. Es geht allerdings nicht an, sie schon deshalb nicht zu berücksichtigen, weil sie mehr als Anerkennung und als Versuch einer Eingliederung in das Erwerbsleben diene;[79] dies widerspricht dem Grundsatz, dass grundsätzlich jedes Einkommen zur Bedarfsdeckung heranzuziehen ist. Die bedarfsorientierte Grundsicherung, die auch einem voll erwerbsgeminderten volljährigen Kind zustehen kann, ist Einkommen und daher auf den Bedarf anzurechnen (→ Rn. 498). Neben der konkreten Berechnung des Bedarfs ist es auch möglich, vor allem bei jüngeren volljährigen Kindern, den Bedarf zunächst auf der Basis der Düsseldorfer Tabelle zu berechnen und diesen Betrag dann um konkret vorzutragenden behinderungsbedingten Mehrbedarf (→ Rn. 531) zu erhöhen.[80] Steht ein volljähriges Kind unter **Betreuung,** so kann die Vergütung, die es dem Betreuer nach § 1836 BGB schuldet, Teil seines Unterhaltsbedarfs sein. Dasselbe gilt für den Aufwendungsersatz nach § 1835 BGB und die Aufwandsentschädigung nach § 1835a BGB. Allerdings wird es sich unter Umständen nicht um Mehrbedarf, sondern um Sonderbedarf handeln.[81] → Rn. 451.

Die Belastung der Eltern durch den oft sehr hohen Mehrbedarf des behinderten Kindes wird durch die Gewährung von Sozialhilfe und die Beschränkung des Rückgriffs des Sozialhilfeträgers nach § 94 III SGB XII erheblich reduziert.

535 Hat ein Volljähriger bereits durch eine Berufsausbildung oder durch längere Ausübung einer ungelernten Tätigkeit eine eigene Lebensstellung erlangt (→ Rn. 200 ff.), so ist diese für die Bemessung des Bedarfs maßgebend, wenn das Kind, zB durch Arbeitslosigkeit oder Krankheit, wieder bedürftig wird.[82] Das Kind muss dann für seinen Unterhalt selbst aufkommen und grundsätzlich jede Erwerbsmöglichkeit auch unterhalb seiner bisherigen Lebensstellung annehmen. → Rn. 484. Der Volljährige muss sich ggf. zunächst mit Arbeitslosen- oder Krankengeld begnügen und eine entsprechende Schmälerung seiner Einkünfte hinnehmen. Seine Eltern kann er nur dann auf Unterhalt in Anspruch nehmen, wenn es ihm trotz aller Bemühungen nicht gelingt, das Existenzminimum zu sichern. Dieses beträgt jedenfalls bei durchschnittlichen Einkommensverhältnissen analog B V der Düsseldorfer Tabelle 880,- EUR. Ein Unterschied zwischen (teilweise) Erwerbstätigen und Nichterwerbstätigen besteht nicht. Der darüber hinausgehende Selbstbehalt des Erwerbstätigen (1080,- EUR) schließt einen Erwerbsanreiz ein, der auf Seiten des Unterhaltspflichtigen seine Berechtigung hat, aber nicht in gleicher Weise auf den Unterhaltsberechtigten übertragen werden kann. Denn dieser ist ohnehin gehalten, im Rahmen seiner Möglichkeiten den eigenen Lebensbedarf sicherzustellen.[83] Ein volljähriges Kind, das

---

[77] OLG Oldenburg FamRZ 1996, 625.
[78] OLG Karlsruhe FuR 2000, 440; OLG Düsseldorf FamRZ 2002, 854.
[79] So aber OLG Oldenburg FamRZ 1996, 625.
[80] OLG Düsseldorf FamRZ 2002, 854.
[81] OLG Nürnberg MDR 1999, 616.
[82] Vgl. etwa OLG Brandenburg FPR 2004, 474 (Ls.).
[83] BGH FamRZ 2010, 357 Rn. 38 mwN.

6. Abschnitt: Der Unterhaltsanspruch volljähriger Kinder § 2

bereits eine eigene Lebensstellung erlangt hatte und dann wieder unterhaltsbedürftig wird, kann nicht besser stehen als ein Elternteil, der von seinem Kind Unterhalt verlangt und sich ebenfalls eine Schmälerung seines Bedarfs bis auf das Existenzminimum fallen lassen muss.[84] Zur Höhe des angemessenen Selbstbehalts in derartigen Fällen → Rn. 552.

IV. Leistungsfähigkeit der Eltern beim Unterhalt volljähriger Kinder

1. Grundsätzlich keine gesteigerte Unterhaltspflicht gegenüber volljährigen Kindern

Nach § 1603 I BGB braucht ein Elternteil einem volljährigen Kind keinen Unterhalt zu zahlen, wenn er unter Berücksichtigung seiner sonstigen Verpflichtungen außerstande ist, ohne Gefährdung seines eigenen angemessenen Unterhalts den Kindesunterhalt zu gewähren. Ihm muss also sein **eigener angemessener Bedarf** oder der sog große Selbstbehalt verbleiben. Zur Höhe des angemessenen Eigenbedarfs → Rn. 546 ff. 536

§ 1603 II 1 BGB, nach dem Eltern alle verfügbaren Mittel für ihren und den Unterhalt ihrer minderjährigen Kinder gleichmäßig zu verwenden haben (→ Rn. 366), gilt bei volljährigen Kindern grundsätzlich nicht. Nur sog privilegiert volljährige Kinder sind den Minderjährigen seit dem 1.7.1998 hinsichtlich der Leistungsfähigkeit der Eltern (§ 1603 II 2 BGB) und damit der gesteigerten Unterhaltspflicht, aber auch hinsichtlich des Ranges (§ 1609 Nr. 1 BGB) gleichgestellt. Es handelt sich um unverheiratete volljährige Kinder bis zur Vollendung des 21. Lebensjahres, die im Haushalt der Eltern oder eines Elternteils leben und sich in der allgemeinen Schulausbildung befinden. Vgl. dazu → Rn. 579 ff. 537

Gegenüber nicht privilegiert volljährigen Kindern trifft die Eltern dagegen **keine gesteigerte Unterhaltspflicht.** Dies hat folgende Konsequenzen:

- Die Eltern können nicht auf den notwendigen Eigenbedarf oder den kleinen Selbstbehalt verwiesen werden (vgl. dazu bei minderjährigen Kindern → Rn. 380 ff., 384 ff.). 538
- Die Obliegenheit zur Aufnahme von **Gelegenheitsarbeiten** und berufsfremden Tätigkeiten, zur Vornahme eines **Orts- oder Berufswechsels** (→ Rn. 367 ff.) trifft die Eltern nicht in demselben Umfang wie gegenüber einem minderjährigen Kind. Zu einem Berufs- oder Ortswechsel ist ein Elternteil gegenüber einem volljährigen Kind nur ausnahmsweise gehalten, wenn die Notwendigkeit einer solchen Maßnahme evident ist, zB weil der bisherige Beruf oder der bisherige Arbeitsort wegen einer Veränderung der wirtschaftlichen Bedingungen keine langfristige Perspektive mehr bietet. 539
- Grundsätzlich wird ein Elternteil durch Ausübung einer **vollschichtigen Tätigkeit** gegenüber einem volljährigen Kind seiner **Erwerbsobliegenheit** nachkommen. Überstundenvergütungen werden allerdings weiterhin voll dem Einkommen zugerechnet, soweit sie in geringem Umfang anfallen oder berufstypisch sind. Entgelt aus darüber hinausgehenden Überstunden kann aus unzumutbarer Tätigkeit stammen; es ist dann unter Berücksichtigung des Einzelfalles nach Treu und Glauben nicht oder nur teilweise anzurechnen (→ § 1 Rn. 87). Dies gilt sinngemäß auch für Einkünfte aus Nebenbeschäftigungen. 540
- Auch gegenüber einem volljährigen Kind müssen Eltern auf eigene **Aus- und Fortbildungswünsche** grundsätzlich verzichten, solange das Kind noch unterhaltsbedürftig ist. Die Grundsätze, die der BGH[85] für den Minderjährigenunterhalt entwickelt hat (→ Rn. 371), müssen sinngemäß für den Unterhalt des volljährigen Kindes gelten. Andererseits wird auch das volljährige Kind auf Zusatzausbildungen, wie zB ein betriebswirtschaftliches Studium nach einer Banklehre, unter Umständen verzichten müssen, wenn sich ein Elternteil aus einem wichtigen Grund umschulen oder fortbilden lassen will, da es dann für den Elternteil nicht zumutbar sein kann, weiter Unterhalt an das 541

---

[84] BGH FamRZ 2003, 860 mAnm Klinkhammer.
[85] FamRZ 1994, 372 (374 f.) = R 473d.

volljährige Kind zu zahlen. Hier müssen die Interessen des Kindes und diejenigen des Elternteils gegeneinander abgewogen werden.

542 • Ein Elternteil, der gegenüber einem volljährigen Kind unterhaltspflichtig ist, darf sich nicht durch **leichtfertiges, unterhaltsbezogenes Verhalten,** insbesondere durch Aufgabe einer ertragreichen Arbeit, **leistungsunfähig** machen (→ Rn. 243 ff., 372).

543 • Einem Elternteil, der seine **Erwerbsobliegenheit** gegenüber einem volljährigen Kind **nicht erfüllt,** wird ein **Einkommen** aus einer zumutbaren Erwerbstätigkeit, die er tatsächlich ausüben könnte, **fiktiv** zugerechnet (→ Rn. 244 f., → § 1 Rn. 761 ff.).

544 • Die **Hausmannrechtsprechung** gilt beim volljährigen Kind nur in recht eingeschränktem Umfang, → Rn. 291 ff.

2. Angemessener Eigenbedarf des Verpflichteten nach § 1603 I BGB und eheangemessener Bedarf nach §§ 1361, 1578 I 1, 1581 BGB

545 Der angemessene Eigenbedarf, der dem Verpflichteten gegenüber dem volljährigen Kind verbleiben muss (§ 1603 I BGB), entsprach schon nach früherer Praxis im Normalfall nicht dem eheangemessenen Eigenbedarf, der dem Unterhaltspflichtigen gegenüber seinem Ehegatten zustand (§ 1581 BGB). Dieser richtete sich als Spiegelbild des Bedarfs des Berechtigten nach den ehelichen Lebensverhältnissen (§ 1578 I 1 BGB),[86] die nach der zutreffenden Auffassung des BGH[87] – von Mangelfällen abgesehen (→ Rn. 262 ff.) – durch die Unterhaltspflicht gegenüber einem volljährigen Kind bestimmt werden. Auch nach der Änderung der Rechtsprechung und dem nunmehr mit einem Zwischenbetrag von notwendigem und angemessenem Selbstbehalt festzusetzenden Ehegattenselbstbehalt,[88] bedeutet dies nach wie vor, dass nicht nur der Unterhalt minderjähriger, sondern auch volljähriger Kinder vorweg vom Einkommen des unterhaltsverpflichteten Ehegatten abzuziehen ist, bevor der Unterhalt des bedürftigen Ehegatten errechnet wird. Dies darf jedoch nicht zu einem Missverhältnis hinsichtlich des wechselseitigen Bedarfs der Beteiligten führen.[89] → Rn. 250.

3. Bemessung des angemessenen Eigenbedarfs des verpflichteten Elternteils nach den Tabellen und Leitlinien der Oberlandesgerichte

546 Nach der **Düsseldorfer Tabelle** (A 5 II) beträgt der angemessene Eigenbedarf gegenüber Volljährigen seit dem 1.1.2015 in der Regel mindestens **1300,– EUR.** Vom 1.1.2013 bis 31.12.2014 belief er sich auf 1200,– EUR, vom 1.7.2005 bis 31.12.2010 auf 1100,– EUR, vom 1.1.2001 bis 31.12.2012 auf 1150 EUR. Dieser Richtsatz gilt nach der Düsseldorfer Tabelle und den Leitlinien der Oberlandesgerichte **auch für einen nicht erwerbstätigen Unterhaltsschuldner,** zB einen Rentner oder Pensionär. Im Einzelnen → Rn. 547. Wer aus dem Erwerbsleben ausgeschieden ist, muss ohnehin gegenüber seinem früheren Erwerbseinkommen eine deutliche Einbuße hinnehmen und seinen Lebensstandard entsprechend einschränken. Es ist unbillig, ihn zum Unterhalt für ein volljähriges Kind in stärkerem Umfang als einen Berufstätigen heranzuziehen, zumal da durch die Berufsausübung entstehende Aufwendungen bereits durch eine Pauschale von 5% oder jedenfalls auf konkreten Nachweis vom Einkommen abgesetzt werden.

547 Der Empfehlung der Düsseldorfer Tabelle, den angemessenen Selbstbehalt gegenüber dem volljährigen Kind für den erwerbstätigen und den nicht erwerbstätigen Schuldner einheitlich mit 1300,– EUR anzusetzen, folgen jetzt alle Oberlandesgerichte (jeweils 21.3.1 der Leitlinien).

Das OLG Schleswig legte früher einen niedrigeren Betrag zugrunde, hat sich aber inzwischen der Düsseldorfer Tabelle angeschlossen.

---

[86] BGH FamRZ 1990, 260 (264).
[87] FamRZ 2003, 860 mAnm Klinkhammer; 1986, 553 (555).
[88] BGH FamRZ 2006, 683.
[89] BGH FamRZ 2003, 860 mAnm Klinkhammer; 1986, 553 (555).

Auch das OLG Braunschweig, das früher zwischen Erwerbstätigen nicht Erwerbstätige differenzierte, legt inzwischen einen einheitlichen Betrag zugrunde und folgt der Düsseldorfer Tabelle.

Die im angemessenen Eigenbedarf von 1300,– EUR enthaltenen **Wohnkosten** betragen bis 480,– EUR. Es handelt sich um die Warmmiete, also die Kosten der Unterkunft einschließlich umlagefähiger Nebenkosten und Heizung (DT Anm. A 5 II). Auch der angemessene Selbstbehalt kann erhöht werden, wenn dieser Betrag im Einzelfall erheblich überschritten wird und dies nicht vermeidbar ist. **548**

Zu den früheren Leitlinien der für das **Beitrittsgebiet** zuständigen Oberlandesgerichte (jeweils 21.3.1) s. die in der 6. Auflage (→ Rn. 420) enthaltene Übersicht. **549**

Eine **Erhöhung des angemessenen Eigenbedarfs** über den Richtsatz von 1300,– EUR oder die anderen von den Leitlinien aufgestellten Regelsätze hinaus kommt vor allem in Betracht, **550**

- wenn in den **Abitur-Lehre-Studium-Fällen** nach der Rechtsprechung des BGH[90] zu prüfen ist, ob das Studium für die Eltern oder den unterhaltspflichtigen Elternteil nach seinen wirtschaftlichen Verhältnissen zumutbar ist (→ Rn. 103). Dasselbe gilt in sonstigen Fällen der Weiterbildung (→ Rn. 97, 104 ff.); **551**
- wenn das **Kind** nach Abschluss einer Ausbildung, zB wegen eines Unfalls, **erneut unterhaltsbedürftig** wird und sich der pflichtige Elternteil bereits auf den Fortfall der Unterhaltspflicht eingestellt und wirtschaftliche Dispositionen getroffen hat, die er bei Fortdauer der Unterhaltspflicht unterlassen hätte. Aus diesem Gesichtspunkt hat der BGH[91] bei Kindern, die ihren betagten Eltern Unterhalt zahlen müssen, eine Erhöhung des angemessenen Selbstbehalts auf den in der Düsseldorfer Tabelle unter D1 ausgewiesenen Betrag von derzeit 1600,– EUR für erforderlich gehalten. Dieser Grund trifft aber auch für die hier erörterte vergleichbare Situation beim Unterhalt volljähriger Kinder zu.[92] Dem hat sich der **BGH** in zwei Entscheidungen angeschlossen.[93] Danach ist es nicht zu beanstanden, einem Elternteil gegenüber dem Unterhaltsanspruch seines erwachsenen Kindes, das seine bereits erlangte wirtschaftliche Selbstständigkeit wieder verloren hat, einen ebenso erhöhten angemessenen Selbstbehalt zu belassen, wie ihn die unterhaltsrechtlichen Tabellen und Leitlinien für den Elternunterhalt vorsehen. **552**
- wenn die **Wohnkosten des Schuldners überhöht** sind, vor allem wenn der Betrag von 480,– EUR warm (→ Rn. 548) überschritten wird und intensive Bemühungen des Schuldners um eine billigere Wohnung oder um Wohngeld fehlgeschlagen sind oder von vornherein keinen Erfolg versprechen (→ Rn. 392); **553**
- bei **krankheitsbedingtem Mehrbedarf** des unterhaltspflichtigen Elternteils, insbesondere wenn er wegen seiner Behinderung auf dauernde Pflege angewiesen ist und die dadurch entstehenden Kosten nicht durch Leistungen der Pflegeversicherung gedeckt sind. Pflegt die Ehefrau den Schuldner unentgeltlich, kommen die dadurch erzielten Ersparnisse dem Kind als freiwillige Leistungen eines Dritten (→ Rn. 121 ff.) nicht zugute.[94] **554**

Eine **Herabsetzung des angemessenen Eigenbedarfs** ist möglich, wenn der Pflichtige mit einem leistungsfähigen Partner in einer neuen Ehe oder einer **nichtehelichen Lebensgemeinschaft** zusammenlebt und dadurch Kosten, insbesondere Wohnkosten spart, er also gegenüber dem allein lebenden Unterhaltsschuldner besser steht.[95] → Rn. 393. Auch kann der angemessene Eigenbedarf des wiederverheirateten Elternteils durch den auskömmlichen Familienunterhalt gesichert sein, den sein jetziger Ehegatte zur Verfügung stellt. Dann ist der Elternteil verpflichtet, aus seinem Einkommen zum Unterhalt des volljährigen Kindes beizutragen. Insoweit kann die Wiederverheiratung sich zum **555**

---

[90] BGH FamRZ 1989, 853.
[91] BGH FamRZ 2002, 1698 (1701) mAnm Klinkhammer.
[92] OLG Düsseldorf FamRZ 2001, 1724 (1726); OLG Hamm NJW-RR 2002, 650.
[93] BGH FamRZ 2012, 1553; 2012, 530.
[94] BGH FamRZ 1995, 537.
[95] BGH FamRZ 2001, 1065 = R 549b; 1998, 286 (288); vgl. auch BGH FamRZ 1995, 343; FamRZ 1991, 182 (185).

Vorteil des Kindes auswirken.⁹⁶ Dies gilt auch dann, wenn der Elternteil voll berufstätig ist.⁹⁷ Im Einzelnen → Rn. 291 ff.

Dagegen können Leistungen, die der Partner des Unterhaltspflichtigen diesem erbringt, grundsätzlich nicht dem volljährigen Kind zugute kommen. Der neue Ehegatte des Pflichtigen ist nicht verpflichtet, ihm Geldmittel für die Erfüllung von Unterhaltsansprüchen zur Verfügung zu stellen; → Rn. 291. **Leistungen des Partners** einer nichtehelichen Lebensgemeinschaft sind grundsätzlich als freiwillige Zuwendungen eines Dritten anzusehen und daher nicht dem Einkommen des Pflichtigen zuzurechnen (→ Rn. 121 ff., → § 1 Rn. 712).⁹⁸ Eine Ausnahme besteht allerdings dann, wenn der Unterhaltsschuldner den Lebensgefährten versorgt, ihm den Haushalt führt und ihm dadurch eine geldwerte Leistung erbringt (→ § 1 Rn. 713 ff.).⁹⁹

4. Berücksichtigung anderweitiger Verpflichtungen, insbesondere vorrangiger Unterhaltsansprüche

556 Der unterhaltspflichtige Elternteil kann dem nicht privilegierten volljährigen Kind **vorrangige Unterhaltsansprüche Dritter** entgegensetzen. Durch die Erfüllung dieser Ansprüche wird seine Leistungsfähigkeit gegenüber dem volljährigen Kind gemindert. Vorrangig sind nach § 1609 Nr. 1–3 BGB
– Unterhaltsansprüche minderjähriger Kinder, aber auch privilegiert volljähriger Kinder im Sinne des § 1603 II 2 BGB (→ Rn. 579 ff., 593), also der Geschwister oder Halbgeschwister des volljährigen Kindes,
– Unterhaltsansprüche des früheren und ggf. des jetzigen Ehegatten des unterhaltspflichtigen Elternteils und des nichtehelichen Elternteils nach § 1615l BGB.
Kann der Pflichtige die Unterhaltsansprüche aller Berechtigten erfüllen, wirkt sich der Vorrang nicht aus. Dann wird auch der Unterhalt des volljährigen Kindes vom Einkommen des Schuldners abgezogen. Erst von dem verbleibenden Einkommen wird der Ehegattenunterhalt ermittelt (→ Rn. 250, 545). Der Vorwegabzug des Unterhalts des volljährigen Kindes darf jedoch nicht zu einem Missverhältnis hinsichtlich des wechselseitigen Bedarfs führen.¹⁰⁰ Dem bedürftigen Ehegatten muss sein angemessener Unterhalt verbleiben, der im Verhältnis zum volljährigen Kind 1300,– EUR beträgt (→ Rn. 546 ff.).

557 Volljährige erhalten **nur insoweit Unterhalt,** als durch das Einkommen des pflichtigen Elternteils alle **vorrangigen Unterhaltsansprüche gedeckt** sind. Bei der Ermittlung des Unterhaltsbedarfs der vorrangigen Kinder sind aber auch nachrangige Unterhaltsberechtigte zu berücksichtigen (Anm. A.1 I Düsseldorfer Tabelle).¹⁰¹ Bevor also der Unterhalt des Volljährigen gekürzt wird, wird in der Regel auf Grund der Bedarfskontrollbeträge eine Herabgruppierung der minderjährigen Geschwister bis in die Einkommensgruppe 1 der Düsseldorfer Tabelle in Betracht kommen. Bleibt auch dann noch eine Lücke, so kann der Volljährige nur die Differenz zwischen dem verbleibenden Einkommen und dem angemessenen Selbstbehalt beanspruchen.¹⁰²

558 Der Nachrang des volljährigen Kindes (§ 1609 BGB) gilt auch, wenn es körperlich oder geistig **behindert** ist. Auf seine Geschäftsfähigkeit kommt es nicht an. Nach Inhalt und Zweck der unterhaltsrechtlichen Normen ist für das Rangverhältnis ausschließlich das Alter des Kindes maßgeblich.¹⁰³

559 Ist ein Elternteil wiederverheiratet und trägt er in der neuen Ehe ausschließlich durch die Haushaltsführung zum Unterhalt der neuen Familie bei (§ 1360 S. 2 BGB; → § 3

---

⁹⁶ BGH FamRZ 2001, 1065 = R 549b; 1998, 286 (288); 2004, 24; vgl. auch BL, BraL, BrL, CL, DrL (jeweils 21.5), FL (21.4.1), HaL, HL, OL (jeweils 21.5), RL (21. 6), SüdL (21.5.1).
⁹⁷ So BGH FamRZ 1998, 286 (288).
⁹⁸ BGH FamRZ 1995, 537.
⁹⁹ BGH FamRZ 1995, 344 (346).
¹⁰⁰ BGH FamRZ 2003, 860 mAnm Klinkhammer.
¹⁰¹ BGH FamRZ 2008, 2189 Rn. 18 f.
¹⁰² BGH FamRZ 1986, 48.
¹⁰³ BGH FamRZ 1987, 472 (474); 1984, 683 (685).

6. Abschnitt: Der Unterhaltsanspruch volljähriger Kinder   § 2

Rn. 16, 46), kommen Unterhaltsansprüche eines volljährigen Kindes nach der **Hausmannrechtsprechung** nur in Ausnahmefällen in Betracht. Im Einzelnen → Rn. 291 ff.

V. Ermittlung des Haftungsanteils der Eltern nach § 1606 III 1 BGB

1. Anteilige Haftung der Eltern

Grundsätzlich sind bei Volljährigen **beide Eltern barunterhaltspflichtig,** Leistungsfähigkeit allerdings vorausgesetzt (→ Rn. 567 ff.). 560

- Wohnt das **volljährige Kind im gemeinsamen Haushalt der** nicht getrennt lebenden **Eltern,** erhält es auf Grund einer Bestimmung der Eltern nach § 1612 II 1 BGB Naturalunterhalt als Teil des **Familienunterhalts,** zu dem beide Eltern nach Maßgabe des § 1360 BGB beizutragen haben. Die Haushaltsführung durch einen Ehegatten gilt auch gegenüber dem volljährigen Kind als Beitrag zum Familienunterhalt; sie und die Erwerbstätigkeit des anderen Elternteils sind gleichwertig (§ 1360 S. 2 BGB). Eine Unterhaltsrente wird dem volljährigen bei seinen Eltern lebenden Kind nur ausnahmsweise geschuldet, wenn ein Elternteil oder beide Eltern ihre Pflicht verletzen, zum Familienunterhalt beizutragen, → § 3 Rn. 12.
- Lebt das **volljährige Kind nicht** mehr **im Elternhaus** und haben die Eltern eine wirksame Bestimmung nach § 1612 II 1 BGB nicht getroffen, so haften beide Eltern entsprechend ihren Erwerbs- und Vermögensverhältnissen auf Barunterhalt (§ 1606 III 1 BGB). Das Kind kann jedoch einen Elternteil auf den vollen Unterhalt in Anspruch nehmen, wenn der andere nicht über effektive Einkünfte verfügt, ihm vielmehr nur ein fiktives Einkommen zugerechnet wird, → Rn. 567. 561
- Die Eltern schulden auch entsprechend ihren Erwerbs- und Vermögensverhältnissen Barunterhalt, wenn sie getrennt leben, das **volljährige Kind** aber **im Haushalt eines Elternteils** bleibt. Betreuungsunterhalt wird ihm nicht mehr geschuldet.[104] → Rn. 503. § 1606 III 2 BGB kann auch nicht während einer Übergangszeit nach Volljährigkeit analog angewendet werden, → Rn. 580. Durch das Kindesunterhaltsgesetz ist klargestellt, dass sich die Privilegierung volljähriger unverheirateter Kinder, die im Haushalt der Eltern oder eines Elternteils leben und eine allgemeine Schule besuchen, nur auf die Leistungsfähigkeit der Eltern und den Rang bezieht (§§ 1603 II 2, 1609 BGB).[105] → Rn. 579 ff. 562

Gleichwohl kann das volljährige Kind den Elternteil, bei dem es lebt, in der Regel nicht auf Barunterhalt in Anspruch nehmen, da es im elterlichen Haushalt Naturalunterhalt erhält. Dieser Naturalunterhalt entbindet den das Kind versorgenden Elternteil aber nicht davon, rechnerisch zum Barunterhalt beizutragen, den beide Eltern nach § 1606 III 1 BGB schulden. Er ist auch gegenüber dem volljährigen Kind grundsätzlich verpflichtet, einer Erwerbstätigkeit nachzugehen.[106] Ihm wird ein fiktives Einkommen zugerechnet, wenn er diese Obliegenheit verletzt. Auf der Basis dieses fiktiven Einkommens wird dann der Unterhaltsanspruch gegen den anderen Elternteil berechnet.[107] Betreut der Elternteil, bei dem das volljährige Kind lebt, minderjährige Geschwister, richtet sich die Erwerbsobliegenheit nach deren Alter und Betreuungsbedürftigkeit. § 1606 III 2 BGB ist nicht einschlägig, da diese Vorschrift den Elternteil nur im Verhältnis zum jeweils betreuten minderjährigen Kind vom Barunterhalt entbindet. Man wird sich vielmehr an den Grundsätzen orientieren können, die im Rahmen des § 1570 BGB zur Erwerbsobliegenheit des betreuenden Ehegatten gelten. Zum Abzug von Betreuungskosten und eines Betreuungs-

---

[104] BGH FamRZ 2002, 815 = R 570b.
[105] BGH FamRZ 2002, 815 = R 570b.
[106] Vgl. BGH FamRZ 2017, 437 Rn. 27 ff.
[107] aA OLG Braunschweig, NJOZ 2010, 2599 (2600); die Begründung, das volljährige Kind werde für die Verletzung der Erwerbsobliegenheit bestraft, trifft indessen nicht zu; → Rn. 564, 567.

bonus vom Einkommen → Rn. 400 f., 572. Ist der Elternteil, bei dem das Kind lebt, wiederverheiratet, ist die Hausmannrechtsprechung (→ Rn. 291 ff.) anzuwenden.

563 Die Eltern **haften anteilig** für den **Restbedarf** des volljährigen Kindes (Bedarf abzüglich anzurechnenden Einkommens). Dabei ist die neue, auf die Rechtsprechung des BGH[108] zurückgehende, ab 1.1.2008 geänderte Kindergeldanrechnung zu beachten. Das anzurechnende Kindergeld ist wie Einkommen des Kindes zu behandeln.[109] Es ist nach § 1612b I BGB auf den Unterhaltsbedarf des Kindes anzurechnen.
– Zunächst muss der **gesamte Lebensbedarf** festgestellt und beziffert werden (→ Rn. 499 ff.). Der Unterhaltsbedarf ist nach den anzuwendenden Tabellen und Leitlinien (→ Rn. 508 ff., 518 ff.) zu bestimmen.
– Hierauf ist **eigenes Einkommen des Volljährigen** bedarfsmindernd anzurechnen, nachdem es um Werbungskosten bereinigt worden ist (→ Rn. 490 ff.; → § 1 Rn. 21 ff.).
– **Kindergeld** ist nach § 1612b I 1 Nr. 2 BGB in vollem Umfang bedarfsmindernd anzurechnen.
– Der Differenzbetrag ist der **Restbedarf**, für den **beide Eltern anteilig** haften.[110]

564 Die anteilige Haftung nach § 1606 III 1 BGB begründet **Teilschulden** der Eltern (→ Rn. 439). Von jedem Elternteil kann – abgesehen von der Zurechnung nur fiktiven Einkommens (→ Rn. 567) – nur der jeweils anteilige Unterhaltsbetrag verlangt werden.[111]

2. Vergleichbares Einkommen der Eltern

565 Die Eltern haben für den Unterhalt ihres volljährigen Kindes Einkommen jeder Art einzusetzen. Zum Einkommensbegriff → § 1 Rn. 21 ff.

566 Auch **Unterhalt,** den ein Elternteil von seinem (früheren) Ehegatten erhält, **ist Einkommen,** das für den Unterhalt eines volljährigen Kindes zur Verfügung steht, → Rn. 237. Voraussetzung für die Beteiligung am Unterhalt des Kindes ist jedoch, dass dem Elternteil der angemessene Selbstbehalt im Sinne des § 1603 I BGB, der nach den Tabellen und Leitlinien (Stand 2015) 1300,– EUR beträgt (→ Rn. 546 ff.), verbleibt. Der angemessene Selbstbehalt nach § 1603 I BGB ist nicht mit dem sog Ehegattenselbstbehalt identisch.[112] Im Einzelnen → Rn. 237, 545.

In der Praxis ist die Unterhaltspflicht des Elternteils, der nur oder jedenfalls teilweise von Ehegattenunterhalt lebt, allerdings kaum von Bedeutung. Sind sowohl ein volljähriges Kind als auch ein (früherer) Ehegatte unterhaltsbedürftig, muss zunächst – vom Mangelfall abgesehen (→ Rn. 266 ff.) – der Kindesunterhalt nach dem Einkommen des unterhaltspflichtigen Ehegatten (Elternteils) bemessen und von den Einkünften des Schuldners abgezogen werden; sodann ist vom verbleibenden Rest die Unterhaltsquote des bedürftigen Ehegatten zu berechnen.[113] Zu einer anteiligen Haftung beider Eltern kann es bei dieser Berechnung nicht kommen. Im Einzelnen → Rn. 250 und das Beispiel → Rn. 254.

567 Die **anteilige Haftung** der Eltern nach § 1606 III 1 BGB für den Restbedarf des volljährigen Kindes richtet sich **nach** deren **Leistungsfähigkeit,**[114] also nach den für Unterhaltszwecke tatsächlich verfügbaren Mitteln.[115] Vergleichbar in diesem Sinn sind demnach die Einkommensteile, die jedem der Eltern von seinem Einkommen nach Bereinigung um anzuerkennende Abzugsposten (→ Rn. 568–574) zur Bestreitung des eigenen Lebensbedarfs und für den Unterhalt des Volljährigen verbleiben (→ Rn. 425 ff.). In den Vergleich ist ggf. auch der **Stamm des Vermögens** einzubeziehen, falls ihn ein Elternteil für den Unterhalt einzusetzen hat (→ § 1 Rn. 619 f.).[116] Fiktives Einkommen des Eltern-

---

[108] BGH FamRZ 2006, 99.
[109] Dose FamRZ 2007, 1289 (1292 f.).
[110] BGH FamRZ 1988, 159 (161); 1985, 917 (919).
[111] BGH FamRZ 1989, 499; 1986, 153.
[112] BGH FamRZ 2006, 683.
[113] BGH FamRZ 1986, 553 (555); OLG Frankfurt a. M. FamRZ 1993, 231.
[114] BGH FamRZ 1986, 153.
[115] BGH FamRZ 1988, 1039.
[116] OLG Düsseldorf FamRZ 1994, 767 (769).

teils, bei dem das Kind lebt, kann in den Einkommensvergleich einbezogen werden, wenn sein Bedarf (teilweise) durch Naturalunterhalt gedeckt ist (→ Rn. 562).[117] Im Übrigen braucht sich das volljährige Kind, insbesondere wenn es bereits das Elternhaus verlassen hat, auf **fiktive Einkünfte** eines Elternteils nicht verweisen zu lassen. Eine etwaige Verletzung der Erwerbsobliegenheit hat allein der betreffende Elternteil, nicht aber das Kind zu verantworten. Daher kann es den leistungsfähigen Elternteil entsprechend dem Rechtsgedanken des § 1607 II BGB in Anspruch nehmen.[118] Dasselbe gilt, wenn der Aufenthalt des anderen Elternteils unbekannt ist. Auch in einem solchen Fall ist die Rechtsverfolgung gegen den anderen Elternteil erheblich erschwert (§ 1607 II 1 BGB). Dem leistungsfähigen Elternteil bleibt es unbenommen, gegen den anderen Unterhaltspflichtigen Regress zu nehmen.[119]

Das **vergleichbare Einkommen** ist in der Weise zu berechnen, dass von dem Einkommen jedes Elternteils alles abzuziehen ist, was zur Bestreitung des eigenen Bedarfs und des Unterhaltsbedarfs des Volljährigen nicht zur Verfügung steht.[120] Die Abzüge müssen allerdings unterhaltsrechtlich berechtigt sein. **568**

Dazu zählen im Wesentlichen:
- die **gesetzlichen Abzüge** vom Lohn und Einkommen, vor allem die Einkommen- und Kirchensteuer, sowie für die gesetzliche Renten-, Kranken- und Pflegeversicherung, bei Privatversicherten die Aufwendungen für eine angemessene entsprechende Vorsorge, auch die Beiträge einer zusätzlichen Altersvorsorge sind in Höhe von 4% des Bruttoeinkommens zu berücksichtigen, sofern sie tatsächlich angespart werden; **569**
- unterhaltsrechtlich zu berücksichtigende **Verbindlichkeiten** (→ Rn. 209, 257); **570**
- Kosten für anzuerkennenden krankheitsbedingten Mehrbedarf eines Elternteils (→ Rn. 554); **571**
- Kosten für die **Betreuung minderjähriger Geschwister,** wenn derartige Kosten tatsächlich entstehen, oder ein Betreuungsbonus, wenn die Betreuung zwar ohne konkret fassbaren Aufwand, aber nur unter besonderen Schwierigkeiten möglich ist, wie zB bei kleinen Kindern.[121] → Rn. 400 f. Dagegen kann bei einem größeren Kind, das keiner ständigen Betreuung mehr bedarf, ein dem Barunterhalt entsprechender Betrag nicht vom Einkommen des nicht barunterhaltspflichtigen Elternteils mit der Begründung abgezogen werden, der Betreuungsunterhalt sei dem Barunterhalt gleichwertig (→ Rn. 425, 442, 562).[122] **572**
- **Unterhaltszahlungen an vorrangige Berechtigte,** insbesondere an minderjährige oder privilegiert volljährige Kinder oder an den geschiedenen Ehegatten (→ Rn. 556 ff.). **573**

Außerdem ist bei jedem Elternteil ein **Sockelbetrag in Höhe des angemessenen Selbstbehalts** abzuziehen, in der Regel also von 1300,– EUR (→ Rn. 546 ff.). Durch einen solchen Abzug werden bei erheblichen Unterschieden der vergleichbaren Einkünfte die sich daraus ergebenden ungleichen Belastungen zugunsten des weniger verdienenden Elternteils relativiert.[123] Der Abzug des Sockelbetrages ist in allen Leitlinien vorgesehen (jeweils 13.3). **574**

Der angemessene Selbstbehalt kann ggf. erhöht (→ Rn. 550 ff.) oder ermäßigt (→ Rn. 555) werden. Dann ist (nur) bei dem betroffenen Elternteil der so errechnete Eigenbedarf vom Einkommen abzuziehen; bei dem anderen Elternteil verbleibt es beim Abzug des Sockelbetrages von 1300,– EUR. Der angemessene Selbstbehalt kann auch durch den auskömmlichen Familienunterhalt sichergestellt werden, den der Ehegatte zur Verfügung stellt. In einem solchen Fall ist der Elternteil verpflichtet, zum Unterhalt des

---

[117] Vgl. BGH FamRZ 2017, 437 Rn. 28 f.; OLG Karlsruhe – 2 WF 96/09, BeckRS 2010, 01729; OLG Köln FamRZ 2010, 382.
[118] Dahin tendiert auch der BGH FamRZ 2017, 437 Rn. 28.
[119] OLG Frankfurt a. M. FamRZ 1993, 231.
[120] BGH FamRZ 1988, 1039.
[121] BGH FamRZ 1991, 182 (184).
[122] BGH FamRZ 1988, 1039.
[123] BGH FamRZ 1988, 1039; 1986, 153; 1986, 151.

Kindes nach den Grundsätzen der Hausmannrechtsprechung (→ Rn. 291 ff.) beizutragen.[124] Im Rahmen des Vergleichs der Einkommen der Eltern kann bei ihm dann kein Sockelbetrag abgezogen werden.

3. Einzelheiten der Unterhaltsberechnung und wertende Veränderung des Verteilungsschlüssels

575 Die **Haftungsquote** nach § 1606 III 1 BGB wird in der Weise ermittelt, dass der Restbedarf des volljährigen Kindes mit dem **vergleichbaren Einkommen** jedes Elternteils (→ Rn. 565–574) multipliziert und durch die Summe der vergleichbaren Einkünfte beider Eltern geteilt wird.[125] Dies entspricht der allgemeinen Auffassung der Tabellen und Leitlinien (→ Rn. 574). Der Sockelbetrag deckt sich mit dem angemessenen Eigenbedarf und beträgt nach den Tabellen und Leitlinien 1300,– EUR (→ Rn. 574).

576 In einer **Formel** ausgedrückt errechnet sich der Haftungsanteil jedes Elternteils wie folgt:

R × V : S
R = Restbedarf des Kindes
V = vergleichbares Einkommen des haftenden Elternteils
S = Summe des vergleichbaren Einkommens beider Eltern

Diese Berechnung führt zum selben Ergebnis wie die Formel, die in einigen Leitlinien, insbesondere in den Süddeutschen Leitlinien (SüdL 13. 3.) empfohlen wird.

> **Beispiel:**
> Bedarf des studierenden Kindes: 735 – 204 = 531,– EUR
> Nettoeinkommen des Vaters: 1950,– EUR
> Nettoeinkommen der Mutter: 1450,– EUR
> Vergleichbares Einkommen des Vaters: 1950 – 1300 = 650,– EUR.
> Vergleichbares Einkommen der Mutter: 1450 – 1300 = 150,– EUR.
> Vergleichbares Einkommen beider Eltern: 650 + 150 = 800,– EUR.
> Quote des Vaters: 531 × 650 : 800 = 431,– EUR.
> Quote der Mutter: 531 × 150 : 800 = 100,– EUR.

577 Das so gewonnene Ergebnis ist stets auf seine Angemessenheit zu überprüfen.[126] Der **Verteilungsschlüssel** ist **wertend zu verändern,** wenn besondere Umstände dies nahelegen[127], zB bei einem besonderen Betreuungsaufwand eines Elternteils gegenüber einem behinderten volljährigen Kind. Es ist unbillig, den betreuenden Elternteil in einem solchen Fall zur Deckung des Unterhaltsbedarfs im Verhältnis der vergleichbaren Einkünfte zu verpflichten. Deshalb ist es geboten, die Belastung des betreuenden Elternteils, die mit dem erhöhten Einsatz für den Behinderten verbunden ist, durch eine Veränderung des Verteilungsschlüssels zu seinen Gunsten aufzufangen.[128] Das Ausmaß der wertenden Veränderung ist abhängig vom Umfang der erforderlichen zusätzlichen Leistungen. Durch eine entsprechende Veränderung soll erreicht werden, dass der zusätzlich belastete Elternteil zum Ausgleich für seinen besonderen Einsatz einen größeren finanziellen Spielraum zur Befriedigung seiner persönlichen Bedürfnisse als der andere erhält. Es handelt sich hierbei nicht um eine unangebrachte „Monetarisierung" elterlicher Fürsorge, sondern um eine angemessene Verteilung der beiderseitigen Unterhaltslast.[129] Vgl. zur entsprechenden Problematik beim minderjährigen Kind → Rn. 436 f.

---

[124] Vgl. BGH FamRZ 2001, 1065 = R 549c.
[125] BGH FamRZ 1988, 1039.
[126] BGH FamRZ 2000, 1492; 2000, 358.
[127] Vgl. BGH FamRZ 2013, 1558 Rn. 30 (zum Minderjährigenunterhalt).
[128] BGH FamRZ 1985, 917 (919); OLG Hamm FamRZ 1996, 303; so auch BrL, CL, DL, DrL, HaL, KL, NaL, SüdL jeweils 13.3.
[129] BGH FamRZ 1985, 917 (919); 1983, 689.

4. Darlegungs- und Beweislast für die Haftungsanteile der Eltern

Nimmt das **volljährige Kind** einen Elternteil auf Unterhalt in Anspruch, hat es dessen Haftungsanteil darzulegen und ggf. zu beweisen. Bei Übergang des Anspruchs auf den Träger der Ausbildungsförderung (§ 37 BAföG) oder den Sozialleistungsträger (§§ 33 SGB II, 94 SGB XII) trifft die Darlegungs- und Beweislast den nunmehrigen Anspruchsinhaber.[130]

Das Kind muss zunächst das **Einkommen des beklagten Elternteils** dartun. Die erforderlichen Angaben muss es sich von diesem notfalls durch die Geltendmachung des **Auskunftsanspruchs** verschaffen. UU genügt es jedoch, wenn das Kind die Behauptung aufstellt, das Einkommen sei gegenüber den Feststellungen in einem früheren Rechtsstreit (mindestens) um einen bestimmten Betrag angestiegen. Dann ist es Aufgabe des Elternteils, diese Behauptung substantiiert zu bestreiten. Dazu gehören Angaben über die Höhe seines jetzigen Einkommens.[131] Ist der Unterhaltspflichtige verheiratet, muss er auch Angaben zum Einkommen seines Ehegatten machen.[132]

Bezieht der **andere Elternteil**, zB die Mutter, Einkünfte, muss das Kind deren Höhe angeben und bei Bestreiten unter Beweis stellen. Verfügt sie über **kein Einkommen,** genügt der entsprechende Vortrag des Kindes und ein Beweisantritt, zB auf Vernehmung der Mutter als Zeugin. Trägt der Vater substantiiert vor, dass die Mutter Einkünfte habe, dass bei ihr wegen Zusammenlebens mit einem Lebensgefährten ein geringerer angemessener Selbstbehalt anzusetzen oder dass ihr angemessener Selbstbehalt durch den von ihrem Ehemann gewährten Familienunterhalt gedeckt sei (→ Rn. 555, 574), muss das Kind diese Behauptung ausräumen und den Beweis führen, dass sie nicht zutrifft.[133] Das Kind muss die Mutter grundsätzlich – ebenso wie den Vater – auf Auskunft über ihre unterhaltsrechtlich relevanten Einkünfte in Anspruch nehmen. Dem beklagten Vater bleibt es unbenommen, seinerseits die Mutter auf Auskunft in Anspruch zu nehmen.[134] Auf fiktive Einkünfte der Mutter braucht sich das Kind nicht verweisen zu lassen (→ Rn. 567).[135]

Bei einem **Abänderungsantrag** hat der Antragsteller die Darlegungs- und Beweislast für eine Veränderung der Verhältnisse, die für die Unterhaltsbemessung in dem früheren Titel maßgebend waren. Im Übrigen bleibt es bei der allgemeinen Verteilung der Beweislast. Stammt der Titel aus der Zeit der Minderjährigkeit, muss das nunmehr volljährige Kind dartun und beweisen, dass der Unterhaltsanspruch fortbesteht, insbesondere welche Haftungsquote auf den jeweiligen Elternteil entfällt (§ 1606 III 1 BGB).[136] Aus diesem Grund liegt es bereits im eigenen Interesse des Kindes, jewils beide Eltern auf Auskunft in Anspruch zu nehmen.

VI. Gleichstellung 18–20-jähriger Schüler mit Minderjährigen

1. Problematik der Privilegierung volljähriger Kinder während einer Übergangszeit nach Eintritt der Volljährigkeit

a) Rechtslage bis zum 30.6.1998. Die Herabsetzung des Volljährigkeitsalters vom 21. auf das 18. Lebensjahr und die Verlängerung der Schulausbildung haben dazu geführt, dass kaum ein Jugendlicher seine Ausbildung noch während der Minderjährigkeit abschließt. An den Lebensverhältnissen des jungen Erwachsenen ändert sich daher in vielen Fällen durch die Volljährigkeit – von der rechtlichen Selbstständigkeit abgesehen – nichts. Das Kind lebt weiter bei einem Elternteil, meist der Mutter, und wird von ihr wie bisher

---

[130] Vgl. BGH FamRZ 2003, 444 (zu § 7 UVG).
[131] BGH FamRZ 1987, 259.
[132] BGH FamRZ 2011, 21 Rn. 13 ff.
[133] OLG Celle FamRZ 1993, 1235; vgl. auch OLG Düsseldorf FamRZ 2002, 1646.
[134] BGH FamRZ 1988, 268 (270).
[135] OLG Frankfurt a. M. FamRZ 1993, 231.
[136] KG FamRZ 1994, 765; vgl. auch BGH FamRZ 1990, 496.

verköstigt und versorgt. Die Rechtsprechung hat zunächst versucht, diese Lücke durch **analoge Anwendung des § 1606 III 2 BGB** zu schließen. Der BGH hat in einem Urteil vom 8.4.1981[137] die entsprechende Anwendung des § 1606 III 2 BGB für eine Übergangszeit nach dem 18. Geburtstag des Kindes für möglich gehalten, da im Einzelfall ausnahmsweise in den ersten Jahren nach Eintritt der Volljährigkeit weiterhin von der Gleichwertigkeit des Barunterhalts und der Betreuungsleistungen ausgegangen werden könne, etwa wenn und solange sich der Barbedarf des Kindes gegenüber den üblichen Werten für minderjährige Kinder nicht wesentlich erhöhe. Deshalb hat der BGH die Ausbildungsvergütung eines volljährigen Kindes nur zur Hälfte auf den Barunterhalt angerechnet und sie im Übrigen wie beim Minderjährigenunterhalt (→ Rn. 118, 414) der Mutter gutgebracht, die nicht erwerbstätig war und ein weiteres minderjähriges Kind betreute.

Im Jahre 1994 ist der BGH[138] hiervon weitgehend abgerückt. Er hat zwar offengelassen, ob dem Urteil vom 8.4.1981[139] noch gefolgt werden könne, aber eindeutig klargestellt, dass es sich um eine auf die damals gegebenen Umstände bezogene **Ausnahme** gehandelt habe. Er hat die erwerbstätige Mutter für verpflichtet gehalten, zum Barunterhalt entsprechend ihren Einkommens- und Vermögensverhältnissen beizutragen (§ 1606 III 1 BGB), zumal da ihre Betreuungsleistungen in der Regel schon vom Umfang her nicht das Maß einer vollen Unterhaltsgewährung erreichen könnten. Damit war für die Praxis geklärt, dass eine **Fortdauer der Betreuung** und damit eine analoge Anwendung des § 1606 III 1 BGB über die Volljährigkeit hinaus **in der Regel nicht** in Betracht kam.

580 b) **Gesetzliche Neuregelung zum 1.7.1998.** Das KindUG hat volljährige unverheiratete Kinder bis zur Vollendung des 21. Lebensjahres minderjährigen unverheirateten Kindern teilweise gleichgestellt, solange sie im Haushalt der Eltern oder eines Elternteils leben und sich in der allgemeinen Schulausbildung befinden. Diese **Privilegierung** bezieht sich aber **nur** auf die **Leistungsfähigkeit** der Eltern (§ 1603 II 2 BGB; → Rn. 591) und auf den **Rang** im Verhältnis zu anderen Unterhaltsberechtigten (§ 1609 Nr. 1 BGB; → Rn. 593). Eine allgemeine Gleichstellung der 18–20-jährigen Schüler mit Minderjährigen war dagegen nicht beabsichtigt. Dies gilt insbesondere für die anteilige Haftung der Eltern, die auch gegenüber diesen Kindern eingreift (§ 1606 III 1 BGB), da ein volljähriges Kind nicht mehr betreut wird und daher der Elternteil, bei dem das Kind lebt, seine Unterhaltspflicht nicht mehr gemäß § 1606 III 2 BGB durch Betreuung erfüllen kann.[140] → Rn. 472, 579, 594 ff. Auch hinsichtlich der Verwertung des Vermögens (§ 1602 II BGB; → Rn. 589) und der Verwirkung (§ 1611 BGB; → Rn. 601 ff.) steht das privilegiert volljährige Kind dem Minderjährigen nicht gleich. Bei der Pfändung von Arbeitseinkommen stehen Unterhaltsansprüche minderjähriger Kinder und Ansprüche privilegiert volljähriger Kinder seit dem 1.1.2008 gleich (§§ 95 FamFG, 850d II ZPO).[141]

Die Privilegierung bestimmter volljähriger Kinder nach §§ 1603 II 2, 1609 Nr. 1 BGB stellt eine **abschließende gesetzliche Regelung** dar, die nicht erweitert werden darf. Die frühere Rechtsprechung zur Gleichstellung volljähriger Kinder mit Minderjährigen während einer Übergangszeit nach Vollendung des 18. Lebensjahres (→ Rn. 579) ist überholt.

Auch **behinderte volljährige Kinder** stehen minderjährigen Kindern nicht gleich, selbst dann nicht, wenn sie hilflos sind und einer Betreuung bedürfen. Zu den Unterhaltsansprüchen solcher Kinder → Rn. 530, 534 f.

2. Voraussetzungen der Privilegierung volljähriger Schüler nach §§ 1603 II 2, 1609 Nr. 1 BGB

581 a) **Alter.** Die Privilegierung erstreckt sich nur auf **Schüler** einer allgemein bildenden Schule bis zur Vollendung des 21. Lebensjahres, also auf 18–20-jährige Kinder. Mit dem

---

[137] BGH FamRZ 1981, 541.
[138] FamRZ 1994, 696; bestätigt durch BGH FamRZ 2006, 99.
[139] BGH FamRZ 1981, 541.
[140] BGH FamRZ 2006, 99; 2002, 815 = R 570b; BR-Drs. 959/96, 26 f.; FamRefK/Häußermann § 1603 Rn. 2.
[141] Zur früheren Rechtslage vgl. BGH FamRZ 2003, 1176.

21. Geburtstag sind §§ 1603 II 2, 1609 Nr. 1 BGB nicht mehr anwendbar, selbst wenn die Schulausbildung noch nicht beendet ist. Der Unterhaltsanspruch des Kindes ist dann uneingeschränkt nach den Regeln des Volljährigenunterhalts zu beurteilen. Für Auszubildende, Studenten, erwerbstätige oder nicht erwerbstätige junge Volljährige gilt die Privilegierung nicht.

b) Unverheiratete Kinder. Die Privilegierung erfasst nur ledige Kinder. Sie endet mit der Heirat, auch wenn das Kind im elterlichen Haushalt verbleibt und weiter die Schule besucht; sie entsteht nicht wieder, wenn die Ehe aufgehoben oder geschieden wird oder durch den Tod des anderen Ehegatten endet und das Kind in den elterlichen Haushalt zurückkehrt. Mit der Heirat tritt das Kind in ein anderes Unterhaltssystem ein (§§ 1360, 1361, 1569, 1318 BGB). Selbst wenn in diesem Ansprüche nicht bestehen oder nicht durchgesetzt werden können, das Kind in den Haushalt eines Elternteils zurückkehrt und die Eltern (wieder) unterhaltspflichtig sind, leben die verschärfte Unterhaltspflicht und der Vorrang des privilegierten Kindes nicht wieder auf.[142] Wenn ein Kind geheiratet hat, dürfen die Eltern darauf vertrauen, dass sie ihrem Kind nur noch nachrangig unterhaltspflichtig sind (§ 1609 Nr. 4 BGB) und sich ihm gegenüber auf ihren angemessenen Selbstbehalt berufen können (§ 1603 I BGB). Dieses Vertrauen ist schutzbedürftig. Zudem wäre eine verschärfte Haftung mit der nur ersatzweise eintretenden Unterhaltspflicht der Eltern (§ 1608 BGB) nur schwer zu vereinbaren.

c) Haushaltsgemeinschaft mit den Eltern oder einem Elternteil. Das volljährige Kind muss im Haushalt wenigstens eines Elternteils leben. Auch der Aufenthalt im Hause der Großeltern dürfte angesichts der engen familiären Bindung dafür ausreichen, jedenfalls dann, wenn das Kind seit frühester Jugend von ihnen versorgt worden ist.[143] Dagegen fällt der Aufenthalt bei Pflegeeltern oder in einem Heim nicht unter § 1603 II 2 BGB. Im Hause der Eltern muss das Kind seinen Lebensmittelpunkt haben, dort muss sich im Wesentlichen seine persönliche Habe befinden, dort muss es überwiegend schlafen. Eine auswärtige Beköstigung, zB in einer Schulmensa, schadet nicht. Die Haushaltsgemeinschaft dürfte in der Regel auch dann fortbestehen, wenn das Kind auswärts eine Schule besucht, am Schulort ein Zimmer hat oder in einem Internat lebt, aber am Wochenende und in den Ferien nach Hause zurückkehrt. Es kommt nicht darauf an, ob ein Elternteil Versorgungsleistungen übernimmt, also zB für das Kind kocht oder wäscht.[144] Eine Betreuung im Rechtssinne findet nach Volljährigkeit ohnehin nicht mehr statt (→ Rn. 472, 579 f.).

Unerheblich ist, ob der Elternteil, bei dem das Kind lebt, allein einen Haushalt unterhält, sich die Wohnung mit einem Lebensgefährten teilt oder eine Wohngemeinschaft mit anderen führt. Dies wird auch dann zu gelten haben, wenn ein Elternteil Unterkunft im Haushalt eines anderen gefunden hat, zB die Ehefrau nach der Trennung zu ihren Eltern gezogen ist und dort mit dem volljährigen Kind zusammenlebt.[145]

Vorübergehender Aufenthalt an einem anderen Ort schadet nicht, solange die Absicht der Rückkehr in den elterlichen Haushalt besteht. Dies gilt selbstverständlich für Urlaubsreisen, Krankenhaus- und Heimaufenthalte, aber auch für einen Auslandsaufenthalt während der allgemeinen Schulausbildung, zB für ein Schuljahr in den USA. Anders kann es dagegen liegen, wenn sich das Kind emanzipiert und unter Mitnahme seiner Sachen einen eigenen Hausstand begründet hat, zB auf Dauer zu einem Lebensgefährten gezogen ist und dort seinen Lebensmittelpunkt gefunden hat. Ob ein solcher endgültiger Auszug gegeben ist, wird sich allerdings erst nach Ablauf einer gewissen Übergangsfrist beurteilen lassen. Diese Übergangsfrist wird vielfach bis zur Vollendung des 21. Lebensjahres noch nicht abgelaufen sein, so dass bei Rückkehr in das Elternhaus die Privilegierung fortbesteht, wenn der Schulbesuch andauert. Macht der Elternteil, bei dem das Kind bislang

---

[142] So Luthin/Schumacher Rn. 3203; RGRK/Mutschler § 1602 Rn. 25; Soergel/Haeberle § 1602 Rn. 13; a. A. MüKoBGB/Luthin § 1603 Rn. 78; FamRefK/Häußermann § 1603 Rn. 4; Borth in Schwab/Ernst ScheidungsR-HdB § 8 Rn. 1308.
[143] OLG Dresden FamRZ 2002, 695; einschränkend OLG Hamm NJW-RR 2005, 1670.
[144] FamRefK/Häußermann § 1603 Rn. 6.
[145] FamRefK/Häußermann § 1603 Rn. 6.

gelebt hat, zu Recht von seinem Bestimmungsrecht nach § 1612 II 1 BGB Gebrauch, wird man einen endgültigen Auszug ohnehin verneinen müssen, → Rn. 32 ff., 47.

584 **d) Allgemeine Schulausbildung.** Was unter diesem Begriff zu verstehen ist, lässt sich weder dem Gesetz noch der Gesetzesbegründung entnehmen. Der BGH[146] hat den Begriff der allgemeinen Schulausbildung unter Heranziehung der zu § 2 I 1 Nr. 1 BAföG entwickelten Grundsätze ausgelegt. In dieser Bestimmung wird von „weiterführenden allgemeinbildenden Schulen" gesprochen.

Die allgemeine Schulausbildung ist einerseits von der Berufsausbildung, andererseits vom Hochschulstudium abzugrenzen. Zu ihr gehören danach alle Bildungsgänge, die einen anerkannten Schulabschluss ermöglichen, der seinerseits die Grundlage für eine spezielle Berufsausbildung oder ein Studium bildet. Nicht ausreichend ist dagegen der Besuch einer Schule, die neben allgemeinen Ausbildungsinhalten bereits eine Ausbildung vermittelt, die auf ein konkretes Berufsfeld bezogen ist.[147]

Im Einzelnen setzt die allgemeine Schulausbildung nach der Rechtsprechung des BGH[148] voraus:
- Ziel des Schulbesuchs muss der **Erwerb eines allgemeinen Schulabschlusses** als Zugangsvoraussetzung für die Aufnahme einer Berufsausbildung oder den Besuch einer Hochschule oder Fachhochschule sein, also jedenfalls der Hauptschulabschluss, der Realschulabschluss die fachgebundene oder die allgemeine Hochschulreife. Diese Voraussetzung ist beim Besuch der Hauptschule, der Gesamtschule, der Realschule, des Gymnasiums und der Fachoberschule immer erfüllt.
- Die Schulausbildung muss die **Zeit und die Arbeitskraft** des Kindes voll oder zumindest überwiegend in Anspruch nehmen; eine Erwerbstätigkeit, durch die der Schüler seinen Lebensunterhalt verdienen könnte, darf neben der Schulausbildung nicht möglich sein. Dieses Erfordernis ist jedenfalls erfüllt, wenn die Unterrichtszeit 20 Wochenstunden beträgt, also unter Berücksichtigung der Vor- und Nacharbeit sowie eventueller Fahrtzeiten die Arbeitskraft des Kindes im Wesentlichen ausfüllt.
- Das Kind muss an einem **kontrollierten Unterricht** teilnehmen, die Schule muss in einer Weise organisiert sein, dass eine Stetigkeit und Regelmäßigkeit der Ausbildung wie beim herkömmlichen Schulbesuch gewährleistet ist. Die Teilnahme am Unterricht darf nicht der Entscheidung des Schülers überlassen sein.

Die Rechtslage ist wegen der Vielzahl der Schulformen und der Schulabschlüsse höchst unübersichtlich. Wegen der **Kulturhoheit der Länder** besteht in der Bundesrepublik kein einheitliches Schulsystem. Einzelne Abschlüsse werden nicht in allen Bundesländern anerkannt. In der Praxis wird es in der Regel erforderlich sein, durch eine **Auskunft der Schule** zu klären, ob die genannten Voraussetzungen einer allgemeinen Schulausbildung vorliegen. Eine Untersuchung der Frage, welche Schulformen in sämtlichen Bundesländern zur allgemeinen Schulausbildung im Sinne des § 1603 II 2 BGB gehören, würde den Rahmen dieses Handbuchs sprengen. Daher sollen anhand der Verhältnisse in **Nordrhein-Westfalen** die wesentlichen Fragen aufgezeigt werden, die bei der Auslegung des Begriffs „allgemeine Schulausbildung" zu bedenken sind.

585 In Nordrhein-Westfalen dauert die **Schulpflicht** zehn Jahre,[149] in anderen Ländern nur neun Jahre. Die Berufsschulpflicht, die Kinder trifft, die keine weiterführende Schule besuchen, endet mit dem 18. Lebensjahr, besteht aber, wenn vor dem 21. Lebensjahr ein Berufsausbildungsverhältnis begonnen worden ist, bis zu dessen Abschluss fort.[150] Nach der hier nicht interessierenden Grundschule können Kinder die Hauptschule, die Realschule, das Gymnasium, die Gesamtschule und Sonderschulen für geistig oder körperlich Behinderte besuchen. Daneben besteht – ohne dass die Aufzählung Anspruch auf Vollständigkeit erhebt – die Möglichkeit zum Besuch von Berufsschulen, Berufsfachschulen, Höheren Berufsfachschulen, Fachschulen, Fachoberschulen, Kollegschulen, Abendgymnasien und

---

[146] FamRZ 2001, 1068.
[147] BGH FamRZ 2001, 1068 (1070).
[148] FamRZ 2001, 1068 (1070); 2002, 815 = R 570a.
[149] § 37 I SchulG NRW.
[150] § 38 SchulG NRW.

6. Abschnitt: Der Unterhaltsanspruch volljähriger Kinder § 2

Volkshochschulen. Die im Folgenden aufgezählten Abschlüsse können an verschiedenen Schulformen erworben werden. Im Einzelnen gilt Folgendes:
- **Hauptschulabschluss nach der 9. Klasse.** Erwerb an der Hauptschule sowie durch erfolgreichen Abschluss der entsprechenden Klasse an der Realschule, der Gesamtschule und am Gymnasium; Erwerb eines gleichwertigen Abschlusses versuchsweise durch Besuch der Vorklasse zum Berufsgrundschuljahr; die Schulausbildung kann aber erst beendet werden, wenn die zehnjährige Schulpflicht erfüllt ist.
- **Hauptschulabschluss nach der 10. Klasse** (oder ein gleichwertiger Abschluss). Erwerb an der Hauptschule, der Realschule, der Gesamtschule und am Gymnasium durch erfolgreichen Abschluss der entsprechenden Klasse, ferner an der Berufsschule durch Besuch des Berufsgrundschuljahres.
- **Fachoberschulreife.** Erwerb an der Hauptschule und der Gesamtschule, der Realschule und am Gymnasium (Versetzung in Klasse 11) sowie durch Besuch des Berufsgrundschuljahres und der Berufsfachschule (bei diesen Schulformen aber nur bei bestimmten Leistungen). Auch an der Volkshochschule kann – ggf. auch in Abendkursen – der Realschulabschluss erworben werden.[151]
- **Berechtigung zum Besuch der gymnasialen Oberstufe.** Erwerb an der Hauptschule und der Gesamtschule, an der Berufsschule durch Besuch des Berufsgrundschuljahres sowie an der Berufsfachschule, der Realschule (bei diesen Schulformen aber nur bei bestimmten Leistungen) und am Gymnasium (Versetzung in Klasse 11).
- **Fachhochschulreife** (schulischer Anteil). Erwerb an Fachoberschulen, Höheren Berufsfachschulen, insbesondere Höheren Handelsschulen, in Nordrhein-Westfalen auch Berufsfachschule für Wirtschaft und Verwaltung genannt. Voraussetzung für den Besuch der Fachhochschule sind die Absolvierung bestimmter Praktika oder eine Berufsausbildung. Die Praktika können, wie bei den Beamten des gehobenen Dienstes, in die Fachhochschulausbildung integriert sein.
- **Abitur (allgemeine Hochschulreife).** Erwerb am Gymnasium, der Gesamtschule, an Höheren Berufsfachschulen (insbesondere der Höheren Handelsschule) mit gymnasialer Oberstufe und am Abendgymnasium.

Eine allgemeine Schulausbildung wird danach an allen Schulen vermittelt, die auf direktem Wege zu einem der aufgezählten Abschlüsse führen. Dies ist zweifellos bei der Hauptschule, der Realschule, der Sekundarschule, dem Gymnasium, der Gesamtschule und bei der Sonderschule für körperlich und geistig Behinderte der Fall.[152] Das Studium an Hochschulen, Fachhochschulen oder Gesamthochschulen gehört dagegen nicht zur Schulausbildung, sondern baut auf ihr auf.

586

Die Durchlässigkeit des Schulsystems führt jedoch zu beachtlichen Abgrenzungsschwierigkeiten. Wer einen Hauptschul- oder Realschulabschluss mit der entsprechenden Qualifikation hat, kann den Schulbesuch zB auf einem Gymnasium oder einer Gesamtschule, einer Fachoberschule oder einer Höheren Berufsfachschule fortsetzen, um die Hochschul- oder Fachhochschulreife zu erwerben. Ebenso ist der Wechsel zwischen verschiedenen Schulformen zulässig. In Nordrhein-Westfalen sind die Bildungsgänge der Berufsschule, der (Höheren) Berufsfachschule, Fachoberschule und Fachschule zum Berufskolleg zusammengefasst. Es vermittelt in einfach- und **doppelqualifizierenden Bildungsgängen** eine berufliche Qualifizierung und ermöglicht den Erwerb der allgemein bildenden Abschlüsse der Sekundarstufe II; die Abschlüsse der Sekundarstufe I können nachgeholt werden.[153] Das **Berufskolleg** kann man daher nicht ohne weiteres zu den allgemein bildenden Schulen zählen, als anderseits auch nicht gänzlich von dem Begriff der allgemeinen Schulausbildung im Sinne des § 1603 II 2 BGB ausnehmen, da die Durchlässigkeit des Schulwesens sowie die Verzahnung von Schul- und Berufsausbildung – bei allen Meinungsverschiedenheiten im Detail – allgemein anerkannt sind. Gleichwohl wird man bei Schulen, die auch berufliche Bildung vermitteln, eine **allgemeine Schulausbildung** nur

---

[151] BGH FamRZ 2001, 1068 (1070), → Rn. 459 a. E.
[152] Vgl. auch BGH FamRZ 2001, 1068 (1070).
[153] § 4e I, II Schulverwaltungsgesetz NRW. in der Fassung der Bekanntmachung vom 18.1.1985 – GV. NRW. S. 155, zuletzt geändert durch Gesetz vom 19.5.2000 – GV. NRW. S. 462.

bejahen können, wenn die in → Rn. 584 aufgeführten Voraussetzungen gegeben sind, insbesondere Schwerpunkt der Ausbildung nicht die Ausbildung für einen bestimmten Beruf, sondern die Vermittlung einer allgemeinen Bildung ist, Vollzeitunterricht erteilt wird, ein kontrollierter Unterricht gewährleistet ist und Ziel der Ausbildung einer der in → Rn. 585 erwähnten Schulabschlüsse ist.[154]

Es ist unschädlich, wenn Praktika, zB in einem Betrieb in die Schulausbildung integriert sind. Auch wenn der Erwerb der Fachoberschul- oder der Fachhochschulreife an eine zusätzliche praktische Ausbildung oder ein Praktikum nach dem Schulbesuch geknüpft ist, steht dies der Anerkennung des schulischen Teils der Ausbildung als allgemeiner Schulausbildung nicht entgegen.[155]

Im Einzelnen gilt hinsichtlich der Einordnung dieser Schulen in das System der allgemeinen Schulausbildung folgendes:

- **Berufsschule:**
  - ja, im Berufsgrundschuljahr, da dort Schüler, die den Hauptschulabschluss erworben, aber noch keinen Ausbildungsplatz erhalten haben, den Hauptschulabschluss nach Klasse 10 und die Fachoberschulreife erwerben können und im Berufsgrundschuljahr nur die Grundbildung für eine nachfolgende Berufsausbildung gelegt wird;[156]
  - ja, in der Vorklasse zum Berufsgrundschuljahr, da sie der Vorbereitung auf die Aufnahme einer Berufsausbildung dient, Kenntnisse und Fähigkeiten aus mehreren Berufsfeldern vermittelt und den Hauptschulabschluss ermöglicht;[157]
  - nein, soweit neben einer Berufsausbildung in Fachklassen des dualen Systems der schulische Teil der Berufsausbildung vermittelt wird, da Unterricht in Teilzeitform oder in Unterbrechung der praktischen Ausbildung als Blockunterricht in Vollzeitform erteilt wird.[158]
- **Berufsfachschule:**
  - ja, soweit sie zur Fachoberschulreife führt und durch Vollzeitunterricht eine erweiterte Allgemeinbildung und eine berufliche Grundbildung vermittelt;[159]
- **Höhere Berufsfachschule:**
  - ja, soweit sie insbesondere als Höhere Handelsschule zur Fachhochschulreife oder als Höhere Berufsfachschule mit gymnasialer Oberstufe zur allgemeinen Hochschulreife führt;[160]
  - nein, soweit sie, teilweise neben der Fachhochschulreife, einen Berufsabschluss zB als staatlich geprüfter Assistent für Technik oder als staatlich geprüfter kaufmännischer Assistent für Betriebswirtschaft vermittelt.[161]
- **Fachschule:**
  - nein, da sie eine berufliche Weiterbildung zB in Technik, Gestaltung oder Sozialpädagogik bezweckt und in der Regel eine Berufsausbildung Voraussetzung für den Besuch ist.[162]
- **Fachoberschule:**
  - ja, soweit sie nach Abschluss der Sekundarstufe I (Fachoberschulreife) zur Fachhochschulreife führen soll, auch wenn in Klasse 11 neben dem Schulbesuch ein berufliches Praktikum zu absolvieren ist;[163]

---

[154] Zu Recht verneint vom OLG Stuttgart NJW-RR 2013, 131 mAnm Liceni-Kierstein FamRB 2012, 365 für das Berufskolleg für Praktikanten der Fachschule für Sozialpädagogik.
[155] BGH FamRZ 2002, 815 (816) = R 570a.
[156] OLG Köln NJW 2012, 2364 (Berufsorientierungsjahr, das zum Erwerb des Hauptschulabschlusses führt); vgl. § 15 Anlage A zur VO über die Ausbildung und Prüfung in den Bildungsgängen des Berufskollegs (APO BK) vom 26.5.1999 – GV. NRW. S. 240, zuletzt geändert durch VO vom 29.6.2003 – GV. NRW. 357; vgl. auch FamRefK/Häußermann § 1603 Rn. 9.
[157] § 11 Anlage A APO BK.
[158] §§ 2, 5 Anlage A APO BK; OLG Stuttgart NJW-RR 2013, 131 (Berufskolleg für Praktikanten der Fachschule für Sozialpädagogik).
[159] § 1 I Anlage B APO BK.
[160] BGH FamRZ 2002, 815 = R 570a.
[161] OLG Koblenz NJW-FER 2001, 176; vgl. FamRefK/Häußermann § 1603 Rn. 9.
[162] § 1 Anlage E APO BK; FamRefK/Häußermann § 1603 Rn. 9.
[163] FamRefK/Häußermann § 1603 Rn. 9.

6. Abschnitt: Der Unterhaltsanspruch volljähriger Kinder § 2

– nein, wenn nach einer abgeschlossenen Berufsausbildung in Vollzeit- oder Teilzeitform die Fachhochschulreife erworben werden soll.
- **Abendgymnasium, Volkshochschule:**
  – ja, wenn die Abendkurse die Arbeitszeit des Schülers überwiegend in Anspruch nehmen, ein anerkannter Schulabschluss angestrebt und kontrollierter Unterricht erteilt wird,[164]
  – nein, wenn die Schule neben der Berufsausübung besucht wird.

Auf die Rechtsform der Schule kommt es nicht an. Ob die erwähnten Ausbildungsgänge **587** vom Staat, der Gemeinde, den Kirchen, von **Privatschulen,** Ersatzschulen oder Ergänzungsschulen angeboten werden, ist nicht entscheidend. Auch der Besuch von Kursen, die erst den Schulbesuch ermöglichen oder ersetzen sollen (zB Sprachunterricht bei Kindern von Aussiedlern oder Asylbewerbern), gehört nach dem Zweck des § 1603 II 2 BGB zur allgemeinen Schulausbildung. Notwendig ist allein, dass die Ausbildung dem Ziel dient, einen staatlich anerkannten Schulabschluss zu erwerben.[165]

Der Schulbesuch wird durch Ferien, durch Krankheit oder Schwangerschaft selbstverständlich nicht unterbrochen. Auch sonstige **Unterbrechungen,** selbst von längerer Dauer, sind grundsätzlich unschädlich. Es kommt nicht darauf an, ob der Schulbesuch bei Volljährigkeit noch andauert oder erst später wieder aufgenommen wird.[166] Das Kind befindet sich bis zum Ablauf des Schuljahres in der allgemeinen Schulausbildung, in dem der Schulabschluss erworben wird. Der Vorschlag von Häußermann,[167] auf die Aushändigung des Abschlusszeugnisses abzustellen, weil das Kind dann nicht mehr aus zwingenden Gründen an einer bedarfsdeckenden Erwerbstätigkeit gehindert sei, befriedigt nicht. Der nächste Ausbildungsabschnitt kann in aller Regel nicht sofort begonnen werden; auch muss dem Kind nach Ende des tatsächlichen Schulbesuchs eine gewisse Erholungsphase zugestanden werden. **588**

3. Unterhaltsbemessung bei privilegiert volljährigen Kindern

a) **Die Bedürftigkeit** des Kindes ist in aller Regel zu bejahen, da es als Schüler über **589** kein Erwerbseinkommen verfügt und nicht zu einer Erwerbstätigkeit verpflichtet ist. Gleichwohl erzieltes Erwerbseinkommen stammt aus unzumutbarer Tätigkeit und ist daher gar nicht oder nur zu einem Teil anzurechnen, → Rn. 109, 491. Zinsen aus Vermögen mindern die Bedürftigkeit. Das Kind ist ggf. auch verpflichtet, den Stamm seines Vermögens zu verwerten. § 1602 II BGB gilt nur für minderjährige Kinder, → Rn. 133. Eine entsprechende Anwendung dieser Vorschrift auf privilegiert volljährige Kinder ist im Gesetz nicht vorgesehen.

b) **Der Bedarf** des Kindes ist der **4. Altersstufe** der Düsseldorfer Tabelle zu entneh- **590** men.[168] Dies entspricht inzwischen der Auffassung aller Oberlandesgerichte. Das OLG Oldenburg entnahm den Bedarf der 3. Altersstufe, hat sich aber inzwischen der Düsseldorfer Tabelle angeschlossen. Da grundsätzlich beide Eltern barunterhaltspflichtig sind (→ Rn. 594), bemisst sich der Bedarf des Kindes ohne Höhergruppierung nach ihren zusammengerechneten Einkünften[169] (→ Rn. 523). Ist dagegen ein Elternteil nicht leistungsfähig, richtet sich die Einstufung in die Düsseldorfer Tabelle nach dem Einkommen des allein barunterhaltspflichtigen Elternteils, da dieser nicht mehr Unterhalt zu zahlen hat, als seinem eigenen Einkommen entspricht, → Rn. 523. Mehrbedarf (→ Rn. 530 ff.) kommt ggf. hinzu. Anzurechnendes Einkommen des Kindes (→ Rn. 589) und das volle Kindergeld (§ 1612b I 1 Nr. 2 BGB) kürzen den Bedarf des Kindes.

---

164 BGH FamRZ 2001, 1068 (1070).
165 BGH FamRZ 2001, 1068 (1070); FamRefK/Häußermann § 1603 Rn. 9.
166 BGH FamRZ 2001, 1068 (1070); FamRefK/Häußermann § 1603 Rn. 12.
167 FamRefK/Häußermann § 1603 Rn. 13.
168 OLG Hamm FamRZ 1999, 1018; Strauß FamRZ 1998, 993 (995); FamRefK/Häußermann § 1610 Rn. 4; vgl. auch BGH FamRZ 2002, 815 (818).
169 OLG Hamm FamRZ 1999, 1018; Strauß FamRZ 1998, 993 (995).

591 **c) Leistungsfähigkeit.** Gegenüber dem privilegierten Kind besteht die gleiche (verschärfte) Erwerbsobliegenheit wie gegenüber einem minderjährigen Kind (→ Rn. 366 ff.). Die barunterhaltspflichtigen Eltern haben alle verfügbaren Mittel für sich und den Unterhalt der minderjährigen und der privilegierten Kinder gleichmäßig zu verwenden (§ 1603 II 1, 2 BGB). Ihnen verbleibt im Mangelfall nur der notwendige Selbstbehalt von 1080,– EUR bei Erwerbstätigkeit und von 880,– EUR bei Nichterwerbstätigkeit (→ Rn. 385 ff.), wenn nicht ein anderer unterhaltspflichtiger Verwandter den Unterhalt aufbringen kann und deshalb die verschärfte Unterhaltspflicht nicht eingreift (→ Rn. 394 ff.). Der Elternteil, der minderjährige Geschwister des privilegiert volljährigen Kindes betreut, braucht einer Erwerbstätigkeit nicht nachzugehen, wenn ihm im Verhältnis zum anderen Elternteil in entsprechender Anwendung § 1570 BGB keine Erwerbsobliegenheit trifft, → Rn. 540, 562. Anders liegt es, wenn die zu betreuenden Kinder aus einer anderen ehelichen oder nichtehelichen Verbindung stammen, da die Hausmannrechtsprechung auch zugunsten des privilegiert volljährigen Kindes gilt (→ Rn. 276). Auf fiktive Einkünfte braucht sich das Kind nicht verweisen zu lassen.[170] → Rn. 567.

592 **d) Kindergeld** ist nach der durch die Unterhaltsreform 2007 geänderten Systematik gemäß § 1612b I BGB zur Deckung seines Barbedarfs zu verwenden, also bedarfsdeckend anzurechnen. Dies gilt auch bei beiderseitiger Barunterhaltspflicht.[171] Die bisherige Regelung in § 1612b II BGB, wonach sich der Haftungsanteil des Elternteils, der das Kindergeld erhält, um die Hälfte des Kindergeldes erhöht, wird nunmehr durch die allgemeine Bestimmung erfasst, dass das Kindergeld für den Barbedarf des Kindes zu verwenden ist. Diese Vorschrift begründet einen Anspruch des Kindes[172] auf Auskehrung des Kindergelds.

593 **e) Rangverhältnis.** Das privilegiert volljährige Kind steht im Rang dem minderjährigen Kind gleich (§ 1609 Nr. 1 BGB) und geht allen weiteren Unterhaltsberechtigten vor.

594 **f) Anteilige Haftung der Eltern.** Nach § 1606 III 1 BGB haften die Eltern dem privilegiert volljährigen Kind entsprechend ihren Erwerbs- und Vermögensverhältnissen. § 1606 III 2 BGB, nach dem der betreuende Elternteil seine Unterhaltspflicht gegenüber dem minderjährigen Kind in der Regel durch Pflege und Erziehung erfüllt, gilt für privilegiert volljährige Kinder nicht.[173] Dies ist in der Gesetzesbegründung zum KindUG[174] ausdrücklich festgehalten und im weiteren Gesetzgebungsverfahren nicht in Frage gestellt worden. An diesen eindeutigen Willen des Gesetzgebers hat sich die Rechtsprechung zu halten. Freilich führt die Lösung des Gesetzgebers zu Problemen, die nur schwer zu lösen sind, → Rn. 598.

595 Anzuwenden sind die Grundsätze, die bei beiderseitiger Unterhaltspflicht der Eltern für ein minderjähriges Kind gelten (→ Rn. 425 ff.). Die anrechenbaren Einkünfte der Eltern sind jeweils um einen **Sockelbetrag in Höhe des angemessenen Eigenbedarfs** zu kürzen, der nach den meisten Tabellen und Leitlinien monatlich 1300,– EUR beträgt. Dazu und zu abweichenden Sätzen für den angemessenen Eigenbedarf → Rn. 546 ff.

Nach den allerdings nicht immer eindeutigen Leitlinien mancher Oberlandesgerichte (BL, BraL, DL, HL, OL, jeweils 13. 3) wird generell nur ein Sockelbetrag in Höhe des notwendigen Selbstbehalts abgezogen, weil jeder Elternteil dem Kind verschärft hafte.[175] Dies halte ich nicht für richtig. Aus § 1603 I, II 3 BGB folgt, dass jedem Elternteil zunächst sein angemessener Selbstbehalt verbleiben muss. Dementsprechend hat der BGH entschieden, dass der angemessene Selbstbehalt nicht angegriffen werden muss, wenn der andere Elternteil den Unterhalt ohne Gefährdung seines angemessenen Selbstbehalts aufbringen kann.[176] Die verschärfte Unterhaltspflicht setzt sowohl beim minderjährigen als

---

[170] OLG Nürnberg FamRZ 2000, 687.
[171] So schon BGH FamRZ 2006, 99.
[172] Gesetzesbegründung, BT-Drs. 16/1830, 30.
[173] BGH FamRZ 2002, 815 (817) = R 570b und die dort zitierte ganz herrschende Meinung.
[174] BR-Drs. 959/96, 27.
[175] So auch OLG Braunschweig, FamRZ 1999, 1454; Obermann in Schwab/Ernst ScheidungsR-HdB § 9 Rn. 171 ff.
[176] BGH FamRZ 2013, 1558 Rn. 27, 2011, 454 Rn. 35 ff.; vgl. auch LL OLG Hamm (2013) Nr. 13.3.2.

6. Abschnitt: Der Unterhaltsanspruch volljähriger Kinder § 2

auch beim privilegiert volljährigen Kind erst ein, wenn kein anderer unterhaltspflichtiger Verwandter, zB der andere Elternteil, vorhanden ist, der den Bedarf ohne Gefährdung seines angemessenen Selbstbehalts decken kann, → Rn. 397, 426. Daraus folgt, dass bei beiderseitiger Unterhaltspflicht der Eltern Einkommen, das den angemessenen Eigenbedarf von 1300,– EUR nicht überschreitet, grundsätzlich nicht für den Unterhalt des Kindes zur Verfügung steht.[177] Der Vorwegabzug nur des notwendigen Selbstbehalts führt, wenn kein Mangelfall (→ Rn. 599) vorliegt, zu unangemessenen Ergebnissen. Während der weniger verdienende Elternteil, der das minderjährige Kind betreut hat, sich bis zur Volljährigkeit an dessen Barunterhalt nicht zu beteiligen brauchte, wird er danach während der Privilegierung verschärft zum Unterhalt herangezogen; er kann sich erst nach Fortfall der Privilegierung auf seinen angemessenen Selbstbehalt berufen. Vgl. dazu die Beispiele → Rn. 596.

Anders ist es dagegen, wenn bei einem Sockelbetrag in Höhe des angemessenen Selbstbehalts der Bedarf des Kindes (→ Rn. 590) nicht sichergestellt wird. Dann ist der Sockelbetrag bis auf den notwendigen Selbstbehalt von 1080,– EUR bzw. 880,– EUR zu ermäßigen (→ Rn. 426, 298).[178] Diese Auffassung wird auch von den meisten Leitlinien vertreten (BrL, CL, DrL, FL, HaL, KL, NaL, RL, SüdL jeweils 13.3). Ihr scheint auch der BGH[179] zuzuneigen. Er hat die Frage zwar nicht abschließend entschieden, aber dem Oberlandesgericht im konkreten Fall nahe gelegt, „mit Rücksicht auf die vorliegende Mangelsituation" den Sockelbetrag in Höhe des notwendigen Selbstbehalts zu bemessen. Daraus ist gerade nicht zu entnehmen, dass nach Ansicht des BGH in jedem Fall der notwendige Selbstbehalt als Sockelbetrag abgezogen werden soll. Vielmehr hat der BGH inzwischen betont, dass bei einem generellen Abzug des notwendigen Selbstbehalts die verschärfte Haftung des Elternteils entgegen § 1603 II BGB bereits dann eingreifen würde, wenn kein Mangelfall vorliegt.[180]

Beispiel 1:
Das bei seiner Mutter (M) lebende 19-jährige Kind (K), das ein Gymnasium besucht, verlangt Unterhalt. Der Vater (V) hat ein bereinigtes Einkommen von 2550,– EUR, M von 1340,– EUR. Diese bezieht das Kindergeld von 204,– EUR. Kein Ehegattenunterhalt.
Der Bedarf von K beträgt nach dem zusammengerechneten Einkommen der Eltern von 3890,– EUR nach der 6. Einkommensgruppe der Düsseldorfer Tabelle (2019), 4. Altersstufe 675,– EUR – 204,– EUR (Kindergeld) = 471,– EUR
Vorwegabzug eines Sockelbetrages von 1300,– EUR:
Vergleichbares Einkommen des V: 2550 – 1300 = 1250,– EUR.
Vergleichbares Einkommen der M: 1340 – 1300 = 40,– EUR.
Vergleichbares Einkommen beider Eltern: 1250 + 40 = 1290,– EUR.
Haftungsanteil des V: 1250 × 471 : 1290 = 456,– EUR.
Haftungsanteil der M: 40 × 471 : 1290 = 15,– EUR.
Vorwegabzug eines Sockelbetrages von 1080,– EUR:
Vergleichbares Einkommen des V: 2550 – 1080 = 1470,– EUR.
Vergleichbares Einkommen der M: 1340 – 1080 = 260,– EUR.
Vergleichbares Einkommen beider Eltern: 1470 + 260 = 1730,– EUR.
Haftungsanteil des V: 1470 × 471 : 1730 = 400,– EUR.
Haftungsanteil der M: 260 × 471 : 1730 = 71,– EUR.
Diese Berechnung führt zu einer unangemessenen Benachteiligung der wirtschaftlich schwächeren M (vgl. oben im Text und → Rn. 426).

Beispiel 2:
Wie Beispiel 1, Einkommen des V: 1642,– EUR, Einkommen der M: 1361,– EUR.
Der Bedarf von K beträgt nach dem zusammengerechneten Einkommen der Eltern von 3003,– EUR nach der 4. Einkommensgruppe der Düsseldorfer Tabelle (2019), 4. Altersstufe 607,– EUR – 204,– EUR (Kindergeld) = 403,– EUR.

---

[177] OLG Düsseldorf FamRZ 2001, 1242; OLG Hamm FamRZ 2000, 379.
[178] Ebenso Strauß FamRZ 1998, 993 (995); anders FamRefK/Häußermann § 1606 Rn. 2; vgl. auch OLG Hamm FamRZ 1999, 1018.
[179] FamRZ 2002, 815 (818).
[180] BGH FamRZ 2011, 454 Rn. 35 ff.

Vorwegabzug eines Sockelbetrages von 1300,– EUR:
Vergleichbares Einkommen des V: 1642 – 1300 = 342,– EUR.
Vergleichbares Einkommen der M: 1361 – 1300 = 61,– EUR
Vergleichbares Einkommen beider Eltern: 342 + 61 = 403,– EUR.
Jeder Elternteil haftet mit seinem verfügbaren Einkommen, kein Mangelfall.
Hat nun die M ein Einkommen von 1360,– EUR, also 1,– EUR weniger, so liegt ein **Mangelfall** vor. Eine Umstellung der Methode auf den *Abzug des notwendigen Selbstbehalts von 1080,– EUR als Sockelbetrag* führt nun zu erheblichen Verzerrungen:
Vergleichbares Einkommen des V: 1642 – 1080 = 562,– EUR
Vergleichbares Einkommen der M: 1360 – 1080 = 280,– EUR
Vergleichbares Einkommen beider Eltern: 562 + 280 = 842,– EUR
Anteil V: 562 : 842 × 403 = 269,– EUR
Anteil M: 562 : 842 × 403 = 134,– EUR
M müsste nun ihren angemessenen Selbstbehalt mit 74,– EUR angreifen (= 1360 – 134 – 1300), während V nunmehr sogar 73,– EUR oberhalb des angemessenen Selbstbehalts behielte.
Sachlich richtig ist es dagegen, den nach Abzug des angemessenen Selbstbehalts verbleibenden Fehlbetrag (1,– EUR) zwischen M und V hälftig zu teilen. S. das weitere Beispiel → Rn. 428. Der **BGH** hat dementsprechend darauf hingewiesen, dass eine einstufige Berechnung im Mangelfall nicht ausreichend ist.[181]

597 Verfügt ein Elternteil nur über Einkommen zwischen 1080,– EUR und 1300,– EUR, ist zwar sein notwendiger, nicht aber sein angemessener Selbstbehalt gewahrt. In einem solchen Fall ist er nach §§ 1603 II 2, 3, 1606 III 1 BGB nicht unterhaltspflichtig, wenn der andere Elternteil ein deutlich höheres Einkommen hat und den Unterhalt des Kindes allein ohne Gefährdung seines angemessenen Bedarfs von 1300,– EUR decken kann.[182] Vgl. dazu im Einzelnen die entsprechende Problematik beim Minderjährigenunterhalt → Rn. 397, 400, 404 ff.

598 Probleme wirft die Berechnung des Unterhalts auf, **wenn minderjährige und privilegiert volljährige Kinder zusammentreffen.** Für den Barunterhalt des minderjährigen Kindes haftet der betreuende Elternteil nicht (§ 1606 III 2 BGB; aber (→ Rn. 206), während er sich am Barunterhalt des privilegiert volljährigen Kindes sehr wohl beteiligen muss (→ Rn. 594 f.). Der Bedarf des Minderjährigen richtet sich allein nach dem Einkommen des Barunterhaltspflichtigen (→ Rn. 212; aber → Rn. 206), derjenige des volljährigen Schülers nach dem zusammengerechneten Einkommen beider Eltern (→ Rn. 523, 590). Ob bei der Berechnung des Unterhalts des privilegiert volljährigen Kindes die Belastung der Eltern durch den Unterhalt des minderjährigen Kindes zu berücksichtigen ist, ist fraglich. Die Frage stellt sich bei der Bedarfsermittlung aufgrund der zusammengerechneten Einkommen und bei der Ermittlung der Haftungsanteile nach § 1606 III 1 BGB.
Bis zur 7. Auflage (→ Rn. 470[183]) ist hierzu – in Auseinandersetzung mit der Ansicht von *Borth*[184] – die Meinung vertreten worden, dass der Minderjährigenunterhalt vorweg abzuziehen sei. Zur Begründung ist auf die Lage beim Ehegattenunterhalt verwiesen worden, bei dem ebenfalls der Kindesunterhalt vorweg abzuziehen sei. Die Berechnung ohne Vorwegabzug führe zu einer ungerechtfertigten Benachteiligung der die minderjährigen Geschwister betreuenden Mutter. Dieser Auffassung haben mehrere Oberlandesgerichte widersprochen.[185]
Die Kritik erscheint berechtigt. An der bislang vertretenen Auffassung wird daher nicht festgehalten. Die Ermittlung der Unterhaltsanteile unter Vorwegabzug des Minderjährigenunterhalts lässt sich – ebenso wie die Bestimmung des Unterhaltsbedarfs – aus der Vorgehensweise beim Ehegattenunterhalt nicht ohne weiteres begründen. Die Gleichrangigkeit der Unterhaltsansprüche Minderjähriger und privilegierter Volljähriger fordert vielmehr eine gleichzeitige Berücksichtigung sämtlicher Unterhaltspflichten. Der zusätzlichen

---

[181] BGH FamRZ 2011, 454 Rn. 37.
[182] BGH FamRZ 2011, 454 Rn. 35 ff. mwN; Strauß FamRZ 1998, 993 (995); ebenso für den Unterhalt minderjähriger Kinder BGH FamRZ 1998, 286 (288).
[183] MwN auch zur aA.
[184] In Schwab, Handbuch des Scheidungsrechts, 5. A., Rn. V 166 ff.
[185] OLG Hamm FamRZ 2010, 1346; OLG Stuttgart FamRZ 2007, 75.

6. Abschnitt: Der Unterhaltsanspruch volljähriger Kinder § 2

Belastung des Elternteils durch mehrere Unterhaltspflichten kann – im Rahmen der Kontrollberechnung (→ Rn. 523) – durch die Einstufung in eine niedrigere Einkommensgruppe der Düsseldorfer Tabelle Rechnung getragen werden.[186]

Die Berechnung soll an zwei Beispielen verdeutlicht werden: **599**

Beispiel 1:
Der 19-jährige Schüler einer Gesamtschule (K 1) lebt mit seinen 16- und 17-jährigen Brüdern K 2 und K 3 bei seiner Mutter (M), die das Kindergeld von jeweils 204,– EUR (K 1), 204,– EUR (K 2) und 210,– EUR (K 3) bezieht. Das bereinigte Einkommen des Vaters (V) beträgt 3000,– EUR, das der M 1500,– EUR. Kein Ehegattenunterhalt. Wieviel Unterhalt schuldet der V dem K 1?
Berechnung des Unterhalts der K 1 bis K 3:
Der Bedarf von K 2 und K 3 beträgt, ausgehend allein vom Einkommen des V nach Herabstufung um eine Gruppe gemäß der 3. Einkommensgruppe der Düsseldorfer Tabelle (2019), Altersstufe 3, für K 2: 524 – 102 ($^1/_2$ Kindergeld 2. Kind) = 422,– EUR und für K 3: 524 – 105 ($^1/_2$ Kindergeld 3. Kind) = 419,– EUR.
Der Bedarf von K 1 beläuft sich entsprechend dem Einkommen beider Eltern von 4500,– EUR nach der 8. Einkommensgruppe der Düsseldorfer Tabelle, Altersstufe 4, auf 759,– EUR – 204,– EUR (Kindergeld) = 555,– EUR.
Kontrollberechnung: Der Unterhalt darf den Betrag nicht übersteigen, der sich bei alleiniger Haftung des V für den Volljährigenunterhalt ergäbe (→ Rn. 523): Einkommensgruppe 3 der Düsseldorfer Tabelle: 580 ./. 204 EUR (Kindergeld) = 376,– EUR. Hierbei ist der Unterhalt – wie bei K 2 und K 3 – wegen überdurchschnittlicher Unterhaltslast um eine Gruppe herabgestuft worden. Der Bedarfskontrollbetrag von 1400,– EUR ist gewahrt (3000 – 376 – 422 – 419 = 1783,– EUR).
Bestimmung der Haftungsanteile bei beidseitiger Elternhaftung:
(Rest-)Bedarf (s. o.): 555,– EUR
Vergleichbares Einkommen V: 3000 – 1300 (→ Rn. 427 f.) = 1700,– EUR
Vergleichbares Einkommen M: 1500 – 1300 = 200,– EUR
Summe vergleichbares Einkommen: 1700 + 200 = 1900,– EUR
Haftungsanteil V: 1900 × 555 : 1900 = 497,– EUR, ist höher als der Betrag bei Alleinhaftung (s. o.). also: 376,– EUR.
Haftungsanteil M: 200 × 558 : 1900 = 58,– EUR.
Ergebnis: V schuldet dem K 1 demnach Unterhalt von **376,– EUR**.

Beispiel 2:
Wie oben, das Einkommen des V beträgt aber nur **2200,– EUR**.
Berechnung des Unterhalts der K 1 bis K 3:
Der Bedarf von K 2 und K 3 beträgt, ausgehend allein vom Einkommen des V nach Herabstufung um eine Gruppe der 1. Einkommensgruppe der Düsseldorfer Tabelle (2019), Altersstufe 3, für K 2: 476 – 102 ($^1/_2$ Kindergeld 2. Kind) = 374,– EUR und für K 3: 476 – 105 ($^1/_2$ Kindergeld 3. Kind) = 371,– EUR.
Der Bedarf von K 1 beläuft sich entsprechend dem Einkommen beider Eltern von 3700,– EUR nach der 6. Einkommensgruppe der Düsseldorfer Tabelle, Altersstufe 4, auf 675,– EUR – 204,– EUR (Kindergeld) = 471,– EUR.
Kontrollberechnung (→ Rn. 523): Unterhalt bei alleiniger Haftung des V für den Volljährigenunterhalt: Einkommensgruppe 1 der Düsseldorfer Tabelle: 527 ./. 204 (Kindergeld) = 323,– EUR. Hierbei ist der Unterhalt – wie bei K 2 und K 3 – wegen überdurchschnittlicher Unterhaltslast um eine Gruppe herabgestuft worden.
Bestimmung der Haftungsanteile bei beidseitiger Elternhaftung:
(Rest-)Bedarf (s. o.): 471,– EUR
Vergleichbares Einkommen V: 2200 – 1300 (→ Rn. 427 f.) = 900,– EUR
Vergleichbares Einkommen M: 1500 – 1300 = 200,– EUR
Summe vergleichbares Einkommen: 900 + 200 = 1100,– EUR
Haftungsanteil V: 900 × 441 : 1100 = 385,– EUR, ist höher als der Betrag bei Alleinhaftung (s. o.). also zu reduzieren auf 323,– EUR.
Haftungsanteil M: 200 × 471 : 980 = 86,– EUR.
Leistungsfähigkeit des V: 2200 – 323 (K 1) – 374 (K 2) – 371 (K 3) = 1132,– EUR. Demnach ist der angemessene Selbstbehalt nach § 1603 I BGB nicht gewahrt, sodass für den Fehlbetrag (1300 –

---

[186] OLG Hamm FamRZ 2010, 1346 juris Rn. 52; vgl. ausführlich Gutdeutsch, System der Unterhaltsberechnung, S. 114 ff.

1132 = 168,– EUR) – beschränkt auf K 1 – die Haftung der M nach § 1603 II 3 BGB eingreift. M schuldet daher 82,– EUR mehr als ihren rechnerischen Anteil nach der Quotenberechnung.
Ergebnis: V schuldet dem K 1 demnach Unterhalt von (323 – 168 =) **155,– EUR**, die M **168,– EUR**. Der V behält 1300,– EUR, die M (1500 – 168 =) 1332,– EUR.
Wenn überdies der notwendige Selbstbehalt von 1080,– EUR nicht gewahrt ist **(Mangelfall)**, so ist – wenn die Ersatzhaftung der M nicht ausreicht, um den Unterhalt des K 1 auf den Unterhalt nach der 1. Einkommensgruppe aufzustocken – der Unterhalt sämtlicher – gleichrangiger – Kinder gleichmäßig herabzusetzen, → Rn. 428. Zu Besonderheiten, wenn ein Elternteil nur aufgrund fiktiven Einkommens haftet, → Rn. 567.

600 g) **Verwirkung.** Da die entsprechende Anwendung des § 1611 II BGB auf das privilegiert volljährige Kind nicht angeordnet worden ist, kann dessen Unterhaltsanspruch verwirkt werden, → Rn. 478 ff.

VII. Verwirkung des Unterhaltsanspruchs des volljährigen Kindes

601 Nach § 1611 I BGB schulden Eltern nur einen Beitrag zum Unterhalt, der der Billigkeit entspricht,
– wenn der Volljährige durch sittliches Verschulden bedürftig geworden ist,
– wenn er seine eigene Unterhaltspflicht gegenüber dem Pflichtigen gröblich vernachlässigt hat
– oder wenn er sich vorsätzlich einer schweren Verfehlung gegen den Unterhaltsschuldner oder gegen einen nahen Angehörigen des Pflichtigen (Ehegatten, Kind) schuldig gemacht hat.
Die Verpflichtung der Eltern entfällt ganz, wenn deren Inanspruchnahme grob unbillig wäre (§ 1611 I 2 BGB). Als Ausnahmevorschrift ist § 1611 BGB eng auszulegen. Wenn ein volljähriges Kind nachhaltig die Obliegenheit verletzt, seine Ausbildung planvoll und zielstrebig durchzuführen, verliert es seinen Unterhaltsanspruch schon wegen Verstoßes gegen das Gegenseitigkeitsprinzip. Die Voraussetzungen des § 1611 BGB brauchen nicht vorzuliegen.[187]
Die Verwirkung nach § 1611 BGB ist von der Verwirkung des Unterhaltsanspruchs wegen illoyaler verspäteter Geltendmachung (§ 242 BGB) zu unterscheiden.

602 Der Unterhaltsanspruch eines minderjährigen unverheirateten Kindes kann nicht verwirkt werden (§ 1611 II BGB). **Handlungen,** die ein Kind **während der Minderjährigkeit** begangen hat, können diesem auch dann **nicht** entgegengehalten werden, wenn das Kind nach Eintritt der Volljährigkeit noch unterhaltsbedürftig ist. Es kommt nur darauf an, wann der Verwirkungstatbestand eingetreten ist.[188] Der Unterhalt **privilegiert volljähriger Kinder** im Sinne des § 1603 II 2 BGB (→ Rn. 579 ff.) kann dagegen verwirkt werden, da das KindUG die entsprechende Anwendung des § 1611 II BGB auf diese Kinder nicht vorgesehen hat, → Rn. 600.

603 Die Herbeiführung der Bedürftigkeit durch **sittliches Verschulden** setzt einen Vorwurf von erheblichem Gewicht voraus.[189] Der Bedürftige muss in vorwerfbarer Weise das anerkannte Gebot der Sittlichkeit außer Acht gelassen haben. Ein derartiges Verschulden kann bei Zusammenleben des Kindes mit einem anderen in nichtehelicher Lebensgemeinschaft nicht bejaht werden, weil ein solches Verhalten heute nicht mehr als anstößig empfunden wird.[190] In Ausnahmefällen kann sich ein sittliches Verschulden aus dem Bezug des Verhaltens des Kindes zur Unterhaltsverpflichtung der Eltern ergeben, → Rn. 66.
Eine Unterhaltsverwirkung infolge sittlichen Verschuldens kann uU angenommen werden, wenn das volljährige Kind seine Bedürftigkeit durch übermäßigen **Rauschgift- oder Alkoholkonsum** verursacht hat.[191] Jedoch ist zu beachten, dass Alkohol- und Rauschgift-

---

[187] BGH FamRZ 1998, 671 = R 523.
[188] BGH FamRZ 1995, 475; FamRZ 1988, 159 (163).
[189] BGH FamRZ 1985, 273.
[190] BGH FamRZ 1985, 273.
[191] KG FamRZ 2002, 1357; OLG Celle FamRZ 1990, 1142.

6. Abschnitt: Der Unterhaltsanspruch volljähriger Kinder § 2

sucht häufig als eine Krankheit anzusehen sind. Dann kommt eine Verwirkung des Unterhaltsanspruchs nur in Betracht, wenn das einsichtsfähige volljährige Kind sich weigert, sich einer Erfolg versprechenden ärztlichen Behandlung zu unterziehen, oder es nach einer solchen Behandlung die ärztlichen Anweisungen nicht beachtet und rückfällig wird. Ein sittliches Verschulden kann vorliegen, wenn das volljährige Kind nach einer abgeschlossenen Berufsausbildung über lange Jahre ziellos ein Studium fortführt, aber keine Erwerbstätigkeit aufnimmt, die zB durch Mitgliedschaft in der gesetzlichen Sozialversicherung das Risiko der Krankheit, vor allem aber der Erwerbsunfähigkeit absichert.[192]

Die gröbliche **Verletzung der eigenen Unterhaltspflicht** gegenüber den unterhaltspflichtigen Eltern scheidet beim Kindesunterhalt in der Regel aus. Sie kann nur vorkommen, wenn das Kind bereits eine selbstständige Lebensstellung erreicht hatte, die bedürftigen Eltern trotz Leistungsfähigkeit nicht unterstützt hat, sich die Verhältnisse aber später umgekehrt haben, das volljährige Kind wieder unterhaltsbedürftig geworden ist (→ Rn. 57, 484) und die Eltern leistungsfähig geworden sind. 604

Eine vorsätzlich **schwere Verfehlung** gegen den unterhaltspflichtigen Elternteil kann nur bei einer tiefgreifenden Beeinträchtigung schutzwürdiger wirtschaftlicher Interessen oder persönlicher Belange des Verpflichteten angenommen werden.[193] In Betracht kommen vor allem tätliche Angriffe, wiederholte grobe Beleidigungen oder Bedrohungen, falsche Anschuldigungen gegenüber Behörden[194] oder dem Arbeitgeber oder eine Schädigung des Verpflichteten in seiner beruflichen oder wirtschaftlichen Stellung.[195] Ein mehrfacher Einbruch in die Wohnung der volljährigen Tochter des Unterhaltspflichtigen soll den Tatbestand der schweren Verfehlung gegen einen nahen Angehörigen nicht erfüllen.[196] Ein Unterlassen reicht nur aus, wenn dadurch eine Rechtspflicht zum Handeln verletzt wird. Deshalb ist die **Ablehnung jeder persönlichen Kontaktaufnahme** zu dem unterhaltsverpflichteten Elternteil allein oder auch in Verbindung mit unhöflichen oder unangemessenen Äußerungen diesem gegenüber nicht als Grund für eine Herabsetzung oder den Ausschluss des Unterhalts nach § 1611 I BGB zu werten.[197] Erst recht reicht das Einschlafenlassen der persönlichen Beziehungen nicht aus,[198] ebenso wenig das Siezen oder Nichtgrüßen eines Eltern- oder Großelternteils.[199] Daher kann die Verweigerung des Kontakts zu einem Elternteil allenfalls unter besonderen Umständen als schwere Verfehlung angesehen werden, so wenn sie mit besonders beleidigendem oder verletzendem Verhalten einhergeht oder wenn sie den Verpflichteten, zB bei einer lebensgefährlichen Erkrankung, besonders hart trifft.[200] Die unzureichende Information der Eltern über ein beabsichtigtes Studium ist keine schwere Verfehlung.[201] 605

Das vorwerfbare Verhalten des Kindes muss nur im Fall eines sittlichen Verschuldens für die Bedürftigkeit **ursächlich** sein. Der Kausalzusammenhang ist zu verneinen, wenn der Berechtigte auch unabhängig von dem sittlich zu beanstandenden Verhalten, zB durch Krankheit, unterhaltsbedürftig geworden wäre.[202] In einem solchen Fall ist aber stets zu prüfen, ob eine vorsätzlich schwere Verfehlung gegen den Verpflichteten vorliegt. 606

Voraussetzung einer Herabsetzung des Unterhalts ist, dass die Zahlung des vollen Unterhalts **unbillig** wäre; ein Unterhaltsausschluss kommt nur bei grober Unbilligkeit in Betracht (§ 1611 I 1 und 2 BGB). Die Unterhaltsbeschränkung muss der Schwere und Nachhaltigkeit der Verfehlung angemessen sein. Notwendig ist daher stets eine umfassende 607

---

[192] OLG Hamm NJW-RR 2002, 650.
[193] OLG Celle FamRZ 1993, 1235; OLG München FamRZ 1992, 595 (597).
[194] Vgl. OLG Hamm NJW-RR 2006, 509.
[195] OLG München FamRZ 1992, 595 (597).
[196] KG FamRZ 2000, 1357 (mE bedenklich).
[197] BGH FamRZ 1995, 475; vgl auch BGH FamRZ 2013, 1375; a.A. offenbar OLG Celle FuR 2002, 332 (335).
[198] BGH FamRZ 1995, 475.
[199] OLG Köln FamRZ 1996, 1101; OLG Hamm FamRZ 1995, 1439.
[200] OLG Bamberg FamRZ 1992, 717 (719) mAnm Ewers, FamRZ 1992, 719 und Schütz FamRZ 1992, 1338.
[201] OLG Stuttgart NJW-FER 2000, 80.
[202] OLG Köln FamRZ 1990, 310.

Abwägung aller maßgeblichen **Umstände,** die auch das eigene Verhalten des Unterhaltsverpflichteten gegenüber dem Kind und dem anderen Elternteil, bei dem es vielfach lange Zeit gelebt hat und zu dem es besondere Beziehungen unterhält, angemessen berücksichtigt.[203] Daher kommt eine Unterhaltsverwirkung in der Regel nicht in Betracht, wenn der Verpflichtete für den Konflikt mitverantwortlich ist und sich seinerseits nicht um Wiederaufnahme des abgerissenen Kontakts bemüht hat.

608 Die **Darlegungs- und Beweislast** für das Vorliegen der Voraussetzungen des § 1611 BGB und das Ausmaß der Verfehlung des Kindes trifft wegen des Ausnahmecharakters der Vorschrift den in Anspruch genommenen Elternteil.

Wird der Unterhaltsanspruch nach § 1611 BGB ganz oder teilweise ausgeschlossen, kann das unterhaltsbedürftige Kind nicht einen anderen Unterhaltspflichtigen in Anspruch nehmen (§ 1611 III BGB). Dies hat insbesondere Bedeutung, wenn das Kind sich einer schweren Verfehlung gegen den primär haftenden Elternteil schuldig gemacht hat, die gegenüber dem nachrangig haftenden Verwandten den Tatbestand des § 1611 I BGB nicht erfüllen würde.

609–699 – in dieser Auflage nicht belegt –

7. Abschnitt: Kindergeld und Kindesunterhalt

I. Der öffentlich-rechtliche Anspruch auf Kindergeld

1. Rechtsgrundlagen

700 Das Kindergeld dient dem Familienleistungsausgleich, der durch das Jahressteuergesetz 1996[1] auf neue Grundlagen gestellt worden ist; er wird seitdem in der Regel durch das **Einkommensteuerrecht,** nur ausnahmsweise durch das Bundeskindergeldgesetz (→ Rn. 701) verwirklicht. Den Entscheidungen des BVerfG vom 10.11.1998,[2] nach denen das steuerliche Existenzminimum eines Kindes auch den Betreuungs- und Erziehungsbedarf umfasst, hat der Gesetzgeber in zwei Schritten Rechnung getragen, einmal durch das (Erste) Gesetz zur Familienförderung vom 22.12.1999 – BGBl. I S. 2552, in Kraft getreten am 1.1.2000, und durch das Zweite Gesetz zur Familienförderung vom 16.8.2001 – BGBl. I S. 2074, in Kraft seit dem 1.1.2002.[3]

Das Kindergeld ist bis auf wenige Sonderfälle (→ Rn. 701) im Einkommensteuergesetz geregelt. Anspruch auf Kindergeld hat nach § 62 I EStG,
– wer unabhängig von der Staatsangehörigkeit seinen Wohnsitz oder gewöhnlichen Aufenthalt im Inland hat[4]
– oder wer ohne Wohnsitz oder gewöhnlichen Aufenthalt im Inland nach § 1 II, III EStG der unbeschränkten Einkommensteuerpflicht unterliegt.

Das Kindergeld steht in der Regel den Eltern zu (→ Rn. 705). Das Kind hat nur ausnahmsweise Anspruch auf Kindergeld (→ Rn. 701). Es muss grundsätzlich seinen Wohnsitz oder gewöhnlichen Aufenthalt im Inland, in der Europäischen Union oder im Europäischen Wirtschaftsraum haben (§ 63 I 3 EStG). Nicht freizügigkeitsberechtigte Ausländer, die im Besitz einer Niederlassungs- oder Aufenthaltserlaubnis sind, erhalten Kindergeld nur unter bestimmten Voraussetzungen (§ 62 II EStG).[5] Näheres zur Kindergeldberechtigung und Kindergeldanrechnung bei Auslandsbezug → Rn. 735.

Weitere Voraussetzung ist, dass Kindergeld für ein Kind im Sinne des § 63 EStG begehrt wird, → Rn. 703 ff.

---

[203] BGH FamRZ 1995, 475.
[1] G v. 11.10.1995 – BGBl. I S. 1250.
[2] FamRZ 1999, 285 (291).
[3] Vgl. Staudinger/Klinkhammer § 1612b Rn. 1 ff.
[4] Zur Verlegung des Wohnsitzes in das EU-Ausland vgl. BFH FamRZ 2009, 507.
[5] BFH FamRZ 2008, 609.

7. Abschnitt: Kindergeld und Kindesunterhalt § 2

Das **Bundeskindergeldgesetz**[6] gilt nur noch für beschränkt Steuerpflichtige, also für 701 Steuerausländer, die aus bestimmten Gründen, zB weil sie als Entwicklungshelfer oder Beamte besondere Beziehungen zu Deutschland haben, kindergeldberechtigt sein sollen (§ 1 I BKGG). Ferner erhalten Kinder, die in Deutschland ihren Wohnsitz oder gewöhnlichen Aufenthalt haben, Vollwaisen sind oder den Aufenthalt der Eltern nicht kennen und nicht bei einer anderen Person als Kind berücksichtigt werden, selbst Kindergeld nach § 1 II BKGG. Zur Kindergeldberechtigung nicht freizügigkeitsberechtigter Ausländer vgl. § 1 III BKGG. Die in § 2 BKGG genannten Anspruchsvoraussetzungen decken sich mit denjenigen der §§ 32, 63 EStG. Die Höhe des Kindergeldes entspricht den Beträgen, die nach § 66 EStG gezahlt werden (§§ 6, 20 I BKGG), → Rn. 707. Mit dem Kindergeld darf der Kinderzuschlag nach § 6a BKGG (→ § 1 Rn. 684) nicht verwechselt werden.

Ferner enthält das BKGG in §§ 7 ff. Vorschriften über Organisation und Verfahren der Kindergeldgewährung, insbesondere über die **Familienkasse,** die organisatorisch Teil der Bundesagentur für Arbeit ist, aber Aufgaben der Finanzverwaltung wahrnimmt (→ Rn. 706). Zuständig für Klagen gegen die Bescheide der Familienkassen sind die Sozialgerichte, soweit die Kindergeldberechtigung auf dem Bundeskindergeldgesetz beruht (§ 15 BKGG). Zum Rechtsweg bei Gewährung des Kindergeldes nach §§ 62 ff. EStG → Rn. 706. Die nachfolgenden Ausführungen beschränken sich auf das nach §§ 62 ff. EStG gezahlte Kindergeld.

2. Anspruchsvoraussetzungen für Kindergeld nach §§ 62 ff. EStG

Der Familienleistungsausgleich wird nach § 31 S. 1 EStG entweder durch das Kinder- 702 geld nach §§ 62 ff. EStG oder durch die Freibeträge nach § 32 VI EStG (→ Rn. 708 ff.) verwirklicht.[7] Das Kindergeld wird im laufenden Kalenderjahr als **vorweggenommene Steuervergütung** monatlich gezahlt (§§ 31 S. 3, 62 ff. EStG). Wird Kindergeld gewährt, bleibt der Kinderfreibetrag bei der Lohnsteuer außer Betracht (§§ 38a IV, 39a I Nr. 6 EStG); er wird aber bei den sogenannten Annexsteuern, also beim Solidaritätszuschlag und bei der Kirchensteuer (§ 51a II, IIa EStG), berücksichtigt. Jeder Berechtigte erhält zunächst das Kindergeld. **Ein Wahlrecht zwischen Kindergeld und Kinderfreibetrag besteht nicht.** Erst in der Einkommensteuerveranlagung, also frühestens im folgenden Jahr, prüft das Finanzamt von Amts wegen, ob das Kindergeld oder die Freibeträge nach § 32 VI EStG günstiger sind (§ 31 S. 4 EStG). Erweisen sich die Freibeträge als günstiger, wird das Kindergeld mit der sich ergebenden Einkommensteuererstattung verrechnet. Ist die Entlastung durch das Kindergeld höher als diese Steuererstattung, verbleibt das Kindergeld beim Steuerpflichtigen. Es dient, soweit es zur steuerlichen Freistellung des Existenzminimums nicht erforderlich ist, der Förderung der Familie (§ 31 S. 2 EStG) und ist insoweit eine **Sozialleistung.**[8] Führen die Freibeträge zu einer über das Kindergeld hinausgehenden Steuerentlastung, wird die Steuer entsprechend niedriger festgesetzt. Das Kindergeld wird dann der auf dieser Basis ermittelten Einkommensteuer hinzugerechnet (§ 2 VI 3 EStG). Zum Vergleich zwischen Kindergeld und den Freibeträgen nach § 32 VI EStG → Rn. 710.[9]

Die Voraussetzungen für das Kindergeld und die Freibeträge nach § 32 VI EStG sind im 703 Wesentlichen identisch, da in § 63 I EStG auf § 32 I, III bis V EStG verwiesen wird. Kindergeld wird grundsätzlich nur bis zur Vollendung eines bestimmten Lebensalters des Kindes oder für behinderte Kinder gewährt, und zwar[10]

---

[6] IdF der Bekanntmachung vom 28.1.2009 – BGBl. I S. 142, zuletzt geändert durch Artikel 21 des Gesetzes vom 25.7.2014 – BGBl. I S. 1266).
[7] Vgl. dazu Scholz FamRZ 2006, 106; 2007, 2021 (2024); Dose FamRZ 2007, 1289.
[8] BVerfG FamRZ 2010, 800.
[9] Eingehend dazu Scholz FamRZ 2006, 106; 1996, 65. Zur steuerrechtlichen Problematik vgl. de Hesselle in Scholz/Kleffmann/ Doering-Striening Teil S Rn. 176 ff.
[10] Zu den Einzelheiten de Hesselle in Scholz/Kleffmann/Doering-Striening Teil S (Stand 10/2009), Rn. 188 ff.

– generell bis zur Vollendung des **18. Lebensjahres** (§ 32 III EStG),
– bis zur Vollendung des **21. Lebensjahres** bei Arbeitslosigkeit (§ 32 IV 1 Nr. 1 EStG),
– bis zur Vollendung des **25. Lebensjahres**[11] (früher des 27. Lebensjahres) während einer Berufsausbildung, während einer Übergangszeit bis zu vier Monaten zwischen zwei Ausbildungsabschnitten oder zwischen einem Ausbildungsabschnitt und dem Wehr- bzw. dem Ersatzdienst, bei Nichtvorhandensein eines Ausbildungsplatzes, während eines freiwilligen sozialen oder ökologischen Jahres oder während bestimmter weiterer Dienste (§ 32 IV 1 Nr. 2 EStG).[12] Es kommt nicht darauf an, ob es sich um die erste oder eine weitere Berufsausbildung handelt.[13] Kindergeld wird auch gewährt, wenn das Kind während der Wartezeit auf einen Ausbildungsplatz einer Erwerbstätigkeit nachgeht. Das galt bis 2011 unter der Voraussetzung, dass das Einkommen die Grenze von 8004,– EUR (→ Rn. 704) nicht überstieg.[14] Seit 1.1.2012 kommt es nicht mehr auf das Einkommen, sondern auf die Art und den zeitlichen Umfang der Tätigkeit an. Kindergeldunschädlich sind ein Ausbildungsverhältnis, ein geringfügiges Beschäftigungsverhältnis oder eine Erwerbstätigkeit von bis zu 20 Wochenstunden (§ 32 IV 3 EStG);
– **ohne Altersbegrenzung** bei körperlicher, geistiger oder seelischer Behinderung und im Wesentlichen dadurch bedingter Unfähigkeit, sich selbst zu unterhalten, falls diese Umstände bereits vor Vollendung des 25. Lebensjahres (früher des 27. Lebensjahres)[15] bestanden haben (§ 32 IV 1 Nr. 3 EStG).[16]

Bei Ableistung des Wehr- und des Zivildienstes, die zum 1.7.2011 ausgesetzt werden, oder einer stattdessen ausgeübten Tätigkeit als Entwicklungshelfer, nicht aber bei anderen Friedensdiensten wird ein Kind über das 21. bzw. 25. Lebensjahr hinaus berücksichtigt (§ 32 V EStG).[17] Während des Wehr- oder Zivildienstes entfällt das Kindergeld. Dies ist verfassungsgemäß.[18]

Anspruch auf Kindergeld für ein verheiratetes Kind besteht nur dann, wenn die Einkünfte des Ehegatten für den vollständigen Unterhalt des Kindes nicht ausreichen, das Kind ebenfalls nicht über genügende Mittel verfügt und die Eltern deshalb weiter für seinen Unterhalt aufkommen müssen.[19]

Kindergeld wird nach dem **Monatsprinzip** nur für die Monate gezahlt, in denen die Anspruchsvoraussetzungen vorliegen (§ 66 II EStG). Dasselbe gilt nach § 32 IV 7 EStG für die Gewährung der Freibeträge nach § 32 VI EStG.

704 Für minderjährige Kinder wurde Kindergeld bis 2011 ohne Rücksicht auf deren Einkommen gewährt.[20] Dagegen wurden volljährige Kinder, die über **Einkünfte** und Bezüge von mehr als 8004,– EUR im Kalenderjahr verfügen, beim Kindergeld und bei den Freibeträgen nach § 32 VI EStG aF nicht berücksichtigt (§ 32 IV 2 EStG aF). Seit dem **1.1.2012** gilt für minderjährige und volljährige Kinder eine einheitliche Regelung, die in der Regel aber nur volljährige Kinder vom Kindergeldbezug ausschließen kann. Nach § 32 IV 2 EStG wird ein Kind nach Abschluss einer erstmaligen Berufsausbildung oder eines Erststudiums nur berücksichtigt, wenn das Kind keiner Erwerbstätigkeit nachgeht. Nach § 32 IV 3 EStG sind eine Erwerbstätigkeit mit bis zu 20 Stunden regelmäßiger wöchentlicher Arbeitszeit, ein Ausbildungsdienstverhältnis oder ein geringfügiges Beschäftigungsverhältnis (§§ 8, 8a SGB IV) unschädlich.

---

[11] Für Kinder, die im Veranlagungszeitraum 2006 das 24., 25. oder 26. Lebensjahr vollendet haben, gilt die Übergangsvorschrift des § 52 XL 4 EStG.
[12] BFH NJW 2009, 2559.
[13] BFH BStBl. II 2001, 107.
[14] Vgl BFH FamRZ 2007, 468.
[15] Vgl. dazu die Übergangsvorschrift des § 52 XL 5 EStG.
[16] BFH NJW 2009, 1295; FamRZ 2008, 2113.
[17] BFH NJW 2009, 2559.
[18] BVerfG NJW-RR 2004, 1225.
[19] BFH NJW 2007, 3231.
[20] BFH BStBl. II 2000, 459 (dort auch zur Berücksichtigung von Einkünften, die im Jahr des Eintritts der Volljährigkeit anfallen).

7. Abschnitt: Kindergeld und Kindesunterhalt § 2

Das Kindergeld und die Freibeträge nach § 32 VI EStG werden für im ersten Grad mit **705** dem Steuerpflichtigen verwandte Kinder und für Pflegekinder gewährt (§ 63 I iVm § 32 I EStG).

Lediglich Kindergeld, dagegen keine Freibeträge,[21] erhält der Berechtigte für von ihm in seinen Haushalt aufgenommene Kinder seines Ehegatten und für Enkel (§ 63 I 1 Nr. 2, 3 EStG).

Das Kindergeld steht beiden Eltern zu. Es wird jedoch nur an einen Berechtigten gezahlt, bei mehreren Berechtigten nur an denjenigen, der das Kind in seinen Haushalt aufgenommen hat (§ 64 II 1 EStG). Dies verstößt nicht gegen die Verfassung.[22] Dieses sogenannte **Obhutsprinzip** bedeutet, dass das Kindergeld in der Regel dem Elternteil zusteht, der das minderjährige Kind betreut. Bei Betreuung durch beide Elternteile oder bei einem umfangreichen Umgangsrecht kommt es darauf an, in wessen Haushalt sich das Kind überwiegend aufhält und wo es seinen Lebensmittelpunkt hat.[23] Wechselt das Kind von einem zum anderen Elternteil, kann nach drei Monaten von einer Aufnahme in dessen Haushalt ausgegangen werden.[24] Der Elternteil, der das Kind nicht betreut, wird durch den bedarfsmindernden Abzug des Kindergeldes vom Unterhalt oder durch den familienrechtlichen Ausgleichsanspruch am Kindergeld beteiligt, → Rn. 718, 722, 781. Ein volljähriges Kind, das ein auswärtiges Studium aufnimmt, verbleibt im Haushalt des Elternteils, bei dem es bisher gelebt hat, wenn nicht besondere Umstände vorliegen, die für eine dauerhafte Trennung sprechen.[25] Zur Problematik, wenn das Kindergeld während einer Übergangszeit nach der Trennung an den nicht betreuenden Elternteil gezahlt wird, → Rn. 781. Ist das Kind nicht in den Haushalt eines berechtigten Elternteils aufgenommen, so erhält das Kindergeld derjenige, der ihm eine Unterhaltsrente zahlt (§ 64 III 1 EStG). Zahlen beide Eltern Unterhalt, steht das Kindergeld demjenigen zu, der die höchste Unterhaltsrente zahlt (§ 64 III 2 EStG).[26] Bei gemeinsamer Haushaltsführung mehrerer Berechtigter und bei gleich hohen Unterhaltsrenten bestimmen die Berechtigten, wer das Kindergeld erhalten soll. Dasselbe gilt, wenn kein Unterhalt gezahlt wird. Eine einmal getroffene Bestimmung bleibt bis zu ihrem Widerruf wirksam.[27] Wird eine Bestimmung nicht getroffen, entscheidet das Familiengericht (§ 64 II 3, III 4 EStG), und zwar durch den Rechtspfleger (§ 25 Nr. 2a RPflG, § 231 II FamFG). Bei der Entscheidung ist auf das Wohl des Kindes und der Familie, nicht auf die Verwirklichung eines etwaigen zivilrechtlichen Ausgleichsanspruchs eines Elternteils abzustellen.[28]

Bei Arbeitnehmern außerhalb des öffentlichen Dienstes setzt die **Familienkasse** auf **706** schriftlichen Antrag das Kindergeld durch Bescheid fest und zahlt es auch aus (§§ 67, 70 EStG). Die Familienkasse hat ungeachtet ihrer Eingliederung in die Arbeitsverwaltung (→ Rn. 701) insoweit die Stellung einer Bundesfinanzbehörde (§ 6 II Nr. 6 AO). Ein ablehnender Bescheid kann nur vor den Finanzgerichten angefochten werden, soweit die Familienkasse über das Kindergeld als vorweggenommene Steuervergütung, also auf Grund der Vorschriften des Einkommensteuerrechts entschieden hat (§ 155 IV AO, § 33 I Nr. 1, II FGO). Bei Angehörigen des öffentlichen Dienstes wird das Kindergeld von der Anstellungskörperschaft festgesetzt und ausgezahlt, die insoweit als Familienkasse tätig wird (§ 72 I EStG). Zur Rechtsstellung der Familienkasse bei Bewilligung von Kindergeld nach dem Bundeskindergeldgesetz → Rn. 701.

---

[21] de Hesselle in Scholz/Kleffmann/Motzer Teil S Rn. 188.
[22] BFH FamRZ 2005, 618.
[23] BFH FamRZ 2005, 618.
[24] BFH NJW 2009, 3472.
[25] BFH FamRZ 2008, 1439; 2008, 1071.
[26] Zur Nichtberücksichtigung des Kindergeldes bei Berechnung der höheren Unterhaltsrente vgl. BFH NJW 2005, 3742.
[27] BFH NJW 2005, 2175.
[28] Vgl. OLG Stuttgart FamRZ 2010, 1476; 2009, 155; OLG München FamRZ 2006, 1567.

3. Kindergeld und Freibeträge nach § 32 VI EStG

707 **a) Kindergeld.** Durch § 66 EStG ist das Kindergeld zum 1.1.1996 kräftig angehoben und später mehrfach erhöht worden. Es wurde bzw. wird ohne Rücksicht auf das Einkommen der Eltern in folgender Höhe gezahlt:[29]

	1996	1997/98	1999	2000/01	2002–2008	2009
1. und 2. Kind	200 DM	220 DM	250 DM	270 DM	154 EUR	164 EUR
3. Kind	300 DM	300 DM	300 DM	300 DM	154 EUR	170 EUR
ab 4. Kind	350 DM	350 DM	350 DM	350 DM	179 EUR	195 EUR

	2010–22.7.2015	23.7.2015–31.12.2015	2016–2017	2018	1/2019–6/2019	ab 7/2019
1. und	184 EUR	188 EUR	190 EUR	192 EUR	194 EUR	204 EUR
2. Kind	184 EUR	188 EUR	190 EUR	192 EUR	194 EUR	204 EUR
3. Kind	190 EUR	194 EUR	196 EUR	198 EUR	200 EUR	210 EUR
ab 4. Kind	215 EUR	219 EUR	221 EUR	223 EUR	225 EUR	235 EUR

Im Jahr 2009 wurde ferner ein Einmalbetrag von 100,– EUR für Schulbedarf gezahlt (sog Kinderbonus; § 66 I 2 EStG). Er ist bei Sozialleistungen, deren Zahlung von anderen Einkommen abhängig ist, nicht als Einkommen zu berücksichtigen; Unterhaltsleistungen nach dem UVG werden durch den Bonus nicht gemindert (Gesetz zur Nichtanrechnung des Kinderbonus vom 2.3.2009 – BGBl. I S. 416 f.). Der Bonus ist Teil des Kindergeldes, wie sich aus § 66 I 2 EStG ergibt, und daher nach Maßgabe des § 1612b BGB auf den Kindesunterhalt bedarfsdeckend anzurechnen.[30]

708 **b) Freibeträge nach § 32 VI EStG.** Bei der Einkommensteuerveranlagung werden zugunsten des Steuerpflichtigen Freibeträge nach § 32 VI EStG berücksichtigt. Es wird geprüft, ob sich für ihn die Gewährung des Kindergeldes oder die Steuerersparnis aufgrund der Freibeträge als günstiger erweist, → Rn. 710. Der Steuerpflichtige erhält für jedes zu berücksichtigende Kind – grundsätzlich unabhängig davon, ob das Kind in seinem Haushalt lebt oder nicht[31] – jeweils pro Jahr für das sächliche Existenzminimum ab 1.1.2019 einen Freibetrag (**Kinderfreibetrag**) von 2490,– EUR sowie **für den Betreuungs- und Erziehungs- oder Ausbildungsbedarf** einen **Freibetrag** von 1320,– EUR (§ 32 VI 1 EStG). Diesen (halben) Freibeträgen entspricht das hälftige Kindergeld von monatlich 102,– EUR (1224,– EUR im Jahr) für das erste und zweite Kind, von 105,– EUR (1260,– EUR im Jahr) für das dritte Kind und von 117,50 EUR (1410,– EUR im Jahr) ab dem vierten Kind. Die Freibeträge verdoppeln sich bei verheirateten, zusammen veranlagten Eltern (§ 32 VI 2 EStG). Die vollen Freibeträge sind auch abzuziehen, wenn der andere Elternteil verstorben oder nicht unbeschränkt einkommensteuerpflichtig ist, wenn der Steuerpflichtige allein ein Kind angenommen hat oder wenn nur er zu dem Kind in einem Pflegekindschaftsverhältnis steht (§ 32 VI 3 EStG). Werden die Eltern getrennt veranlagt, kann der Kinderfreibetrag für das sächliche Existenzminimum auf Antrag auf einen Elternteil **übertragen** werden, wenn dieser, nicht aber der andere Elternteil seiner Unterhaltspflicht gegenüber dem Kind im Wesentlichen, also zu mindestens 75%, nachkommt (§ 32 VI 4 EStG, EStR 2008 R 32.13 II). Die Übertragung des Kinderfreibetrages führt stets auch zur Übertragung des Freibetrages für den Betreuungs- und Erziehungsbedarf oder Ausbildungsbedarf (EStR 2008 R 32.13 IV 2). Ist ein Elternteil mangels Leistungsfähigkeit nicht zur Zahlung von Unterhalt verpflichtet, kann der ihm zustehende Kinderfreibetrag nicht auf den anderen

---

[29] Zur Entwicklung des Kindergeldes seit 1.1.1975 vgl. die Übersicht in FamRZ 2005, 1402.
[30] Büttner/Niepmann NJW 2009, 2499; DIJuF FamRZ 2009, 932.
[31] BGH FamRZ 2007, 983 (986) mAnm Schürmann = R 676b.

Elternteil übertragen werden, der den Unterhalt allein aufzubringen hat.[32] Diese Regelung ist nicht verfassungswidrig.[33]

Bei einem minderjährigen Kind kann der Freibetrag für den Betreuungs- und Erziehungsbedarf oder Ausbildungsbedarf auf den Elternteil übertragen werden, in dessen Wohnung das Kind gemeldet ist; erforderlich ist lediglich ein Antrag dieses Elternteils (§ 32 VI 6 EStG). Das Gesetz geht davon aus, dass dieser Elternteil seine Unterhaltspflicht durch die Betreuung des Kindes erfüllt.

Kein Freibetrag im Sinne des § 32 VI EStG ist der Ausbildungsfreibetrag von 924,– EUR, der nach § 33a II EStG als außergewöhnliche Belastung zur Abgeltung des Sonderbedarfs eines volljährigen Kindes gewährt wird, das sich in der Berufsausbildung befindet und auswärts untergebracht ist. Jedem Elternteil steht die Hälfte dieses Freibetrags zu; auf gemeinsamen Antrag ist andere Aufteilung möglich (§ 33a II 5, 6 EStG), → § 1 Rn. 885.

709

c) Günstigerprüfung. Bei der Einkommensteuerveranlagung werden das Kindergeld einerseits und der Kinderfreibetrag für das sächliche Existenzminimum sowie der Freibetrag für Betreuungs- und Erziehungs- oder Ausbildungsbedarf andererseits einander gegenübergestellt, und zwar bei zusammen veranlagten Eltern das volle Kindergeld den vollen Freibeträgen bzw. bei getrennt veranlagten Eltern das halbe Kindergeld grundsätzlich den halben Freibeträgen. Dies folgt aus §§ 2 VI 3, 31 S. 4 EStG („im Umfang des Kinderfreibetrages"). Ergibt sich dabei eine Differenz zwischen der bei Abzug der Freibeträge ermittelten Einkommensteuer und dem Kindergeld zugunsten des Steuerpflichtigen, werden die Freibeträge gewährt (§ 31 S. 4 EStG); das Kindergeld wird der Einkommensteuer hinzugerechnet (§ 2 VI 3 EStG), um eine doppelte Begünstigung zu vermeiden.[34] Ist eine solche Differenz zugunsten des Steuerpflichtigen nicht festzustellen, verbleibt ihm das Kindergeld; die Freibeträge werden nicht gewährt (§ 31 S. 2, 4 EStG). In diesem Fall dient das Kindergeld nur teilweise der Freistellung des Existenzminimums von der Steuer; im Übrigen ist es eine Sozialleistung zur Förderung der Familie.[35] Diese Günstigerprüfung erfolgt auch dann, wenn das Kindergeld nach § 64 II 1 EStG an den anderen Elternteil gezahlt wird, da der Steuerpflichtige am Kindergeld durch dessen bedarfsdeckenden Abzug vom Kindesunterhalt nach § 1612b I BGB Fassung teilhat. Ob tatsächlich ein Abzug erfolgt, ist unerheblich (EStR 2008 R 31 III).[36] Der halbe Kinderfreibetrag wird auch dann angesetzt, wenn der geschuldete Kindesunterhalt nicht um das Kindergeld gemindert wird, weil der Schuldner nicht in der Lage ist, wenigstens den Mindestunterhalt für sein minderjähriges Kind abzüglich des hälftigen Kindergeldes zu zahlen,[37] oder wenn ein Elternteil vertraglich auf die Anrechnung des hälftigen Kindergeldes auf den Kindesunterhalt verzichtet.[38] Entsprechendes galt bis zum 31.12.2007, wenn das Kindergeld nach § 1612b V BGB aF ganz oder zum Teil nicht auf den Tabellenunterhalt angerechnet wurde,[39] → Rn. 714.

710

Der Vergleich zwischen dem Kindergeld und den Freibeträgen ist hinsichtlich eines jeden Kindes, beginnend mit dem ältesten, gesondert durchzuführen.[40] Dies ist wegen der Progression des Steuertarifs erforderlich, aber auch deshalb, weil ab dem dritten Kind ein höheres Kindergeld gewährt wird, die Freibeträge dagegen unverändert bleiben.

Während das Kindergeld – jedenfalls seit dem 1.1.2008 – kein unterhaltsrechtliches Einkommen der Eltern mehr ist (→ Rn. 717), ist das höhere Einkommen, das sich bei der Günstigerprüfung auf Grund des **Kinderfreibetrages** nach § 32 VI 1 EStG ergibt, Einkommen des Steuerpflichtigen und daher bei der Bemessung des Unterhalts zu berück-

711

---

[32] BFH DStR 1997, 2017.
[33] So BFH NJW 2007, 176 zu der bis 2001 geltenden Fassung des § 32 VI EStG.
[34] Zur Günstigerprüfung bei Übertragung des Kinderfreibetrages BFH NJW 2004, 2471.
[35] BVerfG FamRZ 2010, 800.
[36] Vgl. dazu BVerfG FamRZ 2009, 2065.
[37] BFH NJW 2004, 2471.
[38] BFH FamRZ 2004, 1571.
[39] BVerfG FamRZ 2009, 2065.
[40] de Hesselle in Scholz/Kleffmann FamR-HdB Teil S Rn. 180.

sichtigen, und zwar sowohl bei der Berechnung des Ehegatten- als auch des Kindesunterhalts.[41] Ist der Unterhaltspflichtige wiederverheiratet und ist aus dieser Ehe ein Kind hervorgegangen, muss der sich aus § 32 VI 2 EStG ergebende weitere (halbe) Kinderfreibetrag und der daraus folgende Steuervorteil der neuen Ehe vorbehalten bleiben, da er dem (neuen) Ehegatten zusteht.[42]

4. Abzweigung des Kindergeldes

712   Nach § 74 I EStG kann das Kindergeld auf Grund eines Bescheides der Familienkasse (→ Rn. 706) an das Kind oder an einen Dritten, der Unterhalt gewährt, zB an das Sozialamt oder den Träger der Grundsicherung für Arbeitsuchende, ausgezahlt werden, wenn ein **Unterhaltsdefizit** des Kindes besteht.[43] Ein solches Defizit ist gegeben,
– wenn der Kindergeldberechtigte seiner gesetzlichen Unterhaltspflicht nicht nachkommt,[44]
– wenn er nicht leistungsfähig ist
– oder wenn er nur Unterhalt in Höhe eines Betrages zu zahlen hat, der geringer ist als das in Betracht kommende Kindergeld.

Die Vorschrift des § 74 EStG, die § 48 SGB I entspricht, hat Bedeutung insbesondere dann, wenn ein Elternteil das Kindergeld bezieht, dem (volljährigen) Kind, das nicht mehr bei ihm wohnt, aber keinen Unterhalt leistet und auch das Kindergeld nicht an das Kind weiterleitet.

Die Abzweigung setzt analog § 67 EStG einen schriftlichen Antrag voraus.[45] An das Kind selbst kann das Kindergeld nur ausgezahlt werden, wenn es volljährig ist und für sich selbst sorgt.[46] Entstehen einem kindergeldberechtigten Elternteil für sein volljähriges behindertes Kind, das auf Kosten des Sozialamts stationär untergebracht ist, Aufwendungen mindestens in Höhe des Kindergeldes, darf dieses nicht zugunsten des Sozialhilfeträgers abgezweigt werden.[47]

5. Ähnliche Sozialleistungen

713   Haben die Eltern Anspruch auf Kinderzulagen aus der gesetzlichen Unfallversicherung (vgl. § 217 VII SGB III) oder auf Kinderzuschüsse aus der gesetzlichen Rentenversicherung, die ohnehin nur noch bei Altrenten aus der Zeit vor dem 1.1.1992 gewährt werden (vgl. § 270 SGB VI), wird Kindergeld nicht gezahlt (§ 65 I Nr. 1 EStG). Jedoch sind diese Leistungen in Höhe des durch sie verdrängten Kindergeldes unterhaltsrechtlich wie Kindergeld, darüber hinaus wie Einkommen zu behandeln.[48] Dasselbe gilt, wenn für das **Kind im Ausland** oder von einer zwischen- oder überstaatlichen Einrichtung Kindergeld oder eine vergleichbare Leistung gewährt wird und deshalb Anspruch auf deutsches Kindergeld nicht besteht (§ 65 I 1 Nr. 2, 3 EStG).[49] Verfassungsrechtliche Bedenken gegen § 65 I 1

---

41 BGH FamRZ 2007, 882 (885 f.) mAnm Born.
42 BGH FamRZ 2007, 882 (885 f.) mAnm Born.
43 BSG FamRZ 2008, 51 (53).
44 Zum Angebot von Naturalunterhalt anstelle der geschuldeten Geldrente vgl. BFH FamRZ 2006, 622; zur Gewährung von Naturalleistungen an ein schwer behindertes Kind, dessen Bedarf durch Leistungen der Grundsicherung nach §§ 41 ff. SGB XII gedeckt ist, vgl. BSG FamRZ 2008, 51 (54).
45 So BFH FamRZ 2009, 44; 2009, 1062, der ohne nähere Begründung von einem „Abzweigungsantrag" spricht; Nr. 74.1.1 III 1 der Dienstanweisung zur Durchführung des Familienleistungsausgleichs Stand: 2010, www.arbeitsagentur.de; a. A. Treiber in Blümich EStG § 74 Rn. 31.
46 Nr. 74.1.3 II 2 der Dienstanweisung zur Durchführung des Familienleistungsausgleichs Stand: 2010, www.arbeitsagentur.de; vgl. auch BSG FamRZ 2008, 51.
47 BFH FamRZ 2009, 1062.
48 BGH FamRZ 1988, 607; 1988, 604 (606).
49 OLG München FamRZ 1994, 456; vgl. die Übersicht über vergleichbare Leistungen im Sinne des § 65 I 1 EStG, die in ausländischen Staaten gewährt werden, FamRZ 2005, 1402.

7. Abschnitt: Kindergeld und Kindesunterhalt § 2

Nr. 2 EStG bestehen nicht.[50] Zur Anrechnung des deutschen Kindergeldes auf den Unterhaltsanspruch, wenn ein ausländischer Kindergeldanspruch ruht, → Rn. 735.[51]

Kinderbezogene **Teile des Ortszuschlages,** den Beschäftigte im öffentlichen Dienst erhalten, sind ebenso wie die kinderbezogenen Teile des **Familienzuschlages,** der nach §§ 39 ff. BBesG und den Landesbesoldungsgesetzen Beamten, Richtern oder Soldaten gezahlt wird, Einkommen; sie gelten nicht als Kindergeld, das ohnehin neben diesen Bestandteilen der Vergütung gewährt wird.[52] Dies gilt auch dann, wenn beide Eltern im öffentlichen Dienst tätig sind,[53] → § 1 Rn. 75. Kinderzulagen, die private Arbeitnehmer erhalten, sind kein Kindergeld, sondern anrechenbares Einkommen.[54] Dasselbe gilt für Kinderzulagen nach § 9 V Eigenheimzulagengesetz, das allerdings nur noch für eine Übergangszeit selbst genutzten Wohnungsbau steuerlich begünstigt. Auch kinderbedingte Erhöhungen des Arbeitslosengeldes I gehören zum Einkommen.[55] Zum Kinderzuschlag nach § 6a BKGG → § 1 Rn. 684, zum Erziehungsgeld → § 1 Rn. 116, zum Elterngeld → § 1 Rn. 117 f.

II. Das Kindergeld nach dem bis zum 31.12.2007 geltenden Unterhaltsrecht

Bis zum Jahr 2007 wurde das Kindergeld von der Rechtsprechung[56] nicht als anrechenbares Einkommen der Eltern angesehen. Es beeinflusste die Höhe des Kindesunterhalts, insbesondere die Eingruppierung in die Düsseldorfer Tabelle nicht, sondern wurde mit dem Kindesunterhalt verrechnet. Die Regelung in § 1612b BGB aF war überaus kompliziert. Danach wurde das Kindergeld zur Hälfte auf den an das Kind zu zahlenden Unterhalt angerechnet, wenn es nicht an den barunterhaltspflichtigen Elternteil ausgezahlt wurde. Dies war vor allem der Fall, wenn das minderjährige Kind von dem anderen Elternteil betreut wurde oder es als volljähriges Kind noch bei dem anderen Elternteil lebte. 714

Da der Kindesunterhalt bei minderjährigen Kindern auf nicht bedarfsdeckenden Regelbeträgen aufgebaut war und in vielen Fällen das Existenzminimum des Kindes nicht sicherstellte, ordnete der Gesetzgeber durch Änderung des § 1612b V BGB aF an, dass ab 1.1.2001 eine Anrechnung des Kindergeldes unterblieb, soweit der Schuldner außerstande war, Unterhalt in Höhe von 135% des Regelbetrages zu zahlen. Dies führte dazu, dass bis zur 6. Einkommensgruppe der Düsseldorfer Tabelle der Unterhalt weitgehend nivelliert wurde. Tragweite und Bedeutung des § 1612b V BGB aF waren umstritten. Vgl. dazu die 6. Auflage Rn. 2/509 ff., 515c. Das BVerfG[57] hat zwar letztlich die Verfassungsmäßigkeit des § 1612b V BGB aF bejaht, aber gerügt, dass das Kindergeldrecht immer weniger dem Gebot der Normenklarheit entspreche, und den Gesetzgeber zur Nachbesserung aufgefordert. Dem hat der Gesetzgeber zum 1.1.2008 durch das Unterhaltsänderungsgesetz entsprochen und §§ 1612a, 1612b BGB geändert.

Bereits durch Urteil vom 26.10.2005 hatte der BGH[58] die Berücksichtigung des Kindergeldes beim Volljährigenunterhalt auf neue Grundlagen gestellt. Er billigte dem volljährigen Kind einen Anspruch auf Verwendung des vollen Kindergeldes für seinen Unterhalt zu und hielt demgemäß, wenn dies nicht geschah, die Eltern für verpflichtet, das Kindergeld an das Kind auszukehren. Er behandelte das Kindergeld als Einkommen des volljährigen Kindes und rechnete es bedarfsdeckend auf den Unterhaltsanspruch an. Dies galt 715

---

[50] BVerfG NJW-RR 2004, 1657.
[51] Vgl. BGH FamRZ 2004, 1639.
[52] BGH FamRZ 1989, 172.
[53] OLG Karlsruhe NJW-FuR 2000, 289.
[54] BGH FamRZ 2007, 882 (885) mAnm Born.
[55] BGH FamRZ 2007, 983 (986) = R 676c.
[56] BGH FamRZ 1997, 806; 2000, 1494 mAnm Scholz.
[57] FamRZ 2003, 1370; vgl. auch EuGHMR FamRZ 2009, 847.
[58] FamRZ 2006, 99 = R 641e mAnm Viefhues und Scholz.

auch für das privilegiert volljährige Kind, so dass eine Anwendung des § 1612b V BGB aF insoweit ausschied.[59] Bei minderjährigen Kindern blieb es allerdings angesichts des Wortlauts des § 1612b I, V BGB aF zunächst bei der Verrechnung des (hälftigen) Kindergeldes mit dem Unterhaltsanspruch.

III. Die Behandlung des Kindergeldes nach dem Unterhaltsänderungsgesetz

1. Übersicht über den seit dem 1.1.2008 geltenden Kindergeldausgleich[60]

716   Nach öffentlichem Recht haben beide Eltern Anspruch auf Kindergeld. Zur Verwaltungsvereinfachung wird es aber nur an einen von ihnen ausgezahlt (→ Rn. 705). Leben die Eltern nicht in einem gemeinsamen Haushalt und kommt das Kindergeld daher nicht beiden zugute, muss das Zivilrecht für einen Ausgleich zwischen den Eltern sorgen. Dies geschah nach § 1612b BGB aF durch Verrechnung des Kindergeldes mit dem Kindesunterhalt (→ Rn. 714). Das Unterhaltsänderungsgesetz[61] hat den Kindergeldausgleich für Unterhaltszeiträume ab 1.1.2008 wesentlich vereinfacht. Der Gesetzgeber hat die Grundsätze des Urteils des BGH vom 26.10.2005[62] zum bedarfsdeckenden Vorwegabzug des Kindergeldes vom Unterhalt des volljährigen Kindes (→ Rn. 715) in das Unterhaltsänderungsgesetz übernommen und sie auf den Unterhalt minderjähriger Kinder erstreckt. § 1612b I BGB regelt wie die am 31.12.2007 außer Kraft getretene Fassung der Vorschrift – wenn auch in anderer Weise – nur den unterhaltsrechtlichen Ausgleich des Kindergeldes. Die Bestimmungen des Einkommensteuerrechts, insbesondere des § 31 EStG, nach denen das Kindergeld eine vorgezogene Steuervergütung, ggf. eine Sozialleistung ist, die den Eltern zusteht, bleiben unberührt,[63] → Rn. 702.

717   Das ab 1.1.2008 geltende Recht enthält im Wesentlichen folgende Neuerungen:[64]
- Das Kindergeld ist zweckgebunden. Es ist nach § 1612b I BGB zur **Deckung des Barbedarfs** des Kindes zu verwenden, und zwar zur Hälfte, wenn ein Elternteil seine Unterhaltspflicht gegenüber einem minderjährigen unverheirateten Kind durch Betreuung im Sinne des § 1606 III 2 BGB erfüllt (→ Rn. 718 ff.), in voller Höhe dagegen in allen anderen Fällen (→ Rn. 722 ff.).
- Verwendet der kindergeldberechtigte Elternteil das zu berücksichtigende Kindergeld nicht für den Barbedarf des Kindes, hat dieses einen Anspruch auf **Auskehr des Kindergeldes.**[65]
- Das Kindergeld wird zur Hälfte oder in voller Höhe als **Einkommen des Kindes** behandelt. Insoweit deckt es den Barbedarf des Kindes. Es findet also ein **bedarfsmindernder Vorwegabzug des Kindergeldes** vom Unterhalt statt,[66] → Rn. 720, 722, 727. Das Kindergeld ist kein Einkommen der Eltern und darf bei der Bemessung des Kindesunterhalts, vor allem bei der Eingruppierung in die Düsseldorfer Tabelle, nicht einkommenserhöhend berücksichtigt werden.
- Überall dort, wo es auf die Höhe des Kindesunterhalts ankommt, besonders bei Beurteilung der Leistungsfähigkeit, im Mangelfall oder beim Zusammentreffen mit anderen, auch nachrangigen Unterhaltspflichten, zB gegenüber dem Ehegatten, dem betreuenden nicht verheirateten anderen Elternteil oder dem volljährigen Kind, ist nicht wie früher[67]

---

[59] BGH FamRZ 2006, 99 (102) = R 641e mAnm Viefhues und Scholz; BGH FamRZ 2007, 542.
[60] Vgl. dazu Scholz FamRZ 2007, 2021 (2024).
[61] Vom 21.12.2007 – BGBl. I S. 3189.
[62] FamRZ 2006, 99 = R 641e mAnm Viefhues und Scholz.
[63] Borth FamRZ 2006, 813 (819).
[64] Vgl. dazu die Begründung des Gesetzentwurfs der Bundesregierung BT-Drs. 16/1830, 28 ff.
[65] Näher Staudinger/Klinkhammer § 1612b Rn. 82 ff.
[66] So die Begründung des Gesetzentwurfs der Bundesregierung BT-Drs. 16/1830, 28; Borth, Unterhaltsänderungsgesetz, Rn. 332 f.
[67] Vgl. dazu BGH FamRZ 2005, 347 (350).

der Tabellenbetrag, sondern der **Zahlbetrag** (Tabellenbetrag abzüglich des zu berücksichtigenden Kindergeldes) in die Berechnung einzustellen,[68] → Rn. 727 ff.

2. Hälftige Berücksichtigung des Kindergeldes

Das Kindergeld ist nach § 1612b I 1 Nr. 1 BGB zur Hälfte zur Deckung des Barbedarfs zu verwenden, wenn ein Elternteil seine Unterhaltspflicht durch Betreuung des Kindes im Sinne des § 1606 III 2 BGB erfüllt. Eine solche Betreuung ist, wie sich bereits aus dem Wortlaut des § 1606 III 2 BGB ergibt, nur **bei minderjährigen unverheirateten Kindern** möglich. Zudem entspricht es der ständigen Rechtsprechung des BGH, dass die Betreuung eines Kindes mit dessen Volljährigkeit endet.[69] Bei volljährigen Kindern kommt daher eine hälftige Berücksichtigung des Kindergeldes nicht in Betracht. Vielmehr ist es bei ihnen stets in voller Höhe bedarfsdeckend zu berücksichtigen, → Rn. 722. 718

Betreuung im Sinne des § 1606 III 2 BGB findet nicht nur dann statt, wenn ein Elternteil das minderjährige Kind allein pflegt und erzieht. Er kann sehr wohl voll oder teilschichtig erwerbstätig sein und für die Betreuung die Hilfe Dritter in Anspruch nehmen, indem er zB das Kind zeitweise in die Obhut des anderen Elternteils, der Großeltern, einer Tagesmutter, eines Horts, einer Kindertagesstätte gibt oder die Versorgung des Kindes in anderer Weise sicherstellt. Es reicht aus, dass er die Hauptverantwortung für das Kind behält und sich persönlich um dessen Wohl und Wehe kümmert.[70] Lebt das Kind dagegen im Haushalt der Betreuungsperson und wird es von ihr verantwortlich erzogen und gepflegt, ist das Kindergeld nach § 1612b I 1 Nr. 2 BGB voll auf den von den Eltern in Form einer Geldrente geschuldeten Unterhalt anzurechnen, der dann nicht nur den Barbedarf sondern auch den Betreuungsbedarf abdecken muss und in der Regel mit dem Doppelten des Tabellenbetrages anzusetzen ist (→ Rn. 20, 22).[71] 719

Bezieht der betreuende Elternteil das Kindergeld, deckt es zur Hälfte, also in Höhe von 102,– EUR, ab dem dritten Kind in Höhe von 105,– EUR und ab dem vierten Kind in Höhe von 117,50 EUR (→ Rn. 731), den Barbedarf des Kindes. Der Barunterhaltspflichtige ist daher lediglich verpflichtet, den Tabellenunterhalt abzüglich des halben Kindergeldes zu zahlen. Er kann den Kindergeldanteil zB dafür verwenden, die Kosten des Umgangs mit dem Kind ganz oder teilweise zu decken. Zu den Umgangskosten → Rn. 271 ff. Die andere Hälfte des Kindergeldes steht dem betreuenden Elternteil zu. Sie dient dazu, ihm die Betreuung zu erleichtern. Das Gesetz geht davon aus, dass diese Kindergeldhälfte damit letztlich dem Kind zugute kommt. Sie ist **kein unterhaltsrechtliches Einkommen** des betreuenden Elternteils und darf daher bei der Bemessung anderer Unterhaltspflichten, insbesondere des Ehegattenunterhalts, nicht berücksichtigt werden,[72] → Rn. 727 ff. 720

Die hälftige Anrechnung des Kindergeldes findet auch dann statt, wenn ein Elternteil nicht leistungsfähig oder verstorben ist und der andere deshalb das Kind **betreuen und** zusätzlich für den **Barunterhalt** aufkommen muss. In der Regel kommt es hierauf nicht an, weil der Elternteil dann in seinem Haushalt Naturalunterhalt leistet und demgemäß zu Recht das volle Kindergeld vereinnahmt. Die Bedarfsdeckung durch das Kindergeld wird jedoch dann praktisch, wenn der Elternteil einem nachrangigen Berechtigten Unterhalt zu zahlen hat, zB einem volljährigen nicht privilegierten Kind oder einem Ehegatten (→ Rn. 727 f.). In einem solchen Fall kann der Elternteil dem anderen Berechtigten nicht den vollen Tabellenunterhalt, sondern nur den um das hälftige Kindergeld geminderten Zahlbetrag entgegenhalten. 721

---

[68] BGH FamRZ 2009, 1300 = R 705c mAnm Schürmann; BGH FamRZ 2008, 963 = R 692g.
[69] BGH FamRZ 2006, 99 = R 641d mAnm Viefhues und Scholz.
[70] BGH FamRZ 2007, 707 = R 672a.
[71] So bereits zu dem bis zum 31.12.2007 geltenden Recht BGH FamRZ 2006, 1597 = R 659a.
[72] BGH FamRZ 2017, 711 Rn. 15; 2009, 1300 = R 705c mAnm Schürmann; FamRZ 2008, 963 = R 692g.

3. Berücksichtigung des Kindergeldes in voller Höhe

722 **a) Nicht von einem Elternteil betreute Kinder.** Wird das Kind nicht von einem Elternteil verantwortlich betreut (→ Rn. 718), ist das Kindergeld in voller Höhe vom Barbedarf des Kindes abzuziehen. Dies gilt, wie § 1612b I 1 Nr. 2 BGB eindeutig zum Ausdruck bringt, in allen anderen Fällen, insbesondere
- für minderjährige Kinder, die nicht von einem Elternteil, sondern verantwortlich von Dritten betreut werden,
- für verheiratete minderjährige Kinder,
- für privilegiert volljährige Kinder im Sinne des § 1603 II 2 BGB,
- für alle anderen volljährigen Kinder, gleichgültig ob sie im Haushalt eines Elternteils, anderer Verwandter oder im eigenen Haushalt leben, ob sie sich in einer Schul- oder sonstigen Ausbildung befinden, ob sie Einkünfte beziehen, ob sie arbeitslos, arbeitsunfähig, krank oder behindert sind oder nicht.

Das Gesetz entspricht damit weitgehend der schon vor Inkrafttreten des Unterhaltsänderungsgesetzes im Jahr 2005 begründeten Rechtsprechung des BGH,[73] → Rn. 715.

723 In all diesen Fällen ist das **gesamte** auf das Kind entfallende **Kindergeld** von 204,– EUR, 210,– EUR bzw. 235,– EUR Einkommen des jeweiligen Kindes und daher auf dessen **Barbedarf anzurechnen.** Zum Kindergeld für mehrere Kinder → Rn. 731. Die bedarfsdeckende Anrechnung des Kindergeldes bedarf keiner Begründung, wenn das Kind selbst das Kindergeld bezieht (→ Rn. 712). Wird das Kindergeld dagegen noch an den Elternteil ausgezahlt, bei dem das Kind früher gelebt hat, kann es von ihm die Auskehr verlangen. Gehört das volljährige Kind dem Haushalt des Elternteils an, dem das Kindergeld ausgezahlt wird, bezieht es in der Regel auf Grund einer Bestimmung nach § 1612 II 1 BGB (→ Rn. 32 ff.) Naturalunterhalt (→ Rn. 18); der Betreuungsunterhalt ist mit Vollendung des 18. Lebensjahres entfallen (→ Rn. 26). In einem solchen Fall kann davon ausgegangen werden, dass das Kindergeld für die Kosten des Naturalunterhalts verbraucht wird. Dann besteht kein Anspruch des Kindes gegen den Elternteil auf Auszahlung des Kindergeldes. Im Gegenteil ist in einem solchen Fall die Frage zu stellen, ob sich das Kind nicht über das Kindergeld hinaus an den Kosten des gemeinsamen Haushalts beteiligen und dafür einen Teil des vom anderen Elternteil gezahlten Barunterhalts zur Verfügung stellen muss.[74] Bezieht das Kind Leistungen nach dem SGB II oder dem SGB XII und hat der Träger der Grundsicherung für Arbeitsuchende oder der Sozialhilfeträger das Kindergeld nach § 74 EStG abgezweigt (→ Rn. 712), ist es bei der Berechnung des auf die Träger nach § 94 SGB XII, § 33 SGB II übergegangenen Unterhaltsanspruchs des Kindes als dessen bedarfsdeckendes Einkommen anzusehen. Zum Anspruchsübergang → § 8 Rn. 60 ff., 229 ff.

724 **b) Unterhaltsberechnung bei Leistungsfähigkeit beider Elternteile.** Auszugehen ist vom vollen Bedarf des Kindes. Dieser entspricht in den hier erörterten Fällen (→ Rn. 722)
- bei minderjährigen Kindern, die nicht von einem Elternteil, sondern von Dritten betreut werden, dem nach der Düsseldorfer Tabelle geschuldeten Barunterhalt; dieser ist allerdings um Betreuungskosten zu erhöhen, die pauschal in Höhe des Tabellenunterhalts angesetzt, aber auch konkret nach den Heim- oder Pflegekosten berechnet werden können (→ Rn. 719),
- bei volljährigen Kindern, die im Haushalt eines Elternteils leben, gleich ob sie privilegiert volljährig sind oder nicht, dem Richtsatz der 4. Altersstufe der jeweiligen Gruppe der Düsseldorfer Tabelle,
- bei außerhalb des elterlichen Haushalts lebenden Kindern in der Regel dem Betrag von 670,– EUR nach Anm. A 7 II der Tabelle Stand: 1.1.2013.

Auf den so errechneten Bedarf ist das Kindergeld in voller Höhe von 184,– EUR, 190,– EUR bzw. 215,– EUR **bedarfsdeckend anzurechnen,** und zwar ohne Rücksicht

---

[73] FamRZ 2006, 99 (101 ff.) = R 641e mAnm Viefhues und Scholz; BGH FamRZ 2006, 1597 = R 659b.
[74] BGH FamRZ 2006, 99 (102) = R 641e mAnm Viefhues und Scholz.

darauf, wer das Kindergeld bezieht. Der geschuldete Unterhalt ist um das volle Kindergeld zu kürzen.[75] Lediglich der verbleibende Restbedarf ist in die weitere Berechnung einzustellen. Wird das Kindergeld an den Elternteil ausgezahlt, bei dem das (volljährige) Kind lebt, hat dieses einen Anspruch darauf, dass das Kindergeld für seinen Barbedarf verwendet wird, zB durch Gewährung von Kost und Logis. Geschieht dies nicht, kann das Kind Auskehr des Kindergeldes verlangen, muss dann allerdings mit Hilfe des von den Eltern geschuldeten Unterhalts selbst seinen Bedarf decken. Bezieht der andere Elternteil, bei dem das Kind nicht wohnt, das Kindergeld, hat er es an das Kind auszukehren. Der Restbedarf ist anteilig von den Eltern aufzubringen → Rn. 560 ff., 725). Wird das Kindergeld an das (volljährige) Kind selbst gezahlt oder wird es zu Gunsten eines minderjährigen oder volljährigen Kindes an einen Sozialleistungsträger abgezweigt (vgl. § 74 EStG; → Rn. 712), ist der Bedarf des Kindes in Höhe des Kindergeldes gedeckt; die Eltern haften anteilig für den Restbedarf.

Nach Abzug des Kindergeldes richten sich die Haftungsanteile der Eltern nach ihren Einkommens- und Vermögensverhältnissen (§ 1606 III 1 BGB). Das Einkommen jedes Elternteils ist um einen Sockelbetrag in Höhe seines angemessenen, ggf. auch seines notwendigen Selbstbehalts, zu bereinigen, → Rn. 426, 574. Der sich ergebende Zahlbetrag ist nicht mehr um Kindergeldanteile zu bereinigen.[76] **725**

Die Kürzung des Unterhaltsbedarfs um das volle Kindergeld führt dazu, dass das Kindergeld jedem Elternteil in dem Maße zugute kommt, das seinem Unterhaltsanteil entspricht. Sie begünstigt den Elternteil, der einen höheren Unterhalt schuldet.

Beispiel 1:
Der auswärts studierende Sohn S verlangt 735,– EUR Unterhalt. Die Mutter M bezieht das Kindergeld; sie verdient bereinigt 1800,– EUR, der Vater V 2300,– EUR.
M muss das Kindergeld von 204,– EUR S zur Verfügung stellen. Der Restanspruch des S beträgt 531,– EUR.

Verfügbares Einkommen des V: 2300 – 1300	=	1000,– EUR
Verfügbares Einkommen der M: 1800 – 1300	=	500,– EUR
Summe:		1500,– EUR

Haftungsanteil des V: 531 × 1000 : 1500 = 354,– EUR
Haftungsanteil der M: 531 × 500 : 1500 = 177,– EUR.
V zahlt 354,– EUR, M dagegen 177,– EUR Unterhalt und 204,– EUR Kindergeld, insgesamt also 381,– EUR.

Beispiel 2:
Wie Beispiel 1. Jedoch bezieht V das Kindergeld (§ 64 III 2 EStG). Er hat es in voller Höhe vorab an das Kind abzuführen. Damit verwendet er es für dessen Unterhalt (§ 1612b I 1 Nr. 2 BGB). Daneben schuldet er den errechneten Unterhalt von 354,– EUR, insgesamt also 558,– EUR; die Mutter zahlt 177,– EUR.

c) Unterhaltsberechnung bei Leistungsfähigkeit nur eines Elternteils. In den in **726** → Rn. 722 erörterten Fällen (**keine Betreuung des Kindes** nach § 1606 III 2 BGB) sind grundsätzlich beide Elternteile barunterhaltspflichtig. Trotzdem ist es nicht ungewöhnlich, dass nur ein Elternteil (Bar-)Unterhalt zu leisten hat, sei es weil der andere verstorben, sei es weil er aus verschiedenen Gründen leistungsunfähig ist. In einem solchen Fall kommt dem allein leistungsfähigen Elternteil das **volle Kindergeld** zugute. Es ist auf den Barbedarf des Kindes anzurechnen, gleichgültig ob es an einen Elternteil, an das Kind selbst oder einen Sozialleistungsträger ausgezahlt wird, → Rn. 722. In der Praxis kommt am häufigsten der Fall vor, dass ein Elternteil einem volljährigen Kind – gleichgültig, ob es noch bei einem Elternteil oder bereits in einem eigenen Haushalt lebt – allein Unterhalt zu leisten hat, weil der andere nur über ein Einkommen verfügt, das den angemessenen Selbstbehalt nach Anm. A 5 II der Düsseldorfer Tabelle Stand 1.1.2019 von 1300,– EUR nicht erreicht.

---

[75] Dose FamRZ 2007, 1289 (1292); OLG Brandenburg FamRZ 2006, 1782 (für volljährige Kinder nach dem bis zum 31.12.2007 geltenden Recht).
[76] So bereits zu dem bis 31.12.2007 geltenden Recht BGH FamRZ 2006, 99 = R 641e mAnm Viefhues und Scholz; BGH FamRZ 2007, 542.

4. Auswirkungen der bedarfsdeckenden Berücksichtigung des Kindergeldes

727 **a) Leistungsfähigkeit des Schuldners.** Da das Kindergeld – zur Hälfte oder in voller Höhe (§ 1612b I 1 BGB) – den Bedarf des Kindes mindert, braucht der Schuldner nur den Tabellenunterhalt abzüglich des zu berücksichtigenden Kindergeldes zu zahlen. Die Bedarfsdeckung durch das Kindergeld wird insbesondere dann praktisch, wenn die Mittel des Schuldners begrenzt sind und es auf seine Leistungsfähigkeit ankommt. Reicht das Einkommen des Schuldners zur Zahlung des Tabellenunterhalts abzüglich des zu berücksichtigenden Kindergeldes, also des sog **Zahlbetrages** aus, ohne dass sein notwendiger Selbstbehalt gefährdet wird, ist er leistungsfähig.[77] Dies ergibt sich unmittelbar aus § 1612b I 1 Nr. 1 BGB Einer dem § 1612b V BGB aF (→ Rn. 714) entsprechenden Vorschrift bedarf es nicht.[78]

Leistungsunfähig ist der Schuldner dagegen, wenn er ohne Gefährdung seines notwendigen Selbstbehalts den Tabellenbetrag abzüglich des zu berücksichtigenden Kindergeldes ganz oder teilweise nicht aufbringen kann.

728 Auf den Zahlbetrag ist auch dann abzustellen, wenn zu prüfen ist, ob der Schuldner neben dem Unterhalt für ein minderjähriges Kind ohne Gefährdung seines angemessenen Selbstbehalts von 1200,– EUR nach Anm. A 5 II der Düsseldorfer Tabelle Stand: 1.1.2013 auch denjenigen für ein **nachrangiges volljähriges Kind** zahlen kann.[79] Vgl. das Beispiel → Rn. 721.

729 **b) Kindergeld und Ehegattenunterhalt.** Da das Kindergeld seit dem 1.1.2008 als Einkommen des Kindes behandelt wird und teilweise seinen Bedarf deckt, darf auch bei der Berechnung des Ehegattenunterhalts nicht mehr der Tabellenbetrag vorweg vom Einkommen des Schuldners abgezogen werden. Denn nach dem Wortlaut des § 1612 I 2 BGB mindert das zu berücksichtigende Kindergeld den Barbedarf des Kindes. Bei der Bemessung des Ehegattenunterhalts darf aber nur der Restbedarf des Kindes vom Einkommen des unterhaltspflichtigen Ehegatten abgesetzt werden, → § 1 Rn. 679. Daher ist das Einkommen um den sog **Zahlbetrag,** also den Tabellenunterhalt abzüglich des zu berücksichtigenden Kindergeldes, zu bereinigen. Diese Auffassung wird vom BGH[80] und der ganz herrschenden Meinung vertreten.[81]

Der Vorwegabzug des Zahlbetrages entspricht nach dem Regierungsentwurf zum Unterhaltsänderungsgesetz,[82] der im parlamentarischen Verfahren insoweit nicht in Frage gestellt worden ist, der Absicht des Gesetzgebers. Der Entwurf weist darauf hin, dass nach § 1612b I BGB von der zur Verteilung anstehenden Masse ein geringerer Anteil für den Kindesunterhalt erforderlich ist und ein entsprechend höherer Anteil für die nachrangigen Unterhaltsberechtigten, etwa für den betreuenden Elternteil, zur Verfügung steht.

730 Der Abzug des Zahlbetrages statt des Tabellenbetrages wird danach vom Wortlaut des Gesetzes und der Absicht des Gesetzgebers gefordert. Daran sind die Gerichte gebunden. Die gesetzliche Regelung ist **nicht verfassungswidrig.** Die Gerichte, die das anders sehen und dem eindeutigen Willen des Gesetzgebers nicht folgen wollen, sind mE nach Art. 100 GG zur Vorlage an das BVerfG verpflichtet. Das BVerfG[83] hat den früheren § 1612b V BGB, nach dem das Kindergeld zur Deckung des Existenzminimums des Kindes herangezogen wurde, nicht als verfassungswidrig beanstandet, sondern lediglich eine klare und verständliche Regelung des Kindergeldrechts im Unterhalts-, Steuer- und

---

[77] Begründung des Regierungsentwurfs zum Unterhaltsänderungsgesetz BT-Drs. 16/1830, 29; Vossenkämper FamRZ 2008, 201 (208).
[78] Ebenso Borth FamRZ 2006, 813 (819 f.).
[79] Dose FamRZ 2006, 1289 (1293).
[80] FamRZ 2009, 1300 = R 705c mAnm Schürmann; FamRZ 2008, 963 = R 692g.
[81] Dose FamRZ 2007, 1289 (1292 f.); Gerhardt FamRZ 2007, 945; Gerhardt/Gutdeutsch FamRZ 2007, 748; Klinkhammer FamRZ 2008, 193 (199); Menne/Grundmann, Das neue Unterhaltsrecht, S. 106; Scholz FamRZ 2007, 2021 (2028); aA und damit für Abzug des Tabellenbetrages: der 7. Senat für Familiensachen des OLG Düsseldorf FamRZ 2009, 338; Maurer FamRZ 2008, 1985 (1991); Schürmann FamRZ 2008, 313 (324).
[82] BT-Drs. 16/1830, 29.
[83] FamRZ 2003, 1370.

Sozialrecht verlangt. Die Vorschrift entzog dem barunterhaltspflichtigen Elternteil ganz oder teilweise die ihm zustehende Kindergeldhälfte und verwendete sie de facto als unterhaltsrechtliches Einkommen des Kindes. M. E. steht es dem Gesetzgeber bei einer Reform des unterhaltsrechtlichen Kindergeldausgleichs nach der Verfassung frei, das zu berücksichtigende Kindergeld generell als Einkommen des Kindes anzusehen, es demgemäß zur Deckung des Unterhaltsbedarfs des Kindes heranzuziehen und damit sein Existenzminimum wenigstens teilweise sicherzustellen. Dies führt logischerweise in weitem Umfang zu einer Berücksichtigung nur des Zahlbetrages anstatt des Tabellenbetrages. Die damit verbundene maßvolle Erhöhung des Ehegattenunterhalts ist nur eine Folge dieser Gesetzesänderung. Sie ist eine angemessene Kompensation dafür, dass der Ehegattenunterhalt seit dem 1.1.2008 dem Unterhalt minderjähriger und privilegiert volljähriger Kinder im Rang nachgeht (§ 1609 BGB).[84]

5. Sonderfragen

a) Kindergeld für mehrere Kinder. Während bis zum 30.6.1998 das Kindergeld für mehrere Kinder zusammen- und jedem Kind anteilig zugerechnet wurde, bestimmt seitdem § 1612b I BGB, dass nur das auf das jeweilige Kind entfallende Kindergeld bei der Bemessung des Kindesunterhalts zu berücksichtigen ist. Beim ersten und zweiten Kind kann daher Kindergeld von je 184,– EUR, beim dritten Kind von 190,– EUR, beim vierten und bei jedem weiteren Kind von je 215,– EUR den Barbedarf des Kindes mindern, → Rn. 707, 716. Die Reihenfolge richtet sich nach dem **Alter** des Kindes, nicht nach dem Belieben des den Kindesunterhalt begehrenden Elternteils. Ob das Kindergeld zur Hälfte oder in voller Höhe bedarfsdeckend zu berücksichtigen ist, ergibt sich aus § 1612b I 1 BGB, → Rn. 718, 722. 731

b) Zählkindvorteil. Kindergeld darf zwischen den Eltern nur ausgeglichen werden, wenn und soweit es für gemeinsame Kinder gezahlt wird (§ 1612b II BGB). Danach darf Kindergeld, das wegen der Berücksichtigung eines nicht gemeinschaftlichen Kindes erhöht ist, im Umfang der Erhöhung nicht bedarfsmindernd angerechnet werden. Soweit einem Elternteil wegen der Berücksichtigung eines weiteren nicht gemeinsamen Kindes ein „Zählkindvorteil" erwächst, ist dieser dem Kindergeld für die gemeinsamen Kinder weder ganz noch teilweise zuzurechnen und darf daher nicht bei einem gemeinsamen Kind bedarfsmindernd berücksichtigt werden. Der Zählkindvorteil ist kein Einkommen des Unterhaltspflichtigen, das den Tabellenbedarf anderer Kinder erhöhen könnte.[85] Auf den Unterhaltsanspruch der gemeinsamen Kinder ist daher jeweils nur das fiktive Kindergeld anzurechnen, das der betreffende Elternteil für das jeweilige Kind erhalten würde, wenn es keine Zählkinder gäbe. Ungereimtheiten, die sich aus den besonderen Umständen des Einzelfalles ergeben, müssen nach der Rechtsprechung des BGH hingenommen werden.[86] 732

Beispiel:
Der Vater V1 und die Mutter M sind geschieden. Sie haben drei gemeinsame Kinder K 1 (10 Jahre), K 2 (5 Jahre) und K 3 (4 Jahre). Erwerbseinkommen von V1: 2150,– EUR.
M betreut die drei Kinder und bezieht für sie Kindergeld von 204,– EUR für K1 und K2 und von 210,– EUR für K3. Für ein weiteres einjähriges Kind K 4, das von ihrem jetzigen Ehemann V 2 abstammt, erhält sie 235,– EUR Kindergeld.
Bedarfsdeckend ist auf die jeweiligen Tabellenbeträge nur das hälftige Kindergeld für die drei gemeinschaftlichen Kinder anzurechnen, also jeweils 102,– EUR für K1 und K2 und von 105,– EUR für K3. Der Zählkindvorteil für das vierte Kind steht allein K 4 zu. Wenn K 4 von V 2 Unterhalt verlangt, ist sein Unterhaltsanspruch nur um 102,– EUR zu kürzen.

c) Kindergeldausgleich bei fehlendem Unterhaltsanspruch des Kindes. In seltenen Fällen kann Kindergeld gewährt werden, obwohl das Kind keinen Unterhaltsanspruch hat. 733

---

[84] Ebenso Dose FamRZ 2007, 1289 (1293).
[85] BGH FamRZ 2000, 1494 mAnm Scholz (zum früheren Recht).
[86] BGH FamRZ 1997, 806.

Dies kommt in Betracht, wenn das Kind zwar bedürftig, beide Eltern aber nicht in der Lage sind, ihm Unterhalt zu gewähren.[87] Nach dem eindeutigen Wortlaut des § 1612b I BGB ist auch in diesem Fall das Kindergeld als Einkommen des Kindes zu behandeln, für den Kindesunterhalt zu verwenden und, wenn dies nicht geschieht, an das Kind auszukehren. Die Eltern sind bei genauerer Betrachtung insoweit nicht leistungsunfähig, weil das Kindergeld zweckbestimmt zu verwenden ist und verwendet werden kann.[88]

734 Dagegen dürfte kein Anspruch des volljährigen Kindes gegen seine Eltern auf Auskehr des Kindergeldes bestehen, wenn es über Einkommen verfügt, das seinen Unterhaltsbedarf deckt, gleichwohl an die Eltern aber Kindergeld gezahlt wird. In einem solchen Fall kann aber das unterhaltsrechtlich relevante Einkommen des Kindes seinen Unterhaltsbedarf nach der 4. Altersstufe der einschlägigen Einkommensgruppe der Düsseldorfer Tabelle übersteigen. Ein Unterhaltsanspruch ist dann mangels eines ungedeckten Bedarfs nicht gegeben. Eine Verwendung des Kindergeldes für den Barbedarf ist weder möglich noch erforderlich. Das Kindergeld verbleibt nach meiner Ansicht dann den Eltern.[89] Es steht ihnen jeweils zur Hälfte zu. Bei Getrenntleben kann der Elternteil, der das Kindergeld nicht erhält, gegen den anderen einen familienrechtlichen Ausgleichsanspruch geltend machen. Dies dürfte – neben dem Wechselmodell[90] – einer der seltenen Fälle sein, in denen dieser Ausgleichsanspruch beim Kindergeld künftig noch in Betracht kommt, → Rn. 780.

Beispiel:
Das volljährige Kind K bezieht eine Ausbildungsvergütung von 690,– EUR. Der Vater V hat ein Einkommen von 1450,– EUR, die Mutter M von 1200,– EUR. M bezieht das Kindergeld. K verlangt Auskehr des Kindergeldes von den Eltern.
K hat keinen Unterhaltsanspruch, da sein Bedarf von 580,– EUR nach DT 2019 3/4 durch sein unterhaltsrechtliches Einkommen von 690–100 (ausbildungsbedingter Mehrbedarf) = 590,– EUR gedeckt ist. Daher kein Anspruch auf Auskehr des Kindergeldes.

735 **d) Kindergeldanrechnung bei Auslandsbezug.** Kindergeld wird nach § 62 EStG grundsätzlich für alle Kinder gezahlt, deren Eltern im Inland ihren gewöhnlichen Aufenthalt haben, ohne dass es auf die Staatsangehörigkeit ankommt. Ein Ausländer muss jedoch im Besitz einer Niederlassungs- oder Aufenthaltserlaubnis sein (→ Rn. 700). Kindergeld wird nicht gewährt, wenn für das Kind im Ausland Leistungen erbracht werden oder bei Antragstellung erbracht würden, die mit dem Kindergeld vergleichbar sind (§ 65 I 1 Nr. 2 EStG).[91] Damit stellt sich die Frage, ob Kindergeld bedarfsdeckend anzurechnen ist, wenn die Eltern in verschiedenen Staaten leben.

Der unterhaltsrechtliche Kindergeldausgleich unterliegt dem deutschen Sachrecht, wenn das Kind seinen gewöhnlichen Aufenthalt in Deutschland hat (Art. 3 I des Haager Unterhaltsprotokolls – HUP). Nach der bis zum 31.12.2007 geltenden Fassung des § 1612b I BGB ging das Gesetz von einer vorrangigen Kindergeldberechtigung des nicht barunterhaltspflichtigen Elternteils aus. Daraus ergab sich, dass eine Verrechnung des den Eltern zustehenden Kindergeldes mit dem Unterhalt eine beiderseitige Kindergeldberechtigung voraussetzte. Der BGH[92] hat zu Recht ausgeführt, dass sich dieser Vorrang nicht nur aus dem deutschen Recht sondern auch aus dem europäischen Gemeinschaftsrecht ergeben kann. Denn Kindergeld und die damit vergleichbaren Leistungen anderer Staaten nach § 65 I 1 Nr. 2 EStG sind dem europäischen Sozialrecht unterliegende Familienleistungen im Sinne der Verordnungen Nr. 1408/71 und 574/72.[93] Dies gilt für das deutsche Kindergeld auch dann, wenn es – wie es in der Regel geschieht – als vorgezogene Steuervergütung gewährt wird.[94]

---

[87] Vgl. dazu Borth FamRZ 2006, 813 (819).
[88] Näher Staudinger/Klinkhammer § 1612b Rn. 86 ff.
[89] Näher Staudinger/Klinkhammer § 1612b Rn. 86 ff.
[90] BGH FamRZ 2016, 1053.
[91] Vgl. dazu die Übersicht in FamRZ 2005, 1402.
[92] BGH FamRZ 2004, 1639 mAnm Heimann und Anm. Eichenhofer FamRZ 2004, 1965.
[93] Vgl. BFH FamRZ 2008, 1619.
[94] BGH FamRZ 2004, 1639 mAnm Heimann und Anm. Eichenhofer FamRZ 2004, 1965.

8. Abschnitt: Sonderprobleme des Kindesunterhalts § 2

Nach § 1612b I BGB in der seit 1.1.2008 geltenden Fassung ergibt sich die vorrangige Kindergeldberechtigung des nicht barunterhaltspflichtigen Elternteils nicht mehr aus der Norm selbst. Aus Art. 76 VO 1408/71, Art. 67 VO 883/2004 folgt jedoch, dass der Wohnstaat – bei Kindern, die sich gewöhnlich bei einem in Deutschland lebenden Elternteil aufhalten, also die Bundesrepublik – vorrangig für das Kindergeld einzustehen hat, während der Kindergeldanspruch gegen den Staat, dem der andere Elternteil angehört, in Höhe des deutschen Kindergeldes ruht.[95] In einem solchen Fall bestehen keine Bedenken, das in Deutschland gezahlte Kindergeld nach Maßgabe des § 1612b I BGB entweder zur Hälfte oder in voller Höhe auf den sich nach deutschem Recht richtenden Unterhaltsanspruch bedarfsmindernd anzurechnen. Wie zu verfahren ist, wenn der andere Elternteil einem Staat angehört, der nicht der Europäischen Union oder dem Europäischen Wirtschaftsraum angehört, ist bislang nicht geklärt. Übt der im Ausland lebende Elternteil dort eine Erwerbstätigkeit aus, muss er das Kindergeld im Land seiner Beschäftigung beantragen und an den anderen Elternteil weiterleiten. Weigert er sich, einen Antrag zu stellen, und wird demgemäß im Ausland kein Kindergeld gezahlt, kann im Inland Kindergeld bezogen werden.[96]

IV. Verfahrensfragen

In einer Unterhalt zusprechenden Entscheidung oder einem sonstigen Vollstreckungstitel ist der anzurechnende Kindergeldanteil betragsmäßig auszuweisen. Aus dem Titel, bei einem Beschluss mindestens aus den Gründen, muss sich ergeben, von welchem Unterhalt, in der Regel von welchem Tabellenbetrag, das Gericht ausgeht und in welcher Höhe – zur Hälfte oder voll – das Kindergeld bedarfsdeckend berücksichtigt wird. Macht das minderjährige Kind dynamischen Unterhalt im Sinne des § 1612a I 1 BGB geltend, muss sich der begehrte Prozentsatz auf den Mindestunterhalt beziehen. Es ist unzulässig, das Kindergeld vom Mindestunterhalt abzuziehen und einen bestimmten Prozentsatz des so errechneten Zahlbetrages zu verlangen. Denn der gesetzliche Mindestunterhalt entspricht dem doppelten Kinderfreibetrag nach § 32 VI EStG. Es ist nicht vorgesehen, dass bei einer Gesetzesänderung der Kinderfreibetrag im selben Verhältnis angehoben oder ermäßigt wird wie das Kindergeld. Jedoch bestehen keine Bedenken, das anzurechnende Kindergeld nicht in einem bestimmten Betrag anzugeben, sofern Art und Umfang der bedarfsdeckenden Anrechnung des Kindergeldes eindeutig klargestellt sind. Es ist jedoch dringend zu empfehlen, jedenfalls den jetzigen Tabellenunterhalt, die derzeitige Höhe des anzurechnenden Kindergeldes und den Zahlbetrag im Antrag und im Vollstreckungstitel anzugeben. 736

Der Anspruch auf Kindergeld kann wegen gesetzlicher Unterhaltsansprüche eines Kindes, das bei der Festsetzung des Kindergeldes berücksichtigt wird, **gepfändet** werden (§ 76 EStG). Wird das Kindergeld auf ein Konto des Berechtigten überwiesen, ist die Forderung, die durch die Gutschrift entsteht, für die Dauer von 14 Tagen unpfändbar (§ 76a I EStG). 737

– *in dieser Auflage nicht belegt* – 738–750

8. Abschnitt: Sonderprobleme des Kindesunterhalts

I. Auskunftspflichten

Nach § 1605 I BGB sind **Eltern gegenüber Kindern,** aber auch **Kinder gegenüber ihren Eltern** verpflichtet, auf Verlangen über ihre Einkünfte und ihr Vermögen Auskunft zu erteilen, soweit dies zur Feststellung eines Unterhaltsanspruchs erforderlich ist. Unter Umständen schulden auch die **Eltern untereinander** Auskunft, wenn dies notwendig ist, 751

---

[95] Eichenhofer FamRZ 2004, 1639.
[96] EuGH FamRZ 2010, 2049 mAnm Romeyko.

um ihre Haftungsanteile nach § 1606 III 1 BGB festzustellen.[1] Wegen der Einzelheiten → § 1 Rn. 1160 f.

752 Eltern schulden einem volljährigen Kind auch dann Auskunft, wenn dieses, zB als Studierender, in einem eigenen Haushalt lebt und der Unterhalt daher grundsätzlich nach einem **festen Bedarfssatz** von 735,– EUR bemessen wird (vgl. Düsseldorfer Tabelle Stand: 1.1.2019 Anm. A 7 II; → Rn. 508 ff.; teilweise anders Dose Rn. 1/1160). Eine **Auskunftsverpflichtung** besteht allerdings **nicht,** wenn die begehrte Auskunft den Unterhaltsanspruch unter keinem Gesichtspunkt beeinflussen kann.[2] Dies ist aber beim sog Studentenunterhalt nicht der Fall. Vielmehr kann der feste Bedarfssatz bei entsprechender Lebensstellung, also bei guten Einkommensverhältnissen der Eltern, erhöht werden (→ Rn. 226 ff., 514).[3] Diese Anhebung ist schon deshalb geboten, weil ein im Haushalt der Eltern lebendes Kind nach der 4. Altersstufe der Tabelle einen höheren Bedarfssatz als 735,– EUR hat, wenn das Einkommen des oder der Unterhaltspflichtigen 4300,– EUR überschreitet und daher in die 8. bis 10. Einkommensgruppe einzuordnen ist. Dem Kind muss daher die Möglichkeit offen stehen, durch Geltendmachung des Auskunftsanspruchs zu prüfen, ob die Eltern in derartig günstigen Verhältnissen leben. Zudem ist die Auskunft bei beiderseits barunterhaltspflichtigen Eltern in aller Regel erforderlich, um die Haftungsanteile der Eltern zu klären.

753 Über die Höhe der Einkünfte sind auf Verlangen Belege, insbesondere **Gehaltsabrechnungen** und/oder Bescheinigungen des Arbeitgebers, vorzulegen. Solche Belege müssen bei gerichtlicher Geltendmachung des Auskunftsanspruchs im Antrag genau bezeichnet werden. Die Vorlage eines Ausdrucks der elektronischen **Lohnsteuerbescheinigung** des Arbeitgebers für das letzte Kalenderjahr (früher: der Lohnsteuerkarte) reicht jedenfalls dann nicht aus, wenn der Auskunftspflichtige nicht lohnsteuerpflichtige Einkünfte, zB Zuschläge für Sonntags- und Nachtarbeit (§§ 3, 3b EStG), bezogen haben kann oder wenn sich die Bezüge geändert haben können, → § 1 Rn. 1178 f.

II. Rangfolge der Unterhaltsberechtigten und Unterhaltsverpflichteten

754 Zur Beeinträchtigung der Leistungsfähigkeit durch Unterhaltsansprüche anderer Berechtigter und zu Mangelfällen beim Kindesunterhalt kann auf → Rn. 262 ff., 556 ff., zur Rangproblematik und zu Mangelfällen auf → § 5 Rn. 1 ff. sowie zur Konkurrenz zwischen Kindes- und Familienunterhalt auf → § 3 Rn. 71, 99 verwiesen werden.

III. Vereinbarungen zum Kindesunterhalt

1. Allgemeines

755 Vereinbarungen zum Kindesunterhalt sind – anders als Vereinbarungen über nachehelichen Ehegattenunterhalt, die vor der Scheidung getroffen werden (§ 1585c S. 2 BGB; → § 6 Rn. 612) – auch nach Inkrafttreten des Unterhaltsänderungsgesetzes nicht formbedürftig. Eine vertragliche Regelung des Kindesunterhalts kann jedoch nach § 139 BGB unwirksam sein, wenn sie mit einer wegen Formmangels nichtigen Vereinbarung über Ehegattenunterhalt verbunden ist. Im Übrigen sind Vereinbarungen über Kindesunterhalt nur eingeschränkt zulässig, weil auf künftigen Unterhalt nicht verzichtet werden darf (§ 1614 I BGB), → Rn. 758. Es ist aber möglich, durch Vereinbarung einen Anspruch auf Unterhalt zu begründen, auch wenn die gesetzlichen Voraussetzungen hierfür nicht vorliegen. So kann sich der Vater zB dem Kind gegenüber verpflichten, während einer Zweitausbildung nach dem Gesetz nicht geschuldeten Unterhalt zu zahlen. Eine solche Ver-

---

[1] BGH FamRZ 1988, 268; zu den Grenzen BGH FamRZ 2013, 1027.
[2] BGH FamRZ 1994, 1169.
[3] So auch DL 13.1; FL und SüdL 13.1.2.

einbarung setzt aber eine eindeutige vertragliche Absprache voraus; allein die Berufung auf Treu und Glauben ist nicht ausreichend. Nur ausnahmsweise kann sich aus § 1618a BGB die Verpflichtung ergeben, Zahlungen, die ein Elternteil in der Vergangenheit ohne Rechtspflicht erbracht hat, für einen begrenzten Zeitraum fortzusetzen, wenn das Kind auf die Fortsetzung der Zahlungen vertrauen durfte und in diesem Vertrauen Dispositionen getroffen hat, die sich nicht sofort und ohne erhebliche Nachteile rückgängig machen lassen.[4]

Vereinbarungen über den Kindesunterhalt selbst müssen zwischen dem volljährigen Kind und den Eltern bzw. einem Elternteil, beim minderjährigen Kind zwischen dem vertretungsberechtigten Elternteil und dem anderen getroffen werden. Für das minderjährige Kind muss also der allein Sorgeberechtigte, bei gemeinsamer Sorge der Elternteil, in dessen Obhut sich das Kind befindet (§ 1629 II 2 BGB; → Rn. 448), die Vereinbarung schließen. Bei noch verheirateten Eltern, die getrennt leben oder zwischen denen eine Ehesache anhängig ist, kann ein Elternteil den Unterhaltsanspruch des Kindes nur im eigenen Namen geltend machen (§ 1629 III 1 BGB) und sich dann auch für das Kind mit dem anderen Elternteil über den Kindesunterhalt einigen. Solche Vereinbarungen sind von Freistellungsvereinbarungen zwischen den Eltern zu unterscheiden, → Rn. 762 ff. **756**

Die Eltern sind nicht verpflichtet, Unterhalt durch Entrichtung einer Geldrente zu gewähren. Vielmehr können sie bei einem nicht verheirateten Kind nach § 1612 II 1 BGB bestimmen, in welcher Art und für welche Zeit im Voraus der Unterhalt erbracht werden soll (→ Rn. 32 ff.). Dies gilt auch beim volljährigen Kind. Insbesondere können die Eltern festlegen, dass Naturalunterhalt (→ Rn. 18) im Haushalt eines Elternteils oder in einem Internat gewährt werden soll. Über die Modalitäten können sich die Eltern mit dem Kind, aber auch untereinander einigen. **757**

2. Kein Verzicht auf zukünftigen Kindesunterhalt

Auf Kindesunterhalt **kann für die Zukunft nicht verzichtet** werden (§ 1614 I BGB). Dieses Verbot betrifft auch einen teilweisen Unterhaltsverzicht. Deshalb darf eine Vereinbarung über den Kindesunterhalt sich nicht so weit von der regelmäßigen Bemessung durch die Rechtsprechung entfernen, dass sie auf einen vollständigen oder teilweisen Verzicht hinausläuft. Das gilt auch für eine Beschränkung der Möglichkeit, eine Erhöhung des Kindesunterhalts im Wege eines Abänderungsverfahrens (§ 238 FamFG) zu verlangen. Ohne Bedeutung ist, ob die Parteien einen Verzicht ausdrücklich vereinbart haben. Es genügt, wenn der Kindesunterhalt objektiv verkürzt würde.[5] Ein unzulässiger Verzicht kann auch dann vorliegen, wenn das Einkommen des barunterhaltspflichtigen Elternteils erheblich über der höchsten Einkommensgruppe der Düsseldorfer Tabelle liegt und der Unterhalt auf diese Einkommensgruppe beschränkt wurde.[6] Eine Vereinbarung, durch die das volljährige Kind oder der gesetzliche Vertreter des minderjährigen Kindes zugesagt hat, keinen Anspruch auf Kindesunterhalt geltend zu machen, ist ebenfalls unzulässig.[7] **758**

Für die Unterhaltsbemessung nach § 1610 BGB besteht ein gewisser **Spielraum**, der von den Parteien ausgeschöpft werden kann. Eine Unterhaltsvereinbarung ist deshalb erst dann unwirksam, wenn und soweit sie diesen Angemessenheitsrahmen unterschreitet. In der Rechtsprechung wird eine Unterschreitung der gebräuchlichen Tabellensätze bis zu 20% als hinnehmbar erwogen, eine Unterschreitung um $^{1}/_{3}$ dagegen als im Regelfall mit § 1614 I BGB unvereinbar angesehen.[8] Bei Unterschreitung um mehr als 20% ist im Einzelfall zu prüfen, ob ein gegen § 1614 I BGB verstoßender Verzicht vorliegt. **759**

Zulässig ist ein **Verzicht** auf Kindesunterhalt **für die Vergangenheit**. Ein solcher Verzicht erfordert einen Erlassvertrag (§ 397 BGB), der auch durch schlüssiges Verhalten **760**

---

[4] BGH FamRZ 2001, 1601.
[5] BGH FamRZ 1984, 997 (999).
[6] OLG Hamm FamRZ 2010, 2080.
[7] Vgl BGH FamRZ 2014, 629 (zum Trennungsunterhalt).
[8] BGH FamRZ 1984, 997 (999); OLG Jena FamRZ 2014, 1032.

zustande kommen kann und beim Gläubiger einen rechtsgeschäftlichen Aufgabewillen voraussetzt. Darin, dass ein Unterhaltsanspruch längere Zeit nicht geltend gemacht worden ist, liegt allein noch kein solcher Verzicht. Es ist vielmehr zu prüfen, ob der Berechtigte einen triftigen Grund für einen solchen Verzicht hatte oder ob nicht eine andere Erklärung für die Unterlassung der Rechtsausübung näher liegt.[9] Lässt der Unterhaltsberechtigte längere Zeit – genügend ist vielfach schon der Zeitraum von mehr als einem Jahr – untätig verstreichen, kann die Geltendmachung des rückständigen Unterhalts unter besonderen Umständen gegen Treu und Glauben verstoßen und dann unzulässig sein, → § 6 Rn. 142 ff.

761 Die Wirkungen eines Unterhaltsverzichts können teilweise durch eine Freistellungsvereinbarung zwischen den Eltern erreicht werden (→ Rn. 762 ff.). Bei der Annahme einer konkludenten Freistellung des Barunterhaltspflichtigen durch den betreuenden Elternteil ist allerdings mit Rücksicht auf die gesetzliche Wertung des § 1614 I BGB Zurückhaltung geboten,[10] → Rn. 763. Ein Freistellungsvertrag hindert das Kind jedoch nicht an der Geltendmachung seines Unterhaltsanspruchs gegen den Elternteil, der nach der Abmachung zwischen seinen Eltern vom Kindesunterhalt freigestellt werden soll. Diesem Elternteil bleibt es vielmehr überlassen, bei dem anderen Rückgriff zu nehmen.

3. Freistellungsvereinbarungen der Eltern bezüglich des Kindesunterhalts

762 Eine Vereinbarung, durch die sich ein Elternteil gegenüber dem anderen verpflichtet, ganz oder teilweise für den Unterhalt des Kindes aufzukommen und insoweit den anderen freizustellen, ist **zulässig**. Durch eine solche Vereinbarung bleibt der Unterhaltsanspruch des Kindes unberührt.[11] Das Kind wird dadurch nicht gehindert, den Unterhalt gegen den freigestellten Elternteil geltend zu machen.[12] Dies gilt auch dann, wenn der Elternteil, der sich zur Freistellung des anderen verpflichtet hat, nach § 1629 II 2 BGB als gesetzlicher Vertreter im Namen des Kindes oder nach § 1629 III 1 BGB im eigenen Namen Kindesunterhalt verlangt.[13] In Ausnahmefällen kann die Freistellungsvereinbarung zwischen den Eltern auch als Vertrag zu Gunsten des (volljährigen) Kindes angesehen werden, wenn dadurch ein unmittelbarer Anspruch des Kindes gegen den freistellenden Elternteil begründet werden soll.

763 Die zwischen den Eltern verabredete Freistellung von Unterhaltsansprüchen des Kindes ist rechtlich eine Erfüllungsübernahme.[14] Daher kann der vom Kind in Anspruch genommene Elternteil vom anderen verlangen, dass dieser den Anspruch des Kindes befriedigt.[15] Die Freistellung kann auch durch schlüssiges Verhalten vereinbart werden. Allein aus einer von den Eltern vereinbarten Begrenzung des Kindesunterhalts auf einem Betrag, der nach der Düsseldorfer Tabelle nicht dem hohen Einkommen des Barunterhaltspflichtigen entspricht, darf nicht auf ein konkludentes Freistellungsversprechen des betreuenden Elternteils geschlossen werden, da dies der gesetzlichen Wertung des § 1614 I BGB widersprechen würde.[16] Eine Freistellungsabrede durch konkludentes Verhalten kann jedoch angenommen werden, wenn ein Elternteil den Unterhalt des (volljährigen) Kindes allein sicherstellt und beim anderen keinen Rückgriff nimmt.[17]

764 Eine Unterhaltsfreistellung ist **sittenwidrig** (§ 138 I BGB), wenn sie in einer Scheidungsvereinbarung enthalten ist, die einen Vorschlag zur Regelung der elterlichen Sorge

---

[9] BGH FamRZ 1981, 763.
[10] BGH FamRZ 2009, 768.
[11] BVerfG FamRZ 2002, 343 (348) mAnm Schwab.
[12] BGH FamRZ 1986, 444; vgl. auch OLG Hamm FamRZ 1999, 163 zur Verbindung einer Freistellungsvereinbarung hinsichtlich des Kindesunterhalts mit einem unwirksamen Verzicht auf Trennungsunterhalt.
[13] OLG Stuttgart FamRZ 2006, 866; a. A. OLG Naumburg FamRZ 2005, 298.
[14] BGH FamRZ 2009, 768.
[15] BGH FamRZ 1986, 444.
[16] BGH FamRZ 2009, 768.
[17] BGH FamRZ 2008, 2104 (2107).

über gemeinschaftliche Kinder enthält, der sich über das Kindeswohl bewusst hinwegsetzt. Die Rechtsordnung kann nicht eine Vereinbarung anerkennen, die nicht dem Wohl des Kindes, sondern materiellen egoistischen Interessen eines Elternteils dient. Dabei kommt es nicht entscheidend darauf an, ob der Richter dem Vorschlag der Eltern gefolgt ist oder ob er erkannt hat, dass zum Wohl des Kindes eine vom Vorschlag abweichende Sorgerechtsentscheidung erforderlich ist.[18] Allein die Verbindung des Elternvorschlags mit einer Unterhaltsfreistellung und mit der Regelung weiterer Scheidungsfolgen in einer notariellen Urkunde oder einem gerichtlichen Vergleich reicht dagegen zur Bejahung der Sittenwidrigkeit nicht aus.[19] Ein Verstoß gegen § 138 I BGB ist jedoch zu bejahen, wenn das Sorgerecht über ein Kind als Tauschobjekt für die Freistellung von Unterhaltspflichten benutzt wurde.[20] Die Frage, ob die Sorgerechtsentscheidung dem Kindeswohl widerspricht und ob dies nach § 138 I BGB zur Unwirksamkeit der Freistellungsvereinbarung führt, ist im Unterhaltsverfahren zu prüfen. Jedoch wird sich in vielen Fällen eine Aussetzung des Verfahrens nach § 113 I FamFG, § 148 ZPO bis zur abschließenden Entscheidung über das Sorgerecht empfehlen.

Eine Freistellungsvereinbarung ist regelmäßig sittenwidrig (§ 138 I BGB), wenn sie unzulässigerweise mit einer Verpflichtung gekoppelt wurde, auf Dauer von der Ausübung des **Umgangsrechts** mit einem gemeinsamen Kind abzusehen. Hiervon ist in der Regel auszugehen, wenn die Unterhaltsfreistellung und der Verzicht auf den Umgang, zu dem jeder Elternteil nicht nur berechtigt, sondern auch verpflichtet ist (§ 1684 I BGB), in einem Gegenseitigkeitsverhältnis stehen und in ihrer Wirksamkeit voneinander abhängig sein sollen.[21] **765**

Eine Freistellungsvereinbarung zwischen den Eltern kann unwirksam sein, wenn sie Teil eines formbedürftigen Vertrages über Ehegattenunterhalt (§§ 125 S. 1, 139, 1585c S. 2 BGB), → Rn. 755. Sie kann sittenwidrig sein oder jedenfalls gegen Treu und Glauben verstoßen, wenn der betreuende, sozial schwächere Ehegatte nicht nur den Kindesunterhalt ganz oder zu einem wesentlichen Teil sicherzustellen hat, sondern zugleich auf nachehelichen Unterhalt verzichtet. Verfügt er weder über sonstiges Einkommen noch über ausreichendes Vermögen, zwingt ihn die Vereinbarung entweder dazu, die Betreuung des Kindes ganz oder teilweise in fremde Hände zu legen, um einer Erwerbstätigkeit nachgehen zu können, oder mit dem Kind in Verhältnissen zu leben, die dessen Entwicklung nachhaltig beeinträchtigen.[22] Seit dem 1.1.2008 ist allerdings zu beachten, dass beim Ehegattenunterhalt eine Erwerbsobliegenheit grundsätzlich bereits dann beginnt, wenn das betreute Kind das dritte Lebensjahr vollendet hat (§ 1570 BGB). Zur Sittenwidrigkeit und zur Inhaltskontrolle von Vereinbarungen über Ehegattenunterhalt → § 6 Rn. 600 ff. **766**

IV. Familienrechtlicher Ausgleichsanspruch

1. Ausgleich zwischen den Eltern

Kommt ein barunterhaltspflichtiger Elternteil seiner Unterhaltspflicht gegenüber dem Kind nicht nach und finanziert der andere (betreuende) Elternteil den Unterhalt vor, so wird der gebotene Ausgleich dadurch bewirkt, dass das Kind den Unterhalt gegen den Schuldner geltend macht. Dabei handelt der betreuende Elternteil entweder als gesetzlicher Vertreter oder als Verfahrensstandschafter für das Kind (§ 1629 II 2, III BGB). Bei rückständigem Unterhalt müssen die Voraussetzungen des § 1613 I, II BGB, insbesondere Verzug, vorliegen. Der betreuende Elternteil kann den vom anderen erstrittenen Unterhalt für sich vereinnahmen, da er den Unterhalt für das Kind in Natur geleistet hat. Das gilt nicht nur für vor- **767**

---

[18] BGH FamRZ 1986, 444.
[19] BGH FamRZ 1986, 444.
[20] BGH FamRZ 1984, 778.
[21] BGH FamRZ 1984, 778.
[22] BVerfG FamRZ 2001, 343 (348) mAnm Schwab; BVerfG FamRZ 2003, 985; BGH FamRZ 2004, 601 = R 608a, b.

finanzierten Elementarunterhalt, sondern auch für Sonder- und Mehrbedarf.[23] Auf den familiengerichtlichen Ausgleichsanspruch muss nur dann zurückgegriffen werden, wenn der gebotene Ausgleich nicht über den (Kindes-)Unterhalt bewirkt werden kann. Dies ist insbesondere dann der Fall, wenn das minderjährige Kind aus der Obhut des einen Elternteils in diejenige des anderen wechselt oder wenn das volljährige Kind sich weigert, den von einem Elternteil vorfinanzierten Unterhalt gegen den anderen geltend zu machen.[24]

768 Ein familienrechtlicher Ausgleichsanspruch ist in der Rechtsprechung des BGH für Fälle anerkannt, in denen ein Elternteil für den Unterhalt eines gemeinsamen Kindes aufgekommen ist und dadurch dessen Unterhaltsanspruch erfüllt hat, obwohl (auch) der andere dem Kind ganz oder teilweise unterhaltspflichtig war (→ Rn. 775). Der Anspruch beruht auf der Unterhaltspflicht beider Eltern gegenüber ihrem Kind und ergibt sich aus der Notwendigkeit, die Unterhaltslast im Verhältnis zwischen ihnen entsprechend ihrem Leistungsvermögen gerecht zu verteilen.[25] Bei den mit Hilfe des familienrechtlichen Ausgleichsanspruchs geforderten Ersatzbeträgen handelt es sich wirtschaftlich gesehen um rückständige Unterhaltsleistungen, nämlich um Geldleistungen, die demjenigen zu erbringen sind, der die Unterhaltslast zunächst auf sich genommen hat.[26] Gleichwohl ist der Anspruch seiner Rechtsnatur nach kein Unterhalts-, sondern ein Erstattungs-(Ausgleichs-)anspruch.[27] Er kann nicht nur bei Vorfinanzierung laufenden Unterhalts, sondern auch von Sonderbedarf, zB der Kosten einer ärztlichen Behandlung, oder von Mehrbedarf in Betracht kommen.[28] Vom familienrechtlichen Ausgleichsanspruch wird teilweise auch gesprochen, wenn ein Ehegatte dem anderen Teil Leistungen, insbesondere sog ehebedingte Zuwendungen, erbracht hat[29] oder wenn er unfreiwillig von seinem Einkommen höhere Zahlungen für den Familienunterhalt geleistet hat, als seiner anteilmäßigen Haftung entspricht,[30] → § 3 Rn. 52, 117 ff. Weychardt[31] weist zu Recht darauf hin, dass ein familienrechtlicher Ausgleichsanspruch ferner in Betracht kommen kann, wenn sich nicht nur der barunterhaltspflichtige sondern auch der betreuende Elternteil an (umfangreichen) Umgangskosten beteiligen muss.

769 Der Anspruch eines Elternteils auf **Ausgleich des** dem anderen Elternteil gezahlten **Kindergelds** (→ Rn. 716 ff.) ist ein Unterfall des familienrechtlichen Ausgleichsanspruchs,[32] obwohl hier nicht gezahlter Unterhalt, sondern eine vorweg genommene Steuervergütung bzw. eine staatliche Sozialleistung im Rahmen des Familienleistungsausgleichs (→ Rn. 702) ausgeglichen werden soll. Nach dem 1.1.2008 kommt ein familienrechtlicher Ausgleichsanspruch bzgl. des Kindergeldes nur noch in seltenen Ausnahmefällen in Betracht, weil die bedarfsmindernde Anrechnung des Kindergeldes auf den Unterhalt nach § 1612b I BGB einen besonderen Ausgleich regelmäßig entbehrlich macht, → Rn. 781.

Eine Erstreckung des familienrechtlichen Ausgleichsanspruchs auf sonstige Rückabwicklungsansprüche zwischen Eheleuten oder zwischen Eltern empfiehlt sich nicht.[33]

770 Der familienrechtliche Ausgleichsanspruch dient danach
– dem Ausgleich von Unterhaltsleistungen, die ein Elternteil anstelle des anderen erbracht und durch die er dessen Unterhaltspflicht gegenüber dem Kind erfüllt hat,
– oder dem Ausgleich von Leistungen im Rahmen des Familienleistungsausgleichs, die für beide Eltern zur Erleichterung des Kindesunterhalts bestimmt, aber entgegen § 1612b BGB nur einem Elternteil zugeflossen sind, obwohl sie auch dem anderen zugute kommen sollen, → Rn. 781

---

[23] OLG Karlsruhe FamRZ 2009, 1250.
[24] Vgl dazu BGH FamRZ 2013, 1378 Rn. 9; näher Staudinger/Klinkhammer § 1606 Rn. 73 ff.
[25] BGH FamRZ 2017, 611; 2016, 1053; 1994, 1102 = R 480; 1989, 850 = NJW 1989, 2816; 1960, 194 = NJW 1960, 957.
[26] BGH FamRZ 1984, 775 = NJW 1984, 2158.
[27] BGH FamRZ 1984, 775 (777) = NJW 1984, 2158.
[28] OLG Köln FamRZ 2003, 251 mAnm Wever.
[29] BGH FamRZ 1995, 537; 1994, 1167.
[30] OLG Celle FamRZ 1999, 162.
[31] FuR 2006, 333.
[32] BGH FamRZ 2002, 536 (541) = R 572; 1997, 806; 1988, 834.
[33] Vgl. Wever, Vermögensauseinandersetzung, Rn. 897.

– **nicht** aber dem Ausgleich familienbezogener Gehaltsbestandteile oder -vorteile, etwa der Ersparnis durch die Erhöhung des Beihilfebemessungssatzes (→ Rn. 782).[34]

Das Rechtsinstitut des familienrechtlichen Ausgleichsanspruchs ist erforderlich, weil die **Vorschriften des allgemeinen Schuldrechts** nicht stets ausreichen, um der Interessenlage gerecht zu werden. 771

- Eltern sind nicht Gesamtschuldner des Kindesunterhalts. Auch wenn beide barunterhaltspflichtig sind, haften sie dem Kind nur als Teilschuldner (→ Rn. 439, 564). Ein Gesamtschuldnerausgleich nach § 426 BGB scheidet daher aus.
- Ein Anspruch auf Aufwendungsersatz nach §§ 683, 670 BGB ist in vielen Fällen fraglich, weil der Elternteil, der den Kindesunterhalt zunächst sicherstellt, selbst unterhaltspflichtig ist und deshalb nicht stets in der Absicht handelt, eine Verpflichtung des anderen Elternteils zu erfüllen.[35]
- Aus demselben Grund kann ein Bereicherungsanspruch nach § 812 BGB ausscheiden. Zudem ist die Anwendung des § 818 III BGB nicht angemessen, wenn ein Elternteil anstelle des anderen für den Unterhalt eines Kindes sorgt.

Der BGH hat bisher offen gelassen, ob der familienrechtliche Ausgleichsanspruch die Anwendung der schuldrechtlichen Vorschriften, insbesondere der §§ 683, 812 ff. BGB, ausschließt.[36] Er hat jedoch die Einschränkungen, denen der familienrechtliche Ausgleichsanspruch unterliegt, auch dann eingreifen lassen, wenn der Ausgleich aus Geschäftsführung ohne Auftrag oder ungerechtfertigter Bereicherung hergeleitet wird.[37] Dies gilt vor allem für die entsprechende Anwendung der §§ 195, 197 II (früher § 197) BGB und des § 1613 BGB (→ Rn. 783 f.). 772

Der Forderungsübergang nach § 1607 II BGB erlaubt einen Ausgleich der Unterhaltsleistungen, die ein Elternteil anstelle des anderen für das Kind erbracht hat, nur dann, wenn die Rechtsverfolgung im Inland ausgeschlossen oder erheblich erschwert ist. Auf diese Anspruchsvoraussetzung kann nicht verzichtet werden. Dies hindert den Elternteil aber nicht daran, einen familienrechtlichen Ausgleichsanspruch geltend zu machen.[38] Zu § 1607 BGB → Rn. 788 ff. 773

Ein Elternteil kann **Erstattung** geschuldeter Unterhaltsleistungen **von dem Kind** selbstverständlich weder über § 812 BGB noch mit Hilfe des familienrechtlichen Ausgleichsanspruchs verlangen. Nur ausnahmsweise kommt in engen Grenzen ein Ersatzanspruch nach § 1648 BGB hinsichtlich solcher Aufwendungen in Betracht, die ein Elternteil über den geschuldeten Unterhalt hinaus erbracht hat. Entscheidend ist nicht, ob die Aufwendung notwendig war, sondern ob der Elternteil sie nach den Umständen, insbesondere den Vermögensverhältnissen des Kindes, entsprechend dem Haftungsmaßstab des § 1664 I BGB subjektiv für erforderlich halten durfte. Anders als im Rahmen des § 685 BGB besteht keine tatsächliche Vermutung dafür, dass dem Elternteil die Absicht fehlt, von dem Kind Ersatz zu verlangen.[39] 774

2. Erfüllung einer dem anderen Elternteil obliegenden Unterhaltspflicht

Der Elternteil, der den Unterhalt für das Kind geleistet hat, muss anstelle des anderen Elternteils gehandelt, also mit seiner Leistung eine im Innenverhältnis der Eheleute zueinander **dem anderen obliegende Verpflichtung** gegenüber dem Kind **erfüllt haben**.[40] Im Rahmen des Ausgleichsanspruchs muss daher geprüft werden, ob der andere Elternteil dem Kind unterhaltspflichtig, insbesondere ob er in dem Zeitraum, für den der Ausgleich verlangt wird, leistungsfähig war.[41] Dass der betreuende Elternteil, der auch den Barunter- 775

---

[34] BGH FamRZ 2018, 681.
[35] BGH FamRZ 1960, 194.
[36] BGH FamRZ 1994, 1102 (1104) = R 480; 1984, 775 (777).
[37] BGH FamRZ 1994, 1102 (1104) = R 480; 1984, 775 (777).
[38] BGH FamRZ 1989, 850.
[39] BGH FamRZ 1998, 367 (368) hinsichtlich des Kaufs eines Pkws für ein vermögendes Kind.
[40] BGH FamRZ 1981, 761 = NJW 1981, 2348.
[41] BGH FamRZ 1960, 194 (197).

halt erfüllt hat, nach einer Jugendamtsurkunde noch zahlungspflichtig ist, die nach dem Wechsel des Kindes nicht geändert wurde, steht dem familienrechtlichen Ausgleichsanspruch schon deshalb nicht entgegen, weil diese keine Rechtskraftwirkung entfaltet.[42] Ebenso wird ein familienrechtlicher Ausgleichsanspruch nicht ohne weiteres dadurch ausgeschlossen, dass der Elternteil mit der Unterhaltszahlung eine Verpflichtung aus einem gerichtlichen Vergleich erfüllt.[43] Waren beide Elternteile barunterhaltspflichtig, muss ihr Haftungsanteil nach § 1606 III 1 BGB ermittelt werden (→ Rn. 418 ff., 560 ff.). Der Ausgleichsanspruch ist dann nur insoweit begründet, als der andere Elternteil sich am Unterhalt zu beteiligen hatte.

776   Der Elternteil, der anstelle des anderen leistet, erbringt dem Kind in der Regel keinen Barunterhalt, sondern **Naturalunterhalt,** indem er den gesamten Lebensbedarf des Kindes in seinem Haushalt sicherstellt. Die Entscheidungen, in denen der BGH das Institut des familienrechtlichen Ausgleichsanspruchs entwickelt hat, betrafen gerade derartige Fallgestaltungen.[44] Nicht verständlich ist daher, dass der BGH – ohne Auseinandersetzung mit diesen Urteilen – die Auffassung vertritt, dass ein „Elternteil, der einem gemeinsamen ehelichen Kind Betreuungs- und Barleistungen erbracht hat, ... vom anderen Elternteil ... grundsätzlich nur Erstattung geleisteten Barunterhalts, nicht dagegen Ersatz für geleistete Betreuung verlangen" kann.[45] Der BGH übersieht, dass es bei derartigen Fallgestaltungen nicht um Ersatz des Betreuungsunterhalts geht, sondern um die Erstattung des Aufwandes, der dem Elternteil durch die Gewährung des Unterhalts in Natur entstanden ist (zum Bar-, Betreuungs- und Naturalunterhalt → Rn. 16 ff.).[46] Wechselt ein Kind vom einen Elternteil zum anderen, der bisher aufgrund eines Titels Barunterhalt geleistet hatte, ist die Erfüllung des Unterhaltsanspruchs des Kindes durch die nunmehrige Gewährung von Naturalunterhalt im Wege des Vollstreckungsgegenantrags (§ 767 ZPO), nicht dagegen durch Abänderungsantrag (§ 238 FamFG) geltend zu machen, → Rn. 785. Wäre die Auffassung des BGH[47] richtig, würde das Institut des familienrechtlichen Ausgleichsanspruchs weitgehend gegenstandslos werden. Nach Auffassung des OLG Frankfurt a. M.[48] soll der Aufwand, dessen Erstattung der bisher betreuende Elternteil nach dem Wechsel des Kindes in die Obhut des anderen verlangen kann, nach der Düsseldorfer Tabelle ermittelt werden, und zwar auf der Basis seines Einkommens, nicht dagegen auf der Grundlage des Einkommens des früher barunterhaltspflichtigen Elternteils.

777   Der Ehegatte, der für den Unterhalt eines gemeinsamen Kindes aufgekommen ist, hat nach der Beweisregel des § 1360b BGB im Zweifel nicht die **Absicht, Ersatz zu verlangen.**[49] Wenn er gleichwohl einen familienrechtlichen Ausgleichsanspruch geltend machen will, muss er diese gesetzliche Vermutung widerlegen. Dies gilt auch für getrennt lebende Eheleute (§ 1361 IV 4 BGB).[50] Jedoch sind an die Darlegung und den Beweis dieser Absicht für die Zeit nach der Trennung der Ehegatten keine hohen Anforderungen zu stellen, da in der Regel nicht anzunehmen ist, dass ein getrennt lebender Ehegatte den anderen begünstigen will. Zu § 1360b BGB → § 3 Rn. 117 ff. Die Absicht, Ersatz zu verlangen, ist jedenfalls dann anzunehmen, wenn der Ehegatte als (früherer) gesetzlicher Vertreter des Kindes dessen Unterhaltsanspruch gegen den anderen gerichtlich geltend gemacht hat.[51] Der BGH neigt offenbar dazu, § 1360b BGB nach der Scheidung nicht mehr anzuwenden, hat dies aber letztlich offen gelassen.[52] Bei nicht verheirateten Eltern gilt § 1360b BGB nicht. Gleichwohl dürfte ein Erstattungsanspruch ausscheiden, wenn ein Elternteil für den Unterhalt eines gemeinsamen Kindes während des Zusammenlebens mit

---

[42] OLG Nürnberg FamRZ 2013, 796.
[43] BGH FamRZ 2017, 611.
[44] BGH FamRZ 1984, 775; 1968, 450; 1960, 194.
[45] BGH FamRZ 1994, 1102 = R 480 mAnm Scholz FamRZ 1994, 1314.
[46] Scholz FamRZ 1994, 1314.
[47] FamRZ 1994, 1102 = R 480 mAnm Scholz FamRZ 1994, 1314.
[48] FamRZ 1999, 1450; dagegen Wever, Vermögensauseinandersetzung, Rn. 924.
[49] BGH FamRZ 1989, 850 (852); vgl. dazu Staudinger/Klinkhammer § 1606 Rn. 74 mwN.
[50] BGH FamRZ 1968, 450.
[51] BGH FamRZ 1989, 850.
[52] BGH FamRZ 1989, 850.

dem anderen Elternteil mehr aufgewendet hat, als ihm nach dem Gesetz obliegt. Denn nach der Rechtsprechung des BGH[53] werden persönliche und wirtschaftliche Leistungen der Partner einer nichtehelichen Lebensgemeinschaft nicht gegeneinander aufgerechnet und daher grundsätzlich nicht ausgeglichen, wenn sie im Rahmen des täglichen Zusammenlebens erbracht werden.

Die Frage, ob das Kind einen Unterhaltsanspruch oder der bisher betreuende Elternteil einen familienrechtlichen Ausgleichsanspruch gegen den anderen Elternteil geltend machen kann, gewinnt praktische Bedeutung insbesondere dann, wenn das minderjährige Kind während eines Unterhaltsverfahrens **volljährig wird oder zum anderen Elternteil wechselt**. In beiden Fällen erlischt die Vertretungsmacht des bisher betreuenden Elternteils. Dies ist beim Volljährigwerden des Kindes selbstverständlich.[54] Das **volljährige Kind** kann den künftigen und den rückständigen Unterhalt allein gegen den pflichtigen Elternteil geltend machen. Über die Verwendung des künftigen Unterhalts entscheidet es selbst. Der rückständige Unterhalt gebührt dagegen im Innenverhältnis dem bisher betreuenden Elternteil, wenn und soweit er bisher für den Unterhalt des Kindes in Natur aufgekommen ist (vgl. zum Naturalunterhalt → Rn. 18). Ihm steht ein familienrechtlicher Ausgleichsanspruch gegen den anderen Elternteil zu. Zwischen familienrechtlichem Ausgleichsanspruch und Unterhaltsanspruch besteht dann nach richtiger Auffassung **keine Konkurrenz**. Denn der familienrechtliche Ausgleichsanspruch entsteht nur, wenn der Unterhaltsanspruch erfüllt worden ist, anderenfalls besteht allein dieser fort.[55]

778

Dieselben Grundsätze gelten bei gemeinsamer elterlicher Sorge für das **minderjährige Kind**, wenn es in die Obhut des anderen Elternteils wechselt. Damit endet die Befugnis des bisher betreuenden Elternteils, Unterhaltsansprüche des Kindes gelten zu machen (§ 1629 II 2 BGB). Es wird in der Regel notwendig sein, für das Kind einen Ergänzungspfleger zu bestellen (§ 1909 BGB). Der nunmehr betreuende Elternteil ist nicht befugt, im Namen des Kindes dessen Anspruch auf rückständigen Unterhalt gegen sich zu fordern oder ihn an den anderen Elternteil abzutreten (§ 1629 II 1 BGB).[56] Zwar gilt § 1629 III 1 BGB auch für ein Verfahren, mit dem das Kind auf Abänderung eines Titels über Kindesunterhalt in Anspruch genommen wird.[57] Darum geht es hier aber nicht, vielmehr um die Frage, ob nach einem Obhutswechsel während eines Unterhaltsverfahrens der bisher vertretungsberechtigte Elternteil selbst als Beteiligter in das Verfahren eintreten und einen familienrechtlichen Ausgleichsanspruch gegen den anderen Elternteil geltend machen kann. Ein isolierter Drittwiderantrag, mit dem ein familienrechtlicher Ausgleichsanspruch gegen den betreuenden Elternteil minderjähriger Kinder geltend gemacht wird, ist nach Rechtsprechung des **BGH** im Kindesunterhaltsverfahren unzulässig.[58] Wechselt das minderjährige Kind bei alleiniger elterlicher Sorge eines Elternteils zum anderen, wird in der Regel eine (neue) gerichtliche Entscheidung über die Sorge erforderlich werden. Auch hier wird meist ein Ergänzungspfleger bestellt werden müssen.[59]

779

3. Ausgleich von Kindergeld und anderen staatlichen kinderbezogenen Leistungen

a) Kindergeldausgleich. Das den Eltern je zur Hälfte zustehende Kindergeld wurde **bis zum 31.12.2007** nach § 1612b I, II BGB aF über den Kindesunterhalt ausgeglichen, → Rn. 714. Ein weiterer Ausgleich zwischen den Eltern, auch für die Vergangenheit, fand grundsätzlich nicht statt. Jedoch konnte einem Elternteil ausnahmsweise ein familienrecht-

780

---

[53] FamRZ 2008, 1822 (1827).
[54] Vgl dazu für den Fall der bis zur Scheidung bestehenden Verfahrensstandschaft des Obhutselternteils BGH FamRZ 2013, 1378.
[55] Vgl. BGH FamRZ 2017, 437 Rn. 21, 44; ausführlich Staudinger/Klinkhammer § 1606 Rn. 76; anders noch in der 9. Aufl.
[56] Gießler FamRZ 1994, 800 (807).
[57] KG FamRZ 1988, 313.
[58] BGH FamRZ 2018, 681 Rn. 25.
[59] Vgl. dazu im Einzelnen Wohlgemuth FamRZ 2009, 1873 (1877).

licher Ausgleichsanspruch zustehen, wenn das Kindergeld nicht entsprechend § 1612b BGB aF mit dem Kindesunterhalt verrechnet worden war, insbesondere wenn das Kindergeld entgegen §§ 62 ff. EStG an einen anderen Berechtigten als dort vorgesehen ausgezahlt worden war, zB an den nicht betreuenden Elternteil.

Nach § 1612b V BGB aF unterblieb die Anrechnung des Kindergeldes, wenn und soweit der Barunterhaltspflichtige nicht in der Lage war, Unterhalt in Höhe des Existenzminimums von 135% des Regelbetrages (abzüglich des hälftigen Kindergeldes) zu zahlen, → Rn. 714. Durch diese Vorschrift wurde die Anrechnung des Kindergeldes und demgemäß auch der entsprechende familienrechtliche Ausgleichsanspruch beschränkt. Dem Unterhaltspflichtigen wurde zugemutet, seinen Kindergeldanteil für den Unterhalt des Kindes einzusetzen, wenn andernfalls dessen Existenzminimum nicht gesichert gewesen wäre. Ihm wurde daher eine Leistung des Staates indirekt wieder entzogen.[60]

781 **Seit dem 1.1.2008** ist das Kindergeld, soweit es nach § 1612b I BGB zur Deckung des Barbedarfs des Kindes zu verwenden ist, unterhaltsrechtliches Einkommen des Kindes und nicht der Eltern. Es mindert insoweit den Unterhaltsanspruch des Kindes. Wird das Kindergeld entgegen der Zweckbindung nicht für den Barbedarf des Kindes verwendet, hat dieses einen Anspruch auf Auskehr gegen denjenigen Elternteil, der das Kindergeld bezieht (→ Rn. 717). Eines Ausgleichs zwischen den Eltern bedarf es dann nicht. Das Institut des familienrechtlichen Ausgleichsanspruchs braucht in aller Regel nicht mehr herangezogen zu werden. Ein solcher isolierter Ausgleichsanspruch des einen Elternteils gegen den anderen kommt allerdings in Betracht, wenn und soweit das Kind keinen Anspruch auf Auskehr des Kindergeldes hat, insbesondere bei folgenden Fallgestaltungen:
- Wechselt das minderjährige Kind aus der Obhut des einen Elternteils, zB der Mutter, in den Haushalt des anderen, also des Vaters, kommt es häufig vor, dass die Mutter das Kindergeld noch geraume Zeit weiter bezieht, sei es, weil die Familienkasse nicht rechtzeitig informiert wird, sei es, weil die Bearbeitung bei der Kasse nicht alsbald erfolgt und demgemäß die Zahlung des Kindergeldes an den Vater erst nach mehreren Monaten aufgenommen wird. In einem solchen Fall kann das Kind – soweit die Voraussetzungen des § 1613 I BGB vorliegen, ab Obhutswechsel – von der Mutter den Unterhalt nach der Düsseldorfer Tabelle verlangen. Die Hälfte des Kindergeldes kann nicht nach § 1612b I 1 Nr. 1 BGB abgezogen werden, weil die Mutter es nicht für den Barunterhalt verwendet, solange es noch an sie ausgezahlt wird. Vielmehr hat die Mutter die Hälfte des Kindergeldes, die ab Wechsel der Obhut dem betreuenden Vater zusteht, an diesen abzuführen. Dieser hat insoweit einen familienrechtlichen Ausgleichsanspruch gegen die Mutter. Aus praktischen Gründen sollte dieser Anspruch des Vaters, wie es vor Inkrafttreten des § 1612b BGB in der Fassung des Kindesunterhaltsgesetzes[61] allgemeiner Übung entsprach,[62] direkt mit dem Kindesunterhalt ausgeglichen werden. Eines besonderen Verfahrens des Vaters gegen die Mutter bedarf es dann nicht. Im Ergebnis schuldet also die das Kind nicht mehr betreuende Mutter den Tabellenunterhalt zuzüglich der Hälfte des Kindergeldes.[63] Der **BGH** hat in seiner Grundsatzentscheidung zum Wechselmodell einen solche Auskehr des Kindergeldanteils im Wege der Verrechnung mit dem Unterhalt angenommen.[64] Zu beachten ist, dass die Familienkasse bei Wechsel der Obhut die Erstattung des zu Unrecht bezogenen Kindergeldes von dem bisher betreuenden Elternteil, hier der Mutter, verlangen kann (§ 37 II AO). Ein solcher Anspruch besteht jedoch nicht, wenn dieser Elternteil seinen unterhaltsrechtlichen Verpflichtungen nachgekommen ist und das Kindergeld an den anderen, hier den Vater, weitergeleitet hat. Mit dieser Weiterleitung wird nach öffentlichem Recht einerseits der Erstattungsanspruch der Familienkasse, andererseits der Anspruch des nunmehr betreuenden Elternteils, also des Vaters, gegen die Kasse auf Auszahlung des Kindergeldes erfüllt.[65]

---

[60] BGH FamRZ 2002, 536 (541) = R 572.
[61] Vom 6.4.1998 – BGBl. I S. 666.
[62] Wendl/Scholz, 4. Aufl., § 2 Rn. 500.
[63] So im Ergebnis auch Vossenkämper FamRZ 2008, 201 (208).
[64] BGH FamRZ 2017, 437 Rn. 48 f.
[65] Vgl. dazu DA-FamEStG, Stand: 2010, 64.4 III, *www.arbeitsagentur.de;* FG Köln FamRZ 2001, 1566.

8. Abschnitt: Sonderprobleme des Kindesunterhalts § 2

Bezieht ein Elternteil das Kindergeld für ein volljähriges Kind, ohne es für den Barunterhalt zu verwenden, hat das Kind selbst einen Anspruch auf Auskehr des Kindergeldes.
- Wird Kindergeld für ein Kind, insbesondere ein volljähriges Kind, gewährt, obwohl dessen Unterhaltsbedarf gedeckt ist und daher kein Unterhaltsanspruch besteht, hat der Elternteil, der das Kindergeld nicht erhält, einen Ausgleichsanspruch gegen den anderen in Höhe der Hälfte des Kindergeldes. Insoweit kann auf → Rn. 733 verwiesen werden.

b) Ausgleich anderer Vergünstigungen zwischen den Eltern. Andere Vergünstigungen, die Eltern für das Kind zustehen, sind nicht wie das Kindergeld auszugleichen. Sie erhöhen vielmehr das Einkommen des Empfängers und wirken sich dadurch auf die Höhe des Kindesunterhalts, ggf. auch auf die Höhe sonstiger Unterhaltsansprüche aus. Dies gilt zunächst für die in → Rn. 713 aufgeführten Einkommensteile, insbesondere die kinderbezogenen Teile des **Familienzuschlags** zum Gehalt des Beamten, Richters und Soldaten. Auch die **Freibeträge** nach § 32 VI 1 EStG, die sich nicht beim Lohnsteuerabzug, wohl aber bei Solidaritätszuschlag und Kirchensteuer, auswirken und im Rahmen der Einkommensteuerveranlagung berücksichtigt werden (→ Rn. 702), erhöhen allein das Einkommen desjenigen Elternteils, dem sie gewährt werden. Steuerrechtlich stehen sie jedem Elternteil zur Hälfte zu. Zur Übertragung der Freibeträge auf den anderen Elternteil → Rn. 708. Ebenso verhält es sich bei Ersparnissen durch einen günstigeren **Beihilfebemessungssatz**.[66]

782

4. Einschränkungen des familienrechtlichen Ausgleichsanspruchs

Da es sich bei den mit Hilfe des familienrechtlichen Ausgleichsanspruchs geforderten Beträgen wirtschaftlich um rückständige Unterhaltsleistungen handelt (→ Rn. 768), besteht der Anspruch für die Vergangenheit nur in den Grenzen des § 1613 I BGB,[67] wenn nicht ausnahmsweise die Voraussetzungen des § 1613 II BGB gegeben sind. Er darf also grundsätzlich erst ab Aufforderung zur Auskunft über Einkommen und Vermögen, ab **Verzug** oder ab Rechtshängigkeit zugesprochen werden, → § 6 Rn. 100 ff. Es reicht allerdings aus, wenn das Kind, gesetzlich vertreten durch den ausgleichsberechtigten Elternteil, den Verpflichteten auf Unterhalt in Anspruch genommen und ihn dadurch von seiner Zahlungsverpflichtung unterrichtet hat.[68] Dies hat insbesondere Bedeutung in den Fällen, in denen das Kind von einem Elternteil zum anderen gezogen ist und diesem daraufhin das Sorgerecht übertragen worden ist, → Rn. 778 f.

783

Beispiel:
Das Kind, gesetzlich vertreten durch die betreuende Mutter (M), hat durch Urteil Unterhalt seit 1.1.2013 erstritten. Der Vater (V) zahlt den Unterhalt trotz ausreichenden Einkommens nicht. Am 1.8.2014 wechselt das Kind zu V. Diesem wird im Oktober 2014 das alleinige Sorgerecht übertragen. M, die aus dem Urteil über Kindesunterhalt mangels Vertretungsbefugnis nicht vollstrecken darf, kann von V Ersatz des von ihr sichergestellten Unterhalts für die Zeit vom 1.1.2013 bis 31.7.2014 im Weg des familienrechtlichen Ausgleichsanspruchs verlangen.

Der Ausgleichsanspruch richtet sich auf wiederkehrende Leistungen; er unterliegt damit der **dreijährigen Verjährung** nach §§ 195, 197 II BGB.[69] Die Verjährung beginnt mit dem Schluss des Jahres, in dem der Anspruch entstanden ist und in dem der Gläubiger von den, den Anspruch begründenden Umständen und der Person des Schuldners Kenntnis erlangt hat oder ohne grobe Fahrlässigkeit Kenntnis hätte erlangen können (§ 199 I Nr. 1, 2 BGB). Solange die Ehe zwischen den Eltern besteht, ist die Verjährung gehemmt (§ 207 I 1 BGB).[70]

784

---

[66] BGH FamRZ 2018, 681.
[67] BGH FamRZ 1984, 775.
[68] BGH FamRZ 1989, 850 (852).
[69] BGH FamRZ 1960, 194 (zu der damals geltenden vierjährigen Verjährung des § 197 BGB aF).
[70] BGH FamRZ 1960, 194.

785 Ein Elternteil darf durch Geltendmachung des familienrechtlichen Ausgleichsanspruchs nicht eine **gerichtliche Entscheidung** oder einen gerichtlichen Vergleich über den **Kindesunterhalt unterlaufen.** In dem Verfahren über den Kindesunterhalt werden die Leistungsfähigkeit beider Eltern und der Umfang ihrer Haftung geprüft. Diese Entscheidung kann daher bei fortbestehender Barunterhaltspflicht nur im Rahmen eines Abänderungsverfahrens veränderten Verhältnissen angepasst werden.[71] Anders ist es, wenn der titulierte Anspruch auf Barunterhalt erloschen ist, weil das Kind zu dem früher barunterhaltspflichtigen Elternteil gezogen ist und nunmehr von ihm Naturalunterhalt erhält. Dieser Elternteil kann das Erlöschen der Barunterhaltspflicht und die Gewährung des Unterhalts in Natur gegenüber dem Kind, das bei Minderjährigkeit durch einen Pfleger gesetzlich vertreten sein muss, jederzeit durch Vollstreckungsgegenantrag (§ 120 I FamFG, § 767 ZPO) geltend machen, der nicht den Einschränkungen des § 238 III FamFG (früher: § 323 III ZPO) unterliegt. Dann besteht aber kein Grund, dem Elternteil, der das Kind in seinen Haushalt aufgenommen und es in Natur unterhalten hat, den familienrechtlichen Ausgleichsanspruch gegen den anderen Elternteil zu versagen,[72] → Rn. 776.

5. Verzinsung des Ausgleichsanspruchs

786 Der Ausgleichsanspruch ist ab Verzug oder Rechtshängigkeit zu verzinsen (§§ 288 I, 291 BGB). Die Geltendmachung des Unterhaltsanspruchs des Kindes, gesetzlich vertreten durch den ausgleichsberechtigten Ehegatten, reicht nicht aus (vgl. zur Problematik des § 1360b BGB: Rn. 777).[73] Eine Verzinsung nach § 256 S. 1 BGB hat der BGH abgelehnt, weil der ausgleichsberechtigte Ehegatte durch Sicherstellung des Kindesunterhalts keine Aufwendungen im Sinne dieser Vorschrift, also keine freiwilligen Vermögensopfer im Interesse eines anderen, erbracht habe.[74] Damit setzt sich der BGH allerdings in Widerspruch zu seiner grundlegenden Entscheidung vom 9.12.1959,[75] die unbefangen von Aufwendungen spricht. Gleichwohl ist die Ablehnung des Zinsanspruchs nach § 256 BGB zutreffend, weil die weitgehende Zinspflicht nach dieser Vorschrift nicht vereinbar ist mit der besonderen Natur des familienrechtlichen Ausgleichsanspruchs, der auf der Unterhaltspflicht beider Eltern gegenüber dem Kind und der Notwendigkeit beruht, die Unterhaltslast im Innenverhältnis zwischen den Eltern gerecht zu verteilen.[76]

V. Ersatzhaftung; gesetzlicher Forderungsübergang nach § 1607 BGB

1. Reihenfolge der Haftung beim Kindesunterhalt

787 Nach § 1606 II BGB haften unter den Verwandten der aufsteigenden Linie die näheren vor den entfernteren. Zunächst haben also die Eltern für den Unterhalt des Kindes aufzukommen, bevor eine Inanspruchnahme anderer Verwandter, insbesondere der Großoder gar der Urgroßeltern, in Betracht kommt.[77] Wenn ein Elternteil nicht leistungsfähig ist oder sich der Unterhaltspflicht entzieht, erhöht sich der Haftungsanteil des anderen (§ 1606 III 1 BGB).[78] Dies gilt auch dann, wenn ein Elternteil ein minderjähriges Kind betreut. § 1606 III 2 BGB, der die Betreuung als Unterhaltsgewährung ausreichen lässt,

---

[71] BGH FamRZ 1994, 1102 = R 480 mAnm Scholz FamRZ 1994, 1314.
[72] Scholz FamRZ 1994, 1314 (1316); a.A. BGH FamRZ 1994, 1102 (1104) = R 480; Wever, Vermögensauseinandersetzung, Rn. 918.
[73] BGH FamRZ 1989, 850 (853).
[74] BGH FamRZ 1989, 850 (853).
[75] BGH FamRZ 1960, 194.
[76] So mit Recht BGH FamRZ 1989, 850 (853).
[77] BGH FamRZ 2006, 26 (28) = R 637a mAnm Duderstadt.
[78] BGH NJW 1971, 2069; a.A. Gerhardt, Handbuch des Fachanwalts Familienrecht, Kap. 6 Rn. 208d.

gilt nur im Verhältnis der Eltern zueinander, nicht aber im Verhältnis zu den nachrangig haftenden Großeltern,[79] → Rn. 974. Die betreuende Mutter muss daher, wenn der Vater erkrankt und deshalb nicht leistungsfähig ist, trotz der Betreuung kleiner Kinder eine Erwerbstätigkeit annehmen und für den Unterhalt der Kinder sorgen, soweit ihr dies möglich ist. Für die Erwerbsobliegenheit des betreuenden Elternteils gelten die in → Rn. 59 ff. dargestellten Maßstäbe. Eine Ersatzhaftung der Großeltern kommt erst dann in Betracht, wenn auch der betreuende Elternteil den Bedarf des Kindes nicht decken kann.[80] Eine Haftung nach Verwandtschaftsstämmen (vgl. §§ 1924 III, 1925 III BGB) ist in § 1606 II BGB nicht vorgesehen. Vielmehr haften alle noch lebenden Großeltern für den von den Eltern nicht gedeckten Bedarf des Enkelkindes nach Maßgabe ihrer Erwerbs- und Vermögensverhältnisse, → Rn. 793.

2. Primäre Haftung nachrangig Verpflichteter

Nach § 1607 I BGB hat ein nachrangig haftender Verwandter Kindesunterhalt zu zahlen, wenn, soweit und solange der zunächst Verpflichtete nach § 1603 BGB nicht leistungsfähig und daher nicht unterhaltspflichtig ist. Die Haftung des nachrangig Verpflichteten erlischt für die Zukunft, wenn der vorrangig Haftende wieder in der Lage ist, den Unterhalt aufzubringen.[81] § 1607 I BGB ordnet eine originäre Unterhaltspflicht des nachrangig haftenden Verwandten an. Daher besteht **keine Rückgriffsmöglichkeit** gegen den zunächst verpflichteten, aber nicht leistungsfähigen Verwandten, selbst wenn dieser später wieder leistungsfähig wird.[82] Deshalb geht auch der Unterhaltsanspruch des Kindes, anders als bei § 1607 II BGB (→ Rn. 797, 800), nicht auf den nachrangig haftenden Verwandten über, wenn dieser den Unterhalt des Berechtigten sicherstellt. Die Ersatzhaftung der Großeltern greift insbesondere ein, wenn die Eltern den Unterhalt für ein minderjähriges oder privilegiert volljähriges Kind nicht aufbringen können. Dies ist bei getrennt lebenden Eltern, die für ein minderjähriges oder privilegiert volljähriges Kind zu sorgen haben, der Fall, wenn ihr notwendiger Selbstbehalt nach der Düsseldorfer Tabelle Stand: 1.1.2015 von jeweils 1080,– EUR (falls erwerbstätig) bzw. von 880,– EUR (falls nicht erwerbstätig) nicht gewahrt ist (→ Rn. 385, 591). Bei zusammen lebenden Eltern, die minderjährigen oder privilegiert volljährigen Kindern unterhaltspflichtig sind, ist bei einem Elternteil – je nach Erwerbstätigkeit – auf den notwendigen Selbstbehalt von 1080,– EUR bzw. 880,– EUR abzustellen. Bei dem anderen Elternteil sollte wegen der Ersparnis durch die gemeinsame Haushaltsführung ein niedrigerer notwendiger Eigenbedarf angesetzt werden, → Rn. 393.

788

Bei nicht privilegiert volljährigen Kindern kommt es bei einem Elternteil auf den angemessenen Selbstbehalt an, der nach der Düsseldorfer Tabelle und den Leitlinien der Oberlandesgerichte ab 1.1.2013 1300,– EUR beträgt (→ Rn. 546). Der angemessene Bedarf des anderen Elternteils sollte wegen der Ersparnis durch das Zusammenleben analog zu B VI 2b der Düsseldorfer Tabelle und 22.2. der Leitlinien mE mit 80% von 1300,– EUR, also mit 1040,– EUR, angesetzt werden, → § 3 Rn. 100. Wenn die Eltern bei Zahlung des Kindesunterhalts zwar ihren notwendigen Selbstbehalt wahren könnten, nicht aber ihren angemessenen Eigenbedarf, so können die Großeltern als andere unterhaltspflichtige Verwandte (→ Rn. 396) an ihrer Stelle zum Unterhalt verpflichtet sein, allerdings nur unter der Voraussetzung, dass sie in der Lage sind, den Unterhalt der Enkel ohne Gefährdung ihres eigenen (erhöhten) angemessenen Selbstbehalts aufzubringen (§ 1603 II 3 BGB),[83] → Rn. 791.

789

---

[79] OLG Jena FamRZ 2009, 1498; OLG Frankfurt a. M. FamRZ 2004, 1745; OLG Schleswig FamRZ 2004, 1058 mAnm Luthin.
[80] OLG Jena FamRZ 2009, 1498.
[81] Palandt/Brudermüller § 1607 Rn. 7.
[82] MüKoBGB/Born § 1607 Rn. 4.
[83] BGH FamRZ 2006, 26 (28) = R 637a mAnm Duderstadt; a. A. OLG Hamm FamRZ 2005, 57; Palandt/Brudermüller § 1607 Rn. 5.

790 Der **Bedarf der Enkel** richtet sich nach den Lebensverhältnissen der Eltern (→ Rn. 210, 396), nicht der Großeltern.[84] Wenn die Eltern nicht leistungsfähig sind, wird der Bedarf ihrer Kinder kaum über den Mindestunterhalt nach § 1612a I BGB hinausgehen, der den Richtsätzen der 1. Einkommensgruppe der Düsseldorfer Tabelle entspricht. Daher werden die Großeltern, auch wenn sie selbst in guten wirtschaftlichen Verhältnissen leben, in aller Regel nur in dieser Höhe Unterhalt für ihre Enkel zu zahlen haben. Dies gilt auch dann, wenn gegen die Eltern oder einen Elternteil höherer Kindesunterhalt tituliert ist, weil der Unterhaltstitel im Verhältnis zu den Großeltern keine Wirkung entfaltet, er zudem auf einem zu hohen früheren Einkommen der Eltern beruhen dürfte und die Kinder ein Absinken des Einkommens ihrer Eltern mitzutragen haben (→ Rn. 210). Zum Unterhaltsanspruch gegen die Großeltern bei Ansatz eines fiktiven Einkommens → Rn. 797, 799.

791 Die Großeltern haften anteilig nach ihren Erwerbs- und Vermögensverhältnissen (§ 1606 III 1 BGB), → Rn. 793. Sie können sich gegenüber ihren Enkeln auf ihren **angemessenen Selbstbehalt** berufen (§ 1603 I BGB). Eine gesteigerte Unterhaltspflicht gegenüber minderjährigen und privilegiert volljährigen Kindern besteht nicht. Im Gegenteil ist der angemessene Selbstbehalt der Großeltern höher anzusetzen als der angemessene Eigenbedarf, der den Eltern mit 1300,– EUR nach A Anm. 5 II der Düsseldorfer Tabelle Stand: 1.1.2015 und den Leitlinien der Oberlandesgerichte (21.3.1) verbleibt (→ Rn. 546). Jedem Großelternteil ist mindestens entsprechend D I der Düsseldorfer Tabelle ein Selbstbehalt von 1800,– EUR gegenüber seinen Enkeln zuzubilligen; bei zusammen lebenden Großeltern ist der Bedarf eines von ihnen wegen der Ersparnis durch gemeinsame Haushaltsführung auf 1440,– EUR zu ermäßigen.[85] Ob diese Beträge wie beim Elternunterhalt um die Hälfte des Mehreinkommens zu erhöhen sind, hat der BGH bisher offen gelassen, → Rn. 396, 977. Auch zum Einsatz des Vermögens, insbesondere zur Bildung von Rücklagen für eine angemessene Altersversorgung, kann auf die Rechtsprechung des BGH zum Elternunterhalt[86] zurückgegriffen werden.

792 **Einkünfte** des Kindes sind anzurechnen. **Sozialhilfe** ist subsidiär und daher kein anzurechnendes Einkommen. Dem steht nicht entgegen, dass der Unterhaltsanspruch des Enkels gegen die Großeltern nach § 94 I 3 SGB XII nicht auf den Sozialhilfeträger übergeht,[87] → § 8 Rn. 68, 128. Daher kann das Enkelkind seine Großeltern für die Zukunft ohne Anrechnung der Sozialhilfe auf Unterhalt in Anspruch nehmen. Jedoch darf das Sozialamt es nicht auf den Unterhaltsanspruch gegen die Großeltern verweisen und deshalb Sozialhilfe verweigern, → § 8 Rn. 7. Für die Vergangenheit wird die Geltendmachung eines Unterhaltsanspruchs nach § 242 BGB einzuschränken sein, → § 8 Rn. 128. Arbeitslosengeld II und Sozialgeld nach dem SGB II sind gleichfalls gegenüber dem Unterhaltsanspruch subsidiär, → § 8 Rn. 235. **Unterhaltsvorschuss** ist im Verhältnis zu den Großeltern anzurechnendes Einkommen, da der Vorschuss nicht von den Einkünften der Großeltern abhängt und eine dem § 2 SGB XII entsprechende Vorschrift im UVG fehlt.[88] Dies gilt sowohl für bereits gezahlten als auch für noch zu gewährenden Vorschuss. Er ist nur im Verhältnis zum barunterhaltspflichtigen Elternteil subsidiär (vgl. §§ 1 I Nr. 3, 2 III Nr. 1 UVG), → § 8 Rn. 267, 270. Die Großeltern können das Enkelkind daher auf Unterhaltsvorschuss als erzielbares Einkommen verweisen, wenn es bei einem allein erziehenden Elternteil lebt. Sie haften dann nur für den darüber hinaus gehenden Bedarf. Zur Ausbildungsförderung nach dem BAföG als einzusetzendes Einkommen beim Enkelunterhalt → § 8 Rn. 279.

793 **Alle Großeltern** haften für den Unterhalt der Enkel **anteilig** nach ihren Erwerbs- und Vermögensverhältnissen (§ 1606 III 1 BGB); eine Haftung nach Stämmen ist nicht vorgesehen (→ Rn. 787).[89] Wenn das minderjährige Enkelkind von einem Großelternteil

---

[84] OLG Karlsruhe FamRZ 2001, 782.
[85] BGH FamRZ 2006, 26 (28) = R 637e mAnm Duderstadt; BGH FamRZ 2006, 1099.
[86] BGH FamRZ 2006, 1511= R 658 mAnm Klinkhammer.
[87] BGH FamRZ 1999, 843; 2000, 1358.
[88] OLG Dresden FamRZ 2010, 736 (Revision durch BGH FamRZ 2012, 785 als unzulässig verworfen).
[89] OLG Frankfurt a. M. FamRZ 2004, 1745; OLG Jena FamRZ 2006, 569.

8. Abschnitt: Sonderprobleme des Kindesunterhalts § 2

betreut wird, kann sich dieser in entsprechender Anwendung des § 1606 III 2 BGB im Verhältnis zu den anderen Großeltern darauf berufen, dass er seine Unterhaltspflicht durch Betreuung erfüllt. Die Ausführungen → Rn. 787 stehen dem nicht entgegen, da es hier um das Verhältnis zwischen gleichrangig haftenden Schuldnern geht.

Die **Darlegungs- und Beweislast** für mangelnde Leistungsfähigkeit des zunächst Haftenden trifft nicht den in Anspruch genommenen nachrangigen Verwandten, sondern den Berechtigten.[90] 794

§ 1607 I BGB hat im **Verhältnis der Eltern** zueinander keine Bedeutung. Ein Elternteil, der nicht leistungsfähig ist, haftet schon nach § 1606 III 1 BGB nicht auf Barunterhalt, da seine Erwerbs- und Vermögensverhältnisse dies nicht erlauben.[91] 795

Hat ein volljähriges Kind seinen Unterhaltsanspruch gegen einen Verwandten durch **Verwirkung** ganz oder teilweise verloren, kann es nicht einen anderen Verwandten ersatzweise auf Unterhalt in Anspruch nehmen (§ 1611 III BGB), → Rn. 608. Zur Aushilfshaftung eines Verwandten, wenn das Kind seinen Unterhaltsanspruch gegen den Ehegatten (Lebenspartner) nach § 1579 BGB verwirkt oder auf nachehelichen bzw. nachpartnerschaftlichen Unterhalt verzichtet hat, → Rn. 907. 796

3. Subsidiäre Haftung nachrangig Verpflichteter

§ 1607 II BGB sieht eine Ersatzhaftung des gleich- oder nachrangig unterhaltspflichtigen Verwandten vor, wenn der Primärschuldner zwar leistungsfähig ist oder sich als leistungsfähig behandeln lassen muss, die Rechtsverfolgung gegen ihn aber im Inland ausgeschlossen oder erheblich erschwert ist. Dies gilt zunächst im Verhältnis der **Eltern** zueinander. So muss die ein minderjähriges Kind betreuende Mutter bei unbekanntem Aufenthalt des leistungsfähigen Vaters auch den Barunterhalt des Kindes sicherstellen.[92] Eine Ersatzhaftung der Großeltern, und zwar sowohl der väterlichen wie der mütterlichen Linie kommt erst in Betracht, wenn die Mutter ebenfalls hierzu nicht in der Lage ist (→ Rn. 787) oder die Voraussetzungen des § 1603 II 3 BGB vorliegen (→ Rn. 398, 788). 797

Ausgeschlossen ist die Rechtsverfolgung vor allem, wenn ein **nichteheliches Kind** vor Feststellung oder Anerkennung der Vaterschaft Unterhaltsansprüche gegen seinen Vater einklagen will. Die Rechtswirkungen der Vaterschaft können grundsätzlich erst ab Anerkennung oder gerichtlicher Feststellung geltend gemacht werden, soweit sich aus dem Gesetz nicht ein anderes ergibt (§§ 1594 I, 1600d IV BGB). Nur ausnahmsweise lässt der BGH[93] in besonders gelagerten Einzelfällen die Rechtsausübungssperre der §§ 1594 I, 1600d IV BGB aufgrund einer umfassenden Interessenabwägung nicht eingreifen. Dies kommt in Betracht, wenn die Vaterschaft unstreitig ist oder deren Voraussetzungen (§ 1600d II BGB) substantiiert behauptet werden, aus bestimmten Gründen aber ein Verfahren auf Feststellung der Vaterschaft – zB wegen Fehlens der Antragsbefugnis – nicht oder nicht in absehbarer Zeit stattfinden kann, → Rn. 3. Wenn diese Voraussetzungen nicht vorliegen, kann sich das Kind vor Anerkennung oder Feststellung der Vaterschaft nur nach § 1607 II BGB an die Mutter, ersatzweise an die mütterlichen, nicht aber an die väterlichen Großeltern wenden. Nach Anerkennung oder Feststellung der Vaterschaft haften die väterlichen Verwandten auch für den Unterhalt, der bisher nicht gegen sie geltend gemacht werden konnte (§ 1613 II Nr. 2a BGB); dies gilt aber nur für Unterhaltsansprüche, die nach Inkrafttreten des § 1613 II Nr. 2a BGB, also nach dem 1.7.1998, entstanden sind.[94] 798

Erheblich erschwert ist die Rechtsverfolgung bei unbekanntem Aufenthalt des Schuldners, aber auch dann, wenn ein Urteil voraussichtlich nicht wird vollstreckt werden können, weil der Pflichtige nur **auf Grund fiktiven Einkommens** verurteilt worden ist, 799

---

[90] BGH FamRZ 1981, 347; vgl. auch BGH FamRZ 2006, 26 (30) = R 637f mAnm Duderstadt.
[91] Ebenso im Ergebnis Graba/Maier in Johannsen/Henrich BGB § 1607 Rn. 4.
[92] BGH NJW 1971, 2069.
[93] FamRZ 2012, 200; 2009, 32; 2008, 1424 mAnm Wellenhofer; zur Begrenzung s. BGH FamRZ 2012, 437.
[94] BGH FamRZ 2004, 800 = R 609b.

er aber tatsächlich den Unterhalt nicht leisten kann, zB weil er weder über effektives Einkommen noch über Vermögen verfügt und daher Sozialhilfe oder Arbeitslosengeld II bezieht.[95] Dies ist vom unterhaltsberechtigten Kind darzulegen und ggf. zu beweisen.[96] Eine erhebliche Erschwerung der Rechtsverfolgung liegt ferner vor, wenn von dem Berechtigten nicht erwartet werden kann, die Zwangsvollstreckung in auch ihm dienende Vermögenswerte, zB ein von ihm bewohntes Hausgrundstück, zu betreiben.[97] Bei fehlendem Gerichtsstand des Schuldners im Inland kann das Kind zwar in Deutschland einen Unterhaltstitel erwirken (§ 232 III 2 Nr. 3 FamFG). Die Rechtsverfolgung im Inland ist aber entweder ausgeschlossen oder erheblich erschwert, wenn die Zwangsvollstreckung im Ausland durchgeführt werden müsste. Dies gilt auch dann, wenn der deutsche Vollstreckungstitel im Ausland anerkannt würde.[98]

800 Da § 1607 II BGB nur eine subsidiäre Haftung anordnet, geht der Unterhaltsanspruch des Kindes auf den nachrangigen Verwandten über, soweit dieser dem Kind Unterhalt geleistet hat (§ 1607 II 2 BGB). Dies gilt auch dann, wenn er Unterhalt in Natur (→ Rn. 18) erbracht hat, zB wenn der Großvater das Enkelkind in seinen Haushalt aufgenommen hat, weil die Eltern unbekannten Aufenthalts sind. Voraussetzung für den **Anspruchsübergang** ist aber stets, dass die Rechtsverfolgung im Inland ausgeschlossen oder erheblich erschwert ist.[99] Andernfalls muss das Kind, ggf. gesetzlich durch einen vom Familiengericht zu bestellenden Pfleger (vgl. § 151 Nr. 5 FamFG), den Unterhaltsanspruch selbst geltend machen. Zum Ausgleichsanspruch unter Eltern, wenn einer von ihnen dem Kind Naturalunterhalt gewährt, → Rn. 776.

801 § 1607 II BGB ist ebenfalls auf die Teilunterhaltsschulden der **Eltern** gegenüber ihrem Kind nach § 1606 III 1 BGB anwendbar. Dann findet auch hier ein gesetzlicher Forderungsübergang nach § 1607 II 2 BGB nur bei Ausschluss oder erheblicher Erschwerung der Rechtsverfolgung im Inland statt. Dazu gehört die Erschwerung der Vollstreckung, wenn die Leistungsfähigkeit lediglich auf fiktivem Einkommen des Schuldners beruht.[100] Im Übrigen kommt nur ein familienrechtlicher Ausgleichsanspruch (→ Rn. 767 ff.) in Betracht, wenn dessen Voraussetzungen vorliegen.[101]

802 Der Anspruchsübergang darf **nicht zum Nachteil** des Unterhaltsberechtigten geltend gemacht werden (§ 1607 IV BGB). Ist der Schuldner außerstande, sowohl den übergegangenen Unterhaltsanspruch zu erfüllen als auch den laufenden Unterhalt aufzubringen, geht letzterer vor. Dieser Vorrang ist erst in der Zwangsvollstreckung zu berücksichtigen. Der übergegangene (rückständige) Unterhalt ist also zu titulieren. Jedoch empfiehlt es sich, in den Urteilstenor einen Hinweis aufzunehmen, dass das Urteil nur vollstreckt werden darf, wenn und soweit der Unterhaltsberechtigte bei Durchsetzung seiner Unterhaltsforderung nicht benachteiligt wird.[102]

4. Unterhaltsleistung durch einen Dritten

803 § 1607 III BGB entspricht dem am 1.7.1998 aufgehobenen § 1615b BGB. Jedoch gilt die Vorschrift anders als der frühere § 1615b BGB nicht nur für nichteheliche, sondern auch für eheliche Kinder. Durch den Übergang des Unterhaltsanspruchs auf den zahlenden Dritten soll dessen Bereitschaft gefördert werden, statt des eigentlich Verpflichteten, der nach §§ 1594 I, 1600d IV BGB vorerst nicht in Anspruch genommen werden kann (→ Rn. 798), vorläufig den Unterhalt von Mutter und Kind sicherzustellen.[103] Der Zahlende soll sicher sein, dass er Ersatz seiner Leistungen verlangen kann, sobald die

---

[95] BGH FamRZ 2006, 26 (30) = R 637f mAnm Duderstadt.
[96] BGH FamRZ 2006, 26 (30) = R 637f mAnm Duderstadt.
[97] BGH FamRZ 2006, 26 (30) = R 637f mAnm Duderstadt.
[98] aA AG Leverkusen FamRZ 2003, 627; Palandt/Brudermüller § 1607 Rn. 12.
[99] Vgl. dazu BGH FamRZ 1989, 850.
[100] OLG Nürnberg MDR 2000, 34.
[101] BGH FamRZ 1989, 850.
[102] BGH FamRZ 2006, 1664 (zu § 7 UVG) = R 657a–c mAnm Schürmann.
[103] BT-Drs. 13/7338, 21.

Rechtsverfolgung gegen den wirklichen Vater möglich ist.[104] In erster Linie hat die Vorschrift nach wie vor Bedeutung bei nichtehelichen Kindern. Sie gilt zunächst, wenn **ein anderer nicht unterhaltspflichtiger Verwandter des Kindes,** zB ein Onkel, eine Tante, ein älterer vermögender Bruder oder eine ältere Schwester, dessen Unterhalt sicherstellt.[105] Bei nachrangig unterhaltspflichtigen Verwandten der aufsteigenden Linie greift dagegen § 1607 I oder II BGB ein. § 1607 III 1 BGB ist auch anwendbar, wenn der **Ehemann der Mutter,** also der Stiefvater, den Unterhalt des Kindes erbringt.[106] Gilt der Ehemann nach § 1592 Nr. 1 BGB **als Vater,** so ist § 1607 III 2 BGB heranzuziehen, der eine entsprechende Anwendung des § 1607 III 1 BGB anordnet. Dasselbe gilt, wenn zunächst die Vaterschaft von einem Mann anerkannt worden ist, sie aber später von ihm mit Erfolg angefochten worden ist (§ 1600 BGB) und die Vaterschaft eines anderen Mannes festgestellt wird (§ 1600d BGB). Es kommt nicht darauf an, ob der als Vater geltende Mann von der Vaterschaft eines anderen Mannes weiß. Der auf den Scheinvater übergegangene Unterhaltsanspruch ist mit dem ursprünglichen Unterhaltsanspruch grundsätzlich identisch, so dass er – wie dieser selbst – nach § 195 BGB der regelmäßigen Verjährung von drei Jahren unterliegt.[107] Ein Rückgriffsanspruch setzt allerdings voraus, dass die Vaterschaft erfolgreich angefochten wurde. Hat der Scheinvater die Anfechtungsfrist verstreichen lassen, so bleibt er rechtlicher Vater und als solcher auch unterhaltsverpflichtet. Ein Rückgriff gegen den leiblichen Vater kommt dann nicht in Betracht.[108] Es ist nicht notwendig, dass derjenige, der zunächst den Unterhalt für das Kind leistet, sog **Scheinvater** ist. § 1607 III 2 BGB ist auch dann anzuwenden, wenn sich der Zahlende zu Unrecht für den Vater hält, weil er mit der Mutter während der gesetzlichen Empfängniszeit Geschlechtsverkehr hatte. Auf das Bestehen einer nichtehelichen Lebensgemeinschaft mit der Mutter kommt es nicht an. **Keine Voraussetzung** des Anspruchs ist, dass der Scheinvater zu den tatsächlich erbrachten Unterhaltsleistungen auch in vollem Umfang verpflichtet war.[109] Der Einwand des Schuldners, dass der Scheinvater dem Kind mehr Unterhalt geleistet habe, als diesem bei bestehender Unterhaltspflicht zugestanden hätte, ist daher unerheblich. Zur Rechtsausübungssperre der §§ 1594 I, 1600d IV BGB → Rn. 3, 798.

Auch nach § 1607 III BGB geht der Unterhaltsanspruch des Kindes nur dann auf den Leistenden über, wenn die Rechtsverfolgung im Inland ausgeschlossen oder erheblich erschwert ist. Diese Voraussetzung liegt allerdings bei einem nichtehelichen Kind vor Feststellung oder Anerkennung der Vaterschaft fast immer vor, da es seinen Vater wegen der Rechtsausübungssperre in aller Regel nicht in Anspruch nehmen kann (→ Rn. 798).

Der Scheinvater, der an Stelle des wahren Vaters Unterhalt für das Kind geleistet hat, kann den auf ihn übergegangenen Unterhaltsanspruch des Kindes auch dann durchsetzen, wenn die Voraussetzungen des § 1613 I BGB, unter denen Unterhalt für die Vergangenheit verlangt werden kann, nicht vorliegen. Nach § 1613 II Nr. 2a BGB kann der Scheinvater ohne diese Voraussetzungen Unterhalt verlangen, da das Kind vor rechtskräftiger Feststellung der Vaterschaft an seiner Geltendmachung rechtlich gehindert war.

Das Benachteiligungsverbot des § 1607 IV BGB gilt auch beim Anspruchsübergang nach § 1607 III BGB, → Rn. 802.

5. Rechtsfolgen des Anspruchsübergangs

Nach § 412 BGB gelten die Vorschriften der §§ 399–404, 406 bis 410 BGB über die Abtretung einer Forderung entsprechend. Der übergegangene Anspruch behält seine Rechtsnatur als Unterhaltsanspruch. Insbesondere kann er nur geltend gemacht werden,

---

[104] Henrich FamRZ 2001, 785.
[105] Palandt/Brudermüller § 1607 Rn. 16.
[106] Palandt/Brudermüller § 1607 Rn. 16.
[107] BGH FamRZ 2017, 900 Rn. 11 (auch zum Verjährungsbeginn).
[108] BGH FamRZ 2012, 437; zum Auskunftsanspruch gegen die Mutter über die Person des leiblichen Vaters (nach erfolgter Vaterschaftsanfechtung) vgl. BGH FamRZ 2014, 1440 mwN.
[109] BGH FamRZ 2019, 112 Rn. 30 ff.

soweit die Voraussetzungen des § 1613 I, II Nr. 2a BGB vorliegen. Er unterliegt der dreijährigen **Verjährung** des § 197 II BGB. Haben im Fall der ausnahmsweisen Zulässigkeit des Rückgriffs ohne Feststellung des wirklichen leiblichen Vaters (→ Rn. 798) der mutmaßliche Erzeuger und die Kindesmutter als gesetzliche Vertreterin des minderjährigen Kindes die Einleitung eines Vaterschaftsfeststellungsverfahrens schon ausdrücklich abgelehnt oder legt ihr sonstiges Verhalten schon im Zeitpunkt der rechtskräftigen Vaterschaftsanfechtung nahe, dass sie auf absehbare Zeit kein Interesse an einer Vaterschaftsfeststellung haben, so ist für den Beginn der Verjährung auf die Rechtskraft der Entscheidung im Vaterschaftsanfechtungsverfahren abzustellen.[110] Beim Unterhaltsregress des Scheinvaters trifft diesen die **Darlegungs- und Beweislast** für die anspruchsbegründenden Voraussetzungen des übergegangenen Unterhaltsanspruchs des Kindes gegen den leiblichen Vater sowie für die von ihm dem Kind erbrachten Unterhaltsleistungen. Der jeweilige gesetzliche Mindestbedarf minderjähriger Kinder muss auch vom neuen Gläubiger nicht dargelegt werden. Der Schuldner hat eine etwa aufgehobene oder eingeschränkte unterhaltsrechtliche Leistungsfähigkeit darzulegen und zu beweisen.[111]

Dem Schuldner bleiben alle Einwendungen erhalten, die er gegen den Unterhaltsanspruch des Kindes oder des sonstigen Verwandten erheben kann (§ 404 BGB). Der übergegangene Anspruch kann abgetreten werden. Zwar schließt § 400 BGB die Abtretung unpfändbarer Forderungen, also auch von Unterhaltsrenten (§ 850b I Nr. 2 ZPO), aus, um den Unterhaltsberechtigten die Lebensgrundlage zu erhalten. Dieser Schutz ist jedoch nicht mehr erforderlich, wenn der Berechtigte den Unterhalt von dem nachrangig haftenden Verwandten erhalten hat. Der Pfändungsschutz ist an die Person des ursprünglichen Gläubigers gebunden; nach dem Anspruchsübergang ist die Verkehrsfähigkeit der Unterhaltsforderung nicht mehr eingeschränkt.[112] Dieselben Erwägungen gelten allerdings nicht für die Aufrechnung gegen den übergegangenen Anspruch.[113] Das Pfändungsvorrecht des Unterhaltsgläubigers nach § 850d ZPO kommt dem neuen Gläubiger dagegen nicht zugute, da letzterer nicht unterhaltsbedürftig ist.[114]

806–899 – in dieser Auflage nicht belegt –

B. Eltern- und sonstiger Verwandtenunterhalt

1. Abschnitt: Grundlagen

I. Grundfragen zum geltenden Recht

900 Die §§ 1601 ff. BGB regeln nicht nur die Unterhaltspflicht der Eltern für ihre Kinder, sondern allgemein die Unterhaltspflicht zwischen **Verwandten in gerader Linie.** Die Verwandtschaft kann auch durch Adoption begründet werden (§ 1754 BGB). Für die Praxis spielen die Ansprüche bedürftiger Eltern gegenüber ihren Kindern und von Enkeln gegen ihre Großeltern die Hauptrolle. Dagegen bestehen **keine Unterhaltsansprüche zwischen Verwandten der Seitenlinie,** zB zwischen Geschwistern, **sowie zwischen Verschwägerten,** nämlich zwischen Schwiegereltern und Schwiegerkindern oder zwischen Stiefeltern und Stiefkindern.[1] Obwohl die geltende Regelung, die auf das römische

---

[110] BGH FamRZ 2017, 900 Rn. 23.
[111] BGH FamRZ 2019, 112 Rn. 24.
[112] BGH NJW 1980, 515; Göppinger/Wax/van Els Rn. 1785.
[113] Vgl BGH FamRZ 2013, 1202 (für den Anspruchsübergang auf Sozialleistungsträger bezüglich der Sozialhilfe und Grundsicherung für Arbeitsuchende).
[114] Göppinger/Wax/van Els Rn. 1785.
[1] Vgl. zu teilweise anderen Regelungen in europäischen Rechtsordnungen Schwenzer FamRZ 1989, 685; Brudermüller FamRZ 1996, 129; Büttner FamRZ 1996, 1529.

Grundlagen § 2

und das gemeine Recht zurückgeht, seitdem unverändert gültig geblieben ist,[2] mehrten sich die Stimmen, welche das überkommene System des Verwandtenunterhalts in Frage stellten. Es wurde gefordert, den Verwandtenunterhalt auf die Unterhaltpflicht der Eltern gegenüber minderjährigen Kindern, ergänzt um Ausbildungsunterhalt für volljährige Kinder bis zu einer bestimmten Altersgrenze, zu beschränken[3] oder sonst einzuschränken.[4] Es seien die Probleme der sogenannten „Sandwichgeneration" zu bedenken, die wegen der verlängerten Ausbildungszeiten der Kinder einerseits mit Kindesunterhalt sowie wegen der gestiegenen Lebenserwartung bedürftiger Eltern gleichzeitig mit Elternunterhalt (zum Elternunterhalt → Rn. 964 ff.) belastet werde und in eben dieser Zeit zugleich die Hauptlast der allgemeinen Rentenfinanzierung trage. Diese Argumente haben inzwischen in der Tendenz sowohl beim Gesetzgeber als auch – im Rahmen der Gesetzesauslegung – in der BGH-Rechtsprechung Gehör gefunden. Der Gesetzgeber hat – ungeachtet der Situation der öffentlichen Haushalte – bei dem am 1.1.2003 in Kraft getretenen Grundsicherungsgesetz – nunmehr §§ 41–43 SGB XII – (→ § 8 Rn. 135 ff.), das keinen Rückgriff vorsieht, die Gewährung der Grundsicherung von bestehenden, aber nicht erbrachten Unterhaltsansprüchen gegen Verwandte weitgehend unabhängig gemacht, nämlich soweit die Pflichtigen – ungeachtet ihres etwa vorhandenen Vermögens – kein Einkommen über 100.000 EUR erzielen. In ständiger Rechtsprechung hat der BGH[5] die Unterhaltsverpflichtung von Kindern gegenüber ihren Eltern insbesondere aufgrund des Rangs des Unterhaltsanspruchs nach § 1609 BGB und über die Auslegung des Begriffs der Leistungsfähigkeit nach § 1603 I BGB bei aller unbestrittenen Notwendigkeit zur Begrenzung erheblich eingeschränkt und die Eltern damit, zB im Pflegefall, in vielen Fällen ohne Rückgriffsmöglichkeit auf die Leistungen der Allgemeinheit verwiesen.

II. Gerichtliche Zuständigkeit

Für die Unterhaltsansprüche sonstiger Verwandter einschließlich der nach § 1607 **901** BGB übergegangenen Ansprüche ist seit 1.7.1998 – wie für die auf einer Ehe oder auf ehelicher Abstammung beruhenden Ansprüche – das **Familiengericht mit Rechtszug zum Oberlandesgericht** zuständig (§§ 23a I Nr. 1, 23b I, 119 I Nr. 1a GVG, 111 Nr. 8, § 231 I Nr. 1 FamFG). Der besondere Gerichtsstand des § 232 I Nr. 2 FamFG für den Unterhaltsantrag eines minderjährigen Kindes gilt nicht nur für Unterhaltsanträge gegen die Eltern oder einen Elternteil, sondern auch für solche gegen die Großeltern (Enkelunterhalt, → Rn. 1023). Für andere Fälle des Verwandtenunterhalts ist der gewöhnliche Aufenthalt des Unterhaltspflichtigen (§§ 232 III 1 FamFG; 12, 13 ZPO) maßgebend.

III. Anspruchsübergang auf Sozialhilfeträger

Erhält der Hilfsbedürftige öffentliche Leistungen, kann der Sozialleistungsträger im Ver- **902** wandtenunterhalt nur eingeschränkt bei dem nach bürgerlichem Recht Unterhaltspflichtigen Rückgriff nehmen (zum Anspruchsübergang ausführlich → § 8 Rn. 60 ff.). Wenn **Sozialhilfe** gewährt wird, findet ein Forderungsübergang nur bei Verwandten ersten Grades statt. § 94 I 3 SGB XII schließt einen Forderungsübergang **bei Verwandten**

---

[2] Richter FamRZ 1996, 1245.
[3] Schwenzer FamRZ 1989, 685 (691); Beschlüsse des 59. Deutschen Juristentages FamRZ 1992, 1275; für die zeitliche Beschränkung des Unterhalts für volljährige Kinder auch Brudermüller FamRZ 1996, 129 (134).
[4] Empfehlungen des 11. Deutschen Familiengerichtstags FamRZ 1996, 337 (339); Schwab FamRZ 1997, 521 (526 f.); Schlüter/Kemper FuR 1993, 245 (251).
[5] BGH FamRZ 2017, 711 Rn. 11 = R 783b; 2010, 1535 Rn. 20 ff.; 2006, 1511 = R 658e, f.; 2002, 1698 ff.

zweiten oder entfernteren Grades (Großeltern/Urgroßeltern bzw. Enkel/Urenkel) aus. Der Träger der Sozialhilfe darf den Hilfsbedürftigen bei fehlendem Anspruchsübergang nicht auf die Inanspruchnahme dieser Verwandten (zB Großeltern, Enkel) verweisen.[6] Der Hilfsbedürftige kann dadurch **wählen, ob er Sozialhilfe oder** einen Verwandten **in Anspruch nehmen will,** gegen den ein Rückgriff des Sozialhilfeträgers ausgeschlossen ist.[7]

903 **Vorausleistungen nach § 36 BAföG** sind nur gegenüber dem Anspruch auf Ausbildungsunterhalt des Kindes gegen seine Eltern subsidiär (→ § 1 Rn. 670) und befreien die Eltern von der Unterhaltsplicht nicht. Dasselbe gilt für Leistungen nach dem **Unterhaltsvorschussgesetz** (UnterhVG).[8] Entferntere Verwandte (zB Großeltern) können dem Bedürftigen in einer solchen Situation dagegen seine fehlende Bedürftigkeit entgegenhalten bzw. auf die vorrangige Inanspruchnahme dieser Sozialleistungen verweisen.[9]

904 Zur **Grundsicherung** → ausführlich § 8 Rn. 135 ff. Ein Anspruch auf Grundsicherung gemäß §§ 41 ff. SGB XII setzt voraus, dass der Bedürftige seinen Lebensunterhalt nicht aus seinem Einkommen, zu dem auch tatsächlich geleisteter Unterhalt seiner Verwandten zählt, und nicht aus seinem Vermögen bestreiten kann, sowie gemäß § 43 V SGB XII, dass seine grundsätzlich unterhaltspflichtigen Eltern oder Kinder jeweils Einkünfte im Sinne des § 16 SGB IV (nach Abzug von Werbungskosten, vor Steuern) in Höhe von unter 100.000 EUR jährlich erzielen. Für die Einkommensgrenze kommt es auf die Verhältnisse des einzelnen Verwandten an, bei zusammen veranlagten Eltern auf das **Gesamteinkommen des einzelnen Elternteils**,[10] bei unterhaltspflichtigen Geschwistern (im Elternunterhalt) auf das Gesamteinkommen **jedes einzelnen der Geschwister** (→ § 1 Rn. 707; → § 8 Rn. 160).[11] Zur Frage der Unterhaltsverpflichtung eines Geschwisterkindes mit Einkünften unterhalb von 100.000 EUR, wenn gleichzeitig ein anderes Geschwister über 100.000 EUR erwirtschaftet → § 8 Rn. 87 ff.

905 In diesem privilegierten Unterhaltsverhältnis von Eltern zu Kindern und umgekehrt (→ § 8 Rn. 154 ff.) mit Einkommen unter 100.000 EUR auf Seiten des Unterhaltspflichtigen kann dieser den Berechtigten auf die vorrangige Inanspruchnahme der Grundsicherung verweisen.[12] Der Anspruch auf Grundsicherung ist nicht subsidiär. Es findet ausdrücklich kein Anspruchsübergang auf den Träger der Grundsicherung statt (§ 94 I 3 Hs. 2 SGB XII).[13] Der Berechtigte muss daher einen Bewilligungsantrag stellen. und (nur) bei hinreichender Erfolgsaussicht gegen eine Ablehnung Widerspruch einlegen sowie ggf. Klage erheben, um zu vermeiden, dass ihm im Unterhaltsverhältnis zum Verwandten wegen Obliegenheitsverletzung fiktive Einkünfte zugerechnet werden.[14] Tatsächlich gewährte Leistungen auf Grundsicherung stellen den Bedarf deckendes Einkommen dar (→ § 8 Rn. 161).[15] Sie lassen die Bedürftigkeit insoweit entfallen, unabhängig davon, ob sie zu Recht bewilligt worden sind.[16]

906 Ein **Anspruchsübergang** gemäß § 94 I 3 SGB XII findet allerdings nicht statt, wenn dieser **grob unbillig** wäre (§ 94 III 1 Nr. 2 SGB XII). Die Voraussetzungen für den Ausschluss eines Anspruchsübergangs beurteilen sich nach öffentlich-rechtlichen Kriterien. Es müssen aus Sicht des Sozialhilferechts durch den Anspruchsübergang soziale Belange

---

[6] Schellhorn FuR 1990, 20 (22); Ullenbruch FamRZ 1982, 664.
[7] Schwenzer FamRZ 1989, 685 (688); Künke FamRZ 1991, 14 (21); Bedenken gegen ein solches Wahlrecht: Giese FamRZ 1982, 666 ff.
[8] OLG Dresden FamRZ 2006, 569.
[9] Hauß, Elternunterhalt: Grundlagen und Strategien, 5. Aufl., Rn. 822; Gutachten des Deutschen Instituts für Vormundschaftswesen DAVorm 1984, 759 ff.
[10] BSG FamRZ 2014, 385; Münder NJW 2002, 3661 (3663).
[11] BGH FamRZ 2015, 1467 Rn. 17 ff. = R 770b unter Aufhebung der gegenteiligen Auffassung des OLG Hamm FamRZ 2014, 1710.
[12] BGH FamRZ 2007, 1158 (1159) = R 667a.
[13] Vgl. Klinkhammer FamRZ 2002, 997 (1000 f.).
[14] BGH FamRZ 2015, 1467 Rn. 11, 12 = R 770a; OLG Nürnberg FamRZ 2004, 1988 (Vorentscheidung zu BGH FamRZ 2007, 1158 ff.).
[15] BGH FamRZ 2015, 1467 Rn. 11 = R 770a; 2007, 1158 (1159) = R 667a.
[16] BGH FamRZ 2015, 1467 Rn. 11 = R 770a; vgl. auch OLG Bremen FamRZ 2005, 801.

II. Rangfolge der Verpflichteten und Bedürftigen § 2

berührt werden. Das bedeutet, dass der rechtfertigende Lebenssachverhalt einen erkennbaren Bezug zum Sozialhilferecht oder einem Handeln des Staates oder seiner Organe aufweist. Der BGH hat inzwischen mehrfach – auch zum Elternunterhalt[17] – darüber entscheiden müssen (im Einzelnen → § 8 Rn. 87 ff.).

2. Abschnitt: Rangfolge der Verpflichteten und Bedürftigen

I. Vorrangige Haftung des Ehegatten bzw. des Lebenspartners und des nichtehelichen Vaters

Der **Ehegatte** oder der Lebenspartner des Bedürftigen **haften vor** dessen **Verwandten** (§ 1608 S. 1 u. 4 BGB). Dies gilt auch für den geschiedenen Ehegatten (§ 1584 S. 1 BGB) oder den Lebenspartner nach aufgehobener eingetragener Partnerschaft (§§ 16 S. 2 LPartG, 1584 S. 1 BGB). Bei Aufhebung der Ehe gilt § 1318 II BGB. Voraussetzung für den Vorrang des Ehegatten oder des Lebenspartners ist, dass überhaupt ein Unterhaltsanspruch gegen ihn besteht. Dann schließt er die Verwandten, soweit er leistungsfähig ist, von der Haftung aus. § 1608 S. 2 BGB regelt nur eine Rangfrage. Die Bestimmung lässt den Anspruch auf Verwandtenunterhalt weder auf Grund einer Eheschließung[1] noch dann entfallen, wenn gegen den Ehegatten aus anderen Gründen als mangelnder Leistungsfähigkeit kein Unterhaltsanspruch gegeben ist. Wegen der gestuften Rangverhältnisse zwischen dem pflichtigen Ehegatten und den Verwandten → § 5 Rn. 175 ff. **907**

Bei fehlender Leistungsfähigkeit des Ehegatten oder Lebenspartners tritt die **Ersatzhaftung der Verwandten** ein (§§ 1608 S. 2, 1584 S. 2 BGB, 16 S. 2 LPartG). Soweit die Unterhaltsverpflichtung deswegen entfällt, müssen die Verwandten ohne Rückgriffsmöglichkeit nach §§ 1608 S. 3, 1584 S. 3, 1607 II BGB, 16 S. 2 LPartG eintreten.[2] Die jeweils in Bezug genommene Regelung des § 1607 II BGB sieht eine Rückgriffsmöglichkeit nur im Falle der erschwerten Rechtsverfolgung vor.

Die **Leistungsfähigkeit des Ehegatten** ist hier grundsätzlich wie nach § 1603 I BGB zu beurteilen, dessen Wortlaut § 1608 S. 2 BGB wiederholt. Es muss ihm daher der angemessene Selbstbehalt im Sinne des § 1603 I BGB verbleiben. Für den in Anspruch genommenen Ehegatten gilt im Grundsatz der variable Ehegattenselbstbehalt nach den ehelichen Lebensverhältnissen, § 1578 I 1 BGB (→ § 4 Rn. 970 f.). Als Mindestselbstbehalt im Mangelfall gilt aber entsprechend § 1581 I BGB idR ein Betrag, der nicht unter dem notwendigen Selbstbehalt im Sinne des § 1603 II 1 BGB zu bemessen ist, der aber auch nicht über dem angemessenen Selbstbehalt im Sinne des § 1603 I BGB liegt.[3] Dabei kann im Regelfall im Rahmen einer Pauschalbemessung von einem etwa in der Mitte zwischen beiden Beträgen liegenden Betrag ausgegangen werden (seit 1.1.2015 gemäß Düsseldorfer Tabelle idR 1200 EUR).[4] Dass die vorrangige Verpflichtung des Ehegatten auch dann bestehen bliebe, wenn ihm weniger als sein angemessener Selbstbehalt verbliebe, lässt sich darüber hinaus auch nicht damit vereinbaren, dass der Selbstbehalt der Verwandten – je nach Unterhaltsverhältnis, zB beim Elternunterhalt oder beim Enkelunterhalt (→ jeweils Rn. 1036) – den Ausgangsbetrag des angemessenen Selbstbehalts nach § 1603 I BGB deutlich übersteigt. Für die Verwandten bedeutet dies, dass sie auf den Restbedarf haften, wenn der **angemessene Selbstbehalt** des pflichtigen Ehegatten im Sinne des § 1603 I **908**

---

[17] BGH FamRZ 2018, 1903 (Bedarf bei Gehörlosigkeit); 2015, 1594 (auf einem Fehler der Sozialbehörde beruhende fehlende Pflegeversicherung der unterhaltsbedürftigen Mutter); 2015, 1467 = R 770 (fehlender Grundsicherungsanspruch der Mutter, weil eines von zwei unterhaltspflichtigen Kindern über 100.000 EUR jährlich verdient, das in Anspruch genommene Kind jedoch darunter).
[1] OLG Koblenz FamRZ 2007, 653.
[2] Finger FamRZ 1999, 1298; Palandt/Brudermüller § 1607 Rn. 1, 9.
[3] BGH FamRZ 2006, 683 (684).
[4] BGH FamRZ 2006, 683 (684).

BGB nicht gesichert ist[5] (vgl. den insoweit übereinstimmenden Wortlaut von § 1581 I 1 und § 1608 S. 1 BGB). Der Ausfall unterhaltspflichtiger Verwandter ändert nichts daran, dass sich der pflichtige Ehegatte nur in Ausnahmefällen, zB wenn der bedürftige Ehegatte hilflos und bedürftig wie ein minderjähriges Kind ist, mit dem **notwendigen Selbstbehalt** begnügen muss. Dieser muss ihm als Existenzminimum immer bleiben.[6]

Dem vorrangig unterhaltspflichtigen Ehegatten bzw. Lebenspartner können **fiktive Einkünfte** zugerechnet werden, wenn er unter Verletzung seiner Erwerbsobliegenheit einkommenslos ist. Im Umfang der Zurechnung ist er als leistungsfähig zu behandeln (→ § 1 Rn. 735 f.). Eine Inanspruchnahme der Verwandten insoweit ist nicht wegen des Vorrangs der Ehegattenhaftung ausgeschlossen.[7] Es liegt vielmehr regelmäßig ein Fall erschwerter Rechtsverfolgung im Sinne des § 1607 II BGB vor, der zur Haftung mit der Möglichkeit eines Rückgriffs führt (→ Rn. 920 f.).

909 Soweit der **eheliche Unterhaltsanspruch gegen** den **Ehegatten oder den Lebenspartner** gemäß §§ 1579 Nr. 2 bis 8 BGB, 12 S. 2 LPartG iVm § 1361 III BGB, 16 S. 2 LPartG ausgeschlossen ist, besteht auch kein Unterhaltsanspruch gegen die Verwandten. Dies ergibt sich bereits aus § 1608, 1607 BGB. Sie haften nur bei Leistungsunfähigkeit oder erschwerter Durchsetzbarkeit des Anspruchs. Im nachehelichen Unterhalt werden die Verwandten durch die entsprechend anzuwendende Vorschrift des § 1611 III BGB geschützt, weil der bedürftige Ehegatte bzw. Lebenspartner die Folgen seines unterhaltsschädlichen Verhaltens sonst auf seine Verwandten abwälzen könnte.[8]

910 **Hat der** bedürftige **Ehegatte auf** seinen nachehelichen **Unterhaltsanspruch** zu Lasten der Verwandten **verzichtet,** könnte die Verzichtsvereinbarung je nach den Umständen des Einzelfalls gemäß § 138 I BGB sittenwidrig sein (→ § 6 Rn. 616). Das OLG Frankfurt a. M.[9] hat zum gegebenen Fall die Ansicht vertreten, der Unterhaltsverzicht binde nur die Vertragsparteien, nicht aber die am Verzicht nicht beteiligten Verwandten, so dass es – unabhängig von der Wirksamkeit des Verzichts – im Verhältnis zu ihnen beim Vorrang des Anspruchs gegen den Ehegatten verbleibe. Dies erscheint zweifelhaft. Der Verzichtsvertrag stellt, weil er keine unmittelbaren vertraglichen Verpflichtungen der Verwandten begründet, keinen (unwirksamen) Vertrag zu deren Lasten dar.[10] Nach der genannten Auffassung müssten auch einem unerwartet und unverschuldet in Not geratenen bedürftigen Ehegatten Ansprüche auf Verwandtenunterhalt versagt werden, wenn der andere Ehegatte wegen des Verzichts zwar rechtlich frei, aber tatsächlich leistungsfähig wäre. Richtiger dürfte es sein, den in § 162 BGB enthaltenen allgemeinen Rechtsgedanken heranzuziehen, wonach es einer Partei – hier innerhalb des Unterhaltsverhältnisses zu den Verwandten – verwehrt ist, Vorteil aus einer Lage zu ziehen, die sie selbst treuwidrig herbeigeführt hat.[11] Falls der Unterhaltsverzicht nicht ohnehin wegen Sittenwidrigkeit nichtig wäre, käme es damit darauf an, ob der Verzicht, der als Voraussetzung der Verwandtenhaftung zur Beseitigung des Ehegattenvorrangs führen würde, zur Zeit des Vertragsschlusses im Verhältnis zu den unterhaltspflichtigen Verwandten als treuwidrig anzusehen wäre.[12] Das könnte bejaht werden, wenn – entsprechend der Rechtsprechung des BGH zur Sittenwidrigkeit von Eheverträgen bei Sozialhilfebedürftigkeit[13] – der Verzicht objektiv zum Nachteil der Verwandten geregelt wäre. Das wäre bei im Zeitpunkt des Vertragsabschlusses nicht absehbarer Bedürftigkeit, die dann unvorhergesehen eintritt, jedenfalls zu verneinen.[14]

---

[5] OLG Köln FamRZ 1990, 54; OLG Zweibrücken FamRZ 1987, 590.
[6] BVerfG FamRZ 2001, 1685 (1686).
[7] a. A. OLG Oldenburg FamRZ 1991, 1090.
[8] Beckmann FamRZ 1983, 863 (865); Staudinger/Klinkhammer § 1611 Rn. 57; einschränkend – nur wenn gleichzeitig die Voraussetzungen des § 1611 I BGB für den Ausschluss vorgelegen hatten: Palandt/Brudermüller § 1611 Rn. 8.
[9] OLG Frankfurt a. M. FamRZ 1984, 395 (396).
[10] Vgl. zum Vertrag zu Lasten Dritter: Staudinger/Klumpp Rn. 53 ff. vor § 328.
[11] BGH NJW-RR 1991, 177; BGHZ 1988, 240 (248); NJW 1968, 2051.
[12] Vgl. zum Ergebnis: Hußmann in Heiß/Born UnterhaltsR-HdB Kap. 13 Rn. 13.
[13] BGH FamRZ 2007, 197.
[14] So wohl auch Hußmann in Heiß/Born UnterhaltsR-HdB Kap. 13 Rn. 14.

II. Rangfolge der Verpflichteten und Bedürftigen § 2

Auch der nichteheliche Vater haftet gemäß § 1615l III 2 BGB vor den Verwandten der 911
Mutter für deren Unterhalt. Da § 1608 S. 2 BGB über § 1615l III 1 BGB entsprechend
gilt, müssen die Verwandten bei seiner Leistungsunfähigkeit ohne Rückgriffsmöglichkeit
nach §§ 1608 S. 3, 1607 II BGB an seiner Stelle einspringen. Wegen des Problems der
gleichrangigen Haftung von nichtehelichem Vater und Ehegatten wird auf → § 7
Rn. 163 f. verwiesen. Ein gleichartiges Rangproblem kann im Verhältnis zur Lebenspartnerin der Kindsmutter auftreten.

II. Rangfolge der unterhaltspflichtigen Verwandten

Gemäß § 1606 I BGB haften die Abkömmlinge **(Deszendenten) vor** den Verwandten 912
der aufsteigenden Linie **(Aszendenten)**. Ausnahmen bestehen nur in den Fällen der
§§ 1751 IV BGB und 1770 III BGB bei Adoptionen. Innerhalb der Linie haften die
näheren Verwandten vor den entfernteren (§ 1606 II BGB). Wie beim vorrangig haftenden
Ehegatten treten die nachrangig haftenden Verwandten ohne Möglichkeit des Rückgriffs
an die Stelle des vorrangigen, soweit dieser nicht leistungsfähig im Sinne des § 1603 BGB
ist (Ersatzhaftung nach § 1607 I BGB → Rn. 914 ff.).

Gleich nahe (gleichrangige) **Verwandte haften anteilig,** also nicht als Gesamtschuld- 913
ner,[15] nach ihren Erwerbs- und Vermögensverhältnissen (§ 1606 III 1 BGB). Wegen der
problematischen Höhe des Haftungsanteils haben auch die betreffenden Verwandten untereinander nach Treu und Glauben einen **Auskunftsanspruch,**[16] der sich auf die Einkünfte
des Ehegatten des auskunftspflichtigen Verwandten erstrecken kann.[17] Die Höhe der
Teilschuld bestimmt sich jedenfalls im Bereich kleinerer und mittlerer Einkommen nicht
auf Grund einer schematischen Quotierung der unterschiedlich hohen Einkünfte. Dies
hätte zur Folge, dass der die Eigenbedarfsgrenze überschreitende Einkommensanteil bei
dem geringer Verdienenden verhältnismäßig stärker in Anspruch genommen würde als bei
dem besser Verdienenden. Die ungleiche Belastung wird dadurch vermieden, dass die
Haftungsquoten erst nach Abzug der für den eigenen Unterhalt erforderlichen Beträge
nach dem Verhältnis der verbleibenden Mittel errechnet wird.[18] In der Praxis geschieht dies
durch den Vorabzug von Sockelbeträgen für den angemessenen Eigenbedarf. Wegen der
anteiligen Haftung von Eltern gegenüber ihren Kindern → Rn. 418 ff., 560 ff.[19] Ist ein
gleichrangiger Pflichtiger nicht leistungsfähig, haften der oder die anderen gleichrangigen
Pflichtigen auf den vollen Bedarf, ohne dass sie eine Möglichkeit zum Rückgriff hätten
→ Rn. 917.

III. Ersatzhaftung

1. Bedarf des Unterhaltsberechtigten 914

Der **Bedarf** des Unterhaltsberechtigten bestimmt sich bei der Ersatzhaftung gemäß
§ 1607 I, II BGB (Leistungsunfähigkeit des vorrangig Unterhaltspflichtigen oder erschwerte Durchsetzbarkeit des Anspruchs) aus seiner Lebensstellung (§ 1610 BGB). Das hat bei
Kindern zur Folge, dass sich ihr Bedarf aus der Lebensstellung ihrer nicht leistungsfähigen
Eltern, dagegen nicht aus der Lebensstellung wohlhabender Großeltern bemisst.[20] Zu

---

[15] BGH FamRZ 1971, 569 (570 ff.).
[16] BGH 2012, 200 Rn. 19 ff.; vgl. aber BVerfG FamRZ 2015, 729 Rn. 26 ff. zu den Grenzen des Anspruchs.
[17] BGH FamRZ 2003, 1836 (1837 f.).
[18] BGH FamRZ 2002, 815 (818); 1986, 153.
[19] Zur anteiligen Haftung von Geschwistern im Elternunterhalt BGH FamRZ 2010, 1535 Rn. 50 ff.
[20] OLG Dresden FamRZ 2006, 569; OLG Köln FamRZ 2005, 58; OLG Karlsruhe FamRZ 2001, 782 (783); FA-FamR/Seiler Kap. 6 Rn. 525.

beachten ist, dass der Gesetzgeber in § 1612a I BGB den Mindestbedarf bzw. den Mindestunterhalt eines minderjährigen Kindes unter Bezugnahme auf sein in § 32 VI 1 EStG steuerlich anerkanntes (halbes) sächliches Existenzminimum (§ 36 Nr. 4 EGZPO galt bis Ende 2008 für die 1. und 3. Altersstufe, bis Ende 2009 für die 2. Altersstufe) definiert hat. Kann der barunterhaltspflichtige Vater auf Grund eingeschränkter Leistungsfähigkeit nur einen darunter liegenden Unterhalt leisten, haften – soweit auch die betreuende Mutter keinen Barunterhalt mehr erbringen kann – die Großeltern auf den Restbedarf bis zum Mindestunterhalt. Es besteht daher entgegen der früheren Rechtslage ein Aufstockungsanspruch gegen die Großeltern bis zur Höhe des gesetzlich definierten Mindestunterhalts, auch wenn die einfache Lebensstellung der Eltern einem unter dem gesetzlichen Mindestbedarf liegenden Unterhalt entsprechen würde – siehe zum Enkelunterhalt → Rn. 1031. Die hier – wegen des vom BGH[21] nach altem Recht abgelehnten Mindestbedarfs von Kindern – früher vertretene gegenteilige Auffassung[22] trifft nach neuem Recht nicht mehr zu.

Problematisch ist, wie sich der Bedarf bestimmt, wenn der betreuende Elternteil, zB durch Erkrankung oder Versterben, unfähig wird, die Betreuung zu leisten. Hier wird es ggf. auf die zur Sicherstellung der Betreuung zusätzlich aufzuwendenden Kosten ankommen.[23]

2. Leistungsunfähigkeit des zunächst Unterhaltspflichtigen (§ 1607 I BGB)

915 Ist ein Verwandter im Sinne des § 1603 I BGB nicht leistungsfähig, haftet der leistungsfähige gleichrangig pflichtige Verwandte schon im Hinblick auf die sich aus § 1606 III 1 BGB ergebende Haftungsbeschränkung in vollem Umfang an seiner Stelle, ohne dass im Wege des Anspruchsübergangs eine Möglichkeit zum Rückgriff nach § 1607 II 2 BGB eröffnet wäre. § 1607 I BGB, der sich ausdrücklich nur auf nachrangig haftende Verwandte bezieht, braucht für dieses Ergebnis nicht entsprechend angewendet zu werden.[24] Dasselbe gilt für die beschränkte Leistungsunfähigkeit des unterhaltspflichtigen Verwandten (§ 1607 I BGB: „soweit").

Eine Unterhaltspflicht **nachrangig haftender Verwandter** im Wege der Ersatzhaftung – tatsächlich handelt es sich um eine Primärhaftung, weil eine Rückgriffsmöglichkeit nicht besteht[25] – nach § 1607 I BGB, zB der Großeltern beim Kindesunterhalt, entsteht erst, wenn und soweit die vorrangigen Verwandten mangels Leistungsfähigkeit (§ 1603 I BGB) den Unterhalt nicht voll erbringen können. Ist kein barunterhaltspflichtiger Elternteil mehr da, zB weil beide für Barunterhalt leistungsunfähig sind (§ 1607 I BGB), haften alle väterlichen und mütterlichen Großeltern jeweils anteilig. Das Gesetz sieht **keine Ersatzhaftung nur nach dem Stamm** des ausfallenden Unterhaltspflichtigen vor.[26] Das AG Neu-Ulm hat die Auffassung vertreten, falls die nichteheliche Mutter ihre Unterhaltspflicht gegenüber dem Kind durch Betreuung vollständig erfülle und damit nur der barunterhaltspflichtige Vater ausfalle, müssten für den ausgefallenen Barunterhalt des Kindes nur die väterlichen Großeltern, nicht aber auch die mütterlichen Großeltern einspringen, weil nur die Ersteren an die Stelle des vorrangig haftenden Vaters zu treten hätten.[27] Diese Ansicht ist abzulehnen. Sie ist mit der gesetzlichen Regelung in §§ 1606, 1607 BGB nicht vereinbar. Die Mutter kann sich im Verhältnis zu den Großeltern nicht auf § 1606 III 2 BGB berufen und haftet im Wege der Ausfallhaftung nach § 1606 III 1 BGB.[28] Fällt auch sie

---

[21] BGH FamRZ 2003, 363.
[22] Vgl. zB OLG Karlsruhe FamRZ 2001, 782 (783).
[23] Vgl. die ausführliche Darstellung der Problematik durch Kuhnigk FamRZ 2002, 923 ff.
[24] Vgl. Staudinger/Klinkhammer § 1607 Rn. 4, 6; Finger FamRZ 1999, 1298 wendet § 1607 I BGB entsprechend an; MüKoBGB/Born § 1607 Rn. 3.
[25] Staudinger/Klinkhammer § 1607 Rn. 8.
[26] BGH FamRZ 2006, 26; OLG Saarbrücken JAmt 2007, 388; OLG Jena FamRZ 2006, 569; OLG Frankfurt a. M. FamRZ 2004, 1745.
[27] AG Neu-Ulm Urt. v. 28.7.2000 – 3 F 586/00.
[28] So auch OLG Jena FamRZ 2010, 746.

II. Rangfolge der Verpflichteten und Bedürftigen   § 2

mangels Leistungsfähigkeit aus, tritt die Ersatzhaftung der nachrangigen Verwandten nach § 1607 BGB ein. Nachrangige Verwandte sind im Verhältnis zum bedürftigen Kind alle Großeltern. Zur Haftung eines anderen leistungsfähigen Verwandten gemäß § 1603 II 3 BGB → Rn. 394 ff. Zur **Ersatzhaftung von Großeltern** unter Berücksichtigung von § 1603 II 3 BGB → Rn. 1035 f.

Ist der **Vater des nichtehelichen Kindes,** dessen Unterhaltsverpflichtung nach § 1615l BGB gegenüber der Mutter der Verpflichtung der Verwandten der Mutter vorgeht (§ 1615l III 2 BGB) nicht leistungsfähig, gilt über § 1615l III 1 BGB der § 1607 I BGB unmittelbar, so dass die Verwandten der Mutter,[29] nicht aber die Verwandten des Vaters,[30] ohne Rückgriffsmöglichkeit haften müssen. Ist die Kindsmutter schon vor Geburt des Kindes verheiratet gewesen, haftet der mit dem Kindsvater gleichrangig haftende Ehemann, soweit ein ehelicher Unterhaltstatbestand gegeben ist, gemäß § 1606 III 1 anstelle des leistungsunfähigen Kindsvaters (→ § 7 Rn. 163 f.). Bei fehlender Leistungsfähigkeit des vorrangig haftenden Ehegatten (→ Rn. 909, 910) oder Lebenspartners tritt die Ersatzhaftung der Verwandten nach §§ 1608 S. 2 u. 4, 1584 S. 2 BGB, 16 S. 2 LPartG ein. Soweit eine Unterhaltsverpflichtung deswegen entfällt, müssen die Verwandten ohne Rückgriffsmöglichkeit nach §§ 1608 S. 3, 1607 II BGB einspringen.[31]   **916**

Die Ersatzhaftung des nachrangigen oder gleichrangigen Verwandten wegen Leistungsunfähigkeit, sei es nach § 1607 I BGB unmittelbar, sei es auf Grund entsprechender Anwendung der Vorschrift bzw. auf Grund anderweitiger Gesetzeslage, greift immer nur für den **Zeitraum der Leistungsunfähigkeit** des vorrangigen (gleichrangigen) Unterhaltspflichtigen ein. Sie erfasst keine in Zeiten der Leistungsfähigkeit entstandenen Rückstände und endet mit der Wiederherstellung der Leistungsfähigkeit.[32]   **917**

3. Erschwerte Durchsetzbarkeit des Anspruchs (§ 1607 II BGB)

Es gibt Fälle, in denen sich der Unterhaltsanspruch gegen den pflichtigen Verwandten, obwohl er leistungsfähig ist oder als leistungsfähig zu behandeln wäre, nicht realisieren lässt. Die Rechtsverfolgung gilt als erheblich erschwert, wenn ihrer Durchsetzung Hindernisse entgegenstehen und der Unterhaltsbedürftige dadurch in seiner Existenz gefährdet wird.[33] In solchen Fällen erheblich erschwerter Durchsetzbarkeit des Anspruchs **im Inland** müssen die nachrangig oder an sich gleichrangig haftenden Verwandten einspringen. Allerdings geht in diesem Fall der gegen den vorrangig Haftenden bestehende Unterhaltsanspruch im Umfang der Leistung auf den nachrangig Haftenden im Wege des **gesetzlichen Forderungsübergangs** über. Dies folgt aus § 1607 II 2 BGB, der bei Inanspruchnahme eines gleichrangig Haftenden an Stelle eines Pflichtigen entsprechend anzuwenden ist.[34] Auch bei der Ersatzhaftung nach § 1607 II BGB ist die Rangfolge der Verpflichteten zu beachten. Zunächst haften die Gleichrangigen und erst danach die vom Gesetz als nachrangig Eingestuften.[35]   **918**

§ 1607 II BGB gilt über §§ 1608 S. 2 bis 4, 1584 S. 2 u. 3 BGB, 16 S. 2 LPartG auch bei vorrangiger Haftung des **Ehegatten oder** des **Lebenspartners** sowie über §§ 1615l III 1 BGB für den **Vater des nichtehelichen Kindes.**

Ausgeschlossen oder erheblich erschwert ist die Rechtsverfolgung im Inland gegen den Pflichtigen ua:[36]   **919**

---

[29] OLG München FamRZ 1999, 1166.
[30] OLG Nürnberg FamRZ 2001, 1322; OLG Brandenburg NJW-RR 2003, 1515.
[31] Finger FamRZ 1999, 1298.
[32] Staudinger/Klinkhammer § 1607 Rn. 9 mwN.
[33] BGH FamRZ 1971, 571, 573.
[34] BGH FamRZ 1989, 850; OLG Köln FamRZ 2010, 382; OLG Koblenz NJW-RR 2009, 1153; OLG Nürnberg FamRZ 2000, 687 (688); Finger FamRZ 1999, 1298 (1299).
[35] Staudinger/Klinkhammer § 1607 Rn. 13.
[36] Vgl. Finger FamRZ 1999, 1298 (1299).

– bei unbekanntem Aufenthaltsort.[37] Dies dürfte aufgrund der Gerichtsstände nach § 232 I Nr. 2, III 1 und III 2 Nr. 3 FamFG allerdings dem Erkenntnisverfahren nicht entgegenstehen, aber der Durchführung der Zwangsvollstreckung,
– bei Wohnsitz im Ausland, hier aber wegen des in den Mitgliedsstaaten der Europäischen Union mit Ausnahme von Dänemark geltenden Art. 5 Nr. 2 EuGVVO – Maßgeblichkeit des Wohnsitzes des Unterhaltsberechtigten – ggf. nicht für die Titulierung,[38] aber möglicherweise für die Vollstreckung,
– bei fehlender inländischer Gerichtszuständigkeit oder bei zu beachtender Exterritorialität (Immunität) des Pflichtigen,[39]
– bei fehlender Vollstreckungsmöglichkeit im Inland, weil der Pflichtige im Inland kein Vermögen hat,[40]
– bei erfolgloser Zwangsvollstreckung[41] oder
– bei voraussichtlicher Erfolglosigkeit der Zwangsvollstreckung gegen den an sich leistungsfähigen oder als leistungsfähig zu behandelnden Pflichtigen, weil zB das Vermögen im mitbewohnten Haus gebunden ist,[42]
– bei verantwortungsloser, zumindest leichtfertiger und unterhaltsbezogener Herbeiführung der Leistungsunfähigkeit, so dass sich der Pflichtige unterhaltsrechtlich nicht auf sie berufen darf, zB durch Straftaten mit entsprechendem unterhaltsrechtlichen Bezug und dadurch verursachte Haftstrafe,[43]
– wenn die (rechtliche) Leistungsfähigkeit des vorrangigen Pflichtigen ohne Vermögen und ohne tatsächliche Einkünfte nur auf Grund der Zurechnung fiktiver Einkünfte besteht, weil auf solche Einkünfte nicht im Wege der Vollstreckung zugegriffen werden kann.[44]

So kann ein volljähriges Kind von einem der beiden Elternteile den vollen Unterhalt verlangen, wenn es vom anderen Elternteil, welcher wegen der Zurechnung **fiktiver Einkünfte** ebenfalls als leistungsfähig zu beurteilen ist, selbst mittels eines Vollstreckungstitels keinen Unterhalt erlangen könnte.[45] Das gilt dann nicht, wenn der andere Elternteil Naturalunterhalt in Höhe seines Haftungsanteils leistet.[46] Die Großeltern müssen den Enkeln Unterhalt gewähren, falls ein Vorgehen gegen den als Elternteil allein unterhaltspflichtigen Vater praktisch nutzlos erscheint, weil dieser ständig den Wohnsitz wechselt und keine Arbeit aufnimmt.[47] Zahlt ein als Elternteil allein unterhaltspflichtiger Vater trotz Titulierung nur einen Teilunterhalt und scheitern Vollstreckungsmaßnahmen wegen des Restunterhalts, tritt die Ersatzhaftung der Großeltern nach § 1607 II BGB ein.[48]

920 Nicht hierher dürften rechtliche Hindernisse gehören, welche die Entstehung eines Unterhaltsanspruch gerade verhindern,[49] zB die fehlende Anerkennung oder Feststellung der Vaterschaft zu einem nichtehelichen Kind (vgl. § 1600d IV BGB).[50] Deshalb wird, sobald die Vaterschaft festgestellt ist, die Ersatzhaftung von väterlichen Großeltern für

---

[37] BGH FamRZ 1971, 571 (573).
[38] Vgl. BGH FamRZ 2002, 21; Henrich FamRZ 2003, 629 in Anm. zu AG Leverkusen S. 627.
[39] Staudinger/Klinkhammer § 1607 Rn. 18.
[40] BGH FamRZ 2006, 26 (30) = R 637f; Staudinger/Klinkhammer § 1607 Rn. 19.
[41] BGH FamRZ 2006, 26 (30) = R 637 f.
[42] BGH FamRZ 2006, 26 (30) = R 637f; Staudinger/Klinkhammer § 1607 Rn. 19.
[43] Vgl. AG Bad Homburg FamRZ 1999, 1450.
[44] BGH FamRZ 2006, 26 (30); OLG Jena FamRZ 2010, 746; OLG Köln FamRZ 2010, 382; OLG Nürnberg FamRZ 2000, 687 (688).
[45] BGH FamRZ 2017, 437 Rn. 28; OLG Köln FamRZ 2010, 382; OLG Koblenz NJW-RR 2009, 1153; OLG Hamm NJW-RR 2006, 509.
[46] BGH FamRZ 2017, 437 Rn. 28.
[47] AG Alsfeld DAVorm 1974, 518; vgl. auch AG Bad Homburg FamRZ 1999, 1450 zur Unterhaltsverweigerung verbunden mit Haftzeiten wegen ständiger Straffälligkeit.
[48] OLG München NJW-RR 2000, 1248.
[49] So aber Finger FamRZ 1999, 1298 (1299).
[50] Auch der Anspruch auf Unterhaltszahlung auf Grund einstweiliger Verfügung gemäß § 248 FamFG dürfte vor der Anerkennung oder Feststellung der Vaterschaft keine Ersatzhaftung auslösen können, da der Anspruch auf die Person des vermuteten Vaters beschränkt ist.

II. Rangfolge der Verpflichteten und Bedürftigen　　　　　　　　　　　　§ 2

Unterhaltsansprüche, die die Zeit vor der Feststellung betreffen, über § 1613 II Nr. 2a BGB bejaht, soweit sie seit Inkrafttreten der Vorschrift am 1.7.1998 entstanden sind.[51]

Die Ersatzhaftung des nachrangigen oder gleichrangigen Verwandten nach § 1607 II 1 BGB greift immer nur für den **Zeitraum der erschwerten Rechtsverfolgung** gegen den vorrangigen (gleichrangigen) Unterhaltspflichtigen ein. Sie erfasst keine vorher entstandenen Rückstände und endet mit dem Wegfall der Erschwerungen.[52] Fraglich ist, ob die Ersatzhaftung für diejenigen Rückstände bestehen bleibt, die während des Zeitraums der Ersatzhaftung aufgelaufen sind und für welche mangels Erfüllung der Unterhaltsanspruch noch nicht nach § 1607 II 2 BGB übergegangen ist. Dies könnte jedenfalls dann gelten, wenn die Ansprüche rechtskräftig oder durch Prozessvergleich tituliert worden sind,[53] wenn dem Berechtigten insoweit weder ein Verzicht auf den Titel noch eine Neutitulierung gegen den vorrangigen Unterhaltsschuldner zumutbar ist. Anders liegt die Sache in den übrigen Fällen, weil auch die Haftung des Primärschuldners, wie § 1607 II 2 BGB zeigt, bestehen blieb. 921

Der gesetzliche Übergang des Anspruchs gegen den Erstschuldner nach § 1607 II 2 BGB fingiert das Weiterbestehen des an sich durch Erfüllung untergegangenen Anspruchs zugunsten des nachrangigen Schuldners. Gegenüber dem übergegangenen Anspruch sind **Ansprüche** des Berechtigten gegen den Erstschuldner **auf laufenden Unterhalt vorrangig**.[54] 922

IV. Rangfolge der Bedürftigen

Die Rangfolge der Bedürftigen ist in § 1609 BGB geregelt. Im Mangelfall werden die Ansprüche der vorrangigen Bedürftigen im Rahmen der Leistungsfähigkeit des Verpflichteten, falls möglich, voll befriedigt. Die nachrangigen Berechtigten erhalten gegebenenfalls nichts mehr (→ § 5 Rn. 115). Vor der Unterhaltsreform war, soweit gleichrangige Berechtigte zusammentrafen und der Pflichtige nicht vollständig leistungsfähig war, eine zweistufige Mangelfallberechnung notwendig. So war der Selbstbehalt des Pflichtigen gegenüber dem nach früherem Recht mit den minderjährigen Kindern gleichrangigen Ehegatten in der Regel höher als derjenige gegenüber den betreffenden Kindern.[55] Inzwischen ist dieses Problem auf Grund der geänderten Rangfolge in § 1609 BGB weitgehend überholt – aber → Rn. 938 zur Frage eines möglicherweise unterschiedlichen Selbstbehalts für Großeltern bei minderjährigen bzw. volljährigen Enkeln. Nach der zweistufigen Berechnungsweise musste unter der alten Rechtslage zunächst der den höheren Selbstbehalt übersteigende Betrag der Verteilungsmasse auf die bedürftigen Berechtigten nach dem Verhältnis ihrer eigenen Mindestbedarfssätze verteilt werden. Anschließend wurde die Differenz zwischen den beiden Selbstbehaltssätzen denjenigen Bedürftigen in entsprechender Weise zusätzlich zugeteilt, denen gegenüber sich der Verpflichtete nur auf den niedrigeren Selbstbehalt berufen konnte. 923

Wegen der Einzelheiten der in § 1609 BGB aufgestellten Rangfolge der Bedürftigen → § 5 Rn. 119.

V. Darlegungs- und Beweislast bei Rangfragen

Sollen Verwandte statt des Ehegatten oder des Lebenspartners auf Unterhalt in Anspruch genommen werden, muss der Berechtigte darlegen und beweisen, dass gegen den Ehegat- 924

---

[51] BGH FamRZ 2004, 800 mAnm Luthin = R 609a, b; OLG Jena FamRZ 2010, 746.
[52] Staudinger/Klinkhammer § 1607 Rn. 24.
[53] Anders wohl Staudinger/Klinkhammer § 1607 Rn. 24.
[54] Vgl. Göppinger/Wax/Kodal, Unterhaltsrecht, Rn. 1607; Staudinger/Klinkhammer § 1607 Rn. 56.
[55] BGH FamRZ 2006, 683 (684); FamRZ 1990, 260 (265).

ten bzw. Lebenspartner kein Anspruch besteht bzw. dass dieser ohne Gefährdung seines eigenen angemessenen Unterhalts nicht leistungsfähig ist.[56] Gleiches gilt für den Fall, dass ein nachrangig haftender Verwandter nach § 1607 I BGB in Anspruch genommen werden soll.[57] Der Berechtigte muss die Leistungsunfähigkeit des vorrangig Pflichtigen zur Deckung seines vollen Bedarfs darlegen und beweisen. Kommen mehrere (nachrangig) anteilig haftende Verwandte in Betracht, erstreckt sich die **Darlegungs- und Beweislast** auf den Umstand, dass die gleichrangigen Verwandten als Unterhaltsschuldner ausscheiden, also auf deren Vermögens- und Einkommenssituation,[58] zB der anderen Großelternteile.[59] Soll der **geschiedene Ehegatte** in Anspruch genommen werden, haftet er nach § 1581 S. 1 BGB zunächst nur bis zu seinem angemessenen Selbstbehalt im Sinne des § 1603 I BGB. Will der Berechtigte darüber hinaus Unterhalt von ihm, und zwar bis zum Selbstbehalt des Pflichtigen im Sinne des § 1581 S. 1 BGB nach Maßgabe der Rechtsprechung des BGH (→ Rn. 910), hat er darzulegen und zu beweisen, dass die Verwandten zur ergänzenden Unterhaltszahlung nicht leistungsfähig sind.[60] Bei einem Anspruch nach § 1607 II BGB wegen erschwerter Rechtsverfolgung trägt der Unterhaltsberechtigte die Darlegungs- und Beweislast für die Umstände, aus denen sich der Ausschluss oder die Erschwernis der Rechtsverfolgung im Inland, ergibt.[61] Liegt zB ein auf fiktivem Einkommen beruhender Vollstreckungstitel vor, muss dargetan werden, dass Vollstreckungsversuche gegen den Pflichtigen erfolglos waren bzw. dass der Pflichtige kein vollstreckungsfähiges Vermögen und keine vollstreckungsfähigen Einkünfte hat.[62]

3. Abschnitt: Das Unterhaltsverhältnis im Einzelnen

925 In der Praxis geht es um die **Ansprüche von Enkeln gegen** ihre **Großeltern** bzw. von bedürftigen **Eltern gegen** ihre **Kinder.** Zum Unterhaltsanspruch volljähriger Kinder gegen ihre Eltern → § 2 Rn. 468 ff. Rechtshängig werden vor allem Verfahren, welche die Sozialhilfeträger wegen übergegangener Unterhaltsansprüche bedürftiger Eltern, die oft nicht in der Lage sind, die erheblichen Heim- und Pflegekosten aufzubringen, gegen deren Kinder anstrengen. Aus den §§ 1601, 1602 I, 1603 BGB ergibt sich, dass ein Unterhaltsanspruch im Verwandtenunterhalt nur besteht, falls während der gleichen Zeit **Unterhaltsbedürftigkeit** des Berechtigten und **Leistungsfähigkeit** des Pflichtigen vorliegen.[1] Es müssen also beide Voraussetzungen **zeitgleich** erfüllt sein.[2]

I. Das Maß des Unterhalts

1. Grundbedarf

926 Der **Unterhaltsbedarf** des Berechtigten umfasst seinen gesamten Lebensbedarf einschließlich Ausbildungs- und Erziehungskosten, wie er sich aus der Lebensstellung des Bedürftigen ergibt (§ 1610 I und II BGB). Diese Lebensstellung leitet sich bei minderjäh-

---

[56] OLG Frankfurt a. M. FamRZ 1984, 395; OLG Hamm FamRZ 1996, 116.
[57] MüKoBGB/Born § 1607 Rn. 26; Staudinger/Klinkhammer § 1607 Rn. 61; OLG Jena FamRZ 2010, 746; FamRZ 2006, 569; OLG Köln FamRZ 2010, 352; OLG Hamm ZFE 2005, 249.
[58] OLG Jena FamRZ 2006, 569; OLG Kiel FamRZ 1996, 753; OLG Hamm FamRZ 1996, 116.
[59] OLG Köln FamRZ 2010, 382; OLG Saarbrücken JAmt 2009, 388; Thüringen FamRZ 2006, 569.
[60] OLG Zweibrücken FamRZ 1987, 590; OLG Köln FamRZ 1990, 54.
[61] BGH FamRZ 2006, 26 (30) = R 637f; MüKoBGB/Born § 1607 Rn. 26; Staudinger/Klinkhammer § 1607 Rn. 62; AG Leverkusen FamRZ 2003, 627.
[62] BGH FamRZ 2006, 26 = R 637 f.
[1] BGH FamRZ 2006, 1511 (1512) = R 658a.
[2] BVerfG FamRZ 2005, 1051 (1053) = R 635.

III. Das Unterhaltsverhältnis im Einzelnen   § 2

rigen Kindern von beiden Eltern ab (→ Rn. 200 ff., 215).[3] Dies gilt auch für volljährige Kinder, solange sie noch keine eigene originäre Lebensstellung erlangt haben (→ Rn. 203, 482). Soweit es für den Bedarf von Kindern auf die Lebensstellung der Eltern ankommt, ändert sich nichts, wenn sie andere Verwandte, zB Großeltern in Anspruch nehmen. Sie können sich nicht auf eine etwa gehobenere Lebensstellung der Großeltern berufen.[4] Im Übrigen kommt es nach der Grundregel auf die eigene Lebensstellung des Berechtigten an nicht auf die des Verpflichteten, selbst wenn dieser eine höhere Lebensstellung hat.[5] Die Lebensstellung des Berechtigten bestimmt sich in erster Linie nach seinen Einkommens- und Vermögensverhältnissen. Sie ist nicht unveränderlich, sondern passt sich – eventuell nach einer Übergangszeit – auch nachteiligen Veränderungen der Einkommensverhältnisse an, zB nach Eintritt in den Ruhestand.[6] Auch bei ganz dürftiger Lebensstellung ist jedenfalls das **Existenzminimum** – zB entsprechend den Mindestbedarfssätzen der oberlandesgerichtlichen Leitlinien – als Bedarf geschuldet.[7] Der BGH hatte früher den Ansatz des Existenzminimums als Mindestbedarf für minderjährige Kinder, die nur eine von den Eltern abgeleitete Lebensstellung haben, abgelehnt.[8] Dies ist auf Grund der gesetzlichen Neuregelung in § 1612a I BGB überholt. Dort ist das Existenzminimum eines Kindes als Mindestunterhalt unter Bezugnahme auf sein in § 32 VI 1 EStG steuerlich anerkanntes (halbes) sächliches Existenzminimum (zur übergangsweisen Geltung von § 36 Nr. 4 EGZPO → Rn. 914) definiert. Bei Unterhaltsberechtigten mit nicht abgeleiteter, eigener Lebensstellung kann diese ohnehin unterhaltsrechtlich nicht unter dem Existenzminimum liegen → Rn. 967 im Elternunterhalt.[9]

2. Vorsorgebedarf

Zum nach § 1610 BGB geschuldeten Lebensbedarf gehören die im konkreten Fall 927
angemessenen Kosten der **Kranken- und Pflegeversicherung,** die aus den laufenden Einkünften bestritten werden müssen und allgemeinen Lebensbedarf darstellen.[10] Dagegen kann **Altersvorsorgeunterhalt** nicht verlangt werden, da §§ 1361 I 2, 1578 III BGB eine Sonderregelung für den Ehegattenunterhalt darstellen.

Nach der Rechtsprechung des BGH[11] ist der Anspruch auf **Leistung eines Verfahrens-** 928
kostenvorschusses wegen der vom Gesetzgeber insoweit getroffenen Sonderregelungen (§§ 1360a IV, 1361 IV 4 BGB) nicht generell als Teil des geschuldeten Lebensbedarfs anzusehen. Die entsprechende Anwendung des § 1360 IV BGB auf andere Unterhaltsverhältnisse komme nur dort in Betracht, wo die unterhaltsrechtliche Beziehung wie beim Familien- und Getrenntlebensunterhalt zwischen Ehegatten Ausdruck einer besonderen Verantwortung des Pflichtigen für den Berechtigten sei, wie zB im Verhältnis von Eltern zu ihren minderjährigen unverheirateten Kindern. Diese besondere unterhaltsrechtliche Beziehung bejaht der BGH auch zwischen Eltern und volljährigen Kindern, die noch keine selbstständige Lebensstellung erreicht haben (→ § 6 Rn. 26).[12] Für den Verwandtenunterhalt folgt daraus, dass **kein Anspruch** von Eltern gegen Abkömmlinge auf Verfahrenskostenvorschuss besteht (→ § 6 Rn. 27).[13] Dasselbe gilt im Verhältnis von Enkeln gegen-

---

[3] BGH FamRZ 2017, 437 Rn. 24 f. = R 780b.
[4] OLG Dresden FamRZ 2006, 569; OLG Köln FamRZ 2005, 58; Fuchs, FA-FamR, Kap. 6 Rn. 525.
[5] BGH FamRZ 2015, 2138 Rn. 15 = R 773a; 2013, 203 Rn. 17 m. Anm. Hauß.
[6] BGH FamRZ 2003, 860 (861).
[7] BGH FamRZ 2003, 860 (861) für den Elternunterhalt.
[8] BGH FamRZ 2002, 536 (537 f.) = R 572.
[9] BGH FamRZ 2003, 860 (861)b; OLG Koblenz FamRZ 2001, 1212 (1213), jeweils für den Elternunterhalt.
[10] BGH FamRZ 2003, 860 (861); OLG Saarbrücken FamRZ 1999, 382; Büttner FamRZ 1995, 193 (197).
[11] BGH FamRZ 2005, 883 (885) = R 628a; 2004, 1633; 1984, 148.
[12] BGH FamRZ 2005, 883 (885) = R 628a.
[13] OLG München FamRZ 1993, 821.

über Großeltern und entfernteren Verwandten der aufsteigenden Linie. Von Gesetzes wegen ist keine besondere unterhaltsrechtliche Verantwortung von Großeltern gegenüber ihren Enkeln vorhanden. Die Großeltern haften nur nachrangig. § 1603 II 1 BGB gilt für sie nicht. Gerichtlichen Entscheidungen,[14] wonach auch Urgroßeltern bzw. Großeltern Prozesskostenvorschuss für ihre Urenkel bzw. Enkel leisten mussten, ist daher nicht zuzustimmen.

II. Bedürftigkeit des Berechtigten

1. Grundsatz

929   Nach § 1602 I BGB setzt der Unterhaltsanspruch die Bedürftigkeit des Berechtigten voraus. Es darf also weder einsetzbares Vermögen vorhanden sein, noch dürfen Einkünfte aus Vermögen oder Erwerbstätigkeit bzw. Renten zur Verfügung stehen bzw. wegen Verletzung der Obliegenheit zu sachgerechter Vermögensanlage oder zur Erwerbstätigkeit fiktiv zuzurechnen sein. Ebenso wenig dürfen vorrangige Ansprüche auf Sozialleistungen wie die bedarfsorientierte **Grundsicherung** (→ § 8 Rn. 135 ff.) bestehen.[15] Den Berechtigten trifft die Obliegenheit, bedarfsdeckende Sozialleistungen in Anspruch zu nehmen, andernfalls können ihm fiktive Einkünfte in Höhe der entgangenen Sozialleistungen angerechnet werden.[16] Auch der **Stamm des** vorhandenen **Vermögens ist** grundsätzlich **zu verwerten**[17] (wegen minderjähriger unverheirateter Kinder siehe § 1602 II BGB). Dies gilt ausnahmsweise nur dann nicht, wenn die Verwertung unmöglich ist oder ganz unwirtschaftlich wäre[18] (für volljährige Kinder → Rn. 133). Eine Billigkeitsklausel wie unter Ehegatten (§ 1577 III BGB 2. Alternative) gilt im Verwandtenunterhalt nicht (→ Rn. 133), so dass die Grenze der Zumutbarkeit etwas enger zu ziehen ist, und zwar angenähert an den Begriff der groben Unbilligkeit.[19] Für die erforderliche **umfassende Zumutbarkeitsabwägung,** die alle bedeutsamen Umstände, insbesondere auch die Lage des Unterhaltsverpflichteten berücksichtigen muss, wird beim Berechtigten ein strengerer Maßstab anzulegen sein als beim Pflichtigen. So muss ein volljähriger Berechtigter mit beleihungsfähigem Grundbesitz bei vorübergehendem Unterhaltsbedarf, zB wegen noch andauernder Ausbildung, Kredit mit Zins- und Tilgungsaufschub aufnehmen, auch wenn eine Veräußerung unzumutbar wäre.[20] Auch die Nutzung eines Erbauseinandersetzungsanspruchs kommt als Kreditunterlage in Betracht.[21] Dagegen müssen für den Berechtigten wertvolle Gebrauchsgegenstände mit marktbedingt geringem Veräußerungswert nicht verschleudert werden (zB Kraftfahrzeug, Möbel).[22] Bei einem durch Schenkung oder Vermächtnis erworbenen Vermögen ist auch der etwaige Zweck derselben zu berücksichtigen.[23] Soll eine Ausbildung damit finanziert werden, ist das zu verwertende Vermögen ggf. auf die voraussichtliche Dauer der Ausbildung umzulegen. Bei unvernünftigem Vermögensverbrauch in Kenntnis der (künftigen) Unterhaltsbedürftigkeit kommt die **fikti-**

---

[14] OLG Düsseldorf DAVorm 1990, 80; OLG Koblenz FamRZ 1997, 681; ebenso dafür: Bißmaier FamRZ 2002, 863 (864); Borth in Schwab/Ernst ScheidungsR-HdB § 8 Rn. 62.
[15] Zur geplanten Begrenzung der Heranziehung von Eltern und Kindern beim Bezug anderer Leistungen nach dem SGB XII siehe unten Fn. 114.
[16] BGH FamRZ 2018, 1903 Rn. 14; 2015, 1594 Rn. 31 mAnm Borth; 2015, 1467 Rn. 11 mAnm Schürmann = R 770a.
[17] BGH FamRZ 1998, 367 (369).
[18] BGH FamRZ 1998, 367 (369); OLG Koblenz NJW 2000, 669; Staudinger/Klinkhammer § 1602 Rn. 125 ff.
[19] BGH FamRZ 1998, 367 (369).
[20] OLG Bamberg FamRZ 1999, 876.
[21] BGH FamRZ 2006, 935 (937) = R 644.
[22] BGH FamRZ 1998, 367 (369); OLG Frankfurt FamRZ 1987, 1179 f.
[23] BGH FamRZ 1998, 367 (369) (Vermächtnis); OLG Frankfurt OLGR 2007, 285 (Schenkung).

III. Das Unterhaltsverhältnis im Einzelnen § 2

ve Anrechnung von Vermögenserträgen bzw. verbrauchbaren Vermögenswerten in Betracht.²⁴

Zu beachten ist, dass **eigene Unterhaltspflichten des Berechtigten** nicht seinen Bedarf erhöhen und seine Bedürftigkeit begründen können, weil der Unterhaltsanspruch allein der Deckung eigenen Unterhaltsbedarfs dient.²⁵

2. Vermögensreserve

Dem Berechtigten ist jedoch je nach den Umständen eine gewisse Vermögensreserve als Schonvermögen („**Notgroschen**)" zu belassen, zB wenn er schon in fortgeschrittenem Alter ist und einer Rücklage für ungewöhnliche Ausgaben bedarf,²⁶ aber auch dem in Ausbildung befindlichen volljährigen Kind.²⁷ Nach der Rechtsprechung des BGH ist es angemessen, dem Berechtigten in Anlehnung an die Regelung zum sozialhilferechtlichen Schonbetrag nach § 90 II Nr. 9 SGB XII (früher § 88 II Nr. 8 BSHG) in Verbindung mit § 1 der dazu ergangenen DVO (seit 1.1.2017 bis 5000,– EUR zuzüglich 500,– EUR für jede weitere überwiegend unterhaltene Person) pauschal eine Reserve von mindestens 5000,– EUR zu belassen.²⁸ Für die Berücksichtigung eines Schonbetrags nach § 12 II Nr. 1 SGB II bei volljährigen Kindern → Rn. 134.²⁹ Von diesen Grundsätzen kann nach den Umständen des konkreten Einzelfalls in Abweichung von der Regel auch einmal teilweise abgesehen werden, zB wenn wegen vorgerückten Alters mit Bettlägerigkeit und Heimpflege keine Notwendigkeit zur Vorhaltung des vollen Betrags erkennbar ist.³⁰

930

3. Erwerbsobliegenheit

Außerhalb des Unterhaltsverhältnisses zwischen Eltern und minderjährigen unterhaltsberechtigten Kindern besteht die **Erwerbsobliegenheit des Berechtigten** (→ Rn. § 1 Rn. 740) anders als im Ehegattenunterhalt (→ § 4 Rn. 140) in schärferer Intensität als beim Pflichtigen. Dies ist bei der erforderlichen Zumutbarkeitsprüfung (vgl. zur Zumutbarkeitsprüfung beim Unterhaltsschuldner → Rn. 946) zu berücksichtigen. So gelten für die Obliegenheit des erwachsenen Unterhaltsgläubigers, soweit es sich nicht um ein volljähriges Kind in berechtigter Fortführung der Ausbildung handelt, ähnlich strenge Maßstäbe wie für den barunterhaltspflichtigen Elternteil gegenüber einem bedürftigen minderjährigen Kind.³¹ Der Berechtigte kann sich nicht auf das Recht zur Ausübung einer angemessenen Tätigkeit berufen. Er muss selbst berufsfremde und unterhalb seiner beruflichen Qualifikation bzw. seiner gewohnten Lebensstellung liegende – also jedwede – Tätigkeiten aufnehmen.³² Ein Ortswechsel ist vielfach zumutbar.³³ Wegen der Erwerbsobliegenheit minderjähriger Kinder → Rn. 52 und 55. Diese für den Deszendentenunterhalt entwickelten Grundsätze gelten erst recht beim Aszendentenunterhalt, der vom Gesetz nur schwach ausgestaltet ist. Beim volljährigen Studenten allerdings ist eine Erwerbstätigkeit neben dem Studium in der Regel unzumutbar, so dass für die Anrechnung von Einkünften aus einer derartigen Tätigkeit § 1577 II BGB entsprechend anzuwenden ist³⁴ (→ Rn. 491).

931

---

²⁴ OLG Frankfurt a. M. FamRZ 1987, 1179 f.
²⁵ BGH FamRZ 2004, 1370 (1372).
²⁶ BGH FamRZ 2006, 935 (937) = R 644; 2004, 370.
²⁷ BGH FamRZ 1998, 367 (369); OLG Jena NJW-RR 2016, 973 und OLG Karlsruhe FamRZ 2012, 1573 wenden § 1 II Nr. 1 SGB II für die Berechnung des Notgroschens an.
²⁸ BGH FamRZ 2013, 1554 Rn. 36 (zum Elternunterhalt); 2006, 935 (937) = R 644; 1998, 367 (369).
²⁹ Ebenso OLG Jena NJW-RR 2016, 973 und OLG Karlsruhe FamRZ 2012, 1573.
³⁰ OLG Köln FamRZ 2001, 437.
³¹ BGH FamRZ 1985, 273; OLG Frankfurt NJW 2009, 3105; OLG Oldenburg FamRZ 1991, 1090.
³² BGH FamRZ 1985, 273; OLG Oldenburg FamRZ 1991, 1090.
³³ BGH FamRZ 1994, 372 = R 473c; 1993, 1304 (1306); 1981, 539 (540).
³⁴ BGH FamRZ 1995, 475 (477).

4. Aufwendungen zur Sicherung der Lebensstellung

932 Beim Berechtigten können – wie beim Pflichtigen – tatsächlich entstandene **Zusatzaufwendungen** über den Aufwand für die primäre **Altersvorsorge** hinaus grundsätzlich abzugsfähig sein, wenn dies einer abschließenden Angemessenheitsprüfung standhält.[35] Aufgrund des an den aktuellen wirtschaftlichen Verhältnissen ausgerichteten Bedarfs des Berechtigten wird diese Prüfung streng ausfallen müssen. Für Unterhaltsverhältnisse im Allgemeinen hat der BGH im Hinblick auf den Umstand, dass die primäre Altersvorsorge, zB durch die gesetzliche Rentenversicherung, keine ausreichende Altersversorgung mehr gewährleiste, in Anlehnung an den Höchstfördersatz der Riesterrente einen Zusatzaufwand von 4% des Bruttoeinkommens als angemessenen zusätzlichen Aufwand für eine private Zusatzversorgung angesehen.[36] Immer müssen solche Aufwendungen schon tatsächlich geleistet werden; nur die Absicht zur Leistung, falls der Aufwand unterhaltsrechtlich anerkannt werde, genügt nicht.[37]

III. Eigenbedarf des Pflichtigen

1. Grundsatz der Bemessung des Eigenbedarfs

933 Nach § 1603 I BGB ist nicht unterhaltspflichtig, wer unter Berücksichtigung seiner sonstigen Verpflichtungen außerstande ist, ohne Gefährdung seines angemessenen Unterhalts den Unterhalt zu gewähren. Dem Pflichtigen sollen grundsätzlich die Mittel belassen werden, die er zur Deckung des seiner eigenen Lebensstellung entsprechenden allgemeinen Bedarfs benötigt.[38] In welcher Höhe dieser Bedarf zu bemessen ist, obliegt der tatrichterlichen Beurteilung des Einzelfalls.[39] Dabei gilt als Grundsatz, dass der Eigenbedarf nicht durchgängig mit einem bestimmten festen Betrag angesetzt werden darf, weil er keine unveränderliche Größe ist, sondern anhand der **konkreten Lebensumstände** des Einzelfalls und des konkreten Unterhaltsverhältnisses unter Berücksichtigung der Lebensstellung des Pflichtigen, die sich aus Einkommen, Vermögen und sozialem Rang ergibt, zu ermitteln ist.[40] Denn die konkrete Lebensstellung wird erfahrungsgemäß an die zur Verfügung stehenden Mittel angepasst. Für die Bemessung der Leistungsfähigkeit ist dabei auch entscheidend auf den Zweck des vorliegenden Unterhaltsanspruchs abzustellen, insbesondere wie stark oder wie schwach ihn das Gesetz ausgestaltet.[41] Entscheidend ist, ob sich die Ausgaben im Verhältnis zum vorhandenen Einkommen noch im Rahmen einer vernünftigen Lebensführung halten oder ob es sich um einen nach den Verhältnissen **unangemessenen Luxusaufwand** handelt.[42] Die Kosten für die Haltung eines Reitpferdes hat der BGH in einem Einzelfall als Luxusaufwendung erachtet.[43]

934 Wird das Einkommen – wie auch schon in durchaus gehobenen Verhältnissen vielfach üblich – vollständig verbraucht, ist zur Herstellung der Leistungsfähigkeit dann eine **Zurücknahme der Lebensführung** zumutbar, wenn der Pflichtige einen nach den Verhältnissen unangemessenen Aufwand betreibt oder ein Leben in Luxus führt.[44] Aufgrund der

---

[35] BGH FamRZ 2008, 963 Rn. 22 = R 692 f.
[36] BGH FamRZ 2005, 1817 (1822) = R 632j; 2007, 793 (795) = R 674c.
[37] BGH FamRZ 2007, 193 (194) = R 664b; 2007, 793 (795) = R 674c.
[38] BGH FamRZ 2006, 1511 (1512) = R 658b.
[39] BGH FamRZ 2016, 887 Rn. 15; 2006, 1511 (1512) = R 658b; 2003, 1179 (1182); 2002, 1698 (1700).
[40] BGH FamRZ 2016, 887 Rn. 14; 2014, 538 Rn. 46; 2003, 1179 (1182); 2002, 1698 (1700, 1701) für den Elternunterhalt.
[41] BGH FamRZ 2016, 887 Rn. 15f; 2005, 354 (356) = R 624.
[42] BGH FamRZ 2016, 887 Rn. 15; 2006, 1511 (1512) mAnm Klinkhammer = R 658e; 2003, 1179 (1180); 2002, 1698 (1700 f.) c.
[43] BGH FamRZ 2014m 528 Rn. 45 ff.
[44] BGH FamRZ 2016, 887 Rn. 15; 2006, 1511 (1512) mAnm Klinkhammer = R 658e; 2002, 1698 (1700 f.).

III. Das Unterhaltsverhältnis im Einzelnen § 2

Rechtsprechung des BGH hat sich allerdings die Tendenz verstärkt, die eine Pflicht und damit eine Last darstellende Unterhaltspflicht von Kindern gegenüber bedürftig gewordenen Eltern über eine entsprechende Bewertung des angemessenen Eigenbedarfs weitgehend zu entschärfen. Wegen Einzelheiten hierzu → Rn. 990 ff. Zur Sicherung des Eigenbedarfs gehört auch die **Sicherstellung der** eigenen **Altersversorgung** → Rn. 941. Diese Grundsätze gelten vor allem, wenn eine Pauschalierung des angemessenen Eigenbedarfs nicht mehr in Betracht kommt.

2. Pauschalierte Bemessung des Eigenbedarfs – Selbstbehaltssätze

In der Praxis wird der Eigenbedarf des Unterhaltsschuldners für die Unterhaltsansprüche im Verwandtenunterhalt nach den von den Oberlandesgerichten in den unterhaltsrechtlichen Leitlinien (insoweit abgedruckt → Rn. 1046) entwickelten **pauschalierten Selbstbehaltssätzen für den Mindestbedarf**[45] bemessen. Bei Eltern mit verschärfter Unterhaltsverpflichtung gegenüber minderjährigen unverheirateten Kindern wird der Eigenbedarf auf den notwendigen Selbstbehalt gemäß § 1603 II 1 BGB begrenzt (seit 1.1.2015: 1080 EUR → Rn. 240, 380 f.). Gegenüber volljährigen Kindern gilt der angemessene oder große Selbstbehalt gemäß § 1603 I BGB (seit 1.1.2015: 1300 EUR → Rn. 536, 546 ff.). Eine Ausnahme zugunsten der Eltern gilt, wenn das volljährige Kind vor der Unterhaltsbedürftigkeit bereits eine selbstständige Lebensstellung erlangt hatte. Dann dürfen die unterhaltspflichtigen Eltern sogar den im Elternunterhalt anerkannten erhöhten Selbstbehalt von derzeit 1800 EUR in Anspruch nehmen.[46] Es dient der Vorausschaubarkeit der Rechtsprechung und der Vereinheitlichung, wenn das Gericht unbeschadet der Einkommensverhältnisse und der gesellschaftlichen Stellung des Verpflichteten von pauschalierten Selbstbehaltsbeträgen ausgeht,[47] solange dies gerechtfertigt ist, weil es sich noch um durchschnittliche oder jedenfalls nicht besonders gehobene Einkommensverhältnisse handelt. Auch der BGH lehnt die Anwendung von Pauschalsätzen nicht mehr grundsätzlich ab, da die unterhaltsrechtlichen Leitlinien der Oberlandesgerichte die Selbstbehaltssätze nur noch als Mindestbeträge angeben. Damit unterliegt es tatrichterlicher Beurteilung, ob die Mindestbeträge im Einzelfall zu erhöhen sind.

935

3. Pauschalierte Bemessung im Eltern- und Enkelunterhalt – Selbstbehaltssätze

a) Angemessener Selbstbehalt. Für die übrigen Unterhaltsverhältnisse des Verwandtenunterhalts, also im **Eltern-** und **Enkelunterhalt** gilt immer mindestens der angemessene oder große Selbstbehalt gemäß § 1603 I BGB, der aber für diese Unterhaltsverhältnisse nach den oberlandesgerichtlichen Leitlinien großzügiger bemessen wird. Seit 1.1.2015 beträgt der angemessene Selbstbehalt in diesen Unterhaltsverhältnissen **1800 EUR** (Rn. 1046). Das unterhaltsrechtliche Band ist in diesen Rechtsbeziehungen im Gesetz nicht so eng ausgestaltet (§ 1609 Nr. 5 und 6 BGB). Zudem liegen diesen Unterhaltsverhältnissen andere Lebensverhältnisse als dem der Eltern zu ihren volljährigen Kindern zugrunde.

936

Entwickelt hat sich dies auf der Grundlage einer Entscheidung des BGH vom 26.2.1992,[48] in deren Folge der 11. Deutsche Familiengerichtstag empfahl,[49] nur 50% des über einem erhöht angesetzten Mindestbedarf des Kindes verbleibenden Einkommens für den Unterhalt in Anspruch zu nehmen. Entsprechende Empfehlungen kamen von dem

937

---

[45] Kritisch zur Unterhaltsberechnung anhand von Pauschalsätzen der Gerichtspraxis wegen „Unvereinbarkeit mit dem Demokratie- und Rechtsstaatsprinzip": Schlüter/Kemer FuR 1993, 245 (252).
[46] BGH FamRZ 2012, 1553 Rn. 16 = R 734; 2012, 530 Rn. 20.
[47] Stoffregen FamRZ 1996, 1496 (Anm. zu LG Osnabrück FamRZ 19961494).
[48] BGH FamRZ 1992, 795 (797); vgl. auch Stoffregen FamRZ 1996, 1496; van Els DAVorm 1995, 268 (270).
[49] FamRZ 1996, 337 (338) unter I. 4.2.

Deutschen Verein für öffentliche und private Fürsorge[50] und vom 13. Deutschen Familiengerichtstag.[51] In der genannten Entscheidung führte der BGH zum Unterhaltsanspruch von bedürftigen Eltern gegen ihre Kinder u. a. aus, es entspreche der natürlichen Generationenfolge, dass Eltern regelmäßig damit rechnen müssten, ihren Kindern ohne abgeschlossene Ausbildung und wirtschaftliche Selbstständigkeit auch über das 18. Lebensjahr hinaus Unterhalt gewähren zu müssen. Mit einer solchen Entwicklung sei nicht gleichzusetzen, dass Eltern nach ihrem Ausscheiden aus dem Erwerbsleben ihre Kinder, die inzwischen selbst Familien gegründet haben, auf Unterhalt in Anspruch nehmen müssten.[52] In aller Regel hätten Eltern eine ausreichende Altersversorgung, so dass Kinder allenfalls wegen einer **unerwarteten Hilfsbedürftigkeit** mit ihrer Beteiligung an den dafür entstehenden zusätzlichen Kosten rechnen müssten. Zur Sicherstellung des Ausbildungsunterhalts für gerade volljährig gewordene Kinder könnten größere Opfer angesonnen werden, als wenn es um die Heimkosten der Eltern gehe. Die anderen unterhaltsberechtigten Verwandten würden ihre Lebensstellung nicht mehr von der des Pflichtigen ableiten, sondern hätten – oft seit langem – eine eigene Lebensstellung erlangt. Bei der Bestimmung der Leistungsfähigkeit gestatte das Gesetz ausdrücklich die Berücksichtigung sonstiger Verpflichtungen, zu denen auch solche gehörten, die sich nicht in einer konkreten Zahlungspflicht ausdrücken würden, sondern auf Vorsorge – etwa der angemessenen Bildung von Rücklagen – beruhten.[53] Diese Überlegungen zum Selbstbehalt für den Elternunterhalt vertritt der BGH inzwischen mit dem Hinweis auf die schwache gesetzliche Ausgestaltung und der Überlegung, dass der Unterhaltspflichtige in diesem Verhältnis keine spürbare und dauerhafte Senkung seines Lebensstandards hinnehmen müsse, in ständiger Rechtsprechung (→ Rn. 1013, 1018).[54] Sie gelten auch für das Unterhaltsverhältnis zwischen **Enkeln und Großeltern**.[55] Auch Großeltern könne wegen ihrer nachrangigen Haftung und ihrer geringeren unterhaltsrechtlichen Verantwortung nicht abverlangt werden, die eigenen, ihren wirtschaftlichen Verhältnissen angepassten Bedürfnisse in gleicher Weise einzuschränken, wie es Eltern für ihre Kinder tun müssten. Hiervon macht der BGH[56] keine Ausnahme, wenn minderjährige Enkel, die auf Grund dieser Minderjährigkeit noch hilflos und bedürftig sind,[57] ihre Großeltern in Anspruch nehmen müssen.

938 b) **Zuschlag zum angemessenen Selbstbehalt.** Beim **Elternunterhalt** (→ Rn. 964 ff.) hat der BGH es zudem grundsätzlich gebilligt, als **einzusetzendes Einkommen** nur einen hälftigen Anteil desjenigen Einkommensbetrags anzusetzen, der den (um ca. 25% erhöhten) großen Selbstbehalt übersteigt (also **nur die Hälfte des bereinigten Einkommens, das den Selbstbehalt von derzeit 1800 EUR übersteigt**).[58] Eine derartige Pauschalierung beim Elternunterhalt habe den Vorteil der Rechtssicherheit und Praktikabilität, außerdem werde eine ungerechtfertigte Nivellierung unterschiedlicher Verhältnisse vermieden.[59] Ob auch beim **Enkelunterhalt** (→ Rn. 1019 f.) nur eine entsprechende Quote des den erhöhten Selbstbehalt übersteigenden Einkommens zum Unterhalt verwendet werden muss,[60] hat der BGH bislang offen gelassen, obwohl er auch Großeltern eine spürbare und dauerhafte Senkung des Lebensstandards bei Angemessenheit desselben nicht zumutet.[61] Mehrere Oberlandesgerichte wenden in ihren unterhaltsrechtlichen Leitlinien auch im Enkelunterhalt die für den Elternunterhalt entwickelte be-

---

[50] FamRZ 2000, 788 Nr. 121 und 2005, 1387 Nr. 137.
[51] FamRZ 2000, 273 (274) unter I. 4a).
[52] BGH FamRZ 1992, 795 (797).
[53] BGH FamRZ 1992, 795 (797).
[54] BGH FamRZ 2016, 887 Rn. 16; 2014, 538 Rn. 46; 2010, 1535 Rn. 23; 2003, 1179 (1182); 2002, 1698 (1701 f.).
[55] BGH FamRZ 2007, 375; 2006, 1099 = R 652; 2006, 26 (28) = R 637a.
[56] BGH FamRZ 2006, 26 (28) = R 637a; 2006, 1099 = R 652.
[57] Vgl. hierzu BGH FamRZ 1990, 260 (262).
[58] BGH FamRZ 2016, 887 Rn. 16; 2014, 538 Rn. 46; 2003, 1179 (1182); 2002, 1698 (1701 f.).
[59] BGH FamRZ 2003, 1179 (1182); 2002, 1698 (1700 ff.).
[60] So aber OLG Dresden FamRZ 2006, 569 (571); OLGR Frankfurt 2005, 22 jedenfalls gegenüber volljährigen Enkeln.
[61] BGH FamRZ 2007, 375; 2006, 26 (29) = R 637a.

III. Das Unterhaltsverhältnis im Einzelnen   § 2

schränkte Heranziehung des Einkommens an (→ Rn. 1046). Wegen der Gleichstellung mit dem Elternunterhalt dürfte die zusätzliche quotenmäßige Beschränkung jedenfalls bei volljährigen Enkeln prinzipiell angemessen sein.[62] Für minderjährige Enkel erscheint die Lösung des OLG Koblenz[63] vernünftig. Danach scheidet in einem solchen Fall eine unterschiedslose Bewilligung des zusätzlichen Quotenvorteils aus. Hier ist vielmehr je nach den konkreten Umständen zu entscheiden. Werden bestehende Belastungen großzügig berücksichtigt, kann umgekehrt der zusätzliche Quotenvorteil versagt werden. Der BGH hat die Berücksichtigung der Belastungen in der Revisionsentscheidung nicht beanstandet.[64]

Der Zuschlag, den die Instanzgerichte vor der Begründung der familiengerichtlichen Zuständigkeit auf den normalen angemessenen Selbstbehalt, insbesondere beim Elternunterhalt (→ Rn. 964 ff.), vorgenommen hatten oder der sonst vorgeschlagen worden war, reichte von 20%[65] über 30%[66] bis 70%.[67] Für den Elternunterhalt gingen die meisten oberlandesgerichtlichen Leitlinien von entsprechenden Zuschlägen aus. Allerdings hatte bereits der 11. Deutsche Familiengerichtstag[68] empfohlen, nur 50% des über einen erhöht angesetzten Mindestbedarf des Kindes hinausgehenden Einkommens für den Unterhalt in Anspruch zu nehmen. Entsprechende Empfehlungen kamen von dem Deutschen Verein für öffentliche und private Fürsorge[69] und vom 13. Deutschen Familiengerichtstag.[70] 939

IV. Leistungsfähigkeit

Die unterhaltsrechtliche Leistungsfähigkeit wird zunächst vom Nettoeinkommen nach Abzug von Steuern und Soziallasten sowie beim Nichtselbstständigen auch von berufsbedingtem Aufwand geprägt (→ § 1 Rn. 1000 ff.).[71] Zudem ist maßgebend der Abzug darüberhinausgehender unterhaltsrechtlich anerkennungsfähiger Verbindlichkeiten (→ Rn. 943 f.) sowie die Berücksichtigung sonstigen tatsächlichen Aufwands, der als zusätzliche Last ebenfalls unterhaltsrechtlich anerkennungsfähig ist. 940

1. Aufwendungen zur Absicherung der Lebensstellung

a) Erwerbstätiger Unterhaltspflichtiger. Ein Selbstständiger, der nicht sozialversicherungspflichtig ist, kann zur Sicherung seiner **primären Altersversorgung** derzeit in Höhe von etwa 20% seines Bruttoeinkommens[72] Rücklagen bilden. Dasselbe gilt für den rentenversicherungspflichtigen Arbeitnehmer, soweit dessen Einkommen über der Beitragsbemessungsgrenze liegt, weil seine gesetzliche Altersversorgung sonst nicht mehr in Übereinstimmung mit seinem Einkommen stehen kann. Zur primären Altersversorgung zählt auch eine betriebliche Altersversorgung[73], jedenfalls, wenn sich der Unterhaltspflichtige an deren Ansparung nicht wie zB bei Gehaltsumwandlungen beteiligt. Bei der Geldanlage kommt dem Pflichtigen, was die konkrete Art der Vorsorge angeht, ein weiter Ermessensspielraum zu, so dass im Einzelfall auch die Bildung bloßer Sparver- 941

---

[62] So auch Günther FPR 2006, 347 (351).
[63] OLGR Koblenz 2005, 22; der BGH musste in der Revision (FamRZ 2007, 375) nicht über diese Frage entscheiden.
[64] BGH FamRZ 2007, 375.
[65] LG Paderborn FamRZ 1996, 1497; Fischer FamRZ 1993, 732; Empfehlungen des 11. Deutschen Familiengerichtstags FamRZ 1996, 337.
[66] LG Münster FamRZ 1994, 843; LG Kiel FamRZ 1996, 753 (755); im Ergebnis auch etwa 30% AG Altena, FamRZ 1993, 835.
[67] AG Hagen FamRZ 1988, 755.
[68] FamRZ 1996, 337 (338) unter I. 4.2.
[69] FamRZ 2000, 788, unter Nr. 121.
[70] FamRZ 2000, 273 (274) unter I. 4a).
[71] BGH FamRZ 2016, 887 Rn. 18.
[72] BGH FamRZ 2003, 860 (863).
[73] Dose NZFam 2018, 429, 435.

mögens anzuerkennen sein kann.[74] Ist das Vermögen thesaurierend angelegt (zB Sparvertrag mit thesaurierendem Zins, Prämiensparvertrag), verbleiben ihm auch die daraus zufließenden Zinsen.[75]

Zusätzlich wird eine Aufstockung der Altersvorsorge (**sekundäre Altersvorsorge**) angesichts der allgemeinen Entwicklung der gesetzlichen Rentenversicherung und der Beamtenversorgung generell bei Selbstständigen und abhängig Erwerbstätigen sowie Beamten[76] anerkannt, soweit tatsächlich[77] Aufwendungen dafür entstehen. Unter Hinweis auf den Umstand, dass die primäre Versorgung in Zukunft nicht mehr als ausreichende Altersversorgung angesehen werden könne, anerkennt der BGH für Unterhaltsverhältnisse allgemein zusätzlichen Vorsorgeaufwand sowohl beim Pflichtigen als auch beim Berechtigten in Anlehnung an den Höchstfördersatz der Riesterrente von 4% des Bruttoeinkommens, wenn dies einer abschließenden Angemessenheitsprüfung standhält (→ § 1 Rn. 1033 f.).[78]

Beim **Elternunterhalt** wird dem Pflichtigen ein höherer Zusatzaufwand von **5%** des Bruttoeinkommens zugestanden. Da die Selbstbehaltsätze des Pflichtigen beim Elternunterhalt um etwa 25% höher als bei anderen Unterhaltsverhältnissen angesetzt würden, sei es in der Regel angemessen, vom üblichen Satz der gesetzlichen Altersvorsorge von 20% ein zusätzliches weiteres Viertel mit 5% (= Prozentpunkten) als zusätzliche Versorgung über die primäre Altersvorsorge hinaus anzuerkennen.[79] Der BGH betont, dass die eigene angemessene Altersvorsorge der Sorge für den Unterhaltsberechtigten grundsätzlich vorgehe, jedenfalls dann, wenn dem Pflichtigen – wie beim Elternunterhalt – vorrangig die Sicherung des eigenen angemessenen Unterhalts zu gewährleisten sei.[80]

Dasselbe gilt für den bereits **vorzeitig in Ruhestand** getretenen Pflichtigen bis zum Erreichen der gesetzlichen Altersgrenze, und zwar erst recht, wenn er damit auch eine Versorgungslücke seiner Ehefrau decken muss oder der Ehegatte des Pflichtigen im vorzeitigen Ruhestand zusätzliche Altersvorsorge betreibt.[81]

Nicht berücksichtigungsfähig sind Aufwendungen des Selbstständigen zur Absicherung vor Arbeitslosigkeit, weil Selbstständige maßgeblichen Einfluss auf die Fortdauer der eigenen Anstellung im eigenen Unternehmen hätten und keinem Kündigungsrisiko ausgesetzt seien.[82]

942   **b) Verheirateter, aber nicht erwerbstätiger Unterhaltspflichtiger.** Dieser hat dagegen unterhaltsrechtlich grundsätzlich kein Bedürfnis, eine eigene zusätzliche Altersvorsorge anzusparen. Er profitiert vielmehr von der Altersvorsorge des Ehegatten. Diesem obliegt im Rahmen des Familienunterhalts, für das Alter beider Ehegatten vorzusorgen. In der Hausfrauenehe leben die Ehegatten während der aktiven Erwerbszeit vom Einkommen des erwerbstätigen Ehegatten. Ebenso leben sie nach Rentenbeginn von dessen Rente und gegebenenfalls zusätzlich aufgebautem Altersvorsorgevermögen.[83] Auf die Ansparung eigenen Vermögens kann sich der auf Elternunterhalt in Anspruch genommene Unterhaltspflichtige nur berufen, wenn er darlegt und nachweist, dass das vom Ehegatten angesparte Altersvorsorgevermögen keine hinreichende Absicherung bietet. Dies ist dann der Fall, wenn der Ehegatte weniger Altersvorsorgevermögen als iHv 5% des Bruttoeinkommens, verzinst mit 4% p. a. seit Erwerbsbeginn, angespart hat.[84] Das unterhaltspflichtige Kind trifft die Darlegung- und Beweislast, soweit es sich hierauf berufen will.[85]

---

[74] BGH FamRZ 2015, 1172 Rn. 26; 2006, 1511 = R 658d; 2003, 860 (863).
[75] OLG Düsseldorf FamRZ 2009, 1077.
[76] BGH FamRZ 2009, 1391 = R 706a; 2007, 793 = R 674c.
[77] BGH FamRZ 2016, 887 Rn. 37; 2010, 1535; 2009, 1391 = R 706a; 2007, 193 (194) = R 664b; 2007, 793 (795) = R 674c.
[78] BGH FamRZ 2009, 1391 = R 706a; 2007, 793 (795) = R 674c; 2005, 1817 (1822) = R 632j.
[79] BGH FamRZ 2010, 1535 Rn. 25; 2006, 1511 (1514) = R 658d + g; 2004, 792 (793).
[80] BGH FamRZ 2017, 519 Rn. 26; 2016, 887 Rn. 14; 2010, 1535 Rn. 25; 2006, 1511 (1512) = R 658b.
[81] BGH FamRZ 2015, 2138 Rn. 27 ff. mAnm Born; FamRZ 2010, 1535 Rn. 26.
[82] BGH FamRZ 2003, 860 (863).
[83] BGH FamRZ 2015, 1172 Rn. 35.
[84] BGH FamRZ 2015, 1172 Rn. 37.
[85] BGH FamRZ 2015, 1172 Rn. 38.

III. Das Unterhaltsverhältnis im Einzelnen   § 2

2. Abzug von Verbindlichkeiten

Abzuziehen sind **vorrangige Unterhaltsverpflichtungen** (→ Rn. 263). Zur Höhe **943**
des Minderjährigenunterhalts, wenn der zu Elternunterhalt verpflichtete Elternteil das Kind
betreut (→ Rn. 1015). Einschränkungen ergeben sich, soweit es vorrangig um einen
Anspruch auf Ehegattenunterhalt geht, der bereits durch Leistungen auf den betreffenden
Anspruch auf Verwandtenunterhalt oder eine entsprechende latente Unterhaltslast geprägt
war (→ Rn. 1023).[86] Hier kann von einem Vorwegabzug abgesehen werden, soweit dadurch ein Missverhältnis im Ehegattenunterhalt entstehen und dem vorrangigen Ehegatten
im Einzelfall nicht einmal mehr sein Mindestbedarf verbleiben würde.[87] Wegen gleichrangiger Unterhaltsansprüche → Rn. 264.

Berücksichtigungswürdige sonstige Verpflichtungen können auch **Kreditverbindlich-** **944**
keiten sein. Die Abgrenzung zwischen berücksichtigungswürdigen und anderen Verbindlichkeiten geschieht im Rahmen einer umfassenden Interessenabwägung nach billigem
Ermessen. (zur Berücksichtigung von Schulden → § 1 Rn. 1072 ff., 1080).[88] Im Rahmen
der Abwägung ist auch zu entscheiden, ob lediglich der Zinsaufwand oder auch der der
Vermögensbildung dienende Tilgungsaufwand zu berücksichtigen ist (→ Rn. 994 zur
Immobilie im Elternunterhalt). Grundsätzlich gilt, dass den Ansprüchen der Unterhaltsberechtigten kein allgemeiner Vorrang vor den anderen Verbindlichkeiten des Pflichtigen
zukommt. Andererseits dürfen diese Verbindlichkeiten nicht ohne Rücksicht auf die
Unterhaltsinteressen getilgt werden (→ Rn. 209, 257).[89] Tierhaltungskosten, die ein Drittel (400 EUR) des Einkommens des unterhaltspflichtigen Kindes ausgemacht haben, hat
der BGH bei einem individuellen Familienselbstbehalt von rund 4000 EUR nicht akzeptiert (→ Rn. 933).

Werden Großeltern von Enkeln oder Kinder von bedürftig gewordenen Eltern in
Anspruch genommen, wird in der Regel ein großzügigerer Maßstab angebracht sein als
zwischen Eheleuten und unterhaltspflichtigen Eltern gegenüber Kindern. Hier wird es sich
im Regelfall nicht um eine von vornherein voraussehbare Inanspruchnahme handeln, so
dass die Pflichtigen in ihrer Finanzplanung freier sind (→ Rn. 997 ff.).[90]

Als vernünftige Alternative zum Ratenkredit ist auch die **Ansparung** für eine erforder- **945**
liche und in der Ausstattung angemessene **Anschaffung** (Pkw)[91] oder für **Instandhaltungsmaßnahmen** für die selbstgenutzte Immobilie abzugsfähig.[92] Andererseits ist der
Erwerb eines Pkws mit Ratenzahlungsverpflichtung im Elternunterhalt nicht anerkannt
worden, weil der Erwerb stattgefunden hatte, als die Pflichtige von ihrer Unterhaltsverpflichtung wusste und keinen konkreten Anlass für die Neuanschaffung benennen konnte.[93]

3. Zurechnung fiktiver Einkünfte wegen Verletzung der Erwerbsobliegenheit

Die Frage, ob dem Unterhaltspflichtigen zur Bestimmung seiner Leistungsfähigkeit **946**
fiktive Einkünfte zuzurechnen sind, weil er es unterlässt, eine ihm mögliche Erwerbstätigkeit aufzunehmen oder eine ausgeübte Erwerbstätigkeit auszuweiten, entscheidet sich nach
Zumutbarkeitsgesichtspunkten.[94] Hierbei ist die Zumutbarkeitsschwelle je nach Unterhaltsverhältnis höher oder niedriger anzusetzen. Beachten die Gerichte im Einzelfall unter
Überschreitung des richterlichen Ermessensspielraums die Zumutbarkeitsgrenze nicht,

---
[86] BGH FamRZ 2006, 26 (29) = R 637d; 2004, 186 (188); 2003, 860 (865 f.).
[87] BGH FamRZ 2006, 26 (29) = R 637d; 2003, 860 (865).
[88] BGH FamRZ 2014, 538 Rn. 42; 2003, 1179 (1181).
[89] BGH FamRZ 2003, 1179 (1181).
[90] BGH FamRZ 2003, 1179 (1181).
[91] BGH FamRZ 2006, 1511 (1516).
[92] BGH FamRZ 2014, 538 Rn. 37.
[93] BGH FamRZ 2014, 541 Rn. 41 ff., 44.
[94] BGH FamRZ 1996, 345 (346); BVerfG FamRZ 2007, 273 zur Verfassungsmäßigkeit der Zurechnung fiktiver Einkünfte; s. a. Wönne FF 2013, 476.

kann ein Verstoß gegen das sich aus Art. 2 I GG ergebende Grundrecht auf Schutz vor einer unverhältnismäßigen Beschränkung der Dispositionsfreiheit durch Unterhaltsbelastung vorliegen;[95] zugleich ist der sich aus § 1603 I BGB ergebende Verhältnismäßigkeitsgrundsatz verletzt, der jeden Unterhaltsanspruch von der Grundvoraussetzung der Leistungsfähigkeit abhängig macht.[96]

Besonders streng sind im Hinblick auf § 1603 II 1 BGB die Anforderungen an Eltern gegenüber ihren minderjährigen unverheirateten Kindern[97] (→ Rn. 244). Im Unterhaltsverhältnis zwischen Ehegatten gründet sich die Unterhaltsverpflichtung auf der unterhaltsrechtlichen Verantwortung, die durch die Eheschließung entsteht, und zwischen Eltern und bedürftigen volljährigen Kindern, die noch keine selbstständige Lebensstellung erlangt haben, beruht sie auf dem besonderen Pflichtenverhältnis von Eltern gegenüber ihren Kindern. In den anderen Unterhaltsverhältnissen ohne derartige Besonderheit liegt die Zumutbarkeitsschwelle am höchsten. Grundsätzlich muss der Unterhaltspflichtige, soweit eine reale Beschäftigungschance besteht, seine Arbeitskraft entsprechend seiner Vorbildung, seinen Fähigkeiten und der Arbeitsmarktlage in zumutbarer Weise bestmöglich einsetzen.[98] Außerhalb der strengen Anforderungen im Minderjährigenunterhalt (→ Rn. 366 ff.) werden im sonstigen Verwandtenunterhalt aber kaum Arbeitsplatz- oder Berufswechsel[99] oder Ortswechsel[100] zumutbar sein. Dies bedeutet, dass eine Großmutter, die seit langem nur eine Teilzeitarbeit ausübt, regelmäßig diese Tätigkeit nicht ausweiten müsste, um unerwartete Unterhaltsansprüche von Enkeln befriedigen zu können. Hat der Pflichtige durch verantwortungsloses, zumindest leichtfertiges und unterhaltsbezogenes Verhalten seine Leistungsunfähigkeit herbeigeführt, zB wegen zurechenbaren Arbeitsplatzverlusts, kann ihm die Berufung hierauf ganz oder teilweise versagt sein (→ § 1 Rn. 743 ff.).[101]

4. Verpflichtung zum Einsatz des Vermögens durch Verwertung

947 Der unterhaltspflichtige Verwandte muss in Ermangelung sonstiger Mittel grundsätzlich auch den Stamm seines Vermögens zur Bestreitung des Unterhalts einsetzen.[102] Eine allgemeine Billigkeitsgrenze wie für den Unterhalt zwischen geschiedenen Eheleuten (§§ 1577 III, 1581 S. 2 BGB) sieht das Gesetz für den Verwandtenunterhalt nicht vor.[103] Einschränkungen der Obliegenheit zum **Einsatz des Vermögensstamms** ergeben sich allein daraus, dass nach dem Gesetz (§ 1603 I BGB) auch die sonstigen Verpflichtungen des Unterhaltsschuldners zu berücksichtigen sind und er den eigenen Unterhalt nicht zu gefährden braucht.[104] Allgemein muss der Unterhaltsschuldner den Stamm seines Vermögens nicht verwerten, wenn dies für ihn mit einem **wirtschaftlich nicht mehr vertretbaren Nachteil** verbunden wäre,[105] zB wenn er nur unter Inkaufnahme eines erheblichen Wertverlusts veräußern könnte.[106] Eine Verwertung des Vermögensstamms kann nicht verlangt werden, wenn sie den Unterhaltsschuldner von fortlaufenden Einkünften abschneiden würde, die er zur Erfüllung weiterer Unterhaltsansprüche oder anderer berücksichtigungswürdiger Verbindlichkeiten oder zur Bestreitung seines eigenen Unter-

---

[95] BVerfG FamRZ 2007, 273.
[96] BVerfG FamRZ 2007, 273.
[97] BGH FamRZ 1994, 372 = R 473c.
[98] Vgl. BGH FamRZ 2008, 872 Rn. 21 = R 690c.
[99] Vgl. BGH FamRZ 2003, 1471 (1473); 1994, 372 (373) = R 473c.
[100] BGH FamRZ 1994, 372 = R 473c; OLG Hamm FamRZ 1997, 1104: soweit die Arbeitsplatzchancen anderswo besser und die Umzugskosten tragbar sind; zur Zumutbarkeit bundesweiter Bewerbungen und eines Umzugs vgl. BVerfG FamRZ 2007, 237.
[101] Vgl. hierzu Pauling FPR 2000, 11 (13).
[102] BGH FamRZ 2006, 1511.
[103] BGH ständ. Rspr.; zuletzt FamRZ 2013, 1554 Rn. 24 mwN = R 741d.
[104] BGH FamRZ 2013, 203 Rn. 34.
[105] BGH FamRZ 2004, 1184 (1185).
[106] OLG Köln FamRZ 2003, 471 lehnt im Elternunterhalt Pflicht zur Veräußerung einer Immobilie ab, wenn kein Überschuss erzielt werden könnte.

III. Das Unterhaltsverhältnis im Einzelnen
§ 2

halts benötigt.[107] Ist das Vermögen zur Sicherung des eigenen Unterhalts zu schonen, muss die gesamte voraussichtliche Lebensdauer des Pflichtigen berücksichtigt werden (zur Verwertung des Vermögens im Alter → Rn. 1001).[108] Diese Opfergrenze gilt, soweit der notwendige Selbstbehalt berührt wird, auch bei gesteigerter Unterhaltspflicht von Eltern gegenüber minderjährigen Kindern gemäß § 1603 II 1 BGB.[109] Der Tatrichter hat eine umfassende **Zumutbarkeitsabwägung** vorzunehmen.[110] Vgl. wegen weiterer Einzelheiten → Rn. 990 ff. zum Elternunterhalt.

Dem Pflichtigen muss auf jeden Fall eine gewisse **Vermögensreserve** verbleiben. Der Deutsche Verein für öffentliche und private Fürsorge hat bereits im Jahr 2005 empfohlen, beim Unterhalt sonstiger Verwandter eine Reserve von 12 500 EUR und in abgeschwächten Unterhaltsverhältnissen wie beim Elternunterhalt von 25 000 EUR zu belassen, wobei beim Elternunterhalt, falls der Pflichtige über kein selbstgenutztes Wohneigentum verfüge, eine Erhöhung auf 75 000 EUR in Betracht komme.[111] Der BGH gesteht eine Vermögensreserve als Schonvermögen zu, lehnt aber pauschale Wertgrenzen ab, sondern verlangt eine Festlegung im konkreten Einzelfall (→ § 1 Rn. 607 ff.).[112] Dabei kann sich die Reserve aus Ansparungen für wirtschaftlich angemessene Investitionen (zB Pkw) wie auch aus Vermögen für die angemessene Altersvorsorge zusammensetzen (zur Berechnung im Elternunterhalt → Rn. 953). In den Fällen des Verwandtenunterhalts mit schwacher Ausgestaltung des Anspruchs (zB Ansprüche von Enkeln gegen Großeltern, von Eltern gegen ihre Kinder) ist der Maßstab anzulegen, der dem Unterhaltspflichtigen seinen angemessenen Lebensstandard wahrt. Davon zu unterscheiden ist der **Notgroschen**, der dem Unterhaltspflichtigen für unvorhergesehene Notlagen verbleiben muss. Auch hier lehnt der BGH feste Pauschalen ab, sondern verlangt die Festsetzung im Einzelfall.[113] Es ist ein großzügigerer Maßstab anzusetzen als beim Berechtigten (Elternunterhalt → Rn. 990).[114]

948

Die **Veräußerung eines** nach den übrigen Verhältnissen der Familie angemessenen **Familienheims** kann regelmäßig nicht verlangt werden, weil es der Befriedigung des Unterhaltsbedarfs des Schuldners sowie gegebenenfalls weiterer Familienangehöriger dient und zugleich Mietaufwendungen erspart.[115] Anders ist es, wenn es sich um ein weder als Einkommensquelle noch zur Befriedigung des Wohnbedarfs der Familie nötiges Ferienhaus handelt.[116] Zur Frage einer Verpflichtung des unterhaltspflichtigen Kindes, vom Sozialhilfeträger ein Darlehen aufzunehmen (→ Rn. 1002). Zur Behandlung einer Immobilie im Elternunterhalt → Rn. 995 f.).

949

Hat der Unterhaltsschuldner ein **Hausgrundstück** verschenkt, entsteht für ihn im Hinblick auf seine Unterhaltspflicht der Rückforderungsanspruch des § 528 I BGB nur, wenn er es für Unterhaltszwecke verwerten muss. Das ist nur der Fall, soweit durch die Rückgewähr des verschenkten Gegenstandes seine Leistungsfähigkeit hergestellt oder erhöht wird (→ Rn. 1004 im Elternunterhalt).[117] Der Schenker darf zwar grundsätzlich über die Frage der Rückforderung, sofern er nicht selbst als Bedürftiger Leistungen zu seinem Unterhalt entgegennimmt, frei entscheiden.[118] Dies findet aber seine Grenze, wenn der Schenker durch die Schenkung seine unterhaltsrechtliche Leistungsfähigkeit vermindert. Der Anspruch auf Rückforderung kann vor vertraglicher Anerkennung oder Rechts-

950

---

[107] BGH ständ. Rspr.; zuletzt FamRZ 2013, 1554 Rn. 25 mwN = R 741d; 2004, 1184 (1185).
[108] BGH FamRZ 1989, 170 (171).
[109] BGH FamRZ 1989, 170; OLG Bamberg FamRZ 1999, 1019.
[110] BGH FamRZ 1998, 367 (369)zur Verwertungspflicht des Bedürftigen.
[111] FamRZ 2005, 1387 (1394) unter 95 Nr. 4 u. 5.
[112] BGH FamRZ 2006, 1511 (1516) = R 658e.
[113] BGH FamRZ 2013, 1554 Rn. 37= R 741e.
[114] Nach dem Referentenentwurf des BMAS zum Angehörigen-Entlastungsgesetz vom 12.6.2019 soll künftig ein Anspruchsübergang gegenüber Eltern oder Kindern bei Leistungsgewährung nach dem SGB XII generell erst ab einem Jahresbruttoeinkommen von über 100.000 EUR möglich sein.
[115] BGH FamRZ 2006, 1511 Rn. 27 = R 658c; 2004, 1184; 2001, 21 (23); 1986, 48 (50).
[116] BGH FamRZ 1986, 48 (50).
[117] BGH FamRZ 2019, 885 Rn. 22; FamRZ 2019, 698 Rn. 21.
[118] BGH FamRZ 2001, 1137 (1138 f.).

hängigkeit nicht gepfändet werden (§ 852 ZPO)[119] (vgl. hierzu bezüglich des Rückforderungsanspruchs des selbst bedürftig gewordenen Schenkers im Einzelnen → Rn. 975 ff.).

951 Für die Frage, ob bestehende **Lebensversicherungen** – falls dies im Hinblick auf den erzielbaren Rückkaufswert in wirtschaftlicher Weise möglich ist – verwertet werden müssen, kommt es darauf an, ob sie einer nach den Verhältnissen des Pflichtigen gebotenen Altersvorsorge dienen (also im Rahmen der zusätzlichen 4% bzw. 5% angespart werden) oder wegen genügender anderweitiger Alterssicherung als Kapitalanlage anzusehen sind.[120] Gebundene Lebensversicherungen in Form von so genannten Riester-Renten oder Rürup-Renten dienen der Altersvorsorge. Zur Verwertung, wenn der Pflichtige selbst im Rentenalter ist → Rn. 1001.

952 Kapitalvermögen aus einer **Schmerzensgeldzahlung** oder aus einer von der Unfallversicherung bezahlten **Invaliditätsentschädigung** muss in der Regel nur eingeschränkt eingesetzt werden. Selbst im Rahmen der gesteigerten Unterhaltspflicht (§ 1603 II 1 BGB) von Eltern gegenüber minderjährigen Kindern ist der besonderen Ausgleichsfunktion des Schmerzensgelds bei der Bestimmung der Opfergrenze in billiger Weise Rechnung zu tragen. Andauernde verletzungsbedingte Behinderungen schwerwiegender Natur führen in diesem Fall auch unter Berücksichtigung der Kindesbelange zu einer maßvollen Anhebung dessen, was dem unterhaltpflichtigen Elternteil zur Deckung seines notwendigen Eigenbedarfs zu belassen ist.[121] Bei vollständiger Invalidität kann dies unter Beachtung der Lebenserwartung des Pflichtigen und seiner Versorgung im Übrigen dazu führen, dass das Schmerzensgeld gar nicht eingesetzt werden muss. In anderen Unterhaltsverhältnissen ohne gesteigerte Unterhaltspflicht liegt die Opfergrenze höher. Sind zB Kinder Unterhaltsschuldner gegenüber Eltern, kann – wenn schwerwiegende Verletzungsfolgen geblieben sind – der Einsatz der Entschädigung vollständig der Billigkeit widersprechen, so dass die Leistungsfähigkeit insoweit nur durch den Vermögensertrag bestimmt wird.[122] Das Gleiche gilt für Leistungen nach dem Contergansstiftungsgesetz und dem HIV-Hilfegesetz.[123]

V. Beschränkung oder Wegfall der Unterhaltsverpflichtung wegen Verwirkung

1. Verwirkung gemäß § 1611 BGB

953 § 1611 BGB enthält eine dem § 1579 Nr. 2 bis 7 BGB für den Ehegattenunterhalt vergleichbare **negative Härteregelung** in Form einer Billigkeitsklausel für den Verwandtenunterhalt, die als Ausnahmevorschrift eng auszulegen ist und deren Voraussetzungen der **Darlegungs- und Beweislast** des Unterhaltspflichtigen unterliegen. Die Regelung ist hinsichtlich Minderung oder Wegfall des Unterhalts wegen Fehlverhaltens des Unterhaltsberechtigten abschließend.[124] Die Klausel greift bei folgenden Tatbeständen ein:
– der Berechtigte ist durch sein sittliches Verschulden bedürftig geworden (§ 1611 I 1 Alt. 1 BGB) → Rn. 954,
– der Berechtigte hat seine eigene Unterhaltspflicht gegenüber dem Pflichtigen gröblich vernachlässigt (§ 1611 I 1 Alt. 2 BGB) → Rn. 955,
– der Berechtigte hat sich vorsätzlich einer schweren Verfehlung gegen den Pflichtigen oder einen nahen Angehörigen desselben schuldig gemacht (§ 1611 I 1 Alt. 3 BGB) → Rn. 956.
Alle drei Tatbestände setzen **Verschulden des Bedürftigen** voraus.

[119] BGH FamRZ 2001, 1137 (1138 f.).
[120] Meyer FamRZ 1997, 225; vgl. AG Höxter FamRZ 1996, 752 mAnm Zieroth.
[121] BGH FamRZ 1989, 170 (172).
[122] Vgl. LG Paderborn FamRZ 1996, 1497.
[123] BGH FamRZ 2018, 1506 Rn. 11.
[124] BGH FamRZ 1988, 159 (160).

III. Das Unterhaltsverhältnis im Einzelnen § 2

a) Unterhaltsbedürftigkeit aufgrund sittlichen Verschuldens. Dieser Tatbestand 954
erfordert ein Verhalten des Bedürftigen, bei dem dieser anerkannte Gebote der Sittlichkeit
außer Acht gelassen hat, sowie eine Vorwerfbarkeit von erheblichem Gewicht.[125] Welches
Verhalten die Sittlichkeit in diesem Maße verletzt, muss im Einzelfall entschieden werden
und unterliegt dem Wandel der gesellschaftlichen Anschauung. Erforderlich ist ein nachhaltiges und erhebliches Verhalten; nur einmalige Verfehlungen oder reine Nachlässigkeit
genügen nicht. Abgelehnt wurde ein sittliches Verschulden einer volljährigen Tochter, die
nichteheliche Kinder bekam und unterhaltsbedürftig wurde, weil dies nicht zu dem Zweck
erfolgte, auf Kosten der Eltern zu leben.[126] Denkbar erscheint ein sittliches Verschulden
daher bei Verhalten, das zeigt, dass der Berechtigte schlicht nicht für sich selbst aufkommen
will und sich deshalb unterhaltsbedürftig macht, bei Verschwendung des Vermögens im
Wissen, dass der eigene Unterhalt dann nicht gesichert ist, bei unterhaltsrechtlich mutwilliger Aufgabe des Arbeitsplatzes (soweit der Berechtigte dann nicht schon mit einem
vergleichbaren Einkommen fingiert werden kann) oder unter Umständen bei Herbeiführung einer Drogen- oder Alkoholsucht, wenn sich der Berechtigte bei voller Einsichts-
und Steuerungsfähigkeit weigert, eine therapeutische Maßnahme durchzuführen[127] oder
wenn die Bedürftigkeit gerade auf dem Verschulden beruht.[128] Darüber hinaus muss das
Verhalten **(mit)ursächlich** sein für die Bedürftigkeit. Die Ursächlichkeit kann zweifelhaft
sein, wenn der Berechtigte aus anderen bzw. hingetretenen Gründen (Krankheit) mittlerweile bedürftig geworden ist.[129] Die einmal eingetretene Verwirkung wird nicht dadurch
beseitigt, dass neben den Verwirkungsgrund eine Bedürftigkeit aus Krankheitsgründen
tritt.[130]

b) Verletzung der Unterhaltspflicht gemäß § 1611 I 1 Alt. 2 BGB. Diese betrifft 955
regelmäßig Elternteile, die nun selbst unterhaltsbedürftig sind. Sie beschränkt sich nicht auf
eine Verletzung der Barunterhaltspflicht, die auch in Form der Pflicht zur Gewährung des
Naturalunterhalts bestehen kann,[131] sondern kann auch den gesetzlich geschuldeten Betreuungsunterhalt betreffen.[132] Der BGH hat dies hinsichtlich einer Mutter für möglich
gehalten, die ihre Tochter im Wesentlichen ab dem Alter von einem Jahr von den Großeltern großziehen ließ, während sie mit dem Kindesvater zusammenlebte, ohne sich
nennenswert um die Tochter zu kümmern. Der BGH betont, der Betreuungsunterhalt
muss zwar nicht ausschließlich vom Unterhaltspflichtigen selbst erbracht werden. Eine
vollständige Delegation mit der Folge einer Entledigung der eigenen Verantwortung stellt
aber eine Verletzung der Betreuungsunterhaltspflicht dar.[133] Entzieht sich ein unterhaltspflichtiger Elternteil seiner titulierten Unterhaltspflicht gegenüber dem eigenen 12-jährigen Kind, indem er nicht erwerbstätig ist, obwohl er dazu in der Lage wäre, ist der
Unterhaltsanspruch des Elternteils nach einer Entscheidung des OLG Oldenburg verwirkt.
In Kumulation mit dem durch ein Einschreiben angekündigten Kontaktabbruch wurde
eine vollständige Verwirkung angenommen.[134]

c) Vorsätzliche schwere Verfehlung gemäß § 1611 I 1 Alt. 2 BGB. Eine solche 956
kann regelmäßig nur bei einer tiefgreifenden Beeinträchtigung schutzwürdiger wirtschaftlicher Interessen oder persönlicher Belange des Pflichtigen angenommen werden.[135] Sie
kann sich aus einzelnen schwerwiegenden Übergriffen ergeben. Sie kann aber auch nach
einer Gesamtwürdigung des Verhaltens des Unterhaltsberechtigten angenommen werden.

---

125 BGH FamRZ 1985, 273 (275).
126 BGH FamRZ 1985, 273 (275).
127 OLG Frankfurt/M. FamRZ 2011, 226.
128 OLG Celle FamRZ 2010, 817 (abgelehnt für Mutter, die aufgrund ihrer Lebensumstände alkoholkrank wurde)
129 OLG Frankfurt/M. FamRZ 2011, 226.
130 Erman/Hammermann Rn. 6; Staudinger/Klinkhammer § 1611 Rn 9 ff.
131 BGH FamRZ 2010, 1888 Rn. 32 = R 717b.
132 BGH FamRZ 2010, 1888 Rn. 32 = R 717b; 2004, 1559 (1560) = R 614.
133 BGH FamRZ 2004, 1559 (1560).
134 OLG Oldenburg FamRZ 2017, 1136 LS.
135 BGH FamRZ 2014, 541 Rn. 14 = R 747a; 2010, 1888 Rn. 32 = R 717b; 2004, 1559 (1560) = R 614.

Deshalb erfordert ihre Bejahung eine umfassende Abwägung aller maßgeblichen Umstände unter Einbeziehung des Verhaltens des Pflichtigen.[136] Auch einzelne, für sich genommen nicht als schwer einzustufende Verfehlungen können sich in einer Gesamtwürdigung als schwerwiegend erweisen, zB wenn der Bedürftige durch besonders unwürdiges Verhalten die familiäre Solidarität aufgegeben hat.[137]

957 Eine vorsätzliche schwere Verfehlung kann auch durch **Unterlassen** begangen werden, wenn der Berechtigte dadurch eine Rechtspflicht zum Handeln verletzt.[138] So kann sich die Verletzung elterlicher Pflichten durch Unterlassen als Verfehlung gegen das Kind darstellen. Das gilt zB für die dauernde grobe Vernachlässigung und Verletzung der Aufsichtspflicht und für die Verletzung der **Pflicht zu Beistand und Rücksicht** gemäß § 1618a BGB.[139] Der BGH hat dies in dem in → Rn. 955 beschriebenen Fall angenommen, und zwar unabhängig davon, dass der Mutter das Sorgerecht noch im Kindesalter der Tochter entzogen worden war. Die Pflicht zu Beistand, Fürsorge und Anteilnahme trifft den Elternteil auch, wenn er die elterliche Sorge nicht mehr innehat.[140] Weitere Entscheidungen: Nach einer Entscheidung des AG Warendorf liegt eine vorsätzliche schwere Verfehlung vor, wenn Eltern ihr Kind zu Verwandten in Pflege geben, nur um seinen Bruder zu begleiten, der als Hoferbe von diesen Verwandten adoptiert werden soll, obwohl die Eltern erkennen, dass das Kind nicht von ihnen weg möchte und dass es dem Kind in der Pflegefamilie nicht gut geht.[141] In diesem Fall kam hinzu, dass die Eltern dem Kind keinen Rückhalt mehr boten, alle Entscheidungen von den Pflegeeltern treffen ließen, das Kind keine Vertrauensperson mehr hatte und schließlich später eine Therapie absolvierte. In einem solchen Fall kann der Tatbestand sowohl durch aktives Tun (Weggabe des Kindes) als auch durch Unterlassen (Verweigerung der Rückholung) erfüllt sein.

Das OLG Karlsruhe bejahte den Tatbestand in einem Fall, in dem in den 1960er Jahren eine Tochter im Alter von 12 Jahren vom eigenen Bruder vergewaltigt, die Tochter zur Entbindung ins Heim gegeben und danach innerhalb der Familie ausgegrenzt wurde, anstatt ihr bei der Bewältigung des Traumas zu helfen, weil sie Schande über die Familie gebracht habe, während der Bruder unangefochten im Familienverbund verblieb. Hier wurde ein Unterlassen der Schutz- und Beistandspflicht der Eltern im Nachgang zur Vergewaltigung angenommen.[142]

Im Fall des OLG Frankfurt/M kaufte eine Mutter weder Lebensmittel für ihre Kinder noch bereitete sie Mahlzeiten zu, wechselte die Bettwäsche der bettnässenden Kinder nicht, so dass diese nach Urin rochen und verwahrlosten, den unterhaltspflichtigen Sohn missbrauchte sie sexuell und schlug ihn.[143]

958 Diese Vorschrift ist auch auf das Verhältnis zwischen Eltern und volljährigen Kindern anzuwenden. Bricht ein Elternteil den Kontakt zum Kind jedoch erst mit Volljährigkeit des Kindes oder nach Erreichen des Abiturs ab, so kann darin zwar eine Verfehlung iS § 1611 I 1 Alt.3 BGB liegen. Denn die Pflicht zu Beistand und Rücksicht gemäß § 1618a BGB gilt auch im Verhältnis zum volljährigen Kind.[144] Es wird jedoch an der Schwere der Verfehlung mangeln. In einem solchen Fall hat der Elternteil regelmäßig in den besonders der elterlichen Sorge bedürftigen Lebensphasen der Minderjährigkeit des Kindes seine Beistandspflicht erfüllt.[145] Macht der Elternteil von einem gesetzlich verankerten Recht Gebrauch wie der Testierfreiheit (§ 2303 I 1 BGB) und enterbt das Kind, stellt dies keine Verfehlung dar.[146] Umgekehrt genügt beim **Kindesunterhalt des volljährigen Kindes**

---

[136] BGH FamRZ 1995, 475 .
[137] BGH FamRZ 2014, 541 Rn. 15= R 747a.
[138] BGH FamRZ 2014, 541 Rn. 14 = R 747a; 2010, 1888 Rn. 32 = R 717b.
[139] BGH FamRZ 2010, 1888 Rn. 32 = R 717b.
[140] BGH FamRZ 2004, 1559 (1560).
[141] AG Warendorf FamRZ 2015, 1508.
[142] OLG Karlsruhe FamRZ 2016, 1469, 1472.
[143] OLG Frankfurt FamRZ 2016, 1855, 1856.
[144] BGH FamRZ 2014, 541 Rn. 14, 20 = R 747a + b; 2010, 1888 Rn. 32.
[145] BGH FamRZ 2014, 541 Rn. 23 f. = R 747b; s. a. AG Helmstedt FamRZ 2001, 1395: der Vater war Alkoholiker und kümmerte sich schon während des Zusammenlebens nicht um das Kind.
[146] BGH FamRZ 2014, 541 Rn. 21= R 747b.

III. Das Unterhaltsverhältnis im Einzelnen   § 2

ein bloßer **Kontaktabbruch** desselben zu den Eltern nicht, auch nicht in Verbindung mit
unangemessenen Äußerungen, um eine schwere Verfehlung zu bejahen.[147]

Bei **Kränkung** des Unterhaltspflichtigen wird es darauf ankommen, ob dies vorsätzlich **959**
mit der Absicht einer tiefen Verletzung geschehen oder nur als Ausdruck eines nicht
überwundenen, nicht in erster Linie vom Kränkenden zu verantwortenden Familienkonflikts zu werten ist.[148] Besondere Vorsicht ist bei der Bewertung des Verhaltens eines
psychisch kranken Berechtigten geboten. Objektiv schwere Verfehlungen können sich
dann vor allem unter dem Aspekt des Vorsatzes sowie des Verschuldens als nicht missbilligenswert herausstellen (Verursachung eines Waschzwangs beim später unterhaltspflichtigen Kind). Dabei ist zu beachten, dass Verschulden im natürlichen Sinn in Anlehnung an
die Regelung des § 2333 I Nr. 1 BGB im Pflichtteilsrecht nicht genügt. Erforderlich ist
vielmehr ein Verschulden im rechtstechnischen Sinn.[149] Auch bei emotionaler Vernachlässigung in für den Elternteil besonders schwierigen Lebenssituationen (alleinerziehend
mit vier Kindern in schlechten finanziellen Verhältnissen) kann es an der erforderlichen
Schwere der Verfehlung fehlen,[150] ebenso bei mehrmaligem Einsteigen in die Wohnung
des Unterhaltspflichtigen, jedenfalls soweit dies auf einer seelischen Erkrankung beruht und
das Verhalten folgenlos bleibt.[151]

d) Billigkeitsprüfung. Ist der Tatbestand erfüllt, ist zusätzlich eine Billigkeitsprüfung **960**
erforderlich. Grundsätzlich wird nur noch der Unterhaltsbeitrag geschuldet, welcher der
Billigkeit entspricht.[152] Lediglich ausnahmsweise, wenn die Inanspruchnahme des Verpflichteten insgesamt grob unbillig wäre, entfällt die Unterhaltspflicht vollständig (§ 1611
I 2 BGB). Dabei kann auch die Dauer und Höhe der Unterhaltsverpflichtung beachtlich
sein.[153] Hat sich ein Vater um seinen damals 12-jährigen Sohn seit der Scheidung von
dessen Mutter sowohl in materieller als auch sonst in persönlicher Hinsicht nicht mehr
gekümmert, obwohl ihm bekannt wurde, dass der finanzielle Unterhalt nicht mehr gesichert war, sind – falls der Vater nach Jahrzehnten bedürftig wird und Sozialleistungen
empfangen muss – Unterhaltsansprüche gegen den Sohn wegen grober Unbilligkeit
(§ 1611 I 2 BGB) seiner Heranziehung vollständig verwirkt.[154] Dasselbe gilt für den unterhaltsbedürftig gewordenen Elternteil bei langjähriger Vernachlässigung, Kontaktabbruch
und Nichtleistung von Unterhalt gegenüber dem Kind,[155] ebenso im Fall der Weggabe der
Tochter zu Pflegeeltern und im Fall der physischen und psychischen Vernachlässigung des
Kindes (jeweils → Rn. 957). Im Fall der vom eigenen Bruder vergewaltigten Tochter
(→ Rn. 961) wurde der Unterhaltsanspruch der Mutter um zwei Drittel gekürzt, weil die
Mutter das Kind wieder zu Hause aufgenommen und ihr einen Schulabschluss ermöglicht
sowie Hilfe bei der Erziehung des aus der Vergewaltigung hervorgegangenen Kindes hatte
zuteilwerden lassen. Für alle Tatbestände kann erheblich sein, ob der Pflichtige dem
Bedürftigen seine **Verfehlung verziehen** hat.

Die Annahme eines Verwirkungsgrundes nach § 1611 BGB lässt grundsätzlich die
öffentlich-rechtliche Pflicht zur Übernahme von **Beerdigungskosten** unberührt.[156]
Nur in engen Ausnahmefällen, deren Maßstab strenger ist als der des § 1611 BGB soll
danach diese Pflicht entfallen können.

---

[147] BGH FamRZ 2010, 1418 Rn. 19; aA OLG Frankfurt a. M. FamRZ 1990, 789; OLG Bamberg
FamRZ 1991, 1476; nur in Ausnahmefällen: OLG Frankfurt FamRZ 1991, 1477; OLG München
FamRZ 1992, 595.
[148] Vgl. OLG Hamm OLGR 2000, 361.
[149] BGH FamRZ 2010, 1888 Rn. 40 f. = R 717b.
[150] OLG Koblenz FamRZ 2002, 1212.
[151] BGH FamRZ 2010, 1418 Rn. 19 zum Unterhalt des volljährigen Kindes.
[152] OLG Celle NJW 2010, 3727 (Absenkung um 25% bei fehlendem Kontakt über mehr als
30 Jahre).
[153] OLG Frankfurt a. M. FamRZ 2011, 226; AG Altena DAVorm 1995, 265 (267).
[154] LG Hannover FamRZ 1991, 1094.
[155] BGH FamRZ 2004, 1559 (1560) = R 614; OLG Oldenburg FamRZ 2017, 1136 LS; AG
Helmstedt FamRZ 2001, 1395; AG Leipzig FamRZ 1997, 965.
[156] VG Lüneburg FamRZ 2015, 1404.

961   e) **Anwendbarkeit auf minderjährige Kinder, § 1611 II BGB:** Die Vorschrift ist nicht auf die Unterhaltspflicht von Eltern gegenüber ihren minderjährigen unverheirateten Kindern anzuwenden (§ 1611 II BGB). Ein etwaiges Fehlverhalten aus der Zeit seiner Minderjährigkeit kann dem volljährigen Kind nicht entgegen gehalten werden.[157] Ebenso wenig ist es möglich, gegenüber einem inzwischen volljährig gewordenen Kind ein Fehlverhalten seines gesetzlichen Vertreters aus der Zeit der Minderjährigkeit, zB wegen betrügerischen Erschleichens nicht zustehender Leistungen auf Kindesunterhalt, geltend zu machen, weil sonst das Gesetz umgangen würde. Wegen der Anwendung der Klausel auf den Unterhaltsanspruch (privilegiert) volljähriger Kinder gegen ihre Eltern und wegen der sich hierzu ergebenden Einzelfälle im Übrigen → Rn. 600 ff.

962   f) **Sperrwirkung gemäß § 1611 III BGB.** Liegen die Voraussetzungen für eine Beschränkung oder für den Wegfall des Unterhaltsanspruchs vor, kann der Berechtigte für seinen deswegen nicht gedeckten Bedarf andere Verwandte nicht in Anspruch nehmen (§ 1611 III BGB; → zur Verwirkung nach § 1579 BGB: Rn. 912). Nach Sinn und Zweck der gesetzlichen Regelung gilt dies für gleichrangig oder nachrangig haftende Verwandte. Andererseits greift die Klausel und damit die **Sperrwirkung** des § 1611 III BGB zugunsten anderer Verwandter nicht ein, wenn unabhängig von § 1611 I BGB ohnehin kein Unterhaltsanspruch wegen Leistungsunfähigkeit des betreffenden Unterhaltspflichtigen bestand. In diesem Fall kommt es zu keiner Beschränkung, sondern unmittelbar zur Ersatzhaftung der anderen Verwandten nach § 1607 I BGB. Wäre der Anspruch eines Vaters gegen ein Kind verwirkt, das allerdings mangels Leistungsfähigkeit ohnehin nicht unterhaltspflichtig ist, könnten Geschwister (Halbgeschwister), gegenüber denen die Voraussetzungen des § 1611 I BGB nicht erfüllt sind, ungeachtet der Vorschrift des § 1611 III BGB in Anspruch genommen werden. Ist ein Unterhaltsanspruch wegen § 1611 BGB verwirkt, besteht er nicht und kann auch nicht gemäß § 94 SGB XII auf den Sozialhilfeträger übergehen.[158]

2. Verwirkung gemäß § 242 BGB

963   Im Gegensatz zu den rein zivilrechtlich einzuordnenden Störungen familiärer Beziehungen, die § 1611 BGB behandelt, können auch Störungen familiärer Beziehungen auftreten, die einen Bezug zum Handeln des Staates oder seiner Organe aufweisen und ihnen zuzurechnen sind. Daher kann ein Unterhaltsanspruch verwirkt sein, wenn sich seine Geltendmachung als **unzulässige Rechtsausübung** darstellt. Das kann gegeben sein, wenn der Unterhaltsberechtigte Sozialhilfe in Anspruch nimmt und für denselben Zeitraum einen Verwandten des zweiten Grades oder entfernter auf Unterhalt in Anspruch nehmen möchte. Der Unterhaltsanspruch geht wegen erfolgter Sozialleistungen im Verhältnis zu diesem Verwandten nicht auf den Sozialleistungsträger über, § 94 I 3 SGB XII. Andererseits ist die Sozialhilfe gemäß § 2 I SGB XII nachrangig, auch diesem Verwandten gegenüber.[159] Daher könnte der Unterhaltsberechtigte trotz erhaltener Sozialleistungen grundsätzlich gegen den Verwandten vorgehen und doppelte Befriedigung erlangen. Unter Abwägung der Interessen des Unterhaltsschuldners und des Gläubigers kann dies einen Verstoß gegen Treu und Glauben darstellen, jedenfalls soweit rückständiger Unterhalt betroffen ist (→ § 8 Rn. 126 ff.).[160]

Im privilegierten Unterhaltsverhältnis zwischen Eltern und Kindern kann die Situation entstehen, dass der Bedürftige (zB Elternteil) seinen Lebensunterhalt nicht mit eigenen Mitteln befriedigen kann und daher grundsätzlich Grundsicherung gemäß §§ 41 ff. SGB XII beantragen könnte. Wenn der Elternteil mehrere unterhaltspflichtige Kinder hat und eines davon ein steuerliches Jahreseinkommen von mehr als 100.000 EUR erwirtschaftet, entfällt der Anspruch des Elternteils auf Grundsicherung. Erhält der Elternteil in

---
[157] BGH FamRZ 1998, 367 (370), insoweit in R 518 nicht abgedruckt.
[158] BGH FamRZ 2004, 1097 (1098).
[159] BGH FamRZ 2015, 1467 Rn. 44.
[160] BGH FamRZ 1999, 843 (846).

III. Das Unterhaltsverhältnis im Einzelnen § 2

der Folge nachrangige Sozialhilfe, bildet der Umstand des fehlenden Anspruchs auf Grundsicherung in Höhe des sonst bestehenden Anspruchs gegenüber dem Kind mit dem unter 100.000 EUR liegenden Einkommen eine unbillige Härte (§ 94 I 3 SGB XII), wenn der Anspruch auf den Sozialhilfeträger übergeht. Nimmt der Elternteil nicht nur das gutverdienende Kind auf Unterhalt in Anspruch, sondern das weitere mit dem Einkommen unter 100.000 EUR im Jahr, liegt darin in dem Umfang, in dem sonst ein Anspruch auf Grundsicherung bestanden hätte,[161] diesem gegenüber eine unzulässige Rechtsausübung, die das Kind dem Elternteil gemäß § 242 BGB entgegenhalten darf.[162] Hier darf der Einwand auch für Unterhalt in der Zukunft erhoben werden, solange ein Anspruch auf Grundsicherung wegen des zu hohen Einkommens des Geschwisters entfällt (→ § 8 Rn. 87 ff. unter dem Aspekt der unbilligen Härte, § 94 I 3 SGB XII).

4. Abschnitt: Elternunterhalt im Besonderen

I. Grundsätzliches

Zu den Grundfragen der Unterhaltsverpflichtung von Kindern gegenüber ihren Eltern → Rn. 900 u. 934 ff., zu dem Umstand, dass Eltern am **Ende der Rangfolge** der Berechtigten stehen, vgl. § 1609 Nr. 6 BGB → Rn. 923; vorrangig sind auch die Unterhaltsansprüche der Mutter oder des Vaters aus Anlass der Geburt eines Kindes (§ 1615l III u. IV BGB). Unterhaltsansprüche von Eltern gegenüber Kindern spielen in der Praxis noch eine untergeordnete Rolle, ihre Bedeutung nimmt aber zu. Auch dürfte die Zahl betagter Menschen mit geringem Einkommen bzw. zu geringen Pflegeversicherungsansprüchen nicht klein sein, so dass die Kosten der notwendigen Pflege nicht gedeckt werden können oder sonst wirtschaftliche Not besteht. Eltern machen im Interesse des Familienfriedens trotz wirtschaftlicher Notlage nur selten selbst Unterhaltsansprüche gegen Kinder geltend und scheuen – möglicherweise zur Vermeidung eines Rückgriffs gegen die Kinder – auch die Inanspruchnahme von Sozialhilfe[1] (→ § 8 Rn. 135 ff. zur Grundsicherung). In der Regel macht der Sozialhilfeträger Unterhaltsansprüche aus übergegangenem Recht (§ 94 SGB XII) wie bei Heimunterbringung geltend. 964

Wie allgemein beim Verwandtenunterhalt sind die Voraussetzungen eines Unterhaltsanspruchs nur gegeben, falls **Bedürftigkeit** des Berechtigten (§ 1602 I BGB) **und Leistungsfähigkeit** des Pflichtigen (§ 1603 I BGB) während der gleichen Zeit vorliegen, also beide Voraussetzungen **zeitgleich** erfüllt sind.[2] Zur Frage der teilweisen oder gänzlichen **Verwirkung des Unterhaltsanspruchs** nach § 1611 BGB → Rn. 956 ff. 965

Kommen Geschwister als Haftende für Elternunterhalt in Betracht, haben sie gegeneinander einen **Auskunftsanspruch** über ihre Einkommens- und Vermögensverhältnisse, der sich aus § 242 BGB mit Rücksicht auf ihre besondere Rechtsbeziehung der anteiligen Haftung ergibt. Soweit das Einkommen ihrer jeweiligen Ehegatten von Interesse ist, besteht der Anspruch nicht gegenüber dem betreffenden Ehegatten, sondern nur gegenüber dem entsprechenden Geschwisterkind.[3] 966

---

[161] BGH FamRZ 2015, 1467 Rn. 32 = R770c.
[162] BGH FamRZ 2015, 1467 Rn. 46.
[1] Vgl. Günther FuR 1995, 1.
[2] BVerfG FamRZ 2005, 1051 (1053) = R 635; BGH FamRZ 2006, 1511 (1512) = R 658a.
[3] BGH FamRZ 2011, 21 Rn. 13; 2003, 1836 (1838).

II. Bedarf des Berechtigten

1. Allgemeiner Bedarf – eigener Haushalt

967 Der unterhaltsrechtliche **Bedarf von Eltern** bestimmt sich nach § 1610 BGB (→ Rn. 926) nach der eigenen Lebensstellung, also in erster Linie nach den eigenen aktuellen Einkommens- und Vermögensverhältnissen des betreffenden Elternteils, nicht nach der etwa gehobenen Lebensstellung eines unterhaltspflichtigen Kindes. Sie ist nicht unveränderlich, sondern passt sich – eventuell nach einer Übergangszeit – auch nachteiligen Veränderungen der Einkommensverhältnisse an, zB nach Eintritt in den Ruhestand.[4] Der Bedarf kann sich auch insoweit ändern, als ggf. ambulante Pflegeleistungen benötigt werden. Allerdings wird der Bedarf auch bei bescheidensten Verhältnissen jedenfalls das unterhaltsrechtliche Existenzminimum bilden.[5] Dieser Mindestbedarf kann entsprechend den in den unterhaltsrechtlichen Leitlinien angenommenen **Mindestbedarfssätzen** ((Stand: 1.1.2019) monatlich 1080,– EUR beim Erwerbstätigen und 880,– EUR beim Nichterwerbstätigen) pauschaliert werden.[6] Auch die Lebensstellung eines unterhaltsberechtigten Elternteils kann nämlich nicht unter dem Existenzminimum liegen. Zu beachten ist, dass **eigene Unterhaltspflichten des Elternteils,** zB für den Ehegatten, seinen Bedarf nicht erhöhen und eine Bedürftigkeit nicht begründen können, weil der Unterhaltsanspruch allein zur Behebung eigenen Unterhaltsbedarfs dient, auch wenn die Unterhaltspflicht sozialrechtlich zu beachten ist.[7]

2. Bedarf bei Heimunterbringung

968 Notwendige ungedeckte **Heim- und/oder Pflegekosten** stellen den Unterhaltsbedarf pflegebedürftiger Eltern dar.[8] Durch die Einführung der Pflegeversicherung (SGB XI) ist bis zu bestimmten Höchstsätzen[9] nur das Pflegefallrisiko (pflegebedingte Aufwendungen), grundsätzlich aber nicht der sonstige Lebensbedarf, zB bei Heimunterbringung Unterkunft und Verpflegung, abgesichert. Kommt es zur Heimunterbringung, reichen uU auch die Pauschsätze der Pflegeversicherung (seit 1.1.2017 in Pflegegrad 5: 2005,– EUR, § 43 II SGB XI) nicht zur Abdeckung des Pflegeaufwands aus.[10] Soweit Heimkosten notwendigerweise entstehen, etwa weil eine Versorgung in der eigenen Wohnung nicht mehr organisiert werden kann und deswegen im Heim keine nur präventive Unterbringung stattfindet, betreffen sie als existenzielle Bedürfnisse des Berechtigten dessen Bedarf, für den der Pflichtige einstehen muss,[11] solange ihm die Leistung ohne Gefährdung seines angemessenen Unterhalts (§ 1603 I BGB) möglich ist. Die Notwendigkeit der Kosten bemisst sich nach unterhaltsrechtlichen Maßstäben, also nach der konkreten Lebensstellung der Eltern (→ Rn. 926), nicht nach sozialhilferechtlichen, die nicht stets übereinstimmen müssen.[12] Sind die Eltern sozialhilfebedürftig geworden, beschränkt sich der Lebensstandard auf das **Existenzminimum** und eine zumutbare

---

[4] BGH FamRZ 2015, 2138 Rn. 15 = R 773a; 2010, 1535 Rn. 18 = R 714a; 2003, 860 (861).
[5] BGH st. Rspr., zuletzt FamRZ 2018, 1903 Rn. 11.
[6] BGH FamRZ 2003, 860 (861); Günther, FuR 1995, 1 (2); OLG Koblenz FamRZ 2001, 1212 (1213).
[7] BGH FamRZ 2004, 1370 (1372.
[8] BGH st. Rspr.; zuletzt FamRZ 2018, 1903 Rn. 11; 2015, 2138 Rn. 14 mAnm Born = R 773a; 2015, 1594 Rn. 25; 2013, 1554 Rn. 15 = R 741b; 2013, 203 Rn. 15; 2010, 1535 Rn. 13 ff. = R 714a; 2004, 1370 (1371); vgl. auch Empfehlungen des 17. Deutschen Famliengerichtstags unter B. 3. a), FamRZ 2007, 2040.
[9] Seit 1.1.2017 Pflegestärkungsgesetz III vom 23.12.2016 (BGBl. 2016 I S. 3191).
[10] Vgl. Menter FamRZ 1997, 919.
[11] BGH FamRZ 2015, 2138 Rn. 14 mAnm Born = R 773a; 2015, 1594 Rn. 25; 2013, 203 Rn. 15 mAnm Hauß; 2010, 1535 Rn. 13 = R 714a; nach OLG Schleswig NJW-RR 2004, 866 müssen die Unterbringungskosten im Verhältnis zur Lebensstellung angemessen sein.
[12] BGH FamRZ 2015, 1594 Rn. 25; 2013, 203 Rn. 16 mAnm Hauß.

III. Das Unterhaltsverhältnis im Einzelnen § 2

einfache und kostengünstige Heimunterbringung. Ein ehemals höherer Lebensstandard ist nicht mehr relevant.[13] Daher wird sich die Angemessenheit des Heims grundsätzlich nach den finanziellen Verhältnissen der Eltern richten. Stehen dem Unterhaltsberechtigten mehrere Heime im unteren Preissegment zur Verfügung, so hat er einen Entscheidungsspielraum. Er ist nicht verpflichtet, seine Entscheidung allein von den Kosten als einziges Auswahlkriterium abhängig zu machen.[14] Ein von den Eltern frei gewähltes, aber nach ihren Verhältnissen unangemessen teures Alten- und Pflegeheim wird daher nicht ihrem Bedarf entsprechen[15] und – wenn sie dessen Kosten von Beginn an nicht selbstständig tragen können – grundsätzlich nicht notwendig sein. Höhere Heimkosten als die dem konkreten Lebensstandard entsprechenden können aber ausnahmsweise anerkennungsfähig sein, wenn die Eltern/der Sozialhilfeträger Gründe darlegen können, warum das preiswertere Heim nicht zumutbar ist. Das kann zB der Fall sein, wenn sie zunächst die Heimkosten noch selbst bezahlen konnten[16] oder wenn in den preiswerteren Heimen kein Platz frei war.[17] Auch sonstige Umstände können die konkrete Heimauswahl rechtfertigen. So erscheint eine Berücksichtigung der Nähe des Heimes zum bisherigen Lebensumfeld des Unterhaltsberechtigten möglich, wenn dieser daran noch teilhaben kann und es ihm unzumutbar ist, davon abgeschnitten zu werden.[18] Ebenso sind religiöse oder weltanschauliche Gründe denkbar.

Investitionskosten sind beim Vergleich der Kosten verschiedener Heime nicht einzubeziehen.[19]

In Einzelfällen kann sich die Frage stellen, ob das in Anspruch genommene Kind den bedürftigen und im Heim untergebrachten Elternteil nach § 1612 I 2 BGB ausnahmsweise aus besonderen Gründen darauf verweisen kann, **Naturalunterhalt** entgegenzunehmen, zB durch Bezug eines vom Kind zur Verfügung gestellten Wohnraums und Entgegennahme von vom Kind organisierten Betreuungs- und Pflegeleistungen. Hier sind die Interessen des Unterhaltsberechtigten sowie diejenigen des Unterhaltspflichtigen gegeneinander abzuwägen.[20]

969

Der Bedarf im Heim umfasst auch einen **Barbetrag** gemäß § 27b II 1 SGB XII, um persönliche Bedürfnisse, die nicht von den Leistungen des Heimes erfasst werden, zu erfüllen.[21] Der Betrag beträgt 27% des Regelbetrags in Stufe 1 gemäß § 28 SGB XII und liegt seit 1.1.2019 bei 114,48 EUR (§ 27a II 2 SGB XII, Anlage zu § 28 SGB XII). Ggf. kann auch ein **Zusatzbarbetrag** vom Bedarf umfasst sein. Dies gilt dann, wenn der Bedürftige schon am 31.12.2004 im Heim gelebt hat und einen Teil der Heimkosten selbst bestreiten konnte. Er hatte dann nach § 21 III 4 BSHG einen Anspruch auf einen Zusatzbarbetrag. Diese Regelung ist nicht in das SGB XII übernommen worden – § 35 II 1 SGB XII sieht nur einen angemessenen Barbetrag vor –, wird aber als Besitzstandswahrung gemäß § 133a SGB XII solchen Heimbewohnern weitergewährt. Sie ermöglicht dem jedenfalls teilweise leistungsfähigen Heimbewohner einen etwas höheren Lebensstandard.[22]

970

---

[13] BGH FamRZ 2015, 2138 Rn. 15 mAnm Born = R 773a; 2013, 203 Rn. 15 ff., 17 mAnm Hauß.
[14] BGH FamRZ 2015, 2138 Rn. 16 mAnm Born.
[15] OLG Schleswig NJW-RR 2004, 866; Hauß, Elternunterhalt: Grundlagen und Strategien, 5. Aufl., Rn. 94.; Herr FamRZ 2005, 1021.
[16] BGH FamRZ 2018, 1903 Rn. 11; 2015, 2138 Rn. 17, 20 mAnm Born = R 773b; 2013, 203 Rn. 18 ff. mAnm Hauß.
[17] BGH FamRZ 2015, 2138 Rn. 20 mAnm Born = R 773b; 2013, 203 Rn. 18 ff. mAnm Hauß.
[18] So auch OLG Karlsruhe FamRZ 2016, 1469, 1472.
[19] BGH FamRZ 2015, 2138 Rn. 25f mAnm Born.
[20] OLG Oldenburg FamRZ 2010, 992; Hauß, Elternunterhalt: Grundlagen und Strategien, 5. Aufl., Rn. 108 ff.
[21] BGH FamRZ 2015, 1594 Rn. 26; 2013, 1554 Rn. 16= R 741b; 2013, 363 Rn. 16; 2013, 203 Rn. 24; 2010, 1535 Rn. 16 = R 714a.
[22] BGH FamRZ 2010, 1535 Rn. 15 ff. = R 714a.

3. Darlegungs- und Beweislast

971 Der Sozialhilfeträger, der aus übergegangenem Recht Unterhaltsleistungen vom Kind fordert, bzw. der selbst prozessierende Elternteil trägt die **Darlegungs- und Beweislast** für den Bedarf der Eltern gemäß § 1610 I BGB. Dafür wird es zunächst genügen darzulegen, dass die Kosten sozialhilferechtlich anerkannt seien (§ 27b SGB XII), solange keine Anhaltspunkte dafür vorliegen, dass sie nicht der angemessenen Lebensstellung des Elternteils entsprechen.[23] Das unterhaltspflichtige Kind hat, soweit es die Notwendigkeit der Kosten bestreitet, substantiiert vorzutragen, dass ein konkretes anderes zur Aufnahme bereites Heim zumutbar und kostengünstiger wäre,[24] und zwar auch dann, wenn der Unterhaltsberechtigte noch nicht zu den Kriterien der Heimauswahl vorgetragen hat. Allerdings kann sich das Kind auf diesen Einwand nicht berufen, wenn es selbst an der Auswahl des Heims beteiligt war und diese beeinflusst hat. Damit würde es sich in Widerspruch zu seinem eigenen früheren Verhalten setzen (§ 242 BGB).[25] Andererseits kann dem Kind der Umstand, dass es sich nicht an der Auswahl beteiligt hat, nicht ohne weiteres entgegengehalten werden. Kann der Unterhaltsberechtigte darlegen, dass das Heim ebenso wie die vom Kind benannten günstigeren Heime zum unteren Preissegment gehört, kann die getroffene Wahl deshalb gegenüber dem Unterhaltspflichtigen zumutbar sein.[26]

III. Bedürftigkeit des Berechtigten

1. Einkünfte

972 An der Unterhaltsbedürftigkeit des Elternteils fehlt es, soweit Einkünfte oder verwertbares Vermögen vorhanden sind → Rn. 935. Als einzusetzende Einkünfte kommen **alle Erwerbs- oder Renteneinkünfte, Pflegegeld** sowie Ansprüche auf die bedarfsorientierte **Grundsicherung** (→ Rn. 135 ff.), ebenso **Leistungen für Kindererziehung** gemäß §§ 294 ff. SGB VI bei Eltern, die vor dem 1.1.1921 geboren wurden. Die Anrechnungsfreiheit Letzterer nach § 299 SGB VI bezieht sich nicht auf das bürgerlich-rechtliche Unterhaltsverhältnis.[27] Erwerbseinkünfte aus einer Nebentätigkeit sind anders als im Ehegattenunterhalt in vollem Umfang anzurechnen, solange sie erzielt werden. Dies rechtfertigt sich aus dem schwach ausgestalteten Anspruch auf Elternunterhalt. Der Berechtigte muss zunächst alle eigenen Einkünfte zur Bedarfsdeckung einsetzen. Zur Qualifizierung eines im Grundbuch gesicherten Wohnungsrechts, wenn der Berechtigte wegen Pflegebedürftigkeit ins Heim umziehen muss → Fn.[28]. Zu dem Fall, dass der Sozialleistungsträger es zurechenbar versäumt hat, einen unterhalts- und pflegebedürftigen Sozialhilfeempfänger in die Pflegeversicherung aufnehmen zu lassen mit der Folge, dass dem Berechtigten im Unterhaltsverhältnis fiktive Leistungen aus der Pflegeversicherung anzurechnen sind[29] → § 8 Rn. 87.

2. Verwertbares Vermögen

973 Solches ist zunächst zu verbrauchen, bevor Unterhalt verlangt wird. Die allgemeine Billigkeitsklausel des § 1577 III BGB 2. Alternative gilt im Verwandtenunterhalt nicht, so dass die Grenze der Zumutbarkeit enger zu ziehen ist.[30] Insofern sind bei unterhaltsberechtigten Eltern geringere Einschränkungen zu machen. Zum Einsatz des Notgroschens → Rn. 930. Zwar ist auch bei ihnen eine **umfassende Zumutbarkeitsabwägung,** die etwa der Über-

---

[23] BGH FamRZ 2015, 2138 Rn. 18 = R 773b.
[24] OLG Celle FamRZ 2018, 1588 (LS) zum psychiatrischen Fachpflegeheim.
[25] BGH FamRZ 2018, 1903 Rn. 11.
[26] BGH FamRZ 2015, 2138 Rn. 18 ff mAnm Born = R 773b; 2013, 203 Rn. 15 ff. mAnm Hauß.
[27] BGH FamRZ 2013, 203 Rn. 28.
[28] BGH FamRZ 2007, 632; OLG Hamm FamRZ 2018, 434.
[29] BGH FamRZ 2015, 1594.
[30] BGH FamRZ 1998, 367 (368).

III. Das Unterhaltsverhältnis im Einzelnen § 2

prüfung nach grober Unbilligkeit entspricht, unter Berücksichtigung der Lage des Verpflichteten erforderlich,[31] es ist aber ein strengerer Maßstab anzulegen als umgekehrt bei den pflichtigen Kindern. Grundsätzlich ist das Vermögen zu verwerten, es sei denn, die Verwertung wäre nicht möglich[32] oder ganz unwirtschaftlich.[33] Anders als bei volljährigen Kindern (→ Rn. 133), die vielfach noch keine selbstständige Lebensstellung erlangt haben, kommen darüber hinaus gehende Billigkeitsüberlegungen nur in geringerem Umfang in Betracht. Der BGH[34] – der Fall betraf allerdings einen Schadensersatzanspruch nach § 844 II BGB wegen Verlusts des Unterhaltsanspruchs – ging auch bei unterhaltsberechtigten Eltern bei der Zumutbarkeitsprüfung verhältnismäßig weit und nahm Unzumutbarkeit an, wenn der Verbrauch des Vermögens bei Berücksichtigung der voraussichtlichen Lebensdauer des Berechtigten dessen angemessenen Lebensunterhalt beeinträchtigen würde. Hiergegen spricht beim Elternunterhalt, dass der Stamm des Vermögens nicht den Erben zu erhalten ist[35] und dass die auf Grund der konkreten gesundheitlichen Verhältnisse oder auch der statistischen Lebenserwartung zu treffende Prognose einer noch erheblichen Lebensdauer, welche wegen Sicherstellung eines Teilunterhalts der Verwertung entgegenstehen würde, zu Lasten des unterhaltspflichtigen Kindes und zugunsten der Erben ginge. Richtig dürfte die Ansicht sein, dass die Verwertung nur dann nicht mehr verlangt werden kann, wenn der berechtigte Elternteil einen auch bei Berücksichtigung der Interessen des Unterhaltspflichtigen **wirtschaftlich nicht vertretbaren Nachteil**[36] erleiden würde, zB wenn eine Verwertung durch Veräußerung auf Grund einer ungewöhnlichen Marktsituation nur zu einem Bruchteil des wirtschaftlichen Werts möglich wäre. Immer ist zu prüfen, ob nicht anstelle der Veräußerung eine **Verwertung als Kreditunterlage** in Betracht kommt.[37]

Bewohnt der Berechtigte ein eigenes **Hausgrundstück,** wird die Veräußerung, die allein zur Aufhebung der Bedürftigkeit führt, trotz der durch das mietfreie Wohnen vorliegenden langfristigen Deckung und Sicherung des Wohnbedarfs nur dann nicht verlangt werden können, wenn der Unterhaltsbedarf durch den Verbrauch des Erlöses und seiner Erträge nur für eine nicht erhebliche Zeit befriedigt werden könnte. Ist dies für einen bedeutenden Anteil der bestehenden Lebenserwartung möglich, muss veräußert oder das Hausgrundstück stattdessen als Kreditunterlage – soweit dies wegen Stundung der Kreditraten oder wegen deren niedriger Höhe möglich ist – verwendet werden. Wie ausgeführt, ist die Verwertungspflicht des berechtigten Elternteils strenger zu beurteilen als die entsprechende Verpflichtung des Unterhaltspflichtigen. Der Berechtigte hat in erster Linie seinen gegenwärtigen Unterhaltsbedarf zu decken, so dass seine Bedürftigkeit – soweit sie von der Verwertungsfrage abhängt – nur mit Zurückhaltung auf Grund einer in die Zukunft gerichteten Prognose zu Lasten des Pflichtigen bejaht werden sollte, der seinerseits gegenwärtig lebt und gegenwärtig nicht in Anspruch genommen werden will. In seltenen Fällen mögen einer Verwertung durch Veräußerung des Eigenheims auch dringende gesundheitliche Gründe entgegenstehen, zB wenn ein bei Veräußerung nicht vermeidbarer Auszug des Berechtigten zu einer nicht ohne weiteres behebbaren lebensbedrohlichen Gesundheitskrise führen würde. 974

3. Rückforderungsanspruch des Schenkers gemäß § 528 BGB

a) **Allgemeines.** Zum einzusetzenden Vermögen gehört auch der Herausgabeanspruch bzw. Rückforderungsanspruch gegen den Beschenkten nach § 528 I BGB.[38] Der Rück- 975

---

[31] BGH FamRZ 1998, 367 (368); vgl. auch BSG FamRZ 2010, 1729 zur Verwertung eines Pflichtteilanspruchs.
[32] Wegen des Problems, ob eine Vermögensverwertung möglich ist, vgl. BGH FamRZ 1997, 281 (284) zur Frage einer gegenständlich beschränkten Teilauseinandersetzung einer Erbengemeinschaft.
[33] BGH FamRZ 1998, 367 (369).
[34] BGH FamRZ 1966, 28 (29).
[35] BGH FamRZ 1966, 28 (29).
[36] Vgl. zu diesem Ergebnis Staudinger/Klinkhammer § 1602 Rn. 132.
[37] BGH FamRZ 2006, 935 (937) = R 644.
[38] Wegen der rechtlichen Probleme der Vorschrift vgl. auch Franzen FamRZ 1997, 528.

forderungsanspruch stellt einen gesetzlich geregelten Fall des Wegfalls der Geschäftsgrundlage dar. Der Anspruch ist gegenüber dem Unterhaltsanspruch des Schenkers vorrangig, wenn dieser (Elternteil) nach Vollziehung der Schenkung bedürftig geworden ist.[39] Grundsätzlich ist der Schenker darin frei, ob er sich mit weniger als dem angemessenen Unterhalt begnügen und daher auf die Geltendmachung des Rückforderungsanspruchs verzichten will. Dies gilt aber mit der Folge der Vererbbarkeit des Anspruchs nicht, falls er sich gerade nicht im Interesse des Beschenkten eingeschränkt hat oder – zB wegen seiner Pflegebedürftigkeit – nicht in dessen Interesse einschränken konnte, sondern Sachleistungen oder sonstige Zuwendungen eines Dritten, zB eines Pflegeheims, entgegennahm. Er hat dann durch sein Verhalten, zu dem er sich bei Ablehnung einer Inanspruchnahme des Beschenkten in Widerspruch setzen würde, gezeigt, dass er den Rückforderungsanspruch geltend machen will.[40]

Hat der Schenker sein gesamtes gegenwärtiges Vermögen dem Beschenkten schenkweise übertragen, so gilt die Formvorschrift des § 311b III BGB, deren Mangel nicht durch die Regelung des § 518 II BGB geheilt werden kann.[41] Der Anspruch richtet sich gegen die Erben des Beschenkten, falls dieser vorverstorben ist.[42]

976 Es besteht **keine Zuständigkeit der Familiengerichte** für die Geltendmachung des Rückforderungsanspruchs. Weder handelt es sich um einen Unterhaltsanspruch, selbst wenn er auf wiederkehrende Leistungen (→ Rn. 979) gerichtet ist[43] Noch liegt eine sonstige Familiensache iSv § 266 FamFG vor.

977 **b) Voraussetzungen.** Der Schenker muss **bedürftig** geworden (→ Rn. 972), also außerstande sein, seinen angemessenen Unterhalt (§ 1610 BGB) zu decken, zB sich die fehlenden Mittel durch zumutbare Arbeit zu beschaffen.[44] Der Bedarf des Schenkers bestimmt sich nicht nach seiner individuellen Lebensstellung vor der Ausführung der Schenkung, sondern er ist auf den Bedarf verwiesen, der objektiv seiner Lebensstellung nach der Schenkung angemessen ist.[45] Die Bedürftigkeit selbst muss nicht Folge der Schenkung sein. Die vom Schenker bewirkte Leistung muss zudem **unentgeltlich** sein. Das bedeutet, die Zuwendung muss einseitig sein, nur vom Zuwendenden ausgehen und darf nicht mit einer Leistung des Empfängers, auch nicht an Dritte, verbunden sein.[46] Maßgeblich ist eine objektive Betrachtung, die die subjektive Absicht der Beteiligten beachtet. Unentgeltliche Zuwendung im Sinne des § 528 BGB kann auch eine objektiv unentgeltliche Zuwendung sein, die früher güterrechtlich nicht als Schenkung, sondern als sogenannte **unbenannte Zuwendung** qualifiziert wurde.[47] Seit der Entscheidung des BGH vom 3.2.2010 wird diese Zuwendung nunmehr auch güterrechtlich als Schenkung eingestuft.[48] Der **Schenker** trägt die Darlegungs- und Beweislast für die (volle oder teilweise[49]) Unentgeltlichkeit der betreffenden Zuwendung[50] und für seine Bedürftigkeit.[51]

978 **c) Inhalt und Umfang des Rückforderungsanspruchs.** Der Anspruch wird einerseits durch den Wert des Geschenks, andererseits durch den jeweiligen Bedarf des Schenkers begrenzt. Er geht, wenn ein laufender Unterhaltsbedarf besteht, von vornherein **auf**

---

[39] BGH FamRZ 2001, 1137 (1139); NJW 1991, 1824.
[40] BGH FamRZ 2001, 1137 (1138).
[41] BGH FamRZ 2016, 1923 Rn. 8 ff.
[42] BGH FamRZ 1991, 1288.
[43] Vgl. BGH FamRZ 2010, 1330 (unbeanstandeter Instanzenzug).
[44] BGH FamRZ 1996, 483.
[45] BGH FamRZ 2003, 224 (228).
[46] BGH NJW 1999, 1549 (1550).
[47] Vgl. BGH FamRZ 2000, 84 (87) zum Begriff der Unentgeltlichkeit gem. § 822 BGB, wenn die Schenkung vom Beschenkten als unbenannte Zuwendung an seinen Ehegatten weitergegeben wurde.
[48] BGH FamRZ 2010, 1626; 2010, 958.
[49] BGH FamRZ 2012, 207 Rn. 14 ff. zu den Voraussetzungen der gemischten Schenkung; OLG Hamm FamRZ 2018, 434 zum entgeltlichen Übertragungsvertrag unter Ausnutzung eines besonders günstigen Preises innerhalb der Familie beim Elternunterhalt.
[50] BGH FamRZ 1995, 479 (480) – zur teilweisen Unentgeltlichkeit eines Übergabevertrags in Vorwegnahme der Erbfolge.
[51] BGH NJW-RR 2003, 53 (54).

III. Das Unterhaltsverhältnis im Einzelnen § 2

wiederkehrende Leistungen (monatliche Zahlungen) als Teilwertersatzleistungen in Geld in Höhe des wiederkehrenden Bedarfs, bis der Wert des Schenkungsgegenstands erschöpft ist.[52] Der Beschenkte darf nämlich nur insoweit nach den Vorschriften über die ungerechtfertigte Bereicherung in Anspruch genommen werden, als der Schenker seinen angemessenen Unterhalt nicht zu bestreiten vermag. Nur mit dieser **Begrenzung des Rückforderungsanspruchs** wird in Fällen eines wiederkehrenden Bedarfs gesichert, dass das Geschenk nur in dem Maße in Anspruch genommen wird, wie es dem Bedarf des Schenkers entspricht. Zugleich werden mögliche Rückforderungsansprüche des Beschenkten vermieden, die bei Wegfall des Unterhaltsbedarfs nach Herausgabe des Gesamtwerts entstehen könnten.[53] Für die Anwendung der Ersetzungsbefugnis des § 528 I 2 BGB bleibt damit bei wiederkehrendem Bedarf kein Raum.[54]

Soweit das Gesetz die Rückforderung an die Vollziehung der Schenkung knüpft, bedeutet dies nur eine zeitliche Abgrenzung zur Einrede des Notbedarfs (§ 519 BGB).[55] Deswegen kann der Rückforderungsanspruch, der allerdings erst mit Vollziehung der Schenkung entsteht, bei vorliegendem Notbedarf auch schon für Unterhaltszeiträume ab Abschluss des Schenkungsvertrags, nicht erst ab Vollziehung der Schenkung geltend gemacht werden.[56] Die Schenkung ist auch dann wegen Verarmung des Schenkers rückforderbar, wenn das Geschenk, wäre es beim Schenker verblieben, zu dessen Schonvermögen gehört hätte.[57]

979

Bei der Bestimmung des Umfangs des Rückforderungsanspruchs ist eine **wirtschaftliche Betrachtungsweise** geboten. Für die Ermittlung Werts des Geschenks ist der Zeitpunkt maßgeblich, in dem der Anspruch auf Rückforderung entsteht. Das gilt gleichermaßen für teilbare wie unteilbare Geschenke. Bei teilbaren Geschenken ergibt sich dies bei einer Rückgabe aus der Natur der Sache. Bei unteilbaren Geschenken kann der zu ersetzende Wert nicht über den im Falle der Möglichkeit einer Rückgabe bestehenden Wert hinausgehen.[58] Bei nicht herausgabefähigen Geschenken (Verzicht auf dingliche Rechte) kommt es auf den objektiven Wert an. Das ist im Zweifel der Verkehrswert. Dieser Wert bildet zugleich die Obergrenze des Rückforderungsanspruchs. Hat das Geschenk den Verzicht auf ein **Wohnrecht** zum Gegenstand, so ist als Wert bzw. für die Höhe des Rückforderungsanspruchs der Betrag maßgeblich, um den sich der Verkehrswert des Grundstücks/der Immobilie im maßgeblichen Zeitpunkt durch den Wegfall der dinglichen Belastung erhöht hat. Hat der Beschenkte auch Nutzungen aus dem Geschenk ziehen können (zB durch Vermietung), so betrifft der Rückforderungsanspruch grundsätzlich auch die seit der Schenkung gezogenen Nutzungen, weil der Beschenkte auch in deren Höhe bereichert ist.[59] Dabei sind Umfang und Wert der Bereicherung nicht nur auf den Zeitpunkt der Entstehung des Herausgabeanspruchs zu bemessen, sondern auch Bereicherungen zu berücksichtigen, die auf Nutzungen vom Vollzug der Schenkung an beruhen.

980

Mehrere Beschenkte haften, beschränkt auf den Wert des von ihnen jeweils Empfangenen, wie Gesamtschuldner jeder für sich bis zur Obergrenze des angemessenen Unterhaltsbedarfs des Schenkers.[60] Wegen der Frage, inwieweit der Schenker den Beschenkten in **Verzug** setzen muss, siehe §§ 528 I 3, 1613 BGB; wegen der Frage, inwieweit der Anspruch auf die **Erben des Schenkers übergeht**, siehe §§ 528 I 3, 1615 BGB.[61]

981

d) Abwendung der Zahlungspflicht – Wegfall der Bereicherung. Der Beschenkte kann die Zahlungspflicht abwenden, indem er die Rückübertragung des geschenkten Ge-

982

---

[52] BGH FamRZ 2018, 1714 Rn. 8; NJW-RR 2003, 53 (54); FamRZ 1996, 483; BVerwG FamRZ 1993, 184 (185); insoweit missverständlich formuliert OLG Naumburg FamRZ 1997, 293.
[53] BGH NJW-RR 2003, 53 (54) FamRZ 1996, 483.
[54] BGH NJW-RR 2003, 53 (54) FamRZ 1996, 483.
[55] BGH FamRZ 2005, 177 (178).
[56] BGH FamRZ 2007, 277 (278).
[57] BGH FamRZ 2019, 698 Rn. 18; FamRZ 2005, 177.
[58] BGH FamRZ 2018, 1714 Rn. 9.
[59] BGH FamRZ 2018, 1714 Rn. 10 ff.
[60] BGH FamRZ 1998, 155.
[61] Vgl. Franzen FamRZ 1997, 528.

genstands anbietet.⁶² Ist der Beschenkte eines wertvollen geschenkten Grundstücks auch der kraft Gesetzes Unterhaltspflichtige, hat er aber kein sonstiges Einkommen, bedarf es keiner Rückübertragung, wenn eine **Beleihung** des Grundstücks, möglicherweise mit ausgesetzter oder gestreckter Zinszahlung und Tilgung möglich ist, um den laufenden Unterhaltsbedarf des Schenkers zu bestreiten.⁶³ Soweit eine Bereicherung (insbesondere aus Nutzungen) bis zu dem nach §§ 818 IV, 819 BGB maßgeblichen Zeitpunkt weggefallen ist, ist dies gemäß § 818 III BGB zu berücksichtigen.⁶⁴ Auf den Wegfall der Bereicherung (§ 818 III BGB) kann sich der Beschenkte aber nicht berufen, falls er im Sinne der §§ 818 IV, 819 I BGB bösgläubig war, weil er das Geschenk in Kenntnis von drohender Erwerbsunfähigkeit des Schenkers wegen Alkoholabhängigkeit entgegengenommen hat. Bei verschärfter Haftung muss der Beschenkte gem. § 276 I 1 BGB (= § 279 aF BGB) für seine finanzielle Leistungsfähigkeit eintreten, so dass er sich auch nicht auf § 529 II BGB berufen kann.⁶⁵.

983 Kann der Beschenkte das Geschenk oder dessen Surrogat nicht mehr herausgeben, weil er das Erlangte seinerseits **unentgeltlich an einen Dritten** weitergegeben hat, richtet sich der Anspruch nach § 822 BGB gegen den Dritten.⁶⁶

984 **e) Ausschluss des Rückforderungsanspruchs gemäß §§ 529, 534 BGB.** Die Regelung des **§ 529 II BGB** gibt dem Beschenkten um eine **anspruchshemmende Einrede**, die nicht dem Rückforderungsanspruch an sich, sondern nur seiner gegenwärtigen Durchsetzung entgegensteht.⁶⁷ Die Berufung auf die Einrede nach § 529 II BGB erfordert nicht zwingend eine gegenwärtige Notlage, sondern kann auch erhoben werden, wenn eine solche ernsthaft zu erwarten ist.⁶⁸ Zugunsten des Beschenkten gilt eine Frist von 10 Jahren zwischen Leistung des geschenkten Gegenstands und Eintritt der Bedürftigkeit des Schenkers (§ 529 I BGB). Innerhalb dieser Frist muss die Bedürftigkeit bereits eingetreten sein; es genügt nicht, dass sie gedroht hatte.⁶⁹

985 Nach § 529 II BGB kann die Herausgabe des Werts eines geschenkten Grundstücksanteils ausgeschlossen sein, wenn sich auf dem Grundstück das Familienheim des Beschenkten befindet und wenn im Verkaufsfall trotz des dem Beschenkten verbleibenden anteiligen Verkaufserlöses der angemessene Unterhalt des Beschenkten und seiner Familie gefährdet wäre.⁷⁰ Zur Beurteilung der Frage, was dem Beschenkten zur **Sicherung seines standesgemäßen Unterhalts** – gleichzusetzen mit dem Begriff des angemessenen Unterhalts in § 519 BGB – gemäß § 529 II BGB verbleiben muss, sind die einschlägigen familienrechtlichen Bestimmungen und die hierzu von der Rechtsprechung entwickelten Grundsätze im Sinne des angemessenen Unterhalts heranzuziehen.⁷¹ Das bedeutet, dass dem Beschenkten bei einer Inanspruchnahme auf laufenden Unterhalt der im Elternunterhalt anerkannte erhöhte Selbstbehalt von derzeit 1800,00 EUR sowie die Hälfte des darüberhinausgehenden Einkommens verbleiben muss. Zur Prüfung der entsprechenden Bedürftigkeit des Beschenkten gehört deswegen auch die Frage, ob die Bedürftigkeit bei Erfüllung einer dem Unterhaltsrecht entsprechenden Erwerbsobliegenheit entfiele.⁷²

986 Für die Berufung des Beschenkten auf seine eigene Bedürftigkeit nach § 529 II BGB ist es grundsätzlich unerheblich, weshalb die Bedürftigkeit entstanden ist. Auch die selbstverschuldete Bedürftigkeit schadet nicht. So kann im Einzelfall eine Erwerbstätigkeit in Höhe von 75% einer alleinstehenden Beschenkten (statt 100%) in einem anstrengenden und Kräfte zehrenden Beruf genügen.⁷³ Anders liegt der Fall, wenn der Beschenkte oder

---

[62] BGH FamRZ 2010, 463 Rn. 16.
[63] Vgl. OLG München FuR 2000, 350.
[64] BGH FamRZ 2018, 1714 Rn. 19 f.
[65] BGH FamRZ 2003, 1265 (1267).
[66] BGH FamRZ 2004, 691 (692).
[67] BGH FamRZ 2005, 1989.
[68] BGH FamRZ 2001, 286.
[69] BGH NJW 2000, 728 (729); FamRZ 2001, 409 (410).
[70] Vgl. OLG Hamm FamRZ, 1993, 1436.
[71] BGH FamRZ 2001, 21 (22); OLG Köln FamRZ 2017, 1313 (1314).
[72] BGH FamRZ 2005, 1989 (1990).
[73] OLG Köln FamRZ 2017, 1313, 1315 hätte 75%ige Erwerbstätigkeit akzeptiert, tatsächlich kam die Unterhaltspflichtige mit Überstunden auf eine vollschichtige Tätigkeit.

III. Das Unterhaltsverhältnis im Einzelnen   § 2

sein Erbe in Kenntnis des Notbedarfs des Schenkers die eigene Bedürftigkeit **mutwillig (dh mindestens leichtfertig)**[74], nämlich in grober Missachtung dessen, was jedem einleuchtet, zB durch unsinnige Luxusausgaben, herbeigeführt haben.[75] War er bei Verbrauch des geschenkten Gegenstands bösgläubig im Sinne des §§ 818 IV, 819 I BGB, kann er sich von vornherein nicht auf seine mangelnde finanzielle Leistungsfähigkeit berufen, weil er hierfür gem. § 276 I 1 BGB (= § 279 aF BGB) uneingeschränkt einstehen muss.[76] Dann kann ihm der Einwand unzulässiger Rechtsausübung gemäß § 242 BGB entgegengehalten werden.[77] Hat er zwar in Kenntnis der Bedürftigkeit des Schenkers, jedoch mangels hinreichender eigener Einkünfte und eigenen Vermögens das Geschenk verbraucht, wird ihm der Einwand nach § 242 BGB nicht entgegengehalten werden können.[78] Wird das Geschenk zur Bestreitung des Alters benötigt, sind zur Berechnung des mutmaßlich erforderlichen Betrags einerseits die durchschnittliche Lebenserwartung des Beschenkten anhand der Sterbetafeln (→ § 6 Rn. 675), andererseits der Bedarf jedenfalls nach den Selbstbehaltsätzen der OLG-Leitlinien zugrunde zu legen.

Schenkungen, die gemäß **§ 534 BGB** einer sittlichen Pflicht entsprechen, können nicht zurückgefordert werden. Es handelt sich regelmäßig um solche, die geboten sind. Anstandsschenkungen entsprechen zwar auch einer moralischen Verpflichtung. Deren Missachtung stellt aber keinen Pflichtenverstoß dar, sondern führt eher zu einem Ansehensverlust in den Kreisen des (potenziellen) Schenkers. Anstandsschenkungen sind Gelegenheitsgeschenke wie Geburtstags-, Weihnachts- oder Hochzeitsgeschenke. Eine jahrelange Taschengeldzahlung eines Großvaters an seine Enkelin in Höhe von mtl. rund 50,00 EUR soll eine Anstandsschenkung darstellen, die nicht dem Rückforderungsrecht unterliegt.[79] **987**

f) Verjährung. Der Anspruch auf Rückforderung wegen Verarmung des Schenkers unterliegt der **Regelverjährung** von nunmehr 3 Jahren, auch wenn der Anspruch auf regelmäßig wiederkehrenden Bedarf und damit auf wiederkehrende Leistungen geht.[80] Die kurze Verjährungsregelung, die mit dem Schuldrechtsmodernisierungsgesetz zum 1.1.2002 eingeführt wurde, muss andererseits zur Vermeidung eines unangemessenen Ergebnisses zur Konsequenz führen, dass der Anspruch in diesem Fall nicht von vornherein in voller Höhe entsteht, sondern jeweils als Teilanspruch, nämlich als immer wieder neu entstehender Anspruch auf Teilwertersatz in Geld.[81] Ist der Anspruch rechtskräftig festgestellt oder vollstreckbar aufgrund Vergleichs oder Urkunde, verjährt er gemäß § 197 I BGB nach 30 Jahren. § 197 II BGB mit der Folge der kurzen Verjährungsfrist von 3 Jahren findet dann keine Anwendung, weil der Rückforderungsanspruch nicht auf wiederkehrende Leistungen gerichtet ist, sondern es sich um einen von vornherein der Höhe nach begrenzten Gesamtanspruch handelt, der nur in Teilbeträgen geltend zu machen ist. Ist ein Grundstücksrecht Gegenstand der Rückforderung, richtet sich die Verjährungsfrist nach § 196 BGB und beträgt 10 Jahre.[82] § 196 BGB gilt für Ansprüche auf Übertragung des Eigentums an einem Grundstück, wozu auch bereicherungsrechtliche Ansprüche (§§ 812 ff. BGB) gehören. Die Rückforderung des Geschenks richtet sich gemäß § 528 BGB nach §§ 812 ff. BGB. Das gilt auch, wenn nur ein Teilwertersatzanspruch geltend gemacht wird, weil der Rückforderungsanspruch nicht den Grundstückswert erreicht.[83] **988**

g) Überleitung auf den Sozialhilfeträger. Der Herausgabeanspruch des Schenkers kann vom **Sozialhilfeträger** bis zur Höhe seiner Aufwendungen für den Schenker **nach § 93 SGB XII übergeleitet werden.** Die Überleitungsanzeige ist ein privatrechtsgestaltender Verwaltungsakt gegenüber dem Schenker und dem Beschenkten.[84] Sie hat Tat- **989**

---

74 BGH FamRZ 2003, 1265, 1267.
75 BGH FamRZ 2001, 286 (288).
76 BGH FamRZ 2003, 1265 (1267).
77 BGH FamRZ 2001, 286, 2003, 1265.
78 BGH FamRZ 2001, 286.
79 LG Aachen BeckRS 2017, 105856.
80 BGH FamRZ 2001, 409 noch zum alten Verjährungsrecht.
81 Vgl. BGH FamRZ 2001, 409.
82 BGH FamRZ 2010, 1330 Rn. 18 ff.
83 BGH FamRZ 2010, 1330.
84 BGH FamRZ 1995, 1123; BVerwG NJW 1992, 3312.

bestandswirkung auch gegenüber den Zivilgerichten.[85] Nach Überleitung bestimmt sich die Einstandspflicht des verschenkten Vermögens nach der Einkommens- und Vermögenslage des Schenkers zum Zeitpunkt der Beantragung der bewilligten Sozialhilfe. Die Überleitung bewirkt den Übergang eines bestehenden Rückforderungsanspruchs, der nicht wieder untergeht, wenn sich der Schenker wegen einer nach Gewährung der Sozialhilfe eingetretenen Verbesserung seiner Einkommensverhältnisse wieder selbst unterhalten kann.[86] Bei laufenden Leistungen geht der Anspruch auf Grund der Überleitung auf den Sozialhilfeträger über, solange die Sozialhilfe ohne Unterbrechung (als Unterbrechung gilt ein Zeitraum von mehr als 2 Monaten) gewährt wird (§ 93 II SGB XII). Die Überleitung wirkt immer nur, soweit der Sozialhilfeträger bereits Leistungen erbracht hat. Der Übergang künftiger Ansprüche steht daher unter der aufschiebenden Bedingung der Sozialhilfegewährung.[87] Die Überleitungswirkung erlischt nicht mit dem **Tod des Schenkers**[88] und kann auch danach noch durch Überleitungsanzeige herbeigeführt werden.[89] Wird der Beschenkte Erbe des Schenkers, tritt wegen der über den Tod hinaus bestehenden Erstattungspflicht kein Erlöschen des Anspruchs durch Konfusion ein, wenn der Schenker Sozialhilfe in Anspruch genommen hatte. Denn durch die Überleitungsanzeige wird die aus § 93 SGB XII resultierende Rechtslage nicht erst geschaffen, sondern die Erstattungspflicht wird dadurch nur konkretisiert und individualisiert.[90] Nach Überleitung kann sich der Beschenkte nicht durch Rückgabe des Geschenks an den Schenker, sondern nur noch an den Sozialhilfeträger von der übergeleiteten Zahlungsverpflichtung befreien.[91] Der Sozialhilfeträger (oder ein anderer Abtretungsempfänger) darf sich den **Anspruch aus § 528 I 1 BGB** auch **abtreten lassen,** soweit er den Unterhalt des Bedürftigen sichergestellt hat und weiterhin sicherstellt.[92] Der Beschenkte ist auch gegenüber dem Sozialhilfeträger mit der **Einrede des Notbedarfs** gemäß § 529 II BGB nicht ausgeschlossen.[93]

IV. Leistungsfähigkeit des pflichtigen Kindes

1. Angemessener Eigenbedarf

990   Der angemessene Eigenbedarf richtet sich nach **§ 1603 I BGB**. Diese Vorschrift gewährleistet im Verwandtenunterhalt vorrangig die Sicherung des eigenen angemessenen Unterhalts, also derjenigen Mittel, die der Pflichtige zur angemessenen Deckung seines allgemeinen Bedarfs benötigt,[94] → Rn. 933 ff. Der Elternunterhalt ist vom Gesetz auf Grund seiner untergeordneten Rangstufe (§ 1609 Nr. 6 BGB) im Verhältnis zur Rangstufe anderer Unterhaltsansprüche vergleichsweise schwach ausgestaltet. Der Pflichtige braucht daher bei Inanspruchnahme für Elternunterhalt **keine spürbare und dauerhafte Senkung seines berufs- und einkommenstypischen Unterhaltsniveaus**, an das er sich selbst schon längerfristig angepasst hat, hinzunehmen, soweit er nicht einen nach den Verhältnissen unangemessenen Aufwand betreibt oder ein Leben in Luxus führt.[95] Schon gar nicht muss das unterhaltspflichtige Kind Bedarf des Berechtigten befriedigen, wenn

---

[85] H. Schellhorn in Schellhorn/Hohn/Scheider, SGB XII, 19. Aufl., § 93 Rn. 37; Münder in Bieritz/Conradis/Thié, SGB XII, 10. Aufl. § 93 Rn. 48.
[86] BGH FamRZ 2003, 1265 (1267).
[87] Kirchhoff in Hauck/Noftz, SGB XII, 02/15, § 93 Rn. 27.
[88] BGH FamRZ 2004, 691 (692).
[89] BGH FamRZ 2004, 691 (692); FamRZ 2001, 1137 (1139); FamRZ 1995, 1123.
[90] BGH FamRZ 1995, 1123.
[91] BGH FamRZ 1994, 815.
[92] BGH FamRZ 1995, 160 (161); anderer Ansicht OLG München NJW-RR 1993, 250: Abtretung nur an die in § 528 I 1 BGB genannten Unterhaltsgläubiger.
[93] BGH FamRZ 2005, 177; OLG Köln FamRZ 2017, 1313, 1315.
[94] BGH FamRZ 2017, 519 Rn. 16 = 781a; 2006, 1511 (1512) = R 658b; 2003, 1179 (1180) + 1182.
[95] BGH FamRZ 2016, 887 Rn. 15; 2014, 538 Rn. 46; 2003, 1179 (1180); 2002, 1698 (1700 ff.).

III. Das Unterhaltsverhältnis im Einzelnen § 2

dieser höher ist als der dem Unterhaltspflichtigen selbst zu belassende eigene angemessene Bedarf. Das würde die Grenze des Zumutbaren überschreiten, weil Unterhaltspflichtige im Elternunterhalt häufig schon Leistungen für die eigenen Kinder und zugleich Sozialversicherungsabgaben zugunsten der Elterngeneration erbracht haben.[96] An seiner früheren Rechtsprechung, dass der Pflichtige entsprechenden Bedarf des Berechtigten selbst dann befriedigen müsse, wenn dieser Bedarf den ihm als Selbstbehalt zugestandenen eigenen Bedarf übersteige,[97] hat der BGH für den Elternunterhalt nicht festgehalten → Rn. 947. Auch in gehobenen Verhältnissen ist zu berücksichtigen, dass der Pflichtige, bevor er unerwartet auf Grund der Hilfs- und Pflegebedürftigkeit seiner Eltern in Anspruch genommen werden soll, sich selbst vielfach schon in höherem Lebensalter befindet und seine Lebensverhältnisse bereits längerfristig an sein Einkommensniveau angepasst hat.[98]

Zum großen **Selbstbehalt** im Elternunterhalt → ausführlich Rn. 936 ff. Eine Einschränkung erfährt die Quote aber, wenn sich für das unterhaltspflichtige Kind durch gemeinsame Haushaltsführung mit dem Ehegatten/Partner eine Ersparnis ergibt. Diese wird mit 10% bewertet, so dass dann nur noch 45% des den Mindestselbstbehalt übersteigenden Einkommens anrechnungsfrei bleiben.[99] Zu beachten ist auch, dass die 50-%-Quote aus eigenem Einkommen **nicht gilt,** wenn es um die Leistungsfähigkeit eines verheirateten Kindes zum Elternunterhalt geht, soweit hier der angemessene Eigenbedarf bereits im Rahmen des Familienunterhalts gewahrt wird (→ Rn. 1017 f.).[100] **991**

2. Einkünfte

a) Grundsatz. Die Leistungsfähigkeit bestimmt sich nach den Einkünften und dem Vermögen. Einkünfte können zunächst aus Erwerbstätigkeit und Kapitalvermögen erlangt werden. Wegen der Frage, ob die Leistungsfähigkeit des Kindes auch auf fiktiven Einkünften beruhen kann,[101] wird wegen des unterschiedlichen Grads der Zumutbarkeit je nach Unterhaltsverhältnis auf → Rn. 946 verwiesen. Konsequenterweise muss die Zumutbarkeitsschwelle für die Berücksichtigung **fiktiver Einkünfte wegen Verletzung einer Erwerbsobliegenheit** oder wegen Herbeiführung der Leistungsunfähigkeit durch ein verantwortungsloses, zumindest leichtfertiges und unterhaltsbezogenes Verhalten, beim Elternunterhalt eher hoch angesetzt werden. Auch hier ist zu bedenken, dass das Unterhaltsverhältnis nach der BGH-Rechtsprechung nur vergleichsweise schwach ausgestaltet ist. Insoweit ist fiktives Einkommen beim Elternunterhalt nur in Ausnahmefällen anzusetzen.[102] Dies bedeutet freilich nicht, dass das pflichtige Kind durch Aufgabe einer bereits vor (drohender) Inanspruchnahme ausgeübten Erwerbstätigkeit ohne zwingenden Grund zur Flucht aus dem Elternunterhalt berechtigt wäre.[103] Auch die Ausweitung einer bereits ausgeübten Teilzeittätigkeit wird nicht eher in Betracht kommen, als die erstmalige Aufnahme einer Erwerbstätigkeit nach Inanspruchnahme auf Elternunterhalt.[104] **992**

b) Gebrauchsvorteile aus Wohneigentum. Die Leistungsfähigkeit des unterhaltspflichtigen Kindes wird darüber hinaus auch durch Gebrauchsvorteile eines selbstbewohnten Wohneigentums bestimmt. Ein daraus entspringender Wohnvorteil ist daher dem Einkommen des Pflichtigen – bei Ehepaaren hälftig – zuzurechnen und kann nicht lediglich im Rahmen des Selbstbehalts berücksichtigt werden. Anlass für eine von den übrigen **993**

---

[96] BGH FamRZ 2002, 1698 (1701).
[97] BGH FamRZ 1986, 48 (49).
[98] BGH FamRZ 2002, 1698 (1701).
[99] BGH FamRZ 2010, 1535 Rn. 44 = R 714c.
[100] BGH FamRZ 2014, 538 Rn. 27 = R 746c.
[101] OLG Karlsruhe FamRZ 2010, 2082 bejahend.
[102] Vgl. OLG Köln FamRZ 2002, 572 (573); weitgehend ablehnend Hauß, Elternunterhalt: Grundlagen und Strategien, 5. Aufl., Rn. 563 ff.
[103] OLG Karlsruhe FamRZ 2010, 2082; Hauß, Elternunterhalt: Grundlagen und Strategien, 5. Aufl., Rn. 569.
[104] Anders noch 9. Aufl. Rn. 980.

Unterhaltsverhältnissen abweichende Behandlung des Wohnvorteils im Elternunterhalt besteht nicht.[105]

aa) Ersparte Mietaufwendungen. Steht das Wohneigentum zu den Einkünften nicht unangemessen im Verhältnis, so dass keine Veräußerungspflicht besteht (→ Rn. 949), ist der Wohnvorteil wie im Trennungsunterhalt in Höhe der ersparten Mietaufwendungen[106] für eine dem vorliegenden Lebensstandard entsprechende Mietwohnung zu bemessen. Es ist also nicht die tatsächlich genutzte Wohnfläche, sondern eine dem Unterhaltspflichtigen angemessene Wohnfläche zu dem am Wohnort des Pflichtigen zu zahlenden Mietzins zu berücksichtigen (→ § 1 Rn. 486). Beim vergleichsweise schwach ausgestalteten Elternunterhalt würde es auf eine Schmälerung des eigenen Bedarfs des Kindes hinauslaufen, wenn für die Bemessung seiner Leistungsfähigkeit auf Grund der Berücksichtigung des objektiven Mietwerts Mittel berücksichtigt würden, die tatsächlich nicht zur Verfügung stehen und die nur durch eine Verwertung der Immobilie zu realisieren wären.[107] Der **Wert der ersparten Miete** wird nach Ermittlung des Mietzinses berechnet, indem vom Wohnwert die nicht umlagefähigen Wohnnebenkosten, die allein vom Eigentümer zu tragen sind, abgezogen werden.[108] Das beurteilt sich idR nach den §§ 1, 2 BetrKV. Nicht umlagefähig und daher abzuziehen sind danach Kosten der Verwaltung und Instandhaltungskosten. Lebt das unterhaltspflichtige Kind gemeinsam mit seinem Ehegatten und ggf. Kindern in einer eigenen Immobilie, so wird der ersparte Mietzins für die Ehegatten/Familie ermittelt und die Hälfte für jeden Ehegatten berücksichtigt,[109] auch wenn Kinder in der Familie leben. Lebt das unterhaltspflichtige Kind in einer nichtehelichen Lebensgemeinschaft, kann der ersparte Mietzins allein bezogen auf den Unterhaltspflichtigen ermittelt werden.[110]

994 **bb) Abzug von Kosten für den Erwerb der Immobilie.** Der Gebrauchsvorteil besteht nur in der Höhe, in der der Nutzungswert den Aufwand übersteigt. Daher sind die mit der Anschaffung verbundenen monatlichen Kosten abzuziehen. Insbesondere, wenn das pflichtige Kind seine Verbindlichkeiten für die Schaffung des selbstgenutzten Wohneigentums vor Bekanntwerden der Unterhaltsverpflichtung eingegangen war, sind von den Darlehensraten zur Anschaffung nicht nur die Zinsleistungen, sondern auch die **Tilgungsleistungen** abzugsfähig, und zwar diese bis zur Höhe des Wohnwerts und darüber hinaus als zusätzliche Altersvorsorge von 5% des Bruttoeinkommens berücksichtigungsfähig.[111] Die in der Vorauflage vertretene Ansicht, dass Tilgungsleistungen auch über den Wohnwert hinaus in vollem Umfang zu berücksichtigen seien,[112] weil die selbstgenutzte Immobilie nicht verwertet werden muss, um angemessenes Alterseinkommen zu erwirtschaften, dann aber auch die Ansparung dieses Vermögens die Immobilie nicht erfassen dürfe, teilt der BGH in der genannten Entscheidung nicht. Dann, so der BGH, würden all diejenigen Unterhaltspflichtigen benachteiligt, die die Altersvorsorge nicht mit einer Immobilie, sondern allein mit anderen Anlageformen ansparten. Ebenso wenig folgt er der Gegenauffassung, die Tilgungsleistungen auf die selbstgenutzte Immobilie insgesamt nur in Höhe von 5% des Bruttoeinkommens akzeptieren will.[113] Dieser Auffassung setzt er entgegen, dass die Darlehensaufnahme zur Finanzierung der selbstgenutzten Immobilie dem Wohnbedürfnis des Unterhaltspflichtigen diene und damit einem grundsätzlich anzuerkennenden Zweck. Ohne die Zins- und Tilgungsleistungen gebe es den Wohnvorteil nicht, daher seien Zins- und Tilgungsleistungen bis zum Wohnwert anrechenbar, ohne dass dies die Bildung zusätzlichen Altersvorsorgevermögens betreffe. Ausdrücklich offen gelassen hat der BGH eine Entscheidung für den Fall, dass dann die Immobilienfinanzierung gefährdet

---

[105] BGH FamRZ 2014, 538 Rn. 33 ff., 40.
[106] BGH FamRZ 2017, 519 Rn. 23 mAnm Hauß = R 781; 2015, 1172 Rn. 19 mAnm Hauß.
[107] BGH FamRZ 2013, 1554 Rn. 20 = R 741c; 2013, 868 Rn. 19; 2003, 1179 (1181).
[108] BGH FamRZ 2014, 538 Rn. 35.
[109] BGH FamRZ 2014, 538 Rn. 37.
[110] BGH FamRZ 2013, 868 Rn. 19, 23.
[111] BGH FamRZ 2017, 519 Rn. 32 ff. mAnm Hauß = R 781b.
[112] Rn. 993 unter Berufung auf BGH 2013, 868 Rn. 17; 2003, 1179 (1181); so auch Hauß FamRZ 2016, 521, FamRZ 2016, 153, 157; Palandt/Brudermüller BGB § 1601 Rn. 9.
[113] OLG Hamm FamRZ 2015, 1974; OLG Karlsruhe FamRZ 2010, 2082 (LS).

III. Das Unterhaltsverhältnis im Einzelnen § 2

werden könnte oder der Unterhaltspflichtige sich aus einem vor Bekanntwerden der Unterhaltspflicht abgeschlossenen Altersvorsorgevertrag nicht mehr lösen kann. Da es sich immer um eine angemessene Immobilie handeln muss und der Unterhaltspflichtige sich für sein eigenes Alter vorrangig angemessen absichern darf, um selbst nicht eigene Kinder später in Anspruch nehmen zu müssen, wird in einem solchen Fall angesichts der schwachen Ausgestaltung des Elternunterhalts – unter Berücksichtigung der konkreten Umstände – trotz der moralischen Verpflichtung, die eigenen Eltern zu unterstützen, eher im Sinne des Unterhaltspflichtigen zu entscheiden sein. Ob dieselbe Abzugsmöglichkeit besteht, wenn das unterhaltspflichtige Kind in Ansehung der Unterhaltspflicht (im entschiedenen Fall während des Rechtsstreits) eine Immobilie erworben hat, hat der BGH nicht entschieden. Nach OLG Hamm sind die Tilgungsraten jedenfalls noch im Umfang der sekundären Altersvorsorge (5% des Bruttoeinkommens) zu berücksichtigen.[114] Dem ist zuzustimmen.

c) Synergieeffekt. Lebt das unterhaltspflichtige Kind in **nichtehelicher Lebensgemeinschaft** mit einem Partner zusammen, so finden die Grundsätze des Synergieeffekts und der Haushaltsersparnis Anwendung, wenn der Partner leistungsfähig ist. Dh er muss ein Einkommen erzielen, das eine Verbesserung der unterhaltsrechtlichen Leistungsfähigkeit erwarten lässt, also über dessen Selbstbehalt liegt. Dieser entspricht dem Ehegattenselbstbehalt.[115] 995

d) Steuerbelastung. Beim Verwandtenunterhalt ist stets auf die reale Steuerbelastung abzustellen. Haben die Ehegatten die Zusammenveranlagung (§ 26b EStG) gewählt und entsprechen sich die Einkünfte nicht, muss die anteilig geschuldete Steuer des jeweiligen Einkommens unter Berücksichtigung der steuerlichen Progression berücksichtigt werden. Dazu ist entsprechend § 270 AO für jeden Ehegatten eine getrennte Veranlagung durchzuführen und die dabei entstehende fiktive Steuerlast festzustellen. Dann ist das prozentuale Verhältnis der beiden Steuerlasten zueinander zu ermitteln. Vom Einkommen des Unterhaltspflichtigen ist schließlich der auf ihn entfallende prozentuale Verhältnis von der tatsächlich geleisteten Einkommensteuer abzuziehen (→ § 1 Rn. 940 ff., 1027).[116] Dies gilt sowohl für den Fall, dass das unterhaltspflichtige Kind das höhere als auch das niedrigere Einkommen in der Ehe erzielt. 996

> **Beispiel:**
> Verhältnis der fiktiven Steuerlasten der Ehegatten nach Steuerklasse IV: 66,6% : 33,3%.
> Tatsächliche gemeinsame Steuerlast: 21.000 EUR.
> Anteil des besserverdienenden Unterhaltspflichtigen an der gemeinsamen Steuerlast: 14.000 EUR.

Eine bloße fiktive Versteuerung des Einkommens des unterhaltspflichtigen Kindes nach Steuerklasse I oder IV erfasst nicht das gesamte zur Verfügung stehende Einkommen und lässt andererseits die unterschiedliche steuerliche Progression außer Betracht. **Steuererstattungen** sind in der Doppelverdienerehe in derselben Weise anteilig als Einkommen des unterhaltspflichtigen Kindes anzusetzen.[117]

3. Abzugsfähige Aufwendungen

Zu abzugsfähigen Verbindlichkeiten → Rn. 943 ff. Zur Berücksichtigung des Anspruchs des Ehegatten auf Familienunterhalt → Rn. 1009. Zum zusätzlichen tatsächlichen Aufwand für die Altersvorsorge → Rn. 941 und → § 1 Rn. 1033 f. Angesichts der schwachen Stellung des Elternunterhalts in der Rangfolge der Unterhaltsbedürftigen werden idR solche Verbindlichkeiten berücksichtigungswürdig sein, die in anderen Unterhaltsverhältnissen zu beachten sind. Darüber hinaus sind Kosten für **Besuche** des unterhaltspflichtigen Kindes beim unterhaltsberechtigten Elternteil sind vom Einkommen absetzbar, solange sie 997

---

[114] OLG Hamm FamRZ 2010, 303 (304); insoweit nicht von der Revision zum BGH erfasst (FamRZ 2010, 1888).
[115] BGH FamRZ 2013, 868 Rn. 25 f.
[116] BGH FamRZ 2017, 519 Rn. 51; 2015, 1594 Rn. 50 f. mit Anm. Borth.
[117] OLG Hamm FamRZ 2013, 1147.

sich als angemessen darstellen. Solche Besuche beruhen auf einer unterhaltsrechtlich anzuerkennenden sittlichen Pflicht. Sie dienen der Aufrechterhaltung der familiären Beziehungen, die unter dem Schutz von Art. 6 I GG stehen. Zudem darf das Unterhaltsrecht nicht die Pflege der Eltern-Kind-Beziehung unmöglich machen.[118] Ebenso sind Kosten einer **Zusatzkrankenversicherung** anerkennungsfähig.[119] Im Einzelfall kann eine Risiko-Lebensversicherung abzugsfähig sein,[120] ohne als Vorsorgeaufwendung qualifiziert zu werden.[121] Dem Tatrichter obliegt es, im Einzelfall zu entscheiden, ob das unterhaltspflichtige Kind gehalten ist, anfallende **Fahrtkosten** dadurch zu reduzieren, dass es – anders als bisher – die kürzeste, aber nicht schnellste Strecke zum Arbeitsplatz wählt.[122] Höhere Wohnkosten wegen der Vorhaltung von zusätzlichen Zimmern für die Besuche von teilweise volljährigen Kindern berücksichtigt das OLG Saarbrücken nicht.[123] Nicht abzugsfähig sind dagegen, weil zum allgemeinen Lebensbedarf gehörend, Aufwendungen für Rechtsschutz-, Hausrat- und Privathaftpflichtversicherungen.[124] Es besteht keine Regel dahin, dass alle Verbindlichkeiten – auch solche des allgemeinen Lebensbedarfs –, die vor der Inanspruchnahme bestanden, das Unterhaltsverhältnis prägen.[125] Auch Tierhaltungskosten für ein Reitpferd in Höhe von 400 EUR monatlich (ein Drittel des Einkommens des unterhaltspflichtigen Kindes) hat der BGH bei einem individuellen Familienbedarf von rund 4000 EUR, nicht als angemessene Aufwendung im Rahmen des Bedarfs der Unterhaltspflichtigen berücksichtigt. Die Pflichtige wurde insoweit auf ihren erhöhten Selbstbehalt verwiesen. Andernfalls – so der BGH – seien diese Ausgaben unter dem Aspekt der Luxusaufwendungen zu diskutieren.[126]

4. Pflicht zur Vermögensverwertung

998 Allgemein zur Frage der Vermögensverwertung durch den Pflichtigen beim Verwandtenunterhalt, insbesondere dazu, dass die Verwertungspflicht weniger streng zu beurteilen ist als beim Berechtigten, → Rn. 947 ff. und → § 1 Rn. 622 ff.

a) Altersvorsorgekapital. Auch unterhaltspflichtige Kinder müssen zur Befriedigung von Unterhaltsansprüchen der Eltern grundsätzlich den Stamm ihres Vermögens einsetzen, zumal – wie allgemein im Verwandtenunterhalt – keine gesetzliche Billigkeitsgrenze für den Einsatz wie beim Geschiedenenunterhalt (§§ 1577 III, 1581 S. 2 BGB) besteht.[127] Bei Anwendung der in → Rn. 947 ff. dargelegten Grundsätze ist aber zusätzlich zu berücksichtigen, dass der Anspruch auf Elternunterhalt vergleichsweise schwach ausgestaltet ist und die Kinder wegen ihrer noch höheren Lebenserwartung noch für längere Zeitabschnitte mit Hilfe ihres Vermögens Vorsorge für ihr eigenes Alter und für die Sicherung ihres eigenen Lebensbedarfs bzw. des Lebensbedarfs ihrer Familie treffen müssen. Regelmäßig haben sie entsprechende Vermögensdispositionen zudem schon in einem Zeitpunkt/Zeitraum getroffen, als Elternunterhalt noch nicht geschuldet war. Haben sie die Vermögenswerte als Alterssicherung vorgesehen, haben sie ihren Lebensstandard idR darauf eingestellt, das Vermögen im Alter zur Verfügung zu haben.[128] Ist das Vermögen unter Berücksichtigung der gesamten voraussichtlichen Lebenserwartung erforderlich, um die Lebensstellung des Kindes im Alter auf Dauer aufrechtzuerhalten, scheidet ein Zugriff des Unterhaltsgläubigers auf entsprechende Vermögenspositionen aus.[129] Die Absicherung

---

[118] BGH FamRZ 2013, 1554 Rn. 22 = R 741c; 2013, 868 Rn. 30 f.
[119] BGH FamRZ 2013, 1554 Rn. 18 = R 741c.
[120] BGH FamRZ 2017, 519 Rn. 18 ff. als Absicherung der Hausfinanzierung.
[121] OLG Hamm FamRZ 2013, 959, 960.
[122] BGH FamRZ 2017, 519 Rn. 15 ff. = R 781a.
[123] OLG Saarbücken Protokoll mit Vergleich vom 10.9.2015 – 6 UF 51/15.
[124] BGH FamRZ 2010, 1535 Rn. 22.
[125] BGH FamRZ 2010, 1535 Rn. 22.
[126] BGH FamRZ 2014, 538 Rn. 45 ff.
[127] BGH FamRZ 2013, 1554 Rn. 24 = R 741d; 2013, 203 Rn. 33; 2006, 1511 (1513) = R 658c.
[128] BGH FamRZ 2013, 203 Rn. 35; 2006, 1511 (1514) = R 658d + e.
[129] BGH FamRZ 2006, 1511 (1514) = R 658d + e.

III. Das Unterhaltsverhältnis im Einzelnen   § 2

der eigenen Existenz und der eigenen vorrangigen Verpflichtungen sowie eine Verwertung nur unter dem Gesichtspunkt wirtschaftlich vernünftigen Handelns gehen vor.[130] Die Erwägungen, welche der Bundesgerichtshof zur Frage der Einschränkung des Unterhaltsanspruchs von Eltern wegen des erhöhten Eigenbedarfs der Kinder angestellt hat (→ Rn. 936f), lassen sich auf die Bestimmung des Umfangs der Verwertungspflicht übertragen. Die Beurteilungsmaßstäbe für das individuelle Schonvermögen entsprechen denjenigen, die zur Beurteilung der individuellen Leistungsfähigkeit (→ Rn. 992 ff.) herangezogen werden. Zur Bestimmung der Höhe des Schonvermögens wurden in der Vergangenheit verschiedene Vorschläge gemacht → Rn. 948.

Der BGH hat sich diesen Überlegungen grundsätzlich angeschlossen,[131] lehnt aber die Festlegung eines starren Vermögensbetrags als Schonvermögen ab und zieht ausdrücklich auch die dem Sozialhilfeberechtigten nach § 90 SGB XII zu belassenden Vermögenswerte nicht heran. Er erachtet eine individuelle Bemessung des Schonvermögens für erforderlich und nimmt zur Ermittlung desselben Rückgriff auf die in Höhe von 5% zugestandenen Aufwendungen für die sekundäre Altersvorsorge. Hat der Pflichtige in diesem Umfang (→ Rn. 941) (zusätzlichen) Aufwand für seine Altersversorgung durch Vermögensbildung getrieben, sind auch die so **zur Alterssicherung geschaffenen Vermögenswerte** dem Zugriff des Unterhaltsgläubigers entzogen.[132] Denn wenn die Ansparung aus dem laufenden Einkommen dem Berechtigten entgegengehalten werden darf, um die Altersvorsorge in angemessenem Umfang aufzustocken, muss das daraus gebildete Kapital ebenfalls dem Zugriff enthoben werden. Bei der Ermittlung legt der BGH das seit Beginn der Erwerbstätigkeit im Zeitpunkt der Entscheidung erwirtschaftete Bruttoarbeitsentgelt zugrunde und berücksichtigt angesichts der (fiktiven) langjährigen Vermögensanlage eine durchschnittliche Verzinsung von 4%.[133] Grundsätzlich ist mit der bis zur Entscheidung zurückgelegten Erwerbszeit zu rechnen, und zwar unabhängig davon, dass zusätzliche Altersvorsorge erst seit dem Jahr 2001 staatlich gefördert wird.[134] Denn dem Unterhaltspflichtigen wird als laufender Abzugsposten der weitere Aufbau der sekundären Altersversorgung in der Zukunft weiterhin gestattet. Für denjenigen, der erst im Alter von Ende 20 oder mit 30 Jahren, zB wegen eines Hochschulstudiums, mit der Erwerbstätigkeit beginnt, könnte gegenüber demjenigen, der bereits nach einer Lehre in jungem Alter begonnen hat zu arbeiten, eine Altersversorgungslücke bestehen. Zwar wird das maßgebliche Bruttoeinkommen möglicherweise höher sein und schon deshalb verzinst einen höheren Betrag ergeben. Andererseits wird dann aber auch der Lebensstandard höher sein. Im Einzelfall wird anhand des konkreten Einkommens und des konkreten Vermögens abzuwägen sein, ob der Zeitraum der Berechnung des Schonvermögens vorzuverlegen ist.[135] Auf den so ermittelten Kapitalbetrag sind alle tatsächlich vorhandenen und der Altersvorsorge dienenden Vermögenswerte anzurechnen.[136] Zur Verwertung von Vermögen, das für eine Anschaffung angespart wird → Rn. 948.

b) Selbstgenutzte Immobilie. Der Wert einer den konkreten Verhältnissen angemessenen selbstgenutzten Immobilie bleibt bei der Bemessung des Altersvorsorgevermögens außer Betracht, auch wenn der BGH die Tilgungsleistungen für die Immobilie nur eingeschränkt berücksichtigt (→Rn. 994). Dies folgt wiederum dem Grundsatz, dass das unterhaltspflichtige Kind keine spürbare und dauerhafte Senkung des berufs- und einkommenstypischen Unterhaltsniveaus hinnehmen muss.[137] Der BGH begründet dies damit, dass das Altersvorsorgevermögen den bisherigen Lebensstandard aufrechterhalten solle, im Zeit-

---

[130] OLG Köln FamRZ 2003, 470; Schibel NJW 1998, 3449 (3451).
[131] BGH FamRZ 2006, 1511 (1516), insoweit in R 658 nicht abgedruckt (Schonvermögen: 113 000 EUR).
[132] BGH FamRZ 2015, 1172 Rn. 26; 2013, 1554 Rn. 26 = R 741d; 2006, 1511 (1514) = R 658d + e.
[133] BGH FamRZ 2015, 1172 Rn. 27; 2013, 1554 Rn. 30 = R 741d.
[134] BGH FamRZ 2013, 1554 Rn. 29 = R 741d; Klinkhammer FamRZ 2006, 1516 (Anm. zu BGH FamRZ 2006, 1516); Hauß FamRB 2006, 327; Seiler FA-FamR, Kap. 6 Rn. 481.
[135] Hauß, FamRZ 2013, 1557 schlägt generell als Alter für den Beginn der Berechnung 18 Jahre vor.
[136] BGH FamRZ 2006, 1511 (1515).
[137] BGH FamRZ 2017, 519 Rn. 28; 2013, 1554 Rn. 39 = R 741 f.

punkt der Entscheidung aber noch unsicher sei, wie viel davon zur Aufrechterhaltung notwendig sein werde. Zwar sei bei Immobilieneigentum zu beachten, dass dann im Alter Mietkosten erspart würden und daher der Lebensstandard mit geringeren Einkünften aufrechterhalten werden könne.[138] In welcher Höhe aber zusätzliches Altersvorsorgevermögen eingesetzt werden müsse, lasse sich erst beurteilen, wenn der Pflichtige in Rente gehe. Daher müsse dem Unterhaltspflichtigen das gesamte in Höhe von 5% des Bruttoeinkommens errechnete Vermögen (zusätzlich zur Immobilie) erhalten bleiben. Dies ist besonders dann wichtig, wenn der Wert der Immobilie den errechneten Kapitalbetrag zusammen mit den anderen Vermögenswerten überschreitet. Derjenige, der sich seine Versorgungsansprüche kapitalisiert auszahlen ließ und mit dem Kapital seine Altersversorgung anderweitig sicherstellt, ist nur in Höhe eines entsprechenden monatlichen Rentenbetrags als leistungsfähig anzusehen.[139]

1001 **c) Verwertung des angesparten (Alterssicherungs-)Vermögens.** Das unterhaltspflichtige Kind hat das Vermögen einzusetzen, soweit ihm nach Abzug des Elternunterhalts ein ausreichendes Vermögen verbleibt, um seinen angemessenen Lebensstandard dauerhaft beizubehalten.[140] Befindet sich das unterhaltspflichtige Kind selbst bereits im **Rentenalter**, kann von ihm im Unterhaltsverhältnis verlangt werden, das für die Altersversorgung verwertbare Vermögen (sei es über die Ansparung zusätzlicher 5% vom Bruttoeinkommen (→ Rn. 945, 993) oder anderweit erlangt) gemessen an seiner statistischen Lebenserwartung sukzessive (in Form einer monatlichen Rente) zu verbrauchen.[141] Damit wird sichergestellt, dass das Vermögen dem Unterhaltspflichtigen dauerhaft zur Verfügung steht. Bei der Umrechnung wendet der BGH die Tabelle zu § 14 I S. 4 BewG an, in der das Bundesministerium der Finanzen regelmäßig die Vervielfältiger für den Kapitalwert einer lebenslangen Nutzung zusammenstellt (→ § 6 Rn. 630).[142] Den Werten der Tabelle liegt ein Rechnungszins von 5,5% zugrunde, was nicht unmaßgeblichen Einfluss auf die Höhe der monatlichen Rente hat. Der BGH hält insoweit daran fest, als bei Geldanlagen über Jahrzehnte eine solch hohe Verzinsung noch realistisch sei. Die Annahme einer niedrigeren Verzinsung angesichts der inzwischen lang andauernden Niedrigzinsphase dürfte sich im Rahmen der tatrichterlichen Würdigung halten. Bei der Umrechnung ist zu beachten, dass das Alter des Unterhaltspflichtigen im Zeitpunkt des Beginns des Unterhaltszeitraums maßgeblich ist. Ist das unterhaltspflichtige Kind verheiratet und steht das Altersvorsorgevermögen beiden Ehegatten hälftig zu, wie es im gesetzlichen Güterstand üblich ist, ist bei der Umrechnung in Renteneinkünfte ggf. die unterschiedliche Lebenserwartung der Ehegatten zu berücksichtigen und das auf jeden Ehegatten entfallende Vermögen getrennt umzurechnen.

1002 **d) Beleihung des Eigentums.** Ob eine Beleihung des Miteigentumsanteils zumutbar wäre, hängt insbesondere davon ab, ob das unterhaltspflichtige Kind auf Grund seines Einkommens ohne Einschränkung seiner Lebensstellung (→ Rn. 933 ff. 990) überhaupt in der Lage wäre, den Kredit zu bedienen.[143] Jedenfalls ist eine Pflicht zur Verwendung vorhandener Vermögenspositionen als Kreditunterlage, wie vom BGH für den bedürftigen Elternteil gefordert,[144] auch beim pflichtigen Kind nicht gänzlich ausgeschlossen. Eine entsprechende Verwertungspflicht kann jedenfalls dann in Frage kommen, wenn hierfür ein konkretes, dem Pflichtigen zumutbares günstiges Kreditangebot vorliegt, zB von einem gleichrangigen, ebenfalls unterhaltspflichtigen Kind. Ein unterhaltspflichtiges Kind, das kein anrechnungsfähiges Einkommen erwirtschaftet und seine Immobilie nach unterhaltsrechtlichen Maßstäben nicht zu verwerten braucht, muss sich nicht auf das Angebot des **Sozialhilfeträgers** einlassen, ein zinsloses **Darlehen** über die dem bereits verstorbenen

---

[138] BGH FamRZ 2013, 1554 Rn. 39 = R 741f; 2006, 1511 (1516); siehe aber BGH FamRZ 2003, 1179 (1181).
[139] LG Lübeck FamRZ 1996, 961.
[140] BGH FamRZ 2013, 203 Rn. 36 f. = R 741e.
[141] BGH FamRZ 2015, 1172 Rn. 28; 2013, 203 Rn. 38.
[142] BGH FamRZ 2015, 1172 Rn. 42; 2013, 203 Rn. 40 f.; m. kritischer Anm. Hauß wegen der hohen Verzinsung; s. a. Hauß, Elternunterhalt, 5. Aufl., Rn. 1030 ff.
[143] LG Heidelberg NJW 1998, 3502.
[144] Vgl. BGH FamRZ 2006, 935 (937) = R 644.

III. Das Unterhaltsverhältnis im Einzelnen   § 2

Elternteil erbrachten Leistungen gegen Bestellung einer die Darlehensforderung sichernden Grundschuld anzunehmen, das erst mit dem Tod des Unterhaltspflichtigen fällig werden soll. Die eine solche Verpflichtung anordnende gerichtliche Entscheidung ist nach einem Urteil des BVerfG **verfassungswidrig**.[145] Grundlage einer jeden Haftung des Unterhaltspflichtigen – auch gegenüber dem Sozialleistungsträger, der einzig einen nach § 94 SGB XII übergegangenen, also bestehenden Unterhaltsanspruch geltend macht – ist seine nach unterhaltsrechtlichen Maßstäben zu beurteilende Leistungsfähigkeit. Fehlt diese, kann sie nicht erstmals über das Sozialhilferecht durch Hingabe eines Darlehens geschaffen werden, das letztlich zur Verwertung eines an sich verwertungsfreien Vermögens führt. Die Verfassungswidrigkeit einer dahingehenden gerichtlichen Entscheidung beruht zudem bei einem Darlehensangebot erst nach dem Tod des unterhaltsbedürftigen Elternteils darauf, dass Bedürftigkeit und Leistungsfähigkeit entgegen der gesetzlichen Unterhaltsregelung (§§ 1601 I, 1602 I, 1603 I BGB) nicht zeitgleich vorliegen und es damit an der notwendigen **zeitlichen Kongruenz zwischen Bedürftigkeit und Leistungsfähigkeit** fehlt. Ist eine solche verfassungswidrige gerichtliche Entscheidung ergangen und rechtskräftig geworden, kann das unterhaltspflichtige Kind dem Anspruch auf Rückzahlung die dauernde Einrede des rechtsmissbräuchlichen Verhaltens entgegenhalten. Zudem hat es Anspruch auf Bewilligung der Löschung der zur Sicherung bestellten Grundschuld.[146] Die Sozialhilfeträger werden allerdings wohl auch dann keine Darlehensangebote zur Vorfinanzierung einer laufenden Unterhaltsverpflichtung mehr machen, die sich auf eine bestehende Pflicht zur Vermögensverwertung gründet, wenn dazu alle unterhaltsrechtlichen Voraussetzungen gegeben sind. Die Entscheidung des Bundesverfassungsgerichts kann so verstanden werden, als habe einer solchen Vorfinanzierung aus sozialhilferechtlichen Gründen ohne Rücksicht auf die unterhaltsrechtliche Gerechtigkeit eine generelle Absage erteilt werden sollen.[147]

Gehört der Vermögensgegenstand zu einem notwendigen oder gewillkürten Betriebsvermögen, müssen auch die steuerlichen Folgen einer Veräußerung bedacht werden. Bei einer erheblichen Belastung mit Ertragssteuern könnte dies den Ruin des Betriebs zur Folge haben.[148] Ebenso kann eine **Veräußerung** auch **aus rechtlichen Gründen unmöglich** oder unzumutbar sein. So ist eine gegenständlich beschränkte Teilauseinandersetzung einer Erbengemeinschaft nur unter engen Voraussetzungen möglich.[149] Verweigert beispielsweise der Ehegatte des im gesetzlichen Güterstand lebenden, unterhaltspflichtigen Kindes die nach § 1365 I 1 BGB erforderliche Zustimmung zur Veräußerung des Miteigentumsanteils an der gemeinsamen Eigentumswohnung, steht der Veräußerung zu Unterhaltszwecken ein rechtliches Hindernis entgegen, da auch die Teilungsversteigerung nach § 180 ZVG zustimmungspflichtig wäre.[150] Dann ist eine Verwertung regelmäßig nicht möglich und nicht zumutbar.   1003

e) Rückforderungsanspruch nach § 528 BGB. Zum verwertbaren Vermögen gehört 1004 auch der Rückforderungsanspruch nach § 528 BGB gegen den Beschenkten (→ Rn. 975 ff. zum Rückforderungsanspruch des Berechtigten). Entgegen dem Wortlaut in § 528 I BGB ist nicht Voraussetzung, dass der Schenker sich nicht unterhalten kann *und* seine eigenen Unterhaltspflichten nicht erfüllen kann. Es genügt, dass allein einer der Tatbestände erfüllt ist.[151] Auf Seiten des unterhaltspflichtigen Kindes wird dies stets die mangelnde Fähigkeit zur Erfüllung seiner gesetzlichen Unterhaltspflichten sein. Ein Rückforderungsanspruch kann nur bestehen, wenn durch die Schenkung die unterhaltsrechtliche Leistungsfähigkeit des Schenkers vermindert wird. Ergibt sich aus der Rückgewähr des geschenkten Gegenstandes keine Verbesserung oder (erstmalige) Herstellung der Leistungsfähigkeit, scheidet ein Rückforderungsanspruch aus.[152] Verschenkt demnach der zum

---

[145] BVerfG FamRZ 2005, 1051 (1052) = R 635.
[146] BGH FamRZ 2013, 1022 Rn. 17, 19.
[147] Kritisch Graba FamRZ 2005, 1149.
[148] Vgl. hierzu Schibel NJW 1998, 3449 (3452).
[149] Vgl. BGH FamRZ 1997, 281 (284).
[150] LG Heidelberg NJW 1998, 3502; OLG Frankfurt a. M. NJW-RR 1999, 731.
[151] BGH FamRZ 2019, 885 Rn. 21; FamRZ 2019, 698 Rn. 16.
[152] BGH FamRZ 2019, 885 Rn. 22; FamRZ 2019, 698 Rn. 17 f.

Elternunterhalt Verpflichtete sein Eigentum an seiner von ihm selbst bewohnten angemessenen Immobilie an sein Kind und behält sich den Nießbrauch an der Immobilie vor, so vermindert sich seine Leistungsfähigkeit nicht. Eine Obliegenheit zur Verwertung der Immobilie – außer der Nutzung zu Wohnzwecken – besteht für den Pflichtigen nicht (→ Rn. 993). Sie stellt für den Pflichtigen Schonvermögen dar. Die Nutzungen kommen dem Pflichtigen als Nießbraucher in Form der Gebrauchsvorteile weiterhin in gleichem Maße zugute und werden im Rahmen seiner Leistungsfähigkeit als Einkommen berücksichtigt. Der Umstand, dass der Rückforderungsanspruch bei fortlaufendem Unterhaltsbedarf unmittelbar auf wiederkehrende Leistungen gerichtet ist und eine Ersetzungsbefugnis nach § 528 I 2 BGB nicht besteht (→ Rn. 978), kann nicht dazu dienen, das einsetzbare Vermögen zu erweitern und damit den geschuldeten Unterhalt zu erhöhen. Die Lage ist in einem solchen Fall vergleichbar mit der des zinslosen und erst im Todesfall rückzahlbaren Darlehens des Sozialhilfeträgers (→ Rn. 1002).

Der Erlös aus der Verwertung der Immobilie kann aber ausnahmsweise unterhaltsrechtlich einzusetzendes Einkommen darstellen, wenn er bei der Bewertung der Zumutbarkeit der Verwertung anderen Kriterien unterliegt als die ursprünglich dem Schonvermögen zuzurechnende Immobilie.[153] Das kann zB der Fall sein, wenn der Unterhaltspflichtige auf die Immobilie nicht mehr angewiesen ist, sondern anderen angemessenen Wohnraum hat.

5. Zusätzliche Schutz- und Schongrenzen zu Lasten des Sozialhilfeträgers

1005 Darüber hinaus ist ein sogenannter Notgroschen für den Unterhaltspflichtigen zu berücksichtigen. Dies ergibt sich in Korrelation zu dem für den Berechtigten anerkannten Notgroschen (→ Rn. 930). Insoweit kann für den Pflichtigen dem Grunde nach nichts anderes gelten. Hinsichtlich der Höhe des Notgroschens bildet der sozialhilferechtlich anerkannte Betrag aber nur die Untergrenze, im Übrigen ist ein großzügigerer Maßstab anzusetzen und im Einzelfall unter Berücksichtigung der konkreten Umstände ein angemessener Betrag festzulegen (→ Rn. 948).[154] Der BGH hat in der Entscheidung vom 7.8.2013 bei einem alleinstehenden, kinderlosen Pflichtigen mit einem monatlichen Bruttolohn von knapp 2300 EUR – und damit netto unter dem Selbstbehalt – einen Betrag in Höhe von 10 000 EUR für ausreichend gehalten. In einer weiteren Entscheidung hat er einen Notgroschen in Höhe von 5000 EUR für eine nicht erwerbstätige, verheiratete Unterhaltspflichtige für „recht knapp" gehalten.[155] Der Betrag wird bei höherem Einkommen höher zu bemessen sein, jedoch nicht prozentual zum Einkommen angehoben werden dürfen. Denn ein Notgroschen bleibt ein Notgroschen.

1006 Ein Übergang des Unterhaltsanspruchs auf den Sozialhilfeträger findet nur statt, wenn Sozialhilfeleistung und Unterhaltsanspruch zeitlich und persönlich übereinstimmen.[156] Macht der Sozialhilfeträger einen auf ihn übergegangenen Anspruch auf Elternunterhalt (§ 94 I 1 SGB XII) geltend, kommt dem herangezogenen Kind für Anspruchszeiträume bis zum 31.12.2016 die Schutz- und Schongrenze der §§ 94 I 6, 105 II SGB XII bezüglich der Kosten der Unterkunft zugute, dh 56% der Kosten ohne solche für Heizung und Warmwasser können beim Anspruchsübergang nicht geltend gemacht werden. Zum 1.1.2017 wurde die Regelung ersatzlos gestrichen. Auch insoweit obliegt die Entscheidung dem Familiengericht (§ 94 V 3 SGB XII; §§ 112 Nr. 1, 231 Nr. 1 FamFG). Hat der Sozialhilfeträger den übergegangenen Anspruch zur gerichtlichen Geltendmachung an den Hilfeempfänger (Elternteil) zurückübertragen (§ 94 V 1 SGB XII), kann dies die Qualität des Anspruchs nicht mehr zu Lasten des Pflichtigen verändern, so dass die Einschränkungen des § 94 I 6, II, III SGB XII anwendbar bleiben.[157] Zum Ausschluss des Anspruchsübergangs wegen unbilliger Härte (§ 94 III 1 Nr. 2 SGB XII) → § 8 Rn. 87 ff. Immer aus-

---

[153] BGH FamRZ 2019, 885 Rn. 29; FamRZ 2019, 698 Rn. 24.
[154] BGH FamRZ 2015, 1172 Rn. 29; 2013, 1554 Rn. 36 f. = R 741e.
[155] BGH FamRZ 2015, 1172 Rn. 43.
[156] Vgl. Empfehlungen des Deutschen Vereins für öffentliche und private Fürsorge FamRZ 2005, 1387.
[157] Schibel NJW 1998, 3449 (3450) noch zum BSHG.

III. Das Unterhaltsverhältnis im Einzelnen　　　　　　　　　　　　　　　　§ 2

geschlossen ist ein Anspruchsübergang, soweit Grundsicherung geleistet wird (§ 94 I 3 Hs. 2 SGB XII). Nach den Empfehlungen des 17. Deutschen Familiengerichtstags (B. 3. b)),[158] darf dem unterhaltspflichtigen verheirateten Kind beim Rückgriff nicht weniger verbleiben als dem vorrangig haftenden Ehegatten des bedürftigen Elternteils.

Die nach § 94 III 1 Nr. 1 SGB XII vorzunehmende **sozialhilferechtliche Vergleichsberechnung,** die verhindern soll, dass ein Unterhaltspflichtiger, insbesondere durch die Unterhaltsleistung, nunmehr selbst Leistungsberechtigter nach dem Dritten Kapitel (Hilfe zum Lebensunterhalt) werden würde, wird wegen der hohen unterhaltsrechtlichen Selbstbehaltssätze regelmäßig nicht durchgeführt werden müssen → § 8 Rn. 91 ff. 　1007

V. Besonderheiten beim Unterhaltsanspruch gegen ein in nichtehelicher Lebensgemeinschaft lebendes Kind

Lebt das unterhaltspflichtige Kind in nichtehelicher Lebensgemeinschaft mit einem Partner zusammen, so finden die Grundsätze des **Synergieeffekts** und der **Haushaltsersparnis** Anwendung, wenn der Partner leistungsfähig ist. Dh er muss ein Einkommen erzielen, das eine Verbesserung der unterhaltsrechtlichen Leistungsfähigkeit erwarten lässt, also über dessen Selbstbehalt liegt.[159] Auf einen **Familienselbstbehalt** wie bei verheirateten unterhaltspflichtigen Kindern (→ Rn. 1013 ff.) kann sich das unterhaltspflichtige Kind nicht berufen. Dieser beruht auf der Voraussetzung, dass das Kind verheiratet ist, weil sich der Anspruch des Ehegatten auf Familienunterhalt und der Anspruch auf Elternunterhalt wechselseitig beeinflussen.[160] Betreut die Lebensgefährtin ein gemeinsames Kind und hat deshalb einen Anspruch auf **Betreuungsunterhalt nach § 1615l BGB**, so kann dieser Anspruch als sonstige Verpflichtung iSv § 1603 I BGB vorab abgezogen werden.[161] Eine Gestaltung der nichtehelichen Lebensgemeinschaft mit der Folge eines Unterhaltsanspruchs der Lebensgefährtin über das dritte Lebensjahr des gemeinsamen Kindes hinaus (unter dem Aspekt eines besonderen Vertrauenstatbestandes, der aus dem Zusammenleben und der einvernehmlichen Rollenaufteilung ergibt), ist dem elternunterhaltspflichtigen Partner im Verhältnis zu seinen Eltern erlaubt, soweit sie nicht gegen Treu und Glauben verstößt und rechtsmissbräuchlich erscheint. Rechtsmissbrauch wird verneint, solange die Gestaltung den berechtigten Interessen innerhalb der nichtehelichen Lebensgemeinschaft entspricht. Das zum Elternunterhalt verpflichtete Kind trifft die Darlegungs- und Beweislast für das Vorliegen der Voraussetzungen des Anspruchs nach § 1615l BGB.[162] 　1008

VI. Besonderheiten beim Unterhaltsanspruch gegen ein verheiratetes Kind

1. Haushalt führendes Kind – Taschengeldanspruch – Nebenerwerbstätigkeit

a) Anspruch auf Familienunterhalt. Richtet sich der Unterhaltsanspruch von Eltern gegen ein verheiratetes Kind, das mit einem Ehegatten zusammenlebt und diesem zum Familienunterhalt verpflichtet ist, ergeben sich aus dem gleichzeitig bestehenden Unterhaltsverhältnis der Ehegatten untereinander Reibungspunkte. Beide Ehegatten müssen zum vorrangigen Familienunterhalt und damit zur Sicherung des angemessenen Bedarfs der Familie beitragen. Dabei sind sie in der konkreten Gestaltung ihrer Ehe bezüglich Haushaltsführung bzw. Berufstätigkeit grundsätzlich frei.[163] Die Ehegatten haben Anspruch auf gleiche Teilhabe am gemeinsam Erwirtschafteten, soweit dies den ehelichen Lebensstandard 　1009

---
[158] FamRZ 2007, 2040.
[159] BGH FamRZ 2013, 868 Rn. 25 f.
[160] BGH FamRZ 2016, 887 Rn. 20 ff. = R776b.
[161] BGH FamRZ 2016, 887 Rn. 23 = R776a.
[162] BGH FamRZ 2016, 887 Rn. 27 = R776b; kritisch zur Differenzierung ggü. Verheirateten: Schünemann FF 2018, 280 (285f).
[163] BGH FamRZ 2004, 366 (368).

prägt.¹⁶⁴ Erfüllt der pflichtige Ehegatte seine Verpflichtung, zum Familienunterhalt beizutragen, durch Haushaltsführung (§ 1360 S. 2 BGB), so besteht keine Pflicht zur Aufnahme einer Nebenerwerbstätigkeit.¹⁶⁵ Die Grundsätze der Hausmann-Rechtsprechung (→ Rn. 275 ff.) sind auf die Unterhaltspflicht von Eltern gegenüber minderjährigen unverheirateten Kindern beschränkt. Eine Inanspruchnahme im Hinblick darauf, dass der andere Ehegatte über ein (sehr) hohes Einkommen verfügt, scheidet aus. **Aus Familienunterhalt** ist **kein Unterhalt** zu leisten, da dieser nicht auf eine Geldleistung gerichtet ist und er der Deckung des eigenen Bedarfs dient (→ § 1 Rn. 721 f.).

1010   **b) Taschengeldanspruch.** Nur wenn das unterhaltspflichtige Kind keine eigenen Einkünfte hat oder diese unter 5 bis 7% des Familieneinkommens bleiben,¹⁶⁶ besteht grundsätzlich die Verpflichtung des unterhaltspflichtigen Kindes, die sich aus seinem **Taschengeldanspruch** (→ § 3 Rn. 62 ff.) ergebenden Mittel jedenfalls teilweise für Elternunterhalt einzusetzen.¹⁶⁷ Der Taschengeldanspruch ist Bestandteil des Anspruchs auf Familienunterhalt (§ 1360 BGB) und richtet sich – anders als der Anspruch im Übrigen – auf eine Geldleistung. Damit stellt er unterhaltsrelevantes Einkommen dar.¹⁶⁸ Seine Höhe richtet sich nach den Einkommens- und Vermögensverhältnissen, nach Lebensstil und Zukunftsplanung der Ehegatten. Üblicherweise wird der Anspruch in einer Höhe von 5 bis 7% des gesamten verfügbaren, also bereinigten Nettoeinkommens angenommen.¹⁶⁹ Um den Belangen der Praxis nach einer einheitlichen Berechnungsweise und dem Bedürfnis nach Rechtssicherheit Rechnung zu tragen, hält der BGH im Regelfall eine Quote von **5%** des bereinigten Familiennettoeinkommens für bedenkenfrei.¹⁷⁰ Für die Berechnung des Taschengeldanspruchs ist der Anspruch auf Familienunterhalt zugrunde zu legen. Dieser ist zwar nicht auf Geldleistungen gerichtet, kann aber, wenn er in Konkurrenz mit anderen Unterhaltsansprüchen steht, auf die Familienmitglieder aufgeteilt in Geldbeträgen ausgedrückt werden (→ § 3 Rn. 3). Dies soll sich zwar nach der tatrichterlichen Beurteilung im Einzelfall richten. Der BGH billigt aber eine Berechnung, die sich mit § 1578 BGB als Orientierungshilfe nach den Grundsätzen für die Berechnung eines Unterhaltsanspruchs nach den ehelichen Lebensverhältnissen zwischen getrennt lebenden oder geschiedenen Ehegatten richtet.¹⁷¹ Zu beachten ist, dass im Familienunterhalt der Halbteilungsgrundsatz uneingeschränkt gilt, so dass ein Erwerbsbonus vom Einkommen des Ehegatten nicht abgezogen werden darf.¹⁷² Zudem ist in diesem Verhältnis zusätzliche private Altersvorsorge nur im Umfang von 4% des Bruttoeinkommens der Ehegatten zu berücksichtigen.¹⁷³

Folgendes ist bei der Berechnung zu beachten:
- Auch in dem nicht für Unterhalt zu verwendenden Einkommen unterhalb des Familienselbstbehalts (derzeit 1800 EUR x 2 – 10% =) 3240 EUR, → Rn. 1046) ist Taschengeld enthalten – in der üblicherweise zugrunde zu legenden Größenordnung von 5 bis 7% (derzeit 162 EUR bis 239 EUR).¹⁷⁴ Ist also Taschengeld für den Unterhalt einzusetzen, ist davon wiederum ein Betrag in Höhe der 5 bis 7% des Familienselbstbehalts für persönliche Bedürfnisse frei.¹⁷⁵ Es sollte derselbe Prozentsatz verwendet werden, der zur

---

¹⁶⁴ BGH FamRZ 2004, 366 (368); 2003, 860 (866).
¹⁶⁵ Vgl. BGH FamRZ 1987, 472.
¹⁶⁶ BGH FamRZ 2014, 1543 Rn. 13.
¹⁶⁷ BGH FamRZ 2014, 1990 Rn. 11 = R 763a; 2014, 538 Rn. 27, 29 = R 746c; 2013, 363; 2004, 366 (369).
¹⁶⁸ BGH FamRZ 2014, 1990 Rn. 11 = R 763a.
¹⁶⁹ BGH FamRZ 2014, 1990 Rn. 11 = R 763a; 2013, 363 Rn. 26; 2004, 795 (797); 2004, 366 (369).
¹⁷⁰ BGH FamRZ 2014, 1990 Rn. 14 m Anm Hauß = R 763a.
¹⁷¹ BGH FamRZ 2013, 363 Rn. 33 ff.; 2010, 1535 Rn. 30.
¹⁷² BGH FamRZ 2004, 792 (794).
¹⁷³ BGH FamRZ 2013, 363 Rn. 36.
¹⁷⁴ BGH FamRZ 2013, 363 Rn. 49; anders als dort genannt, ist der Familienselbstbehalt für die Berechnung maßgeblich, s. Dose, FamRZ 2013, 993 (1000) Fn. 57.
¹⁷⁵ BGH FamRZ 2014, 1990 Rn. 12 = R 763a; 2014, 1543 Rn. 13 = R 759b; 2014, 538 Rn. 29 = R 746c; 2013, 363 Rn. 49; Dose FamRZ 2013, 993 (1001).

III. Das Unterhaltsverhältnis im Einzelnen § 2

Berechnung des Taschengeldes eingesetzt wurde. Auch hier hält der BGH die Zugrundelegung von 5% im Regelfall für unbedenklich.[176]

- Die vom BGH gebilligte und in den Leitlinien der Oberlandesgerichte verankerte Regel, dass dem Unterhaltspflichtigen etwa die Hälfte seines den Selbstbehalt übersteigenden Einkommens erhalten bleiben soll (→ Rn. 991), ist auch auf den Taschengeldanspruch anzuwenden.[177]
- Abschließend ist zu prüfen, inwieweit ein Einsatz des übrigen Taschengeldes angemessen ist.[178]

Zwei Beispiele sollen die Berechnung veranschaulichen:[179]

Einkommen des Ehemannes	3240 EUR
Einkommen der unterhaltsberechtigten Ehefrau	0 EUR
a) Unterhaltspflicht des Ehemannes für seinen Elternteil:	0 EUR
3240 EUR – 3240 EUR (aktueller Familienselbstbehalt)	
b) Unterhaltspflicht der Ehefrau für ihren Elternteil:	162 EUR
3240 EUR (Familieneinkommen) × 5% (Taschengeld)	
abzüglich 3240 EUR (Familienselbstbehalt) × 5%	162 EUR
Unterhaltsanspruch des Elternteils	0 EUR
Einkommend des Ehemannes	5000 EUR
Einkommen der unterhaltsberechtigten Ehefrau	0 EUR
a) Unterhaltspflicht des Ehemannes für seinen Elternteil:	968 EUR
5000 EUR – 3240 EUR (aktueller Familienselbstbehalt) + 792 EUR	
(45% des den Familienselbstbehalt übersteigenden Einkommens) =	
4032 EUR (individueller Familienselbstbehalt) = Unterhaltspflicht	
b) Unterhaltspflicht der Ehefrau für ihren Elternteil:	
5000 EUR (Familieneinkommen) × 5% (Taschengeld)	250 EUR
abzüglich 3240 EUR (Familienselbstbehalt) × 5%	162 EUR
Differenz	88 EUR
davon Unterhalt ($1/2$)	44 EUR

Im zweiten Beispiel kann die Berechnung für die Ehefrau auch wie folgt durchgeführt werden:
(5000 EUR – 3240 EUR) = 1760 EUR × 5% = 88 EUR : 2 = 44 EUR.

c) Einkünfte aus Nebenerwerb. Davon abgesehen, beschränkt sich die Pflicht zur **1011** Unterhaltsleistung eines in seiner Ehe vornehmlich den Haushalt führenden unterhaltspflichtigen Kindes prinzipiell auf diejenigen Fälle, in denen dieses **eigene Einkünfte** hat.[180] Solche stehen dann für Unterhaltszwecke zur Verfügung – sofern sie nicht für den Barunterhalt der Familie benötigt werden –, wenn das unterhaltspflichtige Kind auf Grund des von dem gut verdienenden Ehegatten zu leistenden Familienunterhalts bereits angemessen versorgt ist.[181] Es handelt sich um Fälle einer **geringfügigen Nebenbeschäftigung,** welche die volle Übernahme der Haushaltsführung nicht hindert und deren Ertrag dem Ehegatten nicht für Unterhaltszwecke, sondern für sonstige eigene Zwecke, zB für Luxusaufwendungen, Vermögensbildung usw verbleibt.[182] Müssen die Einkünfte des Unterhaltsschuldners auch für den Familienunterhalt verwendet werden → Rn. 1004.

2. Eheangemessener Selbstbehalt – Familienselbstbehalt

a) Eheangemessener Selbstbehalt. Die gegenseitige Unterhaltspflicht der Ehegatten **1012** bezieht sich nicht nur darauf, dass der den Leitlinien entsprechende angemessene Selbstbehalt jedes von ihnen gedeckt wird, sondern der aus den ehelichen Verhältnissen herrührende Bedarf. In der Doppel- oder Alleinverdienerehe beschränkt sich der **Anspruch des**

---

[176] BGH FamRZ 2014, 1990 Rn. 15 = R 763b.
[177] BGH FamRZ 2014, 1990 Rn. 12; 2013, 363 Rn. 45, 50.
[178] BGH FamRZ 2013, 363 Rn. 51.
[179] Nach Dose FamRZ 2013, 993 (1001).
[180] So auch Renn/Niemann FamRZ 1994, 473 (477).
[181] BGH FamRZ 2004, 366 (368)c; 1987, 472 f.; Fischer FamRZ 1993, 732.
[182] BGH FamRZ 2004, 795 (797); 2004, 370 (373).

anderen Ehegatten auf **Familienunterhalt** demnach nicht auf einen Mindestbetrag, sondern ist nach den individuellen Verhältnissen der Ehe (§ 1578 I 1 BGB) unter Berücksichtigung der jeweiligen Lebensstellung, von Einkommen und Vermögen sowie sozialem Rang zu bemessen.[183] Wie der Familienunterhalt danach zu bestimmen ist, obliegt der tatrichterlichen Beurteilung des Einzelfalls.[184] Er kann – obwohl er an sich grundsätzlich nicht auf Geldzahlung gerichtet ist – im Fall der Konkurrenz mit anderen Unterhaltsansprüchen in Höhe eines Geldbetrags veranschlagt werden (→ § 3 Rn. 3).[185] Die Berechnung hat von den individuellen Verhältnissen auszugehen, wobei diese auch durch Unterhaltsansprüche nachrangiger Berechtigter eingeschränkt werden können. Bei unteren und mittleren Einkommen, bei denen eine Quotenberechnung in Betracht kommt, kann aber ein Vorwegabzug des Elternunterhalts unterbleiben, wenn andernfalls der angemessene Unterhalt des Ehegatten nicht mehr gewährleistet wäre.[186]

1013 **b) Familienselbstbehalt.** Unterste Grenze ist der anteilige **Familienmindestselbstbehalt** (derzeit: 3240 EUR). Die oberlandesgerichtlichen Leitlinien (→ Rn. 1046/1047) enthalten Regelungen für den Mindestselbstbehalt des pflichtigen wie des nicht pflichtigen Ehegatten. Für die pauschale Berechnung des für den Familienunterhalt zu veranschlagenden Teileinkommens ist mit den oberlandesgerichtlichen Leitlinien von einem Familienbedarf auszugehen, der sich aus dem um 25% erhöhten großen Selbstbehalt des Pflichtigen (1800 EUR) zuzüglich dem Mindestbedarf des mit ihm zusammenlebenden Ehegatten (1440 EUR) zusammensetzt, alternativ von dem Doppelten des erhöhten großen Selbstbehalts abzgl. 10% (derzeit: 1800 EUR + 1800 EUR = 3600 EUR – 360 EUR). Auch der BGH legt bei durchschnittlichen Einkommen bei der Ermittlung des (individuellen) Familienselbstbehalts die Mindestselbstbehalte für beide Ehepartner entsprechend den oberlandesgerichtlichen Leitlinien zugrunde (→ Rn. 936 ff, 991).[187]

3. Bedarf der minderjährigen und privilegiert volljährigen Kinder

1014 Leben in einer Doppelverdienerehe im Haushalt des verheirateten Unterhaltspflichtigen minderjährige oder privilegiert volljährige **Kinder**, ist für sie mindestens ein Bedarf aus den zusammengerechneten Einkünften beider Eltern zu berücksichtigen.[188] Für studierende Kinder gilt dies sowieso. Denn wirtschaftlich unselbstständige Kinder leiten ihren **Bedarf** von der Lebensstellung der Eltern ab (→ Rn. 200). Das Familieneinkommen ist um diese Beträge vorab zu bereinigen. Es fragt sich allerdings, ob damit dem Bedarf von Kindern in intakten Familien hinreichend Rechnung getragen bzw. der Unterhaltspflichtige im schwach ausgestalteten Elternunterhalt hinsichtlich des vorrangigen Kindesunterhalts ausreichend entlastet wird. Bei **zusammenlebenden Familien** ist der Lebensstandard aufgrund der Synergieeffekte höher. Damit ist auch der Bedarf von Kindern in solchen Familien idR höher. Das heißt, die Kinder können in höherem Umfang schulisch (Auslandsaufenthalte) oder in der Freizeit (Sport, Musik) gefördert werden. Da die Synergieeffekte bei der Berechnung aber zugunsten des unterhaltsberechtigten Elternteils berücksichtigt werden (→ Rn. 1018 f.), gehen sie den Kindern jedenfalls teilweise verloren. Ebenso wie das unterhaltspflichtige Kind müssen aber auch dessen dem Elternunterhalt vorrangige Kinder ihren Lebensstandard nicht dauerhaft senken, soweit er im Verhältnis der Einkünfte nicht übertrieben hoch ist. Daher wird vorgeschlagen, Mehrbedarf (zB Nachhilfe- oder Musikunterricht) und Sonderbedarf großzügig zusätzlich zum Tabellenbetrag zu berücksichtigen.[189] Dem erhöhten Kindesbedarf könnte aber auch dadurch Rechnung getragen werden, dass die Werte der Düsseldorfer Tabelle **pauschal um 10% erhöht** werden und im Einzelfall die zusätzliche Berücksichtigung eines Mehr- oder

---

[183] BGH FamRZ 2010, 1535 Rn. 30 = R 714b; 2003, 860 (865).
[184] BGH FamRZ 2004, 370 (372).
[185] BGH 2010, 1535 Rn. 30 = R 714b; FamRZ 2003, 860 (864).
[186] BGH FamRZ 2010, 1535 Rn. 30 = R 714b.
[187] Zuletzt BGH FamRZ 2019, 885 Rn. 14 ff., 18 = R 793; 2014, 1990 Rn. 16 = R 763b.
[188] BGH FamRZ 2017, 711 Rn. 11 = R783b; 1985, 466.
[189] Hauß, Elternunterhalt, 5. Aufl. Rn. 437 ff.

III. Das Unterhaltsverhältnis im Einzelnen § 2

Sonderbedarfs geprüft wird.[190] Die Pauschale rechtfertigt sich zur besseren Handhabarkeit in der Praxis. Kindergeld für minderjährige Kinder ist auch bei zusammenlebenden Ehegatten nur hälftig auf den Unterhaltspflichtigen anzurechnen, weil der Ehegatte des unterhaltspflichtigen Kindes, soweit er auch berufstätig ist, Anspruch auf Verrechnung der anderen Hälfte hat. Soweit er nicht arbeitet erbringt er den Betreuungsunterhalt und die andere Hälfte des Kindergeldes betrifft daher ihn.

Der BGH hat nun für (auch) den Elternunterhalt entschieden, dass sich der Bedarf des minderjährigen Kindes **getrenntlebender Eltern**, das beim berufstätigen, betreuenden und zum Elternunterhalt verpflichteten Elternteil lebt, nach den zusammengerechneten Einkünften beider Elternteile richtet. Von diesem Bedarf ist zunächst das hälftige Kindergeld und der vom anderen Elternteil geleistete Barunterhalt abzuziehen. Der dann noch ungedeckte Rest des Barunterhaltsanspruchs des Kindes wird vom betreuenden Elternteil neben dem Betreuungsunterhalt geleistet und stellt im Elternunterhalt eine berücksichtigungswürdige anderweitige Verbindlichkeit des unterhaltspflichtigen Kindes dar, wird also vom Einkommen leistungsmindernd abgezogen.[191] Die andere Hälfte des Kindergeldes, die der Elternteil als Betreuender erhält, wirkt nicht einkommenserhöhend. Es ist für Ausgaben des Betreuenden gedacht, die dieser im Rahmen der Betreuung hat, ohne dass sie zum Unterhaltsbedarf des Kindes zählen (zB Eintrittsgelder für sich selbst).[192] 1015

4. Vermögensbildung des erwerbstätigen Ehegatten

Betreibt der erwerbstätige Ehegatte des unterhaltspflichtigen Kindes Vermögensbildung, ist diese auch über der für unterhaltspflichtige Kinder zugelassenen Grenze von 5% des Bruttoeinkommens (→ Rn. 941) anzuerkennen. Das gilt, wenn die Vermögensbildung im Verhältnis zu den Einkünften nach einem objektiven Maßstab aus der Sicht eines vernünftigen Betrachters angemessen erscheint.[193] Denn der Ehegatte steht nicht im Unterhaltsverhältnis zu den Schwiegereltern, sondern ist dem unterhaltspflichtigen Kind (seinem Ehegatten) zum Familienunterhalt verpflichtet. In diesem Verhältnis ist die Angemessenheit der Vermögensbildung zu beurteilen. Der BGH hat die Ansparung eines Betrags von 400 EUR monatlich bei einem bereinigten Einkommen von 3000 EUR akzeptiert. Im Gegenzug sind die Kapitaleinkünfte dem Einkommen hinzuzurechnen.[194] 1016

5. Rechenmethode des BGH

a) Anwendung auf alle üblichen Einkommenskonstellationen. Der BGH hat in seiner Entscheidung vom 28.7.2010 unter Anwendung der pauschalen Mindestbehaltssätze eine Methode zur Ermittlung der Leistungsfähigkeit des unterhaltspflichtigen Ehegatten entwickelt, die einerseits dem Anspruch des anderen Ehegatten auf Familienunterhalt nach den konkreten Lebensverhältnissen[195] in Konkurrenz zum Anspruch des Elternteils gerecht werden und zugleich die Ersparnis durch die gemeinsame Haushaltsführung berücksichtigen soll.[196] Hierbei ist es gleichgültig, ob das unterhaltspflichtige Kind in einer Doppelverdienerehe der Ehegatte mit dem höheren oder dem geringeren Einkommen ist. Zwar hatte der BGH zunächst betont, dieses Rechenmodell funktioniere nur bei selbstbehaltsnahen Einkünften und nur dann, wenn der Unterhaltspflichtige ein höheres Einkommen habe als dessen Ehegatte.[197] Inzwischen hat der BGH mit Stimmen aus der 1017

---

[190] Gutdeutsch FamRZ 2014, 1969 (1971); Heiß/Born/Hußmann, Unterhaltsrecht, 13 Rn. 65; Hauß, Elternunterhalt, 5. Aufl. Rn. 439.
[191] BGH FamRZ 2017, 711 Rn. 10 ff. m krit. Anm Maaß = R 783b; FamRZ 2017, 437 Rn. 25 = R 780b zum Wechselmodell.
[192] BGH FamRZ 2017, 711 Rn. 15 ff. = R 783b.
[193] BGH FamRZ 2015, 2138 Rn. 29 f.;2013, 363 Rn. 36 f.
[194] BGH FamRZ 2013, 363 Rn. 39.
[195] BGH FamRZ 2010, 1535 Rn. 30 = R 714b.
[196] BGH FamRZ 2010, 1535 = R 714.
[197] BGH FamRZ 2010, 1535 Rn. 39 = R 714b.

Literatur[198] diesen Rechenweg aber auch auf die umgekehrte Konstellation angewendet, in der das unterhaltspflichtige Kind (Ehefrau) ein geringeres Einkommen hatte als der Ehegatte und das Einkommen des Ehemannes in diesem Fall zudem mit bereinigt rund 4000 EUR sicherlich nicht mehr in der Nähe des Familienselbstbehalts (damals 2700 EUR) lag.[199] Zudem ist die Methode ebenso auf die Alleinverdienerehe anwendbar, wenn das pflichtige Kind der Verdiener ist ebenso wie wenn das pflichtige Kind kein Einkommen hat und der Taschengeldanspruch errechnet werden muss (→ Rn. 1010 Rechenbeispiele). Anwendbar ist der Rechenweg schließlich auch auf den Fall, dass beide (erwerbstätigen oder Rente beziehenden) Ehegatten gleichzeitig auf Elternunterhalt in Anspruch genommen werden.[200]

1018 **b) Grundsätze der Berechnung.** Der BGH geht von dem vorrangig zu deckenden Familienbedarf aus und zieht wie schon bisher hinsichtlich des überschießenden Betrags den Unterhaltspflichtigen im Verhältnis der beiderseitigen unterhaltsrelevanten Einkünfte zum Elternunterhalt heran.[201] Er entwickelt dieses Modell aber weiter, indem er gerade die **Ersparnis aufgrund gemeinsamer Haushaltsführung** berücksichtigt, die auch hinsichtlich des Betrags entsteht, der in Höhe der hälftigen Differenz zwischen Familienselbstbehalt und Einkommen ebenfalls anrechnungsfrei bleiben darf (→ Rn. 938, 991). Diese Ersparnis setzt der BGH unabhängig von der in der Differenz der Selbstbehaltssätze liegenden Ersparnis mit in der Regel 10% des den Familienselbstbehalt übersteigenden Einkommens an. Er nimmt dafür Bezug auf die um 10% verminderten Regelsätze bei Bedarfsgemeinschaften im Sozialrecht (§ 20 III SGB II; § 28 SGB XII).[202] Die Aussagekraft der in der Differenz der Selbstbehaltssätze liegenden Ersparnis sei Änderungen unterworfen und nicht zwingend.[203] Der Rechenweg sieht wie folgt aus:

Zunächst ist das bereinigte Familieneinkommen zu ermitteln. Davon wird der Familienselbstbehalt (= Mindestbedarf des Pflichtigen + Mindestbedarf des Ehegatten, seit 1.1.2015 nach Düsseldorfer Tabelle 3240 EUR) abgezogen. 45% vom verbleibenden Einkommen werden dem Familienselbstbehalt zugerechnet. Die Summe ergibt den **individuellen Familienselbstbehalt** (oder individuellen Familienbedarf). Davon wird der Betrag ermittelt, den der Pflichtige entsprechend dem Verhältnis seines Einkommens am Familieneinkommen zu tragen hat. Die Differenz zwischen diesem Betrag und dem bereinigten Einkommen des Pflichtigen bildet seine Leistungsfähigkeit. Der errechnete **Endbetrag** ist **nicht** zusätzlich um die Hälfte **zu kürzen** wie beim alleinstehenden Unterhaltspflichtigen, weil der dem Unterhaltspflichtigen zu belassende zusätzliche Anteil am Einkommen bereits bei der Bestimmung des individuellen Familienselbstbehalts berücksichtigt worden ist.

Im Zahlenbeispiel:[204]

Einkommen des Unterhaltspflichtigen	3000 EUR
zzgl. Einkommen des unterhaltsberechtigten Ehegatten	1000 EUR
ergibt ein Familieneinkommen von	4000 EUR
./. Familienselbstbehalt von (1800 EUR + 1440 EUR)	3240 EUR
verbleiben	760 EUR
hiervon 45%	342 EUR
zzgl. Familienselbstbehalt (3240 EUR), ergibt den individuellen Familienselbstbehalt von	3582 EUR
Anteil des Pflichtigen am Familienselbstbehalt beträgt 3582 EUR × 75% (3000 EUR : 4000 EUR)	2687 EUR
Leistungsfähigkeit: 3000 EUR − 2464 EUR =	313 EUR

---

[198] Hauß FamRB 2010, 315 (316); eingehend Gutdeutsch FamRZ 2011, 77 (80); Wönne in Wendl/Dose, 8. Aufl., § 2 Rn. 965; weitere Nachweise bei BGH FamRZ 2014, 538 Rn. 17 ff., 23 f. = R 746b.
[199] BGH FamRZ 2014, 538 Rn. 17 ff., 26 = R 746b + c.
[200] BGH FamRZ 2019, 885 Rn. 14 = R 793.
[201] BGH FamRZ 2006, 1511; 2004, 795; 2004, 366.
[202] BGH FamRZ 2010, 1535 = R 714c.
[203] Kritisch dazu Hauß FamRB 2010, 315 f.
[204] BGH FamRZ 2010, 1535 Rn. 41 = R 714c mit den Selbstbehaltssätzen seit 1.1.2011 der Düsseldorfer Tabelle.

III. Das Unterhaltsverhältnis im Einzelnen § 2

Das Rechenmodell setzt immer voraus, dass die **Einkünfte** des unterhaltspflichtigen Kindes **aus baren Mitteln** bestehen. Es ist nicht anwendbar auf Fallgestaltungen, in denen das Einkommen des unterhaltspflichtigen Kindes allein auf unbaren und daher nicht aufteilbaren und als Unterhalt einsetzbaren Werten (etwa Wohnwert) beruht. Auch der Anspruch auf Familienunterhalt gehört hierzu, weil er nicht auf eine Geldrente gerichtet ist.[205]

1019

Nach dieser Rechtsprechung wird der Unterhaltspflichtige mit dem überschießenden Betrag für den Elternunterhalt herangezogen, der nach dem Verhältnis seines unterhaltsrelevanten Einkommens zum Gesamteinkommen für die Deckung des individuellen Familienbedarfs nicht benötigt wird (→ Rn. 1013). Dies gilt auch für den Fall, dass sein Einkommen unter dem sogenannten Mindestselbstbehalt liegt, weil sein angemessener Unterhalt zusätzlich durch den Familienunterhalt abgesichert ist.[206] Deshalb ist in diesen Fällen, in denen dem Unterhaltspflichtigen sein Anteil am individuellen Familienselbstbehalt verbleibt, auch **kein zusätzlicher Abzug für Taschengeld** zu machen, weil die persönlichen Bedürfnisse mit dem Anspruch auf den eigenen Anteil am individuellen Familienbedarf abgedeckt sind. Anders ist dies nur, wenn das Einkommen des Unterhaltspflichtigen geringer ist als 5 bis 7% des Familieneinkommens. Dann ist auch der Taschengeldanspruch bis zu dieser Höhe einzusetzen und der Selbstbehalt zu beachten.[207] Mit dem Hinweis, dass daher Elternunterhalt nur aus dem Einkommen des Unterhaltpflichtigen gezahlt werde, tritt der BGH erneut[208] der Kritik entgegen, in solchen Fällen werde der andere Ehegatte verdeckt zur Unterhaltsleistung mit herangezogen.

1020

Mit dieser Rechenmethode werden die **meisten Fallgestaltungen** zu berechnen sein. Insbesondere entfallen Unsicherheiten über die Höhe des konkreten Familienbedarfs ebenso wie die Frage, wie hoch das Einkommen des anderen Ehegatten und damit die Absicherung durch den Familienunterhalt sein muss, damit das pflichtige Kind eigenes Einkommen zum Unterhalt einsetzen kann[209] oder ob ein Missverhältnis zwischen den Beiträgen der Ehegatten zum Familienunterhalt besteht.[210] Im Rahmen der Einzelfallprüfung muss im Hinblick auf die BGH-Rechtsprechung aber jeweils untersucht werden, ob die Mindestbedarfssätze auf Grund der konkreten Umstände zu erhöhen sind. Bei **sehr hohen Einkünften** – jedenfalls oberhalb des Doppelten der höchsten Einkommensgruppe der Düsseldorfer Tabelle – wird wohl eine Grenze erreicht sein, oberhalb derer keine Ersparnis wegen der Haushaltsführung mehr eintreten wird und die Rechenmethode ggf. zu modifizieren ist. Denn bei hohen Einkommen wird ein wachsender Anteil des Einkommens der Vermögensbildung zugeführt werden. Dann wird nur noch der Konsumanteil an Ersparnissen des Zusammenlebens teilhaben.[211] Nach einer Entscheidung des OLG Celle soll auch überobligatorisches Einkommen des nicht unterhaltspflichtigen Ehegatten zur Berechnung des Familieneinkommens herangezogen werden, weil es auf das tatsächlich der Familie zur Verfügung stehende Einkommen ankomme.[212] Diese Auffassung erscheint angesichts des im Rang schwach ausgestalteten Anspruchs fraglich. Im ranghöheren Ehegattenunterhalt sind das Ob und der Umfang der Berücksichtigung überobligatorischen Einkommens in jedem Einzelfall festzustellen.

1021

Eine Entscheidung des BGH zur konkreten Berechnung des Elternunterhalts bei verheirateten oder einem Partner lebenden Unterhaltspflichtigen war erforderlich, weil die obergerichtliche Rechtsprechung bei der Erfassung des Synergieeffekts durch Zusammenleben unterschiedlichste Quoten berücksichtigt hatte. Die dem BGH zur Entscheidung vorgelegte Ausgangsentscheidung hatte eine Ersparnis von 14% zugrunde gelegt.[213] Das

1022

---

[205] BGH FamRZ 2013, 363 Rn. 21 f.
[206] BGH FamRZ 2014, 538 Rn. 27 = R 746c; 2004, 370 (372).
[207] BGH FamRZ 2014, 538 Rn. 29 = R 746c; 2014, 1540 Rn. 13.
[208] Ebenso schon BGH FamRZ 2004, 443 (445)c.
[209] BGH FamRZ 2004, 370 (373); 2004, 795 (797).
[210] BGH FamRZ 2004, 795 (797); 2004, 370 (373).
[211] Hauß FamRZ 2010, 1541 (1542); ders. FamRB 2010, 315 (317).
[212] OLG Celle FamRZ 2016, 383 LS.
[213] OLG Düsseldorf FamRZ 2008, 438; s. a. OLG Düsseldorf FamRZ 2007, 1684; OLG Hamm FamRZ 2008, 1650.

OLG Hamm hatte eine Einsparung von 25% angenommen.[214] Die Haushaltsersparnis führte dadurch zu einer geringeren Leistungsfähigkeit, als wenn sie gar nicht berücksichtigt worden wäre, sowie im Ergebnis zu einer nicht angemessenen Verteilung der für den Unterhalt zur Verfügung stehenden Mittel. Das widerspricht aber dem Sinn ihrer Berücksichtigung. Denn angemessen ist eine Verteilung der vorhandenen Mittel nur, wenn der aufgrund der gemeinsamen Haushaltsführung entstehenden Ersparnis eine höhere Leistungsfähigkeit des Pflichtigen folgt.[215] Die prozentuale Erfassung der Ersparnis wählt der BGH, um deren anwachsender Höhe mit ansteigendem Einkommen gerecht zu werden.[216] Er erteilt damit auch der Ansicht eine Absage, die eine über die Selbstbehaltssätze hinausgehende Ersparnis nur im Einzelfall berücksichtigen wollte,[217] weil dies nicht praktikabel sei.[218]

6. Latente Unterhaltslast

1023 Die ehelichen Verhältnisse können durch die Unterhaltsleistungen des pflichtigen Ehegatten für einen Elternteil, weil sie bereits zur Zeit der Heirat erbracht wurden, geprägt sein, so dass der andere Ehegatte bei Bemessung seines Bedarfs den Vorwegabzug des Elternunterhalts trotz seines vorrangigen Anspruchs hinnehmen muss. Das gilt dann nicht, wenn dadurch ein Missverhältnis entstehen oder ihm im Einzelfall nicht einmal mehr sein Mindestbedarf verbleiben würde.[219] Letzteres ist insbesondere in unteren und mittleren Einkommensbereichen, bei denen der Ehegattenunterhalt nach Quoten zu berechnen ist, anzunehmen. Die Prägung durch Elternunterhalt ist allerdings nicht auf den Zeitpunkt der Eheschließung beschränkt, sondern kann auch durch eine spätere Entwicklung der ehelichen Verhältnisse, zB durch tatsächliche Unterhaltsleistungen für den Elternteil eingetreten sein.[220] Tritt die Bedürftigkeit des Elternteils – anders allerdings als in der Regel dessen Pflegebedürftigkeit – nicht unvorhersehbar ein, kann dies schon als **latente Unterhaltslast** die (ehelichen) Lebensverhältnisse mitbestimmen.[221] Dies gilt, wenn der künftige Unterhaltsbedarf eines Elternteils mit geringem Einkommen sich bereits seit längerem abgezeichnet hat.[222] In dem entschiedenen Fall hatte die unterhaltsberechtigte Mutter schon seit Jahren neben einem Erwerbseinkommen Sozialhilfe bezogen. Die Bejahung einer latenten Unterhaltslast hat der BGH in dieser Entscheidung allerdings davon abhängig gemacht, dass dem Pflichtigen gegenüber in der Vergangenheit bereits Unterhaltsforderungen (wegen der dort gezahlten Sozialhilfe) erhoben worden waren.[223] Die Lebensverhältnisse werden umso eher von einer Unterhaltsverpflichtung für einen Elternteil mitbestimmt, je höher die Wahrscheinlichkeit einzuschätzen ist, für den Unterhalt von Eltern aufkommen zu müssen.[224] Ist das Vorliegen einer derartigen latenten Unterhaltslast zu bejahen, dürfte sich dies auf das Unterhaltsverhältnis generell dahin auswirken, dass dennoch getroffene Vermögensdispositionen oder Steigerungen des Lebensstandards unter Umständen ganz oder teilweise im Rahmen der Überprüfung des angemessenen Eigenbedarfs außer Betracht zu bleiben haben.

---

[214] OLG Hamm, OLGReport 2006, 361.
[215] BGH FamRZ 2010, 1535 Rn. 37.
[216] BGH FamRZ 2010, 1535 Rn. 43 = R 714c; s. a. schon BGH FamRZ 2004, 792 (793).
[217] OLG Hamm FamRZ 2008, 1650.
[218] BGH FamRZ 2010, 1535 Rn. 43 = R 714c.
[219] BGH FamRZ 2010, 1535 Rn. 30; 2006, 26 (29) = R 637c + d; 2003, 860 (865 f.).
[220] BGH FamRZ 2004, 792 (794).
[221] BGH FamRZ 2004, 792 (794).
[222] BGH FamRZ 2003, 860 (865).
[223] BGH FamRZ 2003, 860 (865).
[224] BGH FamRZ 2004, 792 (794).

III. Das Unterhaltsverhältnis im Einzelnen   § 2

7. Darlegungs- und Beweislast

Für die Praxis ist zu beachten, dass das unterhaltspflichtige Kind nach allgemeinen **1024** Grundsätzen gehalten ist, alle **für eine Einschränkung seiner Leistungsfähigkeit erheblichen Tatsachen** vorzutragen hat.[225] Neben seinem eigenen Einkommen, muss es das Einkommen der anderen Familienmitglieder, den vollständigen Bedarf der Familie und seinen eigenen Beitrag dazu substantiiert darlegen, wenn es einen über die pauschalen Mindestsätze hinausgehenden Verbrauch geltend machen und eine Begrenzung seiner Leistungsfähigkeit nach Maßgabe pauschaler Mindestsätze für den Selbstbehalt vermeiden will.[226] Gleiches gilt für die Darlegung von Verbindlichkeiten, wie zB die Unterhaltsverpflichtung aus § 1615l BGB (→ Rn. 1008). Betrifft die Darlegungslast einen viele – zB sieben – Jahre zurückliegenden Unterhaltszeitraum, dürfen an die Darlegung, wenn der eheliche Lebenszuschnitt bislang nicht problematisiert worden war, allerdings keine zu hohen Anforderungen gestellt werden.[227]

5. Abschnitt: Enkelunterhalt im Besonderen

I. Überblick

1. Allgemeines

Großeltern stehen gegenüber ihren Enkeln in der Rangliste der Unterhaltspflichtigen **1025** wie unterhaltsberechtigte Eltern gegenüber ihren pflichtigen Kindern weit hinten. Vor ihnen haften die Eltern des betreffenden Enkelkindes (§ 1606 II BGB), noch vor den Eltern ggf. der Ehegatte oder der Lebenspartner des Enkelkindes (§§ 1608 S. 1 u. 4, 1584 S. 1 BGB, 16 S. 2 LPartG) und – soweit zugunsten des Enkelkindes wegen eines eigenen Kindes ein Unterhaltsanspruch nach § 1615l BGB in Betracht kommt – der andere Elternteil dieses Kindes (§ 1615l III 2 BGB). In der Rangfolge der Bedürftigen kommen die **Enkel erst an einer hinteren Rangstelle** (vgl. § 1609 Nr. 5 BGB), nämlich nach den minderjährigen oder diesen gleichstehenden Kindern der Großeltern (§ 1609 Nr. 1), nach dem gegenüber dem Großelternteil nach § 1615l BGB unterhaltsberechtigten Elternteil (§ 1609 Nr. 2 BGB), nach den Ehegatten oder Lebenspartnern der Großeltern (§§ 1609 Nr. 2 u. 3 BGB, 12 S. 2, 16 S. 2 LPartG) und den volljährigen Kindern der Großeltern. Der insgesamt geringe Rang des Unterhaltsanspruchs – Enkel sind als Berechtigte nur vorrangig vor den Eltern und weiteren Verwandten aufsteigender Linie eines pflichtigen Großelternteils – berechtigen dazu, die unterhaltsbeschränkende Rechtsprechung zum Elternunterhalt, der vom Gesetz vergleichbar gering ausgestaltet ist, grundsätzlich auf den Enkelunterhalt zu übertragen.[1] Enkelkind ist auch das adoptierte minderjährige (§ 1754 BGB) oder das mit Wirkung der Volladoption volljährige (§ 1772 BGB) adoptierte Enkelkind.

Wie allgemein beim Verwandtenunterhalt sind die Voraussetzungen eines Unterhaltsanspruchs nur erfüllt, falls **Bedürftigkeit** des berechtigten Enkelkinds (§ 1602 I BGB) und **1026** **Leistungsfähigkeit** des pflichtigen Großelternteils (§ 1603 I BGB) zeitgleich vorliegen.[2]

Wegen des geringen Rangs des Anspruchs auf Enkelunterhalt kommt es in der Praxis **1027** nur zu Fällen der **Ersatzhaftung nach § 1607 I oder II BGB** als anderer leistungsfähiger Verwandter gemäß § 1603 II 3 BGB – siehe zur Ersatzhaftung im Einzelnen → Rn. 914 ff., 1035 ff. Großeltern können nur dann nicht im Wege der Ersatzhaftung in

---

[225] BGH FamRZ 2004, 795 (798); 2004, 443 (445); 2004, 370 (372).
[226] Schürmann FamRZ 2004, 446 (449) (Anm. zu BGH FamRZ 2004, 443); OLG Karlsruhe NJW-RR 2006, 361 (363).
[227] OLG Hamm NJW 2013, 1541; OLG Frankfurt a. M. – 3 UF 122/99A, BeckRS 2005, 000676.
[1] Vgl. dazu BGH FamRZ 2007, 375; 2006, 1099 = R 652; 2006, 26 = R 637a.
[2] BGH FamRZ 2006, 1511 (1512) = R 658a; BVerfG FamRZ 2005, 1051 (1053) = R 35.

Anspruch genommen werden, sondern unmittelbar, wenn keine vorrangigen Unterhaltspflichtigen vorhanden sind, zB bei Vorversterben beider Eltern des Enkelkindes.

2. Anspruch auf Auskunft

1028   Grundsätzlich besteht ein Auskunftsanspruch gemäß § 1605 BGB, allerdings nur soweit die Auskunft zur Feststellung eines Unterhaltsanspruchs erforderlich ist. Dies wird wie beim Ehegattenunterhalt nur dann nicht gegeben sein, wenn die Auskunft den Unterhaltsanspruch unter keinem Gesichtspunkt beeinflussen kann.[3] Der Auskunftsanspruch richtet sich gegen alle mit dem Enkelkind verwandten Großeltern. Die Auskunftspflicht des Großelternteils umfasst – wenn dies verlangt wird – auch die Einkommens- und Vermögenslage seines mit dem Enkelkind nicht verwandten Ehepartners, soweit dies für die Bestimmung des Familienunterhalts erforderlich ist.[4] Weitere Voraussetzung für den Auskunftsanspruch ist, dass die übrigen, von den wirtschaftlichen Verhältnissen des Unterhaltsschuldners unabhängigen, materiellen Voraussetzungen des Unterhaltsanspruchs vorliegen. Da ein Unterhaltsanspruch gegen die Großeltern als nachrangige Unterhaltsschuldner über § 1607 BGB nur bestehen kann, wenn die Eltern leistungsunfähig sind oder die Rechtsverfolgung gegen sie erheblich erschwert ist (→ Rn. 914 ff.), besteht der Auskunftsanspruch nur, wenn die Leistungsunfähigkeit der vorrangigen Unterhaltsschuldner (Eltern) bzw. die erhebliche Erschwerung der Rechtsverfolgung feststeht (→ § 1 Rn. 1154).[5] Da die Großelternteile anteilig nach ihren jeweiligen Erwerbs- und Vermögensverhältnissen haften (§ 1606 III 1 BGB), haben sie wegen der problematischen Höhe ihres Haftungsanteils nach Treu und Glauben (§ 242 BGB) untereinander einen Auskunftsanspruch, der sich auf die Einkünfte des nicht verwandten Ehegatten des auskunftspflichtigen Großelternteils erstrecken kann.[6]

3. Beschränkung des Anspruchs auf rückständigen Unterhalt

1029   Die von einem Enkelkind über § 1607 I oder II BGB verfolgten Unterhaltsansprüche gegen Großeltern werden, soweit es um **Unterhalt für die Vergangenheit** geht, durch die Sondervorschrift des § 1613 BGB zugunsten der Großeltern begrenzt.[7] **Verzug** muss bei den in Anspruch genommenen Großeltern in Person vorliegen. Dies gilt aus Gründen des Schuldnerschutzes auch dann, wenn Großeltern nach § 1607 II 1 BGB als Zweitschuldner mit Anspruchsübergang nach § 1607 II 2 BGB eintreten müssen.[8] Eine erweiterte Inanspruchnahme für die Vergangenheit ergibt sich aus § 1613 II Nr. 2a BGB.[9]

4. Gerichtliche Zuständigkeit

1030   Auch für Unterhaltsansprüche, die von Enkeln gegenüber Großeltern geltend gemacht werden, sind die **Familiengerichte** zuständig – im Einzelnen → Rn. 901. Der besondere Gerichtsstand des § 232 I Nr. 2 FamFG am gewöhnlichen Aufenthaltsort des Kindes gilt auch für die Klage gegen einen oder mehrere Großelternteile.[10] Anders als die frühere

---

[3] BGH FamRZ 2010, 964 Rn. 21.
[4] Dose NZFam 2018, 429 (430).
[5] OLG Jena FamRZ 2010, 746; OLG Braunschweig FamRZ 2005, 643 (644); AG Ludwigslust FamRZ 2005, 1924; Günther FPR 2006, 347 (353); MüKoBGB/Born § 1605 Rn. 1.
[6] Vgl. BGH FamRZ 2012, 200 Rn. 19; 2011, 21 zur Auskunftspflicht über Einkünfte des Ehegatten beim Kindesunterhalt 2003, 1836 (1838) zu anteilig haftenden Geschwistern beim Elternunterhalt; Dose NZFam 2018, 429, 430 (Elternunterhalt).
[7] OLG Jena FamRZ 2006, 569; vgl. auch BGH FamRZ 2004, 800.
[8] OLG Jena FamRZ 2006, 569.
[9] BGH FamRZ 2004, 800 für die Zeit vor Feststellung der Vaterschaft.
[10] OLG Hamm FamRZ 2013, 899 Rn. 10; ebenso Prütting/Helms/Bömelburg § 232 Rn. 11a; Kodal in Bork/Jacoby/Schwab § 232 Rn. 7; Musielak/Borth § 232 Rn. 8; Bahrenfuss/Schwedhelm § 232 Rn. 9; aA Zöller/Lorenz § 232 Rn. 9.

III. Das Unterhaltsverhältnis im Einzelnen § 2

Regelung des § 642 ZPO aF regelt § 232 I Nr. 2 FamFG ganz allgemein den Gerichtsstand für die Unterhaltspflicht für ein minderjähriges Kind und nicht mehr nur für die Unterhaltspflicht der Eltern für ihr minderjähriges Kind. Eine örtliche Zuständigkeitskonzentration am Aufenthaltsort des Kindes dürfte sinnvoll sein, um dem Kind die Verfolgung seiner doch elementaren Unterhaltsprüche zu erleichtern. Haben die Großeltern, die als Streitgenossen verklagt werden sollen, keinen gemeinsamen Gerichtsstand, kann das zuständige Oberlandesgericht auf Antrag nach § 113 I FamFG, § 36 I Nr. 3, II ZPO den gemeinschaftlichen Gerichtsstand bestimmen. Werden mehrere Großelternteile gleichzeitig verklagt, sind sie, da die gegen sie gerichteten anteiligen Ansprüche auf demselben Lebenssachverhalt beruhen, Streitgenossen im Sinne der § 113 I FamFG, §§ 59 ff. ZPO.[11] Dabei geht es aber nur um einen Fall einfacher, nicht notwendiger Streitgenossenschaft, da keine der in § 62 ZPO geregelten Fallgruppen vorliegt.

II. Bedarf und Bedürftigkeit

1. Bedarf des Enkelkindes

Der Bedarf eines Enkelkindes bestimmt sich nach § 1610 BGB nach seiner Lebensstellung. Diese leitet sich von der Lebensstellung seiner Eltern ab, nicht von der Lebensstellung seiner womöglich erheblich besser situierten Großeltern – → Rn. 914 Auch bei ganz dürftiger Lebensstellung der Eltern ist jedenfalls das Existenzminimum als Bedarf geschuldet. Das gilt auch bei minderjährigen Enkelkindern. Allerdings hatte der BGH früher den Ansatz des Existenzminimums als Mindestbedarf für minderjährige Kinder, die nur eine von den Eltern abgeleitete Lebensstellung haben, abgelehnt. Dies ist auf Grund der gesetzlichen Neuregelung in § 1612a I BGB überholt. Dort ist das Existenzminimum eines minderjährigen Kindes als Mindestunterhalt unter Bezugnahme auf sein in § 32 VI 1 EStG steuerlich anerkanntes (halbes) sächliches Existenzminimum (zur übergangsweisen Geltung von § 36 Nr. 4 EGZPO → Rn. 914) definiert (→ Rn. 221 ff.). Einem volljährigen Enkelkind wird jedenfalls der in den oberlandesgerichtlichen Leitlinien angesetzte Mindestbedarf bzw. soweit es bei seinen Eltern lebt, der Bedarf nach der 4. Altersstufe der Düsseldorfer Tabelle zuzubilligen sein. 1031

Sonder- und Mehrbedarf können den auf Grund der bescheidenen Lebensstellung der Eltern begrenzten Bedarf erhöhen.[12] Mehrbedarf wird insbesondere dann auftreten, wenn zB laufende Ausbildungskosten (vgl. dazu § 1610 II BGB), wie der Besuch einer Privatschule, Nachhilfeunterricht, Kindergartenkosten[13] oder von keiner Krankenversicherung gedeckte laufende Behandlungskosten vorliegen.[14] Wegen des geringen Rangs des Unterhaltsanspruchs dürfte es erforderlich sein, bedarfserhöhenden Mehrbedarf zu Lasten der Großeltern nur insoweit anzusetzen, als er unabweisbar erscheint.[15] 1032

Kein Teil des Bedarfs von Enkelkindern gegenüber Großeltern ist ein Anspruch auf **Verfahrenskostenvorschuss**, da es von Gesetzes wegen an einer besonderen unterhaltsrechtlichen Verantwortung von Großeltern gegenüber ihren Enkeln fehlt. Gerichtlichen Entscheidungen,[16] wonach auch Urgroßeltern bzw. Großeltern Verfahrenskostenvorschuss für ihre Urenkel bzw. Enkel leisten mussten, ist daher nicht zuzustimmen – im Einzelnen → Rn. 928. 1033

---

[11] Günther FPR 2006, 347 (353).
[12] Büte FuR 2005, 433 (435).
[13] BGH FamRZ 2009, 962 = R 700.
[14] Büte FuR 2005, 433 (436).
[15] Büte FuR 2005, 433 (436).
[16] OLG Düsseldorf DAVorm 1990, 80; OLG Koblenz FamRZ 1997, 681; ebenso dafür: Bißmaier FamRZ 2002, 863 (864).

2. Bedürftigkeit des Enkelkindes

1034 Eine solche entsteht gar nicht, wenn die Eltern Unterhalt in Höhe des Mindestbedarfs nach § 1612a BGB leisten können. Die Bedürftigkeit auch eines minderjährigen Enkelkindes entfällt, wenn es für seinen Unterhalt den Stamm seines Vermögens einsetzen kann. Das Vermögensprivileg des § 1602 II BGB gilt nur im Unterhaltsverhältnis zu den Eltern.[17] BAföG-Leistungen und Leistungen nach dem Unterhaltsvorschussgesetz[18] mindern die Bedürftigkeit ebenso wie Leistungen der Grundsicherung, der Sozialhilfe und der Bezug von Arbeitslosengeld II (§ 33 II SGB II).

III. Voraussetzung der Ersatzhaftung von Großeltern

1. Haftung nach § 1607 I BGB

1035 Großeltern können andere leistungsfähige Verwandte iSv § 1603 II 3 BGB sein (→ Rn. 396) und werden in der gerichtlichen Praxis nur in Form der Ersatzhaftung nach § 1607 BGB in Anspruch genommen. Bei der Inanspruchnahme nach § 1607 I BGB handelt es sich tatsächlich um eine Primärhaftung, weil keine Rückgriffsmöglichkeit besteht (→ Rn. 915 f.). Es sind also vorrangige Unterhaltspflichtige, in der Regel ein Elternteil oder beide Eltern, vorhanden. Fälle einer Ersatzhaftung anstelle des Ehegatten oder Lebenspartners des Enkelkindes nach §§ 1608 S. 2, 1584 S. 2 BGB, 16 S. 2 LPartG bzw. anstelle des nach § 1615l BGB für das Enkelkind Unterhaltspflichtigen (§§ 1615l III 2, 1607 BGB) sind eher theoretisch. Die **Ersatzhaftung nach § 1607 I BGB**, und zwar grundsätzlich aller vorhandenen Großelternteile (→ Rn. 915 f.) setzt die Leistungsunfähigkeit iS § 1603 I BGB der vorrangigen Unterhaltspflichtigen voraus, also im Normalfall beider Elternteile. Ein betreuender Elternteil, der im Verhältnis zum anderen Elternteil durch die Betreuung grundsätzlich seine Unterhaltspflicht erfüllt (§ 1606 III 2 BGB), kann trotzdem für Barunterhalt leistungsfähig sein und steht damit einer Ersatzhaftung entgegen. Die Regelung des § 1606 III 2 BGB gilt nur im Verhältnis der Eltern zueinander, nicht gegenüber nachrangig haftenden Verwandten (→ Rn. 787).[19] Die Ersatzhaftung von Großeltern tritt vorbehaltlich ihrer Leistungsfähigkeit ein, wenn beide Eltern – also auch der betreuende – sonst jeweils weniger für sich hätten als ihrem angemessenen Selbstbehalt im Sinne des § 1603 I BGB entspricht (§ 1603 II 3 BGB).[20] Kommt eine Ersatzhaftung von Großeltern in Betracht, richtet sich die Verpflichtung mit der Folge **anteiliger Haftung** (§ 1606 III 1 BGB) grundsätzlich gegen alle vorhandenen Großelternteile gleichzeitig. Das Gesetz sieht keine Ersatzhaftung nur nach dem Stamm des ausfallenden Unterhaltspflichtigen vor.[21] Die abweichende Auffassung, wonach nur die väterlichen Großeltern, nicht aber auch die mütterlichen Großeltern einspringen, weil nur die Ersteren an die Stelle des vorrangig haftenden Vaters zu treten hätten, falls die nichteheliche Mutter ihre Unterhaltspflicht gegenüber dem Kind durch Betreuung vollständig erfülle und damit nur der barunterhaltspflichtige Vater ausfalle, ist mit der gesetzlichen Regelung in §§ 1606, 1607 BGB nicht vereinbar (→ Rn. 916 ff.).[22] Aus Sicht des unterhaltsbedürftigen Kindes sind alle Großeltern gleichnahe Verwandte nach dem ausgefallenen Elternteil.

1036 Geht es um die Frage der **Leistungsunfähigkeit eines betreuenden Elternteils** eines minderjährigen Enkelkindes, ist das Einkommen dieses Elternteils um anfallende

---

[17] So auch Staudinger/Klinkhammer § 1602 Rn. 152.
[18] Ebenso wohl BGH FamRZ 2012, 785 Rn. 24.
[19] OLG Jena FamRZ 2010, 746; 2009, 1498; OLG Frankfurt FamRZ 2004, 1745; OLG Schleswig FamRZ 2004, 1058.
[20] AA OLG Hamm 2005, 57.
[21] OLG Frankfurt a. M. FamRZ 2004, 1745.
[22] AG Neu-Ulm Urt. v. 28.7.2000 – 3 F 586/00; differenzierend Fuchs, FA-FamR, Kap. 6 Rn. 523 für den Fall einer Ersatzhaftung nach § 1607 II BGB.

notwendige Kosten zur Sicherung der Betreuung während der sonst nicht möglichen Erwerbstätigkeit zu bereinigen. Dabei ist aber zu beachten, dass die Kosten für den Besuch auch eines ganztägigen Kindergartens oder einer Kindertagesstätte inzwischen als Mehrbedarf des Kindes qualifiziert werden, weil der erzieherische Aspekt der Betreuung überwiege (→ Rn. 233).[23] Im Zweifel kommt es auf das Konzept der Einrichtung an.[24] Soweit die Erwerbstätigkeit wegen des geringen Alters des Kindes überobligatorisch ist – bis zum Alter des Kindes von drei Jahren immer –, kommt es für die Anrechenbarkeit des überobligatorisch erzielten Einkommens in entsprechender Anwendung von § 1577 II BGB, der auch beim Verwandtenunterhalt gilt,[25] auf die Umstände des Einzelfalls an. In die Entscheidung einzubeziehen ist, wie die Betreuung während der Berufstätigkeit konkret geregelt ist, welche Hilfen zur Verfügung stehen und ob dafür zusätzliche Betreuungskosten entstehen; ob die Erwerbstätigkeit aus freien Stücken oder wegen wirtschaftlicher Notlage aufgenommen wurde – im Einzelnen → § 1 Rn. 803 ff.[26] Bei der Beurteilung, ob es sich um **überobligatorische Einkünfte** handelt, die im Rahmen des angemessenen Selbstbehalts gegenüber nachrangig pflichtigen Großeltern möglicherweise nicht zu berücksichtigen sind, wird man zusätzlich erwägen müssen, dass die Erwerbsobliegenheit des betreuenden Elternteils als dem vorrangig Pflichtigen im Verhältnis zu Großeltern strenger zu beurteilen ist als im Verhältnis zum gleichrangig haftenden anderen Elternteil– vgl. hierzu zum ähnlichen Problem der Zurechenbarkeit fiktiver Einkünfte → Rn. 949.

Mangelnde Leistungsfähigkeit eines (betreuenden) Elternteils liegt nicht vor, soweit ihm wegen Verletzung seiner Erwerbsobliegenheit ausreichende **fiktive Einkünfte** zuzurechnen sind. Hierbei wird die Erwerbsobliegenheit eines betreuenden Elternteils im Verhältnis zu nachrangigen Großeltern strenger zu beurteilen sein als im Verhältnis zwischen den beiden Eltern, für welches die Unterhaltspflicht nach § 1606 III 2 BGB grundsätzlich schon durch Betreuung erfüllt wird. Auch insoweit ist eine Erwerbstätigkeit aber nur in dem Umfang zumutbar, als die Betreuung sichergestellt und bei entsprechendem Bemühen auf dem Arbeitsmarkt eine Stelle zu finden wäre.[27] Im Umfang eines zumutbar erzielbaren fiktiven Einkommens scheidet eine Ersatzhaftung der Großeltern nach §§ 1607 I BGB aus (→ Rn. 1040 f.). 1037

2. Ersatzhaftung nach § 1607 II BGB

Die Ersatzhaftung nach § 1607 II BGB – wegen ausgeschlossener oder erheblich erschwerter Rechtsverfolgung im Inland – mit Rückgriffsmöglichkeit gegen vorrangig Pflichtige, also regelmäßig gegen einen oder beide Elternteile, greift ein, wenn die Unterhaltspflicht des oder der Vorrangigen an sich besteht, weil Leistungsfähigkeit gegeben ist, die Unterhaltsverpflichtung sich aber nicht realisieren lässt, zB bei unterhaltsrechtlicher Leistungsfähigkeit nur wegen des Ansatzes von fiktiven Einkünften oder bei vergeblicher Vollstreckung –Ersatzhaftung nach § 1607 II BGB im Einzelnen → Rn. 914, 920 ff. Ein solcher Fall liegt auch bei **Leistungsunfähigkeit einer nichtehelichen Mutter** vor, solange die Vaterschaft nicht anerkannt oder gerichtlich festgestellt ist (§§ 1594 I, 1600d IV BGB),[28] weil der Anspruch auf Kindesunterhalt gegen den Kindsvater (noch) nicht durchgesetzt werden kann, sieht man von der nach § 248 FamFG ggf. möglichen einstweiligen Anordnung während eines Verfahrens auf Feststellung der Vaterschaft nach § 1600d BGB einmal ab. Insofern kommt die Ersatzhaftung der mütterlichen Großeltern nach § 1607 II 1 BGB in Betracht. Nach Anerkennung oder Feststellung der Vaterschaft können ggf. auch die väterlichen Großeltern, und zwar wegen § 1613 II Nr. 2a BGB rückwirkend auf 1038

---

23 BGH FamRZ 2009, 962 Rn. 14 = R 700; 2008, 1152 (1153).
24 BGH FamRZ 2009, 962 Rn. 15 = R 700.
25 BGH FamRZ 2005, 442 (444) = R 625c; 1995, 475 (477).
26 Vgl. BGH FamRZ 2005, 442 (445) = R 625c zur überobligatorischen Tätigkeit der unterhaltsberechtigten nichtehelichen Mutter.
27 OLG Schleswig FamRZ 2004, 1058 (1059).
28 Vgl. BGH FamRZ 2004, 800 = R 609b.

den Zeitpunkt der Geburt – nicht aber über das Inkrafttreten dieser Vorschrift am 1.7.1998 hinaus[29] – je nach den Umständen nach § 1607 I oder II 1 BGB in Anspruch genommen werden.

1039 Kommt eine Ersatzhaftung nach § 1607 II 1 BGB in Betracht, weil ein Elternteil nur wegen **fiktiver**, also nicht vorhandener **Einkünfte** als leistungsfähig angesehen wird, wird man unterscheiden müssen, ob es sich um einen Elternteil handelt, der das Enkelkind vertritt, oder einen nicht vertretungsberechtigten Elternteil. Es dürfte dem Enkelkind als treuwidrig entgegengehalten werden können, wenn sein gesetzlicher Vertreter unter Verstoß gegen seine Erwerbsobliegenheit Einkünfte nicht zieht und dies als Begründung einer Ersatzhaftung nach § 1607 II 1 BGB für das Enkelkind vorbringt.

3. Darlegungs- und Beweislast

1040 Will ein Enkelkind nachrangig haftende Großeltern auf Unterhalt in Anspruch nehmen, obliegt es dem Enkelkind, seine unterhaltsrechtliche Bedürftigkeit darzulegen und zu beweisen. Bei einer Inanspruchnahme nach § 1607 I BGB bedeutet das, die Leistungsunfähigkeit der vorrangig Pflichtigen, also im Normalfall seiner Eltern, zur Deckung seines vollen Bedarfs darzulegen und zu beweisen.[30] Dies scheitert, wenn der nach der bescheidenen Lebensstellung der Eltern geschuldete Bedarf, der mindestens das Existenzminimum erfasst (→ Rn. 1034), gedeckt ist.[31] Soll eine Inanspruchnahme nach § 1607 II BGB erfolgen, muss es die Umstände **darlegen und beweisen,** aus denen sich der Ausschluss oder die Erschwernis der Rechtsverfolgung, zB gegen den entsprechenden Elternteil, im Inland ergibt[32] → Rn. 920 f. dafür muss konkret vorgetragen werden, dass Vollstreckungsversuche unternommen wurden und erfolglos waren. Der Hinweis auf ein unter der Pfändungsfreigrenze liegenden Einkommens des primär Unterhaltspflichtigen genügt nicht.[33] Verlangt es Unterhalt von einem von mehreren Großelternteilen, erstreckt sich seine Darlegungs- und Beweislast auch auf die eine anteilige Haftung ausschließende Vermögens- und Einkommenssituation der anderen Großelternteile.[34] Andernfalls müssen die konkreten Haftungsanteile aller auch nur teilweise leistungsfähigen Großelternteile dargelegt und ggf. belegt werden.

IV. Leistungsfähigkeit und Eigenbedarf der Großeltern

1. Eigenbedarf

1041 In mehreren Entscheidungen hat der BGH darauf hingewiesen, dass die von ihm zum Elternunterhalt angestellten Erwägungen[35] auf das Unterhaltsverhältnis zwischen Enkeln und Großeltern übertragen werden können. Wie beim Elternunterhalt müssen daher Großeltern im Verhältnis zu Enkeln **keine spürbare** und dauerhafte **Senkung ihres** berufs- und einkommenstypischen **Unterhaltsniveaus,** an das sie sich selbst schon längerfristig angepasst haben, hinnehmen, soweit sie nicht einen nach den Verhältnissen unangemessenen Aufwand betreiben oder ein Leben in Luxus führen.[36] Das bedeutet zunächst,

---

[29] BGH FamRZ 2004, 801.
[30] MüKoBGB/Born § 1607 Rn. 26; Staudinger/Klinkhammer § 1607 Rn. 62; OLG Jena FamRZ 2006, 569; AG Leverkusen FamRZ 2003, 627.
[31] Vgl. dazu OLG Karlsruhe FamRZ 2001, 782 (783).
[32] BGH FamRZ 2006, 26 (30) = R 637f; MüKoBGB/Born § 1607 Rn. 26; Staudinger/Klinkhammer § 1607 Rn. 62; AG Leverkusen FamRZ 2003, 627.
[33] BGH FamRZ 2006, 26 (30) = R 637 f.
[34] OLG Jena FamRZ 2010, 746; FamRZ 2006, 569; OLG Köln FamRZ 2010, 352; Dose NZFam 2018, 429 (430) zum Elternunterhalt.
[35] BGH FamRZ 2007, 375 (376); 2003, 1179 (1180); 2002, 1698 (1700 ff.).
[36] BGH FamRZ 2006, 26 (28) = R 637a; 2007, 375 (376).

III. Das Unterhaltsverhältnis im Einzelnen   § 2

dass für Großeltern der erhöhte Selbstbehalt wie im Elternunterhalt gilt.[37] Hiervon macht der BGH[38] keine Ausnahme bei minderjährigen Enkeln, die an sich auf Grund dieser Minderjährigkeit noch hilflos und bedürftig sind.[39] Großeltern unterliegen nämlich keiner gesteigerten Unterhaltspflicht nach § 1603 II 1 BGB und müssen unter Berücksichtigung ihres Eigenbedarfs nur nachrangig haften. Zudem werden sie regelmäßig erst in höherem Lebensalter in Anspruch genommen, in dem sie ihre Lebensverhältnisse schon längerfristig an ihr Einkommensniveau angepasst haben. Ob auch beim Enkelunterhalt nur eine **Quote von 50%** – ggf wegen der Ersparnis einer gemeinsamen Haushaltsführung mit einem nicht verwandten Ehegatten mit der Folge einer Quote von 55% (→ Rn. 991) – des den erhöhten Selbstbehalt übersteigenden Einkommens zum Unterhalt verwendet werden muss,[40] hat der BGH bislang offengelassen.[41] Die Leitlinien der Oberlandesgerichte übernehmen inzwischen überwiegend die Anrechnungsfreiheit für den Enkelunterhalt (→ Rn. 1046). Wegen der Gleichstellung mit dem Elternunterhalt ist die zusätzliche quotenmäßige Beschränkung bei volljährigen Enkeln angemessen (→ Rn. 396).[42] Für minderjährige Enkel erscheint unter Beachtung des gegenüber dem Elternunterhalt etwas besseren Rangs und gerade der Minderjährigkeit, die zB einen dauerhaften Hinzuverdienst des Kindes idR nicht ermöglicht, die Lösung des OLG Koblenz[43] vernünftig. Danach scheidet in einem solchen Fall eine unterschiedslose Bewilligung des zusätzlichen Quotenvorteils aus. Hier ist vielmehr je nach den konkreten Umständen zu entscheiden. Werden bestehende Belastungen großzügig berücksichtigt, kann umgekehrt der zusätzliche Quotenvorteil versagt werden.

2. Leistungsfähigkeit

Allgemein zur Leistungsfähigkeit im Verwandtenunterhalt → Rn. 988. Ein **Wohnvorteil** ist wie beim Elternunterhalt – → Rn. 993 f. – zu bewerten. Maßgebend sind nur die ersparten Mietaufwendungen für eine dem vorliegenden Lebensstandard entsprechende Mietwohnung. Auch die Zurechnung **fiktiver Einkünfte** wegen Verletzung einer Erwerbsobliegenheit (vgl. dazu wegen des unterschiedlichen Grads der Zumutbarkeit je nach Unterhaltsverhältnis → Rn. 946) wird nur in Ausnahmefällen in Betracht kommen.[44] Die Sache ist wegen der schwachen Ausbildung des Unterhaltsverhältnisses ähnlich zu beurteilen wie beim Elternunterhalt. Allerdings besteht ein Unterschied darin, dass das minderjährige Kind keine Möglichkeit hat, seinen Unterhaltsbedarf durch Erwerbstätigkeit selbst zu decken. Dies relativiert sich aber durch den Anspruch des Enkelkindes auf Sozialleistungen, die gegenüber den Großeltern bedarfsdeckende Wirkung haben (§ 94 I 3 SGB XII). Schon aus Altersgründen wird die Aufnahme einer bisher nicht ausgeübten Tätigkeit aus Zumutbarkeitsgründen häufig nicht in Betracht kommen. Die Ausweitung einer bereits vorhandenen Teilzeittätigkeit könnte unter Umständen für einen noch in mittlerem Alter befindlichen Großelternteil zumutbar sein.[45] Auch wenn keine Obliegenheit zur Ausweitung einer ausgeübten Teilzeittätigkeit oder zur erstmaligen Aufnahme einer Tätigkeit anzunehmen wäre, kann eine bereits ausgeübte Tätigkeit nicht ohne zwingenden Grund aufgegeben werden, um die Zahlung von Enkelunterhalt zu vermeiden.

1042

---

[37] BGH FamRZ 2007, 375 (376); 2006, 1099 = R 652; 2006, 26 (28) = R 637a; Dose NZFam 2018, 429 (442).
[38] BGH FamRZ 2007, 375 (376); 2006, 1099 = R 652; 2006, 26 (28) = R 637a.
[39] Vgl. hierzu BGH FamRZ 1990, 260 (262).
[40] OLG Dresden FamRZ 2010, 736 (737); 2006, 569 (571); Hauß, Elternunterhalt, 5. Aufl., Rn. 834.
[41] BGH FamRZ 2007, 375 (376); 2006, 1099 (1100); 2006, 26 (29) = R 637a.
[42] So auch Günther FPR 2006, 347 (351), die die zusätzliche quotenmäßige Beschränkung aber bei minderjährigen Enkeln ablehnt; Leitlinien OLG Hamburg Nr. 21.3.3.
[43] OLGR Koblenz 2005, 22; der BGH musste in seinem dazugehörigen Revisionsurteil (FamRZ 2007, 375) nicht über diese Frage entscheiden.
[44] Weitgehend ablehnend Hauß, Elternunterhalt, 5. Aufl.; Rn. 838 ff. (842).
[45] Vgl. Hauß, Elternunterhalt, 5. Aufl.; Rn. 842.

3. Aufwendungen zur Altersvorsorge

1043 Aufwendungen eines noch berufstätigen Großelternteils für die eigene **Altersvorsorge** werden in den unterhaltsrechtlichen Leitlinien im Enkelunterhalt anders als im Elternunterhalt (→ Rn. 941) nur mit 4% des Bruttoeinkommens berücksichtigt (jeweils Nr. 10.1). Eine Entscheidung des BGH ist dazu noch nicht ergangen. Bedenkt man, dass berufstätige Großeltern regelmäßig in einem Zeitpunkt in Anspruch genommen werden, in dem sie den Großteil ihrer Lebensarbeitszeit hinter sich und sich in der Regel auf eine bestimmte zusätzliche Altersversorgung aufgrund eigener Leistung eingestellt haben (soweit sie eine solche überhaupt ansparen), erscheint es angemessen, ihnen eine solche in Höhe von 5% zu belassen, soweit sie tatsächlich erbracht wird.[46] In diesem Unterhaltsverhältnis ist wichtig, dass die Großeltern im Zweifel mit der bereits geleisteten Altersvorsorge für die Zeit der Rente fest rechnen, um ihren Lebensstandard zu halten. Sie müssen aber – wie oben ausgeführt – keine dauerhafte und spürbare Senkung desselben hinnehmen. Anders kann dies zu beurteilen sein, wenn der voraussichtliche Zeitraum des zu leistenden Unterhalts begrenzt ist und eine Berücksichtigung von nur 4% Altersvorsorge daher zu keiner wesentlichen finanziellen Beeinträchtigung führt.

4. Verbindlichkeiten

1044 Die Berücksichtigung laufender Lasten für Verbindlichkeiten beurteilt sich wie generell im Verwandtenunterhalt grundsätzlich auf Grund einer umfassend vorzunehmenden Interessenabwägung → Rn. 946, 994. Für die Abwägung maßgeblich sind zB Zweck, Zeitpunkt und Art der Entstehung, Eingehen der Verbindlichkeiten vor oder nach der Inanspruchnahme auf Unterhalt, die Dringlichkeit der Bedürfnisse von Pflichtigem bzw. Berechtigten, die Kenntnis des Pflichtigen von Grund und Höhe der Unterhaltsschuld, die diesem zumutbare Möglichkeit zur Wiederherstellung seiner Leistungsfähigkeit, schutzwürdige Belange des Drittgläubigers.[47] Bei Darlehensfinanzierung eines Wohnvorteils gilt die neue Rechtsprechung des BGH zum Elternunterhalt. Danach können Großeltern Zins- als auch Tilgungsraten bis zur Höhe des Wohnwerts abziehen, darüber hinaus gehende Tilgungsraten nur im Rahmen der privaten Altersvorsorge (→ Rn. 993 f.)[48] Sind die Großeltern schon aus dem Erwerbsleben ausgeschieden, kommt gemeinhin der Aufbau einer zusätzlichen Altersvorsorge nicht mehr in Betracht. Wenn dies jedoch dazu führen würde, das die in Anspruch genommenen Großeltern das von ihnen bewohnte Eigenheim veräußern müssten, sollte auf die frühere Rechtsprechung zurückgegriffen werden, wonach Zins und Tilgung vom Einkommen abgezogen werden dürfen, wenn sich die Gesamtannuität in einer zum vorhandenen Einkommen angemessenen Höhe hält und die Verpflichtung schon begann, bevor mit einer Inanspruchnahme auf Enkelunterhalt zu rechnen war.[49] Ist der Mietzins für eine **Mietwohnung** höher als er in den Selbstbehaltssätzen berücksichtigt wird, kann der Mehraufwand abgezogen bzw. der Selbstbehalt entsprechend erhöht werden, falls altersbedingt kein Umzug mehr zumutbar ist.[50] Dasselbe gilt, wenn der Wohnbedarf nach dem Tod eines Großelternteils auch in einer kleineren Wohnung befriedigt werden könnte.[51] Auch **Kreditraten für einen Pkw** können abzugsfähig sein, wenn sie der Höhe nach im Verhältnis zu den Einkünften angemessen sind und zu einem Zeitpunkt vereinbart wurden, in dem noch nicht mit der Unterhaltsverpflichtung gerechnet wurde.[52] Ebenso verhält es sich mit Rücklagen für die erforderliche Anschaffung eines angemessenen

---

[46] Ebenso Reinken, BeckOK BGB Rn. 8.
[47] BGH FamRZ 2003, 1179 (1181) = R 592c; 1996, 160 (161 f.).
[48] FamRZ 2017, 519 Rn. 32 = R 781b.
[49] BGH FamRZ 2006, 26 (29) = R 637b.
[50] BGH FamRZ 2007, 375 (376).
[51] BGH FamRZ 2007, 375 (376).
[52] BGH FamRZ 2007, 375 (376).

III. Das Unterhaltsverhältnis im Einzelnen   § 2

Pkw.⁵³ Es kann vom Unterhaltspflichtigen insoweit nicht verlangt werden, einen Kredit aufzunehmen anstatt im Voraus angemessene Rücklagen zu bilden.

Zu den Verbindlichkeiten des in Anspruch genommenen Großelternteils, die nach **1045** § 1603 I BGB zu berücksichtigen sind, gehört ggf. auch die vorrangige Unterhaltspflicht auf Leistung von **Familienunterhalt** nach §§ 1350, 1360a BGB **für den Ehegatten.** Dessen Maß bestimmt sich nach den konkreten ehelichen Lebensverhältnissen. Er kann im Fall der Konkurrenz mit anderen Unterhaltsansprüchen wie im Fall des Elternunterhalts – → Rn. 1009 – auf die einzelnen Familienmitglieder aufgeteilt und in Geld veranschlagt werden.⁵⁴ Für die Bemessung stellt sich ähnlich wie beim Elternunterhalt auch die Frage, ob die ehelichen Verhältnisse bereits durch Unterhaltsleistungen für ein Enkelkind oder jedenfalls durch das Bestehen einer **latenten Unterhaltslast** für ein Enkelkind geprägt worden sind.⁵⁵ Kommt der Ehegatte – wie in den meisten Fällen – selbst als unterhaltspflichtiger Großelternteil in Betracht, mussten sich bei absehbarem Ausfall der vorrangigen Unterhaltspflichtigen unter Umständen beide Ehegatten auf die Inanspruchnahme wegen Enkelunterhalts einstellen.⁵⁶ Für diesen für den Enkelunterhalt typischen Fall muss für den Ehegatten ein Mindestbedarfssatz ansetzt werden, der sich im Rahmen tatrichterlicher Beurteilung des Einzelfalls nach dem angemessenen Eigenbedarf beim Elternunterhalt gemäß den Unterhaltstabellen unter Berücksichtigung der durch das Zusammenleben mit dem Pflichtigen eingetretenen Haushaltsersparnis richten kann.⁵⁷ Sind beide Großelternteile leistungsfähig, muss zur Bestimmung des Umfangs der jeweiligen anteiligen Haftung bei beiden Ehegatten ein gleich hoher angemessener Selbstbehalt zugrunde gelegt werden.⁵⁸ Die sich aus dem Zusammenleben ergebende Haushaltsersparnis ist bei beiden je hälftig zu berücksichtigen, so dass sich entsprechend den Unterhaltstabellen ein gleich hoher Betrag für den Eigenbedarf ergibt.⁵⁹ Die Haushaltsersparnis ist in der Regel mit 10% des Familienselbstbehalts anzusetzen (→ Rn. 1018).⁶⁰ Wegen des in den oberlandesgerichtlichen Unterhaltsleitlinien angesetzten **pauschalierten Mindestbedarfs** des mit dem unterhaltspflichtigen Großelternteil zusammenlebenden Ehegatten → Rn. 1047.

Beispiel 1:
Rente des Großvaters netto 3400,– EUR, Ehefrau/Großmutter hat kein Einkommen, monatliche Rate für einen Pkw, der vor der Inanspruchnahme gekauft worden ist, 250 EUR. Die Eltern des Enkels beziehen beide Rente wegen voller Erwerbsminderung, die jeweils unter dem angemessenen Selbstbehalt (1300,– EUR) liegt.
Abzuziehen von der Rente sind die Selbstbehalte für den Großvater (1800,– EUR) und die Großmutter (mindestens 1440,– EUR) – das sind 3240,– EUR –, so dass 160 EUR verbleiben. Davon darf der Großvater noch die Kreditraten für den Pkw abziehen, so dass er nicht leistungsfähig ist.

Beispiel 2:
Rente des Großvaters netto 2400,– EUR, Rente der Ehefrau/Großmutter 1600,– EUR, monatliche Rate für einen Pkw, der vor der Inanspruchnahme gekauft worden ist, 300 EUR. Die Eltern des Enkels beziehen beide Rente wegen voller Erwerbsminderung, die jeweils unter dem angemessenen Selbstbehalt (1300,– EUR) liegt.
Variante a): das Enkelkind ist volljährig
Hier ist dieselbe Rechnung durchzuführen wie beim Elternunterhalt (→ Rn. 1010). Das bereinigte Gesamteinkommen beträgt 2400,– EUR ./. 300,– EUR + 1600,– EUR = 3700,– EUR. Der Familienselbstbehalt beträgt 3240,– EUR (2 × 1800 EUR ./. 10%). Die Differenz beträgt 460,– EUR. Davon 45% ergeben 207,– EUR. Zzgl. Familienselbstbehalt ergibt einen individuellen Familienselbstbehalt von 3447,– EUR.
Der Anteil der Rente des Großvaters daran beträgt 57% (2100,– EUR : 3700,– EUR) bzw. 1965,– EUR. Frei für Unterhalt sind damit 2100,– EUR ./. 1965,– EUR = 135,– EUR.

---

[53] BGH FamRZ 2006, 1511 (1516) (zum Elternunterhalt).
[54] BGH FamRZ 2010, 1535 Rn. 30 = R 714b; 2006, 26 (29) = R 637c.
[55] BGH FamRZ 2006, 26 (29) = R 637d + e.
[56] BGH FamRZ 2006, 26 (29) = R 637d + e.
[57] BGH FamRZ 2006, 26 (29 f.) = R 637e.
[58] Günther FPR 2006, 347 (353).
[59] Günther FPR 2006, 347 (353).
[60] BGH FamRZ 2010, 1535 Rn. 31, 39 ff. = R 714b (zum Elternunterhalt).

Der Anteil der Rente der Großmutter am individuellen Familienselbstbehalt beträgt 43% (1600,– EUR : 3700,– EUR) bzw 1482,– EUR. Frei für Unterhalt sind damit 1600,– EUR ./. 1482,– EUR = 118,– EUR.

Variante b): das Enkelkind ist minderjährig
Zunächst sind ebenfalls das Gesamteinkommen und der Familienselbstbehalt zu bestimmen. Der individuelle Familienselbstbehalt ist aber identisch mit dem Familienselbstbehalt nach der Düsseldorfer Tabelle, weil hier gegenüber dem minderjährigen Enkel für beide Großeltern nur der große Selbstbehalt von derzeit 1800,– EUR abzgl. Haushaltsersparnis für angemessen gehalten wird und nicht zusätzlich noch ein Teil des darüber hinausgehenden Einkommens (anders → Rn. 396). Gesamteinkommen 3700,– EUR, Familienselbstbehalt 3240,– EUR. Differenz 460,– EUR.
Anteil des Großvaters am Familienselbstbehalt entsprechend seinem Anteil am Gesamteinkommen 1847,– EUR. Frei für Unterhalt sind 2100,– EUR ./. 1847,– EUR = 253,– EUR.
Anteil der Großmutter am Familienselbstbehalt entsprechend ihrem Anteil am Gesamteinkommen 1393,– EUR. Frei für Unterhalt sind 1600,– EUR ./. 1393,– EUR = 207,– EUR.

6. Abschnitt: Oberlandesgerichtliche Leitlinien

1046 **Oberlandesgerichtliche Leitlinien zum Mindest-Eigenbedarf** (angemessenen Selbstbehalt) des **Pflichtigen** beim Unterhalt für Eltern bzw. Enkel (sämtlich mit dem **Stand vom 1.1.2019**):
– Düsseldorfer Tabelle (abgedruckt in Anhang D) D. I.:
gegenüber Eltern: mindestens 1800 EUR, einschließlich 480 EUR für Warmmiete, zuzüglich der Hälfte des darüber hinausgehenden Einkommens, bei Vorteilen aus Zusammenleben mit einem Partner 45% des darüber hinausgehenden Einkommens; der angemessene Unterhalt des mit dem Pflichtigen zusammenlebenden Ehegatten bemisst sich nach den ehelichen Lebensverhältnissen (Halbteilungsgrundsatz), mindestens 1440 EUR einschließlich 380 EUR für Warmmiete;
– Süddeutsche Leitlinien (Oberlandesgerichte Bamberg, Karlsruhe, München, Nürnberg, Stuttgart und Zweibrücken) Nr. 21.3.3:
gegenüber Eltern: mindestens 1800 EUR, wobei die Hälfte des diesen Mindestbetrag übersteigenden Einkommens zusätzlich anrechnungsfrei bleibt, bei Vorteilen aus Zusammenleben mit einem Partner 45% des den Mindestbedarf übersteigenden bereinigten Einkommens, darin enthalten 480 EUR für Unterkunft und Heizung;
Nr. 21.3.4: gegenüber Großeltern/Enkeln: mindestens 1800 EUR;
– Kammergericht Berlin Nr. 21.3.3:
Gegenüber Eltern und Enkeln mindestens 1800 EUR, wobei die Hälfte des diesen Mindestbetrag übersteigenden Einkommens zusätzlich anrechnungsfrei bleiben kann, bei Vorteilen aus Zusammenleben mit einem Partner 45% des darüber hinausgehenden Einkommens, wenn dies der Angemessenheit entspricht;
– OLG Brandenburg Nr. 21.3.2:
gegenüber Eltern: 1800 EUR zuzüglich der Hälfte des darüber hinausgehenden bereinigten Einkommens, darin enthalten ein Mietanteil (Warmmiete) von 480 EUR;
– OLG Braunschweig Nr. 21.3.3:
gegenüber Eltern nach den Umständen des Einzelfalls unter Berücksichtigung des Unterhalts vorrangig Berechtigter, mindestens 1800 EUR, wobei die Hälfte des diesen Mindestbetrag übersteigenden Einkommens zusätzlich anrechnungsfrei bleibt, enthalten sind für Unterkunft (Miete einschließlich umlagefähiger Nebenkosten und Heizung) 480 EUR;
– OLG Bremen Nr. 21.3.3:
gegenüber Eltern: mindestens 1800 EUR zzgl. der Hälfte, bei Vorteilen aus Zusammenleben mit einem Partner 45% des darüber hinausgehenden Einkommens, darin enthalten Kosten für Wohnbedarf von 480 EUR; der angemessene Unterhalt des mit dem Pflichtigen zusammenlebenden Ehegatten bemisst sich nach den ehelichen Lebensverhältnissen (Halbteilungsgrundsatz), mindestens 1440 EUR einschließlich 380 EUR für Warmmiete;

III. Das Unterhaltsverhältnis im Einzelnen   § 2

Nr. 21.3.4: gegenüber Enkeln gilt Nr. 21.3.3:
– OLG Celle Nr. 21.3.3:
gegenüber Eltern: nach den Umständen des Einzelfalls unter Berücksichtigung des angemessenen Unterhalts vorrangig Berechtigter, zumindest 1800 EUR, wobei die Hälfte des diesen Betrag übersteigenden Einkommens zusätzlich anrechnungsfrei bleibt;
Nr. 21.3.4: gegenüber Enkeln mindestens 1800 EUR;
– OLG Dresden Nr. 21.3.2 (Stand 1.1.2018):
gegenüber Eltern und Enkeln: mindestens 1800 EUR, wobei gegenüber Eltern die Hälfte des übersteigenden Einkommens zusätzlich anrechnungsfrei bleibt, darin enthalten Kosten für Unterkunft einschließlich umlagefähiger Nebenkosten und Heizung von 480 EUR;
– OLG Düsseldorf Nr. 21.3.3:
gemäß Düsseldorfer Tabelle D. I. 1800 EUR;
– OLG Frankfurt a. M. Nr. 21.3.3:
gegenüber Eltern: mindestens 1800 EUR, wobei die Hälfte des übersteigenden Einkommens zusätzlich anrechnungsfrei bleibt, darin enthalten 480 EUR für Wohnbedarf (370 EUR kalt und 110 EUR Nebenkosten und Heizung);
Nr. 21.3.4: entsprechende Geltung für sonstige Unterhaltsansprüche von Verwandten der auf- oder absteigenden Linie;
– OLG Hamburg Nr. 21.3.3:
gegenüber Eltern: mindestens 1800 EUR, wobei die Hälfte des diesen Mindestbetrag übersteigenden Einkommens zusätzlich anrechnungsfrei bleibt, darin enthalten 480 EUR für Unterkunft und Heizung (Warmmiete);
Nr. 21.3.4: gegenüber Enkeln: dieselben Beträge wie Nr. 21.3.3
– OLG Hamm Nr. 21.3.3:
gegenüber Eltern: mindestens 1800 EUR, wobei die Hälfte des diesen Mindestbetrag übersteigenden Einkommens zusätzlich anrechnungsfrei bleiben kann, bei Vorteilen aus Zusammenleben mit einem Partner 45% des darüber hinausgehenden Einkommens, darin enthalten Kosten für Unterkunft einschließlich umlagefähiger Nebenkosten und Heizung (Warmmiete) in Höhe von 480 EUR;
Nr. 21.3.4: gegenüber Enkeln gelten dieselben Beträge;
– OLG Jena Nr. 21.3.3:
gegenüber Eltern: mindestens 1800 EUR, wobei die Hälfte des diesen Mindestbetrag übersteigenden Einkommens zusätzlich anrechnungsfrei bleibt; darin enthalten ist ein Wohnanteil von 480 EUR Warmmiete; bei Zusammenleben gilt ein Familienselbstbehalt von 3240 EUR, wobei 45% des darüber hinausgehenden Einkommens anrechnungsfrei bleiben;
Nr. 21.3.4: gegenüber Enkeln gelten dieselben Beträge einschließlich des zusätzlich anrechnungsfreien Betrags
– OLG Koblenz Nr. 21.3.3 (Stand 1.1.2013):
gegenüber Eltern: mindestens 1800 EUR (einschließlich 480 EUR Warmmiete) zuzüglich der Hälfte des darüber hinausgehenden Einkommens;
Nr. 21.3.4: gegenüber Enkeln Der Selbstbehalt entspricht dem Selbstbehalt gegenüber Eltern;
– OLG Köln Nr. 21.3.3:
gegenüber Eltern: mindestens 1800 EUR, wobei die Hälfte des diesen Mindestbetrag übersteigenden Einkommens, bei Vorteilen aus Zusammenleben in der Regel 45% zusätzlich anrechnungsfrei bleibt; darin enthalten sind Kosten für Unterkunft und Heizung in Höhe von 480 EUR;
Nr. 21.3.4 gegenüber Enkeln: wie gegenüber Eltern einschließlich des zusätzlich anrechnungsfreien Betrags;
– OLG Naumburg Nr. 21.3.2:
gegenüber Eltern und Enkeln: mindestens 1800 EUR, wobei die Hälfte des übersteigenden Einkommens zusätzlich anrechnungsfrei bleibt;
– OLG Oldenburg Nr. 21.3:

gegenüber Eltern und Enkeln: 1800 EUR, wobei die Hälfte des diesen Mindestbetrag übersteigenden Einkommens anrechnungsfrei bleibt;
- OLG Rostock Nr. 21.3.3:
gegenüber Eltern mindestens 1800 EUR zzgl. der Hälfte des darüber hinausgehenden Einkommens (bei Vorteilen aus Zusammenleben 45% des darüber hinausgehenden Einkommens);
Nr. 21.3.4 gegenüber Enkeln: gilt Nr. 21.3.3 entsprechend;
- OLG Saarbrücken Nr. 4.:
gegenüber Eltern mindestens 1800 EUR;
- OLG Schleswig Nr. 21.3.3:
gegenüber Eltern mindestens 1800 EUR (einschließlich 480 EUR Warmmiete), zzgl. der Hälfte des darüber hinausgehenden Einkommens, bei Vorteilen des Zusammenlebens 45% des darüber hinausgehenden Einkommens;

1047 **Oberlandesgerichtliche Leitlinien zum pauschalierten Mindestbedarf des nichtpflichtigen Ehegatten** beim Elternunterhalt und – soweit zusätzlich angegeben – beim Enkelunterhalt nach dem **Stand vom 1.1.2019:** abrufbar unter www.famrz.de/leitliniendokumente oder www.dfgt.de.
- Düsseldorfer Tabelle (abgedruckt in Anhang D) Anm. D I.:
mindestens 1440 EUR, darin enthalten 380 EUR für Warmmiete;
- Süddeutsche Leitlinien (Oberlandesgerichte Bamberg, Karlsruhe, München, Nürnberg, Stuttgart und Zweibrücken) Nr. 22.3:
1440 EUR (auch bei Unterhaltsansprüchen von Enkeln), darin Kosten für Unterkunft und Heizung von 380 EUR, im Familienbedarf von 3240 EUR (1800 EUR + 1440 EUR) enthalten sind 860 EUR für Unterkunft und Heizung;
- Kammgericht Berlin Nr. 22.3 (für Eltern- und Enkelunterhalt):
eheangemessener Bedarf, mindestens 1440 EUR;
- OLG Brandenburg Nr. 22. (offenbar auch für Eltern- und Enkelunterhalt):
Bedarf nach den ehelichen Lebensverhältnissen, wobei der Bedarf mit Rücksicht auf das Zusammenleben niedriger anzusetzen sein kann;
- OLG Braunschweig Nr. 22.3:
gegenüber Eltern und Enkeln mindestens 1440 EUR;
- OLG Bremen Nr. 22.3:
Nach den ehelichen Lebensverhältnissen, mindestens 1440 EUR (auch bei Unterhaltsansprüchen von Enkeln), enthalten sind 380 EUR für Kosten des Wohnbedarfs;
- OLG Celle Nr. 22.3: 1440 EUR (auch beim Enkelunterhalt);
- OLG Dresden (Stand 1.1.2018) Nr. 22.3:
1440 EUR, im Familienbedarf von 3240 EUR (1800 EUR + 1440 EUR) enthalten sind 800 EUR für Unterkunft einschließlich umlagefähiger Nebenkosten und Heizung; Nr. 22.2.: beim Enkelunterhalt: 1040 EUR;
- OLG Frankfurt a. M. Nr. 22.3:
1440 EUR, im Familienbedarf von 3240 EUR (1800 EUR + 1440 EUR) enthalten sind 860 EUR für Unterkunft und Heizung (660 EUR kalt + 200 EUR Nebenkosten und Heizung); dies gilt auch beim Enkelunterhalt;
- OLG Hamburg Nr. 22.3:
1440 EUR;
- OLG Hamm Nr. 22.3:
1440 EUR soweit nicht der Anteil am Familienunterhalt, der regelmäßig die Hälfte beträgt, höher ist, im Familienbedarf von 3240 EUR (1800 EUR + 1440 EUR) enthalten sind 860 EUR für Unterkunft und Heizung (480 EUR + 380 EUR);
- OLG Jena Nr. 21.3.3:
Nach den ehelichen Lebensverhältnissen, mindestens 1440 EUR; darin Kosten für Warmmiete von 380 EUR;
- OLG Köln Nr. 22.3:
1440 EUR (auch beim Enkelunterhalt), im Familienbedarf von 3240 EUR (1800 EUR + 1440 EUR) enthalten sind 860 EUR für Unterkunft und Heizung;

III. Das Unterhaltsverhältnis im Einzelnen § 2

– OLG Naumburg Nr. 22.3:
  1440 EUR (auch beim Enkelunterhalt);
– OLG Oldenburg Nr. 22.3:
  1440 EUR (auch beim Enkelunterhalt) bei einem Familienbedarf von mindestens 3240 EUR (1800 EUR + 1440 EUR);
– OLG Rostock Nr. 21.3.3:
  1440 EUR (im Eltern- und Enkelunterhalt);
– OLG Schleswig Nr. 22.3:
  1440 EUR einschließlich 380 EUR Warmmiete (auch beim Enkelunterhalt).

§ 3 Familienunterhalt

1. Abschnitt: Grundsätzliches

I. Abgrenzung Familienunterhalt, Trennungsunterhalt, nachehelicher Unterhalt

Trennungsunterhalt und **nachehelicher Unterhalt** dienen dazu, dem bedürftigen Ehegatten ein vom (früheren) Ehegatten unabhängiges Leben zu ermöglichen. Dies geschieht in der Regel dadurch, dass der Berechtigte als Unterhalt eine **Quote** des Einkommens des Verpflichteten oder der Differenz der Einkommen beider Ehegatten erhält (→ § 4 Rn. 772 ff.). Der **Familienunterhalt** soll dagegen den Lebensunterhalt beider Ehegatten und etwaiger Kinder **bei bestehender Lebensgemeinschaft** sichern.[1] Zum Unterhalt beim Zusammenleben eingetragener Lebenspartner → § 7 Rn. 290 ff. 1

§ 1360 BGB, der den Familienunterhalt beim Zusammenleben von Ehegatten regelt, ist ein Ausfluss des § 1353 I 2 BGB, nach dem diese zur ehelichen Lebensgemeinschaft verpflichtet und füreinander verantwortlich sind. Deshalb sind grundsätzlich beide Ehegatten gehalten, durch ihre Arbeit und durch ihr Vermögen die Familie angemessen zu unterhalten.[2] Die Eheleute vereinbaren in freier Entscheidung, ob sie Kinder haben wollen, wie sie die Arbeit in der Familie aufteilen, ob einer von ihnen oder ob beide zum Familieneinkommen durch Erwerbstätigkeit beitragen, ob einer allein die Hausarbeit und damit vorzugsweise die Betreuung etwaiger Kinder, und zwar sowohl der gemeinsamen als auch der im Haushalt lebenden Kinder aus anderen Verbindungen[3] (→ Rn. 36) übernimmt, ob sie sich die Hausarbeit teilen oder ob sie sich der Hilfe Dritter bedienen.[4] Jeder Ehegatte hat seinen Beitrag zum Familienunterhalt entsprechend der von ihm übernommenen Funktion zu leisten.[5]

II. Art der Unterhaltsgewährung

Der Familienunterhalt ist, vom Taschengeld (→ Rn. 62 ff.) abgesehen, grundsätzlich **nicht** auf eine **Geldrente** gerichtet,[6] über die der Empfänger frei verfügen kann. Vielmehr dient er der Befriedigung der Bedürfnisse der Familie durch finanzielle Beiträge und durch Arbeitsleistung, Haushaltsführung, Pflege kranker oder behinderter Angehöriger usw (→ Rn. 25 ff.) und wird deshalb zumeist als **Naturalunterhalt** erbracht.[7] Der Familienunterhalt ist konkret nach den jeweiligen Bedürfnissen gerade der Familie zu bestimmen, um die es geht (§ 1360a II 1 BGB). Die Unterhaltspflicht ist wechselseitig; jeder Ehegatte 2

---

[1] BGH FamRZ 2016, 1142 Rn. 10; zu den Unterschieden vgl. auch OLG Brandenburg BeckRS 2016, 117891.
[2] BGH FamRZ 2011, 21 Rn. 14; FamRZ 2004, 366 (368) mAnm Strohal FamRZ 2004, 441 OLG Zweibrücken FamRZ 2012, 791 Rn. 133.
[3] BGH FamRZ 2009, 762 (767); OLG Zweibrücken FamRZ 2012, 791 Rn. 133.
[4] BVerfG FamRZ 2002, 527 mAnm Scholz FamRZ 2003, 733; BGH FamRZ 2001, 986 = R 563a mAnm Scholz FamRZ 2001, 1061; BGH FamRZ 2009, 762 = R 703.
[5] BGH FamRZ 2011, 21 OLG Zweibrücken FamRZ 2012, 791 Rn. 133.
[6] BGH FamRZ 2013, 363 Rn. 22, 33; BGH FamRZ 2011, 21 Rn. 14; BGH FamRZ 2003, 363 (366) mAnm Scholz FamRZ 2003, 514; OLG Koblenz FamRZ 2017, 2016; OLG Celle FamRZ 2016, 824.
[7] BGH FamRZ 2013, 363 Rn. 13; OLG Celle FamRZ 2016, 824; OLG Zweibrücken FamRZ 2012, 791 Rn. 135.

ist zugleich unterhaltsberechtigt und unterhaltspflichtig.[8] Dies bedeutet, dass die Vorschriften über Trennungsunterhalt (§ 1361 BGB) und nachehelichen Unterhalt (§§ 1569 ff. BGB) grundsätzlich nicht anwendbar sind, da diese Bestimmungen von der Unterhaltspflicht eines Ehegatten gegenüber dem anderen ausgehen. Die Begriffe des allgemeinen Unterhaltsrechts wie Bedürftigkeit, Leistungsfähigkeit, Unterhaltsquote, Selbstbehalt sind beim Familienunterhalt zur Orientierung heranzuziehen. Eine Verwirkung des Familienunterhalts analog §§ 1361 III, 1579 BGB ist ausgeschlossen.[9]

3   In verschiedenen Fällen ist Familienunterhalt gleichwohl in Form einer **Geldrente** zu leisten, zB wenn **ein Ehegatte pflegebedürftig** wird und deshalb in einem Heim versorgt werden muss, die Eheleute aber nicht im Rechtssinne getrennt leben,[10] → Rn. 44 und § 4 Rn. 26.

Gleiches gilt, wenn es um den **Unterhaltsbedarf** eines oder mehrerer Mitglieder der Familie geht.[11] Dies ist zB der Fall, wenn **Unterhaltsansprüche Dritter** gegen einen Ehegatten zu berechnen sind. So muss die Unterhaltspflicht gegenüber dem jetzigen Ehegatten und den Kindern aus der neuen Ehe vielfach in einem Geldbetrag ausgedrückt werden, wenn andere Berechtigte, zB minderjährige Kinder aus einer anderen Verbindung oder ein früherer Ehegatte, den Unterhaltspflichtigen in Anspruch nehmen. Dabei sind nicht nur vorrangige und gleichrangige Unterhaltsgläubiger, wie zB ein früherer langjähriger Ehegatte (§ 1609 Nr. 2 BGB), sondern auch nachrangige, zB nicht privilegiert volljährige Kinder[12] (→ Rn. 99 f.) oder bedürftige Eltern[13] (→ Rn. 103 ff.) zu berücksichtigen. Rangvorschriften setzen sich erst dann durch, wenn der Schuldner nicht in der Lage ist, den Unterhaltsbedarf aller Berechtigten zu decken.[14]

4   Muss der Familienunterhalt beim Zusammentreffen mit anderen Unterhaltsansprüchen in Geldbeträgen ausgedrückt werden, ist er auf die einzelnen Familienmitglieder, auch auf die Kinder, aufzuteilen; beim Ehegatten ist § 1578 BGB als Orientierungshilfe heranzuziehen.[15] Ein Erwerbstätigenbonus ist nicht zu gewähren.[16] Vielmehr gilt auch bei Erwerbstätigkeit eines oder beider Ehegatten der uneingeschränkte **Halbteilungsgrundsatz**.[17] Dies gilt nach hier vertretener Auffassung aber nur, wenn es um das Verhältnis zwischen Familienunterhalt und Verwandtenunterhalt geht. Konkurrieren dagegen Geschiedenen- und Familienunterhalt, ist nicht nur dem geschiedenen Ehegatten, sondern auch dem jetzigen, der mit dem Schuldner zusammenlebt, ein Erwerbstätigenbonus zu gewähren, wenn beide erwerbstätig sind, → Rn. 93. Bei Konkurrenz mit den Unterhaltsansprüchen anderer Berechtigter ist dem Umstand Rechnung zu tragen, dass sich durch das **Zusammenleben** der Ehegatten in einem Haushalt **Ersparnisse** ergeben, die zu einer Korrektur der Halbteilung des Familieneinkommens führen können,[18] → Rn. 94, 107 ff. Beim **Kindesunterhalt** sind die **Tabellen** und **Leitlinien** anzuwenden. Bei dieser Ermittlung der Höhe des Familienunterhalts müssen die allgemeinen Kriterien des Unterhaltsrechts wie Bedarf, Bedürftigkeit, Leistungsfähigkeit und Selbstbehalt herangezogen werden. Erst nach Durchführung dieser Berechnungen lässt sich vielfach feststellen, wie hoch der

---

[8] BGH FamRZ 2006, 1010 (1014) = R 650b; OLG Zweibrücken FamRZ 2012, 791 Rn. 133; OLG Düsseldorf FamRZ 1992, 943.
[9] OLG Düsseldorf FamRZ 1992, 943.
[10] BGH FamRZ 2016, 1142 Rn. 14; OLG Koblenz FamRZ 2017, 2016; OLG Celle FamRZ 2016, 824; OLG Düsseldorf NJW 2002, 1353.
[11] BGH FamRZ 2014, 538; FamRZ 2010, 1535 = R 714b; 2003, 860 (866) mAnm Klinkhammer OLG Hamburg FamRZ 1993, 1453 (1455).
[12] BGH FamRZ 2009, 762 (766) = R 703.
[13] BGH FamRZ 2014, 538; FamRZ 2004, 795 (797) mAnm Strohal.
[14] BVerfG FamRZ 2011, 437; BGH FamRZ 2009, 762 (767) = R 703; 2008, 968 = R 689h.
[15] BGH FamRZ 2013, 363 Rn. 33; BGH FamRZ 2010, 1535 = R 714b; 2004, 186 mAnm Schürmann; FamRZ 2003, 860 (866) mAnm Klinkhammer; OLG Zweibrücken FamRZ 2012, 791 Rn. 136.
[16] BGH FamRZ 2013, 363 Rn. 40.
[17] BGH FamRZ 2013, 363 Rn. 40; BGH FamRZ 2002, 742 OLG Zweibrücken FamRZ 2012, 791 Rn. 134.
[18] BGH FamRZ 2009, 762 (767); 2008, 594 (597) = R 688b, c.

Bedarf der einzelnen Berechtigten ist, ob der Schuldner leistungsfähig ist oder ob einzelne nachrangige Unterhaltsgläubiger mit ihrem Anspruch ganz oder teilweise ausfallen. Dabei ist zu beachten, dass der Bedarf durch die Anzahl der Unterhaltsgläubiger eingeschränkt sein kann.[19] Zur Konkurrenz des Familienunterhalts mit Unterhaltsansprüchen anderer Berechtigter im Einzelnen → Rn. 70 ff.

Bei **Tötung eines Ehegatten** kann der Partner vom Schädiger ggf. Schadensersatz in Form einer Geldrente verlangen (§ 844 II 1 BGB). In diesem Fall kommt es darauf an, in welchem Umfang der getötete Ehegatte dem anderen zur Leistung von Familienunterhalt verpflichtet war. Für den Verlust dieses Unterhalts ist der andere Ehegatte zu entschädigen.[20] Auch in einem solchen Fall müssen der bisher vom Getöteten geleistete Unterhalt und damit dessen in der Zukunft fiktiv zu erbringende Unterhaltsleistungen in einem Geldbetrag ausgedrückt werden.[21] 5

Familienunterhalt **wird** in der Praxis nur selten **gerichtlich** geltend gemacht. Ein solches Verfahren dokumentiert in der Regel, dass die Ehe sich in einer nachhaltigen Krise befindet und die Trennung kurz bevorsteht. Vor Gericht kann ohnehin nur der Geldanteil des Familienunterhalts, also das Wirtschaftsgeld (→ Rn. 55 ff.) oder das Taschengeld (→ Rn. 62 ff.) geltend gemacht werden. Dennoch hat die Vorschrift des § 1360 BGB eine erhebliche Bedeutung. Sie stellt klar – ebenso wie dies bei § 1353 I 2 BGB hinsichtlich der Pflicht zur ehelichen Lebensgemeinschaft der Fall ist –, dass die Unterhaltspflicht zwischen den Ehegatten bei bestehender Ehe nicht nur eine sittliche, sondern eine **Rechtspflicht** ist. Auf diese Pflicht können sich die Ehegatten Dritten gegenüber berufen (→ Rn. 3, 4). Soweit es zur Bezifferung dieser Ansprüche erforderlich ist, kann jeder Ehegatte von dem anderen **Auskunft** über dessen Einkommens- und Vermögensverhältnisse verlangen (§ 1353 BGB). Sie haben sich wenigstens in groben Zügen über den Bestand ihres Vermögens und die von ihnen vorgenommenen größeren Vermögensbewegungen zu unterrichten. Hinsichtlich des Einkommens ist jeder Ehegatte in dem Ausmaß auskunftspflichtig, das sich bei Verwandten aus § 1605 BGB ergibt.[22] Eine Pflicht zur Vorlage von Belegen soll dagegen nicht bestehen.[23] Im Einzelnen → § 1 Rn. 1159. Zur Rechenschaftspflicht eines Ehegatten, der die Wirtschaftsführung übernommen hat, → Rn. 56. 6

2. Abschnitt: Voraussetzungen des Familienunterhalts

I. Eheliche Lebensgemeinschaft, Bedürftigkeit und Leistungsfähigkeit

Familienunterhalt wird nur geschuldet, wenn zwischen den Ehegatten eine **Lebensgemeinschaft** besteht. Die Unterhaltspflicht beginnt frühestens mit der Eheschließung. **Räumliche Trennung** schließt die eheliche Lebensgemeinschaft nicht aus, zB bei auswärtiger Arbeit eines Ehegatten oder bei Strafhaft, → § 4 Rn. 22 f. So kann die Ehefrau, die einen zu Freiheitsstrafe verurteilten Strafgefangenen geheiratet hat, nach § 1360 BGB verpflichtet sein, ihren Ehemann in bestimmter Weise zu unterstützen, wenn er in der Anstalt bestimmte Dinge nicht erhält, auf die er angewiesen ist, zB Diätkost. Die Aufnahme eines Ehegatten in ein **Pflegeheim** (→ Rn. 44) führt allein noch nicht zu einer Trennung iSd § 1567 BGB, so dass sich Unterhaltsansprüche weiterhin aus § 1360 BGB ergeben.[1] 7

Andererseits können die Ehegatten in derselben Wohnung getrennt leben (§ 1567 I 2 BGB). Entscheidend ist allein, ob sie an der Ehe festhalten und entsprechend der von ihnen

---

[19] Vgl. Scholz FamRZ 2007, 2021 (2028 f.).
[20] BGH FamRZ 1993, 411; 1985, 466; OLG Hamm BeckRS 2017, 138349.
[21] BGH FamRZ 2004, 88 (90).
[22] BGH FamRZ 2011, 21 mAnm Graba; OLG Koblenz FamRZ 2017, 2016.
[23] BGH FamRZ 2011, 21.
[1] BGH FamRZ 2016, 1142; OLG Köln FamRZ 2010, 2076.

selbst gesetzten Ordnung und der von ihnen vereinbarten Aufgabenverteilung leben. Ein Anspruch auf Familienunterhalt besteht dagegen nicht, wenn von vornherein keine Lebensgemeinschaft geplant war oder eine ursprünglich geplante Lebensgemeinschaft später nicht realisiert wird. Vielmehr wird Trennungsunterhalt geschuldet, wenn dessen Anspruchsvoraussetzungen vorliegen.

8 Keine Anspruchsvoraussetzung ist die **Bedürftigkeit** eines Ehegatten. So kann der Ehegatte, der vereinbarungsgemäß den Haushalt führt, Anspruch auf Wirtschaftsgeld gegen den anderen haben, selbst wenn er über ein beachtliches Einkommen oder Vermögen verfügt.[2] Zum Umfang des Anspruchs auf Wirtschaftsgeld, insbesondere des nicht berufstätigen Ehegatten → Rn. 55 ff. Der Anspruch auf Familienunterhalt dient der Deckung des Bedarfs der gesamten Familie, nicht nur eines Ehegatten. Die Bedürftigkeit einzelner Familienmitglieder, zB Pflegebedürftigkeit, kann sich allerdings auf Art und Umfang des angemessenen Familienunterhalts auswirken, zB darauf, ob Naturalunterhalt oder Geldleistungen erbracht werden müssen,[3] → Rn. 2, 44.

9 Der Anspruch hängt ferner nicht von der **Leistungsfähigkeit** des Verpflichteten im Sinn der §§ 1581, 1603 I BGB ab, wohl aber davon, dass dieser überhaupt in der Lage ist, zum Unterhalt beizutragen. Der Anspruch entfällt daher nur, wenn ein Ehegatte weder durch Erwerbstätigkeit, noch durch Vermögenseinkünfte, noch durch Haushaltsführung zum Familienunterhalt beitragen kann. Auf den notwendigen oder den angemessenen Selbstbehalt nach den Tabellen und Leitlinien der Oberlandesgerichte kann grundsätzlich nicht abgestellt werden (→ Rn. 2, 43). Anders ist es aber in der Regel, wenn der Familienunterhalt – insbesondere bei Konkurrenz mit anderen Unterhaltsansprüchen – in Geld veranschlagt werden muss (→ Rn. 3, 44, 70 ff.).

10 Die **Abgrenzung zwischen Familien- und Trennungsunterhalt** ist schwierig, wenn die Ehe in eine Krise gerät und die persönlichen Beziehungen so gestört sind, dass jeder Ehegatte weitgehend seine eigenen Wege geht. Familienunterhalt wird nur dann geschuldet, wenn die eheliche Lebensgemeinschaft zumindest noch teilweise, insbesondere in wirtschaftlicher Hinsicht, besteht und mindestens ein Ehegatte Unterhalt in einer durch die eheliche Lebensgemeinschaft gebotenen Weise erhält. So hat der BGH einer Ehefrau, der nach wie vor Kost und Logis im Handwerksbetrieb ihres Ehemannes gewährt wurde, Kleider- und Taschengeld als Teil des Familienunterhalts zugebilligt, obwohl der Ehemann sich einer anderen Frau zugewandt hatte, mit der er in einer anderen Wohnung zusammenlebte,[4] → Rn. 11, 115.

11 Der Anspruch auf Familienunterhalt **endet mit der Trennung** der Eheleute im Sinn von §§ 1361, 1567 BGB, → Rn. 7. Auf die Einreichung oder die Zustellung des Scheidungsantrages kommt es nicht an, da die Eheleute ausnahmsweise auch während des Scheidungsverfahrens noch (teilweise) zusammenleben, insbesondere gemeinsam wirtschaften können, was allerdings, wenn nicht die Voraussetzungen des § 1565 II BGB vorliegen, zur Abweisung des Scheidungsbegehrens führen wird. Erst mit der Trennung im Rechtssinne wandelt sich der bisherige Anspruch auf einen Beitrag zum Familienunterhalt nach §§ 1360, 1360a BGB in einen persönlichen Anspruch des getrennt lebenden bedürftigen Ehegatten auf Trennungsunterhalt nach § 1361 BGB und in einen Anspruch jedes Kindes auf Kindesunterhalt nach §§ 1601 ff. BGB um.

Familien- und Trennungsunterhalt sind nicht identisch (→ Rn. 115). Dies bedeutet, dass aus einem Titel über Familienunterhalt nach der Trennung der Eheleute im Rechtssinne nicht mehr vollstreckt werden darf. Dies kann nach § 113 I 2 FamFG, § 767 ZPO mit einem Vollstreckungsgegenantrag gegen den Titel geltend gemacht werden,[5] → Rn. 116.

Umgekehrt erlischt ein Anspruch auf Zahlung von Trennungsunterhalt, wenn die Ehegatten die häusliche Gemeinschaft wiederherstellen. Ein bestehender Unterhaltstitel für

---

[2] BGH NJW 1965, 1710.
[3] Vgl. dazu BGH FamRZ 1993, 411; OLG Celle FamRZ 2016, 824; OLG Düsseldorf NJW 2002, 1353.
[4] BGH FamRZ 1961, 432.
[5] OLG Düsseldorf FamRZ 1992, 943.

II. Unterhaltsverpflichtung der Ehegatten und Aufgabenverteilung in der Ehe

1. Verpflichtung beider Ehegatten

Nach § 1360 BGB ist jeder Ehegatte zugleich Unterhaltsberechtigter und Unterhaltsverpflichteter, da die Eheleute einen gegenseitigen Anspruch auf einen Beitrag zum Familienunterhalt haben.[8] Dieser Anspruch umfasst die Bedürfnisse der gesamten Familie einschließlich der Kinder (→ Rn. 25 ff.).[9] Der Unterhaltsanspruch der **Kinder** ergibt sich ausschließlich aus §§ 1601 ff. BGB. Jedoch bestimmen Ehegatten in der Regel nach § 1612 II 1 BGB, dass unverheirateten minderjährigen, aber auch volljährigen Kindern **Unterhalt in Natur** im gemeinsamen Haushalt gewährt wird (→ § 2 Rn. 18, → § 2 Rn. 32 ff.). Der Anspruch auf Kindesunterhalt wird also dadurch erfüllt, dass die Eltern ihrer Verpflichtung zur Leistung des Familienunterhalts nachkommen und damit auch den Bedarf des Kindes decken.[10] Leistet dagegen der erwerbstätige oder vermögende Elternteil den geschuldeten Familienunterhalt nicht, so kann zunächst der andere Elternteil Leistung des Familienunterhalts, insbesondere Zahlung des Wirtschaftsgeldes, verlangen und damit auch den Bedarf des Kindes sicherstellen (→ Rn. 25, 55). Das Kind selbst hat keinen Anspruch auf Familienunterhalt nach § 1360 BGB. Es kann seinen Unterhaltsanspruch selbst nach §§ 1601 ff. BGB geltend machen, wenn sich beide Eltern oder ein Elternteil ihrer Unterhaltspflicht entziehen, zB das Familieneinkommen vertrinken und nicht ausreichend für das Kind sorgen.[11] In der Praxis werden derartige Fälle kaum vorkommen, da die Vernachlässigung des Kindes in der Regel zum Einschreiten des Familiengerichts nach § 1666 BGB oder bei einem volljährigen Kind zum Auszug aus der elterlichen Wohnung führen wird und dann ohnehin ein Anspruch auf Kindesunterhalt nach § 1601 BGB entsteht.

Ein Titel über Kindesunterhalt wird demgemäß nicht dadurch gegenstandslos, dass die zeitweise getrennt lebenden Eltern die eheliche Lebensgemeinschaft wiederherstellen oder nach Scheidung ihrer ersten Ehe erneut heiraten.[12] Der barunterhaltspflichtige Elternteil kann mit einem Vollstreckungsgegenantrag (§ 113 I 2 FamFG, § 767 ZPO) nur geltend machen, dass er während des erneuten Zusammenlebens mit dem anderen Elternteil Familienunterhalt geleistet und dadurch den Bedarf des Kindes gedeckt hat. Zum Verhältnis von Familienunterhalt und Trennungsunterhalt → Rn. 10 f.

2. Aufgabenverteilung in der Ehe

Dem Grundgedanken des § 1360 BGB entspricht es, dass die Last des Familienunterhalts von beiden Ehegatten gemeinsam getragen wird.[13] Der Unterhalt ist von jedem Ehegatten unter Verwertung seiner Arbeitskraft und, wenn erforderlich, durch den Einsatz seines Vermögens zu leisten (→ Rn. 20 ff.). Auf welche Weise dabei jeder Ehegatte die ihm obliegende Unterhaltsverpflichtung zu erfüllen hat, bestimmt sich nach der konkreten Aufgabenverteilung in der Ehe, dh nach dem „gegenseitigen Einvernehmen" (§ 1356 I 1

---

6 OLG Hamm FamRZ 2011, 1234.
7 OLG Hamm FamRZ 2011, 1234.
8 BGH FamRZ 2011, 21; 2006, 1010 (1014) = R 650b.
9 BGH FamRZ 1997, 281; FamRZ 1985, 343 = NJW 1985, 803.
10 BGH FamRZ 2000, 640.
11 BGH FamRZ 1997, 281.
12 BGH FamRZ 1997, 281.
13 BGH FamRZ 1995, 537.

BGB), das die Ehegatten hinsichtlich Haushaltsführung und Berufsausübung erzielt haben.[14] Sie können sowohl die Rollenverteilung in der Ehe als auch die Beschaffung und Verteilung des Unterhalts weitgehend frei gestalten.[15] Diese Gestaltungsfreiheit gilt aber nur im Verhältnis der Ehegatten zueinander. Sie darf grundsätzlich nicht zu Lasten vorrangiger Unterhaltsberechtigter, insbesondere minderjähriger Kinder oder privilegiert volljähriger Kinder aus einer früheren Ehe oder einer anderen Verbindung, gehen und nicht zu Lasten eines gleichrangig Berechtigten, zB eines früheren Ehegatten, eines ein Kleinkind betreuenden Elternteils (§ 1609 Nr. 1, 2 BGB).[16] Im Verhältnis zu diesen Unterhaltsgläubigern kann eine **Erwerbsobliegenheit** bestehen, → Rn. 92. Eine solche kommt auch in Betracht, wenn ein nachrangiger Unterhaltsgläubiger, zB ein volljähriges Kind, Unterhalt von dem haushaltsführenden Ehegatten verlangt, ausnahmsweise aber auch dann, wenn ein bedürftiger Elternteil Unterhalt begehrt.[17] Insoweit kann auf die eingehenden Ausführungen zur sog Hausmannrechtsprechung → § 2 Rn. 275 ff. verwiesen werden; → Rn. 36 f.

15   Früher wurde hinsichtlich der Aufgabenverteilung in der Ehe zwischen verschiedenen Leitbildern unterschieden, nämlich der „Haushaltsführungsehe", der „Doppelverdienerehe", der „Zuverdienstehe" und schließlich der „Nichterwerbstätigenehe".[18] Spätestens seit den Entscheidungen des BGH vom 13.6.2001[19] und des BVerfG vom 5.2.2002[20] steht fest, dass sich Eheleute nicht mehr auf Dauer zwischen Doppel- und Alleinverdienerehe entscheiden. Nach der Eheschließung folgt häufig eine Phase beiderseitiger Berufstätigkeit, die von Kindererziehungszeiten abgelöst wird, in denen ein Ehegatte ganz oder teilweise nicht erwerbstätig ist. Sobald die Betreuung der Kinder dies zulässt, wird wieder eine voll- oder teilschichtige Erwerbstätigkeit aufgenommen, die schließlich in den Ruhestand einmündet. Die konkreten Lebensverhältnisse, insbesondere Arbeitslosigkeit, Berufswechsel, Krankheit können aber auch eine andere Gestaltung der ehelichen Lebensverhältnisse bedingen. Allein nach der Verteilung der Aufgaben in dem zu beurteilenden Zeitraum bestimmt sich, von wem und in welcher Weise Familienunterhalt zu erbringen ist (§ 1360a II 1 BGB).

16   • Bei **Haushaltsführung und ggf. Kinderbetreuung allein durch einen Ehegatten** geht in der Regel der andere einer Erwerbstätigkeit nach und verdient die für den Familienbedarf notwendigen Geldmittel, → Rn. 46. Übersteigt das Einkommen des allein erwerbstätigen Ehegatten den Bedarf der Familie, kann er den überschießenden Teil der Erwerbseinkünfte für sich verwenden.
Nach § 1360 S. 2 BGB sind die **Haushaltsführung** des einen **und die Erwerbstätigkeit** des anderen Ehegatten **gleichwertig.** Der haushaltführende Ehegatte leistet regelmäßig einen „gleichwertigen und nicht ergänzungsbedürftigen" Beitrag zum Familienunterhalt.[21] Das hat nicht zur Folge, dass der erwerbstätige Ehegatte jede Hilfeleistung im Haushalt ablehnen darf. Im Gegenteil wird er vielfach nach § 1353 I 2 BGB zum Beistand verpflichtet sein. Um die Erziehung der Kinder hat sich nach § 1626 I 1 BGB auch der berufstätige Ehegatte zu kümmern.
Die Vereinbarung, dass allein ein Ehegatte den Haushalt führen soll, bedarf jedoch der Korrektur, wenn sie nicht mehr dem Willen beider entspricht oder wenn das Erwerbseinkommen des anderen Ehegatten und die etwaigen Erträge aus (beiderseitigem) Vermögen für den Unterhalt nicht mehr ausreichen (→ Rn. 21).[22] Dies kann zB der Fall sein, wenn eine Notlage eintritt oder neue Unterhaltspflichten, etwa durch Geburt eines ehelichen oder nichtehelichen Kindes entstehen. Dann müssen beide Ehegatten ganz

---

[14] BGH FamRZ 2004, 366 Rn. 23; OLG Schleswig-Holstein FamRZ 2018, 1627; OLG Koblenz BeckRS 2013, 2063; OLG Jena FamRZ 2013, 890.
[15] BVerfG FamRZ 2002, 527 mAnm Scholz FamRZ 2002, 733; BGH FamRZ 2009, 762 Rn. 51; BGH FamRZ 2001, 986 = R 563a mAnm Scholz FamRZ 2001, 1061.
[16] BGH FamRZ 2009, 762 Rn. 51; BGH FamRZ 1996, 796.
[17] BGH FamRZ 2009, 762 (767); vgl. dazu Strohal FamRZ 2004, 441 (443).
[18] So auch die 5. Aufl. Rn. 3/11.
[19] FamRZ 2001, 986 = R 563 mAnm Scholz FamRZ 2001, 1061.
[20] FamRZ 2002, 527 = R 571 mAnm Scholz FamRZ 2002, 733.
[21] Begründung zum 1. G zur Reform des Ehe- und Familienrechts, BT-Drs. 7/650, 99.
[22] Scholz FamRZ 2003, 265 (268).

oder teilweise erwerbstätig sein; auch muss sich der bisher allein erwerbstätige Ehegatte stärker an der Haushaltsführung beteiligen.

- **Bei beiderseitiger Erwerbstätigkeit** ist die Haushaltstätigkeit auf beide Ehegatten entsprechend dem jeweiligen Zeitaufwand für den Beruf zu verteilen, dh bei beiderseits vollschichtiger Tätigkeit in der Regel gleichmäßig. Kinder sind von beiden Eltern gemeinsam zu betreuen. Jeder muss sich nach dem Verhältnis der beiderseitigen unterhaltsrelevanten Nettoeinkommen finanziell am Familienunterhalt beteiligen,[23] → Rn. 47. Einen Mehrverdienst, der nicht anteilig für den Familienunterhalt benötigt wird, kann jeder für persönliche Zwecke oder absprachegemäß verwenden. Bei einer ungleich größeren Gesamtbelastung eines Ehegatten durch Erwerbstätigkeit, Haushalt und Kinderbetreuung kann ein Ausgleich dadurch geschaffen werden, dass der weniger belastete Ehegatte einen größeren finanziellen Beitrag zum Familienunterhalt leistet.   17

- Vielfach ist nur ein Ehegatte voll erwerbstätig und stellt hierdurch das Familieneinkommen im Wesentlichen sicher. Der andere Ehegatte führt primär den Haushalt, betreut ggf. die Kinder und erzielt durch eine **teilschichtige Erwerbstätigkeit** zusätzliches Einkommen. Wird er im Hinblick auf diesen Nebenverdienst vom voll erwerbstätigen Ehegatten in angemessener Weise bei der Haushaltsführung entlastet oder reicht dessen Einkommen für eine angemessene Lebenshaltung nicht aus, muss er sich mit seinem Zuverdienst anteilig am Familienunterhalt beteiligen, → Rn. 17, 48, 53. Erfolgt keine entsprechende Entlastung, kann bei ausreichendem Einkommen des anderen Ehegatten ein geringer Zuverdienst in der Regel als Ausgleich für seine Mehrbelastung als Taschengeld (→ Rn. 62) angesehen und für eigene Zwecke verwendet werden. Im Übrigen gelten die Ausführungen zu → Rn. 16 f. entsprechend.   18

- Sind **beide Ehegatten nicht erwerbstätig,** haben sie den Haushalt gemeinsam zu führen. Wie dies im Einzelnen geschehen soll, ist im gegenseitigen Einvernehmen festzulegen (§ 1356 I 1 BGB). Zu den finanziellen Lasten des Haushalts müssen beide entsprechend ihren Einkünften beitragen.   19

III. Erwerbsobliegenheit der Ehegatten

Der allein **erwerbstätige Ehegatte** muss in der Regel einer Arbeit nachgehen, die seinen Fähigkeiten, insbesondere seiner beruflichen Vorbildung, entspricht und durch die er den finanziellen Bedarf der Familie decken oder zu ihm in angemessener Weise beitragen kann. Reichen die finanziellen Mittel nicht aus, kann von ihm ein Berufswechsel oder die Aufnahme einer anderen, besser bezahlten Arbeit verlangt werden, sofern ihm dies möglich und zumutbar ist.   20

Für den Ehegatten, der vereinbarungsgemäß den **Haushalt führt,** besteht nur ausnahmsweise bei einer familiären Notlage eine Erwerbsobliegenheit. Dies ist zB der Fall, wenn das Erwerbseinkommen des anderen Ehegatten und etwaige Erträge beiderseitigen Vermögens zur Deckung des angemessenen Familienunterhalts nicht ausreichen, → Rn. 16. Im Normalfall genießt die gleichwertige Funktion des den Haushalt führenden Ehegatten **Vertrauensschutz.** Dies gilt vor allem, wenn Kinder zu versorgen sind. Es kann vom haushaltführenden Partner nicht ohne weiteres verlangt werden, entgegen einer früheren Vereinbarung eine Erwerbstätigkeit zur Verbesserung des Lebensstandards aufzunehmen. Eine solche Verpflichtung besteht auch dann nicht, wenn der haushaltführende Ehegatte mehr verdienen könnte, als an seiner Stelle eingesetztes Personal kosten würde. Andererseits kann ihm nach Ende der Kindererziehung die Wiederaufnahme oder die Erweiterung einer Erwerbstätigkeit eher zugemutet werden, wenn er längere Zeit voll erwerbstätig war oder bereits teilweise hinzuverdient hatte. Wie lange Kinder von einem Ehegatten versorgt werden sollen und ab wann der betreuende Ehegatte wieder erwerbstätig sein soll, ist von beiden Partnern festzulegen. Die dreijährige Frist des § 1570 I 1 BGB ist nicht maßgebend. Zur Einschränkung dieser Gestaltungsfreiheit durch die sog   21

---

[23] BGH FamRZ 2004, 366 (368) = R 599c.

Hausmannrechtsprechung → § 2 Rn. 275 ff.; zur Erwerbsobliegenheit des haushaltführenden Ehegatten im Verhältnis zu anderen Unterhaltsgläubigern → Rn. 14, 36.

22 In **Notfällen** sind stets beide Ehegatten zu jeder nicht gesetz- oder sittenwidrigen Arbeit verpflichtet, um die Familie unterhalten zu können. Es gelten ähnliche Maßstäbe wie bei der verschärften Unterhaltsverpflichtung von Eltern gegenüber minderjährigen Kindern (→ § 2 Rn. 366 ff.).

23 Eine Erwerbsobliegenheit besteht nicht, wenn und solange der Familienunterhalt durch Renten, Pensionen oder durch Einkünfte aus dem **Vermögen** gedeckt werden kann. Der **Vermögensstamm** muss nur bei größeren Anschaffungen oder in Notlagen für Unterhaltszwecke verwendet werden, wenn die anderen Einkünfte zur Deckung des Familienunterhalts nicht ausreichen (→ Rn. 39).

24 Wer bei bestehender Erwerbsobliegenheit eine zumutbare Erwerbstätigkeit unterlässt, muss sich **fiktiv** so behandeln lassen, als würde er ein entsprechendes Einkommen erzielen. Zur Anrechnung fiktiver Einkünfte → § 1 Rn. 487 ff., → § 2 Rn. 207, 243 ff.

3. Abschnitt: Bemessung des Familienunterhalts, Unterhaltsbeiträge der Ehegatten, Wirtschaftsgeld und Taschengeld

I. Lebensbedarf der Familie

1. Angemessener Aufwand

25 Der Familienunterhalt dient der Deckung des **gesamten** Lebensbedarfs der Familie einschließlich der Kinder, nicht nur der Ehegatten. Nach § 1360a I BGB umfasst der Familienunterhalt alles, was nach den ehelichen Lebensverhältnissen, insbesondere den Einkommens- und Vermögensverhältnissen der Ehegatten, angemessen und nach den zwischen ihnen getroffenen Absprachen erforderlich ist, um die Kosten des Haushalts zu bestreiten sowie die persönlichen Bedürfnisse der Ehegatten und den Lebensbedarf der dem Haushalt angehörenden gemeinschaftlichen unterhaltsberechtigten Kinder zu befriedigen.[1] Zum Bedarf von Kindern aus einer anderen Verbindung → Rn. 36. In der intakten Familie wird dieser Bedarf in der Regel nicht nur durch Geldmittel, insbesondere durch den Ertrag einer Erwerbstätigkeit, sondern auch durch Arbeitsleistung, vor allem durch die Arbeit der Hausfrau oder des Hausmanns sichergestellt, aber auch durch Mithilfe und häusliche Arbeit des erwerbstätigen Ehegatten, wie zB durch Renovierung der Wohnung, Reparaturarbeiten im Haus, Gartenarbeit usw. Zu Ansprüchen der Kinder → Rn. 12.

26 Der Familienunterhalt orientiert sich danach an den **ehelichen Lebensverhältnissen**, insbesondere an den von einem oder von beiden Ehegatten erzielten Einkünften.[2] Für die rechtliche Betrachtung stehen **finanzielle Aufwendungen** zur Deckung des Familienbedarfs im Vordergrund. Sie müssen in einem angemessenen Verhältnis zu den vorhandenen Einkünften stehen (→ Rn. 42). Dazu zählen ua:

27 – Aufwendungen für das **Wohnen,** wie zB Miete und Mietnebenkosten, Kaution für die Wohnung,[3] Zahlungen für das Familienheim (Zins[4] und Tilgung, verbrauchsabhängige und verbrauchsunabhängige Hauslasten, Reparaturen) und Aufwendungen für Heizung, Wasser, Strom, Telefon, Mobiltelefon, Internet, Radio, Fernsehen, Wohnungseinrichtung, Kosten der Verteidigung gegen eine Räumungsklage[5] ua;

---

[1] BGH FamRZ 2004, 443 (445) mAnm Schürmann; FamRZ 2004, 370 (372).
[2] BGH FamRZ 2004, 443 (445) mAnm Schürmann; FamRZ 2004, 370 (372).
[3] OLG Köln FamRZ 2016, 1934.
[4] BGH FamRZ 2018, 775: Abgrenzung zur Schenkung bei einem Pflichtteilsergänzungsanspruch gemäß § 2325 BGB.
[5] BGH FamRZ 2013, 363 Rn. 26; OLG Düsseldorf FamRZ 2011, 35.

3. Abschnitt: Bemessung des Familienunterhalts, Unterhaltsbeiträge der Ehegatten § 3

- **Haushaltskosten,** wie zB Aufwendungen für Verpflegung, Kleidung, Reinigung, Körper- und Gesundheitspflege[6];
- Aufwendungen für **Erholung,** Urlaub, Freizeitgestaltung und gesellschaftliche Verpflichtungen;
- **Beiträge** zu Verbänden, Vereinen und sonstigen Organisationen mit religiösen, kulturellen, politischen, sportlichen oder ähnlichen Zwecken einschließlich des Kirchgeldes (auch in einer Ehe, in der der nicht verdienende Ehegatte keiner Kirche angehört);[7]
- Aufwendungen für eine nach den Verhältnissen der Ehegatten angemessene **Krankheits-, Pflege- und Altersvorsorge,** auch wenn sie über den Schutz der gesetzlichen Sozialversicherung hinausgeht, zB eine Krankenhaustagegeldversicherung. Für eine zusätzliche Altersvorsorge sind grundsätzlich Aufwendungen von 4%, beim Elternunterhalt von 5%, des Bruttoeinkommens angemessen.[8] Vermögensbildung ist, soweit sie nicht einer danach angemessenen Altersvorsorge dient, kein Bestandteil des Familienunterhalts;[9]   **28**
- Aufwendungen für gesetzlich vorgeschriebene oder sonstige angemessene **Versicherungen,** zB Unfall-, Haftpflicht-, Hausrats- oder Rechtsschutzversicherungen;
- **Fahrtkosten,** insbesondere Aufwendungen für Anschaffung und Betrieb eines Kfz[10] (Finanzierung des Kaufpreises, Steuer, Versicherungen[11], Benzin, Reparaturen usw), uU auch für einen Zweitwagen, oder für öffentliche Verkehrsmittel;
- Aufwendungen für nicht von der Krankenversicherung oder von sonstigen Kostenträgern gedeckte **Krankheitskosten,** zB für Wahlleistungen im Krankenhaus, Medikamente, Zahnersatz, Brillen usw, soweit sie notwendig sind oder jedenfalls im Rahmen des üblichen Lebenszuschnitts der Familie liegen.[12] Zum Familienunterhalt können auch Kosten ambulanter oder stationärer Behandlung gehören, wenn insoweit kein Krankenversicherungsschutz besteht.[13] Bei den erwähnten Aufwendungen handelt es sich vielfach um **Sonderbedarf,**[14] → § 6 Rn. 1 ff. Behandlungskosten, deren Höhe die Leistungsfähigkeit der Familie bei weitem übersteigen, sind nicht, jedenfalls nicht vollständig, durch den Familienunterhalt sicherzustellen. Hier kommt ggf. eine Übernahme der Behandlungskosten im Rahmen des SGB II oder SGB XII in Betracht.[15]   **29**
- Aufwendungen für die **Pflege** eines kranken oder behinderten Familienmitglieds, wenn sie nicht von der Familie selbst geleistet werden kann, sondern durch Dritte, zB ambulante Pflegedienste, oder in einem **Pflegeheim** sichergestellt werden muss.[16] Bei Pflege durch den Ehegatten besteht grundsätzlich keine Vergütungspflicht.[17] Vielfach wird die Familie hier durch Leistungen der Pflegeversicherung entlastet;   **30**
- Kosten der rechtlichen **Betreuung** eines Familienangehörigen im Sinne des § 1896 BGB oder der Vormundschaft (Pflegschaft) über ein minderjähriges Kind (§§ 1835 ff., 1908i, 1915 I BGB), soweit sie nicht von der Staatskasse zu tragen sind,[18] → § 2 Rn. 451, 534;
- ein Anspruch auf Zahlung eines **Verfahrenskostenvorschusses**[19] bzw. **Prozesskostenvorschusses**[20] bei Streitigkeiten, die persönliche Angelegenheiten betreffen;

---

[6] BGH FamRZ 2013, 363 Rn. 26.
[7] FG Hamburg FamRZ 1997, 1155.
[8] BGH FamRZ 2013, 363 Rn. 26; BGH FamRZ 2004, 792 mAnm Borth FamRZ 2005, 1817 = R 632j.
[9] BGH FamRZ 2004, 370 (372).
[10] BGH FamRZ 1983, 351.
[11] BGH FamRZ 2018, 673.
[12] BGH FamRZ 1992, 291 = R 440; OLG Stuttgart FamRZ 1994, 444.
[13] BGH FamRZ 2005, 1071.
[14] BGH FamRZ 1992, 291.
[15] BGH FamRZ 1992, 291.
[16] BGH FamRZ 1993, 411; OLG Celle FamRZ 2016, 824; OLG Düsseldorf NJW 2002, 1353.
[17] BGH FamRZ 1995, 537; OLG Hamm FamRZ 1999, 167.
[18] OLG Düsseldorf FamRZ 2002, 1590.
[19] BGH FamRZ 2017, 1052.
[20] Vgl. zum Umfang in arbeitsrechtlichen Streitigkeiten BAG FamRZ 2006, 1117 und LAG Nürnberg FamRZ 2019, 547.

31 – **Taschengeld** zur Befriedigung der **persönlichen Bedürfnisse** der Ehegatten nach eigener Wahl, zB für Sport, Hobbys;[21] (→ Rn. 65);
– vergleichbare Aufwendungen für unterhaltsberechtigte gemeinschaftliche **Kinder** einschließlich der Kosten für Erziehung und Ausbildung und einschließlich eines angemessenen Taschengeldes.[22] Zum Unterhalt für sonstige im Haushalt lebende Kinder → Rn. 36.

32 *– in dieser Auflage nicht belegt –*

33 Entspricht die **Ausbildung** eines Ehepartners dem gemeinsamen Lebensplan oder, bei objektiver Betrachtung, dem Gebot vernünftiger Lebensgestaltung, sind die Ausbildungskosten im Rahmen des Familienunterhalts aufzubringen.[23] Wenn schon für die Zeit nach der Trennung und Scheidung nach §§ 1361, 1575 BGB ein Anspruch auf Ausbildungsunterhalt besteht (→ § 4 Rn. 73 f., 338 ff.), muss dies aus Gründen der ehelichen Solidarität umso mehr für den Familienunterhalt der Ehegatten in einer intakten Ehe gelten.[24]

34 Bei einer einvernehmlichen Regelung ist der studierende Ehegatte für die Dauer des **Studiums** von der Pflicht befreit, durch Erwerbstätigkeit zum Familienunterhalt beizutragen. Die Pflicht zur Mithilfe im Haushalt bleibt unberührt. Auch kann der studierende Ehegatte verpflichtet sein, Nebeneinkünfte oder den Stamm seines Vermögens für den Familienunterhalt zu verwenden. Stehen solche Mittel nicht zur Verfügung, hat der andere Ehegatte die Mittel für den gesamten Familienunterhalt allein aufzubringen. Hierzu zählen auch Aufwendungen des Studierenden für Bücher, Lernmittel, Fahrtkosten uÄ.[25]

2. Schulden

35 Zum Familienunterhalt kann auch die Tilgung und Verzinsung von Schulden gehören, insbesondere wenn sie zur Finanzierung eines Familienheims oder größerer für die Familie erforderlicher Anschaffungen, zB eines Pkws, eingegangen worden sind. Zu Schulden → Rn. 41.

Die Zahlung von **Einkommensteuer** ist kein Teil des Familienunterhalts. Vielmehr mindert die Steuer das zur Verfügung stehende Einkommen.[26]

3. Unterhaltsansprüche sonstiger Verwandter

36 Solche Ansprüche gehören nicht zum Lebensbedarf eines Ehegatten im Sinn des § 1360a I BGB. Jedoch mindern **vorrangige Unterhaltsansprüche,** zB diejenigen minderjähriger oder privilegiert volljähriger Kinder aus einer anderen Verbindung (vgl. § 1609 Nr. 1 BGB), die nicht im Haushalt des Unterhaltspflichtigen leben, das für den Familienunterhalt zur Verfügung stehende Einkommen.

Übersteigt das Einkommen eines Ehegatten seinen Beitrag zum Familienunterhalt, kann der verbleibende Rest auch zur Befriedigung **nachrangiger Unterhaltsgläubiger,** zB bedürftiger Eltern, eingesetzt werden,[27] → Rn. 103 ff.

Im Übrigen ist jeder Ehegatte verpflichtet, seinen Partner teilweise von den häuslichen Pflichten freizustellen, um ihm die Möglichkeit zu geben, durch eine Erwerbstätigkeit, die bei Betreuung kleiner Kinder aus der jetzt bestehenden Ehe den Umfang einer Aushilfstätigkeit nicht zu übersteigen braucht, zum Unterhalt eines beim anderen Elternteil

---

[21] NJW 2014, 2570 Rn. 17; FamRZ 2014, 538 Rn. 20; BGH FamRZ 2013, 363 Rn. 26; BGH FamRZ 2004, 366; BGH FamRZ 1983, 351.
[22] Zur Höhe des Taschengeldes für minderjährige Kinder: Heiß in Heiß/Born Kap. 3 Rn. 625.
[23] BGH FamRZ 1985, 353 = NJW 1985, 803; FamRZ 1981, 439.
[24] OLG Stuttgart FamRZ 1983, 1030.
[25] BGH FamRZ 1985, 353 = NJW 1985, 803; vgl. auch BGH FamRZ 1983, 140 = NJW 1983, 814.
[26] BGH FamRZ 2002, 1025.
[27] BGH FamRZ 2004, 370.

lebenden Kindes aus einer früheren Verbindung oder eines bedürftigen früheren Ehegatten beizutragen (→ § 2 Rn. 287).[28]

Zum Familienunterhalt gehört dagegen auch der Bedarf eines **in den Haushalt auf-** 37 **genommenen Kindes eines Ehegatten** aus einer früheren ehelichen oder nichtehelichen Verbindung oder eines Pflegekindes.[29] Der Unterhalt für ein solches Kind ist vorzugsweise aus dem Unterhalt, den der andere Elternteil leistet, oder aus dem Pflegegeld zu bestreiten, das für das Kind gezahlt wird. Eine Unterhaltpflicht des anderen Ehegatten für das Stief- oder Pflegekind besteht nicht.[30] Ggf. muss der Ehegatte, der ein nicht gemeinschaftliches Kind in die Familie gebracht hat, einer Erwerbstätigkeit nachgehen, um für dessen Unterhalt zu sorgen. Hierbei hat ihn der andere Ehegatte, zB durch Übernahme häuslicher Pflichten, zu unterstützen.[31] Zugunsten eines in den Haushalt aufgenommenen **Stiefkindes** kann eine Unterhaltsverpflichtung auf Grund einer ausdrücklichen oder stillschweigenden Übereinkunft bestehen.[32] Dasselbe gilt, wenn Eltern ein Kind ohne förmliche Adoption zu sich nehmen und es durch mittelbare Falschbeurkundung im Geburtenregister als ihr eigenes Kind eintragen lassen.[33]

II. Bemessung des Familienunterhalts und Leistungsfähigkeit

1. Finanzieller Bedarf

Nach § 1360a II 2 BGB sind Ehegatten verpflichtet, die zur Deckung des finanziellen 38 Bedarfs (→ Rn. 25 ff.) erforderlichen Mittel für einen angemessenen Zeitraum im Voraus zur Verfügung zu stellen. Dazu ist es nötig, den durchschnittlichen finanziellen Bedarf konkret nach den Bedürfnissen und Verhältnissen der jeweiligen Familie zu bemessen. Dies obliegt insbesondere hinsichtlich der Abzugsfähigkeit von Aufwendungen nach Art und Höhe der tatrichterlichen Beurteilung des Einzelfalls.[34] Die Unterhaltstabellen und Leitlinien der Oberlandesgerichte betreffen den Unterhalt getrennt lebender oder geschiedener Eheleute und können als Hilfsmittel benutzt werden. Der anzusetzende Betrag kann in vergleichbarer Weise wie der Unterhaltsbedarf eines getrennt lebenden oder geschiedenen Ehegatten ermittelt werden.[35]

Ausgangsbasis für die Bemessung des Familienunterhalts sind die **Einkommens- und** 39 **Vermögensverhältnisse** der Eheleute,[36] also in erster Linie die laufenden Einkünfte, zB aus Erwerbseinkommen, Renten, Pensionen, Zinsen. Entscheidend sind die Einkommens- und Vermögensverhältnisse, die im Unterhaltszeitraum bestehen. Diese können sich jederzeit ändern, sowohl zum Positiven, als auch zum Negativen, zB durch die Entstehung weiterer Unterhaltspflichten oder durch die Aufnahme von Schulden.[37] Dabei kommt es nicht darauf an, ob diese Veränderungen von einem oder von beiden Ehegatten verursacht worden sind.

Auch bei einem Anspruch auf Familienunterhalt nach § 1360 BGB kann ein **Auskunftsanspruch** des einen Ehegatten gegen den anderen gegeben sein, selbst wenn die Auskunft zur Bezifferung des Bedarfs (zB weil sich dieser aus den feststehenden Heimkosten ergibt) nicht benötigt wird. Die Auskunft kann aber hinsichtlich des Umfangs und der Erträge des Vermögens, also zur Feststellung der Leistungsfähigkeit, erforderlich sein.[38]

---

[28] BGH FamRZ 2001, 1065 mAnm Büttner = R 549a.
[29] BGH FamRZ 1999, 367 (368).
[30] BGH FamRZ 1969, 599 = NJW 1969, 2007; Muscheler FamRZ 2004, 913.
[31] BGH FamRZ 2001, 1065 mAnm Büttner = R 549a.
[32] BGH FamRZ 1969, 599 = NJW 1969, 2007; OLG Nürnberg FamRZ 1965, 217.
[33] BGH FamRZ 1995, 995; OLG Bremen FamRZ 1995, 1291.
[34] BGH FamRZ 2013, 363 Rn. 34.
[35] BGH FamRZ 2007, 1081 Rn. 17; BGH FamRZ 2003, 860.
[36] BGH FamRZ 1985, 576; vgl. auch BGH FamRZ 1992, 291.
[37] BGH FamRZ 2004, 186 (188) mAnm Schürmann; FamRZ 2004, 792 (794) mAnm Borth; Klinkhammer FamRZ 2003, 1867; Scholz FamRZ 2004, 1829.
[38] OLG Koblenz BeckRS 2017, 136344.

Der **Stamm des Vermögens** braucht nur angetastet zu werden, wenn die laufenden Einkünfte auch bei sparsamer Lebensführung nicht mehr ausreichen oder wenn größere Anschaffungen nötig werden (→ Rn. 23). Die in → Rn. 26 ff. aufgeführten Aufwendungen können nur insoweit für die Bemessung des Familienunterhalts herangezogen werden, als sie durch die vorhandenen Mittel gedeckt werden können.

40 **Sozialleistungen,** die **für Körper- oder Gesundheitsschäden** gewährt werden, gehören zum Familieneinkommen, soweit der Berechtigte daraus keinen Mehrbedarf befriedigen muss. Die Vermutung des § 1610a BGB gilt nur beim Verwandten-, insbesondere beim Kindesunterhalt, und kraft Verweisung auch beim Trennungsunterhalt, beim nachehelichen Unterhalt sowie bei den entsprechenden Unterhaltsansprüchen eingetragener Lebenspartner (§§ 1361 I 1 Hs. 2, 1578a BGB, §§ 12, 16 LPartG), nicht dagegen beim Familienunterhalt.[39] Zu dieser Vermutung → § 1 Rn. 654 ff. Auch **Erziehungsgeld,** das für bis zum 31.12.2006 geborene Kinder gezahlt wurde,[40] ist trotz der Vorschrift des § 9 S. 1 BErzGG – anders als beim Trennungsunterhalt und beim nachehelichen Unterhalt (→ § 1 Rn. 116) – zur Deckung des Bedarfs der gesamten Familie heranzuziehen, da es gerade dazu diente, den erziehenden Elternteil von einer sonst notwendigen Erwerbstätigkeit freizustellen. Dasselbe gilt ab 1.1.2007 für das **Elterngeld** (→ § 1 Rn. 117) einschließlich des Sockelbetrages von 300 EUR bzw. von 150 EUR, der im Rahmen anderer Unterhaltsverhältnisse nach § 11 BEEG grundsätzlich kein anrechenbares Einkommen ist.[41] **Pflegegeld,** das für einen pflegebedürftigen Familienangehörigen gezahlt und für dessen Mehrbedarf nicht benötigt wird, kann für den Familienunterhalt verwendet werden. § 13 VI SGB XI hat keine Bedeutung, solange die häusliche Gemeinschaft der Ehegatten noch besteht.

41 Durch **Schulden** mindert sich das für den Familienunterhalt zur Verfügung stehende Einkommen, gleichgültig, ob sie vor oder während der Ehe entstanden sind (→ § 1 Rn. 1082 ff.). Das gilt grundsätzlich auch dann, wenn sie allein von einem Ehegatten ohne hinreichenden Grund aufgenommen worden sind. Bei bestehender Ehe müssen der Ehegatte und die Kinder auch wirtschaftlich unvernünftiges Verhalten des Partners bzw. Elternteils mittragen. Allerdings können sie verlangen, dass er besondere Anstrengungen unternimmt, um sein Einkommen, zB durch Überstunden, zu erhöhen, oder dass die Schuldtilgung gestreckt wird. Notfalls muss auch der bisher den Haushalt führende Ehegatte ganz oder teilweise einer Erwerbstätigkeit nachgehen (→ Rn. 16, 21). Zu Unterhaltsschulden → Rn. 36.

42 Das so berechnete Einkommen und etwa vorhandenes Vermögen begrenzen den finanziellen Gesamtbedarf (→ Rn. 25 ff.) nach oben; denn es darf in der Regel zur Bedarfsdeckung nicht mehr Geld ausgegeben werden, als für Unterhaltszwecke vorhanden ist. Der Lebenszuschnitt der Familie richtet sich nach den zur Verfügung stehenden Einkünften und nach den im Rahmen der gemeinsamen Lebensplanung getroffenen Absprachen (→ § 6 Rn. 610). Notfalls müssen weniger wichtige Ausgaben unterbleiben. Andererseits ist **übertriebener Aufwand** nicht zu berücksichtigen. Dagegen bleibt es den Ehegatten unbenommen, gemeinsam eine **sparsame Lebensweise** zu vereinbaren, zB um größere Anschaffungen tätigen, ein Einfamilienhaus erwerben oder Rücklagen für die aufwändige Ausbildung eines Kindes bilden zu können. Derartige Absprachen sind bei Wahrung eines gewissen Mindeststandards grundsätzlich möglich. An einer zu dürftigen Lebensführung muss sich dagegen kein Ehegatte gegen seinen Willen auf Dauer festhalten lassen.

Übersteigt das Einkommen den zur Deckung des Familienbedarfs (→ Rn. 25 ff.) erforderlichen und angemessenen finanziellen Aufwand, so verbleibt der unverbrauchte Rest demjenigen, der die Einkünfte erzielt. Er kann deshalb für den Unterhalt Dritter eingesetzt werden, sofern der in Betracht kommende Selbstbehalt gewahrt ist.[42] Etwaiger Vermögenszuwachs unterliegt bei Scheitern der Ehe dem Zugewinnausgleich. Zu Ausgleichsansprüchen → Rn. 52.

---

[39] OLG Düsseldorf NJW 2002, 1353.
[40] Vgl. dazu FamRZ 2006, 1010.
[41] Vgl. dazu Scholz FamRZ 2007, 7 (9).
[42] BGH FamRZ 2004, 366 (368) mAnm Strohal FamRZ 2004, 441.

3. Abschnitt: Bemessung des Familienunterhalts, Unterhaltsbeiträge der Ehegatten § 3

2. Leistungsfähigkeit

Die vorhandenen Mittel begrenzen naturgemäß die Leistungsfähigkeit der Eheleute. **43** Jedoch kann ein Ehegatte sich – soweit es nicht um Unterhalt für Dritte, sondern nur für den Ehepartner geht – bei häuslichem Zusammenleben der Ehepartner gegenüber dem anderen **nicht** auf einen angemessenen oder notwendigen **Selbstbehalt** berufen. Sie müssen vielmehr alle verfügbaren Mittel miteinander teilen, da allein dies der ehelichen Lebensgemeinschaft entspricht.[43] Bei beengten wirtschaftlichen Verhältnissen und im Notfall müssen die Lebensgewohnheiten drastisch eingeschränkt werden. Zur Finanzierung unabweisbarer Ausgaben, zB nicht von einer Krankenkasse getragener Behandlungskosten, müssen ggf. auch Schulden aufgenommen werden.[44]

3. Art und Weise des Familienunterhalts

Der Familienunterhalt ist in der durch die eheliche Lebensgemeinschaft gebotenen **44** Weise (§ 1360a II 1 BGB) zu gewähren. Unter bestimmten Umständen kann auch die Zahlung einer **Unterhaltsrente** erforderlich sein. Denn der Fall einer bei einem Ehegatten aufgetretenen **Pflegebedürftigkeit** unterscheidet sich wesentlich von dem Regelfall eines familiären Zusammenlebens in einer häuslichen Gemeinschaft, in dem bei den einzelnen Familienmitgliedern nur der Elementarbedarf als Regelbedarf anfällt. Können die Eheleute, ohne dass eine Trennung im Rechtssinne vorliegt, nicht mehr zusammen leben, zB weil einer von ihnen in einem **Pflegeheim** versorgt werden muss (→ Rn. 2), hat dieser Anspruch auf eine Geldrente, damit er die Heimkosten zahlen kann.[45] Wegen des besonderen Mehrbedarfs des pflegebedürftigen Ehegatten (zB Krankenhauskosten, die nicht durch eine Krankenversicherung gedeckt sind[46]), der seinerseits zu eigenen Familienunterhaltsleistungen nicht in der Lage ist, stellt sich die Frage der gleichmäßigen Verteilung aller verfügbaren Mittel (vgl. § 1603 II 2 BGB) nicht länger. In den meisten Fällen übersteigen die Pflegekosten das gesamte Familieneinkommen und würden bei unbeschränkter Unterhaltspflicht des anderen Ehegatten der übrigen Familie die Mittel entziehen, die diese für den eigenen Lebensbedarf benötigt. Deshalb ist bei einem trotz fortbestehender ehelicher Lebensgemeinschaft wegen individueller besonderer Bedürfnisse eines Ehegatten zu dessen gesonderter Verwendung zu leistenden Unterhalt die Leistungsfähigkeit des Unterhaltspflichtigen auch beim Familienunterhalt als Anspruchsvoraussetzung zu beachten. Dem Unterhaltspflichtigen ist daher in diesem Fall im Unterschied zum Fall des häuslichen Zusammenlebens auch beim Familienunterhalt der angemessene eigene Unterhalt (Ehegattenselbstbehalt, vgl. Ziffer 21.4 der Leitlinien der Oberlandesgerichte, derzeit 1200 EUR) als Selbstbehalt zu belassen.[47]

In Fällen eines zusätzlichen Sonderbedarfs soll der Halbteilungsgrundsatz im Verhältnis der Ehegatten zueinander nicht heranzuziehen sein.[48]

Die für den unterhaltspflichtigen Ehegatten bestehenden Härten werden allerdings vielfach dadurch gemildert, dass die Pflegekosten von der Pflegeversicherung und vom Sozialamt übernommen werden und § 94 III 1 SGB XII den Übergang des Unterhaltsanspruchs auf den Sozialhilfeträger einschränkt.

---

[43] BGH FamRZ 2016, 1142 Rn. 19; 2006, 1010 Rn. 37.
[44] BGH FamRZ 1992, 291.
[45] OLG Köln FamRZ 2010, 2076; OLG Düsseldorf NJW 2002, 1353.
[46] BGH FamRZ 1992, 291.
[47] BGH FamRZ 2016, 1142 Rn. 22; OLG Koblenz FamRZ 2017, 2016; OLG Celle FamRZ 2016, 824.
[48] OLG Celle FamRZ 2016, 824.

III. Anteilige Beiträge der Ehegatten zum Familienunterhalt

1. Gleichwertigkeit der Haushaltstätigkeit

45 Wie bereits ausgeführt (→ Rn. 12 ff.), müssen beide Ehegatten nach § 1360 S. 1 BGB im Prinzip gleichwertige Beiträge zum Familienunterhalt leisten, wobei der Arbeitseinsatz im Rahmen einer vollen Erwerbstätigkeit und die Haushaltsführung kraft Gesetzes als gleichwertig gelten (§ 1360 S. 2 BGB). Innerhalb einer intakten Ehe spielt die Bewertung der Beiträge zum Familienunterhalt in der Regel keine entscheidende Rolle. Immerhin hat aber die Gleichwertigkeit der Hausarbeit die Stellung der Hausfrau in der Familie entsprechend der Absicht des Gesetzgebers wesentlich aufgewertet, während dies bei der Stellung des Hausmanns im Bewusstsein der Allgemeinheit noch nicht in diesem Maße der Fall ist.

2. Allein erwerbstätiger Ehegatte

46 Verfügt nur ein Ehegatte über Einkommen, insbesondere über Erwerbseinkommen, hat er mit seinem Arbeitseinkommen und etwaigen Zusatzeinkünften, für den gesamten finanziellen Bedarf der Familie (→ Rn. 25 f.) allein aufzukommen, sofern der andere Ehegatte keine Vermögenseinkünfte hat. Der gleichwertige Beitrag des nicht erwerbstätigen Ehegatten besteht in der Führung des Haushalts einschließlich seiner für die Hausarbeit und die Betreuung der Kinder erforderlichen persönlichen Leistungen, ggf. auch in der Pflege eines kranken oder behinderten Familienmitglieds (→ Rn. 2, 44). Da der haushaltführende Ehegatte zur Erfüllung seiner Aufgabe Geld benötigt, hat er gegen den erwerbstätigen Ehegatten einen eigenen Anspruch auf das so genannte **Wirtschaftsgeld** (→ Rn. 55 ff.) und einen Anspruch auf **Taschengeld**[49] (→ Rn. 62 ff.), mit dem er seine persönlichen Bedürfnisse befriedigen kann. Hat er selbst auch Einkünfte aus eigenem Vermögen, mindern sich das Wirtschaftsgeld und das Taschengeld anteilig im Verhältnis der dann beiderseitigen Einkünfte. Die Haushaltsführung befreit ihn nur davon, durch Arbeit zum Familienunterhalt beizutragen (§ 1360 S. 2 BGB), nicht aber davon, Erträge seines Vermögens, in Ausnahmefällen auch den Stamm des Vermögens, hierfür einzusetzen (→ Rn. 23, 39). Zu den Vermögenserträgen gehört auch ein Wohnvorteil, der sich aus dem mietfreien Wohnen in einer eigenen Immobilie abzüglich der damit verbundenen Aufwendungen für Zins, Tilgung und Nebenkosten ergibt, die üblicherweise nicht auf einen Mieter umgelegt werden können (zum Wohnvorteil → § 1 Rn. 473 ff.); dabei ist nicht von der Marktmiete, sondern von dem ersparten Mietaufwand für eine angemessene (kleinere) Wohnung auszugehen.[50]

3. Beiderseits erwerbstätige Ehegatten

47 Sind beide Ehegatten erwerbstätig, haben sie mit ihrem Erwerbseinkommen einen angemessenen Teil des finanziellen Bedarfs zu bestreiten. Es ist allerdings nicht üblich, dass die Eheleute jede einzelne Ausgabe entsprechend ihren Anteilen an den Gesamteinkünften unter sich aufteilen. Vielmehr trägt der eine diese, der andere jene Kosten, ohne dass die Absicht besteht, Ausgleich zu verlangen.[51] Jedoch sollte grundsätzlich der Anteil eines Ehegatten an den Ausgaben für die Familie seinem Anteil an den Einkünften entsprechen. Zu etwaigen Ausgleichsansprüchen → Rn. 52. Außerdem haben die Eheleute grundsätzlich auch die Hausarbeit und die Betreuung der Kinder gleichwertig untereinander aufzuteilen. Regelmäßig sollte der Anteil am Barunterhalt nach dem Verhältnis des Erwerbseinkommens der Eltern, der Betreuungsaufwand nach der faktischen Betreuung bemessen werden. Im Ergebnis sind beide Ehegatten am Gesamtunterhalt (Bar- und Naturalunter-

---

[49] NJW 2014, 2570 Rn. 17; FamRZ 2014, 538 Rn. 20.
[50] BGH FamRZ 2003, 1179 mAnm Klinkhammer.
[51] BGH FamRZ 2002, 739 mAnm Wever.

3. Abschnitt: Bemessung des Familienunterhalts, Unterhaltsbeiträge der Ehegatten § 3

halt) prinzipiell zu gleichen Teilen zu beteiligen, so dass für jeden von ihnen ein Mehr an Barunterhalt ein Weniger an Naturalunterhalt bedingt und umgekehrt.[52]

Wenn beide Ehegatten bei gleicher Arbeitszeit auch gleichwertige Leistungen für Haushalt und Kinder erbringen, ist der finanzielle Unterhaltsbedarf **im Verhältnis der beiderseitigen Einkünfte** (Erwerbseinkünfte einschließlich etwaiger Vermögenserträge) zu verteilen. Bei verschieden hohen Einkünften müssen beide Ehegatten im Verhältnis ihrer Einkünfte einen Unterhaltsbeitrag leisten.[53] **48**

Der Anteil, mit dem jeder Ehegatte zum Familienunterhalt beizutragen hat, wird ähnlich wie bei § 1606 III 1 BGB in der Weise berechnet, dass der finanzielle Bedarf der Familie mit dem vergleichbaren Nettoeinkommen jedes Ehegatten multipliziert und durch die Summe der vergleichbaren Nettoeinkommen beider Ehegatten geteilt wird. Des Vorwegabzuges eines Sockelbetrages in Höhe des eheangemessenen Selbstbehalts, der nach B IV der Düsseldorfer Tabelle Stand: 1.1.2019 in der Regel mit 1200 EUR angesetzt wird, bedarf es nicht, da beide Eheleute während des Zusammenlebens gemeinsam wirtschaften und es auf ihre Leistungsfähigkeit grundsätzlich nicht ankommt (→ Rn. 2, 9, 43 f.). **49**

Sind beide Ehegatten voll berufstätig, leistet aber einer von ihnen erheblich mehr im Haushalt und für die Kinder als der andere, so kann die sich aus dem Verhältnis der beiderseitigen Einkünfte ergebende rechnerische Verteilung (→ Rn. 49) **wertend** zugunsten des Ehegatten **verändert** werden, der durch Hausarbeit und Kinderbetreuung insgesamt mehr zum Familienunterhalt beiträgt. Zur wertenden Veränderung der Anteile → § 2 Rn. 436, 577. Die Beitragspflicht dieses Ehegatten verringert sich entsprechend dem Umfang seiner Mehrarbeit im Haushalt oder seiner sonstigen Mehrbelastung.[54] In ähnlicher Weise kann die Verteilung wertend verändert werden, wenn ein Ehegatte durch die Vollerwerbstätigkeit, zB wegen ständiger Überstunden, erheblich stärker beansprucht wird als der andere Ehegatte. **50**

Zur Orientierung bei einer wertenden Veränderung des Anteils dient der Grundsatz, dass die Leistungen für Erwerbstätigkeit, Haushaltstätigkeit und Betreuung der Kinder im Wesentlichen gleichwertig sind (→ Rn. 12 ff., 45). Für diese Wertung sind die tatsächlichen Verhältnisse maßgebend. **51**

Leistet ein Ehegatte insgesamt einen größeren finanziellen Beitrag zum Familienunterhalt, als er ihn erbringen müsste, kann er vom anderen Ehegatten verlangen, dass sich dieser in Zukunft in geschuldetem Umfang am Familienunterhalt beteiligt. Für die Vergangenheit scheitert ein solcher Anspruch in der Regel an § 1360b BGB. Danach wird vermutet, dass ein Ehegatte nicht beabsichtigt, vom anderen Ersatz zu verlangen, wenn er zum Unterhalt der Familie einen höheren Betrag leistet, als ihm obliegt, → Rn. 117 f. Beteiligt sich ein Ehegatte nicht in gebotenem Maße am Familienunterhalt und bildet deshalb er allein Ersparnisse, kann nur unter besonderen Umständen ein **Ausgleichsanspruch** in Betracht kommen.[55] Im Übrigen findet bei Scheitern der Ehe der Zugewinnausgleich statt. **52**

4. Zuverdienst

Auch ein verhältnismäßig geringfügiger Zuverdienst ist jedenfalls bei einem Familieneinkommen im unteren oder mittleren Bereich zur Deckung des finanziellen Gesamtbedarfs im Verhältnis der beiderseitigen Einkünfte (→ Rn. 48 f.) anteilig zu verwenden. Einen Teil des Zuverdienstes kann der haushaltführende Ehegatte jedoch als Taschengeld für sich behalten;[56] → Rn. 64. Ggf. ist eine **wertende Veränderung des Verteilungsschlüssels** (→ Rn. 50 f.) möglich, wenn ein Ehegatte zB infolge gleichzeitiger Erwerbs- und Haushaltstätigkeit erheblich stärker belastet ist als der andere.[57] **53**

---

[52] BGH FamRZ 1985, 466.
[53] BGH FamRZ 2004, 795 (797) = R 606c mAnm Strohal FamRZ 2004, 366 (368) mAnm Strohal FamRZ 2004, 441.
[54] BGH NJW 1957, 537.
[55] Vgl. BGH FamRZ 2002, 1696.
[56] BGH FamRZ 1998, 608.
[57] BGH FamRZ 1974, 366; 1967, 380.

5. Nicht erwerbstätige Ehegatten

54 In der Regel wird sich jeder an der Haushaltsführung beteiligen müssen. Beide haben auch entsprechend ihren Einkünften (Renten, Ruhegehalt, Zinsen usw) zum Familienunterhalt beizutragen. Versorgt nur ein Ehegatte den Haushalt ganz oder überwiegend, zB wegen Krankheit des anderen Teils, so kann die Verteilung wertend verändert werden. Es gelten sinngemäß dieselben Grundsätze wie bei beiderseits erwerbstätigen Ehegatten (→ Rn. 47 ff.).

IV. Wirtschaftsgeld

55 Aus § 1360a II 2 BGB ergibt sich der Anspruch jedes Ehegatten, dass ihm die Mittel im Voraus zur Verfügung gestellt werden, die für den gemeinsamen Unterhalt der Familie nötig sind. Von Bedeutung ist dies vor allem, wenn einem Ehegatten die Haushaltsführung allein obliegt. Er hat dann Anspruch auf Überlassung des Wirtschaftsgeldes, das er für die ihm nach § 1356 I 2 BGB obliegende **eigenverantwortliche Haushaltsführung** benötigt. Vielfach wird dieser Anspruch in einer intakten Ehe dadurch erfüllt, dass der haushaltführende Ehegatte die erforderlichen Beträge von einem gemeinsamen Girokonto oder auf Grund einer Vollmacht von einem Konto des anderen Ehegatten abhebt, → Rn. 58. Er muss das Wirtschaftsgeld für den Familienunterhalt verwenden, dh die notwendigen Haushaltskosten bestreiten sowie die regelmäßigen Bedürfnisse beider Ehegatten und ihrer Kinder befriedigen. Er ist nicht berechtigt, es eigenmächtig für andere Zwecke auszugeben, wie zB zur Unterstützung von Verwandten, denen gegenüber keine Unterhaltsverpflichtung besteht (→ Rn. 36).[58] Ersparnisse aus dem Wirtschaftsgeld darf er nur dann für sich verwenden, wenn der andere Ehegatte damit einverstanden ist und der Unterhalt dadurch nicht beeinträchtigt wird.[59] Erhält er dagegen, wie es häufig der Fall ist, neben dem Wirtschaftsgeld kein Taschengeld, kann er Beträge, die als Taschengeld angemessen wären, für sich behalten.[60]

56 Das Wirtschaftsgeld wird nur **treuhänderisch** zur Verwendung für Bedürfnisse der Familie überlassen.[61] Der Anspruch auf Wirtschaftsgeld ist daher nicht pfändbar (→ Rn. 120). Die Übernahme der Wirtschaftsführung durch einen Ehegatten begründet kein Auftragsverhältnis und damit keine Pflicht, Rechenschaft zu legen (§ 666 BGB).[62] Trotz der Eigenverantwortlichkeit des Haushaltführenden (→ Rn. 55) für die Wirtschaftsführung besteht aber eine familienrechtliche Obliegenheit, dem Partner Einblick in die Ausgabengestaltung zu geben und mit ihm wichtige Angelegenheiten zu besprechen. Eine übertriebene Kontrolle der Haushaltsführung kann ehewidrig sein.[63] Bei einem Streit über die Höhe des Wirtschaftsgeldes sind eine detaillierte Unterrichtung des Partners und eine Abrechnung über die Verwendung des Wirtschaftsgeldes erforderlich.[64] Zur Auskunftspflicht[65] der Ehegatten über ihr Einkommen und Vermögen → Rn. 6.

57 Die **Höhe des Wirtschaftsgeldes** bestimmt sich im Allgemeinen nach den zur Deckung des Lebensbedarfs der Familie (→ Rn. 25, 38) ohne Taschengeld[66] erforderlichen Geldmitteln unter Berücksichtigung des Einkommens und Vermögens beider Ehegatten (→ Rn. 39 ff.). Maßgebend sind ferner die Absprachen, die von den Ehegatten getroffen worden sind (→ Rn. 14).

---

[58] OLG Hamburg FamRZ 1984, 583.
[59] OLG Hamm FamRZ 1988, 947; OLG Frankfurt a. M. NJW 1970, 1882.
[60] OLG Hamm FamRZ 1988, 947.
[61] BGH FamRZ 1986, 668.
[62] BGH FamRZ 2001, 23.
[63] OLG Nürnberg FamRZ 1960, 64.
[64] OLG Hamm FamRZ 1988, 947; OLG Hamburg FamRZ 1984, 583.
[65] BGH FamRZ 2011, 21.
[66] Hierzu vgl. BGH NJW 2014, 2570 Rn. 17; FamRZ 2014, 538 Rn. 20.

Soweit der nicht haushaltführende Ehegatte bestimmte laufende **Haushaltskosten** im 58
Einverständnis mit dem anderen Ehegatten von einem Konto direkt begleicht, wie zB
Aufwendungen für ein Familienheim oder sonstige Wohnkosten, Versicherungsprämien,
Telefongebühren usw, ist dies mit dem Wirtschaftsgeld zu **verrechnen**. Der Anspruch auf
Wirtschaftsgeld bezieht sich dann nur auf den Differenzbetrag.[67] Wenn der haushaltführende Ehegatte Wirtschaftsgeld verlangt, muss deshalb geklärt werden, welche Ausgaben hiervon zu bestreiten sind und welche Kosten des Haushalts vom erwerbstätigen Ehegatten
unmittelbar getragen, zB vom Girokonto abgebucht werden.

Einmalige größere Anschaffungen (zB Einrichtungsgegenstände oder Pkw) sowie 59
Sonderbedarf (§§ 1360a III, 1613 II Nr. 1 BGB; → § 6 Rn. 1 ff.) sind im Wirtschaftsgeld, das nur den laufenden Bedarf decken soll, nicht enthalten. Für sie muss der erwerbstätige Ehegatte im Rahmen seiner Leistungsfähigkeit (→ Rn. 43) zusätzlich aufkommen.
Verfügen beide Ehegatten über eigene Einkünfte oder Vermögen, kommt eine anteilige
Deckung der Kosten in Betracht. Die Ehegatten können für solche Zwecke Rücklagen
bilden.

Bei beiderseitiger Erwerbstätigkeit sind beide Ehegatten zur Haushaltsführung und zu 60
finanziellen Beiträgen verpflichtet und berechtigt. Deshalb gibt es für sie nur einen anteiligen Anspruch auf Wirtschaftsgeld. Zum Ausgleich von Mehrleistungen → Rn. 52.

Nach der **Trennung** der Eheleute erlischt in der Regel ein Anspruch auf Wirtschafts- 61
geld. Es kann weder für die Zeit nach der Trennung noch für den davor liegenden
Zeitraum verlangt werden, da es nicht mehr für den Bedarf der Familie treuhänderisch
verwendet werden kann.[68] Ausnahmsweise kann für die Zeit vor der Trennung ein
Anspruch bestehen, wenn der haushaltführende Ehegatte zur Deckung des Familienunterhalts einen Kredit aufgenommen oder eigene Ersparnisse verwendet hat.[69] Dann kann ein
familienrechtlicher Ausgleichsanspruch in Betracht kommen, der aber vielfach an den
fehlenden Voraussetzungen des § 1360b BGB scheitern wird[70] (→ Rn. 52, 117 f.).

V. Taschengeld

Jeder Ehegatte hat Anspruch auf einen angemessenen Teil des Gesamteinkommens 62
beider Partner als Taschengeld, dh auf einen Geldbetrag, über den er zur Befriedigung
seiner persönlichen Bedürfnisse **frei verfügen** kann.[71] Über diese Verwendung ist er
niemandem Rechenschaft schuldig.[72] Deshalb ist Taschengeld im Gegensatz zum Wirtschaftsgeld bedingt **pfändbar** (→ Rn. 120).

Wird nur ein einheitlicher Betrag als Familienunterhalt bezahlt, ist in diesem Betrag das 63
Taschengeld enthalten. Der Berechtigte kann in diesem Fall einen entsprechenden Teil des
Geldes für seine persönlichen Bedürfnisse (→ Rn. 65) verwenden.[73] Dies gilt allerdings
nur, soweit die wirtschaftlichen Verhältnisse die Zahlung von Taschengeld überhaupt
erlauben (→ Rn. 68).

Auch der **verdienende Ehegatte** hat einen Anspruch auf Taschengeld. Dieser An- 64
spruch wird in der Regel dadurch befriedigt, dass er den entsprechenden Betrag von
seinem Verdienst zur Verwendung für persönliche Zwecke einbehält.[74] Erzielt der haushaltführende Ehegatte nur einen geringen Zuverdienst, kann er ihn ggf. als Taschengeld

---

[67] OLG München FamRZ 1982, 801.
[68] OLG Karlsruhe FamRZ 2014, 132; OLG Hamm FamRZ 1988, 947; OLG Köln FamRZ 1984, 1089; OLG Hamburg FamRZ 1984, 583.
[69] OLG Karlsruhe FamRZ 2014, 132; OLG Hamm FamRZ 1988, 947.
[70] OLG Karlsruhe FamRZ 2014, 132.
[71] BGH NJW 2014, 2570 Rn. 17; FamRZ 2014, 538 Rn. 20; BGH FamRZ 2004, 1784; 2004, 366 (369) mAnm Strohal FamRZ 2004, 441.
[72] OLG Hamm FamRZ 1988, 947; OLG Bamberg FamRZ 1988, 948.
[73] OLG Hamm FamRZ 1988, 947.
[74] BGH NJW 2014, 2570 Rn. 17; FamRZ 2014, 538 Rn. 20; BGH FamRZ 1998, 608.

behalten (→ Rn. 53);[75] uU kann er vom anderen Ehegatten eine Aufstockung des Taschengeldes verlangen.

65 Das Taschengeld dient zur Befriedigung der **persönlichen Bedürfnisse**, zB Hobbys, Sport, Theater, Kino, Gaststättenbesuche usw.

66 Beim Taschengeldanspruch handelt es sich um einen auf Geld gerichteten **Zahlungsanspruch** gegen den mehr verdienenden Ehegatten. Soweit der Taschengeldbedarf durch Eigenverdienst gedeckt wird, besteht kein Anspruch auf Taschengeld.[76] Die **Höhe des Taschengeldes** richtet sich – wie beim Wirtschaftsgeld (→ Rn. 57) – nach den Einkommens- und Vermögensverhältnissen der Ehegatten und nach ihrem sich daraus ergebenden Lebensstil und ihrer Zukunftsplanung. In der Regel werden in der Praxis etwa 5% bis 7% des Nettoeinkommens der Familie als angemessen angesehen, der BGH hat ausdrücklich eine Quote von 5% akzeptiert.[77] Eine Errechnung des Taschengeldes auf der Basis des Barbetrages, der Sozialhilfeempfängern bei Aufenthalt in einer stationären Einrichtung verbleibt (vgl. § 27b II SGB XII in der Fassung des Gesetzes vom 24.3.2011[78]), kommt nicht in Betracht.[79] Wie auch sonst kann nur das bereinigte Nettoeinkommen als Bemessungsgrundlage dienen. Vom Nettoeinkommen sind also berufsbedingte Auslagen, Kindesunterhalt und berücksichtigungsfähige Schulden abzuziehen, bevor der Taschengeldanspruch ermittelt wird.

67 Taschengeld ist nach den Grundsätzen der **Hausmannrechtsprechung** unterhaltspflichtiges Einkommen, und zwar nicht nur im Verhältnis zu (vorrangigen) Ansprüchen minderjähriger und privilegiert volljähriger Kinder, sondern auch im Verhältnis zu gleich- oder nachrangigen Unterhaltsansprüchen, zB volljähriger Kinder[80] oder bedürftiger Eltern. Voraussetzung ist, dass der eigene angemessene oder notwendige Selbstbehalt des Pflichtigen gedeckt ist, zB durch den vom anderen (besser verdienenden) Ehegatten aufzubringenden Familienunterhalt.[81]

68 Ein Anspruch auf Taschengeld besteht für beide Eheleute nicht, wenn das Einkommen nur zur Deckung der **notwendigen Bedürfnisse** ausreicht.[82]

69 Sofern die Voraussetzungen der §§ 1360a III, 1613 I BGB vorliegen, kann auch nach der **Trennung** der Eheleute Taschengeld für einen früheren Zeitraum zugesprochen werden, weil es zur freien Verwendung bestimmt ist. Der Taschengeldanspruch muss allerdings dann genau beziffert und substantiiert begründet werden.[83]

4. Abschnitt: Konkurrenz mit anderen Unterhaltsansprüchen

I. Vergleichbarkeit des Familienunterhalts und anderer Unterhaltsansprüche

70 Der Anspruch auf Familienunterhalt richtet sich – vom Taschengeld (→ Rn. 62 ff.) abgesehen – nicht auf Zahlung eines Geldbetrages, der dem Berechtigten zur freien Verfügung steht. Der Ehegatte, der den Haushalt ganz oder überwiegend führt, erhält vielmehr von seinem Partner, der erwerbstätig ist oder über laufende Einkünfte verfügt, **Natural-**

---

[75] BGH FamRZ 1998, 608.
[76] BGH FamRZ 1998, 608.
[77] BGH FamRZ 2014, 1990 Rn. 14 f.; vgl. auch FamRZ 2014, 1543 Rn. 13 = R 759b; 2014, 538 Rn. 20; 2013, 363; 2004, 1784; 2004, 366 (369) mAnm Strohal FamRZ 2004, 441.
[78] BGBl. I S. 453.
[79] FamRZ 2004, 366 (369) mAnm Strohal FamRZ 2004, 441; anders beim Elternunterhalt BGH FamRZ 2010, 1535 = R 714a.
[80] OLG Brandenburg NZFam 2019, 352.
[81] BGH NJW 2014, 2570 Rn. 13 = R 759b; FamRZ 2014, 538 Rn. 20 Rn. 13 = R 759b; 2013, 363; vgl. Dose FamRZ 2013, 993, 1000.
[82] BGH FamRZ 2004, 1784.
[83] OLG Hamm FamRZ 1988, 947.

leistungen, zB zusammen mit den anderen Familienmitgliedern freies Wohnen in einem Einfamilienhaus, einer Eigentums- oder einer Mietwohnung, sowie **Wirtschaftsgeld,** das treuhänderisch für die gesamte Familie, also beide Ehegatten und die Kinder, zu verwenden ist (→ Rn. 55 ff.). Auch dem unverheirateten volljährigen Kind wird, solange es im elterlichen Haushalt lebt, Unterhalt in Natur gewährt; hier greift das Bestimmungsrecht der Eltern ein (§ 1612 II 1 BGB), → Rn. 12. Dagegen wird der Unterhalt anderer Berechtigter, vor allem des geschiedenen und des getrennt lebenden Ehegatten, der nicht beim Unterhaltspflichtigen lebenden ehelichen oder nichtehelichen Kinder, des Elternteils, der ein nichteheliches Kind betreut, der bedürftigen Eltern in Form einer Geldrente geleistet (§§ 1585 I 1, 1612 I 1, 1615l III 1 BGB). Konkurrieren derartige Ansprüche mit dem Familienunterhalt, muss dieser auf die einzelnen Mitglieder der Familie aufgeteilt und in Geld veranschlagt werden,[1] → Rn. 3.

II. Konkurrenz zwischen dem Unterhalt minderjähriger oder privilegiert volljähriger Kinder und dem Familienunterhalt

Lebt der Unterhaltspflichtige mit seinen unterhaltsberechtigten Kindern und seinem Ehegatten in einem gemeinsamen Haushalt, bedarf es einer Berechnung der einzelnen Unterhaltsansprüche nicht. Die Familie muss mit den vorhandenen Geldmitteln auskommen oder, wenn dies nicht möglich ist, weitere Mittel erschließen, zB dadurch, dass der bisher den Haushalt führende Ehegatte eine Erwerbstätigkeit aufnimmt, dass Überstunden geleistet oder Sozialleistungen, insbesondere Arbeitslosengeld II beantragt werden. Eine Berechnung der Unterhaltsansprüche ist jedoch vielfach erforderlich, wenn ein außerhalb der Familie lebender Unterhaltsberechtigter, zB ein Kind aus einer anderen Verbindung, ein früherer Ehegatte, ein betreuender Elternteil (§ 1615l II 2, IV BGB) oder ein bedürftiger Elternteil (von seinem wirtschaftlich selbständigen Kind) Unterhalt begehrt. Denn dann muss geprüft werden, ob der Schuldner angesichts seiner Einkommens- und Vermögensverhältnisse in der Lage ist, den minderjährigen und privilegiert volljährigen Kindern Unterhalt zu zahlen und ob daneben noch Raum ist für den Unterhalt anderer nachrangiger Unterhaltsgläubiger, insbesondere des früheren und des jetzigen Ehegatten. Bei dieser Berechnung ist der Kindesunterhalt mit dem Zahlbetrag, also dem Tabellenbetrag abzüglich des nach § 1612b I 1 BGB zu berücksichtigenden Kindergelds, anzusetzen.[2] Erst wenn das Einkommen des Schuldners zur Befriedigung aller Unterhaltsansprüche nicht ausreicht, er also nicht oder nur zum Teil leistungsfähig ist, wirkt sich der **Vorrang** aus.[3] 71

Bei der Bemessung der Höhe des **Bedarfs des Ehegatten** ist zu berücksichtigen, dass der Ehegattenunterhalt und damit auch der Familienunterhalt von der Unterhaltspflicht gegenüber Kindern, insbesondere gegenüber minderjährigen und privilegiert volljährigen Kindern, beeinflusst und dass demgemäß der Kindesunterhalt grundsätzlich vor Berechnung des Ehegattenunterhalts vom Einkommen des Unterhaltsschuldners abgezogen wird. Dies war schon bis zum 31.12.2007, als der Ehegatte und das minderjährige sowie das privilegiert volljährige Kind den gleichen Rang hatten, allgemeine Übung. Nach § 1609 BGB in der ab 1.1.2008 geltenden Fassung, der diesen Kindern den ersten Rang einräumt, ist der Vorwegabzug des Kindesunterhalts umso mehr gerechtfertigt. Trotz dieses Vorrangs hängt die Höhe des Kindesunterhalts weiterhin vom Vorhandensein eines oder mehrerer unterhaltsberechtigter Ehegatten ab.[4] Denn wenn das Kind noch mit seinem unterhaltspflichtigen Vater und seiner Mutter zusam- 72

---

[1] BGH FamRZ 2007, 1081 (1083); 2003, 860 (864) mAnm Klinkhammer.
[2] BGH FamRZ 2009, 1300 = R 705c.
[3] BGH FamRZ 2008, 968 = R 689h; 1986, 553 (556); 1985, 912 (916) = NJW 1985, 2713 (zum Verhältnis von Ehegatten- und Volljährigenunterhalt).
[4] BGH FamRZ 1986, 553 (556); 1985, 912 (916) = NJW 1985, 2713 (zum Verhältnis von Ehegatten- und Volljährigenunterhalt).

menleben würde, müsste es – jedenfalls wenn sein Existenzminimum gesichert ist – in Kauf nehmen, dass die vorhandenen Mittel unter ihnen geteilt würden. Zu Recht hat deshalb der BGH entschieden, dass der Anspruch eines Ehegatten durch Unterhaltsansprüche nachrangig Berechtigter, zB der Eltern,[5] aber auch volljähriger Kinder[6] des Unterhaltsschuldners, eingeschränkt sein kann. Das bedeutet – übertragen auf das hier zu beurteilende Verhältnis des jetzt vorrangigen Unterhalts minderjähriger und privilegiert volljähriger Kinder zum nachrangigen Anspruch des Ehegatten auf Familienunterhalt –, dass der Unterhalt eines Kindes nicht ohne weiteres aus einer hohen Gruppe der Düsseldorfer Tabelle abgelesen werden darf. Dies könnte dazu führen, dass der Ehegatte den ihm zustehenden Unterhalt ganz oder teilweise nicht erhalten kann, weil dann der eheangemessene Selbstbehalt des Schuldners von mindestens 1200 EUR nach B IV der Düsseldorfer Tabelle Stand: 1.1.2019 nicht mehr gewahrt wäre. Das wäre ein unbilliges und unangemessenes Ergebnis, das nach der Rechtsprechung des BGH[7] zu vermeiden ist. In einem solchen Fall ist daher der Kindesunterhalt einer niedrigeren Einkommensgruppe zu entnehmen, deren Bedarfskontrollbetrag unter Berücksichtigung von Kindesunterhalt und Ehegattenunterhalt noch gewahrt ist. Ggf. ist bis in die 1. Einkommensgruppe herabzugruppieren. Vgl. Anm. A 1 II, 6 der Düsseldorfer Tabelle und → § 2 Rn. 355.[8] Diejenigen Oberlandesgerichte, deren Leitlinien Bedarfskontrollbeträge nicht kennen, sind nach der Rechtsprechung des BGH[9] gehalten, das rechnerische Gesamtergebnis daraufhin zu überprüfen, ob im konkreten Einzelfall die Aufteilung des verfügbaren Einkommens auf die minderjährigen Kinder und den oder die unterhaltsberechtigten Ehegatten insgesamt billig und angemessen ist. Hierauf weist die Begründung des Entwurfs der Bundesregierung zum UÄndG[10] mit Nachdruck hin. Der durch § 1609 BGB angeordnete Vorrang des Kindesunterhalts greift erst im Mangelfall ein.[11]

III. Konkurrenz zwischen mehreren Ehegatten

1. Änderung der Rangverhältnisse zum 1.1.2008

74 Waren der frühere und der jetzige Ehegatte unterhaltsberechtigt, hatte bis zum 31.12.2007 der erste Ehegatte in der Regel den Vorrang (§ 1582 BGB aF). Reichte das anrechenbare Einkommen des Pflichtigen nicht für den Unterhalt beider Ehegatten aus, blieb der zweite bei der Unterhaltsberechnung ganz oder teilweise unberücksichtigt. Er konnte wegen des Nachrangs nur ausnahmsweise Unterhalt erhalten, zB wenn der erste Ehegatte wegen eigener Einkünfte lediglich Aufstockungsunterhalt bezog oder wenn der Schuldner über ein nicht prägendes Einkommen, zB nach einem Karrieresprung, verfügte und er deshalb den Unterhalt des nachrangig Berechtigten bestreiten konnte.

75 Seit dem Inkrafttreten des UÄndG, also **seit dem 1.1.2008** kommt es nicht mehr auf die Priorität der ersten Ehe an. Vorrangig sind nunmehr Elternteile, gleichgültig ob verheiratet oder nicht, wenn sie Anspruch auf Betreuungsunterhalt haben oder im Fall der Scheidung hätten, ferner geschiedene Ehegatten nach einer Ehe von langer Dauer (§ 1609 Nr. 2 BGB). Andere Ehegatten sind nachrangig (§ 1609 Nr. 3 BGB). Elternteile und Ehegatten, die derselben Rangstufe angehören, haben untereinander den gleichen Rang. Im Folgenden wird zunächst die Konkurrenz zwischen mehreren Ehegatten behandelt; auf

---

[5] BGH FamRZ 2003, 860 (865) mAnm Klinkhammer.
[6] BGH FamRZ 1991, 1163 (1164 f.); 1990, 979 (980).
[7] FamRZ 1997, 806 (811).
[8] Zur Berücksichtigung der Bedarfskontrollbeträge bei Vorrang des Kindesunterhalts nach § 1609 Nr. 1 BGB vgl. BGH FamRZ 2008, 968 = R 689h.
[9] FamRZ 2005, 347 (351); 1997, 806 (811).
[10] BT-Drs. 16/1830, 24; vgl. auch Menne/Grundmann, Das neue Unterhaltsrecht, S. 91.
[11] BVerfG FamRZ 2011, 437 mAnm Borth.

4. Abschnitt: Konkurrenz mit anderen Unterhaltsansprüchen § 3

das Zusammentreffen des Unterhaltsanspruchs eines ein nichteheliches Kind betreuenden Elternteils mit dem Familienunterhalt wird später eingegangen (→ Rn. 114).

Vorrang bedeutet nicht, dass der Unterhalt des vorrangigen Ehegatten bzw. Elternteils 76 ohne Rücksicht auf den nachrangig Berechtigten ermittelt und dieser auf den etwa verbleibenden Rest des anrechenbaren Einkommens des Schuldners verwiesen wird. Der Rang eines Unterhaltsanspruchs wird vielmehr erst dann relevant, wenn die Höhe des Anspruchs, gemessen am Bedarf des Berechtigten und der Leistungsfähigkeit des Pflichtigen, schon feststeht und ein **Mangelfall** vorliegt.[12] Auf den Rang der Berechtigten kommt es daher zunächst nicht an. Es ist vielmehr die Höhe des Anspruchs jedes Unterhaltsgläubigers festzulegen, bevor im Falle unzureichender Leistungsfähigkeit des Verpflichteten anhand der Rangordnung des § 1609 BGB zu entscheiden ist, in welchem Umfang der jeweilige Anspruch realisiert werden kann, → Rn. 88.

2. Keine Dreiteilung bei der Ermittlung des Unterhaltsbedarfs

Bei Konkurrenz mit anderen Unterhaltsansprüchen muss der Familienunterhalt in Geld 77 veranschlagt werden. Er wird dann nach den Grundsätzen berechnet, die für den Trennungsunterhalt und den nachehelichen Unterhalt gelten (→ Rn. 3, 70). Deshalb wird im Folgenden zunächst das Zusammentreffen des Unterhaltsanspruchs des geschiedenen Ehegatten mit demjenigen des getrenntlebenden behandelt. Diese Grundsätze gelten weitgehend auch dann, wenn der Unterhaltspflichtige und sein jetziger Ehegatte zusammenleben und daher Familienunterhalt geschuldet wird. Auf die Besonderheiten, die sich dann ergeben können, wird in → Rn. 92 eingegangen.

Der BGH hat bei Konkurrenz mehrerer unterhaltsberechtigter Ehegatten den Bedarf 78 jedes Berechtigten nach den ehelichen Lebensverhältnissen (§ 1578 I 1 BGB) mit einem Drittel des Gesamteinkommens des Pflichtigen und beider Unterhaltsberechtigten bemessen.[13] Das BVerfG[14] hat diese Methode zur **Berechnung des Bedarfs** als **verfassungswidrig** verworfen und insbesondere gerügt, dass der BGH die nacheheliche Unterhaltspflicht gegenüber einem nachfolgenden Ehegatten bereits auf der Bedarfsebene und nicht, wie im Gesetz vorgesehen, erst auf der Ebene der nach den gegenwärtigen Verhältnissen des Verpflichteten zu beurteilenden **Leistungsfähigkeit** berücksichtigt hat. Nach Auffassung des BVerfG muss bei Veränderungen nach der Scheidung die Entwicklung in den ehelichen Lebensverhältnissen angelegt sein. Eine nachträgliche nicht vorwerfbare Einkommensverringerung müsste bei Fortbestand der Ehe auch deren Verhältnisse geprägt haben. Veränderungen sind nicht auf die Ehe zurückzuführen, wenn sie **nur und erst** dadurch eintreten konnten, dass die Ehe **geschieden** worden ist, wie zB bei Entstehung einer Unterhaltspflicht gegenüber einem neuen Ehegatten. Der Unterhaltsbedarf des ersten darf nicht von der Einkommenssituation des zweiten Ehegatten abhängen. Vielmehr dient § 1578 BGB dazu, dem unterhaltsberechtigten Ehegatten bei der Bestimmung seines Bedarfs grundsätzlich gleiche Teilhabe an dem zum Zeitpunkt der **Rechtskraft der Scheidung** gemeinsam **erreichten Status** zu gewähren.

3. Bedarf des ersten Ehegatten

Nach der Rechtsprechung des BVerfG darf der Bedarf des ersten Ehegatten nicht durch 79 die Wiederverheiratung des Verpflichteten, durch die infolgedessen entstandene Unterhaltspflicht und durch die Einkommenssituation des nachfolgenden Ehegatten beeinflusst werden.[15] Deshalb wird der Bedarf des geschiedenen Gläubigers nicht dadurch gemindert, dass der Schuldner einem weiteren Ehegatten Unterhalt zu zahlen hat.

---

[12] BVerfG FamRZ 2011, 437 mAnm Borth; vgl. auch BGH FamRZ 2008, 1911 (1916).
[13] BGH FamRZ 2008, 1911; ebenso bereits die Vorauflage § 3 Rn. 67 ff.
[14] FamRZ 2011, 437 mAnm Borth.
[15] FamRZ 2011, 437 mAnm Borth.

Gleiches gilt für die aus der neuen Ehe hervorgehenden finanziellen Vorteile, wie den Splittingvorteil.[16] Der Splittingvorteil des geschiedenen Ehegatten aus seiner neuen Ehe bleibt bei der Bemessung des Unterhaltsbedarfs der geschiedenen Unterhaltsberechtigten unberücksichtigt, weil dieser auf seiner neuen Ehe beruht und nach der Rechtsprechung des Bundesverfassungsgerichts dieser neuen Ehe verbleiben muss.[17] Es ist dann eine fiktive Steuerberechnung erforderlich.

Ferner werden sonstige, von der neuen Ehe abhängige Einkommenszuschläge grundsätzlich[18] nicht eingerechnet.[19] Auch der Vorteil des Zusammenlebens des Klägers in seiner neuen Ehe kann sich nur im Rahmen der Konkurrenz des Unterhaltsanspruchs seiner neuen Ehefrau mit dem Unterhaltsanspruch der Beklagten im Rahmen der Leistungsfähigkeit auswirken, nicht hingegen auf die gebotene Bedarfsbemessung im Wege der Halbteilung der ehelichen Lebensverhältnisse.[20]

Der Unterhaltsbedarf des ersten Ehegatten ist nach der geänderten Rechtsprechung des BGH **isoliert als Quotenunterhalt** auf der Basis der Einkommensverhältnisse der geschiedenen Ehegatten zur Zeit der Scheidung zu berechnen.[21] Einkommen des geschiedenen Ehegatten ist im Wege der Differenzmethode zu berücksichtigen.

80 Der Unterhalt für gemeinsame **minderjährige** und privilegiert volljährige **Kinder** (zu nicht privilegierten volljährigen Kindern → Rn. 99) ist vorweg vom Einkommen des Pflichtigen abzuziehen. Dies gilt nicht nur für gemeinsame Kinder, sondern auch für vor der Scheidung geborene Kinder des Schuldners aus einer anderen Beziehung. Ferner ist der Unterhalt auch als Abzugsposten für Kinder zu berücksichtigen, die **nach der Scheidung** geboren sind. Dies folgt schon aus dem Gebot der Gleichbehandlung ehelicher und nicht ehelicher Kinder (Art. 6 V GG).[22] Zudem setzt die Pflicht zur Leistung von Unterhalt für nacheheliche Kinder nicht voraus, dass die Ehe zwischen dem Schuldner und seiner ersten Ehefrau geschieden worden ist; sie ist nicht „nur und erst" auf die Scheidung zurückzuführen.[23] Es handelt sich vielmehr um eine nicht vorwerfbare Einkommensminderung, die die erste Ehefrau auch dann hinnehmen müsste, wenn die Ehe mit dem Kindesvater fortbestünde. Dabei bleibt es auch, wenn das Kind erst nach Wiederheirat geboren wird, → § 4 Rn. 1122, → § 4 Rn. 428.

81 Der **Erwerbstätigenbonus**, der einem erwerbstätigen Schuldner ebenso wie einem erwerbstätigen unterhaltsberechtigten Ehegatten gewährt wird, kann mit $1/10$ oder $1/7$ angesetzt werden.[24]

4. Leistungsfähigkeit des Unterhaltspflichtigen bei Wiederverheiratung

82 Geht der Pflichtige eine weitere Ehe ein, schuldet er seinem jetzigen Ehegatten, Bedürftigkeit vorausgesetzt, ebenfalls Unterhalt, und zwar bei Getrenntleben Trennungsunterhalt, bei Zusammenleben Familienunterhalt. Dies führt – von Ausnahmen (Einkommen aus Karrieresprung oder einer Erbschaft) abgesehen – dazu, dass der Schuldner gegenüber beiden Ehegatten nicht leistungsfähig ist, jedenfalls nicht in voller Höhe. Denn die Unterhaltspflicht gegenüber dem weiteren Ehegatten ist bei der Bemessung des Unterhalts des früheren Ehegatten im Rahmen der Leistungsfähigkeit als **sonstige Verbindlichkeit im Sinne des § 1581 BGB** zu berücksichtigen;[25] es ist anerkannt, dass die Grundsätze des

---

[16] BGH FamRZ 2012, 281; BVerfGE 108, 351 = FamRZ 2003, 1821 und BGHZ 163, 84 = FamRZ 2005, 1817 (1819); FamRZ 2007, 1232 Rn. 15 ff.
[17] BGH FamRZ 2014, 1183 Rn. 16 = R 754a; BGH FamRZ 2012, 281; BVerfGE 108, 351 = FamRZ 2003, 1821 (1823 f.); BGHZ 163, 84 = FamRZ 2005, 1817, 1819.
[18] Ein Familienzuschlag der Stufe 1 nach § 50 BeamtVG iVm. § 40 Abs. 1 Nr. 1 und Nr. 3 BBesG wird geteilt: BGH FamRZ 2014, 1183 Rn. 29 = R 754a.
[19] BGH FamRZ 2012, 281; BGH BGHZ 171, 206 = FamRZ 2007, 793 Rn. 44 ff.
[20] BGH FamRZ 2012, 281.
[21] BGH FamRZ 2012, 281.
[22] BVerfG FamRZ 2007, 965; anders aber BGH FamRZ 2012, 281.
[23] BVerfG FamRZ 2011, 437 mAnm Borth.
[24] Vgl. die jeweiligen Unterhaltsleitlinien der OLGs.
[25] BGH FamRZ 2014, 912 Rn. 38.

4. Abschnitt: Konkurrenz mit anderen Unterhaltsansprüchen § 3

§ 1581 BGB auch für den Trennungsunterhalt[26] gelten, ebenso wie für den Familienunterhalt, wenn dieser – wie bei der Konkurrenz mit anderen Unterhaltsansprüchen – in Geld veranschlagt werden muss (→ Rn. 3, 70). Die Belastung mit dem Unterhalt des jeweils anderen Ehegatten führt also zur Kürzung des Unterhalts, soweit dies mit Rücksicht auf die Bedürfnisse und die Erwerbs- und Vermögensverhältnisse der geschiedenen Ehegatten der Billigkeit entspricht. Auch der eigene angemessene Unterhalt des Pflichtigen wird gekürzt. Dies verstößt nicht gegen die Entscheidung des BVerfG; im Gegenteil: Das Gericht stellt ausdrücklich fest, dass nachehelich entstandene Unterhaltspflichten erst auf der Ebene der nach den gegenwärtigen Verhältnissen des Unterhaltspflichtigen zu beurteilenden **Leistungsfähigkeit** zu berücksichtigen sind.[27]

5. Bedarf des nachfolgenden Ehegatten

In welcher Höhe der Unterhaltsanspruch des weiteren Ehegatten als sonstige Verbindlichkeit anzusetzen ist, hängt von dessen Unterhaltsbedarf ab. Zur Bemessung dieses Bedarfs hat sich das BVerfG[28] nicht geäußert, sondern sich nur mit dem Bedarf des geschiedenen Ehegatten befasst. Deshalb kann beim **Bedarf** des nachfolgenden Ehegatten nicht pauschal auf die Dreiteilung nach der bisherigen Rechtsprechung des BGH[29] abgestellt werden. Die Tatsache, dass die ehelichen Lebensverhältnisse der zweiten Ehe mit der Unterhaltspflicht gegenüber dem ersten Ehegatten belastet sind, bedeutet jedoch, dass der Bedarf des zweiten (einkommenslosen) Ehegatten sich nur nach dem Einkommen des Schuldners richtet, das bereits um den Unterhalt des ersten Ehegatten vermindert worden ist. 83

Zusammenfassend ist daher festzustellen: Der **Bedarf** des nachfolgenden Ehegatten **ist abhängig** vom Bedarf des ersten Ehegatten als Quote des Einkommens des Schuldners **zu berechnen**.[30] Das Einkommen ist in üblicher Weise zu bereinigen, vor allem um Kindesunterhalt (→ Rn. 71 ff.) und bei Erwerbseinkommen um einen Erwerbstätigenbonus. 84

– in dieser Auflage nicht belegt – 85

6. Kürzung der Unterhaltsansprüche im Rahmen der Leistungsfähigkeit

Bei Unterhaltspflichten gegenüber mehreren Ehegatten bedeutet der **Halbteilungsgrundsatz**, dass dem Pflichtigen gegenüber jedem Berechtigten so viel verbleiben muss, wie diesem zusteht. Dies führt bei zwei unterhaltsberechtigten Ehegatten mit Vor- oder Gleichrang des zweiten Ehegatten rechnerisch zur **Dreiteilung** des anrechenbaren Einkommens. Das BVerfG hat der Dreiteilungsmethode „nicht zur Gänze eine Absage erteilt",[31] sondern nur ihre Anwendung im Rahmen der **Bedarfsbemessung** beanstandet. Auf der Ebene der **Leistungsfähigkeit** kann in den genannten Fällen die Dreiteilungsmethode daher weiter angewandt werden.[32] Allerdings dürfen die bisherigen Entscheidungen des BGH[33] zur Bemessung des Bedarfs der Unterhaltsberechtigten nach dieser Methode nicht unkritisch auf die Ebene der Leistungsfähigkeit übernommen werden. Denn bei der Leistungsfähigkeit ist nicht von den Einkünften auszugehen, die die ehelichen Lebensverhältnisse bestimmt haben. Entscheidend sind vielmehr die **gegenwärtigen Verhältnisse** des Unterhaltspflichtigen.[34] Deshalb sind Einkünfte aus einem Karrieresprung oder aus einer Erbschaft ebenso in die Dreiteilung einzubeziehen wie der Splittingvorteil, der 86

---

[26] BGH FamRZ 2006, 683.
[27] BVerfG FamRZ 2011, 437 mAnm Borth.
[28] BVerfG FamRZ 2011, 437 mAnm Borth.
[29] FamRZ 2008, 1911.
[30] BGH FamRZ 2012, 281; ebenso Borth FamRZ 2011, 445 (447).
[31] So aber Götz/Brudermüller NJW 2011, 801 (805).
[32] So Gerhardt → § 4 Rn. 428 ff.; Guhling → § 5 Rn. 107 ff.; Gerhardt/Gutdeutsch FamRZ 2011, 597, allerdings mit anderer Begründung; Borth FamRZ 2011, 445 (450) (1. Beispiel) kommt im Ergebnis ebenfalls zur Dreiteilung.
[33] FamRZ 2008, 1911; 2010, 111; 2009, 411.
[34] BVerfG FamRZ 2011, 435 mAnm Borth.

dem Schuldner infolge der Wiederverheiratung zusteht.[35] Synergieeffekte durch das Zusammenleben des Unterhaltspflichtigen in einer neuen Ehe sind zu berücksichtigen. Der Vorteil des Zusammenwohnens ist für die Ehegatten der neuen Ehe mit 10% ihres Gesamtbedarfs in Ansatz zu bringen.[36] Im Rahmen der Leistungsfähigkeitsprüfung ist ein Erwerbstätigenbonus jedoch nicht zu berücksichtigen.[37]

87 Die Dreiteilung führt in der Regel zur Festsetzung eines gekürzten, aber angemessenen Unterhalts der berechtigten Ehegatten und zur Kürzung des eigenen angemessenen Unterhalts des Schuldners. Sie entspricht der Billigkeit, wenn dem Schuldner sein eigener angemessener Ehegattenselbstbehalt verbleibt, der den Mindestselbstbehalt von 1200 EUR übersteigen kann. Denn die unterhaltsberechtigten Ehegatten haben nach dem Halbteilungsgrundsatz bei ausreichender Leistungsfähigkeit dann ebenfalls Einkünfte von jeweils mindestens 1200 EUR. Insbesondere ein Vorrang des neuen Ehegatten rechtfertigt es allerdings, innerhalb der nach § 1581 BGB gebotene Billigkeitsabwägung im Einzelfall individuelle Umstände, zB die besondere Notlage eines Unterhaltsberechtigten oder eines Angehörigen oder eine hohe Verschuldung zu berücksichtigen und dann zu Ergebnissen zu kommen, die von der Dreiteilung abweichen.[38] Ist der neue Ehegatte hingegen nachrangig, kann die Unterhaltspflicht ihm gegenüber die Leistungsfähigkeit für den vorrangigen Unterhalt des geschiedenen Ehegatten nicht nach § 1581 BGB kürzen, sodass in solchen Fällen eine Dreiteilung ausscheidet.

Zu beachten ist, dass der Schuldner seine unzureichende Leistungsfähigkeit darzulegen und ggf. zu beweisen hat,[39] während nach der bis zur Entscheidung des BVerfG[40] praktizierten Dreiteilungsmethode die Darlegungslast für den Bedarf dem jeweiligen Berechtigten oblag.

7. Aktualisierung der Rangverhältnisse im Mangelfall

88 Die Grenze zum Mangelfall wird erreicht, wenn die Unterhaltskorrektur im Rahmen der Leistungsfähigkeit, in der Regel also die Dreiteilung der Einkünfte, im Ergebnis dazu führt, dass dem Schuldner weniger als der Ehegattenselbsthalt (→ Rn. 87) oder gar weniger als der Mindestselbstbehalt von 1200 EUR bzw. bei Nichterwerbstätigkeit von 1000 EUR (→ Rn. 89) verbleibt. Erst dann kommt es auf den Rang der unterhaltsberechtigten Ehegatten an. Dies ergibt sich aus der Entscheidung des BVerfG vom 25.1.2011.[41] Danach wird der **Rang** erst relevant, wenn die Höhe des Anspruchs, gemessen am Bedarf des Berechtigten und der Leistungsfähigkeit des Verpflichteten, schon feststeht und ein **Mangelfall** vorliegt. Dies bedeutet, dass zunächst der Bedarf jedes unterhaltsberechtigten Ehegatten festzulegen ist. Dann ist zu prüfen, ob und inwieweit der Schuldner durch die Unterhaltspflicht gegenüber dem jeweils anderen Ehegatten in seiner Leistungsfähigkeit beeinträchtigt ist.[42] Dies führt in der Regel zur Kürzung des Unterhaltsanspruchs jedes berechtigten Ehegatten und des eigenen angemessenen Unterhalts des Pflichtigen im Rahmen der Billigkeit. Dem Schuldner verbleibt damit zugleich sein eheangemessener (variabler) Selbstbehalt im Sinne des § 1581 BGB. Erreicht oder übersteigt dieser den Mindestselbstbehalt von 1200 EUR, ist der Schuldner leistungsfähig. Würde er bei Erfüllung der Unterhaltsansprüche weniger als den eheangemessenen Selbstbehalt behalten, liegt ein Mangelfall vor. Dies gilt im besonderen Maße, wenn der Ehegattenmindestselbstbehalt unterschritten wird. In einem solchen Mangelfall kommt es auf den Rang der Unterhalts-

---

[35] BGH FamRZ 2012, 281 Rn. 26 = R 731e; Gerhardt/Gutdeutsch FamRZ 2011, 772 (775); so auch der BGH FamRZ 2008, 1911.
[36] BGH NJW 2014, 2570 Rn. 16 = R 759a; BGH FamRZ 2014, 912 Rn. 39; FamRZ 2012, 281 Rn. 46 = R 731k.
[37] BGH FamRZ 2014, 912 Rn. 39; FamRZ 2013, 1366 Rn. 87.
[38] BGH FamRZ 2014, 912 Rn. 38; FamRZ 2012, 281 Rn. 50 = 731m.
[39] BGH FamRZ 2012, 281.
[40] BVerfG FamRZ 2011, 437 mAnm Borth.
[41] FamRZ 2011, 437 mAnm Borth.
[42] BGH FamRZ 2012, 281.

ansprüche an. Der den jeweiligen Selbstbehalt übersteigende Teil des bereinigten Einkommens des Schuldners steht den Gläubigern zur Verfügung. Der Anspruch eines **vorrangigen Ehegatten** wird vorab befriedigt, der nachrangige Gläubiger erhält entweder den Rest der Verteilungsmasse oder fällt ganz aus. **Bei gleichem Rang** wird die zur Verfügung stehende Masse entsprechend dem Verhältnis der nach Billigkeit gekürzten Unterhaltsbeträge verteilt. Möglich ist im letzten Fall im Rahmen der Billigkeitsabwägung im Rahmen der Leistungsfähigkeit auch eine **Dreiteilung** des vorhandenen Einkommens. Dabei ist das gesamte Einkommen aller Beteiligten zu berücksichtigen.[43] Dazu gehören auch Einkünfte aus einem nachehelichen Karrieresprung, evtl. fiktive Einkünfte und der Splittingvorteil einer neuen Ehe.[44]

Der **Ehegattenmindestselbstbehalt** beträgt nach B VI 1a der Düsseldorfer Tabelle Stand: 1.1.2019 **1200 EUR,** und zwar ohne Rücksicht darauf, ob der Schuldner erwerbstätig ist oder nicht.[45] Der BGH[46] hat allerdings darauf hingewiesen, dass bei einem Schuldner, der über ein Einkommen aus sonstigen Quellen, zB Zinsen oder einem Wohnvorteil, verfüge, ein Erwerbsanreiz nicht notwendig sei. Er hält bei einem nicht erwerbstätigen Schuldner deswegen einen Selbstbehalt für angemessen, der etwa in der Mitte zwischen dem notwendigen Selbstbehalt und dem großen Selbstbehalt liegt. 89

– *in dieser Auflage nicht belegt* – 90

Bis zum 31.12.2007 war eine Mangelfallberechnung in aller Regel nur erforderlich, wenn der Schuldner nicht in der Lage war, die Ansprüche der erstrangigen Unterhaltsberechtigten zu befriedigen, zu denen neben den minderjährigen und den privilegiert volljährigen Kindern auch die Ehegatten gehörten. Nach dem jetzt geltenden Recht wird der Schuldner vielfach in der Lage sein, die Ansprüche dieser Kinder zu erfüllen, nicht aber auch die Ansprüche mehrerer Ehegatten, die im Rang den Kindern nachgehen (§ 1609 BGB). Es kommt dann zu einem **Mangelfall im zweiten Rang,** uU auch im dritten Rang (§ 1609 Nr. 2, 3 BGB). In einem solchen Fall ist der Kindesunterhalt vielfach der ersten oder zweiten Gruppe der Düsseldorfer Tabelle zu entnehmen (→ Rn. 72). Nach Abzug des Kindesunterhalts ist der Ehegattenunterhalt nach den dargestellten Grundsätzen zu berechnen und ggf. nach der Dreiteilungsmethode im Rahmen der Leistungsfähigkeit zu kürzen. Kann der Pflichtige die errechneten Beträge nicht aufbringen, ohne dass sein eheangemessener Mindestselbstbehalt von 1200 EUR unterschritten wird, ist die Differenz zwischen dem anrechenbaren Einkommen und dem Selbstbehalt auf die berechtigten Ehegatten verhältnismäßig aufzuteilen. Minderjährige und privilegiert volljährige Kinder sind an dieser Mangelverteilung nicht beteiligt, da ihr Unterhalt bereits berücksichtigt ist. 91

8. Konkurrenz des geschiedenen und des beim Verpflichteten lebenden jetzigen Ehegatten

Zusammenlebende Ehegatten können in eigener Verantwortung entscheiden, ob einer von ihnen nur den Haushalt führt, insbesondere etwaige Kinder versorgt und deshalb keiner Erwerbstätigkeit nachgeht (→ Rn. 1, 21). Ihn trifft dann in ihrem Verhältnis zueinander eine **Erwerbsobliegenheit.** Durch die frei gewählte Rollenverteilung dürfen die Ehegatten aber nicht den bestehenden Unterhaltsanspruch des geschiedenen Ehegatten über Gebühr schmälern. Im Verhältnis zu ihm kommt es vielmehr, wie sich aus § 1609 Nr. 2 BGB ergibt, darauf an, ob der den Haushalt führende jetzige Ehegatte im Falle einer Scheidung wegen Kinderbetreuung unterhaltsberechtigt wäre. Ist dies nicht der Fall, wird ihm ein **fiktives Einkommen** zugerechnet, das den erwerbstätigen Partner (teilweise) vom Familienunterhalt entlastet, seine Leistungsfähigkeit im Verhältnis zum geschiedenen Partner und damit dessen Unterhaltsanspruch erhöht.[47] 92

---

[43] BGH FamRZ 2014, 912 Rn. 39; BGH FamRZ 2012, 281 Rn. 47 = R 731k.
[44] BGH FamRZ 2014, 912 Rn. 39; BGH FamRZ 2012, 281 Rn. 47 = R 731k.
[45] So ausdrücklich Nr. 21.3.2 der Düsseldorfer Leitlinien.
[46] FamRZ 2009, 307 = R 699c.
[47] BGH FamRZ 2012, 281 Rn. 49 = R 731m; FamRZ 2010, 111 (115); OLG Zweibrücken FamRZ 2012, 791.

93 Beim **Familienunterhalt** steht dem erwerbstätigen Ehegatten grundsätzlich kein **Erwerbstätigenbonus** zu (→ Rn. 4). Anders ist es dagegen, wenn es um die Konkurrenz mit dem Unterhaltsanspruch eines geschiedenen Ehegatten geht und der Familienunterhalt in Geld veranschlagt werden muss. Dann ist auch bei der Berechnung des Familienunterhalts ein Bonus zu berücksichtigen, da andernfalls der nacheheliche Unterhalt und der Familienunterhalt nicht miteinander vergleichbar wären.[48]

94 Führt der Schuldner mit seinem jetzigen Ehegatten einen gemeinsamen Haushalt, ist der **Ersparnis durch das Zusammenleben** Rechnung zu tragen. Dies geschieht am besten dadurch, dass der auf der Ebene der Leistungsfähigkeit – in der Regel im Wege der Dreiteilung – zunächst errechnete Billigkeitsunterhalt des derzeitigen Ehegatten um einen Abschlag vermindert und derjenige des früheren um einen Zuschlag von jeweils 10% erhöht wird. Beim Elternunterhalt hat der BGH[49] diese Ersparnis entsprechend § 20 III SGB II aF[50] mit 10% des Gesamtbedarfs beider Ehegatten oder, bei Bezug der gesamten Ersparnis auf einen Ehegatten, mit 20% dessen Bedarfs angesetzt. Nach der Düsseldorfer Tabelle Stand: 1.1.2019 B VI 1a und 2a; D I wird entsprechend beim Ehegattenunterhalt der notwendige Eigenbedarf des mit dem Schuldner zusammenlebenden Ehegatten mit 960 EUR, derjenige des getrenntlebenden mit 1200 EUR (= zusammen 2160 EUR) angesetzt, was in der Summe ebenfalls 10% des Gesamtbedarfs entspricht (1200 EUR x 2 = 2400 EUR – 10% = 2160 EUR); beim Elternunterhalt lauten die Beträge 1440 EUR bzw. 1800 EUR oder insgesamt (1800 EUR x 2 = 3600 EUR – 10% =) 3240 EUR.

95 Die Erhöhung des Billigkeitsunterhalts für den ersten Ehegatten um einen Zuschlag verstößt nicht gegen den Grundsatz des BVerfG,[51] dass der Unterhalt des geschiedenen unabhängig von den Verhältnissen des nachfolgenden Ehegatten zu bemessen sei. Denn dieses Verdikt betrifft nur die Berechnung des Bedarfs, nicht dagegen die Ebene der Leistungsfähigkeit. Zudem sind Zuschlag wie Abschlag nur ein rechnerisches Hilfsmittel, um der Tatsache Rechnung zu tragen, dass sich der jetzige Ehegatte infolge des gemeinsamen Wirtschaftens mit dem Verpflichteten günstiger steht als der frühere. Durch eine Kontrollrechnung, in die nur die Einkünfte der geschiedenen Partner einzubeziehen sind, ist sicherzustellen, dass der erste Ehegatte durch den Zuschlag nicht mehr als seinen Bedarf nach den ehelichen Lebensverhältnissen erhält. In geeigneten Fällen kann die Ersparnis durch das Zusammenleben auch in der Weise berücksichtigt werden, dass der Ehegattenmindestselbstbehalt um etwa 10% ermäßigt wird.[52] Dann scheidet allerdings ein Ab- bzw. Zuschlag bei den Unterhaltsberechtigten aus.

96 Das **Existenzminimum** des nicht erwerbstätigen berechtigten Ehegatten beträgt 880 EUR. Lebt der jetzige Ehegatte mit dem Schuldner zusammen, kann dieser Betrag wegen der dadurch eintretenden Ersparnisse um 10% ermäßigt und beim geschiedenen Ehegatten um 10% erhöht werden, → Rn. 94.

97 Leben der Schuldner und sein jetziger Ehegatte zusammen, steht ihnen bei gemeinsamer Veranlagung zur Einkommensteuer der **Splittingvorteil** zu. Soweit dieser Vorteil auf den Unterhaltspflichtigen entfällt, was bei einer Alleinverdienerehe regelmäßig der Fall ist, gehört er zu seinem anrechenbaren Einkommen.[53] Bei der Bemessung des Bedarfs des geschiedenen Ehegatten darf der Splittingvorteil allerdings nicht berücksichtigt werden, weil dessen Bedarf unabhängig von dem Hinzutreten eines weiteren Unterhaltsberechtigten, hier des zweiten Ehegatten, zu bestimmen ist,[54] → Rn. 79. Im Rahmen der Leistungsfähigkeit ist der Splittingvorteil dagegen als Einkommensbestandteil heranzuziehen. Denn auf dieser Ebene kommt es auf die gegenwärtigen Verhältnisse an.[55] Der Splittingvorteil

---

[48] So – wenn auch ohne Begründung – im Rahmen einer Beispielsrechnung BGH FamRZ 2010, 111 (116); OLG Zweibrücken FamRZ 2012, 791.
[49] FamRZ 2010, 1535 = R 714c.
[50] Jetzt § 20 IV SGB II in der Fassung des Gesetzes vom 13.5.2011 – BGBl. I S. 850.
[51] BVerfG FamRZ 2011, 437 mAnm Borth.
[52] Vgl. dazu BGH FamRZ 2010, 802 (804) mAnm Viefhues.
[53] BGH FamRZ 2012, 281 Rn. 47 = R 731k.
[54] BVerfG FamRZ 2011, 437 mAnm Borth; OLG Zweibrücken FamRZ 2012, 791.
[55] BGH FamRZ 2012, 281; BVerfG FamRZ 2011, 437 mAnm Borth.

wirkt sich daher bei der Dreiteilung auch zugunsten des früheren Ehegatten aus, der bei dieser Berechnung aber nicht mehr an Unterhalt erhalten darf, als seinem isoliert berechneten Bedarf entspricht. Dies wird allerdings – wenn überhaupt – nur in seltenen Ausnahmefällen vorkommen können.

Beispiel:
M ist nach langer Ehe von F 1 geschieden. Ihr Einkommen beträgt 1000 EUR. M verfügt nach Abzug des Kindesunterhalts über Einkünfte von 1800 EUR (Steuerklasse III). Er lebt mit seiner zweiten Frau F2 zusammen, die ein gemeinsames zweijähriges Kind betreut und halbtags 600 EUR verdient. Der auf M entfallende Splittingvorteil beträgt 100 EUR.
Bedarf F1 (nach fiktivem Einkommen des M ohne Splittingvorteil): $^1/_2$ [(1700 × $^9/_{10}$) + (1000 × $^9/_{10}$)] = 1215 EUR. Restbedarf F 1: 1215 – (1000 × $^9/_{10}$) = 315 EUR
Bedarf F2 (nach Einkommen des M mit Splittingvorteil): $^1/_2$ [(1800 × $^9/_{10}$) + (600 × $^9/_{10}$)] = 1080 EUR. Restbedarf F 2: 1080 – (600 × $^9/_{10}$) = 540 EUR (vorbehaltlich der eheprägenden Unterhaltslast des M gegenüber F1)
Dreiteilung der Einkünfte im Rahmen der Leistungsfähigkeit gegenüber F1:
$^1/_3$ [(1800 × $^9/_{10}$) + (1000 × $^9/_{10}$) + (600 × $^9/_{10}$)] = 1020 EUR.
Der Betrag von jeweils 1020 EUR ist wegen der Ersparnis durch gemeinsame Haushaltsführung bei F1 um 10% zu erhöhen und bei F2 entsprechend zu ermäßigen.
F1: 1020 + 10% = 1122 EUR
F2: 1020 – 10% = 918 EUR
Höhe:
F1: 1122 – (1000 × $^9/_{10}$) = 222 EUR
F2: 918 – (600 × $^9/_{10}$) = 378 EUR
M behält 1800 – 222 – 378 = 1200 EUR
F1 und F2 erhalten bei gleichem Rang jeweils weniger als ihren isoliert berechneten (Rest-)Bedarf.
Kein Mangelfall.

9. Angemessenheitskontrolle

Jede Unterhaltsberechnung ist am Schluss darauf zu überprüfen, ob das Ergebnis angemessen ist und der Billigkeit entspricht. Dies gilt in besonderem Maße, wenn mehrere unterhaltsberechtigte Ehegatten zusammentreffen. **98**

IV. Konkurrenz zwischen Volljährigen- und Familienunterhalt

Bei einem nicht privilegiert volljährigen Kind aus der jetzigen Ehe des Verpflichteten ist vom Barunterhalt auszugehen, der aus der Düsseldorfer Tabelle oder den Leitlinien des jeweiligen Oberlandesgerichts zu entnehmen ist (→ § 2 Rn. 508 ff., 520 ff.). Minderjährige sowie privilegiert volljährige Kinder, der frühere Ehegatte, der jetzige Ehepartner und der Elternteil, der Anspruch auf Betreuungsunterhalt nach § 1615l II 2 BGB hat, gehen einem volljährigen Kind im Rang vor (§ 1609 Nr. 1 bis 4 BGB). Reicht das Einkommen des Verpflichteten nicht für den Unterhalt aller Berechtigten aus, entfällt der Anspruch des volljährigen Kindes ganz oder teilweise, → § 2 Rn. 251, 268, 556 ff., → § 5 Rn. 119, 149. **99**

Begehrt ein (nicht privilegiertes) **volljähriges Kind aus der früheren Ehe** des Verpflichteten Unterhalt, muss dem Schuldner der angemessene Eigenbedarf verbleiben (§ 1603 I BGB), der nach den Leitlinien der Oberlandesgerichte Stand: 1.1.2019 mindestens 1300 EUR beträgt. Der anteilige Familienunterhalt des jetzigen Ehegatten des Schuldners ist wie der nacheheliche und der Trennungsunterhalt grundsätzlich unter Vorwegabzug des Unterhalts des volljährigen Kindes zu berechnen, da die Unterhaltspflicht gegenüber diesem Kind die ehelichen Lebensverhältnisse einschränkt.[56] Jedoch muss der Vorrang des jetzigen Ehegatten gewahrt bleiben. Zwischen dem Unterhalt des Ehegatten und dem Unterhalt des volljährigen Kindes darf kein Missverhältnis entstehen. Dem Ehegatten muss daher ein der **100**

---

[56] BGH FamRZ 2009, 762 = R 703; 2003, 860 (865) mAnm Klinkhammer; OLG Koblenz FamRZ 2017, 2018 Rn. 30.

jeweiligen Lebenssituation angemessener Eigenbedarf bleiben.[57] Dieser darf nicht mit dem notwendigen Selbstbehalt von 1080 EUR bzw. 880 EUR nach der Düsseldorfer Tabelle Stand: 1.1.2019 (Anm. A 5 I) bzw. den Leitlinien der Oberlandesgerichte (22.2) angesetzt werden; denn der Ehegatte hat einen Anspruch auf angemessenen, nicht nur auf notwendigen Unterhalt (§ 1360 S. 1 BGB). Auch der eheangemessene Eigenbedarf des Schuldners von 1200 EUR nach B IV der Düsseldorfer Tabelle und den Leitlinien der Oberlandesgerichte (21.4) ist kein Maßstab. Es empfiehlt sich vielmehr, den **angemessenen Bedarf des Ehegatten** von dem sich aus der Düsseldorfer Tabelle (Anm. A 5 II) ergebenden angemessenen Eigenbedarf des Schuldners gegenüber dem nicht privilegiert volljährigen Kind von 1300 EUR abzuleiten und wegen der Ersparnisse infolge gemeinsamer Haushaltsführung angemessen zu kürzen. Die Düsseldorfer Tabelle Stand: 1.1.2019 (B VI 2b) und die Leitlinien der Oberlandesgerichte (22.2) gehen von einem Betrag von 1040 EUR aus,[58] was einer Kürzung des Betrages von 1300 EUR um 20% entspricht. Dies bedeutet, dass das volljährige Kind keinen Unterhalt erhält, wenn der Verpflichtete für sich und seine jetzige Ehefrau mehr als (1300 + 1040 oder 1300 × 2 -10% jeweils =) 2340 EUR zur Verfügung hat.

101 Ein Elternteil, zB der Vater eines volljährigen Kindes, der mit seiner jetzigen Ehefrau zusammenlebt, ist sowohl ihr als auch seinem Kind unterhaltspflichtig. Die Berechnung des jeweiligen Unterhaltsanspruchs stößt auf Schwierigkeiten, weil ein bestimmter Kindesunterhalt, der die Höhe des Familienunterhalts beeinflusst, noch nicht feststeht. Es muss daher mit einem Näherungsverfahren gearbeitet werden.[59] Zunächst ist ein vorläufiger Unterhalt des Kindes festzulegen. Lebt es noch im mütterlichen Haushalt, ist der Unterhalt allein nach dem Einkommen des Vaters der 4. Altersstufe der Düsseldorfer Tabelle zu entnehmen, um das volle Kindergeld zu kürzen und vom Einkommen des Vaters abzuziehen. Auf dieser Basis – unter Berücksichtigung von Ersparnissen durch das Zusammenleben – ist der Familienunterhalt zu bemessen. Führt das Kind zB als Student, bereits einen eigenen Haushalt, ist von einem festen Unterhaltsbedarf, zB von 670 EUR, der ebenfalls um das volle Kindergeld zu vermindern ist, auszugehen und die Berechnung des Familienunterhalts mit der Hälfte des verbleibenden Betrages oder einem anderen realistischen Näherungswert fortzusetzen. Dem Vater haben vorweg die Mittel zu verbleiben, die er zur Deckung des angemessenen Bedarfs seiner Frau benötigt. Sie sind von seinem Einkommen abzusetzen.[60] Das so ermittelte Einkommen des Vaters ist den Einkünften der Mutter gegenüberzustellen, der endgültige Bedarf des Kindes der Tabelle zu entnehmen und der von jedem Elternteil geschuldete anteilige Unterhalt entsprechend § 1606 III 1 BGB zu berechnen, → § 2 Rn. 575.

102 Die Ehefrau des unterhaltspflichtigen Vaters trifft keine Erwerbsobliegenheit gegenüber dessen volljährigem Kind aus einer anderen Verbindung, schon weil sie mit diesem nicht verwandt ist. Den Ehegatten steht es vielmehr frei, Vereinbarungen über die innerfamiliäre Arbeitsteilung zu treffen und die Betreuung der Kinder sowie die Haushaltsführung einem von ihnen selbst dann zu übertragen, wenn es sich nicht um gemeinsame Kinder handelt. Dem Vater kann unterhaltsrechtlich nicht vorgeworfen werden, an einer solchen Gestaltung mitzuwirken. Dies mag nach Treu und Glauben anders sein, wenn es um den Unterhalt eines minderjährigen Kindes geht.[61]

V. Konkurrierende Ansprüche von Eltern

1. Bedürftigkeit eines Elternteils

103 Der **Unterhaltsbedarf** eines Elternteils entspricht seiner bisherigen Lebensstellung (§ 1610 I BGB). Er deckt sich bei Pflege in einem **Heim** mit den dadurch entstehenden

---

[57] BGH FamRZ 2003, 860 (865) OLG Koblenz FamRZ 2017, 2018 Rn. 30.
[58] Anders OLG Frankfurt a. M. (Nr. 22.2.FL): 880 EUR.
[59] Dazu BGH FamRZ 2009, 762 = R 703.
[60] BGH FamRZ 2009, 762 = R 703.
[61] BGH FamRZ 2009, 762 (767).

4. Abschnitt: Konkurrenz mit anderen Unterhaltsansprüchen § 3

Kosten zuzüglich eines Taschengeldes zur Deckung der Aufwendungen für Körper- und Kleiderpflege, Zeitschriften, Schreibmaterial und andere Kleinigkeiten des täglichen Lebens.[62] Dieses Taschengeld kann in Höhe des angemessenen Barbetrages nach § 27b II 1 SGB XII[63] pauschaliert werden.[64] Eigeneinkommen und Versicherungsleistungen mindern den Bedarf. Lebt der Elternteil noch in einer eigenen Wohnung, ist sein Bedarf im Allgemeinen nicht höher als das **Existenzminimum** eines Nichterwerbstätigen von 880 EUR (vgl. dazu Anm. A 5 I, B V 2 der Düsseldorfer Tabelle Stand: 1.1.2019), allerdings zuzüglich des Beitrags zur Kranken- und Pflegeversicherung und etwaigen Mehrbedarfs infolge Krankheit oder Behinderung.[65] Dieser Bedarf ist allerdings vielfach durch eigenes (Renten-)Einkommen, eigenes Vermögen und/oder durch Leistungen der Grundsicherung im Alter und bei Erwerbsminderung ganz oder teilweise gedeckt (§§ 41 ff. SGB XII; → § 8 Rn. 135 ff.). Gleichwohl kann ein Kind Elternunterhalt schulden, wenn ein nicht gedeckter Restbedarf verbleibt.[66] Zum Elternunterhalt im Einzelnen, insbesondere zur Ermittlung der Leistungsfähigkeit des Unterhaltspflichtigen → § 2.

2. Sicherstellung des Familienunterhalts durch das unterhaltspflichtige Kind

a) Eigenbedarf des unterhaltspflichtigen Kindes. Konkurriert der Unterhaltsanspruch eines Elternteils mit dem Familienunterhalt, den das unterhaltspflichtige Kind seinem Ehegatten und ggf. seinen eigenen Kindern zu gewähren hat, muss dieser Unterhalt in Geld veranschlagt werden (→ Rn. 3). Die Ansprüche der Mitglieder der jetzigen Familie, also der minderjährigen und volljährigen Kinder und des Ehegatten, gehen im Rang dem Elternunterhalt vor (§ 1609 Nr. 1 bis 4 BGB). Dies gilt ebenso für einen evtl. von dem Unterhaltspflichtigen (zusätzlich) geschuldeten Betreuungsunterhalt nach § 1615l BGB. Ein solcher ist in der unter Berücksichtigung der Halbteilung ermittelten Höhe als gemäß § 1609 Nr. 2 BGB vorrangige sonstige Verpflichtung iSd § 1603 I BGB von dessen Einkommen abzuziehen.[67]

104

Der **angemessene Selbstbehalt,** der dem Pflichtigen gegenüber seinen Eltern zu verbleiben hat, muss über dem angemessenen Selbstbehalt liegen, den er gegenüber seinen volljährigen Kinder verteidigen kann;[68] er beträgt nach Abschnitt D I der Düsseldorfer Tabelle und den Leitlinien nach dem Stand: 1.1.2019 (21.3.3) 1800 EUR. Dieser Mindestselbstbehalt des unterhaltspflichtigen Kindes erhöht sich in der Regel um 50%, bei Vorteilen des Zusammenlebens (→ Rn. 107) um 45% des den Selbstbehalt übersteigenden Einkommens.[69]

b) Konkurrenz zwischen dem Ehegatten des unterhaltspflichtigen Kindes und dem bedürftigen Elternteil. Der Bedarf des mit dem Schuldner **zusammen lebenden Ehegatten** wird in der Düsseldorfer Tabelle und den Leitlinien nach dem Stand: 1.1.2019 (22.3) im Allgemeinen mit einem Mindestbetrag von 1440 EUR angegeben, → Rn. 94. Vielfach werden der angemessene Selbstbehalt des Schuldners und der Mindestbedarf des Ehegatten zu einem Familienselbstbehalt von 3240 EUR zusammengefasst,[70] → § 2 Rn. 969. Bei höherem Familieneinkommen muss nicht nur der Selbstbehalt des Schuldners um 50%, bei Vorteilen des Zusammenlebens (→ Rn. 107) um 45% des Mehreinkommens

105

---

62 BGH FamRZ 2018, 1903 Rn. 11; 2015, 1594 Rn. 25; 2013, 303 Rn. 15; OLG Düsseldorf FamRZ 2018, 103.
63 In der Fassung des Gesetzes vom 24.3.2011 – BGBl. I S. 453 (früher: § 35 II 1 SGB XII).
64 BGH FamRZ 2013, 363 Rn. 15; FamRZ 2010, 1535 mAnm Hauß = R 714a.
65 BGH FamRZ 2003, 860 (861) mAnm Klinkhammer.
66 Nach einer Initiative des Landes Schleswig-Holstein vom 26.3.2019 soll die familiäre Einstandspflicht erwachsener Kinder für ihre pflegebedürftigen Eltern erst eintreten, wenn das Jahreseinkommen des Kindes 100.000 EUR übersteigt, vgl. BR-Drucks. 135/19. Hierzu hat das BMAS mittlerweile einen Referentenentwurf vorgelegt.
67 BGH FamRZ 2016, 887 = R 776; und FamRZ 2016, 892.
68 BGH FamRZ 2002, 1698 mAnm Klinkhammer.
69 BGH FamRZ 2010, 1535 mAnm Hauß = R 714b; FamRZ 2002, 1698 mAnm Klinkhammer.
70 BGH FamRZ 2014, 538 Rn. 21 = R 746b; BGH FamRZ 2010, 1535 mAnm Hauß = R 714b.

angehoben, sondern auch der Mindestbedarf seines Ehegatten entsprechend den ehelichen Lebensverhältnissen mit einem höheren Betrag angesetzt werden.[71]

106 Nach der Rechtsprechung des **BGH**[72] ist der Bedarf des Ehegatten des Schuldners nach den individuell ermittelten Lebens-, Einkommens- und Vermögensverhältnissen, die den ehelichen Lebensstandard bestimmen, zu bemessen. Da der Ehegatte der Schwiegermutter bzw. dem Schwiegervater nicht unterhaltspflichtig ist, braucht er, so der BGH, im Hinblick auf deren nachrangige Unterhaltsansprüche keine Schmälerung seines angemessenen Bedarfs hinzunehmen. Dies gilt auch dann, wenn dem Unterhaltsverpflichteten möglicherweise weniger verbleibt, als seinem Ehegatten zur Verfügung steht, da er ihm den eheangemessenen Unterhalt schuldet, er gegenüber seinen Eltern aber nur die Mittel verteidigen kann, die er zur Deckung seines eigenen angemessenen Unterhalts im Sinne des § 1603 I BGB benötigt. Familienunterhalt steht dem Ehegatten daher grundsätzlich in Höhe der Hälfte der beiderseitigen Einkünfte zu, soweit diese die ehelichen Lebensverhältnisse beeinflusst haben. Damit beeinflusst der Elternunterhalt trotz seines Nachrangs die Höhe des Familienunterhalts. Das bedeutet allerdings **nicht**, dass der Elternunterhalt in seiner jeweiligen Höhe vom Einkommen des unterhaltspflichtigen Kindes **vorweg abgezogen** werden darf und dass sich der Unterhalt der Familie des Kindes nur nach dem so geminderten Einkommen richtet.[73] Dies würde dazu führen, dass dem Kind angesichts der Höhe des Elternunterhalts in vielen Fällen nur der Mindestselbstbehalt von 1800 EUR und dem Ehegatten nur der Mindestbedarf von 1440 EUR belassen werden kann, was aber dem Nachrang des Elternunterhalts widersprechen würde. Der Vorwegabzug des Elternunterhalts kann auch nicht damit begründet werden, dass der Unterhaltsbedarf des gleichfalls nachrangigen nicht privilegiert volljährigen Kindes vom Einkommen des unterhaltspflichtigen Elternteils abgezogen wird, bevor der Familienunterhalt des Ehegatten errechnet wird (→ Rn. 100). Dieser Vorwegabzug, der auch beim volljährigen Kind nur stattfindet, wenn es zu keinem Missverhältnis zwischen Familienunterhalt und Kindesunterhalt kommt, ist im Gegensatz zum Elternunterhalt dadurch gerechtfertigt, dass die Eltern für ihre bedürftigen Kinder auch nach Volljährigkeit jedenfalls bis zum Ende der Berufsausbildung in ungleich stärkerem Maße Verantwortung tragen als umgekehrt die wirtschaftlich selbständigen Kinder für ihre Eltern. Dies kommt in der schwachen Ausgestaltung des Elternunterhalts, insbesondere in seinem schlechten Rang (§ 1609 Nr. 6 BGB) zum Ausdruck.

107 **c) Ersparnis durch gemeinsame Haushaltsführung.** Grundsätzlich hat jeder Ehegatte nach dem Halbteilungsgrundsatz rechnerisch Anspruch auf Familienunterhalt in Höhe der Hälfte des Familieneinkommens. Deshalb darf im Rahmen der Ermittlung des Familienunterhalts kein Erwerbstätigenbonus in Abzug gebracht werden.[74] Das Einkommen ist vor hälftiger Teilung um die mit wachsendem Lebensstandard regelmäßig ansteigende Ersparnis zu bereinigen, die durch Führung eines gemeinsamen Haushalts entsteht.[75] Die Ersparnis beträgt nach der Rechtsprechung des BGH deswegen auch 10% des den Familienselbstbehalt übersteigenden Einkommens.[76]

108 – *in dieser Auflage nicht belegt* –

109 **d) Berechnung des anteiligen Familienunterhalts bei höherem Einkommen des Unterhaltspflichtigen**

110 Der geschuldete Familienunterhalt ist in den Fällen, in denen der Unterhaltspflichtige über höhere Einkünfte als sein Ehegatte verfügt, wie folgt zu ermitteln: Von dem zusammengerechneten Einkommen der Ehegatten (Familieneinkommen) wird der Familienselbstbehalt von (Stand 1.1.2019) 3240 EUR (1800 EUR x 2 – 10%) abgezogen. Zur Ermittlung des individuellen Familienbedarfs wird auch das verbleibende Einkommen um die Haushaltsersparnis von in der Regel 10% vermindert. Die Hälfte des sich dann

---

[71] BGH FamRZ 2010, 1535 mAnm Hauß = R 714b; FamRZ 2003, 860 (865).
[72] BGH FamRZ 2002, 1698.
[73] BGH FamRZ 2010, 1535 mAnm Hauß = R 714b.
[74] BGH FamRZ 2013, 363.
[75] BGH FamRZ 2014, 538 Rn. 21 = R 746b; FamRZ 2010, 1535 mAnm Hauß = R 714b; FamRZ 2004, 792 mAnm Borth.
[76] BGH NJW 2014, 2570 Rn. 12 = R 759a; FamRZ 2014, 538 Rn. 27 = R 746c.

4. Abschnitt: Konkurrenz mit anderen Unterhaltsansprüchen § 3

ergebenden Betrags zuzüglich des Familienselbstbehalts ist der individuelle Familienbedarf, zu dem der Unterhaltspflichtige entsprechend dem Verhältnis der Einkünfte der Ehegatten beizutragen hat. Die Differenz zwischen seinem Einkommen und seinem Anteil am Familienunterhalt kann der Unterhaltspflichtige für den Elternunterhalt einsetzen. Vereinfachend kann der individuelle Familienbedarf durch Addition des Familienselbstbehalts und eines Betrages von 45% des um den Familienselbstbehalt bereinigten Gesamteinkommens der Ehegatten errechnet werden.[77]

Beispiel:[78]

	EUR
Einkommen des Unterhaltspflichtigen	3000,00
Einkommen der unterhaltsberechtigten Ehefrau	1000,00
Familieneinkommen	4000,00
Abzüglich Familienselbstbehalt	3240,00
	760,00
Abzüglich 10% Haushaltsersparnis	76,00
	684,00
Davon ½	342,00
+ Familienselbstbehalt	3240,00
Individueller Familienbedarf	3582,00
Anteil des Unterhaltspflichtigen (75%)	2686,50
Einkommen des Unterhaltspflichtigen	3000,00
Abzüglich	2686,50
Für den Elternunterhalt einsetzbar	313,50

Der BGH hat die Berechnungsmethode in seiner Entscheidung vom 5.2.2014[79] an **111** einem Fall aufgezeigt, in dem das Familieneinkommen bei 5651,65 EUR lag. Ob bei höheren Einkünften davon ausgegangen werden kann, dass rund $^1/_{10}$ der gemeinsamen Nettoeinkünfte durch das Zusammenleben eingespart und demgemäß für den Familienunterhalt verwendet werden oder jedenfalls nicht verwendet werden müssen, ist fraglich. In einem solchen Fall erscheint es angezeigt, den Familienunterhalt nach den konkreten Umständen des Einzelfalls zu bemessen, weil die Ersparnis nicht kontinuierlich mit der Steigerung des Einkommens zunimmt.[80]

e) Berechnung des anteiligen Familienbedarfs bei niedrigerem Einkommen des **112** **Unterhaltspflichtigen.** Der BGH[81] ermittelt die Leistungsfähigkeit zur Zahlung von Elternunterhalt auch dann auf der Grundlage eines individuellen Familienbedarfs, wenn der Unterhaltspflichtige über geringere Einkünfte als sein Ehegatte verfügt. Es ist ebenso wie unter Ziffer d) dargestellt, zu rechnen:

Beispiel:

	EUR
Einkommen der ihrem Vater unterhaltspflichtigen Ehefrau	1000,00
Einkommen des Ehemannes mit höheren Einkünften	3000,00
Familieneinkommen	4000,00
Abzüglich Familienselbstbehalt	3240,00
	760,00
Abzüglich 10% Haushaltsersparnis	76,00
	684,00
Davon ½	342,00
+ Familienselbstbehalt	3240,00
Individueller Familienbedarf	3582,00

---

[77] BGH FamRZ 2010, 1535 mAnm Hauß = R 714b.
[78] Nach BGH FamRZ 2010, 1535 mAnm Hauß = R 714b, allerdings mit den Richtsätzen der Düsseldorfer Tabelle Stand: 1.1.2011.
[79] FamRZ 2014, 538.
[80] Ähnlich Hauß FamRZ 2010, 1541; vgl. auch BGH FamRZ 2004, 370 (373) mit. Anm. Strohal; FamRZ 2004, 441.
[81] BGH NJW 2014, 2570 Rn. 15; FamRZ 2014, 538 Rn. 21 = R 746b; FamRZ 2010, 1535 mAnm Hauß = R 714b; OLG Hamm FamRZ 2013, 1146.

Anteil des Unterhaltspflichtigen (25%)	895,50
Einkommen des Unterhaltspflichtigen	1000,00
Abzüglich	895,50
Für den Elternunterhalt einsetzbar	104,50

113 **f) Berechnung in Fällen, in denen der Unterhaltspflichtige über kein Einkommen verfügt.** Wenn der unterhaltspflichtige Ehegatte über kein eigenes Einkommen verfügt, hat er nach der Rechtsprechung des BGH sein **Taschengeld** für den Elternunterhalt einzusetzen, wobei ihm allerdings ein Betrag in Höhe von 5 bis 7% des Familienselbstbehalts (Stand 1.1.2019: 1800 EUR + 1440 EUR) sowie in Höhe der Hälfte des darüber hinausgehenden Taschengeldes verbleiben muss.[82]

Der Anspruch auf Taschengeld ist Bestandteil des Familienunterhalts nach den §§ 1360, 1360a BGB. Zu dem angemessenen Familienunterhalt gehören unter anderem Kosten für Wohnung, Nahrung, Kleidung, medizinische Versorgung, kulturelle Bedürfnisse, Kranken- und Altersvorsorge, Urlaub usw., die in der Regel in Form des Naturalunterhalts gewährt werden (s. o.). Daneben hat jeder der Ehegatten Anspruch auf einen angemessenen Teil des Gesamteinkommens als Taschengeld, mithin auf einen Geldbetrag, der ihm die Befriedigung seiner persönlichen Bedürfnisse nach eigenem Gutdünken und freier Wahl unabhängig von einer Mitsprache des anderen Ehegatten ermöglichen soll.[83] Als Bestandteil des Familienunterhalts richtet sich der Taschengeldanspruch hinsichtlich seiner Höhe nach den im Einzelfall bestehenden Einkommens- und Vermögensverhältnissen, dem Lebensstil und der Zukunftsplanung der Eheleute. In der Rechtsprechung wird üblicherweise eine Quote von 5 bis 7% des zur Verfügung stehenden Nettoeinkommens angenommen. Das Taschengeld eines Ehegatten ist nach der Rechtsprechung des BGH grundsätzlich unterhaltspflichtiges Einkommen und deshalb bei der Inanspruchnahme auf Elternunterhalt einzusetzen, soweit der jeweils zu beachtende Selbstbehalt des Unterhaltspflichtigen gewahrt bleibt[84] (→ Rn. 67).

Beispiel:[85]

Nettoeinkommen der Ehegatten	3000 EUR
Taschengeldanspruch des Ehegatten (5%)	150 EUR
Familienselbstbehalt nach DT	3240 EUR
Abzüglich 10% Synergieeffekt	324 EUR
Summe	2916 EUR
Darin enthalten 5% Taschengeld, gerundet	146 EUR
Differenz (150–146 EUR)	4 EUR
1/2 des übersteigenden Betrages	2 EUR
Gesamter geschützter Betrag	148 EUR
Für Elternunterhalt einzusetzen	2 EUR

VI. Konkurrierende Ansprüche bei Geburt eines nichtehelichen Kindes

114 Macht die Mutter eines nichtehelichen Kindes Unterhalt geltend, so haftet der Kindesvater dem **Kind** bis zum notwendigen Selbstbehalt (§ 1603 II 1 BGB; → § 2 Rn. 385), der nach Anm. A 5 I der Düsseldorfer Tabelle (Stand: 1.1.2019) 1080 EUR bzw. 880 EUR beträgt. Gegenüber der **Mutter** muss dem Vater dagegen der angemessene Selbstbehalt von 1200 EUR verbleiben (§§ 1615l III 1, 1603 I BGB; Abschnitt D II der Düsseldorfer Tabelle). Der Anspruch des nichtehelichen Kindes hat denselben Rang wie

---

[82] BGH FamRZ 2014, 1990 Rn. 14f. = R 763; FamRZ 2014, 538 Rn. 20 = R 746b; FamRZ 2013, 363; vgl. Dose FamRZ 2013, 993, 1000; OLG Braunschweig FamRB 2013, 277.
[83] BGH NJW 2014, 2570 Rn. 13 = R 759b; FamRZ 2014, 538 Rn. 29 = R 746c; FamRZ 2013, 363; FamRZ 2004, 366, 368; FamRZ 1998, 608, 609.
[84] BGH NJW 2014, 2570 Rn. 13 = R 759b; FamRZ 2014, 538 Rn. 29 = R 746c; FamRZ 2013, 363; FamRZ 2004, 366, 368.
[85] BGH NJW 2014, 2570 Rn. 13 = R 759b; FamRZ 2014, 538 Rn. 29 = R 746c; FamRZ 2013, 363.

die Ansprüche der minderjährigen sowie der privilegiert volljährigen ehelichen Kinder des Vaters. Die Unterhaltsansprüche dieser Kinder gehen aber dem Anspruch der nichtehelichen Mutter im Rang vor (§ 1609 Nr. 1, 2 BGB). Sie steht als Berechtigte im zweiten Rang der jetzigen Ehefrau gleich, wenn diese ihrerseits im Falle der Scheidung Anspruch auf Betreuungsunterhalt hätte oder wenn die Ehe von langer Dauer ist. Sind diese Voraussetzungen nicht gegeben, geht die nichteheliche Mutter der jetzigen Ehefrau im Rang vor (§ 1609 Nr. 2, 3 BGB). Die Unterhaltslast für das nichteheliche Kind prägt die ehelichen Verhältnisse und ist daher bei der Berechnung des Anteils der Ehefrau am Familienunterhalt vorweg abzuziehen, → § 4 Rn. 428. Zum Unterhaltsanspruch nach § 1615l BGB im Einzelnen → § 7 Rn. 1 ff., zu dessen Erlöschen § 7 Rn. 182, 204 ff.

Die obigen Ausführungen gelten sinngemäß, wenn der Vater das nichteheliche Kind betreut und die Mutter auf Kindes- und Betreuungsunterhalt (§ 1615l IV BGB) in Anspruch nimmt.

5. Abschnitt: Besonderheiten des Familienunterhalts

I. Keine Identität zwischen Familienunterhalt und Trennungsunterhalt

Der Anspruch auf Familienunterhalt ist mit dem Anspruch auf Trennungsunterhalt oder nachehelichen Unterhalt **nicht identisch**,[1] → Rn. 11, → § 4 Rn. 6. Beim Familienunterhalt sind beide Ehegatten einander zum Unterhalt verpflichtet (§ 1360 S. 1 BGB). Er dient der gesamten Familie einschließlich der beiden Ehegatten und gemeinschaftlicher Kinder (→ Rn. 12). Diese Familieneinheit zerfällt mit der Trennung. Danach bestehen nur noch ein Anspruch des bedürftigen Ehegatten gegen den anderen auf Trennungsunterhalt (§ 1361 I 1 BGB) und gesonderte Ansprüche der Kinder (§§ 1601 ff. BGB), die allerdings von dem Elternteil, in dessen Obhut sich die Kinder befinden, im eigenen Namen gegen den anderen geltend zu machen sind (§ 1629 II 2, III BGB). Verzug mit Familienunterhalt begründet daher keinen Verzug mit Trennungs- oder Kindesunterhalt. 115

Eine **gerichtliche Entscheidung** oder ein Vergleich über den Familienunterhalt kann für die Zeit nach der Trennung nicht mehr nach § 238 FamFG abgeändert werden. Vielmehr muss der Pflichtige nach § 767 ZPO einen Vollstreckungsgegenantrag anhängig machen.[2] Ebenso ist die Zwangsvollstreckung aus einem Titel über Trennungsunterhalt unzulässig, wenn die Partner sich versöhnt haben und die eheliche Lebensgemeinschaft wieder aufnehmen. Der Titel verliert seine Wirkung.[3] Dies gilt auch bei erneuter Trennung.[4] Zu titulierten Ansprüchen der Kinder nach Versöhnung und erneuter Trennung der Eltern → Rn. 13. 116

II. Ausgleichsanspruch nach § 1360b BGB

Nach § 1360b BGB kann ein Ehegatte, der für den Unterhalt freiwillig mehr geleistet hat, als es seiner Verpflichtung entsprach, die zu viel geleisteten Beträge im Zweifel nicht zurückverlangen, weil Eheleute nach der Lebenserfahrung gemeinsam wirtschaften und daher von einem **Verzicht auf Ersatzansprüche** auszugehen ist (→ Rn. 52). Die gesetzliche Vermutung des § 1360b BGB gilt sowohl für einmalige und laufende Unterhaltsleistungen als auch für Leistungen aus dem Vermögensstamm, etwa zur Anschaffung eines 117

---

[1] OLG Düsseldorf FamRZ 1992, 943; OLG München FamRZ 1981, 450 und FamRZ 1982, 801; OLG Hamm FamRZ 1988, 947 und FamRZ 1980, 249.
[2] OLG München FamRZ 1981, 451.
[3] OLG Hamm FamRZ 2011, 1234.
[4] OLG Düsseldorf FamRZ 1992, 943.

Pkw.⁵ Sie erfasst auch die Leistungen eines Ehegatten im Rahmen der Haushaltsführung oder Kindesbetreuung sowie die vielfältigen Dienste, die Ehegatten über den eigentlichen Unterhalt hinaus einander leisten.⁶ Deshalb wird selbst für überobligationsmäßige Pflegeleistungen, die ein Ehegatte dem anderen erbringt, keine laufende Vergütung geschuldet, wenn eine entsprechende Vereinbarung fehlt.⁷

118 § 1360b BGB beinhaltet eine **widerlegbare Vermutung.** Der zurückfordernde Ehegatte muss darlegen und nachweisen, dass er einen höheren Beitrag geleistet hat, als ihm oblag, und dass er bereits bei der Zuvielleistung eine Rückforderungsabsicht hatte.⁸ Der Vorbehalt der Rückforderung muss entweder ausdrücklich erklärt worden sein oder sich für den anderen aus den Umständen ergeben. § 1360b BGB schließt nicht nur einen familienrechtlichen Ausgleichsanspruch (→ § 2 Rn. 777), sondern auch Ansprüche aus Geschäftsführung ohne Auftrag oder ungerechtfertigter Bereicherung aus, wenn der Beweis der Absicht, Erstattung zu verlangen, nicht geführt ist.⁹

119 Überschüssige Unterhaltsleistungen, die nach § 1360b BGB ausnahmsweise zurückgefordert werden können, sind nicht nach § 1380 I 1 BGB auf die Zugewinnausgleichsforderung des anderen Ehegatten anzurechnen. Dagegen sind derartige Leistungen, wenn sie nach § 1360b BGB nicht zu erstatten sind, freiwillig und ohne Äquivalent gegeben und deshalb als Zuwendungen im Sinne des § 1380 BGB anzusehen.¹⁰

III. Unpfändbarkeit des Familienunterhalts

120 Als echter Unterhaltsanspruch ist der Familienunterhalt nicht abtretbar (§ 394 BGB) und grundsätzlich nicht pfändbar (§ 850b I Nr. 2 BGB). Dies gilt jedenfalls für das **Wirtschaftsgeld,** da es nur treuhänderisch für den Unterhalt der gesamten Familie verwendet werden darf.¹¹ Hat ein Ehegatte einen Anspruch auf Deckung von Sonderbedarf, der durch eine ärztliche Behandlung entstanden ist, kann dieser Anspruch von dem behandelnden Arzt gepfändet werden.¹² Der Anspruch auf **Taschengeld** ist nicht gemäß § 851 ZPO unpfändbar; er kann vielmehr nach § 850b I Nr. 2, II ZPO in Verbindung mit §§ 850c ff. ZPO wie Arbeitseinkommen bedingt gepfändet werden, wenn die Vollstreckung in das sonstige Vermögen ganz oder teilweise fruchtlos geblieben ist oder voraussichtlich sein wird und wenn die Pfändung nach den Umständen des Falles, insbesondere nach der Art des beizutreibenden Anspruchs und der Höhe der Bezüge, der Billigkeit entspricht.¹³ Der Drittschuldner kann sich nicht auf Pfändungsverbote oder -beschränkungen berufen.¹⁴

IV. Sonderfragen

121 Nach § 1360a III BGB sind auf den Familienunterhalt die §§ 1613–1615 BGB entsprechend anzuwenden.

122 Nach § 1613 I BGB kann Familienunterhalt für die **Vergangenheit** nur ab Auskunftsaufforderung, Verzug oder Rechtshängigkeit verlangt werden. Sonderbedarf (→ § 6 Rn. 1 ff.) kann dagegen innerhalb eines Jahres nach seinem Entstehen auch ohne diese

---

⁵ BGH FamRZ 1983, 351.
⁶ BGH FamRZ 1992, 300.
⁷ BGH FamRZ 1995, 537.
⁸ OLG Karlsruhe FamRZ 2014, 132.
⁹ BGH NJW 1968, 1780.
¹⁰ BGH FamRZ 1983, 351.
¹¹ Büttner FamRZ 1994, 1433 (1439).
¹² LG Frankenthal FamRZ 2001, 842.
¹³ BGH FamRZ 2004, 1784.
¹⁴ BGH FamRZ 1998, 608.

Voraussetzungen geltend gemacht werden (§ 1613 II Nr. 1 BGB). Zum Unterhalt für die Vergangenheit → § 6 Rn. 100 ff.

Nach § 1614 I BGB kann auf Familienunterhalt **für die Zukunft nicht verzichtet** werden, → § 6 Rn. 610. 123

Nach § 1615 I BGB erlischt der Anspruch auf Familienunterhalt mit dem **Tod** eines Ehegatten. Der Verpflichtete muss für die Beerdigungskosten aufkommen, wenn sie nicht vom Erben getragen werden (§ 1615 II BGB). 124

Bei **Vorauszahlungen** handelt der Schuldner auf eigene Gefahr, wenn er für eine längere Zeit als drei Monate im Voraus Unterhalt zahlt (§§ 1614 II, 760 II BGB). Leistet er Vorauszahlungen für einen längeren Zeitraum und benötigt der berechtigte Ehegatte nach Ablauf von drei Monaten wieder Mittel für den Unterhalt der Familie, zB weil er die Vorauszahlungen nicht richtig eingeteilt hat oder ihm das Geld abhanden gekommen ist, muss der Verpflichtete erneut leisten.[15] 125

---

[15] BGH FamRZ 1993, 1186.

§ 4 Ehegattenunterhalt

1. Abschnitt: Grundlagen

I. Entstehungsgeschichte

1. Entwicklung bis zum 30.6.1977

Das **BGB** aus dem Jahre 1896 ermöglichte eine Ehescheidung wegen eines schuldhaften Zuwiderhandelns eines Ehegatten gegen die ehelichen Pflichten. Die aus der Ehe resultierenden Unterhaltspflichten waren verschuldensabhängig. Der schuldig geschiedene Ehegatte war verpflichtet, dem anderen Ehegatten als Nachwirkung der Ehe Unterhalt zu zahlen. Für die Bemessung des Unterhalts wurde der Fortbestand der geschiedenen Ehe fingiert. Dieser Gesichtspunkt beinhaltet die so genannte Lebensstandardgarantie,[1] die das Unterhaltsrecht bis zum Inkrafttreten des neuen Unterhaltsrechts am 1.1.2008 maßgebend geprägt hat.

Das **EheG vom 6.7.1938**,[2] das bis zum 30.6.1977 in Kraft war, führte in Deutschland und in Österreich die obligatorische Zivilehe sowie eine zivile Ehescheidung ein. Neben verschuldensbedingten Ehescheidungstatbeständen wurde auch ein Zerrüttungstatbestand geschaffen. Der Anspruch auf Unterhalt nach den §§ 58 ff. EheG hing von dem Anteil der Schuld an der Scheidung ab. Unterhalt war grundsätzlich von demjenigen Ehegatten zu zahlen, der das überwiegende Verschulden an der Scheidung trug. Eine Lebensstandardgarantie (§ 58 EheG) für den Unterhaltsgläubiger gab es nur bei alleinigem oder überwiegendem Verschulden des Unterhaltsschuldners. Der notwendige Nachweis erschwerte die Durchsetzung des Unterhaltsanspruchs für den Anspruchssteller, in der Regel der Ehefrau. Gleiches galt für den Unterhalt für die Zeit des Getrenntlebens. Auch hier prägte das Verschuldensprinzip des Scheidungsrechts den Anspruch auf Trennungsunterhalt. Soweit auf beiden Seiten gleichartige Schuldbeiträge vorlagen, musste gegebenenfalls ein Teilunterhalt gezahlt werden. In diesen Fällen gab es nur einen Billigkeitsunterhalt nach § 60 EheG, der sich auf die Hälfte des Bedarfs nach den Lebensverhältnissen der Ehegatten belief (Ziffer B II Nr. 1 der Düsseldorfer Tabelle). Es gab auch eine Scheidung ohne Schuldausspruch, bei der ein Unterhaltsanspruch wegen Billigkeit bestehen konnte (§ 61 EheG). Bei einer Wiederverheiratung des Unterhaltspflichtigen genoss der Unterhaltsberechtigte im Verhältnis zu dem zweiten Ehegatten keinen Vorrang.

Der nacheheliche Unterhalt ist gemäß § 36 Nr. 7 EGZPO, Art. 12 Nr. 3 II, Nr. 5 des 1. EheRG weiterhin nach dem EheG zu bestimmen, wenn die Ehegatten vor dem 1.7.1977 geschieden wurden. Dies hat in der Praxis insbesondere Bedeutung für die Begrenzung des Unterhalts, denn der ab dem 1.1.2008 geltende § 1578b BGB ist für diese sog. Altehen nicht anwendbar.[3]

2. Rechtslage ab dem 1.7.1977

Durch das **1. EheRG**[4] führte der Gesetzgeber mit Wirkung vom **1.7.1977** anstelle des Verschuldensprinzips das Zerrüttungsprinzip im Scheidungsrecht ein. Eine Ehe konnte nun unabhängig von einem Verschulden geschieden werden, wenn sie gescheitert war. Die Reform hatte zum Ziel, die unterhaltsrechtliche Stellung des geschiedenen Ehegatten zu verbessern. Daher war Anknüpfungspunkt für die bei Trennung und Scheidung entstehen-

---

[1] Klinkhammer FamRZ 2007, 1205 (1207).
[2] RGBl. I S. 807.
[3] OLG Celle FamRZ 2012, 988; OLG Hamm FamRZ 2011, 1961.
[4] EheRG v. 14.6.1976, BGBl. I S. 1421.

den Unterhaltsansprüche der Grundsatz der nachehelichen Solidarität, dh der fortwirkenden wirtschaftlichen Verantwortung der Ehegatten füreinander. Daneben wurde der Grundsatz der wirtschaftlichen Selbstverantwortung für den Unterhalt in das Gesetz aufgenommen. Der Trennungs- und der nacheheliche Unterhalt wurden in den Tatbeständen der §§ 1361, 1569 ff. BGB geregelt. Die neuen Unterhaltstatbestände führten zu einer umfassenden Absicherung des Unterhaltsberechtigten für zahlreiche Bedürfnislagen.

Da das 1. EheRG keine Übergangsregelungen für Altehen, dh für Ehen, die vor Inkrafttreten dieses Gesetzes geschlossen worden waren (Art. 12 Nr. 1 1. EheRG), vorsah, richtet sich die Unterhaltspflicht bei bestehender Ehe nach den seit dem 1.7.1977 geltenden Regelungen der §§ 1360–1361 BGB. Für Ehen, die vor dem 1.7.1977 rechtskräftig geschieden oder für nichtig erklärt wurden, richten sich die Unterhaltsansprüche gemäß Art. 12 Nr. 3 II, Nr. 5 des 1. EheRG auch weiterhin nach dem bis dahin geltenden Recht (vgl. Rn. 1).

Mit dem **UÄndG** aus dem Jahre **1986**[5] wollte der Gesetzgeber den Gesichtspunkt der Eigenverantwortlichkeit der Ehegatten stärker betonen. Da die zahlreichen Unterhaltspflichten oft zu einer lebenslangen und einschneidenden Belastung des Unterhaltspflichtigen[6] führten, wurden neue Begrenzungs- und Befristungsmöglichkeiten in §§ 1573 V, 1578 I 1 BGB geschaffen. Die gesetzliche Regelung blieb jedoch von der Rechtsprechung nahezu unbeachtet.[7]

Durch das seit dem **1.7.1998** geltende **KindRG**[8] erfolgte eine annähernde Gleichstellung des sich aus § 1615l BGB ergebenden Unterhaltsanspruchs eines Elternteils, der ein nichteheliches Kind betreute, an den Betreuungsunterhaltsanspruch eines geschiedenen Ehegatten.

Das geltende Unterhaltsrecht wurde durch den **Einigungsvertrag** vom **31.8.1990**[9] auf dem Gebiet der neuen Bundesländer (Beitrittsgebiet) eingeführt. Seither besteht in allen Bundesländern Rechtseinheit (Art. 234 EGBGB). Für Ehegatten, deren Ehen vor der Wiedervereinigung am 3.10.1990 rechtskräftig geschieden wurden, gilt nach Art. 234 § 5 EGBGB das Unterhaltsrecht der ehemaligen DDR (§§ 29 ff. FGB-DDR) fort, vgl. § 9 Rn. 710 und Ziffer B II Nr. 2 der Düsseldorfer Tabelle.

Seit Inkrafttreten des **LPartG**[10] am **1.8.2001** und der nachfolgenden Überarbeitungen gibt es für gleichgeschlechtliche Lebensgemeinschaften Unterhaltsansprüche (vgl. §§ 5, 12, 16 LPartG), die den ehelichen Unterhaltsvorschriften weitgehend angeglichen sind.

3. Rechtslage ab dem 1.1.2008

3   Durch das **UÄndG vom 31.12.2007**[11] wurde die unterhaltrechtlich starke Stellung des berechtigten geschiedenen Ehegatten deutlich beschnitten.

Die wesentlichen Neuerungen betreffen folgende Bereiche:
- In § 1569 BGB wird der Gesichtspunkt der **Eigenverantwortung der Ehegatten** nach rechtskräftiger Scheidung stärker betont. Damit soll das Prinzip der nachehelichen Solidarität neu ausgestaltet werden. Ein Unterhaltsanspruch soll nunmehr die Ausnahme und nicht mehr die Regel sein und nur in Betracht kommen, wenn einer der Unterhaltstatbestände des §§ 1570 ff. BGB vorliegt.[12]
- Mit der Änderung von § 1570 BGB ist das in der Praxis verbreitete **Altersphasenmodell**, das bei der Beurteilung der Erwerbsobliegenheit des Unterhaltsberechtigten an das Alter der Kinder anknüpft, abgeschafft worden. Anstelle der bisherigen schematischen Betrachtungsweise ist stärker auf den konkreten Einzelfall und die tatsächlich bestehende, verlässliche Möglichkeit der Kinderbetreuung abzustellen.[13]

---

[5] UÄndG v. 22.2.1986, BGBl. I S. 301.
[6] BGH NJW-RR 2008, 1.
[7] BGH NJW 2006, 2401 (2402).
[8] KindRG v. 16.12.1997, BGBl. I S. 2941.
[9] BGBl. II S. 889.
[10] LPartG v. 16.2.2001, BGBl. I S. 266.
[11] UÄndG v. 21.12.2007, BGBl. I S. 3189.
[12] BT-Drs. 16/1830, 16.
[13] BT-Drs. 16/1830, 17.

A. Grundlagen § 4

- Durch die Neufassung von § 1574 BGB sind die **Anforderungen an die (Wieder-) Aufnahme einer Erwerbstätigkeit** nach der Scheidung erhöht worden, denn der geschiedene Ehegatte ist nunmehr verpflichtet, nach der Scheidung eine angemessene Erwerbstätigkeit auszuüben. Aus § 1574 II BGB ist zu entnehmen, dass eine Erwerbstätigkeit in einem früher ausgeübten Beruf regelmäßig angemessen ist. Die frühere Anknüpfung der Angemessenheit an die ehelichen Lebensverhältnisse findet nur noch ausnahmsweise im Rahmen einer Billigkeitsprüfung statt.[14]
- Die Neufassung des § 1578b BGB hat eine für alle Unterhaltstatbestände geltende Billigkeitsregelung eingeführt, die nach Maßgabe der in der Vorschrift aufgeführten Billigkeitskriterien eine **Herabsetzung oder zeitliche Begrenzung von Unterhaltsansprüchen** ermöglicht. Anknüpfungspunkt für die Gewährung von Unterhalt sind insbesondere die **ehebedingten Nachteile**, die dadurch entstehen, dass der Unterhaltsberechtigte wegen der Aufgabenverteilung in der Ehe, insbesondere der Haushaltsführung und der Kinderbetreuung, nach der Scheidung nicht oder nicht ausreichend für seinen eigenen Unterhalt sorgen kann.[15] Ohne das Vorliegen ehebedingter Nachteile kann eine Herabsetzung des Unterhaltsanspruchs unter Berücksichtigung der durch die Dauer der Ehe gebotenen nachehelichen Solidarität unbillig erscheinen, so dass voller Unterhalt zu gewähren ist.[16]
- In der **Härteklausel** des § 1579 BGB ist in Nr. 2 ein neuer Härtegrund, nämlich das dauerhafte Zusammenleben des Unterhaltsberechtigten mit einem neuen Partner, als eigenständiger Ausschlusstatbestand normiert worden.[17]
- Die **Rangfolge der Unterhaltsberechtigten** ergibt sich nach der Verweisung in § 1582 BGB nunmehr abschließend aus der Vorschrift des § 1609 BGB, die für alle Unterhaltsverhältnisse gilt. Der Unterhalt für minderjährige und gleichgestellte Kinder steht allein an erster Stelle. Die Unterhaltsberechtigung ergibt sich aus dieser Rangfolge unabhängig davon, ob es sich um Mitglieder der ersten oder der zweiten Familie oder um nicht verheiratete Partner handelt.[18]

II. Anwendbarkeit des deutschen Unterhaltsrechts, Unterhaltstatbestände

1. Deutsches Internationales Unterhaltsrecht

Bei der Rechtsanwendung in familienrechtlichen Rechtsverhältnissen mit Auslandsbezug ist vorrangig zu prüfen, ob sich die Unterhaltsfrage nach **deutschem oder nach ausländischem** Recht beurteilt. Hierzu ist vorrangig auf unmittelbar geltende Europäische Verordnungen und auf völkerrechtliche Abkommen zurückzugreifen. Wegen des Vorrangs der inzwischen in Kraft getretenen Europäischen Unterhaltsverordnung (EuUnthVO → Rn. 2 f.) mit dem in ihrem Art. 15 zum materiellen Recht in Bezug genommenen Haager Unterhaltsprotokoll vom 23.11.2007 (HUP 2007 → Rn. 4) konnte die frühere Vorschrift des Art. 18 EGBGB gestrichen werden. Einzelheiten zur Prüfung der heranzuziehenden Rechtsquellen siehe unter → § 9 Rn. 1 ff.

4

2. Vorrangige Unterhaltsregelungen

Wenn feststeht, dass **deutsches Recht** anzuwenden ist, ist weiter zu prüfen, ob
- das Unterhaltsrecht für Ehegatten des BGB **bis** zum Inkrafttreten des Ehegesetzes,

4a

---

[14] BT-Drs. 16/1830, 17.
[15] BT-Drs. 16/1830, 18.
[16] BT-Drs. 17/11885, 5.
[17] BT-Drs. 16/1830, 18; vgl. hierzu Schnitzler FamRZ 2006, 239; Gerhardt FuR 2005, 529 (533).
[18] BT-Drs. 16/1830, 21.

- das Recht der bis zum 30.6.1977 rechtskräftig geschiedenen Ehen (§§ 58, 59 ff. EheG) vgl. oben Ziffer 1, 2 oder
- die §§ 29 FGB-DDR über den nachehelichen Unterhalt für die bis zum 3.10.1990 auf dem Gebiet der ehemaligen DDR geschiedenen Ehen

anwendbar ist. Wenn dies verneint wird, sind die Unterhaltstatbestände des BGB (nachfolgend Ziffer 3) in der aktuellen Fassung zu prüfen.

3. Unterhaltstatbestände des BGB

5   Wenn keine der vorgenannten Rechtsordnungen zur Anwendung kommen, ist zu unterscheiden, welcher Unterhaltstatbestand des BGB einschlägig ist. Das Gesetz unterscheidet drei sorgfältig zu trennende, selbstständige Bereiche für den Unterhaltsanspruch eines Ehegatten. Dies sind der
- **Familienunterhalt** gemäß §§ 1360, 1360a BGB, dh der Unterhaltsanspruch des in häuslicher Gemeinschaft lebenden Ehegatten (siehe dazu oben die Ausführungen unter § 3),
- **Trennungsunterhalt** gemäß § 1361 BGB, dh der Unterhaltsanspruch des in Trennung lebenden Ehegatten, und der
- **nacheheliche Unterhalt** nach §§ 1569 ff. BGB, dh der Unterhaltsanspruch des geschiedenen Ehegatten.

4. Keine Identität von Familienunterhalt, Trennungsunterhalt und nachehelichem Unterhalt

6   Eine Auflösung der ehelichen Lebensgemeinschaft führt zu einer Verringerung der ehelichen Solidarität der Ehegatten und damit auch zu einem Abnehmen der unterhaltsrechtlichen Verantwortung füreinander. Aus diesem Grund hat der Gesetzgeber den Anspruch des Unterhaltsberechtigten auf Familienunterhalt und auf Trennungsunterhalt stärker ausgestaltet als die nachehelichen Unterhaltsansprüche.[19] Bis zur Trennung der Ehegatten besteht für beide Partner eine gegenseitige Verpflichtung, angemessen zum Familienunterhalt beizutragen. Dies kann durch Haushaltsführung oder durch Leistung eines finanziellen Beitrags zur Deckung des Lebensbedarfs der Familie (Wirtschaftsgeld) geschehen. In dieser Konstellation ist jeder Ehegatte zugleich Unterhaltsberechtigter und Unterhaltsverpflichteter (Einzelheiten zum Familienunterhalt → § 3 Rn. 5 ff.).

Mit der Trennung der Eheleute endet der Anspruch auf Familienunterhalt. An die Stelle der gegenseitigen Unterhaltsverpflichtungen tritt bei Vorliegen der in § 1361 BGB aufgeführten Voraussetzungen eine nur noch einseitige Barunterhaltspflicht des leistungsfähigeren Ehegatten gegenüber dem wirtschaftlich schwächeren Ehegatten. Umfasst ist nicht mehr der Bedarf der Familie, sondern nur noch der eigene Bedarf des Ehegatten. Die Erfüllung der Unterhaltspflicht kann nur durch Zahlung einer Geldrente erbracht werden, § 1361 IV 1 BGB. Der Anspruch auf **Trennungsunterhalt** ist daher **nicht identisch mit** dem Anspruch auf **Familienunterhalt**[20] (→ § 3 Rn. 1 ff.). Er ist wegen der unterschiedlichen Anspruchsvoraussetzungen auch nicht identisch mit dem **nachehelichen Unterhalt**.[21]

7   Daraus folgt:
- Für die einzelnen Zeiträume (**Zusammenleben, Getrenntleben, Zeit nach der Scheidung**) müssen die Unterhaltsansprüche jeweils neu geltend gemacht und tituliert werden.[22]

---

[19] MüKoBGB/Weber-Monecke § 1361 Rn. 1.
[20] OLG Brandenburg BeckRS 2016, 117891 und 114230; OLG Celle FamRZ 2016, 824; OLG München FamRZ 1981, 450 und FamRZ 1982, 801 sowie OLG Hamm FamRZ 1988, 947 und FamRZ 1980, 249.
[21] Ständige Rechtsprechung des BGH seit BGH FamRZ 1981, 242; FamRZ 1999, 1497; FamRZ 1984, 148; vgl. auch OLG Brandenburg BeckRS 2016, 117891 und 114230.
[22] OLG Brandenburg BeckRS 2016, 117891 und 114230; OLG Hamm FamRZ 2011, 1234; OLG Hamm FamRZ 1998, 1512.

A. Grundlagen § 4

- Auch **Auskunftsansprüche** sind hinsichtlich der einzelnen Tatbestände zu unterscheiden. Wenn zum Trennungsunterhalt Auskunft erteilt wurde, besteht ohne Rücksicht auf die Zeitschranke des § 1605 II BGB ein Auskunftsanspruch für die Geltendmachung des nachehelichen Unterhalts.[23] Mangels Identität der Ansprüche greift der Einwand der Rechtshängigkeit nicht, wenn zunächst nur ein Trennungsunterhaltsanspruch geltend gemacht wird und erst später ein solcher auf nachehelichen Unterhalt.[24]
- § 1360a IV BGB gewährt einem Ehegatten einen über den allgemeinen Lebensbedarf hinausgehender **Anspruch auf Zahlung eines Verfahrenskostenvorschusses**. Diese Regelung ist nach ihrem Wortlaut auf den **Familienunterhalt** und durch die Bezugnahme in § 1361 IV 4 BGB auf den **Trennungsunterhalt** beschränkt. Nach Rechtskraft der Scheidung ist § 1360a IV BGB nicht entsprechend anwendbar, weil diese unterhaltsrechtliche Beziehung nicht in gleichem Umfang Ausdruck einer besonderen Verantwortung des Verpflichteten für den Berechtigten ist, die derjenigen von Ehegatten vergleichbar ist.[25]
- Ein **Beschluss** über den **Familienunterhalt** gemäß § 1360a BGB erfasst nicht den Trennungsunterhalt. Die Vollstreckung aus einem Titel wegen Familienunterhalt wird ab dem Zeitpunkt der Trennung unzulässig. Der Verpflichtete kann sich hiergegen mit einem Vollstreckungsabwehrantrag wehren, solange sich der Unterhaltstitel in den Händen des Unterhaltsberechtigten befindet.

  Umgekehrt kann nach einem erneuten Zusammenleben nicht mehr aus einer Entscheidung über Trennungsunterhalt vollstreckt werden, weil durch das Zusammenleben der Anspruch auf Trennungsunterhalt erloschen ist und der Titel seine Wirkung verloren hat.[26] Bei einer erneuten Trennung muss der Trennungsunterhalt neu bemessen und tituliert werden.[27]
- Ein **Verfahren** über den **Trennungsunterhalt,** das über den Zeitpunkt der Rechtskraft der Scheidung hinaus geführt wird, erstreckt sich nicht automatisch – ohne dessen förmliche Geltendmachung – auf den nachehelichen Unterhalt.[28]

  Ein Verfahren über den Trennungsunterhalt ist auch **nicht vorgreiflich** im Verhältnis zum Verfahren über den nachehelichen Unterhalt, weil es sich um unterschiedliche Streitgegenstände handelt., Der Anspruch auf Trennungsunterhalt endet mit Rechtskraft der Scheidung, während der Anspruch auf nachehelichen Unterhalt zu diesem Zeitpunkt erst entsteht.[29] Eine Vorgreiflichkeit kann auch dann nicht bejaht werden, wenn in beiden Verfahren der Verwirkungseinwand nach § 1579 BGB, im Fall des Trennungsunterhalts iVm § 1361 III BGB, erhoben wird.[30]
- Ein **Beschluss** über den **Trennungsunterhalt** umfasst ebenfalls nicht den nachehelichen Unterhalt. Dieser muss für die Zeit ab Erlöschen des Trennungsunterhalts mit einem gesonderten Antrag geltend gemacht werden. Der Verpflichtete kann gegen einen erloschenen Titel über den Trennungsunterhalt nach § 113 I 2 FamFG, § 767 ZPO vorgehen. Dies kann im Einzelfall nach Treu und Glauben ausgeschlossen sein, wenn die Beteiligten beiderseits von einer Identität des Trennungsunterhalts mit dem nachehelichen Unterhalt ausgegangen waren, so dass deswegen ein wegen des Nachscheidungsunterhalts vom Berechtigten eingereichter Antrag auf die entsprechende Einwendung des Pflichtigen nicht weiterverfolgt wurde.[31]
- Auch eine **während der Trennungszeit geschlossene Vereinbarung** gilt in der Regel wegen des Grundsatzes der Nichtidentität nicht für die Zeit nach der Scheidung. Die

---

[23] OLG Brandenburg FuR 2016, 658; OLG München FamRZ 2015, 2069; OLG Köln FPR 2003, 129.
[24] OLG Köln FamRZ 2003, 544.
[25] BGH FamRZ 2017, 1052.
[26] OLG Hamm FamRZ 2011, 1234; OLG Hamm FamRZ 1999, 30 (31).
[27] OLG Hamm FamRZ 2011, 1234.
[28] OLG Hamm FamRZ 1998, 1512.
[29] OLG Brandenburg BeckRS 2016, 08362.
[30] OLG Brandenburg BeckRS 2016, 08362.
[31] OLG Karlsruhe FamRZ 1997, 895.

Eheleute können aber eine solche Weitergeltung ausdrücklich vereinbaren.[32] Wer eine solche Ausnahme von der Regel behauptet, trägt dafür die Behauptungs- und Beweislast.[33]
Ein Vergleich zum nachehelichen Unterhalt, der vor Rechtskraft der Ehescheidung in einem Verfahren über den Trennungsunterhalt geschlossen wird, wahrt die Form des § 127a BGB und ersetzt die notarielle Beurkundung. Dies gilt unabhängig davon, ob eine Folgesache auf nachehelichen Unterhalt rechtshängig ist.[34]

- Eine **Weiterzahlung** des **Trennungsunterhalts** nach der Rechtskraft der Scheidung lässt nicht ohne weiteres den Schluss auf einen Rechtsbindungswillen zur Zahlung von nachehelichem Unterhalt zu.[35]
- Vor Rechtskraft der Scheidung kann der nacheheliche Unterhalt, nicht jedoch der Trennungsunterhalt, als Folgesache im **Verbund** anhängig gemacht werden.[36]
- Ein **Titel** über den **Trennungsunterhalt** kann nicht nach § 238 FamFG (früher § 323 ZPO) für die Zeit nach Rechtskraft der Scheidung **abgeändert** werden.[37] Entsprechendes gilt auch für das Verhältnis Familienunterhalt/Trennungsunterhalt (→ § 3 Rn. 116).
- **Während des Scheidungsverfahrens** kann per **einstweiliger Anordnung** auch der **Trennungsunterhalt** geregelt werden, § 246 FamFG (bis zum 31.8.2009: § 620 Nr. 6 ZPO). Eine solche einstweilige Anordnung über den Ehegattenunterhalt galt nach der bis zum 31.8.2009 geltenden Rechtslage auch für den nachehelichen Unterhalt so lange weiter, bis eine anderweitige Regelung wirksam wurde, § 620f ZPO aF.[38] Sie regelte in Abweichung vom Grundsatz der Nichtidentität auch den nachehelichen Unterhalt mit.[39] Anders war es nur, wenn die einstweilige Anordnung nach ihrer Formulierung – insoweit atypisch – ausdrücklich nur für die Dauer des Scheidungsverfahrens oder die Zeit des Getrenntlebens erlassen wurde. In diesem Fall fehlte ihr von vornherein die Wirksamkeit für die Zeit nach Rechtskraft der Scheidung.

Dies gilt für einstweilige Anordnungen nach § 246 FamFG entsprechend.[40] Da anders als nach dem früheren § 620f ZPO eine im Scheidungsverbund ergangene einstweilige Anordnung nicht mehr bei einer Rücknahme, Abweisung oder Erledigung einer zwischen den Beteiligten geführten Ehesache außer Kraft tritt, sondern nach § 56 I 1 FamFG über den Zeitpunkt der Rechtskraft der Scheidung hinaus fortwirkt, wenn keine anderweitige Regelung wirksam wird, muss eine anderweitige Regelung erwirkt werden. Dies kann eine Entscheidung über den **nachehelichen Unterhalt als Folgesache** sein. In einem solchen Fall tritt die einstweilige Anordnung nach § 56 I 2 FamFG iVm § 148 FamFG außer Kraft. Im Übrigen ist der Unterhaltspflichtige durch die Weitergeltung der einstweiligen Anordnung über die Rechtskraft der Scheidung hinaus nicht rechtsschutzlos, weil er gegen die einstweilige Anordnung mit einem **negativen Feststellungsantrag** vorgehen kann.[41] Er kann auch einen **Aufhebungsantrag** nach § 54 I FamFG stellen.[42] Eine einstweilige Anordnung kann nicht gemäß § 238 FamFG abgeändert werden.[43]

---

[32] Vgl. OLG München FamRZ 2017, 1766: Leibrentenversprechen.
[33] BGH FamRZ 1985, 908.
[34] BGH FamRZ 2014, 728 Rn. 16.
[35] OLG Hamm FamRZ 1998, 1520.
[36] BGH FamRZ 1982, 465; FamRZ 1981, 242; FamRZ 1981, 441.
[37] BGH FamRZ 1982, 465.
[38] War die anderweitige Regelung ein Urteil, setzte es die einstweilige Anordnung erst mit Eintritt seiner Rechtskraft außer Kraft: BGH FamRZ 2000, 751 (752).
[39] BGH FamRZ 1983, 355; Keidel/Giers FamFG § 246 Rn. 9.
[40] Prütting/Helms/Dürbeck FamFG § 56 Rn. 5 und Prütting/Helms/Bömelburg FamFG § 246 Rn. 84; Musielak/Borth FamFG § 246 Rn. 16; Zöller/Lorenz ZPO § 246 Rn. 37; Keidel/Giers FamFG § 246 Rn. 9; für einen Vergleich im eA-Verfahren OLG Hamm FF 2013, 79.
[41] OLG Frankfurt a. M. NJW-RR 2015, 326.
[42] OLG Frankfurt a. M. NJW-RR 2015, 326.
[43] OLG Jena FF 2011, 462.

III. Allgemeines zur Struktur der Ansprüche auf Trennungsunterhalt und auf nachehelichen Unterhalt

Der Anspruch auf Trennungs- bzw. Nachscheidungsunterhalt ist ungeachtet fehlender rechtlicher Identität zwischen beiden Unterhaltsarten jeweils wie folgt strukturiert:

1. Vorliegen eines Unterhaltstatbestands

Erforderlich ist, dass die Tatbestandsmerkmale einer gesetzlich definierten Bedürfnislage erfüllt sind. Der Trennungsunterhalt ist anders als der nacheheliche Unterhaltsanspruch nicht in einzelne Unterhaltstatbestände aufgegliedert, sondern in § 1361 BGB geregelt. Die Vorschrift enthält einen Verweis auf bestimmte Normen, die den nachehelichen Unterhalt betreffen. Die Unterhaltstatbestände sind wie folgt unterteilt:
Bei **Getrenntleben** der Eheleute:
- § 1361 BGB – Bedürfnislage wegen der konkreten Gestaltung der ehelichen Lebensverhältnisse.

Nach der **Scheidung** der Ehe:
Die folgenden Anspruchsgrundlagen gewähren einem Ehegatten einen Unterhaltsanspruch für die Zeit nach der Scheidung, wenn von ihm gemäß
- § 1570 BGB wegen Pflege und Erziehung eines gemeinschaftlichen Kindes,
- § 1571 BGB wegen Alters,
- § 1572 BGB wegen Krankheit oder Gebrechens,
- § 1573 I, III BGB wegen fehlender angemessener Erwerbstätigkeit,
- § 1575 BGB wegen Ausbildung

eine Erwerbstätigkeit nicht erwartet werden kann.
Darüber hinaus gewährt
- § 1573 II BGB einen Anspruch auf Aufstockungsunterhalt wegen fehlender Möglichkeit, den vollen eheangemessenen Bedarf durch eine eigene Erwerbstätigkeit zu decken,
- § 1576 BGB im Sinne eines Auffangtatbestands einen Unterhaltsanspruch wegen Fehlens einer Erwerbsobliegenheit aus schwerwiegenden Gründen dann, wenn eine Versagung von Unterhalt bei Abwägung der Belange beider Ehegatten grob unbillig wäre.

2. Allgemeine Voraussetzungen beim Berechtigten

Unterhaltsberechtigt ist nur derjenige, der bedürftig ist und seinen Bedarf nicht selbst decken kann.
- **Bedürftigkeit**
  - Der Berechtigte ist **nicht in der Lage,** aus seinen Einkünften bzw. aus seinem Vermögen **seinen Bedarf** zu decken, der sich nach den ehelichen Lebensverhältnissen bestimmt.
  - Bei **Verletzung** der vorliegenden **Erwerbsobliegenheit** oder der Obliegenheit zur sachgerechten Vermögensanlage kann die Bedürftigkeit wegen der **Anrechnung fiktiver Einkünfte** gemindert sein oder sogar entfallen. Bei mutwilliger **Herbeiführung der Bedürftigkeit** (§§ 1361 III, 1579 Nr. 4 BGB), zB wegen unverständlichen Vermögensverbrauchs oder wegen zurechenbaren Arbeitsplatzverlusts, kann sich der Berechtigte ggf. ganz oder teilweise nicht auf sie berufen.
- **Bedarf**
  - Der Bedarf bestimmt sich in erster Linie nach den aktuellen **verfügbaren Einkünften** (bereinigtes, nach Abzug von Verbindlichkeiten und von berufsbedingtem Aufwand – dieser wird bei Einkünften aus nicht selbstständiger Arbeit vielfach mit 5% vom verbleibenden Nettoverdienst pauschaliert[44] – **verteilungsfähiges Einkommen**) bei-

---

[44] Vgl. aber BGH FamRZ 2006, 108 (110) = R 642a; 2003, 860 (861 f.), falls der Anfall berufsbedingten Aufwands bestritten ist oder höherer Aufwand geltend gemacht wird.

der Ehegatten. Hierzu gehören auch **fiktive Einkünfte,** zB soweit sie beim Pflichtigen bei Verstoß gegen eine Erwerbsobliegenheit anstelle von weggefallenen Einkünften zugerechnet werden. So wird auch ein fiktiv einzusetzendes Einkommen des früher haushaltsführenden Ehegatten als Surrogat seiner bisherigen Tätigkeit angesehen.[45] Besonders behandelt werden überobligationsmäßig erzielte Einkünfte des Berechtigten. Sie werden in die Bedarfsermittlung und die Unterhaltsberechnung eingesetzt, soweit sie nach Maßgabe von § 1577 II BGB als anrechenbares Einkommen zu bewerten und damit unterhaltsrelevant sind.[46] Bei Berechtigten vermindern **Einkünfte** die Bedürftigkeit. Die **Unterhaltsleistungen für ein Kind** vermindern das betreffende verfügbare Einkommen in Höhe des Zahlbetrags[47] (dh des Tabellenunterhalts der Düsseldorfer Tabelle abzüglich bedarfsmindernd anzurechnenden Kindergelds).

13 — In seiner früheren Rechtsprechung hat der BGH[48] dem bedürftigen Ehegatten **beim Ehegattenunterhalt** keinen pauschalierten **Mindestbedarf** zuerkannt, weil die konkreten ehelichen Lebensverhältnisse bedarfsbestimmend seien. Davon wurde für die Mangelfallberechnung abgewichen, wenn gleichrangige Ansprüche mit Hilfe von Einsatzbeträgen für den jeweiligen Mindestbedarf gekürzt werden mussten.[49] Nach Inkrafttreten des neuen Unterhaltsrechts zum 1.1.2008 wurde die Frage des Mindestbedarfs zunächst im Zusammenhang mit der Bestimmung einer Untergrenze für eine Reduzierung des nachehelichen Unterhalts nach § 1578b BGB erörtert. In seinem Urteil vom 14.10.2009[50] hat der BGH aus dem Begriff des angemessenen Lebensbedarfs gefolgert, dass es sich grundsätzlich um einen Bedarf handeln muss, der das Existenzminimum wenigstens erreicht. Den am Existenzminimum orientierten Mindestbedarf hat er seit seiner Entscheidung vom 17.2.2010[51] mit dem Betrag bemessen, der einem nicht erwerbstätigen Unterhaltspflichtigen als notwendiger Selbstbehalt zur Verfügung steht (seinerzeit nach der Düsseldorfer Tabelle und die unterhaltsrechtlichen Leitlinien der OLGe 770 EUR, jetzt 880 EUR). In seiner Entscheidung vom 16.12.2009[52] zur Frage des Unterhaltsbedarfs der betreuenden Mutter gemäß § 1615l III 2 BGB hat er ausgeführt, dass die Gründe, die beim Betreuungsunterhalt nach dieser Vorschrift für einen am Existenzminimum orientierten Mindestbedarf sprechen, auch in gleicher Weise für den gesamten Ehegattenunterhalt gültig seien. Diese Rechtsprechung hat er in nachfolgenden Entscheidungen ausdrücklich für den nachehelichen Ehegattenunterhalt bestätigt.[53]

14 — Bei bescheidenen bis zu schon gehobenen Einkommensverhältnissen wird der Bedarf in der Praxis nach einer **Quote** des Berechtigten am verfügbaren Einkommen bestimmt. Maßgebend ist grundsätzlich der **Halbteilungsgrundsatz,** nach dem jedem Ehegatten von den für den Unterhalt zur Verfügung stehenden Einkünften die Hälfte zusteht. Allerdings erhalten erwerbstätige Ehegatten bezüglich des verfügbaren, dh verteilungsfähigen Einkommens aus Erwerbstätigkeit einen Quotenvorteil wegen der berufsbedingten Aufwendungen und als Arbeitsanreiz. Dieser Bonus, der als **Erwerbstätigenbonus** bezeichnet wird, beträgt nach der Düsseldorfer Tabelle (B.I.1.) und den Leitlinien der meisten Oberlandesgerichte (Nr. 15.2) $1/7$, nach den Süddeutschen Leitlinien (Nr. 15.2) $1/10$. Haben beide Ehegatten Erwerbseinkünfte, beträgt der unterhaltsrechtliche Bedarf mit Rücksicht auf den beiden Eheleuten zukommenden Quotenvorteil $3/7$ oder $4,5/10$ der

---

[45] BGH FamRZ 2003, 434 (435).
[46] BGH FamRZ 2006, 846 (848) = R 648e; FamRZ 2005, 1154 (1156 f.) = R 630e.
[47] BGH FamRZ 2006, 869; 2010, 802 Rn. 15; 2009, 1300 Rn. 46 ff.; 2009, 1477 Rn. 22 ff.; 2008, 963 Rn. 36; a. A. Schürmann FamRZ 2009, 1306 (1307); Graba FF 2009, 453; Spangenberg FamRZ 2010, 255.
[48] BGH FamRZ 2007, 1303.
[49] BGH FamRZ 2003, 363 ff. zum alten Recht.
[50] BGH FamRZ 2009, 1990.
[51] BGH FamRZ 2010, 629; Bißmaier, Anm. zu BGH FamRZ 2010, 629 in jurisPR-FamR 8/2010.
[52] BGH FamRZ 2010, 357 Rn. 33; a. A. Viefhues, Anm. zu BGH FamRZ 2010, 357 in FF 2010, 200 (201).
[53] BGH FamRZ 2014, 1183 Rn. 22; NJW 2011, 300 Rn. 25; FamRZ 2010, 802 Rn. 18; 2010, 869 (874) mAnm Maier in FamRB 2010, 200; BGH FamRZ 2010, 1057 Rn. 10.

A. Grundlagen § 4

Differenz zwischen den beiden verfügbaren Einkommen. Für die einzelnen Fälle gelten die entsprechenden Berechnungsmethoden, namentlich die **Differenz- oder die Additionsmethode.** Bei einer Unterhaltsermittlung ist **trennungsbedingter Mehrbedarf** regelmäßig nicht mehr zusätzlich anzusetzen, weil das gesamte Einkommen beider Ehegatten in die Bedarfsbemessung einbezogen wird und schon aufgrund der Halbteilung die Interessen beider Ehegatten angemessen berücksichtigt werden.[54]

— Sind die Verhältnisse so gestaltet, dass ein erheblicher Teil des Einkommens nicht zur Aufrechterhaltung des bisherigen Lebensstandards ausgegeben werden muss, sondern anderweitig verwendet werden kann, ist eine **Ermittlung des konkreten Bedarfs** auf Grund gegebener ehelicher Verhältnisse möglich. Statt dessen können die ehelichen Lebensverhältnisse in solchen Fällen nach der neuesten Rechtsprechung des BGH aber auch aus der Quote der erzielten Einkünfte nach Abzug der nicht für die allgemeine Lebensführung verwendeten Beträge errechnet werden. Die Frage, ab welchem Einkommen bzw welchem Bedarf eine konkrete Berechnung erforderlich ist, wurde von den Oberlandesgerichten sehr unterschiedlich beantwortet.[55] Jetzt hat der BGH entschieden, dass bei für den Ehegattenunterhalt relevanten Familieneinkünften bis zur Höhe des Doppelten der Obergrenze der Düsseldorfer Tabelle (zurzeit 11000 EUR) eine Vermutung für den vollständigen Verbrauch greift. Darunter kann eine abzusetzende Vermögensbildung unter Beachtung eines objektiven Maßstabs vom Unterhaltsschuldner konkret dargelegt werden. Oberhalb der Grenze ist bei Anwendung der Quotenmethode vom Unterhaltsberechtigten stets dazu vorzutragen, ob und wieviel von den Einkünften nicht für die allgemeine Lebensführung verwendet worden sind.[56] Näheres siehe → Rn. 763 ff.

— Wenn nicht laufender Bedarf, sondern **Sonderbedarf,** dh ein unregelmäßiger, nämlich 15 nicht mit Wahrscheinlichkeit voraussehbarer, außergewöhnlich hoher Bedarf (näher hierzu → § 6 Rn. 1 ff.) verlangt wird, ist die Geltendmachung von Unterhalt für die Vergangenheit erleichtert. Für die Zeit nach Ablauf eines Jahres ab Entstehung des Anspruchs sind die Einschränkungen nach § 1613 II Nr. 1 BGB zu beachten. Beim nachehelichen Unterhalt ist sowohl für den laufenden Unterhalt als auch den Sonderbedarf, der mehr als ein Jahr vor seiner Rechtshängigkeit entstanden ist, nach § 1585b III BGB zusätzlich zu prüfen, ob der Verpflichtete sich absichtlich der Leistung entzogen hat.

— Wird **Unterhalt für die Vergangenheit** gefordert, muss für den Unterhaltszeitraum 16 alternativ Zahlungsverzug oder Verzug mit der Pflicht zur Auskunft über Einkommen und Vermögen zum Zwecke der Unterhaltsberechnung vorliegen. Nach der Neufassung des § 1585b II BGB besteht insoweit kein Unterschied mehr zum nachehelichen Unterhalt. Eine Sonderregelung gilt beim Trennungsunterhalt für Zeiträume, in denen der Berechtigte aus rechtlichen oder tatsächlichen Gründen an der Geltendmachung gehindert war (§ 1613 II Nr. 2 BGB). Beim nachehelichen Unterhalt ist die Einschränkung des § 1585b III BGB für Unterhaltszeiträume von mehr als einem Jahr vor Rechtshängigkeit zu beachten.

3. Allgemeine Voraussetzung beim Pflichtigen

Unterhalt schuldet nur derjenige, der leistungsfähig ist. 17

— Dem Pflichtigen müssen nach der Zahlung des Unterhalts ausreichende Mittel zur Bestreitung seines eigenen angemessenen Lebensbedarfs verbleiben. Dabei gilt § 1581 BGB auch beim Trennungsunterhalt.[57] Das Existenzminimum muss gesichert sein.[58]

---

54 BGH FamRZ 2010, 111 Rn. 35.
55 Vgl. zB BGH FamRZ 2012, 947; OLG Koblenz BeckRS 2017, 146431; OLG Stuttgart FamRZ 2016, 638; OLG Zweibrücken FamRZ 2014, 216; OLG Köln NZFam 2016, 994, vgl. Bömelburg FamRB 2017, 391; FamRZ 2002, 326; OLG Frankfurt a.M. FamRZ 2015, 1900; OLG Bremen FamRZ 2015, 1395.
56 BGH FamRZ 2018, 260 Rn. 17 ff.
57 BVerfG FamRZ 2002, 1397 (1398).
58 BVerfG FamRZ 2001, 1685.

18 – Liegt auf Seiten des Unterhaltspflichtigen eine Verletzung der Erwerbsobliegenheit oder der Obliegenheit zur sachgerechten Vermögensanlage vor, kann dessen Leistungsfähigkeit auf Grund der **Zurechnung fiktiver Einkünfte** ganz oder teilweise als vorhanden anzusetzen sein. Wenn der Pflichtige durch verantwortungsloses, zumindest leichtfertiges und unterhaltsbezogenes Verhalten seine **Leistungsunfähigkeit** herbeigeführt hat, zB durch unverständlichen Vermögensverbrauch oder wegen eines zurechenbaren Arbeitsplatzverlustes, kann ihm die Berufung hierauf ganz oder teilweise versagt sein.

19 – In der Praxis wird die Leistungsfähigkeit durch **pauschalierte Selbstbehaltssätze** begrenzt (nach Ziffer B IV der Düsseldorfer Tabelle – Stand: 1.1.2019 1200,– EUR; darin enthalten 430 EUR Kosten für Unterkunft und Heizung). Ein pauschalierter Selbstbehalt ist dem Pflichtigen als Existenzminimum auf Grund seiner durch Art. 2 I GG geschützten Handlungsfreiheit zu belassen.[59] Der BGH hat unter Berücksichtigung der Rangfolge in § 1609 BGB einen Betrag zwischen dem notwendigen Selbstbehalt von Eltern gegenüber minderjährigen oder ihnen nach § 1603 II 2 BGB gleichgestellten Kindern und dem angemessenen Selbstbehalt von Eltern gegenüber volljährigen Kindern (§ 1603 I BGB) als angemessen bezeichnet.[60]

– Grundsätzlich darf dem Pflichtigen für seinen Bedarf **nicht weniger verbleiben** als dem Berechtigten (Halbteilung).

4. Prüfung von Einwendungen und Einreden

20 Ein Unterhaltsanspruch ist gegeben, wenn er entstanden ist, weiter besteht und durchsetzbar ist. Dies ist in folgenden Fällen zu bejahen:
- **Kein Unterhaltsverzicht,** der auf Rückstände immer, beim Nachscheidungsunterhalt auch für die Zukunft möglich ist.
- **Keine** vollständige oder teilweise **Verwirkung des Unterhaltsanspruchs** auf Grund der negativen Härteklausel des § 1579 BGB als grob unbillig (§§ 1361 III, 1579 BGB).
- **Keine** zeitliche **Unterhaltsbegrenzung oder Unterhaltsherabsetzung** beim nachehelichen Unterhalt aus Billigkeitsgründen (§ 1578b BGB).
- **Keine Verwirkung nach Treu und Glauben** von Unterhaltsforderungen für die Vergangenheit wegen illoyal verspäteter Geltendmachung (§ 242 BGB).
- Bei Erhebung der Einrede **keine Verjährung** von Unterhaltsforderungen für die Vergangenheit (maßgebend ist die dreijährige Verjährungsfrist gemäß §§ 195, 197 II, 199 I BGB; siehe aber wegen Verjährungshemmung für den Trennungsunterhalt § 207 I 1 BGB).

2. Abschnitt: Der Trennungsunterhalt (§ 1361 BGB)

I. Grundlagen

1. Geltungsbereich

21 Nach § 1361 I 1 BGB kann bei Trennung ein Ehegatte von dem anderen den nach den Lebensverhältnissen und den Erwerbs- und Vermögensverhältnissen der Ehegatten angemessenen Unterhalt verlangen. Bei diesem Trennungsunterhalt, der durch **Zahlung einer Geldrente** zu gewähren ist (§ 1361 IV 1 BGB), handelt es sich nicht mehr um Familienunterhalt, weil mit der Trennung die häusliche Gemeinschaft und die Familieneinheit aufgelöst wurden. Er ist sowohl **vom Familienunterhalt** als auch **vom nachehelichen Unterhalt rechtlich verschieden** (→ Rn. 6).

---

[59] BVerfG FamRZ 2001, 1685.
[60] BGH FamRZ 2006, 683 (684).

2. Abschnitt: Der Trennungsunterhalt (§ 1361 BGB) § 4

2. Normzweck

Die Vorschrift des § 1361 I BGB basiert auf dem Grundgedanken, dass das Eheband 22 nach der Trennung weiterbesteht. Unmittelbar nach der Trennung ist noch ungewiss, ob das Getrenntleben der Ehegatten zur Scheidung führt oder ob es zu einer Wiederaufnahme der ehelichen Lebensgemeinschaft kommt. Die Regelung ist daher anders als die Vorschriften über den nachehelichen Unterhalt (§§ 1569 ff. BGB) nicht auf dauerhafte Verhältnisse abgestellt, sondern soll der Möglichkeit einer Versöhnung der Ehegatten Rechnung tragen. Wegen der Geltung des Zerrüttungsprinzips für die Ehescheidung können die Trennungsgründe nur ausnahmsweise nach § 1361 III iVm § 1579 Nr. 2 bis 8 BGB zu einer Versagung bzw. Herabsetzung des Unterhalts führen.

Aus dem Übergangscharakter des Getrenntlebensunterhalts ergibt sich das Ziel des § 1361 BGB, den wirtschaftlich schwächeren Ehegatten nach der Trennung vor einer einschneidenden Verschlechterung der wirtschaftlichen Verhältnisse zu schützen. Je mehr sich die Trennung verfestigt, desto mehr entfällt die innere Rechtfertigung, eine während lebendiger Ehe gewählte Funktionseinteilung (ein Partner führt den Haushalt, der andere ist erwerbstätig) durch die Zahlung von Trennungsunterhalt aufrechtzuerhalten. Die in § 1361 II BGB normierte Erwerbsobliegenheit ist zwar deutlich schwächer als die Regelung in § 1574 BGB zum nachehelichen Unterhalt. Der Zweck des § 1361 BGB, nämlich Schutz der bestehenden Verhältnisse für die Dauer der Trennungszeit, relativiert sich jedoch mit zunehmender Dauer der Trennung. Während einem im Zeitpunkt der Trennung längere Zeit nicht erwerbstätig gewesenen Ehegatten im ersten Trennungsjahr in der Regel keine Erwerbsobliegenheit trifft, nähern sich die Voraussetzungen der Erwerbsobliegenheit mit zunehmender Verfestigung der Trennung, insbesondere wenn die Scheidung nur noch eine Frage der Zeit ist, immer mehr den Maßstäben des nachehelichen Unterhalts an.[1]

3. Bedeutung des Güterstandes

Der Anspruch auf Trennungsunterhalt nach § 1361 BGB besteht grundsätzlich unabhängig vom Güterstand der Eheleute. Der Anspruch auf Getrenntlebensunterhalt besteht daher grundsätzlich auch, wenn die Eheleute in Gütergemeinschaft leben. Hier sind aber Besonderheiten zu beachten. Nach der in § 1420 BGB normierten Rangfolge sind für den Unterhalt in erster Linie die Einkünfte, die in das Gesamtgut fallen, heranzuziehen. Bei gemeinschaftlicher Verwaltung des Gesamtguts besteht daher für den Berechtigten **in der Regel kein Zahlungsanspruch,** sondern ein Anspruch gegen den anderen Ehegatten auf Mitwirkung (§ 1451 BGB) an dem für die Auszahlung des Betrages erforderlichen Maßnahmen, idR auf Zustimmung zur Überweisung oder Auszahlung des monatlich zu leistenden Unterhaltsbetrags von einem Konto des Gesamtguts (§§ 1416 II, 1421 S. 2 BGB).[2] Voraussetzung ist, dass der Unterhalt aus den Einkünften und dem Stamm des Gesamtguts zu zahlen ist.[3] Ist der verpflichtete Ehegatte Alleinverwalter des Gesamtguts, hat er die Zahlungen aus dem Gesamtgut im Rahmen seiner Pflicht zur ordnungsgemäßen Verwaltung (§ 1435 S. 1 BGB) zu bewirken.

Ein unmittelbarer Zahlungsanspruch gegen den anderen Ehegatten besteht nach der Rechtsprechung des BGH erst, wenn die Einkünfte, die in das Gesamtgut fallen, für den angemessenen Unterhalt nicht ausreichen (§ 1420 BGB) und daher auf das Vorbehalts- und Sondergut des Unterhaltspflichtigen zurückgegriffen werden muss.[4]

---

[1] BGH FamRZ 2012, 1201 Rn. 18 = R 733a; 2008, 963; 2001, 350; vgl. auch Dose FamRZ 2007, 1289 (1296).
[2] BGH FamRZ 1990, 851 f.; kritisch hierzu Kleinle FamRZ 1997, 1194; OLG Oldenburg FamRZ 2010, 213.
[3] BGH FamRZ 1990, 851; OLG Zweibrücken FamRZ 1998, 239.
[4] BGH FamRZ 1990, 851 (853); vgl. zu einem solchen Fall OLG Hamm NZG 2016, 983; OLG Düsseldorf FamRZ 1999, 1348.

In einfach gelagerten Fällen soll es generell zulässig sein, dass der Gesamthänder den anderen unmittelbar auf Zahlung in Anspruch nimmt.⁵ Hinsichtlich weiterer Einzelheiten → § 6 Rn. 400 ff.

II. Voraussetzungen des Trennungsunterhalts

24 Ein Anspruch auf Trennungsunterhalt besteht grundsätzlich nur dann, wenn
- eine wirksame⁶ Ehe besteht (von der Heirat bis zur Rechtskraft der Scheidung),
- die Eheleute getrennt leben,
- ein Ehegatte außer Stande ist, seinen Bedarf durch eine zumutbare Erwerbstätigkeit selbst zu decken,
- ein Ehegatte auch nicht in der Lage ist, sich mit sonstigen Einkünften und aus seinem Vermögen selbst zu unterhalten (Grundgedanke des § 1577 BGB)
- der andere Ehegatte wirtschaftlich leistungsfähig ist, dh über ausreichende Mittel verfügt, um Unterhalt zu leisten,
- eine Inanspruchnahme des anderen Ehegatten nicht gemäß § 1361 III, § 1579 Nr. 2–7 BGB grob unbillig ist.

III. Getrenntleben

25 Nach der Legaldefinition in § 1567 BGB, die auch für § 1361 BGB maßgebend ist, liegt ein Getrenntleben vor, wenn zwischen den Ehegatten keine häusliche Gemeinschaft (mehr) besteht und ein Ehegatte sie erkennbar nicht herstellen will, weil er die eheliche Lebensgemeinschaft ablehnt. Das Getrenntleben enthält ein **objektives** und ein **subjektives Element**.⁷ Auf die Gründe, die zum Getrenntleben geführt haben, kommt es idR nicht an, weil auch für den Trennungszeitraum das Schuldprinzip aufgegeben worden ist.⁸ Unerheblich ist auch, ob ein Ehegatte ein Recht zum Getrenntleben hat (§ 1353 II BGB) hat. Nur ausnahmsweise können die Trennungsgründe und ein Trennungsverschulden im Rahmen der Billigkeitsprüfung nach § 1361 III iVm § 1579 Nr. 2 bis 8 BGB zur Herabsetzung oder zu einem Ausschluss des Anspruchs auf Trennungsunterhalt führen. Die mit der Trennung verbundenen wirtschaftlichen Nachteile sind von beiden Ehegatten grundsätzlich hinzunehmen.

1. Aufhebung der häuslichen Gemeinschaft

26 **a) Getrennte Wohnungen nach vorherigem Zusammenleben.** Objektiv liegt ein Getrenntleben vor, wenn keine häusliche Gemeinschaft besteht und die Eheleute ihre Gemeinsamkeiten in allen Lebensbereichen aufgehoben haben. Am eindeutigsten ist eine solche Trennung verwirklicht, wenn die Eheleute, die bisher eine gemeinsame Ehewohnung bewohnt haben, nunmehr verschiedene Wohnungen bezogen haben. Subjektiv muss der Ehegatte, der mit dem anderen nicht mehr zusammenleben will, erkennbar keine häusliche Gemeinschaft herstellen wollen, dh einen Trennungswillen haben und diesen äußern.

Der Umstand, dass ein **Ehegatte** in einem **Pflegeheim** aufgenommen wird, führt noch nicht zu einer Trennung im Sinne des § 1567 BGB, so dass ein Unterhaltsanspruch nach § 1361 BGB ohne Hinzutreten eines Trennungswillens nicht in Betracht kommt und weiterhin ein Anspruch auf Familienunterhalt gemäß §§ 1360, 1360a BGB besteht.⁹ Der

---

⁵ OLG Düsseldorf FamRZ 1999, 1348.
⁶ OLG Bremen FamRZ 2016, 828.
⁷ BGH FamRZ 2016, 1142 Rn. 11 ff.
⁸ BT-Drs. 7/650, 101.
⁹ OLG Köln NJW-RR 2010, 1301; OLG Nürnberg FamRZ 2008, 788.

auf Naturalunterhalt gerichtete wechselseitige Anspruch auf Familienunterhalt gemäß §§ 1360, 1360a I, II BGB wandelt sich jedoch im Falle einer Pflegebedürftigkeit eines Ehegatten, der stationär in einer Pflegeeinrichtung betreut wird, in einen Anspruch auf Zahlung einer Geldrente[10], → § 3 Rn. 44.

Bei einer ursprünglich krankheitsbedingten Trennung des antragstellenden und verfahrensunfähigen Ehegatten ist deshalb für das Vorliegen des Getrenntlebens iSd § 1361 BGB der Trennungswille positiv festzustellen.[11] Dazu bedarf es einer entsprechenden Äußerung oder eines sonstigen für den anderen Ehegatten erkennbaren Verhaltens, das unmissverständlich den Willen zum Ausdruck bringt, die eheliche Lebensgemeinschaft nicht weiterführen zu wollen.[12]

Für den Trennungsunterhalt ist es ohne Bedeutung, inwieweit es zu einer Verwirklichung der Lebensgemeinschaft und zur **wirtschaftlichen Verflechtung** und Abhängigkeit der Lebenspositionen beider Ehegatten gekommen ist oder ob die Unterhaltsbedürftigkeit ihre Ursache in dem vorherigen Bestehen einer Lebensgemeinschaft hat.[13] In einem solchen Fall kommt jedoch eine Begrenzung oder ein Ausschluss des Unterhaltsanspruchs nach § 1579 Nr. 8 BGB in Betracht, weil keine Veranlassung besteht, einen Ehegatten nach der Kundgabe des Trennungswillens nunmehr wirtschaftlich besserzustellen.[14] 27

Der Anspruch auf Trennungsunterhalt ist grundsätzlich auch nicht davon abhängig, in welcher Weise sich die **Verwendung der beiderseitigen Einkünfte** für den Unterhalt des anderen und für die gemeinsame Lebensführung entwickelt hatte.[15] Dies gilt auch, wenn die Eheleute zu keinem Zeitpunkt ihres Zusammenlebens eine wirtschaftliche Einheit gebildet, sondern stets mit getrennten Kassen gelebt haben, oder wenn ein Ehegatte während des Zusammenlebens seinen Unterhalt im Wesentlichen aus seinem eigenen Einkommen bestritten und keinen Beitrag zu den Kosten einer gemeinsamen Lebensführung geleistet hat.[16]

b) Getrennte Wohnungen ohne Zusammenleben. Ein Anspruch auf Trennungsunterhalt setzt nicht voraus, dass die Eheleute vor der Trennung in häuslicher Gemeinschaft zusammengelebt haben.[17] Eine objektive häusliche Trennung, auf die das Gesetz abstellt, liegt auch dann vor, wenn die Eheleute von Anfang an getrennt gelebt haben, zB bei Strafhaft eines Ehepartners, weit entfernten beruflichen Standorten, wenn es zu einem ursprünglich geplanten Umzug in eine gemeinschaftliche Wohnung oder zu einem längeren Zusammenleben nicht mehr gekommen ist[18] oder die Ehegatten sich später aus beruflichen oder sonstigen Gründen wohnungsmäßig getrennt haben. 28

In einem solchen Fall entsteht ein Anspruch auf Trennungsunterhalt jedoch erst dann, wenn der **Trennungswille** erkennbar nach außen in Erscheinung tritt. Das ist zu bejahen, wenn er zumindest von einem Ehepartner kundgetan wird, wobei es genügt, dass der Trennungswille nach außen deutlich wird und der andere Ehegatte Kenntnis von den Umständen erlangt.[19] Dies kann zB brieflich geschehen oder durch Erteilung einer Verfahrensvollmacht zur Einleitung des Scheidungsverfahrens.[20] Die Trennung aus sonstigen Gründen wird dann zu einer Trennung iSd §§ 1361, 1567 BGB.[21] Ob hier im Einzelfall die Inanspruchnahme des Verpflichteten als grob unbillig angesehen werden kann, richtet sich nach §§ 1361 III, 1579 Nr. 8 BGB (→ Rn. 93).

---

[10] BGH FamRZ 2016, 1142; OLG Koblenz FamRZ 2017, 2016; OLG Celle FamRZ 2016, 824.
[11] BGH FamRZ 2016, 1142; OLG Naumburg BeckRS 2011, 27393.
[12] BGH FamRZ 2016, 1142 Rn. 14.
[13] BGH FamRZ 1994, 558; 1989, 838; 1985, 376 (378).
[14] BGH FamRZ 1994, 558.
[15] BGH FamRZ 1989, 838; 1985, 376 (378).
[16] BGH FamRZ 1989, 838.
[17] BGH FamRZ 1994, 558.
[18] BGH FamRZ 1980, 876.
[19] KG NJW 1982, 112.
[20] KG NJW 1982, 112.
[21] BGHZ 4, 279; BGHZ 38, 266; OLG Bamberg FamRZ 1981, 52.

29 **c) Getrenntleben innerhalb der ehelichen Wohnung.** Beim Wohnen in einer gemeinsamen Wohnung kann nach § 1567 I 2 BGB die häusliche Gemeinsamkeit aufgehoben sein, wenn die Eheleute innerhalb der Wohnung getrennt leben. Sie müssen dazu entsprechend den tatsächlichen Möglichkeiten des Einzelfalls ein Höchstmaß an **Trennung in allen Lebensbereichen** im Sinne einer tatsächlichen und konsequenten Absonderung aller Lebensbereiche[22] wie Essen, Schlafen, Versorgung des Haushalts, Gestaltung der Freizeit, praktizieren.[23] Insbesondere müssen sie ihre Wohn- und Schlafbereiche[24] aufgeteilt haben und sich darüber hinaus so weit meiden, dass verbleibende Gemeinsamkeiten als gelegentliches Zusammentreffen auf Grund bloßen räumlichen Nebeneinanderseins zu beurteilen sind. Sofern eine Nutzung von Küche, Bad, WC durch beide Ehegatten wegen der räumlichen Gegebenheiten erforderlich ist, steht dies der Annahme eines Getrenntlebens nicht entgegen.[25] Auch bei Hilfsbedürftigkeit eines Ehegatten dürfen über die notwendigen Hilfsmaßnahmen hinaus keine wesentlichen Berührungen mehr aufrechterhalten werden.[26] Eine nur eingeschränkte gemeinsame Haushaltsführung reicht dazu nicht aus. Andererseits sprechen gemeinsame Tätigkeiten, die im Interesse des Wohls der Kinder vorgenommen werden (zB gemeinsame Betreuung und Erziehung von minderjährigen Kindern), nicht gegen die Annahme einer Trennung, wenn in allen anderen Bereichen eindeutige Trennungskonturen bestehen.[27] Geringe Gemeinsamkeiten, wie das dem trennungswilligen Teil aufgedrängte Putzen der Wohnung und Waschen der Wäsche, stehen der Annahme des Getrenntlebens nicht entgegen, wenn sie sich in einer Gesamtwürdigung als unwesentlich darstellen.[28]

2. Versöhnungsversuch

30 Ein kurzer Versöhnungsversuch iSd § 1567 II BGB unterbricht das Getrenntleben iSd § 1361 BGB nicht. Wenn ein Versöhnungsversuch, der **nicht länger als 3 Monate** gedauert hat, scheitert, wird die bisherige Trennungszeit weiter berücksichtigt.[29] Während des Versöhnungsversuchs besteht der Anspruch auf Trennungsunterhalt weiter. Ein Unterhaltstitel bleibt wirksam. Da der Lebensbedarf des unterhaltsberechtigten Ehegatten idR in dieser Zeit gedeckt wird, steht einer späteren Vollstreckung der Einwand der Erfüllung entgegen, gegebenenfalls auch der Einwand der Arglist nach § 242 BGB.

Wenn zwischen den Eheleuten vor Ablauf von drei Monaten Einigkeit besteht, dass die eheliche Lebensgemeinschaft endgültig wieder aufgenommen werden soll, erlischt der Unterhaltsanspruch nach § 1361 BGB.[30] Ein **Titel** über den Trennungsunterhalt wird damit **wirkungslos**.[31] Auch wenn es später erneut zu einer Trennung kommen sollte, darf aus dem ursprünglichen Titel nicht mehr vollstreckt werden, denn der Anspruch auf Familienunterhalt nach §§ 1360, 1360a BGB ist mit dem Anspruch auf Trennungsunterhalt nicht identisch.[32] Sofern es dennoch zur Vollstreckung kommen sollte, kann der Unterhaltsschuldner hiergegen mit einem Vollstreckungsgegenantrag vorgehen.[33]

---

[22] OLG München FamRZ 2001, 1457; OLG Bremen FamRZ 2000, 1417.
[23] OLG Karlsruhe FamRZ 2014, 132.
[24] OLG Hamm FamRZ 1999, 723: bei gemeinsamer Benutzung des Schlafzimmers keine Trennung.
[25] OLG München FamRZ 2001, 1457.
[26] BGH FamRZ 1979, 469.
[27] OLG Köln FamRZ 1986, 388; FamRZ 1982, 807.
[28] OLG Jena FamRZ 2002, 99; OLG Zweibrücken NJW-RR 2000, 1388; OLG München FamRZ 1998, 826.
[29] OLG Zweibrücken FamRZ 1997, 1212; OLG Hamm NJW-RR 1986, 554; OLG Köln FamRZ 1982, 1015.
[30] OLG Düsseldorf FamRZ 1992, 943.
[31] OLG Hamm FamRZ 2011, 1234.
[32] OLG Hamm FamRZ 1999, 30.
[33] AG Münster FamRZ 2002, 407.

IV. Bedürftigkeit des Berechtigten

Trennungsunterhalt steht nur demjenigen zu, der sich aus einzusetzenden Eigenmitteln bzw. aus zumutbarer Erwerbstätigkeit nicht nach dem Maßstab des § 1361 I 1 BGB angemessen zu unterhalten vermag, also seinen sich aus den ehelichen Lebensverhältnissen ergebenden Bedarf nicht decken kann. Die Bedürftigkeit des Ehegatten, der Trennungsunterhalt verlangt, ist im Gesetz zwar nicht ausdrücklich erwähnt, nach der Rechtsprechung jedoch ebenso wie beim nachehelichen Unterhalt gemäß § 1577 BGB und beim Kindesunterhalt gemäß § 1602 BGB eine selbstverständliche Unterhaltsvoraussetzung. Fehlt es an der Bedürftigkeit, kommt es auf die Leistungsfähigkeit des unterhaltspflichtigen anderen Ehegatten nicht mehr an.[34]

1. Erwerbsobliegenheit des bedürftigen Ehegatten nach der Trennung

a) Die Schutzvorschrift des § 1361 II BGB zugunsten des nicht erwerbstätigen Ehegatten. Anders als beim nachehelichen Unterhalt gemäß § 1573 I BGB kann ein Ehegatte, der während der Ehe und zum Zeitpunkt der Trennung nicht berufstätig war, nicht ohne weiteres auf eine Erwerbstätigkeit verwiesen werden. Dies gilt auch dann, wenn er nicht durch eine Erkrankung oder durch die Erziehung von gemeinsamen minderjährigen Kindern an der Aufnahme einer Erwerbstätigkeit gehindert ist. Nach § 1361 II BGB, der eine Schutzfunktion zu Gunsten des nicht erwerbstätigen Ehegatten hat, kann dem bei Trennung nicht berufstätigen Ehegatten nur dann angesonnen werden, seinen Unterhalt durch eine Erwerbstätigkeit ganz oder teilweise selbst zu verdienen, wenn dies von ihm nach seinen persönlichen Verhältnissen, insbesondere wegen einer früheren Erwerbstätigkeit unter Berücksichtigung der Dauer der Ehe und nach den wirtschaftlichen Verhältnissen beider Ehegatten erwartet werden kann. Aus dem Normzweck des § 1361 II BGB (→ Rn. 22) ergibt sich, dass der unterhaltsberechtigte Ehegatte unter Berücksichtigung **aller maßgeblichen persönlichen und wirtschaftlichen Umstände** des Einzelfalls im Rahmen einer **Zumutbarkeitsabwägung** sukzessive zur wirtschaftlichen Selbstständigkeit hingeführt werden soll. Die Obliegenheit zur Aufnahme einer Erwerbstätigkeit ist im Interesse der Erhaltung der Ehe schwächer ausgeprägt als beim nachehelichen Unterhalt (vgl. § 1574 II BGB).[35] Die Bestimmung, inwieweit von einem Ehegatten nach seinen persönlichen Verhältnissen eine Erwerbstätigkeit erwartet werden kann, und die Abwägung der verschiedenen Gesichtspunkte ist weitgehend Sache tatrichterlicher Beurteilung.[36] Dabei sind alle wesentlichen Umstände eingehend zu würdigen.[37]

Für die Auslegung und Konkretisierung der persönlichen Verhältnisse nach § 1361 II BGB sind die §§ 1569 ff. BGB ergänzend heranzuziehen, denn im Zweifel dürfen Ehegatten nach der Trennung nicht schlechter gestellt werden, als sie nach einer Scheidung stehen würden. Deshalb können die **Tatbestände des nachehelichen Unterhalts** Maßstäbe für die Anwendung des § 1361 II BGB liefern, insbesondere zur Konkretisierung des Begriffs „persönliche Verhältnisse" dienen.[38] Wenn und soweit die Voraussetzungen für einen Unterhaltsanspruch nach den §§ 1569 ff. BGB, insbesondere Betreuungsunterhalt gemäß § 1570 BGB und Unterhalt wegen Alters oder Krankheit nach §§ 1571, 1572 BGB in der Trennungszeit gegeben sind, besteht ein Unterhaltsanspruch nach § 1361 I BGB, weil die Umstände, die diesen Unterhaltstatbeständen zugrunde liegen, vor einer rechtskräftigen Scheidung noch stärker zur Geltung kommen als nach einer rechtskräftigen Scheidung. Die gesteigerte Verantwortung der Ehegatten während des Bestehens der Ehe hat zur Folge, dass der nicht erwerbstätige Ehegatte gemäß § 1361 II BGB nur unter wesentlich engeren Voraussetzungen darauf verwiesen werden kann, seinen Unterhalt durch eigene

---

34 BGH FamRZ 1981, 1159.
35 BGH FamRZ 2012, 1201 Rn. 18 = R 733a.
36 BGH FamRZ 1981, 752 (754).
37 BGH FamRZ 1990, 283 (286).
38 BGH FamRZ 1985, 782.

Erwerbstätigkeit (ganz oder teilweise) selbst zu verdienen, als dies gemäß § 1574 BGB nach der Scheidung der Fall ist.[39]

34 **b) Übergangszeit.** Wegen der Schutzfunktion des § 1361 II BGB zugunsten des bei Trennung nicht erwerbstätigen (haushaltführenden) Ehegatten soll sein bisheriger Status in der vereinbarten Haushaltsführungsehe auf Grund der Aufhebung der häuslichen Gemeinschaft infolge der Trennung zumindest für eine **Klärungszeit** nicht nachhaltig verändert werden. Die getrennt lebenden Ehegatten befinden sich zwar in einer schweren Ehekrise. Es ist aber noch offen, ob die Schwierigkeiten überwunden werden können oder ob sie zum endgültigen Scheitern der Ehe führen.[40] Deshalb sind einem Ehegatten solche Änderungen seiner Lebensstellung nicht zuzumuten, die sich im Fall einer möglichen Wiederherstellung der ehelichen Lebensgemeinschaft als nachteilig herausstellen würden. Es muss zumindest für eine geraume Zeit der bisherige Status des unterhaltsberechtigten Ehegatten beibehalten werden, schon um nicht das endgültige Scheitern der Ehe zu fördern, indem die Scheidungsfolgen vorweggenommen werden und damit die Trennung vertieft wird.[41] Daher wird man im Regelfall **vor Ablauf des Trennungsjahres** vom haushaltführenden Ehegatten noch **keine Aufnahme einer Erwerbstätigkeit** erwarten können.[42]

Der zeitliche Beginn einer Erwerbsobliegenheit ist allerdings nach den **Umständen des Einzelfalls** festzulegen. Der BGH hat in einer Entscheidung zu dem bis zum 31.12.2007 geltenden Unterhaltsrecht eine Erwerbsobliegenheit nach Ablauf von 2 Jahren seit Trennung für berechtigt gehalten.[43] In einer anderen Entscheidung lag die Trennung 15 Monate zurück.[44] Je nach Umständen, zB bei kurzer Ehedauer und relativ jungem Alter des Ehegatten, kann die **Erwerbsobliegenheit** jedoch schon **vor Ablauf des Trennungsjahres** einsetzen,[45] insbesondere, wenn die Trennung nach den Umständen als endgültig anzusehen ist. Wäre der Ehegatte bei Fortbestand der ehelichen Lebensgemeinschaft auf Grund der konkreten Verhältnisse der Ehe (zB Übernahme der Betreuung des neugeborenen Kindes durch die bisher allein berufstätige und nunmehr beurlaubte Mutter) zur alsbaldigen Arbeitsaufnahme verpflichtet, gilt dies auch für den Fall der Trennung.[46]

35 Sofern auf Grund einer Abwägung der persönlichen und wirtschaftlichen Verhältnisse die Zumutbarkeit einer Erwerbstätigkeit bejaht wird, kann auch dem bisher nicht erwerbstätigen Ehegatten nach der Trennung eine **gesteigerte Eigenverantwortung** dafür auferlegt werden, seinen Unterhaltsbedarf durch Aufnahme einer Erwerbstätigkeit ganz oder teilweise selbst zu verdienen.[47] Darüber hinaus hat die durch die **Unterhaltsrechtsänderung 2008** herausgestellte stärkere Eigenverantwortung des geschiedenen Ehegatten (§§ 1569 S. 1, 1574 I u. II BGB) Ausstrahlungswirkung für den Trennungsunterhalt, der vielfach im Rahmen einer Übergangszeit bis zur geplanten Scheidung zu leisten ist.

Diese Verpflichtung findet nach Maßgabe des § 1361 II BGB ihre Rechtfertigung vor allem darin, dass mit der Trennung die bisherige Funktionsteilung im Rahmen des gemeinschaftlichen Haushalts gegenstandslos geworden ist. Der haushaltführende Ehegatte erbringt für den anderen Ehegatten keine haushaltführenden Leistungen mehr. Deshalb kann einem Ehegatten, insbesondere nach Wegfall der Mitarbeit im Haushalt, eine Erwerbstätigkeit angesonnen werden.[48]

---

[39] BGH FamRZ 1991, 416 (418); 1990, 283 (285); 1989, 1160; 1981, 242.
[40] BGH FamRZ 1979, 569.
[41] BGH FamRZ 2012, 1201 Rn. 18 = R 733a; 1981, 439.
[42] BGH FamRZ 1990, 283 (286); OLG Schleswig FuR 2015, 301; OLG Karlsruhe BeckRS 2013, 13734; OLG Köln FamRZ 2012, 80; OLG Düsseldorf FamRZ 2010, 646.
[43] BGH NJW 1986, 722 (724).
[44] BGH FamRZ 1990, 283 (286).
[45] BGH FamRZ 2001, 350 (351); OLG Koblenz NZFam 2016, 755; OLG Köln FamRZ 1996, 1215; OLG Hamm FamRZ 1997, 1536.
[46] AG Weilburg FamRZ 1998, 1168.
[47] BGH FamRZ 1984, 149; 1990, 283 (286).
[48] BGH FamRZ 1981, 439.

2. Kriterien für die Zumutbarkeitsabwägung

a) Betreuung gemeinschaftlicher Kinder. Insoweit gelten in vollem Umfang die 36 Ausführungen zu § 1570 BGB, vor allem auch zum Alter der Kinder und zu den im Rahmen des § 1570 BGB zu berücksichtigenden persönlichen Verhältnissen (→ Rn. 157 ff.).[49] Die **nach der Unterhaltsreform verstärkte Erwerbsobliegenheit** des betreuenden Elternteils, die sich aus der Neufassung des § 1570 BGB ergibt, gilt zwar dem Wortlaut nach nicht für den Betreuungsunterhalt während der Trennungszeit, weil der Gesetzgeber von einer Änderung des § 1361 II BGB abgesehen und die Verschärfung der Erwerbsobliegenheit ausschließlich für den nachehelichen Unterhalt geregelt hat. Der BGH[50] hat jedoch bereits zu § 1570 BGB aF im Hinblick auf das seinerzeit angewendete Altersphasenmodell entschieden, dass sich mit der **Verfestigung der Trennung** und der Einreichung des Scheidungsantrags die Obliegenheiten zur Aufnahme einer Erwerbstätigkeit angleichen. Eine Verfestigung der Trennung kann in dem Abschluss einer notariellen Trennungs- und Scheidungsfolgenregelung gesehen werden.[51] Auch nach der Neufassung des § 1570 BGB wird jedoch bei Betreuung gemeinschaftlicher Kinder, die älter als drei Jahre sind, die erstmalige Aufnahme einer Erwerbstätigkeit oder die Ausweitung einer Tätigkeit auch in den Fällen, in denen die Betreuung der Kinder gesichert ist, noch innerhalb des ersten Jahres nach der Trennung (Schonzeit) idR nicht verlangt werden können. Nach Ablauf des ersten Trennungsjahres nähern sich die Voraussetzungen, unter denen eine Erwerbstätigkeit erwartet werden kann, immer mehr den für den nachehelichen Unterhalt geltenden Maßstäben an.[52]

Einzelne **Beispiele** aus der Rechtsprechung: Für eine seit längerer Zeit getrennt 37 lebende Kindesmutter, die ihre zehnjährige Tochter betreut, kann unter Berücksichtigung des mit der Neuregelung des Unterhaltsrechts zum 1.1.2008 in Kraft getretenen § 1570 I 2 BGB eine Obliegenheit zur Ausübung einer teilweisen Erwerbstätigkeit neben der Betreuung bereits ab Vollendung des dritten Lebensjahres des betreuten Kindes bestehen.[53] Während der Trennungszeit ist der Ehefrau angesichts des Alters des Kindes von vier Jahren eine Erwerbstätigkeit nicht zuzumuten.[54] Angesichts der Erkrankung eines Kindes und seines Alters von 8 Jahren kann lediglich die Verpflichtung bestehen, einer Teilerwerbstätigkeit nachzugehen.[55] Soweit die Betreuungssituation für die Kinder nach Trennung der Eheleute nicht entgegensteht, wird die Fortführung der schon während des Zusammenlebens ausgeübten, eingeschränkten Berufstätigkeit der Ehefrau, die 2 Kinder betreut, zumutbar sein.[56] Nach Ablauf des Trennungsjahres und Vollendung des zehnten Lebensjahres des Kindes ist eine Vollzeittätigkeit zumutbar. Kindbezogene Gründe, die für eine Verlängerung des Betreuungsunterhalts streiten sollen, müssen konkret dargelegt werden.[57]

b) Betreuung eigener, nicht gemeinschaftlicher Kinder oder Pflegekinder. Zu 38 den persönlichen Verhältnissen im Sinn des § 1361 II zählt jeder allein in der Person des Ehegatten begründete Umstand, der eine Erwerbstätigkeit unzumutbar macht, also auch die Inanspruchnahme durch eigene, nicht gemeinschaftliche Kinder oder die Betreuung von Pflegekindern.[58]

c) Alter, Gesundheitszustand, Krankheit und Gebrechen. Insoweit gelten die 39 Ausführungen zu §§ 1571 und 1572 BGB (→ Rn. 214 ff. und 237 ff.). Der bedürftige Ehegatte darf nicht durch Krankheit (oder Alter) an der Aufnahme einer – auch nur

---

[49] BGH FamRZ 2016, 199 Rn. 17 = R 775.
[50] BGH FamRZ 1990, 283 (286); 2001, 350 (351); 2008, 963 (966); vgl. Dose FamRZ 2007, 1289 (1296).
[51] OLG Düsseldorf ZFE 2006, 394.
[52] BGH FamRZ 2012, 1201 Rn. 18 = R 733a; 2008, 963.
[53] OLG Zweibrücken OLGR 2008, 886.
[54] OLG Frankfurt a. M. NJW 2013, 1686.
[55] OLG Köln NJW-RR 2009, 370.
[56] OLG Köln NJW-RR 1998, 1300.
[57] BGH FamRZ 2012, 1040; OLG Hamm FamRZ 2013, 959.
[58] BGH FamRZ 1982, 463 (1461); 1981, 752 (754).

zeitweise auszuübenden – Erwerbstätigkeit gehindert sein.[59] Ein unter Depressionen leidender Unterhaltsberechtigter hat die Obliegenheit, zur Wiederherstellung der vollständigen Erwerbstätigkeit alle ihm zumutbaren Mitwirkungshandlungen zu unternehmen, um seine Krankheit behandeln zu lassen. Dem genügt er nicht, wenn er sich lediglich telefonisch an einen Therapeuten wendet, eine Nachricht auf dem Anrufbeantworter hinterlässt und auf einen Rückruf wartet. Der bedürftige Ehegatte muss vielmehr persönlich in der Praxis vorsprechen und sich ggf. an seinen Hausarzt oder die Krankenkasse wenden.[60]

Eine Erwerbsobliegenheit entfällt jedenfalls ab Erreichen der gesetzlichen Regelaltersgrenze für den Rentenbezug und die Beamtenversorgung.[61]

40 d) **Dauer der Ehe.** Diese ist ein in § 1361 II BGB ausdrücklich erwähntes Merkmal. Das Abstellen auf die Ehedauer hat nicht nur die Bedeutung, dass die erleichterte Wiedereingliederung in das Berufsleben nach einer durch die Ehe nur kurz unterbrochenen Berufstätigkeit berücksichtigt werden soll. Es bedeutet darüber hinaus allgemein, dass sich der bedürftige Ehegatte zur Begründung der Unzumutbarkeit einer Erwerbstätigkeit nicht auf einen erst durch die Eheschließung erlangten Status berufen darf, wenn die Ehe nur von kurzer Dauer war. Die Zumutbarkeit ist in einem solchen Fall nur nach den persönlichen Verhältnissen zu beurteilen, die ohne die durch die Eheschließung erlangte Verbesserung dieser Verhältnisse bestanden hätte.[62] Nicht übersehen werden darf, dass die **Dauer der Ehe nur eines der** in § 1361 II BGB **aufgeführten Merkmale** darstellt, das neben den anderen Merkmalen nur als gleichrangiger Gesichtspunkt zu berücksichtigen ist. Wie bei der Unterhaltsbegrenzung nach § 1578b BGB gibt es keine lange Ehedauer, ab der nur noch ein Ergebnis möglich wäre. Die Unzumutbarkeit einer Erwerbstätigkeit steht damit nicht schon fest, weil eine bestimmte Ehedauer überschritten wurde. Mit zunehmender Dauer der Ehe steigen jedoch die persönlichen und wirtschaftlichen Verflechtungen der Eheleute, was sich auf das grundsätzliche Bestehen sowie auf Art und Umfang einer Erwerbsobliegenheit auswirken kann.

Ein Unterhaltsausschluss nach §§ 1361 III, 1579 Nr. 1 BGB ist auch bei nur „kurzer Ehedauer" nicht möglich, weil § 1579 Nr. 1 BGB in § 1361 III BGB nicht genannt worden ist.[63]

41 e) **Dauer der Trennung.** Während im ersten Trennungsjahr in der Regel für den im Zeitpunkt der Trennung längere Zeit nicht erwerbstätigen Ehegatten gemäß § 1361 II BGB keine Erwerbsobliegenheit besteht, sind mit zunehmender Verfestigung der Trennung die Voraussetzungen einer Erwerbsobliegenheit immer mehr den Maßstäben anzunähern, die nach den §§ 1569 ff. BGB für den nachehelichen Unterhalt gelten.[64]

Die Aufrechterhaltung der bei Trennung bestehenden Verhältnisse und des bisherigen Status des nicht erwerbstätigen Ehegatten ist nur dann sinnvoll, wenn die Eheleute noch nicht lange getrennt leben und noch eine Hoffnung auf Wiederherstellung der ehelichen Lebensgemeinschaft besteht. Je länger die Trennung dauert, umso eher kann dem nicht erwerbstätigen Ehegatten die Aufnahme einer Erwerbstätigkeit zugemutet werden. Gleiches gilt, wenn beide Ehegatten die Scheidung wollen oder wenn vernünftigerweise eine Wiederherstellung der ehelichen Lebensgemeinschaft nicht mehr erwartet werden kann.[65] Während bei jungen Eheleuten und dem Fehlen gemeinsamer Kinder die Erwerbsobliegenheit ausnahmsweise auch schon vor Ablauf des Trennungsjahres einsetzen kann, ist dies bei Unterhaltsberechtigten, die älter sind als 50 Jahre, meist erst später anzunehmen. Die vor Inkrafttreten des seit dem 1.1.2008 geltenden Unterhaltsrechts zu § 1361 BGB ergangene großzügige Rechtsprechung (Erwerbsobliegenheit bei einer über 50-Jährigen erst nach Ablauf von 2 Jahren,[66] Ausweitung einer Teilzeittätigkeit erst nach 2 Jahren bei einer

---

[59] BGH FamRZ 1981, 17.
[60] OLG Hamm FamRZ 2013, 1732.
[61] BGH FamRZ 1999, 708 (709 f.).
[62] BGH FamRZ 1979, 571.
[63] BGH FamRZ 1994, 558; 1982, 573.
[64] BGH FamRZ 2012, 1201 Rn. 18 = R 733a; 2008, 963 (966); 1990, 283 (286).
[65] OLG Düsseldorf FamRZ 1980, 2453.
[66] OLG München FamRZ 2001, 1618 (Ls.); ähnlich BGH FamRZ 2001, 350.

30-jährigen Ehe[67]) dürfte wegen der Ausstrahlungswirkung der verschärften nachehelichen Erwerbsobliegenheit auf den Trennungsunterhaltsanspruch nicht mehr aufrecht erhalten werden können. Der BGH hat schon unter der Geltung des alten Unterhaltsrechts bei einer mehr als 50-jährigen Ehefrau, die 15 Jahre lang nicht erwerbstätig war und fast erwachsene Kinder hat, eine Verpflichtung zur Aufnahme einer Erwerbstätigkeit in Vollzeit angenommen.[68]

f) Frühere Erwerbstätigkeit und vorhandene Berufsausbildung. Auch eine frühere Erwerbstätigkeit ist nach § 1361 II BGB ein Zumutbarkeitskriterium. Trotz 15-jähriger Arbeitsunterbrechung besteht für eine junge Frau die Verpflichtung zur Aufnahme einer Erwerbstätigkeit, wenn bei einer ihrer früheren Tätigkeit als Spülerin vergleichbaren Beschäftigung oder einer Betätigung im Bereich der Raumpflege die typischen Probleme einer Wiedereingliederung in das Berufsleben nach längerer Arbeitspause nicht eintreten.[69] Zu einer solchen früheren Erwerbstätigkeit kann auch die Arbeit in der Praxis des Mannes zählen.[70] Bei einer früheren Erwerbstätigkeit ist auch zu berücksichtigen, wie lange sie zurückliegt, ob sie der inzwischen erreichten sozialen Stellung der Ehe noch entspricht und wie lange die Ehe gedauert hat. Mit der Neufassung des § 1574 II BGB soll erreicht werden, dass eine „frühere Erwerbstätigkeit" des geschiedenen Ehegatten grundsätzlich immer als angemessen beurteilt wird, → Rn. 147. Damit wird eine voreheliche Berufstätigkeit in die Gesamtwürdigung einbezogen. Dies muss auch für die Erwerbsobliegenheit des getrennt lebenden Ehegatten gelten. Auch hier hat die nach der Unterhaltsreform verstärkt herausgestellte Eigenverantwortung des geschiedenen Ehegatten (§§ 1569 S. 1, 1574 I u. II BGB) Ausstrahlungswirkung für den Trennungsunterhalt. 42

Auch wenn der Umstand, dass der Unterhaltsberechtigte eine Berufsausbildung oder sonstige berufliche Qualifikationen hat, in § 1361 II BGB nicht ausdrücklich erwähnt ist, ist er bei der Beurteilung der Chancen für eine Wiedereingliederung in das Berufsleben im Rahmen der Abwägung zu berücksichtigen. Verfügt der Ehegatte nicht über eine Ausbildung, kann ein Anspruch auf Ausbildungsunterhalt bestehen (→ Rn. 45).

g) Angemessene Erwerbstätigkeit. Wie beim nachehelichen Unterhalt (§ 1574 BGB) darf der bedürftige Ehegatte nur auf eine Erwerbstätigkeit verwiesen werden, die den in § 1361 II BGB durch einzelne Merkmale definierten, ehelichen Verhältnissen entspricht. Hieraus wird gefolgert, dass es sich um eine eheangemessene Erwerbstätigkeit im Sinn von § 1574 II BGB aF handeln müsse.[71] § 1574 I BGB enthält die Obliegenheit zur Ausübung einer angemessenen Erwerbstätigkeit, die in § 1574 II 1 Hs. 1 BGB definiert wird. Eine danach angemessene Tätigkeit wird erst in einer nachfolgenden Prüfungsstufe (§ 1574 II 1 Hs. 2 BGB) darauf untersucht, ob ihre Ausübung im Hinblick auf die ehelichen Lebensverhältnisse (§ 1574 II 2 BGB) als unbillig zu beurteilen ist. 43

Da § 1361 II BGB den Begriff der „eheangemessenen Verhältnisse" nicht enthält, sondern lediglich beschreibt, unter welchen Umständen eine Verweisung auf Erwerbsobliegenheit in Betracht kommt, ist die Vorschrift nach den in § 1574 II BGB aufgestellten Maßstäben auszulegen und auch dem getrennt lebenden Ehegatten die Aufnahme einer **angemessenen Erwerbstätigkeit** zuzumuten, die – nachdem die Angemessenheit bejaht ist – zusätzlich anhand der ehelichen Verhältnisse darauf zu prüfen ist, ob ihre Ausübung im Hinblick auf die ehelichen Verhältnisse aus Billigkeitsgründen ausscheidet.[72]

Allerdings werden die Umstände, die für eine Unbilligkeit der an sich erreichbaren angemessenen Berufstätigkeit auf Grund der ehelichen Verhältnisse sprechen, anders als bei § 1574 II 1 Hs. 1 BGB ebenfalls **vom unterhaltspflichtigen Ehegatten darzulegen und zu beweisen sein.** § 1361 II BGB ist nämlich als Ausnahme zum Anspruch nach § 1361 I BGB konstruiert. 44

---

[67] OLG Zweibrücken FamRZ 2007, 470.
[68] BGH FamRZ 2008, 963 (966); a. A. Büttner FamRZ 2008, 967.
[69] BGH FamRZ 1981, 17.
[70] BGH FamRZ 1982, 892.
[71] BGH FamRZ 1982, 892.
[72] OLG Brandenburg FamFR 2010, 297.

Die Ausführungen zu § 1574 BGB (→ Rn. 139 ff.) sind entsprechend anwendbar. Wenn dem Berechtigten die Ausübung einer unqualifizierten, berufsfremden Tätigkeit angesonnen wird, ist weiter zu prüfen, ob dies nach dem sozialen Status der Ehegatten angemessen ist.[73] Hier ist die Intention der Neufassung des § 1574 II BGB seit dem 1.1.2008 zu beachten, der dem Zweck dient, den nicht erwerbstätig gewesenen Ehegatten nach der Scheidung zwar nicht vor jedem, aber vor einem **unangemessenen sozialen Abstieg** zu bewahren.[74] Auch der getrennt lebende Ehegatte braucht – jedenfalls nach einer gewissen Übergangszeit – nur Schutz vor einem unangemessenen sozialen Abstieg. Ob und inwieweit ein durch die Eheschließung erlangter Status sich bereits verfestigt hat, hängt wesentlich von der Dauer der Ehe ab. Grundsätzlich steht es dem Ehegatten frei, die Art der ihm zuzumutenden angemessenen Erwerbstätigkeit selbst zu bestimmen. War der Lebensstandard der Eheleute in 20-jähriger Ehe durch die Mitarbeit in einem großen Betrieb des Mannes geprägt, ist die Frau berechtigt, nach der Trennung eine selbstständige Erwerbstätigkeit anzustreben und sich entsprechend ausbilden zu lassen.[75]

45 **h) Gemeinsamer Lebensplan der Ehegatten, Fortsetzung einer vor der Trennung aufgenommenen Ausbildung.** Nach der Trennung oder Scheidung kann bei der erforderlichen Betreuung von Kindern eine ursprünglich gemeinsame Lebensplanung regelmäßig nicht mehr in der früher vorgesehenen Weise verwirklicht werden, weil die **Mehrbelastung des die Kinder betreuenden Elternteils** nicht wie in intakter Ehe durch den anderen Ehepartner aufgefangen werden kann. Es besteht uU keine Erwerbsobliegenheit, weil unter den gegebenen Verhältnissen eine Erwerbstätigkeit trotz des früheren gemeinsamen Lebensplanes nicht zumutbar ist.[76]

Haben die Ehegatten ihre Lebensgemeinschaft **einvernehmlich** dahin gestaltet, dass einer von ihnen einem **Studium** nachgeht, so kann diesem nach der Trennung jedenfalls dann ein Studienabbruch nicht zugemutet werden, wenn das Studium zielstrebig betrieben wird und der Abschluss in absehbarer Zeit zu erwarten ist. Während dieser berechtigten Studienzeit besteht keine Erwerbsobliegenheit. Dabei ist es unerheblich, ob das Studium bereits vor der Ehe aufgenommen wurde und ob es sich um eine Zweitausbildung handelt.[77] Ein Ausbildungsunterhalt kann aber versagt werden, wenn die Beendigung eines während der Ehe begonnenen Studiums unklar ist.[78]

46 Falls die Aufnahme einer **Ausbildung ohne Zustimmung** des anderen Ehegatten erfolgt, besteht nur dann eine Unterhaltspflicht des anderen, wenn der Bedürftige in entsprechender Anwendung des § 1574 III BGB gehalten ist, eine Ausbildung oder Fortbildung zu absolvieren, um die Voraussetzungen für eine angemessene Erwerbstätigkeit zu schaffen. Hiervon zu unterscheiden ist ein Unterhaltsanspruch nach den Maßstäben des § 1575 BGB. Ein solcher scheidet während der Trennung der Eheleute an sich aus, weil er dem Ausgleich der Nachteile dient, die ein Ehegatte in seiner schulischen und/oder beruflichen Ausbildung mit Rücksicht auf die Ehe erlitten hat. Nur in besonders gelagerten Fällen kann auch ein solcher Anspruch in Frage kommen, etwa wenn ein Ehegatte während der Trennungszeit **im Vorgriff auf die Voraussetzungen des § 1575 BGB** eine Ausbildung aufnimmt, nachdem das endgültige Scheitern der Ehe feststeht. In einem solchen Fall kann sein Unterhaltsbedürfnis zu den persönlichen Verhältnissen iSd § 1361 II BGB gezählt werden[79] (Näheres siehe → Rn. 74 und → Rn. 328 ff., → Rn. 338 ff. zum Ausbildungsunterhalt). Vom Unterhaltsanspruch gemäß § 1361 BGB umfasst sind dann auch die in § 1578 II BGB genannten Kosten für die Schul- oder Berufsausbildung.

47 **i) Wirtschaftliche Verhältnisse beider Ehegatten und Erwerbsobliegenheit.** Wenn die Ehegatten nach der Trennung in engen wirtschaftlichen Verhältnissen leben, besteht eine verschärfte Erwerbsobliegenheit. So hat der BGH nach früherem Recht einer

---

[73] BGH FamRZ 1990, 283 (286).
[74] BT-Drs. 16/1830, 17.
[75] BGH FamRZ 1988, 1145.
[76] BGH FamRZ 1988, 145 (148).
[77] BGH FamRZ 1981, 43 (440).
[78] OLG Düsseldorf FamRZ 1991, 76.
[79] BGH FamRZ 2001, 350 Rn. 17.

Frau mit zwei schulpflichtigen Kindern eine stundenweise Erwerbstätigkeit zugemutet, weil sie trotz der Kinder bereits während des Zusammenlebens als Kellnerin tätig war und weil die wirtschaftlichen Verhältnisse vor allem wegen erheblicher ehebedingter Schulden beengt waren. Bei einer derartigen Verschuldung hätte auch bei Fortdauer der ehelichen Lebensgemeinschaft eine stundenweise Erwerbstätigkeit der Frau nahegelegen.[80] Aufgrund der seit dem 1.1.2008 verstärkten Erwerbsobliegenheit eines betreuenden Ehegatten nach § 1570 BGB würde nach neuem Recht auch bei Getrenntleben regelmäßig mindestens eine Halbtagstätigkeit zumutbar sein.

Insbesondere wenn es nach der Trennung wegen der beengten wirtschaftlichen Verhältnisse und der Anzahl der Unterhaltsberechtigten zu einem **Mangelfall** kommt, kann sich auf Seiten des bedürftigen Ehegatten die Obliegenheit ergeben, nach der Trennung noch innerhalb des ersten Jahres eine Erwerbstätigkeit auszuüben. Dies gilt auch dann, wenn dieser Ehegatte keine berufliche Ausbildung erlernt hat und er deshalb nur unqualifizierte Tätigkeiten in der Altenpflege oder der Gastronomie ausüben kann.[81]

Zu berücksichtigen sind ferner relativ **günstige Verhältnisse auf Seiten des Verpflichteten.** Dem Berechtigten kann bei solchen Verhältnissen nicht entgegengehalten werden, dass er während einer Zeit beengter wirtschaftlicher Verhältnisse durch Erwerbstätigkeit einen entlastenden Beitrag zum Familieneinkommen geleistet hatte.[82] 48

Bei günstigen wirtschaftlichen Verhältnissen muss sich eine Frau ungeachtet ihrer qualifizierten Ausbildung nicht alsbald nach Ablauf des ersten Trennungsjahres auf eine sozialversicherungsfreie Beschäftigung verweisen lassen. Es ist vielmehr zu prüfen, ob sie sich nicht etwas länger um qualifizierte Tätigkeiten bemühen darf bzw. bei Erfolglosigkeit dieser Bemühungen das Recht auf Fortbildung oder Umschulung hat, um eine mit ihrer bisherigen Ausbildung vergleichbare berufliche Qualifikation zu erreichen.[83] Allerdings schließen auch sehr gute wirtschaftliche Verhältnisse des Pflichtigen oder ein zu erwartender erheblicher Vermögenserwerb des Berechtigten durch den Zugewinnausgleich die Erwerbsobliegenheit nicht aus. Es ist vielmehr eine Gesamtwürdigung vorzunehmen.[84]

Eine jahrelange freiwillige Zahlung von Trennungsunterhalt kann beim Berechtigten im Hinblick auf die Beurteilung seiner Erwerbsobliegenheit einen Vertrauenstatbestand schaffen, so dass ihm eine nicht zu kurz bemessene Übergangsfrist für die Suche einer angemessenen Arbeit zuzugestehen ist.[85] Darüber hinaus ist der Berechtigte, obwohl sich die grundsätzliche Erwerbsobliegenheit unmittelbar aus dem Gesetz (§ 1361 II BGB) ergibt, wegen des entstandenen Vertrauenstatbestandes erst nach einer entsprechenden Aufforderung durch den Unterhaltspflichtigen gehalten, eine Erwerbstätigkeit aufzunehmen.[86] 49

3. Zumutbarkeitsabwägung bei Fortsetzung, Ausweitung oder Einschränkung einer bei Trennung bereits ausgeübten Erwerbstätigkeit

Der Schutz des § 1361 II BGB gilt nach dessen Wortlaut nur für den bei Trennung nicht erwerbstätigen Ehegatten, dh für den haushaltführenden Ehegatten in der Haushaltsführungsehe. Der **Schutz gilt nicht** für den bei Trennung erwerbstätigen Ehegatten einer **Doppelverdienerehe**. Letzterer hat grundsätzlich nach der Trennung seine bisherige Erwerbstätigkeit fortzusetzen.[87] Etwas anderes kann nur dann gelten, wenn ein besonderer Anlass besteht, der es gerechtfertigt erscheinen lässt, die bisher ausgeübte Erwerbstätigkeit aufzugeben. Das kann der Fall sein bei einer neu auftretenden Krankheit, einem erst- 50

---

[80] BGH FamRZ 1982, 23 (24 f.).
[81] BGH FamRZ 2001, Rn. 18.
[82] BGH FamRZ 1990, 283 (286).
[83] BGH FamRZ 1990, 283 (286).
[84] KG v. 24.3.1992 – 13 U F 6898/90 – nicht veröffentlicht.
[85] OLG Köln FamRZ 1999, 853.
[86] OLG Köln FamRZ 1999, 853; OLG Hamm FamRZ 1995, 1580.
[87] BGH FamRZ 1985, 782; 1981, 1159 (1161); OLG Bremen BeckRS 2012, 07709; OLG München FamRZ 1982, 270.

maligen Bedürfnis für die Betreuung eines gemeinschaftlichen Kindes nach dem Wechsel der elterlichen Sorge oder wenn der Ehegatte bisher in dem Betrieb des anderen mitgearbeitet hatte und ihm dies wegen der trennungsbedingten Spannungen nunmehr nicht mehr zuzumuten ist.[88]

51 Trotz des einschränkenden Wortlautes gilt die Regelung des § 1361 II BGB auch für solche Fälle, in denen ein Ehegatte vor der Trennung im Einverständnis des anderen Ehepartners bereits einer eingeschränkten Erwerbstätigkeit **(Teilzeiterwerbstätigkeit)** nachgegangen war und bei Fortsetzung des Zusammenlebens in intakter Ehe diese Erwerbstätigkeit nicht ausgeweitet hätte.[89] Die Frage, ob nach Trennung eine Ausweitung dieser Erwerbstätigkeit zugemutet werden kann, ist unter Berücksichtigung und Abwägung der oben erörterten Umstände zu beantworten. Wird die Frage bejaht, besteht eine entsprechende erweiterte Erwerbsobliegenheit, und zwar regelmäßig auf Aufnahme einer Vollerwerbstätigkeit.[90] Im Einzelfall ergibt sich in der Praxis oft die Frage, ob und wann eine langjährig ausgeübte und sozial sichere Teilzeitstelle aufgegeben werden muss. Dem unterhaltsbedürftigen Ehegatten obliegt es zunächst, sich bei seinem aktuellen Arbeitgeber um eine Ausweitung der Beschäftigung zu bemühen. Falls dies nicht möglich ist, kann dem Ehegatten im Einzelfall eine Aufgabe dieser Tätigkeit zu Gunsten einer unsicheren, noch in der Probezeit kündbaren Ganztagsstelle zuzumuten sein. Das bedeutet aber nicht, dass der Unterhaltsberechtigte mit dem Vortrag, eine Ausdehnung der Erwerbstätigkeit bei seinem jetzigen Arbeitgeber sei nicht möglich, seiner Erwerbsobliegenheit genügt hat. Er ist vielmehr gehalten, eine weitere angemessene Nebentätigkeit aufzunehmen und entsprechende Bemühungen nachweisen.[91] Fehlt es hieran, können ihm fiktive Einkünfte zugerechnet werden (siehe die Ausführungen zu → Rn. 139 ff. und → § 1 Rn. 527 ff.). Gleiches gilt, wenn ein Ehegatte, der während des Getrenntlebens keinen Anspruch auf Ausbildungsunterhalt hat, seine bisherige Erwerbstätigkeit, die den ehelichen Lebensverhältnissen, seiner Ausbildung, seinen Fähigkeiten und seinem Lebensalter entsprechend als angemessen anzusehen ist, zugunsten der Teilnahme an Sprach- und Berufsqualifizierungskursen aufgibt.[92]

52 Unter Berücksichtigung der persönlichen und wirtschaftlichen Verhältnisse der Eheleute kann die **Fortsetzung einer bei Trennung ausgeübten Erwerbstätigkeit** trotz der grundsätzlich dazu bestehenden Verpflichtung im Einzelfall dennoch unzumutbar sein. Dies kann der Fall sein, wenn bei Vorhandensein gemeinschaftlicher betreuungsbedürftiger Kinder während intakter Ehe beide Ehegatten Betreuungs- und Haushaltsführungsaufgaben übernommen hatten und diese notwendige Mithilfe eines Ehegatten infolge der Trennung weggefallen ist. In solchen Fällen ist auch die Obliegenheit zur Fortsetzung einer bei Trennung ausgeübten Erwerbstätigkeit auf Grund einer entsprechenden Zumutbarkeitsabwägung zu beurteilen[93] mit der Folge, dass die bisherige Erwerbstätigkeit eingeschränkt oder eine Erwerbsobliegenheit ganz verneint werden kann (vgl. wegen der erhöhten Erwerbsobliegenheit des betreuenden Ehegatten nach Maßgabe des neugefassten § 1570 BGB die Ausführungen zu § 1570 BGB). Anders ist es, falls die Mehrbelastung durch die Trennung durch den Betreuenden aufgefangen werden kann.[94]

Führt der Pflichtige **trotz Bezugs einer Rente wegen voller Erwerbsunfähigkeit** nach der Trennung eine vorher ausgeübte **selbstständige Tätigkeit** weiter, können ihm die Einkünfte aus dieser Tätigkeit bei der Bedarfsermittlung nicht mehr zugerechnet werden, weil er sie an sich nicht neben der Erwerbsunfähigkeitsrente beziehen darf und die genannte Tätigkeit aus unterhaltsrechtlicher Sicht jederzeit aufgeben kann.[95]

---

[88] Vgl. BGH FamRZ 2012, 514.
[89] BGH FamRZ 1984, 149.
[90] OLG Brandenburg BeckRS 2015, 4023; OLG Frankfurt a. M. FamRZ 2000, 25.
[91] OLG Köln FamRZ 2002, 1627; OLG Frankfurt a. M. FamRZ 2000, 25.
[92] OLG Bremen BeckRS 2012, 07709.
[93] OLG München FamRZ 1982, 270.
[94] OLG Naumburg FamRZ 1998, 552.
[95] OLG Hamm FamRZ 1998, 1169.

2. Abschnitt: Der Trennungsunterhalt (§ 1361 BGB) § 4

4. Fiktive Zurechnung erzielbarer Einkünfte

Wenn nach den obigen Ausführungen eine zumutbare Erwerbsobliegenheit bejaht wird, können dem Berechtigten erzielbare Nettoeinkünfte aus einer entsprechenden Erwerbstätigkeit fiktiv[96] zugerechnet werden, wenn er sich nicht ernsthaft, zB durch ungeeignete Bewerbungen,[97] um eine entsprechende Arbeitsstelle bemüht und bei ernsthaften Bemühungen eine reale Beschäftigungschance bestanden hätte[98] (Näheres in → § 1 Rn. 773 ff.). 53

Zur Bemessung und Dauer fiktiver Einkünfte → § 1 Rn. 793 ff.

Fiktive Einkünfte des Berechtigten sind nach der Differenz- oder Additionsmethode bei der Bedarfsbemessung und der Unterhaltsberechnung zu berücksichtigen.[99]

5. Anrechenbare Einkünfte des Unterhaltsberechtigten

a) Versorgungsleistungen für einen neuen Partner. Die Bedürftigkeit des Unterhaltsberechtigten entfällt nicht ohne weiteres bei einem **Zusammenleben mit einem neuen Partner** in nichtehelicher Lebensgemeinschaft, weil durch eine eheähnliche Gemeinschaft Unterhaltsansprüche zwischen den neuen Partnern nicht begründet werden. Der Berechtigte muss sich aber uU den objektiven Wert von **Versorgungsleistungen** und Arbeitsleistungen sowie einer eventuellen Wohnungsgewährung, die er **für den neuen Partner** erbringt, soweit er Vergütungen von diesem erhält oder wegen dessen Leistungsfähigkeit erhalten könnte,[100] entgegenhalten lassen.[101] In die Unterhaltsberechnung nach der Differenz- oder Additionsmethode sind solche geldwerten Versorgungsleistungen als Surrogat der früheren Haushaltstätigkeit einzusetzen.[102] Wenn der Unterhaltsberechtigte einer ganztägigen Erwerbstätigkeit nachgeht, besteht idR kein Raum mehr für die Zurechnung eines fiktiven Einkommens aus einer Haushaltsführung.[103] Zu den Einzelheiten zur Bedürftigkeit und zur Höhe der bedürftigkeitsmindernden Anrechnung eigener Einkünfte des Berechtigten siehe → Rn. 928 ff. 54

Von der Frage der Bedürftigkeit des Berechtigten ist die Problematik, ob bei Erbringung von Versorgungsleistungen für einen neuen Partner die Inanspruchnahme des Unterhaltspflichtigen ganz oder teilweise grob unbillig wäre (Verwirkung gemäß §§ 1361 III, 1579 Nr. 2, 7 u. 8 BGB), sorgfältig zu trennen.

b) Wohnvorteil. Die ehelichen Lebensverhältnisse werden nicht nur von dem Einkommen der Ehegatten, sondern auch von den Kosten für das Wohnen und von einem eventuellen Nutzungsvorteil für ein mietfreies Wohnen bestimmt.[104] Ein solcher wird aus der Differenz zwischen dem objektiven Mietwert und den tatsächlichen abzugsfähigen Kosten[105] für ein Haus oder eine Wohnung ermittelt. Bei dem Unterhaltsberechtigten verringert das mietfreie Wohnen im eigenen Haus oder in einer Eigentumswohnung seine Bedürftigkeit, beim Unterhaltspflichtigen erhöht sie seine Leistungsfähigkeit. Da nach einer Trennung die Möglichkeit einer Wiederherstellung der ehelichen Lebensgemeinschaft besteht und eine solche nicht erschwert werden soll,[106] wird im Interesse des Schutzes der ehelichen Lebensgemeinschaft einem Ehegatten zumindest während des ersten Trennungsjahres nicht zugemutet, die von ihm allein weiter bewohnte, den Eheleuten oder einem von ihnen gehörende frühere Ehewohnung zur Steigerung seiner Einkünfte anderweitig, etwa durch Vermietung (oder Teilvermietung) zu verwerten. 55

---

[96] OLG Brandenburg BeckRS 2015, 4023.
[97] OLG Karlsruhe FamRZ 2013, 1811; OLG Hamm BeckRS 2012, 06363.
[98] OLG Brandenburg BeckRS 2010, 00294.
[99] BGH FamRZ 2005, 1979 (1981) = R 640d.
[100] BGH FamRZ 1987, 1011 (1014).
[101] BGH FamRZ 2004, 1170 (1173); 2001, 1693 (1694).
[102] BGH FamRZ 2004, 1170 (1171) = R 612.
[103] BGH FamRZ 2005, 1154; OLG München NJW-RR 2006, 290.
[104] Hahne FF 1999, 99.
[105] BGH FamRZ 2013, 191 Rn. 24; 2012, 514 Rn. 29; 2008, 963.
[106] BGH FamRZ 1989, 1160.

56 Deshalb kommt zunächst nur eine eingeschränkte Zurechnung von Einkünften wegen des **Wohnwerts der allein genutzten Wohnung** in Betracht. Es ist höchstens der Wert anzusetzen, der dem örtlichen Mietzins für eine dem ehelichen Standard entsprechende kleinere Wohnung entspricht.[107] Wegen der einerseits bedarfsbestimmenden, andererseits bedürftigkeitsmindernden Anrechnung eines angemessenen, bei Weiternutzung einer nunmehr zu großen Wohnung nur eingeschränkten[108] Wohnwerts → § 1 Rn. 477 ff.

Mit zunehmender Dauer der Trennung nähern sich die Maßstäbe, die an die Berücksichtigung von Wohnvorteilen gestellt werden, der Bewertung im Rahmen des nachehelichen Unterhalts immer mehr an. Bei lange dauernder oder endgültiger Verfestigung der Trennung ist der volle Wohnwert für das allein genutzte Haus anzusetzen. Von einer endgültigen Trennung der Eheleute ist auszugehen, wenn diese anlässlich der Trennung einen notariellen Auseinandersetzungsvertrag über die Immobilie abgeschlossen haben oder wenn einer der Ehegatten durch die Rechtshängigkeit eines Scheidungsantrags zum Ausdruck gebracht hat, dass er die Ehe als endgültig gescheitert ansieht.[109] Zu den einzelnen Konstellationen und den zu berücksichtigenden Kosten siehe unter → § 1 Rn. 450 ff.

57 **c) Einkommen aus Vermögen.** Kapital**einkünfte** sind beim Berechtigten und beim Unterhaltspflichtigen als Einkommen zu berücksichtigen.[110]

Für den Trennungsunterhalt fehlt eine dem § 1577 III BGB für den nachehelichen Unterhalt entsprechende Vorschrift hinsichtlich der Frage, ob der **Unterhaltsberechtigte** sein **Vermögen als solches zur Deckung seines Bedarfs einzusetzen** hat.[111] Eine Verpflichtung zum Rückgriff auf den Vermögensstamm folgt nach der Rechtsprechung des BGH jedoch daraus, dass § 1361 I 1 BGB auch auf die Vermögensverhältnisse der Ehegatten Bezug nimmt und der grundlegende Ansatz der Vorschrift von der Eigenverantwortlichkeit der Ehegatten ausgeht. Jedoch darf der getrennt lebende Ehegatte nicht schlechter gestellt werden als ein geschiedener Ehegatte, so dass der Vermögensstamm nicht verwertet zu werden braucht, wenn und soweit die Verwertung (zB Verkauf von Immobilien, Wertpapieren, Gold[112]) unwirtschaftlich oder unter Berücksichtigung der beiderseitigen wirtschaftlichen Verhältnisse unbillig wäre. Da während der Trennungszeit die Möglichkeit einer Erhaltung der Ehe nicht geschmälert werden soll, sind beim Trennungsunterhalt strenge Maßstäbe anzulegen, so dass ein **Rückgriff auf den Vermögensstamm nur in Ausnahmefällen** verlangt werden kann.[113] Das kann der Fall sein, wenn das Vermögen erheblich ist, schon während intakter Ehe der Vermögenswert zur Unterhaltsdeckung für beide Eheleute eingesetzt worden ist und die geschuldeten Unterhaltsbeträge relativ gering[114] sind.

58 Für die Beurteilung der Frage, ob und inwieweit ein auf Trennungsunterhalt in Anspruch genommener **unterhaltspflichtiger Ehegatte**, der den Unterhalt aus seinen Einkünften nicht oder nicht voll aufbringen kann, sich wegen verwertbaren Vermögens als leistungsfähig behandeln lassen muss, ist nach der Rechtsprechung des BGH § 1581 S. 2 BGB entsprechend heranzuziehen.[115] Nach dieser Vorschrift, die den nachehelichen Unterhalt regelt, braucht der Verpflichtete den Stamm seines Vermögens nicht zu verwerten, soweit die Verwertung unwirtschaftlich oder unter Berücksichtigung der beiderseitigen wirtschaftlichen Verhältnisse unbillig wäre. Bei der Heranziehung dieser Grundsätze für den Unterhaltsanspruch nach § 1361 BGB sind ebenso wie bei § 1577 III BGB die Besonderheiten zu berücksichtigen, die das Verhältnis der Ehegatten zueinander während

---

[107] BGH FamRZ 2013, 191 Rn. 24; 2012, 514 Rn. 29; 2007, 879 (880 f.).
[108] BGH FamRZ 1998, 899 (901) = R 525 f.
[109] BGH FamRZ 2012, 514; 2008, 963 Rn. 15.
[110] OLG Hamm FamRZ 2012, 1732.
[111] BGH FamRZ 1985, 360 (361).
[112] OLG Karlsruhe BeckRS 2013, 13734.
[113] BGH FamRZ 2012, 514 Rn. 36 ; 2009, 307; 1985, 360 (361); OLG Karlsruhe BeckRS 2013, 13734; OLG Hamm FamFR 2012, 345.
[114] OLG Koblenz FamRZ 2017, 108.
[115] BGH FamRZ 2005, 97 (99); 1986, 556 (557).

2. Abschnitt: Der Trennungsunterhalt (§ 1361 BGB) § 4

des Getrenntlebens im Verhältnis zu demjenigen nach der Scheidung kennzeichnen. Einerseits tragen die Ehegatten während der Ehe füreinander mehr Verantwortung als nach der Scheidung, andererseits legt die besondere Verbundenheit, von der das Verhältnis der Ehegatten geprägt wird, auch dem Unterhaltsberechtigten während des Getrenntlebens ein höheres Maß an Rücksichtnahme auf die Interessen des Verpflichteten auf als nach der Scheidung. Diese Pflicht kann einem der Vermögensverwertung entgegenstehenden Interesse des Verpflichteten überwiegendes Gewicht verleihen und dazu führen, dass **dem Verpflichteten die Verwertung seines Vermögens nicht zugemutet werden kann**, während er es nach der Scheidung für den Unterhalt des anderen einsetzen müsste (vgl. zum Ganzen → § 1 Rn. 607 ff.).

d) Einkünfte des Berechtigten aus unzumutbarer Tätigkeit, 1577 II BGB. Insoweit gelten die gleichen Grundsätze wie beim nachehelichen Unterhalt, weshalb auf die entsprechenden Ausführungen (§ 4 Abschnitt 5 → Rn. 928 ff.) verwiesen wird. 59

Wie beim nachehelichen Unterhalt ist nach der Rechtsprechung des BGH[116] das Einkommen aus überobligatorischer Tätigkeit (zB bei einer Arbeitsaufnahme nach der Trennung trotz der Betreuung von Kindern unter 3 Jahren oder bei Schwerbehinderung[117]), nicht zu berücksichtigen. Nur der unterhaltsrelevante Anteil ist in die Differenzberechnung aufzunehmen. Gleiches gilt für alle sonstigen auf nicht zumutbarer Weise erzielten Einkünfte, zB aus einer nicht zumutbaren Vermietung, denn § 1577 II BGB wird in einem umfassenden Sinne verstanden.[118] Zu den tatsächlichen Voraussetzungen, unter denen Einkommen anrechnungsfrei bleiben kann, vgl. die Ausführungen unter § 1 Abschnitt 11 → Rn. 800 ff.

V. Maß des Trennungsunterhalts

1. Eheliche Lebensverhältnisse und Bedarfsbemessung beim Trennungsunterhalt

Nach § 1361 I 1 BGB bestimmt sich das Maß des eheangemessen Unterhalts nach den „**ehelichen Lebensverhältnissen**", insbesondere den Einkommens- und Vermögensverhältnissen der Eheleute. Ebenso wie mit dem Begriff „eheliche Lebensverhältnisse" in § 1578 I 1 BGB beim nachehelichen Unterhalt ist damit der volle Unterhalt gemeint[119] (→ Rn. 322 ff.). Maßgebend sind nur die individuellen, ggf. sehr begrenzten ehelichen Lebensverhältnisse, nicht etwa ein höherer pauschalierter Mindestbedarf.[120] Einen solchen hat der BGH[121] bislang lediglich als Untergrenze bei der Herabsetzung des Unterhalts nach § 1578b BGB anerkannt, sofern der sich rechnerisch ergebende Unterhalt nach den ehelichen Lebensverhältnissen höher als der Selbstbehalt für einen nicht Erwerbstätigen (im Streitfall waren es 770 EUR) liegt. 60

Die Lebensverhältnisse werden – wie beim nachehelichen Unterhalt – im Wesentlichen bestimmt durch das in der Ehe zur Deckung des Lebensbedarfs **verfügbare Einkommen** der Eheleute.[122] Verfügbar in diesem Sinn ist nur der Teil des Einkommens, der nach Abzug von Steuern und sonstiger gesetzlicher Abzüge, berufsbedingtem Aufwand, Vorsorgeaufwendungen, berücksichtigungswürdigen Verbindlichkeiten, Aufwendungen für Vermögensbildung und Barunterhaltsleistungen für den Kindesunterhalt zur Bestreitung des Lebensbedarfs der Eheleute verwendet werden kann.[123] Dabei ist bei der Bemessung sowohl des Trennungsunterhalts als auch des nachehelichen Unterhalts ein objektiver Maßstab

---
[116] BGH FamRZ 2005, 1154 (1156).
[117] Vgl. OLG Köln NJW-RR 2013, 901 Rn. 13.
[118] Siehe unten unter Abschnitt 5 II → Rn. 944 ff.; Krenzler FamRZ 1983, 653.
[119] BGH FamRZ 1984, 356.
[120] BGH FamRZ 1998, 1501 (1503); OLG Hamm FamRZ 1998, 1428.
[121] BGH FamRZ 2016, 199 Rn. 12 = R 775; 2010, 802 Rn. 18; 2010, 869 (874) mAnm Maier in FamRB 2010, 200; BGH FamRZ 2010, 1057 Rn. 10.
[122] Vgl. BGH FamRZ 2010, 111 Rn. 35 zur Zusammenfassung von Bedarf und Leistungsfähigkeit bei der Quotenberechnung.
[123] BGH FamRZ 1983, 676.

anzulegen. Entscheidend ist derjenige Lebensstandard, der nach dem vorhandenen Einkommen vom Standpunkt eines vernünftigen Betrachters aus angemessen erscheint. Außer Betracht bleiben – gemessen am verfügbaren Einkommen – sowohl eine zu dürftige Lebensführung als auch ein übermäßiger Aufwand.[124] Denn der Unterhalt soll nur der Bedarfsdeckung dienen und nicht der Vermögensteilhabe des Unterhaltsberechtigten.[125] (Näheres dazu siehe Abschnitt 3 → Rn. 400 ff.).

2. Maßgeblicher Bemessungszeitpunkt, eheliche Lebensverhältnisse

61 Die Bedarfsbemessung nach den ehelichen Lebensverhältnissen ist nach der Rechtsprechung des BGH als Teilhabe an einer dynamischen Entwicklung zu verstehen, die Änderungen in positiver als auch in negativer Hinsicht erfahren kann.[126] Der Trennungsunterhalt wird daher grundsätzlich nach dem jeweiligen Stand **der wirtschaftlichen Verhältnisse** bemessen, an deren Entwicklung bis zur Scheidung die Ehegatten gemeinschaftlich teilhaben.[127] Die sich aus der Fortschreibung **der maßgebenden Verhältnisse**[128] ergebenden Folgen wirken sich in der Trennungszeit aus, denn bei Weiterführung der Ehe hätte der andere Ehegatte wirtschaftliche Änderungen ebenfalls mittragen müssen. Der Unterhalt bestimmt sich damit nach den für den Unterhaltszeitraum maßgebenden Verhältnissen.

62 Maßgeblich für die Bedarfsbemessung und die Berechnung des Trennungsunterhalts sind die **„gegenwärtigen" wirtschaftlichen Verhältnisse** der Ehegatten in dem Zeitraum, für den Trennungsunterhalt verlangt wird. Der Trennungsunterhalt darf also nicht nach dem vor der Trennung bezahlten Haushaltsgeld oder der **vor** der Trennung bestehenden wirtschaftlichen Verhältnissen bemessen werden. Maßgeblich sind die **aktuellen Einkommensverhältnisse,** an deren Entwicklung die Eheleute bis zur Scheidung gemeinschaftlich teilhaben.[129]

Bemessungsgrundlage sind die wirtschaftlichen Verhältnisse **ab Trennung bis zur Rechtskraft der Scheidung**.[130] Soweit über den Trennungsunterhalt vor Rechtskraft der Scheidung entschieden wird, sind es die wirtschaftlichen Verhältnisse bis zum Zeitpunkt der Entscheidung über den Trennungsunterhalt.

Wie beim nachehelichen Unterhalt beeinflussen Veränderungen die Einkommensverhältnisse in der Zeit von Trennung bis Scheidung die für die Unterhaltsbemessung maßgeblichen ehelichen Lebensverhältnisse. Da das Eheband während der Trennung weiterbesteht, fließen grundsätzlich **alle in dieser Zeit** eintretenden **positiven und negativen** wirtschaftlichen und persönlichen **Entwicklungen** der Ehegatten in die ehelichen Lebensverhältnisse ein.[131]

So ist die **Erbschaft** des pflichtigen Ehegatten, die nach der Trennung, aber vor Scheidung anfällt, dann als positive Veränderung zu berücksichtigen, wenn der Erbfall absehbar und erwartet war.[132] Zu den positiven Veränderungen, die den Bedarf erhöhen, gehören auch normale **Gehaltssteigerungen**. Eine unvorhersehbare, ungewöhnliche Einkommensentwicklung, dh eine solche, die auf einer unerwarteten und vom Normalverlauf abweichenden Entwicklung beruht (sog **Karrieresprung**[133]), ist nur unter besonderen Voraussetzungen zu berücksichtigen.[134]

---

[124] BGH FamRZ 2013, 363 mwN; OLG Düsseldorf FF 2016, 205; OLG Koblenz BeckRS 2016, 135906; OLG Stuttgart FamRZ 2013, 1988.
[125] BGH FamRZ 2007, 1532; OLG Stuttgart FamRZ 2013, 1988.
[126] Viefhues ZFE 2010, 288 (289).
[127] BGH FamRZ 1994, 87 (88); 1988, 256; vgl. auch 2000, 1492 = R 546 zum nachehelichen Unterhalt.
[128] BGH FamRZ 2008, 968 (971 f.); 2006, 683 (685 f.).
[129] BGH FamRZ 1990, 283 (285); 2000, 1492 = R 546; OLG Hamm FamRZ 2018, 259; OLG Hamm NJW-RR 2014, 707; OLG Hamm FamFR 2012, 345 Rn. 42.
[130] BGH FamRZ 2012, 1201; OLG Hamm NJW-RR 2014, 707.
[131] BGH FamRZ 1999, 367 (368 f.); 2000, 1492 = R 546; OLG Hamm NJW-RR 2014, 707.
[132] OLG Hamm FamFR 2012, 345; OLG Hamm FamRZ 1999, 620.
[133] BGH FamRZ 2007, 140 mAnm Graba FamRZ 2007, 793; BGH FamRZ 2006, 683; 1994, 87 (88); 1982, 892; Clausius FF 2007, 131; Braeuer FamRZ 2006, 1489.
[134] BGH FamRZ 2009, 411 Rn. 25.

2. Abschnitt: Der Trennungsunterhalt (§ 1361 BGB) § 4

Nach der Rechtsprechung des BGH[135] seit dem Jahr 2003 waren für den **Anspruch auf** 63 **nachehelichen Unterhalt** nicht mehr die auf den Zeitpunkt der Scheidung festgeschriebenen ehelichen Lebensverhältnisse maßgebend, sondern die für die Zeit nach der Scheidung fortgeschriebenen ehelichen Verhältnisse.[136] Während früher streng zwischen dem Bedarf des Unterhaltsberechtigten und der Leistungsfähigkeit des unterhaltspflichtigen Ehegatten unterschieden und der Bedarf nach den ehelichen Lebensverhältnissen festgelegt wurde, ist nach dieser Rechtsprechung des BGH[137] für den Bedarf an die Lebensstellung des Unterhaltspflichtigen anzuknüpfen (abgeleitete Lebensstellung[138]).

Der BGH hat seine Rechtsprechung zur Fortschreibung (früher: Wandelbarkeit) der unterhaltsbestimmenden ehelichen Verhältnisse[139] beim **nachehelichen Unterhalt** seit dem Jahr 2003 immer mehr ausgeweitet.[140] Auch nach der Trennung bzw. Scheidung eingetretene Veränderungen, insbesondere das Hinzutreten weiterer Unterhaltsberechtigter, waren grundsätzlich schon bei der Bedarfsbemessung und nicht erst bei der Leistungsfähigkeit zu berücksichtigen. Da nach dieser Rechtsprechung des BGH sowohl eine schon bestehende als auch eine neu hinzu gekommene Unterhaltspflicht bei der Bemessung des Unterhaltsbedarfs nach den ehelichen Lebensverhältnissen iSd § 1361 I BGB (und iSd § 1578 I BGB) zu berücksichtigen war, wirkte sich das Hinzutreten weiterer Unterhaltsberechtigter auf den Bedarf des getrennt lebenden oder geschiedenen Ehegatten aus, ohne dass es insoweit auf den Rang der Unterhaltsansprüche ankam.[141]

Weitere zu berücksichtigende Fälle von negativen Veränderungen waren eine höhere 64 **Steuerbelastung** des Unterhaltspflichtigen,[142] die Bewilligung einer **Rente** mit der Folge eines verringerten Gesamteinkommens des Unterhaltspflichtigen,[143] nach der Trennung oder Scheidung aufgenommene **Schulden**, wenn sie unumgänglich gewesen sind,[144] nach freier Wahl der Anlageform[145] eine tatsächlich, nicht fiktiv,[146] betriebene zusätzliche **Altersvorsorge** bis zu 4% des Bruttoeinkommens,[147] auch wenn während der Ehezeit eine solche nicht betrieben wurde.[148]

Die Berücksichtigung aller Veränderungen im Ausgabenbereich hat das BVerfG in seiner Entscheidung vom 25.1.2011[149] zum **nachehelichen Unterhalt** jedoch nicht gebilligt. Soweit die Veränderungen mit dem Fortbestand der Ehe unvereinbar sind, liegt in deren Berücksichtigung nach Auffassung des BVerfG bei der Bedarfsbemessung ein Verstoß gegen den Grundsatz der Gewaltenteilung vor. Das BVerfG hat dem BGH vorgeworfen, mit der **Drittelmethode** (einheitliche Ermittlung des Bedarfs bei mehreren konkurrierenden Unterhaltsansprüchen) einen Systemwechsel vorgenommen und die Grenze zwischen Bedarf nach § 1578 BGB und Leistungsfähigkeit nach § 1581 BGB aufgehoben zu haben. Die Berücksichtigung auch der Unterhaltspflicht gegenüber dem neuen Ehegatten bei der Bestimmung des Bedarfs des ersten Ehegatten hat das BVerfG deshalb als verfassungswidrig bezeichnet.

---

[135] BGH FamRZ 2008, 1911 mAnm Maurer FamRZ 2008, 1919; BGH FamRZ 2008, 968 (972); 2003, 590 (592); Born NJW 2008, 3089; Graba FF 2008, 437.
[136] BGH FamRZ 2006, 683, 685.
[137] BGH FamRZ 2010, 111 Rn. 23.
[138] BGH FamRZ 2009, 411 (414).
[139] Klinkhammer FF 2009, 140; Kemper FuR 2009, 372; Soyka FuR 2010, 305.
[140] BGH FamRZ 2006, 683 (685).
[141] BGH FamRZ 2010, 869 = R 712; 2010, 538; 2010, 111; 2009, 411; 2008, 968 (972); Born NJW 2008, 3089; Schlünder FamRZ 2009, 487; Klinkhammer FF 2009, 140; Kemper FuR 2009, 372; Soyka FuR 2010, 305.
[142] BGH FamRZ 1990, 499 (502); 1990, 503.
[143] BGH FamRZ 2005, 1479.
[144] BGH FamRZ 2010, 538; 2009, 411; 2006, 387; 2007, 793; vgl. Soyka FuR 2008, 264 (265).
[145] BGH FamRZ 2007, 117; 2006, 1511.
[146] BGH FamRZ 2007, 193 (und 200); Büttner FamRZ 2004, 1918 (1920).
[147] BGH FamRZ 2007, 793 (795); 2005, 1817 (1821).
[148] BGH FamRZ 2009, 1207; 2007, 200 (203); 2007, 193.
[149] BVerfG FamRZ 2011, 437.

Der BGH hat durch die Entscheidung vom 7.12.2011 – XII ZR 151/09 **zu § 1578 I 1 BGB** – seine Rechtsprechung zur Bemessung des Unterhaltsbedarfs nach den ehelichen Lebensverhältnissen aufgegeben und ist für die Bedarfsbemessung nach den ehelichen Lebensverhältnissen zu dem seiner früheren Rechtsprechung zugrunde liegenden **Stichtagsprinzip** zurückgekehrt.[150] Danach werden die ehelichen Lebensverhältnisse im Sinne von § 1578 I 1 BGB **grundsätzlich** durch die Umstände bestimmt, die **bis zur Rechtskraft der Ehescheidung** eintreten.[151]

Bei der Bemessung des Unterhaltsbedarfs nach den ehelichen Lebensverhältnissen sind somit die Umstände zu berücksichtigen, die das für Unterhaltszwecke verfügbare Einkommen auch schon vor Rechtskraft der Ehescheidung beeinflusst haben.[152] Ebenso ist auch das Hinzutreten weiterer Unterhaltsberechtigter bis zur rechtskräftigen Ehescheidung zu berücksichtigen. Denn die Unterhaltspflicht gegenüber solchen, vor Rechtskraft der Ehescheidung geborenen weiteren Unterhaltsberechtigten beeinflusst in gleicher Weise die ehelichen Lebensverhältnisse, weil sie auch schon während der später geschiedenen Ehe bestand.[153]

Das gilt nach der Rechtsprechung des BGH sowohl für gemeinsame Kinder[154] als auch für Kinder des Unterhaltspflichtigen aus einer neuen Beziehung, die bereits **vor Rechtskraft der Ehescheidung** geboren sind.[155] Zu berücksichtigen sind die Kinder auch dann, wenn sie inzwischen volljährig und nach § 1609 Nr. 4 BGB gegenüber dem geschiedenen Ehegatten nachrangig sind.[156] Ihr Nachrang wirkt sich in diesem Fall erst bei Vorliegen eines absoluten Mangelfalles im Rahmen der Leistungsfähigkeit aus.[157] Die Auswirkungen auf den Unterhaltsanspruch des geschiedenen Ehegatten nach den ehelichen Lebensverhältnissen entfallen erst dann, wenn das Kind selbst nicht mehr unterhaltsberechtigt ist.[158]

Auch ein Anspruch auf Betreuungsunterhalt nach § 1615l BGB, den die Mutter eines **vor Rechtskraft der Ehescheidung** geborenen nichtehelichen Kindes schon während der Ehezeit von dem unterhaltspflichtigen geschiedenen Ehegatten verlangen kann,[159] hat die ehelichen Lebensverhältnisse der Ehegatten bereits beeinflusst. Weil der geschiedene Ehegatte nach § 1578 I 1 BGB Anspruch auf einen den ehelichen Lebensverhältnissen entsprechenden Unterhalt hat, ist es in solchen Fällen geboten, bei der Unterhaltsbemessung den Unterhaltsanspruch nach § 1615l BGB, der das in dieser Zeit für den Lebensbedarf der Ehegatten verfügbare Einkommen beeinflusst hat, in der geschuldeten Höhe vom Einkommen des Unterhaltspflichtigen vorab abzuziehen.[160]

Diese Rechtsprechung des BGH zu § 1578 I 1 BGB zum nachehelichen Unterhalt gilt entsprechend für den Trennungsunterhalt, dessen Umfang sich nach § 1361 BGB richtet.

3. Einzelne Bedarfspositionen

65 Da nach der Rechtsprechung des BGH der Unterhaltsbedarf beim **Trennungsunterhalt und nachehelichen Unterhalt** im Prinzip nach den gleichen Grundsätzen bemessen

---

[150] FamRZ 2012, 281 Rn. 27, 41; BGH BeckRS 2014, 11173 Rn. 27; BGH FamRZ 2014, 912 Rn. 38 f.
[151] BT-Drs. 7/650, 136; BVerfGE 108, 351 (366) = FamRZ 2003, 1821 (1823); BVerfG FamRZ 2011, 437 Rn. 69; BGH FamRZ 2001, 986 (989 ff.); 2000, 1492 (1493); 1999, 367 (368); 1994, 87 (88); 1992, 1045 (1056); 1988, 1031 (1032); 1988, 817 (818); 1987, 456 (458).
[152] BGH FamRZ 1981, 241.
[153] BVerfG FamRZ 2011, 437 Rn. 69.
[154] BGH FamRZ 2016, 14.
[155] BGH FamRZ 2012, 281 Rn. 20; 2000, 1492 (1493); 1999, 367 (368); 1994, 87 (88); 1988, 1031 (1032); 1988, 817 (818); 1987, 456 (458); OLG Hamm RNotZ 2014, 114.
[156] BGH FamRZ 1987, 456 (458).
[157] Vgl. zum Begriff des Mangelfalls → § 5 Rn. 1.
[158] BGH FamRZ 1990, 1085 (1087).
[159] Gutdeutsch FamRZ 2011, 523 (524); Maier FuR 2011, 182 (184).
[160] BGH FamRZ 1994, 87 (88 f.); 1987, 456, 458 f.; OLG Hamm RNotZ 2014, 114.

wird,[161] gelten die genaueren Ausführungen zur Bedarfsbemessung beim Nachscheidungsunterhalt (§ 4 Abschnitt 3 → Rn. 400 ff.) in vollem Umfang auch für den Trennungsunterhalt.

a) Elementarunterhalt. Der Trennungsunterhalt, der monatlich im Voraus in Form 66 einer **Geldrente** zu bezahlen ist (§ 1361 IV 1 u. 2 BGB) umfasst – wie der nachehelichen Unterhalt – grundsätzlich den gesamten regelmäßigen Lebensbedarf des bedürftigen Ehegatten. Zu diesem Lebensbedarf zählen im Wesentlichen alle regelmäßigen Aufwendungen für Wohnen, Verpflegung, Kleidung, Freizeitgestaltung, Erholung, Gesundheitsfürsorge sowie für sonstige persönliche und gesellschaftliche Bedürfnisse. Die zur Deckung solcher regelmäßigen Aufwendungen erforderlichen Mittel beinhalten den Elementarunterhalt. Dieser wird im Regelfall pauschaliert als **Quotenunterhalt**[162] geschuldet

Die Ehegatten können im Rahmen des Trennungsunterhalts ausdrücklich oder konkludent vereinbaren, dass der Unterhalt teilweise in Form von **Naturalunterhalt** (zB mietfreies Wohnen in einer im Alleineigentum des Unterhaltsschuldners stehenden Wohnung) gewährt wird. Solche Naturalleistungen sind bei der Unterhaltsberechnung in der Form zu berücksichtigen, dass der Anspruch des berechtigten Ehegatten insgesamt nicht geringer ausfallen darf als bei der Leistung von Barunterhalt.[163]

Eine **konkrete Bedarfsberechnung** ist auch bei überdurchschnittlich (Gesamteinkommen der Eheleute liegt doppelt so hoch wie der Höchstbetrag der Düsseldorfer Tabelle;[164] es wird Unterhalt von mehr als 5500 EUR geltend gemacht[165]) guten Einkommensverhältnissen, die den Schluss auf eine nicht unerhebliche Vermögensbildung zulassen, nicht zwingend, sondern fakultativ[166] (→ Rn. 78 und → Rn. 750 ff.).

Auch die Kosten einer erforderlichen Heimunterbringung können den Unterhaltsbedarf des getrennt lebenden Ehegatten konkret bestimmen.[167]

b) Vorsorge für Alter und Erwerbsunfähigkeit. Ab Rechtshängigkeit des Schei- 67 dungsverfahrens kann beim Trennungsunterhalt zusätzlich ein **Vorsorgeunterhalt** für den Fall des Alters und der verminderten Erwerbsfähigkeit verlangt werden (§ 1361 I 2 BGB). Bis zu diesem Zeitpunkt nimmt ein Ehegatte über den Versorgungsausgleich eine Altersvorsorge des anderen Ehegatten teil. Da diese Teilhabe mit Rechtshängigkeit des Scheidungsantrags nach § 3 I VersAusglG endet, kann der ganz oder teilweise an einer Erwerbstätigkeit gehinderte Unterhaltsberechtigte durch den Vorsorgeunterhalt seine Versorgung im Wege der freiwilligen Weiterversicherung erhöhen, um damit die ansonsten entstehende Lücke in seiner „sozialen Biographie" zu verhindern.[168] Der Altersvorsorgeunterhalt kann ab Ende der Ehezeit, dh von Beginn des Monats der Zustellung des Scheidungsantrags,[169] verlangt werden. Voraussetzung ist aber, dass ein Anspruch auf Trennungsunterhalt besteht. Ebenso wie der Anspruch auf Elementarunterhalt endet der Anspruch auf Altersvorsorgeunterhalt mit der Rechtskraft der Scheidung.

Der Vorsorgeunterhalt ist nicht Gegenstand eines eigenständigen Anspruchs, sondern Teil des einheitlichen, den gesamten Lebensbedarf erfassenden Unterhaltsanspruchs. Er kann nicht isoliert geltend gemacht werden.[170] Wenn Unterhalt ohne nähere Aufschlüsselung in Elementar- und Vorsorgeunterhalt verlangt wird, dann kann Vorsorgeunterhalt grundsätzlich nicht mehr nachträglich geltend gemacht werden. Wegen der Einheitlichkeit des Anspruchs ist eine Entscheidung über den gesamten Unterhalt ergangen. Ein isolierter Zusatzantrag ist lediglich dann zulässig, wenn es sich bei dem ersten Verfahren um einen

---

[161] BGH FamRZ 1984, 356.
[162] OLG Zweibrücken FamFR 2013, 295; OLG Brandenburg FamFR 2012, 320.
[163] OLG Koblenz FamRZ 2018, 1751.
[164] BGH FamRZ 2018, 260.
[165] BGH FamRZ 2012, 514 Rn. 9; 2010, 1637; OLG Brandenburg FamFR 2012, 320.
[166] BGH FamRZ 2018, 260.
[167] OLG Hamm FamRZ 2018, 259.
[168] BGH FamRZ 1999, 372 Rn. 43.
[169] BGH FamRZ 1981, 442.
[170] BGH FamRZ 2012, 947; 2007, 193 (196) = R 664e.

Teilantrag gehandelt hat. In Unterhaltsverfahren spricht jedoch eine Vermutung gegen einen Teilantrag, so dass sich der Unterhaltsberechtigte im Erstverfahren erkennbar eine Nachforderung vorbehalten haben muss.[171] Vorsorgeunterhalt kann auch verlangt werden, wenn die Unterhaltsbedürftigkeit durch die berechtigte Aufnahme oder Weiterführung einer Ausbildung bedingt ist.[172]

68 Die **Berechnung des Vorsorgeunterhalts** erfolgt wie beim nachehelichen Unterhalt durch eine zweistufige Berechnungsweise (im Einzelnen siehe → Rn. 874 ff.). Vor der Berechnung des endgültigen Quotenunterhalts ist der Vorsorgeunterhalt in der Regel vom Einkommen des Verpflichteten abzuziehen. In Fällen besonders günstiger wirtschaftlicher Verhältnisse ist eine zweistufige Berechnung des Elementarunterhalts allerdings nicht erforderlich, weil diese lediglich sicherstellen soll, dass nicht zu Lasten des Unterhaltsverpflichteten über den Grundsatz der gleichmäßigen Teilhabe der Ehegatten an den ehelichen Lebensverhältnissen hinausgegangen wird. Wenn die wirtschaftlichen Verhältnisse so günstig sind, dass der Vorsorgebedarf neben dem laufenden Unterhaltsbedarf befriedigt werden kann, besteht keine Notwendigkeit für die zweistufige Berechnungsweise. Der Vorsorgeunterhalt kann dem Unterhaltsberechtigten dann neben dem konkret ermittelten ungekürzten Elementarunterhalt zugesprochen werden.[173] Der Anspruch auf Altersvorsorgeunterhalt kann auch bei einer konkreten Bedarfsberechnung grundsätzlich nicht isoliert, sondern nur in Verbindung mit dem Elementarunterhalt geltend gemacht werden (→ Rn. 67).[174]

69 Die **Höhe des Altersvorsorgeunterhalts** beschränkt sich bei sehr guten Einkommensverhältnissen nicht auf den sich aus der Beitragsbemessungsgrenze der gesetzlichen Rentenversicherung ergebenden Betrag.[175] Bei mangelnder Leistungsfähigkeit des Unterhaltspflichtigen geht der Elementarunterhalt dem Vorsorgeunterhalt ebenso wie beim nachehelichen Unterhalt gemäß § 1578 III BGB vor, weil er lediglich einen zukünftigen Bedarf abdecken soll.

Bei Geltendmachung von **rückständigem Altersvorsorgeunterhalt** wird nicht vorausgesetzt, dass dieser gesondert angemahnt wurde. Es genügt, wenn nach Maßgabe des § 1613 I 1 BGB (§§ 1361 IV 4, 1360a III BGB) allgemein Auskunft mit dem Ziel der Geltendmachung eines Unterhaltsanspruchs verlangt worden ist.[176]

70 c) **Krankenvorsorgeunterhalt.** Ab der Trennung kann, auch wenn dies in § 1361 BGB anders als in § 1578 II BGB nicht ausdrücklich erwähnt ist, Krankenvorsorgeunterhalt als unselbstständiger Teil des Unterhalts neben dem Elementarunterhalt verlangt werden. Die Kosten der Krankenvorsorge und der Pflegevorsorge sind Bestandteil des Lebensbedarfs des Unterhaltsberechtigten.[177] Bis zur Rechtskraft der Scheidung ist ein getrennt lebender Ehegatte in der Regel über eine sozialversicherungspflichtige Tätigkeit selbst krankenversichert oder in der Familienversicherung nach § 10 SGB V mitversichert, so dass sein Krankenversicherungsbedarf abgedeckt ist und keine Notwendigkeit für die Geltendmachung von Krankenvorsorgeunterhalt besteht. Ein solcher Anspruch auf Ersatz der angemessenen Kosten für eine **Krankenversicherung** (vgl. → Rn. 900 ff.) entsteht erst dann, wenn eine Mitversicherung mit dem Verpflichteten nicht oder nicht mehr besteht, weil das Einkommen des Berechtigten die Freigrenzen überschreitet (§ 10 I Nr. 5 SGB V) oder weil er hauptberuflich selbstständig ist (§ 10 I Nr. 4 SGB V). Ein Bedarf für eine Krankenvorsorge besteht auch dann, wenn eine **private Krankenversicherung** des unterhaltsberechtigten Ehegatten besteht. Für eine solche hat der Unterhaltspflichtige die Beiträge weiter zu entrichten. Keinen Anspruch auf Krankenvorsorgeunterhalt hat ein Unterhaltsberechtigter, der seine Erwerbsobliegenheit verletzt. Denn die Kosten für eine Krankenversicherung würden, soweit sie die gesetzliche Krankenversicherung ersetzten,

---

[171] BGH NJW 2015, 334 Rn. 15; FamRZ 2003, 444; KG FuR 2014, 50.
[172] BGH FamRZ 1988, 1145 (1148).
[173] BGH FamRZ 2010, 1637 Rn. 37 = R 715c; 2007, 117 Rn. 11 ff.
[174] KG BeckRS 2013, 15618.
[175] BGH FamRZ 2007, 117 (119) = R 662d + e.
[176] BGH NJW 2015, 334 Rn. 22; 2007, 193 = R 664e.
[177] OLG Saarbrücken FamRZ 1999, 382; Büttner FamRZ 1995, 193 (197).

nicht anfallen, wenn der Berechtigte eine sozialversicherungspflichtige Erwerbsstelle hätte annehmen können.[178]

Die **Berechnung der Krankheitsvorsorgeaufwendungen** erfolgt wie beim nachehelichen Unterhalt durch eine zweistufige (Einzelheiten siehe → Rn. 906 ff.) Berechnungsweise, ggf. eine dreistufige, wenn Krankenvorsorgeunterhalt und Altersvorsorgeunterhalt verlangt werden (vgl. → Rn. 917). Vor der Berechnung des Quotenunterhalts ist der Krankheitsvorsorgeunterhalt in der Regel vom Nettoeinkommen des Verpflichteten abzuziehen. 71

Der Unterhaltsberechtigte ist verpflichtet, den von dem Unterhaltsverpflichteten an ihn gezahlten Krankenvorsorgeunterhalt zweckentsprechend zu verwenden. Wenn dies nicht erfolgt, wird er so behandelt, als hätte er die Beiträge zur Krankenversicherung bestimmungsgemäß verwendet.[179]

Die gleichen Grundsätze gelten für die Aufwendungen für die **Pflegeversicherung** nach den Vorschriften des SGB XI.

d) Mehrbedarf. Ein regelmäßiger Mehrbedarf des Ehegatten auf Grund besonderer Umstände kann zB bestehen als krankheitsbedingter Mehrbedarf infolge einer chronischen Erkrankung oder als ausbildungsbedingter Mehrbedarf für den kostenverursachenden Besuch einer Ausbildungsstätte. Solche Mehrkosten müssen vorhersehbar und regelmäßig anfallen, sachlich berechtigt und dem Verpflichteten unterhaltsrechtlich zumutbar sein. Sie sind konkret geltend zu machen und bei Bestreiten nachzuweisen. Ihre Höhe kann nach § 287 ZPO geschätzt werden (→ Rn. 432 ff., → Rn. 498 ff., → Rn. 840 ff.). 72

Als unselbstständiger Unterhaltsteil ist der Mehrbedarf – wie der Vorsorgeunterhalt – vor Berechnung des Quotenunterhalts vom Nettoeinkommen des Verpflichteten abzuziehen. Gleiches gilt für Mehraufwendungen des Verpflichteten wegen seines Umzugs in ein betreutes Wohnen als krankheitsbedingtem Mehraufwand.[180]

Davon abweichend ist **trennungsbedingter Mehrbedarf** regelmäßig nicht anzuerkennen, weil die Ermittlung des Unterhaltsbedarfs mittels der Differenzmethode üblicherweise das gesamte verfügbare Einkommen beider Eheleute erfasst und schon auf Grund der Halbteilung die Interessen beider Ehegatten berücksichtigt werden[181] (→ Rn. 835).

e) **Ausbildungsunterhalt bei Trennung.** Haben die Ehegatten ihre Lebensgemeinschaft vor der Trennung dahin gestaltet, dass einer der Ehegatten einem Studium nachgeht, so ist diesem während der Trennung – bei im Übrigen unveränderten Lebensverhältnissen – Ausbildungsunterhalt zu gewähren, wenn die **Ausbildung** dem im Lauf der Ehe einvernehmlich entwickelten, **gemeinsamen Lebensplan** der Eheleute entspricht. Dabei ist es unerheblich, ob es sich um eine Erst- oder Zweitausbildung handelt.[182] Sagt ein Ehegatte im Zuge der Eheschließung zu, dem aus einem anderen Land und Kulturkreis stammenden anderen Ehegatten im Falle der ehebedingten Übersiedlung nach Deutschland das Erlernen der Sprache und eine (nicht näher bezeichnete) Ausbildung zu ermöglichen, so ist er auch im Falle der Trennung hieran festzuhalten. Er schuldet dann dem anderen Ehegatten, der nach dem Erwerb der Sprachkenntnisse keine Ausbildung, sondern ein Hochschulstudium anstrebt, Unterhalt für die Dauer einer (regelmäßig kürzeren als ein Studium) mit einer eigenen Vergütung verbundenen hypothetischen Berufsausbildung.[183] 73

Diese Grundsätze sind nicht anwendbar, wenn die nach Trennung begonnene Ausbildung nach dem gemeinsamen Lebensplan im Zeitraum der Trennungsphase noch gar nicht aufgenommen worden wäre.[184]

Ohne einen gemeinsamen Lebensplan kann ein Anspruch auf Ausbildungsunterhalt nach § 1361 BGB unter **Heranziehung der Grundsätze zum nachehelichen Unterhalt** bestehen, weil getrennt lebende Ehegatten im Zweifel unterhaltsrechtlich nicht schlechter

---

[178] BGH FamRZ 2012, 514 Rn. 17.
[179] BGH FamRZ 1989, 483 Rn. 25.
[180] OLG Saarbrücken BeckRS 2019, 6368.
[181] BGH FamRZ 2010, 111 Rn. 35; 2007, 1303 (1305); vgl. auch Klinkhammer FF 2009, 140 (143).
[182] BGH FamRZ 1985, 782; 1981, 439.
[183] OLG Düsseldorf FamRZ 2008, 1856.
[184] BGH FamRZ 1985, 782.

gestellt werden dürfen als sie im Fall der Scheidung stehen würden. Während der Trennungszeit kommt ein Anspruch auf Ausbildungsunterhalt jedoch nur nach den Kriterien des § 1573 I iVm § 1574 III BGB in Betracht. Diese setzen voraus, dass der Bedürftige nach **§ 1574 III BGB** verpflichtet ist, sich einer zur Erlangung einer angemessenen Erwerbstätigkeit erforderlichen Ausbildung zu unterziehen, damit bei Scheidung eine baldige (Wieder-)Eingliederung in das Erwerbsleben möglich wird. Dies liegt in aller Regel auch im Interesse des Verpflichteten.[185]

74 Auf eine entsprechende Anwendung von **§ 1575 BGB** kann während der Trennungszeit ein Ausbildungsunterhalt grundsätzlich nicht gestützt werden, weil ein Anspruch nach § 1575 BGB nicht der Erhaltung des ehelichen Lebensstandards dient, sondern auch ehebedingte Nachteile ausgleichen soll und gegenüber den ehelichen Lebensverhältnissen Niveausteigerungen ermöglicht. Es kann dem Verpflichteten im Hinblick auf den provisorischen Charakter des Getrenntlebens, dh solange die Wiederherstellung der ehelichen Lebensgemeinschaft noch möglich erscheint, in der Regel nicht zugemutet werden, für den Unterhalt des Berechtigten in größerem Maße aufzukommen, als es durch die Aufrechterhaltung des ehelichen Lebensstandards geboten ist. Ein **Anspruch entsprechend § 1575 BGB** kann, sofern dessen sonstige Voraussetzungen vorliegen,[186] während der Trennungszeit aber **im Vorgriff** auf dessen Voraussetzungen bejaht werden, wenn die Trennung nach den Umständen dergestalt auf eine Scheidung abzielt, dass sich der Berechtigte auf das endgültige Scheitern der Ehe, zB wegen der Endgültigkeit der von seinem Partner vollzogenen Trennung und auf dessen konkret zum Ausdruck gebrachte Scheidungsabsicht, einstellen muss. Dann hat der ausbildungswillige Partner ein berechtigtes Interesse daran, seinen Ausbildungsanspruch nach § 1575 BGB sobald als möglich zu verwirklichen. Dieses Interesse zählt dann zu seinen „persönlichen Verhältnissen" im Sinn von § 1361 II BGB und ist geeignet, die Unzumutbarkeit einer Erwerbstätigkeit zu begründen. Dem anderen Ehepartner ist es billigerweise verwehrt, die Zurückstellung des Ausbildungswunsches bis zur Scheidung zu verlangen. In derartigen Fällen ist die Ausbildung während des Getrenntlebens nur eine Vorwegnahme des nachehelichen Ausbildungsbeginns.[187] Einzelheiten zum Ausbildungsunterhalt nach § 1575 BGB → Rn. 338 ff.

75 **f) Verfahrenskostenvorschuss und Sonderbedarf.** Wegen des möglichen Anspruchs auf Sonderbedarf (§§ 1361 IV 4, 1360a III, 1613 II Nr. 1 BGB) → § 6 Rn. 1 ff., wegen des Anspruchs auf Verfahrenskostenvorschuss[188] (§§ 1361 IV 4, 1360a IV BGB) → § 6 Rn. 20.

VI. Leistungsfähigkeit des Unterhaltspflichtigen

76 Auch die **Leistungsfähigkeit** des Unterhaltsverpflichteten ist eine ungenannte Voraussetzung des Trennungsunterhalts gemäß § 1361 BGB.[189] Ein Ehegatte ist nur dann unterhaltspflichtig, wenn ihm ausreichende Mittel zur Verfügung stehen, um seinen eigenen angemessenen Lebensbedarf zu decken und darüber hinaus Unterhalt leisten zu können.[190] Die unterste Grenze für die Leistungsfähigkeit des Unterhaltspflichtigen ergibt sich aus dem ihm zu belassenden Selbstbehalt.

Beim Trennungsunterhalt sind im Rahmen des § 1361 BGB die **Grundsätze des § 1581 BGB** zur Beurteilung der Leistungsfähigkeit des Verpflichteten unter Berücksichti-

---

[185] BGH FamRZ 2001, 350 (351); 1988, 1145; 1985, 782.
[186] OLG München FamRZ 1998, 553 bejaht einen Anspruch auf Trennungsunterhalt entsprechend § 1575 I BGB, wenn der berechtigte Ehegatte wegen der Geburt eines Kindes eine Ausbildung abgebrochen hatte.
[187] BGH FamRZ 1985, 782; 2001, 350 (351).
[188] BGH FamRZ 2017, 1052; KG JurBüro 2017, 478; OLG Koblenz BeckRS 2017, 146158; OLG Brandenburg FuR 2017, 511; FamRZ 2014, 784; OLG München FamRZ 2016, 1935; OLG Karlsruhe FamRZ 2016, 1279.
[189] OLG Hamm FamRZ 2018, 259.
[190] BGH FamRZ 1981, 1159; 2001, 619 (621).

2. Abschnitt: Der Trennungsunterhalt (§ 1361 BGB) § 4

gung der Besonderheiten, die das Verhältnis der Ehegatten zueinander während des Getrenntlebens zu demjenigen nach der Scheidung kennzeichnen,[191] mit heranzuziehen.[192] Die Erwerbsobliegenheit des Unterhaltsschuldners für den Trennungsunterhalt reicht nicht weiter als derjenige für den nachehelichen Unterhalt. Nach Erreichen der gesetzlichen Altersgrenze besteht grundsätzlich keine Erwerbsobliegenheit mehr. Eine vom Unterhaltspflichtigen nach Erreichen der Regelaltersgrenze für die gesetzliche Rente ausgeübte Erwerbstätigkeit ist regelmäßig **überobligatorisch**.[193]

Näheres zur Leistungsfähigkeit, die sich nach allgemeinen Grundsätzen richtet → Rn. 966 ff.

Den Unterhaltsschuldner trifft im Rahmen seiner Verpflichtung zu Leistung von Trennungsunterhalt grundsätzlich **keine Obliegenheit zur Einleitung der Verbraucherinsolvenz**. Der BGH hatte eine solche Obliegenheit im Hinblick auf die nach § 1603 II BGB gesteigerte Unterhaltspflicht zur Sicherstellung des laufenden Unterhalts von minderjährigen Kindern grundsätzlich bejaht.[194] Dies gilt wegen fehlender gesteigerter Unterhaltspflicht und im Hinblick auf die verfassungsrechtlich geschützte Handlungsfreiheit des Unterhaltsschuldners regelmäßig nicht für den Ehegattenunterhalt (Trennungsunterhalt oder nachehelicher Unterhalt).[195] 77

VII. Unterhaltsberechnung

Die Methoden und Beispiele zur Unterhaltsberechnung für den nachehelichen Unterhalt gelten in gleicher Weise für den Trennungsunterhalt (siehe hierzu → Rn. 750 ff. sowie → Rn. 928 ff.). 78

VIII. Rangfolge, Konkurrenzen

1. Rangfolge des Unterhaltsanspruchs

Unterhaltsansprüche getrennt lebender Ehegatten stehen nach der für alle Unterhaltsansprüche geltenden Vorschrift des § 1609 BGB seit dem 1.1.2008 gemäß § 1609 Nr. 2 BGB im 2. Rang nach den Unterhaltsansprüchen der minderjährigen Kinder, wenn ein Unterhaltsanspruch wegen Kinderbetreuung besteht oder die Ehe von langer Dauer war, im Übrigen in dem 3. Rang. 79

2. Konkurrenzen

Die **getrennt lebende Ehefrau** hat wegen eines nichtehelichen Kindes nach rechtswirksamer Feststellung oder Anerkennung der Vaterschaft (vgl. § 7) auch dann einen Unterhaltsanspruch gegen den Kindesvater nach § 1615l I bzw. II 2 BGB, wenn sie schon wegen der Betreuung ehelicher Kinder an einer Erwerbstätigkeit gehindert ist. Ihr hieraus resultierender Anspruch auf Trennungsunterhalt nach **§ 1361 BGB konkurriert mit** ihrem Anspruch nach **§ 1615l BGB**, der entgegen der vielfach früher in der Rechtsprechung vertretenen Meinung[196] nicht gegenüber einem Anspruch auf Ehegattenunterhalt vorrangig ist. Die Ansprüche stehen gleichrangig nebeneinander.[197] Der BGH[198] 80

---

[191] BGH FamRZ 1986, 556.
[192] Vgl. hierzu BVerfG FamRZ 2002, 1397 (1398).
[193] BGH FamRZ 2013, 191 Rn. 15; 2011, 454 Rn. 19 ff. mwN.
[194] BGH FamRZ 2005, 608.
[195] BGH FamRZ 2008, 497 (499 f.) = R 687.
[196] KG FamRZ 1998, 556; OLG Hamm FamRZ 1997, 1538.
[197] BGH FamRZ 2007, 1303; 2005, 357.
[198] BGH FamRZ 2007, 1303; 2005, 357; 1998, 541 (544) = R 520c.

§ 4   Ehegattenunterhalt

wendet zur Bestimmung der anteiligen Haftung der beiden Verpflichteten über § 1615l II 1 BGB die Vorschrift des § 1606 III 1 BGB entsprechend an, wobei sich die **Haftungsquote** nicht allein nach den jeweiligen Erwerbs- und Vermögensverhältnissen bestimmt, sondern zB auch danach, inwiefern die Mutter auf Grund der unterschiedlichen Betreuungsbedürftigkeit der einzelnen Kinder von einer Erwerbstätigkeit abgehalten wird (vgl. zu den Rangproblemen im Einzelnen → § 7 Rn. 152 ff.). Diese Grundsätze gelten auch, wenn eine Ehefrau wegen eines betreuten ehelichen Kindes und eines betreuten nichtehelichen Kindes von dessen Vater und vom Ehemann Betreuungsunterhalt in Form von Trennungsunterhalt[199] (oder Familienunterhalt[200]) verlangen kann.

IX. Beginn und Ende des Trennungsunterhalts, Unterhaltsverzicht, Unterhaltsbegrenzung

1. Beginn des Anspruchs

81   Der Anspruch auf Trennungsunterhalt **beginnt** mit der vollständigen Trennung der Eheleute (→ Rn. 4). Bis zur Trennung besteht der wesensverschiedene Anspruch auf Familienunterhalt. Der Anspruch auf Trennungsvorsorgeunterhalt beginnt erst ab Rechtshängigkeit des Scheidungsverfahrens (§ 1361 I 2 BGB).

2. Ende des Anspruchs

82   **a) Rechtskraft der Scheidung.** Der Trennungsunterhalt **endet** mit dem Tag **vor** Eintritt der Rechtskraft der Scheidung. Ab dem Tag der Rechtskraft der Scheidung wird der wesensverschiedene nacheheliche Unterhalt geschuldet.[201] Die Auffassung, dass der Trennungsunterhalt nicht nur bis zum Tag der Scheidung, sondern bis zum Ende des Monats geschuldet werde, in welchen die Scheidung fällt, der Nachscheidungsunterhalt also erst mit dem Ersten des der Rechtskraft des Scheidungsurteils folgenden Monats beginne,[202] hat der Bundesgerichtshof wegen Unvereinbarkeit mit der Gesetzeslage ausdrücklich abgelehnt.[203]

83   **b) Versöhnung der Eheleute.** Der Anspruch auf Trennungsunterhalt **erlischt,** wenn die Ehegatten ihre häusliche Trennung nicht nur ganz kurzfristig wieder herstellen. Denn bei Beendigung der häuslichen Trennung nach einer Versöhnung entsteht wieder ein Anspruch auf Familienunterhalt, der eine andere Qualität als der Trennungsunterhalt hat.[204] Auch soweit der Anspruch vor der Versöhnung tituliert worden war, lebt er bei erneutem Getrenntleben nicht wieder auf, so dass sein Erlöschen mit einem Vollstreckungsgegenantrag geltend gemacht werden kann.[205]

84   **c) Tod des Unterhaltsberechtigten oder des Unterhaltspflichtigen.** Nach §§ 1361 IV 4, 1360a III, 1615 I BGB erlischt der Anspruch auf Trennungsunterhalt ferner mit dem **Tod eines Ehegatten,** soweit der Unterhaltsanspruch nicht auf Erfüllung oder Schadensersatz wegen Nichterfüllung für die Vergangenheit oder auf solche im Voraus zu bewirkenden Leistungen gerichtet ist, die zur Zeit des Todes schon fällig waren. Nach § 1361 IV 2 BGB ist für den Monat des Todes des Unterhaltsberechtigten der volle monatliche Unterhalt zu zahlen, nicht nur der anteilige Unterhalt bis zu dem Todestag.

Wenn der unterhaltspflichtige Ehegatte stirbt, sind die bis dahin rückständigen Unterhaltsbeträge Nachlassverbindlichkeiten. Falls das gesetzliche Erbrecht des unterhaltsberech-

---

[199] BGH FamRZ 2007, 1303.
[200] OLG Stuttgart FamRZ 2016, 907; KG NZFam 2015, 721.
[201] BGH FamRZ 1981, 242; 1984, 256 (257).
[202] Luthin FamRZ 1985, 262.
[203] BGH FamRZ 1988, 370 (372).
[204] OLG Hamm FamRZ 1999, 30.
[205] OLG Hamm FamRZ 2011, 1234 und FamRZ 1999, 30; OLG Düsseldorf FamRZ 1992, 943.

2. Abschnitt: Der Trennungsunterhalt (§ 1361 BGB) § 4

tigten Ehegatten wegen des bei Tod des Unterhaltpflichtigen rechtshängigen Scheidungs- oder Aufhebungsverfahrens nach § 1933 S. 1 u. 2 BGB ausgeschlossen ist, tritt als Ersatz für den Wegfall dieses Ehegattenerbrechts an die Stelle des Anspruchs auf Trennungsunterhalt ein **quasi-nachehelicher Unterhaltsanspruch** nach §§ 1569–1586b BGB, der die Erben als Nachlassverbindlichkeit trifft (§ 1933 S. 3 BGB). Die neu entstehenden Unterhaltsansprüche sind auf die Höhe des fiktiven Pflichtteils des unterhaltsberechtigten Ehegatten beschränkt. Maßgebend ist hierbei der sog kleine Pflichtteil. Die Vorschrift des § 1371 BGB ist nicht anwendbar. Umstritten ist, ob der quasi-nacheheliche Unterhaltsanspruch entsteht, wenn der Ehegatte zB im Rahmen einer notariellen Trennungs- und Scheidungsvereinbarung auf Erb- und Pflichtteilsansprüche (§ 2346 BGB) verzichtet hatte.[206]

Der Unterhaltspflichtige hat die Beerdigungskosten für den Unterhaltsberechtigten zu zahlen, wenn eine Zahlung von den Erben nicht zu erlangen ist (§ 1615 II BGB).

3. Unterhaltsverzicht

Aus §§ 1361 IV 4, 1360a III, 1614 BGB ergibt sich das **Verbot, auf Trennungsunterhalt für die Zukunft** ganz oder teilweise zu **verzichten**. Deshalb darf auch eine Unterhaltsvereinbarung (zB in einem Ehevertrag[207]) nicht auf einen Verzicht oder teilweisen Verzicht hinauslaufen. Es genügt allein eine objektive Unterhaltsverkürzung.[208] Ein Verzicht kann auch nicht durch ein pactum de non petendo umgangen werden.[209]

85

Da auch für die Bemessung des Trennungsunterhalts ein gewisser Angemessenheitsrahmen besteht, der von den Eheleuten ausgeschöpft werden kann, ist eine solche Unterhaltsvereinbarung erst dann unwirksam, wenn sie diesen **Angemessenheitsrahmen** unterschreitet. Eine solche Unterschreitung wird im Regelfall zu bejahen sein, wenn weniger als $4/5$ des berechtigten Trennungsunterhalts vereinbart werden.[210] Verkürzungen um mehr als $1/3$ sind jedenfalls nicht mehr hinnehmbar[211] (siehe hierzu näher die Ausführungen zu Unterhaltsvereinbarungen → § 6 Rn. 610 ff.). Die Beurteilung, ob eine unzulässige Unterschreitung des angemessenen Unterhalts vorliegt, setzt voraus, dass zunächst die Höhe dieses angemessenen Unterhalts in den hierfür erforderlichen Umfang (Leistungsfähigkeit des Unterhaltsschuldners und Bedarf sowie Bedürftigkeit des Unterhaltsgläubigers) festgestellt wird. Andernfalls ist nicht ermittelbar, ob ein Verzicht vorliegt.[212]

Unwirksam ist auch eine Vereinbarung, den Trennungsunterhalt nicht gerichtlich geltend zu machen.[213] Ein **Verzicht** auf Trennungsunterhalt **für die Vergangenheit** ist dagegen **zulässig**. In der Nichtgeltendmachung von Trennungsunterhalt für längere Zeit liegt allerdings noch kein solcher Verzicht. Es ist vielmehr zu prüfen, ob der Berechtigte einen triftigen Grund für einen solchen Verzicht hatte oder ob nicht eine andere Erklärung für die Unterlassung der Rechtsausübung naheliegt.[214] Allerdings kann bei illoyal verspäteter Geltendmachung nach Treu und Glauben eine **Verwirkung** des Unterhaltsanspruchs eintreten. Hierfür müssen sowohl das Zeit- als auch das Umstandsmoment vorliegen.[215]

Verzichtet ein trennungsunterhaltsberechtigter Ehegatte zunächst auf die Vollstreckung aus seinem Unterhaltstitel, da er Einkünfte aus Berufstätigkeit hat, so kann er dennoch ab

---

[206] Verneinend Grziwotz FamRZ 1991, 1258; Pentz FamRZ 1998, 1344 (und 1999, 489) Schmitz FamRZ 1999, 1569; a. A. Dieckmann FamRZ 1992, 633 (und 1999, 1029).
[207] OLG Brandenburg FamRZ 2016, 2104.
[208] BGH FamRZ 2015, 2131 Rn. 12 = R 772; 1984, 997 (999).
[209] BGH FamRZ 2015, 2131 Rn. 13 = R 772; 2014, 629 Rn. 48 = R 745g.
[210] BGH FamRZ 2015, 2131 Rn. 16, 2 = R 772; 1984, 997 (999); OLG Köln FamRZ 1983, 750.
[211] OLG Hamm FamRZ 2007, 732 (733).
[212] BGH FamRZ 2015, 2131 Rn. 17 = R 772.
[213] Vgl. BGH FamRZ 2014, 629 Rn. 48 = R 245g; OLG Karlsruhe FamRZ 1980, 1117.
[214] BGH FamRZ 1981, 763.
[215] Vgl. BGH FamRZ 2002, 1698 (1699).

4. Unterhaltsbegrenzung

86 Der Anspruch auf Trennungsunterhalt kann nicht in analoger Anwendung des § 1578b BGB befristet oder herabgesetzt werden, weil der Gesetzgeber nach der Begründung zum Regierungsentwurf des Unterhaltsrechtsänderungsgesetzes ausdrücklich von der Anwendung des § 1578b BGB im Rahmen des Trennungsunterhalts abgesehen hat und daher eine Regelungslücke nicht vorliegt.[217]

X. Verwirkung des Trennungsunterhalts (§§ 1361 III, 1579 BGB)

1. Voraussetzungen für die Anwendung der Härteklausel des § 1579 BGB

87 Nach § 1361 III BGB ist § 1579 Nr. 2 bis Nr. 8 BGB entsprechend anzuwenden, dh, ein Anspruch auf Trennungsunterhalt kann versagt, herabgesetzt oder zeitlich begrenzt werden, soweit die Inanspruchnahme des Verpflichteten auch unter Wahrung der Belange eines dem Berechtigten zur Pflege oder Erziehung anvertrauten gemeinschaftlichen Kindes grob unbillig wäre, weil einer der in § 1579 Nr. 2 bis 8 BGB aufgeführten Gründe tatbestandsmäßig zu bejahen ist.

Erforderlich ist danach wie beim nachehelichen Unterhalt **das Vorliegen eines speziellen Härtegrundes** im Sinne der Nr. 2 bis 8 des § 1579 BGB. Insoweit gelten die Ausführungen zum nachehelichen Unterhalt (siehe § 4 Abschnitt 8 → Rn. 1200 ff.) entsprechend.

2. Einzelne, beim Trennungsunterhalt häufig geltend gemachte Härtegründe

88 a) **§ 1579 Nr. 1 BGB.** Nach § 1361 III BGB ist eine kurze Ehedauer allein **kein** Ausschlussgrund für den Trennungsunterhalt, weil § 1579 Nr. 1 BGB in § 1361 III BGB ausdrücklich für nicht anwendbar erklärt wird.[218] Selbst die Tatsache, dass die Beteiligten nie zusammengelebt haben, reicht für einen Ausschluss nicht aus.[219] Gleiches gilt bei langjähriger Trennung.[220]

Eine **kurze Ehedauer** bzw. ein kurzes oder fehlendes Zusammenleben kann jedoch zusammen mit weiteren Umständen für die Beurteilung der Frage eine Rolle spielen, ob im Sinne von § 1361 II BGB eine Erwerbsobliegenheit des haushaltführenden Ehegatten besteht. Außerdem kann sie bei der **Billigkeitsabwägung** im Rahmen eines Härtegrundes nach § 1579 Nr. 2 bis 8 BGB mit berücksichtigt werden. So hat der BGH eine Versagung von Unterhalt für gerechtfertigt gehalten, wenn es nicht zur Aufnahme irgendeiner Gemeinschaft gekommen ist, weil die Ehegatten ihre standesamtliche Heirat wegen einer kirchlich nicht geschiedenen früheren Ehe des einen von ihnen nach ihrer gemeinsamen

---

[216] OLG Zweibrücken FamRZ 2009, 142.
[217] BT-Drs. 16/1830, 16; OLG Düsseldorf FamFR 2010, 390; OLG Hamburg MDR 2009, 334; OLG Brandenburg FamRZ 2009, 1837 mAnm Ehinger FPR 2009, 250; OLG Brandenburg NZFam 2016, 983; FuR 2009, 211; OLG Düsseldorf FamRZ 2008, 1539; OLG Bremen FamRZ 2009, 1415; Büttner/Niepmann NJW 2008, 2391 (2399); aA bei langer Trennungszeit Palandt/Brudermüller, BGB, Nachtrag zur 67. Aufl. § 1578b Rn. 3; Graba FamRZ 2008, 1217 (1220); vgl. auch Triebs FPR 2008, 31 (35); Maurer FamRZ 2008, 975, Anm. zu BGH FamRZ 2008, 968.
[218] BGH FamRZ 1979, 569.
[219] BGH FamRZ 1994, 558.
[220] BGH FamRZ 1981, 241.

2. Abschnitt: Der Trennungsunterhalt (§ 1361 BGB) § 4

Glaubensüberzeugung als irrelevant angesehen haben.[221] Ebenso hat das AG Essen einen Unterhaltsanspruch bei einer Dauer des Zusammenlebens der Ehegatten von nur 14 Tagen im Hinblick auf die Erwerbsobliegenheit der Ehefrau versagt, die überdies zum Zeitpunkt der Trennung anderweitige geschlechtliche Beziehungen aufgenommen hatte (§ 1579 Nr. 7 BGB).[222]

b) § 1579 Nr. 2 BGB. Der Auffangtatbestand des § 1579 Nr. 8 BGB (andere schwerwiegende Gründe; § 1579 Nr. 7 BGB aF) kam vor der Unterhaltsreform auch beim Trennungsunterhalt bei länger dauerndem (im Allgemeinen nicht unter zwei bis drei Jahren) Zusammenleben des Berechtigten mit einem anderen Partner in Betracht.[223] Insoweit hat der Gesetzgeber seit dem 1.1.2008 mit **§ 1579 Nr. 2 BGB** eine eigene Regelung geschaffen, die aber gegenüber der bisherigen Rechtsprechung zu keiner Änderung führen soll.[224] In der neueren Rechtsprechung ist jedoch eine Tendenz zur Absenkung der Zeitspanne für die Annahme einer verfestigten Lebensgemeinschaft auf ein bis zwei Jahre zu erkennen.[225] 89

Die Partner müssen nicht in einer Wohnung zusammenleben. Es reicht aus, wenn nur ein Verhältnis besteht, das persönlich, wirtschaftlich und von seiner Intensität her einem eheähnlichen Verhältnis gleichkommt.[226] Ein solches kann beim Trennungsunterhalt unter besonderen Umständen, zB bei Kauf eines gemeinsamen Hausgrundstücks[227] oder der Geburt eines Kindes[228] oder wenn die „neuen" Partner früher bereits einmal verheiratet waren[229] auch schon nach einem Jahr[230] angenommen werden. Auch das Vorliegen einer intimen Beziehung ist nicht Voraussetzung.[231]

Bei einem Verhältnis, das nicht durch ein Zusammenwohnen und durch ein gemeinsames Wirtschaften geprägt ist, ist eine verfestigte Beziehung anzunehmen, wenn die Partner seit fünf Jahren in der Öffentlichkeit, bei gemeinsamen Urlauben und der Freizeitgestaltung als Paar auftreten und Feiertage und Familienfeste zusammen mit Familienangehörigen verbringen.[232]

c) § 1579 Nr. 3 BGB. Eine Verwirkung des Unterhalts gemäß §§ 1361 III, 1579 Nr. 3, 5 BGB kann wegen Verschweigens bzw. falscher Darstellung der eigenen Einkünfte durch den Unterhaltsberechtigten eintreten.[233] Das bewusste Ableugnen von Einkünften in einem Verfahren kann einen versuchten oder vollendeten Verfahrensbetrug zum Nachteil des Unterhaltsverpflichteten darstellen; es ist als schweres Fehlverhalten anzusehen.[234] Gleiches gilt, wenn eine Ehefrau in einem Verfahren auf Trennungsunterhalt eine falsche eidesstattliche Versicherung abgibt und hierin den Mehrverkehr abstreitet, obwohl objektiv feststeht, dass das in der Ehe geborene Kind nicht von dem Ehemann abstammt.[235] 90

d) § 1579 Nr. 5 BGB. Eine Selbstanzeige bei einer Bußgeld- und Strafsachenstelle eines Finanzamtes kann eine Verwirkung zur Folge haben, wenn dadurch erhebliche 91

---

[221] BGH FamRZ 1994, 558.
[222] AG Essen FamRZ 2000, 23.
[223] BGH FamRZ 2002, 810 (811).
[224] BT-Drs. 16/1830, 21; BGH FamRZ 2011, 1874; BGH FamRZ 2011, 1498; OLG Brandenburg FuR 2016, 302.
[225] OLG Oldenburg NZFam 2017, 74; OLG Oldenburg NJW 2012, 2450; AG Witten BeckRS 2012, 11639.
[226] OLG Düsseldorf FamRZ 2011, 225.
[227] OLG Saarbrücken NJW-RR 2009, 1449.
[228] BGH FamRZ 2012, 1201 Rn. 34; OLG Koblenz FamRZ 2016, 1938.
[229] KG FamRZ 2017, 202.
[230] OLG Köln FamRZ 2000, 290; OLG Karlsruhe FamRZ 2006, 706; OLG Schleswig FamRZ 2006, 954.
[231] BGH FamRZ 2002, 810 (811 f.); BT-Drs. 16/1830, 21.
[232] OLG Brandenburg NZFam 2016, 983.
[233] BGH FamRZ 2007, 1532 Rn. 54; OLG Oldenburg FamRZ 2018, 680; OLG Düsseldorf FF 2010, 376 (Ls.).
[234] OLG Oldenburg FamRZ 2018, 680.
[235] OLG Hamm FamRZ 2015, 2067 Rn. 17.

Vermögensinteressen des Unterhaltspflichtigen massiv gefährdet werden. Im Rahmen der ehelichen Solidarität kann ein Ehegatte verpflichtet sein, bei einer Selbstanzeige beim Finanzamt den anderen Ehegatten vorab zu informieren, um ihm die Möglichkeit zu eröffnen, sich dieser anzuschließen.[236]

e) § 1579 Nr. 7 BGB. Für den Trennungsunterhalt ist insbesondere § 1579 Nr. 7 BGB (schwerwiegendes, eindeutig beim Berechtigten liegendes Fehlverhalten) bedeutsam, weil die Entscheidungen des BGH[237] zum einseitigen **Ausbruch aus einer** sogenannten **intakten Ehe**[238] und dem daran anschließenden Zusammenleben mit einem neuen Partner überwiegend zum Trennungsunterhalt ergangen sind.

Durch eine einseitige Abkehr von der ehelichen Lebensgemeinschaft können Ansprüche auf Trennungsunterhalt verwirkt werden.[239] Der entscheidende Gesichtspunkt für die Annahme eines Härtegrundes gemäß § 1579 Nr. 7 BGB ist nicht in der Trennung als solcher zu sehen, sondern in der Widersprüchlichkeit des Verhaltens des Unterhaltsberechtigten, der sich zum einen aus der ehelichen Bindung löst, zum anderen aber die eheliche Solidarität durch ein Unterhaltsbegehren einfordert, ohne seinerseits das Prinzip der Gegenseitigkeit zu wahren. Dieses Prinzip wird nach der Rechtsprechung des BGH[240] verletzt, wenn der Berechtigte sich gegen den Willen seines Ehegatten einem anderen Partner zuwendet und jenem die dem Ehegatten geschuldete Hilfe und Fürsorge zuteilwerden lässt. Eine in dieser Weise erfolgte Abkehr von der Ehe, die vor allem in der Begründung einer eheähnlichen Gemeinschaft oder der Aufnahme eines nachhaltigen, auf längere Dauer angelegten intimen Verhältnisses liegen kann, führt dazu, dass die Inanspruchnahme des anderen Ehegatten auf Unterhalt grob unbillig erscheint.

92 Ein einseitiger Ausbruch aus einer Ehe kann auch ohne sexuellen Bezug vorliegen.[241] Auch die Aufnahme einer gleichgeschlechtlichen Beziehung gegen den Willen des anderen Ehegatten kann unter § 1579 Nr. 7 BGB fallen.[242] Gleiches gilt, wenn ein Ehegatte während der bestehenden Lebensgemeinschaft auf einer einschlägigen Internetseite (www.poppen.de) seine sexuellen Vorlieben und Neigungen veröffentlicht.[243] Wenn eine Ehefrau die langen berufsbedingten Abwesenheitszeiten ihres als Fernfahrer tätigen Ehemannes zur Aufnahme eines intimen Verhältnisses zu einem langjährigen gemeinsamen Freund ausnutzt, dem die Eheleute zuvor Unterkunft bei sich gewährt haben, und die Ehefrau das Verhältnis nach der Trennung der Eheleute offen fortsetzt, kann der Anspruch auf Trennungsunterhalt verwirkt sein.[244]

An einem schwerwiegenden und einseitigen Fehlverhalten fehlt es, wenn der Berechtigte eine vorübergehende Beziehung zu einem anderen Partner aus einer nicht mehr intakten Ehe heraus aufnimmt.[245] Hat der Pflichtige im gleichen Zeitraum seinerseits eine entsprechende außereheliche Beziehung aufgenommen, wird das Verhalten des Berechtigten relativiert, so dass es an den Voraussetzungen für die Anwendung von § 1579 Nr. 7 BGB fehlen kann.[246]

---

[236] OLG Schleswig-Holstein FamRZ 2013, 1132; OLG Brandenburg FamRZ 2014, 784.
[237] Vgl. wegen der Fundstellen → Rn. 1347 ff.
[238] OLG Oldenburg NJW 2012, 2450; OLG Hamm FamFR 2012, 347; zur Problematik des Begriffs „intakte Ehe" vgl. Peschel-Gutzeit FamRZ 1996, 1446 (1450).
[239] OLG Oldenburg NJW 2012, 2450; OLG Oldenburg FamRZ 2010, 904; OLG Zweibrücken FamRZ 2009, 699; OLG Karlsruhe FamRZ 2008, 2279; KG FamRZ 2006, 1542; OLG Hamm FamRZ 1999, 1134.
[240] BGH FamRZ 2008, 1414 = R 693.
[241] OLG Hamm FamRZ 2012, 1223; KG FamRZ 1989, 868 mAnm Finger FamRZ 1989, 1180; Anm. Diener FamRZ 1990, 407.
[242] BGH FamRZ 2008, 1414 = R 693 mAnm Wellenhofer FamRZ 2008, 1417; Anm. Schnitzler FF, 413; Anm. Zimmermann FamRB 2008, 231; Anm. Leipold NJW 2008, 2781; OLG Brandenburg FF 2010, 33.
[243] OLG Oldenburg FamRZ 2010, 904.
[244] OLG Hamm FamRZ 2012, 642.
[245] KG FamRZ 1998, 1112.
[246] AG München FamRZ 1998, 1112.

2. Abschnitt: Der Trennungsunterhalt (§ 1361 BGB) § 4

Weitere Fälle des § 1579 Nr. 7 BGB können das Unterschieben eines Kindes[247] oder fortwährende Verweigerung des Umgangsrechts mit der unrichtigen Behauptung sexuellen Missbrauchs[248] oder eine unrichtige Strafanzeige wegen sexuellen Missbrauchs sein.[249]

f) § 1579 Nr. 8 BGB. Ist ein getrennt lebender Ehegatte voll erwerbsfähig und hat er 93 eine angemessene Stelle, kann er wegen objektiver Unzumutbarkeit von Unterhaltsleistungen (§ 1579 Nr. 8 BGB) nach Jahren, in denen er sich allein unterhalten hat, nicht wegen des niedrigen Einkommensniveaus in seinem Heimatland – auch wenn ihm die Rückkehr nach Deutschland verwehrt ist – Trennungs-/Aufstockungsunterhalt verlangen, falls der Pflichtige für seine Rückkehr ins Ausland nicht verantwortlich ist.[250] Überhaupt können Unterhaltsleistungen bei langer Trennung[251] wegen grober Unbilligkeit unzumutbar sein, zB wenn Ehegatten während neunzehnjährigen Getrenntlebens jeweils ihr Auskommen hatten und ein Ehegatte nunmehr trotz unveränderter Einkommensverhältnisse und verselbständigter Lebensverhältnisse plötzlich Trennungsunterhalt verlangt, weil der andere Ehegatte den Scheidungsantrag eingereicht hat.[252] Eine sehr **kurze Zeit des Zusammenlebens** mit einer **extrem langen Trennungszeit** bei Kinderlosigkeit und ohne jede wirtschaftliche Verflechtung können einen besonders gelagerten Ausnahmefall bilden, der zur Annahme eines Härtegrundes nach § 1361 III BGB iVm § 1579 Nr. 8 BGB führen kann.[253]

3. Zumutbarkeitsabwägung

Wenn die Tatbestandsvoraussetzungen für einen Härtegrund nach 1579 BGB vorliegen, 94 ist festzustellen, ob die Inanspruchnahme des Verpflichteten auch unter Wahrung der Belange eines dem Berechtigten anvertrauten gemeinschaftlichen Kindes grob unbillig ist. Das Vorliegen der groben Unbilligkeit ist eine weitere Anspruchsvoraussetzung. Bei jedem Härtegrund ist daher zu prüfen, ob und inwieweit deswegen die **Zumutbarkeitsgrenze** eines schuldunabhängigen Unterhaltsanspruchs überschritten ist. Hierbei muss die veränderte Rechtslage bezüglich der Erwerbsobliegenheit des betreuenden Ehegatten beachtet werden, die sich aus der Änderung des § 1570 BGB ergibt. Anvertraut ist das Kind bei einer Sorgerechtsübertragung oder wenn sich die Beteiligten über die Betreuung einig sind. Die wichtigsten Beurteilungsmaßstäbe sind im Rahmen dieser Zumutbarkeitsabwägung die Erfordernisse des Kindeswohls, der Grundsatz der Verhältnismäßigkeit mit Vorrang des Kindeswohls sowie die sonstigen persönlichen und wirtschaftlichen Verhältnisse der Eheleute. Nach Beendigung der Kindesbetreuung kommt der jeweilige Härtegrund uneingeschränkt zum Tragen. Zur Zumutbarkeitsabwägung gelten ebenfalls die Ausführungen zum nachehelichen Unterhalt (Einzelheiten → Rn. 1218 ff.).

4. Rechtsfolgen

Wenn die Voraussetzungen des § 1579 BGB vorliegen, kann ein **Unterhaltsanspruch** 95 **versagt, herabgesetzt** oder **zeitlich begrenzt** werden. Die verschiedenen Rechtsfolgen können auch miteinander kombiniert werden. Dadurch kann das Gericht im Rahmen seiner tatrichterlichen Ermessensentscheidung[254] unter Gewichtung der Härtegründe und unter Einbeziehung der bei der Billigkeitsabwägung berücksichtigten Umstände für jeden

---

[247] OLG Hamm FamRZ 2017, 724 Rn. 23; OLG Hamm FamRZ 2015, 2067 Rn. 17; OLG Brandenburg FamRZ 2000, 1372.
[248] OLG Karlsruhe FamRZ 1999, 92.
[249] OLG Schleswig-Holstein FamRZ 2013, 1132; OLG Celle FamRZ 2008, 1627; OLG Frankfurt FuR 2005, 460.
[250] OLG Köln FamRZ 1999, 93.
[251] OLG Bamberg FamRZ 2014, 1707.
[252] OLG Frankfurt a. M. FamRZ 2004, 1574.
[253] OLG Brandenburg NZFam 2016, 983 Rn. 288.
[254] BGH FamRZ 2002, 810.

§ 4 Ehegattenunterhalt

Einzelfall eine angemessene Wahl der geeigneten Rechtsfolge treffen. Zu beachten ist, dass der Unterhalt wegen Betreuung von Kindern trotz des Fehlverhaltens des betreuenden Elternteils bis zur Vollendung des 3. Lebensjahres des Kindes in der Regel nur zu einer Herabsetzung des Unterhalts auf den Mindestbedarf (vgl. hierzu Ziffer 21.2 der Unterhaltsleitlinien der OLGe) führt.[255]

5. Verfahrensrechtliches

96 Die negative Härteklausel des § 1579 BGB ist als Einwendung von Amts wegen zu beachten, wenn von den Beteiligten entsprechende Tatsachen vorgetragen werden. Sofern kein Antrag auf persönliche Vernehmung gestellt wird, können Zeugenaussagen im Strafprozess im Wege des Urkundsbeweises verwertet werden.[256] Die **Beweislast** für das Vorliegen der tatsächlichen Voraussetzungen des Härtegrundes und die Umstände, die seine Inanspruchnahme als grob unbillig erscheinen lassen, hat der Unterhaltspflichtige.[257]

Für die ihm im Rahmen der Billigkeitsabwägung günstigen Umstände, wie zB Verzeihung, hat der Berechtigte die Darlegungs- und Beweislast (→ Rn. 1241).

XI. Unterhalt für die Vergangenheit, Rückforderung von Unterhalt

Gemäß §§ 1361 IV, 1360a III sind beim Trennungsunterhalt die §§ 1613, 1614 und 1615 BGB entsprechend anzuwenden.

1. Unterhalt für Vergangenheit

97 Nach § 1613 I BGB kann rückständiger **Trennungsunterhalt für die Vergangenheit** nur ab Verzug mit der Unterhaltszahlung, ab Verzug mit der Pflicht zur Erteilung von Auskunft über Einkommen und Vermögen zum Zwecke der Unterhaltsberechnung oder ab Rechtshängigkeit verlangt werden. Wegen **Sonderbedarfs** (§ 1613 II Nr. 1 BGB) → § 6 Rn. 1 ff.

2. Rückforderung von Zuvielleistungen

98 Der Unterhaltspflichtige, der freiwillig einen zu hohen monatlichen Trennungsunterhalt bezahlt hat, kann solche Zuvielleistungen im Zweifel nicht wegen ungerechtfertigter Bereicherung des Berechtigten zurückverlangen (§§ 1361 IV, 1360b BGB). Nach der **Auslegungsregel des § 1360b BGB** ist bei freiwilligen Mehrleistungen nach der Lebenserfahrung von einem Verzicht auf Ersatzansprüche auszugehen. Das gilt sowohl für laufende als auch für einmalige Unterhaltsleistungen oder für Leistungen aus dem Vermögensstamm.[258]

Die Vermutung des § 1360b BGB kann jedoch widerlegt werden. Der zurückfordernde Ehegatte hat dann darzulegen und nachweisen, dass er zu viel an Trennungsunterhalt gezahlt hat und bereits bei Zahlung eine Rückforderungsabsicht hatte oder dass er nur unter Vorbehalt der Rückforderung geleistet hat. Ein solcher Vorbehalt kann sich auch aus den Umständen ergeben (→ § 3 Rn. 118 f.). Zur Rückforderung überzahlten Unterhalts im Einzelnen, insbesondere auch zum Wegfall der Bereicherung (§ 818 III BGB), → § 6 Rn. 200 ff.

---

[255] BT-Drs. 16/1830, 21; aA *Siebert* → § 4 Rn. 1237.
[256] BGH FamRZ 2004, 612.
[257] BGH FamRZ 1991, 670; OLG Hamm FamRZ 2012, 1223; OLG Köln FamRZ 2000, 290.
[258] BGH FamRZ 1983, 351.

2. Abschnitt: Der Trennungsunterhalt (§ 1361 BGB) § 4

3. Aufrechenbarkeit von Trennungsunterhaltsansprüchen 98a

Zur Frage der Aufrechnung des Unterhaltspflichtigen mit eigenen Forderungen gegen Unterhaltsforderungen und zur Aufrechnung des Unterhaltsberechtigten mit Unterhaltsforderungen gegen andere Forderungen des Unterhaltspflichtigen[259] siehe → § 6 Rn. 300 ff.

XII. Geltendmachung des Trennungsunterhalts, Auskunftsanspruch

1. Auskunftsanspruch

Nach §§ 1361 IV, 1605 BGB besteht für getrennt lebende Ehegatten ein **Auskunftsanspruch** über die Einkommens- und Vermögensverhältnisse des jeweils anderen (Einzelheiten zum Auskunftsanspruch → § 1 Rn. 1150 ff.). Ein Auskunftsanspruch gegen den Unterhaltspflichtigen ist immer schon dann gegeben, wenn unabhängig von der tatsächlichen Vermutung der Einkommensverwendung eine Darlegung des **Bedarfs** nach der Quotenmethode in Betracht kommt. Die Erklärung des Unterhaltspflichtigen, er sei „unbegrenzt leistungsfähig", lässt den Auskunftsanspruch noch nicht entfallen.[260] 99

Auskunft ist von dem Unterhaltspflichtigen auch dann zu erteilen, wenn er beabsichtigt, den Einwand der Verwirkung nach § 1579 BGB zu erheben.

Die Auskunftspflicht entfällt lediglich dann, wenn Umstände vorliegen, die auch **ohne Einbeziehung der Einkommens- und Vermögensverhältnisse** den Unterhaltsanspruch zweifelsfrei entfallen lassen.[261]

2. Verfahren

Der Trennungsunterhalt ist grundsätzlich in einem **isolierten Unterhaltsverfahren** geltend zu machen. Im Verbundverfahren (§ 137 FamFG, bis 31.8.2009 nach § 623 ZPO) darf keine Sachentscheidung über den Trennungsunterhalt ergehen. Ein verfahrenswidrig im Verbund anhängig gemachtes Verfahren ist abzutrennen und gesondert weiterzuführen.[262] 100

Nach dem bis zum 31.8.2009 geltenden § 620 Nr. 6 ZPO konnte auf Antrag bei Anhängigkeit eines Scheidungsverfahrens auch der Trennungsunterhalt für die Dauer des Scheidungsverfahrens durch **einstweilige Anordnung** geregelt werden. Eine solche Regelung schloss das Rechtsschutzbedürfnis für eine Klage auf Leistung von Trennungsunterhalt nicht aus, weil die einstweilige Anordnung nur auf Grund summarischer Prüfung erging.[263] Die unbefristete einstweilige Anordnung wirkte anders als ein Urteil über den Trennungsunterhalt nach § 620f ZPO aF über die Rechtskraft der Scheidung hinaus bis zum Wirksamwerden einer neuen Regelung.

Seit dem 1.9.2009 können **einstweilige Anordnungen** nach **§ 246 FamFG** in einem eigenständigen Verfahren erlassen werden. Diese Regelung hat die mit der Einführung des FamFG aufgehobenen §§ 620–620g, 644 ZPO ersetzt. Eine einstweilige Anordnung, die über den Unterhalt eines Ehegatten vor Rechtskraft der Scheidung befindet, regelt nur den Trennungsunterhalt. Ihre Grundlage entfällt mit der Rechtskraft der Scheidung. Ob die einstweilige Anordnung wie nach früherem Recht[264] nach der Scheidung trotz der Nichtidentität von Trennungs- und nachehelichem Unterhalt als Regelung des nachehelichen

---

[259] Vgl. auch OLG Hamm NZFam 2017, 1109.
[260] BGH FamRZ 2018, 260 = R 788; FamRZ 1994, 1169.
[261] KG FamRZ 2014, 1707.
[262] BGH FamRZ 1982, 892 (894); 1985, 578.
[263] BGH FamRZ 1984, 356; OLG Karlsruhe FamRZ 2009, 1840.
[264] BGH FamRZ 1991, 180.

Unterhalts weiter gilt, ist unklar.[265] Wenn man dies bejaht, tritt die einstweilige Anordnung aber nicht automatisch mit der Rechtskraft der Scheidung außer Kraft, weil die Rechtskraft der Scheidung allein keine anderweitige Regelung im Sinne des § 56 I FamFG darstellt. Auf Antrag nach § 54 I FamFG ist eine solche einstweilige Anordnung aufzuheben (vgl. im Einzelnen die Ausführungen in § 10). Wenn zugleich mit der Scheidung über den nachehelichen Unterhalt als Folgesache entschieden wird, tritt eine einstweilige Anordnung gemäß §§ 56 I 2, 148 FamFG außer Kraft.

Die Frage, ob der Unterhaltsverpflichtete weiterhin mit einem **negativen Feststellungsantrag** feststellen lassen kann, dass die in der Anordnung geregelte Unterhaltsverpflichtung nicht oder nur in geringerem Umfang besteht,[266] oder ob das Aufhebungs- bzw. Abänderungsverfahren nach § 54 FamFG den negativen Feststellungsantrag verdrängt,[267] hat der BGH zugunsten der ersten Auffassung entschieden.[268]

3. Darlegungs- und Beweislast

101 Der Unterhalt begehrende Ehegatte hat die Darlegungs- und Beweislast für alle anspruchsbegründenden Tatsachen, auf die er seinen Anspruch stützt.[269] Dies gilt auch für „doppelt relevante Tatsachen" wie zB die bedarfsbestimmende **Gestaltung der ehelichen Lebensverhältnisse,**[270] welche zugleich zum Nachweis der Leistungsfähigkeit des pflichtigen Ehegatten dienen können, obwohl der Berechtigte hierfür weder darlegungs- noch beweispflichtig ist.[271]

Der Unterhaltspflichtige muss, wie sich aus der Formulierung „kann nur" bei § 1361 II BGB ergibt, beweisen, dass den **Berechtigten eine Erwerbsobliegenheit trifft**.[272] Beruft sich der bedürftige Ehegatte auf das Fehlen einer Erwerbsobliegenheit, muss er zwar im Rahmen der sekundären Darlegungslast die dafür erforderlichen Umstände vortragen. Dem Pflichtigen obliegt es aber dann im Gegenzug, darzulegen und zu beweisen, dass sie tatsächlich nicht gegeben sind. Steht eine Erwerbsverpflichtung fest, hat der Berechtigte die Beweislast für seine ausreichenden, erfolglosen Bemühungen und für das Fehlen einer realen Beschäftigungschance.[273]

Der Verpflichtete hat ua die Tatsachen für eine von ihm behauptete **Leistungsunfähigkeit** vorzutragen und nachzuweisen.[274] Allein die Einstufung als schwer vermittelbar durch die Agentur für Arbeit/Kooperation führt nicht zu der Überzeugung, dass ein zum Trennungsunterhalt Verpflichteter von vornherein keine reale Chance hat, eine Erwerbstätigkeit zu erlangen, so dass Erwerbsbemühungen nicht als von vornherein aussichtslos und deshalb entbehrlich angesehen werden können. Die Einstufung als nicht mehr vermittelbar hat zur Folge, dass dem Unterhaltsverpflichteten billigerweise kein fiktives Einkommen zugerechnet werden kann.[275]

Der Beweis dafür, dass der Unterhaltsschuldner seine Arbeitsstelle aus unterhaltsbezogener Leichtfertigkeit aufgegeben hat, obliegt dem Unterhaltsberechtigten.[276]

Im Übrigen wird wegen der **Darlegungs- und Beweislast** auf das Sonderkapitel zur Darlegungs- und Beweislast (→ § 6 Rn. 700 ff.) verwiesen.

---

[265] Dafür Prütting/Helms FamFG § 56 Rn. 5; Zöller/Lorenz ZPO FamFG § 56 Rn. 37; OLG Hamm FF 2013, 79; dagegen Keidel/Giers FamFG § 246 Rn. 9.
[266] So zum früheren Recht BGH FamRZ 1983, 355.
[267] Zum Streitstand vgl. Musielak/Borth § 54 Rn. 14 ff.
[268] BGH NJW 2018, 2497; Anm Bömelburg FamRB 2018, 344.
[269] OLG Schleswig-Holstein FamRZ 2015, 1118.
[270] BGH FamRZ 2012, 281 Rn. 16 ff. = R 731a.
[271] OLG Karlsruhe FamRZ 1997, 1011.
[272] Baumgärtel/Aps Bd. 8 § 1361 Rn. 29.
[273] OLG Braunschweig NJW-RR 1996, 454; Baumgärtel/Aps Bd. 8 § 1361 Rn. 29.
[274] OLG Köln – 4 UF 134/08, BeckRS 2009, 09724.
[275] BGH FamRZ 2013, 109; OLG Köln – 14 UF 230/07, BeckRS 2008, 20496.
[276] OLG Hamburg FamRZ 2015, 2067.

3. Abschnitt: Anspruchstatbestände des nachehelichen Unterhalts

I. Allgemeine Grundsätze und Besonderheiten des nachehelichen Unterhalts

1. Allgemeine Grundsätze der Eigenverantwortlichkeit und der nachehelichen Verantwortung

Der Grund für die eheliche und die nacheheliche Unterhaltspflicht ist die **mit der Eheschließung von den Ehegatten** füreinander **übernommene Verantwortung**. Diese beiderseitig gesteigerte Verantwortung der Eheleute besteht während der Ehe und dauert bis zur Scheidung. Nach der Scheidung schwächt sie sich ab,[1] besteht aber weiter in Form einer sich aus Art. 6 I GG ergebenden fortwirkenden nachehelichen Solidarität und Verantwortung.[2] Bei einer Aufhebung der Ehe ist die Verantwortung der Ehegatten eingeschränkter, denn die §§ 1569–1586b BGB werden in diesem Fall nach § 1318 II BGB nur unter den dort festgelegten Voraussetzungen angewendet. 102

Für die Zeit nach der Scheidung ging das Gesetz zwar schon in der bis zum 31.12.2007 geltenden Fassung des § 1569 BGB von der grundsätzlichen **Eigenverantwortung** jedes Ehegatten für seinen Lebensunterhalt aus. Trotz dieser gesetzlichen Vorgabe führten die Unterhaltstatbestände (§§ 1570–1576 BGB), vor allem der Aufstockungsunterhalt nach § 1573 II BGB, dazu, dass es in der Praxis häufig auf eine Umkehr des Regel-/Ausnahmeverhältnisses hinauslief. Der wirtschaftlich stärkere Ehegatte hatte sich bei Vorliegen der Tatbestände des nachehelichen Unterhalts bis zur Grenze der Unzumutbarkeit mit seiner Unterhaltsbelastung abzufinden.[3] Die geänderte Rechtsprechung des BGH zur Haushaltsführungsehe,[4] die wegen der Benachteiligung des haushaltsführenden Ehegatten verfassungsrechtlich begründet war,[5] hat die gesteigerte und verlängerte Belastung des unterhaltspflichtigen Ehegatten wegen der Anwendung der Differenz- anstatt der Anrechnungsmethode für die Unterhaltsberechnung unter Hinweis auf die Möglichkeit einer Beschränkung des Unterhaltsanspruchs nach den damals geltenden §§ 1573 V und 1578 I 2 BGB aF bewusst in Kauf genommen. In der Unterhaltspraxis erfolgte jedoch bis zur Veröffentlichung der Entscheidung des BGH vom 12.4.2006[6] regelmäßig weder eine zeitliche noch eine höhenmäßige Begrenzung des Unterhalts.

Mit der am **1.1.2008** in Kraft getretenen **Unterhaltsrechtsreform**[7] hat der Gesetzgeber einen Paradigmenwechsel vollzogen. Der Grundsatz der Eigenverantwortung ist nun in der amtlichen Überschrift des § 1569 BGB enthalten. Aus Satz 1 der Vorschrift ergibt sich für jeden Ehegatten die **Obliegenheit**, nach der Scheidung **selbst für seinen Unterhalt**, also sein wirtschaftliches Fortkommen **zu sorgen**.[8] Dadurch soll das Prinzip der nachehelichen Solidarität in einer nach heutigen Wertvorstellungen akzeptablen und interessengerechten Weise ausgestaltet werden.[9] § 1569 S. 2 BGB ist weiterhin Ausdruck der nachwirkenden Mitverantwortung des wirtschaftlich stärkeren Ehegatten, insbesondere zur Leistung des notwendigen Ausgleichs für ehebedingte Nachteile. Da Unterhaltsansprüche aber nur in Betracht kommen, wenn der betreffende Ehegatte außerstande ist, seine Obliegenheit zu erfüllen, für seinen Unterhalt selbst zu sorgen, wird in Satz 2 das Unterhaltserfordernis der 103

---

[1] BGH FamRZ 1981, 242.
[2] BT-Drs. 16/1830, 19; BGH FamRZ 2010, 1414 Rn. 16; 2010, 1057 Rn. 17; 2010, 629 Rn. 25 = R 710; 2009, 1207 Rn. 37; 2009, 406 Rn. 37; 1999, 710 (711); OLG Celle FamRZ 2008, 1449 (1451).
[3] BGH FamRZ 1999, 710 (711).
[4] BGH FamRZ 2001, 986 (991) = R 563c.
[5] BVerfG FamRZ 2002, 527 (530).
[6] BGH FamRZ 2006, 1006.
[7] Gesetz zur Änderung des Unterhaltsrechts vom 21.12.2007, BGBl. I S. 3189.
[8] BT-Drs. 16/1830, 16.
[9] BT-Drs. 16/1830, 16.

Bedürftigkeit, die tatsächlich oder wegen Obliegenheitsverstoßes rechtlich fehlen kann, zusätzlich betont. Der Grundsatz der Eigenverantwortung soll hierdurch eine neue Rechtsqualität erhalten und in weit stärkerem Maß als bisher als Auslegungsgrundsatz für die einzelnen Unterhaltstatbestände herangezogen werden.[10]

So war insbesondere das nach dem Auftrag des Reformgesetzgebers von der Rechtsprechung nach altem Recht zur Auslegung des § 1570 BGB entwickelte Altersphasenmodell zur Erwerbsobliegenheit des betreuenden Elternteils zu korrigieren. Auch die übrigen Unterhaltstatbestände sind im Lichte der Neufassung des § 1569 BGB enger auszulegen.[11] Nach diesen Maßstäben gewährt das Gesetz einen Anspruch auf nachehelichen Unterhalt nur unter besonderen, enumerativ (§§ 1570–1576 BGB) aufgezählten Voraussetzungen.[12]

Die nach der Trennung und Scheidung fortwirkende **personale Verantwortung** beider Ehegatten reduziert sich im Unterhaltsbereich auf eine einseitige Unterhaltsverpflichtung des wirtschaftlich stärkeren Ehegatten gegenüber dem bedürftigen Partner. Der Grundsatz der **wirtschaftlichen Eigenverantwortung** der Ehegatten wird aber durch den Grundsatz einer **nachwirkenden Mitverantwortung**[13] der Ehegatten füreinander eingeschränkt. Diese nachwirkende Mitverantwortung soll nach der gesetzlichen Regelung nicht allgemein durch jede schicksalsbedingte Bedürftigkeit stets und auf Lebensdauer ausgelöst werden; vielmehr soll der Grundsatz nur eingreifen, wenn eine Bedürfnislage in Verbindung mit der Ehe steht. Dabei muss aber **kein kausaler Zusammenhang zwischen Ehe und Bedürftigkeit** vorliegen.[14]

Die Grundlagen der nachehelichen Unterhaltspflicht, die in den Prinzipien der nachehelichen Solidarität und der in Verbindung mit der Ehe stehenden Bedürftigkeit zu sehen sind, verfestigen sich mit zunehmender Dauer der Ehe. Je länger eine Ehe dauert, umso stärker ist die wirtschaftliche Sicherung der Ehegatten mit dem Bestand der Ehe verbunden. Dem liegt die Erfahrung zugrunde, dass die Lebenssituation der Partner in der Ehe durch die gemeinsame Lebensplanung entscheidend geprägt wird. Mit **zunehmender Ehedauer** kommt es zu einer **wachsenden Verflechtung und Abhängigkeit** der beiderseitigen Lebensdispositionen sowie allgemein zu einer sich steigernden wirtschaftlichen Abhängigkeit des unterhaltsbedürftigen Ehegatten, gegenüber der sich dieser Ehegatte durch die unterhaltsrechtliche Solidarität des anderen Ehepartners abgesichert zu fühlen pflegt.[15]

104 Die Leistungen der Ehegatten, die sie auf Grund ihrer vereinbarten Arbeitsteilung in der Ehe durch Berufstätigkeit, Haushaltsarbeit oder Kindererziehung erbringen, sind gleichwertig, so dass die Ehegatten grundsätzlich Anspruch auf gleiche Teilhabe am gemeinsam Erwirtschafteten haben.[16] Aus dem durch die Unterhaltsreform zum 1.1.2008 neu eingeführten § 1578b BGB ergibt sich jedoch, dass es **keine** von vornherein gewährte **Lebensstandardgarantie** (mehr) in Form einer Teilhabe gibt, die der Höhe nach nicht abänderbar oder zeitlich unbegrenzt wäre.[17]

Nach der Vorstellung des Gesetzgebers der Unterhaltsreform ist eine fortwirkende Verantwortung für den bedürftigen Ehegatten vor allem zum **Ausgleich von ehebedingten Nachteilen** erforderlich, die auf Grund der Aufgabenverteilung in der Ehe entstanden sind und zur Folge haben, dass der Berechtigte nicht selbst für seinen Unterhalt sorgen kann.[18] Je geringer solche Nachteile sind, desto eher kommt eine Beschränkung des Unterhaltsanspruchs nach § 1578b BGB in Betracht.[19]

---

[10] BT-Drs. 16/1830, 16.
[11] BT-Drs. 16/1830, 16/17.
[12] BGH FamRZ 1984, 353; 1981, 242.
[13] BVerfG FamRZ 1981, 745 (748); BGH FamRZ 1981, 1163.
[14] Vgl. zum Krankheitsunterhalt BGH FamRZ 2010, 1414 Rn. 16; FamRZ 2010, 1057 Rn. 17; FamRZ 2010, 629 Rn. 25 = R 710; FamRZ 2009, 1207 Rn. 37; FamRZ 2009, 406 Rn. 37; zum alten Recht BGH FamRZ 1983, 800; FamRZ 1982, 28; FamRZ 1981, 1163.
[15] BGH FamRZ 2010, 1637 Rn. 48 = R 717; 1999, 710 (711); 1981, 140 (142).
[16] BT-Drs. 16/1830, 18.
[17] Vgl. BT-Drs. 16/1830, 18.
[18] BT-Drs. 16/1830, 18.
[19] BT-Drs. 16/1830, 18.

Die nacheheliche Solidarität führt auch nach der neueren Rechtsprechung des BGH dazu, dass bei der **Bemessung des nachehelichen Unterhalts** nach § 1578 I 1 BGB spätere Änderungen des verfügbaren Einkommens beim Pflichtigen oder beim Berechtigten grundsätzlich zu berücksichtigen sind, und zwar unabhängig davon, wann sie eingetreten sind und ob es sich um Verbesserungen (aber zB nicht bei einem Karrieresprung) oder um Verschlechterungen handelt.[20] Dabei muss allerdings immer beachtet werden, dass ein geschiedener Ehegatte nicht besser gestellt werden darf, als er ohne Scheidung stehen würde. Auch hieraus folgt, dass es keine Lebensstandardgarantie mehr gibt, welche die früheren ehelichen Lebensverhältnisse zurzeit der Rechtskraft der Scheidung fortschreiben würde. Fiktives Einkommen kann im Rahmen der **fortgeschriebenen (früher: wandelbaren) ehelichen Verhältnisse** nur bei unterhaltsrechtlich leichtfertigem Verhalten angesetzt werden, wenn die Einkommensminderung auf Verletzung einer Erwerbsobliegenheit oder auf freiwilligen Dispositionen ohne zumutbare Absicherung beruht.[21]

2. Allgemeine Voraussetzungen für einen Anspruch auf nachehelichen Unterhalt

Eine Unterhaltsverpflichtung auf Grund nachehelicher Solidarität besteht nach § 1569 **105** S. 2 BGB nur, wenn die Voraussetzungen eines der **sechs abschließenden Unterhaltstatbestände** der §§ 1570–1576 BGB vorliegen. Die §§ 1570 ff. BGB konkretisieren und begrenzen die Unterhaltsberechtigung durch die Benennung bestimmter Bedürfnislagen, die zu bestimmten Einsatzzeitpunkten vorliegen müssen.[22] Es handelt sich insoweit um enumerativ aufgezählte Ausnahmetatbestände zum Grundsatz der Eigenverantwortung. Ist keiner dieser Tatbestände gegeben, muss der Geschiedene für seinen Unterhalt selbst aufkommen.[23]
Danach hat derjenige (ehemalige) Ehegatte einen Anspruch auf nachehelichen Unterhalt, von dem
– wegen Betreuung gemeinschaftlicher Kinder (§ 1570 BGB),
– wegen Alters (§ 1571 BGB),
– wegen Krankheit oder Gebrechen (§ 1572 BGB),
– wegen der Unmöglichkeit, eine angemessene Erwerbstätigkeit zu finden (§ 1573 I, III BGB)
– wegen Ausbildungsbedarfs (§ 1575 BGB),
– aus sonstigen Billigkeitsgründen (§ 1576 BGB)
keine Erwerbstätigkeit zu erwarten ist.
Darüber hinaus gewährt
– § 1573 II BGB einen Anspruch auf Aufstockungsunterhalt wegen fehlender Möglichkeit, seinen vollen eheangemessenen Bedarf durch eine eigene Erwerbstätigkeit zu decken,
– § 1576 BGB im Sinne eines Auffangtatbestands einen Unterhaltsanspruch wegen Fehlens einer Erwerbsobliegenheit aus schwerwiegenden Gründen dann, wenn eine Versagung von Unterhalt bei Abwägung der Belange beider Ehegatten grob unbillig wäre.
Der Anspruch auf nachehelichen Unterhalt setzt ebenso wie der Trennungsunterhalt eine konkrete **Bedürftigkeit** (→ § 4 Rn. 928 ff.) des berechtigten Ehegatten (§ 1577 BGB) und **Leistungsfähigkeit** (→ § 4 Rn. 966 ff.) des verpflichteten Ehegatten (§ 1581 BGB) voraus.

---

[20] BGH FamRZ 2012, 281 = R 731c; 2010, 538; 2010, 111; 2009, 23; 2008, 1911; 2008, 968 (971 f.); 2006, 683 (686).
[21] BGH FamRZ 2009, 411 (414); 2008, 968 (971 f.).
[22] BGH FamRZ 1984, 353.
[23] BGH FamRZ 1984, 353; 1981, 242.

3. Einheitlicher Anspruch auf nachehelichen Unterhalt

106 **a) Einheitlichkeit.** Der Anspruch auf nachehelichen Unterhalt ist ungeachtet der Aufteilung in einzelne Tatbestände verfahrensrechtlich ein einheitlicher Anspruch. Von den **Einzeltatbeständen** der §§ 1570–1576 BGB können zwei oder **mehrere gleichzeitig** oder auch im zeitlichen Anschluss aneinander verwirklicht sein, ohne dass deshalb von einer gleichen Anzahl von Unterhaltsansprüchen auszugehen wäre. Der Umfang des nachehelichen Unterhalts richtet sich inhaltlich nach den ehelichen Lebensverhältnissen (§ 1578 I BGB) und wird ausschließlich nach diesen einheitlich bemessen.[24]

Daraus folgt, dass der **nacheheliche Unterhaltsanspruch** durch einen **Beschluss** in dem ausgesprochenen Umfang **insgesamt erfasst** wird, dh ohne Rücksicht darauf, welcher der Tatbestände der §§ 1570 ff. BGB in Betracht kommt und vom Gericht geprüft worden ist.[25] Auch ein antragsabweisender Beschluss betrifft alle Einzeltatbestände der §§ 1570 ff. BGB.[26] Ein unerörtert gebliebener Unterhaltstatbestand kann später nur unter den Voraussetzungen des § 238 FamFG (bis 31.8.2009 nach § 323 ZPO) geltend gemacht werden. Das bedeutet, dass der Unterhaltsberechtigte in einem Verfahren umfassend zu den Unterhaltstatbeständen vortragen muss. Eine Abänderung einer Entscheidung ist nicht möglich, wenn im Ursprungsverfahren die Tatbestandsmerkmale eines nicht in Betracht gezogenen Unterhaltsanspruchs bereits vorgelegen hatten, jedoch nicht vorgetragen wurden.

107 Anderes gilt nur, wenn das Unterhaltsverlangen wegen **fehlender Bedürftigkeit bzw. Leistungsfähigkeit** abgewiesen worden war. In einem solchen Fall muss mangels Rechtskraftwirkung des Beschlusses für die Zukunft nach Eintritt der seinerzeit fehlenden Bedürftigkeit bzw. Leistungsfähigkeit ein neuer Leistungsantrag (nicht ein Abänderungsantrag nach § 238 FamFG) gestellt werden.[27]

Wenn dagegen der Anspruch auf künftig fällig werdende Unterhaltsleistungen für eine bestimmte Zeit zuerkannt und erst ab einem in der Zukunft liegenden Zeitpunkt abgelehnt wurde, kann mit einem Abänderungsantrag nach § 238 FamFG geltend gemacht werden, dass die dem Beschluss zugrunde gelegten zukünftigen Verhältnisse tatsächlich anders eingetreten sind als in der früheren **Prognose** angenommen worden war.[28]

108 **b) Konkurrenzen, Rangfolge.** Die abschließenden Unterhaltstatbestände wegen der Betreuung eines Kindes (§ 1570 BGB), wegen Alters (§ 1571 BGB), wegen Krankheit oder Gebrechen (§ 1572 BGB) sind gegenüber dem Unterhalt nach § 1573 I, II BGB vorrangig,[29] weil letzterer zur Voraussetzung hat, dass keiner dieser Tatbestände vorliegt.[30] § 1576 BGB ist ein subsidiärer Billigkeitstatbestand gegenüber den §§ 1570 ff. BGB. Der Unterhaltsanspruch nach § 1575 BGB betrifft einen Sondertatbestand.

Im Zusammenhang mit der Beurteilung der Wirksamkeit von Eheverträgen hat der BGH[31] die einzelnen nachehelichen Unterhaltsansprüche unterschiedlich gewichtet und hierbei Rangstufen entwickelt, die insbesondere bei der Begrenzung und Befristung eines Unterhaltsanspruchs bedeutsam sein können. Innerhalb der Unterhaltstatbestände gehört der Betreuungsunterhalt (§ 1570 BGB) zum geschützten **Kernbereich**.[32] Gleiches gilt für den Krankenvorsorge- und Altersvorsorgeunterhalt (§ 1578 II 1. Variante, III BGB), wenn diese Ansprüche ehebedingte Nachteile ausgleichen sollen. Auf der **zweiten Rangstufe**

---

[24] Vgl. BT-Drs. 7/650, 136; BVerfGE 108, 351, 366 = FamRZ 2003, 1821, 1823 f.; BVerfG FamRZ 2011, 437 Rn. 69; BGH FamRZ 2012, 281 Rn. 16; BGHZ 192, 45 (67); BGH FamRZ 2001, 986 (989 ff.); 2000, 1492 (1493); 1999, 367 (368 f.); 1994, 87 (88 f.); 1992, 1045 (1056); 1988, 1031 (1032); 1988, 817 (818); 1987, 456 (458 f.); 1984, 353.
[25] BGH FamRZ 1984, 353; kritisch hierzu Schröder FamRZ 2005, 320 (322).
[26] OLG Karlsruhe FamRZ 1980, 1125.
[27] BGH FamRZ 2010, 1311 (1312); 2005, 101 (102) = R 620; 1984, 1001.
[28] BGH FamRZ 2007, 983 Rn. 19; 1984, 353 (354).
[29] BGH FamRZ 2003, 1734 (1735).
[30] BGH FamRZ 1988, 265; 1987, 1011; 1987, 572.
[31] Grundlegend BGH FamRZ 2005, 1444 Rn. 26; 2004, 601 (604); vgl. auch FamRZ 2007, 1310 Rn. 14; 2006, 1359 (1361); 2014, 629 = R 745, 2017, 884; 2018, 577.
[32] Zur Weiterentwicklung der sog Kernbereichslehre vgl. Dauner-Lieb FF 2010, 343.

3. Abschnitt: Anspruchstatbestände des nachehelichen Unterhalts   § 4

folgen der Krankheitsunterhalt (§ 1572 BGB) und der Unterhalt wegen Alters (§ 1571 BGB). Die Unterhaltspflicht wegen Erwerbslosigkeit (§ 1573 I BGB) steht im **dritten Rang**, denn das Gesetz hat das Arbeitsplatzrisiko dem Verantwortungsbereich des Unterhaltsberechtigten zugeordnet, sobald dieser einen nachhaltig gesicherten Arbeitsplatz gefunden hat. Auf dem **vierten Rang** folgen Krankenvorsorge- und Altersvorsorgeunterhalt (§ 1578 II 1. Variante, III BGB), wenn sie nicht dem Ausgleich ehebedingter Nachteile dienen. Am ehesten verzichtbar erscheinen Ansprüche auf Aufstockungs- und Ausbildungsunterhalt (§§ 1573 II, 1575 BGB), ebenso der Billigkeitsunterhalt nach § 1576 BGB.

c) Notwendigkeit der Unterscheidung der Unterhaltstatbestände. Ungeachtet 109 der Einheitlichkeit des nachehelichen Unterhaltsanspruchs können mehrere Einzeltatbestände nebeneinander oder sich ergänzend vorliegen. Bei vollständiger Unterhaltsbedürftigkeit (zB keine Erwerbsverpflichtung wegen Kinderbetreuung) hat der Berechtigte gemäß § 1570 BGB einen Anspruch auf den vollen Unterhalt nach den ehelichen Lebensverhältnissen.[33] **Bei einer Teilerwerbstätigkeit** des Berechtigten gewähren die §§ 1570–1572 BGB aber nur einen Anspruch auf Unterhalt bis zur Höhe des Einkommens, das er aus einer vollschichtigen Erwerbstätigkeit erzielen könnte. Erreicht dieser Unterhalt nicht den ihm nach den ehelichen Lebensverhältnissen zustehenden vollen Unterhalt, kann für den ungedeckten Bedarf ein Anspruch nach § 1573 II BGB (Aufstockungsunterhalt) in Betracht kommen. Nach dem bis zum 31.12.2007 geltenden Recht war eine exakte Differenzierung notwendig, weil mit § 1573 V BGB aF die **zeitliche Begrenzung** nur der Ansprüche aus § 1573 I bis IV BGB aF (nicht jedoch der anderen Unterhaltstatbestände) möglich war.[34] Damit in künftigen Abänderungsverfahren die unterschiedlichen Begrenzungsmöglichkeiten berücksichtigt werden konnten, mussten die entsprechenden Anspruchsgrundlagen genau bestimmt werden.

Die Unterhaltsreform hat mit der Einführung der für **alle Unterhaltstatbestände** 110 **geltenden Begrenzungsnorm des § 1578b BGB** das Ziel der Vereinfachung des Unterhaltsrechts verfolgt.[35] Daraus wird zum Teil geschlossen, dass die nach altem Recht gebotene Differenzierung nicht mehr erforderlich sei. Dies wird unter anderem mit dem Argument begründet, der Berechtigte könne seinen **vollen Restunterhalt** nun auch bei einer Teilerwerbstätigkeit schon auf Grund der Erfüllung der Tatbestände der §§ 1570–1572 BGB geltend machen, ohne dass noch zusätzlich auf § 1573 II BGB zurückgegriffen werden müsse.[36]

Der BGH hat jedoch seine zu dem § 1573 V BGB aF ergangene Rechtsprechung zur Notwendigkeit der Unterscheidung der einzelnen Unterhaltstatbestände auch für die ab dem 1.1.2008 geltende Rechtslage erneut bestätigt. Er unterscheidet weiter in ständiger Rechtsprechung für die Abgrenzung der Anspruchsgrundlagen wegen eines Erwerbshindernisses aus §§ 1570–1572 BGB und aus § 1573 II BGB (Aufstockungsunterhalt) danach, ob wegen des vorliegenden Hindernisses eine Erwerbstätigkeit vollständig oder nur zum Teil ausgeschlossen ist.[37] Wenn der Unterhaltsberechtigte **an einer Erwerbstätigkeit vollständig gehindert** ist, ergibt sich der Unterhaltsanspruch allein aus §§ 1570–1572 BGB, und zwar auch für den Teil des Unterhaltsbedarfs, der nicht durch das Erwerbshindernis verursacht worden ist, sondern auf dem den angemessenen Lebensbedarf übersteigenden Bedarf nach den ehelichen Lebensverhältnissen (voller Unterhalt) gemäß § 1578 I 1 BGB beruht. Nur bei einer lediglich **teilweisen Erwerbshinderung** ist der Unterhalt nach der Rechtsprechung des BGH allein wegen des durch die Erwerbshinderung verursachten Einkommensausfalls auf §§ 1570–1572 BGB zu stützen und im Übrigen auf § 1573 II BGB.[38]

---

[33] BGH FamRZ 2009, 406 Rn. 20; 2007, 1532.
[34] BGH FamRZ 1999, 708 (709); 1994, 228; 1993, 789 (791); 1990, 492.
[35] BT-Drs. 16/1830, 14.
[36] OLG Celle FamRZ 2008, 1449 (1450); Menne FamRB 2008, 110 (118); Büte FuR 2008, 309; 312; a. A. Grandel FF 2008, 204.
[37] BGH NJW 2014, 1302 Rn. 10 = R 749a; FamRZ 2010, 1050 Rn. 41; 2010, 869 Rn. 15 = R 712; 2009, 406 Rn. 20; 1990, 492 (493 f.) – zu § 1570 BGB; 1993, 789 (791) – zu § 1572 BGB; 1999, 708 (709) – zu § 1571 BGB).
[38] BGH FamRZ 2010, 869 Rn. 15 = R 712.

Auch nach der heutigen Rechtslage ist daher, insbesondere auch im Hinblick auf die Anschlussunterhaltstatbestände, sowohl in den Verfahrensanträgen des Unterhalt begehrenden Beteiligten als auch in dem jeweiligen Beschluss bzw. in einem Vergleichstext eine Unterscheidung der einzelnen Ansprüche für den nachehelichen Unterhalt erforderlich.

4. Einsatzzeitpunkte und Anschlussunterhalt sowie Teilanschlussunterhalt

111   a) **Einsatzzeitpunkt.** In den Fällen der §§ 1571, 1572, 1573 und 1575 BGB besteht ein Unterhaltsanspruch nur, wenn die übrigen Tatbestandsvoraussetzungen zu bestimmten Einsatzzeitpunkten, die ihrerseits Tatbestandsmerkmale sind, vorliegen.[39] Ab rechtskräftiger Scheidung der Ehe muss ohne Unterbrechung ein Unterhaltstatbestand vorgelegen haben, weil nur damit der zeitliche, persönliche und wirtschaftliche Zusammenhang zwischen einem Unterhaltsanspruch und der Ehe sichergestellt ist. Dass der Unterhaltsberechtigte den Unterhaltsanspruch erst zu einem späteren Zeitpunkt geltend macht, obwohl die Voraussetzungen zur Zeit der Scheidung vorgelegen haben, ist ohne Bedeutung.[40]

Ausgenommen hiervon ist der Betreuungsunterhalt (§ 1570 BGB), für den es **keinen Einsatzzeitpunkt** gibt. Das hat zur Folge, dass die Anspruchsvoraussetzungen auch zu einem länger nach der Scheidung eintretenden Zeitpunkt entstehen können, zB wenn das Kind betreuungsbedürftig wird, weil es von einem Elternteil zum anderen wechselt oder durch einen Unfall pflegebedürftig wird etc. Auch bei Wegfall eines nicht nachhaltig gesicherten Einkommens aus Erwerbstätigkeit (§ 1573 IV 1 BGB), beim Billigkeitsunterhalt (§ 1576 BGB) sowie bei Wiederaufleben eines Unterhaltsanspruchs nach der Auflösung einer weiteren Ehe (§ 1586a I BGB) sind die Ansprüche nicht durch Einsatzzeitpunkte beschränkt.

112   Streitig war, ob zu den Tatbestandsvoraussetzungen, die zum Einsatzzeitpunkt gegeben sein müssen, auch die **Bedürftigkeit des Berechtigten** gehört oder ob diese auch noch nachträglich eintreten kann. Wenn sie nicht wegen eines zurechenbaren Verstoßes gegen die Erwerbsobliegenheit bereits im Rahmen der Tatbestandsprüfung zu verneinen ist, reicht es aus, dass der Berechtigte erst später bedürftig wird.[41] Denn die Einsatzzeitpunkte der §§ 1571–1573 BGB knüpfen nach ihrem Wortlaut allein an die Erwerbsobliegenheit des Unterhaltsgläubigers an, nicht aber an seine ggf. davon nicht berührte Bedürftigkeit, die nach § 1577 I BGB unabhängig von der Frage des Einsatzzeitpunkts entfällt, „solange" sich der Berechtigte selbst unterhalten kann. Hieraus und aus dem Umstand, dass ein Unterhaltsanspruch nur bei Eintritt der Bedürftigkeit nach dem Wegfall einer ursprünglichen nachhaltigen Unterhaltssicherung aus Vermögen, nicht aber aus anderweitigen Einkünften (§ 1577 IV 1 BGB), ausgeschlossen ist, ergibt sich, dass der spätere Eintritt der Bedürftigkeit (abgesehen von Sonderregelungen wie zB § 1573 IV BGB) nicht schadet.

Gleiches gilt für die Frage der **Leistungsfähigkeit des Pflichtigen.** Der Unterhaltsanspruch entfällt nicht, wenn der Unterhaltspflichtige zum Einsatzzeitpunkt leistungsunfähig ist, bei fortwirkendem Vorliegen der Unterhaltsvoraussetzungen auf Seiten des Berechtigten aber später leistungsfähig wird.[42] Ist der Unterhaltspflichtige zum Einsatzzeitpunkt leistungsfähig, unterbricht eine vorübergehende Arbeitslosigkeit und die damit einhergehende Reduzierung seiner Einkünfte die Unterhaltskette beim Unterhalt (hier: Aufstockungsunterhalt nach § 1573 II BGB) nicht. Der Anspruch des Berechtigten ist auch während einer vorübergehenden Arbeitslosigkeit des Pflichtigen zumindest latent weiterhin vorhanden und die Unterhaltskette deshalb nicht unterbrochen worden ist.[43]

113   b) **Anschlussunterhalt.** Wenn die Tatbestandsvoraussetzungen einer Anspruchsnorm bereits zum Zeitpunkt der Scheidung erfüllt sind, entsteht ein originärer Unterhaltsanspruch, der den vollen ehegemessenen Unterhalt (§ 1578 I BGB) umfasst.

---

[39] BGH FamRZ 2018, 260 = R 788; Rn. 12.
[40] BGH FamRZ 2010, 1311 (1313); 2007, 983; 2005, 1817 (1819).
[41] OLG München FamRZ 1993, 564 (565).
[42] Einschränkend hierzu: Büttner FamRZ 2005, 1899 f., Anm. zu BGH FamRZ 2005, 1817.
[43] BGH FamRZ 2016, 203 Rn. 18 f. = R 774.

Sind die Voraussetzungen der maßgeblichen Anspruchsnorm erst zu einem späteren Zeitpunkt erfüllt, so besteht ein Anspruch auf **Anschlussunterhalt**. Voraussetzung eines Anschlussunterhalts ist, dass die Einzelnen vorangegangenen Unterhaltsansprüche **ohne zeitliche Lücke** nahtlos aneinander anschließen (sog **Unterhaltskette**).[44] Werden die Voraussetzungen für einen Anschlussunterhalt erst später erfüllt, entsteht kein Unterhaltsanspruch mehr.

c) Teilanschlussunterhalt. Bestand bei Beginn eines Anschlussunterhalts auf Grund des weggefallenen früheren Anspruchsgrundes nur ein Teilunterhaltsanspruch, dann bemisst sich auch der Anschlussunterhalt als **Teilanschlussunterhalt** umfangmäßig nur nach dem weggefallenen Teilanspruch. Eine andere Auslegung des Wortlauts der Einsatzzeitpunkte, vor allem des Wortes „soweit" stünde im Widerspruch zum Zweck der Einsatzzeitpunkte, die zu den wenigen Schutzvorschriften zugunsten des Verpflichteten gehören. Der Verpflichtete soll möglichst bald nach der Scheidung absehen können, mit welcher Unterhaltslast er zu rechnen hat. Deshalb ist der Anschlussunterhalt nach dem Sinn und Zweck des Gesetzes nur im Umfang des vorausgegangenen Teilanspruchs zu gewähren.[45] Die Verknüpfung mit den Vortatbeständen wahrt den Zusammenhang zwischen Unterhaltsbedürftigkeit und Ehe. Soweit es an dieser Verknüpfung fehlt, weil der Vortatbestand nur einen Teilunterhalt gewährte, hat der Berechtigte das Unterhaltsrisiko zu tragen. **114**

Beispiel:
Die halbtags erwerbstätige Unterhaltsberechtigte hatte bisher einen Anspruch gemäß § 1570 BGB wegen der Betreuung eines gemeinschaftlichen Kindes, der sich nach der Differenz- oder Additionsmethode[46] auf monatlich 600 EUR belief.
Dieser Unterhaltsanspruch nach § 1570 BGB erlischt, wenn die Berechtigte durch die Betreuung des Kindes nicht mehr an einer vollen Erwerbstätigkeit gehindert wird.[47] Ist sie zu diesem Zeitpunkt entweder infolge Alters (§ 1571 BGB) oder Krankheit (§ 1572 BGB) oder aus Gründen der Arbeitsmarktlage (§ 1573 I BGB) gehindert, ihre bisherige Tätigkeit auszuweiten, entsteht ein Anspruch auf Teilanschlussunterhalt, der auf die Höhe beschränkt bleibt, in der der Anspruch aus § 1570 BGB zuletzt bestanden hatte, also grundsätzlich auf 600 EUR. Für die Bedarfsbestimmung ist dabei nur das bisherige Erwerbseinkommen des berechtigten Ehegatten maßgebend.

5. Beginn, Ende und Wiederaufleben des nachehelichen Unterhalts

a) Beginn des Anspruchs auf nachehelichen Unterhalt. Der nacheheliche **Unterhalt beginnt** mit dem Tag, an dem die Rechtskraft des Scheidungsurteils eintritt.[48] Die Auffassung, dass der Trennungsunterhalt nicht nur bis zum Tag der Scheidung, sondern bis zum Ende des Monats geschuldet werde, in welchen die Scheidung fällt, der Nachscheidungsunterhalt also erst mit dem Ersten des der Rechtskraft des Scheidungsurteils folgenden Monats beginne,[49] hat der Bundesgerichtshof wegen Unvereinbarkeit mit der Gesetzeslage ausdrücklich abgelehnt.[50] **115**

b) Erlöschen des Anspruchs. Der Anspruch auf nachehelichen **Unterhalt erlischt** in folgenden Fällen ganz oder teilweise endgültig: **116**
Beim Berechtigten entfallen die Voraussetzungen für einen Anspruchstatbestand und es fehlt an den Voraussetzungen für einen Anschlussunterhalt nach einer anderen Unterhaltsvorschrift.

---

[44] BGH FamRZ 2012, 1483 Rn. 21; 2011, 1854; 2011, 1381; 2001, 1291 (1294) = R 564d; OLG Düsseldorf FamRZ 1998, 1519; OLG Celle FamRZ 1997, 1074 (1075); OLG Bamberg FamRZ 1997, 819 (820); OLG Stuttgart FamRZ 1982, 1015.
[45] BGH FamRZ 2001, 1291 (1294) = R 564d; OLG Stuttgart FamRZ 1983, 501.
[46] BGH FamRZ 2001, 986 (991) = R 563c.
[47] BGH FamRZ 1990, 260 (262).
[48] BGH FamRZ 1988, 370 (372); 1981, 242; 1981, 441; OLG Brandenburg NJOZ 2017, 1076; OLG Köln FamRZ 2002, 326.
[49] Luthin FamRZ 1985, 262.
[50] BGH FamRZ 1988, 370 (372).

Der Berechtigte **heiratet** wieder oder **stirbt** (§ 1586 I BGB). Nach § 1586 II BGB bleiben allerdings Ansprüche auf Erfüllung oder Schadensersatz für die Vergangenheit bestehen und können vom Berechtigten oder dessen Erben weiterverfolgt werden. Gleiches gilt für die bei Tod oder Wiederverheiratung fällige Monatsrate.

Es ist ein vertraglicher **Verzicht** auf den nachehelichen Unterhalt vereinbart worden. Dies ist nach § 1585c BGB grundsätzlich – wenn auch mit Einschränkungen – möglich (→ § 6 Rn. 612, 615).

Der Unterhalt ist durch eine **Kapitalabfindung** abgegolten worden (§ 1585 II BGB). Der Berechtigte kann eine Kapitalabfindung verlangen, wenn ein wichtiger Grund vorliegt und der Verpflichtete dadurch nicht unbillig belastet wird (→ § 6 Rn. 627 ff.).

Der **Unterhaltsanspruch** ist nach **§ 1578b II BGB zeitlich begrenzt** worden und die Zeitgrenze ist erreicht.

Bei einer **Unterhaltsherabsetzung** durch Bedarfsbegrenzung nach § 1578b I BGB erlischt mit Ablauf der festen Zeitgrenze ein den „angemessenen Lebensbedarf" übersteigender Anspruch auf den „ehegemessenen" Unterhalt nach § 1578 S. 1 BGB.

Unterhalt für die Vergangenheit kann nicht (mehr) verlangt werden, weil die Voraussetzungen des § 1585b BGB ggf. iVm den Voraussetzungen des § 1613 I oder II Nr. 1 BGB nicht vorliegen[51] (→ § 6 Rn. 100 ff.).

Aufgelaufene Unterhaltsrückstände können wegen illoyal verspäteter Geltendmachung und dem dadurch bedingten Vorliegen des erforderlichen Zeit- und Umstandsmoments nach Treu und Glauben **verwirkt sein**.[52]

117 Die Versagung von Unterhalt wegen des Eingreifens eines **Verwirkungstatbestandes gemäß § 1579 Nr. 1, 3–7, 8 BGB** führt in der Regel (zu den Ausnahmen siehe § 4 Abschnitt 8 Ziffer XI) zum endgültigen Verlust des Unterhaltsanspruchs in dem vom Familiengericht angeordneten Umfang, vor allem dann, wenn nur Belange eines Kindes zur Aufrechterhaltung der an sich gänzlich ausgeschlossenen Unterhaltsberechtigung Anlass gegeben haben. Nach Wegfall der Kindesbetreuung entsteht kein Anspruch auf Anschlussunterhalt mit neuer Billigkeitsprüfung.

Anders ist es, wenn ein Unterhaltsanspruch nach **§ 1579 Nr. 2 BGB** (§ 1579 Nr. 7 BGB aF) wegen des Zusammenlebens des Unterhaltsberechtigten in einer verfestigten nichtehelichen Lebensgemeinschaft versagt worden ist. Nach Beendigung der nichtehelichen Lebensgemeinschaft ist unter Berücksichtigung der zwischenzeitlichen Dispositionen des Verpflichteten eine neue Billigkeitsentscheidung gemäß § 1579 BGB zu treffen.[53]

118 c) **Wiederaufleben des Unterhaltsanspruchs.** Wenn ein Unterhaltsanspruch versagt wird, weil der Verpflichtete nicht leistungsfähig ist, kann der zeitweise nicht bestehende Unterhaltsanspruch wieder aktualisiert werden, sobald der **Verpflichtete** ganz oder teilweise **wieder leistungsfähig** wird.[54]

Ein Unterhaltsanspruch kann zeitweise entfallen, wenn der **Berechtigte** seinen ehegemessenen Unterhalt durch eigene Einkünfte decken kann. Wird er **erneut bedürftig,** lebt der Unterhaltsanspruch wieder auf, wenn die Voraussetzungen dieses Unterhaltstatbestandes zu diesem Zeitpunkt noch vorliegen und der Unterhalt durch die eigenen Einkünfte noch nicht nachhaltig gesichert war.

Ein nach § 1586 I BGB infolge **Wiederverheiratung** oder Begründung einer Lebenspartnerschaft erloschener Unterhaltsanspruch **lebt nach § 1586a BGB** als Anspruch gemäß § 1570 BGB **wieder auf,** wenn die neue Ehe oder die Lebenspartnerschaft aufgelöst wird und der Berechtigte zu diesem Zeitpunkt oder danach ein Kind aus der alten Ehe zu pflegen und zu erziehen hat. Auflösungsgründe sind Scheidung oder Aufhebung der Ehe und Tod des neuen Ehegatten.[55] Anspruchsvoraussetzung ist, dass der Berechtigte infolge der Kindesbetreuung im Sinn von § 1570 BGB an einer angemessenen Erwerbstätigkeit gehindert ist. Da der Unterhaltsanspruch keinen Einsatzzeitpunkt voraussetzt,

---

[51] Vgl. BGH FamRZ 2013, 109 Rn. 41.
[52] BGH FamRZ 2007, 453.; OLG Düsseldorf NJW 2018, 2805.
[53] BGH FamRZ 2011, 1498 Rn. 30 ff.; 1987, 689; 1987, 1238.
[54] Vgl. BGH FamRZ 2016, 203 = R 774.
[55] BGH FamRZ 2011, 1498 Rn. 38; OLG Saarbrücken FamRZ 1987, 1046.

3. Abschnitt: Anspruchstatbestände des nachehelichen Unterhalts   § 4

muss der Tatbestand der Kindesbetreuung nicht zum Zeitpunkt der Eheauflösung vorliegen.

Seit Inkrafttreten der Unterhaltsreform am 1.1.2008 kann sich an den Anspruch **kein Anschlussunterhalt** nach §§ 1571–1573 oder 1575 BGB mehr anschließen, weil in der Neufassung des § 1586a I BGB Satz 2 ersatzlos gestrichen worden ist. Nach § 1586a II BGB haftet bei mehreren Ehen der Ehegatte der später aufgelösten Ehe vor dem Ehegatten der früher aufgelösten Ehe.

Anders als beim Familien- und Trennungsunterhalt erlischt der Anspruch beim nachehelichen Unterhalt mit dem **Tod des Verpflichteten** nicht nach § 1615 I BGB. Die Unterhaltspflicht geht auf die Erben des Pflichtigen als Nachlassverbindlichkeit über (§ 1586b I BGB); → Rn. 125.

6. Sonstige materiell-rechtliche Besonderheiten des nachehelichen Unterhalts

a) Auskunftsanspruch. Nach den §§ 1580, 1605 BGB hat ein Ehegatte ab Rechtshängigkeit des Scheidungsantrags für die Bemessung des nachehelichen Unterhalts einen Auskunftsanspruch. Ein Auskunftsanspruch gegen den Unterhaltspflichtigen ist immer schon dann gegeben, wenn eine Darlegung des Bedarfs nach der Quotenmethode in Betracht kommt. Aufgrund der Erklärung der Unterhaltspflichtigen, er sei „unbegrenzt leistungsfähig", entfällt der Auskunftsanspruch noch nicht.[56] Wenn dieser Anspruch im Scheidungsverbund mit einem Stufenantrag geltend gemacht wird, kann über das Auskunftsbegehren vor der Entscheidung über den Scheidungsantrag verhandelt und durch Teilbeschluss erkannt werden;[57] (Einzelheiten zum Auskunftsanspruch → § 1 Rn. 1150 ff.). 119

b) Haftung. Nach § 1584 BGB haftet der leistungsfähige verpflichtete geschiedene **Ehegatte vor den Verwandten** des Berechtigten. Ist er nicht leistungsfähig, haften die Verwandten vorrangig. Eine Ersatzhaftung von Verwandten besteht auch bei erschwerter Durchsetzbarkeit des Unterhaltsanspruchs (§§ 1584 S. 3, 1607 II BGB). Genaueres zur vorrangigen Haftung und zur Ersatzhaftung → § 2 Rn. 905 ff. 120

c) Sicherheitsleistung. Nach § 1585a BGB hat der Verpflichtete auf Verlangen bis zum Jahresbetrag der Unterhaltsrente Sicherheit zu leisten. Die Verpflichtung zur Sicherheitsleistung entfällt, wenn die Unterhaltsleistung nicht gefährdet ist oder wenn der Verpflichtete durch die Sicherheitsleistung unbillig belastet würde. 121

d) Sonderbedarf und Unterhalt für die Vergangenheit. Nach § 1585b I BGB kann Sonderbedarf (§ 1613 II Nr. 1 BGB) für die Vergangenheit verlangt werden. Zum Sonderbedarf → § 6 Rn. 1 ff. 122

Im Übrigen kann nach § 1585b II BGB iVm § 1613 I BGB **Unterhalt für die Vergangenheit** oder Schadenersatz erst ab Stellung eines Auskunftsersuchens über Einkünfte und Vermögen sowie ab Eintritt des Verzuges oder der Rechtshängigkeit gefordert werden.

Bei vertraglich geregeltem nachehelichen Unterhalt kann ein Rückstand in analoger Anwendung des § 1585b II BGB[58] grundsätzlich auch ohne Verzug oder Rechtshängigkeit verlangt werden, weil dem Schuldner seit dem Abschluss des Vertrages seine Unterhaltspflicht bekannt ist.

Auch nach einer Aufforderung zur Erteilung von Auskunft, bei Verzug und Rechtshängigkeit kann nach § 1585b III BGB für eine **mehr als ein Jahr vor Rechtshängigkeit** liegende Zeit Erfüllung oder Schadensersatz nur verlangt werden, wenn sich der Verpflichtete seiner **Leistung absichtlich entzogen** hat.

Der Schutz des Schuldners vor der Inanspruchnahme für eine Zeit, die ein Jahr vor Rechtshängigkeit liegt, gilt sowohl für den **laufenden Unterhalt**, auch wenn er auf einer Vereinbarung beruht oder auf den Sozialhilfeträger oder nachrangig haftende Verwandte übergegangen ist, als auch für den Sonderbedarf. Gleiches gilt für **Nebenforderungen**

---

[56] BGH FamRZ 2018, 260 = R 788; Rn. 23.
[57] BGH FamRZ 1982, 151; 1996, 1070 (1071).
[58] BGH FamRZ 1989, 150.

und **Verzugsschäden**. Keine Anwendung findet § 1585b III BGB auf das Verlangen, Steuernachteile auszugleichen, die der unterhaltsberechtigte Ehegatte infolge seiner Zustimmung zum begrenzten Realsplitting erlitten hat, weil sich der andere Ehegatte von vornherein auf den betreffenden Ausgleich einstellen muss.[59]

123 **Rechtshängigkeit** tritt gemäß § 113 I 2 FamFG iVm § 261 ZPO mit Antragszustellung ein. Die Zustellung allein eines Verfahrenskostenhilfeantrags (vgl. § 113 I 1 FamFG) genügt dem Erfordernis der Rechtshängigkeit nicht.[60] Für das absichtliche Entziehen ist kein aktives Hintertreiben der Unterhaltsverpflichtung erforderlich. Es genügt jedes zweckgerichtete Verhalten (auch Unterlassen) des Schuldners, das eine zeitnahe Realisierung des Anspruchs verhindert oder zumindest erschwert. Der Berechtigte hat dazu im Verfahren nur solche Umstände darlegen und beweisen, die nach der Lebenserfahrung den Schluss auf ein Sichentziehen rechtfertigen. Es ist dann Sache des Unterhaltspflichtigen, die gegen ihn sprechende Vermutung dadurch zu entkräften, dass er Tatsachen darlegt und beweist, die jene Schlussfolgerung zu erschüttern vermögen. Bei dem Tatbestandsmerkmal „absichtlich" handelt es sich um eine innere Tatsache, die sich regelmäßig nur indirekt aus dem zutage getretenen Verhalten der Beteiligten erschließen lässt.[61] Die bloße unangekündigte Einstellung der Zahlung reicht dazu nicht aus, weil es Sache des Berechtigten ist, sich zeitnah um die Durchsetzung seines Anspruchs zu bemühen.[62]

124 **e) Unterhaltsvereinbarungen.** Nach § 1585c BGB können Ehegatten den nachehelichen Unterhalt vertraglich regeln, wobei Vereinbarungen, die vor Rechtskraft der Scheidung getroffen werden, nach § 1585c S. 2 u. 3 BGB formbedürftig sind. Bei einer vor Rechtskraft der Ehescheidung geschlossenen Vereinbarung zum nachehelichen Unterhalt ersetzt die Form des § 127a BGB auch dann die notarielle Beurkundung, wenn die Vereinbarung in einem anderen Verfahren als der Ehesache protokolliert wird. Eine Vereinbarung kann daher insbesondere im Verfahren über den Trennungsunterhalt formwirksam abgeschlossen werden.[63] Es besteht grundsätzlich Vertragsfreiheit, die aber, insbesondere bei Verzichtsvereinbarungen, Einschränkungen unterliegt. Solche vertragliche Regelungen sind in der Regel lediglich **konkretisierende und modifizierende** Unterhaltsvereinbarungen, die den Charakter des Anspruchs als gesetzlichen Unterhaltsanspruch unberührt lassen.[64]

Der Unterhaltsanspruch kann aber auch unter Verzicht auf einen gesetzlichen Anspruch durch eine eigenständige vertragliche Unterhaltsvereinbarung geregelt werden. Auf solche, rein **vertraglich begründete Unterhaltsansprüche** können die Normen des Unterhaltsrechts dann nur ergänzend zur Auslegung herangezogen werden. Streitigkeiten über solche echten Vertragsansprüche sind seit dem 1.9.2009 auch Familiensachen iSd § 266 I Nr. 3 FamFG.[65]

Auf nachehelichen Unterhalt können die Ehegatten nach § 1585c BGB auch verzichten. Solche **Verzichtsvereinbarungen** können allerdings nach § 138 BGB sittenwidrig sein. Zudem ist in diesen Fällen eine richterliche Wirksamkeitskontrolle (§ 138 BGB) und eine richterliche Ausübungskontrolle (§ 242 BGB) erforderlich (Einzelheiten zu Unterhaltsvereinbarungen → § 6 Rn. 615 ff.

125 **f) Haftung der Erben des Unterhaltspflichtigen für Unterhaltsansprüche.** Nach § 1586b I 1 BGB geht mit dem **Tod des Verpflichteten** dessen Unterhaltspflicht als **Nachlassverbindlichkeit** auf dessen Erben, also ggf. auch auf den Erbeserben[66] über. Anstelle des Erblassers muss der Erbe nunmehr einen gesetzlichen Anspruch des über-

---

[59] BGH FamRZ 2005, 1162 (1163).
[60] OLG Zweibrücken FamRZ 2016, 2110; OLG Naumburg FamRZ 2006, 490; vgl. aber OLG Hamm FamRZ 2007, 1468 (1469) und OLG Düsseldorf FamRZ 2002, 327 zur Frage der Rechtshängigkeit bei gleichzeitigem Einreichen von Verfahrenskostenhilfeantrag und Sachantrag.
[61] BGH FamRZ 1989, 150 (153).
[62] OLG Naumburg FamRZ 2006, 490; OLG Köln FamRZ 1997, 426.
[63] BGH FamRZ 2014, 728 Rn. 12 = R 748a.
[64] BGH FamRZ 2012, 525 Rn. 33 ff.
[65] Zur Einordnung solcher Vereinbarungen vgl. BGH FamRZ 2012, 525 Rn. 33 ff.; FamRZ 2009, 219.
[66] BGH FamRZ 1985, 164 für § 70 EheG.

lebenden geschiedenen Ehegatten auf nachehelichen Unterhalt bedienen. Der in § 1586b BGB geregelte Übergang der Unterhaltspflicht auf den Erben gleicht den Verlust der erbrechtlichen Ansprüche aus, den der Unterhaltsberechtigte mit der Scheidung erlitten hat.[67]

Hatte der geschiedene Ehegatte auf sein **Erbrecht** (§ 2346 I BGB) **oder** auf sein **Pflichtteilsrecht** § 2346 II BGB) **verzichtet,** setzt sich der Anspruch mit dem Tod des Verpflichteten nicht als Nachlassverbindlichkeit fort.[68] Andernfalls stünde der geschiedene Ehegatte bei einem Erbverzicht besser da als der nicht geschiedene, dem weder ein Erbteil noch ein Unterhaltsanspruch verbliebe (§ 1615 I BGB). Gleiches gilt für den Fall des Pflichtteilsverzichts. Er stellt idR keine einseitige Erklärung des Verzichtenden, sondern einen mit einer Gegenleistung verbundenen Vertrag mit dem Unterhaltspflichtigen dar. Würde man hier § 1586b BGB anwenden, wäre der nicht geschiedene Ehegatte, weil er seine gesicherte Erberwartung aufgegeben hat, überwiegend schlechter gestellt als der geschiedene. Gegen eine Anwendung der Vorschrift im Falle eines Pflichtteilverzichts spricht auch der Umstand, dass § 1586b BGB den geschiedenen Ehegatten so behandelt, als habe er sein Pflichtteilsrecht behalten. Wenn er aber auf dieses vor der Scheidung verzichtet hatte, erscheint es wenig nachvollziehbar, dass es über § 1586b I BGB wieder „aufleben" soll.

aa) Rückständiger Unterhalt. Die für die Zeit vor dem Tode des Verpflichteten **126** entstandenen und noch nicht erfüllten Unterhaltsansprüche sind normale Nachlassverbindlichkeiten im Sinne des § 1967 I BGB,[69] denn § 1586b BGB erfasst nur den zukünftigen Unterhaltsanspruch des Berechtigten ab dem Tode des Verpflichteten.[70]

bb) Laufender zukünftiger Unterhalt. Ein gegen den Erblasser bestehender Unter- **127** haltstitel kann auf den oder die haftenden Erben nach § 120 I FamFG iVm § 727 ZPO umgeschrieben werden.[71] Soweit der Erbe Einwendungen gegen den Fortbestand des Titels erhebt, wird dadurch aber das Rechtsschutzbedürfnis für einen Leistungsantrag gegen ihn nicht ausgeschlossen.[72] Für Rechtsstreitigkeiten zwischen dem Erben und dem berechtigten Ehegatten über die übergegangene Unterhaltsverpflichtung sind die Familiengerichte zuständig (§§ 111 Nr. 8, 231 I Nr. 2 FamFG, bis zum 31.8.2009 war § 621 I Nr. 5 ZPO).

Ist der **Unterhalt** durch eine **Vereinbarung** (notarieller Vertrag, Vergleich) geregelt, kommt es darauf an, ob es sich nur um eine Konkretisierung des gesetzlichen Unterhalts handelt, was regelmäßig und im Zweifel der Fall ist,[73] oder ob es um die Ausgestaltung eines rein vertraglichen, von der gesetzlichen Unterhaltspflicht gelösten Anspruchs geht (→ § 6 Rn. 601 ff.). Während es bei der lediglich konkretisierenden Vereinbarung bei der Anwendung des § 1586b BGB verbleibt,[74] kommt es beim rein vertraglichen Anspruch darauf an, ob der Vertrag nach seinem Inhalt dahin auszulegen ist, dass das Leistungsversprechen nicht auch für die Erben des Versprechenden gelten sollte. Lässt sich die Frage durch Auslegung nicht klären, haftet der Erbe des Versprechenden im Zweifel aber, da es nicht um ein gesetzliches Unterhaltsverhältnis geht, nach den allgemeinen Vorschriften (§§ 1922, 1967 BGB).[75]

---

[67] BT-Drs. 7/4361, 52; BT-Drs. 7/650, 274 ff.
[68] Diekmann FamRZ 1992, 633 u. FamRZ 1999, 1029; Palandt/Weidlich § 1933 Rn. 10; anderer Ansicht: Palandt/Brudermüller § 1586b Rn. 8; Keim FPR 2006, 145; Bergschneider FamRZ 2003, 1049 (1057); Schmitz FamRZ 1999, 1569; Pentz FamRZ 1998, 1344; Grziwotz FamRZ 1991, 1258.
[69] Bergschneider FamRZ 2003, 1049 (1050).
[70] Bergschneider FamRZ 2003, 1050.
[71] BGH FamRZ 2004, 1546 (1547); Broker NZFam 2014, 980; anders hinsichtlich eines Titels über Trennungsunterhalt vgl. OLG Köln v. 10.12.2009 – 21 UF 133/09, BeckRS 2011, 18173.
[72] KG FamRZ 2005, 1759.
[73] BGH FamRZ 2012, 525 Rn. 34; 2009, 219.
[74] BGH FamRZ 2004, 1546 (1547).
[75] OLG Köln FamRZ 1983, 1036 (1038); nach Meinung von Hambitzer FamRZ 2001, 201 (202) ist aus dem Ausnahmecharakter des § 1586b BGB zu entnehmen, dass ein nichtgesetzlicher, selbstständiger Unterhaltsanspruch nicht passiv vererblich sei; vgl. auch Hambitzer FPR 2003, 157.

Handelt es sich um eine den gesetzlichen Unterhaltsanspruch lediglich konkretisierende Vereinbarung zwischen dem geschiedenen Ehegatten und dem Erblasser, bindet die Vereinbarung auch den Erben.[76] Ein Abänderungsverfahren ist zwischen dem unterhaltsberechtigten Ehegatten auf der einen Seite und dem oder – bei einer Mehrheit von Erben – den Erben auf der anderen Seite zu führen.

128 cc) **Art des Anspruchsübergangs, Einwendungen.** Die Unterhaltspflicht des Erblassers geht grundsätzlich unverändert, also auch mit Einwendungen, auf den Erben über. Sie besteht nur, wenn die Voraussetzungen eines nachehelichen Unterhaltstatbestandes (§§ 1570–1573, 1575, 1576 BGB) weiter vorliegen. Da der Anspruch nach § 1586b BGB seine unterhaltsrechtliche Natur nicht verliert,[77] hängt er weiterhin von der **Bedürftigkeit des Berechtigten** ab und bestimmt sich hinsichtlich der Höhe seines **Bedarfs** weiter nach § 1578 BGB.[78] Der Unterhaltanspruch umfasst nach § 1578 II u. III BGB auch Alters-, Kranken- und Pflegevorsorgeunterhalt.[79]

Hat der Erblasser trotz der vorliegenden Voraussetzungen für eine **Verwirkung** des Anspruchs nach **§ 1579 BGB** den Unterhalt weiter gezahlt, kann ein Vertrauensschutz des Berechtigten, zB unter dem Gesichtspunkt der Verzeihung, entfallen, wenn die Zahlung nur erfolgt ist, um eine über den Unterhaltsbetrag hinausgehende Rentenkürzung[80] zu vermeiden. Denn in einem solchen Fall ist nicht von einem Verzicht des Erblassers auf die Verwirkungsfolgen auszugehen.[81]

Auch die Voraussetzungen einer **Unterhaltsbeschränkung** nach § 1578b BGB (im Einzelnen siehe § 4 Abschnitt 7 → Rn. 1200 ff.) können vom Erben geltend gemacht werden, falls ihre tatbestandlichen Voraussetzungen erst nach einem zwischen dem Erblasser und dem unterhaltsberechtigten Ehegatten ergangenen Beschluss oder nach einer entsprechenden Unterhaltsvereinbarung eingetreten sind.[82]

129 dd) **Begrenzung der Erbenhaftung.** Der Erbe kann gemäß § 1586b I 2 BGB anders als der Erblasser nicht mehr den Einwand der **fehlenden Leistungsfähigkeit** nach § 1581 BGB erheben, denn eine Gefährdung des eigenen angemessenen Unterhalts des Verpflichteten kann nach seinem Ableben nicht mehr eintreten. Der Erbe haftet mit dem Nachlass.

§ 1586b I 3 BGB **begrenzt die Erbenhaftung** auf einen fiktiven Pflichtteil, der dem Berechtigten ohne die Ehescheidung zugestanden hätte. Daneben gelten die allgemeinen Beschränkungen der Erbenhaftung nach §§ 1975 ff. BGB. Zur **Berechnung des fiktiven Pflichtteils** ist vom Gesamtnachlass im Zeitpunkt des Todes des Erblassers, nicht der Scheidung auszugehen.[83] Güterrechtliche Besonderheiten sind nicht zu berücksichtigen (§ 1586b II BGB). Der gesetzliche Erbteil bestimmt sich daher nur nach § 1931 I und II BGB, die für überlebende Ehegatten günstigeren Regelungen nach §§ 1371 I, 1931 IV BGB scheiden aus.[84] (Fiktive) **Pflichtteilsergänzungsansprüche** des Unterhaltsberechtigten werden eingerechnet.[85] Dies gilt auch dann, wenn der oder die Erben selbst pflichtteilsberechtigt sind und sich auf § 2328 BGB berufen, weil sich der fiktiv pflichtteilsberechtigte Unterhaltsgläubiger anders als echte Pflichtteilsberechtigte nicht nach § 2329 BGB an dem Beschenkten schadlos halten kann.[86]

130 ee) **Realsplitting.** Der Erbe kann trotz der unterhaltsrechtlichen Natur des Anspruchs wegen der ihm obliegenden Unterhaltsleistungen **nicht das Realsplitting** nach § 10 I Nr. 1 EStG durchführen, weil der Abzugstatbestand an persönliche Eigenschaften des

---

[76] OLG Koblenz NJW 2003, 439 (440).
[77] Diekmann FamRZ 1992, 633.
[78] BGH FamRZ 2003, 848 (854).
[79] Bergschneider FamRZ 2003, 1049 (1052).
[80] Zum sog Rentnerprivileg vgl. § 101 III SGB VI idF bis zum 31.8.2009 § 268a SGB VI.
[81] BGH FamRZ 2003, 521 = R 581a–c; 2004, 614 (615).
[82] Bergschneider FamRZ 2003, 1049 (1051).
[83] BT-Drs. 7/650, 153.
[84] Palandt/Brudermüller § 1586b Rn. 6.
[85] BGH FamRZ 2001, 282 (283); 2003, 848 (854); vgl. hierzu auch Dressler NJW 2003, 2430.
[86] BGH FamRZ 2007, 1800 (1801).

Steuerpflichtigen anknüpft (Wegfall des Ehegattensplittings, Folgen der Eheauflösung), die bei dem Erben nicht vorliegen.[87]

g) Quasi-nachehelicher Unterhaltsanspruch nach §§ 1933 S. 3, 1569 ff. Einen **131 Sonderfall** des nachehelichen Unterhalts (quasi-nachehelicher Unterhalt) stellt der Unterhaltsanspruch nach §§ 1933 S. 3, 1569 bis 1586b BGB dar.

Dem getrennt lebenden Ehegatten steht das gesetzliche Erbrecht gemäß § 1931 BGB und/oder ein Pflichtteilsrecht gemäß § 2303 BGB zu, solange das Scheidungsverfahren nicht eingeleitet ist. Wenn zur Zeit des Todes des Erblassers die materiellen Voraussetzungen[88] für die Scheidung der Ehe gegeben waren und der Erblasser die Scheidung beantragt, ihr zugestimmt hatte oder seinerseits einen an sich begründeten Aufhebungsantrag erhoben hatte, und das Verfahren rechtshängig ist,[89] erlischt gemäß § 1933 Satz 1 BGB das Erbrecht des überlebenden Ehegatten. In solchen Fällen ist gemäß § 1933 Satz 3 BGB der Ehegatte nach Maßgabe der §§ 1569–1586b BGB unterhaltsberechtigt. Nach der Regelung des § 1933 Satz 3 BGB erhält der nicht geschiedene überlebende Ehegatte bei Verlust seines Erbrechts einen Unterhaltsanspruch nach Maßgabe des nachehelichen Unterhaltsrechts,[90] der sich gegen die Erben des verstorbenen Ehegatten richtet (§ 1586b BGB), als wäre er von dem verstorbenen Ehegatten geschieden gewesen.

Der Anspruch entsteht auch, wenn der Verfahrensbevollmächtigte des Erblassers nach dessen Tod den Scheidungsantrag zurückgenommen hat, weil die Rücknahme nicht mehr auf dem eigenen Willen des Erblassers beruht.[91]

Der **Anspruch auf Unterhalt** nach den §§ 1933 S. 3, 1569 bis 1586b BGB **entsteht** mit dem Tod des Verpflichteten. Er tritt an die Stelle des Trennungsunterhaltsanspruchs. Es findet **kein Übergang der Trennungsunterhaltspflicht** vom Erblasser auf den Erben statt, weil – anders als bei § 1586b BGB, § 1615l III 4 BGB und § 1615n BGB – nach dem Gesetzeswortlaut der §§ 1361 IV 4, 1360a III, 1615 I BGB der Anspruch auf Trennungsunterhalt mit dem Tod des Unterhaltsverpflichteten erlischt.

Für die Auffassung, dass es sich bei dem Anspruch nach § 1933 S. 3 BGB um einen neu **132** entstehenden Sonderfall des nachehelichen Unterhalts und nicht nur um eine Rechtsfolgenverweisung betreffend zum Trennungsunterhalt[92] handelt, sprechen insbesondere die Gesetzesmaterialien zur Entstehungsgeschichte des § 1933 BGB. Der Bundesrat hatte zu der Änderung des Eherechts zum 1.7.1977 ausgeführt: „Die Unzulänglichkeiten der Regelung des Regierungsentwurfs können in befriedigender Weise dadurch beseitigt werden, dass die bisherige Regelungsautomatik unter Anpassung an das Zerrüttungsprinzip beibehalten wird und der überlebende Ehegatte zum Ausgleich für das verlorene Erbrecht einen Unterhaltsanspruch nach Maßgabe der §§ 1570 bis 1576, 1581 bis 1586b (nach dem Vorschlag des Bundesrates) erhält. Dadurch wird gleichzeitig erreicht, dass der überlebende Ehegatte in diesen Fällen nicht schlechter gestellt wird als er stehen würde, wenn die Ehe schon zu Lebzeiten des Erblassers durch Scheidung oder Aufhebung aufgelöst worden wäre. Der überlebende Ehegatte wird dann mindestens so viel erhalten, wie er erhalten würde, wenn der Erblasser ihn auf den Pflichtteil gesetzt hätte. Die Gewährung einer Stellung, die über die des Pflichtteilsberechtigten hinausgeht, sieht aber auch der Regierungsentwurf im Falle der Enterbung des überlebenden Ehegatten nicht vor."[93]

Der Rechtsausschuss des Bundestages hat die Verabschiedung des neuen Eherechts befürwortet und zu § 1933 BGB ausgeführt: „Die beschlossene Vorschrift stellt für den Verlust des Ehegattenerbrechts und des Voraus darauf ab, dass die Ehe gescheitert ist und

---

[87] BFH NJW 1998, 1584.
[88] Vgl. dazu OLG Frankfurt a. M. FamRZ 1990, 210; BGH FamRZ 1995, 229; OLG Zweibrücken FamRZ 2001, 452.
[89] BGH FamRZ 1990, 1109.
[90] BT-Drs. 7/650, 274 ff.; zur konkludenten Zustimmung des Erblassers zum Scheidungsantrag vgl. OLG Köln FamRZ 2003, 1223.
[91] OLG Stuttgart FamRZ 2007, 502 (504).
[92] So Münch ZEV 2008, 571 (574); ähnlich Schnitzler/Grandel MAH FamR § 8 Rn. 143; Frenz ZEV 1997, 450 (451); Jauernig/Stürner BGB § 1933 Rn. 2.
[93] BT-Drs. 7/650, 274 ff., vgl. Ziff. 38 (zu Art. 1 Nr. 34 bis 36 [§§ 1848, 1933, 2077 I, 2268 II, 2279 II]).

der Erblasser durch die Antragstellung oder die Zustimmung zum Scheidungsantrag zu erkennen gegeben hat, dass er bereit ist, hieraus die Folgerungen zu ziehen. Der Verlust des Erbrechts und des Voraus findet seine innere Rechtfertigung also in dem mutmaßlichen Erblasserwillen. Zum Ausgleich für den Verlust des Erbrechts und des Voraus muss dem überlebenden Ehegatten in gleicher Weise wie nach der Scheidung ein Unterhaltsanspruch gewährt werden. Denn sonst stünde er in diesem Fall schlechter da, als er stehen würde, wenn die Ehe schon zu Lebzeiten des Erblassers durch Scheidung oder Aufhebung aufgelöst worden wäre."[94]

Aus den zitierten Ausführungen, insbesondere aus der Formulierung, der überlebende Ehegatte „erhalte" zum Ausgleich für das verlorene Erbrecht einen Unterhaltsanspruch nach den Vorschriften für den nachehelichen Unterhalt, ergibt sich eindeutig, dass der Anspruch auf Unterhalt mit dem Tod des Erblassers erstmals entsteht und der Tod des Erblassers an die Stelle des Einsatzzeitpunktes der Scheidung tritt.

133 Dass der **Unterhaltsanspruch nach § 1933 S. 3 BGB** mit dem Tode des Verpflichteten **neu entsteht**, ergibt sich mittelbar auch aus der Rechtsprechung des BGH[95] zum Verhältnis eines Anspruchs aus § 1361 BGB (Trennungsunterhalt) und aus den §§ 1569 ff. BGB (nachehelicher Unterhalt). Danach schließen es die Unterschiede in der Ausgestaltung des § 1361 BGB und der §§ 1569 ff. BGB aus, die Ansprüche auf Trennungsunterhalt und nachehelichen Unterhalt als einheitlichen und kontinuierlichen Anspruch aufzufassen. Denn die §§ 1569 ff. BGB enthalten der Sache nach nicht lediglich Vorschriften, die den bereits während der Ehe gegebenen Unterhaltsanspruch unter bestimmten Voraussetzungen einschränken oder zum Erlöschen bringen. Sie begründen vielmehr Ansprüche, die sich sowohl nach ihren Grundlagen wie auch nach ihren Bemessungskriterien vom Anspruch nach § 1361 BGB unterscheiden. Diese Rechtsprechung ist entsprechend für das Verhältnis zwischen § 1361 BGB und § 1933 Satz 3 BGB anwendbar.

Wegen der Unterschiede umfasst ein Beschluss über den Unterhaltsanspruch nach § 1361 BGB in verfahrensrechtlicher Hinsicht regelmäßig nicht auch den Unterhaltsanspruch nach der Scheidung der Ehe. Es ist auch nicht zulässig, sich aus verfahrensökonomischen Gründen über die Verschiedenheit der Ansprüche hinwegzusetzen und ein Fortwirken des Titels über den ehelichen Unterhaltsanspruch nach der Scheidung zu bejahen. Der unterhaltsbedürftige Ehegatte ist für den nachehelichen Unterhalt auf den Weg eines neuen Verfahrens verwiesen.[96] Das hat zur Folge, dass nach dem Tod des Unterhaltspflichtigen eine **Umschreibung eines Unterhaltstitels über Trennungsunterhalt anders als bei einem Titel über den nachehelichen Unterhalt** gegen den nach § 1586b BGB haftenden Erben des Unterhaltsschuldners **nicht** erfolgen kann.[97]

Der Anspruch nach § 1933 Satz 3 BGB kann aus den oben genannten Gründen von seiner Natur her nicht Gegenstand im Scheidungsverbundverfahren sein. Durch die Geltendmachung eines „normalen" Unterhaltsanspruchs im Scheidungsverbundverfahren kann die Verjährung eines nach dem Tod des Erblassers entstandenen Anspruchs nach § 1933 Satz 3 BGB nicht gehemmt werden.[98]

Da der Anspruch auf den Quasinachehelichenunterhalt mit dem Tod des Erblassers erstmals entsteht, tritt – soweit ein Unterhaltsanspruch davon abhängt – dieser Zeitpunkt an die Stelle des **Einsatzzeitpunktes** der Scheidung.[99]

134 **h) Pfändbarkeit.** Der Anspruch auf nachehelichen Unterhalt ist wie der Trennungsunterhalt und Familienunterhalt[100] als echter Unterhaltsanspruch grundsätzlich **nicht**

---

[94] BT-Drs. 7/4361, 52.
[95] BGH NJW 1981, 978 (979); NJW 1980, 2811, zum bis 30.6.1977 geltenden § 1361 BGB und zu den §§ 58 ff. EheG.
[96] BGH NJW 1981, 978 (979); NJW 1980, 2811.
[97] OLG Köln v. 10.12.2009 – 21 UF 133/09, BeckRS 2011, 18173.
[98] AG Erkelenz FamRZ 2018, 710.
[99] Dieckmann NJW 1980, 2777; 2778; ders. FamRZ 1992, 663 (664); Staudinger, BGB, (2008) § 1933 Rn. 14.
[100] Vgl. beim Familienunterhalt zur bedingten Pfändbarkeit eines Taschengeldanspruchs: BGH FamRZ 2004, 1784 f.

3. Abschnitt: Anspruchstatbestände des nachehelichen Unterhalts § 4

pfändbar (§ 120 I FamFG iVm § 850b I Nr. 2 ZPO) und daher auch grundsätzlich **nicht abtretbar** (§ 400 BGB). Allerdings wird § 400 BGB auch bei Unterhaltsansprüchen nicht angewendet, wenn der Zedent vom Zessionar eine wirtschaftlich gleichwertige Leistung erhalten hat bzw. erhält.[101] Eine **Aufrechnung** ist ebenfalls grundsätzlich **ausgeschlossen** (§ 394 BGB). Das Vollstreckungsgericht kann eine Pfändung nach § 850b II ZPO bei Vorliegen besonderer Umstände ausnahmsweise zulassen.

i) **Insolvenz des Unterhaltsschuldners.** Familienrechtliche Unterhaltsansprüche, die bis zur Eröffnung des Insolvenzverfahrens fällig geworden waren **(Rückstände)**,[102] sind als normale Insolvenzforderungen (vgl. § 40 InsO) beim Insolvenzverwalter zur Eintragung in die Tabelle (§§ 174, 175 InsO) anzumelden. Nur bezüglich dieser Rückstände wird ein anhängiges Unterhaltsverfahren nach § 113 I FamFG iVm § 240 ZPO unterbrochen.[103] **135**

Die **laufenden künftigen Unterhaltsforderungen,** die erst nach Eröffnung des Verfahrens fällig geworden sind, können im Insolvenzverfahren nur hinsichtlich des Vorrechtsbereichs (§§ 89 II 1 InsO, 850d und FamFG ZPO), im Übrigen nicht geltend gemacht werden (§ 40 InsO). Sie lassen sich nur außerhalb des Insolvenzverfahrens geltend machen.[104] Ein bereits anhängiges Verfahren ist wegen dieser Unterhaltsforderungen mangels Unterbrechung fortzusetzen.[105] Für die laufenden Forderungen kann das nicht zur Insolvenzmasse gehörende Vermögen vollstreckt werden, wobei allerdings in der Regel nur ein eingeschränkter Zugriff auf das Arbeitseinkommen bleibt, auf welches der Unterhaltsgläubiger wegen § 850d ZPO in weiterem Umfang als die Insolvenzgläubiger zugreifen kann. Der Grund für die Schlechterstellung des Unterhaltsgläubigers ist die familienrechtliche Grundlage des Anspruchs, die den Berechtigten das wirtschaftliche Schicksal des Pflichtigen teilen lässt.[106]

Beruht die Unterhaltsverpflichtung des **Schuldners** auf seiner Stellung **als Erbe des Verpflichteten** (vgl. § 1586b BGB), sind auch die laufenden Unterhaltsforderungen als normale Insolvenzforderungen zu behandeln (§ 40 InsO), die für das Verfahren auch wegen der künftigen Fälligkeiten als fällig gelten (§ 41 I InsO). Einen Sonderfall stellt der **Unterhalt** dar, welcher dem Schuldner und seiner Familie von der Gläubigerversammlung **aus der Insolvenzmasse** bewilligt werden kann (§ 100 InsO). Dabei kommt die Gewährung notwendigen Unterhalts auch an den getrennt lebenden oder geschiedenen Ehegatten in Betracht (§ 100 II InsO).[107]

Im Hinblick auf die Möglichkeiten des **Verbraucherinsolvenzverfahrens** nach §§ 304 ff. InsO war zunehmend erwogen worden, ob ein überschuldeter Unterhaltsschuldner nicht verpflichtet sein kann, Insolvenzantrag zu stellen, um seine unterhaltsrechtliche Leistungsfähigkeit durch die dann mögliche und auf Grund der Restschuldbefreiung zumutbare Inanspruchnahme der Pfändungsfreigrenzen des § 850c ZPO zu erhöhen.[108] Der BGH hat eine solche Obliegenheit im Hinblick auf die nach § 1603 II BGB gesteigerte Unterhaltspflicht zur Sicherstellung des laufenden Unterhalts von minderjährigen Kindern bejaht, soweit dies dem Schuldner nicht ausnahmsweise im Einzelfall unzumutbar ist.[109] Dies gilt wegen fehlender gesteigerter Unterhaltspflicht und im Hinblick auf die verfassungsrechtlich geschützte Handlungsfreiheit des Unterhaltsschuldners **regelmäßig nicht im Fall des Ehegattenunterhalts** (Trennungsunterhalt oder nachehelicher Unterhalt).[110] **136**

j) **Verfahrenskostenvorschuss.** Im Gegensatz zum Familienunterhalt und Trennungsunterhalt (§§ 1360a IV und 1361 IV BGB) besteht nach Rechtskraft der Scheidung **kein** **137**

---

[101] BGH FamRZ 1995, 160 (161).
[102] OLG Naumburg FamRZ 2005, 1975.
[103] OLG Koblenz FamRZ 2003, 109 mwN; OLG Hamm FamRZ 2005, 279 (280).
[104] BGH FamRZ 2011, 791 Rn. 17; OLG Koblenz FamRZ 2002, 31 (32).
[105] OLG Koblenz FamRZ 2003, 109.
[106] Jaeger KO, 9. Aufl., Rn. 109 zu § 3.
[107] Vgl. hierzu BGH FamRZ 2008, 137 (138) = R 684b.
[108] Vgl. Melchers FamRZ 2001, 1509; Hoppenz FF 2003, 158; Hauß FamRZ 2006, 306 (u. 1496); OLG Hamm FamRZ 2001, 441 mAnm Born; OLG Dresden FamRZ 2003, 1028; OLG Karlsruhe FamRZ 2006, 953; ablehnend OLG Naumburg FamRZ 2003, 1215.
[109] BGH FamRZ 2005, 608.
[110] BGH FamRZ 2008, 497 (499 f.).

Anspruch mehr auf einen Verfahrenskostenvorschuss.[111] Dagegen kann für das Scheidungsverfahren selbst und für die Folgesachen im Verbund noch Verfahrenskostenvorschuss nach §§ 1361 IV, 1360a IV BGB verlangt werden. Einzelheiten dazu siehe in → § 6 Rn. 20 ff.

7. Sonstige verfahrensrechtliche Besonderheiten des nachehelichen Unterhalts

138 Vor der Rechtskraft der Scheidung kann der nacheheliche Unterhalt als **Folgesache im Verbund** anhängig gemacht werden (§§ 137 ff. FamFG).

Seit dem 1.9.2009 können über den Ehegattenunterhalt **einstweilige Anordnungen** nach § 246 FamFG erlassen werden. Diese Regelung hat die mit der Einführung des FamFG aufgehobenen §§ 620–620g, 644 ZPO ersetzt. Eine einstweilige Anordnung, die über den Unterhalt eines Ehegatten vor Rechtskraft der Scheidung befindet, regelt nur den Trennungsunterhalt. Ihre Grundlage entfällt mit der Rechtskraft der Scheidung. Ob die einstweilige Anordnung wie nach früherem Recht[112] nach der Scheidung trotz der Nichtidentität von Trennungs- und nachehelichem Unterhalt als Regelung des nachehelichen Unterhalts weiter gilt, ist unklar.[113] Wenn man dies bejaht, tritt die einstweilige Anordnung aber nicht automatisch mit der Rechtskraft der Scheidung außer Kraft, weil die Rechtskraft der Scheidung allein keine anderweitige Regelung im Sinne des § 56 I FamFG darstellt. Auf Antrag nach § 54 I FamFG ist eine solche einstweilige Anordnung aufzuheben (im Einzelnen → § 10 Rn. 425 ff.). Wenn zugleich mit der Scheidung über den nachehelichen Unterhalt als Folgesache entschieden wird, tritt eine einstweilige Anordnung gemäß §§ 56 I 2, 148 FamFG außer Kraft.

Im Anwendungsbereich des **FamFG** ist der Erlass einer **einstweilige Verfügung** auf Leistung von Unterhalt nach den §§ 935–942 ZPO ausgeschlossen.[114]

II. Angemessene Erwerbstätigkeit im Sinne des § 1574 BGB

1. Normzweck und Anwendungsbereich des § 1574 BGB

139 Nach dem in § 1569 S. 1 BGB beschriebenen Prinzip der **Eigenverantwortlichkeit** soll jeder Ehegatte grundsätzlich nach der Scheidung für seinen Unterhalt durch eine eigene Erwerbstätigkeit selbst aufkommen. Ein Anspruch auf nachehelichen Unterhalt besteht nur, wenn der Bedürftige aus Gründen, die in den Anspruchstatbeständen der **§§ 1570, 1571, 1572, 1573, 1574 III, 1575 und 1576 BGB** normiert sind, nach der Scheidung nicht oder nicht ausreichend durch eigene Erwerbstätigkeit selbst für seinen Unterhaltsbedarf sorgen kann. Die generelle Erwerbsverpflichtung des Bedürftigen, die auch in § 1574 I BGB zum Ausdruck kommt, ist inhaltlich auf eine dem Berechtigten angemessene Erwerbstätigkeit beschränkt. An dieser **Angemessenheit** einer Erwerbstätigkeit ist die **Zumutbarkeit** der Aufnahme oder Ausweitung einer Erwerbstätigkeit **bei allen Unterhaltstatbeständen** zu beurteilen.[115]

Für die Frage, welche Erwerbstätigkeit angemessen ist, zählt § 1574 II BGB die wichtigsten Kriterien im Sinne einer **Legaldefinition**[116] der zu berücksichtigenden Umstände auf. § 1574 I und II BGB stellen demgemäß **keine eigene Anspruchsgrundlage** dar, sondern sind **Hilfsnormen zur Auslegung** des Begriffs „Erwerbstätigkeit" bei allen

---

[111] BGH FamRZ 2017, 1052; 2010, 189; 1984, 148.
[112] BGH FamRZ 1991, 180.
[113] OLG Frankfurt NJW-RR 2015, 326; dafür für einen Vergleich im eA-Verfahren OLG Hamm FF 2013, 79; Prütting/Helms/Dürbeck FamFG § 56 Rn. 5; dagegen Keidel/Giers FamFG § 246 Rn. 9; vgl auch Dose/Kraft Einstweiliger Rechtsschutz in Familiensachen 4. Aufl. Rn. 37 ff.
[114] BT-Drs. 16/6308, 226.
[115] BGH FamRZ 1983, 144.
[116] BGH FamRZ 1985, 371 (373).

nachfolgend behandelten Anspruchstatbeständen der §§ 1570, 1571, 1572, 1573, 1575 und 1576 BGB.

§ 1574 I BGB und § 1574 II BGB sind durch das Unterhaltsrechtsänderungsgesetz im Licht der stärkeren Betonung des Grundsatzes der Eigenverantwortung neu gefasst worden. Dadurch sind ab dem 1.1.2008 die Anforderungen an die (Wieder-)Aufnahme einer Erwerbstätigkeit nach der Scheidung erhöht worden.[117] Die inhaltliche Beschränkung der Erwerbsobliegenheit auf eine angemessene berufliche Beschäftigung (§ 1574 I BGB) und die gesetzliche Umschreibung der Angemessenheit (§ 1574 II BGB) tragen zur Konkretisierung der Voraussetzungen der Unterhaltsansprüche nach den §§ 1571, 1572 und 1573 BGB bei.[118] Die Frage nach der Art und dem Umfang der zu fordernden angemessenen Tätigkeit spielt ferner eine wichtige Rolle bei der Zurechnung fiktiver Einkünfte nach einer Verletzung der Erwerbsobliegenheit.[119]

140 Nach § 1574 III BGB obliegt es dem Bedürftigen, sich ausbilden, fortbilden oder umschulen zu lassen, wenn und soweit dies erforderlich ist, um eine angemessene Erwerbstätigkeit aufnehmen zu können, und ein erfolgreicher Abschluss der Ausbildung zu erwarten ist. Sind diese Voraussetzungen erfüllt, besteht anstelle einer Erwerbsobliegenheit eine **Ausbildungsobliegenheit**.[120] Unterzieht sich der Bedürftige einer solchen Ausbildung, hat er nach § 1574 III iVm § 1573 I BGB für die Regeldauer einer solchen Ausbildung einen zeitlich begrenzten Anspruch auf **Ausbildungsunterhalt**.[121] Insofern beinhaltet § 1574 III BGB iVm § 1573 I BGB neben § 1575 BGB eine weitere Anspruchsgrundlage für einen Ausbildungsunterhalt.

Beim **Trennungsunterhalt** (→ Rn. 21 ff.) kann der nicht erwerbstätige Ehegatte nur unter wesentlich engeren Voraussetzungen darauf verwiesen werden, seinen Unterhalt durch eigene Erwerbstätigkeit zu verdienen, als dies gemäß § 1574 II BGB nach der Scheidung der Fall ist.[122]

Die **Angemessenheitskriterien** des § 1574 II BGB gelten in entsprechender Weise auch für eine **Erwerbstätigkeit** des **Verpflichteten**. § 1574 BGB steht zwar im Zusammenhang mit den Bestimmungen, die einem Bedürftigen Unterhaltsansprüche gewähren. Der Grundsatz der Gleichberechtigung und Gleichbehandlung gebietet es jedoch, bedürftige und verpflichtete Ehegatten zur Frage der Angemessenheit einer Erwerbstätigkeit gleich zu behandeln.

140a Neben der Prüfung der **fünf subjektiven Kriterien** und der **Billigkeitsabwägung** muss als **objektives Kriterium** festgestellt werden, ob für eine nach den subjektiven Maßstäben als zumutbar anzusehende Erwerbstätigkeit eine **reale Beschäftigungschance** besteht.[123] Der Unterhaltsberechtigte trägt im Rahmen des Unterhaltsanspruchs wegen Erwerbslosigkeit nach § 1573 I BGB die Darlegungs- und Beweislast sowohl für die Behauptung, er habe keine reale Chance auf eine Vollzeitarbeitsstelle als auch dafür, dass dies in gleicher Weise für eine geringfügige Beschäftigung (Mini-Job) und auch für eine Erwerbstätigkeit im Rahmen der Gleitzone nach § 20 II SGB IV (Midi-Job) zutrifft.[124]

2. Angemessene Erwerbstätigkeit nach § 1574 II BGB, Systematik

141 Bei der Prüfung des Merkmals der angemessenen Erwerbstätigkeit sind folgende Fragen zu klären:
– Ist vom Bedürftigen **überhaupt noch** eine angemessene **Erwerbstätigkeit** zu erwarten?[125]

---

[117] BT-Drs. 16/1830, 17.
[118] BGH FamRZ 1983, 144.
[119] BGH FamRZ 2013, 274 Rn. 23; 2013, 109 Rn. 35.
[120] BGH FamRZ 1986, 1085.
[121] BGH FamRZ 1987, 795 (797); 1986, 553; 1984, 561 (563).
[122] BGH FamRZ 2012, 1201 Rn. 18 = R 733a; FamRZ 1991, 416 (418); 1989, 1160; 1981, 242.
[123] BGH FamRZ 2012, 517 Rn. 30; 2011, 1851 Rn. 13, 2011, 454.
[124] BGH FamRZ 2012, 517 Rn. 30.
[125] BGH FamRZ 2008, 3635; 1987, 691; 1985, 371 (373); 1983, 144.

- Kann dem Berechtigten umfangmäßig als angemessen eine **Vollerwerbstätigkeit oder nur eine Teilerwerbstätigkeit** zugemutet werden?[126]
- Kann der Berechtigte **zwei**[127] **Teilzeitbeschäftigungen** übernehmen?
- **Welche Arten** von Erwerbstätigkeiten können dem Bedürftigen als angemessen zugemutet werden?[128]
- Besteht für den Bedürftigen eine **Ausbildungsobliegenheit,** weil für ihn nach den Umständen des Falles keine oder nur eine nicht angemessene Erwerbstätigkeit in Frage käme oder weil er dann eher eine Arbeitsstelle findet als in seinem früheren Beruf?[129]

Die Beantwortung dieser Fragen obliegt dem **Tatrichter.** Dieser hat dazu alle Angemessenheitskriterien und sonstigen besonderen Umstände des Einzelfalls festzustellen und umfassend abzuwägen.[130] Rechtsfehlerhaft ist es, wenn die Beurteilung der Angemessenheit zB nur auf eines von mehreren zu beachtenden Kriterien gestützt wird[131] oder wenn das Gericht erkennbar keine umfassende und abschließende Angemessenheitsprüfung vornehmen wollte.[132]

Die **Prüfung** hat in **zwei Stufen** zu erfolgen.

142 a) **Erste Prüfungsstufe.** Nach § 1574 II BGB ist eine Erwerbstätigkeit angemessen, die der Ausbildung, den Fähigkeiten, einer früheren Erwerbstätigkeit, dem Lebensalter und dem Gesundheitszustand des Bedürftigen entspricht. Die Aufzählung der **Kriterien** in **§ 1574 II BGB ist nicht erschöpfend.** Es können auch andere Gesichtspunkte berücksichtigt werden. Seit dem 1.1.2008 enthält der Katalog des § 1574 II 1 BGB erstmals auch das Merkmal der „früheren Erwerbstätigkeit". Eine Erwerbstätigkeit in einem früher ausgeübten Beruf soll grundsätzlich immer angemessen sein.[133] So ist es dem Ehegatten versagt, Unterhalt auf Grund einer höheren Berufsqualifikation zu verlangen, wenn er im Verlauf der Ehe über einen längeren, zB mehrjährigen Zeitraum hinweg, eine geringer qualifizierte Tätigkeit ausgeübt hat.[134] Bei den nach **§ 1574 II 1 Hs. 1 BGB** in einem **ersten Schritt zu prüfenden Merkmalen** ist in der Neufassung das Merkmal der „ehelichen Verhältnisse" entfallen.

Der Bedürftige kann die Art der ihm zuzumutenden angemessenen Erwerbstätigkeit grundsätzlich **selbst bestimmen.** Hat er während 20-jähriger Ehe im selbstständigen Betrieb seines Partners mitgearbeitet, ist rechtlich nichts dagegen einzuwenden, wenn er nach der Trennung eine selbstständige Erwerbstätigkeit anstrebt und sich zu diesem Zweck in entsprechender Weise ausbilden lässt.[135]

Ob eine bestimmte Erwerbstätigkeit als angemessen anzusehen ist und dem Bedürftigen eine ausreichende berufliche Entwicklung ermöglicht, ist unter **Zumutbarkeitskriterien** zu beantworten. Eine optimale berufliche Erfüllung durch die Erwerbstätigkeit kann nicht verlangt werden.[136] Die für einen Ehegatten erreichbare Erwerbstätigkeit ist nicht erst dann angemessen, wenn das damit erzielte Einkommen den vollen Unterhalt erreicht.[137] Angemessen kann eine Tätigkeit auch deshalb sein, weil sie längere Zeit, zB mehrere Jahre, während der Ehe[138] oder auch vor der Ehe[139] ausgeübt worden ist.

143 **In Mangelfällen** besteht für Bedürftige und Verpflichtete eine **verstärkte Erwerbsobliegenheit** mit der Folge, dass sie bis zur Behebung der Mangelsituation auch eine nach

---

[126] BGH FamRZ 2012, 1483; 2012, 517; 1985, 908.
[127] BGH FamRZ 2007, 200, 202.
[128] BGH FamRZ 1987, 795 (797); 1986, 1085; 1986, 553.
[129] BGH FamRZ 1987, 795 (797); 1986, 1085.
[130] BGH FamRZ 2005, 23; 1984, 561 (562).
[131] BGH FamRZ 1984, 561.
[132] BGH FamRZ 1987, 795 (797).
[133] BT-Drs. 16/1830, 17.
[134] BT-Drs. 16/1830, 17 unter Hinweis auf BGH FamRZ 2005, 23 (25) = R 619; OLG Celle FamRZ 2010, 1673 Rn. 20; OLG Saarbrücken NJW-RR 2007, 1453 (1454).
[135] BGH FamRZ 1988, 1145; 1986, 1085; 1984, 561.
[136] BGH FamRZ 1985, 782; 1984, 988.
[137] BGH FamRZ 1985, 782.
[138] Vgl. BT-Drs. 16/1830, 17; BGH FamRZ 2010, 2059; 2005, 23 (25).
[139] Schwab FamRZ 2005, 1417 (1418).

§ 1574 II BGB nicht angemessene Erwerbstätigkeit aufzunehmen oder auszuweiten haben. Dabei ist, wie auch sonst, auf eine gleichmäßige Belastung beider Ehegatten zu achten. Die in Mangelfällen mit den Unterhaltsleistungen verbundenen Belastungen und Einschränkungen des Verpflichteten scheinen nur zumutbar, wenn auch dem Bedürftigen entsprechende Einschränkungen und Opfer zugemutet werden.[140]

Die erforderliche **Würdigung** der aufgezählten Kriterien in ihrer **Gesamtheit**[141] kann daher dazu führen, dass eine erreichbare Erwerbstätigkeit, die **nicht** den ehelichen Lebensverhältnissen entspricht, grundsätzlich als zumutbar angesehen wird.[142]

b) Zweite Prüfungsstufe. Erst in einer zweiten Prüfungsstufe ist nach Absatz 2 S. 1 Hs. 2 im Rahmen einer als Korrektiv ausgebildeten **Billigkeitsabwägung** zusätzlich zu prüfen, ob die **ehelichen Lebensverhältnisse** die betreffende Erwerbstätigkeit ausschließen. § 1574 II 1 Hs. 2 BGB dient dem Zweck, den während der Ehe nicht erwerbstätig gewesenen Ehegatten nach der Scheidung zwar nicht vor jedem, aber vor einem **unangemessenen sozialen Abstieg** (Stichwort „Putzfrau, Arztgattin, Putzfrau?") zu bewahren.[143] **144**

Dabei obliegt dem Berechtigten die Darlegungs- und Beweislast dafür, dass eine an sich erreichbare Erwerbstätigkeit für ihn auf Grund der ehelichen Lebensverhältnisse **unzumutbar** ist.[144] Im Streitfall hat der Tatrichter über diese Frage eine dem Einzelfall gerecht werdende Entscheidung zu treffen, die zum Ergebnis kommen kann, dass der geschiedene Ehegatte einen geminderten Lebensstandard **ohne** einen Aufstockungsunterhaltsanspruch hinnehmen muss.[145] Bei der erst auf zweiter Stufe erfolgenden Prüfung der ehelichen Lebensverhältnisse sind die Dauer der Ehe und die Dauer der Pflege und Erziehung eines gemeinschaftlichen Kindes zu berücksichtigen.

3. Die einzelnen Kriterien für die Prüfung einer angemessenen Erwerbstätigkeit nach § 1574 II 1 Hs. 1 BGB (1. Stufe)

a) Ausbildung. Ein Merkmal für die Angemessenheit ist eine Erwerbstätigkeit, für die der Bedürftige vor oder während der Ehe eine berufliche Ausbildung abgeschlossen hat. **145**

Ist eine **Ausbildung nicht abgeschlossen,** ist sie als Kriterium unbeachtlich. Gegebenenfalls ist ihr Abschluss nachzuholen. Es besteht dann für die Dauer der Ausbildung ein Anspruch auf Ausbildungsunterhalt nach § 1574 III iVm § 1573 I BGB oder nach § 1575 BGB.

Ein Abstellen auf eine berufliche **Ausbildung** ist nicht möglich, wenn sie wegen der veränderten Bedingungen auf dem Arbeitsmarkt (neue Techniken) oder aus anderen Gründen (Aussterben des Berufs) praktisch keine konkrete Erwerbstätigkeit mehr ermöglicht oder wenn mit einer Tätigkeit in den in Betracht kommenden Berufsfeldern keine ausreichenden Einkünfte erzielt werden können. Das frühere Ausbildungsniveau ist ferner unbeachtlich, wenn die zur Berufsausübung notwendigen Fähigkeiten (PC-Kenntnisse) nicht mehr vorhanden sind oder wenn der Bedürftige entsprechende Berufe aus gesundheitlichen und altersmäßigen Gründen nicht mehr ausüben kann. In einem solchen Fall kann gemäß § 1574 III BGB eine Verpflichtung des Unterhalt Begehrenden bestehen, sich **fortbilden oder umschulen** zu lassen. Einer Frau im Alter von 41 Jahren ist es möglich und zumutbar, sich die fehlende Berufserfahrung durch eine Fortbildungs- oder Umschulungsmaßnahme zu verschaffen.[146]

Auf eine **der beruflichen Vorbildung entsprechende Erwerbstätigkeit** darf sich der Bedürftige aber nur berufen, wenn eine solche unter Abwägung aller Kriterien aus objektiven und subjektiven Gründen sinnvoll ist, dh, wenn der Bedürftige auch in der Lage

---

[140] BGH FamRZ 1985, 782.
[141] BT-Drs. 16/1830, 17.
[142] BT-Drs. 16/1830, 17.
[143] BT-Drs. 16/1830, 17.
[144] BT-Drs. 16/1830, 17.
[145] BT-Drs. 16/1830, 17.
[146] OLG Schleswig FamRZ 1994, 1404.

ist, eine entsprechende Erwerbstätigkeit auszuüben. Eine approbierte Ärztin, die nie in ihrem Beruf tätig war, kann sich bei ihren Bemühungen um eine Erwerbstätigkeit nicht auf ärztliche Beschäftigungen beschränken, sondern muss sich auch um anderweitige Tätigkeiten bemühen, zB in der Aus- und Weiterbildung.[147] Eine angemessene Berufstätigkeit beschränkt sich nämlich nicht auf das durch Ausbildung erworbene Berufsbild, sondern umfasst auch solche Tätigkeiten, die dem Status der erworbenen Ausbildung entsprechen.[148]

146 **b) Fähigkeiten.** Fähigkeiten sind **persönliche Eigenschaften,** die zur Ausübung eines Berufs benötigt werden. Dazu zählen intellektuelle und praktische Fertigkeiten sowie sonstiges beruflich verwertbares Können. In erster Linie sind solche Fähigkeiten gemeint, die der Unterhalt Begehrende außerhalb einer geregelten Berufsausbildung durch eine bereits ausgeübte Erwerbstätigkeit oder eine sonstige Tätigkeit (zB karitative Tätigkeit, Ehrenamt) erworben hat und die zu einer beruflichen Qualifikation geführt haben.[149]

Entsprechende Fähigkeiten, die **im Zeitpunkt der Scheidung** bereits vorhanden und beruflich verwertbar sein müssen, werden häufig durch Mitarbeit im Betrieb oder Geschäft des Partners (Bürotätigkeit in Autohaus, Handwerksbetrieb) erworben. Auch in der Haushaltsführungsehe kann der nicht erwerbstätige Ehegatte durch Haushaltstätigkeit und Kindererziehung beruflich nutzbare Fähigkeiten erworben haben, die eventuell nach einer weiteren Ausbildung zB in sozialpflegerischen Berufen eingesetzt werden können.[150]

Der Bedürftige ist grundsätzlich verpflichtet, seine Fähigkeiten und sonstigen Kenntnisse (zB Fremdsprachenkenntnisse, musische Kenntnisse) bestmöglich zur Sicherung seines Unterhaltsbedarfs einzusetzen und dazu eine entsprechende Erwerbstätigkeit (Übersetzer, Touristikbranche, Hotelrezeption[151]) aufzunehmen. Angemessen ist in der Regel jede Arbeit, die den Fähigkeiten entspricht, sofern nicht die Angemessenheit einer solchen Erwerbstätigkeit nach anderen Kriterien zu verneinen ist. Eine 44-jährige geschiedene Ehefrau eines Zahnarztes kann auch dann auf den Arbeitsmarkt für un- und angelernte Kräfte verwiesen werden, wenn sie das Abitur erworben und ein Lehramtsstudium im Zusammenhang mit der Eheschließung abgebrochen hat; das gilt jedenfalls dann, wenn sie während der Ehezeit mehrere Jahre als ungelernte Empfangskraft in der Praxis des Ehemannes mitgearbeitet hat.[152]

147 **c) Frühere Erwerbstätigkeit.** Schon nach dem bis 31.12.2007 geltenden Recht hatte der BGH eine **während der Ehe** längere Zeit – im entschiedenen Fall drei Jahre lang – ausgeübte Tätigkeit unter Ausbildungsniveau als angemessen beurteilt.[153] Mit der Neufassung des Gesetzes, die das Merkmal der früheren Erwerbstätigkeit in dem Katalog der in erster Linie zu prüfenden Angemessenheitskriterien enthält, ist ausdrücklich klargestellt, dass die Erwerbstätigkeit in einem früher ausgeübten Beruf regelmäßig **angemessen** ist.[154] Die Herausstellung der „früheren Erwerbstätigkeit" als eigenes Angemessenheitskriterium unterstreicht ebenso wie die Aufnahme der Erwerbsobliegenheit in § 1569 S. 1 BGB die seit dem 1.1.2008 verstärkte Eigenverantwortung des geschiedenen Ehegatten. Mit diesem Merkmal wird auch eine **vor der Ehe** ausgeübte Berufstätigkeit in die vorzunehmende Gesamtwürdigung einbezogen.

Eine frühere Tätigkeit ist angemessen, wenn sie der beruflichen Vorbildung oder dem Ausbildungsniveau der Vorbildung oder der selbstgewählten bisherigen beruflichen Entwicklung entspricht. Eine Tätigkeit als Zimmermädchen oder Haushälterin entspricht der Tätigkeit eines ehemaligen Au-pair-Mädchens.[155]

---

[147] OLG Hamm FamRZ 1998, 243 (244).
[148] OLG Hamm FamRZ 1992, 1184.
[149] BT-Drs. 7/650, 128.
[150] BGH FamRZ 1987, 691 (693).
[151] OLG Karlsruhe FamRZ 2002, 1566.
[152] OLG Celle FamRZ 2010, 1673.
[153] BGH FamRZ 2005, 23 (25).
[154] BT-Drs. 16/1830, 17; vgl. OLG Celle FamRZ 2010, 1673; OLG Karlsruhe FamRZ 2009, 120 (121).
[155] OLG Karlsruhe FamRZ 2009, 120.

Eine unterqualifizierte Tätigkeit kann angemessen sein, wenn sie ungeachtet des Ausbildungsniveaus längere Zeit ausgeübt wurde.[156]

Bei der Prüfung kann sich herausstellen, dass eine früher ausgeübte Berufstätigkeit nicht mehr dem Gesundheitszustand entspricht[157] oder dass die in zweiter Stufe vorzunehmende Billigkeitsprüfung anhand der ehelichen Lebensverhältnisse (siehe unten) die Aufnahme der früheren Berufstätigkeit unzumutbar macht.

d) Lebensalter. Das Lebensalter ist für die Aufnahme einer angemessenen Erwerbstätigkeit bedeutsam. Wenn wegen des Alters keine angemessene Erwerbstätigkeit mehr erwartet werden kann, besteht ein Unterhaltsanspruch nach § 1571 BGB.

148

Eine Erwerbstätigkeit, die objektiv grundsätzlich bis zum Erreichen der Regelaltersgrenze für die Rentenversicherung oder die Beamtenpension verlangt werden kann,[158] ist nur dann **angemessen, wenn sie in dem konkreten Fall dem Lebensalter entspricht.** Für bestimmte Erwerbstätigkeiten entfallen die dafür bestehenden Voraussetzungen aus Altersgründen bereits früher (Profifußballer). Bei manchen Berufen scheitert die Wiederaufnahme einer früher ausgeübten Erwerbstätigkeit an der inzwischen nicht mehr vorhandenen Leistungsfähigkeit (zB bei Berufssportlern, Krankenpflegern oder Masseuren) oder an den in einer Berufsgruppe bestehenden oder praktizierten Altersbegrenzungen (zB Pilot, Mannequin oder Fotomodell). In den genannten Fällen ist zu prüfen, ob mit den früher erworbenen Fähigkeiten, gegebenenfalls nach Absolvierung einer Ausbildung, Fortbildung oder Umschulung iSd § 1574 III BGB alternative Tätigkeiten in der jeweiligen Branche (zB Trainer, Manager) ausgeübt werden können.

Gleiches gilt, wenn ein geschiedener Ehegatte eine Erwerbstätigkeit, die besondere körperliche, geistige oder psychische Kräfte erfordert, altersbedingt nicht mehr ausüben kann.

Eine allgemein gültige **Altersgrenze** lässt sich ebenso wenig wie bei § 1571 BGB festlegen. Sie dürfte sich jedoch auch nach dem Umfang und der Häufigkeit der bisherigen beruflichen Tätigkeit richten.[159] Wenn ein Ehegatte während der Ehe nie einer Erwerbstätigkeit nachgegangen ist, ist die Altersschwelle niedriger anzusetzen als bei einem durchgängig Erwerbstätigen. Findet die 57-jährige Nur-Hausfrau keine angemessene Erwerbstätigkeit, kann ein Anspruch auf Altersunterhalt (§ 1571 BGB) bestehen, wenn die Ausbildung wegen des Alters nicht mehr sinnvoll ist.[160] Für eine 53-jährige Ehefrau ohne Berufsausbildung kann nach 20-jähriger Ehe dasselbe gelten. Allerdings ist der Altersunterhalt nach § 1579 Nr. 4 BGB zu kürzen, wenn sie sich in der Vergangenheit einer als notwendig erkannten, Erfolg versprechenden Ausbildungsmaßnahme iSd § 1574 III BGB mutwillig verschlossen hat.[161] Dies ändert nichts am Grundsatz, dass auch im Alter von 53 Jahren regelmäßig die Aufnahme einer Erwerbstätigkeit zumutbar ist, selbst wenn die unterhaltsbegehrende Ehefrau seit ihrem 22. Lebensjahr nicht mehr erwerbstätig war.[162]

e) Gesundheitszustand. Wenn und soweit aus Krankheitsgründen eine angemessene Erwerbstätigkeit nicht oder nur teilweise erwartet werden kann, besteht ein Unterhaltsanspruch nach § 1572 BGB.

149

Ist im Hinblick auf den Gesundheitszustand eine Erwerbsobliegenheit grundsätzlich zu bejahen, so ist gleichwohl für die Angemessenheit einer konkreten Erwerbstätigkeit zu prüfen, ob sie gesundheitlich unbedenklich ist. So kann bei einem Bandscheibenschaden eine Beschäftigung, zu der das Heben und Tragen schwerer Gegenstände (Lagerarbeiter, Bauarbeiter) gehört, aus gesundheitlichen Gründen als unangemessen ausscheiden. Bei einem Venenleiden scheiden Tätigkeiten aus, die mit längerem Stehen (Verkäuferin an einer Theke) verbunden sind.

---

[156] OLG Celle FamRZ 2010, 1673; OLG Stuttgart FamRZ 2009, 785.
[157] Schwab FamRZ 2005, 1417 (1418).
[158] BGH FamRZ 2011, 454.
[159] Vgl. BGH FamRZ 2011, 1851 Rn. 17.
[160] BGH FamRZ 1987, 691.
[161] OLG Hamburg FamRZ 1991, 445.
[162] OLG Koblenz 1992, 950.

Eine Erwerbstätigkeit ist nicht zumutbar und damit nicht angemessen, wenn sie wegen des schlechten Gesundheitszustandes nicht vollschichtig ausgeübt werden kann. Ist aus gesundheitlichen Gründen nur eine Teilzeitbeschäftigung möglich, dann ist nur eine solche angemessen.

In der Regel wird die Frage, ob und gegebenenfalls welche Erwerbstätigkeit wegen des Gesundheitszustandes angemessen ist, sowohl im Rahmen eines geltend gemachten Krankenunterhalts nach § 1572 BGB als auch im Hinblick auf andere in Betracht kommende Unterhaltstatbestände durch Einholung eines oder mehrerer medizinischer **Sachverständigengutachten** zu klären sein. Dies gilt ebenso für die Behauptung eines Anspruchstellers, aus psychischen Gründen einen bestimmten Beruf nicht mehr ausüben zu können.[163] Gutachterlich zu klären ist insbesondere, welche Krankheiten vorliegen, welche Erwerbstätigkeiten in welchem Umfang trotz einer Erkrankung ausgeübt werden können, ob und in welchem Umfang therapeutische Heilungschancen bestehen und wie sich die krankheitsbedingte Erwerbsbeschränkung voraussichtlich weiterentwickeln wird.

4. Billigkeitsprüfung nach § 1574 II 2 Hs. 2 und S. 2 BGB (2. Stufe)

150   Die Ausübung einer nach § 1574 II 2 Hs. 1 BGB erreichbaren und angemessenen Erwerbstätigkeit kann unter Berücksichtigung der **ehelichen Lebensverhältnisse** im Rahmen einer Billigkeitsabwägung für den geschiedenen Ehegatten unbillig sein. Bei den ehelichen Lebensverhältnissen sind insbesondere die Dauer der Ehe sowie die **Dauer der Pflege oder Erziehung eines gemeinschaftlichen Kindes** zu berücksichtigen. Da die Aufzählung der Angemessenheitskriterien in § 1574 II BGB nicht abschließend ist, können auch **sonstige Umstände** im Zusammenhang mit der Gestaltung der ehelichen Verhältnisse und den Verhältnissen auf Seiten des Berechtigten im Rahmen der Gesamtabwägung berücksichtigt werden.

151   **a) Eheliche Lebensverhältnisse.** Nach dem bis zum 31.12.2007 geltenden Unterhaltsrecht waren die ehelichen Lebensverhältnisse ein Kriterium bei der Prüfung der Angemessenheit einer Erwerbstätigkeit. Seit der Neufassung des § 1574 BGB sind sie nur noch ein als Einwendung ausgestaltetes Korrektiv im Rahmen der Billigkeitsabwägung.[164]

Grundsätzlich richtet sich die Beurteilung der Angemessenheit einer Erwerbstätigkeit nach den ehelichen Lebensverhältnissen zum Zeitpunkt der Scheidung. Nach der Trennung der Ehegatten eingetretene Veränderungen sind stets zu berücksichtigen.[165]

152   **aa) Ehedauer, Kindererziehung.** Nach § 1574 II 2 BGB sind bei den nachrangig zu prüfenden ehelichen Lebensverhältnissen insbesondere die Dauer der Ehe sowie die Dauer der Pflege oder Erziehung eines gemeinschaftlichen Kindes zu berücksichtigen. Eine **lange Ehedauer mit Kindesbetreuung, eine Fortsetzung der Haushaltstätigkeit nach Beendigung der Betreuung** ohne Ausübung einer Erwerbstätigkeit bis zur Trennung oder Scheidung erhöhen das Gewicht der ehelichen Lebensverhältnisse im Rahmen der Billigkeitsprüfung gegenüber den vorrangig geprüften Angemessenheitskriterien. Mit zunehmender Ehedauer kommt es zu einer wachsenden Verflechtung und Abhängigkeit der beiderseitigen Lebenspositionen sowie allgemein zu einer sich steigernden wirtschaftlichen Abhängigkeit.[166] In einem solchen Fall kann sich bei langer Ehedauer in gehobenen wirtschaftlichen Verhältnissen unter Berücksichtigung des erreichten sozialen Status der Kreis der als angemessen in Betracht kommenden Erwerbstätigkeiten verengen.[167]

153   **bb) Wirtschaftliche Verhältnisse, gesellschaftliche Stellung.** Zu den Umständen, die im Rahmen nachrangigen Billigkeitsprüfung nach § 1574 II 2 Hs. 2 BGB zu berücksichtigen sind, zählen auch die **Einkommens- und Vermögensverhältnisse** und – mit diesen zusammenhängend – die erreichte **berufliche und soziale Stellung** der Ehegatten

---

[163] BGH FamRZ 1986, 1085.
[164] BGH FamRZ 2012, 517 Rn. 28.
[165] BGH FamRZ 1984, 561; 1983, 144.
[166] BGH FamRZ 1981, 140 (142).
[167] BGH FamRZ 1991, 416 (419).

sowie der Zuschnitt der ehelichen Lebensgemeinschaft durch die praktizierte Aufgabenverteilung in der Ehe. Eine Prägung durch wirtschaftliche Verhältnisse oder eine soziale Stellung kann nicht bei einer ganz **kurzen Ehedauer** erfolgen.[168]

Die ehelichen Lebensverhältnisse werden in erster Linie durch das in der Ehe zur Deckung des laufenden Lebensbedarfs **verfügbare Einkommen** eines oder beider Ehegatten bestimmt. Die Entwicklung der Einkommensverhältnisse nach Scheidung bleibt nur außer Betracht, wenn sie unüblich und nicht absehbar verlaufen ist. Einkommensminderungen, die nicht durch Verletzung einer Erwerbsobliegenheit oder durch zumutbar absicherbare freiwillige Dispositionen bedingt sind, sind nur dann unbeachtlich, wenn sie auf unterhaltsrechtlich leichtfertigem Verhalten beruhen, so dass fiktive Einkünfte an ihre Stelle treten. Ansonsten würde ihre Außerachtlassung den unterhaltsberechtigten Ehegatten auf Grund der Scheidung besser stellen als ohne Scheidung.[169] Für den die Ehe prägenden Lebenszuschnitt ist ein **objektiver Maßstab anzulegen,** dh, eine nach den gegebenen Verhältnissen zu dürftige Lebensführung bleibt ebenso außer Betracht wie ein übertriebener Aufwand.[170]

Die **gesellschaftliche Stellung** des Bedürftigen leitet sich nicht zwangsläufig, aber häufig vom beruflichen und sozialen Status des Unterhaltspflichtigen im Zeitpunkt der Scheidung ab, sofern ein zwischenzeitlicher Aufstieg nicht unerwartet und außergewöhnlich (sog Karrieresprung) war.[171] Die soziale Stellung des Unterhalt Begehrenden wird daneben auch durch sein eigenes Verhalten während der Ehe bestimmt. Trotz gehobener wirtschaftlicher ehelicher Lebensverhältnisse ist ihm die Arbeit in einem Pflegeberuf jedenfalls dann zumutbar, wenn er bereits bei bestehender Ehe in diesem Beruf gearbeitet hatte.[172]

Einzelne Fallgruppen: 154

Dass die Einkünfte eines selbständigen Tischlers, der in der Ehe entsprechend der gemeinsamen Lebensplanung überwiegend für den Familienunterhalt aufgekommen ist, teils erheblich schwanken, ist nicht unüblich und führt nicht dazu, seine berufliche Tätigkeit als unangemessen iSd § 1574 II BGB anzusehen.[173]

Eine Putztätigkeit ist einer früheren kaufmännischen Angestellten, die 13 Jahre nicht in ihrem Beruf gearbeitet hat, nicht zumutbar. Die geschiedene, 45-jährige Ehefrau kann sich im Rahmen der Erwerbsobliegenheit des § 1574 II BGB darauf beschränken, eine dem von ihr erlernten und früher ausgeübten Beruf entsprechende Stelle zu suchen.[174]

Eine 44-jährige geschiedene Ehefrau eines Zahnarztes kann vier Jahre nach Rechtskraft der Scheidung auch dann auf den Arbeitsmarkt für un- und angelernte Kräfte verwiesen werden, wenn sie das Abitur erworben, ein Lehramtsstudium im Zusammenhang mit der Eheschließung abgebrochen und während der Ehezeit mehrere Jahre als ungelernte Empfangskraft in der Praxis des Ehemannes mitgearbeitet hat.[175]

In gehobenen wirtschaftlichen Verhältnissen kann sich bei einer 50-jährigen Ehefrau mit einer inzwischen nicht mehr den Anforderungen entsprechenden Ausbildung der Kreis der in Betracht kommenden Erwerbstätigkeiten verengen. Dies bedeutet aber nicht, dass unter Beachtung des vorrangigen Gebots der wirtschaftlichen Eigenverantwortung (§ 1569 S. 1 BGB) keine angemessene Erwerbsmöglichkeit, zB als Verkäuferin in einem gehobenen Einrichtungshaus, nicht aber als einfache Verkaufshilfe, mehr möglich ist.[176]

Ob von einer 53-jährigen haushaltführenden Frau nach 30-jähriger Ehedauer bei einem Aufstieg des Mannes zum kaufmännischen und technischen Leiter eines Unternehmens

---

[168] OLG Karlsruhe FamRZ 2009, 120: Zusammenleben für 3 Monate.
[169] BGH FamRZ 2008, 968 (971 f.).
[170] BGH FamRZ 2007, 1532; 1985, 371 (373); 1982, 151.
[171] BGH FamRZ 1986, 885; 1983, 144.
[172] OLG Hamm FamRZ 1997, 1075.
[173] OLG Brandenburg – 10 UF 132/09, BeckRS 2010, 21333.
[174] OLG Brandenburg FamRZ 2008, 1947.
[175] OLG Celle FamRZ 2010, 1673.
[176] BGH NJW-RR 1992, 1282.

noch die Rückkehr in den früheren Beruf als Bürokraft verlangt werden kann,[177] ist unter Abwägung aller sonstigen Kriterien zu entscheiden.

Die Ausübung untergeordneter Tätigkeiten als Haushaltshilfe oder als Pflegerin dürfte für eine 57-jährige Hausfrau nach 32-jähriger Ehedauer angesichts der Jahreseinkünfte des Mannes, die Anfang der achtziger Jahre 350 000 DM (vor Steuern) betrugen, bei Hochrechnung dieses Einkommens auf ein vergleichbares Einkommen in heutiger Zeit wegen Unbilligkeit nicht zumutbar sein.[178]

Für die 47-jährige Frau eines Oberstudiendirektors sind nach 20-jähriger Ehe Erwerbstätigkeiten bei der Presse oder Rundfunk, bei einer Fluggesellschaft, im Touristikgewerbe als Reiseleiterin oder auch als Fremdsprachenkorrespondentin oder Dolmetscherin angemessen, sofern sie eine entsprechende Vor- oder Ausbildung besitzt.[179]

Für die 48-jährige Frau eines Dipl.-Ing. ist nach 22-jähriger Ehe eine eigenständige Tätigkeit in einem Unternehmen als Sachbearbeiterin, Buchhalterin, Vorzimmerdame uÄ selbst dann angemessen, wenn sie damit nur ein Drittel des Einkommens des Mannes verdient. Die Bürotätigkeit darf sich jedoch nicht in bloßen Hilfstätigkeiten erschöpfen.[180]

Eine während der Trennung als Pflegerin teilzeitbeschäftigte Ehefrau muss sich nach der Scheidung grundsätzlich um eine Ausweitung ihrer Tätigkeit bei dem bisherigen Arbeitgeber oder um eine vollschichtige Tätigkeit bei einem anderen Arbeitgeber bemühen.[181]

155 **cc) Getrenntleben.** Längeres Getrenntleben kann das Gewicht der nachrangig zu prüfenden ehelichen Lebensverhältnisse nach den Umständen des Falles mindern. Entwicklungen während der Trennungszeit und nach der Scheidung sind mit zu berücksichtigen → Rn. 34 ff.

156 **b) Weitere berücksichtigungsfähige Umstände.** Die Aufzählung der Angemessenheitskriterien ist in § 1574 II BGB nicht abschließend. Auch wenn den gesetzlich genannten Merkmalen bei der Gesamtabwägung eine besondere Bedeutung zukommt, können auch andere Gründe berücksichtigt werden.

Zu den Gesamtumständen eine Ehe zählen auch besondere Leistungen und Opfer, die der unterhaltsbegehrende Ehegatte während der Ehe für den Partner oder die Familie erbracht hat und die ihn daran gehindert haben, eine Erwerbstätigkeit auszuüben.

Zu den sonstigen Gesichtspunkten gehören ferner objektive Merkmale eines Arbeitsplatzes, wie zB die Entfernung zwischen Wohnort und einer möglichen Arbeitsstelle, die Verkehrsverbindungen oder die ungünstige Arbeitsmarktlage für bestimmte Erwerbstätigkeiten.[182]

III. Unterhalt wegen Betreuung eines gemeinschaftlichen Kindes nach § 1570 BGB

1. Entwicklung des Unterhaltsanspruchs

157 Nach § 1570 BGB idF bis zum 31.12.2007 konnte ein Ehegatte Betreuungsunterhalt verlangen, solange und soweit von ihm wegen der Pflege und Erziehung eines gemeinschaftlichen Kindes eine Erwerbstätigkeit nicht erwartet werden konnte. Die Rechtsprechung hatte im Rahmen der Auslegung der alten Fassung des § 1570 BGB eine Erwerbstätigkeit des betreuenden Ehegatten nach Maßgabe eines **Altersphasenmodells** bis etwa zum 8. Lebensjahr des Kindes regelmäßig nicht für zumutbar gehalten, danach bis etwa zur Vollendung des 15. Lebensjahres des Kindes nur eine Teilzeitbeschäftigung und erst danach eine Vollzeitbeschäftigung. Dieses Modell hatte vielfach verhältnismäßig lange Unterhalts-

---

[177] BGH FamRZ 1985, 371 (373) verneinend zum alten Recht.
[178] BGH FamRZ 1987, 691 zum alten Recht.
[179] BGH FamRZ 1986, 553 zum alten Recht.
[180] OLG Hamburg FamRZ 1985, 1260 zum alten Recht.
[181] BGH FamRZ 2012, 1483 Rn. 22.
[182] BGH FamRZ 1986, 553; 1985, 908.

3. Abschnitt: Anspruchstatbestände des nachehelichen Unterhalts § 4

verpflichtungen zur Folge, insbesondere, weil sich an den Tatbestand des § 1570 BGB häufig eine Unterhaltspflicht aus einem anderen Grunde, zB Alter, Krankheit (Anschlusstatbestand) anschloss. Die Furcht vor einer langjährigen Verpflichtung führte ungeachtet der Tatsache, dass der Betreuungsunterhalt in erster Linie ein Anspruch im Interesse des Kindeswohls ist, nicht selten zu erbitterten Streitigkeiten um das Aufenthaltsbestimmungsrecht für die Kinder.

Der Gesetzgeber der am 1.1.2008 in Kraft getretenen Unterhaltsreform[183] hat den Anspruch auf **Betreuungsunterhalt neu strukturiert.** Hierdurch wurde auch dem Urteil des Bundesverfassungsgerichts vom 28.2.2007[184] Rechnung getragen, das die Verfassungswidrigkeit der unterschiedlichen gesetzlichen Regelungen des Betreuungsunterhalts bei nichtehelichen Kindern bzw. bei ehelichen Kindern festgestellt hatte, weil § 1570 aF eine längere Unterhaltszeit als § 1615l II BGB aF ermöglichte, es gleichzeitig aber als zulässig angesehen hatte, einem geschiedenen Ehegatten wegen des Schutzes der ehelichen Bindung nach Art. 6 I GG unterhaltsrechtlich besser zu stellen als einen unverheirateten Elternteil. **158**

Der nacheheliche Betreuungsunterhalt nach § 1570 I BGB idF seit dem 1.1.2008 ist nunmehr sachlich übereinstimmend mit dem Betreuungsunterhalt aus Anlass der Geburt nach § 1615l II 2 bis 5 BGB geregelt.[185]

Nach der vom BGH entwickelten Rangfolge der Scheidungsfolgen gehört der Betreuungsunterhalt nach § 1570 BGB zu dem Kernbereich der Scheidungsfolgen. Er unterliegt bereits im Hinblick auf seine Ausrichtung am Kindesinteresse nicht der freien Disposition der Ehegatten, auch wenn er nicht jeglicher Modifikation entzogen ist.[186]

2. Übergangsregelung

Die Übergangsregelung für die ab 1.1.2008 geltende Neufassung des § 1570 BGB findet sich in **§ 36 EGZPO.** Danach bleiben Unterhaltsleistungen, die vor dem 1.1.2008 fällig geworden sind, **mangels Rückwirkung des neuen Rechts**[187] unberührt (§ 36 Nr. 7 EGZPO). Für die Zeit danach kommt eine Abänderung von rechtskräftigen Entscheidungen, Vollstreckungstiteln oder Unterhaltsvereinbarungen aus der Zeit vor Inkrafttreten des Gesetzes wegen Umständen, die schon davor entstanden waren, nur in Betracht, soweit eine wesentliche Änderung der Unterhaltsverpflichtung eintritt und die Änderung dem anderen Teil unter Berücksichtigung seines Vertrauens in die getroffene Regelung zumutbar ist (§ 36 Nr. 1 EGZPO).[188] Entsprechende auf Grund der Gesetzesneufassung erheblich gewordene Umstände dürfen bei einer erstmaligen Änderung nach dem 1.1.2008 aber ohne die zeitlichen Beschränkungen des § 238 II FamFG (bis 31.8.2009 nach § 323 II ZPO aF) und § 120 I FamFG iVm § 767 II ZPO geltend gemacht werden (§ 36 Nr. 2 EGZPO). Darüber hinaus ist es möglich, sie auch noch in der Revisionsinstanz eines anhängigen Verfahrens vorzubringen (§ 36 Nr. 5 EGZPO). **159**

3. Struktur des Unterhaltsanspruchs nach § 1570 BGB

Gemäß § 1570 I BGB kann ein geschiedener Ehegatte von dem anderen wegen der Pflege oder Erziehung eines gemeinschaftlichen Kindes für mindestens 3 Jahre nach der Geburt Unterhalt verlangen. Die Dauer des Unterhaltsanspruchs verlängert sich, solange und soweit dies der Billigkeit entspricht. Dabei sind die Belange des Kindes und die **160**

---

[183] Gesetz zur Änderung des Unterhaltsrechts vom 21.12.2007 – BGBl. I S. 3189.
[184] FamRZ 2007, 965.
[185] BGH FamRZ 2015, 1369 Rn. 12 = R 769.
[186] Grundlegend BGHZ 158, 81 = FamRZ 2004, 601; BGH FamRZ 2017, 884 = R 785; zur Sittenwidrigkeit eines Ausschlusses des Betreuungsunterhalts vgl. OLG Karlsruhe FamRZ 2015, 500.
[187] BT-Drs. 16/1830, 35.
[188] BGH FamRZ 2012, 1284 Rn. 28.

bestehenden Möglichkeiten der Kinderbetreuung zu berücksichtigen. Nach § 1570 II BGB verlängert sich die Dauer des Unterhaltsanspruchs über die Dreijahresfrist hinaus, wenn dies unter Berücksichtigung der Gestaltung von Kinderbetreuung und Erwerbstätigkeit in der Ehe sowie der Dauer der Ehe der Billigkeit entspricht.

Die Neuregelung hat im Vergleich zur bisherigen Regelung zu einer Einschränkung des nachehelichen Betreuungsunterhalts geführt. Nach der Intention des Gesetzgebers soll das von der Rechtsprechung nach altem Recht zur Auslegung des § 1570 BGB entwickelte **Altersphasenmodell** zur Erwerbsobliegenheit des betreuenden Elternteils nach der vor dem Hintergrund des gesellschaftlichen Wandels notwendig gewordenen stärkeren Betonung der Eigenverantwortung der Ehegatten überdacht und **korrigiert** werden.[189] Aus dieser Formulierung wird überwiegend geschlossen, dass das Altersphasenmodell endgültig abgeschafft ist.[190]

161 Der nach der Scheidung geschuldete Unterhalt wegen der Betreuung eines oder mehrerer Kinder nach § 1570 BGB besteht nunmehr aus **3 zeitlichen Phasen**:

Die Neufassung des § 1570 BGB stellt in Absatz 1 S. 1 klar, dass es dem betreuenden Elternteil für **die ersten drei Lebensjahre** des Kindes **(1. Phase)** freigestellt ist, sich in vollem Umfang der Betreuung und Erziehung der Kinder zu widmen oder die Fremdbetreuung zur Ausübung einer teilweisen oder vollen Erwerbstätigkeit in Anspruch zu nehmen.[191] Wie dem nichtehelichen betreuenden Elternteil nach § 1615l II 3 BGB wird dem ein eheliches Kind betreuenden Elternteil während dieses sog **zeitlichen Basisunterhalts**[192] ausnahmslos keine Erwerbstätigkeit zugemutet,[193] und zwar grundsätzlich auch dann nicht, wenn er vor der Trennung der Eheleute berufstätig war. Nach Auffassung des Gesetzgebers ist die Drei-Jahres-Frist für den Basisunterhalt wegen der Anknüpfung an sozialstaatliche Leistungen und Regelungen, insbesondere wegen des Anspruchs auf einen Kindergartenplatz (§ 24 I SGB VIII), in der Regel mit dem Kindeswohl vereinbar.[194]

162 Der bis zum 3. Lebensjahr des Kindes gewährte Basisunterhalt kann sich in einer **2. Phase** gemäß § 1570 I 2, 3 BGB aus kindbezogenen Billigkeitsgründen verlängern. Dies ergibt sich durch die Nennung der „Belange des Kindes" in Satz 3 sowie durch die Worte „solange und soweit" in Satz 2, aus denen sich die Abhängigkeit des Betreuungsunterhalts vom Umfang der Betreuung entsprechend dem Lebensalter und dem Entwicklungsstand der Kinder ergibt. Anders als nach früherem Recht besteht keine generalisierende Regelung mehr zur Dauer des Betreuungsunterhalts. Er ist vielmehr in jedem konkreten Einzelfall festzustellen, wie lange und in welchem Umfang eine Betreuung notwendig ist. Nach Erreichen des 3. Lebensjahres besteht jedoch nicht sogleich die Obliegenheit zu einer vollschichtigen Erwerbstätigkeit (→ Rn. 170). Im Hinblick auf das Kindeswohl sind auch die Möglichkeiten der Kinderbetreuung zu berücksichtigen. Eine Fremdbetreuung kommt aber nur dann in Betracht, wenn dies mit den Belangen des Kindes vereinbar ist.[195]

163 Durch den neu eingefügten zweiten Absatz des § 1570 BGB verlängert sich der Betreuungsunterhaltsanspruch in einer **3. Phase** weiter, wenn dies unter Berücksichtigung der Gestaltung der Kinderbetreuung und Erwerbstätigkeit in der Ehe sowie der Dauer der Ehe der Billigkeit entspricht. Die mit § 1570 II BGB geschaffene Möglichkeit, die Dauer des Unterhaltsanspruchs weiter zu verlängern, berücksichtigt die bei geschiedenen Ehen im Einzelfall aus Gründen der nachehelichen Solidarität gerechtfertigte weitere Verlängerung des Unterhaltsanspruchs.[196] Bei dem Anspruch nach § 1570 II BGB handelt es sich nicht

---

[189] BT-Drs. 16/1830, 16.
[190] BGH FamRZ 2012, 1040 Rn. 19 = R 732b; 2011, 1375 Rn. 17; 2011, 1209 Rn. 19; BGH BeckRS 2011, 16689; BGH FamRZ 2011, 791; 2010, 1880 = R 716; 2010, 1050 (1052); 2009, 1391 (1394) = R 706; 2009, 1124 (1127); 2009, 770 (773) = R 704 zu § 1570 BGB; insoweit aber zumindest missverständlich BGH FamRZ 2008, 1739 Rn. 104, wo eine gewisse Pauschalierung nach dem Alter des Kindes angesprochen wird.
[191] BVerfG FamRZ 2007, 965.
[192] Beschlussempfehlung d. Rechtsausschusses v. 7.11.2007 – BT-Drs. 16/6980, 8.
[193] BT-Drs. 16/6980, 8 u. 10.
[194] BT-Drs. 16/6980, 8.
[195] BT-Drs. 16/6980, 9; BGH FamRZ 2012, 1624 Rn. 20.
[196] BT-Drs. 16/6980, 9; BGH FamRZ 2012, 1624 Rn. 21.

um einen selbstständigen Unterhaltstatbestand, sondern um eine ehespezifische Ausprägung des Betreuungsunterhaltsanspruchs und damit um einen **Annexanspruch** zum Anspruch nach § 1570 I BGB.[197] Wenn eine ehebedingte Billigkeit einer Verlängerung festgestellt ist, verlängert sich der Unterhaltsanspruch ohne weiteres. Der Gesetzgeber hat damit eine Erwägung des Bundesverfassungsgerichts in seinem Beschluss vom 28.2.2007[198] aufgegriffen, das in einer solchen Ausweitung des Anspruchs nach § 1570 BGB im Verhältnis zu § 1615l II 3 BGB keinen Verstoß gegen Art. 6 V GG sieht, weil die sich aus einer ehelichen Verbindung ergebende nacheheliche Verantwortung für den betreuenden Elternteil sich nur mittelbar auf die Lebenssituation des mit diesem Elternteil zusammenlebenden Kindes auswirkt. Nach der Begründung des Rechtsausschusses rechtfertigt sich die Verlängerung aus Gründen, die ihre Rechtfertigung allein in der Ehe finden. Maßgebend ist dabei das in der Ehe gewachsene Vertrauen in die vereinbarte und praktizierte Rollenverteilung und die gemeinsame Ausgestaltung der Kindesbetreuung. So kann etwa einem geschiedenen Ehegatten, der im Interesse der Kindererziehung eine Erwerbstätigkeit dauerhaft aufgegeben oder zurückgestellt hat, ein längerer Anspruch auf Betreuungsunterhalt eingeräumt werden als einem Ehegatten, der von vornherein alsbald wieder in den Beruf zurückkehren wollte.[199]

4. Gemeinschaftliches Kind

Ein Unterhaltsanspruch nach § 1570 I BGB setzt voraus, dass der bedürftige geschiedene **164** Elternteil ein oder mehrere gemeinschaftliche betreuungsbedürftige Kinder pflegt und erzieht und von ihm aus diesem Grunde keine oder keine vollschichtige Erwerbstätigkeit verlangt werden kann.

Gemeinschaftlich im Sinne von § 1570 BGB ist
- ein in der Ehe geborenes Kind, §§ 1591, 1592 Nr. 1 BGB,
- ein vorehelich geborenes Kind, wenn die Eltern nach der Geburt einander heiraten, § 1626a I Nr. 2 BGB,
- ein Kind, dessen Vaterschaft anerkannt worden ist, §§ 1591, 1592 Nr. 2 BGB,
- ein Kind, dessen Vaterschaft festgestellt worden ist, §§ 1591, 1592 Nr. 3 BGB,
- ein Kind, das während einer früheren, durch Tod des (ersten) Ehemannes aufgelösten Ehe gezeugt, aber in einer neu geschlossenen und später wieder geschiedenen Ehe geboren wurde, §§ 1591, 1593 S. 3 BGB,
- ein adoptiertes Kind, § 1754 I BGB,[200]
- ein scheineheliches Kind, solange die Vaterschaft nicht wirksam angefochten ist,[201]
- ein nach Anhängigkeit des Scheidungsantrags geborenes Kind, für das ein Dritter die Vaterschaft nicht rechtzeitig anerkannt hat, § 1599 II BGB,
- ein im Rahmen einer homologen In-Vitro-Fertilisation gezeugtes Kind, und zwar auch dann, wenn die künstliche Befruchtung gegen den erklärten Willen des Ehemannes durchgeführt wurde.[202]

Nicht gemeinschaftlich ist
- ein Pflegekind, auch wenn es von beiden Ehegatten gemeinschaftlich in die Familie aufgenommen worden ist,[203]
- ein Stiefkind,
- ein vor- und außereheliches Kind eines Ehegatten. Insoweit kann evtl. ein Unterhaltsanspruch nach § 1576 BGB bestehen,[204]

---
[197] BT-Drs. 16/6980, 9.
[198] BVerfG FamRZ 2007, 965.
[199] BT-Drs. 16/6980, 9.
[200] BGH FamRZ 1984, 361.
[201] BT-Drs. 13/4899, 86; BGH FamRZ 1985, 51.
[202] BGH FamRZ 2001, 541 (542); zur Frage einer Verwirkung des Unterhaltsanspruchs vgl. BGH FamRZ 1995, 861.
[203] BGH FamRZ 1984, 361.
[204] BGH FamRZ 1984, 361 (363); 1984, 769.

- ein nach der Scheidung geborenes gemeinschaftliches nichteheliches Kind der geschiedenen Ehegatten. Da § 1570 BGB die Pflege und Erziehung gemeinschaftlicher Kinder aus der geschiedenen Ehe sicherstellen will, gilt er für diese Fälle nicht, ebenso wenig § 1576 BGB. Der Anspruch des betreuenden Elternteils richtet sich in diesem Fall nur nach § 1615l II 2, IV 1 BGB.[205]

5. Berechtigte Pflege und Erziehung

165 **a) Begriff der Betreuung.** Während der Zeit des Basisunterhalts steht bereits von Gesetzes wegen fest, dass das betreute gemeinschaftliche Kind **betreuungsbedürftig** ist.[206] Ein Unterhaltsanspruch nach § 1570 BGB setzt voraus, dass der Unterhalt begehrende geschiedene Ehegatte ein oder mehrere Kinder **tatsächlich betreut**.[207] Eine vor Trennung und anschließender Scheidung der Eheleute von dem betreuenden Elternteil ausgeübte Erwerbstätigkeit kann dieser jederzeit wieder aufgeben und sich voll der Erziehung und Betreuung des Kindes widmen.[208] Das Erfordernis der Betreuung muss nicht im Zeitpunkt der Scheidung vorliegen; es kann auch zu einem späteren Zeitpunkt eintreten, zB nach einem dauernden Wechsel des Kindes von dem einen zu dem anderen Elternteil. Da auch die Betreuung eines volljährigen behinderten Kindes[209] einen Anspruch nach § 1570 BGB begründet, kann sich die Betreuungsbedürftigkeit auch nach Erreichen der Volljährigkeit ergeben.

Es ist nicht erforderlich, dass die Betreuung des Kindes **kausal für die fehlende Erwerbstätigkeit** ist. Ausreichend ist vielmehr, dass nach objektiven Gesichtspunkten von dem geschiedenen Ehegatten keine Erwerbstätigkeit verlangt werden kann. Daher hat auch ein Elternteil, der wegen einer Erkrankung nicht erwerbstätig sein kann, einen Unterhaltsanspruch nach § 1570 BGB, wenn er trotz der Krankheit die Kindesbetreuung erbringt.[210]

Die Begriffe der Pflege und Erziehung entsprechen hierbei der Regelung des § 1606 III 2 BGB und § 1626 II BGB. Sie sind auch dann zu bejahen, wenn die Betreuungsleistung nicht ausschließlich persönlich, sondern teilweise mit der freiwilligen **Hilfe von Dritten**, zB Verwandten, oder gegen Entgelt (Hort, Kinderfrau) erfolgt.[211] Gleiches gilt, wenn sich ein Kind vorübergehend in einem **Krankenhaus** aufhält.[212] Ein Anspruch nach § 1570 I 1 BGB kann aber bei einer dauerhaften **Heim- oder Internatsunterbringung** des Kindes entfallen, wenn der Sorgeberechtigte durch die noch zu erbringenden Betreuungsleistungen anlässlich von Urlaubszeiten oder während Wochenendaufenthalten des Kindes nicht mehr an einer Vollerwerbstätigkeit gehindert ist.

Bei einem regelmäßig (täglich, wöchentlich, monatlich) erfolgenden Wechsel der Betreuung durch die Eltern kommt es darauf an, in welchem Umfang jedem Elternteil neben der Betreuung des Kindes eine Erwerbstätigkeit zuzumuten ist. Bei wechselseitiger Betreuung zu gleichen Teilen (sog **echtes Wechselmodell**) können grundsätzlich beide Elternteile aus § 1570 BGB berechtigt und verpflichtet sein. Ein Unterhaltsanspruch wird sich idR für denjenigen Elternteil ergeben, der unter Berücksichtigung der Kindesbetreuung mit seinen Einkünften nicht in der Lage ist, seinen vollen ehegemessenen Bedarf zu decken.[213] Daneben kann evtl. noch ein Anspruch des bedürftigen Elternteils aus § 1573 II BGB bestehen.

---

[205] BGH FamRZ 1998, 426 zum alten Recht.
[206] BGH FamRZ 2012, 1040 Rn. 18 = R 732b; 1980, 665 (667) zum Erfordernis der Betreuungsbedürftigkeit nach altem Recht.
[207] BGH FamRZ 2010, 1050 (1053).
[208] BGH FamRZ 2011, 791 Rn. 19; 2010, 1880 Rn. 19 = R 716; 2010, 357 (362) = R 709; 2009, 1391 (1393) = R 706; vgl. auch Schilling FPR 2008, 27 (28); Wever FamRZ 2008, 553 (554).
[209] BGH FamRZ 2010, 802 Rn. 11.
[210] BGH FamRZ 2005, 347 (348) zu § 1615l BGB.
[211] BGH FamRZ 1981, 543.
[212] Vgl. Borth FamRZ 2008, 2 (3).
[213] BGH FamRZ 1983, 569 (570).

3. Abschnitt: Anspruchstatbestände des nachehelichen Unterhalts § 4

b) Berechtigte Betreuung. Die Betreuung des Kindes muss **rechtmäßig** geschehen, 166
dh entweder mit dem ausdrücklichen oder konkludenten Einverständnis des anderen
Elternteils oder auf Grund einer Sorgerechtsentscheidung ausgeübt werden.[214]
Bei **gemeinsamem Sorgerecht** der Ehegatten ist die Betreuung stets berechtigt. Ein
Anspruch nach § 1570 BGB besteht dann, wenn ein Ehegatte auf Grund der getroffenen
Vereinbarungen das Kind überwiegend betreut und aus diesem Grunde an einer Erwerbstätigkeit gehindert ist.
Von rechtmäßiger Betreuung ist auch auszugehen, wenn der andere Elternteil nicht
zugestimmt hat oder sogar widerspricht, solange die gemeinsame elterliche Sorge besteht.
Dies ist aus der Vertretungsbefugnis des betreuenden Elternteils für den Kindesunterhalt
(§ 1629 II 2 BGB) zu schließen. In einem solchen Fall ist aber unterhaltsrechtlich unverzüglich eine gerichtliche Entscheidung (vgl. §§ 1671, 1687 I 2 BGB) über das gesamte Sorgerecht oder einen Teil hiervon, nämlich das Aufenthaltsbestimmungsrecht gemäß §§ 1628,
1671 I, II Nr. 1 oder 2 BGB, herbeizuführen. Dies kann durch einen Antrag auf Erlass einer
einstweiligen Anordnung gemäß §§ 49, 51, 151, 156 III FamFG oder einen Antrag auf Erlass
einer Sorgerechtsentscheidung nach § 151 FamFG (gegebenenfalls nach § 137 III FamFG im
Verbund) erfolgen. Eine solche gerichtliche Entscheidung ist vorgreiflich.[215]
Bei einer Trennung von Geschwistern und jeweils berechtigter Betreuung ist bei einem
Ehegatten unter Anlegung gleicher Maßstäbe zu prüfen, ob und in welchem Umfang trotz
Kindesbetreuung eine zumutbare bzw. unzumutbare Erwerbstätigkeit ausgeübt wird und
inwieweit im Hinblick auf diese Erwerbstätigkeit oder wegen anderweitiger Einkommen
oder Vermögens von Bedürftigkeit bzw. Leistungsfähigkeit auszugehen ist.
Die Berechtigung zur Betreuung eines Kindes kann durch eine spätere Sorgerechtsände-
rung entfallen mit der Folge, dass auch ein Anspruch nach § 1570 BGB in Wegfall kommt.

6. Der Betreuungsunterhaltsanspruch bis zum 3. Lebensjahr des Kindes, § 1570 I 1 BGB

Aus dem Wortlaut des § 1570 I 1 BGB ergibt sich, dass für den betreuenden Elternteil 167
vor der Vollendung des 3. Lebensjahrs des (jüngsten) Kindes **keine Obliegenheit** zur
Aufnahme einer Erwerbstätigkeit besteht, weil von ihm wegen der Pflege oder Erziehung
des oder der Kinder keine Erwerbstätigkeit erwartet werden kann. Der Gesetzgeber hat
sich für diesen begrenzten Zeitraum für einen eindeutigen Vorrang der elterlichen Betreuung entschieden.[216] Es steht dem betreuenden Elternteil während dieser Zeit frei, ob er sich
ausschließlich der Kindesbetreuung widmen will oder ob er daneben voll oder teilweise
berufstätig sein will.[217]
Der Dreijahreszeitraum, der vom Gesetzgeber mit dem Kindeswohl als vereinbar angesehen wird,[218] korrespondiert mit den Anspruchsvoraussetzungen für verschiedene sozialstaatliche Leistungen. So besteht während der ersten 3 Lebensjahre des Kindes ein Anspruch auf Elternzeit (§ 15 BErzGG) sowie auf Gewährung von Kindererziehungszeiten als
Pflichtbeitragszeiten in der Rentenversicherung (§§ 3, 55, 56 SGB VI). Einem betreuenden Elternteil, der ALG II bezieht, wird in dieser Zeit nicht zugemutet, erwerbstätig zu
sein (§ 10 I Nr. 3 SGB II).
Wenn der betreuende Ehegatte **vor der Trennung** und der Scheidung der Eheleute voll 168
oder teilweise **erwerbstätig** war, kann er diese **Tätigkeit jederzeit aufgeben** und sich
ohne unterhaltsrechtliche Nachteile für die ersten drei Lebensjahre des Kindes ausschließlich dessen Betreuung widmen.[219] Die Auffassung,[220] nach der eine – teilweise – Aufgabe

---

[214] BGH FamRZ 1983, 142; 1980, 665.
[215] BGH FamRZ 2010, 1880 Rn. 28; OLG Frankfurt FamRB 2009, 69; Schilling FPR 2011, 145 (146).
[216] BT-Drs. 16/1830, 17; BT-Drs. 16/6980, 16 f.
[217] BGH FamRZ 2011, 1498; 2011, 791 Rn. 19; 2010, 1880, Rn. 19 = R 716.
[218] BT-Drs. 16/6980, 8; BVerfG FamRZ 2007, 965 (972); Puls FamRZ 1998, 865 (870).
[219] BGH NJW 2011, 70; BGH FamRZ 2010, 1880, Rn. 19 = R 716; 2010, 357 (362) = R 709 zu
§ 1615l BGB; 2009, 1391 (1393) = R 706.
[220] Borth FamRZ 2008, 1 (5); Borth in Schwab/Ernst ScheidungsR-HdB § 8 Rn. 204.

einer Erwerbstätigkeit nur dann keine Verletzung einer Erwerbsobliegenheit darstelle, wenn mit der Trennung oder Scheidung dem nunmehr allein erziehenden Elternteil zusätzliche Belastungen entstünden, ist abzulehnen. Aus dem Gesetz ergibt sich diese Einschränkung nicht. Unabhängig davon, ob sich die Lebenssituation des betreuenden Elternteils und des Kindes, insbesondere die Verteilung des Betreuungsaufwands zwischen den Eltern, durch die Trennung verändert hat, ergibt sich aus der eindeutigen Wertung des Gesetzgebers, dass alle betreuenden Elternteile, gleich ob nichtehelich, verheiratet, getrennt lebend oder geschieden, in den ersten drei Lebensjahren eines Kindes unterhaltsrechtlich in gleicher Weise berechtigt sind, sich ausschließlich für die persönliche Betreuung des Kindes zu entscheiden.[221]

169 Die Annahme einer Erwerbsobliegenheit des kinderbetreuenden Elternteils bereits **vor der Vollendung des 3. Lebensjahres** des gemeinschaftlichen Kindes kann nur unter ganz besonderen Gründen angenommen werden. Denkbar ist hier das Vorhandensein besonders hoher Verbindlichkeiten, die in einer Zeit eingegangen wurden, als die getrennt lebenden oder geschiedenen Eheleute noch beide erwerbstätig waren, und deren Verpflichtung zur Bedienung die Belange des nicht betreuenden Elternteils in besonderem Maße tangiert. Die Darlegungs- und Beweislast für das Vorliegen solcher Ausnahmetatbestände hat der Unterhaltspflichtige. Ob unterdurchschnittliche wirtschaftliche Verhältnisse der Eltern bzw. fehlende Leistungsfähigkeit des unterhaltspflichtigen Ehegatten eine Verschärfung der Anforderungen an die Aufnahme einer teilweisen[222] oder vollen Erwerbstätigkeit des betreuenden Elternteils trotz der Kindesbetreuung zur Folge hat, ist im Hinblick auf den Schutzzweck des § 1570 BGB fraglich. Setzt der betreuende Elternteil während der ersten 3 Lebensjahre des Kindes trotz fehlender Obliegenheit neben der Kinderbetreuung eine vor der Geburt ausgeübte Erwerbstätigkeit fort oder nimmt er innerhalb der Dreijahresfrist eine solche auf oder erweitert ihren Umfang, so handelt es sich um eine **überobligatorische Erwerbstätigkeit**.[223] Die aus dieser Erwerbstätigkeit erzielten Einkünfte sind bei der Unterhaltsbemessung nicht von vornherein unberücksichtigt zu lassen. Über ihre Anrechnung ist gemäß § 1577 II BGB nach Treu und Glauben unter Berücksichtigung der Umstände des Einzelfalles zu entscheiden. Sie sind nur hinsichtlich eines **nach Billigkeit** zu bestimmenden unterhaltsrelevanten Teils als **bedarfsprägende Einkünfte** zu berücksichtigen und im Wege der Differenzmethode in die Unterhaltsberechnung einzustellen.[224]

7. Die Verlängerung des Unterhaltsanspruchs über die Dreijahresfrist hinaus, § 1570 I 2 u. 3 BGB

170 **a) Allgemeine Grundsätze.** Der Betreuungsunterhaltsanspruch verlängert sich, solange und soweit dies der **Billigkeit** entspricht. Dabei sind nach § 1570 I 2 und 3 BGB die Belange des Kindes und die bestehenden Möglichkeiten der Kinderbetreuung zu berücksichtigen.

Maßstab für eine Verlängerung aus Billigkeit nach § 1570 I 2 u. 3 BGB sind in erster Linie kindbezogene Gründe,[225] wie der Hinweis in Satz 3 auf die **Belange des Kindes** und die **bestehenden Betreuungsmöglichkeiten** zeigt. Durch den bereits im ursprünglichen Regierungsentwurf der Unterhaltsreform zu § 1570 BGB enthaltenen Satz „Dabei sind auch die bestehenden Möglichkeiten der Kindesbetreuung zu berücksichtigen" ist klargestellt worden, dass zur Frage, ob neben der Kindesbetreuung eine Erwerbstätigkeit möglich ist, anstelle des schematisierenden **Altersphasenmodells** stärker auf den Einzelfall und tatsächlich bestehende verlässliche Möglichkeiten der Kindesbetreuung abzustellen

---

[221] BT-Drs. 16/1830, 17; BT-Drs. 16/6980, 16 f.
[222] Vgl. BGH FamRZ 1983, 569; OLG Hamm – 12 UF 222/96, BeckRS 1996, 31207973 zum früheren Recht.
[223] BGH FamRZ 2011, 791 Rn. 19; 2010, 357 (362) = R 709 zu § 1615l BGB.
[224] BGH FamRZ 2011, 791 Rn. 19; 2010, 1880, Rn. 19 = R 716; 2009, 770 Rn. 21 = R 704; 2005, 1154 (1156).
[225] BT-Drs. 16/6980, 8; BGH FamRZ 2012, 1624 Rn. 20; FamRZ 2012, 1040 Rn. 18 = R 732b.

ist.²²⁶ Ob und in welchem Umfang einem Ehegatten neben der Kindesbetreuung eine Erwerbstätigkeit zugemutet oder aus Billigkeitsgründen nicht zugemutet werden kann, hängt damit von den **Umständen des Einzelfalls,** insbesondere von dem Alter und der Zahl der zu betreuenden Kinder, von der Inanspruchnahme des Sorgeberechtigten durch die Betreuung und den Möglichkeiten für eine anderweitige Betreuung ab. Die Billigkeitsklausel des § 1570 I 2 BGB ist durch die Worte „solange und soweit" flexibel ausgestaltet. Sie ermöglicht einen **stufenweisen Übergang** von der elterlichen Betreuung zu einer vollen Erwerbstätigkeit.²²⁷ Die bisherige Rechtsprechung zur Ausfüllung des Begriffes „kindbezogene Belange" als Voraussetzung für eine Verlängerung des Betreuungsunterhalts nach § 1615l II 2 BGB kann zur Orientierung herangezogen werden.²²⁸

Da auch der verlängerte Unterhalt nur „wegen der Pflege oder Erziehung" eines Kindes gewährt wird, muss die übernommene **Kindesbetreuung** grundsätzlich **dafür ursächlich** sein, **dass** der betreuende Ehegatte einer **Erwerbstätigkeit nicht oder nur teilweise** nachgehen kann. Soweit der betreuende Elternteil nach Vollendung des dritten Lebensjahrs des Kindes von einer Erwerbstätigkeit nicht allein in dessen Interesse absieht, sondern auch um ein Studium oder eine andere Ausbildung zu beenden, dienen der entsprechende zeitliche Aufwand und der Einsatz, die ihn insoweit von einer Erwerbstätigkeit haben absehen lassen, seinen eigenen beruflichen Interessen und nicht denjenigen des Kindes.²²⁹

Wird die Billigkeit einer Verlängerung bejaht, steht damit zugleich fest, dass von dem betreuenden Elternteil insoweit keine Erwerbstätigkeit verlangt werden kann; mithin das in § 1569 BGB für den nachehelichen Unterhalt ausdrücklich verankerte Prinzip der Eigenverantwortung des Unterhaltsbedürftigen zurückzustehen hat. Dass dieser Prüfungsmaßstab in der neuen Fassung des § 1570 BGB nicht mehr enthalten ist, stellt keine materielle Änderung dar.²³⁰

Der Anspruch auf **Betreuungsunterhalt** kann auch als „verlängerter Unterhalt" **erstmals nach Vollendung des 3. Lebensjahres des Kindes** entstehen. Es kommt nicht darauf an, dass schon ein vorangehender Anspruch auf Basisunterhalt bestanden hatte. Es gibt keinen Anhaltspunkt dafür, dass der Gesetzgeber über die Neustrukturierung des Tatbestands einen Einsatzpunkt im Sinne des verlängerten Betreuungsunterhalts als Anschlussunterhalt schaffen wollte. Wie nach altem Recht muss die Notwendigkeit der Kindesbetreuung nicht im Zeitpunkt der Scheidung oder zu einem sonstigen **Einsatzzeitpunkt** bestehen. Sie kann später eintreten, wieder wegfallen und neu entstehen. Ein Betreuungsunterhalt kann selbst nach abgeschlossener Erziehung als Billigkeitsunterhalt nach § 1570 BGB neu entstehen, wenn ein Kind infolge Unfalls oder Krankheit pflege- und betreuungsbedürftig wird und eine adäquate Pflege in einer Einrichtung nicht möglich ist oder die Eltern übereinstimmend davon ausgehen, dass eine persönliche Betreuung des Kindes erforderlich ist.²³¹

Die Verlängerung des Unterhalts über den Basisunterhalt hinaus stellt eine **Ausnahmeregelung** im Sinne einer positiven Härteklausel dar. Das bedeutet, dass nach Ablauf des Dreijahreszeitraums in der Regel zumindest eine teilweise Erwerbstätigkeit des betreuenden Elternteils erwartet werden kann.²³² Dies ergibt sich daraus, dass § 1570 BGB idF seit 1.1.2008 den nachehelichen Betreuungsunterhalt entsprechend dem Betreuungsunterhalt aus Anlass der Geburt (§ 1615l II 2 bis 5 BGB) strukturiert, dessen bis 31.12.2007 geltende Grundstruktur nach neuem Recht beibehalten wurde. Denn das Bundesverfassungsgericht hatte mit dem Beschluss vom 28.2.2007²³³ nicht die zeitliche Befristung in § 1615 LPartG BGB als solche für verfassungswidrig erklärt, sondern nur die grundsätzlich unterschiedli-

---

[226] BT-Drs. 16/6980, 8.
[227] BT-Drs. 16/698, 19.
[228] BT-Drs. 16/698, 9.
[229] BGH FamRZ 2015, 1369 Rn. 27 = R 769; OLG Köln FamRZ 2017, 1309 (zu § 1615l BGB).
[230] BT-Drs. 16/698, 9.
[231] BGH FamRZ 2010, 802 Rn. 12.
[232] Vgl. auch Kemper, Das neue Unterhaltsrecht 2008, Rn. 157; a.A. MAH FamR/Wever § 10 Rn. 35c.
[233] FamRZ 2007, 965 ff.

che Dauer des Betreuungsunterhalts für nichteheliche bzw. für eheliche Kinder beanstandet. Für das Vorliegen der Voraussetzungen der jeweiligen Ausnahmeregelung ist der oder die Berechtigte darlegungs- und beweispflichtig.[234] Der Unterhaltspflichtige muss demgegenüber solche streitigen Umstände darlegen und beweisen, die gegen die Anwendung der Ausnahmeregelung sprechen.[235]

172 **b) Billigkeitskriterien für die Verlängerung des Unterhaltsanspruchs nach § 1570 I 2 u. 3 BGB.** Bei der Abwägung zur Frage der Billigkeit einer Verlängerung ist, wie dies bereits vor der Unterhaltsreform für die Verlängerung des Betreuungsunterhalts nach § 1615l II 2 BGB erforderlich war, eine **umfassende Abwägung der Umstände des Einzelfalls** vorzunehmen. Dabei sind der Grundsatz der Eigenverantwortung des geschiedenen Ehegatten (§ 1569 S. 1 BGB) und die für beide Ehegatten geltende **generelle Erwerbsobliegenheit** (§ 1574 I BGB) zu berücksichtigen.

Eine Verlängerung des Unterhaltsanspruchs aus Billigkeitsgründen gemäß § 1570 I 2 u. 3 BGB und damit eine Abweichung von dem Prinzip der Eigenverantwortung kommt **in erster Linie aus kindbezogenen Gründen** in Betracht.[236] Denn Kinder sind auch nach der Vollendung des 3. Lebensjahres noch betreuungsbedürftig. Nach der Vorstellung des Gesetzgebers ist jedoch nach dem Ablauf der Dreijahresfrist eine Vollzeitbetreuung durch einen Elternteil unter dem Gesichtspunkt des Kindeswohls nicht mehr zwingend geboten. Die Belange des Kindes sind ab diesem Alter regelmäßig auch gewahrt, wenn seine Pflege und Erziehung ganz oder teilweise durch eine Fremdbetreuung sichergestellt wird.[237] Für die Frage der Verlängerung des Unterhaltsanspruchs und zur Abklärung der Zumutbarkeit einer Erwerbstätigkeit sind ferner die tatsächlich vorhandenen Betreuungsmöglichkeiten, ihre Vereinbarkeit mit dem Kindeswohl sowie den Anforderungen der in Betracht kommenden Erwerbstätigkeit des betreuenden Elternteils festzustellen.[238]

173 **Neben** den kindbezogenen Gründen können auch die **Belange des betreuenden Elternteils** bei der Billigkeitsabwägung im Rahmen der Unterhaltsverlängerung nach § 1570 I 2 u. 3 eine Rolle spielen und der Aufnahme einer vollen oder teilweisen Erwerbstätigkeit entgegenstehen, wenn sie sich **auf das Kindeswohl auswirken**. Dies kann zB der Fall sein bei einer Erkrankung oder Behinderung des betreuenden Elternteils oder bei der Erziehung mehrerer gemeinsamer Kinder. Diese Belange **(Stichwort: überobligationsmäßige Belastung)**[239] berücksichtigt der **BGH**[240] aber grundsätzlich als **elternbezogene Gründe** bei der Prüfung, ob eine Verlängerung des Unterhaltsanspruchs nach § 1570 II BGB aus Gründen der anhand der konkreten ehelichen Verhältnisse und der Ehedauer zu messenden nachehelichen Solidarität der Billigkeit entspricht. Zur Beurteilung einer überobligationsmäßigen Belastung im Rahmen der Verlängerung des Betreuungsunterhalts ist auch der Aspekt einer gerechten Lastenverteilung zwischen unterhaltsberechtigtem und unterhaltspflichtigem Elternteil zu berücksichtigen.[241]

Die durch den BGH vorgenommene Zuordnung ist zu hinterfragen,[242] denn nach seiner Rechtsprechung[243] sind kindbezogene und elternbezogene Gründe nicht gleichwertig. Kindbezogene Gründe für eine Verlängerung des Betreuungsunterhalts entfalten im Rahmen der Billigkeitsentscheidung für eine Verlängerung des Unterhaltsanspruchs das stärkste

---

[234] BGH FamRZ 2012, 1040 Rn. 20 = R 732c; 2011, 791 Rn. 21; 2009, 770 Rn. 23; 2008, 1739 Rn. 97; 2008, 968 (970) = R 689a.
[235] Vgl. hierzu BT-Drs. 16/1830, 20 zur Darlegungs- und Beweissituation bei § 1578b BGB.
[236] BT-Drs. 16/6980, 9; BGH FamRZ 2012, 1624 Rn. 20; 2012, 1040 Rn. 18 = R 732b; 2011, 791 Rn. 23; 2010, 1880 Rn. 23; 2009, 1124 Rn. 28; 2009, 770 Rn. 24.
[237] BT-Drs. 16/1830, 31; BGH FamRZ 2011, 791 Rn. 24; 2010, 1880 Rn. 24; 2009, 1391 Rn. 22 f.; 2009, 770 Rn. 25.
[238] BGH FamRZ 2010, 1050 Rn. 24.
[239] BGH FamRZ 2011, 791 Rn. 25; 2009, 1739 Rn. 103; 2009, 1391 Rn. 32.
[240] BGH FamRZ 2010, 1050 Rn. 33; 2009, 1391 Rn. 17 = R 706; 2009, 1124 (1127) Rn. 24; 2009, 770 Rn. 32 = R 704; 2008, 1739 (1749).
[241] BGH FamRZ 2014, 1987 Rn. 22 = R 762; 2012, 1868 Rn. 24; 2010, 1050; 2009, 770; 2008, 1739; OLG Düsseldorf NJW 2014, 948.
[242] Vgl. auch Borth FamRZ 2009, 959.
[243] BGH FamRZ 2010, 1050 Rn. 21 mwN.

Gewicht und sind deswegen stets vorrangig zu prüfen. Elternbezogene Gründe sind dagegen nach der Systematik des § 1570 BGB erst nachrangig zu prüfen, soweit nicht schon kindbezogene Gründe einer Erwerbstätigkeit entgegenstehen.[244]

aa) Kindbezogene Gründe. Kindbezogene Gründe, die einen vollen oder teilweisen **174** Unterhaltsanspruch nach Ablauf der Dreijahresfrist rechtfertigen können, liegen in folgenden Konstellationen vor:

- Das Kind ist **behindert** und deshalb besonders betreuungsbedürftig.[245] Dies gilt selbst dann, wenn das Kind bereits volljährig ist.[246]
- Das Kind ist **dauerhaft krank** (zB rheumatische Poliarthritis[247]), krankheitsgefährdet (Notwendigkeit von regelmäßigen pflegerisch prophylaktischen Maßnahmen zur Vorbeugung eines Hautleidens[248]), Migräne,[249] Immunschwäche[250]. Bei Behinderungen und Erkrankungen kann die Prüfung angezeigt sein, ob nicht gerade deswegen die Betreuung in einer spezialisierten Einrichtung angezeigt ist.[251] Erkrankungen leichterer Art, wie sie bei kleineren Kindern häufig vorkommen, zB Erkältungen, Grippe, Mittelohrentzündungen, sowie die üblichen Kinderkrankheiten, die lediglich eine vorübergehende häusliche Betreuung erfordern, rechtfertigen keine Verlängerung des Unterhaltsanspruchs.[252] Gleiches gilt, wenn ein zusätzlicher, auf Krankheit beruhender Betreuungsbedarf (zB ADS-Erkrankung eines 15 Jahre alten Kindes) durch eine auswärtige Betreuung erbracht werden kann.[253]
- Das Kind ist **schwer in seiner Entwicklung** gestört[254] und deshalb auf weitere Betreuung durch einen Elternteil angewiesen.[255] Entwicklungsstörungen liegen vor bei einer verzögerten Sprachentwicklung des Kindes und Eingewöhnungsschwierigkeiten im Kindergarten,[256] motorischen Defiziten,[257] Wahrnehmungsstörungen,[258] schulischen Defiziten[259] und sonstigen Entwicklungsstörungen wie Verhaltensauffälligkeiten.[260] Nicht ausreichend ist die sog „Mimosen-Einrede" mit dem Inhalt, das Kind sei allgemein anfällig, schwierig und brauche ständige Hausaufgabenhilfe.[261]
- Das Kind ist **psychisch labil**, zB besonders scheu, sensibel und ängstlich.[262]
- Das Kind ist **straffällig** geworden und bedarf einer persönlichen Betreuung nach dem Ende der täglichen Schulzeit.[263]
- Das Kind betätigt sich **sportlich oder musisch** und es sind hierfür Fahr- und Betreuungsleistungen erforderlich.[264]

---

[244] BGH FamRZ 2010, 1880, Rn. 23 = R 716; 2009, 1391 Rn. 31 = R 706.
[245] BT-Drs. 13/4899, 89 und BT-Drs. 13/8511, 71; BGH FamRZ 2015, 1369 = R 769.
[246] BGH FamRZ 2010, 802 Rn. 12.
[247] OLG Hamm NJW 2005, 297.
[248] OLG Rostock BeckRS 2007, 09718 (Verlängerung des Unterhaltsanspruchs um 23 Monate bis zur Einschulung des Kindes).
[249] OLG Hamm FamRZ 2009, 2292.
[250] OLG Düsseldorf FamRZ 2010, 301.
[251] Von Kiedrowski FamRB 2009, 213 (216); MAH FamR/Wever § 10 Rn. 29.
[252] NK-BGB/Schilling § 1615 Rn. 12.
[253] BGH FamRZ 2009, 1124 (1127) mAnm Borth NJW 2009, 1956; vgl. OLG Hamm FamRZ 2013, 959.
[254] OLG Hamm FamRZ 2008, 1937.
[255] BGH FamRZ 2006, 1362 (1367); Schilling FF 2008, 270 (279).
[256] OLG Köln FamRZ 2009, 2011; OLG Celle FamRZ 2002, 636 (Verlängerung des Unterhaltsanspruchs um 5 Monate).
[257] OLG Düsseldorf FamRZ 2003, 184 (keine Unterhaltsbefristung, halbschichtige Erwerbstätigkeit der Mutter ab dem 4. Lebensjahr des Kindes).
[258] OLG Düsseldorf FamRZ 2003, 184; OLG Celle FamRZ 2002, 636.
[259] OLG Hamm FamRZ 2010, 570.
[260] OLG NJOZ 2007, 4161.
[261] Vgl. Born NJW 2008, 1 (8); Viefhues FF 2011, 153 (157).
[262] BGH FamRZ 1984, 769; Peschel-Gutzeit FPR 2008, 24 (25).
[263] OLG Hamm FamRZ 2009, 976 (17-jähriges Kind).
[264] BGH FamRZ 2014, 1987 Rn. 20 = R 762.

- Das Kind bedarf der persönlichen Betreuung durch einen Elternteil, weil es unter der **Trennung** der Eltern, die eheähnlich zusammengelebt hatten, besonders **leidet**.[265] Hinsichtlich dieses Grundes ist allerdings besonders sorgfältig zu prüfen, ob nicht das trennungsbedingte Leiden der Kinder zur Stabilisierung des Unterhaltsanspruchs instrumentalisiert wird.[266] Unter Umständen ist hier die Einholung eines Sachverständigengutachtens unumgänglich.[267]

175 **bb) Vorhandene Betreuungsmöglichkeiten.** Wenn Gründe in der **Person des Kindes** nicht vorliegen, kommt es für die Frage, ob und in welchem Umfang eine Erwerbsobliegenheit neben der Kindesbetreuung besteht, entscheidend darauf an, welche **objektiven Möglichkeiten der Kindesbetreuung** bestehen, die dem betreuenden Elternteil eine Erwerbstätigkeit ermöglichen. Zur Abklärung der Zumutbarkeit einer Erwerbstätigkeit ist deshalb festzustellen, welche Betreuungsmöglichkeiten tatsächlich bestehen, und ob der betreuende Elternteil diese mit den Anforderungen einer Erwerbstätigkeit vereinbaren kann. Denn nach dem Willen des Gesetzgebers spielen neben den Kindesbelangen die **bestehenden** Möglichkeiten der Kindesbetreuung eine **besondere Rolle** (§ 1570 I 3 BGB). Daher sind grundsätzlich die Möglichkeiten einer **zumutbaren, verlässlichen** Betreuung des Kindes in Anspruch zu nehmen, die dem betreuenden Elternteil die Aufnahme einer Erwerbstätigkeit ermöglichen. Aus den Worten „solange und soweit" im Gesetz ist erkennbar, dass sich in dem Umfang, in dem das Kind nach Vollendung des dritten Lebensjahres eine kindgerechte Betreuungseinrichtung, zB Kinderhort, Kindertagesstätte oder Kindergarten besucht oder unter Berücksichtigung der individuellen Verhältnisse besuchen könnte, der betreuende Elternteil sich also nicht mehr auf die Notwendigkeit einer persönlichen Betreuung des Kindes und somit **nicht mehr auf kindbezogene Verlängerungsgründe** berufen kann. Denn der Gesetzgeber hat mit der Neugestaltung des Betreuungsunterhalts für Kinder ab Vollendung des dritten Lebensjahres grundsätzlich den Vorrang der persönlichen Betreuung gegenüber anderen kindgerechten Betreuungsmöglichkeiten aufgegeben. Im Rahmen der Billigkeitsentscheidung über die Verlängerung des Betreuungsunterhalts ist deswegen stets zunächst der individuelle Umstand zu prüfen, ob und in welchem Umfang die begabungs- und entwicklungsgerechte Betreuung des Kindes auf andere Weise gesichert ist oder in kindgerechten Einrichtungen gesichert werden könnte.[268] Erst wenn die Kinder ein Alter erreicht haben, in dem sie unter Berücksichtigung aller Umstände des Einzelfalles zeitweise sich selbst überlassen werden können, kommt es aus kindbezogenen Gründen insoweit nicht mehr auf die vorrangig zu prüfende Betreuungsmöglichkeit in kindgerechten Einrichtungen an.[269] Die **Obliegenheit zur Inanspruchnahme einer kindgerechten Betreuungsmöglichkeit** besteht nur dann, wenn die Betreuung mit dem **Kindeswohl** vereinbar ist. was nach der Rechtsprechung des BGH jedenfalls bei öffentlichen Betreuungseinrichtungen wie Kindergärten, Kindertagesstätten oder Kinderhorten regelmäßig der Fall ist.[270]

176 Seit dem 1.1.2008 ist die fehlende Möglichkeit einer anderweitigen Betreuung, etwa, weil kein Kindergartenplatz zur Verfügung steht, generell ausreichend, um eine Verlängerung zu bejahen. Im Übrigen muss sich der betreuende Elternteil nur dann auf eine mögliche Fremdbetreuung verweisen lassen, wenn dies mit den Kindesbelangen vereinbar ist.[271]

Eine **Verlängerung des Unterhaltsanspruchs** über den Dreijahreszeitraum hinaus **kommt** danach bei Vorliegen einer der folgenden Voraussetzungen **in Betracht:**

---

[265] Beschlussempfehlung d. Rechtsausschusses v. 7.11.2007 – BT-Drs. 16/6980 S. 9.
[266] So Hauß FamRB 2007, 367 (368).
[267] Borth FamRZ 2008, 2 (6); a. A. NK-BGB/Schilling § 1615l Rn. 12.
[268] BGH FamRZ 2012, 1040 Rn. 19 = R 732b; 2011, 791 Rn. 24; 2010, 1880 Rn. 24; 2009, 1391 (1393) = R 706 zu § 1570 BGB; 2009, 1124 (1127) Rn. 32; 2009, 770 (773) Rn. 27 mwN = R 704 mAnm Borth FamRZ 2009, 959 (961).
[269] BGH FamRZ 2010, 1880, Rn. 22 = R 716; 2009, 1391 (1393) = R 706 zu § 1570 BGB.
[270] BGH FamRZ 2010, 1050 Rn. 21; 2009, 1124 (1126) Rn. 30; 2009, 770 (772 f.) Rn. 25 f. m. w. N. = R 704.
[271] BT-Drs. 16/6980, 9.

3. Abschnitt: Anspruchstatbestände des nachehelichen Unterhalts § 4

- Eine **Fremdbetreuung ist nicht** vorhanden. Das kann in abgelegenen Gegenden (zB Insel) der Fall sein.[272]   **177**

Trotz zumutbarer Bemühungen finden sich vor Ort **keine professionellen Einrichtungen**[273] für eine **Fremdbetreuung**[274] wie Kindergärten, Kindertagesstätten, Hortplätze, Ganztagsschule.[275] Auch wenn die Angebote für eine Kinderbetreuung in den letzten Jahren insgesamt ausgeweitet wurden, sind die örtlichen Gegebenheiten noch sehr unterschiedlich.[276] Es fehlt immer noch an einem flächendeckenden Angebot an Ganztagsbetreuungsmöglichkeiten[277] auch über die Zeit des Besuches des Ganztagskindergartens oder der Ganztagsschule hinaus. Dieser Gesichtspunkt wird aber in der Zukunft an Bedeutung verlieren, weil nach § 24 Abs. 1–3 SGB VIII ein Anspruch auf einen Betreuungsplatz bereits vor dem ersten Lebensjahr des Kindes bestehen kann.[278]

Das Bemühen um einen Platz für eine Fremdbetreuung muss in der Regel schon vor dem Zeitpunkt erfolgen, in dem die Erwerbsobliegenheit einsetzt.[279] Der betreuende Elternteil muss seine rechtzeitigen Bemühungen um eine tatsächlich erreichbare und zumutbare Fremdbetreuung dokumentieren.[280]

Für den betreuenden Ehegatten besteht grundsätzlich **keine Obliegenheit zu einem** **178** **Umzug**, um eine nur an dem neuen Wohnort vorhandene Betreuungsmöglichkeit in Anspruch nehmen zu können.[281] Wenn er aber die unzureichende Betreuungssituation durch einen Umzug selbst verursacht hat, kann er sich auf diesen Umstand zu seinen Gunsten nicht mehr berufen.[282] Ein **Wechsel** des Kindes von einem **Kindergarten** mit Halbtagsbetreuung in einen Kindergarten mit Ganztagsbetreuung kann nicht verlangt werden, wenn während des früheren Zusammenlebens der Eltern der Besuch eines solchen Kindergartens bereits möglich gewesen wäre und die Eltern sich dagegen entschieden hatten.[283]

- Die mögliche **Fremdbetreuung ist nicht verlässlich**.[284]   **179**

Das ist der Fall, wenn die Betreuung nur von gelegentlich und nicht zu festen Zeiten oder nur mit dauernd wechselnden Bezugspersonen sichergestellt werden könnte.

Gleiches gilt, wenn die möglichen **Betreuungszeiten** mit den von dem betreuenden **180** Elternteil nur eingeschränkt beeinflussbaren **Arbeitszeiten nicht** in ausreichendem Maße **korrespondieren**. Hierbei sind nicht nur die täglichen und wöchentlichen Arbeitszeiten des Elternteils zu berücksichtigen, sondern auch der Aufwand für das Bringen des Kindes zur auswärtigen Betreuung, die Fahrten zur Arbeit, die Rückfahrten von der Arbeit und das Abholen des Kindes. Der für die eigentliche Arbeitszeit und Fahrzeiten von und zu der Arbeitsstelle erforderliche Zeitrahmen muss mit den Öffnungszeiten der Kinderbetreuungseinrichtung zu vereinbaren sein. Darüber hinaus differieren die Arbeitszeiten in den verschiedenen Berufen sehr stark. Da von vielen Arbeitnehmern zunehmend Flexibilität erwartet wird, ergeben sich auch aus diesem Grunde verstärkt Kollisionen mit den Öffnungszeiten der Kinderbetreuungseinrichtungen.[285] Bei Schwierigkeiten in der Vereinbarkeit von Arbeitszeiten und Kinderbetreuungszeiten besteht gegebenenfalls lediglich ein Teilanspruch des betreuenden Elternteils, wenn zB

---

[272] Zum daraus folgenden Anspruch aus Amtspflichtverletzung vgl. BGH BeckRS 2016, 19371.
[273] BT-Drs. 13/8511, 71.
[274] BGH FamRZ 2009, 1124 (1126) Rn. 30; BT-Drs. 16/1830, 17.
[275] Empfehlungen des 13. Familiengerichtstags FamRZ 2000, 273 zu § 1615l II BGB aF.
[276] Vgl. Schürmann FF 2007, 235 (237).
[277] Viefhues FamRZ 2010, 249 (250).
[278] BGH NJW 2017, 397.
[279] OLG Köln FamRZ 2008, 2119 (2120).
[280] Borth FamRZ 2008, 2 (7); OLG Celle FamRZ 2008, 997 (998); OLG Brandenburg FF 2008, 371.
[281] Vgl. Schilling FF 2008, 169; MAH FamR/Wever § 10 Rn. 30, Rn. 223; Kemper FuR 2008, 169 (174).
[282] OLG Nürnberg FamRZ 2003, 1320 (1321).
[283] Von Kiedrowski FamRB 2009, 213 (215).
[284] BT-Drs. 16/1830, 17; BGH BeckRS 2011, 16689; FamRZ 2010, 1880 Rn. 28.
[285] Meier FamRZ 2008, 101 (103).

eine Vormittagsbetreuung gesichert ist und deswegen eine Teilerwerbstätigkeit möglich ist.[286]

181 • Die **Fremdbetreuung ist nicht zumutbar.**[287]
Dies ist anzunehmen, wenn von dem unterhaltspflichtigen Ehegatten mit deren Einverständnis die Betreuung durch seine Eltern angeboten wird, obwohl das Verhältnis der **„Schwiegereltern"** zum betreuenden Ehegatten nach Trennung bzw. Scheidung gestört ist. Generell muss eine private Betreuung durch Familienangehörige oder Bekannte nicht in Anspruch genommen werden.[288] Anderes kann nur gelten, wenn eine Betreuung, zB durch die Großeltern des Kindes, der bisherigen Praxis der Eltern vor ihrer Trennung entspricht, wenn sie verlässlich ist und die Angehörigen sich darüber hinaus in dem Trennungskonflikt neutral verhalten.[289] Nach der Rechtsprechung des BGH ist im Übrigen im jeweiligen Einzelfall zu beurteilen, inwiefern die Hilfe Dritter in Anspruch genommen werden kann.[290]

182 Ein Angebot des **anderen Elternteils**, das **Kind zu betreuen**, stellt zwar grundsätzlich eine „bestehende" Möglichkeit der Kinderbetreuung dar, wenn der barunterhaltspflichtige Elternteil die Betreuung ernsthaft und verlässlich anbietet.[291]
Sie setzt aber ein zeitlich sehr ausgedehntes Umgangsrecht voraus. Sofern das Betreuungsangebot über eine abschließende und praktizierte Umgangsregelung hinausgeht, ist diese vorrangig.[292] Sie ist im Unterhaltsrechtsstreit zugrunde zu legen[293] mit der Folge, dass der betreuende Elternteil dieses Angebot unabhängig davon, ob es sich nur um ein Lippenbekenntnis oder um eine ernsthaft zu berücksichtigende Betreuungsalternative handelt, nicht annehmen muss.[294] Zu prüfen ist ggf, ob durchgreifende Umstände gegen eine Umgestaltung des Umgangsrechts des Barunterhaltspflichtigen sprechen.[295]
Entspricht es den früheren Abreden der Eltern, dass die Kinder eine teure Spezialeinrichtung besuchen, zB einen Montessori-Kindergarten oder einen Waldorfkindergarten, kann nicht auf die Inanspruchnahme einer – etwa auch früher zur Verfügung stehenden – billigeren Einrichtung verwiesen werden.
Soweit vereinzelt[296] die Forderung erhoben wird, der betreuende Elternteil müsse, sofern sonstige Betreuungsmöglichkeiten nicht vorhanden seien, eine Betreuungsperson einstellen und bezahlen, um die Betreuung von 9 und 13 Jahre alten Kindern sicherzustellen, ist dies abzulehnen. Diese Auffassung überspannt die Anforderungen, die an zumutbare Betreuungsmöglichkeiten zu stellen sind. Die Rechtsprechung des BGH hat sich bisher nur auf die Betreuung in staatlichen Einrichtungen bezogen und nicht darauf, dass auch private Betreuungspersonen angestellt werden müssen. Nähme man eine solche Forderung ernst, wäre ab dem 3. Lebensjahr eines Kindes stets eine vollschichtige Tätigkeit zumutbar. Es wäre dann lediglich über die Frage der Betreuungskosten[297] zu streiten.

---

[286] BGH FamRZ 2014, 1987 Rn. 21 = R 762; 2012, 1040 Rn. 22 = R 732c; vgl. OLG Nürnberg FamRZ 2003, 1320 zum alten Recht.
[287] BT-Drs. 16/1830, 17; BGH BeckRS 2011, 16689; FamRZ 2010, 1880 Rn. 28.
[288] KG FamRZ 2008, 1942 (1943); vgl. auch Ziffer 17.1 der Unterhaltsgrundsätze des OLG Frankfurt a. M. (Stand: 1.1.2018).
[289] Schilling FF 2008, 279 (280); von Kiedrowski FamRB 2009, 213 (215); Borth FamRZ 2008, 2 (7); Kemper FuR 2008, 169 (173 f.); vgl. aber BGH FamRZ 1391, 1395: Eine Unterstützung durch Verwandte ist eine freiwillige Leistung und nicht in die Billigkeitsabwägung einzubeziehen.
[290] BGH FamRZ 2015, 1369 Rn. 20; 2014, 1987 Rn. 21; 2012, 1040 Rn. 22.
[291] BGH FamRZ 2011, 1209 Rn. 24; 2010, 1880 Rn. 28; vgl. auch Empfehlung 5 des Arbeitskreises 2 des 18. Deutschen Familiengerichtstages.
[292] BGH BeckRS 2011, 16689; 2010, 1880 Rn. 28 = R 716.
[293] BGH FamRZ 2010, 1880 Rn. 28 = R 716; OLG Celle FamRZ 2009, 975; Schilling FF 2008, 279 (281).
[294] OLG Hamm FamRZ 2009, 2093; OLG Hamm FamRZ 2010, 570; OLG Celle FamRZ 2009, 975; KG FamRZ 2009, 981; OLG Frankfurt a.M. FamRB 2009, 69; AG Berlin-Tempelhof-Kreuzberg FamRZ 2008, 1862; MAH FamR/Wever/Hoffmann § 10 Rn. 30; a. A. OLG Saarbrücken ZFE 2010, 113; zweifelnd Viefhues ZFE 2009, 212 (216) und ZFE 2010, 113.
[295] BGH FamRZ 2012, 1040; 2011, 1209 Rn. 25.
[296] OLG Oldenburg FuR 2009, 594.
[297] Hierzu vgl. BGH FamRZ 2018, 23 = R 787.

3. Abschnitt: Anspruchstatbestände des nachehelichen Unterhalts § 4

- Die mögliche **Fremdbetreuung steht mit dem Kindeswohl nicht in Einklang**.[298] 183
Das ist der Fall, wenn das Kind auf die Betreuungspersonen oder Mitglieder der betreuten Kindergruppe mit nicht steuerbarer Ablehnung reagiert und den Besuch der Betreuungsstelle jeweils als Zeit der Qual empfindet oder wenn ihm auf Grund seines physischen oder psychischen Gesundheitszustands die Fremdbetreuungsfähigkeit fehlen würde.[299] Ebenso ist denkbar, dass wegen der Arbeitsgestaltung des betreuenden Elternteils unerträglich lange Wartezeiten bis zum Abholen entstehen, in denen das Kind weitgehend sich selbst überlassen ist.

Unvereinbarkeit der Betreuung mit dem Kindeswohl kann zu bejahen sein, wenn die verschiedenen Kombinationen für die Betreuung des Kindes (Mutter, Kindergarten, Vater, sonstige Verwandte wie Tante, Großmutter) das Kind sehr belasten (sog. **Betreuungshopping**).[300]

Wenn bei einer allein betreuenden Mutter die genetische Disposition durch eine Mutation des Huntington-Gens auf dem Chromosom 4 – eine abnorm erhöhte Anzahl von so genannten CAG-Tripletts – vorliegt, bei der alle Genträger erkranken, ist die zu erwartende Erkrankung an Chorea Huntington (unwillkürliche Bewegungen und Gedächtnisstörungen und im weiteren, fortschreitenden Verlauf starke Bewegungsstörungen und eine sich ausprägende Demenz, zT begleitet von psychiatrischen Erkrankungen), die nach dem Ausbruch innerhalb von zumeist 15 bis 20 Jahren zum Tode führt, bei der Billigkeitsabwägung zu berücksichtigen. Es ist auf diesen Umstand Rücksicht zu nehmen und der Mutter und einem vierjährigen Kind die Möglichkeit zu geben, Zeit miteinander zu verbringen. Da das Kind damit rechnen muss, dass es in frühem Alter ohne Elternteil dastehen wird, ist ihm zuzubilligen, dass es in einer Atmosphäre aufwachsen kann, in der ihre Mutter nicht bis zur absoluten Belastungsgrenze mit der Erziehung, der Erwerbstätigkeit und der ungünstigen Lebensperspektive beansprucht wird. In einem solchen Fall greifen kind- und elternbezogene Gründe für das Fortbestehen des Unterhaltsanspruchs ineinander und eine Erwerbstätigkeit im Umfang von 20 Stunden ist als ausreichend anzusehen.[301]

Nach dem Willen des Gesetzgebers sind die **Kosten der Fremdbetreuung** bei der Unterhaltsberechnung für den Betreuungsunterhaltsanspruch angemessen zu berücksichtigen.[302] 184
Der BGH[303] hat hierzu inzwischen entschieden, dass jedenfalls **Kindergartenkosten** bei der Unterhaltsberechnung **nicht zum berufsbedingten Aufwand des betreuenden Elternteils**, sondern zum Bedarf des Kindes gehören und im laufenden, das Existenzminimum des Kindes nicht unterschreitenden Kindesunterhalt enthalten sind. Hierbei ist wesentlich, dass der Kindergartenbesuch unabhängig davon, ob er halb- oder ganztags erfolgt, in erster Linie erzieherischen Zwecken dient.[304] Die **Kindergartenkosten** stellen **Mehrbedarf des Kindes** dar und sind von beiden Eltern anteilig nach ihren Einkommensverhältnissen zu tragen, wobei vorab ein Sockelbetrag in Höhe des angemessenen Selbstbehalts abzuziehen ist (vgl. Berechnungsbeispiel in → § 2 Rn. 450). Durch einen solchen Abzug werden bei erheblichen Unterschieden der vergleichbaren Einkünfte zwar die sich daraus ergebenden ungleichen Belastungen zugunsten des weniger verdienenden Elternteils relativiert.

Nach der neuen Rechtsprechung des BGH[305] stellen andere Kosten, zB die Kosten einer nachschulischen Tagesbetreuung, durch deren Besuch die Erwerbstätigkeit erst ermöglicht wird, oder Kosten einer Tagesmutter, die die Kinder im Haushalt des betreuenden Elternteils stundenweise betreut, **berufsbedingte Kosten** des betreuenden Elternteils dar. Bei dieser Art von Betreuung handelt es sich in der Regel nicht um eine pädagogisch veranlasste Betreuung von Kindern, die der Sache nach wie in einer staatlichen oder ver-

---

[298] BT-Drs. 16/1830, 17; OLG Hamm FamRZ 2013, 706.
[299] Vgl. zu Letzterem Unterhaltsleitlinien des OLG Hamm Nr. 17.1.1.
[300] Reinken FPR 2010, 125 (127).
[301] OLG Celle FamRZ 2013, 1141.
[302] BT-Drs. 16/1830, 17.
[303] BGH FamRZ 2018, 23 Rn. 13 = R 787; 2017, 437 Rn. 37; 2009, 962 = R 700.
[304] BGH FamRZ 2008, 1152 (1153).
[305] BGH FamRZ 2018, 23 = R 787.

gleichbaren privaten Einrichtung einen **Mehrbedarf des Kindes** abdeckt, für den beide Eltern nach § 1606 III 1 BGB anteilig haften.

Ein betreuungsbedingter Mehrbedarf des Kindes, der zu einer Erhöhung des Kindesunterhalts führen kann, liegt nach der Rechtsprechung des BGH nur dann vor, wenn es sich um einen Betreuungsbedarf handelt, der über den Umfang der von dem betreuenden Elternteil ohnehin geschuldeten Betreuung hinausgeht. Das ist der Fall, wenn die Kosten eine besondere Förderung zu staatlichen Kindergärten, Kindertagesstätten oder Horten betreffen. Dabei ist eine Qualifizierung der Betreuungskosten als Mehrbedarf nicht auf die besondere pädagogische Förderung in **staatlichen Einrichtungen** beschränkt. Auch die Förderung in vergleichbaren **privaten Einrichtungen** kann über den allgemeinen Betreuungsbedarf hinausgehen und damit einen Mehrbedarf des Kindes auslösen. Generell deckt eine Fremdbetreuung nach dieser Rechtsprechung daher insoweit einen Mehrbedarf des Kindes ab, als sie über die üblichen Betreuungsleistungen eines Elternteils (einschließlich der üblichen Hausaufgabenbetreuung) hinausgehen oder die weitere Betreuung etwa pädagogisch veranlasst ist. Auch dann handelt es sich insoweit um **Mehrbedarf des Kindes**.[306] Im Übrigen handelt es sich um die originäre Pflicht des betreuenden Elternteils, deren Aufwand im Rahmen einer Gesamtbetrachtung jedoch eine zusätzlich ausgeübte Erwerbstätigkeit als teilweise überobligatorisch darstellen kann.

Sofern der betreuende Eltern private Kinderbetreuungskosten als Mehrbedarf des Kindes geltend machen möchte, ist ihm anzuraten, Betreuungspersonal mit entsprechender pädagogischer Qualifizierung zu engagieren und in einem Arbeits-/Anstellungsvertrag mit der Betreuungsperson die evtl. Defizite des Kindes und die damit verbundene pädagogische Notwendigkeit der Betreuung detailliert zu beschreiben.[307]

Kinderbetreuungskosten sind gemäß § 10 I Nr. 5 EStG[308] ab dem Veranlagungszeitraum 2012 als Sonderausgaben bis zu einem Höchstbetrag von EUR 4000 je Kind steuerlich abzugsfähig. Es wird nicht mehr unterschieden nach erwerbsbedingten und nicht erwerbsbedingten Kinderbetreuungskosten. Zu den Kinderbetreuungskosten gehören zB die Aufwendungen für die Unterbringung von Kindern in Kindergärten, Kindertagesstätten, Kinderhorten, Kinderheimen und Kinderkrippen sowie bei Tagesmüttern, Wochenmüttern und in Ganztagespflegestellen, ferner die Aufwendungen für die Beschäftigung von Kinderpflegern und Kinderpflegerinnen oder Pflegeschwestern, für Erzieher und Erzieherinnen, für die Beschäftigung von Hilfen im Haushalt, soweit sie ein Kind betreuen sowie für die Beaufsichtigung des Kindes bei Erledigung seiner häuslichen Schulaufgaben. Näheres zu den weiteren Voraussetzungen für die steuerliche Anerkennungsfähigkeit regelt der Erlass des Bundesministeriums der Finanzen vom 14.3.2012.[309]

185 Wenn die **Fremdbetreuung kostenlos,** zB durch nahe Verwandte des betreuenden Elternteils, erbracht wird, kann dieser, soweit er dadurch von persönlicher Betreuung angemessen entlastet ist, seiner Erwerbsobliegenheit nachkommen. Auch hier stellt sich aber die Frage der unterhaltsrechtlichen Anrechnung des Aufwands der Fremdbetreuung. Die unentgeltlich leistenden Personen wollen den unterhaltspflichtigen anderen Elternteil regelmäßig nicht entlasten. Deswegen muss der freigiebige Aufwand dieser Personen für die Betreuung des Kindes ggf. im angemessenen Umfang in die Unterhaltsrechnung einfließen. Dies kann über die Berücksichtigung eines nach den Umständen des Einzelfalls zu bemessenden (fiktiven) berufsbedingten Aufwands des betreuenden Ehegatten geschehen,[310] oder – falls die auf kostenloser Betreuung beruhende Erwerbstätigkeit als überobligatorisch angesehen würde – über eine auf den Einzelfall zugeschnittene, beschränkte Anrechnung des überobligatorischen Einkommens.[311] Einzelheiten und Berechnungsbeispiele siehe unter § 2 Abschnitt 5 V → Rn. 366 ff.).

---

[306] BGH FamRZ 2018, 23 Rn. 19 = R 787.
[307] Im Einzelnen vgl. Bömelburg FF 2018, 29.
[308] § 10 i. d. F. v. 22.12.2014; zur Abwicklung im Einzelnen vgl. Bömelburg FF 2018, 29.
[309] Bundesministerium der Finanzen, Az. IV C 4 – S 2221/07/0012:12, 2012/0204082, BStBl I 2012, 307; Fassung vom 1.3.2014.
[310] Vgl. Ziffer 10.3 der Unterhaltsgrundsätze des OLG Frankfurt a. M. (Stand: 1.1.2019).
[311] Vgl. OLG Hamm FamRZ 2007, 1464.

cc) Umfang der Erwerbsobliegenheit des betreuenden Elternteils. Mit den 186 Worten **"solange und soweit"** in § 1570 I 2 BGB hat der Gesetzgeber zum Ausdruck gebracht, dass es auf die Verhältnisse des Einzelfalls ankommt, ob und in welchem Umfang vom betreuenden Elternteil eine Erwerbstätigkeit erwartet werden kann. Daraus ergibt sich, dass eine generalisierende Betrachtungsweise, wie sie in Form des **Altersphasenmodells** für einen Anspruch aus § 1570 BGB bis zum 31.12.2007 möglich war und dass wegen des Gebotes der Gleichbehandlung der Unterhaltsansprüche ehelicher und nichtehelicher betreuender Elternteile auch für § 1615l BGB entscheidende Bedeutung hatte, **nicht mehr vertretbar** ist.[312] Der BGH[313] lehnt unter Hinweis auf die gesetzliche Neuregelung eine Fortschreibung des Altersphasenmodells eindeutig ab.[314] In seinen Entscheidungen hat er unter Berufung auf die Gesetzesbegründung betont, dass der Gesetzgeber mit der Neugestaltung des nachehelichen Betreuungsunterhalts in § 1570 BGB für Kinder ab Vollendung des dritten Lebensjahres grundsätzlich den **Vorrang der persönlichen Betreuung** gegenüber anderen kindgerechten Betreuungsmöglichkeiten **aufgegeben** hat und dass dies im Regelfall mit dem Grundrecht aus Art. 6 II GG und dem Kindeswohl vereinbar ist.[315] Es ist somit davon auszugehen, dass ab einem Alter des betreuten Kindes von 3 Jahren eine anderweitige Betreuungsmöglichkeit dem wohlverstandenen Interesse des Kindes, insbesondere der Förderung seines sozialen Verhaltens, dient und mit dem Kindeswohl vereinbar ist. Soweit der BGH in seiner Entscheidung vom 16.7.2008[316] von Fallgruppen und einer pauschalierenden Beurteilung gesprochen hat, soll dies in dem Sinne verstanden werden, dass der Tatrichter – gemessen am Alter eines sich normal entwickelnden Kindes – von bestimmten **Erfahrungswerten** über den Umfang der Betreuungsbedürftigkeit des Kindes und daraus abgeleitet von der Belastung der Mutter und der Zumutbarkeit einer daneben auszuübenden Erwerbstätigkeit ausgehen kann.[317]

In dem Maße, in welchem eine kindgerechte Betreuungsmöglichkeit besteht, kann der 187 betreuende Elternteil daher auf eine Erwerbstätigkeit verwiesen werden. Eine Verlängerung des Betreuungsunterhalts darf somit **nicht allein vom Kindesalter** abhängig gemacht werden. Die Betreuungsbedürftigkeit ist vielmehr nach den individuellen Verhältnissen des Kindes zu ermitteln.[318] Ist zunächst nur eine **Teilzeittätigkeit** möglich, muss daneben – soweit Bedürftigkeit besteht – weiterhin Betreuungsunterhalt gezahlt werden. Ein **abrupter, übergangsloser Wechsel** von der Betreuung zur Vollzeiterwerbstätigkeit wird damit nicht verlangt. Nach den Umständen des Einzelfalls ist daher ein gestufter Übergang bis hin zu einer Vollzeiterwerbstätigkeit möglich.[319]

Da es sich bei dem zeitlich befristeten Basisunterhalt und dem Unterhalt nach Vollendung des 3. Lebensjahres des Kindes um einen **einheitlichen Unterhaltstatbestand** handelt, ändert sich bei einer Verlängerung des Unterhaltsanspruch grundsätzlich nichts an der **Höhe** des Unterhaltsanspruchs.[320]

---

[312] BGH FamRZ 2012, 1040 Rn. 19 = R 732b.
[313] BGH FamRZ 2010, 1880 = R 716; 2010, 1050 (1052); 2009, 1391 (1394) = R 706; 2009, 1124 (1127); 2009, 770 (773) = R 704; 2008, 1739 Rn. 104.
[314] Ebenso OLG Bremen NJW 2008, 1745; OLG Düsseldorf ZFE 2008, 273; OLG Celle NJW 2008, 1465; Willutzki ZRP 2008, 264; Hahne FF 2009, 5 (6); Schilling FPR 2008, 27 (29); Meier FamRZ 2008, 101 (104); Menne FamRB 2008, 110 (116); Niebling FF 2008, 193; Graba NJW 2008, 3105 (3107); Maurer FamRZ 2008, 975; Budzikiewicz NJW 2008, 1747; Schilling FF 2008, 279 (282).
[315] BVerfG FamRZ 2007, 965 (969 ff.).
[316] BGH FamRZ 2008, 1739 ff.
[317] Hahne FF 2009, 178 (186).
[318] BGH FamRZ 2012, 1040 Rn. 22 = R 732d; 2010, 1050 (1052).
[319] BGH FamRZ 2015, 1369 Rn. 13 = R 769; 2012, 1040 Rn. 23 = R 732e; 2010, 1050 Rn. 19; 2009, 1391 (1393) = R 706; 2009, 1124 (1126); 2009, 770 (772) = R 704; OLG Hamm FamRZ 2012, 1571; OLG Köln FamRZ 2009, 518.
[320] BGH FamRZ 2006, 1362 (1368) mAnm Schilling FamRZ 2006, 1368 (1370).

Soweit eine Erwerbstätigkeit für den betreuenden Elternteil ab dem 3. Lebensjahr des Kindes zumutbar ist, sind die **Einkünfte** hieraus nicht überobligatorisch und daher in die Unterhaltsberechnung einzustellen.[321] (Näheres in → Rn. 944 ff.)

8. Die Verlängerung des Betreuungsunterhalts aus ehe-/elternbezogenen Gründen nach § 1570 II BGB

188 **a) Systematik.** Der Unterhaltsanspruch des betreuenden Elternteils aus § 1570 I BGB verlängert sich, wenn eine erstmalige oder eine weitere Verlängerung nach Abs. 1 Satz 2 und 3 mangels Vorliegen der dortigen Voraussetzungen ausscheidet, nach § 1570 II „darüber hinaus", wenn dies unter Berücksichtigung der Gestaltung von Kinderbetreuung und Erwerbstätigkeit in der Ehe sowie der Dauer der Ehe, also **aus ehebezogenen Gründen der Billigkeit entspricht**. Mit der Einführung des § 1570 II BGB wurde eine Erwägung des Bundesverfassungsgerichts in seinem Beschluss vom 28.2.2007[322] aufgegriffen, wonach es dem Gesetzgeber wegen des Schutzes der ehelichen Verbindung durch Art. 6 I GG freistehe, einen geschiedenen Elternteil unterhaltsrechtlich besser zu stellen als einen unverheirateten Elternteil.[323] Dabei geht es nicht um eine Verlängerung des Betreuungsunterhalts im Interesse des Kindeswohls, sondern um eine Verlängerung, die ihre **Rechtfertigung allein in der Ehe und nachehelichen Solidarität** findet.[324] Denn wenn es auch hier um Gründe des Kindeswohls ginge, wäre die erforderliche verfassungsrechtliche Gleichbehandlung von ehelichen und nichtehelichen Kindern beim Betreuungsunterhalt nicht mehr gewährleistet. Über die Billigkeit einer Unterhaltsverlängerung ist auch im Rahmen des § 1570 II BGB in **umfassender Abwägung** der Umstände des Einzelfalls zu entscheiden.

Ist die ehebedingte Billigkeit einer Verlängerung festgestellt, verlängert sich der Unterhaltsanspruch ohne weiteres, weil § 1570 II BGB kein selbständiger Unterhaltsanspruch, sondern ein **„Annexanspruch"** zu § 1570 I BGB ist.[325]

Auch bei § 1570 II BGB handelt es sich um eine **Ausnahmeregelung**, für deren Voraussetzungen der Berechtigte **darlegungs- und beweispflichtig** ist,[326] während der Unterhaltspflichtige ggf. Umstände, die gegen eine Verlängerung sprechen, darlegen und beweisen muss.[327] Bei der Prüfung des Vorliegens von Vertrauenstatbeständen ist stets darauf zu achten, dass die gesetzliche Regel, nach der Betreuungsunterhalt lediglich für 3 Jahre geschuldet ist, nicht in ihr Gegenteil verkehrt wird.[328]

189 **b) Ehebezogene Gründe.** Bei den ehebezogenen Umständen, deren Vorliegen eine Verlängerung des Betreuungsunterhalts nach § 1570 II BGB rechtfertigen kann, handelt es sich zum Teil um Gründe, die in der früheren Rechtsprechung als **eltern**bezogene Belange bei der Prüfung der Billigkeit einer Verlängerung des Betreuungsunterhalts nach § 1615l II BGB eingeflossen sind.

Da der zusätzliche Anspruch auf Gründen beruht, die sich aus dem in der Ehe gewachsenen Vertrauen in die konkludent oder ausdrücklich vereinbarte und **praktizierte Rollenverteilung** und die **gemeinsame Ausgestaltung der Kindesbetreuung** rechtfertigen,[329] kann einem Ehegatten, der im Interesse der Kindererziehung seine Erwerbstätigkeit dauerhaft aufgegeben oder zurückgestellt hat, ein längerer Betreuungsunterhalt eingeräumt werden als einem Ehegatten, der von vornherein alsbald wieder in den Beruf

---

[321] BGH FamRZ 2009, 1391 Rn. 33 = R 706.
[322] BVerfG FamRZ 2007, 965 (970).
[323] BT-Drs. 16/6980, 8.
[324] BT-Drs. 16/6980, 9; BGH FamRZ 2012, 1624 Rn. 21.
[325] BT-Drs. 16/6980, 9.
[326] BGH FamRZ 2016, 887 Rn. 26; zu § 1615l BGB = R 776; 2015, 1369 Rn. 15 zu § 1615l BGB; 2012, 1040 Rn. 20 = R 732c; BGH BeckRS 2011, 16689; FamRZ 2010, 1880 Rn. 21 = R 716; 2009, 770 Rn. 23 = R 704; 2008, 1739 Rn. 97.
[327] Vgl. hierzu BT-Drs. 16/1830, 20 zur Darlegungs- und Beweissituation bei § 1578b BGB.
[328] BGH FamRZ 2008, 1739 (1748).
[329] BT-Drs. 16/6980, 9.

zurückkehren wollte.³³⁰ Das kann insbesondere bedeutsam werden bei der Erziehung mehrerer gemeinsamer Kinder, wenn die älteren Kinder in den Genuss der von den Ehegatten einvernehmlich beschlossenen Vollzeitbetreuung durch die Mutter oder den Vater gelangt sind, und das jüngste Kind zum Zeitpunkt der Scheidung der Ehe der Eltern zwar das 3. Lebensjahr vollendet hat und wegen der einsetzenden Erwerbsobliegenheit des betreuenden Elternteils nunmehr anders als die anderen Kinder fremd betreut werden müsste. Das Vertrauen in die praktizierte Rollenverteilung setzt voraus, dass eine Vereinbarung hinsichtlich der gemeinsamen Ausgestaltung der Kindesbetreuung ermittelt werden kann und es sich nicht nur um einseitige Erziehungsvorstellungen des Unterhalt begehrenden geschiedenen Ehegatten handelt. Nicht erfasst ist auch das bloße Vertrauen des betreuenden Elternteils auf eine dauerhafte Sicherstellung seines Unterhalts.

Ein unabhängig vom Wohl des Kindes bestehender Verlängerungsgrund kann auch das Vertrauen des betreuenden Elternteils in eine Lebensgemeinschaft sein, bei der die Partner vereinbart hatten, dass ein Elternteil die gemeinsamen Kinder betreut und daneben **studiert** und der andere hierfür die notwendigen Mittel für den Lebensunterhalt sicherstellt.³³¹ Anders liegt der Fall, wenn der betreuende Elternteil nicht im Interesse des Kindes von einer weiteren Erwerbstätigkeit abgesehen hat, sondern zur Fertigstellung einer Habilitationsschrift, mithin lediglich für die Verwirklichung eigener beruflicher Interessen.³³²

Eine Verlängerung des Unterhaltsanspruchs kommt auch in Betracht, wenn der unterhaltsberechtigte kinderbetreuende Ehegatte noch eine gewisse Zeit benötigt, um eine bereits begonnene berufliche **Weiterbildung** abzuschließen. Nach Beendigung der Maßnahme ist ihm dann noch für eine angemessene Zeit Unterhalt zu gewähren, damit er sich bewerben kann.³³³

Ein besonderes Vertrauensverhältnis des betreuenden geschiedenen Ehegatten kann auch entstehen, wenn die Erziehung und Pflege des Kindes oder der Kinder bis zu einem bestimmten Alter durch den nicht erwerbstätigen Elternteil auch im Hinblick auf die vorhandenen **guten wirtschaftlichen Verhältnisse** der gemeinsamen Lebensplanung der früheren Ehegatten entsprach.³³⁴

Schließlich kann sich der Anspruch auf Betreuungsunterhalt auch aufgrund der **Dauer der Ehe** verlängern.³³⁵ Geschützt wird damit das aufgrund einer langjährigen ehelichen Lebensgemeinschaft entstandener Vertrauen in das Fortbestehen der Ehe. Allerdings lässt sich aus der Gesetzesbegründung nicht entnehmen, wie dieser Umstand im Rahmen des Betreuungsunterhalts zu werten ist. Da der Anspruch aus § 1570 II BGB ein Annexanspruch zu § 1570 I BGB ist, muss auch im Falle einer längeren Ehedauer zum Zeitpunkt der Scheidung noch die Betreuung eines gemeinschaftlichen Kindes erfolgen. Der Anspruch kann dann für einen längeren Zeitraum zu gewähren sein als bei einer kürzeren Ehedauer, bei der das Vertrauen in den Bestand der Ehe sich noch nicht in gleicher Weise gebildet hat.

Eine **Verlängerung** des Unterhaltsanspruchs lässt sich nicht aus elternbezogenen Gründen rechtfertigen, wenn der betreuende Elternteil nach Ablauf der ersten 3 Lebensjahre des Kindes unabhängig von der Kindesbetreuung trotz der erforderlichen Bemühungen **keinen Arbeitsplatz findet** und der andere Elternteil ohne weiteres leistungsfähig ist, denn ebenso wie nach früherem Recht erfasst der Unterhaltsanspruch nicht das allgemeine Arbeitsplatzrisiko.³³⁶

c) Elternbezogene Gründe, die das Kindeswohl berühren. Nach der Rechtsprechung des BGH³³⁷ zu dem seit dem 1.1.2008 geltenden Recht ist im Rahmen der eltern- 190

---

³³⁰ BT-Drs. 16/6980, 9; BGH FamRZ 2012, 1624 Rn. 21.
³³¹ OLG Frankfurt a. M. FamRZ 2000, 1522 zu § 1615l II BGB aF.
³³² BGH FamRZ 2012, 1624 Rn. 24.
³³³ OLG Köln FamRZ 2008, 2119.
³³⁴ Schwab Familienrecht, Rn. 773 zu § 1615l II BGB aF.
³³⁵ BGH FamRZ 2010, 1880 Rn. 28 = R 716.
³³⁶ Wever FamRZ 2008, 555 (557).
³³⁷ BGH FamRZ 2012, 1040 Rn. 24 = R 732f; 2011, 791 Rn. 25; 2010, 1880 Rn. 25 = R 716; 2009, 1391 Rn. 32 = R 706; 2009, 1124 (1127) Rn. 37; 2009, 770 (773) Rn. 32 = R 704; WuM 2009, 298 Rn. 12 FamFG; FamRZ 2008, 1739 (1748) mAnm Viefhues FF 2008, 376.

bezogenen Gründe eine **überobligationsmäßige Doppelbelastung** des betreuenden Elternteils zu berücksichtigen. Eine solche kann sich ergeben, wenn ein betreuender Elternteil neben seiner vollschichtigen Erwerbstätigkeit nach Beendigung der Fremdbetreuung in den Abendstunden die weitere Erziehung und Betreuung des Kindes übernehmen muss. Nach Ansicht des BGH ist der Umfang dieses weiteren Betreuungsbedarfs im Einzelfall unterschiedlich und hängt von der **Anzahl der Kinder,** deren **Gesundheitszustand, Entwicklungsstand** sowie den Neigungen und Begabungen ab.[338] Der BGH hat sich in seiner Ausgangsentscheidung auf die Ausführungen von Maier[339] berufen, der den Tagesablauf und die Arbeitsbelastung eines allein erziehenden Elternteils anschaulich dargestellt hat. Nach dessen Auffassung ist im Einzelfall zu prüfen, ob es einem Elternteil, der Kinder im Kindergarten- bzw. Grundschulalter betreut, auch bei bestehenden Betreuungsmöglichkeiten zumutbar ist, mehr als eine Teilzeittätigkeit auszuüben, weil Kinder in diesem Alter bis zur Zeit der beiden ersten Grundschuljahre noch so **viel Betreuung und Beaufsichtigung** bedürfen, dass die zusätzliche Belastung mit Vollerwerbstätigkeit wegen Überforderung unzumutbar sein kann.[340] Der BGH geht davon aus, dass der Gesichtspunkt der **überobligationsmäßigen Belastung** des betreuenden Elternteil allein regelmäßig angesichts einer eingeschränkten Erwerbspflicht nicht zu einem vollen Unterhaltsanspruch führen kann, sondern allenfalls zu einem Teilanspruch.

Die in dieser Art vom BGH vorgenommene Differenzierung zwischen den kindbezogenen und den elternbezogenen Gründen ist nicht zweifelsfrei. So hat der BGH in seiner Entscheidung vom 17.6.2009 bei einem 7-jährigen Kind, das an Werktagen bis 14.00 Uhr in einer kindgerechten Einrichtung betreut wurde, aus kindbezogenen Gründen grundsätzlich eine weitere Betreuung durch die Mutter in Form einer regelmäßigen Kontrolle in kürzeren Zeitabschnitten für erforderlich gehalten, die einer Erwerbstätigkeit aus kindbezogenen Gründen entgegenstehe. Den Umfang der elterlichen Kontrolle, der auch von der individuellen Entwicklung des Kindes abhänge, hat der BGH aber im Rahmen der elternbezogenen Verlängerungsgründe bei der Bemessung einer überobligationsmäßigen Belastung berücksichtigt.[341]

191 Zweifelhaft ist auch die Zuordnung der Belastung bei der Betreuung mehrerer Kinder. Der Unterhaltsanspruch bei der Betreuung **mehrerer gemeinschaftlicher Kinder,** wenn auch das jüngste Kind das 3. Lebensjahr vollendet hat, ist zwar in § 1570 I BGB nicht ausdrücklich geregelt. Die Bewältigung der Gesamtheit der bei mehreren Kindern bestehenden Betreuungs- und Haushaltsaufgaben außerhalb der Zeit, in der sich die Kinder in Kindergarten/Schule/Hort befinden, durch den betreuenden Elternteil betrifft jedoch die Belange der Kinder. Systematisch liegt daher eine Zuordnung dieses Billigkeitskriteriums zu den kindbezogenen Gründen iSd § 1570 I 2, 3 BGB nahe. Der BGH ordnet die dargestellten betreuungsbedingten Belastungen jedoch den elternbezogenen Gründen nach § 1570 II BGB („Anzahl der Kinder, Umfang der Betreuung") zu.

Entsprechendes gilt, wenn der betreuende Ehegatte mehrere Kinder des anderen Ehegatten betreut und die dadurch bedingte Belastung eine Einschränkung seiner Erwerbsobliegenheit billig erscheinen lässt.[342]

192 Auch eine **Erkrankung** des betreuenden Ehegatten **wegen chronischer Überlastung** bei kombinierter depressiver Persönlichkeitsstörung im Falle der Fortführung von Betreuung und Vollzeiterwerbstätigkeit ist vom BGH als elternbezogener Grund angesehen worden, auch wenn sich nach seiner Auffassung eine Erkrankung der Mutter mittelbar auf die Belange des Kindes auswirkt.[343]

---

[338] BGH FamRZ 2012, 1868 Rn. 24; 2012, 1040 Rn. 24 = R 732f; 2010, 1050; 2009, 770 (773) = R 704; 2009, 1124 (1127); 2009, 1391 (1395) = R 706; OLG Köln FamRZ 2009, 518 (jew. zu § 1570 BGB); BGH FamRZ 2008, 1739 (1748) (zu § 1615l BGB); OLG Düsseldorf NJW 2014, 948.
[339] FamRZ 2008, 101 (103 f.).
[340] Vgl. Maier FamRZ 2008, 101 (103 f.).
[341] BGH FamRZ 2009, 1391 Rn. 30 = R 706.
[342] Empfehlungen des 13. Familiengerichtstags FamRZ 2000, 273 zu § 1615l II BGB aF.
[343] BGH FamRZ 2006, 1367 Rn. 39 zu § 1615l II BGB aF.

9. Oberlandesgerichtliche Leitlinien zur Erwerbsobliegenheit

Die oberlandesgerichtlichen Unterhaltsleitlinien sehen folgende Regelungen vor: 193

Leitlinien der Oberlandesgerichte (Stand 1.1.2019)	
OLG Brandenburg (1.1.2019)	**17. Erwerbsobliegenheit** **17.1 Bei Kinderbetreuung** Die Zumutbarkeit von Erwerbstätigkeit neben Betreuung von Kindern nach Vollendung des 3. Lebensjahres (vgl. §§ 1570 I 1, 1615l II 3 BGB) richtet sich nach den Umständen des Einzelfalles. **17.2 Bei Trennungsunterhalt** Inwieweit in der Trennungszeit eine Erwerbsobliegenheit besteht, richtet sich nach den Umständen des Einzelfalles.
OLG Braunschweig (1.1.2019)	**17. Erwerbsobliegenheit** Beim nachehelichen Unterhalt besteht nur dann keine Verpflichtung zu einer eigenen Erwerbstätigkeit, wenn der geschiedene Ehegatte insbesondere durch Kindesbetreuung, Krankheit oder Alter an der Aufnahme einer Erwerbstätigkeit gehindert ist (§§ 1570–1576 BGB). **17.1 Bei Kinderbetreuung** Bei Betreuung eines Kindes kann bis zur Vollendung des 3. Lebensjahres eine Erwerbstätigkeit nicht erwartet werden; in der Zeit danach richtet sich die Erwerbsobliegenheit des Ehegatten, der minderjährige Kinder betreut, nach den Umständen des Einzelfalles (Zahl und Alter der Kinder, Betreuungsbedürftigkeit, zumutbare Betreuungsmöglichkeit, Gestaltung der Ehe). **17.2 Bei Trennungsunterhalt** Im ersten Jahr nach der Trennung besteht für den Berechtigten in der Regel keine Obliegenheit zur Aufnahme oder Ausweitung einer Erwerbstätigkeit.
OLG Bremen (1.1.2019)	**17. Erwerbsobliegenheit** Bei nachehelichem Unterhalt besteht dann keine Verpflichtung zu einer Erwerbstätigkeit, wenn und soweit der geschiedene Ehegatte durch Kindesbetreuung, Krankheit oder Alter an der Aufnahme einer Erwerbstätigkeit gehindert ist. **17.1 Für den Fall der Kindesbetreuung gilt:** Hat das – ggf. jüngste – betreute Kind das 3. Lebensjahr noch nicht vollendet, besteht keine Erwerbsobliegenheit (zeitlich begrenzter Basisunterhalt). Ab Vollendung des 3. Lebensjahres des – ggf. jüngsten – betreuten Kindes besteht grundsätzlich eine Erwerbsobliegenheit. Ob und in welchem Umfang eine Erwerbstätigkeit erwartet werden kann, ist jedoch unter Berücksichtigung aller Umstände des Einzelfalls, insbesondere der bisher ausgeübten Tätigkeit und der Möglichkeiten der Kinderbetreuung, zu beurteilen. **17.2 Bei Trennungsunterhalt** Im ersten Jahr nach der Trennung besteht für den Berechtigten in der Regel keine Obliegenheit zur Aufnahme oder Ausweitung einer Tätigkeit.

OLG Celle (1.1.2019)	**17. Erwerbsobliegenheit** **17.1 Bei Kinderbetreuung** Bei Kindesbetreuung besteht bis zur Vollendung des dritten Lebensjahres eines gemeinschaftlichen Kindes keine Erwerbsobliegenheit. Gleichwohl erzieltes Erwerbseinkommen ist überobligatorisch und nach den Umständen des Einzelfalls zu berücksichtigen (BGH FamRZ 2009, 770 = R 704; 2009, 1124; 2009, 1391 = R 706). Nach Vollendung des dritten Lebensjahres des Kindes kommt es bei Beurteilung der Frage, ob und inwieweit der betreuende Ehegatte bei einer bestehenden Betreuungsmöglichkeit auf eine Erwerbstätigkeit verwiesen werden kann, auf die Verhältnisse des Einzelfalls an. Bei besonderer Betreuungsbedürftigkeit des Kindes und bei nicht oder nur unzureichender Fremdbetreuung (kindbezogene Gründe, § 1570 I 2 BGB) kommt ein Unterhaltsanspruch auch nach Vollendung des dritten Lebensjahres des Kindes in Betracht. Eine Erwerbstätigkeit des betreuenden Ehegatten kann auch aus Gründen der nachehelichen Solidarität ganz oder teilweise unbillig erscheinen. Hierbei sind das in der Ehe gewachsene Vertrauen in die vereinbarte und praktizierte Rollenverteilung und die gemeinsame Ausgestaltung der Kinderbetreuung sowie der Dauer der Ehe zu berücksichtigen (elternbezogene Gründe, § 1570 II BGB). Die Erwerbsobliegenheit beurteilt sich auch danach, ob eine Erwerbstätigkeit neben der Betreuung des Kindes zu einer überobligationsmäßigen Belastung führen würde. Die Darlegungs- und Beweislast für die Umstände, die einer vollen oder teilweisen Erwerbsobliegenheit ab Vollendung des dritten Lebensjahres des Kindes entgegenstehen, trifft den betreuenden Ehegatten. Dies gilt auch, wenn ein Titel über den Basisunterhalt nach § 1570 I 1 BGB abgeändert werden soll. **17.2 Bei Trennungsunterhalt** In der Regel besteht für den Berechtigten im ersten Jahr nach der Trennung keine Obliegenheit zur Aufnahme oder Ausweitung einer Erwerbstätigkeit.
OLG Dresden (1.1.2018)	**17. Erwerbsobliegenheit** **17.1 Bei Kinderbetreuung** Bei Betreuung eines Kindes kann bis zur Vollendung des 3. Lebensjahres eine Erwerbstätigkeit nicht erwartet werden. Danach besteht eine Erwerbsobliegenheit nach Maßgabe der Betreuungsbedürftigkeit und der zumutbaren Betreuungsmöglichkeit. Zu berücksichtigen ist dabei auch die Belastung durch die neben der Erwerbstätigkeit verbleibende Kinderbetreuung, für die das Alter und die Anzahl der Kinder von wesentlicher Bedeutung sind. **17.2 Bei Trennungsunterhalt** In der Regel besteht für den Berechtigten im ersten Jahr nach der Trennung keine Obliegenheit zur Aufnahme oder Ausweitung einer Erwerbstätigkeit.
OLG Düsseldorf (1.8.2015)	**17. Erwerbsobliegenheit** **17.1 Bei Kinderbetreuung** Bei Kindesbetreuung besteht bis zur Vollendung des dritten Lebensjahres eines gemeinschaftlichen Kindes keine Erwerbsobliegenheit. Gleichwohl erzieltes Erwerbseinkommen ist

überobligatorisch und nach den Umständen des Einzelfalls zu berücksichtigen.

Nach Vollendung des dritten Lebensjahres des Kindes kommt es bei Beurteilung der Frage, ob und inwieweit der betreuende Ehegatte bei einer bestehenden Betreuungsmöglichkeit auf eine Erwerbstätigkeit verwiesen werden kann, auf die Verhältnisse des Einzelfalls an. Bei besonderer Betreuungsbedürftigkeit des Kindes und bei nicht oder nur unzureichender Fremdbetreuung (kindbezogene Gründe, § 1570 I 2 BGB) kommt ein Unterhaltsanspruch auch nach Vollendung des dritten Lebensjahres des Kindes in Betracht. Zur Vermeidung eines abrupten Wechsels ist ein stufenweiser Übergang bis zu einer vollschichtigen Erwerbstätigkeit möglich.

Eine Erwerbstätigkeit des betreuenden Ehegatten kann auch aus Gründen der nachehelichen Solidarität ganz oder teilweise unbillig erscheinen. Hierbei sind das in der Ehe gewachsene Vertrauen in die vereinbarte und praktizierte Rollenverteilung und die gemeinsame Ausgestaltung der Kinderbetreuung sowie der Dauer der Ehe zu berücksichtigen (elternbezogene Gründe, § 1570 II BGB).

Die Erwerbsobliegenheit beurteilt sich auch danach, ob eine Erwerbstätigkeit neben der Betreuung des Kindes zu einer überobligationsmäßigen Belastung führen würde. Eine tatsächlich ausgeübte Tätigkeit kann überobligatorisch sein.

Umstände, die einer vollen oder teilweisen Erwerbsobliegenheit ab Vollendung des dritten Lebensjahres des Kindes entgegenstehen, hat der betreuende Elternteil darzulegen und zu beweisen. Dies gilt auch, wenn ein Titel über den Basisunterhalt nach § 1570 I 1 BGB abgeändert werden soll.

Der Betreuungsunterhalt nach § 1570 BGB ist nicht nach § 1578b BGB zu begrenzen. Ein nicht auf § 1570 BGB beruhender Unterhaltsanteil (Aufstockungsunterhalt) kann nach § 1578b BGB entsprechend Nr. 15.7 begrenzt werden.

17.2 Bei Trennungsunterhalt

Beim Trennungsunterhalt besteht für den Berechtigten im ersten Jahr nach der Trennung in der Regel keine Obliegenheit zur Aufnahme oder Ausweitung einer Erwerbstätigkeit.

OLG Frankfurt a. M. (1.1.2019)	**17. Erwerbsobliegenheit** **17.1 Bei Kinderbetreuung** Die nach Vollendung des 3. Lebensjahres des Kindes grundsätzlich einsetzende Erwerbsobliegenheit des betreuenden Elternteils ist hinsichtlich Art und Umfang an den Belangen des Kindes auszurichten. Stehen solche Belange einer Fremdbetreuung generell entgegen oder besteht eine kindgerechte Betreuungsmöglichkeit nicht, hat das Prinzip der Eigenverantwortung des betreuenden Elternteils für seinen Unterhalt zurückzustehen. Dieser Maßstab bestimmt auch die Verpflichtung zur Aufnahme einer Teilzeit- oder Vollzeittätigkeit. Vgl. hierzu die Gesetzesbegründung, FamRZ 2007, 1947, 2. Spalte: „… Die Neuregelung verlangt (also) keineswegs einen abrupten, übergangslosen Wechsel von der elterlichen Betreuung zu Vollzeiterwerbstätigkeit. Im Interesse des Kindeswohls wird vielmehr auch künftig ein gestufter, an den Kriterien von

§ 1570 Abs. 1 BGB-Entwurf orientierter Übergang möglich sein." Folgende Kriterien sind insbesondere zu prüfen:
Kindbezogene Gründe:
1. Generelle Betreuungsbedürftigkeit aufgrund des Alters
2. Fehlende kindgerechte Betreuungsmöglichkeiten, wobei die staatlichen Betreuungsmöglichkeiten nach der Rechtsprechung des BGH als kindgerecht anzusehen sind.
3. Krankheiten, die durch die Betreuung in einer Einrichtung nicht aufgefangen werden können und damit die Betreuung durch einen Elternteil erfordern.
Elternbezogene Gründe:
1. Vertrauen in die vereinbarte oder praktizierte Rollenverteilung und Ausgestaltung der Kinderbetreuung. Zu berücksichtigen ist dabei auch die Aufgabe einer Erwerbstätigkeit wegen Kindererziehung und die Dauer der Ehe.
2. Umfang der Betreuungsbedürftigkeit des Kindes im Anschluss an die Betreuung in einer Betreuungseinrichtung, wobei der Betreuungsbedarf in der Regel bei jüngeren Kindern größer ist als bei älteren Kindern.
Darlegungs- und beweispflichtig für diese Umstände ist der Unterhaltsbedürftige. Bei entsprechend konkretem Vortrag dürfte eine vollschichtige Erwerbsobliegenheit neben der Betreuung eines Kindes bis zum Ende der Grundschulzeit eher selten in Betracht kommen.
An die für eine Verlängerung des Betreuungsunterhalts, insbesondere aus kindbezogenen Gründen, erforderlichen Darlegungen sind keine überzogenen Anforderungen zu stellen (BGH FamRZ 2012, 1040).
Eine überobligationsmäßige Belastung des betreuenden Elternteils (Berufstätigkeit, Kinderbetreuung, Haushaltsführung) ist zu vermeiden.
Bei Inanspruchnahme von privater Betreuung, zB durch Angehörige, kann es sich um eine freiwillige Leistung Dritter handeln, die den Unterhaltspflichtigen nicht entlasten soll. Die Kinderbetreuung während des Umgangs durch den Unterhaltspflichtigen kann allenfalls dann, wenn der Umgang geregelt ist oder unproblematisch funktioniert, zu einer Erwerbsobliegenheit des Unterhaltsberechtigten in den feststehenden Zeiten führen. Die Änderung einer bestehenden Umgangsregelung zum Zweck der Ausweitung der Erwerbstätigkeit des betreuenden Unterhaltsberechtigten kann in der Regel nicht verlangt werden.
Der Betreuungsunterhalt ist nicht zu befristen.

17.2 Bei Trennungsunterhalt
In der Regel besteht für den Berechtigten im ersten Jahr nach der Trennung keine Obliegenheit zur Aufnahme oder Ausweitung einer Erwerbstätigkeit.
Für den Trennungsunterhalt gelten zunächst großzügigere Anforderungen hinsichtlich einer Erwerbsobliegenheit als sie in § 1574 BGB für den nachehelichen Unterhalt bestimmt sind. Die bestehenden Verhältnisse sollen geschützt werden, damit die Wiederherstellung der ehelichen Lebensgemeinschaft nicht erschwert wird. Mit zunehmender Verfestigung der Trennung wird allerdings eine allmähliche Annäherung der unterschiedlichen Maßstäbe der Erwerbsobliegenheit bewirkt (BGH FamRZ 2012, 1201, Rn. 18).

OLG Hamburg (1.1.2019)	**17. Erwerbsobliegenheit** **17.1 Bei Kinderbetreuung** Bei Kindesbetreuung besteht bis zur Vollendung des dritten Lebensjahres eines gemeinschaftlichen Kindes keine Erwerbsobliegenheit. Gleichwohl erzieltes Erwerbseinkommen ist überobligatorisch und nach den Umständen des Einzelfalls zu berücksichtigen. Nach Vollendung des dritten Lebensjahres des Kindes kommt es bei Beurteilung der Frage, ob und inwieweit der betreuende Ehegatte bei einer bestehenden Betreuungsmöglichkeit auf eine Erwerbstätigkeit verwiesen werden kann, auf die Verhältnisse des Einzelfalls an. Bei besonderer Betreuungsbedürftigkeit des Kindes und bei nicht vorhandener oder nur unzureichender Fremdbetreuung (kindbezogene Gründe, § 1570 I 2 BGB) kommt ein Unterhaltsanspruch auch nach Vollendung des dritten Lebensjahres des Kindes in Betracht. Eine Erwerbstätigkeit kann aus Gründen der nachehelichen Solidarität ganz oder teilweise unbillig erscheinen. Hierbei sind das in der Ehe gewachsene Vertrauen in die vereinbarte und praktizierte Rollenverteilung und die gemeinsame Ausgestaltung der Kinderbetreuung sowie die Dauer der Ehe zu berücksichtigen (elternbezogene Gründe, § 1570 II BGB). Die Erwerbsobliegenheit beurteilt sich auch danach, ob eine Erwerbstätigkeit neben der Betreuung des Kindes zu einer unzumutbaren Belastung führen würde. Die Darlegungs- und Beweislast für die Umstände, die einer vollen oder teilweisen Erwerbsobliegenheit ab Vollendung des dritten Lebensjahres des Kindes entgegenstehen, trifft den betreuenden Ehegatten. Dies gilt auch, wenn ein Titel über den Basisunterhalt nach § 1570 I 1 BGB abgeändert werden soll. Der Anspruch auf Betreuungsunterhalt richtet sich beim nichtehelichen Kind nach denselben Grundsätzen wie beim ehelichen Kind. **17.2 Bei Trennungsunterhalt** In der Regel besteht für den Berechtigten im ersten Jahr nach der Trennung keine Obliegenheit zur Aufnahme oder Ausweitung einer Erwerbstätigkeit.
OLG Hamm (1.1.2019)	**17. Erwerbsobliegenheit/Betreuungsunterhalt/überobligatorisches Einkommen** **17.1.1 Bei Kinderbetreuung** (1) Die **Erwerbsobliegenheit** des kinderbetreuenden Ehegatten korrespondiert mit dem **Betreuungsunterhalt** nach § 1570 BGB. (2) Betreut ein Ehegatte ein gemeinschaftliches Kind, das noch nicht drei Jahre alt ist, so besteht keine Verpflichtung, einer Erwerbstätigkeit nachzugehen. Der Umfang der danach regelmäßig einsetzenden Erwerbsobliegenheit – eine sogleich vollschichtige Erwerbsobliegenheit wird vielfach nicht in Betracht kommen, da ein abrupter Wechsel vermieden und ein stufenweiser Übergang erfolgen soll – richtet sich nach Billigkeitsgesichtspunkten im Einzelfall, besonders nach den bestehenden Möglichkeiten der Kinderbetreuung, den Belangen des Kindes (etwa Fremdbetreuungsfähigkeit, physischer und psychischer Gesundheitszustand) und der erfolgten bzw. geplanten Rollenverteilung der Eltern in der Ehe sowie der Dauer ihrer Ehe. Zu berücksichtigen ist auch der Umfang der Belastung durch

	die neben der Erwerbstätigkeit verbleibende Kindesbetreuung (Gesichtspunkt der gerechten Lastenverteilung). (3) Derjenige Elternteil, der das Bestehen einer Erwerbsobliegenheit in Abrede stellt, hat die hierfür maßgebenden Umstände konkret und einzelfallbezogen darzulegen und zu beweisen. Dies gilt auch, wenn ein – grundsätzlich nicht zu befristender – Titel über Betreuungsunterhalt nach § 1570 BGB abgeändert werden soll. **17.1.2** Zur Berücksichtigung von Kinderbetreuungskosten siehe Nr. 10.3. **17.2 Bei Trennungsunterhalt** Im ersten Jahr nach der Trennung besteht für den Berechtigten in der Regel keine Obliegenheit zur Aufnahme oder Ausweitung einer Erwerbstätigkeit. **17.3** Einkünfte aus einer – auch erst nach Trennung/Scheidung aufgenommenen – **überobligatorischen Erwerbstätigkeit** sind nur mit ihrem unterhaltsrelevanten Anteil in die Differenz- bzw. Additionsberechnung einzustellen. Dieser nach den §§ 1577 II, 242 BGB zu bemessende Anteil ergibt sich, indem das Einkommen zunächst um den mit der überobligatorischen Erwerbstätigkeit verbundenen Aufwand (zB konkrete Kinderbetreuungskosten, die nicht Mehrbedarf des Kindes sind, vgl. Nr. 10.3) vermindert und sodann ein individuell nach Billigkeitsgesichtspunkten festzusetzender Einkommensteil von den Gesamteinkünften des Berechtigten in Abzug gebracht wird. Der Abzugsbetrag – der nicht unterhaltsrelevante Anteil der Einkünfte des Berechtigten – bleibt bei der Unterhaltsberechnung unberücksichtigt (siehe auch Nr. 7).
OLG Jena (1.1.2018)	**17. Erwerbsobliegenheit** (Keine Regelungen in den Leitlinien.)
Kammergericht Berlin (1.1.2018)	**17. Erwerbsobliegenheit** **17.1 Bei Kinderbetreuung** Betreut ein Ehegatte ein minderjähriges Kind, so kann von ihm bis zur Vollendung des dritten Lebensjahres des Kindes eine Erwerbstätigkeit nicht erwartet werden. Inwieweit den betreuenden Elternteil ab der Vollendung des dritten Lebensjahrs des Kindes eine Erwerbsobliegenheit trifft, bestimmt sich nach den Umständen des Einzelfalles. Hierbei können beispielsweise eine Rolle spielen: Kindbezogene Gründe: Anzahl und Alter des bzw. der zu betreuenden Kinder; individuelle Besonderheiten oder Veranlagungen des Kindes; konkrete örtliche Betreuungssituation: Kapazität, Verfügbarkeit, Qualität und Verlässlichkeit der Betreuungseinrichtung, Zumutbarkeit der Betreuungseinrichtung für das Kind; bislang praktiziertes Betreuungsmodell; Gewährung angemessener, mit dem Kindeswohl im Einklang stehender Übergangsfristen bzw. abgestufter Übergänge bei Veränderungen in der Betreuungssituation. Elternbezogene Gründe: bislang praktizierte Rollen- und Aufgabenverteilung in Bezug auf die Kinderbetreuung unter Berücksichtigung auch der Dauer der Ehe bzw. Partnerschaft der Eltern;

	einvernehmlich getroffene Absprachen und gemeinsame Vorstellungen hinsichtlich der Kinderbetreuung unter Berücksichtigung der infolge der Trennung notwendig gewordenen Veränderungen; Vermeidung überobligatorischer Belastungen durch eine Erwerbstätigkeit neben der Kinderbetreuung; finanzielle Zumutbarkeit der Betreuungseinrichtung; Gewährung angemessener Übergangsphasen bei einem Wechsel des Betreuungsmodells unter Berücksichtigung des Vertrauens in dessen Fortbestand. Die Darlegungs- und Beweislast für die Umstände, die einer vollen oder teilweisen Erwerbsobliegenheit ab Vollendung des dritten Lebensjahres des Kindes entgegenstehen, trifft den betreuenden Ehegatten. Dies gilt auch, wenn ein Titel über den Basisunterhalt nach § 1570 I 1 BGB abgeändert werden soll. Der Betreuungsunterhalt nach § 1570 BGB ist nicht nach § 1578b BGB zu befristen. **17.2 Bei Trennungsunterhalt** Inwieweit in der Trennungszeit eine Erwerbsobliegenheit besteht, richtet sich nach allen Umständen des Einzelfalles.
OLG Koblenz (1.1.2019)	**17. Erwerbsobliegenheit** **17.1 Bei Kinderbetreuung** Bei Kindesbetreuung besteht bis zur Vollendung des dritten Lebensjahres eines gemeinschaftlichen Kindes keine Erwerbsobliegenheit. Gleichwohl erzieltes Erwerbseinkommen ist überobligatorisch und nach den Umständen des Einzelfalls zu berücksichtigen (BGH FamRZ 2009, 770 = R 704; FamRZ 2009, 1124; FamRZ 2009, 1391 = R 706). Nach Vollendung des dritten Lebensjahres des Kindes kommt es bei Beurteilung der Frage, ob und inwieweit der betreuende Ehegatte bei einer bestehenden Betreuungsmöglichkeit auf eine Erwerbstätigkeit verwiesen werden kann, auf die Verhältnisse des Einzelfalls an. Bei besonderer Betreuungsbedürftigkeit des Kindes und bei nicht oder nur unzureichender Fremdbetreuung (kindbezogene Gründe, § 1570 I 2 BGB) kommt ein Unterhaltsanspruch auch nach Vollendung des dritten Lebensjahres des Kindes in Betracht. Eine Erwerbstätigkeit des betreuenden Ehegatten kann auch aus Gründen der nachehelichen Solidarität ganz oder teilweise unbillig erscheinen. Hierbei sind das in der Ehe gewachsene Vertrauen in die vereinbarte und praktizierte Rollenverteilung und die gemeinsame Ausgestaltung der Kinderbetreuung sowie der Dauer der Ehe zu berücksichtigen (elternbezogene Gründe, § 1570 II BGB). Die Erwerbsobliegenheit beurteilt sich auch danach, ob eine Erwerbstätigkeit neben der Betreuung des Kindes zu einer überobligationsmäßigen Belastung führen würde. Die Darlegungs- und Beweislast für die Umstände, die einer vollen oder teilweisen Erwerbsobliegenheit ab Vollendung des dritten Lebensjahres des Kindes entgegenstehen, trifft den betreuenden Ehegatten. Dies gilt auch, wenn ein Titel über den Basisunterhalt nach § 1570 I 1 BGB abgeändert werden soll. Der Betreuungsunterhalt nach § 1570 BGB ist nicht nach § 1578b BGB zu befristen.

	17.2 Bei Trennungsunterhalt In der Regel besteht spätestens ein Jahr nach der Trennung eine Obliegenheit zur Aufnahme oder Ausweitung einer Erwerbstätigkeit. Dabei sind die unter 17.1 genannten Grundsätze anzuwenden.
OLG Köln (1.1.2019)	**17. Erwerbsobliegenheit** **17.1 Bei Kinderbetreuung** Es besteht bei der Betreuung von Kindern nach Vollendung des dritten Lebensjahres die Obliegenheit, für den eigenen Unterhalt zu sorgen, solange keine kind- oder elternbezogenen Gründe im Sinne des § 1570 BGB diese Erwerbsobliegenheit einschränken (BGH, Urt. v. 18.3.2009 – XII ZR 74/08 –, FamRZ 2009, 770 = R 704; BGH, Urt. v. 17.6.2009 – XII ZR 102/08 –, FamRZ 2009, 1391 = R 706 und BGH, Urt. v. 21.4.2010 – XII ZR 134/08 –, FamRZ 2010, 1050). Im Rahmen der Billigkeitsentscheidung über eine Verlängerung des Betreuungsunterhalts aus kindbezogenen Gründen (§ 1570 I 2 und 3 BGB) ist stets zunächst der individuelle Umstand zu prüfen, ob und in welchem Umfang die Kindesbetreuung auf andere Weise gesichert ist oder in kindgerechten Betreuungseinrichtungen gesichert werden könnte. Mit der Neugestaltung des nachehelichen Betreuungsunterhalts in § 1570 BGB hat der Gesetzgeber für Kinder ab Vollendung des dritten Lebensjahres des Kindes den Vorrang der persönlichen Betreuung aufgegeben (BGH, Urt. v. 18.3.2009 – XII ZR 74/08 –, FamRZ 2009, 770 = R 704; BGH, Urt. v. 17.6.2009 – XII ZR 102/08 –, FamRZ 2009, 1391 = R 706 und BGH, Urt. v. 21.4.2010 – XII ZR 134/08 –, FamRZ 2010, 1050 und v. 8.4.2012 – XII ZR 65/10, FamRZ 2012, 1040). Eine Erwerbstätigkeit kann auch aus Gründen der nachehelichen Solidarität unbillig erscheinen. Das in der Ehe gewachsene Vertrauen in die vereinbarte und praktizierte Rollenverteilung und die gemeinsame Ausgestaltung der Kinderbetreuung gewinnen bei längerer Ehedauer oder Aufgabe der Erwerbstätigkeit zur Erziehung gemeinsamer Kinder weiter an Bedeutung (ehebezogene Gründe, § 1570 II BGB, vgl. BGH, Urt. v. 15.9.2010 – XII ZR 20/09, FamRZ 2010, 1880 = R 716). Zur Beurteilung einer überobligationsmäßigen Belastung im Rahmen der Verlängerung des Betreuungsunterhalts ist auch der Aspekt einer gerechten Lastenverteilung zwischen unterhaltsberechtigtem und unterhaltspflichtigem Elternteil zu berücksichtigen (BGH, Urt. v. 18.3.2009 – XII ZR 74/08, FamRZ 2009, 770; v. 16.7.2008 – XII ZR 109/05, FamRZ 2008, 1739, v. 21. April 2010 – XII ZR 134/08, FamRZ 2010, 1050 und v. 8.4.2012 – XII ZR 65/10, FamRZ 2012, 1040). Die Darlegungs- und Beweislast für die Umstände, die einer vollen oder teilweisen Erwerbsobliegenheit entgegenstehen, trifft den betreuenden Elternteil. Dies gilt auch, wenn ein Titel über den Basisunterhalt nach § 1570 I 1 BGB abgeändert werden soll. An die für eine Verlängerung des Betreuungsunterhalts insbesondere aus kindbezogenen Gründen erforderlichen Darlegungen sind keine überzogenen Anforderungen zu stellen (BGH, Urt. v. 15.6.2011 – XII ZR 94/09, FamRZ

	2011, 1375, Urt. v. 8.4.2012 – XII ZR 65/10, FamRZ 2012, 1040). Der Titel über den zeitlichen Basisunterhalt nach § 1570 I 1 BGB ist grundsätzlich nicht zu befristen. Eine Befristung des Titels über Betreuungsunterhalt im Übrigen kommt nicht in Betracht, eine Begrenzung vom eheangemessenen auf den angemessenen Unterhalt nach der eigenen Lebensstellung kann unter Berücksichtigung des Kindeswohls aus Gründen der Billigkeit erfolgen (BGH, Urt. v. 6.5.2009 – XII ZR 114/08 –, FamRZ 2009, 1124). **17.2 Bei Trennungsunterhalt** In der Regel besteht für den Berechtigten im ersten Jahr nach der Trennung keine Obliegenheit zur Aufnahme oder Ausweitung einer Erwerbstätigkeit.
OLG Naumburg (1.1.2018)	**17. Erwerbsobliegenheit** **17.1 Bei Kinderbetreuung** Die Erwerbsobliegenheit des Ehegatten, der minderjährige Kinder betreut, richtet sich nach den Umständen des Einzelfalles. Dabei ist insbesondere auf die Zahl der Kinder und deren Alter, auf etwaige Schulprobleme und andere Betreuungsmöglichkeiten abzustellen (vgl. § 1570 BGB). Geht der unterhaltsberechtigte Ehegatte über das an sich zumutbare Maß hinaus einer Erwerbstätigkeit nach, so richtet sich die Anrechenbarkeit seines dadurch erzielten Einkommens auf den Unterhaltsanspruch nach § 1577 II BGB. **17.2 Bei Trennungsunterhalt** In der Regel besteht für den Berechtigten im ersten Jahr nach der Trennung keine Obliegenheit zur Aufnahme oder Ausweitung einer Erwerbstätigkeit.
OLG Oldenburg (1.1.2019)	**17. Erwerbsobliegenheit** Bei nachehelichem Unterhalt besteht nur dann keine Verpflichtung zu einer eigenen Erwerbstätigkeit, wenn und soweit der geschiedene Ehegatte wegen Kindesbetreuung, Krankheit oder Alter an der Aufnahme einer Erwerbstätigkeit gehindert ist. **17.1 Bei Kinderbetreuung** Vor Vollendung des 3. Lebensjahres eines Kindes besteht keine Obliegenheit, eine Erwerbstätigkeit aufzunehmen oder auszuweiten. Ob und in welchem Umfang anschließend die Aufnahme oder Ausweitung einer Erwerbstätigkeit neben der Betreuung minderjähriger Kinder zumutbar ist, ist unter Berücksichtigung aller Umstände des Einzelfalles, insbesondere der bisher ausgeübten Tätigkeit und den Möglichkeiten der Kinderbetreuung, zu beurteilen. **17.2 Bei Trennungsunterhalt** Bei Getrenntlebensunterhalt besteht in der Regel nach Ablauf des ersten Trennungsjahres die Obliegenheit, den eigenen Unterhalt durch Aufnahme oder Ausweitung einer Erwerbstätigkeit zu sichern. Ziff. 17.1 ist zu beachten.
OLG Rostock (1.1.2019)	**17. Erwerbsobliegenheit** **17.1 Bei Kinderbetreuung** Bei Betreuung eines gemeinschaftlichen Kindes kann bis zur Vollendung des 3. Lebensjahres eine Erwerbstätigkeit nicht erwartet werden. Danach besteht eine Erwerbsobliegenheit

	nach Maßgabe der Betreuungsbedürftigkeit und der zumutbaren Betreuungsmöglichkeit. Soweit mehrere Kinder zu betreuen sind, ist auf die Umstände des Einzelfalls abzustellen. Geht der unterhaltsberechtigte Ehegatte über das an sich zumutbare Maß hinaus einer Erwerbstätigkeit nach, so richtet sich die Anrechenbarkeit seines dadurch erzielten Einkommens auf den Unterhaltsanspruch nach § 1577 II BGB. **17.2 Bei Trennungsunterhalt** In der Regel besteht für den Berechtigten im ersten Jahr nach der Trennung keine Obliegenheit zur Aufnahme oder Ausweitung einer Erwerbstätigkeit.
OLG Schleswig-Holstein (1.1.2019)	**17. Erwerbsobliegenheit** **17.1 Bei Kinderbetreuung** Die nach Vollendung des dritten Lebensjahres des Kindes grundsätzlich einsetzende Erwerbsobliegenheit des betreuenden Elternteils ist hinsichtlich Art und Umfang an den Belangen des Kindes auszurichten. Die Billigkeitsprüfung nach § 1570 I 2, II BGB ist zumindest anhand folgender Kriterien vorzunehmen: Kindbezogene Gründe: 1. Betreuungsbedürftigkeit aufgrund der individuellen Entwicklung des Kindes 2. Fehlende kindgerechte Betreuungsmöglichkeiten 3. Krankheiten, die durch die Betreuung in einer Einrichtung nicht aufgefangen werden können und damit die Betreuung durch einen Elternteil erfordern. Elternbezogene Gründe: 1. Vertrauen in die vereinbarte oder praktizierte Rollenverteilung und Ausgestaltung der Kinderbetreuung. Zu berücksichtigen ist dabei auch die Aufgabe einer Erwerbstätigkeit wegen Kindererziehung und die Dauer der Ehe. 2. Umfang der Betreuungsbedürftigkeit des Kindes im Anschluss an die Betreuung in einer Betreuungseinrichtung. Eine überobligationsmäßige Belastung des betreuenden Elternteils durch Berufstätigkeit, Kinderbetreuung und Haushaltsführung ist zu vermeiden. **17.2 Bei Trennungsunterhalt** In der Regel besteht für den Berechtigten im ersten Jahr nach der Trennung keine Obliegenheit zur Aufnahme oder Ausweitung einer Erwerbstätigkeit.
Süddeutsche Leitlinien (1.1.2019)	**17. Erwerbsobliegenheit** **17.1 Bei Kinderbetreuung** Bei der Betreuung eines Kindes besteht keine Erwerbsobliegenheit vor Vollendung des 3. Lebensjahrs, danach nach den Umständen des Einzelfalls insbesondere unter Berücksichtigung zumutbarer Betreuungsmöglichkeiten für das Kind und der Vereinbarkeit mit der Berufstätigkeit des betreuenden Elternteils, auch unter dem Aspekt des neben der Erwerbstätigkeit anfallenden Betreuungsaufwands. **17.2 Bei Trennungsunterhalt** In der Regel besteht für den Berechtigten im ersten Jahr nach der Trennung keine Obliegenheit zur Aufnahme oder Ausweitung einer Erwerbstätigkeit.

3. Abschnitt: Anspruchstatbestände des nachehelichen Unterhalts § 4

10. Rechtsprechung zum Umfang der Erwerbsobliegenheit

Die Dauer der Verlängerung des Betreuungsunterhaltsanspruchs über die Zeit von 3 Jahren hinaus hängt – wie dargelegt – von den Umständen des Einzelfalles ab. Die nachfolgend aufgeführten Fallgruppen aus der Rechtsprechung können daher nur Anhaltspunkte für eine Einordnung eines konkreten Falles bieten (zum Betreuungsunterhalt nach § 1615l II BGB vgl. § 7 → Rn. 69 ff.): 194

Keine Obliegenheit zu einer Erwerbstätigkeit 195
- Keine Obliegenheit zu einer Erwerbstätigkeit bei einem volljährigen Kind, das schwer behindert ist und ständiger Pflege bedarf, wenn die Eltern übereinstimmend der Auffassung sind, dass eine persönliche Betreuung des gemeinsamen Kindes erforderlich ist.[344]
- Bei Zwillingen im Alter von 4$^{1}/_{2}$ Jahren, die in der Zeit von 8:00 Uhr bis 14:30 Uhr den Kindergarten besuchen, besteht noch keine Erwerbsobliegenheit der betreuenden Mutter, wenn die Kinder regelmäßig morgen mehrfach wöchentlich Termine für eine Psychotherapie, Logopädie und Krankengymnastik absolvieren müssen, um ihre Entwicklungsdefizite in Sprache und Motorik und in ihrer sozial-emotionalen Entwicklung aufzuholen und die nach der Trennung der Eltern aufgetretenen extremen Verhaltensauffälligkeiten (Einkoten und Einnässen) zu beheben.[345]

Erwerbstätigkeit in geringem Umfang: 196
- Die Betreuung von Zwillingen muss nicht stets zu einer unbeschränkten Verlängerung des Anspruchs führen, wenn während einer Teilzeitbeschäftigung die Hortbetreuung der Kinder sichergestellt ist und die Mutter durch den Mehraufwand für Betreuung und Versorgung in der übrigen Zeit nicht so beansprucht ist, dass ihr eine Erwerbstätigkeit nicht zugemutet werden kann.[346]
- Eine Studentin, die ein 4 Jahre und 8 Monate altes Kind betreut, das wochentags von 8.30 bis 16:00 Uhr eine Kindertagesstätte besucht, muss neben dem Studium und der Kinderbetreuung nur einen Mini-Job (Geringverdienertätigkeit) ausüben.[347]
- Wenn besondere kindbezogene Gründe vorliegen, kann die Ausübung einer geringfügigen Beschäftigung (400 EUR) auch bei Kindern im Alter von rund 16, 14 und 10 Jahren ausreichen.[348]
- Einer gelernten Bäckereiverkäuferin und Mutter eines 5-jährigen Kindes, das an einer Entwicklungsstörung verbunden mit Intelligenzminderung, Sprachentwicklungsverzögerung und leicht autistischen Zügen leidet und deswegen an mindestens 4 Tagen in der Woche regelmäßig von 8:15 bis 12:00 Uhr bzw. 14:45 Uhr einen heilpädagogischen Kindergarten besucht, ist eine Aushilfstätigkeit mit einer Vergütung von 300 EUR monatlich netto zuzumuten.[349]

Erwerbstätigkeit im Umfang einer $^{1}/_{2}$ (50%)-Stelle 197
- Eine halbschichtige Erwerbstätigkeit ist bei einem 6-jährigen Schulkind, das bis 13:00 Uhr in der Schule betreut werden kann, zumutbar.[350]
- Vor dem Hintergrund von beruflich bedingten Fahrzeiten einer Krankenschwester von 1$^{1}/_{2}$ Stunden, von Schichtdienst und zumindest eingeschränkter Stabilität (Immunschwäche, die immer wieder zu Atemweginfekten führte und einen erhöhten Betreuungsbedarf bedingte) des 6-jährigen Kindes hat das OLG Düsseldorf eine mehr als halbschichtige Erwerbstätigkeit nicht erwartet.[351]
- Das OLG Düsseldorf[352] hat die Ausübung einer Teilzeitbeschäftigung mit 20 Wochenstunden für eine Fremdsprachenkorrespondentin, die ihren 10-jährigen Sohn betreut und die während der intakten Ehe nicht erwerbstätig gewesen war, für ausreichend erachtet.

---

[344] BGH FamRZ 2010, 802.
[345] OLG Köln v. 24.9.2009 – 21 UF 65/09, BeckRS 2011, 18178.
[346] OLG Düsseldorf FamRZ 2005, 234 (236) zum früheren Recht.
[347] OLG Nürnberg FamRZ 2010, 577 (zu § 1615l BGB) mit krit. Anm. Wever FF 2010, 214.
[348] KG Berlin FamRZ 2012, 1947.
[349] OLG Hamm FPR 2008, 311.
[350] OLG Düsseldorf ZFE 2008, 273.
[351] OLG Düsseldorf FamRZ 2010, 301.
[352] OLG Düsseldorf FamRZ 2010, 646.

- Bei Kindern im Alter von 3 bis 6 Jahren, die morgens bis mittags einen Kindergarten besuchen, wird in der Regel zumindest eine Halbtagstätigkeit erwartet.[353]
- Eine Halbtagsbeschäftigung ist von dem betreuenden Elternteil zu erwarten, wenn die Kinder 7 und 11 Jahre alt sind und noch die Grundschule besuchen.[354]
- Bei der Betreuung eines 11-jährigen Kindes nach einer Ehe, die über 16 Jahre gedauert hatte und einer krebsbedingten Erwerbsminderung von 60% des betreuenden Elternteils ist $^1/_2$-schichtige Erwerbstätigkeit ausreichend.[355]
- Eine Mutter, die ihre 7 und 9 Jahre alten, schulpflichtigen Kinder betreut, genügt nach OLG Düsseldorf[356] ihrer Erwerbsobliegenheit mit einer Erwerbstätigkeit im Umfang von 25 Stunden pro Woche.
- Gleiches gilt bei Geschwistern im Alter von 11 und 13 Jahren.[357]
- Das OLG Hamm[358] hat eine Flugbegleiterin, die in Monatsteilzeit arbeitete (einen Monat vollschichtig, einem Monat überhaupt nicht) und die 11 und 14 Jahre alten Kinder betreute, für verpflichtet gehalten, nur eine halbschichtige Berufstätigkeit auszuüben.

198 Erwerbstätigkeit im Umfang einer 60%-Stelle
- Eine im Schichtdienst arbeitende Krankenschwester, die ein 3-jähriges Kind betreut, genügt ihrer Erwerbsobliegenheit mit einer 60%-Stelle (24 Stunden).[359]
  Wenn glaubhaft gemacht wird, dass neben einer Teilzeittätigkeit noch erhebliche Betreuungsleistungen für mehrere Kinder zu erbringen sind, weil deren Fremdbetreuung nicht ganztägig gewährleistet ist, und der betreuenden Mutter dadurch eine ungleiche Lastenverteilung droht, kann bei zwei Kindern im Alter von 13 und 8 Jahren eine Erwerbstätigkeit im Umfang von 24 Wochenstunden ausreichen.[360]
- Das OLG Düsseldorf hat eine Erwerbstätigkeit im Umfang von 25 Wochenstunden für die Leiterin eines Geschäftes, die ihren vierjährigen Sohn betreut, als ausreichend erachtet.[361]
  Bei einem 10-jährigen Kind, das die 5. Klasse des Gymnasiums besucht und 10 Jahre alt ist, reicht nach Auffassung des OLG Düsseldorf[362] eine Erwerbstätigkeit mit 25 Wochenstunden (62,5%-Stelle).
- Eine weitergehende Erwerbstätigkeit als 5 Stunden täglich (dh 25 Stunden wöchentlich = 62,5%-Stelle) neben der Betreuung von zwei 7 und 9 Jahre alten Grundschulkindern verlangt das OLG Düsseldorf[363] nicht.
- Bei der Betreuung von Zwillingen im Vorschulalter reicht eine Teilzeittätigkeit im Umfang von 5 Stunden täglich (hier 60,98%).[364]
- Die Ausübung einer Erwerbstätigkeit im Umfang von 25 Stunden ist ausreichend, wenn der unterhaltsberechtigte Ehegatte 2 gemeinsame Kinder im Alter von 13 und 14 Jahren betreut und erzieht und ein Kind unter gesundheitlichen Beschwerden leidet und in der vorhandenen und in Anspruch genommenen Betreuungseinrichtung keine qualifizierte Schulaufgabenbetreuung erfolgt.[365]

199 Erwerbstätigkeit im Umfang einer $^2/_3$ (66,6%)-Stelle
- Die Ausübung einer $^2/_3$ Stelle als Schwimmmeisterhelferin im Schichtdienst reicht bei der Betreuung von 9 und 11 Jahre alten Kindern aus.[366]

---

[353] OLG München FamRZ 2008, 1945; OLG Jena FamRZ 2008, 2203; OLG Düsseldorf FPR 2008, 525.
[354] KG FamRZ 2009, 336.
[355] OLG Celle FF 2009, 81.
[356] FamRZ 2008, 1861.
[357] OLG Bremen v. 3.9.2008 – 4 WF 98/08, BeckRS 2011, 18176.
[358] FamRZ 2009, 2093.
[359] OLG Koblenz NJW 2009, 1974 (zu § 1615l BGB).
[360] OLG Frankfurt FamRB 2013, 384.
[361] OLG Düsseldorf NJW 2014, 948.
[362] FPR 2009, 58.
[363] OLG Düsseldorf FamRZ 2008, 1861.
[364] OLG Koblenz FamRZ 2018, 824.
[365] OLG Hamm FamRZ 2009, 2092.
[366] OLG Köln FamRZ 2009, 518.

3. Abschnitt: Anspruchstatbestände des nachehelichen Unterhalts § 4

- Bei der Betreuung eines 7-jährigen Kindes, das an Glutenunverträglichkeit leidet, reicht die Ausübung einer ²/₃ Stelle aus.[367]
- Neben der Betreuung von zwei 11 Jahre und 14 Jahre alten Schulkindern ist der betreuende Elternteil aus elternbezogenen Gründen nach Auffassung des OLG Celle[368] auch dann noch nicht zur Ausübung einer vollschichtigen Erwerbstätigkeit, sondern nur zu einer Tätigkeit im Umfang von ²/₃ verpflichtet, wenn die Kinder nach der Schule ganztägig in einer geeigneten Tagespflegestelle betreut werden könnten.
Erzieht, betreut und versorgt die Ehefrau nach der Scheidung einer langjährigen Ehe zwei jeweils nach langwierigen Fertilitätsbehandlungen geborene Zwillingspaare von neun und 17 Jahren, hat sie nur eine ²/₃-Erwerbsobliegenheit und Anspruch auf anteiligen Betreuungsunterhalts aus § 1570 I und II BGB.[369]
- Auch bei fortgeschrittenem Alter (hier 16 Jahre) eines autistischen Kindes, das zudem an Neurodermitis, einer Lebensmittelunverträglichkeit, Migräne und Kopfschmerzen leidet, besteht keine Verpflichtung der Kindesmutter zur Vollzeittätigkeit, wenn ein deutlich erhöhter Förderungsbedarf des Kindes besteht.[370]

Erwerbstätigkeit im Umfang einer 70%-Stelle   200

- Die Ausübung einer 70%-Stelle durch eine Studienrätin, die ein 7-jähriges, an Asthma leidendes schulpflichtiges Kind betreut, das sich bis 16:00 Uhr in einem Hort befindet, ist nur dann ausreichend, wenn nachgewiesen wird, dass die Mutter bei vollschichtiger Erwerbstätigkeit über 16:00 Uhr hinaus berufstätig sein muss.[371]

Erwerbstätigkeit im Umfang einer ³/₄ (75%)-Stelle   201

Bei Betreuung eines 5-jährigen Kindes, das in einem Ganztagskindergarten im Nachbarort untergebracht werden kann und für das kein über die altersgemäß erforderliche Zuwendung und Fürsorge hinausgehender besonderer Betreuungsbedarf besteht, genügt der betreuende Elternteil seiner Erwerbspflicht mit der Ausübung einer Tätigkeit im Umfang von 30 Wochenstunden.[372]
- Das OLG Hamm hat die Ausübung einer Erwerbstätigkeit im Umfang von 30 Stunden bei einem 8-jährigen Kind, das unter unterschiedlichen Beschwerden (Neurodermitis, Pollenallergie, Laktoseintoleranz, Lärmempfindlichkeit (Hyperakusis), einem sog. Nachtschreck (pavor nocturnus), einer motorischen Entwicklungsverzögerung und einer Überbeweglichkeit des Skeletts leidet, als ausreichend angesehen.[373]
- Ein eingeschränktes Zeitfenster für Vollzeiterwerbstätigkeit auch bei einer Ganztagsbetreuung in einer Kindertagesstätte erlaubt wegen der Fahrtzeiten nur eine Erwerbstätigkeit im Umfang einer 3/4-Stelle.[374]
- Ein Betreuungsunterhaltsanspruch kann neben der Ausübung einer 30-Wochenstundenstelle dann bestehen, wenn 2 Kinder im Alter von 11 und 15 Jahren zu betreuen sind und das 11-jährige Kind aufgrund einer Lese- und Rechtschreibschwäche sowie einer ausgeprägten Spielneigung einer zusätzlichen Unterstützung durch den betreuenden Elternteil bedarf.[375]
- Eine Erwerbstätigkeit einer Kindesmutter mit ausländischer Staatsangehörigkeit, unzureichenden Deutschkenntnissen und ohne Berufsausbildung im Umfang von 30 Wochenstunden neben der Betreuung eines Kindes, das die 5. Klasse der Hauptschule besucht, ist nach einer Entscheidung des OLG Karlsruhe ausreichend.[376]
- Das OLG München hat die Ausübung einer 30-Wochenstundenstelle durch die Mutter bei einem 10-jährigen Jungen, der nach dem Übertritt in das Gymnasium an AHDS und

---

[367] BGH FamRZ 2009, 1391 = R. 706.
[368] FamRZ 2010, 301.
[369] OLG Hamm FamRZ 2013, 706.
[370] OLG Hamm NJW-RR 2017, 2.
[371] BGH FamRZ 2009, 770 = R. 704 mAnm Borth.
[372] OLG Zweibrücken FamFR 2011, 81.
[373] OLG Hamm NZFam 2016, 984 zu § 1615l BGB.
[374] OLG Hamm FamRZ 2014, 1468; OLG Koblenz BeckRS 2015, 127147.
[375] OLG Celle FamRZ 2010, 300.
[376] OLG Karlsruhe BeckRS 2009, 12090.

einer Störung des Sozialverhaltens mit depressiver Symptomatik leidet, bis zum Abschluss der 6. Klasse für ausreichend erachtet.[377]
- Das OLG Saarbrücken erachtet die Ausübung einer Erwerbstätigkeit von wöchentlich 30 Stunden im Fall der Betreuung eines im Zeitpunkt der Entscheidung des Gerichts drei Jahre alt gewordenen Kindes als ausreichend, auch wenn eine ganztägige Betreuungseinrichtung zumutbar in Anspruch genommen werden kann.[378]
- Das OLG Koblenz[379] hält bei der Betreuung einer Fünfjährigen die Ausübung einer $^{3}/_{4}$-Stelle für zumutbar. Die Tatsache, dass die Mutter noch ein weiteres Kind aus einer nichtehelichen Beziehung betreut, kann sie dem geschiedenen Ehemann bei der Beurteilung ihrer Erwerbsobliegenheit nicht entgegenhalten. Insoweit ist sie auf einen Unterhaltsanspruch gegen den Vater des nichtehelichen Kindes nach § 1615l BGB zu verweisen.
- Das OLG Düsseldorf[380] erachtet eine 3/4-Stelle für ausreichend, wenn für die Betreuung mehrerer minderjähriger schulpflichtiger Kinder keine ganztägigen Betreuungseinrichtungen vorhanden sind, weil es den Kindern nach Betreuung durch die schulischen Betreuungseinrichtungen nicht zugemutet werden kann, sich hiernach allein in der elterlichen Wohnung aufzuhalten bis die Erwerbstätigkeit des betreuenden Elternteils beendet ist.

202 **Vollzeitstelle (100%)**
- ZT wird die Obliegenheit zur Aufnahme einer Vollzeitstelle angenommen bei der Betreuung von 2 Kindern im schulpflichtigen Alter von 8 und 11 Jahren.[381]
- Bei vorhandenen Betreuungsmöglichkeiten und dem Fehlen von elternbezogenen Gründen ist dem betreuenden Elternteil von 9 und 13 Jahre alten Kindern eine Vollzeittätigkeit zuzumuten. Die Tatsache, dass er neben der Betreuung der Kinder Pflegeleistungen für die eigene Mutter erbringt, spielt bei der Beurteilung der Unterhaltspflicht des anderen keine Rolle.[382]
- Die Ausübung einer Erwerbstätigkeit von 30 Wochenstunden bei der Betreuung eines 15-jährigen Kindes, das an ADS leidet, und eines 13-jährigen Kindes ist nicht ausreichend, wenn nicht feststeht, dass es im näheren Einzugsbereich keine kindgerechte Einrichtung gibt, die die Betreuung der beiden Söhne nach ihren Schulbesuch einschließlich der Hausaufgabenhilfe ganztags sicherstellen kann.[383]
- Nach Auffassung des OLG Bremen[384] muss die betreuende Mutter grundsätzlich vollschichtig erwerbstätig sein, wenn das Kind $12^{1}/_{2}$ Jahre alt ist.
- Eine Obliegenheit zur vollschichtigen Erwerbstätigkeit besteht für die geschiedene Mutter eines 14-jährigen Kindes.[385]
- Gleiches gilt für die Mutter eines 9-jährigen Kindes, wenn dieses in einem Schulhort bis 17.00 Uhr betreut werden kann und der Betreuung im Hort keine individuellen Umstände entgegenstehen.[386]

11. Einsatzzeitpunkt

203 Für den Unterhaltsanspruch aus § 1570 BGB wegen Kindesbetreuung gibt es grundsätzlich **keinen Einsatzzeitpunkt.** Der Anspruch entsteht originär, wenn wegen einer notwendigen Kindesbetreuung eine Erwerbstätigkeit nicht oder nur teilweise ausgeübt werden kann. Dabei muss die Notwendigkeit der Kindesbetreuung nicht im Zeitpunkt der

---
[377] OLG München FamRZ 2012, 558.
[378] OLG Saarbrücken FamRZ 2014, 484 (487).
[379] MDR 2010, 698.
[380] OLG Düsseldorf FamRZ 2016, 63.
[381] OLG Köln FamRZ 2008, 2119.
[382] OLG Oldenburg FuR 2009, 594.
[383] BGH FamRZ 2009, 1391 = R 706.
[384] FamRZ 2009, 1496.
[385] OLG Karlsruhe FuR 2009, 49.
[386] BGH FamRZ 2011, 791 Rn. 27.

Scheidung oder zu einem sonstigen Einsatzzeitpunkt bestehen. Sie kann später eintreten, wieder wegfallen und neu entstehen.

Der Wortlaut des § 1570 I 2 und 3 BGB, der eine **Verlängerung** der Dauer des Unterhaltsanspruchs wegen kindbezogener Gründe regelt, ist insoweit nicht maßgeblich, denn eine Verlängerung liegt tatbestandlich nicht vor, wenn sich erstmals nach Ablauf der Dreijahresfrist die Notwendigkeit des betreuenden geschiedenen Ehegatten ergibt, eine bis dahin ausgeübte Erwerbstätigkeit wegen eines Wegfalls einer Betreuungsmöglichkeit oder anderer kindbezogener Umstände einzuschränken oder einzustellen.

Hinsichtlich der bis zum 31.12.2007 geltenden Rechtslage war anerkannt, dass ein Unterhaltsanspruch nach § 1570 BGB erstmals entstehen und auch wieder aufleben kann, wenn nachträglich eine Betreuung des Kindes erforderlich wird.[387] Es gibt keinen Anhaltspunkt dafür, dass der Gesetzgeber über die Neustrukturierung des Tatbestands einen Einsatzpunkt im Sinne des verlängerten Betreuungsunterhalts als Anschlussunterhalt schaffen wollte. Der Anspruch auf Betreuungsunterhalt kann daher aus **kindbezogenen Gründen erstmals nach Vollendung des 3. Lebensjahres des Kindes entstehen**, zB wenn ein Kind infolge Unfalls oder Krankheit pflege- und betreuungsbedürftig wird und eine adäquate Pflege in einer Einrichtung nicht möglich ist. Gleiches gilt, wenn die Eltern übereinstimmend davon ausgehen, dass eine persönliche Betreuung des Kindes erforderlich ist.[388] Es liegt dann ein Fall des § 1570 I BGB vor.[389]   204

Hinsichtlich eines Anspruchs auf Betreuungsunterhalt wegen **nachwirkender ehelicher Solidarität** aus § 1570 II BGB ist zu differenzieren. Da es sich nicht um einen selbstständigen Unterhaltstatbestand, sondern eine ehespezifische Ausprägung des Betreuungsunterhaltsanspruchs als eine Art Annexanspruch zum Unterhaltsanspruch aus § 1570 I BGB handelt,[390] ist davon auszugehen, dass die aus dem Bereich der nachehelichen Solidarität stammenden **Billigkeitsvoraussetzungen** für eine Verlängerung nach § 1570 II BGB bereits **zum Zeitpunkt der Scheidung objektiv vorgelegen haben müssen.** Sie können dann gegebenenfalls noch später nach Wegfall der kindbezogenen Gründe geltend gemacht werden.   205

Ob sich in den Fällen, in denen ein unterhaltsberechtigter Ehegatte eine zumutbare und angemessene Erwerbstätigkeit aufnimmt, und diese Einkünfte jedoch trotz ausreichender Bemühungen wegfallen, weil es ihm nicht gelungen war, den Unterhalt nach der Scheidung nachhaltig zu sichern, ein Unterhaltsanspruch nur aus § 1573 IV BGB und nicht erstmals aus § 1570 II BGB ergeben kann, ist höchstrichterlich noch nicht entschieden. Da es sich bei dem Anspruch aus § 1570 II BGB nach dem Willen des Gesetzgebers auch um einen Anspruch wegen Kindesbetreuung handelt, ist dieser grundsätzlich vorrangig. Versteht man den Anspruch aus § 1570 II BGB im Sinne eines Unterhaltsanspruchs für die Dauer der Wiederaufnahme einer früheren beruflichen Tätigkeit, mithin für die Zeit der Wiedereingliederung in den Erwerbsprozess,[391] ergibt sich eine Begrenzung der Billigkeit, sobald erstmals eine angemessene Erwerbstätigkeit ausgeübt wird.

12. Begrenzung des Anspruchs aus § 1570 BGB

Wenn über einen Anspruch auf Betreuungsunterhalt **vor** der **Vollendung des 3. Lebensjahres** zu befinden ist, scheidet eine **zeitliche Begrenzung** des einheitlichen Anspruchs auf Betreuungsunterhalt bis zum Erreichen des 3. Lebensjahres regelmäßig aus, weil nicht sicher beurteilt werden kann, ob es dem betreuenden Elternteil gelingen wird, für die Zeit nach der Vollendung des 3. Lebensjahres des Kindes unmittelbar eine Betreuungseinrichtung sowie eine angemessene Erwerbstätigkeit zu finden.   206

---

[387] BT-Drs. 7/650, 122.
[388] BGH FamRZ 2010, 802 Rn. 12.
[389] Vgl. Schilling FF 2008, 279 (280).
[390] BT-Drs. 16/6980, 8.
[391] Vgl. BVerfG FamRZ 2007, 965 Rn. 58.

207 Soweit ein Unterhaltsanspruch für die Zeit **nach** der **Vollendung des 3. Lebensjahres** des Kindes in Rede steht, scheidet eine zeitliche Befristung gemäß § 1578b BGB nach der Rechtsprechung des BGH[392] schon deswegen aus, weil § 1570 BGB insoweit eine Sonderregelung für die Billigkeitsabwägung enthält. Nach der Vollendung des 3. Lebensjahres des Kindes steht dem betreuenden Elternteil gemäß § 1570 I 2 BGB nur noch Betreuungsunterhalt nach Billigkeit zu. Im Rahmen dieser Billigkeitsabwägung sind bereits alle kind- und elternbezogenen Umstände des Einzelfalles zu berücksichtigen. Wenn sie zu dem Ergebnis führt, dass der Betreuungsunterhalt über die Vollendung des dritten Lebensjahres hinaus wenigstens teilweise fortdauert, können dieselben Gründe nicht zu einer Befristung im Rahmen der Billigkeit nach § 1578b BGB führen.[393] Ein Antrag auf künftigen Betreuungsunterhalt gemäß § 1570 BGB ist nur dann abzuweisen, wenn im Zeitpunkt der Entscheidung für die Zeit nach Vollendung des dritten Lebensjahres absehbar keine kind- und elternbezogenen Verlängerungsgründe mehr vorliegen.[394]

208 Eine **Begrenzung** eines Betreuungsunterhalts **der Höhe nach** vom eheangemessenen Unterhalt nach § 1578 I BGB auf einen angemessenen Unterhalt des Berechtigten nach seiner eigenen Lebensstellung ist grundsätzlich auch dann möglich, wenn wegen der noch fortdauernden Kindesbetreuung eine Befristung des Betreuungsunterhalts nicht in Frage kommt. Insbesondere in Fällen, in denen der **Unterhaltsbedarf** nach den ehelichen Lebensverhältnissen gemäß § 1578 I BGB erheblich über den angemessenen Unterhalt nach der eigenen Lebensstellung des Unterhaltsberechtigten hinausgeht, kommt eine Kürzung auf den eigenen angemessenen Unterhalt in Betracht.[395] Das setzt jedoch voraus, dass die notwendige Erziehung und Betreuung gemeinsamer Kinder trotz des abgesenkten Unterhaltsbedarfs sichergestellt und das **Kindeswohl** auch sonst **nicht beeinträchtigt** ist. Ferner muss eine fortdauernde Teilhabe des betreuenden Elternteils an den abgeleiteten Lebensverhältnissen während der Ehe als unbillig erscheinen.[396] Wenn der rechnerische Unterhaltsanspruch nach den ehelichen Lebensverhältnissen über 880 EUR (Düsseldorfer Tabelle, Stand 1.1.2019), der eigene angemessene Unterhalt des Berechtigten jedoch darunter liegt, kann eine Reduzierung nur bis zu einem Mindestbedarf von (derzeit) 880 EUR monatlich erfolgen.[397]

13. Privilegierung des Anspruchs aus § 1570 BGB

209 Der Anspruch nach § 1570 BGB ist in mehrfacher Hinsicht gegenüber anderen Unterhaltsansprüchen privilegiert:
- Ehegatten, die einen Anspruch nach § 1570 BGB haben, stehen nach § 1609 Nr. 2 BGB in der **Rangfolge** der Unterhaltsberechtigten in der 2. Ranggruppe hinter minderjährigen unverheirateten Kindern und Kindern im Sinne des § 1603 II 2 BGB.[398]
- Bei späterem **Vermögensverfall des Berechtigten** entsteht über § 1577 IV 2 BGB ggf. ein Anspruch auf Betreuungsunterhalt.
- Ein **Verzicht** auf den Betreuungsunterhalt, der im Interesse des Kindes gewährt wird und zu dem Kernbereich des Scheidungsfolgenrechts zählt, unterliegt einer besonderen richterlichen Wirksamkeitskontrolle nach § 138 BGB. Eine richterliche Ausübungskontrolle kann zu einer Anpassung der Vereinbarung gemäß § 242 BGB führen (Näheres in → § 6 Rn. 617).
- Die **Verwirkungstatbestände** des § 1579 Nr. 1 bis 8 BGB greifen beim Betreuungsunterhalt nur eingeschränkt. Denn der Unterhaltsanspruch des kinderbetreuenden Ehe-

---

[392] BGH FamRZ 2011, 791 Rn. 35; 2010, 1880 Rn. 33 = R 716; 2009, 1124 Rn. 55; 2009, 770 Rn. 42 = R 704.
[393] BGH NJW 2014, 1302 Rn. 13 = R 749; FamRZ 2011, 1209 Rn. 37; 2010, 1880 Rn. 33.
[394] BGH NZFam 2014, 27 Rn. 20; FamRZ 2009, 770.
[395] BGH FamRZ 2011, 791 Rn. 36; 2010, 1880.
[396] BGH FamRZ 2009, 1124 Rn. 57; 2009, 770 Rn. 44 mwN = R 704.
[397] BGH FamRZ 2010, 1880 Rn. 34; 2010, 1057 Rn. 10; 2010, 869 (874) = R 712; 2010, 629 (633) = R 710.
[398] BGH FamRZ 2010, 111 Rn. 32.

gatten ist nur zu versagen, herabzusetzen oder zeitlich zu begrenzen, soweit die Inanspruchnahme des Verpflichteten auch unter Wahrung der Belange der dem Berechtigten zur Pflege und Erziehung anvertrauten gemeinschaftlichen Kinder grob unbillig wäre. Der Betreuungsunterhalt nach § 1570 BGB ist danach selbst bei Vorliegen der Härtegründe des § 1579 BGB in dem Sinn privilegiert, dass er im Interesse des Wohles der betreuten Kinder trotz Fehlverhaltens des sorgeberechtigten Ehegatten diesem gleichwohl die Wahrnehmung seiner Elternverantwortung sichern und gewährleisten soll. Dem wird in der Regel dadurch Genüge getan, dass der Unterhaltsanspruch auf das zur Kindesbetreuung notwendige Mindestmaß herabgesetzt wird.[399]

- Ein Anspruch nach § 1570 BGB lebt gemäß § 1586a BGB nach **Auflösung einer neuen Ehe** oder Lebenspartnerschaft des betreuenden Elternteils wieder auf,[400] → Rn. 118.
- Im Fall des Todes des Unterhaltspflichtigen kann nur bei einem Anspruch nach § 1570 BGB die sog **Erziehungsrente** an dessen Stelle treten (§ 47 SGB VI).

14. Konkurrenzen

a) Verhältnis des Betreuungsunterhalts zum Aufstockungsunterhalt. Wenn der 210 Berechtigte durch eine Kindesbetreuung **vollständig** an einer Erwerbstätigkeit gehindert ist, besteht nur ein Anspruch nach § 1570 BGB, und zwar auch für den Teil des Unterhaltsbedarfs, der nicht auf dem Erwerbshindernis, sondern auf dem den angemessenen Lebensbedarf übersteigenden Bedarf nach den ehelichen Lebensverhältnissen gemäß § 1578 I 1 BGB beruht. Daneben besteht kein Anspruch auf Aufstockungsunterhalt nach § 1573 II BGB.[401]

Im Anschluss an den Betreuungsunterhalt kann gemäß § 1571 Nr. 2, § 1572 Nr. 2 oder § 1573 III BGB ein Anschlussunterhalt gegeben sein, wenn der Unterhalt aus § 1570 BGB bis zu den genannten Einsatzpunkten gewährt wurde. Auch der Anschlussunterhalt umfasst den vollen Unterhalt.[402]

Ist der Unterhaltsberechtigte hingegen nur **teilweise** an einer Erwerbstätigkeit gehindert, ergibt sich der Unterhaltsanspruch wegen des allein durch die Erwerbshinderung verursachten Einkommensausfalls aus § 1570 BGB und im Übrigen als Aufstockungsunterhalt aus § 1573 II BGB.[403] Der Unterhaltsanspruch fällt mit allen Teilansprüchen in den Rang des § 1609 Nr. 2 BGB, nicht nur hinsichtlich des Teilanspruchs, der auf § 1570 BGB beruht.[404]

Fällt der Anspruch aus § 1570 BGB wegen gestiegenen Alters des betreuten Kindes weg, 211 entsteht – falls eine Ausweitung der bisherigen teilweisen Erwerbstätigkeit ohne Obliegenheitsverstoß scheitert – ein Anspruch auf **Anschlussunterhalt** nach § 1573 I, II u. III BGB, in der Höhe, in der der Anspruch nach § 1570 BGB zuletzt bestanden hatte.

Fallen zu diesem Zeitpunkt auch die Einnahmen aus der Teilerwerbstätigkeit weg, zB weil aus gesundheitlichen Gründen die Arbeitsfähigkeit entfallen ist, bleibt es für die Berechnung des Teil-Anschlussunterhalts nach § 1572 BGB bei der bisherigen Differenzrechnung unter Ansatz des bisherigen Einkommens der Berechtigten, wenn die Erwerbseinkünfte nachhaltig gesichert waren.[405] Waren die Einkünfte nicht nachhaltig gesichert, kann auch insoweit ein neuer Anspruch nach § 1573 I in Verbindung mit § 1573 IV 1 BGB entstehen.

b) Verhältnis des § 1570 BGB zu §§ 1571, 1572, 1576 BGB. Ansprüche nach 212 § 1570 BGB können überlagert sein durch gleichzeitig bestehende Ansprüche nach §§ 1571, 1572 und 1575 BGB.

---

[399] BGH FamRZ 1997, 873 (875); 1997, 671 (672).
[400] BGH FamRZ 2011, 1498 Rn. 38.
[401] BGH FamRZ 2010, 869 Rn. 14 f. = R 712; 2009, 406 Rn. 20.
[402] BGH FamRZ 1988, 265; 1987, 1011; 1987, 572.
[403] BGH FamRZ 2010, 1050 Rn. 41; 2010, 869 Rn. 15; 2009, 406 Rn. 20.
[404] BGH FamRZ 2014, 1987 Rn. 23 = R 762.
[405] BGH FamRZ 2001, 1291 (1294).

Besteht auch ein Anspruch nach § 1576 BGB wegen Betreuung weiterer nicht gemeinschaftlicher Kinder, ist wegen der Subsidiarität des § 1576 BGB erst der Anspruch nach § 1570 BGB zu beziffern und zuzusprechen. Nur der darüber hinaus geltend gemachte Anspruchsteil, der gesondert zu beziffern ist, kann auch nach § 1576 BGB geprüft werden.[406]

213 **c) Betreuungsunterhalt und Unterhalt nach § 1615l BGB:** Die Ehefrau hat wegen eines nichtehelichen Kindes – nach rechtswirksamer Feststellung oder Anerkennung der Vaterschaft (→ § 7 Rn. 195 f.) – auch dann einen Unterhaltsanspruch gegen den Kindesvater nach § 1615l I bzw. II 2 BGB, wenn sie schon wegen der Betreuung ehelicher Kinder an einer Erwerbstätigkeit gehindert ist. Ihr hieraus resultierender Anspruch auf Unterhalt nach § 1570 BGB **konkurriert mit** ihrem **Anspruch nach § 1615l BGB,** der entgegen der vielfach früher in der Rechtsprechung vertretenen Meinung[407] nicht gegenüber einem Anspruch auf Ehegattenunterhalt vorrangig ist. Der BGH[408] wendet zur Bestimmung der anteiligen Haftung der beiden Verpflichteten über § 1615l II 1 BGB die Vorschrift des § 1606 III 1 BGB entsprechend an, wobei sich die Haftungsquote nicht allein nach den jeweiligen Erwerbs- und Vermögensverhältnissen bestimmt, sondern zB auch danach, inwiefern die Mutter auf Grund der unterschiedlichen Betreuungsbedürftigkeit der einzelnen Kinder von einer Erwerbstätigkeit abgehalten wird (Näheres zu den Rangproblemen → § 7 Rn. 169 ff.).

IV. Unterhalt wegen Alters nach § 1571 BGB

1. Normzweck und Anspruchsvoraussetzungen des § 1571 BGB

214 Ein geschiedener Ehegatte kann nach § 1571 BGB von dem anderen Ehegatten Unterhalt verlangen, soweit von ihm aus Altersgründen zu bestimmten Einsatzzeitpunkten eine Erwerbstätigkeit nicht mehr erwartet werden kann. Der Altersunterhalt knüpft nur an die Voraussetzung an, dass wegen des Alters eine Erwerbstätigkeit nicht mehr erwartet werden kann.[409] Insoweit wirkt der Grundsatz der Mitverantwortung der Ehegatten füreinander über den Zeitpunkt der Scheidung hinaus fort.[410] Die Unterhaltsverpflichtung wird als eine der Nachwirkungen der Ehe und der aus der Ehe resultierenden nachehelichen Solidarität gesehen. Durch das zum 1.1.2008 in Kraft getretene Unterhaltsrechtsänderungsgesetz[411] ist die Vorschrift selbst nicht verändert worden. Der Anspruch kann aber nach § 1579 Nr. 1 BGB und nach § 1578b BGB sowohl zeitlich als auch der Höhe nach begrenzt werden (→ Rn. 234 und → Rn. 235). Ein Anspruch auf Altersunterhalt kann ausnahmsweise auch in einem Ehevertrag ausgeschlossen werden.[412] Zur Wirksamkeit von Unterhaltsvereinbarungen und Eheverträgen vgl. → § 6 Rn. 639 ff.

215 Für den Anspruch nach § 1571 BGB ist **keine Ehebedingtheit der Unterhaltsbedürftigkeit** erforderlich. Der Anspruch besteht auch dann, wenn der Berechtigte bereits im Zeitpunkt der Eheschließung wegen seines Alters keiner Erwerbstätigkeit mehr nachgehen konnte oder bereits Rentenempfänger war.[413]

Der Altersunterhalt wird nicht durch den Versorgungsausgleich ausgeschlossen. Wird jedoch ein bereits im Rentenalter befindlicher Ehegatte erst **auf Grund des durchgeführten Versorgungsausgleichs** bedürftig, weil der andere Ehegatte deswegen ein höheres Einkommen bezieht, scheitert ein Unterhaltsanspruch des nunmehr bedürftigen Ehegatten daran, dass er die grobe Unbilligkeit des Versorgungsausgleichs im Verfahren

---

[406] BGH FamRZ 1984, 361; 1984, 769.
[407] KG FamRZ 1998, 556; OLG Hamm FamRZ 1997, 1538.
[408] BGH FamRZ 2008, 1739 (1744); 2007, 1303; 1998, 541 (544) = R 520c.
[409] BGH FamRZ 2014, 1276 Rn. 17; 2012, 951 Rn. 19.
[410] BGH FamRZ 1982, 28.
[411] BGBl. I S. 3198.
[412] OLG Brandenburg FamRZ 2016, 2104.
[413] BGH FamRZ 1983, 150 (151); 1982, 28 (29).

über den Versorgungsausgleich nicht nach § 27 VersAusglG (früher nach § 1587c Nr. 1 BGB) geltend gemacht hat, denn diese kann nunmehr nicht zur Begründung eines Unterhaltsanspruchs herangezogen werden.[414]

Es bestehen drei Voraussetzungen für den Anspruch aus § 1571 BGB:
– Der Berechtigte hat das im konkreten Einzelfall maßgebliche **Alter** erreicht.
– Wegen seines Alters ist von ihm **keine angemessene Erwerbstätigkeit** mehr zu erwarten.
– Einer der in Gesetz genannten **Einsatzzeitpunkte** liegt vor.

2. Das maßgebende Alter des Berechtigten

a) Individuelle Bestimmung der Altersgrenze. Vom Gesetzgeber wurde bewusst **216** **keine feste Altersgrenze** festgelegt. Grundsätzlich besteht eine Erwerbsobliegenheit bis zum Erreichen der Regelaltersgrenze in der gesetzlichen Rentenversicherung. Ob wegen Alters keine Erwerbstätigkeit mehr erwartet werden kann, ist aber stets auf Grund der konkreten Umstände des Einzelfalls zu entscheiden. Zu diesen Umständen zählen vor allem die Ausbildung des Berechtigten, eine frühere Erwerbstätigkeit, die Dauer einer Arbeitsunterbrechung, die Arbeitsmarktlage, Probleme bei der Wiedereingliederung in den Arbeitsprozess, die ehelichen Verhältnisse, die Dauer der Ehe, der Gesundheitszustand und sonstige persönliche und wirtschaftliche Verhältnisse. Bei der Abwägung dieser Umstände ist insbesondere zu berücksichtigen, welche Art von Erwerbstätigkeit als angemessene Erwerbstätigkeit in Frage kommt, ob eine solche Erwerbstätigkeit auf Grund des konkreten Alters und der sonstigen Umstände noch erwartet werden kann, ob dazu eine Ausbildung erforderlich wäre und ob diese im Hinblick auf das Alter noch sinnvoll ist. Der Anspruch aus § 1571 BGB setzt voraus, dass in der jeweiligen Berufssparte typischerweise ab einem bestimmten Alter keine Arbeit mehr gefunden werden kann. Bei einem 60-jährigen Unterhaltsgläubiger ist daher zu prüfen, ob sich für eine konkrete Erwerbstätigkeit wegen des Alters ein Hinderungsgrund ergibt.[415]

b) Allgemeine Regelaltersgrenzen. Obwohl das maßgebliche Alter nur bezogen auf **217** die Umstände des Einzelfalls bestimmt werden kann, wird mit dem **Erreichen des Rentenalters** eine **Altersgrenze** überschritten, ab der in der Regel eine Erwerbstätigkeit nicht mehr erwartet werden und ein Anspruch auf Altersunterhalt bejaht werden kann.

Maßgeblich für das Erreichen des Rentenalters war bislang die in der gesetzlichen Altersversorgung bestehende **Regelaltersgrenze** (§ 35 SGB VI) von 65 Jahren.[416] Das gilt entsprechend für Beamte (§ 41 I BBG aF, § 51 I 2 BBG, § 48 I 2 DRiG). Die Anhebung der Regelaltersgrenze durch das Gesetz vom 20.4.2007 (BGBl. I S. 554) wirkt sich erst für Rentenversicherte aus, die nach dem 31.12.1946 geboren worden sind, so dass es bis zum 31.12.2011 bei der bisherigen Altersgrenze blieb. Erst für die Geburtsjahrgänge ab 1947 erfolgt pro Jahr eine schrittweise Anhebung der Grenze um jeweils einen zusätzlichen Monat, ab dem Geburtsjahrgang 1959 um zwei Monate (§ 235 II SGB VI). Für Bundesbeamte ergibt sich die Anhebung der Regelaltersgrenze aus dem Gesetz zur Neuordnung und Modernisierung des Bundesdienstrechts (DNeuG) vom 5.2.2009.[417]

Durch die genannten gesetzlichen Bestimmungen hat die Rechtsordnung den Rahmen für die Erwerbsbiografie des Einzelnen festgelegt. Solange diese Regelungen dabei nicht auf berufsbezogenen Besonderheiten (zB Strahlflugzeugführer)[418] beruhen oder von der wirklichen Erwerbsfähigkeit des Einzelnen abweichen (zB vorgezogene Altersrente für Frauen),[419] können sie als Maßstab für das Unterhaltsrecht herangezogen werden, wobei

---

[414] OLG Celle FamRZ 2006, 1544.
[415] OLG Hamm FamRZ 1995, 1416.
[416] BGH FamRZ 2006, 683 (684); 1999, 708 (710); OLG Zweibrücken FamRZ 2012, 643; OLG Schleswig NJW 2012, 3655.
[417] BGBl. I S. 160.
[418] BGH FamRZ 2004, 254.
[419] BGH FamRZ 1999, 708 (710).

der Maßstab nicht nur für den Unterhaltsberechtigten, sondern auch für den Unterhaltspflichtigen gilt.[420]

Aus den Regelaltersgrenzen lassen sich Rückschlüsse darauf ziehen, ob der Unterhaltsberechtigte in der Berufssparte, in der er zuvor eine angemessene Tätigkeit ausgeübt hat, in seinem Alter typischerweise keine angemessene Arbeit mehr finden kann.

218 c) **Vorgezogene Altersgrenzen.** Es existieren zahlreiche Möglichkeiten für einen vorgezogenen Ruhestand vor der Vollendung der Regelaltersgrenze. Die Altersgrenzen für das vorgezogene Altersruhegeld oder für einen vorgezogenen Ruhestand sind grundsätzlich nicht maßgebend, weil solche Vergünstigungen unterhaltsrechtlich nicht freiwillig in Anspruch genommen werden dürfen, solange eine Unterhaltsverpflichtung oder eine Unterhaltsberechtigung besteht.

219 Eine arbeitsvertragliche Vorruhestandsregelung (die gesetzlichen Vorruhestandsregelungen nach dem Vorruhestandsgesetz – VRG – sind ab dem 1.1.1996 entfallen) ist unterhaltsrechtlich unschädlich, wenn sich durch sie das Einkommen nicht verändert. Wenn ein Ehegatte ein **Altersteilzeitmodell** seines Arbeitgebers nach den Vorschriften des ATG in Anspruch nimmt, kann dies eine **Obliegenheitsverletzung** im Sinne des § 1574 I, II BGB sein. Die Beurteilung richtet sich jedoch stets nach den Umständen des Einzelfalls. Eine Obliegenheitsverletzung ist zu bejahen, wenn sich ein Ehegatte erst nach der Trennung oder der Scheidung ohne besondere Gründe für ein solches Modell entscheidet; nicht aber, wenn es während bestehender ehelicher Lebensgemeinschaft im Einverständnis mit dem nunmehr Unterhaltsberechtigten oder aufgrund von Gesundheitsbeeinträchtigungen, die eine krankheitsbedingte Verminderung der Erwerbstätigkeit zur Folge haben, gewählt worden ist.[421]

220 Gleiches gilt, wenn auf Grund von **flexiblen Altersgrenzen** vor der Vollendung der Regelaltersgrenze schon mit Vollendung des 63. Lebensjahrs (zB § 36 SGB VI) Rente bezogen wird. Im Falle eines solchen Rentenbezugs vor Erreichen der Regelaltersgrenze erfolgt gemäß § 77 SGB VI, § 14 III BeamtVG regelmäßig ein Abschlag in Höhe von 0,3% je Monat von der Versorgung. Die Frage der Erwerbsobliegenheit beurteilt sich auch hier allein nach unterhaltsrechtlichen Gesichtspunkten.[422]

221 Auch soweit die einschlägigen Versorgungsregelungen bei bestimmten Berufsgruppen (Piloten, Polizeibeamten, Bergleuten, Soldaten) **besondere Altersgrenzen** für eine vorzeitige Zurruhesetzung vorsehen (zB nach § 45 SoldG oder § 5 BPolBG), handelt es sich um Regelungen, die ausschließlich im öffentlichen Interesse erfolgt sind. Die Frage der Erwerbsobliegenheit ist hiervon losgelöst nur nach unterhaltsrechtlichen Gesichtspunkten zu beurteilen. Es ist zu prüfen, ob dem Unterhaltspflichtigen neben seinem Rentenbezug eine Erwerbstätigkeit zugemutet werden kann oder ob eine solche wegen des altersbedingten körperlichen und oder geistigen Verschleißes ausscheidet.[423]

Wird schon Vollrente wegen Alters von der gesetzlichen Rentenversicherung bezogen oder ist die Regelaltersgrenze der gesetzlichen Rentenversicherung erreicht, besteht regelmäßig keine Verpflichtung mehr zur Zahlung von **Altersvorsorgeunterhalt** (§ 1578 III BGB). Freiwillige Beiträge in die Rentenversicherung können danach nicht mehr entrichtet werden (vgl. § 7 SGB VI). Für die Zeit davor ist Altersvorsorgeunterhalt auch dann zu zahlen, wenn sich der Pflichtige selbst schon im Ruhestand befindet, der Berechtigte aber noch entsprechende Versorgungsanwartschaften aufbauen kann, ohne dass die dadurch erzielbare Versorgung die Altersversorgung des Pflichtigen erreicht.[424]

222 d) **Freiberufler, Selbstständige.** Für **freiberuflich Tätige** (Ärzte, Zahnärzte, Architekten, Rechtsanwälte, Steuerberater usw) und sonstige Selbstständige (Unternehmer) gelten keine Altersgrenzen. Trotzdem wird man auch ihnen, soweit sie nicht freiwillig weiterhin einer Erwerbstätigkeit nachgehen, nicht generell über das allgemeine Rentenalter hinaus eine Erwerbstätigkeit zumuten können. Auch bei Freiwilligkeit der Tätigkeit

---

[420] BGH NJW 2011, 670 = R 721.
[421] OLG Köln FamRZ 2003, 602.
[422] BGH NJW 2011, 670 = R 721.
[423] BGH FamRZ 2004, 254 (255).
[424] OLG Koblenz FamRZ 1989, 59.

können die daraus erzielten Einkünfte überobligatorisch und nicht für die Unterhaltsberechnung anzusetzen sein.[425]

Umgekehrt können Einkünfte aus einer trotz Rentenalters freiwillig fortgesetzten Erwerbstätigkeit je nach den Umständen des Einzelfalls (zB bei insgesamt beengten wirtschaftlichen Verhältnissen des Unterhaltspflichtigen) als Einkünfte aus zumutbarer Erwerbstätigkeit bewertet werden. Dies ist vor allem dann anzunehmen, wenn bei einer bestehenden Ehe nach den ehelichen Lebensverhältnissen, zB wegen der geringen sonstigen Altersvorsorge, eine Erwerbstätigkeit über die üblichen Altersgrenzen hinaus geplant war,[426] oder wenn die Erwerbstätigkeit ohnehin fortgeführt worden wäre.[427]

3. Ursächlichkeit des Alters

Das **Alter** muss **kausal** dafür sein, dass eine angemessene Erwerbstätigkeit nicht mehr zu erwarten ist.[428] Abgrenzungsschwierigkeiten entstehen dann, wenn ein Ehegatte, der während der Ehe nicht berufstätig war, wegen seiner **auch altersbedingten** Wiedereingliederungsschwierigkeiten in die Arbeitswelt trotz ausreichender Bemühungen keine angemessene Arbeitsstelle findet. Liegt der Schwerpunkt seiner Schwierigkeiten mehr in seinem Alter, besteht ein Anspruch auf Altersunterhalt, liegt er mehr darin, dass wegen der schlechten Arbeitsmarktlage keine reale Beschäftigungschance besteht, kann ein Erwerbslosigkeitsunterhalt nach § 1573 I BGB in Frage kommen. Maßgebend ist, ob **typischerweise** in diesem Alter und der in Betracht kommenden Berufssparte **keine angemessene Arbeit mehr gefunden werden kann** – dann greift § 1571 BGB – oder ob die Arbeitsaufnahme nur auf Grund der konkreten Einzelfallumstände auf Grund des Alters scheitert – dann ist § 1573 I BGB einschlägig.[429] 223

Ob wegen des Alters noch eine Erwerbstätigkeit erwartet werden kann, ist nicht nur im Blick auf das Lebensalter des Unterhalt begehrenden Ehegatten von Bedeutung, sondern hängt vor allem davon ab, welche Art von entgeltlicher Beschäftigung als **angemessene Erwerbstätigkeit im Sinne von § 1574 II BGB** in Frage kommt, weil der geschiedene Ehegatte nach § 1574 II BGB nur eine ihm angemessene Erwerbstätigkeit ausüben muss.[430] 224

Angemessen ist nach der Legaldefinition des § 1574 II BGB eine Erwerbstätigkeit nur, wenn sie der Ausbildung, den Fähigkeiten, einer früheren Erwerbstätigkeit, dem Lebensalter und dem Gesundheitszustand des geschiedenen Ehegatten entspricht und nicht nach den ehelichen Verhältnissen unbillig wäre. Bei den ehelichen Lebensverhältnissen sind insbesondere die Dauer der Ehe sowie die Dauer der Pflege oder Erziehung eines gemeinschaftlichen Kindes zu berücksichtigen (→ Rn. 139 ff.). Allerdings ist die durch die Unterhaltsreform erfolgte Neufassung der §§ 1574 I u. II, 1569 BGB mit der stärkeren Betonung der Eigenverantwortung zu beachten.

Die inhaltliche Beschränkung der Erwerbsobliegenheit auf eine **angemessene berufliche Beschäftigung** und die gesetzliche Umschreibung der Angemessenheit tragen damit zur Konkretisierung des Anspruchs auf Altersunterhalt bei. Diese Angemessenheit einer nachehelichen Erwerbstätigkeit lässt sich allgemein nur dann zutreffend beurteilen, wenn dazu die gesamte Entwicklung der ehelichen Lebensverhältnisse bis hin zur Scheidung im Rahmen einer dem Tatrichter obliegenden **Gesamtwürdigung aller Umstände** des Einzelfalls berücksichtigt wird. Zu berücksichtigen ist in der Regel der bei Scheidung, dh im Zeitpunkt der letzten mündlichen Verhandlung, erreichte berufliche und soziale Status des Verpflichteten, wobei sich aus den ehelichen Verhältnissen nach § 1574 II 1 BGB 225

---

425 BGH FamRZ 2011, 454 Rn. 17, 23 (Apotheker); OLG Düsseldorf FamRZ 2007, 1817.
426 OLG Frankfurt a. M. FamRZ 1985, 481; OLG Hamburg FamRZ 1985, 394.
427 OLG Düsseldorf FamRZ 2007, 1817.
428 BGH FamRZ 2014, 1276 Rn. 17; 2012, 951 Rn. 19; OLG Zweibrücken FamRZ 2012, 643; OLG Schleswig NJW 2012, 3655.
429 BGH FamRZ 1999, 708 (709).
430 BGH FamRZ 1985, 371 (373); 1983, 144; OLG Hamm FamRZ 2014, 777; OLG Zweibrücken FamRZ 2012, 643; OLG Schleswig NJW 2012, 3655.

bezüglich der Zumutbarkeit einer Tätigkeit nur noch ein Korrektiv in Form einer Billigkeitsabwägung ergibt.

Es ist Sache des Berechtigten ggf. darzulegen und nachzuweisen, dass für ihn die Ausübung einer an sich erreichbaren Erwerbstätigkeit im konkreten Fall auf Grund der ehelichen Lebensverhältnisse unzumutbar ist.[431] Die Erwerbstätigkeit in einem früher ausgeübten Beruf ist seit Inkrafttreten des Unterhaltsrechtsänderungsgesetzes am 1.1.2008 immer angemessen,[432] Dies gilt aber auch für eine Tätigkeit, die der Berechtigte während der Ehe über einen längeren Zeitraum ausgeübt hat, auch wenn sie nicht seiner Ausbildung entspricht.[433]

Wenn auf Grund der Umstände des Einzelfalls nur die Aufnahme solcher beruflicher Tätigkeiten in Betracht kommt, die für den Berechtigten nach § 1574 II BGB nicht als angemessen anzusehen sind, kann die nach § 1571 BGB erforderliche Voraussetzung, dass wegen Alters eine Erwerbstätigkeit nicht erwartet werden kann, bejaht werden.[434]

226 Zahlreiche der vor Inkrafttreten der Unterhaltsrechtsreform zu § 1571 BGB ergangenen Entscheidungen des BGH, in denen bei Frauen ab einem gewissen Alter und bei Vorliegen eines bestimmten sozialen Status keine Erwerbsobliegenheit mehr angenommen wurde (zB bei einer 50-jährigen Frau, deren Mann Professor an der Hochschule für Bildende Künste war[435]; bei einer 53-jährigen, die vor der Ehe als Bürokraft gearbeitet hatte, in der 20-jährigen Ehe nicht berufstätig gewesen war und deren Mann während der Ehe zum hochbezahlten Betriebsleiter aufgestiegen war[436]), sind auf Rechtsverhältnisse, die sich nach der seit dem 1.1.2008 geltenden Rechtslage richten, nicht mehr anwendbar.

Ist wegen vorgerückten Alters im erlernten Beruf keine Erwerbstätigkeit mehr zu finden oder entspricht der erlernte Beruf bei langer Ehedauer nicht mehr den ehelichen Lebensverhältnissen, so besteht nach § 1574 III BGB eine Verpflichtung des geschiedenen Ehegatten, **sich ausbilden, fortbilden** oder **umschulen** zu lassen, wenn ein erfolgreicher Abschluss der Ausbildung zu erwarten ist.

4. Einsatzzeitpunkte

227 Ein Anspruch nach § 1571 BGB besteht nur, wenn eine Erwerbstätigkeit wegen Alters zu bestimmten Einsatzzeitpunkten[437] nicht mehr erwartet werden kann. Die Aufzählung der Einsatzpunkte in § 1571 BGB ist abschließend. Liegen die Voraussetzungen des Anspruchs zum Zeitpunkt der Scheidung noch nicht vor, kann sich der Anspruch auf Altersunterhalt an einen Anspruch auf Betreuungsunterhalt, einen Anspruch auf Unterhalt wegen Arbeitslosigkeit oder einen auf Aufstockungsunterhalt anschließen. Es muss eine lückenlose sog Unterhaltskette bestehen. Wenn über zehn Jahre nach der rechtskräftigen Scheidung erstmals nachehelicher **Altersunterhalt** begehrt wird, muss der Anspruchsteller darlegen, dass die Voraussetzungen eines Anspruchs auf Unterhalt wegen Krankheit oder auf Aufstockungsunterhalt bereits im Zeitpunkt der Scheidung sowie auch in der Folgezeit grundsätzlich ohne zeitliche Lücke vorgelegen haben.[438]

Beim **Anschlussunterhalt** ist zu beachten, dass dieser nur in dem Umfang weiterbesteht, wie er im Zeitpunkt der weggefallenen früheren Tatbestandsvoraussetzungen bestanden hatte.

228 **a) Scheidung. Zeitpunkt der Scheidung** ist der Eintritt der Rechtskraft der Scheidung. Beim Verbundbeschluss sind die im Zeitpunkt der letzten mündlichen Verhandlung

---

[431] BT-Drs. 16/1830, 17.
[432] BT-Drs. 16/1830, 17.
[433] BGH FamRZ 2005, 23 (24).
[434] BGH FamRZ 1983, 144.
[435] BGH FamRZ 1983, 144.
[436] BGH FamRZ 1985, 371 (373).
[437] BGH FamRZ 2018, 260 Rn. 12; 2014, 1276 Rn. 17; 2012, 951 Rn. 19; KG BeckRS 2018, 32624.
[438] OLG Koblenz FamRZ 2016, 1460.

bestehenden Verhältnisse maßgebend, wenn die bis zum Eintritt der Rechtskraft zu erwartende Entwicklung nicht vorhersehbar ist.[439]

Ist im Zeitpunkt der Scheidung wegen Alters keine Erwerbstätigkeit mehr zu erwarten, handelt es sich um einen originären Anspruch auf Altersunterhalt.[440]

b) Beendigung der Pflege oder Erziehung eines gemeinschaftlichen Kindes, § 1570 BGB. Bezüglich des Zeitpunkts „**Beendigung der Pflege oder Erziehung** eines gemeinschaftlichen Kindes" ist entgegen dem missverständlichen Wortlaut dieser Vorschrift nach deren Sinn und Zweck auf den Zeitpunkt abzustellen, in dem die Voraussetzungen für einen auf § 1570 BGB gestützten Anspruch entfallen.[441] Insoweit handelt es sich um einen Anschlussunterhalt. Da das bis zum 31.12.2007 geltende Altersphasenmodell nicht mehr anwendbar ist,[442] ist konkret und individuell auf den Wegfall der Betreuungsbedürftigkeit der Kinder bzw. auf den Wegfall der Verlängerungsgründe für den Unterhalt gemäß § 1570 II BGB abzustellen. In der Praxis wird zwischen dem Betreuungsunterhalt und dem Altersunterhalt idR eine Phase liegen, in denen der Berechtigte einen Anspruch auf Krankenunterhalt nach § 1572 BGB und/oder Unterhalt gemäß § 1573 BGB hat.[443] 229

c) Wegfall der Voraussetzungen eines Anspruchs nach § 1572 BGB. Der Einsatzzeitpunkt des Wegfalls eines Anspruchs nach § 1572 BGB ist zu bejahen, wenn ein Unterhaltsanspruch wegen krankheitsbedingter Erwerbsunfähigkeit entfällt, weil der Berechtigte **gesund geworden** ist. Auch insoweit handelt es sich um einen Anschlussunterhalt. 230

d) Wegfall der Voraussetzungen eines Anspruchs nach § 1573 BGB. Der Einsatzzeitpunkt des Wegfalls eines Anspruchs nach § 1573 I BGB liegt vor, wenn der Berechtigte einen Anspruch auf Erwerbslosigkeitsunterhalt hatte, weil er auf Grund der aktuellen Arbeitsmarktlage keine Beschäftigung finden konnte. Findet er später infolge seines Alters keine Beschäftigung, entsteht anstelle des Anspruchs nach § 1573 I BGB ein Anschlussunterhalt wegen Alters. 231

Gleiches gilt, wenn ein nach § 1573 I BGB ruhender Unterhalt nach § 1573 IV BGB wieder aufgelebt war, weil es trotz ausreichender Bemühungen nicht gelungen war, den Unterhalt durch eine Erwerbstätigkeit nach der Scheidung nachhaltig zu sichern, und wenn sich an diesen Anspruch nach § 1573 BGB ein Altersunterhalt anschließt. Voraussetzung des Anspruchs nach § 1571 BGB bleibt aber, dass der Berechtigte im Zeitpunkt des Anschlusses einen Anspruch nach § 1573 I, II oder IV BGB hatte. Dies ist nicht der Fall, wenn der Berechtigte eine im Sinne von § 1573 IV BGB seinen Anspruch nachhaltig sichernde Erwerbstätigkeit gefunden hatte, aber diese aus Gründen des allgemeinen Arbeitsplatzrisikos, zB durch Arbeitgeberkündigung, verloren hatte und nunmehr infolge seines Alters keine angemessene Erwerbstätigkeit mehr findet.

An einen Aufstockungsunterhalt nach **§ 1573 II BGB** schließt sich ein Altersunterhalt an, wenn der Berechtigte seine bisherigen Erwerbseinkünfte verliert und infolge Alters keine Arbeitsstelle mehr findet, bzw. infolge Erreichens des Rentenalters keine Arbeitsverpflichtung mehr hat. Während des Bestehens des Anspruchs auf Aufstockungsunterhalt kann der Unterhaltsberechtigte aber nicht verlangen, dass eine Befristung des Aufstockungsunterhalts nur deshalb nicht vorgenommen wird, weil damit der Einsatzzeitpunkt für einen späteren Anspruch auf Altersunterhalt entfällt.[444]

Bezieht der Unterhaltsberechtigte bereits **Altersrente,** richtet sich sein Unterhaltsanspruch ausschließlich nach § 1571 BGB. Ein Aufstockungsunterhalt nach § 1573 II BGB kommt nicht mehr in Betracht.[445]

e) Bedürftigkeit des Unterhaltsberechtigten/Leistungsfähigkeit des Unterhaltspflichtigen zum Einsatzzeitpunkt. Die **Bedürftigkeit des Berechtigten** zum Einsatzzeitpunkt ist Voraussetzung für einen Unterhaltstatbestand. (→ Rn. 111 und 112). 232

---

[439] BGH FamRZ 1983, 144; 1982, 892.
[440] BGH FamRZ 2012, 951 Rn. 19.
[441] BGH FamRZ 1990, 260 (262) für die entsprechende Regelung des § 1572 BGB.
[442] BGH FamRZ 2009, 770 (773) = R 704.
[443] Vgl. OLG Celle FamRZ 2010, 1673.
[444] BGH FamRZ 2008, 1508.
[445] OLG Naumburg FamRZ 2008, 2120; OLG Naumburg FuR 2008, 358.

Zu beachten ist jedoch, dass lediglich **vorübergehende Unterbrechungen** der Unterhaltskette wegen fehlender Bedürftigkeit des Unterhaltsberechtigten oder mangelnder Leistungsfähigkeit des Unterhaltspflichtigen Unterhaltsansprüchen in der Zeit nach der Wiederherstellung von Bedürftigkeit und Leistungsfähigkeit nicht zwingend entgegen stehen.[446] In den Fällen, in denen bei Eintritt der Bedürftigkeit der Einsatzzeitpunkt gewahrt ist, kommt es daher nicht zwingend zu einer Unterbrechung der Anspruchskette mit der Folge des Entfallens der Anschlussunterhaltsansprüche.[447] Anderes gilt aber in den Fällen, in denen der Berechtigte, zB aufgrund eines hohen eigenen Vermögens, seinen Lebensunterhalt **nachhaltig sichern** konnte (§ 1577 IV BGB).[448]

Die **Leistungsfähigkeit des Unterhaltspflichtigen** muss zum Einsatzzeitpunkt (zB Rechtskraft der Ehescheidung) **nicht** vorliegen. Wenn der Unterhaltspflichtige zum Einsatzzeitpunkt wegen einer Erkrankung oder einer vorübergehenden Arbeitslosigkeit oder sonstiger eheprägender Umstände (zB die Zahlung von Kindesunterhalt in unterschiedlicher Höhe sowie von Rückstandsbeträgen, Begleichung ehebedingter Schulden) nicht oder nur eingeschränkt leistungsfähig war, schließt dies den Unterhaltsanspruch nicht auf Dauer ganz oder teilweise aus.[449]

5. Konkurrenzen

233   Wenn der Berechtigte altersbedingt **vollständig** an einer Erwerbstätigkeit gehindert ist, besteht nur ein Anspruch nach § 1571 BGB, der auf den vollen Unterhalt (§ 1578 I 1 BGB) geht. Daneben besteht kein Anspruch nach § 1573 BGB.[450]

Bei einer **altersbedingten Teilerwerbstätigkeit** erfasst der Anspruch nach § 1571 BGB nach der Rechtsprechung des BGH nur den Unterhalt bis zur Höhe des Mehreinkommens, das der Berechtigte durch eine Vollerwerbstätigkeit erzielen könnte. Daneben besteht ein Anspruch nach § 1573 II BGB, wenn der Anspruch nach § 1571 BGB zusammen mit den Teilerwerbseinkünften zur Deckung des vollen Unterhalts (§ 1578 I 1 BGB) nicht ausreicht.[451] Diese zunächst nur für §§ 1570 und 1572 BGB entschiedene Auffassung gilt auch für den Anspruch nach § 1571 BGB.[452]

Bezieht ein Berechtigter vorgezogenes Altersruhegeld und ist er wegen Alters sowie wegen der Arbeitsmarktsituation gehindert, vollschichtig zu arbeiten, kommt entweder ein **Anspruch** auf Altersunterhalt **nach § 1571 oder nach § 1573 I BGB** wegen Erwerbslosigkeit in Betracht.[453] § 1571 BGB wäre erfüllt, falls typischerweise in diesem Alter und in der in Frage kommenden Berufssparte keine angemessene Arbeit mehr gefunden werden kann, § 1573 I BGB, wenn und soweit wegen der konkreten Umstände des Einzelfalls auf Grund des Alters die Aufnahme einer angemessenen Arbeit scheitert.[454]

Ansprüche nach § 1571 BGB können überlagert sein durch gleichzeitig bestehende Ansprüche nach §§ 1570 und 1572 BGB.

Wegen späterer Abänderungen eines Unterhaltstitels (§§ 238, 239 FamFG) und im Hinblick auf die Begrenzungsvorschrift des § 1578b BGB sollte die jeweils einschlägige **Anspruchsgrundlage** möglichst genau festgelegt werden.[455]

---

[446] BGH FamRZ 2016, 203 = R 774; OLG Koblenz FamRZ 2016, 1460.
[447] BGH FamRZ 2016, 203 = R 774; OLG Koblenz FamRZ 2016, 1460; OLG Schleswig FuR 2006, 283; OLG München FamRZ 1993, 564.
[448] Vgl. hierzu Finke FamRZ 2016, 205, 206; OLG München FamRZ 1993, 564.
[449] BGH FamRZ 2016, 203 = R 774; OLG Koblenz FamRZ 2016, 1460; OLG Saarbrücken BeckRS 2016, 14714.
[450] BGH FamRZ 2014, 1276 Rn. 17; 2012, 951 Rn. 19; 2010, 869 Rn. 15 = R 712; 1990, 492; OLG Schleswig FamRZ 2011, 903 (904).
[451] BGH 1990, 492.
[452] BGH FamRZ 2010, 869 Rn. 15 = R 712; 1999, 708 (709); OLG Schleswig FamRZ 2011, 903 (904).
[453] BGH FamRZ 2010, 869 Rn. 15 = R 712; 1999, 708 (709).
[454] BGH FamRZ 2010, 869 Rn. 15 = R 712; 1999, 708 (709).
[455] Vgl. BGH FamRZ 2009, 406 Rn. 22 ff.

6. Beschränkung des Anspruchs nach § 1579 BGB

Die negative Härteklausel des **§ 1579 BGB** findet Anwendung. Bei **kurzer Ehedauer** 234
(bis ca. 2 Jahren) kann der Anspruch auf Altersunterhalt nach **§ 1579 Nr. 1 BGB** selbst dann herabgesetzt oder ausgeschlossen werden, wenn beide Ehegatten bei Eingehung der Ehe im Rentenalter waren und die ihnen bis dahin zufließenden Altersruhegelder und Pensionen weiterbezogen haben.[456] Ein Ausschluss nach § 1579 Nr. 1 BGB kann in Frage kommen, wenn eine in hohem Alter geschlossene Ehe nicht lange gedauert hat und die Ehegatten sich deshalb noch nicht nachhaltig in ihren beiderseitigen persönlichen und wirtschaftlichen Lebensverhältnissen auf eine gemeinsame Lebensführung eingestellt haben.[457]

7. Begrenzung des Anspruchs nach § 1578b BGB

Der Anspruch nach § 1571 BGB kann nach neuem Recht wie jeder andere Anspruch 235
des nachehelichen Unterhalts gemäß § 1578b BGB **zeitlich begrenzt und herabgesetzt** werden. Maßgebend ist auch hier vor allem, ob ehebedingte Nachteile vorliegen.[458]

Bei der Frage, ob ehebedingte Nachteile iSd § 1578b I BGB vorliegen, ist der Ausgleich unterschiedlicher Vorsorgebeiträge allerdings vornehmlich Aufgabe des Versorgungsausgleichs, durch den die Interessen des Unterhaltsberechtigten regelmäßig ausreichend gewahrt werden.[459] Das gilt aber dann nicht, wenn die vom Unterhaltsberechtigten aufgrund der ehelichen Rollenverteilung erlittene Einbuße bei seiner Altersvorsorge durch den Versorgungsausgleich nicht vollständig erfasst wird, weil der Unterhaltspflichtige nur für einen geringen Teil der Ehezeit Rentenanwartschaften erworben hat.[460]

Ehebedingte Nachteile, die nach § 1578b BGB bei der Prüfung der Herabsetzung/Begrenzung eines Anspruch auf Altersunterhalt zu berücksichtigen sind, können auch darin liegen, dass es dem unterhaltsberechtigten Ehegatten nach der Scheidung infolge teilweise ehebedingter Erkrankung und ehebedingter beruflicher Abstinenz nicht mehr gelungen ist, eine rentenversicherungspflichtige Tätigkeit zu finden und so seine Altersversorgung weiter aufzubauen.[461] Gleiches gilt, wenn der Unterhaltsberechtigte in der Zeit nach Zustellung des Scheidungsantrages ehebedingt nicht das Einkommen erzielen kann, was er ohne Ehe hätte erzielen können. Die daraus folgenden Rentennachteile sind ehebedingte Nachteile.[462] Dies kann der Fall sein, wenn dem Unterhaltsberechtigten wegen der Unterbrechung seiner Erwerbstätigkeit der Wiedereinstieg in seine frühere berufliche Tätigkeit verwehrt oder nur in eine geringer vergütete Stelle möglich ist. Sofern dem Unterhaltsberechtigten lediglich die ehebedingte Einkommensdifferenz als Unterhalt zugesprochen wird, setzt sich der ehebedingte Nachteil mit Renteneintritt in Form der geringeren Rentenanwartschaften fort.[463]

Ein derartiger Nachteil wird jedoch grundsätzlich ausgeglichen, wenn der unterhaltsberechtigte Ehegatte zum Zwecke der freiwilligen Erhöhung seiner Altersrente einen über den Elementarunterhalt hinausgehenden **Altersvorsorgeunterhalt** gemäß § 1578 III BGB zugesprochen erhält oder jedenfalls geltend machen kann.[464] Durch die gemäß § 1578 III BGB bestehende Möglichkeit, Altersvorsorgeunterhalt zu erlangen, kann

---

[456] BGH FamRZ 1981, 140 (142).
[457] BGH FamRZ 1982, 28.
[458] BVerfG FamRZ 2010, 867.
[459] BGH FamRZ 2014, 2192 Rn. 31; 2010, 1633 Rn. 24; zur Prüfungspflicht der Gerichte vgl. OLG Düsseldorf FamRB 2015, 374.
[460] BGH FamRZ 2011, 1721 Rn. 29; 2010, 1633 Rn. 23, 25.
[461] BGH NJW 2018, 2636; BGH FamRZ 2014, 2192 Rn. 36; OLG Karlsruhe FamRZ 2010, 411; AG Pankow/Weißensee FamRZ 2010, 1087.
[462] BGH NJW 2018, 2636 Rn. 14; 2014, 1302 Rn. 19; BGH FamRZ 2013, 109 Rn. 51; 2012, 951; 2011, 138 Rn. 33.
[463] BGH FamRZ 2014, 1276 Rn. 36; 2014, 823 Rn. 18; 2013, 109 Rn. 51.
[464] BGH NJW 2018, 2636 Rn. 8; BGH 2014, 1276 Rn. 47 f.; 2014, 823 Rn. 18; 2013, 109 Rn. 51.

der Unterhaltsberechtigte sogar nachehelich Versorgungsanwartschaften aufbauen, die sich an den ehelichen Lebensverhältnissen orientieren. So wird ihm der Ausgleich auch derjenigen ehebedingten Nachteile ermöglicht, die daraus resultieren, dass er wegen der Rollenverteilung in der Ehe nach Ende der Ehezeit nur geringere Versorgungsanwartschaften erzielen kann, als ihm dies ohne die Ehe möglich gewesen wäre. Im Gegenzug ist der Unterhaltsberechtigte verpflichtet, den Vorsorgeunterhalt zwecksentsprechend zu verwenden.[465] Macht er den Vorsorgeunterhalt nicht geltend, obwohl er einen solchen erlangen könnte, dann ist die hieraus folgende Einbuße bei der Altersvorsorge nicht ehebedingt. Sie beruht dann auf seiner eigenen, bereits im Wissen um das Scheitern der Ehe getroffenen Entscheidung und kann nicht dazu führen, dass aufgrund dieses Unterlassens verminderte Versorgungsanwartschaften als ehebedingter Nachteil einer Herabsetzung und zeitlichen Begrenzung seines Unterhaltsanspruchs entgegenstehen.[466]

Ein ehebedingter Nachteil, der die Befristung des nachehelichen Altersunterhalts im Regelfall ausschließt, kann dem Unterhaltsberechtigten nicht aus dem Verlust seines Unterhaltsanspruchs aus einer früheren Ehe durch die Wiederheirat erwachsen. Denn die Nachteile, die allein durch den Akt der Eheschließung entstanden sind, stellen keine Nachteile dar, die der Unterhaltsberechtigte aufgrund der Rollenverteilung in der Ehe erlitten hat. Der Wegfall des Unterhaltsanspruchs aus erster Ehe tritt vielmehr als vom Gesetz zwingend vorgesehene Rechtsfolge ein.[467]

Es stellt regelmäßig keinen ehebedingten Nachteil iSd § 1578b Abs. 1 BGB dar, wenn sich der Unterhaltsberechtigte während bestehender Ehe Versorgungsansprüche, die für ihn aus der Zeit vor der Ehe stammen, kapitalisiert auszahlen lässt.[468]

Nach Auffassung des OLG Schleswig ist der Umstand, dass die (spätere) Ehefrau vor der Eheschließung mit dem (späteren) Ehemann viele Jahre in nichtehelicher Gemeinschaft zusammen gelebt und sie in dieser Zeit bereits ihre Erwerbstätigkeit aufgegeben und eine Rolle eingenommen hatte, wie sie sich in der späteren Ehezeit fortsetzte, nicht von Bedeutung für die Frage, ob ehebedingte Nachteile vorliegen.[469] Der BGH hat zwar bestätigt, dass eine Arbeitsplatzaufgabe oder ein Arbeitsplatzwechsel keinen ehebedingten Nachteil begründen, wenn sie geraume Zeit vor der Eheschließung erfolgt sind.[470] Allerdings kann sich nach seiner Auffassung ein solcher Nachteil auch aus der Fortsetzung der Rollenverteilung in der Ehe und dem damit verbundenen Verzicht auf eine Erwerbstätigkeit ergeben.[471]

Eine **lange Ehedauer allein** steht einer Herabsetzung und Befristung des Altersunterhalts nicht entgegen, wenn der Bedürftige durch den Versorgungsausgleich eine so hohe Rente erhält, dass alle beruflichen Nachteile durch die Übernahme der Familienarbeit ausgeglichen werden.[472]

Auch wenn eine abschließende Beurteilung der Folgen des § 1578b BGB zum Zeitpunkt der gerichtlichen Entscheidung noch nicht möglich ist, folgt daraus nicht, dass eine Entscheidung darüber vollständig zurückgestellt werden darf. Dass der auf Seiten des Unterhaltsberechtigten entstandene ehebedingte Erwerbsnachteil im späteren Verlauf wieder ausgeglichen oder verringert werden kann, ist kein Grund, von einer **Herabsetzung** des Unterhalts abzusehen.[473] Der Ausgleich von Nachteilen ist der Hauptanwendungsfall der Herabsetzung des Unterhalts nach § 1578b I BGB bis auf den angemessenen Lebensbedarf des Unterhaltsberechtigten. Dieser Bedarf entspricht nach der Rechtsprechung des BGH dem Lebensstandard, den der Unterhaltsberechtigte ohne

---

[465] BGH FamRZ 1987, 684 (686).
[466] BGH FamRZ 2014, 1276 Rn. 47 f.
[467] BGH FamRZ 2012, 197 Rn. 27 f.; a. A. OLG Düsseldorf MDR 2010, 814.
[468] BGH FamRZ 2014, 1276 Rn. 34.
[469] OLG Schleswig NJW 2012, 3655.
[470] BGH FamRZ 2012, 776 Rn. 19; NJW 2013, 1444; 2013, 1447, Rn. 20.
[471] BGH FamRZ 2012, 776 Rn. 19; NJW 2013, 1444; 2013, 1447, Rn. 20; OLG Hamm FamRZ 2014, 777 Rn. 214.
[472] OLG Schleswig NJW 2009, 2223.
[473] BGH NJW 2011, 670 = R 721.

die Eheschließung und die mit der ehelichen Rollenverteilung verbundenen Erwerbsnachteile erreicht hätte.[474]

Näheres zur Befristung → Rn. 1000 ff.

8. Darlegungs- und Beweislast

Der Berechtigte hat die **Darlegungs- und Beweislast** für das Vorliegen der einzelfallbezogenen Umstände, aus denen sich ergibt, dass ihm wegen seines im konkreten Fall maßgeblichen Alters keine Erwerbstätigkeit mehr zugemutet werden kann[475] und dass diese Lage zu dem in Frage kommenden gesetzlichen Einsatzpunkt eingetreten ist.[476] Die Darlegungs- und Beweislast des Berechtigten erstreckt auch auf das Bestehen des Anspruchs zum maßgebenden Einsatzzeitpunkt.[477] 236

Die gestellten Anforderungen an die Darlegungs- und Beweislast dürfen aber nicht überspannt werden, sondern müssen den Umständen des Falles entsprechen,[478] zB zur Frage, ob ungeachtet des erreichten Alters noch eine Beschäftigungschance bestand.[479]

Macht der Unterhaltsschuldner geltend, der Berechtigte müsse über die Regelaltersgrenze hinaus einer Erwerbstätigkeit nachgehen, trägt er die Darlegungs- und Beweislast für die Umstände, die einen solchen Ausnahmefall begründen sollen.[480]

Die für eine **Begrenzung** des Unterhaltsanspruchs sprechenden Umstände hat der Unterhaltsverpflichtete darzulegen und zu beweisen.[481]

V. Unterhalt wegen Krankheit nach § 1572 BGB

1. Normzweck und Anspruchsvoraussetzungen nach § 1572 BGB

Nach § 1572 BGB besteht ein Unterhaltsanspruch wegen Krankheit, wenn und soweit wegen Krankheit oder anderen Gebrechen oder Schwäche der körperlichen oder geistigen Kräfte zu einem maßgeblichen Einsatzzeitpunkt eine Erwerbstätigkeit nicht erwartet werden kann. Einen Unterhaltsanspruch nach § 1572 BGB hat nur derjenige, der **seinen Lebensbedarf** zum maßgeblichen Einsatzzeitpunkt nicht oder nur teilweise infolge Krankheit durch eine angemessene eigene Erwerbstätigkeit **decken kann.** Der Grund für die Anspruchsberechtigung liegt in der **nachehelichen Solidarität.** Denn die nach der Ehe fortwirkende Verantwortung der Ehegatten füreinander erschöpft sich nicht nur im Ausgleich ehebedingter Nachteile. Ein Unterhaltsanspruch wegen Krankheit kann auch dann bestehen, wenn die Krankheit ganz unabhängig von der Ehe und ihrer Ausgestaltung durch die Ehegatten eingetreten ist.[482] Für den Anspruch nach § 1572 BGB ist daher **keine Ehebedingtheit der Unterhaltsbedürftigkeit** bzw. Ehebedingtheit der Erkrankung erforderlich.[483] Die von § 1572 BGB erfasste Bedürfnislage kann auch auf einer bereits vor der Ehe ausgebrochenen und im Zeitpunkt der Scheidung noch bestehenden Erkrankung beruhen. Der Anspruch besteht auch dann, wenn der Verpflichtete im Zeitpunkt der Eheschließung die bei den Berechtigten bereits bestehende Erkrankung nicht kannte (siehe unten Ziffer 6). 237

---

[474] BGH FamRZ 2012, 951; 2011, 1721 Rn. 29; 2011, 1381 Rn. 31; 2010, 2059 Rn. 22 ff. mwN = R 720; NJW 2011, 303 Rn. 35 ff.
[475] Vgl. BGH FamRZ 2005, 1897 (1898) für § 1572 BGB.
[476] BGH FamRZ, 2001, 1291 (1292) = R 564a.
[477] BGH FamRZ, 2001, 1291 (1292) = R 564a.
[478] BGH FamRZ 2005, 1897 (1898) = R 638a.
[479] Vgl. BGH FamRZ 1987, 144 (145).
[480] Palandt/Brudermüller § 1571 Rn. 11.
[481] BGH FamRZ 2010, 1971 Rn. 23 = R 719; OLG Celle FamRZ 2009, 121.
[482] BT-Drs. 16/1830, 18 f.; BGH FamRZ 2010, 1057 Rn. 17; 2009, 406 Rn. 38.
[483] BGH FamRZ 2004, 779 (780); 1996, 1272 (1273) = R 507a; 1994, 566.

Der Krankenunterhalt kann nach § 1579 Nr. 1 BGB und nach § 1578b BGB sowohl zeitlich als auch der Höhe nach begrenzt werden (→ Rn. 260 und → Rn. 261). Ein Anspruch auf Krankenunterhalt kann auch in einem Ehevertrag ausgeschlossen werden.[484] Zur Wirksamkeit von Unterhaltsvereinbarungen und Eheverträgen vgl. → § 6 Rn. 639 ff.

Es bestehen drei Anspruchsvoraussetzungen:
– Vorliegen einer **Krankheit,** eines anderen Gebrechens oder Schwäche der körperlichen oder geistigen Kräfte.
– Aus krankheitsbedingten Gründen ist eine **angemessene Erwerbstätigkeit nicht** oder nur teilweise **zu erwarten.**
– Einer der im Gesetz genannten **Einsatzzeitpunkte** liegt vor.

2. Krankheit, Gebrechen oder geistige Schwäche

238 **a) Begriff der Krankheit.** Der Begriff der Krankheit ist im Gesetz nicht definiert, ebenso wenig die in § 1572 BGB genannten Begriffe Gebrechen und Schwäche der körperlichen und geistigen Kräfte. Für die gebotene weite Auslegung der in der Vorschrift genannten Einschränkungen werden die im Sozialversicherungsrecht (§ 1247 II RVO) und im Beamtenrecht (§ 42 I 1 BBG) entwickelten Grundsätze herangezogen. Krankheit ist nach der Rechtsprechung des BSG ein objektiv fassbarer **regelwidriger Körper- oder Geisteszustand,**[485] der ärztlicher Behandlung bedarf und/oder Arbeitsunfähigkeit zur Folge hat.[486] Regelwidrig ist ein Körper- oder Geisteszustand, wenn er von dem des gesunden Menschen mit funktionellen Auswirkungen abweicht. Nicht unter den Krankheitsbegriff fallen lediglich alterstypische Abnutzungserscheinungen, die regelmäßig auftreten und für die Ausübung einer Erwerbstätigkeit nicht hinderlich sind.[487]

Der Krankheit stehen andere Gebrechen oder Schwächen der körperlichen oder geistigen Kräfte gleich. **Gebrechen** sind alle von der Regel abweichenden körperlichen oder geistigen Zustände, mit deren Dauer für nicht absehbare Zeit zu rechnen ist,[488] wie zB Blindheit, Taubheit, Lähmungen, Körperbehinderungen uÄ. Auch hier reichen körperliche Abnutzungserscheinungen und Unpässlichkeiten nicht aus, selbst wenn sie die allgemeine Vitalität und die Belastbarkeit beeinträchtigen.[489] Gleiches gilt für „Migränoide Spannungskopfschmerzen, Zustand nach Schädelhirntrauma und posttraumatische Kopfschmerzen"; sie reichen nicht aus, um eine Erwerbsunfähigkeit i S des § 1572 BGB zu begründen.[490]

Zur **körperlichen oder geistigen Schwäche** zählen ua vorzeitiger Kräfteverbrauch, Altersabbau, Abnutzungserscheinungen, angeborene geringe Intelligenz, geistige Verkümmerung und Schwachsinn.

Als Gebrechen oder Schwäche in diesem Sinne kommt auch eine **massive, nicht kompensierbare** Persönlichkeitsstörung in Betracht, die durch geringe Vitalität, geringe Ausdauer und Belastbarkeit sowie rasche Erschöpfbarkeit, Konzentrationsschwäche und dergleichen gekennzeichnet ist.[491]

Es ist stets zu prüfen, ob der Kranke eine Verpflichtung hat, seine Krankheit behandeln zu lassen (Einzelheiten siehe unten unter ee).

239 **b) Einzelne Fallgruppen. aa) Suchterkrankungen.** Unter den Krankheitsbegriff des § 1572 BGB fallen auch Suchterkrankungen, namentlich eine **Alkohol-,**[492] **Drogen- oder Medikamentenabhängigkeit,**[493] die zur Folge hat, dass der Betroffene nicht in der

---
[484] OLG Brandenburg FamRZ 2016, 2104.
[485] BGH FamRZ 2010, 1414 (Paranoide Psychose).
[486] ZB BSG NJW 1973, 582 ua.
[487] BGH FamRZ 1984, 353 (356).
[488] BSG NJW 1961, 987.
[489] OLG Bamberg FamRZ 2000, 231 (232).
[490] OLG Jena FamRZ 2007, 2079 (2081).
[491] OLG Bamberg FamRZ 2000, 231 (232).
[492] BGH FamRZ 1984, 353 (356).
[493] BGH FamRZ 1988, 375 (377).

3. Abschnitt: Anspruchstatbestände des nachehelichen Unterhalts **§ 4**

Lage ist, eine Arbeitsstelle einfachster Art über einen nennenswerten Zeitraum hinaus beizubehalten, weil er infolge krankhafter Willensschwäche keine geregelte Erwerbstätigkeit durchhalten kann.[494] Entsprechendes gilt für andere im weiteren Sinne suchtbedingte Erkrankungen, zB für Magersucht, Bulimie, erhebliches Übergewicht.[495]

bb) Depressionen. Auch eine Depression ist eine Krankheit iSd § 1572 BGB.[496] Dabei kommt es nicht darauf an, ob die Depression im Zusammenhang oder als Folge der Trennung oder Scheidung entstanden ist oder schon während der Ehe bestand, sondern darauf, ob es sich um eine massive Depression oder lediglich um eine depressive Verstimmung handelt. Letztere ist in der Regel vorübergehender Natur, gut behandelbar und daher anders als eine schwere, ggf. rezidivierende Depression[497] nicht geeignet, einen Unterhaltsanspruch nach § 1572 BGB zu begründen.[498] **240**

cc) Unterhalts- oder Rentenneurosen. Krank sind auch Personen, die infolge einer seelischen Störung (zB **Neurose**) erwerbsunfähig sind. Darunter fallen auch **Rentenneurosen** (→ § 1 Rn. 791 f.) oder vergleichbare **Unterhaltsneurosen**. In diesen Fällen flüchten sich Unterhaltsberechtigte aus Angst, ihren Renten- oder Unterhaltsanspruch zu verlieren, in eine Krankheit. Eine solche Neurose ist als Krankheit anzusehen, wenn die seelische Störung aus eigener Kraft nicht überwindbar ist. Sofern – idR nach Einholung eines Sachverständigengutachtens – absehbar ist, dass die Rentenablehnung die neurotischen Erscheinungen des Betroffenen abklingen lässt, ist die Rente zu versagen, weil es mit dem Sinn und Zweck der Rente nicht zu vereinbaren ist, dass gerade die Rente den Zustand aufrechterhält, dessen nachteilige Folgen sie ausgleichen soll.[499] Gleiches gilt für die Unterhaltsneurose. Hier ist ein vom Berechtigten nachzuweisender Krankheitswert im Sinn des § 1572 BGB nur anzuerkennen, wenn die seelische Störung so übermächtig ist, dass auch bei einer Unterhaltsversagung keine Erwerbstätigkeit aufgenommen oder ausgeweitet werden wird und auch keine Therapie eine Veränderung dieses Zustands verspricht. Die Flucht in die neurotische Erkrankung darf nicht rechtlich „honoriert" werden. Wegen der Simulationsnähe von Neurosen ist stets Wachsamkeit des Sachverständigen und des Tatrichters geboten.[500] **241**

dd) Kurzfristige vorübergehende Erkrankungen. Auch eine nur vorübergehende heilbare Erkrankung fällt unter den Krankheitsbegriff. Ob ein Anspruch aus § 1572 BGB zeitlich begrenzt werden sollte, wenn die Genesung und die Möglichkeit des Beginns einer den Bedarf deckenden Erwerbstätigkeit hinreichend sicher bestimmbar sind, ist fraglich. Da sich eine ärztliche Prognose nur auf einen bestimmten Zeitraum beziehen kann und der Zeitpunkt einer endgültigen Genesung von den individuellen Besonderheiten des Betroffenen abhängt, kann ein sicherer Endzeitpunkt für den Unterhaltsanspruch gerade nicht mit der erforderlichen Sicherheit bestimmt werden.[501] **242**

Bei kurzfristigen Erkrankungen eines Erwerbstätigen besteht in der Regel ein Anspruch auf **Lohnersatzleistungen** wie Krankengeld uÄ. Soweit und solange diese Leistungen gewährt werden, besteht kein Anspruch nach § 1572 BGB. Auch Unfallrenten haben neben dem Entschädigungscharakter auch Lohnersatzfunktion, so dass sich ihre Zahlung bedarfsmindernd auswirkt.

ee) Obliegenheit zur Inanspruchnahme einer Behandlung. Generell hat ein Betroffener **bei allen Erscheinungsformen einer Krankheit** die Obliegenheit, alle zumutbaren Mitwirkungshandlungen zu unternehmen, um die Krankheit behandeln zu lassen. Der krankheitsbedingt Erwerbsunfähige ist gehalten, selbst das in seiner Person Erforderliche für seine Genesung zu unternehmen, dh aktiv an seiner Genesung mitzuarbeiten. **243**

---

[494] BGH FamRZ 1988, 375 (377).
[495] OLG Köln FamRZ 1992, 65 (66).
[496] BGH FamRZ 2011, 188 Rn. 20.
[497] BGH FamRZ 2010, 1057; OLG Düsseldorf JMBl. NW 2009, 147; OLG Celle FamRZ 2009, 56; OLG Hamm – 13 UF 272/07, BeckRS 2009, 16933.
[498] OLG Hamm FamRZ 1995, 996.
[499] BGHZ 20, 137; BGH FamRZ 1984, 660 (661).
[500] BGH FamRZ 1984, 660.
[501] OLG Hamm FamRZ 1982, 70.

Maßstab für die Obliegenheit sind die im Schadensersatzrecht entwickelten Grundsätze über die Zumutbarkeit einer Behandlung.

Er hat die ärztlichen Verordnungen zu befolgen und muss unter Umständen eine **Diät** einhalten.

Der Anspruchsteller hat sich sogar einer **Operation zu** unterziehen, sofern sie gefahrlos und nicht mit besonderen Schmerzen verbunden ist und eine sichere Aussicht auf Heilung oder wesentliche Besserung bietet.[502]

Ein unter **Depressionen** leidender Unterhaltsgläubiger hat im Rahmen der zu fordernden Bemühungen um einen Therapieplatz in einer Praxis vorzusprechen, dort zu warten und sich darüber hinaus auch an seinen Hausarzt oder die Krankenkasse zu wenden. Er genügt seiner Obliegenheit, sich behandeln zu lassen, nicht, wenn er sich lediglich telefonisch an einen Therapeuten wendet, diesem auf Anrufbeantworter spricht und (vergeblich) auf einen Rückruf wartet.[503]

244 Unterlässt der Unterhaltsgläubiger die notwendigen und zumutbaren therapeutischen Maßnahmen zur Herstellung seiner Erwerbsfähigkeit, so kann darin ein Verhalten liegen, das die Härteregelung des **§ 1579 Nr. 4 BGB** erfüllt. Denn die Bedürftigkeit wird mutwillig herbeigeführt, wenn sich der Kranke in Kenntnis der Unterhaltsfolgen leichtfertig einer sachgemäßen Behandlung entzieht[504] (→ Rn. 260). Das kann der Fall sein bei einem **bewussten Vermeiden ärztlicher Therapie** bei einer neurotischen **Depression**.[505] Der Betroffene muss sich dann im Ergebnis so behandeln lassen, als sei eine Behandlung erfolgreich durchgeführt worden.[506]

Von einem mutwilligen Verhalten kann jedoch nicht ausgegangen werden, wenn der Unterhaltsberechtigte eine Behandlung wegen **fehlender Krankheitseinsicht** verweigert und die hierin zum Ausdruck kommende Fehlhaltung ihrerseits krankheitsbedingt und daher nicht vorwerfbar ist. Eine chronifizierte depressive Störung ist typischerweise mit Antriebsarmut, Initiativlosigkeit, Gefühlen der eigenen Unzulänglichkeit und mangelndem Selbstvertrauen verbunden. Das kann zur Folge haben, dass bei einem an Depressionen erkrankten Patienten nicht dieselben Anforderungen an seine Therapiebemühungen gestellt werden können wie an einen an einer körperlichen Krankheit leidenden Patienten. **Im Einzelfall** kann sogar eine völlige Untätigkeit mit dem spezifischen Krankheitsbild erklärbar und deshalb nicht als unterhaltsbezogene Leichtfertigkeit zu werten sein.[507]

Auch bei Vorliegen einer **suchtbedingten Krankheit** muss sich der Betroffene einer zumutbaren ärztlichen Behandlung unterziehen. Unterlässt er dies, obwohl er in der Lage war, die Erkrankung und ihre Behandlungsbedürftigkeit zu erkennen, kann ein Unterhaltsanspruch nach **§ 1579 Nr. 4 oder Nr. 8 BGB** beschränkt oder versagt werden (→ Rn. 260).

3. Krankheitsbedingte Erwerbsunfähigkeit

245 Nicht jede Krankheit löst einen Unterhaltsanspruch aus. Die Krankheit muss vielmehr ursächlich dafür sein, dass keine Erwerbstätigkeit ausgeübt werden kann, dh, es muss eine krankheitsbedingte Erwerbsunfähigkeit oder Erwerbsminderung vorliegen. Wegen des Zusatzes „soweit" reicht es zur Begründung eines Teilanspruchs aus § 1572 BGB aus, dass krankheitsbedingt nur eine Teilerwerbstätigkeit ausgeübt werden kann oder dass aus gesundheitlichen Gründen die Ausweitung einer Teilzeittätigkeit zu einer Vollerwerbstätigkeit nicht möglich ist.[508]

---

[502] BGH NJW 1994, 1593 zu § 254 BGB.
[503] OLG Hamm FamRZ 2012, 1732.
[504] BGH FamRZ 2003, 848 (853); 1988, 375 (377); 1981, 1042 (1043 f.); OLG Hamm FamRZ 2014, 1027.
[505] OLG Hamm FamRZ 2014, 1027; OLG Hamm FamRZ 1999, 237 (238).
[506] Vgl. auch OLG Köln FamRZ 2009, 887 (fiktive Leistungsfähigkeit bei Kindesunterhalt).
[507] BGH FamRZ 2005, 1897; OLG Hamm FamRZ 2014, 1027.
[508] BGH FamRZ 1988, 265; 1987, 684 (685); 1985, 50.

Der ursächliche Zusammenhang zwischen Krankheit und Nichterwerbstätigkeit ist sorgfältig zu prüfen, um zu verhindern, dass eine medizinisch in Wahrheit nicht gerechtfertigte Untätigkeit auf Kosten des ehemaligen Partners über einen Unterhaltsanspruch finanziert wird.[509] Allerdings sind hypothetisch alternative Kausalverläufe unerheblich. So steht einem Unterhaltsanspruch aus § 1572 BGB daher insbesondere nicht entgegen, dass der Berechtigte auch dann, wenn er gesund geblieben wäre, keine Erwerbstätigkeit ausgeübt, sondern ein Studium aufgenommen hätte.[510]

246

Die nicht mögliche Erwerbstätigkeit muss – wie bei den Ansprüchen aus §§ 1570 und 1571 BGB – angemessen im Sinne von § 1574 II BGB sein. Die inhaltliche Beschränkung der Erwerbsobliegenheit auf eine **angemessene berufliche Beschäftigung** und die gesetzliche Umschreibung der Angemessenheit in § 1574 II BGB tragen zur Konkretisierung der Voraussetzungen des Anspruchs wegen Krankheit nach § 1572 BGB bei.[511]

247

Wenn und solange der Berechtigte infolge der bestehenden Leiden zwar nicht mehr den ursprünglichen Beruf, aber eine andere im Sinne des § 1574 II BGB angemessene Erwerbstätigkeit vollschichtig ausüben kann, hat er keinen Anspruch aus § 1572 BGB, denn der **Zumutbarkeitsmaßstab** ist die angemessene Erwerbstätigkeit.[512] Das Gleiche gilt, wenn krankheitsbedingt nicht die Erwerbsfähigkeit als solche gemindert ist, sondern lediglich eine eingeschränkte Verwendungsmöglichkeit für bestimmte berufliche Tätigkeiten (zB für das Heben von Lasten, für ständig wechselnde Arbeitshaltungen,[513] Büromaschinentätigkeit[514]) besteht. Solche Fälle liegen vor, wenn sich ein Unterhaltsberechtigter trotz der Einschränkungen um eine Vollzeittätigkeit bemüht hat oder hätte bemühen müssen.[515] Auch wenn ein Unterhaltsanspruch aus § 1572 BGB ausscheidet, kann evtl. ein Anspruch auf Aufstockungsunterhalt gemäß § 1573 II BGB bestehen. Ein solcher erfasst aber nur die Differenz zwischen den tatsächlichen oder fiktiven Einkünften aus einer vollschichtigen Tätigkeit und dem vollen Unterhalt nach § 1578 BGB.[516]

248

Auf andere als angemessene Tätigkeiten kann der Kranke nicht verwiesen werden. Wenn nach den Umständen des Einzelfalls krankheitsbedingt nur noch Tätigkeiten in Frage kommen, die nach § 1574 II BGB als nicht angemessen anzusehen sind, entfällt eine Erwerbsobliegenheit.[517]

4. Einsatzzeitpunkte

Ein Anspruch nach § 1572 BGB besteht nur, wenn und soweit eine Erwerbstätigkeit wegen einer **Krankheit oder einer sonstigen Beeinträchtigung** zu bestimmten Einsatzzeitpunkten[518], nämlich Scheidung, Beendigung der Pflege oder Erziehung eines gemeinschaftlichen Kindes, Beendigung der Ausbildung, Fortbildung oder Umschulung oder Wegfall der Voraussetzungen eines Anspruchs nach § 1573 BGB nicht erwartet werden kann. Die Unterhaltstatbestände müssen sich lückenlos aneinander anschließen.

249

Ist im Zeitpunkt der Scheidung wegen Krankheit eine Erwerbstätigkeit nicht zu erwarten, besteht ein **originärer Krankheitsunterhalt.** Bei einem **Anschlussunterhalt** ist zu beachten, dass dieser nur in dem Umfang weiterbesteht, wie er im Zeitpunkt der weggefallenen Tatbestandsvoraussetzungen bestanden hatte.[519] Scheitert ein Krankheitsunterhalt nur am Einsatzzeitpunkt, ist auch § 1576 BGB zu prüfen.[520]

---

[509] BGH FamRZ 1984, 353 (356).
[510] BGH FamRZ 1984, 353 (356).
[511] BGH FamRZ 1983, 144.
[512] BGH NJW-RR 1993, 898 (901); OLG Düsseldorf FamRZ 2003, 683–684.
[513] OLG Dresden FamRZ 1999, 232 (233).
[514] BGH FamRZ 2007, 200 (202).
[515] OLG Düsseldorf FamRZ 2003, 789 (791); OLG Karlsruhe FamRZ 2001, 1615.
[516] OLG Hamm FamRZ 2007, 1106.
[517] BGH FamRZ 1983, 144.
[518] BGH FamRZ 2018. 260 Rn. 12; KG BeckRS 2018, 32624; OLG Celle FamRZ 2016, 1169.
[519] OLG Celle FamRZ 2016, 1169.
[520] BGH FamRZ 1990, 496 (499).

Der Einsatzzeitpunkt soll sich in Ausnahmefällen aus dem Gesichtspunkt des **Vertrauensschutzes** verschieben, wenn der Unterhaltspflichtige den Unterhaltsanspruch nach dem Entfallen seiner Voraussetzungen (zB Beendigung der Kinderbetreuung) weiter erfüllt hat, ohne den Nachweis von Erwerbsbemühungen zu verlangen.[521]

250 **a) Scheidung.** Für das Vorliegen einer Erkrankung im Zeitpunkt der Scheidung ist der Eintritt der **Rechtskraft der Scheidung** maßgebend. Beim Verbundbeschluss kommt es auf die im **Zeitpunkt der letzten mündlichen Verhandlung** bestehenden Verhältnisse an, wenn die bis zum Eintritt der Rechtskraft zu erwartende Entwicklung nicht voraussehbar ist.[522]

251 **aa) Latente Krankheiten.** Gesundheitliche Störungen, die erst **nach der Scheidung** zur Erwerbsunfähigkeit führen, können einen Anspruch nach § 1572 BGB begründen, wenn die Beschwerden schon im Zeitpunkt der Scheidung **latent vorhanden waren** und erst danach ausbrechen. Voraussetzung ist aber nach der obergerichtlichen Rechtsprechung ein naher zeitlicher Zusammenhang zwischen der Scheidung und dem Ausbrechen der latent vorhandenen Erkrankung mit der Folge einer teilweisen oder vollständigen Erwerbsunfähigkeit.[523] Der nahe zeitliche Zusammenhang fehlt, wenn die Erkrankung erst 21 Monate nach der Scheidung ausgebrochen ist[524] oder die Erwerbsfähigkeit sich erstmals 23 Monate nach Scheidung gemindert hat.[525]

252 **bb) Verschlimmerung von Leiden.** Ein Anspruch nach § 1572 BGB kann entstehen, wenn eine im Einsatzzeitpunkt vorhandene Erkrankung des Unterhaltsberechtigten sich in einem nahen zeitlichen Zusammenhang zu dem Einsatzzeitpunkt so verschlimmert, dass eine völlige Erwerbsunfähigkeit eintritt und der Unterhalt noch nicht durch Erwerbstätigkeit nachhaltig gesichert war.[526]

Diese Voraussetzung ist zu bejahen, wenn bereits zum Zeitpunkt der Scheidung oder doch in nahem zeitlichen Zusammenhang mit der Scheidung auf Grund eines Leidens eine **teilweise Erwerbsunfähigkeit** vorgelegen hatte,[527] auch wenn der Berechtigte davon unabhängig noch weitergehend erwerbstätig war. War im Zeitpunkt der Scheidung wegen Krankheit nur eine halbtägige Erwerbstätigkeit möglich und verschlimmert sich in der Folgezeit die Krankheit so sehr, dass nach zwei weiteren Jahren völlige Erwerbsunfähigkeit eintritt, dann ist der spätere völlige Wegfall der Erwerbsfähigkeit noch dem Einsatzzeitpunkt der Scheidung zuzurechnen. Es besteht nach Eintritt der völligen Erwerbsunfähigkeit ein originärer Anspruch auf den vollen eheangemessenen Unterhalt nach § 1572 BGB.[528]

253 Die Auffassung des OLG Hamm,[529] es reiche aus, wenn die Erwerbsunfähigkeit auch zu einem späteren Zeitpunkt eintrete, wenn nur die gesundheitlichen Störungen schon rechtzeitig vorgelegen hätten, ist abzulehnen, denn der BGH verlangt einen nahen zeitlichen Zusammenhang **zwischen Scheidung und Eintritt der Erwerbsunfähigkeit.**[530] Es reicht daher für einen Anspruch nach § 1572 BGB nicht aus, wenn der Berechtigte schon längere Zeit vor Beginn des (vermeintlichen) Unterhaltszeitraumes an degenerativen Wirbelsäulenveränderungen und einem labilen Hypertonus leidet, jedoch bis zum genannten Zeitraum für leichte und mittelschwere berufliche Tätigkeit im Bereich der Büro- oder Verwaltungstätigkeit **vollschichtig** einsetzbar war.[531]

---

[521] BGH FamRZ 1990, 260 (261); 1990, 496 (498); OLG Schleswig FuR 2004, 279.
[522] BGH FamRZ 1983, 144; 1982, 892.
[523] BGH FamRZ 2001, 1291 (1293) = R 564a; OLG Koblenz NJW-RR 2006, 151; OLG Schleswig FuR 2006, 283; OLG Karlsruhe FamRZ 2000, 233.
[524] OLG Koblenz NJW-RR 2006, 151.
[525] BGH FamRZ 2001, 1291 (1293) = R 564a = insoweit bestätigendes Revisionsurteil zu OLG Karlsruhe FamRZ 2000, 233; OLG Celle FamRZ 2016, 1169.
[526] OLG Hamm FamRZ 1999, 230.
[527] BGH FamRZ 1987, 684.
[528] BGH FamRZ 1987, 684; OLG Stuttgart FamRZ 1983, 501.
[529] OLG Hamm FamRZ 2002, 1564.
[530] BGH FamRZ 2001, 1291 (1293) = R 564a.
[531] OLG Schleswig FuR 2004, 282.

3. Abschnitt: Anspruchstatbestände des nachehelichen Unterhalts § 4

Es kann keine Erhöhung des titulierten Unterhalts verlangt werden, falls drei Jahre nach Rechtskraft der Scheidung eine **neue Erkrankung** (Verlust der Funktionsfähigkeit der rechten Hand wegen eines eingeklemmten Nervs) eingetreten ist, auch wenn es sich um die Spätfolge einer Nervenschädigung handelt, derentwegen die Berechtigte bereits vor der Scheidung in ärztlicher Behandlung war.[532]

b) Beendigung der Pflege oder Erziehung eines gemeinschaftlichen Kindes, § 1570 BGB. Bezüglich des Zeitpunkts „Beendigung der Pflege oder Erziehung eines gemeinschaftlichen Kindes" ist entgegen dem missverständlichen Wortlaut dieser Vorschrift nach deren Sinn und Zweck auf den Zeitpunkt abzustellen, in dem die Voraussetzungen für einen auf § 1570 BGB gestützten Anspruch entfallen.[533] Insoweit handelt es sich um einen Anschlussunterhalt. Da das bis zum 31.12.2007 geltende Altersphasenmodell nicht mehr anwendbar ist,[534] ist konkret und individuell auf den Wegfall der Betreuungsbedürftigkeit der Kinder bzw. auf den Wegfall der Verlängerungsgründe für den Unterhalt gemäß § 1570 II BGB abzustellen. 254

c) Beendigung einer Ausbildung, Fortbildung oder Umschulung, § 1575 BGB. Bei einer Erkrankung im Zeitpunkt der Beendigung einer Ausbildung, Fortbildung oder Umschulung nach § 1575 BGB müssen die Voraussetzungen eines Anspruchs nach § 1575 BGB bestanden haben. Die krankheitsbedingte Erwerbsunfähigkeit muss bei Ende der Ausbildung eingetreten sein. Es handelt sich um einen Anschlussunterhalt. 255

d) Wegfall der Voraussetzungen eines Anspruchs nach § 1573 BGB. Der Einsatzzeitpunkt des Wegfalls der Voraussetzungen eines Anspruchs nach § 1573 I BGB wegen Erwerbslosigkeit liegt vor, wenn der Berechtigte bei Ausbruch der Krankheit einen Anspruch auf Erwerbslosigkeitsunterhalt hatte.[535] 256

Bestand im Zeitpunkt der Erkrankung ein Anspruch auf **Aufstockungsunterhalt (§ 1573 II BGB)** und verliert der Berechtigte infolge der krankheitsbedingten Erwerbsunfähigkeit seine Stelle, entfällt der Anspruch auf Aufstockungsunterhalt, der die Ausübung einer angemessenen Erwerbstätigkeit voraussetzt.[536] Ein Anspruch auf Anschlussunterhalt ergibt sich in diesem Fall aus § 1572 Nr. 4 BGB. Dies gilt auch dann, wenn der seit Rechtskraft der Scheidung bestehende Anspruch auf Aufstockungsunterhalt nicht geltend gemacht worden ist und sich der Anspruch auf Krankenunterhalt unmittelbar an den Wegfall der Voraussetzungen für den Aufstockungsunterhalt anschließt. Der Anspruch auf den Teilanschlussunterhalt besteht in Höhe des weggefallen Aufstockungsanspruchs.[537]

e) Bedürftigkeit des Unterhaltsberechtigten/Leistungsfähigkeit des Unterhaltspflichtigen zum Einsatzzeitpunkt. Die **Bedürftigkeit des Berechtigten** zum Einsatzzeitpunkt ist Voraussetzung für einen Unterhaltstatbestand (→ Rn. 111 und 112). 257

Zu beachten ist jedoch, dass lediglich **vorübergehende Unterbrechungen** der Unterhaltskette wegen fehlender Bedürftigkeit des Unterhaltsberechtigten oder mangelnder Leistungsfähigkeit des Unterhaltspflichtigen Unterhaltsansprüchen in der Zeit nach der Wiederherstellung von Bedürftigkeit und Leistungsfähigkeit nicht zwingend entgegen stehen.[538] In den Fällen, in denen bei Eintritt der Bedürftigkeit der Einsatzzeitpunkt gewahrt ist, kommt es daher nicht zwingend zu einer Unterbrechung der Anspruchskette mit der Folge des Entfallens der Anschlussunterhaltsansprüche.[539] Anderes gilt aber in den Fällen, in denen der Berechtigte, zB aufgrund eines hohen eigenen Vermögens, seinen Lebensunterhalt **nachhaltig sichern** konnte (§ 1577 IV BGB).[540]

---

[532] OLG Karlsruhe BeckRS 2011, 05775.
[533] BGH FamRZ 1990, 260 (262).
[534] BGH FamRZ 2011, 791 Rn. 22; 2010, 1880 Rn. 22 = R 716; 2009, 770 (773) = R 704.
[535] BGH FamRZ 1988, 927.
[536] BGH FamRZ 1988, 701.
[537] BGH FamRZ 2018. 260; OLG Celle FamRZ 2016, 1169; OLG Koblenz NJW-RR 2006, 151 (152).
[538] BGH FamRZ 2016, 203 = R 774; OLG Koblenz FamRZ 2016, 1460.
[539] BGH FamRZ 2016, 203 = R 774; OLG Koblenz FamRZ 2016, 1460; OLG Schleswig FuR 2006, 283; OLG München FamRZ 1993, 564.
[540] Vgl. hierzu Finke FamRZ 2016, 205, 206; OLG München FamRZ 1993, 564.

Die **Leistungsfähigkeit des Unterhaltspflichtigen** muss zum Einsatzzeitpunkt (zB Rechtskraft der Ehescheidung) nicht vorliegen. Wenn der Unterhaltspflichtige zum Einsatzzeitpunkt wegen einer Erkrankung oder einer vorübergehenden Arbeitslosigkeit oder sonstiger eheprägender Umstände (zB die Zahlung von Kindesunterhalt in unterschiedlicher Höhe sowie von Rückstandsbeträgen, Begleichung ehebedingter Schulden) nicht oder nur eingeschränkt leistungsfähig war, schließt dies den Unterhaltsanspruch nicht auf Dauer ganz oder teilweise aus.[541]

5. Konkurrenzen

258 Wenn der Berechtigte krankheitsbedingt **vollständig** an einer Erwerbstätigkeit gehindert ist, besteht nur ein Anspruch nach § 1572 BGB, der auf den vollen ehegangemessenen Unterhalt (§ 1578 I 1 BGB) geht,[542] und zwar auch dann, falls der Berechtigte bereits eine Erwerbsunfähigkeitsrente bezieht und ihm daneben ein Wohnwert zuzurechnen ist.[543]

Bei einer krankheitsbedingten **Teilerwerbstätigkeit** erfasst der Anspruch nach § 1572 BGB nach Maßgabe der Rechtsprechung des BGH den Unterhalt nur bis zur Höhe des Mehreinkommens, das der Berechtigte durch eine Vollerwerbstätigkeit hätte erzielen können. Daneben kann ein Anspruch nach § 1573 II BGB bestehen, wenn der Anspruch nach § 1572 BGB zusammen mit den Teilerwerbseinkünften nicht zur Deckung des vollen Unterhalts (§ 1578 I 1 BGB) ausreicht.[544]

259 **Hindert die krankheitsbedingte Einschränkung nicht die Arbeitsfähigkeit** als solche, sondern werden nur die Verwendungsmöglichkeiten an einem Arbeitsplatz eingeschränkt, so dass dennoch eine angemessene Tätigkeit im Sinne des § 1574 II BGB möglich wäre, kommt bei Verletzung der Erwerbsobliegenheit wegen der dann erforderlichen Zurechnung fiktiver Einkünfte nur ein Anspruch auf Aufstockungsunterhalt nach § 1573 II BGB, nicht ein Anspruch nach § 1572 BGB in Betracht.[545] Dasselbe gilt, wenn die vorliegende gesundheitliche Beeinträchtigung zwar eine angemessene Erwerbstätigkeit nicht hindert, aber bestimmte sonst mögliche Tätigkeiten mit höheren Einkommen ausschließt.[546]

Ansprüche nach § 1572 BGB können überlagert sein durch gleichzeitig bestehende Ansprüche nach den §§ 1570, 1571 und 1575 BGB.

6. Beschränkung des Anspruchs nach § 1579 BGB

260 Nach **§ 1579 Nr. 8 BGB** kann eine Unterhaltsbegrenzung in Frage kommen, wenn der Berechtigte bereits vor Eingehung der Ehe über gesicherte Erkenntnisse hinsichtlich seiner Erkrankung verfügte und diese Umstände verschwiegen hat. Der BGH hat die Entscheidung dieser Frage ausdrücklich offengelassen.[547] Keinen objektiven Härtegrund im Sinne des § 1579 Nr. 8 BGB stellt der Umstand dar, dass eine latent bereits vor Eheschließung **vorhandene Erkrankung** sich für die Parteien nicht voraussehbar nach der Trennung chronifiziert hat und zu einer lebenslangen Unterhaltslast führen kann. Wenn auch eine schon vorehelich vorhandene Erkrankung den Unterhaltsanspruch des § 1572 Nr. 1 BGB auslöst, kann sie grundsätzlich nicht gleichzeitig einen „anderen Härtegrund" gemäß § 1579 Nr. 8 BGB darstellen.[548] In einem Fall, in welchem dem Pflichtigen, der nur über

---

[541] OLG Celle FamRZ 2016, 1169; OLG Saarbrücken BeckRS 2016, 14714.
[542] BGH FamRZ 2014, 1276 Rn. 17; 2014, 823 Rn. 10 = R 749a; 2010, 1050 Rn. 41; 2010, 869 Rn. 15; 2009, 406 Rn. 20; 1990, 492.
[543] BGH FamRZ 2010, 869 Rn. 15 = R 712; 2009, 406 Rn. 20; OLG München FamRZ 1997, 295.
[544] BGH FamRZ 2010, 869 Rn. 15 = R 712; 2009, 406 Rn. 20; OLG Hamm – 8 UF 105/12, BeckRS 2014, 06507.
[545] OLG Dresden FamRZ 1999, 232.
[546] BGH FamRZ 1991, 170.
[547] BGH FamRZ 1994, 566; 1981, 1163.
[548] BGH FamRZ 1995, 1405 (1407); 1994, 566; OLG Hamm FamRZ 2006, 707.

3. Abschnitt: Anspruchstatbestände des nachehelichen Unterhalts § 4

bescheidene Einkünfte verfügte, bei Eheschließung Art und Schwere der bereits vorhandenen Erkrankung nicht bekannt war, hat das OLG Karlsruhe eine zeitliche Begrenzung für gerechtfertigt gehalten, obwohl die Berechtigte offenbar nichts verschwiegen hatte.[549] Zu 1579 Nr. 4 BGB siehe oben Rn. 244.

7. Begrenzung des Anspruchs nach § 1578b BGB

Der Anspruch nach § 1572 BGB kann seit dem 1.1.2008 wie jeder andere Anspruch **261** des nachehelichen Unterhalts gemäß § 1578b BGB **zeitlich begrenzt und herabgesetzt werden**. Während sich die zeitliche Begrenzung des Unterhaltsanspruchs nach § 1578b II BGB und die Herabsetzung nach § 1578b I BGB beim Aufstockungsunterhalt maßgeblich nach dem Kriterium des Vorliegens von ehebedingten Nachteilen richten, bereitet die Befristung eines Unterhaltsanspruchs wegen Krankheit nach § 1572 BGB in der Praxis Schwierigkeiten, wenn **keine ehebedingten Nachteile** ersichtlich sind. Hier ist für jeden Einzelfall anhand einer komplexen Abwägung der objektiven Umstände zu entscheiden, wie weit die **nacheheliche Solidarität** des Unterhaltspflichtigen reicht.[550]

Seit Inkrafttreten des Unterhaltsänderungsgesetzes sind zahlreiche unterschiedliche **262** obergerichtliche Entscheidungen zur Befristung von Krankheitsunterhalt ergangen.[551] Der BGH hat erstmals in seinem Urteil vom 26.11.2008[552] auch beim Krankheitsunterhalt nach § 1572 BGB eine Befristung zugelassen. Nach dieser Entscheidung kommt es zunächst darauf an, inwieweit durch die Ehe Nachteile im Hinblick auf die Möglichkeit eingetreten sind, für den eigenen Unterhalt zu sorgen. Eine Erkrankung ist nicht schon deshalb als ehebedingter Nachteil zu betrachten, weil sie während der Ehe eingetreten ist. Beim Krankheitsunterhalt nach § 1572 BGB ist die Krankheit regelmäßig nicht ehebedingt.[553] Auch wenn in vielen Fällen ein Zusammenhang zwischen persönlicher Veranlagung und äußeren Lebensumständen, insbesondere bei ehelichen Konflikten, hergestellt werden kann, und die Auswirkungen auf den Verlauf einer Erkrankung haben kann, lässt sich in der Regel nicht konkret feststellen, dass die aus der Krankheit resultierende Einkommenseinbuße auf den ehelichen Lebensumständen, insbesondere auf der Rollenverteilung in der Ehe (vgl. § 1356 BGB) beruht, mithin einen ehebedingten Nachteil darstellt.[554]

Ehebedingte Nachteile könnten nur dann eintreten, wenn der Unterhaltsberechtigte aufgrund der Rollenverteilung in der Ehe nicht ausreichend für den Fall der **krankheitsbedingten Erwerbsminderung bzw. Erwerbsunfähigkeit vorgesorgt hatte**.[555] Das ist der Fall, wenn wegen der Aufgabe der Erwerbstätigkeit wegen Kindererziehung und Haushaltstätigkeit während der Ehe die Voraussetzungen für eine **Rente wegen voller Erwerbsminderung** nicht erfüllt sind. Denn nach § 43 II Nr. 2 SGB VI haben Versicherte bis zum Erreichen der Regelaltersgrenze nur dann Anspruch auf Rente wegen voller

---

[549] OLG Karlsruhe FamRZ 1998, 751.
[550] BGH FamRZ 2014, 1276 Rn. 56; 2013, 1291 Rn. 23 f.; 2012, 197 Rn. 31; 2010, 629 = R 710.
[551] Vgl. zB OLG Nürnberg FamRZ 2008, 1256; OLG Braunschweig FamRZ 2008, 999; OLG München FamRZ 2008, 1959; OLG Celle FamRZ 2008, 1449; OLG Stuttgart FamRZ 2008, 2208; OLG Frankfurt a. M. FamRZ 2009, 526; OLG Koblenz FamRZ 2009, 427; OLG Celle FamRZ 2009, 56; OLG Düsseldorf JMBl. NW 2009, 147; OLG Köln FamRZ 2009, 429; KG FamRZ 2009, 1153; OLG Bremen NJW 2009, 1976; OLG Schleswig NJW 2009, 1216; OLG Koblenz FamRZ 2010, 379; OLG Düsseldorf ZFE 2009, 347; OLG Dresden FamRZ 2010, 565; OLG Celle FamRZ 2010, 566; OLG Zweibrücken FamRZ 2010, 813; OLG Oldenburg FamRZ 2010, 567 (Krankenvorsorgeunterhalt); OLG Hamm FamRZ 2010, 814; OLG Düsseldorf FamRB 2010, 168; OLG Saarbrücken, NJOZ 2011, 680; OLG Saarbrücken – 6 UF 23/10, BeckRS 2010, 23757; OLG Schleswig NJW-RR 2011, 363.
[552] BGH FamRZ 2009, 406.
[553] BGH FamRZ 2013, 1291 Rn. 22 = R 738c; 2011, 188.
[554] BGH FamRZ 2013, 1291 Rn. 22 = R 738c; 2011, 188.
[555] BGH FamRZ 2013, 1291 Rn. 22 = R 738c; 2011, 188 Rn. 15; 2009, 406 Rn. 34; OLG Stuttgart FamRZ 2011, 906.

Erwerbsminderung, wenn sie in den letzten fünf Jahren vor Eintritt der Erwerbsminderung drei Jahre Pflichtbeiträge für eine versicherte Beschäftigung oder Tätigkeit gezahlt haben.[556]

Insoweit entsprechen sich der Krankheitsunterhalt und der Altersunterhalt nach § 1571 BGB. Der BGH weist jedoch darauf hin, dass der **Ausgleich unterschiedlicher Vorsorgebeträge** vornehmlich Aufgabe des Versorgungsausgleichs ist, durch den die Interessen des Unterhaltsberechtigten regelmäßig ausreichend gewahrt werden.[557]

Es stellt nach Auffassung des BGH regelmäßig keinen ehebedingten Nachteil iSd § 1578b I BGB dar, wenn sich der unterhaltsberechtigte Ehegatte während bestehender Ehe bereits aus der Zeit vor der Ehe für ihn bestehende Versorgungsanrechte kapitalisiert auszahlen lässt.[558]

Ein ehebedingter Nachteil dergestalt, dass der unterhaltsberechtigte Ehegatte nachehelich geringere Versorgungsanrechte erwirbt als dies bei hinweggedachter Ehe der Fall wäre, ist grundsätzlich als ausgeglichen anzusehen, wenn der Ehegatte Altersvorsorgeunterhalt hätte erlangen können.[559]

263 Da es sich bei einer Krankheit und der durch sie bedingten Erwerbsunfähigkeit in der Regel um eine schicksalhafte Entwicklung handelt, ist eine dauerhafte Unterhaltsverantwortung des geschiedenen Ehegatten für das **allein** in zeitlichem Zusammenhang mit der Ehe stehende Krankheitsrisiko nicht ohne weiteres zu rechtfertigen. Für diese Fälle **mangelnder Kausalität** hat der BGH entschieden, dass eine von ehebedingten Nachteilen getrennte Billigkeitsbetrachtung anzustellen ist.[560] Der BGH schließt dies aus der Tatsache, dass der Gesetzgeber mit der Schaffung des Unterhaltsanspruchs wegen Krankheit oder Gebrechen in § 1572 BGB ein besonderes Maß an nachehelicher Solidarität festgeschrieben hat. In den Fällen des Krankheitsunterhalts, in denen die **fortwirkende eheliche Solidarität** den wesentlichen Billigkeitsmaßstab bildet, kommt bei der Abwägung zwischen wirtschaftlicher Eigenverantwortung des Unterhaltsberechtigten und einer nachwirkenden ehelichen Verantwortung den in § 1578b I 3 BGB genannten Umständen besondere Bedeutung zu.[561] Daneben sind aber auch **andere Gesichtspunkte**, die das Verhältnis der Beteiligten betreffen, zu berücksichtigen.[562] Dies sind insbesondere die Dauer der Pflege oder Erziehung gemeinschaftlicher Kinder, die Gestaltung von Haushaltsführung und Erwerbstätigkeit während der Ehe,[563] das Alter des Unterhaltsberechtigten und sonstige Umstände wie zB Schwangerschaft bei der Eheschließung, Bildung, Ausbildung des Unterhaltsberechtigten, Aufgabe der Erwerbstätigkeit und/oder der Berufsausbildung durch den Unterhaltsberechtigten, Vorliegen von außergewöhnlich belastenden ehelichen Lebensumständen, die über das übliche Maß hinausgehen (zB Behinderungen des Partners oder der Kinder, Lebenskrisen), Dauer der Ehe von der Eheschließung bis zur Zustellung des Scheidungsantrags,[564] Grad der wirtschaftlichen Verflechtung der geschiedenen Ehegatten, beiderseitige Einkommens- und Vermögensverhältnisse,[565] durch die Ehe erlangte Vorteile des Unterhaltsberechtigten (Aufbau einer berufliche Stellung durch Zuwanderung,[566] Zugewinnausgleich, Versorgungsausgleich) und schließlich die bisherige Dauer der Unterhaltszahlungen, auch bezüglich des Tren-

---

[556] BGH NJW 2011, 1284; OLG Hamm FamRZ 2015, 1397.
[557] BGH NJW 2018, 2636; BGH FamRZ 2013, 1291 Rn. 22 = R 738c; 2008, 1508 Rn. 25, 2008, 1325 Rn. 42 = R 694.
[558] BGH FamRZ 2014, 1276 Rn. 34.
[559] BGH NJW 2018, 2636 Rn. 8; BGH FamRZ 2014, 1276 Rn. 47 = R 755g; 2014, 823 Rn. 18 = R 749c; 2013, 109.
[560] BGH FamRZ 2013, 1291 Rn. 23; 2012, 197 Rn. 31; 2010, 1414; 2010, 1057; 2009, 1207; 2009, 406; OLG Koblenz NZFam 2017, 373.
[561] BGH FamRZ 2013, 1291 Rn. 26; BT-Drs. 16/1830, 19.
[562] OLG Düsseldorf ZFE 2009, 347.
[563] BGH FamRZ 2013, 1291 Rn. 23 f.; 2012, 197 Rn. 31; 2010, 1057 Rn. 23; OLG Hamm NZFam 2016, 708.
[564] BGH NJW 2011, 300 Rn. 24 und 29; FamRZ 2010, 1057 Rn. 22; KG NZFam 2016, 754.
[565] BGH FamRZ 2011, 713 Rn. 24.
[566] BGH FamRZ 2013, 1291 Rn. 28.

nungsunterhalts[567] und der Umstand, dass der Unterhalt bereits vor dem 1.1.2008 nach der bis Dezember 2007 bestehenden Rechtslage tituliert war.[568]

Zu weiteren Einzelheiten hinsichtlich einer zeitliche Befristung und einer Herabsetzung des Unterhaltsanspruchs sowie auch zu § 36 EGZPO → Rn. 1000 ff.

8. Darlegungs- und Beweislast, Verfahrensrechtliches

Der Berechtigte hat die Darlegungs- und Beweislast für seine krankheitsbedingte Erwerbsunfähigkeit.[569] Er muss im Einzelnen die **Krankheiten**, an denen er leidet, angeben und **vortragen,** inwiefern sich diese auf seine **Erwerbsfähigkeit auswirken** und hierzu Art und Umfang seiner gesundheitlichen Beeinträchtigungen oder Leiden darlegen.[570] Wenn der Anspruchsteller eine **Erwerbsunfähigkeitsrente** wegen voller Erwerbsminderung (§ 43 II SGB VI) bezieht oder dienstunfähig ist (§ 42 BeamtVG), wird dem idR eine **Indizwirkung** für das Vorliegen einer Krankheit iSd § 1572 BGB zugesprochen.[571] Eine Bestätigung einer Minderung der Erwerbsfähigkeit über lediglich 40% wegen degenerativer Veränderungen der Hals- und Lendenwirbelsäule mit Nervenwurzelreizerscheinungen und hierdurch bedingter Migräne sowie wegen psychosomatischer Störungen reicht hierfür jedoch nicht aus; es verbleibt bei der vollen Darlegungs- und Beweislast des Berechtigten für die krankheitsbedingten Erwerbsbeeinträchtigungen.[572] **264**

Zu der Darlegungs- und Vortragslast des Berechtigten gehört auch, dass die entsprechende Lage zu dem in Frage kommenden maßgebenden **Einsatzpunkt** eingetreten ist.[573] Die gestellten Anforderungen an die Darlegungs- und Beweislast dürfen aber nicht überspannt werden, sondern müssen den Umständen des Falles entsprechen,[574] zB zur Frage, ob ungeachtet der vorliegenden krankheitsbedingten Einschränkungen noch eine **Beschäftigungschance** bestand.[575] **265**

Der Unterhalt Begehrende hat die **Beweislast** dafür, dass bei ihm **keine Rentenneurose** vorliegt oder dass seine psychische Abartigkeit so übermächtig ist, dass sie auch bei Anspruchsversagung nicht überwunden werden kann.[576]

Behauptet der Unterhaltspflichtige die **Genesung** des Berechtigten, der krankheitsbedingt eine fehlende Krankheitseinsicht hat, von der schon langjährig bestehenden, schweren Erkrankung (hier Schizophrenie), muss er hierzu substantiiert vortragen, um den Fortbestand der Erkrankung in Zweifel zu ziehen. Der schlichte Verweis auf die Verweigerung der Begutachtung durch den Kranken erfüllt diese Anforderungen nicht.[577]

Das Gericht hat zur Krankheit und der krankheitsbedingten Erwerbsunfähigkeit Feststellungen zu treffen.[578] Verlässt sich ein Unterhaltsberechtigter auf ein **privatärztliches Attest** und unterlässt deshalb eine Erwerbstätigkeit, so tut er dies auf eigenes Risiko. Ist ein in erster Instanz eingeholtes **ärztliches Gutachten** nicht für den gesamten in Frage stehenden Zeitraum aussagekräftig und liegen auch die im Wege des **Urkundenbeweises** verwertbaren Bescheinigungen des behandelnden Arztes bereits längere Zeit zurück, so dass eine abschließende sichere Prognose nicht getroffen werden kann, dann muss auf **266**

---

[567] BGH FamRZ 2012, 772 Rn. 26; 2010, 1414 Rn. 28; vgl. auch Bömelburg, Anm. zu BGH FamRZ 2009, 1207 in FF 2009, 419.
[568] BGH FamRZ 2010, 1414 Rn. 32.
[569] BGH FamRZ 2005, 1897 (1898) = R 638a.
[570] BGH FamRZ 2001, 1291 (1292) = R 564a.
[571] OLG Brandenburg FamRZ 1996, 866 (Rente wegen Querschnittslähmung); OLG Nürnberg FamRZ 1992, 682 (683).
[572] BGH FamRZ 1998, 357.
[573] BGH FamRZ 2007, 200 (202); 2001, 1291 (1292) = R 564a.
[574] BGH FamRZ 2005, 1897 (1898) = R 638a.
[575] Vgl. BGH FamRZ 1987, 144 (145).
[576] OLG Hamburg FamRZ 1982, 762.
[577] BGH FamRZ 2005, 1897 (1898) = R 638a.
[578] BGH FamRZ 1988, 265.

Antrag ein neues **Sachverständigengutachten** darüber eingeholt werden, dass sich die Folgen einer Erkrankung nicht kurzfristig beheben oder nachhaltig bessern ließen.[579]

267 Der Unterhaltspflichtige kann gemäß § 242 BGB von dem Unterhaltsberechtigten über den Umfang und die Dauer der Krankheit **Auskunft** verlangen. Die Auskunft ist in regelmäßigen Abständen zu erteilen, insbesondere in den Fällen, in denen sich der Gesundheitszustand des Berechtigten so verbessert hat, dass er wieder einer teilweisen oder vollen Erwerbstätigkeit nachgehen kann.[580]

VI. Unterhalt wegen Erwerbslosigkeit nach § 1573 I, III, IV BGB

1. Normzweck und Anspruchsvoraussetzungen nach § 1573 I, III, IV BGB

268 In § 1573 BGB sind zwei verschiedene Unterhaltstatbestände erfasst. Der Unterhalt wegen Arbeitslosigkeit nach § 1573 I, III, IV BGB greift ein, wenn ein Ehegatte nach der Scheidung kein Unterhaltsanspruch nach den §§ 1570, 1571 und 1572 BGB hat und trotz notwendiger Bemühungen keine angemessene Erwerbstätigkeit zu finden vermag. Gleiches gilt nach § 1573 III BGB, wenn die Voraussetzungen der §§ 1570, 1571 und 1572 BGB in der Vergangenheit vorlagen und dann entfallen sind; es handelt sich um einen Anschlussunterhalt. Ein solcher Anspruch besteht nach § 1573 IV BGB auch bei späterem Verlust eines Arbeitsplatzes, wenn trotz ausreichender Bemühungen eine nachhaltige Unterhaltssicherung durch eine angemessene Erwerbstätigkeit noch nicht erreicht worden ist. Der Aufstockungsunterhalt nach § 1573 II BGB stellt einen selbstständigen Anspruch zur Sicherung des in der Ehe erreichten Lebensstandards dar. Auch er kann gemäß § 1573 III BGB als Anschlussunterhalt entstehen (siehe Ziffer VI). Im Ergebnis trägt damit der Unterhaltspflichtige das **Arbeitsmarkt- und das Lebensstandardrisiko** des anderen Ehegatten.

269 Bereits nach der bis Dezember 2007 geltenden Rechtslage bestand nach § 1573 V BGB aF die Möglichkeit, die Ansprüche aus § 1573 I bis IV BGB zeitlich zu begrenzen. Tatsächlich war jedoch nach der Rechtsprechung des BGH ab einer gewissen Dauer der Ehe eine Befristung regelmäßig ausgeschlossen und allenfalls unter außergewöhnlichen Umständen zulässig.[581] Von dieser Rechtsprechung ist der BGH erst im Jahr 2006 abgerückt. Seit dem Urteil vom 12.4.2006[582] hat er für die Entscheidung über die Befristung nach § 1573 V BGB aF das hauptsächliche Gewicht auf die mit der Ehe verbundenen (Erwerbs-)Nachteile für den Unterhaltsberechtigten gelegt. Durch die Neugestaltung des Begriffs der angemessenen Erwerbstätigkeit des Berechtigten in § 1574 II BGB, auf die § 1573 I BGB verweist, sowie die Neuregelung des § 1578b BGB, der eine amtliche Prüfung der Begrenzung/Befristung des Unterhaltsanspruchs vorsieht, sind die Fälle einer **dauerhaften Unterhaltsverpflichtung** zurückgegangen.

Der Anspruch nach § 1573 I BGB **muss nicht ehebedingt** sein. Es ist nicht erforderlich, dass der Anspruchsteller vor oder während der Ehe erwerbstätig war oder gerade wegen der Ehe keiner Erwerbstätigkeit nachging. Zur Begründung der unterhaltsrechtlichen Mitverantwortung des anderen Ehegatten genügt es, wenn die Bedürfnislage irgendwie mit der Ehe in Verbindung steht.[583]

2. Subsidiarität und Konkurrenzen

270 **a) Fehlen eines Anspruchs nach §§ 1570, 1571, 1572, 1575, 1576 BGB.** Ein Anspruch nach § 1573 I BGB setzt voraus, dass der Berechtigte keinen Anspruch wegen

---

[579] BGH FamRZ 1985, 50; 1982, 779 (781).
[580] OLG Schleswig FamRZ 1982, 1018.
[581] BGH FamRZ 2004, 1357 (1360); 1991, 307 (310); 1990, 857 (859).
[582] BGH FamRZ 2006, 1006; vgl. zur Rechtsentwicklung Dose FamRZ 2007, 1289 (1294).
[583] BGH FamRZ 1980, 126.

Kindesbetreuung (§ 1570 BGB), wegen Alters (§ 1571 BGB) oder wegen Krankheit (§ 1572 BGB) hat, dh, das Bestehen eines solchen Anspruchs **schließt** einen Anspruch nach § 1573 I BGB aus.[584]

Diese **Subsidiarität** des § 1573 I BGB hat zur Folge, dass bei Vorliegen der Voraussetzungen einer vorrangigen Norm auch keine Teilansprüche nach § 1573 I BGB bestehen können.

Da § 1573 I BGB stets eine Erwerbsobliegenheit voraussetzt, die bei Ansprüchen nach §§ 1575 und 1576 BGB fehlt, sind auch Ansprüche nach §§ 1575 und 1576 BGB vorrangig gegenüber den Ansprüchen nach § 1573 BGB.

b) Konkurrenzen. Ein Anspruch auf Aufstockungsunterhalt nach § 1573 II BGB setzt **271** voraus, dass der Unterhaltsberechtigte eine vollschichtige angemessene Erwerbstätigkeit ausübt oder ihn eine entsprechende Obliegenheit trifft. Vermag der Unterhaltsberechtigte eine solche Tätigkeit nicht zu erlangen, ergibt sich sein Unterhaltsanspruch zum Teil aus § 1573 I BGB – Erwerbslosigkeitsunterhalt.[585]

Der Anspruch nach § 1573 I BGB wandelt sich in einen Anspruch auf **Aufstockungsunterhalt** (§ 1573 II BGB), wenn der Berechtigte eine Arbeitsstelle findet, aber mit den Einkünften aus dieser angemessenen Erwerbstätigkeit seinen vollen eheangemessene Unterhalt (§ 1578 I 1 BGB) nicht decken kann.[586]

Statt eines Anspruchs nach § 1573 I BGB besteht ein Anspruch auf Aufstockungsunterhalt nach § 1573 II BGB, wenn der Berechtigte seiner Erwerbsobliegenheit durch die Ausübung einer ihm nach Art und Umfang angemessenen Erwerbstätigkeit nachgeht, was im Einzelfall auch eine Teilzeitbeschäftigung sein kann, mit den Einkünften aber seinen vollen Unterhalt nicht decken kann.[587]

Ein Anspruch auf Aufstockungsunterhalt (§ 1573 II BGB) besteht auch dann, wenn sich der Berechtigte nicht in ausreichendem Maß um eine angemessene Erwerbstätigkeit bemüht hat und ihm deshalb **erzielbare Einkünfte fiktiv** zugerechnet werden, die aber seinen vollen Unterhalt nicht decken.[588]

3. Der Unterhaltsberechtigte findet keine angemessene Erwerbstätigkeit

Ein Anspruch nach § 1573 I BGB setzt voraus, dass der Unterhalt Begehrende aus **272** Gründen der Arbeitsmarktlage nach der Scheidung keine angemessene Erwerbstätigkeit findet.[589]

Ein Anspruch nach § 1573 I BGB besteht nicht, solange der Berechtigte eine angemessene Erwerbstätigkeit ausübt. Dies gilt auch, wenn zwar der künftige Verlust des bisherigen Arbeitsplatzes bereits feststeht, aber der genaue Zeitpunkt des Verlustes noch nicht bekannt ist. Außerdem steht nicht fest, dass der Berechtigte keine angemessene neue Erwerbstätigkeit finden wird. In Fällen, in denen sich die künftige Entwicklung der maßgeblichen Verhältnisse nicht mit hinreichender Sicherheit voraussehen lässt, ist es angemessen, nur die im Zeitpunkt der letzten mündlichen Verhandlung bestehenden Verhältnisse zugrunde zu legen und es den Beteiligten zu überlassen, bei anderweitiger Entwicklung der Verhältnisse ein Abänderungsverfahren nach §§ 238, 239 FamFG durchzuführen.[590]

Bei der nach § 1573 I BGB zu suchenden Erwerbstätigkeit muss es sich um eine **273** **angemessene** Erwerbstätigkeit im Sinn der Legaldefinition des § 1574 II BGB handeln. Diese inhaltliche Beschränkung der Erwerbsobliegenheit auf eine angemessene berufliche Beschäftigung und die gesetzliche Umschreibung tragen damit – wie beim Altersunterhalt – zur Konkretisierung der Voraussetzungen des Erwerbslosigkeitsunterhalts bei.[591]

---

[584] BGH FamRZ 1999, 708 (709); 1988, 927.
[585] BGH NJW 2011, 303; FamRZ 1988, 265.
[586] BGH FamRZ 1988, 265; 1985, 908.
[587] BGH FamRZ 2014, 1098 Rn. 9; 1985, 908.
[588] BGH FamRZ 2001, 1291 (1294); 1990, 499; 1988, 927 (929); 1985, 908; ferner 1986, 553 (555).
[589] BGH FamRZ 1988, 927; 1988, 265.
[590] BGH FamRZ 1984, 988.
[591] BGH FamRZ 1983, 144.

Die Beurteilung, welche Art von Erwerbstätigkeit in diesem Sinn angemessen ist, obliegt dem Tatrichter, der dazu alle in Frage kommenden Umstände des konkreten Einzelfalls festzustellen und umfassend abzuwägen hat.[592]

Nach dem Maßstab des § 1574 II BGB ist auch zu beurteilen, ob umfangmäßig – wie in der Regel – eine **volle Erwerbstätigkeit** angemessen ist **oder** auf Grund einer Abwägung aller Umstände nur eine **Teilerwerbstätigkeit** in Frage kommt.[593]

Die ehelichen Lebensverhältnisse, die nach § 1574 II BGB die Angemessenheit einer zumutbaren Erwerbstätigkeit mitbestimmen, sind regelmäßig unter Einbeziehung der gesamten Entwicklung bis zur Rechtskraft der Scheidung zu beurteilen.[594] Dabei ist nach § 1574 II 1 BGB zu beachten, dass sich aus den ehelichen Verhältnissen bezüglich der Zumutbarkeit einer Tätigkeit nur noch ein **Korrektiv** in Form einer Billigkeitsabwägung ergibt. Es ist Sache des Berechtigten ggf. darzulegen und nachzuweisen, dass für ihn die Ausübung einer an sich erreichbaren Erwerbstätigkeit im konkreten Fall auf Grund der ehelichen Lebensverhältnisse unzumutbar ist.[595]

Zur Bestimmung der angemessenen Erwerbstätigkeit im Sinne des § 1574 II BGB → Rn. 139 ff.

4. Notwendige Bemühungen um eine angemessene Erwerbstätigkeit

274 **a) Art und Umfang der Bemühungen.** Der geschiedene Ehegatte ist wegen der bestehenden Erwerbsobliegenheit verpflichtet, genügend intensive, ernsthafte und nachhaltige Bemühungen zur Erlangung einer angemessenen Erwerbstätigkeit zu entfalten.[596] An diese Bemühungen werden strenge Anforderungen gestellt. Eine schlichte Meldung bei der Agentur für Arbeit reicht nicht aus;[597] ebenso wenig eine **Bewerbung** ohne konkreten Bezug zu einer Stellenausschreibung, mithin „ins Blaue" hinein.[598] Gleiches gilt für die schlichte Berufung auf die Tatsache, dass Hartz IV-Leistungen bezogen werden.[599] Die den §§ 35 ff. und § 121 SGB III enthaltenen Vorschriften über die Anforderungen an die Arbeitsvermittlung und die Zumutbarkeitsanforderungen für den Arbeitsuchenden umschreiben **Mindestanforderungen,** die auch für die unterhaltsrechtliche Beurteilung von Arbeitsbemühungen herangezogen werden können.[600]

275 Der Unterhaltsberechtigte muss zur Erfüllung seiner Obliegenheit auch **eigene Bemühungen** anstellen und selbst aktiv werden, zB durch eine Schaltung von **eigenen Inseraten** in Zeitungen oder Internetportalen, Anfrage bei Arbeitgebern, Vermittlungsagenturen oder in Job-Portalen (→ § 1 Rn. 782 ff.).

Der Umkreis der Arbeitsuche richtet sich nach den Verhältnissen des Einzelfalls. Grundsätzlich muss die Bereitschaft zu einem Ortswechsel bestehen. Bei vorhandenen und unterhaltsrechtlich anzuerkennenden **örtlichen Bindungen** (zB bei eigener Kinderbetreuung oder einem Umgangsrecht) reicht es aus, wenn der Berechtigte sich auf Arbeitsplätze bewirbt, die von seinem Wohnort aus mit einem vertretbaren Aufwand erreichbar sind.[601]

Auf **Stellenanzeigen** hat er sich in geeigneter Form, in der Regel schriftlich, gegebenenfalls auch persönlich oder telefonisch zu bewerben. Die Art und die Form der Bewerbungen müssen den persönlichen Kenntnissen, Fertigkeiten und Fähigkeiten des Berechtigten entsprechen. Sie dürfen nicht fehlerhaft[602] oder so gestaltet sein, dass damit eine Absage provoziert wird.

---

[592] BGH FamRZ 1987, 795 (797); 1984, 561.
[593] BGH FamRZ 1985, 908; OLG Brandenburg NZFam 2014, 1004.
[594] BGH FamRZ 1984, 561.
[595] BT-Drs. 16/1830, 17.
[596] OLG Brandenburg NZFam 2014, 1004.
[597] BGH FamRZ 2012, 517 Rn. 30.
[598] OLG Nürnberg FamRZ 2009, 345.
[599] OLG Brandenburg FamRZ 2007, 2014.
[600] Büttner FF 2003, 192.
[601] BGH FamRZ 2009, 314 Rn. 25 = R 701.
[602] OLG Brandenburg FamRZ 2006, 341.

Bei einer vollschichtigen Erwerbsobliegenheit hat der Berechtigte grundsätzlich die gesamte Arbeitskraft der Stellensuche zu widmen.[603] Zumutbar sind im Einzelfall bis zu **30 Bewerbungsschreiben** pro Monat.[604] Die Bewerbungsbemühungen sind sorgfältig und in nachprüfbarer Form zu **dokumentieren.** Dazu gehören insbesondere die Stellenausschreibungen, die Bewerbungsschreiben und die Absagen.[605]

Die Erwerbsbemühungen müssen sich auf eine entsprechend entlohnte Arbeitsstelle im erlernten Beruf erstrecken. Übt der Berechtigte eine gering bezahlte, für ihn berufsfremde Teilzeittätigkeit aus, lässt sich das für ihn bei Vollerwerbstätigkeit erzielbare Einkommen nicht ohne weiteres durch Hochrechnung dieses Verdienstes ermitteln.[606] Auch bei einer **sicheren Teilzeitarbeitsstelle** besteht grundsätzlich die Obliegenheit, sich um eine Vollzeitbeschäftigung durch eine Ausweitung der Tätigkeit bei dem bisherigen Arbeitgeber oder durch Annahme einer vollschichtigen Tätigkeit bei einem anderen Arbeitgeber zu bemühen.[607]

276

Übergangsweise kann es jedoch ausreichen, wenn neben einer krisenfesten Teilzeitbeschäftigung oder einer noch im Aufbau befindlichen selbstständigen Erwerbstätigkeit eine **zusätzliche Nebentätigkeit** (zB ein Mini-Job) ausgeübt wird.[608] Denn auch die Ausübung von zwei Teilzeitbeschäftigungen kann grundsätzlich eine angemessene Erwerbstätigkeit iSv §§ 1573 I, 1574 BGB sein.[609] Das Risiko, das sich dadurch ergibt, dass ein Ehegatte aufgrund der bestehenden Obliegenheit eine sichere Teilzeittätigkeit zu Gunsten einer ungesicherten Vollzeittätigkeit aufgibt, die dann jedoch ohne Verschulden des Berechtigten arbeitgeberseitig gekündigt wird, trägt der Unterhaltspflichtige.

Ein Arbeitsloser, dessen Vermittlung in eine Vollzeitbeschäftigung ohne sein Verschulden erfolglos bleibt, kann verpflichtet sein, eine mögliche Neben- oder Teilzeitbeschäftigung aufzunehmen.[610]

b) Bestehen einer realen Beschäftigungschance. Objektiv muss nach den jeweiligen Arbeitsmarktverhältnissen eine reale Beschäftigungschance bestanden haben.[611] Die **objektive Feststellung** einer realen Beschäftigungschance obliegt tatrichterlicher Würdigung.[612] Sie hängt ab von den jeweiligen Verhältnissen auf dem Arbeitsmarkt sowie von den persönlichen Eigenschaften und Verhältnissen des Arbeitsuchenden, wie zB Alter, Ausbildung, Berufserfahrung, Gesundheitszustand uÄ. Für die Frage der realen Beschäftigungschance ist nicht auf den Zeitpunkt der ersten tatsächlichen Bewerbungsbemühungen, sondern darauf abzustellen, ob eine solche bestanden hätte, wenn der Berechtigte von Anfang an, dh von Beginn seiner Erwerbsobliegenheit an, dieser genügt hätte.[613] Sofern der Unterhaltsberechtigte durch seine unzureichende Eigeninitiative die Chance einer stufenweisen beruflichen Eingliederung hat verstreichen lassen, darf sich dies nicht zu Lasten des Unterhaltspflichtigen auswirken.[614]

277

Zweifel an der Ernsthaftigkeit seiner Bewerbungsbemühungen gehen **zu Lasten des Berechtigten.**[615] Hat er keine ausreichenden Bewerbungsbemühungen dargelegt, kann im Regelfall nicht ausgeschlossen werden, dass er eine angemessene Stelle gefunden hätte. Auch wenn die Arbeitsplatzsuche im speziellen Fall erschwert ist, kann nur ausnahmsweise

---

[603] BGH FamRZ 2006, 317.
[604] BGH FamRZ 1987, 144 (145); OLG Koblenz FamRZ 2000, 313.
[605] OLG Nürnberg FamRZ 2009, 345.
[606] OLG Köln FamRZ 2005, 1097 (1098).
[607] BGH FamRZ 2012, 1483 Rn. 22.
[608] OLG Köln FamRZ 2002, 1627; OLG Frankfurt a. M. FamRZ 2000, 25.
[609] BGH FamRZ 2012, 1483 Rn. 24.
[610] Vgl. OLG Köln – 4 UF 230/03, BeckRS 2008, 26145 für den Pflichtigen.
[611] BGH FamRZ 2012, 517 Rn. 30; 2011, 1851 Rn. 13 f.
[612] BGH FamRZ 2012, 517 Rn. 37; 2011, 1851 Rn. 13; vgl. 2008, 2104 Rn. 20 ff. = R 696.
[613] BGH FamRZ 2008, 2104 Rn. 23 = R 696.
[614] BGH FamRZ 2008, 2104 Rn. 23 = R 696.
[615] BGH FamRZ 2008, 2104 Rn. 24 = R 696; 1988, 604; 1987, 912 (962); 1987, 691; 1987, 144; 1986, 885.

278 **c) Beginn der Obliegenheit.** Aus dem Wortlaut des Gesetzes ergibt sich der Zeitpunkt, von dem an die Arbeitsplatzsuche beginnen muss, nicht. Mit dem Begriff „nach der Scheidung" ist lediglich der Einsatzzeitpunkt verdeutlicht, dh, dass der Anspruch aus § 1573 I BGB erst nach der Scheidung beginnt. Die Frage des Einsetzens der Bewerbungsbemühungen hängt von den Umständen des Einzelfalles ab. Dabei ist eine **Interessenabwägung** unter Einbeziehung aller Umstände erforderlich.[617]

Ein Anspruch nach § 1573 BGB kann nicht in jedem Fall deshalb versagt werden, weil der Berechtigte sich **nicht sofort nach** der **Trennung** intensiv um eine Erwerbstätigkeit im Rahmen seiner beruflichen Vorbildung **bemüht** hat, sondern erst ½ Jahr später eine Ausbildung als Altenpfleger begonnen hat. Denn für eine Erwerbsobliegenheit während der Ehe bestehen nach § 1361 II BGB andere Voraussetzungen als für eine Erwerbsobliegenheit nach der Scheidung. Zudem steht es dem Berechtigten grundsätzlich frei, die Art seiner ihm zuzumutenden Erwerbstätigkeit selbst zu bestimmen. Liegt die **Trennung** der Ehegatten jedoch bereits **längere Zeit zurück** und steht die Scheidung der Ehe unmittelbar bevor, kann bereits während der Trennungszeit eine Erwerbsobliegenheit bestehen.[618] Angesichts der durch das Unterhaltsrechtsänderungsgesetz 2007 hervorgehobenen gesteigerten Eigenverantwortung kann im Einzelfall von dem Unterhaltsberechtigten sogar verlangt werden, bereits nach der **Verfestigung der Trennung** und spätestens mit **Rechtshängigkeit eines Scheidungsantrags** intensive Bewerbungsbemühungen zu entfalten.[619]

Wenn und soweit der Unterhaltspflichtige ohne Berufung auf eine bestehende Erwerbsobliegenheit des Berechtigten den Unterhalt über längere Zeit hinweg vorbehaltlos gezahlt hat, ist er gehalten, dem unterhaltsberechtigten Ehegatten wegen des von ihm geschaffenen **Vertrauenstatbestandes** einen angemessenen Zeitraum für die Bemühungen um eine iSd § 1574 I, II BGB angemessene Erwerbstätigkeit zu gewähren.

5. Ausbildungsobliegenheit

279 Kommen nach den Umständen des Falles auf Grund der Vorbildung oder aus sonstigen Gründen, zB wegen der Unmöglichkeit, aus gesundheitlichen Gründen den erlernten oder in der Ehe ausgeübten Beruf weiter auszuüben, gegenwärtig nur Erwerbstätigkeiten in Betracht, die nicht angemessen sind, dann tritt nach § 1574 III BGB an die Stelle der Erwerbsobliegenheit iSd § 1573 I BGB eine **Obliegenheit** des geschiedenen Ehegatten, **sich ausbilden, fortbilden oder umschulen** zu lassen.[620] Diese Obliegenheit ist von dem Ausbildungsunterhalt des § 1575 BGB zu unterscheiden. Anders als bei § 1575 BGB ist es bei § 1574 III BGB nicht erforderlich, dass mit der Ausbildung, Fortbildung oder Umschulung ehebedingte Ausbildungsnachteile ausgeglichen werden sollen. Voraussetzung für die Ausbildungsobliegenheit ist lediglich, dass dies zur Aufnahme einer angemessenen Erwerbstätigkeit erforderlich ist und ein erfolgreicher Abschluss der Ausbildung, Fortbildung oder Umschulung innerhalb einer angemessenen Zeit[621] zu erwarten ist.[622] Für die Regelzeit der Ausbildungsdauer besteht dann keine Erwerbsobliegenheit. Einzelheiten zur Ausbildungsobliegenheit und zum Ausbildungsunterhalt nach § 1574 III BGB → Rn. 328 ff.

---

[616] Vgl. OLG Köln BeckRS 2005, 30349120.
[617] OLG Brandenburg FamRZ 2008, 1952.
[618] BGH FamRZ 1990, 283 (286).
[619] OLG Brandenburg FamRZ 2008, 1952.
[620] BGH FamRZ 1994, 372; 1993, 789.
[621] BGH FamRZ 1980, 126.
[622] BGH FamRZ 1987, 795 (797); 1986, 1085; 1984, 561.

6. Folgen einer Verletzung der Obliegenheit aus §§ 1573 I, 1574 III BGB

Kommt ein geschiedener Ehegatte seiner Obliegenheit zur Ausübung einer Erwerbstätigkeit nicht oder nicht in ausreichendem Umfang nach, weil er eine ihm nach §§ 1571 I, 1574 II BGB obliegende Tätigkeit nicht aufnimmt, ist er in Höhe der hieraus erzielbaren Einkünfte als nicht bedürftig anzusehen. Das hat zur Folge, dass sich der geschiedene Ehegatte das erzielbare Einkommen fiktiv **zurechnen lassen muss** (→ § 1 Rn. 773 ff).[623] Können nur erzielbare Einkünfte fiktiv zugerechnet werden, die den **Bedarf nicht decken,** kann ein Anspruch auf Aufstockungsunterhalt nach § 1573 II BGB in Frage kommen.[624] 280

Gleiches gilt, wenn der Berechtigte eine Aus- bzw. Fortbildungsobliegenheit nach § 1574 III BGB verletzt. Der Berechtigte muss sich in letzterem Fall ggf. auf eine nicht angemessene Tätigkeit verweisen lassen.[625]

Genügt der Unterhaltsberechtigte nach der Scheidung aufgrund einer vorbehaltlosen Vereinbarung mit dem Unterhaltsschuldner seiner Erwerbsobliegenheit, kann ihm im Rahmen einer späteren Billigkeitsprüfung nach § 1578b BGB für die Vergangenheit nicht vorgehalten werden, er hätte konkrete Bewerbungsbemühungen entfalten müssen, um den jetzt eingetretenen ehebedingten Nachteil zu kompensieren.[626]

7. Maßgebliche Einsatzzeitpunkte

Scheitert ein **vorrangiger Anspruch** nach §§ 1570, 1571, 1572, 1575 und 1576 BGB nur daran, dass die Anspruchsvoraussetzungen nicht zum maßgeblichen Einsatzzeitpunkt vorliegen, dann fehlt grundsätzlich auch ein Einsatzzeitpunkt für einen Anspruch nach § 1573 I BGB. 281

Ein Anspruch nach § 1573 I BGB besteht nur, wenn der Betroffene zu bestimmten Einsatzzeitpunkten keine eheangemessene Arbeit hat. Beim **Anschlussunterhalt** ist zu beachten, dass dieser nur in dem Umfang weiterbesteht, wie er im Zeitpunkt des wegfallenden Vortatbestandes bestanden hatte.

a) Scheidung. Nach dem Gesetzeswortlaut „nach der Scheidung" ist der Einsatzzeitpunkt des originären Erwerbslosigkeitsunterhalts nicht so eng an den Zeitpunkt der Scheidung gebunden wie bei den Unterhaltstatbeständen der §§ 1571 Nr. 1 und 1572 Nr. 1 BGB, deren Voraussetzungen „im Zeitpunkt der Scheidung" bzw. „vom Zeitpunkt der Scheidung an" gegeben sein müssen. Andererseits ist „nach der Scheidung" nicht als zeitlich unbegrenzt zu verstehen. Vielmehr muss zumindest noch ein zeitlicher Zusammenhang mit der Scheidung bestehen. Nach etwa eineinhalb Jahren nach der Scheidung besteht ein solcher zeitlicher Zusammenhang mit der Scheidung nicht mehr.[627] 282

Das OLG Oldenburg hält den **erforderlichen zeitlichen Zusammenhang** bereits ein Jahr nach der Scheidung für unterbrochen. Danach entfällt ein originärer Anspruch nach § 1573 I BGB, wenn sich der Betroffene im ersten Jahr nach der Scheidung nicht ausreichend um eine angemessene Erwerbstätigkeit bemüht hat und der Unterhaltsbedarf durch erzielbare Einkünfte aus einer zumutbaren Erwerbstätigkeit hätte gedeckt werden können. Der weggefallene Anspruch lebt auch nicht wieder auf, wenn sich der Berechtigte später in unterhaltsrechtlich gebotenem Maß um eine Arbeitsstelle bemüht. Solche verspäteten Anstrengungen sind nicht zum Einsatzzeitpunkt „nach der Scheidung" erfolgt und dienen deshalb nicht mehr der Behebung einer ehebedingten Bedürfnislage, sondern der Beseitigung einer durch langfristige Untätigkeit selbst verursachten Bedürfnissituation.[628] 283

Ein Sonderproblem stellt sich, wenn der **Unterhalt zum Zeitpunkt der Scheidung** durch eine angemessene Erwerbstätigkeit **nachhaltig gesichert** war, aber der Arbeitsplatz 284

---

[623] BGH FamRZ 2013, 274 Rn. 23; 2013, 109 Rn. 35; OLG Brandenburg NZFam 2014, 1004.
[624] BGH FamRZ 1988, 927 (929).
[625] BGH FamRZ 1986, 553.
[626] BGH FamRZ 2013, 274 Rn. 21.
[627] BGH FamRZ 1987, 684 (687).
[628] OLG Oldenburg FamRZ 1986, 64.

wenige Tage nach der Scheidung verloren geht. Zum Zeitpunkt der Scheidung bestand dann kein Anspruch nach § 1573 I BGB. Nach Meinung des OLG Bamberg entsteht ein solcher Anspruch auch trotz des wenige Tage nach Scheidung eingetretenen Arbeitsplatzverlustes nicht, weil Anspruchsvoraussetzung vorbehaltlich der besonderen Regelung in § 1573 IV BGB (fehlende nachhaltige Sicherung) sei, dass der geschiedene Ehegatte zum Zeitpunkt der Scheidung keine angemessene Erwerbstätigkeit ausgeübt habe.[629] Dies erscheint zweifelhaft, da der erforderliche zeitliche Zusammenhang für den Anspruch § 1573 I BGB jedenfalls wenige Tage nach Scheidung noch vorliegen dürfte. So hat der BGH[630] in einem Fall, bei dem die klagende Ehefrau zum Zeitpunkt der Scheidung bereits berufstätig war, den Anspruch nach § 1573 I BGB allein mit der Begründung verneint, dass die Erwerbslosigkeit erst über 2 Jahre nach der Scheidung eingetreten sei und damit der zeitliche Zusammenhang mit der Scheidung fehle, die Sache aber aufgehoben und zur Prüfung zurückverwiesen, ob wegen des eventuellen Anspruchs nach § 1573 IV BGB die kurze Zeit vor Scheidung aufgenommene Tätigkeit im Zeitpunkt ihrer Aufnahme bereits eine nachhaltige Unterhaltssicherung dargestellt habe. Allerdings trifft zu, dass der zeitliche Zusammenhang der anschließenden Erwerbslosigkeit mit der Scheidung im Fall nachhaltiger Sicherung des Unterhalts zum Scheidungszeitpunkt nur bei verhältnismäßig kurzen Zeiträumen bestehen kann, weil sonst der Zweck des § 1573 IV BGB verfehlt würde, dem Pflichtigen nicht das Erwerbsrisiko des Berechtigten aufzubürden.

285   b) **Wegfall der Voraussetzungen eines Anspruchs nach § 1570 BGB.** Der Einsatzzeitpunkt „Wegfall des Anspruchs nach § 1570 BGB" ist zu bejahen, wenn der Berechtigte wegen des Alters des Kindes durch dessen Betreuung nicht mehr an der Aufnahme einer Vollerwerbstätigkeit gehindert wird, aber wegen der Arbeitsmarktlage keine Erwerbstätigkeit findet. Hierbei handelt es sich um einen Anschlussunterhalt.

286   c) **Wegfall der Voraussetzungen eines Anspruchs nach § 1571 BGB.** Der Einsatzzeitpunkt „Wegfall eines Anspruchs nach § 1571 BGB" spielt praktisch keine Rolle, denn es kann nicht angenommen werden, dass ein berechtigter Anspruch auf Altersunterhalt später nochmals wegfallen wird, wenn der Betreffende noch älter geworden ist. Ein Unterhalt wegen vorzeitigen Alterns, der bei einer späteren Genesung wieder entfallen könnte, ist kein Altersunterhalt, sondern ein Krankheitsunterhalt.

287   d) **Wegfall der Voraussetzungen eines Anspruchs nach § 1572 BGB.** Der Einsatzzeitpunkt „Wegfall eines Anspruchs nach § 1572 BGB" liegt vor, wenn der Berechtigte wieder gesund wird und deshalb erneut arbeiten kann, aber keine angemessene Arbeit findet. Es ist ein Anschlussunterhalt.

Der Einsatzzeitpunkt des „Wegfalls eines Ausbildungsunterhalts" liegt vor, wenn der Betreffende nach Beendigung einer berechtigten Ausbildung keine angemessene Erwerbstätigkeit findet. Es ist ein Anschlussunterhalt.

8. Umfang des Anspruchs

288   Der Anspruch nach § 1573 I BGB umfasst in der Regel **den vollen** eheangemessenen **Unterhalt** (§ 1578 I 1 BGB). Geht der Berechtigte zwar einer der Art nach angemessenen Teilzeitbeschäftigung nach, nicht aber einer ihm zumutbaren Vollzeitbeschäftigung, weil er aus Gründen der Arbeitsmarktlage noch keine vollschichtige Arbeit gefunden hat, so hat er nach § 1573 I BGB einen Unterhaltsanspruch in Höhe seines durch die Teilzeitbeschäftigung noch nicht gedeckten vollen Unterhaltsbedarfs.[631] Außerdem muss er sich weiterhin laufend um eine angemessene Vollzeitbeschäftigung bemühen.

Ein Anspruch nach § 1573 I BGB besteht auch, wenn der Berechtigte zwar einer Erwerbstätigkeit nachgeht, diese aber der Art nach nicht angemessen ist. Die Höhe dieses Anspruchs ist ebenfalls nach der Differenz zwischen dem vollen Bedarf (§ 1578 I 1 BGB)

---

[629] OLG Bamberg FamRZ 1997, 819; der Ansicht angeschlossen hat sich OLG Köln FamRZ 1998, 1434.
[630] BGH FamRZ 1988, 701.
[631] BGH NJW 2011, 303, mAnm. Bömelburg FF 2011, 67; FamRZ 1988, 265.

und den anrechenbaren Einkünften aus der nicht angemessenen Erwerbstätigkeit zu bemessen. Gleichzeitig muss der Berechtigte seine Bemühungen um eine angemessene Erwerbstätigkeit fortsetzen.

9. Dauer des Anspruchs, Erlöschen durch nachhaltige Unterhaltssicherung, Wiederaufleben

a) Dauer des Anspruchs, Erlöschen. Der Anspruch nach § 1573 I BGB besteht, solange und soweit keine angemessene Erwerbstätigkeit gefunden wird. 289

War der Unterhalt vollständig durch die Erwerbstätigkeit nachhaltig **gesichert,** dann entsteht kein Unterhaltsanspruch nach § 1573 I BGB und kein Anschlussunterhalt nach §§ 1571, 1572, 1575 BGB.

Ein entstandener Unterhaltsanspruch findet mit der Aufnahme einer (ersten) angemessenen, zur Deckung des vollen Unterhalts ausreichenden Erwerbstätigkeit nach der Scheidung **sein Ende.**[632] Reichen die Einkünfte nicht zur Deckung des vollen Unterhalts, kann ein Anspruch auf Aufstockungsunterhalt nach § 1573 II BGB bestehen.

b) Wiederaufleben des Unterhaltsanspruchs nach § 1573 IV 1 BGB. Der Anspruch nach § 1573 I BGB lebt wieder auf, wenn die Einkünfte aus der angemessenen Erwerbstätigkeit wegfallen, weil es dem Betroffenen trotz seiner Bemühungen nicht gelungen war, den Unterhalt durch die aufgenommene Erwerbstätigkeit nach der Scheidung im Sinn von § 1573 IV BGB **nachhaltig zu sichern.**[633] 290

Diese Bestimmung stellt auf die Unterhaltssicherung durch die Erwerbstätigkeit ab.[634] Danach kann ein wegen Erwerbstätigkeit des Berechtigten bereits weggefallener Anspruch nach § 1573 I BGB bei einem späteren Verlust der Arbeitsstelle wieder aufleben, wenn und soweit der Unterhalt durch die Erwerbstätigkeit **noch nicht nachhaltig gesichert** war. Damit eröffnet § 1573 IV BGB praktisch eine **neue Einsatzzeit,** an die sich auch ein Anschlussunterhalt anschließen kann. Diese Einsatzzeit beginnt mit dem Wegfall der ausgeübten Erwerbstätigkeit.

War dagegen der Berechtigte in nachhaltig gesicherter Weise bereits **in das Erwerbsleben eingegliedert,** so trägt er auch die Gefahr unvorhergesehener Ereignisse und Entwicklungen selbst, ohne sich unterhaltsmäßig noch an seinen früheren Ehepartner halten zu können.[635]

aa) Ausübung einer angemessenen Erwerbstätigkeit nach der Scheidung. Der Berechtigte muss nach der Scheidung eine angemessene Erwerbstätigkeit ausgeübt haben. War die ausgeübte Erwerbstätigkeit nicht angemessen im Sinn von § 1574 II BGB, dann war der Anspruch nach § 1573 I BGB noch nicht weggefallen. Unerheblich ist, ob die angemessene Erwerbstätigkeit bereits vor der Scheidung begonnen hatte oder erst danach.[636] 291

bb) Unverschuldeter späterer Wegfall der Einkünfte aus dieser Erwerbstätigkeit. Die Einkünfte aus der Erwerbstätigkeit müssen unverschuldet weggefallen sein. Diese Voraussetzung ergibt sich aus der Formulierung „trotz seiner Bemühungen". 292

Ein unverschuldeter Verlust liegt zB vor bei Verlust der Arbeitsstelle infolge eines Unfalls, einer Krankheit, infolge Alters, unverschuldeter Arbeitgeberkündigung, Insolvenz des Arbeitgebers, Aufnahme einer zeitlich befristeten Arbeitsbeschaffungsmaßnahme.

Verschuldet ist der Verlust bei einer eigenen Kündigung des Unterhaltsberechtigten, ohne eine gleichwertige Arbeit zu haben, bei schuldhaft herbeigeführter Arbeitgeberkündigung und wenn nur Gelegenheitsarbeiten übernommen werden, obwohl bei entsprechenden Bemühungen auch eine nachhaltige Tätigkeit hätte gefunden werden können.

---

[632] BGH FamRZ 1985, 791.
[633] BGH FamRZ 1985, 791.
[634] BGH FamRZ 1987, 689.
[635] BGH FamRZ 2003, 1734; 1988, 701; 1985, 1234; OLG Stuttgart FamRZ 2012, 980.
[636] BGH FamRZ 1985, 53 (55).

Entfällt eine Erwerbstätigkeit durch eigenes Verschulden, so lebt der Unterhaltsanspruch nicht wieder auf.

293 **cc) Nachhaltige Unterhaltssicherung durch die Erwerbstätigkeit.** Durch die weggefallene Tätigkeit darf der Unterhalt noch nicht nachhaltig gesichert gewesen sein.

Nach § 1573 IV BGB ist auf die nachhaltige Sicherung des Unterhalts abzustellen, nicht auf die nachhaltige Sicherung eines bestimmten Arbeitsplatzes.[637] Diese Sicherung kann uU auch angenommen werden, wenn nur **fiktive Einkünfte** zuzurechnen wären, weil auch solche Einkünfte – fiktiv – zu einer nachhaltigen Sicherung führen können.[638] Eine andere Auffassung würde zur Besserstellung eines Unterhaltsberechtigten führen, der seine Erwerbsobliegenheit verletzt. In beiden Fällen hat der Unterhalt begehrende Ehegatte **darzulegen und zu beweisen,** dass es zu keiner nachhaltigen Sicherung des Unterhalts kam.[639]

294 Für die Beurteilung, ob der Unterhalt nachhaltig gesichert erscheint, ist maßgebend, ob die Erwerbstätigkeit im Zeitpunkt ihrer Aufnahme nach objektiven Maßstäben und allgemeiner Lebenserfahrung mit einer gewissen Sicherheit im Sinne **objektiviert vorausschauender Betrachtung**[640] als dauerhaft angesehen werden kann oder ob befürchtet werden muss, dass der Bedürftige sie durch außerhalb seiner Entschließungsfreiheit liegende Umstände in absehbarer Zeit wieder verliert. Dabei sind vom Standpunkt eines optimalen Beobachters auch solche Umstände in die Beurteilung einzubeziehen, die zwar schon zu diesem Zeitpunkt bestehen, aber erst später zutage treten.[641] Die ex-ante-Betrachtung zum Zeitpunkt des Beginns der Erwerbstätigkeit hat nicht auf Grund einer subjektiven Vorausschau nach dem Erkenntnisstand der Unterhaltsparteien zu geschehen, sondern es sind bei der gebotenen objektiven Betrachtung **(objektiv vorausschauende Prognose)** Umstände zu berücksichtigen, die schon vorlagen, aber erst später zutage getreten sind. Bei einer Lehrerin betrifft die Prognose neben der fachlichen Qualifikation auch die gesundheitliche Eignung. Wird sie zwei Tage nach Dienstantritt wegen einer Nervenerkrankung dienstunfähig und tritt im Lauf von zwei Jahren keine Besserung ein, dann fehlt schon bei Aufnahme des Dienstes die gesundheitliche Eignung, auch wenn die Symptome der schon bestehenden Krankheit nicht sofort bei Dienstbeginn aufgetreten sind.[642]

Nach einer **Dauer der Erwerbstätigkeit** von 2 Jahren dürfte von einer nachhaltigen Unterhaltssicherung auszugehen sein.[643] Dasselbe gilt bei Verlust des Arbeitsplatzes 4 Jahre nach Scheidung.[644]

Auch bei einer **kurzen tatsächlichen Beschäftigungszeit** kann der Unterhalt nachhaltig gesichert sein. Dies ist zB der Fall, wenn der Bedürftige nach Abschluss eines langfristigen Arbeitsvertrages seine Stelle verliert, weil der Arbeitgeber unerwartet in Insolvenz gegangen ist. Andererseits kann im Fall der Vereinbarung einer Probezeit die nachhaltige Sicherung des Arbeitsplatzes bei Antritt der Stellung noch zu verneinen sein, aber zu einem späteren Zeitpunkt, der vor der tatsächlichen Beendigung des Beschäftigungsverhältnisses liegt, zu bejahen sein.[645]

295 **dd) Fallgruppen für nicht nachhaltige Sicherung. (1) Einkünfte wegen Versorgung eines neuen Partners.** Einkünfte, die dem Berechtigten wegen **Versorgung eines neuen Partners** in nichtehelicher Lebensgemeinschaft zugerechnet werden, sind keine nachhaltig gesicherten Einkünfte aus einer angemessenen Erwerbstätigkeit. Auf solche Einkünfte besteht kein Rechtsanspruch, weshalb sie jederzeit wieder wegfallen können.[646] In der Regel bleibt aber die Verpflichtung bestehen, sich auch während des Zusammen-

---

[637] BGH FamRZ 1985, 53 (55).
[638] BGH FamRZ 2003, 1734 (1736) = R 597b.
[639] BGH FamRZ 2003, 1734 (1736) = R 597b.
[640] BGH FamRZ 1988, 701; 1985, 1234.
[641] BGH FamRZ 1988, 701; 1985, 1234; 1985, 791.
[642] BGH FamRZ 1985, 791.
[643] OLG Hamm NZFam 2016, 894; OLG Stuttgart FamRZ 2012, 980; OLG Zweibrücken FamRZ 2008, 1958; OLG Karlsruhe FamRZ 2000, 233; OLG Köln BeckRS 2005, 30349120.
[644] OLG Dresden FamRZ 2001, 833 (Ls.).
[645] BGH FamRZ 1985, 1234.
[646] BGH FamRZ 1987, 689.

lebens in nichtehelicher Lebensgemeinschaft um eine angemessene Erwerbstätigkeit zu bemühen. Bei unterlassenen Bemühungen kann ein Unterhaltsanspruch entfallen.

Sind unterhaltsrechtliche Beziehungen der Beteiligten – vorbehaltlich des Eingreifens der Härteklausel des § 1579 BGB – auf Grund der vorübergehenden Deckung des Lebensbedarfs durch solche zuzurechnende Einkünfte nicht erloschen, kann nach erneutem Eintritt der Bedürftigkeit infolge des Scheiterns der nichtehelichen Lebensgemeinschaft wieder ein Anspruch nach § 1573 I entstehen, wenn der Berechtigte auch bei ausreichenden Bemühungen um eine Erwerbstätigkeit während der Zeit des Zusammenlebens in nichtehelicher Lebensgemeinschaft keine Arbeit gefunden hätte, die seinen Unterhalt nachhaltig gesichert hätte.[647]

(2) **Befristete Arbeitsverhältnisse.** Wenn eine Erwerbstätigkeit von vornherein zeitlich begrenzt ist, weil es sich zB um einen ABM-Arbeitsplatz handelt, liegt keine nachhaltige Sicherung des Unterhalts vor.[648] **296**

(3) **Überschätzung der eigenen Kräfte.** Noch nicht nachhaltig gesichert ist ein Unterhalt, wenn sich der Berechtigte in Überschätzung seiner Leistungsfähigkeit trotz Alters oder Krankheit übernimmt und deshalb seine Tätigkeit nach einiger Zeit wieder aufgeben muss.[649] **297**

(4) **Arbeitsplatzverlust** kurz vor oder nach der Scheidung. War eine Erwerbstätigkeit bereits vor der Scheidung aufgenommen worden, kann die Frage, ob eine nachhaltige Unterhaltssicherung vorliegt, frühestens zum Zeitpunkt der Scheidung beurteilt werden.[650] War der Berechtigte bereits während der Ehe einer Erwerbstätigkeit nachgegangen, die seinen Unterhalt nachhaltig zu sichern schien, und hat er diese dann noch vor der Scheidung verloren, besteht ein Anspruch nach § 1573 I BGB (→ Rn. 284).[651] Gleiches gilt über § 1573 IV BGB, wenn der Verlust der Erwerbstätigkeit zwar erst **nach** der Scheidung eintritt, aber zum Scheidungszeitpunkt bereits wahrscheinlich oder voraussehbar war.[652] **298**

War im Zeitpunkt der Scheidung die Aufnahme einer Erwerbstätigkeit noch nicht sicher abzusehen, verschiebt sich der Beurteilungszeitpunkt notwendigerweise auf den Zeitpunkt der Aufnahme der Tätigkeit.[653]

ee) **Umfang des wiederauflebten Anspruchs.** War der Unterhalt vor Verlust des Arbeitsplatzes wenigstens **teilweise gesichert,** so beschränkt sich der Unterhaltsanspruch nach § 1573 IV 2 BGB auf den Unterschiedsbetrag zwischen dem nachhaltig gesicherten Unterhalt und dem vollen Unterhalt. Bei dem Unterschiedsbetrag kann es sich dabei sachlich auch um einen Aufstockungsunterhalt handeln.[654] Betrug der volle Unterhalt 1500 EUR und waren davon 1000 EUR durch die bisherige Erwerbstätigkeit nachhaltig gesichert, dann besteht bei Verlust des Arbeitsplatzes nur ein Unterhaltsanspruch in Höhe von 500 EUR weiter. Auch bei einem Anschlussunterhalt bleibt der Anspruch auf 500 EUR begrenzt. **299**

10. Begrenzung des Anspruchs nach § 1579 BGB

Während der Trennungszeit unterlassene Bemühungen um eine zumutbare Erwerbstätigkeit können zur Anwendung des § 1579 Nr. 4 BGB führen, wenn sich der Berechtigte dadurch selbst mutwillig bedürftig gemacht hat und der Unterhaltspflichtige die Folgen der leichtfertigen Herbeiführung der Bedürftigkeit unterhaltsrechtlich mittragen müsste.[655] Die **300**

---

[647] BGH FamRZ 1987, 689.
[648] OLG Frankfurt a. M. FamRZ 1987, 1042.
[649] OLG Hamm FamRZ 1997, 26.
[650] Vgl. OLG Bamberg FamRZ 1997, 819; der Ansicht angeschlossen hat sich OLG Köln FamRZ 1998, 1434.
[651] aA OLG Bamberg FamRZ 1997, 819 (820).
[652] BGH FamRZ 1985, 53 (55).
[653] BGH FamRZ 1988, 701.
[654] OLG Köln FamRZ 2004, 1725.
[655] BGH FamRZ 1986, 1085 (1086).

Anwendung der Härteklausel ist jedoch nicht zweifelsfrei, denn Voraussetzung für einen Anspruch nach § 1573 I BGB ist das Vorliegen entsprechender Bemühungen zur Erlangung einer angemessenen Tätigkeit. Wenn der den Unterhalt Begehrende solche Bemühungen unterlässt, erfüllt er die Voraussetzungen für den Unterhaltsanspruch nicht; es besteht dann kein Unterhaltsanspruch.[656]

11. Zeitliche Begrenzung des Unterhalts nach § 1578b BGB

301 Der Unterhalt nach § 1573 I BGB wird – wie oben dargelegt – nur so lange geschuldet, bis der Berechtigte mit den geschuldeten Bemühungen einen Arbeitsplatz gefunden hat. Eine zeitliche Begrenzung der Unterhaltsgewährung nach § 1573 I BGB kommt in der Regel lediglich in den Fällen, in denen bereits feststeht, ab wann der Berechtigte eine Stelle antritt, in Betracht. Im Übrigen werden sicherere Prognosen über eine voraussichtliche Dauer der Arbeitssuche und damit über die Dauer des Unterhalts nicht getroffen werden können. Der Unterhaltspflichtige muss den Wegfall des Unterhaltsanspruchs mit einem Abänderungsantrag nach § 238 FamFG oder § 239 FamFG geltend machen.[657]

Wie jeder nacheheliche Unterhaltsanspruch kann der auf § 1573 BGB beruhende Anspruch aber nach § 1578b BGB zeitlich begrenzt bzw. **auf den angemessenen Lebensbedarf herabgesetzt** werden. Einzelheiten zur Begrenzung → § 4 Rn. 1000 ff.

12. Darlegungs- und Beweislast, Verfahrensrechtliches

302 Der Berechtigte trägt die Darlegungs- und Beweislast dafür, dass er zum maßgeblichen Einsatzpunkt trotz Aufwendung der nach den konkreten Umständen des Falles von ihm zu fordernden Bemühungen keine angemessene Erwerbstätigkeit erlangen konnte und weiter nicht erlangen kann.[658] Er muss **für seine Bedürftigkeit** daher grundsätzlich in nachprüfbarer Weise vortragen, welche Schritte er im Einzelnen unternommen hat, um einen Arbeitsplatz zu finden und sich bietende Erwerbsmöglichkeiten zu nutzen. Der bloße Verweis auf eine Meldung bei der Arbeitsagentur genügt nicht.[659] Die Darlegungs- und Beweislast des Unterhaltsberechtigten bezieht sich ferner darauf, dass er keine reale Chance auf eine Vollzeitarbeitsstelle hat, und auch darauf, dass dies in gleicher Weise für eine geringfügige Beschäftigung (sog. Mini-Job) und auch für eine Erwerbstätigkeit im Rahmen der Gleitzone nach § 20 II SGB IV (sog. Midi-Job) zutrifft.[660]

303 Um im Falle der Arbeitslosigkeit der Darlegungslast für seinen Bedarf bzw. die fehlende finanzielle Leistungsfähigkeit zu genügen, muss ein Unterhaltsberechtigter daher in **nachprüfbarer Weise** vortragen, welche Schritte er im Einzelnen zu dem Zweck unternommen hat, einen zumutbaren Arbeitsplatz zu finden und sich bietende Erwerbsmöglichkeiten zu nutzen.[661] Diesen Anforderungen genügt ein Vorlegen von zahllosen Absagen, einem Konvolut von Stellenausschreibungen und einigen Bewerbungsschreiben nicht. Erforderlich ist eine mit **Nachweisen** versehene **systematische Darstellung,** auf welche Stellenausschreibung sich der Berechtigte mit welchen Bewerbungsschreiben beworben hat, so dass sich die Ernsthaftigkeit und Nachhaltigkeit der Bewerbungen und insbesondere auch überprüfen lässt, ob sie überhaupt dem jeweiligen Anforderungsprofil entsprochen hat und die Bewerbung jeweils hierauf zugeschnitten war. Darzulegen ist auch ein überregionales Engagement und der Nachweis, dass der Berechtigte selbst Anzeigen geschaltet und von sich aus bei potenziellen Arbeitgebern nachgefragt hat.[662] Der ohne konkrete Nachweise

---

[656] Vgl. MüKoBGB/Maurer § 1574 Rn. 33.
[657] AA zB OLG Düsseldorf FamRZ 1991, 193 (194): 5 1/2 Monate.
[658] BGH FamRZ 2012, 288 Rn. 20; 2011, 192 Rn. 16.
[659] BGH FamRZ 2012, 517 Rn. 30; 1990, 499; 1986, 1085; 1986, 244 (246); 1982, 255.
[660] BGH FamRZ 2012, 517 Rn. 30, 34.
[661] BGH FamRZ 1996, 345; OLG Nürnberg FamRZ 2009, 345; OLG Hamm FamRZ 2005, 279.
[662] BGH FamRZ 1996, 345; OLG Nürnberg FamRZ 2009, 345; OLG Hamm FamRZ 2005, 279.

3. Abschnitt: Anspruchstatbestände des nachehelichen Unterhalts § 4

erfolgende Vortrag, Bewerbungen seien lediglich in telefonischer Form erfolgt, reicht nicht aus.[663]

Fehlt ein ausreichender Tatsachenvortrag zu den Bemühungen um eine Erwerbstätigkeit und dem Fehlen einer realen Beschäftigungschance oder bestehen bzw. bleiben Zweifel an ernsthaften Bemühungen und ist nicht auszuschließen, dass bei ausreichenden Bemühungen eine **reale Beschäftigungschance**[664] bestanden hätte, dann ist ein Unterhaltsanspruch wegen Erwerbslosigkeit zu versagen, wenn ihm fiktives Einkommen in dem Umfang zugerechnet wird, wie er es bei angemessener Erwerbstätigkeit erzielen könnte und diese erzielbaren Einkünfte den Unterhaltsbedarf gedeckt hätten. 304

Es gibt keine Beweiserleichterung nach § 287 II ZPO, soweit es nach § 1573 I BGB um die Anspruchsvoraussetzung „keine angemessene Erwerbstätigkeit zu finden vermag" geht. Denn es geht nicht um die Ausfüllung eines Unterhaltsanspruchs, sondern darum, ob **objektiv** ein Unterhaltstatbestand, nämlich der des § 1573 I BGB, erfüllt ist.[665] 305

Kann der Berechtigte in seinem **vorehelich erlernten** oder ausgeübten Beruf oder in vergleichbaren Bereichen tätig sein, obliegt es ihm, ggf. darzulegen und nachzuweisen, dass für ihn die Ausübung dieser erreichbaren Erwerbstätigkeit im konkreten Fall nach den ehelichen Lebensverhältnissen **unzumutbar** ist.[666] 306

Wer den anderen auf Unterhalt in Anspruch nimmt, hat auch die **Darlegungs- und Beweislast** dafür, dass eine nachhaltige Sicherung seines Unterhalts nicht zu erreichen war.[667] 307

VII. Aufstockungsunterhalt nach § 1573 II BGB

1. Normzweck und Anspruchsvoraussetzungen

Nach § 1573 II BGB kann der geschiedene Ehegatte, soweit er nicht bereits einen Unterhaltsanspruch nach den §§ 1570–1572 BGB hat, den Unterschiedsbetrag zwischen seinen tatsächlichen oder fiktiven[668] Einkünften aus einer tatsächlich ausgeübten oder ihm möglichen angemessenen Erwerbstätigkeit und seinem vollen Unterhalt nach den ehelichen Lebensverhältnissen verlangen, wenn seine eigenen Einkünfte zur Deckung seines vollen Bedarfs nicht ausreichen. Nach dem bis zum 31.12.2007 geltenden Recht wurde aus diesem Anspruch eine idR lebenslange **Lebensstandardgarantie** für die Zeit nach der Scheidung auf Grund nachwirkender ehelicher Mitverantwortung hergeleitet. Die Regelung hat stets einen sozialen Abstieg des bedürftigen Ehegatten, idR der Ehefrau (Stichwort: „einmal Arztfrau, immer Arztfrau"), verhindert, weil sein Vertrauen auf die Teilhabe an dem durch die nachhaltige gemeinsame Lebensgestaltung in der Ehe erreichten wirtschaftlichen und sozialen Standard geschützt wurde.[669] 308

Der BGH hat in einer noch zum früheren Recht ergangenen Entscheidung bereits darauf hingewiesen, dass § 1573 II BGB **keine von ehebedingen Nachteilen unabhängige Lebensstandardgarantie** im Sinne einer fortwirkenden Mitverantwortung biete.[670] Diese Rechtsprechung stellt unter Berufung auf den vorrangigen Zweck des nachehelichen Unterhalts für die Begründung eines Anspruchs auf Aufstockungsunterhalt nicht mehr allein entscheidend auf die Ehedauer, sondern darauf ab, ob sich die nacheheliche Ein- 309

---

663 OLG Köln FamRZ 1997, 1104.
664 BGH FamRZ 2012, 517 Rn. 37; 2008, 2104 Rn. 24 = R 696; BVerfG FamRZ 2010, 183; OLG Hamm FamRZ 2010, 1914.
665 BGH FamRZ 2012, 288 Rn. 20; 2011, 192 Rn. 16; 2008, 2104 Rn. 24 = R 696; 2008, 1145 (1146); 1993, 789 (791); 1986, 885; BVerfG FamRZ 2010, 183; OLG Hamm FamRZ 2010, 1914.
666 BT-Drs. 16/1830, 17.
667 BGH FamRZ 2003, 1734 (1736) = R 597b; 1985, 1234.
668 BGH FamRZ 1990, 979.
669 BT-Drs. 7/650, 136; BGH FamRZ 1982, 892.
670 BGH FamRZ 2007, 2052 (2053).

kommensdifferenz als ehebedingter Nachteil darstellt, der einen dauerhaften unterhaltsrechtlichen Ausgleich zu Gunsten des bedürftigen Ehegatten rechtfertigen kann.[671]

Der Gesetzgeber der Unterhaltsreform hat diesen Ansatz aufgegriffen und in mehreren Vorschriften zum Ausdruck gebracht. So hat er die Erwerbstätigkeit der geschiedenen Ehegatten in § 1569 BGB als Obliegenheit ausgestaltet. Ferner hat er durch die Neufassung des § 1574 I u. II BGB (→ Rn. 139 ff.) die Anforderungen an die Wiederaufnahme einer Erwerbstätigkeit erhöht. Danach kann dem geschiedenen Ehegatten grundsätzlich angesonnen werden, eine frühere, insbesondere vor der Ehe, praktizierte Tätigkeit nach der Scheidung wieder auszuüben. Eine solche Tätigkeit wird grundsätzlich als angemessen angesehen; sie kann seit dem 1.1.2008 nur noch als Korrektiv im Rahmen einer Billigkeitsprüfung unter Berücksichtigung der ehelichen Verhältnisse als unbillig zu beurteilen sein (§ 1574 II 1 BGB). Eine umfassende Würdigung der Einzelfallumstände kann daher dazu führen, dass der geschiedene Ehegatte uU sogleich nach der Scheidung einen **geminderten Lebensstandard ohne Aufstockungsanspruch** hinnehmen muss.[672]

310 Die zeitliche Begrenzung und die Herabsetzung eines nach § 1573 II BGB **gewährten Unterhaltsanspruchs** ist durch den ab dem 1.1.2008 neu eingeführten § 1578b BGB geregelt. Aus dem Wortlaut der Vorschrift wird deutlich, dass es **keine dauernde Lebensstandardgarantie** (mehr) in Form einer Teilhabe gibt, die der Höhe nach nicht abänderbar oder zeitlich unbegrenzt wäre.[673]

311 Schließlich sind die **ehelichen Lebensverhältnisse** im Sinne des § 1578 I 1 BGB nach der Rechtsprechung des BGH nach einem Stichtag auf einen bestimmten Zeitpunkt bezogen. Das bedeutet, dass die Ehegatten grundsätzlich an nachehelichen Einkommensminderungen oder Einkommenssteigerungen, gemeinsam teilhaben, soweit diese Umstände auch bei fortbestehender Ehe eingetreten wären.[674]

312 Der ergänzende Anspruch auf den Unterschiedsbetrag zwischen den Erwerbseinkünften und dem vollen Unterhalt muss **nicht zwingend ehebedingt** sein, denn der Aufstockungsunterhalt sichert ehebedingte Vorteile.[675] Wenn keine ehebedingten Nachteile vorliegen, kommt jedoch § 1578b BGB größere Bedeutung zu.

Der Anspruch besteht grundsätzlich auch, wenn die Eheleute während der Ehe **keine Wirtschaftsgemeinschaft** gebildet haben und auch sonst ihre beiderseitigen, auch wirtschaftlichen Lebenspositionen nicht aufeinander abgestimmt haben.[676]

313 Der Aufstockungsunterhalt hat vier Anspruchsvoraussetzungen:
– Es besteht kein anderweitiger Anspruch auf den vollen Unterhalt nach den §§ 1570, 1571, 1572 oder 1573 I BGB bestehen.
– Der Bedürftige übt eine angemessene Erwerbstätigkeit aus oder müsste sie ausüben.
– Es besteht ein Einkommensgefälle zwischen den Ehegatten.
– Die Voraussetzungen müssen zu den maßgeblichen Einsatzzeitpunkten vorliegen.

2. Subsidiarität und Konkurrenzen

314 **a) Fehlen eines Anspruchs nach den §§ 1570, 1571, 1572, 1573 I, 1575, 1576 BGB.** Ein Anspruch nach § 1573 II BGB setzt voraus, dass der Unterhalt Begehrende keinen Anspruch nach § 1573 I oder IV BGB hat. Deshalb ist in allen Fällen, in denen ein zur Erwerbstätigkeit verpflichteter Berechtigter nicht oder nicht voll erwerbstätig ist, zunächst zu klären, ob nicht ein Anspruch nach § 1573 I oder IV BGB besteht.[677]

---

[671] BGH FamRZ 2010, 2059 = R 720; NJW 2010, 3653; zur Entwicklung der Rechtsprechung vgl. Dose FamRZ 2007, 1289 (1294 f.).
[672] BT-Drs. 16/1830, 17 re. Spalte.
[673] BT-Drs. 16/1830, 18.
[674] BGH FamRZ 2012, 281 Rn. 16 ff. in Abkehr von BGH FamRZ 2010, 111; 2008, 968 (971 f.); 2006, 683 (685).
[675] BGH FamRZ 2010, 1971 Rn. 29 ff. = R 719; 1980, 126.
[676] BGH FamRZ 1989, 838 (839); OLG Düsseldorf FamRZ 1983, 1139.
[677] BGH FamRZ 1988, 701.

3. Abschnitt: Anspruchstatbestände des nachehelichen Unterhalts § 4

Wenn der Berechtigte aus einem der in §§ 1570, 1571 oder 1572 BGB aufgeführten Gründe **vollständig** an einer Erwerbstätigkeit gehindert ist, besteht **nur** nach dem jeweiligen Unterhaltstatbestand ein Unterhaltsanspruch auf den **vollen Unterhalt**, dh auch für den Teil des Unterhaltsbedarfs, der nicht auf dem Erwerbshindernis, sondern auf dem den angemessenen Lebensbedarf übersteigenden Bedarf nach den ehelichen Lebensverhältnissen gemäß § 1578 I 1 BGB beruht. Es entsteht kein Anspruch nach § 1573 II BGB.[678]

Ist der Berechtigte wegen Kindesbetreuung, Alter oder Krankheit nur **teilweise** an einer Erwerbstätigkeit gehindert, erfassen die Ansprüche nach den §§ 1570, 1571 oder 1572 BGB nach der Rechtsprechung des BGH den Unterhalt jeweils nur bis zur Höhe des Mehreinkommens, das der Berechtigte bei einer Vollerwerbstätigkeit hätte erzielen können. Reicht dieser Unterhaltsanspruch zusammen mit dem Teilerwerbseinkommen nicht zur Deckung des vollen Bedarfs (§ 1578 I 1 BGB) aus, besteht **zusätzlich** ein **Anspruch auf Aufstockungsunterhalt** nach § 1573 II BGB.[679]

Besteht ein Teilunterhaltsanspruch auf Betreuungsunterhalt und ein weiterer Teilanspruch auf Aufstockungsunterhalt, unterfällt der Gesamtanspruch dem Rang des § 1609 Nr. 2 BGB.[680]

Ansprüche nach den **§§ 1575 und 1576 BGB** sind gegenüber Ansprüchen nach § 1573 II BGB vorrangig, weil § 1573 II BGB eine Erwerbsobliegenheit voraussetzt, die bei Ansprüchen nach den §§ 1575 und 1576 BGB auf Grund der besonderen Umstände (noch) fehlt.

b) Konkurrenzen. Im Hinblick auf eine spätere **Abänderung** eines Unterhaltstitels (§§ 238, 239 FamFG) wegen Wegfalls der Voraussetzungen eines anderen Unterhaltsanspruchs und die Bestimmung des § 1578b BGB, nach der die Kriterien für eine Begrenzung der Unterhaltsansprüche aus § 1570 bis § 1573 II BGB unterschiedlich gewichtet werden können,[681] empfiehlt es sich, die maßgebenden Unterhaltstatbestände nach ihrer Art und nach ihrem jeweiligen Umfang konkret zu bestimmen.[682] 315

3. Einkommensgefälle, Ausübung einer angemessenen Erwerbstätigkeit

Der Berechtigte muss eine angemessene Erwerbstätigkeit ausüben, oder es müssen ihm wegen der Nichtausübung einer zumutbaren Erwerbstätigkeit **fiktiv erzielbare Einkünfte**[683] zugerechnet werden. Die ausgeübte oder zugemutete Erwerbstätigkeit muss nach Art und Umfang angemessen im Sinne des § 1574 II BGB sein. Einzelheiten zur angemessenen Erwerbstätigkeit siehe → Rn. 139 ff. 316

Der den Unterhalt Begehrende hat in der Regel einer **Vollzeittätigkeit** nachzugehen.[684] Ein teilzeitbeschäftigter Ehegatte muss sich nach der Scheidung grundsätzlich um eine Ausweitung seiner Tätigkeit bei seinem bisherigen Arbeitgeber oder um eine vollschichtige Tätigkeit bei einem anderen Arbeitgeber bemühen.[685] Denn auch die Ausübung von zwei Teilzeitbeschäftigungen kann grundsätzlich eine angemessene Erwerbstätigkeit iSv § 1574 BGB sein.[686] 317

Übt der Berechtigte, der umfangmäßig zu einer Vollerwerbstätigkeit verpflichtet ist, nur eine Teilzeitbeschäftigung aus, weil er wegen der Arbeitsmarktlage trotz ausreichender Bemühungen keine angemessene Vollerwerbstätigkeit findet, dann besteht mangels Aus-

---

[678] BGH NJW 2014, 1302 Rn. 10 = R 749a; FamRZ 2010, 1050 Rn. 41; 2010, 869 Rn. 15 = R 712; 2009, 406 Rn. 20; 1990, 492; 1988, 265; 1987, 1011 (1012).
[679] BGH NJW 2014, 1302 Rn. 10 = R 749a; FamRZ 2010, 1050 Rn. 41; 2010, 869 Rn. 15 = R 712; 2009, 406 Rn. 20; 1993, 789 (791); 1990, 492.
[680] BGH FamRZ 2014, 1987 = R 762.
[681] Vgl. BT-Drs. 116/1830, 18 f.
[682] Vgl. BGH FamRZ 2009, 406 Rn. 22 ff.
[683] BGH FamRZ 2013, 274 Rn. 23; 2013, 109 Rn. 35; 2010, 869 Rn. 15 = R 712; 2009, 406 Rn. 20; 1990, 979.
[684] BGH FamRZ 1988, 265.
[685] BGH FamRZ 2012, 1483 Rn. 22.
[686] BGH FamRZ 2012, 1483 Rn. 24.

übung einer angemessenen Erwerbstätigkeit kein Anspruch auf Aufstockungsunterhalt, sondern ein Anspruch nach § 1573 I BGB.[687]

Sofern im Einzelfall auf Grund einer Abwägung aller Umstände nach § 1574 II BGB **nur eine Teilzeitbeschäftigung angemessen und zumutbar** ist und der Berechtigte eine solche ausübt, hat er einen Anspruch auf Aufstockungsunterhalt, weil er seiner eheangemessenen Erwerbsobliegenheit voll nachkommt.[688]

Ein Anspruch nach § 1573 II BGB besteht auch, wenn dem Berechtigten wegen **Verletzung seiner Erwerbsobliegenheit** erzielbare Einkünfte aus einer angemessenen Vollerwerbstätigkeit[689] oder fiktive Kapitaleinkünfte/Erlöse aus der Verwertung des Vermögensstamms wegen Verletzung einer Obliegenheit aus § 1577 I, III BGB zugerechnet werden und diese nicht zur vollen Bedarfsdeckung ausreichen.

4. Maßgebliche Einsatzzeitpunkte

318 § 1573 II BGB enthält – anders als § 1573 I BGB – nach seinem Wortlaut keine ausdrücklich benannte Einsatzzeit. Die Gesetzessystematik erfordert aber auch hier einen zeitlichen Zusammenhang zwischen Bedürftigkeit und Scheidung bzw. Wegfall eines anderen Unterhaltstatbestandes.[690] Scheitert ein vorrangiger Anspruch nur daran, dass die Anspruchsvoraussetzungen nicht zum maßgeblichen Einsatzzeitpunkt vorliegen, dann kommt auch ein **Anschlussunterhalt** nach § 1573 I und II BGB nicht in Betracht. Ein Aufstockungsunterhalt kommt danach **nicht** zur Entstehung, wenn zum Zeitpunkt der Scheidung oder dem Wegfall der Voraussetzungen der übrigen Unterhaltstatbestände tatsächliche oder fiktiv zurechenbare Einkünfte den vollen eheangemessenen Bedarf gedeckt haben.[691]

Bei einem Anspruch auf **Anschlussunterhalt** ist zu beachten, dass dieser nur in dem Umfang weiterbesteht, wie er im Zeitpunkt des wegfallenden Vortatbestandes bestanden hatte.[692]

319 a) Scheidung. Die Voraussetzungen des **originären Aufstockungsunterhalts** müssen bereits im Zeitpunkt der Scheidung vorliegen. Der BGH verweist darauf, dass die in § 1573 III und IV BGB enthaltenen Regelungen nicht verständlich wären, wenn für den Anspruch nach § 1573 II BGB nicht die Zeit der Scheidung als Einsatzzeitpunkt gelten würde.[693] Richtig dürfte sein, dass jedenfalls ein enger zeitlicher Zusammenhang mit der Scheidung bestehen muss.[694] Liegen die Anspruchsvoraussetzungen zum Zeitpunkt der Scheidung vor, schadet es nicht, wenn der Anspruch erst zu einem späteren Zeitpunkt geltend gemacht wird.[695] Wenn lange Zeit nach der Scheidung erstmals Aufstockungsunterhalt verlangt wird, muss ggf. rückblickend festgestellt werden, dass die Voraussetzungen zum Zeitpunkt der Scheidung vorlagen.[696]

Es kann selbst **lange Zeit nach der Scheidung erstmals Aufstockungsunterhalt** verlangt werden, wenn der geschiedene Ehegatte, der seit der Scheidung seinen eheangemessene Bedarf durch eigene Einkünfte gedeckt hat, auf Barunterhalt für ein gemeinsames Kind in Anspruch genommen wird und deshalb seinen Bedarf nicht mehr vollständig decken kann.[697] Denn die ehelichen Lebensverhältnisse werden durch die Unterhaltspflicht gegenüber den Kindern geprägt. Der betreuende Ehegatte muss bei der

---

[687] BGH FamRZ 1988, 265.
[688] BGH FamRZ 1985, 908.
[689] BGH FamRZ 1990, 979; 1988, 927 (929); 1986, 553 (555); 1985, 908.
[690] BGH FamRZ 2010, 1311 Rn. 36; OLG Koblenz FamRZ 2016, 1460.
[691] OLG Zweibrücken FamRZ 2002, 1565.
[692] OLG Celle FamRZ 2016, 1169.
[693] BGH FamRZ 2005, 1817 (1819) = R 632a; 1983, 886.
[694] Vgl. OLG Hamm FamRZ 1994, 1392.
[695] BGH FamRZ 2005, 1817 (1819) = R 632a.
[696] Vgl. OLG Koblenz FamRZ 2016, 1460; OLG Jena FamRZ 2004, 1207.
[697] BGH FamRZ 2016, 199 = R 775; OLG Schleswig NJW-RR 2004, 151; OLG Zweibrücken FamRZ 2002, 1565.

Unterhaltsbemessung nach Quoten im Ergebnis wirtschaftlich mittragen, dass sich das für den Lebensbedarf der Ehegatten verfügbare Einkommen durch den Kindesunterhalt vermindert.

Sinkt das Einkommen des zum Barunterhalt verpflichteten Ehegatten durch den Abzug des Kindesunterhalts unter das des betreuenden Ehegatten ab, ist das Entstehen des Anspruchs auf Aufstockungsunterhalt die notwendige Folge. Denn dieser knüpft lediglich an das höhere Einkommen eines Ehegatten an und hat eine Beibehaltung des ehelichen Lebensstandards zum Ziel.[698]

Zur Bedürftigkeit des Unterhaltsberechtigten/Leistungsfähigkeit des Unterhaltspflichtigen zum Einsatzzeitpunkt → vgl. unten Rn. 321.

b) Wegfall der Voraussetzungen eines Anspruchs nach § 1573 I BGB. Der Aufstockungsunterhalt kann sich auch an einen Erwerbslosigkeitsunterhalt nach § 1573 I BGB anschließen, wenn der Berechtigte eine angemessene Erwerbstätigkeit aufnimmt, die seinen vollen Unterhalt nicht deckt. **320**

c) Wegfall der Voraussetzungen eines Anspruchs nach § 1573 III iVm §§ 1570–1572, 1575 BGB. Weitere Einsatzzeitpunkte für den Aufstockungsunterhalt als Anschlussunterhalt sind nach § 1573 III BGB der Wegfall der Voraussetzungen eines Unterhaltsanspruchs nach den §§ 1570, 1571, 1572 und 1575. Zu diesen Zeitpunkten schließt sich ein Aufstockungsunterhalt an den jeweils wegfallenden und vorrangigen Unterhaltsanspruch an, wenn zu dieser Zeit die Einkünfte aus einer angemessenen Erwerbstätigkeit den vollen Unterhalt nicht decken.[699] **321**

d) Bedürftigkeit des Unterhaltsberechtigten/Leistungsfähigkeit des Unterhaltspflichtigen zum Einsatzzeitpunkt **321a**

Die **Bedürftigkeit des Berechtigten** zum Einsatzzeitpunkt ist Voraussetzung für einen Unterhaltstatbestand (→ Rn. 111 und 112).

Zu beachten ist jedoch, dass lediglich **vorübergehende Unterbrechungen** der Unterhaltskette wegen fehlender Bedürftigkeit des Unterhaltsberechtigten oder mangelnder Leistungsfähigkeit des Unterhaltspflichtigen Unterhaltsansprüchen in der Zeit nach der Wiederherstellung von Bedürftigkeit und Leistungsfähigkeit nicht zwingend entgegen stehen.[700] In den Fällen, in denen bei Eintritt der Bedürftigkeit der Einsatzzeitpunkt gewahrt ist, kommt es daher nicht zwingend zu einer Unterbrechung der Anspruchskette mit der Folge des Entfallens der Anschlussunterhaltsansprüche.[701] Anderes gilt aber in den Fällen, in denen der Berechtigte, zB aufgrund eines hohen eigenen Vermögens, seinen Lebensunterhalt **nachhaltig sichern** konnte (§ 1577 IV BGB).[702]

Die **Leistungsfähigkeit des Unterhaltspflichtigen** muss zum Einsatzzeitpunkt (zB Rechtskraft der Ehescheidung) nicht vorliegen. Wenn der Unterhaltspflichtige zum Einsatzzeitpunkt wegen einer Erkrankung oder einer vorübergehenden Arbeitslosigkeit oder sonstiger eheprägender Umstände (zB die Zahlung von Kindesunterhalt in unterschiedlicher Höhe sowie von Rückstandsbeträgen, Begleichung ehebedingter Schulden) nicht oder nur eingeschränkt leistungsfähig war, schließt dies den Unterhaltsanspruch nicht auf Dauer ganz oder teilweise aus.[703]

5. Umfang des Anspruchs

Nach § 1573 II BGB kann der **Unterschiedsbetrag** zwischen dem vollen Unterhalt und den Einkünften aus angemessener Erwerbstätigkeit als Aufstockungsunterhalt verlangt werden. Dazu ist zunächst der nach den ehelichen Lebensverhältnissen angemessene volle **322**

---

[698] Vgl. BGH FamRZ 2016, 203 = R 774 bei vorübergehender Arbeitslosigkeit des Verpflichteten.
[699] OLG Celle FamRZ 2016, 1169.
[700] BGH FamRZ 2016, 203 = R 774; OLG Koblenz FamRZ 2016, 1460.
[701] BGH FamRZ 2016, 203 = R 774; OLG Koblenz FamRZ 2016, 1460; OLG Schleswig FuR 2006, 283; OLG München FamRZ 1993, 564.
[702] Vgl. hierzu Finke FamRZ 2016, 205, 206; OLG München FamRZ 1993, 564.
[703] OLG Celle FamRZ 2016, 1169; OLG Saarbrücken BeckRS 2016, 14714.

Unterhalt (§ 1578 I 1 BGB) zu bestimmen.[704] Für die **Bedarfsbemessung und die Berechnung des Unterhaltsanspruchs** im Einzelnen wird auf die Ausführungen → Rn. 400 ff. verwiesen.

Da der Aufstockungsunterhalt ehebedingte Vorteile (Erhaltung eines ehelichen Lebensstandards ohne unangemessenen sozialen Abstieg) sichern soll, sind nur **nicht ganz geringfügige Einkommensunterschiede auszugleichen.** Nach der Rechtsprechung des BGH darf ein Anspruch in Höhe von mehr als 82 EUR (160,– DM) nicht vernachlässigt werden.[705] OLG-Entscheidungen[706] halten einen Mindestbetrag des Aufstockungsunterhalts von ca. 50 EUR (100,– DM) für erforderlich. Das OLG München[707] ist der Auffassung, ein Aufstockungsbetrag von unter 10% des bereinigten Nettoeinkommens des Bedürftigen sei noch als unwesentliche Abweichung vom Halbteilungsgrundsatz zu bewerten.

Eine allgemeine Grenze lässt sich nicht festlegen. Es kommt auf die konkreten Einkommensverhältnisse im Einzelfall an. Bei beengten wirtschaftlichen Verhältnissen ist eine großzügige Beurteilung angezeigt. Ein Anspruch auf Aufstockungsunterhalt kann nach den Umständen des Einzelfalls auch dann bestehen, wenn die Einkommensdifferenz nur 63 EUR beträgt, der Unterhaltsberechtigte in sehr engen wirtschaftlichen Verhältnissen lebt und der rechnerische Unterhaltsbetrag so gering ist, weil er auf der Zurechnung fiktiven Einkommens beruht.[708]

Umgekehrt scheidet ein ehelicher Nachteilsausgleich aus, wenn der ermittelte Unterhaltsanspruch bzw. die Höhe des tatsächlichen oder fiktiven Einkommens des Unterhaltsberechtigten in seiner Höhe den aus dem Halbteilungsgrundsatz auf der Basis der ehelichen Lebensverhältnisse ermittelten Betrag bereits erreicht.[709]

6. Dauer des Anspruchs, Erlöschen, Wiederaufleben

323 **a) Dauer des Anspruchs, Erlöschen.** Der **Aufstockungsunterhalt erlischt,** wenn die Einkünfte aus der angemessenen Erwerbstätigkeit den vollen Unterhalt decken. Wenn sich später wieder Unterschiede zwischen dem vollen Unterhalt und den Erwerbseinkünften ergeben, sind diese nicht mehr auszugleichen, wenn der volle Unterhalt inzwischen durch die Erwerbstätigkeit nachhaltig gesichert war. Ein Anspruch auf Aufstockungsunterhalt kann allerdings als Anschlussunterhalt nach § 1573 III BGB neu entstehen.

324 **b) Wiederaufleben.** Ein erloschener **Anspruch kann** als Aufstockungsunterhalt oder Erwerbslosigkeitsunterhalt **wiederaufleben,** wenn die Einkünfte aus der angemessenen Erwerbstätigkeit zu einer Zeit wieder entfallen, zu der es dem Berechtigten trotz seiner Bemühungen nicht gelungen war, seinen Unterhalt durch die Erwerbstätigkeit ganz oder teilweise nachhaltig zu sichern. Damit eröffnet § 1573 IV BGB eine weitere Einsatzzeit, an die sich ein Anschlussunterhalt anschließen kann.

7. Begrenzung des Anspruchs nach § 1579 BGB

325 Der Anspruch nach § 1573 II BGB kann unter den Voraussetzungen des § 1579 BGB entfallen, zeitlich begrenzt oder herabgesetzt werden. Wegen der Einzelheiten wird auf § 4 Abschnitt 8 → Rn. 1200 ff. verwiesen.

---

[704] BGH FamRZ 1983, 886; 1982, 575; 1982, 892.
[705] BGH FamRZ 1984, 988 (990); a. A. wohl KG FamRZ 1981, 156 und OLG Braunschweig FamRZ 1979, 1020.
[706] OLG Düsseldorf FamRZ 1996, 947; OLG München FamRZ 1997, 425.
[707] FamRZ 2004, 1208 (1209); so auch OLG Koblenz NJW-RR 2006, 151 (152).
[708] OLG Karlsruhe FamRZ 2010, 1082.
[709] OLG Düsseldorf BeckRS 2016, 11984.

8. Herabsetzung und zeitliche Begrenzung des Aufstockungsunterhalts nach § 1578b BGB

Auch der Anspruch nach § 1573 II BGB kann unter den Voraussetzungen des § 1578b BGB zeitlich begrenzt und/oder herabgesetzt werden.[710] Für das Bestehen ehebedingter Nachteile kommt es vor allem darauf an, ob aus der tatsächlichen, nicht notwendig einvernehmlichen Gestaltung von Kinderbetreuung und Haushaltsführung Erwerbsnachteile entstanden sind. Einzelheiten hierzu → Rn. 1000 ff.

9. Darlegungs- und Beweislast

Der Berechtigte hat die Darlegungs- und Beweislast für das Vorliegen der anspruchsbegründenden Tatbestandsvoraussetzungen zu den Einsatzzeitpunkten. Ihm obliegt die Darlegung der Höhe seines vollen Unterhalts und der Höhe seiner eigenen anrechenbaren Einkünfte, ferner der Nachweis, dass diese nicht zur Deckung des vollen Unterhalts ausreichen. Darüber hinaus hat der Anspruchsteller zur Leistungsfähigkeit des Pflichtigen vorzutragen.

Letzterem obliegt die Darlegungs- und Beweislast hinsichtlich der für eine Begrenzung sprechenden Tatsachen.[711] In die Darlegungs- und Beweislast des Unterhaltspflichtigen fällt auch der Umstand, dass dem Unterhaltsberechtigten keine ehebedingten Nachteile im Sinne von § 1578b BGB entstanden sind.[712] Der Unterhaltsberechtigte hat jedoch eine sogenannte sekundäre Darlegungslast. Er hat im Rahmen von § 1578b BGB die Behauptung, es seien keine ehebedingten Nachteile entstanden, substanziiert zu bestreiten und seinerseits darzulegen, welche konkreten ehebedingten Nachteile entstanden sein sollen. Erst wenn das Vorbringen des Unterhaltsberechtigten diesen Anforderungen genügt, muss der Unterhaltspflichtige die vorgetragenen ehebedingten Nachteile widerlegen.[713]

VIII. Ausbildungsunterhalt nach § 1574 III iVm § 1573 I BGB

1. Normzweck und Anspruchsvoraussetzungen

Nach § 1574 III BGB obliegt es dem geschiedenen Ehegatten, sich ausbilden, fortbilden oder umschulen (zu den Begriffen Ausbildung, Fortbildung oder Umschulung → Rn. 342, → Rn. 351) zu lassen, soweit dies zur Aufnahme einer angemessenen Erwerbstätigkeit erforderlich ist und wenn ein erfolgreicher Ausbildungsabschluss zu erwarten ist.

An die Stelle der Erwerbsobliegenheit nach § 1573 I BGB tritt eine **Ausbildungsobliegenheit.**[714] Hiervon zu unterscheiden ist § 1575 BGB, der keine Obliegenheit, sondern einen **Anspruch des geschiedenen Ehegatten auf Ausbildung** enthält. Mit der Ausbildungsobliegenheit in § 1574 III BGB korrespondiert ein Anspruch auf Unterhalt nach § 1573 I BGB für die Dauer der Ausbildung.

Die gesetzliche Einschränkung, dass die Ausbildung zu einer angemessenen Erwerbstätigkeit führen muss, stellt sicher, dass der Unterhaltspflichtige kein nur zum Vergnügen betriebenes Studium zu finanzieren braucht.[715]

Voraussetzungen der Ausbildungsobliegenheit sind:
– Die Ausbildung muss zur Aufnahme einer angemessenen Erwerbstätigkeit erforderlich sein.

---

[710] BGH FamRZ 2013, 864 Rn. 23; MDR 2011, 263; FamRZ 2010, 2059; 1988, 265.
[711] BGH FamRZ 2010, 2059 Rn. 24 = R 720; 2010, 875 Rn. 23 = R 711.
[712] BGH FamRZ 2012, 93 Rn. 22.
[713] BGH FamRZ 2014, 1007 Rn. 22 = R 752; 2013, 935 Rn. 37; 2013, 864 Rn. 23; 2012, 93 Rn. 23; 2010, 875 Rn. 18 mwN; 2010, 2059 Rn. 24.
[714] BGH FamRZ 2001, 350; 1986, 1085; 1984, 561; OLG Saarbrücken FamRZ 2008, 411 Rn. 24.
[715] OLG Karlsruhe FamRZ 2009, 120; BGH FamRZ 1987, 795.

– Ein erfolgreicher Ausbildungsabschluss muss zu erwarten sein.
– Es muss eine realistische Chance bestehen, dass nach Ausbildungsabschluss eine angemessene Erwerbstätigkeit erlangt wird.

2. Erforderlichkeit der Ausbildung

329 Die Ausbildung, Fortbildung oder Umschulung muss zur Erlangung einer angemessenen Erwerbstätigkeit erforderlich sein.[716]

Dies ist der Fall, wenn der Bedürftige derzeit eine nicht angemessene Erwerbstätigkeit ausübt oder wenn nach den Umständen des Falls gegenwärtig nur unangemessene Tätigkeiten in Frage kämen.[717]

An der Erforderlichkeit fehlt es aber, wenn nach den ehelichen Verhältnissen die Aufnahme einer unqualifizierten Tätigkeit angemessen und zumutbar ist.[718] Eine Ausbildungsobliegenheit besteht auch nicht, wenn der Bedürftige bereits eine angemessene Erwerbstätigkeit ausübt, aber diese seinen vollen Unterhalt nicht deckt. Er hat dann einen Anspruch auf Aufstockungsunterhalt.[719]

Hat ein Ehegatte die Ausbildung nach der Trennung bzw. Scheidung aufgenommen und ergibt die Prüfung, dass das Berufsziel wesentlich über dem in der Ehe erreichten Standard liegt, besteht kein Unterhaltsanspruch nach §§ 1573 I, 1574 III BGB.[720] Gleiches gilt für ein nur zur Erbauung aufgenommenes Studium.[721]

Der Bedürftige kann die erforderliche Ausbildung selbst wählen. Er kann dabei auf seine Neigungen Rücksicht nehmen. Kommen mehrere Ausbildungsgänge in Betracht, so darf er sich einer **besonders zeit- und kostenaufwändigen Ausbildung** nur dann unterziehen, wenn außergewöhnliche Gründe vorliegen, die geeignet sind, die hohe Belastung des während der Ausbildungszeit unterhaltspflichtigen Ehegatten zu rechtfertigen. Fehlen solche außergewöhnlichen Gründe, muss eine möglichst kurze und kostengünstige Ausbildung gewählt werden.[722]

Bei der gewählten Ausbildung muss es sich um ein nach einem bestimmten Ausbildungsplan ausgerichtetes Ausbildungsverhältnis zu einem anerkannten Ausbilder, der die Ausbildung leitet, handeln.[723]

3. Erwartung eines erfolgreichen Abschlusses

330 Ein erfolgreicher Abschluss der Ausbildung oder Weiterbildung muss prognostiziert werden können. Der Bedürftige ist zwar verpflichtet, seine Ausbildung zielstrebig, intensiv und mit Fleiß zu betreiben. Es ist aber objektiv zu prüfen, ob die angestrebte Tätigkeit gerade für den Anspruchsteller persönlich nach seiner Befähigung, Veranlagung und subjektiven Eignung, seiner Einsatzbereitschaft und seinen konkreten äußeren Lebensumständen, seinem Alter und Gesundheitszustand in Betracht kommt, und ob eine einigermaßen sichere Aussicht besteht, dass er die für die genannte Tätigkeit notwendige Vor- bzw. Ausbildung erfolgreich wird **abschließen** können.[724]

---

[716] OLG Hamm BeckRS 2009, 13638.
[717] BGH FamRZ 1984, 561.
[718] BGH FamRZ 2001, 350 (352).
[719] BGH FamRZ 1982, 360.
[720] OLG Karlsruhe FamRZ 2009, 120 (121).
[721] BGH FamRZ 1987, 795.
[722] BGH FamRZ 1984, 561 (563).
[723] BGH FamRZ 1987, 795.
[724] BGH FamRZ 1986, 553; 1984, 683 (686).

4. Chancen auf dem Arbeitsmarkt

Wenn der geschiedene Ehegatte nicht nur für die voraussichtliche Dauer einer Ausbildung, sondern zeitlich unbegrenzt Unterhalt begehrt, ist hinsichtlich der gewählten Ausbildung darüber hinaus zu prüfen, ob und inwieweit unter Berücksichtigung der Lage auf dem Arbeitsmarkt eine **konkrete Aussicht** besteht, dass er in seinem Alter und bei seiner Vorbildung unter Einsatz aller zumutbarer Anstrengungen nach Abschluss der erforderlichen Vorbildung eine entsprechende Tätigkeit finden kann.[725] Das setzt die Feststellung voraus, ob objektiv ein Bedarf an Arbeitskräften in den in Betracht kommenden Bereichen besteht, der auch Personen im Alter des Bedürftigen eine Anstellung finden lässt. Für die insoweit anzustellende **Prognose** sind die Verhältnisse zugrunde zu legen, wie sie bei Erlass der Entscheidung bestehen.

Eine Ausbildungsobliegenheit besteht daher nicht, wenn eine Ausbildung wegen des Alters des Bedürftigen nicht mehr sinnvoll ist.[726]

331

5. Beginn, Dauer und Umfang der Ausbildungsobliegenheit, Einsatzzeitpunkte

Diese Ausbildungsobliegenheit **beginnt** spätestens mit der Scheidung oder einem nach § 1573 III BGB gleichstehenden Einsatzzeitpunkt. Über § 1361 BGB kann sie bereits während der Trennungszeit entstanden sein.[727]

Erfüllt der Bedürftige seine Ausbildungsobliegenheit, so besteht für die Dauer einer durchschnittlichen Ausbildung ein **zeitlich begrenzter Anspruch** auf Ausbildungsunterhalt.[728] Dieser Anspruch beruht auf §§ 1573 I iVm 1574 III BGB, nicht auf § 1575 BGB.[729] Der Anspruch umfasst sowohl die **laufenden Lebenshaltungskosten** (§ 1578 I 1 BGB) als auch nach § 1578 II BGB zusätzliche besondere **Ausbildungskosten**.[730] – Auf den Unterhaltsanspruch sind staatliche Förderungsleistungen, zB nach dem BAföG, bedürftigkeitsmindernd anzurechnen.

Ein Ausbildungsanspruch nach §§ 1574 III, 1573 I BGB kann auch bestehen, wenn der Mann während der Ehe nach der internen Aufgabenverteilung in der Ehe einem Studium nachgegangen war, während die Frau (auch weiterhin) das Geld verdiente. Der Anspruch dauert bis zum **Abschluss des Studiums** (nach Scheidung) innerhalb zumutbarer Zeit.[731]

Findet der Bedürftige trotz ordnungsgemäßen Ausbildungsabschlusses keine angemessene Erwerbstätigkeit iSv § 1574 II BGB, dann besteht der Anspruch nach § 1573 I BGB unverändert weiter.

332

6. Verletzung der Obliegenheit

Kommt der Bedürftige nach der Scheidung seiner Ausbildungsobliegenheit schuldhaft nicht rechtzeitig nach, so darf er sich nach § 1579 Nr. 4 BGB nicht mehr auf seine Ausbildungsberechtigung berufen, wenn sein bisheriges Verhalten als **mutwillige Herbeiführung** der Bedürftigkeit im Sinne dieser Vorschrift gewertet werden kann. In einem solchen Fall **erlischt** nach der Rechtsprechung des BGH sowohl der Ausbildungsanspruch als auch ein Unterhaltsanspruch wegen Erwerbslosigkeit nach § 1573 I, III BGB.[732] Systematisch zutreffender dürfte die Auffassung sein, dass im Fall der Nichtaufnahme einer angemessenen Erwerbstätigkeit bzw. einer Ausbildung mangels Vorliegen der Voraussetzungen erst gar kein Unterhaltsanspruch entsteht.[733]

333

---

[725] BGH FamRZ 1986, 553; 1984, 683 (686).
[726] BGH FamRZ 1987, 691.
[727] BGH FamRZ 1985, 782.
[728] BGH FamRZ 1986, 553.
[729] BGH FamRZ 1985, 782; 1984, 561 (563).
[730] BGH FamRZ 1985, 782.
[731] BGH FamRZ 1980, 126.
[732] BGH FamRZ 1986, 553 (555).
[733] Vgl. MüKoBGB/Maurer § 1574 Rn. 31.

Die Rechtsprechung des BGH gilt auch, wenn bereits während der Trennungszeit eine Erwerbs- und Ausbildungsobliegenheit nach § 1361 I BGB bestanden hatte und eine rechtzeitig aufgenommene Ausbildung inzwischen ganz oder teilweise abgeschlossen wäre.[734]

Dasselbe gilt nach der zum Anspruch eines Kindes auf Ausbildungsunterhalt (§ 1610 II BGB) ergangenen und auf den nachehelichen Ausbildungsunterhalt übertragbaren Rechtsprechung des BGH[735] in den Fällen, in denen die Ausbildung nicht mit dem erforderlichen Einsatz intensiv und zielstrebig betrieben wird oder nicht innerhalb einer normalen Ausbildungszeit abgeschlossen wird. Eine Verletzung des dem Ausbildungsanspruch immanenten **Gegenseitigkeitsprinzips** lässt den **Anspruch entfallen.**

334 Wer **mutwillig,** dh in Kenntnis der Auswirkungen auf den Unterhaltsanspruch, eine ihm obliegende **Ausbildung unterlässt,** kann rechtlich so behandelt werden wie jemand, der sich nicht in ausreichender Weise um eine zumutbare angemessene Erwerbstätigkeit bemüht. Es sind ihm **fiktive Einkünfte zuzurechnen,** die er bei ordnungsgemäßer Ausbildung aus einer angemessenen Erwerbstätigkeit hätte erzielen können.[736]

Im Fall der **Verletzung** einer **Fortbildungsobliegenheit** wird sogar die Ansicht vertreten, dass der Unterhalt begehrende Ehegatte bei der Beurteilung der Beschäftigungschancen für die Aufnahme einer Erwerbstätigkeit auch auf die Aufnahme einer nicht angemessenen Erwerbstätigkeit verwiesen werden darf, aus der gegebenenfalls fiktive Einkünfte zuzurechnen sind.[737]

Decken die zuzurechnenden fiktiven Einkünfte nicht den Unterhaltsbedarf nach § 1578 I 1 BGB, so besteht in Höhe der verbleibenden Differenz ein Anspruch auf Aufstockungsunterhalt nach § 1573 II BGB.[738]

335 Wenn es der geschiedene Ehegatte zunächst unterlässt, eine angemessene Erwerbstätigkeit auszuüben bzw. seiner Ausbildungsobliegenheit nachzukommen, dies jedoch zu einem späteren Zeitpunkt nachholt, hat das nach der oben angeführten Rechtsprechung des BGH den **Verlust** des Unterhaltsanspruchs zur Folge. Der Anspruch nach § 1573 I BGB lebt bei einer **verspätet aufgenommenen Ausbildung** nicht wieder auf. Dies ergibt sich aus dem zeitlichen Zusammenhang der Ausbildungsobliegenheit nach § 1574 III BGB und der Erwerbsobliegenheit nach § 1573 I BGB. Zur Frage der Verletzung der Erwerbsobliegenheit hat der BGH ausgeführt, dass sich die durch eine unzureichende Eigeninitiative verstrichene Chance einer stufenweisen beruflichen Eingliederung nicht zu Lasten des Unterhaltspflichtigen auswirken dürfe.[739]

Vielmehr ist für die Frage der realen Beschäftigungschance darauf abzustellen, ob eine solche bestanden hätte, wenn die Antragsgegnerin von Anfang an ihrer Erwerbsobliegenheit genügt hätte.

7. Konkurrenzen

336 Während § 1573 I BGB iVm § 1574 III BGB eine Obliegenheit des **geschiedenen Ehegatten** enthält, sich auszubilden, fortzubilden oder eine Umschulung zu absolvieren, ist der Anspruch auf Ausbildung, Fortbildung oder Umschulung aus § 1575 BGB auf den Ausgleich von ehebedingten Nachteilen gerichtet. Eine Differenzierung zwischen den Ansprüchen kann unterbleiben, wenn die Tatbestandsvoraussetzungen beider Vorschriften gegeben sind. Das ist der Fall, wenn die Ausbildung/Fortbildung/Umschulung zur Erlangung einer angemessenen Erwerbstätigkeit und zugleich zum Ausgleich des ehebedingten Nachteils erforderlich ist.[740]

---

[734] BGH FamRZ 1986, 553 (555).
[735] BGH FamRZ 1998, 671.
[736] BGH FamRZ 1986, 553 (555).
[737] OLG Hamburg FamRZ 1991, 1298 für den Fall des Trennungsunterhalts.
[738] BGH FamRZ 1988, 927 (929); 1986, 553 (555).
[739] BGH FamRZ 2008, 2104 Rn. 23 = R 696.
[740] BGH FamRZ 1980, 126.

In besonders gelagerten Fällen kann **während der Trennung** der Eheleute für den gemäß 1361 BGB Unterhalt begehrenden Ehegatten im Rahmen der Zumutbarkeit eine Obliegenheit bestehen, sich einer zur Erlangung einer angemessenen Erwerbstätigkeit erforderlichen Ausbildung zu unterziehen. Neben einem mit der Ausbildungsobliegenheit korrespondierenden Anspruch auf Ausbildungsunterhalt nach den Kriterien des § 1573 I iVm § 1574 III BGB kann auch ein solcher nach den Maßstäben des § 1575 BGB in Frage kommen, etwa wenn ein Ehegatte während der Trennungszeit **im Vorgriff** auf die Voraussetzungen des § 1575 BGB eine Ausbildung aufnimmt, nachdem das endgültige Scheitern der Ehe feststeht.[741]

8. Darlegungs- und Beweislast

Dass eine Ausbildung, Fortbildung oder Umschulung zur Aufnahme einer angemessenen Erwerbstätigkeit **erforderlich** ist und ein erfolgreicher Abschluss der Ausbildung erwartet werden kann, hat der **unterhaltspflichtige** Ehegatte darzulegen und zu beweisen.[742] Sind die Voraussetzungen einer solchen Obliegenheit unstreitig oder bewiesen, trifft den Unterhalt begehrenden Ehegatten die Darlegungs- und Beweislast für ihre ordnungsgemäße Erfüllung.[743]

337

IX. Ausbildungsunterhalt nach § 1575 BGB

1. Normzweck

Nach § 1575 I 1 BGB hat ein geschiedener Ehegatte, der in Erwartung der Ehe oder während der Ehe eine Schul- oder Berufsausbildung nicht aufgenommen oder abgebrochen hat, einen Anspruch auf Ausbildungsunterhalt, wenn er diese oder eine entsprechende Ausbildung sobald wie möglich aufnimmt, um eine angemessene Erwerbstätigkeit, die den Unterhalt nachhaltig sichert, zu erlangen, und wenn der erfolgreiche Abschluss der Ausbildung zu erwarten ist.

338

Der Anspruch nach § 1575 I BGB soll **ehebedingte**[744] **Ausbildungsnachteile ausgleichen.** Er hat neben der Erlangung oder Festigung der wirtschaftlichen Selbstständigkeit vor allem den Ausgleich von Nachteilen zum Ziel, die ein Ehegatte in seinem beruflichen Fortkommen mit Rücksicht auf die Ehe auf sich genommen hat.[745] Gleiches gilt nach § 1575 II BGB, wenn sich der Bedürftige fortbilden oder umschulen lässt, um Nachteile auszugleichen, die durch die Ehe eingetreten sind. Ausbildungsunterhalt gibt es nur als nachehelichen Unterhalt. Für die Mutter eines nichtehelichen Kindes billigt das Gesetz ihn im Rahmen des § 1615l BGB nicht zu.[746]

Die praktische Bedeutung der Vorschrift hat angesichts des seit 1977 erheblich angestiegenen Eheschließungsalters[747] abgenommen. Da die Partner in der heutigen Zeit ihre

---

[741] BGH FamRZ 2001, 350 Rn. 17.
[742] Erman/Graba Rn. 19.
[743] AA Baumgärtel/Laumen/Prütting, Handbuch der Beweislast, Bd. 8 BGB § 1574 Rn. 3: nur Substantiierungslast.
[744] Zu ehebedingten Nachteilen vgl. insbes. die Rechtsprechung des BGH zu § 1578b BGB zB BGH NJW 2011, 1067; 2010, 3653 Rn. 21; BGH FamRZ 2010, 1971 Rn. 18 mwN = R 719.
[745] OLG Koblenz BeckRS 2015, 127148.
[746] BGH FamRZ 2015, 1369 = R 769; Wever FF 2010, 214, 215; aA: OLG Nürnberg FamRZ 2010, 577, 578.
[747] In Deutschland waren Männer im Jahr 2007 bei der ersten Eheschließung im Durchschnitt 32,7 Jahre und Frauen 29,8 Jahre alt. 1991 hatte das durchschnittliche Heiratsalter lediger Männer 28,5 Jahre und das lediger Frauen 26,1 Jahre betragen, im Jahr 1970 im früheren Bundesgebiet bei Männern 25,6 Jahre und bei Frauen 23 Jahre. Auf dem Gebiet der damaligen DDR hatte es für Männer bei 24 Jahren und für Frauen bei 21,9 Jahren gelegen. Quelle: Statistisches Bundesamt (Destatis); www.destatis.de/jetspeed/portal/cms/Sites/destatis/Internet/DE/Presse/pm/zdw/2009/PD09__003__p002.psml.

Ausbildung im Regelfall zum Zeitpunkt der Eheschließung weitgehend abgeschlossen haben, kommt der früher herrschenden Vorstellung, die Ehe stelle den Unterhalt auf Dauer sicher und sei ein Grund für den Abbruch einer Ausbildung, keine große Bedeutung mehr zu. Voraussetzung für § 1575 BGB ist – anders als bei §§ 1573, 1574 III BGB – nicht, dass der geschiedene Ehegatte ohne die Ausbildung keine angemessene Erwerbstätigkeit iSv § 1574 II BGB finden würde,[748] denn der ausbildungswillige Ehegatte kann eine Verbesserung seines Status im Erwerbsleben anstreben, wenn er diesen ohne die Ehe schon früher erreicht hätte.[749] Der Anspruch ermöglicht daher auch Niveausteigerungen gegenüber den ehelichen Lebensverhältnissen.[750] Die gesetzliche Einschränkung, dass die Ausbildung zu einer angemessenen Erwerbstätigkeit führen muss, soll lediglich sicherstellen, dass der Unterhaltspflichtige kein Studium finanzieren muss, das nur zum Vergnügen betrieben wird.[751]

2. Subsidiarität, Konkurrenzen

339 **a) Verhältnis zur öffentlich-rechtlichen Ausbildungsförderung.** Parallel zu dem sich aus § 1575 BGB ergebenden Anspruch des geschiedenen Ehegatten auf Ausbildungsunterhalt können öffentlich-rechtliche Ansprüche auf Ausbildungsförderung nach dem BAföG und dem SGB III (AFG) bestehen. Ihre Anspruchsvoraussetzungen differieren jedoch erheblich von denen des § 1575 BGB. So werden Leistungen nach dem BAföG-Gesetz grundsätzlich nur bis zu einer bestimmten Altersgrenze (30. Lebensjahr) gewährt, während der Anspruch aus § 1575 BGB altersunabhängig ist. Die öffentlich-rechtliche Ausbildungsförderung ist gegenüber Unterhaltsansprüchen gegen **nicht dauernd getrennt lebende Ehegatten** subsidiär mit der Folge, dass der Leistungsträger einen Unterhaltsanspruch des Leistungsempfängers gegen den Unterhaltspflichtigen auf sich überleiten kann (§§ 1, 11 BAföG). BAföG-Leistungen an **geschiedene Ehegatten** können unabhängig von etwaigen Unterhaltsansprüchen erfolgen; letztere gehen nicht über (§§ 37, 38 BAföG). Öffentliche Leistungen sind jedoch bedürftigkeitsmindernd und daher gemäß § 1577 I BGB auf den Unterhaltsanspruch anzurechnen. Der ausbildungswillige Ehegatte ist verpflichtet, solche Leistungen in Anspruch zu nehmen.[752] Ob dies auch gilt, wenn die staatliche Förderung nur darlehensweise gewährt wird, ist umstritten.[753]

340 **b) Verhältnis zu §§ 1574 III, 1573 I BGB.** Die Ansprüche nach § 1575 BGB und den §§ 1574 III, 1573 I BGB bestehen nach Voraussetzung und Dauer unabhängig voneinander. Solange jedoch ein Anspruch aus § 1575 BGB auf Ausgleich ehebedingter Nachteile besteht, ist dieser grundsätzlich vorrangig, denn für die Dauer der Ausbildung besteht keine Erwerbsobliegenheit. Erst diese kann aber zu einem Anspruch auf Ausbildungsunterhalt nach den §§ 1574 III, 1573 I BGB führen, wenn die Ausbildung notwendig ist, damit eine angemessene Erwerbstätigkeit iSv § 1574 II BGB ausgeübt werden kann.[754]

Ansprüche nach § 1575 BGB und § 1574 III, 1573 I BGB können ausnahmsweise gleichzeitig vorliegen, wenn zB die Ausbildung sowohl erforderlich ist, um ehebedingte Ausbildungsnachteile auszugleichen, als auch, um nach Ausbildungsabschluss eine angemessene Erwerbstätigkeit finden zu können.[755]

Findet der geschiedene Ehegatte nach dem Abschluss einer Ausbildung gemäß § 1575 BGB keine seinem neuen Ausbildungsniveau entsprechende Arbeitsstelle, entsteht nach § 1573 I und III BGB ein Anspruch auf Erwerbslosigkeitsunterhalt als Anschlussunterhalt. Insoweit kann sich nach §§ 1573 I, 1574 III BGB ein weiterer Anspruch auf Ausbildungs-

---

[748] BGH FamRZ 1987, 795; OLG Düsseldorf BeckRS 2014, 09554 mAnm Pfeil NZFam 2014, 614.
[749] BGH FamRZ 1987, 795; 1985, 782; OLG Düsseldorf BeckRS 2014, 09554 mAnm Pfeil NZFam 2014, 614; OLG Saarbrücken FamRZ 2008, 411.
[750] BGH FamRZ 1985, 782; OLG Düsseldorf BeckRS 2014, 09554 mAnm Pfeil NZFam 2014, 614.
[751] OLG Karlsruhe FamRZ 2009, 120; BGH FamRZ 1987, 795 Rn. 17.
[752] OLG Koblenz BeckRS 2015, 127148.
[753] Dagegen BGH FamRZ 1980, 126 (127); dafür zB MüKoBGB/Maurer BGB § 1575 Rn. 22.
[754] Vgl. auch Reinecke FPR 2008, 373 (377); Borth FPR 2008, 341 (344).
[755] BGH FamRZ 1980, 126.

unterhalt ergeben, wenn er ohne zusätzliche Ausbildung keine angemessene Erwerbstätigkeit zu finden vermag.

3. Anwendungsvoraussetzungen des § 1575 I BGB

§ 1575 I BGB hat folgende Anspruchsvoraussetzungen: **341**
– Der Bedürftige hat in Erwartung der Ehe oder während der Ehe eine Schul- oder Berufsausbildung nicht aufgenommen oder abgebrochen.
– Die Ausbildung ist erforderlich, um eine angemessene Erwerbstätigkeit zu erlangen, die den Unterhalt nachhaltig sichert.
– Die Ausbildung wird sobald wie möglich nach der Scheidung aufgenommen.
– Der Abschluss ist innerhalb üblicher Ausbildungszeit zu erwarten, wobei ehebedingte Ausbildungsverzögerungen zu berücksichtigen sind.

a) Ausbildung. Der Begriff der Ausbildung ist im weitesten Sinn zu verstehen. Erforderlich ist ein anerkanntes festes Berufsausbildungsverhältnis zu einem Ausbilder, der die Ausbildung nach einem bestimmten Ausbildungsplan leitet. In Hinblick auf § 77 II SGB III muss es sich um eine vom Arbeitsamt anerkannte Maßnahme der Weiterbildungsförderung handeln. Als Ausbildung nicht anerkannt worden ist eine firmeninterne Qualifikationsmaßnahme zur Diätköchin.[756] Eine bereits **ausgeübte selbstständige berufliche Tätigkeit** (Mitunternehmerin in einem Buchhandel) ist selbst dann keine Ausbildung, wenn sie nach mehrjähriger Tätigkeit die Zulassung zu einer beruflichen Abschlussprüfung ermöglicht.[757] **342**

Kommen bei der Wahl einer gleichwertigen Ausbildung mehrere Ausbildungsgänge in Betracht, darf der Bedürftige eine **besonders zeit- und kostenaufwändige Ausbildung** nur dann wählen, wenn außergewöhnliche Gründe vorliegen, die geeignet sind, die hohe Unterhaltsbelastung des Pflichtigen während der Ausbildungszeit zu rechtfertigen. Fehlen solche außergewöhnlichen Gründe, muss eine möglichst kurze und kostengünstige Ausbildung gewählt werden.[758]

Eine **Zweitausbildung** oder eine **Promotion** sind im Rahmen des § 1575 I BGB nicht zu finanzieren, selbst wenn sie die Chancen für eine spätere Erwerbstätigkeit verbessern könnten.[759] Vgl. aber BGH zur Frage eines Anspruchs bei einer **Habilitation.**[760]

b) Nichtaufnahme einer Ausbildung oder Abbruch einer Ausbildung. Da der Anspruch nach § 1575 I BGB ehebedingte Ausbildungsnachteile ausgleichen soll, muss die **Nichtaufnahme** einer Ausbildung durch einen Ehegatten vor der Ehe in Erwartung der Ehe erfolgt sein. Es müssen zumindest bereits feste Berufspläne bestanden haben[761] und konkrete Maßnahmen getroffen worden sein, wie zB die Anmeldung bei einer Ausbildungsstätte uÄ, um diese Pläne zu verwirklichen.[762] Voraussetzung ist auch, dass die Eingangsvoraussetzungen für die Ausbildung (zB Abitur, Bestehen einer Aufnahmeprüfung, NC für geplantes Studium) vorgelegen haben. Die schlichte Äußerung von Berufswünschen reicht nicht aus.[763] Unterhalt für ein Hochschulstudium ist nicht geschuldet, wenn es nicht den ehelichen Lebensverhältnissen und auch nicht dem Niveau der Ausbildung entspricht, die infolge der Eheschließung und der Kindererziehung nicht zu Ende geführt wurde.[764] **343**

---

[756] OLG Koblenz OLGR 2000, 15.
[757] BGH FamRZ 1987, 795.
[758] BGH FamRZ 1984, 561 (563).
[759] BGH FamRZ 1987, 795 (796); OLG Karlsruhe FamRZ 2012, 789.
[760] BGH FamRZ 2012, 1624.
[761] BGH FamRZ 1984, 561 (563).
[762] OLG Frankfurt a. M. FamRZ 1985, 712 (713); OLG Bamberg FamRZ 1981, 150; Borth FPR 2008, 341 (343); Reinecke FPR 2008, 373 (374); a. A. OLG Düsseldorf FamRZ 2008, 1856 zum Trennungsunterhalt: Mitursächlichkeit der Ehe reicht.
[763] OLG Frankfurt a. M. FamRZ 1985, 712.
[764] OLG Frankfurt a. M. FamRZ 1995, 879.

Das OLG Koblenz sieht die Abschlüsse Bachelor und Master im selben Studiengang als einheitliches Studium und nicht als Zweitausbildung an mit der Folge, dass eine Unterbrechung wegen Eheschließung und Kindererziehung als Abbruch einer einheitlichen Berufsausbildung angesehen werden kann.[765]

Ist eine Ausbildung **vor** der Ehe **abgebrochen** worden, hat der Bedürftige nur bei Ehebedingtheit des Abbruchs (zB Umzug an den neuen Wohnort) einen Anspruch aus § 1575 BGB. Das ist nicht der Fall, wenn sich die Beteiligten zum Zeitpunkt des Abbruchs noch nicht kannten oder noch keine Heiratsabsicht hatten.

Wird die vor der Ehe begonnene Ausbildung dagegen erst **während** der Ehe **abgebrochen,** muss der Abbruch nicht wegen der Ehe erfolgt sein; er wird vermutet. Das Gesetz nimmt in Kauf, dass ein Anspruch auf Fortsetzung der abgebrochenen Ausbildung auch bei Nichtursächlichkeit besteht.[766] Ein geschiedener Ehegatte kann in solchen Fällen Unterhalt auch dann verlangen, wenn er die Ausbildung aus anderen Gründen, zB wegen Wegfall des Interesses an dem Berufsbild oder wegen einer länger andauernden Krankheit abgebrochen hat.[767]

344 c) **Erforderlichkeit der Ausbildung.** Die Ausbildung muss notwendig und geeignet sein, um eine angemessene Erwerbstätigkeit zu erlangen, die dem geschiedenen Ehegatten den Unterhalt in Zukunft nachhaltig sichert. Die anzustrebende angemessene Erwerbstätigkeit iSv § 1575 BGB kann ein **höheres Niveau haben** als die angemessene Erwerbstätigkeit nach § 1574 II BGB, wenn davon auszugehen ist, dass der Anspruchsteller ohne die Ehe eine höhere berufliche Stellung erreicht hätte.[768]

Eine Ausbildung ist nicht erforderlich, wenn der Bedürftige bereits einer angemessenen Erwerbstätigkeit nachgeht[769] **und** durch eine Ausbildung keine ehebedingten Nachteile des beruflichen Fortkommens auszugleichen sind.[770] Wenn der geschiedene Ehegatte einer angemessenen Erwerbstätigkeit im Sinn des § 1574 II BGB nachgeht, aber mit dem Ziel der Niveausteigerung berechtigterweise durch den Besuch eines Abendgymnasiums eine aus ehebedingten Gründen abgebrochene Ausbildung nachholt, besteht trotz der Ausübung einer angemessenen Erwerbstätigkeit ein Anspruch nach § 1575 I BGB, der nach Abschluss der Ausbildung eine höherwertige Erwerbstätigkeit ermöglichen soll.

An der Notwendigkeit einer Ausbildung fehlt es, soweit nach den ehelichen Verhältnissen die Aufnahme einer unqualifizierten Tätigkeit angemessen und zumutbar ist.[771] und keine ehebedingten Nachteile hinsichtlich des beruflichen Werdeganges auszugleichen sind.[772] Die gesetzliche Einschränkung stellt sicher, dass vom Verpflichteten keine Ausbildung finanziert werden muss, die zum bloßen Vergnügen betrieben wird.[773]

345 Nach der Rechtsprechung des BGH besteht nach § 1575 I BGB kein Anspruch auf die Finanzierung einer niveausteigernden **Zweit- oder Drittausbildung,** wenn der Bedürftige bereits über eine abgeschlossene Berufsausbildung verfügt, die ihm die Ausübung einer einträglichen angemessenen Erwerbstätigkeit ermöglicht. Dies ginge über den Bereich der nachehelichen Solidarität hinaus. Dabei kommt es nicht darauf an, ob die Erstausbildung vor oder während der Ehe oder erst nach der Scheidung absolviert worden ist und ob der Ehepartner die mit der Ausbildung verbundenen Nachteile getragen hat oder nicht.

346 d) **Zeitpunkt der Aufnahme, Einsatzzeitpunkt.** Der geschiedene Ehegatte muss die unterlassene oder abgebrochene Ausbildung oder eine entsprechende Ausbildung **nach der Scheidung sobald wie möglich** aufnehmen. Ein fester Einsatzzeitpunkt ist gesetzlich nicht fixiert. Daher kann der Anspruch aus § 1575 BGB auch erst nach Beendigung der

---

[765] OLG Koblenz BeckRS 2015, 127148.
[766] BGH FamRZ 1980, 126 (127); BT-Drs. 7/650, 131.
[767] BGH FamRZ 1980, 126 (127).
[768] OLG Düsseldorf FamRZ 2014, 1466.
[769] BGH FamRZ 1987, 795 (797).
[770] BGH FamRZ 1985, 782; 1987, 795; OLG Düsseldorf FamRZ 2014, 1466.
[771] Vgl. BGH FamRZ 2001, 350 (352) zum Ausbildungsanspruch entsprechend § 1573 I iVm § 1574 III BGB.
[772] BGH FamRZ 1985, 782; 1987, 795.
[773] BGH FamRZ 1987, 795; 1985, 782.

3. Abschnitt: Anspruchstatbestände des nachehelichen Unterhalts **§ 4**

Pflege und Erziehung gemeinschaftlicher Kinder oder einer den Beginn der Ausbildung hindernden Erkrankung, mithin nach Auslaufen eines Anspruchs aus § 1570 BGB oder § 1572 BGB, entstehen.

Bei der Wahl der Ausbildung ist dem Ehegatten eine gewisse Überlegungszeit zuzubilligen. Bei zurechenbaren Verzögerungen entfällt ein Anspruch, nicht dagegen bei Hindernissen, die der Bedürftige nicht zu vertreten hat. Auch eine Zeitspanne von 14 Monaten nach Scheidung kann im Einzelfall noch rechtzeitig sein, wenn der Berechtigte zunächst vergeblich versucht hat, mit Hilfe seiner früheren beruflichen Erfahrungen aus einer abgebrochenen Ausbildung nachhaltig ins Berufsleben einzutreten.[774] Liegen jedoch zwischen der Trennung und einer Fortsetzung der Schulausbildung vier Jahre, ist der zeitliche Zusammenhang nicht mehr gewahrt.[775] Der Unterhaltsanspruch umfasst auch die Zeit bis zur Aufnahme einer Ausbildung.[776]

Ein Ausbildungsanspruch kann auch bereits **vor der Scheidung** nach § 1361 BGB entstehen. Der Anspruch nach § 1575 BGB erfasst dann die Fortsetzung der Ausbildung nach der Scheidung.[777]

e) Art der Ausbildung. Aufzunehmen ist die im Zusammenhang mit der Ehe konkret **347** unterlassene oder abgebrochene Ausbildung oder eine entsprechende Ausbildung. Entsprechend ist eine im Niveau, im Ausbildungsumfang, in den Anforderungen und der sozialen Einordnung gleichwertige Ausbildung. Die Aufnahme einer nicht gleichwertigen Ausbildung rechtfertigt keinen Anspruch nach § 1575 BGB.[778]

Eine Ausbildung zur Krankenschwester ist mit der Ausbildung zur Rechtsanwaltsgehilfin als gleichwertig anzusehen,[779] nicht aber ein Studium der Medizin nach dem Abbruch einer Ausbildung zur Steuerfachgehilfin[780] denn ein Studium stellt eine deutlich höherwertige Ausbildung dar.[781] Ein gleiches Niveau mit einem vergleichbaren Status nach Abschluss der Ausbildung haben ein (abgebrochenes) Studium der Medizin und ein Betriebswirtschaftsstudium.[782]

Auch die Vorbereitung einer Promotion nach Abschluss eines Hochschulstudiums, die lediglich die Arbeitsmarktchancen verbessern soll, rechtfertigt keinen Ausbildungsunterhalt.[783]

War die abgebrochene Ausbildung bereits **weit fortgeschritten,** muss sie fortgesetzt werden. Es darf dann keine gleichwertige Ausbildung neu aufgenommen werden.

f) Erwartung eines erfolgreichen Abschlusses der Ausbildung. Der erfolgreiche **348** Abschluss einer Ausbildung muss innerhalb der üblichen Ausbildungszeit zu erwarten sein. Abzustellen ist dabei auf eine durchschnittlich aufzuwendende Ausbildungszeit, nicht auf eine Mindeststudienzeit. Für diese Beurteilung kommt es vor allem auf die Befähigung, den Gesundheitszustand, das Alter und die Einsatzbereitschaft des Bedürftigen an, aber auch auf sonstige konkrete äußere Umstände.

Die Erfolgsaussicht muss sowohl bei Ausbildungsaufnahme als auch während des weiteren Verlaufs der Ausbildung bestehen. Der Tatrichter hat insoweit eine realistische Prognose zu treffen. Fällt sie negativ aus, besteht kein Anspruch nach § 1575 I BGB.

g) Chancen auf dem Arbeitsmarkt. Zur Wahl der Ausbildung ist unter Berück- **349** sichtigung der realen wirtschaftlichen und sozialen Verhältnisse vor Beginn der Ausbildung prognostisch zu beurteilen, ob und inwieweit unter Einschätzung der konkreten Lage auf dem Arbeitsmarkt für den geschiedenen Ehegatten eine berechtigte Aussicht besteht, dass er eine der Ausbildung entsprechende angemessene Erwerbstätigkeit finden wird.[784] Bei

---

774 OLG Köln FamRZ 1996, 867 (868).
775 OLG Bamberg BeckRS 2012, 01049.
776 OLG Hamm FamRZ 1983, 181.
777 BGH FamRZ 1985, 782.
778 OLG Düsseldorf FamRZ 1980, 585.
779 OLG Köln FamRZ 1996, 867.
780 OLG Frankfurt a. M. FamRZ 1995, 879.
781 OLG Frankfurt a. M. FamRZ 1995, 879.
782 OLG Düsseldorf FamRZ 1980, 585 (586).
783 OLG Düsseldorf FamRZ 1987, 708.
784 BGH FamRZ 1986, 553.

negativer Prognose entfällt ein Ausbildungsanspruch. Ein Ausbildungsanspruch kann zB ausscheiden, wenn die Ausbildung wegen des **Alters** des Anspruchstellers **nicht mehr sinnvoll** ist.[785] Die lediglich abstrakte Möglichkeit, dass ein Unterhaltsberechtigter in einem akademischen Beruf noch eine Anstellung finden kann, auch wenn er zum Zeitpunkt der Beendigung der Ausbildung 50 Jahre alt sein wird, reicht für eine Erfolgsprognose nicht aus.[786]

4. Anwendungsvoraussetzungen des § 1575 II BGB

350 Die Voraussetzungen des § 1575 II BGB entsprechen weitgehend denen des § 1575 I BGB.

351 a) **Fortbildung/Umschulung.** Unter beruflicher Fortbildung war nach der Legaldefinition des früheren § 41 I AFG die Teilnahme an Maßnahmen zu verstehen, die das Ziel haben, berufliche Kenntnisse und Fertigkeiten festzustellen, zu erhalten und zu erweitern oder der technischen Entwicklung anzupassen oder einen beruflichen Aufstieg zu ermöglichen. Der Begriff berufliche Umschulung erfasste nach dem früheren § 47 I AFG die Teilnahme an Maßnahmen, die das Ziel haben, einem Arbeitsuchenden den Übergang in eine andere geeignete berufliche Tätigkeit zu ermöglichen, insbesondere um die berufliche Beweglichkeit zu sichern und zu verbessern. Die berufliche Fortbildung und die berufliche Umschulung setzen grundsätzlich eine **abgeschlossene Berufsausbildung** oder angemessene Berufserfahrung voraus.[787]

352 Die nunmehr einschlägige gesetzliche Regelung in § 81 SGB III benutzt nur noch den Oberbegriff **„Berufliche Weiterbildung"**, unter die sowohl berufliche Fortbildung als auch berufliche Umschulung fallen. Bei Arbeitnehmern ohne Berufsabschluss ist im Gegensatz zum früher geltenden AFG nicht mehr erforderlich, dass sie eine berufliche Qualifikation im Sinne eines anerkannten Berufsabschlusses erwerben konnten. Nach § 81 I Nr. 1 SGB III genügt es, dass sie ihre bisherige berufliche Qualifikation zum Zwecke der Wiedereingliederung in den Arbeitsmarkt erweitern. Nach § 81 II SGB III ist entweder ein Berufsabschluss oder grundsätzlich eine dreijährige Berufserfahrung erforderlich, es sei denn, dass eine berufliche Erstausbildung oder eine berufsvorbereitende Bildungsmaßnahme aus persönlichen Gründen nicht möglich oder zumutbar ist.

Nach dem früheren § 34 IV AFG war ein Hochschul- oder Fachhochschulstudium aus dem Förderbereich ausgeschlossen. Durch die §§ 81 ff. SGB III sollte der Kreis der Fördermaßnahmen weder verengt noch erweitert werden, so dass die Rechtslage sich materiell nicht geändert hat. Da die in § 1575 II BGB angesprochene Fortbildung oder Umschulung im Sinne des früheren Arbeitsförderungsgesetzes zu verstehen ist, das die Hoch- oder Fachhochschulausbildung aus seinem Förderungsbereich ausgeschlossen hatte,[788] kann nach § 1575 II BGB **kein Unterhalt für ein Studium** verlangt werden.[789] Will der geschiedene Ehegatte studieren, sind die Voraussetzungen des § 1575 I BGB zu prüfen. Die Weiterbildung zur Fachärztin soll unter § 1575 II BGB fallen.[790]

353 b) **Ausgleich ehebedingter Nachteile.** Es muss ein **Ursachenzusammenhang** zwischen den ehebedingten Nachteilen und der **notwendigen Fortbildung** oder Umschulung bestehen. Die ehebedingten Nachteile iSv § 1575 II BGB können vielfältiger Art sein. Soweit es dabei um berufliche Nachteile geht, ergeben sich solche aus einem Vergleich der beruflichen Stellung, die der Ehegatte voraussichtlich ohne die Eheschließung haben würde, mit der derzeitigen Situation auf Grund der Ehe. Ein solcher Nachteil liegt nicht nur dann vor, wenn die jetzt mögliche berufliche Stellung einen geringeren Lebensstandard ermöglicht als die ohne Eheschließung erreichte berufliche Stellung, sondern auch dann, wenn die jetzt mögliche berufliche Stellung dem Bedürftigen keine angemessene

---

[785] BGH FamRZ 1987, 691.
[786] OLG Düsseldorf FamRZ 1991, 76.
[787] BGH FamRZ 1987, 795 (797).
[788] BGH FamRZ 1985, 782.
[789] BGH FamRZ 1985, 782 (783).
[790] OLG Düsseldorf BeckRS 2014, 09554.

5. Umfang des Unterhalts

a) Maß des Unterhalts. Der Ausbildungsunterhalt bemisst sich nach § 1578 BGB. Der Anspruch geht auf den vollen Unterhalt nach den ehelichen Lebensverhältnissen iSd § 1578 I 1 BGB.[793] Er umfasst auch den Mehrbedarf hinsichtlich der Ausbildungs-, Umschulungs- bzw. Weiterbildungskosten, § 1578 II BGB.

Der Anspruch umfasst gemäß § 1578 II BGB auch **Krankheitsvorsorgeunterhalt.** **Nicht** geschuldet im Rahmen des Ausbildungsunterhalts sind beim nachehelichen Ausbildungsunterhalt die Kosten einer angemessenen Versicherung für den Fall des Alters sowie der verminderten Erwerbsfähigkeit **(Altersvorsorgeunterhalt),** § 1578 III BGB.

b) Zumutbarkeit. Ob die Leistung von Ausbildungsunterhalt für den Unterhaltspflichtigen **generell zumutbar** sein muss, hat der BGH[794] offen gelassen. Für den Fall, dass bei Leistung des vollen Unterhalts in Form von Ausbildungsunterhalt zur Erlangung einer höheren beruflichen Qualifikation und nicht nur zur Erlangung einer angemessenen Erwerbstätigkeit der angemessene Lebensbedarf des Unterhaltspflichtigen gefährdet wäre und er deshalb nur Billigkeitsunterhalt iSd § 1581 BGB zu leisten hätte, hat der BGH das Problem der Zumutbarkeit zwar angesprochen, aber nicht entschieden. Nach seiner Auffassung ist eine Verpflichtung zur Leistung von Ausbildungsunterhalt fraglich, weil die nach Billigkeitsgrundsätzen zu bemessende Leistungspflicht nach § 1581 BGB grundsätzlich voraussetzt, dass der Bedarf des Unterhalt begehrenden Ehegatten nicht auf andere Weise gedeckt werden kann, und die mit den Unterhaltsleistungen verbundenen Belastungen und Einschränkungen für den Schuldner nur zumutbar erscheinen, wenn auch dem anderen Ehegatten Einschränkungen und Opfer zugemutet werden.[795]

c) Anrechnung von Einkünften. Ob und inwieweit die aus der angemessenen Erwerbstätigkeit erzielten Einkünfte des geschiedenen Ehegatten zu berücksichtigen sind, richtet sich nach den Umständen des Einzelfalles. Dabei kommt es darauf an, ob das Einkommen aus zumutbarer oder überobligatorischer Tätigkeit stammt. In zumutbarer Weise erzielte Einkünfte sind im Wege der Differenzmethode in die Unterhaltsberechnung einzubeziehen;[796] für die überobligatorischen gelten die Grundsätze des § 1577 II BGB. Erzielt der Unterhaltsberechtigte überobligationsmäßige Einkünfte, ist nur der unterhaltsrelevante Teil dieses Einkommens in die Differenzmethode einzubeziehen. Der übrige Teil bleibt bei der Unterhaltsberechnung vollständig unberücksichtigt.[797]

Nicht subsidiäre Förderleistungen aus öffentlich-rechtlichen Quellen (BAföG, SGB III) sind bedarfsmindernd anzurechnen (→ Rn. 339).

6. Dauer des Unterhalts nach § 1575 I, II BGB

a) Ausbildungsabschluss. Der Unterhalt nach § 1575 I 2 BGB ist zeitlich auf die Dauer der Ausbildung begrenzt. Maßgebend ist bei einem Studium die **übliche Studiendauer,** nicht die Mindeststudiendauer.

---

[791] OLG Düsseldorf BeckRS 2014, 09554: Weiterbildung zur Fachärztin; OLG Hamm BeckRS 2009, 13638: Fortbildung zur Bürokauffrau, weil ein Anknüpfen an die 13 Jahre zuvor absolvierte juristische Ausbildung mit Abschluss des ersten juristischen Staatsexamens nicht möglich war.
[792] BGH FamRZ 1984, 988 (989).
[793] OLG Düsseldorf BeckRS 2014, 09554.
[794] BGH FamRZ 1985, 782.
[795] BGH FamRZ 1985, 782.
[796] OLG Düsseldorf BeckRS 2014, 09554.
[797] BGH FamRZ 2005, 1154; 2003, 518.

Für die konkrete Bemessung der Dauer des Fortbildungs- und Umschulungsunterhalts nach § 1575 II BGB kann auf das Ende der Ausbildung abgestellt werden.[798] Bei Weiterbildungsmaßnahmen iSd § 77 SGB III können die dort vorgesehenen Förderzeiten Anhaltspunkte für eine Begrenzung geben (zB Förderung für 18 Monate oder 1 Jahr bei Berufsausbildungsbeihilfe nach § 73 I SGB III; Begrenzung auf 2/3 der Zeit für eine entsprechende Berufsausbildung hinsichtlich Weiterbildungskosten nach § 85 II SGB III).

358 **Ehebedingte Verzögerungen** der Ausbildung sind allerdings **zu berücksichtigen** (§ 1575 I 2 BGB), dh, sie können eine Verlängerung der Ausbildungszeit rechtfertigen. Dazu zählen zB Betreuung eines gemeinschaftlichen Kindes[799] oder Schwierigkeiten, die sich daraus ergeben, dass der Unterhaltsberechtigte bei einer Wiederaufnahme eines Studiums nach einer längeren Unterbrechung nicht ohne weiteres an den vor dem Abbruch erreichten Ausbildungsstand anknüpfen kann und sich zunächst die verloren gegangenen Kenntnisse wieder aneignen muss. **Krankheitsbedingte Verzögerungen** der Ausbildung sind, auch wenn die Krankheit nicht ehebedingt ist, jedenfalls dann entsprechend zu behandeln, wenn sie von dem einvernehmlich aufrecht erhaltenen Eheplan gedeckt sind und von den Eheleuten einverständlich in Kauf genommen worden sind.[800] Keine ehebedingten Verzögerungen sind solche, die aus rein persönlichen Gründen des Bedürftigen entstehen.[801]

359 **b) Zeit für die Stellensuche.** Nach dem Abschluss der Ausbildung ist dem geschiedenen Ehegatten eine angemessene Frist für die Suche nach einem Arbeitsplatz einzuräumen. In dieser Zeit ist der Ausbildungsunterhalt weiter zu zahlen. Die Länge der Frist richtet sich nach den Umständen des Einzelfalls. Als Richtschnur wird man eine Zeit von mindestens 3 Monaten annehmen können.[802] Während dieser Zeit ist dem Unterhaltsberechtigten nicht zuzumuten, einer Erwerbstätigkeit nachzugehen, wenn die Suche nach einem Arbeitsplatz seinen vollen zeitlichen Einsatz erfordert.

360 **c) Scheitern der Ausbildung/Umschulung/Fortbildung.** Ein **Ausbildungswechsel** muss nicht finanziert werden.

Scheitert die Ausbildung nach § 1575 I BGB unverschuldet, dann erlischt der Ausbildungsunterhalt und es entsteht ein Anschlussunterhalt wegen Arbeitslosigkeit auf dem bisher erreichten Niveau nach § 1573 I, II BGB.[803] Nach § 1575 III BGB bleibt in diesem Fall der durch die Ausbildung gemäß § 1575 I BGB erreichte **höhere Ausbildungsstand** bei der Bestimmung der angemessenen Erwerbstätigkeit nach § 1574 II BGB außer Betracht.

7. Obliegenheiten des geschiedenen Ehegatten

361 **a) Betreiben der Ausbildung, Fortbildung oder Umschulung.** Der Bedürftige ist verpflichtet, die Ausbildung, Fortbildung oder Umschulung zielstrebig und fleißig zu betreiben und innerhalb angemessener und üblicher Dauer beenden zu können. Die Anforderungen an den die Bildungsmaßnahme betreibenden Ehegatten sind angesichts seiner nachehelichen Eigenverantwortung strenger als die an ein volljähriges Kind. Der Ehegatte hat die Obliegenheit, sich im Allgemeinen an bestehende Ausbildungspläne zu halten, ohne dass etwa einem Studenten die selbständige Auswahl der angebotenen Lehrveranstaltungen und der eigenverantwortliche Aufbau des Studiums verwehrt wäre, solange dadurch der ordnungsgemäße Abschluss des Studiums innerhalb angemessener Frist nicht gefährdet wird.[804] Erbringt er schuldhaft nicht die erforderlichen Ausbildungsleistungen, wie zB Zwischenprüfungen, Vordiplom, Physikum, Scheine uÄ, verliert er seinen Ausbildungsanspruch für die Zukunft.[805]

---

[798] OLG Düsseldorf BeckRS 2014, 09554.
[799] OLG Düsseldorf BeckRS 2014, 09554.
[800] BGH FamRZ 1980, 126.
[801] BGH FamRZ 1980, 126.
[802] OLG Düsseldorf FamRZ 1987, 708 (709).
[803] OLG Hamm FamRZ 1983, 181.
[804] BGH FamRZ 1984, 777 (778).
[805] OLG Hamm FamRZ 1988, 1280 (1281).

b) Auskunfts- und Belegpflicht. Der Unterhaltspflichtige hat ein Bedürfnis, über den 362 Verlauf der Ausbildung auf dem Laufenden gehalten zu werden, um den Fortbestand seiner Unterhaltspflicht überprüfen zu können. Deshalb ist der geschiedene Ehegatte nach §§ 1580, 1605, § 242 BGB verpflichtet, dem Schuldner fortlaufend Auskunft über den Fortschritt seiner Ausbildung zu erteilen und seine Angaben ggf. nach § 259 I BGB durch Vorlage von Bescheinigungen des Ausbildungsbetriebs, der Schule, Fachhochschule, Universität etc zu belegen.[806] Nach den allgemeinen Grundsätzen des Unterhaltsrechts hat der Anspruchssteller die Obliegenheit, den Unterhaltspflichtigen bei einer Nichtaufnahme, Verzögerungen oder einem Abbruch der Ausbildung ungefragt zu informieren.

c) Keine Erstattungspflicht. Da der Anspruch auf Ausbildungsunterhalt nicht erfolgs- 363 abhängig ist, kann der Unterhaltspflichtige den gezahlten Unterhalt nach einem nicht erfolgreichen Abschluss der Ausbildung, Fortbildung oder Umschulung durch den Unterhaltsgläubiger (zB bei Nichtbestehen der Prüfung) von diesem unabhängig vom Einwand der Entreicherung nach § 818 III BGB nicht zurückfordern. Eine Verpflichtung zur Rückzahlung der empfangenen Beträge kann sich nur in Ausnahmefällen aus § 826 BGB ergeben.

8. Erwerbslosenunterhalt als Anschlussunterhalt nach § 1575 III BGB iVm § 1573 BGB

Findet der Bedürftige **nach Abschluss einer Ausbildung** gemäß § 1575 BGB keine 364 seinem neuen Ausbildungsniveau entsprechende Arbeitsstelle, dann entsteht nach § 1573 I und III BGB ein Anspruch auf Erwerbslosigkeitsunterhalt als Anschlussunterhalt.

Nach § 1575 III BGB bleibt in diesem Fall der durch die Ausbildung gemäß § 1575 I BGB erreichte höhere Ausbildungsstand bei der Bestimmung der angemessenen Erwerbstätigkeit nach § 1574 II BGB außer Betracht.

9. Begrenzung des Unterhaltsanspruchs

Eine **zeitliche Befristung** des Unterhalts auf die voraussichtliche Dauer der Ausbildung 365 war nach der Rechtsprechung des BGH zum früheren Recht geboten.[807] Eine Befristung nach dem seit 1.1.2008 geltenden § 1578b II BGB scheidet aus, wenn der Unterhaltsberechtigte nach einer ehebedingten Einschränkung seiner Erwerbstätigkeit nicht in der Lage ist, Einkünfte zu erzielen, die den eigenen angemessenen Unterhaltsbedarf nach § 1578 BGB nicht erreichen.[808] Dies ist wegen der ehebedingten Nachteile während der Dauer der Ausbildung ohne weiteres zu bejahen. Ob zum Zeitpunkt der Schaffung des Titels sicher prognostiziert werden kann, dass sogleich nach Abschluss der Ausbildung die durch die Nichtaufnahme oder den Abbruch der Ausbildung entstandenen ehebedingten Nachteile ausgeglichen sind, ist zweifelhaft. Nach Ansicht des BGH kann ein ehebedingter Nachteil in Zusammenhang mit einer Berufsausbildung, die ehebedingt nicht aufgenommen oder abgebrochen worden ist, selbst dann angenommen werden, wenn der Bedürftige keinen Anspruch auf Ausbildungsunterhalt (§ 1575 BGB) hat oder nicht geltend gemacht hat. Denn auch ohne die Voraussetzungen dieser Vorschrift kann ein ehebedingter Nachteil durch die Rollenverteilung in der Ehe und die deswegen nicht abgeschlossene Berufsausbildung entstehen.[809] Der nach Abschluss der Ausbildung evtl. weiter bestehende (Anschluss-)Unterhaltsanspruch beruht dann zwar idR auf einer anderen Rechtsgrundlage.[810] Die Einschränkungen für eine Befristung gelten aber für alle Anspruchsgrundlagen. auch in solchen Fällen.

---

[806] Borth FPR 2008, 341 (344).
[807] BGH FamRZ 1986, 553 (555).
[808] BGH NJW 2010, 3653.
[809] BGH FamRZ 2010, 875 Rn. 17 = R 711; vgl. Born NJW 2010, 1993.
[810] OLG Düsseldorf BeckRS 2014, 09554.

366 Anders ist die **Herabsetzung des Unterhalts** für den geschiedenen studierenden Ehegatten gemäß § 1578b I BGB bis auf den angemessenen Lebensbedarf nach der eigenen, ohne die Ehe hypothetisch erreichten Lebensstellung,[811] zu beurteilen. Die Untergrenze bildet nach der Rechtsprechung des BGH der Mindestbedarf, der das Existenzminimum darstellt. Heranzuziehen sind in solchen Fällen die Selbstbehaltsätze für einen nicht Erwerbstätigen, die sich aus Ziffer 21.2 der jeweiligen Unterhaltsleitlinien der Oberlandesgerichte ergeben. Das setzt voraus, dass der nach den ehelichen Lebensverhältnissen iSd § 1578 BGB geschuldete rechnerische Unterhalt höher liegt. Beläuft er sich auf Beträge unterhalb des Existenzminimums, kommt eine Herabsetzung ohnehin nicht in Betracht. Zudem darf der hypothetische angemessene Lebensbedarf nicht höher als der Mindestbetrag sein.

10. Darlegungs- und Beweislast, Verfahrensrechtliches

367 Der Unterhaltsberechtigte hat die Darlegungs- und Beweislast dafür, dass die Ausbildung notwendig ist, damit im Anschluss daran eine angemessene Erwerbstätigkeit ausgeübt werden kann,[812] ferner, dass mit Erreichen der angestrebten Ausbildung eine realistische Chance auf Erhalt eines Arbeitsplatzes besteht.[813] Ggf. müssen konkrete Ermittlungen über die Berufsaussichten angestellt werden.[814]

Ist eine Ausbildung vor der Ehe abgebrochen worden, muss der Unterhaltsberechtigte die Ehebedingtheit des Abbruchs darlegen und beweisen. Anders ist es, wenn der Abbruch der Ausbildung erst während der Ehe erfolgt ist; hier ist eine Ehebedingtheit nicht erforderlich.[815]

Der nacheheliche Unterhalt, mithin der Unterhalt, der ab Rechtskraft der Scheidung zu zahlen ist, sollte bereits im **Scheidungsverbund** gemäß § 137 II Nr. 2 FamFG geltend gemacht werden.

Wenn die Voraussetzungen für den Ausbildungsunterhalt noch während der Ausbildung entfallen, kann der Unterhaltspflichtige dies bei Vorliegen eines vollstreckbaren Titels gegen ihn mit einem **Abänderungsantrag** nach §§ 238–240 FamFG geltend machen. In dem Abänderungsverfahren kann der Anspruchsteller seinen Unterhaltsanspruch auch auf eine andere Anspruchsgrundlage stützen. Wurde der Unterhalt aufgrund einer privaten Vereinbarung gezahlt, kann der Verpflichtete die Unterhaltszahlungen wegen der Änderung der Geschäftsgrundlage gemäß § 313 BGB einstellen.

X. Unterhalt aus Billigkeitsgründen nach § 1576 BGB

1. Normzweck und Anspruchsvoraussetzungen

368 Nach § 1576 BGB besteht ein Anspruch auf Billigkeitsunterhalt, soweit und solange vom Bedürftigen aus sonstigen schwerwiegenden Gründen eine Erwerbstätigkeit nicht erwartet werden kann und eine Versagung von Unterhalt unter Berücksichtigung der Belange beider Ehegatten grob unbillig wäre.

Bei § 1576 BGB handelt es sich um eine positive **Härteklausel für Ausnahmefälle.** Diese Härteklausel oder Billigkeitsklausel ist kein Ersatz für die vom Gesetzgeber abgelehnte unterhaltsrechtliche Generalklausel. Sie soll nach Art eines Auffangtatbestandes jenseits der grundsätzlichen Regelung Härtefälle erfassen, in denen eine Unterhaltsversagung wegen der Umstände des Einzelfalles grob unbillig ist. § 1576 BGB ist eine positive Entsprechung zu der negativen Ausschlussklausel des § 1579 BGB. Die §§ 1570 ff. BGB

---

[811] BGH NJW 2010, 3653.
[812] BGH FamRZ 1986, 533.
[813] BGH FamRZ 1987, 601.
[814] BGH FamRZ 1986, 553.
[815] BGH FamRZ 1980, 126.

dienen zur Orientierung bei der Auslegung des § 1576 BGB. Dieser soll Lücken bei den §§ 1570–1575 BGB füllen und eingreifen, wenn und soweit nach diesen genau umrissenen Tatbeständen Unterhaltsansprüche nicht bestehen.[816] Ferner soll er Härten vermeiden, die sich aus dem enumerativen Tatbestandskatalog der §§ 1570–1575 BGB ergeben.[817] Wegen ihrer Ausgestaltung als allgemeine Härteklausel ist die Vorschrift weder im Verhältnis zum Regelungsbereich der §§ 1570 ff. BGB auf gegenständlich andere als die dort genannten Gründe begrenzt noch sonst Beschränkungen auf bestimmte Unterhaltstatbestände unterworfen.[818] In der **Praxis** hat die Vorschrift **keine große Bedeutung**.

Der Billigkeitsunterhalt hat folgende **Voraussetzungen:**
– Vorliegen eines sonstigen schwerwiegenden Grundes.
– Wegen des schwerwiegenden Grundes ist eine Erwerbstätigkeit nicht oder nur teilweise zu erwarten.
– Die Versagung des Unterhalts wäre unter Berücksichtigung der Belange beider Ehegatten grob unbillig

Wie bei allen Unterhaltsansprüchen muss ein ungedeckter Bedarf (§ 1577 BGB) des Unterhalt begehrenden Ehegattens vorliegen.[819]

2. Ehebedingtheit

§ 1576 BGB erfasst nach seinem Zweck nicht nur eine ehebedingte Unterhaltsbedürftigkeit, sondern ebenso wie die in den §§ 1570 ff. BGB aufgeführten Tatbestände auch sonstige **nicht ehebedingte** Bedürfnislagen. Deshalb müssen weder die schwerwiegenden Gründe noch die Unterhaltsbedürftigkeit ehebedingt sein.[820] Gleichwohl ist die Ehebedingtheit ein wesentlicher Anhaltspunkt dafür, ob ein schwerwiegender Grund, der die Versagung des Unterhalts grob unbillig macht, vorliegt. Wird eine geschiedene Ehefrau unterhaltsbedürftig, weil sie mehr als 1 Jahr nach der Scheidung ihre Arbeitsstelle in Polen aufgibt, um sich zu ihren erwachsenen Kindern nach Deutschland zu begeben, fehlt es an einer ehebedingten Bedürftigkeit und damit an einem schwerwiegenden Grund, weswegen keine Erwerbstätigkeit erwartet werden kann.[821]

369

3. Einsatzzeitpunkt

Das Gesetz sieht keinen Einsatzzeitpunkt vor. Daher kann der Anspruch nach der Scheidung originär entstehen, dh nicht als Anschlussunterhalt.[822]

370

Nach der Rechtsprechung des BGH ist § 1576 BGB auch zu prüfen, wenn ein **Krankheitsunterhalt nur am Einsatzzeitpunkt scheitert.**[823] Entsprechendes dürfte gelten, wenn ein anderer Unterhaltstatbestand nach §§ 1571–1573 BGB nur am Einsatzpunkt scheitert.[824] Der Billigkeitsunterhalt scheidet in einem solchen Fall nicht schon deswegen aus, weil die nach § 1572 BGB oder den anderen Unterhaltstatbeständen vorausgesetzten Einsatzpunkte auch im Rahmen des § 1576 BGB zu beachten sind, um auch im Hinblick auf die Subsidiarität des Anspruchs eine uferlose Ausweitung des Tatbestands zu vermeiden. Eine uferlose Ausweitung wird durch eine sachgerechte Billigkeitsprüfung vermieden.[825] Mit zunehmender Entfernung von den Einsatzpunkten sind strengere Anforderungen an die Ausweitung der nachehelichen Solidarität, die dem Anspruch nach § 1576 BGB

---

[816] BGH FamRZ 1984, 361; 1983, 800.
[817] BGH FamRZ 2003, 1734 (1735) = R 597a; 1984, 361; 1983, 800.
[818] BGH FamRZ 2003, 1734 (1737) = R 597c.
[819] OLG Koblenz FamRZ 2018, 913.
[820] BGH FamRZ 2003, 1734 (1737) = R 597c; 1983, 800.
[821] OLG Karlsruhe FamRZ 1991, 1449.
[822] Vgl. OLG Saarbrücken BeckRS 2016, 14714.
[823] BGH FamRZ 2003, 1734 (1737) = R 597c; OLG Zweibrücken FamRZ 2002, 821 (822).
[824] OLG Hamm FamRZ 1999, 230 (232).
[825] BGH FamRZ 2003, 1734 (1737) = R 597c.

zugrunde liegt, zu stellen.[826] Weil mit **zunehmendem zeitlichen Abstand von der Scheidung** das Interesse des Verpflichteten und sein Vertrauen darauf, nicht mehr auf Unterhalt in Anspruch genommen zu werden, wachsen, ist nach Auffassung des BGH mit fortschreitender Dauer ein Unterhaltsanspruch im Rahmen der Billigkeitsprüfung nach § 1576 BGB eher zu versagen.[827] Der maßgebliche Grund iSd § 1576 BGB muss daher zumindest in einem zeitlichen oder sachlichen Zusammenhang mit den ehelichen Lebensverhältnissen stehen.[828]

4. Berücksichtigung des Verschuldens am Scheitern der Ehe

371   Nach § 1576 S. 2 BGB dürfen schwerwiegende Gründe **nicht allein** deshalb berücksichtigt werden, weil sie zum Scheitern der Ehe geführt haben. Mit dieser Bestimmung wollte der Gesetzgeber verhindern, dass aus einem Verhalten eines Ehegatten, das zum Scheitern der Ehe geführt hat, das Bestehen hinreichend schwerwiegender Gründe gefolgert und damit das im Scheidungsrecht aufgegebene Verschuldensprinzip wieder eingeführt wird.[829] Gründe, die zum Scheitern der Ehe geführt haben, können aber neben anderen Gesichtspunkten einen Unterhaltsanspruch rechtfertigen und bei der Billigkeitsabwägung bedeutsam werden.[830]

5. Vorliegen eines sonstigen schwerwiegenden Grundes

372   Zur Orientierung für die Auslegung des Begriffs „sonstiger schwerwiegender Grund" dienen vor allem die Gründe, die den Tatbeständen der §§ 1570–1572 BGB zugrunde liegen. Diese sonstigen Gründe müssen in ihrer Bedeutung und ihrem Gewicht den Tatbeständen der §§ 1570–1572 BGB vergleichbar sein.[831] In der Rechtsprechung haben sich insbesondere folgende Fallgruppen herausgebildet:

373   **a) Betreuung nachehelicher gemeinschaftlicher Kinder.** Betreut der geschiedene Ehegatte ein nach Rechtskraft der Scheidung geborenes gemeinsames nichteheliches Kind der Ehegatten, scheidet ein Unterhaltsanspruch nach § 1570 oder § 1576 BGB aus. Die betreuende Mutter hat in diesem Fall den Anspruch auf Betreuungsunterhalt nach § 1615l II 2 BGB.[832] Anders liegt der Fall, wenn es sich, belegt durch ein Abstammungsgutachten, zwar um ein biologisch, nicht aber rechtlich gemeinsames Kind (weil es rechtlich als eheliches Kind eines früheren Ehemannes der Frau gilt) handelt. Hier kommt ein Anspruch nach § 1576 BGB in Betracht.[833]

374   **b) Betreuung nicht gemeinschaftlicher Kinder.** Allein die Pflege und Betreuung nicht gemeinschaftlicher Kinder reicht nicht aus, um einen Anspruch aus § 1576 BGB zu begründen, denn der Betreuungsunterhaltsanspruch nach § 1570 BGB ist grundsätzlich auf gemeinschaftliche Kinder beschränkt. In solchen Fällen müssen besondere Umstände hinzutreten, durch die ein besonderer Vertrauenstatbestand für den bedürftigen Ehegatten geschaffen wurde.[834]

375   **aa) Stiefkinder.** Bei Betreuung eines leiblichen Kindes eines Elternteils aus einer früheren Beziehung (Stiefkind des Unterhaltspflichtigen), das während der Ehe mit Einwilligung des anderen Ehegatten in den häuslichen Haushalt aufgenommen worden war, kann ein Unterhaltsanspruch aus § 1576 BGB bestehen. Es reicht aber nicht aus, dass dieses Kind

---

[826] BGH FamRZ 2003, 1734 (1737) = R 597c; OLG Zweibrücken FamRZ 2002, 821 (822).
[827] FamRZ 2003, 1734 (1737) = R 597c.
[828] OLG Hamm FamRZ 1997, 230; OLG Karlsruhe FamRZ 1996, 948.
[829] BGH FamRZ 1984, 361 (364).
[830] BGH FamRZ 1984, 361 (363).
[831] BGH FamRZ 1983, 800 (802).
[832] BGH FamRZ 1998, 426.
[833] OLG Düsseldorf FamRZ 1999, 1274.
[834] BGH FamRZ 1983, 800 (802); OLG Celle BeckRS 2010, 11045; OLG Koblenz BeckRS 2010, 07513; OLG Koblenz FamRZ 2005, 1997.

mit Zustimmung des anderen Ehegatten in den ehelichen Haushalt aufgenommen worden war.[835] Es müssen gewichtige besondere Umstände hinzutreten, um einen Anspruch nach § 1576 BGB zu rechtfertigen.[836]

Handelt es sich um ein Kind des Unterhaltspflichtigen (Stiefkind des Unterhaltsberechtigten), das mit dessen Willen auch nach der Ehescheidung von dem geschiedenen Stiefelternteil weiterhin betreut wird, ist ein Anspruch aus § 1576 BGB zu bejahen, weil es sich dann um eine besondere Leistung gerade für den verpflichteten Ehegatten handelt. Keine Anwendung findet § 1576 BGB bei Betreuung eines behinderten **erwachsenen Stiefkindes,** wenn sich dieses während der Ehe vereinbarungsgemäß in einem Heim aufgehalten hatte.[837]

bb) Ehebruchskindern. Bei Ehebruchskindern besteht kein Anspruch aus § 1576 BGB. Eine Ausnahme gilt dann, wenn der Verpflichtete einen Vertrauenstatbestand dadurch geschaffen hat, dass er der Aufgabe der Erwerbstätigkeit durch die Mutter wegen der Betreuung des scheinehelichen Kindes zugestimmt und sich mit der Aufnahme in seinen Haushalt längere Zeit abgefunden hat. Gleiches gilt, wenn der auf Unterhalt in Anspruch genommene Ehegatte selbst Ehebruch begangen hatte und die Ehefrau, die nach einem Ehebruch schwanger geworden war, von einem Schwangerschaftsabbruch abgehalten und damit den Eindruck erweckt hatte, er wolle das von ihr ausgetragene nicht gemeinsame Kind akzeptieren und die Ehe mit ihr fortsetzen.[838] **376**

cc) Pflegekinder. Betreut der bedürftige geschiedene Ehegatte ein Pflegekind, das die Eheleute **gemeinsam** während der Ehe auf Dauer **aufgenommen** hatten, spricht für die Zubilligung eines Unterhaltsanspruchs in erster Linie der Gesichtspunkt der gemeinschaftlich übernommenen Verantwortung für das Pflegekind. Bei der Abwägung ist insbesondere zu berücksichtigen, in welchem Alter das Kind in der Familie aufgenommen wurde und wie lange es bereits in den neuen Lebenskreis eingegliedert ist.[839] Auch die gesetzgeberische Grundentscheidung in den §§ 1570, 1579 BGB für das Kindeswohl und gegen das Interesse des nicht betreuenden Ehegatten von einer wegen eines Fehlverhaltens des anderen Ehegatten an sich unzumutbaren Unterhaltslast befreit zu werden, ist bei der Abwägung mit zu berücksichtigen. Bei der Abwägung kommt dem Wohl des Kindes gegenüber einem etwaigen Fehlverhalten des Ehegatten ein besonderes Gewicht zu. Unabhängig davon, sind alle für und gegen die Zuerkennung des Anspruchs sprechenden Gründe zu prüfen.[840] **377**

Haben die Eheleute ein Pflegekind erst kurz vor dem endgültigen Scheitern der Ehe aufgenommen, weil sie sich davon vergeblich eine Stabilisierung der Ehe versprachen, muss sich der pflichtige Ehegatte allerdings nicht an der Aufnahmeentscheidung festhalten lassen.[841] Dies scheint dann zutreffend, wenn sich das Pflegeverhältnis noch nicht so verfestigt hatte, dass die Beendigung der Pflege auch mit Rücksicht auf das betroffene Kind noch ohne weiteres möglich ist.

Wenn das Kind **nicht** von den Eheleuten **gemeinschaftlich,** sondern nur vom bedürftigen Ehegatten in Pflege genommen worden war und der andere Ehegatte der Aufnahme lediglich zugestimmt hatte, kann ebenfalls ein Anspruch nach § 1576 BGB in Betracht kommen. Da der auf Unterhalt in Anspruch genommene Ehegatte in einem solchen Fall die Verantwortung für das Kind nicht in gleicher Weise übernommen hat, müssen hier noch gewichtige weitere Gründe hinzukommen.[842]

dd) Enkelkinder. Die Pflege und Erziehung eines Enkelkindes der Ehegatten, dessen Eltern für die Betreuung ausscheiden, kann einen Anspruch aus § 1576 BGB rechtfertigen. Dies soll selbst dann gelten, wenn die Aufnahme in den Haushalt der Großeltern ohne **378**

---

835 OLG Koblenz NJW 2010, 1537.
836 BGH FamRZ 1983, 800 (802); so auch OLG Koblenz FamRZ 2005, 1997.
837 OLG Köln FamRZ 1980, 1006.
838 OLG Frankfurt a. M. FamRZ 1982, 299 (300).
839 BGH FamRZ 1984, 361 (363).
840 BGH FamRZ 1984, 361 (363).
841 Vgl. OLG Hamm FamRZ 1996, 1417.
842 BGH FamRZ 1984, 769.

379 **c) Pflege von Angehörigen.** Betreut der unterhaltsbedürftige Ehegatte Angehörige des Unterhaltspflichtigen, wird dies als schwer wiegender Grund angesehen, weil es treuwidrig ist, einerseits die Leistung des Ehepartners in Anspruch zu nehmen und ihm andererseits die Unterstützung zu versagen, wenn er sich infolge der dem Unterhaltspflichtigen zugutekommenden Leistung nicht selbst unterhalten kann. Die Unterhaltsverpflichtung nach § 1576 BGB besteht jedoch nur so lange, wie die Pflege seines Angehörigen von dem Unterhaltspflichtigen gebilligt wird und er keine Abänderung fordert.

Die Pflege von eigenen Angehörigen kann einen Unterhaltsanspruch begründen, wenn die Betreuung während der Ehe langjährig im Einvernehmen mit dem Unterhaltspflichtigen durchgeführt wurde. Auch in einem solchen Fall sind aber im Rahmen der Billigkeit die weiteren Belange der Ehegatten abzuwägen.[844]

380 **d) Besondere Leistungen/außergewöhnliche Opfer für den anderen Ehepartner.** Besondere Opfer des Bedürftigen für die Lebensgemeinschaft oder die Hilfe eines Ehegatten beim Aufbau oder der Sicherung der Existenz oder in Krankheitszeiten und in sonstigen Notlagen sollen ebenfalls einen Anspruch aus § 1576 BGB rechtfertigen.

381 **e) Erkrankung.** Allein die Tatsache einer schicksalhaften Erkrankung genügt nicht, um grobe Unbilligkeit anzunehmen, sondern es müssen weitere besondere Umstände (vgl. oben Rn. 370) hinzukommen, die nicht unbedingt in der Ehe angelegt zu sein brauchen, die aber einen schutzwürdigen Vertrauenstatbestand schaffen.[845] Die Tatsache, dass eine **Krankheit kurze Zeit nach der Scheidung** aufgetreten ist, ist vereinzelt für die Annahme eines ebenso schwerwiegenden Grundes als ausreichend angesehen worden.[846] Die Versagung von Unterhalt ist als grob unbillig angesehen worden, wenn der Unterhaltsberechtigte längere Zeit (4 Jahre) nach der Scheidung infolge einer bereits in der Ehe angelegten Psychose seine Festanstellung verliert.[847]

Ob auch ein Anspruch gem. § 1576 BGB in Betracht kommt, wenn die Ehefrau geltend macht, der Ehemann habe sich die Scheidung unter Ausnutzung ihrer schlechten gesundheitlichen Situation (hier: paranoide Schizophrenie) „erschlichen", ist zweifelhaft.[848]

6. Billigkeitsabwägung

382 Nach § 1576 BGB muss eine Unterhaltsversagung unter Berücksichtigung der Belange beider Ehegatten grob unbillig sein, dh dem Gerechtigkeitsempfinden in unerträglicher Weise widersprechen.[849] Dazu ist eine **Billigkeitsprüfung** unter Abwägung aller Umstände des konkreten Falles durchzuführen.[850]

Bei der Abwägung ist eine **lange Ehedauer** zu berücksichtigen, weil diese die nachwirkende Mitverantwortung erhöht. Auch das **Alter** der Beteiligten bei Eheschließung und die **gemeinsame Lebensplanung** (zB Führung einer typischen Hausfrauenehe) stellen Billigkeitsumstände dar, ferner die berufliche Entwicklung des Bedürftigen und die wirtschaftlichen Verhältnisse der Ehegatten.[851]

Zu berücksichtigen ist auch **eheliches Fehlverhalten** des Bedürftigen, allerdings unter Beachtung des besonders zu gewichtenden Kindeswohls.[852] Da § 1576 BGB nur Unterhalt auf Grund einer Billigkeitsabwägung gewährt, wird in solchen Fällen die negative Härte-

---

[843] AG Herne-Wanne FamRZ 1996, 1016.
[844] OLG Düsseldorf FamRZ 1980, 56.
[845] OLG Karlsruhe FamRZ 1994, 104.
[846] BGH FamRZ 2003, 1734.
[847] OLG Karlsruhe FamRZ 1994, 104.
[848] OLG Köln FamRZ 2012, 1509.
[849] BGH FamRZ 1983, 800 (802).
[850] BGH FamRZ 1984, 361 (363).
[851] BGH FamRZ 2003, 1734 (1736 f.); 1984, 361 (363); 1983, 800 (802).
[852] BGH FamRZ 1984, 361 (364).

klausel § 1579 BGB auf einen Anspruch nach § 1576 BGB nicht zusätzlich angewendet. Aufgrund der Billigkeitsabwägung nach § 1576 BGB sind allerdings auch andere Ergebnisse möglich als nach § 1579 BGB.[853]

7. Dauer und Höhe des Unterhaltsanspruchs

Der Unterhaltsanspruch besteht nur, **solange und soweit** aus schwerwiegenden Gründen keine Erwerbstätigkeit erwartet werden kann. Er setzt weiter einen ungedeckten Bedarf des Unterhalt begehrenden Ehegattens voraus.[854] **383**
Bei der Prüfung der groben Unbilligkeit der Unterhaltsversagung können Billigkeitsgesichtspunkte auch bei der Entscheidung über die **Höhe und Dauer** des Anspruchs berücksichtigt werden.[855] Für eine Anwendung des § 1578b BGB ist deswegen kein Raum.[856]
In den meisten Fällen wird der Anspruch **zeitlich zu befristen** sein, wenn die besonderen Umstände, die ihn ausgelöst haben, entfallen (zB Versterben des Angehörigen, Ende der Betreuungszeit für ein minderjähriges Kind). Bei der Betreuung des Pflegekindes kann der Unterhalt bis zum voraussichtlichen Ende des Betreuungsbedürfnisses befristet werden, wobei auch eine **gesteigerte Erwerbsobliegenheit** einzubeziehen ist.[857] Es kommt auch eine zeitliche Befristung für eine Übergangszeit in Betracht.[858]
Der volle Unterhalt nach den ehelichen Lebensverhältnissen iSd § 1578 I 1 BGB einschließlich der Kosten einer angemessenen Versicherung für den Fall des Alters sowie der verminderten Erwerbsfähigkeit kann geltend gemacht werden.[859] Es kann auch nur ein Teilunterhalt zugesprochen werden, wenn dem Unterhaltsberechtigten bei der Betreuung eines Kindes oder eines Angehörigen eine Erwerbstätigkeit in Teilzeit zumutbar ist oder er über sonstige Einkünfte, die seine Bedürftigkeit mindern (§ 1577 I BGB), verfügt.

8. Rangfolge und Konkurrenzen

Der Anspruch aus § 1576 BGB geht gemäß § 1600 Nr. 3, 4 BGB den Anspruch eines **384** volljährigen Kindes vor, soweit dieses nicht gemäß § 1603 II BGB dem minderjährigen Kind gleichsteht.
Der Anspruch nach § 1576 BGB ist **gegenüber** einem Anspruch nach **§ 1570 BGB subsidiär.** Besteht ein Anspruch nach § 1570 BGB wegen Betreuung eines gemeinschaftlichen Kindes und gleichzeitig ein Anspruch nach § 1576 BGB wegen Betreuung eines nicht gemeinschaftlichen Kindes, so ist wegen der Subsidiarität der nach § 1570 BGB bestehende Anspruch zu beziffern. Nur der darüber hinaus geltend gemachte Anspruchsteil wegen der Betreuung des nicht gemeinschaftlichen Kindes kann auch nach § 1576 BGB unter Billigkeitsgesichtspunkten geprüft werden.[860] § 1576 BGB darf daher erst dann geprüft werden, wenn der vorrangige Anspruch ganz oder teilweise verneint wird.
Subsidiarität dürfte auch gegenüber den anderen Ansprüchen des nachehelichen Unterhalts nach den §§ 1571–1573 und 1575 BGB bestehen, weil § 1576 BGB als Auffangtatbestand nur Regelungslücken und Härten vermeiden soll, die sich aus den enumerativen Tatbestandskatalog der §§ 1570–1573 und 1575 BGB ergeben können.[861] Der BGH hat demgemäß die Subsidiarität gegenüber § 1572 BGB bejaht.[862]

---

[853] BGH FamRZ 1984, 361 (363).
[854] OLG Koblenz FamRZ 2018, 913.
[855] Diekmann FamRZ 1981, 98.
[856] Büttner FamRZ 2007, 773 (774).
[857] OLG Koblenz FamRZ 2005, 1997.
[858] BGH FamRZ 1984, 769.
[859] BGH FamRZ 2010, 1637.
[860] BGH FamRZ 1984, 361; 1984, 769.
[861] Vgl. BGH FamRZ 2003, 1734 (1735) = R 597a.
[862] BGH FamRZ 2003, 1734 (1735) = R 597a.

Ausbildungsunterhalt kann nach § 1576 BGB **nicht** zugesprochen werden, weil die §§ 1575 und 1574 III, 1573 I BGB im Verhältnis zu § 1576 BGB eine abschließende Regelung beinhalten.[863]

An den Unterhalt und § 1576 BGB kann sich, wie sich aus dem Wortlaut der §§ 1571 ff. BGB ergibt, **kein Anschlussunterhalt** anschließen.

Anders als ein Unterhaltsanspruch nach § 1570 BGB kann der Billigkeitsanspruch wegen Betreuung eines nicht gemeinschaftlichen Kindes nach Auflösung einer neuen Ehe des bedürftigen Ehegatten **nicht** in entsprechender Anwendung von **§ 1586a I BGB wiederaufleben,** weil die Vorschrift nur eine eingeschränkte Ausnahme von der Regel des § 1586 I BGB darstellt.

9. Beweislast

385 Nach den allgemeinen Regeln muss der Anspruchssteller seine Bedürftigkeit und das Vorliegen von sonstigen schwerwiegenden Gründen, die ihn an der Ausübung einer Erwerbstätigkeit hindern, darlegen und beweisen. Bei der Abwägung der groben Unbilligkeit muss jeder Ehegatte die zu seinen Gunsten sprechenden Umstände darstellen und nachweisen.[864]

386–399 *– in dieser Auflage nicht belegt –*

4. Abschnitt: Unterhaltsbedarf und Bedarfsbemessung beim Ehegattenunterhalt

I. Unterhaltsbedarf nach den ehelichen Lebensverhältnissen

1. Der Unterhaltsbedarf als gesamter Lebensbedarf

400 Der nacheheliche Unterhalt umfasst den gesamten Lebensbedarf (§ 1578 I 2 BGB). Zu diesem Lebensbedarf gehören auch die Kosten einer angemessenen Versicherung für den Fall der Krankheit und der Pflegebedürftigkeit sowie die Kosten einer Schul- oder Berufsausbildung, einer Fortbildung oder Umschulung nach den §§ 1574, 1575 BGB (§ 1578 II BGB). Bei einem Unterhaltsanspruch nach den §§ 1570–1573 oder 1576 BGB gehören zum Lebensbedarf ferner die Kosten einer angemessenen Vorsorge für den Fall des Alters sowie der Erwerbsunfähigkeit (§ 1578 III BGB).

401 Der Unterhaltsbedarf beinhaltet somit als **unselbständige Bestandteile** den laufenden Elementarbedarf (→ Rn. 402) und bei Vorliegen besonderer Umstände einen regelmäßigen Mehrbedarf (→ Rn. 403). Wird der Unterhalt nur mit einem Betrag verlangt, umfasst er den **gesamten Bedarf**.[1] Hinzu kommen kann als eigener Anspruch ein unregelmäßiger Sonderbedarf (→ Rn. 404 und ausführlich → § 6 Rn. 1 ff.).

Der regelmäßige Elementar- und Mehrbedarf wird unter Berücksichtigung von Bedürftigkeit und Leistungsfähigkeit als laufender Unterhalt nach § 1585 I BGB in Form einer monatlich im Voraus zu zahlenden Geldrente geschuldet. Da die Beteiligten beim nachehelichen Unterhalt gemäß § 1585c BGB eine andere Art der Unterhaltsgewährung vereinbaren können, kann ein Teil auch durch Naturalleistung, zB Zurverfügungstellung des Miteigentumsanteils an der gemeinsamen Wohnung, geleistet werden[2] (→ § 1 Rn. 531). Bewohnt ein Ehegatte nach der Trennung weiterhin das gemeinsame Eigenheim und wird bei der Unterhaltsberechnung das mietfreie Wohnen berücksichtigt (→ § 1 Rn. 473 ff.), liegt im Ergebnis bezüglich der Nutzung des Miteigentumsanteils des Ausziehenden immer

---

[863] OLG Düsseldorf FamRZ 1980, 585.
[864] Baumgärtel/Laumen/Prütting § 1576 Rn. 2.
[1] BGH FamRZ 2013, 109; 2007, 193 = R 664e; 2007, 117 = R 662a.
[2] BGH FamRZ 1997, 484 = R 508.

4. Abschnitt: Unterhaltsbedarf und Bedarfsbemessung beim Ehegattenunterhalt § 4

eine Naturalleistung vor, die als Unterhaltsleistung bei getrennter steuerlicher Veranlagung im Rahmen des Realsplittings neben dem geleisteten Barunterhalt nach § 10 I Nr. 1 EStG angesetzt werden kann.[3] Ein Sonderbedarf kann nach § 1585b I BGB zusätzlich zum regelmäßigen Bedarf verlangt werden, und zwar auch für die Vergangenheit.

Die Bedarfsbemessung ist nicht gleichbedeutend mit dem endgültigen Unterhalt, denn die Höhe des konkreten Unterhalts wird wesentlich mitbestimmt durch die Bedürftigkeit des Berechtigten, dh sein nach § 1577 I BGB auf den Bedarf anzurechnendes Einkommen (→ Rn. 928 ff.), sowie die Leistungsfähigkeit des Verpflichteten (→ Rn. 966 ff.).

- **Elementarbedarf:** 402
  Zum Elementarbedarf zählen alle regelmäßigen Aufwendungen für Wohnung, Ernährung, Kleidung, Bildung, Erholung, Freizeitgestaltung, Gesundheitsfürsorge, geistige und kulturelle Interessen und sonstige persönliche und gesellschaftliche Bedürfnisse.
- **Mehrbedarf:** 403
  Bei Vorliegen besonderer Umstände kann zusätzlich ein regelmäßiger Mehrbedarf bestehen, der durch den Elementarbedarf nicht abgedeckt und im Gesetz im Einzelnen normiert ist. Zur Abgrenzung vom Sonderbedarf muss es sich hierbei um regelmäßig anfallende Mehraufwendungen über einen längeren Zeitraum handeln.[4]
- **Mehrbedarfsfälle:**
  – Mehrbedarf für einen angemessenen **Krankenversicherungsschutz** (§ 1578 II BGB) einschließlich Pflegeversicherung.
  – Mehrbedarf für eine eheangemessene **Alters- und Invaliditätsversicherungsvorsorge** (§ 1578 III BGB).
  – **Ausbildungsbedingter** Mehrbedarf, wenn für die Ausbildung als solche zusätzliche Kosten anfallen (§ 1578 II BGB).
  Zur Bedarfsbemessung bei regelmäßigem Mehrbedarf → Rn. 840 ff., zum Krankheitsvorsorgeunterhalt → Rn. 900 ff. und zum Vorsorgeunterhalt für Alter und Invalidität → Rn. 855 ff.
- **Sonderbedarf:** 404
  Nach den §§ 1585b I, 1613 II Nr. 1 BGB kann auch ein Sonderbedarf als Unterhalt verlangt werden. Nach der Legaldefinition des § 1613 II Nr. 1 BGB ist Sonderbedarf ein unregelmäßiger außerordentlich hoher Bedarf. Er muss nach dem Verständnis des BGH überraschend und der Höhe nach nicht abschätzbar sein.[5] Er ist unregelmäßig, wenn er nicht mit Wahrscheinlichkeit vorausgesehen und deshalb bei der laufenden Unterhaltsrente nicht berücksichtigt werden kann. Er ist deshalb als selbstständiger Anspruch geltend zu machen. Genaueres zum Sonderbedarf → § 6 Rn. 1 ff.

Diese Ausführungen gelten in gleicher Weise für den **Trennungsunterhalt** nach § 1361 405
BGB (→ Rn. 65 ff.) und für den Unterhalt **nach altem Recht.**

Wie der BGH inzwischen mehrfach entschieden hat, gehört ein **trennungsbedingter** 406
Mehrbedarf nicht zum Gesamtbedarf nach den ehelichen Lebensverhältnissen.[6] Nach seiner früheren Rechtsprechung umfasste dagegen der volle Unterhalt die Quote aus den beiderseitigen Einkünften zuzüglich eines trennungsbedingten Mehrbedarfs, um den in der Ehe erreichten Lebensstandard aufrecht erhalten zu können.[7] Soweit nur prägende Einkünfte vorhanden waren, wurde mit der Quote aber alles verteilt, so dass kein zusätzlicher trennungsbedingter Mehrbedarf zugesprochen werden konnte.[8] Er kam damit nur in Betracht, wenn nichtprägende Einkünfte vorhanden waren. Im Gesetz selbst ist ein trennungsbedingter Mehrbedarf nicht normiert, sondern nur die oben angeführten Mehrbedarfsfälle. Wie Graba überzeugend ausgeführt hat, war der trennungsbedingte Mehrbedarf kein Teil des Begriffs der ehelichen Lebensverhältnisse nach dem alten Recht (§ 58 EheG), obwohl die Bestimmung in § 1361 I BGB wörtlich und in § 1578 I BGB inhalts-

---

[3] BFH FamRZ 2000, 1360.
[4] BGH FamRZ 2007, 882.
[5] BGH FamRZ 2006, 612 = R 647a.
[6] BGH FamRZ 2010, 111; 2007, 1303.
[7] Vgl. zB BGH FamRZ 1987, 913; 1984, 358; 1982, 255.
[8] BGH FamRZ 1994, 343; 1984, 358.

gleich übernommen wurde.⁹ Der trennungsbedingte Mehrbedarf wurde im Ergebnis von der Rechtsprechung nur entwickelt, um die Härten der früheren Anrechnungsmethode für die Hausfrauen zu mildern.¹⁰ Durch die 2001 geänderte Rechtsprechung des BGH zu dieser Frage mit der Surrogatslösung bestehen diese Härten nicht mehr (näher → Rn. 422 ff.). Deshalb können trennungsbedingt entstehende Mehrkosten nach BGH nicht mehr bedarfserhöhend geltend gemacht werden (→ Rn. 835 ff.).¹¹ Es war auch immer fehlerhaft, unter den Begriff „eheliche Lebensverhältnisse" trennungsbedingte Mehrkosten zu subsumieren. Soweit der Gesetzgeber mit der Trennung anfallende Mehrkosten dem Bedarf zuordnen wollte, nämlich im Bereich der Kranken-, Pflege- und Altersvorsorge sowie für eine notwendige Aus- oder Fortbildung entstehende Kosten, hat er dies ausdrücklich normiert (vgl. §§ 1361 I 2, 1578 II, III BGB). Sonstige trennungsbedingte Mehrkosten im Bereich der allgemeinen Lebensführung hat er dagegen in §§ 1361, 1578 BGB nicht erwähnt. Der Begriff der ehelichen Lebensverhältnisse kann nur den in der Ehe erreichten Status umfassen, nicht aber generelle Mehrkosten durch getrennte Haushalte. Diese haben nichts mit der Ehe zu tun, sondern sind allein Folgen der Trennung. Sie können daher nur als Ausgabenposition eine Rolle spielen (→ Rn. 407), nicht aber als Teil des Bedarfs. Trotzdem halten die Düsseldorfer Tabelle (Anm. B V) und ein Teil der Oberlandesgerichte in ihren Leitlinien am trennungsbedingten Mehrbedarf fest, soweit nichtprägende Einkünfte vorhanden sind (vgl. DL Nr. 15.6; FL Nr. 15.6; HaL Nr. 15.6; HL Nr. 15.6).

407 Von der Frage, ob ein trennungsbedingter Mehrbedarf Teil des gesamten Unterhaltsbedarfs nach § 1578 I 2 BGB ist, ist zu trennen, ob ein Mehrbedarf eine **Ausgabenposition** darstellen kann und damit bei der Bereinigung des Nettoeinkommens zu berücksichtigen ist. Insoweit ist anerkannt, dass nicht nur alters- und krankheitsbedingte Mehrkosten bei der Trennung (→ § 1 Rn. 1064 ff.), sondern auch nicht leichtfertig eingegangene trennungsbedingte Verbindlichkeiten berücksichtigungswürdig sind (→ § 1 Rn. 1067, 1084).

408 Die Leistung von Unterhalt dient allein zur Finanzierung der Lebenshaltungskosten. Der Bedarf umfasst damit **keine Mittel zur Vermögensbildung** (→ Rn. 453 ff.) oder zur **Abtragung von Schulden** (→ Rn. 439). Davon zu trennen ist die Frage, inwieweit Ausgaben zur gemeinsamen Vermögensbildung oder zur Begleichung von Schulden bei der Bereinigung des Nettoeinkommens berücksichtigungswürdig sind (→ § 1 Rn. 1083 ff., 1089 ff., 1134 ff.).

2. Bedarfsbemessung nach den ehelichen Lebensverhältnissen und fehlende Lebensstandardgarantie

409 Nach § 1578 I 1 BGB bestimmt sich das Maß des Unterhalts nach den ehelichen Lebensverhältnissen. Nach § 1361 I 1 BGB kann ein Ehegatte von dem anderen den nach den Erwerbs- und Vermögensverhältnissen der Eheleute angemessenen Unterhalt verlangen.
Der BGH sieht in diesen Bestimmungen eine **inhaltsgleiche** Regelung der „ehelichen Lebensverhältnisse", die für die Unterhaltsbemessung nach den §§ 1361, 1578 BGB maßgebend sind.¹²
Die ehelichen Lebensverhältnisse bilden den Maßstab für die Höhe jedes Anspruchs auf Ehegattenunterhalt. Deshalb kann die Höhe des Unterhaltsbedarfs sowohl beim nachehelichen Unterhalt als auch beim Trennungsunterhalt nach den gleichen Grundsätzen bemessen werden.

---

⁹ Graba FamRZ 2002, 857.
¹⁰ Graba FamRZ 2002, 857; Luthin FamRZ 1996, 328.
¹¹ BGH FamRZ 2007, 1303 = R 669b; 2004, 1357 = R 617a; vgl. auch Büttner NJW 2001, 3244; Graba FamRZ 2002, 857; Gerhardt FamRZ 2003, 272.
¹² BGH FamRZ 1990, 250; 1984, 356.

4. Abschnitt: Unterhaltsbedarf und Bedarfsbemessung beim Ehegattenunterhalt § 4

Der unbestimmte Rechtsbegriff der **ehelichen Lebensverhältnisse** wurde bei der Eherechtsreform 1977 aus § 58 EheG übernommen, der den leistungsstärkeren Ehegatten zur Gewährung „des nach den Lebensverhältnissen der Ehegatten angemessenen Unterhalts" verpflichtete.[13] Er beinhaltete nach dem damaligen Leitbild der Hausfrauenehe eine Lebensstandardgarantie bei Priorität des ersten Ehegatten ohne Prüfung eines ehebedingten Nachteils, nachdem die Endfassung des Unterhaltsrechts damals sehr stark von Sebastian Hafners Artikel im Stern „Nicht unfair zu Muttchen" beeinflusst worden war.[14] Bei der Unterhaltsreform 2008 wurde der Gesetzeswortlaut nicht geändert. Aus den Materialien ergab sich aber, dass für die **Auslegung** wegen der geänderten gesellschaftlichen Verhältnisse und dem eingetretenen Wertewandel ein **anderer Maßstab** heranzuziehen ist.[15] Hiervon ging der BGH bereits 2001 bei seiner grundlegenden Änderung der Rechtsprechung bei Ausübung der Familienarbeit in der Ehe mit der Surrogatslösung aus,[16] ebenso der diese Rechtsprechungsänderung bestätigende Beschluss des BVerfG vom 5.2.2002 (vgl eingehend → Rn. 422 ff.).[17] Mit der Unterhaltsreform zum 1.1.2008 wurde die Eigenverantwortung nach § 1569 BGB gestärkt, die Privilegierung des ersten Ehegatten wegen der gewandelten Familienstrukturen beseitigt, die Möglichkeit der Begrenzung des nachehelichen Unterhalts aus Billigkeitsgründen nach § 1578b BGB erweitert und bei beengten Verhältnissen die Sicherung des Unterhalts minderjähriger Kinder in den Vordergrund gestellt.[18] Auch wenn die Teilhabe am gemeinsam Erwirtschafteten nach der Scheidung – zunächst – beibehalten blieb, soll damit keine Lebensstandardgarantie für einen zeitlich unbegrenzten und der Höhe nach nicht abänderbaren Unterhalt verbunden sein.[19] Das wird besonders deutlich durch die neu geschaffene Vorschrift des § 1578b BGB zur generellen Möglichkeit der Herabsetzung und zeitlichen Begrenzung des nachehelichen Unterhalts. Mit dem Wegfall der Lebensstandardgarantie hat der Gesetzgeber auch die mit den Urteilen vom 29.1.2003 und 15.3.2006 geänderte Rechtsprechung des BGH übernommen, wonach die ehelichen Lebensverhältnisse nicht nur eine Teilhabe an der nach der Scheidung eingetretenen normalen Einkommensentwicklungen nach oben umfassen, sondern auch an nicht vorwerfbar entstandenen Einkommensreduzierungen (→ Rn. 426 ff.).[20]

Wie bereits ausgeführt hat der BGH seit seiner Surrogatslösung mit Urteil vom 410 13.6.2001 seine Rechtsprechung zu den ehelichen Lebensverhältnissen grundlegend geändert und den geänderten gesellschaftlichen Verhältnissen angepasst (näher → Rn. 422 ff.). Seither gibt es **keine sich unverändert fortschreibende Lebensstandardgarantie** mehr; die ehelichen Lebensverhältnisse passen sich nach Trennung/Scheidung dauerhaft veränderten wirtschaftlichen Verhältnissen an, soweit es sich bei **Einkommenserhöhungen** um keine unerwartete, mit der Ehe nicht zusammenhängende Entwicklung handelt, bei **Einkommensminderungen** um kein unterhaltsbezogen leichtfertiges Verhalten (→ Rn. 426 ff.).[21] Zudem hatte der BGH schon in dieser Entscheidung ausdrücklich auf die inzwischen geschaffenen Möglichkeiten zur Herabsetzung und zeitlichen Begrenzung des nachehelichen Unterhalts (§§ 1573 V, 1578 I 2 BGB aF) hingewiesen und eine striktere Anwendung angekündigt.[22] Mit dem nachehelichen Unterhalt sollen nur die Risiken der mit der Scheidung fehlgeschlagenen Lebensplanung der Ehegatten und der von ihnen in der Ehe praktizierten Arbeitsteilung angemessen ausgeglichen werden.[23] Diese Rechtsprechung hat der BGH in seiner grundlegenden Entscheidung vom 7.12.2011 als Reaktion auf das Gebot des BVerfG, bei nach der Scheidung neu entstandenen Unterhaltslasten das

---

[13] BGH FamRZ 2006, 317.
[14] Dieckmann FamRZ 1977, 81; vgl. auch Gerhardt FamRZ 2011, 8.
[15] BT-Drucks. 16/1830, 1.
[16] BGH FamRZ 2001, 986 = R 563a.
[17] BVerfG FamRZ 2002, 527.
[18] BT-Drs. 16/1830, 12.
[19] BT-Drs. 16/1830, 18.
[20] Gerhardt FamRZ 2011, 8; Klinkhammer, FamRZ 2010, 1777.
[21] BGH FamRZ 2010, 111; 2009, 411; 2008, 1911; 2008, 968; 2007, 793 = R 674b, f; 2006, 683.
[22] BGH FamRZ 2001, 986 (991).
[23] BGH FamRZ 2008, 968.

Stichtagsprinzip wieder einzuführen, für Einkommensveränderungen nach oben oder unten beibehalten.[24]

411 Die seit 2001 geänderte Rechtsprechung des BGH entspricht in vollem Umfang der **neuen Rechtslage zum 1.1.2008** durch die Unterhaltsreform.[25] Mit der Stärkung der Eigenverantwortung in § 1569 BGB und der Begrenzung des nachehelichen Unterhalts aus Billigkeitsgründen gemäß § 1578b BGB brachte der Gesetzgeber zum Ausdruck, dass trotz des Anspruchs auf gleiche Teilhabe am gemeinsam Erwirtschafteten keine Lebensstandardgarantie besteht. Der nacheheliche Unterhalt beinhaltet vielmehr nur einen **Nachteilsausgleich,** solange und soweit der Bedürftige durch die Rollenverteilung in der Ehe nicht ausreichend für den eigenen Unterhalt sorgen kann.[26]

412 Die **Entscheidung des BVerfG vom 25.1.2011** steht in diesem zentralen Punkt mit der Rechtsprechung des BGH in Einklang. Auch das BVerfG geht davon aus, dass in die ehelichen Lebensverhältnisse die in der Ehe vorhandenen Einkommensverhältnisse und deren normale Fortentwicklung einfließen, ebenso **Veränderungen** nach der Scheidung, die **auch ohne Trennung/Scheidung eingetreten** wären,[27] dh eine übliche Einkommenserhöhung zB durch Lohnsteigerungen oder eine nicht vorwerfbare Einkommenssenkung zB durch Verrentung.[28] Soweit nach Auffassung des BVerfG die Rechtsprechung des BGH als verfassungswidrig zu beanstanden war, bezog sich dies allein auf die Einbeziehung des Unterhalts eines neuen Ehegatten in den Bedarf des Geschiedenen, weil diese neue Verbindlichkeit ohne Scheidung der ersten Ehe des Pflichtigen nicht entstehen konnte (hierzu → Rn. 426 ff.).[29] Das BVerfG hat damit die Rechtsprechung des BGH zur fehlenden Lebensstandardgarantie übernommen und nur die Berücksichtigung neuer nach der Scheidung entstandener Verbindlichkeiten beim Bedarf des Geschiedenen begrenzt auf alle auch ohne Scheidung entstandenen Abzugsposten.

413 Der zentrale Begriff **„eheliche Lebensverhältnisse"** ist im Gesetz nicht näher definiert.[30] Nach Auffassung des BGH sind mit diesem Begriff diejenigen Verhältnisse gemeint, die für den Lebenszuschnitt in der Ehe und damit für den ehelichen Lebensstandard bestimmend, dh **prägend** waren,[31] auch wenn sie sich nach der Scheidung veränderten.[32] Der **Begriff der Prägung** ist im Gesetz nicht normiert, sondern wurde aus der Rechtsprechung vor der Eherechtsreform 1977 übernommen. Diese beruhte auf dem damaligen Leitbild der Haushaltsführungsehe,[33] das heute nach den gewandelten gesellschaftlichen Verhältnissen überholt ist.[34] Da der Begriff aber im Wortsinn sehr einprägsam ist, wird er von einem Teil der Rechtsprechung weiter verwendet, obwohl er zumindest bei Einkommensreduzierungen und insbesondere bei Ausgaben nicht passt und irreführend ist (→ § 1 Rn. 1005).[35] Der Begriff der Prägung bezog sich ursprünglich auch nur auf Einkommenserhöhungen nach der Trennung/Scheidung und an deren Teilhabe. Das BVerfG hat in der Entscheidung vom 25.1.2011 in seiner Begründung den Begriff der Prägung weiter verwendet.[36] Der BGH spricht dagegen zu Recht in seiner Entscheidung vom 7.12.2011 nur noch von der **Berücksichtigungswürdigkeit** von Einkommensveränderungen. Berücksichtigungswürdig sind **Einkommenserhöhungen** unabhängig vom Zeitpunkt der Entstehung, wenn sie **in der Ehe angelegt** sind, **Einkommensreduzierungen** einschließlich höherer Ausgaben, wenn sie auf **keinem unterhaltsbezogen leichtfertigem Verhalten** beruhen und entsprechend dem Gebot des

---

[24] BGH FamRZ 2012, 281 = R 731a, b.
[25] Näher Gerhardt FamRZ 2011, 8.
[26] BT-Drs. 16/1830, 18.
[27] BVerfG FamRZ 2011, 437.
[28] BVerfG FamRZ 2011, 437.
[29] BVerfG FamRZ 2011, 437.
[30] BGH FamRZ 1999, 367.
[31] Vgl. zB BGH FamRZ 1984, 149; 1982, 576.
[32] BGH FamRZ 2010, 111; 2009, 411; 2008, 1911; 2008, 968.
[33] Gerhardt FamRZ 2011, 8.
[34] BT-Drs. 16/1830, 12.
[35] Gerhardt FamRZ 2011, 8; 2007, 945.
[36] BVerfG FamRZ 2011, 437.

BVerfG **auch ohne Scheidung entstanden** wären.[37] Insbesondere bei **Ausgaben** sollte künftig nur noch der Begriff der **Berücksichtigungswürdigkeit** verwendet werden, da nach der Scheidung nicht leichtfertig entstandene neue Verbindlichkeiten den Bedarf des Geschiedenen ebenfalls beeinflussen, wenn sie auch ohne Scheidung entstanden wären, z. B. neue oder höhere Steuern oder Vorsorgeaufwendungen (→ Rn. 432 ff. und → § 1 Rn. 1003 ff.).[38] Auch im Einnahmenbereich ist der Begriff der Prägung zumindest bei Surrogaten problematisch (Familienarbeit, Verkauf des Familienheimes, Zugewinn usw), wenn sie alleine auf der Scheidung beruhen, ebenso bei nicht vorausehbaren und nicht vorwerfbaren Einkommenssenkungen, zB durch unverschuldete Arbeitslosigkeit oder Kurzarbeit.

Zu den ehelichen Lebensverhältnissen gehören zum einen die den Lebensstandard bestimmenden wirtschaftlichen Verhältnisse, also Einkommen und Vermögen einschließlich Surrogate, soweit es in die Bedarfsdeckung eingeflossen ist, sowie unterhaltsbezogen nicht leichtfertig entstandene und damit berücksichtigungswürdige Belastungen.[39] Zum anderen fallen nach der Rechtsprechung des BGH hierunter auch alle sonstigen beruflichen, gesundheitlichen, familiären und ähnlichen Faktoren, die für den Lebenszuschnitt von Bedeutung waren, insbesondere die Haushaltsführung und Kinderbetreuung des in der Ehe nicht berufstätigen Ehegatten.[40] **Nicht in der Ehe angelegte** Einkünfte haben hingegen keinen Einfluss auf die ehelichen Lebensverhältnisse, soweit die Einkommenserhöhungen auf einer unerwarteten Entwicklung beruhen, da das Unterhaltsrecht den geschiedenen Ehegatten nicht besser stellen will als er während der Ehezeit stand oder auf Grund einer schon absehbaren Entwicklung künftig gestanden hätte.[41] Entsprechendes gilt für neue erst nach der Scheidung entstandene Verbindlichkeiten, die ohne Scheidung nicht entstanden wären.[42]

Die ehelichen Lebensverhältnisse können nur aus einem **in der Ehe vorhandenen** Einkommen, nicht aus lediglich gedachten fiktiven Verhältnissen hergeleitet werden.[43]

Der nach den ehelichen Lebensverhältnissen zu bemessende eheangemessene Unterhalt ist identisch mit dem in den §§ 1573 II, 1577 II BGB genannten **vollen Unterhalt**. **414**

Darlegungs- und beweispflichtig für die Gestaltung der ehelichen Lebensverhältnisse ist der Bedürftige.[44] Es genügt aber insoweit, dass er die gegenwärtigen beiderseitigen Einkommens- und Vermögensverhältnisse darlegt und nachweist. Behauptet der Pflichtige, dass für ein Einkommen seit der Trennung eine außergewöhnliche, vom Normalverlauf ablaufende Entwicklung vorliegt, ist er hierfür beweispflichtig,[45] ebenso bei Einkommensminderungen (eingehend → § 6 Rn. 709 ff). **415**

3. Gestaltung der ehelichen Lebensverhältnisse durch Einkommen und sonstige Umstände

Die ehelichen Lebensverhältnisse wurden nach der früheren Rechtsprechung des BGH durch die wirtschaftlichen Grundlagen für den Lebensstandard der Eheleute **geprägt**. Darunter fielen nur die **Einkünfte beider Ehegatten,** mit denen sie sich ihren Lebenszuschnitt geschaffen hatten, nicht aber unentgeltliche Leistungen wie die Haushaltsführung.[46] Mit seiner Grundsatzentscheidung vom 13.6.2001 hat der BGH diese Rechtsprechung **geändert** und auch die **gleichwertige Haushaltstätigkeit** in den ehelichen **416**

---

[37] BGH FamRZ 2012, 281 = R 731b, c.
[38] BGH FamRZ 2006, 683; vgl. auch Gerhardt/Gutdeutsch FamRZ 2011, 597.
[39] BGH FamRZ 2012, 281 = R 731b, c; 2010, 111; 2009, 411; 2009, 23; 2008, 1911; 2008, 963 = R 692a, h; 2008, 968; 2007, 793 = R 674b; 2006, 683; 2001, 986 = R 563a.
[40] BGH FamRZ 2001, 986 (989) = R 563a.
[41] BGH FamRZ 2014, 1183 = R 754a; 2012, 281 = R 731b; 2010, 111; 2008, 968.
[42] BGH FamRZ 2014, 1183 = R 754c-e; 2012, 281 = R 731c, d.
[43] BGH FamRZ 1997, 281; 1992, 1045 (1047).
[44] BGH FamRZ 2010, 869 = R 712b; 1990, 1085.
[45] BGH FamRZ 1986, 244.
[46] BGH FamRZ 1984, 356; 1982, 360; 1982, 576.

Lebenszuschnitt einbezogen.[47] In der Folgezeit hat er diese Rechtsprechung weiter entwickelt und entschieden, dass keine Lebensstandardgarantie besteht und deshalb die ehelichen Lebensverhältnisse keine feste Größe bilden, sondern entsprechend den tatsächlichen Gegebenheiten nach oben oder unten **veränderbar** sind (→ Rn. 426 ff.).[48]

Ist auf das Einkommen abzustellen, sind die jeweils **aktuellen Einkommensverhältnisse** heranzuziehen, an deren üblicher Weiterentwicklung die Eheleute nicht nur bis zur Scheidung, sondern auch darüber hinaus teilhaben.[49] Dies gilt sowohl für Einkommensverbesserungen als auch für nicht vorwerfbare Einkommensminderungen, die auch ohne Trennung/Scheidung eingetreten wären[50] Die Eheleute sollen im Ergebnis unterhaltsrechtlich nicht besser oder schlechter als ohne Scheidung gestellt werden.[51] Deshalb darf der Pflichtige bei **Einkommenssenkungen** nach Trennung/Scheidung, die **nicht auf einem unterhaltsbezogen leichtfertigen Verhalten beruhen** und nicht durch eine zumutbare Vorsorge aufgefangen werden können, nicht mehr fiktiv an seinem früheren Einkommen festgehalten werden.[52] Daran hat sich durch die Entscheidung des BVerfG vom 25.1.2011 nichts geändert, da das BVerfG ebenfalls Einkommensreduzierungen nach der Scheidung, die auch ohne Scheidung eingetreten wären, in die Bedarfsermittlung einbezog.[53] Herangezogen werden kann für die Unterhaltsberechnung aber nur das sog. verteilungsfähige Einkommen, dh das bereinigte Nettoeinkommen (hierzu näher → Rn. 432 ff. sowie → § 1 Rn. 1000 ff.).

Für die ehelichen Lebensverhältnisse gilt daher nach der Rechtsprechung des BGH folgendes:
- In der **Doppelverdienerehe,** in der beide Ehegatten einer Berufstätigkeit nachgehen, bestimmen regelmäßig die **zusammengerechneten Erwerbseinkünfte** beider Ehegatten die ehelichen Lebensverhältnisse.[54]

  Gleiches gilt, wenn beide Ehegatten **sonstige in der Ehe angelegte Einkünfte**, zB aus Vermietung oder Kapital haben oder an Stelle dieser Einkünfte ein **Surrogat** getreten ist.[55]

  Verschieden hohe Einkünfte aus beiderseitiger Erwerbstätigkeit der Ehegatten führen nicht zu einer unterschiedlichen Beurteilung der ehelichen Lebensverhältnisse. Beide Eheleute nehmen **in gleicher Weise** an dem durch ihre beiderseitigen Einkünfte geprägten Lebensstandard teil.[56]

- In der **Alleinverdienerehe** oder **Haushaltsführungsehe,** in der nur ein Ehegatte Erwerbseinkünfte hat, werden die ehelichen Lebensverhältnisse nicht nur durch die Einkünfte des erwerbstätigen Ehegatten bestimmt, sondern auch durch die **häusliche Mitarbeit** des anderen Ehegatten und den dadurch erreichten sozialen Status (→ Rn. 422 ff.).[57] Nur dies entspricht der nach Art. 6 I iVm Art. 3 II GG gebotenen Gleichwertigkeit von geleisteter Familienarbeit und erzielten ehelichen Einkünften.[58] Das gewandelte Eheverständnis in den letzten 30 Jahren hat allerdings dazu geführt, dass heute bei Kinderbetreuung nur noch selten eine reinen Haushaltsführungsehe vorliegt,

---

[47] BGH FamRZ 2001, 986 (989) = R 563a, c.
[48] BGH FamRZ 2012, 281 = R 731b,c; vgl. auch BGH FamRZ 2010, 111; 2009, 411; 2008, 1911; 2008, 968; 2007, 793 = R 674b; 2006, 683.
[49] BGH FamRZ 2012, 281 = R 731c; 2010, 111; 2009, 411; 2009, 1911; 2008, 968.
[50] BGH FamRZ 2012, 281 = R 731c; 2008, 1911; 2008, 968; 2007, 793 = R 674b; 2006, 683; 2003, 590 (591).
[51] BGH FamRZ 2010, 111; 2008, 968; 2007, 793 = R 674b; 2006, 683; 2003, 590 (591); 2003, 848 (850) = R 588a.
[52] BGH FamRZ 2012, 281 = R 731c; 2010, 111 = R 707a.
[53] BVerfG FamRZ 2011, 437.
[54] BGH FamRZ 2012, 281 = R 731f; 1989, 838; 1983, 886; 1982, 892.
[55] BGH FamRZ 2008, 963; 2007, 1532; 2006, 387 = R 643f; 2005, 1159 = R 623b, c; 2002, 88 = R 569b.
[56] BT-Drs. 16/1830, 18; vgl. auch BGH FamRZ 2012, 281 = R 731 f. BVerfG FamRZ 2011, 437; 2002, 527.
[57] BGH FamRZ 2001, 986 = R 563a, c.
[58] BVerfG FamRZ 2002, 527 (530).

4. Abschnitt: Unterhaltsbedarf und Bedarfsbemessung beim Ehegattenunterhalt § 4

sondern von einer **Doppelverdienerehe mit zeitweiliger Aussetzung der Berufstätigkeit**[59] bzw. von einer **Aneinanderreihung von Ehetypen** auszugehen ist.[60] Nach BGH ist bei Familien mit Kindern auch bei einem Aussetzen der Erwerbstätigkeit durch einen Elternteil nach Geburt der Kinder mit deren zunehmenden Alter eine Rückkehr in den Beruf zu erwarten und die Tätigkeit damit in der Ehe angelegt.[61] Das vom den Haushalt führenden Ehegatten nach Trennung/Scheidung erzielte Einkommen ist **Surrogat** der früheren Familienarbeit und fließt voll in die Bedarfsermittlung ein.[62] Übt der den Haushalt führende Ehegatte dagegen nach Trennung/Scheidung zunächst ohne Verstoß gegen seine Erwerbsobliegenheit noch keine Berufstätigkeit aus, weil er zB noch ein Kind unter drei Jahren betreut, kann die Unterhaltsberechnung nur aus den vorhandenen Barmitteln erfolgen.[63]

417 Als **Einkommen** sind alle Einkünfte der Eheleute zu berücksichtigen, gleich welcher Art sie sind und aus welchem Anlass sie zufließen. Ausschlaggebend ist allein, ob diese Einkünfte auch nach einem objektiven Maßstab zur Deckung des Lebensbedarfs zur Verfügung stehen (näher → Rn. 463 ff.).[64]

Deshalb ist zur Bedarfsbemessung das Einkommen insgesamt zu ermitteln.[65]

In Frage kommen nicht nur **Erwerbseinkünfte,** sondern auch **Vermögenserträge** und sonstige **wirtschaftliche Vermögensnutzungen,** wie zB der **Wohnvorteil** beim Wohnen im eigenen Haus (→ § 1 Rn. 535 ff.)[66] oder die Zinsen aus dem Verkaufserlös des Familienheimes1 als Surrogat des früheren Wohnwertes (→ § 1 Rn. 557 ff.)[67] sowie sonstige geldwerte Vorteile (Privatnutzung des Dienstfahrzeugs, kostenloses Essen usw).[68]

Praktisch sind es alle unterhaltsrechtlich relevanten Einkünfte beider Ehegatten im Sinn der Ausführungen zu → § 1 Rn. 22 ff.

Zu berücksichtigen sind für die Bedarfsbemessung bei einem Verstoß gegen die Erwerbsobliegenheit auch **fiktive Einkünfte,** die der **Berechtigte** erzielen könnte, aber tatsächlich nicht erzielt, wobei auch diese ein Surrogat seiner früheren Familienarbeit darstellen, wenn er in der Ehe den Haushalt führte.[69] Das Gleiche gilt für die wegen unterhaltsbezogen leichtfertiger Aufgabe eines Arbeitsplatzes oder wegen Verstoß gegen die Erwerbsobliegenheit beim Pflichtigen angesetzten fiktiven Einkünften.[70] **Nicht angesetzt** werden beim **Pflichtigen** für die Bedarfsermittlung dagegen fiktive Einkünfte, die er während des Zusammenlebens objektiv nie oder jedenfalls nicht nachhaltig hatte[71] (→ Rn. 621 ff.).

418 Die ehelichen **Lebensverhältnisse** beinhalten generell ein **Mehr als die aktuellen Einkommensverhältnisse.** Sie umfassen alle Umstände, die für die Unterhaltsbemessung im konkreten Fall bedeutsam sind oder bei späteren Veränderungen bedeutsam werden können bzw. geworden sind. Sie beinhalten die Gesamtheit aller wirtschaftlich relevanten beruflichen, gesundheitlichen, familiären und sonstigen Faktoren.[72]

Danach können neben dem Einkommen im Wesentlichen noch folgende Umstände prägend sein:
- Haushaltsführung und Kinderbetreuung in der Ehe (→ Rn. 422 ff.)
- Umstände zur **Erwerbsobliegenheit,** die ohne vorwerfbares Verhalten zu einer Einkommensreduzierung führen, z.B. dass der Verpflichtete seinen bisherigen Beruf als

---

59 Gerhardt FamRZ 2000, 134.
60 Büttner FamRZ 1999, 893.
61 BGH FamRZ 2012, 281 = R 731d.
62 BGH FamRZ 2001, 986 = R 563c.
63 BGH FamRZ 2001, 986 = R 563c.
64 BGH FamRZ 2008, 1739, 1745; 2005, 97; 1994, 21 (22); 1986, 780.
65 BGH FamRZ 1988, 259 (262).
66 BGH FamRZ 2013, 1554; 2010, 1633; 2009, 23; 2008, 963 = R 692a; 2007, 879.
67 BGH FamRZ 2014, 1098 = R 753; 2009, 23; 2008, 963 = R 692a; 2006, 387 = R 643f; 2005, 1159 = R 623b, c.
68 BGH FamRZ 2005, 97.
69 BGH FamRZ 2005, 1979 = R 640b, d; 2004, 254; 2003, 434; 2001, 1291 = R 564; 2001, 1693.
70 BGH FamRZ 1993, 1304; 1992, 1045.
71 BGH FamRZ 1997, 281; 1992, 1045 (1047).
72 BGH FamRZ 2001, 986 (989) = R 563a.

Fernfahrer aus gesundheitlichen Gründen aufgeben musste und dadurch die Möglichkeiten einer künftigen Erwerbstätigkeit sowie deren Ertrag unsicher geworden sind,[73] dass der Pflichtige oder der Bedürftige unverschuldet arbeitslos wird[74] oder nach unverschuldeter Arbeitslosigkeit aus Arbeitsmarktgründen nur einen schlechter bezahlten Arbeitsplatz finden kann[75] oder dass der Berechtigte seinem früher ausgeübten Beruf aus gesundheitlichen Gründen nicht mehr nachgehen kann.[76]

- **Vermögenslage** und sonstige wirtschaftliche Verhältnisse der Ehegatten.[77]
- Umstände, die den **Ausgabenbereich** von Einkünften betreffen und berücksichtigungswürdig sind.[78] Darunter fallen vor allem solche Umstände, auf Grund deren Teile des Einkommens nicht zur Deckung des laufenden Lebensbedarfs zur Verfügung stehen und die deshalb bei der Bildung des bereinigten Nettoeinkommens vorweg abgezogen werden (→ § 1 Rn. 1000 ff.).

    Es sind dies:
    - Steuern;
    - Vorsorgeaufwendungen für Krankheit, Alter, Pflege, Invalidität und Arbeitslosigkeit;
    - Berufs- und ausbildungsbedingte Aufwendungen, Betriebsausgaben und sonstige Werbungskosten;
    - Kinderbetreuungskosten;
    - ehebedingte Verbindlichkeiten und Verbindlichkeiten, die auch ohne Scheidung entstanden wären;
    - Unterhaltsleistungen für Kinder, Eltern oder nach § 1615l BGB, die vor der Scheidung entstanden sind;
    - Aufwendungen zur gemeinsamen Vermögensbildung.

    Genaueres → Rn. 432 ff.
- Umstände, die **regelmäßige Mehraufwendungen** betreffen und zu entsprechenden Ausgaben führen, wie zB eine schwere Erkrankung und die auf dieser beruhende Hilfs- und Pflegebedürftigkeit eines Ehegatten.[79]

    Entsprechendes gilt auch bei altersbedingten und sonstigen regelmäßigen Mehrkosten (→ § 1 Rn. 1064 ff.).
- **In der Ehe angelegt** sind auch erst nach der Scheidung eintretende Änderungen, wie zB die **begründete Aussicht,** dass sich die Einkommensverhältnisse oder sonstige Lebensumstände in kalkulierbarer Weise günstiger gestalten werden[80] oder durch den Altersruhestand voraussehbar absinken[81] oder durch nicht leichtfertig eingegangene neue Ausgaben, die auch ohne Scheidung entstanden wären (→ Rn. 426 ff.).[82]
- In der Ehe angelegt sind ferner überobligatorische Einkünfte des Bedürftigen (→ Rn. 596; → § 1 Rn. 815 ff.)[83] und des Pflichtigen (→ Rn. 597; → § 1 Rn. 828 ff.)[84] nach Abzug eines anrechnungsfreien Teils, auch wenn die Tätigkeit jederzeit eingestellt werden kann.

419 Die Bedarfsbemessung kann nur an solchen Einkünften und sonstigen, die ehelichen Lebensverhältnisse bestimmenden Umständen ausgerichtet werden, die einen **dauernden Bestand** gewonnen haben oder wenigstens die **Gewähr einer gewissen Stetigkeit** in sich tragen. Deshalb darf nur auf **regelmäßig** und **nachhaltig** erzielte dauerhafte Ein-

---

[73] BGH FamRZ 1984, 356.
[74] BGH FamRZ 2006, 683; 2003, 590.
[75] BGH FamRZ 2003, 590 (594).
[76] BGH FamRZ 1986, 1085.
[77] BGH FamRZ 2014, 1098 = R 753; 2000, 950 (952).
[78] BGH FamRZ 2008, 968; 2007, 793 = R 674b; 2006, 683.
[79] BGH NJW-RR 1989, 196 (793).
[80] BGH FamRZ 2008, 968; 2007, 793; = R 674b; 2006, 683; 2003, 848 (850) = R 588a; 2003, 590 (592).
[81] BGH FamRZ 2010, 111; 2008, 968; 2003, 848 (850) = R 588a.
[82] BGH FamRZ 2011, 111; 2009, 1207; 2009, 411; 2009, 23; 2008, 968; 2007, 793 = R 674b; 2006, 683.
[83] BGH FamRZ 2006, 683; 2005, 1154 = R 630e; 2005, 967.
[84] BGH FamRZ 2013, 191; 2011, 454 = R 721a; 2003, 848 = R 588.

4. Abschnitt: Unterhaltsbedarf und Bedarfsbemessung beim Ehegattenunterhalt § 4

künfte der Eheleute abgestellt werden. **Kurzfristige Einkommensänderungen** sind bei der Bedarfsbemessung nicht zu berücksichtigen.[85]

Nicht in der Ehe angelegte Einkünfte, dh Einkünfte, die den ehelichen Lebensstandard nicht nachhaltig und dauerhaft bestimmt haben, sind als Unterhaltsmaßstab ungeeignet und dürfen daher im Rahmen der **Bedarfsbemessung nicht berücksichtigt** werden.[86] Bei den Erwerbseinkünften ist im Ergebnis nur eine auf einer unerwarteten, vom Normalverlauf abweichenden Gehaltssteigerung beruhende Einkommenserhöhung (sog Karrieresprung) als nichtprägend zu betrachten (→ Rn. 554, → Rn. 569 ff.), bei Vermögenseinkünften nicht in der Ehe vorhandene neue Erträge (→ Rn. 554, → Rn. 613 ff.). 420

Solche **nicht in der Ehe angelegten Einkünfte des Berechtigten** sind aber auf der Bedürftigkeitsstufe nach § 1577 BGB auf den vollen Unterhaltsbedarf **anzurechnen** (Genaueres → Rn. 800, → Rn. 933 ff.).

Nicht in der Ehe angelegte Einkünfte des Verpflichteten erhöhen dessen **Leistungsfähigkeit** (Genaueres → Rn. 972).[87]

Weil im Rahmen der **Bedarfsbemessung** nur **in der Ehe angelegte** (= prägende) **Einkünfte** herangezogen werden dürfen, sind nach ständiger Rechtsprechung des BGH alle Einkünfte danach zu differenzieren, ob sie **prägend** oder **nichtprägend** sind. Die nach **objektiven Kriterien** vorzunehmende Beurteilung, ob Einkünfte und sonstige Umstände in der Ehe angelegt oder nicht angelegt sind, gilt in gleicher Weise für den Berechtigten wie für den Verpflichteten, weil die ehelichen Lebensverhältnisse nur einheitlich beurteilt werden können. Sie ist sowohl bei den Erwerbs- als auch bei den Vermögenseinkünften zu beachten. Nähere Einzelheiten und Rechtsprechungshinweise zu den in der Ehe angelegten und nicht in der Ehe angelegten Einkünften bei Einkommensänderungen nach Trennung und Scheidung ausführlich → Rn. 550 ff., → Rn. 557 ff., → Rn. 593 ff., zu den berücksichtigungswürdigen Ausgaben → Rn. 432 ff., → Rn. 437 ff., → Rn. 440 ff., → Rn. 453 ff. 421

4. Haushaltsführung und Kinderbetreuung in der Ehe

Nach der früheren Rechtsprechung des BGH wurden die ehelichen Lebensverhältnisse nur durch die vorhandenen Barmittel, nicht aber durch den wirtschaftlichen Wert der von beiden Ehegatten erbrachten Leistungen bestimmt, Haushaltsführung und Kinderbetreuung in der Ehe daher bei der Ermittlung der ehelichen Lebensverhältnisse nicht berücksichtigt.[88] Diese Auffassung des BGH benachteiligte massiv den haushaltsführenden und/oder kinderbetreuenden Ehegatten, der bis zur Scheidung noch keine Erwerbstätigkeit aufgenommen hatte bzw. aufnehmen konnte. Sie wurde deshalb bereits in den 80er Jahren mit berechtigter Kritik überzogen;[89] Ende der 90er Jahre wurde diese Kritik erneuert und vehement eine Änderung dieser Rechtsprechung gefordert.[90] 422

Mit seiner Grundsatzentscheidung vom 13.6.2001 hat der BGH seine frühere Rechtsprechung zu den ehelichen Lebensverhältnissen bei Haushaltsführung in der Ehe daraufhin geändert und sich dieser Kritik angeschlossen.[91] Nach heutigem Eheverständnis regeln die Ehegatten im gegenseitigen Einvernehmen und unter Rücksichtnahme auf die jeweiligen Belange des anderen und der Familie, wer erwerbstätig sein und wer vollständig oder zum Teil die Haushaltsführung übernehmen soll (§ 1356 BGB). Auch der Gesetzgeber geht davon aus, dass die ehelichen Lebensverhältnisse nicht nur durch die Bareinkünfte des erwerbstätigen Ehegatten, sondern auch durch die Leistungen des anderen Ehegatten im

---

[85] BGH FamRZ 1992, 1045 (1047).
[86] BGH FamRZ 2014, 1183 = R 754a; 2008, 968; 2001, 986 = R 563c.
[87] BGH FamRZ 2014, 1183 = R 754a; 2013, 1366 (1372).
[88] BGH FamRZ 1986, 783 (785); FamRZ 1985, 161.
[89] Vgl. zB eingehend Büttner FamRZ 1984, 534; Laier FamRZ 1993, 393.
[90] Büttner FamRZ 1999, 893; Born FamRZ 1999, 541; Graba FamRZ 1999, 1115; Gerhardt FamRZ 2000, 134; Borth FamRZ 2001, 193; Gerhardt/Gutdeutsch FuR 1999, 241.
[91] BGH FamRZ 2001, 986 = R 563a, b, c.

Haushalt mitbestimmt werden, indem in § 1360 S. 2 BGB geregelt ist, dass der den Haushalt führende Ehegatte seine Verpflichtung, zum Unterhalt beizutragen, in der Regel durch die Führung des Haushalts erfüllt. Dessen Tätigkeit ersetzen Dienst- und Fürsorgeleistungen, die sonst durch teure Fremdleistungen erkauft werden müssten. Die ehelichen Lebensverhältnisse werden nicht nur von dem in der Ehe verfügbaren Einkommen geprägt, sondern von allen wirtschaftlich relevanten beruflichen, gesundheitlichen, familiären und ähnlichen Faktoren mitbestimmt.[92] Das der früheren Rechtsprechung zugrunde liegende Ehebild (Haushaltsführung- oder Doppelverdienerehe) ist im Übrigen inzwischen weitgehend überholt. Bei Kinderbetreuung kann man heute in der Regel von einer Doppelverdienerehe mit zeitweiliger und teilweiser Aussetzung der Berufstätigkeit wegen Kinderbetreuung[93] bzw. einer Aneinanderreihung von Ehetypen[94] ausgehen. Zu berücksichtigen sind deshalb nicht nur die aus der Berufstätigkeit erzielten Einkünfte, sondern auch die der Erwerbstätigkeit gleichwertigen Familienarbeit (Haushaltsführung und Kinderbetreuung).[95]

Bei den Lösungsmöglichkeiten – Surrogats- oder Bewertungslösung[96] – hat sich der BGH vernünftigerweise für die Surrogatslösung entschieden,[97] die den praktikableren Weg darstellt. Nimmt der haushaltführende Ehegatte nach Trennung/Scheidung eine Erwerbstätigkeit auf oder erweitert er eine Teilzeittätigkeit, stellt das Einkommen hieraus das **Surrogat der bisherigen Familienarbeit** dar und erhöht entsprechend die ehelichen Lebensverhältnisse. Der Wert seiner Haushaltsleistung spiegelt sich dann in dem daraus erzielten oder erzielbaren Einkommen wider. Dies gewährleistet, dass wie früher die Familienarbeit beiden Ehegatten zugute kam, sie nunmehr am beiderseits erzielten Einkommen gleichermaßen teilhaben.[98]

Der BGH hat mit dieser Entscheidung seine alte Rechtsprechung zur Prägung und Nichtprägung von Erwerbseinkünften vollständig geändert. Maßgebend ist nicht mehr, ob die Tätigkeit noch vor der Trennung aufgenommen wurde oder bei Aufnahme nach der Trennung hierfür ein Lebensplan bestand, sondern allein, dass es sich bei der Aufnahme bzw. Ausweitung der Tätigkeit nach Trennung/Scheidung um ein Surrogat der früheren Haushaltsführung handelt (→ Rn. 468 ff., → Rn. 593 ff.). Besteht für den Bedürftigen nach der Trennung eine Erwerbsobliegenheit und hat er eine Arbeitsplatzchance für eine eheangemessene Tätigkeit, wird das Surrogat dabei spätestens bis zur Scheidung verwirklicht. Wurden in der Ehe kleine Kinder betreut, so dass noch keine Erwerbsobliegenheit gegeben ist (→ Rn. 167 ff.), kann das Surrogat auch erst nach der Scheidung verwirklicht werden und dann regelmäßig zunächst nur zum Teil und erst zu einem noch späteren Zeitpunkt in vollem Umfang, wenn eine Erwerbsobliegenheit zu einer Vollzeittätigkeit besteht.

423 Mit Beschluss vom 5.2.2002 und nach dem Rechtsprechungswechsel des BGH hat das BVerfG die von der früheren Rechtsprechung bei Aufnahme der Berufstätigkeit einer Hausfrau nach und wegen der Trennung angewandte **Anrechnungsmethode** wegen Verstoß gegen Art. 6 I iVm Art. 3 II GG sogar für **verfassungswidrig** erklärt.[99] Da die Leistung des haushaltsführenden Ehegatten mit der Leistung des einer Erwerbstätigkeit nachgehenden anderen Ehegatten gleichwertig ist, würde die Nichtberücksichtigung des nach der Trennung vom Ersteren erzielten Einkommen die erbrachte Familienarbeit zu dessen Nachteil missachten. Wer in der Ehe die Familienarbeit verrichtet, verzichtet zugleich zugunsten des anderen Ehegatten auf ein eigenes Einkommen; er darf hierdurch nicht benachteiligt werden. Im Übrigen entspricht das der Anrechnungsmethode zugrunde liegende Ehebild einer endgültig erfolgten Arbeitsaufteilung nicht mehr der heutigen Ehe-

---

[92] BGH FamRZ 2001, 986 (989) = R 563a.
[93] Gerhardt FamRZ 2000, 134.
[94] Büttner FamRZ 1999, 893.
[95] BGH FamRZ 2001, 986 (989) = R 563a.
[96] Vgl. Gerhardt FamRZ 2000, 134.
[97] BGH FamRZ 2001, 986 (990) = R 563c.
[98] BGH FamRZ 2001, 986 (991) = R 563c.
[99] BVerfG FamRZ 2002, 527.

wirklichkeit.[100] Das Bundesverfassungsgericht hat in seinem Beschluss zugleich die Surrogatslösung des BGH als verfassungsgemäß bezeichnet. Hierbei hat es ausgeführt, die Surrogatslösung trage der Gleichwertigkeit von Haushaltsführung eines Ehegatten in der Ehe und Erwerbstätigkeit des anderen Ehegatten Rechnung. Sie zeige einen möglichen verfassungsrechtlich nicht zu beanstandenden Weg auf, um den Wert, der in der Ehe aus der Familienarbeit erwächst, unterhaltsrechtlich zum Tragen zu bringen.[101]

Die Änderung der Rechtsprechung aus der Zeit vor 2001 wurde **uneingeschränkt** **begrüßt.** Mit seiner Grundsatzentscheidung und vielen Folgeentscheidungen hat der BGH die Weichen für eine völlige Neubewertung der ehelichen Lebensverhältnisse im Bereich der Erwerbseinkünfte gestellt, die sich stärker an den tatsächlichen Gegebenheiten orientiert und dadurch realitätsnäher ist.

424

Mit Entscheidung vom 7.12.2011 hat der BGH trotz Rückkehr zum Stichtagsprinzip bei Unterhaltslasten seine Surrogatslösung auch für Fälle, in denen erst nach der Scheidung eine volle Erwerbsobliegenheit entsteht, nochmals **bestätigt,** da auch bei fortbestehender Ehe mit zunehmendem Alter der Kinder zu erwarten ist, dass der Bedürftige eine Berufstätigkeit aufnimmt oder ausweitet.[102]

Die Erwerbseinkünfte bilden regelmäßig das Schwergewicht der ehelichen Lebensverhältnisse. Sie sind seit der geänderten Rechtsprechung mit Ausnahme des Karrieresprungs eheprägend,[103] wodurch die Unterhaltsrechtsprechung erheblich vereinfacht wurde. Positiv wirkt sich auch aus, dass der Arbeitsanreiz für den haushaltsführenden Ehegatten wesentlich gesteigert wurde, da seine Erwerbseinkünfte zu einer verbesserten eigenen Lebensstellung führten und nicht nur wie früher nach der Anrechnungsmethode zur Folge hatten, dass lediglich der Pflichtige in seiner Unterhaltszahlung entlastet wurde. Da die Surrogatslösung zu keiner einseitigen Belastung des Pflichtigen führen sollte, hat der BGH in der Folgezeit auch seine Rechtsprechung zu der Begrenzung des nachehelichen Unterhalts aus Billigkeitsgründen nach §§ 1573 V, 1578 I 2 BGB aF geändert und diese Vorschriften verstärkt angewandt (→ Rn. 1000 ff.).[104] Diese geänderte Rechtsprechung des BGH entspricht der **Neufassung des § 1578b BGB** zum 1.1.2008 und der Intention des Gesetzgebers, mit dem nachehelichen Unterhalt nur einen Nachteilsausgleich zu gewähren, solange und soweit der Bedürftige durch die Übernahme der Familienarbeit in der Ehe nicht ausreichend für den eigenen Unterhalt sorgen kann.[105] Die Surrogatslösung hat zugleich aufgezeigt, dass der **Bedarf nach den ehelichen Lebensverhältnissen keine Konstante** ist, wie früher vertreten wurde, sondern sich laufend nach oben oder unten verändern kann. Werden keine Kinder betreut, ist bei Erwerbsobliegenheit einer Hausfrau ausnahmsweise bereits in der Trennungszeit der Bedarf durch ihr Einkommen zu erhöhen; betreut sie Kinder, kann das Surrogat uU erst nach der Scheidung in vollem Umfang erfüllt werden. Das Gleiche gilt bei üblichen Einkommensänderungen, Verrentung, unverschuldeter Arbeitslosigkeit, Änderung der Ausgaben, zB der Steuerklasse oder der Vorsorgeaufwendungen, Entstehen neuer nicht leichtfertig eingegangener Verbindlichkeiten, die auch ohne Scheidung entstanden wären, oder Wegfall von Schulden oder Unterhaltslasten.

Beispiele zur Surrogatslösung:
Fall 1

425

M und F heiraten im Dezember 2002. M hat ein Nettoeinkommen von 2300 EUR, fährt mit öffentlichen Verkehrsmitteln zum Arbeitsplatz und zahlt eine Eheschuld von 185 EUR ab. F führte den Haushalt. 2015 trennen sich die Eheleute, im Oktober 2016 wird das Scheidungsverfahren rechtshängig, im September 2018 wird die Ehe geschieden.
F verlangt nach der Scheidung nachehelichen Unterhalt; wobei
a) aus der Ehe keine Kinder hervorgingen und F wegen der Scheidung ganztags ohne berufliche Nachteile mit einem Nettoeinkommen von 1053 EUR arbeitet und ebenfalls mit öffentlichen Verkehrsmitteln zum Arbeitsplatz fährt

---

[100] BVerfG FamRZ 2002, 527.
[101] BVerfG FamRZ 2002, 527.
[102] BGH FamRZ 2012, 281 = R 731d.
[103] BGH FamRZ 2008, 968; 2001, 986 (991).
[104] BGH FamRZ 2007, 793; 2006, 1006.
[105] BT-Drs. 16/1830, 18.

b) F keiner Tätigkeit nachgeht, obwohl sie bei ausreichenden Bemühungen eine Ganztagstätigkeit mit einem bereinigten Nettoeinkommen von 1053 EUR finden könnte.
c) M nach einen mit einem Ortswechsel verbundenen Stellenwechsel mit erweitertem Tätigkeitsbereich im Januar 2018 zwischenzeitlich 3500 EUR netto verdient. An seinem bisherigen Arbeitsplatz würde er weiterhin 2300 EUR verdienen.

Lösung
zu a:
Tatbestand: § 1573 II BGB
Das durch die Aufnahme einer Berufstätigkeit wegen der durch Trennung und Scheidung entstandenen Erwerbsobliegenheit bezogene Einkommen der F ist als Surrogat der früheren Haushaltsführung eheprägend. Der Bedarf errechnet sich damit aus dem beiderseitigen Erwerbseinkommen.
Bereinigtes Nettoeinkommen M: 2300 − 5% berufsbedingte Aufwendungen (= 115) − 185 (eheprägende Schuld) = 2000
Bereinigtes Nettoeinkommen F: 1053 − 5% berufsbedingte Aufwendungen (= 53) = 1000
Nach SüdL mit $^1/_{10}$:
Bedarf: $^1/_2$ ($^9/_{10}$ 2000 + $^9/_{10}$ 1000) = 1350
Höhe: 1350 ./. $^9/_{10}$ 1000 = 450
(BGH früher: $^1/_2$ aus $^9/_{10}$ 2000 = 900; 900 − $^9/_{10}$ 1000 = 0)
Nach DT mit $^1/_7$:
Bedarf: $^1/_2$ ($^6/_7$ 2000 + $^6/_7$ 1000) = 1286
Höhe: 1286 ./. $^6/_7$ 1000 = 429
Der Aufstockungsunterhalt ist bei einer kinderlosen Ehe mit einer Ehedauer von 10 Jahren (Eheschließung bis Rechtshängigkeit des Scheidungsverfahrens) und Berufstätigkeit der F ohne berufliche Nachteile nach § 1578b II BGB zeitlich zu begrenzen, zB auf 3 Jahre (Einzelfallprüfung, → Rn. 1004 ff.)

zu b:
F hat eine Erwerbsobliegenheit zu einer Ganztagstätigkeit, so dass ein fiktives Einkommen von 1053 EUR anzusetzen ist; auch dieses fiktive Einkommen ist als Surrogat der eheprägenden Haushaltsführung anzusehen; Lösung damit wie a.

zu c:
Bei M liegt ein Karrieresprung, dh eine unerwartete, vom Normalverlauf abweichende Entwicklung vor; der Mehrverdienst ist damit nichtprägend, prägend bleibt das frühere Gehalt von 2300 EUR. Lösung damit wie a.

Fall 2
M und F heiraten im Mai 2008. M hat nach Steuerklasse I nach Abzug des Kindesunterhalts ein bereinigtes Nettoeinkommen von 2500 EUR, F führt den Haushalt. Im Jahr 2016 trennen sich die Eheleute, im Juli 2017 wird das Scheidungsverfahren rechtshängig.
a) F arbeitet bei der Scheidung im Februar 2018 wegen der Betreuung des im Juni 2015 geborenen gemeinsamen Kindes nicht.
b) F nimmt im Oktober 2018, nachdem das Kind K. vormittags in den Kindergarten kommt, ohne Verstoß gegen die Erwerbsobliegenheit eine Teilzeittätigkeit mit einem bereinigten Nettoeinkommen von 500 EUR auf.
Welchen Unterhaltsanspruch hat F jeweils bei der Scheidung?

Lösung
a) § 1570 BGB
Da keine zusätzlichen Mittel zu verteilen sind, verbleibt es beim Quotenunterhalt.
Nach SüdL mit $^1/_{10}$:
$^1/_2$ aus $^9/_{10}$ 2500 = 1125
Nach DT mit $^1/_7$:
$^3/_7$ 2500 = 1071
b) § 1570 BGB
Das Einkommen der F ist in der Ehe angelegt, da die Arbeitsaufnahme als Surrogat der früheren Haushaltstätigkeit und Kinderbetreuung anzusehen ist.
Nach SüdL mit $^1/_{10}$:
Bedarf: $^1/_2$ ($^9/_{10}$ 2500 + $^9/_{10}$ 500) = 1350
Höhe: 1350 ./. $^9/_{10}$ 500 = 900
Nach DT mit $^1/_7$:
$^3/_7$ (2500 ./. 500) = 857
Eine sichere Prognose, ob F durch die Ausübung der Familienarbeit berufliche Nachteile erlitten hat, die sie nicht mehr ausgleichen kann, kann derzeit nicht getroffen werden. Über die Frage der zeitlichen Begrenzung des Anspruchs aus Billigkeitsgründen nach § 1578b II BGB kann nach der Rechtsprechung des BGH erst nach Aufnahme einer gesicherten Ganztagstätigkeit durch F im

4. Abschnitt: Unterhaltsbedarf und Bedarfsbemessung beim Ehegattenunterhalt § 4

Abänderungsverfahren entschieden werden (→ Rn. 1009). Eine Begrenzung auf den angemessenen Bedarf nach § 1578b I BGB kommt bei den gegebenen Einkommensverhältnissen nicht in Betracht.

5. Wandelbare Verhältnisse und Stichtagsprinzip

a) Frühere Rechtsprechung des BGH. Der BGH hat mit seiner **Surrogatslösung** 426 zur Familienarbeit (→ Rn. 422 ff.) eine generelle Neubewertung der ehelichen Lebensverhältnisse vorgenommen und in der Folgezeit den Begriff der **wandelbaren** ehelichen Lebensverhältnisse in Abkehr von seiner früheren Lebensstandardgarantie eingeführt.

Mit **Urteil vom 29.1.2003** hat er erstmals das bis dato nicht grundsätzlich abgehandelte Problem entschieden, dass der Bedürftige nach der Trennung/Scheidung nicht nur an in der Ehe angelegten Einkommenssteigerungen partizipiert, sondern auch **Einkommenssenkungen des Pflichtigen** hinnehmen muss, die nicht unterhaltsbezogen leichtfertig entstanden sind, zB durch Verrentung, unverschuldete Arbeitslosigkeit, Einkommensreduzierung durch Kurzarbeitergeld usw.[106] Denn der Bedürftige hätte sich bei Fortbestand der Ehe ebenfalls auf diesen Einkommensrückgang einstellen müssen; es bestehe deshalb keine Lebensstandardgarantie, sondern in diesen Fällen muss der Bedürftige eine **Korrektur seines Bedarfs nach unten** hinnehmen, selbst wenn die Einkommensreduzierung bei der Scheidung nicht voraussehbar war. Insoweit gehe es nicht um die Teilhabe an dem in der Ehe gemeinsam Erworbenen, sondern um die sachgerechte Verteilung einer durch Einkommensrückgang erzwungenen Schmälerung des Bedarfs.[107] Mit **Urteil vom 15.3.2006** entwickelte er diese Rechtsprechung weiter und dehnte sie auf Einkommensminderungen durch **neue, nicht leichtfertig entstandene Ausgaben,** zB vor- oder gleichrangige Unterhaltslasten, aus; der Bedürftige dürfe mit der Scheidung wirtschaftlich nicht besser stehen, als er ohne Scheidung stünde, nachdem es keine Lebensstandardgarantie gebe.[108] Der **Grundsatz der Halbteilung** gebiete es, dem Pflichtigen bereits bei der Bedarfsbemessung und nicht erst über die Leistungsfähigkeit die Hälfte seines bereinigten Nettoeinkommens zu belassen.[109]

Die oben angeführten beiden Grundsatzentscheidungen waren dem Gesetzgeber bei der **Unterhaltsreform 2008 bekannt.** Sie waren für ihn kein Anlass, den unbestimmten Rechtsbegriff der ehelichen Lebensverhältnisse in §§ 1578 BGB bzw. den Wortlaut in § 1361 BGB (Einkommens- und Vermögensverhältnisse) zu ändern und um die Berücksichtigung von Verbindlichkeiten zu ergänzen. Obwohl in der Begründung zum Unterhaltsreformgesetz auf das gegenüber der Eherechtsreform 1977 gewandelte Ehebild mit einer gestiegenen Scheidungszahl, einer geänderten Rollenverteilung, neuen Familienstrukturen durch nichteheliche Lebensgemeinschaften mit Kindern oder Alleinerziehenden sowie einer gestiegenen Zahl von Zweitfamilien hingewiesen wird,[110] wurde der Begriff der ehelichen Lebensverhältnisse nicht näher bestimmt. Der BGH sprach im weiteren von den **„wandelbaren ehelichen Lebensverhältnissen".**[111] Mit **Urteil vom 6.2.2008** gab er das sog **Stichtagsprinzip** für Veränderungen auf, weil es vielfach nur von Zufälligkeiten abhängt, ob letztere vor oder nach der Scheidung eintreten.[112] Dies führte konsequenterweise dazu, nicht nur Einkommensveränderungen nach oben oder unten in die Bedarfsermittlung des Geschiedenen aufzunehmen, sondern auch höhere Ausgaben einschließlich Unterhaltslasten für nach der Scheidung geborene Kinder. **Mit Urteil vom 30.7.2008** erweiterte er diese Rechtsprechung auf den Unterhalt eines neuen Ehegatten. Dabei wies

---
[106] BGH FamRZ 2003, 590.
[107] BGH FamRZ 2003, 590, 592.
[108] BGH FamRZ 2006, 683.
[109] BGH FamRZ 2006, 683; ebenso BGH FamRZ 2007, 793 = R 674b (Berücksichtigung einer erst nach der Scheidung neu entstandenen Kirchensteuerpflicht beim Bedarf, → § 1 Rn. 1010).
[110] BT-Drs. 16/1830, 12.
[111] BGH FamRZ 2008, 968; 2007, 793; vgl. auch BGH FamRZ 2010, 111 = R 707a; 2009, 411; 2009, 23; 2008, 1911.
[112] BGH FamRZ 2008, 968 = R 689.

der BGH darauf hin, dass es bei Hinzutreten zusätzlicher Unterhaltslasten bei der Bedarfsermittlung zunächst nicht auf den Rang ankommt, sondern die Teilhabe des Bedürftigen am früheren Lebensstandard des Pflichtigen nicht mehr gerechtfertigt ist, wenn dieser Lebensstandard durch unterhaltsbezogen nicht leichtfertige Einkommenssenkungen oder höhere Ausgaben nicht mehr besteht.[113] Für den Bedürftigen ergaben sich daraus keine Nachteile gegenüber einer Berücksichtigung von erst nach der Scheidung entstandenen Unterhaltslasten bei der Leistungsfähigkeit. Denn der BGH hatte auch entschieden, dass neue Verbindlichkeiten wie neue Unterhaltslasten zunächst aus neuen erst nach der Trennung entstandenen und damit nichtprägenden Einkünften des Pflichtigen z. B. aus einem Karrieresprung zu tragen sind, weil es dadurch zu keinem Verstoß gegen die Halbteilung kommt (→ Rn. 428, 435).[114] Rechnerisch bedeutete dies, dass in diesen Fällen neue Unterhaltslasten, soweit sie aus nicht in der Ehe angelegten Mitteln des Pflichtigen bezahlt werden, rechnerisch weder beim Bedarf des Geschieden noch bei der Leistungsfähigkeit als Abzugsposten angesetzt werden mussten.

427 b) **Entscheidung des BVerfG vom 25.1.2011.** Mit Beschluss vom 25.1.2011 hat das BVerfG die zur Auslegung des § 1578 I BGB entwickelte Rechtsprechung des BGH von den **wandelbaren ehelichen Lebensverhältnissen unter Anwendung der Berechnungsmethode der sog Dreiteilung bei Wiederverheiratung des Pflichtigen** wegen Verstoßes gegen das Rechtsstaatsprinzip gemäß Art. 2 I GG iVm Art. 20 III GG für **verfassungswidrig** erklärt.[115]

Das BVerfG hat seine Entscheidung insbesondere damit begründet, dass mit der Berücksichtigung des Unterhalts des neuen Ehegatten beim Bedarf des Geschiedenen **jeglicher Bezug zu den ehelichen Lebensverhältnissen nach § 1578 I BGB** verloren gehe und die vom Gesetzgeber normierte Unterscheidung zwischen Bedarf und Leistungsfähigkeit aufgehoben würde. Der Gesetzgeber habe bei der Eherechtsreform 1977 mit der Ausrichtung des Unterhalts am Maßstab der ehelichen Lebensverhältnisse für den nachehelichen Unterhalt auf die individuellen Einkommensverhältnisse der Ehegatten zum Zeitpunkt der Scheidung abgestellt, an denen der Unterhaltsberechtigte nach der Scheidung einen gleichwertigen Anteil erhalten solle, um den in der Ehe erreichten Lebensstandard zu sichern und einen sozialen Abstieg zu vermeiden.[116] Einkommensentwicklungen einschließlich der Surrogats aus der Familienarbeit in der Ehe dürfen nur einbezogen werden, wenn sie in der Ehe angelegt und eine spätere Veränderung mit hoher Wahrscheinlichkeit zu erwarten seien. Bei der Reform 2008 habe der Gesetzgeber den Wortlaut des § 1578 I 1 BGB nicht verändert und damit den bisherigen Maßstab beibehalten. Er habe lediglich mit dem neu gefassten § 1578b BGB die Möglichkeit geschaffen, den nachehelichen Unterhalt aus Billigkeitsgründen herabzusetzen oder zeitlich zu begrenzen. Darüber hinaus habe der Gesetzgeber die Position des Geschiedenen nicht weiter verschlechtern wollen. Die Feststellung des Gesetzgebers, der Geschiedene habe keinen Vertrauensschutz, dass sich der Kreis der Unterhaltsberechtigten nach der Scheidung nicht ausweite,[117] beziehe sich nur auf einen Mangelfall und die dann vorzunehmende Kürzung.[118] Die vom BGH zur Unterhaltsberechnung im Rahmen der Bedarfsermittlung des Geschiedenen angewandte Drittelmethode benachteilige allein den Geschiedenen und bevorzuge den Pflichtigen und den neuen Ehegatten. In den Bedarf nach den ehelichen Lebensverhältnissen dürfen nur **Entwicklungen** nach der Scheidung **einbezogen werden,** die entweder **in der Ehe angelegt** sind oder bei Einkommensreduzierungen **nicht leichtfertig entstanden** und **ohne Scheidung auch eingetreten** wären.[119] Veränderungen, die eine **Scheidung der Ehe voraussetzen,** zB die Unterhaltsbelastung durch einen neuen Ehegatten, seien dagegen beim Bedarf des Geschiede-

---

[113] BGH FamRZ 2010, 111; 2008, 1911.
[114] BGH FamRZ 2010, 111; 2009, 579; 2009, 411.
[115] BVerfG FamRZ 2011, 437 mAnm Borth.
[116] BVerfG FamRZ 2011, 437.
[117] BT-Drs. 16/1830, 23, 24.
[118] BVerfG FamRZ 2011, 437.
[119] BVerfG FamRZ 2011, 437.

4. Abschnitt: Unterhaltsbedarf und Bedarfsbemessung beim Ehegattenunterhalt § 4

nen **nicht zu berücksichtigen.**[120] Insoweit hat das BVerfG bei Unterhaltslasten gegenüber einem neuen Ehegatten auf der vom BGH aufgegebenen Anwendung des Stichtagsprinzips bestanden.

c) Kritik: Die Entscheidung des BVerfG ist auf erhebliche Kritik gestoßen.   428
Beim Unterhalt eines neuen Ehegatten handelt es sich um eine Verbindlichkeit, nicht um Einkommen. Bei Veränderungen des Einkommens nach der Scheidung, auch bei unvorhersehbaren Reduzierungen, hat das BVerfG in vollem Umfang die geänderte Rechtsprechung des BGH übernommen (→ Rn. 426). Es ist aber mit keinem Wort darauf eingegangen, dass es sich beim Unterhalt für einen neuen Ehegatten um eine Ausgabe handelt und hat insoweit nicht geprüft, ob und in welchem Umfang der Begriff der ehelichen Lebensverhältnisse nach dem Willen des Gesetzgebers Verbindlichkeiten mit umfasst. Einnahmen und Ausgaben sind etwas grundsätzlich Unterschiedliches. Nur die normale Entwicklung von Einnahmen mit den üblichen Steigerungen kann man an der Ehe festlegen und für die Zukunft als voraussehbar bewerten, Einkommensminderungen einschließlich gestiegener künftiger Ausgaben dagegen nicht, da sie überwiegend nicht vorhersehbar sind. Der Unterhalt kann immer nur aus den vorhandenen Mitteln bzw. vorwerfbar nicht mehr vorhandenen Mitteln geleistet werden. Für Einkommenssenkungen und insbesondere für geänderte Ausgaben spielt es deshalb nur eine Rolle, ob sie unterhaltsbezogen nicht leichtfertig entstanden und damit **berücksichtigungswürdig** sind (→ § 1 Rn. 1003a). Dem Wortlaut des § 1578 BGB lässt sich zur Frage neuer oder gestiegener Ausgaben nichts Näheres entnehmen. Die nach unstreitiger Auffassung deckungsgleiche Bestimmung zum Trennungsunterhalt spricht in § 1361 BGB statt von ehelichen Lebensverhältnissen von den Einkommens- und Vermögensverhältnissen. Der aus § 58 EheG herangezogene Maßstab der ehelichen Lebensverhältnisse für die Unterhaltsbemessung[121] und der zu dessen Auslegung übernommene Begriff der Prägung und Nichtprägung umfasste nur Einkommenssteigerungen nach Trennung und Scheidung und die Frage, inwieweit der Bedürftige an ihnen noch partizipieren kann.[122] Dass der Gesetzgeber zwischen Einnahmen und Ausgaben unterscheidet, ergibt sich aus § 1581 BGB, wo ausdrücklich Einkommens- und Vermögensverhältnisse sowie Verbindlichkeiten aufgeführt sind. Wenn im Rahmen der ehelichen Lebensverhältnisse nur von Einkommen gesprochen wird, bedeutet dies selbstverständlich nicht, dass vor der Unterhaltsberechnung keine Bereinigung des Nettoeinkommens vorzunehmen ist. Der Gesetzgeber hat es nur beim Bedarf der Rechtsprechung überlassen, in welchem Umfang Ausgaben in die Bedarfsermittlung einbezogen werden. Dabei kann ihm 1977 nur die damalige Rechtsprechung zu den ehelichen Lebensverhältnissen bekannt gewesen sein. Insoweit ist zu beachten, dass man damals immer nur vom Nettoeinkommen sprach, hierunter aber nicht das Nettoeinkommen im steuerlichen Sinne verstand, sondern das für die Unterhaltsbemessung verteilungsfähige Einkommen (→ § 1 Rn. 1003).[123] Der Begriff des bereinigten Nettoeinkommens wurde erst viel später entwickelt. Bei Ausgaben wurde deshalb überwiegend auch bei nicht vorwerfbar eingetretenen Veränderungen auf die tatsächliche Belastung unabhängig von Trennung und Scheidung abgestellt, zB bei der Steuer, den Vorsorgeaufwendungen, berufsbedingten Aufwendungen und Kinderbetreuungskosten (→ § 1 Rn. 1003). Dies galt bis zur Unterhaltsreform 1977 nach herrschender Auffassung auch für Unterhaltslasten gegenüber mehreren bedürftigen Ehegatten da §§ 58, 59 EheG einheitlich betrachtet wurden.[124] Die sog Drittelmethode stammt aus dieser Zeit und wurde deshalb

---

120 BVerfG FamRZ 2011, 437.
121 Gerhardt FamRZ 2011, 8.
122 Vgl. Hoffmann/Stephan EheG, 2. Aufl., § 58 Rn. 32, wonach nach dem Recht vor 1977 nur nachträgliche außergewöhnliche Einkommensentwicklungen des Pflichtigen für die Bedarfsbemessung nach § 58 EheG nicht heranzuziehen waren.
123 Gerhardt FamRZ 2012, 589.
124 Hoffmann/Stephan EheG, 2. Aufl., § 59 Rn. 30; Hampel, FamRZ 1995, 1177 mit Hinweis auf die sog Gleichranglehre; Palandt/Diederichsen, 34. Aufl. (1975), EheG § 59 Rn. 3 ff.; vgl. auch BGH FamRZ 1979, 509.

vom OLG Hamm für gleichrangige Ehegatten nach 1977 in den Leitlinien übernommen.[125]

Die Berücksichtigung neuer, nicht leichtfertig entstandener Einkommensreduzierungen einschließlich neuer Ausgabenpositionen bei der Bedarfsermittlung nach der Rechtsprechung des BGH gesteht auch das BVerfG zu, wenn es darauf hinweist, dass nach der Scheidung entstandene Veränderungen in die ehelichen Lebensverhältnisse einzubeziehen sind, wenn sie auch ohne Scheidung entstanden wären.[126] Dies gilt generell für nicht leichtfertig eingegangene neue einseitige Schulden und muss deshalb auch für neu entstandene Unterhaltslasten für Kinder aus einer neuen Partnerschaft, für darauf beruhende Ansprüche nach § 1615l BGB sowie für einen erst nach der Scheidung entstandenen Elternunterhalt gelten. Wenn das BVerfG darauf hinweist, dass die Unterhaltsverpflichtung für einen neuen Ehegatten die Scheidung voraussetzt und daher keinen Bezug zur vorangegangenen Ehe haben kann, übersieht es, dass der im Fall der Kinderbetreuung mit § 1570 BGB nahezu gleichlautende § 1615l BGB dem neuen Partner des Unterhaltspflichtigen und § 1601 BGB dem aus dieser Beziehung hervorgegangenen Kind einen bedarfsprägenden Unterhaltsanspruch gibt. Wieso eine Ungleichbehandlung mit dem neuen Ehegatten erforderlich sein muss, erschließt sich nicht. In jedem Fall erfolgt eine Korrektur auf der Ebene der Leistungsfähigkeit. Hier werden bei strikter Anwendung der Vorgaben des BVerfG die Fälle in denen ein neues Kind vor oder nach Rechtskraft der Scheidung geboren wird, einander angeglichen (→ Rn. 642, → § 1 Rn. 1122).

Die Verlagerung der Berücksichtigung des Unterhalts des neuen Ehegatten in die Leistungsfähigkeit führt wegen des auch dort geltenden Grundsatzes der Halbteilung zumindest bei **gleichrangigen Ehegatten zum gleichen Ergebnis**. Wie bereits ausgeführt gilt dies auch für die Fälle, in denen der Pflichtige durch nicht in der Ehe angelegtes neues Einkommen nach der Trennung, zB einen Karrieresprung oder eine Erbschaft, zusätzliche Mittel erworben hat, aus denen er die neuen Unterhaltslasten tragen kann (näher oben → Rn. 426). Bei dem Normalfall mit gleichbleibenden Einkünften des Pflichtigen bei Bedarf und Leistungsfähigkeit führt eine **getrennte Berechnung** des Unterhalts zweier gleichrangiger bedürftiger Ehegatten rechnerisch immer zum **Mangelfall** und wegen des **Halbteilungsgrundsatzes** im Rahmen der Leistungsfähigkeit immer zur **Dreiteilung**.[127] Durch den Wegfall der Priorität des ersten Ehegatten darf nach den Vorstellungen des Gesetzgebers keine Ungleichbehandlung bei mehreren, im gleichen Rang stehenden Ehegatten erfolgen (→ Rn. 805 ff., → § 5 Rn. 107 ff.).[128] Gegenteilige Ansichten in der Literatur berücksichtigen den auch vom BVerfG und dem Gesetzgeber bejahten Grundsatz der Halbteilung nicht.[129] Wie auch das BVerfG ausführte, muss der geschiedene Ehegatte bei gleichbleibendem Einkommen des Pflichtigen nach den Vorstellungen des Gesetzgebers eine „**Schmälerung seines Unterhalts**" hinnehmen; er hat keinen „Vertrauensschutz, dass sich durch Wiederheirat und Gründung einer Zweitfamilie der Kreis der unterhaltsberechtigten Personen nicht vergrößert und seine Unterhaltsquote dadurch gekürzt wird".[130] Das Hinzutreten eines gleichrangigen oder vorrangigen neuen Ehegatten führt bei gleichbleibenden Einkommensverhältnissen des Pflichtigen **immer zu einer Kürzung des Bedarfs des Geschiedenen**. Nur ergänzend ist darauf hinzuweisen, dass der BGH vor der Entscheidung des BVerfG vom 25.1.2011 nur Gleichrangfälle entschieden hatte, der Entscheidung des BVerfG aber ein Vorrangfall des Geschiedenen zu Grunde lag, bei dem es naturgemäß zu anderen Ergebnissen kommen muss (vgl. näher → Rn. 449b).

---

[125] Ursprünglich an sich nur für sog Altfälle, deren Unterhalt noch nach dem EheG zu bestimmen war.
[126] BVerfG FamRZ 2011, 437.
[127] Gerhardt/Gutdeutsch FamRZ 2011, 597; ebenso Schwamb FamRB 2011, 120; so im Ergebnis auch Borth in Anm. zu BVerfG FamRZ 2011, 445 sowie FamRB 2011, 183; Wohlgemuth FuR 2011, 311.
[128] BT-Drs. 16/1830, 23.
[129] Götz/Brudermüller NJW 2011, 801; Maurer FamRZ 2011, 849.
[130] BT-Drs. 16/1830, 24.

Zusätzlich ist zu beachten, dass der Grundsatz der Halbteilung auch bei nicht vorwerfbaren Einkommenssenkungen gilt, so dass eine Reduzierung des Einkommens bereits beim Bedarf und nicht erst über die Leistungsfähigkeit zur Kürzung des Unterhalts des Geschiedenen führt. Denn die Unterhaltsbemessung darf nie dazu führen, dass der Bedürftige einschließlich Eigeneinkommen über mehr Mittel als der Pflichtige verfügt.[131] Dies wurde von der früheren Rechtsprechung des BGH und vor allem der Tatsachengerichte bei neu entstandenen Ausgaben im Rahmen von Korrekturen über die Leistungsfähigkeit zu wenig beachtet. Wie bereits ausgeführt steht dem nicht entgegen, dass bei der Leistungsfähigkeit im Gegensatz zur Bedarfsermittlung auch nicht in der Ehe angelegte Einkünfte des Pflichtigen einbezogen werden, da letztere nach BGH vorab zur Bezahlung neuer Belastungen und damit insbesondere neuer Unterhaltslasten einzusetzen waren (s. oben → Rn. 426).

Die vom BVerfG am **rechnerischen Ergebnis der Dreiteilung** geäußerte Kritik zeigt auf, dass das BVerfG diese Rechenmethode vom Grundsatz her nicht verstanden hat. Dass sich durch die Berücksichtigung eines gleichrangigen Ehegatten der dem Geschiedenen verbleibende Unterhalt senken muss, unabhängig davon, ob die Berücksichtigung beim Bedarf oder der Leistungsfähigkeit erfolgt, ist selbstverständlich, nachdem es sich um eine Ausgabe und keine Einnahme handelt. Der Gesetzgeber hat darauf auch ausdrücklich hingewiesen. Dem Pflichtigen bleibt nach der Drittelmethode nicht mehr – wie das BVerfG meint – sondern weniger, nämlich statt der Hälfte ein Drittel. Er ist lediglich im Gegensatz zum Bedürftigen durch seinen Mindestselbstbehalt geschützt. Der zweite bedürftige Ehegatte erhält bei gleichrangigen Ehegatten ebenfalls nicht mehr, sondern weniger. Soweit das BVerfG meint, bei der Dreiteilung werde der Bedarf des weniger verdienenden Bedürftigen durch einen besser verdienenden Bedürftigen erhöht, beruht dies auf einem mathematischen Irrtum. Ein Drittel ist immer weniger als die Hälfte, dh der Bedarf der beteiligten Ehegatten wird durch das Einkommen eines Bedürftigen nicht erhöht, sondern reduziert sich, wie bei einer Kontrollrechnung nach der Halbteilung einfach festzustellen ist. Rechnerisch ist es ebenfalls selbstverständlich, dass eine Korrektur vorzunehmen ist, wenn bei der Dreiteilung ein bedürftiger Ehegatte seinen Bedarf selbst deckt. Der Bedarf des verbleibenden Ehegatten ist dann durch die Halbteilung begrenzt, da ein Drittel nicht über der Hälfte liegen darf.[132] Zu anderen rechnerischen Ergebnissen könnte man deshalb nach Wegfall der Priorität des ersten Ehegatten nur kommen, wenn der Grundsatz der Halbteilung nicht mehr aufrecht erhalten würde. Dies war aber weder nach dem Willen des Gesetzgebers bei der Unterhaltsreform zum 1.1.2008 noch vom BVerfG selbst gewollt.

Der Vorwurf, der BGH habe mit der beim Bedarf durchgeführten Drittelmethode die Abgrenzung zwischen Leistungsfähigkeit und Bedarf beseitigt, ist ebenfalls unbegründet. Denn der BGH hat ausdrücklich darauf hingewiesen, dass auch bei der Drittelmethode der Pflichtige durch seinen Selbstbehalt geschützt ist.[133] Im Rahmen der Leistungsfähigkeit ist deshalb nicht nur zu prüfen, ob durch die Unterhaltslasten gegenüber dem Geschiedenen, sondern auch, ob durch alle sonstigen Verbindlichkeiten der eigene Unterhalt des Pflichtigen zu sehr eingeschränkt wird. § 1581 BGB beinhaltet nur zwei Grundaussagen: Zum einen, der Pflichtige muss nur Unterhalt leisten, wenn sein eigener Unterhalt, dh sein Selbstbehalt, gesichert ist, zum anderen, die Unterhaltsverpflichtung geht nicht allen anderen Verbindlichkeiten des Pflichtigen vor. Die Vorschrift beinhaltet aber außerhalb des Mangelfalls kein generelles Korrekturinstrument. Der Gesetzgeber hat in seinen Materialien ausdrücklich angeführt, dass mit der neuen Rangordnung die Unterhaltsberechnung vereinfacht und **fehleranfällige Mehrfachberechnungen reduziert** werden sollen.[134] Die vom BVerfG für verfassungswidrig erklärte Rechtsprechung zwingt aber jetzt bei allen nach der Scheidung entstandenen neuen Unterhaltslasten zu einer Mehrfachberechnung, auch beim Unterhalt für neue Kinder, ohne das Ergebnis zu

---

[131] BGH FamRZ 2012, 281 = R 731g; vgl. auch BGH FamRZ 2014, 1183 = R 754d, e.
[132] Gerhardt/Gutdeutsch FamRZ 2007, 708.
[133] BGH FamRZ 2010, 111.
[134] BT-Drs. 16/1830, 24.

verändern.¹³⁵ Hinzu kommt, dass die Entscheidung des BVerfG, den Unterhalt des Geschiedenen zunächst nach der Halbteilung zu ermitteln, in vielen Fällen eine fiktive Steuerberechnung erfordert.¹³⁶ Dies ist in der Praxis mit einem erheblichen Mehraufwand verbunden (→ § 1 Rn. 1022). Bei der notwendigen Korrektur des ermittelten Bedarfs im Rahmen der Leistungsfähigkeit ist dagegen die tatsächlich gezahlte Steuer heranzuziehen, weil bei der Leistungsfähigkeit das gesamte Einkommen anzusetzen ist.¹³⁷ Entsprechendes galt nach BGH auch für eine Dreiteilung im Rahmen der Bedarfsermittlung (→ § 1 Rn. 1014). Der BGH hat daher konsequent die Dreiteilung auf der Ebene der Leistungsfähigkeit weiterhin zugelassen.¹³⁸

429 **d) Wandelbarkeit.** An die Entscheidung des BVerfG besteht nur im Rahmen des **§ 31 BVerfGG** eine **Bindungswirkung.** Sie erstreckt sich auf die im Leitsatz wiedergegebene Auffassung, dass beim Bedarf des Geschiedenen keine Berücksichtigung des Unterhalts eines neuen Ehegatten erfolgen darf. Sie **umfasst nicht** in der Entscheidung dargestellte Meinungsäußerungen, denen jegliche Begründung fehlt oder die keine Grundlage der Entscheidung bilden,¹³⁹ ferner nicht Rechtsfolgen, die vom BVerfG nicht behandelt wurden.

430 Der Begriff der **wandelbaren Lebensverhältnisse** hat weiterhin **Gültigkeit** und widerspricht auch nicht den allgemeinen Ausführungen des BVerfG in seiner Entscheidung vom 25.1.2011. Soweit der Begriff im Leitsatz der Entscheidung aufgeführt wurde, bezieht sich dies allein auf die Einbeziehung des Bedarfs eines neuen Ehegatten des Pflichtigen in den Bedarf des Geschiedenen.¹⁴⁰ Die Wandelbarkeit der ehelichen Lebensverhältnisse beruht nach BGH jedoch in erster Linie auf dem **Wegfall der Lebensstandardgarantie** und der Berücksichtigung von Einkommensreduzierungen nach der Scheidung bei der Bedarfsermittlung, selbst wenn sie nicht voraussehbar waren, zB bei einer Verrentung, unverschuldeter Arbeitslosigkeit oder konjunkturbedingt angeordneter Kurzarbeit (→ Rn. 426, 427). Der Begriff wurde vom BGH bereits vor der Unterhaltsreform und vor allem vor der Entscheidung zur Dreiteilung mit Urteil vom 30.7.2008 verwendet (→ Rn. 426). Diese frühere Rechtsprechung hat das BVerfG ausdrücklich gebilligt.¹⁴¹ Auch die Prägung des als Surrogat aus der Familienarbeit erzielten Einkommens lässt sich nur damit begründen. Entsprechendes gilt für neue, unterhaltsbezogen nicht leichtfertig entstandene Verbindlichkeiten, zB Schulden, Kinderbetreuungskosten usw, die auch ohne Scheidung entstanden wären oder Folge der Trennung sind. Ob man dies als „veränderliche" oder „wandelbare" Lebensverhältnisse bezeichnet, ist nur ein Spiel mit Worten. Maßgebend ist allein, dass der Begriff weiterhin seine Berechtigung behält und von der Wandelbarkeit nach BVerfG lediglich ein neuer Ehegattenunterhalt nicht erfasst wird, weil er die Scheidung voraussetzt.

431 **e) Stichtagsprinzip und neue Rechtsprechung des BGH.** Nachdem das BVerfG bei Unterhaltslasten gegenüber neuen Ehegatten für die Bedarfsermittlung des Unterhalts des Geschiedenen die Beibehaltung des Stichtagsprinzips einforderte (vgl. oben → Rn. 427 sowie → Rn. 556), hat der BGH mit Entscheidung vom 7.12.2011 seine frühere Rechtsprechung aufgegeben und ist für Unterhaltslasten wieder zum **Stichtagsprinzip** zurückgekehrt.¹⁴² Stichtag ist dabei die **Rechtskraft der Scheidung.**¹⁴³ Der BGH hat darauf hingewiesen, dass sich ansonsten an seiner Rechtsprechung zum in der Ehe angelegten Einkommen und dessen Veränderung nach der Scheidung durch den Beschluss des BVerfG nichts geändert hat.¹⁴⁴ Bei Einkommenserhöhungen ist weiterhin

---

¹³⁵ Eingehend Gerhardt/Gutdeutsch FamRZ 2011, 597.
¹³⁶ BVerfG FamRZ 2011, 437.
¹³⁷ BGH FamRZ 2014, 1183 = R 754a; 2008, 1911; vgl. auch Gerhardt/Gutdeutsch 2011, 597.
¹³⁸ BGH FamRZ 2012, 281 Rn. 42 = R 731k.
¹³⁹ BVerfGE 44, 88, BVerfGE 72, 119; Maunz/Schmidt-Bleibtreu/Klein/Bethge, BVerfGG § 31 Rn. 88; vgl. auch Gerhardt/Gutdeutsch FamRZ 2011, 772.
¹⁴⁰ BVerfG FamRZ 2011, 437.
¹⁴¹ BVerfG FamRZ 2011, 437.
¹⁴² BGH FamRZ 2012, 281 = R 731a, b; vgl. auch BGH FamRZ 2014, 1183 = R 754c–e.
¹⁴³ BGH FamRZ 2012, 281 = R 731b.
¹⁴⁴ BGH FamRZ 2012, 281 = R 731b, c.

4. Abschnitt: Unterhaltsbedarf und Bedarfsbemessung beim Ehegattenunterhalt   § 4

darauf abzustellen, ob es sich um eine Normalentwicklung handelt, die auch ohne Scheidung eingetreten wäre oder nicht, bei Einkommenssenkungen, zB durch Verrentung oder unverschuldete Arbeitslosigkeit, ob sie auf einem unterhaltsbezogen leichtfertigen Verhalten beruhen oder nicht. Auch das BVerfG hatte darauf hingewiesen, dass Einkommensreduzierungen nach der Scheidung zu berücksichtigen sind, die auch ohne Scheidung eingetreten wären.[145] Dies gilt auch für Surrogate, zB bei Ausübung der Familienarbeit in der Ehe.[146]

Bei Ausgaben hat der BGH dargelegt, dass spätere Änderungen einzubeziehen sind, wenn sie auch ohne Scheidung eingetreten wären, zB bei berufsbedingten Aufwendungen.[147] Bei **Unterhaltslasten** hat der BGH konsequenterweise für alle Unterhaltsschulden und nicht nur entsprechend der Entscheidung des BVerfG für den Unterhalt eines neuen Ehegatten wieder das **Stichtagsprinzip** eingeführt,[148] da eine unterschiedliche Behandlung für neue Unterhaltslasten nicht möglich ist. Vorschläge in der Literatur, den Stichtag zB bei Unterhaltslasten nach § 1615l BGB und Kinder aus einer neuen Verbindung vorzuverlegen, hat er zu Recht abgelehnt.[149] In der Ehe angelegt sind damit alle vor Rechtskraft der Scheidung entstandenen Unterhaltslasten, auch für Kinder aus einer neuen Verbindung und Ansprüche nach § 1615l BGB, alle erst nach der Scheidung neu entstandenen Unterhaltspflichten dagegen erst bei der Leistungsfähigkeit zu prüfen (nähere Einzelheiten → Rn. 440 ff. mit Beispielen sowie → § 1 Rn. 1122 ff.).[150] In der Praxis hängt es oft von Zufällen ab, ob ein minderjähriges Kind vor oder nach der Scheidung geboren wird, wie der BGH in seinem Urteil vom 6.2.2008 zu Recht darlegte (→ Rn. 426).[151] Entscheidend ist aber, dass auch bei der Leistungsfähigkeit der Halbteilungsgrundsatz zu beachten ist.[152] Dies führt bei vor- und gleichrangigen neuen Unterhaltslasten stets zur Korrektur des Bedarfs des Geschiedenen, wenn keine zusätzlichen Mittel durch nichtprägendes Einkommen des Pflichtigen zur Verfügung stehen.[153] Sind – ausnahmsweise – nicht in der Ehe angelegte Mittel vorhanden, zB durch den Steuervorteil bei Wiederverheiratung oder einen Familienzuschlag,[154] ist der Unterhalt zunächst hieraus zu zahlen (näher → Rn. 426).[155]

f) Notwendigkeit einer weiteren Gesetzesreform. Die Unterhaltsreform vom 2008 **431a** verfolgte neben der Stärkung des Kindeswohls und der Eigenverantwortung beim Ehegattenunterhalt vor allem das Ziel einer Unterhaltsvereinfachung.[156] Das deutsche Unterhaltsrecht gilt weltweit als äußerst kompliziert und ist nicht nur für den rechtsuchenden Bürger, sondern auch für viele Juristen kaum mehr verständlich. Durch die Auswirkungen des Beschlusses des BVerfG vom 25.1.2011 hat sich dies noch verstärkt. Selbst bei an sich einfach gelagerten Fällen, wie dem Hinzutreten des Unterhalts eines erst nach der Scheidung geborenen Kindes für die Unterhaltsberechnung des Geschiedenen, sind überflüssige Doppelberechnungen erforderlich und der zunächst ermittelte Bedarf im Rahmen der Leistungsfähigkeit zu korrigieren (vgl → § 1 Rn. 1122 mit Beispiel). Etwas anderes gilt nur, wenn wie oben bereits dargelegt ausnahmsweise zusätzliche Einkünfte des Pflichtigen vorhanden sind (→ Rn. 431). Es war aber das Ziel der Unterhaltsrechtsreform, durch die neue Rangordnung Doppelberechnungen möglichst zu vermeiden.[157] Den an einem Unterhaltsverfahren Beteiligten ist dies nicht mehr zuzumuten, zumal die ersten Instanzen bereits überlastet und deshalb viele junge Richter nicht mehr bereit sind, Familienrichter

---

[145] BVerfG FamRZ 2011, 437.
[146] BGH FamRZ 2012, 281 = R 731d.
[147] BGH FamRZ 2012, 281 = R 731c.
[148] BGH FamRZ 2014, 1183 = R 754c–e; 2012, 281 = R 731b.
[149] BGH FamRZ 2012, 281 = R 731b.
[150] BGH FamRZ 2014, 1183 = R 754c–e; 2012, 281 = R 731b, e.
[151] BGH FamRZ 2008, 968.
[152] BGH FamRZ 2012, 281 = R 731g.
[153] BGH FamRZ 2012, 281 = R 731h,i.
[154] BGH FamRZ 2014, 1183 = R 754a.
[155] BGH FamRZ 2014, 1183 = R 754d.
[156] BT-Drs. 16/1830, 1.
[157] BT-Drs. 16/1830, 24.

zu werden. Korrekturberechnungen sind nur erforderlich, wenn sie in einem Mangelfall zu Ergebnisänderungen führen, nicht aber, um das gleiche Ergebnis zu ermitteln. Das BVerfG hat in seiner Entscheidung vom 25.1.2011 auf die notwendige Lösung hingewiesen. Es bedarf nochmals einer **Gesetzesreform** durch Änderung der §§ 1361 I, 1578 I BGB, weil sich die Rangordnung geändert hat. Beide Bestimmungen sind insoweit zu ergänzen, dass sich das Maß des Unterhalts nach den ehelichen Lebensverhältnissen „unter Berücksichtigung von Verbindlichkeiten" bestimmt.[158] Vorrangige und gleichrangige Unterhaltslasten könnten dann wie bisher bereits sonstige Abzugsposten, die auch ohne Scheidung eingetreten wären, beim Bedarf des Geschiedenen angesetzt werden. Nach dem Willen des Gesetzgebers besteht in diesen Fällen kein Vertrauensschutz des Geschiedenen, dass sich sein Bedarf durch Hinzutreten neuer Unterhaltslasten für weitere Kinder und Ehegatten nicht reduziert.[159] Die Mittel für den Unterhalt von minderjährigen Kindern und privilegierten Volljährigen stehen generell für den Bedarf des Ehegatten nicht zur Verfügung. Bei mehreren Ehegatten gilt nicht mehr die Priorität der ersten Eheschließung, sondern nur noch die jeweilige Bedürfnislage. Mehrere Ehen sind verfassungsrechtlich gleichrangig geschützt.[160] Die vorgeschlagene Gesetzesänderung wäre damit nicht systemfremd, sondern entspräche der vom Gesetzgeber bei der Reform zum 1.1.2008 gewollten Regelung.[161]

6. Bedarfsbemessung nach dem zur Deckung des Lebensbedarfs verfügbaren Einkommen

432 Die ehelichen Lebensverhältnisse werden nur durch solche Einkünfte geprägt, die zur Deckung des laufenden Lebensbedarfs **zur Verfügung stehen** und dafür eingesetzt werden können.[162] Der BGH spricht insoweit von dem in der Ehe verfügbaren Einkommen,[163] vorhandenem Einkommen,[164] verteilungsfähigen Einkommen[165] oder relevantem Einkommen.[166] Üblich ist in der Praxis heute die Bezeichnung **„bereinigtes Nettoeinkommen"** (vgl. Leitlinien Nr. 10).

Einkommensteile, die für andere Zwecke als den laufenden Lebensbedarf verwendet werden müssen, stehen nach ständiger Rechtsprechung des BGH zur Deckung des laufenden Lebensbedarfs nicht zur Verfügung und haben bei der Bemessung des Bedarfs außer Ansatz zu bleiben.[167] Für die Unterhaltsberechnung ist deshalb das sog **bereinigte Nettoeinkommen** heranzuziehen (→ § 1 Rn. 1000 ff.).

Bei den im Rahmen der Bedarfsbemessung nicht zu berücksichtigenden Einkommensteilen handelt es sich um folgende typische **Abzugsposten** vom Bruttoeinkommen:
– Zahlungen für **Lohn-, Einkommen- und Kirchensteuer**[168] einschließlich des Solidaritätszuschlages (→ Rn. 437 und → § 1 Rn. 1009 ff.).
– **Vorsorgeaufwendungen** für Krankheit, Invalidität, Alter, Pflegebedürftigkeit und Arbeitslosigkeit[169] (→ Rn. 437 und → § 1 Rn. 1029 ff.).

Aufwendungen, die **zur Erzielung des Einkommens** erforderlich sind. Dazu gehören berufs- oder ausbildungsbedingte Aufwendungen bei abhängiger Arbeit (→ Rn. 437 und → § 1 Rn. 87 ff., 1045 ff.), unterhaltsrechtlich relevante Betriebsausgaben bei Freibe-

---

[158] Eingehend Gerhardt FamRZ 2012, 589.
[159] BT-Drs. 16/1830, 23/24.
[160] BVerfG FamRZ 2011, 437.
[161] Gerhardt FamRZ 2012, 589.
[162] BGH FamRZ 2008, 968; 2007, 793 = R 674b; 2006, 683; 1997, 806; 1995, 869.
[163] BGH FamRZ 2012, 281 = R 731b; 2008, 1911; 1999, 367 (368); 1990, 499 (502); 1983, 678.
[164] BGH FamRZ 2010, 111.
[165] BGH FamRZ 2006, 683; 1997, 806; 1988, 259 (262).
[166] BGH FamRZ 2014, 1098 = R 753.
[167] BGH FamRZ 2014, 1183 = R 754a; 2014, 1098 = R 753; 2012, 281 = R 731b; 2010, 111; 2009, 411; 2008, 1911; 2008, 968; 2006, 683.
[168] BGH FamRZ 2007, 793 = R 674b; 1991, 304; 1990, 499 (502); 1990, 981.
[169] BGH FamRZ 1991, 304; 1985, 471.

4. Abschnitt: Unterhaltsbedarf und Bedarfsbemessung beim Ehegattenunterhalt **§ 4**

ruflern und Unternehmern (→ § 1 Rn. 1042) sowie Werbungskosten bei Miet-, Kapital- und sonstigen Einkünften (→ § 1 Rn. 455, 605, 652; 1043).
– **Kinderbetreuungskosten**, soweit sie nicht Mehrbedarf darstellen (→ Rn. 438 und → § 1 Rn. 1053 ff.)
– **Mehrbedarf für Krankheit und Alter** (→ § 1 Rn. 1064 ff.)
– **Zins- und Tilgungsleistungen** für berücksichtigungswürdige Schulden (→ Rn. 439, → § 1 Rn. 1072 ff.),[170] zB der Ehewohnung[171] (→ § 1 Rn. 498 ff.).
– **Unterhaltspflichten**, die vor Rechtskraft der Scheidung entstanden sind (→ Rn. 440 ff. und → § 1 Rn. 1121 ff.), wobei dies auch für **nachrangige** Unterhaltslasten gilt, weil die Rangfrage erst im Mangelfall eine Rolle spielt (→ Rn. 445, 447).
– **Aufwendungen zu gemeinsamen** und bei guten Einkommensverhältnissen **einseitigen Vermögensbildung** (→ Rn. 453 ff. und → § 1 Rn. 1134). Zu Ausgaben für eine einseitige Vermögensbildung bei durchschnittlichen Einkommensverhältnissen s. unten Rn. 436.

Die Abzüge Steuer und Vorsorgeaufwendungen vom Bruttoeinkommen ergeben bei Nichtselbstständigen das **Nettoeinkommen**. Die weiteren Abzüge ergeben das sogenannte **bereinigte Nettoeinkommen** (→ § 1 Rn. 1000 ff.).

433 Diese einkommensbereinigenden Abzüge haben zur Voraussetzung, dass die jeweiligen **Abzugsposten** bei den ehelichen Lebensverhältnissen berücksichtigungswürdig sind (→ § 1 Rn. 1003 ff.), dh dass die hierfür verwendeten Einkommensteile nicht oder nicht mehr zur Deckung des laufenden Lebensbedarfs verwendet werden konnten bzw. können. Nach der Rechtsprechung wird die Frage der Berücksichtigungswürdigkeit von Ausgaben unterschiedlich gehandhabt. Mit Ausnahme von Unterhaltslasten wird auf die **tatsächlichen Ausgaben** abgestellt, auch bei Veränderungen nach der Scheidung, soweit sie auf keinem unterhaltsbezogen leichtfertigen Verhalten beruhen und auch ohne Scheidung entstanden wären.[172]

434 Bei der Steuer, den Vorsorgeaufwendungen, den berufsbedingten Aufwendungen, den Ausgaben Selbständiger/Gewerbetreibender bei der Gewinnermittlung, den Werbungskosten bei Miet- und Kapitaleinkünften, den Kinderbetreuungskosten und dem alters- oder krankheitsbedingten Mehrbedarf galt dies schon immer, auch bei Veränderungen nach der Scheidung (näher → § 1 Rn. 1003a). Denn insoweit geht es um das Nettoeinkommen im weiteren Sinne. Bei Schulden wurde früher differenziert, ob sie bis zur Trennung, im Einzelfall bis zur Scheidung entstanden sind oder erst danach (näher → § 1 Rn. 1073 ff.). Zur Ausgaben zur gemeinsamen Vermögensbildung waren ebenfalls immer schon Abzugsposten, wobei sie naturgemäß in der Ehe entstanden sein müssen. Zu einseitigen vermögensbildenden Ausgaben vgl. unten → Rn. 436. Bei Unterhaltslasten ist seit der Entscheidung des BVerfG vom 25.1.2011[173] darauf abzustellen, ob sie vor oder nach Rechtskraft der Scheidung entstanden sind (näher → Rn. 431, 440 ff.).[174] Durch die Berücksichtigung der tatsächlich bestehenden Ausgaben kann die Abgrenzung nicht danach vorgenommen werden, ob sie prägend für die ehelichen Lebensverhältnisse waren. Hinsichtlich der Ausgabenseite besteht keine Lebensstandardgarantie (→ Rn. 429 ff.). Der Begriff der Prägung war und ist deswegen bei Ausgaben missverständlich und sollte durch den Begriff „Berücksichtigungswürdigkeit" ersetzt werden (→ § 1 Rn. 1005).[175]

435 **Nach BGH** sind für neue nach Trennung/Scheidung nicht leichtfertig entstandene Verbindlichkeiten zunächst **nach der Trennung entstandene nichtprägende Einkünfte** des Pflichtigen, zB aus einem Karrieresprung oder einer Erbschaft, heranzuziehen, weil dadurch der Halbteilungsgrundsatz nicht verletzt wird (→ Rn. 426, 440, → § 1 Rn. 1076, 1122). Diese Rechtsprechung gilt für alle neuen oder gestiegenen Verbindlichkeiten, dh

---
[170] BGH FamRZ 2014, 1098 = R 753; NJW 1998, 2821; 1982, 678.
[171] BGH FamRZ 2013, 191; 2008, 963; 2000, 950; 1995, 291 (295); 1994, 1100 (1102); 1990, 283 (287).
[172] BGH FamRZ 2012, 281 = R 731b, c.
[173] FamRZ 2011, 437.
[174] BGH FamRZ 2014, 1183 = R 754d,e; 2012, 281 = R 731a.
[175] Gerhardt FamRZ 2011, 8; FamRZ 2007, 945.

Siebert

sowohl für neue unumgängliche Schulden als auch für neue Unterhaltslasten. Sie steht nicht in Widerspruch zur Entscheidung des BVerfG vom 25.1.2011, weil sie zu Gunsten des bedürftigen Geschiedenen wirkt und einen Mangelfall vermeidet.

436 Soweit mit Aufwendungen der Ehegatten eine **einseitige Vermögensbildung** verbunden ist, ist zwischen Bedarf und Leistungsfähigkeit zu unterscheiden (→ Rn. 453 ff. sowie → § 1 Rn. 507 ff., 1092 ff., 1135). Für die Bedarfsermittlung ist maßgebend, ob diese Ausgaben in der Ehe anfielen und deshalb für die Lebenshaltungskosten nicht zur Verfügung standen und ob sie nach einem objektiven Maßstab angemessen waren. Im Rahmen der Leistungsfähigkeit geht die **Unterhaltsverpflichtung** der einseitigen Vermögensbildung stets **vor** und eine einseitige Vermögensbildung kann deshalb nicht mehr berücksichtigt werden, wenn der Ehepartner nicht mehr daran partizipiert.[176] Dies ist beim gesetzlichen Güterstand ab Rechtshängigkeit des Scheidungsverfahrens der Fall, bei der Gütertrennung ab der Trennung bzw. bei einer erst in der Trennungszeit vereinbarten Gütertrennung ab diesem Zeitpunkt (→ Rn. 455).[177] Eine **Ausnahme** besteht, wenn es sich um eine zulässige **Altersvorsorge** handelt (→ § 1 Rn. 1092, → § 1 Rn. 1135),[178] die Vermögensbildung in direktem Zusammenhang mit der Erzielung von unterhaltsrechtlich relevanten Einkünften steht, die ohne die Vermögensbildung nicht vorhanden wären oder der Pflichtige über sehr gute Einkommensverhältnisse verfügt, die zur **konkreten Bedarfsermittlung** führen (→ Rn. 458, 763 ff.). Diese geänderte Rechtsprechung des BGH ist realitätsnäher und gerechter, weil es nicht darauf ankommen kann, wie die Mittel in der Ehe verwendet wurden, sondern ob eine einseitige Vermögensmehrung des Pflichtigen durch einen reduzierten Unterhalt des Bedürftigen mitfinanziert werden muss, obwohl er an der Vermögensmehrung nicht partizipiert (→ Rn. 455 ff.).
Zur gemeinsamen Vermögensbildung s. unten → Rn. 453 ff.

7. Vorabzug von Steuern, Vorsorgeaufwendungen, berufsbedingten Aufwendungen, Werbungskosten, Kinderbetreuungskosten und Schulden

437 a) **Steuern, Vorsorgeaufwendungen, berufsbedingte Aufwendungen und Werbungskosten/Betriebsausgaben.** Nach der Rechtsprechung des BGH **sind** im Ausgabenbereich Aufwendungen für einkommensabhängige Steuern, Vorsorgeaufwendungen, berufsbedingte Aufwendungen Nichtselbstständiger sowie Betriebsausgaben bei Selbstständigen und Gewerbetreibenden und Werbungskosten bei Miet- und Kapitaleinkünften bei den ehelichen Lebensverhältnisse zu berücksichtigen, auch wenn nicht vorwerfbare Veränderungen nach der Trennung oder Scheidung eintraten, weil insoweit immer auf das **Nettoeinkommen**, dh auf das **tatsächlich verfügbare Einkommen** abzustellen ist. Dies galt bereits für die Unterhaltsberechnung vor der Eherechtsreform 1977 (vgl. zB DT 1973).
– **Steuern:** Wie der BGH in seiner Entscheidung vom 6.2.2008 nochmals ausgeführt hat, ist bei dem Abzug von Steuern immer von der realen Steuerlast auszugehen (→ § 1 Rn. 1009 ff.).[179] Deshalb ist auch eine erst nach der Scheidung neu entstehende Steuerlast, zB durch Wiedereintritt in die Kirche, zu berücksichtigen.[180] **Ausnahmen** bestehen nur, wenn eine fiktive Steuerberechnung durchzuführen ist, weil steuerliche Vergünstigungen in Form von zwar steuerlich, aber nicht unterhaltsrechtlich anerkannten Ausgabenpositionen dem Steuerpflichtigen zu verbleiben haben (→ § 1 Rn. 1018) oder erreichbare Steuervorteile entgegen einer insoweit bestehenden Obliegenheit nicht wahrgenommen wurden (→ § 1 Rn. 1012, 1020 sowie zum Realsplitting → § 1 Rn. 1025)[181] oder bei der Prognoseentscheidung für die Zukunft zu berücksichtigen ist, dass sich die Steuerklasse geändert hat bzw. statt einer gemeinsamen eine Einzelver-

---

[176] BGH FamRZ 2014, 1098 = R 753; 2013, 191.
[177] BGH FamRZ 2008, 963; vgl. auch BGH FamRZ 2013, 191.
[178] BGH FamRZ 2014, 1098 = R 753; 2009, 23; 2008, 963 = R 692f; 2007, 879.
[179] BGH FamRZ 2008, 968 = R 689d.
[180] BGH FamRZ 2007, 793 = R 674b; offengelassen von BGH FamRZ 2014, 1183.
[181] BGH FamRZ 2008, 968 = R 689d.

4. Abschnitt: Unterhaltsbedarf und Bedarfsbemessung beim Ehegattenunterhalt § 4

anlagung durchzuführen ist (→ § 1 Rn. 1009, 1021). Der Steuervorteil bei Wiederverheiratung des Pflichtigen ist nach BGH im Hinblick auf die Entscheidung des BVerfG vom 25.1.2011 bei der Bedarfsermittlung des Geschiedenen nicht anzusetzen, sondern hat der neuen Ehe zu verbleiben (→ § 1 Rn. 1014);[182] bei der Korrekturberechnung im Rahmen der Leistungsfähigkeit ist dieser Steuervorteil jedoch zu berücksichtigen (→ § 1 Rn. 1014).[183] Eine fiktive Steuerberechnung für die Bedarfsermittlung ist in diesen Fällen aber entbehrlich, wenn der neue Ehegatte des Pflichtigen erwerbstätig ist und die Eheleute deshalb jeweils die Steuerklasse IV haben, weil die Steuerklassen I und IV identisch sind (→ § 1 Rn. 1014). Zu den näheren Einzelheiten vgl. insgesamt → § 1 Rn. 1009 ff.

– **Vorsorgeaufwendungen:** Aufwendungen für die **Krankenversicherung** einschließlich einer den ehelichen Lebensverhältnissen entsprechenden Zusatzkrankenversicherung[184] und Krankenhaustagegeldversicherung[185], für die Pflegeversicherung und die **Altersvorsorge** sind stets in der tatsächlich angefallenen Höhe Abzugsposten (näher → § 1 Rn. 1029 ff.). Dies gilt auch bei Änderungen der **Vorsorgeaufwendungen.**[186] Unabhängig von Trennung und Scheidung ist der tatsächlich anfallende Betrag vom Bruttoeinkommen abzuziehen. Das Gleiche gilt für nach Trennung/Scheidung neu hinzugekommene Altersvorsorgeleistungen, die zB auf der sog **zweiten Säule** von zusätzlichen 4% des Bruttoeinkommens beruhen (→ § 1 Rn. 1035) bzw. bei Selbständigen auf einer Gesamtversorgung von 23% des Gewinns (→ § 1 Rn. 1037),[187] oder auf einer in der Ehe unzureichend betriebenen Altersvorsorge von Selbständigen. Maßgebend ist lediglich, dass sie tatsächlich erbracht wird. Denn eine angemessene Altersvorsorge ist immer berücksichtigungswürdig, da sie der Sicherung des eigenen Unterhalts dient. Zu den näheren Einzelheiten → § 1 Rn. 1029 ff.

– **Berufsbedingten Aufwendungen:** Bei berufsbedingten Aufwendungen Nichtselbständiger gelten dieselben Maßstäbe, da sie steuerrechtlich den Werbungskosten entsprechen. Entscheidend ist jeweils der tatsächliche Anfall der Kosten. Aus Vereinfachungsgründen können sie mit 5% des Nettoeinkommens pauschaliert werden (näher → § 1 Rn. 1043). Davon zu unterscheiden ist die Frage, ob sie in voller Höhe berücksichtigungswürdig sind, weil im Gegensatz zum Steuerrecht unterhaltsrechtlich nur für die Berufsausübung **erforderliche** Kosten erfasst werden (näher → § 1 Rn. 1045); außerdem darf nicht gegen die unterhaltsrechtliche Obliegenheit verstoßen werden, ein möglichst hohes reales Einkommen zu erzielen. Dies gilt vor allem zu beachten, wenn bei Fahrten mit dem PKW zum Arbeitsplatz ein unverhältnismäßig hoher Aufwand entsteht, der etwa $1/3$ des Nettoeinkommens aufzehrt[188] oder einzelne steuerliche Ausgabenpositionen unterhaltsrechtlich nicht anzuerkennen sind (→ § 1 Rn. 1045).[189] Zu den näheren Einzelheiten → § 1 Rn. 122 ff.; 1045 ff.; zur Abgrenzung zum Erwerbstätigenbonus → § 1 Rn. 1050.

– **Werbungskosten/Betriebsausgaben:** Bei den Werbungskosten der sog Überschusseinkünfte, bei denen sich das Nettoeinkommen aus dem Überschuss des Bruttoeinkommens über die Werbungskosten ergibt, gelten die gleichen Grundsätze (vgl. insoweit zu den Einkünften aus Vermietung und Verpachtung → § 1 Rn. 455 ff., zur Ausnahme bei der AfA → § 1 Rn. 457; zu den Kapitaleinkünften → § 1 Rn. 605), auch bei Veränderungen nach Trennung und Scheidung. Nichts Anderes gilt für die Betriebsausgaben der Gewinneinkünfte (Selbständige, Gewerbetreibende, Landwirtschaft/Forsten), soweit sie unterhaltsrechtlich zu berücksichtigen sind (→ § 1 Rn. 330 ff.).

---

[182] BGH FamRZ 2014, 1183 = R 754a; 2012, 281 = R 713e; vgl. auch BVerfG FamRZ 2011, 437.
[183] Gerhardt/Gutdeutsch FamRZ 2011, 597; vgl. auch BGH FamRZ 2014, 1183 = R 754d; 2012, 281 = R 731g; 2008, 1911.
[184] BGH FamRZ 2012, 517; 2012, 514.
[185] BGH FamRZ 2013, 191.
[186] BGH FamRZ 2009, 1207; 2007, 1232 = R 678f; 2007, 793 = R 674c; 2006, 683; 1991, 304.
[187] BGH FamRZ 2012, 956; 2011, 1209; 2009, 1391 = R 706a; 2008, 963 = R 692f; FamRZ 2007, 1232 = R 678f; FamRZ 2007, 793 = R 674c.
[188] BGH FamRZ 1998, 1501 (1502).
[189] BGH FamRZ 2009, 762.

438 **b) Kinderbetreuungskosten und Betreuungsbonus.** Geht der **Bedürftige** oder **Pflichtige** trotz Betreuung eines kleinen Kindes einer Erwerbstätigkeit nach und fallen hierfür konkrete Kinderbetreuungskosten an, sind diese in angemessenem Rahmen als Abzugsposten bei der Bereinigung des Nettoeinkommens zu berücksichtigen, soweit sie keinen Mehrbedarf des Kindes darstellen (→ § 1 Rn. 1053 ff.).[190] Hierauf hat der Gesetzgeber bei der Neufassung des § 1570 BGB zum 1.1.2008 ausdrücklich hingewiesen.[191] Wie Steuer, Vorsorgeaufwendungen und berufsbedingte Aufwendungen sind sie in der tatsächlich anfallenden Höhe **berücksichtigungswürdig**, auch wenn diese Kosten erst durch Trennung/Scheidung konkret angefallen sind. Denn soweit die entsprechenden Aufwendungen in der Ehe noch nicht erbracht werden mussten, weil zB ein Ehegatte diese Betreuungsleistung übernommen hatte oder erst nach der Trennung die Erwerbsobliegenheit begann, sind sie nach Trennung/Scheidung Teil des Surrogats der Familienarbeit in der Ehe. Zur Abgrenzung zum Mehrbedarf des Kindes (Kindergarten, Förderunterricht) s. näher → § 1 Rn. 1054 ff.

Neben den konkreten Betreuungskosten kann wegen der Doppelbelastung durch Ausübung einer (teilweisen) Berufstätigkeit neben der Kinderbetreuung im Einzelfall im Sinne eines gerechten Lastenausgleichs auch ein Betreuungsbonus zuzubilligen sein, insbesondere wenn ein hoher Betreuungsbedarf besteht, der durch konkrete Betreuungskosten nicht ausgeglichen wird (→ § 1 Rn. 809 ff., 1058 ff.).[192]

Handelt es sich wegen der Kinderbetreuung um eine überobligatorische Erwerbstätigkeit, weil das Kind das dritte Lebensjahr noch nicht vollendet hat (→ § 1 Rn. 803 ff., 815 (Bedürftiger), 834 (Pflichtiger)), erfolgt die Berücksichtigung der Kinderbetreuungskosten und des Betreuungsbonus im Rahmen des nach § 1577 II BGB anrechnungsfreien Betrages (→ § 1 Rn. 812).

439 **c) Schulden.** Es ist zu differenzieren zwischen sog. Konsumschulden und vermögensbildenden Verbindlichkeiten (näher → § 1 Rn. 1082 ff.). **Konsumschulden** sind nach der geänderten Rechtsprechung des BGH nicht nur ehebedingte Schulden, also Schulden, die bis zur Trennung angefallen waren, sondern auch nach der Trennung/Scheidung entstandene neue einseitige Verbindlichkeiten, die auch ohne Trennung/Scheidung angefallen wären und nicht leichtfertig entstanden und deshalb berücksichtigungswürdig sind (→ § 1 Rn. 1083 ff.).[193] Maßgebend sind insoweit die tatsächlichen Verhältnisse, auch bei Veränderungen nach der Trennung und Scheidung. Bei **vermögensbildenden Verbindlichkeiten** sind jedenfalls die Zinsen berücksichtigungswürdig, die Tilgung, solange sie beiden Eheleuten zu Gute kommt, dh bei einseitiger Vermögensbildung bis zur Rechtshängigkeit des Scheidungsverfahrens, bei Gütertrennung bis zur Trennung, soweit ihr Einnahmen gegenüber stehen oder sie in einem angemessenen Verhältnis zum Einkommen steht, zB im Rahmen einer zusätzlichen Altersvorsorge.[194] Andernfalls muss die einseitige Vermögensbildung hinter der Unterhaltsverpflichtung zurücktreten (vgl. → Rn. 453 ff. und → § 1 Rn. 1092). Bei nach der Trennung einseitig neu aufgenommenen Schulden ist eine Berücksichtigungswürdigkeit nur gegeben, wenn sie unumgänglich sind,[195] da für den Pflichtigen die Obliegenheit besteht, sich möglichst leistungsfähig zu halten und für den Bedürftigen, seinen Bedarf soweit möglich selbst zu decken. Zu den näheren Einzelheiten → § 1 Rn. 1073 ff., 1082 ff.

Zur Tilgung beim Wohnwert näher → § 1 Rn. 505 ff., zum Wegfall von Verbindlichkeiten → § 1 Rn. 1093, zu neuen Verbindlichkeiten bei nichtprägenden Einkünften des Pflichtigen → Rn. 435, → § 1 Rn. 1076, zur Überschuldung → Rn. 465a.

---

[190] BGH FamRZ 2001, 350; FamRZ 1991, 182.
[191] BT-Drs. 16/1830, 17.
[192] Der BGH löst dies allerdings über eine teilweise Nichtanrechnung überobligatorisch erzielter Einkünfte: BGH FamRZ 2017, 711 Rn. 19 und 2016, 199 Rn. 17 = R 775b.
[193] Zweifelhaft zB bei neuer Küche: OLG Brandenburg FuR 2017, 92; Gerhardt FamRZ 2012, 589.
[194] BGH FamRZ 2014, 1098 = R 753.
[195] Gerhardt FamRZ 2012, 589; vgl auch BGH FamRZ 2012, 281 = R 731c.

4. Abschnitt: Unterhaltsbedarf und Bedarfsbemessung beim Ehegattenunterhalt § 4

8. Vorabzug von Unterhaltslasten

a) Kindesunterhalt Minderjähriger und privilegierter Volljähriger. Bei Unter- **440**
haltsleistungen gilt nach der Entscheidung des BGH vom 7.12.2011 in Änderung seiner
früheren Rechtsprechung wieder das Stichtagsprinzip (näher → Rn. 431)[196]. Stichtag ist
die Rechtskraft der Scheidung. Unterhaltszahlungen für minderjährige Kinder und privilegierte Volljährige sind bei den ehelichen Lebensverhältnissen des Geschiedenen damit nur
zu **berücksichtigen,** wenn sie vor Rechtskraft der Scheidung entstanden sind. Kinder, die
erst **nach Rechtskraft der Scheidung** geboren wurden, sind dagegen trotz Vorrangs erst
bei der Leistungsfähigkeit anzusetzen.[197] Da sie aber im Rang dem Ehegatten vorgehen
(§ 1609 Nr. 1 BGB), führt dies wegen der auch bei der Leistungsfähigkeit zu beachtenden
Halbteilung zur Korrektur des Unterhalts des Geschiedenen.[198] Rechnerisch führt dies
zum gleichen Ergebnis, wie wenn der Unterhalt für das erst nach der Scheidung geborene
Kind bereits beim Bedarf des Geschiedenen angesetzt worden wäre (vgl. → § 1 Rn. 1122
mit Rechenbeispiel). Wie bereits ausgeführt kommt es auch zu keinen anderen Ergebnissen, wenn der Pflichtige über nicht in der Ehe angelegte Einkünfte verfügt, zB aus
einem Karrieresprung oder einer Erbschaft, die bei der Leistungsfähigkeit zu berücksichtigen wären, weil nach BGH in diesen Fällen neue Unterhaltslasten vorab aus diesen
nichtprägenden Mitteln zu begleichen sind (näher → Rn. 435; → § 1 Rn. 1122).[199]

Abzuziehen ist der nach der DT geschuldete Unterhalt. Nach der früheren Recht- **441**
sprechung des BGH galt eine Ausnahme, wenn für die Ermittlung des Kindesunterhalts ein
höheres Einkommen angesetzt wurde als beim Ehegattenunterhalt, zB bei einem Karrieresprung oder einer Erbschaft des Pflichtigen nach der Trennung (jeweils nichtprägendes
Einkommen); um den Ehegatten in diesen Fällen nicht zu benachteiligen, hatte der BGH
den Kindesunterhalt als **Abzugsposten** für die Bereinigung des Nettoeinkommens des
Ehegattenunterhalts entsprechend dem für den Ehegattenunterhalt heranzuziehenden Einkommen angesetzt.[200] Diese Rechtsprechung erschwerte die Unterhaltsberechnung und
sollte deshalb bereits wegen des Vereinfachungsgrundsatzes nicht mehr angewandt werden.
Außerdem war sie sehr fehleranfällig, weil sich der Zahlbetrag des Kindesunterhalts stets
nach dem gesamten Einkommen des Pflichtigen richtete. Da diese Rechtsprechung noch
die Rechtslage vor der Unterhaltsreform betraf,[201] ist ihr bereits wegen der neuen Rangordnung nach § 1609 BGB inzwischen der Boden entzogen worden. Im übrigen hat der
BGH inzwischen entschieden, dass zumindest bei der Leistungsfähigkeit sich der Kindesunterhalt
auch als Abzugsposten beim Ehegattenunterhalt nach dem vollen Einkommen des Pflichtigen bemisst.[202] Der Kindesunterhalt ist auch dann vorab vom Einkommen des die Kinder
nicht betreuenden Ehegatten abzuziehen, wenn dadurch dessen Einkommen unter das des
betreuenden Ehegatten fällt und letzterer dadurch unterhaltspflichtig wird. Der BGH teilt
den Einwand nicht, dass dies indirekt zu einer Beteiligung des betreuenden Elternteils am
Kindesbarunterhalt führen würde. Vielmehr bestimmt die Belastung der Einkommen mit
dem Kindesbarunterhalt die ehelichen Lebensverhältnisse in jedem Fall, dh auch wenn der
betreuende Elternteil Ehegattenunterhalt erhält, reduziert sich dieser infolge des Vorabzugs
des Kindesunterhalts mit der Folge, dass er diesen mitfinanziert.[203] Zu beachten ist in
solchen Fällen allerdings zweierlei: Die eigenen Einkünfte des betreuenden Elternteils
können neben der Betreuung des gemeinsamen Kindes überobligatorisch und damit nur
teilweise anrechenbar sein. Im Übrigen leitet sich die Lebensstellung der Kinder stets von
beiden Eltern ab. Wenn der Barunterhaltspflichtige allerdings maximal Unterhalt auf der

---

[196] BGH FamRZ 2012, 281 = R 731b.
[197] BGH FamRZ 2014, 1183 = R 754e; 2012, 281 = R 731e, f, g.
[198] BGH FamRZ 2014, 1183 = R 754d; 2012, 281 = R 731h.
[199] BGH FamRZ 2014, 1183 = R 754d; 2010, 111; 2009, 579; 2009, 411.
[200] BGH FamRZ 2008, 968; 2007, 1232 = R 678e.
[201] Die Entscheidung BGH FamRZ 2007, 1232 = R 678e betraf die Rechtslage vor dem 1.1.2008,
wonach dem nachrangigen neuen Ehegatten nur der Splittingvorteil verblieb.
[202] BGH FamRZ 2014, 1183 = R 754e.
[203] BGH FamRZ 2016, 199 = R 775a.

Grundlage seiner Einkünfte zahlt, bleibt ein ungedeckter Barunterhaltsbedarf des Kindes, den der betreuende Elternteil aufbringen muss.[204] Dieser Teil des Barunterhalts für das Kind müsste dann konsequent auch vom Einkommen des betreuenden Elternteils abgezogen werden.

442 Konkurriert der Unterhaltsanspruch des minderjährigen Kindes oder privilegierten Volljährigen mit seit dem 1.1.2008 **nachrangigen Unterhaltslasten getrennt lebender und/oder geschiedener Ehegatten** oder **Ansprüchen nach § 1615l BGB,** ist nach dem Willen des Gesetzgebers trotz Vorrangs der Kinder nach § 1609 Nr. 1 BGB auf ein **ausgewogenes Verhältnis** in Bezug zum betreuenden Ehegatten zu achten.[205] Dies entspricht der bisherigen Rechtsprechung des BGH beim Zusammentreffen vorrangiger und nachrangiger Unterhaltsansprüche. Deshalb hat der BGH in seiner Entscheidung vom 6.2.2008 darauf hingewiesen, dass dieses ausgewogene Verhältnis durch Anwendung der **Bedarfskontrollbeträge** erreicht werden kann (→ § 2 Rn. 351 ff.),[206] ebenso durch eine Angemessenheitskontrolle.[207] Das ausgewogene Verhältnis ist aber nur in Frage gestellt, wenn im **zweiten Rang ein Mangelfall** eintritt, dh der Mindestbedarf des Ehegatten von derzeit 880 EUR nicht gedeckt ist. Bei Anwendung der Bedarfskontrollbeträge führt dies rechnerisch immer dazu, dass für das minderjährige Kind nur der Mindestunterhalt nach Gruppe 1 der DT anzusetzen ist (→ § 2 Rn. 354)[208] bzw. beim privilegierten Volljährigen der Unterhalt nach Gruppe 1, Stufe 4 der DT. Dies entspricht auch einer generellen Angemessenheitskontrolle, da es nach den Vorstellungen des Gesetzgebers bei einem Mangelfall im 2. Rang ausreichend ist, den Mindestbedarf des Kindes zu sichern. Nachdem die Anwendung der Bedarfskontrollbeträge zusätzliche Rechenschritte erfordert und damit die Berechnung erschwert, ist im Hinblick auf den vom Gesetzgeber bei der Unterhaltsreform zum 1.1.2008 postulierten Vereinfachungsgrundsatz deshalb der Lösung der Vorzug zu geben, die in den bis 31.12.2007 geltenden SüdL Nr. 23.1 verankert war und in Anm. A 1 der DT aufgeführt ist. Bei beengten Verhältnissen, dh bei einem Mangelfall im zweiten Rang, ist der Kindesunterhalt generell aus Gruppe 1 der DT zu entnehmen (→ § 2 Rn. 354).[209] Dies beinhaltet das gleiche Ergebnis ohne eine komplizierte Mehrfachberechnung. Dabei kommt es nicht darauf an, ob es nur um einen nachrangigen Ehegatten oder im zweiten Rang um Konkurrenz mehrerer Ehegatten oder eines Ehegatten mit Ansprüchen nach § 1615l BGB geht, da durch den Vorrang der minderjährigen Kinder und privilegierten Volljährigen auch der Mindestunterhalt im Gegensatz zur Rechtslage vor dem 1.1.2008 gesichert bleibt. Bei **sonstigen nachrangigen Unterhaltslasten,** zB bei nachrangigen Ehegatten gemäß § 1609 Nr. 3 BGB oder sonstigen Volljährigen gemäß § 1609 Nr. 4 BGB, ist es dagegen im Rahmen des ausgewogenen Verhältnisses ausreichend, dass sie bei der Eingruppierung des Kindesunterhalts berücksichtigt werden.[210]

443 Beim Zusammentreffen von nach § 1609 Nr. 1 BGB gleichrangigen Unterhaltslasten Minderjähriger und nach § 1603 II 2 BGB privilegierter Volljähriger vgl → § 1 Rn. 1125, → § 2 Rn. 598 ff.

444 Abzuziehen ist nach BGH seit der geänderten Rechtslage zum 1.1.2008 mit einer neuen Konzeption der Behandlung des Kindergelds als bedarfsdeckend nach § 1612b I BGB nicht mehr wie nach der für minderjährige Kinder bis 31.12.2007 geltenden Rechtslage der Tabellenunterhalt, sondern der **Zahlbetrag** (→ § 1 Rn. 679, 1124; → § 2 Rn. 352).[211] Diese Rechtsprechung hat das BVerfG bestätigt.[212]

---

[204] BGH FamRZ 2017, 437 Rn. 23 ff. = R 780b.
[205] BT-Drs. 16/1830, 24.
[206] BGH FamRZ 2008, 968 = R 689h.
[207] BGH FamRZ 2008, 2189 = R 697.
[208] Vgl. auch Beispiel bei Klinkhammer FamRZ 2008, 193.
[209] Gerhardt/Gutdeutsch FamRZ 2007, 776.
[210] Vgl. DT Anm. A 1.
[211] Vgl. SüdL, BL, BraL, BrauL, BrL, CL, DL, DrL, HaL, KL, NaL, OL, RL, SchL jeweils Nr. 15.2 sowie DT Anm. B III.
[212] BVerfG FamRZ 2011, 1490.

4. Abschnitt: Unterhaltsbedarf und Bedarfsbemessung beim Ehegattenunterhalt § 4

b) Kindesunterhalt nicht privilegierter Volljähriger. Der nicht privilegierte Volljährige ist nach § 1609 Nr. 4 BGB auch nach der zum 1.1.2008 geänderten Rangordnung wie nach § 1609 I BGB aF gegenüber dem Ehegatten nachrangig. Die Rangfrage spielt aber nur bei der **Leistungsfähigkeit** im Mangelfall eine Rolle.[213] Maßgebend ist für die Bedarfsermittlung, inwieweit ausreichende Mittel vorhanden sind, da der Unterhalt des Volljährigen die ehelichen Lebensverhältnisse als Abzugsposten mit bestimmt hat.[214] Die ehelichen Lebensverhältnisse werden auch durch nachrangige Unterhaltslasten beeinflusst (→ Rn. 432 und → § 1 Rn. 1126).[215] Denn die Aufwendungen für ein in Ausbildung befindliches oder studierendes Kind für die Dauer der Ausbildung oder des Studiums stehen zur Deckung des allgemeinen Lebensbedarfs nicht zur Verfügung und hätten auch bei Fortbestehen einer intakten Ehe nicht zur Verfügung gestanden. Regelmäßig beruht ein Studium auf dem gemeinsamen Entschluss der Eheleute und damit einer entsprechenden übereinstimmenden Disposition über die Einkommensverhältnisse für die voraussichtliche Studiendauer.[216]

445

Ein **Vorabzug des Unterhalts entfällt** nach ständiger Rechtsprechung nur, wenn die vorhandenen Mittel der Pflichtigen nicht ausreichen und damit ein **Missverhältnis zum verbleibenden Bedarf** des Ehegatten entsteht.[217] Ein Missverhältnis zum Bedarf des vorrangigen Ehegatten ist wegen des Nachrangs des Volljährigen zu bejahen, wenn beim **vorrangigen bedürftigen Ehegatten** ein **Mangelfall** gegeben wäre (→ § 1 Rn. 1126, → § 2 Rn. 250, → § 5 Rn. 137). Gegenüber volljährigen Kindern liegt er nach der Rechtsprechung vor, wenn dem bedürftigen Ehegatten durch Unterhalt und Eigeneinkommen der sog **Eigenbedarf** (= Mindestbedarf des Vorrangigen in Konkurrenzfällen) nicht verbleibt.[218] Dieser Eigenbedarf entspricht aus Gleichbehandlungsgründen dem angemessenen Selbstbehalt des Pflichtigen gegenüber Volljährigen und beträgt damit derzeit nach DT Anm. B VI Nr. 1b, Leitlinien Nr. 23.21300 EUR (vgl. → § 1 Rn. 1126 mit Beispiel).[219]

Abzuziehen ist nach der Rechtsprechung des BGH beim Volljährigen vom Bedarf zunächst das **volle Kindergeld**, da es bedarfsdeckend anzusetzen ist (→ § 1 Rn. 1126; → § 2 Rn. 722 ff.).[220] Dies entspricht auch der seit 1.1.2008 geltenden Neuregelung gemäß § 1612b I Nr. 2 BGB. Hat der Volljährige eigenes Einkommen, kürzt auch dieses zunächst in voller Höhe seinen Bedarf.[221] Erst dieser Restbedarf ist für die Haftungsverteilung nach § 1606 III 1 BGB heranzuziehen (→ § 1 Rn. 1126; → § 2 Rn. 490 ff.) und bildet den zu berücksichtigenden Abzugsposten, wenn beim bedürftigen Ehegatten kein Mangelfall vorliegt. Nachdem beide Elternteile nach § 1606 III 1 BGB anteilig haften, entspricht es dem Vereinfachungsgrundsatz, zur Vermeidung von Mehrfachberechnungen die jeweiligen Haftungsanteile vor Berechnung des Ehegattenunterhalts zu ermitteln.

446

c) Berücksichtigungswürdiger sonstiger Verwandtenunterhalt. Auch weitere **nachrangige Unterhaltslasten,** die vor Rechtskraft der Scheidung entstanden und die daher in der Ehe angelegt sind, sind für die Ermittlung des bereinigten Nettoeinkommens beim Ehegattenunterhalt Abzugsposten, soweit durch den Vorwegabzug kein Missverhältnis zum verbleibenden Unterhalt des Ehegatten entsteht,[222] dh kein Mangelfall vorliegt (→ Rn. 445). Denn die Rangfrage spielt, ebenso wie beim Volljährigen, erst im Mangelfall eine Rolle. Dies gilt insbesondere bei Zahlung von **Elternunterhalt.**[223] Maßgebend ist, dass dieser Unterhalt nicht nur vorübergehend, sondern regelmäßig zu erbringen ist.[224]

447

---

[213] BGH FamRZ 2013, 191; 2008, 968 = R 689h.
[214] BGH FamRZ 2009, 762; 2003, 860.
[215] BGH FamRZ 2013, 191; 2009, 762.
[216] BGH FamRZ 1991, 1163; 1989, 842 (843); 1986, 553 (555).
[217] BGH FamRZ 2009, 762; 2003, 860; 1991, 1163.
[218] BGH FamRZ 1991, 1163; 1986, 553 (555).
[219] OLG Koblenz FamRZ 2017, 2018.
[220] BGH FamRZ 2009, 762 = R 703; 2008, 963 = R 692g; 2007, 542; 2006, 1100 = R 654h.
[221] BGH FamRZ 2006, 99 = R 641e.
[222] BGH FamRZ 2004, 792; 2004, 186; 2003, 860 (865).
[223] BGH FamRZ 2004, 792; 2004, 186; 2003, 860 (865).
[224] BGH FamRZ 2003, 860.

Außerdem ist Voraussetzung, dass ein Unterhaltsanspruch rechtlich gegeben ist und es sich nicht nur um eine freiwillige Leistung handelt. Ein Mangelfall, dh ein Missverhältnis zum verbleibenden Bedarf des vorrangigen Ehegatten liegt vor, wenn **als Eigenbedarf** der entsprechende Selbstbehalt des Pflichtigen von derzeit 1800 EUR unterschritten wird (DT Anm. B VI Nr. 1c; Leitlinien Nr. 23.3).

Ist die Unterhaltspflicht für die Eltern dagegen erst nach Rechtskraft der Scheidung entstanden, ist sie bei der Bedarfsermittlung des Geschiedenen nicht zu berücksichtigen (näher → § 1 Rn. 1129).[225] Bei der Leistungsunfähigkeit müsste der Elternunterhalt wegen des Nachrangs zurücktreten.

Der BGH hat früher bei erst nach der Scheidung entstandenen Ansprüchen auf Elternunterhalt von **latenten Unterhaltslasten** gesprochen, die die ehelichen Lebensverhältnisse bereits beeinflussen und deshalb berücksichtigungswürdig sind, wenn sie zwar erst nach der Scheidung entstanden sind, aber z. B. wegen zu geringer Altersvorsorge voraussehbar waren (→ § 1 Rn. 1129).[226] Ob er diese Rechtsprechung im Hinblick auf seine Entscheidung vom 7.12.2011 mit Wiedereinführung des Stichtagsprinzips aufrecht erhält,[227] ist derzeit offen.

448 **d) Ansprüche nach § 1615l BGB.** Seit der Unterhaltsreform zum 1.1.2008 gibt es mit der neuen Rangordnung gemäß § 1609 BGB vermehrt gleichrangige Ansprüche eines Ehegatten und Ansprüche nach § 1615l BGB (vgl. § 1609 Nr. 2 BGB), ebenso auch gegenüber Ansprüchen nach § 1615l BGB nachrangige Ehegattenunterhaltsansprüche (§ 1609 Nr. 3 BGB). Die Unterhaltsansprüche nach § 1615l BGB wurden durch die Reform 2008 mit der neuen Rangordnung sehr aufgewertet, da sie gegenüber Ehegatten zumindest gleichrangig oder vorrangig, aber nie nachrangig sind. Unterhaltsansprüche nach § 1615l BGB können vor oder nach der Scheidung entstehen. Nach der Entscheidung des BGH vom 7.12.2011 gilt auch für diese Unterhaltslasten das Stichtagsprinzip. Sie sind daher bereits bei der Bedarfsermittlung des geschiedenen Ehegatten anzusetzen, wenn sie vor Rechtskraft der Scheidung entstanden sind (→ Rn. 431, 812 ff. und → § 1 Rn. 1128).[228] Sind die Ansprüche erst nach der Scheidung entstanden, sind sie erst bei der Leistungsfähigkeit zu berücksichtigen,[229] führen aber wegen des Gleich- oder Vorrangs dort regelmäßig zu einer Kürzung des Bedarfs des Geschiedenen (vgl. Beispiel → § 1 Rn. 1128).

Rechnerisch führen Ansprüche nach § 1615l BGB, wenn keine zusätzlichen Mittel des Pflichtigen vorhanden sind, die nach BGH vorab für neue Unterhaltsansprüche eingesetzt werden müssen (näher oben → Rn. 435), immer zur Kürzung des Anspruchs des getrenntlebenden/geschiedenen Ehegatten, je nach Entstehen entweder bereits auf der Bedarfsebene oder bei einer wegen des Gleich- oder Vorrangs notwendigen Korrektur bei der Leistungsfähigkeit. Da für die Bedarfsermittlung bei Ansprüchen nach § 1615l BGB nach BGH ebenfalls der Grundsatz der Halbteilung gilt,[230] verbleibt es bei der Korrektur durch Dreiteilung, wenn der Bedarf nach §§ 1615l III 1, 1610 BGB darüber lag (vgl. auch → § 1 Rn. 1131). In den wenigen Fällen, in denen er darunter liegt, ist er beim Bedarf des Geschiedenen bzw bei der Mangelfallkorrektur im Rahmen der Leistungsfähigkeit als Abzugsposten anzusetzen.[231]

449 **e) Ehegatten.** Nach der neuen Rechtslage seit dem 1.1.2008 ist die früher geltende Priorität des ersten Ehegatten entfallen, bei mehreren Ehegatten ist immer auf die jeweilige Bedürftigkeit abzustellen.[232] Wie bereits ausgeführt hat der BGH in seiner Entscheidung vom 7.12.2011 entsprechend dem Gebot des BVerfG in Änderung seiner Rechtsprechung für Unterhaltslasten wieder das **Stichtagsprinzip** eingeführt (eingehend

---

[225] BGH FamRZ 2012, 281 = R 731g.
[226] BGH FamRZ 2004, 792; 2004, 186; 2003, 860 (865).
[227] BGH FamRZ 2012, 281 = R 731b.
[228] BGH FamRZ 2012, 281 = R 731b.
[229] BGH FamRZ 2012, 281 = R 731e.
[230] BGH FamRZ 2005, 442; 2006, 1362; 2008, 1739.
[231] Gerhardt FamRZ 2012, 589.
[232] BT-Drs. 16/1839, 23.

→ Rn. 426 ff.).²³³ Der Unterhalt eines neuen Ehegatten kann deshalb nicht bereits beim Bedarf des Geschiedenen berücksichtigt werden, sondern erst bei der Leistungsfähigkeit des Pflichtigen, weil er die Scheidung voraussetzt.²³⁴ Nach dem Willen des Gesetzgebers bei der Unterhaltsreform zum 1.1.2008 ist bei konkurrierenden Unterhaltslasten von Ehegatten zwischen Vor-, Gleich- und Nachrangigen zu differenzieren (vgl. § 1609 Nr. 2, 3 BGB). Dies hat auch der BGH in seiner Entscheidung vom 7.12.2011 klargestellt.²³⁵ Dem Rang kommt damit für die Unterhaltsberechnung konkurrierender Ehegatten eine wesentliche Bedeutung zu.

Die Berücksichtigung des Unterhalts eines neuen Ehegatten erst bei der Leistungsfähigkeit bedeutet allerdings nicht, dass es zu rechnerisch anderen Ergebnissen kommt. Dies hat das BVerfG in seiner Entscheidung vom 25.1.2011 übersehen.²³⁶ Dies gilt vor allem beim Hauptanwendungsfall von konkurrierenden gleichrangigen Ehegatten (→ Rn. 449a mit Rechenbeispiel). Wenn der Pflichtige über neue nicht in der Ehe angelegte Einkünfte verfügt, die erst bei der Leistungsfähigkeit berücksichtigt werden, ist zu beachten, dass nach der Rechtsprechung des BGH dann neue Unterhaltslasten zunächst aus diesem zusätzlichen Einkommen zu begleichen sind, weil dadurch der Grundsatz der Halbteilung nicht verletzt wird (vgl. näher → Rn. 435).²³⁷ Auch dadurch kommt es zu keiner Benachteiligung des Geschiedenen.

aa) Gleichrangige Ehegatten. Im Gegensatz zum Kindesunterhalt, der tabellarisch bestimmt wird, muss der Unterhalt für einen neuen Ehegatten als Abzugsposten individuell ermittelt werden. Dabei ist zu beachten, dass nach ständiger Rechtsprechung der **Halbteilungsgrundsatz** nicht nur bei der Bedarfsermittlung, sondern **auch bei der Leistungsfähigkeit** gilt.²³⁸ Die Entscheidung des BGH vom 15.3.2006 hatte diesen Grundsatz nicht aufgehoben, die damalige Einführung eines Mindestselbstbehalt erfolgte vielmehr allein aus Vereinfachungsgründen, weil alle nicht leichtfertig neu entstandenen Abzugsposten bereits bei der Bedarfsermittlung und nicht erst bei der Leistungsfähigkeit berücksichtigt wurden. Wegen Beanstandung dieser Rechtsprechung durch das BVerfG mit Beschluss vom 25.1.2011 muss bei neuen nach der Scheidung entstandenen Unterhaltslasten wieder auf diesen generellen Grundsatz zurückgegriffen werden, wie der BGH in seinem Urteil vom 7.12.2011 zu Recht ausführte.²³⁹ Der Mindestselbstbehalt behält aber weiterhin seine Bedeutung als Untergrenze der Leistungsfähigkeit gegenüber Ehegatten. Bei der Korrekturberechnung im Rahmen der Leistungsfähigkeit nach § 1581 BGB gelten gegenüber einer Berücksichtigung des Unterhalts des gleichrangigen Ehegatten beim Bedarf des Geschiedenen keine anderen Maßstäbe, nachdem die Priorität des ersten Ehegatten bei der Unterhaltsreform zum 1.1.2008 beseitigt wurde und auch die neue Ehe grundgesetzlich nach Art. 6 I GG geschützt ist.²⁴⁰ Der Familienunterhalt des neuen Ehegatten wird dabei nach ständiger Rechtsprechung monetarisiert.²⁴¹ Bei einer Korrektur des Bedarfs des Geschiedenen im Rahmen der Leistungsfähigkeit handelt es sich immer um Mangelfälle. Verbleibt dem Pflichtigen nach einer Korrekturberechnung im Rahmen der Leistungsfähigkeit ein Betrag über dem Mindestselbstbehalt, liegt ein sog. relativer Mangelfall vor, d. h. die Korrekturberechnung ist beendet.²⁴² Wird der Mindestselbstbehalt von derzeit 1200 EUR unterschritten, handelt es sich um einen sog. absoluten Mangelfall,²⁴³ dh der errechnete Unterhalt der beiden gleichrangigen bedürftigen Ehegatten muss nochmals anteilig gekürzt werden. Denn der Pflichtige ist im Gegensatz zum Bedürftigen nach

449a

---

233 BGH FamRZ 2012, 281 = R 731b.
234 BGH FamRZ 2014, 1183 = R 754b–d; 2012, 281 = R 731e.
235 BGH FamRZ 2012, 281 = R 731k, l, m; vgl. auch BGH FamRZ 2014, 1183 = R 754b–d.
236 BVerfG FamRZ 2011, 437.
237 BGH FamRZ 2010, 111 = R 707a; 2009, 579; 2009, 411 = R 702c.
238 BGH FamRZ 2012, 281 = R 731h; 1990, 260.
239 BGH FamRZ 2012, 281 = R 731k.
240 BVerfG FamRZ 2011, 437; BGH FamRZ 2012, 281 = R 731k.
241 BGH FamRZ 2014, 1183 = R 754g; 2010, 111; 2007, 1081.
242 BGH FamRZ 2012, 281 = R 731k; näher Gerhardt/Gutdeutsch FamRZ 2011, 597; Gerhardt FamRZ 2012, 589.
243 BGH aaO; Gerhardt/Gutdeutsch aaO; Gerhardt aaO.

§ 1581 BGB durch den Selbstbehalt geschützt, ihm muss also immer ein angemessener Betrag verbleiben (vgl. Beispiel unten).

Die Berücksichtigung der Halbteilung auch bei der Leistungsfähigkeit zeigt bereits auf, dass die Unterhaltsberechnung bei gleichbleibenden Einkünften zu keinem anderen Ergebnis gegenüber der Berücksichtigung beim Bedarf führen kann. Bei Beachtung der Halbteilung gibt es mathematisch nur die Lösung durch Dreiteilung.[244] Der BGH hat in seiner Entscheidung vom 7.12.2011 zu Recht ausgeführt, dass die Anwendung der Dreiteilung bei der Leistungsfähigkeit nicht gegen den Beschluss des BVerfG vom 25.1.2011 verstößt.[245] Das BVerfG hat sich mit der Frage der Leistungsfähigkeit bei Gleichrangigen nicht befasst.[246] Außerdem lag dem Beschluss des BVerfG ein Vorrangfall zu Grunde.[247] Bei Gleichrang hätte das BVerfG wegen gleichbleibenden Ergebnisses nicht zur Verfassungswidrigkeit wegen Verstoß gegen das Rechtsstaatsprinzip kommen können. Die vor der Entscheidung des BVerfG entschiedenen Fälle des BGH zu konkurrierenden Ehegatten nach der neuen Rechtslage zum 1.1.2008 betrafen auch nur Gleichrangfälle.

Durch die wegen des Gebots des BVerfG geänderte Rechtsprechung kommt es nicht nur zu einer Doppelberechnung des Unterhalts bei Bedarf und Leistungsfähigkeit mit dem gleichen Ergebnis wie bei Berücksichtigung der neuen gleichrangigen Unterhaltslast bereits beim Bedarf. Die Mehrarbeit wird bedauerlicher Weise noch dadurch gesteigert, dass in der Regel in diesen Fällen für die Bedarfsermittlung eine fiktive Steuerberechnung durchgeführt werden muss, die man für die Leistungsfähigkeit nicht mehr benötigt, da dort alle Einkünfte des Pflichtigen und damit auch der Splittingvorteil einzusetzen sind.[248] Denn Fälle des Gleichrangs sind üblicherweise Abänderungsfälle, weil sie voraussetzen, dass die erste Ehe geschieden ist und aus der neuen Ehe ein Kind hervorgeht mit der Folge, dass der neue Ehegatte nicht erwerbstätig sein muss und die neue Ehe steuerlich den Splittingvorteil hat, der ihr für die Bedarfsermittlung des Geschiedenen verbleiben muss.

Im Ergebnis bleibt es bei der Berechnung nicht bei einer rechnerischen Dreiteilung, da nach ständiger Rechtsprechung noch der Vorteil des Zusammenlebens in der neuen Ehe zu beachten ist.[249] Hierauf hat auch das BVerfG hingewiesen.[250] Der Vorteil des Zusammenlebens führt idR zu einer Anhebung des bei der Dreiteilung im Rahmen der Leistungsfähigkeit korrigierten Bedarfs des Geschiedenen um 10% bei gleichzeitiger Reduzierung des Bedarfs des neuen Ehegatten um 10% (vgl. Beispiel).[251]

Nach der Rechtsprechung und dem Willen des Gesetzgebers muss in Mangelfällen stets eine Kontrollberechnung erfolgen, ob es zu einer gerechten Verteilung kommt.[252] Dabei kann im Rahmen der Billigkeitsrechnung bei der Leistungsfähigkeit von der Dreiteilung in Einzelfällen abgewichen werden, wenn besondere Umstände vorliegen,[253] zB wenn bei beengten Verhältnissen eine Familie Sozialleistungen beanspruchen muss, während die andere Familie ausreichende Mittel zur Verfügung hat,[254] bei Alttiteln der Vertrauensschutz nach § 36 Nr 1 EGZPO einer Abänderung des Titels entgegensteht oder ein Bedürftiger nichtprägende Einkünfte hat.[255] Kein Grund zur Abweichung ist dagegen die Priorität des Geschiedenen, da es diese seit der Gesetzesreform 2008 nicht mehr gibt.[256]

---

[244] Gerhardt/Gutdeutsch FamRZ 2011, 597; Gerhardt FamRZ 2012, 589.
[245] BGH FamRZ 2012, 281 = R 731k; vgl auch BGH FamRZ 2014, 1183 = R 754d.
[246] BGH FamRZ 2012, 281 = R 731k; eingehend Borth FamRZ 2012, 253.
[247] BGH FamRZ 2012, 281 = R 731k.
[248] BGH FamRZ 2014, 1183 = R 754a.
[249] BGH FamRZ 2014, 1183 = R 754d; 2012, 281 = R 731k.
[250] BVerfG FamRZ 2011, 437.
[251] BGH FamRZ 2014, 1183 = R 754d; 2012, 281; vgl. auch Gerhardt/Gutdeutsch FamRZ 2011, 537.
[252] BT-Drs. 16/1830, 24.
[253] BGH FamRZ 2012, 281= R 731m; näher Gerhardt FamRZ 2012, 589.
[254] BT-Drs 16/1830, 24.
[255] Näher Gerhardt/Gutdeutsch FamRZ 2011, 537.
[256] BT-Drs. 16/1830, 23.

4. Abschnitt: Unterhaltsbedarf und Bedarfsbemessung beim Ehegattenunterhalt § 4

Beispiel:
M hat nach Steuerklasse 3 ein bereinigtes Nettoerwerbseinkommen von 2556 EUR, die von M geschiedene F1 ohne Verstoß gegen die Erwerbsobliegenheit von 1000 EUR, die mit M verheiratete F2 hat nach Abzug des Freibetrages ein Elterngeld in Höhe von 300 EUR. F1 betreut das gemeinschaftliche Kind K1 (6 Jahre), F2 das gemeinschaftliche Kind K2 (3 Monate). Bei Steuerklasse 1 würde sich das bereinigte Nettoeinkommen von M auf geschätzt 2304 EUR belaufen. Unterhaltsanspruch K1, K2, F1 und F2?
Lösung:[257]
K1 und K2 sind vorrangig, F1 und F2 sind nachrangig und untereinander gleichrangig. Der Kindesunterhalt ist bei 4 Unterhaltsberechtigten aus dem tatsächlich bezogenen Einkommen nach Steuerklasse 3 anzusetzen und in der DT (Stand 1.1.2019) wegen 4 Unterhaltsberechtigten um 2 Gruppe von 3 auf 1 herabzustufen.
K1: DT Gr. 1, St. 2: 406; 406 − 102 = 304;
K2: DT Gr. 1, St. 1: 354; 354 − 102 = 252;
Bereinigtes Nettoeinkommen M für Bedarf Ehegattenunterhalt F1, wobei das fiktive Einkommen aus Steuerklasse 1 anzusetzen und nur der Kindesunterhalt für K1 zu berücksichtigen ist: 2304 − 304 = 2000
Bedarf F1: $1/2$ ($9/10$ 2000 + $9/10$ 1000) = 1350
1350 − $9/10$ 1000 = 450
Mangelfallkorrektur im Rahmen der Leistungsfähigkeit nach § 1581 BGB mit Ansatz des tatsächlichen Einkommens des M nach StKl 3, da bei der Leistungsfähigkeit das gesamte Einkommen anzusetzen ist, mit Berücksichtigung des Unterhalts des vorrangigen Kindes K2 von 252 EUR, so dass das bereinigte Nettoeinkommen 2000 EUR beträgt (2556 − 304 − 252).
Weitere Korrektur wegen der gleichrangigen F 2 unter Berücksichtigung der Halbteilung durch Dreiteilung und unter Berücksichtigung des Elterngeldes von F2, von dem kein Erwerbsbonus abzuziehen ist sowie der Ersparnis bei F2 durch Zusammenleben mit M in Höhe von 10%.
$1/3$ ($9/10$ 2000 + $9/10$ 1000 + 300) = 1000
F1: 1000 + 10% = 1100
1100 − $9/10$ 1000 = 200
F2: 1000 − 10% = 900
900 − 300 = 600
Leistungsfähigkeit M: 2000 − 200 − 600 = 1200; der Mindestselbstbehalt von 1200 EUR ist damit gewahrt, es liegt nur ein sog. relativer Mangelfall vor
Kontrollrechnung: Der Familie F1 (eine Erwachsene und ein Kind) verbleiben 1708 EUR (1000 + 200 + 304 + 204 (= Kindergeld)), der Familie M und F2 (zwei Erwachsene und ein Kind) 2556 EUR (1200 + 300 + 600 + 252 + 204). Dies ist, da die neue Familie M und F2 zwei Erwachsene umfasst und beide Familien nicht Sozialleistungen in Anspruch nehmen müssen, als angemessene Verteilung anzusehen.
Ergebnis: Die beiden Kinder erhalten einen Kindesunterhalt abzüglich halben Kindergeldes von 304 EUR (K1) und 252 EUR (K2), die beiden gleichrangigen Ehegatten einen Unterhalt von 200 EUR (F1) und 600 EUR (F2). M verbleiben 1200 EUR.

bb) Vor- und nachrangige Ehegatten. Fälle mit vorrangigen und nachrangigen Ehegatten waren vor der Entscheidung des BVerfG vom BGH für das neue Recht noch nicht entschieden worden. **449b**

Ist der geschiedene Ehegatte **vorrangig,** hat sich der BGH in seiner Entscheidung vom 7.12.2011 in vollem Umfang der Lösung des BVerfG angeschlossen.[258] Es bleibt – wie nach der Rechtslage vor dem 1.1.2008 – bei der Vorranglösung. Dies ist auch gerechtfertigt, da der Nachrang des neuen Ehegatten bedeutet, dass aus der neuen Ehe keine Kinder hervorgingen. Eine Bedürftigkeit des neuen Ehegatten ist regelmäßig nicht gegeben, da er entweder einer Berufstätigkeit nachgeht oder bei Erwerbsfähigkeit nach der vom BVerfG nicht beanstandeten Rechtsprechung des BGH trotz freier Rollenwahl in der neuen Ehe gemäß § 1353 BGB nachgehen müsste.[259] Entgegen der insoweit fehlerhaften Berechnung des BVerfG im Beschluss vom 25.1.2011[260] ist bei der Bedarfsermittlung des Geschiedenen

---

[257] Da jeweils ein Mangelfall vorliegt, wird in den folgenden Fällen nur mit dem niedrigeren Erwerbsbonus von 1/10 gerechnet.
[258] BGH FamRZ 2012, 281 = R 731h; vgl. auch BGH FamRZ 2014, 1183 = R 754c.
[259] BGH FamRZ 2014, 1183 = R 754g; 2010, 111.
[260] BVerfG FamRZ 2011, 437.

der Vorteil des Zusammenlebens des Pflichtigem mit dem neuen Ehepartner nicht zu berücksichtigen, dieser verbleibt vielmehr der neuen Ehe.[261]

> **Beispiel:**
> M hat nach Abzug des Kindesunterhalts ein bereinigtes Nettoeinkommen nach Steuerklasse 4 von 3000 EUR, die von ihm geschiedene vorrangige F1, die das gemeinsame 5-jährige Kind betreut, ohne Verstoß gegen die Erwerbsobliegenheit nach Steuerklasse 2 von 600 EUR, die mit ihm zusammenlebende lebende zweite Ehefrau F2 hat aus Ganztagstätigkeit ein bereinigtes Nettoerwerbseinkommen nach Steuerklasse 4 von 1200 EUR. Welchen Unterhaltsanspruch hat F1?
> **Lösung:**
> Da die Steuerklasse 1 und 4 identisch sind, bedarf es keiner fiktiven Steuerberechnung.
> Bedarf F1: $1/2 \, (9/10 \cdot 3000 + 9/10 \cdot 600) = 1620$
> Höhe: $1620 - 9/10 \cdot 600 = 1080$
> Nach BGH keine Mangelfallkorrektur im Rahmen der Leistungsfähigkeit nach § 1581 BGB wegen des Vorrangs der geschiedenen F1. F2 hat im Übrigen eigene Einkünfte, ist also nicht als bedürftig anzusehen, zumal der neuen Ehe der Vorteil des Zusammenlebens verbleibt.

449c Ist der neue Ehegatte vorrangig, weil er ein aus dieser Ehe hervorgegangenes Kind betreut, und der Geschiedene **nachrangig**, weil er kein gemeinsames Kind betreut und keine lange Ehe iSd § 1609 Nr. 2 BGB vorliegt, muss nach BGH der Unterhalt des neuen Ehegatten im Rahmen der Leistungsfähigkeit auf jeden Fall berücksichtigt werden.[262] Der Bedarf des geschiedenen Ehegatten errechnet sich ohne Berücksichtigung des zweiten Ehegatten mit einer fiktiven Steuer aus getrennter Veranlagung und ist zunächst bei der Leistungsfähigkeit um den vorrangigen Kindesunterhalt zu korrigieren. Der Bedarf des zweiten Ehegatten bemisst sich wie bei Gleichrangigen durch Dreiteilung (ohne fiktive Steuerberechnung). Entsteht dadurch ein sog. absoluter Mangelfall (s. oben a), weil dem Pflichtigen und seinem nachrangigen neuen vorrangigen Ehegatten der Mindestselbstbehalt von derzeit 1200 EUR zuzüglich Eigenbedarf für den mit ihm zusammenlebenden Ehegatten von derzeit 960 EUR (DT Anm. B VI Nr. 2a, Leitlinien Nr 22.1), dh keine 2160 EUR (1200 EUR x 2 – 10%) verbleiben, entfällt der Anspruch des Geschiedenen.[263] Liegt nach der Dreiteilung ein sog. relativer Mangelfall vor (s. oben → Rn. 449a), bleibt es bei der Dreiteilung und der Vorrang kann dadurch ausgeglichen werden, dass der neuen Ehe aus Vereinfachungsgründen der Vorteil des Zusammenlebens mit dem Pflichtigen und der Splittingvorteil verbleibt.[264]

> **Beispiel:**
> M hat ein bereinigtes Nettoeinkommen nach Steuerklasse 3 von 3088 EUR, sein Einkommen nach Steuerklasse 1 würde sich geschätzt auf 2800 EUR belaufen. Die nachrangige erste Ehefrau F1 hat ein bereinigtes Nettoeinkommen von 1000 EUR, die mit M zusammenlebende vorrangige zweite Ehefrau F2 hat kein Einkommen. Sie betreut das aus der zweiten Ehe hervorgegangene gemeinsame Kind K (4 Monate) und bezieht nur Elterngeld in Höhe des Freibetrags. Welchen Unterhaltsanspruch hat F1?
> **Lösung:**
> Bedarf F1 nach fiktiver Steuerberechnung mit Steuerklasse 1 und ohne Berücksichtigung des Unterhalts von K
> Bedarf F1: $1/2 \, (9/10 \cdot 2800 + 9/10 \cdot 1000) = 1710$
> Höhe: $1710 - 9/10 \cdot 1000 = 810$.
> Mangelfallkorrektur im Rahmen der Leistungsfähigkeit nach § 1581 BGB mit Ansatz des Einkommens nach Steuerklasse 3 und Berücksichtigung des Unterhalts von K sowie der vorrangigen F 2 unter Berücksichtigung der Halbteilung durch Dreiteilung ohne Ansatz der Ersparnis durch das Zusammenleben:
> Kindesunterhalt K: DT (Stand 1.1.2019), Gruppe 3 (–1), Stufe 1: 390; 390 – 102 = 288
> Bereinigtes Nettoeinkommen M bei gemeinsamer Veranlagung: 3088 – 288 = 2800
> $1/3 \, (9/10 \cdot 2800 + 9/10 \cdot 1000) = 1140$
> Höhe F1: $1140 - 9/10 \cdot 1000 = 240$
> Höhe F2: 1140

---

[261] Vgl. näher Gerhardt/Gutdeutsch FamRZ 2011, 772; Gerhardt FamRZ 2012, 589.
[262] BGH FamRZ 2012, 281 = R 7311.
[263] Gerhardt/Gutdeutsch FamRZ 2011, 772; Gerhardt FamRZ 2012, 589.
[264] Gerhardt/Gutdeutsch FamRZ 2011, 772; Borth FamRZ 2012, 253; Gerhardt FamRZ 2012, 589.

Selbstbehalt M: 2800 − 240 − 1140 = 1420, dh relativer Mangelfall; insoweit ist m. E. trotz Vorrang der F2 keine weitere Korrektur erforderlich, da die Eigenbedarfssätze der neuen Familie gewahrt bleiben (1420 + 1140 = 2560). Außerdem ist zu berücksichtigen, dass der Unterhalt von F 1 bei einer kinderlosen nicht langen Ehe ohne ehebedingten Nachteil nach § 1578b BGB zeitlich zu begrenzen, also nur von vorübergehender Dauer ist (Übergangszeit Einzelfallfrage).
F1 verbleiben 1240 EUR (1000 + 240), M, F2 + K mit Kindergeld 3052 EUR (1420 + 1140 + 288 + 204). Dies ist trotz Nachrangs von F 1 eine angemessene Verteilung.

f) Zusatzfragen. Bei einer **Geschwistertrennung** kann für den Unterhalt nahezu gleichaltriger Kinder aus Gründen der Gleichbehandlung bei beiden Eltern ein gleich hoher Betrag für Unterhaltsleistungen vom jeweiligen Einkommen abgezogen werden.[265]

Beim **Wechselmodell** haften die Eltern anteilig gemäß § 1606 III 1 BGB, wobei sich der Bedarf des Kindes aus dem zusammengerechneten bereinigten Einkünften der Eltern zuzüglich der durch das Wechselmodell entstehenden Mehrkosten ergibt.[266] Abzugsposten ist der jeweilige Haftungsanteil abzüglich halbes Kindergeld (→ § 2 Rn. 440, 447). Etwas anderes gilt, wenn sich die Eltern auf eine wechselseitige Freistellung einigen können und der Vorabzug des Kindesunterhalts bei beiderseitigen Einkünften der Eltern dadurch wertneutral ist. Einem sog. erweiterten Umgangsrecht kann dadurch Rechnung getragen werden, dass eine zusätzliche Herabstufung beim Kindesunterhalt nach der DT erfolgt.[267]

Ob und in welcher Höhe der Kindesunterhalt **tituliert** ist, ist im Regelfall ohne Bedeutung. Eine Titulierung ist zwar ein Indiz, dass der Kindesunterhalt in dieser Höhe geschuldet und bezahlt wird. Soweit die Titulierung aber mit dem geschuldeten Unterhalt nicht mehr übereinstimmt, kann davon ausgegangen werden, dass bei Abweichungen von der materiellen Rechtslage eine Abänderung des Titels möglich ist.[268] Etwas anderes gilt, wenn es um einen **Unterhaltsrückstand** geht und eine Änderung eines überhöht titulierten und bereits bezahlen Kindesunterhalts nicht mehr rückwirkend erfolgen kann. Für die Vergangenheit ist dann der titulierte Kindesunterhalt Abzugsposten (→ § 1 Rn. 1124).

Die Geltendmachung von **Vorsorgeunterhalt** beeinflusst den Kindesunterhalt und damit auch den Vorabzug von Kindesunterhalt nicht, weil der Ehegattenunterhalt (Elementarunterhalt und Vorsorgeunterhalt) erst nach dem Vorabzug bemessen wird.[269]

9. Aufwendungen zur Vermögensbildung

a) Bedarf. Eine **gemeinsame** Vermögensbildung der Eheleute und die hierauf zu leistenden Zahlungen sind grundsätzlich als Abzugsposten bei dem Ehegatten, der sie erbringt, zu berücksichtigen (→ § 1 Rn. 1091, 1134).[270] Denn sie kommen beiden Ehegatten zu Gute.

Der Verpflichtete ist dagegen nicht berechtigt, auf Kosten des Unterhaltsbedürftigen **einseitig** Vermögen zu bilden.[271] Das Gleiche gilt für den Bedürftigen.[272] Vermögensbildende Aufwendungen, die nur einem Ehegatten zugute kommen, sind daher bei der **Bedarfsermittlung** ab Rechtshängigkeit des Scheidungsverfahrens als Stichtag für den Zugewinn, bei Gütertrennung ab der Trennung bzw. bei einer erst in der Trennungszeit vereinbarten Gütertrennung ab diesem Zeitpunkt **keine berücksichtigungswürdigen Verbindlichkeiten**, soweit sie zulasten des Unterhalts des Berechtigten erfolgen, da der Ehepartner nicht mehr an dieser Vermögensbildung partizipiert (→ § 1 Rn. 1092, 1135).[273]

---

[265] BGH FamRZ 1984, 151 (153).
[266] BGH FamRZ 2017, 437 Rn. 23 ff. = R 780b und 2014, 917 = R 750c.
[267] BGH FamRZ 2014, 917 = R 750d.
[268] BGH FamRZ 2003, 363 (367); 1992, 797 (798); 1990, 1091 (1094).
[269] BGH FamRZ 1982, 887.
[270] BGH FamRZ 2013, 191.
[271] BGH FamRZ 2013, 191; 2010, 1633; 2009, 23; 2008, 963; 2007, 879; 1987, 36.
[272] BGH FamRZ 1991, 1163 (1165).
[273] BGH FamRZ 2013, 191; 2009, 23; 2008, 963; 2007, 879 = R 677d.

454 Waren **in der Ehe** einseitig vermögensbildende Aufwendungen getätigt worden, war nach der bis 2008 geltenden Rechtsprechung zu beachten, dass dieser Teil des Einkommens für die Lebensführung nicht zur Verfügung stand.[274] Ob ein Abzug einseitig vermögensbildender Aufwendungen berechtigt war, richtete sich nach dem objektiven Maßstab eines vernünftigen Betrachters.[275] Maßgebend war insbesondere, ob es sich im Verhältnis zum Einkommen um einen angemessenen Betrag handelte.

455 Diese **Rechtsprechung** hat der BGH hinsichtlich der **Leistungsfähigkeit** inzwischen **geändert.** Danach wird eine einseitige Vermögensbildung nicht zugelassen, wenn diese zur Änderung des unterhaltsrelevanten Einkommens führt und der unterhaltsberechtigte Ehegatte daran nicht mehr partizipieren kann. Die Unterhaltsverpflichtung geht insoweit grundsätzlich der einseitigen Vermögensbildung vor, auch wenn letztere bereits in der Ehe betrieben wurde. Bei einer mit der Minderung des unterhaltsrelevanten Einkommens verbundenen **einseitigen Vermögensbildung** ist also darauf abzustellen, wie lange der Partner nach der Trennung daran partizipiert (→ § 1 Rn. 510, 569, 10921135).[276] Nach diesem Zeitpunkt ist die einseitig vermögensbildende Aufwendung nicht mehr zu berücksichtigen. Maßgebend für die Leistungsfähigkeit beim Ehegattenunterhalt ist deshalb nur, dass es dem Bedürftigen nach der Rechtshängigkeit der Scheidung nach einem objektiven Maßstab nicht mehr zugemutet werden kann, sich zur Mitfinanzierung einer die unterhaltsrechtliche Leistungsfähigkeit mindernde einseitigen Vermögensbildung des Pflichtigen weiterhin einzuschränken. Zu den näheren Einzelheiten → § 1 Rn. 1092, 1135).

456 Dieser Grundsatz trägt aber zugleich die **Ausnahme** in sich, dass eine Vermögensbildung zu berücksichtigen ist, soweit sie, wie etwa beim Wohnvorteil, spiegelbildlich zu einer Erhöhung des unterhaltsrelevanten Einkommens führt. Erfolgt die einseitige Vermögensbildung durch Abzahlung von Immobilienschulden, sind nach der geänderten Rechtsprechung des BGH nicht mehr nur die **Zinsen,** sondern auch die **Tilgung** (→ § 1 Rn. 506, 1090) abziehbar. Insbesondere bei Immobilienkrediten stehen den Schulden meist auch Einnahmen in Form eines Wohnwertes oder Mieteinkünften gegenüber. Hier erfolgt die Vermögensbildung bereits deshalb nicht zulasten des Unterhalts, da die Einkünfte ohne die Schulden nicht erzielt werden könnten.[277] Etwas anderes gilt nur bei sog **Negativeinkünften zur einseitigen Vermögensbildung,** die generell nicht berücksichtigungswürdig sind, wie sie allein auf Steuervorteilen beruhen; der Steuervorteil hat aber dem Pflichtigen zu verbleiben (→ § 1 Rn. 1018).[278]

457 Eine weitere **Ausnahme** besteht, wenn es sich bei der einseitigen vermögensbildenden Ausgabe um eine **zulässige Altersvorsorge** im Rahmen einer Gesamtversorgung von 24% des Bruttoeinkommens bzw. Gewinns handelt(→ § 1 Rn. 458, 510, 1034, 1037, 1092).[279]

458 Bei **gehobenem Einkommen des Pflichtigen,** die zu einer **konkreten Bedarfsermittlung** führen (→ Rn. 763 ff.) spricht die Vermutung dafür, dass das hohe Einkommen nicht gänzlich für den allgemeinen Lebensbedarf verbraucht, sondern teilweise auch der Vermögensbildung zugeführt wurde. Es wird deshalb zur Unterhaltsbemessung regelmäßig nicht herangezogen.[280]

Auch bei überdurchschnittlichem Einkommen, das eine konkrete Bedarfsermittlung noch nicht veranlasst, wird dem Unterhaltspflichtigen ermöglicht, eine Vermögensbildung oberhalb der sekundären Altersvorsorge vorzutragen und nachzuweisen, mit der Folge, dass diese Vermögensbildung bei der Quotenbedarfsbemessung berücksichtigungsfähig sein kann.[281]

---

[274] Vgl. z. B. BGH FamRZ 1987, 36 (39); 1984, 149.
[275] FamRZ 1993, 789 (792); 1989, 1160; 1987, 36 (39).
[276] BGH FamRZ 2008, 963.
[277] BGH FamRZ 2017, 519 = R 781.
[278] BGH FamRZ 2005, 1159 = R 623a; 2003, 741; 1987, 36; 1987, 913.
[279] BGH FamRZ 2012, 956; 2010, 1637; 2009, 23; 2008, 963 = R 692f; 2007, 879 = R 677d.
[280] BGH FamRZ 2018, 260 = R 788; 2012, 947; 2010, 1637= R 715a; 1987, 36 (39); 1984, 149 (151).
[281] OLG Koblenz FamRZ 2016, 641; OLG Zweibrücken, FamRZ 2014, 216; OLG Stuttgart FamRZ 2013, 1988; OLG Köln FamRZ 2012, 1731.

4. Abschnitt: Unterhaltsbedarf und Bedarfsbemessung beim Ehegattenunterhalt § 4

Dies kommt insbesondere in Betracht, wenn das gemeinsame Einkommen die oberste Grenze der Düsseldorfer Tabelle übersteigt (→ Rn. 790). Je geringer das Einkommen ist, desto gewichtiger müssen jedoch die Gründe sein, die die Vermögensbildung rechtfertigen. Letztlich ist entscheidend, ob die Vermögensbildung nach Anlage eines objektiven Maßstabs gerechtfertigt ist (→ Rn 463).

Nach der Trennung neu entstehende Aufwendungen zur einseitigen Vermögensbildung haben auf die Bedarfsermittlung generell keinen Einfluss, es sei denn, es handelt sich um eine zulässige Altersvorsorge (→ Rn. 457).[282] Denn es handelt sich insoweit um eine unterhaltsbezogen leichtfertig herbeigeführte Einkommensminderung, nachdem der Unterhalt der Vermögensbildung vorgeht und deshalb auch eine bereits in der Ehe erfolgte einseitige Vermögensbildung ab Rechtshängigkeit des Scheidungsverfahrens bzw. bei der Gütertrennung ab Trennung nicht berücksichtigungsfähig ist (→ § 1 Rn. 1092, 1135). **459**

b) Vermögensbildende Aufwendungen sind vor allem Aufwendungen für Lebensversicherungen, Kapitalanlagen, Immobilien, Bau eines Eigenheimes und für sonstige Vermögenswerte. **460**

Nicht der Vermögensbildung dienen sog Konsumkredite, mit denen abnutzbare Bedarfsgüter und Gebrauchsgegenstände wie zB Hausrat, Pkw, Wohnwagen, Motorrad, Foto- oder Filmausrüstung uÄ angeschafft wurden, auch wenn solche Gegenstände einen hohen Wert haben. Solche Bedarfsgüter dienen der allgemeinen Lebensführung. Ihr Wert nimmt mit zunehmendem Gebrauch laufend ab. Die entsprechenden Aufwendungen sind daher den laufenden **Lebenshaltungskosten** zuzurechnen.[283] Auch Sparleistungen dienen häufig der Ansparung solcher Ausgaben und sind dann ebenfalls nicht der Vermögensbildung, sondern der Lebenshaltung zuzurechnen.[284]

c) Bedürftigkeit und Leistungsfähigkeit. Berücksichtigungsfähig sind wie beim Bedarf nur Aufwendungen zur gemeinsamen Vermögensbildung oder einseitig vermögensbildende Aufwendungen im zulässigen Rahmen (→ Rn. 453, 457). Bei einer einseitigen Vermögensbildung gelten ansonsten die bereits beim Bedarf gemachten Ausführungen entsprechend (→ Rn. 454). Dabei ist beim Bedürftigen zusätzlich zu beachten ist, dass der Unterhalt nur der Finanzierung der Lebenshaltungskosten dient, nicht der Vermögensbildung,[285] beim Pflichtigen, dass der Unterhalt der Vermögensbildung vorgeht.[286] **461**

d) Ausnahmen aus Billigkeitsgründen. Eine Ausnahme aus Billigkeitsgründen kann bei einer einseitigen Vermögensbildung für eine Übergangszeit bei einer sog **aufgedrängten Vermögensbildung** bestehen.[287] Von letzterer ist auszugehen, wenn der **Bedürftige** während der Ehe bei überdurchschnittlichen Einkünften der Eheleute mit Wissen und Wollen des Partners ein Abschreibungsmodell als Vermögensanlageform wählte, in dem nach der Lebenserfahrung die gemeinsame Verminderung der Steuerlast im Vordergrund stand und damit die ehelichen Lebensverhältnisse prägte. Bis zur Rechtshängigkeit des Scheidungsverfahrens kann er die Tilgung für vermögensbildende Ausgaben absetzen, weil dies dem Pflichtigen über den Zugewinn zugute kommt, ab Rechtshängigkeit bis zur Scheidung im Einzelfall aus Billigkeitsgründen ebenfalls,[288] wenn keine kurzfristige Verwertungsmöglichkeit besteht. Entsprechendes gilt beim **Pflichtigen,** wenn es sich um Steuersparmodelle mit einseitiger Vermögensbildung handelt, von denen beide Eheleute während des Zusammenlebens durch niedrigere Steuern profitierten, eine Veräußerung dieser Objekte wegen Überschuldung nicht möglich ist und die vorhandenen Barmittel des Pflichtigen trotz verbleibenden Steuervorteils zur Deckung der Lebenshaltungskosten nicht ausreichen. **462**

---

[282] BGH FamRZ 2012, 956; 2008, 963 = R 692f; 2005, 1159 = R 623c; 2001, 1140; 2000, 950.
[283] BGH FamRZ 1984, 149 (151).
[284] BGH FamRZ 1983, 678.
[285] BGH FamRZ 1998, 87; 1992, 423.
[286] BGH FamRZ 1987, 36; 1984, 353.
[287] BGH FamRZ 1991, 1163.
[288] BGH FamRZ 1991, 1163.

10. Konsumverhalten und objektiver Maßstab für die Bedarfsbemessung

463 Sowohl bei der Bemessung des Trennungsunterhalts als auch des nachehelichen Unterhalts ist nach ständiger Rechtsprechung des BGH als Korrektur ein **objektiver Maßstab** anzulegen.[289] Entscheidend ist derjenige Lebensstandard, der nach den vom vorhandenen Einkommen bestimmten ehelichen Lebensverhältnissen vom Standpunkt eines vernünftigen Betrachters aus angemessen erscheint. Gemessen am verfügbaren Einkommen hat sowohl eine zu dürftige Lebensführung als auch ein übermäßiger Aufwand außer Betracht zu bleiben.[290] In diesem Rahmen ist auch das tatsächliche Konsumverhalten der Ehegatten während des Zusammenlebens zu berücksichtigen.[291] Sind die Einkünfte so gut, dass zusätzliche **Vermögenseinkünfte** nach einem objektiven Maßstab für die Lebensführung **nicht** oder nur zum Teil **benötigt** wurden, **prägen** sie die ehelichen Lebensverhältnisse **nicht** (→ Rn. 478, 554, 619).[292] Es erfolgt dann regelmäßig eine konkrete Bedarfsbemessung (→ Rn. 458 und → Rn. 763 ff.).[293] Ab wann davon auszugehen ist, dass nur ein Teil des Einkommens für den Lebensunterhalt verwendet wurde, ist eine Einzelfallfrage, nachdem es nach BGH keine Sättigungsgrenze gibt.[294] Eine entsprechende Vermutung besteht jedenfalls dann, wenn das bedarfsprägende Einkommen der Beteiligten über dem doppelten Betrag der obersten Gruppe der Düsseldorfer Tabelle liegt.[295]

464 Der Bedürftige braucht sich deshalb nach der Trennung an einer während des Zusammenlebens in der Ehe zugunsten einer Vermögensbildung **übertriebenen Einschränkung des Konsumverhaltens** nicht mehr festhalten lassen. Er kann den nach den Einkommensverhältnissen bei objektiver Beurteilung angemessenen Unterhalt verlangen. Dies gilt vor allem bei der üblichen Quotenberechnung, bei der davon ausgegangen wird, dass die nach Bereinigung des Nettoeinkommens verbleibenden Mittel in voller Höhe für den Lebensbedarf benötigt werden.[296] Wird Barvermögen zB in **thesaurierenden Fonds** angelegt, so dass es keine laufenden Gewinne abwirft und sich der Vermögensstamm entsprechend erhöht, kann darin eine zu dürftige Lebensführung liegen, falls die sonstigen Einkünfte niedrig sind. Es können dann entsprechende **fiktive Zinsen** angesetzt werden (→ Rn. 610).[297]

465 Umgekehrt kann sich der Bedürftige nicht auf einen **überhöhten Aufwand** berufen, wenn die Eheleute während ihres Zusammenlebens erheblich über ihren wirtschaftlichen Verhältnissen oder gar zu Lasten einer Überschuldung **verschwenderisch** gelebt haben (→ § 1 Rn. 1087, 1100 ff.). Auch in diesem Fall besteht kein Anspruch auf Fortsetzung des nicht realistischen bisherigen Lebensstandards. Unterhalt ist nur berechtigt in einem Umfang, der nach den Einkommensverhältnissen unter Berücksichtigung des Umfangs der bestehenden Verschuldung vom Standpunkt eines vernünftigen Betrachters aus als angemessen erscheint.[298]

465a Bestehen in der Ehe **Verbindlichkeiten**, die zurückzuzahlen sind, ist deshalb zu differenzieren:
- Wurde während des Zusammenlebens ein nach objektiven Maßstäben **unvertretbar geringer Teil** des Einkommens zur **Rückführung von Verbindlichkeiten** aufgewendet, ist zu fragen, wie sich ein vernünftiger Betrachter bei Fortdauer der ehelichen Gemeinschaft verhalten hätte, und es ist dementsprechend auf einen **vernünftigen Tilgungsplan** abzustellen. Einkommensmindernd sind dann als Schuldenabzug Beträge in einer Höhe zu berücksichtigen, die im Fall der Fortdauer der ehelichen Gemeinschaft

---

[289] BGH FamRZ 2007, 1532.
[290] BGH FamRZ 2007, 1532; 1989, 838; 1987, 36 (39).
[291] BGH FamRZ 2007, 1532; 1995, 869; 1989, 1160; 1988, 259 (262).
[292] BGH FamRZ 2007, 1532.
[293] BGH FamRZ 2012, 947; 2010, 1637 = R 715a.
[294] BGH FamRZ 2018, 260 = R 788; 2012, 947; 2010, 1637 = R 715a.
[295] BGH FamRZ 2018, 260 = R 788.
[296] BGH FamRZ 2012, 947; 2010, 1637 = R 715a.
[297] BGH FamRZ 2007, 1532.
[298] Vgl. BGH FamRZ 2006, 387 Rn. 25 f.

bei verantwortlicher Abwägung der Unterhaltsbelange und der Fremdgläubigerinteressen für die Schuldentilgung verwendet worden wären (→ § 1 Rn. 1101).[299]
- Haben sich die Eheleute während des Zusammenlebens **im Übermaß verschuldet,** muss das bisherige Konsumverhalten zugunsten einer Rückführung der bestehenden Verschuldung bei beiden Ehegatten eingeschränkt werden. Der Verpflichtete hat sich unter Ausnutzung aller zumutbaren Möglichkeiten um eine Rückgängigmachung der getroffenen Dispositionen und um die weitestmögliche Wiederherstellung seiner Leistungsfähigkeit – auch durch Verwertung von nicht dringend benötigten Vermögensobjekten – zu bemühen. Soweit dies nicht gelingt, muss sich der Bedürftige mit einer den notwendigen Unterhalt unterschreitenden Alimentierung zufriedengeben und sich fehlende Mittel unter äußerster Anstrengung seiner Kräfte durch einen über das allgemein Gebotene hinausgehenden Einsatz selbst verschaffen (→ § 1 Rn. 1102).[300]

466 Die Orientierung der Unterhaltsbemessung an einem objektiven Maßstab, dh am Durchschnittsverhalten vernünftiger Betrachter, ist Sache des **Tatrichters,** der zu diesem Zweck die konkreten Umstände des Einzelfalls zu beurteilen und abzuwägen hat.

11. Maßgeblicher Zeitpunkt für die Beurteilung des prägenden Charakters ehelicher Lebensverhältnisse

467 Nach langjähriger Rechtsprechung des BGH sind für die Bemessung des nachehelichen Unterhalts die im **Zeitpunkt der Scheidung** prägenden ehelichen Lebensverhältnisse maßgeblich,[301] für die Bemessung des Trennungsunterhalt die Trennung bzw. der Zeitpunkt der Entscheidung.
Mit Entscheidung vom 7.12.2011 hat der BGH nochmals klargestellt, dass die ehelichen Lebensverhältnisse gemäß § 1578 BGB durch die Umstände bestimmt werden, die bis zur Scheidung eintreten.[302] Die Rechtskraft der Scheidung setzt den Schlusspunkt hinter die gemeinsame wirtschaftliche Entwicklung der Ehe.[303] Die ehelichen Lebensverhältnisse werden aber auch durch Umstände beeinflusst, die erst nach der Scheidung eintreten, aber mit der Ehe in Zusammenhang stehen.[304] Deshalb partizipiert der Bedürftige auch an späteren Einkommenserhöhungen des Pflichtigen, wenn sie das verfügbare Einkommen in der Ehe bereits beeinflusst haben und es sich um eine normale Fortentwicklung handelt, die auch ohne Trennung und Scheidung eingetreten wäre, zB durch allgemeine Lohnsteigerung oder Regelbeförderung.[305] Einkommenssenkungen muss er hinnehmen, wenn sie auch ohne Scheidung erfolgt wären und auf keinem unterhaltsbezogen leichtfertigen Verhalten beruhen, zB durch Verrentung oder unverschuldete Arbeitslosigkeit.[306] Nicht in der Ehe angelegt sind Einkünfte, die den ehelichen Lebensstandard nicht nachhaltig und dauerhaft geprägt haben, zB ein Karrieresprung (eingehend → Rn. 569 ff.).[307] Prüfungszeitpunkt, ob eine in der Ehe angelegte oder nicht angelegte Entwicklung (sog. Karrieresprung) vorliegt, ist nach BGH allerdings bereits die Trennung (→ Rn. 569).[308] Denn der Lebensstandard aus der Ehe kann sich nur aus Umständen ergeben, die bereits während des Zusammenlebens vorhanden waren.

468 Mit seiner **Surrogatslösung** hatte der BGH diese Rechtsprechung fortentwickelt. Auch die Aufnahme oder Ausweitung einer Berufstätigkeit nach Trennung/Scheidung als **Surrogat** der früheren Haushaltsführung entspricht einer Normalentwicklung.[309] Diese Ein-

---

299 BGH FamRZ 1982, 678.
300 BGH FamRZ 1984, 657.
301 Vgl. zB BGH FamRZ 1999, 367 (368); 1994, 228; 1993, 1304; 1991, 307.
302 BGH FamRZ 2012, 281 = R 731a, b.
303 BGH FamRZ 2012, 281 = R 731b; 2003, 590 (592).
304 BGH FamRZ 2012, 281 = R 731c.
305 Vgl. zB BGH FamRZ 2008, 968.
306 BGH FamRZ 2012, 281 = R 731c.
307 Vgl. zB BGH FamRZ 2007, 793.
308 BGH FamRZ 2003, 590; FamRZ 1982, 576.
309 BGH FamRZ 2001, 986 (989) = R 563c.

künfte sind in der Ehe angelegt und daher bei der Bedarfsermittlung zu berücksichtigen, da die Erwerbstätigkeit bei zunehmendem Alter der Kinder auch bei Fortbestehen der Ehe zu erwarten war.[310] Aus Gleichbehandlungsgründen gilt dies auch für Fälle, in denen der Bedürftige ohne Kinderbetreuung in der Ehe die Familienarbeit verrichtete und erst nach der Trennung/Scheidung eine Berufstätigkeit aufnahm, nachdem das BVerfG die sog. Surrogatslösung für verfassungsgemäß ansah.[311] Die Teilnahme an der Fortentwicklung des Einkommens nach oben oder unten entspricht der in der Literatur schon lange vertretenen Auffassung, dass mangels Lebensstandartgarantie die ehelichen Lebensverhältnisse keine Konstante, sondern eine Variable bilden (näher → Rn. 430).[312]

469 Mit Beschluss vom 25.1.2011 hat das BVerfG die Anwendung der sog Drittelmethode bei der Ermittlung des Bedarfs des Geschiedenen wegen Verstoßes gegen Art. 2 iVm Art. 20 Abs. 3 GG für verfassungswidrig erklärt (→ Rn. 427, zur Kritik → Rn. 428).[313] In der Begründung stellt das BVerfG zwar auf die Scheidung als Stichtag ab, räumt aber ein, dass Einkommensveränderungen nach der Scheidung nicht nur in den Bedarf einfließen, wenn es sich um in der Ehe angelegte Erhöhungen handelt, sondern auch, wenn es um Einkommensminderungen geht, die auch ohne Scheidung entstanden wären.[314] Die Entscheidung des BVerfG betraf damit nicht die Rechtsprechung des BGH zu Einkommensveränderungen nach der Scheidung nach oben oder unten, sondern nur die Berücksichtigung neuer Ausgaben durch erst nach der Scheidung entstandene Unterhaltslasten. Das BVerfG legte dabei fest, dass der bei der Unterhaltsreform zum 1.1.2008 unverändert gebliebene Wortlaut der §§ 1361 I, 1578 I BGB nicht zulasse, Ausgaben beim Bedarf des Geschiedenen zu berücksichtigen, die allein auf der Scheidung beruhen.[315] Mit Entscheidung vom 7.12.2011 änderte der BGH deshalb seine mit Urteil vom 15.3.2006 eingeleitete neue Rechtsprechung und führte für Unterhaltslasten wieder das Stichtagsprinzip ein.[316] Beim Bedarf des Geschiedenen können daher nur alle bis zur Rechtskraft der Scheidung entstandenen Unterhaltslasten angesetzt werden, alle erst nach Rechtskraft der Scheidung neu hinzugekommenen Unterhaltslasten sind erst bei der Leistungsfähigkeit zu prüfen.[317]

470 Bei sonstigen Ausgaben, die bei der Bereinigung des Nettoeinkommens Abzugsposten bilden (näher → Rn. 437 ff., → § 1 Rn. 1000) bleibt es dagegen bei der langjährigen Rechtsprechung des BGH, dass allein auf die tatsächlichen Ausgaben abzustellen ist, soweit sie nicht leichtfertig eingegangen wurden (näher → Rn. 437 ff.; → § 1 Rn. 1003). Das Stichtagsprinzip hat für diese Ausgaben noch nie gegolten, vielmehr war insoweit immer auf das Nettoeinkommen im Sinne des verteilungsfähigen Einkommens abzustellen (eingehend → § 1 Rn. 1003). Auch das BVerfG hat dies nicht beanstandet, nachdem es ausführte, dass alle Veränderungen, die auch ohne Scheidung eingetreten wären, beim Bedarf des Geschiedenen zu berücksichtigen sind.[318] Der BGH hat in seiner Entscheidung vom 7.12.2011 diese Rechtsprechung nochmals bei berufsbedingten Ausgaben ausdrücklich bestätigt.[319]

471 Die durch das Gebot des BVerfG mit der Entscheidung des BGH vom 7.12.2011 geänderte Rechtsprechung betrifft damit nur die Wiedereinführung des Stichtagsprinzips für Unterhaltslasten (vgl. → Rn. 431). Die langjährige Rechtsprechung des BGH zu Einkommenserhöhungen oder Einkommenssenkungen nach Trennung und Scheidung gilt dagegen weiter, ebenso seine Rechtsprechung zu den sonstigen bei der Bereinigung des Nettoeinkommens zu berücksichtigenden Ausgaben.

---

[310] BGH FamRZ 2012, 281 = R 731d.
[311] BVerfG FamRZ 2002, 527.
[312] Vgl. 6. Auflage Rn. 222.
[313] BVerfG FamRZ 2011, 437.
[314] BVerfG FamRZ 2011, 437.
[315] BVerfG FamRZ 2011, 437.
[316] BGH FamRZ 2012, 281 = R 731a, b; vgl. auch BGH FamRZ 2014, 1183 = R 754a.
[317] BGH FamRZ 2014, 1183 = R 754c–e; 2012, 281 = R 731e.
[318] BVerfG FamRZ 2011, 437.
[319] BGH FamRZ 2012, 281 = R 731c.

4. Abschnitt: Unterhaltsbedarf und Bedarfsbemessung beim Ehegattenunterhalt § 4

Nach der **Rechtsprechung des BGH zu den ehelichen Lebensverhältnissen** gelten damit seit seiner Entscheidung vom 7.12.2011 folgende Grundsätze:

- Vor der Trennung eingetretene Einkommensentwicklungen sind stets prägend.[320] Voraussetzung ist nur, dass es sich um **nachhaltig erzielte dauerhafte Einkünfte** handelt. Nur vorübergehende kurzfristige Veränderungen (Verbesserungen oder Verschlechterungen) sind unbeachtlich.[321] 472
- **Einkommenserhöhungen** nach der Trennung und nach der Scheidung sind in der Ehe angelegt, wenn sie ihre Grundlagen in der Ehe hatten.[322] Wann bei diesen Einkünften in der Folgezeit Veränderungen eintraten, ist dagegen nicht entscheidend. Angelegt in der Ehe ist auch die Aufnahme bzw. Ausweitung der Erwerbstätigkeit als **Surrogat der Familienarbeit** des Bedürftigen.[323] Die Voraussetzungen einer normalen Weiterentwicklung des Erwerbseinkommens müssen in den für die eheliche Lebensgestaltung vor der Trennung maßgeblichen Umständen begründet gewesen sein.[324] 473
- Eheprägend sind auch Einkommensveränderungen bei **Vermögenseinkünften** nach der Trennung, wenn die Einkunftsquelle bereits in der Ehe bestand (→ Rn. 607 ff.), zB bei Zinseinkünften aus Kapitalvermögen und Einkünften aus Vermietung/Verpachtung oder es sich um das Surrogat früherer Vermögenseinkünfte handelt, zB Zinseinkünfte aus Veräußerung des Familienheimes (→ § 1 Rn. 557 ff.)[325] oder aus dem Zugewinnausgleich (→ Rn. 612 und → § 1 Rn. 570).[326] 474
- In der Ehe angelegt sind ferner unterhaltsbezogen nicht leichtfertig entstandene **Einkommensreduzierungen**,[327] die zu einem Einkommensrückgang führen. Dabei kommt es nicht darauf an, ob die Einkommensreduzierung vorhersehbar war, sondern nur, ob sie auch **ohne Scheidung eingetreten** wäre und nicht leichtfertig entstanden ist.[328] 475
- Berücksichtigungswürdig sind auch alle **Änderungen bei den Ausgaben**, die nach der Trennung und Scheidung eingetreten sind, soweit sie auf keinem unterhaltsbezogen leichtfertigen Verhalten beruhen und auch **ohne Scheidung entstanden** wären. Dies galt schon immer für eine geänderte Steuerklasse oder das Hinzutreten einer neuen Steuer (→ § 1 Rn. 1009 ff.),[329] höhere Leistungen für Vorsorgeaufwendungen, zB durch die Aufstockung der Gesamtaltersversorgung auf 24% des Bruttoeinkommens (→ § 1 Rn. 1035, 1038),[330] höhere berufsbedingte Aufwendungen (→ § 1 Rn. 1049), neu entstandene Kinderbetreuungskosten (→ § 1 Rn. 1062) oder einen neuen alters- oder krankheitsbedingter Mehrbedarf (→ § 1 Rn. 1069). Seit der geänderten Rechtsprechung des BGH mit Urteil vom 15.3.2006 gilt dies auch für unvermeidbare neue Schulden, die auch ohne Trennung/Scheidung entstanden wären (→ § 1 Rn. 1084).[331] In der Ehe angelegt und dabei bei der Bedarfsermittlung zu berücksichtigen sind ferner alle Unterhaltslasten, für die bereits in der Ehe aufzukommen war und die vor Rechtskraft der Scheidung entstanden sind (näher → Rn. 440 ff.).[332] 476
- Kommt es **nach der Trennung** zu einer **unerwarteten, außerhalb des Normalverlaufs** liegenden Einkommenserhöhung, die nicht in der Ehe angelegt war, kann nicht 477

---

[320] BGH FamRZ 1988, 259 (262).
[321] BGH FamRZ 1992, 1045 (1047).
[322] BGH FamRZ 2012, 281 = R 731b, c.
[323] BGH FamRZ 2012, 281 = R 731d.
[324] BGH FamRZ 2012, 281 = R 731b, c; 2009, 411 = R 702a; 2008, 1911 = R 695a; 2008, 968; 2003, 590 (592) = R 586b; vgl. auch BVerfG FamRZ 2011, 437.
[325] BGH FamRZ 2014, 1098 = R 753; 2009, 23; 2008, 963; 2006, 387 = R 643f; 2005, 1159; 2002, 88; FamRZ 2001, 986.
[326] BGH FamRZ 2008, 963; 2007, 1532.
[327] BGH FamRZ 2012, 281 = R 731c; 2010, 111 = R 707a; 2009, 411; 2008, 1911; 2008, 968; 2007, 793; 2003, 590.
[328] BGH FamRZ 2012, 281 = R 731c.
[329] BGH FamRZ 2007, 793; 1991, 670; 1991, 304; 1990, 503.
[330] BGH FamRZ 2009, 1207; 2007, 1232; 2007, 793.
[331] BGH FamRZ 2012, 281 = R 731c; 2010, 538; näher Gerhardt FamRZ 2012, 589.
[332] BGH FamRZ 2012, 281 = R 731b.

davon ausgegangen werden, dass die nach der Trennung oder nach der Scheidung erzielten Einkünfte Ausdruck der ehelichen Lebensverhältnisse sind, wie sie während des Zusammenlebens in intakter Ehe bis zur Trennung bestanden haben.³³³ Dies hat der BGH bereits im sogenannten Pelzhändlerfall 1982 entschieden.³³⁴ Auch nach seiner geänderten Rechtsprechung zu den ehelichen Lebensverhältnissen hat der BGH an diesen Grundsätzen festgehalten.³³⁵ Eine unerwartete, vom Normalverlauf abweichende Einkommensentwicklung liegt bei einer sog **Leistungsbeförderung** bzw. einem **nicht voraussehbaren Karrieresprung**³³⁶ oder einer besonderen unternehmerischen Leistung³³⁷ nach der Trennung vor (→ Rn. 570 ff.). Bei einer solchen, vom Normalverlauf abweichenden Entwicklung ist ein im Zeitpunkt der Trennung oder Scheidung erzieltes Einkommen **nur in dieser Höhe prägend.** Es ist lediglich ab dem nicht in der Ehe angelegten Anstieg entsprechend der allgemeinen Lohnentwicklung fortzuschreiben, notfalls nach den Indexdaten der statistischen Jahrbücher (→ Rn. 684).³³⁸

478 • Bei **Vermögenseinkünften** liegt eine **unerwartete Einkommensentwicklung** vor, wenn sie erstmals nach der Trennung entstehen, ohne Surrogat früherer Vermögenseinkünfte zu sein und damit der Ehepartner an diesen Einkünften während des Zusammenlebens niemals partizipiert hat, dh der Lebensstandard durch sie nie geprägt wurde. Dies gilt zB für Zinseinkünfte, die erst **nach der Trennung erstmals entstanden** sind, zB aus einer erst nach der Trennung angefallenen **Erbschaft** (→ Rn. 613) ³³⁹ oder erst nach der Trennung/Scheidung gebildeten Ersparnissen. Eine **Prägung entfällt** aber auch, wenn bei sehr guten Einkommensverhältnissen nach einem objektiven Maßstab **Vermögenseinkünfte nicht** oder nicht in voller Höhe **für die Lebensführung benötigt** werden (→ Rn. 458, 463, 608),³⁴⁰ was für eine konkrete Bedarfsermittlung sprechen kann (→ Rn. 763 ff.).

478a Nicht in der Ehe angelegt sind ferner alle erst nach Rechtskraft der Scheidung entstandenen neuen Unterhaltslasten,³⁴¹ auch für minderjährige Kinder trotz ihres Vorrangs.³⁴² Sie sind erst bei der Leistungsfähigkeit zu berücksichtigen (näher → Rn. 449 ff., → § 1 Rn 1122, 1131 jeweils mit Beispiel). Entsprechendes gilt für sonstige Verbindlichkeiten, die erst nach der Scheidung entstanden sind und nur auf der Scheidung beruhen.

479 **Zusammenfassend** ist festzustellen, dass der BGH auch nach der geänderten Rechtsprechung trotz Wandelbarkeit der ehelichen Lebensverhältnisse an der Differenzierung prägender und nichtprägender Einkünfte (besser: in der Ehe angelegter und nicht in der Ehe angelegter) und berücksichtigungswürdiger Ausgaben festhält. Durch die Entscheidung des BVerfG vom 25.1.2011 kam es bei den Verbindlichkeiten nur zu einer Korrektur der Rechtsprechung des BGH hinsichtlich der Berücksichtigung erst nach der Scheidung entstandener Unterhaltslasten, weil diese ohne Scheidung nicht entstanden wäre.³⁴³

Für die **Abgrenzung bei Einkommensveränderungen** kommt es bei Erhöhungen darauf an, ob sie in der Ehe angelegt sind, bei Reduzierungen, ob sie nicht unterhaltsbezogen leichtfertig entstanden sind und auch ohne Scheidung eingetreten wären. Bei **Einkommenssenkungen** wirft die Frage der Berücksichtigungswürdigkeit beim Bedarf keine Probleme auf, da nur darauf abzustellen ist, ob es sich um ein unterhaltsbezogen leichtfertiges Verhalten handelt und die Veränderung auch ohne Scheidung eingetreten wäre. Bei **Einkommenserhöhungen,** zB durch einen sog Karrieresprung, bereitet die Abgrenzung dagegen weiterhin Schwierigkeiten. Denn es ist im Einzelfall oft schwer zu

---

[333] BGH FamRZ 2008, 968.
[334] BGH FamRZ 1982, 576 (578).
[335] BGH FamRZ 2009, 411; 2008, 968; 2007, 1232; 2007, 793; 2003, 848 (850); 2003, 590 (592).
[336] BGH FamRZ 2007, 793; 2003, 590; 2001, 986 (991); 1990, 1085; 1987, 913 (915).
[337] BGH FamRZ 1982, 576 (578).
[338] BGH FamRZ 1982, 576 (578).
[339] BGH FamRZ 2006, 387; FamRZ 1988, 1145; OLG Frankfurt a. M. FamRZ 1986, 165; OLG Hamm FamRZ 1992, 1184.
[340] BGH FamRZ 2007, 1532.
[341] BGH FamRZ 2014, 1183 = R 754c–d; 2012, 281 = R 731b, c.
[342] BGH FamRZ 2014, 1183 = R 754e; 2012, 281 = R 731e.
[343] BVerfG FamRZ 2011, 437; BGH FamRZ 2012, 281 = R 731e.

4. Abschnitt: Unterhaltsbedarf und Bedarfsbemessung beim Ehegattenunterhalt § 4

beurteilen, ob und inwieweit eine Einkommensentwicklung in der Ehe angelegt ist oder nicht, da sie bei Erwerbseinkünften regelmäßig auf eine zumeist voreheliche Berufsausbildung aufbaut. Auch bei neuen Vermögenseinkünften wie einer Erbschaft besteht die Erwartung hierauf vielfach schon in der Ehe.[344] Deshalb hat der Arbeitskreis 3 des 17. Deutschen Familiengerichtstages 2007 empfohlen, bei **Erwerbseinkünften** künftig nur noch auf das tatsächlich vorhandene Einkommen abzustellen und Korrekturen über die Begrenzung des nachehelichen Unterhalts aus Billigkeitsgründen nach § 1578b BGB vorzunehmen. Nachdem der Gesetzgeber dem nicht gefolgt ist, ist bei Erhöhungen weiterhin im konkreten Einzelfall zu prüfen, ob ein sog Karrieresprung nach der Trennung vorliegt (→ Rn. 570 ff.). Bei Ausgaben ist auf die tatsächliche Höhe abzustellen und nur zu prüfen, ob sie berücksichtigungswürdig, dh notwendig und nicht unterhaltsbezogen leichtfertig entstanden sind. Lediglich bei Unterhaltslasten besteht wieder das Stichtagsprinzip, was bei vor- und gleichrangigen neuen, erst nach der Scheidung entstandenen Verbindlichkeiten zu vom Gesetzgeber nicht gewollten Mehrfachberechnungen führt.

12. Verbot der Doppelverwertung

a) Grundsatz. Im Unterhaltsrecht galt schon immer, dass die gleiche Position für die Berechnung nicht zweimal angesetzt werden kann. Kinderbetreuungskosten und Betreuungsbonus können nicht als Abzugsposten gemäß Ziff. 10.3 der Leitlinien bei der Bereinigung des Nettoeinkommens und zugleich als anrechnungsfreier Betrag nach § 1577 II BGB berücksichtigt (→ § 1 Rn. 812, 1053), bei Zusammenleben des Bedürftigen mit einem neuen Partner nicht einerseits ein Einkommen aus einem Vergütungsanspruch eigener Art und andererseits zusätzlich aus ersparten Aufwendungen angesetzt (→ Rn. 630 ff.) oder bei einer beiden Eheleuten gehörenden Wohnung, die nur ein Ehepartner nutzt, neben dem Wohnwert eine Nutzungsentschädigung verlangt werden (→ § 1 Rn. 533).[345] Regelmäßig unberücksichtigt blieben nach der früheren Rechtsprechung aber **Doppelverwertungen im Unterhalt und Zugewinn,** wenn jeweils die gleiche Vermögensposition ausgeglichen wurde,[346] obwohl es dadurch zu erheblichen Benachteiligungen eines Ehegatten kommen konnte. Dies war allerdings bei Aktiva immer nur der Fall, wenn für die Unterhaltsberechnung der Vermögensstamm einzusetzen war.[347] Die Benachteiligung traf bei einem doppelten Ansatz von Aktiva den Pflichtigen, bei einem doppelten Ansatz von Passiva den Bedürftigen.

Mit seiner Entscheidung vom 11.12.2002 hat der BGH in Änderung seiner früheren Rechtsprechung darauf hingewiesen, dass bei Ehegatten nach der Trennung **keine zweifache Teilhabe** an der gleichen Rechtsposition erfolgen darf.[348] Im konkreten Fall ging es um eine **Unternehmensbeteiligung,** die bereits als unterhaltsrechtliches Einkommen angesetzt worden war und deshalb nicht zusätzlich als Vermögenswert beim Zugewinn berücksichtigt werden konnte. Als weiteres Beispiel des Verbots der Doppelverwertung wies der BGH auf vor dem Stichtag für den Zugewinn ausgezahlte **Abfindungen** hin, die für die Unterhaltsberechnung herangezogen wurden (→ § 1 Rn. 93 ff.) und deshalb nicht zusätzlich für den Zugewinn zur Verfügung stehen konnten.[349] Das Gleiche gilt, wenn eine Vermögensmasse über den Zugewinn ausgeglichen wurde; aus dem gleichen Vermögen können dann beim Ausgleichspflichtigen im Unterhalt keine fiktiven Zinsen angesetzt werden.[350]

Im Gesetz ist in § 2 IV VersAusglG nur die Abgrenzung von Zugewinn und Versorgungsausgleich geregelt, eine entsprechende Bestimmung im Verhältnis Unterhalt und

480

---

[344] Vgl. zB BGH FamRZ 2006, 387.
[345] BGH FamRZ 2003, 432.
[346] BGH FamRZ 2011, 622.
[347] BGH FamRZ 2011, 622.
[348] BGH FamRZ 2003, 432 .
[349] BGH FamRZ 2003, 432 mit Anm Kogel FamRZ 2003, 1645; 2003, 1544; 2004, 1352 mit Anm Bergschneider.
[350] BGH FamRZ 2007, 1532.

Zugewinn fehlt. § 2 IV VersAusglG enthält aber über seinen unmittelbaren Geltungsbereich hinaus den **allgemeinen Rechtsgedanken,** dass der Gesetzgeber beim Scheidungsfolgenrecht nicht beabsichtigte, durch Ansatz der gleichen Vermögensposition im Unterhalt und Zugewinnausgleich einen Ehegatten doppelt zu bevorzugen bzw. zu benachteiligen.[351]

Die Entscheidung des BGH vom 11.12.2002 löste in der Literatur eine umfangreiche Diskussion aus.[352] Dem vom BGH herausgestellten Grundsatz „keine zweifache Teilhabe" wurde zwar zugestimmt, über die Ausgestaltung bei der Berechnung des Unterhalts und Zugewinns bestanden aber unterschiedliche Auffassungen. Bei **Abfindungen** als Aktiva hat der BGH inzwischen klargestellt, dass sie vorwiegend nach unterhaltsrechtlichen Regeln zu behandeln sind.[353] In der Praxis sind allerdings Fälle, in denen eine Abfindung vor dem Stichtag für den Zugewinn ausbezahlt und bei Rechtshängigkeit des Scheidungsverfahrens noch vorhanden ist, nicht sehr häufig. Eine größere Bedeutung hat das Verbot der Doppelverwertung bei Passiva (→ Rn. 484 ff.), solange auch Tilgungen zur einseitigen Vermögensbildung ab Rechtshängigkeit des Scheidungsverfahrens beim Unterhalt für die Bedarfsermittlung berücksichtigt werden (→ Rn 455), andererseits beim Zugewinnausgleich kraft Gesetzes das Endvermögen minderten (vgl. § 1375 BGB).

Kein Verstoß gegen das Verbot der Doppelverwertung liegt vor, wenn es im Unterhalt um die Nutzung des Vermögens als Einkommen und im Zugewinnausgleich um den Vermögensstamm als anzusetzendes Endvermögen geht, zB beim Eigenheim der Wohnwert (Unterhalt) und der Wert der Immobilie als Vermögen (Zugewinn)[354] oder bei Ansatz von Zinseinkünften (Unterhalt) und dem Bankguthaben (Zugewinn).[355]

481 **b) Aktive Vermögenspositionen.** Das Verbot der Doppelverwertung betrifft beim Aktivvermögen vor allem die Behandlung einer **Abfindung.** Sie bilden in erster Linie unterhaltsrechtliches Einkommen.[356] Wird sie erst **nach Rechtshängigkeit** geleistet, ist sie nach ständiger Rechtsprechung des BGH unterhaltsrechtliches Einkommen, um bei einem Arbeitsplatzverlust einen Einkommensrückgang aufzufangen (→ § 1 Rn. 93).[357] Entsteht beim Wechsel des Arbeitsplatzes kein Einkommensverlust, bleibt sie dagegen bei der Unterhaltsberechnung unberücksichtigt.[358] Sie ist dann wie ein Einkommen aus einem Karrieresprung als nichtprägend anzusehen.[359] Im Ergebnis gehört sie dadurch zum Vermögensstamm. Wird sie **vor der Rechtshängigkeit** des Scheidungsverfahrens als Stichtag für den Zugewinnausgleich ausbezahlt, gelten für die Berechnung des Unterhalts die gleichen Grundsätze. Wird sie wegen Einkommensrückgangs zur Aufstockung bis zur Höhe des früheren Einkommens benötigt, ist sie unterhaltsrechtliches Einkommen.[360] Muss sie dagegen der Pflichtige nicht als Einkommen einsetzen, weil er einen neuen Arbeitsplatz mit gleichbleibendem Einkommen gefunden hat, ist sie Teil des Vermögensstamms und im Zugewinnausgleich in der Höhe anzusetzen, in der sie beim Stichtag noch vorhanden war. Muss sie nur zum Teil für die Unterhaltsberechnung herangezogen werden, ist der verbleibende Rest Vermögen. In diesem Fall ist aber genau zu berechnen, in welcher Höhe die Abfindung für den künftigen Unterhalt benötigt wird (s. unten → Rn. 482).

482 • **Abfindungen** werden beim Arbeitnehmer bei Abbau von Arbeitsplätzen bezahlt, insbesondere bei Vorruhestandsregelungen, ebenso bei unberechtigten Kündigungen. Bei dem Abbau von Arbeitsplätzen steht der Versorgungscharakter im Vordergrund, bei

---

[351] Gerhardt/Schulz FamRZ 2005, 145; Schulz FamRZ 2006, 1237.
[352] Vgl. zB Gerhardt/Schulz FamRZ 2005, 145; 2005, 317; 2005, 1523; Schulz FamRZ 2006, 1237; Kogel FamRZ 2003, 1645; 2004, 1614; Maurer FamRZ 2005, 757; 2005, 1526; Hoppenz FamRZ 2006, 1242; Balzer/Gutdeutsch FamRZ 2010, 341.
[353] BGH FamRZ 2012, 1040 = R 732i.
[354] BGH FamRZ 2011, 622; 2008, 761; 2007, 1532.
[355] BGH FamRZ 2011, 622.
[356] BGH FamRZ 2012, 1040 = R 732i.
[357] BGH FamRZ 2012, 1040 = R 732i; 2007, 983 = R 676d.
[358] BGH FamRZ 2012, 1040 = R 732i; FamRZ 2010, 1311.
[359] BGH FamRZ 2010, 1311.
[360] BGH FamRZ 2012, 1040 = R 732i.

unberechtigten Kündigungen die Entschädigung für den Verlust des Arbeitsplatzes.[361] Die unterschiedlichen Gründe für die Leistung von Abfindungen bedeuten aber nicht, dass sie familienrechtlich unterschiedlich zu charakterisieren ist. **Die Abfindung ist in erster Linie unterhaltsrechtliches Einkommen,** wie der BGH in seiner Entscheidung vom 18.4.2012 nochmals klargestellt hat, auch wenn sie in einem Betrag ausbezahlt wird (→ § 1 Rn. 93).[362] Als Einkommen stellt sie aber kein Vermögen im Sinne des § 1375 I BGB dar. Dies bedeutet, die vor Rechtshängigkeit des Scheidungsverfahrens ausgezahlte Abfindung kann – wenn überhaupt – im Gegensatz zur früheren Rechtsprechung des BGH nur als Vermögen eingesetzt werden, wenn sie für die Unterhaltsberechnung auch für die Zukunft nicht benötigt wird. Ob es sich bei der Abfindung überhaupt um eine Vermögensposition handeln kann, die im Güterrecht zu berücksichtigen ist, wurde vom BGH in seinen Entscheidungen zum Verbot der Doppelverwertung bisher nicht in Frage gestellt[363] und von ihm in seiner früheren Rechtsprechung uneingeschränkt bejaht.[364] In der Literatur wurden hiergegen gewichtige Einwände erbracht, nachdem der Verlust des Arbeitsplatzes kein güterrechtliches Vermögen beinhaltet.[365]

Da die Abfindung zunächst immer unterhaltsrechtliches Einkommen ist, besteht für den Bedürftigen entgegen den in der Literatur zum Teil vertretenen Auffassungen **kein Wahlrecht,** ob die Abfindung unterhaltsrechtlich oder güterrechtlich angesetzt wird.[366] Vermögen kann sie, um eine Doppelverwertung zu vermeiden, nur bezüglich des für den Trennungs- und nachehelichen Unterhalt nicht benötigten Restes darstellen.

- Die Abfindung dient nicht nur der Aufrechterhaltung des künftigen Unterhalts des Bedürftigen trotz gesunkenen Einkommens, sondern auch der **Finanzierung des eigenen Unterhalts des Pflichtigen.**[367] Die Sicherung des eigenen Unterhalts, auch für die Zukunft, geht der Leistung von Unterhalt an den Bedürftigen sogar vor. Dieser Umstand ist vor allem bei Vorruhestandsabfindungen zu beachten, weil in diesen Fällen vielfach der Bezug des Arbeitslosengeldes des Pflichtigen ausläuft, bevor er eine Altersrente beantragen kann und die Abfindung – nach Abzug eines Freibetrags (vgl. § 12 SGB II) – einzusetzen ist, bevor subsidiäre Leistungen nach dem SGB II in Anspruch genommen werden können. Im Unterhaltsbeschluss oder Unterhaltsvergleich ist daher festzulegen, in welchem Umfang die Abfindung unterhaltsrechtlich benötigt wird.

- **Sonstige Vermögenspositionen.** Obige Ausführungen gelten entsprechend bei Steuererstattungen,[368] bei Unternehmensbeteiligungen,[369] Aktienoptionen[370] und beim Zugewinnausgleich für Zinsen aus einem inzwischen aufgeteilten Vermögen.[371] Beim sog „good will" als Praxiswert ist deshalb zur Vermeidung einer Doppelverwertung ein Unternehmerlohn (= unterhaltsrechtliches Einkommen) anzusetzen.[372] **483**

c) Verbot der Doppelverwertung bei Schulden. Bei Verbindlichkeiten betrifft das Verbot der Doppelverwertung nur die **Tilgung,** nicht die Zinsen, weil als Passiva beim Endvermögen im Zugewinn nach § 1375 I BGB nur die Tilgung angesetzt wird. Auswirkungen zeigt die zweifache Benachteiligung in der Praxis regelmäßig nur, wenn es sich um Tilgungsleistungen zur **einseitigen Vermögensbildung** handelt, die keine zulässige Altersvorsorge darstellen.[373] Das Problem der Doppelverwertung stellt sich dann, wenn **484**

---

[361] Maurer FamRZ 2005, 757.
[362] BGH FamRZ 2012, 1040 = R 732i; 2007, 983; 2004, 1352; 1990, 269; 1987, 359.
[363] BGH FamRZ 2003, 432; 2004, 1352.
[364] BGH FamRZ 1982, 148; 1998, 362; 2001, 278.
[365] Maurer FamRZ 2005, 758; Schulz FamRZ 2006, 1237.
[366] So aber Kogel FamRZ 2004, 1614; Bergschneider in Anm. zu BGH FamRZ 2004, 1352; 2004, 1532; Haußleiter NJW-Spezial, 2004, 247; Soyka FuR 2005, 757.
[367] BGH FamRZ 2004, 1352; OLG München FamRZ 2005, 713.
[368] Schulz FamRZ 2006, 1308.
[369] BGH FamRZ 2003, 432.
[370] OLG Oldenburg FamRZ 2009, 1911.
[371] BGH FamRZ 2007, 1532.
[372] BGH FamRZ 2011, 622; 2008, 761.
[373] Gerhardt FuR 2007, 393.

diese Tilgungsleistungen auch nach Rechtshängigkeit des Scheidungsantrags zu berücksichtigen sind (→ Rn. 455, → § 1 Rn. 510, 1092, 1135). Handelt es sich bei der einseitigen Vermögensbildung um eine zulässige Altersvorsorge, kommt es zu keiner zweifachen Benachteiligung, auch wenn dieselbe Tilgung beim Zugewinn als Alleinschuld angesetzt wurde, weil sie unterhaltsrechtlich keine Verbindlichkeit bildet, sondern eine Vorsorgeaufwendung. Auch wenn infolge der Tilgung für eine im Alleineigentum eines Ehegatten stehenden Immobilie eine doppelte Berücksichtigung der Tilgung bis zur Zustellung des Scheidungsantrags im Zugewinn und bei der Berechnung des Unterhalts erfolgt, liegt eine Benachteiligung des Unterhaltsbedürftigen nicht vor, da dem Tilgungsabzug ein Einkommen aus Wohnwert oder Mieteinkünften gegenübersteht, das es ohne die Tilgung nicht gäbe und das sich unterhaltserhöhend auswirkt.

485 Eine doppelte Verwertung der Tilgung bei Ermittlung des Zugewinns und des Unterhalts liegt zwar vor, da stichtagsbezogen die noch nicht getilgte Schuld vom Endvermögen des Eigentümers abgezogen wird und dieses damit verringert wird zulasten des anderen Ehegatten. Die gleiche Schuld wird nun für Unterhaltsberechnungen nach dem Stichtag vom Wohnwert in Abzug gebracht.[374] Hierdurch erfolgt aber keine Belastung des Unterhaltsberechtigten, wie folgendes **Beispiel** zeigt:

M verfügt über ein bereinigtes Nettoeinkomme von 4000 EUR. Zusätzlich ist der Wohnwert der von ihm bewohnten und in seinem Eigentum stehenden Wohnung mit 1200 EUR zu bewerten. Der Wohnungskredit wird mit monatlich 500 EUR getilgt (Zinszahlung 200 EUR). F verfügt über ein bereinigtes Nettoeinkomme von 2000 EUR. Es errechnet sich folgender Unterhaltsanspruch: $1/2 \times (9/10 \times 4000 + 1200 - 700 + 9/10 \times 2000) = 2950$ EUR $- 1800$ EUR $= 1150$ EUR. Über den Unterhalt zahlt F 250 EUR der Tilgung.

Ohne Berücksichtigung von Wohnwert und Tilgung hätte F folgenden Unterhaltsanspruch:
$1/2 \times (9/10 \times 4000 + 9/10 \times 2000) = 2700$ EUR $- 1800$ EUR $= 900$ EUR. Zwar zahlt sie im obigen Beispiel die Tilgung des M mit, sie ist dadurch aber nicht benachteiligt, da sie infolge des Wohnwertes einen höheren Unterhalt erhält. Damit liegt keine Doppelbelastung vor.

486–549 – in dieser Auflage nicht belegt –

II. Überblick zu den in der Ehe angelegten und nicht angelegten Einkünften, berücksichtigungswürdigen Ausgaben sowie Änderungen der Einkommensverhältnisse nach Trennung und Scheidung

1. Überblick zu den prägenden und nichtprägenden Einkünften

550 **a)** **Einkünfte** fließen in unterschiedlicher und sich ändernder Höhe aus verschiedenen konkreten Einkunftsquellen.
Die wichtigsten Einkunftsquellen sind:
– **Erwerbseinkünfte** (zB aus abhängiger oder selbstständiger Erwerbstätigkeit).
– **Vermögenseinkünfte** (zB Mietzinsen, Kapitalzinsen, Unternehmensbeteiligungen, Nutzungsentschädigungen, Wohnvorteil uÄ).
– **Sonstige** gesetzliche oder soziale Leistungen des Staates mit Einkommenscharakter, (zB Arbeitslosengeld, Krankengeld, Elterngeld, Pflegegeld, Renten (→ § 1 Rn. 664 ff.).
– Vermögenswerte Vorteile (zB private Nutzung eines Dienst- oder Geschäftswagens, Ersparnis durch das Zusammenleben, Haushaltsführung für einen neuen Partner).

551 **b)** Wie bereits ausgeführt, beurteilt sich der sog **prägende Charakter** von Einkünften beim Ehegattenunterhalt danach, ob die aus einer konkreten Einkunftsquelle geflossenen Einkünfte als in der Ehe angelegt angesehen werden können. Dies ist zu bejahen, wenn die **konkrete Einkunftsquelle in der Ehe vorhanden** war und die Einkünfte aus dieser

---

[374] anders Borth, FamRZ 2019, 160.

Einkunftsquelle auf Grund der Aufgabenverteilung in der Ehe und der sonstigen gemeinsamen Eheplanung erzielt wurden (→ Rn. 416 ff.) oder ein **Surrogat der gleichwertigen Familienarbeit** (→ Rn. 422 ff., → 593 ff.) bzw. **vorhandener Vermögenseinkünfte** sind (→ Rn. 474, → 607 ff.). Aus diesem Grunde sind ab der Trennung und Scheidung prägend:
- Einkünfte, die **bis zur Rechtskraft der Ehescheidung** aus einer Einkunftsquelle geflossen sind, weil sich aus ihrem Bestehen ergibt, dass die Erzielung dieser Einkünfte aus den in der Ehe angelegten Einkunftsquellen stammen (→ Rn. 552).[375] Dies gilt auch für ihre normale Fortentwicklung (→ Rn. 557).
- Einkünfte, die zwar erstmals nach der rechtskräftigen Ehescheidung aus einer Einkunftsquelle fließen, aber Surrogat der gleichwertigen Familienarbeit sind (→ Rn. 593) oder Surrogat einer Vermögensumschichtung bilden (zB Zinsen statt Wohnwert bei Veräußerung des Familienheimes).

c) In der Ehe angelegte Einkünfte: 552
- Einkünfte, die im Zeitpunkt der Rechtskraft der Ehescheidung als prägend beurteilt werden können, behalten ihren prägenden Charakter, wenn sie aus der gleichen Einkunftsquelle normal weiterfließen.
- Einkommensänderungen sind prägend, wenn die Einkommensentwicklung nach der Trennung und nach der Scheidung einem **Normalverlauf** entspricht (→ Rn. 473, → 557 ff.). Dies gilt sowohl für übliche Gehaltssteigerungen oder Regelbeförderungen (→ Rn. 560 ff.) als auch für unterhaltsbezogen nicht leichtfertige Einkommensreduzierungen zB durch unvermeidbare Gehaltssenkungen, Kurzarbeitergeld, unverschuldete Arbeitslosigkeit oder Verrentung/Pensionierung (→ Rn. 565 ff.).
- Bei einer nach der Trennung unerwarteten, vom Normalverlauf erheblich abweichenden Einkommensentwicklung (zB einem Karrieresprung) bleiben die Einkünfte nur in der Höhe prägend, die sie vor Beginn der vom Normalverlauf abweichenden Entwicklung hatten (→ Rn. 477, → 569 ff.).
- **Fiktive Einkünfte des Bedürftigen** wegen Verstoß gegen die Erwerbsobliegenheit als Surrogat der Haushaltsführung in der Ehe. Die Sanktion liegt in dem Ansatz eines fiktiven Einkommens, über das der Bedürftige tatsächlich nicht verfügt (→ Rn. 621). Das Gleiche gilt bei fiktiven Einkünften **des Pflichtigen** in Höhe der bei Trennung bereits prägenden Einkünfte, wenn er sich nach Treu und Glauben nicht auf eine später eingetretene Leistungsunfähigkeit oder Leistungsminderung berufen darf oder bei unverschuldetem Arbeitsplatzverlust ein Verstoß gegen die Erwerbsobliegenheit zu bejahen ist. Dem **Verpflichteten** sind fiktive Einkünfte wie **prägende Einkünfte** zuzurechnen, dh sie sind ebenfalls bei der Bedarfsbemessung zu berücksichtigen, weil sonst sein pflichtwidriges Verhalten ohne unterhaltsrechtliche Sanktionen bliebe. Diese Einkünfte müssen sich an den **Verhältnissen in der Ehe** orientieren, nicht an einem zwar möglicherweise erreichbaren, aber nie erzielten Einkommen (→ Rn. 623 ff.).
- Nach der geänderten Rechtsprechung des BGH Einkommen des Bedürftigen oder Pflichtigen aus **überobligatorischer Tätigkeit** nach Abzug eines anrechnungsfreien Betrags (→ Rn. 596 ff. sowie → § 1 Rn. 821 ff., 831 ff.).[376] Der Abzug des anrechnungsfreien Betrags erfolgt beim Bedürftigen nach § 1577 Abs. 2 BGB,[377] beim Pflichtigen nach Treu und Glauben gemäß § 242 BGB jeweils nach den konkreten Umständen des Einzelfalls.[378]
- Nach BGH **Einkommen des Bedürftigen aus Haushaltsführung für einen neuen Lebenspartner**,[379] soweit der Bedürftige keiner Ganztagstätigkeit nachgeht (→ Rn. 632).[380] Hiergegen bestehen nach wie vor Bedenken, wobei maßgebend ist,

---

[375] BGH FamRZ 2012, 281 Rn. 17 f. = R 731b.
[376] BGH FamRZ 2011, 454 = R 721b, c; FamRZ 2010, 1880 = R 716a; FamRZ 2010, 357 = R 709c; FamRZ 2009, 770 = R 704a; FamRZ 2005, 1154 = R 630e.
[377] BGH FamRZ 2011, 454 = R 721c.
[378] BGH FamRZ 2013, 191; FamRZ 2011, 454 = R 721c.
[379] BGH FamRZ 2004, 1170 = R 612.
[380] BGH FamRZ 2005, 967.

weshalb hierfür ein Einkommen angesetzt wird, als Vergütungsleistung oder wegen ersparter Aufwendungen (→ Rn. 554 und 633 ff. und → § 1 Rn. 712 ff.).
- **Renteneinkommen,** soweit es auf prägenden Einkünften in der Ehe sowie nach der Trennung/Scheidung, auf vorehelichem Einkommen und dem Versorgungsausgleich beruht (→ Rn. 598 ff.).[381]
- **Vermögenseinkünfte,** die bereits in der Ehe vorhanden waren und weiter bestehen oder nach einer Vermögensumschichtung als **Surrogat** von in der Ehe vorhandenem Einkommen anzusehen sind, zB Zinsen aus dem Verkaufserlös des Familienheims anstelle des früheren Wohnwerts, auch wenn sie sich durch die Umschichtung erhöhten (→ Rn. 607 ff., → § 1 Rn. 557 ff.).

553 d) **Berücksichtigungswürdige Ausgaben:** Fortbestehende Ausgaben und Ausgabenänderungen nach der Trennung und Scheidung, die unterhaltsbezogen nicht leichtfertig erfolgten und damit berücksichtigungswürdig sind sowie nach der Scheidung unterhaltsbezogen nicht leichtfertig entstandene neue Ausgaben, die auch ohne Scheidung die ehelichen Lebensverhältnisse beeinflusst hätten (→ Rn. 437 ff., 440 ff., 453 ff., → § 1 Rn. 1000 ff.).[382] Hierunter fallen bei der Bedarfsbemessung auch Unterhaltslasten für Kinder aus einer neuen Verbindung, soweit diese vor Rechtskraft der Scheidung geboren wurden und Unterhaltsansprüche für den neuen Partner aus § 1615 Abs. 1 BGB (→ Rn. 440, 642 und → § 1 Rn. 1122), nach der Entscheidung des BVerfG vom 25.1.2011 und des BGH vom 7.12.2011, dagegen nicht der Unterhalt eines neuen Ehegatten, da er die Scheidung voraussetzt (→ Rn. 449 und → § 1 Rn. 1127).[383]

554 e) **Nicht in der Ehe angelegte Einkünfte:**
- **Erwerbseinkünfte** aus einer bei Trennung bereits bestehenden Erwerbsquelle, wenn und soweit diese Mehreinkünfte auf einer **unerwarteten, vom Normalverlauf erheblich abweichenden Entwicklung** beruhen (→ Rn. 477, 569 ff.).
- **Vermögenseinkünfte,** die erst nach der Trennung neu entstehen und kein Surrogat von in der Ehe vorhanden Vermögenseinkünften darstellen, zB Zinsen aus einer erst nach der Trennung erfolgten Erbschaft oder einem Lottogewinn (→ Rn. 478, 607 ff.).
- **Vermögenseinkünfte bei guten Einkommensverhältnissen,** die auch nach einem objektiven Maßstab nicht oder nicht in dieser Höhe für die Lebensführung benötigt wurden (→ Rn. 463, 478, 619).
- **Ersparte Aufwendungen** durch Zusammenleben in einer neuen Ehe oder neuen Partnerschaft (→ Rn. 630).

555 f) Besondere Probleme entstehen, wenn aus einer Erwerbsquelle nach der Trennung keine Einkünfte mehr erzielt werden, zB bei **Arbeitsplatzverlust** (→ Rn. 585 ff.), oder wenn die **Erwerbsquelle ausgewechselt** wird, zB bei Arbeitsplatzwechsel, Berufswechsel oder beruflicher Verselbstständigung (→ Rn. 577 ff.).
- Das bisherige Einkommen bleibt (fiktiv) **in der Ehe angelegt,** dh Änderungen sind unterhaltsrechtlich unbeachtet, wenn die Änderungen durch ein **unterhaltsrechtlich vorwerfbares,** zumindest **leichtfertiges Verhalten** des betroffenen Ehegatten verursacht wurden und wenn sich die Änderungen nachteilig auf den anderen Ehegatten auswirken (→ Rn. 623, 580, 586).
- Das Einkommen aus der neuen Tätigkeit tritt **prägend** an die Stelle der ausgewechselten alten Tätigkeit (→ Rn. 577, 587), wenn der betroffene Ehegatte die Änderung **nicht leichtfertig verschuldet** hat oder wenn sich die Änderung ohnehin nicht zum Nachteil des anderen Ehegatten auswirkt (→ Rn. 579).
- Ein dabei entstehendes **Mehreinkommen prägt** die ehelichen Lebensverhältnisse nur dann nicht, wenn es sich bei der Änderung um eine **unerwartete,** vom Normalverlauf abweichende **Entwicklung** handelt (→ Rn. 569 ff.).

---

[381] BGH FamRZ 2007, 1532; FamRZ 2005, 1897; FamRZ 2005, 1479 = R 636a; 2003, 848 = R 588a.
[382] BGH FamRZ 2012, 281 = R 731c; FamRZ 2007, 793 = R 674b.
[383] BGH FamRZ 2012, 281 = R 731b; BVerfG FamRZ 2011, 437.

g) Rückkehr zum Stichtag Ehescheidung: Das BVerfG hat in seiner Entscheidung 556 vom 25.1.2011 die Rechtsprechung des BGH zur Berücksichtigung aller Veränderungen im Ausgabenbereich grundlegend beanstandet (dazu → Rn. 426–431).[384]

Die Entscheidung des BVerfG hat Kritik erfahren, aber auch eine Vielzahl von Vorschlägen für den Umgang mit Einkommensveränderungen, insbesondere bei Hinzutreten weiterer Unterhaltsbedürftiger hervorgebracht. Die Kritik betont, dass die im Gesetz angesprochenen „ehelichen Lebensverhältnisse" sich auf die Einnahmenseite des zur Verfügung stehenden Einkommens beziehen, aber die Ausgaben, wie Lasten und Verbindlichkeiten nicht umfassen. Die Frage der Berücksichtigung der Unterhaltslast für weitere Kinder und Partner betreffe jedoch die Ausgabenseite. Eine Abwendung vom gesetzlichen Leitbild könne daher nicht vorliegen, solange die Berücksichtigungsfähigkeit der Ausgaben Gegenstand der Rechtsprechung sei. Für die Ausgaben halte aber auch das BVerfG eine starre Rückkehr zum Stichtagsprinzip nicht für angezeigt, da es auch nach der Scheidung entstandene Verbindlichkeiten auf der Ebene des Bedarfs anerkenne, soweit diese in der Ehe angelegt seien. Dies führe zu einer unüberschaubaren Kasuistik.[385] Anerkannt sei auch, dass der Halbteilungsgrundsatz sowohl auf der Ebene des Bedarfs, als auch bei der Leistungsfähigkeit zu beachten sei. Wenn demnach neue Unterhaltslasten, wie auch andere Ausgaben bei der Ermittlung des Bedarfs nicht zu berücksichtigen sind, schränken sie jedenfalls die Leistungsfähigkeit des Unterhaltspflichtigen ein. Dies führe zu einer schwer vermittelbaren Doppelberechnung (ausführlich → Rn. 428).[386]

Teilweise wurde die Entscheidung als Verwerfung der Dreiteilungsmethode interpretiert[387] und nach neuen Berechnungswegen gesucht. Andererseits wird betont, das BVerfG habe die Vorverlegung der erst bei der Leistungsfähigkeit maßgebenden Ausgaben in die Bedarfsberechnung beanstandet, nicht aber der Berechnung der Unterhaltshöhe durch Dreiteilung bei zwei unterhaltsbedürftigen Partnern oder der Wandelbarkeit der Lebensverhältnisse eine grundsätzliche Absage erteilte.[388] Letzterer Auffassung ist der BGH mit Einschränkungen gefolgt:

Der BGH hat in der Entscheidung vom 7.12.2011 seine Konsequenzen aus der Entscheidung des Bundesverfassungsgerichts formuliert. Kernpunkt ist die Rückkehr zum Stichtagsprinzip: „die ehelichen Lebensverhältnisse im Sinne des § 1578 BGB werden durch die Umstände bestimmt, die bis zur Rechtskraft der Ehescheidung eintreten"[389] (→ Rn. 431). Dies gilt grundsätzlich für die Einkommensseite, dh für Veränderungen in der Höhe des Einkommens bis zur Rechtskraft der Ehescheidung. Damit verbunden ist die Rückkehr zu den Schwächen des Stichtagsprinzips, die mit der Lehre von den wandelbaren Lebensverhältnissen beseitigt werden sollte. Schon lange Zeit vor der jetzt beanstandeten Änderung der Rechtsprechung des BGH wurde nämlich nicht streng auf die Einkommensverhältnisse zum Stichtag geachtet. Für die Frage des maßgeblichen Einkommens und einer möglichen Einkommenserhöhung durch Karrieresprung ist zunächst der Zeitpunkt auf den der Trennung vorzuverlegen (→ Rn. 569). Entscheidend für die Höhe des Unterhalts ist, was die Eheleute während des Zusammenlebens gemeinsam erwirtschaftet und wovon sie gemeinsam gelebt haben.[390] Dauerhafte Verbesserungen des Einkommens nach Trennung und vor Scheidung bleiben demnach unberücksichtigt, wenn sie auf einer unerwarteten, vom Normalverlauf erheblich abweichenden Entwicklung beruhen.[391]

Gleichzeitig bleibt auch nach der Entscheidung des BVerfG – und durch dieses ausdrücklich anerkannt – das maßgebende Einkommen nicht auf die Höhe bei Scheidung festgefroren. Vielmehr sind solche Einkommensveränderungen, die sowohl zu einer Erhöhung als auch zu einer Verringerung des Einkommens führen, stets zu berücksichtigen, die

---

[384] BVerfG FamRZ 2011, 437.
[385] Gerhardt, Eheliche Lebensverhältnisse, FamRZ 2012, 589.
[386] Gerhardt FamRZ 2012, 589 (592).
[387] Pauling NJW 2012, 194; Maurer FamRZ 2011, 849; Götz/Brudermüller NJW 2011, 801.
[388] Hoppenz NJW 2012, 819; Gerhardt FamRZ 2012, 589.
[389] FamRZ 2012, 281 = R 731b.
[390] Gerhardt FamRZ 2012, 589 (590).
[391] BGH FamRZ 2003, 590 (592).

in Zusammenhang mit der Ehe stehen, weil sie ihren Anknüpfungspunkt in der Ehe haben, in ihr angelegt sind und auch bei Fortbestand der Ehe die Lebensverhältnisse der Ehegatten beeinflusst hätten.[392] Die Surrogationslehre betreffend die Einkommenserhöhung des (vormals) die Kinder betreuenden und/oder den Haushalt führenden Ehegatten bei Wiederaufnahme bzw. Ausweitung seiner Erwerbstätigkeit wurde durch die Entscheidung vom 7.12.2011 ausdrücklich bestätigt.[393] Keinen Anknüpfungspunkt in der Ehe finden Einkommensveränderungen, die aufgrund einer neuen Ehe entstanden sind, wie der Splittingvorteil bei erneuter Eheschließung oder andere Einkommenserhöhungen, die wegen der erneuten Eheschließung erfolgten.[394]

Nicht in das Stichtagsprinzip eingliedern lässt sich seit jeher die Frage, welche **Ausgaben** berücksichtigungsfähig sind. Die Ausgaben sind typischerweise stärkeren Veränderungen unterworfen, als die Einnahmen, da sie weniger planbar sind, Darlehen regelmäßig abbezahlt werden, aber auch neue aufgenommen werden (müssen). Ausgaben, die während der Ehe bereits bestanden, sind abzuziehen, soweit sie zum Zeitpunkt der Unterhaltsberechnung noch anfallen. Neue Unterhaltsverpflichtungen sind nach BGH prägend, wenn sie vor Rechtskraft der Scheidung entstanden sind, andernfalls jedenfalls bei der Leistungsfähigkeit zu berücksichtigen.[395] Nach der Trennung oder Scheidung neu begründete Schulden oder Aufwendungen für Altersvorsorge sind zu berücksichtigen, soweit deren Entstehung auch bei Fortbestehen der Ehe zu erwarten gewesen wäre, nicht leichtfertig erfolgte oder sich innerhalb der zulässigen Altersversorgung bewegt (→ Rn. 636 ff.).

2. Normale Einkommensänderungen und vom Normalverlauf erheblich abweichende Einkommensänderungen

557   **a) In der Ehe angelegtes Erwerbseinkommen.** Einkünfte aus der **gleichen Einkunftsquelle,** die bereits bei der Trennung prägend waren, bleiben in der erzielten Höhe **in der Ehe angelegt,** wenn die Veränderungen nach der Trennung und Scheidung einer normalen Weiterentwicklung entsprechen. Für die Beurteilung des prägenden Charakters von Einkünften ist der Lebenszuschnitt maßgeblich, den die Eheleute durch ihre Leistungen begründet haben, wobei eine normale Fortentwicklung der wirtschaftlichen Verhältnisse miteinbezogen wird.[396] Bei einer Steigerung des Einkommens nach der Scheidung kommt es darauf an, ob diese Entwicklung auf einer allgemeinen Lohnsteigerung beruht (→ Rn. 559)[397] oder bei einem beruflichen Aufstieg eine aus Sicht des Zusammenlebens bereits absehbare Entwicklung eintrat (→ Rn. 562).[398] Maßgebend ist jeweils, dass die in der Ehe gelebten Verhältnisse die Obergrenze eines insoweit entstandenen Vertrauens und damit des aus den ehelichen Lebensverhältnissen abgeleiteten Unterhalts bilden, dh der Bedürftige soll möglichst so gestellt werden, wie er während der Ehe stand, aber nicht besser (→ Rn. 569).[399] Für die normale Fortentwicklung kommt es auch nach der aktuellen Rechtsprechung des BGH nicht mehr darauf an, ob sie noch vor der Scheidung eingetreten ist, maßgebend ist vielmehr nur, dass die Einkommensänderung auch ohne Trennung und Scheidung eingetreten wäre.[400] Dem hatte auch das BVerfG in seiner Entscheidung vom 25.1.2011 zugestimmt.[401] Der Bedürftige soll mit einer in der Ehe

---

[392] BGH FamRZ 2012, 281 = R 731c; BVerfG FamRZ 2011, 437.
[393] BGH FamRZ 2012, 281 = R 731d.
[394] BGH FamRZ 2012, 281 = R 731e.
[395] BGH FamRZ 2012, 281 = R 731a und h.
[396] BGH FamRZ 2010, 869; FamRZ 2009, 579; FamRZ 2009, 411; FamRZ 2008, 968; FamRZ 2007, 793 = R 674b; FamRZ 2006, 683; FamRZ 2003, 590.
[397] BGH FamRZ 2010, 869; FamRZ 2009, 411; FamRZ 2008, 968.
[398] BGH FamRZ 2009, 579; FamRZ 2007, 793.
[399] BGH FamRZ 2009, 579.
[400] BGH FamRZ 2010, 869; FamRZ 2009, 579; FamRZ 2009, 411; FamRZ 2008, 968.
[401] BVerfG FamRZ 2011, 437.

3. Abschnitt: Unterhaltsbedarf und Bedarfsbemessung beim Ehegattenunterhalt § 4

angelegten Einkommenssteigerung weiterhin am Lebensstandard, der durch die gemeinsamen Leistungen in der Ehe erreicht wurde, teilhaben.[402]

Von einer normalen Weiterentwicklung ist in der Regel auszugehen, wenn das Einkommen in der fraglichen Zeit nicht in einer von der allgemeinen Einkommensentwicklung und den gestiegenen Lebenshaltungskosten auffällig abweichenden Weise angewachsen ist.[403]

Die Beurteilung, dass eine vom Normalverlauf nicht abweichende Einkommensentwicklung das zuletzt bezogene Einkommen prägt, gilt in gleicher Weise **für Einkünfte des Verpflichteten** und **Einkünfte des Berechtigten**.[404]

Wann bei Einkommenserhöhungen nach der Trennung/Scheidung von einer Normalentwicklung auszugehen ist, hat der BGH **noch nicht grundlegend geklärt.** Seine Rechtsprechung beruht bisher auf Einzelfallentscheidungen, ohne dass daraus eine generelle Gesetzesmäßigkeit abgeleitet werden kann, wann ein sog Karrieresprung vorliegt (→ Rn. 569 ff.). Problematisch sind vor allem **überdurchschnittliche** Einkommenssteigerungen innerhalb derselben Berufstätigkeit, zB bei Selbständigen. Ist es noch in der Ehe angelegt, wenn zB ein Arzt oder Rechtsanwalt bei der Trennung/Scheidung Berufsanfänger mit einem Gewinn von 50 000 EUR war und aufgrund seiner auch nach der Scheidung erworbenen beruflichen Erfahrung nach weiteren fünf Jahren einen Gewinn von 200 000 EUR hat?[405] In diesen Fällen bietet es sich an, von einem Karrieresprung auszugehen, wenn sich das **Bruttoeinkommen** gegenüber der Trennung im Vergleich zu den üblichen Gehaltssteigerungen **außergewöhnlich erhöht,** zB um 25% gegenüber einer normalen Steigerung nach dem Lebenshaltungsindex[406]. 558

• Eine normale Weiterentwicklung ist nach der bisherigen Rechtsprechung zu bejahen, wenn der für eine Einkommenssteigerung entscheidende **berufliche Aufstieg** (zB zum geschäftsführenden Sparkassendirektor) noch **vor der Trennung** lag oder die hierfür maßgeblichen Fakten noch vor der Trennung gesetzt wurden. Die nach dem Aufstieg eingetretenen Einkommensverbesserungen sind dann nicht unerwartet und außergewöhnlich.[407] 559

Eine Normalentwicklung liegt daher vor, wenn vor der Trennung der **Grundstein für den späteren beruflichen Werdegang** gelegt wurde. Prägend ist deshalb das Einkommen als **Arzt,** wenn der Verpflichtete vor der Trennung und Scheidung einen wesentlichen Teil der Ausbildung abgeschlossen hat und kurz **nach der Scheidung als Assistenzarzt** zu arbeiten begann.[408] Zu den grundlegenden Bedenken → Rn. 558. Prägend ist ferner das Einkommen eines **Gewerkschaftssekretärs,** der zur Zeit der Trennung einen einjährigen Lehrgang auf der Akademie für Arbeit absolvierte und deshalb seine Funktion als freigestellter **Betriebsratsvorsitzender** aufgegeben hatte, weil dieser Lehrgang nicht der Fortbildung als Betriebsrat nach §§ 37 VI, VII BetrVG, sondern der gewerkschaftlichen Funktionärsschulung und damit einer neuen beruflichen Entwicklung diente.[409]

Prägend ist nach BGH ferner das Einkommen des Verpflichteten aus einer bei Scheidung ausgeübten Tätigkeit als **Oberarzt** in einem Krankenhaus, obwohl er bei Trennung nur **Assistenzarzt** war und nach der gemeinsamen Eheplanung eine Tätigkeit als Frauenarzt in eigener Praxis beabsichtigt war, weil sich die Tätigkeit als Assistenzarzt und als Oberarzt in verschiedenen Krankenhäusern „im Rahmen einer normalen beruflichen Entwicklung" bewegt.[410] Sofern mit dem Aufstieg zum Oberarzt eine erhebliche Einkommenssteigerung verbunden war, erscheint dies problematisch (→ Rn. 558). Entsprechen-

---

402 BGH FamRZ 2010, 869; FamRZ 2009, 579; FamRZ 2003, 590 (592).
403 BGH FamRZ 1987, 257 (259).
404 BGH FamRZ 1982, 892.
405 Vgl. OLG Hamm FamRZ 2017, 38 und → Rn. 572.
406 Vgl. OLG Köln FamRZ 2004, 1114: Einkommenssteigerung um 20%.
407 BGH FamRZ 1988, 259 (262).
408 BGH FamRZ 1986, 148.
409 BGH FamRZ 1991, 307 (309).
410 BGH FamRZ 1988, 145.

des gilt für einen **Facharzt**, der nach einer weiteren Facharztausbildung nach der Scheidung Oberarzt wurde.[411]

560 • Prägend ist das Einkommen eines im Zeitpunkt der Scheidung freiberuflich als **Röntgenologe** tätigen Arztes, der im Zeitpunkt der Trennung in der **Radiologieabteilung** eines Krankenhauses tätig war, wenn die zur beruflichen Veränderung führende Entwicklung und der Entschluss zur Niederlassung noch in die Zeit des Zusammenlebens fallen. Es handelt sich dabei auch um keine außergewöhnliche, während des Zusammenlebens nicht vorhersehbare berufliche Entwicklung.[412]

561 • Prägend ist jedenfalls, wenn sich das Einkommen im Zuge **allgemeiner Einkommenssteigerung** nach der Trennung erhöht.[413]

562 • Bei **Einkommenserhöhungen** nach der Trennung oder Scheidung durch einen **beruflichen Aufstieg** liegt eine prägende Normalentwicklung vor, wenn es sich um eine mit hoher Wahrscheinlichkeit zu erwartende Beförderung handelt. Bejaht wurde dies bei sog **Regelbeförderungen** im öffentlichen Dienst, zu denen es nach den heutigen Laufbahnerwartungen üblicherweise kommt, zB bei der Beförderung vom Hauptmann zum Major und später zum Oberstleutnant in der Besoldungsgruppe A 14,[414] vom Polizeibeamten mit der Gehaltsstufe A 9 in die Gehaltsstufe A 10,[415] vom Werkstattleiter bei der Bundeswehr (Oberfeldwebel) zum Gewerbelehrer,[416] vom Angestellten mit Vergütungsgruppe BAT 11 in Gruppe 12 mit Zulage wegen Einsatzes in den neuen Bundesländern,[417] vom Beigeordneten einer Stadt zum ersten Beigeordneten (Besoldungsgruppe A 16),[418] vom Referatsleiter zum Ministerialrat[419] oder bei einer Beamtin im mittleren Dienst die Beförderung von A8 auf A9, auch wenn dies noch in vergleichbar jungem Alter erfolgte[420] (aber → Rn. 572). Das Gleiche gilt in der **freien Wirtschaft,** wenn es sich um eine **regelmäßige berufliche Entwicklung** handelt, zB vom Maschinensteiger zum Reviersteiger[421] oder vom Betriebsarzt zum Arbeitsmediziner.[422] Im Einzelfall kann die Abgrenzung zu einem Karrieresprung sehr schwierig sein (→ Rn. 558, 572 ff.).

563 • Prägend ist das Einkommen aus einer nach einer **Strafhaft** aufgenommenen Erwerbstätigkeit, wenn der Pflichtige in der Ehe vor der Inhaftierung berufstätig war.[423]

564 • In der Ehe angelegt ist bei einem **Berufswechsel** nach der Trennung das Einkommen aus dem Beruf bei Scheidung (Zechenarbeiter, vor der Trennung Bankangestellter), wenn sich die früheren und jetzigen Einkünfte in einer vergleichbaren Größenordnung bewegen und das frühere Einkommen jedenfalls nicht höher war.[424] Entscheidend ist, dass der Verpflichtete nach der ehelichen Lebensplanung durch seine Erwerbstätigkeit für den Unterhalt aufkommen sollte und dass der Berufswechsel als eine dem Normalverlauf entsprechende Entwicklung angesehen werden kann.

565 • Entsprechendes gilt bei **Einkommensminderungen,** die auf **keinem unterhaltsbezogen leichtfertigen Verhalten** beruhen, dh auf keiner Verletzung der Erwerbsobliegenheit durch den Pflichtigen oder Bedürftigen und keiner freiwilligen beruflichen oder wirtschaftlichen Disposition des Pflichtigen, die durch zumutbare Vorsorge abgefangen werden konnte.[425] Es handelt sich insoweit nicht um die Teilhabe am durch gemeinsame

---

[411] BGH FamRZ 2009, 579.
[412] BGH FamRZ 1988, 927 (929).
[413] BGH FamRZ 1987, 459; FamRZ 1982, 576.
[414] BGH FamRZ 1982, 684 (686).
[415] BGH FamRZ 2010, 869.
[416] OLG Hamm FamRZ 1990, 1361.
[417] OLG Hamm FamRZ 1998, 291.
[418] BGH FamRZ 2009, 411; OLG Düsseldorf FamRZ 2007, 1815.
[419] OLG Köln FamRZ 1993, 711.
[420] BGH FamRZ 2016, 199.
[421] BGH FamRZ 1990, 1090.
[422] BGH FamRZ 1988, 156.
[423] OLG Hamm FamRZ 1999, 515.
[424] BGH FamRZ 1985, 911.
[425] BVerfG FamRZ 2011, 437; BGH FamRZ 2010, 869; FamRZ 2009, 411; FamRZ 2008, 968; FamRZ 2007, 793; FamRZ 2006, 683; FamRZ 2003, 590.

3. Abschnitt: Unterhaltsbedarf und Bedarfsbemessung beim Ehegattenunterhalt § 4

Leistungen in der Ehe erreichten Lebensstandard, sondern um die **sachgerechte Verteilung** einer durch Einkommensrückgang erzwungenen Schmälerung des Bedarfs, die auch ohne Scheidung entstanden wäre. Da der Bedürftige durch die Trennung nicht besser gestellt werden soll, als er ohne Trennung stünde, hat er auch eine Reduzierung des Bedarfs hinzunehmen, soweit der Einkommensrückgang auf nicht vorwerfbaren Gründen beruht (→ Rn. 426 ff.).[426] Wird zB der Verpflichtete nach der Trennung/Scheidung pensioniert oder geht er in Rente, sind ab dem Zeitpunkt der Pensionierung/Verrentung die Altersbezüge als Ersatz für die Einkünfte aus der früheren Erwerbstätigkeit prägend[427] (→ Rn. 598 ff.); ebenso, wenn statt dem Gehalt Krankengeld,[428] aus konjunkturbedingten Gründen Kurzarbeitergeld oder wegen unverschuldeter Arbeitslosigkeit Arbeitslosengeld[429] bezogen wird (→ Rn. 587).

- Veräußert der Verpflichtete nach der Trennung unter Aufgabe seiner bisherigen Tätigkeit in einer Gesellschaft mit einem Jahreseinkommen zwischen 150 000 EUR und 200 000 EUR seine Gesellschaftsanteile auf **Leibrentenbasis,** um sich entsprechend seiner Lebensplanung gegen Ende seines Erwerbslebens aus dem aktiven Geschäftsleben zurückzuziehen, entspricht die dadurch eintretende **Absenkung des Lebensstandards** einer natürlichen Entwicklung am Ende eines Erwerbslebens und ist als Normalentwicklung hinzunehmen.[430] Das Gleiche gilt, wenn wegen sehr guter Einkommensentwicklung eine **konkrete Bedarfsermittlung** stattfand (→ Rn. 763 ff.) und der Pflichtige im Ruhestand **deutlich geringere Versorgungsbezüge** hat;[431] diese Versorgungsbezüge sind auch **nicht anzuheben mit Kapitaleinkünften,** die der Pflichtige erst nach der Scheidung erworben hat, da es insoweit nicht mehr um die Teilhabe an der gemeinsamen Lebensleistung handelt.[432] 566

- In der Ehe angelegt ist auch ein nicht vorwerfbarer **Einkommensrückgang nach einem unfreiwilligen Arbeitsplatzwechsel,** zB nach einer unverschuldeten Kündigung und Aufnahme eines neuen Arbeitsplatzes.[433] Das Gleiche gilt, wenn es bei gleich bleibendem Arbeitsplatz aus **betriebs- oder konjunkturell bedingten Gründen** zu einer Absenkung des Einkommens kommt. Ist dem Pflichtigen oder Bedürftigen ein unterhaltsbezogen leichtfertiges Verhalten beim Arbeitsplatzwechsel vorzuwerfen, bleibt hingegen das bisherige Einkommen (fiktiv) prägend (→ Rn. 596, 623,).[434] Wurde bei einer Kündigung vom Arbeitgeber eine **Abfindung** bezahlt, ist während der **Dauer des Bezugs von Arbeitslosengeld** die Abfindung zur Aufstockung auf das bisherige Einkommen heranzuziehen, wobei kein Erwerbsbonus anzusetzen ist (→ Rn. 480, 482, 773, → § 1 Rn. 93 ff.).[435] Findet der Pflichtige ohne Verletzung seiner Erwerbsobliegenheit nur einen schlechter dotierten Arbeitsplatz, ist die Abfindung ab diesem Zeitpunkt nach der geänderten Rechtsprechung des BGH zur Aufstockung des Einkommens auf das frühere Niveau heranzuziehen. Die Quelle der Abfindung liege im Arbeitsverhältnis. Dies rechtfertige zwar eine Aufstockung des neuen Einkommens bis zum bisher erzielten, jedoch nicht darüber hinaus.[436] Unterhaltsrechtlich unberücksichtigt bleibt daher eine nach Scheidung bei einem **unverändert gebliebenen Einkommen** bezogene Abfindung, da diese Abfindung nicht zur Aufstockung eines in der Ehe vorhandenen höheren Einkommens wegen Arbeitslosigkeit benötigt wird und damit nicht in der Ehe angelegt 567

---

[426] BGH FamRZ 2009, 411; FamRZ 2008, 1911; FamRZ 2008, 968; FamRZ 2007, 793; FamRZ 2006, 683; FamRZ 2003, 848 (849) = R 588a; FamRZ 2006, 387 = R 643a; FamRZ 2003, 590 (592).
[427] BGH FamRZ 2005, 1479 = R 636a; FamRZ 2004, 254; FamRZ 2003, 848 (850) = R 588a.
[428] BGH FamRZ 1987, 913.
[429] BGH FamRZ 2007.
[430] BGH FamRZ 1994, 228.
[431] BGH FamRZ 2003, 848 (850) = R 588a.
[432] BGH FamRZ 2003, 848 (850) = R 588a.
[433] BGH FamRZ 2003, 590 (592).
[434] Vgl. BGH FamRZ 2008, 872.
[435] BGH FamRZ 2007, 983.
[436] BGH FamRZ 2012, 1040 = R 732i.

ist (→ Rn. 620, → § 1 Rn. 94).⁴³⁷ In diesem Fall ist die Abfindung im Zugewinn berücksichtigungsfähig.

568 • Geht der Pflichtige nach der Trennung in **Altersteilzeit** und senkt sich dadurch sein Einkommen, ist eine umfassende Einzelfallprüfung vorzunehmen, ob ein unterhaltsbezogen leichtfertiges Verhalten vorliegt (gefährdeter Arbeitsplatz, gesundheitliche Beeinträchtigung, Lebensplanung in der Ehe, finanzielle Verhältnisse des Bedürftigen)⁴³⁸ Die Vereinbarung der Altersteilzeit für sich allein kann nicht bereits als leichtfertiges Verhalten angesehen werden, nach dem der Gesetzgeber diese Möglichkeit aus arbeitsmarktpolitischen Gründen geschaffen hat. Sie kann insbesondere nicht beanstandet werden, so dass die Einkommensreduzierung **in der Ehe angelegt** ist, wenn sie auf gesundheitlichen Gründen beruht,⁴³⁹ der Arbeitsplatz gefährdet war⁴⁴⁰ oder sie im Verhältnis zum Bedürftigen als berechtigt anzusehen ist, weil auch dieser nur eingeschränkt arbeitet⁴⁴¹ (→ § 1 Rn. 749).

569 **b) Nicht in der Ehe angelegtes Erwerbseinkommen.** Kommt es nach der Trennung auf Grund außergewöhnlicher Umstände zu einer **unerwarteten,** vom Normalverlauf erheblich abweichenden **Entwicklung,** sind die neuen Einkommensverhältnisse **nicht mehr prägend.** Dann kann nicht mehr davon ausgegangen werden, dass die neuen Verhältnisse Ausdruck der früheren ehelichen Lebensverhältnisse sind und dass sie diese maßgeblich bestimmt haben.⁴⁴² Denn wie sich insbesondere aus §§ 1569, 1574, 1578b BGB ergibt, will das Unterhaltsrecht des geschiedenen Ehegatten nicht besser stellen, als er während der Ehezeit stand oder aufgrund einer bereits bei der Scheidung absehbaren Entwicklung ohne Scheidung stehen würde.⁴⁴³ Diesen Grundsatz hat der BGH schon sehr früh 1982 im sog Pelzhändlerfall entschieden,⁴⁴⁴ und diese Rechtsprechung später beibehalten.⁴⁴⁵ Dabei kommt es nicht darauf an, ob der Karrieresprung **vor oder nach der Scheidung** eintrat.⁴⁴⁶ **Prüfungszeitpunkt** für eine nicht in der Ehe angelegte Einkommensentwicklung ist vielmehr die **Trennung,**⁴⁴⁷ da ab diesem Zeitpunkt kein gemeinsames Wirtschaften aus den vorhandenen Einkünften und keine gemeinsame Planung mehr vorliegt. Ein sog Karrieresprung kann dabei, seit die Aufnahme oder Ausweitung einer Erwerbstätigkeit durch den haushaltsführenden Ehegatten als in der Ehe angelegt anzusehen ist, nicht mehr nur beim **Pflichtigen,** sondern auch beim **Bedürftigen** eintreten.

570 Nicht in der Ehe angelegt ist **der Mehrverdienst,** der wegen der vom Normalverlauf abweichenden Entwicklung erzielt wird. Das Einkommen bleibt in der bei Trennung bzw. bei Beginn der abweichenden Entwicklung erzielten Höhe prägend. Bei langjähriger Trennung kann in diesem Fall das bei Trennung erzielte Einkommen nach den Indexdaten der statistischen Jahrbücher auf ein fiktives Einkommen im Zeitpunkt der Scheidung (Entscheidung) hochgerechnet werden (→ Rn. 645).⁴⁴⁸ Bei einem Arbeitsplatzwechsel kann man vielfach nur so vorgehen. Ist der Pflichtige noch beim gleichen Arbeitgeber tätig, kann er sich eine Bescheinigung über die für die frühere Tätigkeit angefallene Bruttolohnsteigerung vorlegen lassen.

---

⁴³⁷ BGH FamRZ 2012, 1040 = R 732i; FamRZ 2010, 1311.
⁴³⁸ BGH FamRZ 2012, 1483 Rn. 30 ff.; OLG Koblenz FamRZ 2004, 1573; OLG Köln FamRZ 2003, 602; OLG Hamm NJW-RR 2001, 434; OLG Bamberg FamRZ 2010, 381; FamRZ 1999, 1079.
⁴³⁹ BGH FamRZ 2012, 1483 Rn. 30; OLG Koblenz FamRZ 2004, 1573; OLG Köln FamRZ 2003, 602.
⁴⁴⁰ OLG Hamm NJW-RR 2001, 433.
⁴⁴¹ OLG Bamberg FamRZ 2010, 381.
⁴⁴² BGH FamRZ 2010, 871; FamRZ 2009, 579; FamRZ 2009, 411; FamRZ 2003, 590 (592); FamRZ 1991, 307 (309); FamRZ 1987, 913 (915); FamRZ 1982, 576 (578).
⁴⁴³ BGH FamRZ 2010, 869; FamRZ 2009, 579.
⁴⁴⁴ BGH FamRZ 1982, 576 (578).
⁴⁴⁵ BGH FamRZ 2010, 871; FamRZ 2009, 579; FamRZ 2009, 411; FamRZ 2008, 968; FamRZ 2003, 590 (592).
⁴⁴⁶ BGH FamRZ 2009, 411; FamRZ 2008, 968.
⁴⁴⁷ BGH FamRZ 2009, 579; FamRZ 2009, 411; FamRZ 2003, 590.
⁴⁴⁸ BGH FamRZ 1982, 576 (578).

3. Abschnitt: Unterhaltsbedarf und Bedarfsbemessung beim Ehegattenunterhalt **§ 4**

Ein auf einer nicht vorhersehbaren außergewöhnlichen Einkommenssteigerung beruhendes Einkommen darf daher nicht in vollem Umfang als in der Ehe angelegt berücksichtigt werden,[449] sondern nur in Höhe des fiktiv hochgerechneten früheren Einkommens ohne Karrieresprung. Wann eine vom Normalverlauf abweichende Entwicklung vorliegt, ist eine Einzelfallentscheidung des Tatrichters. Wie bereits ausgeführt hat die Rechtsprechung hierfür noch keine einheitlichen Kriterien gefunden, obwohl dies dringend erforderlich wäre (→ Rn. 558). Indiz für eine außergewöhnliche, vom Normalverlauf abweichende Einkommensentwicklung ist eine erheblich über den normalen Gehaltserhöhungen liegende Einkommenssteigerung, vor allem bei Tätigkeiten in der freien Wirtschaft.[450] **571**

Nach der geänderten Rechtsprechung des BGH kann allerdings ein nicht in der Ehe angelegtes Mehreinkommen des Pflichtigen durch einen Karrieresprung **bei der Ermittlung der Leistungsfähigkeit** zu berücksichtigen sein (→ Rn. 805 ff.).[451]

Einzelfälle der Leistungsbeförderung bzw. des Karrieresprungs: **572**
- Eine nach der Trennung eingetretene unerwartete, vom Normalverlauf abweichende Entwicklung liegt bei einer sog **Leistungsbeförderung** bzw. einem **Karrieresprung** vor. Letzteres ist zB gegeben bei einem Aufstieg vom Oberarzt zum Chefarzt,[452] beim Wechsel eines Oberarztes in eine selbständige Praxis mit deutlich höheren Einkünften,[453] vom ersten Beigeordneten einer Stadt zum Kreisdirektor,[454] vom Vertriebsingenieur zum Geschäftsführer einer GmbH,[455] vom wissenschaftlichen Angestellten bei der Universität nach BAT IIa zum Systemprogrammierer in der freien Wirtschaft,[456] vom kaufmännischen Sachbearbeiter zum Abteilungsbereichsleiter,[457] vom Angestellten zum freien Handelsvertreter mit höherem Einkommen,[458] vom Angestellten in gehobener Position in die Geschäftsführung,[459] vom Geschäftsführer eines mittelständischen Unternehmens zum „Senior Manager" eines international operierenden Konzerns,[460] vom Verkaufsleiter einer Firma zum Geschäftsführer mit einer Steigerung des Einkommens von ca. 6000 EUR brutto monatlich auf ca. 8000 EUR brutto,[461] bei einer Gehaltssteigerung nach Wechsel des Arbeitgebers in der freien Wirtschaft mit erweitertem Tätigkeitsbereich von über 10 000 EUR brutto jährlich[462] sowie einer **Leistungsbeförderung** vom gehobenen in den höheren Dienst,[463] vom Oberstudienrat (A 14) zum Studiendirektor (A 15)[464], vom Lehrer (A 13) zum Konrektor (A 14)[465] und einer Beförderung eines Richters von R 2 in R 3.[466] Ob man dagegen aus heutiger Sicht noch den Wechsel eines als Buchdrucker und Schichtarbeiter tätigen Verpflichteten nach der Trennung zum freigestellter Betriebsrat bei einer Steigerung des Jahresbruttoeinkommens von 75.500 DM im Jahr 1983 auf 84 000 DM im Jahr 1985 als Karrieresprung ansehen kann,[467] erscheint fraglich.

---

449 BGH FamRZ 1987, 913 (915).
450 OLG München FuR 2003, 328.
451 BGH FamRZ 2012, 281 = R 731k; FamRZ 2013, 1366 Rn. 91.
452 BGH FamRZ 2007, 1232 = R 678a.
453 OLG Hamm FamRZ 2017, 38.
454 BGH FamRZ 2009, 411; OLG Düsseldorf FamRZ 2007, 1815.
455 BGH FamRZ 1990, 1085.
456 BGH FamRZ 1985, 791.
457 OLG Hamm FamRZ 1990, 65.
458 OLG Stuttgart FamRZ 1991, 952.
459 OLG Düsseldorf FamRZ 1992, 1439.
460 OLG Hamm FamRZ 1994, 515.
461 OLG München FamRZ 1997, 613.
462 OLG München FuR 2003, 328.
463 OLG Koblenz FamRZ 1997, 1079.
464 BGH FamRZ 2007, 793.
465 OLG Nürnberg FamRZ 2004, 1212.
466 OLG Celle FamRZ 1999, 858.
467 BGH FamRZ 1987, 913 (915).

573 • Der BGH hat 1982 eine vom Normalverlauf erheblich abweichende Entwicklung bejaht bei einem Pelzhändler, der bis zur Trennung ein **kleines Pelzwarengeschäft** betrieben hat und dieses nach der Trennung mit Hilfe seiner neuen Lebensgefährtin zu einem gut gehenden, **gewinnbringenden Unternehmen** mit einem Jahresumsatz von ca. 500 000 EUR und monatlichen Nettoeinkünften von ca. 3600 EUR ausgeweitet hat. Der geschäftliche Aufschwung beruhte erkennbar nicht mehr auf den früheren gemeinsamen Arbeits- und Lebensverhältnissen der Parteien, sondern auf besonderen, während der 18-jährigen Trennungszeit erbrachten unternehmerischen Leistungen des Verpflichteten.[468]

574 Wenn ein Ehegatte, dessen Einkommens- und Vermögensverhältnisse sich während der Trennungszeit in unerwarteter außergewöhnlicher Weise verbessert haben, den anderen Ehegatten an dieser Einkommensverbesserung durch erhöhte Unterhaltszahlungen oder andere laufende Zuwendungen dauerhaft beteiligt hat, dann wird dessen **Lebensstandard durch diese Leistungen angehoben,** was bei der Bemessung des nachehelichen Unterhalts mit zu beachten ist.[469]

575 c) **Einkommensänderungen durch die Wiedervereinigung.** Auch wenn es für die Prägung des Einkommens auf die bei Trennung und Scheidung zu erwartende Normalentwicklung ankommt, sind die durch die Wiedervereinigung eingetretenen Einkommensverbesserungen, die auf dem Wechsel der unterschiedlichen gesellschaftlichen und wirtschaftlichen Verhältnisse in der BRD und DDR beruhen, als **in der Ehe angelegt** anzusehen.[470] Die Fortschreibung der früheren Einkünfte wäre nämlich nicht geeignet, dem Bedürftigen nach der Wiedervereinigung den Lebensstandard zu garantieren, der bei Anlegung eines objektiven Maßstabes dem in der DDR erreichten sozialen Status entspricht.[471] Abzustellen ist insoweit auf die Lebensverhältnisse, die sich ergeben, wenn man die persönlichen Verhältnisse der Parteien im Zeitpunkt der Trennung/Scheidung auf die entsprechenden Verhältnisse in der Bundesrepublik projiziert. Prägend sind ebenso die allgemeinen Einkommensverbesserungen in den neuen Bundesländern, die sich auf Grund der Wiedervereinigung ergeben und ihre Ursache in der Veränderung des gesamten Lohn-Preis-Gefüges haben.[472] **Nicht in der Ehe angelegt** sind dagegen Einkommensverbesserungen, die auf einer Flucht eines Ehepartners aus der früheren DDR, die zur Scheidung führte, beruhen, da es sich insoweit um eine rein trennungsbedingte, nicht in der Ehe angelegte Einkommensentwicklung handelt.[473]

576 d) **Darlegungs- und Beweislast.** Der **Bedürftige** ist für den Unterhaltsmaßstab darlegungs- und beweispflichtig.[474] Insoweit genügt es aber, die gegenwärtigen beiderseitigen Einkommens- und Vermögensverhältnisse darzulegen.[475]

Für den **Ausnahmefall einer** unerwarteten, vom Normalverlauf erheblich **abweichenden Entwicklung** des Einkommens seit der Trennung ist derjenige darlegungs- und beweispflichtig, der sich hierauf beruft, dh regelmäßig der **Pflichtige**.[476]

Dazu gehört ua der Vortrag, welche Position er bei Trennung erreicht hatte, was er zu diesem Zeitpunkt verdiente, worin die behauptete unerwartete Einkommensentwicklung besteht und warum die derzeitige berufliche Stellung nicht schon während des ehelichen Zusammenlebens angelegt gewesen ist.[477]

Zur Darlegungs- und Beweislast vgl. insgesamt → § 6 Rn. 708 ff.

---

[468] BGH FamRZ 1982, 576 (578).
[469] BGH FamRZ 1984, 561.
[470] BGH FamRZ 1995, 472 (474); OLG Karlsruhe FamRZ 1997, 370.
[471] BGH FamRZ 1995, 472 (474); OLG Karlsruhe FamRZ 1997, 370.
[472] BGH FamRZ 1995, 472 (474); OLG Karlsruhe FamRZ 1997, 370.
[473] OLG Karlsruhe FamRZ 1997, 370.
[474] BGH FamRZ 2010, 869 = R 712b; FamRZ 1990, 1085; FamRZ 1984, 149; FamRZ 1983, 352.
[475] BGH FamRZ 1986, 244.
[476] BGH FamRZ 1986, 244; FamRZ 1983, 352.
[477] BGH FamRZ 1983, 352.

3. Abschnitt: Unterhaltsbedarf und Bedarfsbemessung beim Ehegattenunterhalt § 4

3. Einkommensänderungen nach der Trennung durch freiwillige Disposition (zB Arbeitsplatzwechsel, Berufswechsel oder berufliche Verselbständigung)

Während die bisherigen Überlegungen zu Einkommenserhöhungen nach Trennung/ 577
Scheidung durch Karrieresprung daran gemessen wurden, inwieweit sie durch gemeinsame Leistung der Ehegatten erreicht wurden, geht es bei der Einkommensreduzierung durch berufliche Veränderung um die sachgerechte Verteilung der durch den Einkommensrückgang erzwungenen Schmälerung des Bedarfs unter Berücksichtigung der Prämisse, dass es keine Lebensstandartgarantie gibt.[478] Das gilt auch für Erwerbseinkünfte als Surrogat der Familienarbeit in der Ehe.

Bei einem freiwilligen Arbeitsplatzwechsel, Berufswechsel oder bei freiwilliger beruflicher Verselbstständigung wird eine bestehende Erwerbsquelle durch eine **andere konkrete Erwerbsquelle ersetzt.** Dadurch wird ebenfalls die schon vor der Trennung entstandene Erwerbsobliegenheit weiterhin realisiert, wenn auch mittels einer neuen Erwerbsquelle. Bei einer solchen Auswechslung der Erwerbsquellen tritt grundsätzlich die neue an die Stelle der alten Erwerbsquelle und dementsprechend die neuen an die Stelle der alten Einkünfte, wenn aus unterhaltsrechtlichen Gründen keine durchgreifenden Bedenken gegen eine solche Auswechslung bestehen und es sich um eine normale Weiterentwicklung handelt. 578

Unterhaltsrechtlich bestehen in der Regel keine Bedenken, wenn sich die Auswechslung 579
nicht zum Nachteil des anderen Ehepartners auswirkt, dh wenn sich die früheren und neuen Einkünfte in einer vergleichbaren Größenordnung bewegen und **das frühere Einkommen** jedenfalls **nicht höher** war.[479]

Dabei kann eine voraussichtliche normale Weiterentwicklung als vergleichbar prognostiziert werden. Um eine unterhaltsrechtlich unbedenkliche Auswechslung und normale Weiterentwicklung handelt es sich zB, wenn eine Frau während intakter Ehe in der **tierärztlichen Praxis** ihres Mannes in ähnlicher Weise wie in ihrem erlernten Beruf mitgearbeitet hatte und nach der Trennung in ihrem erlernten Beruf als **medizinisch-technische Assistentin** weitergearbeitet hat. Die Einkünfte aus der neuen Tätigkeit sind weiterhin als in der Ehe begründet zu berücksichtigen.[480]

Ist die Auswechslung unterhaltsrechtlich bedenkenfrei, gelten die sich normal weiterentwickelnden Einkünfte aus der neuen Tätigkeit auch im Zeitpunkt der Scheidung als durch die Ehe begründet.[481]

Werden aus der neuen Tätigkeit vorhersehbar und nachhaltig **geringere Einkünfte** als 580
aus der alten Tätigkeit erzielt, ist genau zu prüfen, ob unterhaltsrechtliche Bedenken gegen eine Auswechslung bestehen. Die Einkommenssenkung darf nicht auf einem Verstoß gegen die Erwerbsobliegenheit beruhen, es darf ferner kein unterhaltsbezogen leichtfertiges Verhalten vorliegen.[482] Ebenso, wie während der Ehe Arbeitsplatzwechsel erfolgen und die damit verbundenen Risiken von beiden Ehegatten getragen werden, gilt dies auch für die Zeit nach Trennung und Scheidung. Das Grundrecht auf freie Berufswahl steht hier in Wechselwirkung mit der aus Art. 6 GG folgenden Verantwortung für die Familie.[483] Ebenso wie der Pflichtige bei bestehender Ehe eine Risikoabwägung und Absicherung der Familie vornehmen würde, ist dies von ihm allerdings auch nach Trennung und Scheidung im Rahmen fortbestehender ehelicher Solidarität gefordert. Der Ehepartner ist daher, soweit er keine anzuerkennenden Gründe hat, zu einem beruflichen Wechsel mit Einkommenssenkung nur berechtigt, wenn er vor dem Wechsel durch Rücklagenbildung, Kreditaufnahme oder ähnliche Maßnahmen eine ausreichende Vorsorge dafür getroffen hat, dass dem anderen Ehepartner dadurch keine Nachteile entstehen, dh dass er den

---

[478] BGH FamRZ 2003, 590 (592).
[479] BGH FamRZ 1985, 911.
[480] BGH FamRZ 1982, 892.
[481] BGH FamRZ 1985, 911.
[482] BGH FamRZ 2003, 590 (592); OLG Hamm FamRZ 2018, 29, 31.
[483] BGH FamRZ 1988, 256, 257.

Unterhalt in bisheriger Höhe weiterzahlen kann (→ § 1 Rn. 743 ff.); sonst darf ein Ehegatte seine bisherige Tätigkeit nicht freiwillig aufgeben.[484]

581 Wenn der **Unterhaltsverpflichtete leichtfertig** gegen diese Obliegenheit verstößt und seine frühere Erwerbstätigkeit trotz des zu erwartenden Einkommensrückgangs in vorwerfbarer Weise aufgibt, dann bleiben für die Bemessung des Unterhaltsbedarfs des Berechtigten die Einkommensverhältnisse vor der leichtfertigen beruflichen Veränderung maßgeblich.[485] Er wird deshalb unterhaltsrechtlich so behandelt, als ob er die Einkünfte aus der früheren Tätigkeit weiterhin erzielen würde. Leichtfertiges Verhalten liegt dabei vor, wenn der Arbeitsplatzwechsel ohne Not und nachvollziehbaren Grund erfolgte und der Unterhaltspflichtige unter Außerachtlassung der gebotenen Rücksicht und Verantwortung die wirtschaftliche Lebensgrundlage für sich und den Unterhaltsbedürftigen sinnlos aufs Spiel setzt (→ § 1 Rn. 743).[486]

582 Kommt es bei Beibehaltung des Arbeitsplatzes zu einem **Einkommensrückgang,** ist ebenfalls zu prüfen, ob ein unterhaltsbezogen leichtfertiges Verhalten vorliegt. Dabei ist eine umfassende Interessenabwägung vorzunehmen, insbesondere ob betriebliche, gesundheitliche oder altersbedingte Umstände zur Reduzierung der Tätigkeit und damit des Einkommens vorlagen, ob beim Bedürftigen dadurch der angemessene Bedarf (= angemessener Selbstbehalt) nicht mehr gesichert ist und ob die Einkommenssenkung auch bei Fortdauer der Ehe erfolgt wäre. IdR wird die Reduzierung einer in der Ehe über das normale Maß hinausgehenden Tätigkeit auf eine übliche Tätigkeit zu akzeptieren sein, zB der Abbau regelmäßig geleisteter Überstunden, der Wechsel von einer Nachtschicht in eine Normalschicht, der Übergang in die Altersteilzeit.

583 Wird auf Grund einer umfassenden Zumutbarkeitsabwägung **kein zumindest unterhaltsbezogen leichtfertiges** Verhalten festgestellt, dann ist die Einkommensreduzierung unterhaltsrechtlich nicht vorwerfbar. Es handelt sich jeweils um eine durch Einkommensrückgang erzwungene Schmälerung des Bedarfs. Da die früheren ehelichen Lebensverhältnisse keine unverändert fortschreitende Lebensstandardgarantie beinhalten, muss der Bedürftige auch die **negative Einkommensentwicklung** des Partners wirtschaftlich mittragen, dh die Einkommenssenkung **vermindert den Bedarf.**[487] Denn das Unterhaltsrecht will den bedürftigen Ehegatten nach Trennung/Scheidung wirtschaftlich nicht besser stellen, als er sich ohne Trennung/Scheidung stünde.[488] Der Unterhaltsanspruch ist dann nach den verminderten tatsächlichen Einkünften aus der neuen Tätigkeit zu bemessen.[489] Wird im Falle einer nicht vorwerfbaren Einkommensreduzierung eine Abfindung bezahlt, ist diese grundsätzlich zur Aufstockung des verringerten Einkommens anzusetzen.[490]

584 Erzielt der Ehegatte aus der neuen Erwerbstätigkeit **erheblich höhere Einkünfte** als aus der früheren Tätigkeit, so werden in vielen Fällen die neuen Einkünfte auf einer im Zeitpunkt der Trennung **unerwarteten, vom Normalverlauf erheblich abweichenden Entwicklung** beruhen. Es bleibt dann das aus der früheren Erwerbstätigkeit erzielte Einkommen bis zur Scheidung prägend, dh der Unterhaltsbedarf ist nach dem früheren Einkommen zu bemessen, während der Mehrverdienst, der auf der vom Normalverlauf abweichenden Entwicklung beruht, seinen Grund nicht mehr in den ehelichen Lebensverhältnissen hat (→ Rn. 569 ff.).

4. Einkommensänderungen bei Arbeitsplatzverlust und Arbeitslosigkeit

585 Bei Arbeitsplatzverlust ist, wie auch bei einem Arbeitsplatzwechsel, stets im Rahmen einer umfassenden Zumutbarkeitsabwägung festzustellen, ob der Verlust durch ein unterhaltsrechtlich vorwerfbares Verhalten in der Form eines zumindest unterhaltsbezogen

---

[484] BGH FamRZ 1988, 145 FamRZ 1988, 256; FamRZ 1988, 705; FamRZ 1987, 930 (932).
[485] BGH FamRZ 2008, 872 Rn. 19; 1988, 145; FamRZ 1988, 256; FamRZ 1987, 930 (932).
[486] BGH FamRZ 2001, 541.
[487] BGH FamRZ 2016, 203 = R 774; 2003, 590 (592).
[488] BGH FamRZ 2003, 848 (850) = R 588a.
[489] BGH FamRZ 2003, 590 (592); FamRZ 1988, 256; FamRZ 1983, 140.
[490] BGH FamRZ 2012, 1040 = R 732i.

3. Abschnitt: Unterhaltsbedarf und Bedarfsbemessung beim Ehegattenunterhalt § 4

leichtfertigen Verhaltens verursacht worden ist[491] (→ Rn. 580 sowie → § 1 Rn. 743 ff.). Maßgebend ist insoweit nicht ein schuldhaftes, sondern allein ein **unterhaltsbezogen leichtfertiges Verhalten.**

Typische Fälle eines leichtfertigen Verlustes sind:
– Leichtfertige **Kündigung** des Arbeitsplatzes **durch** den **Verpflichteten.**[492]
– Vom Verpflichteten unterhaltsbezogen leichtfertig **verschuldete Kündigung des Arbeitgebers.**[493] Nicht ausreichend ist jedoch ein zwar selbst verschuldeter, aber ungewollter Arbeitsplatzverlust, zB bei einem Diebstahl oder Trunkenheit am Arbeitsplatz[494] oder bei Inhaftierung nach einer nicht gegen den Bedürftigen oder einen nahen Angehörigen gerichteten Straftat.[495]
– **Reduzierung** der bisherigen Tätigkeit, ohne hierzu unterhaltsrechtlich berechtigt zu sein[496] (→ Rn. 592).
– Leichtfertige sonstige **Arbeitsplatzaufgabe.**[497]

Entsprechendes gilt auch bei Erwerbseinkünften des Berechtigten.

Bei **Bejahung** eines zumindest **unterhaltsbezogen leichtfertigen Verhaltens** wird dem **Verpflichteten** als Sanktion für sein unterhaltsrechtlich vorwerfbares Verhalten sein bisher erzieltes Einkommen **fiktiv** weiterhin als **bedarfsbestimmend** zugerechnet und danach der Unterhaltsbedarf bemessen (→ Rn. 621). In der Praxis wird dies selten zu bejahen sein da selbst bei Arbeitsplatzverlust durch Straftaten idR der unterhaltsrechtliche Bezug fehlt. Soweit es dabei um einen Verstoß gegen die Erwerbsobliegenheit geht, ist aber bei der Höhe des fiktiven Einkommens genau zu prüfen, ob den Pflichtige nach den Verhältnissen auf dem Arbeitsmarkt und seinen persönlichen Eigenschaften (Alter, Ausbildung, Berufserfahrung, Gesundheitszustand) dieses Einkommen auch tatsächlich noch erreichen kann.[498] **586**

Trifft den **Berechtigten** ein entsprechendes Verschulden am Verlust einer bereits bei Trennung ausgeübten oder als Surrogat der Haushaltsführung nach Trennung aufgenommenen Erwerbstätigkeit, bleibt das bisherige Einkommen **fiktiv bedarfsbestimmend.**

Bei **Verneinung** eines zumindest leichtfertigen Verhaltens ist der Bedarf auf der Grundlage der tatsächlich bestehenden Verhältnisse **neu zu bemessen.** Der Einkommensrückgang ist beim Trennungsunterhalt von beiden Ehegatten wirtschaftlich mitzutragen. Beim nachehelichen Unterhalt ist bei einem unverschuldeten Einkommensrückgang des Bedürftigen durch einen Arbeitsplatzverlust vorab zusätzlich zu prüfen, inwieweit ein Anschlusstatbestand gegeben ist, wobei durch eine vorübergehende Arbeitslosigkeit die Unterhaltskette jedoch nicht unterbrochen wird[499] (→ Rn. 111 ff.). **587**

Bei Bezug von Arbeitslosengeld für eine bei Trennung ausgeübte Tätigkeit ist dieses als **Einkommensersatzleistung** schon bei der **Bestimmung des Bedarfs** zu berücksichtigen, wenn die Arbeitslosigkeit länger andauert. Nach Meinung des BGH müsste es auf Unverständnis stoßen, wenn eine zwischen Trennung und Scheidung unerwartet eintretende Arbeitslosigkeit des Verpflichteten nicht schon die ehelichen Lebensverhältnisse, sondern erst dessen Leistungsfähigkeit beeinflusst.[500] Auch insoweit muss die negative Einkommensentwicklung von beiden Eheleuten mitgetragen werden.[501] Nichts anderes gilt bei unverschuldeter Arbeitslosigkeit des Bedürftigen. Doch kann es hier am Unterhaltstatbestand fehlen, wenn die Arbeitslosigkeit erst nach der Scheidung eintrat und der Arbeitsplatz bereits nachhaltig gesichert war (§ 1573 IV BGB).

---

[491] BGH FamRZ 2002, 813; FamRZ 2000, 815; FamRZ 1994, 240; FamRZ 1993, 1055.
[492] BGH FamRZ 1993, 1055; FamRZ 1985, 158.
[493] BGH FamRZ 1993, 1055; FamRZ 1988, 597 (599).
[494] BGH FamRZ 2000, 815; FamRZ 1994, 240; FamRZ 1993, 1055.
[495] BGH FamRZ 2002, 813.
[496] BGH FamRZ 1992, 1045 (1047).
[497] BGH FamRZ 2011, 791 Rn. 33.
[498] BGH FamRZ 1996, 345.
[499] BGH FamRZ 2016, 203 = R 774.
[500] BGH FamRZ 1988, 256.
[501] BGH FamRZ 2003, 590 (592).

588 Während der **Zeit der Arbeitslosigkeit** besteht die unterhaltsrechtliche Erwerbsobliegenheit weiter. Deshalb ist der Erwerbslose auch unterhaltsrechtlich verpflichtet, sich ernsthaft und intensiv um eine neue zumutbare Erwerbstätigkeit zu bemühen (→ § 1 Rn. 782).[502]
Unterlässt er solche zumutbaren Bemühungen und hätte bei ernsthaften ausreichenden Bemühungen eine reale Beschäftigungschance bestanden, dann ist dem **Berechtigten** oder dem **Verpflichteten** ein erzielbares Einkommen fiktiv als bedarfsbestimmend zuzurechnen.

589 Findet der Erwerbslose später einen **neuen Arbeitsplatz** und bewegen sich die früheren und neuen Einkünfte in einer vergleichbaren Größenordnung, dann treten die Einkünfte aus der neuen Erwerbsquelle an die Stelle der Einkünfte und Einkommensersatzleistungen aus der früheren Erwerbsquelle. Es handelt sich um eine zeitlich verschobene, unterhaltsrechtlich nicht zu beanstandende Auswechslung von Erwerbsquellen, die einem Normalverlauf entspricht (→ Rn. 555).

590 Erzielt der Ehegatte aus der neuen Erwerbstätigkeit **erheblich höhere Einkünfte,** kann dies auf einer vom Normalverlauf erheblich abweichenden Entwicklung beruhen. Es gelten dann die Ausführungen zu → Rn. 569 f.

591 Kann der Unterhaltspflichtige aus arbeitsmarktpolitischen Gründen nach einem unverschuldeten Arbeitsplatzverlust keine neue Stelle finden und macht sich deshalb selbstständig, ohne über ausreichende Rücklagen zu verfügen, ist die darauf zurückzuführende Einkommensreduzierung vor allem in der Anfangsphase zu billigen. Auch insoweit handelt es sich um eine von beiden Ehegatten wirtschaftlich mitzutragende negative Einkommensentwicklung (→ Rn. 587).

592 Beruht eine Minderung des Einkommens auf einer **Verletzung der Erwerbsobliegenheit,** etwa weil der Verpflichtete seine selbstständige Erwerbstätigkeit eingeschränkt hat, um das **Sorgerecht** zu erlangen oder weniger Unterhalt zahlen zu müssen, so kann das nicht die ehelichen Lebensverhältnisse zum Nachteil des Unterhaltsberechtigten verändern, soweit über das Sorgerecht bereits entschieden wurde und sich der Unterhaltspflichtige nicht bemüht, das frühere Einkommen wieder zu erreichen.[503] Der Verpflichtete wird vielmehr fiktiv an seinem früheren Einkommen festgehalten (→ Rn. 621). Beruht die Einschränkung einer Erwerbstätigkeit dagegen allein auf den Bemühungen, das Sorgerecht für das Kind zu erlangen, muss der Bedeutung und Tragweite des Elternrechts Rechnung getragen werden.[504] Insoweit ist im Einzelfall genau zu prüfen, ob der Pflichtige mit dem Arbeitgeber eine nur vorläufige Reduzierung seiner Tätigkeit, die er nach der Sorgerechtsentscheidung rückgängig machen kann, vereinbaren konnte.[505] Zur Betreuung eines Kindes aus einer neuen Ehe und dadurch entstehender Erwerbslosigkeit **bei Wiederverheiratung** → § 2 Rn. 275 f.

5. Aufnahme oder Ausweitung einer zumutbaren Erwerbstätigkeit durch den Berechtigten nach der Trennung

593 Bei **erstmaliger Aufnahme einer Erwerbstätigkeit** durch den Bedürftigen nach der Trennung handelt es sich seit der Grundsatzentscheidung des BGH vom 13.6.2001 um ein **Surrogat** der früheren Haushaltstätigkeit, die **eheprägend** ist (→ Rn. 422 ff.).[506] Das Gleiche gilt, wenn eine Teilzeittätigkeit auf eine Ganztagstätigkeit ausgeweitet wird. Ein Surrogat liegt auch vor, wenn die Eheleute nur sehr kurz zusammenlebten (eine Woche), aus der Ehe aber ein gemeinsames Kind hervorging, das die Bedürftige betreut.[507] Dabei kommt es nach der Surrogatslösung nicht darauf an, wie und in welchem Umfang in der

---

[502] BGH FamRZ 1994, 372 (374).
[503] BGH FamRZ 1992, 1045 (1047).
[504] BVerfG FamRZ 1996, 343.
[505] BVerfG FamRZ 1996, 343.
[506] BGH FamRZ 2012, 281 = R 731d; 2001, 986 (991) = R 563c; vgl. auch BVerfG FamRZ 2011, 437; BGH FamRZ 2009, 411; FamRZ 2008, 968; FamRZ 2005, 1979 = R 640b, d; FamRZ 2005, 1154 = R 630e; FamRZ 2004, 1170 = R 612.
[507] BGH FamRZ 2005, 1979 = R 640b.

Ehe der Haushalt geführt wurde.[508] Wann eine Erwerbstätigkeit aufgenommen wird – vor oder nach der Scheidung – hängt von der jeweiligen Erwerbsobliegenheit ab. Bei Kinderbetreuung kann dies auch nach der Scheidung sein. Verstößt der Bedürftige gegen seine Erwerbsobliegenheit, ist das dann anzusetzende **fiktive Einkommen Surrogat** der früheren Familienarbeit.[509]

Hat der Bedürftige nach der Trennung eine Erwerbstätigkeit als Surrogat seiner früheren Familienarbeit aufgenommen und kommt es später bei ihm zu einem sog **Karrieresprung,** dh einer vom Normalverlauf erheblich abweichenden Einkommensentwicklung, bleibt nur sein fortgeschriebener ursprünglicher Verdienst eheprägend, der Mehrverdienst ist dagegen nicht in der Ehe angelegt (→ Rn. 569 ff.). Dies führt beim Bedürftigen dazu, dass der Mehrverdienst nicht zur Ermittlung des Bedarfs heranzuziehen ist, aber als bedarfsdeckendes Einkommen von diesem abzuziehen ist. 594

Verdient der in der Ehe haushaltsführende Ehegatte nach Aufnahme einer Berufstätigkeit mehr wie der in der Ehe das Haushaltsgeld verdienende Ehepartner, zB bei Aufnahme einer Erwerbstätigkeit durch eine Akademikerin nach kurzer Ehedauer, ist auch dieses Einkommen in voller Höhe Surrogat der Haushaltsführung in der Ehe. Dies ist die Konsequenz jeder Surrogatslösung, wie der BGH zB bereits bei der Veräußerung des Familienheims und Zinsen als Surrogat des früheren Wohnwerts entschieden hat, wenn letztere den Wohnwert übersteigen.[510] Damit liegt ein eheprägendes Einkommen in dieser Höhe und nicht etwa nur in Höhe des niedrigen Verdienstes des Ehegatten vor, so dass der in der Ehe den Haushalt führende Ehegatte zum Unterhaltspflichtigen werden kann. 595

Beispiel: M und F haben am 3.5.2014 die Ehe geschlossen. Zu diesem Zeitpunkt war M Assessor an der Universität mit einem monatlichen Nettoeinkommen von 2500 EUR. F war Jura-Studentin. Am 24.3.2015 kam die gemeinsame Tochter T zur Welt. F, nun im Referendariat mit einem Einkommen von 1000 EUR, unterbrach dieses kurz, setzte es fort und schloss es am 1.3.2018 erfolgreich mit dem zweiten Staatsexamen ab. Zwischenzeitlich kam es am 1.1.2018 zur Trennung. Zum 1.6.2018 begann F eine Tätigkeit in einer Anwaltskanzlei mit einem Nettoeinkommen von 3500 EUR. M arbeitet weiterhin an der Universität. Sein Einkommen hat sich auf 2700 EUR erhöht. Sie betreuen T im Wechselmodell und stellen sich von Barunterhaltspflicht frei.
Unterhaltsanspruch des M: $1/2 \times (9/10 \times 3500 + 9/10 \times 2700) = 2790$ EUR $- 2430$ EUR $= 360$ EUR.

6. Einkünfte aus unzumutbarer Erwerbstätigkeit

a) Bedürftiger. Einkünfte aus einer vom Bedürftigen in der Ehe ausgeübten und nach der Trennung fortgesetzten oder erst nach der Trennung/Scheidung aufgenommenen unzumutbaren (= überobligatorischen) Erwerbstätigkeit sind nach der geänderten Rechtsprechung des BGH nach Abzug eines anrechnungsfreien Betrages gemäß § 1577 Abs. 2 BGB **in der Ehe angelegt.**[511] Die Beurteilung einer Tätigkeit als unzumutbar bedeutet nach BGH, dass derjenige, der sie ausübt, unterhaltsrechtlich nicht gehindert ist, sie jederzeit zu beenden, gleichgültig ob er Unterhaltsschuldner oder Unterhaltsgläubiger ist[512] (→ § 1 Rn. 801 ff.). Beispiel für eine überobligatorische Tätigkeit des Bedürftigen sind seit der Unterhaltsreform zum 1.1.2008 mit der Neufassung des § 1570 BGB, wenn trotz Betreuung eines Kindes, das das 3. Lebensjahr noch nicht vollendet hat, gearbeitet wird (→ § 1 Rn. 804)[513] oder bei einem über drei Jahre alten Kind bei einer ganztägigen 596

---

[508] Gerhardt FamRZ 2003, 272.
[509] BGH FamRZ 2005, 1979 = R 640d; FamRZ 2003, 434; FamRZ 2001, 1291 = R 564; FamRZ 2001, 1693.
[510] BGH FamRZ 2002, 88.
[511] BGH FamRZ 2011, 454 = R 721b; FamRZ 2006, 846 = R 648e; FamRZ 2006, 683; FamRZ 2005, 1154 = R 630e; FamRZ 2005, 967.
[512] BGH FamRZ 2011, 454 = R 721b; FamRZ 2006, 846 = R 648d; FamRZ 1998, 1501; FamRZ 1985, 360; FamRZ 1984, 364; FamRZ 1983, 146 (148).
[513] BGH FamRZ 2010, 1880 = R 716a; FamRZ 2010, 1050; FamRZ 2009, 770 = R 704a.

Fremdbetreuung noch eine erhebliche persönliche Restbetreuung verbleibt, etwa weil am Morgen oder späten Nachmittag/Abend noch erhebliche Betreuungs- und Erziehungsleistungen zu erbringen sind, und damit die Summe aus Erwerbstätigkeit und Kinderbetreuung zu einer überobligatorischen Belastung führt. (→ § 1 Rn. 806).[514] Weitere Fälle sind eine Berufstätigkeit trotz Betreuung eines behinderten Kindes (→ § 1 Rn. 816) oder die Fortsetzung der Berufstätigkeit über den Regelaltersruhestand von derzeit 65 Jahren hinaus (→ § 1 Rn. 817).[515] Hierbei spielt es keine Rolle, ob der Bedürftige Nichtselbständiger oder Selbständiger ist[516] oder nur Nebentätigkeiten nachgeht (→ § 1 Rn. 817). Zur Höhe des anrechnungsfreien Betrages → § 1 Rn. 821 ff., zur Abgrenzung zu einem zumutbaren Einkommen bei Kinderbetreuung mit Abzug der konkreten Betreuungskosten und/oder eines Betreuungsbonus wegen der bestehenden Doppelbelastung bei der Bereinigung des Nettoeinkommens → § 1 Rn. 812, zu einem Rechenbeispiel → § 1 Rn. 813.

597 **b) Pflichtiger.** Auch insoweit hat der BGH seine frühere Rechtsprechung geändert. Wie beim Bedürftigen ist auch beim Pflichtigen ein Einkommen aus überobligatorischer Tätigkeit **eheprägend,** soweit es nach § 242 BGB aus Billigkeitsgründen angesetzt wird, da eine dem § 1577 Abs. 2 BGB entsprechende Regelung fehlt. Ein Einkommen aus Nebentätigkeiten kann beispielsweise zu $1/3$ oder $1/2$ berücksichtigt werden (→ § 1 Rn. 837). Dies gilt vor allem bei einer Erwerbstätigkeit über die Regelaltersgrenze von derzeit 65 Jahren hinaus, unabhängig davon, ob es sich um einen Nichtselbständigen oder Selbständigen handelt und ob es in der Branche üblich ist, über 65 Jahre hinaus berufstätig zu sein (→ § 1 Rn. 838).[517] Für die Frage, ob und in welchem Umfang das Einkommen anzusetzen ist, ist eine Abwägung der Belange des Pflichtigen und des Bedürftigen vorzunehmen und kommt der Höhe des überobligatorischen Einkommens eine besondere Bedeutung zu.[518] Überobligatorisch bedeutet, dass die Tätigkeit ohne Verstoß gegen die Erwerbsobliegenheit jederzeit wieder aufgegeben werden kann, wodurch sich der Bedarf senkt (→ § 1 Rn. 835 ff.). Übt der Pflichtige bereits während des Zusammenlebens eine unzumutbare Tätigkeit aus oder ist seine Tätigkeit nach der Trennung überobligatorisch, weil er zB das gemeinschaftliche noch nicht drei Jahre alte Kind trotz voller Erwerbstätigkeit betreut, gelten die oben beim Bedürftigen gemachten Ausführungen entsprechend (→ Rn. 596 sowie → § 1 Rn. 831 ff.). Zu weiteren Beispielen für eine überobligatorische Tätigkeit des Pflichtigen → § 1 Rn. 831 ff., zur Anrechnung dieses Einkommens → § 1 Rn. 835 ff.

7. Einkommensänderungen infolge erstmaligem Rentenbezug nach Trennung und Scheidung

598 Früher hatte der BGH in ständiger Rechtsprechung Renten der gesetzlichen Rentenversicherung, die auf dem Versorgungsausgleich beruhen, als nicht eheprägend angesehen und im Wege der Anrechnungsmethode berücksichtigt,[519] allerdings die dabei entstehenden unbilligen Ergebnisse durch eine Billigkeitskorrektur vermieden.[520] Seit der Änderung der Rechtsprechung des BGH zur Anrechnungsmethode[521] sind die **Renteneinkommen** beider Parteien grundsätzlich als **prägendes Einkommen** zu behandeln, wobei es nicht mehr darauf ankommt, ob die Renten auf einer Berufstätigkeit vor, in oder nach der Ehe oder auf dem Versorgungsausgleich beruhen, nicht darauf, ob es sich um eine Alters- oder Erwerbsminderungsrente handelt und auch nicht darauf, ob der Rentenfall zurzeit der Scheidung bereits eingetreten war, oder nicht.[522] Soweit die Renten auf einer Berufstätig-

---

[514] BGH FamRZ 2014, 1987 = R 762a; 2010, 1880 = R 716a; FamRZ 2009, 1739; FamRZ 2009, 1391; FamRZ 2009, 770 = R 704a.
[515] BGH FamRZ 2011, 454 = R 721b.
[516] BGH FamRZ 2011, 454 = R 721b.
[517] BGH FamRZ 2013, 191; 2011, 454 = R 721b.
[518] BGH FamRZ 2013, 191.
[519] BGH FamRZ 1988, 1156; FamRZ 1989, 159.
[520] BGH FamRZ 1989, 159.
[521] BGH FamRZ 2001, 986 = R 563.
[522] BGH FamRZ 2002, 88.

keit vor, in oder nach der Ehe beruhen, sind sie Surrogat der Berufstätigkeit, welche in der Regel prägend ist. Soweit sie auf dem Versorgungsausgleich beruht, tritt sie an die Stelle des entsprechenden die ehelichen Lebensverhältnisse prägenden Einkommens des Ausgleichspflichtigen.

Nachehelich erworbene Renten können allerdings auch das **Surrogat für ein nicht prägendes Erwerbseinkommen** sein, wenn nämlich nach der Ehe auf Grund eines Karrieresprungs oder einer anderen nachehelichen Erhöhung des Einkommens, welche die ehelichen Lebensverhältnisse nicht mehr prägt, eine erhöhte Rente oder sonstige Altersversorgung gezahlt wird. Ein solches Renteneinkommen bleibt bei der Bedarfsbemessung außer Betracht, gleich ob es vom Unterhaltsschuldner oder vom Unterhaltsgläubiger erworben wurde.

599

Eine weitere Ausnahme könnte gemacht werden für den Fall, dass das Renteneinkommen des Unterhaltsgläubigers zwar auf dem **Versorgungsausgleich** beruht, der Unterhaltspflichtige aber noch erwerbstätig ist und keine Rente bezieht, die gekürzt werden könnte.[523] Auch in diesem Fall ist zwar die Versorgungsausgleichsrente Surrogat der bisherigen Haushaltsführung. Es fehlt aber der unmittelbare Zusammenhang von Ausgleichsrente und Kürzung, so dass der Rentenfall eine Erhöhung des gemeinsamen Einkommens und damit des Bedarfs bringen kann, die ohne die Scheidung nicht eingetreten wäre. Unter der Geltung der Anrechnungsmethode für Versorgungsausgleichsrenten hatte der BGH entschieden, dass die von ihm empfohlene Billigkeitskorrektur der Anrechnungsmethode nicht dazu führen dürfe, dass im Rentenfall sich der Bedarf erhöhe. Es erscheint aber auch nicht als ausgesprochen ungerecht, dass diese tatsächliche Einkommenserhöhung zwischen den Ehegatten geteilt wird. Daher dürfte diese eher seltene und meist nur kurzfristig bedeutsame Konstellation letztlich keine Abweichung von dem nunmehr geltenden Grundsatz, dass **alle Renten prägendes Einkommen** sind, rechtfertigen. Soweit das Renteneinkommen dadurch gemindert ist, dass es mit einem Versorgungsausgleich zugunsten des nachfolgenden Ehegatten belastet wird, ist diese Reduzierung nicht eheprägend. Das Einkommen ist entsprechend zu erhöhen. Die Reduzierung wirkt sich ggf. nur bei Prüfung der Leistungsfähigkeit aus.[524]

Die Altersversorgung von Selbstständigen beruht vielfach auf der Verrentung von **Lebensversicherungen.** Diese treten an die Stelle des Erwerbseinkommens, wenn sich der Selbstständige zur Ruhe setzt. Soweit das Versicherungsvermögen bereits in der Ehe gebildet wurde, war die daraus fließende Altersversorgung bereits während bestehender Ehe zu erwarten und hat damit die ehelichen Lebensverhältnisse geprägt. Dasselbe gilt, wenn das Ansparen der Lebensversicherung in vergleichbarem Umfang nach der Scheidung fortgesetzt worden ist.[525]

600

Die Lebensversicherung kann allerdings bereits dem **Ausgleich als Zugewinn** unterlegen haben. Das allein hindert jedoch nicht ihre Berücksichtigung als prägend, da auch die im Versorgungsausgleich berücksichtigten Renten weiterhin prägendes Einkommen darstellen. Wurde aber der Ausgleichsbetrag nicht aus anderen baren Mitteln aufgebracht, sondern finanziert oder abgezahlt, so wurde durch spätere Sparleistungen die Auflösung der Versicherung vermieden. Es handelt sich dann letztlich um eine nach der Ehe erworbene Versorgung, welche auf Leistungen beruht, die **über die normalen Vorsorgeleistungen hinausgehen.** Es erscheint dann nicht gerecht, den Ehegatten an dieser Altersversorgung zu beteiligen.[526] Solche Renteneinkommen wird man deshalb nicht als prägend anerkennen dürfen. Auch sonst wird man Versorgungen aus Sparleistungen, welche **bei der Unterhaltsbemessung unberücksichtigt** geblieben sind, als nicht prägend aus der Bedarfsrechnung auszuscheiden haben[527] (zur Berücksichtigung von Vorsorgeaufwendungen → § 1 Rn. 1029 ff.).

601

---

[523] Scholz FamRZ 2003, 265 (269).
[524] BGH FamRZ 2014, 1276 = R 755a.
[525] Vgl. OLG Koblenz FamRZ 2015, 417, 419.
[526] Solche Schulden werden bei der Unterhaltsbemessung in der Regel nicht berücksichtigt, weil dem Berechtigten die Finanzierung seines Zugewinnausgleichs aus dem Unterhalt meist nicht zugemutet wird (vgl. Heiß/Heiß Kap. 3 Rn. 764).
[527] Vgl. OLG Düsseldorf FamRZ 1998, 621; OLG Hamm FamRZ 1998, 1520.

602 Die prägenden Renteneinkommen des Verpflichteten sind regelmäßig geringer als die von ihnen ersetzten Erwerbseinkommen. Von großer Bedeutung ist dann die Frage, ob etwaiges **Renteneinkommen des Berechtigten** als eheprägend anzuerkennen, im Ergebnis also nur im Wege der Differenzmethode zur Hälfte anzurechnen ist. Die durch ein **eheprägendes Erwerbseinkommen** begründete Versorgung ist selbst ebenfalls eheprägend. Durch **nichtprägende Erwerbstätigkeit** begründete Versorgung ist hingegen nicht prägend.

603 Dem durch **zweckentsprechende Verwendung des Altersvorsorgeunterhalts** begründeten Renteneinkommen liegt ein vom Verpflichteten bereits geleisteter Unterhalt zugrunde, was gegen eine Berücksichtigung bei der Bedarfsbemessung spräche. Andererseits vertritt der Altersvorsorgeunterhalt den Versorgungsausgleich, was dafür spricht, die Rentenansprüche aus beiden Rechtsgründen gleich und zwar als **eheprägend zu** behandeln. Das ist jedenfalls im Normalfall der **zweistufigen Berechnung** gerechtfertigt, weil hier der Vorsorgeunterhalt von beiden Eheleuten gemeinsam getragen wurde, indem er den Elementarunterhalt und das dem Pflichtigen verbleibende Einkommen vermindert. Anders liegt der Fall dann, wenn bei Vorhandensein eines die ehelichen Lebensverhältnisse nicht prägenden Einkommens der Vorsorgeunterhalt **einstufig berechnet** und deshalb auch allein vom Pflichtigen getragen wurde. Für einen solchen Fall hat der BGH zu Recht entschieden, dass das resultierende Renteneinkommen nicht eheprägend sei und der **Anrechnungsmethode** unterliege, weil der Pflichtige sonst doppelt zahlen müsse.[528]

8. Nutzung des Vorsorgevermögens aus Vorsorgeaufwendungen im Rentenfall

604 Die neuere Rechtsprechung des BGH kennt auch Vermögen, welches der Altersvorsorge gewidmet ist **(Vorsorgevermögen)**. Soweit zB mit dem Vermögen eine **Leibrente** erworben wurde, sind diese Rentenleistungen Einkommen, auch wenn damit ein Vermögensverzehr verbunden ist, eine Billigkeitsabwägung wegen Zugriff auf den Vermögensstamm nach § 1581 BGB findet dann nicht statt.[529] Solches Vorsorgevermögen entsteht auch dann, wenn in einem Unterhaltsverfahren Vorsorgeleistungen für eine **zusätzliche Altersvorsorge** in Höhe von 4% des Bruttoeinkommens geltend gemacht werden (→ Rn. 437 ff., → § 1 Rn. 1029 ff.). Da das so gebildete Vermögen zu Lasten des Unterhalts des Berechtigten gebildet wurde und eine Vermögensbildung zu Lasten des Unterhaltsberechtigten an sich unzulässig ist,[530] muss dieses Vermögen im Rentenfall wieder dem beiderseitigen Unterhalt zugeführt werden. Auch Vermögen, welches in einem Unterhaltsfall als **Schonvermögen** für die Altersvorsorge berücksichtigt wurde (in Höhe der fiktiven Ersparnis von 4% des Bruttoeinkommens in der zurückliegenden Erwerbszeit),[531] gehört zum Vorsorgevermögen. **Lebensversicherungen,** die auf ein Alter ab 55 abgeschlossen sind, sind immer Vorsorgevermögen (wenn es sich nicht um ein Finanzierungsmodell handelt, bei welchem das Kapital der Kredittilgung dient). Wenn der Unterhaltsschuldner bei Fälligkeit einer solchen Versicherung ohne triftigen Grund nicht die Verrentung, sondern die Kapitalauszahlung wählt, um dann vom Vermögensstamm zu leben, muss er sich so behandeln lassen, als hätte er die Verrentung gewählt, weil er durch seine Dispositionen nicht seine Unterhaltspflicht vermindern kann (→ § 1 Rn. 607 ff.).

605 Wenn er aber von vornherein **nur Vermögen angespart** und keinen Versicherungsvertrag abgeschlossen hat, dient das Vermögen selbst der Aufrechterhaltung des Lebensstandards im Versorgungsfall. Der Verpflichtete kann dann auf den Verbrauch des Vermögensstamms verwiesen werden, welcher aber seinen lebenslangen Bedarf (unter Berücksichtigung seiner Lebenserwartung, → § 1 Rn. 607 ff., → § 5 Rn. 81) sichern muss. Dies gilt auch, soweit die Altersvorsorge durch Erwerb von Immobilienvermögen erfolgte. Dieses muss dann u. U. bei Eintritt des Rentenfalls zur Erhaltung des Einkommens verwertet

---

[528] BGH FamRZ 2003, 848 mit kritischer Anmerkung Hoppenz.
[529] BGH FamRZ 1994, 228.
[530] BGH NJW 2008, 1946 = R 692.
[531] BGH FamRZ 2006, 1516.

3. Abschnitt: Unterhaltsbedarf und Bedarfsbemessung beim Ehegattenunterhalt **§ 4**

werden, soweit es nicht noch selbst bewohnt wird, und darf nicht zB für die Kinder erhalten werden.[532] Ob er den Verbrauch des Vermögens auch unter Hinweis auf den möglichen Pflegefall verweigern kann, erscheint zweifelhaft, weil wegen des insoweit unkalkulierbaren Risikos eine Vermögensverwertung kaum jemals zugemutet werden könnte. Zur Absicherung des Pflegefalls kann eine Versicherung abgeschlossen, nicht aber Kapital zurückgehalten werden.

Zur Berechnung des verbrauchbaren Teils des Vermögensstamms kann nicht auf die **606** Barwerte zurückgegriffen werden, weil eine lebenslange Absicherung bei unsicherer Lebensdauer sich nicht an einem Durchschnitt orientieren kann.[533] Es kann nur von der maximalen vernünftigerweise anzunehmenden Lebensdauer ausgegangen werden. Das sind derzeit ca. 95 bis 100 Jahre, weil nur wenige älter werden. Dabei sind die Verhältnisse des Einzelfalls, insbesondere die Lebensdauer der Eltern und Verwandten zu würdigen.

Beispiel:
Das Alter von M betrage 66 Jahre. Es wird ein Höchstalter von 100 Jahren angenommen. Das Kapital betrage 500 000. Ein Zinssatz von 3% sei nach Abzug von Steuern nachhaltig erzielbar. Ein Kapital von 500 000 EUR kann in 34 Jahren bei einem Zinssatz von 3% mit Raten von 1956 EUR getilgt werden. Umgekehrt kann aus einem Kapital von 500 000 EUR bei einer Nettoverzinsung von 3% für die Dauer von 34 Jahren monatlich 1945 EUR entnommen werden.[534]
Die Folge ist allerdings, dass in den meisten Fällen ein Vermögensrest an die Erben fallen wird. Diese haften nach § 1586b I BGB für den Unterhalt nur in Höhe des fiktiven Pflichtteils, also je nach Verwandtschaftsgrad der Erben oder anderer Pflichtteilsberechtigter zwischen $^1/_8$ und $^1/_2$ des Nachlasswerts.

Der so ermittelte zulässige Vermögensverbrauch muss sich grundsätzlich auch daran messen lassen, welches lebenslange Einkommen sich durch eine Verrentung dieses Vermögens zu üblichen Bedingungen (vgl. Berechnung der Sofortrente in *www.allianz.de*) erzielen ließe. Weil die Standardbedingungen in der Regel eine Beitragsrückgewähr im Todesfall vorsehen, ist die garantierte Rente eher bescheiden. Diese Rente dürfte die Untergrenze dessen darstellen, was als Einkommen durch Vermögensverbrauch für Unterhaltszwecke herangezogen werden kann.

9. In der Ehe angelegte und nicht in der Ehe angelegte Einkünfte aus Vermögen

a) Allgemeine Grundlagen. In der heutigen Zeit, in der viele Eheleute während des **607** Zusammenlebens Vermögen bilden, gehören Einkünfte aus dem Vermögen nach den Erwerbseinkünften zu den wichtigsten Einnahmequellen, die unterhaltsrechtlich aber oft nicht ausreichend beachtet werden. Zu den Vermögenseinkünften zählen insbesondere **Miet- und Kapitalzinsen** (→ § 1 Rn. 453 ff., 605 ff.), Unternehmensbeteiligungen sowie ein **Wohnwert**. Während eine Vermögensverwertung unterhaltsrechtlich nur verlangt werden kann, wenn sie im Einzelfall nicht unwirtschaftlich oder unter Berücksichtigung der beiderseitigen finanziellen Verhältnisse nicht unbillig ist (→ § 1 Rn. 607 ff.), sind die aus dem Vermögen gezogenen Nutzungen stets als Einkommen heranzuziehen. **In der Ehe angelegt** sind dabei für die Bedarfsermittlung die **vor der Trennung** bereits gezogenen tatsächlichen Nutzungen, die nach der Trennung und Scheidung weiterhin vorhanden sind, zB der Wohnwert im Eigenheim (→ § 1 Rn. 473 ff.) oder Miet- oder Zinseinkünfte. Prägend ist ferner das **Surrogat** aus bereits in der Ehe vorhandenen Vermögenseinkünften, zB Zinsen aus dem Verkauf des Familienheims oder eine Nutzungsentschädigung anstelle des früheren Wohnwerts (→ Rn. 612, → § 1 Rn. 528, 558). Prägend sind nach der geänderten Rechtsprechung des BGH als Surrogat auch die Zinsen aus dem **Zugewinn** (→ Rn. 612 und → § 1 Rn. 570).[535]

---

[532] OLG Hamm FamRZ 2014, 777.
[533] Vgl. dazu Bienko FamRZ 1999, 517.
[534] Die reine Verzinsung betrüge anfangs 1250 EUR monatlich, der reine Kapitalverbrauch ohne Zinsen 695 EUR, vgl. das Computerprogramm Gutdeutsch Familienrechtliche Berechnungen: Leistungsfähigkeit, Einkommen/Schuldentilgung.
[535] BGH FamRZ 2008, 963 = R 692h; FamRZ 2007, 1532.

608 Alle erst **nach der Trennung** neu hinzugekommen Vermögenseinkünfte sind nach der Rechtsprechung des BGH **nicht prägend**, zB Zinsen aus einem Lottogewinn, da sie während des Zusammenlebens noch nicht flossen und daher nicht in der Ehe angelegt waren. Es kommt dabei nicht darauf an, ob der Vermögenszufluss vor oder nach der Scheidung entstand, maßgebend ist allein, dass er während des Zusammenlebens **bis zur Trennung** nicht vorhanden war und damit kein Vertrauensschutz für den Bedürftigen in die Fortgeltung dieses Lebensstandards entstehen konnte.[536] Als nichtprägendes Einkommen reduzieren sie gem. § 1577 I BGB die Bedürftigkeit des Berechtigten, bzw. erhöhen nach § 1581 BGB die Leistungsfähigkeit des Pflichtigen, haben aber **keinen Einfluss auf den Bedarf** nach den ehelichen Lebensverhältnissen. Im Falle eines nach der Trennung angetretenen **Erbes** kommt eine Berücksichtigung der daraus anfallenden Erträge nur in Betracht, wenn die Erwartung des künftigen Erbes schon während bestehender Ehe so wahrscheinlich war, dass die Eheleute ihren Lebenszuschnitt vernünftigerweise darauf einrichten konnten und das eingerichtet haben.[537] Maßgeblich ist, dass die zu erwartende Erbschaft den Familienunterhalt bereits in irgendeiner Weise konkret beeinflusst hat.[538]

Nicht in der Ehe angelegt sind nach BGH ferner bei guten Einkommensverhältnissen Vermögenseinkünfte, die auch nach einem objektiven Maßstab für die Lebensführung nicht benötigt wurden, selbst wenn sie in der Ehe bereits vorhanden waren (→ Rn. 458, 463).[539] Dies kann auch zu einer **konkreten Bedarfsbemessung** führen (→ Rn. 763 ff.).

609 **Kapitalzinsen oder Mieteinkünfte,** die die Eheleute während des Zusammenlebens bis zur Trennung hatten, **prägen** ihren Bedarf unabhängig davon, ob es sich um Nutzungen aus dem gemeinsamen oder einem Ehegatten allein gehörenden Vermögen handelt (vgl. zB zum Wohnwert → § 1 Rn. 535 ff.). Änderungen der Zins- oder Miethöhe entsprechen einer Normalentwicklung. Prägend sind dabei nur die tatsächlichen Mieteinkünfte, wenn vorhandene Wohnungen nicht vorwerfbar leer standen.[540] Soweit aus einem **Vermögen keine Nutzungen** gezogen werden und dies auch während des Zusammenlebens nicht erfolgte, obwohl eine entsprechende Unterhaltsobliegenheit besteht, zB eine leer stehende Garage nicht vermietet oder eine Eigentumswohnung unentgeltlich einem volljährigen Kind mit eigenem Einkommen überlassen wird, hat dies **keinen Einfluss auf den Bedarf** nach den ehelichen Lebensverhältnissen. Denn insoweit sind keine (fiktiven) prägenden Einkünfte vorhanden, die den Lebensstandard erhöht hatten. Für die Bedarfsermittlung dürfen **keine fiktiven Vermögenseinkünfte** als prägend herangezogen werden, die **in der Ehe nicht oder nicht in dieser Höhe** vorhanden waren.[541] Insoweit handelt es sich auch um kein Surrogat. Im Rahmen des auf den Bedarf anzurechnenden Eigeneinkommens des **Berechtigten,** bzw. der Leistungsfähigkeit des **Pflichtigen,** sind dagegen entsprechende fiktive nichtprägende Einkünfte aus unterlassener Vermögensnutzung anzusetzen (vgl. eingehend mit weiteren Nachweisen → § 1 Rn. 632 ff.).

610 Soweit Zinsen auf Kapitalvermögen nicht ausbezahlt, sondern wieder angelegt (thesauriert) werden, dienen sie der Vermögensbildung und nicht der Befriedigung des laufenden Lebensunterhalts. Sie sind daher bei der Bemessung des Unterhaltsbedarfs nicht anzusetzen. Etwas anderes gilt, wenn Zinsen aus dem vorhandenen Vermögen nach einem **objektiven Maßstab für die Lebensführung benötigt** wurden, aber durch Anlage des Geldes in thesaurierenden Fonds auf Kosten einer zu dürftigen Lebensführung entzogen wurden. Da die Vermögensmehrung durch die Thesaurierung in diesem Fall ein **Surrogat der Vermögensnutzung** bildet, sind entsprechende fiktive Zinsen als **prägend** bedarfserhöhend anzusetzen (→ Rn. 464).[542] Es ist aber das Verbot zur Doppelverwertung zu beachten, wenn dieses Vermögen bereits über den Zugewinn ausgeglichen wurde (→ Rn. 481 ff.).

---

[536] BGH FamRZ 2009, 579; FamRZ 2008, 968.
[537] BGH FamRZ 2012, 1483; OLG Koblenz FamRZ 2015, 417.
[538] OLG Hamm FamRZ 2014, 1030.
[539] BGH FamRZ 2007, 1532.
[540] BGH FamRZ 2007, 1532.
[541] BGH FamRZ 1997, 281 (283); FamRZ 1992, 1045 (1047).
[542] BGH FamRZ 2007, 1532.

Ein bei der Trennung vorhandener **Wohnwert** eines Eigenheims, in dem die Eheleute 611
gemeinsam lebten, gehört nach Abzug der Instandhaltungskosten sowie der auf der Immobilie lastenden berücksichtigungswürdigen Verbindlichkeiten zu den die ehelichen Lebensverhältnisse prägenden Einkünften (→ § 1 Rn. 535 ff.). Soweit ein Ehegatte nach der Trennung aus der Ehewohnung auszieht und diese damit nicht mehr nutzt, hat dies keinen Einfluss auf die Beurteilung der prägenden ehelichen Lebensverhältnisse, weil der bedürftige Ehegatte nach der Intention des Gesetzes vor einem sozialen Abstieg durch Trennung und Scheidung bewahrt werden soll.[543] Wird das Familienheim verkauft, prägen anstelle des früheren Wohnwertes die Zinsen aus dem Erlös oder ein mit dem Erlös geschaffener neuer Wohnwert als **Surrogat** des früheren mietfreien Wohnens die ehelichen Lebensverhältnisse (→ § 1 Rn. 557 ff.).[544] Dies gilt auch, wenn die Zinsen den früheren Wohnwert übersteigen.[545]

b) In der Ehe angelegte Vermögenseinkünfte sind damit
- in der Ehe bereits vorhandene und nach der Trennung fortlaufende Einkünfte, zB 612 Wohnwert,[546] Mietzinsen, Kapitalzinsen usw.,
- Surrogate aus Nutzungen eines in der Ehe bereits vorhandenen Vermögens, zB der Zinsen aus dem Erlös des Familienheims oder ein mit der Erlös angeschaffter neuer Wohnwert,[547] Zinsen aus der Veräußerung von sonstigen Vermögenswerten,
- die Zinsen aus dem Zugewinnausgleich;[548] der BGH hat seine Surrogatslösung darauf gestützt, dass aus dem Vermögen in der Ehe bereits Nutzungen flossen. Dies gilt für den gesamten Zugewinn als Surrogat, auch wenn er zB auf unterschiedlichem Anfangsvermögen beruht, da der Ausgleich aus dem beim Eheende vorhanden Vermögen erfolgt.
- fiktive Zinsen, wenn Vermögen in der Ehe in thesaurierender Weise angelegt wurde, obwohl die Nutzungen nach einem objektivem Maßstab zur Lebensführung benötigt wurden.[549]

c) Nicht in der Ehe angelegte Vermögenseinkünfte sind
- Zinseinkünfte aus einem **Kapitalvermögen,** das ein Ehegatte erst **nach der Trennung** 613 auf Grund einer **Erbschaft** (→ Rn. 608)[550] oder eines Lotteriegewinns erworben hat. Bei einer Erbschaft hat der BGH ausdrücklich darauf abgestellt, ob die Erbschaft den Familienunterhalt, der nur bis zur Trennung besteht, beeinflusste, nur dann sei die Erbschaft prägend.
- Das Gleiche gilt, wenn ein Ehegatte mit nichtprägenden Mitteln, zB aus einer Erbschaft 614 oder einem erst nach der Trennung angesparten Vermögen, einen neuen Wohnwert erlangt.
- **Mieteinkünfte,** die nach der Trennung erstmals erzielt werden bzw. erzielt werden 615 müssen, weil zB eine Wohnung in der Ehe kostenlos einem Kind überlassen wurde, das die Ausbildung bereits abgeschlossen hat und ausreichend verdient.[551] Kein fiktives Einkommen aus erzielbaren Mieteinkünften ist anzusetzen, wenn sich das Kind noch in Ausbildung befindet und deshalb weiterhin kostenlos in der Wohnung lebt.[552]

---

[543] BGH FamRZ 1986, 437.
[544] BGH FamRZ 2009, 23; FamRZ 2008, 963 = R 692a; FamRZ 2001, 986 (991) = R 563e; FamRZ 2001, 1140 (1143).
[545] BGH FamRZ 2002, 88 (91).
[546] BGH FamRZ 2010, 1633; FamRZ 2010, 1300; FamRZ 2009, 23; FamRZ 2008, 963 = R 692a; FamRZ 2007, 879.
[547] BGH FamRZ 2009, 23; FamRZ 2008, 963 = R 692a; FamRZ 2006, 387 = R 643f; FamRZ 2005, 1159 = R 623b, c.
[548] BGH FamRZ 2008, 963 = R 692h; FamRZ 2007, 1532.
[549] BGH FamRZ 2007, 1532.
[550] BGH FamRZ 2012, 1483; 2006, 387 = R 643d; FamRZ 1988, 1145 (1146); OLG Frankfurt a. M. FamRZ 1986, 165; OLG Hamm FamRZ 1992, 1184; a. A. OLG Hamm FamRZ 1998, 620.
[551] BGH FamRZ 1990, 269.
[552] BGH FamRZ 2000, 351.

616 • Zinseinkünfte aus einem Kapitalvermögen, das sich ein Ehegatte erst **nach der Trennung** ohne unterhaltsrechtliche Benachteiligung des anderen Ehegatten durch **Ansparungen** und sonstige unternehmerische Initiativen gebildet hat.
617 • Realisierbare Forderungen gegen Dritte, die man in zumutbarer Weise einziehen kann, zB ein Vermächtnis.[553]
618 • Der Wohnvorteil eines Familienheims, das von den Eheleuten zwar als Ehewohnung geplant war, aber **nicht gemeinsam bewohnt** worden ist, weil es bei der Trennung erst im **Rohbau** fertiggestellt war.[554]
619 • Zinseinkünfte, die bei **guten Einkommensverhältnissen** auch nach einem objektiven Maßstab für den allgemeinen Lebensbedarf **nicht benötigt** wurden; dabei hat, gemessen am verfügbaren Einkommen, sowohl eine zu dürftige Lebensweise als auch ein übermäßiger Aufwand außer Betracht zu bleiben. Sie dienten nur der Vermögensbildung und sind deshalb der Unterhaltsbemessung entzogen.[555] Der heranzuziehende objektive Maßstab kann allerdings dazu führen, dass gleichwohl ein Teil der Zinseinkünfte als prägend zu behandeln ist.[556] Zu beachten ist hierbei immer, ob die Zinsen, die zur Vermögensbildung führten, über den Zugewinn ausgeglichen wurden.
620 • Nutzungen aus einer nach der Scheidung geflossenen **Abfindung** bei unverändert gebliebenen Einkünften des Pflichtigen.[557] Denn insoweit handelt es sich bei der Abfindung um kein unterhaltsrechtliches Einkommen, mit dem ein durch Arbeitslosigkeit entstandener Einkommensrückgang aufgefangen werden soll (→ Rn. 567, → § 1 Rn. 94), sondern um Vermögen, das erst nach der Scheidung zugeflossen ist.

10. Fiktive Einkünfte beim Berechtigten und Verpflichteten nach der Trennung

621 a) **Erwerbseinkünfte** (zu fiktiven Einkünften aus unterlassener zumutbarer Erwerbstätigkeit → § 1 Rn. 735 ff.). Der Ansatz von fiktiven Einkünften ist stets eine Sanktion wegen Verstoß gegen die Erwerbsobliegenheit bzw. die Obliegenheit, sich leistungsfähig zu halten. Wird als Sanktion gegen den Verstoß gegen die Erwerbsobliegenheit ein fiktives Erwerbseinkommen angesetzt, sind die Folgen für den Bedürftigen und Pflichtigen unterschiedlich. Beim Bedürftigen reduziert das fiktive Einkommen den Unterhalt, beim Pflichtigen wird der eigentlich geschuldete Unterhalt aus dem fiktiven Einkommen berechnet. Das Problem wird dadurch jedoch in die Vollstreckung verlagert, da ein Einkommen, aus dem der Unterhalt zu zahlen ist, idR nicht vorhanden ist.

622 Erzielbare **Erwerbseinkünfte,** die dem in der Ehe den Haushalt führenden **Berechtigten** nach der Trennung wegen Verstoßes gegen seine Erwerbsobliegenheit fiktiv zugerechnet werden (→ § 1 Rn. 773 ff.), sind nach der geänderten Rechtsprechung des BGH **Surrogat** und damit **eheprägend.**[558] Das Gleiche gilt, wenn der Bedürftige seinen Arbeitsplatz verliert und sich nicht ausreichend um eine neue Stelle bemüht.

623 Auch die beim **Pflichtigen** angesetzten fiktiven Erwerbseinkünfte sind **eheprägend.**[559] Er wird unterhaltsrechtlich so gestellt, als ob er pflichtgemäß die fiktiven Einkünfte als prägende Einkünfte erzielen würde und einen entsprechenden Unterhalt an den anderen Ehegatten zahlen könnte. Deshalb sind auch beim Verpflichteten fiktiv zuzurechnende Einkünfte bereits bei der Bedarfsbemessung zu berücksichtigen und außerdem im Rahmen der Beurteilung seiner Leistungsfähigkeit. Wenn dem Verpflichteten wegen einem unterhaltsbezogen verantwortungslosen oder leichtfertigen Verhalten oder wegen nicht ausreichender oder nicht ernsthafter Bemühungen um eine zumutbare Erwerbstätigkeit oder wegen eines anderen unterhaltsrechtlich vorwerfbaren Verhaltens erzielbare Einkünfte

---

[553] BGH FamRZ 1998, 367.
[554] BGH FamRZ 1988, 145.
[555] BGH FamRZ 2007, 1532.
[556] BGH FamRZ 2007, 1532.
[557] BGH FamRZ 2010, 1311.
[558] BGH FamRZ 2006, 683; FamRZ 2005, 1979 = R 640b, d; FamRZ 2004, 254; FamRZ 2003, 434; FamRZ 2001, 1291 = R 564; FamRZ 2001, 1693.
[559] BGH FamRZ 1993, 1304 (1306); FamRZ 1992, 1045 (1047).

fiktiv zugerechnet werden (vgl. insoweit → § 1 Rn. 735 ff.), genügt es nicht, ihm solche Einkünfte nur auf der Leistungsstufe leistungssteigernd zuzurechnen, weil der Unterhaltsanspruch nicht nach der Leistungsfähigkeit des Verpflichteten, sondern auf der Bedarfsstufe nach den prägenden Einkünften bemessen wird. Blieben fiktive Einkünfte als nichtprägende Einkünfte auf der Bedarfsstufe unberücksichtigt, dann bestünde ohne die Zurechnung fiktiver Einkünfte kein oder nur ein verminderter Unterhaltsanspruch und eine durch die fiktive Zurechnung erhöhte Leistungsfähigkeit hätte zugunsten des benachteiligten Unterhaltsgläubigers keine Auswirkung. Das vorwerfbare Verhalten des Verpflichteten bliebe für diesen ohne wirtschaftlich nachteilige Konsequenzen. Die Nachteile würden ausschließlich und sanktionslos nur dem Berechtigten aufgebürdet. Deshalb ist der Verpflichtete auch hinsichtlich der Bedarfsbemessung so zu behandeln, als wenn er seine unterhaltsrechtliche Erwerbspflicht nicht verletzt hätte.[560] Sein fiktives Einkommen ist daher **bedarfserhöhend.**

Die Anrechnung fiktiver Einkünfte darf beim Pflichtigen aber nur an die ehelichen **624** Lebensverhältnisse bis zur Trennung der Eheleute **anknüpfen.** Es darf sich daher immer nur um in der Ehe bereits vorhandene Einkünfte handeln. Dagegen können **lediglich gedachte wirtschaftliche Verhältnisse,** die keine Grundlage in der tatsächlichen Einkommenssituation in der Ehe haben, die ehelichen Verhältnisse nicht prägen;[561] geht der Pflichtige trotz eines höheren Ausbildungslevels in der Ehe nur einer untergeordneten Tätigkeit nach oder arbeitet er, um mehr Freizeit zu haben, in der Ehe nicht ganztags, sondern nur in Teilzeit, kann für den Ehegattenunterhalt kein über dem in der Ehe erzielten Einkommen liegendes fiktives Einkommen angesetzt werden. Möglicherweise erzielbare, in der Ehe aber nie erzielte Einkünfte des Pflichtigen, die er bei größerem Einsatz hätte erreichen können, prägen die ehelichen Lebensverhältnisse nicht, da sich die Eheleute von vornherein mit einem niedrigeren Lebensstandard begnügt hatten.[562] Im umgekehrten Fall, in dem ein Ehegatte ohne entsprechende Ausbildung aufgrund glücklicher Umstände ein hohes Einkommen erzielte, er diese Tätigkeit aber nicht unterhaltsbezogen leichtfertig verlor, kann dieses Einkommen nicht ohne weiteres fiktiv zugrunde gelegt werden. Es ist vielmehr darauf abzustellen, welches Einkommen er nach seiner Ausbildung und Berufserfahrung zu erzielen in der Lage wäre.

Nach der Rechtsprechung des BGH ist Voraussetzung einer fiktiven Zurechnung von **625** Einkünften auf den Bedarf, die Bedürftigkeit und die Leistungsfähigkeit, dass auf Grund einer umfassenden Zumutbarkeitsabwägung ein **unterhaltsrechtlich vorwerfbares Verhalten** in der Form eines zumindest leichtfertigen Verhaltens bejaht wird (→ § 1 Rn. 743 ff.).

Typische Fälle der Zurechnung fiktiver Einkünfte:
- Wenn im Rahmen einer bestehenden Erwerbsobliegenheit bei ausreichenden und ernsthaften Bemühungen um eine zumutbare Erwerbstätigkeit eine reale Beschäftigungschance bestanden hätte (→ § 1 Rn. 784).
- Wenn ein freiwilliger Arbeitsplatz- oder Berufswechsel oder eine freiwillige berufliche Verselbstständigung eine leichtfertig verschuldete Einkommensminderung zur Folge hat (→ Rn. 577 ff. und § 1 Rn. 741).
- Wenn ein Arbeitsplatzverlust unterhaltsbezogen leichtfertig verschuldet ist (→ § 1 Rn. 736 ff.).
- Wenn der Umfang einer selbstständigen Erwerbstätigkeit ohne rechtfertigenden Grund **eingeschränkt** wird[563] (→ Rn. 585 ff. und § 1 Rn. 743 ff.).
- Wenn der Arbeitsplatz zugunsten einer selbständigen Tätigkeit aufgegeben wird ohne Vorkehrungen zur Sicherung des Unterhalts zu treffen (→ § 1 Rn. 743, 753).[564]

---

[560] BGH FamRZ 1993, 1304 (1306); FamRZ 1992, 1045 (1047).
[561] BGH FamRZ 1997, 281 (283).
[562] BGH FamRZ 1993, 1304 (1306); FamRZ 1992, 1045 (1047).
[563] BGH FamRZ 1992, 1045 (1047).
[564] OLG Hamm FamRZ 2018, 29.

- Wenn bei einem einschneidenden Einkommensrückgang eines Selbstständigen der Unterhaltspflichtige seine Arbeitskraft oder sonstige zu Gebote stehenden Einkommensquellen nicht so gut wie möglich einsetzt.[565]

626 **b) Vermögenseinkünfte** (zu fiktiven Einkünften aus unterlassener zumutbarer Vermögensnutzung → § 1 Rn. 632 ff.). Prägende **fiktive Zinsen** sind anzusetzen, wenn aus einem Vermögen zu Gunsten einer Vermögensbildung durch **Thesaurierung** keine Zinsen gezogen werden, obwohl sie nach einem objektiven Maßstab für die Lebensführung benötigt wurden (→ Rn. 464 und 610).[566] Die Vermögensmehrung ist insoweit ein Surrogat der an sich erforderlichen Vermögensnutzung. Soweit aus diesem Vermögen Zugewinn geleistet wurde, dürfen wegen des Verbots der Doppelverwertung allerdings keine fiktiven Zinsen mehr angesetzt werden.[567]

627 Soweit der Bedürftige oder Verpflichtete ihm gehörendes **Vermögen nicht nutzt**, zB Garagen nicht vermietet, von seinem volljährigen, bereits im Berufsleben stehenden Kind für eine überlassene Wohnung keine Miete verlangt oder realisierbare Forderungen nicht einzieht (→ Rn. 609, 615, 617) und deshalb fiktive Einkünfte anzusetzen sind (→ § 1 Rn. 632 ff.), hat dies dagegen **keinen Einfluss** auf die ehelichen Lebensverhältnisse, da die entsprechenden Mittel während des Zusammenlebens nicht vorhanden waren. Es handelt sich damit um **nichtprägende** Einkünfte die lediglich bedarfsmindernd bzw. leistungserhöhend wirken. Das Gleiche gilt für fiktive Nutzungen aus einem erst nach der Trennung erworbenen Vermögen, das kein Surrogat von Nutzungen eines entsprechenden Vermögens in der Ehe ist.

628 Wird vorhandenes Vermögen verbraucht, ohne Nutzungen zu ziehen, kommt eine **fiktive Anrechnung** nur in Betracht, wenn eine mutwillige Herbeiführung der Bedürftigkeit bzw. Leistungsunfähigkeit vorliegt[568] (→ § 1 Rn. 567). Unter bestimmten Umständen kann auch eine **Obliegenheit zur Vermögensumschichtung** bestehen. Diese bestimmt sich nach Zumutbarkeitsgesichtspunkten, wobei die Belange des Unterhaltsberechtigten und die des Unterhaltspflichtigen gegeneinander abzuwägen sind. Es kommt einerseits darauf an, ob der Unterhaltsberechtigte den Unterhalt dringend benötigt oder die Unterhaltslast den Unterhaltspflichtigen besonders hart trifft; andererseits muss dem Vermögensinhaber ein gewisser Entscheidungsspielraum belassen werden. Die tatsächliche Anlage des Vermögens muss sich als eindeutig unwirtschaftlich darstellen, ehe der betreffende Ehegatte auf eine andere Anlageform und daraus erzielbare Beträge verwiesen werden kann.[569]

11. Gehaltsbestandteile und Familienzuschläge bei Wiederverheiratung

629 Bei Gehaltsbestandteilen, die allein auf einer Wiederverheiratung beruhen, ist die frühere Rechtsprechung des BGH, diese im Rahmen der Dreiteilung in die Bedarfsermittlung des Geschiedenen einzubeziehen,[570] durch die Entscheidung des BVerfG vom 25.1.2011 überholt.[571] Da der neue Ehegatte nicht mehr bei der Bedarfsermittlung, sondern erst bei der Leistungsfähigkeit berücksichtigt werden darf, gilt beim Bedarf des Geschiedenen unter Berücksichtigung der neuen Rangordnung wieder die frühere Rechtsprechung des BGH.[572] Handelt es sich danach um den Verheiratetenzuschlag, ist er bei der Bedarfsermittlung des ersten Ehegatten nur zur Hälfte anzusetzen, weil er nach § 40 BBesG sowohl wegen der Unterhaltspflicht gegenüber dem geschiedenen Ehegatten als auch wegen der

---

[565] BGH FamRZ 1993, 1304 (1306).
[566] BGH FamRZ 2007, 1532.
[567] BGH FamRZ 2007, 1532.
[568] BGH FamRZ 2013, 109 (Rn. 31): soweit Zinsen nicht mehr gezogen werden können, weil Vermögen verbraucht wurde nur, wenn der Verbrauch mutwillig erfolgte und dadurch die Bedürftigkeit herbei geführt wurde iSv § 1579 Nr. 4 BGB; BGH FamRZ 2010, 629; FamRZ 2005, 1159 = R 623e; FamRZ 1990, 989 (991).
[569] BGH FamRZ 2009, 23.
[570] BGH FamRZ 2010, 869; FamRZ 2008, 1911.
[571] BVerfG FamRZ 2011, 437.
[572] Borth in Anm. zu BVerfG FamRZ 2011, 437.

Wiederverheiratung bezahlt wird (→ § 1 Rn. 73).[573] Etwas anderes gilt, wenn sich das Arbeitslosengeld des Pflichtigen wegen einer Wiederverheiratung erhöht, da dies die erste Ehe nicht prägte und damit dieser Zuschlag nur der zweiten Ehe zufällt.[574] Im Rahmen der Korrekturberechnung bei der Leistungsfähigkeit ist bei gleichrangigen Ehegatten der Gehaltsbestandteil wie der steuerliche Splittingvorteil durch die Wiederverheiratung (→ § 1 Rn. 1014) in voller Höhe einzubeziehen, da für die Leistungsfähigkeit immer das gesamte Einkommen des Pflichtigen zugrunde zu legen ist (→ Rn. 972).

Gleiches gilt für den Familienzuschlag für leibliche Kinder des Pflichtigen soweit er für Kinder aus der zweiten Ehe gezahlt wird. Da die Kinder aus der zweiten Ehe die Lebensverhältnisse der ersten Ehe nicht prägen,[575] ist bei der Ermittlung des Bedarfs auch der insoweit gezahlte Familienzuschlag nicht zu berücksichtigen. Das Gleiche gilt, wenn sich das Arbeitslosengeld nach § 129 III SGB III wegen Kinderzulage von 60% auf 67% erhöht[576] und bei Nachrang des zweiten Ehegatten für die Zuschläge für Stiefkinder, die lediglich der zweiten Ehe zu Gute kommen.[577] Bei der Prüfung der Leistungsfähigkeit sind die Zuschläge allerdings im Rahmen der Dreiteilung anzusetzen.

12. Ersparnis durch das Zusammenleben und Haushaltsführung für einen neuen Partner

a) Ersparnis durch das Zusammenleben. Nach ständiger Rechtsprechung des BGH haben **Eheleute** durch das Zusammenleben **Ersparnisse**,[578] da ein Doppelhaushalt kostengünstiger als ein Einzelhaushalt ist. Hiervon geht auch der Gesetzgeber in seinen Materialien zur Unterhaltsreform aus. Er spricht insoweit zu Recht davon, dass dies allgemein bekannt ist.[579] Eine Ersparnis tritt auch bei **Zusammenleben des Pflichtigen mit einem neuen Lebensgefährten** auf.[580] Es handelt sich insoweit um keine freiwillige Leistung Dritter, die unterhaltsrechtlich nicht zu bewerten ist, sondern durch die eintretenden Synergieeffekte mit einer Kostenersparnis um eine Folge des Zusammenlebens.[581] Die Ersparnis beruht in erster Linie auf günstigeren Wohnkosten, da größere Wohnungen preiswerter sind als kleinere und die Allgemeinräume (Küche, Bad/WC) nur einmal benötigt werden. In geringem Umfang entstehen auch niedrigere Haushaltskosten. Der BGH hat inzwischen entschieden, dass diese Ersparnis idR analog § 20 III SGB II für jeden der Zusammenlebenden 10% beträgt,[582] dh für beide 10% vom Gesamteinkommen. Da § 20 III SGB II nur die Ersparnis der Lebenshaltungskosten betrifft, kann der Betrag in Regionen mit hohen Wohnkosten auf 20% pro Person angehoben werden.[583] Die Ersparnis spielt ab der seit 1.1.2008 geltenden neuen Rechtslage vor allem eine Rolle bei gleichrangigen Ehegatten, wenn die zweite Ehe noch besteht und im Rahmen der Leistungsfähigkeit eine Korrekturberechnung nach der Dreiteilung vorzunehmen ist (→ Rn. 809, → § 5 Rn. 107 ff. mit Beispielen). Sie ist aber auch bei Vor- und Nachrangigen im Rahmen der Leistungsfähigkeit zu beachten.[584] Hierbei ist der Unterhaltsbedarf des geschiedenen Ehegatten um 10% zu erhöhen. Dementsprechend sind die Mittel der neuen Ehe zu kürzen.[585]

630

---

[573] BGH FamRZ 2014, 1183 = R 754a; FamRZ 2007, 793 = R 674h.
[574] BGH 2007, 983 = R 676c.
[575] BGH FamRZ 2012, 281 = R 731e.
[576] BGH FamRZ 2007, 983 = R 676c.
[577] BGH FamRZ 2007, 793 = R 674i.
[578] BGH FamRZ 2010, 1535 = 714c; FamRZ 2008, 594 = R 688b; FamRZ 2006, 1010; FamRZ 2004, 792; FamRZ 2004, 24.
[579] BT-Drs. 16/1830, 23.
[580] BGH FamRZ 2009, 314; FamRZ 2008, 594 = R 688b.
[581] BGH FamRZ 2008, 594 = R 688c.
[582] BGH FamRZ 2014, 1183 = R 754d (Rz. 25 und 31).
[583] Gerhardt/Gutdeutsch FamRZ 2011, 597.
[584] Gerhardt/Gutdeutsch FamRZ 2011, 772.
[585] BGH FamRZ 2012, 281 = R 731k; Gerhardt FamRZ 2012, 589 (593).

Beispiel:
M verdient bereinigt netto 3557 EUR nach Abzug des Kindesunterhalts für K1 und K2. Seine geschiedene Frau F arbeitet nicht und betreut die gemeinsamen 2 und 4 Jahre alten K1 und K2. M hat mit L, die Elterngeld in Höhe von 1200 EUR erhält (abzüglich nicht anrechenbarem Sockelbetrag von 300 EUR) und mit der er zusammenlebt, ein weiteres 6 Monate altes Kind K3.
Lösung:
Für den Bedarf der F sind L und K3 nicht prägend. Der Bedarf beträgt daher $1/2$ ($9/10 \times 3557$) = 1601 EUR, bzw. $3/7 \times 3557 = 1524$ EUR.
Nach Prüfung der Leistungsfähigkeit reicht das verbleibende Einkommen nicht für die hier zu berücksichtigenden weiteren Verpflichtungen für L und K3. Der Unterhalt für den vorrangigen K3 ist zunächst abzuziehen: 3557 − (354 − 102) 252 = 3305 EUR.
Unterhalt für F und L nach Dreiteilung: (3305 + 900) / 3 = 1402 EUR.
Wegen Synergieeffekt auf Seiten des M ist der Bedarf der F um 10% zu erhöhen auf 1542 EUR und der Selbstbehalt des M um 10% zu reduzieren auf (1200 − 120 =) 1080 EUR. Leistungsfähigkeit ist daher gegeben.

631 Die Ersparnis durch das Zusammenleben wird beim Ehegattenunterhalt nur bei der Leistungsfähigkeit angesetzt.[586] Teilweise wird vertreten, dass sie nur zu berücksichtigen ist, wenn der Partner ausreichend leistungsfähig ist.[587] Zu den näheren Einzelheiten hierzu → Rn. 805 ff., → § 5 Rn. 107 ff. Im Ergebnis wird die Ersparnis durch das Zusammenleben stets als **nicht in der Ehe angelegt** behandelt, da sie nur den Bedarf der neuen Ehe kürzt.

632 **b) Haushaltsführung für einen neuen Partner.** Nach der Rechtsprechung des BGH ist bei Zusammenleben des Bedürftigen mit einem neuen Partner für erbrachte Versorgungsleistungen ein Einkommen anzusetzen und der Wert der Versorgungsleistung als **Surrogat der früheren Familienarbeit eheprägend** (→ § 1 Rn. 712 ff.).[588] Es handelt sich um eine geldwerte Leistung, die nicht anders zu beurteilen ist, als wenn der Bedürftige eine bezahlte Tätigkeit bei einem Dritten annähme.[589] Auf die Frage, ob es sich dabei um Einkünfte aus einer Erwerbstätigkeit handelt, kommt es wegen des Surrogatsgedankens nicht an.[590] Der Einwand, die Haushaltsführung für einen neuen Partner könne generell nicht prägen, trifft nicht zu, da es nach dem Surrogatsgedanken nur darauf ankommt, dass die Familienarbeit die frühere Ehe prägte und neue Haushaltsführung nur der Bemessung der früheren ehelichen Lebensverhältnisse dient. Der Ansatz einer Vergütung **entfällt** allerdings, wenn der Bedürftige ganztags arbeitet und sich mit seinem neuen Partner die Haushaltstätigkeit teilt.[591]

633 Gegen die Rechtsprechung des BGH bestehen weiterhin **Bedenken**.[592] Für eine Haushaltstätigkeit wird weder in der Ehe noch in einer neuen Partnerschaft etwas bezahlt. Deshalb entspricht der Ansatz, der Bedürftige könnte statt dessen einer bezahlten Haushaltstätigkeit nachgehen, nicht der Realität. Der Ansatz eines Einkommens aus Vergütung beseitigt außerdem keine bestehende Erwerbsobliegenheit. Surrogat der Haushaltsführung in der Ehe kann nur ein Erwerbseinkommen bzw. bei Verstoß gegen die Erwerbsobliegenheit ein statt dessen angesetztes fiktives Einkommen sein, nicht eine Bedarfsdeckung durch einen neuen Partner. Ein Fall kann nicht anders beurteilt werden, wenn ein in der Ehe den Haushalt führender Bedürftiger ein Jahr nach der Trennung eine Vollzeittätigkeit aufnimmt und entweder 6 Monate vorher oder nachher mit einem neuen Partner zusammenzieht.[593] Soweit letzterem entgegengehalten wird, dass bei einer Ganztagstätigkeit dann in Abänderung der bisherigen Rechtsprechung kein Einkommen mehr aus Haushaltsführung anzusetzen sei, zeigt dies gerade den problematischen Ansatz der Vergütungslösung auf, weil weiterhin ersparte Aufwendungen bestehen. Die **Bewertung** durch das Zusammenleben

---

[586] OLG Brandenburg FamRZ 2013, 1405.
[587] OLG Hamm FamRZ 2010, 383; OLG Dresden FamRZ 2009, 1497.
[588] BGH FamRZ 2001, 1693; FamRZ 1995, 343; FamRZ 1987, 1011.
[589] BGH FamRZ 2004, 1170 = R 612; FamRZ 2004, 1173.
[590] BGH FamRZ 2004, 1170 = R 612; FamRZ 2004, 1173.
[591] BGH FamRZ 2005, 967.
[592] Vgl. auch OLG München FamRZ 2006, 1535; FamRZ 2005, 713; Gerhardt FamRZ 2004, 1544 in Anm. zu BGH FamRZ 2004, 1170 (und 1173).
[593] Gerhardt FamRZ 2003, 272.

mit einem neuen Partner kann nicht nach Vergütungsgesichtspunkten erfolgen, sondern wie bei einer Eheschließung oder dem Zusammenleben des Pflichtigen mit einem neuen Partner nur durch die **ersparten Aufwendungen**.[594] Wie oben bereits ausgeführt wurde (→ Rn. 630), ist es allgemein bekannt, dass der Doppelhaushalt billiger ist als der Einzelhaushalt. Diese ersparten Aufwendungen werden vom BGH sowohl bei Zusammenleben in der Ehe als auch bei Zusammenleben des Pflichtigen mit einem neuen Partner angesetzt. Sie bestehen aber genauso, wenn der Bedürftige mit einem neuen Partner zusammenlebt, und zwar nicht erst, wenn er ganztags arbeitet, sondern vom ersten Tag des Zusammenlebens an. Wegen des **Verbots der Doppelverwertung** dürfen aber für den gleichen Lebenssachverhalt nicht zweimal Einkünfte angesetzt werden, einmal ein Wert der Versorgungsleistung und einmal ersparte Aufwendungen. Der Bedürftige kann bei dieser Ersparnis nicht anders behandelt werden wie der Pflichtige. Dies gebietet auch der Surrogatsgedanke nicht, da die Ersparnis durch das Zusammenleben in einer Ehe oder einer neuen Partnerschaft nicht unterschiedlich ist. Ersparte Aufwendungen sind aber, wie oben ausgeführt (→ Rn. 631), **nicht in der Ehe angelegt**.[595]

Das Problem kann in der Praxis allerdings vielfach offen bleiben. Denn in der Rechtsprechung wurde bisher übersehen bzw. nicht näher behandelt, dass die Bewertung einer Vergütungsleistung unter anderen Kriterien zu erfolgen hat als die Bewertung ersparter Aufwendungen. Die Vergütungsleistung ist zweifelsohne höherwertiger, während sich die ersparten Aufwendungen im Wesentlichen an der Mieterpsarnis und in geringem Umfang an niedrigeren Haushaltskosten orientieren. Setzt man eine nach BGH in der Ehe angelegte Vergütung doppelt so hoch an wie nicht in der Ehe angelegte ersparte Aufwendungen, hebt sich dies bei der Unterhaltsberechnung durch die Halbteilung rechnerisch auf.

634

> **Fall**
> M verdient netto 2200 EUR, zahlt ein Ehedarlehen mit mtl. 90 EUR für den Kauf von Möbeln ab und fährt mit öffentlichen Verkehrsmitteln zum Arbeitsplatz. F arbeitet ganztags mit einem Nettoeinkommen von 1100 EUR und hat konkrete Fahrtkosten von 100 EUR. Zur Trennung kam es, weil M ein Verhältnis mit einer Arbeitskollegin begann. F lebt zwischenzeitlich seit drei Monaten bei ihrem neuen Lebensgefährten L und führt zT den Haushalt. L verfügt wegen Unterhaltslasten aus seiner gescheiterten Ehe nur über durchschnittliche Einkünfte. F beantragt Trennungsunterhalt nach den SüdL.
> **Lösung**
> § 1361 BGB.
> Bereinigtes Nettoeinkommen M: 2200 ./. 110 (= 5% pauschale berufsbedingte Aufwendungen) ./. 90 (= eheprägende Schuld) = 2000
> Bereinigtes Nettoeinkommen F: 1100 ./. 100 (= konkrete Fahrtkosten) = 1000
> Wegen Haushaltsführung für einen neuen Lebensgefährten ist bei F ein weiteres Einkommen anzusetzen, zB 200 EUR, das nach BGH als prägend anzusetzen ist, nach a. A. dagegen als ersparte Aufwendung als nichtprägend.
> **Nach SüdL mit $^1/_{10}$:**
> **Nach BGH**
> Bedarf: $^1/_2$ ($^9/_{10}$ 2000 + $^9/_{10}$ 1000 + 200) = 1450
> Höhe: 1450 ./. ($^9/_{10}$ 1000 + 200) = 350
> **AA als ersparte Aufwendung**
> Bedarf: $^1/_2$ ($^9/_{10}$ 2000 + $^9/_{10}$ 1000) = 1350
> Höhe: 1350 ./. ($^9/_{10}$ 1000 + 200) = 250
> Da der Ansatz einer Vergütung oder ersparter Aufwendungen nicht gleichwertig sein kann, wäre es richtiger, als Vergütung einen höheren Betrag anzusetzen. Bei Ansatz von 400 EUR gegenüber 200 EUR ersparter Aufwendungen wäre das rechnerische Ergebnis identisch.
> **Nach BGH mit 400 EUR als Vergütung**
> Bedarf: $^1/_2$ ($^9/_{10}$ 2000 + $^9/_{10}$ 1000 + 400) = 1550
> Höhe: 1550 ./. ($^9/_{10}$ 1000 + 400) = 250
> **AA mit 200 EUR als ersparte Aufwendung**
> Bedarf: $^1/_2$ ($^9/_{10}$ 2000 + $^9/_{10}$ 1000) = 1350
> Höhe: 1350 ./. ($^9/_{10}$ 1000 + 200) = 250
> Jeweils keine Verwirkung nach §§ 1361 Abs. 3, 1579 Nr. 2, 7 BGB.[596]

---

[594] Vgl. Empfehlungen Arbeitskreis 3 des 17. Deutschen Familiengerichtstages 2007.
[595] OLG München FamRZ 2006, 1535; FamRZ 2005, 713.
[596] Die Voraussetzungen der Verwirkung nach § 1579 Nr. 2 BGB sind (noch) nicht gegeben.

635 Der problematische Ansatz des BGH zeigt sich auch, wenn der **Pflichtige wieder verheiratet** ist, der geschiedene **erste Ehegatte mit einem neuen Partner** zusammenlebt und zwischen beiden Ehegatten nach § 1609 Nr. 2 BGB Gleichrang besteht. Der Vorteil des Zusammenlebens durch ersparte Aufwendungen gleicht sich dann aus und ist generell nicht anzusetzen. Es kann nicht beim geschiedenen Ehegatten ein prägendes Einkommen wegen einer Vergütungsleistung durch die Haushaltsführung für den neuen Partner bedarfserhöhend als prägend und zugleich beim Pflichtigen und dem bedürftigen gleichrangigen zweiten Ehegatten eine Ersparnis wegen gemeinsamer Haushaltsführung bei der Leistungsfähigkeit für eine neue Ehe bedarfsmindernd als nichtprägend angesetzt werden, obwohl die gleichen Lebenssachverhalte zu Grunde liegen. Es handelt sich dann auch nicht um eine Ausgleichsfrage wie in den Fällen, in denen der gleichrangige geschiedene erste Ehegatte allein lebt (→ Rn. 809 und → § 5 Rn. 109).

13. Bedarfsrelevante Änderungen im Ausgabenbereich

636 Die ehelichen Lebensverhältnisse werden auch **durch Ausgaben beeinflusst,** weil Einkünfte in Höhe solcher abziehbarer typischer Ausgaben zur Verwendung für den laufenden Lebensbedarf nicht zur Verfügung stehen (dazu und zu den typischen Ausgabenposten → Rn. 432 ff.).

637 **Änderungen** im Ausgabenbereich nach Trennung und Scheidung **beeinflussen** deshalb die bedarfsbestimmenden Einkommensverhältnisse, sofern sie sich auf entsprechende Einkünfte beziehen.
Sie erhöhen oder mindern das bedarfsbestimmende Einkommen. Auch bei laufenden Änderungen beeinflussen sie den Bedarf (→ Rn. 553).

638 • Stets zu beachten sind einkommensabhängige Änderungen von **Steuern und Vorsorgeaufwendungen** mit Ausnahme des Steuervorteils des Pflichtigen durch Wiederverheiratung (→ Rn. 432 ff.) sowie von Betriebsausgaben bei Selbstständigen/Gewerbetreibenden und Werbungskosten bei Kapital- und Miet-/Pachteinkünften (→ Rn. 437). Das Gleiche gilt für **berufsbedingte Aufwendungen** Nichtselbstständiger, die steuerrechtlich nichts anderes als Werbungskosten sind (→ Rn. 437, → § 1 Rn. 1042 ff.). Ihre Höhe richtet sich stets nach den tatsächlich angefallenen Kosten, selbst wenn eine Erhöhung trennungsbedingt ist (→ Rn. 437). Solche sich ändernde Ausgaben werden – wie das Bezugseinkommen – in der Regel nach einem Ein- bzw. Dreijahresschnitt berechnet, bei üblichen Erhöhungen zB der Krankenkasse nach den aktuellen Kosten. Ihr Abzug vom Bruttoeinkommen ergibt das prägende Nettoeinkommen.

639 • Nach der früheren Rechtsprechung des BGH waren nur ehebedingte (bis zur Trennung begründete) **Verbindlichkeiten** prägend. Nach Aufgabe der Lehre von den wandelbaren ehelichen Lebensverhältnissen gilt nun, dass bis zur Rechtskraft der Scheidung neu entstandene Verbindlichkeiten berücksichtigungsfähig sind, soweit sie nicht leichtfertig eingegangen wurden. Doch auch nacheheliche Veränderungen im Ausgabenbereich sind bei der Bemessung des Unterhalts anzusetzen, wenn dies auch bei Fortbestand der Ehe zu erwarten gewesen wäre.[597] Dementsprechend haben auch später einseitig begründete anerkennungsfähige Schulden (→ Rn. 439, → § 1 Rn. 1073 ff., → § 1 Rn. 1082 ff.) Einfluss auf die ehelichen Lebensverhältnisse. Da Einkommensminderungen beim Pflichtigen, soweit anerkennungsfähig, immer die ehelichen Lebensverhältnisse beeinflussen, führt die Verschuldung des Pflichtigen, soweit sie nicht auf einer Verletzung der Erwerbsobliegenheit beruhen und deshalb zu berücksichtigen ist (→ § 1 Rn. 1083), zu einer **Verminderung des bedarfsbestimmenden Einkommens**. Die vorhersehbare **Tilgung ehebedingter Schulden** hat schon bisher zu einer Erhöhung des Bedarfs geführt.[598] Allerdings hatte der BGH hier noch einen zeitlichen Zusammenhang mit der Trennung vorausgesetzt. Der zeitliche Zusammenhang hat für den BGH inzwischen

---

[597] BGH FamRZ 2012, 281 = R 731c; Gerhardt FamRZ 2012, 589.
[598] BGH NJW 1998, 2821 (2822); FamRZ 1988, 701 (703).

seine maßgebende Bedeutung verloren.⁵⁹⁹ Daher muss darauf angestellt werden ob die Tilgung der Schulden dem normalen Lauf der Dinge entsprach, was man normaler Weise annehmen kann. Auch die Tilgung später aufgenommener Schulden führt dann zu einem Wiederansteigen des Bedarfs beim Berechtigten.⁶⁰⁰ Wenn die Tilgung vorzeitig erfolgt, dann liegt darin keine so erhebliche Abweichung vom normalen Verlauf, dass für die Zwischenzeit die Schulden fiktiv zu berücksichtigen wären. Dies gilt zB dann, wenn wegen der Trennung ein Schrebergarten veräußert und mit dem Erlös eine Eheschuld getilgt wurde.⁶⁰¹

- **Aufwendungen zur einseitigen Vermögensbildung** durften, soweit sie bei gutem Einkommen des Pflichtigen angemessen waren, nach der früheren Rechtsprechung nach einem objektiven Maßstab einkommensmindernd berücksichtigt werden (→ Rn. 454). Nachdem dies zunächst weitgehend ausgeschlossen wurde⁶⁰² und dann zu Lasten des Berechtigten Vermögensbildung nur im Rahmen der zusätzlichen Altersvorsorge (→ Rn. 457 ff., → § 1 Rn. 1034, 1037) zugelassen wurde, hat der BGH jetzt eine einseitige Vermögensbildung auch im Rahmen der Tilgung für eine selbstgenutzte Immobilie akzeptiert.⁶⁰³ Eine darüber hinausgehende Vermögensbildung kann nicht zu Lasten des Ehepartners gehen und setzt deshalb so gute wirtschaftliche Verhältnisse voraus, dass der Bedarf konkret zu bemessen ist (→ Rn. 455 ff., 763 ff.). 640

Änderungen im Ausgabenbereich wirken sich nicht aus, wenn und soweit sich die Ausgaben **nur auf Einkünfte beziehen, welche den Bedarf nicht beeinflussen,** zB bei einem Karrieresprung oder bei nichtprägenden Vermögenseinkünften. Solche Ausgaben dürfen nur von den zugehörigen Einkünften abgezogen werden, nicht aber von bedarfsbestimmenden Einkünften. Sie verändern deshalb den Bedarf nicht. 641

14. Neu hinzutretende Unterhaltspflichten

In der Entscheidung vom 7.12.2011 hat der BGH sich nach Verwerfung der Lehre von den wandelbaren Lebensverhältnissen durch das BVerfG dazu positioniert, wie neu hinzukommende Unterhaltspflichten bei der Berechnung des Ehegattenunterhalts zu berücksichtigen sind. Hinsichtlich des Kindesunterhalts ist er dabei zu seiner früheren Rechtsprechung zurückgekehrt.⁶⁰⁴ Neue Unterhaltslasten sind prägend soweit diese bis zur Rechtskraft der Scheidung entstanden sind⁶⁰⁵ (→ Rn. 440 ff., § 1 Rn. 1121 ff.). Wenn ein Kind erst nach Rechtskraft der Scheidung geboren wird, ist dieses nicht bei der Ermittlung des Bedarfs, aber bei der Leistungsfähigkeit zu berücksichtigen.⁶⁰⁶ Dies führt in der Regel zu Doppelberechnungen, → § 1 Rn. 1122 mit Beispiel. 642

Dasselbe gilt für den Unterhaltsanspruch der das neue Kind betreuenden Mutter. Soweit das Kind vor Rechtskraft der Scheidung geboren wurde, ist auch deren Anspruch aus § 1615l BGB eheprägend⁶⁰⁷ (→ Rn. 448). In diesem Fall ist trotz der Entscheidung des BVerfG vom 25.1.2011 der Bedarf im Wege der Dreiteilung zu ermitteln. Das BVerfG hat sich nicht grundsätzlich gegen die Dreiteilung ausgesprochen. Dementsprechend hat der BGH die Dreiteilung auf der Ebene der Leistungsfähigkeit weiterhin für zulässig erachtet.⁶⁰⁸ Soweit die neuen Unterhaltslasten als prägend angesehen werden, ist die Dreiteilung weiterhin bei der Ermittlung des Bedarfs der geschiedenen Ehefrau vorzunehmen (→ Rn. 812). Die Unterhaltslast eines neuen Ehegatten ist demgegenüber stets erst bei der Leistungsfähigkeit zu berücksichtigen (→ Rn. 449). Wird die neue Ehe geschieden, sind

---

⁵⁹⁹ BGH FamRZ 2008, 968.
⁶⁰⁰ BGH NJW 1998, 2821 (2822).
⁶⁰¹ BGH NJW 1998, 2821.
⁶⁰² BGH FamRZ 2008, 963 = R 692e, f.
⁶⁰³ BGH FamRZ 2017, 519 = R 781; BGH FamRZ 2018, 1506 = R 792.
⁶⁰⁴ BGH FamRZ 2014, 1183 = R 754d unter Verweis auf BGH FamRZ 1990, 1091 (1094).
⁶⁰⁵ BGH FamRZ 2012, 281 = R 731b.
⁶⁰⁶ BGH FamRZ 2012, 281 = R 731e.
⁶⁰⁷ BGH FamRZ 2012, 281 = R 731b.
⁶⁰⁸ BGH FamRZ 2012, 281 = R 731k.

jedoch die Unterhaltsansprüche der ersten Ehe bedarfsbestimmend für die zweite Ehe (→ Rn. 805 f.).

Der Wegfall von Unterhaltslasten ist auch nach der Scheidung zu berücksichtigen, soweit dies auch bei Fortbestehen der Ehe erfolgt wäre und zu mehr verfügbarem Einkommen geführt hätte, etwa bei wirtschaftlicher Selbständigkeit eines gemeinsamen Kindes.[609]

15. Zusammentreffen von Erhöhung und Minderung des Einkommens

643   Die Beschränkung der Anpassung des Bedarfs an veränderte Einkommensverhältnisse gilt also nur für Einkommenserhöhungen (und Wegfall von Belastungen). Bei diesen stellt sich Frage, wieweit der bedürftige Gatte am Lebensstandard des unterhaltspflichtigen teilhaben soll. Das ist nur insoweit gerechtfertigt, als dieser Lebensstandard durch die **gemeinsame Leistung der Ehegatten** erreicht worden ist.[610]

Wenn demgegenüber das **Einkommen nachhaltig sinkt** (oder Belastungen hinzukommen, die der Bedürftige gegen sich gelten lassen muss) und der Unterhaltpflichtige dieses Absinken seines Lebensstandards nicht abwenden kann, geht es dagegen um die sachgerechte Verteilung einer durch Einkommensrückgang erzwungenen Schmälerung des Bedarfs. Das bedeutet, dass nach der **Ehebedingtheit** einer Einkommensänderung nur dann gefragt wird, wenn es sich um eine **Erhöhung** handelt, während von dem unvermeidlichen Sinken des Einkommens des Verpflichteten der Berechtigte immer betroffen wird.

Eine Einkommenserhöhung des Pflichtigen ist nicht bereits deshalb prägend, weil sie eine frühere **Absenkung ausgleicht.** Wenn daher durch den Rentenfall und die Ersetzung des Erwerbseinkommens durch ein Renteneinkommen das Einkommen sinkt, sind die Zinsen aus dem zwischenzeitlich gebildeten Vermögen dann nicht prägend, wenn im Scheidungszeitpunkt völlig ungewiss war, ob der Pflichtige erneut heiraten und ob und in welchem Umfange er sparen und Vermögen bilden würde und wie lange er überhaupt berufstätig sein werde.[611]

Fraglich ist allerdings, ob umgekehrt eine auf eine nicht prägende Einkommenserhöhung folgende Absenkung des Einkommens als prägend berücksichtigt werden kann, denn die Absenkung prägt die ehelichen Lebensverhältnisse nur deshalb, weil die nacheheliche Solidarität, auf die sich der nacheheliche Unterhalt stützt, die Beteiligung an der geminderten Lebensstellung fordert. Wenn der Berechtigte an der vorangegangenen Erhöhung des Bedarfs aber nicht partizipiert hat, kann ihm nicht zugemutet werden, sich an der folgenden Senkung zu beteiligen. Es dürfte deshalb darauf ankommen, in welcher Reihe Einkommenssteigerungen und -minderungen aufeinander folgen.[612] Das gilt vor allem, wenn die Einkommensminderung auf einer freiwilligen Disposition beruht, so dass nicht auszuschließen ist, dass diese Disposition gerade wegen der Einkommenserhöhung getroffen wurde.

Richtig dürfte es sein, bei einem Zusammentreffen von Erhöhung und Minderung danach zu fragen, ob ein Zusammenhang besteht, welcher es rechtfertigt, eine einer (prägenden) Absenkung folgende Erhöhung mit der Absenkung zu kompensieren (zB wenn einem Arbeitslos-Werden eine neue Berufstätigkeit folgt) und eine einer nicht prägenden Erhöhung folgende Absenkung mit der der Erhöhung zu kompensieren (wenn es zB nach einem Karrieresprung zu einer neuen Eheschließung kommt). Das hatte der BGH im Falle des Zusammentreffens von Einkommenssenkung durch eine neue Ehe und Erhöhung durch einen Karrieresprung auch so entschieden.[613] Diese Entscheidung ist hinsichtlich der Bestimmung des Bedarfs aus der früheren Ehe durch eine spätere im Wege der Dreiteilung zwar durch die Entscheidung des BVerfG vom 25.1.2011[614] obsolet. Die

---

[609] BGH FamRZ 1990, 1085.
[610] BGH FamRZ 2006, 683; FamRZ 2003, 848 = R 588a, c.
[611] BGH FamRZ 2003, 848 = R 588a, c.
[612] Allerdings hat der BGH in FamRZ 2007, 793 (795) eine Einkommensminderung durch Kirchenbeitritt nach einer nicht prägenden Einkommenserhöhung durch eine unerwartete Beförderung als prägend berücksichtigt.
[613] BGH FamRZ 2009, 411.
[614] BGH FamRZ 2011, 437.

Erwägungen zum Zusammentreffen von neuer Belastung und Karrieresprung behalten aber ihre Bedeutung, soweit es um Belastungen geht, deren Entstehung mit dem Fortbestand der Ehe vereinbar sind, zB eine Unterhaltpflicht gegenüber einem weiteren Kind.

16. Berücksichtigung des Preisindexes der Lebenshaltungskosten

In seiner Entscheidung vom 21.2.1987[615] hat es der BGH ausdrücklich **abgelehnt,** bei Einkommensverbesserungen nach der Scheidung den für den Zeitpunkt der Scheidung errechneten Unterhalt lediglich entsprechend dem **Lebenshaltungskostenindex** an die Entwicklung der allgemeinen Lebenshaltungskosten anzupassen, da er mit der individuellen Einkommensentwicklung nicht übereinstimmt. Er hat demgegenüber daran festgehalten, dass stets die effektiven Einkommensverbesserungen als prägend zu berücksichtigen sind, wenn die bei → Rn. 550 ff. erörterten Voraussetzungen für eine prägende Zurechnung bejaht werden. Der BGH hat damit für solche Fälle praktisch eine unbefristete Beteiligung des geschiedenen Ehegatten an solchen Einkommenssteigerungen des Verpflichteten bejaht (aber → Rn. 569 ff.). 644

Hiermit hat der BGH jedoch nicht generell eine Anpassung des nachehelichen Unterhalts an gesteigerte Lebenshaltungskosten abgelehnt, sondern nur eingeschränkt, wenn **Einkommensänderungen prägend** zu berücksichtigen sind. 645

Kommt es nach der Scheidung zu erheblichen **nichtprägenden Einkommenssteigerungen,** dann kann zugunsten des Berechtigten zum Ausgleich einer zwischenzeitlich eingetretenen Verteuerung der Lebenshaltungskosten der auf die Zeit der Scheidung fixierte prägende Unterhaltsbedarf unter Verwendung des Preisindexes des Statistischen Bundesamtes an die gestiegenen Lebenshaltungskosten angepasst werden. Eine solche **Hochrechnung** unter Verwendung der **statistischen Indexwerte** dient nur als Hilfsmittel, um für den bei Scheidung bemessenen Unterhalt Annäherungswerte für die gegenwärtigen Verhältnisse zu gewinnen.[616]

Auch bei einem **fest vereinbarten Unterhaltsbetrag** kann nach § 242 BGB eine Betragsanpassung auf die verringerte Kaufkraft der Währung gestützt werden, wenn dies nicht durch ausdrückliche Parteierklärung ausgeschlossen sein soll, was im Zweifel nicht angenommen werden kann.[617]

Eine solche **Indexanpassung** darf jedoch nicht dazu führen, dass der Berechtigte auf diese Weise einen höheren Unterhaltsanspruch erhält, als dem Verpflichteten nach Abzug dieses Unterhalts für den eigenen Bedarf verbleibt.

– in dieser Auflage nicht belegt – 646–749

III. Halbteilungsgrundsatz, Mindestbedarf und konkrete Bedarfsbemessung

1. Halbteilungsgrundsatz

Es entspricht gefestigter ständiger Rechtsprechung des BGH, dass bei der Bedarfsbemessung jedem Ehegatten die Hälfte des verteilungsfähigen Einkommens zuzubilligen ist, weil die Ehegatten grundsätzlich in gleicher Weise am ehelichen Lebensstandard teilnehmen.[618] Der Halbteilungsgrundsatz ist für das Unterhaltsrecht nicht im Gesetz verankert (vgl. §§ 1361, 1578 BGB) und lässt sich lediglich aus dem Begriff der „ehelichen Lebensverhältnisse"[619] bzw. aus einer Analogie zu §§ 1378 I BGB, § 1 VersAusglG ableiten. Nur eine 750

---

[615] BGH FamRZ 1987, 459.
[616] BGH NJW-RR 1987, 71.
[617] BGH FamRZ 1986, 458.
[618] BGH FamRZ 2012, 281 = R 731f; FamRZ 2001, 986 (991) = R 563a; FamRZ 1999, 372 (374); BGH FamRZ 1988, 265 (267).
[619] So BGH FamRZ 2012, 281 Rn. 28 = R 731 f.

Einkommensaufteilung, die den **Halbteilungsgrundsatz** beachtet, ist unterhaltsrechtlich angemessen und entspricht nach den Vorstellungen des BVerfG der grundsätzlichen Gleichwertigkeit der von beiden Ehegatten in der Ehe erbrachten Leistungen.[620] Das BVerfG hat daher in seiner Entscheidung vom 25.1.2011 erneut darauf hingewiesen, dass bei der Unterhaltsbemessung der Halbteilungsgrundsatz zu beachten ist.[621] Vom Halbteilungsgrundsatz ging auch der Gesetzgeber bei der Reform des Unterhaltsrechts 2008 aus (→ Rn. 753).[622]

751 Wird beim Bedürftigen ein nach Trennung/Scheidung erzieltes Einkommen als **Surrogat** seiner Haushaltstätigkeit in der Ehe angesetzt, entspricht dies dem Grundsatz der Halbteilung. Denn diese der Erwerbstätigkeit des anderen Ehegatten gleichwertige Familienarbeit hat die Ehe in gleicher Weise geprägt und wirtschaftlich verbessert.[623] Dies entspricht der Gleichwertigkeit der Leistung, die der nichterwerbstätige Ehegatte für die Familienarbeit in der Ehe erbracht hat.[624]

752 Der Halbteilungsgrundsatz ist sowohl bei einer **konkreten Bedarfsbemessung** zu beachten (→ Rn. 763 ff.) als auch bei einer **Bedarfsbemessung nach Ehegattenquoten** (→ Rn. 772 ff.). Er gilt in gleicher Weise für den **Berechtigten** wie für den **Verpflichteten**,[625] dessen sog eheangemessener Selbstbehalt der anderen Hälfte des Bedarfs entspricht (→ Rn. 970).[626] Soweit der BGH mit seiner Grundsatzentscheidung vom 15.3.2006 zu einem Festbetrag beim Selbstbehalt in Form eines Ehegattenmindestselbstbehalts kam (derzeit 1200 EUR, vgl. DT Anm. B IV, Leitlinien Nr. 21.4),[627] widerspricht dies der grundsätzlichen Halbteilung bei der Leistungsfähigkeit nicht. Denn der Ehegattenmindestselbstbehalt beinhaltet nur die Untergrenze, weil alle **berücksichtigungswürdigen Verbindlichkeiten nach der Trennung und Scheidung** bereits bei der **Bedarfsermittlung** angesetzt werden (→ Rn. 432 ff., → § 1 Rn. 1003 ff., → § 1 Rn. 1084, → § 1 Rn. 1122) und nicht entsprechend der früheren Rechtsprechung erst bei der Leistungsfähigkeit (→ Rn. 426 ff.; → § 1 Rn. 1003 ff.). Dem Pflichtigen verbleibt aber generell weiterhin die Hälfte des gemeinsamen Einkommens (= eheangemessener Selbstbehalt),[628] er ist bei beengten Verhältnissen nach unten nur durch den Mindestehegattenselbstbehalt geschützt.[629] Die Entscheidung des BVerfG vom 25.1.2011 steht dem nicht entgegen, da sie im Ergebnis nur die Einbeziehung des Unterhalts eines neuen Ehegatten in die Bedarfsermittlung beanstandet, weil dies eine Scheidung der Ehegatten voraussetzt, nicht aber die Einbeziehung weiterer nach der Scheidung nicht leichtfertig entstandener neuer Verbindlichkeiten, die auch ohne Scheidung angefallen wären (→ Rn. 426 ff., 437 ff., → § 1 Rn. 1003, → § 1 Rn. 1084, → § 1 Rn. 1122).[630]

Halbteilung bedeutet dabei **nicht**, dass dem **Pflichtigen generell die Hälfte** seines Einkommens verbleiben muss, sondern dass der **Bedürftige durch Unterhalt und Eigeneinkommen nicht mehr** haben darf als der Pflichtige.[631]

753 Der Grundsatz der Halbteilung wurde durch die **Unterhaltsrechtsänderung zum 1.1.2008**, wie sich aus den Gesetzesmaterialien ergibt,[632] beibehalten. Dies zeigt sich bereits aus dem unverändert gebliebenen Wortlaut der §§ 1361 I, 1578 I BGB, die nach ständiger Rechtsprechung auf dem Grundsatz der Halbteilung basieren. Durch die mit der neuen Rangordnung eröffneten Möglichkeit des Gleichrangs zweier Ehegatten nach

---

[620] BVerfG FamRZ 2002, 527.
[621] BVerfG FamRZ 2011, 437; so auch BGH FamRZ 2012, 281 Rn. 28 = R 731 f.
[622] BT-Drs. 16/1830, 18.
[623] BGH FamRZ 2012, 281 = R 731d; FamRZ 2001, 986 (991) = R 563c.
[624] BVerfG FamRZ 2002, 527.
[625] BGH FamRZ 2010, 111; FamRZ 2009, 411; FamRZ 2009, 23; FamRZ 2008, 1911; FamRZ 2006, 683; FamRZ 1990, 260; FamRZ 1981, 442 (444).
[626] BGH FamRZ 1989, 159.
[627] BGH FamRZ 2006, 683.
[628] BGH FamRZ 2008, 1911; FamRZ 2006, 683.
[629] BGH FamRZ 2010, 111.
[630] BVerfG FamRZ 2011, 437.
[631] BGH FamRZ 2008, 1911.
[632] BT-Drs. 16/1830, 18.

§ 1609 Nr. 2 BGB ergibt sich nichts anderes. Nach den Materialien des Gesetzgebers zählt seit 1.1.2008 nicht mehr die Priorität der Eheschließung, sondern nur noch die **individuelle Schutzbedürftigkeit.**[633] Zudem sind einander nachfolgende Ehen durch Art. 6 I GG gleichwertig geschützt. Dadurch sind nach der Entscheidung des BVerfG vom 25.1.2011 Modifikationen des Grundsatzes der gleichen Teilhabe nicht ausgeschlossen.[634] Dies hat bei gleichrangigen Ehegatten zur Folge, dass ihre Unterhaltsbelastung wechselseitig zu berücksichtigen und die jeweilige Halbteilung gegenüber dem Pflichtigen zu beachten ist. Soweit der BGH dies dadurch umsetzte, dass er bei Ermittlung des Bedarfs des geschiedenen und des neuen Ehegatten eine Dreiteilung[635] vornahm, wurde dieses zwar durch das BVerfG mit Beschluss vom 25.1.2011 für **verfassungswidrig** erklärt, weil der allein auf der Scheidung beruhende Bedarf eines neuen Ehegatten nicht bereits bei der Bedarfsermittlung des Geschiedenen berücksichtigt werden darf, sondern erst bei der Leistungsfähigkeit (→ Rn. 426 ff., zur Kritik an der Entscheidung des BVerfG → Rn. 428).[636] Bei gleichrangigen Ehegatten führt dies aber zur Dreiteilung im Rahmen der Leistungsfähigkeit und damit zum gleichen Ergebnis (→ Rn. 449, 805 ff., → § 5 Rn. 107 ff.).[637] Soweit weitere Unterhaltsbedürftige bereits vor Rechtskraft der Scheidung auf Seiten des Unterhaltspflichtigen hinzutreten, haben sie die ehelichen Lebensverhältnisse sogar mitbestimmt, da es sich nicht um leichtfertig eingegangene Verbindlichkeiten handelt. Ein Anspruch aus § 1615l BGB ist daher bereits bei der Bedarfsermittlung meist im Wege der Dreiteilung zu berücksichtigen (→ Rn. 812 f.).

Aus dem Halbteilungsgrundsatz ergibt sich, dass dem Berechtigten kein höherer Unterhalt als **die Hälfte des verteilungsfähigen Einkommens** zugesprochen werden darf.[638] Bei Geltendmachung von Vorsorgeunterhalt siehe → Rn. 779. Der Bedarf kann hierbei nicht aus lediglich **gedachten fiktiven Einkünften** des Pflichtigen, die keine Grundlage in der tatsächlichen Einkommenssituation der Ehegatten während der Ehe hatten, abgeleitet werden.[639] Derartige Einkünfte prägen die ehelichen Lebensverhältnisse nicht.[640] Möglicherweise durch größeren Einsatz erzielbare, in der Ehe aber nie erzielte Einkünfte sind daher nicht bedarfsbestimmend (→ Rn. 413, 624). 754

Hälftig aufzuteilen ist aber nur das „**verteilungsfähige Einkommen**", dh der Teil der in der Ehe angelegten Einkünfte, der zur Deckung des Lebensbedarfs zur Verfügung steht (→ Rn. 432 ff.). Das sog prägende Einkommen der Eheleute ist zur Ermittlung des Bedarfs daher vorher zu **bereinigen,**[641] dh um Steuern, Vorsorgeaufwendungen, berufsbedingte Aufwendungen, Kinderbetreuungskosten, Schulden und Kindesunterhalt, im Einzelfall ferner um alters- oder krankheitsbedingten Mehrbedarf und Ausgaben zur gemeinsamen Vermögensbildung zu kürzen (→ § 1 Rn. 1000 ff.). Maßgebend ist insoweit, welche Ausgaben bei der Bedarfsermittlung berücksichtigungswürdig sind (→ Rn. 432 ff., → § 1 Rn. 1003 ff.). Bei Erwerbseinkünften ist ferner **vorab** vom bereinigten Nettoeinkommen bei der Quotierung des Unterhalts der **Erwerbstätigenbonus** abzuziehen[642] (→ Rn. 772 ff.). 755

2. Mindestbedarf

Mit Urteil vom 16.12.2009 hatte der BGH bereits entschieden, dass es bei Ansprüchen nach § 1615l BGB einen Mindestbedarf in Höhe des Existenzminimums (derzeit 756

---

[633] BT-Drs. 16/1830, 14.
[634] BVerfG FamRZ 2011, 437.
[635] BGH FamRZ 2010, 111; FamRZ 2008, 1911.
[636] BVerfG FamRZ 2011, 437.
[637] Gerhardt/Gutdeutsch FamRZ 2011, 597.
[638] BGH FamRZ 2006, 683; FamRZ 1995, 346.
[639] BGH FamRZ 1997, 281 (283).
[640] BGH FamRZ 1997, 281 (283).
[641] BGH FamRZ 1999, 367 (370); FamRZ 1994, 87 (90); FamRZ 1993, 1304 (1306); FamRZ 1991, 304; FamRZ 1990, 499 (502).
[642] BGH FamRZ 1999, 367 (370); 1997, 806.

880 EUR vgl. DT Anm. D II, Leitlinien Nr. 18) gibt.[643] Am 17.2.2010 änderte er seine jahrzehntelange Rechtsprechung diesbezüglich auch beim Ehegattenunterhalt und führte einen **Mindestbedarf** ein.[644] Bis zu diesem Zeitpunkt hatte er vertreten, dass auch bei niedrigen Einkünften der eheangemessene Bedarf nicht nach generellen Mindestsätzen bemessen werden kann. Der eheliche Lebensstandard sei grundsätzlich individuell angelegt und könne wirtschaftlich über oder unter dem Niveau von Tabellenwerten liegen.[645] Eine Ausnahme galt nach der bis 31.12.2007 geltenden Rechtslage nur im verschärften Mangelfall,[646] den es seit der Unterhaltsreform zum 1.1.2008 mit dem absoluten Vorrang des Unterhalts minderjähriger Kinder nicht mehr gibt.

757 Die **Höhe des Mindestbedarfs** hat der BGH mit dem Existenzminimum eines Erwachsenen nach der Grundsicherung (§§ 8 ff. SGB XII) bemessen, weil in dieser Höhe für jeden eine Sozialleistung garantiert ist.[647] Einen Mindestbedarf in Höhe des jeweiligen Mindestselbstbehalt des Pflichtigen (derzeit 1200 EUR, vgl. DT Anm. B IV, Leitlinien Nr. 21.4) hat er dagegen abgelehnt,[648] weil der Bedarf des Berechtigten nicht mit dem jeweiligen Selbstbehalt des Pflichtigen gleichgesetzt werden darf. Der Mindestbedarf beläuft sich derzeit auf **880 EUR** (= notwendiger Selbstbehalt des Nichterwerbstätigen, vgl. DT Anm. B V 2; Leitlinien Nr. 15.1). Dabei kommt es nicht darauf an, ob der Bedürftige erwerbstätig ist oder nicht, da ein Arbeitsanreiz bei einem Mindestbedarf nicht anzusetzen und der Bedürftige ohnehin gehalten ist, im Rahmen seiner Möglichkeiten, seinen Bedarf sicherzustellen.[649]

758 Die Einführung eines Mindestbedarfs **vereinfacht bei beengten Verhältnissen** die Unterhaltsberechnung für den Bedürftigen erheblich, da der Mindestbedarf wie beim Kindesunterhalt ohne Nachweis verlangt werden kann (→ § 2 Rn. 224) und es dann Sache des Pflichtigen ist, darzulegen und zu beweisen, dass er in dieser Höhe nicht leistungsfähig ist (→ § 6 Rn. 714).

759 Der Mindestbedarf darf nicht verwechselt werden mit den sog **Eigenbedarfssätzen** (= Mindestehegattenbedarf in Konkurrenzfällen, vgl. DT Anm. B VI Nr. 1a, 2a; Leitlinien Nr. 22.1, 23.1). Während es beim Mindestbedarf um die Sicherung des Existenzminimums des Bedürftigen geht, beinhalten die Eigenbedarfssätze den Betrag, bis zu dem ein an sich höherer Bedarf durch nachrangige Unterhaltslasten reduziert werden kann. Denn nach der Rechtsprechung sind auch nachrangige Unterhaltslasten beim Bedarf des Vorrangigen zu berücksichtigen, so lange beim Vorrangigen einschließlich Eigeneinkommens kein Missverhältnis zum verbleibenden Bedarf eintritt.[650] Der Eigenbedarf beläuft sich auf die Höhe des jeweiligen Selbstbehalts des Pflichtigen, bei Zusammenleben des Bedürftigen mit dem Pflichtigen unter Berücksichtigung einer Ersparnis von 20% (vgl. DT Anm. B VI, Leitlinien Nr. 22, 23).

3. Keine Sättigungsgrenze bei der Bedarfsbemessung nach Quote

760 Der BGH geht in ständiger Rechtsprechung davon aus, dass es an sich für die Bedarfsbemessung des Ehegattenunterhalts (Trennungsunterhalt und nachehelicher Unterhalt) keine Obergrenze oder Sättigungsgrenze für die Bedarfsbemessung nach einer Einkommensquote gibt.[651]

761 Eine solche Sättigungsgrenze kommt aber mittelbar bei **gehobenen Einkünften** in Betracht, weil der Unterhalt auf Mittel, die auch nach einem **objektiven Maßstab** eine Einzelperson selbst bei Berücksichtigung hoher Ansprüche für einen billigenswerten Lebensbedarf sinnvoll ausgeben kann, zu beschränken ist (→ Rn. 463 ff.). Denn der

---

[643] BGH FamRZ 2010, 357 = R 709b; vgl. auch BGH FamRZ 2008, 1739 Rn. 35 ff.
[644] BGH FamRZ 2013, 534; FamRZ 2012, 281 = R 731f; FamRZ 2010, 629 = R 710c.
[645] Vgl. zB BGH FamRZ 2007, 1303; FamRZ 2006, 683.
[646] Vgl. 7. Aufl. Rn. 161a.
[647] BGH FamRZ 2010, 629 = R 710c; FamRZ 2010, 357 = R 709b.
[648] BGH FamRZ 2010, 629 = R 710c; FamRZ 2010, 357 = R 709b.
[649] BGH FamRZ 2013, 534; FamRZ 2010, 357 = R 709b.
[650] Vgl. zB BGH FamRZ 2009, 762 = R 703.
[651] BGH FamRZ 2010, 1637 R 715a; FamRZ 1990, 280; FamRZ 1983, 150; FamRZ 1982, 151.

Unterhalt dient nur zur Befriedigung des laufenden Lebensbedarfs, nicht der zusätzlichen Finanzierung einer Vermögensbildung.[652] Bei hohen Einkünften ist nach dem objektiven Maßstab eines vernünftigen Betrachters unter Berücksichtigung des tatsächlichen Konsumverhaltens der Ehegatten während des Zusammenlebens regelmäßig davon auszugehen, dass nicht alle Mittel für die Kosten der Lebensführung benötigt werden, sondern ein Teil in die Vermögensbildung fließt.[653] Ein solcher Ausnahmefall ist nicht anzunehmen, wenn und solange sich die Einkünfte im Normalbereich halten,[654] ebenso wenig bei eingeschränkten Einkommensverhältnissen.[655] Allerdings hat der BGH nun klargestellt, dass auch bei gehobenen Einkommensverhältnissen das gesamte Einkommen für den Lebensbedarf verbraucht worden sein kann, demnach auch hier eine Berechnung des Unterhalts nach Quote möglich ist. Der vollständige Verbrauch des Einkommens muss dann aber vom Unterhaltsberechtigten dargelegt und bewiesen werden (→ § 6 Rn. 711)[656]

Unter dem Begriff der relativen Sättigungsgrenze wird teilweise vertreten, dass bis zu einem bestimmten Betrag, der in der Regel in Höhe des Bedarfs aus einem gemeinsamen Einkommen von 5500 EUR (= Unterhalt von 2750 EUR) angenommen wurde, der Unterhalt nicht konkret dargelegt werden muss, wenn das unterhaltsrechtlich relevante Einkommen des Pflichtigen diesen rechtfertigt (→ Rn. 766).[657]

Ab wann gehobene Einkommensverhältnisse beginnen, wurde in der obergerichtlichen Rechtsprechung nicht einheitlich beurteilt (→ Rn. 766). Der BGH hatte eine konkrete Bedarfsbemessung sowohl auf der Basis eines Einkommens, das die höchste Stufe der Düsseldorfer Tabelle übersteigt (mehr als 5500 EUR), als auch in Höhe des doppelten Betrags nicht beanstandet, aber betont, dass dies der tatrichterlichen Würdigung im Einzelfall vorbehalten ist.[658]

762 Bei **gehobenen** wirtschaftlichen Verhältnissen der Eheleute bestehen normale Korrekturmöglichkeiten, indem der Unterhaltsbedarf losgelöst vom Einkommen konkret bemessen wird (→ Rn. 763 ff.). Es können aber im Einzelfall bei zusätzlichen Kapitaleinkünften auch Teile dieser Einkünfte als nichtprägend angesehen werden, weil sie nach einem objektiven Maßstab für die Lebensführung nicht benötigt wurden (→ Rn. 463, 554, 608).[659] Im Ergebnis führt dies jeweils zu einer Begrenzung des Unterhalts nach oben auf der Grundlage der gelebten ehelichen Lebensverhältnisse.

4. Konkrete Bedarfsbemessung

763 Der Tatrichter kann den eheangemessenen Unterhaltsbedarf konkret durch die Feststellung der Kosten ermitteln, die für die **Aufrechterhaltung des erreichten Lebensstandards** erforderlich sind.[660]

Eine solche konkrete Unterhaltsbemessung kann vor allem dann gerechtfertigt sein, wenn die Einkünfte des Verpflichteten **überdurchschnittlich hoch** sind, weil in solchen Fällen vermutet wird, dass das Einkommen während des Zusammenlebens nicht ausschließlich für die Lebenshaltungskosten verwendet worden ist, sondern teilweise auch der Vermögensbildung oder anderen Zwecken gedient hat.[661] Daneben kommt sie ausnahms-

---

[652] BGH FamRZ 2007, 1532.
[653] BGH FamRZ 2007, 1532.
[654] BGH FamRZ 1983, 150.
[655] BGH FamRZ 2005, 97.
[656] BGH FamRZ 2018, 260 = R 788b.
[657] BGH FamRZ 2012, 947 Rz. 20 und 36, OLG Düsseldorf NJW 2012, 3382.
[658] BGH FamRZ 2018, 260 = R 788c; 2010, 1637 = R 715a.
[659] BGH FamRZ 2007, 1532.
[660] BGH FamRZ 2010, 1637 = R 715a; FamRZ 1990, 280; FamRZ 1987, 691 (693); FamRZ 1985, 582.
[661] BGH FamRZ 2018, 260 = R 788b; 2010, 1637 = R 715a; FamRZ 2003, 848 (850); FamRZ 1982, 1187; OLG Hamm FamRZ 2006, 1603; FamRZ 2005, 719; FamRZ 2001, 21; OLG Brandenburg FamRZ 2007, 427; OLG München FamRZ 2005, 36; OLG Köln FamRZ 2002, 326; OLG Karlsruhe FamRZ 2000, 1366; OLG Düsseldorf FamRZ 1996, 1418; OLG Frankfurt a. M. FamRZ 1997, 353.

weise bei schwer durchschaubaren Einkommensverhältnissen mit hohem Lebensstandard, zB durch ineinander verschachtelte unternehmerische Tätigkeiten oder hohen Negativeinkünften zur einseitigen Vermögensbildung, in Betracht.[662]

Die konkrete Bedarfsermittlung darf aber **nicht dazu führen,** einen Bedarf anzusetzen, der in den tatsächlichen Lebens-, Einkommens- und Vermögensverhältnissen **keinen Niederschlag** gefunden hat, zB weil die Einkommensverhältnisse nur eine dürftige Lebensführung gestatteten.[663] Der Quotenunterhalt stellt daher die Obergrenze auch bei der konkreten Bedarfsbemessung dar.[664]

764 Bei einer konkreten Unterhaltsbemessung sind alle zur Aufrechterhaltung des bisherigen Lebensstandards benötigten **Lebenshaltungskosten konkret zu ermitteln.** Dazu zählen ua die Aufwendungen für das Haushaltsgeld, Wohnen mit Nebenkosten, Kleidung, Geschenke, Putzhilfe, Gärtner, Reisen, Urlaub, sportliche Aktivitäten, kulturelle Bedürfnisse, Pkw-Nutzung, Vorsorgeaufwendungen, Versicherungen und sonstige notwendige Lebenshaltungskosten.[665] Es genügt, dass der Bedürftige die in den einzelnen Lebensbereichen anfallenden Kosten überschlägig darstellt, so dass sie nach § 287 ZPO geschätzt werden können, sie müssen nicht in allen Punkten konkret nachgewiesen werden.[666] Allerdings muss nachvollziehbar sein, auf welcher Grundlage die einzelnen Ausgaben ermittelt wurden. Eine Schätzung der Ausgaben gemäß § 287 ZPO kommt umso eher in Betracht, als die Bedarfsposition als existentiell notwendig anzusehen ist, wie das beispielsweise bei einem Aufwand für Essen, Trinken, Kleidung und Wohnen der Fall ist.[667] Ein schlüssiger Vortrag erfordert daher jedenfalls die exemplarische Darstellung der Ausgaben über einen gewissen Zeitraum, die so genau ist, dass sie als Grundlage für eine Schätzung dienen kann.[668] So wird man beispielsweise für die Darlegung des Bedarfs für Urlaub die Darstellung der während der Ehe erfolgten Reisen mit ungefährer Angabe der Kosten erwarten.[669] Entscheidend ist, dass sich die Ausgaben in einem Umfang bewegen, der auch während der Ehe aufgewendet wurde.[670] Hinsichtlich des Wohnbedarfs kann daher für die Bemessung der Wohnungsgröße auf die Ehewohnung zurückgegriffen werden. Bein einer Wohnungsgröße von 145 qm für eine fünfköpfige Familie kann daher für eine einzelne Person eher ein Bedarf von 75 qm, als der tatsächlich bewohnten 95 qm angemessen sein.[671] Es ist jedoch zu berücksichtigen, dass auch Veränderungen nach der Trennung oder Scheidung, die sich im Rahmen einer Normalentwicklung bewegen, ebenso wie beim Quotenunterhalt zu berücksichtigen sind. So kann ein später begonnenes Hobby bedarfsprägend sein, wenn die Ausgaben dafür dem ehelichen Lebensstandard entsprechen.[672] Fallen Kosten nicht mehr an, da der Sport aus zB gesundheitlichen Gründen nicht mehr ausgeübt werden kann, können sie nicht mehr geltend gemacht werden.[673] Werden sie jedoch deshalb derzeit nicht ausgegeben, da nach der Trennung die erforderlichen Mittel fehlen, die nun mit dem Unterhaltsantrag geltend gemacht werden, sind sie dem Bedarf hinzuzurechnen.[674] Ausgaben für Kosmetik bleiben nicht deshalb außer Betracht, weil die Ehefrau nach der Trennung keine Repräsentationspflicht mehr träfe.[675] Kosten für künftige kosmetische Operationen sind demgegenüber als Sonderbedarf zu bewerten.[676]

---

[662] OLG Hamm FamRZ 1995, 1578.
[663] BGH FamRZ 2005, 97.
[664] Gutdeutsch NJW 2012, 561, 564.
[665] BGH FamRZ 2012, 517; FamRZ 1990, 280; FamRZ 1987, 691 (693); Checkliste zB bei Born FamRZ 2013, 1613.
[666] OLG Hamm FamRZ 1999, 723.
[667] OLG Koblenz FamRZ 2018, 913; OLG Hamm NZFam 2016, 708.
[668] OLG Koblenz FamRZ 2018, 913.
[669] OLG Hamm NZFam 2016, 708.
[670] OLG Bremen FamRZ 2015, 1395, 1396.
[671] OLG Düsseldorf NJW 2012, 3384.
[672] OLG Düsseldorf FamRZ 2015, 1392, 1395.
[673] OLG Hamm FamRZ 2006, 1603, 1604.
[674] BGH FamRZ 2010, 1637 = R 715a (Reitpferd).
[675] BGH FamRZ 2012, 517 (Rn. 22).
[676] BGH FamRZ 2012, 517 (Rn. 23).

Auch im Rahmen einer konkreten Bedarfsbemessung ist ein **objektiver Maßstab** 765 anzulegen. Entscheidend ist der Lebensstandard, der nach dem vorhandenen Einkommen vom Standpunkt eines vernünftigen Betrachters als angemessen erscheint. Dabei hat unter Berücksichtigung des tatsächlichen Konsumverhaltens in der Ehe sowohl ein zu dürftiger als auch ein übermäßiger Aufwand außer Betracht zu bleiben.[677]

Eine **Sättigungsgrenze** für die konkrete Bedarfsermittlung, dh eine obere Grenze für Unterhaltsansprüche, hat der BGH bisher bei seinen Entscheidungen **nicht angenommen**. Er hat vielmehr darauf hingewiesen, dass nach konkreter Darlegung auch ein höherer Unterhaltsbedarf nicht ausgeschlossen ist.[678] Seit Inkrafttreten des § 1578b BGB und der damit gegebenen Möglichkeit zur Herabsetzung und zeitlichen Begrenzung des nachehelichen Unterhalts dürfte auch kein Bedarf mehr für eine starre Obergrenze des Unterhaltsanspruchs bestehen. Lediglich eine Obergrenze für eine Bedarfsbemessung nach einer Einkommensquote wird bei besonders hohen Einkünften als Beschränkung des Unterhalts auf die Mittel, die von den Ehegatten tatsächlich zur allgemeinen Lebensführung ausgegeben wurden und einem objektiven Maßstab standhalten, in Betracht gezogen werden müssen. In welcher Höhe derartige Einkünfte liegen, hängt immer vom konkreten Einzelfall und dem individuellen Konsumverhalten in der Ehe ab.[679]

In den Leitlinien der meisten Oberlandesgerichte findet sich in Nr. 15.3 nur der 766 pauschale Hinweis, dass bei sehr guten Einkommensverhältnissen des Pflichtigen eine konkrete Bedarfsbemessung in Betracht kommt.[680] Bei einem Teil der Oberlandesgerichte gilt die sog **relative** Sättigungsgrenze. Nach OLG Oldenburg und OLG Bremen kommt eine konkrete Bedarfsbemessung bei einem gemeinsamen bereinigten Nettoeinkommen der Eheleute über der höchsten Einkommensgruppe der DT in Betracht (derzeit 5500 EUR).[681] Nach OLG Frankfurt a. M. ist ab einem Bedarf von 4000 EUR, nach OLG Jena ab einem Bedarf von 2500 EUR eine konkrete Bedarfsermittlung durchzuführen,[682] nach OLG Koblenz, OLG Celle und OLG Braunschweig dann, wenn das gemeinsame Einkommen der Eheleute das Doppelte des Höchstbetrages der DT (derzeit 11 000 EUR) übersteigt.[683]

Die OLG Zweibrücken,[684] Köln[685] und Brandenburg[686] halten eine Unterhaltsbezifferung nach dem konkreten Bedarf ab einem Bedarf von 5500 EUR für geboten. Der konkrete Bedarf hängt dann von den individuellen Verhältnissen und dem tatsächlichen Konsumverhalten unter Zugrundelegung eines objektiven Maßstabes ab.[687] Der Anspruch ist jedenfalls nicht generell auf diesen Betrag begrenzt. Nachdem der **BGH** zunächst eine konkrete Bedarfsermittlung ab einem gemeinsamen Einkommen in Höhe der höchsten Einkommensstufe der Düsseldorfer Tabelle als zulässig angesehen hatte,[688] hat er es nun ausdrücklich befürwortet, diese Grenze zu verdoppeln.[689] Letztlich gesteht er den Gerichten zwar ein tatrichterliches Ermessen zu, zugleich hat er die genannte Grenze mit einer bis dahin geltenden Vermutung für einen vollständigen Verbrauch der unterhaltsrelevanten Familieneinkünfte begründet, was die generelle Anwendung dieser Grenze nahelegt. Während jedoch früher ab Erreichen der jeweiligen Einkommensgrenze eine konkrete Bedarfs-

---

[677] BGH FamRZ 2007, 1532.
[678] BGH FamRZ 2010, 1637 = R 715a.
[679] Vgl. zB OLG München FamRZ 2005, 36: 4945 EUR Elementar- und 1752 EUR Vorsorgebedarf; OLG Hamm FamRZ 2006, 1603: 4456 EUR; OLG Hamm FamRZ 1999, 723: 15 000 DM bei Einkommen des Mannes von mindestens 70 000 DM; OLG Frankfurt a. M. FamRZ 1997, 353: 11 500 DM; dagegen OLG Düsseldorf FamRZ 2015, 139: nicht bereits bei 10000 EUR.
[680] SüdL, BL, BraL, BrL, BrauL, CL, DL, DrL, HaL, KL, NaL, RL, jeweils Nr. 15.3.
[681] HL, OL jeweils Nr. 15.3.
[682] FL, TL Nr. 15.3.
[683] KoL Nr. 15.3.
[684] FamRZ 2014, 216.
[685] FamRZ 2012, 1731.
[686] BeckRS 2012, 11388.
[687] BGH FamRZ 2007, 1532.
[688] BGH FamRZ 2012, 945 (Rz. 15); 2010, 1637 = R 715a.
[689] BGH FamRZ 2018, 260 Rn. 21 = R 788c.

ermittlung verlangt wurde, hält der BGH daran nicht mehr fest und lässt grundsätzlich auch bei gehobenen Einkommensverhältnissen eine Ermittlung des Bedarfs nach der Quote zu, wenn der nicht zur allgemeinen Lebensführung verwendete Teil der Einkünfte herausgerechnet wird (→ Rn. 761, → § 6 Rn. 711).

767 Eine gleichwohl noch dargelegte konkrete Bedarfsbemessung verstößt nicht gegen den **Halbteilungsgrundsatz,** wenn dem Verpflichteten zur Deckung seines Unterhaltsbedarfs ein mindestens gleich hoher Betrag verbleibt.[690] Er muss allenfalls Aufwendungen für die Vermögensbildung oder für sonstige Zwecke einschränken.

Gegen den Halbteilungsgrundsatz wird verstoßen, wenn dem Verpflichteten zur Deckung seines eigenen Bedarfs von seinem bereinigten Nettoeinkommen weniger verbleiben würde, als es dem für den Berechtigten konkret bemessenen Unterhaltsbedarf entspricht. Hat der Bedürftige den konkreten Bedarf nach den ehelichen Lebensverhältnissen nachgewiesen, trifft den Pflichtigen die Darlegungs- und Beweislast, dass ihm nicht die Hälfte des Einkommens verbleibt und er daher nicht leistungsfähig ist. Dies ist in der Praxis vor allem bedeutsam, wenn zwar einerseits in der Ehe ein großzügiger Lebensstandard gepflegt wurde, die Einkommensverhältnisse aber andererseits zB durch Ausnützen aller steuerlichen Möglichkeiten sehr undurchsichtig sind.

768 Bei einer konkreten Bedarfsbemessung entfällt, soweit Krankenvorsorge- und Altersvorsorgeunterhalt geltend gemacht wird, **eine zweistufige Berechnung** des Elementarunterhalts, weil diese nur sicherstellen soll, dass nicht zu Lasten des Verpflichteten vom Grundsatz der gleichmäßigen Teilhabe der Ehegatten am ehelichen Lebensstandard abgewichen wird.[691] Auch bei einem hohen Bedarf besteht ein Anspruch auf eine entsprechend hohe Altersvorsorge, da der Vorsorgeunterhalt nicht begrenzt ist auf die sog Beitragsbemessungsgrenze (→ Rn. 893, → § 1 Rn. 1033).[692] Ebenso wie der Unterhalt nach der Quote der Einkommen, betrifft auch der konkret ermittelte Bedarf nur den Elementarunterhalt, ein evtl. Bedarf für die Altersvorsorge ist zusätzlich zu berücksichtigen.[693] Der Altersvorsorgeunterhalt ergibt sich aus dem konkreten Bedarf ohne Altersvorsorge, wobei dieser Nettobetrag nach der Bremer Tabelle in einen Bruttobetrag umzurechnen ist und sich hieraus gemäß dem aktuellen Rentensatz der Vorsorgeunterhalt errechnet (→ Rn. 874 ff.).[694]

769 **Eigeneinkünfte des Bedürftigen** sind anzurechnen und kürzen den angesetzten konkreten Bedarf. Bei Erwerbseinkünften ist **kein Erwerbstätigenbonus abzuziehen,** weil auch im konkreten Bedarf kein Erwerbsbonus enthalten ist (→ Rn. 774).[695] Denn da beim konkreten Bedarf kein Erwerbstätigenbonus angesetzt wird, kann er zu Lasten des Pflichtigen auch bei der Anrechnung von Eigeneinkommen nicht angesetzt werden. Auf Eigeneinkommen ist besonders zu achten, wenn es zu wertneutralen Lösungen kommt, zB bei mietfreiem Wohnen des Bedürftigen. Der Wohnwert erhöht zunächst den konkreten Bedarf, kürzt ihn aber bei der Anrechnung des Eigeneinkommens des Bedürftigen in gleicher Höhe wieder. Beide Beträge müssen jedoch nicht übereinstimmen. Nutzt der Bedürftige nach Rechtshängigkeit des Scheidungsantrags ein nach seinen Bedürfnissen zu großes Haus, ist bei der Ermittlung des Bedarfs der Mietwert des, ausgehend von den ehelichen Lebensverhältnissen, benötigten Wohnraums anzusetzen. Als Eigeneinkünfte des Bedürftigen ist dann aber der objektive Mietwert der tatsächlich bewohnten Immobilie abzuziehen.[696]

770 Bei einer konkreten Bedarfsbemessung bleibt der Unterhalt auch für spätere Zeiten **auf den festgesetzten Bedarf fixiert.** Ein Abänderungsverfahren kann daher nicht darauf gestützt werden, dass sich das Einkommen des Pflichtigen erhöht hätte.[697] Eine Abände-

---

[690] OLG München FamRZ 2005, 367.
[691] BGH FamRZ 2010, 1637 = R 715c; FamRZ 1999, 372 (374).
[692] BGH FamRZ 2012, 945; FamRZ 2010, 1637 = R 715c; FamRZ 2007, 117 = R 662d.
[693] BGH FamRZ 2012, 945.
[694] BGH FamRZ 2010, 1637 = R 715c.
[695] BGH FamRZ 2011, 192 unter Aufgabe seiner früheren Rechtsprechung, vgl. FamRZ 2010, 1637 = R 715b.
[696] BGH FamRZ 2012, 517 Rn. 24 u. 30.
[697] BGH FamRZ 1990, 280.

rung ist aber möglich zum Zweck der Anpassung des Unterhalts an allgemein gestiegene Lebenshaltungskosten (→ Rn. 645). Hat sich das Einkommen des Berechtigten erhöht, ist eine Abänderung durch den Pflichtigen nur möglich, wenn sich nicht gleichzeitig auch wegen der gestiegenen Lebenshaltungskosten der Bedarf erhöht hat.[698] Eine Abänderung nach unten kommt in Betracht, wenn der Unterhalt mit Rücksicht auf einen besonderen Bedarf des Berechtigten höher bemessen worden ist, als es sonst den ehelichen Lebensverhältnissen entsprochen hätte, und dieser besondere Bedarf später wegfällt. Dann wäre der Unterhaltsanspruch entsprechend zu ermäßigen.[699]

Verringern sich die sehr guten Einkommensverhältnisse des Pflichtigen, zB durch Eintritt in den Altersruhestand, kann von der konkreten Bedarfsermittlung in einem Abänderungsverfahren in die übliche **Quotenberechnung** entsprechend den jetzt vorhandenen Einkünften **übergegangen** werden, da auch die nicht vorwerfbare Reduzierung des Einkommens in der Ehe angelegt ist (→ Rn. 565).[700] **771**

5. Bedarfsbemessung nach Ehegattenquoten

a) Quotenbedarf. In der richterlichen Praxis wird – von den wenigen Ausnahmen der konkreten Bedarfsermittlung abgesehen – der Bedarf nicht nach den Mitteln bemessen, die zur Aufrechterhaltung des ehelichen Lebensstandards benötigt werden, sondern pauschal nach einer Quote, der Ehegattenquote, des für Unterhaltszwecke verteilbaren prägenden Einkommens. **772**
Diese Bedarfsbemessung nach dem verteilbaren Einkommen (und nicht nach dem tatsächlichen Bedarf) ist eine praktische Konsequenz aus der Tatsache, dass in der weitaus überwiegenden Zahl aller Fälle bei Eheleuten mit niedrigem oder durchschnittlichem Einkommen der bis zur Trennung erreichte Lebensstandard nach Trennung und Scheidung mit dem verteilbaren Einkommen nicht aufrechterhalten werden kann. Der Bundesgerichtshof hat inzwischen entschieden, dass bis zu einem unterhaltsrelevanten Familieneinkommen in Höhe des Doppelten der Obergrenze der Düsseldorfer Tabelle (zurzeit 11000 EUR) von einer tatsächlichen Vermutung für den vollständigen Verbrauch für die allgemeine Lebensführung ausgegangen werden kann.[701] Deshalb wird wenigstens das verteilbare Einkommen angemessen gequotelt, weil mehr ohnehin nicht geleistet werden kann. Im Hinblick auf den Grundsatz der Eigenverantwortung muss jeder Ehegatte auf seine Weise versuchen, mit diesem Anteil seinen Lebensbedarf zu decken, und dazu sein bisheriges Konsumverhalten ggf. entsprechend einschränken. Dem entspricht auch die geänderte Rechtsprechung des BGH, bei den ehelichen Lebensverhältnissen stärker auf die tatsächlichen **Verhältnisse** abzustellen. Dies gilt sowohl bei üblichen Einkommenssteigerungen nach Trennung und Scheidung als auch bei nicht leichtfertig erfolgten Einkommenssenkungen, sei es durch Einkommensreduzierungen (Verrentung, Arbeitslosigkeit usw), sei es durch berücksichtigungswürdige neue Verbindlichkeiten oder nicht leichtfertig entstandene neue Schulden (→ Rn. 432 ff., 553).[702] Dem ist auch das BVerfG in seiner Entscheidung vom 25.1.2011 gefolgt, nachdem es darauf hingewiesen hat, auch Veränderungen nach der Scheidung seien zu berücksichtigen, wenn sie auch ohne Scheidung entstanden wären (→ Rn. 426 ff., → § 1 Rn. 1003 ff.).[703] Hierauf ist seit der geänderten Rechtslage durch die Unterhaltsreform 2008 vor allem zu achten, wenn durch zwei gleichrangige bedürftige unterhaltsberechtigte Partner die vorhandenen Mittel nicht auf zwei, sondern drei Personen aufzuteilen sind; denn nachdem die Priorität des ersten Ehegatten beseitigt wurde, ist bei gleichrangigen früheren Partnern der Neue in die Berechnung einzubeziehen, unabhängig davon, ob dies bereits beim Bedarf oder erst bei der Leistungsfähigkeit zu erfolgen hat (→ Rn. 752, 805 ff.).[704]

---

[698] OLG Köln FamRZ 2013, 1134.
[699] BGH FamRZ 1985, 582.
[700] BGH FamRZ 2003, 848 (850).
[701] BGH FamRZ 2018, 260 Rn. 21 = R 778c.
[702] BGH FamRZ 2008, 968; FamRZ 2007, 793 = R 674b; FamRZ 2006, 683.
[703] BVerfG FamRZ 2011, 437.
[704] Vgl. Gerhardt/Gutdeutsch FamRZ 2011, 597.

Die Unterhaltsbemessung nach Quoten dient dem Zweck, die für den allgemeinen Lebensbedarf der Ehegatten **verfügbaren Einkünfte** entsprechend dem Grundsatz der gleichmäßigen Teilhabe an den ehelichen Lebensverhältnissen **angemessen zu verteilen**.[705]

773 **b) Erwerbstätigenbonus.** Der BGH hält in ständiger Rechtsprechung daran fest, dass es dem **Halbteilungsgrundsatz** nicht widerspricht, zugunsten eines Erwerbstätigen von einer strikt hälftigen Aufteilung in maßvoller Weise abzuweichen, um den mit einer Berufsausübung verbundenen höheren Aufwand zu berücksichtigen und zugleich einen Anreiz zur Erwerbstätigkeit zu schaffen und aufrechtzuerhalten (→ § 1 Rn. 131). Nachdem der erhöhte Aufwand bei Nichtselbständigen bereits durch Vorabzug der berufsbedingten Aufwendungen, bei Selbständigen/Gewerbetreibenden durch Ansatz der Ausgaben bei der Gewinnermittlung berücksichtigt wird, bezweckt er allein einen Arbeitsanreiz (zur Kritik → Rn. 781).[706] Nach BGH sind allerdings geringfügige Arbeitsaufwendungen, zB Kleider- und Hemdenreinigung oder Telefonkosten, im Erwerbsbonus enthalten, wenn keine pauschalen berufsbedingten Aufwendungen geltend gemacht werden (→ § 1 Rn. 1046).[707] Der Ansatz eines Erwerbsbonus gilt trotz grundsätzlicher Änderung seiner Rechtsprechung zu den ehelichen Lebensverhältnissen mit der Surrogatslösung auch weiterhin.[708] Demgemäß hat der BGH die in der Rechtsprechung der Oberlandesgerichte entwickelten Leitlinien gebilligt, bei deren Anwendung dem erwerbstätigen Ehegatten ein sog **Erwerbstätigenbonus** aus dem verteilungsfähigen Einkommen **vorab** verbleibt,[709] der **Bedarf** sich also nur aus den **bereinigten** und bei **Erwerbstätigkeit vorab um den Bonus gekürzten Erwerbseinkünften** berechnet.[710] Der Vorabzug eines Erwerbstätigenbonus widerspricht nach BGH nicht der Gleichwertigkeit der in der Ehe geleisteten Familienarbeit eines Ehegatten mit der Erwerbstätigkeit des anderen, da nach der Surrogatslösung auch beim Bedürftigen nach Aufnahme einer Berufstätigkeit ein Erwerbstätigenbonus vorab abzuziehen ist.[711] Erwerbseinkünfte sind dabei das Einkommen Nichtselbständiger, Selbstständiger, Gewerbetreibender und Land- oder Forstwirte.

Bei **sonstigen Einkünften,** die auf keiner Erwerbstätigkeit beruhen, gibt es nach BGH keinen solchen „Bonus", dh, die Ehegattenquoten müssen **gleich hoch** sein. Kein Erwerbstätigenbonus ist deshalb bei Renten,[712] Pensionen, Arbeitslosengeld,[713] monatlich als Lohnersatz umgelegten Abfindungen,[714] Krankengeld, Zinsen,[715] Mieten,[716] Wohnwert anzusetzen.[717] Entsprechendes gilt, wenn ein Beamter unter Belassung der vollen Bezüge von jeglicher Arbeit freigestellt wurde.[718]

Liegen besondere Umstände des Einzelfalls vor, kann auch bei diesen Einkünften ausnahmsweise eine vom Grundsatz der hälftigen Aufteilung abweichende Bedarfsbemessung gerechtfertigt sein.[719] Der BGH verlangt dafür aber eine besondere Begründung.[720] Er hat zB die Zubilligung eines Bonus von $^1/_5$ für ein Renteneinkommen des Berechtigten (ebenso hoch wie seinerzeit der Bonus des erwerbstätigen Verpflichteten) gebilligt, weil das

---

[705] BGH FamRZ 1982, 890.
[706] Graba NJW 1993, 3033.
[707] BGH FamRZ 2007, 193 = R 664a.
[708] BGH FamRZ 2004, 1867.
[709] BGH FamRZ 2004, 1867; FamRZ 1999, 367 (370); FamRZ 1992, 539 (541); FamRZ 1991, 304; FamRZ 1990, 1085 (1087); FamRZ 1988, 265 (267); FamRZ 1987, 913 (915); FamRZ 1986, 437 (439); FamRZ 1985, 908; FamRZ 1981, 1165.
[710] BGH FamRZ 1997, 806.
[711] BGH FamRZ 2004, 1867.
[712] BGH FamRZ 2006, 387 = R 643g; FamRZ 1999, 981.
[713] BGH FamRZ 2007, 983.
[714] BGH FamRZ 2007, 983.
[715] BGH FamRZ 2006, 387 = R 643g.
[716] BGH FamRZ 2006, 387 = R 643g.
[717] BGH FamRZ 2006, 387 = R 643g; FamRZ 1991, 1163 (1166).
[718] OLG Koblenz FamRZ 2008, 2281.
[719] BGH FamRZ 2007, 983; FamRZ 2006, 387 = R 643g; FamRZ 1988, 265 (267).
[720] BGH FamRZ 2006, 387 = R 643g; FamRZ 2004, 1867.

OLG dies mit krankheitsbedingten Nachteilen gerechtfertigt hat.[721] Dagegen hat er bei Einkünften aus Vermietung/Verpachtung es als nicht ausreichend angesehen, einen Bonus mit der pauschalen Begründung, der Umfang der Vermietung komme einer beruflichen Tätigkeit nahe, zuzubilligen.[722]

774 Die Rechtsprechung des BGH, bei Erwerbstätigkeit für die Berechnung des Ehegattenunterhalts einen Erwerbstätigenbonus anzusetzen, gilt **nicht uneingeschränkt**. Bei der Ermittlung des **Familienunterhalts,** der nach ständiger Rechtsprechung in Konkurrenzfällen, zB mit Volljährigen, Eltern oder geschiedenen Ehegatten, als Rechenfaktor wie bei Getrenntleben mit einem Zahlbetrag anzusetzen ist,[723] kürzt **kein Erwerbsbonus** das (fiktive) Einkommen der Beteiligten.[724] Ebenso wenig wird ein Erwerbsbonus bei der Reduzierung des Unterhalts auf den **angemessenen Bedarf** berücksichtigt,[725] weil auch im angesetzten angemessenen Bedarf kein Erwerbsbonus enthalten ist und deshalb bereits aus mathematischen Gründen auch das anzurechnende Einkommen nicht durch einen Erwerbsbonus privilegiert werden darf. Das Gleiche gilt bei der **konkreten Bedarfsbemessung.**[726]

775 Die Bemessung des angemessenen Unterhalts und damit die Feststellung der Quote ist Aufgabe des **Tatrichters.**[727]

Der Tatrichter kann sich dabei an Richtsätzen und Leitlinien orientieren. Die durch die Anwendung solcher Hilfsmittel erzielten Ergebnisse müssen im Einzelfall jedoch daran gemessen werden, ob sie den anzuwendenden Rechtsgrundsätzen Rechnung tragen und angemessen sind. Falls erforderlich, müssen sie nach den besonderen Umständen des Einzelfalls berichtigt werden.[728]

Während früher die Leitlinien der Oberlandesgerichte sehr unterschiedliche Höhen beim Erwerbstätigenbonus von $^1/_5$, $^1/_7$, $^1/_{10}$ oder variabel nach Einkommen bis zu $^1/_{20}$ enthielten, gibt es seit der gemeinsamen Leitlinienstruktur und der dadurch eingetretenen größeren Vereinheitlichung der obergerichtlichen Rechtsprechung ab 1.7.2003 für die Unterhaltsberechnung nur noch einen Erwerbstätigenbonus von $^1/_{10}$ oder $^1/_7$ (→ Rn. 782).

776 Den **Erwerbstätigenbonus** gibt es bei allen **prägenden** Erwerbseinkünften des **Verpflichteten** und des **Berechtigten**[729] als Ausgleich für den mit einer Erwerbstätigkeit verbundenen besonderen Aufwand und als Arbeitsanreiz. Der „Bonus" entspricht nach der Rechtsprechung noch dem Halbteilungsgrundsatz.[730]

Aus Gründen der Gleichbehandlung ist er auch bei **nicht in der Ehe angelegten** Erwerbseinkünften des Berechtigten, zB bei einem Karrieresprung zu berücksichtigen, die auf den Unterhaltsbedarf angerechnet werden;[731] ebenso, wenn Erwerbseinkünfte wegen Verstoß gegen die Erwerbsobliegenheit nur **fiktiv** angesetzt wurden, weil der Berechtigte so gestellt werden muss, wie wenn er diese Einkünfte erzielen würde.[732]

Der Bonus muss für Verpflichtete und Berechtigte **gleich hoch** sein.

777 Der „Bonus" muss bereits im Rahmen der Bedarfsbemessung berücksichtigt werden,[733] nicht erst bei der Billigkeitsabwägung nach § 1581 BGB.[734] Es entspricht der

---

[721] BGH FamRZ 1990, 981.
[722] BGH FamRZ 2006, 387 = R 643g.
[723] Vgl. zB BGH FamRZ 2010, 111; FamRZ 2007, 1081.
[724] BGH FamRZ 2007, 1081.
[725] BGH FamRZ 2011, 192; FamRZ 2009, 406.
[726] BGH FamRZ 2011, 192 unter Aufhebung seiner Rechtsprechung in FamRZ 2010, 1637 = R 715b.
[727] BGH FamRZ 2004, 1867 = R 643g; FamRZ 2002, 1687 (1691); NJW 1998, 2821; FamRZ 1990, 1085 (1087); FamRZ 1987, 913 (915).
[728] BGH FamRZ 1983, 678.
[729] BGH FamRZ 1999, 367 (370).
[730] BGH FamRZ 2004, 1867; FamRZ 1990, 1090; FamRZ 1989, 842.
[731] BGH FamRZ 1988, 256 (259); FamRZ 1985, 908 (910).
[732] BGH FamRZ 1995, 346; FamRZ 1991, 307 (310); FamRZ 1990, 979 (981).
[733] BGH FamRZ 2006, 387; FamRZ 2004, 1867; FamRZ 1999, 367 (370); FamRZ 1997, 806; FamRZ 1991, 304; FamRZ 1991, 1414; FamRZ 1990, 499 (502); FamRZ 1990, 979; FamRZ 1990, 1085 (1087).
[734] BGH FamRZ 2004, 1867; FamRZ 1989, 842; FamRZ 1988, 265 (267).

ständigen Rechtsprechung des BGH, dass für die Ermittlung der ehelichen Lebensverhältnisse nach § 1578 I BGB dem erwerbstätigen Verpflichteten ein die Hälfte des verteilungsfähigen Einkommens maßvoll übersteigender Betrag verbleiben muss. Aus Gleichheitsgründen gilt dies auch bei prägenden Erwerbseinkünften des Bedürftigen.[735] Dem entspricht zB bei beiderseits prägenden Erwerbseinkünften die $^3/_7$-Quote der Differenzmethode nach der DT bzw. der Vorabzug des Erwerbstätigenbonus von $^1/_{10}$ oder $^1/_7$ nach der Additionsmethode (→ Rn. 800 ff.). Die zT vertretene Auffassung,[736] bei Erwerbseinkünften des Bedürftigen sei dessen Erwerbstätigenbonus bei der Bedarfsermittlung nicht zu berücksichtigen, dh nicht vorab abzuziehen, entspricht nicht dieser Gleichbehandlung.

778 Der **Erwerbstätigenbonus** wird vom **bereinigten Nettoeinkommen** abgezogen, nicht bereits vom Nettoeinkommen, dh, zunächst ist das Erwerbseinkommen um unterhaltsrechtlich relevante Abzüge zu kürzen (→ § 1 Rn. 1000 ff.) und erst anschließend um den Erwerbstätigenbonus zu reduzieren.[737] Denn dem Erwerbstätigen soll bei Erwerbstätigkeit ein die Hälfte des verteilungsfähigen Einkommens maßvoll übersteigender Betrag verbleiben; verteilungsfähig ist aber nur das bereinigte Einkommen.[738] Diesen Grundsatz hat der BGH in seiner Entscheidung vom 16.4.1997 nochmals ausdrücklich bestätigt.[739] In den ab 1.7.2003 geltenden Leitlinien der einzelnen Oberlandesgerichte wurde dies in Nr. 15.2 entsprechend aufgenommen.[740] Der Erwerbstätigenbonus ist kein Teil der Bereinigung des Nettoeinkommens, sondern der **Quotierung** des Unterhaltsanspruchs.

Bei **Mischeinkünften** darf der Erwerbstätigenbonus nur von Erwerbseinkünften, nicht von den sonstigen Einkünften abgezogen werden.[741] Dies erreicht man am einfachsten durch Anwendung der Additionsmethode (→ Rn. 800 ff.). Zur Bereinigung des Nettoeinkommens bei Mischeinkünften → Rn. 826 ff.

Bei der Prüfung der Leistungsfähigkeit ist ein Erwerbstätigenbonus nicht anzusetzen (→ § 5 Rn. 30).[742]

779 Da die Bedarfsbemessung nach Quoten auch bei einem „Bonus" bei Erwerbseinkünften stets dem Halbteilungsgrundsatz entspricht, wirkt sich jede über den Quotenanteil hinausgehende Zahlungsverpflichtung zum Nachteil des Verpflichteten aus und stört das unterhaltsrechtliche Gleichgewicht. Deshalb darf der **Kranken- und Altersvorsorgeunterhalt** nicht zusätzlich zum Quotenunterhalt zugesprochen werden, sondern ist zweistufig zu berechnen. Eine Ausnahme besteht nur, wenn zusätzliche Mittel durch nicht in der Ehe angelegte Einkünfte des Pflichtigen oder Bedürftigen, vorhanden sind, die sichern, dass dem Pflichtigen auch ohne Vorabzug der Vorsorgeaufwendungen des Bedürftigen die Hälfte des Bedarfs nach den ehelichen Lebensverhältnissen verbleibt.[743] Im Regelfall muss dagegen der errechnete Vorsorgeunterhalt vorab vom verteilungsfähigen Einkommen abgezogen werden, ehe der endgültige Elementarunterhalt nach einer Quote bemessen wird. Dies erfordert eine zweistufige Berechnung des Elementarunterhalts, wenn auch Vorsorgeunterhalt verlangt wird.[744] Das Gleiche gilt bei einem ausbildungsbedingten oder krankheitsbedingten Mehrbedarf. Zur zweistufigen Berechnung → Rn. 874 ff., 906 ff., zur Ausnahme → Rn. 889 ff.

---

[735] BGH FamRZ 1999, 367 (370).
[736] Sog Quotenbedarfsmethode, vgl. DL Nr. 15.2; zur Quotenbedarfsmethode → Rn. 822.
[737] BGH FamRZ 1999, 367 (369); FamRZ 1997, 806; OLG Düsseldorf FamRZ 1994, 1049; OLG München FamRZ 1993, 328; OLG Karlsruhe FamRZ 1992, 1438.
[738] Vgl. zB BGH FamRZ 1991, 304; FamRZ 1990, 1085.
[739] BGH FamRZ 1997, 806.
[740] Vgl. SüdL, BL, BrL, BrauL, CL, DrL, FL, HaL, HL, KL, KoL, NaL, OL, RL, SchL, ThL jeweils Nr. 15.2; ebenso BraL 15.2 mit Ausnahme des 3. Senats, der entgegen BGH den Bonus vom Nettoeinkommen vor Bereinigung um den Kindesunterhalt und Schuldendienst abzieht.
[741] BGH FamRZ 1991, 1163 (1166).
[742] BGH FamRZ 2013, 1366.
[743] BGH FamRZ 2003, 590 (593); FamRZ 1999, 372 (374).
[744] BGH FamRZ 1981, 442.

3. Abschnitt: Unterhaltsbedarf und Bedarfsbemessung beim Ehegattenunterhalt § 4

Wie bereits ausgeführt, beinhaltet der Erwerbstätigenbonus nach BGH sowohl einen **Anreiz zur Steigerung der Berufstätigkeit** als auch eine **pauschale Abgeltung** des mit der Erwerbstätigkeit verbundenen erhöhten Aufwands.[745] Letzteres erfasst nicht die konkret anfallenden berufsbedingten Aufwendungen Nichtselbstständiger. Denn insoweit hat der BGH zwischenzeitlich mehrfach anerkannt, dass sie mit pauschalen 5% berufsbedingten Aufwendungen abgegolten werden können (→ § 1 Rn. 1046). Zwischen **berufsbedingten Aufwendungen Nichtselbstständiger** einerseits und dem **Erwerbstätigenbonus** andererseits ist deshalb strikt zu **trennen,** da ansonsten Nichtselbstständige und Selbstständige/Gewerbetreibende unterschiedlich behandelt würden. Während bei Selbstständigen/Gewerbetreibenden alle betrieblichen Ausgaben bereits bei der Gewinnermittlung berücksichtigt werden und das Einkommen entsprechend kürzen (→ § 1 Rn. 330 ff.), sind berufsbedingte Aufwendungen Nichtselbstständiger (= Werbungskosten) erst bei der Bildung des bereinigten Nettoeinkommens abzuziehen, soweit sie im Einzelfall anfallen (→ § 1 Rn. 122 ff., 1045). Der vom BGH zur Begründung des Bonus angeführte, mit der Erwerbstätigkeit verbundene erhöhte Aufwand kann sich damit nur auf den mit einer Berufstätigkeit generell verbundenen, im Einzelfall aber kostenmäßig nicht messbaren erhöhten Aufwand beziehen, ferner auf sehr geringfügige Einzelkosten, wenn keine pauschalen berufsbedingten Aufwendungen geltend gemacht werden (→ § 1 Rn. 131 und 1045).[746] **780**

Hier kann aber spätestens die **Kritik** am Ansatz eines Erwerbstätigenbonus bei der Berechnung des Ehegattenunterhalts einsetzen. Der Erwerbstätigenbonus ist für die Bedarfsermittlung beim Ehegattenunterhalt nicht im Gesetz verankert. Er wurde vom BGH aus der vor 1977 geltenden Rechtsprechung übernommen, die auf dem Leitbild der Hausfrauenehe fußte und die dadurch einen alleinverdienenden Pflichtigen bei Zahlung von Ehegattenunterhalt etwas entlasten wollte. Nur aus Gleichbehandlungsgründen musste er später bei Doppelverdienern auch dem Bedürftigen zugebilligt werden. Inzwischen hat sich das Ehebild völlig gewandelt.[747] Leitbild der Ehe ist heute die Doppelverdienerehe mit zeitweiliger Übernahme der Familienarbeit bei Geburt der Kinder.[748] Spätestens seit der Surrogatslösung des BGH bei Ausübung der Familienarbeit in der Ehe[749] und der sie bestätigenden Entscheidung des BVerfG, die die Gleichwertigkeit von Familienarbeit und Berufstätigkeit betonte,[750] ist der Ansatz eines Erwerbstätigenbonus zur Quotierung des Ehegattenunterhalts überholt. Er führt zu einer wegen der Gleichwertigkeit von Erwerbstätigkeit und Familienarbeit, von der auch der Gesetzgeber bei der Unterhaltsreform 2008 ausging,[751] ungerechtfertigten Bevorzugung der Erwerbstätigkeit und zu einer nicht berechtigten Abweichung von der Halbteilung. Rechnerisch bevorzugt er immer den Besserverdienenden, obwohl aus Gleichbehandlungsgrundsätzen der Arbeitsanreiz für den Pflichtigen und Bedürftigen nicht unterschiedlich hoch ausfallen dürfte. Schließlich verstößt er auch gegen den vom Gesetzgeber bei der Unterhaltsreform 2008 als eines der wesentlichen Ziele herausgestellten Vereinfachungsgrundsatz.[752] Die durch die Ausübung der Berufstätigkeit entstandenen Kosten werden bei Nichtselbständigen bereits als berufsbedingte Aufwendungen bei der Bereinigung des Nettoeinkommens in ausreichendem Umfang berücksichtigt (→ § 1 Rn. 131 und 1045 ff.), wobei durch den vom BGH zugebilligten Pauschalansatz von 5% des Nettoeinkommens eine günstige Regelung für den Arbeitnehmer getroffen wurde (→ § 1 Rn. 1046). Bei Selbständigen/Gewerbetreibenden erfolgt die Berücksichtigung durch Ansatz aller Ausgaben bei der Gewinnermittlung (→ § 1 Rn. 1042). Ein darüber hinausgehender Abzug des Erwerbstätigenbonus zum **781**

---

[745] BGH FamRZ 1992, 539 (541); FamRZ 1991, 670; FamRZ 1990, 1085 (1087); FamRZ 1988, 265 (267).
[746] BGH FamRZ 2007, 193 = R 664a.
[747] BT-Drs. 16/1830, 12; vgl. auch Gerhardt FamRZ 2011, 8.
[748] BVerfG FamRZ 2002, 527.
[749] BGH FamRZ 2001, 986 = R 563.
[750] BVerfG FamRZ 2002, 527.
[751] BT-Drs. 16/1830, 18.
[752] BT-Drs. 16/1830, 2.

Arbeitsanreiz ist wegen der wechselseitigen Obliegenheiten, sich leistungsfähig zu halten bzw. den Bedarf im Rahmen der Eigenverantwortung selbst zu decken, nicht erforderlich. Der Gesetzgeber geht heute deshalb den gegenteiligen Weg und unterstützt die Übernahme der Familienarbeit (vgl. § 4 BEEG). Seine Berechtigung hat der Erwerbsbonus deshalb nur noch beim notwendigen Selbstbehalt des Erwerbslosen und des Erwerbstätigen in Höhe von derzeit pauschal 200 EUR (vgl. DT Anm. A V, Leitlinien Nr. 21.2: Differenz 880 EUR zu 1080 EUR). Nur dort ist er auch im Gesetz verankert (vgl. § 11 SGB II), weil es insoweit um die Wiedereingliederung von Empfängern des Arbeitslosengeldes II in die Berufstätigkeit geht. Von der Höhe mit ca. 20% liegt er erheblich über den für die Unterhaltsberechnung herangezogenen Erwerbsboni von $^1/_{10}$ oder $^1/_7$. Ansonsten findet ein Erwerbsbonus im Gesetz zu Recht keine Stütze. Trotz der tatrichterlichen Ermessensfreiheit gibt es auch keinen Grund, den Erwerbsbonus in den einzelnen OLG-Bezirken pauschal in unterschiedlicher Höhe anzusetzen (→ Rn. 782). Eine einheitliche Lösung wird sich nur finden lassen, indem er generell abgeschafft wird. Er beruht auch auf keinem Gerechtigkeitsgebot. Daher wird gefordert, dass die Rechtsprechung den Erwerbstätigenbonus für die Berechnung des Ehegattenunterhalts als Relikt eines längst überholten Ehebilds im Rahmen der dringend notwendigen Vereinfachung des Unterhaltsrechts abschafft.[753]

6. Überblick zu den Quoten bei Einkünften aus Erwerbstätigkeit und sonstigen Einkünften und zur Höhe des Erwerbstätigenbonus

782 **a) Quoten bei Erwerbseinkünften.** Gemäß der von den Oberlandesgerichten vereinbarten einheitlichen Leitlinienstruktur ab 1.7.2003 ist die Bonushöhe in Nr. 15.2 abgehandelt. Dabei wird seit 2003 nur mehr mit einem Bonus von $^1/_7$ oder $^1/_{10}$ gerechnet. Die Unterhaltsreform zum 1.1.2008 und das hierbei vom Gesetzgeber als wesentliches Ziel deklarierte Vereinfachungsgebot hätte an sich für die Oberlandesgerichte Anlass sein müssen, sich im Rahmen der Unterhaltskommission auf eine einheitliche Bonushöhe zu einigen. Es geht hierbei um eine tatrichterliche Ermessensfrage, nicht um richtig oder falsch. Der **Vereinfachungsgrundsatz** würde, wenn man den Erwerbsbonus nicht generell abschafft (→ Rn. 781), zweifellos für einen Erwerbstätigenbonus von $^1/_{10}$ sprechen (→ § 1 Rn. 131),[754] insbesondere bei Ansatz einer Pauschale von 5% berufsbedingten Aufwendungen neben dem Erwerbstätigenbonus.
• Die meisten Oberlandesgerichte bemessen nach Leitlinien oder in Anlehnung an die DT den **Erwerbstätigenbonus mit 1/7**, dh dem Verpflichteten bleiben von seinem Erwerbseinkommen $^4/_7$, der Berechtigte erhält $^3/_7$ (vgl. DT Anm. B I).
 So KG, OLG Braunschweig, OLG Brandenburg (außer 3. Senat), OLG Bremen, OLG Celle, OLG Dresden, OLG Düsseldorf, OLG Frankfurt a.M., OLG Hamburg, OLG Hamm, OLG Jena; OLG Koblenz, OLG Köln, OLG Oldenburg, OLG Rostock, OLG Saarbrücken, OLG Schleswig.
• Die Süddeutschen Leitlinien (Oberlandesgerichte Bamberg, Karlsruhe, München, Nürnberg, Stuttgart und Zweibrücken) sowie das OLG Naumburg und der 3. Senat des OLG Brandenburg setzen den Erwerbstätigenbonus mit $^1/_{10}$ an.

783 Der **BGH** hat in bisher ständiger Rechtsprechung sowohl die $^1/_7$- als auch die $^1/_{10}$-Quotierung gebilligt, ebenso die früher geltende $^1/_5$-Quote. Dagegen hat er eine Quote von $^1/_4 : ^3/_4$ als nicht angemessen erachtet.[755] Er hat auch einen über $^1/_7$ hinausgehenden weiteren Bonus von 5% als Verdienerabzug (statt pauschaler berufsbedingter Aufwendungen) als nicht gerechtfertigt angesehen.[756]

784 Der BGH hat in den neunziger Jahren in einer Folge von Hinweisen die Meinung vertreten, wenn das Erwerbseinkommen bereits um pauschale 5% berufsbedingte Aufwen-

---

[753] Gerhardt FamRZ 2013, 834.
[754] Gerhardt/Gutdeutsch FamRZ 2007, 778.
[755] BGH FamRZ 1979, 692.
[756] BGH FamRZ 1995, 346.

dungen bereinigt sei, bedürfe die Zubilligung eines ungekürzten Erwerbstätigenbonus von $^1/_7$ einer besonderen Begründung.[757] Die vom BGH in diesen Entscheidungen geäußerte Ansicht war allerdings in keinem Fall Entscheidungsgrundlage, weil die Frage vom Tatrichter im Rahmen seiner Beurteilung der Angemessenheit des Unterhaltsanspruchs zu lösen ist.[758] Sie war im Übrigen nicht ohne weiteres verständlich, solange er einen Erwerbstätigenbonus von $^1/_5$ zugelassen hat. Denn 5% und $^1/_7$ ergeben erst 19,3% gegenüber 20% bei $^1/_5$. Andererseits ist es zutreffend, dass ein Abzug von $^1/_7$ neben pauschalen 5% berufsbedingten Aufwendungen im Einzelfall nicht mehr als maßvoller Zuschlag, der dem Berufstätigen als Erwerbstätigenbonus anrechnungsfrei verbleiben soll, angesehen werden kann. Die SüdL haben deshalb den Erwerbstätigenbonus auf $^1/_{10}$ gesenkt, was ebenso praktikabel ist (→ § 1 Rn. 131).

Bei der Prüfung der **Leistungsfähigkeit** kommt der Abzug eines Erwerbstätigenbonus nicht in Betracht. Vielmehr ist hier das gesamte vorhandene Einkommen zu verteilen.[759] Bereits früher hat der BGH in einem **Mangelfall** die Zubilligung eines Erwerbstätigenbonus neben pauschalen 5% berufsbedingten Aufwendungen wegen der besonders beengten wirtschaftlichen Verhältnisse abgelehnt,[760] in einem anderen Fall die Herabsetzung des Bonus von $^1/_7$ auf $^1/_9$ neben konkreten berufsbedingten Aufwendungen gebilligt.[761] Naheliegender ist es, im Mangelfall statt pauschaler 5% berufsbedingter Aufwendungen nur den Abzug der konkreten Kosten zuzulassen (vgl. zB SüdL Nr. 10.2.1) und es ansonsten beim üblichen Bonus zu belassen. Denn seit der neuen Rangordnung zum 1.1.2008 geht es in diesen Fällen nur noch darum, welcher Restbedarf dem nach § 1609 Nr. 2 BGB gegenüber dem minderjährigen Kind nachrangigen Ehegatten verbleibt bzw. wie die Verteilungsmasse auf mehrere gleichrangige Ehegatten aufzuteilen ist.

Die Bemessung der Quote obliegt dem Tatrichter. Diese kann nur insoweit revisionsrechtlich nachgeprüft werden, als der Grundgedanke der gleichmäßigen Teilhabe am ehelichen Lebensstandard unter maßvoller Berücksichtigung erhöhter Aufwendungen und Arbeitsanreiz gewahrt bleiben muss.[762] Der Tatrichter geht im Regelfall nach den in seinem Bezirk geltenden Tabellen bzw. Leitlinien vor. Dem Recht suchenden Bürger dürfte es aber kaum vermittelbar sein, dass die Bonushöhe in den einzelnen OLG-Bezirken nach wie vor differiert. **785**

In **Unterhaltsabänderungsverfahren** besteht an Leitlinien und den dort aufgeführten Erwerbstätigenbonus **keine Bindungswirkung** (→ § 10 Rn. 226).[763] Damit kann für die Neuberechnung eine andere Bonushöhe herangezogen werden.[764] **786**

b) Quote bei Nichterwerbseinkünften. Bei allen sonstigen Einkünften (zB aus Rente, Vermögen, Wohnwert uÄ), die nicht auf einer Erwerbstätigkeit beruhen, gibt es für eine unterschiedliche Quotierung weder aus dem Gedanken der Erhaltung der Arbeitsfreude (Arbeitsanreiz) noch wegen einem erhöhten berufsbedingten Aufwand einen hinreichenden Grund (→ Rn. 773). Deshalb ist grundsätzlich jedem Ehegatten als **Quote die Hälfte** des verteilungsfähigen Einkommens zuzubilligen.[765] **787**

Dem Grundsatz nach halten sich alle Oberlandesgerichte an diese Rechtsprechung. Im Einzelfall wird bei Mischeinkünften zuweilen übersehen, Nichterwerbseinkünfte (zB Kapitalzinsen) neben Erwerbseinkünften gesondert zu quotieren, wenn nicht nach der Additionsmethode gerechnet wird. **788**

---

[757] BGH NJW 1998, 2821 (2822); FamRZ 1993, 1304 (1306); FamRZ 1991, 416 (420); FamRZ 1990, 979 (981); FamRZ 1990, 989 (991); FamRZ 1990, 1085 (1087); FamRZ 1990, 1090.
[758] BGH NJW 1998, 2821 (2822).
[759] BGH FamRZ 2013, 1366 Rn. 87.
[760] BGH FamRZ 1992, 539 (541).
[761] BGH FamRZ 1997, 806.
[762] BGH FamRZ 1981, 442; FamRZ 1981, 1165.
[763] BGH FamRZ 1990, 1085.
[764] BGH FamRZ 2001, 1687 (1691).
[765] BGH FamRZ 2007, 983 = R 676e; FamRZ 2006, 387 = R 643g; FamRZ 1991, 1163 (1166).

7. Unterhaltsberechnung im Grenzbereich zwischen konkretem Bedarf und Quote

789 **a) Einkommensgrenze und Vermögensbildung.** Nach den Leitlinien der Oberlandesgerichte galt folgendes: Bei sehr guten Einkommensverhältnissen des Verpflichteten sei der Bedarf konkret zu berechnen.[766] Nur die Oberlandesgerichte Frankfurt[767] und Köln[768] haben daneben die Möglichkeit aufgeführt, den Bedarf aus der Differenz zwischen Gesamteinkommen und Aufwendungen zur Vermögensbildung zu bestimmen. Diese Form der Bedarfsberechnung war inzwischen in den Hintergrund getreten. Einerseits war den tatsächlichen Aufwendungen zur Vermögensbildung entgegengehalten worden, sie müssten nach objektiver Bewertung durch einen unbeteiligten Dritten angemessen erscheinen (objektiver Maßstab, vgl. Rn. 463 ff). Andererseits wurde insbesondere bei der Vermögensbildung durch Schuldentilgung, aber auch allgemein, argumentiert, man dürfe nicht zu Lasten des Ehegattenunterhalts Vermögen bilden (s. o. Rn. 453, 455). Eine Ausnahme galt dann nur für die konkrete Bedarfsberechnung[769], welche bei sehr hohen Einkommen verpflichtend war. Es war dann auch sinnvoll, eine Einkommensgrenze festzulegen, bei welcher grundsätzlich anstelle der Quotenberechnung der Bedarf konkret ermittelt werden musste. Zu Höhe des Grenzbetrags hatte sich allerdings bisher nur eine Minderheit der Oberlandesgerichte in Ziff. 15.3 ihrer Leitlinien geäußert. Das OLG Dresden lässt die Quotenrechnung bis zu einem Unterhalt von 5000 EUR zu, das OLG Frankfurt nur bis zu einem Bedarf von 4000 EUR, Jena bis zu einem Bedarf von 2500 EUR, die Oberlandesgerichte Düsseldorf und Oldenburg nur bis zu einem verteilbaren Gesamteinkommen in Höhe der höchsten Gruppe der Düsseldorfer Tabelle (zZ 5500 EUR), das OLG Koblenz bis zum Doppelten der höchsten Gruppe (mithin 11000 EUR).

b) Der BGH hatte in einer Reihe von Entscheidungen[770] die Lösung der Oberlandesgerichte Düsseldorf und Oldenburg gebilligt[771], ohne indessen die abweichenden Vorschläge ausdrücklich zu missbilligen. Schließlich hat er ausdrücklich eine **tatsächliche Vermutung** dahingehend gebilligt, dass bis zu einem verteilbaren[772] Gesamteinkommen in Höhe des Doppelten der Obergrenze der Düsseldorfer Tabelle (also 11000 EUR) das gesamte Einkommen verbraucht wird, also über eine angemessene Altersvorsorge hinaus nicht gespart werde[773]. Zugleich aber hat er auch eine **Wende weg von der konkreten Bedarfsberechnung**[774] und hin zur Ermittlung des Bedarfs aus **Gesamteinkommen und Vermögensbildung** vollzogen, denn die tatsächliche Vermutung kann durch den Vortrag der Vermögensbildung widerlegt werden.

790 **c) Widerlegung der Vermutung des BGH durch den Pflichtigen.** Eine tatsächliche Vermutung ändert nichts an der Behauptungs- und Beweislast. Der Unterhaltsschuldner kann deshalb die tatsächliche Vermutung, dass das Einkommen verbraucht wurde (s. o. Rn. 789), widerlegen, indem er nachweist, dass die Sparquote wesentlich höher gewesen sein kann, als die angemessene Altersvorsorge (s. o. § 1 Rn. 1033 ff). Allerdings wird dies regelmäßig durch einen konkreten Vortrag geschehen müssen, sodass ein wesentlicher Unterschied zwischen einem echten Gegenbeweis und dem Nachweis einer abweichenden

---

[766] OLG Bremen LL 15.3, ähnlich die anderen Oberlandesgerichte, teilweise abgeschwächt zu: „kommt … in Betracht".
[767] OLG Frankfurt LL 15.3 Abs. 3.
[768] OLG Köln LL 15.3 Abs. 2.
[769] S. o. → Rn. 763 ff.
[770] BGH FamRZ 2010, 1637; FamRZ 2011, 192; FamRZ 2012, 945; FamRZ 2012, 947.
[771] Damit wich er allerdings von seiner früheren Rechtsprechung ab, nach welcher bei hohen Einkommen ein Teil des Mehrbetrags immer auch für den Konsum bestimmt sei (BGH FamRZ 1982,151).
[772] Der BGH spricht von Familieneinkommen. Das könnte bedeuten, dass das Einkommen vor Abzug etwaigen Kindesunterhalts gemeint wäre. Eine solche Auslegung würde aber grundlos evident ungleiches gleich behandeln. Man muss daher annehmen, dass der auf die Eheleute entfallende Teil des Familieneinkommens gemeint ist.
[773] BGH FamRZ 2018, 260 Rn. 17, 21.
[774] BGH FamRZ 2018, 260 Rn. 17, 24.

Möglichkeit in der Praxis nicht bestehen dürfte. Ist aber der Gegenbeweis geführt, muss das Gericht prüfen, ob und in welcher Höhe diese zusätzlichen Sparleistungen im Hinblick auf den objektiven Maßstab für die Bedarfsbemessung anzuerkennen und deshalb vom Einkommen vor der Quotenberechnung abzuziehen sind (s. o. Rn. 463 ff). Andererseits gibt es einen Bereich, in welchem der BGH eine Vermögensbildung zulasten des Unterhalts nach dem insoweit relevanten objektiven Maßstab ohne weiteres als unzulässig betrachtet[775]. Das wird man vor allem annehmen können, wenn das gesamte Einkommen als durchschnittlich gewertet werden kann. **Bei durchschnittlichen Einkommensverhältnissen** bleibt daher in der Regel eine Vermögensbildung zu Lasten des Unterhalts unzulässig. In Anlehnung an die Vermutung des BGH in Höhe der doppelten Obergrenze der Düsseldorfer Tabelle könnte die einfache Obergrenze der Düsseldorfer Tabelle als obere Grenze für ein nur durchschnittliches Gesamteinkommen betrachtet werden. Überschreitet das gemeinsame verfügbare Einkommen diese Grenze nicht, dann wäre eine Vermögensbildung zulasten des Unterhalts – bis auf seltene Ausnahmefälle[776] – nach objektivem Maßstab als unzulässig anzusehen.

d) Überschreitet es diesen Betrag, dann gilt zwar weiter die Vermutung für den vollständigen Verbrauch. Sie kann aber widerlegt werden. Der Aufwand zur Vermögensbildung unterliegt dann der Wertung nach einem objektiven Maßstab. Der Aufwand ist normalerweise zu missbilligen, wenn er weniger als einen Betrag in Höhe der Obergrenze der Düsseldorfer Tabelle übriglässt. Bleibt mehr, dann sollte ein angemessenes Verhältnis bestehen. Es sollte keine Probleme bereiten, wenn die Hälfte des über die Grenze hinausgehenden Betrags gespart wird.

e) Übersteigt das Einkommen die doppelte Einkommensgrenze der Düsseldorfer Tabelle (Zz 11000 EUR), dann gilt die Vermutung nur für den Teilbetrag in Höhe der doppelten Einkommensgrenze der Düsseldorfer Tabelle. Der **Unterhaltsberechtigte** kann aber durch den Nachweis, dass auch das darüberhinausgehende Einkommen mindestens teilweise verbraucht wurde, Quotenunterhalt aus einem höheren Einkommen fordern – soweit das auch nach objektiven Maßstäben zu billigen ist. Will umgekehrt der **Unterhaltspflichtige** geltend machen, es sei weniger als die doppelte Obergrenze verbraucht worden, muss er insoweit die Vermutung widerlegen. Die Kontrolle nach objektivem Maßstab ist zwar auch dann erforderlich. Doch wird sie nicht zu einer Missbilligung führen, wenn danach für den Konsum deutlich mehr als das $1^{1}/_{2}$ fache der Obergrenze der Düsseldorfer Tabelle bleibt.

f) Ganzes Einkommen verbraucht. Unterhalt nach der normalen Gattenquote kann der Berechtigte unabhängig von der Einkommenshöhe auch dann verlangen, wenn er vorträgt und ggf. beweist, dass auch das die Einkommensgrenze übersteigende Einkommen – abgesehen von der Altersvorsorge, die sich zB für Selbständige auf 24% beläuft[777] – vollständig verbraucht wurde.[778]

g) Konkreter Bedarf und Ehegattenquote nur als Kontrolle. Die Unterhaltsbestimmung nach dem konkreten Bedarf[779] bleibt zwar weiter zulässig. Der **konkret berechnete** Bedarf darf aber nicht höher sein als derjenige, der sich unter Einbeziehung des vollen Einkommens nach der Ehegattenquote errechnet, denn die konkrete Bedarfsberechnung dient auch der Berücksichtigung von Sparleistungen, welche über die erforderliche Vorsorge hinausgehen, kann deshalb einen gegenüber der Ehegattenquote geringeren Bedarf anerkennen, nicht aber einen höheren. Deshalb ist grundsätzlich zu prüfen, ob der konkrete Bedarf einen fiktiven Quotenbedarf nicht übersteigt und deshalb nach den Grundsätzen der objektiven Bedarfsbestimmung auf denselben herabgesetzt werden muss (so zu Recht OLG Frankfurt in Ziff. 15.3 seiner Leitlinien).

791

---

[775] BGH FamRZ 2008, 963, bestätigt durch FamRZ 2017, 519.
[776] So könnte in abgelegenen ländlichen Gegenden bereits ein Normaleinkommen das dortige „Normaleinkommen" so weit übersteigen, dass eine zusätzliche Vermögensbildung „normal" wäre.
[777] S. o. → § 1 Rn. 1033, 1037.
[778] BGH FamRZ 2018, 260 Rn. 17.
[779] S. o. → Rn. 763 ff.

Beispiel: Einkommen von M: 7000 EUR. F trägt in Einzelposten einen konkreten Bedarf von 3500 EUR vor. Die Ehegattenquote betrage 45%, mithin 3150 EUR. Der Anspruch beschränkt sich auf die Quote von 3150 EUR.

792 **h) Kein Vortrag zum Einkommen des Pflichtigen.** Wenn der Pflichtige keine Angaben zu seinem Einkommen macht, dann verzichtet er auf die Einwendung der beschränkten Leistungsfähigkeit. **Er gilt als unbeschränkt leistungsfähig.**[780] Weil allerdings der Berechtigte mit der Einkommenshöhe auch einen Bedarf begründen kann, der über seinem Anteil an der Einkommensgrenze liegt, muss der Pflichtige dem Berechtigten auf Verlangen Auskunft über sein Einkommen geben.[781] Er ist nach der Rechtsprechung des BGH aber nicht gehindert, den behaupteten Bedarf des Ehegatten zu bestreiten. Wenn der Berechtigte seinen Auskunftsanspruch nicht durchsetzt und auch sonst das unterhaltsrelevante Einkommen nicht substantiiert belegen kann, kann er seinen Bedarf nur im Wege der konkreten Bedarfsbestimmung[782] ermitteln. Den Weg, sich auf die höchste Ehegattenquote zu beschränken, hat der BGH nun versperrt[783].

793 **i) Exkurs: Konkrete Bedarfsberechnung oder Differenzrechnung.** Die Wende des BGH, welche die konkrete Bedarfsberechnung unattraktiv macht, hat gute Gründe: Einerseits schließt er damit wieder an seine frühere Rechtsprechung an, nach welcher bei hohen Einkünften ein Teil des Mehreinkommens für den Konsum bestimmt ist.[784] Im Übrigen scheint der „konkrete Bedarf" zwar vom sprachlichen Ausdruck her besonders zuverlässig zu sein. Er ist es aber nicht. Seit Ehefrauen nicht mehr ihren Männern über die Verwendung des Haushaltsgelds abrechnen und zu diesem Zweck ein Haushaltsbuch führen, fehlt für die Ermittlung des konkreten Bedarfs die tatsächliche Grundlage – von Ausnahmefällen abgesehen, in denen gerade für den forensischen Zweck extra ein Haushaltsbuch geführt wurde – was allerdings auch nicht immer einen realistischen Normalfall wiedergibt. Die korrekte Ermittlung des Verbrauchs in den letzten Jahren ist in der Regel äußerst aufwendig. Normalerweise müssen die Frauen daher ihre Ausgaben schätzen, so als wollten sie den Haushalt planen. Unerfahrene Planer unterschätzen jedoch in der Regel den zukünftigen Aufwand – bei großem Aufwand trifft das auch auf erfahrene Planer zu (Elbphilharmonie!). Im Falle des Bestreitens kommt es in der Regel zur richterlichen Schätzung nach § 113 I FamFG iVm § 287 ZPO (s. u. § 6 Rn. 752). Für die Schätzung steht dem Richter meist wenig mehr als die eigene Lebenserfahrung zur Verfügung, was für hohe Konsumwünsche nicht vorteilhaft ist, zumal zugleich mit der Schätzung auch eine Billigung i. S. des objektiven Maßstabs (s. o. Rn. 463) erfolgen muss – was sich nicht leicht trennen lässt. Das führt nahezu notwendig zu vergleichsweise geringeren Unterhaltsbeträgen. Es ist daher nicht verwunderlich, dass die vom BGH empfohlene tatsächliche Vermutung von Praktikern teilweise als lebensfremd betrachtet wird. Einkommen und Vermögensbildung sind demgegenüber Tatsachen, die sich gut feststellen lassen. Sie bilden daher eine viel zuverlässigere Beurteilungsgrundlage als der sog. konkrete Bedarf. Die relativ hohe Grenze für die tatsächliche Vermutung erleichtert allerdings das Verfahren und kann keinen Schaden anrichten, weil sie leicht widerlegt werden kann.

794 **k) Freigebigkeit:** Auch Freigebigkeit kann das für den Konsum verfügbare Einkommen mindern. Hier öffnet sich aber ein weiter Spielraum: Geschenke, mit denen einer Anstandspflicht genügt wird, gehören sicher zum Bedarf nach den ehelichen Lebensverhältnissen. Im Übrigen muss Aufwand durch Freigebigkeit, welcher nicht zum Bedarf nach den ehelichen Lebensverhältnissen gehört, vom Unterhaltspflichtigen in gleicher Weise wie der Aufwand zur Vermögensbildung vorgetragen werden, soweit er die tatsächliche Vermutung, das Einkommen werde verbraucht, widerlegen will.

795–799 – nicht belegt –

---

[780] BGH FamRZ 2018, 260 Rn. 15.
[781] BGH FamRZ 2018, 260 Rn. 14, 24.
[782] S. o. → Rn. 763 ff.
[783] Dabei ist zu bedenken, dass diese Beschränkung auch aus Sicht der Anwaltshaftung problematisch war: Durfte ein Rechtsanwalt wegen der Probleme bei der Durchsetzung des Auskunftsanspruchs dazu raten, sich mit einem maximalen Quotenunterhalt zufrieden zu geben?
[784] BGH FamRZ 1982, 151.

3. Abschnitt: Unterhaltsbedarf und Bedarfsbemessung beim Ehegattenunterhalt § 4

IV. Berechnungsmethoden

1. Unterhaltsberechnung nach der Additionsmethode

Sowohl beim Trennungs- als auch beim nachehelichen Unterhalt bestimmt sich das **800** Maß des Unterhalts gemäß §§ 1361 I, 1578 I BGB nach den prägenden ehelichen Lebensverhältnissen, an denen beide Eheleute gleichmäßig, dh je zur Hälfte, teilnehmen. Auf diesen Bedarf muss sich der Berechtigte nach § 1577 I BGB sein gesamtes in der Ehe angelegtes und nicht angelegtes (bisher „prägendes" bzw. „nichtprägendes") Einkommen anrechnen lassen. Für die Unterhaltsberechnung bietet sich daher die Additionsmethode an,[785] die inzwischen von fast allen Leitlinien in Nr. 15, 16 übernommen wurde.[786] Der BGH hat die Additionsmethode als die verständlichere Methode gegenüber der verkürzenden Differenzmethode bezeichnet.[787] Die Additionsmethode gewinnt seit der Unterhaltsreform zum 1.1.2008 ein noch größeres Gewicht, weil sie jederzeit bei Gleichrang mehrerer Ehegatten nach § 1609 Nr. 2 BGB auf beliebig viele Bedürftige ausgeweitet werden kann (→ Rn. 803, 805 ff.).[788] Dies gilt unabhängig davon, ob Letzteres auf der Ebene des Bedarfs (zB bei der Ermittlung des Unterhalts des neuen Ehegatten) oder der Leistungsfähigkeit (zB beim Unterhalt des Geschiedenen) erfolgt (→ Rn. 806 ff.). Letzteres ist mit der nur den sog Restbedarf quotierenden Differenzmethode nicht möglich.

Bei der Additionsmethode mit **einem Berechtigten** wird der Unterhalt in zwei **801** Stufen errechnet. In einem ersten Schritt ermittelt man den **Bedarf nach den prägenden ehelichen Lebensverhältnissen,** im zweiten Schritt die erforderliche **Unterhaltshöhe** (= Bedürftigkeit) unter Anrechnung der gesamten prägenden und nichtprägenden Einkünfte des Berechtigten. Dabei wird entsprechend den vielfachen Hinweisen des BGH konsequent zwischen Erwerbs- und sonstigen Einkünften getrennt und der Erwerbstätigenbonus nur von den Erwerbseinkünften abgezogen. Der **Vorteil** der Additionsmethode gegenüber der Differenz- und Anrechnungsmethode liegt in ihrer Verständlichkeit, in der Vermeidung von Fehlern bei Mischeinkünften und in der Festlegung des bonusbereinigten Bedarfs. Da der BGH[789] den Bonus allerdings zum Bedarf rechnet, muss zur Bestimmung des vollen Bedarfs der Bonus noch hinzugerechnet werden. Die Additionsmethode führt auch bei schwierigsten Fallgestaltungen, in denen ohne Ermittlung des Bedarfs die Feststellung der Unterhaltshöhe nicht möglich ist, zu klaren und verständlichen Ergebnissen, zB bei Berechnungen mit einem Wohnwert, auf dem noch gemeinsame Verbindlichkeiten lasten, die der Pflichtige weiterhin abzahlt (vgl. Beispiele → § 1 Rn. 518).

Für die Unterhaltsberechnung nach der Additionsmethode mit einem Bedürftigen empfiehlt sich folgende Formel:[790]

1. Stufe (= Ermittlung des bonusbereinigten Unterhaltsbedarfs nach §§ 1361, 1578 BGB):

Bedarf = die Hälfte des prägenden Einkommens des Pflichtigen (= prägende Erwerbseinkünfte zu $9/10$, bzw. $6/7$ + sonstiges prägendes Einkommen) zuzüglich des prägenden Einkommens des Berechtigten (= prägende Erwerbseinkünfte zu $9/10$, bzw. $6/7$ + sonstiges prägendes Einkommen)

2. Stufe (= Berechnung der Unterhaltshöhe nach Anrechnung aller Einkünfte des Bedürftigen gemäß § 1577 I BGB)

---

[785] Vgl. hierzu näher Mayer FamRZ 1992, 138; Gerhardt FamRZ 1993, 261.
[786] SüdL, BL, BraL, BrL, BrauL, CL, DrL, FL, HaL; KL, KoL, NaL, RL; die DL und HL führen alle Berechnungsmethoden auf, die HL mit dem Hinweis, dass bei Mischeinkünften nach der Additionsmethode gerechnet werden soll, die OL, TL und SchL lediglich die von der DT Anm. B I angewandte Differenz- und Anrechnungsmethode.
[787] BGH FamRZ 2001, 986 (991) = R 563c.
[788] Gerhardt/Gutdeutsch FamRZ 2007, 778.
[789] BGH FamRZ 2014, 1183 Rn. 30 = R754d; FamRZ 2011, 192.
[790] Gerhardt FamRZ 1993, 261.

§ 4   Ehegattenunterhalt

Höhe = Unterhaltsbedarf (aus Stufe 1) abzüglich Eigeneinkommen des Berechtigten (= prägende und nichtprägende Erwerbseinkünfte zu $^9/_{10}$, bzw. $^6/_7$ + sonstiges prägendes und nichtprägendes Einkommen).

802 **Rechenbeispiele** *(Gerhardt)*:

> **Fall:**
> M hat ein bereinigtes Nettoerwerbseinkommen von 3000 EUR,
> F hat ein bereinigtes Nettoeinkommen von 1000 EUR.
> a) prägend aus Erwerbstätigkeit,
> b) prägend aus Zinsen/Wohnwert,
> c) nichtprägend aus Erwerbstätigkeit,[791]
> d) nichtprägend aus Zinsen/Wohnwert.

Lösung
• **Zu a):**
Nach SüdL mit $^1/_{10}$:
1. Stufe (Bedarf): $^1/_2$ ($^9/_{10}$ 3000 + $^9/_{10}$ 1000) = 1800
2. Stufe (Höhe): 1800 − $^9/_{10}$ 1000 = 900
Nach DT mit $^1/_7$:
1. Stufe (Bedarf): $^1/_2$ ($^6/_7$ 3000 + $^6/_7$ 1000) = 1714
2. Stufe (Höhe): 1714 − $^6/_7$ 1000 = 857
• **Zu b):**
Nach SüdL mit $^1/_{10}$:
1. Stufe (Bedarf): $^1/_2$ ($^9/_{10}$ 3000 + 1000) = 1850
2. Stufe (Höhe): 1850 − 1000 = 850
Nach DT mit $^1/_7$:
1. Stufe (Bedarf): $^1/_2$ ($^6/_7$ 3000 + 1000) = 1786
2. Stufe (Höhe): 1786 − 1000 = 786
• **Zu c):**
Nach SüdL mit $^1/_{10}$:
1. Stufe (Bedarf): $^1/_2$ ($^9/_{10}$ 3000 + 0) = 1350
2. Stufe (Höhe): 1350 − $^9/_{10}$ 1000 = 450
Nach DT mit $^1/_7$:
1. Stufe (Bedarf): $^1/_2$ ($^6/_7$ 3000 + 0) = 1286
2. Stufe (Höhe): 1286 − $^6/_7$ 1000 = 429
• **Zu d):**
Nach SüdL mit $^1/_{10}$:
1. Stufe (Bedarf): $^1/_2$ × $^9/_{10}$ 3000 = 1350
2. Stufe (Höhe): 1350 − 1000 = 350
Nach DT mit $^1/_7$:
1. Stufe (Bedarf): $^1/_2$ × $^6/_7$ 3000 = 1286
2. Stufe (Höhe): 1286 − 1000 = 286

> **Fall:**
> M hat ein prägendes bereinigtes Erwerbseinkommen von 2000 EUR und prägende Zinseinkünfte von 300 EUR, F hatte in der Ehe 1000 EUR Erwerbseinkünfte, nach der Trennung zusätzlich durch Erbschaft 150 EUR Zinseinkünfte.

Lösung
Nach SüdL mit $^1/_{10}$:
Bedarf: $^1/_2$ ($^9/_{10}$ 2000 + 300 + $^9/_{10}$ 1000) = 1500
Höhe: 1500 − ($^9/_{10}$ 1000 + 150) = 450
Nach DT mit $^1/_7$:
Bedarf: $^1/_2$ ($^6/_7$ 2000 + 300 + $^6/_7$ 1000) = 1436
Höhe: 1436 − ($^6/_7$ 1000 + 150) = 429

803 Bei **mehreren gleichrangigen Ehegatten** hat sich entgegen der früheren Rechtsprechung des BGH wegen der Entscheidung des BVerfG vom 25.1.2011 die endgültige Berechnung des Unterhalts der beiden bedürftigen Ehegatten vom Bedarf in die Leistungs-

---

[791] Nach der geänderten Rechtsprechung des BGH gibt es sog nichtprägende Erwerbseinkünfte an sich nur noch für einen Teil des Einkommens bei einem Karrieresprung, → Rn. 477, 554.

3. Abschnitt: Unterhaltsbedarf und Bedarfsbemessung beim Ehegattenunterhalt § 4

fähigkeit verschoben. Rechnerisch ändert sich dadurch am Ergebnis nur wenig, denn es ist nunmehr der im Rahmen der Leistungsfähigkeit gekürzte Unterhalt des Geschiedenen und der Bedarf des neuen Ehegatten durch Dreiteilung zu ermitteln (→ Rn. 805 ff., → § 5 Rn. 108 ff.).[792] In die Leistungsfähigkeit fließt das Gesamteinkommen der Beteiligten – ohne fiktive Steuerberechnung – ein, das Gesamteinkommen der Beteiligten ist aber nicht mehr durch zwei, sondern durch drei zu dividieren (s. Beispiel unten und → § 5 Rn. 108 ff.).

2. Bedarfsbemessung bei konkurrierendem Gattenunterhalt

a) Das Ende von Priorität und Lebensstandardgarantie. Hat der Verpflichtete für den Unterhalt eines weiteren Gatten aufzukommen, so war nach dem vom 1.7.1977 bis 31.12.2007 geltenden Recht dessen Unterhaltsanspruch in der Regel nach § 1582 BGB **nachrangig**. Seinem Bedarf und den an ihn zu erbringenden Unterhaltsleistungen wurde kein Einfluss auf den Unterhalt des vorrangigen Gatten zugebilligt.[793] Für den neuen Ehegatten hatte der BGH nur im Mangelfall nach den Regeln des § 1579 Nr. 7 BGB den Splittingvorteil für den neuen Ehegatten gerettet.[794] Dieser einseitigen Sicht war das BVerfG[795] entgegengetreten, indem es auch auf der Bedarfsebene den Splittingvorteil der neuen Ehe zuwies. Der Gedanke der Lebensstandardgarantie hatte vorher schon an Überzeugungskraft verloren. Dementsprechend formte der BGH immer stärker den Grundsatz aus, dass späteres Absinken der finanziellen Verhältnisse des Unterhaltspflichtigen immer auch den Bedarf des Berechtigten absenkt. Das bedeutet, dass der **Grundsatz der Halbteilung** den Unterhaltspflichtigen nach dem Modell der „wandelbaren ehelichen Lebensverhältnisse" auch bei sinkendem Einkommen schützt, solange diese Absinken nicht auf einer Verletzung der Erwerbsobliegenheit beruht. Diese Rechtsprechung hat der BGH in seiner Entscheidung vom 15.3.2006[796] auch auf später entstandene Unterhaltspflichten (die der Sache nach kaum in der Ehe angelegt sein können) erweitert und damit das Modell der Lebensstandardgarantie endgültig verlassen. Die ehelichen Lebensverhältnisse stellten nur mehr eine Obergrenze für die Partizipation des Berechtigten an den sich dynamisch entwickelnden Lebensverhältnissen des Pflichtigen dar. Die späteren nachrangigen Unterhaltspflichten waren in der BGH-Entscheidung vom 15.3.2006 nicht erwähnt. Insoweit hat aber die Unterhaltsreform eine Veränderung gebracht: sie hat zwar die Möglichkeit nicht beseitigt, dass ein späterer Gatte nachrangig unterhaltsberechtigt ist. Ein solcher Nachrang hat aber nichts mehr mit der Zeitfolge zu tun. Das Argument „der neue Gatte wusste ja, wen er heiratete" konnte deshalb nicht mehr maßgebend sein. Damit hat der Gesetzgeber die letzten Reste der Priorität und der Lebensstandardgarantie beseitigt.

b) Bedarf des ersten Ehegatten. Nach dieser Rechtsprechung des BGH[797] beeinflussten auch spätere vor- oder gleichrangige Unterhaltsverpflichtungen den Bedarf des früheren Ehegatten. Insoweit es sich dabei allerdings um Verpflichtungen handelt, welche ohne die Scheidung nicht entstehen können, also bei Unterhaltspflichten gegenüber einem neuen Ehegatten, hat das **BVerfG**[798] **die Rechtsprechung beanstandet**. Der Bedarf des früheren Ehegatten kann also nur unabhängig von der Unterhaltspflicht gegenüber einem späteren Ehegatten bestimmt werden, denn eine solche Unterhaltspflicht ist mit dem **Fortbestehen der früheren Ehe unvereinbar** und kann deshalb den ehelichen Lebensverhältnissen nach § 1578 I BGB nicht zugerechnet werden.

c) Bedarf des zweiten Ehegatten. Damit ist jedoch noch nicht gesagt, wie der Bedarf des zweiten Ehegatten zu bestimmen ist. Hier kann kein Zweifel daran bestehen, dass die ehelichen Lebensverhältnisse in der zweiten Ehe oft massiv durch die Unterhaltspflicht

805

806

807

---
[792] BGH FamRZ 2012, 281 Rn. 47, Gerhardt/Gutdeutsch FamRZ 2011, 597.
[793] BGH FamRZ 2005, 1154; FamRZ 1987, 916; FamRZ 1988, 705; FamRZ 1986, 790.
[794] BGH FamRZ 1985, 91; FamRZ 1986, 798; FamRZ 1990, 981.
[795] BVerfG FamRZ 2003, 1821.
[796] BGH FamRZ 2006, 683.
[797] BGH FamRZ 2006, 683.
[798] BVerfG FamRZ 2011, 437 = R 721.

gegenüber dem früheren Ehegatten beeinflusst werden. Diese Lebensverhältnisse hängen dann davon ab, wie viel an den früheren Ehegatten abgegeben werden muss, also nicht vom Bedarf des ersten Ehegatten, sondern von dem Unterhalt, welcher nach Mangelkürzung im Hinblick auf die weitere Unterhaltspflicht an den ersten Ehegatten wirklich zu bezahlen ist. Somit steht hier immer der volle Bedarf des zweiten Ehegatten dem Mangelunterhalt nach § 1581 BGB des ersten gegenüber. Nach Hampel[799] liegt hier ein „struktureller Mangelfall" vor, eine Mischung zwischen Mangelrechnung und Bedarfsbestimmung. Da erst der **wirklich zu zahlende,** nicht ein nur fiktiv zu bestimmender **Geschiedenenunterhalt** die Verhältnisse der zweiten Ehe prägt, muss die **Mangelrechnung** bei der Bemessung des Geschiedenenunterhalts die Auswirkungen auf den der Halbteilung unterliegenden Unterhalt der zweiten Ehegatten berücksichtigen. Weil der frühere Ehegatte nur einen nach § 1581 BGB gekürzten Mangelunterhalt erhält, der spätere aber nur einen wegen des früher entstandenen Unterhalts verminderten Bedarf geltend machen kann, liegt hier ein **gemischter Mangelfall** vor, mit Mangelunterhalt für den ersten und vollem Unterhalt für den zweiten Ehegatten. Zur Bemessung der Kürzung im Einzelnen vgl. Kap. 5 Rn. 108 ff.). Da der BGH[800] diese Meinung teilt, wird auf die Gegenmeinung hier nicht mehr eingegangen.

808 **Allgemeines Beispiel**
M verdient (nach Abzug von Kindesunterhalt) 3500 EUR und ist F1, welche wegen Kindesbetreuung nur 600 EUR verdient, zum Unterhalt verpflichtet. Er ist wiederverheiratet. Seine neue Frau F2 ist einkommenslos und betreut ebenfalls ein Kind von M. Der Bedarf von F1 nach den ehelichen Lebensverhältnissen beträgt nach der Additionsmethode (→ Rn. 800) (3500 × 90% + 600 × 90%)/2 = 1845 EUR. Daraus würde ein Unterhalt von 1845 − 600 × 90% = 1305 EUR resultieren. Wenn M diesen Betrag wirklich zahlen müsste, würden ihm für F2 nur (3500 − 1305) × 90%/2 = 988 EUR bleiben. Ihm selbst würden 3500 − 1305 − 988 = 1207 EUR bleiben, also um 638 EUR weniger als der Bedarf nach den ehelichen Lebensverhältnissen im Verhältnis zu F1 von 1845 EUR. Die einfachste Lösung dieses Konflikts besteht in einer Herabsetzung des Unterhalts des ersten Ehegatten nach § 1581 BGB auf den Betrag, welcher ihm bei genauer Dreiteilung aller verfügbaren Beträge zukäme[801]. Das wären (3500 + 600)/3 − 600 = 767 EUR. Die Lebensverhältnisse von F2 sind durch diese Unterhaltspflicht geprägt. Der volle Unterhalt von F2 beträgt deshalb (3500 − 767) × 90%/2 = 1230 EUR und bei weiterem Zusammenleben als Familienunterhalt[802] (3500−767)/2 = 1267 EUR.

809 **d) Vorteile des Zusammenlebens.** Lebt einer der Partner mit dem Pflichtigen zusammen, so treten Ersparnisse durch die gemeinsame Haushaltsführung ein (dazu → Rn. 585). Diese Vorteile hatte Hampel[803] dadurch berücksichtigt, dass das Bedarfsdrittel des allein lebenden Ehegatten um 10% zulasten der Bedarfsanteile des Pflichtigen und des bei ihm lebenden Ehegatten erhöht wurde. Das BVerfG scheint zu billigen, obgleich die Bedarfsberechnung für den ersten und den zweiten nicht berücksichtigen dürfe, könnte diese Ersparnis eine Erhöhung des Bedarfs des Geschiedenen um 10% des Halbteilungswerts rechtfertigen.[804] Diese Meinung nimmt aber nicht an der Bindung aller Gerichte an die Entscheidung des BVerfG nach § 31 I BVerfG teil.[805] Sie macht auch wenig Sinn. Wenn der Bedarf des früheren Ehegatten von der Unterhaltspflicht gegenüber dem späteren nicht beeinflusst wird, kann sie auch nicht dessen Bedarf erhöhen. Die Vorteile

---

[799] Hampel FamRZ 1995, 1177.
[800] BGH FamRZ 2012, 281 Nr. 45 = R 731k.
[801] BGH FamRZ 2012, 281 Nr. 45 = R 731k.
[802] BGH FamRZ 2013, 363 Rn. 40 mwN.
[803] Hampel FamRZ 1995, 1177.
[804] BVerfG FamRZ 2011, 437.
[805] Dass das BVerfG eine solche Bindung nicht beabsichtigt, ergibt sich bereits daraus, dass es diese Meinung – anders als seine Ausführungen zur Verfassungswidrigkeit – nicht weiter begründet hat. Lediglich eine für verfassungswidrig bezeichnete Gesetzesauslegung wird durch die Entscheidung eliminiert, (BVerfGE 42, 258 (260), Umbach/Clemens/Heusch, Heidelberger Kommentar, 2. Aufl. BVerfGG § 31 Rn. 60), andere Fragen des materiellen Rechts nehmen an der Bindungswirkung nicht teil (BVerfGE 44, 88 (94), BVerfGE 72, 119 (121), Maunz/Schmidt-Bleibtreu BVerfGG § 31 Rn. 88).

können nicht mehr bei der Bedarfsbemessung Einfluss haben. Sie können aber bei der Billigkeitskürzung nach § 1581 BGB Berücksichtigung finden, und zwar dadurch, dass bei der Dreiteilung der Anteil der zusammenlebenden Eheleute um 10% vermindert wird. Der Anteil des Geschiedenen beträgt dann 1/2,8 statt 1/3 der Summe der Einkommen. Den Eheleuten bleibt dann nur 1,8/2,8 des gemeinsamen Einkommens und der Familienunterhalt des zweiten Ehegatten danach 0,9/2,8 des gemeinsamen Einkommen des Beteiligten.

e) Prägendes und nicht prägendes Einkommen. Der volle Bedarf der ersten Ehegatten errechnet sich nur aus dem Einkommen, das dessen Ehe geprägt hat, also zB unter Verwendung der fiktiven Lohnsteuerklasse 1. 810

Ist auch die **zweite Ehe geschieden,** dann berechnet sich auch der Unterhalt des zweiten Ehegatten nach dem für dessen Ehe prägenden Einkommen. Wenn – wie in der Regel – bei der Berechnung des Unterhalts des zweiten Ehegatten ein Mangelunterhalt des ersten zugrunde lag, dann führt eine **unerwartete Einkommenssteigerung** (Karrieresprung) nach der zweiten Scheidung **nur** zu einer Erhöhung des Unterhalts des **ersten** Ehegatten, weil nur dieser einen im Rahmen der Leistungsfähigkeit gekürzten Mangelunterhalt darstellt, während der zweite bereits den vollen Unterhalt nach den für ihn maßgebenden ehelichen Lebensverhältnissen erhalten hat. 811

Beispiel 8: M verdient unverändert 3000 EUR, F1 verdient 600 EUR und F2 verdient 500 EUR. M schuldet beiden Ehegatten nach Scheidung gleichrangigen Unterhalt nach den jeweiligen ehelichen Lebensverhältnissen.
Der volle Bedarf von F1 beträgt (3000 × 90% + 600 × 90%)/2 – 600 × 90% = 1080 EUR. Er wird wegen Gleichrangs herabgesetzt auf den Drittelwert:
F1: (3000 + 600 + 500)/3 – 600 = 767 EUR.
F2: ((3000 – 767) × 90% + 500 × 90%)/2 – 500 × 90% (Berechnung mit Vorwegabzug) = 780 EUR.
Durch einen Karrieresprung erhöht sich das Einkommen von M auf 4000 EUR. Nur der Unterhalt von F1 ist ein Mangelunterhalt nach § 1581 BGB. Er unterschreitet den Bedarf um 1080 – 767 = 313 EUR. Durch das Zusatzeinkommen ist M in der Lage, an F2 den vollen Unterhalt von 1080 EUR zu bezahlen.

f) Konkurrierende Ansprüche nichtehel. Elternteile nach § 1615l BGB. Auch Unterhaltsansprüche nichtehel. Elternteile nach § 1615l BGB (→ § 7 Rn. 20 ff., 116 f.) begrenzen den Bedarf eines Ehegatten, wenn sie vor der Scheidung entstanden sind.[806] Zwar bemisst sich deren Anspruch nicht nach den ehelichen Lebensverhältnissen, sondern nach den eigenen, also idR nach dem Einkommen, dass der Elternteil hätte, wenn er sich nicht der Betreuung des Kindes widmen würde.[807] Wenn (bei mehr als einem unterhaltsberechtigten Partner des Pflichtigen) der bei Gleichteilung auf ihn entfallende Anteil aber geringer ist, als der individuell bestimmte Bedarf, führt der Halbteilungsgrundsatz auch gegenüber dem nichtehel. Partner zur Gleichteilung. Soweit umgekehrt der Bedarf geringer ist als der Anteil bei Gleichteilung, ist der Unterhalt des nichtehel. Partners auf diesen Bedarf beschränkt und der Unterhalt des anderen Partners erhöht sich entsprechend. Anders als beim späteren Ehegatten wäre die Unterhaltspflicht nach § 1615l BGB mit dem Fortbestand der Ehe vereinbar. Deshalb wäre die Berücksichtigung dieser Unterhaltspflicht bei der Bedarfsbemessung nicht durch die Bindungswirkung der Verfassungsgerichtsentscheidung nach § 31 I BVerfG gehindert. Der BGH hat jedoch entschieden, dass nur solche Ansprüche nach § 1615l BGB, welche vor Rechtskraft der Scheidung entstanden sind, bei der Bedarfsbestimmung für den früheren Ehegatten berücksichtigt werden dürfen.[808] Es muss daher unterschieden werden zwischen dem Fall, dass der Anspruch des nichtehelichen Elternteiles vor oder nach der Scheidung der Ehe entstanden war. War er vor der Scheidung entstanden, dann ist er bei schon der Bedarfsberechnung zu berücksichtigen. 812

Für die Praxis sind dann mehrere Rechenwege denkbar, deren Nutzen davon abhängt, welches Rechenergebnis man erwartet: 813

---

[806] BGH FamRZ 2005, 442 = R 625b.
[807] BGH FamRZ 2015, 1369 Rn. 34.
[808] BGH FamRZ 2012, 281 Nr. 27 = R 731e.

- Vermutet man, dass der Bedarf des nichtehel. Partners geringer ist als das Drittel, dann geht man bei der Berechnung von diesem Bedarf aus und zieht den resultierenden Unterhalt bei der Berechnung des Unterhalts des/der anderen Partner(s) vorweg ab. Ergibt sich dann wider Erwarten, dass der Gleichteilungsbedarf geringer ist als der autonom berechnete Bedarf, dann ist eine weitere Berechnung nach Gleichteilung nötig.
- Vermutet man, dass der Gleichteilungsanteil geringer ist, als der autonom berechnete, so wird dieser berechnet. Nur wenn sich dabei ergibt, dass der Gleichteilungsanteil doch höher ist, als der autonom ermittelte, beschränkt sich der Unterhalt auf diesen und der Unterhalt des anderen Partners ist unter Vorabzug des (geringeren) Unterhalts neu zu berechnen.

Beispiel mit den Werten der DT 1.1.2019:

Beispiel 15:
M verdient 4000 EUR und ist seiner nach langer Ehe geschiedenen Frau F und N, der Mutter seines 2-jährigen vor der Scheidung geborenen Kindes K zum Unterhalt verpflichtet. Beide Partnerinnen waren vorher nicht berufstätig.
Lösung:
Bedarf von K nach DT2019 7/1 (einmal abgruppiert): 454–102 = 352 EUR
Da N nicht erwerbstätig war, wird ihr nach DT D. II. ein Bedarf von 880 EUR zugeordnet. Das liegt vermutlich unter dem Drittel. Deshalb wird der Gattenunterhalt unter Vorabzug des (geringeren) Unterhalts nach § 1615l BGB errechnet:
F: ((4000 − 352) × 90% − 880)/2 = 1202 und damit erwartungsgemäß **höher als der Unterhalt von N** von 880 EUR.
Wäre er geringer, so müsste Dreiteilung erfolgen.
So aber bleibt M 4000 − 352 − 880 − 1202 = 1566 EUR und damit mehr als sein Selbstbehalt von 1200 EUR.

Beispiel 16:
M verdient 3000 und ist seiner nach langer Ehe geschiedenen Frau F und N, der Mutter seines vor der Scheidung geborenen 2-jährigen Kindes K zum Unterhalt verpflichtet, welche ohne die Kinderbetreuung 1000 EUR verdienen würde.
Lösung:
Bedarf von K nach DT2019 4/1 (einmal abgruppiert): 390–102 = 288 EUR
Da N einen autonom berechneten Bedarf von 1000 hat, ist anzunehmen, dass es zur Kürzung nach Maßgabe der Halbteilung/Dreiteilung kommt. Daher sollte mit der Drittelrechnung begonnen werden. Überdies bleibt bei Gleichteilung M weniger als 1200 EUR. Deshalb ist sein Selbstbehalt vorweg abzuziehen und der Rest durch zwei zu teilen:
Anteil der Partner: (3000−288−1200)/2 = 756 EUR und damit erwartungsgemäß weniger als der autonom ermittelte Bedarf von N von 1000 EUR.
Wäre er geringer, so müsste mit Vorabzug des Unterhalts nach § 1615l BGB gerechnet werden.
F und N erhalten beide 756 EUR.
M bleiben 3000 − 288 − 756 − 756 = 1200 EUR.

3. Unterhaltsberechnung nach Differenz- und Anrechnungsmethode

814 **a) Quotenunterhalt.** Wie bereits ausgeführt, dürfen im Rahmen der Bedarfsbemessung nur **Einkünfte** berücksichtigt werden, für welche ein Ehebezug hergestellt werden kann, genauer: der Teil dieser Einkünfte, der zur Verwendung für den Lebensbedarf zur Verfügung stand oder sonst in den ehelichen Lebensverhältnissen angelegt war (→ Rn. 416 f., 432 f., 463 f., 467 f.).

Die Bedarfsbemessung erfolgt nach der Formel:
Bedarf = eheprägendes verteilbares Einkommen × Quote

Beispiel:
– Erwerbseinkommen = 2800 × $3/7$ = 1200 EUR
bzw. bei Bonus 10%: 2800 × 45% = 1260 EUR
– Renteneinkommen = 2800 : 2 = 1400 EUR
– Bei Mischeinkünften ist das Erwerbseinkommen vorweg um den „Erwerbstätigenbonus" zu bereinigen.

Dieser bereinigte Betrag wird mit den sonstigen Einkünften addiert. Die Unterhaltsquote beträgt die Hälfte dieser Summe.
Berechnung: 2800 (Erwerbseinkommen) × 6/7 = 2400 EUR
400 (Zinseinkünfte)
Summe = 2400 + 400 = 2800 EUR
Unterhalt = 2800 : 2 = 1400 EUR
oder bei Bonus 10%:
2800 × 90% + 400 = 2920 : 2 = 1460 EUR

b) Haushaltsführungsehe, Doppelverdienerehe, Zuverdienerehe und besondere Umstände. Ob Einkünfte der Eheleute die ehelichen Lebensverhältnisse bestimmt haben, hing früher davon ab, ob es sich um eine sog Haushaltsführungsehe, Doppelverdienerehe oder Zuverdienerehe handelte. Die Änderung der Rechtsprechung des BGH zur Anrechnungsmethode in seinem Urteil vom 13.6.2001[809] hat diese Unterschiede beseitigt, weil in all diesen Fällen die Erwerbstätigkeit des Ehegatten bedarfsbestimmend ist, entweder weil bereits in der Ehe die Erwerbstätigkeit aufgenommen wurde oder weil die Erwerbstätigkeit als Surrogat an die Stelle der ehelichen Haushaltstätigkeit getreten ist. 815

Nur in **Sonderfällen** kann jetzt das Erwerbseinkommen des Unterhaltsgläubigers als nicht bedarfsbestimmend behandelt werden.

Nicht bedarfsbestimmend sind die Erwerbseinkünfte vor allem dann, wenn sie an die Stelle der Bemühungen um eine **Ausbildung** treten. Auch in anderen Ausnahmefällen, etwa bei Strafhaft oder Drogenkonsum kann es an einer die ehelichen Lebensverhältnisse bestimmenden Entlastung des anderen Ehegatten durch Übernahme der Haushaltsführung fehlen.[810] Daneben können aber auch nur **Teile** des Einkommens die ehelichen Lebensverhältnisse beeinflussen, zB bei Einkommenserhöhungen durch einen Karrieresprung (→ Rn. 571, 581) oder, soweit eine **Erhöhung** des Einkommens nicht eine Haushaltstätigkeit, sondern entsprechende Ausbildungsbemühungen ersetzt. 816

Bei Vermögenseinkünften oder Vorteilen aus kostenloser Wohnungsnutzung hängt die Entscheidung, ob sie bedarfsbestimmend zu berücksichtigen sind, davon ab, ob sie bereits vor der Scheidung geflossen sind oder ein Surrogat von Einkünften sind, die schon vor der Scheidung flossen (→ Rn. 591 f.).

Je nachdem, ob für die Unterhaltsberechnung nur bedarfsbestimmende, oder daneben auch nicht bedarfsbestimmende bzw. nur teilweise bedarfsbestimmende Einkünfte heranzuziehen sind, bestimmt sich nach der Rechtsprechung des BGH, der DT und ihnen folgend den meisten Unterhaltstabellen und Leitlinien die anzuwendende Berechnungsmethode.

Haben beide Ehegatten ein bedarfsbestimmendes Erwerbseinkommen, erfolgte die Unterhaltsberechnung früher überwiegend nach der **Differenzmethode,** welche vielfach Gegenstand der BGH-Rechtsprechung geworden ist. An ihr wurden die wesentlichen Strukturen des geltenden Unterhaltsrechts entwickelt. 817

Nach Auffassung des BGH berücksichtigte sie, dass in einer Doppelverdienerehe die ehelichen Lebensverhältnisse regelmäßig von dem beiderseitigen Einkommen geprägt werden, und trägt dem Umstand beiderseitiger Erwerbstätigkeit grundsätzlich in angemessener Weise Rechnung, weil sie jedem Ehegatten mehr als die Hälfte seines Erwerbseinkommens belässt und damit sowohl einen pauschalen Ausgleich für den mit der Berufstätigkeit verbundenen erhöhten Aufwand schafft, als auch einen gewissen Anreiz zur Erwerbstätigkeit bietet.[811] Die Gleichstellung der Haushaltsführung mit der Erwerbstätigkeit nach der Surrogat-Theorie des BGH[812] führt jetzt dazu, dass auch das Erwerbseinkommen des bisher den Haushalt führenden Ehegatten in diese Differenzberechnung aufgenommen wird.

Die Differenzmethode ist erst Recht beim Trennungsunterhalt anzuwenden.[813]

---

[809] BGH FamRZ 2001, 986 = R 563.
[810] Vgl. Scholz FamRZ 2003, 265 (269).
[811] BGH FamRZ 1981, 752 (754); FamRZ 1979, 692; ferner BGH FamRZ 1983, 146; FamRZ 1982, 896.
[812] BGH FamRZ 2001, 986 = R 563; FamRZ 2001, 1592; FamRZ 2002, 88.
[813] BGH FamRZ 1983, 146.

Einkünfte ohne Ehebezug dürfen bei der Differenzmethode nicht berücksichtigt werden.

Sie geht davon aus, dass nur die verschiedene Höhe der beiderseits bedarfsbestimmenden Einkommen einen Ausgleich erforderlich macht,[814] so dass sich ohne Ermittlung des Bedarfs durch die Berücksichtigung des bedarfsbestimmenden Einkommens des Bedürftigen sofort die Unterhaltshöhe errechnet.

Berechnungsziel ist also der Ausgleichsbedarf (Differenzbedarf). Dieser errechnet sich aus der Differenz der jeweils eheprägenden Einkommen beider Gatten unter Anwendung der jeweils maßgebenden Quote ($3/7$ oder 45%[815] für Erwerbs-, $1/2$ für Nichterwerbseinkommen).

Der volle Bedarf des Gatten nach § 1578 I BGB, der nicht explizit berechnet wird, ergibt sich aus der Summe von Differenzbedarf und bedarfsbestimmendem Einkommen des Berechtigten.[816]

818   c) **Anrechnungsmethode.** Soweit die ehelichen Lebensverhältnisse nur durch das Einkommen des Pflichtigen geprägt wurden, bestimmen allein seine Einkünfte den Bedarf nach §§ 1361 I, 1578 I BGB, wobei dem Pflichtigen gegebenenfalls ein Quotenvorteil (Erwerbstätigenbonus) zusteht. Nicht eheprägendes Einkommen des Berechtigten hat auf die Höhe des Bedarfs keinen Einfluss und ist auf diesen lediglich nach § 1577 I BGB anzurechnen. Diese „Anrechnungsmethode" hat durch die Surrogat-Theorie des BGH[817] den größten Teil ihrer praktischen Bedeutung verloren, weil viele bisher als nicht prägend behandelte Einkommen sich als Surrogat eines anderen prägenden Einkommens darstellen, vor allem als Surrogat der Haushaltsführung. Daher wird der Quotenbedarf regelmäßig nach dem gesamten verfügbaren Einkommen bestimmt.[818]

819   Handelt es sich bei dem Bedürftigen aber (ausnahmsweise) um ein nicht bedarfsbestimmendes Erwerbseinkommen, muss auch ihm in gleicher Weise wie dem Verpflichteten der **„Erwerbstätigenbonus"** in Höhe von 10% oder $1/7$ zugutekommen. Denn auch ihm ist der mit der Ausübung der Erwerbstätigkeit verbundene höhere Aufwand abzugelten und ein Anreiz für die weitere Erwerbstätigkeit zuzubilligen.[819]

Dies geschieht am einfachsten dadurch, dass das bereinigte Nettoeinkommen des Bedürftigen nur in Höhe von $6/7$ (bei einem Bonus von 10%: 90%) auf seinen Bedarf angerechnet wird.[820]

Der Bonus ist dabei auch **bei fiktiven nicht bedarfsbestimmenden Erwerbseinkünften** des Berechtigten zu berücksichtigen.[821]

820   d) **Gemischte Differenz- und Anrechnungsmethode.** Haben beide Eheleute bedarfsbestimmendes Einkommen, der Berechtigte darüber hinaus aber auch noch Einkünfte, welche keinen Grund in der Ehe haben, dann kann für den Bedarf wiederum nur das ehebezogene Einkommen der Eheleute herangezogen und daraus nach der Differenzmethode die Quote gebildet werden. Das weitere Einkommen des Berechtigten ist nach § 1577 I BGB darauf anzurechnen.

4. Methodenwahl

821   Nach der Rechtsprechung des BGH obliegt die Wahl der Berechnungsmethode dem Tatrichter, der sie auf ihre Angemessenheit zu überprüfen hat.[822] Das bedeutet in erster Linie, dass der BGH unterschiedliche Quoten ($3/7$ und 45%) gebilligt hat, betrifft aber auch

---

[814] Differenzrechnung wie beim Zugewinn.
[815] $(100\% - 10\%)/2 = 45\%$.
[816] BGH FamRZ 1985, 161 (164).
[817] BGH FamRZ 2001, 986 = R 563; FamRZ 2001, 1592; FamRZ 2002, 88.
[818] BGH FamRZ 2004, 1357 = R 617a.
[819] BGH FamRZ 1988, 265 (267); FamRZ 1988, 701 (704); FamRZ 1988, 256 (259); FamRZ 1986, 783 (786).
[820] BGH FamRZ 1988, 256 (259).
[821] BGH FamRZ 1995, 346; FamRZ 1991, 307 (310); FamRZ 1990, 979 (981).
[822] BGH FamRZ 1984, 151.

sonstige Bedarfsberechnungen, die sich im Rahmen der BGH-Rechtsprechung halten. Die vorher dargestellte Additionsmethode (→ Rn. 800) kommt zu denselben Ergebnissen wie die Bedarfsberechnung nach den älteren Rechenwegen, die unter den Namen Differenzmethode, Anrechnungsmethode und Mischmethode (→ Rn. 817, 818, 820) bekannt sind.

Zu den gleichen Ergebnissen führt auch die **Quotenbedarfsmethode,** welche Scholz[823] zuerst dargestellt hat und die in den Leitlinien des OLG Düsseldorf verwendet wurde.[824] Hiernach berechnete sich der Bedarf des Berechtigten aus $4/7$ des eigenen Erwerbseinkommens, $3/7$ des Erwerbseinkommens des Gatten und $1/2$ der sonstigen beiderseitigen Einkünfte. Auf diesen Bedarf sind nicht bedarfsbestimmende Erwerbseinkünfte nur zu $6/7$ (oder 90%) anzurechnen, bedarfsbestimmende dagegen in voller Höhe.

822

Die Übereinstimmung dieser Berechnungsmethoden im Ergebnis und der jeweilige Rechenweg sei an den folgenden Beispielen gezeigt:

823

> **Fall 1**
> ehebezogenes Erwerbseinkommen des M: 2800 EUR,
> ehebezogenes Erwerbseinkommen der F: 700 EUR
> Berechnung mit Bonus 10%:

Lösung: Differenzmethode:
$(2800 - 700) \times 45\% = 945$ EUR
Lösung: Additionsmethode
$(90\% \times 2800 + 90\% \times 700) \times 1/2 - 90\% \times 700 = 945$ EUR
Lösung: Quotenbedarfsmethode:
$2800 \times 45\% = 1260$ EUR
$700 \times 55\% = 385$ EUR
Bedarf 1645 EUR
$1645 - 700 = 945$ EUR

> **Fall 2**
> Wie 1. mit zusätzlichem ehebezogenem Wohnwert 500 EUR beim Berechtigten

Lösung: Differenzmethode, wobei jedoch zwischen Erwerbseinkommen und anderem Einkommen zu unterscheiden ist.
Berechnung mit Bonus $1/7$:
$(2800 - 700) \times 3/7 = 900$ EUR
$(0 - 500) \times 1/2 = -250$ EUR
Unterhaltsanspruch 650 EUR[825]
Lösung: Additionsmethode
$(6/7 \times 2800 + 6/7 \times 700 + 500) \times 1/2 - 6/7 \times 700 - 500 = 650$ EUR
Lösung: Quotenbedarfsmethode
$2800 \times 3/7 = 1200$ EUR
$700 \times 4/7 = 400$ EUR
$500 \times 1/2 = 250$ EUR
Bedarf 1850 EUR
$1850 - 700 - 500 = 650$ EUR

> **Fall 3**
> ehebezogenes Erwerbseinkommen des M: 3000 EUR
> nicht ehebezogenes Erwerbseinkommen der F: 1000 EUR
> Berechnung mit Bonus 10%
> (Ausnahmefall – keine Haushaltsführung oder Kinderbetreuung)

---

[823] Scholz FamRZ 1990, 1088.
[824] DL alte Fassung 15.2.
[825] Vielfach wird die Differenzmethode in solchen Fällen nicht streng durchgeführt, sondern mit der Additions- (= Halbteilungs-) Methode gemischt.

Lösung: Anrechnungsmethode:
3000 × 45% = 1350 EUR
1350 − 90% × 1000 = 450 EUR
Lösung: Additionsmethode
90% × 3000 × $^1/_2$ − 90% × 1000 = 450 EUR
Lösung: Quotenbedarfsmethode
3000 × 45% = 1350 EUR
1350 − 90% × 1000 = 450 EUR

> **Fall 4**
> ehebezogenes Erwerbseinkommen des M: 2800 EUR
> nicht ehebezogenes Zinseinkommen der F: 1000 EUR
> Berechnung mit Bonus $^1/_7$

Lösung: Anrechnungsmethode
2800 × $^3/_7$ = 1200 EUR
1200 − 1000 = 200 EUR
Lösung: Additionsmethode
$^6/_7$ × 2800 × $^1/_2$ = 1200 EUR
1200 − 1000 = 200 EUR
Lösung: Quotenbedarfsmethode
2800 × $^3/_7$ = 1200 EUR
1200 − 1000 = 200 EUR

> **Fall 5**
> ehebezogenes Erwerbseinkommen des M: 3000 EUR
> ehebezogenes Erwerbseinkommen der F: 1000 EUR
> nicht ehebezogenes Erwerbseinkommen der F: 500 EUR
> Berechnung mit Bonus 10%

Lösung: gemischte Differenz- und Anrechnungsmethode
(3000 − 1000) × 45% = 900 EUR
900 − 90% × 500 = 450 EUR
Lösung: Additionsmethode
(90% × 3000 + 90% × 1000) × $^1/_2$ − 90% × 1000 − 90% x 500 = 450 EUR
Lösung: Quotenbedarfsmethode
3000 × 45% = 1350 EUR
1000 × 55% = 550 EUR
Bedarf 1900 EUR
1900 − 1000 − 90% × 500 = 450 EUR

> **Fall 6**
> ehebezogenes Erwerbseinkommen des M: 2800 EUR
> ehebezogener Wohnwert von M: 500 EUR
> ehebezogenes Erwerbseinkommen der F: 700 EUR
> nicht ehebezogenes Zinseinkommen der F: 500 EUR
> Berechnung mit Bonus $^1/_7$

Lösung: gemischte Differenz- und Anrechnungsmethode, wobei zwischen Erwerbs- und Nichterwerbseinkünften zu unterscheiden ist.
(2800 − 700) × $^3/_7$ = 900 EUR
(500 − 0) × $^1/_2$ = 250 EUR
Differenzbedarf 1150 EUR
1150 − 500 = 650 EUR
Lösung: Additionsmethode
($^6/_7$ × 2800 + $^6/_7$ × 700 + 500) × $^1/_2$ − $^6/_7$ × 700 − 500 = 650 EUR
Lösung: Quotenbedarfsmethode
2800 × $^3/_7$ = 1200 EUR
700 × $^4/_7$ = 400 EUR
500 × $^1/_2$ = 250 EUR
Bedarf 1850 EUR
1850 − 700 − 500 = 650 EUR

3. Abschnitt: Unterhaltsbedarf und Bedarfsbemessung beim Ehegattenunterhalt § 4

Die Wahl zwischen diesen Rechenwegen ist eine Frage der Zweckmäßigkeit. Die **824** **Differenzmethode** hat den Vorzug der in vielen Fällen einfacheren Berechnung. Der Vorzug der **Additionsmethode** liegt in der Tatsache, dass der (bonusbereinigte) Bedarf im Hinblick auf eine spätere Abänderung des Titels explizit festgestellt wird und dass der rechtliche Zusammenhang besonders in komplizierten Fällen durchsichtiger, letztlich also auch besser verständlich ist als die verkürzende Differenzmethode.[826] Dasselbe gilt für die **Quotenbedarfsmethode.**

Die Praxis wendet die Methoden oft nebeneinander an. Die Differenzmethode eignet **825** sich für einfache Fälle und dann, wenn es nur auf das Ergebnis ankommt, während Additionsmethode oder die Quotenbedarfsmethode dann zu verwenden sind, wenn die rechtliche Begründung des Ergebnisses im Einzelnen erörtert wird oder wenn in komplizierteren Fällen der Rechenweg dadurch übersichtlicher wird. Die Additionsmethode wird von der Praxis häufiger verwendet und wurde vom BGH ausdrücklich gebilligt.[827]

5. Auswirkungen des Vorabzugs von Schulden und Kindesunterhalt auf den Erwerbstätigenbonus bei Mischeinkünften

Wie bereits ausgeführt (→ Rn. 432, 750 ff. und → § 1 Rn. 1000 ff.), errechnet sich der **826** Bedarf nach den ehelichen Lebensverhältnissen aus dem bereinigten Nettoeinkommen, dh aus dem durch unterhaltsrechtlich relevante Abzüge gekürzten Einkommen. Berücksichtigungswürdige Schulden und Kindesunterhalt sind somit vor der Bildung der Ehegattenquote vom Einkommen des Pflichtigen abzuziehen, weil sie für den Lebensbedarf nicht zur Verfügung stehen (→ Rn. 432). Damit ist der Bonus aus dem bereinigten Nettoeinkommen (verfügbares Einkommen) zu berechnen (→ Rn. 773, 778).[828]

Wenn der Verpflichtete in solchen Fällen prägendes Einkommen aus Erwerbstätigkeit und daneben noch anderes Einkommen bezieht, etwa aus Zinsen oder dem Wohnwert eines Hauses, so gilt für den einen Einkommensteil das Prinzip der Halbteilung, während für den anderen dem Verpflichteten ein Bonus zusteht. Je nachdem, ob nun die Schulden oder der Kindesunterhalt auf das Erwerbseinkommen, auf das Nichterwerbseinkommen oder auf beide verrechnet werden, fällt der Erwerbsbonus höher oder niedriger aus.[829]

Handelt es sich bei den Abzugsposten um eindeutig einem Einkommen zurechenbare **827** Ausgaben, dürfen sie auch nur dort abgezogen werden, zB Lohnsteuer, gesetzliche Sozialabgaben und berufsbedingte Aufwendungen nur vom Erwerbseinkommen des Nichtselbstständigen (→ § 1 Rn. 1045), Depotkosten von Kapitaleinkünften (→ § 1 Rn. 605 f.), verbrauchunabhängige Nebenkosten vom Wohnwert (→ § 1 Rn. 498 ff.).

Berücksichtigungswürdige Schulden für Konsumkredite oder Kindesunterhalt sind hin- **828** gegen nicht ohne weiteres einer bestimmten Einkommensart zuzuordnen. Hier sind bisher vier Lösungswege eingeschlagen worden, welche in der Reihenfolge des durchschnittlich geringeren Bonus geordnet dargestellt werden:
- Berechnung des Erwerbsbonus aus dem Nettoerwerbseinkommen (ohne Kürzung um Schulden ua).[830]
- Vorrangiger Abzug vom Nichterwerbseinkommen (Vergleichsmethode).[831]

---

[826] So der BGH in FamRZ 2001, 986 = R 563d.
[827] BGH FamRZ 2001, 986 = R 563d; FamRZ 2001, 1687; FamRZ 2001, 1693.
[828] BGH FamRZ 1989, 842; FamRZ 1984, 662 (664).
[829] Vgl. Gutdeutsch FamRZ 1994, 346 ff.; FamRZ 1994, 1161; Gerhardt, FamRZ 1994, 1158.
[830] OLG Hamburg FamRZ 1991, 953; zust. Kalthoener/Büttner NJW 1992, 2992 (3000); ebenso im Ergebnis OLG Hamm FamRZ 1993, 1237; abl. OLG Karlsruhe FamRZ 1992, 1438. Der BGH hat in der Leitentscheidung FamRZ 1989, 1160 (1162) den Bonus aus dem Nettoerwerbseinkommen von 2770 und nicht aus dem verfügbaren Einkommen von 2770 + 105 − 195 = 2680 DM berechnet, dabei aber die Abweichung von seiner bisherigen Rechtsprechung nicht erörtert, sodass – auch wegen der geringen Abweichung – ein Versehen angenommen werden kann.
[831] Graba NJW 1993, 3033 (3037); Gutdeutsch FamRZ 1994, 346; FamRZ 1994, 1161.

- Anteiliger Abzug von Erwerbs- und Nichterwerbseinkommen.[832]
- Vorrangiger Abzug vom Haupteinkommen (in der Regel dem Erwerbseinkommen).[833]

Der BGH hat die Lösung 1 abgelehnt,[834] sonst aber zu diesem Problem bisher noch nicht abschließend Stellung genommen.

829
- Die Vertreter der **Lösung 1** (maximaler Bonus) sehen deren Vorteil darin, dass bei der Berechnung des Bonus der Erwerbstätige, welcher Kindesunterhalt zu zahlen hat, mit demjenigen gleichbehandelt wird, für den das nicht zutrifft.[835]

830
- Die Vertreter der **Lösung 2** sehen den Vorteil dieser Lösung darin, dass sie sich am engsten an die Unterhaltsbemessungspraxis vor dem Urteil des BGH vom 12.7.1989,[836] welche die Oberlandesgerichte zu einer unterschiedlichen Behandlung von Erwerbs- und Nichterwerbseinkommen veranlasste, anschließt. Sie sei rechnerisch leicht zu handhaben, weil sie sich letztlich auf die Prüfung beschränkt, ob das verfügbare oder das Erwerbseinkommen geringer sei.

Aus den Gründen, auf welchen die Zubilligung des Bonus beruhte (als Anreiz und als Ausgleich für einen allgemein erhöhten Aufwand), folgt, dass er vom verfügbaren Einkommen, höchstens aber (nach der BGH-Rechtsprechung) dem Erwerbseinkommen abzuziehen ist.[837]

831
- Die Vertreter der **Lösung 3** verzichten auf eine eigene Wertung und vermitteln zwischen gegensätzlichen Standpunkten durch eine anteilige Verrechnung. welche in der Regel als gerechter Interessenausgleich angesehen wird, allerdings erhöhten Rechenaufwand verursacht. Da die Quotierung aber bei geringfügigem Nebeneinkommen kaum andere Ergebnisse als die Lösung 4 liefert, wird in solchen Fällen darauf verzichtet und die Lösung 4 angewandt.

832
- Die Vertreter der **Lösung 4** (durchschnittlich geringster Bonus) rechtfertigen ihre Lösung damit, dass berücksichtigungswürdige Schulden und Kindesunterhalt in der Regel aus dem Haupteinkommen (also vom Gehaltskonto) bezahlt würden, das dann in einem Rechengang durch Abzug von Steuern, Vorsorgeaufwendungen, berufsbedingten Aufwendungen, berücksichtigungsfähigen Schulden und Kindesunterhalt bereinigt werden kann. Sie sehen ihre Methode als die praktikabelste an, weil in der Regel das Erwerbseinkommen das Haupteinkommen sei und die Berücksichtigung des Nichterwerbseinkommens mit einer einfachen Zusatzberechnung erfolgen könne. In den selteneren Fällen, in denen das Nichterwerbseinkommen Haupteinkommen ist, könnten Schulden oder Kindesunterhalt von diesem abgezogen und für Erwerbseinkommen dann der ohnehin niedrige volle Bonus bleiben. In den äußerst seltenen Ausnahmefällen, in denen bei gleicher Höhe der Einkommensarten ein Haupteinkommen nicht feststellbar sei, könne die Lösung 3 angewandt werden. Die Lösung stehe auch in Übereinstimmung mit einer Tendenz des BGH, die Kumulation von 5% berufsbedingten Aufwendungen und $1/7$ Erwerbsbonus für unzulässig anzusehen, den Bonus also im Ergebnis herabzusetzen (vgl. die Kritik am Erwerbstätigenbonus → Rn. 781 mwN).

---

[832] Scholz FamRZ 1993, 127 (143).
[833] OLG Hamburg FamRZ 1991, 445 (448); Gerhardt, FamRZ 1994, 1158; für geringes Nebeneinkommen auch Scholz FamRZ 1993, 127 (143).
[834] BGH FamRZ 1997, 806, anders jetzt nur OLG Brandenburg 3. Senat Leitlinien 15.3. Diese Abweichung hängt wohl zusammen mit dem nur von diesem Senat des OLG angewandten Erwerbstätigenbonus von 10% und soll die dadurch stark divergierenden Ergebnisse der Senate des gleichen Gerichtes aneinander angleichen.
[835] Der Vorabzug vom ungekürzten Erwerbseinkommen hat große praktische Vorteile und ist deshalb verbreiteter, als die Veröffentlichungen erkennen lassen (etwa BGH FamRZ 1989, 1160 (1162)), zumal die mit dieser Bonusrechnung verknüpfte Halbteilung der gemeinschaftlichen Schulden auch idR als gerecht empfunden wird (OLG Hamburg FamRZ 1991, 953).
[836] BGH FamRZ 1989, 1160 (1162).
[837] Gegen die Lösung wird eingewandt, dass das Nichterwerbseinkommen in der Praxis vielfach im Wohnwert bestehe und dass aus diesem kein Kindesunterhalt gezahlt werden könne. Das geschieht aber auch nicht. Vielmehr soll nur auf den Wohnwert der Kindesunterhalt verrechnet werden, ebenso wie bei der Bemessung des Gattenunterhalts der Wohnwert beim Pflichtigen herangezogen wird, obgleich er nicht als Unterhalt ausgezahlt werden kann.

3. Abschnitt: Unterhaltsbedarf und Bedarfsbemessung beim Ehegattenunterhalt § 4

833 Die Wahl der Berechnungsmethode im Falle des Mischeinkommens liegt im Ermessen des Tatrichters. Dieses Ermessen muss fehlerfrei ausgeübt werden. Das bedeutet, dass die der Methodenwahl zugrunde gelegten Wertungen rechtlich vertretbar sein müssen. Das ist aber nur bei den Methoden 2 und 3 der Fall: Weil der Bonus einen Erwerbsanreiz bieten soll, stellt er eine Quote des Erwerbseinkommens dar. Andererseits ist er aber eine Form der Halbteilung. Deshalb kann er höchstens aus dem Resteinkommen berechnet werden. Aus diesen rechtlichen Ansätzen ergibt sich zwanglos die Vergleichsmethode (Lösung 2), welche durch Einfachheit besticht: Die Größen, welche der Berechnung des Bonus zugrunde zu legen sind, müssen in jedem Fall berechnet werden. Es fehlt deshalb an einem über die Berechnung des Bonus selbst hinausgehenden Rechengang. Die Lösung 3 will demgegenüber zusätzlich das Nichterwerbseinkommen vor einer Verkürzung durch den Bonus schützen: Das ist ebenfalls vertretbar. Es wird allerdings mit einem erheblichen Rechenaufwand bezahlt und es liegt im Ermessen des Tatrichters, ob er den Schutz des Nichterwerbseinkommens für so wichtig hält, dass er den zusätzlichen Rechenaufwand – der ja nicht nur Zeit, sondern auch Übersichtlichkeit kostet – bezahlen will. Die Lösung 4, nämlich die vorrangige Verrechnung des Kindesunterhalts auf das Haupteinkommen – normalerweise also das Erwerbseinkommen – wird hingegen damit gerechtfertigt, dass die regelmäßigen Zahlungen, welche das Einkommen und damit auch den Erwerbstätigenbonus vermindern, in der Regel vom Lohnkonto und bei Rentnern vom Rentenkonto getätigt werden. Diese Anknüpfung vergleicht konkrete Zahlungspflichten mit dem Bonus als einer ideellen Rechengröße. Es besteht hier aber keinerlei Vergleichbarkeit und auch kein sinnvoller Zusammenhang: Die realen Abzüge vermindern das Einkommen, der Bonus als ideelle Größe soll es erhöhen, indem er die Ausgangsgröße für die Halbteilung vermindert. Es ist zweifelhaft, ob der BGH diese Lösung billigen würde (→ Rn. 773).

834 Im Gegensatz zu den verschiedenen Methoden der Bedarfsbemessung führen die unterschiedlichen **Methoden der Bonusberechnung** zu **verschiedenen Ergebnissen:**
Beispiel mit den Werten der DT 1.1.2019:

Beispiel 1:
Der Mann verdient 2000 EUR netto abzüglich 100 EUR berufsbedingte Aufwendungen und hat aus Hausnutzung und Kapital ein weiteres Einkommen von 1000 EUR. Er ist der einkommenslosen Frau und zwei Kindern im Alter von 2 und 7 Jahren unterhaltspflichtig (Frau erhält Elterngeld von 300 EUR, die aber nicht zu berücksichtigen sind).
Vor Berechnung des Bedarfs des Gatten sind vom Einkommen des Mannes sowohl der Kindesunterhalt als auch der Erwerbsbonus (1/7) abzuziehen.
Nach der DT 4/1 und DT 4/2 (einmal abgruppiert) beträgt der Kindesunterhalt 390–102 + 447–102 = 633 EUR.
Lösung 1: Gattenunterhalt mit Bonus aus dem vollen Erwerbseinkommen:
$(2000-100) \times {}^6/_7 + 1000-633 = 1996 \times {}^1/_2 = 998$ EUR
Lösung 2: Gattenunterhalt mit Bonus aus dem vollen Erwerbseinkommen, weil der Kindesunterhalt (633) aus dem Nichterwerbseinkommen (1000) gedeckt werden kann:
$(2000-100) \times {}^6/_7 + 1000-633 = 1996 \times {}^1/_2 = 998$ EUR
Lösung 3: Gattenunterhalt mit Bonus aus dem anteiligen Erwerbseinkommen (Berechnung nach Scholz FamRZ 1993, 125 (143)):
$(2000-100) : (2000-100 + 1000) = 66\%$ Erwerbseinkommen
$(2900-633) \times 66\% \times {}^3/_7 = 641$ EUR
$(2900-633) \times 34\% \times {}^1/_2 = 385$ EUR
insgesamt 1026
Lösung 4: Gattenunterhalt mit Abzug vom Erwerbseinkommen als Haupteinkommen:
$(2000 - 100 - 633) \times {}^3/_7 + 1000 \times {}^1/_2 = 1043$ EUR
Zwischen den Gatten kann verteilt werden:
$2000 + 1000 - 100 - 633 = 2267$ EUR
Der Bonus, um welchen das Resteinkommen des Pflichtigen den Gattenunterhalt übersteigt, beträgt nach den
Lösungen 1 und 2: $2267-2 \times 998 = 271$ EUR,
nach der Lösung 3: $2267-2 \times 1026 = 215$ EUR und
nach der Lösung 4: $2267-2 \times 1043 = 181$ EUR.
Beispiel 2: Der Mann verdient 2700 EUR netto abzüglich 100 EUR berufsbedingte Aufwendungen und bezieht daneben eine Rente von 250 EUR, insgesamt also 2850 EUR.

Nach der DT 4/1 und DT 4/2 (einmal abgruppiert) beträgt der Kindesunterhalt wieder 390–102 + 447–102 = 633 EUR.

Lösung 1: Bonus aus dem vollen Erwerbseinkommen:
(2700–100) × $^6/_7$ + 250–633 = 1846 × $^1/_2$ = 923 EUR

Lösung 2: Bonus aus dem verfügbaren Einkommen, weil der Kindesunterhalt (633) **aus dem Nichterwerbseinkommen** (250) **nicht gedeckt werden kann:**
(2700–100 + 250–633) × $^3/_7$ = 950 EUR

Lösung 3: Bonus aus dem anteiligen Erwerbseinkommen (vgl. Scholz FamRZ 1993, 125 (143)):
(2700–100) : (2700–100 + 250) = 91% Erwerbseinkommen
(2850–633) × 91% × $^3/_7$ = 865 EUR,
(2850–633) × 9% × $^1/_2$ = 100 EUR
insgesamt 965 EUR

Lösung 4: Abzug vom Erwerbseinkommen als Haupteinkommen:
(2700 – 100 – 633) × $^3/_7$ + 250 : 2 = 968 EUR

Zur Verteilung zwischen den Gatten steht zur Verfügung:
2700 + 250 – 100 – 633 = 2217 EUR

Der Bonus, um welchen das Resteinkommen des Pflichtigen den Gattenunterhalt übersteigt, beträgt
nach der Lösung 1 : 2217–2 × 923 = 371 EUR,
nach der Lösung 2 : 2217–2 × 950 = 317 EUR,
nach der Lösung 3 : 2217–2 × 965 = 287 EUR und
nach der Lösung 4 : 2217–2 × 968 = 281 EUR

6. Quotenunterhalt und die (überholte) Rechtsprechung zum vollen Unterhalt und trennungsbedingten Mehrbedarf

835 Durch die Bedarfsbemessung nach Quoten wird nur das für Unterhaltszwecke verwendbare Einkommen nach dem Halbteilungsgrundsatz angemessen verteilt. Der Quotenunterhalt bietet keine Gewähr dafür, dass mit ihm der während des Zusammenlebens in der Ehe erreichte Lebensstandard nach Trennung und Scheidung aufrechterhalten werden kann. Das führte zur Konzeption des **trennungsbedingten Mehrbedarfs** als der Differenz von vollem Unterhalt im Sinn von § 1578 I 1 BGB und Unterhaltsquote. Ein Zurückbleiben der Quote hinter dem Betrag dieses vollen Unterhalts ist insbesondere im Hinblick auf Mehrkosten möglich, die den Ehegatten infolge der Trennung erwarten und die dazu führen können, dass die Eheleute mit den Mitteln der Quote ihren ehelichen Lebensstandard nicht mehr aufrechterhalten können.[838]

836 Bereits durch die **Änderung der Rechtsprechung des BGH zur Anrechnungsmethode**[839] war der Anwendungsbereich wesentlich geringer geworden, weil nicht prägendes Erwerbseinkommen des Berechtigten seither kaum noch vorkommt. Er konnte aber noch
– bei nicht ehebezogenen Erwerbseinkünften oder
– bei Anerkennung einer Sparquote beim Verpflichteten oder
– bei nicht ehebezogenem Wohnwert oder
– bei entsprechenden Kapitaleinkünften beider Parteien erhebliche Bedeutung haben.

Doch sprachen triftige **Gründe für die gänzliche Abschaffung** dieses Rechtsinstituts: Es wurde deshalb entwickelt, weil auf andere Weise die durch die Anwendung der Anrechnungsmethode in Fällen der Hausfrauenehe geschaffene Gerechtigkeitslücke nicht geschlossen werden konnte,[840] war aber immer dogmatisch umstritten.[841] Durch die Anerkennung des Surrogatprinzips[842] besteht diese Lücke aber nicht mehr. Rechtlich ist die Anerkennung des trennungsbedingten Mehrbedarfs als ehebezogen ohnehin problematisch,

---

[838] BGH FamRZ 1983, 146 (148); FamRZ 1982, 255 (257).
[839] BGH FamRZ 2001, 986 = R 563; FamRZ 2001, 1592; FamRZ 2002, 88.
[840] Hampel FamRZ 1981, 851; 1984, 621; Luthin FamRZ 1996, 328.
[841] Dieckmann FamRZ 1984, 946 (951); ders. in Erman, 10. Aufl., (2000) § 1578 Rn. 32; Spangenberg FamRZ 1991, 269; Mayer FamRZ 1992, 138 (140); Graba FamRZ 2002, 857; Gerhardt FamRZ 2003, 272 (275); ders. in FA-FamR 8. Aufl. 6. Kapitel Rn. 450.
[842] BGH FamRZ 2001, 986 = R 563.

3. Abschnitt: Unterhaltsbedarf und Bedarfsbemessung beim Ehegattenunterhalt § 4

e) Vorabzug des Mehrbedarfs. Durch den Vorabzug des Mehrbedarfs vom prägenden 850
Einkommen (a mit d) gibt es einen geringeren Elementarunterhalt.

Diese Minderung ist gerechtfertigt, soweit sie bereits den Bedarf nach den ehelichen Lebensverhältnissen vor der Trennung geprägt hatte. Hat sich jedoch nach der Trennung eine Erhöhung des Mehrbedarfs ergeben oder ist dieser – wie immer beim Altersvorsorgeunterhalt und meist beim Krankheitsvorsorgeunterhalt – erst nach der Trennung entstanden, so kann es der Billigkeit entsprechen, für diesen Zusatzbedarf etwa vorhandene nicht eheprägende Einkommensteile heranzuziehen.[862]

Dies kann bei Vorliegen besonderer Umstände in dreierlei Hinsicht erreicht werden:

f) Heranziehung nicht ehebezogener Einkünfte des Berechtigten. Wenn der 851
Berechtigte nicht ehebezogene Einkünfte hat, erscheint es gerechtfertigt, seinen Mehrbedarf mit diesen zu verrechnen.[863] Es unterbleibt dann ein Vorabzug des Mehrbedarfs vom ehebezogenen Einkommen des Verpflichteten. Auf den Quotenunterhalt wird bedarfsmindernd die Differenz zwischen nicht ehebezogenen Einkünften (zB aus späterer Erbschaft) und dem damit gedeckten Mehrbedarf angerechnet. Ein Mehrbedarf ist dann nicht zusätzlich zum Quotenunterhalt zu zahlen.

Beispiel:
Ehebezogenes Erwerbseinkommen des V = 4200 EUR
Quote = $4200 \times 3/7$ = 1800 EUR
nicht ehebezogenes Kapitaleinkommen des B = 600 EUR
Mehrbedarf des B = 400 EUR
Dieser Mehrbedarf wird dadurch berücksichtigt, dass auf die Quote von 1800 EUR nur die Differenz von 600 EUR (Einkommen) und 400 EUR (Mehrbedarf) = 200 EUR angerechnet werden, so dass B insgesamt 1600 EUR als Unterhalt erhält (1800 – 200).

g) Heranziehung der vermögensbildenden Aufwendungen. Wenn bei wirtschaft- 852
lich guten Verhältnissen vermögensbildende Aufwendungen vom Einkommen abgezogen werden konnten (siehe → Rn. 453, Rn. 789 ff), war beiderseitiger Mehrbedarf (soweit er durch die Trennung verursacht wurde) aus dieser Vermögensbildungsrate zu bezahlen, weil der Verpflichtete eine Vermögensbildung nicht fortsetzen darf, wenn und soweit ein Mehrbedarf besteht, der anderweitig nicht gedeckt werden kann.[864]

Als der BGH die Vermögensbildung zu Lasten des Unterhalts nicht mehr anerkannte, war diese Möglichkeit bedeutungslos geworden.[865] Nun hat mit der Abschaffung der relativen Sättigungsgrenze als absoluter Grenze der Quotenberechnung (s. o. Rn. 789 ff.) diese Möglichkeit neue Bedeutung gewonnen: Mehrbedarf ist dann zulasten der Vermögensbildung zu decken.

h) Heranziehung nicht bedarfsbestimmenden Mehreinkommens des Verpflich- 853
teten. Die Frage, inwieweit dem Verpflichteten der Vorabzug eines Mehrbedarfs des Berechtigten vom bedarfsbestimmenden Einkommen versagt werden kann, weil ihm **nach der Trennung ein Einkommen zugewachsen** ist, welches in keinen Zusammenhang zu den ehelichen Lebensverhältnissen steht, wurde vom BGH soweit ersichtlich bisher nicht entschieden. Indessen wird die Frage nicht anders als im Fall → Rn. 851 gelöst werden können. In beiden Fällen ist davon auszugehen, dass der Berechtigte wegen unzureichender Leistungsfähigkeit des Verpflichteten nicht den vollen Unterhalt erhalten hatte. Wenn die Leistungsunfähigkeit des Verpflichteten dadurch entfällt, dass er nichtprägendes Einkommen hinzuwirbt, wird der Unterhalt erhöht werden müssen.

i) Mehrbedarf des Verpflichteten, Vorabzug oder Bonus. Mehrbedarf des Ver- 854
pflichteten kommt nur in Gestalt des **krankheits-** und **altersbedingten** Mehrbedarfs in Betracht. Soweit dieser Mehrbedarf bereits bei der Ermittlung des Bedarfs zu berücksichtigen und deshalb vom bedarfsbestimmenden Einkommen vorweg abzuziehen ist, kommt die Heranziehung zusätzlichen Einkommens nicht in Betracht.

---

[862] OLG München FamRZ 1994, 1459; 1992, 1310.
[863] BGH FamRZ 1982, 255 (257).
[864] BGH FamRZ 1987, 913 (916).
[865] BGH FamRZ 2008, 963 = R 692d.

Beispiel mit nichtprägendem Mehrbedarf:
Ehebezogenes Erwerbseinkommen des V = 4200 EUR
Nicht ehebezogenes Zinseinkommen des V = 300 EUR
Ehebezogenes Erwerbseinkommen des B = 700 EUR
Krankheitsbedingter Mehrbedarf des V = 300 EUR
ehelicher Bedarf: ($6/7 \times 4200 + 6/7 \times 700$) $1/2$ = 2100 EUR
Unterhaltsbedarf: 2100 − $6/7 \times 700$ = 1500 EUR
Eigenbedarf von V: 2100 + 4200 × $1/7$ + 300 = 3000 EUR
V bleibt: 4200 + 300 − 1500 = 3000 EUR
oder **bei Bonus 10%**
ehelicher Bedarf: (90% × 4200 + 90% × 700) $1/2$ = 2205 EUR
Unterhaltsbedarf: 2205 − 90% × 700 = 1575 EUR
Eigenbedarf von V: 2205 + 4200 × 10% + 300 = 2925 EUR
V bleibt: 4200 + 300 − 1575 = 2925 EUR
V ist leistungsfähig, weil er seinen Mehrbedarf mit den nicht bedarfsbestimmenden Zinseinkünften abdecken kann.

Der BGH hat aber auch gebilligt, dass der Mehrbedarf pauschal durch eine **Erhöhung der Gattenquote** berücksichtigt wird.[866]

5. Abschnitt: Vorsorgeunterhalt

I. Vorsorgeunterhalt wegen Alters, Berufs- und Erwerbsunfähigkeit

855 Die Besonderheit des Vorsorgeunterhalts liegt nur im Bedarfsbereich (es ist kein eigener Anspruch): während sonst der Berechtigte im Rahmen der Unterhaltsquote in seinen Dispositionen frei ist, muss der Vorsorgebedarf gesondert geltend gemacht werden, weil er nur dann berücksichtigt werden kann, wenn tatsächlich Vorsorge betrieben wird. Die Rechtsprechung ist hier aber großzügig und lässt in der Regel genügen, dass der Anspruch ohne weitere Konkretisierung geltend gemacht wird (→ Rn. 865), während ein entsprechender Eigenbedarf des Pflichtigen konkret realisiert werden muss, zumal bei ihm die Mittel dazu bereits vorhanden sind.[1]

1. Grundsätzliches, Voraussetzungen, Beginn und Dauer des Vorsorgeunterhalts beim Trennungs- und nachehelichen Unterhalt sowie Verfassungsmäßigkeit

856 Beim **Trennungsunterhalt** (§ 1361 I 2 BGB) hat der Anspruch auf Vorsorgeunterhalt wegen Alters, Berufs- und Erwerbsunfähigkeit − allgemein und nachfolgend nur Vorsorgeunterhalt genannt − zur Voraussetzung, dass ein Anspruch auf Trennungsunterhalt besteht.

Der Anspruch **beginnt** mit Eintritt der **Rechtshängigkeit des Scheidungsverfahrens** (§ 1361 I 2 BGB). Der Eintritt der Rechtshängigkeit ist im Sinne der unmittelbaren Anknüpfung der vom Versorgungsausgleich erfassten Ehezeit auszulegen, dh, der Anspruch kann ab Beginn des Monats zugebilligt werden, in dem das Scheidungsverfahren rechtshängig geworden ist.[2] Der Anspruch **endet mit Rechtskraft der Scheidung.**[3]

Nach dem Unterhalt bei Trennung darf wegen der **Nichtidentität** von Trennungs- und nachehelichem Unterhalt nicht der Vorsorgeunterhalt nach Scheidung bemessen werden. Vielmehr sind Elementarunterhalt und Vorsorgeunterhalt für den nachehelichen Unterhalt **ohne Bindung** an die Festsetzungen für die Zeit vor der Scheidung neu zu bemessen.[4]

---

[866] BGH FamRZ 1990, 981.
[1] Vgl. BGH FamRZ 2007, 193 = R 664a, e.
[2] BGH FamRZ 1982, 781; FamRZ 1981, 442 (45).
[3] BGH FamRZ 1982, 465.
[4] BGH FamRZ 1982, 465 (466).

5. Abschnitt: Vorsorgeunterhalt § 4

Wie der Trennungsunterhalt kann auch der Vorsorgeunterhalt **für die Trennungszeit nicht im Verbund** geltend gemacht werden.[5]

Beim **nachehelichen Unterhalt** muss als Voraussetzung des Vorsorgeunterhalts nach § 1578 III BGB ein Unterhaltsanspruch nach den §§ 1570 mit 1573 und § 1576 BGB bestehen. Beim **Ausbildungsunterhalt** nach § 1575 BGB gibt es **keinen Vorsorgeunterhalt,** wohl aber, wenn der Ausbildungsunterhalt auch auf § 1574 III BGB gestützt werden kann. 857

Der Anspruch **beginnt mit Rechtskraft** des Scheidungsurteils und endet, wenn der Anspruch auf nachehelichen Unterhalt erlischt oder ein Vorsorgebedürfnis nicht mehr besteht. Das Vorsorgebedürfnis erlischt erst, wenn die Versorgung des Berechtigten diejenige der Verpflichteten erreicht.[6] Änderungen sind möglich, wenn sich der Elementarunterhalt ändert.

Der Anspruch auf Vorsorgeunterhalt für die Zeit nach der Scheidung kann **im Verbundverfahren** geltend gemacht werden. Der Vorsorgeunterhalt darf, wie der nacheheliche Unterhalt, **nicht nach dem Trennungsunterhalt** und dem Vorsorgeunterhalt nach Trennung bemessen werden.[7] Bei der Berechnung des Vorsorgeunterhalts ist beim nachehelichen Unterhalt auf die Verhältnisse zum **Zeitpunkt der Scheidung** abzustellen.[8]

Der Vorsorgeunterhalt beinhaltet die Kosten einer angemessenen Versicherung für den Fall des Alters sowie der Berufs- und Erwerbsunfähigkeit. Nach dem Zweck der Regelung sollen mit dem Vorsorgeunterhalt mit unterhaltsrechtlichen Mitteln Nachteile ausgeglichen werden, die dem Berechtigten aus einer ehebedingten Behinderung seiner Erwerbstätigkeit erwachsen.[9] 858

Diese Beurteilung rechtfertigt es, den Vorsorgeunterhalt stets auf der **Grundlage des Elementarunterhalts** zu berechnen, wie wenn der Berechtigte aus einer versicherungspflichtigen Erwerbstätigkeit ein Einkommen in Höhe des Elementarunterhalts hätte.[10]

Es wird ein Einkommen in Höhe des Elementarunterhalts aus einer versicherungspflichtigen Erwerbstätigkeit fingiert.

Vorsorgeunterhalt wird zusätzlich zum Elementarunterhalt geschuldet. Er ist ein **unselbstständiger Bestandteil** des einheitlichen Lebensbedarfs.[11] Ein Anspruch auf Vorsorgeunterhalt besteht, wenn und solange der Berechtigte keine **Altersversorgung** erwarten kann, die diejenige **des Verpflichteten erreicht.**[12] 859

Deshalb ist in der Regel zur Bemessung des Vorsorgeunterhalts keine Abwägung der Versorgungslage unter Berücksichtigung der aus dem Versorgungsausgleich zu erwartenden Leistungen erforderlich.[13]

Der BGH hat abgelehnt, den Vorsorgeunterhalt nach der Höhe einer später zu erwartenden, den Lebensbedarf des Berechtigten sodann in angemessener Weise deckenden Versorgungsleistung auszurichten und zu bemessen, zumal es in der Regel mit erheblichen Schwierigkeiten verbunden sein dürfte, den angemessenen Lebensbedarf für den Zeitpunkt des Versicherungsfalls zu beurteilen.[14]

Ein Anspruch auf Vorsorgeunterhalt besteht **nicht bei krankheitsbedingter Arbeitslosigkeit,** soweit diese eine Unterbrechung einer versicherungspflichtigen Beschäftigung beinhaltet und sie einer versicherungspflichtigen Tätigkeit unmittelbar nachgefolgt ist. Sie gilt dann bis zur Wiederaufnahme einer Erwerbstätigkeit als rentenrechtliche Ausfallzeit 860

---

[5] BGH FamRZ 1981, 442 (445).
[6] BGH FamRZ 2007, 117 = R 662e; FamRZ 1981, 442 (445); FamRZ 2000, 351.
[7] BGH FamRZ 1982, 465.
[8] BGH FamRZ 1981, 864.
[9] BGH FamRZ 2007, 117 = R 662c; FamRZ 1988, 145 (150); FamRZ 1981, 864.
[10] BGH FamRZ 2007, 117 = R 662c; FamRZ 1981, 442 (444).
[11] BGH FamRZ 2007, 117 = R 662a; FamRZ 1982, 1187.
[12] BGH FamRZ 2007, 117 = R 662e; FamRZ 1982, 1187; FamRZ 1981, 442 (444); FamRZ 2000, 351.
[13] BGH FamRZ 2007, 117; FamRZ 1982, 1187.
[14] BGH FamRZ 2007, 117 = R 662c; FamRZ 1988, 145 (150).

nach AVG bzw. jetzt als Anrechnungszeit nach § 58 SGB VI.[15] Das Gleiche muss für sonstige Anrechnungszeiten gelten.

Soweit der Elementarbedarf durch **Kapitaleinkünfte** gedeckt ist, kann zusätzlich Vorsorgeunterhalt nicht verlangt werden, weil die Kapitaleinkünfte auch im Alter und bei Erwerbsunfähigkeit unverändert fließen.[16] Dasselbe gilt für den Vorteil des Wohnens in der eigenen Wohnung, welches ebenfalls auch im Alter möglich sein wird.[17]

Der Anspruch auf Vorsorgeunterhalt ist nicht verfassungswidrig.[18]

861 Der Altersvorsorgeunterhalt ist (anders als der Krankheitsvorsorgeunterhalt) gegenüber dem Elementarunterhalt nachrangig (näheres → Rn. 884).

2. Geltendmachung und Tenorierung des Vorsorgeunterhalts

862 Der Vorsorgeunterhalt muss im Hinblick auf seine Zweckbestimmung (→ Rn. 868 f.) besonders und betragsmäßig geltend gemacht werden. Er wird nicht von Amts wegen zugesprochen. Es steht im freien Ermessen des Berechtigten, ob er ihn geltend machen will.[19]

863 Der Vorsorgeunterhalt kann erst **ab Geltendmachung** zugesprochen werden. Verlangt der Berechtigte nur Quotenunterhalt, beinhaltet dies keinen Vorbehalt der Nachforderung eines Vorsorgeunterhalts (aber → Rn. 864). Dies gilt auch dann, wenn der Berechtigte nicht wusste, dass er einen Vorsorgeunterhalt geltend machen kann.[20] Der Vorsorgeunterhalt kann auch mit einer Teilklage geltend gemacht werden.[21] Die gegenständliche Aufteilung in Elementarunterhalt und Vorsorgeunterhalt ist wegen der wechselseitigen Abhängigkeit problematisch und für den Richter nicht bindend (→ Rn. 867).[22] Jedoch kann der Berechtigte seinen Elementarunterhalt dadurch erhöhen, dass er einen geringeren Vorsorgeunterhalt verlangt. Dieser Zusammenhang führt oft dazu, dass der Berechtigte keinen Vorsorgeunterhalt verlangt, obgleich er immer zu einer Erhöhung des Gesamtunterhalts führt.

864 Hat der Berechtigte nach § 1613 I 1 BGB den Pflichtigen zum Zwecke der Geltendmachung eines Unterhaltsanspruchs zur **Auskunftserteilung** aufgefordert, so kann er auch dann von diesem Zeitpunkt an Vorsorgeunterhalt verlangen, wenn er nicht darauf hingewiesen hat, dass er auch Vorsorgeunterhalt verlangen wolle.[23]

Ist in einem vorausgegangenen Verfahren kein Vorsorgeunterhalt verlangt worden, kann auch in einem **Änderungsverfahren** (§ 323 ZPO) erstmals Vorsorgeunterhalt verlangt werden (→ Rn. 895).[24]

865 Wenn der Berechtigte erstmals Vorsorgeunterhalt geltend macht, muss er **keine** konkreten **Angaben** über Art und Weise der von ihm **beabsichtigten Vorsorge** machen.[25] Zur Substantiierung seines Anspruchs muss er nur darlegen, dass und in welcher Höhe er Vorsorgeunterhalt verlangt. Er ist nicht verpflichtet, eine bestimmte Form der Vorsorgeversicherung und der konkret anfallenden Vorsorgeaufwendungen anzugeben. Er kann sich darauf beschränken, den Vorsorgeunterhalt betragsmäßig geltend zu machen, um ihn sodann dem gesetzlichen Zweck entsprechend zur Begründung einer angemessenen Versicherung zu verwenden.[26]

---

[15] BGH FamRZ 1987, 36.
[16] BGH FamRZ 1992, 423 (425).
[17] BGH FamRZ 2000, 351.
[18] BGH FamRZ 1982, 887 (889); FamRZ 1981, 864.
[19] BGH FamRZ 2007, 117 = R 662a; FamRZ 1985, 690.
[20] BGH FamRZ 1985, 690.
[21] BGH FamRZ 1982, 1187.
[22] BGH FamRZ 1982, 890; FamRZ 1982, 255.
[23] BGH FamRZ 1982, 193 = R 664e.
[24] BGH FamRZ 1985, 690.
[25] BGH FamRZ 2007, 117 = R 662e; FamRZ 1987, 684 (688); anders noch BGH FamRZ 1982, 579.
[26] BGH FamRZ 2007, 117 = R 662e; FamRZ 1982, 887 (889).

5. Abschnitt: Vorsorgeunterhalt §4

Der Verpflichtete kann in der Regel **nicht** verlangen, dass der Vorsorgeunterhalt von ihm unmittelbar **an den Versicherungsträger** bezahlt wird.[27] Dies gilt jedenfalls so lange, als kein begründeter Anlass für die Annahme einer zweckwidrigen Verwendung des Vorsorgeunterhalts besteht[28] (→ Rn. 870 f., 896). 866

Hinsichtlich der Verteilung des Gesamtunterhalts auf den Elementarunterhalt und den Vorsorgeunterhalt ist die **Dispositionsbefugnis** des Berechtigten **eingeschränkt** (→ Rn. 886). Der Richter ist nicht gehalten, von den Beträgen auszugehen, die verlangt werden. Selbst ein Anerkenntnis des Verpflichteten ist für ihn nicht bindend.[29] Eine Bindung besteht nur insoweit, als insgesamt nicht mehr zugesprochen werden darf, als verlangt worden ist.[30] 867

Wegen der Zweckbindung des Vorsorgeunterhalts (→ Rn. 868) ist der darauf entfallende Betrag **im Tenor gesondert auszuweisen.**[31]

3. Zweckbestimmung und nicht zweckbestimmte Verwendung des Vorsorgeunterhalts

Nach dem Zweck des Vorsorgeunterhalts soll einem Ehegatten, der unterhaltsberechtigt ist, die Möglichkeit verschafft werden, seine Altersversorgung im Wege der freiwilligen Weiterversicherung in der GRV oder durch eine andere Vorsorgeform erhöhen zu können.[32] 868

Deshalb unterliegt der Vorsorgeunterhalt der besonderen **Zweckbindung,** die Alterssicherung des Berechtigten zu gewährleisten und zugleich den Verpflichteten nach Eintritt des Versicherungsfalls (des Berechtigten) unterhaltsrechtlich zu entlasten.

Wegen dieser Zweckbindung muss der Vorsorgeunterhalt für die Alterssicherung verwendet werden. Der Berechtigte darf ihn nicht für seinen laufenden Unterhalt verbrauchen.[33]

Wenn der Berechtigte den durch Urteil (oder Vergleich) zugesprochenen und bezahlten Vorsorgeunterhalt **nicht bestimmungsgemäß für seine Alterssicherung,** sondern für den laufenden Unterhalt verwendet, kann dies als Einwand unter dem Gesichtspunkt der fehlgeschlagenen Prognose des Gerichts mit einer **Abänderungsklage** geltend gemacht werden, die allerdings die Rechtskraftwirkung des abzuändernden Urteils bis zur Rechtshängigkeit der neuen Klage unberührt lässt (→ Rn. 896). Deshalb kann der bezahlte Vorsorgeunterhalt **nicht** nach § 812 BGB zurückverlangt werden.[34] 869

Eine nicht bestimmungsgemäße Verwendung des Vorsorgeunterhalts in der Vergangenheit kann bedeutsam für die Beurteilung sein, ob der Berechtigte **treuwidrig** handelt, wenn er im Rahmen einer Abänderungsklage weiterhin **Zahlung** des Vorsorgeunterhalts **an sich** verlangt. Wird eine solche Treuwidrigkeit, wie in der Regel, bejaht, kann der Berechtigte nur noch Zahlung des Vorsorgeunterhalts an den Versicherungsträger verlangen. 870

Eine solche Verurteilung setzt aber voraus, dass der Berechtigte in Ausübung seines Wahlrechts (→ Rn. 867) einen geeigneten Versicherungsträger benennt und darlegt, dass Zahlungen an diesen zu einem geeigneten Versicherungsschutz führen. Fehlt es an solchen Darlegungen, ist der Anspruch auf Vorsorgeunterhalt nicht schlüssig und deshalb abzuweisen.[35]

Auch **§ 1579 Nr. 4 BGB** ist anwendbar, wenn der Vorsorgeunterhalt nicht bestimmungsgemäß verwendet worden ist. Dies setzt allerdings voraus, dass dem Berechtigten ein 871

---

[27] BGH FamRZ 1983, 152; FamRZ 1982, 1187.
[28] BGH FamRZ 1987, 684 (688).
[29] BGH FamRZ 1985, 912 (915).
[30] BGH FamRZ 1989, 483.
[31] BGH FamRZ 1982, 1187.
[32] BGH FamRZ 1981, 442 (444).
[33] BGH FamRZ 1987, 684 (686); FamRZ 1982, 887 (889).
[34] BGH FamRZ 1987, 684 (686).
[35] BGH FamRZ 1987, 684 (686); FamRZ 1982, 1187.

mutwilliges Verhalten vorgeworfen werden kann,[36] was bei Bestehen einer Notlage oder bei Einkünften unterhalb des notwendigen Selbstbehalts fraglich sein kann.[37]

Bei Bejahung der Voraussetzungen des § 1579 Nr. 4 BGB wird der Berechtigte wegen der zweckwidrigen Verwendung des Vorsorgeunterhalts so gestellt, als hätte er eine entsprechende Versorgung erlangt. Wirksam wird dieser Schutz allerdings erst im Rentenfall.[38]

872 Bisher nicht geklärt ist die Obliegenheit, die zweckentsprechenden **Vorsorgeleistungen in einer steuerbegünstigten Form** nach § 10 I Nr. 2 EStG zu erbringen und die entsprechenden **Steuervorteile in Anspruch zu nehmen.** Der Berechtigte ist zwar grundsätzlich frei in der Wahl der beabsichtigen Vorsorge (→ Rn. 865). Die Wahl der steuerbegünstigten Vorsorgeformen hat jedoch den grundsätzlichen Vorteil, dass die Steuer erst im Versorgungsfall anfällt, und dann das Existenzminimum freistellen muss. Die gegenwärtige Steuerentlastung führt zu einer Verringerung der gegenwärtigen Bedürftigkeit und damit zu einer Entlastung des Unterhaltspflichtigen. Die stärkeren Gründe sprechen deshalb dafür, eine **Obliegenheit zu einer steuerbegünstigten Vorsorge** anzunehmen. Erhöht sich die Bedürftigkeit deshalb, weil eine andere Vorsorgeform gewählt wurde, dann **vermindert** sich nach den Grundsätzen einer Verletzung der Erwerbsobliegenheit **die Bedürftigkeit** (→ § 1 Rn. 519 ff.). Wenn die Bedürftigkeit deshalb fortbesteht, weil eine entsprechende Fehldisposition nicht oder nur mit unzumutbarem Aufwand rückgängig gemacht werden kann, dann ist die wirklich bestehende Bedürftigkeit dann nicht zu berücksichtigen, wenn sie **nach § 1579 Nr. 4 BGB mutwillig herbeigeführt** wurde (→ Rn. 1313 ff., → § 1 Rn. 776 ff.).

873 Entsprechendes muss gelten, wenn nach der **Zustimmung zum steuerlichen Realsplitting** nach § 10 I Nr. 1 EStG der Unterhaltsberechtigte **Ersatz der steuerlichen Nachteile** verlangt. Allerdings besteht hier die Besonderheit, dass in der Regel ein Steuerbescheid bereits vorliegt, wenn der Berechtigte Ersatz seiner steuerlichen Nachteile verlangt. Wenn er trotzdem noch in den Genuss der Steuervorteile kommen kann, dann hat er die entsprechenden Dispositionen zu treffen und muss so behandelt werden, als habe er sie getroffen. Kann er den Steuernachteil aber nicht mehr abwenden, dann gelten die Regeln des § 1579 Nr. 4 BGB: soweit der **nicht mehr abwendbare Nachteil mutwillig herbeigeführt** wurde, ist er **nicht zu ersetzen.**

4. Berechnung des Vorsorgeunterhalts aus dem Elementarunterhalt nach der Bremer Tabelle

874 **a) Berechnung aus dem Elementarunterhalt.** In welcher Weise der Vorsorgeunterhalt zu berechnen ist, ist im Gesetz nicht geregelt. Der BGH knüpft in gefestigter ständiger Rechtsprechung entsprechend dem Zweck des Vorsorgeunterhalts für die Berechnung an den Elementarunterhalt an, wie er ohne Vorsorgeunterhalt zu leisten wäre (Ausnahme → Rn. 881).[39]

Deshalb ist zunächst – als erster Rechenschritt – der Elementarunterhalt festzustellen, der ohne Vorsorgeunterhalt geschuldet wäre. Dann ist – in einem zweiten Rechenschritt – dieser vorläufige Elementarunterhalt entsprechend dem Verfahren nach § 14 II SGB IV (Umrechnung sogenannter Nettovereinbarungen) wie ein Nettoarbeitsentgelt **zum sozialversicherungsrechtlichen Bruttolohn hochzurechnen.** Dies geschieht in der Praxis **nach der Bremer Tabelle** (→ Rn. 898), die vom BGH in ständiger Rechtsprechung anerkannt ist.

In einem dritten Rechenschritt wird aus dieser Bruttobemessungsgrundlage mit dem jeweils geltenden Beitragssatz gemäß §§ 157 ff. SGB VI der Vorsorgeunterhalt berechnet.[40]

Der Beitragssatz beträgt seit 1.1.2018 18,6%. Vorher betrug er seit 1.1.2015 18,7%.

---

[36] BGH FamRZ 2003, 848 = R 588i.
[37] BGH FamRZ 1987, 684 (686); FamRZ 1982, 1187.
[38] BGH FamRZ 2003, 848 = R 588i; FamRZ 1983, 676; FamRZ 1982, 1187.
[39] BGH FamRZ 2007, 117 = R 662c; FamRZ 1988, 145 (150).
[40] BGH FamRZ 1981, 442.

5. Abschnitt: Vorsorgeunterhalt § 4

Rechenbeispiel nach der Bremer Tabelle – Nettoeinkommen des V = 3500 EUR **875**
bei einem Bonus von $^1/_7$**:**
Vorläufiger Elementarunterhalt = 3500 × $^3/_7$ = 1500 EUR
– Hochrechnung auf ein fiktives Bruttoeinkommen nach der Bremer Tabelle 2019
Zuschlag zum Nettoeinkommen = 1500 × 24% = 360 EUR
Fiktives Bruttoeinkommen = 1500 + 360 = 1860 EUR
– Vorsorgeunterhalt = 1860 × 18,6% = 346 EUR
bei einem Bonus von 10%:
Vorläufiger Elementarunterhalt = 3500 × 45% = 1575 EUR
– Hochrechnung auf ein fiktives Bruttoeinkommen nach der Bremer Tabelle 2019
Zuschlag zum Nettoeinkommen = 1575 × 25% = 394 EUR
Fiktives Bruttoeinkommen = 1575 + 394 = 1969 EUR
– Vorsorgeunterhalt = 1969 × 18,6% = 366 EUR

b) Hochrechnen mit Lohnsteuer, Renten- und Arbeitslosenversicherung. Für **876** die an der Regel des § 14 II SGB IV orientierte Hochrechnung auf ein fiktives Bruttoarbeitsentgelt reicht es nicht aus, nur die Sozialversicherungsbeiträge zu berücksichtigen. Die vom BGH gebilligte Berechnung nach der Bremer Tabelle geht davon aus, dass außer den Beiträgen zur gesetzlichen Rentenversicherung und zur Arbeitslosenversicherung auch die aus dem Bruttoeinkommen abzuführende Lohnsteuer in die Hochrechnung einbezogen wird.[41]

Bei dieser Hochrechnung des vorläufigen Elementarunterhalts nach der Bremer Tabelle auf ein sozialversicherungsrechtliches Bruttoentgelt geht es weder um eine exakte Bemessung der Arbeitnehmerbeiträge zur Sozialversicherung noch um eine genaue Berechnung der Lohnsteuer. Durch diesen Berechnungsschritt soll vielmehr auf möglichst einfachem Weg ein **Hilfsmittel zur Bestimmung der Vorsorgekosten** gewonnen werden. Die Bremer Tabelle wird diesen Grundsätzen und den praktischen Erfordernissen in ausreichendem Maße gerecht.[42]

c) Kranken- und Pflegeversicherung unberücksichtigt. Die Bremer Tabelle be- **877** rücksichtigt keinen Beitrag zur gesetzlichen Krankenversicherung, was an sich bei strikter Anwendung des § 14 II SGB IV ebenfalls erforderlich wäre. Trotzdem ist aus den bereits erwähnten Gründen keine Korrektur der Bremer Tabelle erforderlich, und zwar auch nicht für die Fälle, in denen auch Krankenversicherungskosten neben dem nach einer Quote bemessenen Elementarunterhalt zugebilligt werden. Dies würde zu der unerwünschten Folge führen, dass unterschiedliche Berechnungswege für den Vorsorgeunterhalt eingeschlagen werden müssten, je nachdem, ob bei dem Berechtigten ein Bedarf für Krankenversicherungskosten zu berücksichtigen ist oder nicht.

In den meisten Fällen besteht weder beim Trennungsunterhalt noch beim nachehelichen **878** Unterhalt ein solcher zusätzlicher Bedarf. Die **Außerachtlassung der Krankenversicherungsbeiträge** führt gegenüber den Ergebnissen, die bei strikter Anwendung des § 14 II SGB IV entstehen, zu verhältnismäßig geringen Differenzen, die im Hinblick auf die Vorzüge eines einheitlichen Berechnungsweges hingenommen werden können. Es erscheint daher gerechtfertigt, bei der Hochrechnung die Beitragspflicht zur gesetzlichen Krankenversicherung in allen Fällen außer Acht zu lassen. Das führt zu angemessenen Ergebnissen und vermeidet unnötige Differenzierungen. Die praktischen Vorteile dieser Berechnungsart überwiegen seine Nachteile.[43]

In gleicher Weise bleiben auch die Beiträge zu der seit 1.1.1995 gesetzlich vorgeschriebenen **Pflegeversicherung** unberücksichtigt.[44]

d) Trennungsbedingter Mehrbedarf. Diese Berechnung des Vorsorgeunterhalts auf **879** der Grundlage des „vorläufigen Elementarunterhalts" ist auch dann rechtlich unbedenklich, wenn der **Elementarunterhalt** wegen trennungsbedingtem Mehrbedarf **nicht den vollen Unterhalt** beinhaltet, oder wenn er teilweise durch eigene prägende Einkünfte des

---

[41] BGH FamRZ 1985, 471; FamRZ 1981, 442 (444).
[42] BGH FamRZ 1985, 471; FamRZ 1983, 888.
[43] BGH FamRZ 1983, 888; dazu auch Gutdeutsch FamRZ 1989, 451.
[44] Vgl. Gutdeutsch FamRZ 1994, 878; kritisch: Büttner FamRZ 1995, 193 (197).

Berechtigten (Doppelverdienerehe und Aufstockungsunterhalt) oder durch nichtprägende Einkünfte des Berechtigten gedeckt ist.

880 Bleibt der Elementarunterhalt wegen **trennungsbedingtem Mehrbedarf** (vgl. aber die Kritik → Rn. 835 f.) hinter dem vollen Unterhalt nach § 1578 I 1 BGB zurück (§ 1581 BGB), dann ist trotzdem nur an den Elementarunterhalt anzuknüpfen. Gerade das im Unterhaltsrecht bestehende Bedürfnis nach einer einfachen Abwicklung der alltäglichen Ausgleichsfälle lässt es gerechtfertigt erscheinen, die Vorsorgeleistungen, deren Einbeziehung unterhaltsrechtlich ohnehin erhebliche Schwierigkeiten bereitet, auch dann nach dem laufenden Unterhalt zu bemessen, wenn dieser zur Deckung des vollen Unterhalts nicht ausreicht. Deshalb ist der Unterhalt, den der Berechtigte **bei voller Bedürftigkeit erhielte,** stets die **Obergrenze** des Betrages, der auf ein Bruttoentgelt hochzurechnen ist (→ Rn. 881).[45]

881 e) **Versorgungswert des Einkommens ua.** Wenn der Berechtigte eigenes anzurechnendes Einkommen bezieht, ist zu prüfen, ob dieses Einkommen auch im Rentenfall noch fließen wird (zB Kapitaleinkünfte[46] oder Wohnen im eigenen Haus[47]) oder ob das anzurechnende Einkommen mit dem Erwerb einer Versorgung verknüpft ist (zB Arbeitslosengeld).[48] In beiden Fällen ist das Einkommen vom Unterhaltsbedarf abzuziehen. Nur für einen etwa verbleibenden Unterhaltsanspruch kann Vorsorgebedarf geltend gemacht werden.

Bei anzurechnenden (realen oder fiktiven) Einkünften, welche **keinen Versorgungswert** haben (zB Betreuung eines Partners[49] oder geringfügige Erwerbstätigkeit ohne Versicherungspflicht),[50] ist der Unterhalt zugrunde zu legen, welcher ohne das anzurechnende Einkommen zu zahlen wäre.

882 Bei **zeitlichem Schwanken** der Vorsorgeunterhaltsbeträge kann der Berechtigte die Versicherungsprämien aus eigenen Mitteln aufstocken. Der Vorsorgeunterhalt darf nicht wegen Undurchführbarkeit der Vorsorge versagt werden.[51]

Bezieht der Berechtigte bereits sein **Altersruhegeld,** so widerspricht es Sinn und Zweck des Vorsorgeunterhalts, eine solche Leistung weiterhin erbringen zu müssen.[52] Wird nur eine Invalidenrente bezogen, kann Vorsorgeunterhalt verlangt werden – jedenfalls solange die Versorgung des Berechtigten nicht die des Pflichtigen übersteigt.[53]

5. Zweistufige und einstufige Berechnung des Elementarunterhalts und Vorrang des Elementarunterhalts gegenüber dem Vorsorgeunterhalt

883 a) **Neuberechnung des Elementarunterhalts.** Wurde der Vorsorgeunterhalt gemäß den Ausführungen zu 4) auf der Grundlage des Elementarunterhalts (Quotenunterhalt) berechnet, muss (wenn Zusatzeinkommen nicht vorhanden ist, → Rn. 889 f.) der Elementarunterhalt nach Vorabzug des Vorsorgeunterhalts vom Einkommen **erneut endgültig berechnet** werden.

Der Elementarunterhalt als Quotenunterhalt entspricht der hälftigen Aufteilung des für Unterhaltszwecke verfügbaren Einkommens. Es verstieße gegen den Halbteilungsgrundsatz, wenn der Verpflichtete den Vorsorgeunterhalt zusätzlich aus der ihm zustehenden Quote bezahlen müsste.[54]

Für ein solches Verfahren spricht auch, dass bei der Feststellung des verfügbaren Einkommens Vorsorgeaufwendungen des Verpflichteten ebenfalls vorweg vom Einkommen

---

[45] BGH FamRZ 1982, 679.
[46] BGH FamRZ 2000, 351; FamRZ 1992, 423 (425).
[47] BGH FamRZ 2000, 351.
[48] BGH FamRZ 1987, 36.
[49] BGH FamRZ 1987, 36.
[50] BGH FamRZ 1999, 372 (373); FamRZ 1991, 307 (309).
[51] BGH FamRZ 1988, 145 (150).
[52] OLG Hamm FamRZ 1987, 829.
[53] BGH FamRZ 2007, 117 = R 662e; FamRZ 2000, 351.
[54] BGH FamRZ 2007, 117 = R 662a; FamRZ 1981, 864.

5. Abschnitt: Vorsorgeunterhalt § 4

abgezogen werden. Außerdem wird es dem Umstand gerecht, dass sich ein aus einer Erwerbstätigkeit ergebender Mehraufwand nur auf den normalen durch den Elementarunterhalt abzudeckenden Lebensbedarf erstreckt, so dass es auch nur hinsichtlich desjenigen Teils des verfügbaren Einkommens einer modifizierten Aufteilung bedarf, der der Befriedigung des Elementarbedarfs dient.[55]

b) Vorrang des Elementarunterhalts. Wenn in einem Mangelfall der nach Ermittlung des Vorsorgeunterhalts verbleibende endgültige Elementarunterhalt für den laufenden Unterhaltsbedarf nicht ausreicht, hat der **Elementarunterhalt Vorrang vor dem Vorsorgeunterhalt,** dh es bleibt bei dem ursprünglichen Elementarunterhalt. Ein Anspruch auf Vorsorgeunterhalt entfällt.[56] Ein Mangelfall kann angenommen werden, wenn der Elementarunterhalt den notwendigen Selbstbehalt (jetzt zugleich Mindestbedarf des Berechtigten, → Rn. 837) unterschreitet. 884

Gegebenenfalls ist in tatrichterlicher Verantwortung eine den Interessen der Parteien gerecht werdende anderweitige Unterhaltsbemessung vorzunehmen.[57]

Die **Leistungsfähigkeit** des Verpflichteten ist für den Elementarunterhalt und den Vorsorgeunterhalt einheitlich nach den gleichen Maßstäben zu beurteilen. Deshalb muss in einem Mangelfall für beide Unterhaltsbestandteile ein einheitlicher Selbstbehaltssatz verwendet werden.[58] 885

c) Beschränkte Parteiherrschaft. Wenn Vorsorgeunterhalt geltend gemacht und anerkannt wird, findet die **Wirksamkeit** eines prozessualen **Anerkenntnisses** dort ihre Grenze, wo **keine Parteiherrschaft** über den Streitgegenstand besteht. Dies ist der Fall, wenn wegen der wechselseitigen Abhängigkeit von Vorsorgeunterhalt und Elementarunterhalt eine zweistufige Berechnung des Elementarunterhalts notwendig ist. Insoweit ist im Unterhaltsprozess hinsichtlich der Verteilung des Gesamtunterhalts auf den Elementar- und Vorsorgeunterhalt die Dispositionsbefugnis des Berechtigten eingeschränkt. Das Gericht ist nicht gehalten, bei der Bemessung des Elementarunterhalts und des Vorsorgeunterhalts von den Beträgen auszugehen, die der Berechtigte hierfür verlangt. Es hat bei der Bemessung des Elementarunterhalts im Verhältnis zum Vorsorgeunterhalt ohne Bindung an Anerkenntnisse die allgemeinen Regeln zu beachten.[59] 886

Eine Bindung des Gerichts besteht nur insoweit, als insgesamt kein höherer Gesamtunterhalt zugesprochen werden darf, als beantragt worden ist. Bezüglich der Verteilung des Gesamtunterhalts auf Elementarunterhalt und Vorsorgeunterhalt besteht keine Bindung.[60]

Rechenbeispiele zur zweistufigen Berechnung 887
Normaler Fall:
Nettoeinkommen des M = 2100 EUR
ehebezogenes Nettoeinkommen (mit Vorsorgewert) der F = 700 EUR
Bei Bonus 10%, Bremer Tabelle 2019:
Vorläufiger Elementarunterhalt = (2100 − 700) × 45% = 630 EUR
Vorsorgeunterhalt:
630 × 13% = 82; 630 + 82 = 712 × 18,6% = 132 EUR
Neuer Elementarunterhalt:
2100 − 132 − 700 = 1268 × 45% = 571 EUR
Bei Bonus $1/7$:
Vorläufiger Elementarunterhalt = (2100 − 700) × $3/7$ = 600 EUR
Vorsorgeunterhalt:
600 × 13% = 78; 600 + 78 = 678 × 18,6% = 126 EUR;
Neuer Elementarunterhalt:
2100 − 126 − 700 = 1274 × $3/7$ = 546 EUR
Kein Mangelfall, weil F 700 + 546 zuzüglich 126 hat und dem M 1428 (2100 − 546 − 126) verbleiben.

---

[55] BGH FamRZ 1981, 442 (444) = NJW 1981, 1556 (1558).
[56] BGH FamRZ 1989, 483; FamRZ 1987, 684 (686); FamRZ 1981, 442 (445); FamRZ 1982, 887 (890).
[57] BGH FamRZ 1982, 887 (889).
[58] BGH FamRZ 1982, 890.
[59] BGH FamRZ 1985, 912 (915).
[60] BGH FamRZ 1989, 483.

Mangelfall (Bonus $^1/_7$):
Nettoeinkommen des M = 1400 × $^3/_7$ = 600 EUR
Vorsorgeunterhalt wie oben 126 EUR
Endgültiger Quotenunterhalt = 1400 − 126 = 1274 × $^3/_7$ = 546 EUR
Nach dieser Berechnung erhält F 546 EUR als Elementarunterhalt und 126 EUR als Vorsorgeunterhalt. Dem M verbleiben 728 EUR (1400 − 546 − 126).
Es handelt sich um einen Mangelfall, bei welchem dem M der Selbstbehalt von 1200 EUR verbleiben muss, bei F wird der Nachrang des Vorsorgeunterhalts wirksam mit der Folge, dass dieser entfällt. Auch der Elementarunterhalt wird gekürzt auf
F: 1400 − 1200 = 200 EUR

888 Auf die Höhe des **Kindesunterhalts** hat der Vorsorgeunterhalt keinen Einfluss.[61] Die Neuberechnung des Elementarunterhalts führt deshalb nicht zur Neuberechnung des Kindesunterhalts unter Berücksichtigung des Bedarfskontrollbetrags (→ § 2 Rn. 351 f.).

889 **d) Einstufige Berechnung des Vorsorgeunterhalts.** Eine zweistufige Berechnung des Elementarunterhalts unterbleibt:

Wenn bei besonders **guten wirtschaftlichen Verhältnissen** des Verpflichteten der Elementarbedarf nicht nach einer Quote, sondern konkret (→ Rn. 763) bemessen wurde.[62]

Dann kann in der Regel der Vorsorgeunterhalt zusätzlich zum Elementarbedarf ohne Verstoß gegen den Halbteilungsgrundsatz bezahlt werden. Die zweistufige Berechnung soll nur sicherstellen, dass nicht zu Lasten des Verpflichteten vom Halbteilungsgrundsatz abgewichen wird.[63]

890 Entsprechendes gilt nach der Rechtsprechung des BGH,[64] wenn der Berechtigte **nicht bedarfsbestimmende Einkünfte** hat, die auf seinen Quotenbedarf anzurechnen sind. Dadurch kommt es nämlich zu einer Entlastung des Verpflichteten, die es ihm ermöglicht, im Umfange des Anrechnungsbetrags Vorsorgeunterhalt zu leisten, ohne dass der Halbteilungsgrundsatz zu seinen Lasten verletzt wird.

Rechenbeispiel (mit Bonus 10%):
Nettoeinkommen des V = 3500 EUR
Nicht bedarfsbestimmende Vermögenseinkünfte des B (mit Vorsorgewert) = 1260 EUR
Elementarrestunterhalt = 3500 × 45% = 1575 − 1260 = 315 EUR
Vorsorgeunterhalt aus 315 + 13% = 356 × 18,6% = 66 EUR
Der Halbteilungsgrundsatz ist bereits dann gewahrt, wenn der Verpflichtete nicht mehr als 3500 × 45% = 1575 zu zahlen hat. Wenn er nur 315 EUR Elementarunterhalt bezahlt, so kann er daneben noch 66 Vorsorgeunterhalt zahlen, ohne dass der Halbteilungsgrundsatz zu Lasten des Verpflichteten verletzt würde.[65]

891 Ebenso liegt es, wenn der **Verpflichtete** zB nach der Scheidung aus einem Karrieresprung oder durch eine Erbschaft **nicht bedarfsbestimmende Einkünfte** in mindestens gleicher Höhe hat. Auch in diesen Fällen wird durch die Zahlung des ungekürzten Elementarunterhalts der Halbteilungsgrundsatz nicht zu Lasten des Unterhaltspflichtigen verletzt. Er hat dann den Vorsorgeunterhalt zusätzlich zum Elementarunterhalt zu bezahlen.[66]

Weitere Rechenbeispiele beim Krankheitsvorsorgeunterhalt, → Rn. 918 f.

892 Auch in anderen Fällen kann der Verpflichtete den Altersvorsorgeunterhalt **neben dem ungekürzten Elementarunterhalt** leisten, ohne dass der Halbteilungsgrundsatz zu seinen Lasten verletzt wäre, nämlich in allen Fällen, in denen auf Grund nicht bedarfsbestimmender Einkünfte beider Seiten (unerwartete Einkommenserhöhung des Pflichtigen, Einkommen des Berechtigten aus nichtprägenden Vermögenserträgen oder nichtprägendem Wohnwert) hinreichende zusätzliche Mittel zur Verfügung stehen.

---

[61] BGH FamRZ 1982, 887.
[62] BGH FamRZ 1988, 1145 (1148); FamRZ 2007, 117 = R 662b.
[63] BGH FamRZ 1982, 1187 (1188); FamRZ 2007, 117 = R 662b.
[64] BGH FamRZ 1999, 372 (374).
[65] Ebenso OLG München FamRZ 1994, 1459; FamRZ 1992, 1310 (1311); vgl. auch Gutdeutsch FamRZ 1989, 451 (452).
[66] So die meisten Leitlinien unter Nr. 15.4.

Der Altersvorsorgeunterhalt ist als gesetzlich geregelte Form des trennungsbedingten Mehrbedarfs[67] zu qualifizieren, welcher grundsätzlich neben dem Elementarbedarf besteht und wegen seiner gesetzlichen Normierung auch dann anzuerkennen ist, wenn man mit → Rn. 835 den trennungsbedingten Mehrbedarf sonst ablehnt.

e) Vorsorgeunterhalt jenseits der Beitragsbemessungsgrenze. Zur GRV können 893 Beiträge nur bis zu Beitragsbemessungsgrenze entrichtet werden. Diese beträgt seit 1.1.2019 6700 EUR monatlich, sodass bei einem Betragssatz von 18,6% ab 1.1.2018 höchstens Beiträge in Höhe von 6700 × 18,6% = 1246 EUR in die GRV entrichtet werden können. Ein abhängig Beschäftigter kann deshalb keine höheren Anrechte in der GRV erwerben. Jedoch gilt heute in solchen Fällen eine zusätzliche Altersversorgung für erforderlich. Der BGH hat deshalb entschieden, dass die Berechnung des Vorsorgeunterhalts nach der Bremer Tabelle nicht durch die Beitragsbemessungsgrenze begrenzt wird.[68] Die Bremer Tabelle, die bisher mit Erreichen der Beitragsbemessungsgrenze geendet hatte, wurde deshalb seit 1.1.2007 bis zu einem Zuschlag von 75% fortgeschrieben. Bei dieser Stufe erhält der Berechtigte Vorsorgeunterhalt von ca. 175% * 20%, also etwa einen Zuschlag von $^1/_3$ zum Elementarunterhalt, was dann ca. 25% des Gesamtunterhalts entspricht. Der Unterhaltspflichtige kann ca. 24% von seinem Einkommen als Vorsorge abziehen, Vom verbleibenden Rest zahlt er allerdings auch den Ehegattenunterhalt, sodass die zulässige Vorsorge im Verhältnis zum eigenen Konsum in der Regel höher ist.

6. Vorsorgeunterhalt bei späteren Abänderungen

Wird im Wege einer Abänderungsklage der laufende Trennungsunterhalt an das gestie- 894 gene Einkommen des Verpflichteten durch eine Neubemessung des Elementarunterhalts angepasst, dann ist ein Vorsorgeunterhalt nach dem neuen (vorläufigen Elementarunterhalt) entsprechend den Grundsätzen → Rn. 876 ff. zu berechnen und erst nach Vorabzug des Vorsorgeunterhalts gemäß den Ausführungen → Rn. 883 die neue endgültige Anpassung des Elementarunterhalts vorzunehmen.[69]

Gleiches gilt bei einem Anspruch auf nachehelichen Unterhalt: Der **nacheheliche Unterhaltsanspruch** (Elementar- und Vorsorgeunterhalt) kann nicht im Wege der Abänderung eines Titels über den Trennungsunterhalt bemessen werden. Elementar- und Vorsorgeunterhalt sind nach den erörterten Grundsätzen für die Zeit nach der Scheidung neu zu bemessen.[70]

Bei einer Abänderungsklage kann auch **erstmals Vorsorgeunterhalt** für die Zukunft 895 verlangt werden, sofern die sonstigen Voraussetzungen einer Abänderungsklage vorliegen. Der Abänderungsklage steht nicht entgegen, dass der Vorsorgeunterhalt noch nicht Gegenstand des Vorprozesses war und demgemäß keine Rechtskraftwirkung des ergangenen Urteils zu beseitigen ist. Die Abänderungsklage kann allerdings nicht allein darauf gestützt werden, dass nunmehr auch Vorsorgeunterhalt verlangt wird. Es entspricht dem Sinn des § 323 ZPO, dass der Berechtigte bei ansonsten gleich gebliebenen Verhältnissen an seiner im Vorprozess getroffenen Wahl, noch keine Altersvorsorge zu betreiben, so lange festgehalten wird, bis sich auch die sonstigen seinerzeit maßgebend gewesenen Verhältnisse wesentlich geändert haben.

Kommt es bei einer derartigen Nachforderung von Vorsorgeunterhalt in einem zulässigen Abänderungsverfahren zu einer zweistufigen Berechnung des Elementarunterhalts (→ Rn. 883 f.), kann das Abänderungsverfahren zwar zu einem höheren Gesamtunterhalt führen, aber zu einem gegenüber dem Urteil des Vorprozesses verringerten Elementarunterhalt.[71]

---

67 Ebenso OLG München FamRZ 1992, 1310 (1311); FamRZ 1994, 1459 (1460); vgl. auch Gutdeutsch FamRZ 1989, 451 (452).
68 BGH FamRZ 2007, 117 = R 662d.
69 BGH FamRZ 1982, 465 = NJW 1982, 1875.
70 BGH FamRZ 1982, 465 (466).
71 BGH FamRZ 1985, 690.

896 Eine nachträgliche Änderung der maßgeblichen Verhältnisse im Sinn des § 323 ZPO ist zu bejahen, wenn der Berechtigte den ihm zuerkannten Vorsorgeunterhalt **nicht bestimmungsgemäß**, sondern für den laufenden Bedarf **verwendet** hat.[72]

Der Verpflichtete kann in einem solchen Fall mit der Abänderungsklage erreichen, dass der Vorsorgeunterhalt direkt an eine Versicherung gezahlt wird oder dass die Klage als nicht schlüssig abgewiesen wird, wenn der Berechtigte keine Versicherung benennt und weitere Zahlung an sich verlangt.[73]

7. Rechenbeispiel des BGH zum Vorsorgeunterhalt
(nach BGH FamRZ 1983, 888)

897 Beträge in DM und monatlich
a) Unterhaltspflichtiges Einkommen des Ehemannes 6468
abzüglich Unterhalt für Kinder 1050
abzüglich Krankenversicherungsunterhalt Ehefrau 205
b) bereinigtes Nettoeinkommen 5213
c) Vorläufige Quote von $3/7$ (fiktives Nettoarbeitsentgelt) 2234
d) fiktives Bruttoarbeitsentgelt (vgl. Bremer Tabelle, Stand 1981, ohne Beitrag zur gesetzlichen Krankenversicherung): 3306
e) Vorsorgeunterhalt (= damals 18,5% aus d) 612
f) Verbleibendes bereinigtes Nettoeinkommen 4601
g) Elementarunterhalt ($3/7$ aus f) 1972
h) Krankenversicherungsvorsorge (10,42% aus g) 205

Aus den Positionen e, g und h ergibt sich ein Unterhaltsanspruch in Höhe von insgesamt DM 2789. Bedenken bei dieser Rechnung bestehen insofern, als der BGH unter a) einen Krankenversicherungsunterhalt mit 205 DM eingesetzt hat, den er unter h) erst aus g) errechnet. Das ist rechnerisch nur durch vielfache Versuche in einem Abtastverfahren möglich. Im Übrigen steht aber inzwischen fest, dass der Krankheitsvorsorgeunterhalt für in der ges. Krankenversicherung Versicherte auch aus dem Vorsorgeunterhalt selbst, also zirkulär, berechnet werden muss (s. u. Rn 915).[74]

8. Bremer Tabelle zur Berechnung des Altersvorsorgeunterhalts ((muss durch die Neuveröffentlich der Bremer Tabelle für 2019 ersetzt werden))

898 Die Bremer Tabelle, fortgeführt von *Gutdeutsch*, ist in ihrer neuesten Fassung regelmäßig in der NJW, in der FamRZ und in anderen familienrechtlichen Zeitschriften abgedruckt.

Bremer Tabelle zur Berechnung des Altersvorsorgeunterhalts
fortgeführt von Werner Gutdeutsch, Richter am OLG a. D.
nach dem Stand vom 1.1.2019[75]

Nettobemessungsgrundlage in Euro	Zuschlag in Prozent zur Berechnung der Bruttobemessungsgrundlage
1–1035	13%
1036–1095	14%
1096–1150	15%
1151–1200	16%
1201–1245	17%

---

[72] BGH FamRZ 1987, 684.
[73] BGH FamRZ 1989, 483; FamRZ 1987, 684 (688); FamRZ 1982, 1187.
[74] BSG FamRZ 2016, 304.
[75] Berechnet unter Berücksichtigung von Beitragssätzen von 18,6% für die Rentenversicherung und 2,5% für die Arbeitslosenversicherung, und Lohnsteuer der Klasse 1 nach dem amtlichen Programmablaufplan 2019 ohne Kinderfreibeträge und ohne Vorsorgepauschale für den Kinderlosenzuschlag für Pflegeversicherung und mit Solidaritätszuschlag; zur Anwendung vgl. BGH FamRZ 1981, 442, 444, 445 = NJW 1981, 1556, 1558, 1559, FamRZ 1983, 888, 889, 890 = NJW 1983, 2937, 2938, 2939; s. a. BGH FamRZ 1985, 471, 472, 473.

5. Abschnitt: Vorsorgeunterhalt § 4

Nettobemessungsgrundlage in Euro	Zuschlag in Prozent zur Berechnung der Bruttobemessungsgrundlage
1246–1290	18%
1291–1325	19%
1326–1355	20%
1356–1390	21%
1391–1435	22%
1436–1495	23%
1496–1550	24%
1551–1615	25%
1616–1680	26%
1681–1745	27%
1746–1820	28%
1821–1890	29%
1891–1970	30%
1971–2045	31%
2046–2130	32%
2131–2210	33%
2211–2300	34%
2301–2385	35%
2386–2475	36%
2476–2565	37%
2566–2660	38%
2661–2755	39%
2756–2850	40%
2851–2945	41%
2946–3040	42%
3041–3135	43%
3136–3210	44%
3211–3280	45%
3281–3350	46%
3351–3420	47%
3421–3485	48%
3486–3555	49%
3556–3620	50%
3621–3685	51%
3686–3755	52%
3756–3825	53%
3826–3895	54%
3896–3970	55%[1]
3971–4050	56%
4051–4130	57%
4131–4215	58%
4216–4415	59%[2]
4416–4650	60%
4651–4905	61%
4906–5195	62%
5196–5515	63%
5516–5880	64%
5881–6300	65%
6301–6780	66%
6781–7345	67%
7346–8010	68%
8011–8805	69%
8806–9775	70%

Nettobemessungsgrundlage in Euro	Zuschlag in Prozent zur Berechnung der Bruttobemessungsgrundlage
9776–10985	71%
10986–12540	72%
12541–13800	73%
13801–14665	74%
ab 14666	75%

899 Ein Hilfsmittel zur vereinfachten Berechnung des Altersvorsorgeunterhalts für die meisten Fälle stellt die ebenfalls regelmäßig veröffentlichte „Tabellarische Übersicht auf der Grundlage der Bremer Tabelle" dar. Wenn man die Zwischenwerte in dem nach Einkommensdifferenzen zu 100 EUR gestuften Tabellenwerk interpoliert, ergibt sich ein hinreichend genauer Wert für Elementar- und Vorsorgeunterhalt, sonst eine überschlägige Orientierung.

II. Vorsorgeunterhalt wegen Krankheit

1. Voraussetzungen des Krankheitsvorsorgeunterhalts und Krankenversicherungsschutz bei Trennung oder Scheidung

900 **a) Krankheitsvorsorge in der Trennungszeit.** Solange Ehegatten noch **nicht geschieden** sind, entstehen in der Regel für den Berechtigten mit der Trennung noch keine zusätzlichen Krankenversicherungskosten, weil die Krankheitsvorsorge durch die Mitversicherung bei dem erwerbstätigen Ehegatten sichergestellt ist. Der Berechtigte hat insoweit noch keinen zusätzlichen Bedarf. Eine solche **Mitversicherung** besteht in der gesetzlichen Krankenversicherung nach § 10 SGB V, bei Ersatzkassen und Privatkassen nach Maßgabe der jeweiligen Satzung.[76]

Während der Trennungszeit kann dieser Versicherungsschutz entfallen, wenn nach § 1361 BGB kein Unterhaltsanspruch besteht. Dann besteht allerdings auch kein Anspruch auf Krankheitsvorsorgeunterhalt.

Besteht eine private Krankenversicherung, muss der Verpflichtete diese in bisheriger Höhe aus seinem Einkommen weiter bezahlen. Tut er dies nicht oder besteht aus sonstigen Gründen ausnahmsweise kein angemessener Krankenversicherungsschutz des Berechtigten, dann kann dieser nach § 1361 BGB einen Krankheitsvorsorgeunterhalt verlangen, auch wenn dies in § 1361 BGB (anders als in § 1378 II BGB) nicht extra erwähnt ist. Solche Leistungen gehören mit zum angemessenen Unterhalt im Sinn des § 1361 BGB, wenn ein Trennungsunterhalt geschuldet ist (→ Rn. 8).

901 **b) Weiterversicherung nach der Scheidung.** Nach § 1578 II BGB gehören bei **nachehelichem Unterhalt** zum Lebensbedarf auch die Kosten einer angemessenen Versicherung für den Fall Krankheit.

Solche Kosten entstehen in der Regel durch die Scheidung, weil mit der Rechtskraft des Scheidungsurteils die Familienmitversicherung erlischt (§ 10 I SGB V). Diese setzt eine bestehende Ehe voraus. Der Berechtigte muss sich selbst versichern, wenn er keiner versicherungspflichtigen Erwerbstätigkeit nachgeht.[77]

902 Bestand im Zeitpunkt der Scheidung eine gesetzliche Mitversicherung, ist der vom Erlöschen betroffene Ehegatte nach § 9 I Nr. 2 SGB V berechtigt, der **gesetzlichen Krankenversicherung** beizutreten. Zwingende Voraussetzung ist, dass der Verpflichtete bei Rechtskraft der Scheidung der Krankenversicherung entweder auf Grund eines Pflichtversicherungsverhältnisses oder auf Grund freiwilliger Versicherung angehörte. Der Beitritt ist innerhalb einer Ausschlussfrist von drei Monaten ab Eintritt der Rechtskraft der

---

[76] BGH FamRZ 1983, 888; FamRZ 1982, 887.
[77] BGH FamRZ 1983, 888 (889); FamRZ 1982, 887.

Scheidung zu beantragen (§ 9 II 2 SGB V). Nach Fristablauf steht es im Ermessen der Krankenkasse, ob sie dem Aufnahmeantrag noch stattgeben will.

Der Berechtigte muss im Verhältnis zum Verpflichteten von dieser Möglichkeit Gebrauch machen, weil es sich hierbei um die kostengünstigste Art einer angemessenen Krankenversicherung handelt.[78]

Ehegatten eines Beamten haben keine Möglichkeit, in die gesetzliche Krankenversicherung aufgenommen zu werden, wenn und solange sie nicht selbst pflichtversichert sind. Da die Beihilfeberechtigung mit der Scheidung wegfällt, können sie für sich nach der Scheidung eine private Krankenversicherung abschließen, um auf diese Weise einen gleichwertigen Schutz aufrechtzuerhalten.[79]

c) Verhältnis zum Elementarunterhalt. Der Krankheitsvorsorgeunterhalt ist – wie der Vorsorgeunterhalt – als **unselbstständiger Unterhaltsbestandteil** des einheitlichen Lebensbedarfs in der Regel **zusätzlich** zum Elementarunterhalt zu bezahlen, wenn dieser nach einer Ehegattenquote bemessen wird.[80] Er ist in der Ehegattenquote nicht mit enthalten.[81]

Ist der Krankheitsvorsorgeunterhalt im Verhältnis zum Elementarunterhalt überproportional hoch, kann der Tatrichter gehalten sein, den Gesamtunterhalt in einer den Interessen beider Parteien gerecht werdenden Weise abweichend auf die unselbstständigen Unterhaltsbestandteile zu verteilen. Dabei ist allerdings zu beachten, dass – anders als bei Altersvorsorgeunterhalt – beim Krankheitsvorsorgeunterhalt kein grundsätzlicher Vorrang des Elementarunterhalts besteht, weil auch die Versicherung gegen Krankheit einen wichtigen Teil des gegenwärtigen Unterhaltsbedarfs beinhaltet, vor allem, wenn ein schlechter Gesundheitszustand besteht.[82] Dabei sind die Versicherungsbedingungen zu beachten: Ob etwa bei eine privaten Krankenversicherung ein eingeschränkter Leistungsumfang zumutbar ist. Bei der gesetzlichen Krankenversicherung ist der Beitrag durch die Höhe des verfügbaren Einkommens zuzüglich Elementar- und Vorsorgeunterhalt festgelegt.[83]

Der Anspruch des Berechtigten auf Krankheitsvorsorgeunterhalt besteht nicht, wenn er durch eine **eigene versicherungspflichtige Erwerbstätigkeit** bereits ausreichend gesichert ist.

2. Berechnung des Krankheitsvorsorgeunterhalts

Der angemessene Krankenversicherungsschutz bestimmt sich nach den ehelichen Lebensverhältnissen. Deshalb steht dem Berechtigten auch nach der Scheidung grundsätzlich ein gleichwertiger Versicherungsschutz zu wie während der Ehe.[84] Der Berechtigte ist allerdings verpflichtet, die kostengünstigste Versicherung zu wählen.[85]

Ist der nach § 9 SGB V beitrittsberechtigte Ehegatte der gesetzlichen Krankenkasse beigetreten oder hat er **schuldhaft einen** solchen **Beitritt unterlassen**, bemisst sich der Krankenvorsorgeunterhalt nach dem Elementarunterhalt in Verbindung mit dem allgemeinen Beitragssatz von derzeit 14,6% (§ 241 SGB V). Hinzu kommt seit 1.1.2015 der Zusatzbeitrag nach § 242 SGB V, den jede Krankenkasse gesondert festlegt.

Anders als beim Altersvorsorgeunterhalt (→ Rn. 876) erfolgt dazu keine Hochrechnung des Einkommens in Höhe des Elementarunterhalts auf einen versicherungsrechtlichen Bruttolohn. Berechnet wird der Beitrag aus dem gesamten Einkommen einschließlich des (Alters- und/oder Krankheits-) Vorsorgeunterhalts.[86] Deshalb muss die Berechnung des

---

[78] BGH FamRZ 1983, 888.
[79] BGH FamRZ 1989, 483; FamRZ 1983, 676.
[80] BGH FamRZ 1982, 255.
[81] BGH FamRZ 1983, 888.
[82] BGH FamRZ 1989, 483.
[83] BSG FamRZ 2016, 304.
[84] BGH FamRZ 1983, 676.
[85] BGH FamRZ 1983, 888.
[86] BSG FamRZ 2016, 304.

Krankheitsvorsorgeunterhalts so oft wiederholt werden, bis sich das Ergebnis nicht mehr ändert (vgl. Beispiel Rn 915).

908 Bestand während der Ehe eine **private Krankenversicherung,** kann diese übernommen und weitergeführt werden. Die Krankenversicherungsbeiträge entsprechen den ehelichen Lebensverhältnissen und sind vom Verpflichteten als Krankheitsvorsorgeunterhalt in entsprechender konkreter Höhe zu bezahlen.

909 Bestand während der Ehe neben einer Beihilfeberechtigung nur eine **ergänzende Privatversicherung,** kann diese übernommen und ausgeweitet werden, bis ein gleichwertiger Schutz gewährleistet ist.

910 In den Fällen → Rn. 908, 909 ist der Vorsorgeunterhalt unabhängig vom Elementarunterhalt **konkret** zu **bemessen.**

3. Vorabzug der Krankenversicherungsbeiträge und des Krankheitsvorsorgeunterhalts vom Einkommen sowie mehrstufige Berechnung des Elementarunterhalts

911 Nach gefestigter Rechtsprechung des BGH sind Krankenversicherungskosten des Verpflichteten und des Berechtigten **vom Einkommen abzuziehen,** weil das Einkommen in Höhe derartiger Aufwendungen für den allgemeinen Lebensbedarf nicht zur Verfügung steht[87] (→ Rn. 432).

912 Haben **beide Ehegatten** ein **prägendes Einkommen** (Doppelverdienerehe), sind beim Berechtigten und beim Verpflichteten vorab die Kosten einer angemessenen Krankenversicherung vom jeweiligen Einkommen abzuziehen und dann der Unterhalt nach der Differenzmethode zu berechnen.[88]

913 Hat der **Berechtigte** ein **nichtprägendes Einkommen,** gehört ein solcher Vorabzug in gleicher Weise zur Berechnung seines Nettoeinkommens, weil er insoweit mit dem Verpflichteten gleich behandelt werden muss und weil auch er die von ihm zu zahlenden Versicherungskosten nicht für seinen laufenden Lebensbedarf verwenden kann.

914 Hat **nur der Verpflichtete** ein **Einkommen,** sind zur Vermeidung eines Ungleichgewichts von diesem Einkommen sowohl die Krankenversicherungskosten des Verpflichteten als auch der Vorsorgeunterhalt des Berechtigten abzuziehen, ehe der Elementarunterhalt endgültig berechnet wird.[89]

Beispiel:
Nettoeinkommen V: 3500 EUR Kranken- und Pflegeversicherung von B 400 EUR
Mit Bonus 10%: Elementarunterhalt (3500 − 400) * 45% = 1395 EUR

915 Wird der Krankenvorsorgeunterhalt wegen Beitritts zur gesetzlichen Krankenversicherung aus dem Elementarunterhalt **mit dem Krankenversicherungsbeitragssatz errechnet,** dann ist – wie beim Vorsorgeunterhalt (→ Rn. 883 f.) – eine zweistufige Berechnung des Elementarunterhalts erforderlich.

Der Elementarunterhalt muss nach Vorabzug des Krankheitsvorsorgeunterhalts vom Einkommen mehrstufig berechnet werden, weil sonst gegen den Halbteilungsgrundsatz verstoßen würde, wenn der Verpflichtete den Krankheitsvorsorgeunterhalt zusätzlich aus der ihm zustehenden Einkommensquote bezahlen müsste, während der Berechtigte ihn zusätzlich zu seiner ungekürzten Quote erhalten würde.

Beispiel:
Nettoeinkommen des V = 3500 EUR
mit Bonus $1/7$, Beitragssatz insgesamt 14,6%+1%(Zusatzbeitrag)+2,55%(Pflegeversicherung) = 18,15%:
Elementarunterhalt = 3500 × $3/7$ = 1500 EUR
Krankheitsvorsorgeunterhalt = 1500 × 18,15%% = 272,25 EUR
1. Wiederholung: (3500 − 272,25) x $3/7$ =1383,31

---

[87] BGH FamRZ 1985, 357; FamRZ 1983, 888 (889).
[88] BGH FamRZ 1983, 676.
[89] BGH FamRZ 1983, 888.

5. Abschnitt: Vorsorgeunterhalt   § 4

Krankheitsvorsorgeunterhalt = (1383,31+272,25) × 18,15%% = 300,56 EUR
2. Wiederholung: (3500 − 300,56) x ³/₇ =1371,19
Krankheitsvorsorgeunterhalt = (1383,31+300,56) × 18,15%% = 303,47 EUR
3. Wiederholung: (3500 − 303,47) x ³/₇ =1369,94
Krankheitsvorsorgeunterhalt = (1369,94+303,47) × 18,15%% = 303,83 EUR
4. Wiederholung: (3500 − 303,83) x ³/₇ =1369,79
Krankheitsvorsorgeunterhalt = (1369,79+303,83) × 18,15%% = 303,83 EUR
Die vierte Wiederholung bringt keine Veränderung.
mit Bonus 10%, Beitragssatz insgesamt 18,15%:
Elementarunterhalt = 3500 × 45% = 1575 EUR
Krankheitsvorsorgeunterhalt = 1575 × 18,25% = 285,86 EUR
1. Wiederholung: Elementarunterhalt = /3500−285,86) × 45% = 1446,37 EUR
Krankheitsvorsorgeunterhalt = (1446,37+285,86) × 18,25% = 314,54 EUR
2. Wiederholung: Elementarunterhalt = /3500−314,54) × 45% = 1433,45 EUR
Krankheitsvorsorgeunterhalt = (1433,45+314,54) × 18,25% = 317,26 EUR
3. Wiederholung: Elementarunterhalt = /3500−317,26) × 45% = 1432,24 EUR
Krankheitsvorsorgeunterhalt = (1432,24+317,26) × 18,25% = 317,63 EUR
Eine vierte Wiederholung lohnt nicht, wenn auf Euro gerundet wird.
Der Berechtigte erhält 318 EUR Krankheitsvorsorgeunterhalt und 1432 EUR Elementarunterhalt.

Verlangt der Ehegatte eines Beamten Vorsorgeunterhalt in Höhe **fester Versicherungs-** 916
prämien für einen gleichwertigen Versicherungsschutz und gleichzeitig Altersvorsorgeunterhalt, bereitet die Berechnung des Altersvorsorgeunterhalts und des Elementarunterhalts keine besonderen Probleme.

Aus dem nach Vorabzug des Krankheitsvorsorgeunterhalts berechneten Elementarunterhalt wird der Altersvorsorgeunterhalt ermittelt und anschließend der endgültige Elementarunterhalt gemäß den Ausführungen → Rn. 876, 883 berechnet. In der Entscheidung vom 7.12.1988[90] befindet sich dazu ein vom BGH akzeptiertes Rechenbeispiel.

Schwieriger wird die Berechnung, wenn der Berechtigte **Altersvorsorgeunterhalt** 917
und Krankheitsvorsorgeunterhalt verlangt und auch der Krankheitsvorsorgeunterhalt nach dem Elementarunterhalt in Verbindung mit dem **Beitragssatz der Krankenkasse** zu berechnen ist (→ Rn. 907).

Dann die dreistufige Elementarunterhaltsberechnung des BGH[91] Berücksichtigt nicht, dass der Krankheitsvorsorgeunterhalt auch aus dem Altersvorsorgeunterhalt zu berechnen ist. Es muss deshalb wirde iteriert werden, bis das Ergebnis stimmt.

Beispiel zu → Rn. 917 mit Bonus ¹/₇, Bremer Tabelle Stand 2019, Zusatzbeitrag KK 0,9%:
Nettoeinkommen des V = 3500 EUR
Vorläufiger erster Elementarunterhalt = 3500 × ³/₇ = 1500 EUR
Fiktives Brutto 1500 + 24%   = 1860
Altersvorsorgeunterhalt 1860 * 18,6%   = 345,96
Resteinkommen 3500−345,96   3154,04
Elementarunterhalt 3154,04 * ³/₇   = 1351,73
Krankheits- und Pflegevorsorgeunterhalt (1351,73+345,96) * 18,55% = 314,98
1. Wiederholung
Vorläufiger erster Elementarunterhalt = (3500 − 314,98) × ³/₇ = 1365,01
Fiktives Brutto 1365,01 + 21%   = 1651,66
Altersvorsorgeunterhalt 1651,66 * 18,6%   = 307,21
Resteinkommen 3500 − 307,21 − 314,98   2877,81
Elementarunterhalt 2877,81 * ³/₇   = 1233,35
Krankheits- und Pflegevorsorgeunterhalt (1233,35 + 307,21 + 314,98) * 18,55% = 344,29
2. Wiederholung
Vorläufiger erster Elementarunterhalt = (3500 − 344,29) × ³/₇ = 1352,45
Fiktives Brutto 1352,45+20%   = 1622,94
Altersvorsorgeunterhalt 1622,94 * 18,6%   = 301,87
Resteinkommen 3500−344,29−301,87   2853,84
Elementarunterhalt 2853,84 * ³/₇   = 1223,08
Krankheits- und Pflegevorsorgeunterhalt (1223,08 + 344,29 + 301,87) * 18,55% = 346,70

---

[90] BGH FamRZ 1989, 483.
[91] OLG Hamm FamRZ 1997, 1278.

§ 4 Ehegattenunterhalt

3. Wiederholung
Vorläufiger erster Elementarunterhalt = (3500–346,70) × 3/7 = 1351,42
Fiktives Brutto 1351,42 + 20% = 1621,70
Altersvorsorgeunterhalt 1621,70 * 18,6% = 301,64
Resteinkommen 3500 – 346,70 – 301,64 2851,66
Elementarunterhalt 2851,66 * 3/7 = 1222,14
Krankheits- und Pflegevorsorgeunterhalt (1222,14 + 346,70 + 301,64) * 18,15% = 346,89
Eine vierte Wiederholung ist unnötig, wenn auf Euro gerundet wird.

Wie beim Vorsorgeunterhalt (→ Rn. 889 f.) **unterbleibt eine mehrstufige Berechnung** des Elementarunterhalts, wenn:
(1) der Unterhalt konkret bemessen wird (→ Rn. 763),
(2) der Krankheitsvorsorgeunterhalt einkommensunabhängig berechnet wird, wie zB bei einer Privatversicherung (hier entfällt die erste Berechnungsstufe),
(3) der Krankheitsvorsorgeunterhalt mit nicht bedarfsbestimmenden Einkünften des Berechtigten verrechnet werden kann (→ Rn. 890),
(4) der Krankheitsvorsorgeunterhalt mit nicht bedarfsbestimmenden Einkünften des Verpflichteten zusätzlich zum Elementarunterhalt bezahlt werden kann (→ Rn. 891).
Allerdings zwingt auch dann die Berechnung des Krankenkassenbeitrags aus dem Vorsorgeunterhalt zu einer Mehrfachrechnung.

920 **Rechenbeispiele** zu → Rn. 919:

zu (3)
Erwerbseinkommen des M = 3500; Krankheitsvorsorgeunterhalt der F = 200; nicht bedarfsbestimmende Zinseinkünfte der F = 400 EUR
mit Bonus 1/7:
Quotenbedarf der F = 3500 × 3/7 = 1500 EUR
voller Bedarf der F = 1500 + 200 = 1700 EUR
mit Bonus 10%:
Quotenbedarf der F = 3500 × 45% = 1575 EUR
voller Bedarf der F = 1575 + 200 = 1775 EUR
Das anzurechnende Zinseinkommen von F in Höhe von 400 EUR entlastet M so weit, dass er die Krankheitsvorsorge für F in Höhe von 200 EUR zusätzlich zum Elementarunterhalt zahlen kann.
zu (4)
Erwerbseinkommen des M = 3500; nicht bedarfsbestimmende Zinseinkünfte des M = 200 EUR
Krankheitsvorsorgeunterhalt der F = 200 EUR
bei Bonus 1/7:
Quotenbedarf der F = 3500 × 3/7 = 1500 EUR
voller Bedarf der F = 1500 + 200 = 1700 EUR
bei Bonus 10%:
Quotenbedarf der F = 3500 × 45% = 1575 EUR
voller Bedarf der F = 1575 + 200 = 1775 EUR

921 Weitere Beispiele beim Altersvorsorgeunterhalt → Rn. 891 f.

Das jeweilige Endergebnis ist **auf** seine **Angemessenheit** zu **überprüfen**. Erscheinen die Vorsorgeunterhaltsbeträge im Verhältnis zum Elementarunterhalt zu hoch, kann der Tatrichter den Gesamtunterhalt in einer den Interessen beider Parteien gerecht werdenden Weise **abweichend** auf die verschiedenen Unterhaltsbestandteile **verteilen**. Dabei ist allerdings zu beachten, dass nur der Altersvorsorgeunterhalt **Nachrang** gegenüber Elementarunterhalt und Krankheitsvorsorgeunterhalt hat.[92]

922 **Nichtprägendes Einkommen** des Berechtigten ist in Mangelfällen wegen der Rangverhältnisse primär anteilig auf den Elementarunterhalt und Krankheitsvorsorgeunterhalt, die beide am dringendsten benötigt werden, zu verrechnen.[93]

---

[92] BGH FamRZ 1989, 483.
[93] BGH FamRZ 1989, 483.

5. Abschnitt: Vorsorgeunterhalt § 4

4. Geltendmachung des Krankheitsvorsorgeunterhalts

Wie der Vorsorgeunterhalt (→ Rn. 862 f.) muss auch der Krankheitsvorsorgeunterhalt als unselbstständiger Unterhaltsbestandteil **betragsmäßig zusätzlich geltend gemacht** werden. Es steht im freien Ermessen des Berechtigten, ob er ihn geltend machen will. Er darf nicht von Amts wegen zugesprochen werden. Wird er geltend gemacht, ist er wegen der Zweckbindung im Tenor gesondert auszuweisen. 923

Wegen der **Zweckbindung** ist der Berechtigte verpflichtet, den Krankheitsvorsorgeunterhalt tatsächlich für eine Krankenversicherung zu verwenden.[94] 924

Der Verpflichtete kann grundsätzlich **nicht** verlangen, die Zahlungen **unmittelbar an den Versorgungsträger** zu leisten. Ausnahmen kommen nur in Betracht, wenn besondere Umstände vorliegen, die das Verlangen des Berechtigten auf Zahlung an sich selbst als einen Verstoß gegen Treu und Glauben (§ 242 BGB) erscheinen lassen. Dies kann bejaht werden, wenn bereits ein entsprechender Titel vorliegt und der Berechtigte die Weiterzahlung verlangt, obwohl er den Krankheitsvorsorgeunterhalt nicht bestimmungsgemäß verwendet. 925

Der Verpflichtete kann in einem solchen Fall mit einer Abänderungsklage erreichen, dass der Krankheitsvorsorgeunterhalt **direkt an** den **Versicherungsträger** gezahlt wird. Benennt der Berechtigte in diesem Verfahren keinen Versicherungsträger, ist der Anspruch auf Weiterzahlung an sich selbst als nicht mehr schlüssig abzuweisen.[95]

Bei **nicht bestimmungsgemäßer Verwendung** des Krankheitsvorsorgeunterhalts ist der Verpflichtete dadurch geschützt, dass der Berechtigte im Krankheitsfall so zu behandeln ist, als hätten die Beträge zu einer entsprechenden Versicherung geführt.[96] § 1579 Nr. 3 BGB ist anwendbar.[97] Im Übrigen gelten die Ausführungen zum Altersvorsorgeunterhalt → Rn. 865 f., 870 f., 894 f. entsprechend. 926

III. Pflegevorsorgeunterhalt

Seit 1.1.1995 ist das Pflegeversicherungsgesetz vom 26.5.1994[98] in Kraft. Wenn der Unterhaltsberechtigte in der gesetzlichen Krankenversicherung freiwillig versichert ist, ist er nach § 20 III SGB XI zugleich in der ges. Pflegeversicherung pflichtversichert. Ist er privat krankenversichert, so muss er nach § 23 SGB XI auch eine Pflegeversicherung abschließen. Daraus ergibt sich, dass die Beiträge zur Pflegeversicherung ebenso wie die Krankheitsvorsorge zum allgemeinen Lebensbedarf gehören und vom Unterhaltspflichtigen im Bedürftigkeitsfall durch Leistung von Pflegevorsorgeunterhalt abzudecken sind.[99] Für freiwillig Versicherte beträgt der Beitrag 2,55% des Einkommens, für Kinderlose ab dem Alter von 23 Jahren 2,8%. 927

Der Pflegevorsorgeunterhalt folgt in jeder Hinsicht den Regeln des **Krankenvorsorgeunterhalts** und kann auch als Teil desselben abgerechnet werden. Es kann daher auf die Ausführungen zum Krankheitsvorsorgeunterhalt (→ Rn. 900 bis 922) Bezug genommen werden.

---

[94] BGH FamRZ 1989, 483.
[95] BGH FamRZ 1989, 483; FamRZ 1987, 684 (686); FamRZ 1983, 676.
[96] BGH FamRZ 1983, 676.
[97] BGH FamRZ 1989, 483.
[98] BGBl. I S. 1014.
[99] Büttner FamRZ 1995, 193 (196); Gutdeutsch FamRZ 1994, 878.

6. Abschnitt: Zur Bedürftigkeit des Berechtigten

I. Unterhaltsbedürftigkeit

1. Bedürftigkeit als Unterhaltsvoraussetzung

928 Der Berechtigte kann den vollen, nach den ehelichen Lebensverhältnissen bemessenen Bedarf (§§ 1361 I, 1578 I 1 BGB) nur verlangen, wenn und soweit er bedürftig ist. Er ist bedürftig, wenn er diesen seinen Bedarf nicht oder nicht ausreichend auf **andere Weise deckt** oder in zumutbarer Weise decken könnte.[1]

Das Vorliegen einer solchen Bedürftigkeit ist eine weitere Unterhaltsvoraussetzung, die im Anschluss an die Bedarfsbemessung (Abschnitt 3 → Rn. 750 ff., 840 ff.) auf der sogenannten Bedürftigkeitsstufe zu prüfen ist, wenn dem Grunde nach ein Unterhaltsanspruch nach den §§ 1361, 1570 bis 1576 BGB besteht.

929 Für den **nachehelichen Unterhalt** ist die Bedürftigkeit in § 1577 BGB wie folgt geregelt:
- Nach § 1577 I BGB hat der Berechtigte keinen Unterhaltsanspruch, solange und soweit er sich aus seinen Einkünften und Vermögen selbst unterhalten kann (Genaueres → Rn. 933 bis → Rn. 942).
- § 1577 II BGB regelt die Anrechnung von Einkünften aus unzumutbarer Erwerbstätigkeit und sonstiger Einkünfte, die in unzumutbarer Weise erzielt werden (Genaueres → Rn. 944 f.).
- § 1577 III und IV BGB regelt die Vermögensverwertung und die Unterhaltssicherung aus Vermögen (Genaueres → Rn. 959 ff.).

930 Obwohl beim **Trennungsunterhalt** eine entsprechende Bestimmung fehlt, dürfen die Grundsätze des § 1577 BGB bei der Beurteilung des Trennungsunterhalts nicht außer Acht gelassen werden. Es muss gewährleistet sein, dass bei an sich gleicher Sachlage der Anspruch auf Trennungsunterhalt nicht niedriger ausfällt als der nacheheliche Unterhalt. Deshalb sind die Grundsätze des § 1577 BGB in entsprechender Weise auch auf den Trennungsunterhalt anzuwenden.[2]

931 Die Anwendung des § 1577 BGB setzt einen **bestehenden Unterhaltsanspruch** voraus. Hatte der Berechtigte wegen ausreichender Einkünfte aus einer Erwerbstätigkeit zunächst keinen Unterhaltsanspruch und wird er zu einem späteren Zeitpunkt bedürftig, dann müssen im Zeitpunkt des Eintritts der Bedürftigkeit die Voraussetzungen eines Unterhaltstatbestandes (§§ 1361, 1570 bis 1576 BGB) entweder originär oder als Anschlussunterhalt vorliegen. Ist dies nicht der Fall, entsteht durch den späteren Eintritt der Bedürftigkeit kein Unterhaltsanspruch mehr.

932 Im Gegensatz dazu bestand nach – nur bis 1.1.2008 für **Altfälle** (Scheidung vor 1.7.1977) fort geltendem – altem Recht bei einer Verschuldensscheidung ein Unterhaltsanspruch dem Grunde nach unverändert bis zum Tod fort. Er wurde aktualisiert, sobald der Berechtigte bedürftig wurde, wobei kein zeitlicher Zusammenhang zwischen dem Eintritt der Bedürftigkeit und der geschiedenen Ehe bestehen musste. Der Berechtigte hatte auch dann einen Unterhaltsanspruch, wenn sein Unterhalt nach der Scheidung durch Einkünfte aus einer Erwerbstätigkeit nachhaltig gesichert war und er erst viel später bedürftig geworden war.[3] Seit 1.1.2008 gilt indessen auch für altrechtliche Ansprüche das geltende Recht. Als Einsatzzeitpunkt für den Anspruch wird man den 1.1.2008 ansehen müssen.

Der Berechtigte hat die **Darlegungs- und Beweislast** für seine uneingeschränkte Bedürftigkeit[4] (→ § 6 Rn. 716 f.).

---

[1] BGH FamRZ 1989, 487.
[2] BGH FamRZ 1983, 146 (148).
[3] BGH FamRZ 1987, 152.
[4] BGH FamRZ 1989, 487.

6. Abschnitt: Zur Bedürftigkeit des Berechtigten § 4

2. Bedürftigkeitsmindernde Anrechnung der Einkünfte des Berechtigten

Das Ausmaß der Bedürftigkeit richtet sich stets nach dem **vollen eheangemessenen Bedarf** (§ 1361 I 1), den der Berechtigte durch **eigene Einkünfte nicht decken** kann (§ 1577 BGB). Damit sind für die Beurteilung des Ausmaßes der Bedürftigkeit bzw. für die Ermittlung einer verbleibenden Restbedürftigkeit zwei unterschiedliche Kriterien maßgeblich, die jeweils mit unterschiedlichen Einkommensteilen ausgefüllt werden müssen. 933
– Der volle eheangemessene **Bedarf** des Berechtigten nach den §§ 1361 I, 1578 I 1 BGB als **Sollbetrag.**
– Und als **Istbetrag** die Summe der **Einkünfte** des Berechtigten.
Der Sollbetrag bildet die Obergrenze der Bedürftigkeit.
Gemäß den Ausführungen in Abschnitt 3) dürfen zur Bemessung dieses Bedarfs nur prägende Einkünfte beider Eheleute berücksichtigt werden. Wenn der Berechtigte prägendes Einkommen hat, hängt der Sollbedarf ab von der gewählten Methode der Bedarfsberechnung: der Differenz-, Additions- oder Quotenbedarfsmethode (siehe dazu auch die Ausführungen zu → Rn. 800 bis → Rn. 815 iVm → Rn. 416 f., 550 f.).
Entsprechend unterscheiden sich die nach § 1577 BGB **anzurechnenden Einkünfte** des Berechtigten. 934
• Bei der **Differenzmethode** sind dies nur alle nichtprägenden Einkünfte des Berechtigten, die dieser tatsächlich erzielt oder die ihm fiktiv zuzurechnen sind.
Ausgenommen sind von der Anrechnung alle prägenden Einkünfte des Berechtigten, denn diese sind bereits im Rahmen der Bedarfsbemessung unter Anwendung der Differenzmethode (→ Rn. 817) berücksichtigt worden. Dadurch kam es zu einem geminderten Unterhaltsbedarf.
• Bei der **Additionsmethode** (→ Rn. 800) und der **Quotenbedarfsmethode** (→ Rn. 822) sind im Grundsatz alle Einkünfte anzurechnen. Hier hat bei der Bedarfsberechnung noch keine Einkommensanrechnung stattgefunden.
• Nichtprägende Erwerbseinkünfte sind vor der Anrechnung um den **Erwerbsbonus** zu bereinigen, in der Regel also mit 90% oder $^6/_7$ anzusetzen. Bei der Anrechnung prägenden Erwerbseinkommens ist zu unterscheiden: Der Bedarf nach der Additionsmethode umfasst **nicht** den Erwerbsbonus. Daher ist das prägende Erwerbseinkommen nur 90% bzw. $^6/_7$ anzurechnen. Dagegen ist bei der Quotenbedarfsmethode im Bedarf auch der Bonus enthalten. Hier ist daher prägendes Erwerbseinkommen ungekürzt anzurechnen.
• Wurde der **Bedarf konkret berechnet** (→ Rn. 763, → Rn. 789) ist bei der Einkommensanrechnung **kein Erwerbsbonus** zu berücksichtigen.[5]
Die Anrechnung der Einkünfte des Berechtigten erfolgt stets durch Abzug der Einkünfte vom festgestellten Unterhaltsbedarf. 935
In Höhe der **Differenz** zwischen dem Bedarf und den anzurechnenden Beträgen ist der Berechtigte bedürftig, dh, das Ausmaß seiner **Bedürftigkeit** richtet sich nur nach diesem ungedeckten Bedarf. Gleichzeitig beinhaltet dieser ungedeckte Bedarf die Höhe des zu leistenden Unterhalts, wenn der Verpflichtete in dieser Höhe leistungsfähig ist (→ Rn. 966).
Beispiele zu Einkommensanrechnung finden sich bei den Berechnungsmethoden → Rn. 800 bis → Rn. 823, 834. 936

3. Anrechnung auf den vollen Unterhalt unter Berücksichtigung von Mehrbedarf

Nicht bedarfsbestimmende Einkünfte des Berechtigten sind grundsätzlich auf den vollen Unterhaltsbedarf (§§ 1361 I, 1578 I 1 BGB) anzurechnen.[6] 937
Der nach den ehelichen Lebensverhältnissen angemessene volle Unterhaltsbedarf (§§ 1361 I, 1578 I 1 BGB) ist nicht identisch mit dem **Quotenunterhalt, wenn ein**

---
[5] BGH FamRZ 2014, 1183 Nr. 30 = R 754d; FamRZ 2013, 1366; FamRZ 2011, 192.
[6] BGH FamRZ 1989, 487; FamRZ 1988, 486; FamRZ 1987, 46.

ungedeckter Mehrbedarf besteht (→ Rn. 840). Einen auf die Trennung gründenden Mehrbedarf (trennungsbedingten Mehrbedarf) erkennt der BGH nicht mehr an (→ Rn. 835 f.).

Besteht ein anerkennungsfähiger Mehrbedarf, dann besteht der volle Unterhalt aus Quotenunterhalt und ungedecktem Mehrbedarf.

938 Vereinfacht kann in solchen Fällen die Anrechnung der nicht bedarfsbestimmenden Einkünfte in der Weise erfolgen, dass diese **vorab um den Mehrbedarf bereinigt** werden und nur der Differenzbetrag unterhaltsmindernd auf den Quotenunterhalt angerechnet wird. Allerdings darf kein Mangelfall nach § 1581 BGB vorliegen (→ Rn. 966 ff., → § 5 Rn. 1 ff.).

939 **Beispiel:**
Quotenunterhalt = 1500 EUR
krankheitsbedingter Mehrbedarf = 500 EUR
Nicht bedarfsbestimmendes Renteneinkommen des B = 600 EUR
bedürftigkeitsmindernder Differenzbetrag = 600−500 = 100 EUR
Ungedeckter Unterhaltsbedarf = 1500 − 100 = 1400 (= Unterhaltsanspruch)

940 Mehrbedarf ist in der Regel nur zu berücksichtigen, **wenn er geltend gemacht wird** (→ Rn. 840, 846).

Unterbleibt eine solche Geltendmachung, dann ist das nichtprägende Einkommen auf den Quotenunterhalt zu verrechnen.

Im Beispiel → Rn. 939 beträgt dann der Unterhaltsanspruch nur 900 EUR statt 1400 EUR (1500 − 600 = 900).

941 nicht belegt.

4. Nach § 1577 I BGB in vollem Umfang anzurechnende Einkünfte des Berechtigten

942 Wie bereits → Rn. 934 ausgeführt, sind alle Einkünfte, die in zumutbarer Weise erzielt werden oder erzielt werden könnten (bei der Differenzmethode: nur die nichtprägenden Einkünfte), nach § 1577 I BGB in vollem Umfang bedürftigkeitsmindernd auf den Bedarf anzurechnen (Erwerbseinkünfte zu $^{6}/_{7}$). Als solche Einkünfte kommen praktisch alle nichtprägenden Einkünfte im Sinn der Ausführungen zu Teil I in Frage, die der Berechtigte erhielt oder zumutbarerweise erzielen könnte, ohne Rücksicht auf Herkunft und Verwendungszweck. Maßgeblich sind die bereinigten Nettoeinkünfte, wobei es bei dem Berechtigten keinen Abzug für vermögensbildende Aufwendungen gibt, wohl aber für Unterhaltsverpflichtungen und von ihm abzutragende ehebedingte Verbindlichkeiten.

Die wichtigsten dieser Einkünfte sind:
- **Erwerbseinkünfte** aus abhängiger Arbeit (→ § 1 Rn. 65 ff.), aus selbstständiger Erwerbstätigkeit, Gewerbe oder aus Land- und Forstwirtschaft (→ § 1 Rn. 160 ff.) und aus Erwerbsersatzleistungen wie Krankengeld, Arbeitslosengeld (→ § 1 Rn. 105 ff.), Renten und Pensionen (→ § 1 Rn. 646 ff.).
- **Vermögenseinkünfte** aus Vermietung und Verpachtung (→ § 1 Rn. 450 ff.), aus Kapital- und sonstigem Vermögen (→ § 1 Rn. 600 ff.) sowie aus Wohnvorteilen und sonstigen Gebrauchsvorteilen des Vermögens (→ § 1 Rn. 473 ff.).
- Einkünfte aus **sozialstaatlichen Zuwendungen** und sonstigen Leistungen des Staates, wie Wohngeld (→ § 1 Rn. 664 ff.), BAföG-Leistungen (→ § 1 Rn. 670 ff.), Pflegegeld (→ § 1 Rn. 689 ff.) und Steuererstattungen (→ § 1 Rn. 971 ff.) sowie Kindergeld (→ § 1 Rn. 677 ff., zum Pflegegeld → § 1 Rn. 689 ff.). Leistungen aus der **Grundsicherung** nach § 43 II 1 SGB XII) sind ebenfalls auf den Bedarf anzurechnen, obgleich tatsächlich erbrachte Unterhaltsleistungen diesen Anspruch mindern.[7]
- Einkünfte aus **nichtehelicher Lebensgemeinschaft** mit einem neuen Partner[8] (→ § 1 Rn. 712 ff.).

---

[7] BGH FamRZ 2007, 1158 = R 667a.
[8] BGH FamRZ 1995, 343; FamRZ 1989, 487 = NJW 1989, 1083.

6. Abschnitt: Zur Bedürftigkeit des Berechtigten § 4

- **Fiktiv zuzurechnende erzielbare Einkünfte** aus unterlassener zumutbarer Erwerbstätigkeit (→ § 1 Rn. 735 ff.), aus unterlassener zumutbarer Vermögensnutzung und Vermögensverwertung (→ § 1 Rn. 632 ff.).
- **Nicht anzurechnen** sind freiwillige unentgeltliche Zuwendungen Dritter (→ § 1 Rn. 708 ff.), Sozialhilfe (→ § 1 Rn. 727, vgl. aber im Einzelnen → § 8 Rn. 10 f.), wiederaufgelebte Witwenrente (→ § 1 Rn. 729), Arbeitnehmersparzulage (→ § 1 Rn. 730) und Hausgeld des Strafgefangenen (→ § 1 Rn. 731).

5. Abänderungsklage bei späteren Änderungen der Bedürftigkeit

Eine erst nach der Unterhaltstitulierung eintretende Änderung bei den Einkünften des Berechtigten oder sonstigen Änderungen zur Bedürftigkeit beinhalten in der Regel eine Änderung der wirtschaftlichen Verhältnisse, die dem Anwendungsbereich des § 238 FamFG (früher § 323 ZPO) zuzuordnen ist. **943**

So mindert ein späterer Rentenbezug, der auf dem Versorgungsausgleich beruht, die Bedürftigkeit des Berechtigten. Der Verpflichtete kann dies mit dem Abänderungsantrag geltend machen, wenn auch die sonstigen Voraussetzungen des § 238 FamFG gegeben sind.[9]

Der Berechtigte kann die Antrag nach § 238 FamFG stellen, wenn sich seine Bedürftigkeit erhöht, zB weil ohne sein Verschulden Erwerbseinkünfte entfallen sind und sein Unterhaltsbedarf durch die Erwerbstätigkeit noch nicht nachhaltig gesichert war. Weiteres → § 10 Rn. 133 ff.

II. Anrechnung von Einkünften aus unzumutbarer Erwerbstätigkeit des Berechtigten nach § 1577 II BGB

1. Zur Auslegung und zum Anwendungsbereich des § 1577 II BGB

§ 1577 II BGB ist eine rechtpolitisch missglückte, unklar gefasste und schwer verständliche Bestimmung, die verschiedene Auslegungsmöglichkeiten zulässt. **944**

Der BGH hatte in seiner Grundsatzentscheidung vom 24.11.1982[10] eine **eingehende Interpretation** vorgenommen, welche die Auslegung bisher bestimmt hatte. Mit Urteil v. 13.4.2005 – XII ZR 273/02[11] hat er diese Linie jedoch verlassen und eine einfachere Berechnungsweise gewählt, die nachfolgend erörtert wird (Zusammenfassung → Rn. 955).

Die Grundsätze zu § 1577 II BGB, der an sich nur für den nachehelichen Unterhalt gilt, sind **auch auf den Trennungsunterhalt** entsprechend anzuwenden.[12]

§ 1577 II BGB betrifft nur Einkünfte aus **unzumutbarer Erwerbstätigkeit des Berechtigten,** dh Einkünfte, die der Berechtigte erzielt, obwohl für ihn nach den §§ 1361 II, 1570, 1573 I und 1574 II BGB keine Erwerbsobliegenheit besteht (zur **Erwerbsobliegenheit** im Einzelnen → Rn. 32 ff., 139 ff., sowie → § 1 Rn. 800 ff.). **945**

Nicht erforderlich ist, dass die Aufnahme der unzumutbaren Erwerbstätigkeit durch Nichterfüllung oder durch unvollständige Erfüllung der Unterhaltspflicht veranlasst worden ist.[13] Das hat nur auf die Billigkeitsabwägung Einfluss (→ Rn. 955).

Ob § 1577 II BGB auch bei **sonstigen Einkünften** anzuwenden ist, deren Erzielung dem Berechtigten nicht zugemutet werden kann (zB erhöhte Zinseinkünfte aus einer sehr riskanten Vermögensanlage), wurde bisher **noch nicht entschieden,** könnte aber in **946**

---

[9] BGH NJW-RR 1983, 322.
[10] FamRZ 1983, 146.
[11] FamRZ 2005, 1154 = R 630e.
[12] BGH FamRZ 1983, 146 (148).
[13] BGH FamRZ 1983, 146 (148).

947 Einzelfällen zu bejahen sein (so Lohmann, 6. A., Seite 103 und Krenzler FamRZ 1983, 653).
Einkünfte aus unzumutbarer Erwerbstätigkeit sind – entgegen der früheren Rechtsprechung – meist **bedarfsbestimmende Einkünfte**[14] (→ Rn. 583 f.). Allerdings sind sie nach § 1577 II BGB nur gekürzt zu berücksichtigen (su).

2. Ermittlung des anrechnungsfreien Betrags nach § 1577 II 1 BGB – Problem des anrechnungsfreien Defizits[15]

948 Nach § 1577 II 1 BGB sind Einkünfte aus unzumutbarer Erwerbstätigkeit **nicht anzurechnen,** wenn und soweit der Verpflichtete wegen beschränkter Leistungsfähigkeit nicht den vollen Unterhalt (§§ 1361 I, 1578 I 1 BGB), sondern nur einen Billigkeitsunterhalt (§ 1581 BGB) leistet.[16]

949 Als **Unterhaltsleistung des Verpflichteten** ist das zu verstehen, was dieser als Quotenunterhalt ohne die unzumutbaren Einkünfte des Berechtigten zu leisten hätte.

Dieser rechnerische Quotenunterhalt ist dann niedriger als der volle Unterhalt (§ 1578 I 1 BGB), wenn ein ungedeckter, sonstiger Mehrbedarf (→ Rn. 840) besteht oder wenn es sich aus sonstigen Gründen bei dem Quotenunterhalt um einen Billigkeitsunterhalt nach § 1581 BGB handelt (→ Rn. 974 f., → § 5 Rn. 52 ff.). Durch die Entscheidung des BVerfG vom 25.1.2011[17] ist ein solcher **Mangelfall** nun meist auch dann anzunehmen, wenn der **Pflichtige nach der Ehescheidung neu geheiratet** hat und in Ermangelung eines ausreichenden Zusatzeinkommens den Anspruchs des neuen Ehegatten auf Familienunterhalt und den vollen Unterhalt an den ersten Ehegatten nicht ohne Beeinträchtigung seines eheangemessenen Selbstbehalts zahlen kann.[18] Für den Umfang der Nichtanrechnung von Einkünften aus unzumutbarer Erwerbstätigkeit ist daher allein maßgeblich, inwieweit eine Unterhaltsleistung des Verpflichteten zusammen mit sonstigen Einkünften des Berechtigten hinter dem vollen Unterhalt zurückbleibt. In Höhe des verbleibenden Defizits sind die Einkünfte aus unzumutbarer Erwerbstätigkeit nach § 1577 II 1 BGB **anrechnungsfrei**[19] (sonst nach Billigkeit teilweise anrechnungspflichtig, → Rn. 952). Durch den Wegfall des trennungsbedingten Mehrbedarfs (→ Rn. 836) hatte das anrechnungsfreie Defizit in der Rechtspraxis an Bedeutung verloren. Das könnte sich durch die Verfassungsgerichtsentscheidung zur Drittelmethode[20] jedoch ändern. Zwar ist nach dem Ende des Altersstufenmodells eine Erwerbstätigkeit nur noch selten wegen Kindesbetreuung unzumutbar. Solange ein **betreutes Kind noch nicht 3 Jahre alt** ist oder wenn der Berechtigte die **Altersgrenze überschritten** hat, muss die Erwerbstätigkeit jedoch als unzumutbar angesehen werden mit der Folge, dass mit diesem Einkommen das anrechnungsfreie **Defizit aufzufüllen** ist. Zur Berechnung desselben muss das Einkommen aus unzumutbarer Erwerbstätigkeit hinweggedacht werden (Beispiele su).

950 Für das Vorliegen eines solchen anrechnungsfreien Defizits ist der Berechtigte **darlegungs- und beweispflichtig.** Trägt er dazu nichts vor oder kann ein entsprechender Nachweis nicht geführt werden, richtet sich die Anrechnung ausschließlich nach § 1577 II 2 BGB (→ § 6 Rn. 719).

951 Vorweg vom Einkommen aus unzumutbarer Erwerbstätigkeit **abzuziehen** sind auch die tatsächlichen **Aufwendungen für die Kindesbetreuung,** welche die Erwerbstätigkeit erst ermöglichen (→ § 1 Rn. 1053 ff.).

---

[14] BGH FamRZ 2005, 1154 = R 630e.
[15] Die Bezeichnung stammt von Wendl 2. Aufl. S. 377.
[16] BGH FamRZ 1983, 146 (149).
[17] BVerfG FamRZ 2011, 437 = R 722.
[18] Vgl. Gutdeutsch FamRZ 2011, 523.
[19] BGH FamRZ 1983, 146 (148).
[20] BVerfG FamRZ 2011, 437 = R 722.

6. Abschnitt: Zur Bedürftigkeit des Berechtigten   § 4

3. Billigkeitsanrechnung nach § 1577 II 2 BGB

Nach § 1577 II 2 BGB sind Einkünfte, die den vollen Unterhalt übersteigen, insoweit anzurechnen, als dies unter Berücksichtigung der **beiderseitigen wirtschaftlichen Verhältnisse** der Billigkeit entspricht. Es sind dies die Beträge gemäß den Ausführungen zu → Rn. 945 f.   952

Kriterien für eine individuelle Bemessung des Umfangs der Anrechnung im Rahmen der erforderlichen Billigkeitsabwägung können sein:

Einkommens- und Vermögensverhältnisse sowie sonstige wirtschaftliche Verhältnisse beider Ehegatten; persönliche Verhältnisse wie Alter, Gesundheitszustand, Erwerbsfähigkeit, Art und Ausmaß der Anstrengungen zur Erzielung unzumutbarer Einkünfte; unterschiedlicher Lebensstandard; weitere Unterhaltsverpflichtungen; Betreuungsmehrbedarf für ein pflegebedürftiges Kind; sonstige besondere Belastungen uÄ. Es kann aber auch das **Verhalten des Verpflichteten** Bedeutung haben, insbesondere, wenn dieser den geschuldeten Unterhalt nicht geleistet hat und der Berechtigte deshalb die unzumutbare Erwerbstätigkeit aufgenommen hat.[21]

Bei dieser Billigkeitsabwägung ist in der Regel auch zu berücksichtigen, dass der Verpflichtete nach **§ 1581 BGB** bei beschränkter Leistungsfähigkeit nur insoweit Unterhalt zu leisten hat, als es mit Rücksicht auf die Bedürfnisse und die Erwerbs- und Vermögensverhältnisse der Ehegatten der Billigkeit entspricht.[22]

Nach den Leitlinien der Oberlandesgerichte erfolgte teilweise eine **Anrechnung je zur Hälfte,** wenn keine besonderen Umstände vorliegen, die eine Abweichung von dieser Regel rechtfertigen (so früher HL 02 31). Aufgrund einer konkreten Billigkeitsabwägung kann im Rahmen des § 1577 II 2 BGB eine **Anrechnung auch ganz unterbleiben.**[23]

Wenn nach mehreren Vorschriften eine **Billigkeitsabwägung** zu erfolgen hat, so ist diese **einheitlich durchzuführen.** Insbesondere kann die Billigkeitsabwägung nach § 1579 BGB dazu führen, dass Einkommen aus unzumutbarer Tätigkeit gem. § 1577 II 2 BGB voll anzurechnen ist.[24]   953

Wenn das Erwerbseinkommen des Berechtigten – wie regelmäßig – eheprägend ist, wird der nach § 1577 II 2 BGB anzurechnende Einkommensteil im Weg der Differenzmethode bzw. Additionsmethode berücksichtigt.   954

Insbesondere die **Kindesbetreuung** kann, auch wenn die Erwerbstätigkeit als solche zumutbar ist, insgesamt zu einer **überobligatorischen Belastung** führen, welche es rechtfertigt, das Einkommen nach Billigkeit nur teilweise anzurechnen. In diesem Fall ist das gesamte Unterhalt nach § 1609 Nr. 2 BGB privilegiert.[25]

Es ergibt sich somit folgender **Rechenweg:**   955

a) Zuerst ist festzustellen, welcher Teil des Erwerbseinkommens auf unzumutbaren Erwerbsbemühungen beruht.

b) Liegt ein Mangelfall nach § 1581 BGB, insbesondere ein Fall der Dreiteilung vor, so ist zur Ermittlung des anrechnungsfreien Defizits der volle Unterhalt und der wegen Mangels **gekürzte Unterhalt** und die Differenz als **anrechnungsfreies Defizit** zu berechnen,

c) Dann ist im Wege einer Billigkeitsabwägung festzulegen, wie viel von dem verbleibenden Einkommen bei der Unterhaltsberechnung berücksichtigt werden soll.

d) Der sich ergebende Betrag ist als normales eheprägendes Erwerbseinkommen in die Unterhaltsberechnung einzubeziehen.

---

[21] BGH FamRZ 1995, 475.
[22] BGH FamRZ 1983, 146 (148).
[23] BGH FamRZ 1988, 145 (148).
[24] BGH FamRZ 1992, 1045 (1049); FamRZ 1990, 1091 (1095).
[25] BGH FamRZ 2014, 1987.

4. Rechenbeispiele zu § 1577 II BGB

N 956 *Beispiel mit den Werten der DT 1.1.2016:*

Beispiel 1: Mangelfall mit Ehegatten und kleinem Kind:
M verdient 1725, F betreut das zweijährige gemeinsame Kind K und verdient 1000 EUR aus unzumutbarem Erwerb.
Bedarf von K: (Mindestunterhalt nach DT 2016 1/1 wegen Mangel) 335–95 = 240 EUR
M bleibt 1725 – 240 = 1485 EUR.
Bei der Feststellung des anrechnungsfreien Defizits bleibt das unzumutbare Einkommen von F außer Betracht.
a) Gattenquote (Bonus:1/7): 1475 × $^3/_7$ = 632 EUR, also weniger als der Mindestbedarf von 880 EUR. Dieser ist also maßgebend.
M ist leistungsfähig nur in Höhe von 1475 – 1200 = 275 EUR, somit ist das Einkommen von F aus unzumutbarem Erwerb in Höhe von 880–275 = 605 EUR anrechnungsfrei.
b) Der Rest von 1000 – 605 = 395 EUR ist nach Billigkeit anzurechnen.
c) Wählt man die Halbanrechnung, dann sind 395/2 = 198 zu berücksichtigen. Unterhalt dann (1475 – 198) × $^3/_7$ = 547 EUR.
d) Da die Leistungsfähigkeit nur 275 EUR beträgt, bleibt das **Einkommen des Berechtigten im Ergebnis gänzlich unberücksichtigt:** Unterhalt wird nur in Höhe der Leistungsfähigkeit von 275 EUR geschuldet. Am Ende hat M 1200 EUR, F 1275 EUR.
Abwandlung des Falles: F verdient nun 1500 aus unzumutbarem Erwerb.
a) Mindestbedarf: 880 EUR, M ist leistungsfähig in Höhe von 1475 – 1200 = 275 EUR. Anrechnungsfrei sind wieder 880–275 = 605 EUR,
b) der Rest von 1500 – 605 = 895 EUR ist nach Billigkeit anzurechnen.
c) Wählt man die Halbanrechnung, dann sind 895/2 = 498 EUR zu berücksichtigen. Der Unterhalt beträgt dann (1475 – 498) × $^3/_7$ = 419 EUR.
d) Da die Leistungsfähigkeit 275 EUR beträgt, wird das Einkommen des Berechtigten letztlich nicht berücksichtigt: Der Unterhalt schöpft Leistungsfähigkeit aus. Am Ende hat M 1725 – 240 – 275 = 1200 EUR, F 1500 + 275 = 1775 EUR.
e) Dies Ergebnis kann jedoch korrigiert werden, durch eine Erhöhung der Anrechnung bis zu 1500–605=895 EUR. Der **geringstmögliche Unterhalt** für F beträgt dann (1475 – 895) × $^3/_7$ = 249 EUR. M hätte dann am Ende 1475 – 249 = 1226 EUR, während F aus dem in voller Höhe unzumutbaren Erwerb nur den geringen Vorteil von 1500 + 249 = 1749 EUR hätte.

N 956a *Beispiel mit den Werten der DT 1.1.2016:*

Beispiel 2: Überobligatische Belastung durch Kindesbetreuung:
M verdient 2400 EUR, F ist nach der Scheidung berufstätig und verdient 1600 EUR, betreut aber auch das gemeinsame Kind K 8 Jahre, und ist dadurch überobligatorisch belastet.
Lösung (Bonus 1/7):
Bedarf von K: DT2016 4/2: 442 – 95 = 347 EUR
Wegen überobligatorischer Belastung ist das Einkommen von F nur zu $^3/_4$, also 1200 EUR anzurechnen.
Unterhalt von F nach Additionsmethode:
((2400 – 347) × $^6/_7$ + 1600 × 3/4 × $^6/_7$)/2–1600 × 3/4 × $^6/_7$ = 366 EUR.
Am Ende hat M 2400 – 347 – 366 = 1687 EUR und F 1600 + 366 = 1966 EUR und die Kindesbetreuung.

N 957 *Beispiel mit den Werten der DT 1.1.2016:*

Beispiel 3: Mangelfall mit neuem ein Kind betreuendem Ehegatten:
M verdient 3600 EUR und schuldet Unterhalt der geschiedenen F1, welche 1000 EUR verdient, obwohl sie das zweijährige Kind K1 betreut, sowie seiner neuen Frau F2, mit der er zusammenlebt und die das neugeborene gemeinsame Kind K2 betreut. Nach LStKl 1 würde er 3200 EUR verdienen. Bonus: 10%.
Kindesunterhalt zweifach abgruppiert (vier Berechtigte):
Unterhalt K1 und K2: je nach DT2016 5/1: 402 – 95 = 307 EUR
a) F1: (3200 – 307) × 90%/2 = 1302 EUR. (Voller Unterhalt ohne unzumutbares Einkommen von F1)
Kürzung dieses Unterhalts nach Drittelmethode gem. § 1581 BGB unter Vorabzug des Unterhalts beider Kinder und ohne Erwerbstätigenbonus:

6. Abschnitt: Zur Bedürftigkeit des Berechtigten § 4

(3600 − 307 − 307) × 1200/(1200+1200+960)= 1066 EUR. (mit Vorteil wegen Zusammenleben). Auch für M stünden dann nur 1066 EUR zur Verfügung, also weniger als sein Ehegattenselbstbehalt von 1200. Deshalb ist nur der verfügbare Betrag zwischen F1 und F2 aufzuteilen:
(3600 − 307 − 307 − 1200) × 1200/(960+1200)= 992 EUR
Anrechnungsfreies Defizit deshalb:
1302 − 992 = 310 EUR.
b) Anzurechnen nach Billigkeit: 1000 − 310= 690 EUR.
c) Es wird Halbanrechnung gewählt.
d) Das ergibt für F1: (3600 − 307 − 307 + 690/2 − 1200) × 1200/(1200+960)= 1183 − 690/2 = 838 EUR.
Zur Kontrolle: Ohne Berücksichtigung des anrechnungsfreien Defizits ergäbe sich:
F1 = (3600 − 307 − 307 + 1000/2) × 1200/(1200+1200+960) = 1245 − 1000/2 = 745 EUR, also um 838−745 = 93 EUR weniger.

Beispiel mit den Werten der DT 1.1.2016: **N 958**

Beispiel 4: Absoluter Mangelfall mit neuem Ehegatten unter Rentnern:
M bezieht eine Rente von 2000 EUR und ist der geschiedenen F1 unterhaltspflichtig, deren Rente nur 400 EUR beträgt und die um der Not abzuhelfen 400 EUR hinzuverdient, sowie einer neuen – gleichrangigen – Ehefrau F2, welche eine Rente von 300 EUR bezieht. Nach Stkl 1 hätte M nur 1750 EUR.
a) F1 nach den ehelichen Lebensverhältnissen ohne Einkommen aus unzumutbarer Tätigkeit:
(1750 + 400)/2 − 400 = 675 EUR
Die Kürzung auf den Drittelanteil: (2000 + 400 + 300)/3 = 900 + 10% = 990 − 400 = 590 EUR ließe M und F1 nur 2000 + 300 − 590 = 1710 EUR. Nach Abzug des Selbstbehalts von M bliebe für F2 1710 − 1200 = 510 EUR und damit weniger als der Ehegattenmindestbedarf von 1200 × 80% = 960 EUR. Es wäre also der verfügbare Betrag im Verhältnis ihres Bedarfs aufzuteilen und F1 erhielte 1500 × 1200/(1200 + 960) − 400 = 433 EUR.
Anrechnungsfreies Defizit also 675 − 433 = 242 EUR.
b) Der Rest von 400 − 242 = 158 ist nach Billigkeit anzurechnen.
c) Es wird Halbanrechnung gewählt: 158/2 = 79 EUR.
d) Verfügbar nun: 2000 + 400 + 300 + 79 − 1200 = 1579 EUR. F1 erhält: 1579 × 1200/(1200 + 960) − 79 = 398 EUR.
Zur Kontrolle: Ohne das anrechnungsfreie Defizit wären verfügbar: 2000 + 400 + 400/2+ 300− 1200 = 1700 EUR. F1 erhielte 1700 × 1200/(1200 + 960) − 400 − 400/2 = 334 EUR, also um 398 − 344 = 54 EUR weniger.

Beispiel 5: Analoge Anwendung bei Kindesunterhalt:
M schuldet S Unterhalt in Höhe von 545 EUR (735−190). Er verdient nur 1600 EUR. S arbeitet überobligatorisch in den Ferien und verdient im Monatsdurchschnitt 350 EUR.
Ohne Berücksichtigung des Einkommens von S erhielte dieser 1600 − 1300 = 300 EUR, 545−300 = 245 EUR bleiben ungedeckt. Das Einkommen von S bleibt deshalb in Höhe von 245 EUR anrechnungsfrei. In Höhe von 350−245 = 105 ist es nach Billigkeit anzurechnen, in der Regel zur Hälfte. Damit bliebe ein Unterhaltsbedarf von 545−105/2 = 493 EUR, der die Leistungsfähigkeit von M (300 EUR) immer noch übersteigt.

III. Vermögensverwertung nach § 1577 III BGB und nachhaltige Unterhaltssicherung durch Vermögen nach § 1577 IV BGB

1. Vermögensverwertung nach § 1577 III BGB

Wenn Vermögen vorhanden ist, dann kann der Berechtigte im Prinzip durch dessen **959** Verwertung solange seinen Bedarf decken, bis das Vermögen verbraucht ist. Solange wäre er also nicht bedürftig. Die Bedürftigkeit entstünde erst später.
Jedoch braucht nach § 1577 III BGB der Berechtigte den Stamm seines Vermögens nicht zu verwerten, soweit die Verwertung unwirtschaftlich oder unter Berücksichtigung der beiderseitigen wirtschaftlichen Verhältnisse unbillig wäre (sa § 1 Rn. 611f).
Unter Vermögen in diesem Sinn ist das **gesamte Aktivvermögen** des Berechtigten zu verstehen, und zwar Vermögen jeder Art. Zu berücksichtigen sind auch Vermögenswerte,

die erst nach der Trennung oder Scheidung zugeflossen oder entstanden sind, wie zB durch eine Erbschaft oder Schenkung, durch den Veräußerungserlös eines früheren gemeinsamen Hauses oder durch eine Vermögensbildung nach der Scheidung.

Das Vermögen dient im Prinzip dazu, den Unterhalt des Berechtigten ergänzend zu dessen sonstigen Einkünften **auf Lebenszeit zu sichern.**[26]

960 Der Berechtigte muss Vermögen grundsätzlich verwerten und für Unterhaltszwecke verwenden, wenn die Verwertung **weder unwirtschaftlich noch unbillig** ist. Ist eine dieser beiden Alternativen erfüllt, entfällt eine Verwertungsobliegenheit.

961 **Wirtschaftlich** ist die **Verwertung des Miteigentums an einem Haus** durch Aufhebung der Miteigentumsgemeinschaft statt einer Beleihung des Miteigentumsanteils.[27]

Das Vermögen soll nicht zu Lasten des Verpflichteten für Erben erhalten werden. Doch ist dem Berechtigten zuzumuten, eine **Leibrente** einzukaufen.

Eine Vermögensverwertung kann **unwirtschaftlich** sein, wenn der Berechtigte aus dem Vermögen Erträge erzielt, die seinen Unterhaltsanspruch mindern, es sei denn, die Erträge stehen in keinem angemessenen Verhältnis zum Wert des dafür eingesetzten Vermögens. In entsprechender Weise ist der Verkauf eines Eigenheims unwirtschaftlich, wenn eine entsprechende Mietwohnung auf Dauer teurer wäre als der Wert des Wohnvorteils.

Unwirtschaftlich kann die Veräußerung eines landwirtschaftlichen Grundstücks sein, wenn eine erhebliche **Wertsteigerung alsbald zu erwarten** ist, weil das Grundstück in die Baulandplanung einbezogen wird.

Die Verwertung eines **Barvermögens** ist in der Regel nicht unwirtschaftlich, kann aber unbillig sein.[28]

962 Zur **Unbilligkeit** der Verwertung:

Diese erfordert eine umfassende tatrichterliche Billigkeitsabwägung aller Umstände des Einzelfalls, vor allem der beiderseitigen wirtschaftlichen Verhältnisse. Siehe dazu die Ausführungen zu → § 5 Rn. 82 ff. Jedoch dürfen dabei nicht aus Gründen der Gleichbehandlung ohne weiteres die gleichen Maßstäbe angelegt werden, welche für die Zumutbarkeit der Vermögensverwertung durch einen Unterhaltspflichtigen gelten.[29]

Auch das Geltendmachen des **Pflichtteils** kann zumutbar sein.[30]

963 Der Berechtigte hat die **Darlegungs- und Beweislast** für alle Umstände, aus denen sich die Unbilligkeit oder Unwirtschaftlichkeit einer Vermögensverwertung ergibt. Der Verpflichtete muss seinerseits im Rahmen seines qualifizierten Bestreitens solche Umstände vortragen, die für eine Vermögensverwertung sprechen, → § 6 Rn. 719.

2. Nachhaltige Unterhaltssicherung durch Vermögen nach § 1577 IV BGB

964 War zum Zeitpunkt der Ehescheidung zu erwarten, dass der Unterhalt des Berechtigten aus seinem Vermögen nachhaltig gesichert sein wird, dann besteht **kein Unterhaltsanspruch** (§ 1577 IV 1 BGB).

Der Anspruch bleibt auch dann **erloschen, wenn das Vermögen** später, sei es verschuldet oder unverschuldet, **wegfällt.** Dies ist wie bei § 1573 IV 1 BGB eine Folge der nachhaltigen Unterhaltssicherung.

Ausnahmsweise entsteht nach § 1577 IV 2 BGB trotzdem ein neuer Unterhaltsanspruch nach § 1570 BGB, wenn im Zeitpunkt des Vermögenswegfalls vom Berechtigten wegen der Pflege oder Erziehung eines gemeinschaftlichen Kindes keine Erwerbstätigkeit erwartet werden kann.

---

[26] BGH FamRZ 1985, 354.
[27] BGH FamRZ 1984, 662.
[28] BGH FamRZ 1985, 360.
[29] BGH FamRZ 1993, 1065.
[30] BGH FamRZ 1993, 1065.

3. Notgroschen

Unabhängig von sonstigen Erwägungen ist aber auch einem unterhaltsberechtigten Ehegatten ein Notgroschen für unerwartete Belastungen zuzubilligen. Dessen Höhe kann bei Unterhaltsberechtigten an die sozialrechtlichen Vorschriften (§ 90 II Nr. 9 SGB XII iVm § 1 BarbetrV) mit 1600 EUR, ab einem Alter von 60 mit 2600 EUR angesetzt werden.[31]

7. Abschnitt: Zur Leistungsfähigkeit des Verpflichteten

I. Leistungsunfähigkeit als Einwendung

Für den Geschiedenenunterhalt beinhaltet § 1581 BGB ähnlich wie § 1603 BGB und früher § 59 EheG, eine Regelung der Leistungsfähigkeit sowie der Folgen einer ganz oder teilweise fehlenden Leistungsfähigkeit. Das Gesetz verwendet zwar nicht ausdrücklich den Begriff der Leistungsfähigkeit, meint sie aber nach Sinn und Zweck der Regelung.

Obwohl die Leistungsfähigkeit an sich – wie die Bedürftigkeit – eine weitere Voraussetzung jedes Unterhaltsanspruchs ist und damit zur Klagebegründung gehören würde, ist sie in den §§ 1581, 1603 BGB aus Zweckmäßigkeitsgründen **als Einwendung ausgestaltet** mit der Folge, dass der Verpflichtete die Darlegungs- und Beweislast hat für eine von ihm behauptete beschränkte oder fehlende Leistungsfähigkeit (→ § 6 Rn. 721 f.). Diese Umkehr der Darlegungs- und Beweislast ist verfassungsrechtlich bedenkenfrei.[1]

Erhebt der Verpflichtete hinsichtlich seiner Leistungsfähigkeit keine Einwendungen, wird die Leistungsfähigkeit vermutet. Der Richter ist nicht verpflichtet, sich von Amts wegen nach Umständen zu erkundigen, die die Leistungsfähigkeit beeinträchtigen könnten, wie zB, ob er gegenüber seiner Frau aus neuer Ehe unterhaltsverpflichtet ist.[2]

Beim **Trennungsunterhalt** fehlt eine dem § 1581 BGB entsprechende Regelung. Trotzdem sind die Grundsätze des § 1581 BGB auch beim Trennungsunterhalt in entsprechender Weise mit heranzuziehen.[3]

II. Eigener eheangemessener Bedarf

Der Verpflichtete ist nach § 1581 BGB leistungsfähig, wenn er wirtschaftlich in der Lage ist, den vollen eheangemessenen Unterhalt (§§ 1361, 1578 I 1 BGB) des Berechtigten ohne Beeinträchtigung seines **eigenen eheangemessenen Bedarfs** zu bezahlen. Er ist dann auch zu entsprechenden Unterhaltszahlungen verpflichtet. Er hat dazu alle eheprägenden und -nichtprägenden Einkünfte heranzuziehen (→ Rn. 550 ff.).

In seiner **grundsätzlichen Entscheidung** vom 18.10.1989 (IVb ZR 89/88[4]) hatte der BGH die in diesem Buch vertretene Auffassung bestätigt, dass der eigene angemessene Unterhalt im Sinn von § 1581 BGB grundsätzlich mit dem **vollen eheangemessenen Unterhalt nach § 1578 I 1 BGB gleichzusetzen** sei und somit von der Höhe des Einkommens abhänge. Mit seiner Entscheidung vom 15.3.2006[5] hat der BGH diesen **Weg eines variablen Selbstbehalts dann verlassen** und ist zu einem festen Selbstbehalt zurückgekehrt. Es bedürfe nämlich dieses variablen Selbstbehalts nicht mehr, weil die erforderliche Anpassung an das Einkommen des Pflichtigen bereits durch die an das Ein-

---

[31] BGH FamRZ 2013, 1554, 554 Nr. 36 = R 741e.
[1] BVerfG FamRZ 1985, 143 (146); BGH FamRZ 1988, 930.
[2] BGH FamRZ 1988, 930.
[3] BGH FamRZ 1986, 556.
[4] BGH FamRZ 1990, 260.
[5] BGH FamRZ 2006, 683.

kommen des Pflichtigen geknüpfte Bestimmung des Bedarfs des Berechtigten (variable eheliche Lebensverhältnisse) erfolge. Der billige Selbstbehalt müsse zwischen dem (minderjährigen Kindern gegengegenüber zu wahrenden) notwendigen und dem (nicht privilegierten volljährigen Kindern gegenüber zu wahrenden) angemessenen Selbstbehalt liegen.[6] Nun hat das BVerfG diese Rechtsprechung als verfassungswidrig missbilligt, weil sie die vom Gesetzgeber gewünschte Trennung von Bedarf und Leistungsfähigkeit missachte.[7] Damit muss nach § 1581 BGB wieder der individuelle einkommensabhängige eheangemessene Selbstbehalt berücksichtigt werden.

971 Dieser **variable Selbstbehalt** gilt jedoch **nicht für den Rang**, denn die Regelung des § 1582 BGB, welche früher den Rang regelte und dies auch jetzt noch tut, allerdings nur noch in Form einer Verweisung auf § 1609 BGB, enthält – anders als die alte Fassung – keine Verweisung auf § 1581 BGB mehr. Redaktionelle Gründe können als Ursache des Wegfalls nicht gefunden werden: Die Verweisung hätte ebenso bestehen bleiben können. Zur Begründung des Rangs führt der Gesetzgeber jedoch aus, dass nicht mehr die zeitliche Priorität maßgebend sein solle, sondern allein die Schutzbedürftigkeit des Berechtigten.[8] Das liefert eine Begründung auch für den Fortfall der Verweisung: wenn die Verteilung nach § 1581 BGB vom Rang abhinge, dann würde sich die zeitliche Priorität im Rang durchsetzen. Der spätere Ehegatte bliebe nämlich bei Nachrang unberücksichtigt, könnte sich jedoch bei Vorrang ihm gegenüber nicht vollständig durchsetzen, weil der Unterhalt des ersten jedenfalls Einfluss auf seinen Bedarf hätte. Deshalb muss es neben dem variablen eheangemessenen Selbstbehalt einen festen Ehegattenselbstbehalt als Mindestselbstbehalt geben, dessen Unterschreiten die Rangregeln auslöst. Diesen hatte der BGH anfangs noch nicht betragsmäßig festgelegt, sodass er von Fall zu Fall individuell bestimmt werden konnte. Dabei war aber zu beachten, dass er nicht über dem angemessenen und nicht unter dem notwendigen Selbstbehalt liegen darf. Inzwischen haben die OLGs sich jedoch auf einen **Ehegattenselbstbehalt von 1200 EUR** (vor dem 1.1.2015: 1100 EUR) festgelegt.

972 • Erhebt der Verpflichtete **keine Einwendungen zu seiner Leistungsfähigkeit** (→ Rn. 966), dann ist der volle Bedarf als Unterhalt zuzusprechen.
• **Behauptet der Verpflichtete,** ganz oder teilweise nicht leistungsfähig zu sein, muss er dies konkret darlegen und nachweisen, dass und warum er den vollen Unterhalt nicht ohne Beeinträchtigung seines eigenen vollen Bedarfs bezahlen kann (→ § 6 Rn. 721 f.). Im Rahmen der Überprüfung seiner Leistungsfähigkeit sind auf der Leistungsstufe **sämtliche Einkünfte des Verpflichteten zu berücksichtigen,**[9] gleich ob bedarfsbestimmend oder nicht (→ § 1 Rn. 33 f.). Außerdem können dem Verpflichteten im Rahmen der Leistungsfähigkeit verstärkt in zumutbarer Weise erzielbare Einkünfte fiktiv zugerechnet werden (→ § 1 Rn. 735 ff.).

973 • Andererseits sind im Rahmen der Leistungsfähigkeit nach § 1581 BGB **auch sonstige berücksichtigungswürdige Verbindlichkeiten** zu berücksichtigen, die bei der Bedarfsbemessung nicht berücksichtigt werden durften.[10,11]

974 Bei beschränkter Leistungsfähigkeit besteht ein **Mangelfall** im Sinn von § 1581 BGB. Geschuldet wird dann nicht mehr der volle Unterhalt nach § 1578 I 1 BGB, sondern auf Grund einer Billigkeitsabwägung nach § 1581 BGB ein Billigkeitsunterhalt. Diese Feststellung ist wichtig, weil bei einer **späteren Abänderung** der volle Unterhalt verlangt werden kann, wenn nun mehr Mittel zur vollen Bedarfsdeckung vorhanden sind. Es besteht kein Grund, die Parteien in einem solchen Fall an der früheren Beschränkung auf einen Billigkeitsunterhalt festzuhalten[12] (→ § 5 Rn. 47 f.). Eine Beschränkung kann dann nur § 1578b BGB bringen (→ Rn. 1000 ff.).

---

[6] BGH FamRZ 1990, 260.
[7] BVerfG FamRZ 2011, 437.
[8] BT-Drs. 16/1830, 23.
[9] BGH FamRZ 1989, 159.
[10] BGH FamRZ 2009, 411.
[11] BGH FamRZ 1990, 283 (287).
[12] BGH FamRZ 1989, 842; FamRZ 1989, 817; FamRZ 1987, 257.

7. Abschnitt: Zur Leistungsfähigkeit des Verpflichteten § 4

III. Bedarfsquote und Billigkeitsquote, konkreter Bedarf

Bisher wurde bei einem Mangelfall nach § 1581 BGB der Unterhalt nach der **Ehegattenquote** bemessen (→ Rn. 772). Diese Ehegattenquoten beinhalteten früher ihrerseits bereits deshalb einen Mangelfall, weil ein trennungsbedingter Mehrbedarf oder sonstiger Mehrbedarf nicht durch zusätzliche nichtprägende Einkünfte des Berechtigten oder des Verpflichteten oder durch Einschränkung einer Vermögensbildung gedeckt werden konnten. 975

Es war daher zu unterscheiden zwischen der auf § 1581 BGB gründenden **Billigkeitsquote** des Gattenunterhalts bei beschränkter Leistungsfähigkeit, die der ursprünglichen Düsseldorfer Tabelle zugrunde lag[13] und die durch die Ablehnung der Bedarfsbestimmung durch die Drittelmethode durch das BVerfG neue Bedeutung erlangt hat, einerseits und der **Bedarfsquote,** welche der BGH mit der Anrechnungsmethode[14] begründet und der Zuordnung des Bonus zum Bedarf weiterentwickelt hat, andererseits.[15]

Bei der Billigkeitsquote sind alle zumutbar erzielten oder erzielbaren prägenden und nichtprägenden Einkünfte zugrunde zu legen, bei der Bedarfsquote nur die prägenden. 976

Dieses Nebeneinander von Bedarfsquote und Billigkeitsquote hatte die Abkehr des BGH von dem eheangemessenen Selbstbehalt als Spiegelbild des Quotenbedarfs[16] beendet. Die **Ehegattenquote** stellte immer eine Bedarfsquote dar. Durch die Entscheidung des BVerfG vom 25.1.2011[17] ist in Fällen mit **mehren unterhaltsberechtigten Ehegatten** die **Billigkeitsquote** wieder relevant geworden (→ Rn. 407, → § 5 Rn. 108).

Bei einer **konkreten Bedarfsbemessung** (→ Rn. 763) allerdings gibt es wegen der besonders guten wirtschaftlichen Verhältnisse keinen Mangelfall. Ein Mangel kann aber dann eintreten, wenn der Verpflichtete, zB infolge eines Konkurses, einkommens- und vermögenslos wird. Es sind dann die allgemeinen Grundsätze einer Mangelfallrechnung anzuwenden. 977

IV. Schuldhaft herbeigeführte Leistungsunfähigkeit, Folgen des Mangelfalls

Eine (teilweise oder völlige) Leistungsunfähigkeit ist grundsätzlich zu beachten, und zwar auch dann, wenn der Verpflichtete sie selbst, sogar **schuldhaft herbeigeführt** hat.[18] Ausnahmsweise kann dem Verpflichteten nach **Treu und Glauben** (§ 242 BGB) die Berufung auf eine beschränkte oder fehlende Leistungsfähigkeit verwehrt sein, wenn ihm ein verantwortungsloses, zumindest leichtfertiges Verhalten von erheblichem Gewicht vorgeworfen werden kann, was eine wertende Betrachtung und Abwägung aller Umstände des Einzelfalles erfordert[19] (genauer → Rn. 654 ff., → § 1 Rn. 743 ff. und → § 5 Rn. 44 f.). 978

Die Folgen des Mangelfalls sind im § 5 Mangelfälle → Rn. 52, 103 f., 114 f., 166 f. dargestellt.

---

[13] Deutlich in DT 98 B I 1 und HL 98 27, 29, welche den Billigkeitunterhalt als Regelfall voranstellen und dann auf den Bedarf beschränkten, vgl. Hampel, Bemessung des Unterhalts, Rn. 530.
[14] BGH FamRZ 1983, 146 (148); FamRZ 1982, 576.
[15] BGH FamRZ 1989, 842.
[16] BGH FamRZ 2006, 683.
[17] BVerfG FamRZ 2011, 437.
[18] BGH FamRZ 1987, 372 (374); FamRZ 1985, 158.
[19] BGH FamRZ 1989, 159 (161).

V. Obliegenheit des Unterhaltspflichtigen zur Verwertung des Vermögens

979 Ein Unterhaltspflichtiger muss auch sein Vermögen verwerten, wenn das zur Erfüllung seiner Unterhaltspflicht erforderlich ist. Beim Ehegattenunterhalt ist diese Obliegenheit durch die Billigkeit begrenzt, weil auch der unterhaltsberechtigte Ehegatte nach § 1577 IV BGB seine Vermögen nicht verwerten muss, wenn das unwirtschaftlich oder unbillig wäre (vgl. → Rn. 959). Unbilligkeit kann insbesondere im Vergleich zum anderen Ehegatten bestehen, wenn dieser etwa sein Vermögen wegen Unwirtschaftlichkeit nicht verwerten muss. Bei Verwandtenunterhalt fehlt diese Beschränkung, im Einzelnen vgl. → § 1 Rn. 607 ff.

Ein **Notgroschen** muss beim Unterhaltspflichtigen großzügiger bemessen sein als beim Unterhaltsberechtigten und über die sozialrechtlichen Vorgaben hinausgehen.[20]

980–999 – in dieser Auflage nicht belegt –

8. Abschnitt: Herabsetzung und zeitliche Begrenzung des Unterhalts nach § 1578b BGB

I. Allgemeines

1. Neues und bisheriges Recht

1000 Mit **§ 1578b BGB gilt seit 1.1.2008** eine grundsätzlich für **alle** Unterhaltstatbestände des nachehelichen Unterhalts einheitliche Billigkeitsregelung, die eine Herabsetzung und/oder zeitliche Begrenzung (= Befristung) von Unterhaltsansprüchen ermöglicht. Die Regelung ist nicht wegen Unbestimmtheit verfassungswidrig. Ein Verstoß gegen das aus dem Rechtsstaatprinzip folgende Gebot der Normenklarheit liegt nicht vor. Auch Art. 6 I GG gebietet keine lebenslange Unterhaltspflicht.[1] Der Gesetzgeber beschränkt sich entsprechend seiner mit dem Unterhaltsrechtsänderungsgesetz vom 21.12.2007 verfolgten Absicht in weiten Teilen auf konkretisierungsbedürftige Grundaussagen und Generalklauseln. Damit soll den Gerichten ein breiter Spielraum eröffnet werden, dem konkreten Einzelfall nach Billigkeits- und Zumutbarkeitsgesichtspunkten gerecht zu werden.[2] Wegen der fehlenden Rückwirkung des neuen Rechts und der gesetzlichen **Übergangsregelung** des § 36 EGZPO wird auf → Rn. 1092 verwiesen.

Vor Inkrafttreten der Unterhaltsreform am 1.1.2008 erlaubte § 1573 V BGB aF Unterhaltsansprüche nach § 1573 I bis IV BGB, die nach dem 31.3.1986 fällig geworden waren, zeitlich dem Grunde nach zu begrenzen. Darüber hinaus konnte nach § 1578 I 2 BGB aF grundsätzlich bei allen Tatbeständen des nachehelichen Unterhalts die Unterhaltsbemessung nach den ehelichen Lebensverhältnissen (§ 1578 I 1 BGB) für nach dem 31.3.1986 fällig gewordene Ansprüche zeitlich der Höhe nach begrenzt und danach auf den angemessenen Lebensbedarf herabgesetzt werden.

Nicht anwendbar ist § 1578b BGB auf altrechtliche Unterhaltsansprüche nach § 58 EheG.[3]

2. Struktur des § 1578b BGB

1001 Absatz 1 des § 1578b BGB ermöglicht in Anlehnung an die frühere Regelung in § 1578 I 2 u. 3 BGB aF die **Herabsetzung** eines Unterhaltsanspruchs der Höhe nach von dem

---

[20] BGH FamRZ 2013, 1554, 554 Nr. 36 = R 741e.
[1] BGH FamRZ 2011, 188 Rn. 15; 2010, 1414 Rn. 14 und 26 jeweils zum Krankheitsunterhalt.
[2] BT-Drs. 16/1830, 13.
[3] OLG Celle FamRZ 2012, 988; OLG München ZFE 2009, 77.

8. Abschnitt: Herabsetzung und zeitliche Begrenzung des Unterhalts § 4

nach den ehelichen Lebensverhältnissen bestimmten Maß des § 1578 I 1 BGB auf einen nur angemessenen Lebensbedarf (→ Rn. 1014). Absatz 2 erlaubt – grundsätzlich ebenfalls bei allen Unterhaltstatbeständen – über eine bloße Herabsetzung hinausgehend die **zeitliche Begrenzung,** also eine in der Zukunft liegende endgültige Beendigung eines Anspruchs (= Befristung).

§ 1578b BGB ist als Billigkeitsvorschrift konzipiert, die eine **Billigkeitsabwägung auf Grund objektiver,** vom Gesetzgeber vorgegebener **Kriterien** erfordert, bei denen es – anders als vielfach bei § 1579 BGB (→ Rn. 1200 ff.) – nicht um ein Unwerturteil oder um subjektive Vorwerfbarkeit, also nicht um eheliches Fehlverhalten geht.[4]

Da es sich um eine den Unterhalt begrenzende Norm mit Ausnahmecharakter[5] handelt, trägt der Unterhaltspflichtige die **Darlegungs- und Beweislast** für diejenigen Tatsachen, die für eine Anwendung des § 1578b BGB sprechen. Den Berechtigten trifft eine **sekundäre Darlegungslast** hinsichtlich der Umstände, die gegen eine Unterhaltsbegrenzung oder für eine längere Unterhaltszeit sprechen (→ Rn. 1094).[6]

Die gesetzliche Neuregelung erlaubt bei allen Unterhaltstatbeständen die **Kombination der Herabsetzung** nach § 1578b I BGB **mit der zeitlichen Begrenzung** nach § 1578b II BGB in einer Entscheidung (§ 1578b III BGB).[7] Grundsätzlich ist in der ersten Entscheidung, in der die Umstände des Unterhaltsberechtigten abschließend beurteilt werden können, über Maßnahmen der Begrenzung nach § 1578b BGB zu entscheiden. Je nach Entwicklung des Unterhaltsverhältnisses kann es auch dazu kommen, dass zunächst eine Herabsetzung angeordnet wird und eine weitere Entscheidung über eine zeitliche Begrenzung und damit eine endgültige Beendigung des Unterhaltsverhältnisses (→ Rn. 1030 f.) erst später fällt.

3. Gemeinsame Voraussetzungen von § 1578b I und II BGB

Nach § 1578b I 1, II BGB ist der Unterhaltsanspruch des geschiedenen Ehegatten auf **den angemessenen Lebensbedarf herabzusetzen oder zeitlich zu begrenzen** (= befristen), wenn eine an den ehelichen Verhältnissen orientierte Bemessung auch unter Wahrung der Belange eines dem Berechtigten zur Pflege oder Erziehung anvertrauten gemeinschaftlichen Kindes unbillig wäre. Erforderlich ist eine **umfassende Billigkeitsabwägung** aller Umstände des Einzelfalls,[8] insbesondere unter Berücksichtigung der in Absatz 1 Satz 2 und 3 aufgeführten Kriterien (Genaueres → Rn. 1032 ff.). Den Prüfungsmaßstab bilden dabei sowohl für eine Befristung als auch für eine Herabsetzung einerseits die **ehebedingten Nachteile,** andererseits die **nacheheliche Solidarität.** 1002

Die **ehebedingten Nachteile** sind in § 1578b I 2 und 3 BGB konkretisiert. Sie sind stets vorrangig zu prüfen.[9] Danach ist insbesondere zu berücksichtigen, inwieweit durch die Ehe Nachteile im Hinblick auf die Möglichkeit eingetreten sind, für den eigenen Unterhalt zu sorgen (Satz 2). Solche Nachteile können sich vor allem aus der Dauer der Pflege und Erziehung eines gemeinschaftlichen Kindes, aus der Gestaltung von Haushaltsführung und Erwerbstätigkeit während der Ehe ergeben (Satz 3). Der Nachteil besteht in der Höhe, in der der Berechtigte nach Beendigung der Ehe bzw. im Zeitpunkt der gerichtlichen Entscheidung wegen der Zurückstellung der eigenen Erwerbstätigkeit während der Ehe weniger Einkommen hat als er (ohne Ehe) bei durchgehender Erwerbstätigkeit hätte.[10] Es handelt sich damit um die Differenz zwischen dem Lebensbedarf nach den ehelichen Verhältnissen und dem eigenen angemessenen Lebensbedarf (hierzu → Rn. 1022). Die 1003

---

[4] BT-Drs. 16/1830, 19 f.; BGH FamRZ 2014, 1007 Rn. 24.
[5] BGH FamRZ 2010, 1633 Rn. 28.
[6] BT-Drs. 16/1830, 20; BGH FamRZ 2010, 1637 Rn. 43 f.; 2010, 1050 Rn. 52 f.; 2010, 875 = R 711.
[7] Vgl. OLG Hamm FamRZ 2013, 43.
[8] BGH FamRZ 2018, 1506 Rn. 24 = R 792a; 2016, 1345 Rn. 15; 2010, 1414 Rn. 21; 2007, 200 (204).
[9] BT-Drs. 16/1830, 19; BGH FamRZ 2016, 1345 Rn. 14; 2010, 2059 Rn. 21 = R 720a, st. Rspr.
[10] BGH FamRZ 2016, 1345 Rn. 14; 2014, 1276 Rn. 27 und st. Rspr.

Einkommensdifferenz stellt nur dann einen ehebedingten Nachteil dar, wenn sie aufgrund der Ehe(-gestaltung), dh der **Rollenverteilung in der Ehe** entstanden ist, nicht aber, wenn sie auf unterschiedlichem Ausbildungsniveau[11] beruht oder auf sonstigen persönlichen Umständen, die während der Ehe eingetreten sind[12] (→ Rn. 1041). Ein ehebedingter Nachteil kann nur in einer Einkommensdifferenz bestehen. Er liegt nicht darin, dass die tatsächlich ausgeübte Erwerbstätigkeit anstrengender ist als die vor der Ehe ausgeübte, zB weil sie mit Schichtarbeit verbunden ist.

1004 Daneben, aber nachrangig zu prüfen ist die **nacheheliche Solidarität**, die ebenfalls den alleinigen Maßstab für eine Begrenzung des Unterhalts bilden kann. Bei der Billigkeitsabwägung ist das im Einzelfall gebotene Maß der nachehelichen Solidarität festzulegen.[13] Sie ist vor allem in Fällen heranzuziehen, in denen es nicht um die Kompensation ehebedingter Nachteile geht, insbesondere bei einer unabhängig von der Ehe aufgetretenen Krankheit eines Ehegatten (§ 1572 BGB) oder bei starker wirtschaftlicher Verflechtung aufgrund langjähriger Ehe (→ Rn. 1067, 1072). Für die Feststellung der Unbilligkeit gelten ebenfalls die Kriterien aus § 1578b I 3 BGB[14] und seit der Gesetzesänderung vom 1.3.2013[15] auch aus § 1578b I 2 Hs. 2 BGB (Dauer der Ehe). Der Begriff der nachehelichen Solidarität wird zwar im Gesetz nicht ausdrücklich genannt. Seine Berücksichtigung entspricht aber dem ausdrücklichen Willen des Gesetzgebers[16] und ist auch vom Gesetzeswortlaut nicht ausgeschlossen. § 1578b I 2 BGB weist „insbesondere" auf die ehelichen Nachteile hin und schließt damit andere Billigkeitsmaßstäbe nicht aus.[17] Er nennt zudem mit dem Tatbestandsmerkmal der Dauer der Ehe in seinem 2. Halbsatz einen Billigkeitsmaßstab der nachehelichen Solidarität.

Das Gesetz nennt nur die wichtigsten Billigkeitskriterien. Die Aufzählung ist nicht abschließend. Darüber hinaus können **weitere** nicht ausdrücklich im Gesetz genannte **Kriterien** zu berücksichtigen sein (→ Rn. 1071).[18]

1005 Die **Unbilligkeit** der weiteren Unterhaltsbemessung nach den ehelichen Lebensverhältnissen **muss festgestellt werden**. Es genügt nicht, das Fehlen von Billigkeitsgründen festzustellen, die für eine unverminderte Bemessung sprechen, insbesondere solcher nach § 1578b I 3 BGB. Denn diese Kriterien sind nicht abschließend („vor allem"). Dies ergibt sich aus dem Charakter der Vorschrift, wonach die Begrenzung des Unterhalts die **Ausnahme**, nicht die Regel darstellt.[19]

Die Pflege oder Erziehung eines Kindes muss sich auf ein **anvertrautes gemeinschaftliches Kind** beziehen. Anvertraut ist das Kind bei einer Sorgerechtsübertragung oder wenn sich die Parteien über die Betreuung einig sind.

II. Herabsetzung des eheangemessenen Unterhalts auf den angemessenen Lebensbedarf nach § 1578b I BGB

1. Anwendungsbereich des § 1578b I BGB

1006 Der nacheheliche Unterhalt ist gemäß § 1578 I 1 BGB nach den ehelichen Lebensverhältnissen zu bemessen (→ Rn. 400 ff.).[20] Aus dem Regelungszusammenhang des Unterhaltsrechts nach der Unterhaltsreform lässt sich aus § 1573 I und II BGB für den bedürftigen Ehegatten keine zeitlich unbeschränkte Lebensstandardgarantie mehr herleiten

---

[11] BGH FamRZ 2006, 1006.
[12] BGH FamRZ 2011, 188 Rn. 20; 2010, 1414 Rn. 18.
[13] BGH FamRZ 2016, 1345 Rn. 15.
[14] BT-Drs. 16/1830, 19.
[15] BT-Drs. 17/11885.
[16] BT-Drs. 16/1830, 19.
[17] BGH FamRZ 2011, 713 Rn. 21 = R 724d; 2009, 1207 Rn. 37.
[18] BGH FamRZ 2010, 1633 Rn. 29.
[19] BGH FamRZ 2010, 1633 Rn. 28 f.; 2010, 1414 Rn. 21; 2010, 1238 Rn. 32 f.
[20] BVerfG FamRZ 2011, 437.

8. Abschnitt: Herabsetzung und zeitliche Begrenzung des Unterhalts § 4

(→ Rn. 308 f.). Die einschneidenden wirtschaftlichen Folgen von Trennung und Scheidung erlauben – völlig losgelöst von Billigkeitsgesichtspunkten und der Einzelfallgerechtigkeit – häufig nicht die Aufrechterhaltung ungekürzter, ggf. lebenslanger Unterhaltspflichten.[21] Ziele der Gesetzesänderung sind deshalb, die Eigenverantwortung nach der Ehe zu fördern, aber auch die Chancen für einen Neuanfang nach gescheiterter Ehe zu erhöhen und die Zweitfamilien zu entlasten.[22]

§ 1578b I BGB gilt grundsätzlich für **alle Tatbestände des nachehelichen Unterhalts** (§§ 1570 ff. BGB), soweit es nicht wegen immanenter Schranken des betreffenden Tatbestands, zB wegen der zeitlichen Befristung des Ausbildungsunterhalts nach § 1575 I 2 BGB oder bei dem auf eigener Billigkeitsprüfung beruhenden Billigkeitsunterhalt nach § 1576 BGB kaum zur Anwendung des § 1578b BGB kommen kann.[23]

Nach § 1578b I 1 BGB ist der Unterhaltsanspruch des geschiedenen Ehegatten **auf den angemessenen Lebensbedarf herabzusetzen,** wenn eine an den ehelichen Verhältnissen orientierte Bemessung auch unter Wahrung der Belange eines dem Berechtigten zur Pflege oder Erziehung anvertrauten gemeinschaftlichen Kindes unbillig wäre.

Eine **Herabsetzung des Betreuungsunterhalts nach § 1570 BGB** ist – anders als die Befristung (→ Rn. 1027) – zwar möglich und vom Tatrichter zu prüfen. Sie kommt aber nur eingeschränkt in Betracht (→ Rn. 1037). Die Möglichkeit der Herabsetzung des Unterhaltsanspruchs nach § 1570 BGB besteht zudem nur, wenn dieser die einzige Anspruchsgrundlage bildet, nicht bei Teilansprüchen nach § 1570 und § 1573 I oder II BGB. Sobald eine teilschichtige Erwerbspflicht des Berechtigten besteht, verleiht § 1570 BGB einen Anspruch nur bis zur Höhe des angemessenen Lebensbedarfs. Da dieser die Grenze der Herabsetzung nach § 1578b BGB bildet, kann in solchen Fällen nur der Teilanspruch nach § 1573 BGB herabgesetzt werden (→ Rn. 109). 1007

Eine **Herabsetzung** des Unterhaltsanspruchs nach § 1578b I BGB ist sowohl **bei Fortdauer des Anspruchs wegen eines ehebedingtes Nachteils** möglich, wenn der Berechtigte nur noch Einkünfte unterhalb seines angemessenen Lebensbedarfs erzielen kann, als auch unter dem Gesichtspunkt der **nachehelichen Solidarität,** wenn der Berechtigte im Umfang seines angemessenen Lebensbedarfs Einkünfte erwirtschaften kann.[24] In beiden Fällen ist Voraussetzung, dass der Anspruch auf den vollen Unterhalt nach den ehelichen Lebensverhältnissen höher wäre und jeweils unbillig erscheint. Die Entscheidung über eine Herabsetzung darf nicht zurückgestellt werden, weil eine abschließende Entscheidung über eine Befristung nach § 1578b II BGB noch nicht möglich ist, also zB die Endgültigkeit eines ehebedingten Nachteils noch nicht feststeht. Vielmehr muss eine Prüfung der Herabsetzung des Anspruchs aufgrund der im Zeitpunkt der Entscheidung gegebenen Sachlage und der sicher bzw. zuverlässig abzusehenden Umstände erfolgen.[25] Eine als angemessen erachtete Herabsetzung nicht vorzunehmen, weil sich der ehebedingte Nachteil noch zugunsten des Unterhaltspflichtigen verändern könne, ist widersprüchlich.[26] Es ist nicht relevant, ob ein im Zeitpunkt der Entscheidung bestehender ehebedingter Nachteil in der Zukunft Änderungen unterworfen sein kann.[27] Dabei ist es gleichgültig, ob die Herabsetzung sofort oder erst zukünftig wirksam werden soll. Tritt durch eine Einkommensveränderung eine wesentliche Änderung in den wirtschaftlichen Verhältnissen bei der unterhaltsberechtigten Person ein, ist eine Abänderung des Unterhalts durch die Erstentscheidung zu § 1578b BGB nicht ausgeschlossen.[28] 1008

---

[21] Vgl. BT-Drs. 16/1830, 18.
[22] BT-Drs. 16/1830, 13; BGH FamRZ 2013, 274 Rn. 32.
[23] Vgl. Büttner FamRZ 2007, 773 (774).
[24] BGH FamRZ 2014, 1007 Rn. 18 = R 752; 2010, 1971 Rn. 29 ff. = R 719b (zur Herabsetzung bei nachehelicher Solidarität).
[25] BGH FamRZ 2018, 1506 Rn. 27 = R 792a; 2018, 914 Rn. 13 (zur Präklusion bei Abänderungsantrag) = R 791a; 2015, 1694 Rn. 22; 2012, 517 Rn. 65; 2011, 454 Rn. 43, 46 = R 721 f.; 2010, 1637 Rn. 47 f. = R 715d; 2010, 869 Rn. 38 ff.; anders wohl noch BGH FamRZ 2009, 1300 Rn. 62 und 2009, 770 Rn. 44 = R 704b.
[26] BGH FamRZ 2018, 1506 Rn. 30 = R 792b.
[27] BGH FamRZ 2018, 1506 Rn. 27 = R 792a; 2011, 454 Rn. 42f; BT-Drs. 16/1830, 13.
[28] BGH FamRZ 2018, 1506 Rn. 30 = R 792b.

2. Rechtsfolgen nach § 1578b I BGB

1009 Liegen die Voraussetzungen des § 1578b I BGB vor, **muss der Tatrichter**, wie sich aus der gesetzlichen Formulierung „ist ... herabzusetzen" ergibt, den Unterhaltsanspruch **herabsetzen**. Wenn gleichzeitig die Voraussetzungen des § 1578b II BGB erfüllt sind, muss er außerdem den Unterhaltsanspruch nach dieser Vorschrift zeitlich begrenzen.[29]

Die Herabsetzung auf den angemessenen Lebensbedarf kann theoretisch sofort nach der Scheidung erfolgen. Die Unterhaltsbemessung nach den ehelichen Lebensverhältnissen (§ 1578 I 1 BGB) kann – wie nach der Regelung des § 1578 I 2 BGB aF – auch zeitlich begrenzt aufrechterhalten und nach einer Übergangsfrist auf den angemessenen Lebensbedarf herabgesetzt werden. Im Regelfall gibt es aber **keine sofortige Herabsetzung** mit Beginn des Unterhalts ab Rechtskraft der Scheidung. Die Gewährung einer Übergangsfrist, die immer unter dem Gesichtspunkt der nachehelichen Solidarität erfolgt, ist nur selten unbillig. Anderes widerspräche dem Regel-/Ausnahme-Verhältnis zwischen dem vollen Unterhaltsanspruch und dessen Begrenzung.[30] Anknüpfungspunkt für die Unbilligkeit ist die zunehmende Distanz zur Ehescheidung durch das schwächer werdende Band der nachehelichen Solidarität.[31] Raum für eine sofortige Herabsetzung besteht hauptsächlich dann, wenn die Ehe nur kurze Zeit gedauert hat, der berechtigte Ehegatte wieder voll berufstätig und die Differenz zwischen seinem tatsächlichen Einkommen und demjenigen ohne ehebedingte Pause sowie die Differenz zwischen den Einkommen beider Ehegatten gering sind. Bei einer Ehe von mehrjähriger Dauer – nicht zwingend von langer Dauer – wird eine sofortige Herabsetzung auch ohne ehebedingten Nachteil idR nicht in Betracht kommen, weil dem Berechtigten unter dem Aspekt der nachehelichen Solidarität ein gewisser Zeitraum zusteht, innerhalb dessen er sich an seinen niedrigeren Lebensstandard gewöhnen muss.[32]

1010 Nach dem Wortlaut des § 1578b I BGB scheidet ein vollständiger Wegfall des Unterhaltsanspruchs aus.[33] Die Formulierung, dass der Unterhaltsanspruch (unter bestimmten Bedingungen) herabzusetzen ist, setzt voraus, dass auch nach Herabsetzung noch ein Unterhaltsanspruch verbleibt. Anders als bei § 1578b II BGB endet der Unterhaltsanspruch nicht mit Ablauf einer zeitlichen Begrenzung für die Unterhaltsbemessung, sondern geht grundsätzlich in einen **verminderten Unterhalt** über. Dieser ist dann in der festgesetzten Höhe solange zu bezahlen, wie dem Grunde nach ein Unterhaltstatbestand erfüllt ist und seine Weitergewährung nicht unbillig ist. Die Höhe dieses Anspruchs bestimmt sich nicht mehr nach den wirtschaftlichen Verhältnissen des Verpflichteten, sondern ist nur noch von seiner fortbestehenden Leistungsfähigkeit und der Bedürftigkeit des Berechtigten abhängig.

1011 Führt die Herabsetzung des Unterhalts auf den angemessenen Lebensbedarf zugleich zu einem **Wegfall des Unterhalts**, zB weil der Berechtigte keine Einkommenseinbußen durch die Ehe erlitten hat, kommt dies im Ergebnis einer Befristung nach § 1578b II BGB gleich.[34] Denkbar sind hier aber Fallgestaltungen, in denen die Rechtsfolge einer Befristung – endgültiger Wegfall des Unterhaltsanspruchs (→ Rn. 1022) – vermieden werden muss. Es handelt sich um die Fälle, in denen der Berechtigte zB nach langer Ehe mit langjähriger Unterhaltszahlung nach den ehelichen Lebensverhältnissen wegen eines ehebedingten Nachteils nur noch Anspruch auf den angemessenen Lebensstandard (→ Rn. 1014) hat, aber im Zeitpunkt der Entscheidung unvorhergesehen eine Arbeitsstelle bekleidet, die ein Gehalt in Höhe des angemessenen Lebensstandards erbringt. Ist diese Arbeitsstelle nicht nachhaltig gesichert, zB weil sich der Berechtigte noch in der Probezeit befindet, und verliert er die Arbeitsstelle (innerhalb der Probezeit) wieder, besteht ein Bedürfnis, ihm dann den Unterhaltsanspruch bis zum angemessenen Lebensbedarf wieder zu gewähren.

---

[29] BT-Drs. 16/1830, 19.
[30] BGH FamRZ 2010, 1633 Rn. 30.
[31] BGH FamRZ 2011, 1721 Rn. 23.
[32] BGH FamRZ 2018, 1506 Rn. 17.
[33] BGH FamRZ 1999, 710 (712) zu § 1578 I 2 BGB aF.
[34] BGH FamRZ 2011, 1721 R. 36; in FamRZ 2009, 1990 Rn. 15 hat der BGH wohl noch unmittelbar eine Befristung angenommen.

8. Abschnitt: Herabsetzung und zeitliche Begrenzung des Unterhalts § 4

Voraussetzung ist, dass die Umstände, die zum Verlust des Arbeitsplatzes geführt haben, zugleich Grundlage des ehebedingten Nachteils sind. Der Unterhaltsanspruch besteht entweder „latent" fort oder er lebt wieder auf. Ein Wiederaufleben von Unterhaltsansprüchen ist gesetzlich verankert in § 1586a BGB nach Scheidung einer späteren Ehe, wenn Unterhalt nach § 1570 BGB wegen eines Kindes aus der früheren Ehe geltend gemacht wird (→ Rn. 118). Es ist zudem möglich, wenn Gründe, die zu einer Verwirkung nach § 1579 BGB (vornehmlich § 1579 Nr. 2 BGB Scheitern der nichtehelichen Lebensgemeinschaft) geführt haben, entfallen (→ Rn. 1382 ff.). Der Tatrichter wird in solchen Fällen eine Herabsetzung aussprechen, eine Befristung dagegen mangels hinreichend sicherer Prognose über die Entwicklung der finanziellen Verhältnisse des Berechtigten ablehnen. Eine Bindungswirkung entfaltet sich dann hinsichtlich des Einkommens des Berechtigten nicht (→ Rn. 1087).

Bei der **erstmaligen Unterhaltsherabsetzung** nach § 1578b I BGB hat eine Doppelberechnung zu erfolgen. Es ist erst der Unterhalt nach den ehelichen Lebensverhältnissen nach § 1578 I 1 BGB zu ermitteln und sodann der angemessene Lebensbedarf nach § 1578b I 2 BGB. **1012**

Die **Festlegung der Übergangsfrist** (→ Rn. 1069) geschieht durch eine richterliche Ermessensentscheidung. Für die Bemessung der Zeitspanne, in der der Berechtigte seinen eheangemessenen vollen Unterhalt erhält, spielen alle Gesichtspunkte des konkreten Einzelfalls eine Rolle, die bei der Billigkeitsabwägung (→ Rn. 1032 ff., 1071 ff.) zu den Voraussetzungen einer Herabsetzung zu berücksichtigen sind. Wesentlich kommt es darauf an, welche Zeit der Berechtigte braucht, um sich auf die neuen Verhältnisse eines geminderten Unterhalts einzustellen. Der Dauer der Ehe kommt dabei keine allein entscheidende Bedeutung mehr zu. Eine schematische Anbindung im Sinne einer zeitlichen Entsprechung zwischen Dauer der Ehe und Dauer der Gewährung des vollen Unterhalts entfällt.[35] Die Ehedauer hat nach § 1578b BGB ein geringeres Gewicht als in der entsprechenden Regelung nach altem Recht (→ Rn. 1065 ff.). **1013**

Für die Zeit nach Ablauf der Übergangsfrist ist der Unterhalt nach einem anderen Maßstab als nach § 1578 I 1 BGB zu bemessen. Als Ersatzmaßstab prägt das Gesetz den Begriff des **„angemessenen Lebensbedarfs"**. Dieser bildet regelmäßig die Grenze der Herabsetzung des nachehelichen Unterhalts.[36] Dieser angemessene Lebensbedarf im Sinne des § 1578b I BGB ist nicht gleichbedeutend mit dem Billigkeitsunterhalt nach § 1581 BGB. Hiermit ist vielmehr eine dem Einzelfall gerecht werdende Bemessungsgrundlage gemeint, für die als Anknüpfungspunkt im Gesetzgebungsverfahren des Unterhaltsänderungsgesetzes (UÄndG) vom 20.2.1986[37] die Lebensstellung des Berechtigten vor der Ehe oder die Lebensstellung, die er ohne die Ehe gehabt hätte, genannt worden waren. Der BGH hat dies aufgegriffen und bemisst den angemessenen Lebensbedarf nach dem Einkommen, das der Berechtigte **ohne die Ehe und Kindererziehung aus eigenen Einkünften** zur Verfügung hätte.[38] Bei der Bemessung ist auf die **konkrete Lebenssituation** des Berechtigten abzustellen.[39] **1014**

Ist der Berechtigte **erwerbsfähig,** ist die hypothetische berufliche Entwicklung maßgeblich. Es ist daher zu prüfen, welche berufliche Entwicklung er bei durchgehender, vollschichtiger Erwerbstätigkeit genommen hätte, wenn er nicht geheiratet und wegen der Rollenverteilung in der Ehe (zB Kinderbetreuung) seine Erwerbstätigkeit eingeschränkt oder aufgegeben hätte. **1015**

Ist der Berechtigte dagegen während der Ehe **erwerbsunfähig erkrankt** (§ 1572 BGB), bildet grundsätzlich die Erwerbsunfähigkeitsrente den angemessenen Lebensbedarf, die der Berechtigte zwar ohne Ehe und Kinder, aber mit der Krankheit erhalten würde, wenn die **1016**

---

[35] BGH FamRZ 2008, 1508 Rn. 27, 28.
[36] BGH FamRZ 2018, 1506 Rn. 25 = R 792a; 2018, 1421 Rn. 7, 16; 2016, 1345, Rn. 16; 2011, 713 Rn. 15 = R 724b.
[37] BGBl. I S. 301.
[38] BGH FamRZ 2016, 1345 Rn. 16; 2014, 1007 Rn. 18 = R 752; 2013, 1366 Rn. 75; 274 Rn. 23; 2010, 2059 Rn. 22 = R 720b; 2009, 1990 Rn. 14.
[39] BGH FamRZ 2011, 713 Rn. 15 = R 724b; 2010, 629 Rn. 28 ff. = R 710b.

Krankheit – wie regelmäßig (→ Rn. 1056) – nicht ehebedingt ist. Da der Berechtigte in einem solchen Fall auch ohne die Ehe erkrankt wäre, darf nicht vom Einkommen eines (fiktiven) Gesunden ausgegangen werden,[40] sondern es sind die konkrete Lebenssituation und die tatsächliche Rente nach Durchführung des Versorgungsausgleichs zugrunde zu legen.[41] Der Versorgungsausgleich bildet den Ausgleich für den während der Ehe nicht oder in vermindertem Umfang weitergeführten Aufbau der Alters- bzw. der Invaliditätsversorgung. Gleiches gilt beim Anspruch auf **Unterhalt wegen Alters** (§ 1571 BGB). Es ist auf das (Renten-)Einkommen nach Beendigung des hypothetischen Erwerbslebens ohne Ehe/Kinder abzustellen, aber ebenfalls von der tatsächlichen Altersrente nach Durchführung des Versorgungsausgleichs auszugehen.[42]

1017 Das bedeutet: Führt der **Versorgungsausgleich** zu einem **vollständigen Ausgleich** der während der Ehe erlittenen Versorgungsnachteile, bildet die tatsächliche EU- oder Altersrente den angemessenen Lebensbedarf,[43] wenn die Ehe mit oder nach Eintritt in die Rente endet. Dabei ist es grundsätzlich nicht erheblich, wenn die hypothetische Rente aufgrund eigener Erwerbstätigkeit höher wäre als die tatsächliche nach Durchführung des Versorgungsausgleichs. Ein in der Differenz liegender Nachteil gilt als ausgeglichen. Er ist nicht relevant für den angemessenen Lebensbedarf und bildet auch keinen ehebedingten Nachteil (→ Rn. 1060), weil er von beiden Ehegatten gleichermaßen getragen wird.[44] Ein vollständiger Ausgleich der Versorgungsnachteile liegt vor, wenn der Pflichtige während der gesamten Ehedauer eine in den Versorgungsausgleich fallende Altersvorsorge betrieben hat.

Endet die Ehe vor dem Eintritt ins Rentenalter bei vollständigem Ausgleich durch den Versorgungsausgleich, kommt es beim Anspruch auf Altersunterhalt (§ 1571 BGB) für den angemessenen Lebensbedarf darauf an, ob die Rente, die der Berechtigte aufgrund der nachehelich ausgeübten oder zumutbaren Erwerbstätigkeit erhält, geringer ist als die hypothetische Rente, die er in der nachehelichen Zeit ohne die Ehegestaltung hätte erwirtschaften können.[45] In diesem Fall bildet die hypothetische Rente den angemessenen Lebensbedarf.

Im Unterhalt wegen Krankheit nach § 1572 BGB gilt eine Ausnahme vom Grundsatz des vollständigen Nachteilsausgleichs während der Ehe, wenn wegen der Ehegestaltung auch nach Durchführung des Versorgungsausgleichs die **Voraussetzungen für eine EU-Rente** nicht erfüllt sind, bei durchgehender Erwerbstätigkeit des Berechtigten aber erfüllt wären.[46] Hier bildet die ohne Ehe hypothetisch erworbene EU-Rente den angemessenen Lebensbedarf (→ Rn. 1057).

1018 Anderes gilt nur, wenn nur ein **unvollständiger Ausgleich** der entstandenen Versorgungsnachteile das Ergebnis des Versorgungsausgleichs ist, weil etwa der Pflichtige selbstständig und der Zugewinnausgleich ausgeschlossen oder die Ehe „phasenverschoben" und der Ausgleichspflichtige während der (überwiegenden) Ehezeit keinen Zuwachs mehr in seiner Altersversorgung erlangt hatte, entweder weil er bereits Rentner war[47] oder ausschließlich von Einkünften aus eigenem Vermögen gelebt hat.[48] In einem solchen Fall ist für den angemessenen Lebensbedarf auf das hypothetische Renteneinkommen des Berechtigten aufgrund eigener Erwerbstätigkeit ab dem Zeitpunkt abzustellen, ab dem der Pflichtige keine Rentenanwartschaften mehr erwirtschaftet hat,[49] beim Anspruch nach § 1572 BGB bis zum tatsächlichen Eintritt der Erwerbsunfähigkeit.

---

[40] BGH FamRZ 2011, 713 = R 724b Rn. 16; 2010, 629 Rn. 29 = R 710b.
[41] BGH FamRZ 2011, 713 = R 724b Rn. 16; 2010, 629 Rn. 29 = R 710b.
[42] BGH FamRZ 2010, 629 Rn. 29 = R 710b.
[43] BGH FamRZ 2010, 1633 Rn. 32 f.
[44] BGH FamRZ 2014, 823 Rn. 17 = R 749; 2013, 1291 Rn. 22 = R 738c; 2013, 195 Rn. 44 = R 735e; 2008, 1325.
[45] BGH FamRZ 2011, 1721 Rn. 28.
[46] BGH FamRZ 2011, 1381 Rn. 31 = R 726c; grundlegend: FamRZ 2011, 713 Rn. 20 = R 724c.
[47] BGH FamRZ 2010, 1633 Rn. 25, 33.
[48] BGH FamRZ 2011, 1381 Rn. 31 f. = R 726c.
[49] BGH FamRZ 2011, 1381 Rn. 32 = R 726c.

8. Abschnitt: Herabsetzung und zeitliche Begrenzung des Unterhalts § 4

Durch die Formulierung „angemessen" bringt das Gesetz zum Ausdruck, dass der Bedarf 1019 oberhalb des Existenzminimums und des notwendigen Unterhalts liegen soll.[50] Nach der Rechtsprechung des BGH stellt die unterste Grenze aber ein Bedarf dar, der nur das unterhaltsrechtliche Existenzminimum erreicht. Dieses entspricht dem **notwendigen Selbstbehalt des nicht erwerbstätigen Unterhaltspflichtigen** (derzeit 880 EUR).[51] Es gelten insoweit weder der angemessene Selbstbehalt nach § 1603 I BGB (derzeit 1300 EUR) noch der Ehegattenmindestselbstbehalt (derzeit 1200 EUR), weil der Bedarf des Berechtigten und der Selbstbehalt des Pflichtigen zu unterscheiden sind.[52] Auf dieses **Existenzminimum** kann der Unterhaltsanspruch nur herabgesetzt werden, wenn das angemessene Einkommen des Berechtigten noch darunter oder jedenfalls nicht höher liegt. Wurde vorehelich kein Einkommen erzielt, wird – jedenfalls ohne weitere Anhaltspunkte – das Existenzminimum regelmäßig den angemessenen Lebensbedarf bilden. Dieses unterhaltsrechtliche Existenzminimum gilt auch für ausländische Ehegatten, die wegen der Ehe nach Deutschland gekommen und hier sesshaft geworden sind, selbst wenn sie in ihrer Heimat nur noch weniger erwirtschaften könnten.[53] Der Verpflichtete kann den wegen der Eheschließung in Deutschland ansässig gewordenen Ehegatten nicht auf eine Rückkehr in sein Heimatland verweisen.

Der angemessene Lebensbedarf kann nach der Definition des BGH an sich höher 1020 sein als die ehelichen Lebensverhältnisse, zB wenn die vorehelich besserverdienende Ehefrau ihre Erwerbstätigkeit wegen der Kindererziehung aufgegeben hatte. Eine Begrenzung auf die ehelichen Lebensverhältnisse ergibt sich dann erst aufgrund der **Beachtung des Halbteilungsgrundsatzes** im Rahmen der Leistungsfähigkeit des Pflichtigen. Da der voreheliche Lebensstandard in der Ehe aber nicht gelebt wurde und nach dem Gesetzeswortlaut auf den angemessenen Lebensbedarf „herabzusetzen" ist, wird auch die Auffassung vertreten, dass dieser schon nicht höher sein kann als der den ehelichen Verhältnissen entsprechende Bedarf.[54] Dies gilt aber nicht bei einem ehelichen Bedarf, der unter dem Existenzminimum liegt. Der angemessene Lebensbedarf besteht auch in einem solchen Fall **in Höhe des notwendigen Selbstbehalts des nicht Erwerbstätigen**. Überschreitet schon der eheliche Bedarf nicht das Existenzminimum bzw. den notwendigen Eigenbedarf oder erreicht er diesen nicht einmal, scheidet eine Herabsetzung aus. Das gilt auch im Fall des oben genannten vorehelich besser verdienenden Ehegatten, der seine Erwerbstätigkeit wegen der Kindererziehung aufgegeben hatte.

Der angemessene Lebensbedarf bildet nur die **Untergrenze der Herabsetzung.**[55] 1021 Auch wenn der Wortlaut von § 1578b I BGB („… ist auf den angemessenen Lebensbedarf herabzusetzen") einen Spielraum beim Umfang der Herabsetzung nicht gibt, soll dem Tatrichter nach der Rechtsprechung des BGH ein solcher zustehen. Er ist deshalb nicht gezwungen, den Spielraum auszuschöpfen. Auch hier sind vielmehr die Umstände des Einzelfalls zu berücksichtigen.[56] Der Tatrichter muss sich aber des Spielraums und damit der Untergrenze (dem angemessenen Lebensbedarf) bewusst sein und dies deutlich machen, um aus dem Spielraum verantwortlich zu schöpfen.[57]

Auf den angemessenen Lebensbedarf ist **eigenes** (tatsächliches oder nach §§ 1574, 1022 1577 BGB erzielbares) **Einkommen** des Berechtigten **bedarfsmindernd anzurechnen.** Nur eine **verbleibende Differenz** ergibt den **ehebedingten Nachteil**[58] und ist als

---

50 FA-FamR/Maier, Kap. 6 Rn. 820: Mindestselbstbehalt ggü. dem geschiedenen Ehegatten (1200 EUR).
51 BGH FamRZ 2018, 1506 Rn. 25 = R 792a; 2016, 1345, Rn. 16; 2013, 534 Rn. 26; 2010, 629 Rn. 32 f. = R 710c; 2009, 1990 Rn. 14.
52 BGH FamRZ 2010, 1633 Rn. 31; 2010, 629 Rn. 32 = R 710c.
53 BGH FamRZ 2013, 534 Rn. 26.
54 Siehe BGH FamRZ 2005, 442 zum Bedarf der Berechtigten nach § 1615l BGB.
55 BGH FamRZ 2016, 1345 Rn. 18.
56 BGH FamRZ 2012, 517 Rn. 63; 2010, 1633 Rn. 40.
57 BGH FamRZ 2011, 192 Rn. 36; 2010, 629 Rn. 39 = R 710d.
58 BGH FamRZ 2018, 1421 Rn. 7; 2016, 1345 Rn. 19; 2014, 1007 Rn. 18 = R 752; 2013, 935 Rn. 35.

Unterhalt zuzusprechen, soweit nicht der nach § 1577 II BGB nicht unterhaltsrelevante Teil eines überobligatorischen Einkommens bei der Unterhaltsermittlung unberücksichtigt bleibt.[59] Beruht die Unterhaltszahlung auf einer notariellen Vereinbarung und enthält diese eine Regelung zur Erwerbspflicht des/der Berechtigten, so ist diese Regelung zu berücksichtigen. Ist etwa die Berechtigte nach der Regelung nicht verpflichtet, einer Erwerbstätigkeit nachzugehen, so beträgt die Differenz das volle Gehalt nach dem angemessenen Lebensbedarf.[60]

1023 Jedenfalls seit der Entscheidung des BGH vom 30.11.2011[61] dürfen sowohl bei dem tatsächlich erzielten (bzw. erzielbaren) als auch dem fiktiven Einkommen des angemessenen Lebensbedarfs **weder berufsbedingte Aufwendungen noch Erwerbsbonus** ($1/10$ nach Nr. 15.2 SüdL, $1/7$ nach B I. Düsseldorfer Tabelle) abgezogen werden.[62] Noch kurz zuvor hatte der BGH den Abzug berufsbedingter Aufwendungen akzeptiert[63] und sich stets nur gegen den Abzug eines Erwerbsbonus ausgesprochen.[64] Beim Erwerbsanreiz ist die Auffassung des BGH nachvollziehbar. Der Berechtigte ist im Verhältnis zum Pflichtigen verpflichtet, sein gesamtes unterhaltsrelevantes Einkommen bedarfsdeckend einzusetzen. Aufgrund der unterhaltsrechtlichen Eigenverantwortung besteht keine Notwendigkeit, ihn durch die Gewährung von Vergünstigungen zur Erwerbstätigkeit zu motivieren.[65] Hinsichtlich der berufsbedingten Aufwendungen ist das zu bezweifeln, weil dieses Geld dem Berechtigten zur Deckung des Lebensbedarfs nicht zur Verfügung steht, sondern zur Einkommenserzielung verbraucht wird.

1024 Diese den **ehebedingten Nachteil bildende Differenz** steht dem Berechtigten in vollem Umfang zu. Sie ist **nicht hälftig** auf beide Ehegatten zu verteilen, mit der Folge, dass der Berechtigte nur Anspruch auf die Hälfte der Differenz hätte.[66] Die Pflicht zu Zahlung nachehelichen Unterhalts ist eine an die rechtskräftige Scheidung geknüpfte Rechtsfolge. Nach dem Willen des Gesetzgebers stellt der ehebedingte Nachteil den Teil des Bedarfs dar, der noch gezahlt werden muss, wenn der Bedarf von den ehelichen Lebensverhältnissen gelöst und nur noch nach der angemessenen Lebensstellung des Berechtigten bestimmt wird. Ehebedingte Nachteile des Unterhaltspflichtigen sind daher bei der Bedarfsbemessung nach § 1578b BGB nicht zu berücksichtigen, wohl aber im Einzelfall bei der Billigkeitsabwägung (→ Rn. 1083). Andernfalls würde der Unterhaltsberechtigte aus eigenem Einkommen und Unterhaltszahlungen niemals in die Lage versetzt werden, seinen ehebedingten Nachteil zu decken.

1025 Krankheitsvorsorgeunterhalt und Altersvorsorgeunterhalt können neben Elementarunterhalt auch bei Vorliegen der Voraussetzungen des § 1578b I BGB verlangt werden (→ Rn. 1059; § 1 Rn. 797).

1026 Der Tatrichter muss den angemessenen Lebensbedarf feststellen.[67] Steht der ehebedingte Nachteil fest, darf der Tatrichter sich bei geeigneter Grundlage darauf beschränken, das hypothetische Einkommen gemäß **§ 287 ZPO** zu schätzen (→ Rn. 1095).[68] Die Grundlagen der Schätzung muss das Gericht – schon im Hinblick auf eine revisionsrechtliche Überprüfbarkeit – konkretisieren. Es genügt nicht, lediglich von einem hypothetischen Einkommen auszugehen, das in Höhe des titulierten Unterhaltsanspruchs über dem

---

[59] BGH FamRZ 2005, 1154 (1157) = R 630e; vgl. auch BGH FamRZ 2009, 1391.
[60] BGH FamRZ 2015, 824 Rn. 29 ff.; OLG Hamm NZFam 2017, 29.
[61] BGH FamRZ 2012, 947 Rn. 28; zuvor schon FamRZ 2010, 1637 Rn. 32 und 46.
[62] BGH FamRZ 2018, 1506 Rn. 30 = R 792b; 2016, 1345 Rn. 19.
[63] BGH FamRZ 2012, 93 Rn. 32, wo ausdrücklich das nach Abzug konkreter Fahrtkosten verbleibende Gehalt als angemessener Lebensbedarf bezeichnet wird; ebenso FamRZ 2009, 406 Rn. 17, wo es akzeptiert wird, dass der angemessene Lebensbedarf unter Berücksichtigung pauschaler Werbungskosten ermittelt wird.
[64] BGH FamRZ 2011, 192 Rn. 27, 28; 2009, 406 Rn. 17.
[65] BGH FamRZ 2011, 192 Rn. 27.
[66] BGH FamRZ 2016, 1345 Rn. 19 ff; a. A. Schausten FF 2011, 243, Kieninger FamRZ 2013, 1355, Schürmann in Eschenbruch/Schürmann/Menne, Der Unterhaltsprozess, 6. Aufl., Kap. 1 Rn. 1331.
[67] BGH FamRZ 2018, 1421 Rn. 7.
[68] BGH FamRZ 2010, 2059 Rn. 33 = R 720c; 2010, 1633 Rn. 39.

tatsächlichen Einkommen liege, ohne konkrete Beträge zu nennen.[69] Es muss erkennbar und nachvollziehbar sein, welches Einkommen das Gericht dem Berechtigten zugerechnet hat.

III. Zeitliche Begrenzung des Unterhalts nach § 1578b II BGB

1. Anwendungsbereich des § 1578b II BGB

1027 Nach § 1578b II 1 u. 2 BGB können Unterhaltsansprüche nach Maßgabe derselben Billigkeitskriterien, wie sie § 1578 I BGB für die Herabsetzung eines Anspruchs aufstellt (→ Rn. 1006), zeitlich begrenzt, also endgültig beendet werden, wenn ein zeitlich unbegrenzter Unterhaltsanspruch auch unter Wahrung der Belange eines dem Berechtigten zur Pflege oder Erziehung anvertrauten gemeinschaftlichen Kindes unbillig wäre. Entgegen § 1573 V BGB aF erlaubt § 1578b II BGB nun die **zeitliche Begrenzung grundsätzlich jedes nachehelichen Unterhaltsanspruchs** (§§ 1570 ff. BGB). Das bedeutet, dass auch der Krankheits- (§ 1572 BGB) und der Altersunterhalt (§ 1571 BGB) befristet werden können.[70] Beim Altersunterhalt wird dies vor allem bei im Alter geschlossenen Ehen in Betracht kommen.[71] Eine wichtige **Ausnahme** bildet der Anspruch auf Betreuungsunterhalt nach **§ 1570 BGB**, einerseits wegen der ihm immanenten Begrenzung,[72] andererseits aufgrund der Sonderregelung für die Billigkeitsabwägung. Die Norm ist für Unterhaltsansprüche nach Vollendung des dritten Lebensjahrs des zu betreuenden Kindes selbst als Billigkeitsunterhalt ausgestaltet (§ 1570 I 2 BGB; → Rn. 170 ff.). Im Rahmen dieser Billigkeitsabwägung sind schon alle kind- und elternbezogenen Umstände des Einzelfalls zu berücksichtigen. Führt deren Abwägung zur Fortdauer des Unterhaltsanspruchs, können dieselben Gründe nicht über § 1578b II BGB eine zeitliche Begrenzung (= Befristung) begründen.[73] Hinzu kommt, dass in der Regel eine hinreichend klare Prognose über den Umfang einer künftigen Erwerbspflicht noch nicht getroffen werden kann.[74] Im Übrigen können sich Einschränkungen in der Anwendbarkeit des § 1578b II BGB wegen immanenter Schranken des betreffenden Tatbestands ergeben, zB wegen der zeitlichen Befristung des Ausbildungsunterhalts nach § 1575 I 2 BGB oder bei dem auf eigener Billigkeitsprüfung beruhenden Billigkeitsunterhalt nach § 1576 BGB.[75]

1028 Die zeitliche Begrenzung (= Befristung) eines Unterhaltsanspruchs nach § 1578b II BGB kommt im Hinblick auf das Kriterium des ehebedingten Nachteils grundsätzlich nur in Betracht, wenn aufgrund der Ehe ein ehebedingter Nachteil gar nicht entstanden oder ein solcher entfallen ist (und die weitere Unterhaltszahlung auch unter Beachtung der weiteren Kriterien unbillig wäre). Solange **ehebedingte Nachteile** bestehen, **scheidet eine Befristung regelmäßig aus.**[76] Sie scheidet ebenfalls aus, wenn über die dafür maßgeblichen Umstände eine hinreichend klare Prognose noch nicht gestellt werden kann, weil diese Umstände noch nicht zuverlässig vorhersehbar sind.[77] Eine Befristung soll zwar auch bei Vorliegen von ehebedingten Nachteilen nicht generell ausgeschlossen sein, wenn

---

[69] BGH FamRZ 2010, 2059 Rn. 34.
[70] BGH FamRZ 2011, 188; 2010, 1057 und 1414; 2009, 406 je zum Krankheitsunterhalt Befristung bejahend; FamRZ 2010, 629 = R 710d; 2009, 1207; Befristung verneinend; FamRZ 2010, 1633 zum Altersunterhalt.
[71] OLG Koblenz FamRZ 2009, 1750.
[72] BT-Drs. 16/1830, 19.
[73] BGH FamRZ 2014, 823 Rn. 13; 2011, 1209 Rn. 37; 2010, 1880 Rn. 33 = R 716b; 2009, 770 Rn. 42 = R 704b.
[74] BGH FamRZ 2014, 823 Rn. 13; 2009, 770 Rn. 43.
[75] Vgl. Büttner FamRZ 2007, 773 (774).
[76] BGH FamRZ 2018, 1506 Rn. 29 = R 792b; 2018, 1421 Rn. 7; 2016, 1345 Rn. 26; 2014, 1007 Rn. 18 = R 752; 2010, 1971 Rn. 20 = R 719a; 2010, 629 Rn. 30 = R 710b.
[77] BGH FamRZ 2011, 454 Rn. 45 = R 721f; 2010, 111 Rn. 59 zu § 323 ZPO; 2009, 770 Rn. 41 = R 704b.

alle Umstände des Einzelfalls umfassend gewürdigt worden sind.[78] Der BGH bezeichnet diesen Fall aber selbst als Ausnahme.[79] Das kann nur aufgrund aller Umstände des Einzelfalls entschieden werden (→ Rn. 1078 ff.). Denkbar ist es wohl bei einem (nur noch) geringen Nachteil nach einer darauf beruhenden ggf. langjährigen Unterhaltszahlung oder unter der Annahme, dass § 1573 II BGB nicht dazu gedacht ist, auch sehr geringe Einkommensunterschiede auszugleichen.[80] Beruht der ehebedingte Nachteil auch darauf, dass der Berechtigte – vom Unterhaltpflichtigen gebilligt – eine von der Berufsausbildung abweichende minderwertige Tätigkeit ausübt bzw. in der Vergangenheit ausgeübt hat, soll bei der Billigkeitsabwägung auch zu berücksichtigen sein, dass der Berechtigte den Nachteil mit verursacht hat (→ Rn. 1042).[81] Daneben kann eine Befristung des Unterhaltsanspruchs erfolgen, wenn auch unter dem Aspekt der **nachehelichen Solidarität** (→ Rn. 1071) eine weitere Unterhaltszahlung unbillig erscheint. Ist also entweder ein ehebedingter Nachteil zu bejahen oder ist ein Anspruch wegen der nachehelichen Solidarität nicht unbillig, scheidet die Anwendung von § 1578b II BGB aus.

1029 Erforderlich ist eine **umfassende Billigkeitsabwägung** aller Umstände des Einzelfalls,[82] insbesondere, wie sich aus der Verweisung in § 1578b II 2 BGB ergibt, unter Berücksichtigung der in Absatz 1 Satz 2 und 3 aufgeführten Kriterien (zur Billigkeitsabwägung im Einzelnen → Rn. 1032 ff.).

2. Rechtsfolgen nach § 1578b II BGB

1030 Wenn die Voraussetzungen des § 1578b II BGB vorliegen, **ist** ein nachehelicher Unterhaltsanspruch zeitlich dem Grunde nach zu begrenzen (= **zu befristen**). Dies bedeutet einerseits, dass der Berechtigte zunächst eine Übergangsfrist erhält, die es ihm ermöglichen soll, sich wirtschaftlich und persönlich auf die vom Gericht festzusetzende zeitliche Grenze einzustellen. Andererseits **erlischt der Unterhaltsanspruch vollständig** nach Ablauf dieser Übergangsfrist. Da der Wegfall eines Anspruchs nach § 1573 BGB zugleich Einsatzzeitpunkt für einen Anspruch auf Anschlussunterhalt wegen Alters (§ 1571 Nr. 3 BGB) oder Krankheit (§ 1572 Nr. 4 BGB) darstellt, hatte der BGH zum Recht vor der Unterhaltsrechtsreform den Standpunkt vertreten, dass bei einer solchen Fallgestaltung diese Vorschriften zu prüfen seien, weil sie anders als der Anspruch nach § 1573 BGB keiner zeitlichen Begrenzung nach § 1573 V BGB aF unterlägen.[83] Nach neuem Recht ist weder eine derartige Differenzierung angezeigt noch eine Befristung des Aufstockungsunterhalts ausgeschlossen, nur um den Einsatzzeitpunkt für einen Unterhaltsanspruch wegen Alters (§ 1571 BGB) zu wahren.[84] Die Fragen von Alter oder Gesundheit sind vielmehr im Rahmen der für eine zeitliche Begrenzung des Unterhaltsanspruchs erforderlichen umfassenden Billigkeitsabwägung zu berücksichtigen. Bei Befristung fällt der Unterhaltsanspruch nicht weg, weil seine tatbestandlichen Voraussetzungen entfallen sind, sondern weil die Unterhaltsleistung ungeachtet des weiter vorliegenden Tatbestands als unbillig beurteilt wird. Ein Wegfall der Voraussetzungen eines Unterhaltsanspruchs im Sinne des Einsatzpunktes für eine andere Unterhaltsnorm liegt damit nicht vor. Bei anderer Auffassung würde die geforderte umfassende Billigkeitsabwägung ggf. ins Leere laufen, weil sie das Unterhaltsverhältnis der Ehegatten trotz bejahter Unbilligkeit weiterer Unterhaltsleistungen nicht beenden, sondern nur auf andere Unterhaltstatbestände verlagern würde. Zudem

---

[78] BGH FamRZ 2011, 454 Rn. 45 = R 721f; 2010, 1633 Rn. 35.
[79] BGH FamRZ 2013, 1366 Rn. 85 (nur unter außergewöhnlichen Umständen); 2011, 454 Rn. 45 = R 721 f.
[80] KG FamRZ 2008, 415; OLG Karlsruhe FamRZ 2009, 2107 (zu einem Anspruch in Höhe von 60 EUR eines Berechtigten mit deutlich über dem angemessenen Selbstbehalt liegendem Einkommen und durch die Ehe erlangten Vermögenswerten); s. aber OLG Karlsruhe FamRZ 2010, 1082 (zum Anspruch von 63 EUR bei beengten wirtschaftlichen Verhältnissen).
[81] BGH FamRZ 2013, 274 Rn. 32.
[82] BGH FamRZ 2007, 200.
[83] BGH FamRZ 1995, 665 (667).
[84] BGH FamRZ 2008, 1508 Rn. 22 ff.

würde dies auf eine Umkehrung der gesetzlichen Wertung hinauslaufen.[85] Eine Bedürftigkeit im Alter durch den Wegfall des Unterhaltsanspruchs steht der Befristung jedenfalls dann nicht entgegen, wenn die Bedürftigkeit nicht auf einem ehebedingten Nachteil beruht oder ein entstandener Nachteil aufgrund der Durchführung des Versorgungsausgleichs von beiden Ehegatten gemeinsam getragen wird.[86] In dem vom BGH entschiedenen Fall war die Berechtigte, die während der 13-jährigen Ehe weit überwiegend gearbeitet und keine ehebedingten Nachteile erlitten hatte, im Zeitpunkt der Scheidung 59 Jahre alt. Aufgrund ihrer geringen Rentenanwartschaften war zwar absehbar, dass sie im Alter bedürftig werden würde. Der Versorgungsausgleich wurde aber aufgrund der phasenverschobenen Ehe – der Pflichtige war 15 Jahre älter und fast während der gesamten Ehezeit in Rente – zu ihren Gunsten nicht durchgeführt. Der BGH hat die Ablehnung der Befristung aufgehoben.

Die Bestimmung der **Übergangsfrist** (→ Rn. 1069) ist eine **richterliche Ermessensentscheidung.** Für die Bemessung der Zeitspanne, in der der Berechtigte Unterhalt erhält, spielt eine maßgebliche Rolle, welche Zeit er braucht, um sich auf die neue Lebenssituation einzustellen.[87] Auch hier gilt, dass die Ehedauer keine allein entscheidende Bedeutung mehr hat und eine schematische Anbindung der Ehedauer an die Dauer der Gewährung des vollen Unterhalts ausscheidet.[88] Die Ehedauer hat auch nach der Neufassung des § 1578b I 3 BGB ein geringeres Gewicht als in der entsprechenden Regelung nach dem Recht vor der Unterhaltsreform (→ Rn. 1066 ff.). Im Übrigen können alle **Gesichtspunkte,** die bereits bei **der Billigkeitsabwägung** berücksichtigt worden sind, **auch für die Bemessung der Übergangszeit** eine Rolle spielen. Entscheidend wird dabei in den meisten Fällen sein, wie lange und wie intensiv die Eheleute ihre Lebenspositionen aufeinander eingestellt haben. Zu den Kriterien der Billigkeitsabwägung im Einzelnen → Rn. 1030 ff.

1031

IV. Kriterien zu der nach § 1578b I oder II BGB erforderlichen Billigkeitsabwägung

1. Billigkeitsabwägung zur Herabsetzung und zeitlichen Begrenzung des Unterhalts

Die geänderte Rechtsprechung des BGH zur Haushaltsführungsehe,[89] die wegen der Benachteiligung des haushaltsführenden Ehegatten verfassungsrechtlich begründet war,[90] nahm die gesteigerte und verlängerte Belastung des pflichtigen Ehegatten wegen Anwendung der Differenz- anstatt der Anrechnungsmethode bewusst in Kauf. Zu dessen Entlastung wies sie auf die Möglichkeit der Unterhaltsbeschränkungen nach §§ 1573 V und 1578 I 2 BGB aF hin. Insbesondere in solchen Fällen, in denen wegen Anwendung der Substraktions- oder Anrechnungsmethode ein Wegfall des Anspruchs absehbar gewesen war, erschien es erforderlich, mit mehr Akribie als vorher anhand des Gesetzes zu prüfen, ob die Voraussetzungen einer Begrenzung vorlagen. An diese Tendenz zu einer vermehrten Beschränkung von Unterhaltsansprüchen, der sich auch die Rechtsprechung des BGH angeschlossen hatte,[91] will die gesetzliche Regelung durch § 1578b BGB anknüpfen.[92] Es geht darum, die Eigenverantwortung zu fördern und der Einzelfallgerechtigkeit mehr Raum zu geben. Zwar haben die Ehegatten grundsätzlich Anspruch „auf gleiche Teilhabe am gemeinsam Erwirtschafteten." Daraus lässt sich aber **keine Lebensstandardgarantie**

1032

---

[85] BGH FamRZ 2008, 1508 Rn. 22 ff.
[86] BGH FamRZ 2008, 1508 Rn. 25.
[87] BGH FamRZ 2008, 1508 Rn. 27.
[88] BGH FamRZ 2008, 1508 Rn. 27.
[89] BGH FamRZ 2001, 986 (991) = R 563c.
[90] BVerfG FamRZ 2002, 527 (530).
[91] BGH FamRZ 2007, 793 (799) = R 674j; vgl. Dose FamRZ 2007, 1289 (1294 f.).
[92] BT-Drs. 16/1830, 18.

im Sinne einer zeitlich unbegrenzten und in der Höhe nicht abänderbaren Teilhabe nach Scheidung herleiten. Die nachehelichen Unterhaltsansprüche erfordern aus der aus Art. 6 GG zu entnehmenden fortwirkenden Solidarität und fortwirkenden Verantwortung für den bedürftigen ehemaligen Ehepartner vor allem den Ausgleich der Nachteile, die dadurch entstanden sind oder entstehen, dass er infolge der Aufgabenverteilung in der Ehe, insbesondere wegen der Kinderbetreuung, aber auch wegen der mit Dauer der Ehe zunehmenden persönlichen und sozialen Verflechtung nicht ausreichend für seinen eigenen Unterhalt sorgen kann.[93]

1033   Die Beschränkung von Unterhaltsansprüchen soll **anhand objektiver Billigkeitsmaßstäbe,** vorrangig anhand des Maßstabs der **ehebedingten Nachteile,** erleichtert werden.[94] Je weniger die Bedürftigkeit des Berechtigten auf ehebedingte Nachteile zurückzuführen ist oder je geringer solche ehebedingten Nachteile waren und sind, desto eher kommt nach dem Grundsatz der Eigenverantwortung eine zeitliche Begrenzung oder Herabsetzung in Betracht (im Einzelnen → Rn. 1006, 1027).[95] Neben den ehebedingten Nachteilen, aber nachrangig, dh wenn ehebedingte Nachteile nicht vorliegen, können auch sonstige Umstände wie die **nacheheliche Solidarität** den maßgeblichen Billigkeitsmaßstab bilden, wie sich aus der Formulierung „insbesondere" in § 1578 I 2 BGB und aus § 1578b I 2 Hs. 2 BGB ergibt (→ Rn. 1071).[96]

1034   Wenn man den vom Gesetz postulierten Grundsatz der Eigenverantwortung (§§ 1569 S. 1, 1574 I BGB) zusätzlich in die Abwägung einbezieht, wird man bei Anwendung des Gesetzes die Maßstäbe der Billigkeitsprüfung zu Lasten des Unterhaltspflichtigen zwar nicht überspannen dürfen. Es entspricht der Intention des Gesetzgebers, dass der Begrenzungsfrage im Rahmen des nachehelichen Unterhalts eine größere Rolle als vor der Gesetzesreform zugewiesen wird bzw. als es vor der Änderung der Rechtsprechung des BGH zur Befristung nach § 1573 V BGB aF in der Praxis üblich war.[97] Diese Praxis zeichnete sich maßgeblich dadurch aus, dass insbesondere Befristungen bei Ehen von mehr als 10jähriger Dauer oder mit Kinderbetreuung gar nicht ausgesprochen wurden. Es darf aber nicht verkannt werden, dass die Begrenzung des Unterhaltsanspruchs nach § 1578b BGB als **Ausnahmetatbestand** konzipiert ist. Dieser greift erst bei vom Tatrichter festgestellter Unbilligkeit eines weitergehenden Unterhaltsanspruchs. Es genügt nicht, dass der Herabsetzung oder Befristung des Unterhaltsanspruchs Billigkeitsgründe nicht entgegenstehen.[98] Insbesondere ist trotz der gleich lautenden gesetzlichen Regelung auch eine Differenzierung zwischen zeitlicher Begrenzung nach § 1578b II BGB und Herabsetzung nach § 1578b I BGB geboten, da bei der Abwägung auch die unterschiedlichen Rechtsfolgen, nämlich entweder gänzlicher Wegfall des Anspruchs oder bloße Beschränkung des Anspruchs der Höhe nach, berücksichtigt werden müssen.

1035   Die Anwendung des § 1578b I u. II BGB verlangt daher vom Tatrichter eine **umfassende Billigkeitsabwägung** der dort genannten Billigkeitskriterien und die Einbeziehung aller Umstände des konkreten Einzelfalls, also aller in Betracht kommenden Gesichtspunkte.[99] Grobe Unbilligkeit ist nicht erforderlich. Bei der Bewertung der ehebedingten Nachteile und der sie konkretisierenden Umstände (Dauer der Kinderbetreuung, Haushaltsführung und Erwerbstätigkeit während der Ehe, Dauer der Ehe) handelt es sich um die wertende **Würdigung objektiver Umstände,** denen **kein Unwerturteil** und keine subjektive Vorwerfbarkeit anhaftet. Es geht nicht um die Würdigung von Fehlverhalten oder Verschulden des Unterhaltsberechtigten.[100] Solches bleibt bei der Billigkeitsabwägung unberücksichtigt. Denn die Rechtsfolgen eines Fehlverhaltens sind abschließend in § 1579 BGB

---

[93] BT-Drs. 16/1830, 18.
[94] BT-Drs. 16/1830, 18.
[95] BT-Drs. 16/1830, 18; Brudermüller FamRZ 1998, 649 (659).
[96] Vgl. Dose FamRZ 2011, 1341.
[97] BGH FamRZ 2007, 793 = R 674j; 2006, 1006.
[98] BGH FamRZ 2013, 853 Rn. 33 = R 736e; 2010, 1414.
[99] BGH FamRZ 2007, 793 (800) = R 674k; 2007, 200 (203).
[100] BT-Drs. 16/1830, 20; BGH FamRZ 2014, 1007 Rn. 19 und 24 = R 752.

geregelt.¹⁰¹ Der Unterhaltspflichtige kann daher nicht mit dem Einwand gehört werden, er habe den Unterhaltsberechtigten schon während der Ehe (erfolglos) dazu aufgefordert, berufstätig zu sein oder – bei erfolgloser Arbeitssuche – sich umfangreicher und in größerem geografischen Umkreis zu bewerben.¹⁰²

Revisionsrechtlich ist die Abwägung des Tatrichters nur darauf überprüfbar, ob die im Rahmen der Billigkeitsprüfung maßgebenden Rechtsbegriffe nicht verkannt und alle für die Einordnung unter diese Begriffe wesentlichen Umstände berücksichtigt wurden.¹⁰³ Darunter fällt insbesondere, ob sich der Tatrichter mit dem Prozessstoff und den Beweisergebnissen umfassend und widerspruchsfrei auseinandergesetzt und eine vollständige und rechtlich mögliche Würdigung vorgenommen hat. Die wesentlichen Gründe für die richterliche Überzeugung müssen in der Entscheidung mitgeteilt werden.¹⁰⁴ Es muss erkennbar sein, dass eine sachgerechte Beurteilung und Abwägung stattgefunden hat.¹⁰⁵ **1036**

2. Die Kinderschutzklausel

Beide Arten der Unterhaltsbeschränkung setzen die Prüfung voraus, ob die unveränderte Unterhaltsleistung auch unter Wahrung der Belange eines dem Unterhaltsberechtigten zur Pflege oder Erziehung anvertrauten Kindes unbillig wäre. Diese Kinderschutzklausel als Ausprägung eines ehebedingten Nachteils hat zur Folge, dass eine über die gesetzesimmanente Begrenzung des Betreuungsunterhalts nach § 1570 BGB hinausgehende Beschränkung nur in seltenen Fällen möglich ist.¹⁰⁶ Das bedeutet für eine **Herabsetzung des Betreuungsunterhalts nach § 1570 BGB,** dass sie – anders als die Befristung (→ Rn. 1027) – zwar möglich und vom Tatrichter zu prüfen ist. Sie kommt aber nur in Betracht, wenn einerseits eine fortdauernde Teilhabe des betreuenden Elternteils an den abgeleiteten Lebensverhältnissen während der Ehe unbillig erscheint, andererseits die notwendige Erziehung und Betreuung gemeinsamer Kinder trotz des abgesenkten Unterhaltsbedarfs sichergestellt und das Kindeswohl auch sonst nicht beeinträchtigt ist.¹⁰⁷ Das soll insbesondere der Fall sein können, wenn der Unterhaltsbedarf nach den ehelichen Lebensverhältnissen (§ 1578 I BGB) erheblich höher ist als der angemessene Bedarf nach der eigenen Lebensstellung.¹⁰⁸ Dabei muss vor allem bei sehr gehobenen ehelichen Lebensverhältnissen darauf geachtet werden, dass das Verhältnis zwischen dem Kindesunterhalt und den Einkünften des unterhaltsberechtigten betreuenden Ehegatten nach dem Absenkung seines Unterhalts ihn noch befähigt, die den Kindern angemessene Lebensgestaltung (Urlaube, teure Hobbies, etc), die sich grundsätzlich nach dem Lebensstandard des Unterhaltspflichtigen richtet, zu begleiten. Insoweit schützt die Kinderschutzklausel den betreuenden Ehegatten vor einem erheblichen Niveauunterschied zwischen seiner Lebensstellung und derjenigen der Kinder.¹⁰⁹ Andernfalls würden sich die Folgen der Unterhaltsbegrenzung auf die minderjährigen Kinder auswirken. Es ist aber gerade erklärtes Ziel der Unterhaltsrechtsreform, die unterhaltsrechtliche Stellung des minderjährigen Kindes abzusichern. **1037**

Abgelehnt hat der BGH die Herabsetzung in einem Fall, in dem die Einkünfte der Berechtigten einschließlich des Unterhalts nur unwesentlich höher waren als nach der eigenen angemessenen Lebensstellung und den Ehegattenmindestselbstbehalt (derzeit 1200 EUR) nicht deutlich überschritten.¹¹⁰ Ebenfalls abgelehnt hat der BGH eine Herabsetzung, wenn der angemessene Lebensbedarf in etwa dem Bedarf nach den ehelichen **1038**

---

101 BT-Drs. 16/1830, 20; BGH FamRZ 1987, 572 (575); 1986, 886 (888) zum alten Recht.
102 BGH FamRZ 2014, 1007 Rn. 19, 24 = R 752; 2013, 935 Rn. 36; 2010, 2059 Rn. 27 = R 720c.
103 BGH FamRZ 2014, 823 Rn. 15 = R 749b; 2013, 1291 Rn. 25 = R 738d; 2011, 713 Rn. 14 = R 724a.
104 BGH FamRZ 2010, 2059 Rn. 25 = R 720c; 2010, 1971 Rn. 30 = R 719b.
105 BGH FamRZ 2010, 2059 Rn. 25 = R 720c, 2010, 1637 Rn. 42.
106 BT-Drs. 16/1830, 19.
107 BGH FamRZ 2010, 1880 Rn. 34 = R 716b; 2009, 1124 Rn. 57; 2009, 770 Rn. 44 = R 704b.
108 BGH FamRZ 2010, 1880 Rn. 34 = R 716b; 2009, 1124 Rn. 57; 2009, 770 Rn. 44 = R 704b.
109 Vgl. BT-Drs. 16/1830, 19.
110 BGH FamRZ 2009, 1124 (1128).

Lebensverhältnissen entspricht, weil beide Ehegatten bei vollschichtiger Erwerbstätigkeit annähernd gleich hohe Einkommen erzielen.[111] Das OLG Hamm hat (bei einem unbegrenzt leistungsfähigen Pflichtigen) die Herabsetzung abgelehnt, solange die Kinder unterhaltsrechtlich der Eltern bedürfen, weil die in der Ehe begründete Pflicht zur Betreuung und Versorgung der Kinder nach der Scheidung fortwirke.[112] **Nicht erforderlich** ist, dass das im Zeitpunkt der Entscheidung bestehende **Ausmaß** des ehebedingten Nachteils schon **endgültig** feststeht (→ Rn. 1008).[113]

1039 Eine **zeitliche Begrenzung** ist im Rahmen des Anwendungsbereichs des § 1570 BGB ausgeschlossen. Wird eine Verlängerung des Betreuungsunterhalts aus Billigkeitsgründen bejaht, kann dieser nicht aus denselben Gründen im Rahmen von § 1578b II BGB unbillig sein (→ Rn. 1027).[114]

3. Dauer der Pflege oder Erziehung eines gemeinschaftlichen Kindes

1040 Die Dauer der Kinderbetreuung durch einen Ehegatten stellt den typischen Fall eines ehebedingten Nachteils dar, der dazu führt, dass der betreffende Ehegatte aufgrund der mit der Betreuung verbundenen Aufgabe oder Einschränkung seiner Erwerbstätigkeit nicht oder nicht ausreichend für seinen Unterhalt sorgen kann. Mit Dauer der Betreuung ist hier die voraussichtliche Gesamtdauer der Betreuung – mit deswegen fehlender oder eingeschränkter Erwerbsobliegenheit – gemeint. Eine Herabsetzung des Betreuungsunterhalts gemäß § 1578b I BGB wird auch unter diesem Aspekt nur ausnahmsweise in Frage kommen:[115]
– Wenn der Berechtigte ein gemeinschaftliches Kind unberechtigt entgegen einer Sorgerechtsregelung oder ohne Einverständnis des anderen Elternteils betreut.[116] Allerdings dürfte die Betreuung bei gemeinsamem Sorgerecht stets berechtigt sein → Rn. 166.
– Wenn der Berechtigte seine Betreuungspflichten nachhaltig verletzt, zB das Kind verwahrlosen lässt. Dann wird es allerdings eher zu einer Herausnahme des Kindes aus dem Haushalt des betreuenden Ehegatten kommen und der Betreuungsunterhalt entfallen.
– Wenn der Berechtigte trotz Kindesbetreuung berufstätig war und keinerlei berufliche Nachteile oder nur kurzfristige Einkommenseinbußen erlitten hat.[117]
Davon abgesehen wird sich auch ein inzwischen abgeschlossener längerer Zeitraum der Kindesbetreuung wegen der beruflichen Pause in den für die Karriere wichtigen Jahren regelmäßig im Nachhinein auswirken.[118] Anderes kann sich dann ergeben, wenn der Berechtigte wieder im erlernten Beruf zum üblichen Gehalt beschäftigt ist.[119]

4. Gestaltung der Haushaltsführung und Erwerbstätigkeit während der Ehe

1041 Dieses Merkmal, das mit dem entsprechenden Merkmal der Begrenzungsregelungen des alten Rechts übereinstimmt, bezieht sich auf den häufigsten Fall einer ehebedingten Unterhaltsbedürftigkeit, die Hausfrauenehe bzw. die Ehe, in der der betreuende Elternteil nur noch teilschichtig arbeitet. Soweit ein Ehegatte eigene Berufs- und Erwerbsmöglichkeiten wegen der **Rollenverteilung** in der Ehe zurückgestellt hat, kann sich daraus nach der Ehe ein ehebedingter Nachteil ergeben, wenn der Berechtigte nach Scheitern der Ehe mit eigener Erwerbstätigkeit nicht mehr für den eigenen angemessenen Unterhalt nach § 1578b BGB sorgen kann. Daher kann der Nachteil nur in einem finanziellen Nachteil

---

[111] BGH FamRZ 2010, 1880 Rn. 33 f. = R 716b.
[112] OLG Hamm FamRZ 2009, 2093.
[113] BGH FamRZ 2018, 1506 Rn. 27 = R 792a; 2011, 454 Rn. 43 = R 721 f.
[114] BGH FamRZ 2010, 1880 Rn. 33 = R 716b; 2009, 770 Rn. 42 = R 704b.
[115] BT-Drs. 16/1830, 19.
[116] Vgl. Hahne FamRZ 1986, 305 (307).
[117] BGH FamRZ 1990, 492 (494).
[118] Büttner FamRZ 2007, 773 (775).
[119] BGH FamRZ 2010, 2059 Rn. 24 = R 720c.

8. Abschnitt: Herabsetzung und zeitliche Begrenzung des Unterhalts § 4

liegen, nicht darin, dass der/die Berechtigte nach der Ehe seinen angemessenen Lebensunterhalt mit einer schwereren Tätigkeit erwirtschaftet. **Eine zeitliche Begrenzung (= Befristung) des vollen Unterhalts scheidet in der Regel aus**, wenn und solange die Bedürftigkeit des Berechtigten auf **ehebedingte**, insbesondere berufliche **Nachteile** zurückzuführen ist.[120] Damit soll der Berechtigte vor einem unangemessenen sozialen Abstieg bewahrt werden.[121] Solche aus der Gestaltung von Haushaltsführung und Erwerbstätigkeit herrührenden ehebedingten Nachteile **müssen** im Zeitpunkt der gerichtlichen Entscheidung noch **fortbestehen**. Ein ehebedingter Nachteil ist auch zu bejahen, wenn dieser sich erst **in der Zukunft auswirkt**.[122] Das gilt zB für absehbare Nachteile in der Altersvorsorge des Berechtigten (→ 1060). Kann der berechtigte Ehegatte den Nachteil nicht mehr aufholen, ist nach wie vor ein Unterhaltsanspruch jedenfalls bis Renteneintritt die Regel (zum ehebedingten Nachteil im Altersunterhalt → Rn. 1060).

Der Nachteil entfällt erst, wenn der früher den Haushalt führende Ehegatte durch seine **1042** eigene Erwerbstätigkeit den Status erreicht hat, den er ohne die Ehe bei Fortsetzung seiner Berufstätigkeit eingenommen hätte.[123] Im **Abänderungsverfahren** auf Wegfall des Unterhaltsanspruchs wegen Wegfalls des im Ausgangsverfahren festgestellten Nachteils ist die Höhe des Nachteils am **fortgeschriebenen fiktiven Gehalt** des Berechtigten zu messen, das dieser ohne Ehe im Zeitpunkt des Abänderungsbegehrens hätte. Die Höhe des Nachteils ist nicht auf den Zeitpunkt der Erstfeststellung festgeschrieben. Die Lohnentwicklung seit dem Ausgangsverfahren ist daher zu berücksichtigen.[124] Das kann zB anhand von Tarifverträgen oder der Entwicklung des Durchschnittseinkommens nach Anlage 1 zu § 18 SGB IV erfolgen.

Eine **Begrenzung** des Unterhalts trotz fortbestehender ehebedingter Nachteile hält der **1043** BGH nur in „besonderen Ausnahmefällen" für möglich.[125] Eine solche **Ausnahme** hat er bisher noch nicht angenommen, stellt aber bei der erforderlichen Abwägung auf die allgemeinen Billigkeitskriterien ab, die im Rahmen der nachehelichen Solidarität maßgeblich sind (→ Rn. 1071 ff.) wie Dauer der Ehe, gute wirtschaftliche Verhältnisse des Verpflichteten, Gründung einer neue Familie durch den Verpflichteten, die lange Dauer der geleisteten Zahlungen. Dies sind jedoch Kriterien, die außer den guten wirtschaftlichen Verhältnissen beim Verpflichteten auf viele Fälle des nachehelichen Unterhalts wegen ehebedingten Nachteils zutreffen und daher eher für einen Ausnahmefall sprechen. Im entschiedenen Fall[126] kam hinzu, dass die Berechtigte nach der Ehescheidung noch während der Zeit eines Betreuungsunterhaltsanspruchs nach § 1570 BGB eine ausbildungsfremde und geringer bezahlte Arbeitsstelle als Schulsekretärin angenommen hatte, was allerdings der Verpflichtete in einem späteren privat geschlossenen Vergleich gebilligt hatte. Deshalb wurde diese Tätigkeit jedenfalls bis zur Erhebung des Abänderungsverlangens (→ Rn. 1087) als angemessene Erwerbstätigkeit akzeptiert; sie soll dennoch bei der Abwägung der Befristungsmöglichkeit des nachehelichen Unterhalts ein Kriterium sein. Das könnte allenfalls dann und in dem Umfang gegeben sein, in dem wegen dieser beruflichen Entscheidung der ehebedingte Nachteil im Zeitpunkt der gerichtlichen Entscheidung größer ist als er es wäre, wenn die Berechtigte anstatt als Schulsekretärin zu arbeiten zu dem damaligen Zeitpunkt wieder in den gelernten Beruf eingestiegen wäre. Aber auch insoweit ist die Berücksichtigung fraglich. Eine vom Verpflichteten nicht akzeptierte, aber der Rollenverteilung geschuldete Aufgabe der Erwerbstätigkeit in der Ehe wird nicht hinterfragt (→ Rn. 1048), eine nachehelich erfolgte berufliche Entscheidung, die aber vom Verpflichteten gebilligt wird, dagegen schon. Allerdings hat das OLG Düsseldorf in einem Fall **außergewöhnliche Umstände** bejaht und einen **Ausbildungsunter-**

---

[120] BGH FamRZ 2018, 1421 Rn. 7; 2014, 1007 Rn. 18 = R 752; 2013, 1366; 2013, 274; 2011, 192 Rn. 38; OLG Stuttgart FamRZ 2009, 785.
[121] BT-Drs. 16/1830, 17.
[122] BGH FamRZ 2011, 1381 Rn. 32 = R 726c.
[123] BGH FamRZ 2010, 1971.
[124] Vgl. BGH FamRZ 2015, 1369 Rn. 34 zum Bedarf nach § 1615l BGB.
[125] BGH FamRZ 2013, 1366; 2013, 274; 2011, 628.
[126] BGH FamRZ 2013, 274 Rn. 32.

§ 4   Ehegattenunterhalt

halt befristet, in dem absehbar war, dass sich die berechtigte Ehefrau auf absehbare Zeit nicht oder nur geringfügig am Unterhalt der gemeinsamen und eine akademische Laufbahn anstrebenden Kinder würde beteiligen können und daher der unterhaltspflichtige Ehemann ebenfalls ehebedingt finanzielle Einbußen würde hinnehmen müssen.[127]

1044 Ist dagegen der ehebedingte **Nachteil entfallen**, steht jedenfalls dieser Aspekt einer Befristung des Unterhalts nicht mehr entgegen. Insofern kommt eine Befristung oder Herabsetzung bei der „Hausfrauenehe" in Betracht, auch wenn wegen der Anwendung der Differenz- oder Additionsmethode das erzielte oder erzielbare Einkommen nicht den ehelichen Bedarf abdecken kann, solange es den eigenen angemessenen Lebensbedarf deckt. In einem solchen Fall ist die Fortdauer des Unterhaltsanspruchs aufgrund nachehelicher Solidarität zu prüfen.

1045 Ein **ehebedingter Nachteil** entsteht typischerweise daraus, dass der Berechtigte aufgrund der praktizierten Rollenverteilung bei Heirat oder in der Ehe seine **Erwerbstätigkeit aufgegeben** oder reduziert und ganz die Haushaltsführung übernommen hat, wenn er deshalb nach Scheitern der Ehe nicht mehr in dem Umfang Einkommen erwirtschaften kann wie ohne eheliche Unterbrechung.[128] Generell spricht eine **lange Berufspause** für das Vorliegen eines ehebedingten Nachteils,[129] ebenso, wenn deshalb die früher erlangte berufliche Qualifikation aufgrund der technischen Fortentwicklung am Arbeitsmarkt nicht mehr gefragt ist oder sich die tarifliche Entlohnung auch nach Berufsjahren richtet. Der Nachteil kann aber auch aus einem **Wechsel des Arbeitsplatzes ohne Reduzierung der Arbeitszeit** entstehen, wenn er erfolgt, um der Rollenverteilung in der Ehe gerecht zu werden, so wenn die Berechtigte von einer ihrer Ausbildung und Berufserfahrung entsprechenden Tätigkeit zu einem anderen Arbeitgeber in eine ausbildungsfremde und deutlich schlechter bezahlte Tätigkeit wechselt, weil diese aufgrund der Nähe und leichteren Erreichbarkeit besser mit der Betreuung der ehelichen Tochter zu vereinbaren ist.[130]

1046 Ein **Einvernehmen** der Ehegatten zur Aufgabe/Reduzierung/Änderung der Erwerbstätigkeit ist **nicht erforderlich,** weil § 1578b BGB keine Sanktion für Fehlverhalten darstellt.[131] Der Zeitpunkt der Berufsaufgabe ist nicht relevant, muss demnach nicht bereits zu Beginn der Ehe oder mit der Geburt eines Kindes erfolgen.[132] Er muss auch nicht bei Beginn der Ehe geplant worden sein.[133] Die Berufsaufgabe muss nicht durch sachliche Notwendigkeit gerechtfertigt sein. Es genügt, dass allein wegen der **tatsächlichen Ehegestaltung** die Berufstätigkeit aufgegeben oder zum Nachteil des Berechtigten verändert wurde.[134]

Anderes kann nur gelten, wenn die Arbeitsaufgabe oder der Arbeitsplatzverlust ausschließlich auf Gründen beruht, die **außerhalb der Ehegestaltung** liegen wie eine vom Berechtigten beschlossene berufliche Neuorientierung oder eine krankheits-[135] oder betriebsbedingte Kündigung oder eine Veränderung des Arbeitsmarkts im Berufsfeld des Berechtigten. Denn es fehlt an einem ehebedingten Nachteil, wenn der Erwerbsnachteil auch ohne die Ehe und ihre Gestaltung eingetreten wäre.[136]

1047 Ausnahmsweise kann ein ehebedingter Nachteil bei **konjunktur- bzw. betriebsbedingter Kündigung** vorliegen, wenn der Berechtigte aufgrund der ehebedingten Berufspause und der dadurch kürzeren Firmenzugehörigkeit bei der Sozialauswahl einer betriebsbedingten Kündigung schlechter gestellt ist als bei durchgehender Beschäftigung.[137] Der Nachteil kann sich auch daraus ergeben, dass der Berechtigte nach einem nicht ehebedingten Arbeitsplatzverlust aus Rücksicht auf die Ehegestaltung von der Aufnahme einer

---

[127] OLG Düsseldorf FamRZ 2014, 1466.
[128] BGH FamRZ 2014, 1276 Rn. 28 = R 755c; 2014, 1007 Rn. 19 = R 752.
[129] BGH FamRZ 2009, 414 Rn. 44 (10 Jahre); OLG Celle FamRZ 2010, 1911 (18 Jahre).
[130] BGH FamRZ 2013, 935 Rn. 41.
[131] BGH FamRZ 2014, 1007 Rn. 19 = R 752; 2011, 628 Rn. 20 = R 723.
[132] BGH FamRZ 2011, 628 Rn. 18 = R 723 (Alter des Kindes mindestens vier Jahre).
[133] BGH FamRZ 2013, 935 Rn. 36.
[134] BGH FamRZ 2014, 1007 Rn. 19 = R 752; 2011, 628 Rn. 20 = R 723; 2010, 1633 Rn. 22.
[135] OLG Hamburg FamRZ 1987, 1250.
[136] BGH FamRZ 2014, 1007 Rn. 20, 24 = R 752; 2013, 935 Rn. 36; 2011, 628 Rn. 22 = R 723.
[137] BGH FamRZ 2010, 2059 Rn. 30 = R 720c.

seiner Qualifikation entsprechenden Erwerbstätigkeit absieht und ihm daraus eine dauerhafte Einkommenseinbuße entsteht.[138] Dabei ist es gleichgültig, ob der Berechtigte wegen der Ehegestaltung gänzlich von Erwerbsbemühungen abgesehen oder solche nur in einem engen örtlichen Umkreis zum Wohnort vorgenommen hat.

Die fehlende Möglichkeit, nachehelich von einer **Teilzeitstelle** auf eine Vollzeitstelle aufzustocken, muss ihrerseits ehebedingte Ursachen haben, um berücksichtigungsfähig zu sein.[139] **1048**

Allein die auf dem deutschen Arbeitsmarkt **nicht anerkannte berufliche Qualifikation** eines ausländischen Berechtigten führt nicht zu einem ehebedingten Nachteil, wenn der Berechtigte wegen der Ehe nach Deutschland kommt. Die fehlenden Chancen auf dem Arbeitsmarkt sind nicht ehebedingt, sondern ausbildungsbedingt und würden auch ohne die Ehe auf dem deutschen Arbeitsmarkt bestehen. Unterlässt der Berechtigte wegen der Rollenverteilung in der Ehe eine Weiterbildung oder Umschulung, so entgehen ihm dadurch lediglich Erwerbschancen, die erst durch die Übersiedelung nach Deutschland hätten entstehen können und als ehebedingte Vorteile zu qualifizieren wären.[140] **1049**

Eine **fehlende Berufsausbildung** steht einem ehebedingten Nachteil nicht zwingend entgegen. Hat der Berechtigte während der Ehe und wegen der Ehegestaltung eine Berufsausbildung abgebrochen oder als Ungelernter gar nicht erst aufgenommen, setzt die Annahme eines ehebedingten Nachteils nicht voraus, dass ein **Anspruch auf Ausbildungsunterhalt** gemäß § 1575 BGB besteht oder geltend gemacht wird.[141] Bei der Entscheidung, ob trotz Fehlens einer Berufsausbildung ein ehebedingter Nachteil vorliegen kann, kann es auch auf das Alter bei Eheschließung ankommen. Je jünger der Berechtigte bei Eheschließung war, desto eher hätte die Möglichkeit bestanden, dass er noch eine Ausbildung absolviert hätte. Hatte der Berechtigte bei Eheschließung bereits ein Alter erreicht, in dem die Berufsausbildung üblicherweise abgeschlossen ist, können sich aus seiner Persönlichkeit, die der Tatrichter in die Beurteilung einbeziehen muss, Anhaltspunkte für oder gegen eine berufliche Entwicklung ergeben, die von der tatsächlich verlaufenen abweicht. Ehebedingte Nachteile sind – bei substanziierter Darlegung – jedenfalls auch in einem solchen Fall möglich.[142] In diesen Fällen kommt es für den Bestand der Entscheidung auf die Genauigkeit der richterlichen Erwägungen an: Ein ehebedingter Nachteil wurde bejaht bei einer bei Eheschließung 24-jährigen Frau ohne Berufsausbildung nach 30jähriger Ehe und der Erziehung von zwei Kindern, die vorehelich als angelernte Sekretärin gearbeitet hatte, weil ihr aufgrund des persönlichen Eindrucks in der mündlichen Verhandlung schnelle Auffassungsgabe, Einsatzbereitschaft und -fähigkeit zugeschrieben wurde, die sie auch ohne Ausbildung befähigt hätte, beruflich aufzusteigen.[143] Ein Nachteil wurde andererseits verneint bei einer ebenfalls ausbildungslosen, bei Eheschließung 22-jährigen Berechtigten, die während der 15-jährigen Ehe zwei Kinder bekommen und betreut hatte. Dort genügte die bloße Feststellung nicht, sie hätte ohne die Ehe jedenfalls umfassende Berufserfahrung gesammelt, die ihr ein höheres Gehalt ermöglicht hätte.[144] **1050**

Die **vollschichtige Erwerbstätigkeit** im erlernten Beruf **zur üblichen Vergütung** ist ein Indiz gegen einen ehebedingten Nachteil.[145] Bei einem Einkommensgefälle, das nur auf der unterschiedlichen beruflichen Entwicklung der Eheleute vor Eheschließung beruht, fehlt die Ehebedingtheit eines Nachteils.[146] Ein ehebedingter Nachteil kann trotz kinderloser Ehe und Berufstätigkeit der Berechtigten vorliegen, wenn sie die eigene Arbeitsstelle **1051**

---

[138] BGH FamRZ 2014, 1007 Rn. 21 = R 752; im Fall der vorehelichen Kinderbetreuung: FamRZ 2013, 860 Rn. 20; 2012, 776 Rn. 21.
[139] BGH FamRZ 2012, 1483 Rn. 44; 2012, 93 Rn. 27.
[140] BGH FamRZ 2013, 534 Rn. 25.
[141] BGH FamRZ 2010, 875 Rn. 17.
[142] BGH FamRZ 2010, 1637 Rn. 13 und 45 (bejaht); 2010, 875 Rn. 29 (verneint).
[143] BGH FamRZ 2010, 1637.
[144] BGH FamRZ 2010, 875 Rn. 28.
[145] BGH FamRZ 2010, 2059 Rn. 24 = R 720c; 2010, 875; 2009, 1990; 2008, 1325 Rn. 41; 2008, 134.
[146] BGH FamRZ 2008, 1508 Rn. 17; 2008, 134 (135); 2006, 1006.

mehrmals wegen der beruflichen Versetzungen des Pflichtigen (hier: Berufssoldat) aufgeben musste und deshalb nach der Ehe nicht die Position erreicht, die sie ohne die Ehe bei kontinuierlicher Weiterbeschäftigung erreicht hätte.[147]

1052 Regelmäßig bildet der durch die Ehegestaltung bedingte **geringere Rentenanspruch** unabhängig von der Höhe keinen ehebedingten Nachteil, wenn der Versorgungsausgleich durchgeführt worden ist und zu einem vollständigen Ausgleich geführt hat. Das gilt nicht nur für den Krankheitsunterhalt (→ Rn. 1016 f.), sondern auch für den Altersunterhalt (→ Rn. 1017, 1060). Hat aber der Versorgungsausgleich nicht zu einer Halbteilung der in der Ehe erworbenen Versorgungsanrechte geführt, kann ein verbleibender Nachteil ausnahmsweise über den (Altersvorsorge-)Unterhalt ausgeglichen werden. Entschieden wurde dies in einem Fall, in dem der durch Ehevertrag vollständig ausgeschlossene Versorgungsausgleich im Wege der Ausübungskontrolle durchgeführt, dabei aber fehlerhaft nicht alle Nachteile der berechtigten Ehefrau vollständig erfasst wurden.[148]

Die **Auszahlung des Kapitals** einer vor der Ehe erworbenen **Rentenanwartschaft** während der Ehe bildet keinen ehebedingten Nachteil, weil dies in der Regel auf einer Entscheidung zur allgemeinen Vermögensverwaltung beruht, nicht auf der Rollenverteilung in der Ehe.[149] Das gilt unabhängig davon, wofür das Kapital verwendet wird, also auch bei Verwendung für eheliche Zwecke. Denn regelmäßig wird die Entscheidung über die Auszahlung des Guthabens nicht durch die Aufgabenverteilung in der Ehe bedingt sein.

1053 **Berufliche Dispositionen**, die **geraume Zeit vor der Ehe** erfolgen, können keinen ehebedingten Nachteil darstellen.[150] Daraus entstehende Nachteile sind nicht „durch" die Ehe entstanden (§ 1578b I 2 BGB). Dies kann sich im Einzelfall für den Berechtigten, der eine solche Disposition trifft, um ein voreheliches Zusammenleben, das in der Ehe mündet, zu ermöglichen, zum Nachteil auswirken. Aber gerade die während oder für das voreheliche Zusammenleben erfolgten Dispositionen werden nicht von dem Vertrauen in den Bestand der Ehe erfasst. In einem entschiedenen Fall hatte die spätere Ehefrau, Diplomvolkswirtin mit zusätzlichem Magisterabschluss für Europastudien, 10 Monate vor der Eheschließung als Außendienstmitarbeiterin in der Versicherungsbranche eine geringer bezahlte Arbeitsstelle angenommen, weil sie am Wohnort des späteren Ehemannes keine ausbildungsgerechte Arbeitsstelle gefunden hatte. Zwei Jahre nach Eheschließung gab sie diese Beschäftigung wegen der Kindererziehung auf. Der ehebedingte Nachteil, der nach Scheitern der Ehe geltend gemacht wurde, beruhte nicht auf dem vorehelichen Berufswechsel, sondern auf der Aufgabe der Erwerbstätigkeit wegen der Kindererziehung in der Ehe. Die Höhe des Nachteils wurde daher nur anhand eines Vergleichs mit einem hypothetischen Gehalt in der Versicherungsbranche bemessen, nicht durch Vergleich mit einer hypothetischen Erwerbstätigkeit als Diplomvolkswirtin.[151] In einem weiteren Fall hatte eine Fachlehrerin für Sport ca. 3 Jahre vor der Eheschließung zur geringer bezahlten Motopädin umgeschult, ebenfalls weil sie am Wohnort ihres späteren Ehemannes keine Arbeitsstelle im erlernten Beruf gefunden hatte. Die Berechtigte konnte nach der Ehe im umgeschulten Beruf zur üblichen – aber gegenüber dem ersten Ausbildungsberuf geringeren – Entlohnung arbeiten. Ein ehebedingter Nachteil wurde hier verneint.[152] Solche Dispositionen sind im Rahmen der nachehelichen Solidarität zu bewerten.[153] Als „geraume Zeit" genügen nach der zuerst genannten Entscheidung jedenfalls 10 Monate.

1054 Eine **längere Zeit vor der Eheschließung praktizierte Kinderbetreuung** und eine damit verbundene voreheliche (teilweise) Aufgabe der Erwerbstätigkeit begründen ebenfalls keinen ehebedingten Nachteil.[154] Der BGH betont auch hier, dass § 1578b BGB

---

[147] OLG Hamm FamRZ 2010, 1085.
[148] BGH FamRZ 2013, 195 Rn. 40 ff = R 735.
[149] BGH FamRZ 2014, 1276 Rn. 34.
[150] BGH FamRZ 2013, 864 Rn. 20; 2010, 1238 Rn. 39; OLG Frankfurt a. M. FamRZ 2009, 1162.
[151] BGH FamRZ 2011, 1377.
[152] BGH FamRZ 2010, 1971 Rn. 25.
[153] Das hat der BGH im Fall der Motopädin nicht ausdrücklich erwogen, eine Befristung dennoch abgelehnt.
[154] BGH FamRZ 2013, 860; 2012, 776.

8. Abschnitt: Herabsetzung und zeitliche Begrenzung des Unterhalts § 4

darauf abstellt, inwiefern „durch die Ehe" (§ 1578b I 2 BGB) Nachteile entstanden sind, wozu Kindererziehung „während der Ehe" (§ 1578b I 3 BGB) zählen kann. Das ist bei vorehelicher Kindererziehung und daraus folgenden Dispositionen nicht der Fall. Der BGH zieht zur Begründung auch § 1615l BGB heran: die nichteheliche Lebensgemeinschaft als solche begründet keine Rechtsposition, die Betreuung des Kindes, das aus der nichtehelichen Lebensgemeinschaft hervorgegangen ist, begründet nur einen Betreuungsunterhaltsanspruch nach § 1570 BGB, aber keinen darüber hinausgehenden Unterhaltsanspruch.[155] Die spätere Eheschließung entfaltet keine Rückwirkung auf die voreheliche Zeit. Das bedeutet, voreheliche Nachteile, die im Zeitpunkt der Eheschließung bereits entstanden waren, sind dem Ausgleich nicht zugänglich. Der BGH definiert die von ihm verlangte „längere Zeit" nicht, hält sie aber jedenfalls bei mehreren Jahren für erfüllt.[156] In den entschiedenen Fällen hatten die Ehefrauen ca. $2^{1}/_{2}$ bzw. 5 Jahre vor der Eheschließung Kinder bekommen. Zur geraumen Zeit bei beruflichen Dispositionen vor der Ehe → Rn. 1053 a. E.

Wird die **Kindesbetreuung** oder die vorehelich übernommene Rollenverteilung **nach der Eheschließung fortgesetzt** und verzichtet der betreuende Ehegatte mit Rücksicht auf die Ehe und die bisherige Rollenverteilung auf eine Erwerbstätigkeit, entsteht ein ehebedingter Nachteil, wenn dem Ehegatten dadurch dauerhafte Einkommenseinbußen entstehen.[157] Zur Bemessung des Nachteils ist auf die konkreten Erwerbsmöglichkeiten des Berechtigten im Zeitpunkt der Eheschließung abzustellen. Dabei ist die Zeit, in der zuvor wegen der Kinderbetreuung nicht mehr gearbeitet worden ist, als Arbeitslosigkeit zu berücksichtigen, also zB bei $2^{1}/_{2}$-jähriger Kinderbetreuung ohne Erwerbstätigkeit wird eine $2^{1}/_{2}$-jährige Arbeitslosigkeit angenommen.[158] Durch die **nach Beendigung der Ehe** fortgesetzte Kinderbetreuung ist die Entstehung oder Vertiefung bereits entstandener ehebedingter Nachteile nicht ausgeschlossen.[159]   1055

Eine während der Ehe oder im Zusammenhang mit der Ehe ausgebrochene **Krankheit,** die zum Anspruch nach § 1572 BGB führt, wird nur **in Ausnahmefällen ehebedingt** sein, regelmäßig aber nicht. Voraussetzung nach der ständigen Rechtsprechung des BGH ist, dass sie auf der Rollenverteilung in der Ehe unter besonderer Beachtung der in § 1578b I 2 und 3 BGB genannten Kriterien oder sonstigen mit der Ehe – nicht aber mit der Persönlichkeit – zusammenhängenden Umständen beruht.[160] Der BGH hat bisher in keinem Fall angenommen, dass eine Krankheit durch die Ehe bedingt sei. Weder der bloße Ausbruch während der Ehe[161] noch ein ungünstigerer Verlauf wegen der psychischen Belastung in der Ehekrise[162] genügen, selbst wenn die Ehekrise den Ausbruch erst verursacht. Auch eine Verschlechterung des Zustandes durch den gegnerischen Vortrag im gerichtlichen Verfahren, wird regelmäßig keine Ehebedingtheit begründen können. Der Gegner nimmt im Zweifel nur seine prozessualen Rechte wahr.[163] Eine auf einer zu Unrecht erlittenen Haft in der DDR nach einer Republikflucht beruhende psychische Erkrankung ist nicht ehebedingt, auch wenn die Flucht wegen der (Erhaltung der) Ehe versucht wurde.[164] Sie ist nicht aufgrund der Rollenverteilung eingetreten, sondern aufgrund der Haft. Regelmäßig begründet eine Krankheit bzw. der damit verbundene Erwerbsausfall daher keinen ehebedingten Nachteil.[165] Das schließt die Berücksichtigung einer im Einzelfall unabhängig von der Ehe festgestellten Mitverantwortung des Pflichtigen nicht aus und ist als sonstiges Billigkeitskriterium (zurückhaltend) zu   1056

---

[155] BGH FamRZ 2013, 860 Rn. 19; 2012, 776 Rn. 20.
[156] BGH FamRZ 2012, 776 Rn. 19.
[157] BGH FamRZ 2013, 864 Rn. 20; 2013, 860 Rn. 20; 2012, 776 Rn. 21.
[158] BGH FamRZ 2013, 860 Rn. 25.
[159] BGH FamRZ 2012, 776 Rn. 19.
[160] BGH FamRZ 2012, 772 Rn. 32; 2011, 875 Rn. 13; 2009, 406 Rn. 33.
[161] BGH FamRZ 2010, 629 Rn. 33 = R 710c.
[162] BGH FamRZ 2013, 1291 Rn. 20; 2010, 1414 Rn. 18; OLG Hamm FamRZ 2017, 1306.
[163] BGH FamRZ 2011, 875 Rn. 20; 2010, 2059 Rn. 27.
[164] OLG Hamm FamRZ 2016, 64, 65.
[165] BGH FamRZ 2014, 1276 Rn. 28 = R 755c; 2013, 1291 Rn. 20 f. = R 738c; 2011, 875 Rn. 13.

würdigen.¹⁶⁶ Bei Vorliegen einer nicht durch die Ehe bedingten Krankheit gilt im Hinblick auf einen ehebedingten Nachteil Folgendes:

1057 Führt sie zur **vollständigen Erwerbsminderung** (§ 1572 BGB), kommt ein ehebedingter Nachteil regelmäßig dann nicht in Betracht, wenn der Versorgungsausgleich zu einem vollständigen Ausgleich von Altersvorsorge geführt hat, weil dann beide Ehegatten die Nachteile gleichermaßen tragen, die sich daraus ergeben, dass der Berechtigte wegen der Gestaltung der Ehe seine (Invaliditäts-)Vorsorge nicht weiter aufgebaut hat. Die Interessen des unterhaltsberechtigten Ehegatten werden dann hinreichend gewahrt.¹⁶⁷ (→ Rn. 1016 f.). Anderes gilt, wenn wegen der Aufgabe der Erwerbstätigkeit die Voraussetzungen für eine Rente wegen voller Erwerbsminderung nicht erfüllt sind, zB weil die nach § 43 II Nr. 2 SGB VI erforderlichen Pflichtbeiträge (drei Jahre innerhalb der letzten fünf Jahre vor Eintritt der Erwerbsminderung) nicht geleistet worden sind.¹⁶⁸ Scheidet in diesem Fall ein Anspruch auf Erwerbsminderungsrente aus, liegt ein ehebedingter Nachteil in dem Umfang vor, in dem ohne die Ehegestaltung eine solche Rente erworben worden wäre. Dieser Nachteil wird durch den Versorgungsausgleich nicht kompensiert.¹⁶⁹ Ein solcher Nachteil entfällt mit Beginn der Altersrente. Für diese ist eine Mindestanzahl an Pflichtbeiträgen nicht Voraussetzung (§§ 35 ff. SGB VI).¹⁷⁰

Hat die Durchführung des Versorgungsausgleichs nicht zu einer gleichmäßigen Teilhabe an der während der Ehezeit aufgebauten Altersversorgung geführt und kann dies auch nicht durch einen Ausgleich des Zugewinns erfolgen (wegen phasenverschobener Ehe oder Selbstständigkeit des Pflichtigen verbunden mit Gütertrennung), kann ein ehebedingter Nachteil darin liegen, dass der Berechtigte ohne Ehe in seinem zuvor ausgeübten Beruf weitere Rentenanwartschaften erwirtschaftet hätte, die zu einer höheren Invaliditätsrente geführt hätten als er tatsächlich – nach Durchführung von Versorgungsausgleich und ggf. güterrechtlichem Ausgleich – hat.

1058 Führt die Krankheit dagegen nur zur **teilweisen Erwerbsminderung,** beruht ein nachehelicher Anspruch auf Unterhalt nach den ehelichen Lebensverhältnissen (§ 1578 BGB; → Rn. 400 ff.) zum Teil auf § 1573 BGB. Dann kann ein ehebedingter Nachteil jedenfalls insoweit infolge Erwerbseinbußen wegen der Gestaltung der Ehe entstanden sein.¹⁷¹

1059 Ist die Krankheit erst **nach der Ehe ausgebrochen,** kann ein ehebedingter Nachteil darin liegen, dass der Berechtigte in der nachehelichen Zeit (d. h. ab Rechtshängigkeit des Scheidungsantrags) bis zum Eintritt der Erwerbsminderung wegen der Rollenverteilung in der Ehe ein geringeres Einkommen hatte als ohne Ehe und deshalb aufgrund der geringeren Ansparung von Rentenanwartschaften nach der Ehe eine geringere Erwerbsminderungsrente erhält (zur Kompensation → Rn. 1061).

1060 Gleiches gilt für den **Altersunterhalt** nach § 1571 BGB. Ein ehebedingter Nachteil kann zwar grundsätzlich darin liegen, dass der Berechtigte aufgrund der Rollenverteilung in der Ehe geringere Rentenanwartschaften erwirtschaftet hat als ohne Ehe bei voller Erwerbstätigkeit.

Endet die Ehe mit oder nach Renteneintritt, ist dieser Nachteil aber grundsätzlich ausgeglichen, wenn der **Versorgungsausgleich** durchgeführt und die in der Ehe betriebene Altersversorgung **vollständig** ausgeglichen worden ist (→ Rn. 1017), weil dann beide Ehegatten den Nachteil gleichermaßen tragen. Dann ist es nicht relevant, ob die hypothetische Rente des Berechtigten aufgrund durchgehender eigener Erwerbstätigkeit höher ausgefallen wäre.¹⁷²

---

[166] BGH FamRZ 2013, 1291 Rn. 21 = R 738c; 2010, 1414 Rn. 20; OLG Saarbrücken – 6 UF 23/10, BeckRS 2010, 23757 dauerhafte Körperschäden nach Hantieren des Pflichtigen mit Spiritus; OLG Braunschweig FamRZ 2008, 999 (Erkrankung im Wochenbett).
[167] BGH FamRZ 2013, 1291 Rn. 22 = R 738c; 2011, 713 Rn. 18 ff. = R 723c; grundlegend: 2008, 1325 Rn. 42 f.
[168] BGH FamRZ 2011, 713 Rn. 20 = R 724c; OLG Hamm FamRZ 2015, 1397, 1399.
[169] BGH FamRZ 2011, 713 Rn. 20 = R 724c.
[170] BGH FamRZ 2012, 772 Rn. 25; 2011, 713 Rn. 20 = R 724c.
[171] BGH FamRZ 2010, 629 Rn. 29 = R 710b.
[172] BGH FamRZ 2018, 1421 Rn. 8; 2014, 1276 Rn. 43 = R 755g.

8. Abschnitt: Herabsetzung und zeitliche Begrenzung des Unterhalts § 4

Endet die Ehe vor dem Eintritt ins Rentenalter und hat der Versorgungsausgleich zu einer gleichmäßigen Teilhabe an der in der Ehe aufgebauten Altersversorgung geführt – Unterhaltsanspruch gemäß § 1573 I, II BGB –, ergibt sich ein ehebedingter Nachteil, wenn der Berechtigte ab dem Zeitpunkt der Zustellung des Scheidungsantrags in einer zumutbaren Beschäftigung nicht mehr die Rentenanwartschaften erwerben kann, die er ohne die Ehegestaltung bei durchgehender Erwerbstätigkeit erworben hätte.[173] Dann besteht der ehebedingte Nachteil (nur) in Höhe der **nachehelich entgangenen Rente.** Der Umstand, dass sich dieser Nachteil erst in der Zukunft auswirken wird, soweit der Berechtige im Zeitpunkt der Geltendmachung von Unterhalt noch erwerbstätig ist, ist nicht relevant und steht einer Berücksichtigung im Rahmen des § 1578b BGB nicht entgegen.[174]

Führt der Versorgungsausgleich dagegen nur zu einem **unvollständigen Ausgleich** der in der Ehe erworbenen Altersvorsorge, kann ein ehebedingter Nachteil vorliegen, wenn der Berechtigte ohne Ehe höhere Rentenanwartschaften erlangt hätte. Für die Höhe des ehebedingten Nachteils ist zu differenzieren: Beruht der unvollständige Ausgleich im Versorgungsausgleich auf dem Renteneintritt des Pflichtigen während der Ehe, besteht der ehebedingte Nachteil in Höhe der Rente, die der Berechtigte ab dem Zeitpunkt erwirtschaftet hätte, ab dem der Pflichtige keine Rentenanwartschaften mehr erworben hat. Alle danach aufgrund der Ehegestaltung entstandenen Nachteile im Rentenaufbau bilden den ehebedingten Nachteil. Beruht der unvollständige Ausgleich im Versorgungsausgleich dagegen darauf, dass der Verpflichtete im Erwerbsalter während der Ehe die Erwerbstätigkeit aufgibt und zB von Vermögenseinkünften lebt, ist der ehebedingte Nachteil des Berechtigten, der ab diesem Zeitpunkt entsteht, der Höhe nach begrenzt auf den Betrag, der sich bei gedachter weiterer rentenversicherungspflichtiger Erwerbstätigkeit des Verpflichteten nach Durchführung des Versorgungsausgleichs ergeben würde.[175] Denn der Berechtigte soll im Ausnahmefall nicht besser stehen als er im Regelfall des vollständig eingreifenden Versorgungsausgleichs stünde, in dem beide Ehegatten gleichmäßig den Nachteil tragen. Ist dieser Rentenbetrag geringer als die hypothetische eigene Rente, ist die Höhe der eigenen hypothetischen Rente folglich irrelevant. In diesen Fällen ist es gleichgültig, wann die Ehe endet.

Der ehebedingte Nachteil kann aber **kompensiert werden.** 1061

Eine Kompensation ist gegeben, wenn der Berechtigte **Altersvorsorgeunterhalt** erhalten hat bzw. erhält.[176] Dasselbe gilt, wenn der Berechtigte Anspruch auf Altersvorsorgeunterhalt hätte, diesen aber nicht geltend gemacht hat. Auf einen in diesen Zeitraum fallenden ehebedingten Nachteil kann er sich dann nicht mehr berufen.[177] Der Altersvorsorgeunterhalt ermöglicht es dem Berechtigten, den Nachteil, den er wegen der Rollenverteilung in der Ehe bei der Erwerbstätigkeit *nach* der Ehe hat und deshalb nur noch geringere Rentenanwartschaften erwirbt, auszugleichen. Durch den Altersvorsorgeunterhalt wird der Berechtigte so gestellt, als habe er in Höhe seines an den ehelichen Lebensverhältnissen bemessenen Elementarunterhaltsanspruchs ein (zusätzliches) Nettoeinkommen aus versicherungspflichtiger Erwerbstätigkeit. Darauf bezogen wird nach der Bremer Tabelle ein Rentenbeitrag errechnet. Mit seinem Anspruch korrespondiert seine Verpflichtung, den Unterhalt zweckentsprechend zu verwenden. Dabei ist nicht relevant, ob der ehebedingte Nachteil mit der zweckentsprechenden Anlage der Beträge tatsächlich kompensiert wird, also die daraus entstehende Rente so hoch ist wie sie bei durchgehender Erwerbstätigkeit wäre. Die Kompensation tritt allein mit der Zahlung des Altersvorsorgeunterhalts ein.[178] Denn so wie die Ehegatten den Nachteil, der während der Ehe durch Aufgabe der Erwerbstätigkeit entstanden ist, bei Durchführung des Versorgungsausgleichs gemeinsam tragen, tragen sie diesen auch bei Zahlung eines Altersvorsorgeunterhalts gemeinsam.

---

[173] BGH FamRZ 2018, 1421 Rn. 14; 2014, 823 Rn. 18 = R 749c; 2012, 951 Rn. 25, 28; 2011, 1721 Rn. 28.
[174] BGH FamRZ 2011, 1381 Rn. 32 = R 726c.
[175] BGH FamRZ 2011, 1381 Rn. 34.
[176] BGH FamRZ 2018, 1421 Rn. 8; 2014, 823 Rn. 18 = R 749c.
[177] BGH FamRZ 2018, 1421 Rn. 8; 2014, 1276 Rn. 48f, 54 = R 755g.
[178] BGH FamRZ 2014, 1276 Rn. 51.

§ 4 Ehegattenunterhalt

1062 Der Anspruch auf Altersvorsorgeunterhalt kann sowohl bei einem Anspruch nach den ehelichen Lebensverhältnissen als auch dann geltend gemacht werden, wenn der Unterhaltsanspruch nur noch den **ehebedingten Nachteil** erfasst.[179] In letzterem Fall bezieht sich der Altersvorsorgeunterhalt nur auf die ehebedingte Einkommensdifferenz.[180] Dies ist gerechtfertigt, weil hinsichtlich des im Übrigen zuzurechnenden Eigeneinkommens davon ausgegangen werden darf, dass eine entsprechende Altersversorgung aufgebaut wird.[181] Der Altersvorsorgeunterhalt ist mit dem Betrag in Höhe des ehebedingten Nachteils regelmäßig nach der Bremer Tabelle zu berechnen.

Beispiel:
ehebedingter Nachteil (netto)	400 EUR
Anwendung Bremer Tabelle (13%)	52 EUR
Ergibt (brutto)	452 EUR
Davon 18,6% gesetzl. Altersvorsorge	84 EUR.

1063 Die gleiche Kompensation entsteht im Fall der **Erwerbsminderung,** wenn der Berechtigte in dieser Zeit Anspruch auf Vorsorgeunterhalt hatte (§ 1578 III BGB). Denn damit wird dem Berechtigten die Möglichkeit gegeben, Vorsorge nach den ehelichen Lebensverhältnissen zu betreiben. Da beide Ehegatten den Nachteil somit gleichermaßen tragen, besteht dann kein ehebedingter Nachteil mehr für den Berechtigten.

1064 Auch andere Vorteile wie eine **Vermögensübertragung** oder Ansparung eigenen Vermögens in einer Höhe, die der Berechtigte ohne Ehe nicht aus eigener Erwerbstätigkeit hätte ansparen können, können den Nachteil aufheben.[182] Gleiches gilt für Einkünfte aus übertragenem Vermögen, soweit der Berechtigte dies nicht selbst hätte erwirtschaften können.[183] Es können sich auch Vorteile in der Rente durch die Ehe ergeben, und zwar wenn der Berechtigte im Unternehmen des Verpflichteten zu einem höheren Gehalt angestellt war als er aufgrund seiner Ausbildung oder Erfahrung auf dem allgemeinen Arbeitsmarkt hätte erreichen können und dadurch auch **höhere Rentenanwartschaften** erwirtschaftet hat[184] oder – sobald der Berechtigte in Rente ist – durch die Übertragung von Rentenanwartschaften des Verpflichteten im Versorgungsausgleich, die die aus eigener Erwerbstätigkeit erreichbaren Rentenanwartschaften übersteigen.[185]

5. Dauer der Ehe

1065 Für die Berechnung der Ehedauer ist wie in § 1579 Nr. 1 BGB (→ Rn. 1245) die Zeit zwischen Eheschließung und Rechtshängigkeit (= Zustellung) des Scheidungsantrags maßgeblich.[186] Unerheblich ist die Dauer des tatsächlichen Zusammenlebens der Eheleute. Daher verlängert die Zeit des vorehelichen Zusammenlebens die Ehedauer ebenso wenig[187] wie die voreheliche Geburt und Betreuung eines gemeinsamen Kindes[188] oder die nacheheliche Betreuung eines gemeinsamen Kindes (wie nach § 1573 V BGB aF). Eine lange Trennungszeit verkürzt die Ehedauer grundsätzlich nicht. Unerheblich ist deshalb erst recht die Krise, die erst zur späteren Trennung führt. Auch der Umstand, dass ein Ehegatte mit Kenntnis des anderen ein außereheliches Verhältnis aufnimmt, ist für die Ehedauer nicht

---

[179] BGH FamRZ 2015, 824 Rn. 33 = 768c; 2014, 1007 Rn. 40; 2014, 823 Rn. 18 = R 749c.
[180] BGH FamRZ 2014, 1007 Rn. 40; 2014, 823 Rn. 18 = R 749c; 2013, 109 Rn. 50 f.
[181] BGH FamRZ 2014, 823 Rn. 18 = 749c.
[182] BGH FamRZ 2018, 1421 Rn. 13 (aus Zugewinnausgleich); 2016, 1345 Rn. 26; 2012, 517 Rn. 63; 2011, 1381 Rn. 33.
[183] BGH FamRZ 2016, 1345 Rn. 26; 2013, 195 Rn. 55, 57.
[184] BGH FamRZ 2012, 517 Rn. 63.
[185] BGH FamRZ 2012, 951 Rn. 29 ff.
[186] BGH FamRZ 2010, 1971 Rn. 32 = R 719b; 2010, 629 Rn. 36 = R 710d; 2009, 406 Rn. 35; 1986, 886 (888).
[187] BGH FamRZ 2010, 1971 Rn. 25, 32 = R 719b nur zu Rn. 32.
[188] BGH FamRZ 2012, 776 Rn. 22.

8. Abschnitt: Herabsetzung und zeitliche Begrenzung des Unterhalts § 4

relevant.[189] Haben die geschiedenen Eheleute später einander wieder geheiratet, zählt die Dauer der ersten Ehe nicht mit.[190]

Das Merkmal der Ehedauer hat zum 1.3.2013 eine **Gesetzesänderung** erfahren.[191] Seit dem Unterhaltsrechtsänderungsgesetz vom 21.12.2007[192] fand die Ehedauer in § 1578b Abs. 1 Satz 3 BGB aF entgegen den davor (bis 31.12.2007) geltenden Regelungen in §§ 1573 V und 1578 I 2 BGB aF nur noch als eines neben den weiteren Kriterien „Erziehung eines gemeinschaftlichen Kindes, Gestaltung von Haushaltsführung und Erwerbstätigkeit während der Ehe" Erwähnung und war semantisch verknüpft mit der Beurteilung „insbesondere" eines ehebedingten Nachteils. Nun ist sie sprachlich aufgewertet worden. Sie wird in § 1578b I 2 BGB ganz allgemein als eigenständiges Tatbestandsmerkmal des Billigkeitsmaßstabs für die Herabsetzung des Unterhalts unabhängig vom ehebedingten Nachteil genannt („Dabei ist insbesondere zu berücksichtigen, inwieweit … eine Herabsetzung des Unterhaltsanspruchs unter Berücksichtigung der Dauer der Ehe unbillig wäre"). Über § 1578b II 2 BGB gilt dies auch für die Befristung. Auswirkungen auf das materiell-rechtliche Gewicht der Ehedauer bei der Billigkeitsabwägung hat diese Gesetzesänderung aber nicht. Sie dient vielmehr der Klarstellung, dass eine Begrenzung des nachehelichen Unterhaltsanspruchs nicht nur in Fällen ehebedingter Nachteile unzulässig sein kann, sondern auch aufgrund der im Einzelfall gebotenen nachehelichen Solidarität, für die insbesondere eine lange Ehedauer einen Billigkeitsmaßstab darstellt.[193] Dies ergab sich bereits aus der Begründung zum Unterhaltsrechtsänderungsgesetz,[194] war aber nach Ansicht des Gesetzgebers von den Instanzgerichten zunächst zu wenig beachtet worden. Der BGH hat seit Inkrafttreten des neuen § 1578b BGB mehrfach entschieden, dass mit der Gesetzesänderung keine grundlegende Änderung des nach der Senatsrechtsprechung bestehenden Rechtszustandes verbunden ist.[195]

Das bedeutet: Die Ehedauer ist **neben** der vorrangig zu prüfenden Frage zu berücksichtigen, ob **ehebedingte Nachteile** beim Unterhaltsberechtigten, für den eigenen Unterhalt zu sorgen, vorliegen. Die ehebedingten Nachteile können sich vor allem der Dauer der Pflege und Erziehung eines gemeinschaftlichen Kindes, aus der Gestaltung der Haushaltsführung oder Erwerbstätigkeit ergeben. Die Dauer der Ehe führt dagegen für sich gesehen nicht zwangsläufig zu einem Nachteil, obgleich sich der berufliche Nachteil für den Ehegatten, der sich Kindererziehung oder Hausarbeit widmet, mit zunehmender Dauer der Ehe erhöht.[196] Dann beruht der Nachteil aber nicht originär auf der Dauer der Ehe, sondern auf der oben genannten Dauer der Gestaltung der Erwerbstätigkeit. Auch lange Ehen führen deshalb ohne weitere Kriterien nicht zu einem unbegrenzten Unterhaltsanspruch.[197] Daher ist die Dauer der Ehe vielmehr im Rahmen der Billigkeitsabwägung unter dem Gesichtspunkt der **nachehelichen Solidarität** zu berücksichtigen, also in Fällen, in denen keine ehebedingten Nachteile (zB aufgrund Erwerbstätigkeit im erlernten Beruf mit Deckung des angemessenen Lebensbedarfs) vorliegen. Mit der gesetzlichen Formulierung wird dieser Billigkeitsaspekt hervorgehoben. Hier gewinnt die Ehedauer durch eine **Verflechtung der wirtschaftlichen Verhältnisse** an Gewicht und kann maßgeblich gegen eine (vollständige) Herabsetzung oder zeitliche Begrenzung des nachehelichen Unterhalts (§ 1573 BGB) sprechen.[198] Die lange Ehedauer als solche kann nur ein Indiz für die Verflechtung der wirtschaftlichen Verhältnisse darstellen.[199] Die wirtschaftliche

---

[189] BGH FamRZ 2010, 1971 Rn. 32 = R 719b.
[190] OLG Düsseldorf FamRZ 1996, 1416; OLG Karlsruhe FamRZ 1989, 511.
[191] BT-Drs. 17/11885: Art 3 des Gesetzes zur Durchführung des Haager Übereinkommens vom 23.12.2007 über die internationale Geltendmachung der Unterhaltsansprüche von Kindern und anderen Familienangehörigen sowie zur Änderung von Vorschriften auf dem Gebiet des internationalen Unterhaltsverfahrensrechts; vgl. dazu Borth FamRZ 2013, 165.
[192] BT-Drs. 16/1830.
[193] BT-Drs. 17/11885, 6.
[194] BT-Drs. 16/1830, 18, 19.
[195] BGH FamRZ 2013, 1291 Rn. 26 = R 738d; 2013, 864 Rn. 35; 2013, 853 Rn. 34 f. = R 736e.
[196] BT-Drs. 16/1830, 19.
[197] BGH FamRZ 2013, 1291 Rn. 26 (20 Jahre Ehedauer) = R 738d.
[198] BGH FamRZ 2010, 1971 Rn. 21, 33, 35 = R 719a, b zu Rn. 21, 33.
[199] BGH FamRZ 2010, 629 Rn. 36 = R 710d (mehr als 20 Jahre Ehedauer).

Verflechtung muss auf der Rollenverteilung beruhen und tritt insbesondere durch die Aufgabe einer eigenen Erwerbstätigkeit oder durch den Verzicht auf eine solche wegen der Betreuung gemeinsamer Kinder oder wegen der Haushaltsführung ein.[200] So hat der BGH die Befristung des nachehelichen Unterhalts ca. 10 Jahre nach der Scheidung einer knapp 34jährigen Ehe aufgehoben, in der die Berechtigte sich allein um Haushalt und Kinder gekümmert hat.[201] Eine Befristung wurde allerdings für die Zukunft nicht ausdrücklich ausgeschlossen. In einem weiteren Fall wurde die Befristung nach 23jähriger Ehe aufgehoben, in der die Ehefrau wegen Kindeserziehung über fünf Jahre gar nicht, danach bis zu Scheidung mit reduzierter Stundenzahl im erlernten Beruf gearbeitet, dort dann aber im Umfang ihres angemessenen Lebensbedarfs verdient hat.[202]

1068 Insbesondere beim **Krankheitsunterhalt** (§ 1572 BGB) gewinnt eine lange Ehedauer bei der Billigkeitsabwägung zunehmend an Gewicht (→ Rn. 1073). Abgelehnt hat der BGH allerdings eine besondere Bedeutung der 11-jährigen Ehedauer im Rahmen eines Krankheitsunterhalts, weil andere einen Vertrauensschutz begründende Kriterien nicht festgestellt wurden.[203] Auch wenn keine ehebedingten Nachteile als solche eingetreten sind und eine Erwerbstätigkeit des geschiedenen Ehegatten allein an der Arbeitsmarktlage scheitert, soll es nach dem Willen des Gesetzgebers wesentlich von der Dauer der Ehe abhängen, inwieweit ein Anspruch auf **Unterhalt wegen Erwerbslosigkeit** (§ 1573 I BGB) nach Höhe bzw. Dauer beschränkt werden kann.[204] Auch hier wird die Ehedauer unter dem Gesichtspunkt der nachehelichen Solidarität unter Beachtung der wirtschaftlichen Verflechtung abzuwägen sein.

1069 Wegen der erforderlichen Gesamtwürdigung gibt es weiterhin **keine schematische Bindung zwischen Ehedauer und Übergangszeit** bis zum Beginn einer Herabsetzung oder zeitlichen Begrenzung.[205] Die Bedeutung der Ehedauer kann sowohl durch die mehrjährige Vollerwerbstätigkeit des Berechtigten[206] als auch durch die Dauer des gezahlten Trennungsunterhalts relativiert werden.[207] Denn die wirtschaftliche Gesamtbelastung des Pflichtigen ist ein Billigkeitskriterium, auch wenn er damit nur eine gesetzliche Verpflichtung erfüllt hat (→ Rn. 1083). Arbeitet der Berechtigte schon wieder seit Jahren vollschichtig, ist es ihm deshalb regelmäßig auch bei sehr langer Ehedauer zumutbar, sich nach einer **mehrjährigen Übergangszeit** auf den Lebensstandard nach seinen eigenen Einkünften einzurichten.[208] Im Übrigen sind alle Umstände des Einzelfalls von Belang (→ Rn. 1071 ff.). So hat BGH in einem Fall, in dem die Berechtigte den Unterhaltspflichtigen in seiner beruflichen Fortbildung unterstützt hatte, eine Befristung nach neun Jahren nachehelicher Unterhaltszahlungen bei einer 28-jährigen Ehedauer aufgehoben, weil er eine längere Dauer für naheliegend hielt.[209] Bei 12,5-jähriger Ehedauer und rund drei Jahren Trennungsunterhalt hat der BGH einen nachehelichen Unterhalt für die Dauer von 3,5 Jahren für noch vertretbar gehalten.[210] Bei einer siebenjährigen Ehedauer wurde ein Unterhaltszeitraum von 6 Jahren nicht beanstandet. Hier hatte die Berechtigte bereits vorehelich gemeinsame Kinder betreut.[211] Bei über 23-jähriger Ehedauer hielt der BGH die Herabsetzung des Unterhaltsanspruchs nach 8 Jah-

---

[200] BGH FamRZ 2013, 853 Rn. 30 ff. (knapp 34 Jahre Ehedauer) = R 736d; 2010, 1971 Rn. 33 = R 719b (23 Jahre Ehedauer); 2010, 1637 Rn. 48 = R 715d (30 Jahre Ehedauer).
[201] BGH FamRZ 2013, 853.
[202] BGH FamRZ 2010, 1971.
[203] BGH FamRZ 2009, 406 Rn. 39.
[204] BT-Drs. 16/1830, 19.
[205] BGH FamRZ 2008, 1508 Rn. 27 – dort gut 13 Jahre Ehedauer, es ist nicht davon auszugehen, dass der BGH hier eine sehr lange Ehedauer annahm.
[206] BGH FamRZ 2008, 1508 Rn. 27.
[207] BGH FamRZ 2016, 1345 (4,3 Jahre Trennungsunterhalt und gut 3 Jahre nachehelicher Unterhalt bei 14,5-jähriger Ehezeit); 2011, 875 Rn. 22; 2011, 188 Rn. 32; 2010, 1414 Rn. 31, 35.
[208] BGH FamRZ 2008, 1508 Rn. 27; es wurde eine Übergangszeit von 4 Jahren bei einer Ehedauer von 13 Jahren gebilligt.
[209] BGH FamRZ 2011, 1851.
[210] BGH FamRZ 2013, 534.
[211] BGH FamRZ 2012, 776.

8. Abschnitt: Herabsetzung und zeitliche Begrenzung des Unterhalts § 4

ren für angemessen.[212] Die Praxis der Instanzgerichte zeigt weiterhin die Tendenz zu einer Pauschalierung der Übergangszeit, die sich häufig zwischen einem Viertel[213] und einem Drittel[214] der Ehezeit bewegt.[215]

Schon **nach altem Recht** (§§ 1573 V, 1578 I 2 BGB aF) wurde angenommen, dass es keine „lange Ehedauer" im Sinne einer festen Zeitgrenze gibt, ab deren Vorliegen eine Unterhaltsbegrenzung ausscheidet. Seine frühere Rechtsprechung hierzu hatte der BGH aufgegeben. Danach sollte sich eine Ehedauer von 10 Jahren wegen wachsender Verflechtung und Abhängigkeit dem Grenzbereich nähern, in dem der Dauer der Ehe – vorbehaltlich stets zu berücksichtigender besonderer Umstände des Einzelfalls – als Billigkeitskriterium durchschlagendes Gewicht für eine dauerhafte Unterhaltsgarantie zukomme.[216] Nach der neueren Rechtsprechung des BGH zum alten Recht war der Billigkeitsgesichtspunkt „Dauer der Ehe" nur als gleichrangiger Gesichtspunkt neben dem Merkmal „Gestaltung von Haushaltsführung und Erwerbstätigkeit" und weiteren Gesichtspunkten zu berücksichtigen, so dass sein Vorliegen nicht zwingend gegen oder für eine Begrenzung ins Feld geführt werden konnte.[217] Auch bei sehr langer Ehedauer konnte es dem Unterhaltsberechtigten, zB bei fehlenden ehebedingten Nachteilen wegen kinderloser Ehe und Vollzeittätigkeit im vorehelich ausgeübten Beruf, möglich sein, seine persönlichen und finanziellen Verhältnisse auf seine eigenen Einkünfte ohne zusätzliche Unterhaltsleistung einzurichten.[218] Es war ihm also nach einer Übergangszeit ggf. zumutbar, auf seinen Lebensstandard nach den ehelichen Verhältnissen (§ 1578 I 1 BGB) zu verzichten und sich mit dem Lebensstandard zu begnügen, den er auch ohne Ehe erreicht hätte, während dies bei wesentlich kürzeren Ehen aus anderen Gründen ausgeschlossen sein konnte.[219] In diesem Sinne haben auch die Instanzgerichte schon vor der Unterhaltsreform Befristungen trotz langer Ehedauer vorgenommen, wenn die Einkommensdifferenz nach 25-jähriger Ehe nicht auf ehebedingten Nachteilen, sondern auf unterschiedlicher Vorbildung beider Parteien beruhte[220] oder nach 21-jähriger Ehe (bis zur Trennung) die beiderseitigen Lebensverhältnisse entflochten waren und die berechtigte Ehefrau einer ihrer Qualifikation entsprechenden Vollzeittätigkeit nachging.[221] Andererseits wurde die Befristung abgelehnt, wenn der Berechtigte auch ohne ehebedingten Nachteil aufgrund des fortgeschrittenen Alters und der ungenügenden Altersversorgungsanwartschaften sein Unterhaltsminimum nicht sicherstellen konnte.[222]

1070

6. Sonstige Umstände

Bei der Billigkeitsabwägung sind auch sonstige Umstände des konkreten Einzelfalls als Billigkeitsgesichtspunkte zu berücksichtigen. Eine kausale Verknüpfung mit ehebedingten Nachteilen ist insoweit nicht erforderlich. § 1578b BGB erfasst auch Fälle, in denen es nicht um die Kompensation solcher Nachteile geht, sondern unabhängig von solchen

1071

---

[212] BGH FamRZ 2018, 1506 Rn. 30 = R 792b.
[213] OLG Hamm NZFam 2014, 471; OLG Hamm FamRZ 2013, 43 (unter Berücksichtigung eines achtjährigen Trennungsunterhalts); OLG Karlsruhe FamRZ 2009, 1160; OLG Zweibrücken FamRZ 2009, 49; OLG Celle FamRZ 2009, 56; OLG Brandenburg NJW-RR 2009, 1371; OLG Düsseldorf ZFE 2009, 472.
[214] OLG Köln BeckRS 2017, 120618 ($1/3$ vor Herabsetzung); OLG Köln BeckRS 2016, 4564 (ca. $1/2$); OLG Brandenburg DNotZ 2014, 41 (länger als $1/3$); KG FamRZ 2013, 1047 (länger als $1/3$); OLG Saarbrücken FamRZ 2009, 349; OLG München FamRZ 2009, 52; OLG Brandenburg NJW-RR 2009, 1127; OLG Oldenburg NJW-RR 2009, 1658.
[215] Sa 18. Deutscher Familiengerichtstag, Arbeitskreis 15 (www.dfgt.de unter 18. DFGT – Ergebnisse – 15. AK).
[216] BGH FamRZ 1990, 857 (859).
[217] BGH FamRZ 2007, 2052 (2053); 2007, 2049 (2050).
[218] BGH FamRZ 2007, 2052 (2053); 2007, 2049 (2050).
[219] BGH FamRZ 2007, 2052 (2053); 2007, 2049 (2050); 2006, 1006 (1008).
[220] OLG Koblenz FamRZ 2007, 833.
[221] OLG Düsseldorf FamRZ 2006, 1040.
[222] OLG Düsseldorf FamRZ 2008, 418.

Nachteilen allein um das Ausmaß der darüber hinausgehenden **nachehelichen Solidarität**.[223] Im Grundsatz beruht jeder nacheheliche Unterhaltsanspruch auf der nachehelichen Solidarität, soweit er nicht wegen ehebedingter Nachteile gewährt wird.[224] Billigkeitsmaßstab ist hier allein die fortwirkende Solidarität, deren Maß der Tatrichter im konkreten Einzelfall festzulegen hat[225], und die fortwirkende Verantwortung im Licht des Grundsatzes der Eigenverantwortung. Bei der vom Tatrichter vorzunehmenden Billigkeitsabwägung sind ebenfalls die in § 1578b I 2 Hs. 2 und 3 BGB genannten Umstände (Dauer der Kinderbetreuung, Haushaltsführung und Erwerbstätigkeit während der Ehe, Dauer der Ehe) zur Konkretisierung besonders heranzuziehen.[226]

1072 Der Dauer der Ehe kommt im Rahmen der nachehelichen Solidarität nach dem Willen des Gesetzgebers besondere Bedeutung zu.[227] Ihre Bedeutung erhält die Ehedauer vornehmlich im Zusammenhang mit der **wirtschaftlichen Verflechtung** der Ehegatten, zB durch eine noch nicht auseinandergesetzte im Miteigentum stehende Immobilie, die im Rahmen der nachehelichen Solidarität[228] ein weiteres eigenständiges Abwägungskriterium darstellt (→ Rn. 1067).[229] Schon allein dieser Aspekt kann auch beim Fehlen von ehebedingten Nachteilen aus Billigkeitsgründen gegen eine Begrenzung des Unterhalts sprechen,[230] nicht dagegen allein eine 20-jährige Ehedauer.[231] Nicht relevant für die Entscheidung einer Unterhaltsbegrenzung ist die wirtschaftliche Verflechtung aber, wenn sie auf einer früh in der Ehezeit ausgebrochenen Krankheit beruht.[232] Das Band der nachehelichen Solidarität schwächt sich mit **zunehmendem zeitlichen Abstand zur Ehescheidung** ab, mit dem regelmäßig auch die wirtschaftliche Verflechtung abnimmt.[233] Besteht die wirtschaftliche Verbindung der geschiedenen Ehegatten nur noch in den nachehelichen Unterhaltszahlungen, stellt dies keine wirtschaftliche Verflechtung mehr dar. Die wirtschaftliche Verflechtung kann auch durch eine **emotionale Distanz des Berechtigten zur Ehe** abnehmen, so entschieden für eine Unterhaltsberechtigte, die nach der Trennung ein außereheliches Kind gebar[234] und für eine Unterhaltsberechtigte, die seit 14 Jahren eine intime Beziehung zu einem anderen Mann pflegte.[235] Aber auch alle weiteren Umstände des konkreten Einzelfalls sind zu berücksichtigen (→ Rn. 1078).

1073 Die nacheheliche Solidarität ist vor allem in den Fällen des **Krankheitsunterhalts** wegen voller Erwerbsunfähigkeit gemäß § 1572 BGB maßgeblich, da die Krankheit regelmäßig nicht ehebedingt ist (→ Rn. 1056).[236] Sie stellt vielmehr eine schicksalhafte Entwicklung dar, die allein zeitlich im Zusammenhang mit der Ehe steht.[237] Ein ehebedingter Nachteil liegt dann nicht vor. Dennoch ist der Anspruch weder stets zu begrenzen noch stets unbefristet aufrechtzuerhalten.[238] In den Fällen des Krankheitsunterhalts wird regelmäßig eine wirtschaftliche Abhängigkeit des Berechtigten zum Verpflichteten vorliegen.

---

[223] BT-Drs. 16/1890, 19; BGH FamRZ 2014, 823 Rn. 21; 2013, 1291 Rn. 23 = R 738d; 2010, 629 Rn. 25 = R 710a; 2009, 406 Rn. 36.
[224] BT-Drs. 16/1890, 18 f.
[225] BGH FamRZ 2016, 1345 Rn. 15; 2013, 853 Rn. 33 = R 736e; 2011, 713 Rn. 22 = R 724d; 2010, 1057 Rn. 17.
[226] BGH FamRZ 2011, 1721 Rn. 23; 2010, 1414 Rn. 21; 2010, 1057 Rn. 17; 2009, 1207 Rn. 39.
[227] BT-Drs. 16/1890, 19.
[228] BGH FamRZ 2013, 853 Rn. 33 = R 736e; 2010, 1971 Rn. 29 ff. = R 719b.
[229] BGH FamRZ 2010, 2059 Rn. 35.
[230] BGH FamRZ 2013, 853 Rn. 33 = R 736e.
[231] BGH FamRZ 2013, 1291 Rn. 26.
[232] BGH FamRZ 2013, 1291 = R 738.
[233] BGH FamRZ 2012, 699 Rn. 51; 2012, 197 Rn. 37 (20 Jahre nacheheliche Unterhaltszahlungen bei neunjähriger kinderloser Ehe); 2011, 1721 Rn. 23 f. (25 Jahre nacheheliche Unterhaltszahlungen bei rund 10-jähriger Haushaltsführung ohne Kinder); 2011, 1381 Rn. 36 = R 726d.
[234] BGH FamRZ 2011, 1721 Rn. 24.
[235] BGH FamRZ 2011, 1381 Rn. 36 = R 726d.
[236] BGH FamRZ 2013, 1291 Rn. 23 = R 738d; 2011, 713 Rn. 19 = R 724c; 2010, 629 Rn. 25 f. = R 710a; 2009, 406 (409).
[237] BGH FamRZ 2010, 629 Rn. 26 = R 710a.
[238] BGH FamRZ 2010, 1414; 2010, 629 Rn. 26 = R 710a.

8. Abschnitt: Herabsetzung und zeitliche Begrenzung des Unterhalts § 4

Eine wirtschaftliche Verflechtung im oben genannten Sinn liegt jedoch bei einer frühzeitig in der Ehe oder in jungem Lebensalter aufgetretenen Erkrankung des Berechtigten auch bei langer Ehedauer nicht in uneingeschränkt vor, weil die wirtschaftliche Abhängigkeit dann auf der Erkrankung, nicht aber auf der Rollendisposition der Ehepartner beruht.[239] Der Gesetzgeber hat mit der Schaffung dieses Unterhaltsanspruchs vielmehr ein besonderes Maß an nachehelicher Solidarität festgeschrieben, ihn andererseits der Begrenzung zugänglich gemacht (s. zu den einzelnen abzuwägenden Umständen → Rn. 1075 ff.). Der BGH hat unter dem Aspekt der nachehelichen Solidarität einen **unbegrenzten Unterhaltsanspruch** wegen **Krankheit** nach § 1572 BGB für eine Ehefrau gebilligt, die während der 26jährigen reinen Hausfrauenehe schwer erkrankt war, wegen der Geburten der insgesamt vier Kinder keine Berufsausbildung hatte absolvieren können und sich jahrelang auch nach Erkrankung für die Familie aufgeopfert hatte,[240] sowie für eine Ehefrau nach 20jähriger Ehe mit zwei Kindern und Pflege des im Alter von neun Jahren verstorbenen schwerbehinderten Sohnes.[241] Hier wurde das erhebliche Gewicht der nachehelichen Solidarität mit der Rollenverteilung und der Ehedauer begründet. Die **Befristung** hat der BGH dagegen **gebilligt** oder nach Aufhebung für möglich gehalten bei einer Ehedauer von ca. 9 Jahren und einer Berechtigten, die schon in den ersten Jahren der Ehe erkrankt war und der Pflichtige zusätzlich zum Barunterhalt auch die Betreuung des Kindes übernehmen musste,[242] bzw. einer Berechtigten, deren Krankheit schon vor der Ehe angelegt war,[243] bzw. bei einer Ehedauer von 11 Jahren mit einer Berechtigten, die therapierbare psychosomatische Beschwerden hatte.[244]

Auch bei einem Anspruch auf **Aufstockungsunterhalt** nach § 1573 II BGB kann allein die nacheheliche Solidarität zu einem unbefristeten Anspruch führen.[245] Im entschiedenen Fall[246] konnte die Berechtigte nach 23jähriger Ehe zwar ohne ehebedingte Nachteile wieder im erlernten Beruf arbeiten. Erwogen wurde aber, dass sie trotz Durchführung des Versorgungs- und des Zugewinnausgleichs nur eine unzureichende Altersversorgung bis zum Rentenbeginn aufbauen könne. Zudem lag ihr Gehalt nur wenig über dem eheangemessenen Selbstbehalt, während das des Pflichtigen gut war. 1074

Zu prüfen ist auch, ob für den Berechtigten ein **besonderer Vertrauenstatbestand** entstanden ist. Dieser in **§ 36 Nr. 1 EGZPO** gesondert geregelte Aspekt ist nach der Rechtsprechung des BGH bereits bei der Prüfung im Rahmen des § 1578b BGB zu berücksichtigen.[247] Der Vertrauensschutz kann sich aus dem Verlauf der Ehe (Rollenverteilung, Lebensleistung des Berechtigten, wirtschaftliche Verhältnisse, Dauer des geleisteten Trennungsunterhalts) ergeben. Entscheidend ist aber, wie sehr sich der Berechtigte auf den Bestand der Unterhaltsregelung verlassen konnte.[248] Ist der Unterhalt bereits **tituliert** oder **vertraglich festgelegt,** kommt diesem Umstand besonderes Gewicht zu. Das gilt erst recht für Titel, die vor dem 1.1.2008 entstanden sind[249] und für solche, die nach altem Recht noch nicht befristet werden konnten (§§ 1571, 1572 BGB). Hier ist eine Befristung im Wege der Abänderung von der Zumutbarkeit für den Berechtigten abhängig. Dieser Umstand allein kann aber nicht dazu führen, eine Befristung stets abzulehnen, was sich schon an der Einbeziehung dieser Anspruchsgrundlagen in die Regelung des § 1578b II BGB zeigt. Geschützt ist nicht das Vertrauen in den Fortbestand des Titels als solches, sondern vielmehr das Vertrauen als Grundlage getroffener Entscheidungen (**Dispositionen**), die nicht ohne weiteres rückgängig gemacht werden können (langfristige Investition, 1075

---

[239] BGH FamRZ 2013, 1291 Rn. 27 = R 738d (Erkrankung nach 13 Ehejahren im Alter von 33 Jahren).
[240] BGH FamRZ 2009, 1207.
[241] BGH FamRZ 2010, 629 Rn. 42.
[242] BGH FamRZ 2010, 1057.
[243] BGH FamRZ 2010, 1414.
[244] BGH FamRZ 2010, 875.
[245] BGH FamRZ 2012, 517 Rn. 64 (für möglich gehalten); 2010, 1971 Rn. 29 ff. = R 719a.
[246] BGH FamRZ 2010, 1971 Rn. 29 ff. = R 719a.
[247] BGH FamRZ 2012, 772 Rn. 27; 2010, 2059 Rn. 35; 2010, 1414 Rn. 32 mAnm Borth.
[248] BGH FamRZ 2010, 2059 Rn. 38; 2010, 1414 Rn. 32; 2009, 1207 Rn. 42.
[249] BGH FamRZ 2013, 1291 Rn. 24 = R 738d; 2012, 951 Rn. 37; 2012, 772 Rn. 27.

Abschluss eines langfristigen Mietvertrags).²⁵⁰ Es muss immer bedacht werden, dass die Unabänderbarkeit eines Unterhaltstitels nach dem Willen des Gesetzgebers nicht der Regelfall ist.²⁵¹

1076 Die **Unzumutbarkeit der Begrenzung** des Unterhalts kann sich im Einzelfall ergeben, wenn der Berechtigte bereits in fortgeschrittenem Alter ist und Rente bezieht, keine Möglichkeit mehr hat, seine finanziellen Verhältnisse zu verbessern und sein Unterhalt zuletzt vor der Gesetzesreform tituliert wurde.²⁵² Eine schützenswerte Disposition kann auch die eingeschränkte oder vollkommen unterlassene Erwerbstätigkeit des Berechtigten darstellen, wenn der Verpflichtete dennoch jahre- bis jahrzehntelang Unterhalt fortgezahlt hat.²⁵³ So hat der BGH die Befristung des Unterhalts einer 58jährigen Frau nach 30 Jahren uneingeschränkter und aufgrund Wertsicherungsklausel ansteigender Unterhaltszahlungen trotz Unterlassens einer Erwerbstätigkeit bei uneingeschränkter Erwerbspflicht für eher fernliegend erklärt.²⁵⁴

1077 Auf einen solchen Vertrauensschutz kann sich der Berechtigte aber selbst bei langjährig gezahltem Unterhalt nicht mehr berufen, wenn der Unterhaltspflichtige in der Vergangenheit gestützt auf die nach altem Recht möglichen Begrenzungsregeln (§§ 1573 V, 1578 I 2 BGB aF) durch ein gerichtlich geltend gemachtes **Abänderungsverlangen** deutlich gemacht hat, dass er einen Wegfall/eine Abänderung seiner Unterhaltsverpflichtung anstrebt, selbst wenn diese Klage erfolglos war.²⁵⁵ In diesem Fall hatten die Ehegatten nach 16-jähriger Ehedauer 1985 anlässlich der Ehescheidung einen Unterhaltsvergleich geschlossen. Im Jahr 1992 hatte der Ehemann erfolglos Abänderungsklage erhoben. Mit Eintritt der Ehefrau in die Rente im Jahr 2006 begehrte der Ehemann Wegfall seiner bis dahin erfüllten Unterhaltspflicht. Der BGH führt aus, dass die Ehefrau sich durch die Abweisung der Abänderungsklage nur einstweilen in ihrem Unterhaltsanspruch bestätigt sehen durfte, aber damit rechnen musste, dass der Ehemann schon auf der Grundlage des früheren Rechts eine weitere Gelegenheit ergreifen werde, vom Unterhalt loszukommen. Der Vertrauensschutz auf den Fortbestand des Unterhaltsanspruchs entfällt jedenfalls für die Zukunft mit Erhebung des Abänderungsantrags durch den Unterhaltspflichtigen.²⁵⁶ Verlangt der Berechtigte die Abänderung eines Alttitels zu seinen Gunsten, soll der Vertrauensschutz reduziert sein, weil der Berechtigte in einem solchen Fall immer mit dem Widerantrag des Unterhaltspflichtigen auf Begrenzung des Unterhalts rechnen müsse.²⁵⁷

1078 **Auf Seiten des Berechtigten** zählen zu den zu berücksichtigenden sonstigen Umständen vor allem dessen Alter, Gesundheitszustand, seine während der Ehe erbrachte Lebensleistung²⁵⁸ – auch im Krankheitsunterhalt –, überobligatorischer Einsatz zugunsten des Verpflichteten, Unterstützung des Verpflichteten bei dessen beruflicher Fortbildung, die zu einem besseren Einkommen geführt hat,²⁵⁹ ferner ein Nachteil infolge einer Vermögensverwertung während der Ehe, wie zB die Kündigung eines Kommanditanteils, aus dem der Berechtigte Einkünfte bezogen hatte,²⁶⁰ die fehlende Möglichkeit zur Verbesserung der Einkommenssituation²⁶¹ und damit die Frage, wie dringend der Berechtigte auf den Unterhalt angewiesen ist.²⁶² Zu berücksichtigen ist es auch, wenn sich der Berechtigte bei seiner Mithilfe zum Bau des Familienheimes ein schweres Rückenleiden

---

²⁵⁰ BGH FamRZ 2011, 1721 Rn. 26.
²⁵¹ BGH FamRZ 2010, 2059 Rn. 38; 2010, 1414 Rn. 34.
²⁵² BGH FamRZ 2012, 951 Rn. 37; vgl. aber BGH 2011, 1721 ebenfalls zum Altersunterhalt.
²⁵³ BGH FamRZ 2012, 699 Rn. 52; 2011, 1381 Rn. 37 = R 726d; 2011, 192 Rn. 37.
²⁵⁴ BGH FamRZ 2012, 699 Rn. 52.
²⁵⁵ BGH FamRZ 2011, 1721 Rn. 25.
²⁵⁶ BGH FamRZ 2013, 274 Rn. 32; 2012, 772 Rn. 35.
²⁵⁷ KG BeckRS 2016, 12612.
²⁵⁸ BGH FamRZ 2016, 1345 Rn. 15; 2014, 823 Rn. 22; 2014, 1276 Rn. 56; 2013, 1291 Rn. 24 = R 738d; 2009, 1207 Rn. 39.
²⁵⁹ BGH FamRZ 2011, 1851 Rn. 24.
²⁶⁰ BGH FamRZ 1986, 886 (888).
²⁶¹ BGH FamRZ 2010, 1238 Rn. 38.
²⁶² BGH FamRZ 2016, 1345 Rn. 15; 2013, 1291 Rn. 24 = R 738d; 2013, 853 Rn. 42; 2013, 713 Rn. 24.

zugezogen hat²⁶³ oder wenn der Berechtigte einen gemeinsamen Sohn aus erster Ehe betreut und dadurch wirtschaftliche Nachteile erlitten hat²⁶⁴ oder wenn der Berechtigte während einer Arbeitslosigkeit des Verpflichteten geringeren oder keinen Unterhalt bezogen hat.²⁶⁵ Das kann zu einer längeren Teilhabe am Unterhalt führen, wenn der Verpflichtete wieder leistungsfähig ist. Voreheliches Zusammenleben an sich begründet kein Billigkeitskriterium und zieht nicht ohne weiteres ein erhöhtes Maß an nachehelicher Solidarität nach sich.²⁶⁶ Hat die Berechtigte während eines Zusammenlebens vor der Eheschließung bereits ein gemeinsames Kind betreut, ist aber der Umstand, dass sie trotz Durchführung des Versorgungsausgleichs und Zugewinns keine ausreichende Altersvorsorge aufbauen kann bei gleichzeitig deutlich besseren Einkünften des Pflichtigen, beachtlich. Dem Pflichtigen muss jedoch hinreichendes Einkommen verbleiben, um eine eigene angemessene Altersversorgung aufzubauen.²⁶⁷ Ein Berufswechsel vor der Ehe, der zu einer wirtschaftlichen Verschlechterung des Berechtigten führt, ist jedenfalls dann als sonstiges Kriterium in die Abwägung einzubeziehen, wenn er erfolgte, um das voreheliche Leben zu ermöglichen, das in die Ehe mündete.²⁶⁸ Es handelt sich um eine Disposition um der (zukünftigen) Ehe willen. Nicht zu berücksichtigen ist eine in der DDR zu Unrecht erlittene Haft nach versuchter Republikflucht, wenn der Unterhaltspflichtige ebenfalls eine Haftstrafe absitzen musste.²⁶⁹

Zu Lasten des Berechtigten ist zu berücksichtigen, ob er sich einer möglichen und zumutbaren Therapie seiner Erkrankung entzogen hat.²⁷⁰ Ebenfalls zu berücksichtigen sind Vorteile, die sich aus der Ehe ergeben haben, zB ein Vermögenszuwachs in dem Umfang, den der Berechtigte allein nicht hätte erwirtschaften können und dadurch zusätzlich abgesichert ist (→ Rn. 1064).²⁷¹ Auch das Erreichen des Rentenalters als Zäsur, die üblicherweise mit finanziellen Einbußen verbunden ist, kann dagegen sprechen, trotz Leistungsfähigkeit des Unterhaltspflichtigen einen Unterhaltsanspruch nach den ehelichen Lebensverhältnissen aufrechtzuerhalten.²⁷²

Der **Verlust eines Unterhaltsanspruchs aus einer vorausgegangenen Ehe** infolge der neuen Eheschließung stellt keinen ehebedingten Nachteil dar, auch dann nicht, wenn der Unterhaltsanspruch nicht befristbar gewesen wäre und den einzigen Altersunterhalt dargestellt hätte.²⁷³ Denn, so der BGH, ehebedingte Nachteile können sich nur aus der Ehegestaltung, nicht aber aus dem bloßen Akt der Eheschließung ergeben. Gleiches muss dann gelten, wenn eine **Witwenrente,** die auf einer früheren Ehe beruht, wegen der Eheschließung endgültig erlischt.²⁷⁴ 1079

Bei der Billigkeitsabwägung über eine Begrenzung des Unterhalts dürfen auch Kosten eines nachgewiesenen **krankheitsbedingten Mehrbedarfs** berücksichtigt werden.²⁷⁵ 1080

Der Umstand, dass der Berechtigte durch eine Befristung sozialleistungsbedürftig wird, steht der Anwendung des § 1578b BGB als solche nicht entgegen.²⁷⁶ Der Gesetzgeber hat gerade Unterhaltsansprüche wegen Lebenssituationen, die häufig zur **Sozialleistungsbedürftigkeit** führen (Krankheit oder Alter), nicht mehr von der Befristbarkeit ausgenommen. Keine zulässige Erwägung zugunsten einer Befristung ist aber der Umstand, dass der 1081

---

263 BGH FamRZ 1986, 886 (888).
264 OLG Karlsruhe FamRZ 1989, 511.
265 BGH FamRZ 2011, 1851 Rn. 24.
266 BGH FamRZ 2010, 1238 Rn. 39.
267 BGH FamRZ 2010, 1971 Rn. 34.
268 AA wohl BGH FamRZ 2010, 1971 Rn. 25 ff., der dies nur unter dem Aspekt der Ehedauer ablehnend erörtert = R 719a, b.
269 OLG Hamm FamRZ 2016, 64.
270 BGH FamRZ 2010, 869 Rn. 52.
271 BGH FamRZ 2007, 2052 Rn. 28; OLG Karlsruhe FamRZ 2009, 2107.
272 BGH FamRZ 2011, 1721 Rn. 24.
273 BGH FamRZ 2012, 197; ebenso OLG Düsseldorf FamRZ 1987, 1254; OLG Hamm FamRZ 1986, 908; anders OLG Düsseldorf FamRZ 2010, 1912 (jeweils zu § 58 EheG).
274 Anders noch: OLG Düsseldorf FamRZ 2007, 835.
275 BGH FamRZ 2013, 1291 Rn. 29.
276 BGH FamRZ 2012, 197 Rn. 37; 2011, 713 Rn. 26 = R 724d; 2010, 1057 Rn. 18.

Berechtigte auch ohne Befristung (also bei weiter bewilligtem Unterhalt) sozialleistungsbedürftig wäre. Dies widerspricht der gesetzlichen Grundentscheidung, dass Sozialhilfe nachrangig ist gegenüber dem Unterhaltsanspruch (§§ 2, 94 SGB XII).[277]

1082 **Auf Seiten des Verpflichteten** sind alle Umstände zu berücksichtigen, die auch bei einer Zumutbarkeitsabwägung im Rahmen des § 1581 BGB zu beachten sind, vor allem seine persönlichen und wirtschaftlichen[278] Verhältnisse, das Verhältnis des Unterhaltsbetrags zu den ihm verbleibenden Mitteln,[279] sein Alter, sein Gesundheitszustand.

1083 **Zu seinen Gunsten** sind nachgewiesene Minderungen seiner Erwerbsfähigkeit, ein besonderer Einsatz für den Berechtigten oder ein berechtigter Wunsch nach einem Orts- oder Berufswechsel zu beachten. Die wirtschaftliche Gesamtbelastung ist zu berücksichtigen: eine lange Dauer des geleisteten Trennungsunterhalts[280] – aber nicht 1 : 1, sondern in wertender Weise – sowie des bereits geleisteten nachehelichen Unterhalts[281] – dies vor allem, wenn der Berechtigte auch ohne den Unterhalt Einkünfte deutlich über dem Existenzminimum hat[282] – oder die Gründung einer neuen Familie.[283] Je länger die neue Ehe dauert und den Unterhaltspflichtigen daraus – wenn auch nachrangig – Unterhaltspflichten treffen, desto mehr gewinnt diese Belastung an Gewicht.[284] Weiter sind bedeutsam die Unterhaltsverpflichtung für gemeinsame Kinder, auch wenn diese gegenüber dem Berechtigten nachrangig sind (§ 1609 Nr. 4 BGB), auch Betreuungsleistungen, die der Verpflichtete neben der Barunterhaltspflicht gegenüber den Kindern erbringt bzw. die Freistellung des Berechtigten von Kindesunterhaltsansprüchen, wenn der Verpflichtete gemeinsame Kinder betreut[285] oder auch eigene ehebedingte Nachteile des Pflichtigen.[286] Zu seinen Gunsten soll auch die hohe Belastung durch aufgelaufene Unterhaltsrückstände zu berücksichtigen sein.[287] Das erscheint zweifelhaft, soweit der BGH damit die Belastung durch die auf einmal eintretende Fälligkeit des Gesamtbetrags meint. Denn im entschiedenen Fall war nachehelicher Unterhalt von rund 1000 DM tituliert, dessen Wegfall der Verpflichtete begehrte. Das Verfahren dauerte von 1992 bis 2007. Es wurden schließlich Unterhaltsrückstände in Höhe von 65 000 EUR tituliert. Der Verpflichtete musste mit der gerichtlichen Bestätigung des Unterhaltsanspruchs rechnen und hätte während des gesamten Verfahrens Rücklagen bilden können und müssen. In einem anderen Fall hat der BGH den Umstand berücksichtigt, dass der Verpflichtete im Ergebnis weniger finanzielle Mittel zur Verfügung hat als die Berechtigte, weil der Verpflichtete vorzeitig und unterhaltsrechtlich nicht beachtlich in Pension gegangen und der Unterhalt anhand seiner fiktiven vollen Pension errechnet worden war.[288] Deshalb, so der BGH, treffe den Unterhaltspflichtigen eine uneingeschränkte Unterhaltsverpflichtung besonders hart.

Zu seinen Lasten ist seine von der Ehe unabhängige Mitverantwortung für eine Krankheit des Berechtigten ein Billigkeitskriterium sowie ehebedingte Vorteile, die der Unterhaltspflichtige aus der Ehe gezogen hat.[289] Im entschiedenen Fall hatte der unterhaltspflichtige Ehemann nur aufgrund der Ehe mit der Berechtigten in den 1980er Jahren aus der damaligen CSSR in die Bundesrepublik einreisen können und hier beruflich Karriere

---

[277] BGH FamRZ 2011, 713 Rn. 26 = R 724d; 2010, 1057 Rn. 20.
[278] BGH FamRZ 2011, 1381 Rn. 36 = R 726d.
[279] BGH FamRZ 2013, 1291 Rn. 24 = R 738d; 2011, 713 Rn. 24 = R 724d; 2007, 200 (204).
[280] BGH FamRZ 2016, 1345 Rn. 15; 2014, 823 Rn. 22; 2013, 1291 Rn. 24 = R 738d; 2011, 875 Rn. 22 (5 Jahre bei 14 Jahren Ehedauer); 2011, 713 (4 Jahre bei 22 Jahren Ehedauer); 2009, 406 Rn. 39.
[281] BGH 2010, 869 Rn. 52.
[282] BGH FamRZ 2014, 1276 Rn. 56 (28 Jahre bei 21-jähriger Ehedauer); 2011, 713 Rn. 16.
[283] BGH FamRZ 2013, 274 Rn. 32; 2011, 875 Rn. 23.
[284] BGH FamRZ 2013, 853 Rn. 37.
[285] BGH FamRZ 2012, 772 Rn. 37; 2011, 713 Rn. 24 = R 724d.
[286] BGH FamRZ 2016, 1345 Rn. 25.
[287] BGH FamRZ 2012, 772 Rn. 37: während des anhängigen Verfahrens war zwischen 1992 und 2007 ein Betrag von 65 000 EUR an Rückständen entstanden.
[288] BGH FamRZ 2012, 772 Rn. 37.
[289] BGH FamRZ 2013, 1291 Rn. 28 = R 738d.

8. Abschnitt: Herabsetzung und zeitliche Begrenzung des Unterhalts § 4

gemacht. Die vom Vordergericht ausgesprochene Befristung neun Jahre nach der Ehescheidung einer 20-jährigen Ehe hat der BGH aufgehoben und einen Unterhaltsanspruch weiterhin, aber nicht unbedingt unbefristet, für begründet gehalten. Ebenso ist die Unterstützung durch die Berechtigte während der Ehe zu berücksichtigen, aufgrund derer der Unterhaltspflichtige sich beruflich fortbilden konnte.[290]

Wichtig ist ein Unterschied im Einkommen der Ehegatten, wenn der Berechtigte nur unwesentlich über dem eheangemessenen Selbstbehalt (derzeit 1200 EUR) verdient, während der Pflichtige erheblich höhere Einkünfte hat.[291] Trennungsverschulden ist im Rahmen der Billigkeit nicht relevant.[292]

V. Verfahrensrechtliche Fragen bei Anwendung des § 1578b I u. II BGB

1. Geltendmachung im Erstverfahren

Soweit die im Rahmen der Billigkeitsabwägung zu bewertenden **Umstände bekannt sind**, ist über die Unterhaltsbegrenzung im Erstverfahren zu entscheiden und diese **nicht einer späteren Abänderung nach § 238 FamFG zu überlassen**.[293] Sämtliche für eine Begrenzung relevanten Umstände müssen bereits eingetreten oder zuverlässig vorhersehbar sein.[294] Das ist bei künftig eintretenden Umständen nur der Fall, wenn sie vom bloßen Zeitablauf abhängen.[295] Ob zuverlässige Vorhersehbarkeit besteht, kann im Übrigen nur unter Berücksichtigung aller Umstände des Einzelfalls beantwortet werden.[296] Zwar beziehen sich die gesetzlichen Prüfungsmerkmale „Gestaltung von Haushaltsführung und Erwerbstätigkeit während der Ehe" und „Dauer der Ehe" grundsätzlich auf bereits abgeschlossene Sachverhalte.[297] Die Dauer der künftigen Kinderbetreuungszeit (bis zum Eintritt der Vollerwerbspflicht → Rn. 1038) lässt sich in der Regel, jedenfalls soweit keine Entwicklungsverzögerungen oder (chronischen) Krankheiten beim Kind vorliegen, die eine verstärkte Betreuung erfordern, ab einem gewissen Alter des Kindes absehen. Kann aber der Wegfall eines ehebedingten Nachteils noch nicht zuverlässig prognostiziert werden, weil die berufliche Entwicklung des Ehegatten auch nach Abschluss der Kinderbetreuung noch ungewiss ist, kann über eine **Befristung** des Unterhaltsanspruchs (§ 1578b II BGB) noch nicht befunden werden.[298] Bei abgeschlossener Entflechtung der wirtschaftlichen Verhältnisse der Ehegatten muss dagegen über die Frage der Befristung entschieden werden.[299] Über eine **Herabsetzung** ist bereits dann zu entscheiden, wenn ein ehebedingter Nachteil festgestellt wird, lediglich noch nicht feststeht, ob er bestehen bleibt, sich verringert oder vollständig entfallen wird.[300] Gleiches gilt, wenn sich die festgestellten wirtschaftlichen Verhältnisse wegen des noch durchzuführenden Zugewinnausgleichs noch verändern können.[301] Später entstehende Veränderungen können im Wege des Abänderungsantrags

1084

---

[290] BGH FamRZ 2011, 1851 Rn. 24.
[291] BGH FamRZ 2010, 1971 Rn. 34 = R 719b; 2009, 1207 Rn. 43.
[292] BGH FamRZ 2010, 1414 Rn. 20.
[293] BGH FamRZ 2018, 1506 Rn. 27 = R 792b; 2011, 454 Rn. 43 = R 721 f.; 2010, 1637 Rn. 50 ff. = R 715d.
[294] BGH FamRZ 2018, 1506 Rn. 30 = R 792b; 2011, 454 Rn. 43 = R 721 f.; 2007, 793 (799) = R 674j.
[295] BGH FamRZ 2011, 454 Rn. 43 = R 721 f.; 2007, 793 (799) = R 674j.
[296] BGH FamRZ 2008, 1508 Rn. 14; 2008, 1325 Rn. 37; 2007, 2049 (2051).
[297] Vgl. Christl FamRZ 1986, 627.
[298] BGH FamRZ 2011, 454 Rn. 42; FamRZ 2009, 1300 Rn. 62 f.; FamRZ 2009, 770 Rn. 44 = R 704; OLG Hamm FamRZ 2009, 2093: Es bestanden noch Aufstiegschancen für die Berechtigte, die aber eine im Zeitpunkt der Entscheidung noch nicht ausgeübte Vollerwerbstätigkeit voraussetzten.
[299] BGH FamRZ 2010, 869 Rn. 51 f.; FamRZ 2010, 1884 Rn. 26 = R 718b.
[300] BGH FamRZ 2018, 1506 Rn. 30 = R 792b; 2011, 454 Rn. 43 = R 721 f.
[301] BGH FamRZ 2018, 1506 Rn. 27; 2011, 454 Rn. 47 = R 721 f.

geltend gemacht werden.³⁰² Lässt sich lediglich die Höhe des angemessenen Lebensbedarfs nach § 1578b I BGB für die als billig angesehene spätere Begrenzung noch nicht überblicken, kann der Zeitpunkt, von dem an die Beschränkung eintritt, auf einen hilfsweise gestellten Feststellungsantrag hin festgelegt werden.³⁰³

1085 Der Berechtigte muss seinen Anspruch, um Kostennachteile zu vermeiden, gegebenenfalls **zeitlich und der Höhe nach gestaffelt** geltend machen, weil die Klage sonst teilweise abzuweisen wäre. Zweckmäßig kann es sein, zur beanspruchten Unterhaltsdauer einen Mindestzeitraum und eine geschätzte angemessene Zeitdauer anzugeben, so dass sich hieraus ggf. die Beschwer für ein Rechtsmittel ergibt.³⁰⁴ Lehnt das Familiengericht eine erstrebte Unterhaltsbegrenzung ab, muss der Beschwerdeantrag die geltend gemachte Begrenzung zwar nicht exakt bezeichnen, das Bestimmtheitserfordernis zwingt jedoch zur Angabe, welche zeitliche Begrenzung bzw. welche Herabsetzung als angemessen angesehen wird, damit festgestellt werden kann, ob und in welchem Umfang der Rechtsmittelführer obsiegt bzw. unterliegt.³⁰⁵

1086 Das Gericht hat die Frage der Befristung als prozessuale Einwendung bei entsprechendem Sachvortrag **von Amts wegen** zu prüfen. Einer prozessualen Einrede des Verpflichteten bedarf es nicht.³⁰⁶

2. Geltendmachung in einem späteren Abänderungsverfahren

1087 Eine nachträgliche zeitliche Begrenzung oder Herabsetzung des Unterhalts kann **nicht mittels Vollstreckungsgegenklage,** sondern nur in einem Abänderungsverfahren geltend gemacht werden, weil sich der Gesetzgeber bei erstmaliger Einführung der Unterhaltsbeschränkung ausdrücklich für die Abänderungsklage entschieden hat.³⁰⁷ Soweit die Übergangsregelung für § 1578b BGB (→ Rn. 1092) auch § 767 II ZPO erwähnt, dürfte damit keine Änderung bezweckt sein.

Die Unterhaltsbegrenzung, und zwar sowohl die Herabsetzung als auch die zeitliche Begrenzung dem Grunde nach (= Befristung), kann in einem späteren **Abänderungsverfahren** nicht ohne Prüfung der Präklusionsfrage vorgenommen werden. Ein solches Verfahren kann wegen der sonst eintretenden **Präklusionswirkung** des § 238 II FamFG³⁰⁸ nur Erfolg haben, wenn entweder die Frage der Begrenzung nicht Gegenstand des Verfahrens war und daher nicht von der Rechtskraft der Ausgangsentscheidung erfasst ist³⁰⁹ oder zum Zeitpunkt der Erstentscheidung (Schluss der mündlichen Verhandlung) wegen einer fehlenden zuverlässigen Absehbarkeit der Entwicklung der Verhältnisse **keine sichere Prognose möglich** gewesen ist³¹⁰ oder nachträglich **neue Umstände** für eine entsprechende Billigkeitsentscheidung eingetreten sind, zB weil ein ehebedingter beruflicher Nachteil oder die Betreuungsbedürftigkeit eines Kindes – etwa infolge Übernahme der Betreuung durch den Unterhaltspflichtigen – weggefallen sind.³¹¹ Wurde die Ent-

---

³⁰² BGH FamRZ 2018, 1506 Rn. 30; 2011, 454 Rn. 43 und 47 = R 721 f.
³⁰³ OLG Düsseldorf FamRZ 1992, 951.
³⁰⁴ Vgl. im Einzelnen Christl FamRZ 1986, 627.
³⁰⁵ OLG Karlsruhe FamRZ 1989, 511.
³⁰⁶ BGH FamRZ 2010, 1884 Rn. 26 = R 718b; 2010, 1238; Rn. 25.
³⁰⁷ BGH FamRZ 2011, 454 Rn. 42; 2000, 1499 (1502); 2001, 905 (906 f.) zur Übergangsvorschrift des Art. 6 Nr. 1 S. 2 UÄndG.
³⁰⁸ Zur Präklusionswirkung bei mehreren aufeinander folgenden Abänderungsverfahren: BGH FamRZ 2018, 914 Rn. 13ff = R 791a + b in Abkehr von FamRZ 1998, 99.
³⁰⁹ BGH FamRZ 2018, 914 Rn. 17 = R 791b; (Änderung der Rspr.): keine Präklusion bei abgewiesenem Erhöhungsantrag des Unterhaltsgläubigers; vgl. zuvor schon BGH FamRZ 2016, 203 Rn. 24; 2013, 1215 Rn 18.
³¹⁰ BGH FamRZ 2018, 1506 Rn. 30 = R 792b; 2011, 454 Rn. 43 = R 721f; 2010, 2138 Rn. 13; 2010, 1884 Rn. 27 = R 718b; FamRZ 2000, 1499 (1501); OLG Düsseldorf FamRZ 1996, 1416 für den Fall, dass in der Erstentscheidung festgestellt wurde, dass zum gegenwärtigen Zeitpunkt eine Begrenzung ausscheide; Mörsch FamRZ 1986, 627 (629).
³¹¹ BGH FamRZ 2011, 454 Rn. 43ff. = R 721f; 2000, 1499 (1501); 2001, 905 (906); Hahne FamRZ 1986, 305 (310).

8. Abschnitt: Herabsetzung und zeitliche Begrenzung des Unterhalts § 4

scheidung über die Begrenzung des Unterhaltsanspruchs ausdrücklich offen gelassen, weil das Gericht meinte, die Entwicklung der Verhältnisse nicht zuverlässig vorhersehen zu können, tritt auch dann keine Präklusion für das spätere Abänderungsverfahren ein, wenn dem Erstgericht eine Entscheidung aufgrund der Sachlage möglich gewesen wäre und hätte erfolgen müssen.[312] Eine Präklusion reicht nur soweit, wie die Erstentscheidung eine abschließende Beurteilung der Sachlage und der zuverlässig voraussehbaren Umstände aus damaliger Sicht enthält.[313] Eine Herabsetzung des Unterhalts ist deshalb grundsätzlich abänderbar, wenn sich der ehebedingte Nachteil wesentlich verändert (zur Höhe des ehebedingten Nachteils → Rn. 1022, 1032). Konnte jedoch eine Herabsetzung oder Befristung bereits im Ausgangsverfahren geltend gemacht werden, weil die Gründe für eine Herabsetzung / Befristung jedenfalls zuverlässig vorauszusehen waren, ist ein Abänderungsantrag mit dem gleichen Ziel **bei nicht veränderten Umständen** grundsätzlich unzulässig. Das setzt aber voraus, dass die Umstände, die für die Bewertung der Billigkeit nach § 1578b BGB erheblich sind, bereits im Ausgangsverfahren erheblich waren und zu einem abweichenden Ergebnis hätten führen müssen[314] (→ § 10 Rn. 216, 254). Dasselbe gilt, wenn es sich nur um einen Umstand handelt.

Allerdings ist zu beachten, dass § 1578b BGB eine Billigkeitsentscheidung verlangt. Bei dieser kann das Hinzutreten neuer Gesichtspunkte im Rahmen einer **Gesamtabwägung** zu einer anderen Bewertung auch sogenannter „Alttatsachen", also unveränderter Umstände führen. Bei Umständen, die Teil einer umfassenden Abwägung sind, soll im Zweifel davon auszugehen sein, dass das Gericht über deren Berücksichtigung im Ausgangsverfahren noch nicht dergestalt abschließend entscheiden will, dass sie in einem Abänderungsverfahren unberücksichtigt bleiben müssen. Entsprechendes gilt, wenn das Gericht einzelne Aspekte schlicht übersehen und daher nicht berücksichtigt hat.[315]

Rechtskräftige Feststellungen zu Umfang und Qualität der Erwerbspflicht des Berechtigten binden im Abänderungsverfahren. Sind dem Berechtigten im früheren Verfahren (ggf. trotz minderwertiger ausbildungsfremder Tätigkeit) keine zusätzlichen Einkünfte fiktiv zugerechnet worden, ist der Unterhaltspflichtige im Abänderungsverfahren mit dem Vortrag präkludiert, es bestehe kein ehebedingter Nachteil, weil der Berechtigte vollschichtig im erlernten Beruf arbeiten müsse[316] oder weil er es versäumt habe, durch eine Umschulung entsprechendes Einkommen zu erwirtschaften.[317] Denn damit ist rechtskräftig festgestellt, dass der Berechtigte seine unterhaltsrechtlichen Obliegenheiten mit der tatsächlich ausgeübten, aber schlechter bezahlten Beschäftigung erfüllt. Gleiches muss gelten, wenn in der abzuändernden Entscheidung eine teilschichtige Tätigkeit für ausreichend erachtet wurde und sich die dafür maßgeblichen Umstände nicht geändert haben. Anderes kann – ab Geltendmachung – nur gelten, wenn geänderte Verhältnisse eine Obliegenheit zu einer besser bezahlten oder umfangreicheren Tätigkeit begründen. 1088

Bei der **Abänderung von Unterhaltsvergleichen,** bei denen die Anpassung an veränderte Verhältnisse allein nach den Regeln des materiellen Rechts geschieht (→ § 6 Rn. 617 ff., § 10 Rn. 252), kommt es vorrangig darauf an, ob der von den Parteien bei der Einigung zugrunde gelegte Parteiwille eine Begrenzung des Unterhaltsanspruchs umfasst hat und der Vergleich eine dahingehende bindende Regelung enthält. Enthält ein Vergleich keine Bestimmung zur Begrenzung des Unterhaltsanspruchs, aber die Regelung, dass sich der Unterhaltsanspruch nach Ablauf eines bestimmten Zeitraums nach den gesetzlichen Vorschriften richten soll, ist nach Ablauf dieses Zeitraums der Befristungseinwand möglich.[318] Ist eine Regelung zur Frage der Begrenzung weder ausdrücklich geregelt noch als konkludent vereinbart feststellbar, ist im Zweifel davon auszugehen, dass die Parteien noch 1089

---

312 BGH FamRZ 2010, 1884 Rn. 27 = R 718b.
313 BGH FamRZ 2011, 454 Rn. 43 = R 721 f.
314 BGH FamRZ 2018, 914 Rn. 13 f. = R 791a + b; 2015, 1694 Rn. 22 f. mAnm Hoppenz = R 771b.
315 BGH FamRZ 2015, 1694 Rn. 24 f. mAnm Hoppenz = R 771b.
316 BGH FamRZ 2013, 274 Rn. 28; 2010, 538 Rn. 41 f. mit ablehnender Anm. Hoppenz.
317 BGH FamRZ 2014, 1276 Rn. 39 = R 755 f.
318 BGH FamRZ 2013, 274 Rn. 17.

keine abschließende Regelung über eine spätere Begrenzung treffen wollten.[319] Aus dem Umstand, dass eine im Verfahren erörterte Befristung in der gerichtlich protokollierten Vereinbarung keinen Niederschlag fand, kann nicht ohne weiteres der Schluss gezogen werden, dass eine solche endgültig nicht gewollt war.[320] Das ist insbesondere bei erstmaliger Festlegung des nachehelichen Unterhalts in Betracht zu ziehen, weil dann die eine Begrenzung eröffnende Unbilligkeit einer weiteren Unterhaltsgewährung noch in der Zukunft liegt. Enthält der Vergleich keine Begrenzungsregelung, ist mangels Bindungswirkung eine Abänderung auch ohne Änderung der tatsächlichen Verhältnisse möglich, und zwar auch dann, wenn die für die Regelung einer Begrenzung maßgeblichen Umstände bei Vergleichsabschluss schon zuverlässig absehbar waren. Es unterliegt der **Dispositionsfreiheit der Beteiligten,** eine Regelung im Erstverfahren zu treffen oder nicht.[321] Enthält der Vergleich eine Regelung zur Begrenzung, muss für eine Abänderung im Hinblick auf den der Einigung der Parteien zugrunde gelegten Parteiwillen eine Störung der Geschäftsgrundlage eingetreten sein. So muss der die Beweislast für einen Abänderungsgrund tragende Abänderungsantragsteller dartun, dass die Geschäftsgrundlage für einen unbefristeten oder ungekürzten Anspruch fortgefallen ist, bevor die gesetzlichen Voraussetzungen der Herabsetzung oder zeitlichen Begrenzung geprüft werden können.[322]

1090 Die durch die **Unterhaltsreform** geschaffenen Möglichkeiten der Unterhaltsbegrenzung können als solche einen Abänderungsgrund darstellen, soweit der abzuändernde Titel noch nach altem Recht geschaffen worden ist. Das gilt auf jeden Fall für den **Befristungseinwand** nach § 1578b II BGB bei **Alters- und Krankheitsunterhalt.**[323] Der BGH hat dies für beide Anspruchsgrundlagen aber auch für den **Herabsetzungseinwand** nach § 1578b I BGB entschieden. Der abzuändernde Titel beruhte in dem konkreten Fall ebenfalls bereits auf dem Anspruch auf Altersunterhalt (§ 1571 BGB), die Herabsetzung dieses Anspruchs war nach § 1578 I 2 BGB aF bereits damals möglich.[324]. Die Berechtigte war im Zeitpunkt der letzten Änderung im Jahr 2003 bereits über 70 Jahre alt. Im Jahr 2009 wurde erneut Unterhaltsabänderungsantrag gestellt mit dem Begehren, den Unterhalt zu begrenzen. Der BGH führt aus, dass nicht nur die Einführung der Befristung des Altersunterhalts eine schwerwiegende Veränderung der Vertragsgrundlage darstelle, sondern auch die **Herabsetzung** eine **neue Qualität** erfahren habe. Während sie nach altem Recht das schärfste Mittel einer Begrenzung des Unterhaltsanspruchs gewesen sei, stelle sie sich nun durch die Einführung der Befristungs- und der Kombinationsmöglichkeit von Befristung und Herabsetzung nach § 1578b III BGB als das mildere Mittel dar. Allerdings stellt die gesetzliche oder durch Änderung der Rechtsprechung eröffnete Einführung von Unterhaltsbegrenzungsmöglichkeiten als solche dann weiterhin keinen Abänderungsgrund dar, wenn der abzuändernde Titel nach ihrer Einführung geschaffen worden ist.[325] Wurde der Titel zwar vorher geschaffen, aber nach der Einführung von Unterhaltsbegrenzungsmöglichkeiten zuletzt abgeändert, ist genau zu prüfen, worauf sich die Abänderung bezog. Betraf sie allein andere Gesichtspunkte, zB nur den Unterhaltsanspruch wegen Kindesbetreuung nach § 1570 BGB, ist der Befristungseinwand gegen den weiteren Aufstockungsunterhaltsanspruch nicht ausgeschlossen.[326]

1091 Auch Unterhaltsvergleiche können für die Beteiligten je nach Geschäftsgrundlage hinsichtlich ihrer Vereinbarungen zu Umfang und Qualität der Erwerbspflicht im Abänderungsverfahren (im Hinblick auf den ehebedingten Nachteil) eine **Bindung** entfalten. Dann gilt das oben (→ Rn. 1089) Gesagte: haben die Beteiligten vorbehaltlos eine ausbildungsfremde minderwertige Erwerbstätigkeit des Berechtigten der Vereinbarung zu-

---

[319] BGH FamRZ 2010, 1238 Rn. 23.
[320] BGH FamRZ 2010, 1238 Rn. 23; OLG Stuttgart FamRZ 2009, 785.
[321] BGH FamRZ 2010, 1238 Rn. 25.
[322] BGH FamRZ 1995, 665 (666 f.).
[323] BGH FamRZ 2014, 1276 Rn. 18; 2013, 1291 Rn. 16f = R 738a (Krankheitsunterhalt); 2012, 951 Rn. 20 (Altersunterhalt).
[324] BGH FamRZ 2013, 1291 Rn. 17; 2012, 197 Rn. 21; vgl. auch 2015, 824 Rn. 27 = R 768b.
[325] BGH FamRZ 1995, 665 zu § 1573 V BGB aF.
[326] BGH FamRZ 2013, 274 Rn. 17.

8. Abschnitt: Herabsetzung und zeitliche Begrenzung des Unterhalts § 4

grunde gelegt, genügt dieser seiner Erwerbspflicht. Es kann ihm im Abänderungsverfahren nicht vorgeworfen werden, er hätte bei Tätigkeit im erlernten Beruf keinen oder keinen so hohen ehebedingten Nachteil.[327] Bei einem frei abänderbaren Vergleich gilt dies allerdings nur für den im Abänderungsverfahren streitigen vergangenen Unterhaltszeitraum, also bis zur Erhebung des Abänderungsantrags des Unterhaltspflichtigen. Im Abänderungsverfahren ist zu prüfen, ob es für den Unterhaltsberechtigten zumutbar ist bzw. war, auf das Abänderungsverlangen hin wieder eine Tätigkeit im erlernten Beruf aufzunehmen.[328]

Die **Übergangsregelung** für den seit 1.1.2008 eingeführten § 1578b BGB findet sich in **§ 36 EGZPO**. Danach bleiben Unterhaltsleistungen, die vor dem 1.1.2008 fällig geworden sind, mangels Rückwirkung des neuen Rechts[329] unberührt (§ 36 Nr. 7 EGZPO). § 36 Nr. 1 EGZPO eröffnet **keine eigenständige Abänderungsmöglichkeit**.[330] Die Regelung stellt nur klar, dass die Gesetzesänderung ein Anwendungsfall von § 238 II FamFG (§ 323 II ZPO) ist.[331] Auf eine Änderung der Rechtsprechung – zB durch die Entscheidung des BGH vom 12.4.2006[332] – findet die Regelung des § 36 Nr. 1, 2 EGZPO keine Anwendung.[333] Für die Zeit nach Inkrafttreten des Gesetzes kommt eine Abänderung von rechtskräftigen Entscheidungen, Vollstreckungstiteln oder Unterhaltsvereinbarungen aus der Zeit davor wegen Umständen, die schon entstanden waren, nur unter folgenden Voraussetzungen (§ 36 Nr. 1 EGZPO) in Betracht: die Umstände erfahren *durch die gesetzliche Neuregelung* eine andere Bewertung dahin, dass sie *nun erheblich* geworden sind. Das kann aus der nun eröffneten Befristbarkeit von Unterhalt wegen Alters (§ 1571 BGB) oder Krankheit (§ 1572 BGB) oder aus der Rangänderung nach § 1609 Nr. 2 BGB folgen. Dadurch muss eine *wesentliche Änderung der Unterhaltsverpflichtung* nach Höhe oder Dauer eintreten. Die Änderung muss dem anderen Teil unter Berücksichtigung seines Vertrauens in die gesetzliche Regelung *zumutbar* sein. Waren die Umstände schon vor der Gesetzesänderung erheblich, kann auf diese eine Abänderung nicht gestützt werden. Das gilt insbesondere für den **Aufstockungsunterhalt** (§ 1573 II BGB aF).[334] Dieser war schon nach § 1573 V BGB aF befristbar. Die insoweit maßgebliche **Zäsur für die Bewertung** der Erheblichkeit der Umstände stellt vielmehr das Urteil des BGH zur Bedeutung der Ehedauer im Rahmen der Begrenzung nach § 1573 V BGB aF dar,[335] wobei auf die Veröffentlichung der Entscheidung **Mitte Juli 2006** abzustellen ist.[336] Wurde der Anspruch zuletzt danach tituliert, ohne die Begrenzung vorzubringen, und haben sich seitdem die tatsächlichen Verhältnisse nicht wesentlich geändert, scheidet eine nachträgliche Begrenzung aus.[337] Dabei ist nicht zwischen Ehen mit und solchen ohne Kinder zu unterscheiden.[338] Das bedeutet, dass § 36 Nr. 1, 2 EGZPO bei der Begrenzung eines Alttitels wegen Aufstockungsunterhalts nach § 1573 II BGB weder eine Begrenzung eröffnet noch einschränkt.

Liegt aber einem Titel, der zuletzt nach der genannten Rechtsprechungsänderung des BGH oder sogar nach dem 1.1.2008 geändert wurde, ein anderer Unterhaltstatbestand zugrunde als der Aufstockungsunterhalt – zB Betreuungsunterhalt nach § 1570 BGB – ist der Abänderungsantragsteller mit dem Einwand der Befristung nach § 1578b II BGB nicht ausgeschlossen, wenn der Unterhaltsanspruch nun erstmals auf Aufstockung (§ 1573 Abs. 2 BGB) zu stützen ist.[339]

1092

---

[327] BGH FamRZ 2013, 274 Rn. 28, 29.
[328] BGH FamRZ 2013, 274 Rn. 32.
[329] BT-Drs. 16/1830, 35.
[330] BGH FamRZ 2010, 111 Rn. 62.
[331] BGH FamRZ 2010, 1884 Rn. 34 = R 718d.
[332] BGH FamRZ 2006, 1006.
[333] BGH FamRZ 2010, 1238 Rn. 41.
[334] BGH FamRZ 2012, 525 Rn. 52; 2011, 1381 Rn. 20 ff. = R 726b, 2010, 1884 Rn. 17, 28 = R 718a, c.
[335] BGH FamRZ 2015, 734 Rn. 21; 2010, 1884 Rn. 18 = R 718b und Leitsatz 1.
[336] BGH FamRZ 2006, 1006 Heft 14 vom 15.7.2006.
[337] BGH FamRZ 2016, 203 Rn. 23; 2011, 1381 Rn. 21f = R 726b; 2010, 1884 Rn. 26 = R 718b.
[338] BGH FamRZ 2010, 1884 Rn. 21 ff. = R 718b.
[339] BGH FamRZ 2013, 274 Rn. 17.

Zumutbarkeitserwägungen sind bereits im Rahmen der Billigkeitsprüfung nach § 1578b BGB anzustellen (→ Rn. 1071 ff.).

Entsprechende auf Grund der Gesetzesneufassung erheblich gewordene Umstände dürfen bei einer erstmaligen Änderung nach dem 1.1.2008 ohne die zeitlichen Beschränkungen des § 238 II FamFG bzw. der §§ 323 II, 767 II ZPO geltend gemacht werden (§ 36 Nr. 2 EGZPO). Darüber hinaus ist es möglich, sie auch noch in der Revisionsinstanz eines anhängigen Verfahrens vorzubringen (§ 36 Nr. 5 EGZPO).

3. Darlegungs- und Beweislast

1093 Der Einwand der Befristung oder Beschränkung des Unterhalts der Höhe nach ist eine prozessuale Einwendung. Er muss vom Gericht auf Anhaltspunkte hin beachtet, nicht aber selbst ermittelt werden. Denjenigen, der sich darauf beruft, trifft nach allgemeinen Regeln dafür die **Darlegungs- und Beweislast**.[340] Das ist im Unterhaltsverhältnis der **Unterhaltspflichtige.** Er hat alle Umstände vorzutragen, die für eine Befristung/Beschränkung sprechen, also auch dafür, dass dem Unterhaltsberechtigten **kein ehebedingter Nachteil** entstanden ist (primäre Darlegungslast). Hier genügt es, wenn der Unterhaltspflichtige darauf hinweist, dass der Berechtigte wieder in seinem erlernten Beruf zu einer üblichen Vergütung beschäftigt ist oder – vor allem bei fehlender Ausbildung – in einem der zuletzt vor der Ehe ausgeübten Tätigkeit entsprechenden Arbeitsverhältnis mit üblicher Vergütung steht. Denn dies indiziert das Fehlen eines ehebedingten Nachteils.[341] Die bloße Behauptung, es sei kein ehebedingter Nachteil entstanden, weil der Berechtigte arbeite, ohne dies zu präzisieren (Umfang, Art der Tätigkeit, Vergütung), genügt dagegen dem Gebot der Substantiierung nicht.[342] Da es sich bei dem Fehlen eines ehebedingten Nachteils für den Unterhaltsschuldner um eine negative Tatsache handelt, die in der persönlichen Sphäre des Berechtigten liegt, kann er sodann nach den allgemeinen Regeln Erleichterungen in Anspruch nehmen. Der Berechtigte hat die sekundäre Darlegungslast. Hat der Berechtigte im deren Rahmen hinreichend konkret vorgetragen, trifft schließlich den **Unterhaltspflichtigen allein die Beweislast.**[343] Von seiner zunächst vertretenen Auffassung, den Berechtigten treffe jedenfalls dann zusätzlich die Beweislast, wenn der Unterhaltspflichtige Umstände vorgetragen habe, die ein Fehlen ehebedingter Nachteile und damit eine Begrenzung des Unterhalts nahe legten, zB vollschichtige Erwerbstätigkeit im erlernten Beruf,[344] ist der BGH ausdrücklich abgerückt.[345] Da die Regelung des § 1578b BGB eine Ausnahme darstellt, wäre eine Umkehrung der Beweislast auch nicht zu rechtfertigen.

1094 Nach der ständigen Rechtsprechung des BGH trifft entsprechend den Grundsätzen zum Beweis negativer Tatsachen dann zunächst den **Berechtigten** die sogenannte **sekundäre Darlegungslast.**[346] Der Berechtigte muss substantiiert den Vortrag des fehlenden ehebedingten Nachteils bestreiten und konkret darlegen, dass und welchen ehebedingten Nachteil er erlitten hat. Dazu gehört regelmäßig der Vortrag der hypothetischen beruflichen Entwicklung ohne die Ehe mit der praktizierten Rollenverteilung. Ausgangspunkt und **Maßstab** der Prüfung ist regelmäßig die berufliche Ausbildung bzw. die erlernten beruflichen Fähigkeiten im Zeitpunkt der Eheschließung. Mangels abweichenden Vortrags des Berechtigten ist ein **Normalverlauf des Berufslebens** ohne besondere berufliche Entwicklungen zugrunde zu legen. Bei einem ausländischen Berechtigten kommt es auf den hypothetischen Verlauf in seinem **Heimatland** an, wenn keine Anhaltspunkte für eine Übersiedelung auch ohne Ehe bestehen.[347] Das dort hypothetisch erzielbare Gehalt ist nach

---

[340] BGH FamRZ 2014, 1007 Rn. 22 = R 752; 2013, 864 Rn. 23; 2012, 93 Rn. 22.
[341] BGH FamRZ 2010, 2059 Rn. 24 = R 720c.
[342] OLG Stuttgart FamRZ 2012, 980 (982).
[343] BGH 2014, 1007 Rn. 22 = R 752.
[344] BGH FamRZ 2009, 1990 Rn. 18; 2008, 1325 Rn. 41, 2008, 134 Rn. 22.
[345] BGH FamRZ 2010, 2059 Rn. 24 = R 720c; 2010, 1050 Rn. 53; 2010, 875 Rn. 22 = R 711.
[346] BGH FamRZ 2014, 1007 Rn. 22 = R 752; 2013, 864 Rn. 23; 2010, 2059 Rn. 24 = R 720c; 2010, 875 Rn. 20 = R 711.
[347] BGH FamRZ 2013, 864 Rn. 29, 32; 2013, 534 Rn. 24.

8. Abschnitt: Herabsetzung und zeitliche Begrenzung des Unterhalts § 4

den Grundsätzen des Heimatlandes um Steuern zu bereinigen und unter Berücksichtigung der Kaufgeldparität an deutsche Verhältnisse anzupassen.[348] Bei einer langen Berufspause sind keine überspannten Anforderungen an die Darlegung zu stellen.[349] Arbeitet der Berechtigte wieder in seinem erlernten Beruf zur üblichen Bezahlung, will er aber einen hypothetischen **beruflichen Aufstieg** geltend machen, hat er konkret die Umstände darzulegen, aus denen sich die verpassten Aufstiegsmöglichkeiten ergeben sollen. Dabei hat er insbesondere seine Fähigkeiten, besonderen Talente und Neigungen, auch seine Bereitschaft zum Erwerb von Zusatzqualifikationen bzw. Fortbildungsbereitschaft darzulegen, seine berufliche Entwicklung vor der Ehe, die Aufschluss über seine Leistungsbereitschaft und ggf. frühe Erfolge geben kann, die er ohne die Ehe bei durchgehender Beschäftigung erworben hätte.[350] Er muss darlegen, welche Karriereschritte dadurch wahrscheinlich gewesen wären[351] sowie die Umstände, derentwegen solche berufliche Weiterentwicklung in der Ehe nicht möglich war.[352] Ist der Berechtigte **ungelernt,** hat er darzulegen, welche konkrete Berufsausbildung er aufgenommen und abgeschlossen hätte und welches höhere Einkommen er aufgrund dessen nun hätte.[353] Das gilt insbesondere, wenn die Ehe in einem Alter geschlossen wurde, in dem die Berufsausbildung normalerweise schon abschlossen ist.[354] War der Berechtigte bei Eheschließung noch **jung** und am Anfang seiner beruflichen Laufbahn, dürfen die Anforderungen an die sekundäre Darlegungslast nicht überspannt werden, weil es sich um eine hypothetische Betrachtung auf insgesamt unsicherer Tatsachengrundlagen handelt.[355] Auch hier müssen aber konkrete berufliche Entwicklungsmöglichkeiten dargelegt werden. Die Darlegung muss auf Plausibilität überprüfbar, der Widerlegung durch den Unterhaltspflichtigen zugänglich sein[356] und dem Tatrichter die konkrete Feststellung des ohne Ehe/Kindererziehung erreichten Gehalts ermöglichen. Führt der Vortrag dazu, dass die behauptete Entwicklung nur als *möglich* anzusehen ist, hat der Berechtigte seine Darlegungslast nicht erfüllt.[357]

Vor allem, wenn kein beruflicher Aufstieg geltend gemacht wird, sondern nur das Gehalt aufgrund eines Normalverlaufs im erlernten Beruf darzulegen ist, kann es im Einzelfall genügen darzulegen, in dem erlernten Beruf seien Gehaltssteigerungen mit zunehmender Berufserfahrung und Betriebszugehörigkeit üblich.[358] Das gilt vor allem für Berufe, die nach Tarif bezahlt werden (im entschiedenen Fall: Erzieherin). Die Abhängigkeit zwischen Berufserfahrung und Gehaltsentwicklung muss daraus erkennbar sein. Die Vorlage von Stellenanzeigen für den erlernten Beruf mit entsprechender Berufserfahrung wie der Berechtigte sie ohne Ehe hätte, wurde ebenfalls schon für ausreichend erachtet[359] ebenso wie der Hinweis auf vergleichbare Karriereverläufe der Ehegatten.[360] Letzteres ersetzt aber grundsätzlich nicht den substanziierten Vortrag des Berechtigten zu konkreten Entwicklungsmöglichkeiten im eigenen Berufsfeld.[361] Soll der ehebedingte Nachteil darauf beruhen, dass sich der Berechtigte nach dem Verlust des Arbeitsplatzes wegen der Ehegestaltung nur noch örtlich begrenzt beworben und keine Arbeitsstelle mehr gefunden hat, kann gegebenenfalls Vortrag dazu erforderlich sein, dass Arbeitsstellen in weiterer Entfernung bestanden hätten, um dem Eindruck zu entgehen, Erwerbsbemühungen wären generell erfolglos geblieben, was gegen einen ehebedingten Nachteil spricht.[362] Steht fest, dass

1095

---

[348] BGH FamRZ 2013, 864 Rn. 32; 2013, 534 Rn. 24.
[349] BGH FamRZ 2010, 2059 Rn. 24 = R 720c.
[350] BGH FamRZ 2011, 1377 Rn. 20; 2010, 2059 Rn. 33 = R 720c.
[351] BGH FamRZ 2010, 2059 Rn. 33 = R 720c.
[352] BGH FamRZ 2008, 1325 Rn. 42.
[353] BGH FamRZ 2010, 875 Rn. 26 ff.; s. a. OLG Hamm FamRZ 2015, 1397, 1400.
[354] BGH FamRZ 2010, 875 Rn. 29; OLG Hamm FamRZ 2013, 43.
[355] BGH FamRZ 2012, 1483 Rn. 41; 2012, 93 Rn. 24.
[356] BGH FamRZ 2012, 93 Rn. 24.
[357] BGH FamRZ 2010, 875 Rn. 26; OLG Hamm FamRZ 2015, 1397, 1400.
[358] BGH FamRZ 2013, 864 Rn. 29; 2012, 1483 Rn. 41; 2010, 2059 Rn. 32 = R 720c.
[359] BGH FamRZ 2013, 864 Rn. 29.
[360] BGH FamRZ 2013, 935 Rn. 37; 2012, 93 Rn. 24.
[361] BGH FamRZ 2012, 1483 Rn. 42.
[362] BGH FamRZ 2014, 1007 Rn. 26.

ehebedingte Nachteile entstanden sind, so kann bei geeigneter Grundlage (Tarifverträge, etc) eine **Schätzung** nach § 287 ZPO für die Höhe genügen.³⁶³ Diese muss der Tatrichter allerdings feststellen. Ein Hinweis auf in der Branche übliche Gehälter ohne Benennung einer konkreten Gehaltshöhe genügt nicht.³⁶⁴

1096 Nach der Rechtsprechung des BGH soll mit dieser Verteilung der Darlegungslast dem Pflichtigen im Unterhaltsverhältnis eine unbillige Belastung genommen werden, einerseits weil die Umstände zur hypothetischen beruflichen Entwicklung im persönlichen Bereich des Berechtigten liegen, andererseits weil der Pflichtige andernfalls auch nur theoretisch denkbare Nachteile, die aufgrund der Rollenverteilung in der Ehe entstanden sein können, zu widerlegen hätte.³⁶⁵ Diese Rechtsprechung ist dahin kritisiert worden, dass damit dem Unterhaltsberechtigten die Darlegung für Umstände überbürdet werde, die dem Pflichtigen aus der Zeit der Ehe ebenso bekannt seien.³⁶⁶ Ihr ist dennoch zuzustimmen. Denn die hypothetische berufliche Entwicklung gründet sich auf Umstände vor der Eheschließung und schließt Vorstellungen und Wünsche ein, die dem Pflichtigen nicht hinreichend bekannt sein müssen.³⁶⁷ In der Praxis zeigt sich immer wieder, dass die Ehegatten darüber nicht immer informiert sind.

1097 Das Problem der Darlegungs- und Beweislast hinsichtlich des aufgrund der aktuellen Situation erzielbaren Einkommens des Berechtigten stellt sich dagegen im Rahmen von § 1578b BGB nicht. Das erzielbare Einkommen ist bereits beim Bedarf zu prüfen. Diese ist vom Unterhaltsberechtigten darzulegen und zu beweisen (→ § 6 Rn. 703 ff.).³⁶⁸

1098–1199 – in dieser Auflage nicht belegt –

9. Abschnitt: Die Härteklausel des § 1579 BGB

I. Normzweck, gesetzliche Regelung und Anwendungsbereich des § 1579 BGB

1. Normzweck und entstehungsgeschichtliche Entwicklung

1200 Durch das 1. EheRG ist am 1.7.1977 mit der Abkehr vom Verschuldensprinzip im Scheidungsrecht auch ein verschuldensunabhängiges Unterhaltsrecht eingeführt worden. Diese verschuldensunabhängige Unterhaltsverpflichtung beruht auf der nach der Scheidung trotz des Grundsatzes der Eigenverantwortung bestehenden fortwirkenden Mitverantwortung des wirtschaftlich stärkeren Ehegatten (→ Rn. 102). Sie beinhaltet einen Eingriff in die durch Art. 2 GG geschützte Handlungsfreiheit des Verpflichteten und darf deshalb nicht gegen den Grundsatz der Verhältnismäßigkeit verstoßen.

§ 1579 BGB bestimmt als unterhaltsrechtliche Härteklausel die vom Grundsatz der Verhältnismäßigkeit gezogenen Grenzen der Unterhaltspflicht.¹

1201 Nach § 1579 I BGB aF entfiel ein Unterhaltsanspruch, wenn die Inanspruchnahme des Verpflichteten bei Vorliegen eines der seinerzeit aufgezählten vier Härtegründe unbillig war. Nach § 1579 II BGB aF galt Abs. I nicht, solange und soweit von dem Berechtigten wegen der Pflege und Erziehung eines gemeinschaftlichen Kindes eine Erwerbstätigkeit nicht erwartet werden konnte.

Das BVerfG hat in seiner Entscheidung vom 14.7.1981² diese negative Härteregelung des Abs. I aF für unbedingt erforderlich gehalten, um die Verfassungsmäßigkeit des schuld-

---

³⁶³ BGH FamRZ 2013, 864 Rn. 30; 2010, 2059 Rn. 33 = R 720c.
³⁶⁴ BGH FamRZ 2012, 1483 Rn. 44.
³⁶⁵ BGH FamRZ 2010, 2059 Rn. 24 = R 720c; 2010, 1050 Rn. 53; 2010, 875 Rn. 22 = R 711.
³⁶⁶ Graba FamFR 2010, 219; Born, NJW 2010, 1793.
³⁶⁷ Viefhues FamRZ 2010, 1055 = Anm. zu BGH FamRZ 2010, 1050.
³⁶⁸ BGH FamRZ 2010, 875 Rn. 25; 2010, 538 Rn. 42; 2009, 1300 Rn. 62.
¹ BVerfG FamRZ 1981, 745 (748).
² BVerfG FamRZ 1981, 745 (748).

unabhängigen Unterhaltsrechts zu gewährleisten. Es hat anderseits Abs. II aF für verfassungswidrig erklärt, soweit die Härteklausel des Abs. I auch in besonders gelagerten Härtefällen ausgeschlossen worden ist, weil die stringente Formulierung des Abs. II nicht in ausreichendem Maß dem Verfassungsgrundsatz der Verhältnismäßigkeit Rechnung getragen hat. Dadurch wurde eine Neufassung des § 1579 BGB notwendig, die mit dem UÄndG vom 20.2.1986 am 1.4.1986 in Kraft trat.

Diese Neufassung des § 1579 BGB trug zunächst den Bedenken des BVerfG in der Weise Rechnung, dass sie keinen Abs. II mehr enthält und die vorrangige Berücksichtigung der Belange eines gemeinschaftlichen Kindes, das dem Berechtigten zur Pflege und Erziehung anvertraut ist, ausdrücklich im Einleitungssatz regelt. Die unverändert gebliebenen Härtegründe der Nummern 1) mit 3) wurden durch drei weitere neu formulierte Härtegründe ergänzt, und aus der bisherigen Nummer 4 wurde die neue Nummer 7. Sachlich entsprach die Neufassung des § 1579 BGB der damaligen Rechtsprechung des BVerfG und des BGH, weshalb diese Rechtsprechung auch für die Auslegung des neuen § 1579 BGB bedeutsam blieb. Das weggefallene frühere Kinderbetreuungsprivileg wurde als Kindesinteressenwahrungsvorbehalt ausdrücklich in den Billigkeitstatbestand der Härteklausel aufgenommen. Auch die Ausweitung der Härtegründe (von vier auf sieben) erfolgte unter Berücksichtigung der damaligen Rechtsprechung des BGH. Auch auf der Rechtsfolgenseite wurde die Vorschrift in der Weise geändert, dass ein Unterhaltsanspruch fortan nicht nur vollständig versagt, sondern auch herabgesetzt oder zeitlich begrenzt werden konnte, sodass die Bezeichnung als Verwirkung seitdem nicht mehr ganz zutreffend ist.

Mit der Unterhaltsreform zum 1.1.2008 wurde § 1579 BGB nochmals geändert und erweitert. Durch die neue Überschrift „Beschränkung oder Versagung des Unterhalts wegen grober Unbilligkeit" wird die Zielrichtung der Bestimmung besser verdeutlicht.[3] Sie dient auch der klareren Abgrenzung zum neu gefassten § 1578b BGB, der Begrenzung des nachehelichen Unterhalts wegen Unbilligkeit.[4] Neben einer Änderung des Wortlauts des Tatbestands der Nr. 1 gemäß einem Gebot des BVerfG[5] wurde als neuer Härtegrund in Nr. 2 das Zusammenleben des Bedürftigen in verfestigter Lebensgemeinschaft eingefügt. Dieser Tatbestand war bisher in der Generalklausel des § 1579 Nr. 7 BGB aF enthalten, ist aber zwischenzeitlich der in der Praxis am häufigsten vorkommende Verwirkungsgrund. Er wurde deshalb zu Recht als eigener Tatbestand normiert, wobei inhaltlich die bisherige Rechtsprechung des BGH zu dieser Problematik fortgilt.[6] Um dem systematischen Aufbau der Norm gerecht zu werden, wurden die Härtegründe, die auf einer objektiven Unzumutbarkeit beruhen (Nr. 1, 2), zusammengefasst, ebenso die Härtegründe, die sich aus einem vorwerfbaren Fehlverhalten des Bedürftigen ergeben (Nr. 3–7).[7] Dies hat eine Verschiebung der bisherigen in § 1579 Nr. 2–6 BGB aF aufgeführten Tatbestände um eine Nummer zur Folge. Die Generalklausel folgt nunmehr als Nr. 8 (bisher Nr. 7).

2. Voraussetzungen für die Anwendung der Härteklausel

Nach der Neufassung des § 1579 BGB zum 1.1.2008 ist ein Unterhaltsanspruch nach Höhe und/oder zeitlicher Dauer der Leistung zu beschränken oder zu versagen, soweit die Inanspruchnahme des Verpflichteten auch unter Wahrung der Belange eines dem Berechtigten zur Pflege oder Erziehung anvertrauten gemeinschaftlichen Kindes grob unbillig wäre (→ Rn. 1218 ff.), weil
– Nr. 1, die Ehe von kurzer Dauer war; dabei ist die Zeit zu berücksichtigen, in welcher der Berechtigte wegen der Pflege oder Erziehung eines gemeinschaftlichen Kindes nach § 1570 BGB Unterhalt verlangen kann (→ Rn. 1244 ff.),
– Nr. 2, der Berechtigte in einer verfestigten Lebensgemeinschaft lebt (→ Rn. 1267 ff.),

---
[3] BT-Drs. 16/1830, 20.
[4] BT-Drs. 16/1830, 20.
[5] BVerfG FamRZ 1989, 941.
[6] BT-Drs. 16/1830, 21.
[7] BT-Drs. 16/1830, 20, 39.

- Nr. 3, der Berechtigte sich eines Verbrechens oder eines schweren vorsätzlichen Vergehens gegen den Verpflichteten oder einen nahen Angehörigen schuldig gemacht hat (→ Rn. 1278 ff.),
- Nr. 4, der Berechtigte seine Bedürftigkeit mutwillig herbeigeführt hat (→ Rn. 1289 ff.),
- Nr. 5, der Berechtigte sich über schwerwiegende Vermögensinteressen des Verpflichteten mutwillig hinweggesetzt hat (→ Rn. 1318 ff.),
- Nr. 6, der Berechtigte vor der Trennung längere Zeit hindurch seine Pflicht, zum Familienunterhalt beizutragen, gröblich verletzt hat (→ Rn. 1329 ff.),
- Nr. 7, dem Berechtigten ein offensichtlich schwerwiegendes, eindeutig bei ihm liegendes Fehlverhalten gegen den Verpflichteten zur Last fällt (→ Rn. 1337 ff.),
- Nr. 8, ein anderer Grund vorliegt, der ebenso schwer wiegt wie die in den Nr. 1) mit 7) aufgeführten Gründe (→ Rn. 1371 ff.).

Die Vorschrift unterscheidet also zwischen Gründen für eine Beschränkung oder Versagung wegen eines vorwerfbaren Fehlverhaltens des Bedürftigen (Nr. 3–7, 8) und wegen objektiver Unzumutbarkeit der Unterhaltsleistung für den Pflichtigen (Nr. 1, 2 und 8).

1205 Als **Voraussetzungen** für die Anwendung der Härteklausel sind damit immer **zwei Fragen zu prüfen:**
- Es muss einer der acht alternativen Härtegründe (Nr. 1 bis 8) vorliegen (→ Rn. 1244 ff.).
- Der ungekürzte Unterhaltsanspruch muss bei Bejahung eines Härtegrundes auf Grund einer **umfassenden Billigkeitsabwägung** aller Umstände des Einzelfalls grob unbillig sein (→ Rn. 1218 ff.). Bei dieser Billigkeitsabwägung sind vorrangig Belange eines gemeinschaftlichen Kindes zu berücksichtigen (→ Rn. 1229 ff.).

3. Rechtsfolgen der Härteklausel

1206 Als Rechtsfolge kann nach § 1579 BGB ein Unterhaltsanspruch **versagt, herabgesetzt** oder **zeitlich begrenzt** werden. Möglich ist auch eine **Kombination** dieser Reaktionsmöglichkeiten. So kann zB der Unterhaltsanspruch zunächst herabgesetzt und nach einer weiteren Übergangszeit gänzlich versagt werden. Dies ist aus dem Wort „soweit" zu entnehmen. Diese abgestuften Beschränkungsmöglichkeiten erlauben es, ganz individuell und differenziert im Einzelfall auf das Ausmaß einer Unbilligkeit zu reagieren.

1207 Die **Wahl der Rechtsfolgen** ist eine tatrichterliche Ermessensentscheidung.[8] Bedeutsam für diese Wahl sind alle bei der Billigkeitsabwägung zu berücksichtigenden Gesichtspunkte (→ Rn. 1218 ff.), vor allem das Ausmaß der Unbilligkeit, die Härte der Unterhaltslast für den Verpflichteten und die Auswirkungen auf ein vorrangig zu berücksichtigendes Kind. Ferner sind zu berücksichtigen die Schwere des jeweiligen Härtegrundes im konkreten Einzelfall und die unterschiedliche Gewichtung der Härtegründe in ihrem Verhältnis zueinander. So wiegt zB eine objektive Unbilligkeit im Sinn der Nr. 2 weniger schwer als ein schwerwiegendes, eindeutig beim Berechtigten liegendes Fehlverhalten im Sinn der Nr. 7. Deshalb sind auch zum Ausmaß der Herabsetzung oder zur Versagung eines Unterhaltsanspruchs die Umstände des Einzelfalles zur Schwere des Härtegrundes und zur Unbilligkeit in die Erwägungen einzubeziehen.[9]

1208 Eine Herabsetzung statt einer gänzlichen Versagung kommt in Frage, wenn der völlige Ausschluss nicht geboten erscheint, um einen groben Widerspruch zum Gerechtigkeitsempfinden zu vermeiden.[10] Der Betreuungsunterhalt nach § 1570 BGB ist selbst bei Vorliegen von Härtegründen in dem Sinne privilegiert, dass er im Interesse des Wohles der betreuten Kinder trotz Fehlverhaltens des sorgeberechtigten Elternteils regelmäßig bis zur Vollendung des 3. Lebensjahrs eines Kindes nur zu einer Herabsetzung des Unterhalts auf das zur Kinderbetreuung notwendige Mindestmaß führt[11] (→ Rn. 1229 ff.).

---

[8] BGH FamRZ 2002, 810.
[9] BGH FamRZ 2002, 810; FamRZ 1987, 1238.
[10] BGH FamRZ 1984, 364 (366).
[11] BT-Drs. 16/1830, 21; vgl. auch BGH FamRZ 1997, 873 (875).

4. Anwendungsbereich des § 1579 BGB

§ 1579 BGB ist anzuwenden beim **nachehelichen Unterhalt** sowie beim **Trennungsunterhalt** über § 1361 Abs. 3 BGB mit Ausnahme bei kurzer Ehedauer[12] (§ 1579 Nr. 1 BGB, → Rn. 88, 1249).

1209

Beim nachehelichen Unterhalt gelten die Bestimmungen **neben den Begrenzungsbestimmungen** nach § 1578b BGB, so dass Überschneidungen denkbar sind[13]. Bei einer kurzen Ehedauer ist regelmäßig zunächst der Verwirkungsgrund nach § 1579 Nr. 1 BGB zu prüfen, da sich bei Bejahung einer groben Unbilligkeit der Entscheidungsspielraum des Gerichtes einengt.[14]

Die Verwirkungseinwendung nach § 1579 BGB gilt auch für nach dem Tode des Verpflichteten gemäß § 1586b BGB **auf den Erben** als Nachlassverbindlichkeit **übergegangene Unterhaltsansprüche**. Die Unterhaltspflicht geht auf den Erben unverändert, dh mit der Belastung eines Einwandes aus § 1579 BGB, über. Ausgenommen ist lediglich die Leistungsfähigkeit, da es sich jetzt um eine Nachlassverbindlichkeit handelt und die Haftung gemäß § 1586b BGB auf den kleinen Pflichtteil begrenzt ist (→ Rn. 125, 129).[15] Für die Billigkeitsabwägung können dann auch Gesichtspunkte eine Rolle spielen, die das Verhältnis zwischen Bedürftigen und Erben betreffen (→ Rn. 1242).[16] Zur Verzeihung → Rn. 1241.

1210

Bei einer Eheaufhebung gelten die Bestimmungen entsprechend, wenn nach § 1318 II BGB ein Unterhaltsanspruch besteht.

1211

Die in § 1579 BGB normierten Härtegründe sind eine Folge des schuldunabhängigen Unterhaltsrechts und können deshalb **nicht** auf Unterhaltsansprüche nach den §§ 58 ff. EheG aus vor dem 1.7.1977 geschiedene **Altehen** übertragen werden.[17]

1212

§ 1579 BGB ist ferner **nicht** anwendbar bei einem Anspruch **nach § 1576 BGB** (→ Rn. 382).

5. Darlegungs- und Beweislast

Gesetzestechnisch ist § 1579 BGB als **rechtsvernichtende Einwendung** konstruiert, dh, Härtefälle sind **von Amts wegen** zu berücksichtigen, wenn entsprechende Tatsachen vorgetragen werden, auch wenn sich der Verpflichtete nicht auf die grobe Unbilligkeit seiner Inanspruchnahme beruft.[18] Soweit nach entsprechendem Sachvortrag in einem Urteil weder im Tatbestand noch in den Entscheidungsgründen auf die Verwirkung eingegangen wird und die Frage weder aus formellen noch materiellen Gründen übergangen werden durfte, liegt eine Verletzung des rechtlichen Gehörs vor, die zur Aufhebung des Urteils führt.[19]

1213

Wegen des Charakters als Einwendung hat der **Verpflichtete** die Darlegungs- und Beweislast für die **tatsächlichen Voraussetzungen** des jeweiligen Härtegrundes sowie für alle Umstände, die die Inanspruchnahme des Verpflichteten als grob unbillig erscheinen lassen (→ § 6 Rn. 730).[20] Zeugenaussagen im Strafprozess können dabei im Wege des Urkundsbeweises verwertet werden, soweit kein Antrag auf persönliche Vernehmung des Zeugen gestellt wird.[21] Zulässig kann hierbei auch die Beobachtung durch einen Detektiv und die Verwertung dieser Ergebnisse im Verfahren sein. Hierbei sind aber der Grundsatz

1214

---

[12] BGH FamRZ 1979, 569.
[13] BGH FamRZ 2011, 1381 Rn. 39; FamRZ 2011, 1854 Rn. 29.
[14] BT-Drs. 16/1830 vom 15.6.2006, 20; Maurer FamRZ 2011, 1503.
[15] BGH FamRZ 2004, 614; FamRZ 2003, 521.
[16] BGH FamRZ 2004, 614; FamRZ 2003, 521.
[17] BGH FamRZ 1991, 1040; NJW-RR 1986, 1386; NJW-RR 1986, 719.
[18] BGH FamRZ 1991, 670; FamRZ 1984, 364 (366).
[19] BVerfG FamRZ 1992, 782.
[20] BGH FamRZ 1991, 670 (672); FamRZ 1989, 1054, FamRZ 1984, 364 (366); FamRZ 1982, 463.
[21] BGH FamRZ 2004, 612.

der Verhältnismäßigkeit und damit die Auswahl des Mittels, das den geringstmöglichen Eingriff in das Persönlichkeitsrecht des Anderen bewirkt, zu beachten.[22]

1215 Wer das Nichtvorhandensein von Tatsachen (sogenannte **Negativtatsachen**) behauptet, ist nicht von der ihn hierzu treffenden Darlegungspflicht befreit. Er darf sich nicht mit einfachem Bestreiten begnügen, sondern muss im Einzelnen darlegen, dass die bestrittenen Behauptungen unrichtig sind, sofern er dazu in der Lage ist.[23] Maßgebend ist allerdings, dass ein substantiierter Sachvortrag des Pflichtigen und keine vagen Vermutungen vorangehen (sog sekundäre Darlegungslast).[24] Für Tatsachen aus dem eigenen Wahrnehmungsbereich besteht eine Auskunftspflicht (→ § 6 Rn. 741 ff.).

1216 Behauptet der Verpflichtete das Vorliegen eines eheähnlichen Verhältnisses beim Berechtigten und trägt er dazu Umstände vor, die für ein solches Verhältnis sprechen, obliegt es dem Berechtigten im Rahmen seiner sekundären Darlegungslast sich zu den Tatsachen, die zu seinem Wahrnehmungsbereich gehören, substantiiert zu erklären. Einfaches Bestreiten genügt dann nicht (→ § 6 Rn. 742).[25] Bei einer nachgewiesenen nichtehelichen Abstammung eines Kindes kann auf einen der Frau bekannten empfängnisgeeigneten außerehelichen Geschlechtsverkehr entsprechend den Grundsätzen des **Anscheinsbeweises** geschlossen werden. Nach den Grundsätzen des Anscheinsbeweises kann der einem feststehenden Sachverhalt nach der Lebenserfahrung zugrundeliegende Geschehensablauf als bewiesen angesehen werden, sofern er nicht dadurch entkräftet wird, dass der Prozessgegner Tatsachen behauptet und beweist, aus denen sich die ernsthafte Möglichkeit eines anderen Ablaufs ergibt.[26] Es obliegt dann dem Berechtigten, entsprechende Umstände vorzutragen und gegebenenfalls zu beweisen und dadurch den Anscheinsbeweis zu erschüttern.

1217 Der **Berechtigte** hat die Darlegungs- und Beweislast für alle Umstände, die im Rahmen der Billigkeitsabwägung zu seinen Gunsten zu werten sind. Dies gilt auch für eine behauptete Verzeihung (→ Rn. 1241).

II. Grobe Unbilligkeit und Zumutbarkeitsabwägung nach § 1579 BGB

1. Grobe Unbilligkeit als eigene Anspruchsvoraussetzung bei jedem Härtegrund

1218 Nach § 1579 BGB muss bei jedem Härtegrund (Nr. 1 mit Nr. 8) als eigene, zusätzliche Anspruchsvoraussetzung die Inanspruchnahme des Verpflichteten grob unbillig sein. Voraussetzung ist daher stets die Bejahung eines Härtegrundes (Nr. 1 mit Nr. 8) **und** eine grobe Unbilligkeit.[27] Bei jedem Ausschlusstatbestand muss geprüft werden, ob die Grenze des Zumutbaren eines schuldunabhängigen Unterhaltsanspruchs erreicht wird.[28] Das Ergebnis dieser Interessenabwägung kann auch sein, dass trotz Vorliegens eines Verwirkungstatbestands eine Versagung, Kürzung oder zeitliche Begrenzung der Unterhaltszahlung unterbleibt.[29]

1219 Das Tatbestandsmerkmal der groben Unbilligkeit betont den **Ausnahmecharakter** des § 1579 BGB.[30] Grobe Unbilligkeit bedeutet mehr als einfache Unbilligkeit, dh, es sind hierzu strengere Maßstäbe anzulegen als bei der Prüfung eines Verstoßes gegen Treu und

---

[22] BGH FamRZ 2013, 1387.
[23] BGH FamRZ 1987, 259; FamRZ 1984, 364; FamRZ 1982, 463.
[24] OLG Brandenburg FuR 2015, 482.
[25] KG FamRZ 2017, 202.
[26] BGH FamRZ 1985, 267.
[27] BGH FamRZ 2008, 1325; 1989, 483 (485); OLG Saarbrücken NJW-RR 2017, 1092.
[28] BGH FamRZ 2011, 791; 1999, 710 (711); FamRZ 1990, 492 (495).
[29] BGH FamRZ 2007, 1532, 1538; OLG Saarbrücken NJW-RR 2017, 1092; OLG Koblenz FamRZ 2018, 1852.
[30] BGH FamRZ 1980, 981.

9. Abschnitt: Die Härteklausel des § 1579 BGB § 4

Glauben. Eine grobe Unbilligkeit ist zu bejahen, wenn nach den Verhältnissen des konkreten Einzelfalls die Zuerkennung eines Unterhaltsanspruchs dem Gerechtigkeitsempfinden in unerträglicher Weise widersprechen würde.[31]

Dies erfordert eine **umfassende Interessenabwägung,** bei der vor allem der verfassungsrechtliche Grundsatz der Verhältnismäßigkeit unter Vorrang des Kindeswohls zu beachten ist.[32] Das Erfordernis einer umfassenden Interessenabwägung gilt nicht nur bei besonders schweren,[33] sondern bei jedem Härtefall.[34] Eine solche Interessenabwägung ist außerdem erforderlich für die Ermessensentscheidung des Tatrichters, ob er im Hinblick auf die Schwere des Härtefalles unter Berücksichtigung des vorrangigen Kindeswohls und der Interessen beider Ehegatten den Unterhaltsanspruch versagen, herabsetzen oder zeitlich begrenzen will.

Die gebotene Interessenabwägung ist Sache des **Tatrichters,** der dazu einen ihm vorbehaltenen, nicht revisiblen Beurteilungsspielraum hat.[35] **1220**

Der Tatrichter hat zu diesem Zweck alle für die umfassende Interessenabwägung erforderlichen Tatsachen festzustellen und zu gewichten.[36]

Festzustellen und zu gewichten sind insbesondere
– die für die Interessenabwägung bedeutsamen Umstände (→ Rn. 1221 ff.),
– bei Kindesbetreuung zusätzlich die für die vorrangige Berücksichtigung des Kindeswohls maßgeblichen Umstände (→ Rn. 1229 ff.).

2. Umstände, die bei der Interessenabwägung zur Beurteilung einer groben Unbilligkeit zu berücksichtigen sind

a) Grundsatz. Abzuwägen sind jeweils im Verhältnis zum verwirklichten Härtegrund **1221**
– die Interessen des Verpflichteten an einer unterhaltsrechtlichen Entlastung
– die Interessen des Berechtigten an Unterhaltsleistungen
– die vorrangigen Belange eines gemeinschaftlichen Kindes
– die sonstigen Umstände des konkreten Einzelfalles.

Eine grobe Unbilligkeit ist in der Regel indiziert, wenn ein Härtegrund (Nr. 1 mit **1222** Nr. 8) im konkreten Fall übererfüllt ist. Dies ist zB der Fall, wenn eine Ehe nur sechs Wochen gedauert hat,[37] wenn der Berechtigte in besonders krasser Weise einen Härtegrund verwirklicht hat[38] oder wenn mehrere Härtegründe vorliegen[39].

Je schwerer ein Härtegrund wiegt, umso mehr ist dem Berechtigten zuzumuten, die unterhaltsrechtlichen Folgen eines solchen Härtegrundes weitgehend selbst zu tragen und entsprechende Einschränkungen auf sich zu nehmen, sofern nicht das Kindeswohl eine andere Beurteilung erfordert (→ Rn. 1229 ff.).

In weniger krassen Härtefällen ist eine umfassende Abwägung der beiderseitigen Interessen erforderlich. Je länger zB eine Ehe gedauert hat, umso mehr hängt die Anwendung der Härteklausel von der zusätzlichen Feststellung konkreter Umstände ab, die die Inanspruchnahme des Verpflichteten als unerträglichen Widerspruch zum Gerechtigkeitsempfinden erscheinen lassen.[40] Da bereits bei fehlenden beruflichen Nachteile die Begrenzungsmöglichkeiten des § 1578b BGB eingreifen, die lediglich eine Unbilligkeit eines lebenslangen, am ehelichen Bedarf orientierten Unterhaltsanspruchs voraussetzen, dürfen

---

[31] BGH FamRZ 2004, 612 = R 601b; FamRZ 1982, 582.
[32] BGH FamRZ 1990, 492 (494).
[33] BGH FamRZ 1984, 986 (988); FamRZ 1983, 676.
[34] BGH FamRZ 1990, 492 (495); FamRZ 1987, 689; FamRZ 1984, 154.
[35] BGH FamRZ 1988, 930.
[36] BGH FamRZ 2002, 810.
[37] BGH FamRZ 1981, 944.
[38] BGH FamRZ 2004, 612 = R 601b; FamRZ 1997, 873 (875); FamRZ 1984, 154; FamRZ 1983, 676.
[39] OLG Brandenburg FamRZ 2015, 1118; OLG Hamm FamRZ 2015, 2067.
[40] BGH FamRZ 2007, 1532; 1999, 710 (711); FamRZ 1982, 582.

an die Annahme einer groben Unbilligkeit bei einem verschuldeten Fehlverhalten des Bedürftigen keine zu hohen Ansprüche gestellt werden.

Bei einer Ehedauer bis zu zwei Jahren werden an die Darlegung von Unbilligkeitsgründen im Regelfall geringere Anforderungen gestellt. Denn schon wegen einer derart kurzen Ehedauer fehlt die innere Rechtfertigung für eine unbeschränkte Unterhaltsverpflichtung, nachdem keine Lebensstandardgarantie mehr besteht (→ Rn. 410).[41]

1223 **b) Beim Verpflichteten zu berücksichtigende Interessen:**
- **Bedeutsam** ist in erster Linie, wie sehr den Verpflichteten nach seinen konkreten wirtschaftlichen und persönlichen Verhältnissen eine ggf. lebenslange Unterhaltsverpflichtung nach dem Maßstab der Zumutbarkeit belastet.[42] Ihm ist **mehr zuzumuten,** wenn der Berechtigte ein gemeinsames Kind betreut, wenn es sich bei dem Härtefall um einen Grenzfall handelt, wenn eine sehr lange Ehedauer vorliegt oder wenn er sich in wirtschaftlich guten Verhältnissen befindet.
- Die Beurteilung der Frage, ob ein Härtefall oder ein besonders schwerer Härtefall vorliegt, ist in der Regel ohne Kenntnis der wirtschaftlichen Verhältnisse des Verpflichteten nicht möglich.[43] Es kommt bevorzugt darauf an, in welcher Weise die Unterhaltslast im konkreten Fall den Verpflichteten trifft. Dabei sind insbesondere dessen wirtschaftliche Verhältnisse mit deren konkretem Gewicht in die Würdigung einzubeziehen.[44] Den Einkommensverhältnissen des Verpflichteten kommt somit stets eine die Bedeutung zu.[45]
- Im Rahmen des § 1579 BGB ist mit zu berücksichtigen, ob sich die Inanspruchnahme des Verpflichteten – wie regelmäßig bei beengten wirtschaftlichen Verhältnissen – drückend oder angesichts eines größeren finanziellen Bewegungsspielraums weniger drückend auswirkt.[46] Dabei ist auch zu beachten, ob der Berechtigte eigene Einkünfte hat oder ihm Einkünfte fiktiv zugerechnet werden, weil der Verpflichtete dadurch wirtschaftlich entlastet wird.[47]
- **Persönliche Verhältnisse** des Verpflichteten, wie Alter, Gesundheitszustand, Erwerbsbeschränkungen uÄ;
- Bei Wiederverheiratung die Unterhaltsansprüche gegenüber einer neuen Frau; sonstige Unterhaltslasten sind dagegen bereits bei der Bereinigung des Nettoeinkommens abzuziehen (→ § 1 Rn. 440 ff.).
- Besondere wirtschaftliche Belastungen während der Ehe durch Unterhaltsleistungen für ein unterschobenes außereheliches Kind der Berechtigten[48] oder wenn der Verpflichtete von der Berechtigten von einer Ehelichkeitsanfechtung abgehalten worden ist[49] oder solange der Verpflichtete wegen eines nicht leiblichen Kindes auf Unterhalt in Anspruch genommen wird, weil dieses Kind noch als ehelich gilt.[50]
- **Fehlverhalten des Pflichtigen,** das das schuldhafte Verhalten des Bedürftigen abmildert, zB wenn auch der Pflichtige unwahre Angaben zu seinem Einkommen gemacht hat.[51] Im Einzelfall kann dies bereits zum Wegfall des Verwirkungstatbestands führen, zB bei Vorliegen eines Falls der Wahrnehmung berechtigter Interessen (→ Rn. 1326 ff.).

1224 Nach dem **Tode des Pflichtigen** sind im Rahmen des § 1586b BGB bei der Billigkeitsabwägung nicht nur Belange des verstorbenen Pflichtigen zu prüfen, sondern auch Umstände, die ausschließlich das Verhältnis Bedürftiger zu Erben betreffen.[52]

---

[41] BGH FamRZ 1989, 483 (485); FamRZ 1982, 582.
[42] BGH FamRZ 1988, 930; FamRZ 1988, 259.
[43] BGH FamRZ 1983, 996 (998).
[44] BGH FamRZ 1989, 483 (485).
[45] BGH FamRZ 1984, 154.
[46] BGH FamRZ 1983, 670.
[47] BGH FamRZ 1988, 259; FamRZ 1984, 154; FamRZ 1984, 662 (664).
[48] BGH FamRZ 1985, 267; OLG Hamm FamRZ 2015, 2067.
[49] BGH FamRZ 1985, 51.
[50] BGH FamRZ 1984, 154.
[51] BGH FamRZ 2007, 1532.
[52] BGH FamRZ 2003, 521.

c) Beim Berechtigten zu berücksichtigende Umstände:

1225

- Bedeutsam ist vor allem, wie sehr der Berechtigte auf Unterhalt angewiesen ist und diesen nicht durch eigene zumutbare Anstrengung ganz oder teilweise selbst decken kann.
- **Verschärfte Anforderungen** an zumutbare eigene Bemühungen des Berechtigten bestehen, wenn der Verpflichtete beschränkt leistungsfähig ist (Mangelfall) oder wenn der Berechtigte einen Härtegrund in besonders krasser Weise verwirklicht hat. Dem Berechtigten kann dann, auch wenn ihn nach § 1361 II BGB an sich noch keine Erwerbsobliegenheit trifft, die Aufnahme oder Ausweitung einer Erwerbsobliegenheit zugemutet werden.[53] Es können von ihm auch überobligatorische Erwerbstätigkeiten (§ 1577 II BGB) verlangt werden. Er muss sich bei Vorliegen eines Verwirkungstatbestandes verstärkt um die Aufnahme einer Erwerbstätigkeit bemühen. Unterlässt er solche Bemühungen, können ihm fiktive Einkünfte zugerechnet werden. Einkünfte aus unzumutbarer Erwerbstätigkeit können ihm in erhöhtem Umfang als Einkommen angerechnet werden (§ 1577 II BGB). Auch freiwillige unentgeltliche Zuwendungen Dritter können bedarfsmindernd angesetzt werden.[54] Ferner ist auch der sonst anrechnungsfreie Sockelbetrag des Elterngelds von 300 EUR als Einkommen anzusetzen, § 11 Satz 4 BEEG.[55] Es ist ihm zuzumuten, sich Mittel für seinen Unterhalt durch Verwertung seines Vermögens zu verschaffen, zB durch Verwertung des Miteigentumsanteils an einem gemeinsamen Haus.[56]
- Die wirtschaftlichen Verhältnisse des Berechtigten und die Auswirkungen einer Unterhaltsherabsetzung auf seine Lebensverhältnisse.[57]
- Schwere des Verwirkungsgrundes sowie der Umstand, dass mehrere Verwirkungstatbestände verwirklicht wurden, auch wenn jeder einzelne für sich noch nicht zur Verwirkung des Unterhalts ausgereicht hätte.[58]
- Persönliche Verhältnisse des Berechtigten wie Alter,[59] Gesundheitszustand, schicksalsbedingte Lebenssituation,[60] persönliche Leistungen für den Verpflichteten bzw. für die eheliche Lebensgemeinschaft, Verdienste um die Familie, insbesondere bei der Pflege und Erziehung von Kindern.[61]
- Im Rahmen der Billigkeitsabwägung ist auch zu berücksichtigen, wenn der Berechtigte schon vor der Eheschließung behindert und auf Dauer erwerbsunfähig war. Er ist dann nicht durch die Eheschließung an der Aufnahme einer geregelten Erwerbstätigkeit und damit an der Sicherstellung des Unterhalts gehindert worden.[62]

d) Zu berücksichtigende sonstige Umstände:

1226

- Ein stets wichtiger Umstand ist die **Ehedauer**.[63] Je länger eine Ehe dauert, umso mehr kann die wirtschaftliche Abhängigkeit des bedürftigen Ehegatten wachsen, wenn er die Familienarbeit übernommen hat. Dieser fühlt sich mit zunehmender Ehedauer durch die unterhaltsrechtliche Solidarität des Ehepartners abgesichert. Deshalb wiegt der Verlust oder die Beschränkung eines Unterhaltsanspruchs in diesen Fällen umso schwerer, je länger eine Ehe gedauert hat.[64]
- Zu berücksichtigen ist auch das Zustandekommen und der Verlauf der Ehe[65] sowie die Zahl der aus der Ehe hervorgegangenen Kinder[66] und die Dauer des Zusammenlebens.

---

53 BGH FamRZ 1997, 873 (875); FamRZ 1983, 670; vgl. auch BT-Drs. 16/1830, 21.
54 OLG Koblenz FamRZ 2016, 1938.
55 BGH FamRZ 2012, 1201 Rn. 30.
56 BGH FamRZ 1984, 154.
57 BGH FamRZ 2002, 810.
58 BGH FamRZ 1986, 889; OLG Brandenburg FamRZ 2015, 1118.
59 BGH FamRZ 1986, 670.
60 BGH FamRZ 1988, 930.
61 BGH FamRZ 2002, 810; FamRZ 1986, 889; FamRZ 1986, 670 (671).
62 BGH FamRZ 1988, 930.
63 BGH FamRZ 2002, 810; FamRZ 1986, 443; FamRZ 1986, 889 (890); FamRZ 1983, 670; OLG Saarbrücken NJW-RR 2017, 1092.
64 BGH FamRZ 1986, 443.
65 BGH FamRZ 1988, 930.
66 BGH FamRZ 2004, 614; FamRZ 1983, 670.

- Zu berücksichtigen ist außerdem die Dauer eines nichtehelichen Zusammenlebens des Berechtigten mit einem neuen Partner[67] und die finanzielle Absicherung in einer neuen Partnerschaft.[68]
- Beim Zusammenleben mit einem neuen Partner (§ 1579 Nr. 2 BGB) können auch dessen wirtschaftliche Verhältnisse zu berücksichtigen sein.[69] Auch wenn beim Tatbestand einer sog eheähnlichen verfestigten Lebensgemeinschaft die finanziellen Verhältnisse des Partners keine Rolle spielen (→ Rn. 1273), sind sie bei der Prüfung der groben Unbilligkeit zu beachten.

1227 e) **Nicht zu berücksichtigende Umstände.** Ein **Trennungsverschulden** kann seit der Abkehr vom Verschuldensprinzip nur bedeutsam sein, wenn es eindeutig und klar bei einem Ehegatten liegt (vgl. § 1579 Nr. 7 BGB), was vom Tatrichter festgestellt werden muss.[70]

1228 Bei Alterseheen ist es kein besonderer Umstand, dass die Parteien bei Eheschließung bereits das Ergebnis ihrer Lebensarbeit erreicht haben.[71] Unerheblich ist auch die Behauptung, die Berechtigte habe nur geheiratet, um versorgt zu sein.[72] Auch eine wiederauflebte Witwenrente hat wegen Subsidiarität keine Unterhaltsersatzfunktion und ist deshalb im Regelfall im Rahmen des § 1579 BGB nicht zu berücksichtigen.[73]

3. Vorrangige Berücksichtigung des Kindeswohls bei Betreuung eines gemeinschaftlichen Kindes durch den Berechtigten

1229 a) **Grundsatz.** Wenn der Berechtigte ein gemeinsames Kind betreut, ist im Rahmen der Billigkeitsprüfung nach § 1579 BGB stets **vorrangig** zu klären, ob und inwieweit die Inanspruchnahme des Verpflichteten auch unter Wahrung der Belange des dem Berechtigten zur Pflege und Erziehung anvertrauten gemeinschaftlichen Kindes grob unbillig ist. In der Regel wird es sich in solchen Fällen beim nachehelichen Unterhalt um einen Anspruch nach § 1570 BGB handeln (→ Rn. 160 ff.). Der Betreuungsunterhalt ist selbst bei Vorliegen von Härtegründen nach § 1579 BGB privilegiert, weil im Interesse des Kindeswohls trotz Fehlverhalten des Sorgeberechtigten die Wahrnehmung der Elternverantwortung gesichert bleiben soll.[74] Nach der Gesetzesreform zum 1.1.2008 steht deshalb bei § 1570 BGB nicht die Eigenverantwortung, sondern die Wahrung der Belange des gemeinschaftlichen Kindes im Vordergrund.[75] Das Kindeswohl ist in solchen Fällen nach dem Wortlaut des Gesetzes stets vorrangig gegenüber den Interessen des Verpflichteten.

1230 Durch die vorrangige Berücksichtigung des Kindeswohls soll nach Möglichkeit verhindert werden, dass der betreuende Elternteil zu einer Tätigkeit gezwungen wird, die zum Nachteil des Kindes dessen **geordnete Betreuung und Erziehung erschwert**.[76] Der Lebensstandard des Kindes soll möglichst nicht wegen eines Fehlverhaltens des betreuenden Elternteils, das von ihm nicht zu verantworten ist, absinken. Aus diesem Grunde wurde im Gesetzgebungsverfahren zum UÄndG von 1986 die nach dem Regierungsentwurf zu § 1579 BGB vorgesehenen Worte „Berücksichtigung der Belange" durch die schärfere Formulierung „Wahrung der Belange" ersetzt.[77] Nach der bisherigen Rechtsprechung wurde dem aber bei einem schwerwiegenden Fehlverhalten in der Regel Genüge getan, wenn der Unterhalt auf das zur Kinderbetreuung notwendige Mindestmaß

---

[67] BGH FamRZ 1987, 689.
[68] BGH FamRZ 2003, 521; FamRZ 1986, 443.
[69] BGH FamRZ 1989, 487.
[70] BGH FamRZ 1989, 483 (485).
[71] BGH FamRZ 1989, 483 (485).
[72] BGH FamRZ 1989, 483 (485).
[73] BGH FamRZ 1986, 889.
[74] BGH FamRZ 1997, 873 (875); FamRZ 1997, 671; FamRZ 1987, 1238.
[75] BT-Drs. 16/6980, 18.
[76] BGH FamRZ 1984, 986 (988).
[77] BGH FamRZ 1987, 1238.

9. Abschnitt: Die Härteklausel des § 1579 BGB   § 4

herabgesetzt wurde.⁷⁸ Es war nach BGH nicht zu erwarten, dass sich für das Kind besondere Nachteile ergeben, wenn sich der betreuende Elternteil einschränken musste.⁷⁹ Das Mindestmaß entspricht üblicherweise dem Mindestbedarf (derzeit 880 EUR), was bedenklich erscheint, da finanziell zu eingeschränkte Lebensverhältnisse des kinderbetreuenden Elternteils entgegen der Auffassung des BGH immer auch Auswirkungen auf die Entwicklungsmöglichkeiten des Kindes haben. Hierauf hat auch das BVerfG in seinem Beschluss vom 28.2.2007 zum Gleichbehandlungsgrundsatz bei der Betreuung ehelicher und nicht ehelicher Kinder zu Recht hingewiesen.⁸⁰ In besonders krassen Fällen einer groben Unbilligkeit konnte zur Vermeidung unbilliger Ergebnisse auch bei Kinderbetreuung eine Herabsetzung des Unterhalts über den Mindestbedarf (früher Notbedarf) hinaus bis zum völligen Wegfall in Betracht kommen.⁸¹

Seit der **Neufassung des § 1570 BGB** zum 1.1.2008 mit einem früheren Einsetzen der Erwerbsobliegenheit bei der Betreuung eines gemeinschaftlichen Kindes stehen die Wahrung der Kindesbelange nur noch in **eingeschränktem Umfang** der Bejahung einer groben Unbilligkeit entgegen. Eine Erwerbsobliegenheit vor Vollendung des 3. Lebensjahres des Kindes wird wegen des eindeutigen Gesetzeswortlauts des § 1570 BGB auch im Verwirkungsfall nicht verlangt werden können. Nach den Materialien zur Unterhaltsreform ist aber ansonsten in jedem Einzelfall zu prüfen, inwieweit der Unterhalt auf das **für die Kinderbetreuung notwendige Maß reduziert** und inwieweit dem betreuenden Elternteil bereits nach Vollendung des 3. Lebensjahres des gemeinschaftlichen Kindes die Ausweitung einer ansonsten regelmäßig nur erforderlichen Teilzeiterwerbstätigkeit zugemutet werden kann.⁸² 1231

Der Vorrang besteht nur bei Betreuung **gemeinschaftlicher Kinder,**⁸³ nicht bei Pflegekindern oder Stiefkindern. Gemeinschaftliche Kinder sind leibliche Kinder, Adoptivkinder und scheineheliche Kinder, solange die Vaterschaft nicht wirksam angefochten ist (→ Rn. 164). 1232

Die **Betreuung** des Kindes muss **rechtmäßig** sein, dh, der Berechtigte muss ein minderjähriges Kind entweder mit Einverständnis des Verpflichteten oder auf Grund einer Sorgerechtsentscheidung des Gerichts betreuen.⁸⁴ Nach der seit 1.7.1998 geltenden Rechtslage genügt es dabei, dass sich die Eltern einig sind, bei wem sich das Kind aufhält. 1233

Wenn der Berechtigte, der einen Härtegrund verwirklicht, bei der Trennung **eigenmächtig** ein Kind gegen den Widerspruch des anderen Elternteils mit sich nimmt, erhält er in der Regel einen Unterhaltsanspruch erst ab dem Zeitpunkt, in dem der Aufenthalt des Kindes durch eine wirksame gerichtliche Entscheidung zum Sorge- oder zumindest zum Aufenthaltsbestimmungsrecht (Beschluss oder einstweilige Anordnung) geregelt ist, er das Kind betreuen will und dazu ohne Gefährdung des Kindeswohls in der Lage ist. Sinn des Erfordernisses einer rechtmäßigen Betreuung ist es zu verhindern, dass ein Ehegatte aus einem rechtswidrigen Verhältnis wirtschaftliche Vorteile ziehen kann.⁸⁵

Der **Vorrang des Kindeswohls** beruht darauf, dass dem Kind eigene Menschenwürde und ein eigenes Recht auf volle Entfaltung seiner Persönlichkeit zukommt und dass deshalb der Gesetzgeber auch im Unterhaltsverfahren Regelungen zu vermeiden hatte, die sich für die Entwicklung des Kindes nachteilig auswirken könnten. Art. 6 II 1 GG begründet für die Eltern gleichermaßen das Recht und Pflicht zur Pflege und Erziehung ihrer Kinder. Die den Eltern zugewiesene Verantwortung dient dem Schutz des Kindes, ist also ein Grundrecht in dessen Interesse.⁸⁶ Mit der Trennung der Eltern ist für Kinder ohnehin in der Regel eine Verschlechterung ihrer Lebensverhältnisse verbunden. Einmal ist es die auf 1234

---

⁷⁸ BGH FamRZ 1997, 873 (875); FamRZ 1987, 1238.
⁷⁹ BGH FamRZ 1987, 1238.
⁸⁰ BVerfG FamRZ 2007, 965.
⁸¹ BGH FamRZ 1998, 541.
⁸² BT-Drs. 16/1830, 21.
⁸³ BGH FamRZ 2006, 1010.
⁸⁴ BVerfG FamRZ 1981, 745 (749); BGH FamRZ 1983, 142.
⁸⁵ BGH FamRZ 2006, 1010.
⁸⁶ BVerfG FamRZ 2001, 343.

dem Verlust eines Elternteils beruhende seelische Belastung, die Kinder bewältigen müssen, zum anderen werden Kinder zwangsläufig auch von den meist ungünstigen wirtschaftlichen Folgen der Trennung und Scheidung betroffen. Kinder getrennt lebender oder geschiedener Eltern müssen darauf verzichten, mit ihren Eltern in Familiengemeinschaft zusammenleben zu können.[87] Diese abträglichen Folgen des gestörten familiären Zustands werden erheblich verstärkt, wenn Kinder durch ein Fehlverhalten des betreuenden Elternteils über Gebühr in Mitleidenschaft gezogen werden.

1235   **b) Prüfungsmaßstab.** Grundrechtswidrige Ergebnisse lassen sich weitgehend dadurch vermeiden, dass der eheangemessene Unterhalt auf das zur **Kindesbetreuung erforderliche Maß reduziert** wird.[88] Dabei ist in einem Härtefall zu prüfen, ob und in welchem Umfang die Auferlegung von Unterhaltsleistungen im Interesse des Kindes erforderlich ist.[89] Bleiben die Kindesbelange unter Berücksichtigung der Betreuungsmöglichkeiten gewahrt, kann aber im Einzelfall zumindest bei Betreuung nur eines Kindes seit der Neufassung des § 1570 BGB zum 1.1.2008 ab Vollendung des dritten Lebensjahres des Kindes bereits statt eines phasenweisen Übergangs ins Erwerbsleben eine Ganztagstätigkeit verlangt werden. Bei Betreuung mehrerer Kinder und dem dadurch gegebenen erhöhten Betreuungsaufwand wird die Aufnahme einer Ganztagstätigkeit dagegen auch im Verwirkungsfall in der Regel nicht vor Beginn der Schulzeit in Betracht kommen,[90] es sei denn, die Pflege und Erziehung der Kinder kann in anderer Weise als durch Betreuung durch die Eltern sichergestellt werden.

1236   Im Rahmen der Frage, inwieweit Unterhaltsleistungen an den Berechtigten durch die Kindesinteressen erforderlich sind, dürfen in der Person des Berechtigten liegende besondere Umstände, wie zB, dass die Berechtigte ihre frühere Erwerbstätigkeit schon kurz nach der Ehe aufgegeben und auf Grund der hohen Einkünfte des Mannes in günstigen wirtschaftlichen Verhältnissen gelebt hat, dagegen nicht berücksichtigt werden.[91]

1237   Da die **Belange des Kindes** nach dem Wortlaut des § 1579 BGB zu „**wahren**" sind, kommt eine Herabsetzung oder Versagung des Unterhalts lediglich in Betracht, wenn die Pflege und Erziehung des Kindes trotzdem gesichert bleibt.
- Dies ist entgegen der früheren Rechtsprechung des BGH vielfach nicht der Fall, wenn der Unterhalt auf das Existenzminimum (= Mindestbedarf) herabgesetzt wird.[92] Zur Wahrung der Belange des Kindes wird zumindest der angemessene Bedarf verbleiben müssen.[93] Eine Herabsetzung auf den Mindestbedarf wird nur in besonders schwerwiegenden Härtefällen in Betracht kommen.
- Etwas anderes gilt, wenn und soweit der Berechtigte die zur Deckung des erforderlichen Bedarfs notwendigen Mittel von anderer Seite erhalten kann und deshalb auf den Unterhalt nicht angewiesen ist.[94] Dies trifft zB zu, wenn die Berechtigte in Unterhaltsgemeinschaft mit einem solventen neuen Partner lebt und in der Lage ist, geringe Eigenmittel selbst zu verdienen. Durch die Zurechnung eines fiktiven Einkommens für Versorgungsleistungen an den neuen Partner kann eine mit dem Verfassungsgrundsatz der Verhältnismäßigkeit unvereinbare Belastung des Verpflichteten vermieden werden.[95]
- Die Belange des Kindes können außerdem gewahrt sein, wenn seine Pflege und Erziehung in anderer Weise als durch elterliche Betreuung sichergestellt werden kann.[96] Dies ergibt sich seit der Reform des Unterhaltsrechts zum 1.1.2008 bereits aus der Neufassung des § 1570 BGB.

---

[87] BVerfG FamRZ 1981, 745 (749).
[88] BVerfG FamRZ 1981, 745 (749).
[89] BGH FamRZ 1987, 671; FamRZ 1984, 662 (664).
[90] AA OLG Bremen NJW 2007, 1890 mAnm Bergschneider: Bei zwei Kindern bereits ab Vollendung des 3. Lebensjahres des jüngeren Kindes.
[91] BGH FamRZ 1984, 662 (664).
[92] Anders OLG Oldenburg, BeckRS 2011, 1565.
[93] Vgl. auch OLG Saarbrücken NJW-RR 2017, 1092.
[94] BGH FamRZ 1997, 671; FamRZ 1989, 1279; OLG Koblenz FamRZ 2016, 1938.
[95] BGH FamRZ 1984, 154; FamRZ 1984, 356.
[96] BGH FamRZ 1997, 671; FamRZ 1989, 1279.

Die Belange des Kindes im Sinn der obigen Ausführungen sind **nicht gewahrt,** wenn der Berechtigte bei einer Unterhaltsversagung **Arbeitslosengeld II** beanspruchen muss. Eine Verweisung auf Arbeitslosengeld II bzw. Sozialhilfe ist mit dem Grundsatz der Subsidiarität dieser Sozialleistungen nicht zu vereinbaren.[97]

1238

Über die Wahrung der Belange der gemeinschaftlichen Kinder hinaus ist zusätzlich zu prüfen, inwieweit die Inanspruchnahme des Verpflichteten grob unbillig ist.[98]

1239

Nach Beendigung der erforderlichen Kindesbetreuung erlischt der Vorrang des Kindeswohls und es greift der jeweilige Härtegrund uneingeschränkt durch.

1240

4. Sonderfragen

a) **Verzeihung:** Wird ein Unterhaltsanspruch trotz Kenntnis des Verwirkungsgrundes außergerichtlich **anerkannt,** entfällt in der Regel eine grobe Unbilligkeit.[99] Das Gleiche gilt, wenn jahrelang Unterhalt bezahlt wird, ohne sich auf die Unbilligkeit zu berufen.[100] Die sog **Verzeihung** kann ausdrücklich oder konkludent erfolgen.[101] Sie lässt nicht den einzelnen Verwirkungstatbestand entfallen, sondern ist im Rahmen der Billigkeitsabwägung zu prüfen und gilt deshalb für alle Tatbestände des § 1579 BGB. Die Darlegungs- und Beweislast für eine Verzeihung trifft den Bedürftigen. Maßgebend für die Annahme einer Verzeihung ist, ob der Pflichtige mit seiner Unterhaltszahlung zu erkennen gab, dass trotz Vorliegens eines Verwirkungstatbestands die Unterhaltsleistung für ihn keine grobe Unbilligkeit darstellt und damit ein **Vertrauensschutz** beim Bedürftigen entstehen konnte. Letzteres ist **nicht gegeben,** wenn der Pflichtige aus anderen Gründen den Unterhalt ungekürzt bezahlt, zB wegen der Betreuung gemeinschaftlicher Kinder,[102] wegen eines Versöhnungsversuches oder weil durch die Unterhaltsleistung die Rente des Pflichtigen nach §§ 33, 34 VersAusglG (früher § 5 VAHRG) nicht gekürzt wurde.[103] Lebt der Bedürftige mit einem neuen Partner zusammen und zahlt der Pflichtige in Kenntnis dieses Umstandes weiter Unterhalt, damit ihm gemäß §§ 33, 34 VersAusglG seine Rente ungeschmälert zufließt, kann er bei Wegfall dieses Privilegs durch Eintritt des Rentenfalls beim Bedürftigen den Verwirkungsgrund des § 1579 Nr. 2 BGB geltend machen, ohne dass der Berechtigte aus der bisherigen Zahlung einen Vertrauensschutz herleiten kann.[104]

1241

b) **Übergang der Unterhaltsverpflichtung auf den Erben.** Ist der Pflichtige verstorben, kann sich der Erbe im Rahmen des § 1586b BGB auf Verwirkung des Anspruchs berufen (→ Rn. 1210).[105] Er kann insbesondere einwenden, dass Gründe, die den Pflichtigen davon abhielten, die Verwirkung geltend zu machen, nicht mehr vorliegen, zB die Betreuung eines gemeinsamen Kindes. Der Verwirkungseinwand ist in diesen Fällen auch nicht präkludiert, da der Wegfall der Kinderbetreuung eine neue Tatsache iSd § 323 I ZPO bzw. § 238 I FamFG darstellen.

1242

c) **Übergang des Unterhaltsanspruchs auf Dritte.** Obige Ausführungen gelten entsprechend, wenn der Unterhaltsanspruch wegen Leistung von Arbeitslosengeld II oder Sozialhilfe auf den Träger der Sozialleistung übergegangen ist. Durch einen gesetzlichen Forderungsübergang ändert sich an Natur, Inhalt und Umfang des Unterhaltsanspruchs nichts.[106]

1243

---

[97] BGH FamRZ 1989, 1279.
[98] BVerfG FamRZ 1992, 1283.
[99] OLG Nürnberg FamRZ 1992, 673.
[100] OLG Düsseldorf FamRZ 1997, 1159; OLG Hamm FamRZ 1997, 1485; FamRZ 1994, 702 (705).
[101] BGH FamRZ 2004, 614; FamRZ 2003, 521.
[102] BGH FamRZ 2004, 614; FamRZ 2003, 521.
[103] BGH FamRZ 2004, 614; FamRZ 2003, 521.
[104] BGH FamRZ 2004, 614 = R 607d; FamRZ 2003, 521.
[105] BGH FamRZ 2004, 614; FamRZ 2003, 521.
[106] BGH FamRZ 2002, 1698.

III. Ehe von kurzer Dauer (§ 1579 Nr. 1 BGB)

1. Härtegrund der kurzen Ehedauer (Nr. 1)

1244 Die Härteklausel der Nr. 1 ist anzuwenden, wenn die Ehe von kurzer Dauer war. Die Dauer der Ehe im Sinne des ersten Halbsatzes der Nr. 1 bemisst sich nicht nach der Zeit des tatsächlichen Zusammenlebens der Eheleute, sondern nach der Dauer des rechtlichen Ehebandes.[107] Auch ein dem anhängigen Verfahren vorangegangener abgewiesener oder zurückgenommener Scheidungsantrag verkürzt die Ehezeit nicht.[108] Ebenso ist der Ehezeit nicht eine vorangegangene erste Ehe der Beteiligten hinzuzurechnen.[109] Zu berücksichtigen sind aber nach dem zweiten Halbsatz der Nr. 1 die Kindesbelange und die Kinderbetreuung.[110]

1245 Als **Ehedauer** nach dem ersten Halbsatz der Nr. 1 ist die Zeit von **Eheschließung bis zur Rechtshängigkeit** des Scheidungsantrags (nicht der Rechtskraft des Scheidungsverfahrens) zu verstehen.[111] In aller Regel vollzieht der Antragsteller den entscheidenden Schritt zur Beendigung einer Ehe mit der Stellung des Scheidungsantrags. Aus seiner Sicht dient das weitere Verfahren, vor allem, wenn es im Verbund mit den Folgesachen abläuft, im Allgemeinen nur noch der Abwicklung der ehelichen Beziehungen und der Regelung der Folgesachen. Auch für den Antragsgegner wird mit der Rechtshängigkeit des Antrags das Scheitern des gemeinsamen Lebensplanes und das Ende der gemeinschaftlichen Lebensgestaltung deutlich. Damit erscheint es auch im Hinblick auf die eheliche Situation, wie sie sich den Ehepartnern darstellt, als sachgerecht, die Zeit des Scheidungsverfahrens nicht in die Bemessung der Ehedauer miteinzubeziehen.[112] Der Zugang eines Antrags auf Verfahrenskostenhilfe reicht allerdings nicht aus. Auch bei einem **verfrühten Scheidungsantrag** ist die Ehedauer bis zur Rechtshängigkeit des Antrags zu berechnen,[113] die Frage, ob und warum der Antrag verfrüht gestellt wurde, ist im Rahmen der Billigkeitsprüfung zu berücksichtigen.

1246 Mit der Unterhaltsreform zum 1.1.2008 wurde der zweite Halbsatz des Tatbestandes zur Wahrung der Belange eines gemeinschaftlichen minderjährigen Kindes gemäß der Rechtsprechung des BVerfG neu gefasst. Nach der Neufassung des zweiten Halbsatzes des Tatbestandes ist bei der Ehedauer auch die Zeit zu berücksichtigen, in welcher der Berechtigte wegen **der Pflege und Erziehung eines gemeinschaftlichen Kindes** nach § 1570 BGB Unterhalt beanspruchen kann. Die Neuformulierung war auf Grund einer Entscheidung des BVerfG vom 7.8.1989 zur Vermeidung verfassungswidriger Ergebnisse notwendig.[114] Wegen des bis 31.12.2007 geltenden Gesetzeswortlauts hatte der BGH früher in Fällen berechtigter Kindesbetreuung eine kurze Ehedauer generell verneint.[115] Nach Auffassung des BVerfG,[116] die der BGH übernommen hat, ist **auch bei Kindesbetreuung zunächst nur auf die tatsächliche Dauer** der Ehe von Eheschließung bis Rechtshängigkeit des Scheidungsverfahrens abzustellen. Nach dem Grundsatz der Verhältnismäßigkeit müsse auch bei der Kinderbetreuung in besonderen Härtefällen ein Ausschluss oder eine Herabsetzung des Unterhaltsanspruchs möglich sein, da andernfalls die Beschränkung der Dispositionsfreiheit des Verpflichteten im finanziellen Bereich als Folge der Unterhaltsansprüche des Bedürftigen nicht mehr Bestandteil der verfassungsmäßigen Ordnung sei und vor dem Grundrecht des Art. 2 II GG nicht bestehen könne. Erst wenn diese

---

[107] BGH FamRZ 1995, 1405; FamRZ 1986, 886.
[108] BGH FamRZ 1986, 886.
[109] OLG Hamm FamRZ 1989, 1091.
[110] BT-Drs. 16/1830, 20.
[111] BGH FamRZ 1995, 1405; FamRZ 1990, 492; FamRZ 1986, 886; vgl. auch BGH FamRZ 2010, 1414 = R 693; FamRZ 2010, 2059 zur gleichen Problematik bei § 1578b BGB.
[112] BGH FamRZ 1990, 492 (495); FamRZ 1982, 254.
[113] OLG Schleswig FamRZ 2003, 763; OLG Frankfurt a. M. FamRZ 1991, 823.
[114] BT-Drs. 16/1830, 20.
[115] Vgl. zB BGH FamRZ 1987, 572.
[116] BVerfG FamRZ 1989, 941.

tatsächliche Ehedauer als kurz zu beurteilen ist, ist im Rahmen der Billigkeitsabwägung zu prüfen, inwieweit die Inanspruchnahme des Verpflichteten auf ungekürzten und unbefristeten Unterhalt auch unter Wahrung der Belange des zu betreuenden Kindes grob unbillig ist und dem Grundsatz der Verhältnismäßigkeit widerspricht.[117] Die Betreuungszeit ist daher nicht schematisch der Ehedauer zuzurechnen, sondern wird erst im Rahmen der Abwägung relevant.[118]

Zum Verständnis des § 1579 Nr. 1 BGB ist es notwendig, auf die Grundlagen der nachehelichen Unterhaltspflicht zurückzugreifen. Diese Grundlagen sind in den Prinzipien der nachehelichen Solidarität und der in Verbindung mit der Ehe stehenden Bedürftigkeit zu erblicken. Auch wenn mit der Unterhaltsreform zum 1.1.2008 der Eigenverantwortung nach § 1569 BGB ein stärkeres Gewicht zukommt, hat die Ehedauer für die fortwirkende wirtschaftliche Mitverantwortung des Einkommensstärkeren ein wesentliches Gewicht. Dabei geht das Gesetz weiterhin davon aus, dass sich diese Grundlagen mit zunehmender Dauer der Ehe verfestigen. Je länger eine Ehe dauert, umso stärker ist die Frage der wirtschaftlichen Sicherung des Ehegatten mit dem Bestand dieser Ehe verbunden. Dem liegt die Erfahrung zugrunde, dass mit Zunahme der Ehedauer auch eine zunehmende Verflechtung der beiderseitigen Lebensdispositionen sowie häufig eine wachsende wirtschaftliche Abhängigkeit des unterhaltbedürftigen Ehegatten einhergeht, gegenüber der sich dieser Ehegatte durch die unterhaltsrechtliche Solidarität des Ehepartners abgesichert fühlt.[119] Bei einer kurzen Ehedauer besteht diese wechselseitige Abhängigkeit nicht und erfordert deshalb auch keine fortdauernde wirtschaftliche Mitverantwortung. 1247

Ob und inwieweit die Inanspruchnahme des Verpflichteten wegen einer kurzen Ehedauer grob unbillig ist, hat in erster Linie der Tatrichter zu beurteilen.[120] Auch bei der Neufassung des § 1579 Nr. 1 BGB zum 1.1.2008 hat der Gesetzgeber vermieden, eine genaue zeitliche Vorgabe zur kurzen Ehedauer zu treffen, da dieser Zeitraum nicht abstrakt für alle Ehe gleich festgelegt werden kann, sondern an der konkreten Lebenssituation der Ehegatten zu messen ist.[121] Er verwies vielmehr zu dieser Frage auf die bereits bestehende gefestigte Rechtsprechung. **Bei extrem kurzer Ehedauer** wird eine grobe Unbilligkeit in der Regel bejaht.[122] Es ist im Ergebnis aber immer eine Einzelfallentscheidung, bei der vor allem zu prüfen ist, inwieweit bereits eine wechselseitige Verflechtung und Abhängigkeit eintrat. Bei dieser Auslegung ist auch der seit 1.1.2008 gestärkte Grundsatz der Eigenverantwortung zu beachten. 1248

Auf den **Trennungsunterhalt** findet die Nr. 1 nach § 1361 III BGB keine Anwendung (→ Rn. 88). Dementsprechend kann eine kurze Ehedauer beim Trennungsunterhalt in der Regel auch nicht als selbstständiger Ausschlussgrund nach Nr. 8 berücksichtigt werden,[123] es sei denn, die Eheleute haben tatsächlich nur wenige Monate zusammengelebt[124] oder wollten von vornherein nie zusammenleben[125] (→ Rn. 1376). 1249

2. Kurze Ehedauer bis zu zwei Jahren

Für die Bemessung der Ehedauer als kurz können keine festen abstrakten Maßstäbe zugrunde gelegt werden. Es kommt vielmehr auf die Lebenssituation der Ehegatten im Einzelfall an. Das schließt es allerdings nicht aus, im Interesse der praktischen Handhabung der Vorschrift die zeitlichen Bereiche zu **konkretisieren,** innerhalb deren eine Ehe in aller Regel von kurzer oder nicht kurzer Dauer ist. 1250

---

[117] BGH FamRZ 1990, 492 (495).
[118] BT-Drs. 16/1830, 20.
[119] BGH FamRZ 1999, 710 (711).
[120] BGH FamRZ 1982, 254.
[121] BT-Drs. 16/1830, 20.
[122] BGH FamRZ 1982, 582; FamRZ 1981, 944.
[123] BGH FamRZ 1987, 572 (575).
[124] BGH FamRZ 1988, 930.
[125] BGH FamRZ 1994, 558.

Hat die Ehe nicht länger als zwei Jahre bestanden, wird sie in aller Regel als kurz zu beurteilen sein.[126] Seit der geänderten Rechtslage zum 1.1.2008 ist dabei auch das stärkere Gewicht der Eigenverantwortung zu beachten. Nichts anderes kann gelten, wenn sich die Ehegatten bei der Eheschließung bereits in vorgerücktem Alter befunden haben.[127] Es besteht kein Grund, für solche Ehe andere Grenzen zu ziehen als bei Ehen, die in jüngeren Jahren geschlossen wurden.[128] Das Alter der Eheleute kann daher für sich allein weder einen Grund darstellen, die Ehe generell als kurz, noch als lang anzusetzen (→ Rn. 1255).

1251   Ist aus der Ehe ein Kind hervorgegangen, ist auch bei einer sehr kurzen tatsächlichen Ehedauer von ca. 3 1/2 Monaten und einem sehr kurzen Zusammenleben von einer Woche zur **Wahrung der Kindesbelange** eine grobe Unbilligkeit wegen kurzer Ehedauer zu verneinen, wenn die Betreuung des gemeinschaftlichen Kindes wegen beengter finanzieller Verhältnisse ein Andauern der ehelichen Solidarität erfordert.[129] Trotz der Neufassung des § 1579 Nr. 1 BGB wird bei tatsächlich kurzer Ehedauer mit Betreuung eines gemeinschaftlichen Kindes die Bejahung des Tatbestandes die Ausnahme sein.

Eine grobe Unbilligkeit wegen kurzer Ehedauer kann allerdings trotz Kinderbetreuung vorliegen, wenn die tatsächliche Ehezeit zwar 18 Monate betrug, sich aber aus dem Verhalten des Bedürftigen ergibt, dass es sich noch um keine feste Bindung handelte, weil er sich von sich aus einem neuen Partner zuwandte.[130] Dies gilt trotz Kinderbetreuung auch bei einer Ehedauer von 26 Monaten, wenn beide Eheleute eine neue Partnerschaft aufnahmen,[131] ebenso von knapp 3 Jahren und Aufnahme einer neuen Beziehung in dieser Zeit[132] (→ Rn. 1265).

1252   **Fälle kurzer Ehedauer nach BGH:** 6 Wochen,[133] 18 Monate,[134] 19 Monate[135] und knapp 2 Jahre.[136]

3. Nicht mehr kurze Ehedauer ab ca. 3 Jahren

1253   Im Regelfall hält der BGH eine Ehedauer von mehr als drei Jahren nicht mehr für kurz, weil Eheleute innerhalb dieser Zeit ihre Lebenspositionen in der Ehe bereits so weit aufeinander abgestimmt und in wechselseitiger Abhängigkeit auf ein gemeinsames Lebensziel ausgerichtet haben, dass die unterhaltsrechtliche Verpflichtung für die Zeit nach der Scheidung nicht mehr dem Billigkeits- und Gerechtigkeitsempfinden in grober Weise widerspricht.[137] Bei Vorliegen besonderer Umstände kann im Einzelfall aber auch noch eine Ehedauer von knapp 5 Jahren als kurz angesehen werden, wenn sich die Ehegatten in ihrer Lebensführung nicht aufeinander eingestellt und in wechselseitiger Abhängigkeit auf ein gemeinsames Ziel ausgerichtet haben.[138] In diesen Fällen ist aber dann stets zu prüfen, inwieweit der Unterhalt nach der Neufassung des § 1578b BGB wegen Unbilligkeit zu begrenzen ist.

1254   **Fälle nicht mehr kurzer Ehedauer nach BGH:** 41 Monate,[139] 41 1/2 Monate,[140] 43 Monate,[141] 60 Monate,[142] 5 1/4 Jahre,[143] 4 Jahre.[144]

---

[126] BGH FamRZ 2011, 791; 1999, 710 (712); FamRZ 1995, 1405; FamRZ 1990, 492 (495).
[127] BGH FamRZ 1982, 894; FamRZ 1981, 140.
[128] BGH FamRZ 1982, 894.
[129] BGH FamRZ 2005, 1979 = R 640a.
[130] BGH FamRZ 1990, 492 (495).
[131] OLG Celle FamRZ 2006, 553.
[132] OLG München FamRZ 1996, 1078.
[133] BGH FamRZ 1981, 944.
[134] BGH FamRZ 1990, 492 (495); FamRZ 1987, 572.
[135] BGH FamRZ 1981, 140.
[136] BGH FamRZ 1989, 483 (485).
[137] BGH FamRZ 2011, 791; 1999, 710 (712); FamRZ 1995, 1405; FamRZ 1986, 886.
[138] BGH FamRZ 1999, 710 (712).
[139] BGH FamRZ 1982, 254.
[140] BGH FamRZ 1982, 894.
[141] BGH FamRZ 1981, 140 (142).
[142] BGH FamRZ 1995, 1405; FamRZ 1983, 150.
[143] BGH FamRZ 1999, 710 (712).
[144] BGH FamRZ 2011, 791.

9. Abschnitt: Die Härteklausel des § 1579 BGB   § 4

4. Ehedauer zwischen zwei und drei Jahren und sonstige Sonderfälle

In Fällen, die durch besondere, vom Regelfall abweichende Umstände in den Lebensverhältnissen der Ehegatten gekennzeichnet sind, sowie in den Fällen im Zwischenbereich von zwei und drei Jahren ist die Beurteilung in besonderer Weise davon abhängig zu machen, ob die Eheleute sich bereits in wechselseitiger Abhängigkeit auf ein gemeinschaftliches Lebensziel ausgerichtet haben.[145] **1255**

Der BGH hat solche Besonderheiten bei einer noch nicht länger als zwei Jahre bestandenen **Rentnerehe** verneint. Beide Ehegatten waren bei Eingehung der Ehe rentenberechtigt und bezogen die ihnen bis dahin zufließenden Altersruhegelder und Pensionen weiter. Besondere Umstände, die eine wechselseitige Abhängigkeit der Lebenspositionen begründet haben könnten, konnten nicht festgestellt werden.[146] Aus den gleichen Gründen hat er eine Ehedauer von **30 Monaten** bei Rentnern als kurz beurteilt, weil noch keine Abhängigkeit der Lebensposition erreicht war.[147]

Je länger eine Ehe über zwei Jahre hinaus gedauert hat, umso mehr hängt die Anwendung der Härteklausel von der Feststellung konkreter Umstände ab, die die Inanspruchnahme des Verpflichteten als unerträglichen Widerspruch zum Gerechtigkeitsempfinden erscheinen lassen. Dabei kommt es bevorzugt darauf an, in welcher Weise die Unterhaltspflicht den Schuldner trifft.[148] Bei einer Ehedauer von **36 Monaten,** in der sich die Bedürftige voll auf die neue Ehe eingestellt hat und deshalb nicht nur in eine andere Stadt zog, sondern auch den Arbeitsplatz aufgab, hat der BGH eine kurze Ehe verneint.[149] **1256**

Eine tatsächliche Besonderheit, die die Anwendung der für Regelfälle entwickelten Grundsätze ausschließt, liegt darin, dass die Parteien die – bereits zweite – Ehe erst in vorgerücktem Lebensalter geschlossen haben. Es besteht kein durchgreifender Grund, für Altehen andere Grenzen zu ziehen als bei Ehen, die in jüngerem Alter geschlossen werden. Entscheidungserheblich ist auch nicht, dass die Parteien nur 10 Monate lang zusammengelebt, danach aber bis zur Rechtshängigkeit des Scheidungsantrags bereits mehrere Jahre getrennt gelebt haben. Ein **langjähriges Getrenntleben** führt selbst in Fällen, in denen die Ehegatten nur kurz zusammengelebt haben, nicht zu einer Beschränkung des Unterhaltsanspruchs nach Nr. 1[150] (uU aber nach Nr. 8, → Rn. 1372). **1257**

Auch eine Ehe von **3 Jahren und 4 Monaten** kann noch als „kurz" beurteilt werden, wenn der durch die Krankheit unterhaltsbedürftig gewordene Ehegatte sich bei Ausbruch seiner Krankheit noch nicht darauf eingestellt hatte, in dauernder wirtschaftlicher Abhängigkeit von der damals noch jugendlichen Ehefrau zu leben;[151] ebenso, wenn der Pflichtige bereits nach 20 Monaten Ehedauer Scheidungsantrag stellen wollte, davon aber Abstand nahm, weil die Bedürftige befürchtete, vor Abschluss des Studiums als Ausländerin abgeschoben zu werden.[152] **1258**

Der BGH hat bei einer Ehedauer von **ca. 39 Monaten** eine Unterhaltsminderung um die Hälfte gebilligt mit der Begründung, dies sei nach tatrichterlicher Würdigung der gesamten Umstände einschließlich des Alters und der Vermögenslage der Parteien bei Eingehen der Ehe gerechtfertigt. Die Entscheidung trage sowohl der ehelichen Lebensgestaltung der Parteien während der Dauer ihres Zusammenlebens als auch der altersbedingten Unterhaltsbedürftigkeit beider Eheleute in angemessener Weise Rechnung.[153] **1259**

---

[145] BGH FamRZ 1999, 710; 1981, 140 (142).
[146] BGH FamRZ 1981, 140.
[147] BGH FamRZ 1982, 582.
[148] BGH FamRZ 1982, 582.
[149] BGH FamRZ 1986, 886.
[150] BGH FamRZ 1982, 894; FamRZ 1982, 582.
[151] Unveröffentlichte Entscheidung des BGH vom 15.6.1983 – AZ IVb ZR 381/81.
[152] BGH FamRZ 1987, 463.
[153] BGH FamRZ 1982, 28 (29).

5. OLG-Entscheidungen mit Billigkeitsabwägungen

1260   Das **OLG Düsseldorf** hat unter entsprechender Billigkeitsabwägung bei einer Ehedauer von 4 Jahren eine Unterhaltskürzung um die Hälfte bejaht und dabei insbesondere die wirtschaftliche Selbstständigkeit sowie die früh eingetretene Ehezerrüttung berücksichtigt.[154] Bei einer Ehedauer von 2 Jahren 6 Monaten hat es dagegen eine kurze Ehe verneint, weil durch die Heirat die Witwenrente entfiel.[155]

1261   Das **OLG Hamm** hat eine Ehe von kurzer Dauer bei einem Ehezeitraum von knapp 3 Jahren auch dann angenommen, wenn die Heirat zu einem Wegfall der Witwenrente der Ehefrau nach ihrem früheren Mann geführt hat.[156] Bei einer Ehedauer von über 3 Jahren hat es eine kurze Ehedauer bejaht, weil die Eheleute ihren Lebensplan noch nicht aufeinander abgestellt und in wechselseitiger Abhängigkeit auf ein gemeinsames Leben ausgerichtet hatten,[157] ebenso bei einer Ehedauer von 4 Jahren 2 Monaten bei Eheschließung im Rentenalter[158] und bei einer Ehedauer von 2 Jahren und einem verfrüht gestellten Scheidungsantrag.[159]

1262   Das **OLG Frankfurt a. M.** hat bei 4 Jahren und 5 Monaten noch eine „kurze Ehedauer" bejaht, weil die Ehegatten in dieser Zeit wegen einer Suchterkrankung der Frau und wiederholten, immer wieder abgebrochenen Krankenhausaufenthalten nur 9 Monate tatsächlich zusammengelebt und deshalb ihre Lebensdispositionen noch nicht entscheidend aufeinander eingestellt hatten.[160] Bei einer Ehedauer von 16½ Monaten hat es generell eine kurze Ehe angenommen.[161] Bei einer Ehedauer von 3 Jahren und 2 Monaten und Betreuung eines gemeinschaftlichen Kindes hat es eine kurze Ehedauer bejaht, weil die Eheleute bei Eheschließung erst jeweils 22 Jahre alt waren und die bedürftige Ehefrau das Kind nur bis zum 6. Lebensjahr betreute, und deshalb den Unterhaltsanspruch herabgesetzt.[162]

1263   Das **OLG Karlsruhe** hat eine Ehedauer von 2 Jahren 11 Monaten als nicht kurz angesehen, weil die Ehefrau die Arbeitsstelle in Bulgarien aufgab, um in die BRD überzusiedeln.[163]

1264   Des **OLG Köln** hat bei einer Ehedauer von knapp 4 Jahren noch eine kurze Ehe bejaht, weil die Parteien nur 2½ Jahre zusammenlebten, die Ehefrau bereits bei Eingehung der Ehe wegen Asthma bronchiale 4 Jahre erwerbslos war und noch keine wechselseitigen Verflechtungen und Abhängigkeiten in Ausrichtung auf ein gemeinsames Lebensziel vorlagen.[164]

1265   Das **OLG München** hat bei einer Ehedauer von fast 3 Jahren und Betreuung eines gemeinschaftlichen Kindes eine kurze Ehedauer bejaht, weil die Bedürftige bereits ein Jahr nach Ehebeginn eine Beziehung zu einem neuen Partner aufnahm und aus diesem Ehebruch ein nichteheliches Kind stammte, ihr Verhalten also aufzeigte, dass sie die Ehe nicht als feste Bindung ansah und deshalb die Zukunftsplanung nicht auf ein längeres Zusammenleben mit dem Ehepartner einrichtete. Um die Belange des gemeinschaftlichen Kindes zu wahren, wurde der Anspruch bis zu dessen 9. Lebensjahr zeitlich begrenzt.[165]

1266   Das **OLG Celle** hat bei einer 26-monatigen Ehe, aus der ein gemeinsames Kind hervorging, eine kurze Ehedauer bejaht, weil sich beide Ehepartner von der Ehe lossagten und einem neuen Lebensgefährten zuwandten.[166]

---

[154] OLG Düsseldorf FamRZ 1983, 1139.
[155] OLG Düsseldorf FamRZ 1992, 1188 (1190).
[156] OLG Hamm FamRZ 1984, 903.
[157] OLG Hamm FamRZ 1988, 1285.
[158] OLG Hamm FamRZ 1992, 326.
[159] OLG Hamm NJW-Report 2006, 200.
[160] OLG Frankfurt a. M. FamRZ 1989, 630.
[161] OLG Frankfurt a. M. FamRZ 1993, 823.
[162] OLG Frankfurt a. M. FamRZ 1999, 237; ähnlich OLG Koblenz BeckRS 2002, 30299537.
[163] OLG Karlsruhe FamRZ 1990, 67.
[164] OLG Köln FamRZ 1992, 65.
[165] OLG München FamRZ 1996, 1078.
[166] OLG Celle FamRZ 2006, 553.

Das **OLG Hamm** hat bei einer 11-monatigen Ehe entschieden, dass angesichts der deutlich unter der Grenze von 2 Jahren liegenden Ehedauer nur wenige weitere Umstände für die Abwägung der groben Unbilligkeit hinzutreten müssen.[167]

IV. Härtegrund der verfestigten Lebensgemeinschaft (§ 1579 Nr. 2 BGB)

1. Neufassung des Tatbestands

Der Tatbestand des Zusammenlebens in einer verfestigten Lebensgemeinschaft wurde vom Gesetzgeber mit der Unterhaltsreform zum 1.1.2008 neu eingefügt (→ Rn. 1203). Dieser Verwirkungsgrund wurde bisher von der Generalklausel des § 1579 Nr. 7 BGB aF umfasst. Er wurde zu Recht gesondert normiert, weil es sich zwischenzeitlich in der Praxis um den häufigsten Verwirkungsgrund handelt. Die Einfügung als Nr. 2 erfolgte aus systematischen Gründen, da mit diesem Härtegrund kein vorwerfbares Verhalten des Bedürftigen wie in Nr. 3–7 sanktioniert wird, sondern eine rein objektive Gegebenheit bzw. Veränderung in den Lebensverhältnissen. Durch die Aufnahme einer neuen Partnerschaft **löst** sich der Bedürftige **aus der ehelichen Solidarität** und gibt zu erkennen, dass er sie nicht mehr benötigt.[168] Die Materialien des Gesetzes nehmen dabei auf die bisherige Rechtsprechung Bezug, ohne die verfestigte Lebensgemeinschaft zu definieren. Der Gesetzgeber weist nur darauf hin, dass objektive, nach außen tretende Umstände wie das Führen eines gemeinsamen Haushalts über eine längere Dauer, das Erscheinungsbild in der Öffentlichkeit, größere gemeinsame Investitionen wie der Erwerb eines Familienheimes oder die Dauer der Verbindung eine Rolle spielen. Dagegen kommt es nicht auf die Leistungsfähigkeit des neuen Partners, die Aufnahme intimer Beziehungen oder die Möglichkeit der Eheschließung an.[169] Durch die Normierung als eigener Tatbestand wird klargestellt, dass bereits das Vorliegen einer verfestigten Partnerschaft zum Wegfall des Unterhaltsanspruchs führen kann, was sich aus der Generalklausel mit dieser Deutlichkeit nicht entnehmen ließ.

Von dem Problem der Verwirkung zu trennen ist die Frage, ob dem Bedürftigen wegen **Haushaltsführung für einen neuen Partner** ein Einkommen anzurechnen ist (→ Rn. 630, 632 ff. und → § 1 Rn. 712 ff.).

Zum **Wiederaufleben des Unterhaltsanspruchs** bei Scheitern der neuen Partnerschaft → Rn. 1384.

Wann eine verfestigte Lebensgemeinschaft vorliegt, wird vom Gesetzgeber nicht definiert. Er verweist insoweit wegen der Vielfalt der denkbaren Lebenssachverhalte auf die bisherige Rechtsprechung.[170] Kriterien sind **objektive, nach außen zu Tage tretende Umstände** wie ein über einen längeren Zeitraum geführter gemeinsamer Haushalt, das Erscheinungsbild in der Öffentlichkeit, größere gemeinsame Investitionen oder die Dauer der Verbindung.[171] Keine Rolle spielen dagegen Umstände wie die Aufnahme intimer Beziehungen, die Leistungsfähigkeit des Partners oder die fehlende Möglichkeit einer Eheschließung, da der neu geschaffene Härtegrund nicht zu einer Kontrolle der Lebensführung des Bedürftigen führen darf. Maßgebend ist allein, ob der Bedürftige eine so verfestigte neue Lebensgemeinschaft eingegangen ist, dass er sich endgültig aus der ehelichen Solidarität herausgelöst hat und zu erkennen gibt, dass er sie nicht mehr benötigt.[172]

---

[167] OLG Hamm FamRZ 2013, 1889.
[168] BT-Drs. 16/1830, 21; vgl. auch BGH FamRZ 2011, 1854.
[169] BT-Drs. 16/1830, 21; vgl. auch BGH FamRZ 2008, 1414 = R 693.
[170] BT-Drs. 16/1830, 21.
[171] BT-Drs. 16/1830, 21.
[172] BT-Drs. 16/1830, 21.

2. Verfestigte Lebensgemeinschaft

1270 Die Rechtsprechung des BGH unterscheidet entsprechend den oben angeführten Kriterien zwei Fallvarianten. Diese können sich in der Praxis vielfach überschneiden, insbesondere wenn mehrere Gründe vorliegen, die für eine verfestigte Lebensgemeinschaft sprechen:[173]
(a) Zusammenleben in einer sog Unterhaltsgemeinschaft
(b) Eheähnliche Gemeinschaft

1271 **Weitere Fallvarianten,** die die Rechtsprechung bisher noch zusätzlich als Kriterien für das Vorliegen des Verwirkungsgrundes anführte, spielen dagegen **keine Rolle** mehr.[174] Dies gilt insbesondere für den zu § 66 EheG entwickelten Härtegrund, dass von einer Eheschließung nur abgesehen wird, um den Unterhaltsanspruch nicht zu verlieren,[175] weil nur noch auf das Vorliegen einer verfestigten Lebensgemeinschaft abzustellen ist, nicht aber auf die Motivation, warum von einer Eheschließung abgesehen wird.[176] Das Gleiche gilt, wenn das Zusammenleben mit einem neuen Partner in kränkender oder sonst anstößiger Weise erfolgt und deshalb geeignet ist, den Pflichtigen in der Öffentlichkeit bloßzustellen oder herabzusetzen.[177]

1272 **a) Unterhaltsgemeinschaft.** Eine Unterhaltsgemeinschaft ist zu bejahen, wenn der Bedürftige dauerhaft in fester sozialer Verbindung mit einem neuen Partner zusammenlebt, sie gemeinsam wirtschaften und der haushaltsführende Ehegatte wie in einer Ehe von dem anderen unterhalten wird.[178] Eine Unterhaltsgemeinschaft erfordert, dass der Bedürftige in der neuen Gemeinschaft sein **wirtschaftlich volles Auskommen** findet, dh der neue Partner leistungsfähig ist. Hat der neue Partner hierfür nicht die dazu erforderlichen Mittel, entfällt eine Unterhaltsgemeinschaft. Es ist zwar Aufgabe des Tatrichters, Feststellungen zu treffen, aus denen er eine Unterhaltsgemeinschaft bejaht.[179] Der Pflichtige ist aber für das Vorliegen des Verwirkungsgrundes darlegungs- und beweispflichtig, so dass er sich mangels Kenntnis der finanziellen Verhältnisse des neuen Partners des Bedürftigen regelmäßig nur auf Indizien stützen kann, die für eine wirtschaftliche Verflechtung sprechen. **Anhaltspunkte** sind insbesondere der Kauf oder Bau eines gemeinsamen Eigenheimes,[180] ein aus der neuen Verbindung hervorgegangenes Kind,[181] Zusammenleben mit den beiderseitigen Kindern bei ausreichendem Einkommen des neuen Partners für einen gemeinsamen Haushalt, Finanzierung des Haushalts oder eines Teils sowie der Wohnung durch den Lebensgefährten. Maßgebend sind aber immer die Umstände des Einzelfalls, wann von einer verfestigten Partnerschaft ausgegangen werden kann. Letztere ist **nicht gegeben,** selbst wenn die neue Partnerschaft bereits ca. 3 Jahre dauerte, aus dieser Verbindung ein Kind hervorging und die Partner in dieser Zeit zusammen lebten, falls es in dieser Zeit zu erheblichen Differenzen und dem Besuch einer Eheberatung kam und sich die Partner wieder trennten.[182]

1273 **b) Eheähnliche Gemeinschaft.** Eine eheähnliche Gemeinschaft ist gegeben, wenn der Berechtigte zu einem neuen Partner ein **auf Dauer angelegtes Verhältnis** aufnimmt und das nichteheliche Zusammenleben gleichsam an die Stelle einer Ehe getreten ist. Maßgebend ist das **Erscheinungsbild** dieser Verbindung **in der Öffentlichkeit**.[183] Die wirtschaftliche Lage des neuen Partners spielt hierbei – im Gegensatz zur Unterhaltsgemein-

---

[173] BGH FamRZ 1995, 540; FamRZ 1989, 487.
[174] Vgl. insoweit 6. Auflage § 4 Rn. 752a, 753.
[175] Vgl. insoweit noch BGH FamRZ 1995, 540; FamRZ 1989, 487; FamRZ 1987, 10011.
[176] BT-Drs. 16/1830, 21.
[177] So noch BGH FamRZ 1995, 344; 1989, 487.
[178] BGH FamRZ 1995, 540; FamRZ 1989, 487; 1987, 1011.
[179] BGH FamRZ 1995, 540.
[180] BT-Drs. 16/1830, 21; BGH FamRZ 2002, 810; OLG Karlsruhe FamRZ 2006, 706; OLG Schleswig FamRZ 2006, 954; FamRZ 2005, 277.
[181] BGH FamRZ 2012, 1201 Rn. 34.
[182] BGH FamRZ 2007, 1303 = R 669d.
[183] BGH FamRZ 2011, 1498 = R 728b; FamRZ 2004, 614 = R 607d; FamRZ 2002, 810; FamRZ 2002, 23.

schaft – für das Vorliegen des Tatbestandes keine Rolle (aber → Rn. 1226).[184] Da im Gegensatz zur Unterhaltsgemeinschaft auf das Erscheinungsbild in der Öffentlichkeit abzustellen ist, verlangt die eheähnliche Gemeinschaft als Indiz eine längere Dauer des Zusammenlebens. Nach welchem Zeitablauf und unter welchen Umständen sie angenommen werden kann, lässt sich nicht allgemein verbindlich festlegen. Als **Mindestdauer** wurden von der Rechtsprechung zwei bis drei Jahre angesetzt.[185] Denn vor Ablauf einer solchen Mindestzeit wird sich im Allgemeinen nicht verlässlich beurteilen lassen, ob die Partner nur „probeweise" oder auf Dauer in einer verfestigten Gemeinschaft leben und nach dem Erscheinungsbild der Beziehung in der Öffentlichkeit diese Lebensform bewusst auch für ihre weitere Zukunft gewählt haben. Ausnahmsweise kann auch eine geringere Dauer ausreichend sein, wenn sich der Berechtigte und der neue Lebensgefährte bereits längere Zeit vor der Trennung der Ehe kannten.[186] Eine auf Dauer verfestigte Gemeinschaft entfällt nicht dadurch, dass sich die neue Beziehung, bei der der neue Lebensgefährte des Bedürftigen noch seine bisherige Wohnung beibehalten hat, nach Angaben von Zeugen in letzter Zeit nach außen hin etwas flüchtiger gestaltete.[187] Etwas anderes gilt nur, wenn es trotz dreijährigen Zusammenlebens wieder zur Trennung kommt, weil die neue Beziehung von Anfang an kriselte.[188] Ebenso entfällt eine dauerhafte verfestigte Partnerschaft bei Zusammenleben mit wechselnden Partnern über kürzere Zeiträume.[189] Von einer eheähnlichen Gemeinschaft kann auch nicht ausgegangen werden, wenn ein Partner nach kurzem Zusammenleben in einer gemeinsamen Wohnung ins Wachkoma fällt und damit zu einer willentlichen Entscheidung für eine dauerhafte Lebensgemeinschaft nicht mehr in der Lage ist.[190]

Eine feste soziale Verbindung setzt nicht zwingend einen **gemeinsamen Haushalt** voraus. Dies ist allerdings ein wesentliches Indiz.[191] Im Einzelfall kann auch bei einer andersartig gestalteten **dauerhaften Verbindung** je nach Erscheinungsbild in der Öffentlichkeit auf ein eheähnliches Zusammenleben geschlossen werden,[192] zB bei einer sog Wochenendehe[193] oder wenn der neue Partner noch seine eigene Wohnung behält.[194] Für das Erscheinungsbild in der Öffentlichkeit kommt es nur auf die Erkennbarkeit einer verfestigten Lebensgemeinschaft auf Grund nach außen dringender Gegebenheiten an. Auch hier obliegt die Würdigung, ob nach den getroffenen Feststellungen von einem eheähnlichen Zusammenleben auszugehen ist, allein dem Tatrichter.[195] Indizien sind vor allem, dass die Partner die überwiegende Zeit außerhalb der Berufstätigkeit miteinander verbringen, familiäre Kontakte zu den Angehörigen des Partners pflegen, sich gegenseitig Hilfe und Unterstützung gewähren und gemeinsam wirtschaften, so dass nicht mehr nur von einer **bloßen Freundschaft** ausgegangen werden kann (→ Rn. 1276).[196] Auch aus einer späteren Eheschließung können Rückschlüsse gezogen werden, ebenso aus der Geburt eines gemeinsamen Kindes. So hat das OLG Koblenz bereits ein Jahr nach der Trennung vom Ehemann eine verfestigte Lebensgemeinschaft angenommen, obgleich erst 14 Monate nach der Trennung ein gemeinsamer Hausstand

---

[184] BGH FamRZ 1995, 540; FamRZ 1989, 487; vgl. auch BT-Drs. 16/1830, 21.
[185] BGH FamRZ 2004, 614 = R 607d; FamRZ 2002, 810.
[186] OLG Oldenburg NJW 2012, 2450.
[187] BGH FamRZ 1997, 671.
[188] BGH FamRZ 2007, 1303 = R 669d; so auch OLG Koblenz FamRZ 2017, 38 bei konfliktbehafteter Beziehung von 23 Monaten Dauer.
[189] OLG Köln FamRZ 2005, 279.
[190] OLG München FamRZ 2010, 126.
[191] BGH FamRZ 2011, 1498 = R 728b; BGH FamRZ 2004, 614 = R 607d; FamRZ 2002, 23.
[192] BGH FamRZ 2002, 810; FamRZ 2002, 23; FamRZ 1995, 540.
[193] OLG Koblenz FamRZ 1991, 1314.
[194] BGH FamRZ 1997, 671; vgl. zB OLG Karlsruhe FamRZ 2009, 351; OLG Zweibrücken FamRZ 2008, 1630; OLG Bamberg FamRZ 2008, 2037; OLG Düsseldorf FamRZ 2011, 225; OLG Karlsruhe FamRZ 2013, 1811; OLG Brandenburg NZFam 2016, 983 und BeckRS 2017, 108410, das in diesen Fällen eine 5-jährige Beziehungsdauer verlangt.
[195] BGH FamRZ 2004, 614 = R 607d; FamRZ 2002, 810; FamRZ 2002, 23.
[196] OLG Brandenburg NZFam 2016, 983.

begründet wurde, weil bereits 1 ½ Jahre nach der Trennung aus der neuen Beziehung ein Kind geboren wurde.[197]

Nicht erforderlich ist nach dem Willen des Gesetzgebers entsprechend der bisherigen Rechtsprechung des BGH, dass auch eine **sexuelle Beziehung** besteht, da es zu keiner Kontrolle der Lebensführung des Bedürftigen kommen darf und die Unzumutbarkeit einer fortdauernden uneingeschränkten Unterhaltsbelastung für den Pflichtigen allein auf der verfestigten Beziehung mit einem neuen Partner beruht, die ähnlich einer Ehe ausgestaltet ist.[198] Deshalb hat der BGH auch eine Beziehung einer Frau zu einem Homosexuellen wie ein eheähnliches Verhältnis bewertet, weil eine ständige gegenseitige Hilfe und Unterstützung im Alltag, verbunden mit einer gemeinsamen Freizeitgestaltung und einer gemeinsamen Zukunftsplanung durch finanzielle Hilfe beim Kauf eines Grundstücks gegen Wohnungsüberlassung vorlag.[199] Der BGH hat insoweit zu Recht darauf hingewiesen, dass die Frage eines sexuellen Kontaktes nicht überprüfbar ist.[200] Das Gleiche gilt bei langjährigem Zusammenleben mit einem **gleichgeschlechtlichen Partner**.[201]

1274 c) **Mischfälle.** Unterhaltsgemeinschaft und eheähnliche Gemeinschaft schließen sich nicht wechselseitig aus, sondern gehen teilweise ineinander über. Der Sachverhalt lässt sich oft unter beiden Kriterien subsumieren. Der Pflichtige wird vielfach zunächst nur nach dem äußeren Erscheinungsbild auf eine eheähnliche Gemeinschaft schließen können, die aber mindestens ein zwei- bis dreijähriges Zusammenleben erfordert. Ergibt sich dann innerhalb dieses Zeitraums durch Indizien, zB dem Kauf einer gemeinsamen Immobilie, eine enge wirtschaftliche Verflechtung, liegt nunmehr eine Unterhaltsgemeinschaft vor.[202] Der Ablauf der Frist von zwei bis drei Jahren muss dann nicht mehr abgewartet, sondern der Verwirkungsgrund nach Nr. 2 kann sofort geltend gemacht werden. Dies entspricht auch der Realität, da eine neue Partnerschaft regelmäßig nicht sofort zu einer vollen wirtschaftlichen und/oder persönlichen Verflechtung führt, sondern erst nach einer Übergangszeit. So kann auch bereits nach einem Zusammenleben von einem Jahr eine eheähnliche Gemeinschaft vorliegen, wenn die Beteiligten eine sozialrechtliche Bedarfsgemeinschaft bilden und sich auf Facebook als Paar darstellen.[203] Fehlen die Indizien für eine Unterhaltsgemeinschaft, wird man dagegen immer nur nach Ablauf von zwei bis drei Jahren von einer eheähnlichen Partnerschaft ausgehen können.

1275 d) **Trennungsunterhalt.** Ein Verwirkungsgrund nach Nr. 2 durch Zusammenleben mit einem neuen Partner im Rahmen einer Unterhaltsgemeinschaft oder eheähnlichen Gemeinschaft kann nicht nur beim nachehelichen Unterhalt, sondern auch beim Trennungsunterhalt vorliegen. Denn nach dem Willen des Gesetzgebers kommt es nicht darauf an, ob die neuen Partner eine Ehe eingehen können, weil sie ledig bzw. geschieden sind, sondern nur, dass eine verfestigte Partnerschaft vorliegt und deshalb dem Pflichtigen nicht mehr zugemutet werden kann, weiterhin Unterhalt zu leisten.[204] Dies entspricht auch der bisherigen Rechtsprechung des BGH.[205]

---

[197] FamRZ 2016, 1938.
[198] BGH FamRZ 2002, 810; BT-Drs. 16/1830, 21.
[199] BGH FamRZ 2002, 810.
[200] BGH FamRZ 2002, 810.
[201] Vgl. BGH FamRZ 2008, 1414 = R 693: Es spielt keine Rolle, ob eine neue Beziehung gleichgeschlechtlich oder heterosexuell ist.
[202] Vgl. zB OLG Karlsruhe FamRZ 2006, 706; OLG Schleswig FamRZ 2006, 654; 2005, 277.
[203] KG FamRZ 2017, 202; ebenso vor Ablauf von zwei Jahren OLG Oldenburg NJW 2017, 963 mAnm Krumm.
[204] BT-Drs. 16/1830, 21.
[205] BGH FamRZ 2011, 791; BGH FamRZ 2002, 810.

3. Auf Distanz angelegtes Verhältnis

Da der Verwirkungsgrund nach Nr. 2 auf eine verfestigte Lebensgemeinschaft abstellt, besteht vielfach das Problem der **Abgrenzung zur Freundschaft**. Dem Bedürftigen ist es nicht verwehrt, nach der Trennung neue Kontakte aufzunehmen und Freundschaften einzugehen. Nach dem Willen des Gesetzgebers scheidet eine Kontrolle der Lebensführung des Bedürftigen aus, so dass die Aufnahme sexueller Kontakte als eines der üblichen Abgrenzungsmerkmale einer Partnerschaft zur Freundschaft entfällt. Der BGH hat deshalb darauf abgestellt, ob eine bewusst auf Distanz gehaltene Beziehung vorliegt.[206] Die Entscheidung für ihre Lebensgestaltung treffen die Beteiligten in eigener Verantwortung. Wenn sie bewusst ihren eigenen Lebensbereich mit getrennten Wohnsitzen aufrecht erhalten, um sich zB auf Grund der in früheren Lebensgemeinschaften gemachten Erfahrungen einen eigenen Freiraum zu bewahren und ihre Unabhängigkeit zu behalten, ist dies zu respektieren. Maßgebend ist allerdings, dass das auf Distanz angelegte Verhalten auch nach **außen** in der tatsächlichen Lebensgestaltung **zum Ausdruck kommt** und nicht nur subjektiv vorhanden ist.[207] Entscheidend ist insoweit, ob die vom Tatrichter getroffenen Feststellungen ergeben, dass die Partnerschaft von ihrer Intensität keinem eheähnlichen Zusammenleben entspricht, weil zB trotz gemeinsamer Freizeitgestaltung, Urlaub und Besuch von Familienfeiern getrennt gewirtschaftet wird sowie jeder seinen eigenen Haushalt beibehält und dort seine überwiegende Zeit verbringt.[208] Allerdings kann bei Vorliegen einer 10-jährigen intimen Beziehung und Hinzutreten eines weiteren Umstandes in Form eines durch einen Zeitungsartikel bekannt gewordenen gemeinsamen Tanzprojekts eine verfestigte Lebensgemeinschaft angenommen werden.[209]

Zu verneinen ist eine verfestigte Lebensgemeinschaft ferner, wenn weder ein Zusammenleben noch ein gemeinsames Wirtschaften oder sonstige finanzielle Unterstützung, sondern nur ein **intimes Verhältnis** vorliegt.[210]

4. Grobe Unbilligkeit

Bei der Prüfung der groben Unbilligkeit ist bei Kinderbetreuung zu beachten, dass bei Bejahung des Tatbestandes auch ein früherer Beginn der Erwerbsobliegenheit verlangt werden kann, zB eine Halbtagstätigkeit ab Vollendung des 3. Lebensjahres eines Kindes, falls die Betreuung gesichert ist.[211] Nach einer Entscheidung des OLG Bremen muss auch bei Betreuung von zwei Kindern bereits ab Vollendung des 3. Lebensjahres des jüngeren Kindes eine Ganztagstätigkeit aufgenommen werden.[212] Zu beachten ist ferner, dass die finanzielle Leistungsfähigkeit des Partners bei der Feststellung des Tatbestandes einer eheähnlichen Gemeinschaft keine Rolle spielt,[213] aber bei der Prüfung der groben Unbilligkeit Berücksichtigung findet bei der Frage, inwieweit der Berechtigte auf den Unterhalt angewiesen ist (→ Rn. 1225, 1226).[214] Zu berücksichtigen ist ferner die Ehedauer[215] und die vom Bedürftigen in der Ehe wahrgenommene Aufgabe der Kinderbetreuung.[216] Im Einzelfall kann deshalb oft nicht ein Wegfall, sondern nur eine Herabsetzung des Unterhaltsanspruchs oder eine zeitliche Begrenzung angemessen sein.

---

[206] BGH FamRZ 2011, 791 Rn. 39; FamRZ 2002, 23.
[207] BGH FamRZ 2011, 791; FamRZ 2002, 23.
[208] OLG Koblenz BeckRS 2016, 18354.
[209] BGH FamRZ 2011, 1854.
[210] BGH FamRZ 2011, 1854 Rn. 23; BGH FamRZ 1995, 540; OLG Karlsruhe FamRZ 1994, 174; 2009, 351; OLG München FamRZ 1990, 1243.
[211] BT-Drs. 16/1830, 21.
[212] So aber OLG Bremen FamRB 2007, 164.
[213] BT-Drs. 16/1830, 21.
[214] BGH FamRZ 1995, 540.
[215] BGH FamRZ 2002, 810 FamRZ 1987, 689.
[216] BGH FamRZ 2002, 810.

V. Härtegrund eines Verbrechens oder schweren vorsätzlichen Vergehens gegen den Verpflichteten oder einen nahen Angehörigen (§ 1579 Nr. 3 BGB)

1. Härtegrund der Nr. 3

1278 Die Härteklausel der Nr. 3 (bis 31.12.2007 Nr. 2) ist anzuwenden, wenn sich der Berechtigte eines Verbrechens oder eines schweren vorsätzlichen Vergehens gegen den Verpflichteten oder einen nahen Angehörigen des Verpflichteten schuldig gemacht hat. Aus dem Tatbestandsmerkmal „schweres Vergehen" ergibt sich, dass es sich um eine Straftat von erheblichem Gewicht handeln muss, die über die bei Trennung vielfach übliche Auseinandersetzung hinausgeht.

1279 **Beispiele** für solche Straftaten sind
- Mord, Totschlag, Eigentumsdelikte,[217] Unterhaltspflichtverletzungen, schwere Verletzungen der Fürsorge- und Erziehungspflichten gegenüber Kindern sowie körperliche Misshandlung von Kindern,[218] sexuelle Vergehen gegenüber Stieftochter;[219]
- fortgesetzte schwere Beleidigungen, Verleumdungen und schwerwiegende falsche Anschuldigungen über einen längeren Zeitraum, besonders wenn sie sich auf die persönliche und berufliche Entfaltung des Verpflichteten sowie seine Stellung in der Öffentlichkeit nachteilig auswirken;[220]
- Überfall mit schwerer Körperverletzung;[221] nicht provozierte Körperverletzungen;[222] anlässlich des Umgangsrechts im Voraus geplante Körperverletzung des anderen Ehegatten;[223] Herbeiführung eines Verkehrsunfalls mit bedingtem Vorsatz;[224]
- Schusswaffengebrauch des Unterhaltsberechtigten gegenüber dem Verpflichteten;[225]
- Vermögensdelikte, vor allem **Betrugshandlungen** zum Nachteil des Verpflichteten einschließlich **Prozessbetrug**, zB durch **Verstoß gegen die prozessuale Wahrheitspflicht** wie falsche Angaben zum Einkommen,[226] Verschweigen des Abbruchs der Ausbildung[227] oder eigener Einkünfte[228] (→ Rn. 1286), Verschweigen eigener Einkünfte trotz Offenbarungspflicht,[229] vehementes Bestreiten des Zusammenlebens mit einem neuen Partner,[230] falsche Angaben im Rahmen einer Parteivernehmung zum Umfang der Beziehungen zu einem neuen Partner,[231] im Einzelfall auch wahrheitswidrige Angaben im Verbundverfahren Zugewinnausgleich.[232]
- Falschaussagen des Berechtigten im Ehelichkeitsanfechtungsverfahren.[233]

1280 Da die Verwirklichung strafrechtlicher Tatbestände stets **schuldhaftes Verhalten** und damit Schuldfähigkeit voraussetzt, entfällt der Härtegrund bei **Schuldunfähigkeit**. Die Tötung eines gemeinsamen Kindes durch die Kindsmutter im Zustand der Schuldunfähigkeit auf Grund einer affektiven Psychose führt daher nicht zur Verwirkung des Unterhalts-

---

[217] OLG Hamm FamRZ 1994, 168.
[218] OLG Hamm FamRZ 2002, 240.
[219] OLG Hamm FamRZ 1990, 887.
[220] BGH NJW 1982, 100 (101).
[221] BGH FamRZ 2004, 612 = R 601b.
[222] OLG Koblenz FamRZ 1991, 1312; OLG Düsseldorf FamRZ 1983, 585.
[223] OLG Zweibrücken FamRZ 2002, 242.
[224] OLG Hamm FamRZ 2006, 1537.
[225] OLG Düsseldorf FamRZ 1994, 896.
[226] BGH FamRZ 2007, 1532; FamRZ 2000, 153; FamRZ 1997, 483.
[227] BGH FamRZ 1990, 1095 (1096).
[228] BGH FamRZ 2008, 1325 = R 694; FamRZ 2000, 153; FamRZ 1997, 483; OLG Oldenburg FamRZ 2018, 680; OLG Koblenz MDR 2015, 953; OLG Celle FamRZ 1991, 1313; OLG Frankfurt a. M. FamRZ 1990, 1363; OLG Düsseldorf FamRZ 1981, 883.
[229] BGH FamRZ 1997, 483.
[230] OLG Hamm FamRZ 1996, 1079; 1993, 566 (567).
[231] OLG Hamm FamRZ 1999, 1337.
[232] OLG Köln FamRZ 2003, 678.
[233] OLG Bremen FamRZ 1981, 953.

anspruchs nach § 1579 Nr. 3 BGB.²³⁴ Eine **verminderte Schuldfähigkeit** lässt den Tatbestand dagegen nicht entfallen, kann aber eine grobe Unbilligkeit beseitigen oder mindern. Maßgebend ist die Schwere der jeweiligen Verfehlung. Deshalb muss die Schuldfähigkeit oder verminderte Schuldfähigkeit für den jeweils in Betracht kommenden Zeitraum festgestellt werden.²³⁵ Bei gravierenden Straftaten, zB Sexualdelikten gegenüber einem nahen Familienangehörigen über einen längeren Zeitraum oder gefährliche Körperverletzung eines Säuglings, wird auch eine verminderte Schuldfähigkeit regelmäßig zur Verwirkung führen.²³⁶ Bei einer im Zustand der verminderten Schuldfähigkeit begangenen Verleumdung, zB des Vorwurfs des sexuellen Missbrauchs der gemeinschaftlichen Kinder, wird der Tatbestand dagegen regelmäßig zu verneinen sein.²³⁷ Ein schweres Vergehen liegt ferner nicht vor, wenn der Pflichtige eine Straftat selbst zunächst nicht als gravierend ansah.²³⁸

Ob ein strafbares vorsätzliches Verhalten gegen den Unterhaltsverpflichteten schwer im Sinn dieser Vorschrift ist, hat im Wesentlichen der Tatrichter zu entscheiden. Das Revisionsgericht prüft nur, ob er dabei von richtigen Rechtsvorstellungen ausgegangen ist. Im Beschluss bedarf es nicht des ausdrücklichen Eingehens auf alle Gesichtspunkte, die für und wider ein bestimmtes Ereignis sprechen. Es muss lediglich aus dem Gesamtinhalt der Gründe hinreichend deutlich sein, dass insgesamt eine sachentsprechende Beurteilung stattgefunden hat.²³⁹ 1281

Die Verwirkung greift bei Bejahung des Härtegrundes in der Regel **nur für die Zukunft,** nicht für vor der Straftat liegende Rückstände ein, da ein in Verzug geratener Unterhaltsschuldner nicht allein deshalb zu begünstigen ist, weil ihn ein später eintretendes Ereignis von der Unterhaltspflicht befreit.²⁴⁰ Eine **Ausnahme** besteht nur, wenn es sich um besonders gravierende Straftaten handelt, die jegliche weitere Unterhaltsverpflichtung unerträglich machen würde, zB eine brutale Gewalttat gegenüber dem Unterhaltspflichtigen in Gegenwart der Kinder.²⁴¹ 1282

Dauert und wirkt das strafbare Verhalten **fort,** zB bei einem Prozessbetrug, kann es auch noch in einem Abänderungsverfahren geltend gemacht werden, **ohne** nach § 238 Abs. 2 FamFG **präkludiert** zu sein.²⁴² 1283

Zu den **nahen Angehörigen** des Verpflichteten zählen auch dessen neuer Ehegatte sowie Verwandte des Verpflichteten ersten Grades, nicht jedoch der neue Lebensgefährte. Insoweit kann eine Verwirkung nach Nr. 8 möglich sein (→ Rn. 1376). Nach dem Zweck der Regelung bestimmt sich der Kreis der Angehörigen vor allem danach, wie stark sich der Verpflichtete familiär mit dem Angehörigen verbunden fühlt. 1284

2. Beleidigungen, Verleumdungen und falsche Anschuldigungen

Fortgesetzte schwere Beleidigungen, Verleumdungen und schwerwiegende falsche Anschuldigungen können zum völligen oder teilweisen Ausschluss des Unterhaltsanspruchs führen. Zwar sind Ehrverletzungen und Tätlichkeiten, die den Rahmen typischer Eheverfehlungen nicht übersteigen, in der Regel nicht als schwere vorsätzliche Ehevergehen im Sinn der Nr. 3 zu behandeln. Dies schließt jedoch eine andere Beurteilung in Fällen **wiederholter schwerwiegender Beleidigungen und Verleumdungen** insbesondere dann nicht aus, wenn derartige Verletzungen mit **nachteiligen Auswirkungen** auf die persönliche berufliche Entfaltung sowie die Stellung des Unterhaltsverpflichteten in der Öffentlichkeit verbunden sind.²⁴³ Unter solchen Umständen können auch Beleidigungen 1285

---

²³⁴ OLG Hamm FamRZ 1997, 1485.
²³⁵ BGH NJW 1982, 100 (101).
²³⁶ OLG Hamm FamRZ 2002, 240; FamRZ 1990, 887.
²³⁷ OLG Hamm FamRZ 1995, 808.
²³⁸ OLG Düsseldorf FamRZ 1994, 896.
²³⁹ BGH FamRZ 1997, 483; FamRZ 1984, 34.
²⁴⁰ BGH FamRZ 2004, 612 = R 601a; FamRZ 1984, 34.
²⁴¹ BGH FamRZ 2004, 612 = R 601b.
²⁴² BGH FamRZ 1990, 1095.
²⁴³ BGH NJW 1982, 100.

und Verleumdungen – je nach Dauer und Intensität ihrer Begehung – die Voraussetzungen der Nr. 3 BGB erfüllen. Dasselbe gilt für die **vorsätzlich falsche Anzeige** wegen eines angeblich begangenen Mordversuchs, sexuellem Missbrauch oder Vergewaltigung, die zu einem strafrechtlichen Ermittlungsverfahren gegen den Verpflichteten oder einen seiner nahen Angehörigen führt[244]. Nicht ausreichend ist hingegen, wenn im Rahmen des Sorgerechtsstreits nur der Verdacht relativ leichter Misshandlungen oder Missbrauchshandlungen geäußert wird.[245] Dabei ist auch zu prüfen, ob die Verfehlungen ganz oder teilweise **verziehen** worden sind und welche Auswirkungen eine Verzeihung auf den Unterhaltsanspruch haben könnte (→ Rn. 1241).[246]

3. Betrug und versuchter Prozessbetrug

1286 Macht eine Partei einen Unterhaltsanspruch in einem Verfahren geltend, hat sie alle der Begründung des Anspruchs dienenden tatsächlichen Umstände **wahrheitsgemäß** anzugeben und darf **nichts verschweigen,** was ihre Unterhaltsbedürftigkeit in Frage stellen könnte (vgl. auch § 138 I ZPO).[247] Es obliegt nicht dem Ermessen des Bedürftigen, ob einzelne Tatsachen zB die Schenkung eines größeren Geldbetrages durch die Eltern und Verbrauch dieser Mittel unterhaltsrechtlich relevant sind oder nicht; diese Prüfung obliegt allein dem Tatrichter.[248] Unerheblich ist daher, ob die verschwiegenen Einkünfte überhaupt zu einer Reduzierung des Unterhalts geführt hätten.[249] Macht der Berechtigte folglich in einem Unterhaltsantrag, auch einem Abänderungsantrag, unvollständige, fehlerhafte oder bewusst falsche Angaben zu seinem Einkommen und/oder aus einem Vermögen erzielbaren Einkünften oder offenbart er während des laufenden Unterhaltsverfahrens Einkommensänderungen nicht, begeht er einen Prozessbetrug bzw. versuchten Prozessbetrug.[250] Der Versuch eines Prozessbetrugs beginnt bereits mit der Einreichung eines Schriftsatzes bei Gericht, der bewusst falsche Aussagen enthält oder für die Unterhaltsberechnung notwendige Angaben, zB eine Einkommenserhöhung, verschweigt.[251] Ein derartiges Verhalten reicht grundsätzlich aus, um die Rechtsfolgen der Nr. 3 auszulösen. Die besondere Schwere und Verwerflichkeit dieses Verhaltens besteht darin, dass der Berechtigte vom Verpflichteten nacheheliche Solidarität fordert, es selbst aber an einer solchen fehlen lässt und es darauf abstellt, durch Täuschung vom Verpflichteten eine ihm nicht zustehende Leistung zu erlangen.[252]

Das Gleiche gilt, wenn der Berechtigte Ausbildungsunterhalt begehrt, aber verschweigt, dass er die Ausbildung während des Verfahrens abgebrochen hat;[253] unerheblich sind dabei die Gründe, die zum Ausbildungsabbruch führten.[254] Wird ein Verfahrenskostenvorschuss beantragt und dabei für die Kosten ausreichend vorhandenes Vermögen verschwiegen, ist ein Betrugsversuch zu bejahen.[255] Ebenso wenn in einem Unterhaltsverfahren bewusst falsche Angaben zum Zusammenleben mit einem neuen Partner gemacht werden[256] oder ein Zusammenleben mit einem neuen Partner vehement bestritten wird.[257] Einen ver-

---

[244] OLG Hamm, FamRZ 2014, 1031; OLG Schleswig FamRZ 2013, 1132, das die Verwirkung auf § 1579 Nr. 7 BGB stützt.
[245] OLG Hamm NZFam 2016, 708.
[246] BGH NJW 1982, 100.
[247] BGH FamRZ 2000, 153.
[248] BGH FamRZ 2000, 153.
[249] OLG Koblenz FamRZ 2016, 66.
[250] BGH FamRZ 2007, 1532 Rn. 54; FamRZ 2005, 97; FamRZ 2000, 153; OLG Oldenburg FamRZ 2018, 680.
[251] OLG Köln FamRZ 2003, 678.
[252] OLG Hamm FamRZ 2002, 1038; OLG Karlsruhe FamRZ 2002, 1037; OLG Celle FamRZ 1991, 1313; OLG Frankfurt a. M. FamRZ 1990, 1363; OLG Düsseldorf FamRZ 1989, 61.
[253] BGH FamRZ 1990, 1095.
[254] BGH FamRZ 1990, 1095.
[255] OLG Hamm FamRZ 2002, 242 (nur § 1579 Nr. 4 BGB).
[256] OLG Koblenz FamRZ 2000, 605.
[257] OLG Hamm FamRZ 1996, 1079; FamRZ 1993, 566 (567).

9. Abschnitt: Die Härteklausel des § 1579 BGB § 4

suchten Prozessbetrug hat das OLG Hamm bereits angenommen bei Verschweigen eines Urlaubs mit einem neuen Partner im Rahmen einer Parteivernehmung.[258] Dem kann nur gefolgt werden, wenn sich aus dem gemeinsamen Urlaub eine dauerhafte feste Verbindung, die an die Stelle einer Ehe trat und deshalb den Tatbestand des § 1579 Nr. 2 BGB erfüllt (→ Rn. 1273), herleiten lässt.

Ein Betrug kann ferner vorliegen, wenn sich **nach Titulierung** eines Unterhaltsanspruchs wesentliche Veränderungen ergeben und eine **Verpflichtung zur ungefragten Information** besteht (→ § 6 Rn. 233, 237). Dies gilt insbesondere bei **Vergleichen** im Hinblick auf die sich aus einer Vereinbarung ergebende Treuepflicht, die die Rücksichtnahme auf die Belange des Pflichtigen erhöht; der Berechtigte ist deshalb gehalten, jederzeit und unaufgefordert dem Pflichtigen Umstände zu offenbaren, die ersichtlich dessen Leistungen aus dem Vergleich berühren.[259] Eine Ausnahme besteht nur, wenn der Pflichtige hiervon bereits Kenntnis erlangt hat, zB über die gemeinsamen Kinder. 1287

Vereinbaren die Eheleute in einem Unterhaltsvergleich, dass ein bestimmter monatlicher Nettoverdienst des Berechtigten **anrechnungsfrei** bleiben soll, liegt ein betrügerisches Verhalten des Bedürftigen vor, das zur Anwendung der Nr. 3 führen kann, wenn er verschweigt, dass sein Einkommen diese Grenze inzwischen deutlich übersteigt. Der Berechtigte hat in diesem Fall aus dem Vergleich eine vertragliche Pflicht zur ungefragten Information seines über den anrechnungsfreien Betrag hinausgehenden Einkommens.[260] Das Gleiche gilt, wenn sich das Einkommen des Bedürftigen deutlich erhöht und dies erkennbar Einfluss auf die Unterhaltsberechnung hat,[261] ferner wenn er trotz Kinderbetreuung eine Erwerbstätigkeit aufnimmt bzw. ausweitet. Ist in diesen Fällen kein Schaden nachweisbar, kommt bei einem leichtfertigen Verhalten nach BGH zumindest der Tatbestand des § 1579 Nr. 5 BGB in Betracht (→ Rn. 1323).[262] Wurde der Unterhalt in einem **Beschluss** tituliert, besteht dagegen nur in Ausnahmefällen eine Verpflichtung zur ungefragten Information über Einkommensverbesserungen (→ § 1 Rn. 1199 ff., → § 6 Rn. 233).

Bei Annahme eines Betrugs oder eines Betrugsversuchs ist im Rahmen der **Prüfung der groben Unbilligkeit** genau abzuwägen, ob der Anspruch insgesamt zu versagen, nur herabzusetzen oder zeitlich zu begrenzen ist. Dies gilt insbesondere, wenn das Einkommen des Bedürftigen unter dem Existenzminimum liegt und sein Auskommen nicht von dritter Seite gesichert ist. Es wird dann in der Regel nur eine Herabsetzung des Anspruchs in Betracht kommen. Das Gleiche gilt, wenn der Betrug im Versuchsstadium stecken blieb und deshalb beim Pflichtigen kein Schaden eintrat, ebenso wenn der Bedürftige lediglich verspätet eine Einkommenserhöhung mitteilte.[263] Im Einzelfall kann die grobe Unbilligkeit trotz Vorliegens des Tatbestands auch **verneint** werden und deshalb eine Verwirkung entfallen, zB wenn es sich um eine sehr lange Ehe handelt und auch der Pflichtige falsche Einkommensangaben machte,[264] sich eine verspätete Mitteilung der Ausweitung der Erwerbstätigkeit auf die Unterhaltsberechnung nicht auswirkte[265] oder eine Arbeitsplatzaufnahme zwar kurz vor Schluss der mündlichen Verhandlung in der ersten Instanz nicht offenbart, aber in der Berufungsbegründung mitgeteilt wurde.[266] 1288

---

[258] OLG Hamm FamRZ 1999, 1337.
[259] BGH FamRZ 2000, 153; 1997, 483 = R 510b; OLG Koblenz FamRZ 2016, 66.
[260] BGH FamRZ 1997, 483 = R 510b.
[261] BGH FamRZ 2008, 1325 = R 694.
[262] BGH FamRZ 2008, 1325 = R 694.
[263] BGH FamRZ 2008, 1325 = R 694.
[264] BGH FamRZ 2007, 1532.
[265] BGH FamRZ 2005, 97; OLG Schleswig FamRZ 2005, 291.
[266] BGH FamRZ 2008, 968 = R 689k.

VI. Mutwillige Herbeiführung der Bedürftigkeit (§ 1579 Nr. 4 BGB)

1. Der Härtegrund der Nr. 4

1289 Die Härteklausel der Nr. 4 (bis 31.12.2007 Nr. 3) ist anzuwenden, wenn der Berechtigte seine Bedürftigkeit mutwillig herbeigeführt hat.

Die Nr. 4 sieht eine Sanktion für den Fall vor, dass die **gegenwärtige Bedürftigkeit** des Berechtigten ganz oder teilweise durch ein eigenes Verhalten in der Vergangenheit herbeigeführt worden ist. Sie hat aber auch **Schutzwirkung** insoweit, als das frühere Verhalten des Berechtigten keine Auswirkung auf den Unterhaltsanspruch haben soll, wenn ihm **keine Mutwilligkeit** vorgeworfen werden kann.[267]

1290 Voraussetzungen der Nr. 4:
(1) Der Berechtigte muss bedürftig sein (→ Rn. 1291).
(2) Der Berechtigte muss die Bedürftigkeit mutwillig herbeigeführt haben (→ Rn. 1292).

1291 • Der Berechtigte ist **bedürftig**, wenn ihm die für seinen angemessenen Lebensbedarf erforderlichen Mittel nicht zur Verfügung stehen und wenn er sich diese auch nicht in zumutbarer Weise beschaffen kann. Wer keiner zumutbaren Erwerbstätigkeit nachgeht, obwohl er dies könnte, ist in Höhe des erzielbaren Einkommens nicht bedürftig. Solche erzielbaren Einkünfte werden ihm fiktiv zugerechnet (→ § 1 Rn. 734 ff.), wodurch sich bereits sein Unterhaltsanspruch nach § 1577 I BGB entsprechend kürzt.

• Die Nr. 4 betrifft stets ein **zurückliegendes Verhalten,** dessen Auswirkung den Bedürftigen in einem Unterhaltsstreit, also aktuell, hindern, seinen Lebensbedarf durch eigenen Einsatz selbst zu bestreiten. Da der Tatbestand des § 1572 BGB nicht auf eine unverschuldete Erwerbsunfähigkeit oder -minderung abstellt, kann bei schuldhaft herbeigeführter Erwerbsunfähigkeit/-minderung das Ergebnis nur über die Verwirkung nach § 1579 Nr. 4 BGB korrigiert werden (→ Rn. 239 ff.). Ein solcher Fall liegt zB vor, wenn der Betroffene sich in früherer Zeit durch Alkoholismus oder Drogenabhängigkeit außerstande gesetzt hat, einer Erwerbstätigkeit nachgehen zu können, wodurch er seine derzeitige Bedürftigkeit zumindest mindern könnte. Ist der durch sein Verhalten geschaffene Zustand reparabel, dann besteht eine Bedürftigkeit nur, soweit er die zur Deckung seines Lebensbedarfs benötigten Mittel nicht durch eine zumutbare Änderung des bestehenden Zustands beschaffen kann.

1292 • Hat der Berechtigte in diesem Sinn seine Bedürftigkeit selbst herbeigeführt, kommt es darauf an, ob dies **mutwillig** geschehen ist. Mit dem Merkmal der Mutwilligkeit ist der Gesetzgeber bewusst vom Begriff des „sittlichen Verschuldens" (§ 1611 I 1 BGB und § 65 I EheG) abgegangen. Die hierzu entwickelten Grundsätze sind deshalb für die Nr. 4 bedeutungslos.

• Dem Wortlaut und dem Regelungszusammenhang der Nr. 4 entspricht es, dass der Begriff „mutwillig" nicht nur im einschränkenden Sinne eines **vorsätzlichen zweckgerichteten Verhaltens** zu interpretieren ist, sondern auch ein **leichtfertiges Verhalten** des Berechtigten umfasst.[268]

• Erforderlich ist eine **unterhaltsbezogene** Mutwilligkeit. Deshalb müssen sich die Vorstellungen und Antriebe, die dem zu beurteilenden Verhalten zugrunde liegen, auch auf die Bedürftigkeit als Folge dieses Verhaltens erstrecken.[269] Mutwilligkeit ist zu bejahen, wenn sich der Bedürftige in Verantwortungs- und Rücksichtslosigkeit gegenüber dem Pflichtigen über die erkannte Möglichkeit nachteiliger finanzieller Folgen seines Handelns auf seinen Unterhaltsbedarf hinweggesetzt und dabei zumindest leichtfertig gehandelt hat.[270] Ein **einfaches Verschulden** reicht zur Bejahung der Mutwilligkeit **nicht** aus.[271]

---

[267] BGH FamRZ 2003, 848 (853) = R 588c; FamRZ 1987, 684 (686).
[268] BGH FamRZ 1989, 1054; FamRZ 1988, 375 (377); FamRZ 1982, 463.
[269] BGH FamRZ 2001, 541; FamRZ 1988, 1031; FamRZ 1988, 375 (377); FamRZ 1984, 364 (366); OLG Dresden FamRZ 2014, 45.
[270] BGH FamRZ 2003, 848 (853) = R 588c.
[271] BGH FamRZ 1988, 375 (377).

9. Abschnitt: Die Härteklausel des § 1579 BGB § 4

1293 Der Verpflichtete muss **darlegen und beweisen,** dass der Unterhaltsgläubiger seine Bedürftigkeit mutwillig herbeigeführt hat. Dazu gehört grundsätzlich, dass er ein Vorbringen der Gegenseite, welches im Fall seiner Richtigkeit gegen die Annahme einer mutwilligen Herbeiführung der Bedürftigkeit sprechen würde, zu widerlegen hat.[272]
Um darzutun, dass der Berechtigte seine Bedürftigkeit mutwillig herbeigeführt hatte, obliegt es daher dem Verpflichteten, nachzuweisen, dass die geltend gemachten Aufwendungen nicht notwendig waren, soweit er diese und deren Angemessenheit bestreitet. Gelingt ihm der Nachweis nicht, dass der Berechtigte Ausgaben vorgenommen hat, die den Rahmen des nach der individuellen Bedürfnislage unter Berücksichtigung auch der wirtschaftlichen Verhältnisse erforderlichen und angemessenen Aufwands deutlich überstiegen haben, so muss das zu seinen Lasten gehen. Er dringt dann mit der Einwendung aus Nr. 4 nicht durch.[273]

1294 Die Nr. 4 schließt in ihrem Geltungsbereich den Rückgriff auf allgemeine Grundsätze aus. Wenn dem Bedürftigen daher **keine Mutwilligkeit** nach Nr. 4 vorgeworfen werden kann, hat sein Verhalten **keine Auswirkungen** auf den Unterhaltsanspruch.[274]

1295 Der Härtegrund des Nr. 4 kann sowohl vor als auch erst nach der Scheidung verwirklicht werden.

2. Mutwillige Bedürftigkeit infolge Alkohol- oder Drogenabhängigkeit

1296 Bei einer Erwerbsunfähigkeit durch Alkohol- oder Drogenabhängigkeit kommt es für die Anwendung der Nr. 4 vor allem darauf an, ob es der Bedürftige in mutwilliger Weise unterlassen hat, sich **rechtzeitig,** insbesondere, als sich die Trennung anbahnte, einer Erfolg versprechenden Behandlung zur Wiederherstellung seiner Arbeitsfähigkeit zu unterziehen. Dass der Berechtigte während des ehelichen Zusammenlebens nicht erwerbstätig war und kein eigenes Einkommen hatte, steht der Anwendung der Härteklausel nicht entgegen. Es kommt entscheidend darauf an, dass er nach der Trennung darauf verwiesen werden konnte, seinen Unterhalt selbst zu verdienen, und er sich durch eine Alkoholabhängigkeit außerstande gesetzt hat, eine solche Erwerbstätigkeit aufzunehmen.[275]

1297 Die Unterhaltsbedürftigkeit eines Alkoholikers ist zu verneinen, wenn Ärzte ihn auf seinen Alkoholismus und auf die **dringende Notwendigkeit einer Entziehungskur hingewiesen** hatten und er sich deshalb seines Krankheitszustands und der dadurch bedingten Erwerbsunfähigkeit sowie der Notwendigkeit einer Entziehungskur bewusst war. Er hat dann eine derartige Entziehungsbehandlung als einen Erfolg versprechenden und notwendigen Schritt zur Wiedererlangung der Erwerbsfähigkeit gekannt und damit als mögliche Folge der Verweigerung einer solchen Behandlung seine Unfähigkeit voraussehen können, nach der Trennung den Unterhalt selbst zu verdienen. Die Leichtfertigkeit steht außer Zweifel, wenn der Alkoholiker die ihm gebotenen Möglichkeiten einer Entziehungsbehandlung deshalb ungenutzt gelassen hat, weil er der Meinung war, er könne seinen Zustand auch ohne eine Entziehungskur bessern und seine Erwerbsfähigkeit wiedererlangen.[276]

Es kommt entscheidend darauf an, ob der Berechtigte zu einer Zeit, als die Aussicht und die Fähigkeit, danach zu handeln, es noch zuließen, eine ihm angeratene Entziehungskur unterlassen hatte und er sich der Möglichkeit bewusst war, er werde infolgedessen im Fall einer Trennung der Eheleute außerstande sein, eine Berufstätigkeit aufzunehmen und den Unterhalt selbst zu verdienen.[277]

Stellt das Gericht fest, der Berechtigte habe zwar im nicht intoxierten Zustand die Notwendigkeit einer Entziehungskur und Entwöhnungsbehandlung einsehen können, aber infolge der Persönlichkeitsstörung und der daraus resultierenden Einschränkung der

---

[272] BGH FamRZ 1989, 1054; FamRZ 1984, 364 (366).
[273] BGH FamRZ 1984, 364 (366).
[274] BGH FamRZ 1987, 684 (686); FamRZ 1986, 560 (562).
[275] BGH FamRZ 2001, 541; FamRZ 1981, 1042.
[276] BGH FamRZ 2001, 541; FamRZ 1981, 1042.
[277] BGH FamRZ 1988, 375 (377).

Steuerungsfähigkeit sowie wegen Willensschwäche nicht nach dieser Einsicht zu handeln vermocht, dann wird dadurch eine mutwillige Herbeiführung der Bedürftigkeit rechtlich unangreifbar verneint.[278]

1298 Die Bedürftigkeit kann auch dadurch mutwillig herbeigeführt werden, dass es der Berechtigte in **vorwerfbarer Weise unterlassen hat,** durch geeignete und zumutbare Maßnahmen seine Erwerbsfähigkeit wiederherzustellen, und keine Maßnahmen gegen die erkannte Alkoholabhängigkeit ergriffen hat. Die Frage, von welchem Zeitpunkt an dem Berechtigten die Erkenntnis über die Art seiner Erkrankung **zugerechnet** werden kann und die Beurteilung des Zeitraums, innerhalb dessen er gehalten war, wirksame Maßnahmen zur Wiederherstellung seiner Gesundheit zu ergreifen, sind Gegenstand **tatrichterlicher** Beurteilung.[279]

1299 Die gleichen Grundsätze gelten bei **Drogenabhängigkeit und Medikamentenmissbrauch** sowie bei sonstigen Suchterkrankungen.

1300 Ob der Abhängige bereits so erkrankt ist, dass seine Einsichts- und Steuerungsfähigkeit nicht mehr besteht, wird **regelmäßig** nur durch einen **Sachverständigen** zuverlässig festgestellt werden können. Hierzu bedarf es einer sorgfältigen Prüfung, inwieweit die bei Suchtkranken meist festzustellende psychische Labilität Krankheitswert besitzt. Die Einholung eines Sachverständigengutachtens nach § 144 ZPO steht im pflichtgemäßen Ermessen des Gerichts. Sofern die notwendige Sachkunde für die Beantwortung einer entscheidungserheblichen Frage fehlt, handelt es ermessensfehlerhaft, wenn es nicht von Amts wegen ein Sachverständigengutachten einholt.[280] Werden in solchen Fällen Erfolg versprechende therapeutische Maßnahmen zur Herstellung der Arbeitsfähigkeit wahrgenommen, besteht in der Regel ein Unterhaltsanspruch nach den §§ 1361, 1572 BGB.

3. Mutwillige Bedürftigkeit wegen Aufgabe einer Erwerbstätigkeit oder wegen unterlassener Maßnahmen zur Herstellung der Erwerbsfähigkeit

1301 Kann der Berechtigte nach der Trennung oder Scheidung darauf verwiesen werden, seinen Unterhalt durch eine Erwerbstätigkeit selbst zu verdienen (→ Rn. 245 ff.), so ist er, falls er die nötige Aufnahme einer zumutbaren Erwerbstätigkeit unterlässt, nicht als bedürftig anzusehen, weil er in der Lage wäre, sich selbst zu unterhalten. Es wird ihm dann ein erzielbares Einkommen **fiktiv** zugerechnet (→ § 1 Rn. 787 ff.).

1302 Ein mutwilliges Verhalten liegt vor, wenn der Bedürftige durch eine vorsätzliche Straftat seinen Arbeitsplatz verloren hat oder notwendige berufliche Aus- oder Weiterbildungsmaßnahmen unterlässt.[281]

1303 Setzt sich der Ehegatte **mutwillig außerstande,** eine Erwerbstätigkeit aufzunehmen, so kann auch darin ein Verhalten liegen, das die Härteregelung der Nr. 4 erfüllt. Davon ist auszugehen, wenn der Ehegatte zwar zur Aufnahme der Erwerbstätigkeit außerstande ist, aber die notwendigen und zumutbaren Maßnahmen zur Herstellung seiner Erwerbsfähigkeit unterlässt und dadurch seine Bedürftigkeit herbeiführt.[282] Dies gilt insbesondere bei einer sog **Unterhaltsneurose** (→ § 1 Rn. 791), wenn ärztliche Hilfe vermieden und keine Therapie durchgeführt wird[283] oder im Fall einer psychischen Erkrankung, die bereits in einem Unterhaltsverfahren berücksichtigt, aber entgegen den dortigen Hinweisen des Gerichts nicht behandelt wurde.[284] Bei allen Erscheinungsformen einer Krankheit trifft den Bedürftigen die **Obliegenheit zur Krankheitsbehandlung** und **aktiven Mitarbeit an seiner Genesung** (→ Rn. 243). Zumutbar sind dabei alle Behandlungen, die relativ gefahrlos, schmerzarm und aussichtsreich sind. Kein mutwilliges Verhalten liegt vor, wenn

---

[278] BGH FamRZ 1988, 375 (377); KG, FamRZ 2001, 1617; OLG Bamberg FamRZ 1998, 370; OLG Köln FamRZ 1999, 920.
[279] BGH FamRZ 1987, 359 (361).
[280] BGH FamRZ 1989, 1054.
[281] BGH FamRZ 2001, 541.
[282] BGH FamRZ 1981, 1042.
[283] OLG Hamm FamRZ 1999, 237.
[284] OLG Köln NJW-RR 2012, 1285.

der Berechtigte bei einer depressiven Neurose ein mit starken Nebenwirkungen verbundenes Medikament nicht einnimmt und das abgelehnte Medikament nicht nachweisbar wirksamer als das bereits vom Berechtigten verwendete ist.[285] Fehlt die Krankheitseinsicht oder ist die fehlende Einsicht Folge der Erkrankung, zB bei einer Schizophrenie, liegen die Voraussetzungen des Tatbestandes nicht vor.[286]

Die Nr. 4 kann erfüllt sein, wenn die Berechtigte freiwillig ihren **sicheren Arbeitsplatz aufgibt**[287] und an einen Ort zieht, wo sie nicht vermittelt werden kann[288] oder um in eine befristete Anstellung mit etwas höherem Einkommen aber in einem berufsfremden Metier zu wechseln.[289] Ebenso, wenn dem Berechtigten **selbstverschuldet gekündigt** wurde, ohne Arbeitslosengeld zu erhalten, oder wenn grundlos weder Arbeitslosengeld noch Krankengeld in Anspruch genommen wird, das den angemessenen Lebensbedarf gedeckt hätte. Voraussetzung ist aber jeweils die Bejahung eines unterhaltsbezogen zumindest leichtfertigen Verhaltens.[290]   1304

Mutwilligkeit kann auch bejaht werden, wenn die Berechtigte sich nach der Trennung einer von ihr als notwendig erkannten, Erfolg versprechenden Ausbildungsmaßnahme leichtfertig verschlossen hat, um den Unterhaltsanspruch nicht zu gefährden.[291]   1305

Mutwilligkeit kann ferner bejaht werden, wenn die Berechtigte während der Trennungszeit unterlassen hat, sich um einen Arbeitsplatz in einem früheren Beruf zu bemühen, statt dessen eine Ausbildung in einem neuen Beruf begonnen hat und dadurch bedürftig wurde. Eine Mutwilligkeit kann in einem solchen Fall jedoch verneint werden, wenn die Umschulung jedenfalls längerfristig gerade der Behebung einer Erwerbslosigkeit diente und die Berechtigte allenfalls noch für eine übersehbare kurze Zeit nach der Scheidung ihre Bedürftigkeit als Folge hinnahm.[292]   1306

Aus einem **früheren Verhalten des Berechtigten** können negative Auswirkungen auf seinen Unterhaltsanspruch nur dann hergeleitet werden, wenn ihm Mutwilligkeit bei der Herbeiführung seiner gegenwärtigen Bedürftigkeit vorgeworfen werden kann.[293]   1307

4. Mutwillige Bedürftigkeit wegen Verschwendung oder unwirtschaftlicher Vermögensanlage

Eine mutwillige Herbeiführung der Bedürftigkeit ist nicht schon dann anzunehmen, wenn ein Mann, der allein lebt, in erster Linie von der Substanz eines Vermögens zehrt und mehr ausgibt, als seinem angemessenen Eigenbedarf entspricht. Von grober Missachtung dessen, was jedem einleuchtet, oder von Verantwortungs- oder Rücksichtslosigkeit kann erst gesprochen werden, wenn wesentlich mehr ausgegeben wird, als es den im Einzelfall vorliegenden Verhältnissen unter Beachtung eines individuellen, insbesondere trennungs-, alters- und krankheitsbedingten Mehrbedarfs auch angesichts der wirtschaftlichen Verhältnisse des potentiell Unterhaltspflichtigen angemessen erscheinen lassen.[294]   1308

Wer sein **Vermögen verbraucht**, obwohl er notwendig voraussieht, dass er nach Erschöpfung dieses Vermögens unterhaltsbedürftig sein wird, kann die Nr. 4 erfüllen, wenn der Verbrauch der Mittel **unterhaltsbezogen leichtfertig** war. Dazu ist zu prüfen, ob und gegebenenfalls bis zu welchem Betrag das Vermögen angegriffen werden musste. Dabei können das Alter, der angegriffene Gesundheitszustand des Bedürftigen sowie die Vermögensverhältnisse des anderen Teils eine Rolle spielen. Wurde das Vermögen in Form eines Betriebsgrundstücks an den Unterhaltspflichtigen als Inhaber des Betriebs veräußert,   1309

---

[285] OLG Hamm FamRZ 1996, 836.
[286] BGH FamRZ 2005, 1897 = R 638b.
[287] BGH FamRZ 2007, 1532.
[288] BGH FamRZ 2007, 1532; OLG Bremen FamRZ 1978, 410; OLG Köln FamRZ 1985, 930.
[289] OLG Dresden FamRZ 2014, 45.
[290] BGH FamRZ 1981, 1042.
[291] BGH FamRZ 1986, 553 (555).
[292] BGH FamRZ 1986, 1085.
[293] BGH FamRZ 1988, 701.
[294] BGH FamRZ 1984, 364 (366).

liegt Leichtfertigkeit nicht vor, soweit die Beibehaltung der wirtschaftlichen Verflechtung dem Bedürftigen nicht mehr zumutbar ist.[295] Stand bei dem anderen Teil kein Vermögen zur Verfügung, mit dem er etwa auf seiner Seite entstehenden Sonderbedarf decken konnte, so wird es unter Billigkeitsgesichtspunkten nicht gerechtfertigt sein, einen Teil des Vermögens auf Kosten des Unterhaltspflichtigen als „Notgroschen" unangegriffen zu lassen. Braucht er dagegen einen bestimmten Teil seines Vermögens nicht anzugreifen, so wird der Verbrauch dieses Teils nicht als mutwillige Herbeiführung der Bedürftigkeit gewertet werden können, weil dann die unterhaltsrechtlich relevante Bedürftigkeit schon vor dem Verbrauch dieser finanziellen Reserve erreicht war.[296]

Ebenso kann ein mutwilliges Verhalten nicht bejaht werden, wenn ein Nachlass zur **Tilgung von Hausschulden** verwendet wird; ein derartiges Vorgehen wird von einem erheblichen Teil der Bevölkerung ausgeübt und für sinnvoll angesehen.[297]

1310 Soweit der Bedürftige **Gelder,** die ihm im Rahmen der **Vermögensauseinandersetzung oder des Zugewinnausgleichs** zugeflossen sind, **verbraucht,** ohne einen unterhaltsrechtlich relevanten Gegenwert zu erzielen, zB durch Zinsen oder Wohnwert, liegt eine mutwillige Herbeiführung der Bedürftigkeit iS eines zumindest leichtfertigen Verhaltens nur vor, wenn er sich unter grober Missachtung dessen, was jedem einleuchten muss, oder in Verantwortungs- und Rücksichtslosigkeit gegen den Unterhaltspflichtigen über die erkannte Möglichkeit nachteiliger Folgen seiner Bedürftigkeit hinweggesetzt hat.[298] Die Voraussetzungen der Nr. 4 sind insoweit **zu verneinen,** wenn der Bedürftige mit dem Geld die Verfahrenskosten, den Umzug, notwendiges neues Mobiliar[299] oder einen zur Berufsausübung oder Kinderbetreuung benötigten Pkw bezahlt, es zur Altersvorsorge in einer Lebensversicherung verwendet,[300] vorhandene Schulden tilgt[301] oder in der Ehe verbrauchtes Kindesvermögen zurückzahlt.[302] Wird bei Verbrauch von Vermögen eine **mutwillige Herbeiführung der Bedürftigkeit** verneint, können **keine fiktiven Zinseinkünfte** angesetzt werden, da das Verhalten des Bedürftigen in diesen Fällen nur sanktioniert werden kann, wenn die Voraussetzung des § 1579 Nr. 4 BGB vorliegen.[303]

1311 Nr. 4 ist hingegen zu **bejahen,** wenn ein Ehegatte seine Bedürftigkeit mutwillig herbeiführt, indem er den ihm vorzeitig ausbezahlten Zugewinnausgleichsbetrag bis zur Rechtskraft der Scheidung für **Luxusausgaben,** zB teure Hobbys, Reisen, Kleidung, verwendet und sich dadurch mittellos macht. Nicht erforderlich ist, dass der Handelnde die Bedürftigkeit herbeiführen wollte. Es genügt, dass er mit der Möglichkeit gerechnet hat.[304] Ein Ansatz fiktiver Zinsen wegen Verbrauchs des Vermögensstamms, zB des Zugewinnausgleichs, entfällt, wenn bei **Betreuung gemeinschaftlicher Kinder** der Mindestbedarf des Unterhaltsberechtigten nicht gesichert ist.[305]

1312 Ein typischer Fall mutwillig herbeigeführter Bedürftigkeit liegt vor, wenn der Berechtigte sein Vermögen auf Grund einer **Spielleidenschaft** verliert[306] oder für Luxusausgaben verschleudert.[307]

---

[295] BGH FamRZ 2012, 517.
[296] BGH FamRZ 1984, 364 (366).
[297] BGH FamRZ 1986, 560 (562).
[298] BGH FamRZ 1990, 989 (991).
[299] BGH FamRZ 1990, 989 (991).
[300] BGH FamRZ 1990, 989 (991).
[301] BGH FamRZ 1986, 560 (562).
[302] BGH FamRZ 1990, 989 (991).
[303] BGH FamRZ 1990, 989 (991).
[304] OLG Karlsruhe FamRZ 1983, 506.
[305] BGH FamRZ 1997, 873 (875).
[306] BGH FamRZ 1981, 1042.
[307] BGH FamRZ 2001, 541 (544).

9. Abschnitt: Die Härteklausel des § 1579 BGB   § 4

5. Mutwillige Bedürftigkeit wegen bestimmungswidriger Verwendung des Vorsorgeunterhalts

Hat der Berechtigte einen Vorsorgeunterhalt in der Vergangenheit nicht bestimmungs- **1313** gemäß verwendet, so berührt das seinen Unterhaltsanspruch **ab Eintritt des Rentenfalls** nur unter den Voraussetzungen der Nr. 4. Er kann allerdings dann nur so behandelt werden, als hätte er eine mit dem Vorsorgeunterhalt erreichbare Altersversorgung erlangt, wenn ihm ein mutwilliges Verhalten vorgeworfen werden kann, indem er sich leichtfertig über erkannte nachteilige Folgen für seine spätere Bedürftigkeit hinweggesetzt hat.[308] Dies wird regelmäßig zu bejahen sein, wenn der Elementarunterhalt zur Finanzierung der Lebenshaltungskosten ausreichte und dem Bedürftigen bewusst ist, dass die abredewidrige Verwendung des Vorsorgeunterhalts zur Schmälerung seiner Altersversorgung führt.[309] Ähnlich ist der Fall zu sehen, in dem der Bedürftige im Rahmen der externen Teilung beim Versorgungsausgleich die Versorgungsausgleichskasse anstelle der gesetzlichen Rentenversicherung wählte, wodurch sich keine Erhöhung der Erwerbsunfähigkeitsrente ergab. Auch hier wurde die erzielbare EU-Rente fiktiv hinzugerechnet.[310]

Ein mutwilliges Verhalten kann ausnahmsweise fehlen, wenn sich der Berechtigte in einer Notlage befunden hat, weil er trotz hinreichender Bemühungen keinen geeigneten Arbeitsplatz finden konnte. Außerdem besteht bei Einkünften unterhalb des sogenannten notwendigen Selbstbehalts bzw. Mindestbedarfs keine Obliegenheit zu Vorsorgemaßnahmen nach § 1578 III BGB.[311] Der Berechtigte ist in diesen Fällen allerdings regelmäßig gehalten, den Pflichtigen zu informieren. Da der Vorsorgeunterhalt subsidiär zum Elementarunterhalt ist, darf er nicht zugesprochen werden, wenn ein Mangelfall vorliegt bzw. der Bedarf des Berechtigten unter dem Mindestbedarf von zur Zeit 880 EUR liegt.[312]

Ein Verwirkungsgrund entfällt ferner, wenn die Parteien in einem Vergleich die abredewidrige Verwendung des Vorsorgeunterhalts bereits geregelt haben.[313]

6. Sonstige Fälle, in denen der BGH eine Mutwilligkeit verneint hat

Nr. 4 wurde verneint, wenn der Berechtigte nach einem Unfall einen **Rechtsstreit** **1314** **wegen eines Verdienstausfallschadens** sowohl wegen des Kostenrisikos als auch angesichts der mit einem solchen Rechtsstreit notwendig verbundenen psychischen Belastung unterlassen hat, weil er wegen eines dabei erlittenen Schädel-Hirntraumas stark behindert war.[314]

Die Nr. 4 ist nicht erfüllt durch den **Auszug aus der Ehewohnung** und den dadurch **1315** verursachten trennungsbedingten Mehrbedarf, weil nach der gesetzgeberischen Wertung die Trennung als solche keine unterhaltsrechtlichen Sanktionen zur Folge haben soll.[315]

Keine mutwillige Herbeiführung der Bedürftigkeit besteht bei Arbeitsunfähigkeit infolge **1316** eines **fehlgeschlagenen Selbsttötungsversuchs**.[316]

Keine mutwillige Herbeiführung der Bedürftigkeit liegt ferner vor, wenn sich eine **1317** Ehefrau einer **homologen In-vitro-Fertilisation** unterzieht, obwohl der Ehemann sein Einverständnis zurückgezogen hat.[317] Die Ehegatten entscheiden in gemeinsamer freier Verantwortung, ob, zu welchem Zeitpunkt und ggf. auf welche Weise sie Nachkommen haben wollen. Aus dem Konsens ergibt sich aber keine Bindung auf Dauer, jeder Ehegatte kann sich nachträglich von dieser Vereinbarung wieder lossagen. Die trotzdem erfolgte

---

[308] BGH FamRZ 2003, 848 (853) = R 588c; FamRZ 1988, 817 (820).
[309] BGH FamRZ 2003, 848 (853) = R 588c.
[310] OLG Koblenz FamRZ 2017, 38 mit Anmerkung Borth.
[311] BGH FamRZ 1987, 684 (686).
[312] BGH FamRZ 1987, 684 (686).
[313] BGH FamRZ 2003, 848 (853) = R 588c.
[314] BGH FamRZ 1988, 1031.
[315] BGH FamRZ 1989, 1160; FamRZ 1986, 434.
[316] BGH FamRZ 1989, 1054.
[317] BGH FamRZ 2001, 541.

Verwirklichung des Kinderwunsches durch die Ehefrau ist aber kein sinnloses leichtfertiges Verhalten, das den Tatbestand des § 1579 Nr. 4 BGB verwirklicht.[318]

VII. Mutwillige Verletzung von Vermögensinteressen des Verpflichteten (§ 1579 Nr. 5 BGB)

1. Zum Härtegrund der Nr. 5

1318 Die Härteklausel der Nr. 5 (bis 31.12.2007 Nr. 4) ist anzuwenden, wenn der Berechtigte sich über **schwerwiegende Vermögensinteressen** des Verpflichteten mutwillig hinweggesetzt hat.

Sinn dieser Regelung ist es, dass der Berechtigte trotz Trennung oder Scheidung alles zu unterlassen hat, was dem Verpflichteten die Erfüllung seiner Unterhaltspflicht erschwert oder unmöglich macht.

1319 **Objektiv** muss das Verhalten des Berechtigten eine besondere Intensität erreicht haben, was sich aus den Worten „schwerwiegend" und „hinwegsetzen" ergibt. Allerdings stellt der Tatbestand nicht auf die Intensität der Pflichtverletzung, sondern auf den Umfang der Vermögensgefährdung ab.

Nicht erforderlich ist, dass bei dem Verpflichteten ein Vermögensschaden tatsächlich eingetreten ist. Es genügt, dass die Vermögensinteressen, zu denen auch die Einkommensverhältnisse aus einer beruflichen Tätigkeit zählen, schwerwiegend gefährdet werden.

1320 **Subjektiv** muss der Berechtigte mutwillig handeln. Wie bei Nr. 4 kann ein leichtfertiges Verhalten des Berechtigten das Tatbestandsmerkmal der Mutwilligkeit erfüllen. Es gelten insoweit die Ausführungen zu → Rn. 1292.

1321 Da die Nr. 5 keine zeitliche Begrenzung enthält, kann ein entsprechendes Fehlverhalten sowohl vor als auch nach der Scheidung entstehen und berücksichtigt werden.[319]

1322 Wie bei Nr. 3 (→ Rn. 1282) treten die Rechtsfolgen des Fehlverhaltens **für die Zeit ab dem Fehlverhalten** ein, während der Unterhaltsanspruch für die Zeit bis zum Fehlverhalten unverändert bleibt.

2. Fälle zu Nr. 5

1323 Ein **betrügerisches Verhalten** im Unterhaltsprozess erfüllt nicht nur den Tatbestand der Nr. 3, sondern auch von Nr. 5.[320] Wird nach einem Vergleich trotz Pflicht zur ungefragten Information (→ § 1 Rn. 1199 ff.) eine erhebliche Einkommenserhöhung verschwiegen und handelte der Bedürftige zumindest leichtfertig, ist der Tatbestand des Nr. 5 gegeben, selbst wenn wegen ebenfalls geänderten Einkommens des Pflichtigen kein Vermögensschaden eintrat.[321]

Eine Betrugshandlung gegen Dritte, zB ein **Versicherungsbetrug,** in die der Ehepartner gegen dessen Willen einbezogen wird, wird nur mit weiteren Vermögensdelikten, wie einem versuchten Prozessbetrug durch Verschweigen eigenen höheren Vermögens bei Antrag auf Verfahrenskostenvorschuss als mutwilliges Hinwegsetzen über schwerwiegende Vermögensinteressen des Pflichtigen angesehen werden können.[322]

1324 Der Tatbestand ist ferner gegeben bei **geschäftlicher Schädigung** durch Mitwirkung an der Kündigung von Geschäftsbeziehungen eines Dritten mit dem Verpflichteten[323] oder **Anschwärzen** des Verpflichteten bei dessen Arbeitgeber mit dem Ziel des Arbeitsplatzverlustes. Ausreichend ist die Gefährdung des Arbeitsplatzes durch Anschwärzen aus Rach-

---

[318] BGH FamRZ 2001, 541.
[319] OLG Hamburg FamRZ 1987, 1044.
[320] BGH FamRZ 2007, 1532; FamRZ 1990, 1095.
[321] BGH FamRZ 2008, 1325 = R 694.
[322] OLG Hamm FamRZ 2002, 242.
[323] AG Darmstadt FamRZ 1979, 507.

sucht.³²⁴ Der Bedürftige hat insoweit alles zu unterlassen, was zur Durchsetzung des eigenen Anspruches nicht erforderlich ist, so dass eine Mitteilung gegenüber dem Arbeitgeber des Pflichtigen über angeblich in der Firma verübte Diebstähle den Tatbestand erfüllt.³²⁵ **Belastende Aussage in einem Disziplinarverfahren** gegen den Ehepartner, anstatt vom Aussageverweigerungsrecht Gebrauch zu machen.³²⁶

Strafanzeigen, die zu einem Ermittlungsverfahren führen, können geeignet sein, Vermögensinteressen des Berechtigten maßgeblich zu tangieren, sei es wegen einer Minderung des Ansehens in der Öffentlichkeit mit nicht auszuschließenden Auswirkungen auf die Kreditwürdigkeit, sei es wegen einer möglichen Bestrafung.³²⁷

Handlungen **zulasten des Vermögens** des Pflichtigen können den Tatbestand erfüllen, wenn sie in der Summe ein Gewicht erreichen, das eine schwerwiegende Schädigung begründen lässt. Das kann angenommen werden, wenn der Berechtigte gesamtschuldnerische Verbindlichkeiten nicht mehr bedient, obgleich er die Nutzungen zieht, sodass der Pflichtige in Anspruch genommen wird und zusätzlich weitere Handlungen zulasten des Pflichtigen vorgenommen werden.³²⁸ Nicht ausreichend ist die unbefugte Verwendung der Praxistankkarte des Pflichtigen³²⁹ oder Abhebungen vom gemeinsamen Konto, die zu dessen Überziehung führen.³³⁰

Kein schwerwiegendes Hinwegsetzen über Vermögensinteressen liegt dagegen vor, wenn der Bedürftige ohne vorherige Rücksprache mit dem Pflichtigen für einen Zeitraum, in dem die Eheleute noch zusammenlebten, die getrennte Veranlagung wählt.³³¹

Der Tatbestand ist ebenfalls nicht gegeben, wenn der Bedürftige auf seine Rechte aus einem Pfändungs- und Überweisungsbeschluss nicht verzichtete, selbst wenn dadurch eine Beförderung des Pflichtigen verhindert wurde.³³²

3. Wahrnehmung berechtigter Interessen

Kein mutwilliges Verhalten liegt vor, wenn eine Strafanzeige zur Wahrnehmung berechtigter Interessen erfolgt ist.³³³ Nr. 5 ist deshalb nicht gegeben bei Erstattung einer Strafanzeige wegen Unterhaltspflichtverletzung, es sei denn, es liegt ein Fall von falscher Anschuldigung vor.³³⁴ Das Gleiche gilt bei Strafanzeigen wegen falscher Versicherung an Eides Statt, wenn die erhobenen Vorwürfe nach den zur Leistungsfähigkeit des Pflichtigen getroffenen Feststellungen zumindest teilweise sachlich berechtigt waren.³³⁵ Nr. 5 ist ebenfalls nicht gegeben, wenn die Strafanzeige im öffentlichen Interesse liegt, zB bei einer Trunkenheitsfahrt.³³⁶ Nr. 5 entfällt ferner, wenn trotz Strafanzeige der Trennungsunterhalt zunächst anerkannt wurde.³³⁷

Entsprechendes gilt bei Mitteilungen gegenüber Behörden. Wenn die Bedürftige auf Nachfrage des Finanzamtes zum Realsplitting erklärt, sie habe keinen Unterhalt in Höhe des vom Pflichtigen in der Anlage U angegebenen Betrages erhalten und könne deshalb die

---

324 OLG Zweibrücken FamRZ 1989, 63; FamRZ 1980, 1010; OLG München FamRZ 1982, 270; OLG Hamm FamRZ 1987, 946; OLG Koblenz FamRZ 1991, 1312.
325 OLG Karlsruhe FamRZ 1998, 747.
326 OLG Köln FamRZ 1995, 1580.
327 OLG Zweibrücken FamRZ 1989, 603; OLG München FamRZ 1982, 270; FamRZ 1981, 154; OLG Celle FamRZ 1987, 69; OLG Bamberg FamRZ 1987, 1264; OLG Koblenz FamRZ 1991, 1312.
328 OLG Brandenburg FuR 2015, 482.
329 OLG Brandenburg BeckRS 2015, 147.
330 OLG Köln FamRZ 2009, 1844 (Ls).
331 OLG Hamm FamRZ 2004, 1786.
332 BGH FamRZ 2009, 1124.
333 BGH FamRZ 2002, 23 (25).
334 OLG Stuttgart FamRZ 1979, 40.
335 BGH FamRZ 2002, 23 (25).
336 OLG Bamberg FamRZ 1987, 1264.
337 OLG Nürnberg FamRZ 1992, 673.

1328 Eine leichtfertig erhobene Strafanzeige wegen **Steuerhinterziehung** kann im Einzelfall zu einer Verwirkung führen, wenn sie eine schwerwiegende Gefährdung der Einkommens- und Vermögenssituation des Pflichtigen zur Folge hat.[339] Sind die belastenden Angaben nicht geeignet, einen Tatverdacht zu begründen, so ist eine mutwillige Verletzung der Vermögensinteressen des Pflichtigen nicht gegeben.[340] Der Tatbestand entfällt, wenn die Angaben des Pflichtigen zur behaupteten Anzeige beim Finanzamt zu unsubstantiiert sind.[341] Ein mutwilliges Verhalten ist ferner nicht gegeben, wenn die Anzeige wegen Steuerhinterziehung zur Wahrnehmung berechtigter Interessen erfolgt.[342] Letzteres liegt insbesondere vor, wenn sich zunächst der Pflichtige über die eheliche Solidarität hinweggesetzt hat, indem er im Unterhalts- und/oder Zugewinnverfahren Einkünfte oder Vermögen verschwiegen hat (sog. Schwarzgeld).

VIII. Gröbliche Verletzung der Pflicht, zum Familienunterhalt beizutragen (§ 1579 Nr. 6 BGB)

1. Zum Härtegrund der Nr. 6

1329 Die Härteklausel der Nr. 6 (bis 31.12.2007 Nr. 5) ist anzuwenden, wenn der Berechtigte vor der Trennung längere Zeit hindurch seine Pflicht, zum Familienunterhalt beizutragen, gröblich verletzt hat.

Es handelt sich um eine Konkretisierung der allgemeinen Härteklausel, die den §§ 1587c Nr. 3 und 1587h Nr. 3 BGB nachgebildet ist.

1330 Nach dem eindeutigen Wortlaut dürfen **nur Gründe** berücksichtigt werden, die **vor der Trennung entstanden** sind (Verletzung des Familienunterhalts). Nach der Trennung entstandene Unterhaltspflichtverletzungen können unter die Nr. 4, subsumiert werden.

1331 Die Verletzung der Familienunterhaltspflicht (§ 1360 BGB) kann auch gegenüber gemeinsamen Kindern begangen werden. Entscheidend ist, ob der Berechtigte seinen Pflichten nachgekommen ist, die er auf Grund der Aufgabenverteilung in der Ehe übernommen hat, zB die Pflicht zur Haushaltsführung und Kindesbetreuung seitens des haushaltsführenden Ehegatten.

War der Berechtigte erwerbstätig, kann eine Pflichtverletzung darin bestehen, dass er kein Wirtschaftsgeld für den Familienunterhalt geleistet hat.[343] Hat er gegen den Willen des Verpflichteten nicht gearbeitet, kann eine Pflichtverletzung darin liegen, dass er sich nicht ernsthaft und ausreichend um eine Arbeit bemüht hat.[344]

1332 Solche Pflichten müssen **gröblich verletzt** worden sein. Dies setzt subjektiv mindestens ein grob fahrlässiges (leichtfertiges) Verhalten voraus. Dafür kann ausreichend sein, dass der Berechtigte durch den Pflichtigen während der Ehe wiederholt und eindringlich zur Arbeitsaufnahme aufgefordert wurde.[345] Außerdem müssen weitere objektive Merkmale vorliegen, die dem pflichtwidrigen Verhalten ein besonderes Gewicht verleihen. Regelmäßig wird erforderlich sein, dass die Familie durch die Nichtgewährung des Familienunterhalts in ernstliche Schwierigkeiten geraten ist. Die Pflichtverletzung entfällt nicht dadurch, dass der andere Ehegatte durch seinen Einsatz die Familie vor einer Notlage bewahrt hat.

---

[338] BGH FamRZ 2007, 193 = R 664d.
[339] OLG Köln NJW-FER 1999, 107.
[340] OLG Köln NJW-FER 1999, 107.
[341] BGH FamRZ 2002, 23 (25).
[342] BGH FamRZ 2002, 23 (25).
[343] BGH FamRZ 1987, 49 zu § 1587c Nr. 3 BGB aF.
[344] OLG Düsseldorf BeckRS 2019, 2760.
[345] OLG Düsseldorf BeckRS 2019, 2760.

9. Abschnitt: Die Härteklausel des § 1579 BGB § 4

Die Pflichtverletzung muss vor der Trennung längere Zeit gedauert haben. In der Regel 1333
ist dies erfüllt, wenn die Verletzungen etwa ein Jahr vor der Trennung andauernd und nicht
nur gelegentlich erfolgt sind.
Wie bei Nr. 3 und Nr. 4 muss die Pflichtverletzung schuldhaft sein, was Schuldfähigkeit 1334
im Zeitraum der Unterhaltspflichtverletzung voraussetzt. Eine verminderte Schuldfähigkeit
kann eine grobe Unbilligkeit beseitigen (→ Rn. 1280).
Bisher gibt es noch keine BGH-Entscheidung zur Nr. 6. 1335

2. Fälle einer Pflichtverletzung zu Nr. 6

Der erwerbstätige Berechtigte hat **kein Wirtschaftsgeld** zum Familienunterhalt zur 1336
Verfügung gestellt.
Der Berechtigte hat gegen den Willen des Verpflichteten **nicht gearbeitet** und sich
auch nicht ausreichend um Arbeit bemüht.
Der Berechtigte hat wegen **übermäßigen Alkoholgenusses** den Haushalt vernachlässigt und dann seinen Unterhaltsanspruch auf suchtbedingte Arbeitsunfähigkeit gestützt.[346]
Der Berechtigte ist wegen Trunksucht (Drogensucht) arbeitslos geworden und geblieben
und hat nichts zum Familienunterhalt beigetragen.
Der Berechtigte hat als haushaltführender Ehegatte den Haushalt und die Kinder über
einen längeren Zeitraum vernachlässigt.

IX. Offensichtlich schwerwiegendes, eindeutig beim Berechtigten liegendes Fehlverhalten (§ 1579 Nr. 7 BGB)

1. Zum Härtegrund der Nr. 7

Die Härteklausel der Nr. 7 (bis 31.12.2007 Nr. 6) ist anzuwenden, wenn dem Berech- 1337
tigten ein **offensichtlich schwerwiegendes, eindeutig bei ihm liegendes Fehlverhalten** gegen den Verpflichteten zur Last fällt.
Mit diesem 1986 neu normierten Tatbestand wurde im Wesentlichen die frühere Recht- 1338
sprechung des BGH zum ehelichen Fehlverhalten im Rahmen der bis 1986 geltenden
Nr. 4 aF übernommen und neu formuliert. Nach dieser Rechtsprechung war ein schwerwiegendes, klar bei einem Ehegatten liegendes einseitiges Fehlverhalten geeignet, die
Voraussetzungen einer Verwirkung des Unterhaltsanspruchs zu erfüllen.[347]
Soweit die Fassung der Nr. 7 auf ein offensichtlich schwerwiegendes Fehlverhalten
abstellt, beinhaltet dies keinen wesentlichen Unterschied zu der früher vom BGH geprägten Formulierung „schwerwiegendes, klar bei dem Berechtigten liegendes Fehlverhalten".[348]
Aus dem Fehlen einer zeitlichen Begrenzung in Nr. 7 ergibt sich, dass ein Fehlverhalten 1339
sowohl **bis zur Scheidung** als auch **nach der Scheidung** begangen werden kann.
- Bei einem Fehlverhalten **bis zur Scheidung** muss es sich um einen Verstoß gegen 1340
schwerwiegende eheliche Pflichten handeln. Wichtige Pflichten sind in diesem Zusammenhang die ehelichen **Treuepflichten, eheliche Solidarität** und der **Grundsatz der Gegenseitigkeit.** Während der Ehe besteht eine gesteigerte Verantwortung der
Eheleute füreinander.
- Mit der Scheidung findet ein Teil dieser Pflichten ein Ende, vor allem die Verpflichtung 1341
zur ehelichen Treue.[349] Unterhaltsrechtlich geht das Gesetz **nach der Scheidung,** wie
mit der Unterhaltsreform zum 1.1.2008 klargestellt wurde, grundsätzlich von der Eigen-

---
[346] OLG Düsseldorf FamRZ 1981, 1177.
[347] BGH FamRZ 1983, 142; FamRZ 1982, 466.
[348] So im Ergebnis auch BGH FamRZ 1989, 1279.
[349] BGH FamRZ 1995, 344; FamRZ 1989, 487 (489).

Siebert

verantwortung jedes Ehegatten für seinen Unterhalt aus (§ 1569 BGB). Deshalb muss es sich bei einem Fehlverhalten nach der Scheidung um Verstöße gegen Pflichten handeln, die aus Gründen der nachehelichen Solidarität noch nachwirken, wie zB allgemeine Gebote eines fairen mitmenschlichen Umgangs und der Rücksichtnahme auf beiderseitige persönliche und wirtschaftliche Interessen.

1342 • **Voreheliche Täuschungshandlungen** können nur dann bedeutsam sein, wenn sie sich auf die ehelichen Lebensverhältnisse ausgewirkt haben.

1343 Das Fehlverhalten muss offensichtlich **schwerwiegend** sein, dh, es muss nach allgemeinem, nicht nur einseitigem Eheverständnis missbilligt werden. Es muss sich um einen Fall grober Verantwortungslosigkeit und Pflichtwidrigkeit handeln. Deshalb reicht ein einfaches Fehlverhalten oder die Feststellung durchschnittlicher Scheidungsschuld für die Bejahung der Nr. 7 nicht aus. Das dem Scheidungsrecht zugrundeliegende Zerrüttungsprinzip verbietet es, Eheverfehlungen von bloß durchschnittlicher Schwere gegeneinander aufzurechnen.[350]

1344 Das Fehlverhalten muss sich **gegen den Verpflichteten** richten. Ein Fehlverhalten gegen einen Angehörigen reicht nicht aus. Es kann im Rahmen der Nr. 7 allenfalls nur dann bedeutsam werden, wenn und soweit sich das Fehlverhalten auch gegen den Verpflichteten richtet.

Das Fehlverhalten muss **schuldhaft** sein und setzt deshalb Schuldfähigkeit voraus. Eine verminderte Schuldfähigkeit kann Einfluss darauf haben, ob das Fehlverhalten als schwerwiegend oder als grob unbillig zu beurteilen ist.

1345 Im Ergebnis ist der Tatbestand zu bejahen, wenn bei einer Gesamtabwägung des Verhaltens beider Parteien eine Unterhaltsverpflichtung wegen vom Unterhaltsberechtigten begangener **gravierender Ehewidrigkeiten unerträglich** erscheinen muss.

2. Verstöße gegen die eheliche Treuepflicht als offensichtlich schwerwiegendes Fehlverhalten

1346 a) **Tatbestand.** Als offensichtlich schwerwiegendes Fehlverhalten zählen in erster Linie Verstöße gegen die eheliche Treuepflicht. Praktisch spielt dies allerdings nur **für den Trennungsunterhalt** eine Rolle, weil die eheliche Treuepflicht spätestens mit der Scheidung endet.[351] Da die ehelichen Bindungen während des Getrenntlebens fortbestehen, kann auch ein erst **nach der Trennung erfolgter Treuebruch** zur groben Unbilligkeit führen,[352] außer die neue Beziehung wird erst aufgenommen, nachdem der Partner bereits Scheidungsabsichten geäußert hatte[353] oder sich von den ehelichen Bindungen lossagte.[354] Nach der Scheidung besteht keine Treuepflicht mehr.[355] Der Treuebruch verstößt gegen den Grundsatz der Gegenseitigkeit und lässt die Inanspruchnahme des anderen Ehegatten als grob unbillig erscheinen.[356] Dabei kommt es nicht darauf an, ob es sich um die Aufnahme einer gleichgeschlechtlichen oder heterosexuellen Beziehung handelt.[357] Man kann sich nicht einerseits **von der ehelichen Beziehung distanzieren** und andererseits **eheliche Mitverantwortung für das wirtschaftliche Auskommen in Anspruch nehmen.**[358] Die Zuwendung zu einem neuen Partner während Bestehens der Ehe begründet dagegen für sich allein noch kein offensichtlich schwerwiegendes, eindeutig beim Bedürftigen liegendes Fehlverhalten, sondern es müssen weitere Umstände wie ein Treuebruch hinzukommen. Die neue Beziehung muss nachhaltig und

---

[350] BGH FamRZ 1981, 752.
[351] BGH FamRZ 1995, 344; FamRZ 1989, 487 (489); FamRZ 1983, 569 (571).
[352] BGH FamRZ 1989, 1279.
[353] BGH FamRZ 1983, 150.
[354] BGH FamRZ 2008, 1414 = R 693.
[355] BGH FamRZ 1995, 344.
[356] BGH FamRZ 1989, 1279.
[357] BGH FamRZ 2008, 1414 = R 693.
[358] BGH FamRZ 2011, 791; FamRZ 2008, 1414 = R 693; FamRZ 1989, 1279; FamRZ 1984, 356; FamRZ 1983, 569.

9. Abschnitt: Die Härteklausel des § 1579 BGB § 4

auf Dauer angelegt sein.³⁵⁹ Unerheblich ist, wie lange die neue Beziehung tatsächlich dauert. Entscheidend ist, ob sie nach den Vorstellungen der Beteiligten über eine flüchtige Augenblicksbeziehung hinausgehen soll.³⁶⁰ Nicht ausreichend ist regelmäßig, wenn es sich beim Treuebruch um einen einmaligen Vorfall handelte.

Das Verhalten muss **ursächlich** für das Scheitern der Ehe sein. War diese bereits aus anderen Gründen nicht mehr aufrecht zu erhalten, liegt ein schwerwiegendes Fehlverhalten nicht vor.³⁶¹ Nach Auffassung des OLG Oldenburg³⁶² rechtfertigt allein die Zuwendung zu einem neuen Partner noch nicht die Annahme eines offensichtlich schwerwiegenden, eindeutig beim Unterhaltsberechtigten liegendes Fehlverhalten gegenüber dem Unterhaltspflichtigen.

- Der BGH hat ein schwerwiegendes Verhalten bejaht, wenn sich der Unterhaltsberechtigte gegen den Willen seines Partners von diesem abgewendet hat und mit einem Dritten in **nichtehelicher Lebensgemeinschaft** zusammenlebt (→ Rn. 1267 ff.). Dies kann sowohl eine gleichgeschlechtliche als auch eine heterosexuelle Beziehung betreffen.³⁶³ Dadurch distanziert er sich von seinen eigenen ehelichen Bindungen und wendet die dem anderen geschuldete Hilfe einem Dritten zu. Die Inanspruchnahme des Ehepartners aus dessen ehelicher Mitverantwortung für sein wirtschaftliches Auskommen widerspricht dem Grundsatz der Gegenseitigkeit, der dem ehelichen Unterhaltsrecht zugrunde liegt.³⁶⁴ Durch den Treuebruch müssen die Voraussetzungen, ob eine verfestigte Lebensgemeinschaft im Sinne der Nr. 2 besteht, nicht geprüft werden, da als Verwirkungsgrund Nr. 7 eingreift. **1347**

- Ein schwerwiegendes Fehlverhalten ist auch zu bejahen, wenn der Berechtigte während der Ehe ein **nachhaltiges, auf längere Dauer angelegtes intimes Verhältnis** zu einem Dritten aufnimmt und gegen den Willen des Verpflichteten fortführt, auch wenn es zu keiner eheähnlichen Gemeinschaft kommt.³⁶⁵ Dies gilt auch, wenn die Beziehung erst **nach der Trennung** der Eheleute aufgenommen wurde, soweit sich der Partner vorher nicht seinerseits von der Ehe losgesagt hat.³⁶⁶ Ein dem Trennungswunsch des Pflichtigen zeitlich vorausgehendes langjähriges intimes Verhältnis des Bedürftigen, das dem Pflichtigen bei Trennung nicht bekannt war, stellt ebenfalls ein schwerwiegendes Fehlverhalten dar.³⁶⁷ **1348**

- Ein schwerwiegendes eheliches Fehlverhalten ist ferner gegeben, wenn der Ehegatte während der Ehe **intime Beziehungen zu wechselnden Partnern** aufnimmt. Es besteht kein Grund, einen solchen Ehegatten unterhaltsrechtlich milder zu behandeln als denjenigen, der sich einem einzelnen anderen Partner zuwendet. Im entschiedenen Fall hatte die Klägerin nach 30-jährigem Bestand der Ehe in den letzten Jahren vor der Trennung der Parteien zu vier Männern ehebrecherische Beziehungen aufgenommen. Nach den Feststellungen des OLG hat der Beklagte erst kurz vor der Trennung von den Ehebrüchen erfahren. Danach kam es nach einer tätlichen Auseinandersetzung zur Trennung, nachdem der Beklagte in der Zwischenzeit von der Klägerin Abbitte für ihr Fehlverhalten verlangt und das Haushaltsgeld mit der Begründung gekürzt hatte, dass sie Geld mit anderen Männern durchgebracht habe. Das OLG hat diesem Hergang entnommen, dass die Ehebrüche der Klägerin der auslösende Grund für die Trennung der Parteien gewesen seien, und daraus geschlossen, dass danach nicht davon ausgegangen werden könnte, der Beklagte habe sich unabhängig von dem Verhalten der Klägerin **1349**

---

³⁵⁹ BGH FamRZ 2001, 1693.
³⁶⁰ OLG Brandenburg FF 2010, 33.
³⁶¹ BGH FamRZ 2008, 1414 = R 693; OLG Hamm FamRZ 1997, 1484; OLG Karlsruhe FamRZ 2008, 2279; OLG Brandenburg FF 2010, 33.
³⁶² NJW 2012, 2450.
³⁶³ BGH FamRZ 2008, 1414 = R 693.
³⁶⁴ BGH FamRZ 2011, 791; FamRZ 2008, 1414 = R 693; FamRZ 1989, 487 (489); FamRZ 1989, 1279; NJW 1986, 722; FamRZ 1984, 356; FamRZ 1984, 154; FamRZ 1983, 142; FamRZ 1983, 150 (152); FamRZ 1983, 670; FamRZ 1982, 466.
³⁶⁵ BGH FamRZ 2008, 1414 = R 693; FamRZ 1989, 1279; FamRZ 1983, 142; FamRZ 1982, 466.
³⁶⁶ BGH FamRZ 2008, 1414 = R 693; FamRZ 1989, 1279.
³⁶⁷ BGH NJW 1986, 722.

seinerseits von der Ehe abgekehrt. Die innere Rechtfertigung für die Berücksichtigung ehelichen Fehlverhaltens liegt in dem Gedanken der Lösung aus der ehelichen Solidarität und der Abkehr von den ehelichen Bindungen. Äußert sich diese, wie im vorliegenden Fall, in der Bereitschaft zur Aufnahme intimer Kontakte zu wechselnden Partnern, so macht es für die Unterhaltsbemessung keinen greifbaren Unterschied, ob solche Kontakte zu vier oder wie der Pflichtige behauptet zu sieben anderen Partnern aufgenommen worden sind.[368]

1350
- Ein schwerwiegendes eheliches Fehlverhalten liegt ferner vor, wenn der Unterhaltsberechtigte knapp zwei Jahre ein intimes Verhältnis zu einem gemeinsamen Freund unterhält;[369] ebenso, wenn die Bedürftige zum Erzeuger ihres Kindes zieht, obwohl der Pflichtige nach langjähriger Ehe den Ehebruch zur Rettung der Ehe verziehen hatte.[370]
- Zur Verwirkung führt letztlich auch ein Verhalten, in dem während beruflicher Abwesenheit des Ehegatten eine ehewidrige Beziehung zu einem gemeinsamen Freund, der auch in der gemeinsamen Wohnung lebte, aufgenommen, diese zunächst verheimlicht und später offen fortgesetzt wurde.[371]

1351 Bei allen Verstößen gegen die Treuepflicht ist im Einzelfall aber genau zu prüfen, ob es sich um ein **einseitiges und schwerwiegendes Fehlverhalten** handelt (→ Rn. 1364 ff.). Ist dies zu bejahen, liegt eine so gravierende Abkehr von den ehelichen Bindungen vor, dass die Inanspruchnahme des anderen Ehegatten auf Unterhalt grob unbillig erscheint. Ein Ehegatte, der sich auf diese Weise von seinen ehelichen Bindungen distanziert und seine Ehe faktisch als nicht mehr bestehend betrachtet, kann nicht seinerseits den Ehepartner aus dessen ehelicher Mitverantwortlichkeit für sein wirtschaftliches Auskommen in Anspruch nehmen und indirekt eine Mitfinanzierung seines Zusammenlebens mit einem Dritten verlangen.[372]

1352 b) Grobe Unbilligkeit. Im Rahmen der **Billigkeitsabwägung** ist im Einzelfall genau zu prüfen, insbesondere bei langen Ehen mit Kinderbetreuung sowie während der Dauer der Kinderbetreuung, inwieweit nur eine **Herabsetzung** oder **zeitliche Begrenzung** des Anspruchs in Betracht kommt.[373] Bei Kinderbetreuung kann die Bejahung des Tatbestands auch zu einer früheren Erwerbsobliegenheit führen,[374] allerdings nicht, bevor das Kind das dritte Lebensjahr vollendet hat. Vielfach wird bei Kinderbetreuung nur eine Herabsetzung des Unterhaltsanspruchs oder eine zeitliche Begrenzung in Betracht kommen (→ Rn. 1229 ff.),[375] im Einzelfall auch eine Herabsetzung nach einer angemessenen Übergangszeit.[376] Die völlige Versagung des Unterhaltsanspruchs ist in diesen Fällen die härteste Sanktion, für deren Angemessenheit der Pflichtige darlegungspflichtig ist.[377]

3. Sonstige Fälle eines schwerwiegenden Fehlverhaltens

1353 Ein schwerwiegendes Fehlverhalten kann nicht nur durch Verletzung der ehelichen Treue verwirklicht werden, sondern auch in dem **Verstoß gegen andere eheliche Pflichten** liegen. So hat der BGH ein schwerwiegendes Fehlverhalten bei **Unterschieben eines Kindes** bejaht, zB wenn eine Frau ihrem Mann nach der Empfängnis eines Kindes wahrheitswidrig beteuert, das Kind stamme von ihm und ihn jahrelang in diesem Glauben belässt, obwohl sie mindestens damit rechnete, dass ein anderer Mann der Vater ist.[378]

---

[368] BGH FamRZ 1983, 670.
[369] OLG Koblenz FamRZ 2000, 290.
[370] OLG Nürnberg MDR 2000, 1194.
[371] OLG Hamm FamRZ 2012, 642.
[372] BGH FamRZ 2008, 1414 = R 693; FamRZ 1989, 1279; FamRZ 1984, 154; FamRZ 1983, 569 (571).
[373] BGH FamRZ 2001, 1693; FamRZ 1989, 1279; NJW 1986, 722; FamRZ 1983, 670.
[374] BT-Drs. 16/18230, 21.
[375] BGH FamRZ 2001, 1693.
[376] OLG Karlsruhe FamRZ 2008, 2279.
[377] BGH FamRZ 2001, 1693.
[378] BGH FamRZ 2012, 779; OLG Hamm NZFam 2015, 965; OLG Hamm FamRZ 2017, 724.

9. Abschnitt: Die Härteklausel des § 1579 BGB   § 4

Entscheidend ist, dass in einem solchen Fall neben der Auferlegung von Unterhaltszahlungen für den Verpflichteten dem Ehemann die Entscheidungsmöglichkeit vorenthalten wird, für das Kind zu sorgen und eine Beziehung zu ihm aufzubauen. Damit wird in einer elementaren Frage in seine Lebensgestaltung eingegriffen. Ein solches Fehlverhalten erfährt durch die Scheidung keine Veränderung.[379] Bei Feststellung der nichtehelichen Abstammung des Kindes besteht der Anscheinsbeweis für eine außereheliche Beziehung.[380]

Als schwerwiegende Eheverfehlung kann auch angesehen werden, wenn die geschiedene Ehefrau den Mann von der rechtzeitigen **Anfechtung der Ehelichkeit eines Kindes** abgehalten hat. Sie ist dadurch mitverantwortlich, dass dieser nun auf Dauer Kindesunterhalt zahlen muss, was er durch rechtzeitige Ehelichkeitsanfechtung hätte vermeiden können. Eine solche Situation ist insofern noch belastender als das Unterschieben eines fremden Kindes, weil das wahre Abstammungsverhältnis nicht mehr korrigiert werden kann.[381] Ein schwerwiegendes Fehlverhalten liegt aber auch dann vor, wenn der Ehemann nach Kenntnis von der fehlenden Vaterschaft diese nicht anficht. Es liegt kein Widerspruch in der Geltendmachung der Verwirkung und dem Fortbestand der Vaterschaft, da letztere nur das Vater-Kind-Verhältnis betrifft.[382] **1354**

Ein leichtfertiger und ohne hinreichende Anhaltspunkte geäußerter Verdacht des **sexuellen Missbrauchs des gemeinsamen Kindes** kann den Tatbestand von Nr. 7 erfüllen.[383] Der Tatbestand kann ferner vorliegen bei **Vernichtung persönlicher Gegenstände** des Pflichtigen von erheblichem Wert[384] oder bei **gewerbsmäßiger Ausübung von Telefonsex** ohne Wissen des Ehemanns und unter Vorspiegelung falscher Tatsachen[385] oder bei Veröffentlichung sexueller Vorlieben und Neigungen bei Bestehen der ehelichen Lebensgemeinschaft auf einschlägigen Internetseiten zur Kontaktsuche[386] oder die Ausübung heimlicher Prostitution.[387] **1355**

Eine **fortgesetzte, massive Vereitelung des Umgangsrechts** mit den gemeinschaftlichen Kindern kann in gravierenden Fällen als schwerwiegendes Fehlverhalten angesehen werden.[388] Es muss sich dabei aber um eine nicht nur vorübergehende, sondern nachhaltige, lang dauernde Störung handeln. Ein pauschaler Vorwurf eines vom Bedürftigen verursachten Loyalitätskonfliktes des Kindes reicht nicht aus.[389] Problematisch ist hier insbesondere der Nachweis eines schuldhaften Verhaltens. Erforderlich ist jedenfalls ein substantiierter Vortrag des Verpflichteten, ob und wie er selbst der ablehnenden Haltung des Kindes entgegengewirkt hat.[390] Erfüllt ist der Tatbestand, wenn der betreuende Elternteil das Kind vollständig abschottet und jegliche Versuche einer Umgangsanbahnung vereitelt.[391] Bei Wiederaufnahme des Umgangsrechts lebt der Unterhaltsanspruch wieder auf (→ Rn. 1387).[392] **1356**

Voreheliche Täuschungshandlungen der in § 1314 II Nr. 3 BGB bezeichneten Art führen jedenfalls dann nicht zu einer Unterhaltsbeschränkung nach Nr. 7, wenn sie bereits erfolglos in einem Eheaufhebungsverfahren geltend gemacht worden sind. Eine andere Beurteilung würde dem Zweck des § 1317 BGB zuwiderlaufen, wonach die Verwirk- **1357**

---

[379] BGH FamRZ 1985, 267.
[380] BGH FamRZ 1985, 267.
[381] BGH FamRZ 1985, 51.
[382] BGH FamRZ 2012, 779, Rn. 29 u. 35.
[383] OLG Schleswig FamRZ 2013, 1132; OLG München FamRZ 2006, 1605; OLG Frankfurt a. M. FamRB 2006, 38.
[384] OLG Oldenburg FamRZ 2002, 243.
[385] OLG Karlsruhe FamRZ 1995, 1488.
[386] OLG Oldenburg FamRZ 2010, 904.
[387] OLG Hamm FamRZ 2002, 753.
[388] BGH FamRZ 2007, 882; FamRZ 1987, 356; OLG Saarbrücken FamRZ 2015, 863; OLG München FamRZ 2006, 1605; FamRZ 1998, 750; OLG Schleswig FamRZ 2004, 808; FamRZ 2003, 688; OLG Nürnberg FamRZ 1994, 1393.
[389] BGH FamRZ 2007, 882.
[390] BGH FamRZ 2007, 882.
[391] OLG München FamRZ 2006. 1605; OLG Schleswig FamRZ 2003, 688.
[392] OLG München FamRZ 1998, 750; OLG Nürnberg FamRZ 1997, 614.

lichung von Rechten des vor der Eheschließung unlauter handelnden Ehegatten von einer binnen bestimmter Frist abzugebenden Erklärung des anderen Teils abhängt.[393]

Auch im Fall von Tätlichkeiten zusammen mit wiederholten Beleidigungen und Herabwürdigungen kann der Tatbestand der Nr. 7 angenommen werden, auch wenn hier wohl ebenso und naheliegender der Tatbestand der Nr. 3 gegeben sein dürfte.[394]

1358 Die **Weigerung** eines Ehegatten, einen **gemeinsamen Wohnsitz** an dem vom anderen Ehegatten gewünschten Ort **zu begründen,** kann nur dann ein Härtegrund im Sinn der Nr. 7 sein, wenn sich der Berechtigte einem objektiv vernünftigen und zumutbaren Vorschlag ohne sachliche Gründe von einigem Gewicht willkürlich verschlossen hat. Auch wenn ein Umzug möglicherweise zu einer ökonomisch günstigeren Lösung geführt hätte, können gewichtige sachliche Gründe für die Beibehaltung des bisherigen Arbeitsplatzes gesprochen haben.[395] Ein einseitiges schwerwiegendes Fehlverhalten ist zu verneinen, wenn sich der Berechtigte aus beachtlichen Gründen weigert, umzuziehen.[396]

4. Fälle, in denen der BGH ein schwerwiegendes Fehlverhalten verneint hat

1359 **Wandert der sorgeberechtigte Elternteil** mit dem ihm anvertrauten Kind **aus** und erschwert er dadurch dem anderen Elternteil die Ausübung des Umgangsrechts, so liegt darin in der Regel kein schwerwiegendes Fehlverhalten im Sinn der Nr. 7. Das gilt jedenfalls dann, wenn die Auswanderung nicht in der Absicht erfolgt ist, das Umgangsrecht des anderen Elternteils zunichte zu machen, sondern auf anderen, verständlichen Motiven beruht. Das nur im Rahmen der bisherigen Wohnsitzverhältnisse praktisch ausübbare Umgangsrecht muss in einem solchen Fall dem stärkeren Sorgerecht weichen.[397]

1360 Die Behauptung, die Berechtigte habe den Verpflichteten vor und während der Ehe über erhebliche **Umstände aus ihrem früheren Leben belogen,** ist kein schwerwiegendes Fehlverhalten im Sinn der Nr. 7.[398]

1361 Die Nr. 7 ist auch nicht erfüllt, wenn die Berechtigte dem anderen Ehegatten einen mit Reis gefüllten Teller nachwirft, um **weitere Tätlichkeiten** abzuwehren, nachdem sie vorher von diesem geohrfeigt worden war.[399]

1362 **Unmutsäußerungen** während ehelicher Auseinandersetzungen sind kein Ausschlussgrund nach Nr. 7.[400] Das Gleiche gilt für auf verständlicher Verärgerung beruhenden vorwurfsvollen Äußerungen gegenüber dem Ehepartner.[401]

1363 Auch die **Trennung als solche** ist trotz der darin liegenden Verletzung der Pflicht zur ehelichen Lebensgemeinschaft kein Fehlverhalten im Sinn der Nr. 7, solange nicht andere schwerwiegende Umstände hinzukommen, wie zB das Verlassen des anderen in hilfloser Lage. Nach geltendem Recht soll der Bedürftige ohne Rücksicht auf die Gründe der Trennung einen angemessenen Unterhalt in Form einer Geldrente beanspruchen können.[402]

5. Eindeutig beim Berechtigten liegendes Fehlverhalten

1364 a) **Fehlverhalten des Berechtigten.** Das schwerwiegende Fehlverhalten muss eindeutig beim Berechtigten liegen, dh es muss sich um ein einseitiges Fehlverhalten handeln.[403]

---

[393] BGH FamRZ 1983, 456 zur entsprechenden Rechtslage nach §§ 33, 37 II EheG.
[394] OLG Brandenburg NZFam 2015, 1013.
[395] BGH FamRZ 1990, 492 (495); FamRZ 1987, 572 (574).
[396] BGH FamRZ 1990, 492 (495); FamRZ 1987, 572 (574).
[397] BGH FamRZ 1987, 356.
[398] BGH FamRZ 1986, 886 (888).
[399] BGH FamRZ 1986, 434 (436).
[400] BGH FamRZ 1987, 572 (575).
[401] BGH FamRZ 1982, 573 (575).
[402] BGH FamRZ 2008, 1414 = R 693.
[403] BGH FamRZ 2008, 1414 = R 693; FamRZ 1989, 1279.

9. Abschnitt: Die Härteklausel des § 1579 BGB § 4

Bei der Beurteilung, ob ein Fehlverhalten als einseitiges Fehlverhalten in diesem Sinn **1365** gewertet werden kann, muss stets auch das Verhalten des Verpflichteten mitberücksichtigt werden.[404]

- An einer **einseitigen Abkehr** von den ehelichen Bindungen fehlt es, wenn sich die Parteien **einvernehmlich getrennt** haben und die Berechtigte erst vier Monate **nach dieser Trennung** eine neue Beziehung aufgenommen hat.[405] Ebenso, wenn beide Eheleute die Ehe für gescheitert ansahen und deshalb einen Notar mit dem Entwurf einer Scheidungsfolgenvereinbarung beauftragten und die neue Beziehung erst danach aufgenommen wird.[406]
- Gleiches gilt, wenn der **Verpflichtete** sich seinerseits **von seinen ehelichen Bindungen losgesagt** und vom Ehepartner abgewandt hatte, als erster **Scheidungsabsichten äußerte** und selbst die Trennung sowie den Auszug der Frau aus dem gemeinsam bewohnten Haus wünschte,[407] oder der Verpflichtete die Trennung gewünscht und von sich aus realisiert hat, eine Wiederaufnahme der ehelichen Lebensgemeinschaft beharrlich ablehnte und seinerseits die Scheidung betrieb.[408] Die spätere Eingehung einer neuen Bindung durch die Frau beinhaltet dann keine einseitige Abkehr von ihrem Mann.
- Nicht ausreichend ist jedoch, wenn die Eheleute nur allgemein über eine Scheidung gesprochen haben, ohne dass erkennbar war, dass ernsthafte Scheidungsabsichten bestehen[409] oder der Unterhaltsberechtigte sich durch die eheliche Beziehung so stark belastet fühlte, dass er nur in der Trennung die Lösung sah.[410] Im Einzelfall ist es allerdings oft schwer zu beurteilen, ab wann von einer Abkehr des Pflichtigen von den ehelichen Bindungen gesprochen werden kann, zB wenn die Eheleute nicht mehr miteinander sprechen und keinerlei Gemeinsamkeiten mehr vorliegen.[411]
- An einem einseitigen „Ausbrechen aus intakter Ehe" fehlt es auch, wenn sich der **Verpflichtete** bereits vorher von der Ehe losgesagt hatte, indem er **ehewidrige Beziehungen zu einer anderen Frau aufgenommen** hat und zu dieser gezogen ist.[412]
- Ein Abkehren von den ehelichen Bindungen durch den Verpflichteten liegt auch vor, wenn er jahrelang keine sexuellen Kontakte mehr zuließ.[413] Etwas Anderes kann nur gelten, wenn sexuelle Kontakte wegen einer Erkrankung des Pflichtigen nicht mehr möglich sind.[414]
- Eine vorangehende Ehewidrigkeit des Pflichtigen lässt ebenfalls ein einseitiges Fehlverhalten des Bedürftigen entfallen, zB wenn der **Verpflichtete häufig betrunken** war und es in diesem Zusammenhang zu **wüsten Auseinandersetzungen** kam[415] oder wenn er die Ehefrau **geschlagen** hat.[416]

b) **Einseitiges Fehlverhalten.** Ein einseitiges Fehlverhalten ist **zu bejahen**, wenn sich **1366** der Berechtigte einem Dritten zuwendet, ehe sich der Verpflichtete seinerseits von der Ehe abwendet, Scheidungsabsichten äußert oder sich ebenfalls einem Dritten zuwendet.

Ehewidrige Beziehungen des Verpflichteten oder sonstiges ehewidriges Verhalten (Trunksucht, Misshandlungen) nehmen nur dann dem Fehlverhalten des anderen Ehegatten den Charakter der Einseitigkeit, wenn sie diesem Fehlverhalten den Boden bereitet haben. Werden sie dagegen erst aufgenommen, nachdem die intimen Beziehungen des Berechtigten bereits seit längerem bestanden haben, können sie auf dessen Abkehr von der Ehe nicht von Einfluss gewesen sein. Etwas anderes kann dann gelten, wenn auch auf

---

[404] BGH FamRZ 1981, 1042.
[405] BGH FamRZ 1981, 1042.
[406] OLG Hamm FamRZ 1996, 1080.
[407] BGH FamRZ 2008, 1414 = R 693; FamRZ 1981, 752.
[408] BGH FamRZ 1983, 150 (152).
[409] OLG Hamm FamRZ 1997, 1484.
[410] OLG Brandenburg FF 2010, 33.
[411] Vgl. Wellenhofer/Klein FamRZ 1995, 905.
[412] BGH FamRZ 1989, 487 (489); NJW 1987, 893 (895).
[413] KG FamRZ 1992, 571.
[414] OLG Zweibrücken FamRZ 2009, 699.
[415] BGH FamRZ 1982, 463.
[416] BGH FamRZ 1989, 487 (489).

Seiten des **Verpflichteten die ehelichen Gefühle** bereits im Zeitpunkt der Abkehr des Berechtigten **erkaltet** waren und er von dessen Fehlverhalten nicht mehr wesentlich betroffen wurde.[417]

Ist die Ehe an dem Fehlverhalten der Berechtigten zerbrochen und stellen sich die dem Verpflichteten vorgeworfenen späteren Ausfälligkeiten als Reaktionen auf das ihm zu dieser Zeit bekannt gewordene Fehlverhalten dar, dann kann ein späteres eigenes Fehlverhalten des Verpflichteten die Einseitigkeit des Fehlverhaltens des Bedürftigen nicht mehr beseitigen. Anders wäre es nur, wenn der Verpflichtete durch ein vorausgegangenes ehewidriges Verhalten Anlass zum Fehlverhalten des Berechtigten gegeben hätte.[418]

1367 **Nicht jedes Fehlverhalten** des Verpflichteten kann dem Fehlverhalten des Berechtigten den Charakter der Einseitigkeit nehmen. Aus der grundsätzlichen Abkehr des Gesetzgebers vom Schuldprinzip ist zu folgern, dass im Rahmen der Prüfung der Einseitigkeit des Fehlverhaltens nicht allen Vorwürfen des Berechtigten nachzugehen ist, sondern dass nur konkret vorgebrachte Verfehlungen von einigem Gewicht Bedeutung erlangen können, die dem Berechtigten das Festhalten an der Ehe erheblich erschwert haben und sein eigenes Verhalten in einem milderen Licht erscheinen lassen.[419] Nicht ausreichend sind generelle Konflikte und Spannungen in der Ehe.[420]

Außerdem muss das Fehlverhalten des Verpflichteten einen Bezug zum Fehlverhalten des Berechtigten haben. Für eine hinreichende Substantiierung von Gegenvorwürfen reicht die allgemeine Behauptung nicht aus, der Verpflichtete habe seinerseits auch in erheblichem Maß gegen die Treuepflichten verstoßen und die Berechtigte ständig beschimpft und geprügelt. Erforderlich ist eine konkrete Schilderung einzelner Vorkommnisse.[421]

1368 **Streitigkeiten und Auseinandersetzungen** der Ehegatten im üblichen Rahmen, in deren Verlauf der Verpflichtete beleidigende und herabsetzende Äußerungen gemacht hat, sind keine Umstände, die die Einseitigkeit eines schwerwiegenden Fehlverhaltens entfallen lassen.[422]

Keine Verfehlungen im Sinn der Nr. 7 sind ferner **krankheitsbedingte Verhaltensauffälligkeiten,** weil eine Verfehlung ein schuldhaftes Verhalten voraussetzt und erheblich sein muss.[423]

6. Darlegungs- und Beweislast

1369 Die Beurteilung des beiderseitigen Verhaltens einschließlich seiner Abwägung ist wesentlich Sache tatrichterlicher Würdigung.[424]

Der **Verpflichtete** hat die Darlegungs- und Beweislast dafür, dass ein offensichtlich schwerwiegendes, eindeutig beim Berechtigten liegendes Fehlverhalten vorliegt. Er hat daher auch etwaige Gegenvorwürfe auszuräumen, die von ihrem Gewicht her gesehen geeignet sind, dem Fehlverhalten des Berechtigten den Charakter eines einseitigen Fehlverhaltens zu nehmen.[425] Im Fall des Unterschiebens eines fremden Kindes kann der Nachweis der fehlenden Vaterschaft auch durch ein im Unterhaltsverfahren einzuholendes Abstammungsgutachten geführt werden. Steht fest, dass das Kind nicht vom Ehemann abstammt, begründet das den Anschein eines außerehelichen Verhältnisses der Ehefrau.[426]

Soweit der Verpflichtete nur allgemein behauptete Gegenvorwürfe des Berechtigten lediglich bestreitet, sind an die Substantiierung seiner Darlegungen nach § 242 BGB keine allzu hohen Anforderungen zu stellen, da es sich im Wesentlichen um die Behauptung

---

[417] BGH NJW 1986, 722.
[418] BGH FamRZ 1983, 670.
[419] BGH FamRZ 1983, 670; FamRZ 1982, 463.
[420] OLG Karlsruhe FamRZ 2008, 2279.
[421] BGH FamRZ 1983, 670.
[422] BGH NJW 1986, 722.
[423] BGH FamRZ 1989, 1279.
[424] BGH FamRZ 1982, 463.
[425] BGH FamRZ 1983, 670; FamRZ 1982, 779.
[426] BGH FamRZ 2012, 779 Rz. 25 und 26.

sogenannter negativer Tatsachen handelt. Er ist zwar nicht von der ihn treffenden Darlegungspflicht befreit. Der Berechtigte darf sich aber in einem solchen Fall nicht mit einem einfachen Bestreiten begnügen, sondern muss im Einzelnen im Rahmen seiner sekundären Darlegungslast vortragen, dass die von ihm bestrittene Behauptung unrichtig und sein eigener Vortrag richtig ist.[427]

Darüber hinaus muss der Verpflichtete nicht auf alle Vorwürfe des Berechtigten reagieren, sondern nur **Vorwürfe von einigem Gewicht widerlegen.** Kein ausreichender Gegenvorwurf der Berechtigten ist nach BGH die Behauptung, der Verpflichtete habe mit ihr kaum noch gesprochen, sondern über Zettel mit ihr verkehrt, wobei berücksichtigt wurde, dass die Berechtigte zu dieser Zeit schon ehebrecherische Verhältnisse zu Männern hatte.[428] Nicht ausreichend ist ferner die Behauptung, die Eheleute hätten sich weitgehend auseinandergelebt.[429]

1370

Der Pflichtige hat ferner die Darlegungslast, ob bei Bejahung des Tatbestandes im Rahmen der Prüfung der groben Unbilligkeit eine **völlige Unterhaltsversagung** als härteste Sanktion und nicht nur eine Herabsetzung des Anspruchs angemessen ist.[430]

X. Anderer schwerwiegender Grund nach § 1579 Nr. 8 BGB

1. Zum Härtegrund der Nr. 8

Die Härteklausel der Nr. 8 (bis 31.12.2007 Nr. 7) ist anzuwenden, wenn ein anderer Grund vorliegt, der ebenso schwer wiegt wie die in den Nr. 1 bis 7 aufgeführten Gründe. Durch die Normierung des bisher in Nr. 8 abgehandelten Verwirkungsgrundes des Zusammenlebens in verfestigter Lebensgemeinschaft als Nr. 2 wird die Generalklausel erheblich entlastet und kann ihrer ursprünglichen Funktion gerechter werden, Auffangtatbestand für alle sonstigen, nicht benannten Fälle zu sein, in denen eine unbeschränkte Unterhaltsverpflichtung grob unbillig ist.[431] Durch die seit 1.1.2008 geltende Rechtslage und die im Einzelfall schwierige Abgrenzung zwischen einer groben Unbilligkeit und einer Unbilligkeit wird man in der Praxis vielfach Lösungen nach § 1578b BGB den Vorzug geben, wenn auch dessen Voraussetzungen erfüllt sind.

1371

Mit der Nr. 8 hat der Gesetzgeber seine frühere Konzeption beibehalten, Regelbeispiele mit einem Auffangtatbestand zu verbinden. Durch die Verknüpfung der Nr. 8 mit den Regelbeispielen (Nr. 1 mit Nr. 7) wird die Nr. 8 auf Sachlagen eingegrenzt, die mit den Fällen der Nr. 1 bis 7 in ihrer Schwere, nicht in ihrer Art vergleichbar sind. Ein zentrales Merkmal der Nr. 8 ist der gleich schwerwiegende Grund, der in untrennbarem Zusammenhang mit der groben Unbilligkeit steht.

Die Auffangregelung der Nr. 8 will allgemein eine unverhältnismäßige Belastung des Verpflichteten vermeiden. Deshalb ist sie auch dann anzuwenden, wenn allein objektive Gründe vorliegen, die eine Inanspruchnahme des Verpflichteten als unzumutbar erscheinen lassen.[432] Sie kann aber auch Fälle des vorwerfbaren Fehlverhaltens erfassen, soweit sie in Nr. 3 bis 7 nicht aufgeführt wurden.

In den Fällen, in denen nach den Nr. 1 bis 7 ein Härtegrund nur unter besonderen Voraussetzungen anerkannt wird, kann, wenn es an einem der dort genannten gesetzlichen Tatbestandsmerkmale fehlt, in der Regel der gleiche Sachverhalt nicht nochmals als ein „anderer Grund" nach Nr. 8 berücksichtigt werden[433] **(Verbot der Doppelverwertung).** So hat zB die Weigerung der Frau, dem vom Ehemann gewünschten Wohnsitz zuzustimmen, objektiv zum Scheitern der Ehe beigetragen. Trotzdem wird dadurch nicht der

1372

---

[427] BGH FamRZ 1982, 463.
[428] BGH FamRZ 1983, 670.
[429] BGH FamRZ 1981, 439.
[430] BGH FamRZ 2001, 1693.
[431] BT-Drs. 16/1830, 21.
[432] BGH FamRZ 1995, 1405; FamRZ 1994, 558; FamRZ 1988, 930; FamRZ 1987, 572 (575).
[433] BGH FamRZ 1987, 572 (575).

Härtegrund der Nr. 8 verwirklicht, wenn der Frau ihre Weigerung nicht als offensichtlich schwerwiegendes Fehlverhalten nach Nr. 7 vorzuwerfen ist. In gleicher Weise kann der Umstand, dass die Ehe der Parteien ohne Berücksichtigung der Kindererziehungszeiten nur etwas über 18 Monate gedauert hat und dass die Parteien nur während einer zweiwöchigen Reise und an einigen Wochenenden tatsächlich zusammengelebt haben, nicht nach Nr. 8 als Härtegrund gewertet werden.[434] War die Ehe mit knapp 5 Jahren bei dreijährigem Zusammenleben keine kurze Ehe im Sinne von § 1579 Nr. 1 BGB, weil es an dem dort genannten gesetzlichen Tatbestandsmerkmal fehlt, kann die Dauer der Ehe auch nicht als ein anderer Grund nach Nr. 8 berücksichtigt werden.[435] Liegt bei einer Erkrankung des Bedürftigen kein Ausschlussgrund nach Nr. 3 vor, kann auch keine Verwirkung nach Nr. 8 bejaht werden (→ Rn. 1378).[436]

Eine **Ausnahme** von diesem Grundsatz besteht, wenn **andere Tatsachen** hinzukommen, die in ihrer Gesamtheit zu einer unzumutbaren Belastung des Pflichtigen führen und deshalb als grob unbillig anzusehen sind. So hat der BGH bei § 1579 Nr. 1 BGB Ausnahmen gemacht, soweit die Eheleute nie oder nur sehr kurz zusammenlebten **und** noch weitere Umstände hinzukamen. Bei einer Ehe von 4 Jahren und 8 Monaten hat er einerseits den Härtegrund der Nr. 1 abgelehnt, andererseits trotzdem den Härtegrund der Nr. 8 bejaht mit der Begründung, dass die Eheleute tatsächlich nur wenige Monate zusammengelebt hätten und die Bedürftige bereits vor der Eheschließung behindert und auf Dauer erwerbsunfähig war.[437] Aufgrund der seit 1.1.2008 geltenden Rechtslage erscheint es allerdings nahe liegender zu sein, in diesen Fällen den Unterhaltsanspruch künftig im Rahmen des § 1578b BGB zu begrenzen. Bei einem Anspruch auf Trennungsunterhalt, bei dem § 1579 Nr. 1 BGB nach § 1361 III BGB nicht anwendbar ist, hat er eine grobe Unbilligkeit nach Nr. 8 bejaht, weil die Parteien nie zusammenlebten und die Aufnahme einer Ehegemeinschaft auch nie beabsichtigten.[438] Bei einem im Zustand der Schuldunfähigkeit begangenen versuchten Totschlag hat das OLG Schleswig den Unterhaltsanspruch nach § 1579 Nr. 8 BGB wegen der fortdauernden psychischen Folgen der Tat für den Pflichtigen herabgesetzt.[439]

1373 Nach der vom BGH übernommenen Auffassung des BVerfG muss bei allen Ausschlusstatbeständen des § 1579 BGB geprüft werden, ob die Grenze des Zumutbaren eines schuldunabhängigen Unterhaltsanspruchs überschritten ist, weil sonst die Beschränkung der wirtschaftlichen Dispositionsfreiheit des Verpflichteten als Folge der Unterhaltsansprüche gegen Art. 2 II GG verstoße.[440] Für solche Fälle bleibt letztlich immer die Nr. 8 als **genereller Auffangtatbestand**.

In jedem Fall ist eine **Abwägung erforderlich,** ob und inwieweit die Inanspruchnahme des Verpflichteten auf Unterhalt nach der gegebenen Situation für den Verpflichteten eine unzumutbare Belastung wäre. Dabei sind auch die Folgen, die sich für beide Ehegatten bei Gewährung, Versagung, Minderung oder zeitlicher Begrenzung ergeben würden, gegeneinander abzuwägen. Eine **grobe Unbilligkeit** kann umso eher bejaht werden, je besser die Chancen des Berechtigten sind, für seinen eigenen Unterhalt selbst aufkommen zu können, und je eher dies dem Berechtigten zugemutet werden kann.

Bei einer solchen **Abwägung** sind ua zu berücksichtigen die schicksalsbedingte allgemeine Lebenssituation des Berechtigten, Dauer und Verlauf der Ehe, die durch eine neue Ehe des Verpflichteten entstandene Interessenlage, die Zumutbarkeit einer lebenslangen Unterhaltsverpflichtung für den Verpflichteten[441] und die wirtschaftlichen Verhältnisse des neuen Partners des Bedürftigen.

---

[434] BGH FamRZ 1987, 572 (575); FamRZ 1980, 981.
[435] BGH FamRZ 1995, 1405 (1407).
[436] BGH FamRZ 1995, 1405 (1407).
[437] BGH FamRZ 1988, 930.
[438] BGH FamRZ 1994, 558.
[439] OLG Schleswig FamRZ 2000, 1375.
[440] BGH FamRZ 1990, 492 (495).
[441] BGH FamRZ 1988, 930.

Bei Anwendung der Nr. 8 und Würdigung der beiderseitigen Rechts- und Interessenlagen im Rahmen der hierzu gebotenen Zumutbarkeitsprüfung hat der Tatrichter einen ihm vorbehaltenen Beurteilungsspielraum, der nur einer rechtlichen Kontrolle durch das Revisionsgericht, nicht aber einer Angemessenheitskontrolle unterliegt. Dies gilt auch für die Bemessung der Höhe des Unterhaltsanspruchs nach Nr. 8.[442]

2. Härtegrund der Nr. 8, wenn nach der Scheidung ein ehewidriges Verhältnis gemäß Nr. 7 fortgeführt wird

Voraussetzung ist in diesem Fall, dass der Berechtigte sich schon **während bestehender Ehe** einem neuen Partner in einer Weise zugewandt hat, die ein offensichtlich schwerwiegendes, eindeutig bei ihm liegendes Fehlverhalten im Sinn der Nr. 7 beinhaltet, und dass der Berechtigte dieses Verhältnis nach der Scheidung fortsetzt. Obwohl nach der Scheidung keine eheliche Treuepflicht mehr besteht und deshalb nicht mehr von einem Fehlverhalten gesprochen werden kann, kann dadurch die Nr. 8 verwirklicht werden.[443]

1374

Dauert eine eheähnliche Gemeinschaft, durch die während der Trennungszeit die Nr. 7 verwirklicht wurde, nach der Scheidung an, so erfüllt dies **regelmäßig** auch für den nachehelichen Unterhalt die Voraussetzungen der Nr. 8,[444] auch wenn der Tatbestand der Nr. 2 nicht erfüllt ist.

Die rechtliche Selbstständigkeit des Trennungsunterhalts gegenüber dem nachehelichen Unterhalt (Nichtidentität) ist kein Kriterium, das bei fortgesetztem Fehlverhalten einer Fortwirkung der nach § 1361 III BGB iVm § 1579 Nr. 7 BGB für den Trennungsunterhalt bestehenden Unbilligkeit nach der Scheidung entgegensteht. Wurde während der Trennungszeit die Nr. 7 verwirklicht, bezieht sich die Unzumutbarkeit der Inanspruchnahme auf Unterhalt nicht nur auf Fürsorge bis zur Scheidung, sondern auch auf den nachehelichen Unterhalt.[445] Das gilt umso mehr, als das Gesetz während der Ehe auch für die Zeit des Getrenntlebens eine gesteigerte Verantwortung der Eheleute füreinander vorsieht, während es nach der Scheidung grundsätzlich von der Eigenverantwortung jedes Ehegatten für seinen Unterhalt ausgeht (§ 1569 BGB).

3. Der Härtegrund der Nr. 8 in sonstigen Fällen

Der Auffangtatbestand kann in Betracht kommen, wenn aus der Ehe keine Kinder hervorgegangen sind und die Nr. 1 nicht vorliegt bzw. beim Trennungsunterhalt nicht anwendbar ist, aber besondere Umstände in der Ehegestaltung vorliegen, die eine volle oder eingeschränkte Inanspruchnahme des Pflichtigen auf Unterhalt nicht zumutbar erscheinen lassen. Seit der Unterhaltsreform zum 1.1.2008 werden diese Fälle künftig meist über § 1578b BGB zu lösen sein. Nach den Materialien des Gesetzgebers geht die grobe Unbilligkeit nach § 1579 BGB als weiterreichende Regelung der Unbilligkeit nach § 1578b BGB zwar vor.[446] Im Rahmen des Auffangtatbestands ist dies allerdings problematisch, da dann erst die Spezialnorm heranzuziehen ist. Im Einzelfall ist es auch schwierig, in Fällen einer objektiven Unzumutbarkeit zwischen Unbilligkeit und grober Unbilligkeit abzugrenzen.

1375

- Beim **Trennungsunterhalt** hat der BGH eine grobe Unbilligkeit nach Nr. 8 bejaht, wenn die Eheleute wegen einer kirchlich noch nicht geschiedenen Vorehe des Bedürftigen **nie beabsichtigen, zusammenzuleben.**[447]

1376

---

[442] BGH FamRZ 1994, 558; FamRZ 1988, 930.
[443] BGH FamRZ 1991, 670 (673); FamRZ 1989, 487 (489); FamRZ 1985, 267; FamRZ 1983, 569 (571).
[444] BGH FamRZ 1984, 154; FamRZ 1984, 356; FamRZ 1984, 662 (664); FamRZ 1983, 676; FamRZ 1983, 569 (571); FamRZ 1983, 996.
[445] BGH FamRZ 1991, 670 (673).
[446] BT-Drs. 16/1830, 20.
[447] BGH FamRZ 1994, 557.

- Eine Verwirkung nach Nr. 8 wurde vom BGH beim nachehelichen Unterhalt bejaht, wenn zwar keine kurze Ehe nach Nr. 1 vorlag, die Parteien aber bis zur Trennung nur **wenige Monate zusammenlebten**.[448] Seit der Unterhaltsreform zum 1.1.2008 wird wegen fehlender ehebedingter Nachteile zunächst § 1578b BGB zu prüfen sein.
- Der BGH hat nach der bis 31.12.2007 geltenden Rechtslage bei einer Ehe von 4 Jahren und 8 Monaten den Härtegrund der kurzen Ehedauer (Nr. 1) abgelehnt, aber die Anwendung der Nr. 8 auf einen Anspruch nach § 1572 BGB bejaht mit der Begründung, eine unbefristete Inanspruchnahme auf nachehelichen Unterhalt sei objektiv unzumutbar, weil sie den Verpflichteten in grob unbilliger Weise belasten würde. Zur Begründung wird ausgeführt, die Parteien hätten in der nur **kurzen Zeit** ihres tatsächlichen ehelichen **Zusammenlebens** (ca. 9 Monate) ihre Lebensdispositionen nicht aufeinander einstellen können. Die erst 31-jährige Berechtigte sei bereits **bei Heirat auf Dauer erwerbsunfähig** gewesen und habe deshalb **keine ehebedingten Nachteile** erlitten (aber → Rn. 1378). Deshalb sei eine unbegrenzte Unterhaltsbelastung auch unter Berücksichtigung der nachehelichen Solidarität nicht gerechtfertigt, zumal der Verpflichtete wieder verheiratet sei und bei neuen Kindern zusätzlich erheblich unterhaltsbelastet sein werde.[449] Nach der seit 1.1.2008 geltenden Rechtslage wird dies kein Verwirkungsfall mehr nach Nr. 8 sein, sondern ein Begrenzungsfall nach § 1578b BGB, weil beim Bedürftigen kein ehebedingter Nachteil eintrat.
- Auch im Fall einer **langen Trennung**, während der kein Unterhalt geltend gemacht wurde, kann eine Verwirkung nach Nr. 8 angenommen werden. Eine hinreichende wirtschaftliche Verflechtung wird dann meist nicht mehr angenommen werden können. Auch der Gesichtspunkt der nachehelichen Solidarität verliert an Bedeutung.[450] Es ist hier jedoch genau zu prüfen, ob das selbständige Wirtschaften der Ehegatten von beiden so beabsichtigt und gewollt war.[451] Wurde Unterhalt nicht geltend gemacht, weil der jetzt Berechtigte bisher nicht bedürftig war, sich seine Situation aber verändert hat, wird man keine Verwirkung des laufenden Unterhalts annehmen können.[452]
- Weicht eine Ehe stark vom klassischen Ehebild ab, weil die Eheleute während einer Ehedauer von 24 Jahren ständig räumlich getrennt lebten und sich die persönlichen Kontakte auf drei bis vier Treffen im Jahr beschränkten, kann die unbegrenzte Inanspruchnahme auf nachehelichen Unterhalt für den Pflichtigen nach Nr. 8 unzumutbar sein und der Unterhalt herabgesetzt werden.[453]
- Der BGH hat eine OLG-Entscheidung bestätigt, in der der Berechtigte durch **Medikamentenmissbrauch** seine Erwerbsunfähigkeit herbeigeführt hat, aber eine mutwillige Herbeiführung der Bedürftigkeit im Sinn der Nr. 4 wegen der psychisch labilen Persönlichkeit des Berechtigten nicht nachgewiesen werden konnte. Es hat aber einen Härtegrund nach Nr. 8 bejaht, weil die Arbeitsunfähigkeit durch die Medikamentenabhängigkeit verursacht sei und das Verhalten der Berechtigten bei unterhaltsrechtlicher Wertung einen schwerwiegenden anderen Grund im Sinn der Nr. 8 beinhalte. Eine Unterhaltspflicht in voller Höhe sei bei der selbst herbeigeführten Bedürftigkeit selbst bei einem nicht feststellbaren Verschulden der Berechtigten für den Verpflichteten grob unbillig.[454]
- Die Nr. 8 kann auch in Frage kommen bei einem **grob rücksichtslosen Verhalten** gegenüber dem Verpflichteten, bei Verbrechen oder Vergehen gegenüber dessen neuem Lebensgefährten und bei einer sonstigen schwer verletzenden Distanzierung von ehelichen Bindungen und nachwirkenden ehelichen Pflichten. Hat die Ehefrau den Verpflichteten wahrheitswidrig der häuslichen Gewalt und des sexuellen Missbrauchs des

---

[448] BGH FamRZ 1988, 930.
[449] BGH FamRZ 1988, 930.
[450] OLG Bamberg FamRZ 2014, 1707.
[451] OLG Frankfurt a. M. FamRZ 2004, 1574.
[452] BGH FamRZ 1985, 376; BGH FamRZ 1982, 898.
[453] OLG München FamRZ 2003, 875.
[454] BGH FamRZ 1988, 927.

gemeinsamen Kindes bezichtigt um sich damit Vorteile im Sorgerechtsstreit zu verschaffen und den Verpflichteten gesellschaftlich zu ächten, kann dies zur Verwirkung nach Nr. 8 führen, auch wenn die Schuldfähigkeit der Ehefrau fraglich ist.[455]

4. Kein Härtegrund nach Nr. 8

Die Nr. 8 ist **nicht erfüllt** bei Unterhaltsbedürftigkeit des Berechtigten infolge eines fehlgeschlagenen **Selbsttötungsversuchs.** Der Verpflichtete muss das schwere Schicksal des in Not geratenen Partners nach der Scheidung auch dann mittragen, wenn ihn keine Mitschuld an der Notlage trifft.[456] **1377**

Eine Verwirkung nach Nr. 8 kann ferner nicht darauf gestützt werden, dass der Bedürftige an einer **unerkannten vorehelichen Erkrankung** leidet, da dies der Zielsetzung des § 1572 BGB zuwiderläuft.[457] Die zur Zeit der Scheidung fortdauernde Erkrankung kann nicht einerseits den Unterhaltsanspruch nach § 1572 Nr. 1 BGB auslösen, andererseits durch eine Verwirkung nach § 1579 Nr. 8 BGB den Anspruch wieder ausschließen. Dies gilt auch, wenn die schon vor der Ehe zumindest latent vorhandene Erkrankung erst **nach der Trennung** voll ausbricht.[458] § 1579 Nr. 8 BGB greift ferner nicht ein, wenn die Eheleute glaubten, dass die Bedürftige nach Abschluss ihrer Ausbildung trotz ihrer Erkrankung erwerbstätig sein könne, der gewählte Beruf aber dann doch nicht ausgeübt werden konnte.[459] Es ist in diesen Fällen aber seit der geänderten Rechtslage ab dem 1.1.2008 stets zu prüfen, ob die Voraussetzungen des § 1578b BGB vorliegen. **1378**

Eine Herabsetzung des Unterhaltsanspruchs kommt nach § 1579 Nr. 8 BGB nicht in Betracht, wenn die **neue Familie** des Unterhaltsverpflichteten bei Erfüllung des Unterhaltsanspruchs des geschiedenen Ehegatten **unterhalb der Sozialhilfeschwelle** leben muss.[460] Soweit der geschiedene Ehegatte mit dem neuen Ehegatten gleichrangig ist, kommt bei fehlender Leistungsfähigkeit nur eine anteilige Kürzung aller Ansprüche nach Mangelfallgrundsätzen in Betracht, wobei den vorrangigen minderjährigen Kindern der Mindestunterhalt verbleibt, ansonsten würde die gesetzliche Rangregelung missachtet.[461] **1379**

Keine Verwirkung kommt ferner beim Trennungsunterhalt in Betracht, wenn bei einer sehr langen Trennungsdauer die Eheleute nur kurz zusammengelebt hatten und nach der Trennung immer getrennt wirtschafteten. Denn beim Trennungsunterhalt gibt es keinen Verwirkungsgrund der kurzen Ehedauer (§ 1361 III BGB),[462] ebenso wenig wegen §§ 1361 IV 4, 1360a III, 1614 BGB einen Verzicht auf künftigen Unterhalt. Das Problem kann daher erst ab der Scheidung über § 1578b BGB gelöst werden. **1380**

Die frühere Rechtsprechung des BGH zum Splittingvorteil aus der neuen Ehe bei Vorrang des ersten Ehegatten und beengten Verhältnissen in der neuen Ehe, in denen er über § 1579 Nr. 7 BGB der neuen Ehe den Splittingvorteil beließ,[463] ist durch die geänderte Rechtsprechung des BGH im Sinne des BVerfG überholt (→ § 1 Rn. 1014). **1381**

---

[455] KG BeckRS 2017, 128210.
[456] BGH FamRZ 1989, 1054.
[457] BGH FamRZ 1995, 1405 (1407); FamRZ 1994, 566.
[458] BGH FamRZ 1995, 1405 (1407).
[459] BGH FamRZ 1995, 1405.
[460] BGH FamRZ 1996, 1272.
[461] BGH FamRZ 1996, 1272.
[462] A. A. OLG Frankfurt a. M. FamRZ 2004, 1574.
[463] Vgl. BGH FamRZ 1988, 927.

XI. Wiederaufleben eines nach § 1579 BGB ausgeschlossenen Anspruchs und endgültiger Ausschluss nach § 1579 BGB

1. Grundsatz

1382 Die Beschränkung oder Versagung des Unterhaltsanspruchs wegen grober Unbilligkeit beinhaltet nach ständiger Rechtsprechung des BGH kein endgültiges Erlöschen des Anspruchs, sondern kann im Einzelfall zu einem Wiederaufleben führen, wenn sich die Umstände völlig geändert haben.[464] In Betracht kommt dies in erster Linie, wenn die Verwirkung auf einer **objektiven Unzumutbarkeit** beruht, dh bei Scheitern einer verfestigten Lebensgemeinschaft nach Nr. 2. Beruht die Verwirkung dagegen auf einem vorwerfbaren Fehlverhalten (Nr. 3 bis Nr. 7), kann dies nachträglich kaum mehr beseitigt werden. Ein Wiederaufleben des Anspruchs kommt dann nur in Betracht, wenn die grobe Unbilligkeit wegen der **Belange der gemeinsamen Kinder** nicht mehr gegeben ist. Bei der jeweils neu zu treffenden Abwägung ist wieder umfassend zu prüfen, inwieweit es dem Pflichtigen zumutbar ist, sich in seiner Lebensführung nochmals umzustellen, nachdem diese zwischenzeitlich darauf ausgerichtet war, keinen Ehegattenunterhalt mehr leisten zu müssen. Hierbei sind alle Umstände einzubeziehen, die die Billigkeitsabwägung beeinflussen können.[465] Dies hängt zum einen vom **Zeitfaktor** ab, wie lange die Ehe dauerte, ob der unterhaltsberechtigte Ehegatte während der Ehe wegen der Kinderbetreuung seine Erwerbstätigkeit aufgegeben hat und seit wann der Pflichtige keinen Unterhalt mehr zahlte,[466] zum anderen, inwieweit die **Belange der Kinder** ein Wiederaufleben des Anspruchs erfordern.[467] Hierbei sind auch Umstände einzubeziehen, die erst nach der Scheidung entstanden sind.[468]

1383 Wenn besondere Umstände fehlen, lebt dagegen ein nach § 1579 Nr. 1 mit 8 BGB ausgeschlossener Unterhaltsanspruch in der Regel nicht wieder auf. Dies gilt vor allem bei einem Ausschluss wegen kurzer Ehedauer (Nr. 1) sowie wegen der Zwecksetzung der jeweiligen Härtegründe bei besonders schweren Verstößen gegen Nr. 3,[469] Nr. 5 und Nr. 7.

2. Wiederaufleben eines nach Nr. 2 ausgeschlossenen Anspruchs

1384 Ein aus objektiven Gründen nach Nr. 2 erfolgter Unterhaltsausschluss wegen einer verfestigten Lebensgemeinschaft des Berechtigten mit einem neuen Partner ist auf Antrag erneut zu überprüfen, wenn die verfestigte Partnerschaft gescheitert und damit die objektive Unzumutbarkeit entfallen ist.[470] Erforderlich ist eine neue umfassende tatrichterliche Prüfung der Frage, ob die aus einer wiederauflebenden Unterhaltspflicht erwachsende Belastung für den Verpflichteten weiterhin die Zumutbarkeitsgrenze überschreitet.[471] Nach der seit 1.1.2008 geltenden Rechtslage ist dabei die **Neufassung des § 1586a I BGB als Auslegungsregel** heranzuziehen, da es sich um vergleichbare Sachverhalte handelt.[472] Mit der Neufassung des § 1586a I BGB hat der Gesetzgeber zum Ausdruck gebracht, dass bei Scheitern der Zweitehe ein Wiederaufleben des Unterhaltsanspruchs nur in Betracht kommt, wenn noch gemeinschaftliche Kinder zu betreuen sind; entgegen der bis 31.12.2007 geltenden Rechtlage entfällt dagegen ein Wiederaufleben bei sog Anschlusstatbeständen nach der Kinderbetreuung. Dies hat auch bei einer gescheiterten verfestigten

---

[464] BGH FamRZ 2011, 1498 = R 728c; BGH FamRZ 1987, 1238; FamRZ 1987, 689.
[465] BGH FamRZ 2011, 1498 = R 728c.
[466] BGH FamRZ 1987, 689; FamRZ 1986, 443.
[467] BGH FamRZ 1987, 1238.
[468] BGH FamRZ 2011, 1498 = R 728c.
[469] OLG Hamm FamRZ 1997, 373.
[470] BGH FamRZ 1987, 689; FamRZ 1987, 1238.
[471] BGH FamRZ 1987, 689; FamRZ 1987, 1238; FamRZ 1986, 443.
[472] Gerhardt FuR 2008, 9.

9. Abschnitt: Die Härteklausel des § 1579 BGB   § 4

Lebensgemeinschaft zu gelten, da nach der verstärkten Eigenverantwortung gemäß § 1569 BGB nur noch die Betreuung gemeinschaftlicher Kinder zur Folge haben kann, den Pflichtigen wieder in die Verantwortung zu nehmen. Dabei ist der wiederaufgelebte Anspruch auf die Dauer der Kinderbetreuung gemäß § 1570 BGB zu begrenzen. Der Unterhaltsverpflichtete kann sich daher auch dann noch auf Verwirkung berufen, wenn in der Vergangenheit eine verfestigte Lebensgemeinschaft vorlag, zum Zeitpunkt der Geltendmachung des Tatbestandes diese aber wieder gelockert oder beendet war und Kinderbelange keine Rolle mehr spielen.[473]

3. Wiederaufleben eines Anspruchs aus Gründen des vorrangigen Kindeswohls

Auch ein aus sonstigen Gründen (Nr. 3 mit Nr. 7) ausgeschlossener Unterhaltsanspruch kann wiederaufleben, wenn dies aus Gründen des vorrangig zu berücksichtigenden Kindeswohls erforderlich ist. Dies kann zB der Fall sein, wenn der Berechtigte infolge einer Änderung der Sorgerechtsentscheidung nach § 1570 BGB auf Unterhalt angewiesen ist. **1385**

Soweit nach dem Eingangssatz des § 1579 die Belange eines gemeinschaftlichen Kindes zu wahren sind, kann dies nicht davon abhängig sein, ob der Unterhaltsberechtigte für einen vergangenen Zeitraum wegen eines Fehlverhaltens den Unterhaltsanspruch eingebüßt hatte. Nach der Rechtsprechung des BVerfG und des BGH kommt dem Kindeswohl gegenüber Belangen des Verpflichteten grundsätzlich der Vorrang zu. Dieser kann unter den Voraussetzungen der Härteregelung nur insoweit von Unterhaltszahlungen freigestellt werden, wie die Interessen des Kindes nicht entgegenstehen. Der Lebensstandard des Kindes soll nicht wegen eines Fehlverhaltens des Berechtigten absinken, das von ihm nicht zu vertreten ist. Eine Auslegung des § 1579 BGB, die die Belange des Kindes wegen eines Fehlverhaltens des Berechtigten vernachlässigen würde, wäre mit verfassungsrechtlichen Grundsätzen nicht vereinbar. Deshalb ist § 1579 BGB stets erneut umfassend zu überprüfen, wenn die Voraussetzungen des erörterten Eingangssatzes neu eintreten. Die hierin liegende Privilegierung des berechtigten Elternteils gilt, ähnlich wie nach § 1570 BGB, solange der Berechtigte das Kind tatsächlich betreut, und zwar entweder mit Einverständnis des anderen Elternteils oder auf Grund einer gerichtlichen Entscheidung.[474] **1386**

Gründe des Kindeswohls liegen auch vor, wenn ein nachehelicher Unterhaltsanspruch wegen nachhaltiger und massiver **Behinderung des Umgangsrechts** teilweise verwirkt ist, der Unterhaltsberechtigte aber zwischenzeitlich auf die Kinder so eingewirkt hat, dass ein dauerhafter und angemessener Umgang ausgeübt werden kann.[475] **1387**

---

[473] OLG Koblenz FamRZ 2013, 474.
[474] BGH FamRZ 1987, 1238.
[475] OLG München FamRZ 1998, 750; OLG Nürnberg FamRZ 1997, 614.

§ 5 Rangverhältnisse und Mangelfälle

I. Selbstbehalt und Mangelfall

1. Relativität von Eigenbedarf, Selbstbehalt und Mangelfall

Jeder Unterhalt ist nur dann in Höhe des bestehenden Bedarfs geschuldet, wenn die entsprechende **Leistungsfähigkeit** des Verpflichteten vorliegt. Ansonsten besteht ein **Mangelfall,** der zu einer **Verminderung des Unterhalts** unter den **Unterhaltsbedarf** führt. In diesem Zusammenhang ist zu berücksichtigen, dass dem Verpflichteten ein bestimmter Betrag belassen werden muss, sein **Eigenbedarf** oder **Selbstbehalt.** Der Selbstbehalt stellt den Betrag dar, der dem Verpflichteten gegenüber einem Berechtigten auf jeden Fall als unterste Opfergrenze verbleiben muss. Seine Unterhaltsverpflichtung setzt regelmäßig erst oberhalb solcher Selbstbehaltsgrenzen ein. Bis zur Höhe des Selbstbehalts benötigt der Verpflichtete seine Einkünfte zur Deckung seines eigenen Lebensbedarfs.[1]

Derartige Selbstbehaltsgrenzen für den Verpflichteten hat die Rechtsprechung im Rahmen des § 1603 BGB entwickelt. Für den Ehegattenunterhalt hatte der BGH auf Grund des § 1581 BGB ursprünglich die Konzeption eines gleitenden (eheangemessenen) Selbstbehalts[2] erarbeitet,[3] diese dann aber aufgegeben und durch einen einheitlichen Ehegattenselbstbehalt ersetzt,[4] um das Unterhaltsrecht zu vereinfachen. Jedoch hat das BVerfG durch seine Entscheidung vom 25.1.2011[5] diesem Versuch des BGH, die Halbteilung im Wege der Bedarfsbestimmung zu sichern, eine verfassungsrechtliche Absage erteilt. Deshalb muss nun wieder zwischen einem **relativen Mangelfall,** bei welchem der Bedarf der Berechtigten und des Pflichtigen gekürzt wird, und dem **absoluten Mangelfall,** bei dem nur noch der Unterhalt des Berechtigten gekürzt wird, unterschieden werden (→ Rn. 5).

Der **Selbstbehalt** des Verpflichteten ist für jedes Unterhaltsrechtsverhältnis selbstständig zu bestimmen, insofern ist er relativ. Besteht eine Unterhaltspflicht gegenüber mehreren Unterhaltsgläubigern, so können diesen gegenüber verschiedene Selbstbehaltsbeträge maßgebend sein. Absolut ist allerdings der **Selbstbehalt,** welcher als **unterste Grenze der Inanspruchnahme** durch jeden Unterhaltsgläubiger anerkannt ist. Er wird in der Praxis als **notwendiger Selbstbehalt** bezeichnet. **Bedingt** ist ein Selbstbehalt, wenn er nur gilt, solange andere leistungsfähige Verwandte vorhanden sind, welche an Stelle des vorrangig Pflichtigen den Unterhalt zahlen können.

2. Verschiedene Selbstbehalte nach den Leitlinien

Zur **Höhe** des jeweiligen Selbstbehalts haben die unterhaltsrechtlichen **Leitlinien der OLGe** Bestimmungen getroffen (jeweils unter Nr. 21). Beschränkt man sich auf den absoluten Mangelfall,[6] dann besteht auch ein klarer Zusammenhang zwischen der Höhe des Selbstbehalts und der Rangordnung der Berechtigen gem. § 1609 BGB: Der Selbstbehalt gegenüber einem nachrangigen Unterhaltsberechtigten kann nur größer oder gleich demjenigen gegenüber dem vorrangigen Unterhaltsberechtigten sein.[7] Insofern spiegelt

---

[1] BGH FamRZ 1987, 472.
[2] In diesem Buch bereits von Anfang an vertreten, vgl. Wendl/Staudigl 2. Aufl. S. 383.
[3] BGH FamRZ 1990, 260 (262).
[4] BGH FamRZ 2006, 683.
[5] BVerfG FamRZ 2011, 437.
[6] BGH FamRZ 2006, 683.
[7] Demgegenüber hing der früher geltende (vgl. Fn. 3) eheangemessene Eigenbedarf vom eheprägenden Einkommen ab und war gegenüber einem nachrangigen Ehegatten meist geringer als gegenüber dem vorrangigen.

sich also im Selbstbehalt das Rangverhältnis wider. Das schließt es allerdings zum einen nicht aus, dass für verschiedenrangige Unterhaltsansprüche der gleiche Selbstbehalt gilt (zB für Elternunterhalt, Enkelunterhalt und Unterhalt eines volljährigen Kindes, welches wieder bedürftig wurde, ebenso für vor- und nachrangigen Ehegattenunterhalt). Zum anderen können auch bei gleichem Rang verschiedene Selbstbehalte gelten, nämlich zwischen nicht privilegierten volljährigen Kindern, die nachträglich wieder bedürftig geworden sind, und solchen, die niemals unabhängig geworden waren. Im Einzelnen sind die folgenden **Arten von Selbstbehalten** anerkannt:

3 a) **Notwendiger Selbstbehalt** als unterste Grenze der Inanspruchnahme und in diesem Sinne absoluter Selbstbehalt. Der BGH billigt in ständiger Rechtsprechung die entsprechende fast gewohnheitsrechtliche Handhabung im Rahmen des § 1603 II 1 BGB durch die Praxis.[8] Diese unterste Opfergrenze wird weniger durch die individuellen Lebensumstände des Verpflichteten bestimmt als vielmehr durch das Erfordernis, die Grenzen seiner Inanspruchnahme generalisierend festzulegen (→ § 2 Rn. 240, 380 f.).[9]
Sie beträgt seit 1.1.2015 unverändert 1080 EUR für erwerbstätige und 880 EUR für nicht erwerbstätige Unterhaltpflichtige und ist maßgebend für die Ansprüche von minderjährigen und die ihnen nach § 1603 II 2 BGB gleichgestellten volljährigen Kinder gegenüber ihren Eltern (es sei denn, es gälte nach § 1603 II 3 BGB der angemessene Selbstbehalt, weil ein anderer leistungsfähiger Unterhaltspflichtiger vorhanden ist: → Rn. 4).[10]

4 b) **Angemessener Selbstbehalt.** Volljährigen Kindern gegenüber, die sich in der Ausbildung befinden, gilt als unterste Opfergrenze der auf § 1603 I BGB beruhende **angemessene Selbstbehalt** (→ § 2 Rn. 240, 536 f., 546 ff.).[11] Er beträgt seit 1.1.2015 i. d. R. 1300 EUR.[12] Als **bedingter Selbstbehalt** gilt er auch gegenüber minderjährigen und ihnen nach § 1603 II 2 BGB gleichgestellten Kindern, wenn ein (eigentlich) nachrangig haftender leistungsfähiger Unterhaltspflichtiger vorhanden ist (→ § 2 Rn. 394).

Der „angemessene Selbstbehalt" muss nach § 1603 I und II BGB höher sein als der „notwendige Selbstbehalt". Dagegen verstieß früher die damalige „Nürnberger Tabelle", indem sie in den unteren Einkommensgruppen den notwendigen und den angemessenen Selbstbehalt einheitlich mit 890 DM bemaß.[13]

5 c) **Billiger, eheangemessener Selbstbehalt, Ehegattenselbstbehalt.** In seiner Grundsatzentscheidung vom 18.10.1989[14] hatte der BGH als Selbstbehalt gegenüber Ehegatten die auf den Pflichtigen entfallende Unterhaltsquote betrachtet, welche als einkommensabhängiger **„eheangemessener Selbstbehalt"** bezeichnet wurde. Daneben wurde aber teilweise auch eine nicht einkommensabhängige Grenze anerkannt, welche in Anlehnung an den Wortlaut des § 1581 BGB als **„billiger Selbstbehalt"** bezeichnet wurde. Dieser sollte in der Regel den notwendigen Selbstbehalt (→ Rn. 3) übersteigen und wurde von den Gerichten, die ihn bestimmten, auf einen Wert zwischen dem angemessenen und dem notwendigen Selbstbehalt festgesetzt. In seiner Grundsatzentscheidung vom 15.3.2006[15] hat der BGH den als eheangemessenen Selbstbehalt bezeichneten variablen Selbstbehalt aufgegeben, weil diese Begrenzung durch die neu entwickelte Rechtsprechung zum variablen eheangemessenen Bedarf nicht mehr nötig sei.

Gegenüber den Ansprüchen von Ehegatten galt nunmehr der **einheitliche Ehegattenselbstbehalt**, welcher zwischen dem notwendigen und dem angemessenen Selbstbehalt liegt und seit 1.1.2015 meist mit **1200 EUR** bemessen wird (→ § 4 Rn. 969 ff.).[16] In derselben Höhe wird auch der Selbstbehalt gegenüber dem Unterhaltsanspruch der nicht-

---

[8] BGH NJW 1984, 1614.
[9] BGH FamRZ 1982, 365.
[10] ZB SüdL 21.2.
[11] BGH FamRZ 1987, 472; vgl. auch aus jüngerer Zeit: BGH FamRZ 2017, 370 Rn. 20 = R 778a.
[12] ZB SüdL 21.3.1.
[13] BGH FamRZ 1989, 272.
[14] BGH FamRZ 1990, 260 (262).
[15] BGH FamRZ 2006, 683.
[16] ZB SüdL 21.3.2 und BGH FamRZ 2006, 683.

I. Selbstbehalt und Mangelfall § 5

ehelichen Mutter (bzw. des nichtehelichen Vaters, § 1615l IV BGB) nach § 1615l BGB anerkannt (→ § 7 Rn. 141). Viele Leitlinien verwenden dafür die alte Bezeichnung „eheangemessener Selbstbehalt" in neuer Bedeutung, der BGH spricht von „Ehegattenselbstbehalt". Die Leitlinien der OLGe unterscheiden zumeist nicht zwischen erwerbstätigen und nicht erwerbstätigen unterhaltspflichtigen Ehegatten.[17] Der BGH jedoch hat vorgeschlagen, bei **Nichterwerbstätigen** die Mitte zwischen dem angemessenen Selbstbehalt und dem notwendigen Selbstbehalt eines Nichterwerbstätigen zu wählen,[18] was im Jahre 2008 dem Betrag von 935 EUR entsprach. Jetzt wären (880 EUR + 1300 EUR)/2 = 1090 EUR als Ehegattenselbstbehalt eines nichterwerbstätigen Ehegatten anzusetzen.

Inzwischen hat das **BVerfG** die Berücksichtigung eines späteren Ehegatten bei der Bedarfsbestimmung für den früheren Ehegatte missbilligt.[19] Damit ist die Begründung des BGH für die Abschaffung des variablen Selbstbehalts entfallen. Deshalb muss nun neben dem Ehegatten(mindest)selbstbehalt auch der individuelle eheangemessene Selbstbehalt, der sich als Spiegelbild des Ehegattenbedarfs aus der Halbteilung des verfügbaren Einkommens ergibt, berücksichtigt werden. Somit sind beim Ehegattenunterhalt **zwei Selbstbehalte** zu berücksichtigen: Der auf dem Grundsatz der **Halbteilung** gründende individuelle eheangemessene Selbstbehalt und als dessen Untergrenze der allgemeingültige Ehegattenselbstbehalt. Soweit vertreten wurde, nur bei Unterschreitung des Ehegattenselbstbehalts komme **die Rangordnung** nach § 1609 Nr. 2 und 3 BGB zum Tragen, während bei einer Unterhaltskürzung wegen Unterschreitung des eheangemessenen Selbstbehalts der Rang lediglich als einer der maßgebenden Umstände für den **Umfang der Billigkeitskürzung** nach § 1581 BGB Bedeutung habe,[20] ist der BGH dem nicht gefolgt. Er hat die Berücksichtigung des Anspruchs eines späteren nachrangigen Ehegatten als Grund einer Kürzung des Unterhalts eines früheren Ehegatten abgelehnt.[21] Jedoch ist damit noch nicht der alte spiegelbildliche Selbstbehalt des Pflichtigen als $^4/_7$-Quote der Düsseldorfer Tabelle zurückgekehrt, denn der BGH lässt für die Frage der Leistungsfähigkeit keinen Erwerbstätigenbonus mehr gelten. Nur wenn dem Pflichtigen weniger als die Hälfte der Summe der beiderseitigen Einkommen bleibt, ist die Mangelgrenze des § 1581 BGB unterschritten.[22]

Eine **Besonderheit** des Ehegattenselbstbehalts ergibt sich aber daraus, dass er nach den Motiven des Gesetzgebers[23] im Falle eines gemeinsame Kinder betreuenden früheren Ehegatten besonders auf seine Angemessenheit zu überprüfen ist, wenn diesem weniger als sein Existenzminimum zur Verfügung steht, die Familie des Unterhaltspflichtigen aber ein gutes Auskommen hat. Dann ist ggf. der Selbstbehalt nochmals herabzusetzen, um ein ausgewogenes Ergebnis zu erzielen.

d) Selbstbehalt gegenüber Eltern. Gegenüber dem Unterhaltsanspruch der Eltern gegen ihre Kinder ist nunmehr ein Selbstbehalt von 1800 EUR anerkannt, in welchem eine Warmmiete von 480 EUR enthalten ist (DT D.I.). Dieser Betrag erhöht sich noch um den Hälfteanteil des darüber hinausgehenden Einkommens.[24]

e) Selbstbehalt gegenüber Enkeln. Der gleiche Selbstbehalt gilt auch für Ansprüche von Enkeln gegen ihre Großeltern.[25] Allerdings wird hier nur von einem Teil der OLGe

---

[17] Anders die Leitlinien der OLGe Braunschweig 21.4: 1100 EUR; Celle 21.4: 1100 EUR; Frankfurt 21.4: 1090 EUR; Hamm 21.4: 1090 EUR sowie die in Fn. 1 der SüdL OLGe Karlsruhe, Stuttgart und – teilweise – Zweibrücken: 1090 EUR.
[18] BGH FamRZ 2009, 307 = R 699c.
[19] BVerfG FamRZ 2011, 437.
[20] So noch in der 8. Auflage mit der Begründung, das folge daraus, dass die seit 1.1.2008 geltende Fassung des § 1582 BGB nicht mehr auf § 1581 BGB verweise. Nach den Motiven solle die zeitliche Priorität bei der Rangfolge keine Bedeutung mehr haben, sondern lediglich die Schutzbedürftigkeit. Wenn jedoch die Kürzung nach § 1581 BGB von der Rangordnung abhinge, würde der Rang entgegen der Intention des Gesetzgebers die zeitliche Priorität schützen.
[21] BGH FamRZ 2012, 281 Rn. 49 = R 731m; BGH FamRZ 2014, 1183 Rn. 21 = R 754c.
[22] BGH FamRZ 2013, 1366 Rn. 87; BGH FamRZ 2014, 1183 Rn. 30 = R 754d.
[23] BT-Drs. 16/1830, 24.
[24] BGH FamRZ 2002, 1698; DT D.I.
[25] BGH FamRZ 2007, 375; FamRZ 2006, 26 = R 637; FamRZ 2006, 1099 = R 652.

die Erhöhung des Selbstbehalts um die Hälfte des darüber hinaus gehenden Einkommens anerkannt (Kammergericht 21.3.3, OLGe Bremen 21.3.4, Frankfurt 21.3.4, Hamburg 21.3.4, Hamm 21.3.4, Jena 21.3.4, Koblenz 21.3.4, Köln 21.3.4, Naumburg 21.3.3, Oldenburg 21.3 und Rostock 21.3.4). Die OLGe Celle (21.3.4) und Dresden (21.3.2) sowie die SüdL 21.3.4 sehen bei Enkeln eine Erhöhung des Selbstbehalts um das halbe Mehreinkommen nicht vor. Die OLGe Brandenburg, Braunschweig und Schleswig sowie die DT (auf die Saarbrücken verweist) erwähnen die Enkel nicht.

9a **f) Selbstbehalt gegenüber volljährigen Kindern, die wieder bedürftig wurden.** Den gleichen Selbstbehalt wie denjenigen gegenüber Enkeln hat der BGH auch gegenüber Ansprüchen volljähriger Kinder anerkannt, welche nach ihrer Verselbständigung wieder bedürftig wurden.[26]

10 **g) Bedarf des beim Pflichtigen lebenden vorrangigen Ehegatten.** Im Zusammenhang mit den Selbstbehalten haben die meisten OLGe auch den Bedarf geregelt, mit welchem der bei dem Unterhaltspflichtigen lebende Ehegatte den nachrangigen Berechtigten vorgeht (zumeist Nr. 22 der Leitlinienstruktur). Dabei wird stillschweigend vorausgesetzt, dass (zur Vereinfachung) die durch das Zusammenleben bewirkte Ersparnis nur beim Ehegatten berücksichtigt und auf diese Weise die Ersparnis beider Eheleute erfasst wird. Genau genommen handelt es sich deshalb nicht um den Bedarf des Ehegatten, sondern um die Erhöhung des Selbstbehalts des Pflichtigen dadurch, dass er zusätzlich den Bedarf des vorrangigen Ehegatten abzudecken hat, wodurch auch auf diesen Bedarf dann die bei beiden Ehegatten durch das Zusammenleben eingetretene Ersparnis angerechnet wird. Daraus ergibt sich ein **Rechenweg** für diesen **vorrangigen Bedarf,** welcher sich aus dem Selbstbehalt des Unterhaltspflichtigen herleitet, wenn man mit dem BGH[27] und dem BVerfG[28] in Anlehnung an das Sozialrecht die Ersparnis durch Zusammenleben mit **durchgehend 10%** ansetzt: Da die Ersparnis für beide Eheleute beim Ehegatten berücksichtigt wird, beträgt sein vorrangiger Bedarf 80% des korrespondierenden Selbstbehalts des Unterhaltspflichtigen.

11 Entsprechend dieser Berechnung erkennen die **meisten OLGe** (DT, das KG, die OLGe Braunschweig, Bremen, Celle, Dresden, Hamburg, Jena 23.2, Köln, Naumburg, Oldenburg, Rostock, Schleswig, die OLGe der SüdL und durch Verweisung auf die DT Koblenz und Saarbrücken) gegenüber einem **nachrangigen Ehegattenunterhalt** den vorrangigen Bedarf des beim Pflichtigen lebenden Ehegatten in Höhe von **960 EUR**[29] und gegenüber einem **nachrangigen Kind** in Höhe von **1040 EUR**[30] an. Der BGH hat sich zu dieser Berechnung bisher nicht geäußert. Allerdings hat er klargestellt, dass der Selbstbehalt des Unterhaltspflichtigen nicht mit dem Mindestbedarf des unterhaltsberechtigten Ehegatten gleichgesetzt werden kann.[31] Das betraf jedoch nur den **Mindestbedarf als Untergrenze des angemessenen Unterhalts** nach § 1578b I BGB, welcher in keinem Zusammenhang mit der Halbteilung steht. In Fällen des Vorrangs muss sich jedoch der Halbteilungsgrundsatz auch auf die Höhe des vorrangigen Unterhalts auswirken.[32] Deshalb kann die Lösung der OLGe Bestand haben. Eigenes Einkommen des Ehegatten ist auf diesen Selbstbehalt ohne **Abzug eines Erwerbstätigenbonus** anzurechnen.[33]

Gegenüber **Eltern und Enkeln** erkennen die SüdL und die meisten OLGe entsprechend dem gleichen Kalkül einen vorrangigen Bedarf des beim Pflichtigen lebenden Ehegatten von 1440 EUR an. Koblenz und Saarbücken verweisen auf die DT. Brandenburg macht zu diesen Fragen bisher keine dezidierten Vorgaben.

11a **h) Bedarf des getrenntlebenden oder geschiedenen Ehegatten.** Im Zusammenhang mit den Rangproblemen bei der Berechnung des Unterhalts mehrerer Ehegatten wird

---

[26] BGH FamRZ 2012, 530 Rn. 20; FamRZ 2012,1553 = R 734.
[27] BGH FamRZ 2010, 1535 = R 714b.
[28] BVerfG NJW 2010, 505 = FamRZ 2010, 429 (435).
[29] Anders Frankfurt 22.1: 880 EUR.
[30] So Hamm 22.2, das sich nicht zum Ehegatten äußert.
[31] BGH FamRZ 2010, 629 = R 710c.
[32] Vgl. auch BGH FamRZ 2009, 762 = R 703.
[33] aA noch in der 8. Aufl.

I. Selbstbehalt und Mangelfall § 5

von einer wachsenden Zahl von OLGen (unter Nr. 23 der Leitlinienstruktur) auch ein vorrangiger Bedarf von getrenntlebenden und geschiedenen Ehegatten im Verhältnis zu nachrangigen Ehegatten, volljährigen Kindern und Eltern jeweils in Höhe des Selbstbehalts des Pflichtigen anerkannt (DT B.VI.1., SüdL, KG, Bremen, Braunschweig, Dresden, Hamburg, Jena, Koblenz [Verweis auf DT], Köln, Rostock, Schleswig, Saarbrücken [Verweis auf DT]). Hamm anerkennt den gespiegelten Selbstbehalt nur gegenüber nicht privilegierten Volljährigen und gegenüber Eltern und Enkeln. Brandenburg, Celle, Frankfurt, Naumburg und Oldenburg äußern sich hierzu bislang nicht.

i) Sozialgrenze. Eine absolute Grenze der Inanspruchnahme stellt gegenüber allen 12 Unterhaltsansprüchen (neben dem notwendigen Selbstbehalt) auch die **Sozialgrenze** dar, die sich daraus ergibt, dass nach der Rechtsprechung des BGH niemand durch Unterhaltszahlungen zum Sozialfall werden soll.[34]

Jede Unterhaltspflicht findet nämlich dort ihre Grenze, wo dem Betroffenen nicht die Mittel für den eigenen notwendigen Lebensbedarf bleiben. Diese Opfergrenze wird im Allgemeinen etwas über dem **Sozialhilfebedarf** des in Anspruch Genommenen angesetzt. Wenn der Sozialhilfebedarf aber im Einzelfall höher liegt als diese generellen Sätze, erhöht sich der Selbstbehalt entsprechend. Daher liegt der Selbstbehalt eines Rentners, der wegen Pflegebedürftigkeit auf Dauer in einem Heim untergebracht ist, nicht unter dem dafür erforderlichen Kosten.[35] Auch in anderen Fällen wird aber zu prüfen sein, ob der Selbstbehalt den Sozialhilfebedarf (für die Hilfe zum Lebensunterhalt) nicht unterschreitet.[36] Gegebenenfalls ist der Selbstbehalt entsprechend zu erhöhen.

In solchen Fällen wird meist auch auf Seiten des Unterhaltsberechtigten eine Sozial- 13 hilfeberechtigung bestehen. Ist der **Berechtigte** Harz IV-Empfänger, geht in Höhe der Leistung nach § 33 I SGB II die Unterhaltsforderung auf das Sozialamt über. Jedoch ist dieser Forderungsübergang nach § 33 II SGB II begrenzt auf den Betrag, welchen der Unterhaltspflichtige verfügbar hat, ohne selbst sozialhilfeberechtigt zu werden.[37] Allein dadurch wird der Unterhaltspflichtige aber nicht definitiv entlastet, denn den im Hinblick auf die Sozialgrenze nach § 33 II SGB II nicht übergegangenen Teil des zivilrechtlichen Unterhaltsanspruchs kann der Unterhaltsberechtigte selbst in Anspruch nehmen, weil die Sozialhilfe grundsätzlich nachrangig ist.[38] Hier ist nun die Begrenzung des Anspruchs durch die Sozialgrenze zu beachten. Das gilt allerdings nicht für die Abtragung von Rückständen. Jedoch kann der Umstand, dass die Sozialhilfe den **Unterhaltsbedarf bereits abgedeckt** hat, aus Billigkeitsgründen zur Herabsetzung der bis zur Rechtshängigkeit aufgelaufenen Rückstandsforderung führen, wenn nämlich der Unterhaltspflichtige sonst nicht imstande wäre, seinen laufenden Unterhaltspflichten nachzukommen.[39]

In Mangelfällen wird in der Regel auch **Verfahrenskostenhilfe** beantragt. Seit dem 14 1.1.1995 wird die Bedürftigkeit nach § 115 ZPO nach dem gleichen Schema geprüft wie bei der Sozialhilfe. Es liegt daher nahe, die Sozialgrenze an dem Freibetrag nach § 115 ZPO zu orientieren.

Dabei dürfen die **Besonderheiten des Unterhaltsrechts** jedoch nicht außer Acht 15 gelassen werden.

- So können insbesondere **Wohnkosten** im Verfahrenskostenhilferecht anzuerkennen sein, obgleich sie den verschärften Maßstäben der Inanspruchnahme für den Unterhalt eines minderjährigen Kindes gem. § 1603 II 1 BGB nicht standhalten. Das Sozialhilferecht erkennt Wohnkosten vorläufig an, wenn sie bei Eintritt der Bedürftigkeit geschuldet werden, während das Unterhaltsrecht im Hinblick auf die meist vorhersehbare Unter-

---

[34] Das kann aber seit dem 1.8.2006 geschehen: Wenn titulierter gesetzlicher Unterhalt gezahlt wird, dann ist dieser nach § 11b II 1 Nr. 7 SGB II vom Einkommen abzusetzen. Wenn dann dem Unterhaltspflichtigen weniger als sein Sozialbedarf nach § 20 SGB II bleibt, hat er einen entsprechenden Anspruch auf Arbeitslosengeld II.
[35] BGH FamRZ 1990, 849.
[36] BGH FamRZ 1984, 1000.
[37] BGH FamRZ 2013, 65.
[38] BGH FamRZ 2000, 1358; FamRZ 1999, 843.
[39] BGH FamRZ 1999, 843.

haltspflicht überhöhte Wohnkosten nur im Falle des Verbleibens in der Ehewohnung bei der Trennung zeitweise, in der Regel jedoch nicht akzeptiert. Hinzu kommt die unterschiedliche prozessuale Lage: Im den zivilprozessualen Regeln folgenden Unterhaltsverfahren hat der Unterhaltsverpflichtete seine Leistungsunfähigkeit und damit seine Unfähigkeit, eine billigere Wohnung zu finden, zu beweisen, während im Sozialgerichtsprozess die Amtsmaxime gilt, was letztlich zur Beweislast der Behörde führt.

16 • Für das Verfahrenskostenhilferecht entfällt nach § 115 I 3 ZPO die Leistungsfähigkeit, soweit **die bei dem Pflichtigen lebenden Kinder und sein Ehegatte** bedürftig werden würden. Würde das Unterhaltsrecht dem folgen, wären der zweite Ehegatte und die bei dem Pflichtigen lebenden Kinder mit ihrem Mindestbedarf vorrangig gegenüber dem ersten Ehegatten und den Kindern, die nicht bei dem Pflichtigen leben. Das widerspräche den **Rangregeln des Unterhaltsrechts** (→ Rn. 119 ff.).

17 • Das Unterhaltsrecht billigt dem Unterhaltspflichtigen im Mangelfall nur einen **Erwerbstätigenbonus** von 200 EUR zu (Unterschied zwischen dem notwendigen Selbstbehalt eines Erwerbstätigen von 1080 EUR und eines Nichterwerbstätigen von 880 EUR).[40] Demgegenüber akzeptieren die Sozialämter idR einen Erwerbstätigenbonus nach § 11b III SGB II – abhängig vom Einkommen – von bis zu 200 EUR, der neben einem pauschalierten Aufwand von 100 EUR (§ 11b II 1 SGB II) vom Erwerbseinkommen abgezogen wird und dieses über das Maß des unterhaltsrechtlich Möglichen hinaus mindern kann. Die unterschiedliche Höhe des Bonus rechtfertigt sich im Prinzip aus der unterschiedlichen Interessenlage, insbesondere der geringere Bonus des Unterhaltsrechts aus der strengen Erwerbsobliegenheit gegenüber dem minderjährigen Kind. Es besteht deshalb kein Grund, denselben Bonus wie § 33 SGB II der Unterhaltsberechnung zugrunde zu legen (vgl. Klinkhammer → § 8 Rn. 14).

18 Zu beachten ist aber vor allem, dass das Sozialrecht keine fiktiven Einkünfte berücksichtigt, was regelmäßig zu Abweichungen führen kann. In diesen Fällen kann nur für Rückstände aus der Zeit vor Rechtshängigkeit nach § 242 BGB ein Ausgleich gefunden werden.[41]

19 j) **Bedarfskontrollbetrag.** Der Bedarfskontrollbetrag der DT (→ § 2 Rn. 351 f.) könnte als eingeschränkter Selbstbehalt erscheinen, weil seine Unterschreitung zur Herabgruppierung in der DT und damit zur Senkung sowohl des Kindesunterhalts als auch wiederum des Bedarfskontrollbetrags führt. Da jedoch der Bedarf des Kindes im Rahmen der Zumutbarkeit an jeder Minderung des Lebensstandards des Verpflichteten teilnimmt, wird der Bedarfskontrollbetrag zutreffend nicht als Kennzeichnung eines (eingeschränkten) Mangelfalls, sondern als Rechenhilfe zur Bestimmung des angemessenen Bedarfs eines Kindes betrachtet (→ § 2 Rn. 317).[42]

20 k) **Erhöhung und Herabsetzung des Selbstbehalts. aa) Ersparnis durch gemeinsame Haushaltsführung.** Der Selbstbehalt eines Unterhaltsschuldners kann unter die Richtwerte herabgesetzt werden, wenn sein Bedarf mit der Ersparnis durch gemeinsame Haushaltsführung mit einem ebenfalls berufstätigen Ehegatten teilweise abgedeckt ist.[43] Bisher hatten die Leitlinien der OLGe diese Ersparnis nur durch einen entsprechend geringeren Ansatz für den zusätzlichen Bedarf des beim Pflichtigen lebenden Ehegatten berücksichtigt. Die DT setzte früher den Bedarf des Ehegatten beim Pflichtigen im Verhältnis zu den minderjährigen Kindern und privilegierten Volljährigen mit 650 EUR bei Erwerbstätigkeit und 560 EUR ohne Erwerbstätigkeit an, im Verhältnis zu nicht privilegierten Volljährigen mit 800 EUR[44] (→ Rn. 10, 11). Die einseitige Berücksichtigung beider Ersparnisse nur beim Ehegatten erhöht bei der Mangelfallberechnung den nicht der

---

[40] Der BGH hat in einem Mangelfall die Herabsetzung des Erwerbstätigenbonus auf 5% für angemessen gehalten: FamRZ 1992, 539 (541).
[41] BGH FamRZ 1999, 843.
[42] Vgl. Hampel, Bemessung des Unterhalts, Rn. 35.
[43] BGH FamRZ 2002, 742 = R 576b; FamRZ 2004, 24.
[44] So früher DT Anm. B VI, VII. Das waren 650/900 = 72% bzw. 560/770 = 73% bzw. 800/1100 = 73% des Bedarfs eines Alleinstehenden. Da dabei bisher der Selbstbehalt des Pflichtigen nicht herabgesetzt wurde, erfasst die Herabsetzung um ca. 27% die Vorteile beider Partner.

I. Selbstbehalt und Mangelfall § 5

Mangelkürzung unterliegenden Selbstbehalt und vermindert den kürzungsfähigen Anteil des Ehegatten. Die Motive des neuen Unterhaltsrechts[45] empfehlen demgegenüber, diese Mangelfallberechnung zu ändern und im Fall des Zusammenlebens auch den Selbstbehalt des Pflichtigen herabzusetzen.[46] Die HL 24.2.2 legten es nahe, diese Ersparnis mit 12,5% zu bemessen.[47] Das bedeutete eine Herabsetzung des Ehegattenselbstbehalts von 1000 EUR auf 875 EUR, jetzt von 1200 EUR auf 1050 EUR. Dies setzt allerdings eine echte Ersparnis voraus, also auch ein Einkommen des Partners.[48]

Inzwischen hat der **BGH**[49] im Anschluss an das **BVerfG**[50] und die Regelungen des Sozialrechts einen **Abzug von 10%** empfohlen. Dem sind die meisten Leitlinien bei der Bemessung des vorrangigen Bedarfs des bei dem Pflichtigen lebenden Ehegatten gefolgt (→ Rn. 10, 11). Für die Praxis bedeutet das, dass bei **Zusammenleben mit einem Partner** der Selbstbehalt grundsätzlich um **10% zu senken** ist (so jeweils unter Nr. 21.5 der Leitlinienstruktur SüdL, KG, Brandenburg, Frankfurt, Hamburg, Hamm [unter Verweis auf Nr. 6.2], Koblenz, Köln [nur bzgl. Unterhalt mdj. Kinder], Oldenburg, Schleswig). Allerdings muss der Partner über ein ausreichendes Eigeneinkommen verfügen, weil sich die Ersparnis sonst nicht vorteilhaft für den Unterhaltsschuldner auswirken kann.[51] Die Minderung des Selbstbehalts um 10% setzt deshalb voraus, dass das Einkommen des Partners den Betrag des **um 10% verminderten notwendigen Selbstbehalts,** also 792 EUR, erreicht.[52]

bb) Anteil am Familienunterhalt. Zusätzlich ist ein Anteil am Familienunterhalt zu berücksichtigen, der analog dem Trennungsunterhalt als Ehegattenquote, allerdings ohne Erwerbstätigenbonus, berechnet wird.[53] 21

Verlangt ein minderjähriges Kind Unterhalt von seinem allein barunterhaltspflichtigen Elternteil und hat dieser in der neuen Ehe die Haushaltsführung übernommen, so ist sein Eigenbedarf durch den Familienunterhalt gedeckt und seine Leistungsfähigkeit richtet sich nur nach seinem möglichen Nebenerwerb.[54] Von dem hierdurch erzielbaren Einkommen ist **kein Selbstbehalt** abzuziehen. Früher vertrat der BGH auch die Auffassung, die Leistungsfähigkeit könne nicht größer sein, als sie wäre, wenn der Pflichtige erwerbstätig geblieben wäre.[55] Davon ist er später abgerückt.[56]

cc) Geringere oder höhere Wohnkosten. Die Wohnkosten in **Ballungsgebieten** unterscheiden sich stark von denjenigen in ländlichen Regionen. Weil die meisten OLG-Bezirke sehr unterschiedlich strukturierte Gebiete umfassen, war schon lange Anlass zur Kritik, dass sich zwar die Selbstbehalte der OLGe oft unterschieden, innerhalb desselben OLG-Bezirks jedoch einheitliche Selbstbehaltssätze galten. Die Sozialhilfe ihrerseits verwendet nur für den allgemeinen Lebensbedarf pauschale Regelsätze und deckt die Wohnkosten im Grundsatz nach ihrer tatsächlichen Höhe, wobei bei mehreren Bewohnern die Kosten nach Köpfen verteilt werden. Der daraus resultierenden Abweichung tragen die OLGe (ausgenommen KG, Celle, Oldenburg und Rostock) nun dadurch Rechnung, dass sie **in ihren Selbstbehaltssätzen** einen **Wohnkostenanteil ausweisen.** Das OLG Köln (Nr. 21.5) macht auch Vorschläge für die Aufteilung der Wohnkosten unter mehreren 22

---

[45] BT-Drs. 16/1830.
[46] BT-Drs. 16/1830, 24.
[47] Vgl. Gerhardt/Gutdeutsch FamRZ 2007, 778 (780). Die etwas höheren Ansätze der Düsseldorfer Tabelle (ca. 27 : 2 = 13,5%) waren weniger repräsentativ, weil sie (anders als die Quoten der HL) gerade für den Mangelfall galten, bei welchem die einseitige Berücksichtigung der Ersparnis beim Ehegatten den Pflichtigen begünstigte. Die Verwendung der etwas geringeren Ersparnisquote glich also den Fortfall dieser Begünstigung etwas aus.
[48] BGH FamRZ 2008, 968 = R 689i.
[49] BGH FamRZ 2010, 1535 = R 714c.
[50] BVerfG NJW 2010, 505 = FamRZ 2010, 429 (435).
[51] Gutdeutsch FamRZ 2008, 2240.
[52] Anders Koblenz 21.5: 650 EUR.
[53] BGH FamRZ 2002, 742; FamRZ 2004, 24; Gutdeutsch FamRZ 2008, 2240.
[54] BGH FamRZ 2001, 1065 = R 549.
[55] BGH FamRZ 1987, 472 (474).
[56] BGH FamRZ 2006, 1827 = R 660a.

Mitbewohnern derselben Wohnung. Hiernach sind unter Erwachsenen die Kosten nach Köpfen zu teilen. Kindern sind 20% ihres Barunterhalts zuzurechnen (→ Rn. 27).

23 So führen unvermeidbare Mietkosten, wenn sie den im Selbstbehalt vorausgesetzten Betrag übersteigen, zu einer entsprechenden Erhöhung des Selbstbehalts.

Andererseits kann auch eine **Herabsetzung** des Selbstbehalts veranlasst sein, wenn ein Teil des allgemeinen Lebensbedarfs des Verpflichteten anderweitig gedeckt ist, zB durch ein wohnkostenfreies Wohnen oder durch die Leistungen des neuen Ehemanns zum Familienunterhalt in einer neuen Ehe.[57] Da in den Selbstbehaltssätzen grundsätzlich auch ein **Anteil für Mietkosten des Verpflichteten** enthalten ist, verringert sich sein angemessener Bedarf im Verhältnis zum Berechtigten um den entsprechenden Anteil der Mietkosten, wenn der Verpflichtete mietfrei wohnt.[58]

Allerdings muss beachtet werden, dass eine niedrige Miete vielfach auf einer bewussten Entscheidung des Pflichtigen beruht, welcher auf den ihm zustehenden Wohnkomfort verzichtet, um das dadurch Ersparte in anderer Weise verwenden zu können. Diese Entscheidung darf **nicht durch Herabsetzung des Selbstbehalts unterlaufen werden**.[59] Deshalb kommt die Herabsetzung des Selbstbehalts wegen einer niedrigeren als der in den Leitlinien ausgewiesenen Miete allenfalls dann in Betracht, wenn der Pflichtige in einer **Region mit niedrigen Mieten** lebt, ohne dass diese Wahl durch die Erwägung der Mietersparnis mitbestimmt worden wäre.

24 Die Düsseldorfer Tabelle gibt zu jedem Selbstbehaltssatz die darin enthaltene **Warmmiete** an: Im notwendigen Selbstbehalt von 1080 EUR bzw. 880 EUR sind es 380 EUR, im Ehegattenselbstbehalt von 1200 EUR sind es 430 EUR, im angemessenen Selbstbehalt von 1300 EUR sind es 480 EUR, beim erhöhten angemessenen Selbstbehalt gegenüber sonstigen Verwandten von 1800 EUR (bzw. 1440 EUR für den Ehegatten) sind es 480 (bzw. 380) EUR. Entsprechende Angaben enthalten auch die Leitlinien derjenigen OLGe, die Wohnkostenanteile nennen.

25 Die ausgewiesenen Wohnkosten betreffen grundsätzlich die Warmmiete, welche umlagefähige Nebenkosten und Heizkosten umfasst.[60] Nur das OLG Frankfurt regelt die im Selbstbehalt enthaltene Kalt- und Warmmiete (290 EUR bzw. 380 EUR beim notwendigen Selbstbehalt, 330 EUR bzw. 430 EUR beim Ehegattenselbstbehalt, 370 EUR bzw. 480 EUR beim angemessenen Selbstbehalt und 370 EUR bzw. 480 EUR beim Elternunterhalt). Man wird davon ausgehen dürfen, dass mit „Warmmiete" dasselbe gemeint ist wie mit „(Kalt)Miete zuzüglich Mietnebenkosten" oder „Unterkunft und Heizung". Soweit auf diese Weise Kalt- und Warmmiete ausgewiesen sind, kann durch konkreten (durch Vorlage des Mietvertrags belegten) Vortrag des einen oder des anderen Betrags eine Herabsetzung des Selbstbehalts erreicht werden. Ist die Kaltmiete nicht ausgewiesen, so muss bei einer weitere Kosten umfassenden Pauschalmiete der Anteil der Kaltmiete durch eine Schätzung ermittelt werden, für welche die Leitlinien, welche zugleich Warm- und Kaltmiete ausweisen, gewisse Anhaltspunkte bieten (Frankfurt 21).

Ist nur die Warmmiete ausgewiesen, kann der Verpflichtete normalerweise Miete und Nebenkostenvorauszahlungen geltend machen. Heizt er selbst, so muss er seine Heizkosten berechnen und ggf. belegen. Sonst kann nur die etwa belegte Kaltmiete, erhöht um einen mäßigen Nebenkostenzuschlag (30%), geltend gemacht werden.

Bewohner eines eigenen Hauses können die Finanzierungszinsen (als Korrelat der Miete) und die sonstigen verbrauchsunabhängigen und verbrauchsabhängigen Kosten einschließlich der Heizkosten ansetzen, auch soweit sie nicht umlagefähig sind.

Stromkosten werden in der Regel vom Mieter direkt bezahlt und sind von den Nebenkosten nicht erfasst. Soweit Kosten der Warmwasserbereitung gemeinsam mit den Heizkosten abgerechnet werden, sind sie (anders als im Sozialhilferecht) aus Gründen der Praktikabilität als Nebenkosten zu behandeln.

---

[57] BGH FamRZ 1998, 286; FamRZ 1987, 472.
[58] BGH FamRZ 1984, 683.
[59] BGH FamRZ 2006, 1664 = R 657d; FamRZ 2004, 370; FamRZ 2004, 186.
[60] Vgl. DT A.5. und 7., B.IV, D. I. und II.

I. Selbstbehalt und Mangelfall   § 5

Einer übermäßigen Mietbelastung soll das **staatliche Wohngeld** (→ § 1 Rn. 664 f.) entgegenwirken. Unterhaltsrechtlich maßgebend ist bei der Leistungsfähigkeit nicht das tatsächlich bezogene Wohngeld, sondern der insoweit bestehende Anspruch, weil der Unterhaltspflichtige die Obliegenheit hat, sich zumutbar zu erwerbendes Einkommen zu verschaffen. Das gilt in erhöhtem Maße im Mangelfall. Deshalb sehen die NaL 21.5.3 und die KL 21.5 Abs. 2 vor, dass der Anspruch auf Wohngeld wohnkostenmindernd zu berücksichtigen ist.[61] 26

Bei einer Familienwohnung müssen die **Wohnkosten noch auf die Bewohner verteilt** werden: Den Kindern könnte in Anlehnung an KL 21.5 hier ein Anteil von 20% ihres Unterhalts angerechnet werden, während der Rest auf die Erwachsenen nach Köpfen zu verteilen wäre. 27

Beispiel:
M ist der einkommenslosen, nach lang dauernder Ehe geschiedenen Frau F 1 unterhaltspflichtig sowie den Kindern A und B (Alter 3 bzw. 7 Jahre) aus seiner neuen Ehe mit F 2.
M verdient 2300 EUR, hat unvermeidbar eine Warmmiete von 1100 EUR zu zahlen und erhält 408 EUR Kindergeld.
Barunterhaltsanspruch (vor Kindergeldabzug) der beiden Kinder, wegen Unterhaltspflicht gegenüber 2 Frauen und 2 Kindern herabgesetzt um eine Einkommensgruppe: DT2019 1/1 bzw. 1/2 = 354 EUR bzw. 406 EUR.
Mietanteil 20% des Kindesunterhalts = (354 EUR + 406 EUR) × 20% = 152 EUR
anteilige Wohnkosten von M (neben F 2) = (1100 EUR − 152 EUR)/2 = 474 EUR
Diese übersteigen den ausgewiesenen Betrag von 380 EUR (SüdL 21.2) um 94 EUR
notwendiger Selbstbehalt vom M daher (1080 EUR + 94 EUR =) 1174 EUR

dd) Auslandsfälle. Wohnt der Verpflichtete im Ausland, sind für die Ermittlung des „angemessenen Selbstbehalts", den der Verpflichtete zur Deckung seines Unterhaltsbedarfs benötigt, die Geldbeträge maßgeblich, die er an seinem Aufenthaltsort aufwenden muss, um nach den dortigen Verhältnissen den vergleichbaren „angemessenen Lebensstandard" aufrechterhalten zu können. Dabei ist der außenwirtschaftliche Kurs der fremden Währung nicht notwendig ein Spiegelbild ihres Binnenwerts und braucht sich mit der Kaufkraft der ausländischen Währung im Inland nicht zu decken[62] (→ § 9 Rn. 35 ff.). 28

ee) Umgangskosten. Bei nicht unerheblichen Umgangskosten, die der Unterhaltsschuldner aus den Mitteln, die ihm über den notwendigen Selbstbehalt hinaus verbleiben, nicht bestreiten kann, kommt eine maßvolle Erhöhung des Selbstbehalts in Betracht, üblicherweise in Höhe des Kindergeldanteils von 204 EUR/2 = 102 EUR.[63] 29

ff) Erwerbstätigenbonus. Bei dem notwendigen Selbstbehalt unterscheiden die DT und ihr folgend die Leitlinien zwischen erwerbstätigen Unterhaltsschuldnern (1080 EUR) und anderen (880 EUR). Damit soll dem Unterhaltsschuldner ein Anreiz gegeben werden, seine Erwerbstätigkeit nicht aufzugeben. Die anderen Selbstbehalte unterscheiden nicht nach Erwerbstätigkeit und Nichterwerbstätigkeit. Der Erwerbstätigenbonus, welcher dem Unterhaltspflichtigen bei der **Bedarfsbemessung** zugebilligt wird, hat **im Mangelfall keine Bedeutung**. Der Betrag ist Teil des die Leistungsfähigkeit bestimmenden Einkommens. 30

3. Voraussetzungen eines Mangelfalls nach §§ 1581, 1603 BGB

Nach §§ 1581, 1603 BGB besteht ein Mangelfall, wenn der Verpflichtete nach seinen Erwerbs- und Vermögensverhältnissen unter Berücksichtigung seiner sonstigen Verpflichtungen außerstande ist, dem Berechtigten ohne Gefährdung seines eigenen Unterhalts den Unterhalt zu gewähren. 31
In der üblichen Unterhaltsberechnung ergibt sich ein Mangelfall dadurch,
1. dass das Einkommen des Pflichtigen errechnet wird,
2. davon alle Unterhaltspflichten abgezogen werden,
3. festgestellt wird, welcher Selbstbehalt für das Unterhaltsverhältnis maßgebend ist und

---

[61] Vgl. früher auch die BayL 20 f.
[62] BGH FamRZ 1988, 705 (708); zu den Kaufkraftparitäten vgl. auch *Dose* → § 9 Rn. 79a ff.
[63] BGH FamRZ 2005, 706 (708) = R 626; BGH FamRZ 2008, 594 = R 688.

4. der verbleibende Betrag mit dem hiernach maßgebenden Selbstbehalt verglichen wird: Ist er größer, dann liegt kein Mangelfall vor und die Unterhaltsansprüche können in vollem Umfang erfüllt werden. Ist er kleiner, dann liegt ein Mangelfall vor. Dieses Defizit (Unterschied zwischen verbleibendem Betrag und Selbstbehalt) muss entsprechend den Rangverhältnissen auf die Unterhaltsansprüche verteilt werden.

Jedoch umfasst die Leistungsfähigkeit auch etwaiges **Vermögen**. Dessen Verwertung kann solange die **volle Leistungsfähigkeit** sichern, bis es **verbraucht ist**. Der Einsatz des Vermögens ist jedoch nach § 1581 BGB nur insoweit geschuldet, als er nicht unwirtschaftlich oder nach Maßgabe der beiderseitigen wirtschaftlichen Verhältnisse unbillig wäre (iE → Rn. 81 f.). Ist hiernach ein Einsatz des Vermögens **in festen Raten** zumutbar, dann ist dieser Betrag als **Teil des Einkommens** in die Unterhaltsberechnung aufzunehmen (→ § 1 Rn. 600 ff.).

In entsprechender Weise sind Schulden zu berücksichtigen: Werden sie in gleichbleibenden Raten zurückgezahlt und sind diese Raten angemessen (stellen also keine Verletzung der Erwerbsobliegenheit dar → Rn. 85 ff.), dann sind sie als Belastungen vom Einkommen abzuziehen.

32 Damit sind für die Feststellung eines Mangelfalls folgende Umstände zu klären:
- Der eigene **Unterhaltsbedarf des Verpflichteten (Selbstbehalt)**. Soweit es um die Feststellung eines Mangelfalls gegenüber einem Ehegatten geht, ist der Ehegattenselbstbehalt einzusetzen, geht es um den Mangelfall gegenüber einem Kind oder anderen Verwandten, der jeweilige Selbstbehalt des Verpflichteten diesem gegenüber (→ Rn. 2 bis 9).
- Die **Erwerbs- und Vermögensverhältnisse** (das unterhaltsrelevante Einkommen) **des Verpflichteten**.
- Die **sonstigen Verpflichtungen** des Verpflichteten, zu denen auch andere Unterhaltsverpflichtungen gehören.
- Der errechnete **volle Unterhalt des Berechtigten** nach dem Maßstab seiner Bedürftigkeit.

33 Für die Beurteilung, ob ein Mangelfall vorliegt, sind zwei verschiedene Bereiche miteinander zu vergleichen:
- Der **Soll-Bereich oder Bedarfsbereich**: Dieser Bereich umfasst alle Bedarfspositionen und bestimmt, welche Leistungsfähigkeit des Verpflichteten (eigentlich) erforderlich ist (Genaueres → Rn. 35 f.).
- Der **Haben-Bereich oder die Deckungsmasse**: Dieser Bereich beinhaltet alle zur Bedarfsdeckung verwendbaren Mittel des Verpflichteten und bestimmt seine tatsächliche Leistungsfähigkeit (Genaueres → Rn. 38 f.).

Dabei ist zu beachten, dass die **bedarfsbestimmenden** (zB die ehelichen Lebensverhältnisse **prägenden**) Unterhaltsverpflichtungen und die anderen **Verpflichtungen** zu den Erwerbs- und Vermögensverhältnissen gehören. Bei der Gegenüberstellung können sie vom Einkommen vorweg abgezogen werden (Nettomethode) oder dem Soll- oder Bedarfsbereich zugerechnet werden (Bruttomethode).

34 Ist bei einem Vergleich der beiden Bereiche der Soll-Bereich größer als der Haben-Bereich, besteht eine beschränkte Leistungsfähigkeit und damit ein **Mangelfall**. Die Differenz bestimmt den **Fehlbedarf** und damit das Ausmaß der Leistungsfähigkeitsbeschränkung (Vergleichsmethode, Bruttomethode).

In der Praxis wird oft nur dieser Fehlbedarf berechnet, indem erst die Posten des Habenbereichs addiert und dann davon alle Posten des Soll-Bereichs bis auf den Selbstbehalt des Verpflichteten abgezogen werden. Ist der Rest geringer als der Selbstbehalt, so besteht ein Mangelfall (Abzugsmethode, Nettomethode).

Sind beide Bereiche gleich groß oder ist der Soll-Bereich kleiner als der Haben-Bereich, dann ist der Verpflichtete **voll leistungsfähig**. Die Abzugsmethode ergibt dann einen Restbetrag in Höhe mindestens des Selbstbehalts.

Das Gericht hat abzuwägen, ob der Verpflichtete nach diesem Maßstab zur Unterhaltsgewährung in der Lage ist.[64]

---

[64] BGH FamRZ 1990, 260; FamRZ 1985, 691.

I. Selbstbehalt und Mangelfall § 5

a) **Die Bedarfspositionen.** Wie bereits ausgeführt (→ Rn. 31 f.), zählen zum Soll- 35
Bereich oder Bedarfsbereich der Bedarf des Verpflichteten und der des Berechtigten sowie sonstige Verpflichtungen.
Je nachdem, wem gegenüber der Mangelfall zu prüfen ist, muss der Bedarf des Verpflichteten unterschiedlich festgelegt werden. Er ist grundsätzlich identisch mit dem jeweiligen Eigenbedarf oder Selbstbehalt (→ Rn. 1 ff.).
Im Verhältnis zwischen Ehegatten ist jetzt wieder der beiderseitige Bedarf als eheangemessener Bedarf in Gestalt des **Quotenunterhalt**s zu berechnen. Daneben ist als Mindestbetrag der **Ehegattenselbstbehalt** von 1200 EUR zu beachten.
Beim **Verwandtenunterhalt** nach §§ 1601, 1603 BGB tritt neben den festen Selbst- 36
behalt des Pflichtigen der **volle Bedarf des Verwandten,** welcher bei minderjährigen Kindern meist nach der DT und Mindestbedarf (→ § 2 Rn. 310 ff.), bei volljährigen Kindern vielfach nach festen Beträgen (→ § 2 Rn. 508 f.) oder der DT (→ § 2 Rn. 518 f.) bestimmt wird und ebenfalls durch in diesen Unterhaltssätzen nicht berücksichtigten Mehrbedarf (→ § 2 Rn. 451 f., 530) erhöht sein kann.
§ 1581 BGB schreibt ausdrücklich vor, dass im Rahmen der Leistungsfähigkeit auch **alle** 37
sonstigen Verpflichtungen zu berücksichtigen sind. Deshalb erhöhen auch solche Verpflichtungen zunächst den Bedarfsbereich. Es muss sich aber auch auf der Leistungsstufe um berücksichtigungswürdige Verbindlichkeiten handeln (→ Rn. 85 f.).
Zu den „sonstigen Verpflichtungen", die den Bedarfsbereich erhöhen, zählen nur die Verpflichtungen, die nicht bereits vorher bei der Einkommens- und Bedarfsberechnung berücksichtigt sind.
b) **Die Deckungsmasse.** Im Rahmen der Leistungsfähigkeit sind alle tatsächlichen 38
Einkünfte des Verpflichteten zu berücksichtigen,[65] gleich, ob sie auf den Bedarf Einfluss haben oder nicht, welcher Art sie sind und auf welcher Grundlage sie bezogen werden. Davon umfasst sind praktisch alle in → § 1 erörterten Einkünfte, die der Verpflichtete tatsächlich erzielt oder in zumutbarer Weise erzielen könnte, ohne Rücksicht auf Herkunft und Verwendungszweck. Maßgeblich sind die Nettoeinkünfte, wobei ein Abzug solcher Verpflichtungen unterbleibt, die bereits im Bedarfsbereich berücksichtigt werden (→ Rn. 35).
Die wichtigsten der zur Bedarfsdeckung verwendbaren Mittel sind:
Erwerbseinkünfte aus abhängiger Arbeit (→ § 1 Rn. 65 ff.), aus selbstständiger Er- 39
werbstätigkeit, Gewerbetätigkeit oder aus Land- und Forstwirtschaft (→ § 1 Rn. 160 ff.) sowie aus Erwerbsersatzeinkünften wie Krankengeld, Arbeitslosengeld (→ § 1 Rn. 105 ff.), Renten und Pensionen (→ § 1 Rn. 646 ff.).
Vermögenseinkünfte aus Vermietung und Verpachtung (→ § 1 Rn. 450 ff.), aus Kapital- und sonstigem Vermögen (→ § 1 Rn. 600 ff.) sowie aus Wohnvorteilen und sonstigen Gebrauchsvorteilen des Vermögens (→ § 1 Rn. 477 ff.).
Einkünfte aus **unzumutbarer Erwerbstätigkeit** (→ § 1 Rn. 800 ff.). Diese sind auf 40
Grund einer Billigkeitsabwägung nach Treu und Glauben (§ 242 BGB) und nicht nach § 1577 BGB anzurechnen.
Einkünfte aus **sozialstaatlichen Zuwendungen** und sonstige Leistungen des Staates, 41
wie zB aus Wohngeld (→ § 1 Rn. 665 f.), aus BAföG-Leistungen (→ § 1 Rn. 670), aus Pflegegeld (→ § 1 Rn. 689 f.), aus Steuererstattungen (→ § 1 Rn. 971, 1011). Zum Kindergeld → § 1 Rn. 677 f.
Fiktive Zurechnung erzielbarer Einkünfte. Auch im Rahmen seiner Leistungsfähigkeit 42
muss der Verpflichtete seine **Arbeitskraft** und **Erwerbsfähigkeit** so gut wie möglich einsetzen und eine zumutbare Erwerbstätigkeit ausüben. Unterlässt er dies, wird er so behandelt, als würde er aus einer zumutbaren Erwerbstätigkeit tatsächlich ein Einkommen erzielen (→ § 1 Rn. 735 ff.).[66] Zu beachten ist, dass es sich hier zwar um ein **fingiertes Einkommen**, nicht aber um eine fingierte Leistungsfähigkeit handelt; denn der Verpflichtete ist in entsprechendem Umfang leistungsfähig (er müsste diese Leistungsfähigkeit nur durch Ausübung einer Erwerbstätigkeit in Finanzkraft „ummünzen"). Vorausgesetzt wird

---

[65] BGH FamRZ 1989, 159 (161).
[66] BGH FamRZ 1990, 283 (288); FamRZ 1985, 158 = NJW 1985, 732.

hier, dass die **Erwerbstätigkeit möglich** ist. Das Gegenteil müsste im Streitfall der Verpflichtete beweisen, weil es um seine Leistungsfähigkeit geht (im Gegensatz zu → Rn. 44 f., welche Fälle der erwiesenen oder unstreitigen Leistungsunfähigkeit behandeln).

Ähnliches gilt für **sonstige Einkünfte,** die zumutbarer Weise erzielt werden könnten, wie zB angemessene Zinsen aus einem unrentabel angelegten Kapital (→ § 1 Rn. 632 f.). Allerdings steht dem Pflichtigen hier ein weiter Beurteilungsspielraum zu, weil er ja das Anlagerisiko tragen muss.

43 Fiktive Beträge aus einer **unterlassenen Vermögensverwertung,** sofern auch ohne Mangelfall eine Obliegenheit zur Vermögensverwertung besteht (→ Rn. 81 f., → § 1 Rn. 607 f.).

44 **c) Beachtlichkeit einer selbstverschuldeten Leistungsunfähigkeit.** Nach der Rechtsprechung des BGH ist eine tatsächlich bestehende Leistungsunfähigkeit grundsätzlich selbst dann zu beachten, wenn der Verpflichtete sie selbst – sogar **schuldhaft** – herbeigeführt hat.[67]

45 Dem Verpflichteten kann jedoch ausnahmsweise die **Berufung** auf seine (volle oder teilweise) **Leistungsunfähigkeit nach Treu und Glauben (§ 242 BGB) verwehrt** sein, wenn er diese durch ein **verantwortungsloses,** zumindest leichtfertiges **Verhalten** von erheblichem Gewicht herbeigeführt hat.[68]

Ein solcher Vorwurf setzt voraus, dass dem Verpflichteten die Verantwortungslosigkeit seines Verhaltens einsichtig war, was sich aus dem Bezug zur Unterhaltsverpflichtung ergeben kann.[69] Die Bejahung eines solchen Verhaltens erfordert eine wertende Betrachtung und Abwägung aller Umstände des Einzelfalls.[70]

Als Folge wird der Verpflichtete im Rahmen der Leistungsfähigkeit so behandelt, als hätte er sein Einkommen noch und wäre damit unverändert für die Unterhaltszahlung leistungsfähig.[71]

46 Der BGH hat diese Grundsätze entwickelt bei Einkommensminderungen infolge **Arbeitsplatzaufgabe** oder Arbeitsplatzwechsel, Berufswechsel, beruflicher Verselbstständigung und sonstiger beruflicher Veränderung (Genaueres → § 1 Rn. 735 ff.).

Diese Grundsätze gelten darüber hinaus auch, wenn die Begründung von Verbindlichkeiten auf einem verantwortungslosen, zumindest leichtfertigen Verhalten beruht.

4. Abänderungsklage bei späteren Änderungen der Leistungsfähigkeit

47 Eine erst **nach Unterhaltstitulierung** eintretende Änderung der Leistungsfähigkeit beruht in der Regel auf Änderungen der wirtschaftlichen Verhältnisse (ebenso wie die Änderung der Bedürftigkeit). Derartige Änderungen in der Leistungsfähigkeit sind dem Anwendungsbereich des § 238 FamFG (früher § 323 ZPO) zuzuordnen.[72]

Ein Antrag auf Abänderung kann gestellt werden, wenn auch die sonstigen Voraussetzungen des § 238 FamFG zu bejahen sind (→ § 10 Rn. 133 ff.).

Der **Verpflichtete** kann den Antrag nach § 238 FamFG stellen, wenn er wegen geänderter Leistungsfähigkeit den Unterhalt in bisheriger Höhe nicht mehr weiterzahlen kann.

Der **berechtigte Ehegatte** kann ebenfalls nach § 238 FamFG den vollen eheangemessenen Unterhalt verlangen, wenn ihm im Vorverfahren nur ein Billigkeitsunterhalt nach § 1581 BGB zugesprochen worden war und der Verpflichtete zwischenzeitlich voll leistungsfähig geworden ist.[73] Dies gilt unabhängig davon, ob die Steigerung der Leistungs-

---

[67] BGH FamRZ 2000, 815; FamRZ 1989, 159 (161); FamRZ 1987, 930; FamRZ 1985, 158.
[68] BGH FamRZ 2000, 815; FamRZ 1994, 240; FamRZ 1993, 1055; FamRZ 1987, 930.
[69] BGH FamRZ 1985, 158.
[70] BGH FamRZ 1993, 1055; FamRZ 1988, 597 (599); FamRZ 1987, 930 (932); FamRZ 1987, 372 (374); FamRZ 1985, 158.
[71] BGH FamRZ 1981, 539.
[72] BGH FamRZ 1989, 159 (161).
[73] BGH FamRZ 1989, 817.

I. Selbstbehalt und Mangelfall

fähigkeit auf einer Erhöhung des laufenden Einkommens beruht oder auf einem einmaligen Vermögenszuwachs oder auf beidem.[74]

Bei solchen nachträglichen Änderungen der Leistungsfähigkeit entsteht für die zurückliegende Zeit keine Unterhaltspflicht und damit auch keine Nachzahlungsverpflichtung, auch nicht für einen sogenannten objektivierten Nachholbedarf.[75]

Die Abänderung eines **Billigkeitsunterhalts** (§ 1581 BGB) erfolgt in der Weise, dass **48** der Billigkeitsunterhalt unter **Wahrung der Grundlagen** des abzuändernden Titels an die veränderten Verhältnisse angepasst wird. Unveränderte Verhältnisse, die bereits dem Ersturteil zugrunde lagen und in diesem bewertet worden sind, können im Rahmen des Antrags nach § 238 FamFG nicht abweichend beurteilt werden.[76]

Sind in dem früheren Verfahren die für die Bedarfsbemessung maßgeblichen ehelichen **49 Lebensverhältnisse nicht festgestellt** worden und ist dem Berechtigten erkennbar nur ein Billigkeitsunterhalt zugesprochen worden, besteht **keine Bindung** an die damals bestehende Beschränkung der Leistungsfähigkeit des Verpflichteten. Der Bedarf ist im Abänderungsverfahren nach den prägenden ehelichen Lebensverhältnissen neu zu bemessen, dh wie in einer Erstentscheidung nach der materiellen Rechtslage zu ermitteln.[77]

Gleiches gilt, wenn der **Berechtigte** später durch Aufnahme oder Ausweitung einer **50** Erwerbstätigkeit oder aus sonstigen Gründen (zB Zinsen aus Zugewinn oder Veräußerungserlös) **Einkünfte** erzielt, die nicht zugleich den Bedarf erhöhen und deshalb zusätzlich zur Deckung des vollen eheangemessenen Unterhalts verwendet werden können, so dass kein Mangelfall mehr besteht.

Durch die **Einschränkung des eheangemessenen Selbstbehalts**[78] wegen der Be- **51** rücksichtigung der meisten späteren Änderungen schon beim Bedarf und durch den Wegfall des **trennungsbedingten Mehrbedarfs**[79] müssen jedoch vielfach Unterhaltsbeträge, welche früher als Mangelunterhalt galten, als voller Unterhalt gewertet werden. Hier dürfte keine Rechtskraftbindung einer abweichenden Wertung entgegenstehen. Wenn in der Erstentscheidung der Unterhalt nach der Ehegattenquote bemessen wurde, weil für einen etwaigen trennungsbedingten Mehrbedarf kein „nicht prägendes" Einkommen verfügbar war, dann war der Unterhalt letztlich zutreffend aus dem „prägenden" Einkommen ermittelt worden. Nach der neuen rechtlichen Beurteilung handelt es sich dann aber nicht um einen Mangelunterhalt, sondern um den eheangemessenen Bedarf, so dass hinzutretendes „nicht prägendes" Einkommen des Pflichtigen nicht zu einer Erhöhung des Unterhalts führen könnte. Nur wenn in der Erstentscheidung ein Mindestselbstbehalt oder der notwendige Selbstbehalt zugrunde gelegt worden war, käme eine Abänderung wegen einer „nicht prägenden" Einkommensänderung des Pflichtigen in Betracht. Im Übrigen hat der BGH diesen Nachteil dadurch ausgeglichen, dass er auch jede Einkommenserhöhung der früheren Ehe zuordnet, wenn sie sich nicht als „Karrieresprung" darstellt.[80] Entscheidungen nach der – vom BVerfG verworfenen[81] – **Bedarfsbestimmung nach der Drittelmethode** können umgekehrt so ausgelegt werden, dass ihnen ein Mangelfall zugrunde lag und der Unterhalt des ersten Ehegatten einen Mangelunterhalt nach § 1581 BGB darstellt, so dass auch eine nicht bedarfsbestimmende Einkommenserhöhung beim Pflichtigen eine Unterhaltserhöhung rechtfertigen kann.

---

[74] BGH FamRZ 1985, 155.
[75] BGH FamRZ 1985, 155.
[76] BGH FamRZ 1989, 842; FamRZ 1988, 817; FamRZ 1987, 257.
[77] BGH FamRZ 1989, 842; FamRZ 1988, 817; FamRZ 1987, 257.
[78] BGH FamRZ 2006, 683.
[79] BGH FamRZ 2004, 1357 = R 617a.
[80] BGH FamRZ 2008, 968 = R 689g.
[81] BVerfG FamRZ 2011, 437.

II. Einkommens- und Bedarfskorrekturen im Mangelfall

52 Wird ein Mangelfall festgestellt, dann ist nach § **1581 BGB** der Unterhalt nach Billigkeit herabzusetzen. § 1603 BGB lässt bei nicht ausreichender Leistungsfähigkeit den Unterhaltsanspruch insoweit entfallen. Für den Ehegattenunterhalt ergibt sich daraus, dass auch die Bemessungsgründe für Bedürftigkeit und Leistungsfähigkeit, nämlich die Einkommens- und Bedarfsposten, im Mangelfall einer **Neubewertung** unterliegen. Die Rechtspraxis führt in vielen Fällen eine Neubewertung aber **auch** in den Mangelfällen des § **1603 BGB** durch.[82] Deshalb sind die Ausführungen zum Mangelfall entsprechend § 1581 BGB auch für die Mangelfälle nach § 1603 BGB zu berücksichtigen.[83]

1. Überblick zum Mangelfall nach § 1581 BGB

53 a) **Voraussetzungen.** Nach § 1581 BGB muss der Verpflichtete in einem Mangelfall nur insoweit Unterhalt leisten, als dies mit Rücksicht auf die Bedürfnisse und die Erwerbs- und Vermögensverhältnisse der Ehegatten der Billigkeit entspricht (= **Billigkeitsunterhalt**). Den Stamm des Vermögens muss der Verpflichtete nicht verwerten, soweit die Verwertung unwirtschaftlich oder unter Berücksichtigung der beiderseitigen wirtschaftlichen Verhältnisse unbillig wäre (→ § 1 Rn. 607 ff.).

54 Ein solcher Billigkeitsunterhalt hat **drei Voraussetzungen:**
- Gemäß den Ausführungen oben unter I. (→ Rn. 34) muss ein Fehlbedarf und damit ein Mangelfall festgestellt werden.
- Auch nach Ausscheiden nachrangig Berechtigter (→ Rn. 144 ff.) darf die Deckungsmasse zur Befriedigung der vollen Unterhaltsansprüche aller vorrangig Berechtigten und des Verpflichteten nicht ausreichen.
- Es darf **keine** leistungsfähigen und -pflichtigen Verwandten des Berechtigten geben, die gemäß den Ausführungen zu → Rn. 166 ff. bis zur Höhe des Fehlbedarfs in Anspruch genommen werden könnten.

55 b) **Gleichwertige Opfer.** Nach § 1581 BGB ist der angemessene Unterhalt als Folge des Mangelfalls auf einen Billigkeitsunterhalt zu kürzen, wobei die Bedürfnisse beider Ehegatten **(Bedarfsbereich)** und die Erwerbs- und Vermögensverhältnisse beider Ehegatten **(Deckungsmasse)** zu berücksichtigen sind.[84]

Mit dieser nach Billigkeitsgesichtspunkten erfolgenden Kürzung müssen beiden Ehegatten **gleichwertige Opfer** und Einschränkungen zugemutet werden, die sowohl die Unterhaltskürzung für den Berechtigten als auch die mit der Unterhaltszahlung verbundene Belastung des Verpflichteten zumutbar erscheinen lassen.[85]

Für die Obliegenheit beider Ehegatten zum Einsatz ihrer wirtschaftlichen Mittel sind grundsätzlich die gleichen Maßstäbe anzulegen.[86] Deshalb sind im Rahmen der erforderlichen Billigkeitsabwägung alle Umstände, die bei beiden Ehegatten für die Zumutbarkeit der Unterhaltskürzung eine Rolle spielen können, erneut einer bewertenden Überprüfung zu unterziehen und gegebenenfalls wertend angemessen zu verändern. Die beiden Ehegatten zuzumutenden Opfer sind umso größer, je größer das leistungsmäßige Defizit (Fehlbedarf) ist, das durch eine Unterhaltskürzung ausgeglichen werden muss.

---

[82] SüdL, KG, Brandenburg, Dresden, Naumburg, jeweils 10.2.1, erlauben den Ansatz pauschaler berufsbedingter Aufwendungen nur dann, wenn kein Mangelfall vorliegt.
[83] Die folgenden Ausführungen folgen weitgehend den von Gutdeutsch bis zur Vorauflage mit den nachfolgend zitierten Worten aufgegriffenen „ursprünglichen Gedanken von Wendl, welche vor allem deshalb bedenkenswert sind, weil sie eine Unterhaltsbestimmung auf Grund individueller richterlicher Wertung an die Stelle der üblichen schematischen Unterhaltsberechnungen setzen."
[84] BGH FamRZ 1990, 260 (262).
[85] BGH FamRZ 1985, 782.
[86] BGH FamRZ 1992, 1045 (1049); FamRZ 1990, 1091 (1095).

II. Einkommens- und Bedarfskorrekturen im Mangelfall § 5

Ist zugleich nach anderen Vorschriften eine Billigkeitsabwägung angezeigt, so kann die Abwägung nur **einheitlich** erfolgen.[87] Zu den anzustellenden Billigkeitserwägungen gehört nicht die Frage, wen eine Schuld an der Scheidung trifft.

c) Neubewertung und Kürzung. Im Rahmen einer solchen Billigkeitsabwägung und der mit dieser verbundenen Neubewertung unterhaltsrechtlich relevanter Umstände kann es sowohl im Bereich der Deckungsmasse (→ Rn. 57) als auch im Bedarfsbereich (→ Rn. 58) Änderungen geben. Ein trotz solcher Änderungen verbleibender Fehlbedarf kann als weitere Folge der Billigkeitsabwägung durch eine **pauschale Billigkeitsverteilung** des verfügbaren Einkommens ausgeglichen werden, wobei allerdings die in den Leitlinien vorgesehenen Selbstbehalte für den Regelfall zu beachten sind. 56

Das Ergebnis bedeutet stets, also soweit auch nur eine Neubewertung innerhalb der Deckungsmasse oder des Bedarfsbereichs stattfand, einen Billigkeitsunterhalt nach § 1581 BGB, nicht einen vollen Unterhalt nach §§ 1578 I 1, 1361 I BGB.

d) Deckungsmasse. Wertende Änderungen im Bereich der Deckungsmasse: 57
- Erhielt der Verpflichtete **Kindergeld,** erhöhte nach früherer Rechtsprechung des BGH dieses im Mangelfall dessen verteilungsfähiges Einkommen (→ Rn. 62 f.), soweit es nicht an den anderen Ehegatten anteilig weitergeleitet wurde. Seit der Unterhaltsrechtsänderung zum 1.1.2008 dient das Kindergeld aber nur noch zur Sicherung des Kindesunterhalts (→ Rn. 62 f.) und ist daher in seiner Berücksichtigung einer wertenden Änderung entzogen.
- Im Mangelfall besteht eine **gesteigerte Erwerbsobliegenheit** beider Ehegatten. Deshalb können dem Verpflichteten fiktive Einkünfte zugerechnet werden, die die Verteilungsmasse erhöhen, wenn er eine zumutbare Erwerbstätigkeit unterlässt (→ Rn. 67 f.).
- Einkünfte des Verpflichteten aus **unzumutbarer Erwerbstätigkeit** können diesem im Mangelfall in erhöhtem Umfang oder ganz zugerechnet werden (→ Rn. 70 f.).
- Unentgeltliche **freiwillige Zuwendungen Dritter** an den Verpflichteten können diesem im Mangelfall als Einkünfte zugerechnet werden (→ Rn. 73 f.).
- Im Mangelfall sind **berufsbedingte Aufwendungen konkret nachzuweisen,** wobei die Anforderungen an die Notwendigkeit der Aufwendungen erschwert sind. Gleiches gilt für alle Betriebsausgaben und Ausgabenposten in Überschussrechnungen oder Gewinn- und Verlustrechnungen (→ Rn. 76 f.).
- Die Verteilungsmasse kann auch durch eine erst im Mangelfall zumutbare **Vermögensverwertung** erhöht werden (§ 1581 S. 2 BGB; → Rn. 81 f.).

e) Bedarfsbereich. Wertende Änderungen im Bedarfsbereich: 58
- Erhält im Mangelfall der Berechtigte **Kindergeld,** konnte dieses nach früherer Rechtsprechung des BGH als Einkommen seinen Bedarf mindern (→ Rn. 62 f.), soweit es nicht durch Anrechnung auf den Kindesunterhalt dem anderen Ehegatten zufloss. Dies ist aus dem schon bei der Deckungsmasse (→ Rn. 57) genannten Grund regelmäßig nicht mehr möglich. Zu den eng begrenzten Ausnahmen → Rn. 66.
- Auch dem Berechtigten kann im Mangelfall wegen **gesteigerter Erwerbsobliegenheit** bei unterlassener zumutbarer Erwerbstätigkeit ein fiktives Einkommen zugerechnet werden. Eine solche Zurechnung mindert seinen Bedarf (→ Rn. 67 f.).
- Einkünfte des Berechtigten aus **unzumutbarer Erwerbstätigkeit** können im Mangelfall nach § 1577 II 2 BGB über das bisherige Maß hinaus oder voll bedarfsmindernd angerechnet werden (→ Rn. 70 f.).
- Unentgeltliche **freiwillige Zuwendungen Dritter** an den Berechtigten können diesem im Mangelfall bedarfsmindernd als Einkünfte zugerechnet werden (→ Rn. 73 f.).
- Im Mangelfall hat auch der Berechtigte bei Erwerbseinkünften **berufsbedingte Aufwendungen konkret nachzuweisen,** wobei die Anforderungen an die Notwendigkeit der Aufwendungen erschwert sind (→ Rn. 76 f.)
- Berücksichtigungswürdige **Verbindlichkeiten des Verpflichteten** sind im Mangelfall daraufhin zu überprüfen, ob und in welcher Höhe sie auch noch unter den verschärften Anforderungen des Mangelfalls berücksichtigt werden können. Insbesondere ist zu prüfen, ob es dem Verpflichteten oder auch dem Berechtigten zuzumuten ist, sich auf

---

[87] BGH FamRZ 1992, 1045 (1049); FamRZ 1990, 1091 (1095).

Pfändungsfreibeträge zu berufen oder ein Insolvenzverfahren mit dem Ziel der Restschuldbefreiung anzustreben. Entfällt im Rahmen einer solchen Billigkeitsabwägung ganz oder teilweise die Berücksichtigung nichtprägender Verbindlichkeiten, so mindert sich dadurch der Bedarf des Verpflichteten (→ Rn. 85 f.).

59 **f) Bemessung des Billigkeitsunterhalts.** Kommt es auf Grund der Billigkeitsabwägung zu entsprechenden Änderungen im Bereich der Deckungsmasse (→ Rn. 57) und/oder im Bedarfsbereich (→ Rn. 58), dann ist der für eine abschließende Bemessung des Billigkeitsunterhalts maßgebliche **Fehlbedarf neu zu berechnen** (→ Rn. 102 f.).

60 Die **abschließende Bemessung** des Billigkeitsunterhalts auf der Basis des neu berechneten Fehlbedarfs kann auf verschiedene Weise erfolgen:
- Der Unterhaltsbedarf aller gleichrangig Berechtigten ist im Verhältnis zur Deckungsmasse **proportional** zu **kürzen** und das Ergebnis dann auf seine Angemessenheit zu überprüfen (→ Rn. 103).
- Bei Vorliegen besonderer Umstände kann statt einer proportionalen Kürzung auch eine **individuelle Kürzung** erfolgen (→ Rn. 104).
- Verlangt der Berechtigte auch Vorsorge für Alter und Invalidität, dann kann **der Nachrang gegenüber dem Elementarunterhalt** zu Kürzung oder Wegfall des Vorsorgeunterhalts führen. Doch gilt das nicht absolut. Insbesondere bewirkt nicht jeder Mangelfall nach § 1581 BGB den Wegfall des Altersvorsorgeunterhalts. Vielmehr tritt bei geringem Einkommen der Elementarbedarf in den Vordergrund, während bei höherem Einkommen entsprechend der zweistufigen Berechnungsmethode des BGH der Elementarunterhalt zugunsten des Altersvorsorgeunterhalts gekürzt wird (→ § 4 Rn. 884).

Dies gilt nicht für den Krankheitsvorsorgeunterhalt (→ § 4 Rn. 904).

61 **Beispiel: Mangelfall bei einem Ehegatten**
Nettoeinkommen des M = 1500 EUR, Erwerbstätigenbonus 10% oder $1/7$.
Der billige Selbstbehalt (= Ehegattenselbstbehalt, → Rn. 5) gegenüber dem Ehegatten beträgt 1200 EUR.
Damit ergibt sich ein gekürzter Unterhalt zu:
1500 EUR – 1200 EUR = 300 EUR

2. Kindergeld und Zählkindvorteil im Mangelfall

62 Solange der Verpflichtete voll leistungsfähig ist, war **schon bisher** das kraft Gesetzes den Eltern zustehende **Kindergeld** (ebenso wie kindergeldgleiche Zuschüsse) dem Elternteil, der es erhält, unterhaltsrechtlich **nicht als Einkommen zuzurechnen.** Aus praktischen Gründen wurde es bereits bei der Berechnung des Kindesunterhalts als familienrechtlicher Ausgleichsanspruch der Eltern untereinander mit dem Kindesunterhalt verrechnet. Dadurch wurde das Kindergeld faktisch in Höhe des familienrechtlichen Ausgleichsanspruchs der Eltern wie Einkommen des Kindes behandelt (→ § 1 Rn. 677 f., → § 2 Rn. 714).

63 **Vor dem Jahr 1997** waren nach der Rechtsprechung des BGH in einem Mangelfall das Kindergeld und kindergeldgleiche Zuschüsse auf der Leistungsstufe dennoch als Einkommen zu berücksichtigen, wodurch der Fehlbedarf geringer wurde.[88] In seinem **Urteil vom 16.4.1997** war der BGH dann von seinem Ansatz, das Kindergeld sei Einkommen, abgerückt, weil die damit verknüpfte Bedarfserhöhung mit der Zweckbestimmung des Kindergelds nicht vereinbar sei und weil damit auch gegen den gesetzlichen Aufteilungsmaßstab des § 1606 III BGB verstoßen werde.[89] Erst bei der abschließenden Angemessenheitsprüfung in der vierten Stufe der Mangelfallrechnung sei die Frage des Kindergeldausgleichs zu erörtern. Wenn der betreuende Elternteil mit den Kindern in beengten wirtschaftlichen Verhältnissen lebe, in denen auch der angemessene Unterhalt der Kinder nicht gedeckt sei, könne es ihm nicht zugemutet werden, die eigentlich dem Pflichtigen zustehende Kindergeldhälfte an diesen abzuführen.[90]

---

[88] BGH FamRZ 1992, 539 (541).
[89] BGH FamRZ 1997, 806.
[90] BGH FamRZ 1997, 806.

II. Einkommens- und Bedarfskorrekturen im Mangelfall   § 5

Das KindUG[91] hatte in § 1612b V BGB eine Regelung für die Anrechnung des Kinder- 64
gelds im Mangelfall getroffen, welche vom **1.7.1998 bis 31.12.2007 für die Unterhaltsberechnung maßgebend war.** Hiernach unterblieb im Mangelfall die Kindergeldanrechnung insoweit, als der Regelbetrag unterschritten wurde. Dieser Grenzwert wurde mit
Wirkung zum 1.1.2001 auf 135% des Regelbetrags – damals entsprechend der Gruppe 6
der Düsseldorfer Tabelle – erhöht (im Einzelnen → § 2 Rn. 716).

Seit dem 1.1.2008 ist die **Abrechnung vereinfacht** (→ § 2 Rn. 716 ff.). Die Zuord- 65
nung des Kindergelds zum Kind ist noch enger geworden, weil § 1612b I BGB nun die
Verwendung des Kindergelds für den Barbedarf des Kindes und die Anrechnung auf
denselben anordnet. Auf den Barbedarf eines **minderjährigen** Kindes ist nach Nr. 1 das
Kindergeld **zur Hälfte** anzurechnen, auf den Barbedarf eines **volljährigen** Kindes nach
Nr. 2 in **voller Höhe.** Für eine Korrektur im Mangelfall steht das Kindergeld deshalb
nicht mehr zur Verfügung.

Einkommen des Empfängers ist jedoch der **Zählkindvorteil** (→ § 2 Rn. 732), also der 66
Kindergeldanteil, welcher nach § 1612b II BGB nicht anrechnungspflichtig ist, in dem
seltenen Fall, dass dem Zählkind kein Unterhalt geleistet wird.[92] Diese Rechtsprechung muss
auch nach Inkrafttreten des KindUG am 1.7.1998 noch gelten, denn wer keinen Unterhalt
leistet, braucht nicht steuerlich entlastet zu werden. Da weder für diesen Zählkindvorteil noch
für die Kindergeldhälfte des betreuenden Elternteils der Gesetzgeber die Verwendung für das
Kind angeordnet hat, können diese Beträge im **Mangelfall nach § 1581 BGB** nach Billigkeit dem Empfänger als Einkommen zugerechnet werden, was den Fehlbetrag vermindert.

3. Zurechnung fiktiver Einkünfte wegen gesteigerter Erwerbsobliegenheit und erhöhte Zurechnung von Einkünften aus unzumutbarer Erwerbstätigkeit

Hat der Verpflichtete nach § 1581 BGB nur nach Billigkeitsgrundsätzen Unterhalt zu 67
leisten, kann dies zu einer **Verschärfung der Anforderungen** führen, die an die Erwerbsobliegenheit des Berechtigten im Rahmen der §§ 1361 II, 1570 und 1574 II BGB zu
stellen sind.[93] Diese verschärften Anforderungen sind umso höher, je größer der (leistungsmäßige) Fehlbedarf ist.

Bei Überschuldung des Verpflichteten muss sich der Berechtigte fehlende Mittel unter
äußerster Anspannung seiner Kräfte durch einen über das allgemein Gebotene hinausgehenden Einsatz selbst verschaffen.[94] Allerdings hat die neu eingeführte Möglichkeit des
Insolvenzverfahrens mit Restschuldbefreiung zu veränderten Rahmenbedingungen geführt
(→ Rn. 95).[95]

Die verschärften Anforderungen an die Erwerbsobliegenheit des Berechtigten gelten 68
spiegelbildlich auch **für den Verpflichteten,** weil dieser gleichwertige Opfer erbringen
muss. Deshalb kann bei sehr beschränkter Leistungsfähigkeit von beiden Ehegatten auch
die Aufnahme oder Ausweitung einer Erwerbstätigkeit verlangt werden, die bei bestehender Leistungsfähigkeit im Hinblick auf Ausbildung, Gesundheitszustand, Alter und ähnliche
Kriterien als unzumutbare Erwerbstätigkeit beurteilt werden könnte. Aus dem gleichen
Grund sind zudem schon im Vorfeld verstärkte Bemühungen um eine entsprechende
Erwerbstätigkeit zuzumuten. Vergleichbare Grundsätze gelten für die Zumutbarkeit von
Nebentätigkeiten zur Erhöhung des Einkommens.

Kommt einer der Ehegatten solchen verschärften Anforderungen nicht oder nicht 69
ausreichend nach, können ihm Einkünfte, die er in zumutbarer Weise erzielen könnte,
fiktiv zugerechnet werden (→ Rn. 42, → § 1 Rn. 735 ff.).[96] Werden einem Ehegatten

---
[91] BGBl. 1998 I S. 666.
[92] BGH FamRZ 1997, 806; BT-Drs. 16/1830, 30.
[93] BGH FamRZ 1987, 46; FamRZ 1983, 569.
[94] BGH FamRZ 1984, 657.
[95] Vgl. Melchers/Hauß, Unterhalt und Verbraucherinsolvenz, Köln 2003 und Melchers FuR 2003, 145 mwN; BGH FamRZ 2005, 608 (609) = R 627; FamRZ 2008, 137 = R 684; FamRZ 2008, 497 = R 687.
[96] BGH FamRZ 1988, 604 (607).

im Rahmen der Bedarfsbemessung oder der Bedürftigkeit bereits fiktive Einkünfte zugerechnet, kann bei beschränkter Leistungsfähigkeit auf der Leistungsstufe eine erhöhte Zurechnung erfolgen. Fiktiv können auch erhöhte Zinsen zugerechnet werden, wenn eine rentablere Kapitalanlage zugemutet werden kann. Beim Verpflichteten erhöht eine fiktive Zurechnung die Deckungsmasse, beim Berechtigten mindert sie dessen Bedarf.

70 **Erwerbseinkünfte des Berechtigten aus unzumutbarer Arbeit** (also überobligatorisch erzielte Einkünfte), die diesem bislang nach § 1577 II BGB nur teilweise oder nicht angerechnet worden sind, können, je nach Ausmaß der Leistungsfähigkeitsbeschränkung, in erhöhtem bis vollem Umfang angerechnet werden. Jedenfalls ist nach der Rechtsprechung des BGH in die nach § 1581 BGB zu treffende Entscheidung auch die Frage einzubeziehen, ob es die Billigkeit erfordert, die Einkünfte aus unzumutbarer Erwerbstätigkeit über das in § 1577 II 1 BGB vorgesehene Maß hinaus anzurechnen.[97] Bei erhöhter Anrechnung mindert sich der Bedarf des Berechtigten.

71 Die gleichen Grundsätze (→ Rn. 70) gelten auch für den **Verpflichteten,** wenn dieser Einkünfte aus unzumutbarer Erwerbstätigkeit hat (zB überdurchschnittlich hohe, nicht berufstypische Überstunden), die nach § 242 BGB nicht oder nur teilweise angerechnet werden. Eine solche erhöhte Anrechnung erhöht die Deckungsmasse.

72 **Rechenbeispiel** zur fiktiven Zurechnung erzielbarer Einkünfte und zur Anrechnung unzumutbarer Erwerbseinkünfte.
Fall:
Nettoeinkommen des M 1600 EUR (1200 EUR + 400 EUR aus Überstunden)
Überstundenvergütung von 800 EUR wurde nach § 242 BGB als überdurchschnittlich und berufsuntypisch nur zur Hälfte (400 EUR) angerechnet. Unterhalt ist zu zahlen für die bei F lebenden Kinder im Alter von 8 und 10 Jahren, M erhält das Kindergeld von 204 EUR + 204 EUR = 408 EUR.
Die teilerwerbstätige F verdient 400 EUR. Sie könnte die Teilzeitbeschäftigung ausweiten und dabei 700 EUR verdienen. Der Erwerbstätigenbonus betrage $1/7$.
– Bedarfsfeststellung
Kinder: Mindestunterhalt nach DT 2019 1/2 (§§ 1612a I, 1612b I 1 BGB): je 406 EUR – 102 EUR = 304 EUR
Ehegattenunterhalt: M bleiben 1600 EUR – 304 EUR – 304 EUR[98] = 992 EUR, also weniger als der Ehegattenselbstbehalt von 1200 EUR, sodass ein Ehegattenunterhalt (gegenüber den Kindern nachrangig) entfiele.
Korrektur im Rahmen der Billigkeit:
Dem M ist es im vorliegenden Mangelfall zumutbar, die Überstunden voll anzurechnen (+ 400 EUR).
Neue Deckungsmasse mithin 1600 EUR + 400 EUR = 2000 EUR.
Der F ist im – hier gegebenen – absoluten Mangelfall zumutbar, die Teilerwerbstätigkeit bis zu 700 EUR auszuweiten.
– Neue Rechnung im Rahmen der Billigkeitskorrektur
Die einheitliche Billigkeitsabwägung nach § 1577 II 2, § 1581 BGB liefert dann:
M = 2000 EUR – 304 EUR – 304 EUR = 1392 EUR. Ehegattenquote: (1392 EUR – 700 EUR) × $3/7$ = 297 EUR
M bleiben dann aber nur 1392 EUR – 297 EUR = 1095 EUR, deshalb Kürzung auf 1392 EUR – 1200 EUR = 192 EUR.
Der Ehegattenunterhalt von 192 EUR beinhaltet jedoch einen Billigkeitsunterhalt, was Bedeutung gewinnen kann, wenn sich die wirtschaftliche Lage von F oder M bessert.

4. Zurechnung von freiwilligen unentgeltlichen Zuwendungen Dritter

73 Freiwillige unentgeltliche Zuwendungen Dritter dürfen im Rahmen der Bedarfsbemessung und bei der Leistungsfähigkeit des Verpflichteten **grundsätzlich keinem Ehegatten** als Einkommen zugerechnet werden, solange der Verpflichtete in vollem Umfang leistungsfähig ist. Denn nach der Lebenserfahrung will der Dritte mit ihnen bei Zuwendung an den

---

[97] BGH FamRZ 1983, 146 (148).
[98] Vgl. etwa BGH FamRZ 2016, 887 = R 775a.

II. Einkommens- und Bedarfskorrekturen im Mangelfall § 5

Berechtigten diesen zusätzlich unterstützen und nicht den Verpflichteten entlasten (→ § 1 Rn. 708 ff.).[99] Gleiches gilt für freiwillige Zuwendungen eines Dritten an den Verpflichteten, weil nach der Lebenserfahrung die Zuwendung nicht dazu bestimmt ist, den Unterhaltsanspruch des Berechtigten zu erhöhen.

Anders verhält es sich in einem **Mangelfall.** Je nach Ausmaß der Leistungsfähigkeitsbeschränkung können freiwillige unentgeltliche Zuwendungen eines Dritten unter Billigkeitsgesichtspunkten dem, der die Zuwendung erhält, ganz oder teilweise als Einkommen zugerechnet werden.[100] Das gilt aber nur für eine **Billigkeitsabwägung auf der Leistungsstufe.** An dem auf der Bedarfsstufe bemessenen Bedarf ändert sich dadurch nichts. 74

Rechenbeispiel zur Berücksichtigung freiwilliger unentgeltlicher Zuwendungen im Rahmen der Leistungsfähigkeit. 75
Fall:
Nettoeinkommen des M = 2000 EUR
2 Kinder im Alter von 3 und 4 Jahren, die bei der erwerbslosen F leben.
F wohnt ohne Gegenleistung unentgeltlich bei ihren Eltern; Wohnwert 250 EUR.
M wohnt ohne Gegenleistung unentgeltlich bei seiner Freundin; Wohnwert auch 250 EUR.
Der Erwerbstätigenbonus betrage 10%.
– Bedarfsfeststellung
Kinder nach DT 2019 1/1 (drei Berechtigte) = je 354 EUR – 102 EUR = 252 EUR
Ehegattenunterhaltsanspruch F: 2000 EUR – 252 EUR – 252 EUR = 1496 EUR × 90% = 1346 EUR/2 = 673 EUR, maßgeblich daher der Mindestbedarf von 880 EUR (→ § 4 Rn. 838)
M bleiben 2000 EUR – 252 EUR – 252 EUR – 880 EUR = 616 EUR. Damit ist der Ehegattenselbstbehalt von 1200 EUR unterschritten.
Der nach § 1609 Nr. 1 und 2 BGB nachrangige Unterhalt von F beträgt daher:
2000 EUR – 252 EUR – 252 EUR – 1200 EUR = 296 EUR.
– Änderungen im Rahmen der Leistungsfähigkeit
Wegen des absoluten Mangelfalls werden die unentgeltlichen Zuwendungen Dritter bei beiden Ehegatten als bedarfsdeckendes Einkommen zugerechnet (möglich wäre auch eine Teilanrechnung). Es bietet sich an, den Selbstbehalt von M um die 250 EUR Wohnwert auf 950 EUR herabzusetzen (denkbar wäre aber auch, den Ehegattenselbstbehalt um die darin enthaltene Warmmiete von 430 EUR zu bereinigen). Bei F bleibt der Bedarf von 880 EUR, Restbedarf: 880 EUR – 250 EUR = 630 EUR (denkbar wäre auch der Abzug von im Existenzminimum enthaltenen 380 EUR Warmmiete).
– Neue Rechnung im Rahmen der Leistungsfähigkeit
Den Unterhalt von 630 EUR kann M allerdings auch nicht ohne Beeinträchtigung seines Selbstbehalts von 950 EUR bezahlen, denn: 2000 EUR – 252 EUR – 252 EUR – 630 EUR = 866 EUR und damit weniger als 950 EUR. Es kommt deshalb zur Kürzung des Ehegattenunterhalts auf: 2000 EUR – 252 EUR – 252 EUR – 950 EUR = 546 EUR.
Der Ehegattenunterhalt von 546 EUR ist ein Billigkeitsunterhalt.

5. Verschärfte Anforderungen an Abzugsposten vom Bruttoeinkommen bei Berechnung des Nettoeinkommens

Das unterhaltsrechtlich relevante Nettoeinkommen wird berechnet durch Abzug der berufsbedingten Aufwendungen, Betriebsausgaben und sonstigen Werbungskosten sowie der Vorsorgeaufwendungen und Steuern vom Bruttoeinkommen. 76

Bei beschränkter Leistungsfähigkeit bestehen auch bezüglich dieser Posten **verschärfte Anforderungen an die Notwendigkeit** des Abzugs. Deshalb können auch diese unterhaltsrechtlich maßgeblichen Umstände unter Billigkeitsgesichtspunkten wertend auf ihre Angemessenheit neu unter Anlegung strengerer Maßstäbe überprüft werden.

---

[99] BGH FamRZ 2000, 153 (154); FamRZ 1995, 537 (539); FamRZ 1985, 584; FamRZ 1980, 40 (42).
[100] RG JW 1917, 288.

77 Nachfolgend werden einige solcher typischen Abzugsposten beispielhaft angesprochen. Darüber hinaus können in jedem konkreten Einzelfall auch alle sonstigen konkreten Abzugsposten in entsprechender Weise überprüft und wertend abgeändert werden.

Bei **abhängiger Arbeit** bestehen erhöhte Anforderungen an die Notwendigkeit **berufsbedingter Aufwendungen.** Wenn es zweifelhaft ist, ob konkret überhaupt solche Aufwendungen bestehen, entfällt der Abzug einer **5%-Pauschale.** Nach den Leitlinien der OLGe (Nr. 10.2.1 der Leitlinienstruktur) Brandenburg und Naumburg kann im Mangelfall eine Pauschale nicht angesetzt werden, ähnlich die SüdL sowie KG und Dresden.[101] Tatsächliche Aufwendungen sind konkret nachzuweisen. Anstelle eines Pkws kann die Benutzung **öffentlicher Verkehrsmittel** zugemutet werden,[102] auch wenn dies umständlich ist. Bei sehr hohen Fahrtkosten kann auch ein **möglicher Umzug** zumutbar sein.[103]

78 Bei **Unternehmern** und **Freiberuflern** bestehen im Mangelfall verschärfte Anforderungen an die Notwendigkeit von **Betriebsausgaben,** betrieblichen Investitionen sowie an die Realisierung stiller Reserven. Ähnliches gilt für die Ausgabenposten in Überschussrechnungen und Gewinn- und Verlustrechnungen.

Unternehmer und Freiberufler können durch Einzahlungen in **private Versicherungen** in angemessenem Umfang **Vorsorge für ihr Alter** treffen. Wenn in einem Mangelfall der Berechtigte wegen des Nachrangs des Vorsorgeunterhalts keinen Vorsorgeunterhalt zugesprochen erhält (→ § 4 Rn. 884), kann auch dem unterhaltspflichtigen Freiberufler oder Unternehmer zum Ausgleich für diesen „Verzicht" des Berechtigten eine **Reduzierung seiner Vorsorgeaufwendungen** (→ § 1 Rn. 1036 ff.) zugemutet werden. Entsprechendes gilt für die zusätzlichen Vorsorgeaufwendungen eines abhängig Berufstätigen (→ § 1 Rn. 1029, 1034).

79 **Steuern** werden in jeweiliger Höhe vom Einkommen abgezogen. Im Mangelfall kann dem Verpflichteten verschärft zugemutet werden, seine laufende Steuerlast durch die Eintragung von **Freibeträgen** auf der Lohnsteuerkarte zu mindern. Unterlässt er dies, kann sein Einkommen um eine fiktive Steuerersparnis erhöht werden (→ § 1 Rn. 1020 f.).

80 Kommt es auf Grund einer wertenden Überprüfung zu solchen veränderten Abzügen, dann wird dadurch die **Deckungsmasse** entsprechend **erhöht.**

Beispiel für einen veränderten Abzug bei berufsbedingten Aufwendungen.

Fall:
Nettoeinkommen des M 1900 EUR nach Abzug von 300 EUR berufsbedingten Aufwendungen für Pkw-Fahrten zur Arbeitsstätte.
Die Arbeitsstätte ist mit öffentlichen Verkehrsmitteln nur bei einer zeitlichen Mehrbelastung von 2 Stunden erreichbar. Kosten für öffentliche Verkehrsmittel 100 EUR.
Unterhalt nur gegenüber erwerbsloser F, Erwerbstätigenbonus 10%.
– Bedarfsfeststellung
Ehegattenunterhalt von F: 1900 EUR × 45% = 855 EUR, Mindestbedarf 880 EUR (→ § 4 Rn. 838).
M bleiben 1900 EUR – 880 EUR = 1020 EUR, also weniger als der Ehegattenselbstbehalt von 1200 EUR.
– Änderungen im Rahmen der Leistungsfähigkeit
Bei absolutem Mangelfall ist trotz der zeitlichen Mehrbelastung von 2 Stunden die Benutzung öffentlicher Verkehrsmittel zumutbar.
– Neue Rechnung im Rahmen der Leistungsfähigkeit:
M: 1900 EUR + 300 EUR (Pkw-Fahrtkosten) – 100 EUR (Kosten der öffentlichen Verkehrsmittel) = 2100 EUR.
2100 EUR – 880 EUR = 1220 EUR.
Damit kann M den Billigkeitsunterhalt iHv 880 € unter Wahrung seines Selbstbehalts zahlen.

---

[101] Bremen, Hamburg, Köln, Rostock und Schleswig sehen insoweit ohnedies keine Pauschale vor.
[102] Vgl. auch Köln 10.2.2.
[103] OLG Brandenburg FamRZ 1999, 1010.

II. Einkommens- und Bedarfskorrekturen im Mangelfall   § 5

6. Erhöhung der Deckungsmasse durch eine zumutbare Vermögensverwertung

Nach § 1581 S. 2 BGB muss der Verpflichtete bei beschränkter Leistungsfähigkeit den Vermögensstamm verwerten, soweit die Verwertung nicht unwirtschaftlich oder unter Berücksichtigung der beiderseitigen wirtschaftlichen Verhältnisse unbillig ist. Grundsätzlich besteht daher für den Verpflichteten im Mangelfall ebenso eine Verwertungsobliegenheit wie für den Berechtigten nach § 1577 III BGB (→ § 4 Rn. 959 f.). Diese in den §§ 1581 S. 2, 1577 III BGB festgelegten **Maßstäbe der Unbilligkeit und Unwirtschaftlichkeit** setzen äußerste Grenzen, bis zu denen eine Vermögensverwertung im Mangelfall verlangt werden kann.[104] Zur Unwirtschaftlichkeit und Unbilligkeit siehe die Ausführungen → § 1 Rn. 607 ff. und → § 4 Rn. 959 f.   81

Beim **Trennungsunterhalt** fehlt eine den §§ 1581 S. 2, 1577 III BGB entsprechende Bestimmung. Der BGH stützt eine Verwertungspflicht auf § 1361 BGB, wobei die Grundsätze zu den §§ 1581 S. 2, 1577 III BGB ergänzend heranzuziehen sind mit der Maßgabe, dass während der Trennungszeit nach Möglichkeit die wirtschaftlichen Grundlagen der ehelichen Gemeinschaft nicht beeinträchtigt werden sollen. Denn es soll möglich bleiben, dass die Ehegatten zu eben dieser ehelichen Gemeinschaft zurückfinden. Je länger eine Trennung dauert, desto eher kann auch beim Trennungsunterhalt eine Vermögensverwertungspflicht bejaht werden (Näheres → § 1 Rn. 607 ff.).[105]   82

Zu verwerten ist grundsätzlich Vermögen jeder Art (→ § 1 Rn. 626 f.). Eine Verwertung ist in der Regel zumutbar, wenn aus dem Erlös der Unterhaltsbedarf beider Ehegatten neben sonstigen Einkünften **auf Lebenszeit** erfüllt werden kann. Vermögen dient in erster Linie dazu, den Unterhaltsbedarf ergänzend zu sonstigen Einkünften auf Lebenszeit zu sichern. Es ist nicht für Erben zu erhalten (→ § 1 Rn. 608).[106]   83

Wer es unterlässt, Vermögen in zumutbarer, Ertrag bringender Weise zu verwerten, kann im **Mangelfall fiktiv** so behandelt werden, wie wenn er das Vermögen in zumutbarer Weise verwertet hätte. Voraussetzung ist eine entsprechende Zumutbarkeitsprüfung, bei der die Belange beider Ehegatten unter Berücksichtigung der Umstände des Einzelfalls gegeneinander abgewogen werden müssen (→ § 1 Rn. 607 f.).[107]

Solange allerdings eine Niedrigzinspolitik einen angemessenen Ertrag vorhandenen Kapitals verhindert, kann letztlich nur erwogen werden, in welcher Höhe ein Vermögensverbrauch zumutbar ist. Wenn bei überschlägiger Kalkulation auch ohne Verzinsung ein bestimmter Betrag verbraucht werden kann, ohne dass zu Lebzeiten das Vermögen aufgebraucht ist, kann ein solcher Vermögensverbrauch als Einkommen hinzugerechnet werden. Später erzielte Zinsen können dann dazu dienen, den Geldwertverlust auszugleichen. Vielfach wird es aber zumutbar sein, mit dem Kapital eine sofort fällige Rentenversicherung ohne Endzeitpunkt zu erwerben. Deren Zahlbetrag ist dann – ggf. fiktiv – als Einkommen zuzurechnen.

Beispiel zur Zurechnung des Erlöses aus einer Vermögensverwertung.   84
Fall:
Der 66-jährige M hat aus einem Renteneinkommen von 2600 EUR monatlich 1100 EUR an die gleichaltrige F als eheangemessenen Unterhalt bezahlt unter Berücksichtigung einer Versorgungsausgleichsrente der F von 400 EUR.
Er heiratet erneut und wird unterhaltspflichtig für ein neugeborenes Kind und die Frau F2, welche mit der geschiedenen Frau gleichrangig ist, weil deren Ehe von langer Dauer war (→ Rn. 126 f.).
Diese Belastungen haben auf den Bedarf von F nur dann Einfluss, wenn sich das verfügbare Einkommen dadurch vermindert.
M verlangt aber nach § 238 FamFG Abänderung der Unterhaltszahlungen wegen beschränkter Leistungsfähigkeit. Er hat ertragslose Immobilien (unbebaute Grundstücke) im Veräußerungswert von 1000.000 EUR.

---

[104] BGH FamRZ 1986, 556; FamRZ 2004, 1184 (zum Aszendentenunterhalt).
[105] BGH FamRZ 1986, 556; FamRZ 1985, 360.
[106] BGH FamRZ 1986, 556; FamRZ 1985, 360.
[107] BGH FamRZ 1986, 556; FamRZ 1985, 360.

– **Bedarfsfeststellung:**
Der eheangemessene bisherige Unterhalt von F beträgt (2600 EUR + 400 EUR)/2 – 400 EUR = 1100 EUR. Durch die neuen Unterhaltspflichten vermindert sich der Unterhalt von F nur dann, wenn sie zu einem Absinken des Einkommens von M führen, ohne dass dieser seine Erwerbs- bzw. Vermögensverwertungsobliegenheit verletzt.
M schuldet zusätzlich Kindesunterhalt nach DT 2019 2/1 (einmal abgruppiert) von 372 EUR – 102 EUR = 270 EUR sowie für F2 Familienunterhalt. Wenn M keine weiteren Einkommensquellen erschließen muss, würde sich nach → Rn. 109 (absoluter Mangelfall, weil Selbstbehalt von 1200 EUR nicht gewahrt) der Unterhalt von F wie folgt errechnen:
(2600 EUR – 270 EUR – 1200 EUR + 400 EUR) × 1200 EUR/(1200 EUR + 960 EUR) – 400 EUR = 450 EUR, also um (1100 EUR – 450 EUR =) 650 EUR weniger als bisher.
M mit F2 blieben zusammen 2600 EUR – 270 EUR – 450 EUR = 1880 EUR.
M kann jedoch das Absinken des gemeinsamen Bedarfs durch Verwertung des Grundvermögens vermeiden.
Wenn er dadurch sein Einkommen um 1500 EUR (aus 1000.000 EUR können ohne Verzinsung mehr als 55 Jahre lang Raten in Höhe von 1500 EUR gezahlt werden) erhöht, muss der Unterhalt von F nicht herabgesetzt werden, denn dann errechnet sich die Drittelquote zu: (2600 EUR + 1500 EUR – 270 EUR + 400 EUR) × 1200 EUR/(1200 EUR + 1200 EUR + 960 EUR) = 1511 EUR und damit mehr als den vollen Bedarf von 400 EUR +1100 EUR = 1500 EUR.
Der Antrag nach § 238 FamFG ist zurückzuweisen, weil M durch eine entsprechende Vermögensverwertung als leistungsfähig zur Fortzahlung des eheangemessenen Unterhalts von 1100 EUR angesehen werden kann.

7. Berücksichtigung von Verbindlichkeiten des Verpflichteten

85 **a) Berücksichtigungsfähige Schulden.** Bei der Bedarfsbemessung werden Verbindlichkeiten, welche nicht aus einer Verletzung der Erwerbsobliegenheit folgen, durch Vorabzug vom prägenden Einkommen berücksichtigt.[108]
Im Rahmen einer Feststellung einer beschränkten Leistungsfähigkeit sind auch alle sonstigen regelmäßigen Zahlungsverpflichtungen zu berücksichtigen, sofern sie berücksichtigungswürdig sind (→ § 1 Rn. 1072 ff.). Der Unterhaltsanspruch des Berechtigten genießt auf der Leistungsstufe keinen Vorrang vor anderen regelmäßigen Verbindlichkeiten des Verpflichteten.[109]

86 Wird jedoch ein Mangelfall bejaht, sind alle Verbindlichkeiten daraufhin wertend zu überprüfen, ob sie auch unter Würdigung von Billigkeitsgesichtspunkten noch berücksichtigungswürdig sind (→ § 1 Rn. 1072 ff.).

87 **b) Neue Interessenabwägung.** Im Rahmen der Leistungsfähigkeit ist zwischen berücksichtigungswürdigen und anderen Verbindlichkeiten zu differenzieren. Die Frage, ob vom Verpflichteten eingegangene sonstige Verbindlichkeiten auf der Leistungsstufe berücksichtigungswürdig sind, erfordert eine **umfassende Interessenabwägung**.[110] Da jede Rechtsposition unter dem Vorbehalt von Treu und Glauben steht, darf sich der Verpflichtete nicht auf Verbindlichkeiten berufen, die er leichtfertig für luxuriöse Zwecke oder ohne verständigen Grund eingegangen ist.[111] Der Verpflichtete kann sich nicht durch ein unverantwortliches oder eigensüchtiges Schuldenmachen seiner Unterhaltsverpflichtung entziehen.[112] Auch die Kenntnis von seiner Unterhaltsverpflichtung verwehrt es dem Pflichtigen in der Regel, sich auf eine infolge von Schulden eingetretene Verminderung der Leistungsfähigkeit zu berufen, es sei denn, deren Eingehung ist notwendig und unausweichlich gewesen.[113]
Andererseits ist nach der Rechtsprechung des BGH eine tatsächlich bestehende Leistungsunfähigkeit grundsätzlich auch dann zu beachten, wenn der Verpflichtete sie selbst –

---

[108] BGH FamRZ 2006, 683.
[109] BGH FamRZ 1984, 657.
[110] BGH FamRZ 1992, 1045; FamRZ 1990, 283 (287).
[111] BGH FamRZ 1984, 358; FamRZ 1982, 898.
[112] BGH FamRZ 1982, 157.
[113] BGH FamRZ 1990, 283 (287).

II. Einkommens- und Bedarfskorrekturen im Mangelfall   § 5

sogar schuldhaft – herbeigeführt hat. Die Berufung auf seine Leistungsunfähigkeit ist ihm nur dann verwehrt, wenn er diese durch ein verantwortungsloses, zumindest **leichtfertiges Verhalten von erheblichem Gewicht** herbeigeführt hat (→ Rn. 44 f.).[114] Bei Verbindlichkeiten spielt diese Rechtsprechung eine Rolle, wenn die Begründung der Verbindlichkeiten auf einem verantwortungslosen, zumindest leichtfertigen Verhalten des Verpflichteten beruht.

Ob nach diesen Grundsätzen im Einzelfall eine **Verbindlichkeit ganz oder teilweise zu berücksichtigen** ist, kann nur im Rahmen einer tatrichterlichen Interessenabwägung aller konkreten Umstände nach billigem Ermessen beurteilt werden.[115]   88

Nach dieser Rechtsprechung sind vor allem **folgende Umstände** in die Abwägung einzubeziehen:
– Zweck der Verbindlichkeiten
– Zeitpunkt und Art ihrer Begründung
– Dringlichkeit der Bedürfnisse beider Ehegatten
– Kenntnis des Verpflichteten von Grund und Höhe des Unterhaltsanspruchs bei Begründung der Verbindlichkeiten
– Begründung der Verbindlichkeiten mit (oder ohne) Einvernehmen des Berechtigten
– Interesse des Verpflichteten an der Tilgung der Verbindlichkeiten, deren weiteres Anwachsen ihm nicht zugemutet werden kann
– Möglichkeiten des Verpflichteten, die Verbindlichkeiten zeitlich zu strecken und im Rahmen eines vernünftigen Tilgungsplanes abzutragen
– Möglichkeiten des Verpflichteten, seine Leistungsfähigkeit in zumutbarer Weise teilweise oder ganz wiederherzustellen
– Möglichkeiten des Berechtigten, sich fehlende Mittel durch eigenen Einsatz selbst zu verschaffen
– Schutzwürdige Belange von Drittgläubigern

Diese Grundsätze gelten auch beim **Trennungsunterhalt** (§ 1361 BGB), dh auch bei   89
diesem sind im Rahmen der Leistungsfähigkeit grundsätzlich sonstige ebenfalls berücksichtigungswürdige Schulden abzusetzen, weil den Unterhaltsansprüchen kein Vorrang vor anderen Verbindlichkeiten des Verpflichteten zukommt.

Ob und in welchem Umfang solche Verbindlichkeiten auch bei einer beschränkten Leistungsfähigkeit zu berücksichtigen sind, ist ebenfalls auf Grund einer umfassenden Interessenabwägung (wie → Rn. 88) nach billigem Ermessen zu beurteilen.[116]

Nach diesen Maßgaben bedarf es im Mangelfall eines **Ausgleichs der Belange** von Unterhaltsgläubiger, Unterhaltsschuldner und Drittgläubiger, der nur auf Grund einer Interessenabwägung gefunden werden kann, weil die vollstreckungsrechtlichen Regeln keine Gewähr für einen sachgerechten Ausgleich bieten.

Diese **nach Billigkeitsgrundsätzen vorzunehmende Interessenabwägung** kann bei Überschuldung des Verpflichteten ergeben, dass der Berechtigte als Unterhalt nicht die zur Deckung seines Mindestbedarfs erforderlichen Mittel erhält, vor allem dann, wenn die Verschuldung so groß ist, dass der Verpflichtete zur Begleichung der laufenden Zinsen nicht mehr in der Lage ist und Unterhaltsleistungen daher nur auf Kosten einer entsprechenden Erhöhung des Schuldenstandes möglich sind, dessen Rückführung den Verpflichteten ohnehin auf Jahrzehnte im vollstreckungsrechtlich höchstzulässigen Maß belasten wird.[117]

Die entsprechenden Ausführungen des BGH betrafen einvernehmlich begründete prägende ehebedingte Verbindlichkeiten aus einer bereits bei Trennung bestehenden Überschuldung. Beruht die Überschuldung auf einseitig begründeten nichtprägenden Verbindlichkeiten des Verpflichteten, ist es diesem bei der Abwägung eher zuzumuten, die Hauptlast solcher Verbindlichkeiten selbst zu tragen, dh solche Verpflichtungen sind nur in einge-

---

[114] BGH FamRZ 1988, 597 (599); FamRZ 1987, 930 (932); FamRZ 1987, 372 (374); FamRZ 1985, 158.
[115] BGH FamRZ 2003, 813; FamRZ 1984, 657; FamRZ 1984, 358.
[116] BGH FamRZ 1984, 657; FamRZ 1982, 678.
[117] BGH FamRZ 1984, 657; FamRZ 1982, 678.

schränktem Maß als berücksichtigungswürdig zu beurteilen. Außerdem ist seit Inkrafttreten der **Insolvenzordnung** zu bedenken, ob es dem Pflichtigen zuzumuten sein kann, sich auf Pfändungsfreigrenzen zu berufen oder einen Insolvenzantrag zu stellen (→ Rn. 95). Die damit zusammenhängenden Einschränkungen der allgemeinen Handlungsfreiheit lassen sich jedoch mit der dem Ehegattenunterhalt zugrunde liegenden ehelichen oder nachehelichen Solidarität nicht rechtfertigen.[118] Sie kommen nur zur Sicherung des Unterhalts minderjähriger oder ihnen gleichgestellter volljähriger Kinder in Betracht.

90 Der Verpflichtete hat die **Darlegungs- und Beweislast** für Umstände, mit denen er die Berücksichtigungswürdigkeit und unterhaltsrechtliche Erheblichkeit der von ihm eingegangenen Verbindlichkeiten begründet (→ § 6 Rn. 712).[119]

91 c) **Tilgungsplan.** Bei einer Überschuldung hat eine Tilgung der berücksichtigungswürdigen Schulden im Rahmen eines vernünftigen Tilgungsplans zu erfolgen.[120]

Der Verpflichtete muss sich bei seinen Gläubigern um günstigere Zahlungsbedingungen bemühen. Er muss dazu im Einzelnen darlegen und beweisen, was er in dieser Hinsicht unternommen hat. Unterlässt er zumutbare Bemühungen, kann tatrichterlich fiktiv eine zumutbare Anpassung der Zins- und Tilgungsleistungen vorgenommen werden.

In der Praxis wird eine Umschuldung oder ein Zahlungsaufschub angesichts der bedrängten wirtschaftlichen Lage oft schwer zu realisieren sein. Im Einzelfall kann es bei erfolglosen Bemühungen zumutbar sein, es auf eine Vollstreckung durch die Gläubiger ankommen zu lassen.

Stammen die Schulden aus der Zeit vor der Trennung, sollte gefragt werden, wie sich der Verpflichtete ohne die Trennung vernünftigerweise verhalten hätte. Er kann sich auf seine Schulden nur im Rahmen eines vernünftigen Tilgungsplans berufen. Dementsprechend sind nur Beträge zu berücksichtigen, wie sie im Fall der Fortdauer der ehelichen Lebensgemeinschaft bei verantwortlicher Abwägung der Unterhaltsbelange und der Fremdgläubigerinteressen für die Schuldentilgung verwendet worden wären. Ihre Höhe ist anhand des verfügbaren oder erzielbaren Einkommens zu schätzen.[121]

In der Regel sind dabei dem Verpflichteten wenigstens so viele Mittel zu belassen, dass er zumindest die Zinsen zahlen und ein weiteres Anwachsen der Schulden verhindern kann.[122]

92 d) **Schuldenmachen.** Regelmäßig sind Verbindlichkeiten nicht oder nur eingeschränkt zu berücksichtigen, die der Verpflichtete **in Kenntnis der Unterhaltslast** einseitig leichtfertig eingegangen ist oder die er leichtfertig für luxuriöse Zwecke oder ohne verständigen Grund übernommen hat,[123] weil er sich durch ein unverantwortliches, zumindest **leichtfertiges** oder eigensüchtiges Schuldenmachen seiner Unterhaltspflicht nicht entziehen darf.[124] Danach können Verbindlichkeiten unberücksichtigt bleiben, die der Verpflichtete im Zusammenhang mit dem Erwerb einer Eigentumswohnung durch seine neue Partnerin übernommen hat.[125]

In der Regel sind auch solche Schulden nicht zu berücksichtigen, die der Verpflichtete deshalb macht, weil er mit dem für seinen Lebensbedarf zur Verfügung stehenden Geld nicht auskommt und deshalb zB **laufend sein Girokonto überzieht.** Tilgungen und neuerliche Überziehungen gleichen sich zudem meist aus. Nur die Zinsen können berücksichtigungsfähig sein.

Aufwendungen für die Vermögensbildung dürfen – auch soweit sie grundsätzlich als zusätzliche Altersvorsorge zulässig wäre (→ § 4 Rn. 437 ff., 453) – bei beschränkter Leistungsfähigkeit nicht fortgesetzt werden,[126] zumal der Verpflichtete auf Kosten des Berech-

---

[118] BGH FamRZ 2008, 497 = R 687.
[119] BGH FamRZ 1990, 283 (287).
[120] BGH FamRZ 1982, 250 (252); FamRZ 1984, 657.
[121] BGH FamRZ 1982, 23.
[122] BGH FamRZ 1982, 678.
[123] BGH FamRZ 1984, 358.
[124] BGH FamRZ 1982, 157.
[125] BGH FamRZ 1982, 898.
[126] BGH FamRZ 2003, 741.

tigten keine Vermögensbildung betreiben darf.[127] So darf zB eine Lebensversicherung im Mangelfall nicht fortgeführt werden mit der Folge, dass die **Versicherungsprämien** im Rahmen der Leistungsfähigkeit nicht zu berücksichtigen sind.[128]

Dem Verpflichteten ist es zuzumuten, solche Verbindlichkeiten rückgängig zu machen.

Zu Verbindlichkeiten für ein **Haus** ist die jüngere Rechtsprechung des BGH zu beachten.[129] Danach sind Tilgungsleistungen insoweit vom Einkommen abzusetzen, als ihnen nach Abzug der Zinszahlungen noch ein einkommenserhöhender Wohnvorteil gegenübersteht. Denn ohne Zins und Tilgung gäbe es diesen Wohnvorteil nicht. Im darüberhinausgehenden Umfang könnten die Tilgungsleistungen dagegen nur im Rahmen der unterhaltsrechtlich erlaubten sekundären Altersvorsorge Berücksichtigung finden. (für die das oben → Rn. 92 Gesagte gilt). Die zum Elternunterhalt ergangene Entscheidung dürfte grundsätzlich auch für die sonstigen Unterhaltsarten Geltung beanspruchen[130] (Näheres → § 1 Rn. 520 f.). 93

Wenn gemeinsam eingegangene Verbindlichkeiten nach der Trennung vom Verpflichteten **gegen den Willen des Berechtigten aufrechterhalten** werden (zB Bereitstellungszinsen für einen geplanten Hausbau, der vom anderen Ehegatten nicht mehr gewollt wird), sind sie unterhaltsrechtlich nicht zu berücksichtigen.[131] 94

8. Obliegenheit, sich auf die Pfändungsfreigrenzen zu berufen und evtl. Insolvenzantrag zu stellen

Dem **in Abhängigkeit Erwerbstätigen** stand schon immer die Möglichkeit offen, sich gegenüber Drittgläubigern auf die Pfändungsfreibeträge nach § 850c ZPO zu berufen. Die Rechtsprechung der Untergerichte hatte auch eine entsprechende Obliegenheit im Interesse der Unterhaltsberechtigten angenommen. Der BGH hatte es indessen als für den Unterhaltsschuldner unzumutbar angesehen, durch die Unterhaltszahlungen immer tiefer in Schulden zu geraten.[132] Damit wurden die Unterhaltsgläubiger auf die Sozialhilfe verwiesen und die Drittgläubiger erlangten die Rückzahlung ihrer Forderungen letztlich zu Lasten der öffentlichen Hand, welche auf diese Weise das Risiko etwa eines Kreditgebers verminderte. Durch die Einführung der Verbraucherinsolvenz mit Restschuldbefreiung nach §§ 304 ff. InsO hat der Gesetzgeber die Rahmenbedingungen verändert, der bisherigen Rechtsprechung des BGH ihre Grundlage genommen und ihn veranlasst, diese **zu ändern**.[133] Das **Verbraucherinsolvenzverfahren** kann es dem Unterhaltsschuldner nämlich ermöglichen, **Unterhalt zu leisten** und außerdem nach angemessener Zeit **Befreiung von seinen Schulden** zu erlangen.[134] Denn die Verbraucherinsolvenz hat zur Folge, dass dem Schuldner von seinem Einkommen der pfändungsfreie Betrag einschließlich der auf Unterhaltspflichten entfallenden Anteile verbleibt. Aus der generellen Pflicht des Unterhaltsschuldners, seine Leistungsfähigkeit nach Möglichkeit zu verbessern, folgt daher auch seine Obliegenheit, sich anderen Gläubigern gegenüber auf die Pfändungsfreigrenzen zu berufen, wenn er durch einen Antrag auf Eröffnung des Verbraucherinsolvenzverfahrens mit Restschuldbefreiung die Beseitigung seiner Schulden erreichen kann. Andererseits zieht die Verbraucherinsolvenz jedoch eine schwerwiegende Einschränkung der Handlungsfreiheit nach Art. 2 GG des Unterhaltsschuldners mit sich, welche nur mit der verschärften Unterhaltspflicht gegenüber minderjährigen und ihnen gleichgestellten Kindern 95

---

[127] BGH FamRZ 2008, 963 Rn. 17 ff.
[128] BGH FamRZ 1984, 149 (151).
[129] BGH FamRZ 2017, 519 Rn. 32 ff. = R 781b.
[130] Vgl. BGH FamRZ 2018, 1506 Rn. 31 („Segelhinweis" in einem Ehegattenunterhaltsfall).
[131] BGH FamRZ 1983, 670 (673).
[132] BGH FamRZ 1984, 477.
[133] BGH FamRZ 2005, 608 = NJW 2005, 1279 = R 627a–e.
[134] Ausführlich zu dem Thema: Melchers/Hauß, Unterhalt und Verbraucherinsolvenz, Köln 2003, Melchers FuR 2003, 145; Melchers FamRB 2002, 180; Melchers FamRZ 2001, 1509; kritisch Uhlenbruck FamRZ 1998, 1473.

nach Art. 6 GG zu rechtfertigen ist. Demgegenüber besteht bei anderen Unterhaltsverhältnissen nicht die Obliegenheit, die Verbraucherinsolvenz zu beantragen.[135]

96 Bei einer Unterhaltspflicht gegenüber Minderjährigen oder gleichgestellten Volljährigen ist auch derjenige, der nicht durch eine abhängige Tätigkeit, sondern auf andere Weise durch **persönliche Arbeit** seinen Unterhalt verdient, gehalten, den entsprechenden **Pfändungsschutz** gem. § 850i ZPO in Anspruch zu nehmen. Denn er hat im Prinzip ebenfalls die Möglichkeit, das Anwachsen der Schulden durch eine Verbraucherinsolvenz mit Restschuldbefreiung zu vermeiden.

Die Pfändungsfreibeträge nach § 850c ZPO sind aber nur die **Untergrenze der Pfändungsfreiheit.** Soweit der **Sozialhilfebedarf** darüber liegt, kann der Pfändungsschuldner nach § 850f ZPO einen darüber liegenden Freibetrag in Anspruch nehmen und hat unterhaltsrechtlich auch die entsprechende Obliegenheit. Im Prinzip darf die Sozialhilfe also nur noch dann eingreifen, wenn der Unterhaltsschuldner auch bei Absehen von seinen privaten Schulden nicht in der Lage ist, den sozialhilferechtlichen Bedarf für sich und die, für die er unterhaltspflichtig ist, abzudecken.

97 Die **Verbraucherinsolvenz** vollzieht sich in folgenden Schritten:
- Im außergerichtlichen Schuldenbereinigungsverfahren muss sich der Schuldner um eine Einigung mit seinen Gläubigern bemühen. Das förmlich belegte Scheitern dieses Versuchs ist Voraussetzung für
- den Antrag auf das gerichtliche Schuldenbereinigungsplanverfahren, bei welchem der Schuldner das Scheitern des außergerichtlichen Einigungsversuchs belegen, Verzeichnisse der Gläubiger und ihrer Forderungen sowie des Vermögens einschließlich aller Einkünfte vorlegen und die Gründe des Scheiterns der Einigungsbemühungen darlegen muss (§ 305 InsO). Darauf folgt der gerichtliche Versuch, eine einvernehmliche Lösung zu erreichen, bei der die Zustimmung einzelner Gläubiger vom Gericht ersetzt werden kann (§ 309 InsO).
- Im Falle des Scheiterns wird das Insolvenzverfahren eröffnet, das zur Bestellung eines Insolvenzverwalters führt; zugleich wird gemäß § 287a InsO festgestellt, ob (vereinfacht gesagt) der Antrag auf Restschuldbefreiung unzulässig ist.
- Nach der Wohlverhaltensperiode von regelmäßig sechs Jahren ab Verfahrenseröffnung (Verkürzung auf fünf bzw. auch drei Jahre ist möglich, vgl. § 300 I InsO), in welcher das den pfändbaren Betrag übersteigende Einkommen (soweit vorhanden) an die Gläubiger abgeführt wird, folgt die Restschuldbefreiung nach § 300 InsO, wenn keine Versagungsgründe (§ 290 InsO) vorliegen.

98 Voraussetzung für die **Eröffnung des Insolvenzverfahrens** ist nach § 17 InsO allerdings die **Zahlungsunfähigkeit,** also die Unfähigkeit, die fälligen Zahlungspflichten zu erfüllen. Aus der bisherigen Rechtsprechung, wonach dem Schuldner nicht zuzumuten war, das Anwachsen seiner Schulden hinzunehmen, und ihm daher gestattet wurde, zu Lasten seiner Unterhaltsgläubiger seine anderen Gläubiger zu befriedigen, wird teilweise gefolgert, Zahlungsunfähigkeit liege nur vor, wenn ohne jede Unterhaltszahlung die Erfüllung der Verbindlichkeiten nicht möglich sei. Solange noch Unterhalt geleistet werde, liege keine Insolvenz vor, weil mangels Leistungsfähigkeit zuerst die Unterhaltspflichten entfallen müssten.[136] Das widerspricht jedoch dem Zweck des Verbraucherinsolvenzverfahrens, welches ersichtlich darauf angelegt ist, die Unterhaltsgläubiger anderen Gläubigern gegenüber zu bevorzugen und dadurch die Sozialkassen zu entlasten. Vielmehr wird die Leistungsfähigkeit des Unterhaltsschuldners gerade durch die Möglichkeit eines Antrags auf Eröffnung des Verbraucherinsolvenzverfahrens erhöht. Zum selben Ergebnis kommt man letztlich bei der Frage, inwieweit die Obliegenheit, einen Insolvenzantrag zu stellen, Einfluss auf die einkommensabhängige Bedarfsbemessung haben kann. Hier muss man darauf abstellen, wie sich der Unterhaltsschuldner ohne die Trennung verhalten hätte. In der Regel wird man davon ausgehen können, dass er sich zum Schutz des Familienunterhalts auf die Pfändungsfreigrenzen berufen und Insolvenzantrag gestellt hätte. Demnach

---

[135] BGH FamRZ 2008, 497 = R 687.
[136] Diese Argumentation liegt letztlich dem Beschluss des OLG Stuttgart, FamRZ 2002, 982 zu Grunde.

II. Einkommens- und Bedarfskorrekturen im Mangelfall § 5

darf sich auch das prägende Einkommen durch die Obliegenheit, einen Insolvenzantrag zu stellen, erhöhen.

Der Eigen-Insolvenzantrag ist ggf. **unzumutbar**, wenn er nicht zur Restschuldbefrei- 99 ung führen kann, wenn also Versagungsgründe gem. § 290 InsO vorliegen. Das ist zB dann der Fall, wenn die Forderungen aus einer vorsätzlichen unerlaubten Handlung resultieren, der Schuldner sich in den letzten drei Jahren vor dem Antrag vorsätzlich oder grob fahrlässig leistungsunfähig gemacht hat. Hier sind die Interessen von Unterhaltsschuldner und -gläubiger unter Berücksichtigung von Billigkeitsgründen gegeneinander abzuwägen, was durchaus dazu führen kann, dass sich der Unterhaltsschuldner auch dann auf die Pfändungsfreigrenzen berufen muss, wenn eine Restschuldbefreiung nicht möglich ist. Dies muss umso mehr gelten, als im Interesse der öffentlichen Kassen der Gesetzgeber den **Unterhaltsansprüchen einen Vorrang gegenüber anderen Ansprüchen** eingeräumt hat. Dieser Vorrang muss sich auch dann durchsetzen, wenn aus Gründen, die in der Person des Unterhaltsschuldners liegen, eine Restschuldbefreiung ausscheidet. Im Übrigen betrifft die unterhaltsrechtliche Zumutbarkeitsprüfung meist nicht den Antrag auf Verbraucherinsolvenz, sondern die Berufung auf die Pfändungsfreigrenzen nach §§ 850c, 850f und 850i ZPO.

Die Verbraucherinsolvenz führt im Falle der Restschuldbefreiung auch zum **Erlöschen** 100 der bis dahin nicht erfüllten **Unterhaltsrückstände** aus der Zeit vor der Verfahrenseröffnung (→ § 4 Rn. 135). Wenn das Insolvenzverfahren auch für den Unterhaltsgläubiger mit gravierenden Nachteilen verbunden wäre, weil er ohne die Restschuldbefreiung die begründete Hoffnung hätte, dass auf Grund einer dem Unterhaltsschuldner zufallenden Erbschaft seine Unterhaltsansprüche erfüllt werden, so können im Einzelfall die Gründe, die gegen eine Berufung auf die Pfändungsfreibeträge und einen Antrag auf Eröffnung des Verbraucherinsolvenzverfahrens sprechen, überwiegen.

Beispiel für Berufung auf die Pfändungsfreibeträge: 101
Einkommen von M (ohne Kindergeld) 2900 EUR, Schuldentilgung monatlich 1500 EUR
verbleibendes Einkommen 1400 EUR
Kind A Alter 14 Jahre, Kind B Alter 7 Jahre, beide leben beim einkommenslosen Ehegatten F
Erwerbstätigenbonus 10%
Unterhaltsberechnung:
aus Einkommen des Pflichtigen 1400 EUR
Kindesunterhalt nach DT 2019 1/3 und 1/2, zugleich Mindestbedarf gem. §§ 1612a I, 1612b I BGB:
Kind A 476 EUR – 102 EUR = 374 EUR, Kind B 406 EUR – 102 EUR = 304 EUR, insgesamt 678 EUR
F erhält: (1400 EUR – 678 EUR) × 90% / 2 = 325 EUR,
M behält nur 1400 EUR – 678 EUR – 325 EUR = 397 EUR, daher **Mangelfall**. Selbst nach Wegfall des gegenüber dem Kindesunterhalt nachrangigen Ehegattenunterhalts bleiben nur 397 EUR + 325 EUR = 722 EUR und damit weniger als der notwendige Selbstbehalt von 1080 EUR.
M ist aber ein Antrag auf Restschuldbefreiung möglich und zumutbar. Dadurch erhöht sich seine Leistungsfähigkeit zugleich auch gegenüber F (ihr Anspruch allein hätte die Obliegenheit zur Insolvenz nicht begründen können!):
Sein Einkommen vor Abzug der Schulden beträgt 2900 EUR, hiervon sind pfändungsfrei [Stand 30.6.2019] 2640,79 EUR, anerkennungsfähige Schulden deshalb 259,21 EUR, nicht anerkennungsfähige Schulden (1500 EUR – 259,21 EUR =) 1240,79 EUR sind hinzuzurechnen. Damit bleiben M nicht 397 EUR, sondern 1638 EUR. Davon abzuziehen sind Kosten der Restschuldbefreiung von monatlich geschätzt 50 EUR, so dass M 1638 EUR – 50 EUR = 1588 EUR bleiben und kein Mangelfall mehr besteht.
Die Berufung auf den Pfändungsfreibetrag erhöht jedoch auch das prägende Einkommen. Dieses beträgt nun 2900 EUR – 259 EUR (Schulden) – 50 EUR (Kosten) = 2591 EUR; daraus berechnet sich nun auch der Kindesunterhalt nach DT 2/3 und DT 2/2 (drei Berechtigte) von (500 EUR – 102 EUR + 427 EUR – 102 EUR =) 723 EUR; Unterhalt von F: 2591 EUR – 723 EUR = 1868 EUR × 90% / 2 = 841 EUR.
M bleiben (2591 EUR – 723 EUR – 841 EUR =) 1027 EUR, also weniger als der Ehegattenselbstbehalt 1200 EUR.
Das Defizit von (1200 EUR – 1027 EUR =) 173 EUR ist durch Kürzung des gegenüber dem Kindesunterhalt nachrangigen Ehegattenunterhalts zu decken. Vorher jedoch kommt es nach DT

Anm. 1 II (→ Rn. 143) zur Abgruppierung beim Kindesunterhalt in Gruppe 1 (wie oben) 374 EUR + 304 EUR = 678 EUR.
M bleiben dann (2591 EUR – 678 EUR =) 1913 EUR. Daraus kann er (1913 EUR – 1200 EUR =) 713 EUR Ehegattenunterhalt an F zahlen, so dass M letztlich (2591 EUR – 678 EUR – 713 EUR =) 1200 EUR verbleiben.

9. Individuelle oder schematische Kürzung eines verbleibenden Fehlbedarfs nach § 1581 BGB

102 Kommt es auf Grund der Billigkeitsabwägung gemäß den Ausführungen zu → Rn. 67 bis 100 zu entsprechenden **Änderungen** im Bereich der **Deckungsmasse** oder im **Bedarfsbereich,** dann ist abschließend auch neu festzustellen, ob trotz solcher Änderungen noch ein ungedeckter Fehlbedarf verbleibt. Dies geschieht durch Abzug der berücksichtigungsfähigen Deckungsmasse vom verbleibenden berücksichtigungsfähigen Gesamtbedarf.
Ergibt sich hierbei kein ungedeckter Restbedarf, verbleibt es bei dem auf diese Weise ermittelten Unterhalt. Dieser Unterhalt ist ein nach § 1581 BGB gekürzter Billigkeitsunterhalt, der auf den vollen Unterhalt zu erhöhen ist, sobald der Verpflichtete hierfür leistungsfähig ist.

103 Ergibt sich als Differenz (→ Rn. 102) ein **ungedeckter Restbedarf,** so muss nach § 1581 BGB eine **weitere Unterhaltskürzung** erfolgen.
Möglich ist diese Kürzung
– individuell auf Grund einer neuen Gesamtabwägung aller Billigkeitsgesichtspunkte oder
– durch eine proportionale Kürzung.
Die **proportionale Kürzung** ist unterschiedlich vorzunehmen, je nachdem, ob ein absoluter Mangelfall vorliegt, bei dem **nur** der Unterhalt der Berechtigten zu kürzen ist, oder ob es sich um einen relativen Mangelfall handelt, bei welchem der Bedarf des Pflichtigen und der des Berechtigten gleichermaßen zu kürzen sind. Beim relativen Mangelfall liegt aber regelmäßig zugleich ein **gemischter Mangelfall** vor, bei welchem die Mangellage nur im Verhältnis zu einem der Unterhaltsberechtigten gegeben ist, zwischen vollem Bedarf des zweiten und Mangellage beim ersten Ehegatten aber eine wechselseitige Abhängigkeit besteht (→ Rn. 107).

104 Bei einer **individuellen Kürzung** sind alle Umstände des konkreten Einzelfalles individuell zu gewichten und gegeneinander abzuwägen.
Wichtige Kriterien hierfür können zB sein:
– Einkommens- und Vermögensverhältnisse sowie sonstige wirtschaftliche Verhältnisse beider Ehegatten;
– persönliche Verhältnisse jedes Ehegatten, etwa Alter, Gesundheitszustand oder individuelle Bedürfnisse;
– eheliche Lebensverhältnisse vor und nach der Trennung;
– Erwerbsfähigkeit, zumutbare Tätigkeiten, ernsthafte Erwerbsbemühungen und besondere Anstrengungen zur Erzielung zumutbarer, evtl. auch unzumutbarer, überobligationsmäßiger Einkünfte;
– besondere Belastungen durch Kinder und sonstige besondere Belastungen;
– der Umfang, in welchem bei der Bedarfsbemessung bereits Vorabzüge und andere Posten der Mangelfallberechnung berücksichtigt wurden.
Nicht zu berücksichtigen ist ein Verschulden an der Trennung oder Scheidung.
Die zur Kürzung nach § 1581 BGB führende Billigkeitsabwägung kann aber für beide Ehegatten nur einheitlich erfolgen.[137]

---

[137] BGH FamRZ 1992, 1045 (1049); FamRZ 1990, 1091 (1095).

III. Mehrheit von Berechtigten: relativer Mangelfall

Nach der Rechtsprechung des BGH[138] war bei der Bemessung des Bedarfs eines geschiedenen Ehegatten nach den ehelichen Lebensverhältnissen jede Veränderung des verfügbaren Einkommens des unterhaltspflichtigen Ehegatten zu berücksichtigen, welche nicht auf einer Verletzung der Erwerbsobliegenheit oder auf einem Karrieresprung beruhte. Soweit der BGH damit auch der Unterhaltspflicht gegenüber einem späteren Ehegatten Einfluss auf den Bedarf des früheren Ehegatten zugebilligt hat, hat das BVerfG diese Auslegung des § 1578 BGB in einer fachlich sehr umstrittenen Entscheidung[139] mit knapper Mehrheit als verfassungswidrig verworfen. Dass das BVerfG damit zugleich den Grundsatz der „wandelbaren ehelichen Lebensverhältnisse" insgesamt verworfen hätte,[140] lässt sich der Entscheidung indessen nicht entnehmen. **Der entscheidende Satz lautet:** „Es überschreitet die Grenzen des Wortlauts von § 1578 Abs. 1 Satz 1 BGB, derartige nacheheliche Änderungen, die nicht ehe-, sondern scheidungsbedingt sind, also die Auflösung der Ehe voraussetzen, in die Bestimmung des Unterhaltsbedarfs eines geschiedenen Ehegatten einzubeziehen." Der Kontext zeigt, dass sich der Verfassungsverstoß auf diesen Widerspruch beschränkt, denn vorher hatte die Entscheidung durchaus zustimmend die Beeinflussung der ehelichen Lebensverhältnisse durch viele spätere Veränderungen, ua auch durch unverschuldete Einkommensverminderungen, erörtert. Die eingehende Rechtsprechung des BGH zu Unterhaltsverpflichtungen gegenüber nach der Scheidung geborenen Kindern bleibt demgegenüber gänzlich unerwähnt. Die Entscheidung des BVerfG konzentriert sich vielmehr ausschließlich auf die Berücksichtigung der späteren Ehe. Die **Grundlagen der Rechtsprechung** zu den variablen ehelichen Lebensverhältnissen, nämlich die Unmöglichkeit, bei später entstandenen Ansprüchen auf Kindesunterhalt den hinreichenden Bezug zur Ehe überzeugend abzugrenzen, **werden vom BVerfG also nicht kritisiert**. Nachdem nur eine Beeinflussung der ehelichen Lebensverhältnisse durch Umstände, die erst durch die Scheidung ermöglicht werden, missbilligt wird, ist eine Gesetzesauslegung **verfassungskonform**, welche alle späteren Umstände, die auch bei Fortbestand der Ehe hätten eintreten können, bei der Bedarfsbemessung berücksichtigt.

Offenbar hat insoweit der **Leitsatz der Entscheidung** Verwirrung gestiftet. Dieser besagt, der BGH habe durch einen **Systemwechsel** die Grenzen der richterlichen Rechtsfortbildung überschritten und damit Art. 2 I GG und das Rechtsstaatsprinzip (Art. 20 III GG) verletzt. Diese Formulierung erweckt den Anschein, alles, was mit dem neuen System der variablen ehelichen Lebensverhältnisse zu tun habe, sei verfassungswidrig. Das wäre aber ein offenkundiges Missverständnis, weil das BVerfG die Beeinflussung der ehelichen Lebensverhältnisse auch durch **Änderungen**, denen **jeder Bezug zur Ehescheidung fehlt**, insbesondere durch einen unerwarteten unverschuldeten Einkommensrückgang, durchaus **gebilligt hat**.[141]

Folgt man diesem Verständnis der verfassungsgerichtlichen Entscheidung, ließe sich vertreten, dass für den relativen Mangelfall nach § 1581 BGB nur die Unterhaltspflicht gegenüber einem späteren Ehegatten bleibt. Diese stellt aber einen Mischfall dar (s. sogleich unten IV., → Rn. 107), weil in den anderen Fällen die Veränderung nach dem Grundsatz der variablen ehelichen Lebensverhältnisse[142] bereits den Bedarf beeinflusst.[143]

Der BGH hat aus der Entscheidung des BVerfG jedoch eine andere Konsequenz gezogen und seine **Rechtsprechung dahingehend geändert**, dass er **alle nach der Scheidung entstandenen Unterhaltspflichten** als **nicht bedarfsbestimmend** betrachtet.[144] Wenn später neue Unterhaltspflichten hinzutreten, die nicht durch neue Einkünfte, welche die ehelichen Lebensverhältnisse nicht geprägt hatten, gedeckt werden, entsteht ein

---

138 BGH FamRZ 2006, 683.
139 Aus neutraler Sicht: Rieble NJW 2011, 819.
140 So Hauß FamRB 2011, 94.
141 BVerfG 2011, 437 (443 f.).
142 BGH FamRZ 2008, 968 = R 689g.
143 So die von Gutdeutsch in der Vorauflage vertretene Auffassung.
144 Vgl. aus jüngerer Zeit etwa BGH FamRZ 2016, 887 Rn. 14 = R 775a.

Mangelfall, der eine **Unterhaltskürzung** nach § 1581 BGB bewirkt, die zugleich den Unterhaltspflichtigen und den Unterhaltsberechtigten trifft. Der Grundsatz der **Halbteilung zwischen Ehegatten** lässt sich dabei nur durch Gleichteilung auf der Ebene der Leistungsfähigkeit wahren.[145]

IV. Mehrheit von Berechtigten: gemischter Mangelfall mit zwei Ehegatten

1. Allgemeines

107   Ist der Unterhaltspflichtige zwei (oder mehr) Ehegatten gegenüber unterhaltspflichtig, dann liegt meist ein Mangelfall im Verhältnis zum ersten Ehegatten vor, nicht aber notwendigerweise auch im Verhältnis zum zweiten. Denn dessen eheliche Lebensverhältnisse sind durch die Unterhaltspflicht gegenüber dem ersten Ehegatten geprägt. Es handelt sich dann um einen Mischfall, weil im Verhältnis zum ersten Ehegatten ein Mangelfall besteht, im Verhältnis zum zweiten hingegen nicht. Der letztlich dem ersten Ehegatten geschuldete (Mangel-)Unterhalt ist nämlich beim zweiten Ehegatten bereits auf der Bedarfsebene zu berücksichtigen.[146] Die Billigkeitsabwägung nach § 1581 BGB zielt auf einen billigen Ausgleich zwischen den geschiedenen Ehegatten. Gerecht ist idR eine gleichmäßige Verteilung der vorhandenen Mittel iSd vom BVerfG betonten hälftigen Beteiligung beider Eheleute, soweit keine besonderen Gründe vorhanden sind, dem ersten Ehegatten oder dem Pflichtigen mehr als die ihm zustehende Hälfte zu belassen. Die angemessene Verteilung berücksichtigt einen Erwerbstätigenbonus nur bei der Berechnung des Anteils des zweiten Ehegatten, weil der Bonus nur zur Bestimmung des Bedarfs dient.[147] Bei der Berechnung der zulässigen Kürzung des Unterhalts des ersten Ehegatten sind demgegenüber alle Einkünfte ungekürzt einzusetzen:

Beispiel:
M verdient 3000 EUR, F1 verdient 1000 EUR und F2 verdient 700 EUR; F1 und F2 können Unterhalt nach den ehelichen Lebensverhältnissen verlangen.
Dann beträgt der volle Bedarf von F1 (3000 EUR × 90% + 1000 EUR × 90%)/2 = 1800 EUR und der volle Unterhalt 1800 EUR – 1000 EUR × 90% = 900 EUR.
Der Rest des eheprägenden gemeinsamen Einkommens von 3000 EUR – 900 EUR = 2100 EUR steht M als sein Eigenbedarf zu. Wenn er aus demselben F2 Unterhalt leistet, entsteht im Verhältnis

---

[145] Berechnungsbeispiel zum „Ende der variablen Lebensverhältnisse": M verdient 3000 EUR und ist der geschiedenen F1 zu Unterhalt verpflichtet, welche 1000 EUR verdient. Er lebt mit der einkommenslosen F2 nichtehelich zusammen, welche das nach der Scheidung geborene gemeinsame Kind K betreut und betreuungsbedingt nicht arbeiten kann. Der Kindesunterhalt betrage 200 EUR, der Bedarf von F2 übersteigt nicht den Mindestbedarf von 880 EUR, wegen Zusammenlebens herabgesetzt auf 792 EUR.
Da vorausgesetzt wird, dass der Bedarf von F1 durch die Unterhaltsberechtigung von K und F2 nicht beeinflusst wird, beträgt der Bedarf von F1 (3000 EUR × 90% + 1000 EUR × 90%)/2 = 1800 EUR und der volle Unterhalt 1800 EUR – 1000 EUR × 90% = 900 EUR.
Der eheangemessene Selbstbehalt von M gegenüber F1 beträgt 3000 EUR – 900 EUR = 2100 EUR. Nach Abzug der neuen Unterhaltsverpflichtungen bleiben ihm aber nur 2100 EUR – 200 EUR – 792 EUR = 1108 EUR. Es liegt ein relativer Mangelfall vor. Die verfügbaren Mittel betragen 3000 EUR + 1000 EUR – 200 EUR – 792 EUR = 3008 EUR, der beiderseitige Bedarf (1800 EUR + 2100 EUR =) 3900 EUR. Bei proportionaler Kürzung ist der beiderseitige Bedarf zugrunde zu legen. Das Defizit von (3900 EUR – 3008 EUR =) 892 EUR verteilt sich deshalb wie folgt:
M: 892 EUR × 2100/3900 = 480 EUR.
F1: 892 EUR × 1800/3900 = 412 EUR.
M schuldet F1 daher 900 EUR – 412 EUR = 488 EUR. Ihm bleiben 3000 EUR – 488 EUR – 200 EUR – 792 EUR = 1520 EUR.
[146] → § 3 Rn. 83.
[147] BGH FamRZ 2013, 1366 Rn. 87; BGH FamRZ 2014, 1183 Rn. 30 = R 754d.

IV. Mehrheit von Berechtigten: gemischter Mangelfall mit zwei Ehegatten § 5

zu F1 ein (relativer) Mangelfall nach § 1581 BGB, welcher – soweit keine Gründe für eine abweichende Verteilung sprechen – zu einer gleichmäßigen Verteilung der verfügbaren Einkünfte auf alle Beteiligten (ohne Vorabzug eines Bonus) führt.
Bei gleichmäßiger Verteilung der Mittel entfallen auf F1 nur:
F1: (3000 EUR + 1000 EUR + 700 EUR)/3 – 1000 EUR = 567 EUR. Dadurch ergibt sich für
F2: (3000 EUR × 90% – 567 EUR + 700 EUR × 90%)/2 – 700 EUR × 90% = 752 EUR

Wenn folglich in vorstehendem Beispiel der Unterhalt von F1 nach § 1581 BGB auf den sich nach der **Drittelmethode** errechneten Betrag gekürzt wird, ist für M im Verhältnis zu beiden Ehegatten die Halbteilung gewahrt. Die Billigkeitsabwägung hat allerdings auch alle Umstände zu berücksichtigen, die eine Erhöhung des Anteils des einen oder des anderen rechtfertigen könnten. Dem kann dadurch Rechnung getragen werden, dass zuerst die Kürzung errechnet wird, welche sich bei Anwendung des Halbteilungsgrundsatzes ergibt (Drittelmethode), und anschließend Zu- und Abschläge gemacht werden, um die Gründe für die Bevorzugung der einen oder der anderen Seite zu berücksichtigen.

Vor allem ist die Ersparnis durch Zusammenleben zu berücksichtigen. Zudem darf Einkommen aus unzumutbarer Erwerbstätigkeit idR nur teilweise angerechnet werden.

Ein **Nachrang des zweiten Ehegatten** hat demgegenüber nach der Rechtsprechung des BGH zur Folge, dass der Unterhalt des ersten nicht gekürzt wird.[148]

In der Konsequenz muss ein **Nachrang des ersten Ehegatten** zur Folge haben, dass im absoluten Mangelfall, wenn nämlich der Ehegattenselbstbehalt des Pflichtigen zu einer Kürzung führt, diese Kürzung zuerst beim Unterhalt des nachrangigen ersten Ehegatten erfolgt. Für die Berechnungen wird jedoch neben dem Selbstbehalt des Pflichtigen auch ein vor- oder gleichrangiger Bedarf des Ehegatten benötigt. Diesen stellen die Düsseldorfer Tabelle und ihr folgend die meisten Leitlinien zur Verfügung (vgl. → Rn. 11, 11a). Immer dann, wenn die Summe der verfügbaren Einkommen geringer ist als die Summe der Bedarfsbeträge nach der DT, ist ein **absoluter Mangelfall** anzunehmen, bei welchem das den Selbstbehalt übersteigende Einkommen des Unterhaltspflichtigen auf den ungedeckten Bedarf der Ehegatten nach ihrem Rang zu verteilen ist. Nur wenn kein absoluter Mangelfall vorliegt, kommt der **relative Mangelfall**, bei welchem sich das verfügbare Gesamteinkommen auf alle Beteiligen einschließlich des Pflichtigen verteilt, in Betracht.

2. Vorteile des Zusammenlebens

Solange der Unterhaltspflichtige nach Wiederheirat mit dem neuen Ehegatten zusammenlebt, ist bei der Mangelfallrechnung nach § 1581 BGB der Vorteil zu berücksichtigen, den die neuen Eheleute aus dem Zusammenleben ziehen. Dieser Vorteil wird im Sozialrecht auf 10% geschätzt. Dem ist der BGH gefolgt.[149] Diese Ersparnis wurde in den Selbstbehaltssätzen der DT (Anm. B VI Nr. 2a) und der Leitlinien (Nr. 22.1) in dieser Höhe übernommen. Die Ersparnis kann nur durch eine Korrektur der Quote erfolgen. In der 8. Auflage wurde hier noch die Anhebung der Quote des früheren Ehegatten um 10% vorgeschlagen. Verwendet man diesen Zuschlag im Nahbereich des absoluten Mangelfalls, dann kommt es zu Bewertungssprüngen, weil dem die gemeinsamen Vorteile erfassenden Abschlag von 20% beim Bedarf des Ehegatten nur ein Zuschlag beim Drittelbedarf von 7,14% entspricht. Um solche Verwerfungen zu vermeiden, sollte die Quotenänderung durch die Vorteile des Zusammenlebens in gleicher Weise bemessen werden wie bei der Berechnung des absoluten Mangelfalls. Das geschieht dadurch, dass an die Stelle der Drittelquote das Verhältnis der Bedarfssätze tritt, statt $1/3$ also 1200 EUR/(1200 EUR + 1200 EUR + 960 EUR), was $5/14$ und damit etwas mehr als $5/15 = 1/3$ entspricht. Der vom BVerfG[150] und

---

[148] BGH FamRZ 2012, 281 Rn. 49 = R 731m; BGH FamRZ 2014, 1183 Rn. 21 = R 754c.
[149] BGH FamRZ 2012, 281 Rn. 46 = R 731k; BGH FamRZ 2010, 1535 = R 714c.
[150] BVerfG FamRZ 2011, 437 (445); die Grundentscheidung des AG Saarlouis, welche das OLG Saarbrücken bestätigt hatte und die damit der Entscheidung des BVerfG vom 25.1.2011 zugrunde lag, hat im Hinblick auf die Ersparnis durch Zusammenleben in der neuen Ehe einen Zuschlag auf den Drittelanteil von 10% gewährt.

dem BGH[151] gebilligte Zuschlag von 10% zum Drittel kann dem gegenüber nur als vergleichsweise grobe Näherung gelten.

3. Rechenweg bei mehreren Ehegatten

109 **a) Voller Unterhalt des ersten Ehegatten:** Zuerst ist der volle Unterhalt des ersten Ehegatten nach der Additionsmethode unter Berücksichtigung der beiderseitigen prägenden Einkünfte (ohne Abzug für später entstandene Unterhaltspflichten) und unter Berücksichtigung eines etwaigen Erwerbstätigenbonus zu berechnen. Einkommen, das nur die neue Ehe prägt, insbesondere der Splittingvorteil in der neuen Ehe, ist dabei nicht zu berücksichtigen. Wenn der Unterhalt nach dem Mindestbedarf von 880 EUR zu bemessen oder nach § 1578b BGB auf den angemessenen Unterhalt herabzusetzen ist, ist auch dies der volle Unterhalt **(Unterhalt 1)**.

b) Zweiter Ehegatte nachrangig: Ist der zweite Ehegatte nachrangig, dann ist weder sein Bedarf noch sein Einkommen bei der Berechnung des vollen Unterhalts von F1 zu berücksichtigen. Trotzdem kann ein relativer Mangelfall durch nichtprägenden Kindesunterhalt entstehen. Daher sind alle Einkünfte des ersten Ehegatten und des Pflichtigen ohne Abzug eines Bonus, aber unter Abzug der nichtprägenden vorrangigen Ansprüche auf Kindesunterhalt, als GesamteinkommenF (nur bezogen auf früheren Ehegatten) = Pflichtigennetto + Ehegattennetto1 zu erfassen.

- Zuerst wird auf **absoluten Mangelfall** geprüft:
GesamteinkommenF < 2 × 1200 EUR?
wenn ja:
Unterhalt F1 = GesamteinkommenF − 1200 EUR − Ehegattennetto1.
Dieser Betrag darf aber nicht den vollen Unterhalt übersteigen (Unterhalt1) s. o.
- Wenn kein absoluter Mangelfall vorliegt, ist der **relative Mangelfall** zu prüfen:
GesamteinkommenF / 2 − Ehegattennetto1 < Unterhalt1?
Wenn ja:
Unterhalt F1 = GesamteinkommenF / 2 − Ehegattennetto1 (Kürzung wegen relativen Mangelfalls nach § 1581 BGB)
Wenn nein:
Unterhalt F1 = Unterhalt1
Der Unterhalt von F2 wird in jedem Fall in üblicher Weise berechnet, indem der Unterhalt von F1 vom eheprägenden Einkommen des Pflichtigen vorweg abgezogen wird.

c) Zweiter Ehegatte vor- oder gleichrangig: Ist der zweite Ehegatte vor- oder gleichrangig, dann ist zuerst das **Gesamteinkommen** zu berechnen

Das Gesamteinkommen ist die Gesamtheit aller verfügbaren Einkommen des Pflichtigen und beider Ehegatten nach Abzug vorrangigen Kindesunterhalts, aber ohne Abzug eines Bonus.

Gesamteinkommen = Pflichtigennetto + Ehegattennetto1 + Ehegattennetto2

aa) Absoluter Mangelfall: Nun sollte man prüfen, ob ein absoluter Mangelfall vorliegt. Das ist dann der Fall, wenn das Gesamteinkommen die festen Bedarfsbeträge für den Pflichtigen und beide Ehegatten nicht deckt, also:
Gesamteinkommen < 1200 EUR × 3
oder bei Zusammenleben mit dem neuen Ehegatten:
Gesamteinkommen < 1200 EUR + 1200 EUR + 960 EUR[152]
Liegt der absolute Mangelfall vor, dann ist das Gesamteinkommen auf den Gesamtbedarf von 3600 EUR bzw 3360 EUR entsprechend dem Rang zu verteilen, dh der den Selbstbehalt von 1200 EUR übersteigende Betrag wird auf die Ehegatten entsprechend ihrem Rang verteilt.

---

[151] BGH FamRZ 2012, 271 Rn. 46 = R 731k.
[152] Wenn der volle Bedarf geringer ist als 1200 EUR, wird man den abweichenden Betrag zugrunde legen müssen.

IV. Mehrheit von Berechtigten: gemischter Mangelfall mit zwei Ehegatten

Bei **Vorrang von F2** wird zuerst der Bedarf von F2 gedeckt:
Unterhalt F2 = 1200 EUR − Ehegattennetto2
bei Zusammenleben:
Unterhalt F2 = 960 EUR − Eheattennetto2
Unterhalt F1 = Pflichtigennetto − 1200 EUR − Unterhalt F2
Bei **Gleichrang** wird der verfügbare Betrag (Pflichtigennetto − 1200 EUR) gleichmäßig verteilt. Die Aufteilung muss wie die Drittelmethode nach dem verfügbaren Gesamtbetrag erfolgen:
Unterhalt F1 = (Gesamteinkommen − 1200 EUR)/2 − Ehegattennetto1
Unterhalt F2 = (Gesamteinkommen − 1200 EUR)/2 − Ehegattennetto2

bb) Relativer Mangelfall für die erste Ehe: Wenn kein absoluter Mangelfall vorliegt, dann ist der relative Mangelfall zu prüfen, also ob der **Drittelanteil** von F1 den vollen Bedarf von F1 unterschreitet. Dieser Drittelanteil entspricht einem Drittel des Gesamteinkommens, wenn auch die zweite Ehe gescheitert ist und die Eheleute getrennt leben oder die zweite Ehe geschieden ist. Wenn M und F2 aber zusammenleben, ist der Vorteil des Zusammenlebens (s. Rn. 108) zu berücksichtigen. Das geschieht am rechnerisch schlüssigsten dadurch, dass man an die Stelle des Drittels das Verhältnis der Einsatzbeträge, also 1200 EUR für den Pflichtigen, 1200 EUR für F1 und 960 EUR für F2 setzt:
Drittelunterhalt = Gesamteinkommen/3 − Ehegattennetto1
bei Zusammenleben: Drittelunterhalt = Gesamteinkommen × $5/14$[153] − Ehegattennetto1
Die weitere Berechnung hängt davon ab, ob der volle Unterhalt von F1 den Drittelunterhalt überschreitet. Wenn ja, wird der volle Unterhalt von F1 (Unterhalt1) auf den Drittelunterhalt herabgesetzt:
Drittelunterhalt < Unterhalt1?
Wenn ja:
Unterhalt F1 = Drittelunterhalt
Sonst:
Unterhalt F1 = Unterhalt1 (voller Unterhalt s. o.)

cc) Normale Unterhaltsberechnung: In beiden Fällen schließt sich − bei Getrenntleben oder Scheidung der zweiten Ehe − die Berechnung des **vollen Unterhalts von F2** nach den allgemeinen Regeln der Berechnung eines Ehegattenunterhalts an, wobei der Unterhalt von F1 vom eheprägenden Einkommen des Pflichtigen vorweg abgezogen wird.

dd) Schlusskontrolle: Wegen des Erwerbstätigenbonus kann die Berechnung des Unterhalts von F2 nach den allgemeinen Regeln zu einem Unterhalt führen, welcher den Bedarf von 1200 EUR unterschreitet. Das ist im Hinblick auf den Vorrang oder Gleichrang gegenüber F1, die in diesen Fällen in der Regel mehr als 1200 EUR erhält, nicht gerechtfertigt. Deshalb muss im relativen Mangelfall der Unterhalt mindestens den Bedarf von 1200 EUR decken. Errechnet sich nach den allgemeinen Regeln ein geringerer Betrag, dann beträgt der Unterhalt von F2 = 1200 EUR − Ehegattennetto2. Das gilt allerdings nur dann, wenn F1 wirklich einen Unterhaltsanspruch hat.

d) Bei mehr als zwei Ehegatten ist entsprechend zu verfahren. Dabei sollte stufenweise gerechnet werden, weil im Hinblick auf mögliche spätere Einkommensverbesserungen der volle Bedarf eines jeden Ehegatten gebraucht wird.

4. Beispiele zu absoluten und relativen Mangelfällen mit mehreren Ehegatten

Beispiel 1: relativer Mangelfall bei Vorrang des zweiten Ehegatten: 110
M lässt sich ohne lange Ehedauer von F1 scheiden und heiratet F2. Nach Geburt des gemeinsamen Kindes K trennen sich auch M und F2. M verdient 3000 EUR, F1 1000 EUR, F2 kann wegen der Betreuung von K nicht arbeiten und hat kein Einkommen. M schuldet auch F1 noch Unterhalt nach den ehelichen Lebensverhältnissen, sein Einkommen hat sich nach der Scheidung nicht wesentlich geändert und der Splittingvorteil ist bereits wieder weggefallen.

---

[153] 1200/(1200 + 1200 + 960) = $5/14$. Der BGH hat zwar auch $1/3$ + 10% anerkannt. Exakter sind aber $5/14$, weil nur 7,14% mehr als $1/3$.

Lösung (Erwerbstätigenbonus $^1/_7$):
1. Bedarf von K nach DT2019 (um eins abgruppiert) 3/1: 390 EUR − 102 EUR (Kindergeld) = 288 EUR. Da das Kind erst nach der Scheidung geboren wurde, hat es auf den Bedarf von F1 keinen Einfluss.
Bedarf von F1: (3000 EUR × $^6/_7$ + 1000 EUR × $^6/_7$)/2 = 1714 EUR
Voller Unterhalt von F1: 1714 EUR − 1000 EUR × $^6/_7$ = 857 EUR.
2. Es besteht Vorrang des zweiten Ehegatten.
3. Gesamteinkommen: 3000 EUR − 288 EUR + 1000 EUR = 3712 EUR
4. Kein absoluter Mangelfall, weil Gesamtbedarf von (1200 EUR + 1200 EUR + 1200 EUR =) 3600 EUR, also geringer.
5. Drittelunterhalt von F1: (3000 EUR + 1000 EUR − 288 EUR)/3 − 1000 EUR = 237 EUR.
Das ist weniger als der volle Unterhalt von 857 EUR. Der Unterhalt von F1 wird deshalb nach § 1581 BGB gekürzt auf diesen Betrag.
6. Unterhalt von F2: (3000 EUR − 288 EUR − 237 EUR) × $^3/_7$ = 1061 EUR.
7. Der Unterhalt unterschreitet 1200 EUR, obgleich der nachrangigen F1 (1000 EUR + 237 EUR =) 1237 EUR zur Verfügung stehen. Der Unterhalt von F2 wird deshalb im relativen Mangelfall zulasten des Erwerbstätigenbonus von M auf 1200 EUR heraufgesetzt.
M bleiben 3000 EUR − 288 EUR − 237 EUR − 1200 EUR = 1275 EUR

Beispiel 2: absoluter Mangelfall bei Vorrang des zweiten Ehegatten und Zusammenleben.
M lässt sich ohne lange Ehedauer von F1 scheiden und heiratet F2. Nach Geburt des gemeinsamen Kindes K bleiben M und F2 zusammen. M verdient 2400 EUR, davon 250 EUR Splittingvorteil. F1 verdient 600 EUR, F2 kann wegen der Betreuung von K nicht arbeiten und hat kein Einkommen.
Lösung (Erwerbstätigenbonus $^1/_7$):
1. Bedarf von K nach DT2019 (um eins abgruppiert) 2/1: 372 EUR − 102 EUR (Kindergeld) = 270 EUR. Da das Kind erst nach der Scheidung geboren wurde, hat es auf den Bedarf von F1 keinen Einfluss.
Bedarf von F1: ((2400 EUR − 250 EUR) × $^6/_7$ + 600 EUR × $^6/_7$)/2 = 1179 EUR
Voller Unterhalt von F1: 1179 EUR − 600 EUR × $^6/_7$ = 665 EUR.
2. Es besteht Vorrang des zweiten Ehegatten.
3. Gesamteinkommen: 2400 EUR − 270 EUR + 600 EUR = 2730 EUR,
4. Absoluter Mangelfall, weil Gesamteinkommen niedriger als Bedarfssumme von (1200 EUR + 1200 EUR + 960 EUR =) 3360 EUR
Verfügbar für Ehegattenunterhalt: 2400 EUR − 270 EUR − 1200 EUR = 930 EUR, also weniger als der Mindestbedarf von F2 in Höhe von 960 EUR.
Die vorrangige F2 erhält 930 EUR.
F1 erhält nichts.
M bleiben 2400 EUR − 270 EUR − 930 EUR = 1200 EUR

Beispiel 3: absoluter Mangelfall bei Gleichrang der Ehegatten und Zusammenleben.
M lässt sich nach lang dauernder Ehe von F1 scheiden und heiratet F2. Nach Geburt des gemeinsamen Kindes K bleiben M und F2 zusammen. M verdient 2400 EUR, davon 250 EUR Splittingvorteil. F1 verdient 600 EUR, F2 kann wegen der Betreuung von K nicht arbeiten und hat kein Einkommen.
Lösung (Erwerbstätigenbonus $^1/_7$):
1. Bedarf von K nach DT2019 (um eins abgruppiert) 2/1: 372 EUR − 102 EUR = 270 EUR. Da das Kind erst nach der Scheidung geboren wurde, hat es auf den Bedarf von F1 keinen Einfluss.
Bedarf von F1: ((2400 EUR − 250 EUR) × $^6/_7$ + 600 EUR × $^6/_7$)/2 = 1179 EUR
Voller Unterhalt von F1: 1179 EUR − 600 EUR × $^6/_7$ = 665 EUR.
2. Es besteht Gleichrang.
3. Gesamteinkommen: 2400 EUR − 270 EUR + 600 EUR = 2730 EUR,
4. Absoluter Mangelfall, weil weniger als Bedarfssumme von (1200 EUR + 1200 EUR + 960 EUR) = 3360 EUR
Verfügbar für Ehegattenunterhalt: 2400 EUR − 270 EUR − 1200 EUR + 600 EUR = 1530 EUR
F1: 1530 EUR × 1200/(1200 + 960) − 600 EUR = 250 EUR.
F2: 1530 EUR × 960/(1200 + 960) = 680 EUR

Beispiel 4: relativer Mangelfall bei Gleichrang und Zusammenleben:
M lässt sich nach lang dauernder Ehe von F1 scheiden und heiratet F2. Nach Geburt des gemeinsamen Kindes K bleiben M und F2 zusammen. M verdient 3000 EUR, davon 350 EUR Splittingvorteil, F1 verdient 1000 EUR, F2 kann wegen der Betreuung von K nicht arbeiten und hat kein Einkommen. M schuldet auch F1 Unterhalt nach den ehelichen Lebensverhältnissen, sein Einkommen hat sich nach der Scheidung nicht wesentlich geändert.

IV. Mehrheit von Berechtigten: gemischter Mangelfall mit zwei Ehegatten § 5

Lösung (Erwerbstätigenbonus $1/7$):
1. Bedarf von K nach DT2019 (um eins abgruppiert) 3/1: 390 EUR − 102 EUR (Kindergeld) = 288 EUR. Da das Kind erst nach der Scheidung geboren wurde, hat es auf den Bedarf von F1 keinen Einfluss.
Bedarf von F1: ((3000 EUR − 350 EUR) × $6/7$ + 1000 EUR × $6/7$)/2 = 1564 EUR
Voller Unterhalt von F1: 1564 EUR − 1000 EUR × $6/7$ = 707 EUR.
2. Es besteht Gleichrang.
3. Gesamteinkommen: 3000 EUR − 288 EUR + 1000 EUR = 3712 EUR
4. Kein absoluter Mangelfall, weil Gesamtbedarf von (1200 EUR + 1200 EUR + 960 EUR =) 3360 EUR geringer.
5. Drittelunterhalt von F1: (3000 EUR + 1000 EUR − 288 EUR) × 1200/(1200+1200+960) − 1000 EUR = 326 EUR. Das ist weniger als der volle Unterhalt von 707 EUR. Der Unterhalt von F1 wird deshalb nach § 1581 BGB gekürzt auf diesen Betrag.
(6. Unterhalt von F2: (3000 EUR − 288 EUR − 326 EUR) × $3/7$ = 1023 EUR.)
M bleiben 3000 EUR − 288 EUR − 326 EUR − 1023 EUR = 1363 EUR

Beispiel 5: kein Mangelfall bei Gleichrang:
M lässt sich nach lang dauernder Ehe von F1 scheiden und heiratet F2. Nach Geburt des gemeinsamen Kindes K trennen sich M und F2. M verdient 4000 EUR, F1 verdient 1000 EUR, F2 kann wegen der Betreuung von K nicht arbeiten und hat kein Einkommen. M schuldet auch F1 Unterhalt nach den ehelichen Lebensverhältnissen, sein Einkommen hatte sich nach der Scheidung durch einen Karrieresprung um 1800 EUR erhöht.
Lösung (Erwerbstätigenbonus $1/7$):
1. Bedarf von K nach DT2019 (um eins abgruppiert) 6/1: 454 EUR − 102 EUR (Kindergeld) = 352 EUR. Da das Kind erst nach der Scheidung geboren wurde, hat es auf den Bedarf von F1 keinen Einfluss.
Bedarf von F1: ((4000 EUR − 1800 EUR) × $6/7$ + 1000 EUR × $6/7$)/2 = 1371 EUR
Voller Unterhalt von F1: 1371 EUR − 1000 EUR × $6/7$ = 514 EUR.
2. Es besteht Gleichrang.
3. Gesamteinkommen: 4000 EUR − 352 EUR + 1000 EUR = 4648 EUR
4. Kein absoluter Mangelfall, weil Gesamtbedarf von (1200 EUR + 1200 EUR + 1200 EUR =) 3600 EUR geringer.
5. Drittelunterhalt von F1: (4000 EUR + 1000 EUR − 352 EUR) × $1/3$ − 1000 EUR = 549 EUR. Das ist mehr als der volle Unterhalt von 514 EUR. Ein Mangelfall nach § 1581 BGB besteht nicht, weil die zusätzlichen Unterhaltspflichten von nichtprägendem Zusatzeinkommen gedeckt werden.
6. Unterhalt von F2: (4000 EUR − 352 EUR − 514 EUR) × $3/7$ = 1343 EUR.
M bleiben 4000 EUR − 352 EUR − 514 EUR − 1343 EUR = 1791 EUR

Beispiel 6: relativer Mangelfall bei Nachrang des zweiten Ehegatten („konstruierter" Fall):
M lässt sich ohne lang dauernde Ehe von F1 scheiden und heiratet F2. Er schuldet F1 noch Unterhalt nach den ehelichen Lebensverhältnissen. Dann geht er fremd und zeugt mit einer verheirateten Frau, welche nicht bedürftig ist, die Drillinge K1, K2 und K3, für welche er Unterhalt zahlt. Danach trennt er sich nach kurzer Ehedauer von F2. M verdient 3000 EUR, F1 verdient 1100 EUR, F2 ist krank und verdient nichts.
Lösung (Erwerbstätigenbonus 10%):
1. Bedarf von K1 und K2 jeweils nach DT2019 (dreimal abgruppiert) 1/1: 354 EUR − 102 EUR (Kindergeld) = 252 EUR. Bedarf von K3 nach DT2019 1/1: 354 EUR − 105 EUR (Kindergeld) = 249 EUR. Da die Kinder erst nach der Scheidung geboren wurden, haben sie auf den Bedarf von F1 keinen Einfluss.
Bedarf von F1: (3000 EUR × 90% + 1100 EUR × 90%)/2 = 1845 EUR
Voller Unterhalt von F1: 1845 EUR − 1100 EUR × 90% = 855 EUR.
2. Zwar besteht Nachrang des zweiten Ehegatten. Jedoch entsteht durch die für die Kinder bestehende Unterhaltspflicht gegenüber F1 ein relativer Mangelfall:
Gesamteinkommen: 3000 EUR − 252 EUR − 252 EUR − 249 EUR + 1100 EUR = 3347 EUR
Hälfteunterhalt von F1: 3347 EUR/2 − 1100 EUR = 574 EUR
Der Unterhalt von F1 wird auf 574 EUR nach § 1581 BGB gekürzt.
Unterhalt F2: (3000 EUR − 252 EUR − 252 EUR − 249 EUR − 574 EUR) × $3/7$ = 717 EUR.
M bleiben 3000 EUR − 252 EUR − 252 EUR − 249 EUR − 574 EUR − 717 EUR = 956 EUR, also um (1200 EUR − 956 EUR =) 244 EUR weniger als der Ehegattenselbstbehalt von 1200 EUR. Der nachrangige Unterhalt von F2 wird deshalb gekürzt auf 717 EUR − 244 EUR = 473 EUR.

M bleiben nun 3000 EUR − 252 EUR − 252 EUR − 249 EUR − 574 EUR − 473 EUR = 1200 EUR

Beispiel 7: relativer Mangelfall bei mehr als zwei Ehegatten:
M war nacheinander mit F1, F2 und F3 verheiratet und lebt mit der letzteren noch zusammen. M verdient 4000 EUR, davon Splittingvorteil 350 EUR. Sein Verdienst hat sich nicht erhöht. F1 verdient 1000 EUR und ist nachrangig berechtigt, F2 verdient wegen der Betreuung des 5-jährigen Kindes K1 von M nur 400 EUR. F3 betreut das neugeborene Kind K2 von M.
Lösung (Erwerbstätigenbonus $1/7$):
1. Bedarf von K1 und K2 jeweils nach DT2019 (dreifach abgruppiert) 4/1: 408 EUR − 102 EUR (Kindergeld) = 306 EUR. Da die Kinder erst nach der Scheidung von F1 geboren wurden, haben sie auf den Bedarf von F1 keinen Einfluss.
Bedarf von F1: ((4000 EUR − 350 EUR) × $6/7$ + 1000 EUR × $6/7$)/2 = 1993 EUR
Voller Unterhalt von F1: 1993 EUR − 1000 EUR × $6/7$ = 1136 EUR.
2. Es besteht Vorrang des zweiten Ehegatten. Jedoch werden seine ehel. Lebensverhältnisse von der Unterhaltspflicht gegenüber F1 geprägt.
3. Gesamteinkommen prägend für zweite Ehe: 4000 EUR − 350 EUR − 306 EUR + 1000 EUR + 400 EUR = 4744 EUR
4. Kein absoluter Mangelfall, weil Gesamtbedarf 1200 EUR + 1200 EUR + 1200 EUR = 3600 EUR geringer.
5. Drittelunterhalt von F1: 4744 EUR/3 − 1000 EUR = 581 EUR. Das ist weniger als der volle Unterhalt von 1136 EUR. Der Unterhalt von F1 wird deshalb nach § 1581 BGB gekürzt auf diesen Betrag.
6.=1a. Voller Unterhalt von F2: ((4000 EUR − 306 EUR − 581 EUR) × $6/7$ + 400 EUR × $6/7$)/2 − 400 EUR × $6/7$ = 1414 EUR.
2a. Es besteht Gleichrang des dritten Ehegatten.
3a. Gesamteinkommen: 4000 EUR − 306 EUR − 306 EUR + 1000 EUR + 400 EUR = 4788 EUR.
4a. Kein absoluter Mangelfall, weil Gesamtbedarf nur 1200 EUR + 1200 EUR + 1200 EUR + 960 EUR = 4560 EUR
5a. Vierteilunterhalt von F1: 4788 EUR × 1200/(1200 + 1200 + 1200 + 960) − 1000 EUR = 260 EUR, das ist weniger als der volle Unterhalt und auch als der bei der Bedarfsberechnung für F2 errechnete. Dieser Betrag ist nun maßgebend.
Vierteilunterhalt von F2: 4788 EUR × 1200/(1200 + 1200 + 1200 + 960) − 400 EUR = 860 EUR. Das ist weniger als der volle Unterhalt von 1414 EUR und daher maßgebend.
6a. Unterhalt F3: (4000 EUR − 306 EUR − 306 EUR − 260 EUR − 860 EUR) × $3/7$ = 972 EUR
M bleiben 4000 EUR − 306 EUR − 306 EUR − 260 EUR − 860 EUR − 972 EUR = 1296 EUR

5. Unterhalt bei Nachrang der späteren Ehe

111 Ist die spätere Ehe nachrangig, dann ist die Voraussetzung der Drittelmethode, dass nämlich keine Gründe bestehen, eine der Ehen zu bevorzugen, ebenfalls nicht gegeben. Nach der Rechtsprechung des BGH[154] wirkt sich der Vorrang nach § 1609 BGB dahingehend aus, dass die spätere Unterhaltspflicht als sonstige Verpflichtung nach § 1581 BGB nicht für den Unterhalt aus der früheren Ehe berücksichtigt wird. Der nachrangige spätere Ehegatte ist also auf das angewiesen, was nach Abzug des Unterhalts des früheren Ehegatten dem Pflichtigen geblieben ist.

Beispiel mit Zusammenleben:
M verdient 4000 EUR, davon 450 EUR Splittingvorteil aus neuer Ehe, und schuldet F1, die das gemeinsame Kind K (5 Jahre alt) betreut und deshalb nur 400 EUR verdienen kann, Geschiedenenunterhalt. Er heiratet F2, welche alsbald erkrankt und nur eine Rente von 400 EUR bezieht.
Lösung (Erwerbstätigenbonus 10%):
1. Bedarf von K nach DT2019 (einfach abgruppiert) 6/1: 454 EUR − 102 EUR = 352 EUR.
Voller Bedarf von F1: ((3550 EUR − 352 EUR) × 90% + 400 EUR × 90%)/2 = 1619 EUR
Voller Unterhalt von F1: 1619 EUR − 400 EUR × 90% = 1259 EUR

---

[154] BGH FamRZ 2012, 281 Rn. 49 = R 731m; BGH FamRZ 2014, 1183 Rn. 21 = R 754c.

2. Späterer Ehegatte ist nachrangig.
Gesamteinkommen bezogen auf F2 (vgl. oben Rn. 109 unter b): 4000 EUR − 352 EUR + 400 EUR = 4048 EUR
Hälfteunterhalt von F1: 4048 EUR/2 − 400 EUR = 1624 EUR, also mehr als der volle Unterhalt, kein Mangelfall nach § 1581 BGB.
Unterhalt von F2: ((4000 EUR − 352 EUR − 1259 EUR) × 90% + 400 EUR)/2 − 400 EUR = 875 EUR
M bleiben 4000 EUR − 352 EUR − 1259 EUR − 875 EUR = 1514 EUR.

6. Das anrechnungsfreie Defizit[155]

Bei Konkurrenz von zwei Ehegatten tritt meist auch ein Mangelfall nach § 1581 BGB auf und damit die Möglichkeit eines anrechnungsfreien Defizits nach § 1577 II 1 BGB (→ § 4 Rn. 948). Einkommen aus unzumutbarer Erwerbstätigkeit wird gem. § 1577 II 2 BGB grundsätzlich nach Billigkeit berücksichtigt. Soweit jedoch nur ein Billigkeitsunterhalt geschuldet ist, muss Einkommen aus unzumutbarer Erwerbstätigkeit des Berechtigten nach § 1577 II 1 BGB unberücksichtigt bleiben (→ § 4 Rn. 948 ff.). Um den wegen des Defizits anrechnungsfreien Teil des Einkommens aus unzumutbarer Erwerbstätigkeit zu ermitteln, muss der Unterhalt mit dem vollen − nach Billigkeit herabgesetzten − unzumutbaren Einkommen berechnet werden. Der Betrag, um den der daraus resultierende Unterhalt den vollen Unterhalt unterschreitet (das Defizit), muss dann vom unzumutbaren Einkommen abgezogen werden. Danach wird der Unterhalt neu berechnet. 112

Zu Rechenbeispielen → § 4 Rn. 956 ff.

V. Mehrheit von Berechtigten: Rangfragen

1. Maßgeblichkeit von Rangverhältnissen im Mangelfall

Sind mehrere Personen demselben Unterhaltspflichtigen gegenüber unterhaltsberechtigt, dann besteht zwischen Ihnen ein Rangverhältnis. 113

Solche Rangverhältnisse gelten nach dem Gesetzeswortlaut nur im Mangelfall, allerdings nach § 1582 BGB **nur im absoluten Mangelfall,** während im relativen Mangelfall der Rang nur für die Verteilung nach Billigkeit verändern kann (→ Rn. 1, 5, 105 ff.). Sie haben so lange keine Auswirkung, wie der in Anspruch Genommene voll leistungsfähig ist. Dann können alle Unterhaltsansprüche in der angemessenen Höhe befriedigt werden.

Darüber hinaus kann das Vorhandensein weiterer Unterhaltsberechtigter unabhängig vom Rang Einfluss auf die Unterhaltshöhe haben. Bei Kindern, die noch keine eigene Lebensstellung besitzen, hängt bereits der **Bedarf auch von der Lebensstellung des Unterhaltspflichtigen** und damit auch von dessen weiteren Unterhaltspflichten ab.[156] Bei mehreren unterhaltsberechtigten Ehegatten beeinflusst der Unterhalt des **früheren Ehegatten den Bedarf des späteren,** weil nur das verfügbare Einkommen nach dem Grundsatz der Halbteilung zwischen den Partnern geteilt werden kann. 114

Wenn der Verpflichtete in einem Unterhaltsverfahren einwendet, er sei nicht oder nur beschränkt leistungsfähig, und wenn dann im Sinn der Ausführungen zu I. ein Mangelfall festgestellt wird, werden **die Rangverhältnisse**[157] **maßgeblich** mit der Folge, dass mit den verfügbaren Mitteln (Deckungsmasse) erst die angemessenen Ansprüche der vorrangig Berechtigten voll befriedigt werden. An die nachrangig Berechtigten darf nur ein etwa noch verbleibender Rest verteilt werden.[158] 115

---

[155] Die Bezeichnung stammt von Wendl 2. Aufl. S. 377.
[156] Vgl. etwa Staudinger/Klinkhammer § 1609 Rn. 15.
[157] Es sei denn, es liege nur ein relativer Mangelfall vor.
[158] BGH FamRZ 1988, 705 (707); FamRZ 1986, 790 (792); FamRZ 1986, 48; FamRZ 1980, 555.

116 Aus diesem Grund betreffen Rangverhältnisse den Sonderfall im Rahmen der Leistungsfähigkeit des Verpflichteten, dass ein Mangelfall festgestellt wurde. Der Nachrang eines Berechtigten wirkt sich nur aus, wenn die verbleibenden Einkünfte des Verpflichteten nicht ausreichen, um den angemessenen Unterhalt aller Berechtigten und seinen Eigenbedarf ihnen gegenüber zu gewährleisten.[159] Erst dann kommt es zu Kürzung oder Wegfall des nachrangigen Unterhalts.

117 Beim **Ehegattenunterhalt** besteht hier eine **Zweistufigkeit**: Neben dem für den absoluten Mangelfall maßgebenden Ehegattenselbstbehalt von 1200 EUR ist der variable eheangemessene Selbstbehalt als Spiegelbild des Bedarfs nach den ehelichen Lebensverhältnissen zu berücksichtigen, welcher zu einem relativen Mangelfall führen kann (→ Rn. 5). Im Einzelnen → Rn. 6 und → Rn. 109.

2. Die gesetzliche Rangfolge bei mehreren Berechtigten

118 Das Gesetz zur Änderung des Unterhaltsrechts vom 21.12.2007[160] hat die Rangfolge unter Berechtigten wesentlich geändert.

Nach altem Recht teilten sich nach § 1582 BGB und § 1609 I BGB Ehegatten, minderjährige Kinder und ihnen nach § 1603 II 2 BGB gleichgestellte Kinder den ersten Rang. Andererseits war nach § 1582 BGB jedoch der spätere Ehegatte dem früheren gegenüber nachrangig, wenn er im Fall der Scheidung nicht[161] unterhaltsberechtigt wäre oder wenn der frühere Ehegatte Kinder betreute oder seine Ehe lang dauernd gewesen war. In der Praxis waren spätere Ehegatten deshalb meist nachrangig, Gleichrang war selten. Im Fall des Nachrangs verlor der Ehegatte auch seinen Gleichrang mit den minderjährigen (und privilegierten volljährigen) Kindern und war ihnen gegenüber nachrangig. In der Rangordnung folgten die nicht privilegierten volljährigen Kinder, nach ihnen die Enkel und (im Rang danach) die Urenkel usw. und schließlich im folgenden Rang die Verwandten der aufsteigenden Linie, also Eltern, Großeltern und Urgroßeltern, wobei Eltern den Großeltern vorgingen und Großeltern den Urgroßeltern.

119 **Nach neuem Recht** (seit 1.1.2008) sieht das Gesetz bei mehreren Berechtigten die folgenden **Rangstufen** vor. Innerhalb dieser Rangstufen besteht **Gleichrang.**
Stufe 1:
– Minderjährige Kinder (§ 1609 Nr. 1 BGB; → Rn. 120); die zusätzliche Voraussetzung, dass sie unverheiratet sein müssen, wurde durch das Gesetz zur Bekämpfung von Kinderehen vom 17.7.2017[162] gestrichen. Nach der aktuellen gesetzlichen Konzeption ist eine Minderjährigenehe nämlich nicht mehr vorgesehen, so dass der Gesetzgeber diese tatbestandliche Einschränkung von Rangstufe 1 – aus seiner Sicht folgerichtig – beseitigt hat.[163] Allerdings ist auch aktuell möglich, dass bei Eheschließung mit einem mindestens 16jährigen Minderjährigen die im In- oder Ausland geschlossene Ehe zwar aufhebbar, aber rechtlich wirksam ist. Ein solcherart verheiratetes Kind fällt dann gleichwohl in Rang 1.
– Volljährige unter 21 Jahren, die noch bei einem Elternteil leben und eine allgemeine Schule besuchen (§ 1609 Nr. 1, § 1603 II 2 BGB)
Stufe 2:
Ehegatten, geschiedene Ehegatten oder nichteheliche Elternteile, welche wegen Betreuung von Kindern unterhaltsberechtigt[164] sind oder Ehegatten oder geschiedene Ehegatten, deren Ehe von langer Dauer ist oder war (§§ 1609 Nr. 2, 1582 BGB; → Rn. 124).

---

[159] BGH FamRZ 1985, 912 (916).
[160] BGBl. I S. 3189.
[161] Oder nur nach § 1575 BGB, also wegen Berufsausbildung.
[162] BGBl. I S. 2429.
[163] Die Verfassungsgemäßheit der Regelung zur ausnahmslosen Unwirksamkeit von Ehen, die von nach ausländischem Recht ehemündigen, aber unter 16 Jahre alten Personen geschlossen wurden (Art. 13 III Nr. 1 EGBGB), wird vom BVerfG auf Vorlage des BGH (FamRZ 2019, 181) geprüft.
[164] Vgl. BGH FamRZ 2014, 1990 Rn. 16.

Stufe 3:
Ehegatten, die nicht in der Stufe 2 erwähnt sind (§§ 1609 Nr. 3, 1582 BGB), die also keine Kinder betreuen müssen und deren Ehe auch nicht von langer Dauer ist/war.
Stufe 4:
Volljährige Kinder, soweit sie nicht nach § 1603 II 2 BGB privilegiert sind (§ 1609 Nr. 4 BGB).
Stufe 5:
Enkelkinder, Urenkel usw., die – anders als im alten Recht – untereinander gleichrangig sind (§ 1609 Nr. 5 BGB).
Stufe 6:
Eltern (§ 1609 Nr. 6 BGB).
Stufe 7:
Andere Verwandte in aufsteigender Linie, dh Großeltern und Voreltern (§ 1609 Nr. 7 BGB), wobei – wie im alten Recht – die näheren Verwandten den entfernteren vorgehen.

3. Zum Rangverhältnis unter mehreren berechtigten Kindern

Vorrang haben minderjährige Kinder und die ihnen durch § 1603 II 2 BGB gleichgestellten Volljährigen vor ihren anderen volljährigen Geschwistern. 120
Gleichrang haben auf der ersten Stufe alle minderjährigen und nach § 1603 II 2 BGB ihnen gleichgestellten Geschwister untereinander und auf der zweiten Stufe alle nachrangigen volljährigen Geschwister untereinander.[165]
Unterhaltsansprüche von **Adoptivkindern** sind gleichrangig mit den Unterhaltsansprüchen leiblicher Kinder des Annehmenden. Adoptivkinder sind leiblichen Kindern in vollem Umfang gleichgestellt. Es spielt keine Rolle, aus welchen Gründen das Kind adoptiert wurde. Der Gleichrang gilt sowohl nach vollzogener Adoption (§§ 1754 I, 1601 f. BGB) als auch bei Ansprüchen während der vorbereitenden Adoptionspflege nach § 1744 BGB, jedenfalls dann, wenn es zur Adoption kommt.[166] 121
Ein **behindertes volljähriges Kind,** das infolge einer körperlichen oder geistigen Behinderung nicht erwerbsfähig ist, darf unterhaltsrechtlich nicht wie ein minderjähriges Kind behandelt werden. Es steht rangmäßig einem volljährigen Kind gleich. Der Rang bestimmt sich ausschließlich nach dem tatsächlichen Alter des Kindes.[167] 122
Eltern **können sich** zwar trotz der grundsätzlichen Verbindlichkeit der von § 1609 BGB vorgegebenen Rangfolge **darauf einigen,** dass minderjährige und volljährige Kinder rangmäßig gleich behandelt werden sollen.[168] Dies darf aber jedenfalls im Ergebnis nicht zu einem Verstoß gegen ein gesetzliches Verzichtsverbot (vgl. § 1614 Abs. 1 BGB) oder dazu führen, dass sich die Vereinbarung zu Lasten etwa eines Sozialleistungsträgers auswirkt,[169] weil dieser (teilweise) für den nicht mehr gedeckten Mindestunterhalt des Minderjährigen aufkommen müsste.[170] 123

---

[165] BGH FamRZ 1987, 472 (474); FamRZ 1986, 48; FamRZ 1985, 357 (360); FamRZ 1984, 683 (685); FamRZ 1981, 541 (543); FamRZ 1980, 555.
[166] BGH FamRZ 1984, 378.
[167] BGH FamRZ 1987, 472 (474); FamRZ 1986, 48; FamRZ 1985, 357 (360); FamRZ 1984, 683 (685).
[168] BGH FamRZ 1981, 341 (343).
[169] Vgl. etwa BGH FamRZ 2009, 198 Rn. 36 ff. = R 698 zur Sittenwidrigkeit von ehevertraglichen Vereinbarungen über den Ehegattenunterhalt.
[170] Vgl. Palandt/Brudermüller § 1609 Rn. 4 mwN.

4. Rangverhältnisse nach § 1582, § 1609 Nr. 2 und 3 BGB zwischen mehreren unterhaltsberechtigten Ehegatten

124 **a) Allgemeines.** Der Vorrang des geschiedenen Ehegatten vor dem neuen Ehegatten des Verpflichteten ist durch das Gesetz zur Änderung des Unterhaltsrechts vom 21.12.2007[171] beseitigt worden.

Nunmehr besteht zwischen dem geschiedenen und dem neuen Ehegatten und unter mehreren geschiedenen Ehegatten grundsätzlich **Gleichrang**. Eine Billigkeitsabwägung im Mangelfall darf nicht dazu führen, dass aus dem Gleichrang ein Nachrang wird.[172]

125 Unter mehreren berechtigten Ehegatten besteht nur dann Vor- und Nachrang, wenn der Unterhaltsanspruch des einen durch Kinderbetreuung oder lang dauernde Ehe privilegiert ist (§ 1609 Nr. 2 BGB), derjenige des anderen aber nicht (§ 1609 Nr. 4 BGB). Die (zeitliche) Priorität des Anspruchs hat keine Bedeutung mehr.

126 **b) Ehedauer.** Als Ehedauer im Sinn der Rangregel von §§ 1609 Nr. 2, 1582 BGB gilt, wie bei § 1579 Nr. 1 BGB, die Zeit von der Eheschließung bis zur Rechtshängigkeit des Scheidungsantrags. Kindererziehungszeiten sind – anders als nach dem alten Recht – nicht hinzuzurechnen, obgleich sie nach der Gesetzesbegründung bei der Wertung zu berücksichtigen sind.

Das Gesetz erläutert nun, wann von einer **langen Ehedauer** im Sinn des § 1609 Nr. 2 BGB gesprochen werden kann. Es verweist insoweit auch auf die in § 1578b I 2 und 3 BGB nF genannten ehebedingten Nachteile, insbesondere die Kindererziehung, die Haushaltsführung und Erwerbstätigkeit während der Ehe und die Dauer der Ehe. Das bedeutet, dass für die Bewertung einer Ehe als lang dauernd nicht nur die Zeitdauer, sondern auch die entstandenen Nachteile für die Selbstunterhaltsfähigkeit wichtig sind („zu berücksichtigen"), so dass objektiv eher kurze Ehen schon als lang und objektiv lange ggf. auch als kurz gewertet werden können. Die objektive Dauer dürfte aber jedenfalls bei besonders langen oder besonders kurzen Ehen von durchschlagender Bedeutung sein; denn die ehebedingten Nachteile sind nur einer von mehreren in die Einzelfallprüfung einzubeziehenden Umstände.[173] Allerdings hängt auch die Bedeutung der objektiven Dauer vom Alter des bedürftigen Ehegatten ab. Eine Ehedauer von 20 Jahren etwa hat bei einer Trennung im Alter von 40 Jahren eine weniger durchschlagende Bedeutung für die zukünftige Erwerbsfähigkeit, weil der Berechtigte noch in der ersten Hälfte seines Berufslebens steht.[174] Dagegen scheidet schon wegen des wertneutralen Begriffs der langen Dauer die Berücksichtigung der Belange des Unterhaltspflichtigen aus. Ein Unterschied folgt aber bereits aus den unterschiedlichen Zielen der Vorschriften: Die **Rangfolge** dient – im Gegensatz zur zeitlichen Begrenzung (§ 1578b BGB) – **nicht den Interessen des Unterhaltspflichtigen,** sondern denen der konkurrierenden Unterhaltsberechtigten. Eine inhaltliche Unterscheidung ist damit noch nicht zwingend verbunden.

127 Rangverhältnisse werden im Allgemeinen klar definiert und sind leicht feststellbar. Die lange Ehedauer ist dagegen ein unbestimmter Rechtsbegriff und nicht einfach zu subsumieren, hat aber für die Betroffenen erhebliche wirtschaftliche Bedeutung. Diesem Problem kann auf dreierlei Weise begegnet werden:

128 **aa) Lange Ehedauer nach individueller Billigkeit?** Es könnte eine fallbezogene individuelle Billigkeitsentscheidung erfolgen, welche notwendig auch die im Mangelfall zu prüfende Billigkeit nach § 1581 BGB einschließen würde. Es besteht die Gefahr, dass die Praxis wenigstens in Grenzfällen die Bestimmung des Rangs für die Erzielung eines angemessenen Gesamtergebnisses heranzieht. Das aber widerspräche der gesetzlichen Regelung, weil die Feststellung, ob die Ehedauer lang ist, nach dem Gesetz keine Billigkeitsprüfung zulässt.

---

[171] BGBl. I S. 3189.
[172] BGH FamRZ 1983, 678.
[173] Ebenso etwa Palandt/Brudermüller § 1609 Rn. 20; offen formuliert BGH FamRZ 2010, 111 Rn. 32; anders wohl BGH FamRZ 2008, 1911 Rn. 66; OLG Stuttgart BeckRS 2016, 1108.
[174] BGH FamRZ 2007, 2049 (2051).

bb) Lange Ehedauer abhängig von der zeitlichen Begrenzung? Zuverlässigere 129 Ergebnisse ließen sich erzielen, indem der Umstand nutzbar gemacht wird, dass der Richter bereits bei der Frage der **zeitlichen Begrenzung des Anspruchs** von Amts wegen die in § 1578b BGB aufgeführten ehebedingten Nachteile prüfen muss, die wegen der einschlägigen Verweisung auch zum Tatbestand des § 1609 Nr. 2 BGB gehören. Es liegt nahe, dass eine lange dauernde Ehe vorliegt, wenn auf einen lebenslangen Unterhalt erkannt wird. Der umgekehrte Fall ist weniger klar: Zwar zeigt die Kombination von Herabsetzung auf den angemessenen Bedarf und späterer zeitlicher Begrenzung, dass lediglich ein Übergangsunterhalt in Frage kommt und trotz Bedürftigkeit die Unterhaltspflicht enden soll, so dass mithin keine lange Ehedauer vorliegt. Ebenso verhält es sich, wenn die Unterhaltspflicht zeitlich begrenzt wird, obgleich das eigene Einkommen offenkundig zur Deckung des Existenzminimums nicht ausreicht. Zweifelhaft muss jedoch immer der Fall bleiben, wenn der Unterhalt nur deshalb zeitlich begrenzt wird, weil die Herabsetzung auf den angemessenen Bedarf wegen des vorhandenen Eigeneinkommens zum Wegfall der Unterhaltspflicht führt. Schließlich aber kann nicht übersehen werden, dass die Maßstäbe des § 1578b BGB und des § 1609 Nr. 2 BGB nicht wirklich übereinstimmen, denn für § 1609 Nr. 2 BGB ist die Ehedauer der eigentliche Prüfungsmaßstab, während sie für § 1578b BGB nur ein Maßstab unter mehreren, durch den Begriff der Billigkeit verknüpften ist, die letztlich ein Maß für ein Legitimationsdefizit des Unterhaltsanspruchs darstellen.[175]

cc) Autonome Bestimmung der langen Ehedauer. Es bestehen mithin Bedenken, 130 die Billigkeitsentscheidung nach § 1578b BGB oder gar § 1581 BGB mit der Frage des Rangs zu vermischen, zumal die richterliche Gestaltungsfreiheit durch eine zu enge Koppelung der Tatbestände möglicherweise zu sehr eingeschränkt wäre. Nach der gesetzlichen Regelung ist der Rang jedenfalls unabhängig von den Interessen des Pflichtigen oder denen anderer Berechtigter zu bestimmen. Dann stellt sich aber die Frage, ob auf andere Weise die für die Rangfrage nötige **klare Unterscheidung zwischen Ehen von langer und von nicht langer Dauer** möglich ist. Eine einfache Lösung im Sinne eines Rahmens von 10 bis 15 Jahren, wie es der bisherigen Rechtsprechung entspricht, verbietet sich angesichts der stark differenzierenden gesetzlichen Regelung und auch der Ablehnung dieses Rahmens durch die neuere Rechtsprechung des BGH,[176] welche allerdings noch die **zeitliche Begrenzung** nach altem Recht betraf und deshalb nicht ohne weiteres auch für die **Rangregelung** des neuen Rechts herangezogen werden kann. Wenn darüber Einigkeit besteht, dass die Rangbestimmung von individuellen Billigkeitserwägungen freigehalten werden sollte, sollten – auch im Sinne der Rechtssicherheit – für die Feststellung einer langen Ehe möglichst einheitliche und klare Maßstäbe vorliegen.

Dabei müssen die gesetzlichen Vorgaben erfüllt werden:
– Die ehebedingten Nachteile nach § 1578b BGB sind nicht der ausschließliche Maßstab, sie sind nur „auch" zu berücksichtigen. Folglich muss es eine Ehedauer geben, die auch ohne Vorliegen solcher Nachteile als lang zu betrachten ist, also eine **Mindestdauer,** deren Erreichen **immer eine lang dauernde Ehe impliziert.**
– Als **Ehedauer** müssen aber wegen der Bezugnahme auf § 1578b BGB **die Zeiten der Kindererziehung** und **Haushaltsführung** jedenfalls dann Berücksichtigung finden, wenn – wie im Regelfall – aus der Dauer der Unterbrechung der Erwerbstätigkeit Nachteile für die Erwerbsfähigkeit entstanden sind.
– Auch andere, nicht in § 1578b BGB aufgeführte Nachteile, insbesondere das **Alter zur Zeit der Trennung** oder die **Entwurzelung** eines ausländischen Ehepartners sollten berücksichtigt werden können, weil sie jedenfalls mit dem Zeitaspekt der Ehe eng verknüpft sind. Die in höherem Alter dem anderen Ehegatten gewidmete Lebenszeit gewinnt wegen der schrumpfenden Restlebenszeit an Gewicht. Die Entwurzelung wird durch ihre Dauer verstärkt.
– Demgegenüber ist eine schicksalsbedingt, etwa durch einen Unfall, eintretende **Erwerbsunfähigkeit keine Zeitwirkung** und begründet auch keinen ehebedingten

---

[175] Vgl. Gutdeutsch FamRZ 2011, 523 (524).
[176] BGH FamRZ 2007, 2049 (2051).

Nachteil. Daher kann sie nur bei der Billigkeitsabwägung nach § 1578b BGB, nicht aber bei der Qualifikation einer Ehe als lang dauernd berücksichtigt werden.

131   dd) **Vorschlag Gutdeutsch: Bausteinlösung.** Gutdeutsch hat in der Vorauflage unter Hinweis darauf, dass sich aus relativ einfachen Prämissen ein Bausteinschema für die lange Ehedauer entwickeln lasse, an dieser Stelle folgendes Schema **vorgeschlagen**:

– Eine Ehe, welche **eine Generation,** also 30 Jahre gedauert hat, müsse man selbst dann, wenn wegen fortdauernder Erwerbstätigkeit keine ehebedingten Nachteile zu erkennen sind, als lang ansehen, vorausgesetzt, dass sie nicht nur auf dem Papier bestand, sondern einen Wirtschaftsverbund bildete, welcher wegen der lang dauernden (Familien-)Unterhaltsleistungen einen Vertrauensschutz genieße. Auch die längste Verjährungsfrist nach § 197 BGB betrage 30 Jahre.
– Nur wenn die **tatsächliche Ehezeit** 30 Jahre erreiche, begründe sie allein die lange Ehedauer. Sonst bilde die Ehezeit den **1. Baustein**.
– Da gesetzlicher Maßstab die Dauer der Ehe sei, liege es nahe, die in § 1578b BGB aufgeführten ehebedingten Nachteile in Jahre umzurechnen und von der Höchstzeit abzuziehen, zumal tatsächlich auch diese Umstände regelmäßig durch ihre Dauer den ehebedingten Nachteil bewirkten. Die einfachste Lösung bestehe darin, Jahre der Erwerbslosigkeit wegen Haushaltsführung der realen Dauer der Ehe als weiteren Baustein hinzuzurechnen **(2. Baustein)**. Diese Hinzurechnung ende spätestens mit der **Trennung.** Das führe dazu, dass die Ehe einer Nurhausfrau nach 15 Jahren lang dauernd wäre, denn 15 [1. Baustein) + 15 [2. Baustein] = 30 [lange Ehedauer].
– Wenn die Zeit einer Erwerbslosigkeit darüber hinaus der **Betreuung gemeinsamer Kinder** gedient habe, könnten auch diese Jahre hinzugerechnet werden **(3. Baustein),** so dass die Ehe einer Kinder erziehenden Nurhausfrau schon nach 10 Jahren als lang dauernd anzusehen wäre, denn 10 [1. Baustein] + 10 [2. Baustein] + 10 [3. Baustein] = 30 [lange Ehedauer]. Diese Hinzurechnung ende erst, wenn auch die Unterhaltsberechtigung wegen Kindererziehung ende und der damit verbundene 2. Rang verloren gehe, also vielfach später als die tatsächliche Ehe.
– Haushaltsführung während **unfreiwilliger Arbeitslosigkeit** müsse dabei außer Betracht bleiben, weil insoweit kein ehebedingter Nachteil vorliege und § 1609 Nr. 2 BGB keine Billigkeitsprüfung vorsehe **(kein Baustein)**.
– Der Umstand, dass aus besonderen Gründen die Haushaltsführung oder Kinderbetreuung **keine ehebedingten Nachteile** verursacht habe, weil zB die ursprüngliche Erwerbstätigkeit wieder aufgenommen werden konnte und Aufstiegschancen nicht bestanden, könne dazu führen, dass die entsprechenden Zeiten nicht anzurechnen seien **(Verkleinerung oder Wegfall des Bausteins)**.
– Wenn eine **Teilerwerbstätigkeit** die ehebedingten Nachteile mindere, seien diese Zeiten nur teilweise hinzuzurechnen **(kleinerer Baustein)**. Die Gefahr einer Manipulation der Ehedauer durch Ablehnung der Erwerbstätigkeit wiege wohl nicht schwer, weil die nach § 1578b BGB mögliche Billigkeitsprüfung auch bei langer Ehedauer zur zeitlichen Begrenzung des Unterhalts führen könne.
– Wenn die **Trennung im Alter** von mehr als 50 Jahren erfolge, solle – obgleich in § 1578b BGB nicht aufgeführt – zusätzlich berücksichtigt werden, dass die Möglichkeiten eines Neuanfangs deutlich eingeschränkt seien (die Lebenserwartung von Frauen dieses Alters beträgt 34 Jahre, von Männern 30). Deshalb erscheine bei einer Trennung in höherem Alter der Rahmen von 30 Jahren nicht mehr angemessen. Dem könne durch eine eingeschränkte Berücksichtigung auch des Alters bei Trennung Rechnung getragen werden, etwa in der Weise, dass ein Altersbonus (unabhängig von der sonstigen Ehedauer) gewährt werde von einem Jahr für je zwei Jahre über 50 zum Zeitpunkt der Trennung **(4. Baustein)**. Bei einem Alter von 62 Jahren wäre das ein Bonus von 12 : 2 = 6 Jahren. Die Ehe einer Nurhausfrau dieses Alters wäre daher schon nach einer Dauer von 12 Jahren als lang anzusehen, denn 12 [1. Baustein] + 12 [2. Baustein] + 6 [4. Baustein] = 30 [lange Ehedauer]. Bei einem Alter von 80 Jahren zum Zeitpunkt der Trennung wäre schon eine Haushaltsführungsehe von 8 Jahren lang dauernd: 8 [1. Baustein] + 8 [2. Baustein] + 15 [4. Baustein] = 31 [lange Ehedauer]. Wenn man den Bonus bereits

bei einem Alter von mehr als 50 Jahren zubillige, würden auch die besonderen Schwierigkeiten, in diesem Alter noch eine Erwerbstätigkeit aufzubauen, erfasst.
– Die **Entwurzelung,** insbesondere von ausländischen Ehepartnern, könne durch Zubilligung von Zusatzzeiten berücksichtigt werden **(5. Baustein).** Das Maß werde vom Einzelfall abhängen, weil einerseits Erfahrungen mit dem Schema fehlten, andererseits das Ausmaß der Entwurzelung und Wiederverwurzelung sehr unterschiedlich sein könne.

ee) Eigene Stellungnahme: Zehnjahresschritte. Wie auch Gutdeutsch ausgeführt hat, kann ein derartiges Schema die einzelfallbezogene Subsumtion eines Falles unter den unbestimmten Rechtsbegriff der langen Ehedauer allerdings bestenfalls erleichtern, nicht jedoch ersetzen. Da die gesetzliche Regelung die lange Ehedauer und damit den zeitlichen Aspekt stark in den Vordergrund rückt, scheidet nach der hier vertretenen Auffassung auch bei gravierenden ehebedingten Nachteilen die Annahme einer langen Ehedauer jedenfalls **unterhalb** eines Zeitraums von **10 Jahren** aus. Im **Zeitraum bis zu 20 Jahren** müssen – mit zunehmender Ehedauer in abnehmendem Maße – ehebedingte Nachteile hinzutreten, um von einer langen Ehedauer im Sinne des § 1609 Nr. 2 BGB ausgehen zu können. **Ab 20 Jahren** wird man eine solche hingegen regelmäßig annehmen können, wenn nicht besondere Umstände (etwa noch junges Lebensalter und weitgehendes Fehlen ehebedingter Nachteile) vorliegen. Denn der in der Rechtsprechung des BGH zu § 1578b BGB inzwischen stärker betonte Aspekt der nachehelichen Solidarität gewinnt mit der schlichten „Laufzeit" der Ehe zunehmend an Gewicht.[177] Ein **Ehezeitraum von 30 Jahren** sollte – wie von Gutdeutsch vorgeschlagen – als absolute Grenze angesehen werden, ab der eine Ehe auch ohne Bejahung ehebedingter Nachteile lang gedauert hat.[178]

c) Bisherige Rechtsprechung zur langen Ehedauer. Nach der früheren Rechtsprechung des BGH zum alten Recht konnte nach Ablauf von 15 Jahren eine den Unterhaltsvorrang sichernde lange Ehedauer bejaht werden.[179]

Gleiches war möglich, wenn Ehen diese Zeitdauer zwar nicht ganz erreichten, dafür aber besondere Umstände des Einzelfalls vorlagen. Der Unterhaltsvorrang beruhe auf dem Gedanken, dass das Vertrauen des Ehegatten auf Erhalt fortwährenden Unterhalts zu schützen sei, wenn er sich in der Ehe langjährig unter Verzicht auf eine eigene berufliche Entwicklung vorwiegend dem Haushalt und/oder der Pflege und Erziehung der Kinder gewidmet habe. Eine Verfestigung der eigenen Lebensposition im Sinn einer über lange Zeit hinweg beiderseits ausgeübten Erwerbstätigkeit hingegen werde im Allgemeinen gegen die Annahme einer schon vor dem Ablauf von 15 Jahren erreichten, den Unterhaltsvorrang sichernden „Ehe von langer Dauer" sprechen.[180]

Dagegen war es nicht zu beanstanden, wenn unter Würdigung der tatsächlichen Verhältnisse eine kinderlos gebliebene und durch beiderseits volle Erwerbstätigkeit geprägte Ehe der Parteien bei einer Dauer von ca. acht Jahren zwischen Eheschließung und Zustellung des Scheidungsantrags nicht als Ehe von langer Dauer angesehen wurde.[181]

Die neuere Rechtsprechung des BGH stellt jedoch ebenso wie das neue Recht die ehebedingten Nachteile in den Vordergrund, so dass sich der Rechtsprechung feste Grenzen nicht (mehr) entnehmen lassen. Beispielsweise wurde mangels ehelicher Nachteile eine Ehe von 15 Jahren ebenso wenig als lang dauernd angesehen[182] wie eine Ehe von mehr als 23 Jahren.[183] Doch wurde eine objektive Ehedauer von 20 Jahren als „relativ lang" in die Abwägung nach § 1578b BGB einbezogen.[184] Eine Ehe von 31 Jahren, bei der wohl ehebedingte Nachteile vorlagen, hat der BGH als lang dauernd eingestuft.[185]

---

[177] In diese Richtung auch Staudinger/Klinkhammer § 1609 Rn. 36.
[178] Auch bei 31jähriger Ehe noch ehebedingte Nachteile prüfend: BGH FamRZ 2014, 1183 Rn. 20 = R 754c.
[179] BGH FamRZ 1986, 790 (792); FamRZ 1985, 362; FamRZ 1983, 886.
[180] BGH FamRZ 1986, 790 (792); FamRZ 1985, 362; FamRZ 1983, 886.
[181] BGH FamRZ 1983, 678.
[182] BGH FamRZ 2008, 1911.
[183] BGH FamRZ 2007, 2049 (2051); Dose FamRZ 2007, 1289 (1295).
[184] BGH FamRZ 2010, 629 = R 710d.
[185] BGH FamRZ 2014, 1183 Rn. 20 = R 754c.

Das OLG Oldenburg hat eine an sich lange Ehedauer in verfassungskonformer Auslegung des § 1582 BGB aF als nicht lang betrachtet, weil es nur so den verfassungswidrigen Nachrang der zweiten Ehe vermeiden konnte.[186] Während das OLG Hamm 28,5 Jahre auch ohne ehebedingte Nachteile[187] und 24 Jahre mit ehebedingten Nachteilen[188] jeweils als lang dauernd angesehen hat, wurde eine Ehe von 14,5 Jahren ohne ehebedingte Nachteile vom OLG Stuttgart[189] nicht als lang dauernd eingeordnet.

133 **d) Vorrang durch Kindesbetreuung.** Die Kindesbetreuung verschafft dem Unterhaltsberechtigten immer dann den Vorrang, wenn der Tatbestand des § 1615l II BGB oder der Tatbestand des § 1570 BGB erfüllt ist oder im Falle der Scheidung erfüllt wäre. Für den mit dem Unterhaltspflichtigen zusammenlebenden Ehegatten ist daher unabhängig von der in der Ehe getroffenen Aufteilung zu Haushaltsführung und Erwerbstätigkeit (§ 1356 BGB) insoweit hypothetisch das von ihm im Rahmen seiner – gedacht nachehelichen – Erwerbsobliegenheit erzielbare Einkommen anzusetzen.[190] Denn geschiedene und neue Ehe sollen grundsätzlich gleich behandelt und der Anspruch des geschiedenen Ehegatten durch die freie Wahl der „Hausfrauenehe" nicht geschmälert werden.[191]

Sind beim Ehegattenunterhalt auch andere Unterhaltstatbestände erfüllt (→ § 4 Rn. 106), kann das, anders als nach früherem Recht, nicht mehr zu einer Aufspaltung des Unterhaltsanspruchs und damit zu verschiedenem Rang der Teilansprüche mit unterschiedlichem Schicksal führen, denn abgesehen vom Rang stimmen die Ansprüche nun überein. Der unterschiedliche Rang der Teilansprüche kann nicht zu einer Aufspaltung führen, denn er wirkt sich nur im Mangelfall aus. Im Mangelfall ist aber vom BGH für den Anspruch auf Betreuungsunterhalt ein Mindestbedarf in Höhe des Existenzminimums (also 880 EUR) anerkannt.[192] Das Vorliegen der Voraussetzungen für den Vorrang wegen Kindesbetreuung führt deshalb dazu, dass der ganze Unterhaltsanspruch an dem Vorrang nach § 1609 Nr. 2 BGB teilnimmt.[193] Das entspricht auch dem Gesetzeswortlaut, welcher den Vorrang Elternteilen gewährt, „die …" Unterhalt wegen Kindesbetreuung erhalten, nicht „soweit sie …" Unterhalt wegen Kindesbetreuung erhalten. Eine andere Beurteilung wäre zudem im Hinblick auf zu erwartende Verschiebungen zwischen den Teilansprüchen nicht praktikabel.[194]

134 **e) Frühere Rechtsprechung zum Vorrang.** Nach der Rechtsprechung des BGH zum Rechtszustand vor dem Jahr 2008 setzte sich die **Vorrangstellung** des nach § 1582 BGB aF privilegierten Ehegatten in Mangelfällen **uneingeschränkt** durch, selbst wenn der andere Ehegatte hierdurch im äußersten Fall darauf verwiesen wurde, für seinen Unterhalt Sozialhilfe in Anspruch nehmen zu müssen, und wenn der Verpflichtete auf diese Weise gehalten war, den ihm an sich für seinen eigenen Bedarf zustehenden Selbstbehalt mit seinem neuen Ehegatten zu teilen.[195]

Das gilt auch weiterhin, wenn „uneingeschränkt" nicht auf die Bedarfsbemessung bezogen wird. Bei der Bedarfsbemessung spielt der Vorrang nämlich keine maßgebende Rolle mehr. Soweit insbesondere nach neuem Recht der frühere Ehegatte (wenn er keine Kinder betreut) nachrangig ist, liegt der Fall bereits anders als beim Nachrang im alten Recht. Dann werden nämlich unzweifelhaft die Lebensverhältnisse der späteren Ehe durch seine Unterhaltsberechtigung geprägt. Nach der Rechtsprechung des BVerfG ist aber auch die **Bemessung des Bedarfs** ein Mittel, mit dem der Gesetzgeber dem Verfassungsgebot des Art. 6 GG, auch eine unterhaltsrechtlich nachrangige Ehe zu schützen, nachkommt.[196]

---

[186] OLG Oldenburg FamRZ 2006, 1842.
[187] FamRZ 2014, 1027 (1028).
[188] FamRZ 2015, 1397 (1398 f.).
[189] NJW 2016, 1104 (1105).
[190] Vgl. BGH FamRZ 2012, 281 Rn. 49 = R 731m; FamRZ 2010, 111 Rn. 46 ff.
[191] Staudinger/Klinkhammer § 1609 Rn. 33 mwN.
[192] BGH FamRZ 2008, 1739 Rn. 34 ff. = NJW 2008, 3125.
[193] BGH FamRZ 2014, 1990 Rn. 23 = R 762.
[194] BGH FamRZ 2014, 1990 Rn. 23 = R 762; vgl. auch Staudinger/Klinkhammer § 1609 Rn. 17.
[195] BGH FamRZ 1992, 539; FamRZ 1988, 705 (707); FamRZ 1986, 790 (792); BVerfG FamRZ 1984, 346.
[196] BVerfG FamRZ 2003, 1821 (1823) aE.

V. Mehrheit von Berechtigten: Rangfragen § 5

Gegen §§ 1582, 1609 Nr. 2 und 3 BGB wird allerdings regelmäßig **verstoßen,** wenn bei Gleichrang im Rahmen einer Billigkeitsentscheidung nach § 1581 BGB der Anspruch einer früheren Ehefrau auf Ergänzungsunterhalt zugunsten der neuen Ehefrau **vollständig ausgeschlossen wird.** Wenn nach dem Gesetz kein Vorrang eines Ehegatten besteht, kann ihm auch im Wege einer Billigkeitsentscheidung (§ 1581 BGB) ein solcher allenfalls in einem seltenen Ausnahmefall zugebilligt werden.[197] Billigkeitsgesichtspunkte, welche die nachrangige Ehe betreffen, können den Rang eines Ehegatten nicht beeinflussen.[198] 135

Das **alte Eherecht** (§§ 58 ff. EheG), das für vor dem 1.7.1977 geschiedene Ehen fortgegolten hatte, ist ab 1.1.2008 obsolet. Die Altehen werden in das neue Recht überführt. Die Anpassung bestehender Titel ist übergangsrechtlich durch § 36 Nr. 1 und 2 EGZPO geregelt, welcher auch einen Vertrauensschutz vorsieht. Im Einzelnen → § 10 Rn. 283 ff.

f) Unterhaltsanspruch desselben Berechtigten aus rangverschiedenen Rechtsgründen. Beruht ein Anspruch auf Ehegattenunterhalt auf verschiedenen Rechtsgründen unterschiedlichen Rangs – z. B. vorrangigem Betreuungsunterhalt und nachrangigem Aufstockungsunterhalt – dann ist der **ganze Anspruch vorrangig** (siehe auch oben → Rn. 133).[199] Ist nämlich das Erwerbseinkommen wegen Kindesbetreuung als teilweise auf unzumutbarer Erwerbstätigkeit beruhend nur teilweise anzurechnen, dann ist der dadurch verursachte Anspruch ein solcher aus Kindesbetreuung. Da das Erwerbseinkommen zugleich prägend ist, lässt der Unterhalt sich nicht in Betreuungsunterhalt und Aufstockungsunterhalt aufteilen. 135a

5. Rangverhältnis zwischen Ehegatten und Kindern

Nach § 1609 Nr. 1 und 2 BGB steht ein **Ehegatte** den nach § 1603 II 1 und 2 BGB bevorrechtigten Kindern nicht mehr gleich. Er ist ihnen gegenüber immer nachrangig. 136

Jeder Ehegatte geht aber mit seinen Ansprüchen einem nicht nach §§ 1609 Nr. 1, 1603 II 2 BGB privilegierten **volljährigen Kind** nach § 1609 Nr. 4 BGB im Rang vor. Das Kind beeinflusst indessen den Bedarf des Ehegatten. Dadurch entsteht eine **wechselseitige Abhängigkeit:** Der Nachrang begrenzt den Volljährigenunterhalt, sein Einfluss auf die ehelichen Lebensverhältnisse begrenzt den Ehegattenunterhalt. Die Lösung folgt aus dem Grundsatz des BGH, dass der Vorabzug von Kindesunterhalt vom Einkommen nicht zu einem unangemessen geringen Bedarf des Ehegatten führen darf.[200] Hier wird folgendes Verfahren vorgeschlagen:[201] 137

a) Zuerst wird der Ehegattenunterhalt unter Vorabzug des nachrangigen Kindesunterhalts errechnet.

b) Wenn sich dabei ein Ehegattenunterhalt unterhalb des angemessenen Selbstbehalts von 1300 EUR ergibt, dann ist der volle Vorabzug ungerechtfertigt.

c) Zum Vergleich wird der Ehegattenunterhalt **ohne Vorabzug** berechnet. Ist dieser geringer als der angemessene Selbstbehalt von 1300 EUR, dann ist er der gegenüber dem Volljährigen vorrangig zu berücksichtigende Ehegattenunterhalt.

d) Ist der Ehegattenunterhalt ohne Vorabzug des Volljährigenunterhalts höher als der angemessene Selbstbehalt, dann wird er durch diesen begrenzt, dh der Ehegattenunterhalt hat die Höhe des angemessenen Selbstbehalts von 1300 EUR (→ Rn. 142 und Beispiele → Rn. 152).

---

[197] BGH FamRZ 1983, 678.
[198] BGH FamRZ 1985, 911.
[199] BGH FamRZ 2014, 1990 Rn. 23 = R 762.
[200] BGH FamRZ 1986, 553 (555); FamRZ 1985, 912; FamRZ 1985, 912 (916).
[201] Vgl. Gutdeutsch FamRZ 2008, 736.

6. Der vorrangige Bedarf im Mangelfall

138 a) **Grundsatz.** Wenn der **Unterhaltsbedarf** – wie beim Ehegattenunterhalt, (eingeschränkt) dem Unterhalt nach § 1615l BGB sowie bei Kindesunterhalt nach der Düsseldorfer Tabelle – von den wirtschaftlichen Verhältnissen des Pflichtigen abhängt, diese aber wiederum vom Umfang aller seiner Unterhaltsverpflichtungen beeinflusst sind, dann besteht für den Bedarf und damit letztlich auch den Vorrang eine zirkuläre Abhängigkeit und es wird zum Problem, in welcher Höhe ein etwaiger Vorrang anzunehmen ist. Auch wenn sich diese Zirkularität beim Geschiedenenunterhalt auf die eheprägenden Unterhaltspflichten beschränkt, besteht auch dort insoweit diese Schwierigkeit.

139 b) **Absoluter Vorrang?** Teilweise wird die Auffassung vertreten, der unterhaltsrechtliche Vorrang bedeute, auch bei der Bedarfsbemessung habe ein nachrangiger Unterhaltsanspruch außer Betracht zu bleiben. Der Vorrang vor allem des minderjährigen Kindes (§ 1609 Nr. 1 BGB) sei nämlich „absolut".[202] Das ist jedoch widersprüchlich, wenn – wie bei Kindesunterhalt und Ehegattenunterhalt und eingeschränkt auch beim Unterhalt nach § 1615l BGB – der Bedarf des Berechtigten vom Einkommen des Unterhaltspflichtigen abhängt: Wenn sich das verfügbare Einkommen im Mangelfall durch nachrangige Unterhaltspflichten vermindert, dann vermindert sich auch die Bemessungsgrundlage für die Bedarfsbestimmung.[203] Wenn durch nachrangige Unterhaltspflichten der Lebensstandard des Unterhaltspflichtigen sinkt, dann kann das nicht ohne Einfluss auf den Bedarf derjenigen sein, deren Bedarf gerade von diesem Lebensstandard abhängt. Demnach muss sogar die nach § 1609 Nr. 6 BGB nachrangige Verpflichtung zur Zahlung von Elternunterhalt bei der Bemessung des Unterhalts der minderjährigen Kinder oder des geschiedenen Ehegatten berücksichtigt werden. Allerdings kann die Meinung hinsichtlich des Kindesunterhalts auch als vereinfachende Lösung aufgefasst werden. Meist bewirkt die Anpassung gerade des Kindesunterhalts an den Mangelfall keine allzu große Änderung, so dass die dadurch erreichte Arbeitsersparnis uU diese Lösung rechtfertigen kann. Ist der Mangelfall auf der Ebene des Ehegattenunterhalts aber bereits absehbar, dann ist die Abstufung des **Kindesunterhalts** auf den **Mindestbedarf** immer die einfachere Lösung (→ Rn. 141).

140 c) **1. und 2. Rang: Vorrang nur mit dem Mindestbedarf.** Die vom BVerfG im Steuerrecht und im Sozialrecht geforderte Anerkennung eines Existenzminimums als Mindestbedarf hat auch im Unterhaltsrecht zu einer Anerkennung eines Mindestbedarfs geführt. Diese ist durch die gesetzliche Regel des § 1612a I 2 BGB beim Unterhalt minderjähriger Kinder und durch Entscheidungen des BGH in anderen Fällen, in denen die Regeln zur Bedarfsbestimmung auch zu geringeren Beträgen hätten führen können, erfolgt: beim Unterhalt des nichtehelichen Elternteils nach § 1615l BGB[204] (→ § 7 Rn. 94), beim Ehegattenunterhalt[205] (→ § 4 Rn. 430) sowie beim Elternunterhalt (→ § 2 Rn. 946).[206] Der Mindestbedarf der Kinder ist nach der Rechtsprechung des BGH als maßgebend auch für ihren Vorrang vor einem Ehegatten anzusehen.[207] In der Begründung wird auf die Einführung eines gesetzlichen Mindestbedarfs für minderjährige Kinder hingewiesen. Daraus könnte geschlossen werden, dass der Vorrang sich immer (nur) auf den Mindestbedarf beziehe. Doch könnte ein solcher Grundsatz keinesfalls allgemein gelten: Beim Elternunterhalt weicht der BGH nämlich davon ab und bemisst den vorrangigen Bedarf des **beim Pflichtigen lebenden Ehegatten** nach denselben Maßstäben

---

[202] Schürmann FamRZ 2008, 313 (321): „Vorrang ist Vorrang"; ebenso Vossenkämper FamRZ 2008, 201.
[203] Vgl. Staudinger/Klinkhammer § 1609 Rn. 15.
[204] BGH FamRZ 2010, 357 = R 709b.
[205] BGH FamRZ 2010, 629 = R 710c.
[206] BGH FamRZ 2003, 860.
[207] BGH FamRZ 2008, 2189 Rn. 22 = R 697; anders wohl noch BGH FamRZ 2008, 968 = R 689h, wonach eine ausgewogene Verteilung mit Hilfe der Bedarfskontrollbeträge hergestellt werden könnte, was damals zur Gruppe 2 der DT geführt hätte (deren Bedarfskontrollbetrag dem Ehegattenselbstbehalt entsprach).

V. Mehrheit von Berechtigten: Rangfragen   § 5

wie den Selbstbehalt des Pflichtigen.[208] Der vorrangige Bedarf eines berechtigten Ehegatten ist hier also das Spiegelbild des in dem Mangelfall maßgebenden Selbstbehalts.

Welche Grundsätze stehen hinter diesen verschiedenen Wertungen? Ein geringerer vorrangiger Bedarf vermindert naturgemäß die Gefahr, dass ein Unterhaltsberechtigter der Sozialhilfe zur Last fällt, denn der Mindestbedarf entspricht einem pauschalierten Existenzminimum. Die Orientierung des vorrangigen Bedarfs am Existenzminimum entspricht folglich der Maxime: „Alle sollen ihren Grundbedarf decken können, bevor einer von ihnen mehr erhalten kann." Dieser Grundsatz ist auch in den Motiven der Unterhaltsrechtsreform zu finden, wo betont wird, dass ein Ergebnis zu vermeiden sei, bei dem für eine Familie das Existenzminimum gefährdet ist, während die andere ein auskömmliches Einkommen hat.[209] Sowohl die Entscheidung des BGH als auch die Erwägungen des Gesetzgebers betreffen Ehegatten, die nach § 1609 Nr. 2 BGB vorrangig berechtigt sind. Weder aus den Motiven noch aus der BGH-Entscheidung kann also geschlossen werden, dass gem. § 1609 Nr. 3 BGB nachrangig berechtigte Ehegatten ebenfalls mit ihrem Existenzminimum versorgt werden müssten, bevor einem Vorrangigen mehr als sein Existenzminimum zukommen könnte. Nur im Verhältnis zwischen **vorrangigen Kindern und vorrangig berechtigten Ehegatten,** also den Rängen 1 und 2 des § 1609 BGB, ist das Existenzminimum vorrangig zu befriedigen.   **141**

d) Vorrangiger Bedarf als Spiegelbild des Selbstbehalts (Ehegatten). Bei allen anderen Unterhaltsrechtsverhältnissen hängt der vorrangige Unterhalt von der Höhe des jeweils maßgebenden Selbstbehalts des Pflichtigen ab.   **142**

Wenn die nachrangige Unterhaltspflicht nach der Scheidung entstanden ist und deshalb keinen Einfluss auf die ehelichen Lebensverhältnisse hat, sind letztere maßgebend.[210] Andernfalls
– bemessen zu Recht etwa die SüdL 23.1 (wie viele andere Leitlinien auch) den vorrangigen Bedarf eines Ehegatten nicht mit seinem Existenzminimum, sondern spiegelbildlich mit dem Selbstbehalt des Pflichtigen von 1200 EUR, im Falle des Zusammenlebens nach SüdL 22.1 vermindert um die beiderseitigen Vorteile des Zusammenlebens von 10% + 10% = 20% auf 960 EUR.
– Den vorrangigen Bedarf eines Ehegatten gegenüber einem nach § 1609 Nr. 4 BGB nachrangigen volljährigen Kind bemessen die SüdL 23.2 (wie viele andere Leitlinien auch) spiegelbildlich mit dem Selbstbehalt des Pflichtigen mit 1300 EUR, im Falle des Zusammenlebens nach SüdL 22.2 vermindert um die beiderseitigen Vorteile des Zusammenlebens von 10% + 10% = 20% auf 1040 EUR.
– Den vorrangigen Bedarf eines Ehegatten gegenüber einem nach § 1609 Nr. 6 BGB nachrangigen Elternteil bemisst der BGH im Falle des Zusammenlebens spiegelbildlich mit dem Mindestselbstbehalt des Pflichtigen von früher 1400 EUR, jetzt 1800 EUR abzüglich 20% Ersparnis wegen Zusammenlebens (1440 EUR). Das haben die Leitlinien der OLGe übernommen.

e) Vorrangiger Bedarf nach Selbstbehalt und Bedarfskontrollbetrag (Kindesunterhalt). Wie der Bedarf eines Ehegatten hängt auch der Bedarf von Kindern nach der DT vom Einkommen beider Eltern ab, wobei die Unterhaltspflicht eines Elternteils auf den Bedarf nach seinem Einkommen begrenzt ist. Deshalb muss auch bei ihnen der maßgebende Selbstbehalt Einfluss auf die Höhe des vorrangigen Bedarfs haben. Soweit nicht nach § 1609 Nr. 2 BGB vorrangiger Ehegattenunterhalt in Frage steht, gilt also weiterhin die Rechtsprechung des BGH, dass sich der vorrangige Bedarf des Kindes nach den Bedarfskontrollbeträgen richtet.[211] Die für den Kindesbedarf maßgebenden Bedarfskontrollbeträge stimmten lange mit dem maßgebenden Selbstbehalt überein.   **143**
– Der Mindestselbstbehalt des Pflichtigen gegenüber einem nach § 1609 Nr. 3 BGB nachrangigen Ehegatten beträgt 1200 EUR; der Bedarfskontrollbetrag der Einkommensgruppe 2 der DT weicht hiervon inzwischen ab und beträgt 1300 EUR. Deshalb kann ein

---
[208] BGH FamRZ 2010, 1535 = R 714b.
[209] BT-Drs. 16/1830, 24.
[210] BGH FamRZ 2012, 281 Rn. 49 = R 731m; BGH FamRZ 2014, 1183 Rn. 21 = R 754c.
[211] BGH FamRZ 2008, 968 = R 689h.

Kind gegenüber einem nachrangigen Ehegatten jedenfalls einen vorrangigen Bedarf in Höhe des Bedarfs nach der Gruppe 1 der DT in Anspruch nehmen.
– Der Mindestselbstbehalt des Pflichtigen gegenüber einem nach § 1609 Nr. 4 BGB nachrangigen volljährigen Kind beträgt 1300 EUR, der Bedarfskontrollbetrag der Einkommensgruppe 2 der DT beläuft sich ebenfalls auf 1300 EUR. Deshalb kann ein Kind gegenüber einem nach § 1609 Nr. 4 BGB nachrangigen volljährigen Kind einen vorrangigen Bedarf in Höhe des Bedarfs nach der Gruppe 2 der DT in Anspruch nehmen.
– Der Mindestselbstbehalt des Pflichtigen gegenüber nach § 1609 Nr. 5 BGB nachrangigen Enkeln und nach § 1609 Nr. 6 BGB nachrangigen Eltern beträgt 1800 EUR. Weil der Bedarfskontrollbetrag der Einkommensgruppe 7 der DT 1800 EUR beträgt, kann im Hinblick auf einen nach § 1609 Nr. 5 und 6 BGB nachrangigen Unterhalt wegen Unterschreitung des Bedarfskontrollbetrags der Kindesunterhalt auf die Einkommensgruppe 7 herabgruppiert werden. Deshalb sollte gegenüber einem Unterhaltsberechtigten nach den Rangstufen 5 und 6 ein vorrangiger Kindesunterhalt nach der Einkommensgruppe 7 anerkannt werden.

Das Abstimmen des Kindesbedarfs auf den Bedarfskontrollbetrag verursacht allerdings einen Zusatzaufwand, wenn nicht sofort ersichtlich ist, dass ein Mangelfall vorliegt, und deshalb die Berechnung mit dem zum maßgebenden Bedarfskontrollbetrag passenden Kindesunterhalt wiederholt werden muss. Ebenso wie viele OLGe die Bedarfskontrollbeträge überhaupt nicht anwenden, wird man auch hinnehmen können, wenn die Praxis die Anpassung des Kindesunterhalts an die im jeweiligen Mangelfall maßgebenden Bedarfskontrollbeträge unterlässt. Denn die Abweichungen in der Gesamtschau sind meist nicht größer als die, welche entstehen, wenn die OLGe auf die Bedarfskontrollbeträge überhaupt verzichten.

7. Kürzung und Wegfall des Unterhalts nachrangig Berechtigter in Mangelfällen

144 In einem Mangelfall ist der Anspruch der **vorrangig Berechtigten** auf den angemessenen Unterhalt zuerst in **vollem Umfang** zu **erfüllen,** und zwar unabhängig davon, ob und wie viel dann für einen nachrangig Berechtigten von der Verteilungsmasse noch übrigbleibt. Allerdings kann in besonderen Fällen des 2. Rangs eine Herabsetzung des Selbstbehalts in Betracht kommen (→ Rn. 7).

Ein nachrangig Berechtigter kommt erst dann zum Zug, wenn nach Befriedigung aller vorrangigen Unterhaltsansprüche und nach Deckung des Eigenbedarfs des Verpflichteten noch ein freier Betrag verbleibt[212] (das bedeutet jedoch nicht, dass der nachrangige Unterhalt auf eben diesen Bedarf keinen Einfluss haben könnte, → Rn. 137, 139 ff.).

145 Dies gilt auch, wenn ein nachrangig Berechtigter bereits einen **vollstreckbaren Unterhaltstitel** besitzt. Es ist in Rechtsprechung und Literatur anerkannt, dass es nicht zu Lasten des bevorrechtigten Unterhaltsgläubigers gehen darf, wenn ein nachrangig Berechtigter schon über einen solchen Titel verfügt. Die Ansprüche vorrangig Berechtigter sind vielmehr auch dann so zu beurteilen, wie es im Fall gleichzeitiger Entscheidung über alle Ansprüche zu geschehen hätte. Der Verpflichtete ist gegenüber dem nachrangig Berechtigten darauf verwiesen, im Weg eines Antrags nach § 238 FamFG Abhilfe zu suchen.[213]

Deshalb mindert sich die Leistungsfähigkeit des Verpflichteten nicht um die Beträge, die er an volljährige Kinder zahlt, wenn dies zum Nachteil des angemessenen Unterhalts des vorrangig berechtigten Ehegatten geht.[214] Allerdings hat der Unterhalt eines nachrangigen Kindes Einfluss auf den Bedarf des vorrangigen Ehegatten (→ § 4 Rn. 445), was zum Vorabzug seines Unterhalts vom Einkommen des Unterhaltspflichtigen führt, soweit dadurch der Ehegattenunterhalt nicht unangemessen geschmälert wird.

146 Da Rangverhältnisse erst in einem Mangelfall Bedeutung erlangen (→ Rn. 113), ist stets vorweg festzustellen, ob die Deckungsmasse (→ Rn. 33, 35 f.) ausreicht, um den vollen

---

[212] BGH FamRZ 1985, 357 (360); FamRZ 1984, 683 (685); FamRZ 1980, 555.
[213] BGH FamRZ 1980, 555; vgl. auch OLG Koblenz FamRZ 2018, 1584 (1585).
[214] BGH FamRZ 1985, 471.

V. Mehrheit von Berechtigten: Rangfragen § 5

angemessenen Bedarf aller Berechtigten und des Verpflichteten (→ Rn. 33, 36 f.) zu befriedigen. Wird bei dem **Vergleich des Gesamtbedarfs und der Deckungsmasse** ein Fehlbedarf festgestellt, dann müssen die durch den Mangelfall maßgeblichen Rangverhältnisse geklärt und nachrangig Berechtigte von der Verteilung der Deckungsmasse ausgeschieden werden.

Besteht ein **Nachrangverhältnis,** wird als weiterer Schritt die Deckungsmasse auf die vollen angemessenen Unterhaltsansprüche der vorrangig Berechtigten und den zugehörigen Eigenbedarf des Verpflichteten verteilt. **147**

Können die **vorrangigen Ansprüche** auf diese Weise voll befriedigt werden, besteht für die vorrangig Berechtigten kein Mangelfall, der für sie eine Kürzung des Unterhalts rechtfertigen könnte. Sie erhalten im Rahmen der Leistungsfähigkeit ihren vollen angemessenen Unterhalt.

Verbleibt nach dieser Verteilung von der Deckungsmasse noch ein **Restbetrag,** dann ist dieser auf die nachrangig Berechtigten nach ihrem Rang zu verteilen, im Falle des Gleichrangs durch proportionale Verteilung (→ Rn. 155).

Große praktische Bedeutung hat die Frage, inwieweit ein Unterhaltspflichtiger, welcher seinem **Ehepartner Familienunterhalt** schuldet, für den gegenüber dem Ehegatten nachrangigen Unterhaltsanspruch seiner **bedürftigen Eltern** leistungsfähig ist (im Einzelnen → § 2 Rn. 1004 ff., auch zur Frage, inwieweit der vom anderen Ehegatten geleistete Familienunterhalt den Eigenbedarf abdeckt und damit die Leistungsfähigkeit erhöht). **148**

Auch der Nachrang des nicht privilegierten **volljährigen Kindes** gegenüber dem Ehegatten führt zu Problemen, weil der Unterhalt des volljährigen Kindes umgekehrt auch die ehelichen Lebensverhältnisse beeinflusst und damit den Bedarf des vorrangig berechtigten Ehegatten vermindert. Die Lösung für diese gegenseitige Abhängigkeit besteht darin, dass der **Vorabzug des Volljährigenunterhalts** den Bedarf nicht unter den angemessenen Selbstbehalt des Pflichtigen absenken darf. Dieser stellt also einen Mindestbedarf im Verhältnis zum Volljährigen dar. Ergibt aber bereits die Rechnung **ohne Vorabzug des Volljährigenunterhalts** einen geringeren Bedarf, ist dieser maßgebend, denn die Unterhaltspflicht gegenüber dem Volljährigen kann den Bedarf des Ehegatten nicht erhöhen[215] (vgl. Beispiel → Rn. 152). **149**

8. Rechenbeispiele zum Ausscheiden bzw. zur Berechnung des Unterhalts nachrangig Berechtigter

Beispiel 1 (Fortfall nachrangigen Unterhalts) Nettoeinkommen des M = 1500 EUR. 16-jähriger Schüler A, der bei der erwerbsunfähigen F lebt, die auch das Kindergeld von 204 EUR erhält.
Lösung:
Bedarf von A nach DT 1/3: 476 EUR – 102 EUR = 374 EUR
M bleiben 1500 EUR – 374 EUR = 1126 EUR und damit weniger als der Ehegattenselbstbehalt von 1200 EUR.
Der Unterhalt der gegenüber A nachrangigen F entfällt.
Das Resteinkommen von 1126 EUR übersteigt den notwendigen Selbstbehalt des M von 1080 EUR. Der Kindesunterhalt ist deshalb ungekürzt zu zahlen.
Abwandlung: Beispiel 1a (nur Kürzung):
M verdient 1800 EUR, Erwerbstätigenbonus 10%. Bedarf von A nach DT 1/3: 476 EUR – 102 EUR = 374 EUR.
Rechnerischer Bedarf von F wäre dann: 1800 EUR – 374 EUR = 1426 EUR × 45% = 642 EUR, Mindestbedarf (→ § 4 Rn. 838) von F: 880 EUR
M bleiben nur 1800 EUR – 374 EUR – 880 EUR = 546 EUR und damit weniger als der billige Selbstbehalt gegenüber einem Ehegatten von 1200 EUR.
F erhält daher den verfügbaren Rest von 1800 EUR – 374 EUR – 1200 EUR = 226 EUR **150**

---

[215] Diese Lösung hat *Scholz* vorgeschlagen.

151 **Beispiel 2: Ehegatte und Student** (gegenseitige Abhängigkeit)
M verdient 2300 EUR und ist der geschiedenen F und dem auswärts studierenden Kind S unterhaltspflichtig.
Lösung (Erwerbstätigenbonus $1/7$):
Bedarf von S: 735 EUR ($\rightarrow$ § 2 Rn. 508 ff.) – 204 EUR = 531 EUR
F: (2300 EUR – 531 EUR) × $3/7$ = 758 EUR
M bleiben 2300 EUR – 531 EUR – 758 EUR = 1011 EUR, also weniger als der angemessene Selbstbehalt von 1300 EUR, so dass ein Mangelfall vorliegt.
Der vorrangige Bedarf der F ist gem. $\rightarrow$ Rn. 137, 142 zu korrigieren nach der Ehegattenquote, höchstens dem Selbstbehalt von M:
F: 2300 EUR × $3/7$ = 986 EUR. Das ist weniger als 1300 EUR und folglich maßgebend.
S erhält den verfügbaren Rest: 2300 EUR – 986 EUR – 1300 EUR = 14 EUR
M bleiben 2300 EUR – 986 EUR – 14 EUR = 1300 EUR.

152 **Variante Beispiel 2a: M verdient 3100 EUR**
F: (3100 EUR – 531 EUR) × $3/7$ = 1101 EUR
M bleiben 3100 EUR – 531 EUR – 1101 EUR = 1468 EUR, also mehr als der angemessene Selbstbehalt von 1300 EUR, jedoch erhält F weniger als den Selbstbehalt von 1300 EUR, obgleich S den vollen Unterhalt erhält. Deshalb ist ihr Bedarf zu korrigieren ($\rightarrow$ Rn. 142) nach der Ehegattenquote, höchstens dem Selbstbehalt von M:
F: 3100 EUR × $3/7$ = 1329 EUR. Das ist allerdings mehr als 1300 EUR. Da sich aber der Vorrang von F gegenüber S auf den angemessenen Selbstbehalt beschränkt, ist dieser maßgebend.
Unterhalt von F: 1300 EUR.
M bleiben 3100 EUR – 1300 EUR – 531 EUR = 1269 EUR und damit weniger als der angemessene Selbstbehalt von 1300 EUR.
Der Kindesunterhalt wird gekürzt auf: 3100 EUR – 1300 EUR – 1300 EUR = 500 EUR.

153 **Beispiel 3: Kind und Student**
M verdient 1700 EUR und ist dem Kind K (7 Jahre) und dem auswärts studierenden Kind S (22 Jahre) unterhaltspflichtig.
Lösung:
Bedarf von K nach DT 2019 1/2: 406 EUR – 102 EUR = 304 EUR.
Bedarf von S: 735 EUR ($\rightarrow$ § 2 Rn. 508 ff.) – 204 EUR = 531 EUR
M bleiben 1700 EUR – 304 EUR – 531 EUR = 865 EUR, also weniger als der angemessene Selbstbehalt von 1300 EUR, so dass ein Mangelfall vorliegt.
S erhält den verfügbaren Rest: 1700 EUR – 304 EUR – 1300 EUR = 96 EUR
M bleiben 1700 EUR – 304 EUR – 96 EUR = 1300 EUR.

154 **Beispiel 4: Ehegatte, Kind und Student**
M verdient 2700 EUR und ist dem geschiedenen einkommenslosen Ehegatten F, dem Kind K (2 Jahre) und dem auswärts studierenden Kind S (22 Jahre) unterhaltspflichtig.
Lösung (Erwerbstätigenbonus $1/7$):
Bedarf von K nach DT 2019 (einmal abgruppiert) 2/1: 372 EUR – 102 EUR = 270 EUR
Bedarf von S: 735 EUR ($\rightarrow$ § 2 Rn. 508 ff.) – 204 EUR = 531 EUR
F: 2700 EUR – 270 EUR – 531 EUR = 1899 EUR × $3/7$ = 814 EUR
M bleiben 2700 EUR – 270 EUR – 531 EUR – 814 EUR = 1085 EUR, also weniger als der angemessene Selbstbehalt von 1300 EUR, so dass ein Mangelfall vorliegt.
Weil der nachrangige Volljährigenunterhalt bei der Berechnung des vorrangigen Ehegattenunterhalts vorweg abgezogen wurde, ist der Bedarf der vorrangigen F gem. $\rightarrow$ Rn. 142 zu korrigieren: nach der Ehegattenquote, höchstens Selbstbehalt von M:
F: (2700 EUR – 270 EUR) × $3/7$ = 1041 EUR. Das ist weniger als 1300 EUR und daher maßgebend.
F: 1041 EUR
S bleibt der verfügbare Rest von 2700 EUR – 270 EUR – 1041 EUR – 1300 EUR = 89 EUR.
M bleiben 2700 EUR – 270 EUR – 1041 EUR – 89 EUR = 1300 EUR.

9. Verteilung bei Gleichrang (mit Beispielen)

155 Besteht zwischen den Unterhaltsberechtigten Gleichrang, wie etwa bei mehreren minderjährigen Geschwistern oder mehrere Kinder betreuenden Ehegatten, dann ist das den Selbstbehalt übersteigende Einkommen unter den Unterhaltsberechtigten zu verteilen.

V. Mehrheit von Berechtigten: Rangfragen § 5

a) Proportionale Verteilung mit Beispielen: In der Regel wird in Übereinstimmung mit der Rechtsprechung des BGH und vielen Leitlinien das den jeweiligen Selbstbehalt übersteigende Einkommen nach dem Verhältnis der Bedarfsbeträge auf die gleichrangigen Unterhaltsberechtigten verteilt. Dabei werden teilweise beim Ehegatten-/Partnerunterhalt nicht die individuell errechneten Bedarfsbeträge, sondern feste Mindestwerte zugrunde gelegt.[216]

Für die **individuell berechneten** Werte des Unterhaltsbedarfs spricht, dass im Grenzbereich des Mangels Bewertungssprünge vermieden werden.

Die **Mindestbedarfssätze** dagegen versprechen eine gerechtere Verteilung des Mangels. Außerdem ist die Berechnung einfacher, wenn ein Mangelfall offenkundig ist.

Eine Lösung besteht darin, dass individuell berechnete Einsatzbeträge, welche den Mindestbedarf unterschreiten, durch eben diese Mindestbedarfssätze ersetzt werden.

Beispiel 1 156

M verdient 1800 EUR und ist gegenüber seinen Kindern A und B, welche beide auswärts studieren, allein unterhaltspflichtig.
Bedarf von A und B jeweils 735 EUR − 204 EUR = 531 EUR.
M bleiben 1800 EUR − 531 EUR − 531 EUR = 738 EUR, also weniger als der angemessene Selbstbehalt gegenüber volljährigen Kindern von 1300 EUR. Verfügbar für A und B: 1800 EUR − 1300 EUR = 500 EUR.
Dieser Betrag ist auf beide gleichmäßig zu verteilen. Das bedeutet, dass beide Ansprüche im gleichen Verhältnis zu kürzen sind.
Der Bedarf beträgt (531 EUR + 531 EUR =) 1062 EUR,
verfügbar sind nur 500 EUR,
daher Kürzung auf die Mangelquote von 500/1062 = 47,08 %,
nämlich 531 EUR × 47,08 % = 250 EUR.
M bleiben 1800 EUR − 250 EUR − 250 EUR = 1300 EUR, also sein angemessener Selbstbehalt.

Beispiel 2 157

M verdient 1300 EUR und ist gegenüber seinen Kindern A (3 Jahre alt) und B (9 Jahre alt), die von der wieder verheirateten F betreut werden, unterhaltspflichtig.
Bedarf von A nach DT2019 1/1: 354 EUR − 102 EUR = 252 EUR:
Bedarf von B nach DT2019 1/2: 406 EUR − 102 EUR = 304 EUR:
M bleiben 1300 EUR − 252 EUR − 304 EUR = 744 EUR, also weniger als der notwendige Selbstbehalt von 1080 EUR.
Verfügbar sind nur 1300 EUR − 1080 EUR = 220 EUR.
Der Bedarf beläuft sich aber auf 252 EUR + 304 EUR = 556 EUR.
Die Mangelquote beträgt mithin 220/556 = 39,57 %.
A erhält 252 EUR × 39,57 % = 100 EUR,
B erhält 304 EUR × 39,57 % = 120 EUR.
M bleiben 1300 EUR − 100 EUR − 120 EUR = 1080 EUR, also sein notwendiger Selbstbehalt.

b) Individuelle Verteilung: Nur bei Vorliegen besonderer Gründe lässt sich eine davon 158 abweichende individuelle Verteilung rechtfertigen. So könnte bei Kindern eine abweichende Verteilung damit begründet werden, dass eines der Kinder in der Lage ist, durch das Geben von Nachhilfestunden hinzuzuverdienen. Derartige Abweichungen haben allerdings wenig Bedeutung für die Rechtspraxis, weil die Kinder meist zusammenleben und die Verteilung des Unterhalts zwischen Ihnen auf die Deckung des gemeinsamen Bedarfs keine Auswirkungen hat. Das berührt sich mit der wertenden Korrektur der Einkommens- und Bedarfsposten im Mangelfall (→ Rn. 59 ff.).

Nicht belegt 159

10. Gleicher Rang und verschiedener Selbstbehalt: Bedürftig gewordene Volljährige neben gleichrangigen

Wenn volljährige Kinder selbstständig geworden waren und dann wieder bedürftig 160 werden, können ihre Eltern ihnen gegenüber den gleichen Selbstbehalt geltend machen

---

[216] Vgl. Reinken FPR 2008, 9 (14).

wie gegenüber Eltern oder Enkeln (→ vgl. Rn. 9a). Jedoch sind sie im Verhältnis zu anderen volljährigen Kindern gleichrangig. Wenn ihre Ansprüche konkurrieren, muss ihr Gleichrang (§ 1609 Nr. 4 BGB) beachtet werden. Das geschieht zweckmäßig durch eine Berechnung in Stufen:[217]

1. Zuerst wird das über dem höheren Selbstbehalt vorhandene Einkommen auf alle nicht privilegierten volljährigen Kinder des Pflichtigen entsprechend ihrer Bedürftigkeit verteilt.

2. Bleibt bei den volljährigen Kindern, welche sich bisher nicht verselbständigt hatten, ein ungedeckter Bedarf, dann ist das verbleibende Einkommen des Pflichtigen, soweit es den angemessenen Selbstbehalt übersteigt, auf diese zu verteilen.

161 **Beispiel:**
M verdient 2500 EUR und ist den Studenten A und B (Bedarf je 735 EUR abzgl. jeweils 204 EUR Kindergeld, Restbedarf 531 EUR) und dem Kind C, welches nach Eintritt in den Beruf durch einen Unfall erwerbsunfähig geworden ist, zum Unterhalt verpflichtet. C hatte die kleine Wartezeit für eine Rente nicht zurückgelegt; sein Existenzminimum beträgt 880 EUR.
Lösung:
1. Stufe: Mangelfallberechnung nach dem höheren Selbstbehalt gegenüber C.
Die Leistungsfähigkeit von M beträgt (2500 EUR − 1800 EUR) / 2 = 350 EUR.
Davon entfallen auf C: 350 EUR × 880/(880+545+545) = 156 EUR.
Eine gesonderte Berechnung für A und B ist auf dieser Stufe nicht nötig, weil der ihnen zustehende Betrag ohnehin aufzufüllen ist.
2. Stufe: Mangelfallberechnung nach dem geringeren Selbstbehalt.
M bleiben 2500 EUR − 156 EUR = 2344 EUR. Die verbleibende Unterhaltsschuld beträgt noch 531 EUR + 531 EUR = 1062 EUR.
M bleiben 2344 EUR − 1062 EUR = 1282 EUR und damit weniger als der angemessene Selbstbehalt von 1300 EUR. Verfügbar sind nur 2344 EUR − 1300 EUR = 1044 EUR. Auch der Unterhalt von A und B ist zu kürzen:
A: 531 EUR × 1044/1062 = 522 EUR.
B: 531 EUR × 1044/1062 = 522 EUR.
Wäre C als nachrangig behandelt worden, dann betrüge sein Anteil nur:
(2500 EUR − 1062 EUR − 1800 EUR)/2 = −181 EUR. M wäre C gegenüber also leistungsunfähig.

11. Altfälle

164 Durch das Gesetz zur Änderung des Unterhaltsrechts vom 21.12.2007[218] wurde die Rangfolge wesentlich geändert (→ Rn. 118 ff.). Minderjährige und privilegiert volljährige Kinder waren früher mit den Ehegatten gleichrangig. Bei verschiedenem Rang der beiden Ehegatten bestand der Gleichrang mit dem vorrangigen Ehegatten. Unter den Ehegatten bestand absoluter Vorrang des früheren Ehegatten, sofern er Kinder betreute oder seine Ehe lang dauernd war. Sonst bestand Gleichrang, wenn dem späteren Ehegatten im Falle der Scheidung ein Unterhaltsanspruch zugestanden hätte. Vorrangig konnte der neue Ehegatte aber nie sein.

Anders als bei der vorhergehenden Reform nach Art. 12 Nr. 3 des 1. EheRG vom 14.6.1976 (BGBl. I S. 1421) **gelten die neuen Rangregeln nun jedoch auch für Altehen,** also auch für die vor dem 1.7.1977 geschiedenen Ehen. Damit ist das alte Recht in keinem Fall mehr anzuwenden. Dem Vertrauensschutz der Altehen dienen nur Verfahrensvorschriften: Nach § 36 Nr. 1 EGZPO führt das neue Rangverhältnis zwar grundsätzlich zu einer Änderung des Anspruchs. Jedoch wird für bestehende Titel und Vereinbarungen (zu denen nach dem Regierungsentwurf S. 56 auch tatsächliche Unterhaltszahlungen, die der Berechtigte akzeptiert − stillschweigende Vereinbarungen − gehören) die Änderung doppelt eingeschränkt: Die Änderung muss
− wesentlich im Sinne des § 238 FamFG sein (also regelmäßig mehr als 10% des Unterhalts betragen, → § 10 Rn. 196) und

---

[217] Ausführlich: Gutdeutsch, Volljährige Kinder vor und nach der Verselbstständigung: gleicher Rang, aber verschiedener Selbstbehalt, FamRZ 2012, 1779.
[218] BGBl. I S. 3189.

– unter besonderer Berücksichtigung des Vertrauens in die getroffene Regelung zumutbar sein. Ein solcher Vertrauensschutz wird allerdings nur befristet gelten können, um eine Umstellung auf die neue Lage zu erleichtern. Im Einzelnen → § 10 Rn. 283 ff.
Bereits entstandene Unterhaltsansprüche bleiben jedoch bestehen. Daher bleibt für Unterhaltsrückstände das alte Unterhaltsrecht noch wenige Jahre bedeutsam. Für die Berechnung im Einzelnen wird auf die 8. Auflage verwiesen. **165**

VI. Rangverhältnis zwischen mehreren Verpflichteten

Für einen unterhaltsrechtlich Bedürftigen können auch mehrere Personen unterhaltspflichtig sein. In diesem Fall besteht zwischen den Unterhaltspflichtigen ein Rangverhältnis, welches regelt, wer von ihnen den Unterhalt zahlt, wenn kein Mangelfall vorliegt, und in welcher Reihenfolge sie bei nicht ausreichenden Mitteln zum Unterhalt heranzuziehen sind. **166**

1. Rangordnung unter unterhaltspflichtigen Verwandten

Nach § 1606 I BGB haften die Verwandten nur in **gerader Linie.** Die Verwandten der absteigenden Linie haften vor denen der aufsteigenden Linie. Unter den Verwandten der aufsteigenden und der absteigenden Linie haften nach § 1606 II BGB jeweils die näheren vor den entfernteren. **167**

a) Minderjährige Kinder. Bedürftig sind in erster Linie die noch nicht erwerbsfähigen minderjährigen Kinder. Diese haben noch keine leistungsfähigen Verwandten der absteigenden Linie. Deshalb haften für sie die Eltern als nächste Verwandte der aufsteigenden Linie. Deren Haftung hat der Gesetzgeber durch § 1603 II 1 BGB gegenüber derjenigen anderer Verwandter erheblich verschärft. Erst danach kommen die Großeltern und dann etwaige Urgroßeltern in Betracht. **168**

b) Andere Verwandte. Andere Bedürftige können leistungsfähige Verwandte der absteigenden und der aufsteigenden Linie haben. Doch sind **volljährige Kinder während der Ausbildung** in der Regel weiter auf den Unterhalt ihrer Eltern angewiesen. Heiraten sie allerdings, so haftet nach § 1608 S. 1 BGB vorrangig der Ehepartner (→ Rn. 176). **169**

Durch den Rückgriff der Sozialämter in Fällen der Pflegebedürftigkeit im Alter hat der **Elternunterhalt** (Unterhaltsanspruch gegen die Kinder) erhebliche aktuelle Bedeutung erlangt. Dazu Näheres → § 2 Rn. 902 ff.

2. Ersatzhaftung im Mangelfall

Ein nachrangiger Verwandter haftet ersatzweise bei eingeschränkter Leistungsfähigkeit (§ 1603 BGB) des vor ihm haftenden (§ 1607 I BGB). In diesem Fall besteht keine Unterhaltpflicht des eigentlich vorrangig Haftenden. Anders liegt es, wenn der Berechtigte nur aus tatsächlichen Gründen den Unterhalt von dem vorrangig Haftenden nicht erlangen kann (etwa weil sich dieser der Zahlung entzieht). In diesem Fall besteht der Anspruch gegen den erstrangig Unterhaltspflichtigen fort. **170**

3. Mehrere unterhaltspflichtige Ehegatten

Zwar erlischt bei Wiederheirat der Anspruch auf Ehegattenunterhalt (§ 1586 I BGB), doch lebt er wieder auf, wenn die folgende Ehe geschieden wird und der Ehegatte ein Kind aus der früheren Ehe betreut (§ 1586a I BGB). Dadurch kann es vorkommen, dass zwei geschiedene Ehegatten nebeneinander unterhaltspflichtig sind. Hier besteht Nachrang des jeweils früheren Ehegatten und entsprechend eine vorrangige Haftung des späteren Ehegatten (§ 1586a II BGB). **171**

4. Ehegatte neben nichtehelichem Elternteil

172 Wenn ein nach § 1615l BGB unterhaltsberechtigter Elternteil einen Dritten heiratet, erlischt analog § 1586 BGB sein Anspruch nach § 1615l BGB.[219] Dementsprechend muss er aber analog § 1586a I BGB auch wiederaufleben, wenn die Ehe geschieden wird. Doch besteht dann entsprechend § 1586a II BGB **Nachrang** des Anspruchs nach § 1615l BGB gegenüber einem etwa vorhandenen Anspruch auf Geschiedenenunterhalt. Fehlt es allerdings an einem solchen Anspruch, dann wirkt sich dieser Nachrang auch nicht zu Lasten des Berechtigten aus.

173 Wenn nach der Eheschließung ein nichteheliches Kind geboren wird und dadurch ein Anspruch nach § 1615l BGB entsteht, besteht dieser **gleichrangig** neben einem etwaigen Anspruch auf Betreuungsunterhalt wegen eines ehelichen Kindes nach § 1570 BGB.[220]

5. Nichteheliche Elternteile untereinander

174 Nicht entschieden ist das Verhältnis mehrerer Ansprüche nach § 1615l BGB gegen verschiedene Väter. Hier dürfte wie im entsprechenden Fall → Rn. 173 (Ansprüche nach § 1615l BGB und § 1570 BGB nebeneinander) Gleichrang bestehen.

6. Ehegatten oder nichteheliche Elternteile neben Verwandten

175 **a) Rangordnung.** Die Rechtsfolgen des § 1581 BGB treten trotz festgestellter Beschränkung der Leistungsfähigkeit des Verpflichteten auch dann nicht ein, wenn es **leistungsfähige Verwandte des Berechtigten** gibt, die für dessen Unterhalt aufkommen können (§ 1584 S. 2 BGB). Grundsätzlich haftet der verpflichtete Ehegatte vor Verwandten des berechtigten Ehegatten für den Unterhalt. Dies gilt nach § 1584 S. 1 BGB für den nachehelichen Unterhalt, nach § 1608 S. 1 BGB für den Familien- und Trennungsunterhalt.[221] Mit der Eheschließung übernehmen die Eheleute eine primäre gegenseitige Unterhaltsverpflichtung füreinander, deren Ausgestaltung ihrem gemeinsamen Lebensplan entspricht. Darin liegt keine verfassungswidrige Erschwerung der Eheschließung.[222] Deshalb besteht bei Leistungsfähigkeit des Verpflichteten grundsätzlich kein Unterhaltsanspruch gegen nachrangig verpflichtete Verwandte.

176 **b) Umkehrung des Rangverhältnisses im Mangelfall.** Dieses Rangverhältnis (→ Rn. 175) kehrt sich um in einem Mangelfall, dh wenn der verpflichtete Ehegatte ohne Gefährdung seines eigenen angemessenen Unterhaltsbedarfs zur Unterhaltsleistung nicht in der Lage ist. Nach den §§ 1584 S. 2, 1608 S. 2 BGB haften im Mangelfall die leistungsfähigen Verwandten des Berechtigten vor dem verpflichteten Ehegatten. Die Verwandten sind dann vorrangig zum Unterhalt verpflichtet. Vom Ehegatten kann nur „nachrangig" ein Billigkeitsunterhalt nach § 1581 BGB verlangt werden, wenn es keine leistungsfähigen Verwandten des Berechtigten gibt.

Wegen der Formulierung „soweit" in den §§ 1584 S. 2, 1608 S. 2 BGB gilt diese Rangumkehrung allerdings nur in Bezug auf den Teil des eigenen angemessenen Unterhaltsbedarfs des Verpflichteten, der gefährdet wäre, wenn der Verpflichtete den vollen Unterhalt des Berechtigten zahlen würde. Dies hat zur Folge, dass die Verwandten des Berechtigten nur in Höhe des leistungsmäßigen Fehlbedarfs vorrangig haften können.

Die **Abkehr des BGH vom variablen Ehegattenselbstbehalt**[223] beschränkte bereits die Rangumkehrung auf Fälle, in denen es wegen des Mangelfalls nach → Rn. 52–101 zu wertenden Änderungen im Einnahmen- oder Ausgabenbereich kommt oder in denen eine

---

[219] BGH FamRZ 2005, 347; FamRZ 2016, 892 Rn. 16f.
[220] BGH FamRZ 2005, 347; vgl. auch OLG Stuttgart FamRZ 2016, 907 (908).
[221] Bis zum 31.12.2007 war für Ehen, die vor dem 1.7.1977 geschieden wurden, § 63 I 1 EheG maßgebend.
[222] BGH FamRZ 1985, 353.
[223] BGH FamRZ 2006, 683.

VI. Rangverhältnis zwischen mehreren Verpflichteten § 5

neue Belastung – etwa die Unterhaltspflichten aus einer neuen Ehe – ausnahmsweise keinen Einfluss auf die ehelichen Lebensverhältnisse hat.[224] Kommt es nicht zu dieser Neubewertung und liegt auch kein Fall einer neuen Ehe vor, so berechnet sich die Ersatzhaftung wie in jedem anderen Fall **nach dem Ausfall** beim vorrangig Verpflichteten.

c) **Angemessener Unterhalt und eheliche Lebensverhältnisse.** Eine weitere Unterscheidung ergibt sich daraus, dass sich der Verwandtenunterhalt gem. § 1610 I BGB nach dem **angemessenen Unterhalt** bemisst und sich vom Unterhalt nach den ehelichen Lebensverhältnissen der Höhe nach unterscheiden kann.[225] Da der Verwandtenunterhalt sich nach § 1610 BGB bestimmt und nicht wie der Ehegattenunterhalt gem. § 1578 I BGB an den gemeinsamen Lebensstandard anknüpft, wird er allenfalls in einem Rahmen zwischen dem Unterhalt eines Studenten und dem angemessenen Selbstbehalt, also im Rahmen zwischen 735 EUR und 1300 EUR liegen können. Analog zum Bedarf eines Elternteils[226] (→ § 2 Rn. 946) und zum Mindestbedarf eines Ehegatten (→ § 4 Rn. 430)[227] wird man hier meist das Existenzminimum von 880 EUR heranziehen können. 177

Bei **mehreren** leistungsfähigen Verwandten des Berechtigten haften die Abkömmlinge vor Verwandten der aufsteigenden Linie und dabei jeweils die näheren vor den entfernteren Verwandten (§ 1606 I und II BGB). 178

d) **Folgen der Ersatzhaftung.** Wenn und soweit ein Berechtigter im Sinne der bisherigen Ausführungen einen **vorrangigen Anspruch** gegenüber einem **leistungsfähigen Verwandten** hat, ist er in diesem Umfang gegenüber dem Verpflichteten nicht bedürftig. Er hat dann diesem gegenüber insoweit auch keinen Unterhaltsanspruch. Haftet demgegenüber der nachrangig Verpflichtete nur deshalb, weil die Rechtsverfolgung im Inland ausgeschlossen oder erheblich erschwert ist, bleibt nach § 1607 II BGB die Unterhaltsverpflichtung bestehen und der Anspruch geht auf den Zahlenden über (→ Rn. 181). 179

Sonst sind leistungsfähige Verwandte in diesem Sinne **Unterhaltsschuldner auf Grund eigener Haftung.** Ein Rückgriff auf den erstverpflichteten Ehegatten scheidet aus. Ein Ersatzanspruch nach allgemeinen schuldrechtlichen Grundsätzen (§§ 677 f., 812 f. BGB) kann nur dann in Betracht kommen, wenn Dritte oder nicht zum Unterhalt verpflichtete Verwandte dem Berechtigten Unterhalt leisten. 180

Kommt ein Elternteil allein für den Unterhalt eines ehelichen Kindes auf, kann er in den Grenzen des § 1613 I BGB einen **familienrechtlichen Ausgleichsanspruch** gegen den anderen Elternteil haben (→ § 2 Rn. 767 ff.).

e) **Beweislast.** Beruft sich der **verpflichtete Ehegatte** wegen der Beschränkung seiner Leistungsfähigkeit auf den Verwandtenvorrang der §§ 1584, 1608 BGB, so muss er **darlegen und nachweisen,** dass und in welchem Umfang er ohne Gefährdung seines eigenen angemessenen Unterhaltsbedarfs nicht leistungsfähig ist. 181

Der **Berechtigte** hat dann seinerseits die Darlegungs- und Beweislast für alle Tatsachen, aus denen sich ergibt, dass er keinen Anspruch gegen Verwandte hat, dh er muss nachweisen, dass alle in Frage kommenden Verwandten ihrerseits in Höhe des Fehlbedarfs nicht leistungsfähig sind (zur Leistungsfähigkeit beim Verwandtenunterhalt → Rn. 8, → § 2 Rn. 396). 182

Nimmt der Berechtigte einen nachrangig haftenden Verwandten in Anspruch, muss er darlegen und nachweisen, dass der erstverpflichtete Ehegatte in Höhe des Fehlbedarfs nicht leistungsfähig ist oder dass die Rechtsverfolgung im Inland unmöglich oder erheblich erschwert ist (§§ 1584 S. 3, 1608 S. 3, 1607 II 1 BGB). Im letzteren Fall erfolgt ein **gesetzlicher Forderungsübergang,** wenn der Verwandte Unterhalt leistet. Dies kann nicht zum Nachteil des Berechtigten geltend gemacht werden (§§ 1584 S. 3, 1608 S. 3, 1607 IV BGB).

---

[224] BVerfG FamRZ 2011, 437.
[225] Nach § 1578b I 1 BGB kann der eheangemessene Unterhalt auf den angemessenen Unterhalt herabgesetzt werden.
[226] BGH FamRZ 2003, 860 (861).
[227] BGH FamRZ 2010, 629 = R 710c.

183 **f) Verhältnis zur Billigkeitskürzung.** Wenn es einen leistungsfähigen Verwandten gibt, der den ungedeckten Fehlbedarf leisten kann und muss (→ Rn. 176), gibt es im Verhältnis der beiden Ehegatten keine weitere Billigkeitskürzung nach § 1581 BGB.

Kann der Unterhalt durch den Mangelfall unter den angemessenen Unterhalt sinken, ist deshalb vor Anwendung des § 1581 BGB auch zu klären, ob leistungsfähige Verwandte des Berechtigten vorhanden sind.

184 Wenn die ehelichen Einkommensverhältnisse die Deckung des angemessenen Bedarfs nicht gestatten, liegt der eheangemessene Bedarf niedriger als der angemessene. In diesen Fällen kann ein ergänzender Anspruch auf Verwandtenunterhalt auch dann bestehen, wenn der eheangemessene Unterhalt geleistet wird und deshalb ein Fall des § 1581 BGB nicht vorliegt.

g) Rechenbeispiel bei vorrangiger Unterhaltsverpflichtung von Verwandten des berechtigten Ehegatten im Mangelfall.

185 **Beispiel:**
Nettolohn des M = 1400 EUR, Erwerbstätigenbonus $^1/_7$, Kapitaleinkünfte 200 EUR
F hat leistungsfähige Eltern mit einem Einkommen von 4400 EUR.
– Bedarfsfeststellung
F = 1400 × $^3/_7$ + 200 EUR/2 = 700 EUR
M bleiben 1600 EUR – 700 EUR = 900 EUR und damit weniger als der Ehegattenselbstbehalt von 1200 EUR. An sich müsste er den Stamm des Kapitals angreifen. Da jedoch leistungsfähige Verwandte vorhanden sind, zahlt M nur den ohne Substanzverzehr möglichen Unterhalt von 1600 EUR – 1200 EUR = 400 EUR.
Die Verwandten müssen die Differenz zahlen. Hinzu kommt in diesem Fall, dass der Bedarf nach den ehelichen Lebensverhältnissen geringer als der Mindestunterhalt von 880 EUR ist. Deshalb müssen die Eltern 880 EUR – 400 EUR = 480 EUR zahlen, wenn sie leistungsfähig sind. Die Leistungsfähigkeit ist bei verheirateten Eltern ist ebenso zu beurteilen wie beim Elternunterhalt (vgl. → § 2 Rn. 988 ff.) mit dem Unterschied, dass idR beide Eltern unterhaltspflichtig sind. Leistungsfähigkeit ist gegeben: (4400 EUR – 2 × 1800 EUR × 90%)/2 = 580 EUR.
Befänden sich die bedürftigen Eheleute noch in der Ausbildung, dann wäre zum einen der gemeinsame Selbstbehalt der Eltern geringer (2 × 1300 EUR × 90% = 2340 EUR), zum anderen aber auch der zu deckende Bedarf (735 EUR, ggf. noch abzgl. Kindergeld).

7. Haftungskonkurrenz bei Unterhalt minderjähriger Kinder

186 Bei der **Unterhaltsverpflichtung gegenüber Kindern** nach den §§ 1607 I, 1603 III 2 BGB (Verwandtenunterhalt) gilt:
- Nach § 1603 I BGB ist ein **Elternteil** nicht unterhaltsverpflichtet, wenn er bei Berücksichtigung seiner sonstigen Verpflichtungen außerstande ist, ohne Gefährdung seines angemessenen Unterhaltsbedarfs (= angemessenen Selbstbehalts) den Unterhalt zu gewähren.
- Nach § 1603 II 3 BGB hat dann ein **anderer Verwandter** für den Unterhalt aufzukommen, sofern er leistungsfähig ist. Ein anderer Verwandter in diesem Sinn ist auch der andere Elternteil.
- Sind **beide Eltern nicht leistungsfähig,** haben nach § 1607 I BGB (eigentlich) nachrangig haftende leistungsfähige Verwandte den Unterhalt zu gewähren in der Reihenfolge des § 1606 II BGB (→ Rn. 119).
- Nur wenn solche leistungsfähigen **sonstigen Verwandten fehlen,** kommt es zur gesteigerten Unterhaltsverpflichtung der beschränkt leistungsfähigen Eltern nach § 1603 II 1 BGB (dazu ausführlich mit Beispielen: → § 2 Rn. 394 ff.).

8. Mangelfall bei Barunterhaltspflicht beider Elternteile

187 **a) Beiderseitige Barunterhaltspflicht für ein volljähriges Kind.** Auch bei der Berechnung der anteiligen Haftung für den Unterhalt eines volljährigen Kindes nach dem Resteinkommen, das den angemessenen Selbstbehalt und sonstige Unterhaltsbelastungen

VI. Rangverhältnis zwischen mehreren Verpflichteten § 5

übersteigt (→ § 2 Rn. 418 f., 560 f.), kann ein Mangelfall auftreten, wenn die Summe der beiderseits verfügbaren Restbeträge zur Deckung des Bedarfs desjenigen Kindes, für dessen Barunterhalt beide haften, nicht ausreicht. In diesen Fällen erhält das Kind von beiden Elternteilen entsprechend weniger. Sind mehrere volljährige (und dabei gleichrangige) Kinder in dieser Lage, so ist die Verteilungsmasse auf sie im Verhältnis ihrer Bedarfsbeträge zu verteilen.

Das Gleiche muss auch dann gelten, wenn der eine Elternteil noch für ein weiteres volljähriges Kind aufzukommen hat, für **welches der andere nicht mithaftet**. Im Mangelfall ist der Vorabzug seines Unterhalts vor Berechnung des Haftungsanteils der Eltern nicht gerechtfertigt. Vielmehr muss unter Einbeziehung dieses Kindes die **mangelbedingte Kürzung für alle gegenüber dem jeweiligen Ehegatten gleichrangig berechtigten Kinder**[228] erfolgen. Bei der Berechnung der Haftungsquote ist vom Einkommen des für ihn allein unterhaltspflichtigen Elternteils **nur dieser gekürzte Betrag vorweg abzuziehen**.

Beispiel 1: (zwei – nichtprivilegierte – volljährige Kinder, nur für eines haften beide) M **188** verdient 1900 EUR, F 1600 EUR. Beide haften für das Kind A mit einem Bedarf 735 EUR – 204 EUR (Kindergeld) = 531 EUR. M haftet allein für den Unterhalt von B mit einem Bedarf von ebenfalls 531 EUR. Zur Berechnung der anteiligen Haftung von M für A muss (eigentlich) von seinem Einkommen vorher der Unterhalt von B als sonstige Belastung abgezogen werden. Dann blieben aber nur 1900 EUR – 531 EUR = 1369 EUR, also nur (1369 EUR – 1300 EUR =) 69 EUR mehr als der angemessene Selbstbehalt. Das ist weniger als der Bedarf von A. Nach der Rechtsprechung des BGH[229] muss die Leistungsfähigkeit von M zwischen A und B aufgeteilt werden:
Verteilungsmasse: 1900 EUR – 1300 EUR = 600 EUR
Gesamtbedarf: 531 EUR + 531 EUR = 1062 EUR
Mangelquote: 600/1062 = 56,5%
Damit entfallen auf A 531 EUR × 56,5% = 300 EUR. Dieser Betrag ist bei der Verteilungsrechnung als Anteil von M anzusetzen, derjenige von F beträgt 1600 EUR – 1300 EUR = 300 EUR, so dass an A 300 EUR + 300 EUR = 600 EUR verteilt werden können.
Demnach entfallen vom Unterhalt von A auf
M   300 EUR × 531/(300+300) = 266 EUR
F   300 EUR × 531/(300+300) = 266 EUR

M bleiben aber nur 1900 EUR – 266 EUR – 531 EUR = 1103 EUR, also weniger als der angemessene Selbstbehalt von 1300 EUR. Dementsprechend ist der von ihm zu zahlende Unterhalt von 266 EUR + 531 EUR = 797 EUR auf den bei ihm verfügbaren Betrag von 1900 EUR – 1300 EUR = 600 EUR zu kürzen.
Mangelquote: 600/797 = 75,28%
A erhält von M 266 EUR × 75,28% = 200 EUR
B erhält von M 531 EUR × 75,28% = 400 EUR
M bleiben 1900 EUR – 200 EUR – 400 EUR = 1300 EUR. F bleiben 1600 EUR – 266 EUR = 1334 EUR
Für die Bedarfslücke bei A von 531 EUR – 266 EUR – 200 EUR = 65 EUR haftet F (trotz ihrer Teilleistungsfähigkeit) nicht ersatzweise, weil die Mithaftung von F bereits durch die Unterhaltsverteilung berücksichtigt wurde und die Regeln der Ersatzhaftung deshalb nicht anwendbar sind.[230]

b) Beiderseitige Barunterhaltspflicht für ein minderjähriges oder diesem gleichgestelltes Kind (→ § 2 Rn. 418 ff.). Es war streitig, ob die Verteilungsrechnung bei **189** beiderseitiger Barunterhaltspflicht auf den **notwendigen** oder den **angemessenen Unterhalt** abstellen muss. Der BGH hat sich darauf festgelegt, dass der angemessene Selbstbehalt maßgebend ist, solange das verfügbare Einkommen dafür ausreicht.[231] Eine Herabsetzung bis zum notwendigen Selbstbehalt ist nur dann angezeigt, wenn das über den angemessenen Selbstbehalt hinausgehende Einkommen für den Unterhalt nicht ausreicht.[232] Dafür gäbe es grundsätzlich zwei Möglichkeiten: Entweder wird der Selbstbehalt beider Elternteile genau

---

[228] BGH FamRZ 2002, 815 (818).
[229] BGH FamRZ 2002, 815 (818).
[230] BGH FamRZ 2008, 137 = R 684h.
[231] Vgl. etwa BGH FamRZ 2017, 519 Rn. 41 ff. = R 780d.
[232] Vgl. auch OLG Koblenz NZFam 2017, 118 (120).

soweit herabgesetzt, dass das verfügbare Einkommen ausreicht.[233] Oder die Mangelfallberechnung wird zweistufig nach beiden Selbstbehalten durchgeführt, wobei das Ergebnis der ersten Stufe bei der zweiten vorweg berücksichtigt wird.[234] Die Ergebnisse unterscheiden sich nur dann, wenn ein Elternteil nur in der zweiten Stufe zumindest teilweise leistungsfähig ist. In diesem Fall bleibt dem weniger Verdienenden bei der letztgenannten Lösung weniger als dem mehr Verdienenden, während nach der erstgenannten Auffassung die teilweise Leistungsfähigkeit des weniger Verdienenden in diesem Fall zu einer Nivellierung der Resteinkommen führt. Wegen dieses Unterschieds verdient die zweite Lösung den Vorzug, weil sie dem Gesetz, welches in § 1606 III 1 BGB eine Verteilung „anteilig nach ..." (also proportional) vorsieht, besser entspricht. Das führt zu folgendem Berechnungsweg:
– 1. Prüfung, ob beide Elternteile mehr als den angemessenen Selbstbehalt zur Verfügung haben.
  – Wenn ja: Verteilungsrechnung nach dem angemessenen Selbstbehalt (ggf. durch Mangel beschränkt).
  – Wenn nein: Auffüllung des Kindesunterhalts allein aus dem Einkommen des mehr Verdienenden, welches den angemessenen Selbstbehalt übersteigt.
– 2. Prüfung, ob mit dem den angemessenen Selbstbehalt beider Eltern übersteigenden Einkommen der Unterhalt des Kindes gedeckt wurde.
  – Wenn ja: Ende der Berechnung.
  – Wenn nein:
– 3. Prüfung, ob bei beiden Elternteilen Einkommen zwischen angemessenem und notwendigem Selbstbehalt vorhanden ist.
  – Wenn ja: Mangelverteilung nach dem notwendigen Selbstbehalt mit dem restlichen verfügbaren Einkommen.
  – Wenn nein: Mangelrechnung mit dem Einkommen des mehr Verdienenden nach dem notwendigen Selbstbehalt.

Beispiel 2:
K ist 20 Jahre alt, Schüler und lebt bei F; M verdient 1700 EUR, F 1400 EUR und erhält 204 EUR Kindergeld.
Bedarf von K nach dem zusammengerechneten Einkommen[235] von 3100 EUR nach DT 2019 4/4: 607 EUR – 204 EUR = 403 EUR.
  (1.) Das über den angemessenen Selbstbehalt (1300 EUR) hinausgehende Einkommen beträgt bei F 1400 EUR – 1300 EUR = 100 EUR, bei M 1700 EUR – 1300 EUR = 400 EUR, insgesamt also 100 EUR + 400 EUR = 500 EUR und damit mehr als der zu verteilende Unterhalt von 403 EUR.
  Verteilungsrechnung: Auf F entfallen 403 EUR × 100/(100+400) = 81 EUR, auf M entfallen 403 EUR × 400/(100+400) = 322 EUR.
  (2.) Der Bedarf ist gedeckt. Eine Mangelverteilung nach dem notwendigen Selbstbehalt ist nicht erforderlich.

Beispiel 2a:
M verdient nur 1550 EUR, Summe der Einkommen daher 2950 EUR, Bedarf von K nach DT 2019 4/4 weiterhin 403 EUR.
  (1.) Das über den angemessenen Selbstbehalt (1300 EUR) hinausgehende Einkommen beträgt bei F 1400 EUR – 1300 EUR = 100 EUR, bei M 1550 EUR – 1300 EUR = 250 EUR, insgesamt also 100 EUR + 250 EUR = 350 EUR und damit weniger als der zu verteilende Unterhalt von 403 EUR. Verteilung nach dem angemessenen Unterhalt: M leistet 250 EUR, F leistet 100 EUR.
  (2.) Es bleibt ein Defizit 403 EUR – 350 EUR = 53 EUR.
  (3.) Mangelverteilung nach dem notwendigen Selbstbehalt:
  Weil beide Eltern teilweise leistungsfähig waren, stehen bei beiden noch 1300 EUR – 1080 EUR = 220 EUR zur Verfügung, insgesamt als 220 EUR + 220 EUR = 440 EUR.
  Verteilung:
  M trägt 53 EUR × 220/440 = 27 EUR, insgesamt 250 EUR + 27 EUR = 277 EUR.
  F trägt 53 EUR × 220/440 = 27 EUR, insgesamt 100 EUR + 27 EUR = 127 EUR.

---

[233] So noch *Gutdeutsch* in der 8. Aufl.
[234] So *Klinkhammer* schon in der 8. Aufl., § 2 Rn. 427 ff.
[235] Vgl. BGH FamRZ 2017, 799 Rn. 11 = R 783b.

VI. Rangverhältnis zwischen mehreren Verpflichteten § 5

Beispiel 2b:
M verdient 1700 EUR, F verdient 1400 EUR, bei F lebt das 20-jährige gemeinsame Kind A, das noch zur Schule geht, und bei M lebt das 19-jährige gemeinsame Kind B, das ebenfalls noch zur Schule geht.

(1.) A und B haben je einen Anspruch auf 403 EUR wie oben, Verpflichtung insgesamt 403 EUR + 403 EUR = 806 EUR. Bei M sind 1700 EUR − 1300 EUR = 400 EUR über den angemessenen Selbstbehalt hinaus verfügbar, bei F nur 1400 EUR − 1300 EUR = 100 EUR, insgesamt also nur 500 EUR; es fehlen 806 EUR − 500 = 306 EUR, Mangelquote also 500/806 = 62,03%
Der verfügbare Betrag wird auf die Kinder verteilt:
A erhält von M: 403 EUR × 400/500 × 62,03% = 200 EUR
A erhält von F: 403 EUR × 100/500 × 62,03% = 50 EUR
B erhält von M: 403 EUR × 400/500 × 62,03% = 200 EUR
B erhält von F: 403 EUR × 100/500 × 62,03% = 50 EUR

(2.) Restbedarf von A: 403 EUR − 200 EUR − 50 EUR = 153 EUR, Restbedarf von B: 403 EUR − 200 EUR − 50 EUR = 153 EUR, insgesamt 153 EUR + 153 EUR = 306 EUR.

(3.) Bei M und F sind bis zum notwendigen Selbstbehalt noch jeweils 1300 EUR − 1080 EUR = 220 EUR verfügbar, insgesamt also 220 EUR + 220 EUR = 440 EUR.
A erhält von M: 153 EUR × 220/440 = 77 EUR, insgesamt: 200 EUR + 77 EUR = 277 EUR
A erhält von F: 153 EUR × 220/440 = 77 EUR, insgesamt: 50 EUR + 77 EUR = 127 EUR
B erhält von M: 153 EUR × 220/440 = 77 EUR, insgesamt: 200 EUR + 77 EUR = 277 EUR
B erhält von F: 153 EUR × 220/440 = 77 EUR, insgesamt: 50 EUR + 77 EUR = 127 EUR

Beispiel 2c:
M verdient 1900 EUR, F verdient 1200 EUR, bei F lebt das 20-jährige gemeinsame Kind A, das noch zur Schule geht, und bei M lebt das 19-jährige gemeinsame Kind B, das ebenfalls noch zur Schule geht. A und B haben je einen Anspruch auf 403 EUR wie oben, Verpflichtung insgesamt 403 EUR + 403 EUR = 806 EUR.

(1.) Bei M sind 1900 EUR − 1300 EUR = 600 EUR über den angemessenen Selbstbehalt hinaus verfügbar, bei F nichts, es fehlen 806 EUR − 600 EUR = 206 EUR.
Das bei M über den angemessenen Selbstbehalt hinaus verfügbare Einkommen ist auf beide Kinder zu verteilen:
M zahlt an A: 403 EUR × 600/806 = 300 EUR.
M zahlt an B: 403 EUR × 600/806 = 300 EUR.

(2.) Restbedarf von A: 403 EUR − 300 EUR = 103 EUR, Restbedarf von B: 403 EUR − 300 EUR = 103 EUR, insgesamt 103 EUR + 103 EUR = 206 EUR.

(3.) Bis zum notwendigen Selbstbehalt sind bei M 1300 EUR − 1080 EUR = 220 EUR vorhanden und bei F 1200 EUR − 1080 EUR = 120 EUR. Bei beiden ist verfügbares Einkommen vorhanden, insgesamt 220 EUR + 120 EUR = 340 EUR und damit mehr als 206 EUR. Verteilungsrechnung:
M zahlt an A: 103 EUR × 220/340 = 67 EUR, insgesamt 300 EUR + 67 EUR = 367 EUR.
M zahlt an B: 103 EUR × 220/340 = 67 EUR, insgesamt 300 EUR + 67 EUR = 367 EUR.
F zahlt an A: 103 EUR × 120/340 = 36 EUR.
F zahlt an B: 103 EUR × 120/340 = 36 EUR.
M bleiben 1900 EUR − 367 EUR − 367 EUR = 1166 EUR.
F bleiben 1200 EUR − 36 EUR − 36 EUR = 1128 EUR, also weniger als M, was einer proportionalen Belastung besser entspricht als die gänzliche Nivellierung.

Entsprechend ist zu rechnen, wenn **zusätzlich** ein Kind, für welches **nur ein Elternteil unterhaltspflichtig** ist, berücksichtigt werden muss. Hier muss nach der Rechtsprechung des BGH[236] vermieden werden, dass der andere Elternteil auch mit dem Unterhalt des anderen Kindes belastet wird. Deshalb muss zuerst errechnet werden, welcher Teil der Leistungsfähigkeit des einen Elternteils auf das gemeinsame Kind entfällt. Dieser Betrag ist

---

[236] BGH FamRZ 2002, 815 (818).

dann ohne weiteren Vorabzug in die Quotenrechnung nach dem angemessenen Selbstbehalt einzusetzen.[237] Die folgende Stufe, nämlich die vielleicht erforderliche Verteilung nach dem notwendigen Selbstbehalt, wird kompliziert, weil auch von der Differenz zwischen angemessenem und notwendigem Selbstbehalt ein Teil auf das Kind entfällt, für welches nur ein Elternteil haftet. Wenn es sich dabei um vorrangig berechtigte Kinder handelt, muss festgestellt werden, wie viel über den angemessenen und wie viel über den notwendigen Selbstbehalt hinaus dem Kind zugerechnet werden kann. Der Berechnungsweg muss dann lauten:

- 1. Berechnen, wie viel von dem über den **angemessenen** Selbstbehalt und über den **notwendigen** Selbstbehalt hinausgehendes Einkommen auf das Kind entfällt, dessen Bedarf verteilt werden soll.
- 2. Prüfung, ob beide Elternteile mehr als den angemessenen Selbstbehalt zur Verfügung haben.
  - Wenn ja: Verteilungsrechnung nach dem angemessenen Selbstbehalt (ggf. durch Mangel beschränkt).
  - Wenn nein: Auffüllung des Kindesunterhalts allein aus dem Einkommen des mehr Verdienenden, welches den angemessenen Selbstbehalt übersteigt.
- 3. Prüfung, ob mit auf den angemessenen Selbstbehalt beider Eltern bezogenem verfügbarem Einkommen der Unterhalt des Kindes gedeckt wurde.
  - Wenn ja: Ende der Berechnung.
  - Wenn nein:
- 4. Prüfung, ob bei beiden Elternteilen verfügbares Einkommen zwischen angemessenem und notwendigem Selbstbehalt vorhanden ist.
  - Wenn ja: Mangelverteilung nach dem notwendigen Selbstbehalt mit dem restlichen verfügbaren Einkommen.
  - Wenn nein: Mangelrechnung mit dem Einkommen des mehr Verdienenden nach dem notwendigen Selbstbehalt.

Beispiel 3:
(**zwei** bevorrechtigte Kinder, nur für **eines** haften **beide Ehegatten**)
A ist 20 Jahre alt, B 16 Jahre, beide sind Schüler und leben bei F, M verdient 1600 EUR, F 1350 EUR.
Für das Kind A haften F und M, für das Kind B haftet hingegen nur M (§ 1606 III 2 BGB).
Bedarf von B nach DT 2019 1/3: 476 EUR – 102 EUR (Kindergeld) = 374 EUR
Bedarf von A nach DT 2019 4/4[238]: 607 EUR – 204 EUR (Kindergeld) = 403 EUR,
(1.) Berechnung des **Anteils der Leistungsfähigkeit** von M, welcher auf A entfällt: Gesamtbedarf beider Kinder: 374 EUR + 403 EUR = 777 EUR. Die Leistungsfähigkeit von M bis zum angemessenen Selbstbehalt beträgt 1600 EUR – 1300 EUR = 300 EUR, davon entfallen 300 EUR × 374/777 = 144 EUR auf B und 300 EUR × 403/777 = 156 EUR auf A. Die Leistungsfähigkeit von M bis zum notwendigen Selbstbehalt beträgt 1600 EUR – 1080 EUR = 520 EUR, davon entfallen 520 EUR × 374/777 = 250 EUR auf B und 520 EUR × 403/777 = 270 EUR auf A.
(2.) Verfügbar für A bis zum **angemessenen** Selbstbehalt bei M 156 EUR und bei F 1350 EUR – 1300 EUR = 50 EUR, bei beiden Eltern insgesamt 156 EUR + 50 EUR = 206 EUR. Es fehlen 403 EUR – 206 EUR = 197 EUR.
Mangelquote bezogen auf den angemessenen Selbstbehalt: 206/403 = 51%
Verteilung der verfügbaren Beträge bezogen auf den angemessenen Selbstbehalt:
M zahlt an A: 403 EUR × 156/206 × 51% = 156 EUR
F zahlt an A: 403 EUR × 50/206 × 51% = 50 EUR
(3.) Restbedarf von A: 403 EUR – 156 EUR – 50 EUR = 197 EUR.
(4.) Verteilung nach dem notwendigen Selbstbehalt:
Bei M verfügbar für A bis zum **notwendigen** Selbstbehalt die Differenz zwischen dem nach notwendigem und nach angemessenem Selbstbehalt verfügbaren Betrag: 270 EUR – 156 EUR = 114 EUR, bei F 1300 EUR – 1080 EUR = 220 EUR, insgesamt 114 EUR + 220 EUR = 334 EUR, also mehr als die fehlenden 197 EUR. Es ist zu quotieren:

---

[237] BGH FamRZ 2002, 815 (818).
[238] Vgl. BGH FamRZ 2017, 799 Rn. 11 = R 783b.

VI. Rangverhältnis zwischen mehreren Verpflichteten § 5

M zahlt an A 197 EUR × 114/(114 + 220) = 67 EUR, insgesamt 156 EUR + 67 EUR = 223 EUR.
F zahlt an A 197 EUR × 220/(114 + 220) = 130 EUR, insgesamt 50 EUR + 130 EUR = 180 EUR.
Damit ist auch der Bedarf von A gedeckt: 223 EUR +180 EUR = 403 EUR.
Allerdings kann F geltend machen, dass ihre Leistungsfähigkeit gegenüber A zu hoch angesetzt werde. Wenn bei M berücksichtigt wird, dass er auch gegenüber B unterhaltsverpflichtet ist, müsse auch berücksichtigt werden, dass F an den minderjährigen B die Differenz zum Unterhalt nach dem beiderseitigen Einkommen leisten muss (vgl. → § 2 Rn. 206).
Der Gesamtbedarf auch von B bestimmt sich daher ebenfalls nach dem zusammengerechneten Einkommen beider Eltern, ist also aus DT 2019 4/3 zu entnehmen und beträgt deshalb nicht 476 EUR nach Gruppe 1, sondern 548 EUR nach Gruppe 4. Der Unterschied von 72 EUR muss als Differenzunterhalt von F aufgebracht werden.
Die anteilige Leistungsfähigkeit von F für A nach dem angemessenen Selbstbehalt beträgt dann nicht mehr 50 EUR, sondern 50 EUR × 403/(403 + 72) = 42 EUR, sodass nach dem angemessenen Selbstbehalt insgesamt nur 156 EUR + 42 EUR = 198 EUR zur Verfügung stehen. Bis zum notwendigen Selbstbehalt stehen dann F statt 220 EUR nur noch 220 EUR × 403/(403 + 72) = 187 EUR zur Verfügung.
Der bei A ungedeckte Betrag von 403 EUR – 156 EUR – 42 EUR = 205 EUR verteilt sich dann wie folgt:
Auf M entfallen 205 EUR × 114/(114 + 187) = 78 EUR, sodass insgesamt 156 EUR + 78 EUR = 234 EUR statt 223 EUR von M an A zu zahlen sind.
Von F sind an A insoweit 205 EUR × 187/(114 + 187) = 127 EUR zu zahlen, insgesamt also 42 EUR + 127 EUR = 169 EUR statt 180 EUR.

§ 6 Sonderfragen

1. Abschnitt: Selbstständige Bestandteile des Unterhaltsanspruchs

I. Sonderbedarf

1. Anspruchsvoraussetzungen

a) Definition. Das Gesetz regelt nicht, unter welchen Voraussetzungen Sonderbedarf 1 neben dem laufenden Unterhalt verlangt werden kann. Es enthält lediglich in § 1613 II Nr. 1 BGB, der den Kindesunterhalt, aber auch den sonstigen Verwandtenunterhalt für die Vergangenheit betrifft, eine gesetzliche Definition. Danach ist Sonderbedarf ein unregelmäßiger außergewöhnlich hoher Bedarf. Auf § 1613 II BGB wird beim Familienunterhalt (§ 1360a III BGB), beim Trennungsunterhalt (§ 1361 IV 4 BGB), beim nachehelichen Unterhalt (§ 1585b I BGB, beim Unterhalt der nichtehelichen Mutter bzw. des nichtehelichen Vaters (§ 1615l III 1, 3, IV BGB), beim Unterhalt zwischen getrennt lebenden Lebenspartnern (§ 12 S. 2 LPartG, § 1361 IV 4, 1360a III BGB) und beim nachpartnerschaftlichen Unterhalt (§ 16 S. 2 LPartG, § 1585b I BGB) verwiesen. Sonderbedarf wird also neben dem laufenden Unterhalt bei allen Unterhaltsarten geschuldet.

b) Bedarf. Sonderbedarf ist ein Teil des Lebensbedarfs im Sinne des § 1610 II BGB. Er 2 dient nicht der Finanzierung unnötiger Aufwendungen. So rechtfertigt er nicht den Ersatz von Fernsprechgebühren, die ein minderjähriges oder volljähriges Kind durch die Anwahl sog Servicenummern, die Telefonsex anbieten, verursacht hat.[1] Dasselbe gilt von entsprechenden Angeboten im Internet. Im Übrigen können Kosten für Telefon, Internet und Handy im Zeitalter der Information zum Bedarf gehören; sie sind aber als regelmäßige Ausgaben aus dem laufenden Unterhalt zu bestreiten. Sonderbedarf ist dagegen ein unregelmäßiger außerordentlich hoher Bedarf, der nicht auf Dauer besteht und daher zu einem einmaligen, jedenfalls aber zeitlich begrenzten Ausgleich neben dem regelmäßig geschuldeten Barunterhalt führen kann (§ 2 Rn. 237). Er ist zu unterscheiden einerseits vom Regelbedarf (§ 2 Rn. 216), andererseits vom Mehrbedarf (§ 2 Rn. 232, 451 ff., 530 ff., § 4 Rn. 840 ff.).

c) Unregelmäßiger Bedarf. Unregelmäßig ist der Bedarf, der **nicht** mit Wahrschein- 3 lichkeit **vorauszusehen** ist und deshalb bei der Bemessung des Regelbedarfs (einschließlich des regelmäßigen Mehrbedarfs) und damit des laufenden Unterhalts nicht berücksichtigt werden kann.[2] Selbst eine im Verhältnis zum laufenden Unterhalt ungewöhnlich hohe Einzelausgabe stellt keinen Sonderbedarf dar, wenn sie nach dem gewöhnlichen Lauf der Dinge voraussehbar war (aber Rn. 4). Ausgaben, auf die sich der Berechtigte hätte einstellen können, sind durch den laufenden Unterhalt auszugleichen. Dieser ist so zu bemessen, dass sämtliche voraussehbaren Ausgaben abgedeckt werden und genügend Spielraum für eine vernünftige Planung verbleibt.[3] Ggf. ist der sich aus den Tabellen und Leitlinien ergebende Regelbedarf um **Mehrbedarf** angemessen zu erhöhen.[4] Mehrbedarf ist im Gegensatz zum Sonderbedarf der Teil des Lebensbedarfs, der regelmäßig während eines längeren Zeitraums anfällt und das Übliche derart übersteigt, dass er mit Regelsätzen nicht erfasst werden kann, andererseits aber pauschalierbar ist und deshalb bei der Bemessung der laufenden Unterhaltsrente berücksichtigt werden kann (§ 2 Rn. 232).[5]

---

[1] Scholz FamRZ 2003, 1900; a. A. AG Nordenham FamRZ 2003, 629 mit zust. Anm. Melchers.
[2] BGH FamRZ 2006, 612 mAnm Luthin = R 647a; vgl. auch FamRZ 2001, 1603 (1605).
[3] BGH FamRZ 1982, 145.
[4] OLG Hamm FamRZ 1994, 1281.
[5] BGH FamRZ 2007, 882 mAnm Born.

Dies bedeutet allerdings, dass der zusätzliche Unterhalt – anders als Sonderbedarf (Rn. 9) – nur unter den Voraussetzungen des § 1613 I BGB (Rn. 100 ff.), also in der Regel bei Verzug, geschuldet wird.[6] Liegt über den laufenden Unterhalt bereits ein Titel vor, muss dessen Abänderung wegen des Mehrbedarfs beantragt werden (§ 238 FamFG).[7] Sonderbedarf ist dagegen in einem weiteren selbständigem Verfahren geltend zu machen.

4 Viele außerplanmäßige Ausgaben zeichnen sich jedenfalls eine gewisse Zeit vorher ab. Dies gilt – von akuten Krankheitsfällen abgesehen – selbst für Operationen und Kuren (Rn. 14). In solchen Fällen darf das Erfordernis der **Nichtvorhersehbarkeit** des Zusatzbedarfs nicht dazu führen, unabweisbare Ausgaben von der Unterhaltspflicht auszunehmen. Entscheidend ist, ob der Berechtigte sich noch auf die **Zusatzausgaben** einstellen und sie bei seinen Planungen berücksichtigen kann.[8] Derartige Kosten können danach als Sonderbedarf vom Unterhaltspflichtigen zu tragen sein,
– wenn sich die Notwendigkeit der zusätzlichen Kosten so kurzfristig abzeichnet, dass aus dem laufenden Unterhalt keine ausreichenden Rücklagen mehr gebildet werden können,
– wenn die laufende Unterhaltsrente so niedrig ist, dass sie die Bildung ausreichender Rücklagen von vornherein nicht erlaubt.[9]
– Nach Auffassung des **BGH**[10] kommt es vorrangig darauf an, dass sich die Kosten nicht vorhersehen lassen. Das ist aber bereits dann der Fall, wenn bei der Bemessung des laufenden Unterhaltsbedarfs nicht absehbar ist, wie oft und in welcher konkreten Höhe die Kosten anfallen werden.[11]

5 **d) Außergewöhnliche Höhe des Bedarfs.** Wann ein unregelmäßiger Bedarf außergewöhnlich hoch ist, lässt sich nur nach den Umständen des Einzelfalls beurteilen. Entscheidend sind die Höhe des laufenden Unterhalts, die sonstigen Einkünfte des Berechtigten, der Lebenszuschnitt der Beteiligten sowie Anlass und Umfang der besonderen Aufwendungen. Letztlich hängt die Antwort auf die Frage, ob ein Bedarf außergewöhnlich hoch ist, davon ab, inwieweit dem Berechtigten zugemutet werden kann, den Bedarf selbst zu bestreiten[12] oder diesen verlässlich vorauszusehen und mit dem laufenden Unterhalt geltend zu machen.[13] Unter beengten wirtschaftlichen Verhältnissen wird eine unvorhergesehene Ausgabe eher außergewöhnlich hoch erscheinen als bei gehobenem Lebenszuschnitt. Ausschlaggebend ist das Verhältnis der in Frage stehenden Aufwendung zu den Mitteln, die dem Berechtigten für seinen laufenden Unterhalt zur Verfügung stehen.[14]

6 In der Wortwahl des Gesetzes, das nur einen „außergewöhnlich" hohen Bedarf als Sonderbedarf gelten lässt, kommt zum Ausdruck, dass es im Zweifel bei der laufenden Unterhaltsrente, die den gesamten regelmäßigen Bedarf einschließlich etwaigen Mehrbedarfs abzudecken hat, sein Bewenden haben muss und nur **in Ausnahmefällen** die gesonderte Ausgleichung unvorhergesehener Ausgaben erfolgen soll. Die Pauschalierung des laufenden Unterhalts soll im Interesse einer Befriedung und Beruhigung des Verhältnisses von Unterhaltsgläubiger und Unterhaltsschuldner die Berücksichtigung bedarfserhöhender Umstände nach Möglichkeit entbehrlich machen,[15] § 2 Rn. 219, 324 ff.

7 **e) Leistungsfähigkeit.** Sonderbedarf wird nur geschuldet, wenn und soweit der Pflichtige leistungsfähig ist. Ihm muss beim Kindesunterhalt mindestens der notwendige Selbst-

---

[6] OLG Hamm FamRZ 1996, 1218.
[7] OLG Hamm FamRZ 1994, 1281.
[8] OLG Karlsruhe NJW-RR 1998, 1226.
[9] Ähnlich OLG Karlsruhe FamRZ 1991, 1349; NJW-RR 1998, 1226.
[10] FamRZ 2006, 612 (614) = R 647b mit krit. Anm. Luthin.
[11] BGH FamRZ 2012, 514 Rn. 23 (Kosten von Schönheitsoperationen bei ansonsten konkreter Bedarfsbemessung).
[12] BGH FamRZ 2006, 612 = R 647a; OLG Hamm FamRZ 2008, 189 (Eigenanteil von Zahnbehandlungskosten).
[13] BGH FamRZ 2012, 514 Rn. 23.
[14] BGH FamRZ 1982, 145; OLG Karlsruhe NJW-RR 1998, 1226; vgl. auch BVerfG FamRZ 1999, 1342.
[15] BGH FamRZ 1982, 145; 1984, 470 (472).

behalt nach den Tabellen und Leitlinien verbleiben (§ 2 Rn. 385 ff.). Beim nachehelichen Unterhalt ist § 1581 BGB zu beachten; hier muss dem Schuldner jedenfalls der eheangemessene Selbstbehalt belassen werden, der nach B IV der Düsseldorfer Tabelle Stand: 1.1.2019 und den Leitlinien der Oberlandesgerichte (Nr. 21.4) mit 1200,– EUR, anzusetzen ist,[16] § 4 Rn. 971 ff. Entsprechendes gilt für den Trennungsunterhalt.[17] Die Leistungsfähigkeit muss **im Zeitpunkt der Fälligkeit** des Sonderbedarfs (Rn. 8) bestehen.[18] Wird der Schuldner erst zu einem späteren Zeitpunkt leistungsfähig, entsteht eine Nachzahlungspflicht nicht.[19] Dies gilt auch dann, wenn er innerhalb der Jahresfrist des § 1613 II Nr. 1 BGB zu höherem Einkommen gelangt, das ihm nunmehr die Befriedigung des Sonderbedarfs erlauben würde.[20] Andererseits wird man nicht verlangen können, dass er in der Lage sein muss, den Sonderbedarf gerade aus dem Einkommen des laufenden Monats aufzubringen. Der Berechtigte hat die Obliegenheit, den Schuldner rechtzeitig auf die Entstehung von Sonderbedarf **hinzuweisen,** damit dieser die erforderlichen Rücklagen bilden und den Anspruch bei Fälligkeit (Rn. 8) erfüllen kann.[21] Zudem ist ggf. der Berechtigte, beim Kindesunterhalt auch der andere Elternteil, an der Finanzierung des Sonderbedarfs zu beteiligen; Rn. 13.

f) Fälligkeit. Der Anspruch auf Erstattung des Sonderbedarfs wird fällig, sobald der besondere Bedarf entsteht, in der Regel also, wenn die Kosten dem Berechtigten in Rechnung gestellt werden. Dies kann zu Schwierigkeiten führen, wenn der Berechtigte den Bedarf vorfinanzieren muss. Jedoch kann er bereits vor Entstehung des Sonderbedarfs ein Verfahren auf künftige Leistung anhängig machen (§ 113 I 2 FamFG, § 259 ZPO); hierfür ist nur notwendig, dass der Schuldner seine Leistungspflicht ernstlich, wenn auch gutgläubig bestreitet.[22] Im Übrigen darf das Problem nicht überbewertet werden. Werden für längere Zeit Aufwendungen erforderlich, die über den Regelbedarf hinausgehen, liegt im Zweifel kein Sonderbedarf, sondern Mehrbedarf vor, der durch Erhöhung des laufenden Unterhalts auszugleichen ist (§ 2 Rn. 451 ff., § 4 Rn. 840 ff.). 8

Sonderbedarf kann für die **Vergangenheit** auch dann verlangt werden, wenn die Voraussetzungen des § 1613 I BGB nicht vorliegen, insbesondere der Schuldner nicht in Verzug gesetzt worden ist. Der Anspruch erlischt spätestens ein Jahr nach seiner Entstehung, wenn nicht vor Fristablauf Verzug oder Rechtshängigkeit eingetreten sind (§ 1613 II Nr. 1 BGB). Zur Obliegenheit, den Schuldner rechtzeitig auf bevorstehenden Sonderbedarf hinzuweisen, Rn. 7; zum Unterhalt für die Vergangenheit Rn. 100 ff. 9

2. Beteiligung des Unterhaltsgläubigers an der Finanzierung des Sonderbedarfs

a) Ehegattenunterhalt. Sonderbedarf wird nur in seltenen Fällen auszugleichen sein, wenn der **Unterhaltsbedarf** bei besonders guten wirtschaftlichen Verhältnissen nicht nach einer Quote, sondern **konkret bemessen** wird (§ 4 Rn. 763 ff.). In derartigen Fällen ist der laufende Unterhalt meist so hoch, dass der Berechtigte auch höhere außergewöhnliche Ausgaben selbst tragen kann. Kommt gleichwohl der Ausgleich von Sonderbedarf, zB außergewöhnlich hoher Umzugskosten, in Betracht, muss der Verpflichtete diesen Bedarf vielfach zusätzlich zum laufenden Unterhalt zahlen. Dies setzt nach dem Halbteilungsgrundsatz allerdings voraus, dass ihm von seinem Einkommen wenigstens die Hälfte verbleibt (§ 4 Rn. 750 ff.) oder dass er den Sonderbedarf aus seinem Vermögen aufbringen kann (Rn. 11). 10

Durch **Bemessung des laufenden Unterhalts nach Quoten** wird bereits eine angemessene Aufteilung der verfügbaren Mittel nach dem Halbteilungsgrundsatz durchgeführt. Dann ist es, jedenfalls wenn der Pflichtige nicht über zusätzliche (nichtprägende) 11

---

[16] BGH FamRZ 2006, 683 (685).
[17] BGH FamRZ 2006, 683 (685).
[18] OLG Karlsruhe NJW-RR 1998, 1226.
[19] KG FamRZ 1993, 561; OLG Köln FamRZ 1986, 593.
[20] Anders Göppinger/Wax/Kodal Rn. 190.
[21] OLG Hamburg FamRZ 1991, 109 mAnm Henrich; vgl. auch OLG Hamm FamRZ 1994, 1281.
[22] BGH NJW 1999, 954; NJW 1978, 1262.

Einkünfte verfügt (→ § 4 Rn. 570 ff.), nicht gerecht, dass Sonderbedarf allein von ihm aufgebracht wird, weil der Schuldner ihn in der Regel aus der ihm verbleibenden Quote zahlen müsste, während der Berechtigte den Sonderbedarf zusätzlich zur ungeschmälerten Quote erhalten würde. Infolgedessen muss der Berechtigte in solchen Fällen den Sonderbedarf in der Regel selbst tragen.[23] Verfügt der Berechtigte über Vermögen, das die üblichen Rücklagen für Not- und Krankheitsfälle übersteigt, wird er im Allgemeinen den Stamm des Vermögens zur Finanzierung des Sonderbedarfs verwerten müssen, auch wenn er ihn zur Bestreitung des laufenden Unterhalts nicht einzusetzen hat (→ § 1 Rn. 607 ff.).

12 Eine für den Berechtigten günstigere Aufteilung des Sonderbedarfs kann in Betracht kommen, wenn der Verpflichtete über nennenswertes Vermögen verfügt oder seine Belastung durch den Ehegattenunterhalt gering ist,
– weil er über **nichtprägende Einkünfte** verfügt, die das in der Ehe angelegte Einkommen deutlich übersteigen, er zB nach der Scheidung unerwartet befördert worden ist oder eine Erbschaft gemacht hat (→ § 4 Rn. 574 ff.);
– weil der Berechtigte nichtprägende Einkünfte hat, die auf seinen nur nach dem Einkommen des Pflichtigen berechneten Bedarf angerechnet werden, der Unterhalt also nach der **Anrechnungsmethode** bemessen wird (→ § 4 Rn. 818 f.), die allerdings nach der Entscheidung des BGH vom 13.6.2001[24] nur noch ausnahmsweise anzuwenden ist.

13 **b) Kindesunterhalt.** Auch beim Kindesunterhalt schuldet der Pflichtige nicht stets den vollen Ausgleich des Sonderbedarfs. Insbesondere wenn er über ein geringes Einkommen verfügt, kann von ihm vielfach nur eine **Beteiligung am Sonderbedarf** verlangt werden.[25] Den Rest muss der Berechtigte aus der laufenden Unterhaltsrente entnehmen. Auch der **betreuende Elternteil** kann verpflichtet sein, zum Sonderbedarf beizutragen, wenn er eine Erwerbstätigkeit ausübt oder über sonstige Einkünfte verfügt.[26] Maßstab für die Höhe des Beitrags sind die beiderseitigen Erwerbs- und Vermögensverhältnisse (§ 1606 III 1 BGB). Die Pflege und Betreuung eines minderjährigen Kindes schließen eine Beteiligung am Sonderbedarf ebenso wenig aus wie einen Beitrag zum Mehrbedarf (→ § 2 Rn. 418 ff., 462). Der Kindesbetreuung kann durch eine wertende Veränderung des Verteilungsschlüssels Rechnung getragen werden (→ § 2 Rn. 436). Bezieht der betreuende Elternteil selbst Ehegattenunterhalt, so ist der Kindesunterhalt einschließlich des ggf. auf mehrere Monate verteilten Sonderbedarfs vorweg vom Einkommen des Unterhaltspflichtigen abzuziehen. Dies verkürzt die Unterhaltsquote des betreuenden Elternteils. Damit beteiligt sich dieser in der Regel ausreichend am Sonderbedarf.

3. Einzelfälle

14 Als Sonderbedarf kommen zunächst Kosten in Betracht, die durch eine **Krankheit** oder eine Behinderung entstehen, insbesondere Aufwendungen für ambulante oder stationäre Behandlung, eine Kur, für Hilfsmittel, zB ein Behindertenfahrzeug, Prothesen, Brillen usw, auch für die Anschaffung geeigneter Matratzen und Bettwäsche bei einer Hausstauballergie.[27] Voraussetzung ist, dass die Kosten nicht von einer Krankenkasse getragen werden. Sie müssen im Übrigen angemessen sein. So ist ein aufwändiges Brillengestell für ein Kind, das nur einen geringen Tabellenunterhalt bezieht, in der Regel nicht angemessen. Andererseits muss sich der Pflichtige, sofern er leistungsfähig ist, auch an außergewöhnlich hohen, aber unvermeidbaren Behandlungskosten eines krebskranken Ehegatten unter dem Gesichtspunkt des Sonderbedarfs beteiligen.[28] Eine Behandlung durch den Chefarzt ist nur ausnahmsweise erforderlich.[29] Erfordert die Krankheit eine längere Behandlung, deren Dauer sich nicht absehen lässt, insbesondere einen Heimaufenthalt, eine kieferorthopädi-

---

23 Schürmann NJW 2006, 2301.
24 FamRZ 2001, 986 = R 563 mAnm Scholz FamRZ 2001, 1061.
25 BGH FamRZ 2006, 612 (614) = R 647 mAnm Luthin offen gelassen.
26 BGH FamRZ 1998, 286; FamRZ 1983, 689; KG FamRZ 2017, 1309 (LS).
27 OLG Karlsruhe FamRZ 1992, 850.
28 BGH FamRZ 1992, 291.
29 AG Michelstadt FamRZ 2005, 1118.

1. Abschnitt: Selbstständige Bestandteile des Unterhaltsanspruchs § 6

sche Zahnregulierung[30] oder zahlreiche psychotherapeutische Behandlungen,[31] liegt kein Sonderbedarf, sondern Mehrbedarf (→ Rn. 3, → § 2 Rn. 237, → § 4 Rn. 840 ff.) vor. Dasselbe gilt für die Kosten der Pflege eines alten und/oder behinderten Unterhaltsberechtigten. Die sog Praxisgebühr von 10,– EUR pro Quartal, die von Mitgliedern der gesetzlichen Krankenkassen beim ersten Arztbesuch im Quartal entrichtet werden muss, ist, da nicht außergewöhnlich hoch, kein Sonderbedarf; bei minderjährigen Kindern fällt sie ohnehin nicht an (§ 28 IV 1 SGB V), → § 2 Rn. 16. Zuzahlungen bei Medikamenten, stationären Maßnahmen und Heilmitteln (§ 61 SGB V) sind, wenn sie regelmäßig wiederkehren und aus dem laufenden Unterhalt nicht aufgebracht werden können, in der Regel Mehrbedarf. Sonderbedarf kommt nur ausnahmsweise in Betracht. Die Vergütung, die für die rechtliche Betreuung eines Behinderten an den Betreuer oder an die Staatskasse zu zahlen ist (§§ 1835 ff., 1836d, 1836e, 1908i BGB in Verbindung mit dem Vormünder- und Betreuervergütungsgesetz), kann Sonderbedarf, bei längerer Betreuung auch Mehrbedarf sein.[32] Dasselbe gilt für die Vergütung eines Vormunds oder Pflegers für ein minderjähriges Kind, → § 2 Rn. 451, 534, → § 3 Rn. 30.

Die **Erstausstattung eines Säuglings** ist in angemessenem Rahmen Sonderbedarf.[33] 15
Zwar sind die Geburt und die damit verbundene Notwendigkeit von Anschaffungen für die Mutter voraussehbar. Darauf kommt es jedoch nicht an. Das Kind hat erst mit der Geburt Anspruch auf Unterhalt. Erst seit diesem Zeitpunkt kann sein gesetzlicher Vertreter mit der Entstehung der Aufwendungen rechnen. Rücklagen für die erforderlich werdenden Anschaffungen kann er ohnehin nicht machen (→ Rn. 4). Dies schließt freilich eine Beteiligung der Mutter an den Kosten der Erstausstattung nicht aus, wenn sie über Einkünfte oder Vermögen verfügt (→ Rn. 13). Auf eheliche oder uneheliche Geburt des Kindes kommt es nicht an.[34]

Kosten aus Anlass der **Kommunion oder Konfirmation** wie auch der Jugendweihe[35] 16
können Sonderbedarf sein. Die aufwändige Bewirtung einer Vielzahl von Gästen in einer Gastwirtschaft gehört, jedenfalls wenn die Wohnung des Elternteils, bei dem das Kind lebt, ausreichend Platz für eine angemessene Zahl von Verwandten und Freunden bietet, nicht zum Bedarf des Kindes, sondern ist der Lebenshaltung des Elternteils zuzurechnen.[36] Die Kosten müssen sich in einem angemessenen Rahmen halten und sich an den Einkommens- und Vermögensverhältnissen der Eltern, insbesondere des barunterhaltspflichtigen Elternteils orientieren (→ Rn. 13). An der Voraussehbarkeit des Festes und damit der Aufwendungen sollte dagegen eine angemessene Beteiligung des barunterhaltspflichtigen Elternteils nicht scheitern (→ Rn. 3 f.). Der **BGH**[37] hat sich der hier vertretenen Ansicht nicht angeschlossen. Nach ihm sind die Kosten der Konfirmation – dasselbe muss von den Kosten der Erstkommunion und der Jugendweihe[38] gelten – kein Sonderbedarf, weil die Entstehung der Aufwendungen seit längerem vorhersehbar ist.

Urlaub begründet keinen Sonderbedarf, ebenso wenig die Teilnahme an einer Jugend- 17
freizeit.[39] Die dadurch entstehenden Kosten sind aus dem laufenden Unterhalt zu bestreiten. Anders kann es dagegen bei einer **Klassenfahrt** liegen.[40] Vorübergehender **Nachhilfeunterricht,** der nicht aus dem laufenden Unterhalt finanziert werden kann, ist in der

---

[30] KG FamRZ 2017, 1309 (LS); das OLG Karlsruhe FamRZ 1992, 1317 nimmt zu Unrecht Sonderbedarf an.
[31] OLG Hamm FamRZ 1996, 1218; OLG Saarbrücken FamRZ 1989, 1224.
[32] OLG Nürnberg MDR 1999, 616.
[33] BVerfG FamRZ 1999, 1342; OLG Oldenburg FamRZ 1999, 1685; zur Höhe des Sonderbedarfs OLG Koblenz FamRZ 2009, 2098.
[34] BVerfG FamRZ 1999, 1342.
[35] Vgl. OLG Brandenburg FamRZ 2006, 644.
[36] OLG Karlsruhe FamRZ 1991, 1349 (1350); FamRZ 1995, 1009.
[37] FamRZ 2006, 612 mit krit. Anm. Luthin = R 647b.
[38] Vgl. OLG Brandenburg FamRZ 2006, 644.
[39] OLG Frankfurt a. M. FamRZ 1990, 436.
[40] OLG Köln NJW 1999, 295; OLG Hamm FamRZ 1992, 346; OLG Braunschweig FamRZ 1995, 1010; vgl. aber zur Vorhersehbarkeit der Aufwendungen BGH FamRZ 2006, 612 mwN u. mAnm Luthin = R 647b. Vgl. auch OLG Hamm NJW 2011, 492 (Englandaustausch).

Regel Sonderbedarf. Ist das Kind dagegen ständig auf Nachhilfe angewiesen, besucht es eine **Privatschule,** die Schulgeld erhebt, oder ein **Internat,** handelt es sich um regelmäßigen Mehrbedarf[41] (→ § 2 Rn. 232, 451). **Kindergartenkosten** sind schon deshalb kein Sonderbedarf, weil sie regelmäßig anfallen. Sie sind in den Richtsätzen der Düsseldorfer Tabelle nicht enthalten. Daher handelt es sich um Mehrbedarf des Kindes, nicht um berufsbedingte Aufwendungen des betreuenden Elternteils. Dies gilt unabhängig davon, ob die Kindertagesstätte halb- oder ganztags besucht wird.[42] Zu Kinderbetreuungskosten → § 2 Rn. 400 ff. Die Kosten eines längeren **Auslandsstudiums** sind Mehrbedarf, nicht Sonderbedarf;[43] anders kann es bei einem Schüleraustausch sein.[44] Im Einzelnen → § 2 Rn. 81. Angemessene Kosten eines **Computers,** auch eines gebrauchten Geräts, können bei einem Schulkind ausnahmsweise Sonderbedarf sein.[45] Zwar wird heute vielfach erwartet, dass ein Kind, das eine weiterführende Schule besucht, Zugang zu einem internetfähigen PC oder Laptop hat. Das bedeutet aber nicht, dass es ein eigenes Gerät benötigt. Es reicht vielmehr, wenn es regelmäßig ein in der Familie vorhandenes Gerät mitbenutzen darf oder wenn es Recherchen an einem Schulcomputer durchführen kann. Dies gilt auch für Grundschüler, wenn von ihnen Arbeiten an einem PC erwartet werden. Kommt danach ein Anspruch auf Sonderbedarf in Betracht, wird sich der betreuende Elternteil vielfach an den Anschaffungskosten beteiligen müssen (→ Rn. 13);[46] die Betriebskosten (Strom, Papier, Druckpatronen) sind aus dem laufenden Unterhalt zu bestreiten. Die Kosten der Anschaffung eines teuren **Musikinstrumentes** können für ein begabtes Kind oder einen Musikstudenten uU als Sonderbedarf anerkannt werden; jedoch ist das Kind ggf. darauf zu verweisen, ein besonders kostspieliges Instrument, wie ein Klavier oder einen Flügel, zu mieten oder außerhalb der elterlichen Wohnung in einer Musik(hoch)schule zu üben.[47] Der Berechtigte hat den Pflichtigen rechtzeitig auf eine zu erwartende besonders hohe Ausgabe hinzuweisen, damit dieser Rücklagen bilden kann,[48] → Rn. 7.

Die Kosten der Haltung eines dem Kind geschenkten **Hundes** begründen allenfalls Mehrbedarf, nicht aber Sonderbedarf.[49]

18 **Umzugskosten** und die Kosten der Einrichtung einer neuen Wohnung können Sonderbedarf und uU neben laufendem Ehegattenunterhalt zu erstatten sein.[50] Vgl. zum Umfang des Anspruchs → Rn. 10 f.

19 Prozess- und Verfahrenskosten sind letztlich Sonderbedarf.[51] Für sie besteht aber die Spezialregelung der §§ 1360a IV, 1361 IV 4 BGB. Danach kann nur unter bestimmten Voraussetzungen ein **Prozess- oder Verfahrenskostenvorschuss** (→ Rn. 20 ff.) verlangt werden. Der Umstand, dass der Unterhaltsberechtigte infolge eines verlorenen Rechtsstreits oder infolge anwaltlicher Beratung Kosten zu tragen hat, begründet keinen unterhaltsrechtlichen Sonderbedarf. Denn die Unterhaltspflicht umfasst grundsätzlich nicht die Verpflichtung, Schulden des Berechtigten zu tilgen.[52] Dagegen hat der BGH[53] die Kosten

---

[41] OLG Düsseldorf NJW-RR 2005, 1529; OLG Hamm FamRZ 2007, 77; OLG Köln NJW 1999, 295; vgl. auch OLG Zweibrücken FamRZ 1994, 770 (771).
[42] BGH FamRZ 2009, 962 mAnm Born = R 700 unter teilweiser Aufgabe der früheren Rechtsprechung (BGH FamRZ 2007, 882; 2008, 1152).
[43] OLG Hamm FamRZ 1994, 1281; vgl. auch BGH FamRZ 1992, 1064.
[44] OLG Naumburg FamRZ 2000, 444, das Sonderbedarf bei einem Austausch mit einem kanadischen Schüler verneint; ähnlich OLG Schleswig NJW 2006, 1601.
[45] OLG Hamm FamRZ 2004, 830, das dies wohl nur bei Lernschwierigkeiten und dem dadurch bedingten Einsatz eines Lernprogramms bejaht.
[46] OLG Hamm FamRZ 2004, 830, das eine Obliegenheit des Kindes bejaht, die Kosten für den PC selbst aus dem laufenden Unterhalt anzusparen.
[47] BGH FamRZ 2001, 1603.
[48] Vgl. OLG Frankfurt a. M. FamRZ 1995, 631, dem ich nur teilweise folgen kann; OLG Karlsruhe FamRZ 1997, 967.
[49] OLG Bremen FamRZ 2011, 43.
[50] BGH FamRZ 1983, 29; OLG München FamRZ 1996, 1411.
[51] BGH FamRZ 2004, 1633 (1635) mAnm Viefhues.
[52] BGH NJW 1985, 2265; anders OLG München FamRZ 1990, 312, das offenbar unter engen Voraussetzungen einen Anspruch auf Sonderbedarf bejahen will.
[53] FamRZ 1988, 387; OLG Dresden FamRZ 1999, 303; OLG München FamRZ 1997, 1286.

1. Abschnitt: Selbstständige Bestandteile des Unterhaltsanspruchs § 6

des nichtehelichen Kindes für ein Verfahren auf Anfechtung der Vaterschaft als Sonderbedarf anerkannt, für den der als Vater festgestellte Erzeuger aufzukommen hat. Zur Vorschusspflicht des Scheinvaters → Rn. 36.

II. Prozess- und Verfahrenskostenvorschuss

1. Terminologie

Nach § 1360a IV BGB kann der bedürftige Ehegatte vom anderen verlangen, dass dieser 20 ihm die Kosten eines Rechtsstreits vorschießt, der eine persönliche Angelegenheit betrifft. Man sprach bis zum Inkrafttreten des FamFG am 1.9.2009 von einer Prozesskostenvorschusspflicht, obwohl nicht nur die Kosten eines Prozesses oder eines Rechtsstreits vor den ordentlichen oder vor sonstigen Gerichten vorzuschießen waren, sondern auch die anderer gerichtlicher Verfahren, insbesondere der freiwilligen Gerichtsbarkeit. Diese Terminologie lässt sich nicht mehr aufrechterhalten, seitdem § 113 V Nr. 1 FamFG vorschreibt, dass bei Anwendung der ZPO auf Familiensachen die Bezeichnung Prozess oder Rechtsstreit durch die Bezeichnung Verfahren zu ersetzen ist. Daher wird nunmehr die Bezeichnung Verfahrensvorschuss verwendet, wenn die Kosten eines familiengerichtlichen Verfahrens vorzuschießen sind. Dagegen verbleibt es bei der Bezeichnung Prozesskostenvorschuss, wenn das Familiengericht dem Schuldner die Leistung eines Vorschusses für einen Rechtsstreit vor einem Zivilgericht oder einem allgemeinen oder besonderen Verwaltungsgericht aufgeben soll. Ich werde in den folgenden Ausführungen einheitlich den Begriff Kostenvorschuss verwenden, wenn sich der Text sowohl auf den Prozesskostenvorschuss als auch auf den Verfahrenskostenvorschuss bezieht.

2. Anspruchsberechtigte

Der Prozess- bzw. Verfahrenskostenvorschuss ist eine Art des Sonderbedarfs,[54] für die der 21 Gesetzgeber eine besondere gesetzliche Regelung geschaffen hat (→ Rn. 19). Eine Kostenvorschusspflicht besteht zunächst zwischen nicht getrennt lebenden Ehegatten (§ 1360a IV BGB) bzw. Lebenspartnern (§ 12 S. 2 LPartG). Die Vorschriften regeln die Verpflichtung unter Ehegatten bzw. Lebenspartnern abschließend.[55] Der Anspruch ist unterhaltsrechtlicher Natur und Teil des **Familienunterhalts**.[56]

Auch **getrennt lebende Ehegatten** haben Anspruch auf Kostenvorschuss, da § 1361 22 IV 4 BGB auf die Vorschrift des § 1360a IV BGB verweist. Dasselbe gilt für getrennt lebende Lebenspartner (§ 12 S. 2 LPartG, § 1361 IV 4, 1360a IV BGB).

Geschiedene Ehegatten sind – ebenso wie Lebenspartner nach Aufhebung ihrer Part- 23 nerschaft – nicht verpflichtet, einander Prozess- bzw. Verfahrenskosten vorzuschießen.[57] Eine entsprechende Anwendung des § 1360a IV BGB kommt nicht in Betracht. Derartige Kosten sind auch nicht Teil des gesamten Lebensbedarfs im Sinne des § 1578 I 2 BGB; die Vorschriften über den Sonderbedarf können nicht herangezogen werden (→ Rn. 19).[58] Die Kostenvorschusspflicht endet daher mit Rechtskraft der Scheidung.[59] Wird eine Verbundentscheidung durch Beschwerde oder Rechtsbeschwerde nur hinsichtlich einer oder mehrerer Folgesachen angegriffen und wird daher der Scheidungsausspruch während des Rechtsmittelverfahrens rechtskräftig (§ 145 I FamFG), kann ein Kostenvorschuss nicht mehr durch einstweilige Anordnung nach § 246 FamFG zugesprochen werden, da der

---

[54] BGH FamRZ 2010, 452 (454) mAnm Baronin von König; FamRZ 2004, 1633 (1635) mAnm Viefhues.
[55] BGH FamRZ 1964, 197.
[56] BGH FamRZ 2009, 1483; 1985, 802.
[57] BGH FamRZ 2017, 1052.
[58] BGH FamRZ 2005, 883 (885) = R 628a mAnm Borth; FamRZ 1984, 148.
[59] BGH FamRZ 2017, 1052; 2010, 189.

Anspruch erloschen ist[60] und diese Vorschrift den Bestand eines materiell-rechtlichen Anspruchs auf einen Kostenvorschuss voraussetzt.[61] Jedoch wird man dem bedürftigen Ehegatten einen Schadensersatzanspruch nach §§ 280 II, 286 BGB zubilligen müssen, wenn er den Verpflichteten vor Rechtskraft der Scheidung in Verzug gesetzt hat.[62] Dieser Schadensersatzanspruch kann aber nicht Gegenstand einer einstweiligen Anordnung sein, da die Voraussetzungen des § 246 I FamFG nicht vorliegen. Ist vor Rechtskraft der Scheidung der Kostenvorschuss im Hauptsacheverfahren oder durch einstweilige Anordnung zugesprochen worden, kann aus dem Titel auch in der nachfolgenden Zeit vollstreckt werden.[63] Zur Geltendmachung des Kostenvorschusses durch einstweilige Anordnung → Rn. 39.

24 Der Elternteil, der ein **nichteheliches Kind betreut,** hat keinen Anspruch auf Kostenvorschuss gegen den anderen Elternteil,[64] da § 1615l III 1 BGB auf die Vorschriften über den Verwandtenunterhalt verweist, nicht dagegen auf § 1360a IV BGB. Zudem besteht zwischen nicht verheirateten Eltern über die Unterhaltspflicht nach § 1615l BGB hinaus kein rechtliches Band, das die Verpflichtung zu einem Kostenvorschuss rechtfertigen könnte; sie stehen insoweit geschiedenen Ehegatten gleich, die auch bei Betreuung eines gemeinsamen Kindes (vgl. § 1570 BGB) keinen Anspruch auf Kostenvorschuss gegeneinander haben,[65] → § 7 Rn. 243.

25 **Minderjährige, unverheiratete Kinder** haben nach allgemeiner Auffassung in entsprechender Anwendung des § 1360a IV BGB Anspruch auf Kostenvorschuss gegen ihre Eltern, weil sie wegen ihres Alters und ihres Ausbildungsbedarfs noch keine selbständige Lebensstellung erreicht haben und sich deswegen noch nicht selbst unterhalten können.[66]

26 Eltern sind unter den noch zu erörternden Voraussetzungen (→ Rn. 28 bis 36) verpflichtet, ihren **volljährigen Kindern** die Kosten eines Prozesses oder Verfahrens vorzuschießen, aber nur dann, wenn die Kinder noch keine selbständige Lebensstellung erreicht haben, also noch unterhaltsberechtigt sind.[67] Dies gilt nicht nur für privilegiert volljährige Kinder (→ § 2 Rn. 581 ff.), sondern für alle volljährigen Kinder bis zum Abschluss der Ausbildung.[68] Die Vorschusspflicht besteht bis zum Regelabschluss des Studiums, beim Bachelor-/Masterstudiengang (→ § 2 Rn. 82) grundsätzlich bis zur Masterprüfung.[69] Bei nachhaltiger Verzögerung der Ausbildung entfällt ein Unterhaltsanspruch und damit ein Anspruch auf Kostenvorschuss.[70] Nach Erreichen einer selbständigen Lebensstellung lebt der Anspruch auch dann nicht wieder auf, wenn das Kind, zB durch eine langwierige Krankheit, erneut bedürftig wird.[71] Der Vater einer verheirateten Tochter braucht keinen Vorschuss für die Kosten eines Scheidungsverfahrens zu leisten.[72] Dasselbe gilt für die Eltern eines Sohnes, der von einem nichtehelichen Kind auf Feststellung der Vaterschaft in Anspruch genommen wird.[73]

---

60 OLG München FamRZ 1997, 1542; anders OLG Nürnberg FamRZ 1990, 421 (jeweils zu § 620 Nr. 10 ZPO aF).
61 BGH FamRZ 1984, 148.
62 Vgl. zu der vergleichbaren Problematik, wenn der säumige Schuldner den Anspruch nicht vor Beendigung des Verfahrens, für das der Kostenvorschuss benötigt wird, erfüllt: OLG Köln FamRZ 1992, 842.
63 Vgl. OLG Frankfurt a. M. FamRZ 1993, 1465 (1467).
64 Büttner/Niepmann/Schwamb, Rechtsprechung zur Höhe des Unterhalts, Rn. 438; a. A. OLG München FamRZ 2002, 1219 und die wohl hM (vgl. dazu Palandt/Brudermüller § 1615l Rn. 22 mwN).
65 BGH FamRZ 2005, 883 (885) = R 628a mAnm Borth; FamRZ 1984, 148.
66 BGH FamRZ 2005, 883 (885) = R 628a mAnm Borth; FamRZ 2004, 1633 mAnm Viefhues.
67 BGH FamRZ 2005, 883 (885) = R 628a mAnm Borth; vgl. auch OLG München FamRZ 2007, 911.
68 BGH FamRZ 2005, 883 (885) = R 628a mAnm Borth.
69 OVG Hamburg FamRZ 2006, 1615.
70 aA anscheinend OLG München NJW-RR 2007, 657.
71 BFH FamRZ 2004, 1893, der allerdings im konkreten Fall auf Unterhaltsverwirkung nach § 1611 I BGB abstellt.
72 OLG Hamburg FamRZ 1990, 1141.
73 OLG Düsseldorf FamRZ 1990, 420.

1. Abschnitt: Selbstständige Bestandteile des Unterhaltsanspruchs   § 6

Eltern haben gegen ihre volljährigen, erst recht gegen ihre minderjährigen Kinder 27 keinen Anspruch auf Kostenvorschuss.[74] Auch im Verhältnis zwischen Großeltern und Enkeln besteht keine Kostenvorschusspflicht. Im Einzelnen → § 2 Rn. 920.

3. Anspruchsvoraussetzungen

a) Prozesskostenvorschuss und Unterhalt. Der Anspruch auf Kostenvorschuss ist 28 sowohl beim Ehegatten (Lebenspartner) als auch beim minderjährigen oder volljährigen Kind aus der **Unterhaltspflicht** des Ehegatten (Lebenspartners) bzw. der Eltern herzuleiten.[75] Da der **betreuende Elternteil** durch die Pflege und Erziehung des minderjährigen Kindes nach § 1606 III 2 BGB nur im Regelfall seine Unterhaltspflicht erfüllt (→ § 2 Rn. 20 ff.), kann auch er auf Leistung eines Kostenvorschusses für das Kind in Anspruch genommen werden.[76] § 1606 III 2 BGB gilt bei Zusatzbedarf, zu dem auch der Kostenvorschuss zählt, nicht.[77] Vgl. zur vergleichbaren Problematik beim Sonderbedarf → Rn. 13. Allerdings wird die Leistungsfähigkeit des betreuenden Elternteils (→ Rn. 30) näher geprüft werden müssen; neben den Einkommens- und Vermögensverhältnissen beider Eltern ist im Rahmen der Billigkeit (→ Rn. 36) die Doppelbelastung durch Kindesbetreuung und Erwerbstätigkeit zu berücksichtigen.

b) Bedürftigkeit. Der Berechtigte muss bedürftig, also außerstande sein, die Kosten 29 selbst zu tragen. Da der Kostenvorschuss der Billigkeit entsprechen muss (→ Rn. 36), ist die Bedürftigkeit des einen unter Berücksichtigung der Leistungsfähigkeit des anderen zu beurteilen. Je leistungsfähiger der verpflichtete Ehegatte ist, umso geringere Anforderungen sind an die Bedürftigkeit zu stellen.[78] Ggf. haben der Berechtigte oder der Verpflichtete auch den **Stamm des Vermögens** für die Finanzierung des Rechtsstreits bzw. des Verfahrens einzusetzen, zumal da auch bei intakter Ehe derartige Kosten vielfach nicht aus dem laufenden Einkommen bestritten, sondern den Ersparnissen entnommen werden.[79] Vermögenswerte, die lediglich eine Rücklage für Not- und Krankheitsfälle darstellen, brauchen nicht verwertet zu werden.[80] Ein Ehegatte, der aus der Veräußerung des Familienheims ausreichende Mittel erhalten hat, kann in der Regel keinen Vorschuss verlangen. Allein der Umstand, dass der andere Ehegatte über höheres Vermögen verfügt, rechtfertigt die Auferlegung eines Kostenvorschusses nicht. Nur in Ausnahmefällen, zB wenn die Vermögenslage des anderen Ehegatten wesentlich günstiger ist oder der Berechtigte den Stamm des Vermögens derzeit nur schwer verwerten kann, weil er Geld langfristig angelegt hat, kann ein Prozesskostenvorschuss der Billigkeit entsprechen. Zur Rückzahlungspflicht in solchen Fällen → Rn. 41. Bei Kindern, insbesondere minderjährigen Kindern (vgl. § 1602 II BGB), wird man bei der Verweisung auf den Stamm des Vermögens zurückhaltend sein müssen. Macht ein Elternteil gemäß § 1629 III BGB Unterhalt im Wege der Verfahrensstandschaft geltend (→ § 2 Rn. 448, → § 10 Rn. 47 ff.), kommt es auf seine Bedürftigkeit, nicht auf diejenige des Kindes an; er hat daher nur dann einen Vorschussanspruch, wenn er aus seinem Einkommen und seinem Vermögen die Kosten nicht aufbringen kann.[81]

c) Leistungsfähigkeit. Der Schuldner muss leistungsfähig sein.[82] Daran fehlt es in aller 30 Regel, wenn er den Kostenvorschuss nur mit Hilfe eines Kredits aufbringen kann. Anders mag es sein, wenn der Pflichtige über Vermögen verfügt, derzeit aber nicht liquide ist. Wer

---

[74] OLG München FamRZ 1993, 821.
[75] BGH FamRZ 2009, 1483; 2005, 1164 (1166 f.).
[76] OLG Karlsruhe FamRZ 2016, 1195; FamRZ 1996, 1100; OLG Jena FamRZ 1998, 1302; a. A. OLG München FamRZ 1991, 347; OLG Schleswig FamRZ 1991, 855; vgl. auch BGH FamRZ 1998, 286; FamRZ 1983, 689.
[77] BGH FamRZ 1998, 286.
[78] OLG Hamm NJW-RR 2002, 1585.
[79] Vgl. BGH FamRZ 1985, 360.
[80] Palandt/Brudermüller BGB § 1360a Rn. 11.
[81] BGH FamRZ 2005, 1166 f.
[82] BGH FamRZ 2009, 1483.

selbst ratenfreie **Prozesskostenhilfe** bzw. Verfahrenskostenhilfe erhalten könnte, braucht keinen Kostenvorschuss zu leisten.[83] Nach der Rechtsprechung des BGH[84] ist es jedoch möglich, dem Unterhaltspflichtigen aufzuerlegen, den **Kostenvorschuss in Raten** zu entrichten; zugleich kann dem Unterhaltsberechtigten Prozesskostenhilfe bzw. Verfahrenskostenhilfe gegen Raten in Höhe der Zahlungen auf den Kostenvorschuss bewilligt werden. Richtet sich das Verfahren, das der Berechtigte zu führen beabsichtigt, gegen den Verpflichteten, kommt ein Kostenvorschuss ohnehin nur in Betracht, wenn der Schuldner seine eigenen Kosten aufbringen und zusätzlich diejenigen des Gegners tragen kann. Eine weitergehende Belastung, als sie § 113 I 2 FamFG, § 115 ZPO vorsehen, ist ausgeschlossen, da dies nicht der Billigkeit entsprechen würde.[85]

31 Geschuldeter Unterhalt, mag er auf Elementar-, Mehr- oder Sonderbedarf gerichtet sein, mindert das für den Vorschuss zur Verfügung stehende Einkommen. Ist allerdings durch einstweilige Anordnung ein Vorschuss zuerkannt und ist er auch gezahlt worden, bleibt nichts Anderes übrig, als das anrechenbare Einkommen um den Vorschuss zu kürzen und auf dieser Basis den Unterhalt zu berechnen.[86] **Schulden** sind mindestens in dem Rahmen zu berücksichtigen, in dem sie bei Bewilligung von Prozesskostenhilfe anzuerkennen wären (§ 113 I 2 FamFG, § 115 I 3 Nr. 4 ZPO). Ein genereller Vorrang des Kostenvorschusses vor der Tilgung von Schulden besteht nicht.[87]

Beim minderjährigen Kind gilt auch für den Kostenvorschuss der notwendige Selbstbehalt von 1080,– EUR nach Anm. A 5 I der Düsseldorfer Tabelle Stand: 1.1.2019.[88] Der Barunterhaltspflichtige ist schon dann vorschusspflichtig, wenn ihm nach Abzug des vorrangigen Elementarunterhalts, des Mehr- und des Sonderbedarfs wenigstens dieser Betrag verbleibt. Allerdings muss sich ggf. der betreuende Elternteil an dem Kostenvorschuss beteiligen (→ Rn. 28). Gegenüber einem volljährigen Kind muss dem Pflichtigen mindestens sein **angemessener Bedarf** im Sinne des § 1603 I BGB, der nach A Anm. 5 II der Düsseldorfer Tabelle Stand: 1.1.2019 1300,– EUR beträgt, belassen werden.[89]

Beim Ehegattenunterhalt muss dem Verpflichteten mindestens sein eheangemessener Selbstbehalt verbleiben,[90] der nach der Rechtsprechung des BGH,[91] B IV der Düsseldorfer Tabelle Stand: 1.1.2019 und den Leitlinien der Oberlandesgerichte (Nr. 21.4) 1200,– EUR beträgt. Jedoch wird ein Kostenvorschuss vielfach ausscheiden, wenn der Unterhalt nach Quoten bemessen wird und zusätzliches nicht prägendes Einkommen nicht vorhanden ist (vgl. zur gleich gelagerten Problematik beim Sonderbedarf → Rn. 11 f.). Dann muss der Ehegatte den Prozess aus dem Quotenunterhalt finanzieren oder ggf. Prozess- bzw. Verfahrenskostenhilfe in Anspruch nehmen.[92] Anders ist es dagegen, wenn der Verpflichtete den Kostenvorschuss ohne Gefährdung seines eigenen angemessenen Unterhalts aus zusätzlichen nicht prägenden Einkünften oder aus dem Stamm seines Vermögens aufbringen kann; dabei braucht allerdings nur ein verhältnismäßig geringer Teil des Vermögens eingesetzt zu werden.[93]

32 **d) Rechtsstreit.** Geschuldet wird ein Vorschuss für die Kosten eines Rechtsstreits (§ 1360a IV BGB). Soweit die Kostenvorschusspflicht reicht, kann Prozess- bzw. Verfahrenskostenhilfe nicht bewilligt werden (→ Rn. 40). Unter einem Rechtsstreit ist jedes

---

[83] MüKoBGB/Weber-Monecke § 1360a Rn. 24.
[84] FamRZ 2004, 1633 (1635 f.) mwN und mAnm Viefhues; anders die Vorauflage § 6 Rn. 27.
[85] BGH FamRZ 2004, 1633 (1635) mAnm Viefhues; anders OLG Celle FamRZ 2010, 53 und die Vorauflage § 6 Rn. 27.
[86] Vgl. Viefhues FamRZ 2004, 1636.
[87] So mit Recht MüKoBGB/Weber-Monecke § 1360a Rn. 24; anderer Ansicht OLG Hamm FamRZ 1986, 1013; OLG Karlsruhe FamRZ 1987, 1062.
[88] BGH FamRZ 2004, 1633 mAnm Viefhues; anders die Vorauflage § 6 Rn. 27.
[89] OLG Karlsruhe FamRZ 1997, 757.
[90] BGH FamRZ 2004, 1633 mAnm Viefhues.
[91] FamRZ 2006, 683.
[92] OLG Düsseldorf NZFam 2019, 271 mwN; OLG Karlsruhe FamRZ 2016, 1279; OLG München FamRZ 2006, 791.
[93] OLG München FamRZ 2006, 791; OLG Hamm NJW-RR 2002, 1585; OLG Düsseldorf FamRZ 1999, 1673.

Verfahren vor einem deutschen, unter Umständen auch vor einem ausländischen Gericht zu verstehen. Hierzu zählen vor allem Verfahren vor den Familiengerichten (§ 113 V Nr. 1 FamFG). Dazu gehören aber auch Prozesse vor den ordentlichen Gerichten einschließlich der Strafgerichte (vgl. § 1360a IV 2 BGB), den Arbeitsgerichten,[94] den Verwaltungsgerichten,[95] den Finanzgerichten und den Sozialgerichten[96] einschließlich der Verfassungsbeschwerden, über die das BVerfG und zT auch die Landesverfassungsgerichte zu befinden haben. Ein Kostenvorschuss kann auch für besondere Verfahren beansprucht werden, zB für einstweilige Verfügungen und Arreste, einstweilige Anordnungen und vereinfachte Verfahren nach §§ 249 ff. FamFG,[97] aber auch für eine Neben- oder Privatklage im Strafprozess.[98] Auf die Parteirolle kommt es nicht an. Die Kosten einer außergerichtlichen Rechtsberatung oder Rechtsverfolgung sind in entsprechender Anwendung des § 1360a IV BGB zu erstatten, wenn die übrigen Voraussetzungen dieser Vorschrift vorliegen.[99]

e) Persönliche Angelegenheit. Der beabsichtigte Rechtsstreit (→ Rn. 32) muss eine persönliche Angelegenheit betreffen, also eine genügend enge Verbindung zur Person des betreffenden Ehegatten oder des vorschussberechtigten Kindes aufweisen.[100] Es genügt nicht, dass das Verfahren lebenswichtig ist oder die Existenzgrundlage berührt. Eine allgemeingültige Definition des Begriffs der persönlichen Angelegenheit wird sich nur schwer finden lassen.[101] Dazu gehören vor allem Angelegenheiten, die die Familie, aber auch immaterielle Rechtsgüter wie körperliche Integrität, Gesundheit, Freiheit, Ehre, Abstammung, Name, Recht am eigenen Bild usw betreffen.[102] Das gilt auch, wenn der Berechtigte Beklagter der Rechtsstreits ist.[103] Auch vermögensrechtliche Ansprüche eines Ehegatten können hierunter fallen, selbst wenn sie sich gegen einen Dritten richten; sie müssen aber ihre Wurzel in der ehelichen Lebensgemeinschaft oder in den aus der Ehe erwachsenen persönlichen oder wirtschaftlichen Beziehungen und damit eine personenbezogene Funktion haben.[104] Dies ist bei gesellschaftsrechtlichen oder erbrechtlichen Ansprüchen gegen einen Verwandten nicht der Fall.[105] Für den Stundungsantrag im Insolvenzverfahren entsteht eine Prozesskostenvorschusspflicht nicht, wenn die Insolvenz im Wesentlichen auf vorehelichen Schulden oder auf solchen Verbindlichkeiten beruht, die weder zum Aufbau oder zur Erhaltung einer wirtschaftlichen Existenz eingegangen wurden noch aus sonstigen Gründen mit der gemeinsamen Lebensführung in Zusammenhang stehen.[106] Verfahren mit einem **früheren Ehegatten** um vermögensrechtliche Ansprüche, zB rückständigen Unterhalt oder Zugewinnausgleich, sind vom jetzigen Ehegatten zu finanzieren. Es ist nach dem Gesetz nicht erforderlich, dass die persönliche Angelegenheit ihre Wurzel in der jetzigen Ehe hat.[107] Vielmehr reicht es aus, dass die streitigen Ansprüche, für die Vorschuss begehrt wird, auf die frühere Ehe zurückgehen. Die Vorschusspflicht des jetzigen Ehegatten ist in der Regel nicht unbillig, weil die Durchsetzung eines berechtigten oder

---

[94] BAG FamRZ 2006, 1117.
[95] OVG Hamburg FamRZ 1991, 960.
[96] BSG NJW 1960, 502.
[97] Palandt/Brudermüller § 1360a Rn. 13.
[98] BGH NStZ 1993, 351.
[99] So mit Recht Kleinwegener FamRZ 1992, 755; nach OLG München FamRZ 1990, 312 und Büttner/Niepmann/Schwamb Rn. 444 soll eine Erstattung als Sonderbedarf in Betracht kommen.
[100] BGH FamRZ 1964, 197 (199).
[101] BGH FamRZ 2010, 189 mAnm Borth.
[102] MüKoBGB/Weber-Monecke § 1360a Rn. 27.
[103] Vgl. OLG Stuttgart Beschluss vom 9.10.2013 – 11 WF 201/13, BeckRS 2014, 11410 (Haftpflichtprozess gegen das Kind aus unerlaubter Handlung).
[104] BGH FamRZ 2010, 189 mAnm Borth; FamRZ 2003, 1651.
[105] BGH FamRZ 1964, 197 (199); OLG Köln FamRZ 1979, 178.
[106] BGH FamRZ 2003, 1651.
[107] BGH FamRZ 2010, 189 mit eingehender Darstellung der Literatur und Rechtsprechung und Anm. Borth (Zugewinnausgleich); OLG Celle FamRZ 2008, 2199 (Abänderung eines Titels über nachehelichen Unterhalt); die gegenteilige Auffassung in der 8. Aufl. § 6 Rn. 28 gebe ich auf.

§ 6 Sonderfragen

die Abwehr eines unberechtigten Anspruchs die finanzielle Basis der neuen Ehe berührt und damit auch dem neuen Ehegatten zugute kommt.[108] Gerichtliche Auseinandersetzungen mit einem vor- oder erstehelichen Kind über Unterhalt[109] und Verfahren der freiwilligen Gerichtsbarkeit, die ein solches Kind betreffen, vor allem Verfahren um Sorge- und Umgangsrecht, sind persönliche Angelegenheiten des wiederverheirateten Elternteils, da das Vorhandensein des Kindes die Lebensverhältnisse auch der jetzigen Ehe prägt. Unterhalt für ein Kind des Ehegatten aus dessen früherer Ehe ist allein eine persönliche Angelegenheit des Kindes und nicht des Elternteils; eine Kostenvorschusspflicht des Ehegatten scheidet daher aus.[110]

34 **Persönliche Angelegenheiten** sind zunächst **alle Familiensachen** nach § 111 FamFG, insbesondere Verbundverfahren einschließlich der Folgesachen, aber auch isolierte Familiensachen. Seit dem 1.9.2009 gehören zu den Familiensachen auch die Angelegenheiten, die nach § 266 FamFG von den Zivilgerichten in die Zuständigkeit der Familiengerichte übergegangen sind, insbesondere die aus der Ehe herrührenden Ansprüche und die Ansprüche zwischen verheirateten oder geschiedenen Personen oder zwischen solchen Personen oder einem Elternteil im Zusammenhang mit Trennung oder Scheidung der Ehe (§ 266 I Nr. 2 und 3 FamFG). Das sind ua Streitigkeiten um unbenannte Zuwendungen zwischen Ehegatten, aber auch Verfahren zwischen einem Ehegatten und den (Schwieger-)Eltern.

Persönliche Angelegenheiten sind weiterhin:
– Ansprüche auf Schadensersatz wegen eines Körperschadens einschließlich Schmerzensgeld,[111] auch wegen fehlerhafter ärztlicher Behandlung,[112]
– Insolvenzverfahren mit dem Ziel der Restschuldbefreiung, wenn die Insolvenz nicht vorwiegend auf vorehelichen Schulden beruht,[113]
– Betreuungs- und Unterbringungssachen,[114]
– die Verteidigung in einem Strafverfahren (§ 1360a IV BGB), Erhebung der Privat- oder Nebenklage;[115] → Rn. 32,
– Streitigkeiten um den Bestand eines Arbeitsverhältnisses, insbesondere Kündigungsschutzprozesse,[116]
– Ansprüche auf Ausbildungsförderung nach dem BAföG, nicht dagegen Ansprüche auf Rückforderung zu Unrecht bezogener Förderungsmittel,[117]
– Prozesse vor den Verwaltungsgerichten wegen Nichtbestehens einer ersten Staatsprüfung, zB für das Lehramt,[118]
– Streitigkeiten um die Erteilung oder den Entzug einer Aufenthaltsgenehmigung[119] und um Anfechtung von Ausweisungs- und Abschiebungsverfügungen der Ausländerbehörden,[120]
– Prozesse um Renten aus der Sozialversicherung oder um Schadensersatzrenten nach § 844 II BGB, § 10 II StVG,[121]
– Prozesse um Ansprüche auf Sozialhilfe nach dem SGB XII[122] einschließlich der Ansprüche für Grundsicherung im Alter und bei Erwerbsminderung (§§ 41 ff. SGB XII) sowie

---

[108] BGH FamRZ 2010, 189.
[109] OLG Karlsruhe FamRZ 2005, 1744.
[110] OLG Schleswig FamRZ 1991, 855.
[111] OLG Köln FamRZ 1994, 1109; OLG Stuttgart BeckRS 2014, 11410 (Haftpflichtprozess gegen das Kind aus unerlaubter Handlung).
[112] OLG München FamRZ 2007, 911.
[113] BGH FamRZ 2003, 1651.
[114] Palandt/Brudermüller § 1360a Rn. 14.
[115] BGH NStZ 1993, 351.
[116] BAG FamRZ 2006, 1117.
[117] OVG Hamburg FamRZ 1991, 960.
[118] OVG Münster FamRZ 2000, 21.
[119] OVG Lüneburg NJW 2002, 2489.
[120] Hess. VGH EzFamR § 1360a BGB Nr. 9.
[121] BGH FamRZ 2010, 189 mAnm Borth; BSG NJW 1960, 502.
[122] OVG Münster JurBüro 1992, 185 zum BSHG.

der Ansprüche auf Grundsicherung für Arbeitsuchende nach dem SGB II, nicht dagegen Anfechtungsklagen gegen Bescheide der Behörde auf Rückforderung derartiger Leistungen.[123]

f) Erfolgsaussicht. Die beabsichtigte Rechtsverfolgung muss hinreichende Aussicht auf Erfolg bieten; sie darf nicht mutwillig sein. Es müssen hier dieselben Anforderungen gestellt werden, wie sie für die Bewilligung von Prozess- bzw. Verfahrenskostenhilfe gelten (§ 113 I 2 FamFG, § 114 ZPO). Es besteht kein Anlass, die Kostenvorschusspflicht an geringere Voraussetzungen als die Prozesskostenhilfe zu knüpfen und sie schon dann eingreifen zu lassen, wenn die Rechtsverfolgung nicht offensichtlich aussichtslos erscheint.[124] Dies würde nicht der Billigkeit entsprechen. Daher muss die Rechtsverfolgung wenigstens bei vorausschauender Betrachtung Erfolg versprechend im Sinne des § 114 ZPO gewesen sein. Zur Rückforderung des Kostenvorschusses → Rn. 41. 35

g) Billigkeit. Die Zubilligung des Kostenvorschusses muss der Billigkeit entsprechen. Auf die zu erwartende Kostenentscheidung kommt es nicht an. Deshalb kann für ein Scheidungsverfahren Kostenvorschuss gewährt werden, auch wenn die Kosten im Urteil wahrscheinlich gegeneinander aufgehoben werden (§ 150 FamFG).[125] Es kann ausnahmsweise unbillig sein, den zweiten Ehegatten mit den Kosten eines Verfahrens zu belasten, in dem es um Ansprüche zwischen seinem Partner und dessen früherem Ehegatten geht,[126] → Rn. 33. 36

Macht ein Berechtigter einen Unterhaltsanspruch geltend, der auf den Sozialhilfeträger, den Träger der Grundsicherung für Arbeitsuchende oder die Unterhaltsvorschusskasse übergegangen und wieder rückabgetreten worden ist (§ 94 V 1 SGB XII, § 33 IV 1 SGB II, § 7 IV 2 UVG), kommt ein Prozesskostenvorschuss des Schuldners nicht in Betracht. Vielmehr hat der Sozialleistungsträger die Kosten zu übernehmen,[127] → § 8 Rn. 117.

Ein Kostenvorschuss für eine Ehesache kann nicht von vornherein verneint werden, wenn der Anspruch auf Elementarunterhalt während der Trennungszeit nach §§ 1361 III, 1579 Nr. 2 bis 8 BGB verwirkt ist.[128]

Bei Anfechtung der Vaterschaft entspricht die Heranziehung des Ehemannes der Kindesmutter, der (noch) als Scheinvater gilt (§ 1592 Nr. 1 BGB), in der Regel nicht der Billigkeit, wenn bei vorausschauender Betrachtung davon auszugehen ist, dass die Anfechtung begründet ist. Zwar haftet der Scheinvater bis zur rechtskräftigen Feststellung der Nichtehelichkeit auf Unterhalt. Dies reicht allerdings allein für die Anwendung des § 1360a IV BGB nicht aus.[129] Erstattungsansprüche gegen den als Vater rechtskräftig festgestellten Mann, auf die vielfach verwiesen wird (→ Rn. 19), sind häufig nicht realisierbar.[130] Zur Frage, ob die Kosten des Statusverfahrens als Sonderbedarf angesehen werden können, → Rn. 19.

Zur Haftung des Elternteils, der ein minderjähriges Kind betreut, → Rn. 28.

4. Inhalt des Anspruchs

Ein **Vorschuss** kann nur für die zu erwartenden Kosten verlangt werden. Dies bedeutet, dass nach Beendigung des Verfahrens oder der Instanz ein Anspruch auf die bereits entstandenen Kosten nicht mehr geltend gemacht werden kann.[131] Jedoch kann ein Schadens- 37

---

123 VG Sigmaringen FamRZ 2004, 1653.
124 BGH FamRZ 2001, 1363 mit zahlreichen Nachweisen, auch zur früheren hM.
125 KG (18. ZS) FamRZ 2003, 773 gegen KG (16. ZS) FamRZ 1955, 680.
126 Vgl. BGH FamRZ 2010, 189 mAnm Borth.
127 BGH FamRZ 2008, 1159.
128 OLG Zweibrücken FamRZ 2001, 1149.
129 So mit Recht OLG Karlsruhe FamRZ 2008, 2042; OLG Koblenz FamRZ 1999, 241; OLG Hamburg FamRZ 1996, 224; a.A. OLG Karlsruhe FamRZ 1996, 872 mit kritischer Anm. Gottwald FamRZ 1996, 873.
130 OLG Hamburg FamRZ 1996, 224; vgl. zu dieser Problematik auch BGH FamRZ 1988, 387; OLG München FamRZ 1996, 1426; OLG Nürnberg FamRZ 1995, 1593.
131 BGH FamRZ 1985, 902; OLG Köln FamRZ 1991, 842.

ersatzanspruch entstehen, wenn der Schuldner vor Beendigung des Verfahrens oder der jeweiligen Instanz in Verzug gesetzt worden ist.[132] Zum Erlass einer einstweiligen Anordnung in solchen Fällen → Rn. 39. Der Anspruch richtet sich auf einen bestimmten Geldbetrag, nicht dagegen auf die Mitwirkung an der Verwertung gemeinsamer Wertgegenstände, die in einem Banksafe verwahrt werden, zu dem der andere Ehegatte den Zugang verweigert.[133]

38 Die Höhe des Anspruchs richtet sich nach den Gebühren, die das Gericht und ggf. der Anwalt bereits vor Aufnahme ihrer Tätigkeit verlangen können. In bürgerlichen Rechtsstreitigkeiten sind nach §§ 3 II, 6 I Nr. 1, 12 I 1 I GKG, Nr. 1210 KV drei Gerichtsgebühren vor Klagezustellung zu zahlen. In Familiensachen werden Kosten nach Maßgabe des FamGKG erhoben. Rechtsanwälte haben Anspruch auf die voraussichtlich entstehenden Gebühren und Auslagen, und zwar in der Regel auf die Verfahrensgebühr in Höhe des 1,3fachen und die Terminsgebühr in Höhe des 1,2-fachen der Sätze des Vergütungsverzeichnisses (§ 2 II 1, § 9 RVG, Nr. 3100, 3104 VV). Hinzu kommen die Auslagenpauschale und die Mehrwertsteuer (Nr. 7002, 7008 VV).

5. Prozessuales, Rückforderung des Kostenvorschusses

39 Der Kostenvorschuss ist vor den Familiengerichten geltend zu machen. Dies gilt nicht nur dann, wenn das Verfahren, für das der Vorschuss begehrt wird, eine Familiensache ist, sondern auch dann, wenn ein Kostenvorschuss für einen Prozess vor einem Zivil- oder einem allgemeinen oder besonderen Verwaltungsgericht begehrt wird. Ein Hauptsacheverfahren über den Vorschuss wird wegen der Eilbedürftigkeit nur selten geführt werden. Vielmehr wird der Berechtigte in der Regel eine **einstweilige Anordnung über den Kostenvorschuss** erwirken (§ 246 FamFG).

Ob nach Abschluss der Instanz auf einen vorher gestellten Antrag noch ein Kostenvorschuss zuerkannt werden kann, ist streitig.[134] Zur Titulierung eines Kostenvorschusses für eine Folgesache nach Eintritt der Rechtskraft des Scheidungsausspruches durch einstweilige Anordnung → Rn. 23.

40 Soweit dem Unterhaltsberechtigten ein Anspruch auf Kostenvorschuss zusteht, ist er nicht bedürftig im Sinne der § 113 I 2 FamFG, § 115 ZPO. Der Anspruch gehört zu seinem Vermögen, das er nach § 115 III ZPO zur Finanzierung des Verfahrens einzusetzen hat.[135] Der Berechtigte ist verpflichtet, den Anspruch durch einstweilige Anordnung (→ Rn. 39) titulieren zu lassen und ihn beizutreiben. Die Inanspruchnahme eines leistungsfähigen Schuldners auf einen Kostenvorschuss geht der Prozess- bzw. Verfahrenskostenhilfe jedenfalls dann vor, wenn der Anspruch alsbald realisiert werden kann.[136] Als Unterhaltsanspruch genießt der Kostenvorschuss das Vollstreckungsprivileg des § 850d I ZPO.[137] Bleibt die Vollstreckung ohne Erfolg oder kann sie nicht rechtzeitig durchgeführt werden, ist Prozess- bzw. Verfahrenskostenhilfe zu gewähren, andernfalls zu verweigern.

41 Der Kostenvorschuss kann – wie sonstiger Unterhalt – **grundsätzlich nicht zurückgefordert** werden. Allein die Tatsache, dass der Rechtsstreit gegen den anderen Ehegatten zuungunsten des Berechtigten ausgegangen ist und diesem demgemäß die Kosten auferlegt worden sind, führt nicht zu einer Rückzahlungsverpflichtung. Daher kann auch nach einer solchen Kostenentscheidung noch aus dem Titel vollstreckt werden, durch den der Kostenvorschuss zugesprochen wurde.[138] Ein Kostenvorschuss kann im Kostenfestsetzungsverfahren in der Regel nicht auf den festzusetzenden Erstattungsanspruch angerechnet werden, da in diesem Verfahren materiell-rechtliche Einwendungen grundsätzlich nicht berück-

---

[132] OLG Köln FamRZ 1991, 842.
[133] OLG Zweibrücken FuR 2002, 272 (der Ehegatte ist auf Ansprüche aus §§ 741 ff. BGB zu verweisen).
[134] OLG Karlsruhe FamRZ 2000, 431 mwN.
[135] BGH FamRZ 2004, 1633 (1635) mAnm Viefhues.
[136] BGH FamRZ 2008, 1642.
[137] BGH FamRZ 2009, 1483.
[138] BGH NJW 1985, 2263.

sichtigt werden dürfen. Die Kostenfestsetzung zugunsten des obsiegenden Vorschussempfängers ist jedoch ausnahmsweise abzulehnen, wenn und soweit nach dem unstreitigen Sachverhalt der Vorschuss und der Erstattungsanspruch über die dem Empfänger entstandenen Kosten hinausgehen.[139] Ein Rückforderungsanspruch ist begründet, wenn sich die wirtschaftlichen Verhältnisse des Ehegatten, der einen Kostenvorschuss erhalten hat, wesentlich gebessert haben oder die Rückzahlung aus sonstigen Gründen der Billigkeit entspricht.[140] Dies kann insbesondere der Fall sein, wenn der Ehegatte aus dem Zugewinnausgleich oder durch Verkauf eines den Ehegatten gemeinsam gehörenden Grundstücks beachtliche Geldmittel erhalten hat. Die Nachzahlung des geschuldeten Unterhalts reicht dagegen in aller Regel nicht aus. Die Rückzahlung des Kostenvorschusses kann der Billigkeit entsprechen, wenn sich nachträglich herausstellt, dass die Voraussetzungen für die Gewährung des Vorschusses nicht gegeben waren, insbesondere wenn das Einkommen des Verpflichteten die Zahlung eines Vorschusses nicht zuließ.[141] Wenn der Vorschuss teilweise durch die Gebühren für den Abschluss eines Vergleichs verbraucht ist, scheidet eine Rückzahlung aus, da sie zu einem unbilligen Ergebnis führen würde.[142]

42 Der Rückforderungsanspruch ist ein Anspruch eigener Art; er ist nicht aus §§ 812 ff. BGB herzuleiten; deshalb gelten §§ 814, 818 III BGB nicht.[143]

43–99 – in dieser Auflage nicht belegt –

2. Abschnitt: Unterhalt für die Vergangenheit

I. Anspruchsvoraussetzungen

1. Gesetzliche Grundlagen

100 Unterhalt für die Vergangenheit kann beim Verwandtenunterhalt nach § 1613 BGB, bei Ansprüchen nicht verheirateter Eltern aus Anlass der Geburt eines Kindes nach §§ 1615l III 1, 1613 BGB,[1] beim Familienunterhalt nach §§ 1360a III, 1613 BGB, beim Trennungsunterhalt nach §§ 1361 IV 4, 1360a III, 1613 BGB und beim nachehelichen Unterhalt nach § 1585b I, II, 1613 BGB verlangt werden. Mit Inkrafttreten des KindUG am 1.7.1998 waren die Voraussetzungen außer beim Sonderbedarf – unverständlicherweise – zunächst unterschiedlich geregelt, da lediglich § 1613 BGB, nicht aber auch § 1585b BGB geändert wurde. Mit der Unterhaltsreform zum 1.1.2008 wurde dies durch die Änderung des § 1585b II BGB mit einer Verweisung auf § 1613 I BGB nachgeholt, da kein Grund für eine unterschiedliche Ausgestaltung des Unterhalts für die Vergangenheit bestand.[2] Seit 1.1.2008 kann damit nicht nur wie bisher beim Verwandtenunterhalt, Unterhalt nach § 1615l I, II BGB, Familien- und Trennungsunterhalt, sondern auch beim nachehelichen Unterhalt ein Rückstand ab **Rechtshängigkeit,** ab **Verzug** und ab **Auskunftsbegehren** zum Zweck der Geltendmachung eines Unterhaltsanspruches begehrt werden.

Wegen der gesetzlichen Sonderregelung in §§ 1613, 1585b BGB tritt Verzug nicht generell nach § 286 II Nr. 1 BGB mit Kalenderfälligkeit ein, weil der Unterhalt gemäß §§ 1361 IV 2, 1585 I 2, 1612 III 1 BGB monatlich im Voraus zu zahlen ist (s. unten → Rn. 119). Eine Unterhaltsnachforderung ist vielmehr ausgeschlossen, wenn sich der Bedürftige untätig verhält. Der Unterhalt dient seinem Wesen nach zur Bestreitung der laufenden Lebensbedürfnisse. Soweit der Bedürftige nichts verlangt, ist davon auszugehen, dass er sie selbst decken kann. Der Verpflichtete muss außerdem rechtzeitig in die Lage

---

[139] BGH FamRZ 2010, 452 (454) mAnm Baronin von König.
[140] BGH FamRZ 1990, 491; KG FamRZ 2008, 2201.
[141] BGH FamRZ 1990, 491.
[142] aA OLG Köln FamRZ 2002, 1134.
[143] BGH FamRZ 1990, 491.
[1] BGH FamRZ 2013, 1958 Rn. 11 ff.
[2] BT-Drs. 16/1830 S. 21.

versetzt werden, sich auf die laufenden Unterhaltsleistungen einzustellen[3] und hierfür gegebenenfalls Rückstellungen zu bilden, um keinen unkalkulierbaren Nachforderungen ausgesetzt zu sein.[4]

101 Seit der Verweisung in § 1585b II BGB durch die Unterhaltsreform zum 1.1.2008 auf § 1613 I 2 BGB kann auch der nacheheliche Unterhalt wie der Verwandtenunterhalt, Unterhalt nach § 1615l I, II BGB, Familien- und Trennungsunterhalt **ab dem 1. des Monats** verlangt werden, in dem Rechtshängigkeit oder Verzug eintrat, bzw. Auskunft begehrt wurde, wenn der Anspruch dem Grunde nach bestand (§ 1613 I 2 BGB). Die Regelung in § 1613 I 2 BGB führt zu einer erheblichen Verfahrensvereinfachung, da der Unterhalt nicht mehr tageweise auszurechnen ist. Entstand der Anspruch erst im Monat des Zugangs des Verzugs- oder Auskunftsbegehrens oder der Rechtshängigkeit des Antrags, kann der Unterhalt dagegen erst ab diesem Tag, nicht rückwirkend für den gesamten Monat, verlangt werden.[5]

102 Beim **Sonderbedarf** als selbstständigem Bestandteil des Unterhaltsanspruchs gelten die oben angeführten Einschränkungen nicht, §§ 1585b I, 1613 II Nr. 1 BGB (vgl. → Rn. 108).

103 Beim Verwandtenunterhalt, Ansprüchen nach § 1615l I, II BGB, Familien- und Trennungsunterhalt kann rückständiger Unterhalt auch **ohne Rechtshängigkeit, Verzug oder Auskunftsbegehren** verlangt werden, wenn er entweder aus rechtlichen (§ 1613 II Nr. 2a BGB) oder aus tatsächlichen Gründen, die in den Verantwortungsbereich des Pflichtigen fallen (§ 1613 II Nr. 2b BGB), nicht vorher verlangt werden konnte (näher → Rn. 109). § 1613 II Nr. 2 BGB gilt beim nachehelichen Unterhalt wegen der Sonderregelung des § 1585b III BGB nicht (vgl. → Rn. 105, 114).

104 Bei **übergeleiteten und übergegangenen Ansprüchen** kann der Unterhalt auch ab der sog. Rechtswahrungsanzeige verlangt werden, vgl. § 33 III 1 SGB II, § 94 IV 1 SGB XII, § 37 IV BAföG, § 7 II UVG, § 96 III SGB VIII (vgl. → Rn. 110).

105 Beim **nachehelichen Unterhalt** gilt ferner die **Einschränkung,** dass für eine mehr als ein Jahr vor der Rechtshängigkeit liegende Zeit rückständiger Unterhalt nach § 1585b III BGB nur noch bei einem **absichtlichen Leistungsentzug** zugesprochen werden kann (vgl. → Rn. 114 ff.).

2. Rechtshängigkeit

106 Rechtshängigkeit des Unterhaltsanspruchs tritt mit förmlicher Zustellung des Antrags ein (§ 113 I FamFG, §§ 253 I, 261 I ZPO). Wird ein Anspruch erst im Laufe des Verfahrens geltend gemacht, zB bei einer Unterhaltserhöhung, tritt die Rechtshängigkeit erst ab Zustellung des entsprechenden Schriftsatzes oder Antragstellung in der Hauptverhandlung ein, § 261 II ZPO. Dies gilt auch, wenn der Antrag zunächst unschlüssig war.[6]

Bei einem **Stufenantrag** tritt für den mit dem Auskunftsbegehren verbundenen unbezifferten Unterhaltsantrag bereits mit Zustellung des Antrags Rechtshängigkeit des gesamten Verfahrens ein.[7] Gleiches gilt seit der Änderung des § 1613 I BGB zum 1.7.1998 auch für einen isolierten Auskunftsantrag. Hat der Unterhaltsberechtigte seinen Unterhaltsanspruch allerdings nach dem Auskunfts(Teil)Beschluss beziffert, kann er rückständigen Unterhalt nur noch in der bezifferten Höhe verlangen. Eine spätere Erhöhung wirkt dann erst für die Zeit ab Zugang des neuen Antrags.[8]

Im vereinfachten Verfahren über den Kindesunterhalt bewirkt die Zustellung eines Festsetzungsantrags nach § 250 I FamFG keine Rechtshängigkeit, sondern erst die Zustellung des Antrags auf Durchführung des streitigen Verfahrens (§ 255 FamFG).[9]

---

[3] BGH FamRZ 2005, 1162 = R 631c; FamRZ 1992, 920; FamRZ 1989, 150 (152).
[4] BGH FamRZ 2013, 109.
[5] BGH FamRZ 1990, 283.
[6] BGH FamRZ 1996, 1271.
[7] BGH FamRZ 1990, 283 (285).
[8] BGH FamRZ 2013, 109 Rn. 42.
[9] BGH FamRZ 2008, 1428.

2. Abschnitt: Unterhalt für die Vergangenheit § 6

Auch die formlose Übersendung eines **Verfahrenskostenhilfegesuchs** bewirkt **keine Rechtshängigkeit**,[10] selbst wenn dem Antrag zur Begründung ein Antragsentwurf beigefügt wurde. Die Zusendung des Antrags, ebenso wie die Zustellung des Festsetzungsantrags nach § 250 I FamFG steht jedoch einer Mahnung gleich,[11] so dass Unterhaltsrückstand ab diesem Zeitpunkt wegen Verzugs verlangt werden kann (vgl. → Rn. 125).

3. Auskunft

§§ 1585b II, 1613 I 1 BGB erfordern für die Auskunft als Rückstandsvoraussetzung nur, 107 dass sie zum Einkommen und/oder Vermögen zum Zweck der Geltendmachung von Unterhalt verlangt wurde (zur Auskunftserteilung → § 1 Rn. 1150). Sie erfordert konkrete Angaben zum Auskunftszeitraum und -umfang. Lediglich allgemeine Hinweise, zB auf notwendige Erwerbsbemühungen, reichen nicht aus.[12] Nach dem eindeutigen Gesetzeswortlaut muss in der Aufforderung auch angegeben werden, warum die Auskunft verlangt wird, zB zur Geltendmachung von Trennungs- oder Kindesunterhaltsansprüchen (vgl. § 1613 I 1 BGB, § 235 I 1 FamFG). Ein bloßes Auskunftsbegehren ohne Angabe des Auskunftszwecks ist daher ebenfalls nicht ausreichend für eine Rückstandsforderung, ebenso wenig ein Auskunftsbegehren ohne nähere Erläuterung im Rahmen eines anderen Verfahrens, zB beim Zugewinnausgleich. Wird das ein Unterhaltsverfahren einleitende Auskunftsbegehren wie üblich durch einen Rechtsanwalt übersandt, ist wegen § 174 BGB eine **Vollmacht** beizufügen.[13] Einer gesonderten Vollmacht bedarf es auch, wenn das Jugendamt nach Beendigung einer Beistandschaft wegen Volljährigkeit (§§ 1715 II; 1713 BGB) auf Ersuchen des Volljährigen Auskunft verlangt.[14] Beim Unterhalt Minderjähriger ist zu beachten, dass das Auskunftsverlangen durch die nach § 1629 BGB vertretungsberechtigte Person ausgesprochen wird. Auch der Zugang des Auskunftsverlangen muss bei der vertretungsberechtigen Person erfolgen.

Wurde der Unterhalt auf Grund vollständig erteilter Auskunft **beziffert,** kann er **nicht** mehr **rückwirkend** ab Auskunftsersuchen **erhöht** werden, auch nicht durch nachträgliche Geltendmachung von Vorsorgeunterhalt, weil der Pflichtige durch die Bezifferung nicht mehr mit einer darüber hinausgehenden Unterhaltsforderung rechnen muss.[15] Ansonsten würde man dem Pflichtigen das Risiko unkalkulierbarer Rückstände aufbürden, vor denen ihn § 1613 I BGB schützen will.[16] Möglich ist insoweit nur eine Erhöhung für die Zukunft (vgl. auch → Rn. 128).[17] Etwas anderes gilt nur, wenn bei der Bezifferung eine Erhöhung vorbehalten wurde, weil die Auskunft unvollständig war[18] oder wenn die nachträgliche rückwirkende Geltendmachung von Vorsorgeunterhalt zu keiner Erhöhung des zu leistenden Gesamtunterhalts führt.[19] Der Vorbehalt einer Erhöhung erfordert eine nachvollziehbare Äußerung des Unterhaltsgläubigers. Das bloße Nichtgeltendmachen von Vorsorgeunterhalt legt keinen Vorbehalt nahe, unabhängig davon, ob eine zweistufige Berechnung wegen Korrektur des Elementarunterhalts erforderlich ist, oder nicht.[20] Unerheblich ist, ob die Bezifferung im Rahmen eines Gerichtsverfahrens oder außergerichtlich erfolgte.[21] Eine gesonderte Aufforderung, Altersvorsorge- oder Krankenvorsorgeunterhalt zu bezahlen ist aber solange nicht erforderlich, wie der Unterhalt noch nicht beziffert wurde.

---

[10] BGH FamRZ 1990, 283, 285; zur Abgrenzung einer dem VKH-Antrag beigefügten formlosen Begründung von einer schon eingereichten Antragsschrift vgl. BGH FamRZ 2006, 400.
[11] BGH FamRZ 1990, 283, 285.
[12] OLG Hamm FamRZ 2010, 383.
[13] Sauer FamRZ 2010, 617.
[14] OLG Celle FamRZ 2014, 134.
[15] BGH FamRZ 2013, 109.
[16] BGH FamRZ 2013, 109.
[17] Finke in Anm. zu BGH FamRZ 2013, 109.
[18] BGH FamRZ 2013, 109; OLG Brandenburg NZFam 2019, 264.
[19] BGH FamRZ 2013, 109.
[20] BGH FamRZ 2015, 309.
[21] OLG Hamm FamRZ 2014, 483.

Beides kann daher auch rückwirkend verlangt werden. Die Zweckgebundenheit dieser Unterhaltsbestandteile steht dem nicht entgegen.[22]

Die Notwendigkeit, zunächst eine sog. **Stufenmahnung** erheben zu müssen (näher → Rn. 124), um den Unterhalt bei Unkenntnis der Einkommensverhältnisse des Pflichtigen beziffern zu können, besteht nicht mehr. Die Änderung der §§ 1585b II, 1613 I BGB dient der Vereinfachung und Verfahrensbeschleunigung. In den meisten Fällen kommt es in der Praxis bei der Prüfung, ob Unterhalt für die Vergangenheit verlangt werden kann, nicht mehr wie beim Verwandten- und Trennungsunterhalt für die Zeit vor dem 1.7.1998 bzw. beim nachehelichen Unterhalt vor dem 1.1.2008 auf einen Verzug oder die Rechtshängigkeit des Antrags an, sondern nur noch auf die Übersendung der Aufforderung, Auskunft zum Einkommen zu erteilen. Das Auskunftsbegehren löst allerdings **keine Zinsfolge** nach § 288 I BGB als Verzugsschaden aus (näher → Rn. 124, 138).[23]

Zu beachten ist, dass nach der seit 1.9.2009 für Unterhaltsverfahren geltenden Kostenregelung in § 243 Nr. 2 FamFG (früher § 93d ZPO) bei nicht oder nicht vollständig erteilter Auskunft im außergerichtlichen Verfahren den Pflichtigen im anschließenden gerichtlichen Verfahren die Kostentragungspflicht trifft, wenn der Bedürftige deshalb den Unterhalt fehlerhaft beziffert. Ist der Pflichtige mit der Auskunft in Verzug, kann dies außerdem zu einer Schadensersatzpflicht führen und der Unterhaltsrückstand als Verzugsschaden geltend gemacht werden,[24] worunter auch entstandene Kosten fallen, wenn es zu keinem gerichtlichen Verfahren kam.[25]

4. Sonderbedarf

108 Verlangt der Bedürftige einen Sonderbedarf (vgl. hierzu näher → Rn. 1 ff.), kann er diesen auch ohne Verzug oder Rechtshängigkeit **innerhalb eines Jahres rückwirkend** beanspruchen, §§ 1585b I, 1613 II Nr. 1 HS 2 BGB. Nachdem es sich beim Sonderbedarf um einen unregelmäßigen außergewöhnlich hohen Bedarf handelt, liegt es gerade in der Natur dieses Anspruchs, dass der Verpflichtete vorher meist nicht mehr rechtzeitig in Verzug gesetzt oder verklagt werden kann. Für mehr als ein Jahr zurückliegende Ansprüche bleibt es dagegen nach § 1613 II 1 BGB bei der generellen Regelung in §§ 1613 I, 1585b III BGB.

5. Rückwirkender Unterhalt nach § 1613 II Nr. 2 BGB

109 Durch die Neufassung des § 1613 II Nr. 2 BGB zum 1.7.1998 wurde für den gesamten Verwandtenunterhalt, Ansprüche nach § 1615l I, II BGB sowie den Familien- und Trennungsunterhalt die früher nur beim Unterhalt nichtehelicher Kinder geltende Regelung des § 1615d BGB aF übernommen. Unterhalt für die Vergangenheit kann demnach auch ohne Rechtshängigkeit, Verzug oder Auskunftsverlangen begehrt werden, wenn er aus rechtlichen (§ 1613 II Nr. 2a BGB) oder tatsächlichen, vom Pflichtigen zu vertretenden Gründen (§ 1613 II Nr. 2b BGB) nicht früher geltend gemacht werden konnte. Dies gilt auch für Ersatzansprüche nach § 1607 BGB.[26] **Rechtliche Gründe** sind insbesondere eine zunächst notwendige Vaterschaftsfeststellung oder eine erfolgreiche Vaterschaftsanfechtung beim Scheinvaterregress,[27] **tatsächliche, vom Pflichtigen zu verantwortende Gründe** ein Auslandsaufenthalt oder unbekannter Aufenthalt.

In den Fällen des § 1613 II Nr. 2 BGB kann der Unterhaltsrückstand nach § 1613 III BGB aus Billigkeitsgründen gestundet, zum Teil oder vollständig erlassen oder Ratenzahlung angeordnet werden. Eine grobe Unbilligkeit kann zB bei hohen Unterhaltsrückständen bejaht werden, die die Leistungsfähigkeit des Pflichtigen unter Berücksichtigung

---

[22] OLG Köln FamRZ 2018, 1827.
[23] BGH FamRZ 2008, 1428
[24] BGH FamRZ 1985, 155; FamRZ 1984, 163.
[25] BGH FamRZ 1995, 348.
[26] BGH FamRZ 2004, 800.
[27] BGH FamRZ 2019, 112 Rn. 23.

seiner Einkommens- und Vermögensverhältnisse überfordern, weil seine Vaterschaft aus von ihm nicht zu vertretenden Gründen erst nach vielen Jahren festgestellt wurde oder der Unterhaltsschuldner nicht mit Ansprüchen aus der Vergangenheit rechnen musste, weil die Kindsmutter von der Vaterschaft eines anderen Mannes ausgegangen war.[28] Die Darlegungs- und Beweislast für die Voraussetzungen des § 1613 III BGB trägt der Pflichtige. § 1613 III BGB gilt auch bei Ersatzansprüchen gegen die Großeltern nach § 1607 I, II BGB oder bei Ersatzansprüchen von Dritten, zB nach § 1607 III BGB, **nicht** dagegen bei sonstigen Unterhaltsrückständen außerhalb § 1613 II Nr. 2 BGB.

6. Übergeleitete und übergegangene Unterhaltsansprüche

Soweit Unterhaltsansprüche auf öffentliche Träger, die für den Bedürftigen Hilfe leisten, kraft Gesetzes **übergehen,** zB bei Leistungen von Arbeitslosengeld II (§ 33 I SGB II) oder Sozialhilfe (§ 94 I 1 SGB XII), Unterhaltsvorschuss für minderjährige Kinder (§ 7 I 1 UVG), Ausbildungsförderung (§ 37 I BAföG), oder **übergeleitet werden,** zB Leistungen der Jugendhilfe (§ 95 I SGB VIII), kann Unterhalt für die Vergangenheit nicht nur ab Verzug, Auskunft oder Rechtshängigkeit, sondern auch ab der sog. **Rechtswahrungsanzeige** verlangt werden (vgl. § 33 III 1 SGB II, § 94 IV 1 SGB XII, § 7 II UVG, § 37 IV BAföG, § 95 III SGB VIII). Die Rechtswahrungsanzeige eröffnet somit dem Träger der staatlichen Sozialleistung eine **weitere selbstständige Möglichkeit** zur rückwirkenden Inanspruchnahme des Verpflichteten, ohne dass es einer vorhergehenden Mahnung oder eines Auskunftsbegehrens bedarf (vgl. → § 8 Rn. 82, 245, 292).[29]

110

Die **Rechtswahrungsanzeige** stellt keinen Verwaltungsakt dar[30] (näher → § 8 Rn. 82). Sie erfolgt nach den jeweiligen gesetzlichen Bestimmungen durch schriftliche Anzeige. Auch wenn sie dieselben Rechtsfolgen wie eine verzugsbegründende Mahnung auslöst und für den Verpflichteten vergleichbare Warnfunktion erfüllt, unterliegt sie nicht den gleichen Bestimmtheitsanforderungen.[31] Der Gesetzgeber verlangt bei Zahlung von Arbeitslosengeld II und bei Leistung von Sozialhilfe nur eine **schriftliche Mitteilung** der Hilfegewährung (§ 33 III 1 SGB II, § 94 IV 1 SGB XII), bei Leistungen der Jugendhilfe eine **schriftliche Anzeige** (§ 95 III SGB VIII), bei Zahlung von Unterhaltsvorschuss und Vorauszahlungen zur Ausbildungsförderung **Kenntnis und Belehrung** über die Inanspruchnahme (§ 7 II Nr. 2 UVG, § 37 IV Nr. 2 BAföG). Die Rechtswahrungsanzeige muss daher weder die Höhe der staatlichen Sozialleistung noch die Höhe der Inanspruchnahme des Pflichtigen enthalten, um wirksam zu sein; denn allein die Mitteilung staatlicher Unterstützung des Bedürftigen zerstört bereits das Vertrauen des Schuldners, dass die Dispositionen über seine Lebensführung nicht durch Unterhaltspflichten berührt werden.[32]

111

Der Anspruchsübergang durch **schriftliche Anzeige** gemäß **§ 95 III SGB VIII** erfordert mithin, dass die Rechtswahrungsanzeige ohne schuldhaftes Verzögern mit der gebotenen Beschleunigung dem Pflichtigen übersandt wird.[33] Der Behörde ist zwar eine angemessene Überlegungsfrist einzuräumen, ob sie ihre Rechte durch eine Anzeige wahren muss, zB bei einer Heimunterbringung, ob der Jugendliche auch das Heim besucht,[34] Voraussetzung des Anspruchsübergangs ist das aber abweichend von der bis zum 30.9.2006 geltenden Rechtslage nach § 96 III SGB VIII nicht mehr.

Nach § 33 III 1 SGB II, § 94 IV 1 SGB XII, § 95 III SGB VIII genügt bei Zahlung von Arbeitslosengeld II, Leistungen der Jugendhilfe sowie Sozialhilfe und Übergang des Unterhaltsanspruchs nach § 33 I SGB II, § 95 III SGB VIII, § 94 I SGB XII als Rechtswahrungsanzeige die schriftliche Mitteilung der Erbringung der Leistung. Die Mitteilung muss nicht mehr, wie es die alten Fassungen der §§ 96 III SGB VIII, 91 III 1 BSHG vor

112

---

[28] OLG Oldenburg FamRZ 2006, 1561.
[29] BGH FamRZ 2004, 366; FamRZ 2003, 860; FamRZ 1989, 1054.
[30] BGH FamRZ 1985, 586.
[31] BGH aaO.
[32] BGH aaO.
[33] BGH FamRZ 1990, 510; FamRZ 1989, 1054.
[34] BGH FamRZ 1990, 510.

1996 noch forderte, unverzüglich erfolgen. Die Rechtswahrungsanzeige wirkt nach dem eindeutigen Gesetzeswortlaut nicht mehr auf den Beginn der Hilfe zurück, auch nicht auf den Zeitpunkt des Erlasses des Hilfebescheides, sondern entfaltet erst mit ihrem Zugang Wirksamkeit (näher → § 8 Rn. 82).[35] Die Zeit zwischen Antragstellung und Zugang der Rechtswahrungsanzeige ist bei Leistung von Arbeitslosengeld II, Jugendhilfe und Sozialhilfe damit von der Erstattung ausgenommen, soweit der Unterhaltsgläubiger den Schuldner nicht vorher in Verzug setzte oder Auskunft verlangte, §§ 1613 I 1, 1585b II BGB (näher → § 8 Rn. 82).[36] Eine Rechtswahrungsanzeige für den Trennungsunterhalt begründet auch die Rückstandsvoraussetzungen für den nachehelichen Unterhalt.[37]

7. Sonstige Ansprüche

113 Die Regelungen des § 1613 BGB gelten auch bei familienrechtlichen **Ausgleichsansprüchen**,[38] wenn ein Elternteil allein für den Kindesunterhalt aufkommt (näher → § 2 Rn. 767 ff.). Nicht erforderlich ist, dass bei der Auskunftsaufforderung die Anspruchsgrundlage genau bezeichnet wird. Ausreichend ist, dass der Unterhaltsschuldner mit seiner rückwirkenden Inanspruchnahme für einen konkreten Anspruch rechnen muss.[39] Sie gelten gleichermaßen für den Anspruch auf Auskehr des Kindergelds aus § 1601 BGB analog.[40] Bei Schadensersatzansprüchen wegen nicht erteilter oder falscher Auskunft[41] oder dem Gesamtschuldnerausgleich[42] sind die Bestimmungen der §§ 1613, 1585b BGB dagegen nicht anwendbar (vgl. auch → Rn. 233 ff.). Bei Unterhaltsvereinbarungen gilt § 286 II Nr. 1 BGB (näher → Rn. 134).

8. Absichtlicher Leistungsentzug beim nachehelichen Unterhalt

114 Beim nachehelichen Unterhalt kann nach § 1585b III BGB auch bei Verzug rückständiger Unterhalt für eine mehr als ein Jahr vor Rechtshängigkeit liegende Zeit nur verlangt werden, wenn sich der Verpflichtete absichtlich seiner Leistung entzogen hat. Bei dieser Einschränkung handelt es sich dem Wesen nach um eine Ausformung des Rechtsinstituts der Verwirkung, die an eine illoyal verspätete Geltendmachung des Rechts nachteilige Folgen für den Rechtsinhaber knüpft.[43] Der Gläubiger soll dadurch veranlasst werden, seinen Unterhaltsanspruch zeitnah zu verwirklichen, um beim Schuldner das Anwachsen einer übergroßen Schuldenlast zu verhindern. Für die Jahresfrist gilt die Vorwirkung des § 167 ZPO, wenn der Antrag rechtzeitig anhängig wurde.[44] Nicht ausreichend ist hingegen die Übersendung eines Verfahrenskostenhilfeantrags.[45] Der Rechtsgedanke der Verwirkung gemäß § 1585b III BGB gilt auch für Nebenforderungen wie der nachträglichen Geltendmachung von Zinsen (vgl. → Rn. 138).

115 Für einen **absichtlichen Leistungsentzug** genügt jedes **zweckgerichtete Verhalten** des Pflichtigen, die zeitnahe Realisierung der Unterhaltsschuld zu verhindern oder zumindest wesentlich zu erschweren.[46] Ein absichtlicher Leistungsentzug ist daher nicht nur bei einem aktiven Hintertreiben der rechtzeitigen Geltendmachung von Unterhaltsansprüchen, zB durch nicht gemeldeten Wohnsitzwechsel, zu bejahen. Es ist auch ausreichend, dass der Schuldner entgegen der in einer Vereinbarung übernommenen Verpflichtung

---

[35] BGH FamRZ 2017, 711; Künkel FamRZ 1996, 1509.
[36] Künkel a. a. O.
[37] BGH FamRZ 1988, 375.
[38] BGH FamRZ 2016, 1053; FamRZ 2013, 1027; FamRZ 1984, 775.
[39] OLG Koblenz FamRZ 2019, 115.
[40] OLG Stuttgart FamRZ 2017, 709.
[41] BGH FamRZ 1984, 163.
[42] OLG Naumburg FamFR 2012, 11.
[43] BGH FamRZ 2005, 1162 = R 631b, c; FamRZ 1989, 150 (152).
[44] OLG Düsseldorf FamRZ 2002, 327.
[45] OLG Zweibrücken FamRZ 2016, 2110; OLG Karlsruhe FamRZ 2002, 1039.
[46] BGH FamRZ 1989, 150 (152); vgl. auch FamRZ 2005, 440.

Einkommensänderungen nicht unaufgefordert mitteilt.[47] Eine Zahlungseinstellung reicht hingegen nicht aus.[48]

§ 1585b III BGB ist abdingbar.[49] Hierfür müssen aber eindeutige Anhaltspunkte vorliegen, wenn ein entsprechender Verzichtswille des Unterhaltsgläubigers durch Auslegung ermittelt werden soll.[50] Davon kann zB ausgegangen werden, wenn die Parteien monatliche am bisherigen Einkommen orientierte Abschlagszahlungen vereinbaren mit einer nachträglichen Schlussabrechnung nach Vorlage des Einkommensteuerbescheids oder sonstiger Einkommensunterlagen durch den Schuldner oder bei Indexierungsanpassungen.

§ 1585b III BGB gilt auch für auf den Träger der Sozialleistungen übergegangene Unterhaltsansprüche. § 33 III SGB II, § 94 IV SGB XII erweitern zwar die Zugriffsmöglichkeit des Trägers der Sozialhilfe, die Regelung lässt aber § 1585b III BGB unberührt, da durch den Forderungsübergang Natur, Inhalt und Umfang des Anspruchs nicht verändert wird.[51]

116

Die Zeitschranke des § 1585b III BGB für rückständigen nachehelichen Unterhalt ist auch eingehalten, wenn der Gläubiger innerhalb der Jahresfrist mit seinen Unterhaltsansprüchen gegen Ausgleichsansprüche des Schuldners **aufrechnet.**[52] Die Aufrechnung mit Unterhaltsansprüchen ist – im Gegensatz zum Aufrechnungsverbot gegen Unterhaltsansprüche, vgl. §§ 850b I ZPO, 394 BGB (s. näher → Rn. 302 ff.) – zulässig und kann auch in einer Nichtfamiliensache vor einem allgemeinen Zivilgericht erklärt werden.[53]

§ 1585b III BGB gilt nicht bei **Ausgleichsansprüchen** des Unterhaltsberechtigten infolge der Teilnahme am begrenzten **Realsplitting.**[54] Insoweit geht es nicht um den Schutz des Unterhaltspflichtigen vor hohen Unterhaltsrückständen.

117

Die **Darlegungs- und Beweislast** für das Vorliegen eines absichtlichen Leistungsentzugs hat zwar der **Bedürftige,** er muss jedoch nur solche Umstände vortragen, die nach der Lebenserfahrung den Schluss auf ein Sichentziehen rechtfertigen. Der **Verpflichtete** muss dann die gegen ihn sprechende Vermutung entkräften, indem er Tatsachen vorträgt und beweist, die geeignet sind, die Schlussfolgerungen eines absichtlichen Verhaltens zu erschüttern.[55]

118

II. Verzug

1. Verzug nach § 286 I BGB

Verzug ist zu prüfen, wenn dem Unterhaltsbegehren kein Auskunftsverlangen vorausging (vgl. → Rn. 107). § 286 I BGB erfordert eine wirksame **Mahnung nach Fälligkeit.** Zu beachten ist dabei, dass sich die Verpflichtung zur Unterhaltsleistung und dessen Fälligkeit unmittelbar aus dem Gesetz ergeben.[56]

119

Dies führt jedoch nicht zu einem generellen Verzug des Unterhaltsschuldners wegen Kalenderfälligkeit nach § 286 II Nr. 1 BGB, weil der Unterhalt nach §§ 1361 IV 2, 1585 I 2, 1612 III 1 BGB monatlich im Voraus, dh nach § 192 BGB zum Ersten des Monats zu leisten ist. Denn dann wären die Vorschriften der §§ 1585b II, 1613 I BGB überflüssig. Sie schränken vielmehr die Verzugsbestimmungen dahingehend ein, dass Verzug erst in Betracht kommt, wenn der gesetzliche Unterhaltsanspruch **nach Höhe und Beginn** im Einzelfall **konkretisiert** wurde.

---

[47] BGH aaO.
[48] OLG Köln FamRZ 1997, 426.
[49] BGH FamRZ 1989, 150.
[50] BGH FamRZ 1989, 150.
[51] BGH FamRZ 2019, 112 Rn. 22; 1987, 1014.
[52] BGH FamRZ 1996, 1067.
[53] BGH FamRZ 1996, 1067.
[54] BGH FamRZ 2005, 1162 = R 631c.
[55] BGH FamRZ 1989, 150, 153.
[56] OLG Bamberg FamRZ 1990, 1235.

§§ 1585b II, 1613 I BGB beruhen auf dem Gedanken, dass Unterhalt seinem Wesen nach zur Bestreitung des laufenden Lebensbedarfs dient und die Befriedigung der Bedürfnisse einer zurückliegenden Zeit an sich nicht möglich ist, so dass grundsätzlich keine Notwendigkeit besteht, darauf beruhende Ansprüche fortgelten zu lassen. Zugleich soll der Unterhaltspflichtige in die Lage versetzt werden, sich auf die auf ihn zukommenden Belastungen einzustellen.[57]

Bei familienrechtlichen Unterhaltsschulden tritt Verzug somit nur ein, wenn dem Pflichtigen seine Schuld nicht nur nach ihrer Existenz, sondern auch nach ihrem Umfang, also nach der **Höhe des geschuldeten Betrags** bekannt ist.[58] Außerdem ist der **Zeitpunkt,** ab wann Unterhalt verlangt wird, anzugeben.[59]

120 Der Verzug des Schuldners setzt somit regelmäßig eine Mahnung nach Eintritt der Fälligkeit voraus (§ 286 I 1 BGB).

Die **generelle Fälligkeit** des Unterhalts als gesetzlichem Anspruch ergibt sich aus der Verpflichtung, den geschuldeten Unterhalt monatlich im Voraus leisten zu müssen, §§ 1361 IV 2, 1585b I 2, 1612 III 1 BGB.

121 Durch das Gesetz zur Beschleunigung fälliger Zahlungen vom 30.3.2000 war ab 1.5.2000 mit der Einfügung von § 284 III BGB aF eine unklare Rechtslage für Unterhaltsrückstände entstanden, da nach dem gesetzlichen Wortlaut auch Unterhaltsforderungen Geldforderungen iS dieser Bestimmung waren, der Gesetzgeber aber offensichtlich die Sonderregelungen im Unterhaltsrecht nach §§ 1613, 1585b BGB nicht bedacht hatte.[60] Mit der Schuldrechtsreform und der Neufassung des § 286 III BGB zum 1.1.2002 wurde klargestellt, dass diese Bestimmung auf Unterhaltsforderungen nicht anwendbar ist.[61] § 284 III BGB aF ist daher dahingehend auszulegen, dass diese Regelung auch für die Zeit vom 1.5.2000 bis 31.12.2001 für Unterhaltsforderungen nicht galt.

122 Die **Mahnung** erfordert für ihre Wirksamkeit eine der **Höhe nach bestimmte und eindeutige Leistungsaufforderung.**[62] Die Aufforderung an den Schuldner, ab einem bestimmten Zeitpunkt einen konkreten Unterhalt zu zahlen, zB ab 1. Juni monatlich 1000 EUR, ist damit im Ergebnis sowohl die Konkretisierung des gesetzlichen Anspruchs nach Beginn und Höhe als auch die Mahnung nach Fälligkeit.[63]

Eine bestimmte und eindeutige **Leistungsaufforderung** erfordert im Regelfall eine **ziffernmäßige Angabe** der Unterhaltshöhe.

123 • Ausnahmsweise kann auch ohne konkrete Angabe eines Betrags eine wirksame Mahnung vorliegen, wenn nach den gesamten Umständen des Falles für den Schuldner klar ist, welchen Unterhalt der Gläubiger von ihm fordert.[64] **Nicht ausreichend** ist für eine Mahnung ein bloßes Auskunftsbegehren (näher → Rn. 107),[65] ebenso wenig, dass ein Pflichtiger, dem Kindesalter und eigenes Nettoeinkommen bekannt sind, den Kindesunterhalt unter Inanspruchnahme fachkundiger Hilfe oder Beratung ziffernmäßig selbst ermitteln[66] oder über das Einkommensteuergesetz oder die Düsseldorfer Tabelle den Mindestunterhalt feststellen kann.[67] Zu unbestimmt und damit als Mahnung unwirksam ist eine **Zahlungsaufforderung** an **mehrere Personen** mit einem **einheitlichen Betrag,** zB für Mutter und Kind, ohne dass die Unterhaltshöhe für den einzelnen Unterhaltsgläubiger feststellbar ist.[68] Nicht ausreichend ist ferner, dass eine Unterhalts-

---

[57] BGH FamRZ 2013, 109; FamRZ 2005, 1162 = R 631c; FamRZ 1992, 920; FamRZ 1989, 150 (152).
[58] BGH FamRZ 1982, 887 (890).
[59] OLG Karlsruhe FamRZ 1998, 742.
[60] Näher Büttner FamRZ 2000, 921; Löhnig NJW 2000, 3548.
[61] Büttner FamRZ 2002, 361.
[62] BGH FamRZ 1985, 155 (157); FamRZ 1984, 163; FamRZ 1982, 887 (890).
[63] aA OLG Bamberg FamRZ 1990, 1235, 1236, das insoweit Verzug nach § 286 II Nr. 1 BGB annimmt.
[64] BGH FamRZ 1984, 163.
[65] BGH FamRZ 2008, 1428.
[66] BGH aaO.
[67] BGH aaO.
[68] OLG Hamm FamRZ 1995, 106.

forderung nur angekündigt wird, ohne dass sich aus dem Anschreiben entnehmen lässt, ab wann Unterhalt verlangt wird.[69]

- Eine sog. **Stufenmahnung,** dh ein Auskunftsbegehren verbunden mit einem unbezifferten Unterhaltsbegehren (entsprechend einem Stufenantrag) ist nach BGH zur Leistungsbestimmung ausreichend. Nach Treu und Glauben kann der Unterhaltsschuldner keine Vorteile daraus ziehen, dass der Bedürftige ohne Auskunft den Unterhaltsanspruch nicht beziffern kann.[70] Die sog. Stufenmahnung war seit dem 1.7.1998 nur noch beim **nachehelichen Unterhalt** erforderlich, weil bei allen sonstigen Unterhaltsansprüchen mit der Neufassung des § 1613 I BGB Unterhalt für die Vergangenheit auch ab einem isolierten Auskunftsbegehren verlangt werden konnte. Seit der Reform zum 1.1.2008 gilt § 1613 I BGB auch beim nachehelichen Unterhalt (§ 1585b II BGB), so dass ab diesem Zeitpunkt die Stufenmahnung generell entbehrlich ist (vgl. → Rn. 100, 107). Etwas anderes gilt nur, wenn sofort Verzugszinsen geltend gemacht werden sollen, da diese eine Mahnung voraussetzen (vgl. → Rn. 138).   **124**

- Die Übersendung eines **Verfahrenskostenhilfegesuchs** steht einer Mahnung gleich.[71] Das Gleiche gilt bei Übersendung eines Antrags auf Erlass einer einstweiligen Anordnung[72] oder für den Antrag im vereinfachten Festsetzungsverfahren.[73]   **125**

- Beim **Kindesunterhalt Minderjähriger** erfordert eine wirksame Mahnung, dass der Elternteil das Kind in Unterhaltsstreitigkeiten nach der Trennung gesetzlich vertritt, dh das Kind in Obhut hat (§ 1629 II BGB), bzw. nach Regelung der elterlichen Sorge alleiniger Sorgerechtsinhaber ist, soweit er für das Kind Unterhaltsansprüche geltend macht.[74] Bei einem Sorgerechtswechsel ist eine vorher erklärte Mahnung unwirksam, auch wenn sich das Kind zu diesem Zeitpunkt bereits in Obhut dieses Elternteils befand, da es sich bei der Mahnung um eine Handlung mit rechtsgeschäftsähnlichem Charakter handelt, für die § 180 BGB gilt.[75] Die Ausnahmeregelung des § 180 S. 2 BGB kann im Ergebnis nur greifen, wenn der (Noch-)Sorgerechtsinhaber mit der Geltendmachung von Kindesunterhaltsansprüchen gegen sich einverstanden ist.[76] Ausreichend ist aber, wenn nach einem Obhutswechsel dem nunmehr betreuenden Elternteil mit einstweiliger Anordnung das Aufenthaltsbestimmungsrecht übertragen wird.[77] Soweit der Unterhalt noch nicht tituliert wurde, kann die Zahlungsaufforderung des Nichtsorgeberechtigten allerdings als Geltendmachung eines familienrechtlichen Ausgleichsanspruchs ausgelegt werden (insoweit näher → § 2 Rn. 767 ff.). Das Kind kann ferner, soweit es beschränkt geschäftsfähig ist (§ 106 BGB), selbst mahnen, da die Verzugsauslösung nur rechtliche Vorteile bringt (§ 107 BGB).[78] Bei Volljährigen erfordert die Geltendmachung von Unterhaltsansprüchen durch das Jugendamt eine entsprechende Vollmacht, auch wenn während der Minderjährigkeit eine Beistandschaft bestand (näher → Rn. 107).[79]   **126**

- Die Mahnung muss dem richtigen Empfänger zugehen. Richtet sich die Mahnung an einen Verfahrensbevollmächtigten, ist dies nur ausreichend, wenn dieser auch für den Unterhaltsstreit bevollmächtigt ist. Nicht ausreichend ist, dass er den Unterhaltsschuldner in einem anderen Rechtsstreit vertreten hat. Eine Pflicht zur Mitteilung der fehlenden Empfangsvollmacht besteht nicht.[80] Der Zugang der Mahnung muss durch den Unterhaltsgläubiger ggf. nachgewiesen werden.[81]

---

[69] OLG Karlsruhe FamRZ 1998, 742.
[70] BGH FamRZ 1990, 283 (285).
[71] BGH FamRZ 2004, 1177; FamRZ 1992, 920; FamRZ 1990, 283 (285).
[72] BGH FamRZ 1995, 725; FamRZ 1983, 352 (354).
[73] BGH FamRZ 2008, 1428.
[74] OLG Düsseldorf FamRZ 2000, 442.
[75] OLG Bremen FamRZ 1995, 1515.
[76] OLG Bremen aaO.
[77] OLG Köln FamRZ 1998, 1194.
[78] OLG Köln FamRZ 1998, 1194.
[79] OLG Celle FamRZ 2014, 134.
[80] OLG Frankfurt FamRZ 2017, 1136.
[81] OLG Koblenz FamRZ 2012, 1575.

127 • **Eine Zuvielforderung** im Mahnschreiben **schadet nicht.** Verzug tritt dann nur in der geschuldeten Höhe ein.[82] Auch wenn im Schuldrecht im Einzelfall eine unverhältnismäßig hohe Mehrforderung nach Treu und Glauben dazu führen kann, dass eine Mahnung als nicht rechtswirksam angesehen wird,[83] führt wegen der Schwierigkeit der Berechnung im Unterhaltsrecht auch eine beträchtlich zu hohe Mehrforderung zum Verzug. Sie ist als Aufforderung zur Bewirkung der tatsächlich geschuldeten Leistung zu werten, zumal kein Zweifel daran bestehen kann, dass ein Unterhaltsgläubiger auch zur Annahme von Minderleistungen bereit ist.[84] Dies gilt auch, wenn der Leistungsaufforderung keine Unterhaltsberechnung beilag, da Verzug nur die Leistungsbestimmung verlangt.

128 • Verlangt der Gläubiger dagegen mit der Mahnung **zu wenig,** begründet dies für die Vergangenheit **keinen Verzug** auf einen **höheren** als den begehrten **Betrag.**[85] Dies gilt auch, wenn der Bezifferung ein Auskunftsbegehren voran ging (vgl. näher → Rn. 107).[86] Will der Bedürftige daher seine Unterhaltsforderung erhöhen, muss er den Pflichtigen erneut in Verzug setzen. Soweit der Schuldner bei einer erneuten Mahnung seine Unterhaltsforderung ermäßigt oder einen bereits eingereichten Antrag zum Teil zurücknimmt, besteht ab diesem Zeitpunkt Verzug nurmehr für den reduzierten Unterhalt.[87]

129 • Die Mahnung ist **nicht formgebunden,** kann also auch mündlich, zB bei einem Telefonat, wirksam erklärt werden.[88]

130 • Beim Unterhalt handelt es sich um eine wiederkehrende Leistung, so dass die Mahnung wegen laufenden Unterhalts **nicht monatlich wiederholt** werden muss.[89]

131 Nach §§ 1585b II, 1613 I 2 BGB tritt Verzug ab dem **Monatsersten** ein, in dem des Aufforderungsschreiben zuging, wenn der Anspruch bereits dem Grunde nach bestand. Entstand der Anspruch erst in diesem Monat, tritt Verzug erst mit Zugang des Mahnschreibens ein,[90] da nach § 286 I 1 BGB erst die Mahnung den Verzug auslöst.

132 **Verzug** für den **Trennungsunterhalt** begründet **keinen Verzug für den nachehelichen Unterhalt.** Denn Trennungs- und nachehelicher Unterhalt sind verschiedene Streitgegenstände. Sind für den Bedürftigen die Voraussetzungen für einen Anspruch auf nachehelichen Unterhalt gegeben, entsteht für ihn ein neues Recht auf wiederkehrende Leistungen, so dass er den Pflichtigen neu anmahnen muss.[91]

133 Eine Mahnung wegen nachehelichen Unterhalts, die **vor dem Eintritt der Rechtskraft** des Scheidungsausspruchs **zugeht,** begründet **keinen Verzug.**[92] Nach dem klaren Wortlaut des § 286 I 1 BGB kommt der Schuldner nur durch eine Mahnung in Verzug, die nach Eintritt der Fälligkeit erfolgt. Vor Rechtskraft der Scheidung besteht aber noch kein fälliger Anspruch auf nachehelichen Unterhalt.[93] Eine vor Entstehung des Anspruchs ausgesprochene Mahnung ist wirkungslos und bleibt es auch nach dem Eintritt dieser Voraussetzung.[94] Soweit der Bedürftige dringend auf Unterhalt angewiesen ist, hat er nur die Möglichkeit, den nachehelichen Unterhalt im Scheidungsverbund geltend zu machen, um zu verhindern, dass durch die im Einzelfall für die Partei oft sehr schwierige Feststellung des Eintritts der Rechtskraft der Scheidung eine unwirksame, bzw. verspätete Mahnung übersandt und dadurch der benötigte Unterhalt nicht sofort ab Scheidung geschuldet wird.[95] Nach der Neufassung der Bestimmungen zur einstweiligen Anordnung

---

[82] BGH FamRZ 1982, 887 (890).
[83] BGH NJW 1991, 1286 (1288).
[84] BGH FamRZ 1983, 352 (355).
[85] BGH FamRZ 2013, 109; FamRZ 2004, 1177; FamRZ 1990, 283 (285).
[86] BGH FamRZ 2013, 109.
[87] OLG Hamm FamRZ 1989, 1303.
[88] BGH FamRZ 1993, 1055.
[89] BGH FamRZ 1988, 370; FamRZ 1983, 352 (354).
[90] BGH FamRZ 1990, 283.
[91] BGH FamRZ 1988, 370.
[92] BGH FamRZ 1992, 920.
[93] BGH aaO.
[94] BGH FamRZ 1988, 370.
[95] BGH FamRZ 1992, 920.

2. Abschnitt: Unterhalt für die Vergangenheit § 6

durch das FamFG könnte er auch nach §§ 246, 49 ff. FamFG mit der Scheidung als neues selbständiges Verfahren eine einstweilige Anordnung auf nachehelichen Unterhalt, beginnend ab Rechtskraft der Scheidung, beantragen; dieser Weg ist aber nur gangbar, wenn absehbar ist, dass die Scheidung in Kürze rechtskräftig wird, ansonsten wäre die einstweilige Anordnung nicht statthaft.

2. Verzug nach § 286 II Nr. 1 BGB

Ein Verzug ohne Mahnung nach § 286 II Nr. 1 BGB **(Kalenderfälligkeit)** setzt bei familienrechtlichen Unterhaltspflichten voraus, dass dem Verpflichteten seine Schuld sowohl ihrer Existenz als auch ihrem Umfang nach **bekannt ist.** Dies ist insbesondere bei **vertraglich vereinbarten Unterhaltsleistungen** der Fall. Durch eine Vereinbarung ist zwischen den Beteiligten klargestellt, dass Unterhalt geschuldet wird, der Berechtigte die Erfüllung seines Anspruchs verlangt und in welcher Höhe der Unterhalt zu leisten ist.[96]

Das Gleiche gilt, wenn der Schuldner **freiwillig leistet** (sog. Selbstmahnung) und seine Zahlung nach mehreren Leistungen einstellt.[97] Die Annahme der Leistung durch den Gläubiger bewirkt wie bei einer vertraglichen Regelung die Konkretisierung der Unterhaltshöhe, die Kalenderfälligkeit ergibt sich jeweils aus der gesetzlichen Regelung, den Unterhalt monatlich im Voraus zu zahlen (§§ 1361 IV 2, 1585 I 2, 1612 III 1 BGB). Wird die Zahlung höheren Unterhalts zugesagt und im Anschluss die Zahlung eingestellt, liegt hierin keine Rücknahme der Selbstmahnung.[98] Nach BGH liegt bei Einstellung bisher regelmäßig erbrachter Zahlungen eine eindeutige und endgültige Leistungsverweigerung vor, was zum gleichen Ergebnis führt[99] (→ Rn. 135).

Eine Kalenderfälligkeit besteht ferner für titulierte Ansprüche (… fällig jeweils monatlich im Voraus).

3. Verzug nach § 286 II Nr. 3 BGB

Die Neufassung des § 286 II Nr. 3 BGB übernahm die früher von der Rechtsprechung entwickelten Grundsätze. Eine Mahnung ist demnach entbehrlich, wenn der Verpflichtete die Unterhaltsleistung **eindeutig und endgültig verweigert.**[100] An die Annahme einer endgültigen Erfüllungsverweigerung sind strenge Anforderungen zu stellen. Das Verhalten des Schuldners muss zweifelsfrei ergeben, dass er sich über das Erfüllungsverlangen des Gläubigers hinwegsetzt.[101] Im Schweigen auf ein Unterhaltsbegehren oder in der bloßen Nichtleistung von Unterhalt kann daher keine die Mahnung entbehrlich machende Unterhaltsverweigerung gesehen werden.[102] Ebenso wenig ist es ausreichend, dass der bisher die Kinder betreuende Elternteil aus der Ehewohnung unter Zurücklassung der Kinder auszieht und dadurch keine Betreuungsleistungen mehr erbringt.[103] Lehnt der Pflichtige dagegen bereits die Erteilung einer Einkommensauskunft mit dem Hinweis ab, keinen Unterhalt zu schulden, liegt eine eindeutige und endgültige Leistungsverweigerung vor. Das Gleiche gilt, wenn der Pflichtige bei einem Telefonat erklärt, er zahle den verlangten höheren Unterhalt nicht.[104] Dies führt aber erst ab dem Zeitpunkt, ab dem die Weigerung erklärt wurde, zum Verzug, nicht rückwirkend zu einem früheren Zeitpunkt.[105]

---

[96] BGH FamRZ 1989, 150 (152); FamRZ 1983, 352 (354).
[97] OLG Köln FamRZ 2000, 433.
[98] OLG Brandenburg FamFR 2013, 443.
[99] BGH FamRZ 1983, 352 (354).
[100] BGH FamRZ 1992, 920; FamRZ 1985, 155 (157); FamRZ 1983, 352 (354).
[101] BGH NJW 1996, 1814.
[102] BGH FamRZ 1992, 920.
[103] OLG München FamRZ 1997, 313.
[104] BGH FamRZ 1993, 1055.
[105] BGH FamRZ 1985, 155 (157).

4. Verzug nach § 286 II Nr. 4 BGB

136 Die sog. Selbstmahnung (vgl. → Rn. 129) kann auch unter § 286 II Nr. 4 BGB subsummiert werden. Besondere Gründe, die unter Abwägung der beiderseitigen Interessen den sofortigen Eintritt des Verzugs erfordern, können ferner angenommen werden, wenn sich der Unterhaltspflichtige der Mahnung entzieht.[106]

5. Verschulden des Pflichtigen

137 Nach § 286 IV BGB kommt der Schuldner nur in Verzug, soweit die Verzögerung der Leistung auf einem Umstand beruht, den er zu vertreten hat. Dabei hat er für eigenes Verschulden und das seiner Erfüllungsgehilfen und gesetzlichen Vertreter einzustehen, §§ 276, 278 BGB.
Ein Irrtum über die Rechtslage beseitigt ein Verschulden in der Regel nicht. An den Ausschluss des Schuldnerverzugs wegen unverschuldeten Rechtsirrtums werden vom BGH sehr strenge Voraussetzungen geknüpft.[107] Nimmt der Pflichtige fehlerhaft an, er müsse keinen Unterhalt leisten, weil der Bedürftige mit einem neuen Lebensgefährten zusammenwohnt, kann er das Risiko eines Irrtums über die Rechtslage nicht dem Gläubiger zuschieben. Er darf nicht einmal einer Rechtsauffassung vertrauen, die in gerichtlichen Urteilen zum Ausdruck gekommen ist, wenn mit einer abweichenden Beurteilung anderer Gerichte oder des BGH gerechnet werden muss.[108] Ebenso wenig darf er bei Ablehnung eines Antrags auf Erlass einer einstweiligen Anordnung nach §§ 246, 49 ff. FamFG davon ausgehen, dass die Frage der Unterhaltspflicht damit endgültig und zutreffend beurteilt wurde.[109]

6. Verzugszinsen

138 Der Barunterhalt wird als Geldrente geschuldet, §§ 1361 IV 1, 1585 I 1, 1612 I 1 BGB. Bei Verzug und/oder Rechtshängigkeit ist der Unterhalt nach §§ 288, 291 BGB zu verzinsen.[110] Maßgebend ist insoweit lediglich, dass Verzug oder Rechtshängigkeit vorliegt, die Zinsen können dann auch noch nachträglich im Laufe eines Verfahrens rückwirkend verlangt werden. Im vereinfachten Verfahren tritt durch Zustellung des Festsetzungsantrages keine Rechtshängigkeit ein (näher → Rn. 106), so dass insoweit auch keine Prozesszinsen nach § 291 BGB verlangt werden können.[111] Beim nachehelichen Unterhalt ist bei rückwirkender Geltendmachung die zeitliche Begrenzung nach § 1585b III BGB zu beachten (vgl. → Rn. 114). Nicht ausreichend ist für eine Zinsforderung ein Auskunftsbegehren (vgl. → Rn. 107),[112] es sei denn, es handelt sich um eine sog. Stufenmahnung.

139 Seit der Neuregelung des § 288 I BGB zum 1.5.2000 durch das Gesetz zur Beschleunigung fälliger Zahlungen betragen die Verzugszinsen für Geldforderungen 5-Prozentpunkte über dem Basiszinssatz der europäischen Zentralbank.[113] Unstreitig sind auch Unterhaltsforderungen Geldforderungen nach § 288 I BGB, so dass es auf einen Schadensnachweis nicht ankommt. Durch die Schuldrechtsreform wurde § 288 I BGB nicht verändert. Der Basiszinssatz, der sich zum 1.1. und 1.7. eines jeden Jahres verändern kann, wurde aber in der Neufassung von § 247 BGB näher definiert.[114] Für Prozesszinsen verweist § 291 BGB auf § 288 I BGB. Bis 30.4.2000 betrugen die Verzugs- und Prozesszinsen 4%. Ab 1.5.2000

---

[106] OLG Köln NJW-RR 1999, 4.
[107] BGH FamRZ 1983, 352 (355).
[108] BGH FamRZ 1985, 155 (158).
[109] BGH FamRZ 1983, 352 (355).
[110] BGH FamRZ, 2008, 1428; FamRZ 1987, 352.
[111] BGH FamRZ 2008, 1428.
[112] BGH FamRZ 2008, 1428.
[113] Näher Büttner FamRZ 2000, 921.
[114] Büttner FamRZ 2002, 361.

erhöhten sie sich durch die Gesetzesänderung auf 8,42%. Ab 1.9.2000 betrugen sie 9,26%, ab 1.9.2001 8,62%, ab 1.1.2002 7,57%, ab 1.7.2002 7,47%, ab 1.1.2003 6,97%, ab 1.7.2003 6,22%, ab 1.1.2004 6,14%, ab 1.7.2004 6,13%, ab 1.1.2005 6,21%, ab 1.7.2005 6,17%, ab 1.1.2006 6,37%, ab 1.7.2006 6,95%, ab 1.1.2007 7,7%, ab 1.7.2007 8,19%, ab 1.1.2008 8,32%, ab 1.7.2008 8,19%, ab 1.1.2009 6,62%, ab 1.7.2009 5,12%, ab 1.1.2010 5,12%, ab 1.7.2010 5,12%, ab 1.1.2011 5,12%, ab 1.7.2011 5,37%; ab 1.1.2012 5,12%, ab 1.7.2012 5,12%. Ab 1.1.2013 liegt der Basiszinssatz unter Null, die Verzugs- und Prozesszinsen betragen ab 1.1.2013 4,87%, ab 1.7.2013 4,62%, ab 1.1.2014 4,37%, ab 1.7.2014 4,27%, ab 1.1.2015 4,17%, ab 1.7.2015 4,17%, ab 1.1.2016 4,17% und seit 1.7.2016 4,12%.[115]

Die Zinsen sind seit der Änderung des § 288 I BGB variabel zu **tenorieren** (... nebst Zinsen von 5 Prozentpunkten über dem Basiszinssatz seit ...). Auch die Zinsen unterliegen dem Aufrechnungsverbot nach §§ 394 BGB, 850b ZPO.[116]

7. Beseitigung der Verzugsfolgen und Verwirkung

a) Erlassvertrag. Verzugsfolgen können durch Parteivereinbarung beseitigt werden, zB **140** einen Erlassvertrag (§ 397 BGB).[117] Teilt der das Kind vertretende Beistand auf der Grundlage aktueller Einkommensnachweise dem unterhaltspflichtigen Vater mit, dass Kindesunterhalt nicht mehr in Höhe des titulierten Betrags geschuldet werde und konkretisiert geringere Beträge, so liegt hierin eine Vereinbarung der Beteiligte zum geschuldeten Unterhalt.[118]

Soweit Unterhaltsvereinbarungen geschlossen werden und dabei Rückstände in Betracht kommen, empfiehlt sich in der Praxis die Aufnahme einer entsprechenden Abgeltungsklausel.

Ein Verzicht (Erlass), der rückwirkend durch Vertrag die Verzugsfolgen beseitigt, kann auch durch schlüssiges Verhalten der Parteien zustande kommen.[119]

b) Keine einseitige Rücknahme einer Mahnung. Eine verzugsbegründende Mahnung kann dagegen vom Berechtigten für die Vergangenheit **nicht** einseitig zurückgenommen werden. Die Mahnung ist keine rechtsgeschäftliche Willenserklärung, sondern hat nur rechtsgeschäftsähnlichen Charakter. Auch wenn die allgemeinen Vorschriften über Willenserklärungen entsprechend anwendbar sind, ist dies nicht ausreichend, um die durch die Mahnung ausgelöste gesetzliche Rechtsfolge, den Verzug, durch einseitige Rücknahme entfallen zu lassen.[120] **141**

Die Abweisung eines Antrags auf Erlass einer einstweiligen Anordnung beseitigt daher die Verzugsfolgen nicht, auch wenn der Gläubiger im Anschluss daran nicht binnen 6 Monaten Leistungsantrag erhebt.[121] Bleibt der Berechtigte zu lange untätig, kann er sich aber unter Umständen nach Treu und Glauben nicht mehr auf die Verzugsfolgen wegen Verwirkung berufen. Vor Ablauf der sich aus dem Rechtsgedanken der §§ 204 II, 210 I 1, 211 BGB hergeleiteten Sechsmonatsfrist kommt dabei eine Verwirkung regelmäßig nicht in Betracht[122] (→ Rn. 143).

Lag die Mahnung gemäß § 286 I 2 BGB in der Erhebung eines Antrags, bewirkt die **Zurücknahme des Unterhaltsantrags** aber ab diesem Zeitpunkt die Zurücknahme der Mahnung, wodurch die Voraussetzungen des Verzugs für die Zukunft entfallen. Von einer zurückgenommenen Mahnung können keinerlei Rechtswirkungen für künftigen Unterhalt mehr ausgehen.[123]

---

[115] *www.bundesbank.de* „Basiszinssatz nach § 247 BGB".
[116] OLG Hamm FamRZ 1988, 952.
[117] BGH FamRZ 1995, 725; FamRZ 1988, 478; FamRZ 1987, 40.
[118] OLG Celle FamRZ 2017, 2022.
[119] BGH FamRZ 1987, 40 (42).
[120] BGH aaO.
[121] BGH FamRZ 1995, 725.
[122] BGH FamRZ 1995, 725.
[123] BGH FamRZ 1983, 352 (354).

142 **c) Verwirkung des Unterhaltsrückstandes.** Bei Vorliegen besonderer Umstände kann sich der Unterhaltsgläubiger nach Treu und Glauben unter dem Gesichtspunkt der Verwirkung des Unterhaltsrückstandes wegen illoyal verspäteter Geltendmachung nicht mehr auf die Verzugsfolgen berufen.[124] Eine Verwirkung erfordert nach ständiger Rechtsprechung ein **Zeit- und ein Umstandsmoment.** Sie beseitigt nicht die Verzugsfolgen, sondern nur den vor dem Zeitmoment liegenden Anspruch.[125] Die Verwirkung des Unterhaltsrückstandes ist eine **rechtsvernichtende Einwendung.**[126] Sie kann sich auch auf einen Teil des Unterhaltsanspruchs beziehen, wenn der Berechtigte eine ursprünglich erhobene Forderung ermäßigte.[127]

143 • Je kürzer die Verjährungsfrist ist, desto seltener ist an sich Raum für eine Verwirkung. Ansprüche auf Unterhalt verjähren seit der Neufassung der Verjährungsvorschriften durch die Schuldrechtsreform nach § 195 BGB in 3 Jahren (→ Rn. 147), die Verjährung ist aber beim Trennungsunterhalt bis zur Scheidung, beim Kindesunterhalt seit 1.1.2010 bis zum 21. Lebensjahr (früher bis zur Volljährigkeit) gehemmt (§ 207 BGB), wodurch die kurze Verjährungsfrist nicht effektiv werden kann.[128] Die Verwirkung des Unterhaltsrückstands ist auch während des Hemmungszeitraums möglich.[129] Beim Unterhalt können nach BGH an das **Zeitmoment** keine strengen Anforderungen gestellt werden. Von einem Unterhaltsgläubiger, der lebensnotwendig auf Unterhaltsleistungen angewiesen ist, ist eher als von einem Gläubiger anderer Forderungen zu erwarten, dass er sich zeitnah um die Durchsetzung seines Anspruchs bemüht. Unternimmt er nichts, erweckt sein Verhalten in der Regel den Eindruck, er sei nicht bedürftig. Ferner ist zu beachten, dass Unterhaltsrückstände zu einer erdrückenden Schuldenlast anwachsen können, die auch die Leistungsfähigkeit für den laufenden Unterhalt gefährden.[130] Außerdem sind nach einem längeren Zeitraum oft die der Unterhaltsberechnung zugrunde liegenden Einkommensverhältnisse nur noch schwer aufklärbar.[131] Das Zeitmoment ist daher in der Regel bereits für Zeitabschnitte, die **mehr als ein Jahr vor Rechtshängigkeit** des Antrags oder einem erneuten Tätigwerden zurückliegen, zu bejahen.[132] Das Gesetz schenkt bei Unterhaltsrückständen für eine mehr als ein Jahr zurückliegende Zeit dem Schuldnerschutz besondere Beachtung, wie die Jahresgrenze in § 1585b III BGB beim nachehelichen Unterhalt, in § 1613 II Nr. 1 BGB beim Sonderbedarf und in § 238 III 4 FamFG im Abänderungsverfahren zeigt. Diesem Rechtsgedanken ist auch bei der Bemessung des Zeitmoments für die Verwirkung Rechnung zu tragen.[133] Dies gilt auch, wenn die Behörde aus übergegangenem Recht Unterhalt geltend macht.[134] Zu beachten ist in der Praxis, dass das Zeitmoment nicht alle Rückstände vor dem erneuten Tätigwerden erfasst, sondern nur die mehr als ein Jahr vor diesem Zeitpunkt zurückliegenden Unterhaltsforderungen.[135]

144 • Das **Umstandsmoment** erfordert besondere Umstände, auf Grund derer sich der Unterhaltsverpflichtete nach Treu und Glauben darauf einrichten kann, dass der Berechtigte sein Recht nicht mehr geltend macht.[136] Dabei kommt es nicht auf das Entstehen

---

[124] BGH FamRZ 2018, 589 = R 790; FamRZ 2010, 1888 = R 717a; FamRZ 2007, 453 = R 665a; FamRZ 2004, 531; FamRZ 2002, 1698; FamRZ 1988, 370 (372); FamRZ 1988, 478 (479).
[125] BGH FamRZ 2007, 453 = R 665b.
[126] BGH NJW 1966, 345.
[127] OLG Celle FamRZ 2009, 1076.
[128] BGH FamRZ 1988, 370 (372).
[129] BGH FamRZ 2018, 589 = R 790.
[130] BGH FamRZ 2018, 589 = R 790; FamRZ 2010, 1888 = R 717a; FamRZ 2007, 453 = R 665a; FamRZ 2002, 1698; FamRZ 1988, 370 (372).
[131] BGH FamRZ 2010, 1888 = R 717a.
[132] BGH FamRZ 2010, 1888 = R 717a; FamRZ 2007, 453 = R 665a; FamRZ 2004, 531; FamRZ 2002, 1698.
[133] BGH FamRZ 2018, 589 = R 790; KG FamRZ 2018, 102 (LS); OLG München NZFam 2017, 308.
[134] OLG München NZFam 2017, 308.
[135] BGH FamRZ 2007, 453 = R 665c.
[136] BGH FamRZ 2010, 1888 = R 717a; FamRZ 2007, 453 = R 665c.

2. Abschnitt: Unterhalt für die Vergangenheit § 6

besonderer Nachteile durch die späte Inanspruchnahme an.[137] Der Schuldner muss jedoch einen vom Gläubiger gesetzten besonderen Vertrauenstatbestand konkret vortragen.[138] Dabei kann zwar ausreichend sein, dass der Unterhaltsanspruch von Anfang an streitig war, der Bedürftige über ein eigenes Einkommen verfügte und den Trennungsunterhalt erst nach der Scheidung einklagt,[139] ferner wenn er sich widerspruchslos über einen längeren Zeitraum mit einer begründeten Reduzierung des Unterhalts zufrieden gibt. Der BGH hat nun aber klargestellt, dass bloße Untätigkeit des Unterhaltsgläubigers das Umstandsmoment nicht begründen kann. Dies gilt auch für die unterlassene Fortsetzung einer bereits begonnen Geltendmachung.[140] Das Umstandsmoment fehlt insbesondere dann, wenn der Schuldner zur Klärung der Ansprüche selbständig an den Gläubiger herantritt[141] oder selbst von seiner nur in der Höhe streitigen Unterhaltspflicht ausgeht.[142] Ein Vertrauenstatbestand wird zB durch Rücknahme des Antrags auf Vaterschaftsfeststellung geschaffen.[143] Auch beim Mindestunterhalt minderjähriger Kinder kann in Ausnahmefällen das Umstandsmoment bejaht werden, wenn das Kind Leistungen nach dem UVG erhält und der Pflichtige nach einem Auskunftsbegehren Bescheide der ARGE übersendet, aus denen sich mangelnde Leistungsfähigkeit ergibt, wenn erst 22 Monate später rückwirkend Antrag auf den Mindestunterhalt mit Ansatz eines fiktiven Einkommens gestellt wird.[144] Das Umstandsmoment ist in diesen Fällen aber sehr genau zu prüfen, weil trotz behaupteter Leistungsunfähigkeit nicht generell unterstellt werden kann, dass der betreuende Elternteil auch die Barunterhaltsverpflichtung übernehmen will bzw. der Pflichtige nicht davon ausgehen kann, dass das minderjährige Kind nicht auf den Unterhalt angewiesen ist.[145] Das Umstandsmoment fehlt, wenn der Unterhalt in regelmäßigen Abständen moniert wird und der Gläubiger durch sein Verhalten deutlich zu erkennen gibt, dass er den Rückstand weiterhin geltend macht.[146] Es fehlt ebenfalls, wenn der Pflichtige gegen den Anspruch Einwendungen erhebt, zB eine Verwirkung, und der Gläubiger dem nachgeht[147] oder die Beteiligten im Rahmen einer einstweiligen Anordnung nur eine vorläufige Vereinbarung bis zur Klärung der genauen Einkommensverhältnisse des Pflichtigen schließen.[148] Es ist auch nicht gegeben, wenn es nur um Nachzahlungen nicht angepasster Indexierungsleistung geht, soweit der Unterhaltsschuldner in so guten Verhältnissen lebt, dass er seine Lebensführung nicht auf eventuelle Nachzahlungen ausrichten muss.[149]

Ist der Unterhaltsanspruch auf eine **Behörde übergegangen,** zB nach § 33 I SGB II, 94 I SGB XII, gelten für die Verwirkung die gleichen Voraussetzungen, denn durch den gesetzlichen Übergang von Unterhaltsansprüchen wird deren Natur, Inhalt und Umfang nicht verändert.[150] Auch wenn Behörden nicht lebensnotwendig auf den Unterhaltsanspruch angewiesen sind, müssen sie sich bei der Rechtsnatur des Anspruchs um eine zeitnahe Durchsetzung bemühen und auch ihnen gegenüber kann sonst eine hohe Schuldenlast anwachsen. **145**

Rückständige **titulierte Unterhaltsansprüche** können der Verwirkung unterliegen, wenn sich ihre Geltendmachung unter dem Gesichtspunkt illoyal verspäteter Rechtsausübung als unzulässig darstellt. Dies gilt auch beim Unterhalt minderjähriger Kin- **146**

---

[137] BGH FamRZ 2010, 1888 = R 717a.
[138] BGH FamRZ 2018, 589 = R 790.
[139] BGH FamRZ 1988, 370, 372.
[140] BGH FamRZ 2018, 589 = R 790.
[141] OLG Brandenburg NZFam 2017, 465.
[142] BGH FamRZ 2018, 589 = R 790.
[143] OLG Karlsruhe BeckRS 2018, 20657.
[144] OLG Naumburg FamRZ 2014, 133.
[145] OLG Schleswig FamRB 2013, 215 mAnm Bömelburg.
[146] BGH FamRZ 1988, 478 (480).
[147] BGH FamRZ 2010, 1888 = R 717a.
[148] OLG Karlsruhe FamRZ 2009, 1840.
[149] FamRZ 2004, 531.
[150] BGH FamRZ 2010, 1888 = R 717a; FamRZ 2002, 1698; OLG Brandenburg FamRZ 2016, 1777; anders OLG Hamm FamRZ 2015, 1402.

der.[151] Bei titulierten Ansprüchen ist generell bei der Prüfung, ob eine Verwirkung vorliegt, an das Umstandsmoment ein strengerer Maßstab anzulegen.[152] Der Schuldner muss bei einem bestehenden Titel grundsätzlich 30 Jahre lang mit der Vollstreckung rechnen. Die unterbliebene Vollstreckung über einen Zeitraum von 13 Jahren führt daher noch nicht zur Verwirkung.[153] Beim Zeitmoment bleibt es bei den oben genannten Anforderungen.[154] Das Umstandsmoment kann bejaht werden, wenn von Vollstreckungsmaßnahmen abgesehen wurde, obwohl eine Vollstreckung ohne weiteres möglich war, weil der Pflichtige in einem geregelten Arbeitsverhältnis stand.[155] Dies gilt aber nicht, wenn der Gläubiger die Zwangsvollstreckung androhte oder durch sein Verhalten eindeutig zu erkennen gab, dass er auf den titulierten Unterhalt nicht verzichtet.[156] Das Umstandsmoment ist nicht gegeben, wenn eine Vollstreckung keine Aussicht auf Erfolg verspricht, weil der Pflichtige unbekannten Aufenthalts ist, laufend den Arbeitsplatz wechselt oder kein pfändbares Einkommen besitzt[157] ferner wenn der Pflichtige sich auf Grund guter finanzieller Verhältnisse wegen der titulierten Beträge nicht in seiner Lebensführung einschränken muss.[158] Bei Ansprüchen minderjähriger Kinder wird man außerdem berücksichtigen müssen, dass mit einem Verzicht auf eine Vollstreckung idR nicht gerechnet werden kann, weil sie sich nicht selbst unterhalten können.[159]

III. Verjährung

147 Unterhaltsansprüche verjähren nach der Neufassung der Verjährungsvorschriften durch das Schuldrechtsmodernisierungsgesetz zum 1.1.2002 und den Änderungen durch das Gesetz zur Änderung des Erb- und Verjährungsrechts vom 24.9.2009 gemäß § 195 BGB **in drei Jahren.** Die Verjährungsfrist **beginnt** dabei nach § 199 I BGB am Schluss des Jahres, in dem der Anspruch entstanden ist und der Gläubiger von den den Anspruch begründenden Umständen und der Person des Schuldners Kenntnis erlangt oder ohne grobe Fahrlässigkeit erlangen müsste.

Bis 31.12.2001 betrug die Verjährung nach § 197 BGB aF vier Jahre Die Übergangsregelung des Schuldrechtsmodernisierungsgesetzes für Ansprüche vor 2002 ergibt sich aus dem schwer verständlichen Artikel 229 § 6 EGBGB. Bei den am 1.1.2002 bereits verjährten Ansprüchen bleibt es bei der früheren Regelung. Für die am 1.1.2002 bestehenden noch nicht verjährten Unterhaltsansprüche gilt das neue Recht, wobei die 3-Jahresfrist erst ab 1.1.2002 zu laufen beginnt; eine Ausnahme besteht, wenn die frühere Regelung (4-Jahresfrist) für den Schuldner günstiger ist, weil bis 1.1.2002 bereits ein Teil der Frist verstrichen ist. Für die Hemmung gilt das Stichtagsprinzip, dh für die Zeit bis 31.12.2001 gilt altes Recht, ab 1.1.2002 neues Recht.[160]

148 Die Neuregelung gilt auch für Ansprüche nicht verheirateter Eltern, für den Sonderbedarf[161] und familienrechtliche Ausgleichsansprüche beim Kindesunterhalt (vgl. → Rn. 2/ 767 ff.).[162] Zinsansprüche verjähren mit der Hauptsache (§ 217 BGB).

149 Die **Vollstreckungsverjährung** beträgt nach § 197 I Nr. 3 BGB für bis zur Rechtskraft des Urteils aufgelaufenen Leistungen bzw. nach § 197 I Nr. 4 BGB bis zum vollstreckbaren Vergleichsabschluss oder der Errichtung einer vollstreckbaren Urkunde entstandenen An-

---

[151] BGH FamRZ 2004, 531; FamRZ 1999, 1422.
[152] OLG Stuttgart FamRZ 1999, 859.
[153] BGH NJW-RR 2014, 195; OLG Köln FamRZ 2017, 1833.
[154] KG NZFam 2017, 1012.
[155] KG NZFam 2017, 1012; OLGR München 2002, 1039; OLG Hamm FuR 2013, 723.
[156] Vgl. auch OLG Brandenburg FamRZ 2014, 48.
[157] OLG Brandenburg FamRZ 2014, 48; OLG Hamm FuR 2013, 723.
[158] BGH FamRZ 2004, 531.
[159] OLG Schleswig FamRB 2013, 215; OLG Celle FamRZ 2009, 2230.
[160] Büttner FamRZ 2002, 362.
[161] Näher hierzu Büttner FamRZ 2002, 362.
[162] aA nach altem Recht BGH FamRZ 1988, 387.

sprüche 30 Jahre.[163] Für tituliertem künftigen Unterhalt bleibt es dagegen nach §§ 197 II, 195 BGB bei der üblichen Verjährungsfrist von 3 Jahren.[164] Wird eine **Unterhaltsabfindung** – auch mit Ratenzahlung – für den künftigen Unterhalt vereinbart, bleibt es bei der 30-jährigen Verjährungsfrist gemäß § 197 I Nr. 4 BGB, da durch die Vereinbarung der Unterhaltsschuld der Charakter einer künftigen Leistung genommen wurde und es deshalb des Schutzzweckes einer kurzen Verjährung nicht bedarf.[165]

Nach § 207 BGB ist die Verjährung beim Ehegattenunterhalt bis zur Scheidung, beim **150** Kindesunterhalt seit 1.1.2010 bis zum 21. Lebensjahr (früher bis zur Volljährigkeit) **gehemmt,** ebenso bei Bestehen einer Lebenspartnerschaft. Durch die Schuldrechtsreform wurden die Gründe für eine Hemmung der Verjährung, während der die Verjährungsfrist nicht läuft (§ 209 BGB), durch §§ 203, 204 BGB erheblich ausgeweitet. Im Unterhaltsrecht sind insbesondere § 203 BGB (schwebende Verhandlungen), § 204 I Nr. 1 BGB (Antragserhebung, auch bei einem Stufenantrag, Antrag auf Erteilung der Vollstreckungsklausel), § 204 I Nr. 2 BGB (Zustellung des Antrags im vereinfachten Verfahren über den Unterhalt Minderjähriger), § 204 I Nr. 3 BGB (Zustellung des Mahnbescheides), § 204 I Nr. 9 BGB (Zustellung eines Antrags auf Arrest, einstweilige Verfügung oder einstweilige Anordnung), § 204 I Nr. 14 BGB (Verfahrenskostenhilfeantrag) und § 205 BGB (Stundung) zu beachten. Die Hemmung endet in den Fällen des § 204 BGB 6 Monate nach rechtskräftiger Entscheidung oder anderweitiger Beendigung des Verfahrens. Wird neben dem Unterhaltsanspruch ein Anspruch aus unerlaubter Handlung geltend gemacht, sind die Fragen der Hemmung, Ablaufhemmung und Neubeginn der Verjährung für jeden Anspruch gesondert zu beurteilen.[166]

Bei einer Abschlagszahlung auf Unterhaltsrückstände beginnt die Verjährung neu zu laufen, ebenso bei Vollstreckungshandlungen (§ 212 I BGB).

Geht der Unterhaltsanspruch bei Gewährung eines **Unterhaltsvorschusses** nach § 7 **151** UVG auf das Land über, gilt die **Hemmung** der Verjährung nach § 207 I 2 Nr. 2 BGB **nicht,** weil sie nur der Wahrung des Familienfriedens dient.[167] Dies gilt auch, falls die Forderung zum Zweck der Geltendmachung im Verfahren rückübertragen wurde.[168] Entsprechendes gilt bei einem Forderungsübergang bei Leistung von Arbeitslosengeld II oder Sozialhilfe. Bei einer Rückabtretung lebt die Hemmung nicht wieder auf, da es dann um den Rückgriff des Trägers der Leistung geht, nachdem der Bedarf des Berechtigten in Höhe der Sozialleistung (Unterhaltsvorschuss, Arbeitslosengeld II, Sozialhilfe) gedeckt wurde (s. näher → Rn. 8/274).

– in dieser Auflage nicht belegt –   **152–199**

3. Abschnitt:
Rückforderung von zu Unrecht gezahltem Unterhalt

I. Grundsätze

1. Ausgangslage

Bei der Rückforderung von überzahltem Unterhalt geht es regelmäßig um **unfreiwil- 200 lige Leistungen,** weil der Anspruch überhöht tituliert war. **Freiwillige Mehrleistungen** können beim Familien- und Trennungsunterhalt nach §§ 1361 IV 4 BGB, 1360b BGB,

---

[163] BGH FamRZ 2014, 1622 = R 759.
[164] BGH FamRZ 2014, 1622 = R 759.
[165] BGH FamRZ 2014, 1622 = R 759.
[166] BGH FamRZ 2016, 972.
[167] BGH FamRZ 2006, 1664 = R 657d.
[168] OLG Hamm FamRZ 2015, 1404.

beim nachehelichen Unterhalt und Verwandtenunterhalt nach § 814 BGB nicht zurückverlangt werden (näher → Rn. 226 ff.).

Ist ein Unterhaltsanspruch tituliert, entspricht der Titel aber materiell-rechtlich nicht oder nicht mehr der Rechtslage, stellt sich das Problem, ob das zu viel Gezahlte zurückverlangt werden kann. Die Umstände, die einer Unterhaltsberechnung zugrunde lagen, können sich schnell ändern. Ein sog. Hauptsachetitel, dh ein Beschluss, ein Prozessvergleich oder eine vollstreckbare Urkunde kann dadurch ggf rückwirkend geändert, ein Titel aus dem summarischen Verfahren der einstweiligen Anordnung ohne Rechtsgrund erlassen, ein Vollstreckungstitel durch falsche Angaben erschlichen oder durch treuwidriges Verschweigen von Einkommensänderungen zu Unrecht aufrechterhalten werden. Als monatlich jeweils im Voraus zu zahlende Dauerleistung, auf die einerseits der Unterhaltsgläubiger zur Bestreitung seiner Lebenshaltungskosten regelmäßig angewiesen ist, die dem Unterhaltspflichtigen andererseits aber oft hohe Einschränkungen der eigenen Bedürfnisse abverlangt, hat die Möglichkeit der Rückforderung von Überzahlungen für Gläubiger wie Schuldner in der Praxis in den angeführten Fällen erhebliche Bedeutung.

201 Trotz der speziellen Konstellation im Unterhaltsrecht hat der Gesetzgeber diese Fragen außer in § 1360b BGB nicht gesondert geregelt, es gelten vielmehr nur die allgemeinen, der Unterhaltsproblematik nicht immer voll gerecht werdenden Rückforderungs- und Schadensersatzansprüche, die von der Rechtsprechung nur in wenigen Fällen weiterentwickelt bzw. angepasst wurden. Mit der Neufassung des § 241 FamFG wurden die Rückforderungsmöglichkeiten bei sog. Hauptsachetiteln entscheidend ausgeweitet (näher → Rn. 215).

202 Werden in einem **laufenden Verfahren** zum Teil Überzahlungen geleistet, zum Teil zu wenig gezahlt, handelt es sich um ein **Verrechnungsproblem.** Es ist im Zweifel immer davon auszugehen, dass die Parteien damit einverstanden sind.[1] Es ist aber zu beachten, dass der Unterhalt zeitbezogen zu ermitteln ist. Wurde für einen Zeitraum zu viel Unterhalt gefordert, muss der Antrag insoweit abgewiesen werden und kann ohne Vereinbarung nicht mit Zeiträumen verrechnet werden, in denen zu wenig Unterhalt verlangt wurde.[2] Entsprechendes gilt, wenn statt Barunterhalt andere Leistungen gezahlt werden, die als Unterhaltsleistung zu werten sind, zB die Kaution zum Anmieten einer neuen Wohnung.[3] Zur **Aufrechnung von Rückforderungsansprüchen** mit künftigem Unterhalt vgl. → Rn. 311.

2. Anspruchsgrundlagen

203 Grundlagen für die Rückforderung von zu Unrecht gezahltem Unterhalt bilden in erster Linie Ansprüche aus ungerechtfertigter Bereicherung nach § 812 BGB, zB bei rückwirkender Abänderung eines Unterhaltstitels nach §§ 238–240 FamFG oder Feststellung, dass entgegen einer einstweiligen Anordnung kein oder nur ein geringerer Unterhalt geschuldet wird (vgl. → Rn. 204 ff.).

Wegen der Verwendung des Unterhalts zur Begleichung der laufenden Lebenshaltungskosten und der dadurch entstehenden Entreicherung führt diese Anspruchsgrundlage im Regelfall nur bei Vorliegen einer verschärften Haftung zum Erfolg (s. näher → Rn. 208 ff.).

Daneben kommen Schadensersatzansprüche aus dem Vollstreckungsrecht nach § 120 FamFG, §§ 717, 945 ZPO und der Sonderregelung in § 248 V FamFG (vgl. → Rn. 228 ff.) sowie aus unerlaubter Handlung wegen Prozessbetrugs bzw. vorsätzlicher sittenwidriger Ausnützung eines unrichtig gewordenen Vollstreckungstitels in Betracht (vgl. → Rn. 233 ff.), bei denen die Entreicherungsproblematik keine Rolle spielt.

Sonderfälle mit Lösungen nach § 242 BGB können beim Eintritt des Rentenfalls (vgl. Rn. 239 ff.) und beim Verfahrenskostenvorschuss bestehen (vgl. → Rn. 242 ff.).

---

[1] BGH FamRZ 1985, 908.
[2] BGH FamRZ 2016, 199.
[3] OLG München FamRZ 2013, 552.

3. Abschnitt: Rückforderung von zu Unrecht gezahltem Unterhalt   § 6

II. Rückforderungsansprüche aus ungerechtfertigter Bereicherung

1. Anspruchsgrundlage

a) Rechtslage bei einstweiligen Anordnungen nach der ZPO. Bei allen vor dem 1.9.2009 bereits anhängigen Verfahren bleibt es bis zu deren rechtskräftigen Abschluss nach Art. 111 FFG-RG beim früheren Verfahrensrecht. Die auf Grund einer summarischen Prüfung erlassene **einstweilige Anordnung** nach §§ 620 Nr. 4, 6, 644 ZPO trifft nur eine vorläufige Regelung, die keine rechtskräftige Entscheidung über den Unterhaltsanspruch darstellt. Die einstweilige Anordnung ist rein prozessualer Natur ohne materielle Rechtskraft und schafft lediglich eine **Vollstreckungsmöglichkeit** eines vorläufig als bestehend angenommenen Anspruchs, die nach § 620f ZPO bis zur anderweitigen Regelung, also bei einstweiligen Anordnungen im Scheidungsverfahren nach § 620 Nr. 4, 6 ZPO auch über die Scheidung hinaus gilt. Geht die einstweilige Anordnung über Bestand und Höhe des materiell-rechtlichen Unterhaltsanspruchs hinaus, leistet der Schuldner insoweit ohne Rechtsgrund nach § 812 I 1 BGB.[4] Eine anderweitige Regelung nach § 620f ZPO bildet in diesen Fällen bei **einstweiligen Anordnungen nach § 620 Nr. 4, 6 ZPO** ein im ordentlichen Rechtsstreit ergehendes Urteil/Beschluss. In der Regel handelt es sich insoweit um einen vom Verpflichteten erhobenen **negativen Feststellungsantrag,** dass kein bzw. kein so hoher Unterhaltsanspruch besteht. Aber auch ein sofort erhobener **Bereicherungsantrag** ist zugleich eine anderweitige Regelung iS des § 620f ZPO.[5] Die Wirkung des § 620f ZPO tritt dabei erst mit der Rechtskraft des Urteils/Beschlusses ein.[6]

Bei **einstweiligen Anordnungen nach § 644 ZPO** im Unterhaltsprozess steht durch das Leistungsurteil fest, ob und in welcher Höhe der Unterhaltsanspruch besteht. Ging die einstweilige Anordnung darüber hinaus, wurde insoweit ohne Rechtsgrund nach § 812 I 1 BGB geleistet. Das Leistungsurteil führt zugleich ab Rechtskraft die Wirkung nach § 620f ZPO herbei.[7] Ein negativer Feststellungsantrag kann bei einer überhöhten einstweiligen Anordnung nicht erhoben werden, um vorzeitig die Wirkung des § 620f ZPO zu erreichen, da wegen der positiven Leistungsklage das Feststellungsinteresse fehlt.[8] Es kann lediglich sofort eine Bereicherungswiderklage anhängig gemacht werden, um die verschärfte Haftung nach § 818 IV BGB herbeizuführen (vgl. auch → Rn. 214, 225).

b) Rechtslage bei einstweiligen Anordnungen nach dem FamFG. Für alle **ab 1.9.2009 neu anhängig gewordene Verfahren** gilt das FamFG. Einstweilige Anordnungen auf Unterhalt sind nach § 51 III FamFG **eigenständige Verfahren,** selbst wenn ein Hauptsacheverfahren auf Unterhalt anhängig ist. Soweit noch kein Hauptsacheverfahren anhängig ist, muss es auf Antrag eines Beteiligten eingeleitet werden, § 52 II FamFG. Die einstweilige Anordnung auf Unterhalt ist nach § 57 FamFG nicht anfechtbar. Auch wenn es sich bei der einstweiligen Anordnung um ein eigenständiges Verfahren handelt, beinhaltet sie nach § 49 FamFG – wie früher nach der ZPO – nur eine **vorläufige Regelung** zur Schaffung einer Vollstreckungsmöglichkeit für den Unterhaltsgläubiger, die keine materielle Rechtskraft begründet und nur bis zur anderweitigen Regelung gilt (s. oben → Rn. 204). Erst durch die Entscheidung im Leistungsantrag des Hauptsacheverfahrens steht fest, ob und in welcher Höhe Unterhalt geschuldet wird. Überstieg die erlassene einstweilige Anordnung den im Hauptsacheverfahren titulierten Betrag, wurde insoweit nach § 812 I 1 BGB ohne Rechtsgrund geleistet, denn die einstweilige Anordnung selbst kann mangels materieller Rechtskraft keinen Rechtsgrund für die Leistungen begründen.

---

[4] BGH FamRZ 1992, 1152; FamRZ 1984, 767.
[5] BGH FamRZ 1984, 767.
[6] BGH FamRZ 1991, 180.
[7] BGH FamRZ 2000, 751, 753.
[8] BGH NJW 1999, 2516 (generell); OLG Koblenz FamRZ 2004, 1732; OLG Naumburg FamRZ 2001, 1082; OLG Köln FamRZ 2004, 39; 2001, 106; OLG Brandenburg FamRZ 1999, 662.

Ohne Rechtsgrund wurde ferner geleistet, wenn der Bedürftige trotz Aufforderung des Gerichts auf Antrag des Pflichtigen nicht fristgerecht einen Hauptsacheantrag stellt und die einstweilige Anordnung deshalb nach § 52 II 3 FamFG insgesamt aufgehoben wird.

Nachdem es im Gegensatz zur Rechtslage nach der ZPO keine einstweilige Anordnung Ehegatten- oder Kindesunterhalt als unselbständiges Verfahren im Scheidungsantrag mehr gibt, muss der Pflichtige bei einer überhöht titulierten einstweiligen Anordnung zur Herbeiführung einer anderweitigen Regelung gemäß § 56 FamFG stets die Einleitung eines Hauptsacheverfahrens durch den Bedürftigen nach § 52 II FamFG beantragen und zur Herbeiführung der verschärften Haftung nach § 818 IV BGB diesen Antrag mit einem Rückforderungsantrag für den überzahlten Unterhalt verbinden, ab Stellung des Leistungsantrags als Widerantrag (näher unten → Rn. 214, 224). Ob er statt des Antrags nach § 52 II FamFG einen negativen Feststellungsantrag erheben kann, vor allem wenn sich wegen eines vorgeschalteten Verfahrenskostenhilfeverfahrens das Leistungsverfahren verzögert, ist in der Literatur umstritten, wird in der obergerichtlichen Rechtsprechung aber überwiegend befürwortet (vgl. → § 10 Rn. 316 ff.)[9]; auch in diesem Fall muss aber der Antrag wegen § 818 IV BGB sofort mit einem Rückforderungsantrag verbunden werden. Der Feststellungsantrag selbst löst die verschärfte Haftung nicht aus.

206 c) **Hauptsachetitel.** Wird ein sog. Hauptsachetitel über Unterhalt (Beschluss, Vergleich, vollstreckbare Urkunde, Titel im vereinfachten Verfahren) rückwirkend nach §§ 238 bis 240 FamFG (früher § 323 ZPO) abgeändert, entfällt insoweit nachträglich die Rechtsgrundlage aus dem alten Titel für den bisher geleisteten Unterhalt (§ 812 I 2 BGB).[10] Eine rückwirkende Herabsetzung kommt bei Beschlüssen nach der Neufassung des § 238 III 3, 4 FamFG höchstens für die Zeit von 1 Jahr vor Rechtshängigkeit des Abänderungsverfahrens in Betracht. Für die davor liegende Zeit wurde dagegen wegen des vorhandenen Titels stets mit Rechtsgrund geleistet. Bei Vergleichen und vollstreckbaren Urkunden gilt das Rückwirkungsverbot nicht, § 239 FamFG.[11] Bei Titeln im vereinfachten Verfahren gilt das Rückwirkungsverbot nach § 240 II FamFG in eingeschränkten Umfang.

Ist ein **Prozessvergleich** unwirksam, zB wegen wirksamer Anfechtung oder Sittenwidrigkeit, ist das Ursprungsverfahren fortzuführen.[12] Geleistete Unterhaltszahlungen sind zu verrechnen. Überzahlungen wurden nach § 812 I 1 BGB rechtsgrundlos geleistet und sind durch einen Rückforderungsantrag im Wege der Antragsänderung im anhängigen Verfahren zurückzufordern.[13] Wird bei einem rechtskräftig abgeschlossenen Verfahren nachträglich festgestellt, dass ein der Entscheidung zu Grunde liegender Vergleich unwirksam ist, kann die Rückforderung im Rahmen eines neuen Rechtsstreits erfolgen.[14]

Wird gegen einen Titel im vereinfachten Verfahren ein Vollstreckungsgegenantrag nach § 767 ZPO erhoben und ist inzwischen die **Zwangsvollstreckung** bereits **beendet,** kann der Antrag in einen Antrag auf Rückforderung der geleisteten Zahlungen umgestellt werden.[15]

Für den Fall einer Überzahlung des Unterhaltspflichtigen im Verhältnis zur **Unterhaltsvorschusskasse** besteht ebenfalls ein Anspruch auf Rückzahlung aus § 812 I 1 Halbs. 1 BGB. Der Unterhaltsanspruch geht nämlich nur in der Höhe auf den Träger der Unterhaltsvorschussleistungen über, in der er tatsächlich besteht. Zahlt der Unterhaltspflichtige einen höheren Betrag als er tatsächlich schuldet, so erfolgt diese Zahlung nur auf eine vermeintlich bestehende Schuld und somit ohne Rechtsgrund.[16]

---

[9] OLG Hamm FamRZ 2017, 724.
[10] BGH FamRZ 1992, 1152.
[11] Vgl. zB zur früheren entsprechenden Rechtslage bei § 323 IV ZPO BGH FamRZ 1991, 542; FamRZ 1983, 22 (24).
[12] BGH FamRZ 2011, 1040.
[13] BGH FamRZ 2011, 1040.
[14] BGH FamRZ 2011, 1140.
[15] OLG Brandenburg FamRZ 2012, 1223.
[16] OLG Celle FamRZ 2014, 252.

3. Abschnitt: Rückforderung von zu Unrecht gezahltem Unterhalt § 6

Kein Anspruch nach § 812 BGB ist dagegen gegeben, wenn der durch rechtskräftigen 207
Beschluss zugesprochene Unterhalt mit der Begründung zurückgefordert wird, der
Rechtsstreit sei nicht richtig entschieden worden.[17]

2. Entreicherung

Nach § 818 I BGB kann der Schuldner bei ungerechtfertigter Bereicherung Herausgabe 208
des Erlangten bzw. nach § 818 II BGB Wertersatz verlangen. Der Gläubiger kann jedoch
einwenden, dass er **nicht** mehr **bereichert** ist (§ 818 III BGB). Die Vorschrift dient dem
Schutz des „gutgläubig" Bereicherten, der das rechtsgrundlos Empfangene im Vertrauen
auf das (Fort-)Bestehen des Rechtsgrundes verbraucht hat und daher nicht über den Betrag
einer bestehengebliebenen Bereicherung hinaus zur Herausgabe oder zum Wertersatz verpflichtet werden soll.[18]

Für die **Entreicherung** ist maßgebend, ob der Unterhaltsgläubiger die Beträge restlos 209
für seine laufenden Lebensbedürfnisse verbraucht hat oder ob sich in seinem Vermögen
noch vorhandene Werte – auch in Form anderweitiger Ersparnisse, Anschaffungen oder
Tilgung von Schulden – befinden.[19] Da der Unterhalt der Lebensführung dient, wird
regelmäßig eine Entreicherung vorliegen, weil nach der Lebenserfahrung bei unteren und
mittleren Einkommen eine Vermutung dafür spricht, dass das Erhaltene zur Verbesserung
des Lebensstandards ausgegeben wurde (s. unten → Rn. 212).[20]

Keine Entreicherung liegt vor, wenn der Bedürftige Rücklagen bildete oder sich mit 210
dem Geld noch in seinem Vermögen vorhandene Werte oder Vorteile verschafft hat, zB
einen Pkw oder Haushaltsgegenstände gekauft bzw. Schulden getilgt hat.[21]

Vermögensvorteile, die einem Wegfall der Bereicherung entgegenstehen, liegen aber nur 211
vor, wenn die rechtsgrundlose Zahlung **kausal** für den verbleibenden Vermögensvorteil
ist.[22] Der Bereicherte kann sich damit erfolgreich auf eine Entreicherung berufen, wenn er
die Anschaffung oder Schuldentilgung mit von dritter Seite geschenktem Geld zahlte, den
Unterhalt dagegen ersatzlos verbrauchte.[23]

Nach BGH besteht ferner keine Bereicherung, wenn der Bedürftige mit dem Geld zwar
Anschaffungen tätigte oder Schulden tilgte, aber davon auszugehen ist, dass er sich dies
auch ohne Überzahlung **unter Einschränkung seiner sonstigen Bedürfnisse** geleistet
hätte. Die Zuvielzahlung bewirkte dann nur, dass sich der Bedürftige in seiner Lebensführung weniger einschränkte als bei einem niedrigeren Unterhalt bzw. Einkommen. Entscheidend ist insoweit der Nachweis, dass der Bereicherte den Vermögensvorteil in
jedem Fall auch ohne Überzahlung des Unterhalts, notfalls unter Reduzierung seines Lebensstandards, erworben hätte, so dass die Überzahlung für den Vermögensvorteil nicht ursächlich
war.[24] Dabei kommt es nicht darauf an, ob der Bedürftige den bestehengebliebenen Vermögensvorteil aus dem rechtsgrundlos gezahlten Unterhalt oder aus seinem Eigeneinkommen erworben hat. Dies lässt sich zumeist auch gar nicht mehr feststellen.[25]

Die Entreicherung stellt eine **rechtsvernichtende Einwendung** dar, für die der Be- 212
reicherte **darlegungs- und beweispflichtig** ist.[26] Nachdem der Unterhalt der Bezahlung
der laufenden Lebenshaltungskosten dient und üblicherweise verbraucht ist, nach der
Lebenserfahrung ferner Überzahlungen regelmäßig zur Verbesserung des Lebensstandards
ausgegeben werden, besteht zugunsten des Empfängers die Vermutung, dass die Über-

---

[17] BGH FamRZ 1984, 767.
[18] BGH FamRZ 2008, 1911; FamRZ 2008, 968 = R 689l; FamRZ 2000, 751; FamRZ 1992, 1152.
[19] BGH FamRZ 2008, 1911; FamRZ 2008, 968 = R 689l; FamRZ 2000, 751; FamRZ 1998, 951.
[20] BGH FamRZ 2008, 1911; FamRZ 2000, 751.
[21] BGH FamRZ 2008, 968 = R 689b; FamRZ 2000, 751; FamRZ 1992, 1152.
[22] BGH FamRZ 1992, 1152.
[23] BGH FamRZ 1992, 1152.
[24] BGH FamRZ 1992, 1152.
[25] BGH FamRZ 1092, 1152.
[26] BGH FamRZ 2000, 751; FamRZ 1992, 1152.

zahlung verbraucht ist.²⁷ Dies gilt insbesondere bei niedrigen und mittleren Einkommensverhältnissen, so dass keine besonderen Verwendungsnachweise zu erbringen sind.²⁸ Bei gehobenen Einkommensverhältnissen muss dagegen der Bedürftige den Verbrauch des Geldes im Einzelnen nachweisen.

3. Verschärfte Haftung

213　Der Bedürftige kann sich auf eine Entreicherung nach § 818 III BGB nicht berufen, wenn eine verschärfte Haftung nach §§ 818 IV, 819 I, 820 I BGB eingreift.

214　Gemäß **§ 818 IV BGB** kann sich der Empfänger einer rechtsgrundlosen Leistung vom Eintritt der Rechtshängigkeit an nicht mehr auf den Wegfall der Bereicherung stützen.²⁹ Die verschärfte Haftung knüpft nach BGH jedoch nicht an die Rechtshängigkeit eines Abänderungsverfahrens (Abänderungsantrag, negativer Feststellungsantrag) an, in dem über Grund und Höhe des Unterhaltsanspruchs gestritten wird. Als eng zu sehende Ausnahme vom Grundsatz, dass der Bereicherte auf Ersatz nur bis zur Grenze einer noch vorhandenen Bereicherung haftet, betrifft die verschärfte Haftung nach § 818 IV BGB vielmehr nur die **Rechtshängigkeit des Rückforderungsverfahrens.**³⁰ Der Unterhaltsschuldner ist durch die Möglichkeit der Einstellung der Zwangsvollstreckung oder eines mit einem Unterhaltsabänderungsverfahren erhobenen Rückforderungsantrags nicht schutzlos gestellt (s. näher → Rn. 221 ff.).³¹

215　Für alle erst **nach dem 1.9.2009 eingeleitete Verfahren** besteht nach **§ 241 FamFG** die verschärfte Haftung bereits ab **Rechtshängigkeit des Abänderungsverfahrens.** Dies führt zu Gunsten des Unterhaltspflichtigen in der Praxis zu einer erheblichen Ausweitung der verschärften Haftung, da das früher häufig übersehene zweigleisige Verfahren der Verbindung des Abänderungsverfahrens mit einem Rückforderungsverfahren zur Herbeiführung der verschärften Haftung nach § 818 IV BGB nicht mehr erforderlich ist. Die Neuregelung hat eine Verfahrensvereinfachung und Kostenersparnis zur Folge.³² Nach dem eindeutigen Gesetzeswortlaut gilt sie aber nur bei **Erhebung eines Abänderungsantrags nach § 238, 239, 240 FamFG, nicht** bei Erhebung eines Leistungsantrags im Hauptsacheverfahren oder eines negativen Feststellungsantrags nach einstweiligen Anordnungen. Eine analoge Anwendung entfällt wegen des eindeutigen Gesetzeswortlauts und der Gesetzessystematik.³³ Auch die bei einstweiligen Anordnungen auf Unterhalt ausdrücklich in § 112 I 2 FamFG normierte Schadensersatzpflicht zeigt dies auf, da die Rückforderung im Ergebnis einen Schadensersatz unter Berücksichtigung der Besonderheiten des Bereicherungsrechts beinhaltet. § 241 FamFG ist daher auch bei Abänderung einer einstweiligen Anordnung nicht analog anwendbar.³⁴ Die §§ 49 ff. FamFG beinhalten wie früher die §§ 620 ff. ZPO eine abschließende Regelung, bei der keine Rückforderung vorgesehen ist. Letzteres würde ansonsten in vielen Fällen den Bedürftigen davon abhalten, eine einstweilige Anordnung zu beantragen (vgl. auch → Rn. 232). Diese Frage ist in der Literatur allerdings umstritten und wurde vom BGH noch nicht entschieden (§ 70 IV FamFG; vgl. auch → § 10 Rn. 444).

216　Eine verschärfte Haftung nach **§ 819 I BGB** ab dem Zeitpunkt, ab dem der Bereicherungsempfänger den Mangel des rechtlichen Grundes kennt, erfordert eine **positive Kenntnis** von der Rechtsgrundlosigkeit des überzahlten Unterhalts. Ein fahrlässiges Verhalten (= Kennenmüssen) oder bloße Zweifel am Fortbestand des Rechtsgrundes reichen nicht aus. Die positive Kenntnis muss sich dabei nicht nur auf die Tatsachen, auf denen das

---

27　BGH aaO.
28　BGH FamRZ 2008, 1911; FamRZ 2000, 751.
29　BGH FamRZ 2008, 968 = R 689m.
30　BGH FamRZ 2010, 1637; FamRZ 2008, 1911; FamRZ 2000, 751; FamRZ 1998, 951; FamRZ 1992, 1152, 1154.
31　BGH FamRZ 1998, 951, 952; FamRZ 1992, 1152, 1154.
32　BT-Drs. 16/16308 S. 579.
33　OLG Karlsruhe FamRZ 2014, 1387.
34　OLG Karlsruhe FamRZ 2014, 1387; aA OLG Hamm FamRZ 2017, 724.

3. Abschnitt: Rückforderung von zu Unrecht gezahltem Unterhalt § 6

Fehlen des Rechtsgrundes beruht, beziehen, sondern auch auf die sich daraus ergebenden Rechtsfolgen.[35] Für die Bösgläubigkeit reicht daher regelmäßig nicht bereits die Erhebung eines Unterhaltsabänderungsantrags aus,[36] sondern erst die Entscheidung des Gerichts im Abänderungsverfahren.

Eine verschärfte Haftung nach § 820 I BGB ist auf Fälle zugeschnitten, in denen nach 217 dem Inhalt eines Rechtsgeschäfts der Eintritt des bezweckten Erfolges als ungewiss oder der Wegfall des Rechtsgrundes als möglich angesehen wird. Diese Konstellationen liegen bei Unterhaltszahlungen regelmäßig nicht vor, auch nicht bei Vereinbarungen.[37]

- Soweit der Unterhalt auf Grund einer einstweiligen Anordnung geleistet wurde, entfällt 218 eine unmittelbare Anwendung des § 820 I 1 BGB, weil die einstweilige Anordnung nur eine vorläufige Vollstreckungsmöglichkeit eines vorläufig als bestehend angenommenen Unterhaltsanspruchs darstellt (s. oben → Rn. 204) und damit die Überzahlung von Unterhalt auf einem staatlichen Hoheitsakt und nicht auf einem Rechtsgeschäft beruht. Eine analoge Anwendung von § 820 I 1 BGB mit der Erwägung, die Unterhaltsregelung im Wege einer einstweiligen Anordnung sei nur vorläufig, so dass der Berechtigte damit rechnen müsse, die Zahlungen würden möglicherweise ohne rechtlichen Grund erfolgen, kommt nicht in Betracht. Die Vorschrift des § 820 I BGB ist auf Fälle zugeschnitten, in denen nach dem Inhalt des Rechtsgeschäfts beiderseits der Erfolg als ungewiss angesehen wird. Der Bedürftige als Empfänger der Leistung, der zur Bestreitung seiner Lebenshaltungskosten den Unterhalt benötigt, muss jedoch davon ausgehen können, dass die einstweilige Anordnung der Rechtslage entspricht.[38]
- Wird ein Hauptsachetitel rückwirkend abgeändert (s. oben → Rn. 206), kommt als 219 verschärfte Haftung die Anwendung von § 820 I 2 BGB in Frage. Sie greift aber bei Unterhaltszahlungen aus den bereits genannten Gründen ebenfalls nicht ein, auch nicht analog.[39] § 820 I 2 BGB verlangt, dass beide Parteien von vornherein davon ausgehen, dass die Möglichkeit des Wegfalls des Rechtsgrundes besteht und deshalb mit einer Rückgabeverpflichtung zu rechnen ist.[40] Davon kann bei Unterhaltsanpassungen nicht ausgegangen werden, auch nicht bei Vergleichen, da Letztere den Unterhaltsanspruch nur modifizieren.[41]
- Auch die **Unterhaltsleistung unter Vorbehalt** führt nicht zu einer analogen Anwendung des § 820 I 1 BGB. Sie hat, soweit der Unterhalt auf Grund eines Titels geleistet wird, regelmäßig nur die Bedeutung, dass die Zahlung kein Anerkenntnis darstellt und die Wirkung des § 814 BGB ausgeschlossen wird.[42]

4. Möglichkeiten des Pflichtigen gegen den Entreicherungseinwand

a) Allgemeine Grundsätze. Aus den oben geschilderten Ausführungen ergibt sich, 221 dass ein Rückforderungsanspruch für zu Unrecht geleisteten Unterhalt nach § 812 BGB häufig an einer Entreicherung des Bedürftigen und einer nicht bestehenden verschärften Haftung zu scheitern droht, zB bei Zahlungen aufgrund einstweiliger Anordnungen. Der Verpflichtete ist aber insoweit nicht rechtlos gestellt, da er verschiedene Möglichkeiten hat, zumindest ab Rechtshängigkeit des Abänderungsverfahrens dieser Gefahr zu begegnen.[43]

Nach ständiger Rechtsprechung können sowohl bei Abänderungs- als auch bei negati- 222 ven Feststellungsanträgen **Vollstreckungsschutzanträge** in analoger Anwendung des § 769 ZPO gestellt werden. Der Erlass einer einstweiligen Anordnung nach § 769 ZPO setzt voraus, dass die tatsächlichen Behauptungen, die den Antrag begründen, glaubhaft

---
[35] BGH FamRZ 1998, 951 (952); FamRZ 1992, 1152 (1154).
[36] BGH FamRZ 1998, 951 (952).
[37] BGH FamRZ 2000, 751; FamRZ 1998, 951.
[38] BGH FamRZ 2000, 751.
[39] BGH FamRZ 2000, 751.
[40] BGH FamRZ 1998, 951 (953).
[41] BGH FamRZ 1998, 951 (953).
[42] BGH FamRZ 1984, 470 = NJW 1984, 2826.
[43] BGH FamRZ 2000, 751; FamRZ 1998, 951; FamRZ 1992, 1152 (1154).

Siebert

gemacht werden können (§ 769 I 2 ZPO). Das Gericht hat dann genau zu prüfen, ob die vorgetragenen und glaubhaft gemachten Gründe eine Einstellung rechtfertigen.[44] Soweit das Familiengericht dem Antrag nicht stattgibt, ist nach BGH eine sofortige Beschwerde nicht statthaft,[45] was die praktische Handhabung von § 769 ZPO einschränkt.

223   **b) Bei einstweiligen Anordnungen.** Die frühere Rechtslage gilt insoweit fort, da in diesen Fällen § 241 FamFG nicht anwendbar ist. Im Ergebnis besteht daher bei Unterhaltsleistungen aufgrund einer einstweiligen Anordnung die Gefahr, dass die Rückforderung eines zu Unrecht geleisteten Unterhalts, weil er im Rahmen der einstweiligen Anordnung zu hoch tituliert worden war (§ 812 I 1 BGB), wegen der Entreicherung nach § 818 II, III BGB scheitert. Soweit über einen Abänderungsantrag nach § 54 I FamFG die Weiterzahlung des zu viel geleisteten Unterhalts nicht verhindert werden kann, kann dieses Ergebnis nur vermieden werden, indem der Verpflichtete seinen Antrag, dass der Bedürftige nach § 52 II FamFG das Hauptsacheverfahren einleitet, sofort verbindet mit einem Rückforderungsantrag. Hat der Bedürftige bereits den Hauptsacheantrag gestellt, ist der Rückforderungsantrag im gleichen Verfahren als Widerantrag geltend zu machen. Durch die Rechtshängigkeit des Rückforderungsantrags tritt jeweils die verschärfte Haftung nach § 818 IV BGB ein. Über den Rückforderungsantrag wird das Gericht allerdings erst gemeinsam mit dem Leistungsantrag des Bedürftigen entscheiden. Der Bedürftige ist bei dieser Vorgehensweise aber gewarnt, dass er uU den ihm über die einstweilige Anordnung geleisteten Unterhalt ganz oder teilweise zurückerstatten muss. Der Rückforderungsantrag ist wegen § 253 II Nr. 2 ZPO genau zu beziffern (zB … den ab 1.4. … mtl. über 300 EUR hinausgehenden Unterhalt von 500 EUR zurückzuzahlen).

224   Als **weitere und einfachere Möglichkeit** schlägt der BGH vor, die behauptete Überzahlung als **zins- und tilgungsfreies Darlehen** anzubieten, verbunden mit der Verpflichtung, im Falle der Abweisung des Abänderungsbegehrens auf Rückzahlung zu verzichten. Dem Unterhaltsberechtigten obliegt es dann nach Treu und Glauben, einen in solcher Weise angebotenen Kredit anzunehmen (vgl. auch → Rn. 239 ff.).[46] Kommt er dem nicht nach, macht er sich schadensersatzpflichtig. Mit Urteil vom 11.8.2010 hat der BGH erneut auf diese Möglichkeit hingewiesen, weil es dadurch zu keiner ungleichen Risikoverteilung bei Überzahlungen zwischen Unterhaltsgläubiger und Unterhaltsschuldner kommt.[47] Diese Lösung ist in der Praxis aber bisher kaum bekannt, weshalb entsprechende Darlehensangebote idR von Bedürftigen zu Unrecht nicht akzeptiert werden.

225   **c) Bei Hauptsachetiteln.** Bei einer rückwirkenden Abänderung von Hauptsachetiteln (Beschluss als Endentscheidung gemäß §§ 116 I, 38 I FamFG, Vergleich, vollstreckbare Urkunde, Titel im vereinfachten Verfahren) tritt ab Inkrafttreten des FamFG zum 1.9.2009 für alle nach diesem Zeitraum anhängig gewordenen Verfahren durch **§ 241 FamFG** zu Gunsten des Pflichtigen eine wesentliche Ausweitung der verschärften Haftung gegenüber der früheren Rechtslage ein. Sie beginnt nicht erst nach § 818 IV BGB ab Rechtshängigkeit des Rückforderungsverfahrens, sondern bereits ab **Rechtshängigkeit des Abänderungsverfahrens.** Die in der Praxis in der Vergangenheit bei Abänderungsverfahren zur Reduzierung des Unterhalts vielfach vergessene Antragshäufung mit einem Rückforderungsantrag zur Herbeiführung der verschärften Haftung nach § 818 IV BGB ist damit entbehrlich.

§ 241 FamFG gilt nicht bei einer **rückwirkenden Herabsetzung** einer Endentscheidung durch Beschluss **vor Rechtshängigkeit des Abänderungsverfahrens** gemäß der Neufassung des § 238 III 3, 4 FamFG. Um für diesen Zeitraum zu Unrecht erfolgte Überzahlungen zurückfordern zu können, kann nur der oben bereits angeführte, vom BGH vorgeschlagene Weg begangen werden. Der umstrittene Unterhalt ist, auch wenn er tituliert wurde, als **zins- und tilgungsfreies Darlehen** anzubieten, verbunden mit der Verpflichtung, im Falle der vollen oder teilweisen Abweisung des Abänderungsantrags auf Rückzahlung zu verzichten. Der Unterhaltsberechtigte muss nach BGH nach Treu und

---

[44] BGH FamRZ 2000, 751; FamRZ 1998, 951; FamRZ 1992, 1152 (1154).
[45] BGH FamRZ 2004, 1191.
[46] BGH FamRZ 2010, 1637; 2000, 951; 1992, 1152 (1155); FamRZ 1989, 718.
[47] BGH FamRZ 2010, 1637.

5. Mehrleistung mit Erstattungsabsicht

Soweit beim Familien- und Trennungsunterhalt überhöhte Unterhaltsleistungen erbracht werden, ist nach §§ 1361 IV 4, 1360b BGB im Zweifel anzunehmen, dass eine Rückforderung nicht beabsichtigt ist (vgl. näher → § 3 Rn. 117 ff.). Es handelt sich um eine widerlegbare Vermutung, weshalb der Pflichtige darlegen und beweisen muss, dass er die Überzahlung nicht freiwillig, sondern mit Erstattungsabsicht erbrachte. Beim nachehelichen Unterhalt und Verwandtenunterhalt gilt § 1360b BGB zwar nicht. Soweit ein Rückforderungswille fehlt, entfällt ein Anspruch aus ungerechtfertigter Bereicherung aber auch bei diesen Unterhaltsansprüchen. 226

Kann der Pflichtige nachweisen, dass die Mehrleistung mit Erstattungsabsicht erfolgte, besteht dagegen ein Anspruch nach § 812 I 2 BGB.[49] Es gelten dann die bereits zur ungerechtfertigten Bereicherung gemachten Ausführungen. Der Umstand der Trennung spricht bei überhöhten Unterhaltsleistungen, die nicht freiwillig, sondern auf Grund einer Titulierung erbracht wurden, regelmäßig für eine Erstattungsabsicht. 227

III. Ansprüche aus dem Vollstreckungsrecht

1. Ansprüche bei vorläufig vollstreckbaren Urteilen

Soweit ein sofort wirksamer Unterhaltsbeschluss des Familiengerichts im Beschwerdeverfahren zugunsten des Pflichtigen abgeändert wird, hat der Verpflichtete für die bereits vollstreckten Leistungen nach § 717 II ZPO einen Schadensersatzanspruch.[50] § 717 II ZPO gilt auch nach Inkrafttreten des FamFG weiter (§ 120 I FamFG). Das Gleiche gilt bei Versäumnisbeschlüssen des OLG (§ 717 III 1 ZPO). Maßgebend ist aber, dass der Pflichtige nachweist, dass der Bedürftige aus dem Beschluss und nicht aus einer im Verfahren ebenfalls ergangenen einstweiligen Anordnung vollstreckt hat.[51] Letzteres wird in der Praxis aber der Regelfall sein, wenn eine einstweilige Anordnung erlassen wurde, da die Wirkung der einstweiligen Anordnung erst mit Rechtskraft des Beschlusses gemäß § 56 I 1 FamFG beendet ist (vgl. → Rn. 204) und bei einem Beschluss der Pflichtige die Vollstreckung abwenden kann. Die Abwendung erfolgt bei Altverfahren nach § 711 ZPO, bei Neuverfahren im Geltungsbereich des FamFG bei Anordnung der sofortigen Wirksamkeit gemäß § 116 III 2 FamFG nach § 120 II 2 FamFG. 228

Handelt es sich um einen für sofort wirksam erklärten Beschluss des OLG (Ausnahme: Versäumnisbeschluss, s. oben), gilt nach § 120 I FamFG für eine Überzahlung § 717 III 1 ZPO entsprechend.[52] Es besteht daher kein Schadensersatzanspruch gemäß § 717 II ZPO, sondern ein Anspruch aus ungerechtfertigter Bereicherung (§ 717 III 3 ZPO). Auf eine Entreicherung kann sich der Bedürftige in diesem Fall nicht berufen, da nach § 717 III 4 ZPO ab Leistung aus dem sofort wirksam erklärten Beschluss eine verschärfte Haftung besteht. 229

2. Ansprüche bei Notunterhalt

Im Geltungsbereich des FamFG entfällt beim Unterhalt generell die früher gegebene Möglichkeit der einstweiligen Verfügung auf Notunterhalt (§ 119 I FamFG). Sie spielte 230

---

[48] BGH FamRZ 2010, 1637; FamRZ 2000, 751; FamRZ 1998, 951; FamRZ 1992, 1152.
[49] BGH FamRZ 1984, 767.
[50] OLG Karlsruhe NJW 2018, 1409.
[51] BGH FamRZ 2000, 751.
[52] BGH FamRZ 2013, 109.

auch bei sog. Altverfahren seit der Einführung der einstweiligen Anordnung nach § 644 ZPO durch die Unterhaltsreform 1998 praktisch keine Rolle mehr. Ein Schadensersatzanspruch kommt nach § 119 II 2 FamFG, § 945 ZPO nur bei der Sicherung von Unterhaltsansprüchen durch Arrest in Betracht.

3. Ansprüche bei Vaterschaftsfeststellung

231 Wird in einem Vaterschaftsfeststellungsverfahren der Antrag zurückgenommen oder abgewiesen, besteht nach § 248 IV 2 FamFG (früher § 641g ZPO) ein Schadensersatzanspruch für im Rahmen einer einstweiligen Anordnung nach § 248 I FamFG an das Kind und die Kindsmutter erbrachte Unterhaltsleistungen.

4. Keine Ansprüche bei einstweiligen Anordnungen

232 Nach der Rechtsprechung des BGH zum früheren Verfahrensrecht für **vor dem 1.9.2009** anhängig gewordene Unterhaltsverfahren beinhalteten die §§ 620 ff. ZPO eine geschlossene Sonderregelung des einstweiligen Rechtsschutzes in Ehesachen. Eine den §§ 641g, 717 II, 945 ZPO entsprechende Regelung fehlte, so dass Schadensersatzansprüche aus dem Vollstreckungsrecht nicht in Betracht kamen. Nachdem die §§ 620 ff. ZPO erst durch das 1. EheRG v. 14.8.1976 in das BGB eingefügt wurden und keine Schadensersatzansprüche enthielten sowie § 644 ZPO auf §§ 620 ff. ZPO verwies, kam mangels Gesetzeslücke auch keine analoge Anwendung der §§ 641g, 717 II, 945 ZPO in Betracht. Der Gesetzgeber wollte bei der einstweiligen Anordnung das Risiko des Unterhaltsbedürftigen, der eine einstweilige Anordnung erwirkt und daraus vollstreckt, bewusst kleinhalten, um den einstweiligen Rechtsschutz in Ehesachen zu erleichtern.[53] Der Unterhaltsempfänger sollte nicht gezwungen werden, unter dem Druck etwaiger Rückforderungsansprüche den Unterhalt für eine Rückzahlung bereitzuhalten anstatt ihn für seine Lebensführung zu verbrauchen.

Diese Rechtsprechung wurde vom Gesetzgeber für das neue Verfahrensrecht übernommen. Für alle **ab dem 1.9.2009 anhängig gewordenen** Unterhaltsverfahren ist ausdrücklich im FamFG durch § 119 I 2 FamFG geregelt, dass für einstweilige Anordnungen in Unterhaltsverfahren als Familienstreitsache nach § 112 Nr. 1 FamFG die Bestimmung des § 945 ZPO zur Schadensersatzpflicht nicht gilt.[54] Der Gesetzgeber hat die Neuregelung der Bestimmungen zur einstweiligen Anordnung bewusst wieder ohne Schadensersatzpflicht normiert (vgl auch → Rn. 10/446). Aus den genannten Gründen kann deshalb auch nicht mittelbar über eine analoge Anwendung des § 241 FamFG eine Schadensersatzpflicht über eine erweiterte Rückforderungsmöglichkeit eingeführt werden (Ausnahme: § 248 V 2 FamFG, → Rn. 231).

IV. Ansprüche aus unerlaubter Handlung

1. Anspruch bei Betrug

233 Begeht der Bedürftige im Unterhaltsverfahren einen **Prozessbetrug,** hat der Pflichtige in Höhe des zu Unrecht gezahlten Unterhalts einen Schadensersatzanspruch nach § 823 II BGB iV mit § 263 StGB.[55] Dies gilt vor allem, wenn im Unterhaltsverfahren Einkünfte falsch angegeben, Einkommensveränderungen verschwiegen, bewusst verspätet mitgeteilt oder ein entsprechender Sachvortrag des Gegners wider besseren Wissens bestritten sowie gegen die Verpflichtung zur ungefragten Information (→ Rn. 237) ver-

---

[53] BGH FamRZ 2000, 751; FamRZ 1985, 368; FamRZ 1984, 767 (769).
[54] BT-Drs. 16/6308 S. 500.
[55] BGH FamRZ 1984, 767 (769).

3. Abschnitt: Rückforderung von zu Unrecht gezahltem Unterhalt § 6

stoßen wird.[56] Wer einen Unterhaltsanspruch geltend macht, hat die der Begründung dienenden tatsächlichen Umstände **wahrheitsgemäß** anzugeben und darf nichts verschweigen, was die Unterhaltsbedürftigkeit in Frage stellen könnte.[57] Dies gilt im Hinblick auf die prozessuale Wahrheitspflicht nach § 138 I ZPO erst recht während eines laufenden Rechtsstreits. Ändern sich im Prozess die maßgeblichen Verhältnisse, ist dies ungefragt anzuzeigen.[58] Es obliegt auch nicht den Beteiligten, sondern allein dem Gericht, den Lebenssachverhalt rechtlich zu werten, zB ob bei einer höheren Zuwendung der Eltern eine freiwillige Leistung vorliegt, die den Pflichtigen nicht entlasten sollte, oder ob das erhaltene Geld in unterhaltsrechtlich vorwerfbarer Weise verbraucht wurde. Bei Verschweigen liegt damit regelmäßig durch Entstellen des zur Beurteilung der Unterhaltsbedürftigkeit maßgebenden Gesamtsachverhalts eine Täuschung durch positives Tun vor (eingehend → Rn. 4/1286).[59]

Ein **Betrug** ist ferner gegeben, wenn ein titulierter **Unterhalt** entgegengenommen wird, obwohl eine Verpflichtung zur ungefragten **Information** über eine Einkommensänderung bestand, die zur Reduzierung des Unterhalts geführt hätte.

Bei **Vergleichen** erhöht sich die Rücksichtnahme der einen Partei auf die Belange der anderen. Im Hinblick auf die vertragliche Treuepflicht ist der Unterhaltsberechtigte gehalten, jederzeit und unaufgefordert dem anderen Teil Umstände zu offenbaren, die ersichtlich dessen Verpflichtung aus dem Vertrag berühren, zB ein erkennbar höheres Einkommen.[60] Dies gilt insbesondere, wenn in einem Vergleich vereinbart wurde, dass der Bedürftige ein bestimmtes Einkommen anrechnungsfrei verdienen kann und er Mehreinkünfte nicht mitteilt[61] (→ Rn. 237). Aber auch die Aufnahme oder Ausweitung der Erwerbstätigkeit ist bei Vergleichen anzuzeigen, wenn sie dem Pflichtigen nicht bekannt ist bzw. sein konnte, ansonsten liegt Betrug vor.[62]

234

2. Vorsätzliche sittenwidrige Ausnützung eines unrichtig gewordenen Vollstreckungstitels

Erkennt ein Unterhaltsgläubiger, dass durch veränderte Einkommensverhältnisse ein rechtskräftiger Titel unrichtig wurde, besteht ein Schadensersatzanspruch nach § 826 BGB, wenn eine vorsätzliche sittenwidrige Ausnützung des unrichtig gewordenen Beschlusses zu bejahen ist.[63] Nachdem es sich bei diesem Anspruch um die Rechtskraftdurchbrechung handelt, ist er auf **Ausnahmefälle beschränkt,** in denen die Annahme überhöhter Unterhaltszahlungen durch den Berechtigten im besonderen Maß unredlich und geradezu unerträglich ist.[64]

235

Der **Anspruch setzt voraus,** dass

236

(1) der Unterhaltsberechtigte weiß, dass ein Titel wegen veränderter Umstände inhaltlich unrichtig wurde,

(2) das Verhalten des Unterhaltsberechtigten als sittenwidrige, dh im besonderen Maße unredliche und unerträgliche Ausnützung des unrichtig gewordenen Vollstreckungstitels anzusehen ist.

Ein sittenwidriges Verhalten des Unterhaltsgläubigers kann nicht allein aus einem fehlenden Hinweis an den Schuldner auf veränderte Umstände, die Grund und Höhe des Unterhaltsanspruchs beeinflussen können, hergeleitet werden.[65] Nach der gesetzlichen Regelung in §§ 1605, 1580 BGB besteht eine Auskunftspflicht über Einkommensver-

237

---

[56] BGH FamRZ 2008, 1325 = R 694; FamRZ 2007, 153; FamRZ 2005, 97; OLG Oldenburg FamRZ 2018, 680.
[57] BGH FamRZ 2000, 153.
[58] BGH FamRZ 2000, 153.
[59] BGH FamRZ 2000, 153.
[60] BGH FamRZ 2008, 1325 = R 694; FamRZ 2000, 153; OLG Koblenz FamRZ 2016, 66.
[61] BGH FamRZ 1997, 483.
[62] BGH FamRZ 2008, 1325 = R 694.
[63] BGH FamRZ 1988, 270; FamRZ 1986, 794; FamRZ 1986, 450.
[64] BGH FamRZ 1986, 794; FamRZ 1986, 450 (452).
[65] BGH FamRZ 1988, 270; FamRZ 1986, 794; FamRZ 1986, 450.

änderungen nur auf Verlangen.[66] Eine generelle unaufgeforderte Auskunftsverpflichtung gibt es bei Beschlüssen im Unterhaltsrecht nicht. Eine **Pflicht zur ungefragten Information** neben der Auskunft auf Verlangen kommt nach Treu und Glauben daher nur in Ausnahmefällen in Betracht, in denen der Unterhaltspflichtige auf Grund vorangegangenen Tuns des Unterhaltsgläubigers sowie nach der Lebenserfahrung keine Veranlassung hatte, sich durch ein Auskunftsbegehren über veränderte Einkommensverhältnisse des Unterhaltsgläubigers zu vergewissern[67] (näher → § 1 Rn. 1199 ff.). Bei **Vereinbarungen** erhöht sich dagegen die Pflicht zur Rücksichtnahme auf die Belange des anderen Teils, es sind unaufgefordert alle Umstände zu offenbaren, die erkennbar zu einer Änderung der Vereinbarung führen, insbesondere bei erheblichen Einkommensveränderungen (s. oben → Rn. 234).[68]

- Der BGH hat bei einem **Urteil** eine derartige Pflicht zur ungefragten Information bejaht bei einer 54-jährigen, seit 10 Jahren nicht mehr berufstätigen Frau, die wegen schlechten Gesundheitszustandes mit Zustimmung des Mannes keiner Berufstätigkeit nachgehen musste und 2 Jahre nach dem Urteil zunächst eine Halbtags- und dann eine Ganztagstätigkeit aufnahm,[69] sowie bei einem Rentner, der neben der Rente voll und nicht nur geringfügig tätig war, obwohl er ein vorangehendes Unterhaltsabänderungsverfahren erfolgreich auf seine geringen Renteneinkünfte stützte.[70]
- Eine Verpflichtung zur ungefragten Information hat der BGH dagegen verneint bei einer Frau, der im Unterhaltsurteil ein fiktives Einkommen aus einer Halbtagstätigkeit von 260 EUR zugerechnet wurde, weil sie auf Grund des Alters der Kinder teilzeitarbeiten könne, und die daraufhin eine Halbtagstätigkeit mit einem Einkommen von ca. 535 EUR annahm.[71]
- Bei einem **Unterhaltsvergleich** hat der BGH eine Verpflichtung zur ungefragten Information bejaht, wenn in dem Vergleich eine Klausel aufgenommen wird, dass ein bestimmter monatlicher **Nettoverdienst** des Berechtigten **anrechnungsfrei bleiben** soll und der Berechtigte diese Einkommensgrenze deutlich überstieg;[72] ebenso wenn eine Schenkung der Eltern an die Bedürftige von 125 000 EUR erfolgte und diese sich dahingehend einließ, die Zuwendung sollte nach dem Willen der Eltern den Pflichtigen nicht entlasten, im Übrigen sei das Geld bereits überwiegend verbraucht worden,[73] ferner bei Einkommenserhöhungen, die ersichtlich auf die Unterhaltshöhe Einfluss haben.[74] Das Verschweigen des höheren Einkommens hat der BGH zugleich als Betrug angesehen (→ Rn. 233).

238 In **subjektiver Hinsicht** erfordert der Tatbestand des § 826 BGB nicht, dass dem Bedürftigen bewusst ist, sich sittenwidrig zu verhalten. Es genügt, dass er die Tatumstände kennt, die sein Verhalten objektiv als Verstoß gegen die guten Sitten erscheinen lassen.[75] Nach dem Wortlaut des § 826 BGB ist dagegen bezüglich der Schadenszufügung Vorsatz erforderlich.[76]

Bei Schadensersatzansprüchen nach §§ 823 II, 826 BGB ist eine mögliche Entreicherung nach § 818 III BGB nicht zu prüfen.[77]

---

[66] BGH FamRZ 1988, 270.
[67] BGH FamRZ 1988, 270.
[68] BGH FamRZ 2008, 1325 = R 694; FamRZ 2000, 153; FamRZ 1997, 483.
[69] BGH FamRZ 1986, 450 (452).
[70] BGH FamRZ 1988, 270.
[71] BGH FamRZ 1986, 794.
[72] BGH FamRZ 1997, 483.
[73] BGH FamRZ 2000, 153.
[74] BGH FamRZ 2008, 1325 = R 694.
[75] BGH FamRZ 1988, 270 (272); FamRZ 1986, 450 (454).
[76] BGH FamRZ 1988, 270.
[77] BGH FamRZ 1986, 450.

3. Abschnitt: Rückforderung von zu Unrecht gezahltem Unterhalt § 6

V. Sonderfälle

1. Rückforderung bei Rentennachzahlung

Geht der Pflichtige oder Bedürftige in Rente, dauert es in der Praxis oft lange, bis nach Antragstellung der Rentenbescheid ergeht. Die Rente wird dann nachbezahlt, was zur erheblichen Einkommensveränderung führen kann (hierzu → § 1 Rn. 660 ff.). Dies gilt insbesondere in Fällen, in denen der Versorgungsausgleich nicht mit der Scheidung, sondern erst im Rentenfall des Unterhaltsgläubigers durchgeführt wird, wodurch sich rückwirkend die Leistungsfähigkeit des Pflichtigen reduzieren und zugleich das Einkommen des Bedürftigen erhöhen kann, sowie bei Zahlung einer Erwerbsunfähigkeitsrente an einen einkommenslosen Bedürftigen. Unterhaltsrechtlich beeinflussen diese Einkommensveränderungen weder beim Pflichtigen noch beim Berechtigten den Umfang der Unterhaltspflicht für die zurückliegende Zeit, da sie erst ab Zugang der Nachzahlung zu berücksichtigen sind[78] (näher → § 1 Rn. 661 ff.).   239

Dem Pflichtigen stehen in diesen Fällen somit zwar keine Unterhaltsrückforderungsansprüche zu, falls sich bei sofortiger Zahlung der Rente ein niedrigerer Unterhalt errechnet hätte.[79] Nach BGH hat er aber aus dem Grundsatz von Treu und Glauben einen Erstattungsanspruch eigener Art nach § 242 BGB auf einen Teil der Rentennachzahlungen.[80] Die Höhe bemisst sich nach der Unterhaltsermäßigung, wenn die Rente ab Antragstellung bezahlt worden wäre[81] (vgl. insoweit ausführlich → Rn. 1/662).   240

Zu Möglichkeiten des Pflichtigen, bei Kenntnis des Rentenfalls das Ergebnis von vornherein durch eine Darlehenszahlung abzuwenden, vgl. → Rn. 224 und ausführlich → Rn. 1/661.   241

2. Rückforderungen eines Verfahrenskostenvorschusses

Leistet der Pflichtige an den Bedürftigen einen Verfahrenskostenvorschuss, besteht ein Rückforderungsanspruch, wenn sich die **wirtschaftlichen Verhältnisse** des Unterhaltsgläubigers nachträglich erheblich **verbessert haben** oder die Rückzahlung der Billigkeit entspricht[82] (s. auch → Rn. 41). Der Rückforderungsanspruch ergibt sich nach BGH aus dem Vorschusscharakter der Leistung gemäß § 1360a IV BGB als Anspruch eigener Art, nicht aus dem Bereicherungsrecht.[83]   242

Eine Veränderung der wirtschaftlichen Verhältnisse kann sich insbesondere durch einen Zugewinnausgleich bei der Scheidung oder eine im Zusammenhang mit der Trennung erfolgte Vermögensauseinandersetzung ergeben. Mit dem Rückforderungsanspruch kann gegen einen Zugewinnausgleichsanspruch aufgerechnet werden.[84]   243

Eine Rückzahlung aus Billigkeit kommt in Betracht, wenn sich nachträglich herausstellt, dass das Gericht bei Erlass einer einstweiligen Anordnung zum Verfahrenskostenvorschuss von falschen Einkommensverhältnissen ausging und bei Zugrundelegung des tatsächlichen Einkommens kein Anspruch auf Verfahrenskostenvorschuss bestanden hätte.[85]   244

– in dieser Auflage nicht belegt –   245–299

---

[78] BGH FamRZ 1990, 269 (272); FamRZ 1985, 155.
[79] BGH FamRZ 1989, 718.
[80] BGH FamRZ 2005, 1974 = R 636b; FamRZ 1990, 269 (272); FamRZ 1989, 718.
[81] BGH FamRZ 1990, 269 (272).
[82] BGH FamRZ 2005, 1974; FamRZ 1990, 491.
[83] BGH aaO.
[84] BGH FamRZ 2005, 1974.
[85] BGH aaO.

4. Abschnitt: Aufrechnung mit Gegenforderungen

I. Aufrechnungsverbot für unpfändbare Forderungen

300 Dem Unterhaltspflichtigen stehen nicht selten **Gegenansprüche** zu, mit denen er gegen die Unterhaltspflicht aufrechnen möchte. Sind die (geschiedenen) Ehegatten Miteigentümer der früheren Familienwohnung kann ein geltend zu machender Anspruch auf Nutzungsentschädigung[1] gegen den in der Wohnung verbliebenen Ehegatten gegeben sein. Gleiches gilt, wenn der ausgezogene unterhaltspflichtige Ehegatte ein dingliches Mitbenutzungsrecht in Form einer beschränkten persönlichen Dienstbarkeit an der vom anderen Ehegatten genutzten Wohnung hat.[2] Erstreckt sich das Mitbenutzungsrecht auch auf weitere im Alleineigentum des anderen Ehegatten stehende Wohnungen, hat der weichende Ehegatte als weiterer Bruchteilsberechtigter gemäß § 743 I BGB einen Anspruch auf Teilhabe an der erzielten Miete.[3] Sind die Ehegatten Miteigentümer und Gesamtschuldner eines zur Finanzierung der Immobilie aufgenommenen Kredits, kann im Innenverhältnis der Ehegatten ein Anspruch auf Gesamtschuldnerausgleich für die nach der Trennung von einem Ehegatten allein geleisteten Zins- und Tilgungsleistungen gegeben sein, wenn nicht eine anderweitige Bestimmung iSv § 426 I BGB vorliegt.[4] Auf eine anderweitige Bestimmung kommt es ebenfalls an, wenn ein Ehegatte auch im Interesse des anderen ein Darlehen aufgenommen oder ein gemeinsames Darlehen allein abgezahlt hat und ein Ausgleichs- oder Freistellungsanspruch des Darlehensnehmers gegen den anderen Ehegatten geltend gemacht wird.[5] Es können aber auch Ansprüche auf Aufteilung von nach der Ehetrennung fällig gewordenen und noch nicht beim Unterhalt verrechneten Steuererstattungs- oder Steuernachzahlungsansprüchen,[6] auf Kostenerstattung aus einem Vorverfahren, aus einem Treuhandverhältnis, Schadensersatz, Darlehen, Rückzahlung zu viel geleisteten Unterhalts[7] (→ Rn. 200 ff.) und dergleichen mehr vorliegen.[8] In all diesen Fällen stellt sich die Frage, ob **der Unterhaltspflichtige** nach § 387 BGB gegen die Unterhaltsforderung aufrechnen darf.[9] Dies wird häufig unter Hinweis auf ein generelles „Aufrechnungsverbot" nach § 394 BGB verneint. Damit wird die bestehende Rechtslage jedoch nicht vollständig ausgeschöpft. Eine Aufrechnung gegen den Anspruch des Unterhaltsberechtigten ist trotz der Vorschrift des § 394 BGB schon dann möglich, wenn die Beteiligten dies wirksam vereinbart haben und es sich um bereits fällige Unterhaltsansprüche handelt, die nicht auch dem künftigen Lebensunterhalt des Berechtigten dienen sollen.[10] Aber auch sonst ist die Aufrechnung nach § 394 BGB nur gegen eine **unpfändbare Forderung** unzulässig. Welche Forderungen davon erfasst sind, ergibt sich aus den §§ 850 ff. ZPO, die zwischen absolut unpfändbaren (§ 850a ZPO) und bedingt pfändbaren (§ 850b) Forderungen unterscheiden. Gesetzliche[11] Unterhaltsansprüche gehören nach § 850b I Nr. 2 ZPO zu den bedingt pfändbaren Forderungen und sind damit im Grundsatz den unpfändbaren Forderungen gleichgestellt.[12] Nur ausnahmsweise können Unterhaltsansprüche nach § 850b II ZPO gepfändet werden, wenn die Vollstreckung in das sonstige Vermögen des Unterhaltsberechtigten nicht zu einer vollständigen Befriedigung des Gläubigers geführt hat und voraussichtlich auch nicht führen wird und die Pfändung im

---

[1] Vgl. dazu BGH FamRZ 2018, 1517 Rn. 23.
[2] BGH FamRZ 2010, 1630 Rn. 15 ff.
[3] BGH FamRZ 2010, 1630 Rn. 15 ff.
[4] BGH FamRZ 2018, 1517 Rn. 18 ff; 2011, 25 Rn. 16 f.; 2008, 602 Rn. 9 ff.; 2005, 1236; FuR 2003, 374; FamRZ 1997, 487; 1997, 484; 1996, 1067.
[5] BGH FamRZ 2018, 1517 Rn. 25; 2010, 1542 Rn. 13 ff.
[6] BGH FamRZ 2010, 717 Rn. 10 ff.; 2010, 269; 2006, 1178.
[7] BGH FamRZ 2014, 1529 Rn. 35 f.
[8] Zu den vermögensrechtlichen Ansprüchen von Ehegatten außerhalb des Güterrechts s. Schulz/Hauß, Vermögensauseinandersetzung bei Trennung und Scheidung, 6. Auflage Rn. 686.
[9] Vgl. Wohlfahrt FamRZ 2001, 1185 ff.
[10] OLG Düsseldorf FamRZ 2006, 636; OLG Hamm FamRZ 2005, 995.
[11] Vgl. insoweit BGH FamRZ 2002, 1179.
[12] BGH FamRZ 1970, 23; KG OLGZ 70, 19; OLG Düsseldorf FamRZ 1981, 970 (971).

4. Abschnitt: Aufrechnung mit Gegenforderungen § 6

Einzelfall der **Billigkeit** entspricht.[13] Aber auch dann kommt nur eine Pfändung im Rahmen der Pfändungsfreigrenzen des § 850c ZPO in Betracht, weil § 850b II ZPO ausdrücklich auf die für Arbeitseinkommen geltenden Vorschriften verweist.[14] Dem stehen die §§ 850d, 850f ZPO nicht entgegen, weil diese Vorschriften den umgekehrten Fall einer Pfändbarkeit des Arbeitseinkommens des Unterhaltsschuldners durch einen Unterhaltsgläubiger betreffen,[15] während es im Rahmen der Aufrechnung regelmäßig auf die Pfändbarkeit des Unterhaltsanspruchs des Unterhaltsberechtigten ankommt. Dem Unterhaltsberechtigten ist also stets ein **Existenzminimum** zu belassen. Das Verbot der Pfändung einer Unterhaltsforderung dient somit in erster Linie dem Schutz des Unterhaltsberechtigten davor, dass ihm und seiner Familie die zur Sicherung des Existenzminimums benötigten Vermögenswerte entzogen werden.[16] Dieses Existenzminimum entspricht bei der Aufrechnung regelmäßig den pfändungsfreien Beträgen des Arbeitseinkommens (→ Rn. 302 f.) und darf auch bei Berücksichtigung des Arglisteinwands (→ Rn. 307) den notwendigen Lebensunterhalt im Sinne des Sozialhilferechts (§§ 27 ff. SGB XII) nicht unterschreiten (→ Rn. 308).[17] Aufrechnungen gegen Unterhaltsforderungen wirken sich daher regelmäßig nur aus, soweit der Unterhaltsanspruch des Berechtigten das ihm zu belassende Existenzminimum übersteigt.

Bei der Entscheidung über die erklärte Aufrechnung kann sich das Familiengericht nicht auf eine fehlende funktionelle oder sachliche **Zuständigkeit** berufen.[18] Denn grundsätzlich ist eine Aufrechnung auch mit Ansprüchen zulässig, die nicht in die Zuständigkeit des Familiengerichts fallen. Richtet sich die Aufrechnung gegen einen bestehenden Titel, ist nach § 120 I FamFG iVm § 767 ZPO ein **Vollstreckungsgegenantrag** zulässig, nicht hingegen ein Abänderungsverfahren nach § 238 f FamFG.[19] So wie eine Aufrechnung des Unterhaltsgläubigers mit seien Unterhaltsansprüchen auch gegen nicht familienrechtliche Forderungen erklärt werden kann, die vor einem allgemeinen Zivilgericht anhängig sind,[20] kann der Unterhaltsschuldner im familiengerichtlichen Verfahren grundsätzlich auch die Aufrechnung mit Ansprüchen erklären, für die die allgemeinen Zivilgerichte zuständig sind (vgl. aber → Rn. 303 f.). Selbst eine anderweitige Rechtshängigkeit schließt die Aufrechnung nicht aus.[21] Ist die Aufrechnung nicht schon aus grundsätzlichen Erwägungen ausgeschlossen (→ Rn. 302 ff.), kommt wegen der Rechtshängigkeit in dem anderen Verfahren und zur Vermeidung widerstreitender Entscheidungen nur die Aussetzung des Rechtsstreits in Betracht.[22] In der Berufungsinstanz ist eine Aufrechnungserklärung nach § 533 ZPO nur zulässig, wenn der Gegner einwilligt oder das Gericht dies für sachdienlich hält und wenn die Erklärung auf Tatsachen gestützt werden kann, die das Berufungsgericht seiner Verhandlung und Entscheidung ohnehin nach § 529 ZPO zugrunde zu legen hat.[23]

301

II. Aufrechnungen gegen Unterhaltsforderungen

Nach § 394 BGB kann gegen unpfändbare Forderungen nicht aufgerechnet werden. Das gilt nach § 850b I Nr. 2 ZPO grundsätzlich auch für eine Aufrechnung gegen alle **gesetzlichen Unterhaltsansprüche** (→ Rn. 300). Nach dem Zweck und der geschicht-

302

---

[13] BGH FamRZ 2004, 1784 (zum Taschengeld); OLG Hamm FamRZ 2004, 1668.
[14] BGH FamRZ 2010, 2071 Rn. 7 ff.; OLG Hamm FamRZ 2005, 995 (996).
[15] Vgl. insoweit BGH FamRZ 2015, 657; 2014, 1918; 2008, 137 = R 684c, d; 2004, 620; 2003, 1466.
[16] BGH FamRZ 2013, 1202 Rn. 21 mwN und unter Hinweis auf BT-Drs. 8/693, 45.
[17] BGH FamRZ 2003, 1466.
[18] OLG Jena FamRZ 2009, 1340; OLG Köln FamRZ 1992, 450.
[19] BGH FamRZ 2005, 1479 = R 636a (allgemein zur Abgrenzung); 1959, 288; OLG Jena FamRZ 2012, 1662 (1663).
[20] BGH FamRZ 1996, 1067; OLG Jena FamRZ 2010, 382 und 2009, 1340 unter Hinweis auf BT-Drs. 11/7030, 37; KG FamRZ 2008, 2039.
[21] BGH FamRZ 2000, 355 (357).
[22] BGH FamRZ 2002, 1179 (1180 f.).
[23] BGH FamRZ 2010, 1637 Rn. 54.

lichen Entwicklung[24] erstreckt sich die Unpfändbarkeit über den Wortlaut der Norm hinaus („Unterhaltsrenten") generell auf Unterhaltsforderungen, die im Rahmen und auf Grund einer gesetzlichen Unterhaltsverpflichtung geschuldet werden, und damit auch auf einen Taschengeldanspruch[25] und auf einmalig zu zahlende Unterhaltsbeträge.[26] Die Vorschrift erfasst auch Rückstände,[27] Zinsen,[28] Sonderbedarf,[29] Abfindungsbeträge[30] und Verfahrenskostenvorschüsse.[31] Der Anspruch auf Erstattung der steuerlichen Nachteile, die beim Realsplitting für den Unterhaltsberechtigten entstehen können (→ § 1 Rn. 956 ff.), gehört ebenfalls dazu.[32] Voraussetzung der Unpfändbarkeit ist allerdings, dass die Unterhaltsansprüche auf einer **gesetzlichen Vorschrift** beruhen. Ansprüche, die sich ausschließt auf eine Beteiligtenabrede gründen, sind davon nicht erfasst.[33] Ein Unterhaltsanspruch verliert seinen Charakter als gesetzlicher Anspruch jedoch nicht schon deshalb, weil die Beteiligten ihn zum Gegenstand einer vertraglichen Regelung gemacht haben. Das gilt jedenfalls dann, wenn sie den Bestand des gesetzlichen Anspruchs unberührt lassen und ihn lediglich inhaltlich nach Höhe, Dauer und Modalitäten näher ausgestalten und präzisieren.[34] Der Wille der Beteiligten, den Unterhaltsanspruch völlig auf eine vertragliche Grundlage zu stellen und ihm damit das Wesen eines gesetzlichen Unterhaltsanspruchs zu nehmen, kann nach ständiger Rechtsprechung des BGH nur beim Vorliegen dafür sprechender besonderer Umstände angenommen werden.[35] Nur wenn die Beteiligten die von ihnen geregelte Unterhaltspflicht hinsichtlich der Voraussetzungen, des Umfangs oder des Erlöschens des Anspruchs allein auf eine vertragliche Grundlage gestellt und den Zahlungsanspruch damit seines Wesens als gesetzlicher Anspruch entkleidet haben, bleibt für die Unpfändbarkeit und ein Aufrechnungsverbot nach § 394 BGB kein Raum.[36] Eine Umgehung des Aufrechnungsverbots durch Überweisung des geschuldeten Unterhalts auf ein zuvor selbst gepfändetes Konto ist nicht zulässig.[37]

Gegen gesetzliche Unterhaltsansprüche kann nur in sehr eingeschränktem Umfang aufgerechnet werden (→ Rn. 300), was nach ständiger Rechtsprechung zusätzlich eine vorherige Zulassung der Pfändung durch das Vollstreckungsgericht voraussetzt (→ Rn. 303 f.).[38] Auch wenn der Unterhaltsanspruch infolge der Zahlung von Sozialhilfe auf den **Sozialhilfeträger** (§ 94 SGB XII) oder infolge der Zahlung von Arbeitslosengeld II auf den Träger dieser Sozialleistungen (§ 33 SGB II) übergegangen ist, kommt eine Aufrechnung mit Ansprüchen gegen den Unterhaltsberechtigten nicht in Betracht.[39] Eine solche Aufrechnung scheitert allerdings nicht bereits an der fehlenden Gegenseitigkeit der übergegangenen Unterhaltsforderung mit der aufgerechneten Gegenforderung. Zwar ist der Gläubiger der nach § 94 SGB XII oder § 33 SGB II übergegangenen Unterhalts-

---

[24] OLG Düsseldorf FamRZ 1992, 498 (499).
[25] BGH FamRZ 2004, 1784; OLG Frankfurt a. M. FamRZ 2009, 703.
[26] BGH FamRZ 2002, 1179 (1181); 1997, 544 (545).
[27] BGH FamRZ 1960, 110; OLG München FamRB 2011, 38; OLG Hamm FamRZ 2005, 995; OLG Koblenz FamRZ 2000, 1219; OLG Düsseldorf FamRZ 1981, 970 (971).
[28] OLG Hamm FamRZ 1988, 952 (953).
[29] BGH FamRZ 2006, 612 = R 647a, b (allgemein zum Sonderbedarf); OLG Düsseldorf FamRZ 1982, 498.
[30] BGH FamRZ 2010, 1311 Rn. 27 ff.; 2002, 1179; OLG Bamberg FamRZ 1996, 1487.
[31] BGH FamRZ 2010, 189 Rn. 4 ff.; 2008, 1159; 2005, 1164 (PKV bei Prozessstandschaft); 2005, 883 = R 628a (PKV für volljährige Kinder); 2004, 1633 (PKV in Raten); vgl. aber KG FamRZ 2008, 2201 und OLG Koblenz OLGR 2000, 333.
[32] BGH FamRZ 2010, 717 Rn. 14; 2007, 793 = R 674g; 2006, 1178; 1997, 544 (545); OLG Nürnberg FamRZ 2000, 880; OLG Schleswig OLGR 1997, 113.
[33] BGH FamRZ 2009, 219 Rn. 13 (zur Abgrenzung von gesetzlichem und vertraglichem Unterhalt).
[34] BGH FamRZ 2012, 525 Rn. 32 ff.; 2012, 699 Rn. 21 ff.; 2009, 219 Rn. 13; 2002, 1179 (1181); 1997, 544 (545).
[35] BGH FamRZ 2014, 912 Rn. 24 ff.
[36] BGH FamRZ 2002, 1179 (1181); 1984, 874 (875).
[37] LG Bonn FamRZ 1996, 1486.
[38] OLG Hamm FamFR 2012, 345; Wohlfahrt FamRZ 2001, 1185 (1186).
[39] OLG Düsseldorf FamRZ 2006, 1532 (1533).

4. Abschnitt: Aufrechnung mit Gegenforderungen   § 6

ansprüche regelmäßig nicht gleichzeitig Schuldner der vom Unterhaltspflichtigen geltend gemachten Gegenforderung. In Fällen, in denen die Hauptforderung durch Abtretung oder im Wege der Legalzession auf einen neuen Gläubiger übergeht, wird das Prinzip der Gegenseitigkeit der Forderungen bei der Aufrechnung aber durch § 406 BGB (iVm § 412 BGB) insoweit durchbrochen, als die Gegenseitigkeit von Hauptforderung und Gegenforderung trotz des Gläubigerwechsels als fortbestehend behandelt wird.[40] Auch der Zweck des Aufrechnungsverbots spricht nicht gegen dessen Fortgeltung nach einem gesetzlichen Anspruchsübergang. Zwar dient das von § 394 BGB in Bezug genommenen Pfändungsverbot des § 850b I Nr. 2 ZPO in erster Linie dem Schutz des Unterhaltsberechtigten davor, dass ihm und seiner Familie die zur Sicherung des Existenzminimums benötigten Vermögenswerte entzogen werden. Darin erschöpft sich der Zweck des Aufrechnungsverbots nach § 394 BGB aber nicht. Vielmehr dient das Aufrechnungsverbot zumindest auch dem Schutz der öffentlichen Kassen, die für die Existenzsicherung des ursprünglichen Gläubigers einzustehen haben. Wegen der Vergleichbarkeit der Interessenlagen sind die Grundsätze der Rechtsprechung zum Aufrechnungsverbot somit auch dann anwendbar, wenn ein Sozialleistungsträger Hilfen zum Lebensunterhalt gewährt, weil ein Unterhaltsschuldner seiner Leistungspflicht nicht nachkommt. Dem steht auch nicht entgegen, dass die Forderung nach § 400 BGB grundsätzlich nicht abgetreten werden kann; denn zwischen dem Aufrechnungsverbot und der eingeschränkten Abtretbarkeit besteht kein notwendiger Gleichlauf.[41]

Die konstitutive Entscheidung, ob die Voraussetzungen für eine Pfändbarkeit vorliegen und damit auch eine Aufrechnung nach § 394 BGB zulässig ist, hat nach überwiegender Auffassung allerdings nicht bereits der Familienrichter im Unterhaltsverfahren, sondern zunächst das Vollstreckungsgericht zu treffen (§ 828 I ZPO). Die Rechtsprechung leitet dies aus der Verfahrensvorschrift des § 850b III ZPO ab, die vorschreibt, dass das „Vollstreckungsgericht" vor seiner Entscheidung die Beteiligten hören soll.[42] Diese **Zuständigkeitsregelung** macht einen **großen Umweg** erforderlich: Der Unterhaltsschuldner muss sich für seine Gegenforderung zunächst einen Titel beschaffen und mit diesem Titel den Unterhaltsanspruch des Berechtigten gegen sich selbst als „Drittschuldner" pfänden und sich überweisen lassen. Drittschuldner und Gläubiger der Gegenforderung können also identisch sein. Der Gläubiger muss den Pfändungsbeschluss unter diesen Umständen an sich selbst zustellen lassen.[43] Erst wenn dies geschehen ist, kann wirksam aufgerechnet werden. Eine schon früher erklärte Aufrechnung wäre unwirksam und müsste nachgeholt werden. Denn ohne Titel und Pfändungsantrag kann das Vollstreckungsgericht die Pfändbarkeit nicht feststellen.[44] Die gerichtliche Praxis sieht in dieser Vorgehensweise offensichtlich den Vorteil, dass das Unterhaltsverfahren im Interesse des Unterhaltsgläubigers nicht mit dem Streit über Aufrechnungsforderungen belastet wird. **303**

Die Praxis hält sich (vorbehaltlich der → Rn. 307 f. beschriebenen Arglist-Fälle) seit Jahrzehnten streng an diese Regeln, geht dabei mE aber von einem **falschen Ansatz** aus. Es leuchtet schon nicht ein, warum der Familienrichter trotz des Sachzusammenhangs nicht im Rahmen des Unterhaltsverfahrens inzident über die Vorfrage der „Pfändbarkeit" als Voraussetzung einer Aufrechnung befinden darf. Entscheidend ist aber, dass der aufrechnende Unterhaltspflichtige die Unterhaltsansprüche nicht „zum Zwecke der Aufrechnung nach den Regeln des Zugriffs auf Arbeitseinkommen pfänden" muss.[45] § 394 BGB zieht als materiell-rechtliche Norm lediglich eine Parallele zum Vollstreckungsrecht und schließt die **304**

---

[40] BGH FamRZ 2013, 1202 Rn. 11; WM 2013, 131 Rn. 37; NJW 1996, 1056 (1057); NJW 1972, 1193 (1194) und NJW 1956, 257.
[41] BGH FamRZ 2013, 1202 Rn. 21 ff. mwN.
[42] BGH FamRZ 1970, 23; OLG Hamm FamRZ 2005, 995 (996); OLG Karlsruhe FamRZ 2002, 1500; KG FamRZ 1999, 405 (406); OLG Bamberg FamRZ 1988, 948 (949); OLG Celle 1986, 196; OLG Düsseldorf FamRZ 1981, 970 (971); OLG München FamRZ 1981, 449 (450); OLG Zweibrücken FamRZ 1980, 455 (456); OLG Hamm FamRZ 1978, 602 (603).
[43] Stein/Jonas/Brehm ZPO, 23. Aufl. 2017, § 829 Rn. 124.
[44] Stein/Jonas/Brehm ZPO, 23. Aufl. 2017, § 850b Rn. 34.
[45] So aber OLG Hamm FamRZ 2005, 995 (996).

Aufrechnung gegen eine Forderung im gleichen Umfang aus, wie die Forderung nicht der Pfändung unterworfen ist. Daraus folgt aber nicht, dass die Voraussetzungen der Aufrechnung – wie sonst im Rahmen der Pfändung – durch das Vollstreckungsgericht ausgesprochen werden müssen. Zwar setzt eine Entscheidung des Vollstreckungsgerichts zur Unpfändbarkeit stets einen rechtskräftigen Titel voraus. Über die Wirksamkeit der Aufrechnung, die ja nicht zur Vollstreckung, sondern zum Erlöschen der wechselseitigen Ansprüche führt, kann aber schon abschließend im Erkenntnisverfahren entschieden werden. Auch wenn die Vorfrage der Pfändbarkeit dann nicht in Rechtskraft erwächst, ist die Entscheidung über die Aufrechnung der Rechtskraft fähig, wodurch auch die Gegenforderung erlischt. Das Familiengericht muss dafür nicht nur den Bestand der Haupt- und Gegenforderung feststellen, sondern als Vorfrage entscheiden, ob der Aufrechnung das Aufrechnungsverbot des § 394 ZPO entgegensteht.[46] Gegen diese Auffassung spricht auch nicht der Wortlaut des § 850b III ZPO. Es ist schon fraglich, ob die in dieser Bestimmung festgelegte Anhörungspflicht überhaupt als Zuständigkeitsbestimmung anzusehen ist. Unabhängig davon wird mit dem Hinweis auf das Vollstreckungsgericht nur sichergestellt, dass sich der Gläubiger, der eine Unterhaltsforderung pfänden will, im Rahmen der Vollstreckung nicht noch einmal an das Verfahrensgericht wenden muss. Er kann vielmehr zusammen mit dem Pfändungsgesuch den Antrag nach § 850b II ZPO stellen. Diese zugunsten des Gläubigers getroffene Zuständigkeitsregelung stellt auf das normale Vollstreckungsverfahren ab und kann nicht auf das Verfahren im Falle einer Aufrechnung übertragen werden.[47]

305 Besonders unangenehm ist das von der Rechtsprechung verlangte umständliche Verfahren, wenn der Unterhaltspflichtige nach der erklärten Aufrechnung einen Vollstreckungsgegenantrag erheben muss, weil der Unterhaltsberechtigte aus dem früheren Titel vollstreckt. Solange der Unterhaltsanspruch nicht gepfändet ist, soll dieser Antrag nicht erfolgreich sein, weil der Unterhaltsanspruch jedenfalls bis zu diesem Zeitpunkt einer Aufrechnung entzogen ist.[48] Diese Auffassung verkennt, dass eine Aufrechnung nach § 394 BGB nicht die Pfändung, sondern nur die Pfändbarkeit voraussetzt.

306 Trotz dieser Schwierigkeiten sollte sich der Unterhaltsschuldner nicht abschrecken lassen, in geeigneten Fällen Aufrechnungsforderungen auf dem in → Rn. 303 beschriebenem Weg durchzusetzen, wenn sie anders nicht vollstreckt werden können. Bei zahlungsunwilligen Schuldnern ist ohnehin zunächst ein Titel erforderlich, so dass insoweit keine zusätzlichen Kosten entstehen. Voraussetzung für einen erfolgreichen Pfändungsantrag ist aber stets, dass ein Unterhaltsanspruch gegeben ist, der über das pfändungsfreie Arbeitseinkommen hinausgeht (→ Rn. 300). Ist dies nicht der Fall, steht der Aufrechnung schon materiell-rechtlich das Aufrechnungsverbot des § 394 BGB entgegen. Eine Aufrechnung kann nicht mehr mit einem Vollstreckungsgegenantrag geltend gemacht werden, wenn die Aufrechnungsmöglichkeit schon im Vorverfahren oder – soweit ein Unterhaltsvergleich vorliegt – bei Vergleichsabschluss hätte geltend gemacht werden können und dies nicht genutzt wurde.[49]

III. Der Arglisteinwand

307 Der Unterhaltspflichtige muss aber auch nach der in der Rechtsprechung vertretenen Auffassung (→ Rn. 303) nicht stets den Umweg über § 850b II ZPO nehmen. Wenn dem Unterhaltspflichtigen eine Gegenforderung nach §§ 823 II, 826 BGB aus einer vom Unterhaltsberechtigten begangenen vorsätzlichen unerlaubten Handlung zusteht, die dieser im Rahmen des Unterhaltsverhältnisses begangen hat, steht dem Aufrechnungsverbot schon der sog **Arglisteinwand** entgegen. Denn nach Auffassung des BGH[50] darf „dem in

---

[46] OLG Hamm FamFR 2012, 345.
[47] So auch Wohlfahrt FamRZ 2001, 1185 (1186).
[48] MüKoBGB/Schlüter § 394 Rn. 4 mwN.
[49] BGH FamRZ 1993, 1186; NJW 1980, 2527 (2528).
[50] BGH FamRZ 1993, 1186; 1959, 288; vgl. auch OLG Hamm FamRZ 2005, 995.

§ 394 BGB zum öffentlichen Wohl und im Staatsinteresse verfolgten Zweck der Sicherung des Lebensunterhalts und eines darüber hinaus gehenden Einkommensteils keine Durchführung und Erfüllung zugestanden werden, die auf dem Wege eines formalistischen Haftens am Gesetzeswortlaut der Arglist zum Sieg verhelfen würde". Deswegen kann auch der Einwand der Arglist eine sonst unzulässige Aufrechnung durch den Unterhaltsschuldner ermöglichen.[51] Nach dieser Rechtsprechung des BGH[52] ist eine sonst unzulässige Aufrechnung des Unterhaltsschuldners nicht schon dann unter dem Gesichtspunkt der Arglist zulässig, wenn die unerlaubte vorsätzliche Handlung außerhalb des Unterhaltsrechts erfolgte oder sich die Gegenforderung aus einer vorsätzlichen Vertragsverletzung ergibt. Vielmehr kommt eine Aufrechnung in erster Linie bei **betrügerischem Verhalten** im Zusammenhang mit der Durchsetzung von Unterhaltsansprüchen oder der Aufrechterhaltung von früheren Titeln in Betracht (→ Rn. 233 ff.).[53]

Liegt ein solcher Ausnahmefall vor, kann der Familienrichter auch nach der zurückhaltenden Auffassung der Rechtsprechung (→ Rn. 303) ohne weiteres schon im Unterhaltsverfahren über die Aufrechnungsforderung entscheiden. Denn die Frage, ob der Unterhaltsberechtigte im Zusammenhang mit der Durchsetzung seiner Unterhaltsforderung arglistig gehandelt hat, lässt sich im Erkenntnisverfahren besser beurteilen als im Vollstreckungsverfahren. Jedenfalls dann ist der Umweg über das Vollstreckungsgericht unnötig. Allerdings muss dann der Familienrichter bei seiner Entscheidung zur Aufrechnung auch dann beachten, dass dem Unterhaltsberechtigten zum Schutz der öffentlichen Kassen ein ihm zustehendes **Existenzminimum** belassen bleibt (→ Rn. 300), welches der BGH[54] im Regelfall mit dem notwendigen Lebensunterhalt im Rahmen der Sozialhilfe (§§ 27 ff. SGB XII) bemisst. Nach dieser neueren Rechtsprechung des BGH kann der Freibetrag hingegen nicht nach dem geringfügig oberhalb der Sozialhilfesätze liegenden notwendigen Selbstbehalt des Unterhaltspflichtigen bemessen werden.[55] 308

IV. Die Aufrechnungserklärung

Nach § 387 BGB kann erst aufgerechnet werden, wenn der Aufrechnungswillige „die ihm gebührende Leistung fordern und die ihm obliegende Leistung bewirken kann". Danach kann gegenüber rückständigem Unterhalt jederzeit mit einer fälligen Gegenforderung aufgerechnet werden. Bei erst **künftig fällig werdenden Unterhaltsraten** kommt es darauf an, in welchem Umfang der aufrechnungswillige Unterhaltsschuldner berechtigt ist, den Unterhaltsanspruch vorab zu befriedigen. Zum Schutz des Unterhaltsberechtigten vor unbedachten Geldausgaben ist dieses nicht grenzenlos möglich. **Beim Familien-, Trennungs- und Kindesunterhalt** wird der Unterhaltsschuldner nach §§ 1360a III, 1361 IV 4, 1614 II iVm § 760 II BGB durch Vorauszahlungen nur für höchstens drei Monate befreit. Im Rahmen des **nachehelichen Unterhalts** fehlt zwar ein entsprechender Verweis auf die Vorschrift des § 760 II BGB. Daraus folgt nach der Rechtsprechung des BGH aber noch nicht, dass ein Anspruch auf nachehelichen Unterhalt für eine beliebige Zeit im Voraus erfüllt werden kann. Denn insoweit sind die Grenzen der Erfüllungswirkung der allgemeinen Regel des § 271 II BGB zu entnehmen. Danach ist zwar im Zweifel anzunehmen, dass der Schuldner eine Leistung, für die – wie beim nachehelichen Unterhalt (§ 1585 I BGB) – eine Zeit bestimmt ist, schon zuvor bewirken kann. Dies gilt nach allgemeiner Ansicht aber nicht, wenn sich aus dem Gesetz, aus einer Vereinbarung der Beteiligten oder aus den Umständen ergibt, dass der Schuldner nicht berechtigt sein soll, die Leistung schon vor der Zeit zu erbringen. Nach den Umständen sind Vorausleistungen ausgeschlossen, wenn die Leistungszeit nicht nur im Inte- 309

---

[51] OLG Karlsruhe FamRZ 2003, 33.
[52] BGH FamRZ 1993, 1186.
[53] OLG Hamm FamFR 2012, 345; vgl. aber BGH FamRZ 2018, 1415 Rn. 40.
[54] BGH FamRZ 2011, 208 Rn. 9 ff.; 2010, 1798; 2003, 1466.
[55] So noch BGH FamRZ 1993, 1186 (1188); vgl. zum Mindestbedarf BGH FamRZ 2013, 534 Rn. 26; 2010, 357 Rn. 28 ff.; 2010, 444 Rn. 17 ff. und zum Ehegattenselbstbehalt des Unterhaltspflichtigen BGH FamRZ 2006, 683.

resse des Schuldners hinausgeschoben ist, sondern auch der Gläubiger ein rechtlich geschütztes Interesse daran hat, die Leistung nicht vorzeitig entgegennehmen zu müssen. Für den Anspruch auf nachehelichen Unterhalt sieht das Gesetz in § 1585 I BGB die monatlich im Voraus zahlbare Geldrente auch im Interesse des Unterhaltsberechtigten vor, ohne dass der Unterhaltspflichtige – von vertraglichen Gestaltungen abgesehen – die Möglichkeit hat, eine abweichende Form der Unterhaltsgewährung einseitig durchzusetzen. Denn Zweck dieser Regelung ist die Sicherung des laufenden Lebensbedarfs des Unterhaltsberechtigten. Dieser Zweck könnte gefährdet werden, wenn der Unterhaltsberechtigte verpflichtet wäre, auch größere Vorauszahlungen für einen beliebigen Zeitraum entgegenzunehmen.[56] Weil das Gesetz aber selbst für den Kindesunterhalt die ausdrückliche Regelung vorsieht, dass eine Vorausleistung für drei Monate nicht zurückgewiesen werden darf (§ 1614 II BGB), hält der BGH eine geringere Zeitspanne für den weitaus disponibleren nachehelichen Unterhalt (vgl. § 1585c BGB gegenüber § 1614 I BGB) nicht für vertretbar. Unter Abwägung dieser Umstände hat der BGH eine Aufrechnung gegenüber dem nachehelichen Unterhalt für die künftigen sechs Monate für zulässig erachtet.[57] Die Aufrechnungserklärung kann sich also immer nur auf diese kurzen Zeiträume des künftigen Unterhalts beziehen und **muss daher regelmäßig wiederholt werden**, wenn sie auch den für spätere Zeitabschnitte bestimmten Unterhalt umfassen soll. Dabei reicht es jedoch aus, „wenn nach erfolgter Aufrechnung in angemessenen Abständen der Wille zum Ausdruck gebracht wird, an der Aufrechnung festzuhalten".[58] Weiter gehende Vereinbarungen sind nur unter den Voraussetzungen des § 1585c BGB zulässig (→ Rn. 310).

V. Die Aufrechnungsvereinbarung

310 Die Beteiligten können eine Aufrechnung gegenüber Unterhaltsforderungen auch vertraglich vereinbaren. Wenn die materiellen Aufrechnungsvoraussetzungen vorliegen, ist dies dem Unterhaltsberechtigten sogar zu empfehlen, weil er sich damit die Kosten der Titulierung und Pfändung der Gegenforderung ersparen kann. Auch in solchen Fällen ist die Aufrechnungserklärung grundsätzlich alle drei (Familien- und Trennungsunterhalt) bzw. sechs (nachehelicher Unterhalt) Monate zu wiederholen (→ Rn. 309). Lediglich beim nachehelichen Unterhalt ist unter den Voraussetzungen des § 1585c BGB eine Vereinbarung zur umfassenden Fälligkeit künftiger Unterhaltsansprüche und gleichzeitigen Aufrechnung mit einer fälligen Gegenforderung zulässig. Denn weil nach dem Gesetz auch ein Verzicht auf künftigen nachehelichen Unterhalt zulässig ist, kann eine Vereinbarung zur umfassenden Aufrechnung nicht am gebotenen Schutz des Unterhaltsberechtigten scheitern. Fehlen hingegen die materiellen Aufrechnungsvoraussetzungen nach § 850b II ZPO, kann auch eine Aufrechnungsvereinbarung nur die Rückstände erfassen, weil lediglich diese zur freien Verfügung des Berechtigten stehen. Für die erst künftig fällig werdenden Unterhaltsraten wäre eine Aufrechnungsvereinbarung dann gemäß § 134 BGB nichtig.[59]

VI. Die Aufrechnung mit Rückforderungsansprüchen aus Unterhaltsüberzahlungen

311 Bei Unterhaltsstreitigkeiten ergibt sich häufig, dass der Unterhaltspflichtige für **unterschiedliche Zeiträume** verschieden hohe Zahlungen zu leisten hat. Hat er teilweise zu wenig, zum Teil aber auch zu viel geleistet, stellt sich die Frage, ob von dem zusammengerechneten Gesamtrückstand alle in dieser Zeit geleisteten Zahlungen abgesetzt werden

---

[56] OLG Düsseldorf FamRZ 2006, 636; OLG Bamberg FamRZ 1996, 1487 (jeweils für eine Abfindung).
[57] BGH FamRZ 1993, 1186 (1188).
[58] BGH FamRZ 1993, 1186 (1188).
[59] MüKoBGB/Schlüter § 394 Rn. 12 mwN.

können. In der gerichtlichen Praxis werden Ansprüche auf Rückzahlung häufig pauschal mit Restforderungen auf Unterhalt verrechnet. Eine solche **Saldierung** ist generell unzulässig. Denn Unterhalt ist stets für bestimmte Zeitabschnitte geschuldet, in denen Bedarf, Bedürftigkeit und Leistungsfähigkeit die Unterhaltshöhe bestimmen. Wenn nun für einen Zeitabschnitt geringerer Unterhalt geschuldet ist als beantragt, kann dies nicht durch Monate ausgeglichen werden, in denen ein höherer Unterhalt geschuldet ist als beantragt. Unterhalt ist also stets zeitbezogen zu ermitteln und im Verfahren geltend zu machen. Fordert der Unterhaltsberechtigte für bestimmte Zeiträume zu viel Unterhalt, so ist sein Antrag insoweit abzuweisen und kann nicht mit anderen Zeiträumen verrechnet werden, in denen er weniger verlangt, als ihm zusteht.[60] War ein Unterhaltsanspruch schon tituliert und entspricht der Titel nicht mehr der materiellen Rechtslage, stellt sich die Frage, ob der seit Zustellung des Abänderungsantrags oder vorangegangenem Auskunfts- oder Verzichtsverlangen (§ 238 III 1, 3, 4 FamFG) überzahlte Betrag zurück verlangt oder mit einem solchen Anspruch auf Rückzahlung auch gegen künftig eingeklagte Unterhaltsansprüche aufgerechnet werden kann. Häufig scheidet eine solche Aufrechnung wegen überzahlten Unterhalts schon deswegen aus, weil dieser nur unter sehr erschwerten Bedingungen zurückverlangt werden kann[61] (→ Rn. 200 ff.). Aber auch sonst ist der Anspruch auf Rückforderung überzahlten Unterhalts eine Gegenforderung, die – mit Ausnahme von Fällen der Arglist (→ Rn. 307 f.) – unter das **Aufrechnungsverbot** des § 394 BGB fällt.[62] Eine vollständige Aufrechnung der gegenseitigen (Nach- und Rückzahlungs-)Forderungen ist in solchen Fällen deswegen regelmäßig nur mit Einverständnis der Beteiligten zulässig. Liegt diese vor, kann allerdings rechtswirksam so verfahren werden.[63]

In der Rechtsprechung einiger Oberlandesgerichte[64] wird diese strenge Linie unter Hinweis auf § 242 BGB durchbrochen, wenn der Unterhaltsberechtigte aus einem später aufgehobenen vorläufig vollstreckbaren Titel **vollstreckt** hat und nach §§ 717 II, 945 ZPO ohne Rücksicht auf fehlendes Verschulden oder den Wegfall der Bereicherung die beigetriebenen Beträge zurückzahlen muss. Dem kann nicht gefolgt werden. Es trifft zwar zu, dass das Aufrechnungsverbot im Einzelfall zurücktreten muss, soweit Treu und Glauben dies erfordern.[65] Darauf beruht auch der in der Rechtsprechung anerkannte Arglisteinwand (→ Rn. 307). Der Unterhaltsberechtigte, der von einem vorläufig vollstreckbaren Titel Gebrauch macht, handelt aber in der Regel weder arglistig, noch betrügerisch. Die Ansprüche auf Schadensersatz nach den §§ 717 II, 945 ZPO setzen nicht einmal Fahrlässigkeit voraus und beruhen auf einer verschuldensunabhängigen Gefährdungshaftung.[66] Eine Übertragung der Rechtsprechung zum Arglisteinwand auf diese Fälle wird deswegen zu Recht überwiegend abgelehnt.[67] Auch in diesen Fällen sind daher die Wirkung und die Grenzen des Aufrechnungsverbots zu beachten.

312

VII. Zusammenfassung

Zwar kann grundsätzlich auch gegen Unterhaltsforderungen mit Gegenforderungen jeder Art aufgerechnet werden. Die Wirksamkeit der Aufrechnung ist jedoch an weitere – enge – Voraussetzungen geknüpft:

313

---

[60] BGH FamRZ 2016, 199 Rn. 24.
[61] OLG Koblenz FamRZ 1997, 368.
[62] OLG München FamRB 2011, 38; OLG Karlsruhe FamRZ 2003, 33; OLG Stuttgart FamRZ 1988, 204.
[63] BGH FamRZ 1985, 908 (910).
[64] OLG Hamm FamRZ 1999, 436; OLGR Schleswig 1997, 113 (jeweils gegenüber Forderungen aus Steuernachzahlungen); OLG Naumburg, FamRZ 1999, 437; OLG Schleswig FamRZ 1986, 707 (Aufrechnung gegen rückständigen Unterhalt).
[65] BGH FamRZ 1993, 1186 (1188).
[66] BGH NJW 1982, 2813 (2815) (zu § 717 II ZPO); BGH NJW-RR 1992, 998 (zu § 945 ZPO).
[67] OLG München FamRB 2011, 38; OLG Karlsruhe FamRZ 2003, 33 und 2002, 893; Wohlfahrt FamRZ 2001, 1185 (1190) mwN.

– Dem Gegner ist in jedem Fall der notwendige Lebensunterhalt (→ Rn. 300, 308) oder
– im Rahmen des § 850b II ZPO – das pfändungsfreie Einkommen zu belassen.
– Außer in Fällen der Arglist (→ Rn. 307 f.) müssen auch die übrigen Voraussetzungen des § 850b II ZPO erfüllt sein. Das sonstige bewegliche Vermögen darf keine Befriedigung versprechen und auch dann ist die Pfändung nur im Rahmen der Billigkeit zulässig. Bei der Billigkeitsprüfung ist das Interesse des Unterhaltspflichtigen an der Schuldtilgung gegen das Interesse des Unterhaltsberechtigten an der Aufrechterhaltung seines Lebensstandards abzuwägen. Dabei wird der Unterhaltsberechtigte in der Regel Einbußen am Lebensstandard hinnehmen müssen.
– Nach überwiegender Auffassung muss sich der Unterhaltsschuldner für seine Aufrechnungsforderung einen Titel verschaffen, mit dem er die gegen ihn selbst bestehende Unterhaltsforderung pfänden muss (→ Rn. 303). Erst wenn dies geschehen ist, kann er wirksam aufrechnen (vgl. aber → Rn. 304 ff.).
– Aufrechnungserklärungen gegenüber künftigem Unterhalt müssen im Abstand von drei bzw. sechs Monaten wiederholt werden (→ Rn. 309).

314 – Verfahrensrechtlich privilegiert sind nur Aufrechnungsforderungen aus vorsätzlicher unerlaubter Handlung, die ihren Grund in betrügerischem Verhalten bei der Auseinandersetzung um den Unterhalt haben (→ Rn. 307 f.). In diesen Fällen kann schon im Unterhaltsverfahren ohne weiteres über die Wirksamkeit der Aufrechnung entschieden werden. Auch hier ist jedoch dem Aufrechnungsgegner der notwendige Lebensunterhalt zu belassen.[68]

315–399 – in dieser Auflage nicht belegt –

5. Abschnitt: Unterhalt bei Gütergemeinschaft

I. Überblick

400 Das Unterhaltsrecht geht von der Vorstellung aus, dass es einen bedürftigen Unterhaltsberechtigten und einen leistungsfähigen Unterhaltspflichtigen gibt, der wegen seiner besseren Einkommens- und Vermögensverhältnisse zum Ausgleich verpflichtet ist. **Während der Gütergemeinschaft** kann es eine solche Konstellation im Verhältnis der Ehegatten untereinander jedoch grundsätzlich nicht geben, weil mit Ausnahme des selten vereinbarten Vorbehaltsguts (§ 1418 BGB) und des ohnehin für Rechnung des Gesamtguts zu verwaltenden Sonderguts (§ 1417 BGB) **keine Vermögenstrennung** besteht. Das Vermögen des Mannes und das Vermögen der Frau verschmelzen zu einer Einheit, dem Gesamtgut (§ 1416 BGB). Dazu gehören **auch die beiderseitigen Erwerbseinkünfte.**[1]

401 Mit Ausnahme des nach § 1418 III BGB für eigene Rechnung verwalteten Vorbehaltsguts gibt es nur Einkünfte, die rechtlich beiden Eheleuten in ihrer gesamthänderischen Verbundenheit zustehen (§ 1419 BGB). Nach § 1420 BGB sind Einkünfte, die in das Gesamtgut fallen, vor den Einkünften, die in das Vorbehaltsgut fallen, sowie der Stamm des Gesamtguts vor dem Stamm des Vorbehaltsguts und dem Stamm des Sonderguts für den Unterhalt der Familie zu verwenden (→ Rn. 404). Beide Ehegatten sind daher regelmäßig in gleicher Weise bedürftig oder leistungsfähig. Gleichwohl kann es vorkommen, dass ein Ehegatte allein verfügungsberechtigt ist und dem anderen die zum Unterhalt benötigten Mittel vorenthält. Derartige Störungen können aber immer nur auf der **Verwaltungsebene** auftreten und sind daher grundsätzlich auch dort zu beheben. Die Lösung kann nicht wie beim gesetzlichen Güterstand oder bei Gütertrennung in einer „Umverteilung" durch Gewährung von Zahlungsansprüchen bestehen, sondern nur in der **Korrektur einer fehlerhaften Verwaltung des Gesamtguts.** Denn zu einer ordnungsgemäßen

---

[68] BGH FamRZ 2003, 1466.
[1] OLG München FamRZ 1996, 557.

5. Abschnitt: Unterhalt bei Gütergemeinschaft § 6

Verwaltung gehört auch die Leistung des nach § 1420 BGB in erster Linie aus dem Gesamtgut zu erbringenden Unterhalts.[2]

II. Ehegattenunterhalt

1. Trennungsunterhalt

Leben die Ehegatten getrennt, kann auch bei gemeinsamer Verwaltung des Gesamtguts im Innenverhältnis ein Unterhaltsbedarf eines Ehegatten bestehen. Die rechtliche Einordnung dieses Anspruchs ist in der Rechtsprechung des BGH[3] grundlegend geklärt. Danach hat ein getrennt lebender Ehegatte unter den Voraussetzungen des § 1361 BGB und in dem dort bestimmten Umfang auch dann Anspruch auf Trennungsunterhalt, wenn er mit dem anderen in Gütergemeinschaft lebt. Auch in solchen Fällen ist deswegen zunächst der **Unterhaltsbedarf** nach den Einkommens- und Vermögensverhältnissen der Ehegatten festzustellen.[4] In einem ersten Schritt sind somit alle Einkünfte des Gesamtguts zu ermitteln.[5] Nur bei überdurchschnittlich hohem Einkommen, das nicht in voller Höhe für den laufenden Lebensunterhalt benötigt wird, muss auch hier der Bedarf entweder als Quotenunterhalt nach Abzug der nicht für die ehelichen Lebensverhältnisse verwendeten Vermögensbildung oder konkret anhand der bisherigen Lebensgewohnheiten ermittelt werden (→ § 4 Rn. 763 ff.).[6] Der Umstand, dass zwischen den Eheleuten Gütergemeinschaft besteht, bleibt also bei der Bedarfsbemessung zunächst unberücksichtigt. 402

Erst wenn die Höhe des Unterhaltsbedarfs feststeht, ist die Haftungsgrundlage zu klären. Wie das Einkommen und das Vermögen der Eheleute im Rahmen der Gütergemeinschaft für den Unterhalt heranzuziehen sind, ist in § 1420 BGB geregelt. Danach besteht folgende Reihenfolge: 403

– In erster Linie sind die Einkünfte heranzuziehen, die in das **Gesamtgut** fallen. Dazu gehören alle Einnahmen, soweit sie nicht ausnahmsweise dem Sonder- oder Vorbehaltsgut zuzurechnen sind (§§ 1417 II, 1418 II BGB). In das Gesamtgut fallen vor allem die **beiderseitigen Erwerbseinkünfte,**[7] aber auch die Erträge des Gesamtguts, also etwa **Mieteinnahmen** oder der **Veräußerungserlös** beim Verkauf des Erzeugnisse eines landwirtschaftlichen Betriebs. Zusätzlich fallen auch die Erträge des Sonderguts ins Gesamtgut (§ 1417 III 2 BGB). Einkünfte der Eheleute fallen auch dann ins Gesamtgut, wenn sie auf ein Einzelkonto eingezahlt wurden, das ein Ehegatte mit alleiniger Verfügungsbefugnis im Außenverhältnis eröffnet hat, um sie der gesamthänderischen Bindung zu entziehen.[8] In einem solchen Fall kann es sinnvoll sein, die Bank auf die gesamthänderische Bindung des Kontoguthabens nach § 1416 II BGB hinzuweisen. 404

– Reichen die Einkünfte des Gesamtguts nicht aus, sind auch die Einkünfte des beiderseitigen **Vorbehaltsguts** heranzuziehen, wenn ein solches ausnahmsweise vereinbart wurde.

– Kann der verbliebene Bedarf auch durch die Einkünfte aus dem Vorbehaltsgut nicht gedeckt werden, ist der **Stamm des Gesamtguts** heranzuziehen. Dabei kommt vor allem der Verkauf von Immobilien, Wertpapieren oder sonstigen Vermögensgegenständen in Betracht (→ § 1 Rn. 607 ff.).

– Als letzte ist auf den Stamm, also auf die Verwertung des Vorbehaltsguts und schließlich des Sonderguts zurückzugreifen.

---

[2] OLG Zweibrücken FamRZ 1998, 239.
[3] BGH FamRZ 1990, 851.
[4] OLG Oldenburg FamRZ 2010, 213 Rn. 19 ff.
[5] BGH FamRZ 2007, 793 (795); 2006, 683 (685) und 2012, 281 = R 731; 2003, 590, 591 = R 586 (zum Unterhaltsbedarf nach den ehelichen Lebensverhältnissen).
[6] BGHZ 217, 24 = FamRZ 2018, 260 Rn. 17 ff. = R 788c; BGH FamRZ 2012, 281 Rn. 29 = R 731f; 2011, 192 Rn. 21 ff.; 2010, 1637 Rn. 26 ff. = R 715a.
[7] OLG München FamRZ 1996, 166.
[8] BGH FamRZ 1990, 851 II 4. Absatz.

405 In der Regel haftet während der Ehe ausschließlich das **Gesamtgut** für den Unterhalt und bestimmt damit das Maß der ehelichen Lebensverhältnisse nach § 1361 I 1 BGB. Nur wenn diese Einkünfte ausnahmsweise zur Befriedigung des beiderseitigen Unterhaltsbedarfs nicht ausreichen, ist zu klären, inwieweit nach objektivem Maßstab die Einkünfte eines etwa vorhandenen Vorbehaltsguts oder der Stamm des Gesamtguts (zB Verkauf eines Grundstücks) herangezogen werden müssen. Gleiches gilt für den Anspruch des getrennt lebenden Ehegatten auf Verfahrenskostenvorschuss (§ 1361 IV 4 iVm § 1360a IV BGB).[9]

406 Reichen die Einkünfte des Gesamtguts aus, um neben dem eigenen Bedarf des Unterhaltspflichtigen auch den angemessenen Unterhaltsbedarf des Unterhaltsberechtigten nach § 1361 IV 1 BGB zu decken, richtet sich der Unterhaltsanspruch grundsätzlich nur auf eine **„Mitwirkung zur ordnungsmäßigen Verwaltung".**[10] Ein unmittelbarer Zahlungsanspruch ist neben diesem Anspruch auf Mitwirkung ausgeschlossen. Ein Zahlungsanspruch würde wegen seiner grundsätzlichen Unpfändbarkeit (→ Rn. 302) nach § 1417 II BGB iVm § 400 BGB, § 850b I Nr. 2 ZPO ohnehin in das Sondergut fallen und damit gemäß § 1468 BGB in der Regel erst bei der Auflösung und endgültigen Abrechnung der Gütergemeinschaft fällig werden.

407 Der Unterhaltsberechtigte hat einen Anspruch auf Mitwirkung des unterhaltspflichtigen Ehegatten an der Zahlung des Unterhalts aus dem von beiden Ehegatten verwalteten Gesamtgut aber nur insoweit, als der Bedarf nicht aus Einkünften gedeckt werden kann, über die er auch allein verfügen kann und darf. Nur wenn er nicht allein über das Gesamtgut verfügen kann[11] hat er bei **Einzelverwaltung** des anderen Ehegatten nach § 1435 BGB und bei **gemeinsamer Verwaltung** nach § 1451 BGB einen Anspruch darauf, dass der Unterhaltspflichtige an der ordnungsgemäßen Verwaltung des Gesamtguts einschließlich seiner Verwendung für den Unterhalt mitwirkt.[12] Welche Maßnahmen dazu erforderlich sind, richtet sich stets nach den Umständen des Einzelfalls. Dies können die Herausgabe von Geld oder Naturalien, eine Wohnungsgewährung, die Bezahlung von zur Deckung des Lebensbedarfs eingegangenen Schulden ua sein. Der Sache nach richtet sich der Anspruch auf eine Vornahme unvertretbarer Handlungen. Ein hierauf gerichteter Titel ist daher nach **§ 888 ZPO zu vollstrecken.**[13]

408 Grundsätzlich kann daher in einem Verfahren vor dem Familiengericht die **Vornahme derjenigen Handlungen** verlangt werden, die erforderlich sind, damit der Bedarf des Unterhaltsberechtigten gedeckt wird.[14] In der Praxis liegen die Fälle meist so, dass ein Ehepartner die Verwaltung des Gesamtguts vollständig an sich gezogen hat und über die eingehenden Gelder im Außenverhältnis zur Bank nur allein verfügen kann. So hatte der Unterhaltspflichtige auch in einem 1990 vom BGH entschiedenen Fall ausreichende Geldmittel auf einem nur für ihn eingerichteten Konto, für das der Unterhaltsberechtigte nicht bevollmächtigt war.[15]

409 Ausnahmsweise kann in solchen Fällen aber auch unmittelbar **Zahlung des geschuldeten Unterhaltsbetrags aus dem Gesamtgut** beantragt werden. Allerdings ist auch ein auf Zahlung des geschuldeten Unterhalts aus dem Gesamtgut lautender Beschluss nach § 888 ZPO und nicht nach § 803 ZPO zu vollstrecken.[16] Denn der Unterhaltspflichtige schuldet an sich nicht die „Zahlung", sondern immer nur die Mitwirkung an einer ordnungsgemäßen Verwaltung des Gesamtguts. Die Mitwirkungspflicht ist auch deswegen nach § 888 ZPO zu **vollstrecken,** weil der Unterhaltsberechtigte nach den §§ 803 ff. ZPO nur in das Sondergut und das Vorbehaltsgut des Unterhaltspflichtigen vollstrecken

---

[9] OLG Zweibrücken FamRZ 1996, 227; vgl. auch BGH FamRZ 2008, 1158; 2005, 883 (884) = R 628a, b.
[10] Vgl. BGH FamRZ 2011, 1290.
[11] OLG Zweibrücken FamRZ 1998, 239.
[12] BGH FamRZ 1990, 851 II 6. Absatz, III 2. und 3. Absatz; kritisch dazu Kleinle FamRZ 1997, 1194.
[13] BGH FamRZ 2011, 1290 Rn. 6 ff.; 1990, 851 II 5. Absatz, III 4. Absatz; BayObLG FamRZ 1997, 422.
[14] OLG München FamRZ 1996, 557 und FamRZ 1996, 166.
[15] BGH FamRZ 1990, 851.
[16] OLG Düsseldorf FamRZ 1999, 1348.

5. Abschnitt: Unterhalt bei Gütergemeinschaft § 6

könnte, aber gerade nicht in das nach § 1420 BGB vorrangig für den Unterhalt haftende Gesamtgut.[17] Da die geschuldete Mitwirkung wie bei einem allgemeinen Zahlungsantrag der Überlassung von Geldbeträgen dient, ist das Begehren in einem unbeschränkten Zahlungsantrag enthalten; einer entsprechenden Verurteilung und Vollstreckung steht deswegen das Verbot des § 308 I ZPO nicht entgegen.[18]

Beispiel:[19]
M und F leben in Gütergemeinschaft mit gemeinsamer Verwaltung. Nach den ehelichen Lebensverhältnissen steht F ein Unterhalt von monatlich 1800 EUR zu. Die Einkünfte des Gesamtguts werden auf ein Konto geleistet, zu dem F keinen Zugang hat. In dieser Situation ist M zunächst vom Familiengericht zu verurteilen „die Zahlung des geschuldeten Unterhalts iHv monatlich 1800 EUR zu bewirken". Wenn M nicht zahlt, kann nach § 888 ZPO entweder mit Zwangsgeld oder Zwangshaft vollstreckt werden. F kann sich aber auch an die Schuldner des Gesamtguts wenden und von ihnen die Zahlung unmittelbar verlangen. Falls M dem nicht zustimmt, kann seine Zustimmung gemäß § 1452 I BGB mit der Folge des § 894 ZPO[20] ersetzt werden.

Diese Regeln gelten auch dann, wenn der Trennungsunterhalt erst nach rechtskräftiger Scheidung (§§ 1361 IV 4, 1360a III, 1613 I BGB), aber noch vor der vollständigen Auseinandersetzung der Gütergemeinschaft verlangt wird.[21] **410**

Ist zunächst ein **Rechtsgeschäft** erforderlich, etwa der Verkauf eines Grundstücks oder von Wertpapieren, ist das **Familiengericht** bei Einzelverwaltung nach § 1430 BGB und bei gemeinsamer Verwaltung nach § 1452 BGB befugt, eine ohne ausreichenden Grund verweigerte Zustimmung des anderen Ehegatten zu ersetzen.[22] Die Willenserklärung gilt gemäß § 894 ZPO mit Rechtskraft des entsprechenden Beschlusses als abgegeben.

Zwar steht es dem Unterhaltsberechtigten im Falle einer Unterhaltsverletzung durch den Unterhaltspflichtigen nach § 1447 Nr. 2 BGB (bei Einzelverwaltung) und nach § 1469 Nr. 3 BGB (bei gemeinsamer Verwaltung) frei, unabhängig von einem Scheidungsverfahren die **Auflösung** der Gütergemeinschaft zu verlangen. Wegen des in § 1476 I BGB geregelten Halbteilungsgrundsatzes kann dies für denjenigen, der sehr viel eingebracht hat, aber von erheblichem Nachteil sein. Es ist daher wichtig, vor einem solchen Schritt alle vermögensrechtlichen Folgen genau zu klären.[23] **411**

2. Familienunterhalt

Für die Durchsetzung des Familienunterhalts nach § 1360 BGB gelten die gleichen Grundsätze wie beim Trennungsunterhalt (→ Rn. 402 ff.).[24] **412**

3. Nachehelicher Unterhalt

Die gesetzlichen Vorschriften über den nachehelichen Unterhalt gelten unabhängig von einem früheren Güterstand.[25] Maßgeblich sind somit uneingeschränkt alle Vorschriften der §§ 1569 ff. BGB. Auf den Umstand, dass die Geschiedenen zuvor im Güterstand der Gütergemeinschaft gelebt hatten, kann es an sich nicht weiter ankommen. Denn nach der Scheidung erwirbt jeder frühere Ehegatte wieder für sich allein. Das **nach der Scheidung anfallende Erwerbseinkommen** fällt also nicht mehr in das Gesamtgut[26] und unterliegt **413**

---

[17] BGH FamRZ 1990, 851 II 7. Absatz; vgl. auch OLG Zweibrücken FamRZ 1997, 239.
[18] BGH FamRZ 1990, 851 III 1, 3. Absatz.
[19] Vgl. OLG München FamRZ 1996, 166 und die dazu ergangene Entscheidung BayObLG FamRZ 1997, 422.
[20] BGHZ 190, 1 = FamRZ 2011, 1290 Rn. 10; BGHZ 98, 127 = NJW 1986, 2704.
[21] OLG Zweibrücken FamRZ 1998, 239.
[22] Bis zum 31.8.2009 war das Vormundschaftsgericht für solche Anträge zuständig.
[23] BGH FamRZ 2007, 625 (zum Recht auf Rücknahme eingebrachter Sachen gegen Wertersatz).
[24] BGH FamRZ 1990, 851 II 3. Absatz.
[25] OLG Oldenburg NJW-RR 2009, 1593; OLG München FamRZ 1988, 1276.
[26] OLG Oldenburg NJW-RR 2009, 1593 Rn. 30.

daher keinen gesamthänderischen Bindungen. Es kann daher nunmehr entsprechend den allgemeinen Grundsätzen zugerechnet und verteilt werden.

414 Schwierigkeiten entstehen allerdings für eine mehr oder weniger lange Übergangszeit wegen der **Nachwirkungen der Gütergemeinschaft**.[27] Denn das Gesamtgut bleibt über die Rechtskraft der Scheidung hinaus bis zum Ende der Auseinandersetzung eine **gemeinschaftliche** Vermögensmasse, über die nur gemeinschaftlich verfügt werden kann (§§ 1471 II, 1419 BGB). Auch wenn die Ehegatten zuvor Einzelverwaltung vereinbart hatten, ist das Gesamtgut nach Beendigung der Gütergemeinschaft durch die Scheidung bis zur endgültigen Auseinandersetzung von beiden Geschiedenen gemeinsam zu verwalten (§ 1472 I BGB). Wegen des angestrebten Ziels der Auseinandersetzung, die erst mit der Überschussteilung nach § 1476 I BGB beendet ist, wird von einer **Liquidationsgemeinschaft** gesprochen. Wegen der zunächst erforderlichen Schuldentilgung (§ 1475 BGB), der Ausübung von Übernahmerechten (§ 1477 II BGB),[28] Erstattung der eingebrachten Werte (§ 1478 BGB)[29] und der oft damit verbundenen Grundstücksverwertungen dauert die Liquidation häufig sehr lange.

415 In dieser Übergangszeit gibt es drei Vermögensmassen:
– Das neu erworbene Vermögen des Mannes zusammen mit seinem bisherigen Vorbehalts- und Sondergut,
– das neu erworbene Vermögen der Frau zusammen mit ihrem bisherigen Vorbehalts- und Sondergut und
– das frühere Gesamtgut.

Zur Unterhaltsbestimmung sind in dieser Zeit neben den **Einkünften des Mannes** die **Einkünfte der Frau** und die **Einkünfte des Gesamtguts** zu ermitteln. Denn alle Nutzungen, Früchte, Zinsen usw des Gesamtguts fallen auch in dieser Zeit nach § 1473 BGB noch in das Gesamtgut.[30]

416 Stehen die gesamten Einkünfte fest, ist der Unterhalt nach den **allgemeinen Regeln** zu bestimmen. Gehört zum Gesamtgut zB ein landwirtschaftlicher Betrieb, sind für die Unterhaltsberechnung grundsätzlich nur die Einkünfte abzüglich eines Erwerbstätigenbonus heranzuziehen. Den Erwerbstätigenbonus darf der geschiedene Ehegatte auch dann zusätzlich für sich verbrauchen, wenn die Einkünfte mit seiner Arbeitskraft aus dem Gesamtgut als Vermögensmasse gezogen werden. Gleiches gilt auch dann, wenn der Unterhaltspflichtige seine Einkünfte unter Nutzung des Goodwills einer Inhaberpraxis erzielt, die noch in das Gesamtgut fällt.[31] Wirtschaften die Geschiedenen noch gemeinsam, bleibt es bis zur Auseinandersetzung der Gütergemeinschaft bei der Halbteilung ohne vorherigen Abzug eines Erwerbstätigenbonus. Bemisst sich der Unterhaltsbedarf ausnahmsweise nur nach neu und unabhängig vom Gesamtgut erzielten Erwerbseinkünften, wird – wie auch sonst – eine Geldrente gemäß § 1585 I 1 BGB geschuldet, die als solche gegenüber dem Unterhaltspflichtigen geltend zu machen ist.

417 Schwieriger wird es hingegen, wenn für den Unterhalt auch das zum **Gesamtgut** gehörende Vermögen und die daraus resultierenden Einkünfte und Nutzungsmöglichkeiten heranzuziehen sind. Denn auch während der Liquidationszeit gehört es zur ordnungsgemäßen Verwaltung des Gesamtguts, dass dem Unterhaltsberechtigten der ihm zustehende Unterhalt zur Verfügung gestellt wird.[32] Allerdings muss sich daraus nicht stets eine monatlich bar zu zahlende Unterhaltsrente ergeben. Vielmehr können auch Naturalien oder die Gewährung von Wohnraum geschuldet sein. Eine Unterscheidung zwischen tatsächlichen Handlungen und Rechtsgeschäften findet bei der Liquidationsgemeinschaft der geschiedenen Ehegatten nicht mehr statt. Der Unterhaltsanspruch wird dann wie beim

---

[27] Zur Auflösung der Gütergemeinschaft im Einzelnen vgl. Schulz/Hauß, Vermögensauseinandersetzung Rn. 987 ff.
[28] BGH FamRZ 2008, 1323 Rn. 9 ff.; 2007, 625.
[29] BGH FamRZ 2008, 1323 Rn. 14 ff.
[30] Vgl. dazu OLG Karlsruhe FamRZ 1996, 1414.
[31] Zum Goodwill einer Inhaberpraxis vgl. BGH FamRZ 2018, 93 Rn. 17 f.; 2011, 622 und 2011, 1367.
[32] BGH FamRZ 1990, 851.

5. Abschnitt: Unterhalt bei Gütergemeinschaft **§ 6**

Trennungsunterhalt (→ Rn. 406 f.) grundsätzlich durch einen **Antrag auf Vornahme einer unvertretbaren Handlung** und Vollstreckung des entsprechenden Beschlusses nach § 888 ZPO durchgesetzt. Ein Antrag auf Mitwirkung an der gemeinschaftlichen Verwaltung des Gesamtguts gemäß § 1472 BGB kann nach der Beendigung der Gütergemeinschaft durch Ehescheidung auch darauf gerichtet werden, dass der frühere Ehepartner am Verkauf oder einer sonstigen Verwertung von Gegenständen mitwirkt, soweit dies zur Verfügbarkeit der Mittel für den Unterhalt erforderlich ist. Verfügt der unterhaltspflichtige geschiedene Ehegatte aber über ausreichende Mittel, ist es auch in dieser Situation sachgerecht, unmittelbar einen **Zahlungsantrag** (→ Rn. 409) gegen ihn zu erheben.[33]

Weil es sich in den genannten Fällen der Vornahme unvertretbarer Handlungen noch um güterrechtliche Ansprüche handelt, ist das **Familiengericht** zuständig (§§ 23a I Nr. 1, 23b GVG; § 261 FamFG). Die hier behandelten Ansprüche können deswegen auch im Scheidungsverbund geltend gemacht werden (§ 137 FamFG).[34] **418**

III. Kindesunterhalt

Beim Kindesunterhalt richten sich die Tatbestandsvoraussetzungen und die Höhe des geschuldeten Unterhalts ebenfalls nach den allgemeinen gesetzlichen Vorschriften. Bei minderjährigen Kindern hat die Gütergemeinschaft keine Auswirkungen auf das Vertretungsrecht nach § 1629 II 2, III 1 BGB. Problematisch ist jedoch die Durchsetzung der Unterhaltsansprüche. Denn auch für den Kindesunterhalt sind nach § 1420 BGB in erster Linie die Einkünfte aus dem Gesamtgut heranzuziehen. Wegen der gesamtschuldnerischen Haftung der Eheleute für alle beiderseitigen Verbindlichkeiten nach § 1437 BGB bei Einzelverwaltung und nach § 1459 bei gemeinsamer Verwaltung haftet das Gesamtgut im Außenverhältnis auch für die Kinder des anderen Ehegatten, die nicht gemeinschaftlich sind (vgl. § 1604 BGB). **419**

1. Kindesunterhalt in der Trennungszeit

Bei **minderjährigen Kindern** kann der Elternteil, der die Kinder betreut (§ 1606 III 2 BGB), in dessen Obhut sich die Kinder befinden (§ 1629 II 2 BGB)[35] und der ihre Unterhaltsansprüche durchsetzen will, nach §§ 1435, 1451 BGB vorgehen (dazu → Rn. 407). Weil minderjährige Kinder ihre Lebensstellung und damit die Höhe ihres Unterhaltsbedarfs vom Einkommen ihrer beiden Eltern, bei Barunterhaltspflicht nur eines Elternteils begrenzt auf das Einkommen des Barunterhaltspflichtigen, ableiten,[36] richtet sich ihr Unterhaltsbedarf nach den auf ihn entfallenden anteiligen Einkünften des Gesamtguts und ev. weiteren Einkünften aus seinem Sonder- und Vorbehaltsgut. **420**

Volljährige Kinder haben keine Rechte auf Mitwirkung bei der Verwaltung des Gesamtguts. Sie benötigen einen auf Zahlung einer Unterhaltsrente gerichteten Titel, wenn sie in das Gesamtgut vollstrecken wollen. Verwalten beide Ehegatten das Gesamtgut gemeinschaftlich ist eine Zwangsvollstreckung in das Gesamtgut nach § 740 II ZPO nur möglich, wenn ein Titel gegen beide Eltern vorliegt. Bei Einzelverwaltung genügt nach § 740 I ZPO ein Titel gegen den Verwalter. Wegen der anteiligen Haftung beider Eltern für den Barunterhalt bemisst sich der Lebensbedarf eines noch im Haushalt eines Elternteils lebenden volljährigen Kindes und auch der tatsächlich zu zahlende Unterhalt auf der Grundlage der zusammengerechneten Einkünfte beider Eltern, also der gesamten Einkünfte des Gesamtguts und ev. weiterer Einkünfte aus den Sonder- und Vorbehaltsgütern beider Eltern nach der vierten Altersstufe der Düssel- **421**

---

[33] OLG Oldenburg NJW-RR 2009, 1593; OLG Nürnberg EzFamR aktuell 1993, 305.
[34] OLG Frankfurt a. M. FamRZ 1988, 1276.
[35] BGH FamRZ 2014, 917 Rn. 16 ff. = R 750a; 2006, 1015 (1016).
[36] BGH FamRZ 2017, 437 Rn. 23 ff. = R 780b; 2001, 1603.

dorfer Tabelle.³⁷ Nur wenn das volljährige Kind, zB als auswärts wohnender Student, eine eigene Lebensstellung hat, geht die Rechtsprechung im Regelfall von festen Bedarfssätzen aus, für die dann aber ebenfalls – vorbehaltlich des auch hier zu wahrenden Selbstbehalts³⁸ – das volle Einkommen aus dem Gesamtgut haftet.³⁹

2. Kindesunterhalt ab Rechtskraft der Scheidung

422 Auf die Nachwirkungen der Gütergemeinschaft von dessen Beendigung bis zur endgültigen Auseinandersetzung ist schon im Zusammenhang mit dem Ehegattenunterhalt hingewiesen (→ Rn. 414 f.). Bis zur abschließenden Auseinandersetzung ist daher auch beim Kindesunterhalt das Gesamtgut als eigenständige Vermögensmasse zu beachten.
– Stehen den Eltern nur **Erwerbseinkünfte** zu oder sind nur diese für den Unterhalt maßgeblich, kann das minderjährige Kind einen Zahlungsantrag gegen den barunterhaltspflichtigen Elternteil (§ 1606 II 2 BGB) und das volljährige Kind einen Leistungsantrag gegen beide nach ihren Einkommens- und Vermögensverhältnissen anteilig haftende Eltern (§ 1606 II 1 BGB) erheben. Der Titel wird dann nach §§ 803 f. ZPO in das Erwerbseinkommen oder ein neben dem Gesamtgut vorhandenes sonstiges Vermögen vollstreckt.
– Ist der Unterhalt ganz oder teilweise aus einem noch bestehenden **Gesamtgut** zu leisten, muss ein **volljähriges Kind** – wie beim Kindesunterhalt in der Trennungszeit – hinsichtlich des Anteils aus dem Gesamtgut gegen beide Eltern vorgehen, weil sonst keine Vollstreckung möglich ist (§ 743 ZPO). Bei **minderjährigen Kindern** genügt ein Antrag des betreuenden Elternteils nach § 1472 BGB auf Mitwirkung, der nach § 888 ZPO zu vollstrecken ist (→ Rn. 407, 409).

IV. Keine fiktiven Einkünfte

423 Werden aus dem Gesamtgut bei gemeinsamer Verwaltung, also insbesondere in der Zeit zwischen Scheidung der Ehe und endgültiger Auseinandersetzung (§§ 1471, 1472 I BGB), leichtfertig keine Einkünfte oder Nutzungen gezogen, können dem Unterhaltspflichtigen keine erzielbaren fiktive Einkünfte zugerechnet werden (→ § 1 Rn. 735 ff.).⁴⁰ Das gilt ebenso im Falle eines bis zur Ehescheidung möglichen Alleinverwaltungsrechts des unterhaltspflichtigen Ehegatten. Denn der unterhaltsberechtigte Ehegatte kann seine Vorstellungen über die Nutzung des Gesamtguts, zB die Vermietung eines Grundstücks, auch nach den §§ 1435, 1451 BGB durchsetzen und ist grundsätzlich auf diesen Weg verwiesen. Auf eine unterhaltsbezogene Leichtfertigkeit kann sich ein unterhaltsberechtigter Ehegatte auch deswegen nicht berufen, weil zusätzliche Einkünfte, die nach der Scheidung – etwa aus der Vermietung von Gebäuden auf dem zum Gesamtgut gehörenden Grundstück – erzielt würden, ohnehin nicht dem Ehemann allein zustünden, sondern stets noch in das Gesamtgut fallen würden, an dem bei der anschließenden Auseinandersetzung nach §§ 1474 ff. BGB ohnehin beide Eheleute partizipieren. Derartige Einkünfte können daher bei der Unterhaltsbemessung nicht nochmals einseitig dem unterhaltspflichtigen Ehegatten zugerechnet werden.⁴¹ Die Vorstellungen eines Ehegatten über eine möglichst wirtschaftliche Verwaltung des Gesamtguts sind somit ausschließlich über die Möglichkeiten der §§ 1435, 1451, 1472 BGB zu realisieren. Notfalls schuldet der schlechte Verwalter Scha-

---

37 BGH FamRZ 2006, 99 (100) = R 641; vgl. auch Ziff. 13.1.1 der Leitlinien der Oberlandesgerichte.
38 BGH FamRZ 2006, 683 (684); vgl. auch Ziff. 13.1.2 und 21.3.1 der Leitlinien der Oberlandesgerichte.
39 BGH FamRZ 2006, 1100 (1103) = R 654.
40 So auch OLG Oldenburg FamRZ 2010, 213 Rn. 35.
41 BGH FamRZ 1984, 559 (561) (für den nachehelichen Unterhalt, diese Grundsätze gelten aber erst recht für den Trennungsunterhalt); s. auch OLG Karlsruhe FamRZ 1996, 1414.

densersatz nach § 1435 BGB, der aber gemäß § 1468 BGB erst nach der Beendigung der Gütergemeinschaft fällig wird.

V. Eilmaßnahmen

Auch bei Gütergemeinschaft kann es erforderlich werden, den Unterhalt durch Eilmaßnahmen sicherzustellen.[42] **Einstweilige Anordnungen** in einem selbständigen Unterhaltsverfahren oder zur Durchsetzung eines Verfahrenskostenvorschusses (§§ 49 ff. FamFG) kommen allerdings nur in Betracht, wenn ausnahmsweise auch in der Hauptsache ein Zahlungsantrag möglich ist (→ Rn. 409, 417, 420 f.). Im Rahmen der übrigen Zuständigkeiten des Familiengerichts (→ Rn. 408 f.) kann ein Unterhaltsanspruch auch durch einen dinglichen oder persönlichen Arrest gesichert werden (→ § 10 Rn. 485 ff.).[43] Ein getrennt lebender Ehegatte kann einen Verfahrenskostenvorschuss nicht verlangen, solange nach § 1420 BGB vorrangig einzusetzende Einkünfte aus dem Gesamtgut vorhanden sind.[44]

424

– *in dieser Auflage nicht belegt* –

425–599

6. Abschnitt: Vereinbarungen zum Ehegattenunterhalt

I. Allgemeines

1. Einführung

Unterhaltsvereinbarungen zwischen den Ehegatten stellen privatrechtliche Verträge dar. Sie unterliegen grundsätzlich der Dispositionsfreiheit der Ehegatten, können aber hinsichtlich Form und Inhalt gesetzlichen Beschränkungen unterworfen sein. Für die Auslegung der Vereinbarungen sind die allgemeinen Auslegungsregelungen der §§ 133, 157 BGB anzuwenden. Hierzu gehört auch der Grundsatz einer nach beiden Seiten interessengerechten Auslegung.[1] Wird vergleichsweise eine Unterhaltszahlung „ohne Anerkennung einer Rechtspflicht" vereinbart, bedeutet dies nur, dass der Vergleich selbst den Rechtsgrund darstellt. Es ändert sich aber nichts daran, dass ein Vergleich und damit ein Vertrag abgeschlossen worden ist. Soweit der Verpflichtete als Motiv für die Annahme des Vergleichsvorschlags die Ansicht äußert, er sehe eine Grundlage für die Fortsetzung der Ehe, muss dieses Motiv von der begünstigten Unterhaltspartei nicht als auflösende Bedingung verstanden werden. Denn eine Unterhaltsvereinbarung, die vom bloßen Willen oder der Enttäuschung einer Hoffnung des Pflichtigen abhängig wäre, könnte ihren Zweck, eine Befriedung der Unterhaltsauseinandersetzung herbeizuführen, nicht erfüllen.[2] Die **Auslegung der Vereinbarung** – ob und mit welchem Inhalt die Beteiligten eine bindende Regelung getroffen haben – ist **vorrangig vor einer Anpassung** wegen Störung der Geschäftsgrundlage (→ Rn. 618 ff.).[3] Eine Vereinbarung über Unterhalt (mit der Möglichkeit der Abänderung) muss nicht zwingend Geldzahlungen zum Gegenstand haben. Sie kann auch vorliegen, wenn anstelle der an sich geschuldeten gesetzlichen Unterhaltsleistungen an Erfüllungs statt andere Leistungen vereinbart werden, beispielsweise die Übernahme von Zins- und Tilgungsverpflichtungen[4] oder die Gewährung eines Wohnrechts.[5]

600

---

[42] Vgl. Dose/Kraft, Einstweiliger Rechtsschutz in Familiensachen, 4. Aufl. 2018, Rn. 75 ff.
[43] Dose/Kraft aaO Rn. 427 ff.
[44] OLG Zweibrücken FamRZ 1996, 227.
[1] BGH FamRZ 2003, 741 (742).
[2] BGH FamRZ 2003, 741 (742).
[3] BGH FamRZ 2015, 734 Rn. 12; 2012, 525 Rn. 28; 2010, 1238 Rn. 13; 2010, 192 Rn. 13 = R 708a.
[4] OLG Köln FamRZ 1998, 1236.
[5] BGH FamRZ 2007, 197 (199) = R 663.

601 Vereinbarungen über den Familienunterhalt (§§ 1360–1360a BGB) und über den Getrenntlebensunterhalt (§ 1361 BGB) sind nach geltendem Recht formlos möglich. Bei Vereinbarungen zum nachehelichen Unterhalt muss seit 1.1.2008[6] nach dem Zeitpunkt des Abschlusses der Vereinbarung unterschieden werden. § 1585c BGB stellt Vereinbarungen zum nachehelichen Unterhalt, die vor Rechtskraft der Scheidung getroffen werden, unter **Formzwang**. § 1585c 2 BGB verlangt notarielle Beurkundung, an deren Stelle die gerichtliche Protokollierung einer Vereinbarung durch das Prozessgericht der Ehesache treten kann (§ 1585c 3 BGB). Dem steht die Protokollierung in einem Verfahren wegen Trennungsunterhalts gleich (→ Rn. 634). Nach Rechtskraft der Scheidung getroffene Vereinbarungen zum Geschiedenenunterhalt sind als erstmalige Vereinbarung und als Abänderung einer vorher unter Formzwang getroffenen Vereinbarung weiterhin formlos möglich.[7]

602 Im Familien- und Getrenntlebensunterhalt besteht nach §§ 1360a III, 1361 IV 4, 1614 I BGB das **Verbot des Verzichts** auf künftige Unterhaltsansprüche (§ 1614 BGB). Darunter fallen auch Teilverzichte (→ Rn. 630 f.). Beim nachehelichen Unterhalt (§§ 1569–1586b BGB) ist ein entsprechender Verzicht – ungeachtet der existentiellen Bedeutung, welche die Unterhaltsfrage für die Betroffenen vielfach hat – weiterhin möglich. Nach früherer Rechtsprechung galten für Vereinbarungen über den nachehelichen Unterhalt (§ 1585c BGB) nur die allgemeinen gesetzlichen Schranken der §§ 134, 138 BGB. Im Übrigen bestand volle Vertragsfreiheit, ohne dass eine Inhaltskontrolle, ob die Regelung angemessen sei, stattfand.[8] Hier ist es – ausgelöst durch zwei Entscheidungen des Bundesverfassungsgerichts[9] – zu einem Paradigmenwechsel in der Rechtsprechung des Bundesgerichtshofs gekommen. Entsprechende Vereinbarungen müssen nunmehr einer **richterlichen Wirksamkeits- und Ausübungskontrolle** unterzogen werden[10] (→ Rn. 643 ff.).

2. Gesetzlicher oder vertraglicher Unterhaltsanspruch

603 Bei Unterhaltsvereinbarungen ist zu unterscheiden, ob sie eine **Konkretisierung der gesetzlichen Unterhaltspflicht** darstellen[11] oder ob ein rein vertraglicher Anspruch begründet und geregelt wird. Die vertragliche Festlegung und Ausgestaltung des gesetzlichen Anspruchs ändert dessen Rechtsnatur nicht.[12] Rechtsgrund für die Zahlung von Unterhalt auf Grund einer derartigen konkretisierenden Vereinbarung bleibt die gesetzliche Unterhaltspflicht. Dieser Rechtsgrund wird durch die Vereinbarung nicht ausgewechselt, sondern es tritt die Vereinbarung, welche den gesetzlichen Unterhaltsanspruch modifiziert, nur als weitere schuldrechtliche Grundlage hinzu.[13] Die Abänderung erfolgt nach den allgemeinen Regeln (→ Rn. 618 ff.). Aus diesem Grund ist bei rückwirkender Abänderung einer derartigen Vereinbarung auch § 820 I 2 BGB (verschärfte Haftung für die Rückzahlung ungerechtfertigt erhaltener Zahlungen bei einem nach dem Inhalt des Rechtsgeschäfts vorauszusehenden Wegfall des Rechtsgrunds) weder unmittelbar noch entsprechend anzuwenden.[14] Handelt es sich um eine den gesetzlichen Unterhaltsanspruch lediglich konkretisierende Vereinbarung zwischen dem geschiedenen berechtigten Ehegatten und dem verstorbenen pflichtigen Ehegatten, bindet die Vereinbarung im Fall des Übergangs der Verpflichtung nach § 1586b I 1 BGB auch den Erben.[15] Geht es dabei um einen Prozessvergleich, müssen Parteien des Abänderungsverfahrens bei einer Mehrheit von Erben – ungeachtet ihrer gesamtschuldnerischen Haftung – alle Miterben sein, weil

---

[6] Gesetz zur Änderung des Unterhaltsrechts v. 21.12.2007 – BGBl. I S. 3189 ff.
[7] Bergschneider FamRZ 2008, 17 f.
[8] Vgl. BGH FamRZ 1997, 156 (157) zur früheren Rechtsauffassung.
[9] BVerfG FamRZ 2001, 985; 2001, 343 ff.
[10] Grundlegend BGH FamRZ 2004, 601 = R 608a, b.
[11] BGH FamRZ 2009, 219; 1991, 673 (674); 1984, 874.
[12] BGH FamRZ 1987, 1021; 1979, 910 (911).
[13] BGH FamRZ 1998, 951 (953).
[14] BGH FamRZ 1998, 951 (953).
[15] OLG Koblenz NJW 2003, 439 (440).

6. Abschnitt: Vereinbarungen zum Ehegattenunterhalt § 6

die vorliegende Nachlassverbindlichkeit nur so mit Wirkung für und gegen alle Miterben abgeändert werden kann. Im Zweifel bleiben Verträge über nachehelichen Unterhalt auf dem Boden des gesetzlichen Anspruchs und stellen nur eine Modifikation bzw. Konkretisierung desselben dar.

Die grundsätzlich bestehende Vertragsfreiheit erlaubt den Ehegatten aber auch, sich – jedenfalls hinsichtlich des Nachscheidungsunterhalts, für den das auf die Zukunft gerichtete Verzichtsverbot des § 1614 I BGB nicht gilt – mit ihrer Vereinbarung völlig vom gesetzlichen Unterhaltsanspruch zu lösen und die Deckung eines von ihnen angesetzten Lebensbedarfs des berechtigten Ehegatten ausschließlich auf eine eigenständige vertragliche Grundlage zu stellen, also einen **rein vertraglichen Unterhaltsanspruch** zu begründen (so genannte Novation),[16] soweit die Vereinbarung einer richterlichen Wirksamkeits- und Ausübungskontrolle Stand hält. Ein rein vertraglicher Unterhaltsanspruch kann nach der Rechtsprechung des BGH nur bei besonderen Anhaltspunkten angenommen werden[17] und wird selten vorliegen,[18] zB bei gesetzlich nicht vorgesehenen Ansprüchen wie Geschwisterunterhalt oder bei der Weitergewährung von Unterhalt nach Wiederverheiratung.[19] Voraussetzung ist, dass er völlig unabhängig von den gesetzlichen Voraussetzungen gewährt werden soll.[20] **604**

Für die **Beurteilung** des Vertragscharakters kommt es nicht auf den subjektiven Willen der Beteiligten, auch nicht auf die vertragliche Bezeichnung des Anspruchs als rein vertraglich[21] an oder darauf, inwieweit ein Ehegatte durch die Regelung benachteiligt wird.[22] Auch die bloße Beschränkung der Abänderungsmöglichkeit besagt für sich noch nichts über die Rechtsnatur, ebenso wenig die Nichtanrechnung von Einkünften.[23] Sondern es kommt allein darauf an, ob das Wesen des gesetzlichen Unterhaltsanspruchs unverändert bleibt und der Anspruch nur nach Höhe, Dauer und den Modalitäten geändert wird.[24] Entscheidend ist, ob die vertragliche Regelung die vorgegebenen gesetzlichen Grundsätze zu den Voraussetzungen, dem Umfang und dem Erlöschen eines Unterhaltsanspruchs aufnimmt und – wenn auch erheblich modifiziert – abbildet. Kriterien dafür können sein[25] **605**
– die Anknüpfung des Anspruchs dem Grunde nach an Trennung oder Scheidung,
– das junge Alter des Berechtigten, das eine Wiederverheiratung oder auch das Eintreten von Verwirkungsgründen nicht ausgeschlossen erscheinen lässt, wenn Anspruch auf eine lebenslange Verpflichtung erhoben wird,[26]
– die Berücksichtigung typisierter Bedürftigkeitskriterien wie das Vorhandensein und die Betreuung von Kindern, Krankheit oder Arbeitslosigkeit[27] sowie die Dauer der Ehe hinsichtlich des Umfangs des Unterhalts,
– die Aufnahme von Regelungen, die gesetzliche Vorbilder haben wie die Anrechnung eigener Einkünfte des Berechtigten,
– Regelungen zum Erlöschen bei Wiederverheiratung, Aufnahme eines eheähnlichen Verhältnisses unter Hinweis auf die gesetzliche Regelung,
– Regelungen zu Begrenzung und Befristung,
– Regelungen zu Abänderungsmöglichkeiten bei Rückgang der Einkünfte des Verpflichteten, zB wegen Krankheit oder Erwerbslosigkeit,
– Regelung zur Neuberechnung „entsprechend der gesetzlichen Regelung" im Falle der Abänderung,[28]

---

[16] BGH FamRZ 1995, 665 (667); 1978, 873 (874).
[17] BGH FamRZ 2015, 734 Rn. 18; 2012, 699 Rn. 19.
[18] BGH FamRZ 2004, 1546 (1547).
[19] Zu den besoldungsrechtlichen Konsequenzen bei § 40 I Nr. 3 BBesG: BVerwG FamRZ 2008, 607.
[20] BGH FamRZ 2014, 912 Rn. 25; 2012, 525 Rn. 33.
[21] BGH FamRZ 2014, 912 Rn. 25 f.
[22] BGH FamRZ 2009, 219 Rn. 13.
[23] BGH FamRZ 2015, 734 Rn. 19; 2012, 535 Rn 33 (zur Nichtanrechnung von Einkünften).
[24] BGH FamRZ 2009, 219 Rn. 11.
[25] BGH FamRZ 2009, 219 Rn. 11, 13.
[26] BGH FamRZ 2012, 699 Rn. 22 (die Berechtigte war 28 Jahre alt).
[27] BGH FamRZ 2015, 734 Rn. 19.
[28] BGH FamRZ 2015, 734 Rn. 19.

– der Umstand, ob der zu zahlende Unterhalt ausgehend vom gesetzlichen Unterhalt berechnet worden ist.[29]

606 Wird ein rein vertraglicher Anspruch vor der Rechtskraft der Scheidung vereinbart, dürften auch insoweit die **Formvorschriften** des § 1585c 2 u. 3 BGB anzuwenden sein. Der Zweck der Formvorschriften, sich der Tragweite und Folgen der vereinbarten Regelung bewusst zu werden, liegt auch dann vor. Zudem besteht aufgrund der Schwierigkeit der Abgrenzung zu der den gesetzlichen Unterhaltsanspruch konkretisierenden Unterhaltsvereinbarung ein Interesse, auf jeden Fall eine formgerechte Vereinbarung zu treffen. Soweit Inhalt eines rein vertraglichen Anspruchs ein **Leibrentenversprechen** (§§ 759, 760 BGB) wäre, müsste für das Versprechen die Schriftform des § 761 BGB gewahrt werden.[30] Würde ausnahmsweise ein **Schenkungsversprechen** (§ 518 I 1 BGB) vorliegen, wäre für das Versprechen die notarielle Form einzuhalten. Allerdings sind solche Fälle selten denkbar. Eine unentgeltliche Zuwendung wird in einer vor der Scheidung geschlossenen (rein vertraglichen) Unterhaltsvereinbarung über den nachehelichen Unterhalt grundsätzlich nicht liegen, selbst dann nicht, wenn im konkreten Fall offensichtlich ein entsprechender Unterhaltsanspruch nicht bestehen kann. Denn Zuwendungsgrund ist in der Regel die angenommene Nachwirkung der ehelichen Mitverantwortung ist und es handelt sich insoweit noch um die innere Gestaltung der Ehe.[31] Es dürfte bei einer derartigen von der gesetzlichen Unterhaltspflicht losgelösten, vertraglich eigenständigen Vereinbarung auch möglich sein, einen Unterhaltsanspruch an das fehlende (oder überwiegende) Verschulden des Berechtigten an der Eheauflösung zu knüpfen.[32]

607 Für die Annahme eines rein vertraglichen Unterhaltsanspruchs im **Kindesunterhalt** gelten dieselben Grundsätze. Dort wird die Vereinbarung eines rein vertraglichen Unterhaltsanspruchs noch schwieriger zu begründen sein, zumal dort das Verzichtsverbot für die Zukunft gemäß § 1614 Abs. 1 BGB gilt,[33] es sei denn, es wird ein Unterhaltsanspruch für ein Stiefkind geregelt.[34]

608 Für die Bestimmung der **Rechtsfolgen,** welche sich bei Veränderungen von Umständen an die rein vertragliche Begründung eines vom Gesetz gelösten Unterhaltsanspruchs knüpfen, können die gesetzlichen Vorschriften für den gesetzlichen Unterhalt nur mit Vorsicht entsprechend angewendet werden.[35] In erster Linie wird es auf die (ggf. auch ergänzende) Auslegung des Vertrags ankommen. Dies gilt auch für die Frage, ob der Anspruch mit der Wiederheirat des Berechtigten entsprechend § 1586 I BGB[36] erlischt und ggf. entsprechend § 1586a I BGB wieder auflebt (zu § 1586a I BGB → Rn. 639). Dagegen dürfte entsprechend § 1586 I BGB im Zweifel vom Erlöschen des Anspruchs mit dem Tod des Berechtigten auszugehen sein, weil Unterhalt seinem Begriff nach nur dem „Lebensbedarf" des Berechtigten dient. Ob der vereinbarte Anspruch als Verpflichtung auf die Erben des Unterhaltsschuldners entsprechend § 1586b I BGB übergeht, wird zunächst davon abhängen, ob eine Auslegung der Vereinbarung ergibt, dass ein solcher Übergang ausgeschlossen sein soll. Im Zweifel haften die Erben bei einem solchen Anspruch aber nach den allgemeinen Vorschriften der §§ 1922, 1967 BGB[37] (→ § 4 Rn. 125 ff.). Eine **Anpassung** eines rein vertraglichen Unterhaltsanspruchs kann jedenfalls nicht auf eine Änderung der gesetzlichen Regelungen zum Unterhaltrecht gestützt werden.[38] Ob eine rein vertragliche Unterhaltsverpflichtung anzupassen ist, wenn nach erneuter Heirat des Verpflichteten weitere gesetzliche Unterhaltsansprüche hinzutreten, ist bislang nicht ent-

---

[29] BGH FamRZ 2014, 912 Rn. 26.
[30] Vgl. zu einem solchen Fall OLG Schleswig FamRZ 1991, 1203.
[31] Vgl. BFH BStBl. II 1968 S. 239, 242.
[32] Vgl. Walter NJW 1981, 1409.
[33] BGH FamRZ 2014, 912 Rn. 25.
[34] BGH FamRZ 2005, 1817 (vertragliche Verpflichtung gegenüber der Ausländerbehörde).
[35] Vgl. dazu BGH FamRZ 2014, 912.
[36] Vgl. hierzu OLG Bamberg FamRZ 1999, 1278; ist nach gegenseitigem Unterhaltsverzicht eine lebenslange Leibrente vereinbart worden, scheidet eine Anwendung des § 1586 I BGB im Zweifel aus – OLG Koblenz FamRZ 2002, 1040 f.
[37] OLG Köln FamRZ 1983, 1036 (1038).
[38] BGH FamRZ 2012, 699 Rn. 17.

schieden. Der BGH hält das „jedenfalls grundsätzlich" nicht für gerechtfertigt.[39] Diese Aussage des BGH lässt Raum für Anpassungen wenigstens in Fällen, in denen die Opfergrenze auf Seiten des Verpflichteten mangels Leistungsfähigkeit überschritten wird. Bei mangelnder Leistungsfähigkeit des Unterhaltspflichtigen stellt sich die Frage, in welchem Verhältnis die vertraglichen zu den gesetzlichen Unterhaltsansprüchen stehen. § 1609 BGB ist zwar auf vertragliche Unterhaltsansprüche nicht anwendbar. Es erscheint aber zweifelhaft, die Durchsetzung gesetzlicher Unterhaltsansprüche von nach § 1609 BGB hochrangigen Personen (Kinder nach § 1609 Nr. 1 BGB oder betreuende Ehegatten nach § 1609 Nr. 2 BGB) an einer zeitlich früher abgeschlossenen vertraglichen Unterhaltsvereinbarung scheitern zu lassen. Hier werden die gesetzlichen den vertraglichen Ansprüchen vorgehen.[40]

Liegt eine rein vertragliche Regelung vor, handelt es sich seit 1.9.2009 um eine **sonstige Familiensache gemäß §§ 111 Nr. 10, 266 I Nr. 3 FamFG.** Nach altem Recht konnten die besonderen Vorschriften über die Zuständigkeit des Familiengerichts für gesetzliche Unterhaltsansprüche nicht angewendet werden.[41] Änderungen gegenüber einem unterhaltsrechtlichen Verfahren nach §§ 231 ff. FamFG ergeben sich vor allem hinsichtlich der Kostenentscheidung (§ 113 I FamFG, §§ 91 ff. ZPO), der Anordnung der sofortigen Wirksamkeit (§ 116 III S. 3 FamFG), der Pfändung gemäß § 850d ZPO[42] und der Anpassung des Versorgungsausgleichs gemäß § 33 VersAusglG.[43]

609

3. Allgemeine Sittenwidrigkeit von Unterhaltsvereinbarungen

Unterhaltsvereinbarungen unterliegen den allgemeinen Vorschriften der § 134 (gesetzliches Verbot: Verzicht auf Trennungsunterhalt), § 138 (Sittenwidrigkeit), § 242 BGB (Verstoß gegen Treu und Glauben). Ein Unterhaltsvertrag kann, wenn er der richterlichen Wirksamkeitskontrolle nicht standhält (→ Rn. 643 ff.),[44] wegen Sittenwidrigkeit nur nach § 138 I BGB nichtig sein, nicht nach § 138 II BGB. Denn diese Regelung bezieht sich nur auf Austauschgeschäfte, nicht auf familienrechtliche Verträge.[45] Soweit die Voraussetzungen des § 138 II BGB teilweise erfüllt sind, ergibt sich die Sittenwidrigkeit möglicherweise aus § 138 I BGB.[46] Für die Beurteilung der Sittenwidrigkeit einer Unterhaltsvereinbarung kommt es auf den aus der Zusammenfassung von Inhalt, Beweggrund und Zweck zu entnehmenden **Gesamtcharakter der Vereinbarung** an.[47] Maßgeblicher Zeitpunkt für die Beurteilung ist der Zeitpunkt des Vertragsschlusses.[48] Sittenwidrigkeit (§ 138 BGB) kann gegeben sein, wenn ein auffälliges Missverhältnis der Lastenverteilung innerhalb der Vereinbarung vorliegt und die Vertragswirkungen bereits bei Vertragsschluss offenkundig einseitig negativ sind. Das kann sowohl beim Unterhaltspflichtigen als auch beim Unterhaltsberechtigten gegeben sein. Der BGH hat die Frage, ob die Grundsätze der Rechtsprechung zur Wirksamkeitskontrolle (§ 138 BGB) und zur Ausübungskontrolle (§ 242 BGB) auch bei Benachteiligung des Unterhaltspflichtigen anzuwenden sind,[49] im Grundsatz bejaht. Auch auf der Seite des Unterhaltspflichtigen kann danach eine erhebliche Unterlegenheitsposition vorliegen, die zu einer offensichtlich einseitigen Aufbürdung vertraglicher Lasten führt.[50] Es kommt auf beiden Seiten immer auf die Umstände des Einzelfalls an. Von der Sittenwidrigkeit bei Vertragsabschluss zu unterscheiden sind Sachverhalte,

610

---

[39] BGH FamRZ 2014, 912 Rn. 26.
[40] Borth FamRZ 2014, 915 (917).
[41] BGH FamRZ 1978, 873 (874); 1978, 674.
[42] Borth FamRZ 2014, 915 (916).
[43] Bergschneider FamRZ 2012, 704.
[44] BGH FamRZ 2007, 197 (199) = R 663.
[45] BGH FamRZ 1992, 1403 (1404); 1985, 788 (789).
[46] BGH FamRZ 1992, 1403 (1404).
[47] BGH FamRZ 2004, 601 (604); 1991, 306 (307); 1983, 137 (139).
[48] BGH FamRZ 1991, 306 (307).
[49] OLG Karlsruhe FamRZ 2007, 477; OLG Celle FamRZ 2004, 1969.
[50] BGH FamRZ 2009, 198 Rn. 19 = R 698.

611 Nicht jede eingegangene Verpflichtung, die das **Leistungsvermögen eines Schuldners** überfordert, macht die Vereinbarung automatisch wegen Sittenwidrigkeit nichtig. Privatautonomie und Vertragsfreiheit, welche nicht nur Selbstbestimmung, sondern auch Selbstverantwortung bedeuten, überlassen es dem Schuldner, auch die Grenzen seiner Leistungsfähigkeit selbst zu bestimmen.[51] Die Verletzung des Halbteilungsgrundsatzes erlaubt deshalb als solche nicht den Schluss auf eine evident einseitige Lastenverteilung.[52] Verpflichtet sich der Unterhaltsschuldner ausdrücklich zur Weiterzahlung des Unterhalts auch für den Fall einer etwa eintretenden Arbeitslosigkeit oder Einkommensminderung, kann er auf Grund seiner Verpflichtungsfreiheit und Selbstverantwortung gehandelt haben, so dass dann in der Regel weder für § 138 I BGB noch für ein Abänderungsverfahren Raum ist.[53] Die Grenze der Dispositionsfreiheit ist aber erreicht, wenn mit der Belastung grob fahrlässig zu Lasten des Sozialleistungsträgers eine (auch nur ergänzende) **Sozialleistungsbedürftigkeit** des Pflichtigen herbeigeführt wird sowie wenn auf der Ehe ruhende Familienlasten objektiv zum Nachteil des Sozialhilfeträgers geregelt werden. Ein Missverhältnis von Leistung und Gegenleistung kann demnach vorliegen, wenn der Verpflichtete bei Eingehung der Verbindlichkeit außerstande war, zu deren Erfüllung aus eigenem Einkommen und Vermögen in nennenswertem Umfang beizutragen, ohne dass damit zu rechnen war, dass sich dies in absehbarer Zeit ändert.[54] Gleiches kann gelten, wenn der Schuldner gegen seinen Willen unter Ausnutzung einer Zwangslage übervorteilt wurde oder sein eigener Mindestbedarf nach den Vorstellungen der Vertragsparteien bei Abschluss des Vertrags nicht gesichert war.[55] Eine grob fahrlässige Belastung des Sozialleistungsträgers kann auch dann vorliegen, wenn die Regelung einer Inhaltskontrolle im Verhältnis der Ehegatten zueinander standhält.[56] Im entschiedenen Fall hat der BGH deshalb die Vereinbarung einer von unterhaltsrechtlicher Leistungsfähigkeit unabhängigen, nicht abänderbaren Leibrente, deren Zahlung den Unterhaltspflichtigen sozialhilfebedürftig machte, als sittenwidrig bewertet.[57] Nichtigkeit wegen Verstoßes gegen die Pfändungsschutzvorschriften des § 850c ZPO tritt nicht automatisch ein, denn diese schützen nur vor Vollstreckungszugriffen, schränken aber nicht die Verpflichtungsmöglichkeiten des Schuldners ein.[58]

612 Dieselben Grundsätze gelten für die Annahme einer Sittenwidrigkeit auf Seiten des **unterhaltsberechtigten Ehegatten.** Eine Scheidungsvereinbarung kann sittenwidrig und nichtig sein, in der ein erwerbsunfähiger und nicht vermögender Ehegatte auf nachehelichen Unterhalt verzichtet mit der Folge, dass er zwangsläufig der **Sozialhilfe anheimfällt,** selbst wenn der Vertrag nicht auf einer Schädigungsabsicht der Ehegatten zu Lasten des Sozialhilfeträgers beruht.[59] Auch hier müssen sich die Beteiligten zur Zeit des Abschlusses der Vereinbarung lediglich der möglichen späteren Sozialhilfebedürftigkeit der verzichtenden Partei bewusst gewesen sein[60] oder sich einer solchen Erkenntnis jedenfalls grob fahrlässig verschlossen haben.[61] Sittenwidrigkeit kann auch vorliegen, wenn auf der Ehe beruhende Familienlasten objektiv zum Nachteil der Sozialhilfe geregelt werden. Dies kann sich zB aus ehebedingten Nachteilen ergeben, die aus der vereinbarten Gestaltung der ehelichen Lebensverhältnisse durch Verteilung von Erwerbs- und Familienarbeit resul-

---

[51] BGH FamRZ 2009, 198 Rn. 22 = R 698; OLG Stuttgart FamRZ 1998, 1296 (1297); OLG Brandenburg NJW-RR 2002, 578 (579).
[52] BGH FamRZ 2009, 198 Rn. 22 = R 698.
[53] OLG Karlsruhe FamRZ 1998, 1436 (1437).
[54] BGH FamRZ 2009, 198 Rn. 36 ff.; OLG Stuttgart FamRZ 1998, 1296 (1297).
[55] OLG Stuttgart FamRZ 1998, 1296 (1297).
[56] BGH FamRZ 2009, 198 Rn. 36.
[57] BGH FamRZ 2009, 198 Rn. 36 ff.
[58] OLG Karlsruhe FamRZ 1998, 1436 (1437).
[59] BGH FamRZ 2007, 197 (199) = R 663; 1983, 137 (139); OLG Köln MDR 2003, 511.
[60] OLG Karlsruhe MDR 2001, 335 (336).
[61] BGH FamRZ 2007, 197 = R 663; 1985, 788 (790).

tieren und an sich durch die Regelungen über den nachehelichen Unterhalt ausgeglichen werden. Das gilt auch, wenn die Regelung zwischen den Ehegatten angemessen ist, weil ein anderweitiger Ausgleich geschaffen wurde (zB Wohnrecht), der aber die Sozialleistungsbedürftigkeit nicht entfallen lässt.[62] Sittenwidrigkeit kann ebenfalls anzunehmen sein, wenn aufgrund konkreter Umstände schon bei Eheschließung die Möglichkeit der nachehelichen Bedürftigkeit nicht fernlag.[63] Das ist entschieden worden für den Fall einer aus dem Ausland zum Zwecke der Eheschließung eingewanderten Klavierlehrerin ohne Deutschkenntnisse, die bei Eheschließung krank war, die Diagnose aber erst nach der Eheschließung gestellt wurde (MS). Hier hat der BGH die Sozialleistungsbedürftigkeit als mittelbare Folge der Eheschließung bezeichnet, die die Berechtigte nicht allein zu tragen habe, zumal sie nur wegen der Ehe eingewandert war und jedenfalls die Symptome der Krankheit auf längerfristige Behandlungsbedürftigkeit schließen ließen. Offen gelassen hat der BGH bisher die Frage, ob der Unterhaltsverzicht eines mittellosen ausländischen und wegen der Eheschließung erst eingereisten Ehegatten sittenwidrig ist, der mit der Ehe ausländerrechtliche Vorteile erstrebt.[64] Das dürfte grundsätzlich zu bejahen sein.[65] Ein Teilverzicht auf nachehelichen Unterhalt, der nur dann eintreten soll, wenn die unterhaltsberechtigte Ehefrau die bisher beim Vater befindlichen gemeinsamen minderjährigen Kinder zu sich nehmen würde, macht in sittenwidriger Weise das **Wohl der Kinder** zum Gegenstand eines Handels.[66]

Es besteht aber **keine Pflicht** von Eheschließenden **zur Begünstigung des Sozialhilfeträgers.** Lebensrisiken, wie eine bereits vor Eheschließung zu Tage getretene Krankheit oder eine Ausbildung des betreffenden Ehegatten, die offenkundig keine Erwerbsgrundlage verspricht, können deshalb wie auch andere nicht ehebedingte Risiken aus der gemeinsamen Verantwortung der Ehegatten herausgenommen werden.[67] Bleibt daher der vor der Ehe sozialhilfebedürftige unterhaltsberechtigte Ehegatte durch den Unterhaltsverzicht nach der Ehe sozialhilfebedürftig, ist das nicht sittenwidrig, selbst wenn er aufgrund der Ehe einen Unterhaltsanspruch erworben hätte. Denn in einem solchen Fall ergibt sich die Belastung des Sozialhilfeträgers nicht erst aus dem vertraglichen Verzicht.[68] War der andere Ehegatte bereits bei Vertragsschluss nicht leistungsfähig für nachehelichen Unterhalt und konnte er auch nicht damit rechnen, im Fall einer späteren Scheidung leistungsfähig zu sein, scheidet eine sittenwidrige Belastung des Sozialhilfeträgers ebenfalls aus.[69] Im Übrigen wird auf die Ausführungen zur Wirksamkeits- und Ausübungskontrolle → Rn. 643 ff. verwiesen. 613

Ob ein Unterhaltsverzicht, der in Kenntnis des Umstands vereinbart wird, dass der bedürftige Ehegatte nachrangig haftende **Verwandte** ersten Grades in Anspruch nehmen muss, als sittenwidrig zu beurteilen ist, wird davon abhängen, von welchen Vorstellungen sich die Eheleute leiten ließen, insbesondere, ob ihre Verzichtsabrede im Ergebnis einem unzulässigen Vertrag zu Lasten Dritter nahe käme.[70] Dies wäre nicht der Fall, soweit die in Frage kommenden Verwandten ihr Einverständnis zum Ausdruck gebracht hätten oder der verzichtende Ehegatte mit einigem Grund davon ausgegangen wäre, es werde zu keiner Inanspruchnahme von Verwandten kommen, weil er auf Grund eigenen Einkommens wenigstens seinen notwendigen Bedarf, auf den er sich beschränken wollte, werde abdecken können. 614

Die Grundsätze, die unmittelbar den Nachscheidungsunterhalt betreffen, können entsprechend auf den ehelichen **Trennungsunterhalt** übertragen werden.[71] Sie werden aber 615

---

[62] BGH FamRZ 2007, 197 (199) = R 663.
[63] BGH FamRZ 2007, 450 (451).
[64] BGH FamRZ 2007, 197 (199) = R 663; 2007, 450 (452).
[65] Ebenso: Bergschneider FamRZ 2007, 197 (199).
[66] OLG Karlsruhe MDR 2000, 1016.
[67] BGH FamRZ 2007, 197 (199) = R 663; 2004, 601 (604) = R 608.
[68] BGH FamRZ 2007, 197 (199) = R 663; 1992, 1403.
[69] BGH FamRZ 2007, 197 = R 663.
[70] Vgl. BGH FamRZ 1983, 137 (139).
[71] Vgl. hierzu OLG Hamm FamRZ 2007, 732 (733).

616 Verschweigt der Berechtigte vor Vertragsschluss einen Vermögenserwerb, der seine Bedürftigkeit beeinflussen kann, kommt eine **Anfechtung** der Vereinbarung gemäß § 123 I BGB wegen arglistiger Täuschung in Betracht.[72] Eine Anfechtung wegen Täuschung ist aber dann ausgeschlossen, wenn der Aufklärungspflichtige annehmen durfte, dass der andere Vertragsteil bereits informiert sei.[73] Verschweigt ein Ehegatte bei Vertragsabschluss einen für den anderen Ehegatten wesentlichen Umstand, indem er den anderen Ehegatten wider besseren Wissens in dem Glauben lässt, dieser erhalte mit der Erfüllung des Vergleichs sämtliches auf den einen Ehegatten angelegtes, aber dem anderen Ehegatten zustehendes Geld aus einer Erbschaft zurück, obwohl der eine Ehegatte dieses inzwischen selbst vereinnahmt hat, so führt er den Vergleich in sittenwidriger Weise herbei. Ein solcher Vergleich unterliegt ebenfalls der Anfechtung wegen arglistiger Täuschung gemäß § 123 I BGB. Haben die Ehegatten zudem eine Abgeltungsklausel getroffen, wonach sämtliche weiteren Ansprüche, bekannt oder unbekannt abgegolten sein sollen, erfasst die Abgeltungsklausel nicht solche Ansprüche, die sich erst aus dem Vorgang des Vergleichsschlusses ergeben. Nach einer Entscheidung des OLG Bremen hat der geschädigte Ehegatte Anspruch auf Schadensersatz gemäß § 826 BGB.[74]

4. Abänderung von Unterhaltsvereinbarungen

617 Bei Unterhaltsvereinbarungen – ausgenommen davon sind der Unterhaltsverzicht (→ Rn. 640) und die Unterhaltsabfindung (→ Rn. 666) – geschieht die **Anpassung an veränderte Umstände** allein nach den Regeln des materiellen Rechts wegen Störung der Geschäftsgrundlage (siehe § 239 II FamFG; § 313 BGB).[75] Eine Prüfung anhand der Ausübungskontrolle gemäß § 242 BGB (→ Rn. 653) erfolgt regelmäßig nicht, weil es beim Abänderungsverlangen wegen geänderter Umstände nicht um den Ausschluss einer Scheidungsfolge geht.[76] Folge der Anpassung nach dem materiellen Recht ist, dass es auch bei Vereinbarungen, die eine Vollstreckungstitel darstellen, nicht auf eine sich aus § 238 I 2 FamFG ergebende Wesentlichkeitsschwelle ankommt; vielmehr kann bei beengten wirtschaftlichen Verhältnissen eine Abänderung auch unterhalb einer Schwelle von 10% in Betracht kommen.[77] Ebenso wenig gelten die Tatsachenpräklusion des § 238 II FamFG[78] oder das Verbot rückwirkender Abänderung nach § 238 III FamFG.[79] Vor der am 1.1.2002 in Kraft getretenen Schuldrechtsreform waren die aus § 242 BGB hergeleiteten Grundsätze über die Veränderung oder den Fortfall der Geschäftsgrundlage maßgebend, die eine Anpassung rechtfertigten, wenn es einem Beteiligten aus Treu und Glauben nicht zugemutet werden konnte, an der bisherigen Regelung festgehalten zu werden.[80] Aufgrund der nunmehr in § 313 BGB getroffenen, ausdrücklichen gesetzlichen Regelung zur Störung der Geschäftsgrundlage hat sich die materielle Rechtslage nicht wesentlich geändert.[81] Der Tatrichter kann die Frage, ob bei einem Festhalten an der Vereinbarung die Opfergrenze überschritten würde, nur auf Grund einer an den Verhältnissen des Falles ausgerichteten, **umfassenden Würdigung aller Umstände** zutreffend beantworten.[82] Geltungsgrund für

---

[72] BGH FamRZ 2000, 153 (154).
[73] OLG Brandenburg FamRZ 2003, 764 (766).
[74] OLG Bremen FamRZ 2019, 434 m. kritischer Anm. Hager zur Anspruchsgrundlage.
[75] BGH FamRZ 2014, 912 Rn. 29; 2012, 699 Rn. 28; 2010, 192 Rn. 13 = R 708a.
[76] BGH FamRZ 2012, 525 Rn. 39.
[77] BGH FamRZ 1992, 539; 1986, 790 (791) jeweils zu § 323 ZPO.
[78] BGH FamRZ 2010, 1238 Rn. 12; 1984, 997 (999) zu § 323 ZPO.
[79] BGH FamRZ 1983, 22 zu § 323 ZPO.
[80] BGH FamRZ 1992, 539; 1986, 790; 1983, 22 (44).
[81] BT-Drs. 14/6040, 175 f.
[82] BGH FamRZ 1986, 790 (791).

6. Abschnitt: Vereinbarungen zum Ehegattenunterhalt   § 6

die Vereinbarung, auch wenn es sich um einen gerichtlichen Vergleich handelt, ist ausschließlich der durch Auslegung zu ermittelnde Wille der Beteiligten.[83] Hierbei ist eine nach beiden Seiten interessengerechte Auslegung maßgebend.[84] Auch ein (vermeintlich) eindeutiger Wortlaut gebietet die Auslegung anhand der Gesamtumstände. Denn erst daran kann festgestellt werden, ob der Wortlaut eindeutig ist.[85] Die Anpassung an geänderte Verhältnisse muss dabei nach Möglichkeit unter **Wahrung der dem Willen der Beteiligten entsprechenden Grundlagen** geschehen.[86] Sind Grundlagen bekannt, gibt es keine freie von der bisherigen Höhe unabhängige Neufestsetzung des Unterhalts, die Grundlagen der Vereinbarung sind vielmehr möglichst zu wahren.[87]

Soweit sich die Verhältnisse so tiefgreifend geändert haben, dass dem Parteiwillen für die vorzunehmende Änderung kein hinreichender Anhaltspunkt mehr zu entnehmen ist, kommt eine Unterhaltsregelung wie eine **Erstfestsetzung** nach den gesetzlichen Vorschriften in Betracht, wobei allerdings zu prüfen bleibt, ob nicht wenigstens einzelne Elemente der ursprünglichen Vereinbarung nach dem erkennbaren Parteiwillen weiterwirken sollen.[88] Dasselbe gilt, wenn sich der Regelung von vornherein kein hinreichender Ansatz für eine Anpassung an veränderte Umstände entnehmen lässt, weil Vergleichsgrundlagen fehlen oder später nicht mehr nachvollziehbar sind, es sei denn, es ist eine endgültige Regelung (→ Rn. 620) gewollt.[89] Ein solcher Vergleich (ohne Vergleichsgrundlagen) kann nur für den Ausschluss einer Abänderung sprechen, soweit die tatsächlichen Verhältnisse im Zeitpunkt der Vereinbarung einen anderen Unterhaltsbetrag ergeben hätten als von den Parteien unabhängig davon festgelegt wurde.[90]   618

Lässt sich einem Vertrag bei seiner Auslegung für einen regelungsbedürftigen Sachverhalt keine bestimmte Regelung entnehmen, kommt eine **ergänzende Vertragsauslegung** in Betracht.[91] Das gilt jedoch nur, soweit eine Regelungslücke, also eine planwidrige Unvollständigkeit vorliegt. Das ist der Fall, wenn ohne die Ergänzung die Auslegung des Vertrags in einem offenbaren Widerspruch zu dem steht, was nach dem Inhalt des Vertrags tatsächlich vereinbart ist, und wenn dann eine angemessene interessengerechte Lösung nicht zu erzielen wäre.[92] Zu einer wesentlichen Erweiterung des Vertragsinhalts darf die ergänzende Vertragsauslegung nicht führen.[93]   619

Soll dagegen eine Unterhaltsvereinbarung nach dem Willen der Beteiligten eine **abschließende Regelung** enthalten, scheidet die Annahme einer Regelungslücke im Allgemeinen aus. Eine solche Vereinbarung ist keiner ergänzenden Vertragsauslegung zugänglich.[94] Eine **Anpassung** an veränderte Umstände ist dann gänzlich **ausgeschlossen.** Das kommt zB in Betracht, wenn die Beteiligten mit einem Abfindungsvergleich eine abschließende Regelung des Unterhaltsrechtsverhältnisses treffen wollten, auch wenn der Abfindungsbetrag in Raten zu zahlen ist.[95] Auch dieser Parteiwille ist zu respektieren,[96] wenn er – wie es beim Familien- oder Getrenntlebensunterhalt möglich ist – keinen unzulässigen teilweisen Unterhaltsverzicht bedeutet (→ Rn. 602, 630, 632) und ggf. einer richterlichen Wirksamkeits- bzw. Ausübungskontrolle standhalten kann (→ Rn. 643 ff.). Ein solcher   620

---

[83] BGH FamRZ 1986, 790; FamRZ 1983, 22 (24).
[84] BGH FamRZ 2010, 192 Rn. 16 = R 708b; 2003, 741 (742) = R 590a.
[85] BGH FamRZ 2015, 734 Rn. 26.
[86] BGH FamRZ 2015, 824 Rn. 29; 2010, 192 Rn. 13 = R 708a; 1994, 696.
[87] BGH FamRZ 2007, 983 (985). Vgl. BGH FamRZ 2003, 848 (850) = R 588b und zwar auch dann, wenn bei vereinbartem befristeten Unterhalt nach Fristablauf Leistungs- und nicht Abänderungsklage erhoben werden muss.
[88] BGH FamRZ 1994, 696 (698).
[89] BGH FamRZ 2010, 192 Rn. 14 ff.= R 708a; kritisch zur Abänderung bei Fehlen von Vergleichsgrundlagen: Hoppenz FamRZ 2010, 276.
[90] BGH FamRZ 2010, 192 Rn. 20 = R 708b.
[91] BGH FamRZ 1995, 726 (727).
[92] BGH FamRZ 2013, 1543 Rn. 14.
[93] BGH FamRZ 2013, 1543 Rn. 14.
[94] BGH FamRZ 2010, 192 Rn. 15 = R 708a; FamRZ 1985, 787.
[95] BGH FamRZ 2010, 192 Rn. 15 = R 708a; 2005, 1662 (1663).
[96] Für gerichtliche Vergleiche: BGH FamRZ 2010, 192 Rn. 15 = R 708a; FamRZ 1983, 22 (24).

Wille ist aber nicht schon dann anzunehmen, wenn die Vereinbarung eine Abänderung nur wegen eines Umstandes (zB Einkommensänderungen) ausdrücklich regelt, zu anderen möglichen Abänderungsumständen (zB spätere Begrenzung nach § 1578b BGB) dagegen schweigt.[97] Auch eine pauschale Bestimmung des Unterhaltsbetrags ohne konkrete Berechnung und ohne Rücksicht auf die tatsächlichen Einkommensverhältnisse bedeutet keinen umfassenden Abänderungsausschluss.[98] Ein Wille dahin, dass die Unterhaltsleistung unter allen Umständen (also auch bei wesentlicher Änderung der tatsächlichen Verhältnisse) konstant bleiben soll, ist nicht zu vermuten, sondern kann in der Regel nur einer **ausdrücklichen Vereinbarung** entnommen werden.[99] Bei Unterhaltsvereinbarungen beruht der Geschäftswille der Beteiligten regelmäßig auf der gemeinsamen Erwartung des Fortbestands einer bestimmten Rechtslage.[100] Soll der Ausschluss der Abänderung auch bei nicht vorhersehbaren Änderungen der maßgeblichen Verhältnisse wie Gesetzesänderungen oder Änderungen der gefestigten höchstrichterlichen Rechtsprechung gelten, muss dies immer ausdrücklich vereinbart werden, wobei an die Deutlichkeit hohe Anforderungen zu stellen sind.[101] Eine unter Berücksichtigung der bei Vertragsabschluss geltenden Rechtslage als „lebenslänglich" bezeichnete Verpflichtung zur Unterhaltszahlung bedeutet nicht ohne weiteres den Ausschluss einer Abänderung bei später geänderter Rechtslage oder höchstrichterlicher Rechtsprechung.[102] Das gilt jedenfalls dann, wenn bei Vertragsabschluss bekannt war, dass solche Änderungen als Störung der Geschäftsgrundlage erachtet werden können.[103] Hinreichend deutlich ist dagegen eine vertragliche Regelung, dass die in der Vereinbarung genannten Abänderungsgründe abschließend sind und die Beteiligten im Übrigen auf das Recht zur Abänderung der Vereinbarung verzichten.[104] Ein solcher **Ausschluss** wäre **Teil des Vergleichs**, nicht bloß Geschäftsgrundlage.[105] Für die Verhältnisse im Zeitpunkt des Vergleichsschlusses und für die wesentliche Veränderung derselben trägt der Abänderungsantragsteller die Darlegungs- und Beweislast, für den Ausschluss einer Abänderungsmöglichkeit jedoch derjenige, der sich darauf beruft.

621 Für die Frage, welche tatsächlichen Umstände **Geschäftsgrundlage** der Unterhaltsvereinbarung waren und welche Veränderungen deshalb zu einer Anpassung des Vertrages (§ 313 I BGB) führen, kommt es auf die **Vorstellungen** an, die für die Parteien bei der vertraglichen Bemessung des Unterhalts bestimmend waren.[106] Die Anpassung ist demnach möglich, wenn die zukünftigen Umstände, die eine Abänderung rechtfertigen, bei Vertragsschluss noch nicht genauer **erkennbar oder vorhersehbar** waren, ihre Entwicklung nicht in naher Zukunft bevorstand und sie deshalb nicht immanent Inhalt des Vertrags geworden waren,[107] so dass die Parteien, wenn sie die **schwerwiegenden Änderungen** vorausgesehen hätten, den Vertrag nicht oder mit anderem Inhalt geschlossen hätten (§ 313 I BGB).[108] Das Gesetz sieht es als Unterfall einer Störung der Geschäftsgrundlage an, wenn sich wesentliche übereinstimmende Vorstellungen der Vertragsparteien (gemeinschaftlicher Motivirrtum)[109] oder einseitige wesentliche Vorstellungen einer Partei, welche die andere ohne eigene Vorstellungen bzw. unbeanstandet hingenommen hat,[110] als falsch herausstellen (§ 313 II BGB). Immer ist erforderlich, dass einem Vertragsteil unter Berücksichtigung aller Umstände des Einzelfalls das Festhalten am unveränderten Vertrag

---

[97] BGH FamRZ 2010, 1238 Rn. 14 ff.
[98] BGH FamRZ 2015, 734 Rn. 24.
[99] BGH FamRZ 2010, 192 Rn. 21 ff. = R 708c; VersR 1966, 37; NJW 1962, 2147.
[100] BGH FamRZ 2015, 734 Rn. 17; 2010, 192 Rn. 28.
[101] BGH FamRZ 2015, 734 Rn. 24; 2010, 192 Rn. 15, 29 = R 708a, c; siehe dazu bei einem sehr ausführlichen Ehevertrag AG Flensburg FamRZ 2010, 1809.
[102] BGH FamRZ 2015, 734 Rn. 24.
[103] Jedenfalls seit BGH NJW 1972, 1577, 1579.
[104] BGH FamRZ 2015, 734 Rn. 25.
[105] BGH FamRZ 2010, 192 Rn. 23 = R 708c.
[106] BGH FamRZ 2012, 699 Rn. 29; 1979, 210; OLG Karlsruhe FamRZ 1997, 366.
[107] OLG Karlsruhe FamRZ 1997, 366.
[108] BT-Drs. 14/6040, 175.
[109] BT-Drs. 14/6040, 176; BGH FamRZ 2012, 699 Rn. 29.
[110] BT-Drs. 14/6040, 176; BGH FamRZ 2015, 393 Rn 17.

6. Abschnitt: Vereinbarungen zum Ehegattenunterhalt § 6

nicht zugemutet werden kann (§ 313 I BGB). Störungen der Geschäftsgrundlage können jedoch nicht zur Abänderung führen, wenn sie nach der vertraglichen Regelung in die Risikosphäre desjenigen fallen, der sich auf die Störung beruft.[111]

Gesetzesänderungen (zB Befristung und Begrenzung nach § 1578b BGB; Änderung der Rangfolge nach § 1609 BGB) oder **Änderungen der gefestigten höchstrichterlichen Rechtsprechung** können immer **wesentliche Änderungen** darstellen, die auch bei ansonsten unveränderten tatsächlichen Umständen zu einer Störung der vertraglichen Vereinbarung und zu einer Anpassung der Vereinbarung wegen Wegfalls der Geschäftsgrundlage führen können.[112] Eine Störung kann sowohl aufgrund der beiderseitigen irrtümlichen Vorstellung von einer Rechtsänderung als auch wegen der beiderseitigen irrtümlichen Erwartung über den Fortbestand der bestehenden Rechtslage – dies ist in der Praxis die Regel – auftreten, wenn die Parteien in Kenntnis der wahren (zukünftigen) Rechtslage die Vereinbarung jedenfalls so nicht geschlossen hätten.[113] Das ist zB gegeben, wenn die Beteiligten vor der Einführung jeglicher Begrenzungs- oder Befristungsregeln (vor 1.4.1986) eine Vereinbarung über nachehelichen Unterhalt abgeschlossen hatten, ohne hierzu eine Regelung zu treffen.[114] Hierunter fallen auch die Fälle, in denen die Ehegatten vor der Entscheidung des BVerfG vom 25.1.2011[115] zur sogenannten Dreiteilungsmethode bei nachehelichem Unterhalt auf der Grundlage der damaligen Dreiteilungsrechtsprechung des BGH eine Unterhaltsvereinbarung geschlossen hatten.[116]

622

Fraglich ist, ob allein eine wesentliche Veränderung des **Lebenshaltungskostenindexes** zu Lasten des Berechtigten Anlass für eine Abänderung sein kann. Das OLG Bamberg[117] hat hierzu die Meinung vertreten, dass der Anstieg der Lebenshaltungskosten kein geeigneter Maßstab zur Abänderung eines gerichtlichen Unterhaltsvergleichs sei, weil die Inflationsrate bei der Bemessung des Ehegattenunterhalts keine Rolle spiele, insbesondere keinen selbstständigen Bemessungsfaktor darstelle. Der nacheheliche Unterhalt bestimme sich vielmehr nach den ehelichen Verhältnissen, damit letztlich nach dem verfügbaren Einkommen. Dies trifft jedenfalls für einen nach dem konkreten Lebensbedarf bemessenen Unterhalt nicht zu, der nicht unmittelbar an das an sich einen höheren Unterhalt erlaubende Einkommen des Pflichtigen anknüpft. Hier würde die Bemessung nach den ehelichen Verhältnissen bei sonst unveränderten Umständen auch bei einem wesentlichen Anstieg der Lebenshaltungskosten, der sich aus einem Vergleich des Indexwertes des Lebenshaltungskosten-Indexes ergäbe, eine Anpassung rechtfertigen, falls der Anstieg etwa in Höhe von wenigstens 10% stattgefunden hat.[118] Nach der Rechtsprechung des BGH[119] können im Wege des Abänderungsantrags nicht nur individuelle Änderungen der Verhältnisse sondern auch Änderungen allgemeiner Art, wie etwa die generelle Entwicklung der Einkommen und Lebenshaltungskosten, geltend gemacht werden. Eine Berücksichtigung von Indexänderungen wird daher immer dann in Betracht kommen, wenn der Unterhalt nicht nach dem zur Verfügung stehenden Einkommen bemessen ist, zB weil er sich nach einem konkret dargelegten Bedarf bestimmte[120] oder weil er nach § 1578b I BGB auf einen nur noch angemessenen Bedarf herabgesetzt wurde.

623

Die Anpassung einer Unterhaltsvereinbarung im Wege der Abänderung kann auch deswegen notwendig sein, weil inzwischen die tatsächlichen Voraussetzungen einer **Unterhaltsverwirkung oder Unterhaltsbegrenzung** eingetreten sind, auf welche sich die Vereinbarung nicht erstreckte, weil deren Eintritt noch nicht ausreichend beurteilt werden konnte. Dies kann bei einer inzwischen eingetretenen mehrjährigen Verfestigung einer bei

624

---

[111] BGH FamRZ 2015, 734 Rn. 23; 2004, 94.
[112] BGH FamRZ 2015, 824 Rn. 22 = R 768a; 2012, 525 Rn. 25; 2010, 538 Rn. 22; 2010, 192 Rn. 27 ff. = R 708c; 2007, 793 Rn. 36.
[113] BGH FamRZ 2012, 699 Rn. 29, 31; 2010, 192 Rn. 28 = R 708c.
[114] BGH FamRZ 2012, 699 Rn. 31.
[115] BVerfG FamRZ 2011, 437.
[116] BGH FamRZ 2013, 853 Rn. 25 ff. = R 736d.
[117] OLG Bamberg FamRZ 1999, 31.
[118] Vgl. hierzu OLG Frankfurt a. M. FamRZ 1999, 97 (98) für die Abänderung eines Urteils.
[119] BGH FamRZ 1995, 221 (222) (zur Änderung der Düsseldorfer Tabelle).
[120] Vgl. BGH FamRZ 2003, 848 (850 f.) = R 588c.

Vertragsschluss bereits aufgenommenen nichtehelichen Lebensgemeinschaft bezüglich der Anwendung des § 1579 Nr. 2 BGB der Fall sein.[121] Diese Abänderungsmöglichkeit muss sich derjenige, der sich auf die Abänderung beruft, auch nicht ausdrücklich vorbehalten.[122] War nicht genügend vorhersehbar, dass – wegen der unerwarteten Übernahme der Kindesbetreuung durch den Pflichtigen – auf Seiten des Berechtigten die Folgen kurzer Ehedauer zu beachten wären, kann eine Anpassung unter Anwendung des § 1579 Nr. 1 BGB in Betracht kommen.[123]

625 Aus der vertraglichen Treuepflicht kann sich eine **Pflicht zur unaufgeforderten Mitteilung** ergeben, wenn sich die der Vereinbarung zugrunde gelegten Verhältnisse beim Unterhaltsschuldner oder beim Unterhaltsgläubiger gravierend ändern (→ § 1 Rn. 1199). Geht es um die Durchführung einer Unterhaltsvereinbarung, nach der dem Berechtigten zB ein bestimmter Verdienst anrechnungsfrei verbleibt, hat der Berechtigte auf Grund seiner **vertraglichen Treuepflicht** dem anderen Teil jederzeit und unaufgefordert die Umstände zu offenbaren, welche ersichtlich dessen Vertragspflichten berühren, also im konkreten Fall den Umstand einer deutlichen Überschreitung der Verdienstgrenze.[124] Es ist überhaupt bei Unterhaltsvereinbarungen eine grundsätzliche Verpflichtung einer Vertragspartei zu ungefragter Offenbarung solcher Umständen anzunehmen, die ersichtlich die Verpflichtungen des anderen Teils aus dem Vertrag berühren,[125] da Letzterer regelmäßig keine Kenntnis von den verändernden Umständen haben kann.[126] Im Abänderungsverfahren kann das Verschweigen durch den Berechtigten zur Unterhaltsversagung nach § 1579 Nr. 3 BGB,[127] nach § 1579 Nr. 5 BGB[128] oder nach § 1579 Nr. 8 BGB führen.[129] Die Ansicht des AG Dieburg,[130] es bestehe in einem solchen Fall ein Anspruch auf rückwirkende Abänderung eines Prozessvergleichs und Rückzahlung der überzahlten Unterhaltsraten als Schadensersatzanspruch gemäß § 286 II BGB aF (§§ 280 II, 286 BGB) wegen Verzugs mit der Erfüllung der Informationspflicht erscheint zweifelhaft. Die Folgen des pflichtwidrigen Verschweigens für die vorliegenden Unterhaltstatbestände dürften in den in Frage kommenden Fällen des § 1579 BGB, vgl. insbesondere Nr. 3, 5 u. 8, abschließend geregelt sein. Allerdings könnte – soweit die unter Anwendung des § 1579 BGB geschehene Abänderung auf der Erfüllung des strafrechtlichen Betrugstatbestands beruht – Rückforderung des dann überzahlten Unterhalts im Wege eines Schadensersatzanspruchs wegen Betrugs nach §§ 823 II BGB, 263 StGB in Betracht kommen (→ Rn. 233 und die dort zitierte BGH-Rechtsprechung). In diesem Zusammenhang kann aber wohl nicht mit der Begründung, es liege ein Verstoß gegen eine Vertragspflicht vor, auf Schadensersatzanspruch wegen positiver Vertragsverletzung ausgewichen werden, da die den gesetzlichen Unterhaltsanspruch konkretisierende Unterhaltsvereinbarung das gesetzliche Unterhaltsverhältnis als Schuldgrund nicht berührt (→ Rn. 603), so dass die Sonderregelungen des Unterhaltsrechts auch hier vorgehen dürften. Wird die Vereinbarung in solchen Fällen rückwirkend abgeändert, kommt Rückforderung aus ungerechtfertigter Bereicherung in Betracht (→ Rn. 204 ff.).

626 Eine Anpassung kann **unabhängig von der Veränderung tatsächlicher Umstände** erfolgen, wenn eine Modalität einer späteren Klärung vorbehalten werden sollte. Die Vereinbarung entfaltet insoweit keine Bindungswirkung.[131] Entschieden hat dies der BGH für die Frage der **Begrenzung des Unterhalts nach § 1578b BGB**, die bei der erst-

---

[121] BGH FamRZ 2010, 192 Rn. 25 = R 708c; 2002, 23 (24 f.) noch zu § 1579 Nr. 7 BGB aF.
[122] BGH FamRZ 2010, 192 Rn. 25 = R 708c.
[123] Vgl. OLG Frankfurt a. M. FamRZ 1999, 237 zum Abänderungsbegehren der Berechtigten.
[124] BGH FamRZ 2008, 1325 Rn. 28 = R 694; 1997, 483; OLG Frankfurt a. M. FamRZ 2003, 1750.
[125] BGH FamRZ 2008, 1325 Rn. 28; 2000, 153 (154).
[126] BGH FamRZ 1986, 794; OLG Bamberg MDR 2001, 697.
[127] BGH FamRZ 1997, 483 zu § 1579 Nr. 2 BGB aF bei Verschweigen des mehrfachen Einkommenszuwachses.
[128] BGH FamRZ 2008, 1325 Rn. 24 ff. = R 694.
[129] OLG Bamberg MDR 2001, 697 zu § 1579 Nr. 7 BGB aF.
[130] AG Dieburg FamRZ 1999, 854.
[131] BGH FamRZ 2010, 1238 Rn. 23.

maligen vergleichsweisen Festsetzung des nachehelichen Unterhalts anlässlich der Ehescheidung keine Erwähnung gefunden hatte, obwohl sie Gegenstand der Erörterungen der Beteiligten gewesen war.[132] Der BGH geht davon aus, dass die Beteiligten diese Frage im Zweifel, sofern die Vereinbarung keine ausdrückliche oder konkludente Regelung dazu enthält, noch nicht abschließend regeln wollten. Denn anders als bei den unmittelbar für die Bemessung des Unterhalts relevanten Umständen hänge die Befristung (§ 1578b II BGB) von einer Unbilligkeit der Weitergewährung des Unterhalts ab. Diese trete aber regelmäßig erst in der Zukunft ein und nicht bereits bei der Scheidung.[133] Dabei komme es nicht darauf an, ob die Umstände für eine Begrenzung nach § 1578b BGB bereits zuverlässig vorauszusehen gewesen seien (→ § 4 Rn. 1084 f.), weil insoweit Dispositionsfreiheit der Beteiligten bestehe.[134] Der Umstand, dass im entschiedenen Fall die Vereinbarung bereits vor der Änderung der Rechtsprechung des BGH zur Begrenzung von nachehelichem Unterhalt[135] geschlossen worden war, ist nicht von Belang, zumal der nacheheliche Unterhalt auch damals nach § 1573 V BGB befristet werden konnte. Der Grundsatz der Dispositionsfreiheit gilt auch bei später geschlossenen Vereinbarungen. Einer Anpassung eines erst danach geschlossenen Vergleichs kann eine Präklusion wegen im Zeitpunkt des Vertragsschlusses bereits geänderter Rechtsprechung zur Befristung in diesem Fall nicht entgegengehalten werden.[136] Eine Anpassung unter diesen Umständen setzt aber den Ablauf einer an Treu und Glauben zu messenden gewissen Mindestdauer der getroffenen Regelung voraus, um dem beiderseitigen Interesse an einer rechtssicheren Regelung zu genügen. Für die Mindestdauer kommt es auf den Zeitpunkt der begehrten Befristung an.[137]

Führt die Auslegung der Vereinbarung dagegen dazu, dass eine **Begrenzung des Aufstockungsunterhalts** abschließend ausgeschlossen wurde, entfaltet diese Regelung Bindungswirkung. Wurde sie nach der Änderung der Rechtsprechung des BGH[138] zur Begrenzung nachehelichen Unterhalts nach § 1573 V BGB aF, aber vor dem Inkrafttreten des Unterhaltsrechtsreformgesetzes zum 1.1.2008 geschlossen, kann die spätere Gesetzesänderung eine Anpassungsmöglichkeit nicht mehr eröffnen. Denn insoweit ist bereits durch die im Zeitpunkt des Vergleichsabschlusses bekannte Rechtsprechungsänderung, nicht erst durch die spätere Gesetzesänderung die wesentliche Änderung eingetreten.[139] Diese kann die Bindungswirkung des Vergleichs nicht dann mehr durchbrechen. 627

Von einer späteren Klärung vorbehaltenen Fragen sind die von den Beteiligten **vergessenen Umstände** abzugrenzen, die nicht Grundlage und nicht Vertragsinhalt geworden sind. Solche können grundsätzlich nicht mehr in den Vergleich einbezogen werden.[140] 628

Eine **Anpassung** kommt immer nur in Betracht, wenn zusätzlich zur Störung der Geschäftsgrundlage nicht nur dem einen Beteiligten ein Festhalten an der getroffenen Vereinbarung unzumutbar ist, sondern wenn die Änderung der Vereinbarung dem anderen Beteiligten zumutbar ist.[141] Nicht jede einschneidende Veränderung führt zur Anpassung. Ein Festhalten an der Regelung muss vielmehr ein nicht mehr tragbares Ergebnis darstellen.[142] Stellt die abzuändernde Vereinbarung dagegen weiterhin einen interessengerechten Ausgleich dar, scheidet eine Abänderung aus.[143] Die Vereinbarung muss auch nach der 629

---

[132] BGH FamRZ 2010, 1238; ebenso OLG Stuttgart FamRZ 2009, 785.
[133] BGH FamRZ 2010, 1238 Rn. 15 ff.
[134] BGH FamRZ 2010, 1238 Rn. 25 f.
[135] BGH FamRZ 2006, 1006.
[136] BGH FamRZ 2010, 1884 (= R 718) bezieht sich ausdrücklich nur auf die Festsetzung durch Urteil; auf eine mögliche Präklusion stellen die Entscheidungen des OLG Zweibrücken FamRZ 2009, 1161 und OLG Frankfurt a. M. FamRZ 2009, 1162 noch ab.
[137] BGH FamRZ 2010, 1884 Rn. 27 = R 718.
[138] BGH FamRZ 2006, 1006, Heft 14 vom 15.7.2006.
[139] BGH FamRZ 2010, 1884 Rn. 18 ff. = R 718b.
[140] Borth FamRZ 2010, 1316 mit Beispielen.
[141] BGH FamRZ 2013, 853 Rn. 29.
[142] BGH FamRZ 2015, 393 Rn. 19 zur Rückforderung der Schwiegerelternschenkung.
[143] OLG Dresden FamRZ 2009, 1693.

Anpassung insgesamt noch ausgewogen sein.[144] Bei einem vertraglich wirksam vereinbarten Ausschluss der Abänderbarkeit eröffnet erst die Gefährdung der wirtschaftlichen Existenz des Betroffenen eine Anpassungsmöglichkeit.[145] Das ist beim Verpflichteten gegeben, wenn ihm bei Zahlung des vereinbarten Unterhalts weniger als das Existenzminimum und damit der notwendige Selbstbehalt verbliebe.[146] Ist eine Vereinbarung wegen Sittenwidrigkeit für unwirksam erklärt worden, so kann eine spätere Gesetzesänderung, die zu einer anderen Bewertung der Vereinbarung führt, das Verdikt der Unwirksamkeit nicht revidieren, weil es für die Frage der Nichtigkeit auf die Rechtslage, die Vorstellungen und Absichten der Beteiligten im Zeitpunkt des Vertragsabschlusses ankommt.[147] Die Beteiligten können aber das Rechtsgeschäft bestätigen (§ 141 BGB).[148]

II. Vereinbarungen zum Familienunterhalt

630 Aus dem Regelungszusammenhang der §§ 1356, 1360, 1360a BGB ergibt sich, dass die Ehegatten sowohl die Rollenverteilung in der Ehe als auch die Art und Weise der Beschaffung und Verteilung sowie das Maß des eheangemessenen Unterhalts weitgehend **frei gestalten** können. Dabei wird das Verbot, auf künftige Unterhaltsansprüche auch teilweise zu **verzichten** (§§ 1360a III, 1614 I BGB), dadurch relativiert, dass im Rahmen der genannten Gestaltungsfreiheit zB eine sparsamere Lebensführung mit verstärkter Vermögensbildung vereinbart oder Einigkeit darüber erzielt werden kann, dem einen Ehegatten, der seine Berufstätigkeit zunächst aufgibt, eine weitere Ausbildung wie etwa ein Studium zu ermöglichen. In funktionierender Ehe kommen derartige Einigungen regelmäßig auf Grund mündlicher, mitunter stillschweigender Abrede zustande. Die **Bindungswirkung und Durchsetzbarkeit** solcher Vereinbarungen ist schon aus tatsächlichen Gründen häufig gering. Einmal bestehen in der Sache liegende Beweisprobleme, zum anderen unterliegen Absprachen dieser Art in verstärktem Maße einer Anpassung an veränderte Verhältnisse. Auch ihre Rechtsqualität, insbesondere, ob ihnen im Einzelfall im rechtlichen Sinn überhaupt Vertragsqualität zukommt, kann zweifelhaft sein.[149] Sie spielen daher in der Praxis der Familiengerichte nur eine untergeordnete Rolle. Der Bundesgerichtshof musste sich wiederholt mit der Frage befassen, welche Auswirkungen das Einvernehmen der Eheleute darüber hatte, dass der Ehemann ein Studium fortführte, während die Ehefrau durch Teilzeittätigkeit im Wesentlichen den Familienunterhalt einschließlich Kindesunterhalt beschaffen sollte. Einmal ging es darum, dass der Sozialhilfeträger, der übergegangene Unterhaltsforderungen der Ehefrau und der Kinder geltend machte, die im konkreten Fall billigenswerte Einigung der Eheleute hinnehmen musste, weil deswegen keine Ansprüche gegen den Ehemann übergegangen waren.[150] Zum anderen wurde entschieden, dass der durch das wiederum billigenswerte Einvernehmen der Eheleute geschaffene konkrete Unterhaltsanspruch des Ehemanns auf Familienunterhalt seinen Ausbildungsbedarf mit umfasste, so dass ein nach § 37 BAföG überzuleitender Unterhaltsanspruch des Ehemanns, der Ausbildungsförderung erhalten hatte, gegen seinen Vater entfiel.[151]

631 Selbstverständlich sind konkrete vertragliche und auch **einklagbare Unterhaltsvereinbarungen** möglich, zB über das vom verdienenden Ehegatten in angemessenen Zeiträumen (regelmäßig monatlich) im Voraus zu leistende (§ 1360a II 2 BGB) Wirtschafts- und/oder Taschengeld.

---

[144] BGH FamRZ 2010, 192 Rn. 28 = R 708c; 2004, 1357 (1358).
[145] BGH FamRZ 2015, 734 Rn. 27.
[146] KG FF 2016, 167 unter Bezugnahme auf BGH FamRZ 2009, 198 bzgl. Existenzminimum.
[147] OLG Hamm FamRZ 2009, 2094; offen gelassen in BGH FamRZ 2012, 525 Rn. 22.
[148] OLG Hamm FamRZ 2009, 2094.
[149] Vgl. im Einzelnen Struck in Heiß/Born UnterhaltsR-HdB Kap. 15 Rn. 66.
[150] BGH FamRZ 1983, 140 (141).
[151] BGH FamRZ 1985, 353 (354).

III. Vereinbarungen zum Getrenntlebensunterhalt

Der Getrenntlebensunterhalt ist auf die Zahlung einer **Geldrente** gerichtet (§ 1361 IV 1 BGB). Grundsätzlich kann keiner der Ehegatten eine andere Art der Unterhaltsgewährung verlangen.[152] Insofern bietet es sich an, durch Unterhaltsverträge zu regeln, wenn **Sachleistungen** – zB Wohnungsgewährung oder Vorhaltung eines Pkw – ganz oder teilweise anstelle einer Geldrente treten sollen.

Ein Verzicht auf künftigen Trennungsunterhalt ist unwirksam (§ 134 BGB). Die Regelung, die sich aus der sittlichen Pflicht zum Unterhalt rechtfertigt, will verhindern, dass der Berechtigte durch Dispositionen während der Trennungszeit seine Lebensgrundlage verliert und ggf. sozialleistungsbedürftig wird.[153] Wegen des Verbots, auf künftigen, nicht rückständigen Unterhalt zu verzichten (§§ 1361 IV 4, 1360a III, 1614 I BGB), darf die Unterhaltsvereinbarung über den Getrenntlebensunterhalt – auch wenn es sich um einen Prozessvergleich handelt – keinen auch nur teilweisen **Verzicht** auf Unterhalt für die Zukunft beinhalten – etwa durch eine Erschwerung der Möglichkeit, bei veränderten Verhältnissen eine Erhöhung zu verlangen.[154] Ob den Vertragschließenden der Verzichtscharakter bewusst war oder sie dies gar wollten, spielt keine Rolle, maßgebend ist allein, ob der gesetzlich zustehende Unterhalt objektiv verkürzt wird.[155] Eine Vereinbarung dahin, dass die Ehegatten im Falle des Getrenntlebens keinen Trennungsunterhalt geltend machen werden (pactum de non petendo), ist ebenfalls nichtig, weil sie zu einer Einrede gegen den Trennungsunterhaltsanspruch führt, die wirtschaftlich einem Verzicht gleichkommt und damit ein Umgehungsgeschäft darstellt. Dies gilt, selbst wenn ergänzende Feststellungen zum Vorliegen eines Unterhaltsbedarfs oder eines Verwirkungsgrundes getroffen werden.[156] Der Berechtigte darf sein Recht selbst dann nicht aufgeben, wenn ihm hierfür eine gleichwertige Gegenleistung gewährt worden ist. Daher ist eine Regelung zum Trennungsunterhalt zB im Rahmen eines Ehevertrags immer isoliert zu betrachten.[157] Für die Bemessung des Unterhalts in einer Vereinbarung besteht andererseits ein Angemessenheitsrahmen, den die Parteien nach unten ausschöpfen können.[158] Die Toleranzgrenze, bei der für die Zukunft ein nach § 1361 I BGB angemessener Unterhalt nicht mehr zugesagt ist, dürfte überschritten werden, sobald der vereinbarungsgemäß geleistete Unterhalt um mehr als 20% hinter der üblichen Ehegattenquote zurückbleibt.[159] Verkürzungen um mehr als 1/3 sind jedenfalls nicht mehr hinnehmbar.[160] Ob dazwischen liegende Verkürzungen tolerierbar sind, hängt auch von einer Abwägung der Umstände des Einzelfalls ab.[161] Der BGH hat sich grundsätzlich der Grenze von 20% („als grobe Einschätzung") und von 1/3 („in der Regel") angeschlossen, will aber exakte prozentuale Größen nicht festschreiben. Er eröffnet vielmehr angesichts der Verschiedenartigkeit der Lebenssachverhalte eine Einzelfallprüfung dahin, ob der Verzicht unter Berücksichtigung der konkreten Umstände nicht mehr angemessen erscheint.[162] Stimmen, die einen Verzicht bis zur Sozialhilfebedürftig für zulässig halten, folgt der BGH ausdrücklich nicht.[163] Der Empfehlung des 12. Deutschen Familiengerichtstags,[164] wonach sich die Grenze für zulässige Vereinbarungen überhaupt nicht nach festen prozentualen Abschlägen vom

---

[152] BGH FamRZ 1990, 851 (852).
[153] BGH FamRZ 2015, 2131 Rn. 12 = R 772a; 2014, 629 Rn. 28.
[154] BGH FamRZ 1984, 997 (999).
[155] BGH FamRZ 2015, 2131 Rn. 15; 1984, 997 (999).
[156] BGH FamRZ 2015, 2131 Rn. 13 = R 772a; 2014, 629 Rn. 48 = R 745g.
[157] BGH FamRZ 2015, 2131 Rn. 15 und 18.
[158] BGH FamRZ 2015, 2131 Rn. 16 = R 772b; FamRZ 1984, 997 (999).
[159] OLG Düsseldorf MDR 2000, 1352; vgl. BGH FamRZ 1984, 997 (999) zum Kindesunterhalt: Überlegungen zur Überschreitung des Tabellensatzes für den Kindesunterhalt um 20% bzw. 1/3.
[160] OLG Hamm FamRZ 2007, 732 (733).
[161] OLG Hamm FamRZ 2007, 732 (733).
[162] BGH FamRZ 2015, 2131 Rn. 22.
[163] BGH FamRZ 2015, 2131 Rn. 19.
[164] FamRZ 1998, 473 (474).

IV. Vereinbarungen zum Nachscheidungsunterhalt

1. Formale Anforderungen

633 Für Vereinbarungen zum nachehelichen Unterhalt, die nach Inkrafttreten der Neufassung des § 1585c BGB am 1.1.2008 geschlossen werden, ist der nach Maßgabe von § 1585c S. 2 u. 3 BGB der Vorschrift eingeführte **Formzwang** zu beachten, soweit sie vor der Ehescheidung geschlossen werden. Vereinbarungen, die vor der Gesetzesänderung formfrei zustande gekommen sind, bleiben wirksam,[165] es sei denn, sie wurden in einen Ehevertrag aufgenommen (§ 1410 BGB). Der Formzwang soll die Beteiligten vor unbedachten Erklärungen bewahren und ihnen die Tragweite der Vereinbarung vor Augen führen.[166] Nach Sinn und Zweck der Regelung werden auch Vereinbarungen von Verlobten vor der Eheschließung erfasst, obwohl diese zu diesem Zeitpunkt noch keine Ehegatten sind. Dies liegt daran, dass Vereinbarungen zum nachehelichen Unterhalt als vorsorgende Vereinbarung im Zusammenhang mit der Eheschließung, also auch davor getroffen werden können.[167] Beurkundungspflichtig ist die gesamte Ausgestaltung des Unterhaltsanspruchs, damit alle Verpflichtungen unterhaltsrechtlicher Qualität wie die Vereinbarung des begrenzten Realsplittings oder Modifikationen wie die Einräumung eines Nutzungsrechts an der gemeinsamen Immobilie.[168]

634 § 1585c S. 2 BGB verlangt die **notarielle Beurkundung**, die nach § 128 BGB sukzessiv an verschiedenen Orten und bei verschiedenen Notaren stattfinden kann. Gemäß § 1585c S. 3 BGB kann diese durch eine nach § 127a BGB erfolgte Protokollierung einer Vereinbarung vor dem Prozessgericht in Ehesachen ersetzt werden. Eine Einschränkung allein auf Verfahren in Ehesachen liegt darin seit Geltung des neuen Verfahrensrechts (1.9.2009) nicht. Neben Verfahren in Ehesachen genügt auch die Protokollierung in einem anderen, zum nachehelichen Unterhalt in innerem Zusammenhang stehenden Verfahren wie dem Verfahren auf Trennungsunterhalt oder – nach hier vertretener Auffassung – dem Verfahren in Güterrechtssachen. Diese bisher in der Literatur umstrittene Frage[169] hat der BGH im hier vertretenen Sinne für eine im Trennungsunterhaltsverfahren geschlossene Vereinbarung entschieden und dort auch einen Verzicht bzgl. des Güterrechts akzeptiert.[170] Der Regierungsentwurf zu § 1585c BGB ging von der **Gleichwertigkeit eines nach § 127a BGB gerichtlich protokollierten Vergleichs** aus. Aus der Begründung für die durch den Rechtsausschuss später erfolgte Ergänzung durch Satz 3 ergibt sich nur der Wille, Rechtssicherheit insoweit zu schaffen, dass auch in einer Ehesache, in der kein Verfahren wegen Unterhalts anhängig ist, eine verbindliche Protokollierung einer Einigung der Ehegatten wirksam erfolgen kann.[171] Hätte der Rechtsausschuss die bis dahin nicht in Frage gestellte Auffassung des Gesetzesentwurfs einschränken wollen, so hätte es nahe gelegen, dies ausdrücklich zu begründen und aus dem Gesetz ein gesetzgeberischer Wille zur Einschränkung der Anwendung des § 127a BGB allein auf Verfahren in Ehesachen erkennbar werden müssen. Das ist nicht der Fall. § 1585c Satz 3 BGB kommt somit nur eine klarstellende

---

[165] BT-Drs. 16/6980, 20.
[166] BT-Drs. 16/1830, 22.
[167] BGH FamRZ 1985, 788.
[168] Steiniger/Viefhues FPR 2009, 114.
[169] Wie hier: Borth, Unterhaltsrechtsänderungsgesetz 2008, Rn. 235; Billhardt FamRZ 2008, 748; Menne/Grundmann, Das neue Unterhaltsrecht, S. 75; dagegen: Bergschneider FamRZ 2008, 17 (18) und FamRZ 2008, 748; Kleinwegener FF 2008, 45; einschränkend: MüKoBGB/Maurer § 1585c Rn. 22 nur bei Erwachsenenunterhaltsverfahren; Palandt/Brudermüller § 1585c Rn. 5
[170] BGH FamRZ 2014, 728 Rn. 16 ff. = R 748b m. kritischer Anm. Maurer zum effektiven Schutz durch das Gericht bei Protokollierung verfahrensfremder Gegenstände, FamRZ 2014, 730.
[171] BGH FamRZ 2014, 728 Rn. 19 f. = R 748b.

Funktion zu.[172] Für die einschränkende Auffassung mag bisher die Schutzfunktion für die Beteiligten gesprochen haben, weil nur in der Ehesache Anwaltszwang herrschte und eine gerichtlich protokollierte Vereinbarung zum nachehelichen Unterhalt nur möglich ist, wenn beide Beteiligten durch Anwälte vertreten sind.[173] Dieses Argument ist heute aber entfallen, weil seit Geltung des Gesetzes über das Verfahren in Familiensachen und den Angelegenheiten der freiwilligen Gerichtsbarkeit (FamFG) zum 1.9.2009 in allen selbstständigen Familienstreitsachen gemäß § 112 FamFG (also auch in Trennungsunterhalts- oder Güterrechtssachen) Anwaltszwang herrscht (§§ 114 I, 112 Nr. 1 und 2, 231 I Nr. 2, § 261 FamFG).

Allerdings knüpft die Regelung des § 127a BGB nicht an die beiderseitige Vertretung durch Rechtsanwälte an. Sie überträgt vielmehr dem Gericht die **Aufklärungs- und Beratungsfunktion** des Notars, bei dessen Beurkundung eine Vertretung der Beteiligten durch Rechtsanwälte nicht vorgesehen ist.[174] Ein als Verfahrensvergleich wirksamer Abschluss einer Vereinbarung vor dem Gericht setzt gemäß § 127a BGB vielmehr die Aufnahme der Erklärungen in ein nach den Vorschriften der ZPO (§§ 160 ff. ZPO) errichtetes Protokoll voraus. Solche Protokolle werden nur in Ehesachen und Familienstreitsachen erstellt, weil nur für diese über die Verweisung in § 113 I FamFG die Protokollvorschriften der ZPO gelten. In anderen Familiensachen (§ 111 Nr. 2 bis 7 FamFG sowie § 111 Nr. 11 iVm den entsprechenden Gegenständen in § 269 FamFG) werden gemäß § 28 IV FamFG nur Vermerke gefertigt. Daher wird im Ergebnis jedenfalls in der Regel nur in Verfahren mit Anwaltszwang eine Protokollierung gemäß § 127a BGB in Betracht kommen. Wird die gesetzlich vorgeschriebene Form nicht eingehalten, ist die Vereinbarung nichtig (§ 125 S. 1 BGB). **635**

Aus dem Rechtsgewährungsanspruch der Beteiligten (§ 113 I FamFG; § 278 ZPO) ergibt sich der Anspruch gegenüber dem Gericht auf **Protokollierung** eines gerichtlichen Vergleichs gemäß § 127a BGB, aber nur, soweit damit der Verfahrensgegenstand – teilweise oder abschließend – regelt wird. Ein generelles Recht der Verfahrensbeteiligten auf gerichtliche Protokollierung anstelle der an sich notwendigen notariellen Beurkundung besteht nicht. Die Protokollierung der über den Verfahrensgegenstand hinausgehenden Regelungsgegenstände liegt im pflichtgemäßen Ermessen des Gerichts (§§ 1, 56 BeurkG).[175] Hierbei hat es von dem Grundsatz der Aufgabenverteilung zwischen Notar und Gericht auszugehen. Erfordert die Beilegung eines Verfahrens eine über den Verfahrensgegenstand hinausgehende Beurkundung, muss es dies berücksichtigen. In der Regel ist das Ermessen jedoch nicht soweit eingeengt, dass zugleich auch die Erfüllung der vergleichsweise übernommenen Verpflichtung protokolliert werden muss (zB die Auflassung neben der Verpflichtung zur Eigentumsübertragung). Zudem muss es prüfen, ob es die Belehrungs- und Mitteilungspflicht (§ 17 I BeurkG) erfüllen kann. Die anwaltlich vertretenen Beteiligten können das Gericht davon freistellen. Schließlich ist das Haftungsrisiko zu beachten.[176] **636**

Eine nach Rechtskraft der Scheidung vorgenommene Abänderung der davor formgerecht abgeschlossenen Vereinbarung ist formlos möglich. **637**

2. Vorsorgende Vereinbarungen

§ 1585c BGB erlaubt sowohl Verlobten vor der Eheschließung als auch Ehegatten bei Beginn oder zu jedem späteren Zeitpunkt der Ehe, den nachehelichen Unterhalt durch eine sogenannte vorsorgende Vereinbarung,[177] zB im Rahmen eines Ehevertrags (§ 1408 BGB) zu regeln. Dabei besteht grundsätzlich volle **Vertragsfreiheit**.[178] Auch ein Unter- **638**

---

[172] BGH FamRZ 2014, 728 Rn. 23 = R 748b.
[173] Borth, Unterhaltsrechtsänderungsgesetz 2008, Rn. 235.
[174] BGH FamRZ 2014, 728 Rn. 22 = R 748b.
[175] BGH FamRZ 2011, 1572 Rn. 14 ff.
[176] BGH FamRZ 2011, 1572 Rn. 17 ff.
[177] BGH FamRZ 1985, 788.
[178] BGH FamRZ 1991, 306 (307).

haltsverzicht (→ Rn. 640 ff.) ist wirksam, soweit er nicht nach Maßgabe der gebotenen richterlichen Wirksamkeitskontrolle gegen die guten Sitten verstößt bzw. ggf. der zusätzlich durchzuführenden richterlichen Ausübungskontrolle nicht standzuhalten vermag (vgl. zur richterlichen Kontrolle → Rn. 643 ff.). Abgesehen vom vollständigen Verzicht, der einen in der Praxis häufigen Fall der vorsorgenden Vereinbarung darstellt, sind im Rahmen der Vertragsfreiheit die unterschiedlichsten Gestaltungen möglich,[179] zB könnte bestimmt werden, dass keine Kapitalabfindung (§ 1585 II BGB) verlangt werden kann, kein Aufstockungsunterhalt (§ 1573 II BGB) in Betracht kommt oder sich der Unterhalt nicht nach § 1578 S. 1 BGB bemessen soll, sondern nach der vorehelichen oder auch der beruflichen Stellung des Berechtigten. Zur Frage, inwieweit aus dem Katalog der Unterhaltsansprüche (§§ 1570–1573 I und IV, 1575, 1576 BGB) – abgesehen vom Anspruch auf Aufstockungsunterhalt (§ 1573 II BGB) – bestimmte Ansprüche ausgeschlossen werden können, wird auf → Rn. 645 verwiesen. Anstelle der in § 1585 I 1 BGB grundsätzlich vorgesehenen Unterhaltsgewährung in Geld können die Parteien jederzeit eine **andere Art der Unterhaltsgewährung** vereinbaren, zB, indem sie sich im Hinblick auf die vom Berechtigten genutzte Wohnung, die dem Pflichtigen (anteilig) gehört, auf Naturalunterhalt einigen.[180] Sie können auch die Widerruflichkeit der Unterhaltsverpflichtung vereinbaren[181] oder die Wiederverheiratungsklausel des § 1586 I BGB abbedingen.[182]

Für eine ausführliche Darstellung der Problematik wird zB auf *Bergschneider*, Verträge in Familiensachen, 6. Aufl. 2018, oder *Langenfeld/Milzer*, Handbuch der Eheverträge und Scheidungsvereinbarungen, 8. Aufl. 2019, verwiesen.

3. Vereinbarungen anlässlich oder nach der Scheidung

639 Anders als bei der vorsorgenden Vereinbarung (→ Rn. 638) ist die eheliche Entwicklung abgeschlossen und deswegen ein höheres Maß an Vorhersehbarkeit der künftigen Entwicklung gegeben. Dies erleichtert den Abschluss einer Vereinbarung, die vielfach wegen bestehender Meinungsverschiedenheiten über Grund und Umfang der Unterhaltspflicht zugleich als **Vergleich im Sinne des** § 779 BGB[183] zu qualifizieren sein wird. Scheidungsvereinbarungen über den nachehelichen Unterhalt werden ohnehin vielfach als gerichtliche Vergleiche abgeschlossen. Anders als nach altem Recht[184] kann ein gerichtlicher Unterhaltsvergleich im Scheidungsverfahren, der formell als Prozessvergleich unwirksam ist, weil eine Partei nicht anwaltlich vertreten ist, nicht als außergerichtlicher materiell-rechtlicher Vergleich Bestand haben, weil er auch insoweit nach § 1585c S. 2 u. 3 BGB **formnichtig** ist – → Rn. 633. Eine vergleichsweise Unterhaltsregelung über den Nachscheidungsunterhalt erfasst mangels Identität nicht den nach Auflösung einer weiteren Ehe gemäß § 1586a I BGB möglicherweise neu entstehenden Unterhaltsanspruch.[185] Zu beachten ist, dass Vereinbarungen zum nachehelichen Unterhalt, die nach Rechtskraft der Scheidung geschlossen werden, **formfrei** möglich sind – → Rn. 601, 633 – es sei denn, es besteht Formzwang aufgrund anderer Regelungen (§§ 761, 1410, 1408, 1378 III 2 BGB; § 7 VersAusglG).

---

[179] Vgl. dazu näher Langenfeld NJW 1981, 2377.
[180] BGH FamRZ 1997, 484.
[181] KG FamRZ 1999, 1277.
[182] OLG Bamberg FamRZ 1999, 1278; OLG Koblenz FamRZ 2002, 1040 zum Unterhaltsverzicht und gleichzeitiger Vereinbarung einer Leibrentenzahlung bis zum Tode der Berechtigten; AG Flensburg FamRZ 2010, 1808 zur Wiederverheiratungsklausel.
[183] Vgl. BGH FamRZ 1986, 1082 (1084); 1985, 787.
[184] BGH FamRZ 1985, 166 ff.
[185] BGH FamRZ 1988, 46 (47).

6. Abschnitt: Vereinbarungen zum Ehegattenunterhalt   § 6

V. Vereinbarung eines Unterhaltsverzichts

1. Die besondere Problematik des Verzichts auf nachehelichen Unterhalt

In der Praxis spielt die Frage der Wirksamkeit und der Tragweite von Unterhaltsverzichts- 640
vereinbarungen eine verhältnismäßig große Rolle. Dabei geht es fast ausschließlich um den
Verzicht auf nachehelichen Unterhalt, da bei den anderen ehelichen Unterhaltsansprüchen auf künftigen Unterhalt nicht verzichtet werden kann, → Rn. 630, 632. Der den nachehelichen Unterhalt betreffende **Verzichtsvertrag,** der vor Rechtskraft der Scheidung formbedürftig ist (→ Rn. 633), kann nach der Scheidung auch durch schlüssiges Handeln zustande kommen. Es muss aber zur Feststellung des rechtsgeschäftlichen Aufgabewillens des Gläubigers ein unzweideutiges Verhalten vorliegen, das vom Erklärungsgegner als Aufgabe des Rechts verstanden werden kann. Allein darin, dass der Anspruch auf die Unterhaltsleistungen längere Zeit nicht geltend gemacht wurde, können derartige Umstände, die den Verzichtswillen des Gläubigers ausdrücken, noch nicht gesehen werden.[186] Insoweit kommt eher eine Verwirkung des Anspruchs nach allgemeinen Grundsätzen hinsichtlich der Rückstände in Betracht (→ Rn. 142 ff.). Absichtserklärungen des Berechtigten gegenüber Dritten stellen kein Vertragsangebot gegenüber dem Pflichtigen dar, das dieser annehmen könnte.[187] Ein Verzichtswille ist im Zweifel nicht zu vermuten.

Der wirksame uneingeschränkte Verzicht auf nachehelichen Unterhalt (aber 641
→ Rn. 643 ff. zur erforderlichen richterlichen Wirksamkeits- und Ausübungskontrolle) lässt nicht nur die einzelnen Unterhaltsansprüche, sondern das Unterhaltsstammrecht erlöschen;[188] die oft gebrauchte Formel, dass der Verzicht auch **für den Fall der Not** gelte, ist daher nur deklaratorisch. Da der Verzicht damit im Zweifel auch ohne ausdrückliche Bestimmung den Fall der Not ergreift, ist der Verzicht auch für diesen Fall Teil des Vertragsinhalts. Eine Anpassung nach Treu und Glauben wegen Veränderung oder Wegfalls der gemeinsamen Geschäftsgrundlage im Hinblick auf eine unerwartete Notlage des verzichtenden Ehegatten scheidet daher grundsätzlich aus.[189] Ein Unterhaltsverzicht enthält in der Regel keine „clausula rebus sic stantibus". Es oblägte danach dem Verzichtenden darzulegen und zu beweisen, dass ein im Wortlaut des Verzichts selbst nicht enthaltener Vorbehalt unter Einbeziehung der Gesamtumstände aus der maßgeblichen Sicht des Erklärungsempfängers bei objektiver Würdigung nicht als uneingeschränkter und zeitlich unbefristeter Verzicht verstanden werden durfte.[190]

Der Verzicht auf Unterhaltsansprüche kann zeitlich befristet, aufschiebend oder auf- 62
lösend bedingt sowie der Höhe nach oder insgesamt auf Teile der Unterhaltsberechtigung beschränkt werden.[191] Wird der **Notbedarf** vertraglich vom Verzicht ausgenommen, kann für Zeiträume, in denen eine Notlage besteht, das zur Abwendung Erforderliche verlangt werden, allerdings nicht etwa der angemessene oder nur der notdürftige, sondern der notwendige Unterhalt,[192] im Zweifel das Existenzminimum.

2. Richterliche Wirksamkeits- und Ausübungskontrolle

Zwei Entscheidungen des Bundesverfassungsgerichts[193] zur Benachteiligung des Unter- 643
haltsberechtigten im nachehelichen Unterhalt haben zu einer Änderung der Rechtsprechung des BGH[194] zu Eheverträgen, Scheidungsfolgenvereinbarungen und anderen Ver-

---

[186] BGH FamRZ 1981, 763.
[187] OLG Stuttgart FamRZ 1999, 1136 (1138).
[188] OLG München FamRZ 1985, 1264 (1265).
[189] Vgl. Herb NJW 1987, 1525 (1527); Göppinger/Wax/Hoffmann, Unterhaltsrecht, Rn. 1473.
[190] OLG Hamm FamRZ 1993, 973.
[191] BGH FamRZ 1997, 873 (874).
[192] BGH FamRZ 1980, 1104 (1105).
[193] BVerfG FamRZ 2001, 985; 2001, 343 ff.
[194] Grundlegend BGH FamRZ 2004, 601 = R 608.

einbarungen mit Unterhaltsverzichten geführt. Das Bundesverfassungsgericht hat die Kritik[195] an der schrankenlosen Vertragsfreiheit, mit der Verzichtsvereinbarungen – abgesehen vom Fall der Sittenwidrigkeit – möglich waren, aufgegriffen. Es hat verlangt, dass im Rahmen einer richterlichen Inhaltskontrolle auch verfassungsrechtliche Schranken beachtet werden, welche der Privatautonomie bei einseitiger Dominanz eines Ehepartners aus Gründen gestörter Vertragsparität im Hinblick auf die Schutzbedürftigkeit des verzichtenden Ehegatten gesetzt sein können.[196] Insoweit setze die nach Art. 2 I GG gewährte Privatautonomie voraus, dass die Bedingungen zur Selbstbestimmung des Einzelnen auch tatsächlich gegeben seien. Enthalte ein Ehevertrag eine erkennbar einseitige Lastenverteilung und sei er zB im Zusammenhang mit einer Schwangerschaft geschlossen worden, gebiete es die Schutzwirkung des Art. 6 IV GG, den an sich möglichen Unterhaltsverzicht richterlich zu überprüfen. Bei der verlangten Überprüfung gehe es um die **Drittwirkung von Grundrechtspositionen** der Vertragsparteien, die über die Anwendung der zivilrechtlichen Generalklauseln durch richterliche Inhaltskontrolle zu verwirklichen seien.

644 Mit seiner Grundsatzentscheidung vom 11.2.2004[197] hat der BGH vor dem Hintergrund der erwähnten Rechtsprechung des Bundesverfassungsgerichts die **Abkehr von der** vorher von ihm bejahten grundsätzlich **vollen Vertragsfreiheit**[198] für Vereinbarungen zum nachehelichen Unterhalt und zu sonstigen versorgungs- und güterrechtlichen Scheidungsfolgen vollzogen und vertritt diese seitdem in ständiger Rechtsprechung.[199] Zunächst hält der BGH als Ausgangspunkt daran fest, dass die gesetzlichen Regelungen über den nachehelichen Unterhalt, Zugewinn und Versorgungsausgleich im Rahmen ihrer Privatautonomie grundsätzlich der vertraglichen Disposition der Ehegatten unterliegen. Im Ergebnis hat er diese Ausgangsüberlegung allerdings dadurch relativiert, dass er konstatiert, der Schutzzweck der gesetzlichen Regelungen dürfe durch vertragliche Vereinbarungen nicht beliebig unterlaufen werden, indem eine durch die individuelle Gestaltung der Lebensverhältnisse nicht gerechtfertigte und dem benachteiligten Ehegatten unzumutbare Lastenverteilung herbeigeführt werde.[200] Es wird damit nicht in erster Linie darauf abgestellt, wie es nach den Entscheidungen des Bundesverfassungsgerichts nahe gelegen hätte, ob der nachteilige Vertragsschluss auf mangelnder Vertragsparität zwischen den Vertragschließenden beruht, sondern auf den vorhandenen vertraglichen Nachteil. Im Gesetzgebungsverfahren für das Gesetz zur Änderung des Unterhaltsrechts vom 21.12.2007 wurde die Auffassung des BGH über die inhaltlichen Grenzen von Unterhaltsvereinbarungen aber ausdrücklich gebilligt.[201]

645 Der BGH weist seitdem in ständiger Rechtsprechung darauf hin, dass sich nicht allgemein und für alle denkbaren Fälle beantworten lasse, unter welchen Voraussetzungen eine Unterhaltsvereinbarung für den Scheidungsfall unwirksam (§ 138 BGB) oder – weil eine Berufung auf einzelne Regelungen nicht hingenommen werden könne – anzupassen sei (§ 242 BGB). Ausgehend von der Dispositionsfreiheit der Eheleute habe eine **Gesamtschau der getroffenen Vereinbarungen,** der Gründe und Umstände ihres Zustandekommens sowie der beabsichtigten und verwirklichten Gestaltung des ehelichen Lebens stattzufinden.[202] Hierzu stellt der BGH eine **Rangordnung der Scheidungsfolgen** auf, nach der die Dispositionsfreiheit der Ehegatten einer Überprüfung in unterschiedlicher Intensität unterliegt. Die nachteilige Belastung des anderen Ehegatten wiege umso schwerer, je unmittelbarer die vertragliche Abbedingung von gesetzlichen (Unterhalts-)Regelun-

---

[195] Vgl. zB Büttner FamRZ 1998, 1: gegen die Zulässigkeit eines Verzichts bei „struktureller Unterlegenheit" des Verzichtenden bei Ausnutzung von dessen Zwangslage und für ihn einseitig belastendem Vertragsinhalt.
[196] BVerfG FamRZ 2001, 985; 2001, 343.
[197] BGH FamRZ 2004, 601 ff. = R 608.
[198] Vgl. BGH FamRZ 1997, 156 (157) zur früheren Rechtsauffassung.
[199] BGH FamRZ 2017, 884 Rn. 31 ff, = R 785b; 2011, 1377; 2008, 386; 2005, 1444.
[200] BGH FamRZ 2013, 195 Rn. 16 = R 735a; 2011, 1377 Rn. 14; 2008, 386 Rn. 17; 2005, 1444 (1446), 601 (605) = R 608.
[201] BT-Drs. 16/1830, 22.
[202] BGH FamRZ 2013, 195 Rn. 17 = R 735b; 2008, 386 Rn. 18; 2004, 601 (604 f.) = R 608.

6. Abschnitt: Vereinbarungen zum Ehegattenunterhalt § 6

gen in den **Kernbereich des Scheidungsfolgenrechts** eingreife.[203] Allerdings gibt es keinen unverzichtbaren Mindeststandard an Scheidungsfolgen.[204]

Die Rangordnung der Scheidungsfolgen stellt sich wie folgt dar:
– 1. Betreuungsunterhalt (§ 1570 BGB) – (innerster) Kernbereich. Der Betreuungsunterhalt unterliegt schon wegen seiner Ausrichtung am Kindesinteresse nicht der freien Disposition der Ehegatten.[205]
– 2. Krankheitsunterhalt (§ 1572 BGB) und der Unterhalt wegen Alters (§ 1571 BGB) – Kernbereich. Wenn im Zeitpunkt des Vertragsschlusses noch nicht absehbar ist, wann ein solcher relevant werden könnte, wird sein Ausschluss für sich genommen regelmäßig nicht sittenwidrig sein.[206]
– 3. Unterhalt wegen Erwerbslosigkeit (§ 1573 I BGB); nachrangig, zumal das Gesetz das Arbeitsplatzrisiko bei nachhaltig gesichertem Arbeitsplatz ohnehin auf den Berechtigten verlagert.
– 4. Krankenvorsorge- und Altersvorsorgeunterhalt (§ 1578 II 1, III BGB), es sei denn, sie teilen den Vorrang des zugrunde liegenden Unterhaltsanspruchs, zB aus § 1570 BGB, weil sie zum Ausgleich von ehebedingten Nachteilen dienen.[207]
– 5. Aufstockungs- und Ausbildungsunterhalt (§§ 1573 II, 1575 BGB)[208] sowie Billigkeitsunterhalt (§ 1576 BGB) – am ehesten verzichtbar.[209]

a) Wirksamkeitskontrolle. Die Wirksamkeitskontrolle dient der Prüfung der Sittenwidrigkeit gemäß § 138 BGB. Wird eine Sittenwidrigkeit bejaht, führt dies zur Geltung der gesetzlichen Regelungen anstelle der vertraglichen. Der Tatrichter hat zu prüfen, ob schon auf Grund der konkreten Regelungen einer vom gesetzlichen Scheidungsfolgenrecht abweichenden Vereinbarung im Zeitpunkt des Vertragsschlusses – unter Beachtung der im Zeitpunkt der Prüfung geltenden Rechtsprechung[210] – eine **evident einseitige Lastenverteilung** entsteht, die hinzunehmen für den belasteten Ehegatten unzumutbar erscheint. Zu prüfen ist zunächst die objektive Lastenverteilung anhand der **individuellen Verhältnisse bei Vertragsschluss,** insbesondere der Einkommens- und Vermögensverhältnisse, des geplanten oder bereits verwirklichten Zuschnitts der Ehe, ggf. des Alters und des Bildungshintergrunds sowie der (absehbaren) Auswirkungen auf die Ehegatten und die Kinder – losgelöst von der zukünftigen Entwicklung der Ehegatten und ihrer Lebensverhältnisse.[211] Anhaltspunkte für eine in objektiver Hinsicht nachteilige Regelung kann zB der Ausschluss von Alters- und Krankheitsunterhalt geben, wenn beim Betroffenen mit höherer Wahrscheinlichkeit eine spezifische Bedürfnislage erkennbar war, weil die Betroffene keiner Erwerbstätigkeit nachging, sondern bereits ein gemeinsames Kleinkind betreute und die Beteiligten sich weitere Kinder wünschten, also ein Ehemodell vorstellten, in dem die Betroffene auf eine eigene versorgungsbegründende Erwerbstätigkeit verzichten würde. Weitere Anhaltspunkte sind in einer solchen Situation der Ausschluss des Versorgungsausgleichs und die Vereinbarung der Gütertrennung. Sind Kompensationsleistungen vereinbart, ist zu prüfen, ob sie konkret und verbindlich sind und zur Kompensation taugen.[212]

Erforderlich ist eine gestufte Prüfung, nämlich jeder Einzelregelung sowie eine Gesamtwürdigung aller Einzelregelungen des Vertrags.

Neben der objektiven Lastenverteilung der Vereinbarung sind auf der **subjektiven Seite** die von den Vertragschließenden verfolgten **Zwecke und Beweggründe** zu berücksichtigen, insbesondere was den begünstigten Ehegatten zu der Regelung und den benachtei-

646

647

---

[203] BGH FamRZ 2004, 601 (605) = R 608.
[204] BGH FamRZ 2013, 195 Rn. 24 = R 735c; 2007, 1309 (1310); 2005, 1444 (1447) = R 633b.
[205] FamRZ 2017, 884 Rn. 31 = R 785b.
[206] BGH FamRZ 2017, 884 Rn. 32 = R 785b; 2013, 195 Rn. 20 = R 735b.
[207] BGH FamRZ 2005, 1449 (1451) = R 634b; 2005, 1444 (1446).
[208] BGH FamRZ 2005, 1449 (1450) = R 634a.
[209] BGH FamRZ 2005, 1449 (1450) = R 634a.
[210] AA: Bosch FamRZ 2016, 1026.
[211] BGH FamRZ 2018, 577 Rn. 13 zum Zugewinnausgleich; 2014, 629 Rn. 17 = R 745b; 2013, 269 Rn. 16; 2013, 195 Rn. 17 = R 735b; 2004, 601 (604) = R 608.
[212] BGH BeckRS 2019, 7139 Rn. 36–40 = R 794d.

ligten Ehegatten zur Zustimmung veranlasst hat.[213] Zur Prüfung gehört auch die Frage, ob die benachteiligte Vertragspartei wegen subjektiver Unterlegenheit eine **unterlegene Verhandlungsposition,**[214] zB auf Grund einer Zwangslage, hatte.[215] Eine solche kann sich aus einem erheblichen Einkommens- und Vermögensgefälle zwischen den Beteiligten ergeben, wenn der verzichtende Ehegatte wegen einer ansonsten ungesicherten wirtschaftlichen Zukunft in besonderem Maße auf die Eheschließung angewiesen ist,[216] zB als ledige Mutter vor der Unterhaltsreform mit einem damals nur schwach ausgestatteten Unterhaltsanspruch,[217] aus einer intellektuellen Unterlegenheit oder aus einer sozialen und wirtschaftlichen Abhängigkeit der einkommenslosen/nicht erwerbstätigen jungen Mutter gegenüber dem Ehemann, der Teilhaber eines Familienunternehmens ist,[218] sowie im Beurkundungsverfahren deshalb, weil dem sprachunkundigen Betroffenen kein Dolmetscher gestellt oder jedenfalls im Vorfeld des Beurkundungstermins eine Ausfertigung überlassen wird, die er übersetzen lassen könnte[219] oder keine fachkundige Übersetzung vorliegt, wenn der Abschluss des Vertrags auf Veranlassung des anderen Partners erfolgte.[220] Eine Schwangerschaft indiziert eine schwächere Verhandlungsposition und damit eine Disparität bei Vertragsschluss. Sie führt zwingend zu einer verstärkten richterlichen Kontrolle.[221] Sie reicht aber für sich genommen nicht aus, eine Nichtigkeit festzustellen, und zwar auch dann nicht, wenn der Pflichtige in dieser Situation die Eheschließung vom Vertragsabschluss abhängig macht. Der Abschluss eines Ehevertrags als Bedingung für eine Eheschließung oder Fortführung der Ehe begründet allgemein ohne weitere Umstände keine unterlegene Verhandlungsposition.[222] Aufgrund der unterlegenen Verhandlungsposition ist es nicht erforderlich, dass der benachteiligte Ehegatte den Vertrag widerwillig oder mit Bedenken abschließt. Auch der widerstandslos Folge leistende Partner wird geschützt.[223]

648 Generell ist zu beachten, dass eine **Störung der subjektiven Vertragsparität** (die verwerfliche Gesinnung) bei familienrechtlichen Verträgen nicht allein aufgrund der objektiv einseitigen Lastenverteilung vermutet werden kann.[224] Ein unausgewogener bzw. objektiv einseitig belastender[225] Vertragsinhalt kann zwar ein gewisses Indiz für die unterlegene Verhandlungsposition des benachteiligten Ehegatten und damit für die Störung der Vertragsparität sein. Die Annahme der Sittenwidrigkeit wird aber in der Regel nicht gerechtfertigt sein, wenn **außerhalb der Vertragsurkunde** keine (verstärkenden) Umstände erkennbar sind, die auf eine Unterlegenheit der Verhandlungsposition hindeuten.[226] Solche Umstände hat das OLG Hamm bei einem durchweg einseitig belastenden Ehevertrag ua darin gesehen, dass der vom Vertrag Begünstigte einen ihm aus ständiger beruflicher Zusammenarbeit bekannten Notar mit der Beurkundung beauftragt hatte, da damit aus der Sicht des anderen Ehegatten eine neutrale Beratung von vornherein ausgeschlossen war.[227] Eine Ausnahme bildet der Fall, dass die einseitig belastende Regelung objektiv zum Nachteil des Trägers von Sozialleistungen führen würde (→ Rn. 611 f.). In

---

[213] BGH FamRZ 2018, 577 Rn. 13 zum Zugewinnausgleich; 2014, 629 Rn. 17 = R 745b; 2013, 195 Rn. 17 = R 735b; 2004, 601 (606) = R 608.
[214] BGH FamRZ 2006, 1097 (1098) = R 653a.
[215] BGH FamRZ 2005, 1449 (1450) = R 634a.
[216] BGH FamRZ 2014, 629 Rn. 41 = R 745f; 2013, 269 Rn. 28.
[217] BGH FamRZ 2019, 953 Rn. 44 = R 794d.
[218] BGH FamRZ 2019, 953 Rn. 43 = R 794d; 2017, 884 Rn. 44 = R 785c.
[219] BGH FamRZ 2018, 577 Rn. 22 = R 789a.
[220] BGH FamRZ 2019, 953 Rn. 45f = R 794d.
[221] BGH FamRZ 2008, 386 Rn. 19; 2005, 1444 (1447) = R 633c.
[222] BGH FamRZ 2018, 577 Rn. 21 R 789a; 2014, 1978 Rn. 21.
[223] BGH FamRZ 2017, 884 Rn. 44 = R 785c.
[224] BGH FamRZ 2014, 629 Rn. 39 = R 745f; 2013, 269 Rn. 27 (Zugewinnausgleich); 2013, 195 Rn. 24 = R 735c; 2009, 198 Rn. 31 ff.
[225] Anschauliches Beispiel: BGH FamRZ 2017, 884.
[226] BGH FamRZ 2019, 953 Rn. 42 = R 794d; 2018, 577 Rn. 19 zum Zugewinnausgleich = R 789a; 2017, 884 Rn. 39 = R 785c; 2014, 629 Rn. 39 = R 745f; 2013, 269 Rn. 27 (Zugewinnausgleich); 2013, 195 Rn. 24 = R 735c.
[227] OLG Hamm FamRZ 2014, 777.

dem Fall war bei Vertragsabschluss die Hilfsbedürftigkeit des Unterhaltspflichtigen im Falle der Vertragserfüllung so offensichtlich (ihm verblieben weniger als $^2/_3$ des notwendigen Selbstbehalts), dass die subjektive Seite der Sittenwidrigkeit in Form grober Fahrlässigkeit der Beteiligten angenommen wurde.[228] Das Verdikt der Sittenwidrigkeit wird regelmäßig nur dann in Betracht kommen, wenn Regelungen aus dem Kernbereich des Scheidungsfolgenrechts ganz oder zu erheblichen Teilen abbedungen sind, ohne dass diese Nachteile für den betreffenden Ehegatten durch andere Vorteile gemildert oder durch die besonderen Verhältnisse der Ehegatten, den von ihnen angestrebten oder gelebten Ehetyp oder auch durch sonstige wichtige Belange des begünstigten Ehegatten gerechtfertigt werden.[229] Dabei ist zu beachten, dass der Grundsatz der Halbteilung für sich genommen kein tauglicher Maßstab zur Beurteilung einer evident einseitig belastenden Regelung ist.[230] Denn einen unverzichtbaren Mindestgehalt an Scheidungsfolgen gibt es nicht.[231]

Die **Gesamtwürdigung** kann eine Sittenwidrigkeit des Vertrags insgesamt ergeben, selbst wenn alle Einzelregelungen der Wirksamkeitskontrolle standhalten.[232] Das wird der Fall sein, wenn das Zusammenwirken aller Einzelregelungen erkennbar auf die einseitige Benachteiligung eines Ehegatten abzielt[233] bzw. die Annahme rechtfertigt, dass sich in dem Vertragsinhalt eine auf ungleichen Verhandlungspositionen beruhende **einseitige Dominanz eines Ehegatten** und damit eine Störung der subjektiven Vertragsparität widerspiegelt, also eine verwerfliche Gesinnung des begünstigten Ehegatten erkennbar ist.[234] Bei der Prüfung einer objektiven Unausgewogenheit im Rahmen der Gesamtwürdigung ist bei jungem Alter die Situation der Beteiligten einzubeziehen, die sich im Falle einer bei Vertragsschluss zumindest für möglich gehaltenen Geburt gemeinsamer Kinder aufgrund des Vertrags ergeben würde (zB Totalverzicht auf jeglichen Unterhalt).[235] Eine verwerfliche Gesinnung des begünstigten Ehegatten liegt aber nicht vor, wenn er mit dem Vertrag auch die Motivation hat, den anderen Ehegatten (wegen Ehebruchs) zu „bestrafen", sofern ohne Beachtung dieses Motivs die subjektive Seite der Sittenwidrigkeit nicht bejaht werden kann, weil ungleiche Verhandlungspositionen nicht erkennbar sind.[236]

649

Ergibt die Wirksamkeitskontrolle eine **Teilnichtigkeit der Vertragsklauseln,** ist nach § 139 BGB in der Regel der gesamte Vertrag nichtig, es sei denn, es wäre anzunehmen, dass er auch ohne die nichtige Klausel geschlossen worden wäre. Dafür kann die Vereinbarung einer salvatorischen Klausel sprechen.[237] Eine **salvatorische Klausel** ist daher nicht von vornherein unbeachtlich. Sind bezüglich einzelner Regelungen ungleiche Verhandlungspositionen der Ehegatten bei Vertragsschluss nicht erkennbar, kommt eine bloße Teilnichtigkeit des Vertrags in Betracht.[238] Bei der Prüfung ist zu beachten, ob ein enger Zusammenhang zwischen den Regelungen besteht, also ein Einheitlichkeitswille der Ehegatten vorlag und der Vertrag daher ein einheitliches Rechtsgeschäft darstellt. Dabei besteht eine tatsächliche Vermutung für den Einheitlichkeitswillen bei Aufnahme mehrerer Vereinbarungen in eine Urkunde.[239] Ist ein Einheitlichkeitswille anzunehmen, muss nach den Regeln der ergänzenden Vertragsauslegung geprüft werden, ob die Ehegatten die übrigen Regelungen so auch bei Kenntnis der Nichtigkeit der einzelnen Regelung getrof-

650

---

[228] BGH FamRZ 2009, 198 Rn. 35 ff.
[229] BGH FamRZ 2008, 386 Rn. 19; 2004, 601 (605) = R 608b; OLG Hamm FamRZ 2014, 777.
[230] BGH FamRZ 2014, 629 Rn. 28 = R 745c; 2009, 198 Rn. 22.
[231] BGH FamRZ 2017, 884 Rn. 38 = R 785c; 2014, 629 Rn. 17 = R 745b; 2013, 195 Rn. 24 = R 735c; 2004, 601 (604) = R 608b.
[232] BGH BeckRS FamRZ 2019, 953 Rn. 35 = R 794d; 2018, 577 Rn. 16 zum Zugewinnausgleich; 2017, 884 Rn. 38 = R 785c.
[233] BGH FamRZ 2019, 953 Rn. 35 = R 794d; 2017, 884 Rn. 38 = R 785c; 2014, 629 Rn. 38; 2013, 195 Rn. 22 = R 735c; 2009, 198 Rn. 29; 2008, 2011 Rn. 20 f.
[234] BGH FamRZ 2018, 577 Rn. 19 zum Zugewinnausgleich = R 789a; 2017, 884 Rn. 39 = R 785c; 2014, 629 Rn. 39 = R 745f; 2013, 195 Rn. 24 = R 735c; 2009, 198 Rn. 29.
[235] BGH FamRZ 2018, 577 Rn. 18 zum Zugewinnausgleich = R 789a.
[236] BGH FamRZ 2014, 629 Rn. 45f = R 745 f.
[237] BGH FamRZ 2005, 1444 (1447) = R 633a.
[238] BGH FamRZ 2013, 269 Rn. 31 (zum Ausschluss des Zugewinnausgleichs).
[239] BGH FamRZ 2014, 629 Rn. 50 = R 745c.

fen hätten. Das kann dann fraglich sein, wenn die nichtige Regelung mit einer oder mehreren anderen an sich wirksamen Regelungen in einem inneren Zusammenhang steht, zB wenn für den Verzicht in der nichtigen Regelung eine Kompensation in einer anderen Regelung versprochen wurde. Entschieden hat der BGH dies für eine nichtige, weil gegen ein gesetzliches Verbot verstoßende Regelung zum Verzicht auf Trennungsunterhalt im Scheidungsfolgenvertrag.[240] Da auch Kompensationsleistungen in anderen Regelungen die Nichtigkeit des Verzichts auf Trennungsunterhalt nicht beseitigen, kann dessen Nichtigkeit durch eine solche Verknüpfung die für sich genommen wirksamen anderen Regelungen erfassen. Wird in einem reinen Scheidungsfolgenvertrag ein vollständiger Verzicht in einer Folgesache durch Leistungen in einer anderen Folgesache kompensiert, kann dies dagegen gerade die Wirksamkeit des gesamten Vertrags zur Folge haben. Ist aber ein Ehevertrag, der auch Unterhaltsregelungen enthält, für den Unterhaltsbedürftigen im Rahmen einer Gesamtwürdigung oder ausnahmslos nachteilig, ohne dass berechtigte Belange der anderen Vertragspartei dies rechtfertigen, erfasst die Nichtigkeitsfolge trotz Vorliegens einer salvatorischen Klausel notwendig den gesamten Vertrag.[241] Eine salvatorische Klausel verhilft dem Vertrag auch dann nicht teilweise zu einer Wirksamkeit, wenn sich die Sittenwidrigkeit erst aus der Gesamtschau der einzelnen Regelungen ergibt. Denn dann spiegelt diese Klausel selbst die gestörte Vertragsparität wider.[242]

651 Vereinbarungen zum (teilweisen) Unterhaltsverzicht beim **Betreuungsunterhalt** sind unter Beachtung des Grundsatzes der Eigenverantwortung (§ 1569 S. 1 BGB) anhand der nunmehr verschärften Erwerbsobliegenheiten des betreuenden Ehegatten im Rahmen des § 1570 BGB zu bemessen (→ § 4 Rn. 157 ff., 170 ff.).[243] Andererseits ist die im Hinblick auf das Kindeswohl eingeschränkte, aber nicht jeder Modifikation entzogene Dispositionsbefugnis (zB hinsichtlich der Höhe) der Eltern zu beachten.[244] Nach der Rechtsprechung des BGH wird grundsätzlich im Rahmen der Ausübungskontrolle ein Verzicht nicht als sittenwidrig zu qualifizieren sein, wenn bei Vertragsschluss nicht geplant war, dass der betreuende Ehegatte weniger oder gar nicht mehr erwerbstätig sein wird.[245] Im Übrigen ist zu beachten, dass Erwerbsobliegenheiten seit Geltung des Unterhaltsreformgesetzes (1.1.2008) dem betreuenden Ehegatten zeitlich eher als nach alter Rechtslage auferlegt werden können. Ein Unterhaltsverzicht für die Zeit, bevor das Kind drei Jahre alt geworden ist, dürfte allerdings unwirksam sein, wenn er dazu führt, dass der betreuende Unterhaltsberechtigte deshalb gezwungen ist, erwerbstätig zu sein, obwohl er das Kind selbst betreuen möchte, oder der Sozialhilfe anheimfällt (→ Rn. 610 ff.). Bei älteren Kindern kann unter dem Aspekt nachteiliger Auswirkungen auf das Kindeswohl der Unterhaltsverzicht einer Wirksamkeitskontrolle standhalten, wenn bei Vertragsschluss von einer adäquaten Fremdbetreuungsmöglichkeit ausgegangen wurde.[246] Scheitert eine Erwerbstätigkeit des betreuenden Berechtigten später eben daran, ist dem bei der Ausübungskontrolle Rechnung zu tragen. Unabhängig davon sind bei der Ausübungskontrolle alle die für § 1570 BGB maßgeblichen Umstände, die eine Einschätzung der Erwerbsobliegenheit des betreuenden Elternteils zulassen, zu beachten. Ein Verzicht auf den zukünftigen Betreuungsunterhaltsanspruch nach § 1615l BGB ist dagegen nicht wirksam, §§ 1615l III 1, 1614 BGB.[247] § 1615l III 1 BGB enthält eine Rechtsgrundverweisung.[248]

652 Die Beweislast trägt der sich auf die Sittenwidrigkeit berufende Ehegatte nach den allgemeinen Grundsätzen.[249]

---

[240] BGH FamRZ 2014, 629 Rn. 50 = R 745c.
[241] BGH FamRZ 2018, 577 Rn. 23 = R 789b; 2006, 1097 (1098) = R 653b.
[242] BGH FamRZ 2018, 577 Rn. 23 = R 789b; 2013, 269 Rn. 31.
[243] BGH FamRZ 2011, 1377 Rn. 29.
[244] BGH FamRZ 2017, 884 Rn. 31 = R 785b.
[245] BGH FamRZ 2013, 195 = R 735.
[246] BGH FamRZ 2013, 195 Rn. 19 = R 735b.
[247] OLG Celle BeckRS 2014, 1174.
[248] BGH FamRZ 2013, 1958 Rn. 11.
[249] BGH FamRZ 2013, 269 Rn. 29; 2009, 198 Rn. 31.

b) Ausübungskontrolle. Eine evident einseitige Lastenverteilung kann auch erst später **653** durch eine von den Vorstellungen bei Abschluss der Vereinbarung abweichende Entwicklung entstehen. Hält ein Vertrag der Wirksamkeitskontrolle stand und ist er auch nicht aus sonstigen Gründen sittenwidrig, hat eine richterliche Ausübungskontrolle nach § 242 BGB zu erfolgen. Dabei ist zu prüfen, inwieweit der begünstigte Ehegatte **im Zeitpunkt des Scheiterns der Lebensgemeinschaft** seine ihm durch den Vertrag eingeräumte Rechtsmacht missbraucht, wenn er sich auf den vertraglichen Ausschluss von (unterhaltsrechtlichen) Scheidungsfolgen beruft, obwohl sich nunmehr in diesem Zeitpunkt eine evident einseitige Lastenverteilung zulasten des anderen Ehegatten ergibt, die hinzunehmen für den belasteten Ehegatten bei angemessener Würdigung der Ehe nicht zumutbar ist, auch wenn die Belange des begünstigten Ehegatten und dessen Vertrauen in die Gültigkeit der getroffenen Abrede angemessen berücksichtigt werden.[250] Das kommt insbesondere in Betracht, wenn die tatsächliche einvernehmliche Gestaltung der ehelichen Lebensverhältnisse von den ursprünglich geplanten und dem Vertrag zugrunde gelegten Lebensverhältnissen grundlegend abweicht und dadurch bei dem belasteten Ehegatten ehebedingte Nachteile entstanden sind, die durch den Ehevertrag nicht angemessen kompensiert werden,[251] zB die Geburt von Kindern und die deshalb erfolgte Aufgabe der eigenen Erwerbstätigkeit durch den betreuenden Ehegatten, wenn bei Vertragsschluss beide Ehegatten berufstätig waren und der Vertrag für diese Lebenssituation keine Regelungen enthält.[252] Die von der Vertragsgrundlage abweichende Lebensgestaltung muss vom gemeinsamen Willen beider Ehegatten getragen sein, und zwar wenigstens konkludent. Denn es handelt sich um die Korrektur einer vertraglichen Vereinbarung. Es genügt daher nicht, dass die Ehe tatsächlich „so gelebt" wurde. Der Maßstab des auf rein objektive Umstände abstellenden § 1578b BGB gilt nicht. Lässt sich der vom Vertrag Begünstigte auf eine solche Änderung ein, liegt darin eine Distanzierung bzw. Abwendung vom Vertrag mit der Folge, dass sein Vertrauen in den Bestand dann nicht mehr so schutzwürdig erscheint.[253]

Hält der Vertrag der Ausübungskontrolle nicht stand, führt dies weder zu dessen Un- **654** wirksamkeit noch zur Anwendung der gesetzlichen Scheidungsfolge. Der Richter hat im Rahmen der Ausübungskontrolle vielmehr diejenigen Rechtsfolgen anzuordnen, die den berechtigten Belangen beider Vertragsparteien in der nunmehr eingetretenen Situation in ausgewogener Weise Rechnung tragen.[254] Dabei wird er sich umso stärker an der vom Gesetz vorgesehenen Rechtsfolge orientieren, je mehr die abbedungene (unterhaltsrechtliche) Rechtsfolge dem Kernbereich des Scheidungsfolgenrechts zuzuordnen ist.[255] Die Anpassung des Ehevertrags im Wege der Ausübungskontrolle dient aber nur dem **Ausgleich ehebedingter Nachteile**.[256] Der betroffene Ehegatte darf daher nicht besser gestellt werden, als er – bei kontinuierlicher Fortsetzung seines vorehelichen Berufswegs – ohne Übernahme ehelicher Risiken stünde, die sich wegen Abweichung der bei Vertragsschluss vorgestellten Lebenssituation von der später tatsächlich eingetretenen Lebenslage als Nachteile konkretisiert haben.[257] Der Grundsatz der Halbteilung kann nur die obere Grenze der Anpassung darstellen.[258]

Der Ausübungskontrolle unterfallen auch jene Fälle, in denen später neue **gleichrangi- 655 ge Unterhaltsgläubiger** auf Seiten des Unterhaltsverpflichteten hinzutreten wie die neue Ehefrau im Falle der Kinderbetreuung, wenn der Unterhaltspflichtige – wie häufig – ihren

---

[250] BGH FamRZ 2018, 1415 Rn. 20; 2014, 1978 Rn. 22; 2013, 195 Rn. 35 = R 735d; 2004, 601 (606) = R 608b.
[251] BGH FamRZ 2018, 1415 Rn. 20; 2008, 582 Rn. 33.
[252] BGH FamRZ 2013, 195 Rn. 36 = R 735d.
[253] BGH FamRZ 2014, 1978 Rn. 24.
[254] BGH FamRZ 2014, 1978 Rn. 25; 2013, 770 Rn. 21; 2013, 269 Rn. 22; 2013, 195 Rn. 35 = R 735d; 2004, 601 (606) = R 608b.
[255] BGH FamRZ 2004, 601 (606) = R 608b.
[256] BGH FamRZ 2018, 1415 Rn. 31; 2014, 1978 Rn. 26; 2013, 770 Rn. 22; 2008, 582 Rn. 36 ff.
[257] BGH FamRZ 2013, 770 Rn. 22; 2011, 1377 Rn. 28; 2008, 582 Rn. 36 ff. (Krankheitsunterhalt); 2007, 974 (977) = R 673b; 2005, 1449 (1451) = R 634c (zur Bemessung von Altersvorsorgeunterhalt).
[258] BGH FamRZ 2013, 770 Rn. 22 (zum Versorgungsausgleich).

Unterhaltsanspruch neben dem der geschiedenen Ehefrau nicht mehr erfüllen kann (relativer Mangelfall). Hier kann es zu einer Anpassung des Unterhalts der geschiedenen Ehefrau kommen, sofern die hinzugetretene Unterhaltspflicht gegenüber dem neuen Ehegatten vor- oder gleichrangig ist.[259] Bei Gleichrang der Ehegatten kann der Unterhalt – auch nach der Entscheidung des BVerfG vom 25.1.2011[260] – im Rahmen einer Billigkeitsabwägung (§ 1581 BGB) im Ergebnis im Wege einer Dreiteilung berechnet werden (→ § 4 Rn. 427 ff.).[261] Dabei erlaubt die gebotene Billigkeitsabwägung im Einzelfall abweichende Ergebnisse, die auf weitere individuelle Umstände gestützt werden können.[262] Es wird geprüft werden müssen, wozu sich der Unterhaltsschuldner vertraglich verpflichtet hat. Enthält der Vertrag Regelungen zugunsten des geschiedenen Ehegatten (zB längerer Betreuungsunterhalt als gesetzlich geschuldet), so wird der Unterhaltsschuldner daran festzuhalten sein, solange er seinen Ehegattenmindestselbstbehalt (derzeit 1200 EUR) wahren kann. Der Schutz des geschiedenen Ehegatten, der sich auf diese vertragliche Regelung verlassen durfte, geht dann dem Interesse des Unterhaltsschuldners an gleicher Teilhabe vor. Legt der Vertrag dagegen mehr oder minder nichts anderes fest als das, was aufgrund der finanziellen Verhältnisse im Zeitpunkt des Vertragsabschlusses gesetzlich geschuldet wurde, kann das Hinzutreten der gleichrangigen neuen Ehefrau zu einer Anpassung führen, die auch dem Unterhaltsschuldner den eheangemessenen Selbstbehalt belässt.

656 Die **Grundsätze des § 313 BGB** – Wegfall der Geschäftsgrundlage – finden im Rahmen der Ausübungskontrolle grundsätzlich auch auf Eheverträge Anwendung, soweit die tatsächliche Gestaltung der ehelichen Lebensverhältnisse von der ursprünglichen Planung, die dem Ehevertrag zugrunde lag, abweicht (→ Rn. 617 ff.),[263] zB bei Hinzutreten weiterer Unterhaltsberechtigter.[264] Insbesondere kommt eine Abänderung nach § 313 BGB aber auch in Betracht, wenn die Abweichung nicht auf einer Entscheidung der Ehegatten, sondern auf Umständen beruht, die außerhalb der Ehe liegen und von den Beteiligten nicht beeinflusst werden konnten, zB die Änderung der Rechtslage oder der höchstrichterlichen Rechtsprechung[265] wie die Einführung der Befristungsmöglichkeit nach § 1578b BGB.[266] Allerdings wird der Wegfall der Geschäftsgrundlage nicht schon deshalb anzunehmen sein, weil ein Ehepartner später ein erheblich höheres Einkommen erzielt als noch bei Abschluss des Vertrags. Üblicherweise werden gerade im Hinblick auf solche (erwarteten) Unterschiede Eheverträge bzw. Unterhaltsvereinbarungen geschlossen. Hinsichtlich unterschiedlicher Einkommen wird eine Anwendbarkeit von § 313 BGB eher in Betracht kommen, wenn ein bestimmtes Verhältnis der Einkommen der Beteiligten zueinander als auch künftig gewiss festgelegt worden ist.[267]

657 **Einzelfälle zur Wirksamkeitskontrolle.**
- **wirksam:**
  - Der Ausschluss des Anspruchs auf Unterhalt wegen Krankheit und Alters ist wirksam, wenn bei Vertragsschluss nicht absehbar war, ob, wann und unter welchen Gegebenheiten der betroffene Ehegatte unterhaltsbedürftig werden könnte,[268] oder falls die Ehegatten wegen ihres Alters im Zeitpunkt des Vertragsschlusses einen nicht unwesentlichen Teil ihrer Versorgungsanwartschaften schon erworben hatten[269] oder wenn der später erkrankte Ehegatte bei Vertragsschluss eine vollschichtige sozialversicherungspflichtige Erwerbstätigkeit ausübte (Stationsschwester)[270] oder selbstständig erwerbstätig war und für das Alter vorsorgen konnte (zuvor in der Schweiz mit sechsstel-

---

[259] BGH FamRZ 2014, 912 Rn. 37.
[260] BVerfG FamRZ 2011, 437 = R 722.
[261] BGH FamRZ 2012, 281 Rn. 42.
[262] BGH FamRZ 2014, 912 Rn. 38.
[263] BGH FamRZ 2018, 1415 Rn. 20; 2013, 770 Rn. 19.
[264] BGH FamRZ 2014, 912 Rn. 29; 2013, 195 Rn. 35 = R 735d; 2005, 1444 (1448).
[265] BGH FamRZ 2018, 1415 Rn. 20; 2012, 525 Rn. 39.
[266] Vgl. OLG Hamm FamRZ 2017, 889.
[267] BGH FamRZ 2008, 386 Rn. 36; 2005, 1444 (1448).
[268] BGH FamRZ 2017, 884 Rn. 32 = R 785b; 2013, 195 Rn. 20 = R 735b; 2008, 582 Rn. 22.
[269] BGH FamRZ 2008, 582 Rn. 22 (45 bzw. 47 Jahre alt); 2005, 691 (692).
[270] BGH FamRZ 2013, 195 Rn. 20 = R 735b.

ligem Jahreseinkommen erfolgreiche Ehefrau betrieb im Zeitpunkt des Vertragsschlusses selbstständig ein Einzelhandelsgeschäft).[271]
- Der Ausschluss des Anspruchs auf Unterhalt wegen Krankheit und Alters kann auch wirksam sein, wenn der Ehevertrag in einer Ehekrise geschlossen wird und der berechtigte Ehegatte noch weit von der gesetzlichen Regelaltersgrenze entfernt ist (48 Jahre alt). Dann ist es schon aufgrund der notwendigen Einsatzzeitpunkte zweifelhaft, ob der Ehegatte nach der Scheidung einen solchen Anspruch hätte.[272] Hier kam ergänzend hinzu, dass die Ehefrau aufgrund von Erbschaften und Vermögensaufbau in der Ehe Vermögen in sechsstelliger Höhe zzgl. einer lastenfreien Eigentumswohnung (aus der Vermögensauseinandersetzung) und einer privaten Rentenversicherung (zum Ausgleich auf den Verzicht des Versorgungsausgleichs) hatte.
- Auch der Ausschluss weiterer nachrangiger Unterhaltsansprüche (Aufstockung, § 1573 II BGB, oder wegen Erwerbslosigkeit, § 1573 I BGB) wird häufig aufgrund ihrer Stellung im System des Scheidungsfolgenrechts wirksam vereinbart werden können. Sie können aber Bedeutung gewinnen, wenn der Ehegatte mit Rücksicht auf das beabsichtigte oder bereits gelebte Ehemodell Nachteile in seinem beruflichen Fortkommen hat. Liegen solche ehebedingten Nachteile nicht vor oder kann der berechtigte Ehegatte seinen Lebensbedarf aufgrund Vermögenserwerbs in der Ehe selbstständig decken, ist der Ausschluss wirksam.[273]
- Der stufenweise Ausschluss des auch der Höhe nach stufenweise (Alter des jüngsten Kindes 6 bzw. 14 Jahre) beschränkten Betreuungsunterhalts kann der Wirksamkeitskontrolle standhalten, wenn die Unterhaltshöhe wenigstens annähernd geeignet war, die ehebedingten Nachteile der Ehefrau auszugleichen. Dies gilt ums so mehr für die weiteren Unterhaltsansprüche.[274] Nach neuem Unterhaltsrecht, das die Erwerbsobliegenheiten des betreuenden Ehegatten nach dem 3. Geburtstag des Kindes verschärft, dürfte diese Beurteilung erst recht gelten.
- Weder der Ausschluss des Betreuungsunterhalts noch der Ausschluss des Unterhalts wegen Alters oder Krankheit und wegen der weiteren nachrangigen Unterhaltsansprüche scheitern an der Wirksamkeitskontrolle, wenn beide Ehegatten zum Zeitpunkt des Vertragsschlusses keine Kinder gewollt haben, sondern jeweils erwerbstätig bleiben wollten.[275] Dasselbe gilt bei einem späteren gemeinsamen Kinderwunsch, wenn sich entweder eine Tendenz zur Alleinverdienerehe noch nicht abzeichnete (wegen gleichrangiger Betreuung oder guter Fremdbetreuungssituation)[276] oder weil der betreuende Ehegatte vollzeitig weiterarbeiten wollte.[277]
- Der Ausschluss des nachehelichen Unterhalts und des Versorgungsausgleichs bei einer geringeren Ehedauer als zehn Jahre und der Wegfall dieser Regelungen im Falle der Geburt eines gemeinsamen Kindes ist wirksam, wenn bei Vertragsschluss beide Ehegatten vollschichtig tätig waren. Denn dem mit der Kinderbetreuung befassten Ehegatten wird durch den Wegfall der Ausschlussregelungen ein nachehelicher Schutz vor ehebedingten Einkommenseinbußen und Teilhabe an den Versorgungsanrechten aus der Ehezeit gewährt.[278]
- Lebte der benachteiligte Ehegatte schon vor Eheschließung von Sozialhilfe und war auch der andere Ehegatte einkommenslos, stellt der wechselseitige Unterhaltsverzicht keine einseitige Lastenverteilung dar, und zwar weder für einen Ehegatten noch für den Sozialleistungsträger. Das gilt auch bei vor der Ehe bestehender Krankheit eines Ehegatten.[279]

---

[271] BGH FamRZ 2008, 582 Rn. 22.
[272] BGH FamRZ 2014, 629 Rn. 35 = R 745e.
[273] BGH FamRZ 2014, 629 Rn. 36 = R 745e; 2008, 582 Rn. 23 (zum Anspruch nach § 1573 I BGB); 2005, 691 (692).
[274] BGH FamRZ 2005, 1444 (1447 f.) = R 633d.
[275] BGH FamRZ 2013, 195 Rn. 19 = R 735b; 2008, 582 Rn. 21 (Betreuungsunterhalt); 2005, 1449 (1450) = R 634a.
[276] BGH FamRZ 2013, 195 Rn. 19, 20 = R 735b.
[277] OLG Jena NJW-RR 2010, 649.
[278] BGH FamRZ 2018, 1415 Rn. 18.
[279] BGH FamRZ 2007, 197 (198).

- Die Vereinbarung eines nachehelichen Unterhalts, der nach den Einkommensverhältnissen bei Vertragsschluss bemessen ist, ist nicht wegen Sittenwidrigkeit unwirksam, wenn eine Anpassung an künftige Einkommenssteigerungen des Unterhaltspflichtigen ausgeschlossen wurde und sich dessen Einkommen deutlich erhöht hat.[280]
- Der Ausschluss des Betreuungsunterhalts, wenn das jüngste Kind das 6. Lebensjahr vollendet hat, verbunden mit einer davon unabhängigen Unterhaltsabfindung für den Fall der Scheidung, ist nicht sittenwidrig, ebenso wenig der Ausschluss des Unterhalts wegen Krankheit, wenn dadurch voreheliche Unfallfolgen ausgeschlossen werden, und ebenfalls nicht der Ausschluss des Unterhalts wegen Alters, wenn zum Zeitpunkt des Vertragsschlusses nach der ehelichen Planung die Fortführung einer eingeschränkten Erwerbstätigkeit vorgesehen war.[281] Die Vereinbarung von Betreuungsunterhalt bis zu einem Alter der Kinder von 12 und 14 Jahren, ist wirksam, weil damit die wesentliche Zeit der Kindesbetreuung abgedeckt ist.[282]
- Der Ausschluss jeglichen nachehelichen Unterhalts bei vergleichbar ausgebildeten Ehegatten (Volkswirtin und Jurist) bei Verpflichtung zur Übertragung eines Gewinn abwerfenden Mehrfamilienhauses an die betreuende Ehefrau im Falle der Geburt von Kindern ist wirksam.[283] Die Mieteinnahmen deckten den Lebensstandard der Ehefrau bei Vertragsschluss.

658 • **unwirksam:**
- Der vereinbarte vollständige Wegfall eines Anspruchs auf nachehelichen Unterhalt einschließlich Betreuungsunterhalts bei Aufnahme einer eheähnlichen Beziehung, verbunden mit dem Fehlen eines Ausgleichs für die durch die Kindesbetreuung bedingten ehelichen Nachteile, hält der Wirksamkeitskontrolle nicht stand.[284]
- Heiratet eine der deutschen Sprache nicht mächtige junge Ausländerin einen deutlich älteren wirtschaftlich abgesicherten Deutschen und war schon bei Vertragsschluss als möglich vorhersehbar, dass sie wegen der Geburt von Kindern – wie dann tatsächlich geschehen – nicht erwerbstätig sein würde, stellt der Ausschluss des nachehelichen Unterhalts schon auf Grund der Disparität, die sich aus der sehr viel schwächeren Verhandlungsposition der Ehefrau ergibt, eine evident einseitige Lastenverteilung mit Nichtigkeitsfolge dar.[285] Das gilt erst recht, wenn die Betroffene von der Ausweisung bedroht war und nur durch die Eheschließung ein Bleiberecht erhalten konnte.[286]
- Hatte die bei Abschluss des Vertrags schwangere Ehefrau mit indiziert schwächerer Verhandlungsposition wegen der Eheschließung und der bevorstehenden Niederkunft ihre gut dotierte Erwerbstätigkeit aufgegeben, stellt die Vereinbarung eines im Verhältnis zum früheren Einkommen beschränkten, nur unerheblich über dem unterhaltsrechtlichen Mindestbetrag liegenden Unterhalts bis zur Vollendung des 16. Lebensjahres des jüngsten Kindes keine angemessene Kompensation dar, so dass die Unterhaltsregelung nichtig ist.[287] Denn die vereinbarte Unterhaltshöhe ist nicht annähernd geeignet, die ehebedingten Nachteile der Berechtigten auszugleichen.[288]
- Wer einen ausländischen Staatsangehörigen mit schwächerer Verhandlungsposition dazu bringt, zum Zwecke der Heirat seine Heimat zu verlassen, und sich vertraglich von nachehelichen Unterhaltsansprüchen freizeichnet, obwohl es nahe liegt, dass sich der andere Ehegatte in Deutschland bei Scheitern der Ehe ua aus Gesundheitsgründen, mangelnden Sprachkenntnissen oder nicht adäquater Ausbildung nicht werde unter-

---

[280] BGH FamRZ 2007, 974 (976) = R 673a.
[281] BGH FamRZ 2007, 1310 (1312); hier ist der BGH aber wohl von einer (weiteren) Betreuung durch die Großeltern ausgegangen.
[282] OLG Köln ZFE 2010, 111.
[283] BGH FamRZ 2011, 1377.
[284] OLG München FamRZ 2006, 1449 (1450).
[285] BGH FamRZ 2018, 577 Rn. 18 ff. = R 789a; 2006, 1097 (1098) = R 653a.
[286] BGH FamRZ 2018, 577 Rn. 21 = R 789a.
[287] BGH FamRZ 2006, 1359 (1361 f.).
[288] BGH FamRZ 2006, 1359 (1361 f.); 2005, 1444 (1447).

6. Abschnitt: Vereinbarungen zum Ehegattenunterhalt § 6

halten können, verletzt, wenn der Unterhaltsverzicht auch nicht durch Gegenleistungen kompensiert wird, in sittenwidriger Weise das Gebot nachehelicher Solidarität.[289]
– Totalverzicht auf Unterhalt und Versorgungsausgleich bei Gütertrennung sowie Verpflichtung der Ehefrau, anstatt weiter vollschichtig nur noch höchstens halbschichtig zu arbeiten, als Kompensation dafür Nachteilsausgleich, dessen Art und Weise völlig in das Belieben des Ehemannes gestellt ist und Zuordnung aller Anschaffungen ohne namentliche Rechnung an den Ehemann als Eigentümer ist unwirksam.[290]
– im Wege der Gesamtwürdigung: kompensationsloser und objektiv einseitig benachteiligender Verzicht auf alle nachehelichen Ansprüche einschließlich Versorgungs- und Zugewinnausgleich außer Betreuungsunterhalt, die alle isoliert betrachtet wirksam waren, wenn die Ehefrau kaum einen Monat nach der Geburt des gemeinsamen Kindes weder in die Verhandlungen über den Vertrag eingebunden noch ihr vor dem Notartermin der Vertrag überlassen worden war.[291]

Jedenfalls objektiv einseitig belastend: Vereinbarung der Gütertrennung, Verzicht auf Versorgungausgleich und jeglichen nachehelichen Unterhalt mit Ausnahme des Betreuungsunterhalts, wenn der Ehemann ein mittelständisches Unternehmen führt, die ausländische Ehefrau bereits vor der Eheschließung ein gemeinsames Kleinkind betreut, nicht erwerbstätig ist und die als Kompensation gedachten Einzahlungen in die Rentenversicherung sowie die (hälftig zu teilende) Rücklagenbildung aus den Einkünften weder verbindlich noch konkret geregelt sind.[292]

• **Einzelfälle zur Ausübungskontrolle.** 659
– Wollten Ehegatten nach ihren Vorstellungen bei Vertragsschluss keine Kinder haben, sondern beide berufstätig sein und Karriere machen, und ändert sich der geplante Lebenszuschnitt mit der Geburt von Kindern, liegt im Zeitpunkt des Scheiterns der Ehe eine evident einseitige Lastenverteilung vor. Diese führt im Rahmen der Ausübungskontrolle trotz wirksamen Unterhaltsverzichts nicht nur zu Betreuungsunterhalt mit Krankenvorsorgeunterhalt, sondern als Teil des Betreuungsunterhalts auch zu **Altersvorsorgeunterhalt,** falls nicht ausnahmsweise besondere Gründe den Verzicht hierauf ungeachtet der durch die Geburt der Kinder veränderten Lebenssituation der Parteien rechtfertigen. Der als angemessener Ausgleich ehebedingter Nachteile zuzuerkennende Altersvorsorgeunterhalt bestimmt sich allerdings nicht an den ehelichen Lebensverhältnissen, sondern danach, was der benachteiligte Ehegatte bei Weiterführung seiner beruflichen Tätigkeit für den Aus- und Aufbau seiner Altersversorgung aufgewendet hätte (idR zu berechnen anhand der Bremer Tabelle (→ § 4 Rn. 874 ff.).[293]
– **Modifizierter Betreuungsunterhalt** müsste für die Zeit der Kindesbetreuung in Anwendung der Ausübungskontrolle zugestanden werden, wenn ein vereinbarter Unterhaltsausschluss für den Fall der Aufnahme einer eheähnlichen Beziehung wirksam wäre.[294]
– Haben Ehegatten den nachehelichen Unterhalt – abgekoppelt von späteren außergewöhnlichen Einkommenssteigerungen beim Pflichtigen – nach den Einkommensverhältnissen bei Vertragsschluss bemessen und sind sie davon ausgegangen, dass der unterhaltsberechtigte Teil in der Ehe Haushaltsführung und Kindesbetreuung mit einer teilweisen Erwerbstätigkeit verbinden würde, kommt eine richterliche Vertragsanpassung im Wege der Ausübungskontrolle nur in Betracht, wenn die tatsächlich nicht verwirklichte Teilerwerbstätigkeit erheblich sein sollte und wegen des Abweichens der tatsächlichen ehelichen Lebensgestaltung von der vorgestellten ein Festhalten an der Vereinbarung nicht zumutbar ist. Allerdings kann der berechtigte Ehegatte durch die Vertragsanpassung – hier Bemessung des Unterhalts wegen Erwerbslosigkeit – nicht bessergestellt werden, als

---

[289] BGH FamRZ 2007, 1157 (Anhörungsrüge zu FamRZ 2007, 450); 2007, 450 (451 f.).
[290] OLG Hamm FamRZ 2014, 777.
[291] BGH FamRZ 2017, 884 Rn. 38 ff = R 785c.
[292] BGH FamRZ 2019, 953 Rn. 34–40 = R 794d; Zurückverweisung zur Prüfung der Rückkehr- und Erwerbsmöglichkeiten im Heimatland.
[293] BGH FamRZ 2005, 1449 (1451 f.) = R 634b, c.
[294] OLG München FamRZ 2006, 1449 (1451).

er ohne Übernahme der Kindesbetreuung, also bei kontinuierlicher Fortsetzung seines vorehelichen Berufswegs stünde.[295]
– Eine Anpassung des Ehevertrags kommt bei Ausschluss des Betreuungsunterhalts nicht in Betracht, wenn der betreuende Ehegatte während der Ehe immer vollzeitig gearbeitet und keine ehebedingten Nachteile erlitten hat.[296]
– Werden im Ehevertrag Unterhaltsansprüche für eine Erkrankung wirksam ausgeschlossen, ist dennoch im Rahmen der Ausübungskontrolle zu prüfen, ob die aufgrund der Krankheit eingetretene Situation für den Berechtigten eine evident einseitige Lastenverteilung bedeutet, die er nach Treu und Glauben nicht hinnehmen muss. Entscheidend für die Frage der Anpassung ist, ob die wirtschaftliche Situation des Berechtigten aufgrund der Erkrankung ihrerseits, unter Beachtung der Rollenverteilung (zB Kinderbetreuung) in der Ehe, einen ehebedingten Nachteil darstellt – der Berechtigte also ohne Ehe höhere Renteneinkünfte wegen Erwerbsminderung hätte.[297]
– Die Nichterfüllung einer vertraglich übernommenen Kompensationsleistung führt zur Anpassung nach § 242 BGB.[298]
– Ausschluss des Betreuungsunterhalts (§ 1570 BGB) führt zur Anpassung, wenn die Kompensationsleistung (Übertragung eines Mehrfamilienhauses) nicht mehr den im Ehevertrag zugrunde gelegten Gewinn abwirft, daher den Lebensstandard nicht mehr sichert und die betreuende Ehefrau aufgrund der Übersiedlung der Familie ins Ausland ihre berufliche Ausbildung nur eingeschränkt einsetzen kann.[299]

VI. Vereinbarung einer Wertsicherungsklausel

660 Nicht die Steigerung, sondern das Absinken des Geldwerts entspricht der allgemeinen Erfahrung und der Realität. Daher liegt die Vereinbarung einer Wertsicherungsklausel im Interesse des Berechtigten. Für den Pflichtigen mag von Vorteil sein, dass er uU lästigen Abänderungsverfahren mit ungewissem Ausgang enthoben ist. Problematisch war bis zu dem am 14.9.2007 in Kraft getretenen **Preisklauselgesetz vom 7.9.2007** die Frage, inwieweit Wertsicherungsklauseln genehmigungsbedürftig und damit ggf. schwebend unwirksam[300] nach § 2 I 1 Preisangaben- und Preisklauselgesetz waren. Teilweise wurde die Ansicht vertreten, bei Unterhaltsforderungen handele es sich nicht um **Geldsummenschulden,** sondern um **Geldwertschulden,** deren Absicherung – was allerdings ebenfalls streitig war[301] – von vornherein nicht genehmigungsbedürftig sei.[302] Dies dürfte bei der regelmäßig vereinbarten Unterhaltsleistung in Form einer auf einen bestimmten Geldbetrag lautenden Unterhaltsrente nicht zugetroffen haben. Bei einer Geldwertschuld ist die Forderung noch nicht nach ihrem Betrag beziffert, sondern wird der Höhe nach durch den Wert einer anderen Sache bestimmt,[303] zB falls anstelle der für den Unterhalt zu liefernden Naturalien deren Erzeugerpreise verlangt werden können.[304]

661 Die ursprüngliche Regelung in § 3 des Währungsgesetzes wurde auf Grund von Art. 9 Euro-Einführungsgesetz vom 9.6.1998 (BGBl. I S. 1242, 1253) – zur Wahrung der Preisstabilität[305] – durch eine Neuregelung in § 2 des Preisangaben- und Preisklauselge-

---

[295] BGH FamRZ 2007, 974 (976 f.) = R 673b.
[296] OLG Jena NJW-RR 2010, 649; ebenso OLG Celle NJW-RR 2009, 1302 bei beamteter Lehrerin, die teilschichtig gearbeitet hat.
[297] BGH FamRZ 2013, 195 Rn. 37 = R 735d; 2008, 582 Rn. 36, 38.
[298] BGH FamRZ 2005, 1444 (1448) (vertraglich übernommene Rentenbeitragszahlungen anstelle des ausgeschlossenen VA).
[299] BGH FamRZ 2011, 1377.
[300] BGHZ 53, 315 (318) noch zu § 3 S. 2 Währungsgesetz.
[301] Dürkes, Wertsicherungsklauseln, 10. Aufl. 1992, Rn. D 198 f.
[302] So früher unter Geltung von § 3 Währungsgesetz Palandt/Heinrichs, 56. Aufl., § 245 Rn. 10 u. 18.
[303] Dürkes, Wertsicherungsklauseln, 10. Aufl. 1992, Rn. D 198.
[304] Vgl. OLG Frankfurt a. M. DNotZ 1969, 98.
[305] Vgl. Vogler NJW 1999, 1236.

setzes (PaPkG) in Verbindung mit der Preisklauselverordnung (PrKV) vom 23.9.1998 (BGBl. I S. 3043) ersetzt. Die Neuregelung sollte dem Stand der Rechtsprechung zu § 3 S. 2 Währungsgesetz entsprechen.[306] Später hat der Gesetzgeber die Materie mit Wirkung vom 14.9.2007 erneut novelliert. Das Preisklauselgesetz (PrKG) vom 7.9.2007[307] hält zwar aus stabilitäts-, preis- und verbraucherpolitischen Gründen daran fest, dass auch künftig Grenzen für eine Indexierung von Geldschulden bestehen,[308] überlässt die Prüfung der Rechtmäßigkeit der vereinbarten Klausel aber den Betroffenen mit der Folge des **Wegfalls der Genehmigungspflicht** für Wertsicherungsklauseln. Die Betroffenen können auch **kein** behördliches **Negativattest** (Bestätigung der Gesetzeskonformität der Klausel) mehr einholen.[309] Die Unwirksamkeit einer Klausel, welche die in §§ 1–7 PrKG bestimmten Grenzen nicht einhält, tritt nicht von Gesetzes wegen ein, sondern mit Wirkung für die Zukunft erst von dem Zeitpunkt an, zu dem der Verstoß gegen das Gesetz durch ein Gericht rechtskräftig festgestellt worden ist (§ 8 S. 1 PrKG).[310] Das muss durch Feststellungsbeschluss erfolgen.[311] Die Unwirksamkeit betrifft im Zweifel nur die Klausel, nicht den gesamten Vertrag. Die Vertragsparteien haben gemäß §§ 313, 242 BGB die Verpflichtung, die unwirksame durch eine gesetzeskonforme Regelung ersetzen, § 242 BGB.[312] Allerdings gehen Vereinbarungen der Parteien vor, die eine frühere Unwirksamkeit der Klausel vorsehen. Forderungen, Zahlungen oder andere Rechtswirkungen der Klausel, die bis zum Zeitpunkt der Feststellung der Unwirksamkeit fällig waren, geleistet wurden bzw. bestanden haben, bleiben unangetastet (§ 8 S. 2 PrKG).[313] Wie § 8 der Preisklauselverordnung für Genehmigungen nach § 3 Währungsgesetz bestimmt auch § 9 I PrKG, dass nach altem Recht (§ 2 des bis 13.9.2007 geltenden Preisangaben- und Preisklauselgesetzes) erteilte Genehmigungen weitergelten. Für Klauseln, deren Genehmigung bis 13.9.2007 beim Bundesamt für Wirtschaft und Ausfuhrkontrolle beantragt worden ist, gilt weiter das alte Recht. Im Übrigen findet das neue Recht auch auf vor dem 14.9.2007 vereinbarte Klauseln Anwendung (§ 9 II PrKG).

§ 1 I PrKG hat das **Indexierungsverbot** des § 2 I 1 Preisangaben- und Preisklauselgesetzes übernommen: „Der Betrag von Geldschulden darf nicht unmittelbar und selbsttätig durch den Preis oder Wert von anderen Gütern oder Leistungen bestimmt werden, die mit den vereinbarten Gütern oder Leistungen nicht vergleichbar sind." § 1 II PrKG regelt Ausnahmen vom Verbot entsprechend dem bisherigen § 1 Nr. 1 bis 3 Preisklauselverordnung und führt unter Nr. 4 mit Hinweis auf die bisherige Rechtsauffassung eine weitere Ausnahme ein.[314] Danach gilt das Verbot nach Absatz 1 (ua) nicht für Klauseln, 662

1. die hinsichtlich des Ausmaßes der Änderung des geschuldeten Betrages einen Ermessensspielraum lassen, der es ermöglicht, die neue Höhe der Geldschuld nach Billigkeitsgrundsätzen zu bestimmen **(Leistungsvorbehaltsklauseln)**,
2. bei denen die in ein Verhältnis zueinander gesetzten Güter oder Leistungen im Wesentlichen gleichartig oder zumindest vergleichbar sind **(Spannungsklauseln)**,
3. ...
4. die lediglich zu einer Ermäßigung der Geldschuld führen können.

Damit wurde die seit jeher angenommene Verbotsfreiheit von Leistungsvorbehalten und Spannungsklauseln (→ Rn. 663) bestätigt.

---

[306] Vogler NJW 1999, 1236 (1237).
[307] BGBl. I S. 2246.
[308] Regierungsentwurf v. 26.1.2007 eines zweiten Gesetzes zum Abbau bürokratischer Hemmnisse insbesondere in der mittelständischen Wirtschaft – BR-Drs. 68/07, 68.
[309] Hierzu kritisch Reul MittBayNot 2007, 445 (450 f.).
[310] Regierungsentwurf v. 26.1.2007 eines zweiten Gesetzes zum Abbau bürokratischer Hemmnisse insbesondere in der mittelständischen Wirtschaft, BR-Drs. 68/07, 68 (74 f.).
[311] Neuhaus MDR 2010, 848; Palandt/Grüneberg, PrKG § 8 Rn. 1 (Anhang zu § 245 BGB).
[312] BGH NJW 1973, 1498.
[313] Regierungsentwurf v. 26.1.2007 eines zweiten Gesetzes zum Abbau bürokratischer Hemmnisse insbesondere in der mittelständischen Wirtschaft, BR-Drs. 68/07, 68 (74 f.).
[314] Regierungsentwurf v. 26.1.2007 eines zweiten Gesetzes zum Abbau bürokratischer Hemmnisse insbesondere in der mittelständischen Wirtschaft, BR-Drs. 68/07, 68 (74 f.).

§ 6 Sonderfragen

663 Die Rechtsprechung unterschied bislang zwischen **genehmigungsbedürftigen** Gleitklauseln, die bis zur endgültigen Versagung der Genehmigung schwebend unwirksam waren,[315] und **genehmigungsfreien** Leistungsvorbehalten und Spannungsklauseln (→ Rn. 662). Diese Unterscheidung gilt als Abgrenzung zwischen erlaubten und unerlaubten Klauseln fort.

Die **Gleitklausel** wird dadurch gekennzeichnet, dass die Anpassung bei Änderung der vereinbarten Vergleichsgröße automatisch geschieht, ohne dass der Gläubiger zB ein Erhöhungsverlangen mit folgender neuer Parteivereinbarung geltend machen müsste.[316] Demgegenüber tritt die Erhöhung beim genehmigungsfreien **Leistungsvorbehalt**[317] erst ein, wenn auf Grund der geänderten Bezugsgröße eine vertragliche Neufestsetzung durchgeführt wird. Allerdings muss für die Neufestsetzung noch ein gewisser Ermessensspielraum verbleiben.[318] Kann der Gläubiger den Schuldner durch einseitige Erklärung zur Bezahlung des sich aus der Änderung der Vergleichsgröße rechnerisch ergebenden Betrags verpflichten, hätte der Gläubiger nicht nur das Recht zur billigen Bestimmung der Gegenleistung (§ 315 I BGB), sondern es läge die für das Verbot entscheidende automatische Kopplung vor.[319] Einen genehmigungsfreien Unterfall der Gleitklausel stellt die von der Rechtsprechung entwickelte und schon nach altem Recht von der Deutschen Bundesbank anerkannte[320] **Spannungsklausel** dar. Um eine solche genehmigungsfreie Klausel handelt es sich nach § 1 II Nr. 2 PrKG, wenn die in ein Verhältnis zueinander gesetzten Leistungen im Wesentlichen gleichartig oder zumindest vergleichbar sind.[321] Da Unterhalt nach dem jeweiligen Bedürfnis des Berechtigten zu leisten ist und damit vom künftigen Preis und Wert der zur Bestreitung des Bedarfs erforderlichen Güter und Leistungen abhängt, bedeutet die Anknüpfung der Unterhaltshöhe an den Lebenshaltungskosten-Index (Verbraucherpreisindex) eine Bezugnahme auf vergleichbare Leistungen, also grundsätzlich die Vereinbarung einer genehmigungsfreien Spannungsklausel.[322] Dies dürfte auch bei der Verknüpfung des geschuldeten Unterhaltsbetrags mit einer bestimmten Entwicklung von Erwerbsvergütungen oder Ruhegehältern, zB einer konkreten Beamten- oder Angestelltenkategorie, gelten, soweit es sich um eine Gehaltskategorie handelt, die lediglich der Abdeckung des angemessenen Lebensbedarfs des Empfängers dient. § 3 II PrKG erlaubt im Übrigen entsprechende Klauseln – Abhängigkeit des geschuldeten Betrags von der künftigen Einzel- oder Durchschnittsentwicklung von Löhnen, Gehältern, Ruhegehältern oder Renten – für wiederkehrende Zahlungen, die auf Lebenszeit, bis zum Erreichen der Erwerbsfähigkeit oder eines bestimmten Ausbildungsziels oder bis zum Beginn der Altersversorgung des Empfängers zu erbringen sind. Ein Verbot kann nur für solche Erhöhungsklauseln bestehen, die unter den **Regelungsbereich des § 1 I PrKG** (→ Rn. 661) fallen. Erlaubt ist damit zB die Vereinbarung einer prozentualen Erhöhung in bestimmten Abständen.

664 Wurde eine Wertsicherung mit Hilfe eines bestimmten Lebenshaltungskosten-Indexes vereinbart, können wegen der regelmäßigen **Umbasierung der Indexwerte** Auslegungsprobleme auftreten.[323] Die Preisindizes für die Lebenshaltung werden in der Regel alle fünf Jahre umgestellt.[324] Weitere Schwierigkeiten ergaben sich daraus, dass unterschiedliche Indizes für Gesamtdeutschland, die alten Bundesländer und die neuen Bundesländer verwendet wurden. **Für neue Verträge** ist nur noch auf den Verbraucherpreisindex für Deutschland des Statistischen Bundesamts abzustellen:[325] zB maßgebend soll der Indexstand vom Januar 2015 sein; wird der Indexstand um mehr als 5% über- oder unterschritten,

---

[315] BGHZ 53, 315 (318).
[316] Vgl. Dürkes, Wertsicherungsklauseln, 10. Aufl. 1992, Rn. B 27 ff.; BGHZ 53, 132 (134).
[317] Vgl. BGH NJW 1979, 1545.
[318] BGH NJW 1979, 1545.
[319] Dürkes, Wertsicherungsklauseln, 10. Aufl. 1992, Rn. B 32; vgl. hierzu auch Reul MittBayNot 2007, 445 (446 f.).
[320] Dürkes, Wertsicherungsklauseln, 10. Aufl. 1992, Rn. D 5.
[321] BGH NJW-RR 1986, 877 (879).
[322] Vgl. OLG Frankfurt a. M. DNotZ 1969, 98 (99).
[323] Vgl. zur Umrechnung von Indizes Gutdeutsch FamRZ 2003, 1061 (u. 1902 ff.).
[324] Rasch NJW 1996, 34.
[325] Vgl. die Hinweise des Statistischen Bundesamts FamRZ 2003, 506 ff.

ändert sich der geschuldete Unterhaltsbetrag im gleichen Verhältnis; die geänderte Rente ist dann ab dem nach dem Eintreten der Voraussetzungen folgenden Monatsersten zu bezahlen.[326] Bei gerichtlicher Geltendmachung ist ein Abänderungsantrag auf den nach Maßgabe des Indexes zu berechnenden Betrag zu stellen. Einer vorgeschalteten Auskunftsstufe über die Einkommensverhältnisse des Schuldners bedarf es nicht. Dafür besteht auch kein Rechtsschutzbedürfnis.[327] Bei Altverträgen ist es zweckmäßig zu vereinbaren, dass von dem Monat an, ab dem letztmals angepasst wurde, für künftig zu leistende Unterhaltsbeträge auf den **Verbraucherpreisindex für Deutschland**[328] übergegangen wird. Denn eine durch Wegfall eines Indexes entstandene Reglungslücke ist im Wege der ergänzenden Vertragsauslegung zu schließen.[329] Das Statistische Bundesamt hat schon im Jahr 2003 mitgeteilt, dass für Wertsicherungsklauseln nur noch dieser Index verwendet werden solle. Er bildet die Verbraucherpreise umfassend ab. Es hat auch darauf hingewiesen, in welcher Weise alte Indexklauseln auf den neuen Index umgerechnet werden können.[330]

Wurde in einem vollstreckbaren Prozessvergleich oder in einer vollstreckbaren notariellen Urkunde vereinbart, dass sich die Unterhaltsrente in bestimmter Weise nach Maßgabe eines vom Statistischen Bundesamt erstellten Preisindexes für Lebenshaltungskosten, zB des Verbraucherpreisindexes für Deutschland, ändert, ist der **Vollstreckungstitel** regelmäßig als **hinreichend bestimmt** anzusehen, weil sich der geschuldete Geldbetrag aus für das Vollstreckungsorgan allgemein zugänglichen Quellen bestimmen lässt[331] und weil sich dieser Index nicht abrupt und unabsehbar, sondern stetig und nach aller Erfahrung in dieselbe Richtung verändert.[332]

665

VII. Vereinbarung einer Kapitalabfindung

Der Berechtigte – nicht aber der Verpflichtete[333] – kann gemäß § 1585 II BGB statt laufender Unterhaltsrente eine Kapitalabfindung über den nachehelichen Unterhalt verlangen, wenn ein wichtiger Grund vorliegt und der Verpflichtete dadurch nicht unbillig belastet wird. Es handelt sich um ein Gestaltungsrecht. Der Inhalt des Anspruchs wandelt sich mit dem Zugang des wirksamen Abfindungsverlangens beim Verpflichteten und richtet sich nur noch auf die Abfindung.[334] Der Anspruch auf monatliche Rentenzahlung erlischt. Ein wichtiger Grund, für dessen Vorliegen der Berechtigte darlegungs- und beweisbelastet ist, wird regelmäßig angenommen, wenn der Berechtigte Kapital für den Aufbau seiner wirtschaftlichen Unabhängigkeit – wie Aufbau eines Erwerbsgeschäfts, Beteiligung an einem Unternehmen, Bestreitung von Ausbildungskosten oder Auswanderung – benötigt[335] oder der Verpflichtete unzuverlässig in der monatlichen Unterhaltszahlung ist. Die Wiederverheiratung des Berechtigten wird dagegen allgemein nicht als wichtiger Grund angesehen.[336] Eine unbillige Belastung, die der Verpflichtete darlegen und beweisen muss, liegt vor, wenn der Verpflichtete danach seinen eheangemessenen Unterhalt unter Beachtung der berücksichtigungsfähigen Verpflichtungen nicht mehr hat. Ein solcher Anspruch wird in der Praxis selten prozessiert. Eine Kapital-

666

---

[326] Beispiel bei OLG Hamm FamRZ 2017, 889.
[327] OLG Zweibrücken FamRZ 2009, 235; vgl. auch OLG Hamm FamRZ 2017, 889.
[328] famrb.de/tabellen: durchlaufend seit 1958.
[329] BGH NJW-RR 2009, 880 zum weggefallenen Lebenshaltungsindex für einen 4-Personen-Haushalt.
[330] FamRZ 2003, 506 ff.
[331] BGH FamRZ 2005, 437; 2004, 531.
[332] BGH NJW 2007, 294 (zur Änderung des Erbbauzinses aufgrund einer Wertsicherungsklausel).
[333] BGH FamRZ 1993, 1186 (1187).
[334] MüKoBGB/Maurer § 1585 Rn. 49; Hammermann in Johannsen/Henrich FamR BGB § 1585 Rn. 8.
[335] MüKoBGB/Maurer § 1585 Rn. 52; Hammermann in Johannsen/Henrich FamR BGB § 1585 Rn. 12.
[336] MüKoBGB/Maurer § 1585 Rn. 52 mwN.

abfindung über den nachehelichen Unterhalt wird dagegen häufig im Rahmen der den Eheleuten in § 1585c BGB eingeräumten Vertragsfreiheit vereinbart. Die Kapitalabfindung unterscheidet sich von der bloßen Unterhaltsvorauszahlung,[337] die lediglich den gesetzlichen Unterhaltsanspruch in Form einer Kapitalisierung konkretisiert.[338] Soll durch die Abfindungsvereinbarung – wie regelmäßig – die unterhaltsrechtliche Beziehung der Ehegatten endgültig und vorbehaltlos beendet werden, **erlischt der Unterhaltsanspruch**.[339] Ein Zahlungsanspruch besteht nur noch aus der Vereinbarung (Novation). Wegen der damit verbundenen einschneidenden Folgen muss der Wille dazu unzweifelhaft zum Ausdruck kommen, zB wenn die Unterhaltsschuld nicht mehr in einzelne Forderungen zerlegbar ist oder auch rückständiger Trennungsunterhalt enthalten ist.[340] Soweit die Vereinbarung das Ergebnis von Verhandlungen über einen als Monatsrente geltend gemachten Unterhaltsanspruch ist, endet der Unterhaltsanspruch mit dem Abschluss der Vereinbarung. Andernfalls gilt das oben Gesagte: Der Anspruch wandelt sich bereits mit Zugang des entsprechenden Verlangens.

667 Eine Anpassung an veränderte Umstände, zB wegen einer nicht bedachten Notsituation des Berechtigten, wegen seiner Wiederverheiratung oder wegen nachträglichen Wegfalls seiner Bedürftigkeit, scheidet dann aus.[341] Die **Endgültigkeit** der Abfindung ist – falls die Auslegung nicht anderes ergibt – **Vertragsinhalt**,[342] nicht nur Geschäftsgrundlage der Regelung. Wer statt laufender Zahlungen die Kapitalabfindung wählt, nimmt das Risiko in Kauf, dass die für ihre Berechnung maßgebenden Faktoren auf Schätzungen und unsicheren Prognosen beruhen. Darin liegt zugleich der Verzicht darauf, dass künftige Entwicklungen der persönlichen und wirtschaftlichen Verhältnisse berücksichtigt werden.[343] Der Unterhaltspflichtige darf sich umgekehrt darauf verlassen, dass im Fall der wirksamen Vereinbarung einer Kapitalabfindung der Unterhaltsanspruch mit der Erfüllung der Vereinbarung ein für alle Mal erledigt ist.[344] Beide Beteiligten sind dann wieder frei in ihren Dispositionen und müssen einander nicht mehr Rechenschaft über ihre Einkommensverhältnisse erteilen.

668 Eine Besonderheit stellt der Fall dar, dass die **Abfindung** nicht in einer Summe zu bezahlen ist, sondern in einer festgelegten Anzahl von **Raten.** Verheiratet sich der Berechtigte wieder oder entfällt seine Bedürftigkeit nachträglich, erhebt sich die Frage, ob sich der Verpflichtete für die zu diesem Zeitpunkt noch nicht fälligen Raten auf den Wegfall der gemeinsamen Geschäftsgrundlage berufen kann. Dies dürfte nicht möglich sein, wenn eine endgültige Regelung gewollt war.[345] Das Einverständnis mit Ratenzahlung bedeutete dann lediglich ein Entgegenkommen des Berechtigten im Interesse des Unterhaltsschuldners, zB zur Ermöglichung eines mehrjährigen Realsplittings nach § 10 I Nr. 1 EStG,[346] nicht aber, dass der Berechtigte deswegen ein Veränderungsrisiko übernehmen wollte. Davon unabhängig kann eine Anfechtung wegen arglistiger Täuschung (§ 123 BGB) in Betracht kommen, falls der Berechtigte über seine Absicht, alsbald wieder zu heiraten, getäuscht hätte. Daneben besteht ein Schadensersatzanspruch nach § 826 BGB. Handelt es sich um eine endgültig gewollte Regelung, dürfte der offene Restanspruch beim **Tod des Berechtigten** entgegen der Ansicht des OLG Hamburg[347] nicht nach § 1615 I BGB (iVm §§ 1361 IV 4, 1360a III BGB bei Trennungsunterhalt) bzw. nach § 1586 I BGB (bei Nachscheidungsunterhalt) untergehen, sondern auf die **Erben des Berechtigten** überge-

---

[337] Vgl. BGHZ 2, 379 (386).
[338] BGH FamRZ 2005, 1662 (1663) = R 639.
[339] BGH FamRZ 2005, 1662 (1663) = R 639; BVerwG NJW 1991, 2718 (2719); Göppinger/Wax/Hoffmann, Unterhaltsrecht, Rn. 1486.
[340] BGH FamRZ 2014, 1622 Rn. 16 f.
[341] BGH FamRZ 2005, 1662 (1663) = R 639; Göppinger/Wax/Hoffmann Rn. 1486.
[342] BGH FamRZ 2005, 1662 (1663) = R 639.
[343] BGH FamRZ 2005, 1662 (1663) = R 639; BGHZ 79, 187 (193).
[344] BGH FamRZ 2005, 1662 (1663) = R 639.
[345] So auch OLG Frankfurt a. M. FamRZ 2005, 1253.
[346] BGH FamRZ 2005, 1662 (1663) = R 639.
[347] OLG Hamburg FamRZ 2002, 234 (235); wie hier: Borth in Schwab/Ernst ScheidungsR-HdB § 8 Rn. 1437.

hen. Die Unterhaltsparteien hatten in diesem Fall nämlich die Unterhaltsfrage abschließend klären wollen, und zwar ungeachtet der bestehenden und bei der Bemessung der Abfindung grundsätzlich mit eingerechneten Risiken (→ Rn. 674), was die künftige Entwicklung des Unterhaltsanspruchs angeht. Beim Tod des Verpflichteten wird der Anspruch auf Abfindung zur Nachlassverbindlichkeit.[348]

Die **Pfändung** des Abfindungsanspruchs und die **Aufrechnung** gegen ihn ist nach §§ 850b I Nr. 2 ZPO, 394 BGB ausgeschlossen, wenn die Abfindung einen gesetzlichen Unterhaltsanspruch betrifft, nicht aber wenn es sich bei der abgefundenen Unterhaltspflicht um eine eigenständige rein vertragliche Verpflichtung (→ Rn. 604) handelte.[349] **669**

Bei Vereinbarung einer Kapitalabfindung muss ein **unterhaltspflichtiger Beamter** bedenken, dass wegen Untergangs seiner Unterhaltsverpflichtung auch sein Anspruch auf den Familienzuschlag der Stufe 1 entfällt.[350] **670**

Geht der unterhaltspflichtige Ehegatte, dessen Rentenanwartschaften durch den Versorgungsausgleich gekürzt wurden, früher in Rente als der berechtigte Ehegatte, gilt **§ 33 I VersAusglG** grundsätzlich auch bei Abfindung des Unterhaltsanspruchs durch eine Kapitalzahlung. Der pflichtige Ehegatte erhält bis zur Verrentung des berechtigten Ehegatten die im Umfang des gesetzlichen Unterhaltsanspruchs nicht gekürzte Rente, wenn die Unterhaltsabfindung auch den entsprechenden Rentenbezugszeitraum erfassen sollte und der Berechtigte für diesen Zeitraum ohne Vereinbarung einer Abfindung einen gesetzlichen Unterhaltsanspruch gemäß §§ 1569 ff. BGB gehabt hätte.[351] Anderes gilt, wenn der Berechtigte vor Erreichen der Altersgrenze (dh innerhalb der für die Abfindung berechneten Zeitspanne) heiratet. Dann greift § 33 I VersAusglG nicht mehr.[352] Beruht die Abfindung auf der Berechnung eines kürzeren Zeitraums, zB aufgrund von § 1578b BGB, ist der Zeitraum der Aussetzung entsprechend anzupassen.[353] **671**

Aufgrund der Kapitalabfindung können auch **steuerliche Nachteile** eintreten. So entfällt – soweit eine Einmalzahlung vereinbart wurde – das begrenzte Realsplitting (§ 10 I Nr. 1 EStG), das für das Jahr der Zahlung noch möglich ist, für die Zukunft. Der Abfindungsbetrag ist in der Regel steuerlich nicht als außergewöhnliche Belastung gemäß § 33a EStG zu berücksichtigen. Es fehlt an der für die Anwendung des § 33 I EStG erforderlichen Zwangsläufigkeit der Abfindungszahlung. Denn die rechtliche Verpflichtung aus der Vereinbarung wurde vom Steuerpflichtigen selbst gesetzt.[354] § 33 EStG gilt zudem nur für atypischen Unterhaltsbedarf, was sich nach Anlass und Zweckbestimmung richtet. Eine Kapitalabfindung stellt – sofern sie den gesetzlichen Unterhaltsanspruch befriedigt – keine Erfüllung eines außergewöhnlichen oder atypischen Bedarfs dar, auch nicht aufgrund der Zahlungsweise.[355] Die Anwendung des § 33a I EStG (Abzugsfähigkeit begrenzter Unterhaltsleistungen) scheidet schon aus, wenn der Unterhaltsberechtigte ein nicht nur geringes Vermögen besitzt, und ist darüber hinaus auf einen eher geringen Höchstbetrag begrenzt, auf den auch noch eigene Einkünfte des Unterhaltsberechtigten angerechnet werden. **672**

Wird eine Kapitalabfindung dergestalt vollstreckbar vereinbart (Vergleich, notarielle Urkunde), dass die zugrunde liegende Unterhaltsleistung ihren Charakter der wiederkehrenden Leistung verliert – wie bei der einmaligen und abschließenden Abfindungszahlung, aber ggf. selbst bei einer ratenweisen Zahlung (→ Rn. 668) – unterliegt der Anspruch der **30-jährigen Verjährungsfrist** gemäß § 197 I Nr. 4 BGB anstelle der kurzen gesetzlichen Verjährungsfrist von drei Jahren nach § 195 BGB, die gemäß § 197 Abs. 2 auch für Vergleiche über Unterhaltsansprüche gemäß § 197 I Nr. 4 BGB gilt.[356] Im entschiedenen **673**

---

[348] MüKoBGB/Maurer § 1585 Rn. 77.
[349] BGH FamRZ 2002, 1179 (1181) = R 577.
[350] BVerwG NJW 2003, 1886; NJW 1991, 2718.
[351] BVerwG NJW 2003, 1886; BSG NJW-RR 1996, 897.
[352] BVerwG – 2 B 113/04, BeckRS 2005, 26905 - zu § 5 VAHRG.
[353] Vgl. dazu Borth, Versorgungsausgleich, Kap 8 Rn. 25.
[354] BFH NJWE-FER 1998, 211; Göppinger/Wax/Märkle Unterhaltsrecht Rn. 4137.
[355] BFH FamRZ 2008, 2024.
[356] BGH FamRZ 2014, 1622 Rn. 17 = 758.

Fall war eine Kapitalabfindung für zurückliegenden Trennungs- und für nachehelichen Unterhalt vereinbart worden, die in vier halbjährlich zu leistenden Teilzahlungen zu erfüllen war. Der BGH hat ausgeführt, die für eine Unterhaltsschuld charakteristische Erbringung der Leistung in zeitlicher Wiederkehr und für bestimmte Zeitabschnitte sei entfallen und die Unterhaltsschuld nicht mehr in einzelne Forderungen zerlegbar. Da die Unterhaltsleistung endgültig feststehe und Abänderungen und Unwägbarkeiten nicht mehr zugänglich sei, entfalle der Schutz der kurzen Verjährungsfrist.

674 Die sachgemäße **Bemessung der Kapitalabfindung** bereitet Schwierigkeiten, weil an sich alle Gesichtspunkte zu beachten wären, die für spätere Änderungen oder den Wegfall des Unterhaltsanspruchs von Bedeutung sein können, zB die voraussichtliche Dauer der Unterhaltsrente, die Lebenserwartung der Parteien, die konkrete Aussicht auf eine Wiederverheiratung des Berechtigten, dessen Berufsaussichten und die Entwicklung seiner Bedürftigkeit, die künftige Leistungsfähigkeit des Pflichtigen.[357] Die Lebenserwartung des Berechtigten, welche mit Hilfe der Kapitalisierungstabellen zur Kapitalabfindung für Renten berücksichtigt werden kann, stellt nicht den einzigen oder den allein wesentlichen Maßstab dar.[358] Vielfach wird der Berechnung der Kapitalabfindung ein eingeschränkter Unterhaltszeitraum zugrunde liegen, zB die Zeit bis zum Eintritt der Vollerwerbsobliegenheit des berechtigten Ehegatten mit dem als sicher angesehenen Wegfall des Anspruchs auf Betreuungsunterhalt (§ 1570 BGB), die Zeit bis zum als sicher angesehenen Wegfall des ehebedingten Nachteils, bis zum Ende eines im Übrigen nach § 1578b II BGB befristeten Anspruchs oder die Zeit bis zur Verrentung des Berechtigten, weil die Ehegatten davon ausgehen, dass die dann bezahlte Versorgung im Hinblick auf ihre Erhöhung durch den Versorgungsausgleich bedarfsdeckend ist. Es empfiehlt sich, zunächst den in Frage kommenden **Unterhaltszeitraum** zu **bestimmen,** zB auf Lebenszeit des Berechtigten oder des Verpflichteten, bis zum voraussichtlichen Wegfall des Anspruchs auf Betreuungsunterhalt, bis zum Wegfall des Aufstockungsunterhalts, bis zum Eintritt des Rentenfalls. Danach sollte man sich auf die Höhe des derzeit geschuldeten monatlichen Unterhalts einigen. Aus dessen Laufzeit ergibt sich ein Kapitalbetrag, der mit Hilfe von Kapitalisierungstabellen abzuzinsen ist. Von dem so errechneten Kapital sind wegen der weiteren Risiken je nach den Umständen des Falles Abschläge zu machen. Zu denken ist ua an das Wiederverheiratungsrisiko, das Vorversterbensrisiko oder das Bedürftigkeitsrisiko (zB die Chance auf den Anfall einer Erbschaft oder auf eine erfolgreiche spätere Berufstätigkeit) beim Berechtigten sowie an das Leistungsfähigkeitsrisiko oder das Vorversterbensrisiko beim Pflichtigen (nach Maßgabe des § 1586b BGB besteht uU kein oder nur ein eingeschränkt realisierbarer Anspruch gegen die Erben).

675 Soll eine **lebenslange Unterhaltsrente** abgefunden werden, ergibt sich die prognostizierte Laufzeit aus der aktuellen Sterbetafel des Statistischen Bundesamts (2015/2017),[359] die hier zur Vornahme einer Abschätzung ohne Abzinsung in abgekürzter Form und auszugsweise wiedergegeben wird:

Sterbetafel Deutschland (2015/2017)

Männer		Frauen	
Alter in vollendeten Jahren	Lebenserwartung in Jahren	Alter in vollendeten Jahren	Lebenserwartung in Jahren
15	63,75	15	68,54
20	58,83	20	63,60
25	53,96	25	58,65
30	49,09	30	53,71
35	44,25	35	48,80
40	39,45	40	43,92
45	34,73	45	39,09
50	30,13	50	34,35

---

[357] Staudinger/Verschraegen (2014) § 1585 Rn. 21; Soergel/Häberle § 1585 Rn. 10.
[358] Soergel/Häberle § 1585 Rn. 10.
[359] Abrufbar im Internet unter www.destatis.de.

| **Männer** | | **Frauen** | |
Alter in vollendeten Jahren	Lebenserwartung in Jahren	Alter in vollendeten Jahren	Lebenserwartung in Jahren
55	25,73	55	29,74
60	21,62	60	25,28
65	17,80	65	21,00
70	14,25	70	16,91
75	10,93	75	13,03
80	7,92	80	9,42
85	5,47	85	6,45
90	3,70	90	4,26

Sind die Laufzeit ab Berechnungsstichtag (zB soweit es nur um laufenden Unterhalt geht, Tag oder Monat des Abschlusses der Abfindungsvereinbarung) und der Monatsbetrag der abzufindenden Unterhaltsrente bekannt, kann der abgezinste, kapitalisierte Rentenbetrag mit Hilfe von Kapitalisierungstabellen errechnet werden, bei welchen Folgendes zu beachten ist:[360]

- Es dürfen **nicht die Tabellenwerte für eine Zeitrente** verwendet werden, da bei einer solchen Rente nach dem Tode des Berechtigten an dessen Erben weiterzuzahlen ist, also ohne Berücksichtigung der Sterbenswahrscheinlichkeit kapitalisiert wird.
- Handelt es sich nicht um die Abfindung einer lebenslangen, sondern nur einer zeitlich begrenzten Unterhaltsberechtigung, ist vielmehr der Barwert der vorliegenden „**temporären Leibrente**" zu berechnen. Dies bedeutet, dass vom Barwert einer lebenslangen Rente ab Berechnungsstichtag der entsprechende Barwert einer lebenslangen Rente, deren Beginn bis zum Ende des abzufindenden Unterhaltszeitraums aufgeschoben ist, abgezogen werden muss.
- Maßgebend sind ggf. die Jahreswert-Tabellen für monatlich vorschüssige Zahlungen. Für den **Umfang der Abzinsung** kommt es auf den einzusetzenden Zinsfuß an, also auf die tatsächlich zu erwirtschaftende Verzinsung der Kapitalanlage.
- Der BGH hat einen Rechnungszins von 5,5% für entscheidend gehalten, weil dieser aus einer langfristigen Beobachtung der maßgeblichen volkswirtschaftlichen Orientierungsgrößen gewonnen sei.[361] Die Verwendung eines Rechnungszinses in dieser Höhe hat der BGH neuerdings bestätigt. Er wendet bei der Dynamisierung eines Kapitalbetrags in eine monatliche Rente die vom Bundesministerium der Finanzen gemäß § 14 I 4 BewG jährlich zu veröffentlichende Tabelle über die Vervielfältiger zur Berechnung des Kapitalwerts lebenslänglicher Nutzungen oder Leistungen an.[362] Diese Tabelle beruht auf der Verwendung eines Rechnungszinses in Höhe von 5,5% (§ 14 I 3 BewG). Den Zinssatz von 5,5% verwendet auch Anlage 9a zu § 13 BewG.
- Geht man von einer deutlichen **Dynamisierung** aus, muss ein niedrigerer Zinssatz zugrunde gelegt werden. Eine jährliche Rentenerhöhung um 2% würde im Verhältnis zu einer statischen Rente beispielsweise eine Verminderung des Zinssatzes um 2% bedeuten.

Zur Vornahme einer **Abschätzung für die Kapitalisierung einer lebenslangen Unterhaltsrente** wird die vom BGH verwandte vom Bundesministerium der Finanzen gemäß § 14 I 4 BewG an sich jährlich zu veröffentlichende Tabelle in 5-Jahres-Schritten wiedergegeben. Die mit Schreiben des BMF vom 22.11.2018 bekannt gegebene Tabelle gilt für Bewertungsstichtage ab 1.1.2019 (BStBl I 2018, 1306). Die Vervielfältiger wurden nach der Sterbetafel 2015/2017 errechnet.

---

[360] Vgl. Schneider/Schlund/Haas, Kapitalisierungs- und Verrentungstabellen, 2. Aufl. 1992 (S. 13 ff., 24, 51, 64, 65, 89 f., 98).
[361] BGH FamRZ 2004, 527.
[362] BGH FamRZ 2013, 203 Rn. 40 zur Dynamisierung eines Altersvorsorgekapitalbetrags im Elternunterhalt mit krit. Anmerkung Hauß FamRZ 2013, 206; Hauß, Elternunterhalt, 5. Aufl., Rn. 1130 ff.

Männer		Frauen	
Alter in vollendeten Jahren	Vervielfältiger für einen Kapitalwert im Jahresbetrag von 1 EUR	Alter in vollendeten Jahren	Vervielfältiger für einen Kapitalwert im Jahresbetrag von 1 EUR
15	18,066	15	18,206
20	17,881	20	18,062
25	17,643	25	17,873
30	17,333	30	17,629
35	16,934	35	17,312
40	16,422	40	16,903
45	15,771	45	16,378
50	14,959	50	15,712
55	13,971	55	14,881
60	12,810	60	13,856
65	11,480	65	12,613
70	9,970	70	11,127
75	8,277	75	9,383
80	6,457	80	7,400
85	4,744	85	5,455
90	3,361	90	3,810
95	2,382	95	2,670
100	1,819	100	1,996

678 Zum Zwecke der **Abschätzung einer zeitlich begrenzten Rente** wird die Anlage 9a zu § 13 BewG auszugsweise abgedruckt. Dabei ist zu beachten, dass der kapitalisierte Rentenbetrag ohne Berücksichtigung des Vorversterbensrisikos des Berechtigten berechnet ist:
- Kapitalwert einer zeitlich beschränkten Rente in Höhe eines Jahresbetrags von 1,00 EUR
- Rechnungszins einschließlich Zwischen- und Zinseszinsen = 5,5%
- Mittelwert zwischen jährlich vorschüssiger und jährlich nachschüssiger Zahlung

Laufzeit in Jahren	Kapitalwert der Jahresrente von 1 EUR	Laufzeit in Jahren	Kapitalwert der Jahresrente von 1 EUR
01	0,974 EUR	16	10,750 EUR
02	1,897 EUR	17	11,163 EUR
03	2,772 EUR	18	11,555 EUR
04	3,602 EUR	19	11,927 EUR
05	4,388 EUR	20	12,279 EUR
06	5,133 EUR	21	12,613 EUR
07	5,839 EUR	22	12,929 EUR
08	6,509 EUR	23	13,229 EUR
09	7,143 EUR	24	13,513 EUR
10	7,745 EUR	25	13,783 EUR
11	8,315 EUR	26	14,038 EUR
12	8,856 EUR	27	14,280 EUR
13	9,368 EUR	28	14,510 EUR
14	9,853 EUR	29	14,727 EUR
15	10,314 EUR	30	14,933 EUR

679 Wegen einer **genaueren Ermittlung des abgezinsten Kapitalwerts** der Unterhaltsrente wird verwiesen auf Schneider/Stahl, Kapitalisierung und Verrentung, 3. Aufl. 2008

sowie auf das familienrechtliche Berechnungsprogramm von Gutdeutsch (Familienrechtliche Berechnungen). Kapitalisierungstabellen befinden sich auch bei Küppersbusch, Ersatzansprüche bei Personenschaden, 10. Aufl. 2010, im Anhang.
– in dieser Auflage nicht belegt – 680–699

7. Abschnitt: Darlegungs- und Beweislast sowie tatrichterliche Ermittlung und Schätzung nach § 287 ZPO

I. Zur Darlegungs- und Beweislast

1. Allgemeiner Überblick

Grundsätzlich hat jeder Beteiligte die Voraussetzungen der für ihn günstigen Normen darzulegen und zu beweisen, sofern nichts anderes bestimmt ist oder keine von der Regel abweichende Ausnahmesituation besteht. Nach dieser Grundregel richtet sich auch die Darlegungs- und Beweislast im Unterhaltsrecht. 700

- Der **Unterhaltsberechtigte** ist darlegungs- und beweispflichtig für die Tatbestandsvoraussetzungen der Normen, auf die er seinen Unterhaltsanspruch stützt, für die maßgeblichen Lebensverhältnisse, nach denen sich sein Unterhaltsbedarf bemisst und für seine Bedürftigkeit (→ Rn. 703 ff.). Beruft sich der Antragsteller auf einen, etwa nach § 1607 BGB, § 7 UVG, 94 SGB XII, übergegangenen Unterhaltsanspruch, hat er auch die Voraussetzungen des Anspruchsübergangs darzulegen und zu beweisen.[1] Beruft sich allerdings der Unterhaltspflichtige auf eine Begrenzung des Anspruchsübergangs, etwa wegen unbilliger Härte nach § 94 III 1 Nr. 2 SGB XII, muss er deren Voraussetzungen darlegen und beweisen.[2] 701
- Der **Unterhaltspflichtige** trägt die Darlegungs- und Beweislast für eine Beschränkung seiner Leistungsfähigkeit und für Einwendungen gegen den Unterhaltsanspruch, zB nach § 1578b, § 1579 oder § 1611 BGB (→ Rn. 721 ff.).
- Wenn und soweit **Regelvorschriften** oder **Erfahrungssätze** bestehen, hat derjenige die Darlegungs- und Beweislast, der eine von der Regel abweichende Ausnahmesituation behauptet. Zu solchen Regeln zählen neben dem Mindestbedarf minderjähriger Kinder nach § 1612a BGB[3] sowie beim Betreuungs-, Ehegatten- und Elternunterhalt in Höhe des notwendigen Selbstbehalts eines nicht erwerbstätigen Unterhaltspflichtigen auch die Werte der **Tabellen und Leitlinien der Oberlandesgerichte** (→ Rn. 732 ff.).
- Bei **Negativtatsachen,** die ein Beteiligter nicht beweisen kann, weil sie seinem Zugriff entzogen sind, kann den Gegner eine sekundäre Darlegungslast zum substantiierten Vortrag treffen, etwa zu einem ehebedingten Nachteil im Rahmen der Herabsetzung und Befristung des nachehelichen Unterhalts gemäß § 1578b BGB. Erst auf diesen substantiierten gegnerischen Vortrag hin muss der eigentlich Darlegungs- und Beweispflichtige den gegnerischen Vortrag widerlegen und dies ggf. beweisen (→ Rn. 741 ff.). 702
- Im **Abänderungsverfahren** trägt der Antragsteller die Darlegungs- und Beweislast für eine wesentliche Veränderung der Umstände, die für die Unterhaltsfestsetzung im vorangegangenen Verfahren maßgeblich waren (→ Rn. 746). Das gilt aber dann nicht, wenn wegen eines einheitlichen Unterhaltsanspruchs zwar prozessual ein Abänderungsverfahren vorliegt, materiell aber Fragen zu beantworten sind, auf die es im Ausgangsverfahren noch nicht ankam. So kann sich der betreuende Elternteil während der ersten drei Lebensjahre des Kindes auf den Vortrag beschränken, dass er wegen der Kindesbetreuung nicht erwerbspflichtig ist und dies auch nicht tut. Im Abänderungsverfahren

---

[1] BGH FamRZ 2019, 112 Rn. 26.
[2] BGH FamRZ 2013, 1644 Rn. 23.
[3] BGH FamRZ 2019, 112 Rn. 25.

nach Vollendung des dritten Lebensjahres kommt es dann erstmals auf Verlängerungsgründe nach §§ 1570 I 2, 3 II, 1615l II 4, 5 BGB an, für die nach allgemeinen Grundsätzen der Unterhaltsberechtigte darlegungs- und beweispflichtig ist.[4] Gleiches gilt, wenn ein volljährig gewordenes Kind seinen Titel auf Kindesunterhalt abändern will und es dabei erstmals auf die anteilige Haftung der Eltern nach § 1606 III 1 BGB ankommt. Dann trifft das Kind auch im Abänderungsverfahren gegen einen Elternteil die Darlegungs- und Beweislast für die Haftungsquote beider Eltern.[5] In beiden Fällen geht es nicht darum die Rechtskraft einer früheren Entscheidung zu durchbrechen, sondern über die Verlängerung des Betreuungsunterhalts bzw. die Haftungsquote beim Unterhaltsanspruch des nun volljährigen Kindes ist im Abänderungsverfahren erstmals zu entscheiden.

- Weil ein **negatives Feststellungsverfahren** denselben Streitgegenstand wie ein entsprechender Leistungsantrag betrifft, richtet sich die Darlegungs- und Beweislast nicht nach der Beteiligtenstellung, sondern nach den allgemeinen Beweislastgrundsätzen (→ Rn. 747 f.).
- Eine **Umkehr der Beweislast** tritt ausnahmsweise ein, wenn die Beweisführung durch den ursprünglich nicht beweisbelasteten Gegner schuldhaft vereitelt oder erschwert wird (→ Rn. 749 f.).
- Soweit in einer unterhaltsrelevanten Frage unter Abwägung sämtlicher Gesichtspunkte nach **billigem Ermessen** zu entscheiden ist (§ 1581 BGB), hat jeder diejenigen für die Abwägung erheblichen Tatsachen nachzuweisen, aus denen er eigene Vorteile herleiten kann.
- Ein Erwerbsloser trägt die Darlegungs- und Beweislast dafür, dass ihm trotz der dadurch bedingten Bedürftigkeit oder mangelnden Leistungsfähigkeit keine **fiktiven Einkünfte** zugerechnet werden können (→ § 1 Rn. 786).[6]

2. Zur Darlegungs- und Beweislast des Unterhaltsberechtigten

703 Der Unterhaltsberechtigten trägt die Darlegungs- und Beweislast für die Tatbestandsvoraussetzungen der Normen, auf die er seinen Unterhaltsanspruch stützt (→ Rn. 720), für die Höhe seines Unterhaltsbedarfs (→ Rn. 703 ff.) und für seine Bedürftigkeit (→ Rn. 716 ff.).[7]

a) Bedarfsbemessung. Hierbei haben unterhaltsberechtigte Ehegatten oder Lebenspartner, Kinder, sonstige Verwandte in gerader Linie und betreuende Elternteile nichtehelich geborener Kinder die Darlegungs- und Beweislast für alle Tatsachen, nach denen der Unterhaltsanspruch der Höhe nach bemessen wird (§§ 1578 I 1, 1610 BGB), was bei abgeleiteter Lebensstellung auch **die Einkommens- und Vermögensverhältnisse des Unterhaltspflichtigen** einschließt.

704 - Als Ausnahme von dem allgemeinen Grundsatz der Darlegungs- und Beweislast des Unterhaltsberechtigten für die Höhe seines Unterhaltsbedarfs muss ein **minderjähriges Kind** seinen Unterhalsbedarf in Höhe des **Mindestbedarfs** nicht näher darlegen.[8] Das ergibt sich aus der gesetzlichen Neuregelung in § 1612a BGB unter Berücksichtigung der früheren Gesetzeslage und der dazu ergangenen Rechtsprechung des BGH. Schon § 1615f I BGB in der bis zum 30.6.1998 geltenden Fassung sah für nicht ehelich geborene Kinder einen Regelunterhalt vor, der nach § 1610 III 1 BGB aF zugleich als Mindestbedarf eines minderjährigen ehelich geborenen Kindes galt. Nachdem das

---

[4] BGH FamRZ 2010, 1880 Rn. 19; 2010, 1050 Rn. 18 f.; 2009, 1391 Rn. 20; 2009, 770 Rn. 41 = R 704a.
[5] BGH FamRZ 2017, 370 Rn. 39 = R 779b.
[6] BGH FamRZ 2013, 109 Rn. 35; 2012, 517 Rn. 30, 37; BGHZ 192, 45 = FamRZ 2012, 281 Rn. 38 = R 731i; 2008, 2104 Rn. 18 ff.
[7] BGH FamRZ 2019, 112 Rn. 24; 2013, 109 Rn. 35; 2010, 869 = R 712b.
[8] BGH FamRZ 2019, 112 Rn. 25; OLG Koblenz FamRZ 2009, 1075 Rn. 2; Borth FamRZ 2006, 813 (881 f.), zum früheren Recht vgl. BGH FamRZ 2003, 1471 (1472); 2002, 536; zur Ersatzhaftung der Großeltern vgl. BGH FamRZ 2006, 26 = R 637 f.

7. Abschnitt: Darlegungs- und Beweislast sowie tatrichterliche Ermittlung § 6

Kindesunterhaltsgesetz diese Vorschrift ersatzlos aufgehoben hatte, entschied der BGH zwar, dass sich forthin ein Mindestbedarf unterhaltsberechtigter minderjähriger Kinder weder in Anlehnung an die Regelbeträge der früheren Regelbetrag-Verordnung, noch in Höhe des von der Bundesregierung auf der Grundlage des Sozialhilfebedarfs ermittelten steuerfrei zu stellenden Existenzminimums,[9] noch entsprechend dem verfassungsrechtlichen Existenzminimum nach der Rechtsprechung des BVerfG[10] zur steuerlichen Freistellung des Existenzminimums und zum Familienlastenausgleich herleiten lasse.[11] Für die Darlegungs- und Beweislast[12] hatte sich dadurch aber nichts geändert. Denn schon die Begründung zu dem damaligen Regierungsentwurf hatte ausdrücklich darauf hingewiesen, dass ein minderjähriges Kind iH des Regelunterhalts von der Darlegungs- und Beweislast für seinen Bedarf befreit sein solle.[13] Daran hatte sich auch durch die späteren Änderungen im Gesetzgebungsverfahren nichts geändert.[14] Auch die zum 1.1.2001 in Kraft getretene Vorschrift des § 1612b V BGB wirkte sich darauf nicht aus.[15] Zwar hatte der BGH in dessen Folge entschieden, dass im absoluten Mangelfall für die seinerzeit mit unterhaltsberechtigten Ehegatten gleichrangigen Kinder (s. jetzt aber § 1609 BGB) ein Betrag in Höhe von 135% des Regelbetrags nach der Regelbetrag-Verordnung als Einsatzbetrag zugrunde zu legen war.[16] Darin hat er aber ausdrücklich keinen Mindestbedarf gesehen, weil der Einsatzbetrag noch anteilig gekürzt und das Ergebnis abschließend auf seine Angemessenheit überprüft werden musste. Nur hinsichtlich des Einsatzbetrages im Mangelfall war das Kind also zusätzlich seiner Darlegungs- und Beweislast für einen Bedarf in dieser Höhe enthoben, während es außerhalb eines Mangelfalls bei einer Erleichterung der Darlegungs- und Beweislast in Höhe des (einfachen) Regelbetrags blieb. Inzwischen ist die Rechtslage durch die Wiedereinführung eines „Mindestunterhalts minderjähriger Kinder" durch die zum 1.1.2008 in Kraft getretene Neuregelung des **§ 1612a BGB** bedeutend vereinfacht worden. Der Mindestbedarf, in dessen Höhe ein minderjähriges Kind von seiner Darlegungs- und Beweislast enthoben ist, richtet sich nach dem doppelten Freibetrag des sächlichen Existenzminimums eines Kindes (Kinderfreibetrag) gemäß § 32 VI 1 EStG und beträgt für die erste Altersstufe 87%, für die zweite Altersstufe 100% und für die dritte Altersstufe 117% davon. Nach der Übergangsvorschrift des § 35 Nr. 4 EGZPO betrug der Mindestunterhalt zunächst aber mindestens 279 EUR für die erste Altersstufe, 322 EUR für die zweite Altersstufe und 365 EUR für die dritte Altersstufe der Düsseldorfer Tabelle. Diese Mindestbeträge aus der Übergangsregelung sind längst überschritten, denn auf der Grundlage mehrerer Erhöhungen des doppelten Kinderfreibetrages ergibt sich der nachfolgende Mindestunterhalt, der zugleich den Unterhalt nach der ersten Stufe der Düsseldorfer Tabelle bildet. Für die Zeit ab 2016 ist die gesetzliche Änderung des § 1612a I, IV BGB zu beachten, nach der der Mindestunterhalt fortan alle zwei Jahre durch Rechtsverordnung des BMJV festzulegen ist. Daraus ergibt sich zeitlich gestaffelt der folgende nicht weiter darzulegende und zu beweisende Kindesmindestunterhalt:

Mindestunterhalt	1. Altersstufe	2. Altersstufe	3. Altersstufe
Übergangsregelung	279 EUR	322 EUR	365 EUR
1.1. bis 31.12.2009	281 EUR	322 EUR	377 EUR
1.1.2010 bis 31.7.2015	317 EUR	364 EUR	426 EUR

---

[9] S. den Sechsten Existenzminimumbericht der Bundesregierung BT-Drs. 16/3265.
[10] BVerfG FamRZ 2010, 429.
[11] BGH FamRZ 2002, 536 (538).
[12] BGH FamRZ 1998, 357 (359).
[13] BT-Drs. 13/7338, 19.
[14] BGH FamRZ 2002, 536 (540).
[15] BGH FamRZ 2002, 536 (540 f.).
[16] BGH FamRZ 2003, 363 (365).

Mindestunterhalt	1. Altersstufe	2. Altersstufe	3. Altersstufe
1.8.2015 bis 31.12.2015	328 EUR	376 EUR	440 EUR
1.1.2016 bis 31.12.2016	335 EUR	384 EUR	450 EUR
1.1.2017 bis 31.12.2017	342 EUR	393 EUR	460 EUR
1.1.2018 bis 31.12.2018	348 EUR	399 EUR	467 EUR
Seit 1.1.2019	354 EUR	406 EUR	476 EUR

705 Verlangt ein minderjähriges Kind allerdings Unterhalt, der **über diesen Mindestunterhalt** (= 1. Einkommensgruppe der neuen Düsseldorfer Tabelle) hinausgeht, bleibt es für den über den Mindestunterhalt hinausgehenden Teil bei der sich aus den allgemeinen Grundsätzen ergebenden Darlegungs- und Beweislast des Kindes für diesen höheren Unterhaltsbedarf.[17] Dabei ist zu beachten, dass sich auch der Bedarf minderjähriger Kinder grundsätzlich von der Lebensstellung beider Eltern ableitet und deswegen nach der Düsseldorfer Tabelle auf der Grundlage dieses Gesamteinkommens zu bemessen ist. Nur wenn, wie bei minderjährigen Kindern regelmäßig, nach § 1606 III 2 BGB, nur ein Elternteil für den Barunterhalt des Kindes haftet, ist der Unterhaltsanspruch gegen diesen Elternteil auf den Unterhaltsbedarf nach seinem Einkommen begrenzt.[18] Soweit allerdings beide Eltern auch dem minderjährigen Kind Barunterhalt schulden, etwa im Rahmen eines echten Wechselmodells[19] oder bei einem Mehrbedarf,[20] sind die Einkünfte beider Eltern für die Höhe des Bedarfs bzw für den jeweiligen Haftungsanteil relevant. Dann trägt das Kind auch insoweit die Darlegungs- und Beweislast.[21]

Wenn ein **besonders hoher Bedarf** geltend gemacht wird, weil das Einkommen des barunterhaltspflichtigen Elternteils die Höchstgrenze der DT von 5100 EUR übersteigt, muss der Unterhaltsberechtigte seinen Bedarf erst recht substantiiert darlegen und beweisen.[22] Auch dann dürfen an die Darlegungslast allerdings keine übertrieben hohen Anforderungen gestellt werden; denn auch bei höherem Elterneinkommen muss sichergestellt bleiben, dass Kinder in einer ihrem Lebensalter entsprechenden Weise an der Lebensführung teilhaben, die der besonders günstigen wirtschaftlichen Situation der Eltern Rechnung trägt.[23] Um eine Teilhabe an besonders günstigen Lebensbedingungen der Eltern zu sichern kann der von ihrer Lebensstellung abgeleitete Unterhaltsbedarf also auch über die Höchstgrenze der DT hinausgehen; für die Bemessung einer Höchstgrenze ist nach der Rechtsprechung allerdings zu beachten, dass der Kindesunterhalt keinen Anspruch auf Teilhabe am Luxus gewährt.[24]

706 Auch ein **Mehrbedarf**, zB in Höhe der Kindergartenbeiträge[25] oder zur Förderung des künstlerischen Talents (→ § 2 Rn. 232 ff.), ist vom unterhaltsberechtigten Kind darzulegen und zu beweisen. Dazu muss es die Höhe fortlaufender Kosten oder bei unregelmäßigen Kosten die tatsächlichen Ausgaben für einen repräsentativen Zeitraum detailliert und nachprüfbar aufschlüsseln.[26] Ebenfalls darlegungs- und beweispflichtig ist das minderjährige Kind für einen ausnahmsweise vorliegenden Sonderbedarf in Form eines

---

[17] OLG Koblenz FamRZ 2009, 1075 Rn. 2; OLG Karlsruhe FamRZ 2000, 1432 und OLG München FamRZ 1999, 884 (jeweils zum früheren Recht).
[18] BGHZ 213, 254 = FamRZ 2017, 437 Rn. 25 = R 780b.
[19] BGHZ 213, 254 = FamRZ 2017, 437 Rn. 23 = R 780b; BGH FamRZ 2007, 707 = R 672.
[20] BGH FamRZ 2013, 1563 Rn. 12; 2011, 1041 Rn. 40; 2009, 962 = R 700.
[21] BGH FamRZ 2017, 370 Rn. 39 = R 779b.
[22] BGH FamRZ 2001, 1603 (1604); 2000, 358 (359).
[23] BGH FamRZ 2001, 1603 (1604); 2000, 358 (359); 1983, 473.
[24] BGH FamRZ 2001, 1603; OLG Hamm FamRZ 2010, 2080 Rn. 29 f.; OLG Schleswig – UF 210/00, BeckRS 2001, 30182251.
[25] BGH FamRZ 2009, 962 = R 700.
[26] BGH FamRZ 2001, 1603 (1605).

7. Abschnitt: Darlegungs- und Beweislast sowie tatrichterliche Ermittlung § 6

unregelmäßigen außergewöhnlich hohen Bedarfs.[27] Im **vereinfachten Verfahren** nach §§ 249 ff. FamFG kann ohne nähere Begründung zwar sogar Unterhalt verlangt werden, der vor Berücksichtigung des hälftigen Kindergeldes (§ 1612b I Nr. 1 BGB) und anderer kinderbezogener Leistungen (§ 1612c BGB) das 1,2-fache des Mindestunterhalts nicht übersteigt. Das sind – aufgerundet – die Tabellenbeträge der fünften Einkommensgruppe der Düsseldorfer Tabelle. Diese durch die Besonderheiten des vereinfachten Verfahrens bedingte Erleichterung ist aber auf einen Unterhaltsanspruch im streitigen Verfahren nicht übertragbar.[28]

- Ein **volljähriges Kind** ist ebenfalls für die Höhe seines Unterhaltsbedarfs darlegungs- und beweispflichtig. Dieser Unterhaltsbedarf ergibt sich für Kinder, die noch im Haushalt eines Elternteils leben und ihre Lebensstellung iSv § 1610 I BGB noch von den Eltern ableiten, auf der Grundlage des zusammengerechneten Einkommens beider barunterhaltspflichtigen Eltern nach der vierten Altersstufe der Düsseldorfer Tabelle (→ § 2 Rn. 518 ff.) oder, bei Kindern mit eigenem Hausstand (zB Studenten), nach den festen Bedarfssätzen in Ziffer 13.1.2 der Leitlinien der Oberlandesgerichte (→ § 2 Rn. 508 ff.). Wegen der Barunterhaltspflicht beider Eltern ist das volljährige Kind aber auch für die Haftungsverteilung unter ihnen darlegungs- und beweispflichtig (→ § 2 Rn. 578). Wenn es nur einen Elternteil auf Barunterhalt in Anspruch nimmt, muss es also auch substantiiert vortragen, ob und in welchem Umfang auch der andere Elternteil ihm Unterhalt schuldet[29] (zum Auskunftsanspruch → § 1 Rn. 1160 f.). Daneben ist ein volljähriges Kind auch für die Voraussetzungen des Unterhaltsanspruchs darlegungs- und beweispflichtig, also dafür, dass es nach wie vor wegen der Ausbildung für einen Beruf oder aus sonstigen Gründen nicht in der Lage ist, seinen Unterhaltsbedarf selbst zu verdienen.[30] Das kann insbesondere im Rahmen einer mehrstufigen Ausbildung zweifelhaft sein.[31] **707**
- Auch im Rahmen des **Elternunterhalts** hat der unterhaltsberechtigte Elternteil seinen Bedarf und seine Bedürftigkeit darzulegen und zu beweisen.[32] Daran ändert sich auch nichts durch einen Anspruchsübergang nach § 94 I 1 SGB XII, wenn das Sozialamt Leistungen zur Unterhaltssicherung erbracht hat.[33]
- Ein unterhaltsberechtigter **Ehegatte** hat die Darlegungs- und Beweislast für die Gestaltung der ehelichen Lebensverhältnisse, nach denen sich sein Unterhaltsanspruch bemisst (§§ 1361 I 1, 1578 I 1 BGB).[34] Das gilt sowohl für die Höhe der Einkünfte des Ehegatten als auch für die eigenen Einkünfte, einschließlich des nachehelich als Surrogat an die Stelle einer früheren Haushaltstätigkeit und Kindererziehung getretenen Einkommens.[35] Bei besonders günstigen Einkommensverhältnissen trägt der unterhaltsberechtigte Ehegatte auch die Darlegungs- und Beweislast dafür, in welchem Umfang das Einkommen den Ehegatten zur Finanzierung des allgemeinen Lebensbedarfs zur Verfügung stand und nicht der Vermögensbildung diente. Seinen Bedarf nach den ehelichen Lebensverhältnissen kann er dann entweder als Quotenunterhalt nach vorherigem Abzug der nicht für die ehelichen Lebensverhältnisse verwendeten, sondern gesparten Beträge oder konkret darlegen und beweisen.[36] Steht der unterhaltsberechtigten Ehefrau daneben auch ein Unterhaltsanspruch nach § 1615l BGB gegen den Vater ihres außerhalb der Ehe gezeugten Kindes **708**

---

[27] BGH FamRZ 2006, 612 = R 647a, b; allgemein zum Sonderbedarf vgl. BGH FamRZ 2012, 517 Rn. 43 und 2006, 612.
[28] OLG Karlsruhe FamRZ 2000, 1432; KG FamRZ 2000, 1174; OLG Köln FamRZ 2000, 310; OLG Dresden FamRZ 2000, 296; OLG München FamRZ 1999, 884 (jeweils zum alten Recht).
[29] BGH FamRZ 2017, 370 Rn. 39 = R 779b.
[30] BGH FamRZ 2013, 1375 Rn. 14 ff.; 2013, 274 Rn. 23.
[31] BGH FamRZ 2017, 1132 Rn. 11 ff. = R786; 2017, 799 Rn. 11 ff. = R 784; 2006, 1100 (1101) = R 654a–d; 1995, 416; 1993, 1057; OLG Hamm FamRZ 2005, 60; OLG Koblenz FamRZ 2001, 852.
[32] BGH FamRZ 2013, 203 Rn. 20.
[33] BGH FamRZ 2015, 2138 Rn. 19 = R 773b; 2013, 203 Rn. 21.
[34] BGHZ 192, 45 = FamRZ 2012, 281 Rn. 16 ff. = R 731a; 2010, 869 = R 712b; 1984, 149; FamRZ 1983, 352.
[35] BGH FamRZ 2004, 1170 = R 612 und 1173; 2001, 986; OLG Köln FamRZ 1998, 1427.
[36] BGHZ 217, 24 = FamRZ 2018, 260 Rn. 16 ff. = R 788b.

zu, haftet der unterhaltspflichtige Ehegatte für ihren Unterhaltsbedarf nur anteilig neben dem nach § 1615l BGB unterhaltspflichtigen Elternteil.[37] Dann erstreckt sich die Darlegungs- und Beweislast der Unterhaltsberechtigten für ihre Bedürftigkeit auch auf die Voraussetzungen dieses weiteren Anspruchs und die Leistungsfähigkeit des nichtehelichen Vaters, weil dies die Höhe der anteiligen Haftung beeinflusst.[38]

709 Für die Bemessung der **ehelichen Lebensverhältnisse** besteht eine Darlegungs- und Beweislast des Unterhaltsberechtigten ua zu folgenden Punkten:

710 – Beim **Trennungsunterhalt** ist die Höhe der gegenwärtigen Einkommensverhältnisse des Unterhaltspflichtigen und das eigene Einkommen jeweils nebst Vermögensgewinnen (Bruttoeinnahmen und Abzüge) darzulegen und ggf. zu beweisen.[39] Im Fall einer leichtfertig herbei geführten Einkommensminderung (→ § 1 Rn. 743 ff.) ist auch ein davor erzieltes Einkommen darzulegen und zu beweisen.

711 – Beim **nachehelichen Unterhalt** ist die Höhe des die ehelichen Lebensverhältnisse bestimmenden Einkommens (Bruttoeinnahmen und Abzüge) beider Ehegatten nachzuweisen.[40] Dabei ist die neuere Rechtsprechung des BGH zu den **ehelichen Lebensverhältnissen** zu beachten, wonach diese grundsätzlich durch die Verhältnisse bis zur Rechtskraft der Ehescheidung geprägt werden aber auch nacheheliche Einkommensänderungen die ehelichen Lebensverhältnisse beeinflussen, wenn sie bereits in der Ehe angelegt waren, insbesondere auch bei fortbestehender Ehe eingetreten wären, nicht unterhaltsrechtlich leichtfertig eingetreten sind und nicht auf einem nachehelichen Karrieresprung beruhen (→ § 4 Rn. 408 ff.).[41] Deswegen darf sich der Unterhaltsberechtigte nicht auf die Einkommensverhältnisse im Zeitpunkt der Scheidung beschränken, sondern er muss auch die unterhaltsrelevanten Entwicklungen seit dieser Zeit vortragen und ggf. beweisen. Bei besonders guten Einkommensverhältnissen kommt entweder eine Bedarfsbemessung als Quotenunterhalt nach vorherigem Abzug der nicht für die ehelichen Lebensverhältnisse verwendeten, sondern gesparten Beträge oder eine **konkrete Bedarfsbemessung** in Betracht (→ § 4 Rn. 670 f.), wobei der Unterhaltsberechtigte entweder die Familieneinkünfte und die aus seiner Sicht davon ersparten Beträge oder den hohen Bedarf im Einzelnen darzulegen und zu beweisen hat.[42] Hat der Unterhaltsberechtigte allerdings ohne weiteren Vortrag zu ersparten Beträgen lediglich zu den ehelichen Einkommens- und Vermögensverhältnissen der Beteiligten vorgetragen, genügt dieser Vortrag, um ihm auf der Grundlage einer Vermutung des vollständigen Verbrauchs der Einkünfte einen Quotenunterhalt aus einem Gesamteinkommen in Höhe des doppelten Höchstbetrags der Düsseldorfer Tabelle (zurzeit 2x 5500 EUR = 11000 EUR), also (11000 EUR × $^3/_7$ =) rd. 4714 EUR bzw. (11000 EUR × 45% =) 4950 EUR zuzusprechen.[43] Zusätzlich zu dem Elementarunterhalt kann stets **Altersvorsorgeunterhalt** verlangt werden, ohne dass dafür der betreffende Bedarf konkret darzulegen wäre. Denn nach ständiger Rechtsprechung des BGH ist es gerechtfertigt, den Elementarunterhalt zu dem Entgelt aus einer Erwerbstätigkeit und den Vorsorgeunterhalt zu den Versicherungsbeiträgen in Beziehung zu setzen, die im Hinblick auf ein derartiges Erwerbseinkommen zu zahlen wären. Damit wird der Berechtigte hinsichtlich der Altersvorsorge so behandelt, wie wenn er aus einer versicherungspflichtigen Erwerbstätigkeit Einkünfte in Höhe des ihm an sich zustehenden Elementarunterhalts hätte. Das gilt ohne Rücksicht darauf, ob der Elementarunterhalt als Quotenunterhalt oder aufgrund einer konkreten Bedarfsbemessung ermittelt worden ist.[44]

---

[37] BGH FamRZ 2007, 1303 (1305) = R 669c; 1998, 541 = R 520c (zur anteiligen Haftung); vgl. aber BGH FamRZ 2005, 347 (zum Erlöschen eines Anspruchs nach § 1615l BGB bei Heirat mit einem anderen Mann).
[38] OLG Zweibrücken FamRZ 2001, 29.
[39] BGH FamRZ 1983, 352.
[40] BGH FamRZ 1995, 291; OLG München FamRZ 1984, 393.
[41] BGHZ 192, 45 = FamRZ 2012, 281 Rn. 22 ff. = R 731c; 2014, 1183 Rn. 15 ff. = R 754a; 2007, 793 (795); 2006, 683 (685); 2003, 590 (591).
[42] BGHZ 217, 24 = FamRZ 2018, 260 Rn. 16 ff. = R 788b.
[43] BGH FamRZ 2012, 947 Rn. 36; 2012, 945 Rn. 18.
[44] BGH FamRZ 2012, 947 Rn. 35 f.; 2010, 1637 Rn. 37 f. = R 715c; 2010, 945 Rn. 17 f.

7. Abschnitt: Darlegungs- und Beweislast sowie tatrichterliche Ermittlung § 6

– Hat der Unterhaltsberechtigte nach der Trennung oder Scheidung eine Erwerbstätigkeit 712
aufgenommen, muss er auch die daraus erzielten Einkünfte darlegen. Denn auch sie
beeinflussen nach der neueren Rechtsprechung des BGH als **Surrogat der früheren
Haushaltsführung oder Kindererziehung** schon die ehelichen Lebensverhältnisse
und sind deswegen im Wege der Differenz- oder Additionsmethode in die Unterhaltsberechnung mit einzubeziehen.[45] Darauf, ob der unterhaltsbedürftige Ehegatte die
Erwerbstätigkeit auch ohne die Trennung aufgenommen oder ausgeweitet hätte, kommt
es nicht an.[46]

– Weil nach der inzwischen gefestigten Rechtsprechung des BGH auch das Einkommen 713
aus einer vom Unterhaltsberechtigten erst nachehelich aufgenommenen Erwerbstätigkeit
regelmäßig im Wege der Differenzmethode berücksichtigt und nicht mehr auf einen
zuvor ermittelten, geringeren Unterhaltsbedarf angerechnet wird, bleibt für den früher
zum Ausgleich ungerechter Ergebnisse herangezogenen **trennungsbedingten Mehrbedarf** (→ § 4 Rn. 835 ff.) kein Anwendungsbereich mehr. Denn wenn alle Einkünfte
im Wege der Differenzmethode berücksichtigt werden, steht schon der Halbteilungsgrundsatz einem – nicht in der Ehe angelegten – höheren Unterhaltsbedarf eines
Ehegatten entgegen.

– Auch für alle sonstigen Umstände, die für die Bedarfsbemessung im Rahmen des § 1578 714
BGB bedeutsam werden können, trägt der Unterhaltsberechtigte die Darlegungs- und
Beweislast.

– Wie beim Kindesunterhalt entfällt allerdings auch beim Betreuungs-, Ehegatten- und
Elternunterhalt die Darlegungs- und Beweislast, wenn von einem Ehegatten nur der
Mindestunterhalt in Höhe des notwendigen Selbstbehalts eines nicht Erwerbstätigen
(zurzeit 880 EUR)[47] verlangt wird.[48] Nur wenn der Unterhaltsberechtigte einen höheren
Bedarf als den Mindestbedarf behauptet, muss er diesen substantiiert darlegen und ggf.
beweisen.

Damit der Unterhaltsberechtigte dieser anspruchsvollen und umfangreichen Darlegungs- 715
und Beweislast genügen kann, stehen ihm der **Auskunftsanspruch** (→ § 1 Rn. 1150 ff.)
und der Anspruch auf Vorlage von Belegen (→ § 1 Rn. 1176 ff.) zur Seite. Ohne die
Auskunftspflicht des Unterhaltspflichtigen könnte der Unterhaltsberechtigte seiner Darlegungslast, die sich im Rahmen der Bedarfsbemessung nach den §§ 1578 I 1, 1610 BGB
auch auf die konkreten Einkommensverhältnisse des Unterhaltspflichtigen bezieht, nicht
nachkommen. Unabhängig davon kann ein Vortrag des Unterhaltsberechtigten ausnahmsweise als unstreitig zu Grund gelegt werden, soweit der Unterhaltspflichtige Tatsachen, die
seinen eigenen Wahrnehmungsbereich betreffen und die der Unterhaltsberechtigte deswegen nicht genauer kennt, weder substantiiert bestreitet noch dazu konkrete Gegentatsachen
vorträgt (→ Rn. 741 ff.).

b) Bedürftigkeit. Der Unterhaltsberechtigte muss außerdem vortragen und beweisen, 716
dass, warum und in welchem Umfang er bedürftig ist. Nach der Rechtsprechung des
BGH hat der Berechtigte trotz des Wortlauts des § 1577 BGB, der zu Zweifeln Anlass
geben könnte, wegen des Grundsatzes der wirtschaftlichen Eigenverantwortung die
Darlegungs- und Beweislast für seine Bedürftigkeit.[49] Im Rahmen der Bedürftigkeitsprüfung hat der Unterhaltsberechtigte ua die Darlegungs- und Beweislast zu folgenden
Umständen:

• Der Unterhaltsberechtigte muss darlegen und beweisen, dass er die vom Unterhalts- 717
pflichtigen **behaupteten bedarfsdeckenden Einkünfte** nicht hat und auch weder aus
einer Vollzeitstelle oder einer Nebentätigkeit noch aus einer geringfügigen Beschäftigung

---

[45] BGHZ 192, 45 = FamRZ 2012, 281 Rn. 25 = R 731d; 2006, 317; 2005, 1979 = R 640d; 2005, 1154 = R 630e; 2004, 1173; 2004, 1170 = R 612; 2003, 434; 2001, 986 = R 563; BVerfG FamRZ 2002, 527.
[46] BGH FamRZ 2005, 1154 = R 630e; 2004, 1170 = R 612.
[47] BGH FamRZ 2013, 534 Rn. 26; 2011, 192 Rn. 28; 2010, 629 = R 710c; 2010, 357 = R 709b.
[48] BGH FamRZ 2010, 444 Rn. 18; OLG Karlsruhe FamRZ 1997, 1011.
[49] BGH FamRZ 2013, 109 Rn. 35; 1995, 291; 1986, 244 (246); 1984, 988; 1983, 150 (152); OLG Düsseldorf FamRZ 2006, 335 (zur Lebenspartnerschaft).

(sog. Mini-Job) oder einer Erwerbstätigkeit im Rahmen der Gleitzone nach § 20 Abs. 2 SGB IV (sog. Midi-Job) erzielen kann.[50]
- Hat der Unterhaltsberechtigte eigene Einkünfte, muss er deren Höhe sowie die Berechtigung und den Umfang der von ihm geltend gemachten **Abzugsposten** darlegen und beweisen, weil die eigenen Einkünfte beim Ehegattenunterhalt zunächst seinen Bedarf im Wege der Differenzmethode erhöhen und er dann aber nur in Höhe des nach Abzug der eigenen Einkünfte verbleibenden Bedarfs unterhaltsbedürftig ist.[51]
- Der Unterhaltsberechtigte muss den Einwand widerlegen, er erbringe einem anderen Partner **Versorgungsleistungen** und müsse sich dafür eine Vergütung anrechnen lassen (→ § 1 Rn. 712 ff.).[52] Bei Aufnahme eines neuen Partners in seine Wohnung hat er die Höhe des auf seinen Unterhaltsbedarf anrechenbaren Entgelts für die Wohnungsgewährung und für sonstige Aufwendungen zu beweisen (→ § 1 Rn. 719 ff.).[53] Gleiches gilt für Art und Umfang sowie den Wert der vom neuen Partner an ihn erbrachten Versorgungsleistungen.
- Wer behauptet, er könne **wegen seines Alters** keine zumutbare Tätigkeit finden, muss – solange er das allgemeine Rentenalter noch nicht erreicht hat (§ 235 SGB VI, § 51 BBG)[54] – dartun und beweisen, was er im Einzelnen unternommen hat, um eine Arbeitsstelle zu finden (→ § 1 Rn. 773 ff.). Unterlässt er dies, ist – vorbehaltlich einer realen Beschäftigungschance (→ § 1 Rn. 784 ff.) – von einer Erwerbsmöglichkeit auszugehen.[55]

718 • Beansprucht der Unterhaltsberechtigte für Zeiten der **Arbeitslosigkeit** oder sonstiger Erwerbslosigkeit Unterhalt, muss er in nachprüfbarer Weise vortragen, welche Schritte er im Einzelnen unternommen hat, um einen zumutbaren Arbeitsplatz zu finden und sich bietende Erwerbsmöglichkeiten zu nutzen (→ § 1 Rn. 773 ff.).[56] Er muss auch darlegen und beweisen, dass er keinen angemessenen Arbeitsplatz zu finden vermag, für ihn persönlich also keine reale Beschäftigungschance besteht (→ § 1 Rn. 786).[57] Diese Anforderungen an die Darlegungslast dürfen zwar nicht überspannt werden.[58] Grundsätzlich muss der Unterhaltsberechtigte aber beweisen, dass ihn hinsichtlich einer fehlenden Erwerbstätigkeit keine Obliegenheitsverletzung trifft (→ § 1 Rn. 778 ff.) oder dass und warum im konkreten Fall keine Erwerbsobliegenheit besteht[59] (→ § 1 Rn. 784 f.). Ein Unterhaltsantrag ist danach mangels Bedürftigkeit abzuweisen, wenn bei sachgerechten Bemühungen eine nicht ganz von der Hand zu weisende Beschäftigungschance für den Unterhaltsberechtigten mit ausreichenden Einkünften bestanden hätte und hinreichende Bemühungen nicht nachgewiesen sind.[60]

719 • Wenn der Unterhaltsberechtigte seine Bedürftigkeit mit **Krankheit und Erwerbsunfähigkeit** rechtfertigt, muss er deren Grund und Umfang im Einzelnen vortragen und nachweisen.[61] Allerdings dürfen auch insoweit die Anforderungen nicht überspannt werden, sondern müssen den Umständen des Einzelfalles entsprechen.[62] Wer behauptet, wegen **Krankheit** nicht arbeiten zu können, muss beweisen, dass er wegen der Krank-

---

[50] BGH FamRZ 2012, 517 Rn. 30 ff.; 1995, 291; 1980, 126 (128).
[51] BGH FamRZ 2009, 404 Rn. 12 f.
[52] BGH FamRZ 2004, 1170 = R 612 (Berücksichtigung im Wege der Differenzmethode); 1995, 291; OLG Hamm FamRZ 2002, 1627.
[53] BGH FamRZ 1983, 150.
[54] Zum Erwerbseinkommen ab Renteneintritt vgl. BGH FamRZ 2011, 454 = R 721b.
[55] BGH FamRZ 2014, 637 Rn. 11 = R 744; 2012, 517 Rn. 30; 1982, 255.
[56] BGH FamRZ 2013, 109 Rn. 35; 2009, 1300 Rn. 42; 2008, 2104 Rn. 18; 1996, 345; 1986, 244.
[57] BGH FamRZ 2014, 637 Rn. 11 = R 744; 2012, 517 Rn. 30, 37; 2009, 1300 Rn. 42; 2008, 2104 Rn. 24; 1996, 346; 1986, 885; BVerfG FamRZ 2008, 1145 (1146).
[58] BGH FamRZ 1987, 144.
[59] OLG Köln – 27 UF 176/00, BeckRS 2001, 05312; OLG Hamburg, FamRZ 1985, 290.
[60] BGH FamRZ 2013, 109 Rn. 35; 2011, 1851 Rn. 13 ff.; 1986, 885.
[61] BGH FamRZ 2017, 109 Rn. 22 ff. = R 778; 2013, 109 Rn. 35; 2005, 1897 (1898) = R 638a; 1993, 789 (791); 1990, 496 (497); 1986, 244.
[62] BGH FamRZ 2005, 1897 (1898) = R 638a; 1987, 144 (145).

heit erwerbsunfähig oder nur gemindert erwerbsfähig[63] ist und dass er seinerseits alles Notwendige getan hat bzw. tut, um wieder arbeitsfähig zu werden, wie zB die Aufnahme und Durchführung einer Therapie bei Krankheit, Alkoholismus oder Rentenneurose.[64] Diese Anforderungen treffen den Unterhaltspflichtigen im Rahmen seiner Leistungsfähigkeit in gleichem Umfang wie den Unterhaltsberechtigten im Rahmen seiner Bedürftigkeit (→ § 1 Rn. 787 ff.).

- Hat der Unterhaltsberechtigte **Vermögen,** muss er die Höhe der Vermögenseinkünfte darlegen und zugleich nachweisen, dass der Einsatz des Vermögensstamms für ihn unzumutbar ist (→ § 1 Rn. 607 ff.). Besitzt oder erhält er ein anlagefähiges Kapital (zB aus Zugewinnausgleich), muss er auch darlegen, wie, für welche Zeit und zu welchem Zinssatz er das Kapital angelegt hat oder anlegen wird und dass bzw. warum ihm eine günstigere Anlage nicht zuzumuten ist (→ § 1 Rn. 632 ff.).[65]
- Wenn der Unterhaltsberechtigte seine eigenen Einkünfte nach **§ 1577 II BGB** als überobligatorisch unberücksichtigt lassen will, muss er darlegen und nachweisen, dass und warum diese ausnahmsweise nicht oder nur teilweise anzurechnen sind (→ § 1 Rn. 800).[66]
- Macht der Unterhaltsberechtigte einen Mehrbedarf, erhöhten Bedarf oder Sonderbedarf geltend (→ Rn. 704 f.), muss er diesen nachweisen, weil er seine Bedürftigkeit erhöht.[67] Dies gilt vor allem für einen **krankheitsbedingten Mehrbedarf.** Dieser muss nach Art und Höhe konkret vorgetragen werden; geschieht dies nicht, kann er allerdings auf der Grundlage des übrigen Vortrags des Unterhaltsberechtigten nach § 287 ZPO geschätzt werden (→ Rn. 750).[68]
- Beruft sich der Unterhaltsberechtigte mit einem unter Beweis gestellten substantiierten Tatsachenvortrag auf berufsbedingte Aufwendungen, kann dies der Entscheidung als unstreitig zugrunde gelegt werden, wenn sich der Unterhaltspflichtige mit **einfachem Bestreiten begnügt.**[69]

c) **Tatbestandsvoraussetzungen.** Der Unterhaltsberechtigte hat außerdem die Darlegungs- und Beweislast für alle sonstigen Tatbestandsvoraussetzungen der Norm, auf die er seinen Unterhaltsanspruch stützt (§§ 1361, 1570 ff., 1601 ff., 1615l BGB), so regelmäßig auch für die nur eingeschränkte Erwerbspflicht wegen Betreuung gemeinsamer Kinder über deren Alter von drei Jahren hinaus im Rahmen der §§ 1570, 1615l BGB,[70] für eine durchgehende Bedürftigkeit seit Rechtskraft der Ehescheidung im Rahmen der §§ 1571,[71] 1572,[72] 1573[73] und 1575 BGB[74] und für eine ehebedingte Unterbrechung seiner Ausbildung im Sinne von § 1575 I BGB.[75] Die Voraussetzungen eines Tatbestandes, der zum Wegfall oder zur Begrenzung des Unterhalts führt, muss hingegen der Unterhaltspflichtige darlegen und beweisen (→ Rn. 721 ff.).[76]

720

---

[63] Zur geringfügigen Erwerbspflicht neben einer Rente wegen voller Erwerbsminderung vgl. aber BGH FamRZ 2017, 109 Rn. 22 ff. = R 778.
[64] OLG Düsseldorf FamRZ 1985, 310.
[65] BGH FamRZ 1986, 441 (443).
[66] BGH FamRZ 2016, 199 Rn. 17 = R 775b; 2010, 444 Rn. 31; 2010, 357 = R 709c, d; 2005, 1154 = R 630c, d; 2005, 442 = R 625c.
[67] BGH FamRZ 2012, 517 Rn. 43; 2001, 1603 (1604 f.); 1983, 352.
[68] OLG Hamm FamRZ 2006, 124; OLG Karlsruhe FamRZ 1998, 1435; OLGR Schleswig 1998, 105.
[69] BGH FamRZ 1990, 266 (zum umgekehrten Fall).
[70] BGH FamRZ 2017, 109 Rn. 22 ff. = R 778; 2012, 1040 Rn. 20 f. = R 732c; 2011, 1375 Rn. 15 f. = R 727a; 2011, 1209 Rn. 17 f.; 2011, 791 Rn. 21; 2010, 1880 Rn. 21; 2010, 1050 Rn. 19; 2010, 444 Rn. 25 ff.; 2009, 1391 Rn. 18; 2008, 1739 (1748).
[71] BGHZ 217, 24 = FamRZ 2018, 260 Rn. 12 = R 788a.
[72] BGH FamRZ 2010, 1414 Rn. 24.
[73] BGH FamRZ 2016, 203 Rn. 18 ff. = R 774; 2013, 274 Rn. 23; 2012, 517 Rn. 30, 37; 2012, 288 Rn. 24 (jeweils zum Unterhalt wegen Erwerbslosigkeit).
[74] BGH FamRZ 2008, 2104 Rn. 18; OLG Hamm FamRZ 2004, 220.
[75] BGH FamRZ 1984, 988.
[76] BGH FamRZ 2014, 1276 Rn. 29 = R 755c; 2014, 1007 Rn. 22 = R 752; 2013, 935 Rn. 37; 2012, 1483 Rn. 40 ff.; 2010, 875 Rn. 18 ff.

3. Zur Darlegungs- und Beweislast des Unterhaltspflichtigen

721 Der Unterhaltspflichtige hat die Darlegungs- und Beweislast für seine **Leistungsunfähigkeit** (§§ 1581, 1603 BGB). Macht er geltend, er könne den Unterhaltsbedarf des Unterhaltsberechtigten ohne Gefährdung des eigenen angemessenen bzw. notwendigen (§ 1603 II 1, 2 BGB) Lebensbedarfs nicht bestreiten, hat er die Voraussetzungen einer unterhaltsrechtlich relevanten Einschränkung seiner Leistungsfähigkeit darzulegen und zu beweisen.[77] Beruft er sich dabei auf ein unzureichendes steuerpflichtiges **Einkommen,** muss er zwar nicht sämtliche Belege vorlegen, durch die gegenüber der Steuerbehörde die behaupteten steuerrelevanten Aufwendungen glaubhaft zu machen sind. Er muss jedoch seine Einnahmen und die behaupteten Aufwendungen im Einzelnen so darstellen, dass die allein steuerlich beachtlichen Aufwendungen von solchen, die unterhaltsrechtlich von Bedeutung sind, abgegrenzt werden können. Die allein ziffernmäßige Aneinanderreihung einzelner Kostenarten genügt diesen Anforderungen nicht (→ § 1 Rn. 47 ff.).[78]

722 Obwohl die **Leistungsfähigkeit** an sich eine weitere Voraussetzung des Unterhaltsanspruchs ist, hat das Gesetz die Darlegungs- und Beweislast insoweit aus Zweckmäßigkeitsgründen umgekehrt, wie sich aus den §§ 1603 I und 1581 BGB ergibt. Das gilt auch dann, wenn der Unterhalt nicht vom Unterhaltsberechtigten, sondern aus übergegangenem Recht von öffentlichen Leistungsträgern (vgl. §§ 7 I UVG, 94 SGB XII) oder von in Vorlage getretenen Verwandten (§ 1607 III BGB) geltend gemacht wird.[79] In solchen Fällen ist der Unterhaltspflichtige auch im Rahmen einer von ihm behauptete Begrenzung des Anspruchsübergangs (vgl. § 94 I 2–6, II, II SGB XII) darlegungs- und beweispflichtig.[80] Auch verfassungsrechtlich ist es bedenkenfrei, dass den Unterhaltspflichtigen die Darlegungs- und Beweislast für seine Leistungsunfähigkeit trifft, weil sie nach dem Gesetz als Einwendung ausgestaltet ist.[81] Danach muss der Unterhaltspflichtige die folgenden Tatsachen darlegen und beweisen:

723 – Beruft sich der Unterhaltspflichtige auf eine eingeschränkte oder fehlende Leistungsfähigkeit, muss er zunächst die seine **eigene Lebensstellung** bestimmenden Tatsachen wie Alter, Familienstand, Höhe seines Vermögens und Einkommens nebst Verbindlichkeiten, Werbungskosten, Aufwendungen, Betriebsausgaben und sonstige einkommensmindernde Abzugsposten vortragen und ggf. beweisen.[82] Beruft er sich unter Vorlage von Einkommensteuerbescheiden auf seine Leistungsunfähigkeit, muss er seine Einnahmen und die behaupteten Aufwendungen im Einzelnen so darstellen, dass die allein steuerlich beachtlichen Aufwendungen von solchen abgegrenzt werden können, die unterhaltsrechtlich von Bedeutung sind.[83] Für die unterhaltsrechtliche Berücksichtigung betrieblicher Abschreibungen hat er darzulegen, dass und weshalb der Zeitraum der steuerlichen Abschreibung und die tatsächliche Lebensdauer der betroffenen Güter deckungsgleich sind (→ § 1 Rn. 49, 141, 975).[84]

– Im Falle einer **Erwerbsminderung** oder Erwerbsunfähigkeit ist er für deren Art und deren Gründe sowie für seine Bemühungen darlegungs- und beweispflichtig, die volle Erwerbsfähigkeit wiederherzustellen (→ § 1 Rn. 787 ff.).

724 – Im Fall einer **Arbeitslosigkeit** ist auch der Unterhaltspflichtige für hinreichende Bemühungen um eine Arbeitsstelle und für Tatsachen zur nicht leichtfertigen Beendigung eines vorangegangenen Arbeitsverhältnisses darlegungs- und beweispflichtig[85] (→ § 1

---

[77] BGH FamRZ 2019, 112 Rn. 24; BGHZ 192, 45 = FamRZ 2012, 281 Rn. 39 = R 731j; 2010, 1418 Rn. 14; 2008, 1739 Rn. 57; OLG Schleswig FamRZ 2005, 1109 (gegenüber dem Mindestunterhalt).
[78] BGH FamRZ 2012, 288 Rn. 28; 1998, 357; 1980, 770 (771); OLG Celle FamRZ 2003, 177.
[79] BGH FamRZ 2019, 112 Rn. 24; 2013, 203 Rn. 20 f. und 2003, 444 (zu § 7 UVG).
[80] BGH FamRZ 2013, 1644 Rn. 23; 2012, 530 Rn. 12.
[81] BGH FamRZ 1992, 797; 1985, 143 (146).
[82] BGH FamRZ 1988, 930.
[83] BGH FamRZ 2012, 288 Rn. 28; 1998, 357; OLG Koblenz – 9 UF 140/01, BeckRS 2001, 30212022.
[84] OLG Köln FamRZ 2002, 819.
[85] BGH FamRZ 1986, 244 (246).

7. Abschnitt: Darlegungs- und Beweislast sowie tatrichterliche Ermittlung § 6

Rn. 735 ff., 782 ff., 786). Außerdem muss der Unterhaltspflichtige die Erfolglosigkeit seiner Suche nach Arbeit darlegen und nachprüfbar dazu vortragen, was er im Einzelnen unternommen hat, um einen neuen Arbeitsplatz zu finden (→ § 1 Rn. 782 f.). Dazu gehören auch die Angaben, wann und bei welchem Arbeitgeber er sich beworben hat. Eine Beweiserleichterung nach § 287 II ZPO kommt ihm dabei nicht zugute.[86] Da der Arbeitslose für die Suche nach Arbeit in der Regel die Zeit aufwenden kann, die ein Erwerbstätiger für seinen Beruf aufwendet, werden in der Rechtsprechung monatlich etwa 20 Bewerbungen erwartet.[87] Wichtiger als die Anzahl der Bewerbungen ist allerdings deren Qualität und Aussagekraft.[88] Um die Ernsthaftigkeit seiner Arbeitssuche zu untermauern muss er deswegen auch die Bewerbungsschreiben und die Absagen der Arbeitgeber vorlegen (→ § 1 Rn. 759, 782). Hat der Unterhaltspflichtige keine hinreichenden Bemühungen um Aufnahme einer neuen Arbeit dargelegt, kann eine Zurechnung fiktiver Einkünfte gleichwohl entfallen, wenn nach seinem weiteren Vortrag feststeht, dass für ihn ohnehin keine reale Beschäftigungschance besteht (→ § 1 Rn. 784 ff.).[89]

– Auch sonstige Tatsachen, die nach §§ 1581, 1603 BGB eine **Billigkeitsabwägung** zu seinen Gunsten ermöglichen, muss der Unterhaltsschuldner darlegen und beweisen.

– Darlegungs- und Beweispflichtig ist der Unterhaltsschuldner auch für die Voraussetzungen einer **Herabsetzung oder zeitlichen Begrenzung** des Unterhalts nach §§ 1578b, 1611 BGB.[90] Weil die Herabsetzung oder Befristung des nachehelichen Unterhalts auch nach der Neuregelung des § 1587b BGB eine Ausnahme von dem grundsätzlichen Unterhaltsanspruch nach den ehelichen Lebensverhältnissen (§ 1578 I 1 BGB) darstellt, liegt die Darlegungs- und Beweislast für die dafür relevanten Tatsachen grundsätzlich beim Unterhaltsschuldner. Ihn trifft deswegen die Beweislast für alle Umstände, die das Maß der nachehelichen Solidarität begrenzen und somit eine Herabsetzung des nachehelichen Unterhalts von den ehelichen Lebensverhältnissen auf die eigene Lebensstellung des Unterhaltsberechtigten begründen können. Daneben trägt er grundsätzlich auch die Darlegungs- und Beweislast dafür, dass der unterhaltsberechtigte Ehegatte keine ehebedingten Nachteile iSv § 1578b I 2 BGB erlitten hat. Hat der Unterhaltspflichtige allerdings Tatsachen vorgetragen, die – wie die Aufnahme einer vollzeitigen Erwerbstätigkeit durch den Unterhaltsberechtigten in dem von ihm erlernten oder vor der Ehe ausgeübten Beruf – einen Wegfall ehebedingter Nachteile und damit eine Begrenzung des nachehelichen Unterhalts nahe legen, obliegt es dem Unterhaltsberechtigten im Rahmen seiner sekundären Darlegungslast, Umstände darzulegen, die für einen fortbestehenden ehebedingten Nachteil, gegen eine Unterhaltsbegrenzung oder für eine längere Schonfrist sprechen. Wenn der Vortrag des Unterhaltsberechtigten diesen Anforderungen genügt, muss der Unterhaltspflichtige den vorgetragenen ehebedingten Nachteil widerlegen und dies ggf. beweisen.[91]

– Auch die Notwendigkeit und Höhe seiner **berufsbedingten Aufwendungen** ist vom Unterhaltsschuldner substantiiert darzulegen (→ § 1 Rn. 124 f.).[92] Wer den Aufwand für einen Pkw geltend macht, muss darlegen, dass die Benutzung von billigeren öffentlichen

725

726

---

[86] BGH FamRZ 2011, 1851 Rn. 13. ff.; 1998, 357; FamRZ 1996, 345; KG FamRZ 2001, 114.
[87] OLG Hamm NJW-RR 2004, 149; OLG Hamm NJOZ 2004, 25 (67); OLG Naumburg, FamRZ 1997, 311.
[88] BGH FamRZ 2011, 1851 Rn. 13 ff.
[89] BGH FamRZ 2014, 637 Rn. 11 = R 744; 2012, 517 Rn. 30; OLG Brandenburg JAmt 2004, 502; KG FamRZ 2003, 1208.
[90] BGH FamRZ 2014, 1276 Rn. 29 = R 755c; 2014, 1007 Rn. 22 = R 752; 2013, 935 Rn. 37; 2012, 1483 Rn. 40 ff.; 2010, 1414 Rn. 24; 2010, 1057 Rn. 15 ff.; 2010, 1050 Rn. 52 f.; 2010, 875 = R 711 sowie 2007, 793, 798 = R 674j; 1990, 857 (zu den früheren Vorschriften der §§ 1573 V, 1578 I 2 BGB).
[91] BGH FamRZ 2014, 1276 Rn. 29 = R 755c; 2014, 1007 Rn. 22 = R 752; 2013, 935 Rn. 37; 2012, 1483 Rn. 40 ff.; 2012, 93 Rn. 22 f.; 2010, 2059 = R 720c; 2010, 1971 Rn. 23; 2010, 1637 Rn. 44; 2010, 1414 Rn. 24; 2010, 1057 Rn. 15 ff.; 2010, 1050 Rn. 52 f.; 2010, 875 = R 711; 2008, 1911 Rn. 66; 2008, 134 (136).
[92] BGH FamRZ 2009, 404 Rn. 12 f.; 1983, 352.

Verkehrsmitteln nicht möglich ist.[93] Zwar sehen die Leitlinien der Oberlandesgerichte inzwischen überwiegend die Möglichkeit einer Pauschalierung berufsbedingter Aufwendungen vor (→ § 1 Rn. 125 f.). Die Pauschalierung soll aber lediglich die Bemessung der Aufwendungen erleichtern und setzt deswegen weiterhin einen substantiierten Vortrag zur Notwendigkeit solcher Aufwendungen voraus.

727 – War nach der Behauptung des Unterhaltspflichtigen ein Teil der Einkünfte den ehelichen Lebensverhältnissen entzogen, weil er zur **Vermögensbildung** genutzt wurde, ist die Höhe der durchschnittlichen Aufwendungen zur Vermögensbildung in den letzten drei Jahren vor der Trennung darzulegen. Dabei ist aber zu beachten, dass die ehelichen Lebensverhältnisse nach einem objektiven Maßstab zu bemessen sind und der Unterhaltsberechtigte nicht an einer übertriebenen Einschränkung des Konsumverhaltens festgehalten werden kann (→ § 4 Rn. 463 ff.).[94] Verlangt ein unterhaltsberechtigter Ehegatten trotz besonders hoher Familieneinkünfte, die über das doppelte der Höchstgrenze der Düsseldorfer Tabelle hinausgehen, nach Vortrag zu den aus seiner Sicht einer Vermögensbildung vorbehaltenen Einkünfte nachehelichen Unterhalt im Wege der Quotenmethode,[95] bleibt es dem Unterhaltspflichtigen vorbehalten, substantiiert zu einer höheren Vermögensbildung und damit zu geringeren ehelichen Lebensverhältnissen vorzutragen.

– Der Unterhaltspflichtige hat auch die Gründe dafür vorzutragen, warum ein von ihm erzielbares Einkommen nicht erzielt worden ist.

728 – Auch für die Tatsache und die Gründe einer **rückläufigen Entwicklung** seiner Einkünfte ist der Unterhaltspflichtige darlegungs- und beweispflichtig.[96] Zwar beeinflusst nach der neueren Rechtsprechung des BGH[97] auch ein nachehelicher Einkommensrückgang die ehelichen Lebensverhältnisse iSv § 1578 I 1 BGB. Das gilt aber dann nicht, wenn der Unterhaltspflichtigen der Rückgang seiner Einkünfte unterhaltsrechtlich leichtfertig herbeigeführt hat, was auf der Grundlage seines Vortrags nachprüfbar sein muss.

– Auch die genauen Umstände zu einkommensmindernden **Verbindlichkeiten** muss der Unterhaltspflichtige vortragen,[98] soweit er die von ihm eingegangenen Verbindlichkeiten auch unterhaltsrechtlich absetzen will.[99] Das gilt auch für die Höhe von Kreditbelastungen aus Zins und Tilgung, die der Unterhaltspflichtige einem damit erworbenen Wohnvorteil bis zur dessen Höhe entgegenhalten kann.[100]

729 – Darlegungs- und beweispflichtig ist der Unterhaltspflichtige im Rahmen seiner Leistungsfähigkeit auch für Tatsachen, die eine **vor- oder gleichrangige** Unterhaltsverpflichtung, zB gegenüber minderjährigen Kindern oder einer neuen Ehefrau nach § 1609 Nr. 1 bis 3 BGB, begründen können.[101] Gleiches gilt für die Behauptung, dass trotz des Zusammenlebens mit einem neuen Ehegatten oder Lebenspartner kein bei der Unterhaltsbemessung zu berücksichtigender Synergieeffekt vorliegt, weil der Partner über keine eigenen Einkünfte verfügt.[102]

730 – Auch Tatsachen, die nach **§§ 1361 III, 1579 BGB**[103] oder **§ 1611 BGB**[104] als rechtsvernichtende Einwendung zu einer Beschränkung oder einem Wegfall der Unterhalts-

---

[93] OLG Dresden FamRZ 2001, 47; OLG Hamm FamRZ 1996, 958.
[94] BGH FamRZ 2007, 1532 (1534).
[95] BGHZ 217, 24 = FamRZ 2018, 260 Rn. 16 ff. = R 788b.
[96] BGH FamRZ 2008, 1739 Rn. 57; 1988, 145.
[97] BGHZ 192, 45 = FamRZ 2012, 281 Rn. 24 = R 731c; 2007, 793 (795); 2006, 683 (685); 2003, 590 (591).
[98] BGH FamRZ 1992, 797; 1988, 930.
[99] BGH FamRZ 1990, 283 (287).
[100] BGHZ 213, 288 = FamRZ 2017, 519 Rn. 33 ff. = R 781b.
[101] BGH FamRZ 2014, 1183 Rn. 29 ff. = R 754d; 2014, 912 Rn. 37 ff.; BGHZ 192, 45 = FamRZ 2012, 281 Rn. 36 ff. = R 731h, i; 2010, 869 = R 712b; 1988, 930.
[102] Vgl. BGH FamRZ 2010, 802, Rn. 28; 2008, 594 Rn. 39.
[103] BGH FamRZ 2014, 1007 Rn. 22 = R 752; 1991, 670; 1989, 1054; 1984, 364; 1982, 463; OLG Koblenz – 11 UF 29/04, BeckRS 2011, 06288.
[104] OLGR Koblenz – 15 UF 605/99, BeckRS 2000, 30100966.

7. Abschnitt: Darlegungs- und Beweislast sowie tatrichterliche Ermittlung § 6

pflicht nach Billigkeit führen können, muss der Unterhaltspflichtige darlegen und ggf. beweisen.
– Die Darlegungs- und Beweislast eines Abgeordneten zu Art und Höhe konkreter mandatsbedingter Aufwendungen entspricht der allgemeinen Darlegungslast für die Höhe seiner die Einkünfte mindernden berufsbedingten Aufwendungen, um seine eingeschränkte Leistungsfähigkeit zu begründen.[105]
– Beruft sich der Unterhaltspflichtige auf den Wegfall der verschärften Unterhaltspflicht für minderjährige und privilegiert volljährige Kinder wegen vorrangiger Haftung eines **anderen leistungsfähigen Verwandten** nach § 1603 II 3 BGB,[106] muss er die dafür maßgeblichen Tatsachen darlegen und beweisen.

731

– Beruft sich der Unterhaltspflichtige auf eine Erwerbsobliegenheit des ein gemeinsames Kind in den ersten drei Jahren betreuenden Elternteils im Rahmen eines Unterhaltsanspruches nach den §§ 1570, 1615l II 3 BGB,[107] muss er die dafür sprechenden Tatsachen einer tatsächlich anderweitigen Betreuung ebenfalls darlegen und beweisen.[108]
– Darlegungs- und beweispflichtig ist ein unterhaltspflichtiger Elternteil insbesondere für die Umstände, die ihn daran hindern, seinem minderjährigen Kind nicht einmal den **Mindestunterhalt** nach § 1612a BGB zu leisten.[109]
– Die Darlegungs- und Beweislast des Unterhaltspflichtigen zu Tatsachen, die den Wahrnehmungsbereich des Unterhaltsberechtigten betreffen sowie zu Negativtatsachen kann zu dessen Lasten erleichtert sein oder den Unterhaltsberechtigten kann insoweit eine sekundäre Darlegungslast treffen (→ Rn. 741 f.).

4. Zur Regel-Ausnahme-Situation

Wenn und soweit gesetzliche Regeln oder **Erfahrungssätze** bestehen, hat derjenige die Darlegungs- und Beweislast, der eine von der Regel abweichende Ausnahmesituation geltend macht. Weist etwa der Unterhaltspflichtige seine Leistungsunfähigkeit durch Verlust seines Arbeitsplatzes nach, ist es Sache des Berechtigten, darzulegen und nachzuweisen, dass die Kündigung auf eine „**unterhaltsbezogene Leichtfertigkeit**" zurückzuführen ist, was zur Annahme von fiktiven Einkünften (dazu → § 1 Rn. 743 f.) berechtigt.[110] Auch derjenige, der entgegen der gesetzlichen Vermutung in **§ 1610a BGB** meint, die Sozialleistung für einen Körper- oder Gesundheitsschaden sei teilweise als Einkommen zu behandeln, weil die damit einher gehenden zusätzlichen Kosten geringer seien, als die Höhe dieser Sozialleistungen, trägt dafür die Darlegungs- und Beweislast (→ § 1 Rn. 648). Zur Darlegungs- und Beweislast bei einer Abweichung von Tabellen und Leitlinien der Oberlandesgerichte sind in der Rechtsprechung die folgenden Fallgruppen entschieden:

732

Die Darlegungs- und Beweislast für die **Erwerbsobliegenheit einer Mutter,** die ein noch nicht achtjähriges Kind betreute, trug nach dem bis Ende 2007 geltenden Recht der Vater, weil er eine Ausnahme von einer erfahrungsgemäßen Regel in Anspruch nehme. Er musste Umstände vortragen, die trotz vermuteter Betreuungsbedürftigkeit des Kindes für eine Erwerbsobliegenheit der Mutter sprachen.[111] Die pauschale Behauptung, das Kind sei bereits in einem Alter, in dem es in den Kindergarten gehen könne, wurde von der Rechtsprechung seinerzeit nicht für ausreichend erachtet. Denn eine Regel in diesem Sinn sei die Erfahrung, dass auch ein schulpflichtiges Kind zunächst noch einer verstärkten

733

---

[105] BGH FamRZ 1986, 780 (781).
[106] BGH FamRZ 2013, 1558 Rn. 26 ff. = R 739c; BGHZ 189, 284 = FamRZ 2011, 1041 Rn. 41 = R 725e; FamRZ 2011, 454 = R 721d; 2008, 137 = R 684g; OLG Karlsruhe FRP 2003, 28; OLG Hamm FamRZ 1998, 983.
[107] BGH FamRZ 2006, 1362; OLG Hamm FamRZ 1998, 1254.
[108] BGH FamRZ 2012, 1040 Rn. 20 f. = R 732c; 2010, 1050 Rn. 19; 2010, 444 Rn. 25 ff.; 2010, 357 = R 709c; 2009, 1391 Rn. 18; 2009, 1124 Rn. 25; 2009, 770 = R 704a; 2008, 1739 (1748).
[109] BGH FamRZ 2009, 314 = R 701; 1998, 357.
[110] OLG Karlsruhe FamRZ 2000, 1419; OLG Düsseldorf FamRZ 1994, 926; a. A. OLG Hamm FamRZ 1994, 755.
[111] BGH FamRZ 1983, 456 (458); bestätigt durch BGH FamRZ 1998, 1501.

Beaufsichtigung und Fürsorge bedürfe, die nicht auf bestimmte Zeitabschnitte des Tages beschränkt werden könne. Die kindgerechte Entwicklung in dieser Altersstufe erfordere es in der Regel, dass ein Elternteil sich ihm noch jederzeit widmen könne, was einem Erwerbstätigen etwa bei ausfallenden Schulstunden oder im Falle einer Krankheit nicht möglich sei. Gleiches gelte in verstärktem Maß für ein Kindergartenkind (→ § 4 Rn. 72 ff. der 6. Auflage).[112]

734 Diese Auffassung lässt sich seit der **Neuregelung des Betreuungsunterhalts** in den §§ 1570, 1615l BGB nicht mehr aufrechterhalten. Nach der Rechtsprechung des BGH zum neuen Recht erfordern die kindbezogenen Gründe regelmäßig lediglich eine dreijährige „persönliche" Betreuung durch die Eltern und somit auch nur eine ebenso lange volle Unterhaltspflicht gegenüber dem betreuenden Elternteil, weil danach begleitende staatliche Hilfen zur Verfügung stehen, auf die ein Unterhaltsberechtigter zurückgreifen kann und – vorbehaltlich berücksichtigungswürdiger elternbezogener Gründe – auch muss. Sowohl beim nachehelichen wie beim nichtehelichen Betreuungsunterhalt sind bei der Beurteilung einer persönlichen Betreuungsbedürftigkeit also *auch die bestehenden Möglichkeiten der Kinderbetreuung zu berücksichtigen*. Eine Regel für die Notwendigkeit einer persönlichen Betreuung durch einen Elternteil über die Vollendung des dritten Lebensjahres hinaus lässt sich dem Gesetz jetzt nicht mehr entnehmen. Jetzt muss der Unterhaltsberechtigte darlegen und nachweisen, dass mangels bestehender Möglichkeit der ganztägigen Kinderbetreuung, zB in einem verlässlichen Kindergarten oder im Rahmen einer Nachmittagsbetreuung für Schulkinder, auch nach Vollendung des dritten Lebensjahres lediglich eine Teilzeittätigkeit erwartet werden kann.[113]

735 Zur Darlegung, ob und in welchem Umfang der betreuende Elternteil auch nach Vollendung des dritten Lebensjahres noch keine Erwerbstätigkeit aufnehmen kann, gehört im Rahmen der Bedürftigkeit stets auch die Darlegung, in welchem Umfang er neben der Kinderbetreuung in zumutbarer Weise und unter Vermeidung einer überobligatorischen Gesamtbelastung eigene Einkünfte erzielen kann.[114] Weil sich aber selbst im Falle einer vollschichtigen Erwerbsobliegenheit des Unterhaltsberechtigten ein auf den vollen ehelichen Lebensbedarf gerichteter Aufstockungsunterhalt nach §§ 1573 II, 1578 I 1 BGB ergeben kann, bleibt es im Rahmen der Leistungsfähigkeit bei der Darlegungslast des Unterhaltspflichtigen zu seinen wirtschaftlichen Verhältnissen.[115]

736 Bei der Prüfung der Voraussetzungen der zum 1.1.2008 geänderten §§ 1570, 1615l BGB ist nach dem eindeutigen Wortlaut der Vorschrift und der Gesetzesbegründung davon auszugehen, dass grundsätzlich mit Vollendung des dritten Lebensjahres des Kindes keine persönliche Betreuung durch einen Elternteil mehr erforderlich ist und der bislang betreuende Elternteil dann jedenfalls eine teilschichtige Erwerbstätigkeit aufnehmen kann. Begehrt der Elternteil Betreuungsunterhalt über diesen Zeitpunkt hinaus, trifft ihn die Darlegungs- und Beweislast für die dafür notwendigen kind- oder elternbezogenen Gründe.[116] Denn wer eine Ausnahme von einer durch das Gesetz vorgegebenen Regel für sich in Anspruch nimmt, hat die hierfür erforderlichen Voraussetzungen darzulegen und notfalls zu beweisen (→ § 4 Rn. 167 ff.).[117]

737 Beim **Trennungsunterhalt** richtet sich die Höhe des Unterhaltsanspruchs im Regelfall noch nach den gegenwärtigen Einkommensverhältnissen. Deshalb hat der Unterhaltsberechtigte die Darlegungs- und Beweislast für die Einkommens- und Vermögensverhält-

---

[112] Zum Betreuungsunterhalt bei nichtehelicher Elternschaft nach früherem Recht vgl. BGH FamRZ 2006, 1362.
[113] BGH FamRZ 2012, 1040 Rn. 20 f. = R 732c; 2011, 1375 Rn. 15 f. = R 727a; 2011, 1209 Rn. 17 f.; 2011, 791 Rn. 21; 2010, 1880 Rn. 21; 2010, 1050 Rn. 19; 2010, 444 Rn. 27 ff.; 2010, 357 = R 709d; 2009, 1391 Rn. 20 ff.; 2009, 1124 Rn. 27 ff.; 2009, 77 Rn. 23.
[114] BGH FamRZ 2011, 791 Rn. 21 ff.; 2010, 444 Rn. 26.
[115] BGH FamRZ 2007, 793 (798) = R 674j; 1983, 996.
[116] BGH FamRZ 2014, 1987 Rn. 18 = R 762a; 2012, 1040 Rn. 20 f. = R 732c; 2011, 1375 Rn. 15 f. = R 727a; 2011, 1209 Rn. 17 f.; 2011, 791 Rn. 21; 2010, 1880 Rn. 21; 2010, 1050 Rn. 19; 2010, 444 Rn. 27 ff.; 2010, 357 = R 709d; 2009, 1391 Rn. 20 ff.; 2009, 1124 Rn. 27 ff.; 2009, 77 Rn. 23.
[117] BGH FamRZ 1985, 50.

7. Abschnitt: Darlegungs- und Beweislast sowie tatrichterliche Ermittlung § 6

nisse während des Unterhaltszeitraums. Für den Ausnahmefall einer **unerwarteten, vom Normalverlauf erheblich abweichenden Entwicklung** seit der Trennung ist der Unterhaltspflichtige darlegungs- und beweispflichtig, wenn er hieraus Rechte, etwa ein früher geringeres Einkommen als unterhaltsrelevant, herleiten will.[118] Auch nach der neueren Rechtsprechung des BGH zu den ehelichen Lebensverhältnissen[119] muss er darlegen, dass und warum seine derzeitige berufliche Stellung auf einer im Zeitpunkt der Trennung nicht zu erwartenden Entwicklung beruht, nicht schon während des Zusammenlebens der Beteiligten angelegt gewesen ist und auf welchen Umständen sein beruflicher Aufstieg beruht.[120] Dabei ist aber zu beachten, dass nach gefestigter Rechtsprechung die Entwicklung bis zur rechtskräftigen Ehescheidung regelmäßig noch die ehelichen Lebensverhältnisse beeinflusst und deswegen bei der Bemessung des Trennungsunterhalts zu berücksichtigen ist.[121] Ist das Einkommen hingegen abgesunken, muss der Unterhaltsberechtigte diesen Rückgang grundsätzlich mittragen oder darlegen und beweisen, dass der Rückgang auf einem unterhaltsrechtlich leichtfertigen Verhalten des Unterhaltspflichtigen beruht, etwa auf eine Verletzung der Erwerbsobliegenheit des Unterhaltspflichtigen zurückzuführen oder durch freiwillige berufliche oder wirtschaftliche Dispositionen des Unterhaltspflichtigen veranlasst ist und von diesem durch zumutbare Vorsorge hätte aufgefangen werden können (→ § 1 Rn. 743 ff.).[122] Beruft sich ein Beteiligter darauf, dass er eine konkrete **Steuerrückzahlung** künftig nicht oder nicht in dieser Höhe erhalten werde, trägt er dafür die volle Darlegungs- und Beweislast. Er hat substantiiert darzulegen, wie sich eine Veränderung der Einkommenssituation konkret auf die Steuerschuld auswirkt.[123]

Beruft sich der auf Barunterhalt in Anspruch genommene Elternteil abweichend von § 1606 III 2 BGB darauf, dass der andere, das Kind **betreuende Elternteil** im Hinblick auf seine günstigen wirtschaftlichen Verhältnisse **zum Barunterhalt beizutragen** habe,[124] so trägt er die Beweislast dafür, dass die Einkommens- und Vermögensverhältnisse des anderen Elternteils dessen Heranziehung zum Barunterhalt rechtfertigen.[125] Denn im Hinblick auf § 1606 III 2 BGB, wonach der das Kind betreuende Elternteil durch seine persönliche Fürsorge seine Unterhaltspflicht vollständig erfüllt, entspricht die alleinige Inspruchnahme des anderen Elternteils auf Barunterhalt regelmäßig dem Grundsatz anteiliger Haftung beider Elternteile.[126] Somit macht der barunterhaltspflichtige Elternteil weder eine Abweichung vom Grundsatz des § 1601 BGB geltend (= Inanspruchnahme des primär Unterhaltspflichtigen) noch von dem Grundsatz der Gleichwertigkeit von Barunterhalt und Betreuungsleistung nach § 1606 III 2 BGB. Vielmehr begehrt er mit seiner Behauptung eine Abweichung von der Regel des § 1606 III 2 BGB, weil er meint, der betreuende Elternteil sei trotz dieser Bestimmung zum Barunterhalt verpflichtet. Deshalb muss er die für eine Abweichung von dieser gesetzlichen Regel sprechenden Tatsachen substantiiert behaupten und ggf. beweisen. Dass die Darlegung der wirtschaftlichen Verhältnisse des betreuenden Elternteils dem unterhaltsberechtigten Kind häufig leichter möglich ist als dem Barunterhalt leistenden Elternteil, rechtfertigt keine abweichende Beurteilung. Dies entspricht auch der Beweislast zur vorrangigen Haftung nach § 1603 II 3 BGB (→ Rn. 731).[127] Nimmt ein Kind wegen Ausfalls beider Elternteile nach § 1607 I, II BGB die Großeltern in Anspruch, haften grundsätzlich alle vier Großelternteile anteilig

738

---

[118] BGH FamRZ 2009, 411 Rn. 32 ff.; OLG Hamm FamRZ 2000, 1017.
[119] BGHZ 192, 45 = FamRZ 2012, 281 Rn. 24 ff. = R 731c, d, e; 2007, 793 (795) = R 674b; 2006, 683 (685); 2003, 590 (591).
[120] BGHZ 192, 45 = FamRZ 2012, 281 Rn. 24 ff. = R 731c, d, e; 2007, 793 (795) = R 674b; 1983, 352.
[121] BGHZ 192, 45 = FamRZ 2012, 281 Rn. 17 f. = R 731b.
[122] BGH FamRZ 2006, 683 (685).
[123] OLG Köln FamRZ 2002, 1729.
[124] BGH FamRZ 2015, 236 Rn. 20 = R 765c; 2013, 1558 Rn. 26 ff. = R 739c.
[125] BGH FamRZ 2008, 137 = R 684g; 1984, 1000; 1981, 347; OLG Hamm FamRZ 2006, 1479; OLGR Karlsruhe 2002, 105; OLG Nürnberg FamRZ 1988, 981 (982).
[126] BGH FamRZ 2006, 1597 (1598) = R 659a.
[127] BGH FamRZ 2013, 1558 Rn. 25 ff. = R 739c; 2008, 137 = R 684g; 1991, 182 (183); OLG Karlsruhe FRP 2003, 28.

nach § 1606 III BGB. Verlangt das Kind dann nur von einem Großvater Unterhalt, ist das Kind sowohl bezüglich der Leistungsunfähigkeit der erstrangig verpflichteten Eltern oder der erheblichen Erschwerung der Rechtsverfolgung gegen sie, als auch zum Haftungsanteil des allein in Anspruch genommenen Großelternteils darlegungs- und beweispflichtig.[128] Das Kind kann dann von allen Großeltern nach § 1605 BGB Auskunft verlangen, um den jeweiligen Haftungsanteil zu bestimmen.[129] Daneben kann jeder Unterhaltspflichtige nach § 242 BGB von den weiteren gleichrangigen Unterhaltspflichtigen Auskunft verlangen, um seinen Haftungsanteil selbst prüfen, eine außergerichtliche Einigung herbeiführen und sein Verhalten im gerichtlichen Verfahren darauf einstellen zu können (→ § 1 Rn. 1161).

739   Soweit sich der Unterhaltsbedarf an die nach Erfahrungswerten aufgestellte Düsseldorfer Tabelle und die Leitlinien der Oberlandesgerichte anlehnt, werden an die Darlegungslast im Unterhaltsverfahren keine besonderen Anforderungen gestellt. Wenn der Unterhaltsberechtigte aber im Blick auf eine darüber hinaus gehende Leistungsfähigkeit des Unterhaltspflichtigen einen darüber hinaus gehenden **höheren Bedarf** geltend macht, muss er im Einzelnen darlegen und beweisen, worin dieser Bedarf besteht und welche Mittel zu seiner Deckung im Einzelnen erforderlich sind.[130]

740   Der Unterhaltsberechtigte hat die Beweislast für die **mangelnde Leistungsfähigkeit des vorrangig Unterhaltspflichtigen,** wenn er einen nachrangig Unterhaltspflichtigen in Anspruch nimmt. Dies liegt darin begründet, dass sich der Unterhaltsberechtigte mit dem Wegfall der Unterhaltspflicht des primär Unterhaltspflichtigen auf eine Abweichung von dem in § 1601 BGB aufgestellten Grundsatz beruft, für deren Voraussetzungen er die Beweislast trägt.[131]

5. Negativtatsachen und substantiiertes Bestreiten von Tatsachen aus dem eigenen Wahrnehmungsbereich

741   Auch im Unterhaltsrecht können die allgemeinen Regeln zu einer Darlegungs- und Beweislast für so genannte Negativtatsachen oder für Tatschen führen, die nur der Verfahrensgegner genauer kennen und aufklären kann. So muss zB der Unterhaltspflichtige im Rahmen des § 1579 Nr. 7 BGB darlegen, dass und warum dem anderen Ehegatten ein offensichtlich schwerwiegendes, einseitig bei diesem liegendes Fehlverhalten zur Last fällt oder im Rahmen des § 1579 Nr. 2 BGB dazu vortragen, dass der Unterhaltsberechtigte in einer verfestigten Lebensgemeinschaft lebt.[132] Im Rahmen der Herabsetzung oder Befristung des nachehelichen Unterhalts gemäß § 1578b BGB muss der Unterhaltspflichtige darlegen, dass der Unterhaltsberechtigte durch die Gestaltung der Haushaltsführung und Erwerbstätigkeit während der Ehe oder die Kindererziehung keine ehebedingten Nachteile erlitten hat.[133] Der unterhaltsberechtigte Ehegatte muss hingegen darlegen, welche Einkünfte und Vermögensverhältnisse des Unterhaltspflichtigen über die Trennungszeit hinaus die ehelichen Lebensverhältnisse beeinflussen, obwohl die genauen Verhältnisse nur dem Unterhaltspflichtigen bekannt sind.

742   Im Falle einer Darlegungslast zu Tatsachen, die zum **Wahrnehmungsbereich des Anderen** gehören, genügt es nach der Rechtsprechung des BGH, wenn solche Tatsachen **behauptet werden** und darauf hingewiesen wird, dass nur der Verfahrensgegner eine genauere Kenntnis zu diesen Tatsachen hat und ihm deswegen konkrete Angaben zuzumuten sind. Dem Verfahrensgegner ist es dann nach § 242 BGB im Hinblick auf die ihm ohnehin obliegende unterhaltsrechtliche Auskunftspflicht (→ § 1 Rn. 1150 ff.)[134] zuzumuten, sich zu diesen Behauptungen im Rahmen seiner sekundären Darlegungslast näher zu

---

[128] BGH FamRZ 2017, 370 Rn. 37 f. = R 779b.
[129] OLG Hamm FamRZ 2005, 1926.
[130] BGH FamRZ 1993, 473.
[131] BGH FamRZ 1984, 1000; FamRZ 1981, 347.
[132] BGH FamRZ 2011, 1854 Rn. 20 ff.
[133] BGH FamRZ 2014, 1276 Rn. 29 = R 755c; 2014, 1007 Rn. 22 = R 752; 2013, 935 Rn. 37; 2012, 1483 Rn. 40 ff.; 2010, 875 Rn. 18 ff.
[134] BGH FamRZ 2011, 21 Rn. 19 ff.; 1988, 268 (269).

äußern.¹³⁵ Der Darlegungs- und Beweispflichtige muss diesen Vortrag seines Gegners dann substantiiert bestreiten, dh einen eigenen klärenden Tatsachenvortrag aus dem eigenen Wahrnehmungsbereich bringen. Ein einfaches Bestreiten genügt dann nicht mehr. Bei streitigem Sachvortrag bleibt er auch beweispflichtig.

Unterlässt er im Rahmen seiner sekundären Darlegungslast eine solche ihm nach den Umständen zumutbare Substantiierung, gelten die Tatsachenbehauptungen seines Gegners nach § 138 III ZPO als zugestanden.¹³⁶ Wurde etwa in dem Unterhaltsantrag gegen einen **Selbstständigen** nachvollziehbar dargelegt, dass er über monatliche Einkünfte von 3000 EUR verfügt, kann diese Behauptung als unstreitig behandelt werden, wenn der Antragsgegner nur pauschal bestreitet und nicht anhand seiner Gewinn- und Verlustrechnungen konkret darlegt, dass ihm das behauptete Einkommen nicht zur Verfügung steht. Ein ausreichendes substantiiertes Bestreiten liegt daher nur vor, wenn zB ein bilanzierender Unternehmer für die maßgeblichen Jahre nach Maßgabe seiner **Bilanzen sowie Gewinn- und Verlustrechnungen vorträgt**¹³⁷ (→ § 1 Rn. 1184). Dann ist es wieder Sache des Darlegungspflichtigen, konkrete Positionen (zB bestimmte Ausgaben) zu bestreiten und durch Beweisanträge eine weitere Klärung zu verlangen. Diesem Begehren nach weiterer Aufklärung muss dann entsprochen werden, weil auch hierzu die näheren Umstände im Wahrnehmungsbereich des anderen liegen. 743

Für die Darlegungslast zu so genannten **Negativtatsachen** gilt ähnliches. Der BGH hat einen entsprechenden Fall zu § 1579 Nr. 7 BGB (§ 1579 Nr. 4 BGB aF) entschieden.¹³⁸ Danach hat der Unterhaltspflichtige die tatsächlichen Voraussetzungen der rechtsvernichtenden Einwendung darzulegen und zu beweisen und dabei das Vorbringen der Gegenseite, das im Fall der Richtigkeit gegen die Annahme einer groben Unbilligkeit sprechen würde, **zu widerlegen**. Soweit der Unterhaltspflichtige ein derartiges Vorbringen des Berechtigten nur in Abrede stellen kann, sind an die Substantiierung seiner Darlegungen nach dem auch das Verfahrensrecht beherrschenden Grundsatz von Treu und Glauben keine zu hohen Anforderungen zu stellen, da es sich für ihn um die Behauptung so genannter negativer Tatsachen handelt.¹³⁹ Entsprechend muss der Unterhaltspflichtige im Rahmen seines Begehrens auf Herabsetzung oder Befristung des nachehelichen Unterhalts nach § 1578b BGB darlegen und beweisen, dass der Unterhaltsberechtigte durch die Gestaltung der Haushaltsführung und Erwerbstätigkeit während der Ehe oder die Kindererziehung keine ehebedingten Nachteile erlitten hat. Zu dieser Negativtatsache kann er zunächst lediglich vortragen, dass der Unterhaltsberechtigte, der inzwischen wieder eine vollschichtige Erwerbstätigkeit ausübt, im Hinblick darauf keine ehebedingten Erwerbsnachteile mehr hat. Wenn der Unterhaltsberechtigte gleichwohl ehebedingte Nachteile in Form geringerer Einkünfte nach längerfristiger Berufsunterbrechung geltend macht, muss er diese im Rahmen seiner sekundären Darlegungslast substantiiert darlegen. Erst dann muss der Unterhaltspflichtige diesen Vortrag widerlegen und dies ggf. beweisen.¹⁴⁰ 744

Ähnliches gilt, wenn der Unterhaltspflichtige behauptet, der Unterhaltsberechtigte habe **bedürftigkeitsmindernde Einkünfte** aus einer Erwerbstätigkeit. Wenn dies nicht stimmt, kann der Unterhaltsberechtigte diese Behauptung trotz seiner Darlegungslast zur Bedürftigkeit nur allgemein bestreiten. Dann muss der Unterhaltspflichtige im Einzelnen darlegen, warum seine Behauptung richtig ist und welche konkreten Einkünfte der Unterhaltsberechtigte nach seiner Auffassung erzielt. Der Berechtigte muss diesen neuen Vortrag widerlegen und das im Rahmen der bei ihm verbliebenen Beweislast ggf. auch beweisen. 745

---

135 BGH FamRZ 2014, 1276 Rn. 29 = R 755c; 2012, 93 Rn. 22f.; 2010, 2059 = R 720; 2010, 1971 Rn. 23; 2010, 1637 Rn. 43ff.; 2010, 875 = R 711; 1987, 259.
136 BGH FamRZ 1987, 259.
137 BGH FamRZ 1987, 259.
138 BGH FamRZ 1984, 364: 1982, 463.
139 BGH FamRZ 2011, 791 Rn. 13, 41; 1984, 364; 1982, 463.
140 BGH FamRZ 2014, 1276 Rn. 29 = R 755c; 2014, 1007 Rn. 22 = R 752; 2013, 935 Rn. 37; 2012, 1483 Rn. 40ff.; 2012, 93 Rn. 22f.; 2010, 875 = R 711; 2010, 2059 = R 720c; 2010, 1971 Rn. 23; 2010, 1637 Rn. 44; 2010, 1414 Rn. 24; 2010, 1057 Rn. 15ff.; 2010, 1050 Rn. 52f.; 2010, 875 = R 711; 2008, 1911 Rn. 66; 2008, 134 (136).

6. Darlegungs- und Beweislast bei Abänderungsverfahren

746 Im Abänderungsverfahren nach §§ 238 f. FamFG (→ § 10 Rn. 133 ff., 242 ff.) hat der Antragsteller die Darlegungs- und Beweislast für eine wesentliche Veränderung der Umstände, die für die Unterhaltsfestsetzung im vorausgegangenen Verfahren maßgeblich waren (§§ 238 I 2, 239 I 2 FamFG).[141] Der Grund dafür liegt in der **Rechtskraft** der abzuändernden Entscheidung bzw. dem Inhalt des abgeschlossenen Vergleichs.[142] Rechtskräftige gerichtliche Entscheidungen können grundsätzlich nicht mehr abgeändert werden und die Beteiligten müssen auch aus ihrer Sicht falsche Entscheidungen akzeptieren. Dies gilt generell für Beschlüsse, in denen nur über rückständigen Unterhalt entschieden wurde. Wurde hingegen auch über künftigen Unterhalt entschieden, beruht die Entscheidung insoweit regelmäßig auf einer **in die Zukunft gerichteten Prognose.** Wenn sich diese Prognose später als falsch herausstellt, ist auf der Grundlage der Rechtskraft der Entscheidung eine Anpassung an die veränderten Umstände möglich. Damit kann die Entscheidung sowohl an veränderte tatsächliche Umstände, als auch an eine neue Gesetzeslage oder an eine geänderte höchstrichterliche Rechtsprechung (des BGH oder des BVerfG) angepasst werden. Eine Korrektur früherer Fehler ist nach § 238 II FamFG hingegen nicht zulässig.[143] Weil deswegen allein die spätere Änderung der Grundlagen des früheren Beschlusses zur Abänderung berechtigt, trägt der Antragsteller dafür die Darlegungs- und Beweislast. Er muss also sowohl die Grundlagen des früheren Unterhaltstitels als auch die inzwischen eingetretenen Veränderungen darlegen und beweisen.[144] Weil es nach § 238 II FamFG bzw. § 239 II FamFG iVm § 313 BGB nur auf die Änderungen seit der früheren Entscheidung ankommt, gilt dies auch für Tatsachen, die schon im früheren Verfahren erheblich waren und die der Gegner zu beweisen hatte,[145] sofern es sich in dem Abänderungsverfahren noch um denselben anspruchsbegründenden Sachverhalt handelt. Im Abänderungsverfahren gegen das volljährige Kind muss der die Abänderung begehrende Unterhaltsschuldner also auch den Haftungsanteil des andern Elternteils darlegen und beweisen, wenn schon der abzuändernde Titel den Unterhalt des volljährigen Kindes und damit auch die – jetzt abzuändernde – Haftungsquote geregelt hat.[146]

Trotz der Identität der Unterhaltsansprüche des minderjährigen und des volljährigen Kindes[147] gilt dies aber nicht, wenn der frühere Titel den Unterhalt des minderjährigen Kindes geregelt hat und deswegen im Abänderungsverfahren erstmals und unabhängig von einer früheren Prognose der Haftungsquote der Eltern darzulegen und nachzuweisen ist (→ § 2 Rn. 578).[148] Auch für die Voraussetzungen des Unterhaltsanspruchs nach Erreichen der Volljährigkeit[149] ist das Kind darlegungs- und beweispflichtig, weil trotz des gleich bleibenden gesetzlichen Anspruchs mit Beendigung der Schulausbildung nunmehr erstmals der Nachweis einer Ausbildung zu einem Beruf als Tatbestandsvoraussetzung darzulegen ist.[150] Hat der Antragsgegner in erster Instanz im Rahmen eines gerichtlichen Geständnisses

---

[141] BGH FamRZ 2017, 370 Rn. 24 f. = R 779a (zur Abänderung einer Jugendamtsurkunde); 2010, 192 Rn. 22; 2007, 793 (796) = R 674e; 2004, 1179 (1180); 1987, 259; eingehend dazu Graba, Die Abänderung von Unterhaltstiteln, 4. Aufl., Rn. 329, 362, 366.
[142] BGH FamRZ 2010, 192 = R 708.
[143] BGH FamRZ 2010, 1318 Rn. 38 f.; 2010, 1150 = R 713; 2010, 538; 2008, 872 Rn. 19 f.
[144] BGH FamRZ 2004, 1179 (Abänderung eines Urteils); BGH FamRZ 2007, 715; OLG München FamRZ 2002, 1271; OLG Brandenburg FamRZ 2002, 1049 (jeweils zur Jugendamtsurkunde); OLG Stuttgart FamRZ 2005, 1996; OLG Zweibrücken FamRZ 2004, 1884; OLG Hamburg FamRZ 2002, 465 (jeweils zum Unterhaltsvergleich).
[145] OLG Zweibrücken FamRZ 1981, 1102.
[146] OLG Zweibrücken FamRZ 2001, 249.
[147] BGH FamRZ 1984, 682.
[148] BGH FamRZ 2013, 274 Rn. 23; OLG Brandenburg MDR 2002, 844; OLG Hamm FamRZ 2000, 904; OLG Köln FamRZ 2000, 1043; KG FamRZ 1994, 765; a. A. OLG Zweibrücken FamRZ 2001, 249.
[149] BGH FamRZ 2006, 1100 (1101) = R 654a–d.
[150] BGH FamRZ 2017, 370 Rn. 39 = R 779b; 2013, 274 Rn. 23; OLG Brandenburg FamRZ 2005, 815, ZfJ 2005, 125 und FamRZ 2004, 552; vgl. auch BGH FamRZ 1990, 496.

ein bestimmtes Einkommen eingeräumt, behält dies auch in der Berufungsinstanz seine Wirksamkeit (§§ 288, 535 ZPO). Dann ist von dem eingeräumten Einkommen im Zeitpunkt des Geständnisses auszugehen und der Antragsgegner für eine spätere Einkommensreduzierung beweispflichtig.[151] Soweit bestimmte Tatsachen in der Sphäre des Antragsgegners liegen und der Antragsteller hierzu keinen Zugang hat genügt es, wenn er das ihm in zumutbarer Weise Erkennbare vorträgt. Der Antragsgegner hat dann diesen Vortrag konkret zu widerlegen (näher dazu → Rn. 741 ff.).[152] Stützt der Unterhaltsberechtigte seinen Anspruch in dem Abänderungsverfahren hingegen auf eine andere Anspruchsgrundlage (zB auf § 1573 I BGB statt auf § 1570 BGB), muss er keine Änderung der entscheidungserheblichen Tatsachen vorragen. Ihm obliegt dann aber auch in dem Abänderungsverfahren nach den allgemeinen Grundsätzen die uneingeschränkte Darlegungs- und Beweislast für den neuen anspruchsbegründenden Lebenssachverhalt.[153] Gleiches gilt, wenn dem betreuenden Elternteil eines noch nicht drei Jahre alten Kindes nach den §§ 1570, 1615l BGB **Betreuungsunterhalt** zugesprochen wurde. Wenn der Unterhaltpflichtige nach Vollendung des dritten Lebensjahres Herabsetzung des Betreuungsunterhalts wegen eingeschränkter Erwerbspflicht des betreuenden Elternteils verlangt, bleibt es bei der Darlegungslast des Unterhaltsberechtigten für kind- oder elternbezogene Gründe, die weiterhin eine persönliche Betreuung des Kindes erfordern. Denn vor Vollendung des dritten Lebensjahres musste das Gericht eine solche Verlängerungsprognose noch nicht prüfen, weil der betreuende Elternteil damals noch die freie Wahl hatte, das Kind persönlich zu betreuen und zu erziehen.[154] Die neue Entscheidung beruht deswegen nicht auf einer Änderung der Verhältnisse, sondern darauf, dass es jetzt erstmals darauf ankommt. Wenn der Abänderungsgegner behauptet, dass in einem früheren Vergleich die **Abänderbarkeit ausgeschlossen** worden ist, trägt er dafür die Darlegungs- und Beweislast.[155]

7. Darlegungs- und Beweislast bei negativen Feststellungsanträgen

Der Unterhaltsschuldner kann einen negativen Feststellungsantrag erheben, wenn sich der Unterhaltsberechtigte eines Unterhaltsanspruchs gegen ihn berühmt. Gleiches gilt, wenn dieser bereits nach §§ 49 ff. FamFG eine einstweilige Anordnung gegen ihn erwirkt hat, zumal diese zwar der formellen nicht aber der materiellen Rechtskraft fähig ist (→ § 10 Rn. 315 ff.).[156] Nach § 113 I FamFG iVm § 322 I ZPO ist ein Beschluss insoweit der materiellen Rechtskraft fähig, als darin über den durch Antrag- und Widerantrag erhobenen Anspruch entschieden ist. Nach der gefestigten Rechtsprechung des BGH bedeutet dies zum einen, dass ein erneutes Verfahren mit identischem Streitgegenstand unzulässig ist. Dabei ist eine Identität der Streitgegenstände nicht nur dann anzunehmen, wenn derselbe Streitgegenstand zwischen denselben Beteiligten rechtshängig gemacht wird. Vielmehr sind die Streitgegenstände auch identisch, wenn im Zweitverfahren der Ausspruch des „kontradiktorischen Gegenteils" begehrt wird. Infolgedessen hat ein Beschluss, der einen negativen Feststellungsantrag aus sachlichen Gründen abweist, dieselbe Rechtskraftwirkung wie ein Beschluss, der das Gegenteil dessen, was mit dem negativen Feststellungsantrag begehrt wird, positiv feststellt.[157] Daran ändert sich auch nichts, wenn das Gericht des Vorverfahrens in seinem Beschluss ersichtlich von einer falschen Darlegungs- und Beweislast für ein Antragsvorbringen ausgegangen ist.[158] War die jetzt relevante Rechtsfrage in einem früheren Verfahren nur Vorfrage, ist sie nicht in Rechtskraft erwachsen und steht dem neuen Antrag nicht entgegen. Ist die in einem früheren Verfahren als

---

[151] BGH FamRZ 2004, 1179 (1180); NJW-RR 1999, 1113.
[152] OLG Koblenz, FamRZ 1998, 565.
[153] BGH FamRZ 2013, 274 Rn. 23; 2012, 517 Rn. 30; OLG Zweibrücken FamRZ 1986, 811.
[154] BGH FamRZ 2010, 1880 Rn. 19; 2010, 1050 Rn. 18 f.; 2009, 770 Rn. 41 = R 704a.
[155] BGH FamRZ 2010, 193 = R 708c.
[156] Dose/Kraft, Einstweiliger Rechtsschutz im Familienrecht, 4. Aufl. Rn. 505 ff.; BGH FamRZ 2018, 1343 Rn. 16 ff.; OLG Köln FamRZ 1998, 1427.
[157] BGH NJW 1995, 1757.
[158] BGH NJW 1986, 2508.

Hauptsache entschiedene Rechtsfolge hingegen im neuen Verfahren nur Vorfrage, steht die Rechtskraft zwar dem neuen Verfahren nicht entgegen. Sie entfaltet aber eine Bindungswirkung für die Vorfrage.

748 Bei dem negativen Feststellungsverfahren richtet sich die Darlegungs- und Beweislast deswegen nicht nach der Beteiligtenstellung, sondern nach den **allgemeinen materiellrechtlichen Beweislastgrundsätzen.** Die zufällige Umkehrung der Beteiligtenrolle durch den negativen Feststellungsantrag bleibt somit regelmäßig ohne Einfluss auf die Darlegungs- und Beweislast.[159]

8. Zur Umkehr der Beweislast

749 Die nach allgemeinen Grundsätzen gegebene Beweislast kehrt sich um, wenn ein Beteiligter die Beweisführung, insbesondere die Benutzung eines Beweismittels, durch den Gegner schuldhaft vereitelt oder erschwert.[160] Wenn zB ein Selbstständiger seine Einnahmen in Kenntnis seiner Unterhaltsschuld nur anhand von Tagesprotokollen erfasst, die alleinige Grundlage für die Eintragung der Monatseinnahmen im Kassenbuch sind und danach vernichtet werden, kehrt sich die Beweislast des Unterhaltsberechtigten dergestalt um, dass nunmehr der Unterhaltspflichtige darzulegen und zu beweisen hat, dass er die von dem Unterhaltsberechtigten substantiiert behaupteten Einnahmen nicht hatte.[161] Von einer solchen Behinderung der gegnerischen Beweisführung kann aber nicht schon dann ausgegangen werden, wenn einem Beteiligten angelastet wird, er habe sich eines Verstoßes gegen die Wahrheitspflicht im Verfahren schuldig gemacht, indem er sich in seinen Schriftsätzen teilweise unwahrhaftig oder unvollständig erklärt oder widersprüchlich vorgetragen habe. Ein derartiges Verhalten kann stattdessen im Rahmen der freien Beweiswürdigung und Überzeugungsbildung des Gerichts nach § 286 I 1 ZPO gebührend berücksichtigt werden.[162]

II. Zur tatrichterlichen Ermittlung und Schätzung nach § 287 ZPO

1. Zur Anwendung des § 287 ZPO im Unterhaltsverfahren

750 Nach § 113 I FamFG iVm § 287 I ZPO entscheidet das Gericht unter Würdigung aller Umstände nach freier Überzeugung, wenn unter den Beteiligten streitig ist, ob und in welchem Umfang ein Schaden entstanden ist. Dann liegt es im Ermessen des Gerichts, ob es ein Sachverständigengutachten einholt oder die Beteiligten persönlich vernimmt. Nach § 287 II ZPO gilt dies in vermögensrechtlichen Streitigkeiten entsprechend, wenn unter den Beteiligten die Höhe einer Forderung streitig und die vollständige Aufklärung aller hierfür maßgebenden Umstände mit Schwierigkeiten verbunden ist, die zu der Bedeutung des streitigen Teiles der Forderung in keinem Verhältnis stehen. § 287 II ZPO ist grundsätzlich auch im Unterhaltsverfahren anzuwenden. Denn auch das Unterhaltsverfahren ist eine vermögensrechtliche Streitigkeit im Sinn dieser Bestimmung, bei der die vollständige Aufklärung aller für die Höhe der Unterhaltsforderung maßgeblichen Umstände mit unverhältnismäßigen Schwierigkeiten verbunden sein kann. Das kann Veranlassung zu einer richterlichen Schätzung geben.[163]

---

[159] BGH NJW 1983, 2032 (2033); 1977, 1637 (1638); OLG Brandenburg FamRZ 2010, 302 Rn. 17; OLG Oldenburg FamRZ 1991, 1071; OLG Hamm FamRZ 1988, 1056; OLG Hamburg FamRZ 1982, 702; OLG Stuttgart NJW 1981, 2581; OLG Düsseldorf FamRZ 1981, 480.
[160] BGH FamRZ 1981, 347 (349).
[161] OLG Koblenz NJWE-FER 1999, 227.
[162] BGH FamRZ 1981, 347 (349).
[163] BGH FamRZ 2010, 2059 = R 720c; 1986, 885; 1984, 149 (151); 1984, 151 (153); 1981, 1165; 1981, 338; ua.

7. Abschnitt: Darlegungs- und Beweislast sowie tatrichterliche Ermittlung   § 6

Dies gilt sowohl hinsichtlich des **gesamten Einkommens,** soweit die Angaben unvollständig oder zweifelhaft sind, als auch zu einzelnen Posten des anrechnungsfähigen Einkommens,[164] zu Abzugsposten,[165] Bedarfsposten, vor allem zu einem mit besonderen Einkünften verbundenen erhöhten Bedarf sowie zu behaupteten Mehraufwendungen.[166] Auch mandatsbedingte Aufwendungen eines Abgeordneten können nach § 287 II ZPO geschätzt und von der Kostenpauschale abgezogen werden, zumal auf diese Weise auch dem Geheimhaltungsinteresse des Abgeordneten Rechnung getragen werden kann.[167] Ferner kann die Höhe **fiktiver Einkünfte,** wie sie bei der Bemessung des Unterhalts sowohl auf Seiten des Unterhaltsberechtigten als auch des Unterhaltspflichtigen einzustellen sein können, im Allgemeinen nur im Weg einer Schätzung ermittelt werden (→ § 1 Rn. 793 f.).[168]   751

Auch **Bedarfspositionen** auf Seiten des Unterhaltsberechtigten, einschließlich eines ev. Mehrbedarfs, sind einer Schätzung zugänglich.[169] Im Rahmen der Bedarfsbemessung kann der Tatrichter den nach §§ 1361, 1578 BGB für die Unterhaltsbemessung maßgeblichen ehelichen Lebensverhältnisse oft nur im Weg der Schätzung gemäß § 287 II ZPO ermitteln.[170] Das gilt besonders, wenn der Unterhaltsberechtigte im Ausland lebt und dessen Bedarf den dortigen Verhältnissen anzupassen ist (→ § 9 Rn. 34 ff.).[171]   752

Auch im **Abänderungsverfahren** ist § 287 II ZPO anwendbar, wenn die wesentlichen Grundlagen des abzuändernden Titels und die behaupteten veränderten neuen Verhältnisse sowie deren Auswirkungen auf den Unterhaltsanspruch festgestellt werden müssen.[172]   753

Im Rahmen der **Herabsetzung und Befristung** des nachehelichen Unterhalts nach § 1578b BGB kann das Gericht § 287 II ZPO entsprechend heranziehen und ein ohne die Ehe und Kindererziehung erzielbares Einkommen schätzen, um feststellen zu können, ob der jetzt wieder voll erwerbstätige Unterhaltsberechtigte noch ehebedingte Nachteile hat.[173]   754

2. Zur Schätzung nach § 287 ZPO

Die Schätzung nach § 287 II BGB erfolgt unter Berücksichtigung aller maßgeblichen Umstände nach freier tatrichterlicher Würdigung, wobei auch allgemeine Erfahrungssätze herangezogen werden dürfen. Ergeben sich solche Erfahrungssätze nicht aus generellen Regeln, wie etwa den Leitlinien der Gerichte oder sonstigen Tabellen,[174] ist den Beteiligten zuvor Gelegenheit zur Stellungnahme zu gegeben.[175] Dabei ist je nach den Umständen des Einzelfalls eine großzügige Beurteilung geboten, wenn und soweit es dem Beteiligten nicht zumutbar ist, seine besonderen Mehraufwendungen spezifiziert darzulegen. Diese Voraussetzungen liegen vor allem dann vor, wenn die Art einer Behinderung eine genaue   755

---

[164] BGH FamRZ 2006, 1362 (1368); 2001, 1603 (zum Ausbildungsmehrbedarf); KG NJW 2016, 2345 (zu fiktiven Vermögenserträgen); OLG München FamRZ 1999, 1350 (zum Gebrauchsvorteil privater PKW-Nutzung); OLGR Hamm 1999, 90 (zu Auslandszulagen); OLG Hamm NJWE-FER 1999, 77 (zu Abschreibungen); OLG Hamm FamRZ 1999, 233 (zum Wohnvorteil); OLG Hamm NJWE-FER 1998, 195 (zu geldwerten Versorgungsleistungen).
[165] BGH FamRZ 2006, 108 = R 642a; OLG Hamm NJW-RR 2005, 515 (zu einem PKW-Kredit).
[166] OLG München BeckRS 2009, 19740 Rn. 11.
[167] BGH FamRZ 1986, 780.
[168] BGH FamRZ 1986, 885; 1984, 662.
[169] BGH FamRZ 2001, 1603 (zum Ausbildungsmehrbedarf); OLG Köln ZFE 2008, 393 Rn. 5; OLG Hamm FamRZ 2006, 124; OLGR Schleswig 1998, 81 und OLG Karlsruhe FamRZ 1998, 1435 (zu krankheitsbedingtem Mehrbedarf); OLG Hamm NJW 2005, 369 (zum Sonderbedarf einer Heimbewohnerin).
[170] BGH FamRZ 1988, 256.
[171] OLG München FamRZ 1998, 857.
[172] BGH FamRZ 1983, 260; 1979, 694 (696).
[173] BGH FamRZ 2010, 2059 = R 720c.
[174] KGR 2008, 860 Rn. 31, 43.
[175] BGH FamRZ 2006, 1362 (1368) (zur Sachkunde und zur Stellungnahmemöglichkeit); 1984, 662; 1984, 149 (151); 1984, 151 (153); 1983, 456; 1983, 886; 1982, 255 (257); 1981, 338.

756 Bei der Schätzung eines behinderungsbedingten Mehraufwands im Rahmen der Berücksichtigung einer Grundrente hat der Tatrichter auch zu erwägen, ob und inwieweit neben der Anerkennung eines konkreten Mehraufwands auch der ideelle Zweck einer gezahlten Rente zu berücksichtigen ist und zu einer Verringerung des unterhaltsrechtlich relevanten Einkommens führt (→ § 1 Rn. 652 ff., 726 ff.).[177]

757 Mit der Möglichkeit der Schätzung nach § 287 II ZPO kann der Tatrichter insbesondere unübersichtlichen und zugleich wirtschaftlich wenig ergiebigen Unterhaltsstreitigkeiten begegnen und im Einzelfall die Darlegungs- und Beweisregeln in einer auch dem wirtschaftlichen Gewicht des jeweiligen Rechtsstreits angemessenen Weise handhaben.[178] Dabei sind jedoch die engen Grenzen des Beweisrechts zu beachten. Hat etwa eine Bedienung unter Beweis gestellt, dass sie nur 30–40 EUR im Monat als Trinkgeld erhält, darf das Gericht nicht ohne Erhebung des Gegenbeweises pro Arbeitstag 5 EUR, also 110 EUR im Monat nach § 287 II ZPO schätzen.[179] Voraussetzung für eine Einkommensschätzung nach § 287 II ZPO ist also stets, dass die weitere Aufklärung konkret aufgetretener Zweifel unverhältnismäßig schwierig ist, zu dem Umfang der Unterhaltsforderung in keinem Verhältnis steht und **kein Gegenbeweis übergangen** wird.[180]

3. Zu den Schätzungsvoraussetzungen

758 Voraussetzung für eine Schätzung nach § 287 II ZPO ist, dass bei Streit über die Unterhaltshöhe die vollständige Aufklärung im Vergleich zur Bedeutung der gesamten Forderung oder eines Teils der Unterhaltsforderung unverhältnismäßig schwierig ist. Verfahrensfehlerhaft ist eine Schätzung dann, wenn sie auf falschen oder offenbar unsachlichen Erwägungen beruht oder wenn sie wesentliches tatsächliches Vorbringen außer Acht lässt.[181] Der Richter entscheidet nach Anhörung der Beteiligten nach freier Überzeugung, darf dabei in zentralen Fragen allerdings nicht auf sachverständige Hilfe verzichten, soweit diese nach Sachlage unerlässlich ist. Unter den Voraussetzungen des § 287 II ZPO sind zwar die angebotenen Beweise für die geschätzten Tatsachen nicht zu erheben, wohl aber ein substantiierter Gegenbeweis, der zu einem grundlegend anderen als dem geschätzten Ergebnis kommen würde.[182] Der Richter muss stets das Vorbringen der Beteiligten stets umfassend würdigen und die Ablehnung von angebotenen aber schon nach dem Inhalt des Beweisantrags im Wesentlichen unergiebigen Beweisen begründen,[183] auch um einen unzulässigen Ausforschungsbeweis zu vermeiden.[184] In der Entscheidung müssen die tatsächlichen Grundlagen der Schätzung und deren Auswertung in objektiv nachprüfbarer Weise angegeben werden.[185] Fehlt dem Gericht in einer entscheidungsrelevanten Frage eine eigene Sachkunde, muss ein angebotenes Sachverständigengutachten eingeholt werden.[186]

---

[176] BGH FamRZ 1981, 1165.
[177] BGH FamRZ 1981, 338.
[178] BGH FamRZ 1984, 144.
[179] BGH FamRZ 1991, 182 (184).
[180] BGH FamRZ 1993, 789 (792).
[181] BGH FamRZ 2009, 404 Rn. 14; 2001, 1603.
[182] BGH FamRZ 1991, 182 (184).
[183] Vgl. BGH FamRZ 2014, 1007 Rn. 30 ff.
[184] BGH FamRZ 2012, 288 Rn. 27 ff.
[185] BGH FamRZ 2010, 2059 = R 720c.
[186] BGH FamRZ 2006, 1362 (1368); 1990, 283 (287).

§ 7 Unterhalt zwischen nicht verheirateten Eltern und zwischen Lebenspartnern

1. Abschnitt: Ansprüche der Mutter oder des Vaters eines nichtehelichen Kindes gegen den anderen Elternteil und damit zusammenhängende Ansprüche

I. Allgemeines

1. Historische Entwicklung des § 1615l BGB

Das für nicht miteinander verheiratete Eltern geltende Unterhaltsrecht hat sich in der Vergangenheit in kleinen Schritten entwickelt. Erst mit der ab dem 1.1.2008 in Kraft getretenen Reform des Unterhaltsrechts ist die unterhaltsrechtliche Position des betreuenden Elternteils derjenigen des verheirateten oder geschiedenen Elternteils weitgehend angeglichen worden. 1

In der ursprünglichen Fassung des **Bürgerlichen Gesetzbuches** galten der Vater eines nichtehelichen Kindes und sein Kind als nicht verwandt. Die Mutter des Kindes hatte gegen den Vater keinen Unterhaltsanspruch, sondern einen von seiner Leistungsfähigkeit und ihrer eigenen Bedürftigkeit losgelösten Entschädigungsanspruch eigener Art.[1] Neben einem Anspruch auf Ersatz der Kosten der Entbindung und weiterer durch Schwangerschaft oder Entbindung verursachter Aufwendungen hatte die Mutter gegen den Vater lediglich Anspruch auf Erstattung der Kosten ihres Unterhalts für die ersten 6 Wochen nach der Entbindung. 2

Das **Nichtehelichengesetz** gewährte der Mutter vom 1.7.1970 an einen Basisunterhalt von 6 Wochen vor und 8 Wochen nach der Entbindung. Damit wurde eine Harmonisierung mit der arbeits- und sozialrechtlichen Zeit für den Mutterschutz (§§ 3, 6 MuSchG, § 200 RVO, § 13 MuSchG) hergestellt. Darüber hinaus gewährte der neu geschaffene § 1615l II BGB der Mutter erstmals einen Betreuungsunterhaltsanspruch für einen Zeitraum von 4 Monaten bis zu einem Jahr nach der Entbindung. Voraussetzung war jedoch, dass die nicht verheiratete Mutter wegen einer schwangerschafts- oder entbindungsbedingten Erkrankung nicht erwerbstätig sein konnte oder dass der erwerbspflichtigen Mutter keine Fremdbetreuung für das Kind zur Verfügung stand.[2] 3

Die Ansprüche wurden danach ausgeweitet und die Anspruchsvoraussetzungen erleichtert. So wurde die in § 1615l II 3 aF BGB bestimmte Unterhaltsbefristung auf die Zeit von einem Jahr ab Entbindung durch das **Schwangeren- und Familienhilfeänderungsgesetz** vom 21.8.1995[3] mit Wirkung vom 1.10.1995 auf 3 Jahre ab Entbindung verlängert. Grund für die Verbesserung der Anspruchslage, die in dem Verzicht auf das Kausalitätserfordernis bestand, war die Absicht des Gesetzgebers, der nicht verheirateten Mutter die Entscheidung für eine Austragung des Kindes zu erleichtern. Die Ausdehnung des Anspruchszeitraumes auf 3 Jahre stand im Zusammenhang mit der Schaffung des sozialrechtlichen Anspruchs (§ 24 I SGB VIII) auf einen Kindergartenplatz für Kinder, die das 3. Lebensjahr vollendet hatten. 4

Das **Kindschaftsrechtsreformgesetz** vom 16.12.1997[4] hat § 1615l BGB mit Wirkung vom 1.7.1998 dahin abgeändert, dass sich die Unterhaltspflicht über die 3-Jahres- 5

---

[1] Vgl. § 1715 II und § 1589 BGB idF bis zum 30.6.1970; zur Rechtsentwicklung Klinkhammer FamRZ 2007, 1205 (1209); Menne FamRZ 2007, 173 (174).
[2] Hahne FamRZ 1990, 928 (930).
[3] BGBl. I S. 1050.
[4] BGBl. I S. 2942.

§ 7 Unterhalt zwischen nicht verheirateten Eltern und zwischen Lebenspartnern

frist hinaus verlängerte, „sofern es … grob unbillig wäre, einen Unterhaltsanspruch nach Ablauf dieser Frist zu versagen".[5] Darüber hinaus führte das Kindschaftsrechtsreformgesetz mit der Regelung in § 1615l IV BGB auch einen Anspruch des nichtehelichen Vaters auf Betreuungsunterhalt gegen die Mutter (§ 1615l II 2 BGB) ein, falls er das Kind betreut.

6   Aufgrund des **Kindesunterhaltsgesetzes** vom 6.4.1998[6] wird der Anspruch der Mutter auf Erstattung von Schwangerschafts- und Entbindungskosten (früher § 1615k BGB) nicht mehr durch eine eigene Vorschrift geregelt, sondern bei gleichzeitigem Wegfall seiner Subsidiarität im Wege einer Ergänzung des § 1615l I BGB durch einen Satz 2 als Unterfall des Unterhaltsanspruchs der Mutter behandelt, so dass er nach dem Willen des Gesetzgebers[7] nunmehr auch den Voraussetzungen der Bedürftigkeit und Leistungsfähigkeit unterliegt.

7   Durch seine Entscheidung vom 28.2.2007[8] hat das **Bundesverfassungsgericht** die Verfassungswidrigkeit der Ungleichbehandlung von nichtehelichen und ehelichen Müttern durch die bisherige Gesetzesfassung festgestellt und dem Gesetzgeber aufgegeben, bis zum 31.12.2008 eine verfassungskonforme Regelung zu schaffen. Die frühere Fassung des § 1615l BGB verstieß gegen das in Art. 6 V GG enthaltene Verbot einer Schlechterstellung nichtehelicher Kinder gegenüber ehelichen Kindern, weil bei ehelichen Kindern entsprechend dem früheren Altersphasenmodell eine erheblich längere persönliche Betreuung für gerechtfertigt gehalten wurde als bei nichtehelichen Kindern. Denn sowohl die Unterhaltspflichten aus § 1570 BGB als auch aus § 1615l BGB bestehen nur im Interesse des Kindes, damit dieses persönlich von einem Elternteil betreut werden kann.

8   Im Rahmen der Unterhaltsrechtsreform ist § 1615l II 3 BGB zum 1.1.2008 deshalb geändert worden. Die Neufassung nach Maßgabe des **Gesetzes zur Änderung des Unterhaltsrechts** vom 21.12.2007[9] bezweckt die Gleichbehandlung der Betreuungsunterhaltsansprüche geschiedener bzw. getrennt lebender Eltern einerseits und nicht verheirateter Eltern andererseits im Hinblick auf den Unterhaltszeitraum. Wie der ehelichen Mutter nach § 1570 I 1 BGB wird auch der nichtehelichen Mutter nach § 1615l II 3 BGB für die ersten drei Lebensjahre freigestellt, sich auf die Kindesbetreuung zu beschränken. Es wird ihr während dieser Zeit keine Erwerbstätigkeit zugemutet.[10] Die Fassung des § 1615l II 4 u. 5 BGB erlaubt nunmehr auch die Ausdehnung der Unterhaltspflicht über die Mindestfrist von 3 Jahren ab Geburt (§ 1615l III 3 BGB) hinaus, weil es nur noch darauf ankommt, ob des – wie auch beim nachehelichen Betreuungsunterhalt (§ 1570 I 2 u. 3 BGB) – insbesondere nach den Belangen des Kindes und den Möglichkeiten der Kindesbetreuung der Billigkeit entspricht.

9   Eine weitere Verbesserung der unterhaltsrechtlichen Position der betreuenden Elternteile durch die Reform betrifft die **Rangänderung**. Während die Unterhaltsansprüche nach § 1615l BGB bis zum 31.12.2007 den Unterhaltsansprüchen von Ehepartnern und minderjährigen Kindern nachgingen (§ 1615l III 3 BGB), stehen nunmehr die Unterhaltsansprüche aller Elternteile, gleich, ob verheiratet oder nicht, die wegen der Betreuung eines Kindes unterhaltsberechtigt sind, im zweiten Rang nach den Ansprüchen der minderjährigen Kinder (§ 1609 Satz 2 BGB). Vorrangig sind der laufende Unterhalt der minderjährigen Kinder und ein ggf. nach einem Obhutswechsel entstandener familienrechtlicher Ausgleichsanspruch.[11]

---

[5] Zur Entstehungsgeschichte des Gesetzes vgl. Büdenbender FamRZ 1998, 129; kritisch zur immer weiteren Ausdehnung der Ansprüche: Dieckmann FamRZ 1999, 1029 (1034); a. A. mit Plädoyer für eine Gleichstellung ehelicher und nicht ehelicher Eltern vgl. Anm. Bömelburg FF 2005, 104 zu BGH FamRZ 2005, 354 = R 624.
[6] BGBl. I S. 666.
[7] BT-Drs. 13/7338, 32.
[8] BVerfG FamRZ 2007, 965 mAnm Born; vgl. auch Hauß FamRB 2007, 211 (214); Viefhues ZFE 2007, 244.
[9] BGBl. I S. 3189.
[10] BT-Drs. 16/6980, 22.
[11] Vgl. OLG Hamburg BeckRS 2018, 30089.

2. Bedeutung des § 1615l BGB

Die Ansprüche der Mutter eines nichtehelichen Kindes gegen dessen Vater stellen einerseits einen Ausgleich dar für die besonderen physischen und psychischen Belastungen der Mutter durch die nichteheliche Schwangerschaft, insbesondere in der kritischen Phase vor und nach der Entbindung,[12] andererseits sollen sie durch die Sicherung einer notwendigen persönlichen Betreuung helfen, die gedeihliche Entwicklung des Kindes zu fördern.[13] Obwohl die Betreuungsunterhaltsansprüche des § 1615l II 2 BGB nach § 1615l IV 1 BGB auch für den erziehenden nicht verheirateten Vater gelten, profitieren derzeit mehrheitlich die Mütter von der Stärkung der unterhaltsrechtlichen Position, weil sie (noch) überwiegend die Kindererziehung übernehmen. Insbesondere nach der weitgehenden Angleichung des § 1615l II 2 BGB an § 1570 BGB seit dem 1.1.2008 und der aufgrund des gesellschaftlichen Wandels zunehmenden Anzahl der Kinder, die aus nichtehelichen Verbindungen stammen, hat der Anspruch auf Betreuungsunterhalt ein größeres Gewicht bekommen.

10

II. Die einzelnen Unterhaltstatbestände des § 1615l BGB

1. Überblick

In seiner aktuellen Fassung enthält § 1615l BGB vier verschiedene Unterhaltsansprüche. Von diesen können der für die Zeit von 6 Wochen vor bis 8 Wochen nach der Geburt des Kindes in § 1615l I 1 BGB geregelte „Mutterschutzunterhalt",[14] der Anspruch auf Ersatz der Schwangerschafts- und Entbindungskosten nach § 1615l I 2 BGB und der Anspruch auf erweiterten Unterhalt wegen Schwangerschaft oder Krankheit gemäß § 1615l II 1 BGB nur der Mutter zustehen, weil sie an deren besondere biologisch bedingte Situation anknüpfen.[15] Die Ansprüche auf Mutterschutzunterhalt nach § 1615l I 1 BGB und auf Erstattung von Schwangerschafts- und Entbindungskosten nach § 1615l I 2 BGB spielen in der Praxis nur eine geringe Rolle, weil die Bedürftigkeit der Mutter vielfach wegen Lohnfortzahlung, Mutterschaftsgeld und Krankenversicherungsleistungen nach §§ 179, 195 ff. RVO entfällt.

11

Anders ist dies hinsichtlich des Betreuungsunterhaltsanspruchs aus § 1615l II 2 bis 5 BGB, der nach § 1615l IV BGB auch einem nicht verheirateten Vater eines Kindes zustehen kann. Dieser Anspruch wird dem betreuenden Elternteil gewährt, weil ein Kind aus einer nichtehelichen Verbindung den gleichen Bedarf auf persönliche Betreuung durch die Mutter oder den Vater hat wie ein eheliches Kind.

12

Die auf Unterhaltsleistung gerichteten Ansprüche aus § 1615l I und II 1, 2, IV BGB sind echte Unterhaltsansprüche, auf welche durch die Verweisung in § 1615l I 3 BGB die Vorschriften des Verwandtenunterhalts entsprechend anzuwenden sind und die gemäß § 94 SGB XII auf den Träger der Sozialhilfe übergehen können. Bei den Kosten der Schwangerschaft und der Entbindung iSd § 1615l I 2 BGB handelt es sich unterhaltsrechtlich um Sonderbedarf. Die Ansprüche nach § 1615l I 2 BGB sind nach dem Willen des Gesetzgebers wegen des systematischen Kontextes zum Anspruch auf den Unterhalt ebenfalls unterhaltsrechtlich zu qualifizieren.[16] Alle vier Ansprüche aus § 1615l BGB setzen voraus, dass die Eltern des Kindes zum Zeitpunkt seiner Geburt nicht oder nicht mehr miteinander verheiratet sind.[17] Als zusätzliche Tatbestandsvoraussetzungen werden die Bedürftigkeit der Berechtigten (§ 1602 I BGB) und die Leistungsfähigkeit des Verpflichteten (§ 1603 I BGB) verlangt. Näheres hierzu → Rn. 91 ff.

13

---

[12] BGH FamRZ 1998, 541 (542) = R 520.
[13] Vgl. Brüggemann FamRZ 1971, 140 f.
[14] Zur Begrifflichkeit vgl. Büttner FamRZ 2000, 781 (782); NK-BGB/Schilling § 1615l Rn. 6.
[15] MAH FamR/Wever/Hoffmann § 10 Rn. 8.
[16] BT-Drs. 13/7338, 32.
[17] BGH FamRZ 1998, 426.

2. Der Mutterschutzunterhalt gemäß § 1615l I 1 BGB

14 Der Anspruch der Mutter gegen den Vater auf Zahlung von Unterhalt gemäß § 1615l I 1 BGB (Mutterschutzunterhalt) besteht für den Zeitraum von 6 Wochen vor und 8 Wochen nach der Entbindung. In dem gleichen Zeitraum unterliegt die Mutter nach §§ 3, 6 MuSchG einem Beschäftigungsverbot. Der Beginn der Sechswochenfrist vor der Geburt wird durch den ärztlich berechneten voraussichtlichen Entbindungstermin bestimmt. Dagegen ist die Achtwochenfrist nach der Geburt vom tatsächlichen Entbindungstermin an zu berechnen. Bei einer von dem errechneten Geburtstermin abweichenden früheren oder späteren Geburt verlängert oder verkürzt sich die Dauer des Unterhaltsanspruchs entsprechend.[18]

15 Voraussetzung für den Anspruch ist die Leistungsfähigkeit des Vaters und die Bedürftigkeit der Mutter. In den überwiegenden Fällen wird der Bedarf der Mutter während dieser Zeit jedoch meist durch Mutterschaftsgeld nach §§ 13 MuSchG, 200 RVO[19] oder Lohnfortzahlung (§§ 11 ff. MuSchG bzw. entsprechende besoldungsrechtliche Vorschriften) ganz oder teilweise gedeckt sein. Bedeutsam werden kann der Unterhaltsanspruch aus § 1615l 1 BGB in den Fällen, in denen die Mutter nicht erwerbstätig war oder nicht der Sozialversicherungspflicht unterlag und sie ihren Bedarf, der sich nach ihrer Lebensstellung vor der Geburt des Kindes richtet[20] (§ 1610 I BGB), nicht aus eigenem Vermögen decken kann. Da die Mutter in der kritischen Phase vor und nach der Entbindung auch im Interesse des Kindes von jeder Erwerbstätigkeit freigestellt und wirtschaftlich abgesichert werden soll,[21] ist ein von ihr aus einer selbständigen Tätigkeit erzieltes Einkommen regelmäßig als überobligatorisch anzusehen.

16 § 1615l I 1 BGB verlangt weder vom Wortlaut noch nach seiner Zielsetzung eine kausale Verknüpfung zwischen der Schwangerschaft oder der Geburt des Kindes und der Bedürftigkeit der Mutter. Es ist unerheblich, ob die Mutter auch schon vorher nicht erwerbstätig sein konnte.[22] Der Anspruch besteht vielmehr auch dann, wenn die Mutter bereits aus anderen Gründen, etwa wegen Krankheit, der Betreuung eines anderen Kindes oder mangels einer Beschäftigungsmöglichkeit auf dem Arbeitsmarkt, ihren Bedarf nicht durch eigene Erwerbstätigkeit decken kann, wenn also die Bedürftigkeit nicht erst durch die Schwangerschaft, Entbindung und Versorgung des Neugeborenen eingetreten ist.[23] Der Anspruch steht der Mutter auch dann zu, wenn sie ihr Kind nicht persönlich betreut, sondern es gleich nach der Geburt in Adoptionspflege zu den künftigen Adoptiveltern gibt.[24]

3. Der Unterhalt wegen Schwangerschaft oder Krankheit gemäß § 1615l II 1 BGB

17 Die Mutter kann über die Zeit des Mutterschutzes[25] hinaus von dem leistungsfähigen Vater gemäß § 1615l II 1 BGB Unterhalt verlangen, wenn und soweit sie ihren Bedarf nicht selbst decken kann, weil sie infolge der **Schwangerschaft** oder einer durch die Schwangerschaft oder die Entbindung verursachten **Krankheit** zu einer Erwerbstätigkeit nicht in der Lage ist. Der Anspruch auf den sog **erweiterten Unterhalt** umfasst die Zeit vom Beginn der Krankheit, frühestens von 4 Monaten vor der Entbindung bis zumindest 3 Jahren nach der Geburt (§ 1615l II 3 BGB) bzw. einem früheren Ende der Krankheit. Wenn die schwangere Frau wegen einer Risikoschwangerschaft bereits mehr als 4 Monate vor dem errechneten Geburtstermin ihre berufliche Tätigkeit beenden musste, hat sie keinen Unterhaltsanspruch nach dieser Vorschrift. Ob auch der Zeitraum von 6 Wochen

---

[18] MAH FamR/Wever/Hoffmann § 10 Rn. 13.
[19] Vgl. BGH FamRZ 2005, 442 (445) = R 625c.
[20] Hierzu siehe unter III 1 = Rn. 91 ff.
[21] BGH FamRZ 1998, 541 (542) = R 520.
[22] OLG Hamm FamRZ 1991, 979.
[23] BGH FamRZ 1998, 541 (542) = R 520.
[24] OLG Hamm FamRZ 1991, 979.
[25] Vgl. Büdenbender FamRZ 1998, 129 (133).

1. Abschnitt: Ansprüche der Mutter oder des Vaters eines nichtehelichen Kindes § 7

vor bis 8 Wochen nach der Geburt, für den bereits § 1615l I 1 BGB einen Unterhaltsanspruch gewährt, von dem Krankheitsunterhaltsanspruch erfasst ist, wird unter Berufung auf den Gesetzeswortlaut uneinheitlich beurteilt.[26] Die Entscheidung darüber, welcher Auffassung zu folgen ist, kann dahinstehen, weil dieser Unterhaltsanspruch ohnehin nur eine geringe praktische Bedeutung hat. In den weit überwiegenden Fällen entfällt die unterhaltsrechtlich notwendige Bedürftigkeit der erkrankten Mutter schon deshalb, weil letzterer ein Anspruch auf Leistungen aus einer Krankenversicherung oder auf staatliche Beihilfen zusteht.

Der Unterhaltsanspruch nach § 1615l II 1 BGB setzt voraus, dass die **Schwangerschaft** 18 oder eine durch die Schwangerschaft oder Entbindung bedingte **Krankheit** für die entfallende oder eingeschränkte Erwerbstätigkeit der Mutter zumindest **mitursächlich** ist. Kein Anspruch besteht nach dieser Bestimmung, wenn die Mutter aus anderen Gründen keiner Erwerbstätigkeit nachgeht, zB weil sie an einer Behinderung leidet oder wegen einer mit der Schwangerschaft oder Entbindung nicht in Zusammenhang stehenden Erkrankung leidet, die unverändert fortwirkt. Gleiches gilt, wenn sie schon vor Beginn der Schwangerschaft arbeitslos war oder wegen der Betreuung anderer Kinder bereits an einer Erwerbstätigkeit gehindert ist. Denn die Unterhaltsverpflichtung des Vaters geht nur so weit, wie die Bedürftigkeit der Mutter von ihm mit verursacht worden ist.[27] Ob ein Unterhaltsanspruch nach dieser Vorschrift besteht, wenn eine Schwangere wegen des Bestehens der Schwangerschaft eine Schul- bzw. Berufsausbildung abgebrochen hat und wegen des fehlenden Berufsabschlusses nach der Geburt des Kindes nicht erwerbstätig sein kann, ist umstritten.[28]

Eine Verlängerung des Anspruchs auf Unterhalt wegen Krankheit über die 3 Jahre hinaus 19 kommt nach § 1615l II 4 BGB in Betracht, wenn und soweit dies der Billigkeit entspricht, zB bei einer dauerhaften Erkrankung der Mutter aufgrund einer Komplikation bei der Geburt des Kindes.[29]

4. Der Unterhalt wegen Kindesbetreuung gemäß § 1615l II 2 bis 5 BGB

a) Betreuungsunterhalt bis zum 3. Lebensjahr des Kindes (zum nachehelichen 20 Betreuungsunterhalt → § 4 Rn. 157 ff.). Gemäß § 1615l II 2 BGB hat die Mutter eines nichtehelichen Kindes gegen den Vater einen Unterhaltsanspruch, soweit von ihr wegen der Pflege und Erziehung des Kindes eine Erwerbstätigkeit nicht erwartet werden kann. Dieser Anspruch betrifft die Fälle, in denen eine Mutter nicht aus gesundheitlichen Gründen, sondern wegen der Notwendigkeit der Betreuung des Kindes nicht erwerbstätig sein kann. Es handelt sich auch hier um einen sog **erweiterten Unterhalt,** weil er auch den über die Mutterschutzfrist hinausgehenden Zeitraum erfasst. Die Unterhaltspflicht es anderen Elternteils beginnt nach § 1615l II 3 BGB frühestens 4 Monate vor der Geburt und besteht für mindestens 3 Jahre nach der Geburt.

Nach der **bis zum 31.12.2007** geltenden Gesetzesfassung konnte sich die ein nicht- 21 eheliches Kind betreuende Mutter ebenso wie eine geschiedene Mutter, die ein eheliches Kind betreute, in der Regel frei entscheiden, ob sie während der ersten 3 Lebensjahre des Kindes im Interesse einer persönlichen Betreuung auf eine Erwerbstätigkeit verzichtete.[30] Dabei kam es anders als nach dem bis zum 30.9.1995 geltenden Recht nicht mehr darauf an, ob der Mutter eine Betreuungsmöglichkeit für das Kind zur Verfügung stand oder nicht. Nur in seltenen Ausnahmefällen (zB wenn die Mutter selbst nicht in der Lage war, dem Säugling ein solches Maß an Zuwendung und Versorgung zukommen zu lassen, wie es einem Dritten möglich gewesen wäre[31]), für deren Vorliegen die Unterhaltspflichtige die

---

[26] Vgl. MAH FamR/Wever/Hoffmann § 10 Rn. 15, 41 mwN; a. A. Büdenbender FamRZ 1998, 129 (133).
[27] BGH FamRZ 1998, 541 (543) = R 520; OLG Koblenz NJW-RR 2000, 1531.
[28] Verneinend Büttner FamRZ 2000, 781 (782); bejahend Palandt/Brudermüller § 1615l Rn. 8.
[29] Derleder DEuFamR 1999, 84 (87 Schilling FPR 2008, 29 (30); a. A. Palandt/Brudermüller § 1615l Rn. 8, der eine Geltung des 1615l II 2 bis 5 BGB für § 1615l II 1 BGB verneint.
[30] BGH FamRZ 2005, 442 (443).
[31] LG Karlsruhe FamRZ 1989, 316.

Darlegungs- und Beweislast trug, konnte der Mutter angesonnen werden, auf eine persönliche Betreuung des Kindes zu verzichten und ganz oder teilweise erwerbstätig zu sein.[32]

22 Nach der am **1.1.2008 in Kraft getretenen Neufassung des § 1615l BGB** ist nunmehr von Gesetzes wegen klargestellt, dass es der Mutter oder dem Vater, wenn er das Kind seit der Geburt betreut (→ Rn. 78) für die ersten drei Lebensjahre vollständig freigestellt ist, sich ohne Erwerbstätigkeit auf die Kindesbetreuung zu beschränken. Zwar unterscheidet sich der Wortlaut der § 1615l II 2 BGB („soweit von der Mutter wegen der Pflege oder Erziehung des Kindes eine Erwerbstätigkeit **nicht erwartet** werden kann.") von dem Wortlaut des § 1570 BGB („Ein geschiedener Ehegatte **kann** von dem anderen wegen der Pflege oder Erziehung eines gemeinschaftlichen Kindes für mindestens 3 Jahre nach der Geburt Unterhalt **verlangen**."). Aus der Begründung des Gesetzgebers[33] ergibt sich jedoch eindeutig, dass dem nicht verheirateten Elternteil nach § 1615l II 3 BGB ebenso wie dem geschiedenen Elternteil nach § 1570 I 1 BGB während der ersten 3 Lebensjahre des Kindes ausnahmslos keine Erwerbstätigkeit zugemutet wird.[34] Dieser Unterhalt wird auch als **zeitlich befristeter Basisunterhalt bezeichnet**.[35] Die betreuende Mutter oder der betreuende Vater können sich also auch dann, wenn eine Versorgung durch Dritte möglich wäre, frei dafür entscheiden, das Kind selbst zu betreuen. Mit der Dreijahresfrist, die mit dem Kindeswohl als vereinbar angesehen wird,[36] wird an zahlreiche sozialstaatliche Leistungen und Regelungen angeknüpft, insbesondere an den Anspruch des Kindes auf einen Kindergartenplatz (§ 24 I SGB VIII).

23 Auch nach der Neufassung des § 1615l BGB ist es ebenso wie nach früherem Recht (1.10.1995 bis 31.12.2007) **nicht erforderlich**, dass die **Betreuung** des Kindes **kausal** für die **fehlende Erwerbstätigkeit** ist.[37] Dem betreuenden Elternteil steht der Unterhaltsanspruch auch dann zu, wenn er aus anderen Gründen ohnehin nicht erwerbstätig sein kann, etwa weil er noch Kinder aus einer früheren Ehe oder ein danach geborenes Kind[38] betreut oder weil er bereits vor der Geburt des Kindes keinen Arbeitsplatz hatte.[39] Gleiches gilt, wenn er noch zur Schule geht oder studiert[40] oder neben der Betreuung eine Ausbildung neu aufnimmt oder fortsetzt.[41]

Die vom Gesetzgeber im Rahmen seiner Einschätzungskompetenz liegende Grundentscheidung für die Gewährung eines Basisunterhalts gilt nicht nur im Verhältnis des betreuenden unterhaltsberechtigten Elternteils zum unterhaltsverpflichteten Elternteil (§ 1615l BGB bzw. § 1570 BGB), sondern strahlt auch auf das Unterhaltsrechtsverhältnis zwischen dem Unterhaltsberechtigten und seinen unterhaltspflichtigen Eltern aus. Das kann bedeutsam werden bei der Entscheidung über einen im Wege der Ersatzhaftung zum Tragen kommenden Unterhaltsanspruch der Mutter wegen Kindesbetreuung gegenüber ihren eigenen Eltern nach §§ 1615l III 1, 1607 I 1 BGB und bei der Frage, ob der Mutter wegen der durch Kinderbetreuung verzögerten Aufnahme ihrer Ausbildung weiterhin ein an sich ohnehin geschuldeter, nunmehr lediglich zeitlich versetzter Anspruch auf Ausbildungsunterhalt zusteht.[42]

24 Eine bisher von dem betreuenden Elternteil ausgeübte Erwerbstätigkeit kann dieser jederzeit wieder aufgeben und sich voll der Erziehung und Betreuung des Kindes wid-

---

[32] KG NJW-RR 2000, 809 (810).
[33] BT-Drs. 16/6980, 8.
[34] BT-Drs. 16/6980, 22.
[35] BGH FamRZ 2011, 1560 Rn. 20; 2010, 444; 2009, 1391 (1393) = R 706.
[36] BT-Drs. 16/6980, 8; BVerfG FamRZ 2007, 965 (972); Puls FamRZ 1998, 865 (870).
[37] BGH FamRZ 2005, 347 (348); 1998, 541 (543); OLG Brandenburg FamRZ 2010, 1915; KG NJW-RR 2000, 809 (810); OLG Zweibrücken FuR 2000, 286 (287); OLG Hamm FamRZ 1997, 632 (633).
[38] OLG Zweibrücken FuR 2000, 286.
[39] OLG Brandenburg BeckRS 2012, 24758; OLG Frankfurt BeckRS 2012, 12854; KG NJW-RR 2000, 809 (810); Wever FamRZ 2002, 581 (582).
[40] OLG Frankfurt a. M. FamRZ 2000, 1522; OLG Hamm FF 2000, 137.
[41] OLG Hamm FamRZ 2011, 1600.
[42] BGH FamRZ 2011, 1560; OLG Köln FamRZ 2014, 136; OLG Koblenz FamRZ 2004, 1892.

men.⁴³ Dies gilt auch dann, wenn das Kind schon zuvor **durch Dritte (also zB in einer Kita) betreut worden ist** und diese Art der Betreuung sich faktisch fortsetzen ließe. Entscheidet er sich für die Fortsetzung der Erwerbstätigkeit und lässt das Kind auf andere Weise betreuen, ist ein während der ersten 3 Lebensjahre des Kindes erzieltes Einkommen überobligatorisch. Die von dem betreuenden Elternteil erzielten eigenen Einkünfte sind nach den Umständen des Einzelfalles bei einer Unterhaltsberechnung anteilig zu berücksichtigen.⁴⁴ Bei wechselseitiger Betreuung zu gleichen Teilen (sog **echtes Wechselmodell**) haben beide Elternteile einen Anspruch aus § 1615l BGB gegen den anderen. In solchen Fällen wird eine Verrechnung der gegenseitigen Unterhaltsansprüche in Betracht kommen.⁴⁵

b) Die Verlängerung des Unterhaltsanspruchs über die Dreijahresfrist hinaus. 25 aa) Allgemeine Grundsätze. Nach § 1615l II 4 BGB verlängert sich der Unterhaltsanspruch des betreuenden Elternteils, solange und soweit dies der Billigkeit entspricht (sog **Billigkeitsbetreuungsunterhalt**⁴⁶). Bei der zeitlichen Erweiterung des Unterhaltsanspruchs handelt es sich nach der Neuregelung ebenso wie nach dem bis zum 31.12.2007 geltenden Recht um eine **Ausnahmeregelung** im Sinne einer positiven Härteklausel, für deren Voraussetzungen die oder der Berechtigte **darlegungs- und beweispflichtig** ist.⁴⁷ Die Verlängerung des Unterhaltsanspruchs über 3 Jahre hinaus kam früher nur in Betracht, wenn es insbesondere unter Berücksichtigung der Belange des Kindes grob unbillig war, einen Unterhaltsanspruch nach Ablauf dieser Frist zu versagen. Die Rechtsprechung zum früheren § 1615l BGB hatte das Merkmal der groben Unbilligkeit durchweg weit ausgelegt, um den verfassungsrechtlichen Wertentscheidungen zur Sicherung des Kindeswohls Rechnung zu tragen und eine Schlechterstellung des nichtehelichen Kindes in Bezug auf seine Betreuungssituationen zu vermeiden.⁴⁸

Mit der Neufassung von § 1570 I und des § 1615l II 3 u. 4 BGB hat der Gesetzgeber 26 die Vorgaben aus dem Beschluss des Bundesverfassungsgerichts⁴⁹ vom 28.2.2007 umgesetzt. Dieses hatte die unterschiedliche zeitliche Ausgestaltung des Betreuungsunterhalts in § 1615l BGB und § 1570 BGB in den bis zum 31.12.2007 geltenden Fassungen für nicht vereinbar mit dem Grundgesetz erklärt und eine Gleichstellung der Unterhaltstatbestände hinsichtlich der Dauer der Kinderbetreuung aus Gründen des Kindeswohls im Hinblick auf Art. 6 V GG für notwendig erachtet. Der Gesetzgeber hat nunmehr die Dauer und die Voraussetzungen des **Betreuungsunterhalts für eheliche und nichteheliche Kinder** grundsätzlich gleich geregelt, soweit sich der Unterhaltsanspruch aus dem Betreuungsinteresse des Kindes rechtfertigt. Durch die Unterhaltsrechtsreform ist die Billigkeitsschwelle durch die Streichung des Wortes „grob" abgesenkt worden. Es reicht nun eine einfache Unbilligkeit.⁵⁰ Dies betrifft nicht nur die Mindestunterhaltszeit für die ersten 3 Jahre nach Geburt des Kindes (→ Rn. 20) sondern auch die darüber hinaus mögliche Verlängerung der Unterhaltszeit nach Billigkeit. Die Verlängerungsvoraussetzungen sind in § 1570 I 2 u. 3 bzw. § 1615l II 4 u. 5 BGB demgemäß übereinstimmend formuliert. Für die Frage, ob aus Billigkeitsgründen eine Verlängerung des Betreuungsunterhalts für eheliche Kinder (§ 1570 I 2 u. 3 BGB) bzw. eine Verlängerung des Betreuungsunterhalts für nichteheliche Kinder (§ 1615l II 4. u. 5 BGB) erfolgen kann, sind, soweit Unterhalt wegen der Betreuung des Kindes verlangt wird, damit dieselben Kriterien zugrunde zu legen.

---

[43] BGH FamRZ 2011, 791 Rn. 19 zu § 1570 BGB; 2011, 97; 2010, 357 (362) = R 709; 2009, 1391 (1393) = R 706 zu § 1570 BGB; Schilling FPR 2008, 27 (28); Wever FamRZ 2008, 553 (554).
[44] BGH FamRZ 2009, 1391 (1393) = R 706; 2009, 1124 (1126) Rn. 25; 2009, 770 (772) Rn. 20 f. m. w.N. = R 704; 2005, 1154 (1156 f.).
[45] Vgl. Schilling FPR 2006, 291 (294 f.) mit Berechnungsbeispiel.
[46] Hauß FamRB 2007, 367 (368) zu § 1570 BGB.
[47] Zur Darlegungs- und Beweislast im Einzelnen → Rn. 244 ff.; Büttner FamRZ 2000, 781 (783) zur Gesetzesfassung nach dem Kindschaftsrechtsreformgesetz 1997.
[48] BGH FamRZ 2006, 1362 (1364); OLG Schleswig FamRZ 2004, 975 (976); OLG Celle FamRZ 2002, 636.
[49] BVerfG FamRZ 2007, 965 ff.
[50] Kemper ZFE 2008, 126 (127).

27 Die Frage, welche **Kriterien für die Billigkeitsprüfung** heranzuziehen sind, lässt sich anhand des Gesetzestextes beantworten. Dabei sind nach § 1615l II 5 BGB insbesondere die Belange des Kindes und die bestehenden Möglichkeiten der Kinderbetreuung zu berücksichtigen.

28 Schrifttum und Rechtsprechung hatten bei der nach früherem Recht im Rahmen des § 1615l BGB anzustellenden Prüfung, ob eine grobe Unbilligkeit nach § 1615l II 3 aF vorlag, zwischen stärker zu gewichtenden **kindbezogenen Gründen** und schwächer zu gewichtenden **elternbezogenen Gründen** unterschieden.[51] Bei den Beratungen zu §§ 1570 I 2 u. 3 bzw. 1615l II 4 u. 5 BGB in der jetzigen Fassung hat sich der Gesetzgeber für den Verlängerungsmaßstab diese Unterscheidung zu eigen gemacht und bei § 1570 I 2 u. 3 BGB in erster Linie[52] bzw. bei § 1615l II 4 u. 5 BGB insbesondere[53] auf kindesbezogene Gründe abgestellt. Beim nichtehelichen Kind geht es hierbei im Wesentlichen darum, ihm Lebensverhältnisse zu sichern, die seine Entwicklung fördern und dem Gleichstellungsauftrag aus Art. 6 V GG Rechnung tragen.[54] **Wie beim ehelichen Kind** sind die Belange des nichtehelichen Kindes immer berührt, wenn das Kind in besonderem Maße betreuungsbedürftig ist.[55] Darüber hinaus wird durch das Wort „insbesondere" in § 1615l II 5 BGB klargestellt, dass im Einzelfall **auch andere namentlich elternbezogene** Gründe berücksichtigt werden können.[56] Die Differenzierung der Rechtspraxis nach kind- und elternbezogenen Umständen kann deswegen fortgeführt und unter Beachtung der Entscheidung des Bundesverfassungsgerichts vom 28.2.2007[57] weiter entwickelt werden.[58] Das bedeutet, dass die zum früheren Recht entwickelte Rechtsprechung bezogen auf die Verlängerung des Unterhaltsanspruchs weiterhin Geltung hat und ausgeweitet werden kann.[59] Soweit sich ein Unterhaltsanspruch aus dem Interesse an der Betreuung des Kindes rechtfertigt, kann für § 1615l BGB auch die Rechtsprechung zu § 1570 I 2 BGB herangezogen werden, denn die gleichen Streitfragen ergeben sich auch im Rahmen des nachehelichen Unterhalts.[60]

29 **(1) Kindbezogene Gründe.** Aus dem Wortlaut des § 1615 II 2, 3, 4 BGB ergibt sich, dass ebenso wie bei § 1570 BGB ein Unterhaltsanspruch nach Vollendung des 3. Lebensjahres des Kindes die Ausnahme darstellt. Er besteht nur, wenn besondere Gründe, die konkret dargelegt werden müssen, für einen längeren Unterhaltsanspruch sprechen. Da der Gesetzgeber jedoch keinen übergangslosen Wechsel von der Vollzeitkinderbetreuung zur Vollzeiterwerbstätigkeit gewünscht hat, sollte auch bei normal entwickelten Kindern eine Vollzeittätigkeit im unmittelbaren Anschluss an die Vollendung des dritten Lebensjahres – gleichsam eine Beschleunigung von „Null auf Hundert" – allenfalls in besonderen Ausnahmefällen verlangt werden.[61] Das bedeutet, dass nach Ablauf des Dreijahreszeitraums in der Regel lediglich eine teilweise Erwerbstätigkeit des betreuenden Elternteils erwartet werden kann.[62]

30 Zum früheren Recht[63] hatte der BGH entschieden, dass aus verfassungsrechtlichen Gründen eine Verlängerung des Unterhaltsanspruchs bei Vorliegen kindbezogener Gründe dann in Betracht komme, wenn der Aufschub einer Erwerbstätigkeit der Mutter aus objektiver Sicht wegen der besonderen Bedürfnisse des Kindes als vernünftig und dem

---

[51] Wever/Schilling FamRZ 2002, 581 (582); BGH FamRZ 2006, 1362 (1367); vgl. auch BVerfG FamRZ 2007, 965 (966).
[52] BT-Drs. 16/6980, 9.
[53] BT-Drs. 16/6980, 10.
[54] BT-Drs. 16/6980, 10.
[55] BT-Drs. 16/6980, 9.
[56] BT-Drs. 16/6980, 10.
[57] FamRZ 2007, 965 ff.
[58] BT-Drs. 16/6980, 10.
[59] NK-BGB/Schilling § 1615l Rn. 11.
[60] Kemper ZFE 2008, 126 (128); Borth FamRZ 2008, 2.
[61] OLG München BeckRS 2019, 3636.
[62] Vgl. auch Kemper, Das neue Unterhaltsrecht 2008, Rn. 157; a. A. MAH FamR/Wever/Hoffmann § 10 Rn. 35.
[63] Zur Fortgeltung der Rechtsprechung → Rn. 28.

Kindeswohl förderlich erscheine oder wenn das **Kind in besonderem Maße betreuungsbedürftig** sei.[64]

Kindbezogene Gründe, die einen vollen oder teilweisen Unterhaltsanspruch nach Ablauf der Dreijahresfrist rechtfertigen können, liegen in folgenden Konstellationen vor: 31
- Das Kind ist **behindert** und deshalb besonders betreuungsbedürftig.[65] Dies gilt selbst dann, wenn das Kind bereits volljährig ist.[66]
Das Kind ist **dauerhaft krank** (zB rheumatische Poliarthritis[67], Narkolepsie – Schlafkrankheit[68], Autismus[69]) oder krankheitsgefährdet (Notwendigkeit von regelmäßigen pflegerisch prophylaktischen Maßnahmen zur Vorbeugung eines Hautleidens[70]), Migräne,[71] Immunschwäche.[72] Bei Behinderungen und Erkrankungen kann die Prüfung angezeigt sein, ob nicht gerade deswegen die Betreuung in einer spezialisierten Einrichtung angezeigt ist.[73] Erkrankungen leichterer Art, wie sie bei kleineren Kindern häufig vorkommen, zB Erkältungen, Grippe, Mittelohrentzündungen, sowie die üblichen Kinderkrankheiten, die lediglich eine vorübergehende häusliche Betreuung erfordern, rechtfertigen keine Verlängerung des Unterhaltsanspruchs.[74] Gleiches gilt, wenn ein zusätzlicher, auf Krankheit beruhender Betreuungsbedarf (zB ADS-Erkrankung eines 15 Jahre alten Kindes) durch eine auswärtige Betreuung erbracht werden kann.[75]
- Das Kind ist **schwer in seiner Entwicklung** gestört[76] und deshalb auf weitere Betreuung durch einen Elternteil angewiesen.[77] Entwicklungsstörungen liegen vor bei einer verzögerten Sprachentwicklung des Kindes und Eingewöhnungsschwierigkeiten im Kindergarten,[78] motorischen Defiziten,[79] Wahrnehmungsstörungen,[80] schulischen Defiziten[81] und sonstigen Entwicklungsstörungen wie Verhaltensauffälligkeiten.[82] Nicht ausreichend ist die sog „Mimosen-Einrede" mit dem Inhalt, das Kind sei allgemein anfällig, schwierig und brauche ständige Hausaufgabenhilfe.[83]
- Das Kind ist **psychisch labil**, zB besonders scheu, sensibel und ängstlich.[84]
- Das Kind ist **straffällig** und bedarf einer persönlichen Betreuung nach dem Ende der täglichen Schulzeit.[85]
- Das Kind betätigt sich **sportlich oder musisch** und es sind hierfür Fahr- und Betreuungsleistungen erforderlich, die bereits objektivierbar hervorgetreten ist, und bedarf deshalb besonderer Förderung.[86]

---

[64] BGH FamRZ 2006, 1362 (1367).
[65] BT-Drs. 13/4899, 89 und BT-Drs. 13/8511, 71; BGH FamRZ 2015, 1369 = R 769.
[66] BGH FamRZ 2015, 1369 = R 769; 2010, 802 Rn. 12.
[67] OLG Hamm OLGR Hamm 2005, 69 = NJW 2005, 297.
[68] OLG Düsseldorf BeckRS 2016, 19741.
[69] OLG Hamm NJW-RR 2017, 2.
[70] OLGR Rostock 2007, 639 (Verlängerung des Unterhaltsanspruchs um 23 Monate bis zur Einschulung des Kindes).
[71] OLG Hamm FamRZ 2009, 2292.
[72] OLG Düsseldorf FamRZ 2010, 301.
[73] Von Kiedrowski FamRB 2009, 213 (216); MAH FamR/Wever § 10 Rn. 29.
[74] OLG Koblenz FamRZ 2011, 1601 Rn. 25.
[75] BGH FamRZ 2009, 1124 (1127) mAnm Borth NJW 2009, 1956; vgl. OLG Hamm FamRZ 2013, 959.
[76] OLG Hamm FamRZ 2008, 1937.
[77] BGH FamRZ 2006, 1362 (1367); Schilling FF 2008, 270 (279).
[78] OLG Celle FamRZ 2002, 636 (Verlängerung des Unterhaltsanspruchs um 5 Monate).
[79] OLG Düsseldorf FamRZ 2003, 184 (keine Unterhaltsbefristung, halbschichtige Erwerbstätigkeit der Mutter ab dem 4. Lebensjahr des Kindes).
[80] OLG Düsseldorf FamRZ 2003, 184; OLG Celle FamRZ 2002, 636.
[81] OLG Hamm FamRZ 2010, 570.
[82] OLGR Rostock 2007, 639.
[83] Born NJW 2008, 1 (8).
[84] BGH FamRZ 1984, 769; Peschel-Gutzeit FPR 2008, 24 (25).
[85] OLG Hamm FamRZ 2009, 976 (17-jähriges Kind).
[86] BGH FamRZ 2014, 1987 Rn. 20 = R 762.

- Das Kind bedarf der persönlichen Betreuung durch einen Elternteil, weil es unter der **Trennung** der Eltern, die eheähnlich zusammengelebt hatten, besonders **leidet**.[87] Hinsichtlich dieses Grundes ist allerdings besonders sorgfältig zu prüfen, ob nicht das trennungsbedingte Leiden der Kinder zur Stabilisierung des Unterhaltsanspruchs instrumentalisiert wird.[88] Unter Umständen ist hier die Einholung eines Sachverständigengutachtens unumgänglich.[89]

32 Wenn Gründe in der **Person des Kindes** nicht vorliegen, kommt es entscheidend darauf an, welche **objektiven Möglichkeiten der Kindesbetreuung bestehen,** die dem betreuenden Elternteil eine Erwerbstätigkeit ermöglichen. Hierbei ist zu beachten, dass nach dem Willen des Gesetzgebers neben den Kindesbelangen die **bestehenden Möglichkeiten der Kindesbetreuung** eine **besondere Rolle** spielen (§ 1615l V BGB). Daher sind grundsätzlich die Möglichkeiten einer **zumutbaren, verlässlichen** Betreuung des Kindes in Anspruch zu nehmen, die dem betreuenden Elternteil die Aufnahme einer Erwerbstätigkeit ermöglichen. In dem Umfang, in dem das Kind nach Vollendung des dritten Lebensjahres eine kindgerechte Betreuungseinrichtung, zB Kinderhort, Kindertagesstätte oder Kindergarten besucht oder unter Berücksichtigung der individuellen Verhältnisse besuchen könnte, kann sich der betreuende Elternteil also nicht mehr auf die Notwendigkeit einer persönlichen Betreuung des Kindes und somit **nicht mehr auf kindbezogene Verlängerungsgründe** berufen. Denn der Gesetzgeber hat mit der Neugestaltung des Betreuungsunterhalts für Kinder ab Vollendung des dritten Lebensjahres grundsätzlich den Vorrang der persönlichen Betreuung gegenüber anderen kindgerechten Betreuungsmöglichkeiten aufgegeben. Im Rahmen der Billigkeitsentscheidung über die Verlängerung des Betreuungsunterhalts ist deswegen stets zunächst der individuelle Umstand zu prüfen, ob und in welchem Umfang die begabungs- und entwicklungsgerechte Betreuung des Kindes auf andere Weise gesichert ist oder in kindgerechten Einrichtungen gesichert werden könnte.[90] Erst wenn die Kinder ein Alter erreicht haben, in dem sie unter Berücksichtigung aller Umstände des Einzelfalles zeitweise sich selbst überlassen werden können, kommt es aus kindbezogenen Gründen insoweit nicht mehr auf die vorrangig zu prüfende Betreuungsmöglichkeit in kindgerechten Einrichtungen an.[91] Die Obliegenheit zur Inanspruchnahme einer kindgerechten Betreuungsmöglichkeit besteht nur dann, wenn die Betreuung mit dem Kindeswohl vereinbar ist, was nach der Rechtsprechung des BGH jedenfalls bei öffentlichen Betreuungseinrichtungen wie Kindergärten, Kindertagesstätten oder Kinderhorten regelmäßig der Fall ist.[92]

33 Seit dem 1.1.2008 wird generell – nicht nur ausnahmsweise, wie der BGH zum früheren Recht meinte – auch die fehlende Möglichkeit einer anderweitigen Betreuung ausreichend sein, etwa, weil kein Kindergartenplatz zur Verfügung steht.[93] Im Übrigen muss sich der betreuende Elternteil nur dann auf eine mögliche Fremdbetreuung verweisen lassen, wenn dies mit den **Kindesbelangen vereinbar ist**.[94]

Eine **Verlängerung des Unterhaltsanspruchs** über den Dreijahreszeitraum hinaus **kommt** danach bei Vorliegen einer der folgenden Voraussetzungen **in Betracht:**

34 - Eine Fremdbetreuung ist **nicht** vorhanden. Das kann in abgelegenen Gegenden (zB Insel) der Fall sein.

---

[87] Vgl. auch Beschlussempfehlung d. Rechtsausschusses v. 7.11.2007 – BT-Drs. 16/6980, 9.
[88] So Hauß FamRB 2007, 367 (368).
[89] Borth FamRZ 2008, 2 (6).
[90] BGH FamRZ 2012, 1040 Rn. 19 = R 732b; BeckRS 2011, 16689; FamRZ 2011, 791 Rn. 24; 2010, 1880 Rn. 24, jeweils zu § 1570; 2009, 1391 (1393) = R 706 zu § 1570 BGB; 2009, 1124 (1127) Rn. 32; 2009, 770 (773) Rn. 27 mwN = R 704 mAnm Borth FamRZ 2009, 959 (961).
[91] BGH FamRZ 2010, 1880 Rn. 22 = R 716; 2009, 1391 (1393) = R 706 zu § 1570 BGB.
[92] BGH FamRZ 2009, 1124 (1126) Rn. 30; 2009, 770 (772 f.) Rn. 25 f. mwN = R 704.
[93] Zum dann möglichen Anspruch auf Amtshaftung vgl. BGH BeckRS 2016, 19371.
[94] BT-Drs. 16/6980, 9.

Trotz zumutbarer Bemühungen finden sich vor Ort **keine professionellen Einrich-** 35
tungen[95] für eine **Fremdbetreuung**[96] wie Kindergärten, Kindertagesstätten, Hortplätze,
Ganztagsschule.[97] Auch wenn die Angebote für eine Kinderbetreuung in den letzten
Jahren insgesamt ausgeweitet wurden, sind die örtlichen Gegebenheiten noch sehr
unterschiedlich.[98] Es fehlt immer noch an einem flächendeckenden Angebot an Ganztagsbetreuungsmöglichkeiten[99] auch über die Zeit des Besuches des Ganztagskindergartens oder der Ganztagsschule hinaus. Dieser Gesichtspunkt wird aber in der Zukunft an Bedeutung verlieren, weil nach § 24 Abs. 1–3 SGB VIII ein Anspruch auf einen Betreuungsplatz bereits vor dem ersten Lebensjahr des Kindes bestehen kann.[100] Das Bemühen um einen Platz für eine Fremdbetreuung muss in der Regel schon vor dem Zeitpunkt erfolgen, in dem die Erwerbsobliegenheit einsetzt.[101] Der betreuende Elternteil muss seine rechtzeitigen Bemühungen um eine tatsächlich erreichbare und zumutbare Fremdbetreuung dokumentieren.[102]

Ob für den betreuenden Ehegatten grundsätzlich **eine Obliegenheit zu einem Um-** 36
zug besteht, um eine nur an dem neuen Wohnort vorhandene Betreuungsmöglichkeit in Anspruch nehmen zu können, ist umstritten.[103] Wenn er selbst die unzureichende Betreuungssituation durch einen Umzug selbst verursacht hat, kann er sich auf diesen Umstand zu seinen Gunsten nicht mehr berufen.[104] Ein **Wechsel** des Kindes von einem **Kindergarten** mit Halbtagsbetreuung in einen Kindergarten mit Ganztagsbetreuung kann nicht verlangt werden, wenn während des früheren Zusammenlebens der Eltern der Besuch eines solchen Kindergartens bereits möglich gewesen wäre und die Eltern sich dagegen entschieden hatten.[105]

- Die mögliche **Fremdbetreuung ist nicht verlässlich.**[106] 37

Das ist der Fall, wenn die Betreuung nur von gelegentlich und nicht zu festen Zeiten oder nur mit dauernd wechselnden Bezugspersonen sichergestellt werden könnte.

Gleiches gilt, wenn die möglichen **Betreuungszeiten** mit den von dem betreuenden 38
Elternteil nur eingeschränkt beeinflussbaren **Arbeitszeiten nicht** in ausreichendem Maße **korrespondieren.** Hierbei sind nicht nur die täglichen und wöchentlichen Arbeitszeiten des Elternteils zu berücksichtigen, sondern auch der Aufwand für das Bringen des Kindes zur auswärtigen Betreuung, die Fahrten zur Arbeit, die Rückfahrten von der Arbeit und das Abholen des Kindes. Der für die eigentliche Arbeitszeit und die Fahrzeiten von und zu der Arbeitsstelle erforderliche Zeitrahmen muss mit den Öffnungszeiten der Kinderbetreuungseinrichtung zu vereinbaren sein. Darüber hinaus differieren die Arbeitszeiten in den verschiedenen Berufen sehr stark. Da von vielen Arbeitnehmern zunehmend Flexibilität erwartet wird, ergeben sich auch aus diesem Grunde verstärkt Kollisionen mit den Öffnungszeiten der Kinderbetreuungseinrichtungen.[107] Bei Schwierigkeiten in der Vereinbarkeit von Arbeitszeiten und Kinderbetreuungszeiten besteht gegebenenfalls lediglich ein Teilanspruch des betreuenden Elternteils, wenn zB eine Vormittagsbetreuung gesichert ist und deswegen eine Teilerwerbstätigkeit möglich ist.[108]

---

[95] BT-Drs. 13/8511, 71; OLG Hamm MDR 2009, 393 (394).
[96] BGH FamRZ 2009, 1124 (1126) Rn. 30; vgl. auch BT-Drs. 16/1830, 17 zur Fassung des § 1570 BGB nach dem ursprünglichen Regierungsentwurf.
[97] Empfehlungen des 13. Familiengerichtstags FamRZ 2000, 273 zu § 1615l II BGB aF.
[98] Vgl. Schürmann FF 2007, 235 (237).
[99] Viefhues FamRZ 2010, 249 (250).
[100] BGH NJW 2017, 397.
[101] OLG Saarbrücken FamRZ 2014, 484; OLG Köln FamRZ 2008, 2119 (2120).
[102] Borth FamRZ 2008, 2 (7); OLG Celle FamRZ 2008, 997 (998); OLG Brandenburg FF 2008, 371.
[103] Verneinend Schilling FF 2008, 169; MAH FamR/Wever/Hoffmann § 10 Rn. 29a; Kemper FuR 2008, 169 (174); bejahend OLG Oldenburg FamFR 2011, 466; OLG Karlsruhe FamRZ 2011, 1601.
[104] OLG Oldenburg FamFR 2011, 466; OLG Nürnberg FamRZ 2003, 1320 (1321).
[105] Von Kiedrowski FamRB 2009, 213 (215).
[106] BT-Drs. 16/1830, 17 zur Fassung des § 1570 BGB nach dem ursprünglichen Regierungsentwurf.
[107] Maier FamRZ 2008, 101 (103).
[108] Vgl. BGH FamRZ 2014, 1987 Rn. 21 = R 762; OLG Nürnberg FamRZ 2003, 1320 zum alten Recht.

39 • Die **Fremdbetreuung ist nicht zumutbar.**
Dies ist anzunehmen, wenn von dem unterhaltspflichtigen Ehegatten mit deren Einverständnis die Betreuung durch seine Eltern angeboten wird, obwohl das Verhältnis der „Schwiegereltern" zum betreuenden Ehegatten nach Trennung bzw. Scheidung gestört ist. Generell muss eine **private** Betreuung durch Familienangehörige oder Bekannte nicht in Anspruch genommen werden.[109] Anderes kann nur gelten, wenn eine Betreuung, zB durch die Großeltern des Kindes, der bisherigen Praxis der Eltern vor ihrer Trennung entspricht, wenn sie verlässlich ist und die Angehörigen sich darüber hinaus in dem Trennungskonflikt neutral verhalten.[110] Nach der Rechtsprechung des BGH ist im Übrigen im jeweiligen Einzelfall zu beurteilen, inwiefern die Hilfe Dritter in Anspruch genommen werden kann.[111]

40 Ein Angebot des **anderen Elternteils,** das **Kind zu betreuen,** stellt zwar grundsätzlich eine „bestehende" Möglichkeit der Kinderbetreuung dar. Sie setzt aber ein zeitlich sehr ausgedehntes Umgangsrecht voraus. Sofern das Betreuungsangebot über die praktizierte Umgangsregelung hinausgeht, ist diese vorrangig. Sie ist im Unterhaltsrechtsstreit zugrunde zu legen[112] mit der Folge, dass der betreuende Elternteil dieses Angebot unabhängig davon, ob es sich nur um ein Lippenbekenntnis oder ein ernsthaft zu berücksichtigende Betreuungsalternative handelt, nicht annehmen muss.[113] Allerdings ist – insbesondere zur Überbrückung von Betreuungsengpässen – grundsätzlich auch ein dem Kindeswohl nicht widersprechendes ernsthaftes und verlässliches Betreuungsangebot des Unterhaltspflichtigen wahrzunehmen.[114] Notfalls muss eine **Umgestaltung des Umgangsrechts** mit einem Kindergartenkind dergestalt erfolgen, dass dadurch der betreuende Elternteil entlastet und ihm eine ausgedehntere Erwerbstätigkeit ermöglicht wird. In dem der Entscheidung des BGH zugrunde liegenden Fall war der barunterhaltspflichtige Elternteil bereits im Vorruhestand, während der betreuende Elternteil noch erwerbstätig war.[115]
Entspricht es den früheren Abreden der Eltern, dass die Kinder eine teure Spezialeinrichtung besuchen, zB einen Montessori-Kindergarten oder einen Waldorfkindergarten, kann nicht auf die Inanspruchnahme einer – etwa auch früher zur Verfügung stehenden – billigeren Einrichtung verwiesen werden. Gleiches gilt bei einvernehmlicher Wahl lediglich eines Teilzeitplatzes in Kindergarten und Schule.[116]

41 Soweit vereinzelt[117] die Forderung erhoben wird, der betreuende Elternteil müsse, sofern sonstige Betreuungsmöglichkeiten nicht vorhanden seien, eine **Betreuungsperson einstellen und bezahlen,** um die Betreuung von 9 und 13 Jahre alten Kindern sicherzustellen, ist dies abzulehnen. Diese Auffassung überspannt die Anforderungen, die an zumutbare Betreuungsmöglichkeiten zu stellen sind. Die Rechtsprechung des BGH hat sich bisher nur auf die Betreuung in staatlichen Einrichtungen bezogen und nicht darauf, dass auch private Betreuungspersonen angestellt werden müssen. Nähme man eine solche Forderung ernst, wäre ab dem 3. Lebensjahr eines Kindes stets eine vollschichtige Tätigkeit zumutbar. Es wäre dann lediglich über die Frage der Betreuungskosten[118] zu streiten.

---

[109] KG FamRZ 2008, 1942 (1943).
[110] Schilling FF 2008, 279 (280); von Kiedrowski FamRB 2009, 213 (215); Borth FamRZ 2008, 2 (7); Kemper FuR 2008, 169 (173 f.); vgl. aber BGH FamRZ 1391, 1395 = R 706: Eine Unterstützung durch Verwandte ist eine freiwillige Leistung nicht in die Billigkeitsabwägung einzubeziehen.
[111] BGH FamRZ 2015, 1369 Rn. 20; FamRZ 2014, 1987 Rn. 21 FamRZ 2012, 1040 Rn. 22.
[112] OLG Celle FamRZ 2009, 975; Schilling FF 2008, 279 (281).
[113] OLG Hamm FamRZ 2009, 2093; OLG Hamm FamRZ 2010, 570; OLG Celle FamRZ 2009, 975; KG FamRZ 2009, 981; OLG Frankfurt a. M. FamRB 2009, 69; AG Berlin-Tempelhof-Kreuzberg FamRZ 2008, 1862; MAH FamR/Wever/Hoffmann § 10 Rn. 29a; a. A. OLG Saarbrücken ZFE 2010, 113; zweifelnd Viefhues ZFE 2009, 212 (216) und ZFE 2010, 113; vgl. auch BGH BeckRS 2011, 16689.
[114] BGH FamRZ 2012, 1040; 2011, 1209.
[115] BGH FamRZ 2011, 1209 Rn. 26.
[116] OLG Koblenz BeckRS 2015, 127147.
[117] OLG Oldenburg FuR 2009, 594.
[118] Hierzu vgl. BGH FamRZ 2018, 23 = R 787.

- Die mögliche **Fremdbetreuung steht mit dem Kindeswohl nicht in Einklang.**[119] 42
Das ist der Fall, wenn das Kind auf die Betreuungspersonen oder Mitglieder der betreuten Kindergruppe mit nicht steuerbarer Ablehnung reagiert und den Besuch der Betreuungsstelle jeweils als Zeit der Qual empfindet oder wenn ihm auf Grund seines physischen oder psychischen Gesundheitszustands die Fremdbetreuungsfähigkeit fehlen würde.[120]

Ebenso ist denkbar, dass wegen der Arbeitsgestaltung des betreuenden Elternteils unerträglich lange Wartezeiten bis zum Abholen entstehen, in denen das Kind weitgehend sich selbst überlassen ist.

Unvereinbarkeit der Betreuung mit dem Kindeswohl kann zu bejahen sein, wenn die verschiedenen Kombinationen für die Betreuung des Kindes (Mutter, Kindergarten, Vater, sonstige Verwandte wie Tante, Großmutter) das Kind sehr belasten (sog. **Betreuungsshopping**).[121]

Wenn bei einer allein betreuenden Mutter die genetische Disposition durch eine Mutation des Huntington-Gens auf dem Chromosom 4 – eine abnorm erhöhte Anzahl von so genannten CAG-Tripletts – vorliegt, bei der alle Genträger erkranken, ist die zu erwartende Erkrankung an Chorea Huntington (unwillkürliche Bewegungen und Gedächtnisstörungen und im weiteren, fortschreitenden Verlauf starke Bewegungsstörungen und eine sich ausprägende Demenz, zT begleitet von psychiatrischen Erkrankungen), die nach dem Ausbruch innerhalb von zumeist 15 bis 20 Jahren zum Tode führt, bei der Billigkeitsabwägung zu berücksichtigen. Es ist auf diesen Umstand Rücksicht zu nehmen und der Mutter und einem vierjährigen Kind die Möglichkeit zu geben, Zeit miteinander zu verbringen. Da das Kind damit rechnen muss, dass es in frühem Alter ohne Elternteil dastehen wird, ist ihm zuzubilligen, dass es in einer Atmosphäre aufwachsen kann, in der ihre Mutter nicht bis zur absoluten Belastungsgrenze mit der Erziehung, der Erwerbstätigkeit und der ungünstigen Lebensperspektive beansprucht wird. In einem solchen Fall greifen kind- und elternbezogene Gründe für das Fortbestehen des Unterhaltsanspruchs ineinander und eine Erwerbstätigkeit im Umfang von 20 Stunden ist als ausreichend anzusehen.[122]

Nach dem Willen des Gesetzgebers sind die **Kosten der Fremdbetreuung** bei der 43 Unterhaltsberechnung für den Betreuungsunterhaltsanspruch angemessen zu berücksichtigen.[123] Der BGH[124] hat hierzu inzwischen entschieden, dass jedenfalls Kindergartenkosten bei der Unterhaltsberechnung nicht zum berufsbedingten Aufwand des betreuenden Elternteils, sondern zum Bedarf des Kindes gehören und im laufenden, das Existenzminimum des Kindes nicht unterschreitenden Kindesunterhalt enthalten sind. Hierbei ist wesentlich, dass der Kindergartenbesuch unabhängig davon, ob er halb- oder ganztags erfolgt, in erster Linie erzieherischen Zwecken dient.[125] Die **Kindergartenkosten** stellten **Mehrbedarf des Kindes** dar und sind von beiden Eltern anteilig nach ihren Einkommensverhältnissen zu tragen, wobei vorab ein Sockelbetrag in Höhe des angemessenen Selbstbehalts abzuziehen ist (vgl. Berechnungsbeispiel in → § 2 Rn. 450). Durch einen solchen Abzug werden bei erheblichen Unterschieden der vergleichbaren Einkünfte zwar die sich daraus ergebenden ungleichen Belastungen zugunsten des weniger verdienenden Elternteils relativiert.

Nach der neuen Rechtsprechung des BGH[126] stellen andere Kosten, zB die Kosten einer nachschulischen Tagesbetreuung, durch deren Besuch die Erwerbstätigkeit erst ermöglicht wird, oder Kosten einer **Tagesmutter**, die die Kinder im Haushalt des betreuenden Elternteils stundenweise betreut, **berufsbedingte Kosten** des betreuenden Elternteils dar.

---

[119] BT-Drs. 16/1830, 17.
[120] Vgl. zu Letzterem Unterhaltsleitlinien des OLG Hamm Nr. 17.1.1.
[121] Reinken FPR 2010, 125 (127).
[122] OLG Celle FamRZ 2013, 1141.
[123] BT-Drs. 16/1830, 17.
[124] BGH FamRZ 2018, 23 Rn. 13 = R 787; 2017, 437 Rn. 37; 2009, 962 = R 700.
[125] BGH FamRZ 2008, 1152 (1153).
[126] BGH FamRZ 2018, 23 = R 787.

Bei dieser Art von Betreuung handelt es sich in der Regel nicht um eine pädagogisch veranlasste Betreuung von Kindern, die der Sache nach wie in einer staatlichen oder vergleichbaren privaten Einrichtung einen **Mehrbedarf des Kindes** abdeckt, für den beide Eltern nach § 1606 III 1 BGB anteilig haften.

Ein betreuungsbedingter Mehrbedarf des Kindes, der zu einer Erhöhung des Kindesunterhalts führen kann, liegt nach der Rechtsprechung des BGH nur dann vor, wenn es sich um einen Betreuungsbedarf handelt, der über den Umfang der von dem betreuenden Elternteil ohnehin geschuldeten Betreuung hinausgeht. Das ist der Fall, wenn die Kosten eine besondere Förderung zu staatlichen Kindergärten, Kindertagesstätten oder Horten betreffen. Dabei ist eine Qualifizierung der Betreuungskosten als Mehrbedarf nicht auf die besondere pädagogische Förderung in staatlichen Einrichtungen beschränkt. Auch die Förderung in vergleichbaren privaten Einrichtungen kann über den allgemeinen Betreuungsbedarf hinausgehen und damit einen Mehrbedarf des Kindes auslösen. Generell deckt eine Fremdbetreuung nach dieser Rechtsprechung daher insoweit einen Mehrbedarf des Kindes ab, als sie über die üblichen Betreuungsleistungen eines Elternteils (einschließlich der üblichen Hausaufgabenbetreuung) hinausgehen oder die weitere Betreuung etwa pädagogisch veranlasst ist. Auch dann handelt es sich insoweit um Mehrbedarf des Kindes.[127]

Sofern der betreuende Eltern private Kinderbetreuungskosten als Mehrbedarf des Kindes geltend machen möchte, ist ihm anzuraten, Betreuungspersonal mit entsprechender pädagogischer Qualifizierung zu engagieren und in einem Arbeits-/Anstellungsvertrag mit der Betreuungsperson die evtl. Defizite des Kindes und die damit verbundene pädagogische Notwendigkeit der Betreuung detailliert zu beschreiben.[128]

Kinderbetreuungskosten sind gemäß § 10 I Nr. 5 EStG[129] ab dem Veranlagungszeitraum 2012 als Sonderausgaben bis zu einem Höchstbetrag von 4000 EUR je Kind und Kalenderjahr steuerlich abzugsfähig. Es wird nicht mehr unterschieden nach erwerbsbedingten und nicht erwerbsbedingten Kinderbetreuungskosten. Zu den Kinderbetreuungskosten gehören zB die Aufwendungen für die Unterbringung von Kindern in Kindergärten, Kindertagesstätten, Kinderhorten, Kinderheimen und Kinderkrippen sowie bei Tagesmüttern, Wochenmüttern und in Ganztagespflegestellen, ferner die Aufwendungen für die Beschäftigung von Kinderpflegern und Kinderpflegerinnen oder Pflegeschwestern, für Erzieher und Erzieherinnen, für die Beschäftigung von Hilfen im Haushalt, soweit ein Kind betreuen sowie für die Beaufsichtigung des Kindes bei Erledigung seiner häuslichen Schulaufgaben. Näheres zu den weiteren Voraussetzungen für die steuerliche Anerkennungsfähigkeit regelt der Erlass des Bundesministeriums der Finanzen vom 14.3.2012.[130]

44 Wenn die **Fremdbetreuung kostenlos,** zB durch nahe Verwandte des betreuenden Elternteils, erbracht wird, kann dieser, soweit er dadurch von persönlicher Betreuung angemessen entlastet ist, seiner Erwerbsobliegenheit nachkommen. Auch hier stellt sich aber die Frage der unterhaltsrechtlichen Anrechnung des Aufwands der Fremdbetreuung. Die unentgeltlich leistenden Personen wollen den unterhaltspflichtigen anderen Elternteil regelmäßig nicht entlasten. Deswegen muss der freigiebige Aufwand dieser Personen für die Betreuung des Kindes ggf. im angemessenen Umfang in die Unterhaltsrechnung einfließen. Dies kann über die Berücksichtigung eines nach den Umständen des Einzelfalls zu bemessenden (fiktiven) berufsbedingten Aufwands des betreuenden Ehegatten geschehen,[131] oder – falls die auf kostenloser Betreuung beruhende Erwerbstätigkeit als überobligatorisch angesehen würde – über eine auf den Einzelfall zugeschnittene, beschränkte Anrechnung des überobligatorischen Einkommens.[132]

---

[127] BGH FamRZ 2018, 23 Rn. 19 = R 787.
[128] Im Einzelnen vgl. Bömelburg FF 2018, 29 ff.
[129] § 10 idF v. 22.12.2014, BGBl. S. 2417; zur Abwicklung im Einzelnen vgl. Bömelburg FF 2018, 29 ff.
[130] Bundesministerium der Finanzen, Az. IV C 4 – S 2221/07/0012:12, 2012/0204082, BStBl I 2012, 307; Fassung vom 1.3.2014.
[131] Vgl. Ziffer 10.3 der Unterhaltsgrundsätze des OLG Frankfurt a. M.
[132] Vgl. OLG Hamm FamRZ 2007, 1464 f.

Zu den Einzelheiten der Darlegungs- und Beweislast siehe → Rn. 244 ff. 45

(2) Umfang der Erwerbsobliegenheit des betreuenden Elternteils. Mit den Wor- 46
ten **„solange und soweit"** in § 1615l II 4 BGB hat der Gesetzgeber zum Ausdruck
gebracht, dass es auf die **Verhältnisse des Einzelfalls** ankommt, ob und in welchem
Umfang vom betreuenden Elternteil eine Erwerbstätigkeit erwartet werden kann. Daraus
ergibt sich, dass eine generalisierende Betrachtungsweise, wie sie in Form des **Altersphasenmodells** für einen Anspruch aus § 1570 BGB bis zum 31.12.2007 möglich war
und dass wegen des Gebotes der Gleichbehandlung der Unterhaltsansprüche ehelicher und
nichtehelicher betreuender Elternteile auch für § 1615l BGB entscheidende Bedeutung
hatte, **nicht mehr vertretbar** ist. Soweit in der Literatur,[133] in den Leitlinien einzelner
Oberlandesgerichte[134] und in der Rechtsprechung der Oberlandesgerichte[135] nach dem
Inkrafttreten des neuen Unterhaltsrechts zunächst unter Berücksichtigung des Interesses
der Praxis an einer verlässlichen und sicheren Rechtsanwendung und einer besseren Plan-
barkeit eine Orientierung der Erwerbsobliegenheiten am Alter des Kindes vorgenommen
(sog modifiziertes Altersphasenmodell) wurde, und vereinzelt noch wird,[136] widersprach
dies den Zielen des Gesetzes. Der Gesetzgeber hat eine allein auf das Alter des Kindes
abstellende Schematisierung ausdrücklich abgelehnt und eine davon losgelöste Einzelfallentscheidung präferiert.[137] Praktikabilitätsgründe allein rechtfertigen kein Abweichen von
der gesetzgeberischen Grundentscheidung,[138] wenngleich es nicht ausgeschlossen erscheint,
in den Unterhaltsleitlinien für die Praxis **Orientierungshilfen** für die mitunter schwierige
Einzelfallentscheidung zu entwickeln.[139]

Der **BGH**[140] ist der Gegenansicht[141] gefolgt und hat eine **Fortschreibung des Alters-** 47
phasenmodells eindeutig **abgelehnt.** In seinen Entscheidungen hat er unter Berufung
auf die Gesetzesbegründung noch einmal betont, dass der Gesetzgeber mit der Neugestaltung des nachehelichen Betreuungsunterhalts in § 1570 BGB (und damit auch für den
Unterhalt nach § 1615l BGB) für Kinder ab Vollendung des dritten Lebensjahres grundsätzlich den **Vorrang der persönlichen Betreuung** gegenüber anderen kindgerechten
Betreuungsmöglichkeiten **aufgegeben** hat und dass dies im Regelfall mit dem Grundrecht
aus Art. 6 II GG und dem Kindeswohl vereinbar ist.[142] Es ist somit davon auszugehen, dass
ab einem Alter des betreuten Kindes von 3 Jahren eine anderweitige Betreuungsmöglichkeit dem wohlverstandenen Interesse des Kindes, insbesondere der Förderung seines
sozialen Verhaltens, dient und mit dem Kindeswohl vereinbar ist. Soweit der BGH in seiner
Entscheidung vom 16.7.2008[143] von Fallgruppen und einer pauschalierenden Beurteilung
gesprochen, soll dies in dem Sinne verstanden werden, dass der Tatrichter – gemessen
am Alter eines sich normal entwickelnden Kindes – von bestimmten **Erfahrungswerten**
über den Umfang der Betreuungsbedürftigkeit des Kindes und daraus abgeleitet von der

---

[133] Meier FamRZ 2008, 578; Büttner FPR 2009, 92; Gerhardt FuR 2008, 9 (11); Hoppenz/Hüls-
mann, Der reformierte Unterhalt (2008) § 1570 Rn. 6; Büttner FPR 2009, 92 (94).
[134] Vgl. die Übersicht von Schnitzler FF 2008, 270.
[135] OLG München FamRZ 2008, 1945; OLG Jena FamRZ 2008, 2203; OLG Zweibrücken
FuR 2009, 298; OLG Düsseldorf FamRZ 2009, 522; OLG Nürnberg FuR 2008, 512; OLG
Braunschweig FuR 2009, 213; OLG Zweibrücken OLGR Zweibrücken 2008, 886–889; OLG
Celle FF 2009, 81.
[136] Vgl. Ziffer 17.1.1 der LL des OLG Hamm.
[137] Menne FamRB 2008, 110 (116).
[138] Wever FamRZ 2008, 553 (556); Viefhues ZFE 2008, 44 (48); Schürmann FuR 2007, 445 (449).
[139] Schilling FF 2008, 279 (282 f.); Menne FamRB 2008, 110 (116).
[140] BGH BeckRS 2011, 16689; FamRZ 2011, 791 Rn. 22 zu § 1570 BGB; 2010, 1880 Rn. 22 =
R 716; 2010, 1050 (1052); 2009, 1391 (1394) = R 706; 2009, 1124 (1127); 2009, 770 (773) =
R 704 zu § 1570 BGB; 2008, 1739 Rn. 104.
[141] OLG Bremen NJW 2008, 1745; OLG Düsseldorf ZFE 2008, 273; OLG Celle NJW 2008, 1465
– jeweils zu § 1570 I BGB. Willutzki ZRP 2008, 264; Hahne FF 2009, 5 (6); Schilling
FPR 2008, 27 (29); Meier FamRZ 2008, 101 (104); Menne FamRB 2008, 110 (116); Niebling
FF 2008, 193; Graba NJW 2008, 3105 (3107); Maurer FamRZ 2008, 975; NJW 2008, 1747;
Schilling FF 2008, 279 (282).
[142] BVerfG FamRZ 2007, 965 (969 ff.).
[143] BGH FamRZ 2008, 1739 ff.

Belastung der Mutter und der Zumutbarkeit einer daneben auszuübenden Erwerbstätigkeit **ausgehen kann.**[144]

48 In dem Maße, in welchem eine kindgerechte Betreuungsmöglichkeit besteht, kann der betreuende Elternteil daher auf eine Erwerbstätigkeit verwiesen werden. Eine Verlängerung des Betreuungsunterhalts darf somit **nicht allein vom Kindesalter** abhängig gemacht werden. Auf das Alter des Kindes kommt es nur an, soweit eine anderweitige Betreuung des Kindes nicht zur Verfügung steht und die Berufstätigkeit des betreuenden Elternteils davon abhängt, dass das Kind – vorübergehend – auch ohne Aufsicht bleiben kann.[145] Die Betreuungsbedürftigkeit ist vielmehr nach den individuellen Verhältnissen des Kindes zu ermitteln.[146] Ist zunächst nur eine **Teilzeittätigkeit** möglich, muss daneben – soweit Bedürftigkeit besteht – weiterhin Betreuungsunterhalt gezahlt werden. Ein **abrupter, übergangsloser Wechsel** von der Betreuung zur Vollzeiterwerbstätigkeit **wird damit nicht verlangt**. Nach den Umständen des Einzelfalls ist daher ein gestufter Übergang bis hin zu einer Vollzeiterwerbstätigkeit möglich.[147] Die Obliegenheit, sich rechtzeitig um den Erhalt eine Arbeitsstelle zu kümmern, besteht bereits vor dem Zeitpunkt, zu dem die Erwerbsobliegenheit greift.[148]

49 Da es sich bei dem zeitlich befristeten Basisunterhalt und dem Unterhalt nach Vollendung des 3. Lebensjahres des Kindes um einen **einheitlichen Unterhaltstatbestand** handelt, ändert sich durch eine Verlängerung des Unterhaltsanspruch grundsätzlich nichts an der **Höhe** des Unterhaltsanspruchs.[149]

50 (3) **Einsatzzeitpunkte.** Der Betreuungsunterhaltsanspruch aus § 1615l BGB ist **nicht** an einen Einsatzzeitpunkt bei Vollendung des 3. Lebensjahres des Kindes geknüpft. Der **Anspruch** kann nach einem vorübergehenden **Wegfall** des besonderen Betreuungsbedarfs des Kindes **wieder aufleben**, wenn die kindbezogenen Gründe, zB eine schwere Erkrankung eines 6-jährigen Kindes, nach der Vollendung des 3. Lebensjahres erneut auftreten.[150] Zur Behandlung der Übergangsfälle → Rn. 281 ff. Gleiches gilt, wenn der besondere Betreuungsbedarf **erstmals** nach Vollendung des 3. Lebensjahres des Kindes **entsteht**.[151]

51 (4) **Elternbezogene Gründe.** Für die Zeit ab Vollendung des dritten Lebensjahres steht dem betreuenden Elternteil nach der gesetzlichen Neuregelung seit dem 1.1.2008 nur noch dann ein fortdauernder Anspruch auf Betreuungsunterhalt zu, wenn dies der Billigkeit entspricht (§ 1615l II 4 BGB). Neben den oben dargelegten vorrangig zu berücksichtigenden kindbezogenen Gründen sieht § 1570 BGB für den **nachehelichen Betreuungsunterhalt** eine weitere Verlängerungsmöglichkeit aus elternbezogenen Gründen vor. Danach verlängert sich der nacheheliche Betreuungsunterhalt über die Verlängerung aus kindbezogenen Gründen hinaus, wenn dies unter Berücksichtigung der Gestaltung von Kinderbetreuung und Erwerbstätigkeit in der Ehe sowie deren Dauer der Billigkeit entspricht. Damit hat der Gesetzgeber dem betreuenden Elternteil einen Unterhaltsanspruch unabhängig vom Wohl des Kindes zugesprochen. Er rechtfertigt sich allein aus der nachehelichen Solidarität. Es handelt sich um einen **Annexanspruch,**[152] der zum Teil auch mit „Elternanspruch"[153] bezeichnet wird. In § 1570 II BGB ist insoweit also ausdrücklich auch ein Vertrauenstatbestand zu berücksichtigen, der sich aus den Nachwirkungen der Ehe

---

[144] Hahne FF 2009, 178 (186).
[145] BGH FamRZ 2012, 1040 Rn. 19 = R 732b.
[146] BGH FamRZ 2012, 1040 Rn. 22 = R 732d; 2011, 791 Rn. 22 zu § 1570 BGB; 2010, 1050 (1052).
[147] BGH FamRZ 2015, 1369 Rn. 13 = R 769; 2012, 1040 Rn. 23 = R 732e; 2010, 1050 Rn. 19; 2009, 1391 (1393) = R 706; 2009, 1124 (1126); 2009, 770 (772) = R 704 zu § 1570 BGB; OLG Köln FamRZ 2009, 518 zu § 1570 BGB.
[148] BGH FamRZ 1995, 871; OLG Saarbrücken FamRZ 2014, 484 (487).
[149] BGH FamRZ 2006, 1362 (1368) mAnm Schilling FamRZ 2006, 1368 (1370).
[150] Schilling FF 2008, 279 (283); Palandt/Brudermüller § 1615l Rn. 16; Wever FF 2000, 20 (22); Empfehlungen des 13. Familiengerichtstags FamRZ 2000, 273 zu § 1615l II BGB aF.
[151] Siehe vorherige Fußnote.
[152] BT-Drs. 16/6980 S. 8.
[153] Schilling FF 2008, 279 (283).

ergeben kann.¹⁵⁴ Im Rahmen des Anspruchs wegen Betreuung eines nichtehelich geborenen Kindes ist diese Regelung vom Gesetzgeber zwar nicht ausdrücklich übernommen worden. Weil § 1615l II 5 BGB jedoch eine Verlängerung des Unterhaltsanspruchs „insbesondere" aus kindbezogenen Gründen zulässt, kommen auch **elternbezogene** Umstände für eine Verlängerung des Betreuungsunterhalts in Betracht.¹⁵⁵ Der Gesetzgeber hat nämlich mit dieser Formulierung ausdrücklich die sich auf der Grundlage des früheren Rechts gebildete Rechtspraxis anerkannt, die eine Verlängerung des Anspruchs über die ersten 3 Lebensjahre des Kindes hinaus auch aus elternbezogenen Gründen gestattet.¹⁵⁶ Ob und in welchem Umfang der geschiedene Elternteil durch den § 1570 II BGB unterhaltsrechtlich besser gestellt ist als der nicht verheiratete Elternteil, lässt sich der Gesetzesbegründung nicht entnehmen.¹⁵⁷ Nach wohl überwiegender Meinung sind bei § 1570 BGB und bei § 1615l BGB weitgehend **identische Wertungen** anzustellen.¹⁵⁸ In beiden Fällen ist das jeweils zwischen den Eltern bestehende **schutzwürdige Vertrauen** maßgebend, dh die Dauerhaftigkeit der Verbindung der Ehe bzw. Lebenspartnerschaft sowie die Ausgestaltung von Kinderbetreuung und Erwerbstätigkeit. Je mehr die nichteheliche Partnerschaft der Beziehung der Eltern in einer Ehe vergleichbar ist, umso mehr nähern sich die **elternbezogenen** Verlängerungsvoraussetzungen an.¹⁵⁹ Im Rahmen des § 1570 II BGB ist dieser Aspekt unter dem Stichwort der nachehelichen Solidarität, bei § 1615l BGB als elternbezogener Grund nach Absatz II Satz 5 BGB zu subsumieren.¹⁶⁰

Besonderheiten bei der Prüfung der Verlängerungsvoraussetzungen eines aus § 1615l **52** BGB abgeleiteten Anspruchs können sich nur (noch) aus den unterschiedlichen Umständen der Lebensführung und der Lebensplanung zwischen verheirateten bzw. unverheirateten Eltern ergeben. Während sich bei geschiedenen Eltern regelmäßig ein **Vertrauenstatbestand** aus den Nachwirkungen der Ehe ergeben wird, kann dieser bei nichtehelichen Eltern nur dann als Nachwirkung der gescheiterten Partnerschaft greifen, wenn die Eltern zuvor gemeinsam mit dem Kind zusammengelebt haben.¹⁶¹ Bei einer entsprechenden tatsächlichen Grundlage kann in diesen Fällen der Unterhaltsanspruch aus dem Gesichtspunkt einer im Verhältnis der Eltern untereinander bestehenden **Einstandspflicht** abgeleitet werden.¹⁶² Wenn lediglich auf diese elternbezogenen Gründe abgestellt wird, ist eine Differenzierung zwischen dem Unterhaltsanspruch der ehelichen und der nichtehelichen Elternteile zulässig. Beim nachehelichen Unterhalt nach § 1570 II BGB können im Einzelfall noch zusätzliche Gründe, die ihre Rechtfertigung allein in der Ehe finden,¹⁶³ für eine weitere Verlängerung des Unterhaltsanspruch des geschiedenen Ehegatten sprechen.

Bei einer Entscheidung über einen Unterhaltsanspruch aus § 1615l BGB ist darauf zu **53** achten, dass dieser unter Beachtung von Art. 6 I GG nicht weiter reichen kann als ein Anspruch eines geschiedenen Ehegatten aus § 1570 II BGB. Es empfiehlt sich daher, die in § 1570 II BGB genannten Tatbestandsvoraussetzungen als **oberste Grenze** für einen Betreuungsunterhaltsanspruch eines nichtehelichen Elternteils, der auf elternbezogene Gründe gestützt ist, anzusehen.

Grundsätzlich ist allerdings bei beiden Ansprüchen zu beachten, dass die gesetzliche **54** Regel, wonach der Betreuungsunterhalt grundsätzlich nur für drei Jahre geschuldet ist und

---

154 BGH BeckRS 2011, 16689; FamRZ 2011, 791 Rn. 25.
155 BGH FamRZ 2016, 887 Rn. 25 = R 776; 2015, 1369 Rn. 34 = R 769; 2010, 357 Rn. 48 = R 709.
156 BT-Drs. 16/6980, 10.
157 BT-Drs. 16/6980, 9.
158 Schwab FF 2018, 192 (196); Menne FamRB 2008, 110 (112 f.); NK-BGB/Schilling § 1615l Rn. 13; Maier FamRZ 2008, 101; Borth FamRZ 2008, 2 (7).
159 Schwab FF 2018, 192 (196).
160 BT-Drs. 16/6980, 10; Schwab FF 2018, 192 (196); Zypries ZKJ 2008, 5; Granold FF 2008, 11 (13); Willutzki ZKJ 2008, 7 (8); Gerhardt FuR 2008, 62; NK-BGB/Schilling § 1615l Rn. 13.
161 BGH FamRZ 2008, 1739; BT-Drs. 16/6980, 10; Schumann FF 2007, 227 (229) (dort Fn. 36); Wever FamRZ 2008, 553 (557).
162 Wever FamRZ 2008, 553 (557); Schilling FPR 2008, 27 (30).
163 BT-Drs. 16/6980, 9.

eine Verlängerung über diesen Zeitraum hinaus ausdrücklich begründet werden muss, nicht in ihr Gegenteil verkehrt werden darf.[164]

55 Als **elternbezogene Gründe** kommen wie schon nach früherem Recht folgende Umstände in Betracht:

56 • Die nichtehelichen Eltern haben mit ihrem gemeinsamen Kind **zusammengelebt.** Deswegen ist ein Vertrauenstatbestand als Nachwirkung dieser „Familie" zu berücksichtigen.[165] Ein Zusammenleben **vor** der Geburt des Kindes hat keine Bedeutung, weil der Unterhaltsberechtigte mangels gesetzlicher Unterhaltsansprüche für nichteheliche Lebensgemeinschaften ohne gemeinsames Kind in dieser Zeit nicht auf eine unterhaltsrechtliche Absicherung durch den Lebensgefährten vertrauen konnte. Eine solche entsteht erst mit der Geburt des gemeinsamen Kindes.[166]

57 • Ein besonderer **Vertrauenstatbestand** ist entstanden, weil die Eltern das Kind in Erwartung eines dauernden Zusammenlebens gezeugt haben und darüber einig waren, dass ein Elternteil die Betreuung übernimmt, während der andere für den Unterhalt sorgt.[167] Denn anderenfalls würde sich der Unterhaltspflichtige mit seinem früheren Verhalten in Widerspruch setzen, wenn dort in der nichtehelichen Lebensgemeinschaft ein **gemeinsamer Kinderwunsch**[168] verwirklicht wurde und Einigkeit bestand, dass ein Elternteil das gemeinsame Kind betreut, während der andere den hierfür benötigten Unterhalt zur Verfügung stellt.[169] Ein Indiz für das Vorliegen eines Vertrauenstatbestands ist auch die Ausübung der gemeinsamen elterlichen Sorge, denn dadurch wird die Übernahme der beiderseitigen Verantwortung zum Ausdruck gebracht.[170] Hier ist davon auszugehen, dass aus den tatsächlichen Umständen auf einen **Einstandswillen** des anderen Elternteils geschlossen werden kann.[171]

58 • Von Bedeutung kann sein, dass ein Elternteil zum Zwecke der Kindesbetreuung einvernehmlich seine Erwerbstätigkeit aufgegeben hat oder **mehrere gemeinsame Kinder** betreut.[172]

59 • Auch die **Dauer der Lebensgemeinschaft** kann ein Gradmesser für gegenseitiges Vertrauen und Füreinander-Einstehen-Wollen sein.[173]

60 • Unter der Geltung des früheren Rechts ist ein elternbezogener Grund bejaht worden in einem Fall, in dem ein Vater für die Mutter einen Vertrauenstatbestand dadurch geschaffen hatte, dass die Eltern ursprünglich eine Lebensgemeinschaft mit dem Kind oder den Kindern mit Betreuung durch die Mutter und gleichzeitiger Fortsetzung des **Studiums der Mutter** geplant hatten.[174] Gleiches gilt, wenn der Unterhaltsberechtigte bereits vor der Trennung eine Schule besucht, konsequent den Abschluss angestrebt hatte und nach der Trennung ein Abbruch der Ausbildung droht, wenn kein Unterhalt gezahlt wird.[175]

61 • Eine Einstandspflicht wird im Schrifttum und in der Rechtsprechung auch angenommen, wenn eine Mutter dem Vater des Kindes eine **Ausbildung finanziert** hat.[176]

---

[164] BGH FamRZ 2016, 887 Rn. 25 = R 776; 2015, 1369 Rn. 12 = R 769; 2010, 357 Rn. 48 = R 709; 2008, 1739 (1748) mwN.
[165] BGH FamRZ 2016, 887 Rn. 25 = R 776; 2015, 1369 Rn. 23 = R 769; 2010, 357 Rn. 48 = R 709; 2008, 1739 (1748) mwN.
[166] BGH FamRZ 2010, 357 Rn. 52 = R 709; 2010, 444.
[167] BGH FamRZ 2016, 887 Rn. 25 = R 776; 2015, 1369; 2006, 1362 (1367).
[168] Empfehlungen des 15. DFGT, AK 3; Ziffer 2, FamRZ 2003, 1906 (1907).
[169] OLG Koblenz FamRZ 2011, 1601 Rn. 21; OLG Frankfurt a. M. FamRZ 2000, 1522.
[170] Empfehlungen der 15. DFGT, AK 3; Ziffer 2, FamRZ 2003, 1906 (1907); OLG Düsseldorf FamRZ 2005, 234 (236) lässt allein die Übernahme der gemeinsamen elterlichen Sorge nicht genügen, wenn es an einem einvernehmlichen Zusammenwirken der Eltern mit Wirkung nach außen fehlt.
[171] Wever FamRZ 2008, 553 (557); Schilling FPR 2008, 27 (30).
[172] BT-Drs. 16/6980, 10; FamRZ 2016, 887 Rn. 25 = R 776; OLG Düsseldorf FamRZ 2005, 1772 (1775).
[173] Wever FamRZ 2008, 553 (557); Schilling FPR 2008, 27 (30).
[174] OLG Frankfurt a. M. FamRZ 2000, 1522.
[175] OLG Karlsruhe FamRZ 2004, 974 Rn. 33.
[176] Büttner FamRZ 2000, 781 (783); Wever/Schilling FamRZ 2002, 581 (583); AG Bonn v. 4.12.2003 – 40 F 476/02 nicht veröffentlicht.

1. Abschnitt: Ansprüche der Mutter oder des Vaters eines nichtehelichen Kindes § 7

- Der Umstand, dass das Kind aus einer Vergewaltigung der Mutter durch den Vater stammt, soll ebenfalls einen verlängerten Betreuungsunterhalt rechtfertigen.[177] **62**
- Ob eine Erkrankung der Mutter wegen **chronischer Überlastung** bei kombinierter depressiver **Persönlichkeitsstörung** bei Vollzeiterwerbstätigkeit einen elternbezogenen Grund darstellt, ist umstritten.[178] Nach Auffassung des BGH wirkt sich eine Erkrankung der Mutter mittelbar auf die Belange des Kindes aus, weshalb dieser Gesichtspunkt unter Berücksichtigung der Erziehungspflicht aus Art. 6 II GG besondere Bedeutung gewinnt.[179] Anders sind die Fälle zu beurteilen, in denen nur eine Erkrankung der Mutter vorliegt. Weil der Unterhaltsanspruch wegen Betreuung eines nichtehelichen Kindes aus § 1615l II 2 BGB **keinen Krankheitsunterhalt** vorsieht, ist eine Erkrankung jedenfalls dann im Rahmen der elternbezogenen Umstände unerheblich, wenn sie nicht auf die Geburt des gemeinsamen Kindes zurückzuführen ist.[180] **63**
- Auch besonders günstige **wirtschaftliche Verhältnisse des Vaters** sind ein Aspekt für eine Verlängerung des Unterhaltsanspruchs.[181] Allerdings kann die Tatsache, dass ein Kindesvater zunächst **freiwillig** über die Vollendung des 3. Lebensjahres des Kindes hinaus Betreuungsunterhalt gezahlt hatte, eine Verlängerung des Unterhaltsanspruch nicht rechtfertigen, wenn nicht festgestellt werden kann, dass zwischen den Eltern ausdrücklich oder konkludent eine **vertragliche Bindung** zustande gekommen ist.[182] Nicht berücksichtigt werden auch die Tatsache, dass ein Unterhaltspflichtiger während der ersten 3 Lebensjahre des Kindes keinen Unterhalt gezahlt hatte; denn dies allein spricht nicht für einen verlängerten Unterhaltsanspruch.[183] **64**
- Eine Verlängerung des Unterhaltsanspruchs lässt sich **nicht** aus elternbezogenen Gründen rechtfertigen, wenn die Mutter nach Ablauf der ersten 3 Lebensjahre des Kindes unabhängig von der Kindesbetreuung trotz der erforderlichen Bemühungen **keinen Arbeitsplatz findet** und der Vater ohne weiteres leistungsfähig ist, denn ebenso wie nach früherem Recht erfasst der Unterhaltsanspruch aus § 1615l BGB nicht das allgemeine Arbeitsplatzrisiko.[184] **65**

Gleiches gilt, wenn die Mutter nach vollendetem dritten Lebensjahr des Kindes eine **Professur** an einer Hochschule anstrebt und nicht weiter in ihrem früheren Beruf arbeiten will, obwohl sie jederzeit eine Vollzeitbeschäftigung in diesem Beruf erlangen könnte.[185]

Dass eine Mutter wegen der Geburt und der anschließenden Betreuung des Kindes ihr **Studium** unterbrochen hat, während der Kindesvater in diesem Zeitraum sein Studium beenden konnte, stellt keinen Umstand dar, der aus Billigkeitsgründen eine Verlängerung des Betreuungsunterhaltes nach § 1615l II 4 und 5 BGB rechtfertigen würde.[186] Derartige elternbezogene Gesichtspunkte können eine Verlängerung des Unterhaltsanspruchs nur dann begründen, wenn aus einer gemeinsamen Lebensplanung der Beteiligten ein entsprechender Vertrauenstatbestand abgeleitet werden kann. Haben die Beteiligten jedoch vor der Geburt des Kindes nicht zusammengelebt, kann ein Vertrauen der Kindesmutter auf die weitere Absicherung durch den Kindesvater aus einer gemeinsamen Lebensplanung im Hinblick auf das beiderseitige Studium nicht hergeleitet werden.[187] Die Tatsache, dass beide Eltern vor der Geburt des Kindes in einer vergleichbaren Ausbildungssituation waren und dass der Kindesvater in der Zwischenzeit sein Studium

---

[177] Puls FamRZ 1998, 865 (872 f.); Büttner FamRZ 2000, 781 (783); Wever/Schilling FamRZ 2002, 581 (583); a. A. Derleder DEuFamR 1999, 84 (90).
[178] BGH FamRZ 2006, 1367 Rn. 39; a. A. Kemper ZFE 2008, 126 (128).
[179] BGH FamRZ 2006, 1367 Rn. 39.
[180] BGH FamRZ 2010, 357 Rn. 53 = R 709.
[181] BGH FamRZ 2006, 1362 (1367); OLG Schleswig FamRZ 2004, 975; Puls FamRZ 1998, 865 (873); Büttner FamRZ 2000, 781 (783); Wever FamRZ 2008, 553 (557).
[182] Wever/Schilling FamRZ 2002, 581 (583); a. A. Büttner FamR 2000, 781 (703).
[183] Wever/Schilling FamRZ 2002, 581 (583).
[184] OLG Nürnberg FamRZ 2003, 1320 (1321); Schilling FF 2008, 279 (284).
[185] BGH FamRZ 2012, 1624 zu § 1570 BGB; OLG Karlsruhe FamRZ 2011, 1601 Rn. 29.
[186] BGH FamRZ 2015, 1369 Rn. 27 = R 769.
[187] OLG Karlsruhe JAmt 2014, 341; BGH FamRZ 2010, 444.

beenden konnte, rechtfertigt es nicht, diesen zu verpflichten, bis zur Beendigung der Ausbildung der Kindesmutter Unterhalt zu zahlen. Da für nicht miteinander verheiratete Eltern eine § 1575 BGB entsprechende Regelung fehlt,[188] muss die studierende Kindesmutter ihren Unterhaltsanspruch gegenüber ihren Eltern geltend machen bzw. sich um den Erhalt von BAföG-Leistungen bemühen.[189] Sie verliert ihren **Ausbildungsunterhaltsanspruch** gegenüber ihren Eltern nicht deshalb, weil sich infolge einer Schwangerschaft und der anschließenden Kinderbetreuung die Ausbildung verzögert hat.[190]

66 • Nach der Rechtsprechung des BGH[191] zu dem seit dem 1.1.2008 geltenden Unterhaltsrecht kann ein weiterer Gesichtspunkt für einen verlängerten Anspruch sprechen. Denn im Rahmen der elternbezogenen Gründe ist eine **überobligationsmäßige Doppelbelastung** des betreuenden Elternteils zu berücksichtigen. Eine solche kann sich ergeben, wenn ein betreuender Elternteil neben seiner vollschichtigen Erwerbstätigkeit nach Beendigung der Fremdbetreuung in den Abendstunden die weitere Erziehung und Betreuung des Kindes übernehmen muss. Nach Ansicht des BGH ist der Umfang dieses weiteren Betreuungsbedarfs im Einzelfall unterschiedlich und hängt von der Anzahl der Kinder, deren Gesundheitszustand, Entwicklungsstand sowie den Neigungen und Begabungen ab.[192]

Der BGH hat sich in seiner Ausgangsentscheidung auf die Ausführungen von Maier[193] berufen, der den Tagesablauf und die Arbeitsbelastung eines allein erziehenden Elternteils anschaulich dargestellt hat. Nach dessen Auffassung ist im Einzelfall zu prüfen, ob es einem Elternteil, der Kinder im Kindergarten- bzw. Grundschulalter betreut, auch bei bestehenden Betreuungsmöglichkeiten zumutbar ist, mehr als eine Teilzeittätigkeit auszuüben, weil Kinder in diesem Alter bis zur Zeit der beiden ersten Grundschuljahre noch so viel Betreuung und Beaufsichtigung bedürfen, dass die zusätzliche Belastung mit Vollerwerbstätigkeit wegen Überforderung unzumutbar sein kann.[194] Der **BGH** geht davon aus, dass der Gesichtspunkt der **überobligationsmäßigen Belastung** des betreuenden Elternteil **allein** regelmäßig angesichts einer eingeschränkten Erwerbspflicht **nicht** zu einem **vollen Unterhaltsanspruch** führen kann, sondern allenfalls zu einem **Teilanspruch**. Die den Aspekt der überobligationsmäßigen Belastung grundsätzlich ablehnende Auffassung[195] weist darauf hin, dass dieses Argument nicht stichhaltig sei, weil aus § 1606 III 2 BGB zu entnehmen sei, dass der arbeitsmäßigen Mehrbelastung des betreuenden Elternteils auf der einen Seite die finanzielle Mehrbelastung des Unterhaltspflichtigen durch die Zahlung des Barunterhalts gegenüberstehe.

67 bb) **Billigkeitsabwägung.** In jedem Einzelfall ist eine umfassende Billigkeitsprüfung vorzunehmen. Aus der Formulierung „insbesondere" in § 1615l II 5 BGB ergibt sich, dass bei der zu treffenden Billigkeitsentscheidung nicht nur die oben dargelegten Belange des Kindes und die (engeren) elternbezogenen Gründe, sondern im Einzelfall auch **andere Umstände** berücksichtigt werden können.[196] Zum früheren Recht wurde vertreten, dass der verlängerte Anspruch insbesondere um des Kindeswohles willen bestehe mit der Folge, dass die Hürde für den Begriff der Unbilligkeit nicht allzu hoch angelegt werden solle.[197]

---

[188] BGH FamRZ 2015, 1369 = R 769; NK-BGB/Schilling 3. Aufl. § 1615l Rn. 14; Wever FF 2010, 214, 215; aA: OLG Nürnberg FamRZ 2010, 577, 578.
[189] BGH FamRZ 2015, 1369 Rn. 28.
[190] BGH FamRZ 2015, 1369 Rn. 28 = R 769; OLG Koblenz FamRZ 2017, 2020; OLG Jena FamRZ 2015, 1812; OLG Karlsruhe JAmt 2014, 341; BGH FamRZ 2011, 1560.
[191] BGH FamRZ 2008, 1739 (1748) mAnm Viefhues FF 2008, 376.
[192] BGH FamRZ 2008, 1739 (1748) (zu § 1615l BGB); 2011, 791 Rn. 25; 2009, 1739 Rn. 103; 2009, 1391 Rn. 32 = R 706; 2009, 770 (773) = R 704; 2009, 1124 (1127); OLG Köln FamRZ 2009, 518 (jew. zu § 1570 BGB).
[193] FamRZ 2008, 101 (103 f.).
[194] Vgl. Maier FamRZ 2008, 101 (103 f.).
[195] OLG Saarbrücken NJW-RR 2010, 1303 (1304); Viefhues, Anm. zu BGH FamRZ 2008, 101 in FF 2008, 376 (377); Graba NJW 2008, 3105; Maurer FamRZ 2008, 2157 (2158): ders., Anm. zu BGH FamRZ 2008, 101 in FamRZ 2008, 1830 (1832).
[196] BGH FamRZ 2006, 1362 (1367).
[197] Vgl. in diesem Sinn OLG Celle FamRZ 2002, 636 zur „groben" Unbilligkeit.

Diese Grundsätze gelten mit der Maßgabe weiter fort, dass die Rechte eines nichtehelichen betreuenden Elternteils **nicht weiter gehen** dürfen als die Rechte eines geschiedenen Elternteils.[198] Denn die vom Gesetzgeber angestrebte Gleichstellung der ehelichen und nichtehelichen betreuenden Elternteile ist nach der Gesetzesbegründung auf die Fälle beschränkt, in denen eine Verlängerung des Unterhaltsanspruchs aus kindbezogenen Gründen erfolgt.[199] Soweit elternbezogene und andere Umstände in Rede stehen, wird man bei einem Anspruch aus § 1615 II 2 bis 5 BGB zumindest höhere Anforderungen an die Darlegungs- und Beweislast hinsichtlich des Füreinander-Einstehen-Wollens[200] des anderen Elternteils stellen müssen.[201]

Im Rahmen der umfassenden Billigkeitsabwägung können daher auch **persönliche Umstände**, die **allein** einen Anspruch auf Kranken- bzw. Betreuungsunterhalt **nicht** begründen könnten, wie zB das Alter des Berechtigten sowie sein allgemeiner Gesundheitszustand, wenn er sich auf die Betreuung des Kindes auswirkt, berücksichtigt werden.[202] Bei der vorzunehmenden umfassenden Abwägung zur Frage der Billigkeit einer Verlängerung kann eine Rolle spielen, in welchen Einkommensverhältnissen der Vater lebt, oder ob die Mutter dem Vater **vorgespiegelt** hat, sie habe wirksame Maßnahmen der **Empfängnisverhütung** getroffen.[203] Die Frage, ob ein Vater der Unterhalt begehrenden **Kindesmutter** entgegenhalten kann, dass ihn diese **über empfängnisverhütende Maßnahmen getäuscht** hat, wird allerdings **kontrovers** diskutiert. Wenn keine kindbezogenen Gründe für einen verlängerten Anspruch sprechen, wird man diesen Aspekt berücksichtigen können.[204]

cc) **Fallgruppen aus der Rechtsprechung** (zum nachehelichen Betreuungsunterhalt vgl. § 4 → Rn. 194 ff.). Die Dauer der Verlängerung des Betreuungsunterhaltsanspruchs über die Zeit von 3 Jahren hinaus hängt – wie dargelegt – von den Umständen des Einzelfalles ab. Soweit kindbezogene Gründe vorliegen, sind die gleichen Grundsätze anzuwenden wie bei einem Unterhaltsanspruch wegen der Betreuung ehelicher Kinder nach § 1570 BGB. Bei einer Verlängerung aus elternbezogenen Gründen können sich Abweichungen zu § 1570 II BGB ergeben. Nachfolgend werden einige Fälle aus der jüngeren Rechtsprechung aufgeführt:

Keine Obliegenheit zu einer Erwerbstätigkeit
- Keine Obliegenheit zu einer Erwerbstätigkeit bei einem volljährigen Kind, das schwer behindert ist und ständiger Pflege bedarf, wenn die Eltern übereinstimmend der Auffassung sind, dass eine persönliche Betreuung des gemeinsamen Kindes erforderlich ist.[205]
- Bei Zwillingen im Alter von 4 1/2 Jahren, die in der Zeit von 8:00 Uhr bis 14:30 Uhr den Kindergarten besuchen, besteht noch keine Erwerbsobliegenheit der betreuenden Mutter, wenn die Kinder regelmäßig morgen mehrfach wöchentlich Termine für eine Psychotherapie, Logopädie und Krankengymnastik absolvieren müssen, um ihre Entwicklungsdefizite in Sprache und Motorik und in ihrer sozial-emotionalen Entwicklung aufzuholen und die nach der Trennung der Eltern aufgetretenen extremen Verhaltensauffälligkeiten (Einkoten und Einnässen) zu beheben.[206]

Erwerbstätigkeit in geringem Umfang:
- Die Betreuung von Zwillingen muss nicht stets zu einer unbeschränkten Verlängerung des Anspruchs führen, wenn während einer Teilzeitbeschäftigung die Hortbetreuung der Kinder sichergestellt ist und die Mutter durch den Mehraufwand für Betreuung und

---

[198] MAH FamR/Wever/Hoffmann § 10 Rn. 33.
[199] BT-Drs. 16/6980, 9.
[200] BT-Drs. 16/6980, 22.
[201] Schilling FPR 2008, 27 (30).
[202] BGH FamRZ 2006, 1362 (1367); 1984, 361 (363) (zu § 1576 BGB).
[203] Puls FamRZ 1998, 865 (873).
[204] Puls FamRZ 1998, 865 (873); Wever/Schilling FamRZ 2002, 581 (583); a. A. Derleder DEuFamR 1999, 84 (90); vgl. auch BGH FamRZ 1986, 773 (kein Schadensersatzanspruch) und 2001, 541 (543) (zu §§ 1570, 1579 BGB).
[205] BGH FamRZ 2010, 802.
[206] OLG Köln 21 UF 65/09, BeckRS 2011, 18178 (zu § 1570 BGB).

Versorgung in der übrigen Zeit nicht so beansprucht ist, dass ihr eine Erwerbstätigkeit nicht zugemutet werden kann.[207]
- Eine Studentin, die ein 4 Jahre und 8 Monate altes Kind betreut, das wochentags von 8.30 bis 16:00 Uhr eine Kindertagesstätte besucht, muss neben dem Studium und der Kinderbetreuung nur einen Mini-Job (Geringverdienertätigkeit) ausüben.[208]
- Einer gelernten Bäckereiverkäuferin und Mutter eines 5-jährigen Kindes, das an einer Entwicklungsstörung verbunden mit Intelligenzminderung, Sprachentwicklungsverzögerung und leicht autistischen Zügen leidet und deswegen an mindestens 4 Tagen in der Woche regelmäßig von 8:15 bis 12:00 Uhr bzw. 14:45 Uhr einen heilpädagogischen Kindergarten besucht, ist eine Aushilfstätigkeit mit einer Vergütung von 300 EUR monatlich netto zuzumuten.[209]
- Wenn ein deutlich erhöhter Förderungsbedarf eines autistischen 16-jährigen Kindes besteht; muss die Mutter nur in geringem Umfang (hier 16 Stunden) arbeiten.[210]

72 **Erwerbstätigkeit im Umfang einer $^1/_2$ (50%)-Stelle**
- Eine halbschichtige Erwerbstätigkeit ist bei einem 6-jährigen Schulkind, das bis 13:00 Uhr in der Schule betreut werden kann, zumutbar.[211]
- Vor dem Hintergrund von beruflich bedingten Fahrzeiten einer Krankenschwester von $1^1/_2$ Stunden, von Schichtdienst und zumindest eingeschränkter Stabilität (Immunschwäche, die immer wieder zu Atemweginfekten führte und einen erhöhten Betreuungsbedarf bedingte) des 6-jährigen Kindes hat das OLG Düsseldorf eine mehr als halbschichtige Erwerbstätigkeit nicht erwartet.[212]
- Das OLG Düsseldorf[213] hat die Ausübung einer Teilzeitbeschäftigung mit 20 Wochenstunden für eine Fremdsprachenkorrespondentin, die ihren 10-jährigen Sohn betreut und die während der intakten Ehe nicht erwerbstätig gewesen war, für ausreichend erachtet.
- Bei Kindern im Alter von 3 bis 6 Jahren, die morgen bis mittags einen Kindergarten besuchen, wird in der Regel zumindest eine Halbtagstätigkeit erwartet.[214]
- Eine Halbtagsbeschäftigung ist von dem betreuenden Elternteil zu erwarten, wenn die Kinder 7 und 11 Jahre alt sind und noch die Grundschule besuchen.[215]
- Bei der Betreuung eines 11-jährigen Kindes nach einer Ehe, die über 16 Jahre gedauert hatte und einer krebsbedingten Erwerbsminderung von 60% des betreuenden Elternteils ist $^1/_2$-schichtige Erwerbstätigkeit ausreichend.[216]
- Eine Mutter, die ihre 7 und 9 Jahre alten, schulpflichtigen Kinder betreut, genügt nach OLG Düsseldorf[217] ihrer Erwerbsobliegenheit mit einer Erwerbstätigkeit im Umfang von 25 Stunden pro Woche.
- Gleiches gilt bei Geschwistern im Alter von 11 und 13 Jahren.[218]
- Das OLG Hamm[219] hat einer Flugbegleiterin, die in Monatsteilzeit arbeitete (einen Monat vollschichtig, einem Monat überhaupt nicht) und die 11 und 14 Jahre alten Kinder betreute, für verpflichtet gehalten, nur eine halbschichtige Berufstätigkeit auszuüben.
- Bei einem 14-jährigen Schüler, der an Narkolepsie – Schlafkrankheit leidet, hat das OLG Düsseldorf eine halbschichtige Tätigkeit als ausreichend angesehen.[220]

---

[207] OLG Düsseldorf FamRZ 2005, 234 (236) zum früheren Recht.
[208] OLG Nürnberg FamRZ 2010, 577 (zu § 1615l BGB) mit krit. Anm. Wever FF 2010, 214.
[209] OLG Hamm FPR 2008, 311 (zu § 1570 BGB).
[210] OLG Hamm NJW-RR 2017, 2.
[211] OLG Düsseldorf ZFE 2008, 273 (zu § 1570 BGB).
[212] OLG Düsseldorf FamRZ 2010, 301 (zu § 1570 BGB).
[213] OLG Düsseldorf FamRZ 2010, 646 (zu §§ 1361 II, 1570 I, II BGB).
[214] OLG München FamRZ 2008, 1945; OLG Jena FamRZ 2008, 2203; OLG Düsseldorf FPR 2008, 525 (jeweils zu § 1570 BGB).
[215] KG FamRZ 2009, 336 (zu § 1570 BGB).
[216] OLG Celle FF 2009, 81 (zu § 1570).
[217] FamRZ 2008, 1861 (zu § 1570 BGB).
[218] OLG Bremen v. 3.9.2008 – 4 WF 98/08, BeckRS 2011, 18176 (zu § 1570 BGB).
[219] FamRZ 2009, 2093 (zu § 1570 BGB).
[220] OLG Düsseldorf BeckRS 2016, 19741.

Erwerbstätigkeit im Umfang einer 60%-Stelle 73
- Eine im Schichtdienst arbeitende Krankenschwester, die ein 3-jähriges Kind betreut, genügt ihrer Erwerbsobliegenheit mit einer 60%-Stelle (24 Stunden).[221]
- Bei einem 10-jährigen Kind, das die 5. Klasse des Gymnasiums besucht und 10 Jahre alt ist, reicht nach Auffassung des OLG Düsseldorf[222] eine Erwerbstätigkeit mit 25 Wochenstunden (62,5%-Stelle).

Bei der Betreuung von Zwillingen im Vorschulalter reicht eine Teilzeittätigkeit im Umfang von 5 Stunden täglich (hier 60,98%).[223]

Das OLG Düsseldorf hat eine Erwerbstätigkeit im Umfang von 25 Wochenstunden für die Leiterin eines Geschäftes, die ihren vierjährigen Sohn betreut, als ausreichend erachtet.[224]
- Eine weitergehende Erwerbstätigkeit als 5 Stunden täglich (dh 25 Stunden wöchentlich = 62,5%-Stelle) neben der Betreuung von zwei 7 und 9 Jahre alten Grundschulkindern verlangt das OLG Düsseldorf[225] nicht.
- Die Ausübung einer Erwerbstätigkeit im Umfang von 25 Stunden ist ausreichend, wenn der unterhaltsberechtigte Ehegatte 2 gemeinsame Kinder im Alter von 13 und 14 Jahren betreut und erzieht und ein Kind unter gesundheitlichen Beschwerden leidet und in der vorhandenen und in Anspruch genommenen Betreuungseinrichtung keine qualifizierte Schulaufgabenbetreuung erfolgt.[226]

Erwerbstätigkeit im Umfang einer ²/₃ (66,6%)-Stelle 74
- Die Ausübung einer ²/₃ Stelle als Schwimmmeisterhelferin im Schichtdienst reicht bei der Betreuung von 9 und 11 Jahre alten Kindern aus.[227]
- Bei der Betreuung eines 7-jährigen Kindes, das an Glutenunverträglichkeit leidet, reicht die Ausübung einer ²/₃ Stelle aus.[228]
- Neben der Betreuung von zwei 11 Jahre und 14 Jahre alten Schulkindern ist der betreuende Elternteil aus elternbezogenen Gründen nach Auffassung des OLG Celle[229] auch dann noch nicht zur Ausübung einer vollschichtigen Erwerbstätigkeit, sondern nur zu einer Tätigkeit im Umfang von ²/₃ verpflichtet, wenn die Kinder nach der Schule ganztägig in einer geeigneten Tagespflegestelle betreut werden könnten.
- Auch bei fortgeschrittenem Alter (hier 16 Jahre) eines autistischen Kindes, das zudem an Neurodermitis, einer Lebensmittelunverträglichkeit, Migräne und Kopfschmerzen leidet, besteht keine Verpflichtung der Kindesmutter zur Vollzeittätigkeit, wenn ein deutlich erhöhter Förderungsbedarf des Kindes besteht.[230]

Erwerbstätigkeit im Umfang einer 70%-Stelle 75
- Die Ausübung einer 70%-Stelle durch eine Studienrätin, die ein 7-jähriges, an Asthma leidendes schulpflichtiges Kind betreut, das sich bis 16:00 Uhr in einem Hort befindet, ist nur dann ausreichend, wenn nachgewiesen wird, dass die Mutter bei vollschichtige Erwerbstätigkeit über 16:00 Uhr hinaus berufstätig sein muss.[231]

Erwerbstätigkeit im Umfang einer ³/₄ (75%)-Stelle 76
- Bei Betreuung eines 5-jährigen Kindes, das in einem Ganztagskindergarten im Nachbarort untergebracht werden kann und für das kein über die altersgemäß erforderliche Zuwendung und Fürsorge hinausgehender besonderer Betreuungsbedarf besteht, genügt der betreuende Elternteil seiner Erwerbspflicht mit der Ausübung einer Tätigkeit im Umfang von 30 Wochenstunden.[232]

---

[221] OLG Koblenz NJW 2009, 1974 (zu § 1615l BGB).
[222] FPR 2009, 58 (zu § 1570 BGB).
[223] OLG Koblenz FamRZ 2018, 824.
[224] OLG Düsseldorf NJW 2014, 948.
[225] OLG Düsseldorf FamRZ 2008, 1861 (zu § 1570 BGB).
[226] OLG Hamm FamRZ 2009, 2092 (zu § 1570 BGB).
[227] OLG Köln FamRZ 2009, 518 (zu § 1570 BGB).
[228] BGH FamRZ 2009, 1391 (zu § 1570 BGB) = R 706.
[229] FamRZ 2010, 301 (zu § 1570 BGB).
[230] OLG Hamm NJW-RR 2017, 2.
[231] BGH FamRZ 2009, 770 (zu § 1570 BGB) mAnm Borth = R 704.
[232] OLG Zweibrücken FamFR 2011, 81 (zu § 1570 BGB).

- Das OLG Hamm hat die Ausübung einer Erwerbstätigkeit im Umfang von 30 Stunden bei einem 8-jährigen Kind, das unter unterschiedlichen Beschwerden (Neurodermitis, Pollenallergie, Laktoseintoleranz, Lärmempfindlichkeit (Hyperakusis), einem sog. Nachtschreck (pavor nocturnus), einer motorischen Entwicklungsverzögerung und einer Überbeweglichkeit des Skeletts leidet, als ausreichend angesehen.[233]
- Ein eingeschränktes Zeitfenster für Vollzeiterwerbstätigkeit auch bei einer Ganztagsbetreuung in einer Kindertagesstätte erlaubt wegen der Fahrzeiten nur eine Erwerbstätigkeit im Umfang einer ³/₄-Stelle.[234]
- Ein Betreuungsunterhaltsanspruch kann neben der Ausübung einer 30-Wochenstundenstelle dann bestehen, wenn 2 Kinder im Alter von 11 und 15 Jahren zu betreuen sind und das 11-jährige Kind aufgrund einer Lese- und Rechtschreibschwäche sowie einer ausgeprägten Spielneigung einer zusätzlichen Unterstützung durch den betreuenden Elternteil bedarf.[235]
- Eine Erwerbstätigkeit einer Kindesmutter mit ausländischer Staatsangehörigkeit, unzureichenden Deutschkenntnissen und ohne Berufsausbildung im Umfang von 30 Wochenstunden neben der Betreuung eines Kindes, das die 5. Klasse der Hauptschule besucht, ist nach einer Entscheidung des OLG Karlsruhe ausreichend.[236]
- Das OLG München hat die Ausübung einer 30-Wochenstundenstelle durch die Mutter bei einem 10-jährigen Jungen, der nach dem Übertritt in das Gymnasium an AHDS und einer Störung des Sozialverhaltens mit depressiver Symptomatik leidet, bis zum Abschluss der 6. Klasse für ausreichend erachtet.[237]
- Das OLG Saarbrücken erachtet die Ausübung einer Erwerbstätigkeit von wöchentlich 30 Stunden im Fall der Betreuung eines im Zeitpunkt der Entscheidung des Gerichts drei Jahre alt gewordenen Kindes als ausreichend, auch wenn eine ganztägige Betreuungseinrichtung zumutbar in Anspruch genommen werden kann.[238]
- Das OLG Koblenz[239] hält bei der Betreuung einer Fünfjährigen die Ausübung einer ³/₄-Stelle für zumutbar. Die Tatsache, dass die Mutter noch ein weiteres Kind aus einer nichtehelichen Beziehung betreut, kann sie dem geschiedenen Ehemann bei der Beurteilung ihrer Erwerbsobliegenheit nicht entgegenhalten. Insoweit ist sie auf einen Unterhaltsanspruch gegen den Vater des nichtehelichen Kindes nach § 1615l BGB zu verweisen.
- -Das OLG Düsseldorf[240] erachtet eine ³/₄-Stelle für ausreichend, wenn für die Betreuung mehrerer minderjähriger schulpflichtiger Kinder keine ganztägigen Betreuungseinrichtungen vorhanden sind, weil es den Kindern nach Betreuung durch die schulischen Betreuungseinrichtungen nicht zugemutet werden kann, sich hiernach allein in der elterlichen Wohnung aufzuhalten bis die Erwerbstätigkeit des betreuenden Elternteils beendet ist.

77 **Vollzeitstelle (100%)**
- ZT wird die Obliegenheit zur Aufnahme einer Vollzeitstelle angenommen bei der Betreuung von 2 Kindern im schulpflichtigen Alter von 8 und 11 Jahren.[241]
- Bei vorhandenen Betreuungsmöglichkeiten und dem Fehlen von elternbezogenen Gründen ist dem betreuenden Elternteil von 9 und 13 Jahre alten Kindern eine Vollzeittätigkeit zuzumuten. Die Tatsache, dass er neben der Betreuung der Kinder Pflegeleistungen für die eigene Mutter erbringt, spielt bei der Beurteilung der Unterhaltspflicht des anderen keine Rolle.[242]

---

[233] OLG Hamm NZFam 2016, 984.
[234] OLG Hamm FamRZ 2014, 1468; OLG Koblenz BeckRS 2015, 127147.
[235] OLG Celle FamRZ 2010, 300.
[236] OLG Karlsruhe BeckRS 2009, 12090 (zu § 1570 BGB).
[237] OLG München FamRZ 2012, 558.
[238] OLG Saarbrücken FamRZ 2014, 484 (487).
[239] MDR 2010, 698.
[240] OLG Düsseldorf FamRZ 2016, 63.
[241] OLG Köln FamRZ 2008, 2119 (zu § 1570 BGB).
[242] OLG Oldenburg FuR 2009, 594 (zu § 1570 BGB).

1. Abschnitt: Ansprüche der Mutter oder des Vaters eines nichtehelichen Kindes § 7

- Die Ausübung einer Erwerbstätigkeit von 30 Wochenstunden bei der Betreuung eines 15-jährigen Kindes, das an ADS leidet, und eines 13-jährigen Kindes ist nicht ausreichend, wenn nicht feststeht, dass es im näheren Einzugsbereich keine kindgerechte Einrichtung gibt, die die Betreuung der beiden Söhne nach ihrem Schulbesuch einschließlich der Hausaufgabenhilfe ganztags sicherstellen kann.[243]
- Nach Auffassung des OLG Bremen[244] muss die betreuende Mutter grundsätzlich vollschichtig erwerbstätig sein, wenn das Kind 12^1/$_2$ Jahre alt ist.
- Eine Obliegenheit zur vollschichtigen Erwerbstätigkeit besteht für eine geschiedene Mutter eines 14-jährigen Kindes.[245]
- Gleiches gilt für die Mutter eines 9-jährigen Kindes, wenn diese in einem Schulhort bis 17.00 Uhr betreut werden kann und der Betreuung im Hort keine individuellen Umstände entgegenstehen.[246]

5. Der Unterhaltsanspruch des nichtehelichen Vaters

Seit Inkrafttreten des KindRG hat auch der nicht mit der Mutter verheiratete Vater des Kindes einen Anspruch auf Betreuungsunterhalt nach § 1615l IV, II 2 BGB in der Fassung vom 1.1.2002[247] gegen die Kindesmutter, wenn er das Kind betreut.[248] Durch die Einführung dieser Regelung ist dem verfassungsrechtlichen Gebot auf Gleichbehandlung aus Art. 3 I, II 1, III 1 GG Rechnung getragen worden. Für diesen Anspruch gelten die Ausführungen zum Anspruch der Mutter entsprechend, soweit nachstehend keine Besonderheiten erwähnt sind. **78**

Voraussetzung für den Anspruch ist die tatsächliche Betreuung des Vaters durch das Kind. Es ist nicht notwendig, dass dem Vater allein oder zusammen mit der Mutter die elterliche Sorge zusteht. Da der Mutter nach § 1626a II BGB – falls keine gemeinsame Sorgeerklärung abgegeben worden ist (§ 1626a I Nr. 1 BGB) – grundsätzlich die elterliche Sorge für das nichteheliche Kind allein zusteht, ist aber, soweit der Vater die Betreuung übernommen hat, ebenso wie bei § 1570 BGB zu prüfen, ob die **Betreuung rechtmäßig** geschieht. Das ist nicht der Fall, wenn die Mutter mit der Betreuung durch den Vater nicht einverstanden ist, zB wenn er das Kind der Mutter rechtswidrig, dh ohne ihre Zustimmung, entzogen hat. Ob der nicht sorgeberechtigte Vater im Interesse des Kindesschutzes einen Anspruch gegen die Mutter hat, wenn diese sich nicht um das Kind kümmert, zB weil sie Vater und Kind verlassen hat, ist höchstrichterlich noch nicht geklärt.[249] Der Vater ist auch dann anspruchsberechtigt, wenn er die Kindesbetreuung wegen einer Erkrankung der Mutter zwar **in Absprache** mit dieser, jedoch ohne familiengerichtliche Übertragung der elterlichen Sorge nach § 1678 II BGB übernimmt.[250]

Nicht rechtmäßig ist die Betreuung auch dann, wenn sich bei **gemeinsamer elterlicher Sorge** die Eltern über die Kindesbetreuung nicht einigen können und das Familiengericht der Mutter nach § 1628 BGB oder § 1671 BGB das Recht zur Betreuung des Kindes übertragen hat. In dieser Konstellation kann von dem Vater eine Erwerbstätigkeit im Sinne des § 1615l II 2 BGB erwartet werden. **79**

Der dem nichtehelichen Vater zustehende Unterhaltsanspruch setzt mit Beginn der von ihm übernommenen Kindesbetreuung ein und umfasst nach der Bezugnahme in § 1615l IV BGB den gleichen Zeitraum wie der der Mutter aus § 1615l II 2 BGB. Obwohl die Bezugnahme wegen der Weiterverweisung in Absatz II 2 auf Absatz II 1 BGB und der dort geregelten speziellen Situation der Mutter missverständlich ist, besteht **80**

---

[243] BGH FamRZ 2009, 1391 (zu § 1570 BGB) = R 706.
[244] FamRZ 2009, 1496 (zu § 1570 BGB).
[245] OLG Karlsruhe FuR 2009, 49.
[246] BGH FamRZ 2011, 791 Rn. 27 zu § 1570 BGB.
[247] Der vorherige § 1615l V BGB wurde durch Art. 1 I Nr. 70a, b Hs. 1 des Gesetzes zur Modernisierung des Schuldrechts vom 26.11.2001 BGBl. I S. 3138 zu § 1615l IV BGB.
[248] Hierzu ausführlich Büdenbender FamRZ 1998, 129 ff.
[249] Vgl. hierzu Büdenbender FamRZ 1998, 129 (134); MAH FamR/Wever/Hoffmann § 10 Rn. 40.
[250] NK-BGB/Schilling § 1615l Rn. 54.

Einigkeit[251] darüber, dass der Vater auch innerhalb der ersten 8 Wochen nach der Entbindung von der Mutter Unterhalt beanspruchen kann, **wenn er das Kind betreut und die Mutter ausreichend leistungsfähig ist.**[252] An der letzten Voraussetzung wird es idR insbesondere in den ersten 8 Wochen nach der Entbindung fehlen, weil die Mutter in dieser Zeit arbeitsrechtlich einem Beschäftigungsverbot unterliegt (§ 6 MuSchG).

Der Anspruch des Vaters dürfte trotz der in § 1615l IV 1 BGB fehlenden Verweisung auf § 1615l II 3 bis 5 BGB wie der Anspruch der Mutter zeitlich begrenzt sein.[253]

Nach § 1615l IV 2 BGB gelten die Absätze zwei und drei entsprechend, wenn die Voraussetzungen eines Unterhaltsanspruchs für den Vater vorliegen, dh. die Bedürftigkeit des Vaters (§ 1602 BGB) und die Leistungsfähigkeit der Mutter (§ 1603 BGB). Für den Umfang des Anspruchs ist die Lebensstellung des Vaters (§ 1610 I BGB) maßgebend. Die Unterhaltsverpflichtung der Mutter geht der Verpflichtung der Eltern des Vaters vor.

81 Wenn nach Beendigung einer nichtehelichen Lebensgemeinschaft die Eltern jeweils ein gemeinschaftliches Kind betreuen, können **wechselseitige Unterhaltsansprüche** entstehen. In einem solchen Falle sind die gleichen Grundsätze anwendbar, die für geschiedene Eltern gelten, die jeweils ein gemeinsames Kind betreuen.[254] Gleiches gilt, wenn die nicht miteinander verheirateten Eltern ein echtes Wechselmodell bei der Betreuung ihrer Kinder praktizieren.[255]

6. Der Anspruch auf Ersatz von Schwangerschafts- und Entbindungskosten nach § 1615l I 2 BGB

82 a) **Anspruchsinhaber, Dauer.** Gemäß § 1615l I 2 BGB hat der Vater der Mutter die Kosten zu erstatten, die infolge der Schwangerschaft oder der Entbindung entstehen. Anders als bei § 1615l I 1 BGB müssen Schwangerschaft oder Entbindung ursächlich für die Entstehung der Kosten sein. Die Regelung ist an die Stelle des aus dem früheren § 1615k BGB folgenden Entschädigungsanspruchs getreten und setzt als unterhaltsrechtlicher Anspruch auf **Sonderbedarf** anders als nach der früheren Rechtslage Bedürftigkeit der berechtigten Mutter und Leistungsfähigkeit des Vaters voraus (→ Rn. 13). Er steht nach dem Gesetzeswortlaut und der fehlenden Verweisung in § 1615l IV 1 BGB nur der Mutter zu. Ob die zu erstattenden Kosten innerhalb oder außerhalb des sich aus § 1615l I 1 BGB ergebenden 14-Wochen-Zeitraum entstanden sind, ist unerheblich.[256] Die durch Entbindung oder Schwangerschaft in dem genannten Zeitraum entstandenen Kosten werden deshalb nicht im Rahmen des nach § 1615l I 1 BGB zu gewährenden Unterhalts abgedeckt, sondern nach § 1615l I 2 BGB erstattet.[257] Die Ersatzpflicht des Vaters für schwangerschafts- und entbindungsbedingte Aufwendungen ist zeitlich unbeschränkt.[258]

83 b) **Art der Kosten.** Erstattungsfähig sind zB folgende Aufwendungen:
Die eigentlichen **durch die Entbindung** verursachten Kosten, vor allem
- die Kosten für die ärztliche Behandlung der Mutter,
- die Hebammen,[259]
- den stationären Klinikaufenthalt,
- die Fahrt zum Krankenhaus,
- die Arzneimittel usw.

84 Weitere Kosten, die **wegen der Schwangerschaft oder als Folge der Entbindung** entstanden sind, zB

---

[251] Schilling FPR 2005, 513 (516).
[252] Staudinger/Klinkhammer § 1615l BGB Rn. 97.
[253] Schwab FF 2018, 192 (198).
[254] Vgl. die Ausführungen zu § 1570 BGB.
[255] BGH FamRZ 2007, 707.
[256] OLG Naumburg FamRZ 2007, 580; MAH FamR/Wever/Hoffmann § 10 Rn. 43.
[257] Anders noch Vorauflage Rn. 10.
[258] NK-BGB/Schilling § 1615l Rn. 7.
[259] OLG Naumburg FamRZ 2007, 580.

- Kosten für die Schwangerschafts- und Rückbildungsgymnastik,[260]
- für ärztliche Vorsorge- und Nachbehandlungen,
- Umstands- und Stillkleidung,[261]
- Kosten einer Haushaltshilfe bei einer Problemschwangerschaft oder bei einer schwierigen Geburt.[262]

Zu ersetzen sind nur **tatsächlich angefallene Kosten.** Sie sind konkret darzulegen. Dies gilt auch dann, wenn die Sozialhilfebehörde an die Kindesmutter eine Kostenpauschale ausgekehrt hat und dann den Anspruch nach § 1615l I 2 BGB aus übergeleitetem Recht gegen den Vater geltend macht.[263]

Die Ersatzpflicht umfasst zumindest die **notwendigen Aufwendungen.** Darüber hinaus kann ein Anspruch der Mutter auf Erstattung der angemessenen Kosten bestehen.[264] Insoweit ist die Lebensstellung der Mutter als maßgebliche Richtschnur für ihren Bedarf anzusehen. So bestimmt sich nach den Verhältnissen der Mutter (§§ 1615l III 1, 1610 I BGB), welche Art der Unterbringung im Krankenhaus (Einzel- oder Mehrbettzimmer) und welche medizinischen Leistungen (zB Chefarztbehandlung) sie beanspruchen kann.

Nicht von § 1615l I 2 BGB umfasst sind Kosten, die dem Kind zuzurechnen sind sowie Aufwendungen, die zum allgemeinen Lebensbedarf der Mutter gehören. Zu den **dem Kind selbst** zustehenden Ansprüchen gehören die Kosten,
- zB auf Tragung der ihm entstandenen **Krankenhauskosten,**[265] auf Zahlung der Säuglingserstausstattung[266] usw.
- Aufwendungen für ein Fest zur **Taufe** des Kindes[267]
- Kosten für einen **Babysitter**[268]
- Prämien für eine **Krankenversicherung** während und nach der Schwangerschaft[269]
- Kosten für Beschaffung eines **Zeugnisses** eines Arztes oder einer Hebamme über den mutmaßlichen Tag der Entbindung (§ 5 MuSchG)[270]
- Aufwendungen der freiberuflich tätigen Mutter für eine **Hilfskraft** oder einen Praxis- oder **Berufsvertreter.** Solche Kosten waren bereits von dem früheren § 1615k BGB (nunmehr § 1615l I 2 BGB), der keine Bedürftigkeit der Berechtigten voraussetzte,[271] nicht erfasst.[272] Sie konnten nur im Rahmen eines möglichen Unterhaltsanspruchs gemäß § 1615l I u. II BGB geltend gemacht werden. Solche Aufwendungen stehen im Zusammenhang mit der Deckung des allgemeinen Lebensbedarfs der Mutter durch die eigene Erwerbstätigkeit, die nicht mehr voll ausgeübt werden kann. Sie sind deshalb von ihrem laufenden Unterhalt zu decken.[273]

c) Eintrittspflicht des nichtehelichen Vaters. Soweit die Mutter einen Anspruch auf Erstattung der Entbindungskosten und der weiteren Aufwendungen gegenüber Dritten, zB gegenüber einem **Kranken-, Sozial- oder Privatversicherungsträger** oder als Beamtin im Rahmen der **Beihilfe** hat und diese Ansprüche ohne Schwierigkeiten realisieren kann,[274] entfällt ihre Bedürftigkeit. Da die genannten Ansprüche der Leistungsverpflichtung

---

[260] Diehl DAVorm 2000, 838.
[261] KG FamRZ 2007, 77; LG Hamburg FamRZ 1983, 301 (302); AG Krefeld FamRZ 1985, 1181.
[262] MüKoBGB/Born § 1615l Rn. 21.
[263] KG FamRZ 2007, 77.
[264] Christian, Zentralblatt für Jugendrecht und Jugendwohlfahrt 1975, 449 (453).
[265] LG Aachen FamRZ 1986, 1040.
[266] BVerfG FamRZ 1999, 1342; OLG Koblenz FamRZ 2009, 2098; OLG Celle FamRZ 2009, 704; OLG Oldenburg FamRZ 1999, 1685; LG Amberg FamRZ 1997, 964; LG Düsseldorf FamRZ 1975, 279.
[267] MAH FamR/Wever/Hoffmann § 10 Rn. 46.
[268] AG Köln FamRZ 1991, 735.
[269] Göppinger/Wax/Maurer, Rn. 1290.
[270] Göppinger/Wax/Maurer, Rn. 1290, 1304.
[271] LG Hamburg FamRZ 1983, 301 ff. mAnm Büdenbender.
[272] Büdenbender FamRZ 1998, 129 (135).
[273] Str.; a. A. zB jurisPK/Viefhues BGB § 1615l Rn. 64, 112; Büttner FamRZ 2000, 781 (783).
[274] Brüggemann FamRZ 1971, 140 (144).

des Vaters vorgehen, entfällt seine Eintrittspflicht. Die Versicherungsträger, Dienstbehörden oder Arbeitgeber haben gegenüber dem Vater keinen Regressanspruch.[275]

89 **Leistungen des Sozialleistungsträgers** nach SGB II und SGB XII[276] sind idR wegen ihrer unterhaltsrechtlichen Qualifikation subsidiär (§ 9 SGB II, § 2 II 1 SGB XII) und hindern die Geltendmachung des Anspruchs gegen den Vater nicht. Allerdings dürfte – soweit wegen der einschränkenden Übergangsregelungen der § 33 SGB II, § 94 SGB XII kein Anspruchsübergang auf die Sozialleistungsträger stattfindet – einer doppelten Geltendmachung desselben Bedarfs der Einwand unzulässiger Rechtsausübung entgegenstehen. Wenn der Ehemann der Mutter oder ein sonstiger Dritter die Kosten getragen hat, geht der Anspruch der Mutter aus § 1615l I 2 BGB gegen den nichtehelichen Vater unter den Voraussetzungen der §§ 1615l III 1, 1607 III BGB auf diesen über.

90 **d) Anwendbarkeit der sonstigen Regeln für Unterhaltsansprüche.** Gemäß § 1615l III 1 BGB gelten die Vorschriften zum Verwandtenunterhalt (§§ 1601 ff. BGB) entsprechend.[277] Ein Verzicht auf die Erstattung der künftig anfallenden Kosten ist gemäß § 1614 I BGB unwirksam. Der Anspruch kann nach § 1615l III 1, 1611 BGB verwirkt werden,[278] ob auch nach § 1579 Nr. 2 BGB, ist umstritten.[279] Er erlischt mit dem Tod der Berechtigten (§§ 1615l III 1, 1615 I BGB), nicht aber mit dem Tod des Verpflichteten (§ 1615l III 5 BGB).

Im Rang geht die Verpflichtung nach § 1615l BGB den Ansprüchen wegen Verwandtschaft Unterhaltspflichtiger vor, § 1615l III 2 BGB.

III. Die Bemessung des Unterhalts

1. Der Unterhaltsbedarf

91 **a) Eigene Lebensstellung.** Das **Maß** des nach 1615l I 1, II BGB geschuldeten laufenden **Unterhalts** bestimmt sich aufgrund der Verweisung in § 1615l III 1 gemäß § 1610 BGB. Danach kommt es auf die **Lebensstellung des betreuenden bedürftigen Elternteils**, dh der Mutter oder des Vaters, an.[280] Maßgebend sind allein die wirtschaftlichen Verhältnisse des Unterhaltsberechtigten, nicht die des Unterhaltspflichtigen.

Die Lebensstellung des nach den §§ 1615l II, 1610 I BGB Unterhaltsberechtigten richtet sich danach, welche Einkünfte er ohne die Geburt und die Betreuung des gemeinsamen Kindes hätte. Sie ist nach der neuen Rechtsprechung des BGH[281] nicht auf den Zeitpunkt der Geburt des Kindes festgeschrieben, so dass sich später ein höherer Bedarf ergeben kann. Es kommt deshalb im Gegensatz zu der früheren Rechtsprechung des BGH[282] nicht nur darauf an, in welchen Verhältnissen der Anspruchsteller **bis zur Geburt des Kindes** gelebt hatte. Seine Auffassung, die Höhe des Unterhaltsanspruchs des Berechtigten richte sich nur nach dessen früheren Einkünften, hat der BGH ausdrücklich aufgegeben.[283]

Es besteht insoweit ein grundlegender Unterschied zu der Unterhaltsbemessung beim nachehelichen Unterhalt gemäß § 1570 BGB. Denn der Bedarf eines geschiedenen Ehe-

---

[275] LG Bremen FamRZ 1993, 107 (108).
[276] BGH FamRZ 2009, 307 = R 699; Klinkhammer FamRZ 2006, 1171; näheres siehe unter → Rn. 123 ff.
[277] Näheres unter → Rn. 191 ff.
[278] OLG Brandenburg 10 WF 113/10, BeckRS 2010, 15177.
[279] Für eine entsprechende Anwendbarkeit von § 1579 BGB OLG Hamm FamRZ 2011, 107; vgl. auch Peschel-Gutzeit FPR 2005, 344 (348); Schilling FPR 2005, 513 (515); a. A. OLG Nürnberg NJW 2011, 939.
[280] BGH BeckRS 2019, 11356, Rn. 320, FamRZ 2016, 887 Rn. 23 = R 776; 2015, 1369 Rn. 34 = R 769; 2005, 442 = R 625a; OLG Hamm BeckRS 2013, 19335.
[281] BGH FamRZ 2015, 1369 = R 769.
[282] BGH FamRZ 2010, 357; FamRZ 2010, 444.
[283] BGH FamRZ 2015, 1369 Rn. 34 = R 769.

gatten wird durch die ehelichen Lebensverhältnisse (§ 1578 I BGB) und damit nach den **beiderseitigen** Einkommensverhältnissen der Ehegatten bestimmt.

Die Einkommensverhältnisse **nur** des unterhalts**berechtigten** Elternteils sind auch dann 92 maßgebend, wenn der barunterhaltspflichtige Elternteil in sehr guten wirtschaftlichen Verhältnissen lebt. Sofern der betreuende Elternteil vor der Geburt eine deutlich niedrigere Lebensstellung als der barunterhaltspflichtige Elternteil hatte, kann dies in solchen Fällen zur Folge haben, dass das gemeinsame Kind aufgrund seines eigenen Unterhaltsanspruchs, der sich nach der Lebensstellung des barunterhaltspflichtigen Elternteils richtet, einen hohen Unterhalt beanspruchen kann, während der Unterhaltsanspruch des betreuenden Elternteils möglicherweise nur den Mindestbedarf abdeckt.[284] Erfahrungsgemäß wird dann ein Teil der für das Kind bestimmten Unterhaltsleistungen auch dem betreuenden Elternteil zugutekommen.[285] Nach der derzeitigen Gesetzeslage ist nach Auffassung des BGH eine Gleichbehandlung von ehelichen und nichtehelichen betreuenden Elternteilen hinsichtlich ihres Bedarfs nicht möglich.[286] Dies wird in der Literatur zunehmend kritisiert[287], s Rn. 106.

b) Fallgruppen. Bei der Ermittlung des Bedarfs ist danach zu differenzieren, ob der 93 anspruchsberechtigte Elternteil ein eigenes Einkommen hatte, von den Eltern oder dem Ehepartner unterhalten wurde oder ob er Leistungen öffentlicher Träger – etwa in Form von Sozialhilfeleistungen – in Anspruch genommen hatte.[288]

aa) Keine Einkünfte/Mindestbedarf. Wenn der betreuende Elternteil vor der Geburt 94 des Kindes kein eigenes Einkommen erzielt hat, ist es fraglich, wie sein Bedarf anzusetzen ist. Nach der Rechtsprechung des BGH,[289] der sich nun der hM[290] angeschlossen hat, ist ihm ein **Mindestbedarf** zuzusprechen. Seine frühere Rechtsprechung,[291] nach der der BGH die Festlegung eines Mindestbedarfs in Konstellationen, in denen sich der Unterhaltsbedarf nach der Lebensstellung im Zeitpunkt der Geburt aus einem Unterhaltsanspruch gegen einen früheren Ehegatten ableitete, abgelehnt hatte, hat er ausdrücklich aufgegeben. Der BGH begründet dies unter anderem damit, in § 1612a BGB sei inzwischen ein Mindestunterhalt für minderjährige Kinder eingeführt worden, und der Unterhaltsanspruch minderjähriger und privilegiert volljähriger Kinder gehe nach § 1609 Nr. 1 BGB allen anderen Unterhaltsansprüchen vor. Die Höhe des Bedarfs nachrangiger Berechtigter habe deshalb auf die Leistungsfähigkeit für den Unterhalt minderjähriger Kinder keine Auswirkungen mehr. Das gegen einen Mindestbedarf vorgebrachte Argument,[292] der betreuende Elternteil eines nichtehelich geborenen Kindes dürfe nicht besser gestellt werden als der betreuende Elternteil eines ehelich geborenen Kindes, spricht nach Auffassung des BGH lediglich gegen eine Ungleichbehandlung, nicht aber gegen einen Mindestbedarf als solchen. Für den Ehegattenunterhalt könne ebenfalls ein Mindestbedarf angesetzt werden.[293] Auch der Grundsatz der Halbteilung stehe einem Mindestbedarf beim Betreuungsunterhalt nicht entgegen, weil dem Unterhaltspflichtigen regelmäßig ein Selbstbehalt von seinen eigenen Einkünften (derzeit 1200 EUR[294]) verbleibe, der den nur

---

[284] NK-BGB/Schilling § 1615l Rn. 20; krit. hierzu MAH FamR/Wever/Hoffmann § 10 Rn. 61 mwN.
[285] MAH FamR/Wever/Hoffmann § 10 Rn. 61 mwN.
[286] BGH FamRZ 2010, 357; Puls FamRZ 1998, 865 (873).
[287] MAH FamR/Wever/Hoffmann § 10 Rn. 54 mwN; Schwab FF 2018, 192 (197); Wever FF 2016, 33 (35); Borth, Praxis des Unterhaltsrechts, Rn. 979.
[288] BGH FamRZ 2008, 1739 (1741).
[289] BGH FamRZ 2011, 97; 2010, 444; 2010, 357 = R 709; krit. Wohlgemuth FamRZ 2010, 1302.
[290] OLG Koblenz NJW-RR 2005, 1457 (1458); OLG München FamRZ 2005, 1859; OLG Karlsruhe NJW 2004, 523; OLG Koblenz NJW 2000, 669; OLG Hamm FF 2000, 137; Büttner FamRZ 2000, 781 (784); Ehinger FÜR 2001, 25 (27); Fischer FamRZ 2002, 634; Wever/Schilling FamRZ 2002, 581 (585); a. A. OLG Köln FamRZ 2001, 1322; OLG Zweibrücken FuR 2000, 286 (288).
[291] BGH FamRZ 2007, 1303 (1304); 1997, 806 (808).
[292] OLG Köln NJW-RR 2001, 364.
[293] BGH FamRZ 2010, 357 Rn. 33 = R 709; krit. Viefhues FF 2010, 200 (201).
[294] DT, Stand 1.1.2015; vgl. auch BGH FamRZ 2006, 683 (684).

geringfügig über dem Existenzminimum pauschalierten Mindestbedarf keinesfalls unterschreite.[295]

95 Bereits in seiner Entscheidung vom 14.10.2009[296] hatte der BGH zu § 1578b BGB ausgeführt, dass aus dem Begriff der Angemessenheit zugleich folge, dass es sich grundsätzlich um einen Bedarf handeln müsse, der das Existenzminimum wenigstens erreiche. Da der Unterhaltsanspruch nach § 1615l II BGB dem Berechtigten ebenso wie auch der nacheheliche Betreuungsunterhalt nach § 1570 BGB eine aus kind- und elternbezogenen Gründen notwendige persönliche Betreuung und Erziehung des gemeinsamen Kindes in den ersten Lebensjahren ermöglichen solle, könne ein Unterhaltsbedarf unterhalb des Existenzminimums die im Einzelfall notwendige persönliche Betreuung nicht sicherstellen. Der Mindestbedarf sei daher nach dem Zweck einer Sicherung des notwendigen Bedarfs am **Existenzminimum** ausgerichtet.

96 Hinsichtlich der **Höhe des Mindestbedarfs** ist nach Auffassung des BGH unterhaltsrechtlich eine Pauschalierung erforderlich.[297] Nach den Empfehlungen des 13. Deutschen Familiengerichtstags[298] sollte sich der Mindestbedarf des betreuenden Elternteils an den Mindestselbstbehaltssätzen der Düsseldorfer Tabelle orientieren.[299] Der BGH hat den notwendigen Selbstbehalt eines nicht erwerbstätigen Unterhaltspflichtigen für angemessen erachtet. Die **jeweilige Höhe** des Mindestbedarfs richtet sich nach den einschlägigen **Unterhaltsrichtlinien der OLGe**. Derzeit (Ziffern 18, 21.2, Stand 1.1.2019) liegt der Satz bei 880 EUR.

97 Einen höheren Mindestbedarf des Unterhaltsberechtigten etwa in Höhe des angemessenen Bedarfs hat er ausdrücklich abgelehnt. Gleiches gilt für den über dem notwendigen Selbstbehalt hinausgehenden Selbstbehalt des Erwerbstätigen, denn dieser schließt den Erwerbsanreiz ein. Ein Erwerbsanreiz hat jedoch nur auf Seiten des Unterhaltspflichtigen seine Berechtigung, nicht aber in gleicher Weise für den Unterhaltsberechtigten.[300]

98 **bb) Bezieher von Sozialhilfe, Arbeitslosengeld II.** Hatte der Anspruchssteller (Mutter oder Vater) bis zur Geburt des Kindes bzw. bis zur Übernahme der Kindesbetreuung Sozialhilfe oder Arbeitslosengeld II bezogen, so entspricht sein Bedarf nach der Systematik des Gesetzes hinsichtlich der Höhe diesen Leistungen.[301] Seine Lebensstellung ist nicht mit Null anzusetzen, weil sonst für solche Eltern ein Unterhaltsanspruch nach § 1615l II BGB von vornherein ausgeschlossen wäre.[302] Die Untergrenze für den Anspruch auf Unterhalt bildet auch hier der Mindestbedarfssatz, der in den jeweiligen Richtlinien der OLGe festgelegt ist.[303]

99 **cc) Schüler, Studenten.** Wenn die Mutter oder der Vater Schülerin/Schüler oder Studentin/Student ist und zusammen mit dem Kind im Haushalt ihrer/seiner Eltern erlebt, leitet sie/er ihren/seine Lebensstellung noch von den Eltern ab. In solchen Fällen war nach der früheren Rechtsprechung des BGH der Bedarf maßgebend, den sie/er gegenüber ihren/seinen Eltern hat, auch wenn dieser unter den Mindestbedarfssätzen der jeweiligen Leitlinien lag.[304]

Nach der Rechtsprechungsänderung durch den BGH ist die Lebensstellung des nach den §§ 1615l II, 1610 I BGB Unterhaltsberechtigten nicht auf den Zeitpunkt der Geburt des Kindes festgeschrieben. Wenn eine Studentin, die ihr Studium infolge der Schwangerschaft und der Geburt des Kindes unterbrochen hat, dieses nach der Geburt fortsetzt und

---

[295] BGH FamRZ 2010, 357 Rn. 32 = R 709.
[296] BGH FamRZ 2009, 1991.
[297] BGH FamRZ 2010, 357 Rn. 34 = R 709.
[298] FamRZ 2000, 273 (274).
[299] So auch OLG Saarbrücken FamRZ 2014, 484 (488); OLG Hamm FamRZ 2009, 2009 Rn. 62; OLG München – 12 WF 606/05, BeckRS 2008, 26248.
[300] BGH FamRZ 2010, 357 Rn. 38 = R 709.
[301] BGH FamRZ 2008, 1739 (1743); NK-BGB/Schilling BGB § 1615l Rn. 24; Wever/Schilling FamRZ 2002, 581 (584); Fischer FamRZ 2002, 634.
[302] BGH FamRZ 2010, 357 Rn. 28 = R 709.
[303] OLG Brandenburg BeckRS 2012, 24758.
[304] Büttner FamRZ 2000, 781 (784); a. A. OLG Nürnberg FamRZ 2010, 577 Rn. 40 f.: Mindestbedarf 770 EUR – ablehnend hierzu Wever FF 2010, 214.

davon ausgegangen werden kann, dass sie das Studium ohne die Unterbrechung wegen der Betreuung des Kindes abgeschlossen haben dürfte, bemisst sich ihr Bedarf nach den Einkünften, die sie mit dem abgeschlossenen Studium erzielen könnte. Dieser Bedarf ist idR höher als der Bedarf einer Studentin vor der Geburt.[305]

dd) Erwerbstätigkeit vor der Geburt. Wenn der betreuende Elternteil vor der Geburt des Kindes erwerbstätig war, bemisst sich sein Bedarf nach dem bis dahin **nachhaltig, nicht nur vorübergehend** erzielten Einkommen.[306] Das frühere Einkommen ist ggf. nach dem allgemeinen Verbraucherpreis-Jahresindex[307] auf den jeweiligen Berechnungszeitraum zu aktualisieren. Absehbare Gehaltssteigerungen können berücksichtigt werden.[308] Zu ersetzen ist der entstehende Einkommensausfall. Bei der Ermittlung des Bedarfs sind die **berufsbedingten Aufwendungen** zunächst in Abzug zu bringen, weil dem Berechtigten das Einkommen in Höhe dieser Beträge nicht zur Verfügung stand.[309] 100

An der Nachhaltigkeit des erzielten Einkommens fehlt es, wenn die Erwerbsbiografie des betreuenden Elternteils geprägt ist durch kurze Zeiten der Erwerbstätigkeit, Zeiten der Arbeitslosigkeit und Zeiten der Inanspruchnahme staatlicher Förderungsmaßnahmen.[310]

Für die Frage, ob das erzielte Einkommen nachhaltig ist, kommt es nicht so sehr auf die tatsächliche Dauer der ausgeübten Tätigkeit als vielmehr darauf an, ob die Tätigkeit, aus der das zuletzt bezogene Einkommen generiert wurde, prognostisch mit hoher Wahrscheinlichkeit ohne die Geburt des zu betreuenden Kindes weiterhin hätte ausgeübt werden können.[311] Ein früheres Erwerbseinkommen kann aber dann maßgebend den Bedarf prägen, wenn die Kindesmutter zu Beginn der Schwangerschaft zwar arbeitslos war, aufgrund ihrer früheren langjährigen Erwerbstätigkeit und ihres auf dem Arbeitsmarkt gefragten Berufs aber Anhaltspunkte dafür vorliegen, dass sie ihr früheres Erwerbseinkommen ohne die Schwangerschaft zeitnah wieder hätte erzielen können.[312] 101

Nicht maßgebend ist ein Einkommen, das im Gegensatz zu dem **zuvor nachhaltig erzielten Einkommen** lediglich auf einer **vorübergehenden Weiterbildung** oder Fortbildung beruht.[313] 102

War die Mutter, die vor Geburt ein geringeres Einkommen hatte, danach zunächst mit einem höheren Einkommen erwerbstätig, ist das **zuletzt bezogene Einkommen** maßgebend.[314] 103

Der Bedarf einer betreuenden Mutter richtet sich nach ihrem Einkommen aus einer **Vollzeittätigkeit**, wenn sie nach Abschluss ihrer Ausbildung zu Beginn der Schwangerschaft eine Ganztagtätigkeit angenommen und ihre Stundenzahl wegen der Geburt des Kindes reduziert hatte, denn die schwangerschaftsbedingte Einkommensverminderung bleibt unberücksichtigt.[315] 104

Wenn eine Kindesmutter ihre Ausbildung erst kurz vor der Geburt abgeschlossen hat und es wegen der bevorstehenden Geburt nicht mehr zur Aufnahme einer Berufstätigkeit gekommen ist, konnte bislang der Bedarf nur nach der bis zur Geburt ausgeübten Erwerbstätigkeit und dem hieraus erzielten Einkommen, hier der **Ausbildungsvergütung**, bemessen werden. Nicht maßgebend war lediglich die Option, nach abgeschlossener Ausbildung ein höheres Einkommen erzielen zu können, denn diese hat die bisherige Lebens- 105

---

[305] BGH FamRZ 2016, 887 Rn. 23 = R 776; 2015, 1369 Rn. 34 = R 769; OLG Köln NZFam 2017, 574.
[306] BGH FamRZ 2007, 1303 (1304); OLG Hamm NZFam 2016, 894.
[307] BGH FamRZ 2010, 357; OLG Brandenburg BeckRS 2012, 24758.
[308] BGH BeckRS 2019, 11356 Rn. 23; BGF FamRZ 2015, 1369 Rn. 34.
[309] OLG Brandenburg NJW-RR 2010, 874; KG FPR 2003, 671 (672); MAH FamR/Wever/Hoffmann § 10 Rn. 49.
[310] OLG Koblenz NJW 2000, 669.
[311] KG FF 2019, 29 mAnm Hoffmann.
[312] OLG Koblenz NJW-RR 2000, 1531 (1532); Wever/Schilling FamRZ 2002, 581 (584).
[313] BGH FamRZ 2006, 1362 Rn. 43.
[314] BGH FamRZ 2010, 357 Rn. 15, 18; 2008, 1739 (1742); OLG Celle FamRZ 2002, 1220 (Ls.); vgl. auch OLG Celle – 13 U 73/00, BeckRS 2000, 30145364.
[315] OLG Koblenz NJW 2009, 1974.

stellung[316] zu keinem Zeitpunkt geprägt.[317] Nach der neuen Rechtsprechung des BGH[318] zu den sich fortentwickelnden Verhältnissen (→ Rn. 99) dürfte von einem höheren Einkommen auszugehen sein.

106 **ee) Zusammenleben der nichtehelichen Partner.** Der **Bedarf** des unterhaltsberechtigten kinderbetreuenden Elternteils ist **nicht** auch aus den **Einkommensverhältnissen des Barunterhaltspflichtigen abzuleiten**, wenn die Eltern des Kindes in einer eheähnlichen Gemeinschaft zusammen gelebt und von dem Einkommen des anderen Partners gelebt haben. Der BGH[319] ist der bisher herrschenden Meinung[320] in diesem Punkt nicht gefolgt.[321] Zur Begründung hat er ausgeführt, dass sich die Lebensstellung des Unterhaltsberechtigten im Sinne der §§ 1615l II 2, III 1, 1610 1 BGB nicht allein nach den tatsächlichen Umständen richte, sondern stets eine nachhaltig gesicherte Position voraussetze. Wenn die Eltern vor der Geburt ihres gemeinsamen Kindes in nichtehelicher Gemeinschaft zusammengelebt haben, beruhe ein gemeinsamer Lebensstandard regelmäßig noch auf freiwilligen Leistungen des besser verdienenden Lebenspartners.[322] Denn ein Unterhaltsrechtsverhältnis entstehe nicht schon mit der Aufnahme einer nichtehelichen Lebensgemeinschaft, sondern gemäß § 1615l BGB erst aus Anlass der Geburt eines gemeinsamen Kindes. Weil der Lebenspartner seine Leistungen vor Beginn des Mutterschutzes für ein gemeinsames Kind deswegen jederzeit einstellen könne und das deutsche Recht keine Unterhaltsansprüche außerhalb von Verwandtschaft und Ehe vorsehe, sei der in einer nichtehelichen Gemeinschaft erreichte Lebensstandard nicht ausreichend gesichert, um damit eine Lebensstellung im Sinne der §§ 1615l II und III, 1610 I BGB begründen zu können.[323]

107 Diese Grundsätze gelten nach der Rechtsprechung des BGH auch dann, wenn aus der nichtehelichen Gemeinschaft **mehrere gemeinsame Kinder** hervorgegangen sind. Auch in diesen Fällen sind für einen späteren Unterhaltsanspruch nach § 1615l II 2 BGB die Verhältnisse bei Geburt des ersten Kindes maßgebend. Denn diese Verhältnisse bestimmen zunächst als Lebensstellung des Unterhaltsberechtigten die Höhe des Unterhaltsbedarfs während der Erziehung und Betreuung des ersten Kindes. Dieser Unterhaltsbedarf wiederum bestimmt als Lebensstellung des Unterhaltsberechtigten regelmäßig auch den Unterhaltsbedarf nach der Geburt eines weiteren Kindes. Denn einen Rechtsanspruch nach den gemeinsamen Lebensverhältnissen sieht der Unterhaltstatbestand des § 1615l II BGB aus gemeinsamer Elternschaft auch für die Zeit des Zusammenlebens nicht vor. Der Betreuungsunterhalt aus Anlass der Betreuung und Erziehung eines weiteren Kindes kann allenfalls dann auf einen höheren Unterhaltsbedarf gerichtet sein, den der betreuende Elternteil zwischenzeitlich, zB durch eine nachhaltig gesicherten höheres Einkommen, eine höhere Lebensstellung erworben hatte.[324]

Diese Rechtsprechung wird in der Literatur zunehmend kritisiert mit der Begründung, aus dem Gesetz sei nicht zu entnehmen, dass sich die Lebensstellung des Unterhaltsberechtigten nur aus rechtlich abgesicherten Verhältnissen ergeben könne. Die Lebensstellung eines Menschen werde weniger durch die rechtlichen als vielmehr durch die tatsächlichen ökonomischen Verhältnisse geprägt, in denen er lebe.[325] Es entspreche dem allgemeinen Rechtsempfinden, dass eine Mutter davon ausgehen könne, nachhaltig gesichert zu sein dann, wenn sie aufgrund der gelebten Partnerschaft und des Verhaltens des Vaters darauf vertrauen konnte, dass dieser weiterhin, insbesondere nach der Geburt eines gemeinsamen Kindes, für ihren

---

[316] BGH FamRZ 2010, 357 Rn. 15, 18; 2008, 1739 (1741).
[317] OLG Bremen FamRZ 2008, 1281; Born NJW 2008, 2289 (2293).
[318] BGH BeckRS 2019, 11356; BGH FamRZ 2016, 887.
[319] BGH FamRZ 2010, 357; 2008, 1739 (1742); Schilling FPR 2011, 145 (148).
[320] Vgl. die Nachweise bei NK-BGB/Schilling BGB § 1615l Rn. 24 (dort Fn. 236).
[321] Krit. MAH FamR/Wever/Hoffmann § 10 Rn. 54; Maurer FamRZ 2008, 1830 (1831) (Anm.).
[322] Kritisch hierzu Schwab FF 2018, 192 (197); Wever FF 2016, 33 (35); Borth, Praxis des Unterhaltsrechts, Rn. 979.
[323] BGH FamRZ 2010, 357 Rn. 21; 2008, 1739 Rn. 32 f.; kritisch Wever FF 2016, 33 mwN.
[324] BGH FamRZ 2010, 357 Rn. 22; 2008, 1739 Rn. 33.
[325] MAH FamR/Wever/Hoffmann § 10 Rn. 54 mwN; Schwab FF 2018, 192 (197); Wever FF 2016, 33 (35); Borth, Praxis des Unterhaltsrechts, Rn. 979.

Lebensunterhalt aufkommen werde.[326] Schließlich spreche auch viel dafür, dass sich nach langjähriger Partnerschaft die Lebensstellung nur aus dieser ergeben könne, sodass das Anknüpfen des BGH an lang zurückliegende Tatsachen in solchen Fällen künstlich erscheine.[327] Es bleibt abzuwarten, ob der Gesetzgeber dem in einer Reform folgen wird.

Da jedenfalls derzeit die Verhältnisse in der nichtehelichen Lebensgemeinschaft für die Bemessung des Bedarfs der nichtehelichen Mutter keine Rolle spielen, kann sich **umgekehrt** ein Unterhaltspflichtiger, der mit der nichtehelichen Mutter zusammenlebt und auf Elternunterhalt in Anspruch genommen wird, gegenüber diesem Anspruch auch **nicht** wie in einer Ehe auf einen **Familienselbstbehalt** (vgl. Ziffer 21.3.3 der Unterhaltsleitlinien der Oberlandesgerichte) berufen. Der gemäß § 1609 Nr. 2 BGB vorrangige Unterhaltsbedarf der nichtehelichen Mutter ist bei der Berechnung des Einkommens für den Elternunterhalt als sonstige Verbindlichkeit iSd § 1603 I BGB abzuziehen.[328]

Ein **Taschengeldanspruch** steht dem betreuenden Elternteil mangels gesetzlicher 108 Grundlage im Gegensatz zu dem ein eheliches Kind betreuenden Elternteil gegenüber dem Barunterhaltspflichtigen nicht zu.[329]

ff) Verheirateter betreuender Elternteil. Wenn der betreuende Elternteil **verhei-** 109 **ratet** ist, ergibt sich sein Bedarf gemäß § 1578 BGB aus den ehelichen Lebensverhältnissen. Dies gilt zwar grundsätzlich auch dann, wenn sich nach diesen Verhältnissen ein Betrag unterhalb der Bedarfssätze nach den Unterhaltsleitlinien ergibt. In einem solchen Fall ist dem betreuenden Elternteil jedoch ein Mindestbedarf[330] zuzusprechen,[331] dessen Höhe sich aus den jeweiligen Unterhaltsleitlinien der OLGe ergibt. Entsprechendes gilt, wenn der betreuende Elternteil geschieden ist und sich seine Lebensstellung weiterhin aus der Ehe ableitet, weil er Ehegattenunterhalt bezieht.[332] Wenn die geschiedenen Eheleute jedoch wirksam wechselseitig auf nacheheliche Unterhaltsansprüche verzichtet haben, entfällt die Anknüpfung an die ehelichen Lebensverhältnisse.[333] Trotz des Verzichts kann die Lebensstellung des betreuenden Elternteils immer noch durch die ehelichen Verhältnisse geprägt sein, wenn das Kind unmittelbar nach der Scheidung die Ehe geboren wird.[334]

gg) Einzelne Positionen des Bedarfs. (1) Krankenvorsorgeunterhalt. Anders als 110 beim Ehegattenunterhalt sind die Kosten der Kranken- und Pflegeversicherung (§ 1578 II BGB) im Gesetz nicht ausdrücklich erwähnt. Sie gehören jedoch zu dem nach §§ 1615l III, 1610 II BGB geschuldeten Lebensbedarf, weil sie aus den laufenden Einkünften bestritten werden müssen und deshalb allgemeinen Lebensbedarf darstellen.[335] Dem Unterhaltsberechtigten stehen aber lediglich die nach seiner Lebensstellung **angemessenen Kosten der Kranken- und Pflegeversicherung** zu.[336]

(2) Altersvorsorgeunterhalt. Die Kosten einer Vorsorge für den Fall des Alters, der 111 Berufs- oder Erwerbsunfähigkeit sind in §§ 1615l, 1610 BGB ebenfalls nicht erwähnt. Sie können nach hM[337] – wie allgemein im Verwandtenunterhalt – nicht verlangt werden, weil §§ 1361 I 2, 1578 III BGB eine Sonderregelung für den Ehegattenunterhalt darstellen,

---

[326] Wever FF 2016, 33 (35).
[327] Vgl. Löhnig/Plettenberg JZ 2016, 960 (962).
[328] BGH FamRZ 2016, 887 Rn. 20 = R 776.
[329] NK-BGB/Schilling BGB § 1615l Rn. 24; MAH FamR/Wever/Hoffmann § 10 Rn. 55; a. A. jurisPK/Viefhues § 1615l Rn. 146; LG Tübingen FamRZ 2002, 556.
[330] Hierzu → Rn. 94.
[331] BGH FamRZ 2010, 357 Rn. 28 unter Aufgabe der früheren Rspr. = R 709, 2007, 1303 (1304) und 2007, 806 (808).
[332] OLG Hamm FamRZ 2008, 1937; OLG Bremen FamRZ 2006, 1207.
[333] OLG Koblenz FamRZ 2001, 227; Wever/Schilling FamRZ 2002, 581 (584).
[334] Wever/Schilling FamRZ 2002, 581 (584).
[335] Vgl. Finger FuR 2005, 493 (498); Büttner FamRZ 1995, 193 (197); Puls FamRZ 1998, 865 (873); OLG München NJW-RR 2006, 586; OLG Karlsruhe NJW 2004, 523; OLG Bremen FamRZ 2000, 636 OLG Saarbrücken FamRZ 1999, 382; a. A. OLG Hamm NJW 2005, 297.
[336] BGH FamRZ 2010, 357 Rn. 39 = R 709.
[337] OLG München NJW-RR 2006, 586; OLG Hamm NJW 2005, 297; OLG Düsseldorf EzFamR aktuell 2000, 359; Finger FuR 2005, 493 (498); Wever FF 2000, 20 (23); Puls FamRZ 1998, 865 (873); a. A. Göppinger/Wax/Maurer, Rn. 1332.

welche der Gesetzgeber offensichtlich nicht auf § 1615l BGB ausdehnen wollte.[338] Einem nicht verheirateten betreuenden Elternteil kann daher eine Lücke in der Altersversorgung entstehen. Die Auffassung von Büttner,[339] der Verdienstausfall der Mutter könne auch den Ausfall von Altersvorsorgebeträgen umfassen, ist abzulehnen. Denn der Gesetzgeber hat den Anspruch beim Ehegattenunterhalt auf die Zeit ab Rechtshängigkeit des Scheidungsverfahrens beschränkt. Auch einer verheirateten Mutter entsteht aber, wenn sie wegen Kindesbetreuung nicht mehr erwerbstätig ist, schon davor entsprechender Verdienstausfall, und zwar unabhängig davon, ob ihr Ehemann in dieser Zeit evtl. Altersvorsorgeanwartschaften erdient, an denen sie beteiligt werden kann. Das OLG München hat zu Recht auch darauf hingewiesen, dass die betreuende Mutter für die ersten 3 Jahre der Kindererziehung regelmäßig in der gesetzlichen Rentenversicherung in Höhe des Durchschnittseinkommens Anwartschaften aufbaut[340] (vgl. §§ 56, 70 II SGB VI). Dadurch wird eine eventuell entstehende Versorgungslücke zumindest verringert.

112 **(3) Verfahrenskostenvorschuss.** Zum Anspruch auf einen **Verfahrenskostenvorschuss** des Unterhaltsberechtigten gegen den Unterhaltspflichtigen, um den Anspruch gegen ihn realisieren zu können, → Rn. 243.

113 **(4) Ausbildungsunterhalt.** Obwohl § 1615l III 1 BGB auch auf § 1610 II BGB verweist, muss der Unterhaltsverpflichtete dem unterhaltsberechtigten kinderbetreuenden Elternteil **keinen Ausbildungsunterhalt** zahlen. Dies gilt selbst dann, wenn die Eltern in einer nichtehelichen Lebensgemeinschaft zusammengelebt haben und der betreuende Elternteil wegen der Geburt des Kindes seine Ausbildung oder ein Studium abgebrochen oder gar nicht erst begonnen hat.[341] Denn laufender Unterhalt nach dem Ende der Mutterschutzzeit ist nur für den Fall der schwangerschafts- oder geburtsbedingten Krankheit und der Kindesbetreuung geschuldet, § 1615l II BGB.[342]

114 **(5) Krankheitsunterhalt.** Der Unterhaltsanspruch wegen Betreuung eines nichtehelichen Kindes aus § 1615l II BGB sieht – wenn die Krankheit nicht schwangerschafts- oder entbindungsbedingt ist – **keinen Krankheitsunterhalt** vor.[343] Der Umstand, dass ein kinderbetreuender unterhaltsberechtigter Elternteil unabhängig von der Geburt des gemeinsamen Kindes erkrankt ist, kann daher nicht zu einer Verlängerung des Betreuungsunterhalts führen.[344]

115 **hh) Oberlandesgerichtliche Leitlinien zum Bedarf eines nichtehelichen kinderbetreuenden Elternteils** (Stand vom 1.1.2019):
– **Düsseldorfer Tabelle Anhang D II.:**
Bedarf der Mutter und des Vaters eines nichtehelichen Kindes (§ 1615l BGB): nach der Lebensstellung des betreuenden Elternteils, in der Regel mindestens 880 EUR;
– **Süddeutsche Leitlinien (Oberlandesgerichte Bamberg, Karlsruhe, München, Nürnberg, Stuttgart und Zweibrücken Nr. 18:**
Der Bedarf nach § 1615l BGB bemisst sich nach der Lebensstellung des betreuenden Elternteils. Er beträgt mindestens 880 EUR. Ist die Mutter verheiratet oder geschieden, ergibt sich ihr Bedarf aus den ehelichen Lebensverhältnissen.
– **Kammergericht Berlin Nr. 18:**
Der Bedarf nach § 1615l BGB bemisst sich nach der Lebensstellung des betreuenden Elternteils. Er beträgt mindestens 880 EUR. Ist die Mutter verheiratet oder geschieden, ergibt sich ihr Bedarf aus den ehelichen Lebensverhältnissen. Bezüglich der Erwerbsobliegenheit und der Dauer des Anspruchs gilt Nr. 17.1. entsprechend.
– **OLG Brandenburg Nr. 18:**
Der Bedarf nach § 1615l BGB bemisst sich nach der Lebensstellung des betreuenden Elternteils.

---

[338] Vgl. Puls FamRZ 1998, 865 (873); OLG Hamm NJW 2005, 297.
[339] FamRZ 2004, 1918 (1923).
[340] OLG München NJW-RR 2006, 586.
[341] BGH FamRZ 2015, 1369; OLG Karlsruhe JAmt 2014, 341.
[342] BGH FamRZ 2015, 1369; OLG Karlsruhe JAmt 2014, 341.
[343] OLG Bremen FamRZ 2010, 1917.
[344] BGH FamRZ 2010, 357 Rn. 53 = R 709; OLG Bremen FamRZ 2010, 1917.

1. Abschnitt: Ansprüche der Mutter oder des Vaters eines nichtehelichen Kindes § 7

- **OLG Braunschweig Nr. 18:**
  Der Bedarf nach § 1615l BGB bemisst sich nach der Lebensstellung des betreuenden Elternteils und beträgt mindestens 880 EUR; er ist jedoch nicht höher als der fiktive Bedarf eines Ehegatten in gleicher Situation.
- **OLG Bremen Nr. 18:**
  Der Bedarf nach § 1615l BGB bemisst sich nach der Lebensstellung des betreuenden Elternteils. Er beträgt in der Regel mindestens 880 EUR. Die Inanspruchnahme des Unterhaltspflichtigen ist durch den Halbteilungsgrundsatz begrenzt. Wegen des Selbstbehalts vgl. 21.3.2.
- **OLG Celle Nr. 18:**
  Der Bedarf nach § 1615l BGB bemisst sich nach der Lebensstellung des betreuenden Elternteils. Er ist auch dann nicht nach dem Einkommen des Pflichtigen zu bemessen, wenn dieser mit dem betreuenden Elternteil zusammengelebt hat (BGH FamRZ 2008, 1739; 2010, 357). Der Bedarf, der sich auch aus einem Unterhaltsanspruch gegen einen früheren Ehegatten ergeben kann, darf das Existenzminimum für nicht Erwerbstätige (Ziff. 21.2) nicht unterschreiten (BGH FamRZ 2010, 357; 2010, 444). Zur Frage der Berücksichtigung eigener Einkünfte, zu Abzügen und zur Erwerbsobliegenheit gelten die Ausführungen für den Ehegatten entsprechend.
- **OLG Dresden Nr. 18:** (Stand 1.1.2018)
  Der Bedarf nach § 1615l BGB bemisst sich nach der Lebensstellung des betreuenden Elternteils. Er beträgt mindestens 880 EUR.
- **OLG Düsseldorf Nr. 18:** (Stand 1.1.2018)
  Der Bedarf nach § 1615l BGB bemisst sich nach der Lebensstellung des betreuenden Elternteils. Er ist auch dann nicht nach dem Einkommen des Pflichtigen zu bemessen, wenn dieser mit dem betreuenden Elternteil zusammengelebt hat. Der Bedarf, der sich auch aus einem Unterhaltsanspruch gegen einen früheren Ehegatten ergeben kann, darf das Existenzminimum für nicht Erwerbstätige (Anm. B V Nr. 2 der Düsseldorfer Tabelle) nicht unterschreiten.
  Zur Frage der Berücksichtigung eigener Einkünfte, zu Abzügen und zur Erwerbsobliegenheit gelten die Ausführungen für den Ehegatten entsprechend.
- **OLG Frankfurt a. M. Nr. 18:**
  Der Bedarf nach § 1615l BGB bemisst sich nach der Lebensstellung des betreuenden Elternteils. Erleidet dieser einen konkreten Verdienstausfall, ist er auch für den Unterhalt zu Grunde zu legen.
  Der Mindestbedarf entspricht in der Regel dem notwendigen Selbstbehalt für nicht Erwerbstätige (880 EUR).
  Der Anspruch nach § 1615l BGB ist begrenzt auf den Betrag, der einem Ehegatten in gleicher Lage zustünde. Dies hat der Verpflichtete darzulegen.
  Bezüglich der Erwerbsobliegenheit und Dauer des Anspruchs gilt Nr. 17.1 entsprechend.
- **OLG Hamburg Nr. 18:**
  Der Bedarf nach § 1615l BGB bemisst sich nach der Lebensstellung des betreuenden Elternteils. Er beträgt mindestens 880 EUR, bei Erwerbstätigkeit mindestens 1080 EUR.
- **OLG Hamm Nr. 18:**
  Der Bedarf der Mutter und des Vaters eines nichtehelichen Kindes (§ 1615l BGB) richtet sich nach der Lebensstellung des betreuenden Elternteils; er beträgt aber in der Regel monatlich mindestens 880 EUR (ohne Krankenversicherungskosten, die zusätzlicher Bedarf sein können). Die Inanspruchnahme des Pflichtigen ist durch den Halbteilungsgrundsatz begrenzt. Die Erwerbsobliegenheit des betreuenden Elternteils richtet sich – sinngemäß – nach Nr. 17.1.1.
- **OLG Jena Nr. 18:** (1.1.2018)
  Der Bedarf nach § 1615l BGB bemisst sich nach der Lebensstellung des betreuenden Elternteils. Erleidet dieser einen konkreten Verdienstausfall, ist er auch für den Unterhalt zu Grunde zu legen. Der Mindestbedarf entspricht in der Regel dem notwendigen Selbstbehalt eines Nichterwerbstätigen (Ziff. 21.2), vgl. BGH FamRZ 2010, S. 357 ff. = R 709.

– **OLG Koblenz Nr. 18:**
Der Bedarf nach § 1615l BGB bemisst sich nach der bisherigen Lebensstellung des betreuenden Elternteils. Er ist auch dann nicht nach dem Einkommen des Pflichtigen zu bemessen, wenn dieser mit dem betreuenden Elternteil zusammengelebt hat (BGH FamRZ 2008, 1739; FamRZ 2010, 357 = R 709). Der Bedarf, der sich auch aus einem Unterhaltsanspruch gegen einen früheren Ehegatten ergeben kann, darf das Existenzminimum für Nichterwerbstätige (Anm. B V Nr. 2 der Düsseldorfer Tabelle) nicht unterschreiten (BGH FamRZ 2010, 357, FamRZ 2010, 444).
Zur Frage der Berücksichtigung eigener Einkünfte, zu Abzügen hiervon und zur Erwerbsobliegenheit gelten die Ausführungen für den Ehegatten entsprechend.

– **OLG Köln Nr. 18:** Der Bedarf des nach § 1615l II 2, IV BGB unterhaltsberechtigten Elternteils bemisst sich danach, welche Einkünfte er ohne die Geburt und die Betreuung des gemeinsamen Kindes erreicht hätte (BGH, Beschl. v. 10.6.2015 – XII ZB 251/14, BGHZ 205, 342, FamRZ 2015, 1369). Der Bedarf kann nicht von dem ggfls. höheren Einkommen des Unterhaltspflichtigen abgeleitet werden, auch dann nicht, wenn die Kindeseltern längere Zeit zusammengelebt haben (BGH, Urt. v. 16.7.2008 – XII ZR 109/05, FamRZ 2008, 1739). Dem Berechtigten ist jedoch jedenfalls ein Bedarf zuzubilligen, der nicht unter dem Existenzminimum liegt und mit dem notwendigen Selbstbehalt des Unterhaltspflichtigen von gegenwärtig 880 EUR angesetzt werden kann (BGH Urt. v. 16.12.2009 – XII ZR 50/08, FamRZ 2010, 357). Hinsichtlich der Erwerbsobliegenheit gelten die Grundsätze unter Nr. 17.1 entsprechend.

– **OLG Naumburg Nr. 18:** (Stand 1.1.2018)
Der Bedarf der Mutter oder des Vaters eines nichtehelichen Kindes richtet sich nach der Lebensstellung des betreuenden Elternteils (§§ 1615l III 1, 1610 BGB) und beträgt in der Regel 880 EUR.

– **OLG Oldenburg Nr. 18:**
Der Bedarf nach § 1615l BGB bemisst sich nach der Lebensstellung des betreuenden Elternteils.

– **OLG Rostock Nr. 18:**
Der Bedarf der Mutter oder des Vaters eines nichtehelichen Kindes richtet sich nach der Lebensstellung des betreuenden Elternteils (§§ 1615l III 1, 1610 BGB).

– **OLG Schleswig Nr. 18:**
Der Bedarf nach § 1615l BGB bemisst sich nach der Lebensstellung des betreuenden Elternteils. Er ist auch dann nicht nach dem Einkommen des Pflichtigen zu bemessen, wenn dieser mit dem betreuenden Elternteil zusammengelebt hat. Die Lebensstellung des unterhaltsberechtigten Elternteils richtet sich danach, welche Einkünfte er ohne die Geburt und die Betreuung des gemeinsamen Kindes hätte (BGH FamRZ 2015, 1369).
Der Bedarf darf das Existenzminimum für nicht Erwerbstätige (derzeit 880 EUR) nicht unterschreiten.
Die Inanspruchnahme ist durch den Halbteilungsgrundsatz begrenzt.

116 **c) Begrenzung des Bedarfs durch den Halbteilungs-/Dreiteilungsgrundsatz. aa) Halbteilungsgrundsatz.** Wenn der Unterhaltsberechtigte in sehr guten wirtschaftlichen Verhältnissen lebte, so ist sein Bedarf entsprechend hoch. Die Bemessung des Unterhaltsbedarfs allein an seinen Verhältnissen kann in den Fällen zu unvertretbaren Ergebnissen führen, in denen der Unterhaltspflichtige in wirtschaftlich deutlich bescheideneren Verhältnissen lebte. Hatte zB die betreuende Mutter vor der Geburt des Kindes als Ärztin ein Einkommen in Höhe von 6000 EUR netto nach Abzug von berufsbedingten Aufwendungen und der unterhaltspflichtige Vater als Krankenpfleger nach Abzug des Kindesunterhalts ein solches in Höhe von 3558 EUR, so beliefe sich der Bedarf der Mutter auf 6000 EUR. Da der Vater hinsichtlich dieses Betrages nicht ausreichend leistungsfähig ist, müsste er der Kindesmutter eigentlich 1850 EUR (3558 EUR – $^1/_7$ = 3050 EUR – 1200 EUR) zahlen. Mit diesem Betrag wäre sein Selbstbehalt von 1200 EUR (→ Rn. 144) gewahrt. Ihm selbst verblieben jedoch lediglich 1708 EUR, mithin ein Betrag, der unterhalb des zu zahlenden Unterhalts läge.

117 Sind oder waren die Eltern des Kindes verheiratet, wäre der vom Unterhaltspflichtigen geschuldete Zahlbetrag für den Trennungsunterhalt (§ 1361 I BGB) oder den nachehelichen Unterhalt (§ 1570 BGB) nach oben hin durch den Halbteilungsgrundsatz begrenzt. Der Bedarf der Mutter wäre dann allein an dem Einkommen des Kindesvaters zu orientieren und betrüge unter Berücksichtigung eines Erwerbstätigenbonus von $1/7$ lediglich 1500 EUR (3558 EUR − $1/7$: 2) Bei Eheleuten wäre der zu zahlende Unterhalt also nicht höher als das dem Unterhaltspflichtigen verbleibende Einkommen (3558 EUR − 1500 EUR = 2058 EUR). Da sich der nichteheliche kinderbetreuende Elternteil im Hinblick auf Art. 6 I GG nicht besser als ein Elternteil eines ehelichen Kindes stehen soll, hat der BGH[345] im Einklang mit der hM[346] und vom BVerfG gebilligt[347] in solchen Fällen den für den Ehegattenunterhalt[348] geltenden Halbteilungsgrundsatz **entsprechend angewendet.**

118 Die abweichende Auffassung,[349] die den Halbteilungsgrundsatz auf den Bedarf eines Anspruchs nach § 1615l BGB nicht anwenden, sondern das mit ihm verfolgte Ziel erst auf der Ebene der Leistungsfähigkeit umsetzen will, hat der BGH abgelehnt. Die Berücksichtigung des Halbteilungsgrundsatzes führt zu einer Begrenzung des Unterhaltsbedarfs des nach § 1615l BGB berechtigten betreuenden Elternteils. Dieser beträgt nicht mehr als die Hälfte des für den Unterhalt zur Verfügung stehenden und nach den geläufigen unterhaltsrechtlichen Kriterien bereinigten Einkommens des Unterhaltspflichtigen. Handelt es sich um Erwerbseinkommen, so ist zuvor der Erwerbstätigenbonus abzuziehen. Eine Begrenzung des Unterhaltsbedarfs des nicht mit dem anderen Elternteil verheirateten betreuenden Elternteils durch den Halbteilungsgrundsatz in dem obigen Beispiel führt dazu, dass der Bedarf der Ärztin unter Berücksichtigung eines Erwerbstätigenbonus von $1/7$ auf 1500 EUR (3558 EUR × $3/7$: 2) zu korrigieren ist. Beiden Elternteilen steht somit die Hälfte von 3000 EUR, also 1500 EUR zur Verfügung.

119 **bb) Dreiteilungsgrundsatz.** Auswirkungen auf die Bemessung des Bedarfs des nach § 1615l BGB unterhaltsberechtigten Elternteils kann auch die Rechtsprechung des BGH zur Bedarfsbemessung bei mehreren unterhaltsberechtigten Ehegatten nach der sog **Drittelmethode**[350] haben. Der Bedarf des nach § 1615 BGB Unterhaltsberechtigten richtet sich zwar gemäß § 1615 III 1, 1610 I BGB allein nach seiner Lebensstellung und wird streng genommen nicht durch das Vorhandensein weiterer Unterhaltsberechtigter berührt.[351] Nach Auffassung des BGH wirkt es sich aber auf den nach den ehelichen Lebensverhältnissen gemäß § 1578 BGB zu ermittelnden Unterhaltsbedarf eines geschiedenen Ehegatten aus, wenn weitere Unterhaltsberechtigte hinzukommen, und zwar unabhängig von dem Rang dieser Unterhaltsansprüche.[352] Wenn nun ein ehelicher Unterhaltsanspruch wegen Betreuung eines Kindes aus § 1570 BGB und ein **vor Rechtskraft der Scheidung** entstandener Betreuungsunterhaltsanspruch aus § 1615l BGB miteinander konkurrieren, können – worauf Schilling[353] zu Recht hingewiesen hat – wegen der unterschiedlichen Bedarfsbestimmungen Wertungswidersprüche auftreten.

Nach der Rechtsprechung des BGH aus dem Jahr 2006[354] konnte ein Anspruch aus § 1615l BGB kann den Bedarf eines geschiedenen Ehegatten auch dann mindern, wenn er erst **nach der Scheidung** entstanden war. Wegen der grundsätzlichen Gleichbehandlung der ehelichen und der nichtehelichen kinderbetreuenden Elternteile wurde vertreten, dass der Bedarf Letzterer nicht von anderen Unterhaltsansprüchen unbeeinflusst bleiben konnte

---

[345] BGH BeckRS 2019, 11356 Rn. 230; FamRZ 2005, 442 (443 f.); 2007, 1303 Rn. 17.
[346] OLG Brandenburg BeckRS 2014, 22668; OLG Hamm FamFR 2013, 560; OLG Schleswig OLGR 1999, 279; Diehl DAVorm 2000, 837 (840); Ehinger FPR 2001, 25 (26); Wever/Schilling FamRZ 2002, 581 (585 f.); a. A. Büttner FamRZ 2000, 781 (783).
[347] BVerfG BeckRS 2018, 26643.
[348] BGH FamRZ 2005, 442 (443 f.).
[349] OLG München OLGR 2003, 340; KG FPR 2003, 671 (673); die Auffassung des BGH ablehnend auch OLG Düsseldorf FamRZ 2008, 87.
[350] BGH FamRZ 2008, 1911; 2009, 411 (414); 2009, 579 (583); krit. Maurer FamRZ 2008, 1919 (Anm.); Born NJW 2008, 3089 (3091); Schilling FF 2008, 279 (285).
[351] OLG Köln FamRZ 2008, 2119; vgl. auch Wever FamRZ 2008, 553 (560).
[352] BGH FamRZ 2008, 1911 = R 695; 2009, 411 (414) = R 702; 2009, 579 (583).
[353] FF 2008, 279 (290).
[354] BGH FamRZ 2006, 683 (686).

mit der Folge, dass ungeachtet der dogmatischen Bedenken auch der Anspruch aus § 1615l BGB in die Dreiteilung mit einbezogen werden sollte.[355]

Das BVerfG hat in der Entscheidung vom 25.1.2011[356] die vom BGH vorgenommene Berücksichtigung von Veränderungen, die mit dem Fortbestand der Ehe unvereinbar sind, **bei der Bedarfsbemessung** als Verstoß gegen den Grundsatz der Gewaltenteilung angesehen, weil damit die vom Gesetzgeber vorgeschriebene **Trennung von Bedarfsbestimmung und Leistungsfähigkeit** nicht beachtet wird.

Der BGH[357] hat im Anschluss hieran seine Rechtsprechung geändert und entschieden, dass die ehelichen Lebensverhältnisse im Sinne von § 1578 I 1 BGB grundsätzlich durch die Umstände bestimmt werden, die **bis zur Rechtskraft der Ehescheidung** eingetreten sind. Nacheheliche Entwicklungen wirken sich nur dann auf die Bedarfsbemessung nach den ehelichen Lebensverhältnissen aus, wenn sie auch bei fortbestehender Ehe eingetreten wären oder in anderer Weise in der Ehe angelegt und mit hoher Wahrscheinlichkeit zu erwarten waren. **Nach Rechtskraft der Ehescheidung** entstandene Unterhaltsansprüche nach §§ 1615l, 1610 BGB sind daher nicht beim Bedarf, sondern erst im Rahmen der Prüfung der **Leistungsfähigkeit** des Unterhaltspflichtigen zu berücksichtigen.[358]

120 Der Bedarf einer gemäß §§ 1615l, 1610 BGB Unterhaltsberechtigten, der sich grundsätzlich allein nach ihrer Lebensstellung richtet, kann gleichwohl nicht ohne Berücksichtigung weiterer Unterhaltspflichten des Kindesvaters angesetzt werden. Das bedeutet, dass in dem Fall, in dem ein Unterhaltspflichtiger seiner **gleichrangigen Ehefrau und der Mutter eines nichtehelichen Kindes** unterhaltspflichtig ist, die jeweiligen Unterhaltsrechtsverhältnisse nicht getrennt, sondern gemeinsam zu berechnen sind[359] mit der Folge, dass der Bedarf der gemäß §§ 1615l, 1610 BGB Unterhaltsberechtigten nach oben zu begrenzen ist, wenn er höher ist als der Bedarf, der sich nach dem Dreiteilungsgrundsatz ergäbe. Ist er geringer als der im Wege der Dreiteilung ermittelte Bedarf, ist eine Begrenzung des Bedarfs nicht erforderlich; es verbleibt bei dem nach §§ 1615l, 1610 BGB festgestellten Bedarf.[360]

121 **Beispiel:**
M hat nach Abzug des Kindesunterhalts ein Einkommen von 3500 EUR. Er muss P 1, der Mutter seines 9 Monate alten nichtehelichen Kindes, und P 2, der von ihm getrennt lebenden Mutter seines ehelichen zweijährigen Kindes, Unterhalt zahlen. P 1 hat vor der Geburt des Kindes 1500 EUR netto bereinigt verdient. Sie bezieht 1005 EUR (67% von 1500 EUR, vgl. § 2 BEEG) Elterngeld. P 2 hat kein Einkommen.

Lösung:
Bedarf P 1 nach §§ 1615l, 1610 BGB:	**1500 EUR**
Bedarf P 1 nach der Dreiteilungsmethode:	(3500 EUR – $1/7$ =)[361] 3000 + (1005 EUR – Freibetrag 300 EUR,[362] § 11 BEEG =) 705 EUR + 0 EUR = 3705 : 3 = **1235 EUR**

Der Bedarf P 1 nach der eigenen Lebensstellung war höher, daher ist der Bedarf nach der Drittelmethode maßgebend.

Anspruch P 1:	1235 EUR – 705 EUR = **530 EUR**
Bedarf und Anspruch P 2:	1235 EUR
Der Selbstbehalt des M von 1200 EUR[363] ist gewahrt:	3500 EUR – 530 EUR – 1235 EUR = 1735 EUR

Alternative:
P 1 hat früher 800 EUR verdient und bezieht jetzt 536 EUR (67%) Elterngeld.
Bedarf P 1 nach §§ 1615l, 1610 BGB:	**800 EUR**

---

[355] OLG Celle FamRZ 2009, 348 Rn. 6; Bömelburg FF 2008, 332 (334) (Anm.).
[356] BVerfG FamRZ 2011, 437 = R 722.
[357] BGH FamRZ 2012, 281 Rn. 16, 23.
[358] OLG Düsseldorf FamRZ 2016, 63.
[359] BGH BeckRS 2019, 11356 Rn. 23.
[360] OLG Celle FamRZ 2009, 348; Borth FamRZ 2009, 416 (418) (Anm.).
[361] OLG Celle FamRZ 2009, 348 (349): Berechnung ohne Berücksichtigung eines Erwerbstätigenbonus.
[362] BGH FamRZ 2011, 97.
[363] Hierzu → Rn. 144.

1. Abschnitt: Ansprüche der Mutter oder des Vaters eines nichtehelichen Kindes § 7

Bedarf P 1 nach der Dreiteilungsmethode:	(3500 EUR – $^1/_7$ =)[364] 3000 + (536 EUR – Freibetrag 300 EUR, § 11 BEEG =) 236 EUR + 0 EUR = 3236 : 3 = **1078 EUR**
Bedarf P 1 ist begrenzt nach oben durch eigene Lebensstellung auf 800 EUR	
Anspruch P 1:	800 EUR – 536 EUR = **264 EUR**
Bedarf und Anspruch P 2:	3500 EUR – 264 EUR = 3236 × $^3/_7$ = 1387 EUR
Der Selbstbehalt des M von 1200 EUR[365] ist gewahrt:	3500 EUR – 264 EUR – 1387 EUR = 1849 EUR

Die Begrenzung des Bedarfs nach dem Dreiteilungsgrundsatz bietet sich auch an, wenn **122** **zwei unterhaltsberechtigte Elternteile** gegen denselben Unterhaltverpflichteten jeweils Unterhalt nach § 1615l BGB geltend machen.[366]

Ist eine **Ehefrau** eines Unterhaltpflichtigen gegenüber einer **vor** Rechtskraft der Scheidung gemäß §§ 1615l, 1610 BGB unterhaltsberechtigten Mutter **nachrangig**, ist zunächst der Bedarf der vorrangigen Mutter eines nichtehelichen Kindes zu befriedigen, dh, der Unterhaltsanspruch der gemäß § 1615l BGB Berechtigten ist bereits bei der Bemessung des Bedarfs für den Trennungsunterhalt als auch für den nachehelichen Unterhalt der Ehefrau vom Einkommen des Unterhaltspflichtigen abzuziehen.[367] Der Unterhaltsanspruch der Ehefrau muss aber vollständig nachrangig sein. Besteht ein Teilunterhaltsanspruch auf Betreuungsunterhalt und ein weiterer Teilanspruch wegen eines anderen Unterhaltstatbestandes, unterfällt der Gesamtanspruch dem Rang des § 1609 Nr. 2 BGB, so dass die Ehefrau mit der nach § 1615l BGB berechtigten Mutter gleichrangig ist.[368]

2. Die Bedürftigkeit

Unterhaltsberechtigt ist gemäß § 1602 I BGB, auf den § 1615l III 1 BGB verweist, nur **123** derjenige, der außer Stande ist, sich selbst zu unterhalten. Der betreuende Elternteil ist daher nur insoweit unterhaltsberechtigt, als er seinen Unterhaltsbedarf nicht durch eigene Einkünfte decken kann.

a) Sozial- und Versicherungsleistungen. Die Bedürftigkeit des unterhaltsberechtig- **124** ten Elternteils kann sich durch den Bezug von Sozial- und Versicherungsleistungen vermindern oder völlig entfallen. Soweit eine Kindesmutter gem. § 13 I iVm §§ 3 II, VI 1 MuSchG für die Dauer von 6 Wochen vor der Geburt und 8 Wochen nach der Geburt **Mutterschaftsgeld** bezieht, ist diese Leistung auf ihren Unterhaltsanspruch anzurechnen.[369] Gleiches gilt hinsichtlich der **Lohnfortzahlung** durch den Arbeitgeber gemäß § 11 MuSchG und im Krankheitsfall für die von den Krankenkassen gemäß §§ 44, 46, 47 SGB V erbrachten **Krankengeldzahlungen** bzw. für die nach dem Beamtenversorgungsgesetzen (zB § 80 Nr. 1 BBG) gewährten **Beihilfeleistungen**.[370] Auch **Arbeitslosengeld I** (§§ 136 ff. SGB III), dem Lohnersatzfunktion zukommt,[371] und **BAföG-Leistungen**, selbst wenn sie als nicht rückzahlbare Zuschüsse oder als Darlehen gewährt werden, sind bedarfsmindernd.[372] Den unterhaltsberechtigten Elternteil trifft gegenüber dem anderen eine Obliegenheit, solche Leistungen zu beantragen, soweit ein Anspruch auf sie besteht. Wenn der betreuende Elternteil die ihm nach arbeits-sozial- oder versicherungsrechtlichen Vorschriften zustehenden Ansprüche nicht geltend macht, kann er **fiktiv** so gestellt werden, als habe er die entsprechenden Leistungen

---

[364] OLG Celle FamRZ 2009, 348, 349: Berechnung ohne Berücksichtigung eines Erwerbstätigenbonus.
[365] Hierzu → Rn. 144.
[366] MAH FamR/Wever/Hoffmann § 10 Rn. 58b.
[367] BGH FamRZ 2012, 281 Rn. 20 = R 731b; OLG Hamm FamFR 2013, 560.
[368] BGH FamRZ 2014, 1987 Rn. 23 = R 762.
[369] BGH FamRZ 2005, 442 (445) = R 625c; Büttner FamRZ 2000, 781 (782).
[370] NK-BGB/Schilling BGB § 1615l Rn. 27.
[371] OLG Brandenburg NJW-RR 2010, 874 Rn. 48.
[372] OLG Karlsruhe FamRZ 2004, 974 Rn. 27.

bezogen.[373] Hat eine früher verheiratete Mutter keine Ansprüche auf Versicherungsleistungen, weil sie sich nach der Scheidung nicht um ihren Versicherungsschutz gekümmert hatte, kann ihr dies nur unter den Voraussetzungen des §§ 1611 BGB, die idR nicht vorliegen, entgegengehalten werden mit der Folge, dass sie weiterhin als bedürftig anzusehen ist.[374]

125 Nicht auf den Bedarf anzurechnen sind Leistungen, die die Bedürftigkeit nicht mindern. Dazu gehören **Sozialhilfeleistungen** nach § 2 SGB XII und **Arbeitslosengeld II** (§§ 5, 9, 33 SGB II), denn sie sind subsidiär.[375] Entsprechend geht der Unterhaltsanspruch in Höhe der Leistung auf den Träger der staatlichen Sozialleistung über.[376]

126 Das noch für Geburten bis zum 31.12.2006 gewährte **Erziehungsgeld** hat die Unterhaltspflicht gemäß § 9 Satz 1 BErzGG[377] grundsätzlich unberührt gelassen, mithin die Bedürftigkeit des Unterhaltsberechtigten nicht gemindert.[378] Nach § 9 Satz 2 BErzGG war das Erziehungsgeld ausnahmsweise dann zu berücksichtigen, wenn die Mutter den Verwirkungstatbestand des §§ 1611 I BGB erfüllt hatte. Denn das Erziehungsgeld, das bei Zahlung bis zur Vollendung des 24. Lebensmonats des Kindes in Höhe von 300 EUR monatlich gewährt wurde, sollte für die Eltern einen Anreiz schaffen, sich ganz der Kindesbetreuung zu widmen. Beim **Elterngeld**, das für die Betreuung der ab 1.1.2007 geborenen Kinder gewährt wird, bleiben nur die Sockelbeträge von 300 EUR bzw. 150 EUR je Kind anrechnungsfrei (§§ 2 V 1 6 2, 11 1 bis 3 BEEG).[379] Darüber hinaus gewährtes Elterngeld mindert die Bedürftigkeit des Unterhaltsberechtigten ohne Kürzung um einen fiktiven Erwerbstätigenbonus[380] in voller Höhe. Wie das Erziehungsgeld (§ 9 Satz 2 BErzGG)[381] ist das Elterngeld (§ 11 Satz 4 BEEG) allerdings in voller Höhe anrechenbar, soweit der Unterhaltsanspruch **nach § 1611 I BGB** ganz oder teilweise **verwirkt** wäre.[382] Die gemäß § 11 I BEEG anrechnungsfreien Sockelbeträge gelten auch für das am 1.8.2013 eingeführte Betreuungsgeld, §§ 4a ff. BEEG, das allerdings lediglich 150 EUR beträgt.[383]

127 Der dem betreuenden Elternteil zustehende **Kindergeldanteil** ist nicht auf seinen Bedarf anzurechnen.[384] Der **Kinderzuschlag** nach §§ 3 II 1, 6a I BKGG ist als Einkommen des Kindes zu behandeln, vgl. → § 1 Rn. 686 ff.

128 **b) Sonstige Einkünfte. aa) Einkünfte ohne Erwerbstätigkeit.** Einkünfte des Unterhaltsberechtigten aus Vermietung und Verpachtung oder aus seinem Vermögen, zB Zinseinkünfte, sowie ein etwaiger Wohnvorteil für mietfreies Wohnen in einer eigenen Eigentumswohnung oder einem eigenen Haus mindern seine Bedürftigkeit.[385] Solche Einkünfte bleiben bei der Bemessung des Unterhalts jedoch unberücksichtigt, wenn die Mutter sie bereits **vor** der Geburt des zu betreuenden Kindes erzielt hatte. Denn Einkünfte, die schon vorher vorhanden waren, sind berechnungsneutral, weil sie bereits die Lebensstellung und damit den Unterhaltsbedarf der Mutter mitbestimmt haben.[386]

---

[373] OLG Karlsruhe FamRZ 2004, 974 Rn. 27.
[374] MüKoBGB/Born § 1615l Rn. 17.
[375] BGH FamRZ 2011, 97; 2009, 307 = R 699; OLG Brandenburg FamRZ 2004, 560; Klinkhammer FamRZ 2006, 1171.
[376] BGH FamRZ 2011, 97.
[377] Anders nach § 9 Satz 2 BErzGG.
[378] HM; BVerfG FamRZ 2000, 1149 mwN; OLG Frankfurt a. M. FPR 2009, 485 Rn. 50; OLG Koblenz FuR 2005, 463; OLG Karlsruhe FamRZ 2004, 974; OLG Düsseldorf FamRZ 1989, 1226; OLG München FamRZ 1999, 1166; vgl. auch BGH FamRZ 2006, 1182 (1183) zur Nichtanrechenbarkeit im Rahmen des Familienunterhalts.
[379] BGH FamRZ 2011, 97; OLG Brandenburg BeckRS 2010, 29949.
[380] BGH FamRZ 2009, 289 und 2007, 983 zu Lohnersatzleistungen wie Arbeitslosen- und Krankengeld; Scholz FamRZ 2007, 7 (9).
[381] BGH FamRZ 2006, 1182 (1183).
[382] Scholz FamRZ 2007, 7 (9); Büttner FF 2007, 86 (88 f.); Klatt FPR 2007, 349.
[383] Eingehend zum Betreuungsgeld Borth FamRZ 2014, 801.
[384] → § 2 Rn. 717 ff.; BT-Drs. 16/1830, 30.
[385] Wever/Schilling FamRZ 2002, 581586.
[386] BGH BeckRS 2019, 11356 Rn. 50 f.; OLG Köln FamRZ 2017, 1309 (1311).

Freiwillige Zuwendungen Dritter, auf die kein Anspruch besteht, wirken dagegen nicht **129** bedarfsmindernd.[387] Denn solche Leistungen sollen nicht den Unterhaltspflichtigen entlasten, sondern nur dem Empfänger zugutekommen.[388] Dies gilt auch für die Gewährung einer kostenfreien Unterkunft durch die Eltern eines Unterhaltsberechtigten.[389]

bb) Fiktive Einkünfte. Erbringt der Berechtigte für einen (neuen) leistungsfähigen **130** Lebensgefährten, mit dem sie in eheähnlichem Verhältnis zusammenlebt, Versorgungsleistungen, muss er sich eine angemessene fiktive Vergütung anrechnen lassen.[390] Wenn der Berechtigte zur Leistungsfähigkeit des neuen Partners keine Angaben machen will, kann diese zu seinen Lasten unterstellt werden, weil er hierfür darlegungs- und beweispflichtig ist.[391]

cc) Einkünfte aus Erwerbstätigkeit. Wenn die Mutter nach Beendigung des Mutter- **131** schaftsurlaubs ihre Erwerbstätigkeit aufgibt und eine Abfindung erhält, wirkt diese in der Zeit nach Beendigung des Mutterschaftsurlaubs bedürftigkeitsmindernd.[392]

Einkünfte aus einer Erwerbstätigkeit, die dem betreuenden Elternteil neben der Kindes- **132** betreuung **zumutbar** ist, sind bedarfsmindernd mit der Folge, dass er sich diese in vollem Umfang anrechnen lassen muss.[393] Fraglich ist, ob der Berechtigte von seinen Einkünften die **Kosten der Kindesbetreuung** abziehen kann.[394] Der BGH rechnet die Kosten für den **ganztägigen Kindergartenbesuch** wegen des dabei im Vordergrund stehenden erzieherischen Aspektes dem Bedarf des Kindes zu mit der Folge, dass sie grundsätzlich keine berufsbedingten Aufwendungen des betreuenden Elternteils darstellen.[395]

Wenn der Unterhaltsberechtigte **neben der Kindesbetreuung erwerbstätig** ist, weil **133** das Kind zB von den Großeltern oder in einer Kinderkrippe betreut wird, ist zu prüfen, ob und inwieweit es sich hierbei um eine **überobligatorische Tätigkeit** handelt. Nach Auffassung des BGH ist ein während der ersten drei Lebensjahre des Kindes erzielte Einkommen stets überobligatorisch, weil der betreuende Elternteil die bestehende Erwerbstätigkeit jederzeit wieder aufgeben und sich voll der Erziehung und Betreuung des Kindes widmen kann.[396] Wenn die Ausübung der Erwerbstätigkeit von dem Unterhaltsberechtigten neben der Kindesbetreuung nicht erwartet werden kann, bedeutet dies aber nicht, dass die Einkünfte vollständig anrechnungsfrei bleiben. Nach der Rechtsprechung des BGH[397] lässt sich die Frage, ob und in welchem Umfang sich die Mutter Einkünfte aus einer Erwerbstätigkeit anrechnen lassen muss, nicht unmittelbar der gesetzlichen Regelung des § 1615l BGB entnehmen. Wegen des besonderen Schutzes der Ehe und Familie in Art. 6 I GG, der eine Schlechterstellung der geschiedenen Mutter nicht zulässt und wegen Art. 6 IV und V GG, nach dem umgekehrt auch die nicht verheiratete Mutter jedenfalls insoweit gleichzustellen ist, und schließlich wegen der weitgehenden Angleichung des Unterhaltsanspruchs der nicht verheirateten Mutter an den nachehelichen Betreuungsunterhalt[398] ist auf den Unterhaltsanspruch nach § 1615l BGB die für den Ehegattenunterhalt geltende Vorschrift des § 1577 II BGB entsprechend anzuwenden.[399]

---

[387] → § 1 Rn. 708 ff.
[388] OLG Hamburg FamRZ 2005, 927 (928).
[389] OLG Hamburg FamRZ 2005, 927 (928).
[390] BGH FamRZ 2008, 1739 (1744); OLG Koblenz NJW-RR 2005, 1457 (1458); OLG Jena BeckRS 2004, 30345867; Wever/Schilling FamRZ 2002, 581 (586).
[391] OLG Koblenz NJW-RR 2005, 1457 (1458).
[392] AG Euskirchen FamRZ 2002, 191; MAH FamR/Wever/Hoffmann § 10 Rn. 67.
[393] Wever/Schilling FamRZ 2002, 581 (586).
[394] Vgl. dazu Schilling FF 2008, 279 (281).
[395] BGH FamRZ 2009, 962 (963) = R 700; 2008, 1152 (1154); Born FamRZ 2009, 962 (963) (Anm.).
[396] BGH FamRZ 2009, 1391 Rn. 25 = R 706.
[397] BGH BeckRS 2019, 11356 Rn. 43; FamRZ 2005, 442 Rn. 23.
[398] BGH FamRZ 2005, 347 Rn. 13.
[399] BGH BeckRS 2019, 11356 Rn. 43; OLG Karlsruhe FamRZ 2011, 1800; OLG Hamm FamRZ 2011, 107; OLG Brandenburg FamRZ 2010, 1915; Wever/Schilling FamRZ 2002, 581 (586 f.) mwN; Büttner FamRZ 2000, 781 (783) mwN.

134 Danach ist nach Billigkeitsgesichtspunkten über den Umfang der Anrechnung ihres Einkommens auf den Bedarf zu entscheiden. Eigenes Einkommen des unterhaltsbedürftigen Elternteils, das dieser neben der Kindeserziehung erzielt, ist nach § 1577 II BGB bei der Unterhaltsberechnung **nicht pauschal** in Form der Gewährung eines **Betreuungsbonus**, sondern stets nach den besonderen Umständen des Einzelfalls zu berücksichtigen. Es ist zu prüfen, wie die Betreuung während der Zeit der Erwerbstätigkeit konkret geregelt ist, welche Hilfen dem Betreuenden dabei zur Verfügung stehen und ob ihm dafür gegebenenfalls zusätzliche **Betreuungskosten** entstehen. Die eigenen Einkünfte bleiben daher anrechnungsfrei, soweit sie zur Bestreitung der Kosten der Kindesbetreuung erforderlich sind.[400] Dabei zählen die Kosten für einen ganztägigen Kindergartenbesuch zu dem Bedarf des Kindes (siehe oben). Dieser Mehrbedarf des Kindes ist von den Eltern anteilig zu tragen. Der auf den betreuenden Elternteil entfallende Anteil ist bei der Unterhaltsberechnung abzugsfähig.

Nach der neuen Rechtsprechung des BGH[401] stellen andere Kosten, zB die Kosten einer **nachschulischen Tagesbetreuung**, durch deren Besuch die Erwerbstätigkeit erst ermöglicht wird, oder **Kosten einer Tagesmutter**, die die Kinder im Haushalt des betreuenden Elternteils stundenweise betreut, **berufsbedingte Kosten des betreuenden Elternteils** dar. Bei dieser Art von Betreuung handelt es sich in der Regel nicht um eine pädagogisch veranlasste Betreuung von Kindern, die der Sache nach wie in einer staatlichen oder vergleichbaren privaten Einrichtung einen **Mehrbedarf des Kindes** abdeckt, für den beide Eltern nach § 1606 III 1 BGB anteilig haften.

Ein **betreuungsbedingter Mehrbedarf des Kindes**, der zu einer Erhöhung des Kindesunterhalts führen kann, liegt nach der Rechtsprechung des BGH nur dann vor, wenn es sich um einen Betreuungsbedarf handelt, der über den Umfang der von dem betreuenden Elternteil ohnehin geschuldeten Betreuung hinausgeht. Das ist der Fall, wenn die Kosten eine besondere Förderung zu staatlichen Kindergärten, Kindertagesstätten oder Horten betreffen. Dabei ist eine Qualifizierung der Betreuungskosten als Mehrbedarf nicht auf die besondere pädagogische Förderung in **staatlichen** Einrichtungen beschränkt. Auch die Förderung in vergleichbaren **privaten** Einrichtungen kann über den allgemeinen Betreuungsbedarf hinausgehen und damit einen Mehrbedarf des Kindes auslösen. Generell deckt eine Fremdbetreuung nach dieser Rechtsprechung daher insoweit einen Mehrbedarf des Kindes ab, als sie über die üblichen Betreuungsleistungen eines Elternteils (einschließlich der üblichen Hausaufgabenbetreuung) hinausgehen oder die weitere Betreuung etwa pädagogisch veranlasst ist. Auch dann handelt es sich insoweit um Mehrbedarf des Kindes.[402]

Sofern der betreuende Elternteil private Kinderbetreuungskosten als Mehrbedarf des Kindes geltend machen möchte, ist ihm anzuraten, Betreuungspersonal mit entsprechender pädagogischer Qualifizierung zu engagieren und in einem Arbeits-/Anstellungsvertrag mit der Betreuungsperson die evtl. Defizite des Kindes und die damit verbundene pädagogische Notwendigkeit der Betreuung detailliert zu beschreiben.[403]

Wenn die Kindesbetreuung durch Verwandte des unterhaltsberechtigten Elternteils erfolgt und diese die Betreuung kostenfrei erbringen, handelt es sich um **freiwillige Leistungen Dritter,** die den unterhaltspflichtigen Elternteil nicht entlasten sollen. Die ersparten Kosten für die Betreuung sind dann nach § 287 ZPO zu schätzen.[404]

135 Anrechnungsfrei bleiben auch eigene Einkünfte der Mutter, soweit der Verpflichtete wegen beschränkter Leistungsfähigkeit unter Berücksichtigung seines Selbstbehalts nicht in der Lage ist, den unter Berücksichtigung des Halbteilungsgrundsatzes[405] ermittelten vollen Bedarf des Betreuenden zu decken. In einem solchen Fall bleibt der Teil des überobligatorischen Einkommens der Mutter nach § 1577 II 1 BGB von vornherein anrechnungsfrei,

---

[400] BGH BeckRS 2019, 11356 Rn. 48; FamRZ 2017, 711 Rn. 19 f.
[401] BGH FamRZ 2018, 23 = R 787.
[402] BGH FamRZ 2018, 23 Rn. 19 = R 787.
[403] Im Einzelnen vgl. Bömelburg FF 2018, 29 ff.
[404] Vgl. BGH FamRZ 2001, 350 (352) = R 551c.
[405] Hierzu → Rn. 116.

der der Differenz zwischen der Unterhaltszahlung und dem durch den Halbteilungsgrundsatz auf den Selbstbehalt des Vaters beschränkten Bedarf der Mutter entspricht.

Wegen des darüber hinausgehenden Einkommens ist über die Anrechenbarkeit nach § 1577 II 2 BGB unter Berücksichtigung der Umstände des Einzelfalls und in Abwägung nach Treu und Glauben zu befinden.[406] Die Bemessung eines anrechnungsfrei zu belassenden Teils des Einkommens kann davon abhängen, wie die Kindesbetreuung mit den konkreten Arbeitszeiten unter Berücksichtigung erforderlicher Fahrzeiten zu vereinbaren ist und ob und gegebenenfalls zu welchen Zeiten das Kind anderweit beaufsichtigt wird und insofern zeitweise nicht der Betreuung durch den berechtigten Elternteil bedarf.[407] Von Bedeutung ist auch, ob die Arbeitsaufnahme seit der Geburt des Kindes aus freien Stücken oder aus wirtschaftlicher Not geschah.[408] Berücksichtigt werden kann bei der Abwägung auch, ob der Berechtigte das überobligatorische Einkommen benötigt, um seinen früheren Lebensstandard wieder herzustellen.[409] **136**

Die obigen Ausführungen zur Anrechenbarkeit eines eigenen Einkommens nach § 1577 II BGB gelten entsprechend, wenn der Berechtigte eine bereits vor der Geburt des Kindes ausgeübte Erwerbstätigkeit fortführt[410] oder eine Teilzeittätigkeit[411] ausübt. **137**

dd) Vermögen. Gemäß §§ 1615l III 1, 1602 II BGB muss der nach § 1615l BGB Unterhaltsberechtigte, bevor er Unterhalt fordern kann, zunächst den Stamm seines Vermögens verwerten. Wegen der Verweisung auf das Verwandtenunterhaltsrecht gelten die für minderjährige unverheiratete Kinder (§ 1602 II BGB) und bei unterhaltsberechtigten geschiedenen Ehegatten (§ 1577 III BGB) geltenden Einschränkungen, nach denen die Verwertung des Vermögensstamms nicht bzw. nur dann verlangt werden kann, soweit die Verwertung nicht unwirtschaftlich oder unter Berücksichtigung der beiderseitigen wirtschaftlichen Verhältnisse unbillig wäre, für nichteheliche Partner nicht entsprechend. Der betreuende Elternteil muss daher zur Bestreitung seines Lebensbedarfs zunächst den Stamm seines Vermögens angreifen. Es verbleibt ihm aber grundsätzlich ein sog. Notgroschen, dh eine Rücklage für Notzeiten.[412] **138**

Unter Berücksichtigung der durch die Rechtsprechung des BGH[413] eingeleiteten und mit dem am 1.1.2008 in Kraft getretene UÄndG fortgeführten weitgehenden Angleichung der Unterhaltsansprüche aus § 1615l II 2 BGB und § 1570 BGB besteht sowohl in der Rechtsprechung als auch in der Literatur Einigkeit darüber, dass die grundsätzliche Verpflichtung zur Verwertung des Vermögensstamms durch eine umfassende **Zumutbarkeits- und Billigkeitsprüfung** einzuschränken ist.[414] **139**

Kriterien für eine solche Prüfung sind unter anderem die wirtschaftliche Situation des Bedürftigen und des Unterhaltsverpflichteten sowie die Relation ihrer Vermögen zueinander. Beachtlich ist insbesondere, dass der Unterhaltsberechtigte sein Vermögen vorrangig zum Ausgleich der Einbußen benötigt, die er durch die Kinderbetreuung und die damit verbundenen Defizite in seiner beruflichen Entwicklung und in der eigenen Altersversorgung erleidet.[415] Nach der Rechtsprechung des BGH kann sich nach einer Zumutbarkeitsprüfung ergeben, dass ein erhebliches Wertpapiervermögen (ca. 30 000 EUR) und das aus dem Verkauf eines Reihenhauses vorhandene Vermögen (190 000 EUR) des betreuenden Elternteils nicht zur Deckung der Kosten für den Lebensunterhalt eingesetzt werden muss, weil es für die **Alterssicherung** benötigt wird.[416] Wenn der Unterhaltspflichtige **140**

---

[406] Schilling FamRZ 2006, 1 (2); anderer Ansicht – für Durchbrechung des Halbteilungsgrundsatzes in diesem Fall: OLG Hamburg FamRZ 2005, 927 (929).
[407] BGH FamRZ 2001, 350 (352).
[408] BGH BeckRS 2019, 11356 Rn. 43; FamRZ 2005, 442 Rn. 24.
[409] Schilling FamRZ 2006, 1 (3).
[410] Büttner FamRZ 2000, 781 (783); Wever/Schilling FamRZ 2002, 581 (587).
[411] OLG Hamburg FamRZ 2005, 927 (928); Wever/Schilling FamRZ 2002, 581 (587).
[412] NK-BGB/Schilling BGB § 1615l Rn. 32; MAH FamR/Wever/Hoffmann § 10 Rn. 72.
[413] BGH FamRZ 2005, 354; Hahne FF 2006, 24 (25).
[414] OLG Köln FamRZ 2017, 1309; vgl. BGH FamRZ 1998, 367 (369).
[415] KG FPR 2003, 671: Ein Vermögen von 75.000 DM blieb anrechnungsfrei; Wohlgemuth FuR 2007, 195 (201).
[416] BGH FamRZ 2006, 1362 (1368) = R 656b.

über ein größeres Vermögen verfügt und seine Altersversorgung gesichert ist, kann es unbillig erscheinen, dem Unterhaltsberechtigten die Verwertung eines erheblich geringeren Vermögens anzusinnen, auch dann, wenn dieses die Grenze einer Rücklage für die Notzeiten, mithin den Notgroschen, überschreitet. So hat das OLG Hamm[417] eine unterhaltsberechtigte Mutter nicht für verpflichtet erachtet, zwei Mehrfamilienhäuser im Wert von über 500 000 DM (Wert nach Abzug der Belastungen etwa 200 000 DM) zu verwerten, weil der unterhaltsverpflichtete nichteheliche Vater über ein Vermögen von mehreren Millionen verfügte. Liegt kein Ungleichgewicht hinsichtlich der Vermögensverhältnisse von Vater und Mutter vor, kann auch die Verwertung eines vermieteten Einfamilienhauses zumutbar sein.[418]

3. Die Leistungsfähigkeit

141 Die Leistungsfähigkeit des Kindsvaters oder der Kindsmutter (beim Anspruch des Vaters auf Betreuungsunterhalt nach § 1615l II 2 BGB) bestimmen sich durch die Verweisung auf die Vorschriften über die Unterhaltspflicht zwischen Verwandten nach §§ 1615l III 1, 1603 I BGB. Nach diesen allgemeinen unterhaltsrechtlichen Grundsätzen ist nur derjenige unterhaltspflichtig, der in ausreichendem Maße leistungsfähig ist.

142 Gegenüber dem Unterhaltsanspruch steht dem Pflichtigen der sog **Selbstbehalt** zu. Literatur und Rechtsprechung gingen wegen der Verweisung auf den Verwandtenunterhalt (§ 1615l III 1 BGB) ganz überwiegend davon aus, dass hier entsprechend § 1603 I BGB der angemessene oder große Selbstbehalt wie gegenüber volljährigen Kindern, nicht aber der notwendige Selbstbehalt maßgebend ist, der für verschärfte Unterhaltsverhältnisse wie zwischen minderjährigen Kindern und Eltern gilt. Nachdem bereits das Bundesverfassungsgericht[419] auf verfassungsrechtliche Bedenken wegen der unterschiedlichen Bemessung der Selbstbehalte bei den Ansprüchen aus § 1570 und § 1615l BGB hingewiesen hatte, ist der BGH der überwiegenden Meinung nicht gefolgt. Wegen der vom Gesetzgeber vorgenommenen Annäherung an den Betreuungsunterhalt nach § 1570 BGB und wegen der Vorrangigkeit des Anspruchs gegenüber Ansprüchen volljähriger Kinder kann nach Auffassung des BGH der Selbstbehalt nicht grundsätzlich abweichend vom Selbstbehalt gegenüber einem Unterhaltsanspruch nach § 1570 BGB bemessen werden. Einmal scheide deswegen die Annahme eines starren Betrags für den Selbstbehalt aus, andererseits müsse der Selbstbehalt regelmäßig hinter dem angemessenen Selbstbehalt zurückbleiben. Es bedürfe einer individuellen Billigkeitsabwägung anhand der besonderen Umstände des Falles. Der Tatrichter könne aber im Regelfall von einem hälftig zwischen dem angemessenen Selbstbehalt nach § 1603 I BGB und dem notwendigen Selbstbehalt nach § 1603 II BGB liegenden Betrag ausgehen.[420]

143 Inzwischen hat der BGH[421] die für § 1615l BGB entwickelten Maßstäbe auch auf die Bemessung des Selbstbehalts beim Trennungsunterhalt und beim nachehelichen Ehegattenunterhalt übertragen, so dass gegenüber dem ein eheliches und ein nichteheliches Kind betreuenden Elternteil ein einheitlicher Selbstbehalt maßgebend ist, sofern nicht im Einzelfall eine Abweichung von dem gebildeten Mittelwert gerechtfertigt ist. Der Annäherung der Selbstbehaltssätze ist im Hinblick auf das Gebot des Art. 6 V GG, ehelichen und nichtehelichen Kindern die gleichen Entwicklungsbedingungen zu verschaffen, sowie angesichts der durch das Unterhaltsänderungsgesetz zum Ausdruck gekommenen Grundentscheidung des Gesetzgebers, kinderbetreuende Elternteile ohne Rücksicht darauf, ob sie verheiratet waren oder nicht, im Rang gleichzustellen (§ 1609 Nr. 2 BGB), zuzustimmen.

---

[417] OLG Hamm FF 2000, 137 (139).
[418] OLG Koblenz NJW 2000, 669.
[419] FamRZ 2004, 1013.
[420] BGH FamRZ 2007, 1303 Rn. 28; 2005, 354 = R 624; vgl. Anm. Bömelburg FF 2005, 104; FamRZ 2005, 357.
[421] BGH FamRZ 2009, 307 Rn. 26, 27 = R 699; 2009, 311 Rn. 20; 2006, 683; Büttner FamRZ 2006, 765 (Anm.).

1. Abschnitt: Ansprüche der Mutter oder des Vaters eines nichtehelichen Kindes § 7

Nach der **Düsseldorfer Tabelle** und den **oberlandesgerichtlichen Leitlinien** gelten 144 folgende (monatliche) Selbstbehaltssätze für den Unterhaltsverpflichteten (Stand vom 1.1.2019):

- **Düsseldorfer Tabelle D. II.:**
Angemessener Selbstbehalt gegenüber der Mutter und dem Vater eines nichtehelichen Kindes (§§ 1615l, 1603 I BGB): 1200 EUR, unabhängig davon, ob erwerbstätig oder nicht. Hierin sind bis 430 EUR für Unterkunft einschließlich umlagefähiger Nebenkosten und Heizung (Warmmiete) enthalten.
- **Süddeutsche Leitlinien (Oberlandesgerichte Bamberg, Karlsruhe, München, Nürnberg, Stuttgart und Zweibrücken) Nr. 21.3.2:**
Gegenüber Anspruchsberechtigten nach § 1615l BGB ist der Selbstbehalt in der Regel mit einem Betrag zu bemessen, der zwischen dem angemessenen Selbstbehalt des Volljährigen nach § 1603 I BGB und dem notwendigen Selbstbehalt nach § 1603 II BGB liegt, in der Regel mit 1200 EUR. Darin sind Kosten für Unterkunft und Heizung von 430 EUR enthalten.
- **Kammergericht Berlin Nr. 21.3.2:**
Gegenüber Anspruchsberechtigten nach § 1615l BGB ist der Selbstbehalt in der Regel mit einem Betrag zu bemessen, der zwischen dem angemessenen Selbstbehalt des Volljährigen nach § 1603 I BGB und dem notwendigen Selbstbehalt nach § 1603 II BGB liegt. Er beträgt in der Regel 1200 EUR.
- **OLG Brandenburg Nr. 21.4:**
Der Selbstbehalt gegenüber dem getrennt lebenden und geschiedenen Ehegatten (vgl. dazu BGH, FamRZ 2006, 683) beträgt in der Regel 1200 EUR (billiger Selbstbehalt). Dieser Betrag gilt auch in den Fällen des § 1615l BGB (BGH FamRZ 2005, 354).
- **OLG Braunschweig Nr. 21.3.2:**
Bei Ansprüchen aus § 1615l BGB ist der Selbstbehalt in der Regel mit einem Betrag zu bemessen, der zwischen dem angemessenen Selbstbehalt nach § 1603 I BGB und dem notwendigen Selbstbehalt nach § 1603 II BGB liegt. Er entspricht damit dem eheangemessenen Selbstbehalt (vgl. 21.4.) und beträgt idR 1200 EUR, beim nicht Erwerbstätigen 1100 EUR.
Hierin sind Kosten der Unterkunft (Miete einschließlich umlagefähiger Nebenkosten und Heizung) in Höhe von 430 EUR enthalten.
- **OLG Bremen Nr. 21.3.2:**
Gegenüber der Mutter/dem Vater nichtehelicher Kinder entspricht der Selbstbehalt demnach Nr. 21.4.; er beträgt somit in der Regel 1200 EUR.
- **OLG Celle Nr. 21.3.2:**
Gegenüber Anspruchsberechtigten nach § 1615l BGB ist der Selbstbehalt in der Regel mit einem Betrag zu bemessen, der zwischen dem angemessenen Selbstbehalt des Volljährigen nach § 1603 I BGB und dem notwendigen Selbstbehalt nach § 1603 II BGB liegt (BGH FamRZ 2005, 354), in der Regel mit 1200 EUR.
- **OLG Dresden Nr. 21.3.1:** (Stand 1.1.2018)
Er beträgt gegenüber nicht privilegierten volljährigen Kindern 1300 EUR und gegenüber der Mutter/dem Vater eines nichtehelichen Kindes in der Regel 1200 EUR. Hierin sind Kosten für Unterkunft (einschließlich umlagefähiger Nebenkosten) und Heizung in Höhe von 450 EUR enthalten (vgl. auch 21.5.2.).
- **OLG Düsseldorf Nr. 21.3.2:** (Stand 1.1.2018)
Der angemessene Selbstbehalt gegenüber dem Ehegatten sowohl beim Trennungs- als auch beim nachehelichen Unterhalt und gegenüber Ansprüchen nach § 1615l BGB beträgt gemäß Anm. B. IV. und D. II. der Düsseldorfer Tabelle derzeit **1200 EUR**, unabhängig davon, ob der Unterhaltspflichtige erwerbstätig ist oder nicht.
Im Rahmen der Leistungsfähigkeit des Unterhaltspflichtigen nach § 1581 BGB ist ferner ein individueller Selbstbehalt zu berücksichtigen, bei dem der Halbteilungsgrundsatz zu beachten ist, was zu einem relativen Mangelfall führen kann, wenn dem Unterhaltspflichtigen für den eigenen Unterhalt weniger verbleibt, als der Unterhaltsberechtigte mit dem Unterhalt zur Verfügung hat. Sonstige Verpflichtungen gegenüber anderen

Unterhaltsberechtigten, die nicht bereits den Bedarf des Unterhaltsberechtigten beeinflusst haben, sind entsprechend ihrem Rang zu berücksichtigen. Der Rang bestimmt sich dann auch nach § 1609 Nr. 2 BGB, wenn der Anspruch auf Ehegattenunterhalt nur teilweise auf § 1570 BGB beruht.

OLG Frankfurt a. M. Nr. 21.3.2:
Gegenüber Anspruchsberechtigten nach § 1615l BGB entspricht der Selbstbehalt dem eheangemessenen Selbstbehalt (Nr. 21.4).

21.4 Mindestselbstbehalt gegenüber Ehegatten
Der Mindestselbstbehalt gegenüber getrennt lebenden und geschiedenen Unterhaltsberechtigten ist bei Erwerbstätigen in der Regel mit 1200 EUR zu bemessen, bei nicht Erwerbstätigen mit regelmäßig 1090 EUR (Mittelbetrag zwischen unterschiedlichem notwendigem und dem angemessenen Selbstbehalt), davon 430 EUR für den Wohnbedarf (330 EUR Kaltmiete, 100 EUR Nebenkosten und Heizung).
Bei der Prüfung der Leistungsfähigkeit des Unterhaltspflichtigen ist ein Erwerbstätigkeitsbonus nicht zu berücksichtigen.

– **OLG Hamburg Nr. 21.3.2:**
Gegenüber Anspruchsberechtigten nach § 1615l BGB entspricht der Selbstbehalt dem eheangemessenen Selbstbehalt (vgl. Nr. 21.4)
21.4 Gegenüber Ehegatten und geschiedenen Ehegatten gilt grundsätzlich der eheangemessene Selbstbehalt (§§ 1361, 1578 BGB). Im Regelfall beträgt dieser für den Nichterwerbstätigen und Erwerbstätigen 1200 EUR. Hierin sind 430 EUR für Unterkunft und Heizung enthalten. Er ist nach unten durch den notwendigen Selbstbehalt und nach oben durch den angemessenen Selbstbehalt begrenzt.

– **OLG Hamm Nr. 21.3.2:**
Der angemessene Selbstbehalt gegenüber der **Mutter/dem Vater eines nichtehelichen Kindes** (§ 1615l BGB) entspricht dem billigen Selbstbehalt gegenüber dem Ehegatten (Nr. 21.4.).
21.4 Eheangemessener Selbstbehalt
Der Selbstbehalt des Pflichtigen gegenüber dem Anspruch des Ehegatten **(billiger Selbstbehalt)** beträgt in der Regel mindestens 1090 EUR, bei Erwerbstätigkeit des Pflichtigen 1200 EUR, auch wenn bei dem berechtigten Ehegatten minderjährige oder privilegierte volljährige Kinder leben, die ebenfalls Unterhaltsansprüche gegen den Pflichtigen haben.

– **OLG Jena Nr. 21.4:** (Stand 1.1.2018)
Er beträgt gegenüber dem getrennt lebenden und geschiedenen Ehegatten (eheangemessener Selbstbehalt) sowie dem nach § 1615l BGB Unterhaltsberechtigten: 1200 EUR.
Darin enthalten sind 430 EUR für Unterkunft einschließlich umlagefähiger Nebenkosten und Heizung (Warmmiete).

– **OLG Koblenz Nr. 21.3.2:**
Er beträgt gegenüber Ansprüchen nach 1615l BGB monatlich 1200 EUR.

– **OLG Köln Nr. 21.3.2:**
Der angemessene Selbstbehalt beträgt:
21.3.2 gegenüber Anspruchsberechtigten nach § 1615l BGB 1200 EUR. Hierin sind Kosten für Unterkunft und Heizung in Höhe von 430 EUR enthalten.

– **OLG Naumburg Nr. 21.3.2:** (Stand 1.1.2018)
Der angemessene Selbstbehalt gegenüber volljährigen Kindern und der Mutter oder dem Vater eines nichtehelichen Kindes beträgt in der Regel 1200 EUR. Er kann nach den Umständen des Einzelfalles, insbesondere bei nichterwerbstätigen Unterhaltsschuldnern, herabgesetzt werden.

– **OLG Oldenburg Nr. 21.3.:**
Der angemessene Selbstbehalt beträgt zumindest 1200 EUR bei Ansprüchen aus §§ 1570, 1615l BGB.

– **OLG Rostock Nr. 21.3.2:**
Gegenüber der Mutter oder dem Vater nichtehelicher Kinder nach § 1615l I BGB beträgt der angemessene Selbstbehalt 1200 EUR.

- **OLG Saarbrücken:**
  Der Selbstbehalt des Unterhaltsverpflichteten beträgt ... 3. gegenüber dem getrennt lebenden und dem geschiedenen Ehegatten oder der Mutter/dem Vater eines nichtehelichen Kindes unabhängig davon, ob erwerbstätig oder nicht erwerbstätig 1200 EUR, unabhängig davon, erwerbstätig oder nicht;
- **OLG Schleswig Nr. 21.3.2:**
  21.3.2 Gegenüber Ansprüchen aus § 1615l BGB gilt der eheangemessene Selbstbehalt.
  21.4 Der eheangemessene Selbstbehalt beträgt 1200 EUR. Hierin sind bis zu 430 EUR für Unterkunft einschließlich umlagefähiger Nebenkosten und Heizung (Warmmiete) enthalten.

Nach dem bis zum 31.12.2007 geltenden Unterhaltsrecht kamen, wenn der Unterhaltspflichtige verheiratet war und sich sein Einkommen durch ein **Ehegattensplitting** erhöht hatte, die steuerlichen Vorteile allein der bestehenden Ehe zugute, nicht jedoch dem Unterhaltsanspruch der geschiedenen Ehefrau[422] oder dem nach § 1615l BGB Berechtigten.[423] Das Einkommen war in diesem Fall fiktiv nach Steuerklasse I zu berechnen.[424] Für die seit dem 1.1.2008 entstandenen Ansprüche auf Trennungs- und Geschiedenenunterhalt hat der BGH entschieden, dass die tatsächliche Steuerbelastung unter Berücksichtigung des Splittingvorteils bei der Berechnung maßgebend ist. Hinsichtlich der Unterhaltsansprüche aus § 1615l BGB hat der BGH entschieden, dass es in Fällen, in denen der nach § 1615l BGB Unterhaltsberechtigte dem Ehegatten des Unterhaltspflichtigen nach § 1609 BGB im Rang vorgeht, bei der früheren Rechtsprechung verbleibt mit der Folge, dass der Splittingvorteil allein der Ehe zu Gute kommt und eine fiktive Steuerberechnung vorzunehmen ist.[425] Noch nicht entschieden ist die Konstellation, dass der nach § 1615l BGB Unterhaltsberechtigte und der Ehegatte des Unterhaltspflichtigen im gleichen Rang stehen. Beim Verwandtenunterhaltsrecht kommt es immer auf das tatsächlich bezogene Einkommen an. Der Splittingvorteil aus einer neuen Ehe kommt deshalb allen Kindern des Unterhaltspflichtigen, egal ob ehelich oder nichtehelich, zu gute. Wegen des Verweises von § 1615l III 1 BGB auf das Verwandtenunterhaltsrecht und der Vergleichbarkeit mit der Situation beim nachehelichen Unterhalt ist es geboten, den Splittingvorteil in solchen Konstellationen zu berücksichtigen und für die Leistungsfähigkeit des Unterhaltspflichtigen wie beim Ehegattenunterhalt auf die tatsächliche Steuerlast abzustellen. Dies ist auf jeden Fall berechtigt, soweit es infolge der Anwendung der Drittelmethode zu einer Kürzung des Bedarfs des nach § 1615l BGB unterhaltsberechtigten Elternteils kommt.[426] Der Splittingvorteil ist ebenfalls einzubeziehen, wenn wegen des Entstehens des Betreuungsunterhaltsanspruch aus § 1615l BGB **nach Rechtskraft der Scheidung** erst im Rahmen der Leistungsfähigkeit des Unterhaltspflichtigen eine Billigkeitsabwägung unter Berücksichtigung der Dreiteilungsmethode vorgenommen wird.[427]

Den Unterhaltspflichtigen trifft im Verhältnis zu dem betreuenden Elternteil eine Erwerbsobliegenheit. Erfüllt er diese nicht, ist er in Höhe eines **fiktiv erzielbaren Einkommens** als leistungsfähig zu betrachten.[428] Soweit eine reale Beschäftigungschance besteht, muss er seine Arbeitskraft entsprechend seiner Vorbildung, seinen Fähigkeiten und der Arbeitsmarktlage in zumutbarer Weise bestmöglich einsetzen.[429] Da § 1615l BGB jedoch keine gesteigerte Unterhaltspflicht beinhaltet, dürfen an den Unterhaltspflichtigen keine zu hohen Anforderungen gestellt werden.[430] Von einem **Studenten** ohne abgeschlossene Berufsausbildung, der sich im Regelstudium befindet, kann trotz

---

[422] BVerfG FamRZ 2003, 1821.
[423] OLG Düsseldorf FamRZ 2005, 1772 (1773); OLG Koblenz FamRZ 2004, 973.
[424] OLG Koblenz FamRZ 2004, 973.
[425] BGH FamRZ 2008, 1739 (1746).
[426] Schilling FF 2008, 279 (290); MAH FamR/Wever/Hoffmann § 10 Rn. 73d.
[427] BGH BeckRS 2014, 11173 Rn. 29; vgl. → Rn. 119.
[428] KG FamRZ 1998, 556 (557); OLG Düsseldorf FamRZ 1989, 1226 (1228).
[429] NK-BGB/Schilling BGB § 1615l Rn. 32.
[430] OLG Oldenburg NJW-RR 2000, 1249.

der gesteigerten Unterhaltspflicht gegenüber seinem Kind nicht die Aufgabe des Studiums verlangt werden, weil eine Erstausbildung zum eigenen angemessenen Lebensbedarf des Unterhaltspflichtigen gehört, den dieser vorrangig befriedigen darf.[431] Das muss dann erst recht bei nicht gesteigerter Unterhaltspflicht gegenüber der Mutter gelten. Von einem Unterhaltspflichtigen, der bereits über eine abgeschlossene Berufsausbildung verfügt, kann jedoch erwartet werden, dass er eine mit dem Verlust des gesicherten Arbeitsplatzes verbundene Weiterbildungsmaßnahme zurückstellt.[432] Ein selbstständiger Landwirt muss nicht den gepachteten Hof aufgeben und sich eine abhängige Beschäftigung suchen.[433]

147 Vom Einkommen des Unterhaltspflichtigen sind die Aufwendungen für seine **Kranken- und Altersvorsorge** (bis zu **24%** des gesamten Bruttoeinkommens für die Altersvorsorge) abzugsfähig.[434]

148 Zu berücksichtigen sind ferner die vorrangigen Abzüge für den **Unterhalt der minderjährigen Kinder** (§ 1609 Nr. 1 BGB). Der Kindesunterhalt ist seit dem 1.1.2008 nicht mehr in Höhe des Tabellenbetrages, sondern nur noch mit dem **Zahlbetrag** abziehbar, denn gemäß § 1612b I 2 BGB ist das Kindergeld zur Deckung des Barbedarfs des Kindes zu verwenden.[435]

149 Da sich die Leistungsfähigkeit des Unterhaltspflichtigen gemäß § 1615l III BGB iVm § 1603 I BGB richtet, entfällt die Unterhaltspflicht, wenn der Unterhaltspflichtige bei Berücksichtigung seiner sonstigen Verpflichtungen außerstande ist, ohne Gefährdung seines angemessenen Unterhalts den Unterhalt zu gewähren. Die Berücksichtigungsfähigkeit von **Schulden** richtet sich danach grundsätzlich nach den für den Unterhalt Volljähriger geltenden Maßstäben.[436] Allerdings kann nach der Rechtsprechung des BGH der gegenüber dem Unterhaltsanspruch volljähriger Kinder stärker ausgestaltete Charakter des Anspruchs auf Unterhalt aus Anlass der Geburt auch zu einer stärkeren Haftung führen.[437] Das kann zur Folge haben, dass Schulden bei der Berechnung des Unterhaltsanspruchs eines nach § 1615l BGB Berechtigten nur in eingeschränktem Maße abzugsfähig sind.[438]

150 Der Unterhaltsverpflichtete hat – anders als im Verhältnis zu seinen minderjährigen Kindern[439] – keine Obliegenheit zur Einleitung eines **Insolvenzverfahrens** mit anschließender Restschuldbefreiung, wenn er wegen seiner Schulden nicht oder nur eingeschränkt leistungsfähig ist.[440] Nach Auffassung des OLG Koblenz besteht auch keine Verpflichtung des Unterhaltspflichtigen, sich um einen geringeren Tilgungsbetrag zu bemühen oder sich auf den Pfändungsschutz zu berufen (§§ 850 II, 850c, 850i ZPO), wenn dies zur Folge hätte, dass die Schulden weiter stiegen.[441]

151 Wenn der unterhaltspflichtige Elternteil den Unterhalt aus seinem Einkommen nicht bestreiten kann, ist er wie ein nicht gesteigerter unterhaltspflichtiger Verwandter nach § 1603 I BGB verpflichtet, seinen **Vermögensstamm** einzusetzen.[442] Diese Obliegenheit besteht nicht, wenn die Verwertung des Vermögens mit einem wirtschaftlich nicht vertretbaren Nachteil verbunden wäre, zB weil der eigene lebenslange Unterhalt gefährdet wäre.[443]

---

[431] BGH NJW 2011, 1874; OLG Frankfurt a. M. FamRZ 1982, 732.
[432] LG Arnsberg FamRZ 1997, 1297.
[433] OLG Oldenburg NJW-RR 2000, 1249.
[434] BGH FamRZ 2008, 1739 (1745); OLG Koblenz OLGR 2009, 521.
[435] BGH FamRZ 2009, 1477 (1478).
[436] MAH FamR/Wever/Hoffmann § 10 Rn. 74a.
[437] BGH FamRZ 2005, 354 (356).
[438] OLG Stuttgart FamRZ 2007, 1839.
[439] BGH FamRZ 2005, 608.
[440] OLG Koblenz NJW-RR 2005, 1457; NK-BGB/Schilling BGB § 1615l Rn. 32.
[441] OLG Koblenz NJW-RR 2005, 1457; NK-BGB/Schilling BGB § 1615l Rn. 32; Schürmann FamRZ 2005, 887 (888).
[442] Näheres → § 2 Rn. 623.
[443] BGH FamRZ 1989, 170 (Kindesunterhalt).

IV. Rangverhältnisse und Unterhaltskonkurrenzen

1. Mehrere Unterhaltsberechtigte

a) Rangfolge. Wenn ein Unterhaltspflichtiger außer gegenüber dem betreuenden Elternteil noch weitere Unterhaltspflichten zu erfüllen hat und nicht über genügend Einkommen verfügt, um unter Beachtung des ihm zustehenden Selbstbehalts allen Berechtigten Unterhalt nach deren Bedarf zu gewähren, bestimmt sich die Rangfolge der Bedürftigen nach § 1609 BGB, der über § 1615l III 1 BGB anwendbar ist. Je nach Höhe des verteilungsfähigen Einkommens entfallen ggf. die Unterhaltsansprüche der nachfolgenden Rangstufe. Dies kann der Fall sein, wenn jeweils der volle Unterhaltsbedarf eines vorrangig Unterhaltsberechtigten befriedigt wird, bevor der nachrangige Anspruch berücksichtigt wird.[444] Nach dem Willen des Gesetzgebers sollen jedoch im Verhältnis zwischen einem minderjährigen oder gleichgestellten Kind und dem betreuenden Elternteil auch **rangübergreifend ausgewogene Ergebnisse** erzielt werden.[445] Dies soll dadurch erreicht werden, dass in dem bei der Festsetzung des Unterhalts innerhalb der ersten Rangstufe auf eine mögliche Höhergruppierung des Kindesunterhalts wegen einer entsprechend geringeren Anzahl von Unterhaltsberechtigten verzichtet wird oder der **Kindesunterhalt** aus einer höheren Einkommensgruppe der Düsseldorfer Tabelle in eine niedrigere **herabgestuft** wird. Die Herabstufung kann bis hinunter in die erste Einkommensgruppe, die den Mindestunterhalt enthält, erfolgen.[446] Alternativ kann eine angemessene Aufteilung des verfügbaren Einkommens unter Beachtung der in der Düsseldorfer Tabelle aufgeführten Bedarfskontrollbeträge erfolgen.[447]

Gegenüber dem Unterhaltsanspruch aus § 1615l BGB sind die **Ansprüche** der zu betreuenden **Kinder** sowie sämtliche Unterhaltsansprüche anderer minderjähriger unverheirateter sowie gleichgestellter volljähriger, nach § 1603 II 2 BGB privilegierter Kinder des Unterhaltspflichtigen **vorrangig** (§ 1609 Nr. 1 BGB).

Mit dem Unterhaltsanspruch des nach § 1615l BGB Berechtigten **gleichrangig** sind die Unterhaltsansprüche aller sonstigen Elternteile, die wegen der Betreuung eines gemeinschaftlichen Kindes unterhaltsberechtigt sind oder es bei einer gedachten Trennung oder Scheidung wären. Zu diesen Ansprüchen gehören insbesondere die Ansprüche auf
- Familienunterhalt gemäß § 1360 BGB[448],
- Trennungsunterhalt gemäß § 1361 BGB,
- Betreuungsunterhalt für Geschiedene gemäß § 1570 BGB,
- Lebenspartnerschaftsunterhalt, soweit der unterhaltsberechtigte Elternteil (§§ 5, 12, 16 LPartG) das angenommene Kind des anderen Lebenspartners betreut (§ 9 VII LPartG),
- Ehegattenunterhalt und nachehelicher Unterhalt bei einer Ehe von langer Dauer (§ 1609 Nr. 2 BGB).

Besteht bei Ehegatten ein Teilunterhaltsanspruch auf Betreuungsunterhalt und ein weiterer Teilanspruch wegen eines anderen Unterhaltstatbestandes, dann unterfällt der Gesamtanspruch dem Rang des § 1609 Nr. 2 BGB.[449]

Die Unterhaltsansprüche aller anderen Berechtigten sind gegenüber dem Unterhaltsanspruch aus § 1615l BGB **nachrangig.** Es sind dies die Ansprüche der
- volljährigen, nicht privilegierten Kinder (§ 1609 Nr. 4 BGB),
- Ehegatten, die keine Kinder betreuen und deren Ehe nicht von langer Dauer war (§ 1609 Nr. 3 BGB),
- Enkelkinder und weiteren Abkömmlinge des Unterhaltspflichtigen (§ 1609 Nr. 5 BGB),

---

[444] BGH BeckRS 2014, 11173 Rn. 21; Born NJW 2008, 1 (2); Vossenkämper FamRZ 2008, 201 (210); Schürmann FamRZ 2008, 313 (320).
[445] BT-Drs. 16/1830, 24.
[446] OLG Köln FamRZ 2008, 2119 (2120); Gerhardt FamRZ 2007, 945 (948); Hauß FamRB 2008, 52 (56); Menne FamRB 2008, 145 (149); Klinkhammer FamRZ 2008, 193 (197); Reinken FPR 2008, 9 (11).
[447] Dose JAmt 2009, 1 (5 f.).
[448] OLG Stuttgart FamRZ 2016, 907.
[449] BGH FamRZ 2014, 1987 Rn. 23 = R 762.

- Eltern des Unterhaltspflichtigen (§ 1609 Nr. 6 BGB)[450],
- sonstigen Verwandten des Unterhaltspflichtigen (§ 1609 Nr. 7 BGB).

156 **Innerhalb einer Rangstufe** ist der für den Unterhalt zur Verfügung stehende Betrag entsprechend der Höhe des Bedarfs der Unterhaltsberechtigten zu verteilen. Wenn ein getrennt lebender oder geschiedener Ehegatte und ein betreuender Elternteil eines nichtehelichen Kindes **im gleichen Rang** unterhaltsberechtigt sind und das Einkommen des Unterhaltspflichtigen nach Abzug des vorrangigen Kindesunterhalts nicht ausreicht, um beiden Elternteilen Unterhalt zu leisten, ist zu entscheiden, mit welchen Einsatzbeträgen die Gläubiger in der Unterhaltsberechnung, die in einem solchen Fall eine **Mangelfallberechnung** darstellt, zu berücksichtigen sind. Die Einsatzbeträge richten sich nach der Höhe des jeweiligen Bedarfs des Unterhaltsberechtigten. Während sich das Maß des zu gewährenden Unterhalts für einen nach § 1615l BGB Berechtigten nach seiner Lebensstellung bestimmt[451] (→ Rn. 91) und sein Bedarf durch den durch die Dreiteilung ermittelten Betrag nach oben hin begrenzt ist,[452] richtet sich der Bedarf des getrennt lebenden oder geschiedenen Ehegatten nach den ehelichen Lebensverhältnissen (§ 1578 BGB). Unter Beachtung der Drittelmethode (→ Rn. 119) und der Mindestbedarfsätze kann eine ausgewogene Verteilung des zur Verfügung stehenden Einkommens in den Fällen erfolgen, in denen der Unterhaltsanspruch der nach § 1615l BGB Berechtigten **vor** Rechtskraft der Scheidung der Ehe entstanden ist.[453]

157 **Beispiel:**

Einkommen des Verpflichteten (V) nach Abzug des vorrangigen Kindesunterhalts:	3300 EUR
Einkommen des nichtehelichen Elternteils (A):	0 EUR,
Einkommen vor der Geburt, dh Bedarf nach § 1610 BGB:	2000 EUR
Einkommen des geschiedenen Elternteils (B):	0 EUR
Lösung:	
Bedarf (Einsatzbetrag) für § 1615l BGB: 2000 EUR, aber begrenzt auf:	943 EUR (3300 EUR – $1/7$ = 2829 EUR : 3)
Selbstbehalt des Unterhaltspflichtigen:	1200 EUR
Unterhaltsanspruch der betreuenden Elternteile:	je 943 EUR (2829 EUR : 3)
Selbstbehalt des Unterhaltspflichtigen ist gewahrt:	1414 EUR (3300 EUR – 943 EUR – 943 EUR)
Alternative:	
Einkommen des Verpflichteten nach Abzug des vorrangigen Kindesunterhalts:	2900 EUR
Bedarf (Einsatzbetrag) für A nach § 1615l BGB: 2000 EUR, aber begrenzt auf:	771 EUR (2900 EUR – $1/7$: 3)
Unterhaltsanspruch der betreuenden Elternteile:	je 828 EUR (2485 EUR : 3)
Selbstbehalt des Unterhaltspflichtigen:	1200 EUR
Selbstbehalt des Unterhaltspflichtigen:	1224 EUR (2900 EUR – 828 EUR – 828 EUR)
Weitere Verteilungsmasse:	24 EUR (1224 EUR – 1200 EUR)

V könnte die restlichen 24 EUR an A zahlen, so dass sich ihr Unterhaltsanspruch auf 852 EUR beliefe. Da der Mindestbedarf jedoch bei 880 EUR liegt, wäre eine Schlechterstellung eines betreuenden Elternteils, hier der B, die Folge. Nach der am Ende einer jeden Unterhaltsberechnung vorzunehmenden **Angemessenheitskontrolle** ist allen betreuenden Elternteilen solange der gleiche Unterhaltsbetrag zu gewähren, bis bei beiden der Mindestbedarf (notwendiger Bedarf) in Höhe von derzeit 880 EUR gedeckt ist. Wenn darüber hinaus noch ein Restbetrag zur Verfügung steht, kann dieser dem Elternteil mit dem höheren Bedarf zugeteilt werden.[454]

---

[450] BGH FamRZ 2016, 887 = R 776.
[451] OLG Hamm BeckRS 2013, 19335.
[452] → Rn. 119; Bömelburg FF 2008, 332 (334) (Anm.).
[453] OLG Hamm BeckRS 2013, 19335.
[454] Schilling FF 2008, 279 (291); Wever FamRZ 2008, 553 (560); MAH FamR/Wever/Hoffmann § 10 Rn. 97a.

b) Unterhaltstatbestände des § 1615l BGB und zweite Rangstufe des § 1609 **158**
BGB. Nach der Begründung des Gesetzgebers[455] zum UÄndG umfasst der zweite Rang nach § 1609 Nr. 2 BGB nicht nur den Betreuungsunterhaltsanspruch nach § 1615l II 2 bis 5, IV BGB, sondern alle von § 1615l gewährten Unterhaltsansprüche der nicht verheirateten betreuenden Elternteile. Erfasst sind damit auch der Mutterschutzunterhalt (§ 1615l I 1 BGB), der Ersatz von Schwangerschafts- und Entbindungskosten (§ 1615l 2 BGB) sowie der erweiterte Unterhalt wegen Schwangerschaft oder Krankheit (§ 1615l II 1 BGB) und ebenfalls die Ansprüche der Mutter bei einer Fehl- oder Totgeburt (§ 1615n BGB).

Da es für die Einordnung eines Unterhaltsanspruchs in den zweiten Rang des § 1609 **159** BGB in erster Linie auf die Kindesbetreuung ankommt, werden gegen die Einbeziehung der übrigen Ansprüche verfassungsrechtliche Bedenken geltend gemacht.[456] Denn ein Anspruch einer nichtehelichen Mutter, die wegen einer durch die Schwangerschaft verursachten Krankheit gemäß § 1615l II 1 BGB unterhaltsberechtigt ist, ohne zugleich ein Kind zu betreuen, könnte gegenüber einem Unterhaltsanspruch einer Ehefrau wegen Krankheit aus § 1361 BGB oder § 1572 BGB vorrangig sein, was zu einem **Wertungswiderspruch**[457] führen könnte. Zudem erfasst § 1570 BGB solche Unterhaltstatbestände nicht. Daher könnte eine Kinder betreuende Mutter, die wegen einer durch die Schwangerschaft verursachten Krankheit nach § 1572 BGB unterhaltsberechtigt ist, gemäß § 1609 Nr. 3 BGB in den dritten Rang fallen. Andererseits könnte aber ein Ausklammern der oben genannten Ansprüche aus dem zweiten Rang dazu führen, dass diese Ansprüche der nichtehelichen Mutter mangels einer ausdrücklichen Benennung in § 1609 BGB hinter den Unterhaltsansprüchen der Eltern des Vaters zurücktreten müssten.[458]

Im Ergebnis ist daher der Intention des Gesetzgebers mit der Maßgabe zu folgen, dass **160** die entsprechenden ehelichen Unterhaltsansprüche, die mit der Geburt des Kindes zusammenhängen, im Wege einer **verfassungskonformen Auslegung** ebenso wie die entsprechenden Ansprüche aus § 1615l BGB als Ansprüche im Sinne des § 1609 Nr. 2 BGB behandelt werden.[459]

2. Mehrere Unterhaltspflichtige

Der Anspruch aus § 1615l BGB kann mit Unterhaltsansprüchen des Berechtigten gegen **161** andere Schuldner zusammentreffen. Denkbar ist eine Konstellation, bei der nicht nur der nach § 1615l BGB Verpflichtete, sondern auch die Eltern des betreuenden anderen Elternteils (idR die Kindesmutter) ihrem Kind gegenüber noch unterhaltspflichtig sind, weil dieses ein nichteheliches Kind betreut. Solche Konstellationen werden durch § 1615l III 2 BGB erfasst.

Nur unvollständig geregelt ist das Rangverhältnis der Unterhaltsansprüche gegenüber **162** mehreren, nach § 1615l BGB haftenden Unterhaltspflichtigen, zB weil der betreuende Elternteil mehrere Kinder verschiedener Väter/Mütter betreut. Denkbar sind auch Fallgestaltungen, in denen der nach § 1615l BGB Unterhaltsberechtigte auch noch Unterhaltsansprüche gegenüber dem früheren Ehepartner hat, weil er Kinder aus dieser Ehe betreut oder weil er andere, aus der Ehe resultierende Unterhaltsansprüche geltend machen kann.

a) Unterhaltsverpflichteter Vater und Verwandte der Mutter. Das Rangverhältnis **163** zwischen dem Vater des nichtehelichen Kindes und den unterhaltspflichtigen Verwandten der Mutter regelt § 1615l III 2 BGB. Danach haftet der **Vater vor den Verwandten.** Die Mutter hat nur dann gemäß § 1607 I BGB einen Anspruch gegen ihre **Eltern** (nicht die Eltern des Vaters[460]), soweit sie keinen Unterhalt von dem leistungsunfähigen Erzeuger

---

[455] BT-Drs. 16/1830, 32.
[456] NK-BGB/Schilling BGB § 1615l Rn. 43; Schilling FPR 2008, 27 (31).
[457] aA Palandt/Brudermüller BGB § 1615l Rn. 31.
[458] NK-BGB/Schilling BGB § 1615l Rn. 43.
[459] Wever FamRZ 2008, 553 (561); Schilling FPR 2008, 27 (31); NK-BGB/Schilling BGB § 1615l Rn. 43.
[460] OLG Nürnberg FamRZ 2001, 1322.

ihres Kindes erlangen kann.[461] Dies gilt auch dann, wenn der betreuende Elternteil noch minderjährig ist. In solchen Fällen können die Verwandten der Mutter keinen Rückgriff beim Vater nehmen, wenn dieser später wieder leistungsfähig wird.[462]

164 Die Verwandten müssen in entsprechender Anwendung des § 1607 II 1 BGB auch dann eintreten, wenn die Vaterschaft eines außerhalb einer Ehe geborenen Kindes noch nicht gerichtlich oder durch Anerkennung festgestellt ist, weil der Vater in einem solchen Fall noch nicht in Anspruch genommen werden kann.[463] Nachrangige Verwandte müssen ferner nach § 1607 II BGB die Unterhaltslast übernehmen, wenn die Rechtsverfolgung gegen den Vater im Inland erheblich erschwert oder ausgeschlossen ist.[464] Entsprechendes gilt, wenn der Verpflichtete nur wegen zurechenbarer fiktiver Einkünfte als leistungsfähig zu betrachten ist und eine Realisierung des Anspruchs durch eine Vollstreckung in das Vermögen des Vaters nicht möglich ist.[465] Die Darlegungs- und Beweislast dafür, dass der Anspruch gegen den primär Unterhaltspflichtigen nicht durchsetzbar ist oder dass dieser nicht leistungsfähig ist, trägt der Unterhaltsberechtigte.[466] Bei der Ersatzhaftung nach § 1607 II BGB ergibt sich für nachrangig Haftende eine **Rückgriffsmöglichkeit** nach § 1607 II 2 BGB.[467]

165 Nachrangig haftende Verwandte sind grundsätzlich nur nach den für sie im Verhältnis zum Unterhaltsberechtigten maßgeblichen Vorschriften unterhaltspflichtig. Eltern haften gegenüber ihren Kindern in der Regel nach § 1602 BGB. Nach einer Entscheidung des BGH[468] aus dem Jahre 1984 haften die Eltern einer Kindesmutter im Rahmen der Ersatzhaftung **nicht strenger** als der Erzeuger des Kindes selbst.[469] Da nach der seinerzeitigen Gesetzeslage eine kinderbetreuende Mutter gemäß § 1615l II BGB einen Anspruch auf Betreuungsunterhalt nur für maximal ein Jahr hatte, wenn sie nicht oder nur beschränkt erwerbstätig war, weil das Kind sonst nicht hätte versorgt werden können, hat der BGH diese Maßstäbe auch für die Frage der Erwerbsobliegenheit eines erwachsenen Abkömmlings wegen der Betreuung eines Kindes im Rahmen der Ersatzhaftung der Eltern angewandt.[470] In der Folgezeit hat sich in der Rechtsprechung der OLGe eine Tendenz herausgebildet, nach der den betreuenden Elternteil im Verhältnis zu seinen Eltern je nach Entwicklungsstand des Kindes etwa nach **eineinhalb bis zwei Jahren** eine Erwerbsobliegenheit trifft, wenn und soweit eine Fremdbetreuung sichergestellt ist.[471] Der betreuende Elternteil kann sich dabei nicht – wie gegenüber dem anderen Elternteil – darauf berufen, dass Kind selbst betreuen zu wollen; er muss eine mögliche Betreuung des Kindes durch Dritte in Anspruch nehmen, sei es durch den anderen Elternteil oder durch Verwandte oder in einem Kindergarten.

166 Diese Rechtsprechung hat der BGH erneut bestätigt, so dass sich die Dauer der Verpflichtung zur Zahlung von Unterhalt auch heute an den in § 1615l II BGB normierten Zeitspannen orientieren kann.[472] Der Gesetzgeber geht seit dem 1.1.2008 von der Möglichkeit aus, dass die Betreuung von Kindern der Aufnahme einer Berufstätigkeit entgegenstehen kann, bis das Kind zumindest das dritte Lebensjahr vollendet hat. Diese zeitliche Schranke gilt auch für die Verwandten eines betreuenden Elternteils mit der Folge, dass Letzterer im Verhältnis zu ihnen erst nach Ablauf dieser Zeit darauf verwiesen werden kann, sich um eine Stelle zu bemühen.[473]

---

[461] OLG Koblenz FamRZ 2004, 1892; OLG Nürnberg FamRZ 2001, 1322; OLG Düsseldorf FamRZ 1989, 1226 (1228).
[462] Palandt/Brudermüller BGB § 1607 Rn. 13.
[463] OLG Brandenburg FamRZ 2004, 560.
[464] OLG Brandenburg FamRZ 2004, 560.
[465] OLG Frankfurt a. M. NJW 2009, 3105 (3108); OLG Düsseldorf FamRZ 1989, 1226 (1228).
[466] KG FamRZ 1998, 556; Wever/Schilling FamRZ 2002, 581 (587).
[467] BGH FamRZ 1998, 541 (544).
[468] BGH FamRZ 1985, 273 (274).
[469] Ebenso OLG Frankfurt a. M. NJW 2009, 3105 (3108).
[470] BGH FamRZ 1985, 273 (274); OLG Düsseldorf FamRZ 1989, 1226 (1228).
[471] OLG München FamRZ 1999, 1166; OLG Hamm FamRZ 1996, 1493 (1494); vgl. auch Wever/Schilling FamRZ 2002, 581 (587).
[472] BGH FamRZ 2011, 1560.
[473] OLG Köln FamRZ 2014, 136.

Die Zeitspanne, in der Eltern im Wege der Ersatzhaftung nach § 1615l III, 1607 BGB **167** auf Unterhalt in Anspruch genommen werden können, wird daher für die Zeit von bis zu drei Jahren unter Zugrundelegung der konkreten Betreuungsmöglichkeiten für das Kind und den damit verknüpften Verdienstmöglichkeiten des unterhaltsberechtigten Elternteils bemessen.[474] Leben die Eltern des Kindes zusammen und steht der andere Elternteil für die Betreuung des Kindes zur Verfügung (zB weil er arbeitslos ist), so stellt diese Betreuung keine Fremdbetreuung dar, auf die der unterhaltsberechtigte Elternteil nicht gemäß § 1615l BGB verwiesen werden könnte.[475]

Die Verdienstmöglichkeiten des Unterhaltsberechtigten sind unter Zugrundelegung **168** seines Alters und der vorhandenen Berufsausbildung anhand der tatsächlichen Umstände zu bewerten.[476]

Möglich ist auch ein Anspruch des Betreuenden gegen seine Eltern aus § 1610 II BGB auf **Ausbildungsunterhalt**.[477] Für die Fälle, in denen der Mutter grundsätzlich gegen ihre Eltern einen Anspruch auf Ausbildungsunterhalt nach §§ 1601, 1610 II 2 BGB zusteht, hat der BGH[478] entschieden, dass die Mutter wegen einer verzögerten Aufnahme ihrer Ausbildung (Studium) den ohnehin geschuldeten, wegen der Kinderbetreuung lediglich zeitlich versetzten Anspruch auf Ausbildungsunterhalt nicht verliert. Denn die Entscheidung des unterhaltsberechtigten Kindes, sich bis zur Vollendung des dritten Lebensjahres der Kindesbetreuung eines eigenen Kindes zu widmen, anstatt eine Ausbildung aufzunehmen, stellt gegenüber den Eltern keine Obliegenheitsverletzung iSd § 1602 I BGB dar.

In der genannten Entscheidung ist die Frage des grundsätzlichen Verhältnisses des Ausbildungsunterhaltsanspruchs des betreuenden Elternteils gegenüber den eigenen Eltern und des Anspruchs nach § 1615l II 2 BGB nicht behandelt, weil es lediglich um die Frage ging, ob der Anspruch auf Ausbildungsunterhalt fortbesteht. In einer ähnlich gelagerten Konstellation hat das OLG Koblenz[479] angedeutet, dass es den Anspruch aus § 1615l II 2 BGB für vorrangig hält, die Frage dann jedoch offen gelassen, weil der verpflichtete Kindesvater nicht ausreichend leistungsfähig war. Ob der sich aus § 1615l III 2 BGB ergebende grundsätzliche Vorrang des Anspruchs gegen den Kindesvater nach § 1615l BGB hinsichtlich des Ausbildungsunterhalts ebenfalls gilt mit der Folge, dass die Eltern der Kindesmutter bei unzureichender Leistungsfähigkeit des Kindesvaters lediglich ergänzend Ausbildungsunterhalt schulden, ist weiter offen.[480]

b) Anspruch aus § 1615l BGB und ehelicher Betreuungsunterhalt. Die Konstella- **169** tionen, dass die Unterhaltsberechtigte wegen der Betreuung mehrerer nichtehelicher Kinder aus verschiedenen Beziehungen mehrerer Unterhaltsansprüche nach § 1615l BGB hat oder dass er getrennt lebt oder geschieden ist und sowohl eheliche Kinder als auch ein nichteheliches Kind betreut und deshalb Unterhaltsansprüche hat, sind im Gesetz nicht geregelt.

Seit dem Inkrafttreten des Gesetzes zur Einführung des Rechts auf Eheschließung für Personen gleichen Geschlechts[481] zum 1.10.2017 kann ein Anspruch aus § 1615l BGB nicht nur mit gegen einen Ehemann gerichteten Trennungs- oder nachehelichen Unterhaltsanspruch konkurrieren, sondern auch mit einem Anspruch gegen eine gleichgeschlechtliche Ehepartnerin. Für die Konkurrenz der Ansprüche im Falle gleichgeschlechtlicher Ehe gilt grundsätzlich nichts anderes gilt als bei Bestehen einer heterosexuellen Ehe.[482]

---

[474] OLG Frankfurt a. M. NJW 2009, 3105 (3108); OLG Hamm FamRZ 1996, 1104; OLG Oldenburg FamRZ 1991, 1090–1092.
[475] OLG Frankfurt a. M. NJW 2009, 3105 (3107); OLG Hamm FamRZ 1996, 1104.
[476] OLG Frankfurt a. M. NJW 2009, 3105 (3108).
[477] OLG Schleswig – 8 UF 77/00, BeckRS 2001, 30167340; OLG Düsseldorf FamRZ 1989, 1226, 1228; OLG Koblenz FF 2004, 117.
[478] BGH FamRZ 2011, 1560 Rn. 22.
[479] OLG Koblenz FamRZ 2004, 1892; BGH FamRZ 2011, 1560 Rn. 22.
[480] Zum Meinungsstand vgl. Norpoth FamRZ 2011, 1562; für den Vorrang des § 1615l BGB OLG Nürnberg FamRZ 2010, 577; vgl. auch OLG Köln FamRZ 2014, 136.
[481] BGBl. 2017 I S. 2787.
[482] MAH Wever § 10 Rn. 80.

170 Der BGH hat für den Fall der Konkurrenz zwischen dem Anspruch auf **Trennungsunterhalt nach § 1361 BGB** und den Ansprüchen nach § 1615l I und II 2 BGB entschieden, dass **Gleichrang** der Unterhaltspflichtigen (vor den Verwandten) **mit anteiliger Haftung** vorliege und der Haftungsgrad sich entsprechend § 1606 III 1 BGB bestimme.[483] § 1608 BGB scheide schon deswegen aus, weil die Sonderbestimmung des § 1615l III 2 BGB die Anwendung ausschließe. Umgekehrt könne der Ehemann der Mutter nicht mit den in § 1615l III 2 BGB genannten Verwandten der Mutter gleichgesetzt werden, weil sonst die auch vorliegende unterhaltsrechtliche Verantwortung des Ehemanns außer Acht gelassen und dieser gegenüber dem nichtehelichen Vater in ungerechtfertigter Weise privilegiert würde. Da sich die Annahme von Gleichrang unschwer mit der Gesetzeslage vereinbaren lässt und über die vom BGH dargelegte elastische, fallbezogene Handhabung der Anwendung des § 1606 III 1 BGB,[484] die nur „entsprechend" zu geschehen hat, sachgerechte Ergebnisse erzielt werden können, ist der Auffassung des BGH zu folgen.

171 Für die Konkurrenz der Ansprüche nach § 1615l I u. II BGB mit **Betreuungsunterhalt** nach der Scheidung gemäß § 1570 BGB gilt dasselbe.[485] Das bedeutet, dass es auch dann zu einer anteiligen Haftung kommt, wenn die konkurrierenden Ansprüche des Unterhaltsberechtigten darauf beruhen, dass er ein **eheliches Kind und ein nichteheliches Kind** gleichzeitig betreut.[486]

172 Grundsätzlich keine Rolle für den Eintritt der anteiligen Haftung spielt, ob der Aufwand für das Kind, weil es noch während bestehender Ehe geboren wurde, den ehelichen Verhältnissen zuzurechnen ist.[487]

173 Bei der **Bemessung der anteiligen Haftung** der verschiedenen Unterhaltspflichtigen in entsprechender Anwendung des § 1606 III 1 BGB führt der Maßstab der jeweiligen Einkommens- und Vermögensverhältnisse nach Auffassung des BGH in einer Vielzahl der Fälle zu angemessenen Lösungen. Die Anknüpfung an diesen eher schematischen Maßstab sei allerdings nicht in allen Fällen der Betreuung von Kindern aus verschiedenen Verbindungen zwingend. Weil § 1606 III 1 BGB nach § 1615l III 1 BGB nur entsprechend anwendbar ist, lässt dies nach der Rechtsprechung des BGH auch Raum für eine **Berücksichtigung anderer Umstände,** insbesondere der Anzahl, des Alters, der Entwicklung und der Betreuungsbedürftigkeit der jeweiligen Kinder. So kann im Einzelfall von Bedeutung sein, dass der betreuende Elternteil durch die vermehrte Betreuungsbedürftigkeit eines jüngeren Kindes von jeglicher Erwerbstätigkeit abgehalten wird, obwohl das fortgeschrittene Alter eines anderen Kindes an sich eine teilweise Erwerbstätigkeit erlauben würde. In solchen Fällen wäre eine schematische Aufteilung der Haftungsquote nach den jeweiligen Einkommens- und Vermögensverhältnissen des geschiedenen Ehepartners und des anderen Elternteils dann unbefriedigend. Der gegenüber dem das vermehrt betreuungsbedürftige Kind erziehenden Elternteil Unterhaltspflichtige muss in solchen Konstellationen in entsprechend höherem Umfang, ggf. auch allein, zum Unterhalt herangezogen werden.[488]

174 Zur Bestimmung des von den jeweiligen Unterhaltspflichtigen zu zahlenden Unterhalts empfiehlt sich die Durchführung einer **zweistufigen Berechnung.** In der ersten Stufe sind die Haftungsquoten nach den Einkommens- und Vermögensverhältnisse beider anteilig haftenden Pflichtigen zu berücksichtigen. Im Anschluss daran können die Haftungsanteile nach den Umständen des Einzelfalles unter Würdigung der oben dargelegten Umstände nach oben oder nach unten korrigiert werden.[489]

---

[483] BGH FamRZ 2008, 1739 (1744); 2007, 1303; 1998, 541 (543) = R 520c.
[484] BGH FamRZ 1998, 541 (544) = R 520c.
[485] OLG Bremen FamRZ 2006, 1207 (1208).
[486] BGH FamRZ 2007, 1303 (1304).
[487] KG FamRZ 2001, 29 (30); OLG Jena FamRZ 2006, 1205.
[488] BGH FamRZ 1998, 541 (544); 2007, 1303 (1305); Wever/Schilling FamRZ 2002, 581 (589); OLG Bremen FamRZ 2006, 1207; OLG Bremen FamRZ 2005, 213.
[489] BGH FamRZ 2007, 1303 (1305); OLG Hamm FamRZ 2008, 1937 Rn. 131; Wever/Schilling FamRZ 2002, 581 (588) mit Berechnungsbeispiel.

1. Abschnitt: Ansprüche der Mutter oder des Vaters eines nichtehelichen Kindes § 7

Beispiel: 175
Einkommen des Ehemannes (E) und Vaters von 2½-jährigen Zwillingen nach Abzug des vorrangigen Kindesunterhalts: 3000 EUR
Einkommen des nichtehelichen Vaters (V) eines ¾-jährigen Kindes nach Abzug des Kindesunterhalts: 2000 EUR
Lösung:
Bedarf der alle Kinder betreuenden Mutter (M) gegen den getrennt lebenden Ehemann aus § 1361 BGB: 1286 EUR (3000 EUR × 3/7)
Bedarf der M im Verhältnis V aus § 1615l II 2 BGB: ebenfalls 1286 EUR, weil dies ihrer Lebensstellung vor der Geburt des letzten Kindes entspricht
Anteilige Haftung von E und V:
1. Stufe: Leistungsfähigkeit von E und V:
E: 1800 EUR (3000 EUR − 1200 EUR Selbstbehalt)
V: 800 EUR (2000 EUR − 1200 EUR Selbstbehalt)
Gesamt: 2600 EUR
Rechnerische Anteile:
Anteil des E: 891 EUR (1286 EUR × 1800 EUR : 2600 EUR)
Anteil des V: 395 EUR (1286 EUR × 800 EUR : 2600 EUR)
2. Stufe: Berücksichtigung weiterer Umstände
Anzahl der Kinder:
M betreut zwei eheliche Kinder und ein nichteheliches Kind.
Betreuungsbedürftigkeit der Kinder:
Obwohl die ehelichen Kinder älter sind, unterscheidet sich ihre Betreuungsbedürftigkeit kaum von der des jüngeren Kindes. Diese Kinder sind wie das Baby noch im Windelalter und zu jung für einen Kindergartenbesuch.
Ergebnis:
Eine Korrektur dahingehend, dass beide Väter für den Bedarf der Mutter hälftig eintreten sollten, rechtfertigt sich nicht. Es verbleibt bei den rechnerisch festgestellten Haftungsanteilen.
Abwandlung:
Eine andere Beurteilung könnte sich ergeben, wenn die ehelichen Kinder deutlich älter und dadurch weniger betreuungsbedürftig wären und die Mutter gleichwohl gegenüber ihrem Ehemann keine Verpflichtung zur Ausübung einer Erwerbstätigkeit träfe.

Bei der Bestimmung der Haftungsanteile mehrerer Verpflichteter ist zu beachten, dass 176 sich der betreuende Elternteil im Verhältnis zu seinem Ehepartner das **Erwerbseinkommen – fiktiv** – anrechnen lassen muss, das er unter Berücksichtigung der Belange des Kindes und der bestehenden Möglichkeiten der Kinderbetreuung erzielen könnte. In solchen Fällen, dh bei einer Verpflichtung zur Ausübung einer **Teilzeittätigkeit**, besteht eine anteilige Mithaftung des ehemaligen Ehepartners nur insoweit, als er auch ohne die Geburt des nichtehelichen Kindes auf Unterhalt in Anspruch genommen werden könnte.

Beispiel:
Bereinigtes Einkommen des (ehemaligen) Ehemannes (E) nach Abzug des Kindesunterhalts: 2000 EUR
Fiktiv festzusetzendes Einkommen der ein eheliches und ein nichteheliches Kind betreuenden Mutter (M): 500 EUR
Einkommen des nichtehelichen Vaters (V): 1000 EUR
Lösung:
Bedarf der Mutter nach der Differenzmethode: 643 EUR (2000 EUR − 500 EUR = 1500 EUR × 3/7)
Unterhaltspflicht des nichtehelichen Vaters (V): 500 EUR
Restbedarf: 643 EUR, hierfür anteilige Unterhaltspflicht des Ehepartners (E) und des nichtehelichen Vaters (V), unter Berücksichtigung der oben dargelegten Kriterien[490]

Wenn und soweit der Unterhalt von einem Pflichtigen **mangels Leistungsfähigkeit** 177 nicht erlangt werden kann, muss der gleichrangig haftende andere Schuldner nach § 1606 III 1 BGB allein – ggf. begrenzt auf seinen Haftungsteil (zB bei teilweiser Verwirkung) – eintreten,[491] ohne Rückgriff gegen den anderen nehmen zu können.

---

[490] Vgl. OLG Bremen 2006 1207; OLG Schleswig BeckRS 2000, 30141598; OLG Hamm NJW 2005, 297.
[491] MAH FamR/Wever/Hoffmann § 10 Rn. 86; OLG Jena FamRZ 2006, 1205.

178 Eine Ersatzhaftung eines Unterhaltspflichtigen kommt in analoger Anwendung von § 1607 II 1 BGB in Betracht, wenn die **Rechtsverfolgung** im Inland gegen den anderen Unterhaltspflichtigen **ausgeschlossen** oder erheblich erschwert ist.[492] In diesem Fall hat der allein Eintretende eine Rückgriffsmöglichkeit nach § 1607 II 2 BGB in dem Umfang, in dem er die Haftung für den anderen übernommen hat.[493]

179 Ein Ehepartner und Elternteil eines ehelichen Kindes ist gemäß zunächst § 1607 II 1 BGB allein eintrittspflichtig, wenn die Vaterschaft des nichtehelichen Unterhaltspflichtigen noch nicht förmlich feststeht. Die eigene anteilige Mithaftung des Ehepartners besteht nur insoweit, als er auch ohne die Geburt des neuen Kindes auf Unterhalt in Anspruch genommen werden könnte. Dh, er muss den Unterhalt nur in dem Umfang zahlen, wie er auch ohne die Geburt des nichtehelichen Kindes zu zahlen wäre.[494] Soweit er zunächst für den anteilig mithaftenden leiblichen Vater aufkommen muss, geht der Unterhaltsanspruch der Ehefrau gegen diesen auf ihn über und kann ab rechtskräftiger Vaterschaftsfeststellung rückwirkend geltend gemacht werden.[495]

180 Auch im Fall einer Konkurrenz von Unterhaltsansprüchen gegen den einen Ehepartner und den nach § 1615l BGB Unterhaltspflichtigen ist zu berücksichtigen, ob eine Herabsetzung/zeitliche Begrenzung des Unterhalts wegen einer **Verwirkung** des Ehegattenunterhaltsanspruchs in Betracht kommt, weil der Berechtigte aus einer intakten Ehe ausgebrochen ist (§ 1579 Nr. 7 BGB) oder nunmehr in einer verfestigten eheähnlichen Lebensgemeinschaft lebt (§ 1579 Nr. 2 BGB).[496] Es ist dann zunächst der Haftungsanteil der jeweils Unterhaltspflichtigen zu bestimmen und sodann der auf den Ehegatten entfallende Haftungsanteil zu kürzen.[497] Eine **Ausfallhaftung** des nichtehelichen Verpflichteten hinsichtlich des sich aus der Kürzung ergebenden Differenzbetrages ist abzulehnen, weil die jeweiligen Haftungsanteile getrennt voneinander zu werten sind.[498] Die Verringerung des Unterhaltsanspruchs erfolgt nur zulasten des Berechtigten. Bei der Bestimmung des Kürzungsbetrages hinsichtlich des nachehelichen Unterhalts sollte darauf geachtet werden, dass im Interesse der Betreuung des ehelichen Kindes nach einer Addition des Haftungsanteils des nicht ehelichen Elternteils und des gekürzten Anteils des Ehegatten zumindest der Mindestbedarf des erziehenden Elternteils gedeckt ist.[499]

181 Eine **Differenzhaftung** des nichtehelichen Elternteils und auch eine vorrangige, von dem konkreten Haftungsanteil losgelöste Inanspruchnahme **scheidet** auch dann **aus**, wenn der Unterhaltsanspruch des Berechtigten gegen den Ehegatten durch eine **Vereinbarung über den nachehelichen Unterhalt** nach § 1585c BGB beschränkt oder wirksam abbedungen worden ist, zB durch einen **Verzicht,** obwohl er minderjährige Kinder zu betreuen hat.[500] Für den Anspruch auf Trennungsunterhalt stellt sich dieses Problem nicht, weil insoweit einen Verzicht gemäß § 1361 IV 4, 1360a III, 1614 I BGB nur hinsichtlich rückständigen Unterhalts möglich ist. Die Gegenansicht,[501] die darauf abstellt, dass die Mutter ihren Bedarf nur auf diese Weise decken könne, verkennt, dass in diesen Fällen dem nichtehelichen Elternteil eine Billigkeitshaftung aufgebürdet wird, obwohl es hierfür keine rechtliche Grundlage gibt. Denn der nicht verheiratete Elternteil ist mit dem betreuenden Elternteil rechtlich weniger eng verbunden als der geschiedene Ehegatte. Es kommt hinzu, dass nicht miteinander verheiratete Eltern nach § 1615l III 3

---

[492] BGH FamRZ 1998, 541 (544).
[493] BGH FamRZ 1998, 541 (544).
[494] OLG Koblenz FamRZ 2005, 804 Rn. 38, wobei MAH FamR/Wever/Hoffmann § 10 Rn. 86 Fn. 494 zu Recht darauf hingewiesen haben, dass in diesem Fall das „nichteheliche Kind" mangels Scheidung der Ehe als eheliches Kind hätte behandelt werden müssen.
[495] OLG Köln NJW-RR 2006, 218; zum Regress des Scheinvaters vgl. Löhnig FamRZ 2003, 1354.
[496] KG FamRZ 2001, 29; OLG Schleswig BeckRS 2000, 30141598; OLG Zweibrücken DAVorm 2000, 897.
[497] BGH FamRZ 1998, 541 (544).
[498] NK-BGB/Schilling BGB § 1615l Rn. 36.
[499] Ähnlich MAH FamR/Wever/Hoffmann § 10 Rn. 88.
[500] Wever/Schilling FamRZ 2002, 581 (588); a. A. OLG Koblenz FamRZ 2001, 227.
[501] OLG Koblenz FamRZ 2001, 227.

BGB iVm § 1614 I BGB für die Zukunft wirkenden Unterhaltsverzicht nicht vereinbaren können.[502]

Keine anteilige Haftung zwischen einem Ehemann, der nicht der Vater des Kindes ist, und dem Vater des nichtehelichen Kindes entsteht, wenn die **Mutter** Ersteren erst **heiratet,** nachdem das Kind geboren war.[503] Denn der Anspruch gegen den nichtehelichen Unterhaltspflichtigen geht in diesem Fall durch die Heirat der Mutter in entsprechender Anwendung von § 1586 I BGB unter (→ Rn. 206).[504] 182

Wenn die **Eltern des nichtehelichen Kindes einander heiraten,** ergibt sich der Untergang des Unterhaltsanspruchs gegen den geschiedenen Ehegatten direkt aus § 1586 I BGB. 183

Analog § 1586 I BGB erlischt auch ein Unterhaltsanspruch gegen einen weiteren nach § 1615l BGB Unterhaltspflichtigen, wenn der **Berechtigte einen** von mehreren nach dieser Vorschrift **Verpflichteten heiratet.**[505] 184

Die Unterhaltspflicht des nach § 1615l BGB Verpflichteten gegenüber dem anderen Elternteil endet auch dann, wenn der Unterhaltsberechtigte mit einem Dritten eine **eingetragene Lebenspartnerschaft** eingeht, denn dadurch erlangt er gegen den neuen Partner einen Anspruch auf Lebenspartnerschaftsunterhalt (§ 5 LPartG).[506] 185

In den Fällen anteiliger Haftung ist es in den Verfahren um Trennungs- oder nachehelichen Unterhalt grundsätzlich Sache des Unterhaltspflichtigen, die Voraussetzungen ihres Unterhaltsanspruchs nach § 1615l BGB gegen den anderen Elternteil und dessen **Haftungsanteil darzulegen und ggf. zu beweisen,**[507] also zB die fehlende Leistungsfähigkeit des Ehemanns bzw. im umgekehrten Verfahren die fehlende Leistungsfähigkeit des Kindsvaters.[508] Anders als der in Anspruch genommene Elternteil oder Ehegatte hat der Berechtigte jeweils Auskunftsansprüche gegen den anderen anteilig haftenden Unterhaltspflichtigen.[509] Dasselbe gilt, wenn er Ansprüche gegen zwei verschiedene nichteheliche Elternteile hat und eines von ihnen in Anspruch nimmt.[510] 186

c) Betreuung mehrerer nichtehelicher Kinder von verschiedenen Vätern. Richten sich die Ansprüche einer Mutter von zwei Kindern gegen unterschiedliche Väter, werden die §§ 1615l III 1, 1606 III 1 BGB ebenfalls analog angewendet, so dass **anteilige Haftung der beiden nichtehelichen Väter** eintritt.[511] 187

d) Anspruch aus § 1615l BGB und andere eheliche Unterhaltstatbestände. aa) Anspruch aus § 1615l BGB und Familienunterhalt. Es kann sich eine Konkurrenz zwischen einem Unterhaltsanspruch aus § 1615l BGB und einem Anspruch auf Familienunterhalt nach **§§ 1360, 1360a BGB ergeben,** wenn eine verheiratete Kindesmutter von einem anderen Mann ein Kind bekommt, jedoch ungeachtet dessen mit ihrem Ehepartner wieder oder weiterhin zusammenlebt. Fraglich ist, ob auch in diesem Fall eine anteilige Haftung der Kindesväter anzunehmen ist. 188

Nach überwiegender Auffassung, verdrängt ein Anspruch auf Familienunterhalt den Anspruch aus § 1615l BGB nicht.[512] Für einen Gleichrang und eine anteilige Haftung auch in diesen Fällen spricht die Vergleichbarkeit des Familienunterhalts mit den Unterhaltsansprüchen bei Trennung und Scheidung.[513]

Nach z. T. vertretener Auffassung soll ein Anspruch aus § 1615l II 2 BGB einen für die gleiche Mutter bestehenden Anspruch auf Familienunterhalt nach § 1360 BGB gegen den

---

[502] Wever/Schilling FamRZ 2002, 581 (588).
[503] OLG Schleswig FamRZ 2000, 637 (638).
[504] BGH FamRZ 2016, 892 Rz. 16; 2005, 347; Graba FamRZ 2005, 353 (Anm.).
[505] Schilling FamRZ 2006, 1 (4).
[506] Wohlgemuth FuR 2007, 195 (203).
[507] BGH FamRZ 1998, 541 (544); OLG Zweibrücken FuR 2000, 438.
[508] KG FamRZ 2001, 29 (30).
[509] BGH FamRZ 1998, 541 (554).
[510] OLG Koblenz NJW-RR 2005, 1457.
[511] BGH FamRZ 2005, 357 (358); OLG Koblenz NJW-RR 2005, 1457.
[512] BGH FamRZ 2007, 1303; 2005, 357; KG FF 2015, 498.
[513] OLG Schleswig FamRZ 2000, 637; Wever/Schilling FamRZ 2002, 581 (589); Schilling FamRZ 2006, 1 (5).

Ehemann verdrängen, wenn die Mutter ohne die Geburt des außerehelichen Kindes für ihren Unterhalt hätte selbst aufkommen müssen. Dies soll auch dann gelten, wenn die Mutter nach der Geburt des Kindes die eheliche Lebensgemeinschaft wieder aufgenommen hat.[514]

189 **bb) Anspruch aus § 1615l BGB und Ansprüche auf Trennungs- und nachehelichen Unterhalt ohne Betreuung eines Kindes.** Seit der am 1.1.2008 in Kraft getretenen Unterhaltsreform hat der auf Kindesbetreuung beruhende Unterhaltsanspruch Vorrang vor Ehegattenunterhaltsansprüchen, die nicht auf Kindesbetreuung beruhen. Eine Ausnahme gilt nur für die Fälle, in denen die Ehe von langer Dauer war (§ 1609 BGB). Die neue Rangfolgeregelung bezieht sich auf Unterhaltsschuldner, die die Ansprüche verschiedener Berechtigter erfüllen müssen. Ob sich aus der in der gesetzlichen Regelung zum Ausdruck kommenden neuen Bewertung der Unterhaltsverhältnisse die Folge ergibt, dass dem Anspruch aus § 1615l BGB der Vorrang gegenüber einem Trennungs- oder nachehelichen Unterhaltsanspruch einzuräumen ist,[515] oder ob lediglich darauf abzustellen ist, dass dem Berechtigten zwei Unterhaltsschuldner gegenüberstehen, von denen nach der gesetzlichen Regelung keiner primär zu haften hat,[516] ist umstritten. Da der Gesichtspunkt der nachehelichen Solidarität auch in den nicht auf kinderbetreuenden Unterhaltstatbeständen zum Ausdruck kommt, ist ein Vorrang des Unterhaltsanspruchs aus § 1615l BGB nicht anzunehmen mit der Folge, dass die Unterhaltspflichtigen anteilig haften.[517]

190 Für die Haftungsanteile gilt folgendes: Soweit ein Unterhaltsanspruch gegen einen (ehemaligen) Ehegatten des nach § 1615l BGB Unterhaltsberechtigten aus Tatbeständen hergeleitet wird, die nicht auf Kindesbetreuung beruhen (§ 1361 BGB, § 1571, § 1572 BGB), bleiben daher die Geburt und die Notwendigkeit der Betreuung des nicht ehelichen Kindes ohne Berücksichtigung. In solchen Fällen ist lediglich zu prüfen, ob der unterhaltsberechtigte Ehegatte auch unabhängig von der Geburt des Kindes aus ehebedingten Gründen noch Unterhaltsansprüche hat.[518]

V. Einzelne Fragen des materiellen Rechts

1. Abgrenzung der Ansprüche aus § 1615l BGB und § 1570 BGB

191 Wenn die Eltern eines Kindes zu keinem Zeitpunkt miteinander verheiratet waren, kann die Mutter ihre Unterhaltsansprüche nur auf §§ 1615l ff. BGB stützen. Eine analoge Anwendung der Vorschriften über den nachehelichen Unterhalt (insbesondere § 1570 BGB) scheidet auch dann aus, wenn die Kindeseltern eheähnlich zusammengelebt haben.[519]

192 Der geschiedene Ehegatte ist auch dann gemäß § 1615l BGB und nicht gemäß § 1570 BGB zum Unterhalt verpflichtet, wenn das Kind erst nach der Scheidung gezeugt wurde.[520] Hat die Mutter das Kind noch während der Ehe empfangen und ist es innerhalb von 300 Tagen nach Rechtskraft der Scheidung[521] bzw. bei längerer Empfängniszeit auch später geboren worden (§§ 1615a, 1593 S. 1 und 2 BGB),[522] richtet sich der Unterhaltsanspruch des betreuenden Elternteils nach § 1570 BGB. § 1570 BGB ist auch anwendbar, wenn die

---

[514] OLG Stuttgart FamRZ 2016, 907.
[515] MAH FamR/Wever/Hoffmann § 10 Rn. 89a.
[516] OLG Schleswig FamRZ 2000, 637 (638); NK-BGB/Schilling BGB § 1615l Rn. 38; Wever/Schilling FamRZ 2002, 581 (589).
[517] Ebenso NK-BGB/Schilling BGB § 1615l Rn. 38; a. A. MAH FamR/Wever/Hoffmann § 10 Rn. 89a; Wever/Schilling FamRZ 2002, 581 (589); OLG Jena FamRZ 2006, 1205 (1206).
[518] OLG Bremen FamRZ 2005, 213; Wever/Schilling FamRZ 2002, 581 (589); Büttner FamRZ 2000, 781 (785); Wagner NJW 1998, 3097 (3098).
[519] BGH FamRZ 2010, 357 Rn. 20 ff.
[520] NK-BGB/Schilling § 1615l Rn. 4.
[521] Die Unterscheidung zwischen Ehelichkeit und Nichtehelichkeit eines Kindes ist seit der Kindschaftsrechtsreform vom 1.7.1998 entfallen; vgl. Büttner FamRZ 2000, 781.
[522] Graba FamRZ 1999, 751 (752).

vorher nicht verheirateten oder vor der Geburt geschiedenen Eltern eines Kindes nach dessen Geburt (erneut) die Ehe miteinander geschlossen haben, § 1615a BGB.

2. Anspruchsberechtigte, Anspruchsgegner, Durchsetzung des Anspruchs aus § 1615l BGB

Die Ansprüche der Mutter richten sich gegen den Vater des nichtehelichen Kindes (oder dessen Erben – § 1615n S. 1 BGB). Ausnahmsweise kann sich der Anspruch als Betreuungsunterhaltsanspruch des Vaters gegen die Mutter (§ 1615l II 2, IV BGB) richten. **193**

Mutter des Kindes ist nach § 1591 BGB[523] die Frau, die das Kind geboren hat. Maßgebend ist die biologische Mutterschaft, nicht die genetische Abstammung. Deshalb ist es unerheblich, ob die befruchtete Eizelle, die die Frau bis zur Geburt ausgetragen hat (Leihmutterschaft), von ihr oder von einer anderen Frau (Embryonenspende) stammt. Die genetische Mutter hat, auch wenn sie das Kind selbst betreut, keinen Unterhaltsanspruch aus § 1615l BGB.[524] Umgekehrt kann sie auch nicht von dem Vater, der das Kind betreut, auf Unterhalt in Anspruch genommen werden.[525] Die **Feststellung der Mutterschaft** einer bestimmten Frau bedarf, abgesehen von den Möglichkeiten nach § 1598a BGB, grundsätzlich keines besonderen Verfahrens. Der Umstand, dass eine Frau mit der Mutter des Kindes zur Zeit der Geburt eine eingetragene Lebenspartnerschaft führte, rechtfertigt nicht eine Eintragung dieser Frau als weitere Mutter und damit Elternteil im Geburtenregister.[526] Dies verstößt nicht gegen Art. 8, 14 MRK.[527] **194**

Vater des Kindes ist gemäß § 1592 Nr. 2, 3 iVm § 1594 I, § 1600d IV BGB der Mann, dessen Vaterschaft förmlich anerkannt oder gerichtlich festgestellt wurde. Die Durchsetzung der Ansprüche setzt daher – außer beim Antrag auf Erlass einer einstweiligen Anordnung gemäß § 247 FamFG und abgesehen vom Fall einer Fehl- bzw. Totgeburt (vgl. § 1615n S. 2 BGB) – die **rechtswirksame Feststellung der Vaterschaft** für und gegen alle durch gerichtliche Entscheidung oder Anerkennung voraus (§§ 1594 I, 1600d IV mit § 1592 Nr. 2 u. 3 BGB).[528] Ein Unterhaltsanspruch gegen den biologischen Vater kommt auch nicht in Betracht, solange die rechtliche Vaterschaft eines anderen Mannes besteht.[529] Die gegenteilige Auffassung, die zumindest dann eine Inzidentfeststellung im Unterhaltsverfahren genügen lassen will, wenn der in Anspruch genommene Mann die Vaterschaft nicht bestreitet,[530] widerspricht dem Wortlaut der §§ 1594 I, 1600d V BGB, wonach – von gesetzlichen Ausnahmen abgesehen – die Rechtswirkungen der Vaterschaft erst vom Zeitpunkt der Feststellung an geltend gemacht werden können. **195**

Bei **Fehl- oder Totgeburt** wird – falls vorhanden – die schon vor der Geburt (§ 1594 IV BGB) mit der notwendigen Zustimmung der Mutter (§ 1595 I iVm § 1594 IV BGB) erklärte Anerkennung insoweit als wirksam behandelt werden können, als es um die Geltendmachung der ungeachtet der fehlenden Lebendgeburt verbliebenen Ansprüche (vgl. § 1615n BGB) geht. Im Übrigen müsste die Vaterschaft für den Leistungsprozess inzident mit Hilfe der Vaterschaftsvermutung des § 1600d II u. III BGB festgestellt werden, wobei allerdings bei einer Fehlgeburt[531] und wohl auch bei einer Totgeburt[532] keine gesetzliche Empfängniszeit feststünde.

---

[523] § 1591 BGB ist am 1.7.1998 in Kraft getreten. Die Vorschrift gilt auch für vor dem 1.7.1998 geborene Kinder (Umkehrschluss aus Art. 224 § 1 EGBGB).
[524] NK-BGB/Schilling § 1615l Rn. 5.
[525] NK-BGB/Schilling § 1615l Rn. 5.
[526] AG Hamburg StAZ 2009, 275 (276); EuGRZ 2013, 668.
[527] EuGRZ 2013, 668.
[528] OLG Oldenburg NZFam 2018, 702; OLG Celle FamRZ 2005, 747; Schilling FamRZ 2006, 1 (7); Huber FPR 2005, 189 (190).
[529] BGH FamRZ 2012, 1201 (1202).
[530] OLG Schleswig FamRZ 2008, 2057; OLG Zweibrücken FamRZ 1998, 554; Huber FPR 2005, 189 (190).
[531] Brüggemann FamRZ 1971, 140 (142).
[532] MüKoBGB/Born § 1615n Rn. 5.

196 Der BGH hält **ausnahmsweise in besonders gelagerten Einzelfällen** eine inzidente Feststellung der Vaterschaft unter Durchbrechung der Rechtsausübungssperre des § 1600d IV BGB zur Beurteilung einer **unbilligen Härte** im Sinne des § 1587 Nr. 1 BGB (aF)[533] und in **Scheinvaterregressverfahren**[534] für gerechtfertigt, wenn die Nichtabstammung des Kindes vom rechtlichen Vater zwischen den Beteiligten unstreitig ist oder wenn der Scheinvater sonst der Willkür der Kindesmutter und dem wahren Erzeuger ausgesetzt ist.[535] Grundvoraussetzung für eine Inzidenzberücksichtigung der Vaterschaft ist nach der Rechtsprechung des BGH der Umstand, dass ein Anerkennungs- oder gerichtliches Feststellungsverfahren nicht erwartet werden kann und sich hieraus eine besondere Schutzbedürftigkeit des betroffenen Scheinvaters ergibt.[536]

Die nichteheliche Mutter ist jedoch durch die Möglichkeit, Unterhaltsansprüche bereits vor Anerkennung bzw. Feststellung der Vaterschaft durch eine **einstweilige Anordnung (§§ 246–248 FamFG)** und danach im Rahmen der §§ 1613 II Nr. 2a, 161 III 1 und 3 BGB durchzusetzen, ausreichend geschützt.

3. Fälligkeit, Unterhalt für die Vergangenheit

197 Gemäß § 1615l III 1, 1612 III 1 BGB werden die Ansprüche aus §§ 1615l, 1615m BGB unabhängig von der Feststellung der Vaterschaft mit dem Entstehen des tatsächlichen Aufwandes bzw. hinsichtlich des Unterhalts mit dem Beginn des Monats fällig, für den er zu zahlen ist.

198 **Vor der Feststellung der Vaterschaft** fällig gewordener Unterhalt kann nach § 1615l III 3, 1613 II Nr. 2a BGB ohne Rücksicht auf § 1613 I BGB verlangt werden, denn die fehlende Feststellung stellt einen **rechtlichen Hinderungsgrund** iSd § 1613 II Nr. 2a BGB dar. Der Unterhalt kann also noch nachträglich für Zeiträume, die vor der Anerkennung oder Feststellung liegen, verlangt werden. Die Anwendung des § 1613 II BGB rechtfertigt sich wegen der Schwierigkeiten der Mutter aber nur solange, bis der Anspruch – regelmäßig durch rechtswirksame Vaterschaftsfestlegung – erstmalig entstanden ist. Da je nach Dauer des Vaterschaftsfeststellungsverfahrens die Gefahr besteht, dass der Unterhaltspflichtige mit erheblichen Unterhaltsrückständen belastet wird, kann der Verpflichtete gemäß § 1613 III 1 BGB einen (teilweisen) Erlass, die **Stundung** oder die Bewilligung einer Ratenzahlung begehren. Der Umstand, dass § 1615l III 3 BGB nur § 1613 II BGB und nicht auch § 1613 III BGB in Bezug genommen hat, dürfte auf ein Redaktionsversehen zurückzuführen sein.[537]

199 Streitig war bislang,[538] ob der Unterhalt im Übrigen, dh **nach der Vaterschaftsfeststellung,** nur unter den Voraussetzungen des § 1613 I BGB gefordert werden kann oder ob die in § 1613 II Nr. 1 BGB bestimmte Frist von einem Jahr seit (hier: erstmaliger) Entstehung des Anspruchs zur Geltendmachung rückständigen **Sonderbedarfs ohne vorherige Inverzugsetzung** oder Rechtshängigkeit des Anspruchs auch **für den Betreuungsunterhalt** der Mutter gilt.[539] Die Streitfrage hat der BGH dahin entschieden, dass § 1615l III 1 BGB eine Rechtsgrundverweisung auf § 1613 BGB enthält.[540] Damit gilt die Ausnahme für den Sonderbedarf nach § 1613 II Nr. 1 BGB **nicht** für den gesamten Unterhaltsanspruch der Mutter des Kindes entsprechend mit der Folge, dass Betreuungsunterhalt **nach Anerkennung der Vaterschaft** für die Vergangenheit generell nur ver-

---

[533] BGH FamRZ 2008, 1836.
[534] BGH FamRZ 2012, 437; 2012, 200 Rn. 15 = R 730b; 2008, 1424.
[535] BGH FamRZ 2017, 900; 2009, 32; 2008, 1424;.
[536] BGH FamRZ 2017, 900.
[537] Staudinger/Klinkhammer § 1615l BGB Rn. 82.
[538] Vgl. zum Diskussionsstand Schilling FamRZ 2006, 1 (9).
[539] So Gesetzentwurf der Bundesregierung vom 7.12.1967, BT-Drs. V/2370, 57; Brüggemann FamRZ 1971, 140 (147); AG Krefeld FamRZ 1985, 1181 mAnm Köhler; OLG Köln BeckRS 2012, 09297; OLG Schleswig FamRZ 2004, 563.
[540] BGH NZFam 2014, 27 Rn. 11 mAnm Graba NZFam 2014, 6.

1. Abschnitt: Ansprüche der Mutter oder des Vaters eines nichtehelichen Kindes § 7

langt werden kann, wenn die Mutter den Vater in Verzug gesetzt, Auskunft von ihm begehrt hat oder der Anspruch rechtshängig ist.[541]

Zu beachten ist, dass ein schlichter **Hinweis** des ausdrücklich als Beistand eines Kindes tätigen Jugendamts an den hinsichtlich des Kindesunterhaltes auf Auskunft in Anspruch genommenen Vater am Ende des Aufforderungsschreibens, auch die Kindesmutter wolle nach § 1615l BGB Betreuungsunterhalt geltend machen und das Jugendamt werde daher die Höhe dieses Anspruches ebenfalls errechnen und mitteilen, **nicht ausreichend** ist, um die Voraussetzungen nach § 1613 I BGB für eine Geltendmachung des Betreuungsunterhaltes für die Vergangenheit zu schaffen.[542]

4. Auskunftsanspruch

Nach § 1615l III 1 BGB iVm § 1605 BGB kann der unterhaltsberechtigte Elternteil von dem anderen Elternteil Auskunft über dessen Einkünfte und Vermögen verlangen.[543] Zwar sind die Einkommens- und Vermögensverhältnisse des pflichtigen Elternteils für die Bemessung des Unterhaltsbedarfs des Berechtigten nicht maßgebend, weil sich der Bedarf des betreuenden Elternteils nach seiner eigenen Lebensstellung richtet (§ 1615l III 1 BGB iVm § 1610 I BGB).[544] Der Berechtigte bedarf jedoch der Auskunft, um sich der Leistungsfähigkeit des Unterhaltsschuldners zu vergewissern und beurteilen zu können, ob und ggf. in welcher Höhe ihm ein Unterhaltsanspruch zusteht.[545] Der Auskunftsanspruch des betreuenden Elternteils gegen den anderen Elternteil setzt jedoch voraus, dass der Unterhaltsbedarf konkret dargelegt wird.[546] **200**

Kenntnis über die Einkommens- und Vermögensverhältnisse der Unterhaltsschuldner benötigt auch eine Mutter, die sowohl eheliche als auch nichteheliche Kinder betreut. Denn sie muss in einem Unterhaltsverfahren gegen den nichtehelichen Vater (§ 1615l BGB) oder den getrennt lebenden oder geschiedenen Ehemann (§ 1361 BGB, § 1570 BGB) die Einkommens- und Vermögensverhältnisse des jeweils anderen Schuldners darlegen, um die anteilige Haftung des Verfahrensgegners zu bestimmen.[547] Einen direkten Auskunftsanspruch zwischen dem auf Betreuungsunterhalt für die Mutter anteilig haftenden Ehemann und dem nichtehelichen Vater hat der BGH bisher mit dem Argument verneint, zwischen diesen Personen bestehe anders als in den üblichen Fällen des § 1606 III 1 BGB kein aus § 242 BGB abgeleitetes besonderes gegenseitiges Treue- und Pflichtenverhältnis.[548] **201**

Allerdings steht einem Scheinvater nach erfolgreicher Vaterschaftsanfechtung[549] gegen die Mutter des Kindes ein Auskunftsanspruch über die Person zu, die ihr während der Empfängniszeit beigewohnt hat (potentieller biologischer Vater) zu, wenn er für seinen **Regressanspruch** auf die Auskunft angewiesen ist und mit dieser keine anderen Motive verfolgt.[550]

Neben dem Auskunftsanspruch hat der Unterhaltsberechtigte gemäß § 242 BGB iVm § 1605 I 2 BGB einen Anspruch auf **Vorlage von Belegen**. Ferner kann er gemäß § 242 BGB iVm § 1605 I 3 BGB, §§ 260, 261 BGB die Abgabe einer **eidesstattlichen Ver-** **202**

---

[541] BGH NZFam 2014, 27 Rn. 11; OLG Brandenburg FamRZ 2006, 1784; offen gelassen vom BGH in MDR 2013, 1403 Rn. 15.
[542] OLG Celle FamFR 2011, 294.
[543] KG NJW-RR 2000, 809; zum Verfahrenswert bei einem „Stufenklageantrag" vgl. § 38 FamGKG (§ 44 GKG aF) und OLG Stuttgart FF 2008, 378 mit zust. Anm. Großhardt FF 2008, 379.
[544] BGH FamRZ 2008, 1739, Rn. 24.
[545] Vgl. BGH FamRZ 1998, 541, Rn. 30; OLG Nürnberg FF 2005, 69 = MDR 2003, 1055; Finger FuR 2005, 493 (498).
[546] OLG Frankfurt a. M. FamRB 2005, 193; OLG Frankfurt a. M. BeckRS 2005, 01258.
[547] Vgl. BGH FamRZ 1998, 541, Rn. 30.
[548] Vgl. auch Hoppenz FamRZ 2008, 733, der in diesen Fällen für eine Auskunftspflicht aus §§ 1605, 1580 plädiert.
[549] OLG Jena FamRZ 2011, 649; OLG Saarbrücken FamRZ 2011, 648.
[550] BGH FamRZ 2013, 939 mAnm Helms FamRZ 2013, 943 sowie Bömelburg FF 2013, 244; BGH FamRZ 2012, 200.

sicherung hinsichtlich der Richtigkeit und Vollständigkeit der gemachten Angaben verlangen.

5. Erlöschen des Anspruchs durch den Tod des Unterhaltsberechtigten

203 Der Unterhaltsanspruch des Berechtigten erlischt nach §§ 1615l III 1, 1615 I BGB mit dessen Tod.

6. Erlöschen des Anspruchs des Berechtigten durch andere Gründe

204 **a) Tod des Kindes.** Der Anspruch des betreuenden Elternteils auf Unterhalt nach § 1615l II 2 bis 5 BGB entfällt mit dem Tod des Kindes. Die sonstigen Unterhaltsansprüche des § 1615l BGB bleiben bestehen, soweit ihre Voraussetzungen weiterhin vorliegen.[551]

205 **b) Heirat des Unterhaltsberechtigten.** Das Schicksal des Unterhaltsanspruchs des nach § 1615l BGB Berechtigten ist für den Fall seiner Heirat gesetzlich nicht vollständig geregelt. **Heiraten die Eltern des nichtehelichen Kindes** nach dessen Geburt einander, erlangt der Berechtigte durch die Heirat einen Anspruch auf Familienunterhalt nach den §§ 1360, 1360a BGB mit der Folge, dass die § 1615l ff. BGB nicht (mehr) anwendbar sind, § 1615a BGB.

206 Wenn die **Mutter einen Dritten heiratet,** der nicht der Vater des Kindes ist, erlischt der Unterhaltsanspruch der Kindesmutter gegen den Vater nach der Rechtsprechung des BGH[552] in analoger Anwendung von § 1586 I BGB. Der BGH geht insoweit von einer unbeabsichtigten Regelungslücke des Gesetzes aus, die eine analoge Anwendung des § 1586 BGB wegen der gleichen Interessenlage der geschiedenen Ehefrau und der nichtehelichen Mutter gebiete.[553] Wenn bei Wiederheirat der Unterhaltsberechtigten sogar der auf § 1570 BGB beruhende und im Hinblick auf die fortgeltende nacheheliche Solidarität stärker ausgeprägte Unterhaltsanspruch des geschiedenen Ehegatten nach § 1586 I BGB entfalle, müsse das aus Sicht des Unterhaltspflichtigen erst recht für den Anspruch aus § 1615l II BGB gelten. Um eine dem durch die Verfassung garantierten Schutz der Ehe und Familie widersprechende Schlechterstellung des unterhaltsberechtigten Ehegatten zu vermeiden, sei eine Gleichbehandlung der Ansprüche aus § 1570 BGB und § 1615l BGB geboten. Schließlich seien dem neuen Ehegatten im Zeitpunkt der Heirat auch die zu dem früheren Unterhaltsanspruch nach § 1615l II BGB führenden Umstände bekannt und würden von ihm bewusst in den Schutz ihrer neuen Ehe einbezogen.

207 Auch wenn die Mutter einen von mehreren nach § 1615l BGB Unterhaltspflichtigen heiratet, erlischt analog § 1586 I BGB der Unterhaltsanspruch gegen den oder die weiteren nach § 1615l BGB Pflichtigen.[554]

208 Entsprechendes gilt, wenn der Unterhaltsberechtigte mit einem Dritten eine eingetragene Lebenspartnerschaft eingegangen ist, denn auch in diesem Fall erlangt er gemäß § 5 LPartG gegen den neuen Partner einen Anspruch auf Lebenspartnerschaftsunterhalt.[555] Seit Inkrafttreten des Gesetzes zur Einführung des Rechts auf Eheschließung für Personen gleichen Geschlechts zum 1.10.2017 können Lebenspartnerschaften allerdings nicht mehr begründet werden[556].

209 Der Unterhaltsanspruch erlischt mit der Heirat der Unterhaltsberechtigten unabhängig von der Leistungsfähigkeit des neuen Partners.[557] Wenn dieser nicht leistungsfähig ist und beide Ehegatten deshalb einer Erwerbstätigkeit nachgehen müssen, ist die persönliche

---

[551] Staudinger/Engler § 1615n Rn. 10, 14.
[552] BGH FamRZ 2016, 892 Rn. 16; 2005, 347 mAnm Schilling S. 351 und Graba S. 353; OLG Bamberg FamRZ 2015, 882.
[553] Hahne FF 2009, 178 (185).
[554] Schilling FamRZ 2006, 1 (4).
[555] Wohlgemuth FuR 2007, 195 (203).
[556] BGBl. 2017 I S. 2787.
[557] BGH FamRZ 2016, 892; 2005, 347 (349).

1. Abschnitt: Ansprüche der Mutter oder des Vaters eines nichtehelichen Kindes § 7

Betreuung des Kindes nicht mehr sichergestellt. Zumindest in den ersten 3 Lebensjahren des Kindes dürfte dies seinen Belangen widersprechen. Die gleiche Situation kann sich allerdings auch ergeben, wenn ein geschiedener kinderbetreuender Elternteil wieder heiratet. Eine analoge Anwendung des § 1586 BGB ist zwar zur Vermeidung einer Besserstellung des Elternteils[558] eines nichtehelichen Kindes gegenüber einem geschiedenen Elternteil nach der derzeitigen Gesetzeslage erforderlich. Die Regelung des § 1586 I BGB ist aber – unabhängig davon, ob es um einen Anspruch aus § 1570 BGB oder um einen solchen aus § 1615l BGB geht – insgesamt reformbedürftig, weil sie den Belangen der Kinder nicht in jedem Fall gerecht wird.[559]

Ein späteres Aufleben des Betreuungsunterhaltsanspruchs nach 1615l BGB ist entsprechend § 1586a BGB nach Auflösung der Ehe oder Lebenspartnerschaft möglich. **209a**

c) Befristung des Anspruchs. Zur Befristung des Anspruchs vgl. → Rn. 261. **209b**

7. Der Anspruch auf Übernahme von Beerdigungskosten der Mutter

Wenn die Mutter infolge der Schwangerschaft oder der Entbindung verstorben ist, hat **210** der Vater, dessen Vaterschaft festgestellt ist, gemäß § 1615m BGB die Kosten der Beerdigung zu tragen, soweit ihre Bezahlung nicht von dem Erben der Mutter zu erlangen ist. Der Anspruch setzt **Kausalität** zwischen Schwangerschaft oder Entbindung und dem Versterben voraus. Dabei kommt es grundsätzlich nicht darauf an, aus welchem Grund die Mutter verstorben ist. Auch in Fällen eines Abbruchs der Schwangerschaft hat der Vater die Kosten der Beerdigung zu tragen, unabhängig davon, ob er den Abbruch verlangt, ihm nur zugestimmt hat oder ob eine soziale Indikation vorlag. Eine Kostentragungspflicht entfällt nur dann, wenn der Abbruch durch die Mutter gegen den ausdrücklichen Willen des Erzeugers vorgenommen wurde.[560] Der Anspruch ist gegenüber der allgemeinen Haftung der Erben (§ 1968 BGB) **subsidiär**. Eine Eintrittspflicht des Vaters besteht jedoch bereits dann, wenn und soweit die Zwangsvollstreckung gegen die Erben aller Voraussicht nach aussichtslos wäre. Die Haftung des Vaters geht, weil es sich bei § 1615m BGB um eine vorrangige Spezialregelung handelt, derjenigen anderer unterhaltspflichtiger Verwandter (§ 1615 II BGB), des Ehemannes oder des eingetragenen Lebenspartners der Mutter (§§ 1360a III, 1361 IV 4, 1615 II, 1608 BGB; §§ 5, 12 LPartG) vor. Letztere werden jedoch nur insoweit freigestellt, als der Tod auf die Schwangerschaft oder die Entbindung zurückzuführen ist, nicht bei anderen Todesursachen.[561]

Anspruchsinhaber sind entweder die Totensorgeberechtigten, in der Regel die nächsten **211** Angehörigen, oder der nach öffentlichem Recht Bestattungspflichtige. Soweit dem Vater oder den anderen Verpflichteten die Übernahme der Kosten nicht zugemutet werden kann, hat der Sozialleistungsträger sie in Erfüllung seiner Pflicht zu übernehmen (§ 74 SGB XII). Ihm steht in diesem Fall kein Rückgriff zu. Wenn er jedoch für die Kosten der Bestattung aufkommt, weil andere leistungsfähige Pflichtige sich nicht kümmern, kann er den Anspruch nach § 93 SGB XII[562] auf sich überleiten.

Der Anspruch auf Übernahme von Beerdigungskosten gemäß § 1615m BGB stellt, **212** obwohl er dem § 1615 II BGB aus dem Verwandtenunterhalt nachgebildet ist, keinen Unterhaltstatbestand dar, sondern eine rein **schuldrechtliche Erstattungsforderung.** Auf die Leistungsfähigkeit des Vaters kommt es daher nicht an.

Für die **Höhe** der angemessenen **Kosten** ist nach allgemeiner Ansicht in entsprechender **213** Anwendung von § 1610 BGB die **Lebensstellung der Mutter** maßgebend. Umfasst sind die angemessenen Kosten eines Sarges, einer Verbrennung, einer Urne, der Grabstätte

---

[558] Hahne FF 2006, 24 (26).
[559] NK-BGB/Schilling § 1615l Rn. 39; Schilling FPR 2005, 513 (515).
[560] NK-BGB/Schilling § 1615m Rn. 4 mwN.
[561] Zum Verhältnis der zivilrechtlichen Vorschriften und der öffentlich-rechtlichen Pflicht, für die Beerdigung eines Verstorbenen zu sorgen vgl. BVerwG ZEV 2011, 91 mAnm Löffler in jurisPR-FamR 1/2011 Anm. 5.
[562] Ein gesetzlicher Übergang nach § 94 SGB XII findet nicht statt, weil es sich nicht um einen unterhaltsrechtlichen Anspruch handelt.

§ 7　Unterhalt zwischen nicht verheirateten Eltern und zwischen Lebenspartnern

inklusive Grabstein und die Beerdigungskosten.563 Die Kosten für eine Grabpflege sind nicht erstattungsfähig.564

214　Der Anspruch unterliegt der regelmäßigen **Verjährungsfrist von 3 Jahren** gemäß § 195 BGB.565 Die Verjährungsfrist beginnt nach § 199 I Nr. 1 u. 2 BGB mit dem Schluss des Jahres der Entstehung des Anspruchs auf Übernahme oder Erstattung bzw. der Kenntniserlangung durch den Gläubiger.

8. Tod des Unterhaltspflichtigen

215　Anders als im Verwandtenunterhalt (§ 1615 I BGB) **erlöschen** die Ansprüche, auch soweit sie Unterhaltsansprüche sind, bei Tod des pflichtigen Vaters oder der pflichtigen Mutter **nicht** (§ 1615l III 4 BGB), sondern richten sich **gegen die Erben** als Nachlassverbindlichkeit (§ 1967 BGB). Gemäß § 1615n S. 1 BGB gilt dies auch, wenn der Vater vor der Geburt des Kindes verstorben ist.

216　Unbefriedigend ist, dass der Unterhaltsanspruch nach § 1615l II BGB formal der Höhe nach unbegrenzt sowie in Ausnahmefällen auch langfristig gegen die Erben geltend gemacht werden kann. Der nichteheliche betreuende Elternteil ist insoweit besser gestellt als ein Unterhaltsberechtigter, der seinen Anspruch aus einer Ehe (§§ 1360a III, 1586b BGB) oder aus dem Verwandtschaftsrecht (§ 1615 I BGB) ableiten kann. Während der Anspruch des geschiedenen Ehegatten nach § 1586b I 3 BGB der Höhe nach auf den Wert des fiktiven Pflichtteils beschränkt ist, **fehlt** eine solche Beschränkung des Gesetzes zugunsten des Erben in Richtung auf den mit dem verstorbenen Pflichtigen nicht verheiratet gewesenen Elternteil.566 Der Grund für die unterschiedliche Behandlung der Ansprüche erklärt sich aus der Entstehungsgeschichte des Anspruchs der Mutter gegen den Erzeuger. Ursprünglich hatte die Mutter keinen Unterhaltsanspruch, sondern lediglich einen Entschädigungsanspruch eigener Art, für den die allgemeinen Vorschriften für die aktive und passive Vererblichkeit galten. Nach der Verankerung des Anspruchs im Verwandtenunterhalt erklärte sich die Besserstellung der nichtehelichen Mutter aus dem Umstand, dass diese im Gegensatz zu einer Ehefrau und dem gemeinsamen Kind am Nachlass des Vaters nicht partizipierte.567 Der Gesetzgeber hat trotz entsprechender Anregungen568 bei der Reform des Unterhaltsrechts zum 1.1.2008 keine systematische Angleichung der Ansprüche nach §§ 1615a ff. BGB mit den nachehelichen Unterhaltsansprüchen vorgenommen. Daraus lässt sich aber nicht zwingend folgern, dass er die entsprechende Anwendung einzelner für den nachehelichen Unterhaltsanspruch geltenden Grundsätze ausschließen wollte. Daher lassen sich auch bei der seit dem 1.1.2008 leichter möglichen Überschreitung der 3-Jahres-Frist bei der Prüfung der Frage, ob die Verlängerung des Unterhaltsanspruchs der Billigkeit entspricht oder nicht, zunächst Vergleichserwägungen zu der Situation beim nachehelichen Unterhalt anstellen.569 Als weitere Möglichkeit bietet sich an, einen auf den Erben als Schuldner übergegangenen Unterhaltsanspruch von der Leistungsfähigkeit des Erben abhängig zu machen. Eine entsprechende Vorschrift wie § 1586b I 2 BGB für den nachehelichen Unterhalt gibt es für den Anspruch aus § 1615l BGB zwar nicht. Erwägenswert erscheint daher, § 1586b I 3 BGB entsprechend anzuwenden und die Haftung auf den **fiktiven Pflichtteil** zu begrenzen.570 Dass es nie eine das Erbrecht begründende Ehe gab, steht dem nur formal entgegen, denn der BGH hat § 1586 I BGB (Wegfall des Anspruchs bei Wiederheirat des Berechtigten) auf alle Unterhaltsansprüche nach § 1615l I 1, II BGB

563　MüKoBGB/Born § 1615m Rn. 9.
564　RGZ 139, 393.
565　Palandt/Brudermüller BGB § 1615m Rn. 1.
566　Vgl. hierzu Dieckmann FamRZ 1999, 1029 (1035); Puls FamRZ 1998, 865 (876).
567　Staudinger/Klinkhammer § 1615n Rn. 6.
568　Puls, Schwab und Rakete-Dombek, Stellungnahmen zum Entwurf des Gesetzes zur Änderung des Unterhaltsrechts (BT-Drs. 16/1830), http://webarchiv.bundestag.de/archive/2010/0304/bundestag/ausschuesse/a06/anhoerungen/index.html.
569　Dieckmann FamRZ 1999, 1029 (1035) zur vorherigen Gesetzeslage.
570　OLG München v. 18.7.2018 – 12 UF 202/18, BeckRS 2018, 44141.

für entsprechend anwendbar erklärt.⁵⁷¹ Dies sei schon von Verfassungs wegen geboten. Der auch auf nachehelicher Solidarität beruhende Anspruch nach § 1570 BGB sei gegenüber dem Anspruch der nichtehelichen Mutter teilweise privilegiert, er könne damit für den Wegfall seiner Voraussetzungen nicht stärker ausgestattet sein als der Letztere. Diese Erwägungen lassen sich auf die Reichweite des Anspruchs gegen die Erben des pflichtigen nichtehelichen Elternteils übertragen. Der BGH hat die Frage in seiner Entscheidung vom 15.5.2019⁵⁷² ausdrücklich offen gelassen.

Wegen der entsprechenden Anwendung des § 1615l III 4 BGB auf den **Anspruch des Vaters** auf Betreuungsunterhalt (§ 1615l IV 2 BGB) gilt § 1615n S. 1 BGB auch für den Fall, dass die Mutter bei oder nach der Geburt stirbt und der schon vor Geburt durch Anerkennung mit nachfolgender Zustimmung des Kindes (§ 1595 II BGB) festgestellte Vater die Betreuung des Kindes übernimmt. Zwar bezieht sich § 1615n I 1 BGB dem Wortlaut nach nur auf den Anspruch der Mutter. Es handelt sich hier aber lediglich um einen gesetzestechnischen Mangel, weil die Intention des Gesetzgebers, wie die übrige Regelung zeigt, eindeutig auf eine Gleichstellung der Ansprüche des jeweiligen Elternteils hinausläuft.⁵⁷³ 217

Eine weitere Ungleichbehandlung zwischen Ehegatten und nichtehelichen Eltern zeigt sich an § 2325 III 3 BGB, wonach die 10-Jahres-Frist für die Berücksichtigung einer Schenkung im Rahmen eines Pflichtteilsergänzungsanspruchs im Falle einer Ehegattenschenkung nicht vor Auflösung der Ehe beginnt. Das BVerfG sieht hierin weder einen Verstoß gegen Art 6 I1 GG noch gegen Art 3 I 1 GG. § 2325 III 3 BGB bewirke keine verfassungsrechtlich nicht gerechtfertigte Ungleichbehandlung von Schenkungen an Ehegatten und Schenkungen an Dritte, insbes. nichteheliche Lebensgefährten und Kinder, im Rahmen der Pflichtteilsergänzung.⁵⁷⁴ 217a

9. Tot- oder Fehlgeburt des Kindes, Schwangerschaftsabbruch

a) Totgeburt des Kindes. Bei einer Totgeburt handelt es sich um eine Geburt, nach deren Abschluss das ausreichend entwickelte Kind wegen individueller Umstände kein Lebenszeichen von sich gibt. Nach dem Personenstandsrecht ist als Totgeburt ein Embryo mit mindestens 35 cm Länge anzusehen. Ansonsten liegt eine Fehlgeburt vor, die nicht eintragungsfähig ist.⁵⁷⁵ 218

Sämtliche Ansprüche – bis auf den tatbestandlich **ausgeschlossenen Anspruch** auf Unterhalt wegen **Kindesbetreuung** gemäß § 1615l II 2 BGB – gelten unmittelbar auch bei einer Totgeburt⁵⁷⁶ des Kindes (§ 1615n S. 1 BGB).

Wegen der erforderlichen Vaterschaftsfeststellung vgl. → Rn. 193 ff. Auch bei fehlender Anerkennung ist eine Vaterschaftsfeststellung biologisch möglich und rechtlich zulässig. Die Unterhaltsansprüche können mangels Geltung der §§ 1594 I, 1600d V BGB ohne Vaterschaftsfeststellung oder Anerkennung geltend gemacht werden; es ist dann im Leistungsprozess inzident über die Vaterschaft zu entscheiden.⁵⁷⁷

Zu ersetzen sind gemäß § 1615l I 1 oder 2 BGB die mit der Totgeburt zusammenhängenden **Behandlungs- und Klinikkosten** (Arzt-, Krankenhaus-, Laborkosten), nach allgemeiner Meinung bei einer Totgeburt auch die **Beerdigungskosten für die Leibesfrucht.**⁵⁷⁸ Für die Fristen der Ansprüche nach § 1615l I und II 1 BGB ist der Zeitpunkt der Totgeburt maßgebend.⁵⁷⁹

---

571 BGH FamRZ 2005, 347 (349).
572 BeckRS 2019, 11356 Rn. 55.
573 Büdenbender FamRZ 1998, 129 (132).
574 BVerfG FamRZ 2019, 389.
575 Leeb/Weber StAZ 2013, 365.
576 Maßgebend ist die personenstandsrechtliche Begriffsbestimmung, vgl. § 31 PersStdGAV idFv 1.1.2009.
577 MüKoBGB/Born § 1615n Rn. 5.
578 MüKoBGB/Born § 1615n Rn. 6.
579 MüKoBGB/Born § 1615n Rn. 8.

219 **b) Fehlgeburt des Kindes.** Eine Fehlgeburt liegt vor, wenn das Kind kleiner als 35 cm ist.[580]

Die Ansprüche des § 1615l BGB und § 1615m BGB gelten – bis auf den tatbestandlich **ausgeschlossenen Anspruch** auf Unterhalt wegen **Kindesbetreuung** gemäß § 1615l II 2 BGB – sinngemäß bei einer Fehlgeburt[581] des Kindes, § 1615n 2 BGB.

Da auch im Falle einer Fehlgeburt §§ 1594 I, 1600d V BGB nicht anwendbar sind, kann ein Anspruch nach § 1615l I BGB ohne Vaterschaftsfeststellung oder Anerkennung geltend gemacht werden; es ist dann im Leistungsprozess inzident über die Vaterschaft zu entscheiden. Weil die für Lebendgeburten gemäß § 1600d III BGB geltende Empfängniszeit nicht anwendbar ist, muss diese nach den biologischen Reifezeichen ermittelt werden.

220 Bei einer Fehlgeburt hat der Vater alle mit der Vorsorge in der Schwangerschaft verbundenen Aufwendungen zu tragen, ferner die mit der Fehlgeburt zusammenhängenden **Behandlungs- und Klinikkosten** gemäß § 1615l I 1 oder 2 BGB. Für die Fristen der Ansprüche nach § 1615l I und II 1 BGB ist der Zeitpunkt der Fehlgeburt maßgebend.[582] Teilweise wird in Abrede gestellt, dass der Mutter auch bei einer **Fehlgeburt** der Unterhaltsanspruch des § 1615l I BGB zustehe, insbesondere, wenn die Fehlgeburt in einem frühen Schwangerschaftsstadium eintrete, so dass sich der Zweck des Gesetzes, Pflege und Betreuung des Kindes nach Entbindung sicherzustellen, nicht verwirklichen könne.[583] Dem ist entgegenzuhalten, dass die gesetzliche Regelung eindeutig ist und nicht allein auf diesen Zweck abzielt. Der Unterhaltsanspruch nach § 1615l I 1 BGB dient auch der Kompensation der Belastungen der Mutter durch die Schwangerschaft, die insbesondere auch bei einer Fehlgeburt oder einer Totgeburt entstehen.

221 **c) Schwangerschaftsabbruch.** Ein besonderes Problem stellt die rechtliche Behandlung des **Schwangerschaftsabbruchs** dar. Dabei geht es um die Kosten des Abbruchs selbst, um die Rechtsfolgen einer späteren Fehlgeburt, welche durch einen vorangegangenen Abbruchsversuch ausgelöst wurde, und um die Frage, ob der Mutter in diesen Fällen die Unterhaltsansprüche des § 1615l I und II 1 BGB zustehen, die sich auf die Abbruchskosten als Sonderbedarf erstrecken können.

222 Auszugehen ist von der Überlegung, dass das Gesetz eine Beendigung der Schwangerschaft durch einen unterbrechenden Eingriff kaum als Unterfall einer Fehlgeburt ansieht.[584] Eine **differenzierende Betrachtung** erscheint angebracht. Nimmt die Mutter eine **gerechtfertigte Schwangerschaftsunterbrechung** (sozial-medizinische Indikation nach § 218a II StGB oder kriminologische Indikation nach § 218a III StGB) vor, sollte der Vater gemäß § 1615l I 1 BGB auch die Unterbrechungskosten als Folgekosten der Schwangerschaft übernehmen.[585]

223 Handelt es sich um einen zwar nicht gerechtfertigten, aber strafrechtlich nicht tatbestandsmäßigen (§ 218a I StGB) oder straffreien (§ 218a IV StGB) Abbruch bzw. um einen strafbaren Abbruch, wird man darauf abzustellen haben, ob der **Erzeuger** die Mutter zu dem Abbruch bestimmt hat oder **mit dem Abbruch einverstanden** war.[586] Für diesen Fall erscheint wegen der Abbruchkosten eine entsprechende Anwendung von § 1615l I 1 BGB (Folgekosten der Schwangerschaft) geboten, weil auch die Gewissensfreiheit des Erzeugers (Art. 4 I GG)[587] einer Kostentragung nicht entgegenstehen kann.

224 Beruht die Fehlgeburt auf einem **Abbruchsversuch**, dessen Kosten der Erzeuger demgemäß nicht übernehmen muss, gilt dies auch für die Kosten der Fehlgeburt. Fraglich erscheint, ob der Mutter auch dann, wenn sie einen nicht gesetzlich gerechtfertigten Schwangerschaftsabbruch auf Grund ihrer autonomen Entscheidung ohne Veranlassung

---

580 Leeb/Weber StAZ 2013, 365.
581 Siehe vorherige Fn.
582 MüKoBGB/Born § 1615 Rn. 8.
583 Vgl. Staudinger/Klinkhammer BGB § 1615n Rn. 14.
584 So Brüggemann FamRZ 1971, 140 (142); AG Brake FamRZ 1976, 288; dagegen: Soergel/Häberle BGB 12. Aufl., Rn. 6 zu § 1615n.
585 MüKoBGB/Born § 1615m Rn. 8.
586 Vgl. dazu AG Bühl FamRZ 1985, 107.
587 Vgl. AG Bühl FamRZ 1985, 107.

oder Zustimmung des Erzeugers vornehmen ließ – in entsprechender Anwendung von § 1615n BGB – die Unterhaltsansprüche des § 1615l I und II 1 BGB zustehen, soweit sie auch ohne den Abbruch bestanden hätten. Dies ist jedenfalls für die bis zum Abbruch bereits entstandenen Ansprüche zu bejahen. Für die Zeit danach kommt es darauf an, ob die Schwängerung als ursprünglicher Haftungsgrund weiter gilt oder ob die Kausalkette durch den allein von der Mutter verantworteten Abbruch unterbrochen worden ist.[588] Von einer solchen Unterbrechung ist generell auszugehen, nicht nur für den Fall, dass die Krankheit, welche die maßgebliche Anspruchsvoraussetzung nach § 1615l II 1 BGB wäre, auf dem Abbruch oder Abbruchsversuch beruht. Durch einen derartigen Abbruch wird nämlich der gesetzgeberische Zweck der in Frage kommenden Unterhaltsvorschriften verfehlt.

Voraussetzung für den Anspruch ist auch hier die **Bedürftigkeit** der Mutter. Diese entfällt in vielen Fällen, weil sie Anspruch auf Leistungen der Sozialversicherung, Krankenversicherung und/oder arbeitsrechtliche Leistungen hat.

225

10. Verzicht, Unterhaltsvereinbarungen

Gemäß § 1615l III 1 iVm § 1614 BGB kann auf rückständigen Unterhalt, nicht aber auf Unterhalt für die Zukunft **verzichtet werden**.[589] Dies gilt auch, soweit für die Zukunft nur auf einen Teil des Unterhalts verzichtet wird. Beim Verwandten- und beim Trennungsunterhalt (§§ 1360a III, 1361 IV 4 iVm § 1614 BGB) besteht bei der **Bemessung des jeweiligen Unterhaltsanspruchs** im Einzelfall ein **Angemessenheitsrahmen**, den die Beteiligten nach unten ausschöpfen können.[590] Dabei wird eine Unterschreitung des üblicherweise geschuldeten Unterhalts (zB nach der Ehegattenquote) durch den in der Vereinbarung festgelegten Unterhalt bis zu etwa 20% von der Rechtsprechung toleriert.[591] Kürzungen um mehr als 1/3 sind mit § 1614 BGB nicht mehr vereinbar.[592] Für den dazwischen liegenden Bereich kommt es entscheidend auf die Umstände des Einzelfalles an.[593]

226

Die Verweisung in § 1615l III 1 BGB auf den für den Verwandtenunterhalt geltenden § 1614 BGB wird in der Literatur nicht nur kritisch[594] beurteilt, sondern zT auch für verfassungswidrig gehalten.[595] Denn Vereinbarungen, die einen Verzicht auf nachehelichen Unterhalt wegen Kindesbetreuung nach § 1570 BGB beinhalten, sind nach Maßgabe des § 1585c BGB grundsätzlich zulässig, wenn sie im Einklang mit der Rechtsprechung des BGH zur Wirksamkeit von Eheverträgen stehen. Zwar bestehen unter Eheleuten anders als für nichteheliche Partner für den Fall der Scheidung in der Regel zusätzliche vermögensrechtliche Ansprüche, die im Zugewinnausgleich, im Versorgungsausgleich und bei der Haushaltsteilung verwirklicht werden können. Wegen der weitgehenden Angleichung der Voraussetzungen für den aus kindbezogenen Gründen gerechtfertigten Betreuungsunterhalt in den §§ 1570 BGB und 1615l BGB erscheint das Verzichtsverbot für den Anspruch nach § 1615l BGB nicht systemkonform und damit korrekturbedürftig.[596]

227

In der Praxis wird in der Regel erklärt, dass aus dem Unterhaltstitel keine Rechte mehr hergeleitet werden.[597]

---

[588] In diesem Sinne: Göppinger/Wax/Maurer, Rn. 1287.
[589] BGH FamRZ 2009, 768; 1992, 1403 (1404).
[590] BGH FamRZ 2015, 2131 Rn. 16; 1984, 997 (999).
[591] BGH FamRZ 2015, 2131 Rn. 16; 1984, 997 (999); OLG Düsseldorf MDR 2000, 1353.
[592] OLG Hamm FamRZ 2007, 732 (733); Bergschneider FamRZ 2008, 17.
[593] OLG Hamm FamRZ 2007, 732 (733).
[594] Wever FamRZ 2008, 553 (561); Peschel-Gutzeit FPR 2008, 24 (26); Schwab FamR 2007, 1053 (1056); Schumann FF 2007, 227 (229); Puls FamRZ 1998, 865 (876).
[595] Freiherr v. Hoyenberg FPR 2007, 273.
[596] Wever FamRZ 2008, 553 (561), MAH FamR/Wever/Hoffmann § 10 Rn. 121; a. A. Vorauflage = § 7 Rn. 4.
[597] Vgl. OLG München BeckRS 2019, 8261.

Eine gesetzliche Verpflichtung der Kindesmutter, sich zu einem Verzichtsverlangen des Kindesvaters bereits vor dem dritten Lebensjahr des Kindes zu äußern, besteht nicht. Auch das Interesse des Kindesvaters an einer zeitnahen Abänderung eines Unterhaltstitels rechtfertigt es nicht, von der Kindesmutter zu verlangen, sich bereits vor Wegfall des Basisunterhaltsanspruches zu der Frage zu äußern, ob nach dem dritten Geburtstag des Kindes die Voraussetzungen für einen Anschlussbilligkeitsunterhalt geltend gemacht werden.

Dies gilt erst recht, wenn es sich bei dem abzuändernden Titel um einen Vergleich handelt. Denn dessen Abänderung richtet sich gemäß § 239 II FamFG nach den Vorschriften des materiellen Rechts. Die bei der Abänderung gerichtlicher Entscheidungen bestehenden Zeitgrenzen des § 238 III FamFG gelten für diesen Fall gerade nicht, so dass bei Vorliegen der materiell-rechtlichen Voraussetzungen für einen Wegfall des Unterhaltsanspruchs nach § 1615l BGB eine Abänderung auch rückwirkend zu dem Zeitpunkt möglich ist, ab dem der Unterhaltsanspruch weggefallen ist.[598] Ein verfrühtes Verzichtsverlangen kann – selbst wenn es begründet ist – gemäß § 243 FamFG die Verpflichtung zur Kostentragung nach sich ziehen.[599]

11. Verwirkung

228 Ansprüche nach § 1615l BGB können aufgrund der Verweisungsnorm in § 1615l III 1 BGB entsprechend § 1611 BGB, nach derzeitiger Gesetzeslage jedoch nicht nach der für den nachehelichen Unterhalt geltenden Vorschrift des § 1579 BGB, ganz oder teilweise verwirkt werden (→ § 2 Rn. 936 ff.). Gemäß § 1611 I BGB kann ein Unterhaltsanspruch der Höhe nach beschränkt werden oder wegfallen, wenn sich der Unterhaltsberechtigte vorsätzlich einer schweren Verfehlung gegen den Verpflichteten schuldig gemacht hat. Das kann der Fall sein, wenn der Unterhaltsberechtigte sein eigenes Einkommen[600] und/und Vermögen verschwiegen, den Unterhaltspflichtigen bei dessen Arbeitgeber oder bei Behörden in der Absicht, ihm Schaden zuzufügen, unberechtigt denunziert[601] oder das Umgangsrecht des Unterhaltspflichtigen mit dem Kind unberechtigt, fortgesetzt und massiv vereitelt hat.[602] Gleiches gilt für Körperverletzungen und Beleidigungen zum Nachteil des Unterhaltspflichtigen.[603] Ein Zusammenleben der Kindesmutter mit einem neuen Partner führt nicht zur Annahme einer Verwirkung nach § 1611 I BGB[604], ebenso wenig die Geltendmachung gesetzlicher Unterhaltsansprüche.[605]

229 Bei der erforderlichen umfassenden Würdigung (notwendige Gesamtschau[606]) eines schuldhaften Fehlverhaltens der Berechtigten ist zu berücksichtigen, dass wegen der Angleichung des Anspruchs an § 1570 BGB im Rahmen einer verfassungsgemäßen Anwendung von § 1611 I BGB stets das Betreuungsinteresse des Kindes mit abzuwägen ist.[607] Eine vollständige Versagung von Unterhalt sollte daher insbesondere hinsichtlich des Unterhalts während der ersten 3 Jahre nach der Geburt des Kindes (sog **Basisunterhalt**) nur in Ausnahmefällen in Betracht kommen.[608] Wenn der sog **erweiterte Unterhaltsanspruch,** dh der Unterhalt über die ersten 3 Lebensjahre des Kindes hinaus, in Streit

---

[598] OLG München BeckRS 2019, 8261.
[599] OLG München BeckRS 2019, 8261.
[600] OLG Karlsruhe FamRZ 2011, 1800 (1801); OLG Schleswig – 13 UF 207/99, BeckRS 2000, 30130490.
[601] OLG Karlsruhe FamRZ 2011, 1800 (1801); Peschel-Gutzeit FPR 2005, 344 (345).
[602] OLG Karlsruhe FamRZ 2011, 1800 (1801); OLG München FamRZ 2006, 1605 (1606) (zu §§ 1570, 1579 BGB).
[603] OLG Karlsruhe FamRZ 2011, 1800 (1801).
[604] Offen gelassen von BGH FamRZ 2008, 1739 (1744); KG FF 2015, 498; OLG Nürnberg FamRZ 2011, 735; MAH FamR/Wever/Hoffmann § 10 Rn. 111a.
[605] OLG Karlsruhe FamRZ 2011, 1800 (1801).
[606] OLG Karlsruhe FamRZ 2011, 1800, (1802).
[607] Peschel-Gutzeit FPR 2005, 344; Menne FamRZ 2007, 173 (177).
[608] Vgl. zum Ganzen Peschel-Gutzeit FPR 2005, 344.

steht, kann das Gericht die in Betracht kommenden Verwirkungsgründe bereits bei der Billigkeitsabwägung im Rahmen des § 1615l II 3 BGB berücksichtigen.⁶⁰⁹

Ob der Verwirkungstatbestand auch dann eingreift, wenn die Mutter den Vater über die Anwendung empfängnisverhütender Mittel getäuscht hat, ist umstritten.⁶¹⁰ Grundsätzlich ist der Auffassung zuzustimmen, dass die Motive und Umstände der Zeugung zum Schutz des Kindes von jeder gerichtlichen Klärung ausgenommen werden sollten. Eine Anwendung des § 1611 I BGB sollte daher nur in Ausnahmefällen in Betracht kommen und im Interesse des betreuungsbedürftigen Kindes nicht einen völligen Wegfall des Unterhaltsanspruchs zur Folge haben, sondern lediglich eine maßvolle Reduzierung auf den notwendigen Selbstbehalt.⁶¹¹ **230**

Weil die Verwirkungsvorschrift des § 1611 BGB nach seinem Wortlaut die Belange des Kindes nicht berücksichtigt,⁶¹² wird die Verweisung in § 1615 III 1 BGB im Schrifttum insgesamt als misslungen angesehen und eine **analoge Anwendung des für den Ehegattenunterhalt geltenden § 1579 BGB** für angemessen erachtet.⁶¹³ Auch der BGH hat wegen der weitgehenden Angleichung der Betreuungsunterhaltsansprüche nach § 1615l BGB und § 1570 BGB eine entsprechende Anwendung des § 1579 BGB bereits angedacht.⁶¹⁴ Möglich wäre auch die Aufnahme einer gesetzlichen Verweisung in § 1615l BGB auf § 1579 BGB, wobei die Nummern 1 (Ehe von kurzer Dauer), 2 (verfestigte Lebensgemeinschaft) und 6 (Verletzung der Pflicht, zum Familienunterhalt beizutragen) ausgenommen werden sollten.⁶¹⁵ **231**

Unterhaltsansprüche aus § 1615l BGB können nicht nur nach § 1611 BGB, sondern auch nach der allgemeinen Vorschrift des **§ 242 BGB verwirkt** werden. Dies gilt sowohl für **titulierte** als auch für **nicht titulierte** Ansprüche.⁶¹⁶ Eine Verwirkung kommt danach in Betracht, wenn der Berechtigte ein Recht längere Zeit nicht geltend macht, obwohl er dazu in der Lage wäre, und der Verpflichtete sich mit Rücksicht auf das gesamte Verhalten des Berechtigten darauf einrichten durfte und eingerichtet hat, dass dieser sein Recht auch in Zukunft nicht geltend machen werde. Diese Grundsätze gelten auch für Unterhaltsrückstände, wenngleich die kurze Verjährungsfrist von drei Jahren (§ 195 BGB) dem Anwendungsbereich der Verwirkung enge Grenzen setzt.⁶¹⁷ Bei Unterhaltsansprüchen sind an das **Zeitmoment** der Verwirkung keine strengen Anforderungen zu stellen, weil von einem Unterhaltsgläubiger, der auf laufende Unterhaltsleistungen angewiesen ist, erwartet wird, dass er sich zeitnah um die Durchsetzung des Anspruchs bemüht. Das Zeitmoment der Verwirkung kann deshalb schon dann erfüllt sein kann, sobald die Rückstände Zeitabschnitte betreffen, die **ein Jahr** oder länger zurückliegen.⁶¹⁸ **232**

Neben dem Zeitmoment kommt es für die Verwirkung auf das **Umstandsmoment** an.⁶¹⁹ Eine Verwirkung ist nur dann zu bejahen, wenn der Unterhaltsverpflichtete die Untätigkeit der Unterhaltsberechtigten so verstehen durfte, dass sie keinen Unterhalt nach § 1615l BGB geltend machen werde. So kann eine Mutter, die in der vor dem Vater- **233**

---

⁶⁰⁹ Hierzu → Rn. 68.
⁶¹⁰ Dafür: NK-BGB/Schilling § 1615l Rn. 47; Wever/Schilling FamRZ 2002, 581 (583); dagegen: Derleder DEuFamR 1999, 84 (90).
⁶¹¹ MAH FamR/Wever/Hoffmann § 10 Rn. 111a.
⁶¹² Puls FamRZ 1998, 865 (876).
⁶¹³ Für eine entsprechende Anwendbarkeit von § 1579 Nr. 2 BGB OLG Hamm FamRZ 2011, 107; vgl. auch Peschel-Gutzeit FPR 2005, 344 (348); Schilling FPR 2005, 513 (515); a. A. OLG Nürnberg NJW 2011, 939; zu § 1579 BGB im Übrigen vgl. Wever FamRZ 2008, 553 (561); Kemper ZFE 2008, 126 (129); Schumann FF 2007, 227 (229); Wellenhofer FamRZ 2007, 1282 (1287); Schwab FamRZ 2007, 1053 (1056); Schilling FPR 2005, 513 (515); Puls FamRZ 1998, 865 (876).
⁶¹⁴ BGH FamRZ 2008, 1739 (1744).
⁶¹⁵ NK-BGB/Schilling § 1615l Rn. 47.
⁶¹⁶ BGH FamRZ 2007, 453 Rn. 22 zum nachehelichen Unterhaltsanspruch; 1999, 1422 Rn. 2.
⁶¹⁷ BGH FamRZ 2007, 453 Rn. 22 zum nachehelichen Unterhaltsanspruch; 2002, 1698 zum Elternunterhalt.
⁶¹⁸ BGH FamRZ 2007, 453 Rn. 22 zum nachehelichen Unterhaltsanspruch.
⁶¹⁹ BGH FamRZ 2018, 681 Rn. 21 und 2018, 589 Rn. 17.

schaftsanerkenntnis liegenden Zeiten keine Bemühungen unternommen hat, die Differenz zwischen dem vom Kindesvater tatsächlich gezahlten und dem nach ihrer Auffassung höheren Unterhalt durchzusetzen, ihren Unterhaltsanspruch nach § 242 BGB verwirkt haben.[620]

234 Da es sich bei der **Verwirkung** um eine **Einwendung** handelt, muss der Unterhaltspflichtige sämtliche Umstände, die einen Wegfall oder eine Beschränkung des Unterhaltsanspruchs begründen sollen, **darlegen und beweisen**.[621]

12. Verjährung

235 Die Ansprüche der Mutter bzw. des Vaters gemäß § 1615l BGB einschließlich des sich aus § 1615l I 2 BGB ergebenden Sonderbedarfs[622] verjähren seit Inkrafttreten der Schuldrechtsreform[623] am 1.1.2002 nach der allgemeinen Verjährungsvorschrift des § 195 BGB **in 3 Jahren**.[624] Wegen der Verjährung des Anspruchs auf Übernahme der Kosten für die Beerdigung der Mutter → Rn. 214. Die Verjährung beginnt nach § 199 BGB mit dem Schluss des Jahres der jeweiligen Entstehung des fälligen Anspruchs, also nicht vor dem Schluss des Jahres, in dem die Vaterschaft anerkannt oder gerichtlich festgestellt (§ 1594 I, § 1600d IV BGB) worden ist.

13. Steuerliche Abzugsmöglichkeiten

236 Der Unterhaltspflichtige kann die gemäß § 1615l BGB erbrachten Unterhaltszahlungen nur unter engen Voraussetzungen im Rahmen des § 33, 33a EStG als **außergewöhnliche Belastung**[625] geltend machen. Dabei kommt es nicht darauf an, ob die Kindeseltern getrennt oder in eheähnlicher Gemeinschaft zusammenleben.

237 Die Aufwendungen können derzeit (Jahr 2019, § 33a I EStG) ohne Berücksichtigung der sog Opfergrenze bis zu **9168 EUR** im Kalenderjahr vom Gesamtbetrag der Einkünfte abgezogen werden. Der Höchstbetrag erhöht sich um den Betrag der im jeweiligen Veranlagungszeitraum für die unterhaltsberechtigte Person aufgewandten näher bestimmten Vorsorgebeiträge. Der Gesamtabzugsbetrag vermindert sich um den Betrag, um den die Einkünfte und Bezüge des Unterhaltsberechtigten den Betrag von 624 EUR im Kalenderjahr übersteigen, ferner um die in § 33a I 5 EStG genannten von der unterhaltenen Person bezogenen öffentlichen Leistungen.

238 Gehört der Haushaltsgemeinschaft ein bevorrechtigt unterhaltsberechtigtes Kind an, sind nach der Rechtsprechung des BFH[626] die für Unterhaltsleistungen zur Verfügung stehenden Mittel um den nach § 32 VI 2 EStG bemessenen Mindestunterhaltsbedarf des Kindes zu kürzen. Der Mindestunterhalt ist in entsprechender Anwendung des § 1612a I 3 BGB in Höhe des doppelten Freibetrags für das sächliche Existenzminimum des Kindes anzusetzen.

239 Die für den **Ehegattenunterhalt** neben der Abzugsmöglichkeit nach § 33a I EStG bestehende Option, die Unterhaltsleistungen nach der vereinbarten Durchführung des **sog begrenzten Realsplittings** als **Sonderausgabe** nach §§ 10 I Nr. 1, 22 Nr. 1a EStG bis zu einem Betrag von **13 805 EUR** abzusetzen, haben nichteheliche Elternteile nicht.[627] Die Verfassungsgemäßheit dieser **Ungleichbehandlung von nicht miteinander verheirateten Eltern** gegenüber den Eltern eines aus einer Ehe hervorgegangenen Kindes wird zum Teil in Zweifel gezogen.[628]

---

[620] OLG Brandenburg v. 10.6.2010 BeckRS 2010, 15177; OLG Schleswig FamRZ 2008, 2057.
[621] Griesche FPR 2005, 335 (338).
[622] BT-Drs. 14/6040, 107.
[623] Für bis zum 31.12.2001 entstandene Ansprüche vgl. Art. 229 § 6 IV EGBGB.
[624] Vgl. BGH FamRZ 2017, 900 zum Scheinvaterregress.
[625] BFH FamRZ 2010, 902; BFH FamRZ 2004, 1643.
[626] BFH FamRZ 2010, 902.
[627] BFH FamRZ 2010, 902; OLG Naumburg – 8 UF 63/05, BeckRS 2005, 30360948.
[628] Benkelberg FuR 1999, 301 (304); MAH FamR/Wever/Hoffmann § 10 Rn. 123.

1. Abschnitt: Ansprüche der Mutter oder des Vaters eines nichtehelichen Kindes § 7

Auch wenn die Partner einer nichtehelichen (verschiedengeschlechtlichen) Lebensgemeinschaft zusammenleben und gemeinsame Kinder haben, können sie keine steuerliche Zusammenveranlagung wählen.[629]

VI. Verfahrensrechtliches

1. Zuständiges Gericht für Unterhaltsverfahren

Das Kindschaftsrechtsreformgesetz vom 16.12.1997[630] hat mit Wirkung vom 1.7.1998 durch Änderung des GVG (§ 23b I 2 Nr. 13) und der ZPO (§ 621 I Nr. 11) für die gerichtliche Geltendmachung der Ansprüche nach §§ 1615l und 1615m BGB die **Zuständigkeit des Familiengerichts** mit Rechtsmittelzug zum Oberlandesgericht (§ 119 I Nr. 1 GVG) eingeführt. Die genannten Ansprüche sind nach der Aufhebung des § 621 ZPO durch Art. 29 Nr. 15 des Gesetzes zur Reform des Verfahrens in Familiensachen und in den Angelegenheiten der freiwilligen Gerichtsbarkeit (FGG-RG) vom 17.12.2008[631] nunmehr seit dem 1.9.2009 **Familienstreitsachen** iSd §§ 111, 112 Nr. 1, 231 I Nr. 3 FamFG; für sie ist wie früher gemäß § 23a I Nr. 1 GVG das **Familiengericht** zuständig. 240

Für Verfahren, die nach dem 1.9.2009 eingeleitet worden sind, gilt das FamFG. Die **örtliche Zuständigkeit** der Gerichte ist seit dem 1.9.2009 nach § 232 FamFG zu bestimmen. § 232 I Nr. 1, 2 FamFG enthalten **ausschließliche Gerichtsstände**. Sofern eine Zuständigkeit nach § 232 I FamFG nicht besteht, bestimmt sich die Zuständigkeit nach den allgemeinen Vorschriften der §§ 12 ff. ZPO mit der Maßgabe, dass es nicht auf den Wohnsitz, sondern auf den gewöhnlichen Aufenthalt ankommt. Wahlweise kann ein Unterhaltsantrag § 1615l BGB auch bei dem Gericht, bei dem ein Verfahren über den Unterhalt des Kindes im ersten Rechtszug anhängig ist, eingereicht werden, § 232 III 2 Nr. 1 FamFG. Auch die Anhängigkeit eines vereinfachten Verfahrens zur Festsetzung des Kindesunterhalts nach §§ 249 ff. FamFG begründet die **Wahlzuständigkeit** nach § 232 III 2 Nr. 1 FamFG. Dies gilt selbst dann, wenn das vereinfachte Verfahren bei einem nach § 260 FamFG bestimmten Familiengericht anhängig ist.[632] Entsprechendes gilt bei Anhängigkeit eines einstweiligen Anordnungsverfahrens nach § 247 FamFG wegen Kindesunterhalts.[633] 241

2. Verfahren

In Familiensachen können Unterhaltsansprüche nach § 1615l II BGB mit einem **Leistungsantrag** durchgesetzt werden, wenn die Vaterschaft des Mannes feststeht. Es besteht gemäß § 114 FamFG Anwaltszwang. 242

3. Verfahrenskostenvorschuss

Ob der betreuende Elternteil einen Anspruch auf Verfahrenskostenvorschuss gegen den anderen Elternteil hat, um seinen Unterhaltsanspruch nach § 1615l BGB gegen ihn realisieren zu können, ist umstritten.[634] Die Verpflichtung zur Zahlung eines Verfahrenskostenvorschusses ist im Gesetz ausdrücklich nur für verheiratete (§ 1360a IV BGB) und für getrennt lebende Ehegatten (§ 1361 IV 4 BGB) geregelt. Die Vorschrift des § 246 I 243

---

[629] BFH FamRZ 2017, 1356.
[630] BGBl. I S. 2942.
[631] BGBl. I S. 2586.
[632] Rühl/Greßmann § 643 III ZPO aF Rn. 196.
[633] Zöller/Lorenz FamFG § 232 Rn. 10.
[634] Bejahend: OLG München FamRZ 2002, 1219; Caspary NJW 2005, 2577 (2578); verneinend: Bissmaier FamRZ 2002, 863 (864); Büttner FamRZ 2000, 781 (786); MAH FamR/Wever/Hoffmann § 10 Rn. 127; vgl. auch Schilling FamRZ 2006, 1 (9); Schilling FPR 2005, 513 (515).

FamFG regelt lediglich verfahrensrechtliche Möglichkeiten zur Durchsetzung des Anspruches auf einen Verfahrenskostenvorschuss und ist keine Anspruchsgrundlage für den Anspruch selbst. Der Anspruch auf Verfahrenskostenvorschuss ist nicht Teil des geschuldeten Lebensbedarfs.[635] Für den nachehelichen Unterhalt ist **§ 1360a IV BGB** selbst dann, wenn Betreuungsunterhalt nach § 1570 BGB geschuldet wird, **nicht entsprechend anwendbar,** weil diese unterhaltsrechtliche Beziehung nicht in gleichem Umfang Ausdruck einer besonderen Verantwortung des Verpflichteten für den Berechtigten ist, die derjenigen von Ehegatten vergleichbar ist.[636] Eine entsprechende Anwendung der gesetzlichen Vorschriften (§§ 1360a IV, 1361 IV 4 BGB) hat der BGH deshalb bisher nur im Verhältnis zwischen minderjährigen und volljährigen Kindern und ihren Eltern befürwortet.[637] Da die unterhaltsrechtliche Einstandspflicht nicht miteinander verheirateter Eltern nicht weiter reichen kann als die geschiedener Ehegatten, verbietet sich eine analoge Anwendung der genannten Regelungen.[638] Eine gesetzliche Verankerung eines Anspruchs auf Verfahrenskostenvorschuss für geschiedene kinderbetreuende Eltern im Rahmen des § 1570 BGB und für Unterhaltsberechtigte nach § 1615l BGB wäre wünschenswert.[639]

Bei der Prüfung der Bedürftigkeit im Rahmen der Verfahrenskostenhilfe kann bei dem mit der Kindesmutter in nichtehelicher Lebensgemeinschaft lebenden Kindesvater kein fiktiver Unterhalt nach § 1615l BGB in Abzug gebracht werden. Ein derartiger Abzug kommt nur bei einem Getrenntleben der Eltern in Betracht. Ein für die Lebensgefährtin geleisteter Naturalunterhalt ist indes nicht gänzlich unbeachtlich, sondern – auch für Zwecke der Verfahrenskostenhilfe – angemessen zu monetarisieren. Der Abzug des Freibetrags für einen volljährigen Unterhaltsgläubiger ist hier angemessen.[640]

4. Darlegungs- und Beweislast

244   Alle konkreten Voraussetzungen[641] für einen Anspruch aus § 1615l I, II BGB hat der Elternteil, der Unterhalt geltend gemacht, darzulegen und zu beweisen.

245   **a) Voraussetzungen für eine Verlängerung des Basisunterhalts.** Der Unterhaltsberechtigte trägt die volle Darlegungs- und Beweislast für alle Tatsachen, die eine **Verlängerung aus kindbezogenen Gründen** rechtfertigen. Dazu gehören sowohl die Umstände bezüglich der Person des Kindes als auch die konkret bestehende oder mögliche Betreuungssituation.[642]

246   Sofern für die Verlängerung des Unterhaltsanspruchs eine Behinderung, eine **Krankheit,** eine Entwicklungsstörung, Verhaltensauffälligkeiten des Kindes oder sonstige Gründe geltend gemacht werden, sind diese Umstände durch geeignete Unterlagen wie
- ärztliche Atteste, Krankenhausbriefe,
- psychologische Beurteilungen,
- Berichte von Betreuungseinrichtungen,
- Stellungnahmen des Jugendamtes,
- ggf. Strafakten zu belegen.

247   Soweit auf die **Betreuungssituation** abgestellt wird, ist ein eingehender, einzelfallbezogener und substantiierter Vortrag dazu notwendig, dass es wegen fehlender oder nur eingeschränkter Betreuungsmöglichkeiten nicht möglich ist, überhaupt oder weitergehend

---
635 BGH FamRZ 2017, 1052; 2010, 189; 2005, 883 (885) = R 628a.
636 BGH FamRZ 2017, 1052.
637 BGH FamRZ 2005, 883 (885) = R 628a.
638 BGH FamRZ 2005, 883 (885) = R 628a; 1984, 148.
639 So auch NK-BGB/Schilling BGB § 1615l Rn. 50; ders. FamRZ 2006, 1 (9) und FuR 2005, 513 (515); MAH FamR/Wever/Hoffmann § 10 Rn. 127.
640 OLG Köln FamRZ 2018, 1830.
641 → Rn. 20 ff.
642 BGH FamRZ 2016, 887 Rn. 26 = R 776; 2015, 1369 Rn. 15 = R 769; 2010, 444 Rn. 27; 2009, 1391 (1393); 2008, 1739 (1748); OLG Saarbrücken FamRZ 2014, 484 (485).

als bisher erwerbstätig zu sein.[643] Denn nach der Rechtsprechung des BGH[644] darf nur aufgrund konkreter Sachverhaltsfeststellungen von dem **gesetzlichen Regelfall (Betreuungsunterhalt für 3 Jahre)** abgewichen werden.[645] Der Tatrichter darf sich daher nur auf einen konkreten Sachvortrag zur Betreuungssituation und zur Betreuungsbedürftigkeit des Kindes stützen, es sei denn, entsprechende Umstände sind aufgrund des sonst festgestellten Sachverhalts offenkundig.[646] Der Unterhaltsberechtigte sollte sich nicht auf vermeintliche allgemeine Erfahrungswerte berufen, die den Kinderbetreuungsaufwand in Abhängigkeit zum Alter des Kindes begründen.[647] Wenn ein konkreter Vortrag auch nach einem gerichtlichen Hinweis nicht erfolgt, wird der Unterhaltsantrag mangels Schlüssigkeit abgewiesen.[648] Der betreuende Elternteil muss seine **Bemühungen** um eine tatsächlich erreichbare und zumutbare Fremdbetreuung rechtzeitig aufnehmen und **dokumentieren**.[649]

Der Unterhaltsberechtigte sollte hinsichtlich der **Betreuungssituation** eine genaue Aufstellung vorlegen über 248
- die Hort-, Kindergarten- und Schulzeiten,
- Elternabende,
- Hausaufgabenbetreuung,
- evtl. regelmäßige Arzttermine,
- die Zeiten für Musikunterricht,
- die Termine für Sportunterricht (Turnen, Tennis, Schwimmen, Golf etc),
- den Aufwand zur Organisation sonstiger Sozialkontakte (Kindergeburtstage etc).

Es empfiehlt sich, zu den Rahmenbedingungen der Erwerbstätigkeit konkret durch 249 Vorlage
- des Arbeitsvertrages (einschließlich der Pausen- und Überstundenregelung),
- von Dienstplänen (zB bei Schichtdienst[650]) sowie
- eine Aufstellung der regelmäßig anfallenden **Überstunden** vorzutragen.

Zum Nachweis der **Wegezeit** zur Betreuungseinrichtung, zur Schule und zum Arbeitsplatz sind 250
- die Fahrpläne der öffentlichen Verkehrsbetriebe und
- die Routenplaner aus dem Internet geeignet.[651]

Die Anforderungen an die **Substantiiertheit** des Vortrages des betreuenden Elternteils 251 erhöhen sich in dem Maße, in dem der Unterhaltspflichtige eine gesicherte Betreuungsmöglichkeit konkret vorträgt.

Auch für die **elternbezogenen Verlängerungsgründe** des Unterhaltsanspruchs trägt 252 der Anspruchssteller die volle Darlegungs- und Beweislast.[652] Hier gilt für die Anforderungen an den Vortrag und die Nachweise das oben Gesagte entsprechend.

Obwohl der Basisunterhalt während der ersten drei Lebensjahre des Kindes und der sich daran anschließende Betreuungsunterhalt einen einheitlichen Unterhaltsanspruch bilden, gilt diese Verteilung der Darlegungs- und Beweislast auch im **Abänderungsverfahren,** wenn der Unterhaltspflichtige zur Zahlung eines unbefristeten Basisunterhalts verurteilt wurde.[653] Der im Rahmen eines Abänderungsverfahrens für eine wesentliche Veränderung der Verhältnisse bzw. den Fortfall der Geschäftsgrundlage darlegungs- und beweispflichtige Antragsteller hat nur anhand des Lebensalters des Kindes eine bestehende Erwerbsobliegen-

---

[643] BGH FamRZ 2009, 770 (772) = R 704; 2008, 1739 (1748); OLG Celle FamRZ 2008, 997 (998); OLG Hamm FPR 2008, 311 (314).
[644] BGH FamRZ 2010, 357 Rn. 53 = R 709; 2010, 444 Rn. 26, 27.
[645] BGH FamRZ 2010, 357 Rn. 50 = R 709; 2010, 444 Rn. 26, 27.
[646] Viefhues FF 2010, 200 (203) (Anm.).
[647] So aber Metz NJW 2009, 1855; Norpoth FPR 2009, 485.
[648] Vgl. OLG Celle FPR 2008, 318320.
[649] Borth FamRZ 2008, 2 (7); OLG Celle FamRZ 2008, 997 (998); OLG Brandenburg FF 2008, 371.
[650] OLG Koblenz NJW 2009, 1974.
[651] Vgl. von Kiedrowski FamRB 2009, 213 (215).
[652] BGH BeckRS 2011, 16689 Rn. 31; FamRZ 2010, 357, Rn. 49 = R 709; 2009, 1391 (1393) = R 706; 2008, 1739 (1748); 2008, 968 (970).
[653] Zur Befristung → Rn. 261.

heit des unterhaltsberechtigten Elternteils vorzutragen. Der Unterhaltsberechtigte muss sodann die weiteren anspruchsbegründenden Voraussetzungen für einen anspruchsverlängernden Lebenssachverhalt nach § 1615l II 4 BGB darlegen und beweisen.[654]

Wenn der Unterhaltspflichtige eine Verkürzung der „Schonfrist" geltend macht, ist er gehalten, die Gründe darzulegen und zu beweisen, die eine negative Ausnahme von der zeitlichen Regelbegrenzung bis zum vollendeten 3. Lebensjahr rechtfertigen.[655]

253 Der Unterhaltspflichtige muss ferner sämtliche Umstände, die einen Wegfall oder eine Beschränkung des Unterhaltsanspruchs begründen sollen, darlegen und beweisen, weil es sich bei der **Verwirkung** um eine **Einwendung** handelt.[656]

254 b) **Bedarf und Bedürftigkeit, Leistungsfähigkeit.** Darüber hinaus gelten die allgemeinen Grundsätze für jeden Unterhaltsanspruch, nach denen der Berechtigte seinen Bedarf und seine Bedürftigkeit und der Unterhaltsverpflichtete seine Leistungsunfähigkeit darzulegen und zu beweisen hat.[657]

255 Soweit der **Mindestbedarf** geltend gemacht wird, erleichtert dies die Darlegung des Unterhaltsberechtigten, denn er muss seine wirtschaftlichen Verhältnisse nicht näher erläutern.[658] Nur wenn er einen höheren Bedarf geltend machen will, muss der Unterhaltsberechtigte besondere Ausführungen machen, um diesen darzulegen und gegebenenfalls zu beweisen.[659]

256 Sofern sich der Verpflichtete darauf berufen will, der Unterhaltsanspruch des Berechtigten werde durch weitere, vorrangig oder gleichrangige Unterhaltsberechtigte geschmälert oder entfalle in vollem Umfang, muss er konkret darlegen und gegebenenfalls beweisen, um welche Personen es sich handelt und in welchem Verhältnis sie zu ihm stehen.[660]

257 c) **Haftungsanteile.** Wenn die Kindesmutter ein weiteres Kind aus einer anderen Beziehung hat, ist ihr Antrag auf Zahlung von Unterhalt nach § 1615l BGB nur dann schlüssig, wenn sie die Einkommens- und Vermögensverhältnisse des anteilig mit haftenden Vaters eines anderen Kindes darlegt.[661] Denn beide Väter haften nach den §§ 1615 I, III 1, 1606 III 1 BGB für den Unterhalt anteilig nach ihren Einkommens- und Vermögensverhältnissen. Die **Kindesmutter** ist als Anspruchstellerin **darlegungs- und beweispflichtig** hinsichtlich der für die Ermittlung der **Haftungsanteile** maßgeblichen Verhältnisse des anderen Unterhaltspflichtigen.[662] Von dieser verfahrensrechtlichen Verpflichtung ist sie auch nicht deshalb befreit, weil das Jugendamt aus Datenschutzgründen entsprechende Angaben verweigert.[663]

258 d) **Schwangerschafts- und entbindungsbedingte Kosten.** Für den Anspruch auf Erstattung schwangerschafts- und entbindungsbedingter Kosten (§ 1615l I 2 BGB) muss die nichteheliche Mutter die Höhe der entstandenen Kosten, ihre Angemessenheit und ihre Verursachung durch die Schwangerschaft/Entbindung darlegen und beweisen.[664] Der Umstand, dass in Zusammenhang mit einer Schwangerschaft und der Geburt eines Kindes typischerweise bestimmte Dinge benötigt werden, entbindet den Ansprucksteller nicht von der Pflicht, die tatsächliche Anschaffung der Gegenstände und die tatsächlich entstandenen Kosten darzulegen und zu belegen. Dies gilt auch für einen Sozialhilfeträger, der eine Kostenpauschale an die Mutter ausgekehrt hat und diese aus übergegangenem Recht geltend macht, auch wenn die für die Säuglingserstausstattung und die Schwangerschafts-

---

[654] Baumgärtel/Laumen/Prütting, Bd. 8 BGB § 1615l Rn. 13; Liceni-Kierstein FPR 2010, 140 (145).
[655] Göppinger/Wax/Maurer Rn. 1368, 1370.
[656] Griesche FPR 2005, 335 (338).
[657] NK-BGB/Schilling § 1615l Rn. 56.
[658] OLG Brandenburg BeckRS 2010, 29949; Baumgärtel/Laumen/Prütting, Bd. 8 BGB § 1615l Rn. 3.
[659] BGH FamRZ 2010, 357 Rn. 39 = R 709; Viefhues FF 2010, 200 (201) (Anm.).
[660] Gerhardt FuR 2008, 194 (198); Schilling FF 2008, 279 (292).
[661] OLG Zweibrücken FuR 2000, 438 (439); OLG Koblenz FamRZ 2006, 440.
[662] OLG Zweibrücken FuR 2000, 438 (439); OLG Koblenz FamRZ 2006, 440.
[663] OLG Koblenz FuR 2005, 463.
[664] KG FamRZ 2007, 77 mwN.

bekleidung zur Verfügung gestellten Beträge ausgesprochen niedrig und nach einfachsten Ansprüchen bemessen sind.[665]

Wer vor der Geburt erwerbslos war, muss bei einem Anspruch nach § 1615l II 1 BGB darlegen und beweisen, dass er sich in angemessener und zumutbarer Weise um eine Arbeitsstelle bemüht hat, dass es aber gerade die Schwangerschaft war, die einer Erwerbstätigkeit im Wege gestanden hat.[666]

5. Titel und Befristung des Betreuungsunterhalts

a) Entscheidungsgründe. Die Gerichte entscheiden durch Beschluss, § 38 FamFG, gegen den das Rechtsmittel der Beschwerde gemäß § 58 FamFG gegeben ist. Sie sind gehalten, ihre Entscheidungen unter Zugrundelegung verfahrensrechtlich **belastbarer Feststellungen** zu treffen. Das bedeutet, dass zB die Ausführungen zu einer konkreten Betreuungsbedürftigkeit eines Kindes und den **bestehenden Betreuungsmöglichkeiten** nicht lediglich auf allgemeinen Erwägungen beruhen dürfen. Vielmehr sind zu dem Betreuungsbedarf des Kindes in der Entscheidung **konkrete** Feststellungen zu treffen.[667] Ein genereller Hinweis auf ein im Ort bestehendes Schulsystem reicht nicht aus.[668] Da im Unterhaltsverfahren gemäß § 113 FamFG der Beibringungsgrundsatz und nicht der Amtsermittlungsgrundsatz gilt, kann dies nur erfolgen, wenn die Beteiligten die Tatsachen sehr konkret darlegen und mit den geeigneten Unterlagen belegen. 259

Damit eine gerichtliche Entscheidung nachvollziehbar und überprüfbar ist und der vom BVerfG[669] geforderten Gleichbehandlung des im Kindesinteresse geschuldeten Unterhalts für den betreuenden Elternteil Rechnung trägt, sollte in den Entscheidungsgründen der Gerichte eine stringente Trennung zwischen kind- und elternbezogenen Verlängerungsgründen erfolgen.[670] 260

b) Befristung. Gemäß § 1615l II 3 BGB nach der bis zum 31.12.2007 geltenden Fassung endet die Unterhaltspflicht für den betreuenden Elternteil 3 Jahre nach der Geburt des Kindes, soweit nicht der Ausnahmetatbestand der groben Unbilligkeit wegen Versagung weiteren Unterhalts vorlag. Ein Anspruch auf Betreuungsunterhalt nach § 1615l BGB war im Tenor eines Urteils bis zur Vollendung des 3. Lebensjahres des Kindes zu befristen,[671] wenn nicht bereits zum Zeitpunkt der Entscheidung sicher war, dass dem Berechtigten auch über die 3 Jahre hinaus ein Anspruch zustand.[672] Seit Inkrafttreten des UÄndG zum 1.1.2008 endet der Unterhaltsanspruch nach der Neufassung des § 1615l II 2 BGB nicht mehr automatisch nach 3 Jahren. Für diesen Zeitraum besteht auf jeden Fall ein Unterhaltsanspruch („mindestens"). Für die Zeit danach hängt der Unterhaltsanspruch von der Billigkeit ab. Der Zeitraum für die Zeit vor und nach dem Ablauf der Dreijahresfrist bildet einen einheitlichen Unterhaltsanspruch. Die Frage, ob bei einer gerichtlichen Entscheidung über den Unterhalt nach § 1615l II BGB vor der Vollendung des 3. Lebensjahres des Kindes weiterhin eine Befristung vorzunehmen ist, hat der BGH[673] nunmehr dahin entschieden, dass eine solche nicht vorzunehmen ist. 261

Da die **Voraussetzungen** für den **Basisunterhalt** aus § 1615l BGB dem aus § 1570 BGB weitgehend angenähert sind, hat der BGH die zu § 1570 BGB ergangene Rechtsprechung entsprechend angewendet.[674] 262

---

665 KG FamRZ 2007, 77.
666 OLG Koblenz NJW-RR 2000, 1531.
667 BGH FamRZ 2011, 791 Rn. 27, 29 zu § 1570 BGB.
668 BGH FamRZ 2010, 1050 (1053).
669 BVerfG FamRZ 2007, 965 (971).
670 Schürmann FF 2007, 235 (236); Schilling FF 2008, 279 (284).
671 OLG Oldenburg NJW-RR 2000, 1249.
672 Büttner FamRZ 2000, 781 (785); MAH FamR/Wever/Hoffmann § 10 Rn. 125.
673 BGH NZFam 2014, 27 Rn. 21.
674 BGH NZFam 2014, 27 Rn. 21; ebenso OLG Köln FamFR 2012, 273.

Eine **Befristung** des nachehelichen Betreuungsunterhalts nach § 1578 II BGB scheidet nach der Rechtsprechung des BGH[675] schon deswegen aus, weil § 1570 BGB in der seit dem 1.1.2008 geltenden Fassung insoweit eine Sonderregelung für die Billigkeitsabwägung enthält.[676] Der Betreuungsunterhalt während der ersten drei Lebensjahre des Kindes und ein daran anschließender weiterer Betreuungsunterhalt bilden einen einheitlichen Unterhaltsanspruch. Ein künftiger Betreuungsunterhalt ist nur dann abzuweisen, wenn im Zeitpunkt der Entscheidung für die Zeit nach Vollendung des dritten Lebensjahres absehbar keine kind- oder elternbezogenen Verlängerungsgründe mehr vorliegen.[677]

263 Die Entscheidung des BGH hat erhebliche praktische Auswirkungen. Wenn der sog Basisunterhalt, dh der Unterhalt des Berechtigten für die ersten 3 Lebensjahre des Kindes, **nicht befristet** ist, muss der Unterhaltspflichtige nach Vollendung des 3. Lebensjahres des Kindes einen **Abänderungsantrag** erheben, wenn er den Wegfall der Voraussetzungen für den Billigkeitsunterhalt, dh den Unterhalt nach der Vollendung des 3. Lebensjahres des Kindes, geltend machen will. Ist der Titel über den Basisunterhalt befristet worden und ergibt sich später, dass Betreuungsunterhalt nach Billigkeit zu zahlen ist, muss der betreuende Elternteil ein **neues Unterhaltsverfahren** anstrengen.[678]

264 Im Gegensatz hierzu kann ein **nach Ablauf des 3. Lebensjahres** des Kindes in Streit stehender **Billigkeitsunterhalt** befristet werden, wenn eine verlässliche Prognose für das Vorliegen seiner Voraussetzungen zum Zeitpunkt der Erstentscheidung möglich ist.[679] Wever[680] weist allerdings zu Recht daraufhin, dass dies in der Regel nur bei elternbezogenen Gründen in Betracht kommen dürfte. Wenn kindbezogene Gründe, zB schwere Erkrankung des Kindes, fehlende Fremdbetreuungsmöglichkeiten usw eine Verlängerung des Unterhalts rechtfertigen, lässt sich ebenso wie bei der Beurteilung eines Unterhaltsanspruchs im Rahmen des § 1570 BGB in der überwiegenden Anzahl der Fälle einer Änderung der Situation nicht prognostizieren.[681]

6. Abänderungsantrag

265 Beschlüsse in Unterhaltssachen (§§ 38, 231 FamFG) können seit Inkrafttreten des FamFG am 1.9.2009 in einem Verfahren nach § 238 FamFG abgeändert werden, denn § 238 FamFG ist gegenüber § 323 ZPO eine Spezialregelung für die Abänderung gerichtlicher Entscheidungen in Unterhaltssachen.[682] § 238 FamFG gilt auch für Beschlüsse, die Unterhaltspflichten nach § 1615l BGB regeln.

Gerichtliche Vereinbarungen in Form von Vergleichen können nach § 239 FamFG abgeändert werden.[683] Ein verfrühtes (vor Beendigung des dritten Lebensjahres des Kindes gestelltes) Verzichtsverlangen des Verpflichteten kann die Verpflichtung zur Kostentragung (§ 243 FamFG) nach sich ziehen.[684]

---

[675] BGH BeckRS 2011, 16689 Rn. 37; FamRZ 2011, 791 Rn. 35; 2010, 1880 Rn. 33; 2009, 1124 Rn. 55; 2009, 770 (774) = R 704; OLG Koblenz NJW 2009, 1974.
[676] Vgl. auch Borth FamRZ 2008, 1 (10); Büte FuR 2008, 309 (310); zu § 1615l BGB OLG Brandenburg FamRZ 2010, 1915; OLG Bremen FamRZ 2008, 1281; MAH FamR/Wever § 10 Rn. 125, 125a; Wever FamRZ 2008, 553 (558); Schilling FPR 2008, 27 (30).
[677] BGH NZFam 2014, 27 Rn. 20.
[678] Büttner FamRZ 2000, 781 (785); Hauß FamRB 2007, 367 (368) zu § 1570 BGB; NK-BGB/Schilling § 1615l Rn. 60.
[679] aA Born FF 2009, 92 (103).
[680] MAH FamR/Wever/Hoffmann § 10 Rn. 126.
[681] OLG Hamm NZFam 2016, 894.
[682] Prütting/Helms/Bömelburg FamFG § 238 Rn. 2.
[683] Vgl. OLG München BeckRS 2019, 8261.
[684] OLG München BeckRS 2019, 8261.

1. Abschnitt: Ansprüche der Mutter oder des Vaters eines nichtehelichen Kindes § 7

7. Vorläufige Rechtsschutzmöglichkeiten

a) Arten. Als vorläufige Maßnahmen zur Sicherung des Unterhalts kommen die in den §§ 246–248 FamFG aufgeführten einstweiligen Anordnungen in Unterhaltssachen in Betracht. Diese Sonderregelungen gehen als lex specialis den Allgemeinen Vorschriften über die einstweilige Anordnung in den §§ 49 ff. FamFG vor.[685] 266

aa) Einstweilige Anordnung nach § 247 FamFG. Grundsätzlich können gemäß § 1600d IV BGB Ansprüche gegen den Vater erst nach Anerkennung oder Feststellung der Vaterschaft geltend gemacht werden. § 247 I FamFG, der im Wesentlichen den verfahrensrechtlichen Regelungsgehalt des seit dem 1.9.2009[686] aufgehobenen § 1615o II BGB enthält, ermöglicht **der Mutter, nicht aber dem Vater,**[687] wegen ihrer besonderen Schutzbedürftigkeit vor und nach der Geburt[688] den Antrag auf Erlass einer einstweiligen Anordnung für die nach § 1615l I 1 BGB – nicht § 1615l II BGB – voraussichtlich zu leistenden Beträge bereits vor der Geburt des Kindes und auch nach der Geburt, aber vor einer Anerkennung oder einer rechtskräftigen Feststellung der Vaterschaft, zu stellen. 267

Es handelt sich wie nach früherem Recht um ein **selbständiges Verfahren,** § 51 III 1 FamFG.[689] Mit einer einstweiligen Anordnung nach § 247 FamFG können gemäß § 1615l I 2 BGB Kosten der Schwangerschaft oder der Entbindung außerhalb des in § 1615l I 1 BGB bestimmten Zeitraumes von 6 Wochen vor und 8 Wochen nach der Geburt verlangt werden, zB Kosten für ärztliche Behandlung, Hebamme, Klinik, Medikamente[690] und Schwangerschaftsbekleidung. Ferner kann die Mutter mit einer einstweiligen Anordnung nach § 247 FamFG, soweit sie mangels eigener Einkünfte bedürftig ist, den laufenden Unterhalt sicherstellen. Der Anspruch ist nicht auf den Notbedarf beschränkt.[691] Die Mutter kann nicht nur den Mindestunterhalt in Höhe von (derzeit) monatlich 880 EUR geltend machen,[692] sondern den voraussichtlich zu leistenden Unterhalt verlangen. 268

Nicht mit der einstweiligen Anordnung durchgesetzt werden kann **rückständiger Unterhalt** aus der Zeit vor der Antragstellung.[693] Das hat zur Folge, dass eine einstweilige Anordnung nach dieser Vorschrift nach dem Ablauf von acht Wochen seit der Geburt des Kindes nicht mehr statthaft ist.[694] 269

bb) Einstweilige Anordnung nach § 248 FamFG. Wenn ein gerichtliches Verfahren auf Feststellung der Vaterschaft nach § 1600d BGB anhängig ist, besteht kein Rechtsschutzbedürfnis der Mutter mehr für eine noch nicht beantragte einstweilige Anordnung nach § 247 FamFG, weil dann der Antrag auf Erlass einer einstweiligen Anordnung nach § 248 I FamFG (früher § 641d ZPO) vorrangig ist. In einem solchen Fall können ausnahmsweise auch Ansprüche aus § 1615l I BGB auf den Unterhalt für 14 Wochen sowie auf Ersatz der Schwangerschafts- und Entbindungskosten geltend gemacht werden.[695] Im Übrigen kann die Mutter nach § 248 FamFG ihren Betreuungsunterhalt nach § 1615l II BGB regeln lassen. 270

Ebenso wie § 247 FamFG ist § 248 FamFG auf die Ansprüche der Mutter beschränkt; eine einstweilige Anordnung zu Gunsten des Vaters ist daher nicht zulässig.[696] Ob die Einreichung eines Verfahrenskostenhilfeantrags für das Vaterschaftsfeststellungsverfahren ausreicht, um eine einstweilige Anordnung nach § 248 FamFG beantragen zu können, ist 271

---

[685] Schürmann FamRB 2008, 375 (376); Götsche/Viefhues ZFE 2009, 124.
[686] Vgl. Art. 50 Nr. 25 FGG-Reformgesetz vom 17.12.2008, BGBl. I S. 2586; Gesetzesbegründung der Bundesregierung, BT-Drs. 16/6308, 260, 345.
[687] MAH FamR/Wever/Hoffmann § 10 Rn. 130; vgl. zum alten Recht Büdenbender FamRZ 1998, 129 (138).
[688] BT-Drs. V/2370, 58.
[689] Keidel/Giers FamFG § 247 Rn. 7.
[690] AG Krefeld FamRZ 1985, 1181.
[691] Prütting/Helms/Bömelburg FamFG § 247 Rn. 5.
[692] BGH FamRZ 2010, 444, Rn. 14; 2010, 357, Rn. 39 = R 709.
[693] NK-BGB/Schilling § 1615l Rn. 63.
[694] Vgl. zur früheren Rechtslage AG Berlin-Charlottenburg FamRZ 1983, 305.
[695] Gießler/Soyka, Vorläufiger Rechtsschutz in Familiensachen, 5. Aufl., Rn. 505.
[696] NK-BGB/Schilling § 1615l Rn. 64.

umstritten.⁶⁹⁷ Das Verfahren ist seit dem 1.9.2009 ein selbstständiges Verfahren, § 51 III 1 FamFG.

272 **cc) Einstweilige Anordnung nach § 246 FamFG.** Nach Anerkenntnis oder Feststellung der Vaterschaft kann die Zahlung von Unterhalt mit einer einstweiligen Anordnung gemäß § 246 FamFG (früher § 644 ZPO) erwirkt werden. Die einstweilige Anordnung setzt **nicht** mehr voraus, dass ein **Hauptsacheverfahren** oder ein entsprechender Verfahrenskostenhilfeantrag anhängig ist (§ 51 III 1 FamFG). Wenn seine Vaterschaft gerichtlich festgestellt oder wirksam anerkannt ist, kann auch der **Vater** eines Kindes eine einstweilige Anordnung gemäß § 246 FamFG herbeiführen.⁶⁹⁸

273 **b) Verfahren bei den einstweiligen Anordnungen nach §§ 246–248 FamFG.** Der **Anordnungsanspruch** für die einstweilige Anordnung nach § 247, § 248 FamFG und § 246 FamFG ist glaubhaft zu machen. Dazu gehört zunächst die Bedürftigkeit der Mutter. Daran fehlt es, wenn die Mutter oder mütterliche Verwandte den Unterhalt aufbringen können.⁶⁹⁹ Sozialhilfeleistungen und Leistungen nach dem UVG lassen das Bedürfnis nicht entfallen.⁷⁰⁰ Glaubhaft zu machen ist auch der Umstand, dass der Antragsgegner nach § 1600d II u. III BGB als **Erzeuger** des erwarteten oder geborenen Kindes vermutet wird. Soweit Ansprüche vor der Geburt geltend gemacht werden sollen, muss auch der voraussichtliche Geburtstermin und das Bestehen der Schwangerschaft glaubhaft gemacht werden. Glaubhaft zu machen sind iRd §§ 247, 248 FamFG auch die Höhe der **Entbindungskosten** und sonstiger Aufwendungen, die infolge der Schwangerschaft oder der Entbindung entstanden sind (§ 1615l I 2, III BGB), Grund und Höhe eines eventuellen **Sonderbedarfs** (§ 1615l I 1, III BGB) und – soweit möglich – die Leistungsfähigkeit des Kindesvaters.⁷⁰¹

274 Die **Glaubhaftmachung** richtet sich in Familienstreitsachen, also auch in den og Verfahren, nach § 113 I FamFG iVm § 294 ZPO.⁷⁰² Sie kann insbesondere durch eidesstattliche Versicherung erfolgen. Wenn die Glaubhaftmachung fehlt und auch nach gerichtlicher Aufforderung nicht beigebracht wird, ist der Antrag zurückzuweisen. Eine **Beweisaufnahme** ist gemäß § 113 I FamFG iVm § 294 II ZPO auf präsente Beweismittel beschränkt.⁷⁰³

275 Eine Gefährdung des Unterhaltsanspruchs und damit ein **dringendes Bedürfnis** für ein sofortiges Tätigwerden (Regelungsbedürfnis) **muss nicht glaubhaft** gemacht werden. Weil § 246 I FamFG auch für einstweilige Anordnungen nach § 247 und § 248 FamFG gilt, liegt das für den Erlass einer einstweiligen Anordnung nach § 246 FamFG vorausgesetzte besondere Rechtsschutzbedürfnis in der Regelfall vor, wenn der Unterhalt innerhalb der von § 247 I und § 248 I FamFG umfassten Zeiträume geltend gemacht wird. Nach dem Ablauf dieser Zeiträume kann Unterhalt für die Vergangenheit nur ausnahmsweise geltend gemacht werden, wenn dieser notwendig ist, um Schulden zu begleichen, die mangels Unterhaltszahlung aufgenommen wurden.⁷⁰⁴

276 **Sachlich zuständig** für den Erlass von einstweiligen Anordnungen nach §§ 246 und 247 FamFG ist das Amtsgericht – Familiengericht, das für eine Hauptsache zuständig wäre (§ 50 FamFG, § 23a I Nr. 1 GVG). Für die Verfahren nach § 248 FamFG ergibt sich die sachliche Zuständigkeit des Gerichts aus § 248 II FamFG; danach ist das Gericht zuständig, bei dem das Verfahren auf Feststellung der Vaterschaft im ersten Rechtszug anhängig ist. Während der Anhängigkeit des Vaterschaftsfeststellungsverfahrens beim Beschwerdegericht ist dieses zuständig.⁷⁰⁵

---

697 Dafür: Prütting/Helms/Bömelburg FamFG § 248 Rn. 5; Keidel/Giers FamFG § 248 Rn. 3; MAH FamR/Wever/Hoffmann § 10 Rn. 131; a. A. Zöller/Lorenz FamFG § 248 Rn. 2.
698 Dose/Kraft, Einstweiliger Rechtsschutz, Rn. 41.
699 Dies ist hM, vgl. OLG Koblenz FamRZ 2006, 1137 mwN.
700 Thomas/Putzo/Hüßtege ZPO § 641d Rn. 7.
701 Gießler/Soyka, Vorläufiger Rechtsschutz in Familiensachen, 5. Aufl., Rn. 500.
702 BT-Drs. 16/6308, 200.
703 Prütting/Helms/Bömelburg FamFG § 246 Rn. 50; Keidel/Giers FamFG § 51 Rn. 7.
704 Schürmann FamRB 2009, 375 (377).
705 Zöller/Lorenz ZPO FamFG § 248 Rn. 3.

1. Abschnitt: Ansprüche der Mutter oder des Vaters eines nichtehelichen Kindes § 7

Die **örtliche Zuständigkeit** für den Erlass einer einstweiligen Anordnung nach §§ 246, 277
247 FamFG[706] richtet sich nach § 232 FamFG. Für die einstweilige Anordnung nach § 248
FamFG ist wie bisher das Gericht zuständig, bei dem das Verfahren auf Feststellung der
Vaterschaft anhängig zu machen ist, vgl. § 248 II FamFG.

Die Verfahren nach §§ 246–248 FamFG sind **Antragsverfahren.** Eine mündliche Ver- 278
handlung ist nach Maßgabe des § 246 II FamFG erforderlich. Eine Versäumnisentscheidung ist ausgeschlossen, § 51 II 3 FamFG. Die Entscheidungen ergehen durch **Beschluss,**
§§ 119 I, 51 II, 38 I FamFG, der grundsätzlich zu begründen und bekannt zu geben ist.
Das Gericht setzt den zu zahlenden Unterhalt fest. Nach § 247 II 3 FamFG kann das
Gericht anordnen, dass der geschuldete Betrag zu einem bestimmten Zeitpunkt vor der
Geburt des Kindes zu **hinterlegen** ist. Diese Möglichkeit war bereits im bisherigen
§ 1615o I, II BGB vorgesehen. Angesichts des Regelungszwecks der Norm, nämlich der
kurzfristigen Sicherung des Unterhalts, sollte die Hinterlegung die Ausnahme und die
Anordnung der Zahlung der Regelfall sein.[707] Bei einer einstweiligen Anordnung bei
Feststellung der Vaterschaft kann nach § 248 II FamFG neben oder statt der Anordnung
einer Unterhaltszahlung ab Eingang des Antrags eine Verpflichtung des potentiellen Kindesvaters zur Leistung einer **Sicherheit** in bestimmter Höhe beschlossen werden.

Die **Kostenentscheidung** beruht jeweils auf § 243 FamFG. Das **Außerkrafttreten** 279
einer einstweiligen Anordnung richtet sich gemäß § 56 I und II FamFG, in Verfahren nach
§ 248 FamFG darüber hinaus auch gemäß § 248 V 1 FamFG. Eine **Abänderung** der
einstweiligen Anordnungen nach §§ 246–248 FamFG kann nicht durch ein Verfahren nach
§ 238 FamFG erfolgen, weil diese Vorschrift nur für Hauptsachenentscheidungen gilt.
Zulässig ist lediglich eine Abänderung nach § 54 FamFG. Eine **Beschwerde** gegen die in
den Verfahren nach §§ 246–248 FamFG ergangenen Beschlüsse ist gemäß § 57 FamFG
ausgeschlossen. Weil ein Hauptsacheverfahren entsprechend §§ 247, 248 FamFG nicht
vorgesehen ist, kann in diesen Verfahren ein Antrag nach § 52 II FamFG nicht gestellt
werden.

Anwaltszwang besteht in einstweiligen Anordnungsverfahren nach §§ 246–248 280
FamFG – anders als in Hauptsacheverfahren auf Zahlung von Unterhalt – gemäß § 114 IV
Nr. 1 FamFG **nicht.**

8. Übergangsrecht

a) **FamFG.** Gemäß Art. 111 des Gesetzes zur Reform der Verfahren in Familiensachen 281
und in den Angelegenheiten der freiwilligen Gerichtsbarkeit (FGG-RG) sind auf Verfahren, die bis zum Inkrafttreten dieses Gesetzes eingeleitet worden sind oder deren
Einleitung bis zum Inkrafttreten beantragt wurde, weiter die vor Inkrafttreten des FGG-
RG geltenden Vorschriften anzuwenden. Gleiches gilt auch für Abänderungsverfahren.[708]

b) **UÄndG.** Schon das Kindschaftsrechtsreformgesetz vom 16.12.1997 hatte mit Wir- 282
kung vom 1.7.1998 durch Änderung des § 1615l II 3 BGB die starre **zeitliche Begrenzung** des Unterhaltsanspruchs **von 3 Jahren** ab Geburt (Entbindung) des Kindes aufgelöst.
Für die Frage, ob die neue Regelung auf laufende Unterhaltsverhältnisse anzuwenden war,
kam es auf den streitigen Unterhaltszeitraum an. Auf Unterhalt vor Inkrafttreten einer
Neuregelung blieb das bisherige Recht anwendbar, falls – wie hier – keine Übergangsregelung getroffen worden war.[709]

Für die durch die Unterhaltsrechtsreform mit Wirkung zum 1.1.2008[710] geschaffene 283
Neufassung des § 1615l BGB (Verlängerung des Betreuungsunterhaltsanspruchs in § 1615l
II BGB) sowie die geänderte Rangfolgenregelung (§ 1609 BGB) gilt die **Übergangsvor-
schrift in § 36 EGZPO.** Nach § 36 Nr. 7 EGZPO ist auf alle Unterhaltsansprüche, die

---

[706] Prütting/Helms/Bömelburg FamFG § 247 Rn. 12; str., vgl. Keidel/Giers FamFG § 247 Rn. 7:
Zuständigkeit nach § 232 FamFG.
[707] Begr. RegE, BT-Drs. 16/6308, 260.
[708] BT-Drs. 16/9733, 305.
[709] BGH FamRZ 1998, 426 (427).
[710] BGBl. I S. 2942, → Rn. 1 ff.

§ 7　Unterhalt zwischen nicht verheirateten Eltern und zwischen Lebenspartnern

nach Inkrafttreten der Neuregelungen entstanden sind, das neue Recht anzuwenden. Unterhaltsleistungen, die vor dem 1.1.2008 fällig geworden sind, bleiben mangels Rückwirkung des neuen Rechts[711] unberührt. Ein bis Ende 2007 laufender Unterhaltszeitraum ist daher nach früherem Recht zu beurteilen.

284　Das neue Recht gilt auch dann, wenn das zu betreuende Kind vor dem 1.1.2008 geboren wurde.[712] Da das neue Recht aber erst für die Zeit ab dem 1.1.2008 anzuwenden ist, muss in derartigen Fällen bei einem bei Inkrafttreten des UÄndG **anhängigen Verfahren** für die Beurteilung eines Unterhaltsanspruchs des betreuenden Elternteils zwischen der Zeit vor und nach der Reform differenziert werden. Es ist dann ggf. eine nach Zeitabschnitten **gestaffelte Unterhaltsberechnung**[713] erforderlich, deren verfahrensrechtliche Behandlung sich aus § 36 Nr. 5, 6 EGZPO ergibt. Im Einzelnen kann sich wegen der geänderten Rangstellung des Unterhaltsanspruchs des betreuenden Elternteils bei eingeschränkter Leistungsfähigkeit des Verpflichteten **erstmalig** nach neuem Recht ein Anspruch ergeben.

285　Wenn ein nach altem Recht ergangener Unterhaltstitel auf 3 Jahre **befristet** war und das Verfahren am 1.1.2008 abgeschlossen war, kann der betreuende Elternteil, wenn sich nach neuem Recht ein über 3 Jahre hinausgehender Betreuungsunterhalt ergibt, für die Zeit nach Fristablauf weiteren Unterhalt mit einem **Erstantrag**, nicht mit einem Abänderungsantrag, geltend machen.[714]

286　War der Titel **nicht befristet,** ist eine **Abänderung** von rechtskräftigen Entscheidungen, Vollstreckungstiteln oder Unterhaltsvereinbarungen aus der Zeit vor Inkrafttreten des UÄndG unter Beachtung der Grundsätze des § 36 Nr. 1 EGZPO **möglich.**[715] Sie kommt für die Zeit ab dem 1.1.2008 nur in Betracht wegen Umständen, die schon davor entstanden waren, und auch nur, soweit eine wesentliche Änderung der Unterhaltsverpflichtung eintritt und die Änderung dem anderen Teil unter Berücksichtigung seines Vertrauens in die getroffene Regelung zumutbar ist (§ 36 Nr. 1 EGZPO).

287　Entsprechende aufgrund der Gesetzesneufassung erheblich gewordene Umstände dürfen bei einer erstmaligen Änderung nach dem 1.1.2008 aber ohne die zeitlichen Beschränkungen der §§ 323 II und § 767 II ZPO geltend gemacht werden (§ 36 Nr. 2 EGZPO). Darüber hinaus ist es möglich, sie auch noch in der Revisionsinstanz eines anhängigen Verfahrens vorzubringen (§ 36 Nr. 5 EGZPO).

288, 289　*– in dieser Auflage nicht belegt –*

2. Abschnitt: Unterhaltsansprüche zwischen eingetragenen Lebenspartnern

I. Allgemeines

1. Die Entwicklung der eingetragenen Lebenspartnerschaft

290　Das vom Bundesverfassungsgericht[1] gebilligte Lebenspartnerschaftsgesetz (LPartG),[2] das am 1.8.2001 in Kraft getreten ist, hat für gleichgeschlechtliche Partnerschaften die eingetragene Lebenspartnerschaft als eheähnliches Rechtsinstitut geschaffen, um die Diskriminierung gleichgeschlechtlicher Paare abzubauen. Die wechselseitig gegeneinander bestehenden Unterhaltsverpflichtungen der Lebenspartner einer eingetragenen Lebenspartner-

---

[711] BT-Drs. 16/1830, 35.
[712] Wever FamRZ 2008, 553 (561).
[713] OLG Hamm BeckRS 2010, 01980.
[714] Wever FamRZ 2008, 663 (561).
[715] Schilling FF 2008, 279 (293).
[1] BVerfG FamRZ 2002, 1169.
[2] Art. 1 des Gesetzes zur Beendigung der Diskriminierung gleichgeschlechtlicher Gemeinschaften: Lebenspartnerschaften vom 16.2.2001 BGBl. I S. 266.

2. Abschnitt: Unterhaltsansprüche zwischen eingetragenen Lebenspartnern § 7

schaft wurden in Anlehnung an die ehelichen Unterhaltstatbestände in §§ 5, 12 und 16 LPartG geregelt.

Die danach noch vorhandenen Unterschiede zum ehelichen Unterhalt beseitigte schon fast vollständig die Neufassung dieser Vorschriften durch das **Gesetz zur Überarbeitung des Lebenspartnerschaftsrechts,**[3] das am 1.1.2005 in Kraft getreten ist. Dieses Gesetz hatte zum Ziel, das Lebenspartnerschaftsrecht weitgehend an die Ehe anzugleichen.[4] Deshalb regelt das Gesetz die Übernahme des ehelichen Güterrechts, die weitergehende Angleichung des Unterhaltsrechts, die Anpassung der Aufhebungsvoraussetzungen an das Scheidungsrecht, die Einführung der Stiefkindadoption und des Versorgungsausgleichs sowie die Einbeziehung der Lebenspartner in die Hinterbliebenenversorgung der gesetzlichen Rentenversicherung. Im zivilen Erbrecht stehen Lebenspartner Ehegatten nunmehr vollständig gleich, § 10 LPartG.[5] Zur Schaffung eines geschlechtsneutralen Ehegesetzes, wie sie zB in Norwegen und Schweden existieren, fehlte die notwendige politische Akzeptanz. 291

Das **Gesetz zur Änderung des Unterhaltsrechts vom 21.12.2007** vollzog die Gleichstellung zum Unterhaltsrecht zwischen Ehegatten, insbesondere hinsichtlich der nunmehr auch in § 1609 BGB geregelten Rangfolge im Verhältnis zu den Ansprüchen anderer Unterhaltsbedürftiger.[6] 292

Für **Unterhaltsverfahren iSd § 269 I Nr. 9 FamFG** zwischen eingetragenen Lebenspartnern vor dem Familiengericht ist grundsätzlich unabhängig vom Zeitpunkt der Begründung der Lebenspartnerschaft das **derzeit gültige Unterhaltsrecht** anzuwenden. Eine Ausnahme gilt für vor dem 1.1.2005 begründete Lebenspartnerschaften dann, wenn zumindest ein Lebenspartner von der Option des § 21 LPartG Gebrauch gemacht hatte. Danach konnte ein Lebenspartner bis 31.12.2005 (§ 21 II u. III LPartG) gegenüber dem Amtsgericht des Wohnsitzes in notarieller Form erklären, dass für das Unterhaltsverhältnis die alte Fassung der §§ 5, 12 und 16 LPartG weiter gelten solle. Eine solche Option war für einen verdienenden Lebenspartner vorteilhaft, weil das bis zum 31.12.2004 geltende Unterhaltsrecht wesentlich weniger weit reichende Unterhaltspflichten als das nunmehr geltende Unterhaltsrecht vorsah.[7] So konnte ein Aufstockungsunterhalt nicht verlangt werden; zudem war der Unterhaltsgläubiger gehalten, sein eigenes Vermögen für seinen Unterhalt einzusetzen. 293

Die **Übergangsregelung** in § 21 LPartG ist nach Art. 7 II des LPartÜG vom 15.12.2004 am 31.12.2010 außer Kraft getreten. Wegen der Auswirkungen hinsichtlich der Ausübung des Wahlrechts vgl. Wendl/Dose/Bömelburg, 9. Aufl. Rn. 17. 294

Für gerichtliche Verfahren, die vor dem 31.12.2004 anhängig geworden waren, blieb es bei der Geltung des alten Rechts (§ 21 V LPartG).[8] Die Übergangsfragen für das ab dem 1.1.2008 geltenden Recht sind in § 36 EGBGB geregelt.[9] 295

Trotz der weitgehenden Gleichstellung der eingetragenen Lebenspartnerschaft mit der Ehe und der nach der Verfassung möglichen[10] völligen Angleichung zB durch Aufhebung des gesamten Gesetzes und Bezugnahme auf die Vorschriften über die Ehe[11] blieb das LPartG hinter dem Eherecht des BGB zurück. Unterschiede gab es im Adoptionsrecht, im Steuer- Sozial- und Dienstrecht. 296

Nach der bis zum 26.6.2014 kodifizierten Fassung des § 9 VII LPartG war eingetragenen Lebenspartnern die Möglichkeit verwehrt, das angenommene Kind ihres Partners ebenfalls anzunehmen, wohingegen Ehepartnern in § 1742 BGB die Möglichkeit der sogenannten

---

[3] Vom 15.12.2004, BGBl. I S. 3396.
[4] BT-Drs. 15/3445, 14 ff.
[5] BVerfG NJW 2010, 2783.
[6] BT-Drs. 16/1830, 32.
[7] Grziwotz FPR 2010, 191 (193); Grziwotz DNotZ 2005, 13 (20); v. Dickhuth-Harrach FPR 2005, 273 (279).
[8] Vgl. zB OLG Düsseldorf FamRZ 2005, 335.
[9] Zum Übergangsrecht vgl. Viefhues ZFE 2006, 204.
[10] BVerfGE 105, 313 (351) = FamRZ 2002, 1169.
[11] Vgl. Bömelburg „Die eingetragene Lebenspartnerschaft – ein überholtes Rechtsinstitut? NJW 2012, 2753.

Sukzessivadoption eröffnet war. Nach dem Urteil des BVerfG vom 19.2.2013[12] hat der Gesetzgeber § 9 VII LPartG mit Wirkung vom 27.6.2014 entsprechend geändert.[13]

Eine gemeinsame Adoption von fremden Kindern durch die Lebenspartner war nicht möglich; zulässig ist nach dieser Rechtslage lediglich die Stiefkindadoption[14] nach § 9 VII LPartG. Eine Richtervorlage des AG Schöneberg betreffend die Verfassungsmäßigkeit des Ausschlusses der gemeinschaftlichen Adoption durch Lebenspartner gem. § 1741 II 1 BGB, § 9 VI, VII LPartG hat das BVerfG nicht angenommen, weil der Vorlagebeschluss nicht den Begründungsanforderungen des Art 100 I 1 GG, § 80 II 1 BVerfGG genügt hat.[15]

297 In anderen Rechtsgebieten (zB dem Sozialversicherungs- Dienst- Beamten- und Steuerrecht) fanden Angleichungen sukzessive und oft erst nach entsprechenden Verfahren vor den zuständigen Gerichten (EuGH, EGMR, BVerfG, BVerwG, BFH, BAG) statt[16], zuletzt mit dem **Gesetz zur Bereinigung des Rechts der Lebenspartner vom 20.11.2015,**[17] das wichtige materielle Änderungen zum Güterrecht und Vollstreckungsrecht enthält.[18] Das Reformgesetz hat allerdings die umstrittene Frage der gemeinschaftlichen Annahme von Kindern nicht geregelt; diese war weiterhin gemäß § 1741 II 1 BGB den Ehegatten vorbehalten. Durch die fortbestehende Kodifizierung der Lebenspartnerschaft im LPartG blieb diese weiterhin aus dem Familienrecht „ausgesperrt".[19]

297a Die echte Angleichung der Lebenspartnerschaft an das Rechtsinstitut der Ehe ist durch das **Gesetz zur Einführung des Rechts auf Eheschließung für Personen gleichen Geschlechts vom 27.7.2017 (Eheöffnungsgesetz)** mit Wirkung vom 1.10.2017 in Kraft getreten.[20] Gemäß § 1353 I 1 BGB wird die Ehe von zwei Personen verschiedenen oder gleichen Geschlechts auf Lebenszeit geschlossen. Damit ist die Ehe nicht mehr auf die Verbindung zwischen Mann und Frau beschränkt. Gleichgeschlechtliche Paare können seit dem 1.10.2017 gemäß § 1310 BGB eine Ehe schließen. Damit gilt das Eherecht des BGB und das gesamte Verfahrensrecht des FamFG, das die Ehe betrifft, uneingeschränkt und unterschiedslos auch für Ehen zwischen Personen gleichen Geschlechts. Unterschiede zwischen Ehen verschiedengeschlechtlicher Partner und Ehen gleichgeschlechtlicher Partner bestehen im Wesentlichen noch im Abstammungsrecht.[21] Nach der Entscheidung des Bundesverfassungsgerichts vom 10.10.2017[22] hat der Gesetzgeber auch für Intersexuelle die Möglichkeit geschaffen, eine Ehe zu schließen.

297b Waren gleichgeschlechtliche Partner vor dem 1.10.2017 in einer **Lebenspartnerschaft** verbunden, können sie diese gemäß **§ 20a LPartG in eine Ehe umwandeln**.[23] Mit dem Gesetz zur Umsetzung des Gesetzes zur Einführung des Rechts auf Eheschließung für Personen gleichen Geschlechts v. 18.12.2018[24] hat der Gesetzgeber § 20a LPartG geändert und ergänzt. Eine bestehende Lebenspartnerschaft wird in eine Ehe umgewandelt, wenn beide Lebenspartner vor dem Standesbeamten persönlich und bei gleichzeitiger Anwesenheit erklären, miteinander eine Ehe auf Lebenszeit führen zu wollen.[25] Der Standesbeamte

---

[12] BVerfG NJW 2013, 847.
[13] § 9 Abs. 7 Satz 2: IdF d. Art. 2 G v. 20.6.2014, BGBl. I 786.
[14] BVerfG FamRZ 2013, 521.
[15] BVerfG FamRZ 2014, 537.
[16] Vgl. die Übersichten bei Bömelburg NJW 2012, 2753; Muscheler FPR 2010, 227 (233); Erman/Kaiser LPartG § 5 Rn. 13, § 9 Rn. 19, § 10 Rn. 26 f.
[17] BGBl. I S. 2010.
[18] Vgl. Gesetzesbegründung BT-Drs. 18/5901, 22; Kemper FamRB 2016, 116 ff.
[19] Schwab FamRZ 2016, 1 (3).
[20] BGBl. I S. 2787.
[21] Kaiser FamRZ 2017, 1889 (1895).
[22] BVerfG FamRZ 2017, 2046.
[23] Durchführungshinweise des Bundesministeriums des Innern, für Bau und Heimat in der Form von Rundschreiben zu dem Gesetz an die Länder sind unter „https://www.personenstandsrecht.de, Menüpunkt Service" zu finden; vgl. auch Gesetz zur Umsetzung des Gesetzes zur Einführung des Rechts auf Eheschließung für Personen gleichen Geschlechts v. 18.12.2018, BGBl. 2018 I S. 2639; hierzu Dutta FamRZ 2019, 163 und Kaiser FamRZ 2019, 845.
[24] BGBl. 2018 I S. 2639.
[25] Zur Umwandlung im Ausland geschlossener gleichgeschlechtlicher Lebensgemeinschaften und den damit verbundenen rechtlichen Fragen vgl. Kaiser FamRZ 2017, 1985 (1993).

2. Abschnitt: Unterhaltsansprüche zwischen eingetragenen Lebenspartnern § 7

muss die Wirksamkeit der Lebenspartnerschaft als Vorfrage selbständig prüfen.[26] Bei Zweifeln an der Wirksamkeit der Lebenspartnerschaft kann anstelle der Umwandlung eine originäre Eheschließung erfolgen.[27]

Die Partner begründen kein neues Rechtsverhältnis Ehe. Vielmehr besteht das bisherige familienrechtliche Rechtsverhältnis eingetragene Lebenspartnerschaft als Ehe fort.[28] Für die Rechte und Pflichten der Lebenspartner bleibt nach der Umwandlung der Lebenspartnerschaft in eine Ehe gemäß § 20a V LPartG deshalb der Tag der Begründung der Lebenspartnerschaft weiterhin maßgebend. Auf diese Weise soll die Benachteiligung der Lebenspartner rückwirkend beseitigt und diese so gestellt werden, als ob sie sofort geheiratet hätten. Lebenspartnerschaftsverträge, die die Partner abgeschlossen hatten, gelten gemäß § 20a III LPartG nach der Umwandlung der Lebenspartnerschaft in eine Ehe als Ehevertrag weiter. Nach der Umwandlung der Lebenspartnerschaft in eine Ehe gilt gemäß § 20a VI LPartG für den Versorgungsausgleich der erste Tag des Monats, in dem die Lebenspartnerschaft begründet worden ist, als Beginn der Ehezeit.

Gemäß § 1 S. 1 LPartG können **Lebenspartnerschaften seit dem 1.10.2017 nicht mehr begründet werden**. Falls Lebenspartner eine vor dem 1.10.2017 begründete Lebenspartnerschaft **nicht** gemäß § 20a LPartG in eine Ehe **umwandeln**, besteht für sie die Lebenspartnerschaft auch nach dem 1.10.2017 fort. Für diese Altfälle bleiben gemäß § 1 S. 2 Nr. 1 LPartG die nachfolgend erläuterten Regelungen des LPartG in Kraft.[29]

2. Die eingetragene Lebenspartnerschaft als Unterhaltsvoraussetzung

Eingetragene Lebenspartner sind zur Fürsorge und Unterstützung sowie zur gemeinsamen Lebensgestaltung verpflichtet, § 1 S. 1 LPartG. Diese Verpflichtung löst eine wechselseitige Verantwortlichkeit füreinander aus, § 2 S. 2 LPartG. Hieraus folgt die Verpflichtung zur Gewährung von Unterhalt während der bestehenden Lebenspartnerschaft (§ 5 LPartG), während des Getrenntlebens (§ 12 LPartG) und auch nach Aufhebung der Lebenspartnerschaft (§ 16 LPartG). Voraussetzung für die Unterhaltsansprüche nach §§ 5, 12, 16 LPartG ist, dass zwischen den Lebenspartnern eine **wirksame eingetragene Lebenspartnerschaft** zustande gekommen war bzw. dass eine derartige Lebenspartnerschaft nach § 15 LPartG aufgehoben worden ist. Diese Vorfrage muss in Zweifelsfällen vor der Entscheidung über einen Unterhaltsanspruch geprüft werden. 298

a) **Begründung einer eingetragenen Lebenspartnerschaft.** Zwei Personen gleichen Geschlechts konnten in der Zeit vom 1.8.2001 bis zum 30.9.2017 eine Lebenspartnerschaft dadurch begründen, dass sie gegenüber dem Standesbeamten bzw. der für die Entgegennahme der Erklärung von den Ländern nach § 23 LPartG bestimmten zuständigen Behörde (zB Ämter, Regierungspräsidien, Landkreise, Notare)[30] bei gleichzeitiger Anwesenheit erklären, miteinander eine Partnerschaft auf Lebenszeit führen zu wollen, § 1 I LPartG.[31] 299

b) **Begründungsmängel einer eingetragenen Lebenspartnerschaft.** Das Gesetz zur Überarbeitung des Lebenspartnerschaftsrechts[32] hat die mit einer unwirksamen Begründung einer Lebenspartnerschaft zusammenhängenden Fragen nur teilweise geregelt. Durch den Wegfall der nach der alten Fassung des LPartG (§§ 1 I 4, 6 I aF) für die Wirksamkeit erforderlichen Erklärung zum Vermögensstand kommen nach dem 1.1.2005 Unwirksamkeitsfolgen wegen unzureichender oder mangelhafter Erklärung über den Vermögensstand allerdings nicht mehr infrage. Gleiches gilt für die vor dem 1.1.2005 begrün- 300

---

[26] Hepting/Dutta, Familie und Personenstand, 3. Aufl. 2019, III-768, 876.
[27] Kaiser FamRZ 2017, 1985, 1986 Fn. 24 mwN.
[28] Zu den hierbei entstandenen Unklarheiten vgl. Schwab FamRZ 2017, 1284 (1287 ff.); Kaiser FamRZ 2917, 1985; Siede FamRZ 2018, 1; Erbarth FamRZ 2018, 1221 und Dutta FamRZ 2019, 163.
[29] Kaiser FamRZ 2019, 845.
[30] Übersicht bei NK-BGB/Ring/Olsen-Ring LPartG § 1 Rn. 17.
[31] Einzelheiten zu Form und Verfahren der Begründung einer eingetragenen Lebenspartnerschaft vgl. Stuber FPR 2010, 188.
[32] Vom 15.12.2004, BGBl. I S. 3396.

§ 7 Unterhalt zwischen nicht verheirateten Eltern und zwischen Lebenspartnern

deten eingetragenen Lebenspartnerschaften, wenn die Lebenspartner im Vermögensstand der Ausgleichsgemeinschaft gelebt und nichts anderes vereinbart hatten. Denn für diese trat automatisch nach § 6, 21 I LPartG ab dem 1.1.2005 der Güterstand der Zugewinngemeinschaft ein.

301 Die in § 1 I, III LPartG genannten Merkmale sind unabdingbare Voraussetzungen für eine wirksame Begründung einer Lebenspartnerschaft. Liegen sie nicht vor, führen die Mängel bei der Begründung der Lebenspartnerschaft anders als bei der Eheschließung (§ 1314 I BGB) nicht zur bloßen Aufhebbarkeit für die Zukunft, sondern zur fehlenden Wirksamkeit der Begründung[33] mit der Folge, dass die Lebenspartnerschaft als **ex tunc unwirksam (nichtig)** anzusehen ist.[34] Wegen dieser Wirkung spielen die Voraussetzungen für die Begründung der Lebenspartnerschaft auch nach dem 1.10.2017 eine Rolle.[35]

Eine Heilungsmöglichkeit durch Eintragung in das zuständige Register besteht nicht.[36] Die Nichtigkeit einer Lebenspartnerschaft kann nicht nur inzident, sondern auch ausdrücklich durch ein **Verfahren** nach § 269 I Nr. 2 FamFG festgestellt werden.

302 **Anfängliche Willensmängel** entsprechend § 1314 II Nr. 1 bis 4 BGB (Bewusstlosigkeit, vorübergehende Störung der Geistestätigkeit, Irrtum, arglistige Täuschung, Drohung) bei der Eingehung der Lebenspartnerschaft sind nach der Sonderregelung in der Neufassung § 15 II 2 LPartG in einem **Aufhebungsverfahren** nach § 269 I Nr. 1 FamFG geltend zu machen. Das Gericht hebt die Lebenspartnerschaft dann durch richterliche Entscheidung auf. Die allgemeinen Regelungen der §§ 119 ff. BGB sind dadurch seit Inkrafttreten des § 15 II 2 LPartG in der Fassung seit dem 1.1.2005 ausgeschlossen.[37]

303 Die Aufhebung einer mit Willensmängeln behafteten Lebenspartnerschaft nach § 15 II 2 LPartG kam bis zum 30.9.2017 aber nicht in Betracht, wenn die Lebenspartnerschaft **bestätigt** wurde. Dies konnte nach § 15 IV 1 LPartG in den Fällen der § 1315 I Nr. 3 BGB (Wegfall der Bewusstlosigkeit oder der Störung der Geistestätigkeit) und § 1315 I Nr. 4 BGB (Entdeckung des Irrtums oder der Täuschung bzw. Wegfall der Zwangslage) erfolgen. Eine solche Bestätigung der bestehenden und nur aufhebbaren Lebenspartnerschaft ist auch nach dem 1.10.2017 möglich, weil durch die Bestätigung lediglich ein Aufhebungsgrund beseitigt wird.[38]

304 c) **Auswirkungen der Begründungsmängel.** Bei Vorliegen von Willensmängeln im Sinne von § 15 II 2 LPartG iVm § 1318 II Nr. 1–4 BGB treten nach der **Aufhebung** der Lebenspartnerschaft die allgemeinen Folgen einer Aufhebung ein. Da in § 15 LPartG eine Bezugnahme auf § 1318 BGB, der die Folgen der Aufhebung einer Ehe regelt, fehlt, gelten für die Zeit vor und nach der Aufhebung die §§ 12, 16 LPartG. Mit Rechtskraft des Aufhebungsurteils hat der bedürftige Lebenspartner einen Anspruch auf nachpartnerschaftlichen Unterhalt (§ 16 LPartG). Für die nach dem 1.1.2005 begründeten Lebenspartnerschaften findet nach § 20 LPartG ein **Versorgungsausgleich** statt. Streitigkeiten der ehemaligen Lebenspartner bezüglich der gemeinsamen Wohnung und der Haushaltsgegenstände sind nach § 17 LPartG zu lösen. Anders als nach § 1318 II Nr. 1 BGB, der die Aufhebungsfolgen für den getäuschten oder bedrohten Ehepartner und den Verursacher unterschiedlich regelt, kann bei Lebenspartnern nicht differenziert werden. Der unterhaltsberechtigte Kenner oder Verursacher des Mangels ist bei der Abwicklung der Lebensgemeinschaft über die allgemeinen Vorschriften des BGB und das Bereicherungsrecht gegenüber Ehegatten ohne ersichtlichen Grund begünstigt.[39] Für solche Fälle bietet sich eine entsprechende Anwendung des § 1318 BGB an.[40]

---

[33] RegE, BT-Drs. 14/3751, 36; Kaiser FamRZ 2002, 866 (867).
[34] Empfehlung des 14. Deutschen Familiengerichtstags FamRZ 2002, 296 (297).
[35] Hepting/Dutta, Familie und Personenstand, 3. Aufl. 2019, III-766.
[36] RegE, BT-Drs. 14/3751, 36.
[37] RegE, BT-Drs. 15/3445, 16.
[38] Hepting/Dutta, Familie und Personenstand, 3. Aufl. 2019, III-880.
[39] Hierzu v. Dickhuth-Harrach FPR 2005, 273.
[40] Vgl. dazu Wellenhofer NJW 2005, 705 (708), die das Problem in erster Linie über die Anwendung von § 1579 BGB lösen will.

2. Abschnitt: Unterhaltsansprüche zwischen eingetragenen Lebenspartnern § 7

§ 15 II 2 LPartG enthält aber keine Bezugnahme auf § 1314 II Nr. 5 BGB, der das 305
Aufhebungserfordernis von Scheinehen regelt. Auch andere ausdrückliche Regelungen
fehlen für den Fall einer **Scheinlebenspartnerschaft**.[41] Daher ist ein Begründungsmangel
nach § 1 III Nr. 4 LPartG, dh wenn die Lebenspartner bei der Begründung der Lebenspartnerschaft einig waren, keine Verpflichtungen nach § 2 LPartG begründen zu wollen,
nach den allgemeinen Regeln über Willenserklärungen (§§ 119 ff. BGB) zu behandeln
und auseinanderzusetzen.[42] **Unterhaltsansprüche** sind in diesem Fall **nicht gegeben,**
weil die Lebenspartnerschaft keinerlei Rechtswirkungen entfaltet.[43] Dies gilt auch, wenn
die Lebenspartnerschaft doch tatsächlich in Vollzug gesetzt worden ist. Denn eine unwirksame Lebenspartnerschaft konnte bis zum 30.9.2017 gemäß § 141 BGB grundsätzlich nur
durch eine neue wirksame Begründung dieser Partnerschaft nach § 1 LPartG für die
Zukunft bestätigt werden, nach hA nicht aber entsprechend § 1315 I Nr. 5 BGB durch ein
bloßes Zusammenleben wie Lebenspartner.[44]

Gleiches gilt für die Lebenspartnerschaftshindernisse nach § 1 I LPartG sowie nach § 1 306
III Nr. 1–3 LPartG. Mangels Verweisen auf die für die Ehe geltenden Vorschriften des
BGB (§ 1314 I BGB iVm §§ 1312, 1303, 1304, 1306, 1307 BGB) führen solche Mängel
bei der Begründung einer Lebenspartnerschaft zu einer ex tunc Nichtigkeit der Lebenspartnerschaft mit der Folge, dass auch hier keine Unterhaltsansprüche bestehen.

3. Grundsätze zur Unterhaltspflicht nach dem LPartG

Wegen der unterschiedlichen gesetzlichen Voraussetzungen (vgl. die Verweisungen auf 307
die entsprechenden unterschiedlichen Normen des Ehegattenunterhaltsrechts) besteht keine Identität zwischen dem Lebenspartnerschaftsunterhalt (§ 5 LPartG), dem Unterhalt bei
Getrenntleben (§ 12 LPartG) und dem nachpartnerschaftlichen Unterhalt (§ 16 LPartG).

Grundsätzlich hängen die Unterhaltsansprüche von der **Bedürftigkeit** des einen Part- 308
ners und der **Leistungsfähigkeit** des anderen Partners ab. Dies gilt jedenfalls für den
Trennungsunterhalt nach § 12 LPartG und den nachpartnerschaftlichen Unterhalt nach
§ 16 LPartG. Beim Lebenspartnerschaftsunterhalt (§ 5 LPartG), der dem ehelichen Familienunterhalt nachgebildet ist, hat die Verpflichtung zum Unterhalt weder die Bedürftigkeit
der Lebenspartner noch deren Leistungsfähigkeit zur Voraussetzung.[45]

Das **Maß des** geschuldeten **Unterhalts** bzw. der **Bedarf** des Berechtigten wird jeweils 309
mit dem Begriff des nach den Lebensverhältnissen der Lebenspartnerschaft angemessenen
Unterhalts umschrieben. Für den Lebenspartnerschaftsunterhalt folgt dies aus § 5 LPartG
in Verbindung mit der Verweisung auf § 1360a II 1 BGB. Für den Trennungsunterhalt
befindet sich die Definition in § 12 S. 1 LPartG, für den nachpartnerschaftlichen Unterhalt
ergibt sich dies aus der Verweisung auf § 1578 I 1 BGB in § 16 S. 2 LPartG.

II. Die einzelnen Unterhaltsansprüche

1. Lebenspartnerschaftsunterhalt nach § 5 LPartG

a) **Familienunterhalt.** Der Lebenspartnerschaftsunterhalt nach § 5 LPartG ist eine 310
Ausprägung der in § 2 LPartG statuierten Verpflichtung „zur gegenseitigen Fürsorge und
Unterstützung".[46] Da § 5 S. 2 LPartG auf die Vorschriften der §§ 1360 S. 2, 1360a, 1360b
und 1609 BGB zum Ehegattenunterhalt verweist, entspricht der Lebenspartnerschafts-

---

[41] Stüber FamRZ 2005, 574 (575).
[42] Finger MDR 2005, 121; Kemper FF 2005, 88; Wellenhofer NJW 2005, 705.
[43] Vgl. v. Dickhuth-Harrach FPR 2005, 273 (277); Finger MDR 2005, 121; Schwab FamRZ 2001, 385 (388).
[44] Zum Streitstand Kaiser FamRZ 2017, 1985 (1989) und FamRZ 2002, 866 (868).
[45] Erman/Kaiser LPartG § 5 Rn. 1.
[46] Begründung des Koalitionsentwurfs des Gesetzes – BT-Drs. 14/3751, 37.

unterhalt nach § 5 LPartG, den sich die Lebenspartner **bei Zusammenleben gegenseitig schulden**, seit der Neufassung des § 5 LPartG durch das Gesetz vom 15.12.2004 dem **ehelichen Familienunterhalt**. Abweichend von der regelmäßigen Rechtsnatur des Unterhalts ist die Leistungsfähigkeit des Unterhaltspflichtigen grundsätzlich keine Voraussetzung des Unterhaltsanspruchs. Der Verpflichtete kann nach der Rechtsprechung des BGH[47] im Verhältnis zu seinem Partner seinen Beitrag zum Familienunterhalt nicht unter Hinweis darauf verweigern, er sei ohne Gefährdung seines Eigenbedarfs zur Unterhaltsleistung nicht in der Lage. Ein solches Verhalten wäre dem ehegemeinschaftlichen Prinzip fremd und widerspräche der familienrechtlichen Unterhaltsregelung. Zu den Ausnahmen vgl. Rn. 314.

310a Wie beim Familienunterhalt muss eine räumliche Trennung, zB wegen arbeitsbedingten Auslandsaufenthalts eines Partners, wegen längeren Krankenhausaufenthalts, dauernden Heimaufenthalts[48] oder weil sich ein Partner in Haft befindet, keine Aufhebung des Zusammenlebens bedeuten, solange der Wille zur gemeinsamen Partnerschaft noch vorhanden ist.[49] Umgekehrt kann das Zusammenleben durch ein Getrenntleben in der gemeinsamen Wohnung beendet werden (vgl. § 14 LPartG). Für die Abgrenzung können die Maßstäbe der Rechtsprechung zur Trennung von Eheleuten in der Ehewohnung entsprechend herangezogen werden (§ 4 Rn. 25 ff.). Hierbei ist zu beachten, dass die Lebenspartner nach § 2 S. 1 LPartG nur zur gemeinsamen Lebensgestaltung und nicht wie Eheleute zur ehelichen Lebensgemeinschaft verpflichtet sind.[50] Eine gemeinsame Lebensgestaltung der Partner kann daher bei getrennten Wohnungen eher vorliegen als unter Eheleuten mit getrennten Wohnungen die eheliche Lebensgemeinschaft.

311 **b) Unterhaltsbestimmung, Vereinbarungen über die Haushaltsführung.** § 5 S. 2 LPartG enthält eine Verweisung auf § 1360 S. 2 BGB. Danach ist die Erfüllung der Unterhaltspflicht durch die übernommene **Haushaltsführung** möglich. Die Lebenspartner können ihre gemeinsame Lebensgestaltung wie eine Haushaltsführungsehe organisieren.[51] Dies zeigt auch die Formulierung in dem entsprechend anwendbaren § 1360a II 1 BGB, wonach der Unterhalt in der Weise zu leisten ist, die durch die (konkrete) partnerschaftliche Gemeinschaft geboten ist. Schon nach dem seinerzeitigen Koalitionsentwurf des Gesetzes[52] sollte den Lebenspartnern durch die Verweisung auf §§ 1360a, 1360b BGB die größtmögliche Wahlfreiheit eingeräumt werden. Im Übrigen bezieht sich die Bestimmung über die Schlüsselgewalt (§§ 8 II LPartG, 1357 BGB) in erster Linie auf derartig gestaltete Lebenspartnerschaften.

Die durch Haushaltsführung übernommene Arbeit kann der Erwerbstätigkeit des anderen Partners gleichstehen.[53] Hat ein Partner einen **übermäßigen Beitrag zur Haushaltsführung** geleistet, handelt es sich daher um eine Leistung zum Unterhalt der Partnerschaft im Sinne des entsprechend anwendbaren § 1360b BGB, so dass im Zweifel wegen dieser Mehrleistung entgegen Kemper[54] kein Ersatz verlangt werden kann.

312 **c) Umfang, Art und Maß des Unterhalts.** Der nach § 5 LPartG, § 1360a I BGB angemessene Lebensunterhalt umfasst alles, was nach den Verhältnissen der Lebenspartner erforderlich ist, um die **Kosten des Haushalts** zu bestreiten und die **persönlichen Bedürfnisse** der Lebenspartner und den Lebensbedarf der gemeinsamen unterhaltsberechtigten **Kinder** zu befriedigen. Wegen der wechselseitigen Unterhaltspflicht hat jeder Lebenspartner gegen den anderen einen Anspruch auf Gewährung von Lebenspartnerschaftsunterhalt.[55]

---

[47] BGH FamRZ 2016, 2122 Rn. 19.
[48] BGH FamRZ 2016, 2122 Rn. 14.
[49] Meyer/Mittelstädt, Das Lebenspartnergesetz 2001, Anm. vor § 12.
[50] Büttner FamRZ 2001, 1105 (1106).
[51] Göppinger/Wax/Hoffmann, Unterhaltsrecht, Rn. 1154; Büttner FamRZ 2001, 1105 (1106) – jeweils noch zum alten Recht.
[52] Meyer/Mittelstädt, Das Lebenspartnergesetz 2001, zu § 5 LPartG.
[53] Göppinger/Wax/Hoffmann, Unterhaltsrecht, Rn. 1154.
[54] Kemper FPR 2001, 449 (455) – zur früheren Gesetzesfassung.
[55] BGH FamRZ 2013, 363.

2. Abschnitt: Unterhaltsansprüche zwischen eingetragenen Lebenspartnern § 7

Seit dem 1.1.2005 sind auch **Kinder** unterhaltsberechtigt, die durch Stiefkindadoption oder Volljährigenadoption zu gemeinsamen Kindern geworden sind (§ 9 VII LPartG, § 1770 II BGB).[56] Die Unterhaltspflicht bezieht sich nicht auf Kinder nur eines Lebenspartner, die im gemeinsamen Haushalt leben.[57] Je nach Fallkonstellation kann jedoch bei einer Aufnahme eines Kindes in den gemeinsamen Haushalt auch ohne Adoption eine stillschweigenden Vereinbarung der Lebenspartner dergestalt angenommen werden, dass sie die hieraus entstehenden Kosten gemeinsam tragen.[58] 313

Der Unterhaltsanspruch des Lebenspartners ist **der Art** nach im Grundsatz regelmäßig nicht auf Bar-, sondern auf **Naturalunterhalt** gerichtet.[59] Ein durchsetzbarer **Geldanspruch** kann sich wie beim Familienunterhalt nur in wenigen Fällen ergeben. Hat der nicht erwerbstätige Partner die Haushaltsführung übernommen, hat er nach § 5 S. 2 LPartG, § 1360a II 2 BGB einen Anspruch auf **Wirtschaftsgeld** – vgl. wegen der verschiedenen Fallgestaltungen → § 3 Rn. 46 für den Familienunterhalt. 314

Unabhängig von der Gestaltung der Lebenspartnerschaft bezüglich der Haushaltsversorgung, dh auch, wenn es sich bei der Lebenspartnerschaft nicht um eine Haushaltsführungsgemeinschaft handelt, kann der einkommenslose oder gering verdienende Partner gegen den gut verdienenden Partner einen Anspruch auf **Taschengeld**[60] haben, der sich nach den im Einzelfall gegebenen Einkommens- und Vermögensverhältnissen, dem Lebensstil und der Zukunftsplanung der Lebenspartner richtet. Er kann nach der Höhe nach auf eine Quote von 5% bis 7% des zur Verfügung stehenden Nettoeinkommens belaufen.[61] 315

Schließlich folgt aus dem entsprechend anwendbaren § 1360a IV BGB, dass ein leistungsfähiger Lebenspartner nach Billigkeit verpflichtet ist, dem bedürftigen anderen Lebenspartner die Kosten eines Rechtsstreits vorzuschießen, der eine persönliche Angelegenheit betrifft. Der Anspruch auf Zahlung eines **Verfahrenskostenvorschusses** besteht auch für die Kosten der Verteidigung in einem Strafverfahren, das gegen einen Lebenspartner gerichtet ist.[62] 316

Ein Anspruch auf eine Geldrente kann sich auch ergeben, wenn einer der Ehegatten wegen Pflegebedürftigkeit dauerhaft in einem Heim lebt. Der besondere Mehrbedarf des pflegebedürftigen Ehegatten, der seinerseits zu eigenen Familienunterhaltsleistungen nicht in der Lage ist, übersteigt oft das gesamte Familieneinkommen. In einem solchen Fall ist aber abweichend von dem Regelfall nach der Rechtsprechung trotz fortbestehender ehelicher Lebensgemeinschaft die Leistungsfähigkeit des Unterhaltspflichtigen auch beim Familienunterhalt als Anspruchsvoraussetzung zu beachten. Der andere Ehepartner ist nicht verpflichtet, alle verfügbaren Mittel einzusetzen. Dem Unterhaltspflichtigen muss im Unterschied zum Fall des häuslichen Zusammenlebens auch beim Familienunterhalt der angemessene eigene Unterhalt als Selbstbehalt belassen werden. Der Höhe nach ist dieser Selbstbehalt vergleichbar mit demjenigen beim Trennungsunterhalt und beim nachehelichen Unterhalt.[63]

Das **Maß des Unterhalts** bestimmt sich nach § 5 LPartG iVm § 1360a II BGB. Danach ist Unterhalt in der Weise zu leisten, die durch die Lebenspartnerschaftsgemeinschaft geboten ist. Maßstab ist somit, was zur Deckung der gemeinsamen Haushaltskosten in der Lebenspartnerschaft und zur Befriedigung der persönlichen Bedürfnisse beider Lebenspartner notwendig ist.[64] Unter den Begriff persönliche Bedürfnisse fallen zB Aufwendungen für Kleidung, kulturelle Bedürfnisse, für eine berufliche Fortbildung sowie ein krank- 317

---

[56] Erman/Kaiser BGB LPartG § 5 Rn. 5; Grziwotz FPR 2010, 191 (193); a. A. Muscheler FPR 2010, 227 (230).
[57] Schwab FamRZ 2001, 385 (392).
[58] So zum vergl. Fall bei Ehegatten BGH FamRZ 1995, 995; OLG Bremen FamRZ 1995, 1291 (1292).
[59] Erman/Kaiser LPartG § 5 Rn. 8.
[60] BGH FamRZ 2014, 538; BGH NSW BGB § 1603 (BGH-intern) und BGH FamRZ 2013, 363, je zu §§ 1360, 1360a BGB; Büttner FamRZ 2001, 1105 (1106).
[61] BGH FamRZ 2013, 363; 2004, 366 (369) = R 599d; 1998, 608 (609) für den Familienunterhalt.
[62] Erman/Kaiser LPartG § 5 Rn. 3.
[63] BGH FamRZ 2016, 2122, Rn. 22.
[64] Erman/Kaiser LPartG § 5 Rn. 3.

heitsbedingter Sonderbedarf.⁶⁵ Nicht erfasst sind anders als beim Trennungsunterhalt nach § 12 LPartG oder beim nachpartnerschaftlichen Unterhalt gemäß § 16 LPartG die Kosten einer angemessenen Erwerbsunfähigkeits- und Altersversicherung.⁶⁶ Hinsichtlich der Angemessenheit kommt es auf die gemeinsame Gestaltung der Lebensführung an.⁶⁷

318 **d) Unterhalt für die Vergangenheit, Sonderbedarf, Rückforderung.** Unterhalt für die Vergangenheit kann nur nach Maßgabe des § 1613 I BGB verlangt werden. Danach kann der Berechtigte für die **Vergangenheit** Erfüllung oder Schadensersatz nur von dem Zeitpunkt an fordern, zu welchem der Verpflichtete zum Zweck der Geltendmachung des Unterhaltsanspruchs aufgefordert worden ist, über seine Einkünfte und Vermögen Auskunft zu erteilen, zu welcher der Verpflichtete in Verzug gekommen oder der Unterhaltsanspruch rechtshängig geworden ist. Der Unterhalt wird ab dem Ersten des Monats, in den die bezeichneten Ereignisse fallen, geschuldet, wenn der Unterhaltsanspruch dem Grunde nach zu diesem Zeitpunkt bestanden hat. Ohne die Einschränkung des § 1613 I BGB kann Unterhalt für die Vergangenheit auch bei Verhinderung an der rechtzeitigen Geltendmachung aus rechtlichen oder tatsächlichen Gründen (§ 1613 II Nr. 2 BGB) verlangt werden.

319 Die Geltendmachung von **Sonderbedarf** richtet sich nach § 1613 II BGB. Sonderbedarf kann für mehr als ein Jahr zurückliegende Zeiträume nur verlangt werden, wenn der Unterhaltspflichtige zuvor in Verzug gekommen ist oder der Anspruch rechtshängig geworden ist.

320 **e) Verzicht auf Unterhalt, Erlöschen des Unterhaltsanspruchs.** Durch die Verweisung in § 5 S. 2 LPartG auf § 1360a BGB und die Weiterverweisung auf §§ 1613–1615 BGB ergibt sich, dass der Anspruch auf Lebenspartnerschaftsunterhalt für künftige Ansprüche **nicht verzichtbar** ist (§ 5 S. 2 LPartG, §§ 1360a III, 1614 BGB), jedenfalls nicht hinsichtlich eines Mindeststandards.⁶⁸ Soweit in der Begründung des Koalitionsentwurfs des Gesetzes⁶⁹ davon gesprochen wird, der Anspruch sei lediglich im Interesse Dritter nicht verzichtbar, lässt sich daraus nicht der Schluss ziehen, man habe in Abkehr von der bisherigen und in Bezug genommenen Gesetzeslage nach § 1614 I BGB einen Verzicht „inter partes" ermöglichen wollen.

321 Der **Unterhaltsanspruch erlischt** grundsätzlich mit dem Tod des Berechtigten oder des Verpflichteten (§ 1615 I BGB). Beim Tod des Berechtigten hat vorrangig der Erbe die Beerdigungskosten (§ 1968 BGB) zu tragen (§ 1615 II BGB). Wenn und soweit dieser leistungsunfähig ist, trifft die Verpflichtung den Lebenspartner.

322 **f) Weitere Auswirkungen des § 5 LPartG in anderen Rechtsbereichen.** Die gegenseitige Unterhaltsverpflichtung der Lebenspartner wirkt sich im **Schadensersatzrecht** aus. Bei Tötung eines Lebenspartners gewähren § 844 II BGB und § 10 StVG dem anderen Partner einen Anspruch auf Ersatz des verletzungsbedingten Ausfalls von Unterhaltsleistungen (§§ 842, 843 I BGB).⁷⁰

323 Hinsichtlich der **Pfändung** des Anspruchs auf Lebenspartnerschaftsunterhalt aus § 5 LPartG finden die §§ 850c, 850d, 850i und 863 ZPO entsprechende Anwendung.⁷¹

324 **g) Rangfragen.** Wenn ein Lebenspartner mehreren Personen gegenüber unterhaltsverpflichtet ist, bestimmt sich der Rang der Unterhaltsansprüche der Bedürftigen seit dem 1.1.2008 nach den §§ 5 S. 2 LPartG iVm § 1609 BGB. Vorrangig unterhaltsberechtigt sind minderjährige Kinder. Zwar erwähnt § 1609 BGB Lebenspartner nicht ausdrücklich. Aus der Gesetzesbegründung⁷² ergibt sich jedoch, dass der Gesetzgeber eine Gleichstellung mit Ehegatten beabsichtigt hat. In Mangelfällen, dh wenn der Unterhaltspflichtige nicht in der Lage ist, die Unterhaltsansprüche sämtlicher Berechtigter in vollem Umfang zu erfüllen, sind Lebenspartner den Ehegatten gleichgestellt.⁷³

---

65 Erman/Kaiser LPartG § 5 Rn. 3.
66 Erman/Kaiser LPartG § 5 Rn. 3.
67 Palandt/Brudermüller LPartG § 5 Rn. 2.
68 Erman/Kaiser LPartG § 5 Rn. 9.
69 BT-Drs. 14/3741, 37.
70 Wessel ZfS 2010, 242.
71 Palandt/Brudermüller LPartG § 5 Rn. 6.
72 BT-Drs. 16/1830, 13.
73 Erman/Kaiser LPartG § 5 Rn. 10.

Zur **Berechnung der Unterhaltsansprüche** ist der **im Verhältnis der Lebenspart-** 325
ner zueinander im Grundsatz lediglich in Natur geschuldete Familienunterhalt in Geld zu veranschlagen. Nach der entsprechend anwendbaren Rechtsprechung des BGH[74] zum Elternunterhalt kann der Anspruch auf Familienunterhalt eines Ehegatten – und damit auch eines Lebenspartners – zwar nicht ohne Weiteres nach den bei Trennung und Scheidung entwickelten Grundsätzen bemessen werden, weil er nicht auf die Gewährung einer frei verfügbaren Geldrente, sondern darauf gerichtet ist, dass jeder Ehegatte seinen Beitrag zum Familienunterhalt entsprechend der in der Ehe übernommenen Funktion leistet. Der BGH hält es jedoch für rechtlich unbedenklich, den Anspruch **im Fall der Konkurrenz mit anderen Ansprüchen** auf die einzelnen Familienmitglieder aufzuteilen und in Geld zu veranschlagen. Denn das Maß des Familienunterhalts bestimmt sich nach den ehelichen Lebensverhältnissen, so dass § 1578 BGB als Orientierungshilfe herangezogen und der anzusetzende Betrag insoweit in gleicher Weise wie der Unterhaltsbedarf eines getrennt lebenden oder geschiedenen Ehegatten ermittelt werden kann.[75] Die Berechnung darf sich dabei nicht auf einen bestimmten Mindestbedarf beschränken, sondern hat von den individuell ermittelten Lebens-, Einkommens- und Vermögensverhältnissen auszugehen. Auf die – Veränderungen unterliegenden – Lebensverhältnisse können sich auch Unterhaltsansprüche nachrangig Berechtigter auswirken und zu einer Einschränkung des Bedarfs der Ehepartner bzw. Lebenspartner führen. Bei der Unterhaltsbemessung ist auch entsprechend der Rechtsprechung des BGH zum Elternunterhalt die durch die gemeinsame Haushaltsführung der Lebenspartner eintretende Ersparnis zu berücksichtigen, die mit wachsendem Lebensstandard in der Regel steigt.[76]

Das Verhältnis mehrerer Pflichtiger richtet sich nach § 1608 S. 4 iVm S. 1 BGB. 326
Danach haftet bei Vorhandensein mehrerer Unterhaltsschuldner der Lebenspartner des Bedürftigen in gleicher Weise wie ein Ehegatte. Er haftet – soweit er leistungsfähig ist (§ 1608 S. 2 BGB) – vor den Verwandten des Lebenspartners. Ein Lebenspartner, der außerstande ist, seinen eigenen und den Unterhalt seines Lebenspartners zu bestreiten, kann gem. § 528 I 1 BGB Geschenke von Dritten zurückverlangen.

Falls die Rechtsverfolgung gegen den Lebenspartner im Inland ausgeschlossen oder erschwert ist, tritt die Haftung der Verwandten ein. Der Unterhaltsanspruch gegen den Lebenspartner geht in diesem Fall im Wege des gesetzlichen Forderungsübergangs auf den Leistenden über (§ 1608 S. 4 iVm S. 3 BGB und § 1607 II, IV BGB).

2. Trennungsunterhalt nach § 12 LPartG

a) Allgemeines. Die gegenseitigen Verpflichtungen der Lebenspartner, durch ihre 327
Arbeit und mit ihrem Vermögen die partnerschaftliche Lebensgemeinschaft angemessen zu unterhalten (§ 5 S. 1 LPartG), wandeln sich nach der Trennung der Lebenspartner gemäß § 12 S. 2 LPartG in Verbindung mit § 1361 IV 1, 2 BGB in einseitige Ansprüche des wirtschaftlich schwächeren Lebenspartners gegen den anderen, wirtschaftlich stärkeren Lebenspartner in einen Anspruch auf Zahlung einer **Unterhaltsrente** (Geldanspruch) um. Der Unterhaltsanspruch gemäß § 12 LPartG ist die Entsprechung zum Trennungsunterhalt unter Eheleuten (§ 1361 BGB). Nach § 12 S. 1 LPartG, der die Formulierung von § 1361 I 1 BGB aufgreift, kann bei Trennung ein Partner vom anderen den nach den Lebensverhältnissen und den Erwerbsverhältnissen während der Lebenspartnerschaft angemessenen Unterhalt verlangen.

Ein Anspruch auf Unterhalt bei Getrenntleben besteht für einen Lebenspartner jedoch 328
nur dann, wenn es sich um eine eingetragene, wirksame Lebenspartnerschaft handelt, → Rn. 298 ff. Er setzt nicht voraus, dass die Lebenspartner in häuslicher Gemeinschaft gelebt, gemeinsam gewirtschaftet haben oder dass die Bedürftigkeit eines Lebenspartners

---

[74] BGH FamRZ 2014, 538 = R 746; 2013, 363; 2010, 1535.
[75] BGH FamRZ 2014, 538 = R 746; 2013, 363; 2004, 186 (187); 2003, 860 (864); 2003, 363 (366 f.); 2002, 742; 2001, 1065 (1066).
[76] BGH FamRZ 2014, 538 Rn. 17 = R 746b; 2013, 363; 2010, 1535 Rn. 41; 2004, 792 (793).

ihren Grund in der seinerzeit bestehenden Lebenspartnerschaft hat. Auch ein fehlendes Trennungsverschulden des Berechtigten oder das Fehlen sonstiger in seiner Sphäre liegender Trennungsgründe sind nicht erforderlich.

329 **b) Getrenntleben.** Weitere Voraussetzung für einen Anspruch auf Trennungsunterhalt ist das Getrenntleben der Lebenspartner. Nach der Legaldefinition in § 15 V 1 LPartG leben die Lebenspartner dann getrennt, wenn zwischen ihnen keine häusliche Gemeinschaft besteht und ein Lebenspartner sie erkennbar nicht herstellen will, weil er die lebenspartnerschaftliche Gemeinschaft abgelehnt. Mit einer Trennung ist bei vorherigem häuslichen Zusammenleben im Regelfall eine räumliche Trennung wie beim Ehegattenunterhalt verbunden. Die Rechtsprechung zur Trennung von Eheleuten bzw. zur Auslegung des Trennungsbegriffs kann insoweit herangezogen werden[77] – siehe zur Rechtslage bei der Ehe → § 4 Rn. 4, 5, 25 ff.

330 Eine räumliche Trennung, zB wegen arbeitsbedingten Auslandsaufenthalts eines Partners, wegen längeren Krankenhausaufenthalts oder weil sich ein Partner in Haft befindet, bedeutet keine Aufhebung des Zusammenlebens bzw. der gemeinsamen Lebensgestaltung, solange der Wille zur gemeinsamen Partnerschaft noch vorhanden ist.[78] Umgekehrt kann das Zusammenleben durch Getrenntleben in der gemeinsamen Wohnung beendet werden (vgl. § 14 LPartG).

Der Umstand, dass ein Partner in einem **Pflegeheim** aufgenommen wird, führt noch nicht zu einer Trennung im Sinne des § 15 V 1 LPartG, so dass ein Unterhaltsanspruch ohne Hinzutreten eines Trennungswillens nicht in Betracht kommt und weiterhin ein Anspruch auf Familienunterhalt gemäß § 5 S. 2 LPartG, §§ 1360, 1360a BGB besteht.[79] Der auf Naturalunterhalt gerichtete wechselseitige Anspruch auf Familienunterhalt gemäß §§ 1360, 1360a I, II BGB wandelt sich jedoch im Falle einer Pflegebedürftigkeit eines Partners, der stationär in einer Pflegeeinrichtung betreut wird, ebenso wie bei Eheleuten in einen Anspruch auf Zahlung einer Geldrente[80], → § 3 Rn. 44 und oben Rn. 316.

Bei einer ursprünglich krankheitsbedingten Trennung des antragstellenden und verfahrensunfähigen Partners ist deshalb für das Vorliegen des Getrenntlebens iSd § 15 LPartG der Trennungswille positiv festzustellen.[81] Dazu bedarf es einer entsprechenden Äußerung oder eines sonstigen für den anderen Partner erkennbaren Verhaltens, das unmissverständlich den Willen zum Ausdruck bringt, die lebenspartnerschaftliche Lebensgemeinschaft nicht weiterführen zu wollen.[82]

331 Da die Lebenspartner nach § 2 LPartG nicht zu einer lebenspartnerschaftlichen Lebensgemeinschaft im Sinne einer häuslichen Gemeinschaft verpflichtet sind, kommt es in den Fällen, in denen die Partner von vornherein eine gemeinsame Lebensgestaltung mit **getrennten Wohnungen** gewählt hatten, darauf an, dass einer der Partner den **inneren Willen zur Aufhebung** der gemeinsamen Lebensgestaltung **nach außen erkennbar manifestiert**.[83]

332 Der Anspruch auf Unterhalt bei Getrenntleben entsteht ab Getrenntleben. Er erlischt mit Rechtskraft des Beschlusses, der die Lebenspartnerschaft aufhebt (§ 15 LPartG). Im Anschluss hieran kann ein Anspruch auf Aufhebungsunterhalt nach § 16 LPartG entstehen (dazu siehe unten). Der **Anspruch endet** auch dann, wenn die Lebenspartner ihr Getrenntleben nicht nur vorübergehend – zumindest etwa drei Monate lang[84] – wieder aufgeben, mithin, wenn sie wieder zusammen leben und die Lebensgemeinschaft wieder aufnehmen.

333 Da die gemeinsame Lebensgestaltung ein räumliches Zusammenziehen nicht voraussetzt (§ 2 LPartG), reicht die schlichte Erklärung, sich wieder versöhnen zu wollen, für die

---

[77] Büttner FamRZ 2001, 1105 (1106).
[78] Meyer/Mittelstädt, Das Lebenspartnergesetz 2001, Anm. vor § 12.
[79] OLG Köln NJW-RR 2010, 1301; OLG Nürnberg FamRZ 2008, 788.
[80] BGH FamRZ 2016, 1142; OLG Koblenz FamRZ 2017, 2016; OLG Celle FamRZ 2016, 824.
[81] BGH FamRZ 2016, 1142; OLG Naumburg BeckRS 2011, 27393.
[82] BGH FamRZ 2016, 1142 Rn. 14.
[83] OLG Düsseldorf FamRZ 2006, 335 zu § 12 LPartG aF; Weber ZFE 2005, 187 (191).
[84] Eschenbruch/Schürmann/Menne, Kap. 1 Rn. 2148.

2. Abschnitt: Unterhaltsansprüche zwischen eingetragenen Lebenspartnern § 7

Annahme der Beendigung einer Trennung nicht aus. Erforderlich ist vielmehr, dass sich der **Wille zur Fortsetzung** der Lebenspartnerschaft in der äußeren Lebensgestaltung oder in sonstiger Weise nach außen hin manifestiert.

c) Bedürftigkeit des Berechtigten. Der Unterhaltsanspruch setzt voraus, dass ein Lebenspartner bedürftig ist, weil er außer Stande ist, seinen den Lebensverhältnissen und den Erwerbs- und Vermögensverhältnissen der Partnerschaft entsprechenden angemessenen Unterhalt nicht aus einzusetzenden Eigenmitteln bzw. aus zumutbarer Erwerbstätigkeit zu sichern. Wegen der Gleichstellung mit dem ehelichen Trennungsunterhalt aufgrund der Neufassung des § 12 LPartG durch das Gesetz zur Überarbeitung des Lebenspartnergesetzes vom 14.12.2004[85] bzw. das Gesetz zur Änderung des Unterhaltsrechts vom 21.12.2007[86] gelten insoweit die gleichen Kriterien wie beim ehelichen Trennungsunterhalt nach § 1361 BGB (→ § 4 Rn. 3). Es muss eine Abwägung nach Zumutbarkeitsgesichtspunkten unter Einbeziehung sämtlicher persönlicher und wirtschaftlicher Verhältnisse vorgenommen werden. Aus der Verweisung in § 12 LPartG auf § 1361 II BGB ergibt sich, dass hinsichtlich der Zumutbarkeit einer Erwerbstätigkeit anders als nach den bis zum 31.12.2004 Dezember geltenden Vorschriften nicht mehr nur auf die persönlichen Verhältnisse des Berechtigten, sondern entsprechend dem ehelichen Trennungsunterhalt auch auf die **partnerschaftlichen Verhältnisse** abzustellen ist. Auch hier gelten die Kriterien wie beim ehelichen Trennungsunterhalt (siehe § 4). 334

Aufgrund der Neufassung des § 1574 I u. II BGB durch das Gesetz zur Änderung des Unterhaltsrechts gibt es keine Begrenzung auf eine partnerschaftsangemessene Tätigkeit mehr. Für den bisher haushaltsführenden Lebenspartner ist wegen der entsprechenden Bezugnahme in § 1361 II BGB – falls die sonstigen Voraussetzungen vorliegen – immer die Wiederaufnahme einer **Erwerbstätigkeit** in einem früheren Beruf angemessen.[87] Durch die Angleichung des Getrenntlebensunterhalts an den Ehegattenunterhalt trifft ihn aber auch nicht mehr unmittelbar nach der Trennung eine Erwerbsobliegenheit.[88] Für die Länge der Übergangsfrist ist darauf abzustellen, inwieweit die Trennung der Lebenspartner sich verfestigt hat, zB durch Einreichung eines Antrags auf Aufhebung der Lebenspartnerschaft, Abschluss einer notariellen Vereinbarungen anlässlich der Aufhebung etc. 335

Zu den zu berücksichtigenden **persönlichen Verhältnissen** zählen auch sonstige Umstände. Im Einzelfall kann wie beim ehelichen Trennungsunterhalt zu berücksichtigen sein, dass der Berechtigte im Einvernehmen mit dem Partner seit Jahren ein eigenes[89] oder gemeinsames Kind (vgl. § 9 VII LPartG zur Adoption eines Kindes des Lebenspartners) in dem gemeinsamen Haushalt betreut hat, so dass ihm insoweit ein Vertrauenstatbestand zugutekommt.[90] Von Bedeutung ist auch, ob eine fehlende Erwerbsfähigkeit auch auf Alter oder Krankheit beruht. 336

Auch die **wirtschaftlichen Verhältnisse** beider Lebenspartner sind bei der Bestimmung des Trennungsunterhalts nach § 12 LPartG zu werten. Sind diese auf beiden Seiten beengt, wird die Erwerbsobliegenheit des wirtschaftlich schwächeren Partners relativ früh einsetzen. Lebten die Ehepartner in gehobenen wirtschaftlichen Verhältnissen, kann die Übergangszeit bis zur beruflichen Neuorientierung des bisher haushaltsführenden Partners länger bemessen werden. 337

Zum **Einsatz seines Vermögensstamms** ist der Berechtigte insoweit nicht verpflichtet, als ihm dies auch nach Aufhebung der Lebenspartnerschaft nicht zumutbar wäre.[91] Dies folgt aus § 1577 III BGB, auf den § 16 LPartG hinsichtlich des nachpartnerschaftlichen Unterhalts verweist. Nach einhelliger Auffassung kann es beim Trennungsunterhalt keine 338

---

[85] BGBl. I S. 3396.
[86] BGBl. I S. 3189.
[87] Vgl. dazu für § 1574 BGB – BT-Drs. 16/1830, 17.
[88] Weber ZFE 2005, 187 (191).
[89] BGH FamRZ 1981, 752.
[90] Kemper FPR 2001, 449 (456); Büttner FamRZ 2001, 1105 (1109), jeweils für den nachpartnerschaftlichen Unterhalt nach altem Recht.
[91] RegE, BT-Drs. 14/3751, 41.

darüber hinausgehende Verwertungspflicht geben.[92] Diese scheidet daher aus, soweit sie unwirtschaftlich oder unter Berücksichtigung der beiderseitigen wirtschaftlichen Verhältnisse unbillig wäre.

d) Bedarf, Umfang und Maß des Unterhalts. Nach § 12 S. 1 LPartG kann ein Lebenspartner von dem anderen den nach den Lebensverhältnissen und den Erwerbs- und Vermögensverhältnissen der Lebenspartner **angemessenen Unterhalt** verlangen. Damit ist der Bedarf des unterhaltsberechtigten Lebenspartners definiert. Die Vorschrift knüpft ungeachtet der in § 12 S. 2 LPartG enthaltenen Verweisung auf § 1361 BGB weiterhin an die Erwerbs- und Vermögensverhältnisse während der Lebenspartnerschaft an. Es kommt – abgesehen von Ausnahmen wegen unvorhergesehener Entwicklungen wie einem Karrieresprung oder von Fällen unterhaltrechtlich leichtfertigen Verhaltens – grundsätzlich auf den jeweiligen Stand der wirtschaftlichen Verhältnisse an, an deren Entwicklung die Lebenspartner grundsätzlich auch nach Aufhebung der Partnerschaft im Positiven wie im Negativen teilhaben. Für die Unterhaltsberechnung ist daher wie bei § 1361 BGB der aktuelle Stand der unterhaltsrechtlich relevanten Verhältnisse, dh der fortgeschriebenen Einkommens- und Vermögensverhältnisse in dem jeweils maßgebenden Unterhaltszeitraum zu berücksichtigen.[93] Die generelle Berücksichtigung neuer nicht leichtfertig entstandener Ausgabenpositionen bei der Ermittlung des Unterhaltsbedarfs ist auch nach der Entscheidung des BVerfG vom 25.1.2011[94] zur sog Dreiteilungsmethode bei der Berechnung des nachehelichen Unterhalts möglich. Das BVerfG hat in dieser Entscheidung ausdrücklich darauf hingewiesen,[95] das nach der Scheidung entstandenen Veränderungen in die ehelichen Lebensverhältnisse einzubeziehen sind, wenn sie auch ohne Scheidung entstanden wären. Dies gilt damit auch für nicht leichtfertig eingegangene neue Schulden und für neu entstandenen Unterhaltslasten mit Ausnahme des Ehegattenunterhalts. Insbesondere neue Unterhaltslasten für Kinder aus einer neuen Verbindung sind daher zu berücksichtigen. Diese Grundsätze gelten entsprechend für den Trennungsunterhalt, → § 4 Rn. 60 ff.

339 Wenn der während der bestehenden Lebenspartnerschaft den Haushalt führende Ehegatte nach der Trennung wieder erwerbstätig ist, aber nicht das Einkommen erzielt, das für ihn zur Wahrung des bestehenden Status der Lebenspartnerschaft erforderlich wäre, kann ihm für die Trennungszeit nach § 12 S. 2 LPartG iVm § 1361 BGB ein **Aufstockungsunterhalt** zustehen.[96]

340 Die Rechtsprechung des BGH zur Unterhaltsbemessung bei der **Haushaltsführungsehe**[97] ist anwendbar, nachdem durch die jetzige Fassung des Gesetzes die Gleichstellung mit dem ehelichen Unterhalt erfolgt ist. Eine Unterscheidung deswegen, weil § 2 LPartG nur zur gemeinsamen Lebensgestaltung und nicht wie § 1353 I 2 BGB zur Lebensgemeinschaft verpflichtet, erscheint nicht geboten.

Wie beim Trennungsunterhalt unter Eheleuten kann von dem bedürftigen Lebenspartner wegen der Verweisung in § 12 LPartG auf § 1361 I 2 BGB neben dem Elementarunterhalt sowohl Vorsorgeunterhalt für eine **Kranken- und Pflegeversicherung** als auch **Vorsorgeunterhalt** für den Fall des **Alters** und der **verminderten Erwerbsfähigkeit** verlangt werden. Der Anspruch besteht ab dem Ende der in § 1587 II BGB definierten Lebenspartnerschaftszeit mit Beginn des Monats,[98] in dem die Rechtshängigkeit des Aufhebungsantrags eingetreten ist.

341 Für die Zeit des Getrenntlebens besteht ein Anspruch auf **Verfahrenskostenvorschuss** (§ 12 S. 2 LPartG, §§ 1361 IV 3, 1360a IV BGB).

342 **e) Leistungsfähigkeit des Pflichtigen.** Entsprechend der Rechtsprechung zum ehelichen Trennungsunterhalt ist der für den nachpartnerschaftlichen Unterhalt über § 16 S. 2

---

[92] Vgl. Palandt/Brudermüller LPartG § 12 Rn. 7.
[93] Weber ZFE 2005, 187 (191).
[94] BVerfG FamRZ 2011, 437 mAnm Borth FamRZ 2011, 445.
[95] BVerfG FamRZ 2011, 437 Rn. 70.
[96] Vgl. BT-Drs. 14/3751, 41.
[97] BGH FamRZ 2001, 986 (991) = R 563c.
[98] BGH FamRZ 1981, 442.

LPartG ausdrücklich in Bezug genommene § 1581 BGB auch beim Trennungsunterhalt unter Lebenspartnern entsprechend anzuwenden.

f) Die Härteklausel des § 1579 BGB, Verwirkung. In der ursprünglichen Fassung 343 des Gesetzes hatte der Gesetzgeber mit § 12 II 1 LPartG aF eine über die Regelung beim ehelichen Trennungsunterhalt hinausgehende generelle Billigkeitsklausel für Versagung, Herabsetzung oder zeitliche Begrenzung des Unterhalts geschaffen, für deren Anwendung einfache Unbilligkeit genügte. Diesen Unterschied zum ehelichen Trennungsunterhalt hat das Gesetz zur Überarbeitung des Lebenspartnergesetzes vom 15.12.2004[99] beseitigt, indem es die uneingeschränkte Verweisung auf § 1361 BGB (§ 12 S. 2 LPartG) einführte. Damit wurde erreicht, dass beim Trennungsunterhalt nach § 12 LPartG die Unterhaltsversagung nur unter den gleichen Voraussetzungen (§§ 1361 III, 1579 Nr. 2 bis 8 BGB) wie beim ehelichen Trennungsunterhalt erfolgen kann. Es gilt dadurch jetzt auch derselbe Maßstab der groben Unbilligkeit wie beim nachpartnerschaftlichen Unterhalt (§ 1579 BGB iVm § 16 S. 2 LPartG).

g) Unterhalt für die Vergangenheit, Sonderbedarf. Unterhalt für die Vergangenheit 344 und Sonderbedarf kann nur nach Maßgabe des § 1613 BGB verlangt werden.

h) Verzicht auf Unterhalt, Erlöschen des Unterhaltsanspruchs. Durch die Ver- 345 weisung in § 12 S. 2 LPartG auf § 1361 IV, 1360a III BGB und die Weiterverweisung auf §§ 1613–1615 BGB ergibt sich, dass der Anspruch auf Lebenspartnerschaftsunterhalt für künftige Ansprüche **nicht verzichtbar** ist (§ 12 S. 2 LPartG, §§ 1361 IV, 1360a III, 1614 BGB).

Der Anspruch beginnt mit vollständiger Trennung der Lebenspartner und endet mit 346 Ablauf des Tages vor Eintritt der Rechtskraft des Aufhebungsurteils. Ab dem Tag der Rechtskraft wird ggf. der nicht identische nachpartnerschaftliche Unterhalt geschuldet. Der Anspruch geht auf Zahlung einer monatlich im Voraus zu erbringenden Geldrente (§ 12 S. 2 LPartG, § 1361 IV 1 u. 2 BGB).

Der **Unterhaltsanspruch erlischt** grundsätzlich mit dem Tod des Berechtigten oder 347 des Verpflichteten (§ 12 S. 2 LPartG, §§ 1361 IV, 1360a III, 1615 I BGB). Beim Tod des Berechtigten hat vorrangig der Erbe die Beerdigungskosten (§ 1968 BGB) zu tragen (§ 1615 II BGB). Wenn und soweit dieser leistungsunfähig ist, trifft die Verpflichtung den Lebenspartner.

i) Rangfragen. Bei mehreren Bedürftigen bestimmt sich der Rang des berechtigten 348 Lebenspartners nach der in § 1609 BGB geregelten **Rangfolge der Bedürftigen** (§ 12 S. 2 LPartG). Der betreffende Lebenspartner steht einem entsprechenden Ehegatten gleich. Wie bei diesem kommt auch beim Lebenspartner der Rang nach § 1609 Nr. 2 BGB in Betracht. Denn auch ein Lebenspartner kann wegen Betreuung eines gemeinsamen Kindes unterhaltsberechtigt sein (vgl. § 9 VII LPartG)[100] oder es kann sich um eine Partnerschaft von langer Dauer handeln.[101]

Die **Rangfolge der Pflichtigen** ergibt sich aus § 1608 S. 4 BGB. Danach haftet bei 349 Vorhandensein mehrerer Unterhaltsschuldner der Lebenspartner des Bedürftigen in gleicher Weise wie ein Ehegatte. Er haftet – soweit er leistungsfähig ist (§ 1608 S. 2 BGB) – vor den Verwandten des Lebenspartners. Falls die Rechtsverfolgung gegen den Lebenspartner im Inland ausgeschlossen oder erschwert ist, tritt die Haftung der Verwandten ein. Der Unterhaltsanspruch gegen den Lebenspartner geht in diesem Fall im Wege des gesetzlichen Forderungsübergangs auf den Leistenden über (§ 1608 S. 4 iVm S. 3 BGB und § 1607 II, IV BGB).

j) Darlegungs- und Beweislast. Einen Lebenspartner, der Unterhalt für das Getrennt- 350 leben nach § 12 LPartG verlangt, trifft die Darlegungs- und Beweislast für die anspruchsbegründenden Voraussetzungen.[102]

Entsprechend dem Schutzzweck des § 1361 II BGB, nach dem die Aufnahme einer 351 Erwerbstätigkeit durch den Berechtigten der Ausnahmefall sein soll, trägt der **Pflichtige**

---

[99] BGBl. I S. 3396.
[100] Vgl. BT-Drs. 16/1830, 24.
[101] Vgl. BT-Drs. 16/1830, 32.
[102] OLG Düsseldorf FamRZ 2006, 335.

wie beim ehelichen Trennungsunterhalt (vgl. § 4) die Darlegungs- und **Beweislast** dafür, **dass den Berechtigten** nach seinen persönlichen und wirtschaftlichen Verhältnissen eine **Erwerbsobliegenheit** trifft. Für die Voraussetzungen eines Unterhaltsanspruchs wegen Kindesbetreuung über die Zeit des Basisunterhalts hinaus trägt der anspruchstellende Lebenspartner die Darlegungs- und Beweislast.[103] Erst wenn die Erwerbsobliegenheit feststeht, muss der Berechtigte darlegen und ggf. beweisen, dass er bedürftig ist, weil er sich erfolglos und in ausreichendem Maße um den Erhalt einer Arbeitstätigkeit bemüht hat oder krank ist, mithin seinen Lebensunterhalt nicht durch eigene Erwerbstätigkeit sichern kann. Dies gilt auch dann, wenn er während des partnerschaftlichen Zusammenlebens den Haushalt geführt hat und nicht erwerbstätig war.

352 Die Darlegungs- und Beweislast des unterhaltsberechtigten Lebenspartners bezieht sich auch auf seine **Bedürftigkeit** und auf die Höhe des **Bedarfs**. Dazu gehören auch die Einzelheiten der ehelichen Lebensverhältnisse und die **Leistungsfähigkeit** des Unterhaltsverpflichteten.[104] Durch die dem Berechtigten zustehenden **Auskunftsansprüche** (§§ 1361 IV, 1605 BGB) gegen den unterhaltsverpflichteten Lebenspartner ist sichergestellt, dass dieser im Rahmen seiner Darlegungslast ausreichend zu den Einkommensverhältnissen des Verpflichteten vortragen kann. Dieser wird dann in die Lage versetzt, diesen Vortrag substantiiert zu bestreiten.[105] Sofern der Unterhaltspflichtige Umstände geltend gemacht, die die Lebenspartnerschaftverhältnisse nicht geprägt haben, zB ein Karrieresprung, Schenkungen, Erbschaften etc, ist er hierfür beweispflichtig. Gleiches gilt für den Einwand der unverschuldeten Leistungsunfähigkeit.

Zu weiteren Einzelheiten der Darlegungs- und Beweislast des Berechtigten → § 6 Rn. 703 ff.

3. Der nachpartnerschaftliche Unterhalt nach § 16 LPartG

353 **a) Allgemeines.** Ein Anspruch auf nach partnerschaftlichen Unterhalt nach § 16 S. 2 LPartG kann nach der Aufhebung der Lebensgemeinschaft entstehen. Wenn der Unterhalt nicht durch Vertrag (→ Rn. 368) geregelt ist, kann der bedürftige Lebenspartner ihn von dem leistungsfähigen Lebenspartner durch eine monatlich zu zahlende **Geldrente** ab dem Tag der Rechtskraft des Aufhebungsurteils verlangen. Der Anspruch nach § 16 S. 2 LPartG **ist nicht identisch mit dem Unterhalt bei Getrenntleben** nach § 12 LPartG. Ebenso wie nach der Rechtsprechung des BGH[106] zum Ehegattenunterhalt kann der Unterhaltsanspruch eines Lebenspartners – insbesondere wenn er nicht nach §§ 270 I 1, 269 I Nr. 1 FamFG im Entscheidungsverbund entsprechend § 137 FamFG geltend gemacht wird – erst nach dem Eintritt der Rechtskraft des Aufhebungsurteils verzugsbegründend angemahnt werden. Er geht auf Zahlung einer monatlich im Voraus zu entrichtenden Geldrente (§ 16 S. 2 LPartG, § 1585 I 1 u. 2 BGB).

354 Durch die Reform des Unterhaltsrechts zum 1.1.2008 ist § 16 LPartG in Angleichung an die Neufassung der Vorschrift für den nachehelichen Unterhalt in § 1569 BGB novelliert worden. Wie § 1569 1 BGB für Ehegatten nach Scheidung stellt auch § 16 S. 1 LPartG für Lebenspartner nach Aufhebung der Lebenspartnerschaft den **Grundsatz der Eigenverantwortung** in den Vordergrund, aus dem sich zugleich die Verpflichtung ergibt, selbst für sein wirtschaftliche Fortkommen zu sorgen.[107] Nur wenn einer der enumerativ aufgezählte Ausnahmetatbestände zum Grundsatz der Eigenverantwortung vorliegt, also die Voraussetzungen eines der entsprechend anzuwendenden Tatbestände des nachehelichen Unterhalts (§§ 16 S. 2 LPartG iVm §§ 1570–1573, 1575 u. 1576 BGB) erfüllt sind, kommt bei Vorliegen der sonstigen Voraussetzungen ein Unterhaltsanspruch in Betracht. Insoweit wird auf die Ausführungen zum nachehelichen Unterhalt (§ 4) verwiesen.

---

[103] BGH FamRZ 2008, 1739; Maurer FF 2008, 366 (Anm.).
[104] OLG Hamm FamRZ 2002, 1627 zu § 1361 BGB; jurisPK/Viefhues LPartG § 12 Rn. 8.
[105] NK-BGB/Kath-Zurhorst BGB § 1361 Rn. 84.
[106] BGH FamRZ 1992, 920 (921).
[107] BT-Drs. 16/1830, 16 u. 32.

Bei einer ggf. erforderlichen Auslegung des LPartG ist zu berücksichtigen, dass es nicht zu einer Besserstellung der Lebenspartner gegenüber Ehegatten kommen darf.[108] Auch die gesetzliche Neufassung bezweckt nur eine Gleichstellung mit dem Ehegattenunterhalt.

b) Aufhebung der Lebensgemeinschaft. Ein Anspruch auf nachpartnerschaftlichen Unterhalt setzt nach § 16 S. 1 LPartG eine Aufhebung der Lebenspartnerschaft voraus. Damit sind die Fälle der Aufhebung der Lebenspartnerschaft wegen **Getrenntlebens** (§ 15 II 1, III, V LPartG) gemeint. 355

Das LPartG gewährt dem Lebenspartner einen Unterhaltsanspruch aber auch dann uneingeschränkt, wenn die **Aufhebung der Lebenspartnerschaft wegen Willensmängeln** im Sinn von § 1314 II Nr. 1 bis 4 BGB geschieht, die bei einem Lebenspartner bei der Begründung der Partnerschaft vorlagen (§ 15 II 2, IV LPartG). Eine Unterhaltsbeschränkung wie § 1318 II BGB für den nachehelichen Unterhalt sieht das Gesetz nicht vor (→ Rn. 304). Da der Gesetzgeber keinen nachpartnerschaftlichen Unterhalt einräumen wollte, der über den nachehelichen Unterhalt hinausgeht, sollte § 1318 II BGB entsprechend angewendet werden.[109] 356

Sofern eine Lebenspartnerschaft wegen eines Lebenspartnerschaftshindernisses im Sinne von § 1 I, III LPartG nicht wirksam zu Stande gekommen, dh **nichtig** ist, entsteht kein Unterhaltsanspruch nach § 16 LPartG. Da es für solche Fälle an einer Anspruchsgrundlage für nach partnerschaftlichen Unterhalt fehlt[110] und es das Rechtsinstitut einer (nur) fehlerhaften Lebenspartnerschaft, die für die Zukunft beendet werden kann,[111] außerhalb der gesetzlichen Regelung des § 15 II 2 LPartG nicht gibt, entsteht **kein Unterhaltsanspruch**. 357

Gleiches gilt, wenn bei der Begründung der Lebenspartnerschaft Einigkeit der Partner bestand, eine partnerschaftliche Lebensgemeinschaft nach § 2 LPartG nicht zu begründen. Da § 15 LPartG den § 1314 II Nr. 5 BGB nicht in Bezug genommen hat, ist die Lebenspartnerschaft im Falle eines solchen Scheingeschäfts nach § 117 BGB von Anfang an[112] nichtig. Dieser Begründungsfehler ist auch dann nicht heilbar, wenn die Lebenspartner später in partnerschaftlicher Lebensgemeinschaft miteinander gelebt haben.

c) Bedürftigkeit des Berechtigten (Erwerbsobliegenheit). Ebenso wie für den geschiedenen Unterhalt nach § 1569 BGB gilt für den nachpartnerschaftlichen Unterhalt der Grundsatz der Eigenverantwortlichkeit. Jeder Partner ist gehalten, bei der Aufhebung der Partnerschaft selbst für seinen Unterhalt zu sorgen. Dieser Grundsatz erfährt durch den Verweis in § 16 S. 2 LPartG auf § 1574 und § 1577 BGB jedoch Einschränkungen.[113] Ebenso wie von Ehegatten kann von Lebenspartnern nach § 1574 I BGB nur eine „angemessene Erwerbstätigkeit" verlangt werden. Angemessen in diesem Sinne ist nach § 1574 II BGB eine **Erwerbstätigkeit,** die der Ausbildung, den Fähigkeiten einer früheren Erwerbstätigkeit, dem Lebensalter und dem Gesundheitszustand des geschiedenen Lebenspartners entspricht, soweit eine solche Tätigkeit nicht nach den partnerschaftlichen Lebensverhältnissen unbillig wäre. Zu den partnerschaftlichen Lebensverhältnissen gehören insbesondere die Dauer der Lebenspartnerschaft und die Dauer der Pflege und Erziehung eines gemeinschaftlichen Kindes. Anders als bei Ehegatten hat der Unterhalt wegen Betreuung eines gemeinschaftlichen Kindes (§ 16 S. 2 LPartG iVm § 1570 BGB) allerdings keine große Bedeutung, denn die Betreuung von Kindern durch einen ehemaligen Lebenspartner hat außerhalb der sog Stiefkindadoption (§ 9 LPartG) keinen Unterhaltsanspruch zur Folge.[114] 358

---

[108] Empfehlung des 14. Deutschen Familiengerichtstags FamRZ 2002, 296 (297); Büttner FamRZ 2001, 1105 (1108 f.) – jeweils zur Gesetzesfassung vom 16.2.2001.
[109] Vgl. dazu Wellenhofer NJW 2005, 705 (708), die das Problem in erster Linie über die Anwendung von § 1579 BGB lösen will.
[110] Erman/Kaiser BGB LPartG § 16 Rn. 16.
[111] NK-BGB/Ring/Olsen-Ring LPartG § 1 Rn. 47.
[112] Wellenhofer NJW 2005, 705; Palandt/Brudermüller LPartG § 15 Rn. 7.
[113] Erman/Kaiser BGB LPartG § 16 Rn. 8.
[114] Kaiser StAZ 2006, 65 (71); von Dickhuth-Harrach FPR 2005, 273 (275); Walter MittBayNotZ 2005, 193 (197); Wellenhofer NJW 2005, 705 (707); Palandt/Brudermüller LPartG § 16 Rn. 3; a. A. Grziwotz DNotZ 2005, 13 (23), der eine Anwendung auf sozial gemeinschaftliche Kinder anregt.

In solchen Fällen kann Unterhalt nur aus Billigkeitsgründen nach § 16 S. 2 LPartG iVm § 1576 BGB verlangt werden.[115]

359 Ein bedürftiger Lebenspartner hat gemäß § 16 S. 2 LPartG Anspruch auf Unterhalt wegen **Alters** (§ 1571 BGB), wegen **Krankheit** oder Gebrechens (§ 1572 BGB), wegen **Erwerbslosigkeit** (§ 1573 BGB) und aus **Billigkeitsgründen** (§ 176 BGB). Es bestehen zudem Ansprüche auf Aufstockungsunterhalt, wenn ein Lebenspartner aus eigener Erwerbstätigkeit den während des Bestehens der Lebenspartnerschaft gepflegten Lebensstandard nicht halten kann (§ 1573 II BGB) sowie auf Unterhalt für eine partnerschaftsbedingt unterbliebene oder unterbrochene Aus- und Fortbildung (§ 1575 BGB). Für die Einsatzzeitpunkte gelten die §§ 1570 ff. BGB entsprechend.

360 Ein Lebenspartner muss ebenso wie ein geschiedener Ehegatte gemäß § 1577 III BGB seinen **Vermögensstamm** nicht verwerten, soweit die Verwertung unwirtschaftlich oder unter Berücksichtigung der beiderseitigen wirtschaftlichen Verhältnisse unbillig wäre.

361 **d) Bedarf, Umfang und Maß des Unterhalts, Befristung.** Der Unterhalt umfasst den gesamten Lebensbedarf (§§ 16 S. 2 LPartG, 1578 I 2 BGB). Er bemisst sich gemäß § 16 S. 2 LPartG iVm § 1578 I 1 BGB zunächst nach den lebenspartnerschaftlichen Lebensverhältnissen. Hierzu gehören auch die **Kosten für eine Kranken- und Pflegeversicherung** entsprechend § 1578 II BGB sowie entsprechend § 1578 III BGB die Kosten einer angemessenen Versicherung für den Fall des Alters sowie der verminderten Erwerbsfähigkeit, sog **Altersvorsorgeunterhalt.** Nach Ablauf einer angemessenen Zeit kann der nachpartnerschaftliche Unterhalt auf das vorpartnerschaftliche Lebensniveau herabgestuft werden, denn der Unterhaltsanspruch des Lebenspartners kann ebenso wie ein Ehegattenunterhaltsanspruch gemäß § 16 S. 2 LPartG mit § 1578b BGB befristet werden. Da das LPartG erst am 1.8.2001 in Kraft getreten ist, kann sich bei der Feststellung des Rangs des Unterhaltsanspruchs die Fragestellung ergeben, ob bei der Feststellung der langen Dauer der Lebenspartnerschaft iSv § 1609 Nr. 2 BGB die Zeit, in der die Lebenspartner **vor dem Inkrafttreten des LPartG** bereits zusammengelebt haben, mit einzubeziehen ist. Dies wird unter Hinweis darauf abgelehnt, dass eine solche Lebenspartnerschaft rechtlich nicht existent war.[116] Dem ist zuzustimmen.

362 Die Grundsätze der Rechtsprechung des BGH zur Unterhaltsbemessung bei der Haushaltsführungsehe (§ 4) sind entsprechend anwendbar.

363 **e) Leistungsfähigkeit des Verpflichteten.** Hinsichtlich der Leistungsfähigkeit des Pflichtigen ist § 1581 BGB entsprechend anzuwenden (§ 16 S. 2 LPartG).

364 Die ehemaligen Lebenspartner sind einander zur **Auskunft** über Einkünfte und Vermögen verpflichtet (§§ 1580, 1605 BGB), weil § 16 S. 2 LPartG auf §§ 1580 bis 1586b BGB verweist.

365 **f) Die Härteklauseln des nachpartnerschaftlichen Unterhalts.** Das Gesetz verweist in § 16 S. 2 LPartG auch auf §§ 1578b und 1579 BGB. Für die Herabsetzung und die zeitliche Begrenzung des Unterhalts wegen Unbilligkeit bzw. die Beschränkung oder Versagung des Unterhalts wegen grober Unbilligkeit gelten damit gleiche Regelungen wie beim nachehelichen Unterhalt. Auf die Ausführungen zum nachehelichen Unterhalt in → § 4 Rn. 115 ff. wird Bezug genommen.

366 **g) Unterhalt für die Vergangenheit, Sonderbedarf.** Unterhalt für die Vergangenheit kann nach Maßgabe des § 1585b II u. III BGB verlangt werden, der auf § 1613 I BGB verweist.

367 Für Sonderbedarf gilt § 1613 II BGB (§ 1585 I BGB).

368 **h) Unterhaltsvereinbarungen, Verzicht auf Unterhalt.** Der Anspruch auf nachpartnerschaftlichen Unterhalt unterliegt wie der nacheheliche Unterhalt auch für künftige Ansprüche grundsätzlich der freien Vereinbarung der Unterhaltsparteien und ist auch insoweit verzichtbar (§ 1585c BGB). Seit der Neufassung des § 1585c BGB zum 1.1.2008 bedarf eine Vereinbarung, die vor Rechtskraft der Aufhebung getroffen wird, der **notariel-**

---

[115] von Dickhuth-Harrach FPR 2005, 273 (275).
[116] NK-BGB/Ring/Olsen-Ring LPartG § 16 Rn. 9; Palandt/Brudermüller LPartG § 16 Rn. 5; Schwab/Büttner FamRZ 2001, 1105 (1110); a.A. Grziwotz FPR 2010, 191 (193); ders. DNotZ 2005, 13 (23).

len Beurkundung. Diese Form kann nach §§ 1585c S. 3, 127a BGB durch eine gerichtlich protokollierte Vereinbarung ersetzt werden. Zuständig ist das Gericht in Lebenspartnerschaftssachen, dh das Familiengericht (vgl. § 269 FamFG).

Die Rechtsprechung des BGH[117] zur **Inhaltskontrolle von Verträgen** zwischen Ehegatten ist auf Verträge zwischen Lebenspartnern über den nachpartnerschaftlichen Unterhalt übertragbar. Ein vereinbarter **Verzicht** kann im Einzelfall nach Maßgabe der § 134, 138 BGB sittenwidrig sein (vgl. für den Verzicht unter Eheleuten § 6). Eine richterliche Inhaltskontrolle unter dem Gesichtspunkt mangelnder Vertragsparität wegen Fremdbestimmung durch einseitige Dominanz des anderen Partners und damit wegen Verstoßes gegen die verfassungsrechtlich geschützte Privatautonomie (Art. 2 I GG) oder wegen evident einseitiger Lastenverteilung wird ebenfalls in Einzelfällen in Betracht kommen, zB wenn ein Partner die Ausbildung des anderen finanziert hätte und trotz inzwischen eingetretener Bedürftigkeit auf Betreiben des anderen verzichtet, um diesen von der sonst angekündigten Trennung abzuhalten. Gleiches gilt, wenn ein Partner die Unterhaltslage mit verursacht hat, wie dies bei der Einreise eines spracheunkundigen Ausländers der Fall sein kann.[118] Da sich ein nachpartnerschaftlicher Unterhaltsverzicht nach den gleichen Maßstäben wie ein nachehelicher Unterhaltsverzicht beurteilt, unterliegt er auch einer richterlichen Ausübungskontrolle nach den §§ 113, 242 BGB.[119] 369

i) Erlöschen des Unterhaltsanspruchs. Der Anspruch erlischt mit dem **Tod**, mit Heirat oder mit Begründung einer Lebenspartnerschaft des **Berechtigten** (§ 1586 I BGB). 370

Ein **Wiederaufleben** des Anspruchs kommt nach Auflösung einer anschließenden Ehe oder neuen Partnerschaft in Betracht (§ 1586a II 2 BGB), sofern der Unterhaltsberechtigte durch die Betreuung des Kindes bzw. der Kinder gehindert ist, einer Berufstätigkeit nachzugehen. Denn auch ein ehemaliger Lebenspartner kann ein Kind der früheren Partnerschaft betreuen, weil einer der Lebenspartner das Kinds des anderen adoptiert hat (§ 9 VII LPartG). § 1586 II 2 BGB verweist im Übrigen ausdrücklich darauf hin, dass unter mehreren ehemaligen Lebenspartnern wie unter mehreren geschiedenen Eheleuten jeweils derjenige aus der später aufgelösten Partnerschaft (Ehe) vor demjenigen aus der früher aufgelösten Partnerschaft (Ehe) haftet. 371

Bei **Tod des Pflichtigen** geht der Anspruch auf dessen Erben als Nachlassverbindlichkeit über (§ 1586b I BGB). 372

j) Rangfragen. Bei mehreren Bedürftigen bestimmt sich der Rang des berechtigten Lebenspartners nach der in § 1609 BGB geregelten **Rangfolge der Bedürftigen** (§ 16 S. 2 LPartG iVm § 1609 BGB und § 1582 BGB). Der betreffende Lebenspartner steht einem entsprechenden Ehegatten gleich. Wie bei diesem kommt auch beim Lebenspartner der Rang nach § 1609 Nr. 2 BGB in Betracht. Denn auch ein Lebenspartner kann wegen Betreuung eines gemeinsamen Kindes unterhaltsberechtigt sein (vgl. § 9 VII LPartG)[120] oder es kann sich um eine Partnerschaft von langer Dauer handeln.[121] Besteht ein Teilanspruch auf Betreuungsunterhalt und ein weiterer Teilanspruch wegen eines anderen Unterhaltstatbestandes, unterfällt der Gesamtanspruch dem Rang des § 1609 Nr. 2 BGB.[122] § 1609 gilt auch für das Rangverhältnis zwischen einem bedürftigen früheren bzw. späteren Lebenspartner (§§ 16 S. 2 LPartG, 1582, 1609 BGB). 373

Die **Rangfolge der Unterhaltspflichtigen** ergibt sich aus § 1584 S. 1 BGB. Die Regelung entspricht § 1608 S. 4 BGB für den partnerschaftlichen Unterhalt nach § 5 LPartG sowie den Trennungsunterhalt nach § 12 LPartG. Danach haftet bei Vorhandensein mehrerer Unterhaltsschuldner der Lebenspartner des Bedürftigen in gleicher Weise wie ein Ehegatte. Er haftet – soweit er leistungsfähig ist (§ 1584 S. 2 BGB) – vor den Verwandten 374

---

[117] Bergschneider, Richterliche Kontrolle von Eheverträgen und Scheidungsvereinbarungen, 2008, S. 44 ff.; krit. Grziwotz FPR 2010, 191 (194).
[118] BGH FamRZ 2007, 450.
[119] Palandt/Brudermüller LPartG § 16 Rn. 7.
[120] Vgl. BT-Drs. 16/1830, 24.
[121] Vgl. BT-Drs. 16/1830, 32.
[122] BGH FamRZ 2014, 1987 Rn. 23 = R 762.

des Lebenspartners. Die Verwandten – in der Regel Eltern und Kinder – sind nach § 16 S. 2 LPartG, § 1584 S. 2 BGB erst dann eintrittspflichtig, wenn ihr unterhaltsrechtlich bereinigtes Einkommen über dem Betrag liegt, der für den nach der jeweils gültigen Düsseldorfer Tabelle angemessenen Selbstbehalt) eines vorrangig unterhaltspflichtigen Lebenspartners gegenüber dem Unterhaltsberechtigten gilt. Falls die Rechtsverfolgung gegen den Lebenspartner im Inland ausgeschlossen oder erschwert ist, tritt die Haftung der Verwandten ein. Der Unterhaltsanspruch gegen den Lebenspartner geht in diesem Fall im Wege des gesetzlichen Forderungsübergangs auf den Leistenden über (§ 1584 S. 3 iVm § 1607 II, IV BGB).

375 **k) Darlegungs- und Beweislast.** Der Berechtigte trägt die Darlegungs- und Beweislast für alle anspruchsbegründenden Tatsachen der entsprechend anzuwendenden Normen des nachehelichen Unterhalts, auf die er seinen Anspruch stützt. Dies gilt auch für „doppelt relevante Tatsachen", zB für die bedarfsbestimmende Gestaltung der partnerschaftlichen Lebensverhältnisse, welche zugleich zum Nachweis der Leistungsfähigkeit des pflichtigen Ehegatten dienen können, obwohl der Berechtigte hierfür weder darlegungs- noch beweispflichtig ist.[123]

Zur Darlegungs- und Beweislast des Berechtigten → § 6 Rn. 703 ff.

4. Gerichtliche Geltendmachung

376 Die **internationale Zuständigkeit** richtet sich für nach dem 18.6.2011[124] eingeleitete Unterhaltsverfahren nach der Europäischen Unterhaltsverordnung (EuUnthVO).[125] Gemäß Art. 15 EuUnthVO bestimmt sich das Unterhaltsstatut, mithin das anzuwendende Recht, nach dem Haager Protokoll zum Unterhaltskollisionsrecht vom 23.11.2007 (HUntProt oder HUP).[126] Dieses ist auch auf Unterhaltsansprüche zwischen eingetragenen Lebenspartnern anwendbar.[127] Im Einzelnen vgl. § 9.

Nach § 23b I GVG, §§ 111 Nr. 11, 269 I Nr. 9 FamFG sind für Streitigkeiten über Unterhaltsansprüche, die auf der Lebenspartnerschaft beruhen, die **Familiengerichte** zuständig.

377 Verfahren auf **Feststellung des Bestehens oder Nichtbestehens** einer Lebenspartnerschaft nach § 269 I Nr. 2 FamFG können nach § 126 I FamFG mit Verfahren auf Aufhebung der Lebenspartnerschaft nach § 269 I Nr. 1 FamFG verbunden werden, auch im Wege des Gegenantrags.[128]

378 In **Aufhebungsverfahren** nach § 15 I LPartG kann gemäß § 270 I 1 FamFG entsprechend § 137 II Nr. 2 FamFG ein **Entscheidungsverbund** mit dem nachpartnerschaftlichen Unterhalt hergestellt werden.[129]

379 Für die Verfahren in Lebenspartnerschaftssachen nach § 269 I Nr. 9 FamFG, die Familienstreitsachen sind, sind die in § 270 I 2 FamFG bestimmten Vorschriften §§ 231–248 FamFG anwendbar. Für die Unterhaltspflicht gegenüber Kindern (§ 269 I Nr. 8 FamFG) sind die §§ 249–260 FamFG anwendbar. Hinsichtlich der Einzelheiten zu den Verfahren siehe unter § 10.

380 Vor und während der Anhängigkeit des Aufhebungsverfahrens können **einstweilige Anordnungen** über den Unterhalt bei Getrenntleben (§ 12 LPartG) und den nachpartnerschaftlichen Unterhalt (§ 16 LPartG) nach § 269 I Nr. 8, 9, § 270 I 2 FamFG entsprechend § 246 FamFG (früher §§ 620 Nr. 6, 644 ZPO) ergehen.[130]

---

[123] OLG Karlsruhe FamRZ 1997, 1011.
[124] Zur Einordnung der Altfälle vgl. BGH FamRZ 2013, 1366.
[125] Abl. EU 2009 Nr. 7; vgl. Eschenbruch/Schürmann/Menne/Fischer Kap. 1 Rn. 2226.
[126] Vgl. ABl. EU 2009 Nr. L 331 S. 17.
[127] Gruber IPRax 2010, 128 (130).
[128] Prütting/Helms/Heiter § 270 Rn. 12.
[129] Prütting/Helms/Heiter § 270 Rn. 7.
[130] Prütting/Helms/Bömelburg § 246 Rn. 4.

§ 8 Unterhalt und Sozialleistungen

1. Abschnitt: Das Verhältnis von Sozial- und Unterhaltsrecht

I. Die verschiedenen Sozialleistungen

Nach § 1 I 2 SGB I soll das Sozialrecht ua dazu beitragen, die Familie zu schützen und zu fördern, den Erwerb des Lebensunterhalts durch eine frei gewählte Tätigkeit zu ermöglichen und besondere Belastungen des Lebens abzuwenden oder auszugleichen. Damit decken sich seine Ziele in vieler Hinsicht mit denjenigen des Unterhaltsrechts. Beide wollen den allgemeinen Lebensbedarf des Bedürftigen und seinen Bedarf in besonderen Lebenslagen sicherstellen, das Sozialrecht mit den Mitteln des öffentlichen Rechts, das Unterhaltsrecht mit den Mitteln des Privatrechts. Daher bestehen zwischen beiden Teilrechtsordnungen viele Berührungspunkte. **1**

Das Sozialrecht verpflichtet den Bürger in weitem Umfang zur **Vorsorge**. Es erreicht dies durch ein System der Zwangsmitgliedschaft in der gesetzlichen Sozialversicherung, der grundsätzlich alle Arbeitnehmer, aber auch zahlreiche weitere Berufsgruppen angehören müssen (vgl. zB §§ 1 bis 3 SGB VI). Es handelt sich um die gesetzliche Rentenversicherung (SGB VI), die gesetzliche Krankenversicherung (SGB V), die soziale Pflegeversicherung (SGB XI), die Arbeitslosenversicherung (SGB III) und die gesetzliche Unfallversicherung (SGB VII). Aus diesen Versicherungen werden Leistungen erbracht, die unter bestimmten Voraussetzungen ganz oder teilweise den allgemeinen Lebensbedarf sichern, zB die Alters- und die Unfallrente, das Krankengeld und das Arbeitslosengeld. Andere Versicherungsleistungen decken Zusatzbedarf in besonderen Lebenslagen ab, so die Gewährung von Krankenbehandlung oder Pflegegeld. Im Umfang dieser Leistungen ist der Versicherte nicht bedürftig. Insoweit scheidet ein Unterhaltsanspruch aus. **2**

In **sozialen Notlagen** werden Sozialleistungen als Sozialhilfe (→ Rn. 18 ff.) einschließlich der Grundsicherung im Alter und bei Erwerbsminderung (→ Rn. 135 ff.) nach dem SGB XII, als Grundsicherung für Arbeitsuchende nach dem SGB II (→ Rn. 171 ff.), als Rehabilitation behinderter Menschen nach dem SGB IX, teilweise auch als Unterhaltsvorschuss nach dem UVG (→ Rn. 262 ff.), als Kinder- und Jugendhilfe nach dem SGB VIII erbracht. Der **sozialen Förderung** Einzelner oder bestimmter Gruppen dienen die Ausbildungsförderung nach dem BAföG (→ Rn. 279 ff.), das Erziehungsgeld nach dem Bundeserziehungsgeldgesetz (für bis zum 31.12.2006 geborene Kinder; vgl. → § 1 Rn. 85), das Elterngeld (früher auch Betreuungsgeld) nach dem Bundeselterngeld- und Bundeselternzeitgesetz (BEEG; für seit dem 1.1.2007 geborene Kinder; vgl. → § 1 Rn. 117),[1] das Bundeskindergeldgesetz (vgl. dazu → Rn. 3), das Wohngeld nach dem Wohngeldgesetz, teilweise auch der Unterhaltsvorschuss und die Kinder- und Jugendhilfe nach dem SGB VIII. Zu erwähnen sind ferner **Entschädigungsleistungen** für besondere Opfer, insbesondere für Gesundheitsschäden, für deren Folgen die staatliche Gemeinschaft einzustehen hat (§ 5 SGB I), nach dem Bundesversorgungsgesetz und nach den Gesetzen, die auf dieses verweisen, insbesondere nach dem Opferentschädigungsgesetz, dem Bundesseuchengesetz und den Rehabilitierungsgesetzen für SED-Opfer. Eine scharfe Grenze zwischen sozialer Vorsorge, Hilfe in Notlagen, sozialer Förderung und Entschädigung lässt sich nicht ziehen. Die erwähnten Gesetze dienen deshalb häufig mehreren dieser Ziele. Sie sind teilweise Bücher des Sozialgesetzbuchs, teilweise gelten sie als dessen Teile (§ 68 SGB I). Dies bedeutet, dass auf sie die Vorschriften der allgemeinen Teile des SGB, insbesondere der Bücher I und X anwendbar sind. Für die Versicherungszweige der Sozialversicherung gelten ferner gemeinsame Vorschriften, die im SGB IV enthalten sind.

---

[1] Vgl. Scholz FamRZ 2007, 7.

3 **Kindergeld** nach dem Bundeskindergeldgesetz (vgl. → § 2 Rn. 701) wird nur ausnahmsweise gewährt. Es erhalten nur Personen, die nicht unbeschränkt einkommensteuerpflichtig sind und auch nicht so behandelt werden, aber zB als Entwicklungshelfer besondere Beziehungen zu Deutschland haben, ferner in Deutschland lebende Vollwaisen, die nicht bei einem anderen als Kind berücksichtigt werden, und bestimmte Gruppen von Ausländern (§ 1 BKGG). Das Kindergeld nach dem BKGG ist eine Sozialleistung. Im Übrigen sieht das BKGG in § 6a einen Kinderzuschlag für Eltern vor, die ohne diesen Zuschlag selbst hilfebedürftig im Sinne des § 9 SGB II würden. Vgl. zum Kinderzuschlag → § 1 Rn. 684. In allen übrigen Fällen ergibt sich die Anspruchsberechtigung für das **Kindergeld aus §§ 62 ff. EStG**. Es wird monatlich als vorweggenommene Steuervergütung gezahlt (§ 31 S. 3 EStG). Erst in der Steuerveranlagung wird geprüft, ob die Gewährung der Freibeträge nach § 32 VI EStG für die Eltern günstiger ist als das Kindergeld. Nur wenn und soweit dies nicht der Fall ist, verbleibt das Kindergeld den Eltern als Sozialleistung zur Förderung der Familie (§ 31 S. 2 EStG). Vgl. dazu → § 2 Rn. 488. Das Kindergeld wird, gleichgültig ob es auf Grund der §§ 62 ff. EStG oder auf Grund des BKGG gezahlt wird, nach § 1612b BGB bedarfsdeckend auf den Unterhalt des Kindes angerechnet. Zu den Einzelheiten → § 2 Rn. 714 ff.

II. Die Reform des Sozialrechts zum 1.1.2005 und weitere Änderungen

4 Im Zuge der Reform des Sozialrechts hat der Gesetzgeber mit Wirkung ab 1.1.2005 die Arbeitslosenhilfe (§§ 190 ff. SGB III aF) mit Teilen der bisherigen Hilfe zum Lebensunterhalt nach §§ 11 ff. BSHG zu einer einheitlichen Grundsicherung für Arbeitsuchende zusammengeführt[2] und die Vorschriften über die Arbeitslosenhilfe aufgehoben. Die Grundsicherung für Arbeitsuchende ist nunmehr im SGB II geregelt. Sie wird nur erwerbsfähigen Hilfebedürftigen (→ Rn. 178, 188 f.) und den denjenigen Personen gewährt, die mit diesen in einer Bedarfsgemeinschaft (→ Rn. 179 ff.) zusammenleben. Die **Sozialhilfe** ist seit dem 1.1.2005 als **XII. Buch** Teil des Sozialgesetzbuchs. Das BSHG wurde gleichzeitig aufgehoben. Hilfe zum Lebensunterhalt erhalten nur noch Personen, die nicht nach dem SGB II anspruchsberechtigt sind (§ 21 SGB XII; vgl. → Rn. 46). Die Gewährung sonstiger Hilfen, früher Hilfen in besonderen Lebenslagen genannt, wie zB die Eingliederungshilfe (§§ 53 ff. SGB XII) oder die Hilfe zur Pflege (§§ 61 ff. SGB XII), ist neben Leistungen nach dem SGB II möglich. Die Grundsicherung im Alter und bei Erwerbsminderung ist in das Sozialhilferecht eingegliedert worden. §§ 41 ff. SGB XII ersetzen das bisherige GSiG.[3] Vgl. dazu → Rn. 135 ff.

Mit dieser Reform ist die Bedeutung der Sozialhilfe wesentlich zurückgegangen. Die Sicherung des Existenzminimums erfüllen jetzt in erster Linie die Grundsicherung für Arbeitsuchende und die Grundsicherung im Alter und bei Erwerbsminderung. Die Sozialhilfe konzentriert sich im Wesentlichen auf besondere Hilfearten; die Gewährung von Hilfe zum Lebensunterhalt wird die Ausnahme sein. Aufgrund des Urteils des BVerfG vom 9.2.2010[4], das zentrale Gesetzesvorschriften zur Bedarfsbemessung für verfassungswidrig erklärt hat, haben das SGB II und das SGB XII erhebliche Änderungen erfahren. Durch das Gesetz zur Ermittlung von Regelbedarfen und zur Änderung des Zweiten und Zwölften Buches Sozialgesetzbuch vom 24.3.2011[5] ist das Regelbedarfs-Ermittlungsgesetz – RBEG – erlassen worden, ferner sind zahlreiche Vorschriften geändert worden und zum großen Teil rückwirkend zum 1.1.2011 in Kraft getreten. Zudem sind – durch eine weitere

---

[2] Vgl. Viertes Gesetz für moderne Dienstleistungen am Arbeitsmarkt vom 24.12.2003 – BGBl. I S. 2954 und Gesetz zur Einordnung des Sozialhilferechts in das Sozialgesetzbuch vom 27.12.2003 – BGBl. I S. 3022, jeweils mit zahlreichen Änderungen.
[3] Gesetz über eine bedarfsorientierte Grundsicherung im Alter und bei Erwerbsminderung vom 26.6.2001 – BGBl. I S. 1355.
[4] FamRZ 2010, 429; dazu Klinkhammer FamRZ 2010, 845.
[5] BGBl. I S. 453.

1. Abschnitt: Das Verhältnis von Sozial- und Unterhaltsrecht § 8

Entscheidung des BVerfG[6] bedingt – gesetzliche Änderungen im Organisationsrecht erforderlich geworden.[7]

Die daraufhin erfolgten Gesetzesänderungen haben einer erneuten Überprüfung durch das **BVerfG** im Wesentlichen standgehalten.[8] Das neue System der Ermittlung des aufgrund Art. 1, 20 I GG staatlich zu sichernden Existenzminimums hat sich mithin inzwischen gefestigt. Zum **1.1.2019** sind aufgrund der **Regelbedarfsstufen-Fortschreibungsverordnung 2019** (RBSFV 2019) die Regelbedarfe erhöht worden. Das zum 1.8.2013 eingeführte **Betreuungsgeld** nach §§ 4a ff. BEEG ist entfallen, nachdem die diesbezügliche gesetzliche Regelung vom BVerfG – ersatzlos – für verfassungswidrig (und nichtig) erklärt worden ist.[9] In **Bayern** wird an seiner Stelle nunmehr **Familiengeld** (nach dem BayFamGG) gezahlt (dazu Dose → § 1 Rn 119a und → Rn. 39) Außerdem hat es Änderungen beim **Elterngeld** gegeben (→ Rn. 39, → § 1 Rn. 117). Das **BAföG**[10] (→ Rn. 279 ff.) ist mehrfach (zuletzt mit Wirkung zum Herbst 2019) erhöht worden und der **Unterhaltsvorschuss** nach dem UVG – vor allem durch Erhöhung der Altershöchstgrenze – erheblich erweitert worden (→ Rn. 262 ff.).

III. Sozialleistungen als anrechenbares Einkommen im Unterhaltsrecht

1. Einkommensersetzende Sozialleistungen

Sozialleistungen sind grundsätzlich anrechenbares Einkommen im Sinne des Unterhaltsrechts (vgl. → § 1 Rn. 105 ff.). Sie mindern die Bedürftigkeit des Unterhaltsberechtigten und erhöhen die Leistungsfähigkeit des Pflichtigen. Dies gilt insbesondere für Einkünfte aus der gesetzlichen Sozialversicherung, soweit sie an die Stelle früheren Einkommens treten, insbesondere für Renten, Krankengeld, Arbeitslosengeld und Insolvenzgeld. Auf den Zweck, den der Gesetzgeber mit der Sozialleistung verfolgt, kommt es grundsätzlich nicht an. Bei Sozialleistungen, die infolge eines Körper- oder Gesundheitsschadens in Anspruch genommen werden, wird jedoch nach § 1610a BGB bei der Feststellung des Unterhaltsanspruchs vermutet, dass die Kosten der Aufwendungen nicht geringer sind als die Sozialleistungen. Dazu gehören insbesondere die Grundrente nach § 31 I BVG, das Pflegegeld nach § 37 SGB XI und das Blindengeld. Derartige Sozialleistungen bleiben bei der Berechnung des Unterhaltsanspruchs unberücksichtigt, es sei denn, dass der Gegner des Empfängers dieser Leistungen substantiiert darlegt und ggf. beweist, dass sie ganz oder teilweise zur Bedarfsdeckung nicht benötigt werden (vgl. → § 1 Rn. 654). § 1610a BGB gilt unmittelbar nur für den Verwandtenunterhalt, ist aber bei Ehegatten, Lebenspartnern und betreuenden Elternteilen entsprechend anwendbar (§§ 1361 I 1, 1578a, 1615l III 1 BGB, §§ 12 S. 2, 16 S. 2 LPartG), nicht dagegen beim Familienunterhalt nach § 1360 BGB. Für bestimmte Fälle sieht das Gesetz vor, dass Sozialleistungen bei der Berechnung des Unterhaltsanspruchs nicht zu berücksichtigen sind. So wird Pflegegeld nach § 37 SGB XI, das an eine Pflegeperson weitergeleitet wird, bei der Berechnung ihrer Unterhaltsansprüche oder Unterhaltsverpflichtungen grundsätzlich nicht angerechnet (§ 13 VI SGB XI). Vgl. dazu → § 1 Rn. 689, → § 2 Rn. 467. Auch werden Unterhaltsansprüche durch die Zahlung von Erziehungsgeld, das für bis zum 31.12.2006 geborene Kinder gewährt wird, nicht berührt, es sei denn, dass der Unterhalt nach §§ 1361, 1579, 1611 BGB verwirkt ist oder der Unterhaltsschuldner seinem minderjährigen oder privilegiert volljährigen Kind nach § 1603 II BGB verschärft haftet. Vgl. dazu → § 1 Rn. 116. Dasselbe gilt, allerdings nur in Höhe des Sockelbetrages von 300 EUR, für das Elterngeld,

5

---

[6] NJW 2008, 1212.
[7] Gesetz zur Weiterentwicklung der Organisation der Grundsicherung für Arbeitsuchende vom 3.8.2010 BGBl. I S. 1112.
[8] Beschluss vom 23.7.2014 (1. Senat) BGBl. I S. 1581 (Höhe existenzsichernder Leistungen); Beschluss vom 7.10.2014, NZS 2014, 861 (Rechtliche Stellung der Optionskommunen).
[9] BVerfG FamRZ 2015, 1459.
[10] Entwurf eines 25. BAföGÄndG BR-Drucks. 375/14.

das für ab 1.1.2007 geborene Kinder gezahlt wird (§ 11 BEEG).[11] Vgl. auch → § 1 Rn. 117.

6   Anders ist es dagegen im Sozialrecht. Ist dort die Bewilligung bestimmter Leistungen von der Bedürftigkeit des Antragstellers abhängig, sind (andere) Sozialleistungen, die zu einem bestimmten Zweck gewährt werden, nicht als Einkommen zu berücksichtigen (§ 11a SGB II, § 83 I SGB XII). Vgl. dazu → Rn. 39, 192.

2. Subsidiäre Sozialleistungen

7   Wer nicht in der Lage ist, aus eigenen Kräften seinen Lebensunterhalt zu bestreiten oder in besonderen Lebenslagen sich selbst zu helfen, und wer auch von anderer Seite keine ausreichende Hilfe erhält, hat ein Recht auf persönliche und wirtschaftliche Hilfe, die seinem besonderen Bedarf entspricht, ihn zur Selbsthilfe befähigt, die Teilnahme am Leben in der Gemeinschaft ermöglicht und die Führung eines menschenwürdigen Lebens sichert (§ 9 SGB I). Sozialhilfe erhält also nicht, wer sich selbst helfen kann oder wer die erforderliche Hilfe von anderen, besonders von Angehörigen oder von Trägern anderer Sozialleistungen, erhält (§ 2 I SGB XII).[12] Unter ähnlichen Voraussetzungen verneint § 9 I SGB II die Hilfebedürftigkeit. Sozialhilfe und Leistungen zur Sicherung des Lebensunterhalts nach dem SGB II sind daher **subsidiär** oder nachrangig. Der Nachrang dieser Leistungen besagt, dass eigenes Einkommen oder eigenes Vermögen bei der Gewährung der Sozialleistung zu berücksichtigen ist. Eigenes Einkommen sind auch Unterhaltsleistungen, die ein Dritter tatsächlich erbringt.[13] Dies gilt auch dann, wenn der Dritte nach bürgerlichem Recht nicht zum Unterhalt verpflichtet ist.[14] Forderungen, die dem Hilfeempfänger zustehen, gehören zum einsetzbaren Vermögen. Sie rechtfertigen die Versagung subsidiärer Sozialleistungen allerdings nur, wenn sie in absehbarer Zeit durchsetzbar sind, da es für die Gewährung von Sozialhilfe und von Leistungen zur Sicherung des Lebensunterhalts auf die „**bereiten Mittel**" ankommt, die zur Behebung der Notlage erforderlich sind.[15] Auch **Unterhaltsansprüche** können bereite Mittel in diesem Sinne sein. Deshalb kann der Sozialleistungsträger den Unterhaltsberechtigten zur Selbsthilfe anhalten und darauf verweisen, einen Unterhaltsanspruch gegen den Verpflichteten geltend zu machen, und nur vorläufig bis zur Realisierung des Anspruchs die Leistung gewähren.[16] Ein Unterhaltsanspruch, der nicht unmittelbar erfüllt wird, dessen Realisierung wegen Eilbedürftigkeit nicht sogleich möglich oder dessen Geltendmachung dem Hilfesuchenden nicht zuzumuten ist, beseitigt dagegen die Bedürftigkeit im Sinne des Sozialrechts nicht.[17] Die Subsidiarität der Sozialleistung wird in solchen Fällen dadurch hergestellt, dass der Unterhaltsanspruch auf den Sozialleistungsträger kraft Gesetzes übergeht (§ 94 SGB XII, § 33 SGB II) oder dass dieser eine sonstige Forderung auf sich überleitet (§ 93 SGB XII); bei der Grundsicherung für Arbeitsuchende erfasst der gesetzliche Anspruchsübergang auch sonstige Forderungen. Vgl. dazu → Rn. 60, 228 f. Wenn sich der Hilfesuchende weigert, einen leistungsfähigen und leistungsbereiten Schuldner auf Unterhalt in Anspruch zu nehmen, verliert er den Anspruch auf die Sozialhilfe oder die Leistungen zur Sicherung des Lebensunterhalts.[18] Voraussetzung ist allerdings, dass der Sozialleistungsträger auf den Unterhaltsanspruch zurückgreifen darf, was nach § 94 I 3, 4 SGB XII in bestimmten Fällen, zB bei Verwandten zweiten oder eines entfernteren Grades, bei Schwangeren und bei Elternteilen, die ein Kind unter sechs Jahren betreuen, hinsichtlich des Anspruchs gegen

---

[11] Vgl. dazu im Einzelnen Scholz FamRZ 2007, 7 (9).
[12] Vgl. dazu BVerfG FamRZ 2005, 1051, 1054 mAnm Klinkhammer.
[13] Vgl. BSG FamRZ 2008, 51, 54.
[14] BFH NJW 2003, 1415.
[15] BVerwG NJW 1983, 2954; BGH NJW 1996, 2933; FamRZ 1999, 843 (845) = R 533a.
[16] Armborst/Brühl in LPK/SGB XII § 2 Rn. 8, 30; Nr. 168 ff. Empfehlungen des Deutschen Vereins für die Heranziehung Unterhaltspflichtiger in der Sozialhilfe (Empfehlungen DV SGB XII), NDV 2009, 547; vgl. auch BSG FamRZ 2008, 51 (53).
[17] BGH FamRZ 1999, 843 (845) = R 533a.
[18] BVerwG NJW 1983, 2954.

1. Abschnitt: Das Verhältnis von Sozial- und Unterhaltsrecht § 8

ihre eigenen Eltern ausgeschlossen ist (vgl. → Rn. 68)[19] oder im Hinblick auf die öffentlich-rechtliche Vergleichsberechnung (→ Rn. 92 ff.) ganz oder teilweise unzulässig sein kann. Ähnliches gilt nach § 33 II 1 SGB II im Recht der Grundsicherung für Arbeitsuchende (→ Rn. 232 ff.). Bei anderen Sozialleistungen, zB beim Unterhaltsvorschuss (→ Rn. 262 ff.) und bei der Ausbildungsförderung nach dem BAföG (→ Rn. 279 ff.), ist die Subsidiarität anders ausgestaltet. Leistungen nach dem SGB VIII sind gegenüber dem Unterhalt nicht nachrangig. Sie sind vielmehr bedarfsdeckend. Die Eltern können nur zu öffentlich-rechtlichen Kostenbeiträgen herangezogen werden (§§ 10 II, 92 II SGB VIII).[20]

Nach § 2 II 1 SGB XII werden Verpflichtungen anderer, besonders Unterhaltspflichtiger, durch dieses Gesetz nicht berührt. Das Gleiche folgt aus § 9 I SGB II. Danach ist zwar der Sozialleistungsträger häufig zur Vorleistung verpflichtet, wenn ein Unterhaltsschuldner seiner Leistungspflicht nicht nachkommt. Hierdurch wird jedoch die an sich vorrangige Verpflichtung des Dritten zur Leistung von Unterhalt nicht beeinflusst. Sie besteht weiter und ist zu erfüllen. Dieser Nachrang der Sozialhilfe und der Leistungen zur Sicherung des Lebensunterhalts wird durch den Anspruchsübergang nach § 94 I SGB XII, § 33 I SGB II verwirklicht. Diese Sozialleistungen bleiben auch dann nachrangig, wenn der Übergang des Unterhaltsanspruchs ausnahmsweise nach § 94 III 1 SGB XII, § 33 II 3 SGB II ausgeschlossen ist, zB weil der Schuldner nicht über effektive Einkünfte verfügt, ihm vielmehr nach Unterhaltsrecht ein fiktives Einkommen zugerechnet wird.[21] 8

Sozialhilfe ist ausgeschlossen, wenn ein Bedürftiger mit seinem Ehegatten oder mit seinen Eltern (oder einem Elternteil) in einer **Bedarfs- oder** (genauer:) **Einsatzgemeinschaft**[22] (vgl. dazu → Rn. 23 ff.) zusammenlebt und das Einkommen aller Mitglieder ausreicht, den sozialhilferechtlichen Bedarf zu decken (§ 27 II SGB XII[23]). Dasselbe gilt für die Leistungen zur Sicherung des Lebensunterhalts nach § 9 II SGB II[24] (→ Rn. 179 ff.). Jedoch kann Sozialhilfe auch dann, zB bis zur endgültigen Klärung der Verhältnisse, als sog. erweiterte Hilfe (§ 19 V SGB XII) gewährt werden, wenn den Mitgliedern der Bedarfsgemeinschaft die Aufbringung der Mittel aus ihrem Einkommen oder Vermögen letztlich doch möglich oder zuzumuten war. In einem solchen Fall kann der Sozialhilfeträger durch **Verwaltungsakt** Aufwendungsersatz verlangen.[25] Zum Einkommenseinsatz in derartigen Fällen vgl. §§ 87, 92a SGB XII. Vgl. dazu auch → Rn. 25. Das SGB II sieht eine erweiterte Hilfe nicht vor;[26] allenfalls kann nach §§ 9 IV, 24 V SGB II in bestimmten Fällen die Hilfe als Darlehen gewährt werden. 9

3. Bedürftigkeit beim Bezug subsidiärer Sozialleistungen

Wer Sozialleistungen erhält, ist deshalb **nicht ohne weiteres unterhaltsbedürftig**. Die Unterhaltsbedürftigkeit bestimmt sich allein nach den Vorschriften des BGB. Ein Kind ist unterhaltsberechtigt, wenn es sich nicht selbst unterhalten kann (§ 1602 I BGB), insbesondere wenn und solange es sich berechtigterweise einer Berufsausbildung unterzieht (§ 1610 II BGB). Beim Ehegatten, der nicht über andere bedarfsdeckende Einkünfte, zB aus Vermögen, verfügt, kommt es darauf an, ob von ihm eine Erwerbstätigkeit erwartet werden kann (§§ 1361, 1570 ff. BGB). Ähnliches gilt für den Lebenspartner (§§ 12, 16 10

---

[19] Vgl. Schellhorn SGB XII § 94 Rn. 109; deshalb müsste die zitierte Entscheidung des BVerwG NJW 1983, 2954 heute im Ergebnis wohl anders ausfallen.
[20] BGH FamRZ 2007, 377.
[21] BGH FamRZ 1999, 843 (845); 2001, 619 = R 548.
[22] Vgl. Fichtner/Wenzel SGB XII, 4. Aufl., § 19 Rn. 10; Doering-Striening in Scholz/Kleffmann Teil L Rn. 28 ff. mwN Das SGB II verwendet hingegen anders als das SGB XII durchgehend den – missverständlichen – Begriff der Bedarfsgemeinschaft.
[23] Zur – insoweit nur redaktionellen – Änderung von § 19 I SGB XII durch das Gesetz vom 24.3.2011 vgl. BR-Drucks. 661/10, 195.
[24] Zur – insoweit nur redaktionellen – Änderung von § 9 SGB II durch das Gesetz vom 24.3.2011 vgl. BR-Drucks. 661/10, 149 f.
[25] Grube in Grube/Wahrendorf SGB XII § 19 Rn. 34.
[26] Brühl in LPK/SGB II § 9 Rn. 57.

LPartG). Verletzt der Unterhaltsberechtigte seine Erwerbsobliegenheit, bemüht er sich insbesondere nicht um zumutbare Arbeitsstellen, kann ihm ein fiktives Einkommen zugerechnet werden, das seine Bedürftigkeit ganz oder teilweise beseitigt. Vgl. → § 1 Rn. 773 ff.

Sozialleistungen erhält dagegen, wer seinen Unterhalt und denjenigen der mit ihm in einer Bedarfsgemeinschaft (vgl. → Rn. 23 ff., 179 ff.) lebenden Personen nicht oder nicht ausreichend aus eigenen Mitteln und Kräften sicherstellen kann (§ 9 I SGB II; ähnlich § 2 I SGB XII). § 10 I SGB II hat die auch im Sozialrecht bestehende **Erwerbsobliegenheit** verschärft. Grundsätzlich ist nach dieser Vorschrift dem Hilfebedürftigen jede Arbeit zumutbar (→ Rn. 219). Die Anforderungen, die an den Hilfebedürftigen gestellt werden, sind teilweise strenger als im Unterhaltsrecht. So ist die geordnete Erziehung eines dreijährigen Kindes in der Regel schon dann nicht gefährdet, wenn dessen Betreuung in einem Kindergarten oder in sonstiger Weise sichergestellt ist (§ 10 I Nr. 3 SGB II). Seit dem 1.1.2008 hat sich das Unterhaltsrecht zwar dem Sozialrecht angenähert. Nach § 1570 I 1 BGB ist der betreuende Elternteil innerhalb der ersten drei Jahre nach der Geburt des Kindes zu einer Erwerbstätigkeit nicht verpflichtet; die Verlängerung des Betreuungsunterhalts über diesen Zeitraum hinaus ist jedoch möglich, wenn dies der Billigkeit entspricht (§ 1570 I 2 BGB). Die Verletzung der sozialrechtlichen Erwerbsobliegenheit kann nach § 31 SGB II mit fühlbaren Sanktionen belegt werden. Vgl. dazu → Rn. 209. Die Zurechnung eines **fiktiven Einkommens** ist dagegen allenfalls unter engen Voraussetzungen möglich (vgl. → Rn. 13). Im Sozialhilferecht kommt seit dem 1.1.2005 eine Verletzung der Erwerbsobliegenheit nur ausnahmsweise in Betracht, da nach §§ 5 II 1, 8 SGB II, § 21 SGB XII nur nicht erwerbsfähige Personen, die höchstens für drei Stunden täglich erwerbsfähig sind, Hilfe zum Lebensunterhalt erhalten können (→ Rn. 21, 46). Demgemäß stellt § 11 III 4, IV SGB XII im Vergleich zu § 10 SGB II nur moderate Anforderungen an die Erwerbsobliegenheit des Leistungsberechtigten.

11 Auf die Unterschiede zwischen Sozial- und Unterhaltsrecht kommt es in dem hier interessierenden Zusammenhang in der Regel nicht an. Der Unterhaltsanspruch geht im Umfang der gewährten Sozialleistung, ggf. eingeschränkt durch den Schuldnerschutz nach § 94 III 1 SGB XII, § 33 II 3 SGB II, auf den Sozialleistungsträger über. Voraussetzung dürfte allerdings sein, dass die Leistung rechtmäßig gewährt worden ist. Vgl. dazu im Einzelnen → Rn. 77, 244. Der Unterhaltspflichtige kann gegenüber dem Sozialleistungsträger Einwendungen aus dem Unterhaltsrecht erheben und insbesondere die Bedürftigkeit des Berechtigten nach Unterhaltsrecht bestreiten. Daneben kann er geltend machen, dass der Anspruch im Hinblick auf die Vorschriften des § 94 I 3 SGB XII und des § 33 II 3 SGB II nicht auf den klagenden Träger übergegangen sei; in Ausnahmefällen kann er sich darauf berufen, dass die gewährte Hilfe nach § 242 BGB der weiteren Verfolgung des Unterhaltsanspruchs ganz oder teilweise entgegensteht (vgl. dazu → Rn. 133 f., 261).

12 Unterschiede zwischen dem Unterhaltsrecht einerseits und dem Sozialhilferecht bzw. dem Recht der Grundsicherung für Arbeitsuchende andererseits bestehen jedoch hinsichtlich der Verpflichtung, **Einkommen und Vermögen** für den eigenen Lebensunterhalt **einzusetzen**.[27] Insbesondere müssen Einkommen und Vermögen im Sozialhilferecht und im Recht der Grundsicherung für Arbeitsuchende nicht stets in vollem Umfang zur Deckung des Bedarfs verwendet werden (vgl. zB §§ 82 ff. SGB XII, §§ 11, 12 SGB II). Genaueres dazu → Rn. 29 ff., 191 ff. Leistungen, die auf Grund öffentlich-rechtlicher Vorschriften zu einem ausdrücklich genannten Zweck gewährt werden, sind auch bei der Bewilligung der subsidiären Hilfen nach dem SGB XII und dem SGB II nur insoweit als Einkommen zu berücksichtigen, als die Sozialleistung im Einzelfall demselben Zweck dient (§ 83 I SGB XII, § 11a III SGB II). Schmerzensgeld bleibt unberücksichtigt (§ 83 II SGB XII, § 11a II SGB II). Im Unterhaltsrecht werden dagegen grundsätzlich alle Einkünfte ohne Rücksicht auf ihre Zweckbestimmung zur Bedarfsdeckung herangezogen (vgl. → Rn. 50, → § 1 Rn. 9); dies gilt auch für Kapitalerträge, die aus Schmerzensgeld erzielt werden (vgl. → § 1 Rn. 726, → § 2 Rn. 378).

---

[27] Vgl. dazu BGH FamRZ 1999, 843 (846).

4. Leistungsfähigkeit beim Bezug subsidiärer Sozialleistungen

Wer Sozialhilfe oder Leistungen zur Sicherung des Lebensunterhalts nach dem SGB II 13 bezieht, ist nicht schon deshalb außerstande, Unterhalt zu leisten. Auch diese Diskrepanz beruht auf dem unterschiedlichen Einkommensbegriff des Sozial- und des Unterhaltsrechts (vgl. dazu → Rn. 12). Die Leistungsfähigkeit eines Unterhaltsschuldners beurteilt sich wie die Bedürftigkeit des Gläubigers (vgl. → Rn. 10) nach bürgerlichem Recht. Dem Verpflichteten, der sich nicht ausreichend um eine Arbeitsstelle bemüht, kann uU ein **fiktives Einkommen** zugerechnet werden. Dann gilt er in dessen Höhe als leistungsfähig. Genaueres dazu → § 1 Rn. 735 ff., → § 2 Rn. 243 ff. Dagegen ist der Ansatz fiktiver Einkünfte im Sozialrecht allenfalls unter ganz engen Voraussetzungen möglich.[28] Allerdings können gegen den Hilfebedürftigen nach §§ 31 ff. SGB II fühlbare Sanktionen verhängt und das Arbeitslosengeld II deutlich gemindert werden, bei Jugendlichen unter 25 Jahren sogar vollständig entfallen (§ 31a II SGB II). Dazu genügt, dass er in der Eingliederungsvereinbarung festgelegte eigene Bemühungen nicht in ausreichendem Umfang nachweisen kann (§§ 15 I 2 Nr. 2, 31 I 1 Nr. 1 SGB II). Die Sanktionen im Sozialhilferecht sind dagegen deutlich milder (§ 39a SGB XII). Es besteht nur eine eingeschränkte Obliegenheit, einer Erwerbstätigkeit nachzugehen (§ 11 III 4, IV SGB XII), da als Empfänger von Hilfe zum Lebensunterhalt nur Personen in Betracht kommen, die nicht erwerbsfähig sind und deshalb höchstens drei Stunden täglich erwerbstätig sein können (§ 8 I SGB II, § 21 S. 1 SGB XII). Sozialhilfe wird daher wegen Verletzung einer Erwerbsobliegenheit nur unter besonderen Umständen versagt werden können.[29] § 11 I bis III SGB XII verlangt vom Sozialhilfeträger die Beratung und, soweit erforderlich, die Unterstützung des Leistungsberechtigten. Der Sozialhilfeträger ist daher zu der Prüfung verpflichtet, ob der einzelne Hilfesuchende mit der selbstständigen Arbeitssuche überfordert ist und ob durch eine entsprechende Aufforderung dem Hilfezweck entgegengewirkt wird; Sozialhilfe ist bereits dann zu gewähren, wenn der Hilfesuchende es weder grundsätzlich abgelehnt hat, sich bei der Arbeitsagentur zu melden, noch eigene Bemühungen gänzlich unterlassen hat.[30] Es bedarf keiner näheren Darlegung, dass unter derartigen Voraussetzungen im Unterhaltsrecht ohne weiteres ein fiktives Einkommen angesetzt würde, wenn nur eine reale Arbeitsmöglichkeit besteht. Hinzu kommt, dass im Unterhaltsrecht stets derjenige, der sich darauf beruft, dass durch Arbeit kein Einkommen erzielt werden könne, die Beweislast dafür trägt. Im Sozialhilferecht ist dagegen die Verletzung der Erwerbsobliegenheit im Sinne des § 11 III 4 SGB XII von der Behörde festzustellen.[31]

Der **Pflichtige** darf durch die Leistung von Unterhalt **nicht selbst sozialhilfebedürf-** 14 **tig** werden vgl. → Rn. 93.[32] Bei der Unterhaltsberechnung muss daher sichergestellt werden, dass dem Pflichtigen sein Existenzminimum verbleibt.[33] Dieses ergibt sich aus den Berichten über die Höhe des Existenzminimums von Erwachsenen und Kindern, die die Bundesregierung im Abstand von zwei Jahren dem Bundestag zu erstatten hat.[34] Die Berichte entnehmen das Existenzminimum entsprechend den Vorgaben des BVerfG[35] dem Sozialhilferecht als Referenzsystem, jetzt also dem SGB XII, nicht dagegen dem SGB II, obwohl auch das SGB II das Existenzminimum sicherstellt, insbesondere durch die Regelleistung und den Ersatz der Kosten der Unterkunft. Es gewährt jedoch darüber hinaus Leistungen aus vorwiegend arbeitspolitischen Gründen, insbesondere Freibeträge bei Er-

---

[28] BGH FamRZ 1998, 818; 1999, 843 (844) = R 533b; vgl. auch Künkel FamRZ 1996, 1509, 1512.
[29] BGH FamRZ 1998, 818.
[30] BVerwG FamRZ 1996, 106 (zu § 25 BSHG).
[31] Vgl. BVerwG FamRZ 1996, 106 (108) (zu § 25 BSHG).
[32] BVerwG FamRZ 1999, 780; BGH FamRZ 2006, 1010 (1012) = R 650a; 2006, 683 = R 649c; 2005, 706 (708) = R 626; 2008, 594 (596) = R 688a.
[33] BGH FamRZ 2006, 1010 (1012) = R 650; 2006, 683 = R 649c; 2005, 706 (708) = R 650.
[34] 5. Existenzminimumbericht für das Jahr 2005 BT-Drucks. 15/2462; 6. Existenzminimumbericht für das Jahr 2008 BT-Drucks. 16/3265; 7. Existenzminimumbericht für das Jahr 2010 BT-Drucks. 16/11065.
[35] FamRZ 1999, 291; 1999, 285; 1993, 285.

werbstätigkeit nach § 11b III SGB II und das Einstiegsgeld nach § 16b SGB II (früher § 29 SGB II).[36]

Der **notwendige Selbstbehalt** der Tabellen und Leitlinien, der dem Pflichtigen auch bei gesteigerter Unterhaltspflicht gegenüber einem minderjährigen oder privilegiert volljährigen Kind nach § 1603 II 1, 2 BGB zu verbleiben hat, muss daher mit einem Betrag angesetzt werden, der die Sozialhilfe, die der Unterhaltsschuldner erhalten könnte, maßvoll übersteigt.[37] Dem trägt die Düsseldorfer Tabelle Stand: 1.1.2019 dadurch Rechnung, dass sie den notwendigen Selbstbehalt, der dem nichterwerbstätigen Schuldner zusteht, wie bisher mit 880 EUR ansetzt. Zwar übersteigt dieser Betrag das Existenzminimum eines alleinstehenden Erwachsenen, das der 12. Existenzminimumbericht[38] mit 9168 EUR pro Jahr oder 764 EUR monatlich annimmt. Jedoch ist zu berücksichtigen, dass der Bericht von sehr geringen Wohnkosten ausgeht und den Betroffenen ausdrücklich auf die Inanspruchnahme von Wohngeld verweist.[39] Die Düsseldorfer Tabelle geht jedoch davon aus, dass mit dem notwendigen Selbstbehalt grundsätzlich alle Lebenshaltungskosten abgedeckt werden können. Reicht der in der Tabelle (Anm. A 5 I) als Teil des notwendigen Selbstbehalts ausgewiesene Betrag von 380 EUR für die Kosten der Unterkunft einschließlich Heizung nicht aus, kann der Selbstbehalt im Einzelfall angemessen erhöht werden. Vgl. dazu → § 2 Rn. 261, 269. Dies gilt auch dann, wenn der Unterhaltsschuldner erwerbstätig ist und ihm ein notwendiger Selbstbehalt von 1080 EUR zusteht. Das Unterhaltsrecht kann den höheren Selbstbehalt autonom festsetzen und dabei berücksichtigen, dass beim Erwerbstätigen ein Mehrbedarf entsteht, der sich – im Gegensatz zu den Werbungskosten – nicht eindeutig von den Kosten der privaten Lebenshaltung abgrenzen lässt.[40]

Ein nicht Erwerbstätiger hat regelmäßig mehr Zeit, um seine Ausgaben durch sparsame Lebensführung einzuschränken; zudem kann dem Erwerbstätigen durch einen höheren Selbstbehalt ein Arbeitsanreiz geboten werden.[41]

Der Grundsatz, dass Unterhaltspflichtige durch die Zahlung von Unterhalt nicht sozialhilfebedürftig werden darf, gilt nur für ihn selbst, nicht auch für weitere Unterhaltsberechtigte, die mit ihm in einer Bedarfsgemeinschaft leben.[42] Zur abweichenden Regelung des Sozialhilferechts und des Rechts der Grundsicherung für Arbeitsuchende und den sich daraus ergebenden Konsequenzen vgl. → Rn. 98, 250.

Der Schutz des Unterhaltsschuldners vor Gefährdung seines Existenzminimums schließt nicht aus, dass ihm wegen Verletzung seiner Erwerbsobliegenheit **fiktive Einkünfte** zugerechnet werden und er insoweit als leistungsfähig behandelt wird (→ Rn. 13). Dagegen ist nach Sozialhilferecht der fiktiv zugerechnete Verdienst kein Einkommen im Sinne des § 82 I 1 SGB XII (→ Rn. 13). Daraus folgt, dass der Unterhaltsanspruch des Berechtigten, dem Sozialhilfe gewährt wird, nicht auf den Sozialhilfeträger übergehen kann (§ 94 III 1 Nr. 1 SGB XII; vgl. → Rn. 95). Die gleiche Rechtsfolge ergibt sich aus § 33 II 3 SGB II (→ Rn. 248). Zudem sieht § 11b I 1 Nr. 7 SGB II vor, dass titulierte Unterhaltspflichten im Rahmen des SGB II vom Einkommen abzusetzen sind (→ Rn. 197).

5. Verwirklichung des Nachrangs und Rechtsschutz

15 Der Nachrang der Sozialleistungen wird in der Regel dadurch verwirklicht, dass dem Sozialleistungsträger die Möglichkeit eröffnet wird, den Unterhaltsanspruch selbst geltend zu machen. § 90 BSHG sah in seiner ursprünglichen Fassung die Überleitung von Unter-

---

[36] Dazu eingehend Klinkhammer FamRZ 2007, 85.
[37] BGH FamRZ 2006, 1010 (1012) = R 650a; 2003, 1466; 1993, 1186.
[38] BT-Drs. 19/5400.
[39] BT-Drs. 19/5400, 2 f.
[40] Vgl. BVerfG FamRZ 1993, 285 (286); Schnitzler/Günther MAH FamR § 12 Rn. 31 ff.; Klinkhammer FamRZ 2007, 85 (88).
[41] BGH FamRZ 2008, 594 (597) = R 688; vgl. auch BGH FamRZ 2010, 357 Rn. 38.
[42] BGH FamRZ 1996, 1272.

1. Abschnitt: Das Verhältnis von Sozial- und Unterhaltsrecht § 8

haltsansprüchen durch Verwaltungsakt auf den Sozialhilfeträger vor. Diese sog. Überleitungsanzeige konnte allein vor den damals zuständigen Verwaltungsgerichten angefochten werden. Die Schutzvorschriften des § 91 BSHG aF unterlagen daher ausschließlich der verwaltungsgerichtlichen Kontrolle. Mit Wirkung vom **27.6.1993** hat der Gesetzgeber in Anlehnung an § 7 UVG die frühere Regelung durch einen **gesetzlichen Forderungsübergang** ersetzt.[43] § 90 BSHG (jetzt § 93 SGB XII) galt nicht mehr für (gesetzliche) Unterhaltsansprüche, sondern nur noch für sonstige Ansprüche, zB für die Rückforderung eines Geschenks wegen Verarmung des Schenkers (§ 528 BGB) und für Ansprüche aus landwirtschaftlichen Übergabeverträgen. Vgl. → Rn. 61. Gesetzliche Unterhaltsansprüche wurden nur noch von der Spezialvorschrift des § 91 BSHG (jetzt § 94 SGB XII) erfasst.[44] Eines Verwaltungsakts bedarf es seitdem nicht mehr. Vielmehr geht der Unterhaltsanspruch kraft Gesetzes auf den Sozialhilfeträger über, allerdings nur in bestimmten Grenzen, die in § 94 I bis III SGB XII festgelegt sind.[45] Vgl. dazu im Einzelnen → Rn. 62 ff.

Bei Einführung der Grundsicherung für Arbeitsuchende wurde in § 33 SGB II zunächst die Überleitung des Unterhaltsanspruchs durch Verwaltungsakt vorgesehen. Die damalige Fassung des § 33 SGB II entsprach weitgehend der Vorschrift des zum 1.1.2005 aufgehobenen § 203 SGB III, der das Verhältnis von Arbeitslosenhilfe und Unterhalt betraf. Diese Regelung führte zu beachtlichen Schwierigkeiten, da die Träger der Grundsicherung von der Möglichkeit der Überleitung des Unterhaltsanspruchs kaum Gebrauch machten. Die Familiengerichte waren wegen der Tatbestandswirkung des Verwaltungsakts an die Überleitungsanzeige und damit an die Entscheidung des Trägers gebunden, ob und in welchem Umfang er nach seinem Ermessen von den Schutzvorschriften zugunsten des Unterhaltsschuldners Gebrauch machen wollte. Sie hatten nur über den Bestand des Unterhaltsanspruchs zu befinden. Wenn der Unterhaltsanspruch nicht bis zum Urteil übergeleitet war, behandelten manche Gerichte das Arbeitslosengeld II, wenn auch in verklausulierter Form, als bedarfsdeckendes Einkommen.[46] Dies wollte der Gesetzgeber verhindern.[47] Deshalb, aber auch um der verbreiteten Kritik an der misslungenen Fassung des § 33 SGB II Rechnung zu tragen, wurde die Überleitung des Unterhaltsanspruchs durch einen gesetzlichen Forderungsübergang ersetzt. § 33 SGB II wurde im Wesentlichen dem § 94 SGB XII angeglichen. Gleichwohl verbleiben einige wichtige Unterschiede. Vgl. dazu → Rn. 228 ff.

Seit dem 1.1.2005 sind für öffentlich-rechtliche Streitigkeiten auf dem Gebiet des Sozialhilferechts und der Grundsicherung für Arbeitsuchende die **Sozialgerichte** zuständig (§ 51 I Nr. 4a, 6a SGG). Dies gilt insbesondere für die Anfechtung von Verwaltungsakten, die Träger der Grundsicherung und die Sozialhilfeträger erlassen. Die frühere Zuständigkeit der Verwaltungsgerichte für die Sozialhilfe ist entfallen. Bis zum 31.7.2006 konnten die Überleitungsanzeigen nach § 33 SGB II vom Schuldner nur vor den Sozialgerichten angefochten werden. Seit dem 1.8.2006 entscheiden nach § 33 IV 3 SGB II ebenso wie nach § 94 V 3 SGB XII die **Familiengerichte** nicht nur über den Bestand des Unterhaltsanspruchs sondern auch über öffentlich-rechtliche Vorfragen, insbesondere darüber, ob der Unterhaltsanspruch kraft Gesetzes auf den Sozialhilfeträger bzw. den Träger der Grundsicherung für Arbeitsuchende übergegangen ist. Der Schuldner kann also im Unterhaltsprozess, den grundsätzlich der Träger selbst zu führen hat, einwenden, dass der Übergang des Anspruchs nach § 94 SGB XII, § 33 SGB II ausgeschlossen ist. Vgl. dazu im Einzelnen → Rn. 232 ff.

---

[43] Art. 7 Nr. 22 des Gesetzes zur Umsetzung des Föderalen Konsolidierungsprogramms vom 23.6.1993 – BGBl. I S. 944, 952; vgl. dazu Scholz FamRZ 1994, 1.
[44] BGH FamRZ 1995, 871; 1996, 1203 (1204).
[45] BGH FamRZ 1995, 871; 1996, 1203 (1205).
[46] Vgl., BL Stand: 1.7.2005, FamRZ 2005, 1346; KoL Stand: 1.7.2005, FamRZ 2005, 1352, jeweils 2.2; a. A. OLG Celle FamRZ 2006, 1203; OLG München FamRZ 2006, 1125.
[47] Vgl. die Begründung des Gesetzes zur Fortentwicklung der Grundsicherung BT-Drucks. 16/1410, 26.

2. Abschnitt: Sozialhilfe und Unterhalt

I. Abgrenzung von Sozialhilfe und Leistungen zur Sicherung des Lebensunterhalts nach dem SGB II

18 Bis zum 31.12.2004 war die Sozialhilfe das Auffangbecken für alle, die sich nicht selbst helfen und ihr Existenzminimum nicht aus eigenen Kräften sicherstellen konnten. Arbeitslosenhilfe konnte nur erhalten, wer als arbeitsloser Arbeitnehmer innerhalb einer bestimmten Vorfrist Arbeitslosengeld bezogen hatte und nach dessen Auslaufen bedürftig war (§ 190 III SGB III). Sie war von der Höhe des früheren Arbeitseinkommens abhängig und deckte daher bei geringen Einkünften das Existenzminimum nicht, sodass vielfach zusätzlich Hilfe zum Lebensunterhalt nach dem BSHG gewährt werden musste. Andererseits konnte die Arbeitslosenhilfe bei zuvor hohem Erwerbseinkommen das Existenzminimum durchaus übersteigen.

19 Seit dem 1.1.2005 stellen die Leistungen zur Sicherung des Lebensunterhalts nach §§ 19 ff. SGB II – von noch zu erörternden Ausnahmen abgesehen – den sozialrechtlichen Mindestbedarf für alle Hilfebedürftigen sicher, die erwerbsfähig sind, das 15. Lebensjahr vollendet, die Altersgrenze nach § 7a SGB II (→ Rn. 178, 186) aber noch nicht erreicht und ihren gewöhnlichen Aufenthalt in der Bundesrepublik haben (§ 7 I SGB II). Anspruchsberechtigt nach dem **SGB II** sind auch die Personen, die mit dem erwerbstätigen Hilfebedürftigen in einer Bedarfsgemeinschaft leben, insbesondere Partner und Kinder (§ 7 II, III SGB II). Wer als Erwerbsfähiger oder als Angehöriger nach dem SGB II dem Grunde nach leistungsberechtigt ist, erhält keine Hilfe zum Lebensunterhalt nach dem 3. Kapitel des SGB XII (§ 5 II 1 SGB II, § 21 S. 1 SGB XII). Dies gilt auch dann, wenn Sanktionen nach §§ 31 ff. SGB II verhängt und Leistungen zur Sicherung des Lebensunterhalts gekürzt werden oder wegfallen. Dagegen können neben Leistungen zur Sicherung des Lebensunterhalts nach dem SGB II andere Hilfen, wie Eingliederungshilfe, Hilfe zur Pflege und Blindengeld gewährt werden. Die Grundsicherung im Alter und bei Erwerbsminderung ist seit dem 1.1.2005 eine besondere Form der Sozialhilfe (vgl. §§ 41 ff. SGB XII); sie geht der Hilfe zum Lebensunterhalt vor (§ 19 II 3 SGB XII) und ist gegenüber dem Sozialgeld vorrangig (§ 5 II 2 SGB II).

20 Ob Sozialhilfe oder Grundsicherung für Arbeitsuchende zu gewähren ist, ist danach im Wesentlichen vom **Alter** und der **Erwerbsfähigkeit** des Hilfebedürftigen abhängig. Nach § 8 I SGB II ist erwerbsfähig, wer nicht wegen Krankheit oder Behinderung auf absehbare Zeit außerstande ist, unter den üblichen Bedingungen des allgemeinen Arbeitsmarkts mindestens drei Stunden täglich erwerbstätig zu sein (ähnlich § 43 II 2 SGB VI). Im Zweifelsfall stellt die Agentur für Arbeit fest, ob der Arbeitsuchende erwerbsfähig und hilfebedürftig ist. Widerspricht der Sozialhilfeträger der Feststellung, entscheidet die Agentur für Arbeit nach Einholung einer gutachterlichen Stellungnahme des Rentenversicherungsträgers (§ 44a SGB II). Vgl. dazu auch → Rn. 138, 188.

21 Die Bedeutung der Sozialhilfe ist seit dem 1.1.2005 deutlich zurückgegangen. In der Praxis steht die Grundsicherung für Arbeitsuchende im Vordergrund. Sozialhilfeberechtigt kann nur sein, wer nicht – dem Grunde nach – leistungsberechtigt nach dem SGB II ist (§ 21 SGB XII, § 5 SGB II). Der Personenkreis, der Sozialhilfe bezieht, lässt sich daher nur im Umkehrschluss aus dem SGB II, insbesondere aus § 7 SGB II, erschließen. **Sozialhilfe** wird danach im Wesentlichen **nur noch gewährt**:
- **als Hilfe zum Lebensunterhalt** an alle Personen, die **nicht erwerbsfähig** sind und nicht mit einem Erwerbsfähigen in einer Bedarfsgemeinschaft leben. Das sind vor allem:
  – alleinstehende Personen, die nicht erwerbsfähig sind, aber nicht die Voraussetzungen des § 41 SGB XII erfüllen,
  – mehrere zusammenlebende erwerbsunfähige Personen,
  – minderjährige Kinder, die mit einem nicht erwerbsfähigen Elternteil oder mit ihren nicht erwerbsfähigen Eltern zusammenleben, falls sie das 15. Lebensjahr noch nicht vollendet haben oder wenn sie zwar älter, aber ebenfalls erwerbsunfähig sind;

- minderjährige Kinder, die bei Dritten (zB ihren Großeltern) leben und keine Leistungen nach dem SGB VIII, insbesondere nach §§ 32 f. SGB VIII, erhalten, falls sie das 15. Lebensjahr noch nicht vollendet haben oder wenn sie zwar älter, aber ebenfalls erwerbsunfähig sind;
- volljährige nicht erwerbsfähige Kinder, die mit erwerbsunfähigen Eltern zusammenleben;
- Personen, die die Altersgrenze des § 7a SGB II (→ Rn. 186) noch nicht erreicht haben, jedoch eine befristete Rente wegen voller Erwerbsminderung oder bereits vorgezogene Altersrente nach §§ 36 ff. SGB VI, aber (noch) keine Grundsicherung im Alter und bei Erwerbsminderung beziehen (vgl. § 7 IV SGB II);
- Personen, die in einer stationären Einrichtung untergebracht sind oder die sich auf Grund richterlich angeordneter Freiheitsentziehung in einer Einrichtung aufhalten (vgl. § 7 IV SGB II);

• **als Grundsicherung im Alter** und bei Erwerbsminderung an Personen, die die Altersgrenze des § 7a SGB II (→ Rn. 186) erreicht haben, und an voll Erwerbsgeminderte über 18 Jahren (§ 41 SGB XII);

• **als sonstige Hilfen** an alle Hilfebedürftigen, insbesondere als Eingliederungshilfe (→ Rn. 53 ff.), Hilfe zur Pflege (→ Rn. 61 ff.) und zur Gesundheit (→ Rn. 47 ff.), auch wenn Leistungen zur Sicherung des Lebensunterhalts (Sozialgeld) nach dem SGB II bezogen werden.

Erwerbsunfähige, die mit einem erwerbsfähigen Partner zusammenleben, gehören zu der durch ihn begründeten Bedarfsgemeinschaft und erhalten demgemäß Grundsicherung für Arbeitsuchende (§ 7 III Nr. 3 SGB II). Dasselbe gilt, wenn ein unverheiratetes Kind, das das 25. Lebensjahr noch nicht vollendet hat, mit seinen Eltern oder einem Elternteil in einem Haushalt lebt und mindestens einer der Beteiligten erwerbsfähig ist (§ 7 III Nr. 1, 4 SGB II).

Ausländern, die im Besitz einer Niederlassungserlaubnis oder eines befristeten Aufenthaltstitels sind und sich voraussichtlich auf Dauer im Bundesgebiet aufhalten, wird Sozialhilfe unter denselben Voraussetzungen wie Inländern gewährt (§ 23 I 4 SGB XII). Im Übrigen ist die Sozialhilfe bei Ausländern, die sich im Inland tatsächlich aufhalten, auf die Hilfe zum Lebensunterhalt, die Hilfe bei Krankheit, Schwangerschaft und Mutterschaft und die Hilfe zur Pflege beschränkt (§ 23 I 1 SGB XII). Wegen weiterer Einschränkungen vgl. § 23 III, V SGB XII (jeweils geändert 2016). Asylbewerber sind auf Leistungen nach dem Asylbewerberleistungsgesetz angewiesen (§ 23 II SGB XII). Zu Leistungen der Grundsicherung im Alter und bei Erwerbsminderung an Ausländer vgl. → Rn. 139. 22

II. Hilfebedürftigkeit

1. Einsatzgemeinschaft („Bedarfsgemeinschaft")

a) Hilfe zum Lebensunterhalt. Diese Hilfe wird demjenigen gewährt, der seinen notwendigen Lebensunterhalt nicht oder nicht ausreichend aus eigenen Kräften oder Mitteln, vor allem seinem Einkommen oder Vermögen, beschaffen kann (§ 27 I SGB XII). Zur Bemessung der Hilfe zum Lebensunterhalt vgl. → Rn. 47 ff. Zu berücksichtigen ist nicht nur das eigene Einkommen oder Vermögen (dazu → Rn. 29 ff.), sondern auch dasjenige der **Einsatzgemeinschaft** (§ 27 II 2, 3 SGB XII; auch **Bedarfsgemeinschaft** genannt – etwa im SGB II –; zum Begriff s. → Rn. 9). Der Begriff der Bedarfsgemeinschaft ist ungenau, weil er darüber hinwegtäuscht, dass im Sozialhilferecht **jeder Bedürftige einen eigenen Anspruch auf Hilfe zum Lebensunterhalt** hat (→ Rn. 24).[1] Das SGB XII rechnet die gesamten Mittel der Einsatzgemeinschaft dem Hilfebedürftigen zu.[2] 23

---

[1] Näher Doering-Striening in Scholz/Kleffmann FamR-HdB Teil L Rn. 28 ff.
[2] Nr. 172 Empfehlungen DV SGB XII FamRZ 2005, 1387; Grube in Grube/Wahrendorf SGB XII § 19 Rn. 14.

Sozialhilfe wird nur gewährt, wenn und soweit diese Mittel nicht den sozialhilferechtlichen Bedarf aller Mitglieder der Einsatzgemeinschaft decken. Zur Einsatzgemeinschaft zählen zunächst Eheleute (Lebenspartner), die nicht von ihrem Partner getrennt leben. Können minderjährige Kinder ihren notwendigen Lebensunterhalt nicht durch eigenes Einkommen – dazu gehört auch das Kindergeld (§ 82 I 2 SGB XII; vgl. → Rn. 38) – und eigenes Vermögen decken, ist auch das Einkommen und das Vermögen der Eltern oder des Elternteils, bei denen bzw. bei dem das Kind lebt, zu berücksichtigen (§ 27 II 3 SGB XII). Ausreichendes Einkommen oder Vermögen der Eltern steht daher der Gewährung von Sozialhilfe an das Kind entgegen. Auf die Mittel des Ehegatten oder des Partners des Elternteils, bei dem das Kind lebt, kommt es nicht an. Hier ist jedoch zu beachten, dass bei Erwerbsfähigkeit des Elternteils oder des Partners das SGB II anzuwenden ist, das auch Einkommen und Vermögen des Stiefelternteils für den Unterhalt des Kindes heranzieht (§ 7 III Nr. 2 SGB II; vgl. dazu → Rn. 181). Volljährige Kinder sind nach Sozialhilferecht nicht Angehörige der Einsatzgemeinschaft ihrer Eltern (anders § 7 III Nr. 2, 4 SGB II für Kinder bis zum 25. Lebensjahr; vgl. → Rn. 181). Auch Stiefkinder gehören nicht der Einsatzgemeinschaft des Stiefelternteils an; sie können aber unter § 39 SGB XII (→ Rn. 27) fallen.[3] Eine Person, die im Haushalt ihrer Eltern lebt, schwanger ist oder ihr leibliches Kind betreut, das das sechste Lebensjahr noch nicht vollendet hat, ist nicht Teil der Einsatzgemeinschaft, sondern wird als alleinstehend behandelt (vgl. § 19 IV SGB XII).

24 Die Berücksichtigung des Einkommens und Vermögens der Einsatzgemeinschaft ändert nichts daran, dass allein der Hilfebedürftige, nicht die Einsatzgemeinschaft als solche **Inhaber des Anspruchs** auf Sozialhilfe ist.[4] Dies ist insbesondere beim Anspruchsübergang nach § 94 SGB XII von Bedeutung, weil nur der Unterhaltsanspruch des Sozialhilfeempfängers auf den Sozialhilfeträger übergeht (vgl. → Rn. 100). § 27 II 2 SGB XII regelt nur, welches Einkommen und welches Vermögen dem Bedarf des Hilfesuchenden gegenüberzustellen sind.[5]

25 Das SGB XII berücksichtigt bei der Hilfe zum Lebensunterhalt **Unterhaltspflichten zwischen Mitgliedern der Einsatzgemeinschaft** bereits bei der Feststellung des einzusetzenden Einkommens oder Vermögens.[6] Sozialhilfe wird also grundsätzlich nicht gewährt, wenn das Einkommen der Mitglieder der Einsatzgemeinschaft ausreicht, ihren Bedarf zu decken. Nur in begründeten Fällen kann Hilfe zum Lebensunterhalt als sog. erweiterte Hilfe (§ 19 V SGB XII) in Betracht kommen, zB wenn ein Angehöriger der Einsatzgemeinschaft trotz entsprechender Mittel nicht oder nur unzureichend zum Lebensunterhalt beiträgt oder wenn er derzeit nicht liquide ist. Jedoch besteht dann ggf. ein **öffentlich-rechtlicher Anspruch auf Aufwendungsersatz** (§ 19 V SGB XII). Vgl. dazu → Rn. 9.

Im Hinblick auf diese öffentlich-rechtliche Lösung schloss § 94 I 3 SGB XII den Übergang eines zivilrechtlichen Unterhaltsanspruchs auf den Sozialhilfeträger aus, indem er den „Personenkreis nach § 19" vom Anspruchsübergang ausgenommen hat. Daher ging der Anspruch auf **Familienunterhalt** (→ § 3 Rn. 1ff.) nicht nach § 94 I SGB XII über. Der Sozialhilfeträger war vielmehr darauf angewiesen, durch **Verwaltungsakt** Aufwendungsersatz geltend zu machen; dieser Bescheid kann nur vor den Sozialgerichten (vgl. → Rn. 17) angefochten werden. Zur Zumutbarkeit des Aufwendungsersatzes durch den Leistungsberechtigten oder seinen nicht getrennt lebenden Ehegatten bei Aufenthalt in einer stationären oder teilstationären Einrichtung vgl. § 92a SGB XII.

Nach der mit Wirkung ab **1.1.2011** geltenden gesetzlichen **Neufassung** geht die Verweisung in § 94 I 3 SGB XII auf § 19 SGB XII allerdings ins Leere, weil der Personenkreis der Einsatzgemeinschaft nunmehr in § 27 II SGB XII (und nur für die Hilfe zum Lebensunterhalt) geregelt ist und darauf nicht verwiesen ist. Hierbei dürfte es sich allerdings

---

[3] Grube in Grube/Wahrendorf SGB XII § 19 Rn. 19.
[4] BVerwG NJW 1993, 2885; Schellhorn SGB XII § 19 Rn. 5, 12; Grube in Grube/Wahrendorf SGB XII § 19 Rn. 15; vgl. auch BSG FamRZ 2007, 724 (zum SGB II).
[5] BVerwG FamRZ 1999, 781; NJW 1992, 1522; Schellhorn SGB XII § 19 Rn. 12; Münder NJW 2001, 2201 (2202).
[6] Nr. 172 Empfehlungen DV SGB XII FamRZ 2005, 1387.

um ein Redaktionsversehen des Gesetzgebers handeln. Schon um einen Widerspruch zwischen Einkommensheranziehung und Unterhaltsregress zu vermeiden, ist die bisherige Regelung (kein Anspruchsübergang bei Unterhalt innerhalb der Einsatzgemeinschaft) bis zur einer fälligen Textänderung fortzuschreiben. Da ein entgegenstehender Wille des Gesetzgebers nicht erkennbar ist – und wohl eher sozialgesetzgeberisches Desinteresse zu verzeichnen ist –, gilt dieser Befund auch nach den jüngsten Änderungen des § 94 SGB XII[7] unverändert fort. Dass die Fallkonstellation durchaus auch von praktischer Bedeutung ist, zeigt eine Entscheidung des BGH zum Familienunterhalt bei Pflegebedürftigkeit eines Ehegatten im Fall (rechtlich) zusammenlebender Ehegatten.[8]

b) Sonstige Hilfen. Hier ist die Rechtslage ähnlich. Die Hilfe zur Gesundheit (§ 47 SGB XII), die Eingliederungshilfe für behinderte Menschen (§ 53 SGB XII), die Hilfe zur Pflege (§ 61 SGB XII) und weitere Hilfen werden gewährt, soweit dem Leistungsberechtigten, seinem nicht getrennt lebenden Ehegatten (Lebenspartner) und bei einem minderjährigen, unverheirateten Kind grundsätzlich auch den Eltern, die nicht mit dem Kind zusammenleben müssen,[9] die Aufbringung der Mittel aus ihrem Einkommen oder Vermögen nach Maßgabe der §§ 82 ff. SGB XII nicht zuzumuten ist (§ 19 III SGB XII). Wird gleichwohl Hilfe bewilligt, zB weil die Heimkosten das zumutbare Maß übersteigen, kann der Sozialhilfeträger **durch Verwaltungsakt einen öffentlich-rechtlichen Kostenbeitrag** verlangen (§ 19 V SGB XII).[10] Auch hier schließt § 94 I 3 SGB XII analog einen Übergang des Anspruchs auf Familienunterhalt aus. Denn § 19 I 2 SGB XII galt bisher für sämtliche Hilfeformen und war daher vom Verweis in § 94 I 3 SGB XII erfasst, was nunmehr offensichtlich unbeabsichtigt entfallen ist. Vgl. dazu auch → Rn. 25. 26

c) Haushaltsgemeinschaft; eheähnliche Gemeinschaft. § 27 SGB XII wird durch § 39 SGB XII ergänzt. Lebt eine Person, die Sozialhilfe beansprucht, mit anderen in einer Wohnung oder Unterkunft, so wird vermutet, dass sie in einer Haushaltsgemeinschaft gemeinsam wirtschaften und dass sie von ihnen Leistungen zum Lebensunterhalt erhält, soweit dies nach ihrem Einkommen und Vermögen erwartet werden kann. Entgegen dem missverständlichen Wortlaut genügt das Zusammenleben mit einer anderen Person.[11] Anders als § 16 BSHG und § 9 V SGB II setzt § 39 SGB XII nicht voraus, dass die Haushaltsgemeinschaft mit Verwandten oder Verschwägerten besteht. 27

§ 39 SGB XII begründet keinen über das BGB hinausgehenden Unterhaltsanspruch. Er enthält lediglich die widerlegbare Vermutung, dass der Bedarf durch Zuwendungen des Anderen gedeckt ist. Ihm müssen allerdings Mittel verbleiben, die deutlich über der Hilfe zum Lebensunterhalt liegen, die er selbst erhalten könnte. Bei einander unterhaltspflichtigen Personen wird in der Regel das Doppelte des Regelsatzes angesetzt werden müssen, bei nicht Unterhaltspflichtigen wohl noch mehr.[12] Von praktischer Bedeutung ist § 39 SGB XII vor allem, wenn ein minderjähriges oder volljähriges Kind bei seinen Großeltern lebt. Bei hinreichender Leistungsfähigkeit der Großeltern erhält es keine Sozialhilfe. Ihm verbleibt aber ggf. ein Anspruch auf Unterhalt gegen seine Eltern. Die Leistungen der nachrangig haftenden Großeltern sind in der Regel freiwillige Leistungen Dritter, die nur bei entsprechendem Willen des Leistenden die Eltern entlasten (vgl. → § 2 Rn. 121 ff.).

Personen, die in **eheähnlicher oder lebenspartnerschaftsähnlicher Gemeinschaft** leben, bilden nach Sozialhilferecht im Gegensatz zur Vorschrift des § 7 III Nr. 3c SGB II keine Bedarfs- oder Einsatzgemeinschaft. Jedoch dürfen sie nach § 20 S. 1 SGB XII BSHG hinsichtlich der Voraussetzungen sowie des Umfangs der Sozialhilfe nicht besser gestellt werden als Ehegatten; § 39 SGB XII gilt entsprechend. Dies gilt nicht nur für die Hilfe 28

---

[7] Zuletzt durch Art. 13 Nr. 32 des Gesetzes vom 23.12.2016 (BGBl. I S. 3234) mit Wirkung vom 1.1.2020.
[8] BGH FamRZ 2016, 1142.
[9] Nr. 179 Empfehlungen DV SGB XII FamRZ 2005, 1387; Wenzel in Fichtner/Wenzel, Grundsicherung, § 19 SGB XII Rn. 41; a. A. Grube in Grube/Wahrendorf SGB XII § 19 Rn. 29.
[10] Nr. 178 Empfehlungen DV SGB XII FamRZ 2005, 1387.
[11] Schellhorn SGB XII § 36 Rn. 6.
[12] BVerwG NJW 1996, 2880 (zu § 16 BSHG); zum Zusammenleben des Kindes mit seinem Stiefvater vgl. BVerwG FamRZ 1999, 780.

zum Lebensunterhalt, sondern auch für Hilfen nach dem 5. bis 9. Kapitel des SGB XII, zB die Hilfe zur Pflege.[13] Seit dem 1.8.2006 kann eine solche Gemeinschaft nicht nur zwischen Mann und Frau, sondern auch zwischen gleichgeschlechtlichen Partnern bestehen.[14] Die verfassungsrechtlichen Bedenken gegen die unterschiedliche Behandlung von Ehegatten und Lebenspartnern nach der ursprünglichen Fassung des § 20 SGB XII[15] sind damit ausgeräumt. Das Zusammenleben muss auf Dauer angelegt sein, über eine reine Haushalts- und Wirtschaftsgemeinschaft hinausgehen und sich durch innere Bindungen auszeichnen, die ein gegenseitiges Einstehen der Partner füreinander begründen.[16] Liegen die Voraussetzungen einer eheähnlichen oder lebenspartnerschaftsähnlichen Gemeinschaft vor, sind die Partner einer solchen Gemeinschaft wie ein nicht getrennt lebender Ehegatte in die Einsatzgemeinschaft einzubeziehen.[17] In der Sache ergibt sich weitgehend dieselbe Rechtslage, die – ebenfalls ab 1.8.2006 – nach § 7 III Nr. 3c SGB II bei der Grundsicherung für Arbeitsuchende besteht; allerdings fehlt im Sozialhilferecht eine Vermutung für das Bestehen einer ehe- oder lebenspartnerschaftsähnlichen Gemeinschaft, wie sie sich aus § 7 III a SGB II ergibt.

2. Einsatz des Einkommens und des Vermögens

29   **a) Abgrenzung des Einkommens vom Vermögen.** Die nachfragende Person, früher der Hilfesuchende genannt, hat zur Deckung seines sozialhilferechtlichen Bedarfs (→ Rn. 47 ff.) ihr Einkommen einzusetzen, das ihr in der Zeit des Bedarfs zur Verfügung steht. Dasselbe gilt für ihr Vermögen. Einkommen ist alles, was jemandem in der **Bedarfszeit** wertmäßig zufließt, und Vermögen das, was er in der Bedarfszeit bereits besitzt. Mittel, die der Hilfesuchende früher als Einkommen erhalten und nicht verbraucht hat, werden, soweit sie in der aktuellen Bedarfszeit noch vorhanden sind, Vermögen. Dabei ist Bedarfszeit die Zeit, in der der Bedarf besteht und zu decken ist. Entscheidend ist der Zeitpunkt, zu dem die Mittel dem Hilfesuchenden tatsächlich zufließen, falls nicht das Gesetz ein anderes bestimmt (vgl. § 87 II, III SGB XII).[18]

30   **b) Einkommen.** Der Einkommensbegriff des Sozialhilferechts weicht aus sozialpolitischen Gründen in einzelnen Punkten von demjenigen des Unterhaltsrechts ab.[19] Er gilt sowohl für die Hilfe zum Lebensunterhalt (→ Rn. 46 ff.) als auch für die sonstigen Hilfen nach dem 5. bis 9. Kapitel des SGB XII (→ Rn. 57).

Die **Einkommensermittlung** richtet sich nach §§ 82 bis 89 SGB XII. Die wichtigste Vorschrift ist § 82 SGB XII. Danach gehören zum Einkommen im Sinne des SGB XII grundsätzlich alle Einkünfte in Geld oder Geldeswert, also alle Leistungen, die dem Berechtigten zufließen,[20] und zwar ohne Rücksicht auf ihre Art und die Tatsache, ob sie laufend oder einmalig anfallen. Es kommt nicht darauf an, ob sie einkommensteuerpflichtig sind oder nicht. Einkommen sind auch Unterhaltsansprüche, sogar Unterhaltsleistungen, die tatsächlich erbracht werden, ohne dass darauf ein Anspruch besteht (vgl. → Rn. 7). Der Grundsatz, dass alle geldwerten Einkünfte sozialhilferechtliches Einkommen sind, ist jedoch durch zahlreiche Ausnahmen durchlöchert. Insbesondere sozialstaatliche Zuwendungen bleiben in weitem Umfang unberücksichtigt (→ Rn. 39). Bei der Hilfe nach dem 5. bis 9. Kapitel des SGB XII sind besondere Einkommensgrenzen zu beachten. Vgl. dazu → Rn. 42.

31   Einkommen aus Erwerbstätigkeit wird, wenn die Gewährung von Sozialhilfe in Betracht kommt, im Allgemeinen gering sein, da nur Personen, die weniger als drei Stunden täglich erwerbstätig sein können, Hilfe zum Lebensunterhalt erhalten (vgl. §§ 5 II 1, 8 I SGB II,

---

[13] BVerwG NJW 1985, 2284 (zum BSHG).
[14] Art. 8 Nr. 1 des Gesetzes zur Fortentwicklung der Grundsicherung für Arbeitsuchende vom 25.7.2006 – BGBl. I S. 1706.
[15] SozG Düsseldorf NJW 2005, 845; a. A. LSG Düsseldorf NJW 2005, 2253.
[16] BVerfG FamRZ 1993, 194 (198); BVerwG FamRZ 1995, 1352.
[17] OLG Düsseldorf FamRZ 1999, 885.
[18] BVerwG FamRZ 1999, 1654 = NJW 1999, 3649.
[19] BGH FamRZ 1999, 843 (846).
[20] BSG FamRZ 2008, 51; BGH FamRZ 2007, 1156 = R 667b.

§ 21 SGB XII. Hinweise für die Ermittlung des Einkommens, insbesondere des Einkommens aus unselbstständiger Tätigkeit, enthält die **Verordnung zur Durchführung des § 82 SGB XII** (DVO).[21] Auszugehen ist von den monatlichen Bruttoeinnahmen (§ 3 III 1 DVO). Einmalige Zahlungen (**Sonderzuwendungen**, Gratifikationen, Steuererstattungen usw) sind wie im Unterhaltsrecht auf einen angemessenen Zeitraum zu verteilen und monatlich mit einem entsprechenden Teilbetrag anzusetzen (§ 3 III 2, 3 DVO).[22] Nach § 82 II SGB XII sind vom Bruttoeinkommen abzusetzen:
– auf das Einkommen entrichtete Steuern,
– Pflichtbeiträge zur Sozialversicherung einschließlich der Beiträge zur Arbeitsförderung,
– Versicherungsbeiträge, soweit sie gesetzlich vorgeschrieben oder nach Grund und Höhe angemessen sind,
– (Mindest-)Beiträge zur Altersversorgung nach §§ 82, 86 EStG (Riesterrente),
– die mit der Erzielung des Einkommens verbundenen notwendigen Ausgaben.

Als **Versicherungsbeiträge** erkennen die Sozialhilfeträger Beiträge zu einer privaten **32** Familienhaftpflichtversicherung und zu einer Hausratsversicherung an,[23] allerdings nur in angemessener Höhe.[24]

Die mit der Erzielung des Einkommens verbundenen notwendigen Ausgaben, also die **Werbungskosten**, werden grundsätzlich nicht pauschaliert. Berücksichtigt werden vor allem Kosten für Fahrten zwischen Wohnung und Arbeitsstelle mit öffentlichen Verkehrsmitteln sowie Gewerkschaftsbeiträge (§ 3 IV Nr. 2 und 3 DVO). Nur in Ausnahmefällen wird die Benutzung eines Kfz als notwendig und angemessen anerkannt; ggf. sind monatlich 5,20 EUR für jeden vollen Kilometer abzuziehen, den die Wohnung von der Arbeitsstätte entfernt liegt, jedoch nicht mehr als für 40 km (§ 3 VI Nr. 2 DVO). Ob neben der Pauschale von 5,20 EUR die Kosten einer Haftpflichtversicherung für das Kfz abgezogen werden können,[25] halte ich für fraglich. Für Arbeitsmittel kann ein Pauschbetrag von 5,20 EUR pro Monat angesetzt werden (§ 3 V DVO).

Die Einkommensermittlung entspricht danach weitgehend dem Unterhaltsrecht. Jedoch **33** werden dort berufsbedingte Aufwendungen häufig, wie zB in der Düsseldorfer Tabelle Stand: 1.1.2019 (Anm. A 3), mit einer Pauschale von 5% der Erwerbseinkünfte abgegolten (vgl. dazu → § 1 Rn. 124). Beiträge zu Versicherungen außerhalb der üblichen Alters-, Kranken-, Pflege- und Arbeitslosenvorsorge müssen im Unterhaltsrecht in der Regel aus dem Einkommen, notfalls aus dem Selbstbehalt aufgebracht werden.

Bei Personen, die Hilfe zum Lebensunterhalt oder Grundsicherung im Alter und bei **34** Erwerbsminderung beziehen, ist ferner ein **Freibetrag** in Höhe **von 30% des Einkommens aus** selbständiger oder unselbständiger **Erwerbstätigkeit** abzusetzen (§ 82 III 1 SGB XII). Da dies zu beachtlichen, offensichtlich unangemessenen Freibeträgen führen konnte, änderte der Gesetzgeber § 82 III 1 SGB XII mit Wirkung ab 3.12.2006 dahin, dass höchstens 50% des Eckregelsatzes (nunmehr: Regelbedarfsstufe 1; Anlage zu § 28 SGB XII), derzeit 182 EUR (vgl. → Rn. 49 f.), abgesetzt werden dürfen.[26] Für Einkünfte, die durch Arbeit in einer Behindertenwerkstatt erzielt werden, gilt eine besondere Regelung (vgl. § 82 III 2 SGB XII). Außerdem gilt eine Sonderregelung für gewisse steuerfreie Einkünfte (§ 82 III 4 SGB XII).

Schulden sind bei der sozialhilferechtlichen Einkommensermittlung grundsätzlich **35** nicht abzuziehen. Anders als § 11b I 1 Nr. 7 SGB II (→ Rn. 197) sieht § 82 SGB XII den Abzug titulierter Unterhaltsverpflichtungen vom Einkommen nicht vor. Jedoch ist seit langem anerkannt, dass vom Gläubiger gepfändete Einkünfte zur Bestreitung des notwendigen Lebensunterhalts nicht zur Verfügung stehen.[27] Dasselbe gilt, wenn gegen

---

[21] Vom 28.11.1962 – BGBl. I S. 692 (früher genannt: VO zur Durchführung des § 76 BSHG), zuletzt geändert durch Gesetz vom 22.12.2015 – BGBl. I S. 2557.
[22] BVerwG FamRZ 1999, 1653 = NJW 1999, 3649.
[23] BVerwG NJW 2004, 87.
[24] Schellhorn SGB XII § 82 Rn. 41.
[25] Vgl. dazu BVerwGE 62, 261 (264); Schellhorn SGB XII § 82 Rn. 40.
[26] § 82 III 1 SGB XII in der Fassung des Gesetzes vom 2.12.2006 – BGBl. I S. 2670.
[27] BVerwGE 55, 148 (152).

den Anspruch auf Arbeitslohn mit einer Gegenforderung aufgerechnet worden und die Aufrechnung trotz § 390 BGB zulässig ist.[28] Der Sozialhilfeträger kann Schulden als Beihilfe oder Darlehen übernehmen, wenn dies zur Sicherung der Unterkunft oder der Behebung einer vergleichbaren Notlage gerechtfertigt ist (§ 36 I SGB XII). Vgl. → Rn. 56.

36 **Fiktives Einkommen** kann im Sozialhilferecht grundsätzlich nicht berücksichtigt werden.[29] Dies beruht darauf, dass aus der Verletzung der Erwerbsobliegenheit im Sozialhilferecht andere Konsequenzen als im Unterhaltsrecht zu ziehen sind (vgl. → Rn. 10; → § 1 Rn 735 ff., → § 2 Rn. 243 ff.). Dem Unterhaltsschuldner wird bei Verletzung seiner Erwerbsobliegenheit ein fiktives Einkommen zugerechnet; im Sozialhilferecht ist dagegen von den niedrigeren tatsächlichen Einkünften auszugehen.[30] Zu den Schwierigkeiten für die sozialhilferechtliche Vergleichsberechnung vgl. → Rn. 131 ff., 261.

37 Der **Wohnwert** eines Hausgrundstücks oder einer Eigentumswohnung ist grundsätzlich kein sozialhilferechtliches Einkommen.[31] Entscheidend ist allein, welche Wohnkosten dem Leistungsberechtigten tatsächlich entstehen. Diese sind bei der Bemessung der Sozialhilfe grundsätzlich zu berücksichtigen (§ 35 I 1 SGB XII; zu den Einzelheiten vgl. → Rn. 52). Zahlt der Leistungsberechtigte keine Miete und trägt er auch keine Belastungen für eine Eigentumswohnung oder ein Eigenheim, zB weil der getrennt lebende Ehegatte diese Kosten aufbringt, wird insoweit keine Sozialhilfe geleistet. Wohngeld wird seit dem 1.1.2005 neben der Sozialhilfe nicht mehr gewährt (§ 7 I 1 Nr. 6 WohngeldG). Vielmehr hat der Sozialhilfeträger den angemessenen Wohnbedarf durch eigene Zahlungen sicherzustellen.

38 **Kindergeld** (vgl. → Rn. 3, → § 2 Rn. 700 ff.) ist Einkommen im Sinne des Sozialhilferechts, und zwar desjenigen, an den es ausgezahlt wird.[32] Jedoch ist es dem minderjährigen Kind, dagegen nicht dem volljährigen Kind (anders nach § 11 I 3 in Verbindung mit § 7 III Nr. 2, 4 SGB II: auch volljährigen Kindern) als Einkommen zuzurechnen, soweit es bei diesem zur Deckung des notwendigen Lebensbedarfs mit Ausnahme der (rückwirkend zum 1.1.2011 eingeführten) Bedarfe für Bildung und Teilhabe (§ 34 SGB XII) benötigt wird (§ 82 I 3 SGB XII). Im Übrigen ist es Einkommen des Elternteils dem es nach §§ 62, 64 EStG zusteht.[33] Dessen Einkommen ist es auch dann, wenn das volljährige Kind nicht in seinem Haushalt wohnt oder behindert ist. Eine entsprechende Anwendung des § 82 I 3 SGB XII kommt nicht in Betracht.[34] Wird das Kindergeld an das volljährige Kind selbst ausgezahlt, ist es als dessen Einkommen zu behandeln.[35] Ebenso ist zu verfahren, wenn ein Elternteil das Kindergeld bezieht, es aber als Geldbetrag an das Kind tatsächlich weiterleitet; die Gewährung von Naturalunterhalt reicht dagegen nicht aus.[36] Liegen die Voraussetzungen für eine Abzweigung des Kindergeldes nach § 74 EStG vor (→ § 2 Rn. 712), kann das Kind verpflichtet sein, bei der Familienkasse einen Abzweigungsantrag zu stellen. In einem solchen Fall ist dem Kind das Kindergeld als eigenes Einkommen zuzurechnen.[37] Bei der Eingliederungshilfe und der Hilfe zur Pflege für volljährige Kinder geht deren Unterhaltsanspruch nur in Höhe von höchstens 60,– EUR nach § 94 II 1 SGB XII auf den Sozialhilfeträger über (→ Rn. 88). Diese Vorschrift geht § 82 I 3 SGB XII vor.[38] In Höhe des Restbetrages von 144,– EUR kann das Kindergeld daher für sonstige Bedürfnisse verwendet werden.

---

[28] Vgl. BVerwG NJW 1983, 2276.
[29] BGH FamRZ 1998, 818; 1999, 843 (846); 2000, 1358; 2001, 619; OLG Düsseldorf FamRZ 1999, 127 = NJW 1998, 1502; a. A. OLG Karlsruhe FamRZ 1995, 615.
[30] OLG Düsseldorf FamRZ 1999, 127 = NJW 1998, 1501 (zur Arbeitslosenhilfe).
[31] LG Duisburg FamRZ 1992, 1086.
[32] BSG FamRZ 2008, 51; BGH FamRZ 2017, 633 (Prozesskostenhilfe).
[33] BSG FamRZ 2008, 886 (zum SGB II); BGH FamRZ 2017, 633 (Prozesskostenhilfe); Schellhorn SGB XII § 82 Rn. 19; vgl. auch BVerwG NJW 2004, 2341.
[34] BSG FamRZ 2008, 51.
[35] BSG FamRZ 2008, 1068 (zu §§ 41 ff. SGB XII); 2008, 886 (zum SGB II).
[36] BSG FamRZ 2008, 51.
[37] BSG FamRZ 2008, 51.
[38] Schellhorn SGB XII § 82 Rn. 19.

2. Abschnitt: Sozialhilfe und Unterhalt § 8

Im Gegensatz zum Unterhaltsrecht, nach dem – von wenigen Ausnahmen abgesehen 39 (vgl. → Rn. 5) – alle Einkünfte ohne Rücksicht auf ihre Zweckbestimmung angerechnet werden (vgl. → § 1 Rn. 22, 54 ff., 664 ff.), sind im Sozialhilferecht bestimmte Einkünfte und Einkommensteile nicht zu berücksichtigen. Sie sind bei Prüfung der Bedürftigkeit als nicht existent zu behandeln. Dies gilt auch dann, wenn diese Einkünfte von Personen bezogen werden, die mit dem Leistungsberechtigten in einer Einsatzgemeinschaft, einer Haushaltsgemeinschaft oder einer eheähnlichen (lebenspartnerschaftsähnlichen) Gemeinschaft zusammenleben (vgl. dazu → Rn. 23 ff.). Kein Einkommen nach Sozialhilferecht sind insbesondere:

– Leistungen nach dem SGB XII (§ 82 I 1 SGB XII) einschließlich der Leistungen der Grundsicherung im Alter und bei Erwerbsminderung nach §§ 41 ff. SGB XII (vgl. dazu → Rn. 135 ff.); das im Rahmen der Hilfe zur Pflege gewährte Pflegegeld nach § 64 SGB XII, das der Leistungsberechtigte an eine Pflegeperson weiterleitet, die selbst der Sozialhilfe bedarf, ist nicht als deren Einkommen anzusehen;[39] ferner die **Grundrente** nach dem Bundesversorgungsgesetz (BVG), Renten nach den Gesetzen, die eine entsprechende Anwendung des BVG vorsehen, sowie bestimmte Renten und Beihilfen nach dem Bundesentschädigungsgesetz bis zur Höhe der vergleichbaren Grundrente nach dem BVG (§ 82 I 1 SGB XII); außerdem Einkünfte aus Rückerstattungen von aus dem Regelsatz erbrachten Vorauszahlungen (insoweit Korrektur der Rechtsprechung des BSG[40]);

– **Leistungen,** die auf Grund öffentlich-rechtlicher Vorschriften **zu einem ausdrücklich genannten Zweck** gewährt werden, es sei denn, dass die Sozialhilfe im Einzelfall demselben Zweck dient (§ 83 I SGB XII);

– Leistungen aus der gesetzlichen oder privaten Pflegeversicherung nach dem SGB XI (§ 13 V 1, 2 SGB XI), und zwar auch dann, wenn das Pflegegeld nicht voll für den Pflegebedürftigen benötigt, sondern an die Pflegeperson weitergeleitet wird, die selbst der Sozialhilfe bedarf.[41] Zur unterhaltsrechtlichen Behandlung des weitergeleiteten Pflegegeldes vgl. § 13 VI SGB XI sowie → § 1 Rn. 463 ff., → § 2 Rn. 329;

– das **Schmerzensgeld** (§ 83 II SGB XII), das allerdings zu Vermögen wird, wenn es nicht ausgegeben wird (vgl. Rn. 29); der Einsatz des Schmerzensgeldes stellt aber in der Regel eine Härte im Sinne des § 90 III SGB XII dar und kann daher grundsätzlich nicht verlangt werden (→ Rn. 44).[42]

– das **Erziehungsgeld** für bis zum 31.12.2006 geborene Kinder (§ 8 I 1 BErzGG). Die Nichtanrechnung des **Elterngelds** (für Kinder, die ab 1.1.2007 geboren sind), in Höhe des Sockelbetrages von 300 EUR bzw. 150 EUR (§ 10 I, III BEEG) ist durch die zum 1.1.2011 in Kraft getretene gesetzliche Neuregelung weitgehend abgeschafft worden (§ 10 V BEEG). Zum **bayerischen Familiengeld**, das das frühere Betreuungsgeld fortschreiben soll, fehlt es schon mangels Gesetzgebungskompetenz der Länder an einer entsprechenden Anrechnungsregelung (zur Einkommensanrechnung → § 1 Rn. 119a).

Zuwendungen der freien Wohlfahrtspflege sind grundsätzlich kein Einkommen (§ 84 I 40 SGB XII). Freiwillige Leistungen, die ein Dritter ohne rechtliche oder sittliche Verpflichtung gewährt, sollen – abweichend vom Unterhaltsrecht (→ § 2 Rn. 121 ff.) – nur bei besonderer Härte für den Empfänger anrechnungsfrei bleiben (§ 84 II SGB XII).

Die Frage, ob Leistungen der **Grundsicherung für Arbeitsuchende** als Einkommen 41 im Sinne des SGB XII zu behandeln sind, stellt sich regelmäßig nicht, da § 5 II 1 SGB II, § 21 S. 1, 2 SGB XII die Grundsicherung und die Sozialhilfe voneinander abgrenzen und der Anspruch auf Leistungen zur Sicherung des Lebensunterhalts nach §§ 19 ff. SGB II Hilfe zum Lebensunterhalt nach §§ 27 ff. SGB XII ausschließt.

Bei **Leistungen nach dem 5. bis 9. Kapitel** (§§ 47 bis 74 SGB XII) ist nach § 85 I, II 42 SGB XII der nachfragenden Person, dem Ehegatten (Lebenspartner) bzw. den Eltern eines

---

[39] BVerwGE 90, 217 = NwVZ 1993, 66 (zu § 69a BSHG).
[40] BR-Drucks. 661/10, 210 (anders BSG FEVS 61, 97).
[41] BVerwGE 90, 217 = NwVZ 1993, 66 (zu § 69a BSHG).
[42] BVerwG FamRZ 1995, 1348 (zu § 77 BSHG); anders für das Unterhaltsrecht BGH FamRZ 1989, 170 = R 379b; dazu → § 1 Rn. 482, → § 2 Rn. 259.

minderjährigen unverheirateten Kindes die Aufbringung der Mittel nicht zuzumuten, wenn ihr monatliches Einkommen während der Dauer des Bedarfs zusammen eine **Einkommensgrenze** nicht übersteigt, die sich ergibt aus
- einem Grundfreibetrag in Höhe des Zweifachen der Regelbedarfsstufe 1 nach der Anlage zu § 28 SGB XII (Regelbedarfsstufe 1),
- den angemessenen Kosten der Unterkunft ohne Heizung,[43]
- einem Familienzuschlag in Höhe von 70% der Regelbedarfsstufe 1 für den Ehegatten (Lebenspartner) und für jede von ihnen oder dem Leistungsberechtigten unterhaltene Person; bei minderjährigen unverheirateten Kindern wird für einen Elternteil der Grundfreibetrag, für den anderen, für das Kind und für jede von ihnen unterhaltene Person der Familienzuschlag gewährt (wegen der Einzelheiten vgl. § 85 I Nr. 3, II Nr. 3 SGB XII).

Die Einkommensgrenzen liegen teilweise über, bei erheblich Pflege- und bei Schwerstpflegebedürftigen teilweise deutlich unter den Einkommensgrenzen, die sich aus §§ 79, 81 BSHG ergaben. Vgl. dazu die 6. Auflage → § 6 Rn. 538.

Erst bei Überschreitung der Einkommensgrenze ist der Einsatz des Einkommens in angemessenem Umfang zumutbar (§ 87 I 1 SGB XII). Zur Angemessenheit vgl. § 87 II 2 SGB XII. In Ausnahmefällen ist auch Einkommen unterhalb der Einkommensgrenze einzusetzen (§ 88 I SGB XII). Nach § 92a I SGB XII kann bei stationärem oder teilstationären Aufenthalt in einer Einrichtung vom Leistungsberechtigten und seinem nicht getrenntlebenden Ehegatten (Lebenspartner) die Aufbringung der Mittel für Hilfe zum Lebensunterhalt und für Grundsicherung im Alter und bei Erwerbsminderung aus dem gemeinsamen Einkommen verlangt werden, soweit Aufwendungen für den häuslichen Lebensunterhalt erspart werden, bei voraussichtlich längerem stationärem Aufenthalt in der Regel auch darüber hinaus (§ 92a II SGB XII). Nach Unterhaltsrecht ist der Bewohner einer Einrichtung dagegen berechtigt, seine gesamten Einkünfte zunächst für seinen eigenen Bedarf, insbesondere die Kosten eines Pflegeheims, zu verwenden und den Unterhaltsberechtigten auf die Inanspruchnahme von Sozialhilfe zu verweisen. Dies gilt auch dann, wenn der Sozialhilfeträger die Einkünfte nach §§ 82 ff. SGB XII nur teilweise zur Deckung der Pflegekosten heranziehen darf.[44]

43 c) **Vermögen.** Neben dem Einkommen (→ Rn. 30 ff.) ist nach § 90 I SGB XII – dem Familienrechtler durch die Verweisung in § 115 III ZPO bekannt – das gesamte verwertbare Vermögen einzusetzen. Zur Abgrenzung von Einkommen und Vermögen vgl. → Rn. 29. Der Sozialhilfeträger darf den Einsatz oder die Verwertung bestimmter Vermögensbestandteile nicht verlangen (§ 90 II SGB XII). Dies gilt nach § 90 II Nr. 8 SGB XII insbesondere für ein angemessenes **Hausgrundstück,** das von der nachfragenden Person oder einem Mitglied der Einsatzgemeinschaft im Sinne des „§ 19 I bis III SGB XII" (auch hier ist die gesetzliche Verweisung allerdings nicht an die Neufassung der § 19 SGB XII und § 27 SGB XII angepasst worden; vgl. → Rn. 23, 25; in § 1 I Nr. 1 der Verordnung zur Durchführung des § 90 II Nr. 9 SGB XII – zuletzt geändert durch Verordnung vom 22.3.2017 (BGBl. I S. 519) – ist dagegen hinsichtlich der kleineren Barbeträge auf § 27 SGB XII Bezug genommen worden) allein oder zusammen mit Angehörigen ganz oder teilweise bewohnt wird. Die Angemessenheit bestimmt sich nach der Zahl der Bewohner, dem Wohnbedarf, der Größe, dem Zuschnitt, der Ausstattung und dem Wert des Hausgrundstücks oder der Eigentumswohnung.[45] Nach § 90 II Nr. 9 SGB XII bleiben kleinere Barbeträge und sonstige Geldwerte grundsätzlich anrechnungsfrei. Nach § 1 I 1 Nr. 1 der VO zur Durchführung des § 90 II Nr. 9 SGB XII beträgt dieses **Schonvermögen** für jede in § 19 III, § 27 I und II, § 41 und § 43 I 2 SGB XII genannte volljährige Person sowie für jede alleinstehende minderjährige Person 5000 EUR (Nr. 1) und für jede Person, die von einer Person nach Nr. 1 überwiegend unterhalten wird 500 EUR (Nr. 2). Nach § 2 der VO zur Durchführung des § 90 II Nr. 9 SGB XII ist der

---

[43] Schellhorn SGB XII § 85 Rn. 20; Grube in Grube/Wahrendorf SGB XII § 85 Rn. 14; a. A. Conradis in LPK/SGB XII § 85 Rn. 5.
[44] BGH FamRZ 2004, 1370; 1990, 849.
[45] Dazu im einzelnen Schellhorn SGB XII § 90 Rn. 56 ff.; vgl. auch BVerwG NJW 1993, 1024.

Betrag nach § 1 im Einzelfall angemessen zu erhöhen, wenn eine besondere Notlage der nachfragenden Person besteht, wobei insbesondere Art und Dauer des Bedarfs sowie besondere Belastungen zu berücksichtigen sind. Bei der Eingliederungshilfe für behinderte Menschen gilt nach § 60a SGB XII (bis zum 31.12.2019; danach soll eine entsprechende Regelung in das SGB IX aufgenommen werden) ein erhöhter Vermögensfreibetrag von bis zu 25.000 EUR. Nach der Rechtsprechung des **BGH** gilt dieser erhöhte Freibetrag allerdings mangels ausdrücklicher gesetzlicher Verweisung in § 1836c BGB nicht beim Vermögenseinsatz für die Betreuervergütung.[46]

Sozialhilfe darf nicht vom Einsatz oder der Verwertung eines Vermögens abhängig **44** gemacht werden, soweit dies für den Hilfeempfänger und seine unterhaltsberechtigten Angehörigen eine **Härte** bedeuten würde (§ 90 III SGB XII; zur Eingliederungshilfe für behinderte Menschen → Rn. 43). Dies kann der Fall sein, wenn ein PKW, der – anders als nach § 12 III 1 Nr. 2 SGB II (→ Rn. 199) – grundsätzlich zum einzusetzenden Vermögen gehört, für die Betreuung von Kleinkindern benötigt wird und ein etwaiger Verkaufserlös außer Verhältnis zu den bei Veräußerung zu besorgenden Nachteilen steht.[47] Der Einsatz von Schmerzensgeld stellt eine Härte im Sinne des § 90 III SGB XII dar.[48] Eine Härte liegt bei Leistungen nach dem 5. bis 9. Kapitel vor, soweit eine angemessene Lebensführung oder die Aufrechterhaltung einer angemessenen Alterssicherung wesentlich erschwert würden (§ 90 III 2 SGB XII).[49] Über § 90 III SGB XII hinaus wird der Unterhaltsschuldner durch § 94 III 1 Nr. 2 SGB XII geschützt. Danach ist der Übergang des Unterhaltsanspruchs auf den Sozialhilfeträger ausgeschlossen, wenn er eine unbillige Härte bedeuten würde. Vgl. dazu → Rn. 87 ff.

Die Sozialämter sehen bei der Berechnung des Unterhalts, insbesondere beim Verwand- **45** tenunterhalt, teilweise beachtliche Werte als **unterhaltsrechtliches Schonvermögen** an. Die Empfehlungen des Deutschen Vereins zum SGB XII 2008 zur Rechtsprechung des BGH[50] sehen in der Fassung von 2008[51] im Gegensatz zu früheren Fassungen[52] konkrete Schonbeträge nicht mehr vor.

Besitzt der Unterhaltsberechtigte nach § 90 II, III SGB XII geschütztes Vermögen, dessen Stamm er nach bürgerlichem Recht für seinen Unterhalt einzusetzen hat, kann der Pflichtige vom Sozialhilfeträger nicht auf Unterhalt in Anspruch genommen werden, obwohl der Berechtigte im sozialhilferechtlichen Sinne bedürftig ist.[53] Ein Unterhaltsanspruch kann daher nicht auf den Sozialhilfeträger übergehen. Dieser kann jedoch in vielen Fällen nach dem Tode des Leistungsberechtigten auf das Schonvermögen zurückgreifen, indem er den Erben nach § 102 SGB XII auf Ersatz der Kosten der Sozialhilfe in Anspruch nimmt.[54]

III. Hilfe zum Lebensunterhalt

1. Anspruchsberechtigung

Seit dem 1.1.2005 spielt die Hilfe zum Lebensunterhalt nach dem SGB XII nur noch **46** eine untergeordnete Rolle, da jeder Erwerbsfähige und die Angehörigen, die mit ihm in einer Bedarfsgemeinschaft leben, auf Leistungen zur Sicherung des Lebensunterhalts nach

---

[46] BGH BeckRS 2019, 6782.
[47] OVG Bautzen FamRZ 1998, 1069.
[48] BVerwG FamRZ 1995, 1348.
[49] Vgl. dazu Schellhorn SGB XII § 90 Rn. 83 ff.; auch BSG FamRZ 1999, 1655 mAnm Büttner (zu §§ 133, 137 AFG).
[50] FamRZ 2006, 1511 mAnm Klinkhammer = R 658c–e, g.
[51] Nr. 101 ff.
[52] Zuletzt FamRZ 2005, 1387 Nr. 95.5.
[53] Vgl. BGH FamRZ 2004, 1370; wie der Text jetzt auch Nr. 85 S. 6 Empfehlungen DV SGB XII FamRZ 2005, 1387 im Gegensatz zu Nr. 79 der Empfehlungen DV FamRZ 2002, 931. Vgl. dazu die 6. Auflage § 6 Rn. 536a.
[54] So mit Recht Münder NJW 2001, 2201 (2206).

§§ 19 ff. SGB II verwiesen sind (§ 5 II 1 SGB II, § 21 S. 1 SGB XII). Hilfe zum Lebensunterhalt erhalten daher nur noch die in → Rn. 21 aufgeführten Personen. Abweichend hiervon kann der Sozialhilfeträger Schulden von Personen übernehmen, die unter das SGB II fallen, nur über geringes Einkommen verfügen, aber noch nicht hilfebedürftig im Sinne des § 9 SGB II sind (§§ 21 S. 2, 36 I 1, 2 SGB XII).[55] Vgl. dazu → Rn. 35, 56. Hilfe zum Lebensunterhalt darf nicht gewährt werden, wenn die Leistungen zur Sicherung des Lebensunterhalts wegen Verletzung der Erwerbsobliegenheit oder sonstiger Pflichten nach § 31 SGB II oder Leistungen für Unterkunft und Heizung nach § 22 SGB II nicht oder nicht vollständig vom Träger der Grundsicherung übernommen werden. Hilfe zum Lebensunterhalt kommt ferner nicht in Betracht, wenn ein Anspruch auf Leistungen der Grundsicherung im Alter und bei Erwerbsminderung besteht (§ 19 II 2 SGB XII). Leistungen nach dem SGB VIII, insbesondere die Hilfen zur Erziehung nach §§ 33, 34 SGB VIII (Vollzeitpflege, Heimerziehung), gehen Leistungen nach dem SGB XII und damit der Hilfe zum Lebensunterhalt vor (§ 10 IV SGB VIII).

2. Notwendiger Unterhalt

47   **a) Bedarf nach Sozialhilferecht.** Nach § 27a I 1 SGB XII umfasst der notwendige Lebensunterhalt insbesondere Ernährung, Unterkunft, Kleidung, Körperpflege, Hausrat, Heizung und persönliche Bedürfnisse des täglichen Lebens. Dazu gehören in vertretbarem Umfang auch die Beziehungen zur Umwelt und die Teilnahme am kulturellen Leben (§ 27a I 2 SGB XII). Für Schülerinnen und Schüler umfasst der notwendige Lebensunterhalt auch die erforderlichen Hilfen für den Schulbesuch (§ 27a I 3 SGB XII).

48   **b) Regelbedarf und Regelsätze.** Der gesamte Bedarf außerhalb von Einrichtungen (dazu → Rn. 57) – mit Ausnahme der Kosten für Unterkunft und Heizung und für gewisse einmalige Bedarfe sowie Mehrbedarf – ergibt den monatlichen **Regelbedarf** (§ 27a II SGB XII) Nach der seit dem 1.4.2011 (rückwirkend zum 1.1.2011) geltenden Rechtslage ist der Regelbedarf in **Regelbedarfsstufen** unterteilt, die bei Kindern und Jugendlichen altersbedingte Unterschiede und bei erwachsenen Personen deren Anzahl im Haushalt sowie die Führung eines Haushalts berücksichtigen (§ 27a II 2 SGB XII). Zur Deckung der Regelbedarfe, die sich nach den Regelbedarfsstufen der **Anlage zu § 28 SGB XII** ergeben, sind **monatliche Regelsätze** zu gewähren. Der Regelsatz stellt einen monatlichen Pauschalbetrag zur Bestreitung des Regelbedarfs dar, über dessen Verwendung die Leistungsberechtigten eigenverantwortlich entscheiden (§ 27a III SGB XII).

Die Regelbedarfsbemessung beruht auf **§ 28 SGB XII** und dem **Regelbedarfs-Ermittlungsgesetz** vom 24.3.2011 (RBEG)[56] und ist erforderlich geworden, nachdem das BVerfG durch Urteil vom 9.2.2010[57] die bisherige Regelsatzbemessung in Bezug auf §§ 20, 28 SGB II für verfassungswidrig erklärt hat. Die bisherige Festsetzung durch Verordnung (Regelsatz-VO) ist nicht mehr zulässig.

Nach dem RBEG werden die Regelbedarfsstufen auf der Grundlage von Sonderauswertungen der **Einkommens- und Verbrauchsstichprobe** (EVS) 2013 nach § 28 SGB XII nach den §§ 2 bis 8 RBEG ermittelt (§ 1 RBEG).

In den Jahren, in denen keine Neuermittlung der Regelbedarfe nach § 28 SGB XII vorzunehmen ist, werden die **Regelbedarfssätze** der Regelbedarfsstufen nach §§ 28, 28a SGB XII **jährlich zum 1.1. fortgeschrieben.** Maßstab hierfür ist ein Mischindex aus der Preisentwicklung und der Entwicklung der Nettolöhne (§ 28a II SGB XII). Das Bundesministerium für Arbeit und Soziales hat bis zum 31.10. des jeweiligen Jahres durch Rechtsverordnung (§ 40 SGB XII) den für die Fortschreibung der Regelbedarfsstufen nach § 28a SGB XII maßgeblichen Prozentsatz zu bestimmen und die Anlage zu § 28 SGB XII um die sich zum 1.1. eines Jahres ergebenden Regelbedarfsstufen zu ergänzen.

---

[55] Zur wiederholten Änderung des § 21 SGB XII durch die Gesetze vom 24.3.2006 (BGBl. I S. 558) und vom 20.7.2006 (BGBl. I S. 1706) vgl. Scholz FamRZ 2006, 1417 (1420).
[56] Vgl. BR-Drucks. 661/10, 197.
[57] FamRZ 2010, 429; dazu Klinkhammer FamRZ 2010, 845.

2. Abschnitt: Sozialhilfe und Unterhalt   § 8

Die **Länder** können – unverändert zu der früheren Rechtslage – abweichende Regelsätze festlegen (vgl. § 29 SGB XII). Machen die Länder davon keinen Gebrauch, gelten die Regelsätze nach §§ 28, 28a SGB XII, §§ 2 bis 8 RBEG unmittelbar, ohne dass es einer landesgesetzlichen Umsetzung bedarf.[58]

Der bundeseinheitliche (Eck-)Regelsatz (nunmehr Regelbedarfsstufe 1) betrug seit 1.7.2009 359 EUR (zur vorausgegangenen Entwicklung der Regelsätze vgl. die Vorauflage). Er ist durch das RBEG auf 364 EUR festgesetzt und inzwischen aufgrund der Verordnung zur Fortschreibung der Regelbedarfsstufen (RBSFV 2019) zum 1.1.2019 auf **424 EUR** fortgeschrieben worden. Bei zusammenlebenden Ehegatten etc. hat der Gesetzgeber übereinstimmend mit der bisherigen Rechtslage eine Haushaltsersparnis (Synergieeffekte) von rund 10% berücksichtigt, welche der BGH – allerdings unter Einbeziehung der Unterkunftskosten – auch im Unterhaltsrecht heranzieht.[59]   49

Entwicklung seit 2011:

gültig ab	RBSt 1	2	3	4	5	6
1.1.2011	364	328	291	287[60]	251	215
1.1.2012	374	337	299	287	251	219
1.1.2013	382	345	306	289	255	224
1.1.2014	391	353	313	296	261	229
1.1.2015	399	360	320	302	267	234
1.1.2016	404	364	324	306	270	237
1.1.2017	409	368	327	311	291	237
1.1.2018	416	374	332	316	296	240
1.1.2019	424	382	339	322	302	245

Regelbedarfsstufen nach § 8 RBEG: 50
1. **Regelbedarfsstufe 1:** 424 EUR für eine erwachsene Person, die als alleinstehende oder alleinerziehende Person einen eigenen Haushalt führt; dies gilt auch dann, wenn in diesem Haushalt eine oder mehrere weitere erwachsene Personen leben, die der Regelbedarfsstufe 3 zuzuordnen sind,
2. **Regelbedarfsstufe 2:** jeweils 382 EUR für zwei erwachsene Leistungsberechtigte, die als Ehegatten, Lebenspartner, in eheähnlicher oder lebenspartnerschaftsähnlicher Gemeinschaft einen gemeinsamen Haushalt führen,
3. **Regelbedarfsstufe 3:** 339 EUR für eine erwachsene Person, die weder einen eigenen Haushalt führt noch als Ehegatte, Lebenspartner oder in eheähnlicher oder lebenspartnerschaftsähnlicher Gemeinschaft einen gemeinsamen Haushalt führt,
4. **Regelbedarfsstufe 4:** 322 Euro für Jugendliche von 14 bis 17 Jahren.
5. **Regelbedarfsstufe 5:** 302 Euro für ein Kind von 6 bis 13 Jahren.
6. **Regelbedarfsstufe 6:** 245 Euro für ein Kind bis 5 Jahre.

Abstufung der Regelsätze ab 1.1.2019:					
Haushaltsvorstand und Alleinstehende	Zusammenlebende Ehegatten (Lebenspartner)	Sonstige erwachsene Personen	Kinder: 14–17 J.	6–13 J.	Bis 5 J.
1	2	3	4	5	6
424	382	339	322	302	245

Da es sich bei dem monatlichen Regelsatz um einen Pauschalbetrag handelt, haben die Leistungsberechtigten das Eintreten unregelmäßig anfallender Bedarfe zu berücksichtigen (§ 27a III 2 2. HS SGB XII). Im Einzelfall wird der **individuelle Bedarf** allerdings **abweichend vom Regelsatz** festgelegt, und zwar entweder höher oder niedriger. Eine   51

---

[58] Vgl. BR-Drucks. 661/10, 201.
[59] BGH FamRZ 2010, 1535 Rn. 45 (Elternunterhalt).
[60] Stufen 4 bis 6 noch mit vergleichsweise höheren Beträgen wegen Bestandsschutzes.

Reduzierung erfolgt, wenn ein Bedarf ganz oder teilweise anderweitig gedeckt ist, eine Erhöhung, wenn er unabweisbar seiner Höhe nach erheblich von einem durchschnittlichen Bedarf abweicht (§ 27a IV 1 SGB XII).

52 **c) Unterkunft und Heizung.** Laufende Kosten hierfür werden neben den Regelsätzen in Höhe der tatsächlichen Aufwendungen gewährt (§ 35 I, III SGB XII). Kosten für Elektrizität und Gas fallen nur darunter, soweit sie der Beheizung und (seit 1.1.2011) der Warmwasserversorgung dienen; im Übrigen sind Energiekosten aus dem Regelsatz zu bestreiten.[61] **Wohngeld** wird seit dem 1.1.2005 neben der Hilfe zum Lebensunterhalt **nicht mehr gezahlt** (§ 7 I 1 Nr. 6 WohngeldG). Die gesamten Kosten der Unterkunft sind nunmehr, auch soweit sie bisher durch das Wohngeld gedeckt waren, Teil der Sozialhilfe. Sie können pauschaliert werden (§ 35 III SGB XII). Wenn die Aufwendungen für die Unterkunft den im Einzelfall angemessenen Umfang übersteigen, sind sie als Bedarf der Einsatzgemeinschaft (vgl. → Rn. 23) anzuerkennen, jedoch nur so lange, als es nicht möglich oder zumutbar ist, durch einen Wohnungswechsel, durch Vermieten oder auf andere Weise die Aufwendungen zu senken, in der Regel jedoch höchstens für sechs Monate (§ 29 II 1, 2 SGB XII). Auf die Dauer können auch im Sozialhilferecht diese Kosten nicht höher liegen als die Kosten, die nach dem Wohngeldgesetz zu berücksichtigen sind.[62] Nach §§ 94 I 6, 105 II SGB XII gingen (bis zum 31.12.2015) 56% der Wohnkosten (ohne Heizung und Warmwasser) nicht auf den Sozialhilfeträger über (→ Rn. 70).[63] Die Regelung ist zum 1.1.2016 allerdings durch das Gesetz zur Änderung des Zwölften Buches Sozialgesetzbuch und weiterer Vorschriften vom 21.12.2015[64] ersatzlos aufgehoben worden.[65]

Zur Höhe der Wohnkosten erklärt § 35a SGB II die zum SGB II erlassenen **kommunale Satzung** (§§ 22a, 22b SGB II) für entsprechend anwendbar (vgl. → Rn. 205). Nach § 22b SGB II sind in der Satzung die nach den örtlichen Gegebenheiten angemessene Wohnfläche und die Höhe der angemessenen Aufwendungen festzulegen, auch die Höhe der Verbrauchskosten kann näher bestimmt werden. Nach § 22b III 2 Nr. 2 SGB II soll für die **Ausübung des Umgangsrechts** eine Sonderregelung getroffen werden.

Zur Berücksichtigung der Wohnkosten einer Einsatzgemeinschaft im Rahmen des Anspruchsübergangs nach § 94 I SGB XII vgl. → Rn. 100.

53 **d) Mehrbedarf.** Soweit nicht im Einzelfall ein abweichender Bedarf besteht, werden folgende Mehrbedarfszuschläge gewährt:
– für Personen, die die Altersgrenze nach § 41 II SGB XII erreicht haben, die bis zum 31.12.2011 mit 65 Jahren angesetzt und dann pro Jahr um einen Monat, später um zwei Monate erhöht wird (→ Rn. 138), und für voll erwerbsgeminderte Personen bis zu dieser Altersgrenze in Höhe von 17% des maßgebenden Regelsatzes, wenn sie im Besitz eines Schwerbehindertenausweises mit dem Merkzeichen G sind oder dies durch einen Bescheid der zuständigen Behörde nachweisen (§ 30 I SGB XII). Bezugsgröße ist nicht der Eckregelsatz (Regelbedarfsstufe 1), sondern derjenige Prozentsatz der Regelbedarfsstufe, die für die Person, die die Voraussetzungen des Mehrbedarfszuschlages erfüllt, maßgebend ist, bei einem Leistungsberechtigten, der mit seinem Ehegatten zusammenlebt, also 90% des Regelsatzes (→ Rn. 50);[66]
– für werdende Mütter nach der 12. Schwangerschaftswoche (§ 30 II SGB XII), ebenfalls in Höhe von 17% des maßgebenden Regelsatzes;
– für Personen, die mit einem oder mehreren minderjährigen Kindern zusammenleben und allein für deren Pflege und Erziehung sorgen, in Höhe von 36% der Regelbedarfsstufe 1 für ein Kind unter 7 Jahren oder zwei oder drei Kinder unter 16 Jahren, dagegen in Höhe von 12% für jedes minderjährige Kind, wenn die Voraussetzungen für den Zuschlag von 36% nicht gegeben sind (§ 30 III SGB XII). Bei Betreuung eines einzigen

---

[61] BGH FamRZ 2008, 781; OLG Düsseldorf FamRZ 1999, 127.
[62] OVG Lüneburg NJW 2002, 841; KG FamRZ 1994, 1047.
[63] Vgl. dazu BGH FamRZ 2015, 1594 und OLG Karlsruhe BeckRS 2016, 1971.
[64] BGBl. I S. 2557.
[65] Vgl. Staudinger/Klinkhammer § 1602 Rn. 76.
[66] Schellhorn SGB XII § 30 Rn. 3.

Kindes unter sieben Jahren fällt daher ein Zuschlag von 36% an, der sich mit Vollendung des 7. Lebensjahres auf 12% ermäßigt. Vollendet das älteste von zwei Kindern, die beide älter als sieben Jahre sind, das 16. Lebensjahr, sinkt der Zuschlag von bisher 36% auf 24% der Regelbedarfsstufe 1. Wer mit seinem Ehegatten zusammenlebt, der nicht Vater oder Mutter der Kinder zu sein braucht, ist nicht allein erziehend im Sinne des § 30 III SGB XII;
- für Behinderte, die das 15. Lebensjahr vollendet haben und denen Eingliederungshilfe nach § 54 I 1 Nr. 1 bis 3 SGB XII gewährt wird (§ 30 IV SGB XII), in Höhe von 35% des maßgebenden Regelsatzes;
- krankheitsbedingter Mehrbedarf für eine kostenaufwändige Ernährung in angemessener Höhe (§ 30 V SGB XII).

Der nach den vorstehenden Tatbeständen insgesamt anzuerkennende Mehrbedarf darf die maßgebende Regelbedarfsstufe nicht überschreiten (§ 30 VI SGB XII).
- Seit dem 1.1.2011 fallen die Warmwasserkosten – anders als früher, als sie aus dem Regelsatz zu bestreiten waren – unter die Kosten der Unterkunft und Heizung und sind daher nach Aufwand zu gewähren. Wird dagegen Warmwasser nicht durch die Zentralheizung erzeugt, sondern durch dezentrale Warmwassererzeugung, wird insoweit nach § 30 VII SGB XII ein Mehrbedarf anerkannt, der gestaffelt nach Prozentsätzen von den Regelbedarfsstufen bemessen wird.

e) Leistungen für Bildung und Teilhabe. Eine der wesentlichen Neuerungen zum 1.1.2011 ist der Dritte Abschnitt Bildung und Teilhabe (§§ 34 ff. SGB XII). Zum **berechtigten Personenkreis** gehören 53a
- Schülerinnen und Schüler, die eine allgemein- oder berufsbildende Schule besuchen (§ 34 I, II–V SGB XII)
- Kinder und Jugendliche für Teilhabe am sozialen und kulturellen Leben in der Gemeinschaft (§ 34 I, VI SGB XII)

Folgende **Bedarfe** werden anerkannt:
- Bedarfe für **Schulausflüge und mehrtägige Klassenfahrten** im Rahmen der schulrechtlichen Bestimmungen in Höhe der tatsächlichen Aufwendungen. Für Kinder, die eine Kindertageseinrichtung besuchen, gilt dies entsprechend (§ 34 II SGB XII).
- Bedarfe für **persönlichen Schulbedarf** von 70 EUR für das 1. Schulhalbjahr und 30 EUR für das 2. Schulhalbjahr (§ 34 III SGB XII; vgl. zuvor § 28a SGB XII aF)
- Kosten der **Schülerbeförderung** (§ 34 IV SGB XII)
- **Nachhilfekosten** („ergänzende angemessene Lernförderung"; § 34 V SGB XII)
- Mehraufwendungen bei Teilnahme an einer **gemeinschaftlichen Mittagsverpflegung** (§ 34 VI SGB XII)
- Für Minderjährige wird ein Bedarf zur **Teilhabe am sozialen und kulturellen Leben** in der Gemeinschaft in Höhe von insgesamt 10 EUR monatlich berücksichtigt für **Mitgliedsbeiträge** in den Bereichen Sport, Spiel, Kultur und Geselligkeit, Unterricht in künstlerischen Fächern (zum Beispiel Musikunterricht) und vergleichbare angeleitete Aktivitäten der kulturellen Bildung und die **Teilnahme an Freizeiten** (§ 34 VII SGB XII).

Nach § 34a SGB XII werden die vorstehenden Leistungen – mit Ausnahme des persönlichen Schulbedarfs – **nur auf Antrag** erbracht. Die Leistungen werden auch gewährt, wenn der nachfragenden Person keine Regelsätze erbracht werden (§ 34a I SGB XII). Leistungen für Schulausflüge, Klassenfahrten, Nachhilfekosten, Mittagsverpflegung und Vereinsbeiträge etc. werden durch Sach- und Dienstleistungen erbracht, insbesondere durch **Gutscheine** oder Direktzahlungen an die Anbieter der Leistungen (§§ 34a II–V SGB XII).

f) Leistungen für einmalige Bedarfe. Seit dem 1.1.2005 werden nach § 31 SGB XII 54 Leistungen für einmalige Bedarfe neben den Regelsätzen nur noch ausnahmsweise gewährt, und zwar für
- Erstausstattungen für die Wohnung einschließlich Haushaltsgeräten,
- für Erstausstattung für Bekleidung und Erstausstattungen bei Schwangerschaft und Geburt
- Anschaffung und Reparaturen von orthopädischen Schuhen, Miete und Reparaturen von therapeutischen Geräten.

Die Kosten für mehrtägige Klassenfahrten sind nunmehr – neben Schulausflügen – in dem neuen Dritten Abschnitt Bildung und Teilhabe geregelt (§ 34 II 1 Nr. 2 SGB XI (→ Rn. 53a).

Die nachfragende Person wird also darauf verwiesen, andere nicht jeden Monat anfallende Ausgaben, die bis 2004 als einmalige Leistungen gesondert berücksichtigt wurden, aus dem zum 1.1.2005 erhöhten Regelsatz zu bestreiten und die erforderlichen Beträge ggf. anzusparen (vgl. § 27a III SGB XII). Jedoch kann im Einzelfall der Regelsatz nach § 27a IV SGB XII erhöht werden (→ Rn. 51). Nur bei unabweisbar höherem Bedarf kommen ergänzende Darlehen in Betracht (§ 37 SGB XII). Leistungen können auch dann gewährt werden, wenn die nachfragende Person zwar den Regelbedarf decken kann, ihre eigenen Kräfte und Mittel aber für die Befriedigung einmaliger Bedarfe nicht ausreichen (§ 31 II 1 SGB XII).

55 **g) Vorsorgeaufwendungen.** Sozialhilfeempfänger sind als solche nicht in der gesetzlichen Sozialversicherung pflichtversichert. Jedoch besteht seit dem 1.4.2007[67] eine Pflichtversicherung in der gesetzlichen Krankenversicherung für Personen, die allein wegen der Zahlung der Pflichtbeiträge bedürftig werden (§ 5 I Nr. 13, VIII 2 SGB V). Für diesen Personenkreis übernehmen die Sozialhilfeträger die Beiträge zur Kranken- und Pflegeversicherung (§ 32 I 1, III SGB XII). Für den überwiegenden Kreis der Sozialhilfeempfänger, die laufende Leistungen nach dem 3. sowie nach dem 5. bis 9. Kapitel des SGB XII erhalten und nicht pflichtversichert sind, übernehmen die gesetzlichen Krankenkassen die Krankenbehandlung. Die Sozialhilfeträger haben die Kosten zu erstatten (§ 264 V SBG V). In bestimmten Fällen kann die Krankenversorgung auch durch Übernahme der Beiträge für eine (Weiter-)Versicherung in einer gesetzlichen Krankenkasse oder für eine freiwillige Krankenversicherung sichergestellt werden (§ 32 SGB XII). Dies gilt auch für die Empfänger von Grundsicherung im Alter und bei Erwerbsminderung (§ 42 S. 1 Nr. 4 SGB XII). Die Übernahme der Krankenversicherungsbeiträge schließt die Beiträge zur Pflegeversicherung ein (§ 32 III SGB XII). Beiträge für eine angemessene Altersversorgung und für ein Sterbegeld können nach § 33 SGB XII vom Sozialhilfeträger übernommen werden.

56 **h) Schulden.** Sozialhilfe dient grundsätzlich nicht der Begleichung von Schulden, da sie aus der Vergangenheit stammen und Sozialhilfe nur die Behebung einer gegenwärtigen Notlage bezweckt. Ausnahmsweise können Schulden übernommen werden, wenn dies zur Sicherung der Unterkunft oder zur Behebung einer vergleichbaren Notlage gerechtfertigt ist. Muss Wohnungslosigkeit vermieden werden, sollen die entsprechenden Schulden übernommen werden (§ 36 I SGB XII). Zur Berücksichtigung von Schulden bei der Ermittlung des einzusetzenden Einkommens vgl. → Rn. 35.

IV. Sonstige Hilfearten

57 Das BSHG unterschied streng zwischen der Hilfe zum Lebensunterhalt und der Hilfe in besonderen Lebenslagen (§§ 11 ff. BSHG einerseits, §§ 27 ff. BSHG andererseits). Die letztere Hilfeart ist seit dem 1.1.2005 als Oberbegriff entfallen. Die einzelnen Hilfearten sind nunmehr – teilweise unter Verwendung anderer Terminologie – in den Abschnitten 5 bis 9 des SGB XII geregelt. Für das Unterhaltsrecht von Interesse sind vor allem die Eingliederungshilfe für behinderte Menschen, die Hilfe zur Pflege und die Blindenhilfe (§§ 53 ff., 61 ff., 72 SGB XII).

Bis zum 31.12.2004 umfasste die Hilfe in besonderen Lebenslagen auch den Lebensunterhalt, wenn Hilfe in einer Einrichtung erbracht wurde (§ 27 III BSHG). Seit dem 1.1.2005 deckt die **Hilfe zum Lebensunterhalt** nach § 27b SGB XII in teilstationären Einrichtungen[68] den darin erbrachten Unterhalt. Bei Aufenthalt in einer **stationären**

---

[67] Vgl. Art. 46 I in Verbindung mit Art. 1 Nr. 2a cc und 2c des Gesetzes zur Stärkung des Wettbewerbs in der gesetzlichen Krankenversicherung vom 26.3.2007 – BGBl. I S. 378.
[68] Zum Begriff der Einrichtung vgl. § 13 II SGB XII.

Einrichtung umfasst die Hilfe zum Lebensunterhalt auch den weiteren notwendigen Lebensunterhalt, und zwar im Umfang der Leistungen der Grundsicherung im Alter und bei Erwerbsminderung nach § 42 S. 1 Nr. 1 bis 3 SGB XII. Der Sozialhilfeträger trägt daher den für den Leistungsberechtigten maßgebenden Regelsatz, pauschalierte Aufwendungen für Unterkunft und Heizung, Mehrbedarf nach § 30 SGB XII und einmalige Bedarfe entsprechend § 31 SGB XII. Hinzu kommen in stationären Einrichtungen insbesondere Kleidung und ein angemessener **Barbetrag** zur besonderen persönlichen Verfügung (§ 27b II SGB XII). Der Barbetrag beträgt bei Volljährigen mindestens 27% des der Regelbedarfsstufe 1, also nach dem Stand vom 1.1.2019 **114,48 EUR** (§ 27b II 2 SGB XII). Dieser Betrag kann wie früher der entsprechende Mindestbetrag nach § 21 III 2 BSHG im Einzelfall erhöht werden.[69] Diese Leistungen, insbesondere auch der Barbetrag, sind also Teil der Hilfe zum Lebensunterhalt, nicht dagegen Teil der Hilfen nach dem 5. bis 9. Kapitel des SGB XII.[70] Dies folgt aus der Einstellung des § 27b SGB XII in das 3. Kapitel des SGB XII (Hilfe zum Lebensunterhalt).

Der Bedarf, der bei der **Hilfe zur Pflege** sozialhilferechtlich gedeckt werden muss, entspricht weitgehend den Kosten, die dem Sozialhilfeträger durch die Hilfe entstehen, also zB den Pflegesätzen des Heims zuzüglich des Barbetrags, aber abzüglich des anzurechnenden Einkommens des Leistungsberechtigten. Zur Anrechnung etwaigen Erwerbseinkommens vgl. § 88 II SGB XII. Bei Pflegebedürftigen wird die Sozialhilfe vielfach durch die Pflegeversicherung (SGB XI) in erheblichem Umfang entlastet. 58

Nach § 73 SGB XII können sonstige Leistungen als Beihilfe oder Darlehen erbracht werden, wenn sie den Einsatz öffentlicher Mittel rechtfertigen. Erforderlich ist das Vorliegen einer besonderen Bedarfslage, die eine gewisse Nähe zu den gesetzlich geregelten Bedarfslagen aufweist. Das BSG[71] hat Kosten des Umgangs mit dem bei dem anderen Elternteil lebenden Kind als solchen atypischen Bedarf angesehen. Zu den Umgangskosten vgl. → Rn. 52, 218. 59

V. Der Übergang des Unterhaltsanspruchs auf den Sozialhilfeträger

1. Abgrenzung des § 94 SGB XII vom Übergang anderer Ansprüche

§ 94 SGB XII ist eine Spezialvorschrift, die nur anzuwenden ist, wenn der Sozialhilfeempfänger einen Unterhaltsanspruch gegen einen anderen hat. Haben der Leistungsberechtigte und bestimmte Angehörige sonstige Ansprüche, denen gegenüber die Sozialhilfe subsidiär ist (→ Rn. 7 ff.), kann der Sozialhilfeträger diese Forderungen nach § 93 SGB XII auf sich überleiten. Dies gilt jedoch nicht, wenn der Anspruch sich gegen einen anderen Leistungsträger richtet. In diesem Fall bestehen Erstattungsansprüche der Leistungsträger untereinander (§§ 102 ff. SGB X). So kann der Sozialhilfeträger zB nach diesen Vorschriften Ausgleich von der Unterhaltsvorschusskasse verlangen, wenn er vorläufig Sozialhilfe geleistet, das Kind aber einen Anspruch auf Unterhaltsvorschuss hat. Vgl. dazu → Rn. 262 ff. Hat der Arbeitgeber geschuldetes Arbeitsentgelt nicht gezahlt und hat deshalb der Sozialhilfeträger Leistungen an den Arbeitnehmer erbracht, geht in deren Höhe der Anspruch auf Arbeitsentgelt auf den Sozialhilfeträger über (§ 115 SGB X); das Gleiche gilt für Schadensersatzansprüche des Leistungsberechtigten, wenn der Sozialhilfeträger infolge des Schadensereignisses Leistungen erbracht hat (§ 116 SGB X).[72] Diese Vorschriften gehen der Regelung des § 93 SGB XII vor (§ 93 IV SGB XII). 60

Nach § 93 I SGB XII findet – anders als nach § 94 SGB XII – kein gesetzlicher Forderungsübergang statt. Vielmehr kann der Sozialhilfeträger nach seinem Ermessen einen Anspruch durch schriftliche Anzeige auf sich überleiten. Dieser **Verwaltungsakt** 61

---

[69] Dazu BVerwG NJW 2005, 167; Schellhorn SGB XII § 35 Rn. 18.
[70] Schellhorn SGB XII § 35 Rn. 1, 7.
[71] FamRZ 2007, 465.
[72] Schellhorn SGB XII § 93 Rn. 58 f.

kann durch Widerspruch und ggf. Klage vor den Sozialgerichten angefochten werden (vgl. → Rn. 17). Widerspruch und Klage haben keine aufschiebende Wirkung (§ 93 III SGB XII). Die Überleitung ist für die ordentlichen Gerichte bindend und erfasst den Anspruch so, wie er bei Überleitung bestanden hat.[73] Sie dient der Durchsetzung des Nachrangs der Sozialhilfe und soll die Haushaltslage herstellen, die bestehen würde, wenn der Schuldner den Anspruch des Leistungsberechtigten schon früher erfüllt hätte.[74] Voraussetzung für die Überleitung ist, dass der Leistungsberechtigte gegen einen anderen, der nicht Leistungsträger ist (→ Rn. 60), einen Anspruch hat. Bei Gewährung sonstiger Hilfen nach dem 5. bis 9. Kapitel des SGB XII kann auch auf die Ansprüche der Eltern sowie des nicht getrennt lebenden Ehegatten (Lebenspartners) gegen einen Dritten zurückgegriffen werden (§ 93 I 1 SGB XII). Der Anspruch muss während der Zeit bestehen, für die Sozialhilfeleistungen erbracht werden. Dazu genügt es, dass er vor dieser Zeit fällig geworden ist, aber im Zeitpunkt der Leistungserbringung noch besteht.[75] Die Überleitung darf nur insoweit bewirkt werden, als bei rechtzeitiger Leistung des Schuldners die Sozialhilfe nicht erbracht worden oder als in diesem Fall Aufwendungsersatz oder ein Kostenbeitrag nach §§ 19 V, 92 I SGB XII zu leisten wäre (§ 93 I 3 SGB XII). Sie ist daher nur bis zur Höhe der Aufwendungen des Trägers für die Sozialhilfe zulässig.[76]

Überleitungsfähig sind sowohl privatrechtliche als auch öffentlich-rechtliche Ansprüche, insbesondere Ansprüche aus einem Vertrag, durch den ein Grundstück auf ein Kind übertragen wird und dieses im Gegenzug eine Leibrente oder ein Altenteil versprochen hat, ferner Ansprüche auf Rückgabe eines Geschenks wegen Verarmung oder wegen groben Undanks (§§ 528 ff. BGB),[77] Pflichtteilsansprüche,[78] Schadensersatzansprüche, soweit nicht § 115 SGB X (→ Rn. 60) eingreift,[79] Ansprüche auf Steuererstattung[80] sowie auf Darlehensrückzahlung usw.[81]

2. Übergehende Unterhaltsansprüche; Ausschluss des Anspruchsübergangs

62 Nach § 94 I 1 SGB XII geht ein Unterhaltsanspruch des Leistungsberechtigten **kraft Gesetzes** auf den Sozialhilfeträger über. Daher finden nach § 412 BGB die Vorschriften der §§ 399 bis 404, 406 bis 410 BGB über die Forderungsabtretung entsprechende Anwendung. Einer Mitteilung des Sozialhilfeträgers an den Hilfeempfänger und an den Unterhaltspflichtigen bedarf es für den Anspruchsübergang nicht, mag eine solche Mitteilung auch zweckmäßig und empfehlenswert sein. Zur Rechtswahrungsanzeige vgl. → Rn. 82. Ein Verwaltungsakt ergeht nicht. Deshalb entfällt auch die Überprüfung des Anspruchsübergangs durch die Sozialgerichte. Vielmehr entscheiden über alle Fragen, die mit dem **Forderungsübergang** zusammenhängen, die **Familiengerichte** (§ 94 V 3 SGB XII, § 23b I Nr. 5, 6, 13, 15 GVG).[82] Dies gilt auch für die Überprüfung der sozialhilferechtlichen Schutzvorschriften des § 94 I und III SGB XII.

63 Lebt der Leistungsberechtigte mit Angehörigen in einer **Einsatzgemeinschaft** (→ Rn. 23) zusammen, wird die Hilfe zum Lebensunterhalt in der Regel in einem Bescheid bewilligt, in dem Bedarf und Einkommen aller Angehörigen der Einsatzgemeinschaft gegenübergestellt und saldiert werden. Gleichwohl hat jeder von ihnen einen

---

[73] BGH FamRZ 2003, 1265.
[74] BGH FamRZ 2003, 1265.
[75] BVerwGE 110, 5.
[76] BGH FamRZ 2005, 177.
[77] BGH FamRZ 2005, 178; 2003, 1265.
[78] BGH FamRZ 2006, 194; OLG Hamm BeckRS 2012, 04933.
[79] BGH FamRZ 2004, 1569.
[80] Schellhorn SGB XII § 93 Rn. 20; Wolf in Fichtner/Wenzel § 93 SGB XII Rn. 15; vgl. auch BVerwG FamRZ 1999, 1653.
[81] Vgl. auch OLG Köln MDR 2014, 948 sowie – zur Rechtmäßigkeit der Überleitungsanzeige – BSG BeckRS 2013, 69561.
[82] BGH FamRZ 1996, 1203 (1205).
[83] Dazu Münder NJW 2001, 2201 (22008).

2. Abschnitt: Sozialhilfe und Unterhalt § 8

eigenen Anspruch auf Sozialhilfe (→ Rn. 24).[84] Nur soweit jedes Mitglied der Einsatzgemeinschaft auch einen eigenen Unterhaltsanspruch hat, kann dieser in Höhe der gerade ihm gewährten Sozialhilfe auf den Sozialhilfeträger übergehen.

Vom Anspruchsübergang werden nach § 94 I 1 SGB XII zunächst (mit Ausnahme der in → Rn. 68 genannten Fälle) die **gesetzlichen Unterhaltsansprüche** des Leistungsberechtigten und der Angehörigen der Einsatzgemeinschaft (→ Rn. 23, 63) erfasst. Es handelt sich um Ansprüche auf Kindesunterhalt, Elternunterhalt, Trennungsunterhalt (§ 1361 BGB), nachehelichen Unterhalt (§§ 1569 ff. BGB), auf Unterhalt der nicht verheirateten Mutter oder des nicht verheirateten Vaters wegen Betreuung eines nichtehelichen Kindes (§ 1615l I, II, IV BGB), auf Trennungsunterhalt bei Lebenspartnern und auf nachpartnerschaftlichen Unterhalt (§§ 12, 16 LPartG). 64

Vertragliche Unterhaltsansprüche sind übergangsfähig, wenn die Vereinbarung den gesetzlichen Anspruch im Wesentlichen nur erweitert, ausgestaltet, konkretisiert oder modifiziert,[85] nicht dagegen, wenn die Unterhaltsansprüche auf einem Austauschvertrag beruhen[86] oder wenn im Gesetz nicht vorgesehene Unterhaltsansprüche, zB zwischen Geschwistern, begründet werden.[87] In solchen Fällen findet ein Anspruchsübergang nach § 94 SGB XII nicht statt; jedoch ist dann in der Regel eine Überleitung des Unterhaltsanspruchs nach § 93 SGB XII möglich (vgl. → Rn. 60 f.). 65

Zusammen mit dem Unterhaltsanspruch geht auch der **privatrechtliche Auskunftsanspruch** nach §§ 1605, 1361 IV, 1580, 1615l III 1 BGB, §§ 12 S. 2, 16 S. 2 LPartG auf den Sozialhilfeträger, in der Regel auf die zuständige Gemeinde oder den Landkreis, über (§ 94 I 1 SGB XII).[88] Erhält ein Kind neben der Sozialhilfe auch Unterhaltsvorschuss, kommt ein weiterer Übergang des Auskunftsanspruchs auf das Land als Unterhaltsvorschusskasse in Betracht (§ 7 I 1 UVG; vgl. → Rn. 270 ff.). Auch dem Leistungsberechtigten wird man als Unterhaltsgläubiger die Geltendmachung des ihm zustehenden Auskunftsanspruchs nicht verwehren können, da er in der Lage sein muss, die Berechtigung etwa ihm verbliebener Anspruchsteile und künftig entstehender Ansprüche zu prüfen.[89] Die dogmatische Einordnung der gesetzlichen Regelung bleibt unklar. Man kann wohl davon ausgehen, dass der Hilfeempfänger Gläubiger des Stammrechts auf Unterhalt[90] und damit auch des Auskunftsanspruchs bleibt und dass der Sozialhilfeträger und die Unterhaltsvorschusskasse trotz des weitergehenden Gesetzeswortlauts nur die Befugnis erwerben, den Auskunftsanspruch im eigenen Namen geltend zu machen. Jedenfalls kann der Sozialhilfeträger den übergegangenen Unterhaltsanspruch auch im Wege der Stufenklage (§ 113 I 2 FamFG iVm § 254 ZPO) verfolgen. Ihm bleibt es weiterhin unbenommen, den Schuldner durch **Verwaltungsakt auf Auskunft** in Anspruch zu nehmen (§ 117 I SGB XII).[91] Die öffentlich-rechtliche Auskunftspflicht geht über die nach bürgerlichem Recht bestehende Verpflichtung (§ 1605 BGB) weit hinaus. Auskunftspflichtig sind – unabhängig von der Zwei-Jahres-Frist des § 1605 II BGB – neben dem Unterhaltspflichtigen auch dessen nicht getrennt lebender Ehegatte (Lebenspartner), als Kostenersatzpflichtige die Angehörigen der Einsatzgemeinschaft (→ Rn. 23) und unter bestimmten Voraussetzungen Personen, die mit ihm in Haushaltsgemeinschaft (→ Rn. 27) leben (§ 117 I 3 SGB XII), die ihm Leistungen erbringen oder erbracht haben (§ 117 II SGB XII), die für ihn Guthaben führen oder Vermögensgegenstände verwahren (insbesondere Banken und Sparkassen; vgl. § 117 III SGB XII), der Arbeitgeber (§ 117 IV SGB XII) und das Finanzamt (§ 117 I, SGB XII, § 21 IV SGB X). 66

---

[84] BVerwG NJW 1993, 3153; 1992, 1522; vgl. BGH FamRZ 2004, 1370 mAnm Schürmann; FamRZ 2004, 1577; Schellhorn SGB XII § 19 Rn. 5, 12, § 94 Rn. 52.
[85] BGH FamRZ 1990, 867.
[86] Vgl. BVerwG FamRZ 1994, 31 = NJW 1994, 64.
[87] Nr. 51 Empfehlungen DV SGB XII FamRZ 2005, 1387.
[88] Die gegenteilige Rechtsprechung des BGH FamRZ 1991, 1117 = NJW 1991, 1235 ist seit dem 1.8.1996 durch Änderung des § 91 BSHG überholt.
[89] KG FamRZ 1997, 1405.
[90] LSG Niedersachsen FamRZ 2000, 773.
[91] Zu den Voraussetzungen und dem Umfang des Auskunftsanspruchs (nach § 116 BSHG) vgl. BVerwG FamRZ 1994, 33; LSG NRW FamRZ 2010, 599.

67 Ansprüche auf Verzinsung des Unterhaltsanspruchs gehen nicht mit diesem auf den Sozialhilfeträger über,[92] da §§ 412, 401 BGB andere Ansprüche aus demselben Schuldverhältnis nicht erfassen.[93]

68 Der **Übergang** bestimmter Unterhaltsansprüche ist aus sozialpolitischen Gründen **ausgeschlossen** (§ 94 I 3, 4 SGB XII). Dies ist der Fall,
- wenn der Unterhaltspflichtige zum „Personenkreis des § 19 SGB XII" gehört, also – nach der Rechtslage bis 2010 – mit dem Berechtigten in einer **Einsatzgemeinschaft** (→ Rn. 23) zusammenlebt. Die gesetzliche Verweisung berücksichtigt allerdings nicht, dass die Einsatzpflicht von nicht getrennt lebenden Ehegatten usw. nunmehr in § 27 II 2 SGB XII geregelt ist. Hierbei dürfte es sich allerdings um ein **Redaktionsversehen** handeln (vgl. → Rn. 25). Demnach ist der Personenkreis des § 19 I 2 SGB XII aF nunmehr in § 27 II 2 SGB XII definiert. Ein Anspruchsübergang findet daher nicht statt, wenn sich der Anspruch auf (Familien-)Unterhalt gegen den nicht getrennt lebenden Ehegatten (Lebenspartner) richtet oder wenn ein bedürftiges minderjähriges Kind bei einem Elternteil oder bei beiden Eltern lebt. Insoweit kommt allerdings ein öffentlich-rechtlicher Anspruch auf Aufwendungsersatz in Betracht (§ 19 V SGB XII). Vgl. dazu → Rn. 9, 25;
- wenn der Unterhaltspflichtige mit dem Leistungsberechtigten **vom zweiten Grad** an verwandt ist (§ 94 I 3 SGB XII). Dies betrifft vor allem Ansprüche der Enkel gegen die Großeltern oder der Großeltern gegen die Enkel. Zu der Frage, ob die Enkel dennoch selbst Ansprüche gegen die Großeltern geltend machen können, auch wenn sie Sozialhilfe in Anspruch nehmen könnten, vgl. → Rn. 128;
- wenn eine **Schwangere** oder ein Kind, das sein eigenes leibliches Kind bis zur Vollendung seines 6. Lebensjahres betreut, Unterhalt gegen Verwandte ersten Grades geltend macht (§ 94 I 4 SGB XII). Diese Vorschrift geht zurück auf die Reform der Vorschriften über den Schwangerschaftsabbruch.[94] § 94 I 4 SGB XII betrifft den Unterhaltsanspruch des Kindes, in der Regel einer Tochter, gegen seine Eltern, theoretisch auch eines betreuenden Elternteils gegen ein eigenes bereits volljähriges und leistungsfähiges Kind. Zur auch hier sich stellenden Frage, ob die leistungsberechtigte Person aber selbst Unterhaltsansprüche geltend machen kann oder sich zur Bedarfsdeckung auf Sozialhilfe verweisen lassen muss,[95] vgl. → Rn. 128.
- beim Kindesunterhalt für **volljährige behinderte Kinder** ist der Anspruchsübergang gemäß § 94 II 1–3 SGB XII auf Pauschbeträge von ursprünglich 26 EUR (derzeit – 2019 – fortgeschrieben 31,06 EUR) + 20 EUR (derzeit 23,90 EUR) begrenzt.[96]

Zum Ausschluss des Anspruchsübergangs bei laufender Zahlung des Unterhalts vgl. → Rn. 84.

3. Umfang des Forderungsübergangs

69 **a) Begrenzung durch die Höhe der Sozialhilfe.** Der Unterhaltsanspruch geht nur bis zur Höhe der vom Sozialhilfeträger geleisteten Aufwendungen auf diesen über (§ 94 I 1 SGB XII). Übersteigt die Sozialhilfe den geschuldeten Unterhalt, steht der Unterhaltsanspruch in voller Höhe dem Sozialhilfeträger zu. Ist die Sozialhilfe geringer als der Unterhaltsanspruch, geht dieser nur in Höhe der gezahlten Sozialhilfe auf den Sozialhilfeträger über; der darüber hinausgehende Unterhaltsanspruch verbleibt beim Leistungsberechtigten.

70 **b) Kosten der Unterkunft.** Nach §§ 94 I 6 (aF), 105 II SGB XII gingen seit dem 1.1.2005 56% der als Hilfe zum Lebensunterhalt und als Grundsicherung im Alter und bei Erwerbsminderung gewährten Wohnkosten (mit Ausnahme der Kosten für Heizung und Warmwasser) nicht auf den Sozialhilfeträger über. Dies beruht darauf, dass Wohngeld neben der Hilfe zum Lebensunterhalt und der Grundsicherung im Alter und bei Erwerbs-

---

[92] OLG Hamm FamRZ 2002, 983.
[93] BGH NJW 1961, 1524; Palandt/Grüneberg BGB § 401 Rn. 6.
[94] Vgl. Art. 8 des Schwangeren- und Familienhilfegesetzes vom 27.7.1992 – BGBl. I S. 1398, 1401.
[95] Vgl. BGH FamRZ 1992, 41.
[96] Vgl. BGH FamRZ 2010, 1418; 2012, 1553; KG FamRZ 2013, 1336.

minderung nicht mehr gewährt wird (§ 7 I 1 Nr. 5, 6 WohngeldG). Der Sozialhilfeträger hat daher die gesamten angemessenen Wohnkosten sicherzustellen (§ 35 I S. 1 bis 3 SGB XII; vgl. → Rn. 52). Dies gilt auch dann, wenn der Leistungsberechtigte in einem Heim lebt (vgl. §§ 27b I 2, 42 S. 1 Nr. 2, 76 II 1 SGB XII; → Rn. 57). Der Bedürftige, der bis 31.12.2004 neben der Sozialhilfe Wohngeld bezog, sollte nicht dadurch schlechter gestellt werden, dass er jetzt die Wohnkosten als Teil der Sozialhilfe erhält. Der Gesetzgeber ist dabei zunächst anscheinend davon ausgegangen, dass etwa 56% der Wohnkosten (ohne Heizung und Warmwasser) früher als Wohngeld gewährt wurden. Insoweit fand kein Anspruchsübergang statt. Da der Gesetzgeber an diesem Zustand zunächst nichts ändern wollte, musste er die cessio legis nach § 94 SGB XII einschränken und 56% der Wohnkosten vom Anspruchsübergang ausnehmen. Daher verblieb der Unterhaltsanspruch insoweit beim Berechtigten.[97] Die Regelung ist indessen zum 1.1.2016 durch Gesetz zur Änderung des Zwölften Buches Sozialgesetzbuch und weiterer Vorschriften vom 21.12.2015[98] ersatzlos aufgehoben worden.[99]

c) Zeitliche Kongruenz von Unterhaltsanspruch und Sozialhilfe. Der Unterhalts- **71** anspruch muss für die Zeit bestehen, für die Hilfe gewährt wird (§ 94 I 1 SGB XII). Gerade in dieser Zeit muss der Gläubiger nach dem Prinzip der **Gleichzeitigkeit** unterhaltsbedürftig und der Unterhaltsschuldner leistungsfähig sein.[100] Mit der Einstellung der Sozialhilfe entfällt der Anspruchsübergang für die Zukunft. Wird die **Hilfegewährung unterbrochen,** gehen nur die Ansprüche über, die in der Zeit entstehen, in der Sozialhilfe gewährt wird. Auf die Dauer der Unterbrechung kommt es – anders als im Fall des § 93 II 2 SGB XII – nicht an. Zu den verfahrensrechtlichen Konsequenzen vgl. → Rn. 107 ff.

Der Unterhaltsschuldner ist nicht zur Erstattung von Sozialhilfeaufwendungen verpflichtet, wenn er erst nach Zahlung der Sozialhilfe durch Aufnahme einer Erwerbstätigkeit oder durch Erwerb von Vermögen zur Leistung von Unterhalt instand gesetzt wird. Dabei kommt es auf die Leistungsfähigkeit nach Unterhaltsrecht an, nicht dagegen auf diejenige nach Sozialhilferecht. Zu § 94 III 1 Nr. 1 SGB XII vgl. → Rn. 93 ff.

Einkommensschwankungen berühren die Leistungsfähigkeit vielfach nicht, da das unterhaltsrechtlich anzurechnende Einkommen in der Regel bei Arbeitnehmern auf Grund der Einkünfte während eines Jahres, bei Selbständigen auf Grund eines Drei-Jahres-Zeitraums errechnet wird. Verfügt der Unterhaltsschuldner über ein Grundstück, das zum Schonvermögen (§ 90 II Nr. 9 SGB XII; vgl. → Rn. 43) gehört und deshalb derzeit für den Unterhalt nicht eingesetzt werden muss, kann die Leistungsfähigkeit nicht dadurch hergestellt werden, dass der Sozialhilfeträger dem Unterhaltsschuldner analog § 91 SGB XII ein zinsloses Darlehen anbietet, das nach dessen Tod zurückgezahlt werden muss.[101]

Sozialhilfe wird nach dem **Monatsprinzip** grundsätzlich für den jeweiligen Kalender- **72** monat bewilligt. Dies kann bei Leistungen für einmalige Bedarfe (§ 31 SGB XII; vgl. dazu → Rn. 54) zu Problemen führen. Bei Bewilligung derartiger Leistungen ist bei den Leistungsberechtigten das Einkommen zu berücksichtigen, das sie innerhalb eines Zeitraums von bis zu sechs Monaten nach Ablauf des Monats erwerben, in dem über die Leistung entschieden worden ist (§ 31 II 2 SGB XII). Es liegt nahe, diesen Zeitraum von höchstens sieben Monaten auch bei Beurteilung der Leistungsfähigkeit des Schuldners heranzuziehen. Ein Unterhaltsanspruch, der auf den Sozialhilfeträger übergeht, kann danach begründet sein, wenn der Schuldner den einmaligen Bedarf (ggf. neben dem laufenden Unterhalt) innerhalb dieses Zeitraums ohne Gefährdung seines Selbstbehalts aufbringen kann.[102] Einkünfte des Unterhaltspflichtigen, die dieser in der Zeit vor Auszahlung der einmaligen Hilfe hatte, dürfen dagegen nicht berücksichtigt werden.[103]

---

[97] Vgl. dazu BGH FamRZ 2015, 1594 und OLG Karlsruhe BeckRS 2016, 1971.
[98] BGBl. I S. 2557.
[99] Vgl. Staudinger/Klinkhammer § 1602 Rn. 76.
[100] BVerfG FamRZ 2005, 1051 (1053) mAnm Klinkhammer; Wahrendorf in Grube/Wahrendorf SGB XII § 94 Rn. 14.
[101] BVerfG FamRZ 2005, 1051 (1053) mAnm Klinkhammer (zu § 89 BSHG).
[102] So Hußmann in Heiß/Born UnterhaltsR-HdB Kap. 16 Rn. 15.
[103] Hußmann in Heiß/Born UnterhaltsR-HdB Kap. 16 Rn. 15.

73 Auch im Unterhaltsverfahren führt die Bewilligung der Sozialhilfe für den jeweiligen Kalendermonat zu erheblichen Schwierigkeiten, weil die Höhe der Sozialhilfe, auch wenn keine einmaligen Leistungen gewährt werden, sich häufig ändert, zB weil sich Miete, Wohnnebenkosten, Krankenkassenbeiträge, Mehrbedarf oder ähnliche Positionen erhöhen oder ermäßigen, Überzahlungen auszugleichen sind oder Nachzahlungen erfolgen. Es bietet sich aus praktischen Gründen an, entsprechend der im Unterhaltsrecht üblichen Handhabung hinsichtlich des Einkommens bzgl. der in der Vergangenheit gewährten Sozialhilfe einen **Durchschnittsbetrag** zu errechnen und bei der Bemessung des übergegangenen Unterhaltsanspruchs zugrunde zu legen.[104] Dass eine Durchschnittsberechnung dem Sozialrecht nicht fremd ist, zeigt § 2 III der Alg II-V.[105] Der Ansatz eines Durchschnittsbetrages ist allerdings nur so lange möglich, als sich die Grundlagen der Sozialhilfegewährung und/oder der Unterhaltsberechnung nicht wesentlich verändern. Nimmt der Sozialhilfeempfänger eine (geringfügige) Erwerbstätigkeit (vgl. → Rn. 31) auf und verringern sich dadurch sowohl die Sozialhilfe als auch der Unterhaltsanspruch, so muss selbstverständlich vom Beginn der Erwerbstätigkeit an eine Neuberechnung erfolgen.[106]

74 **d) Sachliche Kongruenz von Unterhaltsanspruch und Sozialhilfe.** Ein Unterhaltsanspruch kann nur dann übergehen, wenn nicht nur der Bedarf im Sinne des Sozialhilferechts, sondern auch der Bedarf des Unterhaltsberechtigten nach bürgerlichem Recht sichergestellt wird. So befriedigen zB die Hilfe zur Weiterführung des Haushalts (§ 70 SGB XII) und die Altenhilfe (§ 71 SGB XII) zwar soziale Bedürfnisse. Diese sind jedoch allenfalls teilweise mit dem Unterhaltsbedarf des Leistungsberechtigten, also seiner Lebensstellung (§ 1610 I BGB) oder den ehelichen Lebensverhältnissen (§ 1578 I 1 BGB) identisch. Auch kann der sozialhilferechtliche Bedarf durchaus höher sein als der Bedarf nach Unterhaltsrecht. Dies ist der Fall, wenn der Leistungsberechtigte sein Einkommen oder Vermögen nach §§ 82 ff., 90 SGB XII ganz oder teilweise nicht einsetzen muss. Wegen der Unterschiede, die bei der Bedarfsberechnung zwischen Sozialhilfe- und Unterhaltsrecht bestehen, muss der Sozialhilfeträger den Unterhaltsbedarf des Leistungsempfängers konkret darlegen; der Verweis auf die geleistete Sozialhilfe reicht nicht aus.[107]

Ob der Anspruch nunmehr auch wegen der **Leistungen für Bildung und Teilhabe** (→ Rn. 53a) übergeht, war ausweislich der Gesetzesbegründung nicht Gegenstand der Überlegungen des Gesetzgebers. Dass jedenfalls in Bezug auf die Geldleistungen auch insoweit ein Anspruchsübergang stattfindet, entspricht durchaus der mit dem Anspruchsübergang verfolgten gesetzlichen Zielsetzung und steht daher einer Anwendung entsprechend dem weiten Gesetzeswortlaut nicht im Wege. Voraussetzung ist jedoch, dass ein die konkrete Leistung abdeckender Unterhaltsanspruch besteht.

75 Der Bedarf nach Sozialhilferecht kann auch dann höher sein als nach Unterhaltsrecht, wenn durch den Sozialhilfeträger **Schulden**, insbesondere Mietschulden zur Sicherung einer Unterkunft, übernommen werden (§ 36 SGB XII).[108] In solchen Fällen findet entweder kein Anspruchsübergang statt oder dieser beschränkt sich auf die Höhe des Unterhaltsanspruchs.

76 Ein Anspruchsübergang scheidet auch dann aus, wenn der Unterhaltsbedarf ganz oder zum Teil durch eigenes Einkommen des Leistungsberechtigten sichergestellt werden kann, dieses aber vom Sozialhilfeträger gar nicht oder nur teilweise angerechnet wird, weil nach Sozialhilferecht mit dem Einkommen auch der Bedarf des Ehegatten, der mit dem Berechtigten in einer Einsatzgemeinschaft lebt, gedeckt werden muss. Zu Recht hat deshalb der BGH[109] die Klage eines Sozialhilfeträgers abgewiesen, der nach § 94 I 1 SGB XII vom

---

[104] So wohl OLG Köln FamRZ 1995, 613; a. A. Hußmann in Heiß/Born UnterhaltsR-HdB Kap. 16 Rn. 14.
[105] Arbeitslosengeld II/Sozialgeld-VO vom 17.12.2007 – BGBl. I S. 2942; vgl. Art. 7 Gesetzes zur Ermittlung von Regelbedarfen und zur Änderung des Zweiten und Zwölften Buches Sozialgesetzbuch vom 24.3.2011 BGBl. I S. 453.
[106] Hußmann in Heiß/Born UnterhaltsR-HdB Kap. 16 Rn. 14.
[107] KG FamRZ 2007, 77.
[108] Vgl. dazu Nr. 31 Empfehlungen DV SGB XII FamRZ 2005, 1387.
[109] BGH FamRZ 2004, 1370 mAnm Schürmann FamRZ 2004, 1557.

Sohn Unterhalt für den im Pflegeheim lebenden Vater verlangt hatte, obwohl dessen Einkommen die Pflegekosten deckte, während es für den Unterhalt Ehefrau nicht mehr ausreichte.

4. Wirkung des Anspruchsübergangs

Der Unterhaltsanspruch geht nach § 94 I 1 SGB XII mit der Leistung der Hilfe auf den Sozialhilfeträger über, und zwar für die **Zeit**, für die Hilfe gewährt wird. Der Anspruchsübergang verwirklicht sich daher mit der Auszahlung der Sozialhilfe an den Hilfeempfänger, selbst wenn der Sozialhilfeträger zunächst nur Vorausleistungen erbringt und der formelle Bewilligungsbescheid erst später ergeht. Für welche Zeit die Hilfe gewährt wird, ergibt sich aus dem Bewilligungsbescheid. Ergeht kein förmlicher Bescheid, liegt in der Aufnahme der Zahlungen zugleich deren Bewilligung.[110] 77

Das Familiengericht hat die **Rechtmäßigkeit** der Sozialhilfegewährung nach richtiger Auffassung nicht zu überprüfen. Bis zur 9. Auflage ist hier noch die gegenteilige Auffassung vertreten worden, nur die rechtmäßige Gewährung der Sozialhilfe führe zum Anspruchsübergang.[111] So dürften etwa die Eltern bei Eingliederungsmaßnahmen für behinderte Kinder nur zu den Kosten des Lebensunterhalts, nicht dagegen zu den Kosten der Maßnahme herangezogen werden.[112] Werde dies nicht beachtet, müssten sich die Eltern dagegen wehren können. Daran wird aus folgenden Gründen nicht festgehalten.[113] Aus dem Wortlaut der Vorschrift ergibt sich als Voraussetzung des Anspruchsübergangs lediglich, dass die Sozialhilfe gewährt worden sein muss, nicht aber, dass sie auch rechtmäßig gewährt wurde. Damit übereinstimmend sehen auch vergleichbare Tatbestände des gesetzlichen Forderungsübergangs keine derartige Einschränkung vor. So hat der BGH etwa für den Anspruchsübergang nach § 1607 III BGB entschieden, dass der Anspruchsgegner nicht einwenden kann, der Dritte habe mehr geleistet, als bei bestehender Unterhaltspflicht geschuldet gewesen wäre (→ § 2 Rn. 805).[114] Das entspricht dem berechtigten Anliegen, dass eine Überprüfung der Rechtmäßigkeit im Verfahren über den Unterhaltsregress vermieden werden sollte, wenn und soweit der Sozialleistungsträger mit seinen Leistungen für einen mit dem Unterhalt kongruenten Bedarf aufgekommen ist. Der Schuldner ist dann hinreichend geschützt, indem er die Voraussetzungen des Unterhalts (etwa die Unterhaltsbedürftigkeit) bestreiten und alle bürgerlich-rechtlichen Einwendungen erheben kann. Außerdem kommen ihm sozialrechtliche Schuldnerschutzvorschriften zugute (§ 94 III SGB XII: unbillige Härte, sozialrechtliche Vergleichsbetrachtung), die vom Familiengericht voll zu überprüfen sind. Der Einwand des Schuldners, dass der Sozialleistungsträger dem Unterhaltsberechtigten mehr Leistungen erbracht habe, als diesem nach öffentlichem Recht zustünden, geht mithin über einen berechtigten Schuldnerschutz hinaus. Dem oben für die bisher vertretene Auffassung angeführten Argument ist bereits dadurch Rechnung getragen, dass die Eltern sich darauf berufen können, dass subsidiäre Sozialleistungen und Unterhalt nicht in vollem Umfang kongruent sind. Trotz des Anspruchsübergangs verbleibt der Unterhaltsanspruch **für die Zukunft beim Berechtigten**. Dagegen steht der Unterhaltsanspruch **für die Vergangenheit** und für den Monat, für den die Hilfe bereits ausgezahlt worden ist, dem **Sozialhilfeträger** zu. Für diesen Zeitraum kann nur er über den Anspruch verfügen, ihn gerichtlich geltend machen (vgl. dazu → Rn. 107), auf ihn verzichten oder Stundung gewähren. Für die Vergangenheit kann Zahlung nur an den Sozialhilfeträger geleistet werden, solange eine Rückabtretung (§ 94 V 1 SGB XII) nicht erfolgt ist. Vgl. dazu → Rn. 111 ff. Zur Mahnung vgl.

---

[110] Schellhorn SGB XII § 94 Rn. 53.
[111] Vgl. Wolf in Fichtner/Wenzel § 94 SGB XII Rn. 31; Münder in LPK/SGB XII § 94 Rn. 9; Schellhorn SGB XII § 94 Rn. 56; anders BVerwG FamRZ 1993, 183 zu § 90 BSHG aF; vgl. BVerwG BeckRS 2006, 24493 (zum Unterhaltsvorschuss) sowie OVG Berlin-Brandenburg JAmt 2010, 395.
[112] Schellhorn SGB XII § 94 Rn. 55.
[113] Vgl. Staudinger/Klinkhammer § 1602 Rn. 71.
[114] BGH FamRZ 2019, 112 Rn. 30 ff.

→ Rn. 81; zum Antragsrecht des Sozialhilfeträgers für die Zukunft vgl. → Rn. 121. Die Verkehrsfähigkeit der übergegangenen Forderung ist nicht eingeschränkt; insbesondere gilt das Abtretungsverbot des § 400 BGB nach dem gesetzlichen Forderungsübergang nicht mehr.[115] Der Lauf der dreijährigen Verjährungsfrist ist nach dem Anspruchsübergang nicht mehr gemäß § 207 I BGB gehemmt.[116] Zum Lauf der Frist nach Rückabtretung des Unterhaltsanspruchs an den Unterhaltsberechtigten vgl. → Rn. 79, 119, 274. Auch der Pfändungsschutz des § 850b I Nr. 2 ZPO entfällt nach Übergang des Unterhaltsanspruchs auf den Sozialhilfeträger.[117]

Bis zur Vorauflage ist daran anknüpfend die Auffassung vertreten worden, der Schuldner könne mit einer Forderung gegen den übergegangenen Anspruch **aufrechnen** (§ 394 BGB), und zwar auch mit Ansprüchen gegen den Unterhaltsberechtigten, wenn die Voraussetzungen des § 406 BGB vorliegen. Der **BGH** hat nunmehr entschieden, dass das Aufrechnungsverbot auch gegenüber dem Sozialleistungsträger eingreife und dies – in Anlehnung an die Rechtsprechung des BAG zu § 394 BGB iVm § 850c ZPO – aus der Nachrangigkeit der Sozialleistung und einer sich anderenfalls ergebenden Besserstellung des Unterhaltsschuldners aufgrund seiner Säumigkeit begründet.[118] Die gegenteilige Auffassung wird demnach nicht mehr aufrechterhalten.

Soweit der Unterhaltsanspruch übergegangen ist, hat der Schuldner an den Sozialhilfeträger zu zahlen. Ist der Anspruchsübergang ganz oder teilweise unwirksam, hat eine Zahlung an den Sozialhilfeträger befreiende Wirkung, wenn sie mit Zustimmung des Unterhaltsgläubigers erfolgt, zB wenn dieser im Verfahren gemäß §§ 113 I 2 FamFG, 265 II ZPO die Verpflichtung des Pflichtigen zur Zahlung an den Sozialhilfeträger beantragt (vgl. → Rn. 109).[119] Leistungen des Schuldners an den (ursprünglichen) Unterhaltsgläubiger haben nur dann befreiende Wirkung, wenn dem Schuldner der Anspruchsübergang noch nicht bekannt war (§§ 412, 407 I BGB), insbesondere wenn ihm der Sozialhilfebedarf noch nicht durch Rechtswahrungsanzeige nach § 94 IV 1 BSHG (vgl. dazu → Rn. 82) mitgeteilt worden war. Für den jeweiligen Monat kann der Pflichtige jedoch an den Unterhaltsberechtigten leisten und den Anspruch durch „laufende Zahlung" erfüllen (§ 94 I 2 SGB XII; vgl. → Rn. 84).

78 Der Anspruchsübergang findet auch dann statt, wenn die Sozialhilfe nach §§ 36 I 2, 37, 38, 91 SGB XII nur als **Darlehen** gewährt wird.[120] Dies kommt zB in Betracht, wenn der Leistungsberechtigte über Vermögen verfügt, das derzeit nicht realisiert werden kann, zB über schwer verkäuflichen Grundbesitz, der nicht Schonvermögen im Sinne des § 90 II Nr. 8 SGB XII ist, oder über einen noch nicht titulierten Zugewinnausgleichsanspruch. Der Sozialhilfeträger kann dann entweder aus dem übergegangenen Unterhaltsanspruch gegen den Pflichtigen vorgehen oder, wenn dies keinen Erfolg verspricht, vom Hilfeempfänger Rückzahlung des Darlehens bei Fälligkeit verlangen.[121] Zur Darlehensgewährung an den Unterhaltsschuldner vgl. → Rn. 71.

79 Der Unterhaltsschuldner kann zunächst geltend machen, dass die in § 94 I bis III SGB XII aufgeführten Voraussetzungen für den Anspruchsübergang nicht vorliegen. Daneben kann er sich darauf berufen, dass ein Unterhaltsanspruch, der auf den Sozialhilfeträger übergegangen sein könnte, nicht besteht. Nach §§ 412, 404 BGB kann er gegen den Sozialhilfeträger alle **Einwendungen** und Einreden geltend machen, die er gegenüber dem Unterhaltsgläubiger hat. Der Sozialhilfeträger kann sich demnach auf die Befristung des nachehelichen Unterhalts gemäß § 1578b II BGB berufen, und zwar auch dann, wenn

---

[115] BGH FamRZ 1996, 1203 (1204).
[116] BGH FamRZ 2006, 1664 (1666) = R 657d.
[117] BGH FamRZ 1982, 50.
[118] BGH FamRZ 2013, 1202 Rn. 17 ff.
[119] BGH FamRZ 2000, 1358 (insoweit in R 543 nicht abgedruckt); zum Sonderfall des nach dem Tod des – nach § 265 ZPO prozessführungsbefugten – Unterhaltsberechtigten und des Eintritts des Sozialhilfeträgers in das Verfahren vgl. BGH FamRZ 2012, 1793.
[120] Vgl. dazu OLG Stuttgart FamRZ 1995, 1165; OLG Saarbrücken FamRZ 1995, 1166.
[121] OLG Hamm FamRZ 2001, 1237; Schellhorn SGB XII § 38 Rn. 15; Wolf in Fichtner/Wenzel § 94 SGB XII Rn. 31.

2. Abschnitt: Sozialhilfe und Unterhalt § 8

der Befristungszeitpunkt erst in der Zukunft liegt.[122] Dies gilt ferner für den Einwand der Verwirkung wegen illoyal verspäteter Geltendmachung des Anspruchs[123] und für die Verjährungseinrede. Übergegangene Unterhaltsansprüche können nach § 242 BGB verwirkt sein, wenn der Sozialhilfeträger sie nicht zeitnah geltend gemacht und dadurch bei dem Verpflichteten den Eindruck erweckt hat, er werde nicht mehr in Anspruch genommen.[124] Mit dem Argument, die öffentliche Hand verfüge nicht über die erforderlichen personellen Ressourcen, um den übergegangenen Anspruch rechtzeitig geltend machen zu können, kann der Sozialhilfeträger nicht gehört werden. Die Hemmung der Verjährung von Unterhaltsansprüchen zwischen Eltern und Kindern während deren Minderjährigkeit entfällt allerdings, wenn der Anspruch auf einen Dritten, zB auf den Sozialhilfeträger, übergeht.[125] Dasselbe dürfte für die Verjährung von übergegangenen Unterhaltsansprüchen gegen den Ehegatten während bestehender Ehe gelten (§ 207 I 1 BGB). Vgl. → Rn. 77, 119, 274.

Da sich durch den gesetzlichen Übergang Natur, Inhalt und Umfang des Unterhaltsanspruchs nicht ändern,[126] hat der Sozialhilfeträger beim nachehelichen Unterhalt und beim nachpartnerschaftlichen Unterhalt (§ 16 S. 2 LPartG) auch § 1585b III BGB zu beachten,[127] nach dem für eine mehr als ein Jahr vor Rechtshängigkeit liegende Zeit Erfüllung oder Schadensersatz wegen Nichterfüllung nur verlangt werden kann, wenn anzunehmen ist, dass der Verpflichtete sich der Leistung absichtlich entzogen hat. **80**

5. Unterhalt für die Vergangenheit, Rechtswahrungsanzeige

Der Sozialhilfeträger kann den übergegangenen Unterhaltsanspruch von dem Zeitpunkt an geltend machen, zu dem die Voraussetzungen des § 1613 I, BGB vorliegen. Nach § 1613 I BGB, der für alle Unterhaltsansprüche gilt – seit dem 1.1.2008 auch für den nachehelichen und den nachpartnerschaftlichen Unterhalt (§ 1585b II BGB, § 16 S. 2 LPartG in der Fassung des UÄndG) –, kann Unterhalt vom Ersten des Monats an gefordert werden, an dem der Schuldner in der Regel durch Mahnung in Verzug geraten ist (§ 286 BGB), der Unterhaltsanspruch rechtshängig geworden (§§ 113 I 2 FamFG, 261 ZPO) oder der Pflichtige zum Zweck der Geltendmachung des Unterhaltsanspruchs aufgefordert worden ist, über seine Einkünfte und sein Vermögen Auskunft zu erteilen. Nach § 1585b II BGB aF reichten bis zum 31.12.2007 beim nachehelichen Unterhalt nur Verzug und Rechtshängigkeit aus, nicht dagegen die Aufforderung zur Auskunft; auch war eine Rückwirkung auf den Ersten des Monats nicht vorgesehen. Dasselbe galt für Lebenspartner nach Aufhebung der Partnerschaft (§ 16 I LPartG aF). **81**

Vor Gewährung der Sozialhilfe und damit vor Übergang des Unterhaltsanspruchs kann nur der Unterhaltsberechtigte selbst Verzug herbeiführen, den Anspruch rechtshängig machen und den Schuldner zur Auskunft auffordern. Auch wenn der Sozialhilfeträger die Hilfegewährung aufnimmt, verbleibt diese Befugnis beim leistungsberechtigten Unterhaltsgläubiger, da der Anspruch für die Zukunft weiter ihm zusteht (→ Rn. 77). Für die Vergangenheit einschließlich des Monats, in dem die Hilfe bereits ausgezahlt ist, kann der Sozialhilfeträger dagegen Verzug und Rechtshängigkeit herbeiführen sowie zur Auskunft auffordern, da auch der Auskunftsanspruch auf ihn übergegangen ist (→ Rn. 66, 77). Der Sozialhilfeträger kann den Schuldner ferner durch Stufenmahnung[128] in Verzug setzen, also durch die Aufforderung zur Auskunft und zur Zahlung des Betrages, der sich nach Erteilung der Auskunft ergibt. In jedem Fall kann der Sozialhilfeträger nach dem Grundsatz der Gleichzeitigkeit (→ Rn. 71) nur auf den Teil des Unterhaltsanspruchs zurückgreifen, der von dem Tage an entsteht, ab dem Sozialhilfe gewährt wird. Gewährt er zB ab 15. des

---

[122] BGH FamRZ 2010, 1057 Rn. 12.
[123] BGH FamRZ 2002, 1698 mAnm Klinkhammer.
[124] BGH FamRZ 2002, 1698 mAnm Klinkhammer.
[125] BGH FamRZ 2006, 1664 (1666) = R 657d (zu § 7 UVG) mAnm Schürmann.
[126] BGH FamRZ 2002, 1698 mAnm Klinkhammer.
[127] BGH FamRZ 1987, 1014.
[128] BGH FamRZ 1990, 283 (285).

Monats Sozialhilfe, geht trotz § 1613 I 2 BGB der Unterhaltsanspruch für die Zeit vom 1. bis 14. des Monats nicht auf ihn über.

82 Die Wirkungen des Verzuges können auch durch eine **Rechtswahrungsanzeige** (§ 94 IV 1 SGB XII) herbeigeführt werden. Vgl. dazu → Rn. 106 ff. Diese Anzeige ist kein Verwaltungsakt, sondern eine privatrechtliche Erklärung.[129] Es reicht aus, dass dem Unterhaltsschuldner die Gewährung der Hilfe schriftlich mitgeteilt wird.[130] Die Anzeige braucht nicht in derselben Weise bestimmt zu sein wie eine Mahnung, die Höhe der Aufwendungen muss nicht angegeben,[131] der Betrag, in dessen Höhe der Schuldner in Anspruch genommen werden soll, nicht beziffert werden.[132] Eine Rechtswahrungsanzeige während der Trennungszeit begründet die Wirkungen des Verzuges auch hinsichtlich des nachehelichen Unterhalts, soweit sich nicht aus dem Inhalt der Anzeige ergibt, dass allein der Anspruch auf Trennungsunterhalt geltend gemacht werden soll.[133] Es ist nicht erforderlich, dass die Rechtswahrungsanzeige dem Schuldner, wie früher, unverzüglich zugeht. Eine Rückwirkung auf den Beginn der Hilfe oder auf den Bewilligungsbescheid kommt der Rechtswahrungsanzeige nicht mehr zu. Vielmehr kann der Sozialhilfeträger den Schuldner erst ab Zugang der Anzeige in Anspruch nehmen. Der Zugang begründet auch dann die Wirkungen des Verzuges, wenn der Sozialhilfeträger Vorausleistungen erbringt und die Sozialhilfe erst später endgültig bewilligt. Dem Schuldner wird durch die Rechtswahrungsanzeige hinreichend klargemacht, dass er mit der Geltendmachung des übergegangenen Unterhaltsanspruchs zu rechnen hat. Die Rechtsprechung des BGH,[134] der eine Rückwirkung der Anzeige nur bis zum Zeitpunkt des Erlasses des Bewilligungsbescheides, nicht dagegen bis zum (früheren) tatsächlichen Beginn der Hilfe annahm, ist mE überholt.[135]

6. Unterhaltsverzicht und Unterhaltsvereinbarungen

83 Auf Kindesunterhalt, Verwandtenunterhalt, Familienunterhalt, Trennungsunterhalt unter Eheleuten und Lebenspartnern, Unterhalt der nicht verheirateten Mutter oder des nicht verheirateten Vaters kann für die Zukunft nicht verzichtet werden (§§ 1614 I, 1360a III, 1361 IV 4, 1615l III 1 BGB, § 12 S. 2 LPartG). Ein derartiger Verzicht ist unwirksam (§ 134 BGB). Ein Verzicht des Hilfeempfängers auf den Unterhaltsanspruch für die Zeit, innerhalb der der Sozialhilfeträger Leistungen erbracht hat, ist bereits deshalb unwirksam, weil allein dieser über den übergegangenen Anspruch verfügen darf.

Eheverträge über nachehelichen Unterhalt sowie Verträge über nachpartnerschaftlichen Unterhalt sind zwar vor Rechtskraft der Scheidung bzw. vor rechtskräftiger Aufhebung der Partnerschaft zulässig, müssen aber seit dem 1.1.2008 notariell beurkundet werden (§ 1585c S. 2 BGB, § 16 S. 2 LPartG). Ein vertraglicher Verzicht auf nachehelichen und nachpartnerschaftlichen Unterhalt kann wegen Verstoßes gegen die guten Sitten (§ 138 BGB) nichtig sein, wenn er zu einer durch die ehelichen Lebensverhältnisse nicht gerechtfertigten Lastenverteilung führt, die den **anderen Ehegatten** einseitig benachteiligt. Ist der Verzicht nicht von Anfang nichtig, kann sich gleichwohl die spätere Berufung auf den Vertrag als unzulässige Rechtsausübung darstellen, wenn sich wegen Änderung der Umstände, insbesondere der Geburt eines Kindes, nunmehr eine evident einseitige Lastenverteilung ergibt. Eine solche ist nicht bereits dann gegeben, wenn beide Partner mittellos sind.[136] Ein Verzicht kann auch dann sittenwidrig und damit nichtig sein, wenn die Vertragschließenden dadurch bewusst, wenn auch nicht notwendigerweise absichtlich, eine

---

[129] BGH FamRZ 1985, 586 (zu § 90 BSHG aF).
[130] BGH FamRZ 1985, 586.
[131] BGH FamRZ 1985, 586.
[132] BGH FamRZ 1983, 895.
[133] BGH FamRZ 1988, 375 (zur Überleitungsanzeige nach § 90 II BSHG aF).
[134] FamRZ 1985, 793.
[135] So auch Hußmann in Heiß/Born UnterhaltsR-HdB Kap. 16 Rn. 40; unentschieden Künkel FamRZ 1996, 1509 (1513).
[136] BGH FamRZ 2007, 197 = R 663; 2004, 601 = R 608a, b; BVerfG FamRZ 2001, 343; FamRZ 2001, 985.

Unterstützungsbedürftigkeit des einen Partners herbeiführen, der Bedürftige infolge des Verzichts also zwangsläufig der **Sozialhilfe zur Last fällt.** Gleichwohl können die Ehegatten bestimmte Lebensrisiken, zB eine bei Eheschließung bereits bestehende Krankheit, aus der gemeinsamen Verantwortung herausnehmen. Es reicht daher nicht aus, dass der bedürftige Ehegatte im Scheidungsfall auf Sozialhilfe angewiesen bleibt, während er ohne den Unterhaltsverzicht von dem anderen Unterhalt verlangen könnte.[137] Ein nichtiger oder wegen Verstoßes gegen § 242 BGB unbeachtlicher Verzicht kann dem Sozialhilfeträger nicht entgegengehalten werden. Im umgekehrten Fall kann eine Unterhaltsvereinbarung auch dann nichtig sein, wenn der Unterhaltspflichtige sich über die Grenzen seiner Leistungsfähigkeit hinaus zur Unterhaltszahlung verpflichtet hat und dadurch seinerseits sozialleistungsbedürftig werden würde.[138]

7. Laufende Zahlung des Unterhalts

Nach § 94 I 2 SGB XII ist der Übergang des Anspruchs ausgeschlossen, wenn der Unterhaltsanspruch durch laufende Zahlung erfüllt wird. Die Vorschrift betrifft weniger die Berechtigung des Sozialhilfeträgers, den Unterhaltsanspruch geltend zu machen, als die Frage, an wen der Schuldner leisten darf. Der Schuldner kann bereits nach §§ 412, 407 I BGB mit befreiender Wirkung an den Unterhaltsberechtigten zahlen, wenn ihm die Gewährung der Sozialhilfe und damit der Anspruchsübergang nicht bekannt sind. Zur rechtzeitigen Erfüllung genügt, dass er den Überweisungsauftrag spätestens am Ende des Vormonats erteilt hat; auf den Zeitpunkt der Gutschrift auf dem Konto des Gläubigers kommt es nicht an.[139] § 94 I 2 SGB XII soll darüber hinaus dem Schuldner die Möglichkeit geben, jederzeit wieder mit laufenden Zahlungen an den Berechtigten zu beginnen und damit die Gewährung von Sozialhilfe ganz oder teilweise entbehrlich zu machen.[140] Dies gilt auch dann, wenn der Unterhalt zugunsten des Sozialhilfeträgers nach § 94 IV 2 SGB XII tituliert ist.[141] Selbst wenn dem Schuldner die Gewährung von Sozialhilfe bekannt ist und er dennoch Unterhalt an den Gläubiger zahlt, wird der Unterhaltsanspruch erfüllt. Die Zahlung führt dazu, dass sie als Einkommen des Unterhaltsberechtigten berücksichtigt wird und die Gewährung von Hilfe zum Lebensunterhalt für den folgenden Monat ausschließt. Setzt der Schuldner seine Zahlungen in den Folgemonaten laufend, wenn auch zu wechselnden Terminen fort, liegen die Voraussetzungen des § 94 I 2 SGB XII vor.[142] Ein Anspruchsübergang ist dann ausgeschlossen. Die Ansicht, dass die laufende Zahlung vom Schuldner rechtzeitig, also spätestens am Ersten des laufenden Monats, angewiesen worden sein müsse,[143] nimmt § 94 I 2 SGB XII jeden eigenständigen Inhalt; sie überzeugt daher nicht.

8. Unterhalt volljähriger Kinder

Nach der bis zum 31.12.2004 geltenden außerordentlich komplizierten Regelung des § 91 II 3–5 BSHG wurde die Inanspruchnahme der Eltern bei Gewährung von Eingliederungshilfe und Hilfe zur Pflege an ihre volljährigen Kinder in der Regel als unbillige Härte angesehen; der Anspruchsübergang war deshalb ganz oder teilweise ausgeschlossen.[144] Bei Gewährung von Hilfe zum Lebensunterhalt war dagegen der Übergang des Unterhaltsanspruchs nicht eingeschränkt.[145]

---

[137] BGH FamRZ 2007, 197 = R 663.
[138] BGH FamRZ 2009, 198.
[139] OLG Karlsruhe FamRZ 2003, 1763.
[140] Vgl. BGH FamRZ 1982, 23 (25); Münder NJW 2001, 2202 (2203).
[141] Hußmann in Heiß/Born UnterhaltsR-HdB Kap. 16 Rn. 18.
[142] Vgl. dazu DH der Bundesagentur zum wortgleichen § 33 SGB II Nr. 33.31.
[143] Hußmann in Heiß/Born UnterhaltsR-HdB Kap. 16 Rn. 19.
[144] Vgl. dazu die Vorauflage § 6 Rn. 547 ff.
[145] Dazu BGH FamRZ 2003, 1468 mAnm Klinkhammer FamRZ 2004, 266.

86 Seit dem 1.1.2005 gilt Folgendes:
Ein volljähriges, nicht behindertes und nicht pflegebedürftiges Kind ist in der Regel erwerbsfähig. Dann gilt das SGB II, nicht dagegen das SGB XII. Nach § 33 II 1 Nr. 2b SGB II geht der Unterhaltsanspruch eines Kindes, das die Erstausbildung abgeschlossen oder das 25. Lebensjahr vollendet hat, nur dann auf die Träger der Grundsicherung für Arbeitsuchende über, wenn es den Unterhaltsanspruch gegen seine Eltern selbst geltend macht. Vgl. dazu → Rn. 232, 234. Wenn das Kind dagegen nicht erwerbsfähig ist, es also nicht oder nur weniger als drei Stunden pro Tag einer Erwerbstätigkeit nachgehen kann (§ 8 I SGB II), ist das SGB XII und damit § 94 SGB XII anwendbar. Vgl. → Rn. 19 f. § 94 II SGB XII setzt voraus, dass das volljährige Kind behindert im Sinne des § 53 SGB XII oder pflegebedürftig im Sinne des § 61 SGB XII ist und Eingliederungshilfe bzw. Hilfe zur Pflege bezieht. Wegen dieser Leistungen, gleichgültig, ob sie ambulant, stationär oder teilstationär erbracht werden,[146] geht der Unterhaltsanspruch des Kindes in Höhe von bis zu (gerundet) 34,– EUR (ursprünglich 26 EUR) auf den Sozialhilfeträger über. Steht noch nicht fest, dass das Kind wahrscheinlich auf Dauer erwerbsunfähig sein wird, hat es daneben Anspruch auf Hilfe zum Lebensunterhalt nach §§ 27 ff. SGB XII. Wegen dieser Leistungen ist der Anspruchsübergang auf bis zu (gerundet) 26,– EUR (ursprünglich 20 EUR) beschränkt.[147]

Erhält das Kind lediglich Hilfe zum Lebensunterhalt, so geht der Anspruch nur eingeschränkt über, wenn das Kind die tatbestandlichen Voraussetzungen der §§ 53, 61 SGB XII erfüllt. Dass es keine Eingliederungshilfe oder Hilfe zur Pflege erhält, steht der Einschränkung des Anspruchsübergangs nicht entgegen.[148]

Werden dem Kind dagegen wegen dauerhafter Erwerbsminderung Leistungen der Grundsicherung im Alter und bei Erwerbsminderung gewährt, scheidet insoweit ein Anspruchsübergang aus (§ 94 I 3 Halbsatz 2 SGB XII). Nach § 94 II 1 SGB XII verbleibt es jedoch bei dem Anspruchsübergang in Höhe von bis zu 34,– EUR wegen der Eingliederungshilfe und der Hilfe zur Pflege. Dem steht § 94 I 3 Halbsatz 2 SGB XII nicht entgegen.[149] Ob das Kind in einer Anstalt, einem Heim oder in der eigenen Familie betreut wird, ist nicht entscheidend. Mehr als höchstens 46 EUR kann der Sozialhilfeträger nicht fordern. Die genannten Beträge verändern sich nach § 94 II 3 SGB XII zum gleichen Zeitpunkt und um denselben Vomhundertsatz, um den sich das Kindergeld verändert. Sie belaufen sich derzeit (Kindergeld für das erste Kind 2005: 154 EUR, 1.7.2019: 204 EUR) auf (gerundet) 34,– EUR und 26,– EUR, insgesamt 60,– EUR. Vgl. → Rn. 68.

Es handelt sich um eine **Pauschalabgeltung** des auf den Sozialhilfeträger übergehenden Unterhalts.[150] Sie führt bei besser gestellten Eltern behinderter oder pflegebedürftiger Kinder zu einer nachhaltigen Entlastung. Das gilt erst recht, wenn sie das Kindergeld beziehen und daraus den Unterhalt zahlen können. Der pauschalierte Anspruchsübergang nach § 94 Abs. 2 SGB XII ist jedoch nicht davon abhängig, dass die unterhaltspflichtigen Eltern für das behinderte oder pflegebedürftige Kind Kindergeld erhalten.[151] Nicht oder nur eingeschränkt leistungsfähige Eltern werden nicht stärker belastet als bisher. Denn § 94 II 2 SGB XII stellt nur die Vermutung auf, dass der Anspruch in dieser Höhe übergeht und dass die Eltern zu gleichen Teilen haften. Die Eltern können dies widerlegen und den Beweis führen, dass sie nach ihren Einkommens- und Vermögensverhältnissen auch die Beträge von höchstens 54,96 EUR nicht aufbringen können oder dass der Haftungsanteil eines Elternteils die Hälfte dieses Betrages nicht erreicht. Sie können sich nach § 94 III 1 Nr. 2 SGB XII auch darauf berufen, dass ihre Inanspruchnahme eine unbillige Härte darstellt.[152]

---

[146] Schellhorn SGB XII § 94 Rn. 90.
[147] Zum Verhältnis der Hilfe zum Lebensunterhalt zur Grundsicherung bei Erwerbsminderung vgl. OLG Brandenburg FamRZ 2010, 302.
[148] OLG Frankfurt FamRZ 2011, 226.
[149] Schellhorn SGB XII § 94 Rn. 72.
[150] Wahrendorf in Grube/Wahrendorf SGB XII § 94 Rn. 24.
[151] BGH FamRZ 2010, 1418; vgl. auch BGH FamRZ 2012, 1553; 2012, 530.
[152] So bereits BGH FamRZ 2003, 1468 (zu § 91 II 2 BSHG).

2. Abschnitt: Sozialhilfe und Unterhalt § 8

Eine andere Frage ist es, wie sich ein tatsächlich gezahlter Unterhalt, der über 60,– EUR hinausgeht, sozialhilferechtlich auswirkt.[153]

Für andere Unterhaltsverhältnisse, insbesondere für den Eltern- und den Ehegattenunterhalt, gilt § 94 II SGB XII nicht.

9. Unbillige Härte

Die **allgemeine Härteregelung** des § 94 III 1 Nr. 2 SGB XII schließt den Anspruchsübergang aus, wenn er eine unbillige Härte bedeuten würde. Die Vorschrift betrifft alle Fälle, in denen Unterhaltsansprüche auf den Sozialhilfeträger übergehen. Sie gilt insbesondere beim Kindesunterhalt, beim Ehegatten- und Elternunterhalt, aber auch beim Unterhalt nach § 1615l BGB und nach §§ 12, 16 LPartG. Für den Unterhalt volljähriger behinderter oder pflegebedürftiger Kinder trifft § 94 II SGB XII eine Sonderregelung (dazu → Rn. 86). Die Anwendung der allgemeinen Härteregelung des § 94 III 1 Nr. 2 SGB XII wird dadurch allerdings nicht ausgeschlossen.[154]   87

Das Kriterium der unbilligen Härte ist ein unbestimmter Rechtsbegriff, über dessen Auslegung die zuständigen Familiengerichte zu befinden haben.[155] Der Sozialhilfeträger hat daher keinen Ermessensspielraum. Das Verständnis der unbilligen Härte hängt von den sich wandelnden Anschauungen der Gesellschaft ab. Was früher im Rahmen des Familienverbandes als selbstverständlicher Einsatz der Familienmitglieder galt, wird heute vielfach als Härte empfunden. Die Härte kann in materieller oder in immaterieller Hinsicht bestehen und entweder in der Person des Unterhaltspflichtigen oder des Leistungsberechtigten vorliegen. Bei der Auslegung ist in erster Linie die Zielsetzung der Hilfe zu berücksichtigen, daneben aber auch die allgemeinen Grundsätze der Sozialhilfe, die Belange der Familie sowie die wirtschaftlichen und persönlichen Beziehungen und die soziale Lage der Beteiligten. Entscheidend ist stets, ob durch den Anspruchsübergang **soziale Belange** vernachlässigt werden.[156]   88

Eine unbillige Härte kann danach insbesondere gegeben sein,   89
– wenn der Grundsatz der familiengerechten Hilfe (§ 16 SGB XII) ein Absehen von der Heranziehung gebietet, zB weil durch die Inanspruchnahme des Schuldners das weitere Verbleiben des Leistungsberechtigten im Familienverband gefährdet erscheint,
– wenn die laufende Heranziehung des Unterhaltspflichtigen wegen seiner sozialen und wirtschaftlichen Lage, vor allem mit Rücksicht auf die Höhe und die Dauer des Bedarfs zu einer nachhaltigen und unzumutbaren Beeinträchtigung des Unterhaltsschuldners und der übrigen Familienmitglieder führen würde,
– oder wenn der Schuldner den Leistungsberechtigten in der Vergangenheit über das Maß seiner Unterhaltsverpflichtung hinaus betreut und gepflegt hat.[157]

Diese Fallgruppen schließen die Annahme einer unbilligen Härte bei anderer Fallgestaltung nicht aus. Entscheidend ist stets, ob im Rahmen einer umfassenden Prüfung der Gesamtsituation durch den Anspruchsübergang soziale Belange berührt werden.[158]

Dies hat der BGH[159] in einem Fall bejaht, in dem der Vater wegen einer auf seine Kriegserlebnisse zurückzuführenden psychischen Erkrankung Jahrzehnte in einer Anstalt betreut werden musste und demgemäß nicht in Lage war, für sein jetzt zum Elternunterhalt

---

[153] Vgl. BSG FEVS 62, 71 Rn. 15 mwN; BSGE 99, 137 Rn. 23 (weitergeleitetes Kindergeld).
[154] BGH FamRZ 2003, 1468 mAnm Klinkhammer FamRZ 2004, 266.
[155] BGH FamRZ 2018, 1502; 2015, 1467; 2015, 1594; 2004, 1097 = R 610 mAnm Klinkhammer FamRZ 2004, 1283; FamRZ 2003, 1468 mAnm Klinkhammer FamRZ 2004, 266.
[156] BGH FamRZ 2018, 1502; 2015, 1467; 2015, 1594; 2010, 1418 Rn. 33 f.; 2004, 1097 = R 610 mAnm Klinkhammer FamRZ 2004, 1283; FamRZ 2003, 1468 mAnm Klinkhammer FamRZ 2004, 266.
[157] BGH FamRZ 2004, 1097 = R 610 mAnm Klinkhammer FamRZ 2004, 1283; FamRZ 2003, 1468 mAnm Klinkhammer FamRZ 2004, 266.
[158] BGH FamRZ 2010, 1418 Rn. 33 f.
[159] BGH FamRZ 2004, 1097 = R 610 mAnm Klinkhammer FamRZ 2004, 1283 (zu § 91 II 2 BSHG).

herangezogenes Kind in emotionaler und materieller Weise zu sorgen. Bei langjähriger Pflege eines volljährigen Kindes kann uU eine unbillige Härte bejaht werden, wenn der Elternteil das Rentenalter erreicht hat.[160]

Auf die folgenden aktuellen Entscheidungen des **BGH** zur Frage der unbilligen Härte ist hinzuweisen:
- Keine unbillige Härte bei Elternunterhalt trotz **Kontaktabbruchs** durch den unterhaltsberechtigten Vater[161] → Rn. 90
- Teilweise unbillige Härte wegen dem Sozialhilfeträger zuzurechnender **unterbliebener Pflegeversicherung** des Hilfebedürftigen.[162]
- Teilweise unbillige Härte für ein an sich (insoweit) nicht unterhaltspflichtiges Kind, weil der Elternteil wegen eines besser verdienenden Geschwisterkinds keine (nicht subsidiäre) **Grundsicherung** im Alter und bei Erwerbsminderung beantragen kann[163] → Rn. 160
- Unbillige Härte bei **gehörlosem Elternteil** und dadurch bedingten Mehrkosten der behinderungsgerechten Heimunterbringung.[164]

Zur Annahme einer unbilligen Härte, wenn dem Unterhaltspflichtigen nur sein Bedarf nach § 94 III 1 Nr. 1 SGB XII verbleibt, während dem Leistungsberechtigten höhere Beträge nach § 85 SGB XII bzw. Schonvermögen nach § 90 SGB XII belassen werden, vgl. → Rn. 94, 104.

Eine unbillige Härte liegt (im Rahmen des Volljährigenunterhalts) noch nicht vor, wenn der unterhaltsbedürftige Sohn seinen Eltern die Schuld an seinem Aufenthalt in der Psychiatrie zuweist und mehrfach gewaltsam in deren Haus eingedrungen ist, wobei er sich Zugang zu deren Privatunterlagen verschafft hat.[165] Der BGH hat in diesem Fall im Rahmen einer Gesamtabwägung sämtlicher Umstände darauf abgehoben, dass das Verhalten des Unterhaltsberechtigten selbst unter Berücksichtigung des krankheitsbedingt aggressiven Potenzials einen Rückgriff des Sozialamtes nicht als unbillig erscheinen lasse. Dabei falle auch ins Gewicht, dass die in guten finanziellen Verhältnissen lebenden Beklagten wegen der für sie günstigen Pauschalregelung des § 94 II 1 SGB XII ohnehin nur in äußerst geringem Umfang in Anspruch genommen werden.

Der BGH hat zum Elternunterhalt eine unbillige Härte verneint, wenn die bedürftige Mutter den auf Unterhalt in Anspruch genommenen Sohn krankheitsbedingt schon frühzeitig nicht mehr betreuen konnte und auch später ein Verhältnis nicht mehr zustande kam.[166] Im Unterschied zu dem oben angesprochenen Fall des Kriegsheimkehrers waren in diesem Fall auch keine besonderen sozialen Belange berührt. Vgl. → Rn. 90.

Dagegen hat das OLG Oldenburg eine unbillige Härte angenommen, wenn das Kind erhebliche Leistungen der häuslichen Pflege des Elternteils erbringt und der Leistungsträger durch die familiäre Pflege weitere Leistungen erspart, die das von ihm nach § 64 SGB XII zu zahlende Pflegegeld noch deutlich übersteigen.[167] Das OLG Celle hat eine unbillige Härte angenommen, soweit beim Elternunterhalt (unterhaltsrechtlich überobligatorisches) Einkommen der schwerbehinderten Ehefrau des Unterhaltspflichtigen berücksichtigt werden sollte.[168]

Der Sozialhilfeträger hat die Einschränkung des Anspruchsübergangs wegen unbilliger Härte nur zu berücksichtigen, wenn er hiervon durch vorgelegte Nachweise oder auf andere Weise Kenntnis erlangt (§ 94 III 2 SGB XII). Erst dann setzt die Pflicht der Behörde zur Amtsermittlung ein.

90   Vor Anwendung des § 94 III 1 Nr. 2 SGB XII ist stets zu prüfen, ob ein Unterhaltsanspruch nach §§ 1579, 1611 BGB verwirkt ist, der bei persönlichen Verfehlungen des

---

[160] BGH FamRZ 2003, 1468 mAnm Klinkhammer FamRZ 2004, 266 (zu § 91 II 2 BSHG).
[161] BGH FamRZ 2014, 541.
[162] BGH FamRZ 2015, 1594.
[163] BGH FamRZ 2015, 1467.
[164] BGH FamRZ 2018, 1903.
[165] BGH FamRZ 2010, 1418 Rn. 37.
[166] BGH FamRZ 2010, 1888 Rn. 42 ff.
[167] FamRZ 2010, 992.
[168] FamRZ 2010, 817.

Unterhaltsberechtigten eine abschließende Spezialvorschrift ist.[169] Dies setzt allerdings in der Regel schuldhaftes Verhalten des volljährigen Unterhaltsberechtigten voraus.[170] Ist dieses zu verneinen, kann gleichwohl der Anspruchsübergang wegen unbilliger Härte ausgeschlossen sein.[171] Eine Störung familiärer Beziehungen im Sinne des § 1611 BGB genügt allerdings grundsätzlich nicht, um eine unbillige Härte im Sinne des § 94 Abs. 3 Satz 1 Nr. 2 SGB XII zu begründen und damit einen Anspruchsübergang auf den Träger der Sozialhilfe auszuschließen.[172] Etwas anderes gilt nur dann, wenn der nach § 1611 BGB zu beurteilende Lebenssachverhalt aus Sicht des Sozialhilferechts **auch soziale Belange erfasst,** die einen Übergang des Anspruchs nach öffentlich-rechtlichen Kriterien ausschließen.[173]

VI. Sozialhilferechtliche Vergleichsberechnung

1. Rechtslage bis zum 31.12.2004

Nach § 91 II 1 BSHG ging der Unterhaltsanspruch nur auf den Sozialhilfeträger über, soweit ein Hilfeempfänger sein Einkommen und Vermögen nach den Bestimmungen des Abschnitts 4 (§§ 76–89 BSHG) mit Ausnahme der §§ 84 II, 85 I Nr. 3 S. 2 BSHG einzusetzen hatte. Durch diese Bestimmung sollte der Unterhaltspflichtige in gleicher Weise wie der Hilfeempfänger geschützt werden, da er im Hinblick auf die Menschenwürde und das Sozialstaatsprinzip durch den Rückgriff des Staates auf die Unterhaltsforderung des Leistungsberechtigten nicht selbst sozialhilfebedürftig werden darf.[174] Damit ging der Schuldnerschutz im Sozialhilferecht deutlich weiter als im Unterhaltsrecht. Der Unterhaltspflichtige genoss im Rahmen des Anspruchsübergangs sozialhilferechtlich den gleichen Schutz, den er hätte, wenn er selbst Empfänger der konkreten Hilfe wäre und ihm Sozialhilfe gewährt werden müsste.[175]

91

Daher war zunächst festzustellen, in welchem Umfang der Pflichtige nach bürgerlichem Recht zum Unterhalt verpflichtet war. Danach war in einer sozialhilferechtlichen **Vergleichsberechnung** zu prüfen, ob der Unterhaltsschuldner vom Sozialhilfeträger nach § 91 II BSHG nur mit einem geringeren Betrag zum Unterhalt des Hilfeempfängers herangezogen werden konnte. Nach dem Grundsatz der **Meistbegünstigung** ging der Unterhaltsanspruch nur in Höhe des geringeren Betrages auf den Sozialhilfeträger über.[176]

2. Inhalt der gesetzlichen Neuregelung

a) Zweck der Gesetzesänderung. Die bis zum 31.12.2004 bestehende Rechtslage erforderte einen beachtlichen Verwaltungsaufwand. Der Gesetzgeber wollte zur Verwaltungsvereinfachung Doppelberechnungen überflüssig machen und hat deshalb den Schuldnerschutz eingeschränkt.[177] Nach § 94 III 1 Nr. 1 SGB XII kommt es nur darauf an, ob der Pflichtige selbst Hilfe zum Lebensunterhalt nach §§ 27 ff. SGB XII (3. Kapitel) oder Grundsicherung nach § 41 ff. SGB XII (4. Kapitel) bezieht oder er sie beziehen würde,

92

---

[169] BGH FamRZ 2014, 541 Rn. 28 ff. (Kontaktabbruch durch den unterhaltsberechtigten Elternteil beim Elternunterhalt); 2010, 1888 Rn. 44 ff.
[170] BGH FamRZ 2010, 1888.
[171] BGH FamRZ 2004, 1097 = R 610 mAnm Klinkhammer FamRZ 2004, 1283; vgl. auch BGH FamRZ 2004, 1559 = R 614 mAnm Born.
[172] Vgl. BGH FamRZ 2014, 541.
[173] BGH FamRZ 2010, 1888 Rn. 44 f.
[174] BGH FamRZ 1990, 849; BVerwG FamRZ 1999, 780; BSG FamRZ 1985, 379; OLG Düsseldorf FamRZ 1999, 127.
[175] BGH FamRZ 1999, 843 (846); vgl. auch BGH FamRZ 1998, 818; Münder NJW 2001, 2201 (2207).
[176] BGH FamRZ 1998, 818; OLG Düsseldorf FamRZ 1999, 843 (846); Nr. 2, 85, 147 der Empfehlungen des Deutschen Vereins, FamRZ 2002, 931.
[177] BT-Drucks. 15/1514, 66.

wenn er den Unterhaltsanspruch erfüllt. Soweit dies der Fall ist, geht der Unterhaltsanspruch nicht auf den Sozialhilfeträger über. Diese Neuregelung führt in der Tat zu einer Vereinfachung der Berechnung, wenn der Sozialhilfeträger beim Unterhaltsschuldner Rückgriff nehmen will. Mit der Verweisung auf die Hilfe zum Lebensunterhalt sind zudem die früher höheren Freibeträge bei der Hilfe in besonderen Lebenslagen auf den Unterhaltsschuldner nicht mehr anwendbar (→ Rn. 94). Jedoch werden sich auch durch die auf die Hilfe zum Lebensunterhalt beschränkten Vergleichsbetrachtung in Zukunft Doppelberechnungen nicht stets vermeiden lassen. Denn die Maßstäbe des Unterhaltsrechts und des Sozialhilferechts zum Einsatz von Einkommen und Vermögen sowie zur Heranziehung bestimmter Unterhaltspflichtiger decken sich nach wie vor nicht. Daher muss auch seit dem 1.1.2005 bei jedem Anspruchsübergang geprüft werden, ob der Schuldner **nach den Grundsätzen des Sozialhilferechts** bedürftig ist oder bedürftig würde, wenn er den Unterhaltsanspruch erfüllt. Bei dieser Kontrollberechnung wird sich allerdings in der Regel ergeben, dass der Schuldner beim Unterhalt minderjähriger oder privilegiert volljähriger Kinder durch den notwendigen Selbstbehalt des Unterhaltsrechts (§ 1603 II BGB) und bei anderen Unterhaltsverhältnissen durch den angemessenen oder billigen Selbstbehalt (§§ 1361, 1581 S. 2, 1615l III 1 BGB; §§ 12 S. 2, 16 S. 2 LPartG) auch nach Sozialhilferecht ausreichend geschützt ist; denn bereits der notwendige Selbstbehalt liegt im Allgemeinen maßvoll über der Sozialhilfe, die der Schuldner erhalten könnte. Vgl. → Rn. 14.

93 b) **Schutz des Unterhaltsschuldners vor Sozialhilfebedürftigkeit.** Nach § 94 III 1 Nr. 1 SGB XII hängt der Anspruchsübergang davon ab, dass der Unterhaltsschuldner nicht Bezieher von Hilfe zum Lebensunterhalt oder von Grundsicherung im Alter und bei Erwerbsminderung ist und dass er auch kein Anrecht auf derartige Hilfen hätte, wenn er den Unterhaltsanspruch erfüllen würde. Ihm muss also Einkommen in Höhe des maßgebenden Regelsatzes, der Wohnkosten, etwaigen Mehrbedarfs nach § 30 SGB XII und einmaliger Bedarfe nach § 31 SGB XII verbleiben. Erst wenn das nach Sozialhilferecht zu berücksichtigende Einkommen und Vermögen (→ Rn. 29 ff., 43 ff.) diese Beträge übersteigt, kommt ein Anspruchsübergang bis zur Höhe des überschießenden Betrages in Betracht.

94 Die sozialhilferechtliche **Vergleichsberechnung** und der Grundsatz der **Meistbegünstigung** sind nach dem neuen Recht allerdings stark **eingeschränkt.** Nach § 91 II 1 BSHG kamen dem Unterhaltspflichtigen die hohen Einkommensgrenzen der §§ 79, 81 BSHG zugute, wenn der Hilfebedürftige Hilfe in besonderen Lebenslagen, insbesondere Eingliederungshilfe oder Hilfe zur Pflege erhielt. Nach § 94 III 1 Nr. 1 SGB XII verbleibt dem Unterhaltsschuldner aber auch dann, wenn dem Leistungsberechtigten **Hilfen nach dem 5. bis 9. Kapitel** gewährt werden, die der früheren Hilfe in besonderen Lebenslagen entsprechen, nur Einkommen in Höhe der möglichen Hilfe zum Lebensunterhalt.[178] Denn § 94 SGB XII verweist anders als § 91 II 1 BSHG nicht auf die Einkommensgrenzen für Leistungen nach dem 5. bis 9. Kapitel (§§ 85 bis 89, 90 SGB XII). Dem Berechtigten werden dagegen auch nach dem jetzt geltenden Recht (§ 85 I SGB XII) deutlich höhere Beträge als dem Unterhaltsschuldner belassen, nämlich Einkommen in Höhe des Zweifachen der Regelbedarfsstufe 1 und der Wohnkosten (ohne Heizung) ggf. zuzüglich eines Familienzuschlags;[179] das über diese Grenze hinausgehende Einkommen ist nur in angemessenem Umfang heranzuziehen (§ 87 I 1 SGB XII). Vgl. dazu → Rn. 42. Ob diese Benachteiligung des Unterhaltsschuldners gegenüber dem Leistungsberechtigten mit Art. 3 GG vereinbar ist, erscheint überaus zweifelhaft. Es spricht viel dafür, in solchen Fällen im Wege verfassungskonformer Gesetzesauslegung eine unbillige Härte im Sinne des § 94 III 1 Nr. 2 SGB XII zu bejahen. Vgl. dazu → Rn. 89.

95 § 94 III 1 Nr. 1 SGB XII stellt sicher, dass der Unterhaltspflichtige nur im Rahmen seiner sozialhilferechtlichen Leistungsfähigkeit zum Unterhalt herangezogen werden darf. Ebenso wie der Bedarf, also die Hilfe zum Lebensunterhalt oder die Grundsicherung im Alter und bei Erwerbsminderung, die er bezieht oder bei Erfüllung des Unterhalts beziehen

---

[178] So auch Schellhorn SGB XII § 94 Rn. 99; Nr. 188 Empfehlungen DV SGB XII FamRZ 2005, 1387; a. A. Fichtner/Wolf, Grundsicherung, § 94 SGB XII Rn. 59.
[179] Wahrendorf in Grube/Wahrendorf SGB XII § 85 Rn. 12 ff.

2. Abschnitt: Sozialhilfe und Unterhalt § 8

würde, nach Sozialhilferecht zu bemessen ist (→ Rn. 47 ff.), müssen auch **Einkommen und Vermögen** des Schuldners, die diesen Bedarf mindern, nach den Grundsätzen des Sozialhilferechts beurteilt werden. Dies bedeutet, dass insoweit §§ 82 bis 84 SGB XII sowie § 90 SGB XII heranzuziehen sind, auch wenn auf diese Vorschriften in § 94 SGB XII nicht verwiesen wird. Denn die Höhe der Hilfe zum Lebensunterhalt, auf die es nach § 94 III 1 Nr. 1 SGB XII ankommt, hängt von dem nach diesen Vorschriften zu ermittelnden Einkommen und Vermögen ab (§ 19 I SGB XII).[180] Vgl. dazu → Rn. 29 ff., 43 ff. Dies bedeutet, dass **fiktive Einkünfte** im Sinne des Unterhaltsrechts bei der Vergleichsberechnung nach § 94 III 1 Nr. 1 SGB XII grundsätzlich nicht berücksichtigt werden dürfen, da sie kein Einkommen im Sinne des § 82 SGB XII sind (→ Rn. 36; vgl. aber auch → Rn. 101).[181] Durch den notwendigen Selbstbehalt des Unterhaltsrechts wird der Schuldner in einem solchen Fall vor sozialhilferechtlicher Hilfebedürftigkeit nicht geschützt, da bei Zurechnung fiktiven Einkommens der Selbstbehalt als gewahrt gilt, obwohl der Pflichtige effektiv keine (ausreichenden) Mittel hat, um seinen Lebensunterhalt zu bestreiten. Bei der Vergleichsrechnung nach § 94 III 1 Nr. 1 SGB XII kommt es dagegen allein auf das tatsächlich vorhandene Einkommen an. Zur ausnahmsweisen Berücksichtigung fiktiven Einkommens vgl. → Rn. 101.

c) Einzelheiten der Vergleichsberechnung. Nach dem Wortlaut des § 94 III 1 Nr. 1 SGB XII kommt es nur darauf an, ob der Pflichtige Leistungsberechtigter nach dem 3. und 4. Kapitel des SGB XII ist oder bei Erfüllung des Unterhaltsanspruchs würde. Allein diese Prüfung würde die Vergleichsberechnung aber weitgehend gegenstandslos machen, da nur wenige Unterhaltsschuldner Anrecht auf Hilfe zum Lebensunterhalt oder Grundsicherung im Alter und bei Erwerbsminderung haben oder erwerben können. Vielmehr ist der Unterhaltspflichtige in den Fällen, die früher unter § 91 II 1 BSHG fielen, in der Regel erwerbsfähig, aber nach Sozialrecht möglicherweise nicht oder nur eingeschränkt leistungsfähig. Wenn der Unterhaltspflichtige erwerbsfähig ist, kann er jedoch keine Hilfe zum Lebensunterhalt nach dem SGB XII erhalten (§ 5 II 1 SGB II, § 21 S. 1 SGB XII). Er ist vielmehr auf die Grundsicherung für Arbeitsuchende angewiesen und hat bei Bedürftigkeit nur Anspruch auf Leistungen zur Sicherung des Lebensunterhalts nach §§ 19 ff. SGB II. Vgl. → Rn. 19 ff. 96

Nach Sinn und Zweck des § 94 III 1 Nr. 1 SGB XII muss aber davon ausgegangen werden, dass die Vorschrift den Übergang des Anspruchs auf den Sozialhilfeträger auch in diesem Fall einschränkt oder ausschließt. Dafür spricht zunächst, dass Hilfe zum Lebensunterhalt nach dem SGB XII und Leistungen zur Sicherung des Lebensunterhalts das Existenzminimum sichern sollen und daher weitgehend entsprechen. Der Zweck des § 94 III 1 Nr. 1 SGB XII, dem Unterhaltsschuldner das Existenzminimum zu belassen, kann nur erreicht werden, wenn das Arbeitslosengeld II vom Rückgriff des Sozialhilfeträgers verschont wird und wenn Einkommen unangetastet bleibt, das nicht über das Arbeitslosengeld II hinausgeht, das er erhalten könnte. Man muss im Übrigen davon ausgehen, dass ein Ausschluss des Anspruchsübergangs in diesem Fall dem Willen des Gesetzgebers entspricht, da es gerade Ziel der zum 1.1.2005 durchgeführten Reform war, die Empfänger von Sozialhilfe und ALG II weitgehend gleich zu behandeln (→ Rn. 18 ff.). Die Materialien zum SGB XII[182] und zum SGB II[183] enthalten keinen Hinweis darauf, dass der Gesetzgeber sich der Tatsache bewusst war, dass der Wortlaut des § 94 III 1 Nr. 1 SGB XII angesichts der Überführung der überwiegenden Zahl aller bisherigen Sozialhilfeempfänger in das SGB II zu eng gefasst ist. Es liegt also eine Gesetzeslücke vor, die durch analoge Anwendung des § 94 III 1 Nr. 1 SGB XII auszufüllen ist.[184]

Damit stellt sich allerdings die Frage, ob dem Erwerbsfähigen nur der Betrag verbleibt, den er als Sozialhilfe nach §§ 27 ff. SGB XII erhält oder erhalten könnte oder ob auf die Leistungen zur Sicherung des Lebensunterhalts nach §§ 19 ff. SGB II abzustellen ist. Auf 97

---

[180] Fichtner/Wolf § 94 SGB XII Rn. 56; Schellhorn SGB XII § 94 Rn. 55.
[181] Vgl. BGH FamRZ 1998, 818; 1999, 843 (846) (zu § 91 BSHG); Fichtner/Wolf § 94 SGB XII Rn. 56; unklar Schellhorn SGB XII § 94 Rn. 97.
[182] BT-Drucks. 15/1514.
[183] BT-Drucks. 15/1516.
[184] Schellhorn SGB XII § 94 Rn. 95.

den ersten Blick scheint dies kaum von Bedeutung zu sein, da sich die Hilfe zum Lebensunterhalt nach dem SGB XII und die Leistungen zur Sicherung des Lebensunterhalts nach dem SGB II weitgehend entsprechen. Jedoch sind die Vorschriften der §§ 11 ff., 12, 30 SGB II über die Anrechnung von Einkommen und Vermögen (vgl. → Rn. 192 ff., 199) deutlich günstiger als die Bestimmungen des Sozialhilferechts (§§ 82 ff., 90 SGB XII; vgl. → Rn. 29 ff., 43 ff.). Ich neige daher dazu, im Rahmen der Vergleichsberechnung nach § 94 III 1 Nr. 1 SGB XII auf die Leistungen abzustellen, die der Schuldner nach §§ 19 ff. SGB II erhält oder erhalten könnte.[185] Allerdings blieb der befristete Zuschlag zum Arbeitslosengeld II nach § 24 SGB II (→ Rn. 214, inzwischen aus dem Leistungskatalog gestrichen) unberücksichtigt, da er spätestens seit der Neufassung des § 19 I SGB II zum 1.8.2006[186] nicht zu den existenzsichernden Leistungen zur Sicherung des Lebensunterhalts gehörte.[187] Ähnliches gilt für das Einstiegsgeld nach § 16b SGB II (früher § 29 SGB II; → Rn. 215).[188] Dagegen dürften die Freibeträge, die nach §§ 11b I 1 Nr. 6, III SGB II vom Einkommen abzusetzen sind (→ Rn. 194), dem Schuldner zugutekommen.[189]

98 **d) Vergleichsberechnung und Einsatzgemeinschaft (Bedarfsgemeinschaft).** Im Unterhaltsrecht bleiben nachrangige Berechtigte unberücksichtigt, wenn das Einkommen des Schuldners nicht zur Befriedigung aller Unterhaltsansprüche ausreicht. Dies gilt selbst dann, wenn der nachrangige Gläubiger infolgedessen Sozialhilfe in Anspruch nehmen müsste.[190] Haben mehrere Berechtigte den gleichen Rang, kommt es nicht darauf an, ob sie mit dem Schuldner zusammenleben oder nicht. Anders ist es dagegen im Sozialhilferecht. Hilfe zum Lebensunterhalt erhält bereits derjenige, der nicht in der Lage ist, durch Einsatz von Einkommen oder Vermögen seinen Bedarf zu decken. Zur Bedarfsdeckung werden auch Einkommen und Vermögen derjenigen Personen herangezogen, die mit ihm in einer Einsatzgemeinschaft zusammenleben (§ 27 II SGB XII; vgl. → Rn. 23). Es ist daher folgerichtig, in die sozialhilferechtliche Vergleichsberechnung auch den Bedarf der Mitglieder der **Einsatzgemeinschaft** einzubeziehen.[191] Dies war nach der bis zum 31.12.2004 geltenden Vorschrift des § 91 BSHG durchaus herrschende Meinung.[192] Es besteht kein Anlass, von diesem Grundsatz nach der Neuregelung des Sozialhilferechts abzuweichen.[193] Zwar stellt § 94 III 1 Nr. 1 SGB XII nach seinem Wortlaut nur auf die Sozialhilfebedürftigkeit des Unterhaltspflichtigen ab. Diese hängt jedoch nicht allein von seinem Einkommen und Vermögen ab, sondern auch davon, ob er vom Einkommen und Vermögen der anderen Mitglieder der Einsatzgemeinschaft unterhalten werden kann (§ 27 II 2 SGB XII). Dies kommt in §§ 9 II, 33 II 3 SGB II noch deutlicher als im SGB XII zum Ausdruck. Vgl. → Rn. 184, 250. Es wäre aber widersinnig, beim Schuldnerschutz im Rahmen des SGB XII allein auf die Sozialhilfebedürftigkeit des Unterhaltsschuldners abzustellen, im Rahmen des SGB II aber zu prüfen, ob der sozialrechtliche Bedarf des Pflichtigen durch das gesamte Einkommen und Vermögen seiner Einsatz- oder Bedarfsgemeinschaft sichergestellt werden kann. Zudem könnten die Mitglieder der Einsatzgemeinschaft selbst sozialhilfebedürftig werden, wenn man sie im Rahmen der Vergleichsberechnung nicht berücksichtigt und der Schuldner an Berechtigte außerhalb der Bedarfsgemeinschaft Unterhalt zahlt. Denn Unterhaltsansprüche, die Berechtigte außerhalb der Einsatzgemeinschaft geltend machen, werden anders als im Recht der Grundsicherung für

---

[185] Ebenso Schnitzler/Günther MAH FamR § 12 Rn. 72 ff. mwN
[186] Vgl. Gesetz vom 20.7.2006 – BGBl. I S. 1706.
[187] Scholz FamRZ 2006, 1417 (1421); Klinkhammer FamRZ 2006, 1171; OLG München FamRZ 2006, 1125.
[188] Schellhorn SGB XII § 94 Rn. 95.
[189] aA Schellhorn SGB XII § 94 Rn. 95.
[190] BGH FamRZ 1996, 1272.
[191] So für die Vergleichsberechnung nach § 33 SGB II auch der BGH FamRZ 2013, 1962 Rn. 14.
[192] So die 6. Auflage → § 6 Rn. 543; Schellhorn, BSHG, § 91 Rn. 73; Günther MAH FamR § 12 Rn. 72; Brudermüller FamRZ 1995, 1033 (1036); Münder NJW 1994, 494; Nr. 152 Empfehlungen DV, FamRZ 2002, 931; Hampel FamRZ 1996, 513 (518).
[193] So auch Schellhorn SGB XII § 94 Rn. 98; Fichtner/Wolf SGB XII § 94 Rn. 54; im Ergebnis auch Nr. 188 Empfehlungen DV SGB XII FamRZ 2005, 1387; Nr. 213 Empfehlungen DV 2008; a. A. Hußmann in Heiß/Born UnterhaltsR-HdB Kap. 16 Rn. 30.

2. Abschnitt: Sozialhilfe und Unterhalt § 8

Arbeitsuchende (§ 11b I Nr. 7 SGB II) nicht berücksichtigt. Vgl. dazu → Rn. 35, 197. Diese Gläubiger könnten daher bei Nichteinbeziehung in die Einsatzgemeinschaft ggf. Sozialhilfe beantragen und würden damit einen unnötigen Verwaltungsaufwand verursachen.[194] Es ist aber darauf hinzuweisen, dass der **BGH** sich in einem obiter dictum gegenläufig geäußert hat.[195]

Dem Unterhaltsschuldner muss also nach § 94 III 1 Nr. 1 SGB XII von seinem Einkommen derjenige Betrag verbleiben, der für ihn, seinen nicht getrennt lebenden Ehegatten (Lebenspartner) und seine mit ihm in einem Haushalt lebenden minderjährigen, unverheirateten Kinder als Hilfe zum Lebensunterhalt gezahlt würde. Damit genießen, soweit es um die Frage des Anspruchsübergangs auf den Sozialhilfeträger geht, die Ansprüche der Mitglieder der Bedarfsgemeinschaft des Schuldners **sozialhilferechtlich Vorrang** vor den Ansprüchen Unterhaltsberechtigter, die nicht mit dem Pflichtigen in einem Haushalt zusammenleben. Deren Unterhaltsansprüche gehen nur auf den Sozialhilfeträger über, wenn und soweit der Pflichtige für sich und die mit ihm in einer Bedarfsgemeinschaft lebenden Angehörigen keine Hilfe zum Lebensunterhalt (auch keine Leistungen zur Sicherung des Lebensunterhalts nach §§ 27 ff. SGB II und keine Grundsicherung im Alter und bei Erwerbsminderung nach §§ 41 ff. SGB XII; dazu → Rn. 94) bezieht und auch nicht beziehen würde, wenn er die Unterhaltsansprüche des Drittgläubiger erfüllt. Nach bürgerlichem Recht haben dagegen die Ansprüche aller minderjährigen und privilegiert volljährigen Kinder seit dem 1.1.2008 den ersten Rang (§ 1609 Nr. 1 BGB); erst dann folgen betreuende Elternteile und Ehegatten (§ 1609 Nr. 2, 3 BGB). Auf die Zugehörigkeit zum Haushalt des Schuldners kommt es nicht an. Zu den sich daraus ergebenden Schwierigkeiten vgl. → Rn. 134. **99**

Die Sozialämter berechnen die Sozialhilfe, die den Mitgliedern einer Bedarfsgemeinschaft gewährt wird, in der Regel in einem einheitlichen Bescheid. Dies bedeutet nicht, dass nur die Bedarfsgemeinschaft als solche einen Anspruch auf Sozialhilfe hat. **Sozialhilfeberechtigt** ist vielmehr **das einzelne Mitglied der Einsatzgemeinschaft.**[196] Vgl. → Rn. 24. Im Rahmen der Vergleichsberechnung müssen der vom Schuldner zu erfüllende Unterhaltsanspruch und die gerade vom Unterhaltsberechtigten bezogene Sozialhilfe einander gegenübergestellt werden. Die Sozialhilfe muss daher auf die einzelnen Mitglieder der Bedarfsgemeinschaft aufgeteilt werden. Dabei weisen die Sozialhilfeträger die **Wohnkosten** mit Billigung der Verwaltungsgerichte und der jetzt zuständigen Sozialgerichte üblicherweise den einzelnen Mitgliedern der Bedarfsgemeinschaft nach Kopfteilen zu, und zwar ohne Rücksicht darauf, ob es sich um Erwachsene oder Kinder handelt.[197] Das BVerfG hat dagegen in seiner Entscheidung zum steuerlichen Existenzminimum den Wohnbedarf des Kindes anders berechnet, und zwar nach dem Mehrbedarf, im Wesentlichen also nach den Mehrkosten eines Kinderzimmers.[198] So werden die Wohnkosten jetzt auch beim Kinderzuschlag nach § 6a IV 2 BKGG verteilt (→ § 1 Rn. 462b). Dies deckt sich mit der Betrachtungsweise des Unterhaltsrechts. Dort entfallen die Wohnkosten in erster Linie auf den jeweiligen Elternteil, ggf. seinen Ehegatten und nur in geringem Umfang auf die Kinder.[199] **100**

In Ausnahmefällen kann die sozialhilferechtliche Vergleichsberechnung auch dann zur Leistungsfähigkeit nach Sozialhilferecht führen, wenn dem Unterhaltsschuldner nur **fiktive Einkünfte** (→ Rn. 36, 95, 125) zugerechnet werden können, sein Bedarf aber durch andere sozialhilferechtlich bedeutsame Einkünfte sichergestellt wird. Dies ist zB der Fall, wenn der Schuldner mit einem Ehegatten (Lebenspartner) in Einsatzgemeinschaft (→ Rn. 23), mit einem Partner in ehe- oder lebenspartnerschaftsähnlicher Gemeinschaft (→ Rn. 28) oder mit einem anderen in Haushaltsgemeinschaft (→ Rn. 27) lebt und deren **101**

---

[194] So mit Recht Schnitzler/Günther MAH FamR § 12 Rn. 89; Nr. 188 Empfehlungen DV SGB XII FamRZ 2005, 1387 und Nr. 213 Empfehlungen DV 2008.
[195] BGH FamRZ 2013, 1962 Rn. 17.
[196] Vgl. BVerwG NJW 1993, 2885 (zum BSHG); Schellhorn SGB XII § 19 Rn. 12; Grube in Grube/Wahrendorf § 19 SGB XII Rn. 11.
[197] BVerwG NJW 1989, 313; BSG FamRZ 2008, 688.
[198] BVerfG FamRZ 1999, 291, 293.
[199] Nach SüdL 21.5.2 entfallen 20% des Tabellenunterhalts auf ein Kind.

Einkommen für den sozialhilferechtlichen Bedarf aller Mitglieder der Gemeinschaft ausreicht. Unter dieser Voraussetzung kann der Schuldner auf Grund seines fiktiven Einkommens zur Unterhaltszahlung an den Sozialhilfeträger verurteilt werden, ohne dadurch selbst sozialhilfebedürftig zu werden.[200]

102 e) **Elternunterhalt.** Bei diesem wird § 94 III 1 Nr. 1 SGB XII kaum jemals praktisch werden, weil der angemessene Selbstbehalt von 1800 EUR zuzüglich 50% des Mehreinkommens (D I der Düsseldorfer Tabelle Stand: 1.1.2019) fast immer die Hilfe zum Lebensunterhalt bzw. die Grundsicherung im Alter und bei Erwerbsminderung übersteigen dürfte, die der Pflichtige für sich und die Angehörigen seiner Einsatzgemeinschaft erhalten könnte. Damit weicht das neue Recht deutlich zu Lasten des Unterhaltspflichtigen vom BSHG ab, das bei der Hilfe in besonderen Lebenslagen hohe Einkommensgrenzen kannte, die auch dem Unterhaltspflichtigen zugutekamen. Vgl. dazu → Rn. 91.

103 Das unterhaltspflichtige Kind muss daher vor einer übermäßigen Inanspruchnahme durch einen Elternteil bzw. nach Übergang des Anspruchs durch den Sozialhilfeträger in erster Linie durch das Unterhaltsrecht geschützt werden. Die Deckung seines eigenen angemessenen Bedarfs hat Vorrang (§ 1603 I BGB). Insbesondere ist dem Schuldner die Bildung angemessener Rücklagen für sein Alter zu gestatten. Als Alterssicherung können nicht nur Rentenanwartschaften oder eine selbst genutzte Immobilie im Sinne des § 90 II Nr. 9 SGB XII dienen. Vielmehr steht es dem Kind frei, in welcher Weise es für sein Alter vorsorgt.[201] Zur Verwertung eines Grundstücks im Wege der Kreditaufnahme vgl. → Rn. 71.

104 Lässt sich der Schutz des Schuldners durch das Unterhaltsrecht nicht oder nicht in ausreichender Weise verwirklichen, kann in geeigneten Fällen eine **unbillige Härte** im Sinne des § 94 III 1 Nr. 2 SGB XII bejaht und auf diesem Wege ein (teilweiser) Ausschluss des Anspruchsübergangs erreicht werden. Dabei wird man zur Vermeidung verfassungswidriger Ergebnisse der besonderen Belastung Rechnung tragen müssen, die volljährigen Kindern durch die gesetzliche Unterhaltspflicht gegenüber ihren eigenen Kindern und gegenüber ihren Eltern, aber auch durch die Finanzierung der Altersrenten im Umlageverfahren auferlegt werden. Eine Härte dürfte vor allem dann zu bejahen sein, wenn dem Schuldner die Verwertung von Einkommen oder Vermögen angesonnen wird, das der Unterhaltsberechtigte nach Sozialhilferecht zur Deckung seines Bedarfs nicht einsetzen müsste. Vgl. dazu → Rn. 39 ff., 43, 89.

105 Unterhaltsansprüche der **Enkel** gegen die **Großeltern** und umgekehrt gehen nicht auf den Sozialhilfeträger über (§ 94 I 3 SGB XII). Vgl. → Rn. 68. Eine Anwendung des § 94 III 1 Nr. 1 SGB XII scheidet daher von vornherein aus.

106 f) **Nachweis der Hilfebedürftigkeit des Schuldners.** Das Sozialamt hat die Einschränkung des Anspruchsübergangs durch die Vergleichsberechnung nur zu berücksichtigen, wenn es von ihren Voraussetzungen durch Nachweise oder auf andere Weise Kenntnis erlangt (§ 94 III 2 SGB XII). Den Unterhaltsschuldner trifft also die Obliegenheit, in geeigneter Weise, zB durch Vorlage von Bescheiden oder Gehaltsabrechnungen, zu belegen, dass er Hilfe zum Lebensunterhalt, Grundsicherung im Alter und bei Erwerbsminderung oder Leistungen zur Sicherung des Lebensunterhalts (→ Rn. 96) bezieht oder beziehen könnte, wenn er den fraglichen Unterhaltsanspruch erfüllen müsste. Erst wenn der Schuldner dieser Obliegenheit nachgekommen ist, setzt die Pflicht des Sozialhilfeträgers zur Amtsermittlung (§ 20 I SGB X) ein.

VII. Geltendmachung des Unterhaltsanspruchs im Prozess

1. Konsequenzen des Anspruchsübergangs

107 Nach § 94 I 1 SGB XII erwirbt der Sozialhilfeträger den Unterhaltsanspruch des Leistungsberechtigten, soweit er diesem Sozialhilfe gewährt hat. Natur, Inhalt und Umfang des

---

[200] Vgl. OLG Düsseldorf OLGReport 1998, 417 (zu § 91 BSHG).
[201] BGH FamRZ 2006, 1511 mAnm Klinkhammer = R 658d.

2. Abschnitt: Sozialhilfe und Unterhalt § 8

Anspruchs werden nicht verändert.[202] Der Sozialhilfeträger hat also im Verfahren vor dem Familiengericht die anspruchsbegründenden Tatsachen vorzutragen. Vgl. → Rn. 122. Er muss insbesondere Bedarf und Bedürftigkeit des Leistungsberechtigten nach Unterhaltsrecht darlegen. Die Verweisung auf die geleistete Sozialhilfe reicht nicht aus.[203] Andererseits kann sich der Unterhaltsschuldner auf alle zivilrechtlichen Einwendungen gegen die übergegangene Forderung berufen (vgl. → Rn. 77, 79); er kann zB geltend machen, dass er nicht leistungsfähig sei, er eine Unterhaltsbestimmung nach § 1612 II 1 BGB getroffen habe und deshalb nicht zum Barunterhalt verpflichtet sei oder dass der Unterhaltsanspruch nach § 1578b BGB zu befristen, nach § 1585b III BGB erloschen oder nach § 242 BGB wegen verspäteter Geltendmachung verwirkt sei (→ Rn. 80).[204] Der Unterhaltspflichtige kann ferner die Voraussetzungen des Anspruchsübergangs bestreiten. Beruft er sich darauf, dass er nach Sozialhilferecht nicht leistungsfähig sei, muss er nach § 94 III 2 SGB XII vortragen und ggf. belegen, dass er Hilfe zum Lebensunterhalt bezieht oder bei Erfüllung des Anspruchsübergangs beziehen würde (§ 94 III 1 Nr. 1 SGB XII) oder dass der Anspruchsübergang eine unbillige Härte bedeuten würde (§ 94 III 1 Nr. 2 SGB XII). Vgl. dazu → Rn. 106.

Der Leistungsberechtigte darf für die **Zukunft** den Unterhaltsanspruch gegen den Schuldner geltend machen. Das Recht des Sozialhilfeträgers, nach § 94 IV 2 SGB XII bis zur Höhe der bisherigen monatlichen Aufwendungen auf künftige Leistung zu „klagen" (vgl. → Rn. 121, 275), steht dem nicht entgegen. Vielmehr muss es dem Berechtigten unbenommen bleiben, durch Erwirkung und Vollstreckung eines obsiegenden Beschlusses den Schuldner zur Leistung zu zwingen und damit die Sozialhilfe entbehrlich zu machen. Dieses Recht kann ihm auch nicht durch Verweigerung von **Verfahrenskostenhilfe** wegen Mutwillens entzogen werden.[205] Zur Verfahrenskostenhilfe bezüglich des Unterhalts für die Vergangenheit s. → Rn. 117. 108

Hat der Sozialhilfeträger den Unterhalt bereits rechtshängig gemacht, steht einem weiteren Unterhaltsantrag des Hilfeempfängers die Einrede der Rechtshängigkeit entgegen, soweit sich die Ansprüche decken. Hat dagegen der Gläubiger den Unterhaltsanspruch gerichtlich geltend gemacht, ist eine weitere Klage des Sozialhilfeträgers aus demselben Grund unzulässig.[206]

Erhält der Unterhaltsberechtigte **nach Rechtshängigkeit** des Unterhaltsanspruchs Sozialhilfe und geht demgemäß der rechtshängige Anspruch im Umfang der gewährten Hilfe auf den Sozialhilfeträger über, wird das Verfahren fortgeführt (§§ 113 I 2 FamFG; 265 II 1 ZPO); der Antragsteller ist allerdings gehalten, dem gesetzlichen Forderungsübergang durch **Umstellung des Antrags** Rechnung zu tragen und die Verpflichtung des Antragsgegners zur Zahlung an den Sozialhilfeträger im Umfang des Anspruchsübergangs zu begehren,[207] und zwar bis zum Ende des Monats, in dem die letzte mündliche Verhandlung stattfindet.[208] Für die Zeit danach bleibt es bei dem auf Zahlung an den Leistungsberechtigten gerichteten Antrag. Dies gilt auch dann, wenn ein Elternteil nach § 1629 III 1 BGB im Wege der Verfahrensstandschaft Kindesunterhalt geltend macht.[209] Eine Änderung des Antrags ist allerdings nicht erforderlich, wenn der Sozialhilfeträger die Unterhaltsforderung im Einvernehmen mit dem Hilfeempfänger auf diesen zurückübertragen hat (§ 94 V 1 SGB XII). Vgl. dazu → Rn. 111 ff; zur Vertretung Minderjähriger bei der Rückabtretung → Rn. 274. Die Vorschriften des § 94 I 2 bis 5, III SGB XII sind sowohl im Falle des 109

---

[202] BGH FamRZ 2002, 1698 mAnm Klinkhammer.
[203] BGH FamRZ 2003, 1468.
[204] BGH FamRZ 2010, 1057; 2002, 1698 mAnm Klinkhammer.
[205] So mit Recht OLG Nürnberg MDR 1999, 748; OLG Koblenz FamRZ 1997, 308; OLG München FamRZ 1995, 625; anderer Ansicht: OLG Koblenz FamRZ 2004, 1116; OLG Köln FamRZ 1994, 970; OLG Saarbrücken FamRZ 1995, 1166.
[206] Vgl. dazu BGH FamRZ 1992, 797 (799).
[207] BGH FamRZ 1996, 1203 (1207); 2000, 1358 (zu § 7 UVG).
[208] BGH FamRZ 2001, 619; OLG Karlsruhe FamRZ 1995, 615 (617); Brudermüller FamRZ 1995, 17 (19).
[209] BGH FamRZ 2001, 619.

§ 265 II ZPO als auch bei Rückabtretung des Unterhaltsanspruchs zu beachten.[210] Vgl. dazu → Rn. 118.

Macht ein unterhaltsberechtigter Sozialhilfeempfänger kraft prozessrechtlicher Ermächtigung (§ 113 I 2 FamFG, § 265 ZPO) in Verfahrensstandschaft die nach Rechtshängigkeit des Unterhaltsverfahrens auf den Sozialhilfeträger übergegangenen Unterhaltsansprüche geltend, kann das nach dem Tode des Klägers unterbrochene Verfahren gemäß § 239 ZPO insoweit (nur) durch seine Erben als neue gesetzliche Verfahrensstandschafter aufgenommen werden. Der Sozialhilfeträger kann in diesem Fall nur nach den Regeln des gewillkürten Beteiligtenwechsels in das Verfahren eintreten; dies setzt sowohl die Zustimmung der Erben des verstorbenen Antragstellers als auch die – wegen § 265 II 2 ZPO durch Sachdienlichkeit nicht zu ersetzende – Zustimmung des Antragsgegners voraus.[211]

110 Für die **Vergangenheit**, also für die Zeit vor Rechtshängigkeit, ist zunächst allein der Sozialhilfeträger als Anspruchsinhaber befugt, den Unterhaltsanspruch, soweit er auf ihn übergegangen ist, gerichtlich und außergerichtlich geltend zu machen. Vollzieht sich der Anspruchsübergang nach Erwirken eines Vollstreckungstitels, ist die Vollstreckungsklausel nach §§ 120 I FamFG, 727 ZPO dem Sozialhilfeträger als Rechtsnachfolger zu erteilen.[212] Dieser hat darzulegen und durch öffentliche oder öffentlich beglaubigte Urkunden nachzuweisen, dass der Anspruch auf ihn übergegangen ist.[213] Das Fehlen von Ausschlussgründen muss er nicht nachweisen.[214] Dazu genügt eine Aufstellung des Sozialhilfeträgers über die in den jeweiligen Monaten geleistete Sozialhilfe nicht.[215] Der Unterhaltsschuldner hat jedenfalls seit dem 1.1.2005 die eigene Sozialhilfebedürftigkeit (§ 94 III 1 Nr. 1 SGB XII) mit der Klauselgegenklage (§§ 120 I FamFG, 768 ZPO) geltend zu machen.[216] Vgl. auch → Rn. 122.

2. Rückübertragung des übergegangenen Unterhaltsanspruchs

111 **a) Rückabtretung, Einziehungsermächtigung, Verfahrensstandschaft.** Seit dem 1.8.1996 kann der Sozialhilfeträger den auf ihn übergegangenen Unterhaltsanspruch auf den Leistungsberechtigten zur gerichtlichen Geltendmachung rückübertragen (§ 94 V 1 SGB XII; früher § 91 I 1 BSHG).

Nach dem bis zum 31.7.1996 geltenden Recht war die Rückabtretung dagegen nach Auffassung des **BGH**[217] wegen Verstoßes gegen § 32 SGB I unzulässig. Nach dieser Vorschrift sind privatrechtliche Vereinbarungen nichtig, die zum Nachteil des Sozialleistungsberechtigten von den Vorschriften des Sozialgesetzbuchs abweichen, zu dem auch das BSHG gehörte. Der BGH[218] hat insbesondere auf das Prozess- und das Kostenrisiko verwiesen, das der Hilfeempfänger nach der gesetzlichen Regelung nicht zu tragen hat, das ihn aber bei einer Rückabtretung treffen kann. Es kommt daher nicht darauf an, ob sich aus der Rückabtretung für den Hilfeempfänger Vorteile ergeben, die deren Nachteile überwiegen; § 32 SGB I verbietet vielmehr jede Abwägung von Vorteilen und Nachteilen.[219] Diese Entscheidungen des BGH haben **seit dem 1.8.1996** für die seitdem **gesetzlich ausdrücklich zugelassene Rückabtretung** keine Bedeutung mehr. Sie gelten jedoch weiter für die Einziehungsermächtigung und die Prozessstandschaft. Dem

---

[210] Vgl. dazu BGH FamRZ 2001, 619.
[211] BGH FamRZ 2012, 1793.
[212] Vgl. BGH FamRZ 2015, 2150.
[213] OLG Stuttgart FamRZ 2001, 838 mwN; vgl. auch OLG Hamburg FamRZ 1997, 1489.
[214] OLG Stuttgart FamRZ 2013, 655 (allerdings zur sozialrechtlichen Vergleichsberechnung bei der Grundsicherung für Arbeitsuchende, für die hier aufgrund der abweichenden Gesetzesfassung eine aA vertreten wird → Rn. 260).
[215] OLG Hamburg FamRZ 1997, 1489; a. A. OLG Karlsruhe FamRZ 2004, 556; OLG Zweibrücken FamRZ 2007, 2779.
[216] OLG Karlsruhe FamRZ 2004, 125.
[217] FamRZ 1996, 1203 = NJW 1996, 3273.
[218] FamRZ 1996, 1203 (1205).
[219] BGH FamRZ 1997, 608.

Sozialhilfeträger ist es daher verwehrt, statt der Rückabtretung dem Hilfeempfänger eine Einziehungsermächtigung zu erteilen und ihn zu beauftragen, den übergegangenen Unterhaltsanspruch für ihn im Wege der gewillkürten Prozessstandschaft geltend zu machen.[220] Der BGH hat dies in den Entscheidungen zu der bis zum 31.7.1996 geltenden Fassung des § 91 BSHG nicht nur wegen Verstoßes gegen § 32 SGB I, sondern auch deshalb für unzulässig gehalten, weil dem Hilfeempfänger ein eigenes schutzwürdiges Interesse fehlt, die auf den Sozialhilfeträger übergegangenen Ansprüche im eigenen Namen geltend zu machen.[221] Das eigene schutzwürdige Interesse wird nicht allein dadurch begründet, dass eine Abtretung zulässig ist. Bei der Einziehungsermächtigung, die lediglich die materiell-rechtliche Grundlage der gewillkürten Prozessstandschaft ist, muss der Ermächtigte (der Leistungsberechtigte) vielmehr ein eigenes Interesse daran haben, dass er den beim Gläubiger (dem Sozialhilfeträger) verbliebenen Anspruch geltend macht. Daran fehlt es jedoch; denn durch die Einziehungsermächtigung und die Prozessstandschaft erlangt der Leistungsberechtigte keine eigenen Vorteile. Im Gegenteil wird seine Rechtsstellung im Prozess erschwert, da er auf die Belange des Sozialhilfeträgers Rücksicht zu nehmen hat.[222]

Die Rückabtretung erfasst nur den bereits übergegangenen Unterhaltsanspruch. Für die Zukunft bedarf es daher einer Rückabtretung nicht. Der Unterhaltsgläubiger bleibt trotz des Anspruchsübergangs aktivlegitimiert (→ Rn. 108). Erhält er während des Prozesses weiter Sozialhilfe, kann er dem Anspruchsübergang durch Umstellung des Unterhaltsantrags Rechnung tragen (→ Rn. 109). Man wird aber auch die (Rück-)Abtretung der künftig in der Person des Sozialhilfeträgers entstehenden Unterhaltsansprüche für zulässig erachten können. **112**

b) Einvernehmen. Die Rückabtretung setzt das Einvernehmen des Leistungsberechtigten voraus. Sie ist kein mitwirkungsbedürftiger Verwaltungsakt, sondern eine privatrechtliche Vereinbarung zwischen Sozialhilfeträger und Hilfeempfänger.[223] Die Beteiligten müssen also einen Vertrag schließen, der tunlichst die Einzelheiten der Prozessführung regelt, zB Hinzuziehung eines Anwalts, Weisungsrecht des Sozialhilfeträgers (→ Rn. 114), Kosten und Verfahrenskostenhilfe (→ Rn. 116 f.).[224] Allein die Abtretungserklärung des Sozialhilfeträgers reicht nicht aus. Vielmehr muss der Leistungsberechtigte das darin liegende Angebot angenommen haben. Hiervon kann im Unterhaltsprozess allerdings regelmäßig ausgegangen werden, wenn der klagende Leistungsberechtigte die Abtretungserklärung des Sozialhilfeträgers vorlegt. Dieser wird im Allgemeinen auf den Zugang der Annahmeerklärung verzichtet haben, so dass der Vertrag nach § 151 BGB zustande gekommen ist.[225] **113**

Da die Rückabtretung das Einvernehmen des Leistungsberechtigten voraussetzt, ist dieser nicht gezwungen, das entsprechende Angebot des Sozialhilfeträgers anzunehmen. Die weitere Gewährung der Sozialhilfe darf gemäß § 2 I SGB XII nicht davon abhängig gemacht werden, dass die leistungsberechtigte Person die Rückabtretung annimmt und den Unterhaltsanspruch für die zurückliegende Zeit gegen den Schuldner gerichtlich geltend macht. Denn für die Vergangenheit – und nur darum geht es hier – kann sich der Leistungsberechtigte nicht mehr selbst helfen. Vielmehr ist ihm durch Gewährung von Sozialhilfe bereits geholfen. Zum Grundsatz der Selbsthilfe bzgl. künftigen Unterhalts vgl. → Rn. 7. Zur Vertretung Minderjähriger bei der Rückabtretung → Rn. 274.

Die Rückabtretung hat, auch wenn dies im Abtretungsvertrag nicht ausdrücklich erwähnt wird, treuhänderischen Charakter.[226] Ihr liegt ein **Auftrag** oder jedenfalls ein auftragsähnliches Geschäft zugrunde. Daher sind **im Innenverhältnis** §§ 662 ff. BGB **114**

---

[220] OLG Celle FamRZ 1998, 1444.
[221] BGH FamRZ 1997, 608; 1996, 1203 (1206); die Entscheidung des BGH FamRZ 1998, 357 betrifft § 7 UVG und ist zudem durch die Einfügung des § 7 IV UVG in das Gesetz hinsichtlich der hier interessierenden Problematik überholt.
[222] BGH FamRZ 1996, 1203 (1206).
[223] BGH FamRZ 1996, 1203 (1205); 1997, 608.
[224] Vgl. Nr. 194 Empfehlungen DV SGB XII FamRZ 2005, 1387; Münder NJW 2001, 2201 (2209).
[225] Offen gelassen von BGH FamRZ 1997, 608.
[226] Vgl. dazu OLG Köln FamRZ 1998, 175.

anzuwenden.²²⁷ Der Leistungsberechtigte übernimmt mit Abschluss der Vereinbarung die Pflicht zur unentgeltlichen Ausführung des Auftrags, also zur gerichtlichen Geltendmachung des rückabgetretenen Unterhaltsanspruchs (§ 662 BGB); er kann sich wegen einer Vertragsverletzung schadensersatzpflichtig machen.²²⁸ Er ist grundsätzlich an die Weisungen des Sozialhilfeträgers gebunden (§ 665 BGB), hat Auskunft über den Stand der Sache zu erteilen, Rechenschaft zu legen (§ 666 BGB) und das Erlangte herauszugeben, insbesondere Zahlungen des Schuldners auf den rückabgetretenen Unterhaltsanspruch an den Sozialhilfeträger weiterzuleiten (§ 667 BGB). Der Sozialhilfeträger kann den Auftrag jederzeit widerrufen, der Leistungsberechtigte kann ihn jederzeit kündigen; eine Kündigung zur Unzeit ist jedoch nicht zulässig und verpflichtet zum Schadensersatz (§ 671 I, II BGB). Der Sozialhilfeträger muss die Aufwendungen des Leistungsberechtigten ersetzen, die dieser nach den Umständen für erforderlich halten darf (§ 670 BGB). Dies gilt insbesondere für den Ersatz der Prozesskosten, worauf § 94 V 2 SGB XII ausdrücklich hinweist. Vgl. dazu → Rn. 116.

115 **c) Gerichtliche Geltendmachung.** Der übergegangene Unterhaltsanspruch darf nach § 94 V 1 SGB XII zur gerichtlichen Geltendmachung (rück-)abgetreten werden. Das spricht dafür, dass ein Prozess des Hilfeempfängers gegen den Unterhaltspflichtigen bereits anhängig sein oder jedenfalls unmittelbar bevorstehen muss, bedeutet allerdings nicht, dass der Leistungsberechtigte nur zur gerichtlichen Geltendmachung des Unterhaltsanspruchs befugt ist. Er ist vielmehr in vollem Umfang Gläubiger des Unterhaltsanspruchs, kann deshalb den Pflichtigen in Verzug setzen und mit ihm einen außergerichtlichen, aber auch einen gerichtlichen Vergleich schließen. Derartige Vergleiche sind für den Sozialhilfeträger bindend. Die Einschränkung der Rückabtretung in der Weise, dass der Leistungsberechtigte einen Vergleich nur mit Zustimmung des Sozialamts abschließen darf, ist lediglich eine Weisung, die allein für das Innenverhältnis maßgebend ist (vgl. dazu → Rn. 114), aber die Stellung des Leistungsberechtigten als verfügungsberechtigten Gläubigers des rückabgetretenen Anspruchs nicht berührt (§ 137 S. 2 BGB).

Ergibt sich, dass die Rechtsverfolgung nicht aussichtsreich oder zB mangels Vollstreckungsmöglichkeit untunlich ist, kann der Sozialhilfeträger den mit der Rückabtretung verbundenen Auftrag widerrufen, der Leistungsberechtigte kann kündigen (vgl. → Rn. 114). Besondere Voraussetzungen brauchen nicht erfüllt zu sein.

116 **d) Kosten.** Nach § 94 V 2 SGB XII hat der Sozialhilfeträger Kosten, mit denen der Leistungsberechtigte durch die Rückabtretung selbst belastet wird, zu übernehmen. Dies ist eine gesetzliche Folge der Rückabtretung und braucht daher nicht Bestandteil des Abtretungsvertrages selbst zu sein.²²⁹ Lehnt es dagegen der Sozialhilfeträger ausdrücklich ab, Kosten zu übernehmen, so ist eine derartige Erklärung nichtig (§ 134 BGB, § 32 SGB I); dies führt im Zweifel nach § 139 BGB auch zur Nichtigkeit der Rückabtretung selbst.²³⁰ Eine unzulässige Einschränkung der Rückabtretung liegt auch vor, wenn der Sozialhilfeträger Kosten nur in dem Umfang übernehmen will, der auch durch Prozesskosten- oder Beratungshilfe abgedeckt wäre. Der Sinn des § 94 V 2 SGB XII liegt gerade darin, den Schuldner vor solchen Kosten zu bewahren, die trotz Gewährung von Prozesskostenhilfe auf ihn zukommen können,²³¹ zB vor den Wahlanwaltsgebühren seines Rechtsanwalts (vgl. § 50 RVG)²³² oder vor dem Kostenerstattungsanspruch des obsiegenden Gegners (§ 123 ZPO).²³³

117 Ob dem Leistungsberechtigten für den rückabgetretenen Teil des Unterhaltsanspruchs, dessen zusätzliche Geltendmachung vielfach den Streitwert erhöht (§ 42 V 1 GKG), **Ver-**

---

²²⁷ BGH FamRZ 1996, 1203 (1205).
²²⁸ BGH FamRZ 1996, 1203 (1205).
²²⁹ BGH FamRZ 2000, 221 (222); OLG Köln FamRZ 1997, 297; aA OLG Hamm FamRZ 1998, 174.
²³⁰ OLG Hamm FamRZ 2000, 1222.
²³¹ So die Begründung zum Regierungsentwurf des KindUG, BT-Drucks. 13/7338, 46.
²³² Zöller/Philippi ZPO § 120 Rn. 17.
²³³ Schellhorn SGB XII § 94 Rn. 145.

fahrenskostenhilfe bewilligt werden kann, war zweifelhaft, ist aber inzwischen vom BGH grundsätzlich verneint worden.[234]

Für die gerichtliche Geltendmachung der von einem Sozialhilfeträger rückübertragenen Unterhaltsansprüche (für die **Vergangenheit**) ist der Leistungsberechtigte allerdings nach dem BGH[235] grundsätzlich nicht bedürftig im Sinne von § 114 ZPO, da ihm ein Anspruch auf **Prozesskostenvorschuss** (Verfahrenskostenvorschuss) gegen den Sozialhilfeträger zusteht. Der BGH hat hiervon zwei Ausnahmen zugelassen:[236]
- Wenn der Leistungsberechtigte durch den Verweis auf den Vorschussanspruch eigene Nachteile erleiden würde oder
- wenn sich die Geltendmachung rückübertragener Ansprüche neben den beim Unterhaltsgläubiger verbliebenen Unterhaltsansprüchen kostenrechtlich nicht auswirkt.

e) **Wirkungen der Rückabtretung.** Nach der Rückabtretung steht der Unterhaltsanspruch wieder dem unterhaltsberechtigten Sozialhilfeempfänger zu. Zahlungen des Schuldners sind an ihn zu leisten. Dies kann für den Sozialhilfeträger gefährlich werden, wenn der Gläubiger eingegangene Zahlungen nicht an ihn weiterleitet. Deshalb sieht § 94 V 1 SGB XII eine erneute Abtretung des Anspruchs an den Sozialhilfeträger vor (vgl. → Rn. 119). Die Rückabtretung macht den gesetzlichen Übergang des Unterhaltsanspruchs nicht ungeschehen. Vor allem bleibt es dabei, dass der Unterhaltsanspruch weiterhin der Verjährung unterliegt. Die durch den Forderungsübergang entfallende Hemmung der Verjährung (vgl. § 207 I BGB)[237] tritt nicht wieder in Kraft. Vgl. → Rn. 77, 274.

118

Die Rückabtretung lässt die Prüfung, ob die sozialhilferechtlichen Schutzvorschriften zugunsten des Unterhaltspflichtigen (§ 94 I 3, 4 und III 1 Nr. 1, 2 SGB XII) eingreifen, nicht entbehrlich werden.[238] Nach diesen Vorschriften ist der Anspruchsübergang auf den Sozialhilfeträger in bestimmten Fällen ausgeschlossen. Dann geht die Rückabtretung ins Leere. Der Unterhaltsanspruch steht damit scheinbar nach wie vor dem Unterhaltsberechtigten zu. Es ergibt sich dann jedoch die Problematik, die in → Rn. 126 ff. eingehend erörtert wird.

3. Erneute Abtretung an den Sozialhilfeträger

Nach § 94 V 1 SGB XII kann der Träger der Sozialhilfe den auf ihn übergegangenen Unterhaltsanspruch zunächst im Einvernehmen mit dem Hilfeempfänger auf diesen zur gerichtlichen Geltendmachung rückübertragen und sich dann den geltend gemachten Unterhaltsanspruch erneut abtreten lassen. Sinnvoll ist die Abtretung des „geltend gemachten Unterhaltsanspruchs" vor allem dann, wenn sie erst nach Erlass einer rechtskräftigen Entscheidung erfolgt, da eine frühere Abtretung des rückübertragenen Unterhaltsanspruchs an den Sozialhilfeträger die Aktivlegitimation des Unterhaltsberechtigten im Verfahren gegen den Pflichtigen beseitigen würde. Nach Rechtskraft der Entscheidung erlaubt die Abtretung des zugunsten des Leistungsberechtigten titulierten Anspruchs dagegen dem Sozialhilfeträger, die Vollstreckungsklausel gemäß §§ 113 I 2 FamFG, 727 I ZPO auf sich umschreiben zu lassen und die Zwangsvollstreckung gegen den Unterhaltsschuldner zu betreiben. Vgl. dazu → Rn. 110. Dieser komplizierte Weg kann dadurch etwas vereinfacht werden, dass die Beteiligten schon bei der Rückabtretung des Unterhaltsanspruchs an den Hilfeempfänger vereinbaren, dass dieser den Anspruch unter der aufschiebenden Bedingung, dass ein Vollstreckungstitel erwirkt wird, erneut an den Sozialhilfeträger abtritt.

119

---

[234] BGH FamRZ 2008, 1159; teilweise aA noch *Scholz* in der 7. Auflage; vgl. diese auch zum früheren Streitstand.
[235] FamRZ 2008, 1159.
[236] BGH FamRZ 2008, 1159 Rn. 19; zur praktischen Umsetzung vgl. DH der Bundesagentur zu § 33 SGB II Nr. 33.52.
[237] BGH FamRZ 2006, 1664 (1666) = R 657d.
[238] Vgl. dazu Münder NJW 2001, 2201 (2210).

4. Konkurrenz zwischen Unterhaltsberechtigtem und Sozialhilfeträger

120 Der gesetzliche Anspruchsübergang des § 94 SGB XII kann dazu führen, dass der Sozialhilfeträger den auf ihn übergegangenen Anspruch und der Unterhaltsberechtigte den darüber hinausgehenden Anspruchsteil einklagen. Hier hilft, wenn der Leistungsberechtigte einverstanden ist (→ Rn. 113), die Rückabtretung des auf den Sozialhilfeträger übergegangenen Anspruchs oder Anspruchsteils nach § 94 V 1 SGB XII. Nach der Rechtsprechung des BGH (→ Rn. 117) ist allerdings zu beachten, dass Verfahrenskostenhilfe regelmäßig nur für den laufenden Unterhalt zu bewilligen ist. Dann ist zwar allein der Leistungsberechtigte aktivlegitimiert, das Verfahren muss aber zum Teil vom Sozialhilfeträger finanziert werden, was jedenfalls mit erheblichen praktischen Schwierigkeiten verbunden ist. Anderenfalls ließe sich die Anspruchskonkurrenz – allerdings ebenfalls wenig praktikabel – durch ein Zusammenwirken des Sozialhilfeträgers und des Leistungsberechtigten entschärfen, indem sie zB im selben Verfahren als Streitgenossen auftreten.

121 Für die Zukunft kann der **Sozialhilfeträger** bis zur Höhe der bisherigen monatlichen Aufwendungen **die künftige Leistung gerichtlich geltend machen,** wenn die Hilfe voraussichtlich auf längere Zeit, das sind mindestens sechs Monate,[239] gezahlt werden muss (§ 94 IV 2 SGB XII). In die Unterhaltsentscheidung braucht nicht die Bedingung aufgenommen zu werden, dass auch künftig Sozialhilfe in Höhe der zugesprochenen Beträge gewährt wird.[240] Vgl. aber → Rn. 275. Vielmehr entfällt der Anspruchsübergang ohne weiteres mit Einstellung der Sozialhilfe.[241] Dies kann der Schuldner ggf. mit der Vollstreckungsgegenklage (§§ 120 FamFG, 767 ZPO) geltend machen. Zur Rechtslage, wenn sowohl Berechtigter als auch Sozialhilfeträger denselben Anspruch gerichtlich geltend machen, vgl. → Rn. 108, 120.

122 Obwohl die ordentlichen Gerichte im Rahmen des § 94 SGB XII über öffentlich-rechtliche Fragen zu entscheiden haben und insoweit Aufgaben erfüllen, die eher den Sozialgerichten zuzuordnen sind (→ Rn. 17), gilt nicht das Prinzip der Amtsermittlung. Vielmehr haben die Parteien die **Darlegungs- und Beweislast;** sie haben daher die erheblichen Tatsachen vorzutragen und zu beweisen. Klagt der Unterhaltsgläubiger trotz Sozialhilfebezugs, muss er bei „Bestreiten der Aktivlegitimation" dartun, dass der Anspruch nicht auf den Sozialhilfeträger übergegangen ist.[242] Der Sozialhilfeträger hat entgegen dem bis zum 31.12.2004 geltenden Recht[243] nicht mehr die Darlegungs- und Beweislast dafür, dass der Schuldner nach der öffentlich-rechtlichen Vergleichsberechnung (vgl. → Rn. 91 ff.) leistungsfähig ist. Vielmehr hat der Schuldner nach § 94 III 2 SGB XII darzutun und in geeigneter Weise zu belegen, dass er nach Sozialhilferecht nicht leistungsfähig ist oder dass der Anspruchsübergang eine unbillige Härte bedeuten würde. Vgl. dazu → Rn. 87, 106. Der Schuldner muss ferner wie in jedem Unterhaltsprozess seine Leistungsunfähigkeit nach Unterhaltsrecht dartun und beweisen.[244] Zum Nachweis des Anspruchsübergangs im Rahmen des §§ 120, 727 ZPO vgl. → Rn. 110.

5. Abänderungsverfahren

123 Beteiligte des Verfahrens, in dem es um die Abänderung eines Unterhaltstitels geht, sind die Beteiligten (Parteien) des Vorprozesses bzw. -verfahrens und deren Rechtsnachfolger, soweit sich die Rechtskraft des Urteils bzw. des Beschlusses auf sie erstreckt oder soweit sie durch einen Vergleich oder eine andere vollstreckbare Urkunde gebunden sind.[245] Der Anspruchsübergang nach § 94 SGB XII wirft insoweit eine Reihe von Fragen auf:[246]

---

[239] Schellhorn SGB XII § 94 Rn. 139.
[240] So mit Recht OLG Koblenz FamRZ 1996, 756.
[241] Schellhorn SGB XII § 94 Rn. 139.
[242] Brudermüller FuR 1995, 17 (22).
[243] Dazu die 6. Auflage, dort § 6 Rn. 563.
[244] Vgl. BGH FamRZ 1992, 797.
[245] OLG Brandenburg FamRZ 2004, 552; vgl. auch BGH FamRZ 1992, 797.
[246] Zusammenstellung der Problematik im Rechtsgutachten DIJuF, JAmt 2001, 32.

- Hat der Sozialhilfeträger ein Urteil über künftigen Unterhalt erwirkt (→ Rn. 121), kann er selbst Abänderungsantrag stellen; der Abänderungsantrag des Unterhaltspflichtigen ist gegen ihn zu richten.[247]
- Der Sozialhilfeträger kann einen Abänderungsantrag stellen, wenn der Berechtigte einen Unterhaltstitel in den Händen hat und er nunmehr Sozialhilfe bezieht, die den titulierten Anspruch übersteigt.[248] Soweit der Vollstreckungstitel reicht, kommt eine Umschreibung der Vollstreckungsklausel auf den Sozialhilfeträger in Betracht. Vgl. dazu → Rn. 110.
- Wenn der Pflichtige die Abänderung eines Urteils erstrebt, ist die Klage gegen den Unterhaltsberechtigten zu erheben, soweit die Abänderung des Titels zugunsten des Schuldners für die Zeit ab Rechtshängigkeit geltend gemacht wird (vgl. § 236 III FamFG) und der Anspruchsübergang nach Rechtshängigkeit unerheblich ist (§§ 113 I 2 FamFG, 265 II 1 ZPO).[249] Vgl. dazu auch → Rn. 109. Kann der Titel, zB ein gerichtlicher Vergleich oder eine Jugendamtsurkunde, für die Zeit vor Rechtshängigkeit abgeändert werden, muss der Abänderungsantrag hinsichtlich des künftigen Unterhalts gegen den leistungsberechtigten Unterhaltsgläubiger, hinsichtlich des rückständigen und auf den Sozialhilfeträger übergegangenen Unterhalts gegen diesen gerichtet werden.[250] Dasselbe gilt, wenn die Herabsetzung eines Urteils oder Beschlusses nach einer sog. negativen Mahnung (vgl. § 238 III 3 FamFG) teilweise für die Zeit vor Rechtshängigkeit verlangt wird.

VIII. Rechtslage bei Ausschluss des Anspruchsübergangs

1. Geltendmachung des Unterhaltsanspruchs durch den Sozialhilfeträger

Dem Sozialhilfeträger ist nach § 94 SGB XII der Rückgriff gegen den Unterhaltsschuldner in zahlreichen Fällen verwehrt. Der **Übergang** des Unterhaltsanspruchs auf ihn ist insbesondere **ausgeschlossen** **124**
– bei Unterhaltsansprüchen gegen Verwandte zweiten oder eines entfernteren Grades (→ Rn. 68),
– bei Unterhaltsansprüchen einer Schwangeren oder eines erwachsenen Kindes, das ein eigenes leibliches Kind bis zum 6. Lebensjahr betreut, gegen Verwandte ersten Grades, insbesondere gegen die Eltern (→ Rn. 68),
  – bei Unterhaltsansprüchen behinderter oder pflegebedürftiger Volljähriger wegen Hilfe zur Eingliederung oder Hilfe zur Pflege, soweit über (insgesamt) 46 EUR hinausgehend (→ Rn. 86)
  – bei Leistungen der Grundsicherung im Alter und bei Erwerbsminderung (§ 94 I 3 Halbsatz 2 SGB XII; s. → Rn. 136, 152)
  – wenn und soweit die öffentlich-rechtliche Vergleichsberechnung nach Sozialhilferecht eine geringere Leistungsfähigkeit als nach Unterhaltsrecht ergibt (→ Rn. 92 ff.),
  – wenn und soweit eine unbillige Härte vorliegt (→ Rn. 87).

Soweit der **Anspruchsübergang teilweise ausgeschlossen** ist, kann der Sozialhilfeträger nur auf den restlichen (übergegangenen) Teil des Anspruchs gegen den Unterhaltsverpflichteten zurückgreifen. Diese Konstellation kommt insbesondere bei der sozialhilferechtlichen Vergleichsberechnung (→ Rn. 92 ff.) vor.

Die weiteren Fälle des Ausschlusses des Anspruchsübergangs sind in diesem Zusammenhang nicht von Interesse. Die Haftung eines Mitglieds der Einsatzgemeinschaft gegenüber dem Sozialhilfeträger ist öffentlich-rechtlich geregelt (vgl. → Rn. 25, 68). Bei Erfüllung des Unterhaltsanspruchs durch laufende Zahlung geht es nicht um die Berechtigung des

---

[247] BGH FamRZ 1992, 797 (800); OLG Brandenburg FamRZ 1999, 1512.
[248] BGH FamRZ 1986, 153.
[249] Vgl. OLG Düsseldorf FamRZ 1994, 764, das jedoch zu Unrecht eine Ausnahme von diesem Grundsatz zulässt, wenn die Unterhaltsberechtigte hilflos ist und unter Betreuung steht.
[250] OLG Brandenburg FamRZ 2004, 552; OLG Karlsruhe FamRZ 2005, 1756, das allerdings auch eine Klage gegen den Sozialhilfeträger allein zulässt.

125 Der Sozialhilfeträger hat Umstände, die den Unterhaltsanspruch des Leistungsberechtigten begründen, insbesondere Bedarf und Bedürftigkeit nach Unterhaltsrecht, **darzulegen und ggf. zu beweisen.** Der Unterhaltsschuldner hat dagegen die Darlegungs- und Beweislast für seine Leistungsunfähigkeit und für sonstige Einwendungen oder Einreden gegen den Unterhaltsanspruch. Ferner hat er nach § 94 III 2 SGB XII vorzutragen und zu belegen, dass er selbst Hilfe zum Lebensunterhalt bezieht oder bei Erfüllung des Unterhaltsanspruchs beziehen würde, ferner dass der Anspruchsübergang eine unbillige Härte bedeuten würde. Es gehört daher nicht mehr zur Schlüssigkeit der Klage des Sozialhilfeträgers, dass er eine **sozialhilferechtliche Vergleichsberechnung** vorlegt (→ Rn. 260). Dazu besteht erst Anlass, wenn der Unterhaltsschuldner die Voraussetzungen des § 94 III 1 Nr. 1 SGB XII dargetan hat.

Fiktives Einkommen, das dem Schuldner wegen Verletzung der unterhaltsrechtlichen Erwerbsobliegenheit zugerechnet wird, darf in diesem Rahmen grundsätzlich nicht berücksichtigt werden (vgl. → Rn. 36, 95). Entscheidend sind in aller Regel allein die effektiven Einkünfte des Schuldners.[251] Zu Ausnahmen vgl. → Rn. 101. Daher muss der Unterhaltsantrag des Sozialhilfeträgers zurückgewiesen werden, wenn dem Schuldner fiktives Einkommen zugerechnet wird und er über anderes Einkommen nicht verfügt. Dies gilt auch dann, wenn der Sozialhilfeträger von seiner Befugnis Gebrauch macht, nach § 94 IV 2 SGB XII bis zur Höhe der bisherigen monatlichen Aufwendungen die Leistung geltend zu machen (vgl. → Rn. 121, 275).[252] Zum Antrag des leistungsberechtigten Unterhaltsgläubigers bei fiktivem Einkommen vgl. → Rn. 131 ff.

2. Geltendmachung des Unterhaltsanspruchs durch den Leistungsberechtigten

126 Ist der Übergang des Anspruchs in den in → Rn. 124 erwähnten Fällen ausgeschlossen, verbleibt der Unterhaltsanspruch beim Berechtigten. Eine gleichwohl vorgenommene Rückabtretung geht ins Leere. Der Leistungsberechtigte kann also – jedenfalls auf den ersten Blick – den Unterhaltsanspruch gegen den Verpflichteten geltend machen, ohne dass die erhaltene Sozialhilfe angerechnet wird, da diese subsidiär ist (§§ 2 I, 19 I SGB XII). Vgl. dazu → Rn. 7 f. Eine Verpflichtung zur Rückzahlung der Sozialhilfe besteht nicht.[253] Wenn und soweit es dem Hilfeempfänger gelingt, aus einer obsiegenden Entscheidung zu vollstrecken, wäre sein **Bedarf doppelt gedeckt.** Dieses Ergebnis kann nicht befriedigen. Es wird daher die Auffassung vertreten, dass jedenfalls dann, wenn der Unterhaltsanspruch nicht auf den Sozialhilfeträger übergeht, die erhaltene Sozialhilfe als bedarfsdeckend anzusehen ist.[254] Der BGH ist dieser Ansicht entgegen getreten, hält es aber für möglich, dass dem Gläubiger in einem solchen Fall für die Vergangenheit unter bestimmten Voraussetzungen der Einwand der unzulässigen Rechtsausübung entgegen gehalten wird.[255] Dies kann dazu führen, dass der Gläubiger den Anspruch in Höhe der erhaltenen Sozialhilfe nicht mehr geltend machen kann. De facto würde die Sozialhilfe dann als bedarfsdeckend behandelt.

127 Betrachtet man die Problematik nur aus der Sicht des Unterhaltsrechts, dürfte man die Sozialhilfe nicht als bedarfsdeckend anerkennen, da sie subsidiär und damit kein anrechnungsfähiges Einkommen ist und sich die Leistungsfähigkeit des Schuldners nur nach bürgerlichem Recht bestimmt. Sieht man das Problem dagegen allein aus der Sicht des Sozialhilferechts, müsste die Sozialhilfe auch den Unterhaltsbedarf decken, da es widersinnig wäre, den Schuldner für Unterhalt in weiterem Umfang haften zu lassen, als es den sozialhilferechtlichen Schutzvorschriften des § 94 SGB XII entspricht. Der Schuldner, der

---

[251] BGH FamRZ 1999, 843 (846); 1998, 818.
[252] BGH FamRZ 1998, 818.
[253] BGH FamRZ 1996, 1203 (1205).
[254] OLG Köln FamRZ 1997, 1101; OLG Hamburg FamRZ 1992, 713.
[255] BGH FamRZ 1999, 843 (846).

über das Maß des Sozialhilferechts hinaus zum Unterhalt verpflichtet wäre, hätte möglicherweise selbst Anspruch auf ergänzende Sozialhilfe. Die Lösung dieses Problems kann nicht darin bestehen, dem Unterhaltsrecht oder dem Sozialhilferecht den Vorrang einzuräumen. Der Gesetzgeber hat die Unterschiede zwischen Sozialhilfe- und Unterhaltsrecht sehr wohl gesehen, gleichwohl aber von einer Angleichung bislang abgesehen. So hat er nicht etwa die Unterhaltsansprüche der Enkel gegen ihre Großeltern (und umgekehrt) abgeschafft, sondern sich darauf beschränkt, die Rückgriffsansprüche des Sozialhilfeträgers auszuschließen.[256] Dies spricht dafür, nicht schlechthin in den Fällen, in denen ein Rückgriffsanspruch des Sozialhilfeträgers nicht besteht, der Sozialhilfe eine bedarfsdeckende Wirkung zuzuerkennen, sondern entsprechend der Auffassung des BGH[257] nach **§ 242 BGB** von Fall zu Fall eine angemessene und interessengerechte **Lösung** zu suchen und dem Schuldner ggf. den **Einwand unzulässiger Rechtsausübung** zuzubilligen (vgl. → Rn. 133). Weitergehend hat der BGH allerdings für das Jugendhilferecht entschieden, dass je nach der Systematik des Rückgriffs die daraus sich ergebenden Erleichterungen – je nach dem **Zweck des Gesetzes** – auch den Unterhaltspflichtigen zugute kommen.[258]

Beachtet man beide Aspekte **(Zweckrichtung der jeweiligen Vorschrift und Treuwidrigkeit)**, muss dies zu einer **differenzierenden Betrachtung** Anlass geben.

Ist der Übergang von Unterhaltsansprüchen gegen bestimmte Verwandte (der Enkel **128** gegen die **Großeltern,** der Großeltern gegen die Enkel, der Schwangeren oder des ein Kleinkind betreuenden Elternteils gegen die eigenen Eltern) nach § 94 I 3 SGB XII ausgeschlossen (vgl. → Rn. 68, 124), folgt daraus zunächst noch nicht, dass der Unterhaltsberechtigte zur Beseitigung seiner Bedürftigkeit Sozialhilfe beantragen müsse, anstatt seinen Anspruch nach § 1601 BGB geltend zu machen. Zumal nach der gesetzlichen Konzeption – nur – der Anspruchsübergang ausgeschlossen ist, setzt diese vielmehr voraus, dass ein Unterhaltsanspruch besteht. Der BGH hat dementsprechend beim Enkelunterhalt und der Haftung der Großeltern nach § 1607 BGB nicht die Frage aufgeworfen, ob der Enkel etwa vorrangig zum Unterhalt Sozialhilfe beantragen müsste.[259]

Dem unterhaltspflichtigen Verwandten steht es frei, durch Zahlung von Unterhalt für die **Zukunft,** also für die Zeit ab Rechtshängigkeit der Unterhaltsklage (vgl. → Rn. 132), die doppelte Befriedigung des Bedarfs durch Sozialhilfe und Unterhalt zu verhindern. Für die **Vergangenheit,** in der der Berechtigte die nicht rückzahlbare Sozialhilfe bereits entgegengenommen hat, dürfte es dagegen Treu und Glauben entsprechen, den Unterhaltsanspruch in Höhe der erhaltenen Sozialhilfe auszuschließen.

Auch durch den **beschränkten Übergang** des Unterhaltsanspruchs bei behinderten oder pflegebedürftigen Volljährigen gemäß § 94 I 3 Halbsatz 2 SGB XII wird der Unterhaltsanspruch noch nicht generell ausgeschlossen. Das FG Baden-Württemberg hat demnach zu Recht eine vollständige Abzweigung des Kindergelds gebilligt, auch wenn diese über den höchstmöglichen Betrag des Anspruchsübergangs hinausgeht.[260] Hier ist allerdings zu beachten, dass das Kindergeld gerade zur Entlastung von der Unterhaltspflicht geleistet wird. Soweit die Eltern vom Kind darüber hinaus in Anspruch genommen werden, stellt sich die Frage, ob der dem beschränkten Anspruchsübergang zugrunde liegende Gedanke nicht auch auf das Unterhaltsrecht durchschlägt, indem die Sozialhilfe insoweit dem Unterhalt gegenüber vorrangig ist. Dafür spricht der Zweck der Vorschrift, die gerade der Entlastung der Eltern dienen soll. Die Lage ist insoweit vergleichbar mit der Grundsicherung im Alter und bei Erwerbsminderung (dazu → Rn. 161, 166, 169). Weiteres Beispiel bei → Rn. 160 (Kein Anspruchsübergang für 56% der Kaltmiete; vgl. → Rn. 70).

Bei der **öffentlich-rechtlichen Vergleichsberechnung** sind im Wesentlichen drei **129** Fallgruppen zu unterscheiden. Die sozialhilferechtliche Leistungsunfähigkeit des Schuldners kann beruhen

---

[256] BGH FamRZ 1999, 843 (846); 1992, 41.
[257] BGH FamRZ 1999, 843 (846); 2000, 1348.
[258] BGH FamRZ 2007, 377 mAnm Doering-Striening.
[259] BGH FamRZ 2007, 375; 2006, 26 und 2006, 1099; ebenso – ausdrücklich – OLG Dresden 2010, 736 m. N.
[260] FG Baden-Württemberg EFG 2009, 492.

– auf erhöhtem Eigenbedarf, zB pauschaliertem Mehrbedarf nach § 30 SGB XII (→ Rn. 53), aber auch auf hohen vom Sozialhilfeträger jedenfalls vorläufig anerkannten Wohnkosten (→ Rn. 52), während dem Schuldner nach Unterhaltsrecht nur der notwendige Selbstbehalt nach den Tabellen und Leitlinien verbleibt,
– auf Anerkennung der Mittellosigkeit des Unterhaltsschuldners durch das Sozialhilferecht, während ihm nach Unterhaltsrecht ein fiktives Einkommen zugerechnet wird (→ Rn. 95, 131),
– auf der Einbeziehung der Mitglieder der Einsatzgemeinschaft in die Vergleichsberechnung (→ Rn. 98 ff.), während diese nach Unterhaltsrecht anderen Berechtigten entweder im Rang gleichstehen oder nachgehen.

Hier gewinnt der sowohl im Unterhaltsrecht als auch im Sozialhilferecht geltende Grundsatz Bedeutung, dass niemand durch Erfüllung einer Unterhaltspflicht selbst sozialhilfebedürftig werden darf.[261] Vgl. dazu → § 2 Rn. 381 einerseits, → Rn. 14, 92 f. andererseits.

130 Der sozialhilferechtliche Eigenbedarf (§ 94 III 1 Nr. 1 SGB XII) wird nur in seltenen Fällen den **notwendigen Selbstbehalt** gegenüber dem minderjährigen und dem privilegiert volljährigen Kind übersteigen, der dem erwerbstätigen Schuldner nach der Düsseldorfer Tabelle Stand: 1.1.2015 in Höhe von 1080 EUR und dem nichterwerbstätigen in Höhe von 880 EUR zusteht (→ § 2 Rn. 385). Die anderen (höheren) Selbstbehaltssätze des Ehegatten, des Lebenspartners und des Pflichtigen, der dem betreuenden Elternteil nach § 1615l BGB Unterhalt schuldet, von 1200 EUR, der Eltern eines volljährigen Kindes von 1150 EUR (→ § 2 Rn. 547) und des erwachsenen Kindes unterhaltsbedürftiger Eltern von 1800 EUR bzw. 1440 EUR[262] dürften wohl stets deutlich über dem sozialhilferechtlichen Eigenbedarf liegen. Sollte letzterer gleichwohl ausnahmsweise den maßgebenden unterhaltsrechtlichen Selbstbehalt überschreiten, kann die Diskrepanz in vielen Fällen dadurch abgemildert werden, dass bei der Unterhaltsberechnung nicht sklavisch an dem in den Tabellen und Leitlinien festgelegten Selbstbehalt festgehalten wird, sondern in größerem Umfang als bisher Kosten anerkannt werden, die den Eigenbedarf des Schuldners **erhöhen.** Dies gilt vor allem für die **Wohnkosten.** Die Anerkennung überhöhter Wohnkosten ist rechnerisch ohne weiteres möglich, da die Düsseldorfer Tabelle und verschiedene andere Leitlinien derartige Kosten im Selbstbehalt offen ausweisen. So sind nach Anm. A 5 I der Tabelle im notwendigen Selbstbehalt bis 380 EUR für Unterkunft einschließlich umlagefähiger Nebenkosten und Heizung (Warmmiete) enthalten (vgl. → § 2 Rn. 391 ff.). Der Selbstbehalt kann angemessen angehoben werden, wenn die Beträge für die Warmmiete im Einzelfall erheblich überschritten werden und dies nicht vermeidbar ist. Als Anhalt für unvermeidbare Wohnkosten können die Sätze des Wohngeldgesetzes dienen.[263] Auch **Schulden** können grundsätzlich die Leistungsfähigkeit des Schuldners mindern. Dies ist auch im Unterhaltsrecht unbestritten. Die Berücksichtigung von Schulden wird in der Praxis allerdings teilweise sehr restriktiv gehandhabt. Um unnötige Diskrepanzen zwischen Unterhalts- und Sozialrecht zu vermeiden, sollte jeweils im Einzelfall geprüft werden, ob Schulden nicht jedenfalls dann bei der Unterhaltsbemessung berücksichtigt werden können, wenn sie vom Sozialhilfeträger anerkannt werden. Vgl. dazu → Rn. 35.

Die Erhöhung des Selbstbehalts kann nicht in allen Fällen die Unterschiede zwischen Sozialhilfe- und Unterhaltsrecht ausräumen. Ggf. muss daher auch in den hier interessierenden Fällen eine interessengerechte Lösung mit Hilfe des Verbots der unzulässigen Rechtsausübung (§ 242 BGB) gesucht werden (vgl. → Rn. 127).

131 Beruht die Leistungsfähigkeit des Schuldners unterhaltsrechtlich auf **fiktivem Einkommen,** scheidet grundsätzlich ein Anspruchsübergang auf den Sozialhilfeträger aus. Anders kann es sein, wenn der Schuldner über niedrigere effektive Einkünfte verfügt, die auch sozialhilferechtlich als Einkommen gelten, zB wenn der Pflichtige mutwillig seine bisherige, gut bezahlte Stelle als leitender Angestellter aufgegeben hat und sich nunmehr mit einer wesentlich schlechter dotierten Arbeit begnügen muss. Dann kommt ein (teilweiser) An-

---

[261] BGH FamRZ 2008, 968 (973) = R 689i; 2008, 594 (596) = R 688a.
[262] Anm. D.I der Düsseldorfer Tabelle (Stand: 1.1.2019).
[263] Vgl. KG FamRZ 1994, 1047.

spruchsübergang auf der Basis der niedrigeren Einkünfte in Betracht, wenn und soweit diese den sozialhilferechtlichen Bedarf des Schuldners decken.[264] Vgl. → Rn. 10, 36. Ein Übergang des Unterhaltsanspruchs auf Grund fiktiven Einkommens des Schuldners ist auch möglich, wenn sein Sozialhilfebedarf durch Einkommen eines Mitglieds der Einsatzgemeinschaft sichergestellt ist (vgl. → Rn. 101).

Ist der Pflichtige zwar nach Unterhaltsrecht, nicht aber nach Sozialhilferecht leistungsfähig, weil er zB selbst Sozialhilfe bezieht, behält der Leistungsberechtigte den Unterhaltsanspruch; ein Anspruchsübergang ist ausgeschlossen. Die Leistungsfähigkeit des Unterhaltsschuldners bestimmt sich jedenfalls für die **Zukunft** ausschließlich nach Unterhaltsrecht.[265] Unter Zukunft ist die Zeit **ab Rechtshängigkeit** des Unterhaltsantrags zu verstehen. Der Schuldner wird von diesem Zeitpunkt an auf Grund eines fiktiven Einkommens als leistungsfähig behandelt. Er wird durch die Zustellung der Klageschrift eindringlich darauf hingewiesen, dass er ungeachtet seiner bisherigen Einkommenslosigkeit auf Unterhalt in Anspruch genommen wird und dass es deshalb nicht gerechtfertigt ist, ihm entgegen der unterhaltsrechtlichen Gesetzeslage nach § 242 BGB den Einwand zuzubilligen, dass der Unterhaltsberechtigte Sozialhilfe beziehe und deshalb auf Unterhalt nicht angewiesen sei.[266] Ob dem Schuldner in besonders gelagerten Fällen ausnahmsweise auch in der Zeit nach Rechtshängigkeit der Einwand aus § 242 BGB zugebilligt werden kann, muss allerdings offen bleiben. **132**

Für die **Vergangenheit,** also für die Zeit vor Rechtshängigkeit, kann der Schuldner sich nicht generell darauf berufen, dass die Geltendmachung des Unterhaltsanspruchs durch den Hilfeempfänger gegen Treu und Glauben verstoße, weil dies dazu führen würde, dass die gesetzlich gewollte Subsidiarität der Sozialhilfe (§ 2 I SGB XII; vgl. → Rn. 7) mit Hilfe des § 242 BGB außer Kraft gesetzt wird. Jedoch hält es der BGH[267] insbesondere in Mangelfällen für möglich, eine (Teil-)Anrechnung der dem Unterhaltsberechtigten gewährten Sozialhilfe auf den Unterhaltsanspruch vorzunehmen, wenn andernfalls für den Schuldner die Gefahr bestünde, mit derartig hohen Forderungen aus der Vergangenheit belastet zu werden, dass es ihm voraussichtlich auf Dauer unmöglich gemacht würde, diese Schulden zu tilgen und daneben auch seinen laufenden Unterhaltspflichten nachzukommen. Dies hat der BGH[268] bei Unterhaltsrückständen von wenigen hundert DM verneint. Jedoch wird die vom BGH in den Vordergrund gestellte Gefahr einer lebenslangen Verschuldung nicht stets gefordert werden dürfen. Zu beachten ist, dass der Berechtigte Sozialhilfe typischerweise dann erhält, wenn auch die Einkommens- und Vermögensverhältnisse des Schuldners angespannt sind, dieser den vollen Bedarf der Unterhaltsgläubiger und seinen eigenen Unterhalt nur teilweise decken kann und deshalb ein Mangelfall vorliegt. Jedenfalls dann, wenn dem Pflichtigen bei der Bemessung des laufenden Unterhalts nur der notwendige Selbstbehalt von 1080 EUR bzw. 880 EUR (vgl. → § 2 Rn. 385) oder nur ein wenig darüber liegender Betrag belassen wird und Unterhalt für mehrere Monate rückständig ist, fällt ihm in der Regel die Befriedigung des laufenden Unterhalts neben der Tilgung der Rückstände so schwer, dass die Anwendung des § 242 BGB in Betracht zu ziehen ist. Eine Rückabtretung des Unterhaltsanspruchs durch den Sozialhilfeträger an den Hilfeempfänger geht bei Heranziehung des § 242 BGB ins Leere, weil der Sozialhilfeträger den Anspruch nicht erworben hat (siehe oben → Rn. 111, 126). **133**

Wie dargelegt (→ Rn. 98 f.), werden die **Angehörigen** der Einsatzgemeinschaft des Schuldners in die öffentlich-rechtliche Vergleichsberechnung einbezogen. Sie genießen im Sozialrecht den Vorrang vor den Unterhaltsberechtigten, die mit dem Schuldner nicht zusammenleben. Bei einer Unterhaltsklage kommt es aber nicht auf die sozialrechtlichen Rangverhältnisse an. Vielmehr müssen sich im Unterhaltsprozess die Rangvorschriften des Unterhaltsrechts, also § 1609 BGB durchsetzen. Zu Recht hat es der BGH abgelehnt, den Grundsatz, dass durch die Unterhaltsleistung keine Sozialhilfebedürftigkeit eintreten darf, **134**

---

[264] OLG Düsseldorf FamRZ 1999, 127.
[265] BGH FamRZ 1999, 843 (847); 2000, 1358; 2001, 619.
[266] FamRZ 1999, 843 (847); 2000, 1358.
[267] FamRZ 1999, 843 (847).
[268] FamRZ 2001, 619.

auch zugunsten der Unterhaltsberechtigten anzuwenden, die mit dem Schuldner zusammenleben.[269] Vgl. auch → Rn. 99 sowie → § 2 Rn. 381. Die sozialhilferechtliche Leistungsunfähigkeit des Schuldners bleibt bei der öffentlich-rechtlichen Vergleichsberechnung daher unberücksichtigt, soweit sie auf dem Bedarf der Mitglieder der **Einsatzgemeinschaft** beruht. Dies schließt freilich nicht aus, erhöhte Wohnkosten, soweit sie auf den Pflichtigen selbst entfallen, bei der Bemessung des Selbstbehalts zu berücksichtigen (vgl. → Rn. 130). Dagegen kann der Sozialhilfeträger anders als der Unterhaltsberechtigte den Schuldner nicht auf Unterhalt in Anspruch nehmen, wenn dieser seinen eigenen sozialhilferechtlichen Bedarf und denjenigen der Angehörigen, mit denen er in einer Einsatzgemeinschaft zusammenlebt, nicht decken kann. Ihm bleibt ggf. nur ein öffentlich-rechtlicher Anspruch auf Aufwendungsersatz gegen den Schuldner oder die Angehörigen der Einsatzgemeinschaft (vgl. → Rn. 25).

3. Abschnitt: Grundsicherung im Alter und bei Erwerbsminderung und Unterhalt

I. Anspruch auf Grundsicherung im Alter und bei Erwerbsminderung

1. Verhältnis zur Sozialhilfe und zur Grundsicherung für Arbeitsuchende

135 Zum 1.1.2003 hat der Gesetzgeber für alle Personen über 65 Jahre und alle Volljährigen, die auf Dauer voll erwerbsgemindert sind, eine Grundsicherung eingeführt, die etwa der Hilfe zum Lebensunterhalt nach dem Sozialhilferecht entspricht. Die Anspruchsvoraussetzungen waren bis zum 31.12.2004 im Gesetz über eine bedarfsorientierte Grundsicherung im Alter und bei Erwerbsminderung – GSiG –[1] geregelt, das als eigenständiges Leistungsgesetz dem BSHG vorging. Damit wollte der Gesetzgeber den Bedürftigen den von vielen als diskriminierend empfundenen Gang zum Sozialamt ersparen.[2] Die Städte und Kreise als Träger der Grundsicherung waren daher gezwungen, eine besondere Verwaltung zu errichten. Die Hilfebedürftigen mussten in vielen Fällen sowohl Grundsicherung als auch Sozialhilfe beantragen, weil die Grundsicherung im Gegensatz zur Sozialhilfe nur bedarfsorientiert, aber nicht bedarfsdeckend war.[3] Im Rahmen der Einordnung des Sozialhilferechts in das SGB setzte sich im Gesetzgebungsverfahren die Überzeugung durch, dass die bisherige Grundsicherung mit einem nicht vertretbaren Aufwand an Bürokratie verbunden war. Deshalb entschied sich der Gesetzgeber, wenn auch erst im Vermittlungsausschuss, dafür, die Grundsicherung im Alter und bei Erwerbsminderung in das neue SGB XII zu überführen. Sie ist seit dem 1.1.2005 im 4. Kapitel des Gesetzes (§§ 41 ff. SGB XII) geregelt.

136 Die Grundsicherung im Alter und bei Erwerbsminderung ist seit dem 1.1.2005 keine eigenständige Sozialleistung mehr, sondern eine **besondere Form der Sozialhilfe**, die weitgehend der Hilfe zum Lebensunterhalt entspricht (vgl. dazu → Rn. 46 ff.). Jedoch geht die Grundsicherung im Alter und bei Erwerbsminderung der Hilfe zum Lebensunterhalt vor (§ 19 II 2 SGB XII). Näheres zum Vorrang der Grundsicherung vgl. → Rn. 145. Andere Hilfen, insbesondere Eingliederungshilfe (§§ 52 ff. SGB XII), Hilfe zur Pflege (§§ 61 ff. SGB XII) und Blindenhilfe (§ 73 SGB XII) können neben der Grundsicherung gewährt werden.

Die Integration der Grundsicherung in das SGB XII bedeutet, dass grundsätzlich alle Vorschriften des SGB XII gelten, soweit sich nicht aus §§ 41 ff. oder aus dem Gesetzes-

---

[269] BGH FamRZ 1996, 1272.
[1] Vom 26.6.2001 – BGBl. I S. 1355.
[2] BT-Drucks. 14/5150, 48; vgl. auch BGH FamRZ 2007, 1158 (1160) = R 667b mAnm Scholz FamRZ 2006, 1511 (1515).
[3] Fichtner/Wenzel vor §§ 41 ff. SGB XII Rn. 6.

zweck etwas Anderes ergibt.⁴ Dies gilt vor allem für die Bestimmungen der §§ 1 bis 7 SGB XII (Allgemeine Vorschriften) und der §§ 8 bis 26 SGB XII (Leistungen der Sozialhilfe). Mithin ist auch der **Subsidiaritätsgrundsatz** (§ 2 SGB XII) heranzuziehen. Dieser ist allerdings beim Verwandtenunterhalt erheblich eingeschränkt (vgl. → Rn. 161, 167).

Daneben gelten für die Grundsicherung im Alter und bei Erwerbsminderung die Bestimmungen des SGB XII, auf die §§ 41 bis 43 SGB XII ausdrücklich verweisen, insbesondere die in § 41 I SGB XII genannten Vorschriften über den Einsatz von Einkommen und Vermögen (§§ 82 bis 84, 90, 91 SGB XII) und die in § 42 SGB XII aufgeführten Bestimmungen aus dem 3. Kapitel des Gesetzes (Hilfe zum Lebensunterhalt). Ferner enthält das SGB XII an verschiedenen Stellen Regelungen, die sich auf die Grundsicherung im Alter und bei Erwerbsminderung beziehen, insbesondere §§ 19 II, 92a, 93 SGB XII. Besonders wichtig für das Familienrecht ist, dass auch die Vorschrift des § 94 SGB XII über den Übergang von Unterhaltsansprüchen auf den Sozialhilfeträger bei der Grundsicherung im Alter und bei Erwerbsminderung anzuwenden ist, allerdings nicht, soweit sie den Verwandtenunterhalt betrifft (§ 94 I 3 Halbsatz 2 SGB XII; vgl. dazu → Rn. 152). Der Unterhaltsanspruch geht dagegen über, soweit er etwa den Ehegattenunterhalt betrifft.

Nach Überführung der Grundsicherung im Alter und bei Erwerbsminderung in das Sozialhilferecht können Rechtsprechung und Literatur zum GSiG nur mit Vorsicht herangezogen werden, da dieses Gesetz die Grundsicherungsleistungen gerade von der Sozialhilfe abgrenzen wollte und deshalb grundsätzlich nicht auf das BSHG zurückgegriffen werden durfte.

137 Der erwerbsfähige Hilfebedürftige, der **Arbeitslosengeld II** nach §§ 19 ff. SGB II bezieht, erhält daneben keine Grundsicherung im Alter und bei Erwerbsminderung, weil sich die Voraussetzungen des § 7 SGB II einerseits und des § 41 SGB XII andererseits gegenseitig ausschließen. Jedoch sind die Leistungen nach §§ 41 ff. SGB XII gegenüber dem **Sozialgeld** vorrangig (§§ 5 II 2, 19, 23 SGB II). Daher wird dem nicht erwerbsfähigen Angehörigen, der mit einem Bezieher von Arbeitslosengeld II in einer Bedarfsgemeinschaft zusammenlebt, grundsätzlich kein Sozialgeld nach §§ 19, 23 SGB II, sondern Grundsicherung im Alter und bei Erwerbsminderung gewährt, wenn er selbst die Altersgrenze des § 41 I SGB XII (vgl. → Rn. 138) erreicht hat oder auf Dauer voll erwerbsunfähig ist. Dies kann zu Unzuträglichkeiten führen, weil sich die Vorschriften des SGB II und des SGB XII über die Anrechnung von Einkommen und Vermögen in einigen Punkten unterscheiden. Vgl. dazu → Rn. 29 ff. einerseits und → Rn. 192 ff. andererseits. Reichen die Leistungen der Grundsicherung im Alter und bei Erwerbsminderung nach §§ 41 ff. SGB XII zur Sicherung des Lebensunterhalts nicht aus, kann ergänzendes Sozialgeld bewilligt werden.⁵

2. Voraussetzungen und Art der Leistungen

138 **a) Anspruchsberechtigte.** Nach §§ 19 II, 41 I SGB XII wird Grundsicherung im Alter und bei Erwerbsminderung auf Antrag Personen gewährt,
– die die Altersgrenze des § 41 II SGB XII erreicht haben,
– die das 18. Lebensjahr vollendet haben und unabhängig von der jeweiligen Arbeitsmarktlage voll erwerbsgemindert im Sinne des § 43 II SGB VI sind und bei denen unwahrscheinlich ist, dass die volle Erwerbsminderung behoben werden kann.

Die **Altersgrenze** ist bis zum 31.12.2011 das 65. Lebensjahr. Sie erhöht sich ab 2012 pro Jahr um einen Monat, später um zwei Monate, um im Jahr 2031 das 67. Lebensjahr zu erreichen (§ 41 II SGB XII). Zur Erwerbsfähigkeit vgl. oben → Rn. 20. Bezieht ein Antragsteller eine **befristete Rente** wegen Erwerbsminderung, scheiden Leistungen der Grundsicherung im Alter und bei Erwerbsminderung regelmäßig aus, da nicht davon ausgegangen werden kann, dass die Erwerbsminderung auf

---

⁴ Friedrichsen NDV 2004, 347.
⁵ Brühl in LPK/SGB II § 5 Rn. 49.

Dauer bestehen wird.⁶ Vielmehr erhält der Betroffene neben der Rente ggf. Hilfe zum Lebensunterhalt nach §§ 27 ff. SGB XII. Ob der Antragsteller auf Dauer voll erwerbsgemindert ist, wird – ggf. auf Ersuchen des Sozialhilfeträgers – vom zuständigen Rentenversicherungsträger festgestellt (§ 45 SGB XII). Vgl. dazu → Rn. 20, 188.

139 Der Antragsteller muss seinen gewöhnlichen Aufenthalt im **Inland** haben (§ 41 I SGB XII).⁷ Unter dieser Voraussetzung wird Grundsicherung im Alter und bei Erwerbsminderung auch an Ausländer gewährt (§ 23 I 2 SGB XII). Dagegen erhalten Ausländer ohne gesicherten Aufenthaltsstatus, die unter § 1 Asylbewerberleistungsgesetz fallen, keine Grundsicherung im Alter und bei Erwerbsminderung; sie sind auf Leistungen nach diesem Gesetz angewiesen (§ 23 II SGB XII). Vgl. → Rn. 22.

140 **b) Hilfebedürftigkeit.** Leistungen der Grundsicherung im Alter und bei Erwerbsminderung setzen Hilfedürftigkeit voraus. Sie werden nur gewährt, wenn die nachfragende Person ihren notwendigen Lebensunterhalt nicht aus eigenen Kräften und Mitteln, insbesondere nicht aus ihrem **Einkommen und Vermögen,** bestreiten kann (§§ 19 II 1, 41 I SGB XII). § 41 I SGB XII verweist insoweit auf §§ 82 bis 84 und auf §§ 90, 91 SGB XII. Es kann daher zunächst auf die Grundsätze verwiesen werden, die für den Einsatz von Einkommen und Vermögen bei der Hilfe zum Lebensunterhalt maßgebend sind (vgl. → Rn. 29 ff., 43 ff.). Der Erbe des Leistungsberechtigten, der Schonvermögen geerbt hat, kann anders als bei der sonstigen Sozialhilfe (→ Rn. 45) nicht zum Kostenersatz herangezogen werden (§ 102 V SGB XII). Die höheren Einkommensgrenzen nach §§ 85 ff. SGB XII sind im Rahmen der Grundsicherung im Alter und bei Erwerbsminderung nicht anzuwenden, wohl aber, wenn neben der Grundsicherung Sozialhilfe, insbesondere Eingliederungshilfe und Hilfe zur Pflege, gewährt wird. Vgl. dazu → Rn. 42 ff. Hinsichtlich dieser Hilfearten greift § 102 V SGB XII nicht ein.

141 Einkommen und Vermögen eines Angehörigen der **Einsatzgemeinschaft** sind zu berücksichtigen, wenn sie dessen notwendigen Lebensunterhalt, also den Bedarf nach dem SGB XII übersteigen (§§ 19 II 2, 20, 43 I SGB XII). Zur Einsatzgemeinschaft gehören der nicht getrennt lebende Ehegatte bzw. Lebenspartner (§§ 43 I, 27a SGB XII) sowie der Partner einer ehe- oder lebenspartnerschaftsähnlichen Gemeinschaft (§§ 43 I, 20 SGB XII). Kinder sind anders als im Rahmen des § 27 II SGB XII nicht Teil der Einsatzgemeinschaft. Dies gilt sowohl für minderjährige als auch für volljährige erwerbsunfähige Kinder, die selbst Grundsicherung im Alter und bei Erwerbsminderung beziehen und von ihren Eltern versorgt werden. Deshalb erhalten volljährige erwerbsunfähige Kinder als Alleinstehende den vollen Regelsatz (Regelbedarfsstufe 1). Vgl. dazu → Rn. 144. Bei einem leistungsberechtigten volljährigen Kind, das im Haushalt der Eltern lebt, ist das **Kindergeld** nicht Einkommen des Kindes, sondern des Elternteils, an den es nach § 64 II EStG ausgezahlt wird; dem Kind ist es nur als Einkommen zuzurechnen, wenn der Elternteil das Kindergeld als effektiven Geldbetrag an das Kind weiterleitet⁸ oder es durch förmlichen Bescheid an das volljährige Kind nach § 74 EStG abgezweigt wird.⁹ Da Unterhaltsansprüche des Kindes nach § 43 III 1 SGB XII grundsätzlich unberücksichtigt bleiben (→ Rn. 167), kommt es nicht darauf an, ob der Elternteil unterhaltsrechtlich nach § 1612b I 1 BGB zur Auskehr des Kindergeldes verpflichtet ist.

142 Die Vermutung des § 39 S. 1 SGB XII, dass Angehörige einer **Haushaltsgemeinschaft** gemeinsam wirtschaften und einander Leistungen zum Lebensunterhalt gewähren, gilt nicht (§ 43 I Halbsatz 2 SGB XII). Damit sollen insbesondere Wohngemeinschaften älterer Menschen begünstigt werden.¹⁰ Dies schließt allerdings nicht aus, dass tatsächlich gewährter Unterhalt den Bedarf deckt (§§ 82 I 1, 84 II SGB XII); in einem solchen Fall werden Leistungen der Grundsicherung im Alter und bei Erwerbsminderung ganz oder teilweise

---

6 Wahrendorf in Grube/Wahrendorf SGB XII § 41 Rn. 13.
7 Zum Begriff des gewöhnlichen Aufenthalts Wahrendorf in Grube/Wahrendorf SGB XII § 41 Rn. 5.
8 BSG FamRZ 2008, 51; BVerwG NJW 2005, 2873.
9 BSG FamRZ 2008, 886 (zum SGB II); zur Berücksichtigung des Kindergeldes für ein nicht bei dem Antragsteller lebendes volljähriges Kind vgl. BSG FamRZ 2008, 1068.
10 Mrozynski ZFSH/SGB 2004, 198, 207.

nicht gewährt.[11] Zur Anwendung des § 39 SGB XII im Rahmen der Hilfe zum Lebensunterhalt vgl. → Rn. 27.

Grundsicherung wird nicht gewährt, wenn der Antragsteller innerhalb der Letzten zehn Jahre seine **Bedürftigkeit** vorsätzlich oder grob fahrlässig **herbeigeführt** hat (§ 41 IV SGB XII). Dies kommt vor allem in Betracht, wenn er Vermögensgegenstände verschenkt hat. In einem solchen Fall hat der Betroffene ggf. Anspruch auf Hilfe zum Lebensunterhalt. Dann kann ggf. die Sozialhilfe nach § 26 SGB XII eingeschränkt werden; auch kommen Kostenersatzansprüche des Sozialhilfeträgers nach § 103 SGB XII in Betracht. 143

c) Umfang der Leistungen. Die Grundsicherung im Alter und bei Erwerbsminderung deckt den notwendigen Lebensbedarf, der außerhalb von Einrichtungen, also bei Aufenthalt in einer eigenen Wohnung oder in einer Wohnung von Verwandten entsteht oder entstehen würde. Daneben können sonstige **Hilfen nach dem 5. bis 9. Kapitel** des SGB XII gewährt werden, wie zB Eingliederungshilfe oder Hilfe zur Pflege, die ambulante Pflegeleistungen oder die Kosten des Aufenthalts in einer stationären Einrichtung abdecken. Für diese Leistungen gelten die Sondervorschriften für die Grundsicherung im Alter und bei Erwerbsminderung nicht. 144

Die Leistungen der Grundsicherung im Alter und bei Erwerbsminderung entsprechen weitgehend der Hilfe zum Lebensunterhalt. Nach § 42 S. 1 Nr. 1 SGB XII erhält der Antragsteller die sich aus der Anlage zu § 28 SGB XII ergebende **Regelbedarfsstufe** (vgl. → Rn. 50). Dies gilt auch dann, wenn der Haushaltsvorstand Arbeitslosengeld II bezieht, der Angehörige dagegen Leistungen der Grundsicherung im Alter und bei Erwerbsminderung (vgl. dazu → Rn. 137). Zusammenlebende Ehegatten (Lebenspartner) erhalten die Regelbedarfsstufe 2 (jeweils 90% der Regelbedarfsstufe 1) Der maßgebende Regelsatz für das volljährige leistungsberechtigte Kind, das bei seinen Eltern lebt, beträgt 100%, da es mit ihnen keine Einsatzgemeinschaft bildet und daher als alleinstehend behandelt wird (→ Rn. 141).

Bei Aufenthalt in einer stationären Einrichtung wurde in der Praxis der maßgebende Regelsatz auf 80% festgesetzt, da bei einem Heimaufenthalt kein eigener Haushalt geführt wird. Zur Höhe des Regelsatzes vgl. → Rn. 49 f. Neben dem maßgebenden Regelsatz werden nach § 42 Nr. 4 SGB XII Kosten der Unterkunft und Heizung gemäß § 35 SGB XII gewährt. Auch ist in besonderen Fällen entsprechend § 36 SGB XII die Übernahme von (Miet-)Schulden möglich. Bei Leistungen in einer stationären Einrichtung sind nach § 42 Nr. 4 SGB XII als Kosten für Unterkunft und Heizung Beträge in Höhe der durchschnittlichen angemessenen tatsächlichen Aufwendungen für die Warmmiete eines Einpersonenhaushaltes im Bereich des örtlich zuständigen Trägers der Sozialhilfe zugrunde zu legen.

Der Leistungsberechtigte hat ggf. Anspruch auf die Leistung wegen Mehrbedarfs nach § 30 SGB XII und Leistungen für einmalige Bedarfe im Umfang des § 31 SGB XII; ferner hat der Sozialhilfeträger ggf. Kranken- und Pflegeversicherungsbeiträge nach § 32 SGB XII zu tragen (§ 42 Nr. 2 SGB XII). Schließlich hat er nach der neuen Gesetzeslage auch Anspruch auf die (meisten) Bedarfe für Bildung und Teilhabe nach §§ 34, 34a SGB XII (§ 42 Nr. 3 SGB XII). Kann im Einzelfall ein von den Regelsätzen umfasster und nach den Umständen unabweisbar gebotener Bedarf auf keine andere Weise gedeckt werden, sollen auf Antrag hierfür notwendige Leistungen als Darlehen nach § 37 I SGB XII erbracht werden (§ 42 Nr. 5 SGB XII). Wegen der Einzelheiten der Hilfe zum Lebensunterhalt vgl. → Rn. 46 ff.

Neben diesen Leistungen scheidet in aller Regel eine ergänzende Hilfe zum Lebensunterhalt aus (§ 19 II 2 SGB XII), wenn der Berechtigte nicht in einer Einrichtung lebt, da dann die Hilfe zum Lebensunterhalt nicht über die Leistungen der Grundsicherung nach § 42 SGB XII hinausgehen wird. Allenfalls kommen in Ausnahmefällen ergänzende Leistungen nach § 33 SGB XII für die Alterssicherung oder ein angemessenes Sterbegeld in Betracht. 145

Hält sich der Leistungsberechtigte in einer **stationären Einrichtung** auf, sind als Kosten für Unterkunft und Heizung die durchschnittlichen angemessenen Aufwendungen

---

[11] BGH FamRZ 2007, 1158 (1160) mAnm Scholz = R 667.

für die Warmmiete eines Einpersonenhaushalts zu Grunde zu legen (§ 42 Nr. 4 SGB XII). Dem Leistungsberechtigten steht auch ein **Barbetrag** in Höhe von mindestens 27% der Regelbedarfsstufe 1 (§ 27b II SGB XII, vgl. dazu → Rn. 57). Der Barbetrag ist Teil der Grundsicherung im Alter und bei Erwerbsminderung, nicht dagegen Teil der Eingliederungshilfe oder der Hilfe zur Pflege. Der Anwendung des § 27b II SGB XII steht § 19 II 2 SGB XII nicht entgegen.[12] Denn diese Vorschrift schließt anders als zB § 5 II 1 SGB II Leistungen der Hilfe zum Lebensunterhalt nicht aus, sondern begründet nur einen **Vorrang der Grundsicherung** im Alter und bei Erwerbsminderung. Dieser greift jedoch nicht ein, wenn die §§ 41 ff. SGB XII eine bestimmte Leistung nicht vorsehen, die Teil der Hilfe zum Lebensunterhalt ist, diese Leistung aber auch nicht ausdrücklich aus dem Katalog der Grundsicherung ausnehmen.[13]

3. Bewilligungszeitraum

146 Die Grundsicherung im Alter und bei Erwerbsminderung wird auf Antrag in der Regel für zwölf Monate bewilligt (§ 44 I 1 SGB XII). Ist der Bescheid zu Unrecht erlassen worden, kann er als begünstigender Verwaltungsakt nur unter Beachtung des Vertrauensschutzes, den der Leistungsempfänger genießt, zurückgenommen werden (§ 45 SGB X). Für die Vergangenheit ist die Rücknahme nur bei unlauterem Verhalten des Empfängers zulässig (§ 45 IV SGB X).

II. Das Verhältnis von Unterhaltsansprüchen zur Grundsicherung im Alter und bei Erwerbsminderung

1. Überblick

147 Nach § 2 I GSiG waren Unterhaltsansprüche des Antragstellers gegen seine Eltern bzw. Kinder nicht als Einkommen zu berücksichtigen. Demgemäß sah das Gesetz keinen Übergang dieser Unterhaltsansprüche vor. Dagegen waren Einkommen und Vermögen des nicht getrennt lebenden Ehegatten und des Partners einer eheähnlichen Gemeinschaft anzurechnen, soweit sie dessen eigenen (fiktiven) Grundsicherungsbedarf und die maßgeblichen Einkommensgrenzen der §§ 76 bis 88 BSHG überstiegen. Zu getrennt lebenden oder geschiedenen Ehegatten sagte das GSiG nichts. Da der Unterhaltsanspruch gegen den Ehegatten Bestandteil des einzusetzenden Vermögens war, schloss bereits das Bestehen eines solchen Anspruchs die Gewährung von Grundsicherung aus. Es musste daher zunächst geklärt werden, ob der Ehegatte Unterhalt schuldete. Bis zum Abschluss dieser Prüfung wurde Sozialhilfe in der Form der Hilfe zum Lebensunterhalt gewährt.[14] Dies führte nach § 91 BSHG zum Anspruchsübergang, wenn und soweit ein Unterhaltsanspruch bestand. Wurde gleichwohl zu Unrecht Grundsicherung im Alter und bei Erwerbsminderung gewährt, ging der Unterhaltsanspruch schon deshalb nicht auf den Träger der Grundsicherung über, weil § 91 BSHG im Rahmen des GSiG nicht anwendbar war.

148 Nach Aufhebung des GSiG und Überführung der Grundsicherung im Alter und bei Erwerbsminderung in das Sozialhilferecht sind die Vorschriften des SGB XII grundsätzlich auch auf die Grundsicherung anzuwenden (vgl. → Rn. 136). Daher gilt auch hier der Grundsatz, dass Einkommen und Vermögen der Mitglieder der Bedarfsgemeinschaft zu berücksichtigen sind. Vgl. dazu → Rn. 149. Ferner ist **§ 94 SGB XII** heranzuziehen. Jedoch bestimmt § 94 I 3 Halbsatz 2 SGB XII, dass der Übergang eines Unterhalts-

---

[12] So offenbar auch Mrozynski ZSFH/SGB 2004, 198 (209).
[13] Vgl. Fichtner/Wenzel § 35 SGB XII Rn. 7; anders wohl Grube in Grube/Wahrendorf § 19 Rn. 27, der von einer scharfen Abgrenzung von Hilfe zum Lebensunterhalt und Grundsicherung im Alter und bei Erwerbsminderung ausgeht; ähnlich auch Schellhorn SGB XII § 42 Rn. 18.
[14] Klinkhammer FamRZ 2002, 997 (1000).

anspruchs des Leistungsberechtigten gegenüber Eltern und Kindern ausgeschlossen ist. Deshalb gehen weder Unterhaltsansprüche des betagten Elternteils gegen seine wirtschaftlich selbständigen Kinder noch Ansprüche des volljährigen leistungsberechtigten Kindes gegen seine Eltern auf den Sozialhilfeträger über. Anders ist es jedoch beim Unterhaltsanspruch des Leistungsberechtigten gegen seinen getrennt lebenden oder geschiedenen Ehegatten (Lebenspartner) sowie beim Unterhalt des betreuenden Elternteils nach § 1615l BGB. Insoweit findet nach § 94 I 1 SGB XII ein Anspruchsübergang statt. Dies ergibt sich einmal im Umkehrschluss aus § 94 I 3 Halbsatz 2 SGB XII, zum anderen mittelbar aus § 94 I 6 SGB XII (aF). Im Rahmen der Grundsicherung im Alter und bei Erwerbsminderung ist daher scharf zwischen dem **Ehegattenunterhalt,** dem Unterhalt zwischen Lebenspartnern und nach § 1615l BGB **einerseits** (→ Rn. 152 ff.) und dem **Verwandtenunterhalt andererseits** (→ Rn. 154 ff., 167 ff.) zu unterscheiden.

2. Einsatzgemeinschaft

Zur Einsatzgemeinschaft des Leistungsberechtigten gehören der nicht getrennt lebende Ehegatte (Lebenspartner) und der Partner einer ehe- oder lebenspartnerschaftsähnlichen Gemeinschaft (§ 43 I SGB XII). Die nach der vorausgegangenen Gesetzesfassung zweifelhafte Frage, ob die lebenspartnerschaftsähnliche Gemeinschaft darunter fällt (vgl. die 8. Auflage), ist durch die Neufassung im Sinne der hier von Scholz vertretenen Auffassung geklärt. **149**

Einkommen und Vermögen des Personenkreises der Einsatzgemeinschaft werden bereits bei der Prüfung der Bedürftigkeit berücksichtigt. Sie werden, soweit sie den eigenen fiktiven Bedarf des Partners nach dem SGB XII übersteigen, auf die Grundsicherungsleistungen angerechnet. Vgl. → Rn. 141.

Der Umfang des Einsatzes von Einkommen und Vermögen ergibt sich aus §§ 82 bis 84, 90, 91 SGB XII. Vgl. dazu → Rn. 29 ff. Auf die Leistungsfähigkeit des Partners nach Unterhaltsrecht kommt es nicht an,[15] dies schon deshalb nicht, weil zwischen den Partnern einer ehe- oder lebenspartnerschaftsähnlichen Gemeinschaft Unterhaltsansprüche nicht bestehen. Muss der Sozialhilfeträger Leistungen der Grundsicherung erbringen, weil der andere Teil der Einsatzgemeinschaft das einzusetzende Einkommen oder Vermögen nicht zur Verfügung stellt oder weil er derzeit nicht liquide ist, kann er diesen durch Verwaltungsakt auf Ersatz der Aufwendungen in Anspruch nehmen. Der Übergang des zivilrechtlichen Unterhaltsanspruchs, zB auf Familienunterhalt, wird durch § 94 I 3 Halbsatz 1 erste Alternative SGB XII ausgeschlossen, wobei die Verweisung auf § 19 aufgrund eines Redaktionsversehens auf die Einsatzgemeinschaft nach § 27 II SGB XII zu beziehen ist. Vgl. → Rn. 68. **150**

Das Einkommen und Vermögen der **Eltern** oder wirtschaftlich selbständiger **Kinder** des Leistungsberechtigten wird nicht angerechnet, da sie auch bei tatsächlichem Zusammenleben keine Einsatzgemeinschaft im Sinne der §§ 27 II, 43 I SGB XII bilden. **151**

3. Unterhalt zwischen getrennt lebenden oder geschiedenen Ehegatten (Lebenspartnern); Betreuungsunterhalt nach § 1615l BGB

Bei diesen Unterhaltsansprüchen gelten die allgemeinen Grundsätze des Sozialhilferechts. Geleisteter Unterhalt ist Einkommen; dasselbe gilt, wenn die Zahlung noch nicht erfolgt ist, mit der Erfüllung des Unterhaltsanspruchs aber alsbald zu rechnen ist, da dann bereite Mittel zur Deckung des Bedarfs zur Verfügung stehen (→ Rn. 7).[16] Wird Unterhalt nicht geleistet, kann anders als nach dem GSiG seit dem 1.1.2005 Grundsicherung im Alter und bei Erwerbsminderung bewilligt werden. Dann **geht der Unterhaltsanspruch** des Leistungsberechtigten gegen den Schuldner, sei es gegen den unterhaltspflichtigen Ehegatten, sei es gegen den Lebenspartner oder den nicht betreuenden Elternteil (§ 1615l BGB), **152**

---

[15] Schellhorn SGB XII § 43 Rn. 5.
[16] Günther FPR 2005, 461 (462).

nach § 94 I 1 SGB XII auf den Sozialhilfeträger **über,** da die Grundsicherung eine besondere Form der Sozialhilfe geworden ist und der Ausschluss des Anspruchsübergangs nach § 94 I 3 Halbsatz 2 SGB XII sich nur auf den Kindes- und den Elternunterhalt bezieht.[17] Vgl. → Rn. 136, 148. Wegen der Einzelheiten des Anspruchsübergangs kann auf → Rn. 62 bis 134 verwiesen werden.

153 Ansprüche auf Grundsicherung im Alter und bei Erwerbsminderung stellen **beim Ehegattenunterhalt** – anders als beim Verwandtenunterhalt (→ Rn. 154 ff., 167) – **kein Einkommen** im Sinne des Unterhaltsrechts dar, da die Grundsicherung subsidiär ist (§§ 2 I, 19 II 1, 41 I SGB XII) und Unterhaltsansprüche auf den Sozialhilfeträger übergehen. Der unterhaltspflichtige Ehegatte kann daher seinen Partner nicht auf die Inanspruchnahme von Grundsicherung verweisen. Dasselbe gilt für den Lebenspartner und den nicht betreuenden Elternteil. Jedoch kann ergänzende Grundsicherung gewährt werden, wenn der Unterhalt nicht ausreicht, um den Bedarf des Ehegatten nach § 42 SGB XII zu decken.[18] Vgl. dazu auch → § 1 Rn. 706.

4. Elternunterhalt

154 **a) Privilegierung der Kinder.** Der Gesetzgeber wollte durch die Einführung der Grundsicherung im Alter und bei Erwerbsminderung den Eltern eine eigenständige Grundversorgung verschaffen, die ihr Existenzminimum auch ohne Inanspruchnahme ihrer unterhaltspflichtigen Kinder sichert. Daher sollen die Kinder von einem Rückgriff des Sozialamts weitgehend verschont werden. Schon § 2 I 3 GSiG sah deshalb vor, dass Unterhaltsansprüche eines Elternteils gegen seine Kinder unberücksichtigt bleiben, wenn deren Einkommen im Sinne des § 16 SGB IV **unter 100 000 EUR** liegt. Diese Vorschrift ist ohne sachliche Änderung als § 43 III 1 in das SGB XII übernommen worden.

Einkommen im Sinne des § 16 SGB IV ist die Summe der Einkünfte im Sinne des Einkommensteuerrechts (§ 2 I EStG). Dies ist bei Einkünften aus Land- und Forstwirtschaft, Gewerbebetrieb, selbständiger Arbeit der Gewinn, bei anderen Einkunftsarten, insbesondere bei Einkünften aus nicht selbständiger Arbeit der Überschuss der Einnahmen über die Werbungskosten (§ 2 II EStG). Sonderausgaben und außergewöhnliche Belastungen mindern das hier interessierende Einkommen ebenso wenig wie Einkommen-, Lohn-, Kirchensteuer sowie der Solidaritätszuschlag (vgl. § 2 IV EStG). Das nach § 43 III 1 SGB XII maßgebende Einkommen deckt sich also weder mit dem steuerpflichtigen Einkommen (§ 2 IV EStG), dem Einkommen nach Unterhaltsrecht (→ § 1 Rn. 1 ff.) noch mit dem Einkommen im Sinne des Sozialrechts (§§ 82 ff. SGB XII, §§ 11 ff. SGB II; dazu → Rn. 30 ff., 192 ff.). Dies trägt nicht gerade zur Rechtsklarheit bei.

155 Auf **Vermögen** des Kindes kommt es nach § 43 III SGB XII nicht an. Jedoch sind die Erträge, die das Vermögen abwirft, als Einkommen zu berücksichtigen.[19]

156 § 43 III 1 SGB XII stellt allein auf die Einkommensgrenze von 100 000 EUR ab. Es kommt nicht darauf an, ob das Kind dem bedürftigen Elternteil unterhaltspflichtig, insbesondere nicht darauf, ob es leistungsfähig ist. So kürzen weder vorrangige Unterhaltspflichten gegenüber dem Ehegatten oder gegenüber volljährigen und minderjährigen Kindern noch anzuerkennende Schulden das hier maßgebende Einkommen. Dies stellt eine Benachteiligung des Unterhaltsschuldners gegenüber dem Pflichtigen dar, der nicht in dieser Weise belastet ist, was insbesondere bei Geschwistern deutlich wird. Zu den sich daraus ergebenden Bedenken → Rn. 160.

157 Nach § 43 III 2 SGB XII wird **vermutet,** dass das Einkommen des Kindes unter 100 000 EUR liegt. Der Sozialhilfeträger kann vom Elternteil Angaben verlangen, die Rückschlüsse auf das Einkommen des Kindes zulassen (§ 43 III 3 SGB XII). Dem wird der Elternteil in der Regel schon dadurch genügen, dass er den Beruf des Kindes

---

[17] OLG Hamm FamRZ 2006, 125; Mrozynski ZFSH/SGB 2004, 198 (211).
[18] Günther FPR 2005, 461 (462).
[19] BGH FamRZ 2006, 1511 (1515) = R 658 f.

3. Abschnitt: Grundsicherung im Alter und bei Erwerbsminderung und Unterhalt § 8

angibt.[20] Erst wenn hinreichende Anhaltspunkte für ein Überschreiten der Einkommensgrenze vorliegen, ist das Kind zur Auskunft verpflichtet (§ 42 III 4 SGB XII). Damit wird die allgemeine Auskunftspflicht des § 117 SGB XII (dazu → Rn. 66) erheblich eingeschränkt.

Liegt das Einkommen des Kindes unter 100 000 EUR, bleibt es bei der Bemessung der Grundsicherung außer Betracht (§ 43 III 1 SGB XII). Der bedürftige Elternteil erhält Grundsicherung, wenn die sonstigen gesetzlichen Voraussetzungen vorliegen. In Höhe der gewährten Grundsicherung besteht kein Unterhaltsanspruch gegen das Kind. Im Gegenteil ist sie auf den Unterhaltsbedarf anzurechnen (vgl. dazu → Rn. 161).[21] Zudem stellt § 94 I 3 Halbsatz 2 SGB XII ausdrücklich klar, dass der Unterhaltsanspruch des Elternteils gegen das Kind **nicht** auf den Sozialhilfeträger **übergeht.** **158**

Ist die Vermutung des § 43 III 2 SGB XII widerlegt und beträgt das Einkommen des Kindes **mindestens 100 000 EUR,** besteht kein Anspruch auf Grundsicherung (§ 43 III 6 SGB XII). Der Gesetzgeber ist offenbar davon ausgegangen, dass dann der Bedarf des hilfebedürftigen Elternteils in aller Regel durch den Unterhalt, den das volljährige Kind zu leisten hat, gedeckt wird. Dies wird vom Sozialamt aber nicht geprüft. Jedoch kann das Kind auch bei einem Einkommen von 100 000 EUR und mehr mangels Leistungsfähigkeit ganz oder teilweise nicht zum Unterhalt verpflichtet sein, da Steuern, Sozialversicherungsbeiträge, zusätzliche Altersvorsorge und vorrangige Unterhaltsansprüche seines Ehegatten und seiner Kinder von seinem Einkommen abzuziehen sind. Dem bedürftigen Elternteil kann dann Sozialhilfe, insbesondere Hilfe zum Lebensunterhalt, nach den allgemeinen Vorschriften gewährt werden.[22] Soweit ein Unterhaltsanspruch besteht, geht dieser nach § 94 I 1 SGB XII auf den Sozialhilfeträger über. § 94 I 3 SGB XII greift nicht ein, weil keine Grundsicherung im Alter und bei Erwerbsminderung, sondern Sozialhilfe gewährt wird. Vor einer übermäßigen Inanspruchnahme wird das Kind in der Regel nur durch das Unterhaltsrecht geschützt, insbesondere durch die Rechtsprechung des BGH zur Leistungsfähigkeit beim Elternunterhalt.[23] Vgl. dazu → Rn. 102 ff. Zur Problematik vgl. → Rn. 160. **159**

Bei **mehreren Kindern** kommt jedem die Einkommensgrenze von 100 000 EUR zugute. Die Einkünfte der Kinder werden nicht zusammengerechnet. Beträgt das Einkommen eines Kindes mindestens 100 000 EUR, erreicht dasjenige der weiteren Kinder jeweils diesen Betrag dagegen nicht, ist Grundsicherung ausgeschlossen (§ 43 III 6 SGB XII).[24] Zahlen die Kinder gleichwohl keinen Unterhalt, ist Hilfe zum Lebensunterhalt zu gewähren.[25] In deren Höhe gehen nach dem Wortlaut des § 94 I SGB XII die Unterhaltsansprüche des bedürftigen Elternteils gegen seine Kinder auf den Sozialhilfeträger über.[26] § 94 I 3 Halbsatz 2 SGB XII ist nicht anwendbar. Dies würde dazu führen, dass auch das privilegierte Kind, dessen Einkommen 100 000 EUR nicht erreicht, entgegen § 43 III 1 SGB XII zum Unterhalt herangezogen wird. Die jeweiligen Haftungsanteile der Kinder ergeben sich dann aus § 1606 III 1 BGB. Es kommt darauf an, über welches unterhaltsrechtliche Einkommen das jeweilige Kind unter Berücksichtigung seiner vorrangigen Unterhaltspflichten und anzuerkennender Schulden verfügt. Dabei kann es sogar zu dem Ergebnis kommen, dass ein Kind, das über ein Bruttoeinkommen von mindestens 100 000 EUR verfügt, unterhaltsrechtlich ein bereinigtes Einkommen hat, das deutlich unter demjenigen eines anderen Kindes liegt, dessen Einkommen im Sinne des § 43 III 1 SGB XII und des § 16 SGB IV die Grenze von 100 000 EUR nicht erreicht. **160**

---

[20] Wahrendorf in Grube/Wahrendorf SGB XII § 43 Rn. 18.
[21] BGH FamRZ 2007, 1158 mAnm Scholz = R 667a; BSG FamRZ 2008, 51 (54).
[22] Schellhorn SGB XII § 43 Rn. 15; nach Günther FPR 2005, 461 (463) ist dann Grundsicherung im Alter und bei Erwerbsminderung zu gewähren.
[23] FamRZ 2002, 1698 (1701); 2003, 1179 (1182), jeweils mAnm Klinkhammer.
[24] Vgl. BSG FamRZ 2014, 385; BGH FamRZ 2015, 1467 Rn. 19;. Klinkhammer FamRZ 2003, 1793 (1796); Münder NJW 2002, 3661 (3663); Günther FPR 2005, 461 (463).
[25] Vgl. BGH FamRZ 2015, 1467.
[26] So Günther FPR 2005, 461 (464).

Das erscheint in zweifacher Hinsicht widersprüchlich.[27] Zum einen wird das unter der Einkommensgrenze von 100 000 EUR liegende Kind nur deshalb zum Unterhalt herangezogen, weil das andere Kind darüber liegt. Als Einzelkind könnte das unter der Einkommensgrenze liegende Kind vom Sozialhilfeträger nicht auf Unterhalt in Anspruch genommen werden. Zum anderen nimmt die Einkommensgrenze von 100 000 EUR auf vorrangige Unterhaltspflichten keine Rücksicht, obwohl diese die Leistungsfähigkeit so weit mindern, dass das über der Einkommensgrenze liegende Kind schlechter stehen kann als das von § 43 II 2 SGB XII privilegierte Kind.

An dieser Stelle ist vorgeschlagen worden, das erstgenannte Problem dadurch zu lösen, dass ein Rückgriff gegen das privilegierte Kind nicht zulässig ist. Dieses darf nicht schlechter stehen, als wenn es alleine zum Unterhalt verpflichtet wäre. Dann aber hätte der bedürftige Elternteil einen Anspruch auf Grundsicherung im Alter, durch die sein Unterhaltsbedarf gedeckt wäre. Dass das privilegierte Kind einen – nach dem steuerrechtlichen Bruttobetrag – besser verdienenden Bruder hat, darf ihm nicht zum Nachteil gereichen. Auf der anderen Seite darf dieser nicht schlechter stehen, als wenn das – unterhaltsrechtlich mitunter leistungsfähigere – andere Kind anteilig auf den Unterhalt haften würde. Dem lässt sich – entsprechend den Grundsätzen zum gestörten Gesamtschuldnerausgleich[28] – Rechnung tragen, indem das nicht privilegierte Kind nur soweit haftet, als es im Verhältnis zu dem weiteren Kind nach § 1606 III 1 BGB leistungsfähig wäre. Im Übrigen ist die dem Elternteil gewährte Sozialhilfe bedarfsdeckend anzurechnen. Der **BGH**[29] ist auf anderem Weg zu einem ähnlichen Ergebnis gelangt: Erhält der Unterhaltsberechtigte nachrangige Hilfe zum Lebensunterhalt und haften mehrere unterhaltspflichtige Kinder gemäß § 1606 III 1 BGB anteilig für den Elternunterhalt, stellt der gesetzliche Übergang des Unterhaltsanspruchs auf den Sozialhilfeträger für ein privilegiertes Kind mit einem unter 100.000 EUR liegenden steuerlichen Gesamteinkommen eine **unbillige Härte** im Sinne von § 94 III 1 Nr. 2 SGB XII dar, wenn und soweit dieses Kind den unterhaltsberechtigten Elternteil nur wegen des Vorhandenseins nicht privilegierter Geschwister nicht auf die bedarfsdeckende Inanspruchnahme von Grundsicherungsleistungen verweisen kann.[30] In diesem Fall kann das privilegierte Kind der Geltendmachung des Unterhaltsanspruchs durch den unterhaltsberechtigten Elternteil den Einwand der **unzulässigen Rechtsausübung** (§ 242 BGB) entgegenhalten, und zwar sowohl wegen vergangener als auch wegen zukünftiger Unterhaltszeiträume.[31] Das weitere Problem liegt in dem – zu – grob gewählten gesetzlichen Maßstab. Dieser verweist den Leistungsberechtigten zwar auf einen Unterhaltsanspruch, ohne aber dessen Wertungen zu beachten. Er setzt zudem voraus, dass der Bedarf des Leistungsberechtigten bei einem gewissen Bruttoeinkommen des Unterhaltspflichtigen durch den Unterhalt gedeckt ist. Da es sich indessen insoweit um eine bewusste gesetzliche Entscheidung handelt, die gegenüber dem GSiG durch § 43 III 6 SGB XII sogar noch unterstrichen worden ist, scheint eine Korrektur im Wege der (verfassungskonformen) Auslegung nicht möglich. Denn das Überschreiten der Einkommensgrenze schließt den Sozialleistungsanspruch selbst dann aus, wenn das unterhaltspflichtige Kind unterhaltsrechtlich nicht oder nur eingeschränkt leistungsfähig ist, wenn es etwa trotz hohen Einkommens überschuldet ist. Ob aus einer potenziell ungerechten Regelung bereits die Verfassungswidrigkeit wegen des Verstoßes gegen den Gleichheitssatz des Art. 3 I GG folgt,[32] soll hier offen bleiben.

161 **b) Verhältnis der Grundsicherung zum Elternunterhalt.** Die Grundsicherung ist subsidiär (§ 2 I SGB XII). Dies bedeutet, dass sie nur gewährt wird, wenn der leistungsberechtigte Elternteil sich nicht selbst helfen kann, insbesondere seinen Lebensunterhalt nicht durch Einkommen oder Vermögen decken kann (§§ 19 II, 41 II SGB XII). Der

---

[27] Scholz hat daher in der 7. Aufl. verfassungsrechtliche Bedenken angemeldet; vgl. auch Klinkhammer FamRZ 2003, 1793 (1796, 1799).
[28] Vgl. Klinkhammer in Eschenbruch/Klinkhammer Unterhaltsprozess 5. Auflage Kap. 2 Rn. 45.
[29] BGH FamRZ 2015, 1467.
[30] BGH FamRZ 2015, 1467 Rn. 32.
[31] BGH FamRZ 2015, 1467 Rn. 46.
[32] So Scholz in der 7. Auflage.

Subsidiaritätsgrundsatz ist aber bei der Grundsicherung im Alter und bei Erwerbsminderung dahin **eingeschränkt**, dass Unterhaltsansprüche der Eltern gegen die Kinder (und umgekehrt; vgl. dazu → Rn. 167) unberücksichtigt bleiben, wenn deren Einkommen im Sinne des § 16 SGB IV unter 100 000 EUR liegt (§ 43 II 1 SGB XII; vgl. → Rn. 154). Ein Übergang des Unterhaltsanspruchs auf den Sozialhilfeträger wird durch § 94 I 3 HS 2 SGB XII ausdrücklich ausgeschlossen. Der Sozialhilfeträger darf den hilfebedürftigen Elternteil nicht auf die Geltendmachung von Unterhaltsansprüchen gegen sein Kind verweisen. Die Grundsicherung muss vielmehr unabhängig von dem Unterhaltsanspruch des Elternteils bewilligt werden. Zu Recht weist der BGH[33] darauf hin, dass die Grundsicherung eine eigenständige soziale Sicherung ist, die den grundlegenden Bedarf sicherstellt. Sie ist **beim Elternunterhalt bedarfsdeckendes Einkommen** (im Sinne des Unterhaltsrechts), und zwar ohne Rücksicht darauf, ob sie zu Recht oder zu Unrecht gewährt wird.[34] Dies war nach Inkrafttreten des GSiG herrschende Meinung, da durch das Gesetz für Eltern eine Grundsicherung geschaffen werden sollte, die die Geltendmachung von Unterhaltsansprüchen weitgehend erübrigte.[35] Daran hat sich durch die Überführung des GSiG in das SGB XII nichts geändert. § 43 III 1 SGB XII stellt wie § 2 I 3 GSiG weiterhin klar, dass Unterhaltsansprüche gegen Kinder bei der Grundsicherung grundsätzlich nicht berücksichtigt werden. Deshalb schließt Grundsicherung in ihrer bewilligten Höhe die Geltendmachung von Elternunterhalt aus. Könnte der Elternteil auch Unterhalt in Höhe der gewährten Grundsicherung verlangen, wäre sein Bedarf doppelt gedeckt. Dies kann nicht im Sinne des Gesetzgebers liegen. Der bedürftige Elternteil ist daher gehalten, Grundsicherung in Anspruch zu nehmen. Den Unterhaltsberechtigten trifft eine entsprechende **Obliegenheit zur Beantragung der Grundsicherung**.[36] Weigert er sich, einen entsprechenden Antrag zu stellen, ist die ihm zustehende Grundsicherung als **fiktives Einkommen** auf den Unterhaltsanspruch anzurechnen,[37] allerdings nur dann, wenn dem Bedürftigen ein Obliegenheitsverstoß zur Last fällt, nicht aber, wenn trotz rechtzeitiger Antragstellung Grundsicherung nicht gewährt wird und Rechtsmittel bislang ohne Erfolg geblieben sind.[38] Erst wenn das Einkommen des unterhaltspflichtigen Kindes mindestens 100 000 EUR beträgt, ist Grundsicherung zu versagen. Dann ist der bedürftige Elternteil allein auf den Unterhaltsanspruch gegen dieses Kind angewiesen.

Probleme entstehen, wenn ein Kind einen Elternteil durch **freiwillige Unterhaltszahlungen** unterstützt und dieser daraufhin Grundsicherung beantragt. Die Unterhaltszahlungen sind dann sog. bereite Mittel (→ Rn. 7), die nach dem Bedarfsdeckungsprinzip die Gewährung von Grundsicherung ausschließen, weil es der Hilfe der öffentlichen Hand nicht bedarf.[39] Dies gilt zunächst für bereits geleisteten Unterhalt. Auch für die Zukunft kann das Sozialamt zunächst davon ausgehen, dass das Kind seine Unterstützung fortsetzt. Jedoch steht es dem Kind frei, seine Zahlungen jederzeit einzustellen und den Elternteil aufzufordern, die Grundsicherung im Alter und bei Erwerbsminderung in Anspruch zu nehmen.[40] Vgl. dazu → Rn. 161. Das Kind sollte klarstellen, dass es weitere Unterhaltsleistungen nur unter Vorbehalt anstelle des Sozialhilfeträgers erbringt.[41] Der Elternteil macht sich nicht im Sinne des § 41 III SGB XII vorsätzlich oder grob fahrlässig bedürftig (vgl. → Rn. 143), wenn er sein Kind auf die Möglichkeit der Grundsicherung und die sich daraus ergebende Entbehrlichkeit der Unterhaltszahlungen hinweist, da er im Verhältnis zu

---

[33] FamRZ 2006, 1511 (1515) = R 658f mAnm Klinkhammer.
[34] BGH FamRZ 2007, 1158 = R 667a mAnm Scholz; BSG FamRZ 2008, 51 (54); Leitlinien der Oberlandesgerichte 2.9.
[35] OLG Oldenburg FamRZ 2004, 295.
[36] BGH FamRZ 2015, 1467 Rn. 11.
[37] Scholz FamRZ 2007, 1160; vgl. auch zum GSiG Münder NJW 2002, 3661 (3663); OLG Hamm FamRZ 2004, 1807; OLG Nürnberg FamRZ 2004, 1988.
[38] Insoweit zu Recht OLG Nürnberg FamRZ 2004, 1988 (zum GSiG; in anderen Punkten vom BGH FamRZ 2007, 1158 = R 667 mAnm Scholz aufgehoben); vgl. auch OLG Hamm NJW 2004, 1604.
[39] BGH FamRZ 2007, 1158 (1160) mAnm Scholz = R 667b.
[40] OLG Brandenburg BeckRS 9998, 52008.
[41] Vgl. BVerwGE 96, 152; BVerwG NJW 2005, 2874; LSG NRW 2006, 1566.

seinem Kind zur Beantragung der Grundsicherung verpflichtet ist (→ Rn. 161) und er nur von einem ihm zustehenden Recht gegen den Sozialhilfeträger Gebrauch macht.

163 Ist das Kind zur Zahlung von Elternunterhalt rechtskräftig verurteilt (verpflichtet) worden, kann es einen **Abänderungsantrag** stellen, wenn der berechtigte Elternteil nach der Letzten mündlichen Verhandlung einen Anspruch auf Grundsicherung im Alter und bei Erwerbsminderung erworben hat, zB durch Vollendung des 65. Lebensjahres.[42] Das Kind sollte die Einstellung der Zwangsvollstreckung beantragen, um zu verhindern, dass weitere Zahlungen vom Sozialamt als bedarfsdeckendes Einkommen vereinnahmt werden.

164 **Übersteigt der Unterhaltsbedarf** die bewilligte Grundsicherung, schuldet das Kind bei entsprechender Leistungsfähigkeit die Differenz als Unterhalt. Dieser ist kein Einkommen, das auf die Grundsicherung angerechnet werden könnte, da andernfalls der bedürftige Elternteil nicht über einen Geldbetrag verfügen würde, der dem geschuldeten Unterhalt entspricht.[43]

Dieses Ergebnis folgt mE aus § 43 III 1 SGB XII. Nach dieser Bestimmung bleibt der Unterhaltsanspruch gegen das Kind grundsätzlich unberücksichtigt; er wird also nicht auf die Grundsicherung angerechnet. Dies muss erst recht für den Anspruch auf Unterhalt gelten, der den Grundsicherungsbedarf übersteigt. Er beeinflusst deshalb die Höhe der Grundsicherung nicht. Dabei verbleibt es auch, wenn der die Grundsicherung übersteigende Unterhalt tatsächlich gezahlt wird.[44] Das **BSG** hat daher entschieden, dass es insoweit an der Zweckidentität von Grundsicherung und Unterhalt fehlt, was eine Anrechnung der Unterhaltszahlungen ausschließt.[45]

165 Das unterhaltspflichtige Kind wird durch die Grundsicherung im Alter und bei Erwerbsminderung vor allem dann entlastet, wenn der bedürftige Elternteil noch in seiner eigenen Wohnung lebt.

166 **c) Sonstige Hilfen neben der Grundsicherung im Alter und bei Erwerbsminderung.** Bei entsprechendem Bedarf des Leistungsberechtigten, zB bei Aufenthalt in einem Pflegeheim, können sonstige Hilfen nach dem 5. bis 9. Kapitel des SGB XII, vor allem Eingliederungshilfe und Hilfe zur Pflege, gewährt werden (→ Rn. 145). In einem solchen Fall greift der Ausschluss des Anspruchsübergangs nach § 94 I 3 Halbsatz 2 SGB XII nur ein, soweit Leistungen der Grundsicherung erbracht werden. Im Übrigen geht der Unterhaltsanspruch des Elternteils gegen das Kind bis zur Höhe der sonstigen Hilfen nach § 94 I 1 SGB XII auf den Sozialhilfeträger über. Der sonstige Hilfebedarf ist vielfach so hoch, dass sich der Ausschluss des Anspruchsübergangs in Höhe der Grundsicherung nach § 94 I 3 Halbsatz 2 SGB XII finanziell nicht zugunsten des unterhaltspflichtigen Kindes auswirkt. Vielmehr wird es vor einer übermäßigen Inanspruchnahme nur durch die Vorschriften des Unterhaltsrechts über die Leistungsfähigkeit beim Elternunterhalt geschützt.[46] Vgl. D I der Düsseldorfer Tabelle Stand: 1.1.2015.

5. Unterhalt volljähriger Kinder

167 Bei der Grundsicherung, die auf Dauer erwerbsunfähige volljährige Kinder erhalten können, bleiben Unterhaltsansprüche gegen ihre Eltern unberücksichtigt, wenn deren Einkommen unter 100 000 EUR brutto liegt (§ 43 III 1 SGB XII). Während die Sozialhilfeträger anscheinend davon ausgingen, dass darunter das Gesamteinkommen beider Eltern zu verstehen sei, war das Schrifttum der Meinung, dass jedem Elternteil die Einkommensgrenze von 100 000 EUR zugute kommt.[47] In diesem Sinne hat auch das **BSG**[48]

---

[42] Günther FF 2003, 10 (14).
[43] OLG Brandenburg FPR 2004, 474 (LS); Mrozynski ZFSH/SGB 2004, 198 (211); anders noch mein Problemaufriss FamRZ 2003, 1793 (1799).
[44] Vgl. Fichtner/Wenzel § 43 SGB XII Rn. 17 mwN.
[45] BSG FamRZ 2008, 51 (54).
[46] BGH FamRZ 2002, 1698 mAnm Klinkhammer.
[47] Wahrendorf in Grube/Wahrendorf SGB XII § 43 Rn. 17; Mrozynski ZFSH/SGB 2004, 198 (210).
[48] BSG FamRZ 2014, 385.

entschieden. Es lässt sich nicht vertreten, bei den Kindern auf das Einkommen jedes einzelnen abzustellen (→ Rn. 160), bei den Eltern aber ihr Einkommen zusammenzurechnen, zumal da diese weder verheiratet sein noch in einem Haushalt zusammenleben müssen. Ist die Einkommensgrenze von 100 000 EUR nicht überschritten, wird der Unterhaltsbedarf eines voll erwerbsgeminderten volljährigen Kindes vorrangig durch die Grundsicherung im Alter und bei Erwerbsminderung gedeckt, die als Einkommen im Sinne des Unterhaltsrechts gilt und in ihrem Umfang die Unterhaltspflicht der Eltern zum Erlöschen bringt.[49] Dies beruht auf der rechtspolitischen Wertung, dass für den Lebensunterhalt eines solchen Kindes in erster Linie die staatliche Gemeinschaft aufzukommen hat. Der Begriff des Gesamteinkommens bedeutet daher nicht die Zusammenrechnung des Einkommens mehrerer Kinder.[50]

Auf das Vermögen der Eltern kommt es wie beim unterhaltspflichtigen Kind nicht an (→ Rn. 155).

168 Beim Unterhalt volljähriger Kinder stellen sich im Wesentlichen die Probleme, die bereits beim Elternunterhalt behandelt worden sind. Darauf kann verwiesen werden (→ Rn. 154 ff.). Zum Kindergeld als Einkommen des leistungsberechtigten Kindes vgl. → Rn. 141.

169 Bezieht ein volljähriges Kind Grundsicherung im Alter und bei Erwerbsminderung, scheidet insoweit ein Anspruchsübergang nach § 94 I 3 Halbsatz 2 SGB XII aus. Jedoch kommt ein Anspruchsübergang in Betracht, wenn dem Kind Eingliederungshilfe oder Hilfe zur Pflege gewährt wird. Der Anspruchsübergang ist aber auf monatlich 26 EUR beschränkt (§ 94 II 1 SGB XII; vgl. → Rn. 86). Wird die Einkommensgrenze von 100 000 EUR bei einem Elternteil überschritten, gleichwohl aber kein Unterhalt gezahlt, erhält das volljährige Kind Hilfe zum Lebensunterhalt; der Anspruchsübergang ist dann nach § 94 II 1 SGB XII auf 20 EUR monatlich beschränkt; wegen etwa gewährter Eingliederungshilfe oder Hilfe zur Pflege verbleibt es beim Übergang des Unterhaltsanspruchs in Höhe von (weiteren) 26 EUR (zur Fortschreibung der Beträge → Rn. 86).

6. Unterhalt zwischen Verwandten zweiten Grades

170 Vor dem 1.1.2005 wurde überwiegend die Auffassung vertreten, dass § 2 I 3 GSiG analog auf die Unterhaltsansprüche zwischen Verwandten zweiten Grades anzuwenden sei.[51] Es ist nicht ersichtlich, dass sich durch die Überführung der Grundsicherung im Alter und bei Erwerbsminderung in das SGB XII daran etwas geändert hat. Die Nichterwähnung der Verwandten zweiten Grades in § 2 I 3 GSiG bzw. in § 43 III 1 SGB XII ist ein offenbares Versehen des Gesetzgebers, das korrigiert werden muss. Die Auffassung von Wahrendorf,[52] dass der Gesetzgeber durch § 94 I 3 Halbsatz 2 SGB XII klargestellt habe, dass Großeltern oder Enkel nicht privilegiert sein sollen, trifft nicht zu. Nachdem die Grundsicherung im Alter und bei Erwerbsminderung eine besondere Form der Sozialhilfe geworden ist, schließt § 94 I 3 Halbsatz 1 SGB XII den Übergang des Unterhaltsanspruchs zwischen Verwandten zweiten Grades aus. Der 2. Halbsatz dieser Vorschrift besagt nur, dass der Anspruchsübergang auch dann ausgeschlossen ist, wenn Grundsicherung gewährt worden ist und Unterhaltsansprüche gegen Eltern oder Kinder in Betracht kommen. Er dient im Wesentlichen der Klarstellung, dass ein derartiger Unterhaltsanspruch nicht übergeht und die Grundsicherung auf den Unterhaltsanspruch gegen Eltern bzw. Kinder anzurechnen ist. Vgl. dazu → Rn. 161.

---

[49] BSG FamRZ 2008, 51 (54).
[50] BSG FamRZ 2014, 385.
[51] Münder NJW 2002, 3661 (3663); Klinkhammer FamRZ 2002, 997 (999).
[52] Wahrendorf in Grube/Wahrendorf SGB XII § 43 Rn. 15.

4. Abschnitt: Die Grundsicherung für Arbeitsuchende und Unterhalt

I. Grundsicherung und Sozialhilfe

1. Die Reform des Sozialrechts zum 1.1.2005

171 Bis zum 31.12.2004 erhielt ein Arbeitsloser, der bei der Bundesanstalt für Arbeit versichert war, nach Erschöpfung des Anspruchs auf Arbeitslosengeld bei Bedürftigkeit und bei Erfüllung weiterer Voraussetzungen Arbeitslosenhilfe (§ 190 SGB III aF). Sie war der Höhe nach vom früheren Einkommen abhängig (§ 195 SGB III aF) und reichte daher in vielen Fällen zur Deckung des Lebensbedarfs nicht aus. Dann konnte der Sozialhilfeträger ergänzende Sozialhilfe erbringen. Andererseits konnte die Arbeitslosenhilfe bei früherem hohen Erwerbseinkommen durchaus das Existenzminimum übersteigen. Erwerbsfähige, insbesondere Selbständige, die keinen Anspruch auf Arbeitslosenhilfe hatten, waren allein auf Sozialhilfe angewiesen.

172 Zum 1.1.2005 führte der Gesetzgeber durch das Vierte Gesetz für moderne Dienstleistungen am Arbeitsmarkt[1] mit der Grundsicherung für Arbeitsuchende ein neues Hilfesystem ein, das vielfach angefeindet wurde. Gleichwohl verstößt die Reform als solche nicht gegen die Verfassung.[2] Die Kritik an dieser Reform, aber auch handwerkliche Fehler, veranlassten den Gesetzgeber bereits in der Anfangsphase zu zahlreichen Korrekturen.[3] Zu nennen sind hier insbesondere
– das Gesetz zur Neufassung der Freibetragsregelungen vom 14.8.2005 – BGBl. I 2407, im Wesentlichen in Kraft seit dem 1.10.2005,
– das Gesetz zur Änderung des Zweiten Buches Sozialgesetzbuch und anderer Gesetze vom 24.3.2006 – BGBl. I 558, teilweise in Kraft seit dem 1.4.2006, teilweise erst seit dem 1.7.2006,
– das Gesetz zur Fortentwicklung der Grundsicherung für Arbeitsuchende vom 20.7.2006 – BGBl. I 1706, im Wesentlichen in Kraft seit dem 1.8.2006,
– das Zweite Gesetz zur Änderung des zweiten Buches Sozialgesetzbuch vom 10.10.2007 – BGBl. I S. 2326, (rückwirkend) in Kraft seit 1.6.2007,
– das Gesetz zur Neuausrichtung der arbeitsmarktpolitischen Instrumente vom 21.12.2008 – BGBl. I S. 2917, in Kraft seit 1.1.2009,
– das (aufgrund der Entscheidung des BVerfG vom 20.12.2007[4] erlassene) Gesetz zur Weiterentwicklung der Organisation der Grundsicherung für Arbeitsuchende vom 3.8.2010, BGBl. I S. 1112, im wesentlichen in Kraft seit 1.1.2011,
– das (aufgrund der Entscheidung des BVerfG vom 9.2.2010[5] erlassene) Gesetz zur Ermittlung von Regelbedarfen und zur Änderung des Zweiten und Zwölften Buches Sozialgesetzbuch vom 24.3.2011, BGBl. I S. 453, im wesentlichen (rückwirkend) in Kraft seit 1.1.2011,
seitdem von etlichen weiteren Änderungsgesetzen, zuletzt durch Teilhabechancengesetz (10. SGB II-ÄndG) vom 17.12.2018[6] und Qualifizierungschancengesetz vom 18.12.2018.[7]

173 Die Grundsicherung für Arbeitsuchende erfasst alle hilfebedürftigen **erwerbsfähigen** Personen, deren Partner und Angehörige, die mit ihnen in einer **Bedarfsgemeinschaft**[8] zusammenleben. Es kommt allein darauf an, ob der Hilfebedürftige erwerbsfähig ist. Grundsicherung für Arbeitsuchende wird auch dann gewährt, wenn ein Arbeitsplatz nicht

---

[1] Vom 27.12.2003 – BGBl. I S. 2954.
[2] Vgl. zuletzt BVerfG BeckRS 2011, 49743; BVerfG, FamRZ 2010, 1412; BSG BeckRS 2007, 41157; vgl. auch BSG FamRZ 2007, 724.
[3] Vgl. Klinkhammer FamRZ 2004, 1909.
[4] NZS 2008, 198.
[5] FamRZ 2010, 429.
[6] BGBl. I S. 2583.
[7] BGBl. I S. 2651.
[8] Zu der vom SGB XII abweichenden Begrifflichkeit s. → Rn. 179.

4. Abschnitt: Die Grundsicherung für Arbeitsuchende und Unterhalt § 8

zur Verfügung steht oder wenn der Hilfebedürftige zur Ausübung einer Erwerbstätigkeit derzeit, zB wegen der Erziehung eines Kleinkindes oder der Pflege eines Angehörigen, nicht verpflichtet ist (§ 10 I Nr. 3, 4 SGB II). Die Berechtigten erhalten Leistungen zur Sicherung des Lebensunterhalts in der Form des Arbeitslosengeldes II bzw. des Sozialgeldes (§§ 19 ff. SGB II). Die Leistungen entsprechen weitgehend dem **Niveau der Sozialhilfe,** sind allerdings teilweise günstiger, teilweise ungünstiger als die Leistungen nach dem SGB XII. Vgl. dazu → Rn. 147 ff., 201 ff. Ergänzende Hilfe zum Lebensunterhalt nach §§ 27 ff. SGB XII wird neben Leistungen zur Sicherung des Lebensunterhalts nicht gewährt. Sonstige Hilfen nach dem 5. bis 9. Kapitel des SGB XII, insbesondere Eingliederungshilfe und Hilfe zur Pflege, sind möglich. Vgl. dazu → Rn. 4, 57. Zum Verhältnis der Grundsicherung für Arbeitsuchende zur Grundsicherung im Alter und bei Erwerbsminderung vgl. → Rn. 137, 175.

Die Grundsicherung für Arbeitsuchende kann trotz ihrer Nähe zum Sozialhilferecht ihre **174** Herkunft aus der **Arbeitsförderung** nicht verleugnen. Ziel des SGB II ist zunächst die Stärkung der **Eigenverantwortung** des erwerbsfähigen Hilfebedürftigen und der Personen, die mit ihm in einer Bedarfsgemeinschaft leben; die Grundsicherung für Arbeitsuchende soll den Hilfebedürftigen bei der Aufnahme oder Beibehaltung einer Erwerbstätigkeit unterstützen und den Lebensunterhalt sichern, soweit er nicht auf andere Weise bestritten werden kann (§ 1 II SGB II). Daher werden Dienstleistungen, Geldleistungen und Sachleistungen gewährt (§ 4 I SGB II). Das Gesetz geht vom **Grundsatz des Förderns und Forderns** aus. Der erwerbsfähige Hilfebedürftige hat umfangreiche Mitwirkungspflichten (§§ 2, 15 SGB II). Grundsätzlich ist **jede Arbeit zumutbar,** zu der der Hilfebedürftige körperlich, geistig und seelisch in der Lage ist (§ 10 I Nr. 1 SGB II). Bei Verletzung der Mitwirkungspflichten drohen Sanktionen (§§ 31 ff. SGB II). Dazu → Rn. 209.

2. Abgrenzung von der Sozialhilfe und der Jugendhilfe

Wenn ein Anspruch auf Leistungen zur Sicherung des Lebensunterhalts nach dem **175** SGB II besteht, ist **Hilfe zum Lebensunterhalt** nach dem 3. Kapitel des SGB XII (§§ 27 ff. SGB XII; vgl. → Rn. 46 ff.) **ausgeschlossen,** wie sich aus § 5 II 1 SGB II und § 21 S. 1 SGB XII ergibt. Zulässig sind lediglich Leistungen nach § 36 SGB XII, also die Übernahme von Schulden zur Sicherung der Unterkunft oder zur Behebung einer vergleichbaren Notlage, wenn eine erwerbsfähige Person nicht hilfebedürftig im Sinne des § 9 SGB II ist, weil ihr Bedarf durch Einkommen oder Vermögen eines Angehörigen der Bedarfsgemeinschaft gedeckt wird (§ 21 S. 2 SGB XII).[9] Jedoch sind Leistungen der Grundsicherung im Alter und bei Erwerbsminderung gegenüber dem Sozialgeld vorrangig (§§ 5 II 2, SGB II). Angehörige der Bedarfsgemeinschaft eines Erwerbsfähigen, die die Voraussetzungen des § 41 SGB XII erfüllen, erhalten daher Grundsicherung im Alter und bei Erwerbsminderung.

Das Existenzminimum wird bei Bedürftigkeit in der Regel durch Leistungen nach §§ 19 ff. SGB II gewährleistet. Hilfe zum Lebensunterhalt nach dem SGB XII kommt im Wesentlichen nur noch für erwerbsunfähige Personen und die Angehörigen ihrer Bedarfsgemeinschaft in Betracht. Zu den Einzelheiten vgl. die Aufstellung → Rn. 21. Das SGB XII hat daher Bedeutung vor allem für Personen, die Grundsicherung im Alter und bei Erwerbsminderung nach §§ 41 ff. SGB XII beziehen (→ Rn. 135 ff.), und für die Hilfearten nach dem 5. bis 9. Kapitel des SGB XII, insbesondere die Eingliederungshilfe und die Hilfe zur Pflege (→ Rn. 57 ff.). Diese Hilfen können nur nach dem SGB XII gewährt werden. Sie sind im SGB II nicht vorgesehen. Deshalb kann die Gewährung von Arbeitslosengeld II Hilfe nach dem 5. bis 9. Kapitel des SGB XII nicht ausschließen.

Leistungen der **Jugendhilfe** gehen – mit Ausnahme bestimmter Arbeitsförderungsmaßnahmen – den Leistungen nach dem SGB II vor (§ 10 III SGB VIII).

---

[9] Dazu und zur wiederholten Änderung des § 21 SGB XII Scholz FamRZ 2006, 1417 (1420).

3. Zuständigkeiten

176 Träger der Leistungen nach dem SGB II ist grundsätzlich die **Bundesagentur für Arbeit** (§ 6 I 1 Nr. 1 SGB II). Dagegen sind für Unterkunft und Heizung nach § 22 SGB II, für einmalige Bedarfe nach § 24 SGB II und für bestimmte Eingliederungsleistungen nach § 16a SGB II, bestimmte Leistungen für Auszubildende nach § 27 III SGB II sowie für Leistungen für Bildung und Teilhabe nach § 28 SGB II **kommunale Träger,** in der Regel die Kreise und kreisfreien Städte zuständig (§ 6 I 1 Nr. 2 SGB II). In der Praxis sieht dies freilich anders aus. Denn die Bundesagentur und die kommunalen Träger bilden zur einheitlichen Durchführung der Grundsicherung für Arbeitsuchende eine **gemeinsame Einrichtung** (§ 44b SGB II). Die gemeinsame Einrichtung ist an die Stelle der früheren **Arbeitsgemeinschaft (ARGE)** getreten, nachdem das BVerfG das bisherige Organisationsrecht für verfassungswidrig erklärt hatte.[10]

Die gemeinsame Einrichtung nimmt die Aufgaben der Träger wahr; die Trägerschaft nach § 6 sowie nach den §§ 6a und 6b SGB II (sog. Optionskommunen) bleibt unberührt (§ 6 I 2 SGB II). Den Trägern obliegt die Verantwortung für die rechtmäßige und zweckmäßige Erbringung ihrer Leistungen. Sie haben in ihrem jeweiligen Aufgabenbereich gegenüber der gemeinsamen Einrichtung grundsätzlich ein Weisungsrecht (§ 6 III 1 SGB II).

Nach § 6 IV SGB II kann die gemeinsame Einrichtung einzelne Aufgaben auch durch die Träger wahrnehmen lassen. Damit will der Gesetzgeber insbesondere die Durchsetzung von Unterhaltsansprüchen einer Delegation zugänglich machen.[11, 12]

Nach der Experimentierklausel des § 6a I, III SGB II konnten insgesamt 69 kommunale Träger, die sog. Optionskommunen, die Aufgaben der Bundesagentur nach § 6 I 1 Nr. 1 SGB II erfüllen.[13] In diesem Fall ist der kommunale Träger an Stelle der Bundesagentur allein zuständig (§ 6b I SGB II).[14] Die Bildung einer gemeinsamen Einrichtung kommt dann nicht in Betracht. Aufgrund der gesetzlichen Neuorganisation wurden die Zulassungen für die Optionskommunen vom Bundesministerium für Arbeit und Soziales durch Rechtsverordnung über den 31.12.2010 hinaus unbefristet verlängert, wenn die zugelassenen kommunalen Träger die Verpflichtungen nach § 6a II 1 Nr. 4 und 5 bis zum 30.9.2010 anerkennen. Die Organisationsstruktur ist vom BVerfG für verfassungsgemäß erklärt worden.[15]

177 Die **gemeinsame Einrichtung** kann Verwaltungsakte und Widerspruchsbescheide erlassen (§ 44b I 3 SGB II). Dies ändert allerdings nichts daran, dass sie „**in organisatorischer Wahrnehmungszuständigkeit**" für die beiden Träger tätig wird und rechtlich zwei eigenständige Verfügungen trifft, eine für die Agentur für Arbeit, eine weitere für den kommunalen Träger. Die Rechtsträgerschaft der beiden Träger bleibt unberührt (§ 6 I 2 SGB II).[16]

Der Rechtsweg in Angelegenheiten des SGB II führt zu den **Sozialgerichten** (§ 51 I Nr. 4a SGG).

Die gemeinsame Einrichtung, die eine Behörde (Mischbehörde aus Bundes- und Landesbehörde), aber nicht notwendigerweise eine juristische Person ist,[17] kann im sozialgerichtlichen Verfahren als Beteiligte auftreten.[18] Demgemäß ist die Klage gegen einen

---

[10] BVerfG NZS 2008, 198.
[11] BR-Drucks. 226/10, 38.
[12] Berlit in LPK/SGB II § 44b Rn. 42.
[13] Verordnung über die Zulassung kommunaler Träger als Träger der Grundsicherung im Alter und bei Erwerbsminderung vom 24.9.2004 – BGBl. I S. 2349.
[14] Münder in LPK/SGB II § 6b Rn. 2.
[15] BVerfG NZS 2014, 861.
[16] BR-Drucks. 226/10, 36; zur früheren Gesetzeslage bereits BSG FamRZ 2007, 724 (726).
[17] Vgl. dazu die Ausführungsgesetze der Länder, ggf. die Verträge über die Errichtung der jeweiligen Arbeitsgemeinschaft. Nach § 3 des Gesetzes zur Ausführung des SGB II für das Land Nordrhein-Westfalen vom 16.12.2004 – GV.NRW S. 821 ist die durch öffentlich-rechtlichen Vertrag errichtete Arbeitsgemeinschaft eine Anstalt des öffentlichen Rechts.
[18] BSG FamRZ 2007, 724 (728).

Bescheid der gemeinsamen Einrichtung gegen diese, nicht gegen die Agentur oder den kommunalen Träger zu richten. Im **Zivilverfahren,** insbesondere in einem Verfahren über einen übergegangenen Unterhaltsanspruch vor dem Familiengericht (§ 33 IV 3 SGB II), kann die gemeinsame Einrichtung nach § 113 I 2 FamFG, § 50 I ZPO nur als Partei auftreten, wenn sie rechtsfähig ist. Die gesetzliche Neuregelung definiert zwar die Organe (Trägerversammlung, § 44c SGB II; Geschäftsführung, § 44d SGB II), lässt aber die Rechtsform der gemeinsamen Einrichtung offen. Diese ist vielmehr der nach § 44b II 1 SGB II zu treffenden **Vereinbarung** durch die Träger überlassen, welche Regelungen zum Standort sowie zur näheren Ausgestaltung und Organisation enthalten soll. Die Träger können zudem die Zusammenlegung „mehrerer gemeinsamen Einrichtungen zu einer gemeinsamen Einrichtung" vereinbaren (§ 44b II 3 SGB II). Im Wesentlichen entspricht die gemeinsame Einrichtung trotz neuer Begrifflichkeit und stärkerer Betonung der Eigenständigkeit der Träger der bisherigen Arbeitsgemeinschaft, sodass die **zu den Arbeitsgemeinschaften ergangene Rechtsprechung** herangezogen werden kann.

Das gilt zunächst für die Parteifähigkeit (Beteiligtenfähigkeit) im **Familienstreitverfahren.** Ist die gemeinsame Einrichtung als juristische Person organisiert, versteht sich dies von selbst. Aber auch wenn sie keine juristische Person ist, ist sie vom BGH im Zivilprozess analog der Gesellschaft bürgerlichen Rechts für rechts- und parteifähig gehalten worden.[19] Des weiteren kann die gemeinsame Einrichtung im Rahmen ihres Aufgabenbereichs auch rechtsgeschäftlich handeln, insbesondere Unterhaltsvereinbarungen abschließen, Ansprüche abtreten usw.

Die gemeinsamen Einrichtungen nach § 44b und die zugelassenen kommunalen Träger nach § 6a führen nach § 6d SGB II die Bezeichnung **Jobcenter.** Dies ist jedenfalls im Zivilverfahren nicht unproblematisch, weil dadurch die Rechtsform des Beteiligten nicht ersichtlich ist Denn es macht einen Unterschied, ob etwa eine von zwei Trägern gebildete gemeinsame Einrichtung Verfahrensbeteiligte ist oder eine Optionskommune. Auch ist trotz Anerkennung der Arbeitsgemeinschaft als entsprechend der Gesellschaft bürgerlichen Rechts parteifähig (beteiligtenfähig) nicht gesichert, dass jedwede Organisationsform zu einer Partei-/ Beteiligtenfähigkeit der gemeinsamen Einrichtung führt.

II. Anspruchsvoraussetzungen

1. Berechtigter Personenkreis

a) **Grundsatz.** Nach § 7 I SGB II erhält Leistungen nach dem SGB II nur, **178**
– wer das 15. Lebensjahr vollendet, die Altersgrenze des § 7a SGB II, derzeit noch das 65. Lebensjahr (vgl. → Rn. 186), aber noch nicht erreicht hat,
– wer erwerbsfähig ist,
– wer hilfebedürftig ist und
– wer seinen gewöhnlichen Aufenthalt in Deutschland hat (mit Ausnahmen).

b) **Bedarfsgemeinschaft.** Anspruch auf Leistungen der Grundsicherung für Arbeit- **179** suchende hat ferner, wer mit dem erwerbsfähigen Hilfebedürftigen in einer Bedarfsgemeinschaft lebt (§ 7 II 1 SGB II). Im Gegensatz zum Sozialgesetzbuch XII verwendet das Sozialgesetzbuch II die Bedarfsgemeinschaft als (zentralen) **Gesetzesbegriff,** der demnach trotz seiner inhaltlichen Missverständlichkeit (vgl. → Rn. 23) zu verwenden ist.

Dabei kommt es grundsätzlich nicht darauf an, ob der Angehörige der Bedarfsgemeinschaft selbst erwerbsfähig ist oder nicht. Ist er erwerbsgemindert, wird für ihn statt des Arbeitslosengeldes II Sozialgeld gezahlt; lediglich bei dauerhafter Erwerbsminderung wird Grundsicherung im Alter und bei Erwerbsminderung nach §§ 41 ff. SGB XII gewährt (§§ 5 II 2 SGB II).

Zur Bedarfsgemeinschaft gehören (§ 7 III SGB II): **180**
1. die erwerbsfähigen Leistungsberechtigten,

---

[19] BGH MDR 2010, 167 Rn. 10; FamRZ 2011, 197 Rn. 10; so bereits Scholz in der 7. Auflage.

2. die im Haushalt lebenden Eltern oder der im Haushalt lebende Elternteil eines unverheirateten erwerbsfähigen Kindes, welches das 25. Lebensjahr noch nicht vollendet hat, und die im Haushalt lebende Partnerin oder der im Haushalt lebende Partner dieses Elternteils,
3. als Partnerin oder Partner der erwerbsfähigen Leistungsberechtigten
   a) die nicht dauernd getrennt lebende Ehegattin oder der nicht dauernd getrennt lebende Ehegatte,
   b) die nicht dauernd getrennt lebende Lebenspartnerin oder der nicht dauernd getrennt lebende Lebenspartner,
   c) eine Person, die mit der erwerbsfähigen leistungsberechtigten Person in einem gemeinsamen Haushalt so zusammenlebt, dass nach verständiger Würdigung der wechselseitige Wille anzunehmen ist, Verantwortung füreinander zu tragen und füreinander einzustehen (Verantwortungsgemeinschaft).

Nach § 7 III a SGB II wird eine **Verantwortungsgemeinschaft** vermutet,
– wenn die Partner länger als ein Jahr zusammenleben,
– wenn sie mit einem gemeinsamen Kind zusammenleben,
– wenn sie Kinder oder Angehörige im Haushalt versorgen oder
– wenn sie befugt sind, über Einkommen oder Vermögen des anderen zu verfügen.

Damit geht der Gesetzgeber deutlich über den Begriff der eheähnlichen Lebensgemeinschaft hinaus, wie ihn das BVerfG[20] definiert hat. Ob demnach etwa das Zusammenleben von Geschwistern erfasst ist oder eine Einschränkung auf heterosexuelle oder homosexuelle Lebensgemeinschaften geboten ist,[21] erscheint fraglich.

Liegen die Voraussetzungen der Vermutung vor, hat der Hilfebedürftige im Einzelnen darzulegen, dass gleichwohl das Zusammenleben keine Verantwortungsgemeinschaft begründet hat. Dies wird bei Zusammenleben mit einem gemeinsamen Kind nur selten möglich sein. Auch spricht die Befugnis, über Einkommen und Vermögen des anderen zu verfügen, wozu bereits ein gemeinsames Konto oder eine Kontovollmacht ausreichen, in aller Regel für das Bestehen einer Verantwortungsgemeinschaft. Unklar ist dagegen, wessen Kinder oder Angehörige im Haushalt versorgt werden müssen, damit eine solche Gemeinschaft vorliegt. Hier dürfte es nicht ausreichen, dass ein eigenes Kind oder ein eigener Angehöriger betreut wird; vielmehr ist es erst dann angezeigt, von einer Partnerschaft auszugehen, wenn ein Kind oder ein Angehöriger des anderen versorgt wird.

§ 7 IIIa SGB II geht damit mindestens teilweise über die Anforderungen hinaus, die der BGH[22] für die Verwirkung des Anspruchs auf nachehelichen Unterhalt (§ 1579 Nr. 7 BGB aF, jetzt § 1579 Nr. 2 BGB) aufgestellt hat. Während der BGH bei der Verwirkung in der Regel erst einen Zeitraum von zwei bis drei Jahren für eine verfestigte Lebensgemeinschaft genügen lässt, reicht hier bereits ein einjähriges Zusammenleben als Grundlage der Vermutung für das Bestehen einer Verantwortungsgemeinschaft aus. Auch ist die Beweislast bei § 1579 BGB anders geregelt als nach § 7 III a SGB II.

181 Auch **Kinder und Stiefkinder** können Teil der Bedarfsgemeinschaft sein. Dies galt zunächst nur für die dem Haushalt angehörenden minderjährigen Kinder des erwerbsfähigen Hilfebedürftigen und des Partners.[23] Volljährige Kinder konnten zunächst nur Teil der Haushaltsgemeinschaft im Sinne des § 9 V SGB II sein. Sie erhielten als Alleinstehende 100% der Regelleistung. Seit dem 1.7.2006 ist die Bedarfsgemeinschaft auf alle im Haushalt lebenden, auch auf **volljährigen Kinder** des Hilfebedürftigen oder seines Partners **bis zur Vollendung des 25. Lebensjahres** (auch Stiefkinder) erweitert worden, soweit sie aus eigenem Einkommen oder Vermögen die Leistungen zur Sicherung ihres Lebensunterhalts nicht beschaffen können (§ 7 III Nr. 4 SGB II).[24] Sie erhalten mit (derzeit) 339 EUR (§ 20 II 2 Nr. 2 SGB II) nur 80% der Regelleistung von (derzeit; Stand 1.1.2019) 424 EUR (§ 20 II 1 SGB II), jeweils fortgeschrieben nach § 20 V SGB II.

---

[20] FamRZ 1993, 194 (198).
[21] So Scholz in der 7. Auflage; vgl. dazu Spellbrink NZS 2007, 121 (126).
[22] FamRZ 2002, 810.
[23] BSG FamRZ 2008, 688.
[24] BSG FamRZ 2008, 688.

Eine Bedarfsgemeinschaft kann auch bestehen, wenn ein minderjähriges erwerbsfähiges Kind, das älter als 15 Jahre ist, oder ein volljähriges erwerbsfähiges Kind bis zur Vollendung des 25. Lebensjahres mit seinen dauernd erwerbsunfähigen Eltern oder mit einem dauernd erwerbsunfähigen Elternteil und ggf. dessen erwerbsunfähigen Partner zusammenlebt (§ 7 III Nr. 2 SGB II). Die Bedarfsgemeinschaft wird in diesem Fall durch das Kind vermittelt. Dieses wird in der Regel noch eine Schule bzw. Hochschule besuchen oder sich für einen Beruf ausbilden lassen. Dann ist allerdings für den Auszubildenden der Leistungsausschluss nach § 7 V, VI SGB II zu beachten (vgl. → Rn. 185).

Leben Kinder abwechselnd bei dem einen oder dem anderen Elternteil, können sie nach der Rechtsprechung des BSG sowohl mit dem Vater als auch mit der Mutter eine Bedarfsgemeinschaft bilden. Dies gilt auch, wenn das Kind im Rahmen des **Umgangsrechts** mit einer gewissen Regelmäßigkeit länger als einen Tag beim umgangsberechtigten Elternteil wohnt. In solchen Fällen kommt es zu einer **zeitweisen Bedarfsgemeinschaft.**[25] Zur Tragung von Umgangskosten durch den Träger der Grundsicherung und den Sozialhilfeträger vgl. → Rn. 218.

Ein **volljähriges Kind über 25 Jahren,** das mit seinen Eltern oder einem Elternteil zusammenlebt, bildet mit ihnen keine Bedarfsgemeinschaft, sondern nur eine **Haushaltsgemeinschaft** (§ 9 V SGB II). Es wird als alleinstehend behandelt und hat daher grundsätzlich Anspruch auf den vollen Regelbedarf von 424 EUR (§ 20 II 1, V SGB II; Stand: 1.1.2019).[26] Vgl. → Rn. 204. Jedoch wird nach § 9 V SGB II vermutet, dass das volljährige Kind von seinen Eltern oder dem mit ihm zusammenlebenden Elternteil Leistungen erhält, soweit dies nach ihrem bzw. seinem Einkommen oder Vermögen erwartet werden kann. Diese Vermutung der Bedarfsdeckung gilt auch, wenn sonstige Verwandte oder Verschwägerte in einer Haushaltsgemeinschaft zusammenleben. Die Erwartung, dass der Hilfebedürftige von einem Verwandten oder Verschwägerten unterstützt wird, ist nur gerechtfertigt, wenn dessen Einkommen oder Vermögen deutlich über dem eigenen Bedarf nach dem SGB II liegen; dies ist der Fall, wenn der Verwandte oder Verschwägerte mindestens über Einkommen in Höhe des doppelten Regelbedarfs zuzüglich anteiliger Wohnkosten verfügt; 50% des Mehreinkommens werden nicht berücksichtigt (§ 1 II Alg II–V).[27] Bei Personen, die weder verwandt oder verschwägert sind, wohl aber in einer gemeinsamen Wohnung leben, scheidet eine Anwendung des § 9 V SGB II aus. Insoweit ist § 9 V SGB II enger als § 39 SGB XII. Vgl. dazu → Rn. 27. **182**

Die Bedarfsgemeinschaft nach dem SGB II deckt sich nicht völlig mit der Einsatzgemeinschaft nach § 27 II SGB XII. Letztere umfasst nicht die volljährigen Kinder des Hilfebedürftigen und nicht die Kinder seines Partners. Vgl. → Rn. 23. **183**

Das Gesetz kennt keinen Anspruch der Bedarfsgemeinschaft als solcher. Vielmehr hat jedes Mitglied der Bedarfsgemeinschaft einen **eigenen Anspruch** auf Leistungen nach dem SGB II. Eine Gesamtgläubigerschaft im Sinne des § 428 BGB besteht nicht.[28] Kann der gesamte Bedarf der Gemeinschaft nicht aus eigenen Kräften und Mitteln ihrer Mitglieder gedeckt werden, gilt nach § 9 II 3 SGB II jede Person der Bedarfsgemeinschaft im Verhältnis des eigenen Bedarfs zum Gesamtbedarf als hilfebedürftig. Diese Vorschrift ist nur schwer nachzuvollziehen. Nach der Gesetzesbegründung[29] wird jede Person der Bedarfsgemeinschaft „im Verhältnis des eigenen Bedarfs zum Gesamtbedarf **an der Hilfebedürftigkeit beteiligt.**" Dies bedeutet nach Auffassung des BSG,[30] dass ein Angehöriger der Bedarfsgemeinschaft, der über ein für seinen Bedarf ausreichendes Einkommen verfügt, während der Partner ganz oder zum Teil mittellos ist, selbst teilweise hilfebedürftig wird und einen eigenen Anspruch auf Leistungen zur Sicherung des Lebensunterhalts hat. Der Bewilligungsbescheid darf sich nicht an die Bedarfsgemeinschaft richten; Adressaten sind **184**

---

[25] BSG FamRZ 2007, 465.
[26] BSG NZS 2007, 550.
[27] Arbeitslosengeld II/Sozialgeld-Verordnung vom 17.12.2007 – BGBl. I S. 2942; vgl. auch BSG NZS 2007, 550.
[28] BSG FamRZ 2007, 724.
[29] BT-Drucks. 15/1516, 53.
[30] FamRZ 2007, 724 (725); ebenso Spellbrink NZS 2007, 121.

vielmehr ihre einzelnen Mitglieder. **Jeder** von ihnen muss **Widerspruch** einlegen oder Klage erheben.[31] Bei der Beantragung von Leistungen und deren Entgegennahme wird allerdings vermutet, dass der (dh jeder) erwerbsfähige Hilfebedürftige von den anderen Mitgliedern der Bedarfsgemeinschaft bevollmächtigt ist (§ 38 I SGB II). Das gilt auch für die temporäre Bedarfsgemeinschaft während der Ausübung des Umgangsrechts (§ 38 II SGB II). Diese Vollmacht gilt allenfalls noch im Widerspruchsverfahren, nicht aber im Verfahren vor den Sozialgerichten.[32] Am gerichtlichen Verfahren muss sich jedes Mitglied der Bedarfsgemeinschaft beteiligen. Das BSG[33] hat allerdings während einer Übergangszeit bis zum 30.6.2007 den Problemen, die sich aus der von ihm als wenig praktikabel bezeichneten Konstruktion der Bedarfsgemeinschaft ergeben, durch eine großzügige Auslegung der Anträge, Bescheide und Urteile Rechnung getragen. Hat die Behörde der Bedarfsgemeinschaft zu Unrecht Leistungen zur Sicherung des Lebensunterhalts gewährt, muss sie jedes Mitglied durch Verwaltungsakt auf Rückzahlung des auf ihn entfallenden Teils der Erstattungsforderung in Anspruch nehmen. Für jeden müssen die Voraussetzungen des § 45 SGB X vorliegen.[34]

Zur Berechnung der anteiligen Ansprüche der Mitglieder der Bedarfsgemeinschaft vgl. → Rn. 223, zu den Auswirkungen des § 9 II 3 SGB II auf den Anspruchsübergang nach § 33 SGB II vgl. → Rn. 250.

185 c) **Leistungsausschlüsse.** Keine Leistungen nach dem SGB II erhalten Personen, die für länger als sechs Monate in einer (voll-)stationären Einrichtung untergebracht sind (§ 7 IV 1 SGB II). Dem steht der Aufenthalt in einer Einrichtung, zB einer Justizvollzugsanstalt oder einem psychiatrischen Krankenhaus, zum Vollzug richterlich angeordneter Freiheitsentziehung gleich (§ 7 IV 2 SGB II). Von Leistungen nach dem SGB II sind auch Bezieher von Renten wegen Alters oder ähnlicher Leistungen öffentlich-rechtlicher Art ausgeschlossen (§ 7 IV 1 SGB II). Da Personen, die die Altersgrenze des § 7a SGB II (→ Rn. 186), bis einschließlich 2011 noch das 65. Lebensjahr, noch nicht erreicht haben, bereits nach § 7 I 1 Nr. 1 SGB II keine Grundsicherung für Arbeitsuchende erhalten, kann es sich bei den hier erwähnten Altersrentnern nur um solche handeln, die bereits vor Vollendung des 65. Lebensjahres Altersrente beziehen, zB nach § 37 SGB VI.

Bedürftige Auszubildende werden in der Regel nach dem BAföG gefördert. Sie sind daher von Leistungen zur Sicherung des Lebensunterhalts grundsätzlich ausgeschlossen, erhalten aber uU sonstige Leistungen nach dem SGB II, insbesondere für nicht ausbildungsgeprägten Bedarf (§ 7 V, VI SGB II).[35]

2. Alter

186 Kinder bis zur Vollendung des 25. Lebensjahres, die bei den erwerbsfähigen Eltern oder einem erwerbsfähigen Elternteil leben, gehören deren (bzw. dessen) Bedarfsgemeinschaft an. Auf diesem Wege erhalten sie bei Hilfebedürftigkeit Leistungen der Grundsicherung für Arbeitsuchende, und zwar ab Vollendung des 15. Lebensjahres bei Erwerbsfähigkeit Arbeitslosengeld II, sonst Sozialgeld (§§ 19 I 1, 23 SGB II). Ist das mindestens 15-jährige Kind erwerbsfähig, die Eltern aber nicht, kann es selbst Arbeitslosengeld II erhalten (wenn nicht der Leistungsausschluss nach § 7 V SGB II eingreift; vgl. dazu → Rn. 181, 185). Die Eltern haben dann entweder Anspruch auf Sozialgeld oder auf Leistungen der Grundsicherung im Alter und bei Erwerbsminderung (§§ 5 II 2, 19, 23 SGB II, § 41 SGB XII).

Personen, die die Altersgrenze des § 7a SGB II erreicht haben oder als Volljährige auf Dauer erwerbsunfähig sind, erhalten keine Leistungen der Grundsicherung für Arbeitsuchende, sondern müssen bei Bedürftigkeit Leistungen der Grundsicherung im Alter und bei Erwerbsminderung in Anspruch nehmen. Daneben stehen ihnen ggf. Leistungen nach

---

[31] BSG FamRZ 2007, 724 (725).
[32] BSG FamRZ 2007, 724 (727); vgl. zu den daraus sich ergebenden Konsequenzen Spellbrink NZS 2007, 121 (123 ff.).
[33] BSG FamRZ 2007, 724.
[34] LSG Berlin-Brandenburg info also 2006, 268; Spellbrink NZS 2007, 121 (124).
[35] Dazu im Einzelnen Brühl in LPK/SGB II § 7 Rn. 66 ff.

dem 5. bis 9. Kapitel des SGB XII zu. Vgl. → Rn. 136. Personen, die bis zum 31.12.1946 geboren sind, erreichen die Altersgrenze mit Vollendung des 65. Lebensjahres. Bei Jüngeren wird die Altersgrenze für jedes Jahr um einen Monat, später um zwei Monate, hinausgeschoben. Das bedeutet, dass die Grenze bis zum 31.12.2011 beim 65. Lebensjahr bleibt und dann schrittweise bis zum Jahr 2031 auf das 67. Lebensjahr angehoben wird.

3. Gewöhnlicher Aufenthalt

Leistungen nach dem SGB II werden bei gewöhnlichem Aufenthalt in Deutschland gewährt (§ 7 I 1 Nr. 4 SGB II). Ausgenommen sind ua Ausländer, deren Aufenthaltsrecht sich allein aus dem Zweck der Arbeitsuche ergibt, ihre Familienangehörigen und Leistungsberechtigte nach § 1 des Asylbewerberleistungsgesetzes (§ 7 I 2 SGB II). Zu beachten ist auch § 8 II SGB II, nach dem Ausländer nur dann erwerbstätig sein können, wenn ihnen die Aufnahme einer Beschäftigung erlaubt ist oder erlaubt werden könnte. Aufenthaltsrechtliche Bestimmungen bleiben unberührt (§ 7 I 4 SGB II). **187**

4. Erwerbsfähigkeit

Erwerbsfähig ist, wer nicht wegen Krankheit oder Behinderung auf absehbare Zeit außerstande ist, unter den Bedingungen des allgemeinen Arbeitsmarkts mindestens drei Stunden am Tag erwerbstätig zu sein (§ 8 I SGB II; ähnlich § 43 II 2 SGB VI). Nicht absehbar ist ein Zeitraum von mehr als sechs Monaten.[36] Die Feststellung, ob ein Arbeitsuchender erwerbsfähig und hilfebedürftig ist, trifft die Agentur für Arbeit (§ 44a I 1 SGB II). Der Entscheidung können nach § 44a I 2 SGB II der kommunale Träger, ein anderer Träger, der bei voller Erwerbsminderung zuständig wäre, oder die Krankenkasse, die bei Erwerbsfähigkeit Leistungen der Krankenversicherung zu erbringen hätte, widersprechen. Im Widerspruchsfall entscheidet (anstelle der nach früherer Rechtslage berufenen gemeinsamen Einigungsstelle) die Agentur für Arbeit, nachdem sie eine gutachterliche Stellungnahme des zuständigen Rentenversicherungsträgers eingeholt hat § 44a I 4, 5 SGB II. **188**

Elternteile, die Kinder betreuen, sind grundsätzlich erwerbsfähig, wie sich aus § 10 I Nr. 3 SGB II ergibt. Sie fallen daher unter das SGB II, wenn sie nicht ausnahmsweise wegen Krankheit oder Behinderung auf mindestens sechs Monate keiner Erwerbstätigkeit nachgehen können. Jedoch kann eine Erwerbstätigkeit nicht zumutbar sein, wenn sie sich mit der Erziehung eines eigenen Kindes oder eines Kindes des Partners nicht vereinbaren lässt; die Erziehung eines Kindes ist aber nach Vollendung des dritten Lebensjahres in der Regel nicht gefährdet, soweit seine Betreuung in einer Tageseinrichtung oder in Tagespflege oder auf sonstige Weise sichergestellt ist (§ 10 I Nr. 3 SGB II). Betreuende Elternteile erhalten daher bei Hilfebedürftigkeit in aller Regel Leistungen zur Sicherung des Lebensunterhalts nach dem SGB II, nicht dagegen Hilfe zum Lebensunterhalt nach §§ 27 ff. SGB XII.[37]

5. Hilfebedürftigkeit; Einsatz von Einkommen und Vermögen

a) Grundsatz der Eigenverantwortlichkeit. Hilfebedürftig ist, wer seinen eigenen Lebensunterhalt und denjenigen der mit ihm in einer Bedarfsgemeinschaft zusammenlebenden Personen nicht oder nicht ausreichend durch Aufnahme einer zumutbaren Arbeit oder durch Einsatz des zu berücksichtigenden Einkommens oder Vermögens decken kann (§ 9 I SGB II). Zu berücksichtigendes Einkommen (→ Rn. 192), insbesondere der Ertrag einer selbständigen oder nichtselbständigen Arbeit, auch einer Teilzeitbeschäftigung, ist auf die Leistungen zur Sicherung des Lebensunterhalts im Sinne der §§ 19 ff. SGB II **189**

---

[36] Brühl in LPK/SGB II § 8 Rn. 21.
[37] Klinkhammer FamRZ 2004, 1909 (1914).

(→ Rn. 200 ff.) anzurechnen. Diese Leistungen werden dann entweder gar nicht oder nur zum Teil gewährt. Vorhandenes Vermögen, mit Ausnahme des Schonvermögens (→ Rn. 199), ist grundsätzlich zu verbrauchen oder zu verwerten. Solange dies möglich ist, scheiden Leistungen der Grundsicherung aus. Das Einkommen und das Vermögen sind nach § 19 III 2 SGB II zuerst auf die Geldleistungen der Agentur für Arbeit (Regelbedarf, Sozialgeld, einschließlich Mehrbedarf und nach §§ 20, 21, 23 SGB II anzurechnen, erst danach auf diejenigen des kommunalen Trägers (Kosten von Unterkunft und Heizung, § 22 SGB II). Erst anschließend wird Einkommen und Vermögen auf die Leistungen für Bildung und Teilhabe angerechnet (§ 19 III 3 SGB II).

Hilfebedürftig ist auch derjenige, dem der sofortige Verbrauch oder die sofortige Verwendung des zu berücksichtigenden Vermögens nicht möglich ist oder für den dies eine besondere Härte bedeuten würde (§ 9 IV SGB II). In diesem Fall sind die Leistungen als Darlehen zu erbringen (§ 24 V SGB II).

190 **b) Hilfebedürftiger und Bedarfsgemeinschaft.** Bei Personen, die in einer Bedarfsgemeinschaft (→ Rn. 179 ff.) leben, ist nach § 9 II 1 SGB II nicht nur das Einkommen und Vermögen des Hilfebedürftigen, sondern auch dasjenige des **Partners,** also des nicht getrennt lebenden Ehegatten (Lebenspartners) bzw. des anderen Teils einer Verantwortungsgemeinschaft (§ 7 III Nr. 3c, III a SGB II; vgl. → Rn. 180) zu berücksichtigen. Zu § 9 II 3 SGB II vgl. → Rn. 184.

Bei unverheirateten **Kindern** bis zur Vollendung des 25. Lebensjahres, die mit ihren Eltern oder einem Elternteil in einer Bedarfsgemeinschaft leben, kommt es nicht nur auf das eigene Einkommen und Vermögen des Kindes, sondern auch auf dasjenige ihrer Eltern, des Elternteils oder dessen in der Bedarfsgemeinschaft lebenden Partners an (§ 9 II 2 SGB II). Daher wird ggf. auch das Einkommen des Stiefvaters oder der Stiefmutter und des nicht mit dem Elternteil verheirateten Partners zur Deckung des Bedarfs des Kindes herangezogen.[38] Jedoch darf von den Eltern nicht verlangt werden, das Einkommen und Vermögen des Kindes für ihren notwendigen Lebensunterhalt zu verwenden.

191 **c) Abgrenzung von Einkommen und Vermögen.** Einkommen ist – wie im Sozialhilferecht – alles, was jemand in der Bedarfszeit erhält,[39] Vermögen dagegen dasjenige, was er während dieses Zeitraums bereits hat. Nicht ausgegebenes Einkommen wird zu Vermögen.[40] Vgl. → Rn. 29. Für den Einsatz von Einkommen und Vermögen gelten im Wesentlichen die bei der Sozialhilfe dargestellten Grundsätze (→ Rn. 29 ff.). Ich stelle hier vor allem die Abweichungen vom Sozialhilferecht dar.

192 **d) Einkommen.** Im Hinblick auf die Einkommensermittlung sind die Vorschriften im SGB II wie auch die zugehörige Verordnung (Alg II–V) durch das Gesetz zur Ermittlung von Regelbedarfen und zur Änderung des Zweiten und Zwölften Buches Sozialgesetzbuch vom 24.3.2011 (→ Rn. 172) geändert worden.

Wie im Sozialhilferecht sind grundsätzlich **alle Einnahmen** in Geld oder Geldeswert zu berücksichtigen (§ 11 I 1 SGB II). Dies gilt auch für Leistungen nach dem BAföG (vgl. aber → Rn. 198).[41] Fiktive Einkünfte bleiben auch hier außer Betracht. Vgl. dazu → Rn. 36.

Nach § 11a SGB II sind allerdings nicht als Einkommen zu berücksichtigen insbesondere Leistungen nach dem SGB II, die Grundrente nach dem Bundesversorgungsgesetz und nach den auf dieses verweisenden Gesetzen (§ 11a I SGB II), ferner Schmerzensgeld (§ 11a II SGB II) sowie unter bestimmten Voraussetzungen zweckbestimmte Einnahmen und Zuwendungen der freien Wohlfahrtspflege sowie Zuwendungen Dritter (§ 11a III Nr. 1 SGB II). Zum Elterngeld und zum Erziehungsgeld vgl. → Rn. 39. Das Pflegegeld nach dem SGB VIII (Kindertagespflege) nach § 23 SGB VIII wird (im Unterschied zu § 11 IV SGB II aF) in vollem Umfang nicht angerechnet. Wegen weiterer Einnahmen, die nicht als Einkommen im Sinne des § 11 SGB II zu berücksichtigen sind, wird auf § 1 Alg II–V verwiesen.

---

[38] Gesetzesbegründung BT-Drucks. 16/1410, 20; Steck/Kossens FPR 2006, 356.
[39] Vgl. auch BSG NZS 2018, 618 Rn. 26 ff. (Anrechnung des Kinderzuschlags nach § 6a BKGG im Bestimmungsmonat, nicht im Zuflussmonat).
[40] BVerwG FamRZ 1999, 1654 (zu § 76 BSHG).
[41] BSG FamRZ 2008, 688 (690).

4. Abschnitt: Die Grundsicherung für Arbeitsuchende und Unterhalt § 8

Vom Einkommen sind nach § 11b I 1 Nr. 1 bis 5 SGB II **abzusetzen:** vom Einkommen entrichtete Steuern, Sozialversicherungsbeiträge, unter bestimmten Voraussetzungen auch Beiträge zu öffentlichen oder privaten Versicherungen, geförderte Aufwendungen für eine Zusatzversorgung im Alter (Riesterrente), ferner die mit der Erzielung des Einkommens verbundenen notwendigen Aufwendungen. Einer konkreten Berechnung der danach vorzunehmenden Abzüge bedarf es in der Regel nicht, weil nach § 11b II 1 SGB II angemessene Beiträge zu öffentlichen und privaten Versicherungen, zur Altersversorgung (Riesterrente) und Werbungskosten **pauschal mit 100 EUR** angesetzt werden. Steuern und Sozialversicherungsbeiträge werden von der Pauschale nicht erfasst. Bei Einkommen über 400 EUR monatlich kann der Hilfebedürftige nachweisen, dass die Pauschale nicht ausreicht (§ 11b II 2 SGB II). **193**

Das bereinigte Erwerbseinkommen ist nach § 11b I 1 Nr. 6 SGB II um einen (weiteren) **Freibetrag nach § 11b III SGB II** zu kürzen, der jedem erwerbsfähigen Mitglied der Bedarfsgemeinschaft als Arbeitsanreiz zusteht. Nach § 11b III SGB II bleiben von dem Einkommen, das den Grundfreibetrag von 100 EUR nach § 11b II 1 SGB II übersteigt, bis zu einem Bruttobetrag von 1000 EUR 20% anrechnungsfrei; von dem darüber hinausgehenden Einkommen werden 10% bis zu einem Bruttobetrag von 1200 EUR und – bei Vorhandensein eines minderjährigen Kindes – bis zu einem Bruttobetrag von 1500 EUR nicht angerechnet. **194**

Freibeträge nach §§ 11b II, III SGB II

Bruttolohn	Grundfreibetrag nach § 11b II 1	Freibetrag nach § 11b III	Gesamtfreibetrag
100	100	0	100
200	100	20	120
400	100	60	160
600	100	100	200
800	100	140	240
1000	100	180	280
1200	100	200	300
1500	100	230★	330

★ nur bei erwerbsfähigen Hilfebedürftigen, die mit mindestens einem minderjährigen Kind in einer Bedarfsgemeinschaft leben oder die mindestens ein minderjähriges Kind haben.

Nach der ursprünglichen Fassung des § 11 I 3 SGB II (aF; nunmehr § 11 I 4 SGB II) war nur das **Kindergeld** für ein minderjähriges Kind diesem als Einkommen zuzurechnen, soweit es zur Sicherung seines Lebensunterhalts benötigt wurde. Seit dem 1.7.2006 gilt dies für jedes zur Bedarfsgemeinschaft gehörende Kind, also auch für den Volljährigen bis zur Vollendung des 25. Lebensjahres, der bei seinen Eltern oder einem Elternteil lebt (vgl. § 7 III Nr. 2, 4 SGB II; → Rn. 181).[42] Wohnt das volljährige Kind nicht im Elternhaus, ist das Kindergeld nur dann Einkommen des Kindes, wenn es nachweislich an dieses weitergeleitet wird (§ 1 I Nr. 8 Alg II-V) oder nach § 74 EStG durch förmlichen Bescheid zugunsten des Kindes abgezweigt wird.[43] Im Übrigen steht es dem Elternteil zu, der nach §§ 62, 64 EStG kindergeldberechtigt ist.[44] **195**

Auch der **Kinderzuschlag** nach § 6a BKGG (vgl. dazu → § 1 Rn. 462b ff.) ist bis zur Vollendung des 25. Lebensjahres als Einkommen des Kindes zu behandeln (§ 11 I 3 SGB II, § 6a I 1 BKGG).[45]

Eine Ausnahme gilt für Bedarfe nach § 28 SGB II (Leistungen für Bildung und Teilhabe), hierfür wird Kindergeld nicht angerechnet (§ 11 I 4 SGB II).

---

[42] Vgl. BSG FamRZ 2008, 688.
[43] BSG FamRZ 2008, 886.
[44] BSG FamRZ 2008, 886; BSG – B 9a SB 2/06 B, BeckRS 2007, 40102; vgl. auch BGH FamRZ 2008, 51 (zu § 41 SGB XII).
[45] Vgl. BSG NZS 2018, 618.

196 Schulden kürzen wie im Sozialhilferecht (→ Rn. 35) das Einkommen im Sinne des SGB II grundsätzlich nicht. Mietschulden können ggf. als Darlehen übernommen werden (§ 22 VIII SGB II).

197 Nach § 11b I 1 Nr. 7 SGB II werden Aufwendungen zur Erfüllung gesetzlicher **Unterhaltspflichten** bis zu dem in einem Unterhaltstitel oder in einer notariell beurkundeten Unterhaltsvereinbarung festgelegten Betrag vom Einkommen abgesetzt. Ein gerichtlicher Vergleich steht der notariellen Beurkundung gleich (§ 126a BGB). Dies dürfte auch für einen Anwaltsvergleich (§§ 120 I FamFG, 796a ZPO) gelten, da er jedenfalls ein Unterhaltstitel ist. Der titulierte und geleistete Unterhalt steht, auch wenn die Einkünfte des Hilfebedürftigen nicht gepfändet sind (oder schon nicht pfändbar ist[46]), nicht als Einkommen für seinen Lebensunterhalt zur Verfügung.[47] Das gilt auch, wenn der Unterhalt vom Familiengericht lediglich aufgrund fiktiven Einkommens tituliert ist.[48]

Zahlt der Schuldner freiwillig den Unterhalt, ohne ihn titulieren zu lassen, wird der Unterhalt nach dem Wortlaut des § 11b I 1 Nr. 7 SGB II nicht als Abzugsposten berücksichtigt.[49] Der Unterhaltspflichtige ist also vielfach gut beraten, wenn er sich, zB durch eine Jugendamtsurkunde, der sofortigen Zwangsvollstreckung unterwirft und so einen Vollstreckungstitel schafft (§§ 120 I FamFG, 794 I Nr. 5 ZPO, § 60 I SGB VIII). Zu den Auswirkungen des Abzugs titulierten Unterhalts bei der Berechnung des Unterhalts anderer Berechtigter vgl. → Rn. 224, 259 f.

Regelmäßig sind vom Träger der Grundsicherung für Arbeitsuchende oder vom Sozialgericht **keine eigenen Feststellungen zur Höhe des Unterhaltsanspruchs** zu treffen.[50] Dagegen bestimmt und begrenzt ein rechtskräftiger Unterhaltstitel gleichzeitig die gesetzliche Unterhaltspflicht. Etwas anderes gilt dann, wenn keine gerichtliche Entscheidung oder verbindliche Vereinbarung über den zu leistenden Unterhalt vorliegt.[51] Das BSG nimmt aber auch in diesem Fall an, dass die Titulierung durch Jugendamtsurkunde regelmäßig der gesetzlichen Verpflichtung entspricht.[52]

Die verbreitete Praxis, dass ein nach Unterhaltsrecht nicht leistungsfähiger Unterhaltspflichtiger einen Unterhaltsbetrag titulieren lässt, um über den Freibetrag ergänzende Leistungen nach dem SGB II beanspruchen zu können, ist allerdings nicht zulässig, schon weil der Unterhaltspflichtige sich in diesem Fall schuldhaft bedürftig machen würde. Daher kann vom Unterhaltspflichtigen, der unterhaltsrechtlich nicht leistungsfähig ist, nicht verlangt werden, dass er auf Kosten der Grundsicherung für Arbeitsuchende einen Titel errichten lässt.[53] Entsprechend hat das BSG für den Fall der offenbar dem Grunde oder in der titulierten Höhe nicht bestehenden gesetzlichen Unterhaltspflicht eine Ausnahme von der sozialrechtlichen Berücksichtigungsfähigkeit einer titulierten Unterhaltsschuld gemacht.[54] Vgl. auch → Rn. 224.

Davon zu unterscheiden ist eine unter Umständen bestehende Leistungsberechtigung des Unterhaltspflichtigen nach dem SGB II, welche sich aus unterschiedlichen Wertungen des Unterhalts- und Sozialrechts ergibt (Beispiel: Fiktives Einkommen).

198 Eine weitere Anrechnungsvorschrift findet sich in § 11b I 1 Nr. 8 SGB II. Bezieht ein Kind Ausbildungsförderung nach dem **BAföG** (vgl. dazu → Rn. 192, 279 ff.) oder nach §§ 71, 108 SGB III, wird darauf Einkommen der Eltern oberhalb bestimmter Beträge angerechnet. Dieser angerechnete Betrag kürzt das Einkommen des Hilfebedürftigen.

---

[46] BSG – B 4 AS 78/10 R, BeckRS 2011, 69454 Rn. 20.
[47] Begründung des Gesetzentwurfs BT-Drucks. 16/1410, 20.
[48] BSG BeckRS 2011, 69454 Rn. 24.
[49] BSG BeckRS 2011, 69454 Rn. 15 mwN.
[50] BSG BeckRS 2011, 69454 Rn. 16.
[51] BSG BeckRS 2011, 69454 Rn. 17 mwN.
[52] BSG BeckRS 2011, 69454 Rn. 18 mwN.
[53] BGH FamRZ 2014, 637; 2013, 1378.
[54] BSG BeckRS 2011, 69454 Rn. 19 (im entschiedenen Fall verneint); vgl. auch LSG Sachsen-Anhalt, FamRZ 2011, 682.

Vermögen. Wie im Sozialhilferecht (→ Rn. 43) sind grundsätzlich alle verwertbaren **199** Vermögensgegenstände zur Deckung des Lebensunterhalts heranzuziehen (§ 12 I SGB II). Jedoch wird Vermögen in weiterem Umfang, als in § 90 SGB XII vorgesehen, vom Zugriff des Trägers der Grundsicherung verschont. Bei Geldvermögen werden verhältnismäßig hohe Freibeträge gewährt. § 12 SGB II unterscheidet zwischen dem Grundfreibetrag, einem Freibetrag für die Altersvorsorge in Höhe des nach Bundesrecht geförderten Vermögens (sog. Riesterrente), Freibeträgen für geldwerte Ansprüche, die der Altersvorsorge dienen, und einem Freibetrag für notwendige Anschaffungen. Der Grundfreibetrag des § 12 II 1 Nr. 1 SGB II beträgt 150 EUR je vollendetes Lebensjahr des volljährigen Hilfebedürftigen und seines Partners, mindestens jeweils 3100 EUR. Für minderjährige Kinder gilt ein Grundfreibetrag von 3100 EUR (§ 12 II Nr. 1a SGB II). Die Freibeträge für geldwerte Ansprüche zur Sicherung der Altersvorsorge belaufen sich auf 250 EUR je vollendetes Lebensjahr. Voraussetzung ist, dass der Inhaber die Ansprüche vor Eintritt in den Ruhestand nicht verwerten kann. Bei den an das Alter geknüpften Freibeträgen dürfen bestimmte Höchstbeträge nicht überschritten werden (§ 12 II 2 SGB II). Daneben bleibt nach § 12 II 1 Nr. 2 SGB II Vermögen in Höhe der angesparten Riesterrente anrechnungsfrei. Ferner steht jedem in der Bedarfsgemeinschaft lebenden Hilfebedürftigen ein Freibetrag von 750 EUR für notwendige Anschaffungen zu (§ 12 II Nr. 4 SGB II). Neben dem Hausrat wird ein angemessenes Kraftfahrzeug (für jeden in der Bedarfsgemeinschaft lebenden erwerbsfähigen Hilfebedürftigen) verschont (§ 12 III 1 Nr. 1, 2 SGB II). Bei einem nicht erwerbsfähigen Mitglied der Bedarfsgemeinschaft bleibt ein Kraftfahrzeug nicht anrechnungsfrei.[55] Auch eine selbst genutzte Immobilie von angemessener Größe gehört zum Schonvermögen (§ 12 III 1 Nr. 4 SGB II). Angemessen ist in der Regel für einen Ein- oder Zweipersonenhaushalt eine Wohnung von 80 qm, für eine dreiköpfige Familie von 100 qm und für einen Vierpersonenhaushalt von 120 qm. Auf weitere Kriterien, wie sie in § 90 II Nr. 8 SGB XII aufgeführt sind (→ Rn. 43), insbesondere auf den Wert des Grundstücks, kommt es nicht an.[56]

Vermögen bleibt unberücksichtigt, wenn seine Verwertung offensichtlich unwirtschaftlich ist oder wenn sie eine besondere Härte bedeuten würde (§ 12 III 1 Nr. 6 SGB II).[57] Eine besondere Härte liegt in der Regel nicht vor, wenn dem Hilfebedürftigen die Verwertung von Vermögen oberhalb der Freibeträge angesonnen wird; dies gilt auch dann, wenn er nur für kurze Leistungen nach dem SGB II bezieht.[58] In einem solchen Fall kann ein Darlehen gewährt werden (§ 23 V SGB II; vgl. auch → Rn. 189).

III. Leistungen zur Sicherung des Lebensunterhalts

Ein erwerbsfähiger Hilfebedürftiger erhält Leistungen zur Sicherung des Lebensunter- **200** halts in Form des Arbeitslosengeldes II (§§ 19 ff. SGB II). Nicht erwerbsfähigen Angehörigen, die mit ihm in einer Bedarfsgemeinschaft leben, wird Sozialgeld gewährt (§§ 19, 23 SGB II; vgl. → Rn. 210). Die Höhe des Anspruchs gegen die Träger der Grundsicherung ergibt sich erst aus einem Vergleich zwischen dem Bedarf nach diesen Vorschriften und dem Umfang der Hilfebedürftigkeit (→ Rn. 212 ff.).[59] Arbeitslosengeld II und Sozialgeld sind steuerfrei (§ 3 Nr. 2b EStG), unterliegen aber grundsätzlich der Versicherungspflicht in der gesetzlichen Sozialversicherung (dazu im Einzelnen → Rn. 208).

---

[55] BSG BeckRS 2008, 50694.
[56] Vgl. dazu BSG BeckRS 2007, 40873.
[57] Zur Unwirtschaftlichkeit und zur besonderen Härte der Verwertung einer Lebens- und einer Rentenversicherung: BSG BeckRS 2008, 50694.
[58] BSG BeckRS 2008, 50694.
[59] Steck/Kossens, Neuordnung von Arbeitslosen- und Sozialhilfe durch Hartz IV Rn. 137.

§ 8 Unterhalt und Sozialleistungen

1. Arbeitslosengeld II

201   **a) Regelleistung zur Sicherung des Lebensunterhalts.** Der Bedarf an Ernährung, Kleidung, Körperpflege, Hausrat, an Haushaltsenergie (ohne die auf die Heizung entfallenden Anteile), die Bedarfe des täglichen Lebens und in vertretbarem Umfang auch Kosten der Beziehungen zur Umwelt und der Teilhabe am kulturellen Leben werden pauschaliert und durch die Regelleistung sichergestellt. (§ 20 I 1 SGB II). Sie deckt – abgesehen von den Kosten der Unterkunft und Heizung (→ Rn. 205), von Mehrbedarf (→ Rn. 206) und von den eng begrenzten einmaligen Bedarfen (→ Rn. 207) – den **gesamten Bedarf** ab. Wie sich eindeutig aus § 3 III 2 SGB II ergibt, ist eine anderweitige Festlegung, insbesondere eine Erhöhung der Regelleistung im Gegensatz zu § 28 I 2 SGB XII (→ Rn. 218) nicht vorgesehen.[60] Jedoch kann ein atypischer Bedarf unter Umständen nach § 73 SGB XII durch den Sozialhilfeträger gedeckt werden (vgl. → Rn. 218).

202   Die Regelleistung deckt sich weitgehend mit den Regelsätzen der Sozialhilfe. Vgl. dazu → Rn. 49. Nach der bis 2010 geltenden Rechtslage wurde sie bei Veränderung des aktuellen Rentenwerts in der gesetzlichen Rentenversicherung jeweils zum 1. Juli eines Jahres angepasst (§ 20 IV SGB II aF). Vom 1.1.2005 bis zum 30.6.2006 wurde bei der Regelleistung noch zwischen den alten Bundesländern einschließlich Berlin-Ost (345 EUR) und den neuen Ländern – ohne Berlin-Ost – (331 EUR) unterschieden. Vom 1.7.2006 bis 30.6.2007 betrug die Regelleistung in Gesamtdeutschland 345 EUR (§ 20 II 2 SGB II) und wurde zum 1.7.2007 auf 347 EUR, zum 1.7.2008 auf 352 EUR und zum 1.7.2009 auf 359 EUR erhöht. Vgl. dazu → Rn. 49.

Aufgrund der Neuregelung durch das Gesetz zur Ermittlung von Regelbedarfen und zur Änderung des Zweiten und Zwölften Buches Sozialgesetzbuch vom 24.3.2011,[61] das im wesentlichen (rückwirkend) zum 1.1.2011 in Kraft getreten ist (s. → Rn. 4, 172), ist mit den Regelbedarfssätzen der Sozialhilfe das Referenzsystem für die Leistungen zur Sicherung des Lebensunterhalts nach dem SGB II geändert worden. Wegen der einzelnen Änderungen wird auf die Ausführungen zum Sozialhilferecht (→ Rn. 48 ff.) verwiesen.

Der Regelbedarf beträgt nach § 20 II 1 SGB II nunmehr (ab 1.1.2019) **424 EUR.**

203   Der Regelbedarf wird in voller Höhe nur **Alleinstehenden oder Alleinerziehenden** sowie Hilfebedürftigen mit volljährigen minderjährigen Partner gewährt (§ 20 II 1 SGB II). Haben zwei **Partner** der Bedarfsgemeinschaft das 18. Lebensjahr vollendet, erhalten sie nach § 20 IV SGB II **382 EUR** (= jeweils 90% des Regelbedarfs), **sonstige erwerbsfähige Mitglieder** der Bedarfsgemeinschaft, insbesondere erwerbsfähige minderjährige Kinder ab Vollendung des 15. Lebensjahres sowie erwerbsfähige volljährige Kinder bis zur Vollendung des 25. Lebensjahres dagegen nach § 20 II 2, III SGB II nur **339 EUR** (80% des Regelbedarfs).

Für **minderjährige Kinder** bis zur Vollendung des 14. Lebensjahres betrug das Sozialgeld (→ Rn. 210) bis 2010 60% der Regelleistung; im 15. Lebensjahr erhielten Kinder ein Sozialgeld von 80% (§ 28 I 3 Nr. 1 SGB II aF), woraus sich zuletzt Beträge von
215 EUR (0 bis 5 Jahre),
251 EUR (6 bis 13 Jahre) und
287 EUR (ab 14 Jahre; Arbeitslosengeld II bzw. Sozialgeld) ergaben.

Die nach den Maßgaben des BVerfG neu vorgenommene Regelbedarfsermittlung hat hingegen zu niedrigeren Beträgen geführt:
213 EUR (bis 5 Jahre; § 23 Nr. 1 SGB II)
242 EUR (6 bis 13 Jahre; § 23 Nr. 1 SGB II) und
275 EUR (14 bis 17 Jahre; §§ 20 II 2 Nr. 1, 23 Nr. 1 SGB II) geführt.

Das Gesetz gewährte insoweit – wie im Sozialhilferecht – **Bestandsschutz.** Nach § 77 IV SGB II galten die bisherigen Beträge fort, solange sie über den (fortgeschriebenen) Beträgen nach dem Sozialhilferecht liegen.[62]

---

[60] BSG FamRZ 2007, 465.
[61] BGBl. I S. 453.
[62] Vgl. Groth/Siebel-Huffmann NJW 2011, 1105 (1106).

4. Abschnitt: Die Grundsicherung für Arbeitsuchende und Unterhalt § 8

Erwerbsunfähigen Mitgliedern der Bedarfsgemeinschaft wird ebenfalls Sozialgeld gewährt, und zwar in Höhe der entsprechenden Regelbedarfe (§§ 19, 20 23 SGB II).

Arbeitslosengeld II/Sozialgeld ab 1.1.2019

Hbd,[63] wenn alleinstehend, allein erziehend oder wenn Partner minderjährig 100% 424 EUR	Hbd und volljährige Partner 90% 382 EUR	Kind von 18 bis 24 Jahre als sonstiges Mitglied der Bdg[64] (80%) 339 EUR	Kind 14–17 Jahre 322 EUR	Kind 6–13 Jahre 302 EUR	Kind bis 5 Jahre 245 EUR

Die Regelbedarfe werden nach § 20 V SGB II jeweils zum 1. Januar eines Jahres entsprechend § 28a SGB XII iVm der Verordnung nach § 40 S. 1 Nr. 1 SGB XII angepasst. Für die Neuermittlung der Regelbedarfe findet § 28 SGB XII iVm dem Regelbedarfs-Ermittlungsgesetz entsprechende Anwendung. Das Bundesministerium für Arbeit und Soziales gibt jeweils spätestens zum 1. November die Höhe der Regelbedarfe für das Folgejahr im Bundesgesetzblatt bekannt.

Ein **volljähriges Kind,** das bei seinen Eltern oder einem Elternteil lebt, gehört seit dem 1.7.2006 bis zur Vollendung des 25. Lebensjahres zu deren Bedarfsgemeinschaft (§§ 7 III Nr. 2, 4, 9 II 2 SGB II). Es erhält daher als Regelbedarf nur 339 EUR (80% des Regelbedarfs für Alleinstehende; § 20 II 2 Nr. 2SGB II). Vollendet das Kind das 25. Lebensjahr, endet die Bedarfsgemeinschaft, auch wenn es weiter im Elternhaus bleibt. Das volljährige Kind wird dann als alleinstehend behandelt und bezieht daher bei Erwerbsfähigkeit 424 EUR (100% des Regelbedarfs; § 20 II 1 SGB II).[65] Vgl. → Rn. 203. Zur Anwendung des § 9 V SGB II in einem solchen Fall vgl. → Rn. 182; zum nicht erwerbsfähigen volljährigen Kind vgl. → Rn. 210. **204**

b) Unterkunft und Heizung.[66] Die Kosten hierfür werden, soweit angemessen, nach §§ 6 I 1 Nr. 2, 22 I 1 SGB II in Höhe der tatsächlichen Aufwendungen durch den kommunalen Träger ersetzt. Die Gewährung von Wohngeld ist wie im Sozialhilferecht (→ Rn. 52) ausgeschlossen (§ 7 I 1 Nr. 1 WohngeldG). Hinsichtlich der Heizkosten sind die Kosten der zentralen Warmwasserversorgung mit aufgenommen worden, Kosten einer dezentralen Warmwasserversorgung können als Mehrbedarf geltend gemacht werden (§ 21 VII SGB II). Das entspricht der Neuregelung im sozialhilferecht, vgl. → Rn. 52. **205**

Angemessen sind die Aufwendungen für eine Wohnung, die nach Größe, Ausstattung, Lage und Bausubstanz einfachen und grundlegenden Bedürfnissen genügt. Es kommt darauf an, ob Wohnungen mit einfachem Ausstattungsniveau konkret zur Verfügung stehen. Für die Größe der Wohnung gelten die Maßstäbe des WoFG vom 13.9.2001 – BGBl. I 2376.[67] Zur Bestimmung der Angemessenheit der Unterkunftskosten (§ 22 I 1 SGB II) eröffnet die gesetzliche Neuregelung kommunale Beurteilungsspielräume bei der Ausfüllung des Angemessenheitsbegriffs durch kommunale Satzung (§§ 22a bis 22c SGB II, „Satzungslösung"[68]). Nach § 22a I 1 SGB II können die Länder die Kreise und kreisfreien Städte durch Gesetz ermächtigen oder verpflichten, die Angemessenheit der Unterkunfts- und/oder Heizkosten iS des § 22 I 1 SGB II durch Satzung zu regeln. Anders als nach der früheren Rechtslage sind im Rahmen einer Satzungsregelung auch Pauschalierungen zulässig, wenngleich unter engen Voraussetzungen (§ 22a II SGB II). Die Satzung ist durch ein neu eingeführtes Normenkontrollverfahren vor dem Landessozialgericht überprüfbar (§ 55a SGG). Solange es an einer kommunalen Satzung fehlt, haben die

---

63 Hilfebedürftiger.
64 Bedarfsgemeinschaft.
65 Vgl. BSG NZS 2007, 550.
66 Vgl. dazu im Einzelnen Steck/Kossens, Neuordnung Rn. 195 ff.
67 BSG NZS 2007, 428.
68 Vgl. – auch zum Folgenden – Groth/Siebel-Huffmann NJW 2011, 1105 (1108).

Leistungsträger bzw. gemeinsame Einrichtung über die Angemessenheit der Kosten in eigener Verantwortung zu entscheiden.

Unangemessene Wohnkosten sind, soweit möglich und zumutbar, zu reduzieren, insbesondere durch Umzug (§ 22 I 3 SGB II). Vor Umzug in eine teurere Wohnung soll der kommunale Träger über dessen Erforderlichkeit entscheiden (§ 22 IV SGB II). Ist der Umzug nicht erforderlich, werden die Leistungen nur in bisheriger Höhe erbracht (§ 22 I 2 SGB II). Besondere Anforderungen an die Erforderlichkeit werden bei noch nicht 25-jährigen Hilfebedürftigen angelegt (§ 22 V SGB II). Damit soll verhindert werden, dass junge Volljährige aus dem Elternhaus ausziehen und zu Lasten des Trägers der Grundsicherung einen eigenen Haushalt gründen. Ziehen sie ohne Zustimmung des kommunalen Trägers aus, erhalten sie bis zum 25. Lebensjahr weiter nur den reduzierten Regelbedarf (80% des Regelbedarfs Alleinstehender, § 20 III SGB II). Zur Aufteilung der Wohnkosten auf mehrere Bewohner vgl. → Rn. 213.

206 **c) Mehrbedarf.** Die Vorschrift des § 21 SGB II über den Mehrbedarf entspricht weitgehend § 30 SGB XII (vgl. → Rn. 53). Jedoch kommt nach dem SGB II ein Mehrbedarf für Personen, die die Regelaltersgrenze überschritten haben, und voll erwerbsgeminderte Personen nicht in Betracht, da dieser Personenkreis keine Leistungen nach dem SGB II erhalten kann (§ 7 I SGB II; vgl. → Rn. 186).

207 **d) Einmalige Bedarfe.** Leistungen für einmalige Bedarfe werden nach § 24 III 1 SGB II im selben Umfang wie im Sozialhilferecht erbracht. Sie sind auch dann zulässig, wenn keine laufende Hilfe gewährt wird (§ 23 III 2 SGB II).[69] Wegen der Einzelheiten wird auf → Rn. 54 verwiesen.

208 **e) Sozialversicherung.** Bezieher von Arbeitslosengeld II sind im Gegensatz zur früheren Rechtslage (§ 3 S. 1 Nr. 3a SGB VI aF) seit 1.1.2011 nicht mehr in der gesetzlichen Rentenversicherung pflichtversichert.[70] Auch die nach § 26 SGB II gewährten Zuschüsse zu freiwilligen Versicherungsbeiträgen sind gestrichen worden.

In der gesetzlichen Krankenversicherung und in der Pflegeversicherung besteht hingegen eine Pflichtversicherung, soweit der Hilfebedürftige nicht familienversichert ist (§ 5 I Nr. 2a SGB V, § 20 I 2 Nr. 2a SGB XI). Zum Versicherungsschutz von Angehörigen vgl. → Rn. 211.

209 **f) Sanktionen.** Das Arbeitslosengeld II kann nach §§ 31 ff. SGB II in mehreren Stufen abgesenkt, uU auch ganz versagt werden, wenn der Hilfebedürftige seine Mitwirkungspflichten oder seine Erwerbsobliegenheit verletzt. Der Fehlbetrag kann nicht durch Hilfe zum Lebensunterhalt nach § 27 SGB XII aufgefüllt werden (§ 5 II 1 SGB II, § 21 SGB XII; vgl. dazu → Rn. 218).

2. Sozialgeld

210 Anspruchsberechtigt sind nicht erwerbsfähige Personen, die mit erwerbsfähigen Hilfebedürftigen in einer Bedarfsgemeinschaft zusammenleben (§§ 19 I 2, 23 SGB II). Es handelt sich im Wesentlichen um
– Kinder des erwerbsfähigen Hilfebedürftigen und seines Partners bis zum vollendeten 15. Lebensjahr, soweit sie die Leistungen zur Sicherung des Lebensunterhalts nicht aus eigenem Vermögen oder Einkommen, zB gezahlten Unterhalt und Kindergeld, beschaffen können (§ 7 III Nr. 4 SGB II),
– voll erwerbsunfähige unverheiratete Kinder des erwerbsfähigen Hilfebedürftigen und seines Partners im Alter von 15 bis 25 Jahren; soweit sie die Leistungen zur Sicherung des Lebensunterhalts nicht aus eigenem Vermögen oder Einkommen beschaffen können (§ 7 III Nr. 4 SGB II),
– Partner des erwerbsfähigen Hilfebedürftigen, wenn sie zwar voll erwerbsgemindert sind, die dauernde Erwerbsunfähigkeit aber (noch) nicht feststeht (vgl. § 7 III Nr. 3 SGB II),

---

[69] Vgl. Steck/Kossens, Neuordnung, Rn. 246 ff.
[70] Geändert durch Haushaltsbegleitgesetz 2011 vom 8.12.2010, BGBl. I S. 1885; zur Begründung und zu den Auswirkungen s. BR-Drucks. 532/10, 66.

– Personen, die zwar voll erwerbsgemindert sind, deren dauernde Erwerbsunfähigkeit aber (noch) nicht feststeht, wenn sie als Eltern oder Elternteil mit einem erwerbsfähigen Kind zwischen 15 bis 25 Jahren in einem Haushalt leben, sowie der nicht auf Dauer voll erwerbsunfähige Partner eines solchen Elternteils (vgl. § 7 III Nr. 2 SGB II).

Personen, die Anspruch auf Leistungen der Grundsicherung im Alter und bei Erwerbsminderung nach § 41 SGB XII haben (→ Rn. 135 ff.), die also die Altersgrenze des § 7a SGB II, gegenwärtig noch das das 65. Lebensjahr (→ Rn. 186), erreicht haben oder die als Volljährige auf Dauer voll erwerbsgemindert sind, erhalten kein Sozialgeld (§ 19 I 2 SGB II).

Nicht erwerbsfähige **volljährige Kinder über 25 Jahren** eines erwerbsfähigen Hilfebedürftigen gehören nicht zur Bedarfsgemeinschaft. Sie haben keinen Anspruch auf Sozialgeld, vielmehr auf Sozialhilfe in der Form der Hilfe zum Lebensunterhalt. Sind sie allerdings auf Dauer erwerbsunfähig, erhalten sie Grundsicherung im Alter und bei Erwerbsminderung (→ Rn. 135 ff.). Zu volljährigen erwerbsfähigen Kindern vgl. → Rn. 182.

Das Sozialgeld richtet sich wie das Arbeitslosengeld II nach §§ 20 ff. SGB II. Der Bezieher erhält also die Regelleistung (zu deren Höhe vgl. → Rn. 202 f.), Ersatz der Wohnkosten (→ Rn. 205), Mehrbedarf (→ Rn. 206) und Leistungen für einmalige Bedarfe (→ Rn. 207). Eine Versicherungspflicht in der gesetzlichen Rentenversicherung besteht nicht. **Krankenversicherungsschutz** wird im Rahmen der Familienversicherung gewährt. Diese setzt allerdings das Bestehen einer Ehe, einer eingetragenen Partnerschaft oder eines Kindschaftsverhältnisses voraus (§ 10 I SGB V). Sollte dies, wie bei einer eheähnlichen Gemeinschaft, nicht der Fall sein, kann Hilfe bei Krankheit nach § 48 SGB XII gewährt werden.[71] **211**

3. Berechnung des Arbeitslosengeldes II und des Sozialgeldes

Der letztlich vom Träger der Grundsicherung bzw. der gemeinsamen Einrichtung oder Jobcenter (→ Rn. 176) zu zahlende Betrag ergibt sich aus der Summe der Regelleistung, der Kosten der Unterkunft und Heizung, des Mehrbedarfs und der sonstigen Leistungen, gemindert um das zu berücksichtigende Einkommen und Vermögen. Hilfebedürftigkeit liegt schon dann vor, wenn der Gesamtbedarf der in einer **Bedarfsgemeinschaft** lebenden Personen nicht gedeckt werden kann (§ 9 II SGB II). Einkommen und Vermögen der Mitglieder der Bedarfsgemeinschaft mindern – wenn auch in differenzierter Weise – den Bedarf. Anzurechnen ist zunächst das Einkommen und Vermögen des Partners (§ 9 II 2 SGB II). Bei unverheirateten **Kindern** bis zur Vollendung des 25. Lebensjahres, die der Bedarfsgemeinschaft ihrer Eltern oder eines Elternteils angehören, ist das Einkommen der Eltern und des Elternteils, ja sogar das Einkommen und Vermögen des Partners dieses Elternteils, also zB des Stiefvaters oder der Stiefmutter, zu berücksichtigen (§ 9 II 2 SGB II). Dagegen ist Einkommen und Vermögen eines zur Bedarfsgemeinschaft gehörenden unverheirateten Kindes nicht auf den Bedarf der Eltern anzurechnen.[72] Soweit Kinder bis zur Vollendung des 25. Lebensjahres ihren Lebensunterhalt durch eigenes Einkommen oder Vermögen sicherstellen können, zB durch Unterhaltszahlungen des anderen Elternteils oder Kindergeld, gehören sie nicht der Bedarfsgemeinschaft an (§ 7 III Nr. 4 SGB II). Unterhalt und Kindergeld sind daher allein dem Kind als Einkommen zuzurechnen. Der nicht für den Lebensunterhalt des Kindes benötigte Teil des Kindergeldes ist Einkommen des Elternteils, an den es nach § 64 II EStG ausgezahlt wird.[73] **212**

Diese komplizierten Regeln über die Zurechnung von Einkommen und Vermögen ändern nichts daran, dass jeder Angehörige der Bedarfsgemeinschaft einen **eigenen Anspruch** auf Leistungen zur Sicherung des Lebensunterhalts, also auf Arbeitslosengeld II bzw. Sozialgeld hat.[74] Dies ist für das **Unterhaltsverfahren** wichtig, weil der Unterhaltsanspruch des Leistungsberechtigten nach § 33 SGB II nur in Höhe des gerade ihm **213**

---

71 Birk in LPK/SGB II § 28 Rn. 20.
72 DH der Bundesagentur zu § 9 SGB II Nr. 9.44.
73 BSG BeckRS 2007, 41020; vgl. auch BSG FamRZ 2008, 51 (zu § 41 SGB XII).
74 BSG FamRZ 2007, 724.

gewährten Arbeitslosengeldes II bzw. Sozialgeldes auf die Träger der Grundsicherung übergehen kann. Vgl. dazu → Rn. 184. Die Höhe des jeweiligen Anspruchs auf Leistungen zur Sicherung des Lebensunterhalts ergibt sich aus § 9 II 3 SGB II. Danach gilt jede Person der Bedarfsgemeinschaft im Verhältnis des eigenen Bedarfs zum Gesamtbedarf als hilfebedürftig, wenn der Gesamtbedarf der Bedarfsgemeinschaft nicht (voll) aus deren eigenen Kräften gedeckt werden kann. In einer Bedarfsgemeinschaft wird danach selbst derjenige, dessen individueller Bedarf durch sein Einkommen gedeckt ist, als hilfebedürftig behandelt, sodass ihm, ohne dass individuelle Hilfebedürftigkeit vorliegt, ein eigener anteiliger Anspruch gegen den Träger der Grundsicherung zusteht.[75] Dementsprechend berechnet das Jobcenter den Anteil jedes Angehörigen der Bedarfsgemeinschaft an der Hilfebedürftigkeit nach der **„Bedarfsanteilsmethode"**.[76] Zunächst ist für jedes Mitglied der Bedarfsgemeinschaft der individuelle Bedarf zu ermitteln. Dabei werden die anteiligen Kosten der Unterkunft und Heizung nach der **Kopfzahl** der Bewohner berücksichtigt, auch wenn nicht alle der Bedarfsgemeinschaft angehören.[77] Der Bedarf der Kinder ist um deren Einkommen zu mindern. Ist dessen Bedarf dadurch gedeckt, scheidet es mangels Hilfebedürftigkeit aus der weiteren Berechnung aus. Danach ist für jede Person der prozentuale Anteil am Gesamtbedarf festzustellen. Entsprechend diesem Prozentsatz ist das zu berücksichtigende Gesamteinkommen auf die einzelnen Mitglieder der Bedarfsgemeinschaft zu verteilen.

4. Sonstige Geldleistungen

214   **a) Befristeter Zuschlag.** Bis 2010 wurde erwerbsfähigen Hilfebedürftigen während einer Übergangszeit von zwei Jahren nach dem Ende des Bezugs von Arbeitslosengeld I gemäß §§ 117 ff. SGB III neben dem Arbeitslosengeld II ein monatlicher Zuschlag gewährt (§ 24 I SGB II aF). Zum 1.1.2011 ist die Leistung abgeschafft worden.[78] Zum Inhalt des Anspruchs s. die Vorauflage.

215   **b) Einstiegsgeld.** Nach §§ 16b, 16c SGB II (zuvor § 29 I, II SGB II aF) kann einem erwerbsfähigen Hilfebedürftigen bei Aufnahme einer sozialversicherungspflichtigen oder selbständigen Erwerbstätigkeit Einstiegsgeld als Zuschuss zum Arbeitslosengeld II gewährt werden, wenn dies zur Überwindung der Hilfebedürftigkeit und zur Eingliederung in den allgemeinen Arbeitsmarkt erforderlich ist; die Höchstdauer beträgt 24 Monate. Das Einstiegsgeld ist keine Leistung zur Sicherung des Lebensunterhalts,[79] was nach der gesetzlichen Neuregelung durch die Einordnung unter die Leistungen zur Eingliederung (§§ 16 ff. SGB II) auch im Gesetzesaufbau hinreichend deutlich wird.

216   **c) Mehraufwandsentschädigung (sog. Ein-Euro-Jobs).** Nach § 16d SGB II können erwerbsfähige Leistungsberechtigte in Gelegenheiten für im öffentlichen Interesse liegende Arbeiten zugewiesen werden. Der erwerbsfähige Hilfebedürftige ist verpflichtet, diese Gelegenheiten wahrzunehmen (§ 31 I 1 Nr. 2 SGB II). Ein Arbeitsverhältnis wird hierdurch nicht begründet. Jedoch wird dem Hilfebedürftigen neben dem Arbeitslosengeld II eine angemessene Entschädigung für Mehraufwand gezahlt; auch gelten arbeitsrechtliche Vorschriften über Arbeitsschutz und Urlaub (§ 16d VII SGB II). Die Arbeitsgelegenheiten werden vorzugsweise von den Kommunen und freien Wohlfahrtsverbänden angeboten.

217   **d) Darlehen** können zur Sicherung eines von den Regelsätzen umfassten, aber unabweisbaren Bedarfs (§ 24 I SGB II; vgl. → Rn. 201), zur (kurzfristigen) Zwischenfinanzierung bis zum voraussichtlichen Eingang von Einnahmen (§ 24 IV SGB II), zur Vermeidung einer derzeit nicht möglichen oder unzumutbaren Verwertung von Vermögen (§§ 9 IV, 24 V SGB II; vgl. dazu → Rn. 199) sowie für die Übernahme von Mietschulden

---

[75] BSG FamRZ 2007, 724 (725).
[76] DH der Bundesagentur zu § 9 SGB II Nr. 9.49.
[77] BSG NZS 2018, 739; FamRZ 2008, 688; ebenso zur Sozialhilfe BVerwG NJW 1989, 313. Zu den Bedenken gegen diese Praxis vgl. → Rn. 100.
[78] Durch Haushaltsbegleitgesetz 2011 vom 8.12.2010, BGBl. I S. 1885.
[79] Klinkhammer FamRZ 2004, 1909 (1911).

4. Abschnitt: Die Grundsicherung für Arbeitsuchende und Unterhalt § 8

zur Verhütung von Wohnungsnot (§§ 21 S. 2, 34 SGB XII; vgl. auch → Rn. 56) gewährt werden.

e) Leistungen für Bildung und Teilhabe. Eine der wesentlichen Neuerungen zum 1.1.2011 ist der Unterabschnitt Leistungen für Bildung und Teilhabe nach §§ 28, 29 SGB II (vgl. zur Sozialhilfe → Rn. 53a). 217a

Zum **berechtigten Personenkreis** gehören nach § 28 I SGB II
– Schülerinnen und Schüler, die eine allgemein- oder berufsbildende Schule besuchen
– Kinder, Jugendliche und junge Erwachsene bis zur Vollendung des 25. Lebensjahres.

Folgende **Bedarfe** werden anerkannt (§ 28 II bis VII SGB II):
– Bedarfe für **Schulausflüge und mehrtägige Klassenfahrten** im Rahmen der schulrechtlichen Bestimmungen in Höhe der tatsächlichen Aufwendungen. Für Kinder, die eine Kindertageseinrichtung besuchen, gilt dies entsprechend.
– Bedarfe für **persönlichen Schulbedarf** von 70 EUR für das 1. Schulhalbjahr und 30 EUR für das 2. Schulhalbjahr (vgl. § 24a SGB II aF)
– Kosten der **Schülerbeförderung**
– **Nachhilfekosten** („ergänzende angemessene Lernförderung")
– Mehraufwendungen bei Teilnahme an einer **gemeinschaftlichen Mittagsverpflegung**
– Für Minderjährige wird ein Bedarf zur Teilhabe **am sozialen und kulturellen Leben in der Gemeinschaft** in Höhe von insgesamt 10 EUR monatlich berücksichtigt für **Mitgliedsbeiträge** in den Bereichen Sport, Spiel, Kultur und Geselligkeit, Unterricht in künstlerischen Fächern (zum Beispiel Musikunterricht) und vergleichbare angeleitete Aktivitäten der kulturellen Bildung und die **Teilnahme an Freizeiten**.

Die vorstehenden Leistungen – mit Ausnahme des persönlichen Schulbedarfs – werden **nur auf Antrag** erbracht (§ 37 II SGB II). Leistungen für Schulausflüge, Klassenfahrten, Nachhilfekosten, Mittagsverpflegung und Vereinsbeiträge etc. werden durch Sach- und Dienstleistungen erbracht, insbesondere durch **Gutscheine** oder Direktzahlungen an die Anbieter der Leistungen (§ 29 SGB II).

5. Ausschließlichkeit der Leistungen nach dem SGB II

Das Verbot, über die im SGB II vorgesehenen Leistungen hinaus weitere Bedarfe anzuerkennen (§ 3 III SGB II; vgl. → Rn. 201), bereitet in der Praxis Schwierigkeiten. Es ist nach Auffassung des BSG einer verfassungskonformen Auslegung nicht zugänglich und gilt sogar, wenn das Arbeitslosengeld II abgesenkt wird oder entfällt (vgl. § 31 SGB II; → Rn. 209).[80] Daher ist es fraglich, ob in allen Fällen das Existenzminimum und damit ein menschenwürdiges Dasein gesichert werden kann (Art. 1 GG, § 1 I 1 SGB I). Die Problematik wird allerdings teilweise dadurch entschärft, dass zur Sicherstellung des unabweisbaren Bedarfs ein Darlehen gewährt werden kann (§ 23 I 1 SGB II), dessen Rückzahlung bei Unbilligkeit erlassen werden könnte (§ 44 SGB II); dies darf jedoch insbesondere bei wiederkehrenden Bedarfen nicht zur Umgehung des § 3 III SGB II führen.[81] 218

Danach war eine Erhöhung der Bedarfssätze auch dann nicht möglich, wenn dem Hilfebedürftigen die notwendigen Mittel zur Ausübung seines **Umgangsrechts** mit seinen bei dem anderen Elternteil lebenden Kindern fehlen.[82] Jedoch konnte und kann dem hilfebedürftigen Elternteil ein Anspruch auf Deckung dieses atypischen Bedarfs nach § 73 SGB XII zustehen, der sich allerdings gegen den Sozialhilfeträger richtet und der nicht durch § 5 II 1 SGB II ausgeschlossen ist. Vgl. auch → Rn. 51. Dieser Anspruch erfasst insbesondere Kosten zur Abholung der Kinder, soweit dies erforderlich ist. Daneben sind Ansprüche der Kinder auf Übernahme ihrer eigenen Fahrtkosten möglich. Die Lebenshaltungskosten der Kinder während des Aufenthalts beim umgangsberechtigten Elternteil können bei Bedürftigkeit ggf. nach §§ 20 bis 22 SGB II ersetzt werden, weil die Kinder sowohl mit dem sorgeberechtigten als auch mit dem umgangsberechtigten Elternteil eine

---

[80] BSG FamRZ 2007, 465.
[81] BSG FamRZ 2007, 465.
[82] BSG FamRZ 2007, 465.

(zeitweise) Bedarfsgemeinschaft bilden können.[83] Der Gesetzgeber hat die vom BSG entwickelte Figur anerkannt und durch mehrere Regelungen (§§ 36, 38 II SGB II) „verfahrensrechtlich abgesichert".[84] Für Leistungen an Kinder „im Rahmen der Ausübung des Umgangsrechts ist der Umgangselternteil berechtigt, Sozialgeld zu beantragen (§ 38 II SGB II).[85] Dieser Antrag richtet sich auf die Lebenshaltungskosten und damit auf anteiliges Sozialgeld für die Kinder (Anspruch des Kindes). Die gesetzliche Neuregelung sieht schließlich vor, dass ein mit der Ausübung des Umgangsrechts verbundener besonderer Bedarf für Unterkunft und Heizung berücksichtigt werden muss (§ 22b III 2 Nr. 2 SGB II; insoweit – vergleichbar § 73 SGB XII – Anspruch des Elternteils). Vgl. dazu → Rn. 181. Schließlich kann in diesen Fällen – etwa wegen Fahrtkosten – ein **Mehrbedarf** nach § 21 VI SGB II begründet sein.[86]

IV. Leistungsfähigkeit des Unterhaltspflichtigen bei Bezug von Grundsicherung für Arbeitsuchende

1. Erwerbsobliegenheit

219   Bezieht der Unterhaltspflichtige Leistungen der Grundsicherung, kann nicht ohne weiteres davon ausgegangen werden, dass lediglich sie sein unterhaltsrechtliches Einkommen sind. Dies ist nur der Fall, wenn der Pflichtige seine Erwerbsobliegenheit erfüllt hat. Andernfalls werden ihm bei der Bemessung des Unterhalts **fiktive Einkünfte** in der Höhe zugerechnet, wie er sie bei zumutbaren und ihm möglichen Bemühungen auf dem Arbeitsmarkt erzielen kann. Vgl. dazu → § 1 Rn. 734 ff. Ob die Agentur für Arbeit diese Bemühungen für ausreichend hält und deshalb von einer Absenkung des Arbeitslosengeldes II nach §§ 31 ff. SGB II absieht, ist nicht entscheidend. Allerdings kann die Einschätzung dieser Bemühungen durch den Träger der Grundsicherung ein wichtiges Indiz dafür sein, ob der Pflichtige auch seine Erwerbsobliegenheit gegenüber dem Unterhaltsberechtigten erfüllt hat. Denn der Hilfebedürftige hat sich nach der Eingliederungsvereinbarung selbst um Arbeit zu bemühen und diese Bemühungen nachzuweisen (§ 15 I 2 Nr. 2 SGB II). Auch ist ihm grundsätzlich jede Erwerbstätigkeit zuzumuten (§ 10 I SGB II). Jedoch hat das Familiengericht selbst zu prüfen, ob der Träger der Grundsicherung die Maßstäbe, die sich aus §§ 10, 15 SGB II ergeben, tatsächlich angewandt hat und ob diese im Einzelfall den Anforderungen des Unterhaltsrechts, insbesondere der verschärften Haftung nach § 1603 II 1, 2 BGB genügen.[87]

2. Leistungen der Grundsicherung für Arbeitsuchende als unterhaltsrechtliches Einkommen des Pflichtigen

220   Leistungen zur Sicherung des Lebensunterhalts nach §§ 19 ff. SGB II werden in der Regel den **Selbstbehalt** des Unterhaltsschuldners nach den Tabellen und Leitlinien der Oberlandesgerichte nicht überschreiten. Dieser Selbstbehalt ist für einen Nichterwerbstätigen nach Anm. A 5 der Düsseldorfer Tabelle Stand: 1.1.2019 mit 880 EUR anzusetzen; er kann aber auch 1080 EUR betragen, wenn der Pflichtige einer Erwerbstätigkeit nachgeht. Bei einer Aushilfstätigkeit wird vielfach ein Zwischenbetrag von 980 EUR als Selbstbehalt anerkannt. Vgl. dazu → § 2 Rn. 389. Erreicht das Arbeitslosengeld II einschließlich etwaigen Erwerbseinkommens diese Selbstbehaltssätze nicht, wird Unterhalt nicht geschuldet.

---

[83] BSG FamRZ 2007, 465.
[84] Groth/Siebel-Huffmann NJW 2011, 1105 (1110); vgl BR-Drucks. 661/10, 184.
[85] Zur Antragsbefugnis nach der bis 2010 bestehenden Rechtslage vgl. OLG Hamm NJW-RR 2011, 581 (zur Übertragung der Antragsbefugnis nach § 1628 BGB).
[86] Vgl. BSG BeckRS 2015, 69338 Rn. 16 f. mwN.
[87] Klinkhammer FamRZ 2004, 1909 (1913).

4. Abschnitt: Die Grundsicherung für Arbeitsuchende und Unterhalt § 8

Auch Empfänger von Leistungen der Grundsicherung können über **Einkünfte** verfügen, die den (notwendigen) **Selbstbehalt übersteigen**. Dies kommt allerdings in der Regel nur in Betracht, wenn Eigeneinkommen vorhanden ist und/oder neben der Regelleistung und den Kosten der Unterkunft einschließlich Heizung weitere Leistungen gewährt werden, insbesondere 221
- Leistungen für Mehrbedarf, zB wegen Schwangerschaft, Kindererziehung, Behinderung oder kostenaufwändiger Ernährung (→ Rn. 206),
- Einstiegsgeld nach § 16b SGB II (→ Rn. 215),
- Entschädigung für Mehraufwendungen nach § 16d VII SGB II (Ein-Euro-Jobs; → Rn. 216).

Auch die Kürzung anzurechnenden Einkommens um die Freibeträge nach §§ 11b I, III SGB II (→ Rn. 194) führen zu einer Erhöhung des Arbeitslosengeldes II.

In solchen Fällen ist für die Unterhaltsbemessung die Summe der Grundsicherungsleistungen und des etwaigen Eigeneinkommens maßgebend. Dies entspricht dem Grundsatz, dass im Unterhaltsrecht grundsätzlich alle Einkünfte ohne Rücksicht auf ihre Herkunft und den mit ihnen verfolgten Zweck als Einkommen zum Unterhalt herangezogen werden. Die Sicherung des Existenzminimums durch das SGB II wird damit nicht in Frage gestellt. Denn Einstiegsgeld, Entschädigung für Ein-Euro-Jobs und die Freibeträge nach §§ 11b I, III SGB II werden gerade dann gewährt, wenn das sozialrechtliche Existenzminimum insbesondere durch die Regelleistung und die Leistungen für Unterkunft und Heizung bereits sichergestellt ist (ebenso der befristete Zuschlag nach § 24 SGB II aF s. → Rn. 214). Sie sollen einen Anreiz für die Wiedereingliederung in den allgemeinen Arbeitsmarkt bieten und ähneln eher dem in der politischen Diskussion vielfach geforderten Kombilohn.[88] Sie sind daher unterhaltsrechtliches Einkommen.[89] Bei Mehrbedarf ist zu prüfen, ob er auch unterhaltsrechtlich, zB als krankheitsbedingter Mehrbedarf (→ § 2 Rn. 463), anerkannt werden kann; bei Mehrbedarf wegen Kindererziehung kann ggf. ein Betreuungsbonus gewährt werden (→ § 2 Rn. 401). Dem Anliegen, das der Gesetzgeber mit den Freibeträgen nach §§ 11b I, III SGB II verfolgt, wird im Unterhaltsrecht teilweise dadurch Rechnung getragen, dass Erwerbseinkommen um berufsbedingte Aufwendungen zu kürzen ist und dass der notwendige Selbstbehalt nach den Tabellen und Leitlinien bei Erwerbstätigkeit höher ist als bei einem Nichterwerbstätigen.

Unterhalt wird danach geschuldet, wenn das so berechnete Einkommen die Selbstbehaltssätze übersteigt. Da dem Pflichtigen in jedem Fall der Selbstbehalt verbleibt, wird sowohl sein unterhaltsrechtliches als auch sein sozialrechtliches Existenzminimum geschützt. Die Geldleistungen der Grundsicherung für Arbeitsuchende sind danach grundsätzlich im Unterhaltsrecht **auf Seiten des Verpflichteten** als **Einkommen** zu behandeln. Sie sind aber in der Regel kein Einkommen, wenn sie dem **Berechtigten** gewährt werden, weil sie gegenüber dem Unterhalt subsidiär sind (vgl. → Rn. 7) und demgemäß der Unterhaltsanspruch auf den Träger der Grundsicherung (→ Rn. 230) in Höhe der gewährten Leistungen zur Sicherung des Lebensunterhalts nach § 33 SGB II übergehen kann.[90] Vgl. dazu → Rn. 227. 222

Besondere Schwierigkeiten bereitet die unterhalts- und sozialrechtliche Zuordnung des Einkommens, wenn der Unterhaltspflichtige mit Angehörigen in einer **Bedarfsgemeinschaft** lebt und deren Einkommen den sozialrechtlichen Gesamtbedarf nicht deckt. Nach § 9 II 3 SGB II kann ein Mitglied der Bedarfsgemeinschaft auch dann hilfebedürftig sein, wenn sein Einkommen für sich allein zur Deckung seines sozialrechtlichen Bedarfs ausreichen würde. Denn sein Einkommen wird teilweise auch den anderen Angehörigen der Bedarfsgemeinschaft zugerechnet, obwohl es dabei bleibt, dass jeder von ihnen einen 223

---

[88] Klinkhammer FamRZ 2006, 1171 (zum Einstiegsgeld).
[89] OLG München FamRZ 2006, 1125 (zum befristeten Zuschlag); OLG Celle FamRZ 2006, 1203 (zum Einstiegsgeld).
[90] So die Leitlinien der meisten Oberlandesgerichte: BraL, BrL, CL, DrL, HL, HaL, KoL, NaL, RL, SchL, jeweils zu 2.2; a. A. anscheinend: FL, OL, SüdL, jeweils zu 2.2; Klinkhammer FamRZ 2004, 1909 (1917).

eigenen Anspruch auf Leistungen der Grundsicherung hat.[91] Vgl. → Rn. 213. Im Unterhaltsrecht setzt sich demgegenüber die Rangordnung der Unterhaltsansprüche durch.[92] Deshalb ist dort darauf abzustellen, wem das jeweilige Einkommen zufließt, insbesondere wer Erwerbseinkommen erzielt. Auf die sozialrechtliche Umverteilung des Einkommens innerhalb der Bedarfsgemeinschaft gemäß § 9 II 3 SGB II kommt es deshalb nicht an.[93]

224 Das unterhaltsrechtliche Einkommen des Schuldners erhöht sich nicht deshalb, weil nach § 11b I 1 Nr. 7 SGB II **titulierter Unterhalt** vom (sozialrechtlich) zu berücksichtigenden Einkommen abzusetzen ist (→ Rn. 197). Die Berücksichtigung dieser Vorschrift bei der Unterhaltsbemessung würde dazu führen, dass der Unterhaltsanspruch eines außerhalb der Bedarfsgemeinschaft lebenden Berechtigten in voller Höhe ohne Rücksicht auf die sich nach dem Einkommen richtende Leistungsfähigkeit des Schuldners zugesprochen werden könnte; denn dieser könnte durch Vorlage des Urteils oder einer von ihm zu errichtenden vollstreckbaren Urkunde eine Erhöhung des Arbeitslosengeldes II erreichen.[94] § 11b I 1 Nr. 7 SGB II verfolgt jedoch nur den Zweck, den nach zivilrechtlichen Grundsätzen zuerkannten Unterhalt als sozialrechtlich relevante Einkommensminderung anzuerkennen, wenn der Schuldner zwar nach bürgerlichem Recht, zB auf Grund fiktiven Einkommens, leistungsfähig, gleichwohl aber hilfebedürftig im Sinne des § 9 I SGB II ist. Die unterhaltsrechtliche Leistungsfähigkeit des Schuldners wird durch § 11b I 1 Nr. 7 SGB II nicht berührt.[95] Der **BGH** hat demnach klargestellt, dass sich durch die sozialrechtliche Berücksichtigung titulierter Unterhaltspflichten bei einem Antrag des Unterhaltspflichtigen auf Leistungen der Grundsicherung für Arbeitsuchende dessen unterhaltsrechtliche Leistungsfähigkeit nicht erhöht.[96] Vgl. auch → Rn. 197.

V. Bezug von Grundsicherung für Arbeitsuchende durch den Unterhaltsberechtigten; Anspruchsübergang

1. Subsidiarität der Grundsicherung

225 Die Leistungen der Grundsicherung für Arbeitsuchende sind subsidiär und treten hinter Unterhaltsleistungen zurück (§ 2 I SGB II). Daher ist der Berechtigte nicht hilfebedürftig im Sinne des § 9 I SGB II, soweit er tatsächlich Unterhalt erhält, weil dann die erforderliche Hilfe durch Angehörige sichergestellt ist. **Geleisteter Unterhalt ist Einkommen** im Sinne des SGB II und wird daher auf den Grundsicherungsbedarf angerechnet.[97] Das Gleiche gilt, wenn mit der alsbaldigen Realisierung des Unterhaltsanspruchs zu rechnen ist, da dann sog. bereite Mittel zur Verfügung stehen. Vgl. → Rn. 7. Entscheidend ist allein, ob und in welcher Höhe derzeit oder in Kürze Unterhalt gewährt wird, nicht dagegen, ob und in welchem Umfang ein Unterhaltsanspruch besteht.

226 Der Leistungsberechtigte darf nicht darauf verwiesen werden, gegen den säumigen Unterhaltsschuldner einen zeitraubenden Prozess zu führen, wenn Unterhalt nicht geleistet wird und mit der alsbaldigen Zahlung des Unterhalts nicht zu rechnen ist. Vielmehr hat der Leistungsträger dann Grundsicherung für Arbeitsuchende ohne Rücksicht auf den Unterhaltsanspruch zu gewähren. Die Subsidiarität wird dadurch hergestellt, dass der Unterhaltsanspruch des Leistungsberechtigten kraft Gesetzes auf die Träger der Grundsicherung nach § 33 I 1 SGB II übergeht. Der **Unterhaltsanspruch** des leistungsberech-

---

[91] BSG FamRZ 2007, 724; OLG Bremen FamRZ 2007, 1036.
[92] BGH FamRZ 1996, 1272.
[93] OLG Bremen FamRZ 2007, 1036.
[94] Zu der m. E. zu verneinenden Obliegenheit, eine solche Urkunde zu errichten, und zur rückwirkenden Zurechnung höheren Einkommens vgl. OLG Brandenburg FamRZ 2007, 1905.
[95] BGH FamRZ 2014, 637; 2013, 1378; OLG Bremen FamRZ 2007, 1036; vgl. auch Reinken FPR 2007, 352.
[96] BGH FamRZ 2014, 637; 2013, 1378.
[97] BGH FamRZ 2007, 1158 = R 667a mit Anm Scholz (zu § 41 SGB XII); Klinkhammer FamRZ 2004, 1909, 1918.

4. Abschnitt: Die Grundsicherung für Arbeitsuchende und Unterhalt § 8

tigten Gläubigers ist also grundsätzlich **kein Einkommen oder Vermögen** im Sinne des SGB II.[98]

Aus §§ 5 I 1, 9 I, 33 SGB II folgt, dass Leistungen zur Sicherung des Lebensunterhalts im Sinne der §§ 19 ff. SGB II **nicht als Einkommen des leistungsberechtigten Unterhaltsgläubigers** im Sinne des Unterhaltsrechts angesehen werden dürfen, da andernfalls die Subsidiarität der Grundsicherung für Arbeitsuchende nicht verwirklicht werden könnte.[99] Vielmehr wird die Unterhaltsverpflichtung durch das SGB II nicht berührt (§ 5 I 1 SGB II). Daher ist der Unterhalt ohne Rücksicht auf die Leistungen nach §§ 19 ff. SGB II zu berechnen. Zu Ausnahmen vgl. → Rn. 261. 227

2. Anspruchsübergang

a) Nicht auf Unterhalt gerichtete Ansprüche. § 33 I SGB II erfasst anders als § 94 SGB XII nicht nur Unterhaltsansprüche, sondern alle Ansprüche gegen einen anderen, der nicht Leistungsträger (→ Rn. 61) ist. Dazu gehören auch die Ansprüche, die im Sozialhilferecht nach § 93 SGB XII auf den Sozialhilfeträger übergeleitet werden können. Vgl. dazu → Rn. 60 f. Deren Kreis ist insbesondere für den Gläubiger und den Schuldner nur schwer überschaubar.[100] Die Beteiligten können nicht ohne weiteres damit rechnen, dass ein zivilrechtlicher Anspruch, der nicht auf Unterhalt gerichtet ist, auf den oder die Träger der Grundsicherung (→ Rn. 230) kraft Gesetzes übergeht. Ob sich ein gesetzlicher Anspruchsübergang bei diesen Ansprüchen bewähren wird, bleibt abzuwarten. 228

§ 33 I, III bis V SGB II gelten sowohl für sonstige Forderungen als auch für Unterhaltsansprüche. Im Folgenden wird nur der Übergang von Unterhaltsansprüchen behandelt.

b) Gesetzlicher Forderungsübergang. § 33 SGB II sah in seiner ursprünglichen Fassung im Gegensatz zu § 94 SGB XII, § 91 BSHG keinen Übergang des Unterhaltsanspruchs kraft Gesetzes vor. Vielmehr konnten die Träger der Grundsicherung den Unterhaltsanspruch durch **Verwaltungsakt** auf sich überleiten. Diese Lösung entsprach weitgehend dem früheren § 203 SGB III, der die Anspruchsüberleitung bei der Arbeitslosenhilfe vorsah. Der Gesetzgeber hatte damit einen Rechtszustand wiederhergestellt, wie er vor dem Jahre 1993 bei der Sozialhilfe bestand (§§ 90 f. BSHG aF) und der schon damals von den Sozialhilfeträgern, den Gerichten, aber auch den Betroffenen als unbefriedigend empfunden worden war. Es ist zu begrüßen, dass der Gesetzgeber den vielfach kritisierten § 33 SGB II durch das Fortentwicklungsgesetz (→ Rn. 172) geändert und zum 1.8.2006 an die Stelle der Überleitung des Unterhaltsanspruchs durch Verwaltungsakt einen gesetzlichen Anspruchsübergang gesetzt hat. Damit ist die Doppelgleisigkeit des Rechtsweges zu den Sozialgerichten einerseits und den ordentlichen Gerichten, insbesondere den **Familiengerichten** andererseits beseitigt. Letztere entscheiden nunmehr über alle Rechtsfragen, die mit dem Anspruchsübergang zusammenhängen, insbesondere auch über öffentlich-rechtliche Vorfragen (vgl. § 33 IV 3 SGB II). 229

c) Die Träger der Grundsicherung als neue Gläubiger des Unterhaltsanspruchs. Der Unterhaltsanspruch des Empfängers von Leistungen geht nach § 33 I 1 SGB II auf die Träger der Grundsicherung über, also auf die Bundesagentur für Arbeit einerseits, den kommunalen Träger andererseits (vgl. § 6 I 1 SGB II). Haben sich diese Träger zu einer **gemeinsamen Einrichtung** zusammengeschlossen (§ 44b SGB II), wird diese nach dem eindeutigen Wortlaut der §§ 33 I 1, 44b I 2 SGB II **nicht** neue Gläubigerin des übergegangenen Unterhaltsanspruchs,[101] sondern erfüllt die Aufgaben der beiden Träger in organisatorischer Wahrnehmungszuständigkeit und handelt dabei in eigenem Namen.[102] Vgl. dazu → Rn. 176. Sie ist berechtigt, den Anspruch geltend zu machen und Zahlungen 230

---

[98] So ausdrücklich die Begründung des Entwurfs zum Fortentwicklungsgesetz (→ Rn. 172) BT-Drucks. 16/1410, 26 f.; OLG Celle FamRZ 2006, 1203; OLG München FamRZ 2006, 1125; Klinkhammer FamRZ 2006, 1171.
[99] So die Leitlinien der Oberlandesgerichte zu 2.2.
[100] Dazu eingehend Hußmann FPR 2007, 354.
[101] aA OLG Zweibrücken NJW 2007, 2779 und Scholz in der Vorauflage.
[102] BSG FamRZ 2007, 724 (726).

entgegen zu nehmen. Zur Parteifähigkeit/Beteiligtenfähigkeit der gemeinsamen Einrichtung im Zivilprozess und im Familienstreitverfahren vgl. → Rn. 177. Die Verteilung der vom Schuldner gezahlten Gelder auf die Bundesagentur für Arbeit einerseits, die Kommune andererseits ist eine interne Angelegenheit zwischen der gemeinsamen Einrichtung und den Trägern. Hierbei ist § 19 III 2 SGB II entsprechend anzuwenden, sodass Einkommen und Vermögen des Hilfebedürftigen zunächst auf die Geldleistungen der Agentur, erst danach auf die Geldleistungen der kommunalen Träger anzurechnen sind.[103] Sind die Aufgaben der Träger der Grundsicherung bei einer sog. Optionskommune (§ 6a SGB II; → Rn. 176) konzentriert, kann der Unterhaltsanspruch selbstverständlich nur auf diese Körperschaft übergehen.

231 Die Subsidiarität der Leistungen zur Sicherung des Lebensunterhalts wird ausschließlich durch den gesetzlichen Anspruchsübergang hergestellt. Eine **rechtsgeschäftliche Abtretung** des Unterhaltsanspruchs an die Träger der Grundsicherung, eine Verpflichtung zur Abführung des gezahlten Unterhalts oder die Begründung einer sonstigen bürgerlich-rechtlichen Zahlungspflicht für den Hilfebedürftigen sind nach §§ 31, 32 SGB I **unzulässig** und damit nichtig.[104]

3. Kraft Gesetzes übergehende Unterhaltsansprüche

232 § 33 II SGB II schließt eine Reihe von Unterhaltsansprüchen vom Übergang auf die Träger der Grundsicherung aus. Versucht man den Inhalt der Vorschrift positiv zu formulieren, so gehen folgende Unterhaltsansprüche auf den Träger der Grundsicherung (→ Rn. 230) über:
– Ansprüche auf Trennungs- und nachehelichen Unterhalt gegen den Ehegatten,
– Ansprüche auf Trennungs- und nachpartnerschaftlichen Unterhalt gegen den Lebenspartner,
– Ansprüche nach § 1615l BGB, sofern die Eltern getrennt leben,
– Ansprüche minderjähriger und volljähriger Kinder, die das 25. Lebensjahr noch nicht vollendet und die Erstausbildung noch nicht abgeschlossen haben,
– sonstige Ansprüche auf Verwandtenunterhalt nur dann, wenn der Unterhaltsanspruch vom Berechtigten geltend gemacht wird. Vgl. dazu → Rn. 234.

233 Der Anspruchsübergang erfasst seit dem 1.8.2006 auch den privatrechtlichen **Auskunftsanspruch** (§ 33 I 4 SGB II). Der Träger der Grundsicherung, in der Regel die Arbeitsgemeinschaft (→ Rn. 230), kann daher auch mit der Stufenklage gegen den Schuldner vorgehen (§§ 113 I 2 FamFG, 254 ZPO). Dem Träger steht es jedoch weiterhin frei, durch Verwaltungsakt nach § 60 SGB II von Dritten, insbesondere vom Unterhaltsschuldner, oder nach § 57 SGB II vom Arbeitgeber Auskunft zu verlangen. Vgl. auch → Rn. 67.

234 Beim **Verwandtenunterhalt** – mit Ausnahme des Unterhalts minderjähriger und volljähriger Kinder, die das 25. Lebensjahr noch nicht vollendet und die Erstausbildung noch nicht abgeschlossen haben – hängt der Anspruchsübergang davon ab, ob der leistungsberechtigte Unterhaltsgläubiger den Unterhaltsanspruch bereits **geltend gemacht** hat. Dies ist dann der Fall, wenn der Berechtigte den Pflichtigen gemahnt oder ihn nach §§ 1605, 1613 I 1 BGB aufgefordert hat, über sein Einkommen und Vermögen Auskunft zu erteilen, oder wenn er den Unterhaltsanspruch gerichtlich geltend (anhängig) gemacht hat.[105] Die Geltendmachung bewirkt, dass später ein entstehender Unterhaltsanspruch auf den zuständigen Träger der Grundsicherung (→ Rn. 230) übergeht und dieser ihn gegen den Pflichtigen verfolgen kann. Diese Folgen der Geltendmachung kann der Berechtigte nicht dadurch zu Lasten des Trägers beseitigen, dass er später einseitig auf den Anspruch

---

[103] Klinkhammer FamRZ 2004, 1909 (1917); 2006, 1171 (1173); Münder in LPK/SGB II § 33 Rn. 26.
[104] So mit Recht OLG Celle FamRZ 2006, 1203; Klinkhammer FamRZ 2006, 1171; vgl. auch BGH FamRZ 1996, 1203; 1996, 1205 (jeweils zu § 91 BSHG).
[105] Vgl. Gagel/Hänlein SGB III § 33 SGB II Rn. 32.

verzichtet oder eine Unterhaltsklage zurücknimmt. Denn hierdurch würde er in die Rechte eines Dritten, nämlich des Trägers der Grundsicherung, eingreifen. Die praktische Bedeutung dieser Frage ist freilich gering, da. ein Erwerbsfähiger, der seine Berufsausbildung abgeschlossen hat, nur in seltenen Fällen einen Unterhaltsanspruch gegen seine Verwandten, insbesondere seine Eltern, hat, da er zur Sicherung seines Lebensunterhalts jede Arbeit annehmen muss. Vgl. → § 2 Rn. 57.

Andererseits darf der Träger der Grundsicherung einen volljährigen Hilfebedürftigen, der seine Berufsausbildung abgeschlossen oder das 25. Lebensjahr vollendet hat, nicht auf einen bisher nicht geltend gemachten Unterhaltsanspruch gegen einen Verwandten verweisen, da es allein im Belieben des Hilfebedürftigen steht, ob er den Verwandten in Anspruch nehmen will.[106] Entschließt sich der Leistungsberechtigte gleichwohl zur Geltendmachung des Unterhaltsanspruchs, geht dieser in Höhe der seitdem gewährten Leistungen zur Sicherung des Lebensunterhalts auf den Träger der Grundsicherung (→ Rn. 230) über.

Diese Grundsätze gelten auch bei der Inanspruchnahme von **Verwandten zweiten** **235** **Grades.** Daher kann der geltend gemachte Unterhaltsanspruch eines Enkels gegen seinen Großvater auf den Träger der Grundsicherung übergehen. Den generellen Ausschluss des Anspruchsübergangs zwischen Verwandten zweiten Grades, wie ihn § 94 I 3 SGB XII vorsieht, hat der Gesetzgeber nicht in das SGB II übernommen.

Der Unterhaltsanspruch geht außer den bei → Rn. 234 genannten Fällen nicht auf den **236** Träger der Grundsicherung über,
– wenn der Unterhaltsberechtigte mit dem Pflichtigen in einer Bedarfsgemeinschaft zusammenlebt (§ 33 II 1 Nr. 1 SGB II; vgl. → Rn. 68, 179)
– wenn beim Kindesunterhalt die Tochter schwanger ist oder wenn sie oder der Vater ein leibliches Kind bis zur Vollendung seines sechsten Lebensjahres betreuen (§ 33 II 1 Nr. 3 SGB II; vgl. → Rn. 68).

Der Übergang des Unterhaltsanspruchs wird nicht dadurch ausgeschlossen, dass er nicht **237** übertragen, verpfändet oder gepfändet werden darf (§ 33 I 3 SGB II).

4. Umfang des Anspruchsübergangs

a) Leistungen zur Sicherung des Lebensunterhalts. Ein Anspruchsübergang findet **238** nach § 33 I 1 SGB II nur statt, wenn dem Unterhaltsberechtigten **Leistungen zur Sicherung des Lebensunterhalts** erbracht werden. Dies sind Arbeitslosengeld II, Sozialgeld, Mehrbedarf, Kosten der Unterkunft und Heizung, einmalige Bedarfe, auch wenn die Leistungen als Darlehen (→ Rn. 217) gewährt werden.[107] Die zum früheren Gesetzesaufbau vertretene Auffassung, dass alle Leistungen nach §§ 19 bis 28 SGB II unter § 33 SGB II fallen, traf nicht zu.[108] Dass bei der Entschädigung für Mehraufwendungen (Ein-Euro-Jobs nach § 16d SGB II; → Rn. 216)[109] und beim Einstiegsgeld (§ 16b SGB II, zuvor § 29 SGB II aF; → Rn. 215)[110] kein Anspruchsübergang stattfindet, ist jedenfalls nach dem geänderten Gesetzesaufbau nicht mehr zweifelhaft.

Allerdings fallen nunmehr auch die **Leistungen für Bildung und Teilhabe** (→ Rn. 217a) in den Abschnitt 2 (Leistungen zur Sicherung des Lebensunterhalts). Dass jedenfalls in Bezug auf die Geldleistungen auch insoweit ein Anspruchsübergang stattfindet, entspricht durchaus der mit dem Anspruchsübergang verfolgten gesetzlichen Zielsetzung.

b) Begrenzung durch die Höhe des Arbeitslosengeldes II und persönliche Kon- 239 gruenz. Der Unterhaltsanspruch geht nur bis zur Höhe der Leistungen nach §§ 19 ff. SGB II auf den oder die Träger der Grundsicherung (→ Rn. 230) über. Die Leistungen

---

[106] Hußmann FPR 2007, 354 (356).
[107] OLG Saarbrücken FamRZ 1995, 1166; OLG Stuttgart FamRZ 1995, 1165; a. A. DH der Bundesagentur zu § 33 SGB II Nr. 33.9.
[108] OLG München FamRZ 2006, 1125; Klinkhammer FamRZ 2006, 1171.
[109] DH der Bundesagentur zu § 33 SGB II Nr. 33.5; vgl. dazu Hußmann FPR 2007, 354 (358).
[110] OLG Celle FamRZ 2006, 1203; DH der Bundesagentur zu § 33 SGB II Nr. 33.6; Klinkhammer FamRZ 2006, 1171.

müssen bereits erbracht oder jedenfalls bewilligt sein.[111] Zur Rechtmäßigkeit der Leistungsgewährung vgl. → Rn. 244.

Entscheidend sind die **Aufwendungen** des Trägers, die er gerade **für den Unterhaltsberechtigten** erbracht hat. Lebt dieser mit Angehörigen in einer **Bedarfsgemeinschaft** (→ Rn. 179 ff.), muss der Anteil an den Leistungen zur Sicherung des Lebensunterhalts errechnet werden, der auf ihn entfällt. Dies geschieht nach der sog. Bedarfsanteilmethode (→ Rn. 213). Dabei ist zu beachten, dass nach § 7 III Nr. 4 SGB II seit dem 1.7.2006 im elterlichen Haushalt lebende Kinder bis zur Vollendung des 25. Lebensjahres der Bedarfsgemeinschaft ihrer Eltern angehören, soweit sie die Leistungen zur Sicherung des Lebensunterhalts nicht aus eigenem Einkommen oder Vermögen beschaffen können (→ Rn. 181). Kindergeld ist in diesem Fall Einkommen des Kindes, soweit es zur Deckung von dessen Lebensunterhalt benötigt wird (§ 11 I 4 SGB II).

Bei der Berechnung des auf den Träger der Grundsicherung übergehenden Unterhaltsanspruchs des jeweiligen Mitglieds der Bedarfsgemeinschaft kommt es darauf an, wie die Zahlungen auf die Mitglieder verteilt würden, wenn der Schuldner den Unterhaltsanspruch rechtzeitig erfüllt hätte. Zur Berechnung der wegen Nichtzahlung des Unterhalts geleisteten Aufwendungen des Trägers ist die Bedarfsgemeinschaft so zu stellen, als ob die Zahlungen geleistet worden wären.[112]

240 Da der Träger der Grundsicherung (→ Rn. 230) die Höhe des auf ihn übergegangenen Unterhaltsanspruchs darzulegen hat, ist es seine Aufgabe, den Anteil der Leistungen zur Sicherung des Lebensunterhalts zu errechnen, der auf das unterhaltsberechtigte Mitglied der Bedarfsgemeinschaft entfällt. Diese Aufteilung gehört zur **Schlüssigkeit** des vom Leistungsträger verfolgten Unterhaltsantrags. Wenn der Bewilligungsbescheid eine solche Aufteilung bereits enthält, genügt eine Verweisung auf den Bescheid. Die Angabe der insgesamt auf die Bedarfsgemeinschaft entfallenden Leistungen zur Sicherung des Lebensunterhalts genügt jedenfalls nicht.

Eine Besonderheit stellt die Regelung in § 33 I 2 SGB II dar, die seit Anfang 2009 gilt. Danach findet der Anspruchsübergang auch statt, soweit Kinder unter Berücksichtigung von **Kindergeld** nach § 11 I 4 SGB II keine Leistungen empfangen haben und bei rechtzeitiger Leistung des Anderen keine oder geringere Leistungen an die Mitglieder der Haushaltsgemeinschaft erbracht worden wären.[113] Demnach kann der Unterhaltsanspruch auch übergehen, wenn das unterhaltsberechtigte Kind selbst keine Leistungen der Grundsicherung für Arbeitsuchende erhalten hat.[114] Der BGH hat hierzu entschieden, dass die Regelung nicht für Leistungen nach dem SGB II gilt, die vor Inkrafttreten der Neuregelung erbracht worden sind.[115]

241 c) **Wohnkosten.** § 33 SGB II sieht eine Kürzung des übergegangenen Anspruchs um 56% der Wohnkosten nicht vor. Nach §§ 94 I 6, 105 II SGB XII wurde dagegen der gesetzliche Forderungsübergang in Höhe von 56% der Kosten für Unterkunft mit Ausnahme der Heizungs- und Warmwasserversorgung ausgeschlossen, weil der Leistungsempfänger neben der Sozialhilfe kein Wohngeld erhält. Vgl. → Rn. 70. Auch neben dem Arbeitslosengeld II wird Wohngeld nicht gezahlt (§ 7 I 1 Nr. 1 WohngeldG). Außerdem enthält § 40 IV SGB II eine vergleichbare Ausnahme von der Erstattungspflicht wie § 105 II SGB XII. Gleichwohl enthält § 33 SGB II weder in seiner ursprünglichen noch in der seit dem 1.1.2006 geltenden Fassung eine dem Sozialhilferecht entsprechende Regelung zu den Wohnkosten. Es ist an dieser Stelle die Frage gestellt worden, ob darin ein Redaktionsversehen liegt und deshalb eine analoge Anwendung des § 94 I 6 SGB XII (aF) angezeigt war.[116]

---

[111] Löns/Herold-Tews SGB II § 33 Rn. 2.
[112] DH der Bundesagentur zu § 33 SGB II Nr. 33.20.
[113] S. dazu BGH FamRZ 2012, 956 Rn. 32 ff.
[114] Zum Hintergrund s. BGH FamRZ 2011, 197 Rn. 27.
[115] BGH FamRZ 2011, 197 Rn. 28 ff.; vgl. DH der Bundesagentur zu § 33 SGB II Nr. 33.8 („Verschiebung von Kindergeld").
[116] Schnitzler/Günther MAH FamR § 12 Rn. 115 mwN; Hußmann FPR 2007, 354 (358); dagegen i. E. OLG Celle FamRZ 2006, 1203; Münder in LPK/SGB II § 33 Rn. 17 (zur ursprünglichen Fassung des Gesetzes).

Diese Frage hat sich indessen erledigt, nachdem diese Vorschrift – nunmehr als bewusste gesetzgeberische Entscheidung – aus dem Gesetz gestrichen worden ist → Rn. 70).

d) Zeitliche Kongruenz von Unterhaltsanspruch und Arbeitslosengeld II. Nach dem Prinzip der Gleichzeitigkeit muss der Unterhaltsanspruch für die Zeit bestehen, in der Leistungen nach §§ 19 ff. SGB II erbracht werden. Insoweit kann auf die Ausführungen zum SGB XII (→ Rn. 71 ff.) verwiesen werden. Jedoch werden Leistungen zur Sicherung des Lebensunterhalts anders als Sozialhilfeleistungen nicht monatlich, sondern für die Dauer von sechs Monaten bewilligt, aber in gleich bleibenden monatlichen Raten ausgezahlt (§ 41 I 4 SGB II).[117] 242

e) Sachliche Kongruenz von Unterhaltsanspruch und Arbeitslosengeld II. Hier gelten die Ausführungen zur Sozialhilfe entsprechend; vgl. → Rn. 74 ff. Zum Sonderfall der Kindergeldanrechnung s. → Rn. 240. 243

f) Rechtmäßigkeit der Leistungsgewährung. Ob die Gewährung der Leistungen zur Sicherung des Lebensunterhalts dem geltenden Recht entsprechen muss, erscheint fraglich. Diese Frage dürfte wie bei der Sozialhilfe (→ Rn. 77) zu verneinen sein.[118] Der Schuldner ist ausreichend dadurch geschützt, dass er alle bürgerlich-rechtlichen Einwendungen gegen den übergegangenen Unterhaltsanspruch vorbringen und sich darauf berufen kann, dass die in § 33 SGB II normierten Voraussetzungen für den Anspruchsübergang nicht vorliegen. Etwaigen Rechtsfehlern bei der Berechnung der Leistungen zur Sicherung des Lebensunterhalts wird bereits dadurch ausreichend Rechnung getragen, dass eine Kongruenz von Leistungen der Grundsicherung für Arbeitsuchende und Unterhalt vorliegen muss und diese vom Familiengericht voll zu überprüfen ist. 244

5. Unterhalt für die Vergangenheit

Der zuständige Träger der Grundsicherung kann sich auch für vergangene Zeiträume auf den Anspruchsübergang berufen. Voraussetzung ist, dass Unterhalt geschuldet war und gleichzeitig Leistungen zur Sicherung des Lebensunterhalts erbracht wurden. Notwendig ist allerdings, dass der Unterhalt für den in der Vergangenheit liegenden Zeitraum nach Unterhaltsrecht geltend gemacht werden kann. § 33 II 3 SGB II verwies in seiner ursprünglichen Fassung hinsichtlich des Unterhalts für die Vergangenheit nur auf § 1613 BGB. Eine Rechtswahrungsanzeige war nicht vorgesehen. Am 1.8.2006 hat der Gesetzgeber durch das Fortentwicklungsgesetz (→ Rn. 172) die Rechtswahrungsanzeige auch in das SGB II übernommen. § 33 III 1 SGB II entspricht nahezu wörtlich § 94 IV 1 SGB XII. Daher kann auf die Ausführungen → Rn. 81 f. verwiesen werden. 245

§ 33 SGB II nF erfasste nicht nur Unterhaltsansprüche, die ab Inkrafttreten der geänderten Fassung, also ab 1.8.2006, sondern auch Ansprüche, die vor diesem Tag entstanden sind. Dies hat der BGH[119] für die Einführung des gesetzlichen Anspruchsübergangs im Sozialhilferecht durch die Neufassung des § 91 BSHG im Jahre 1993[120] entschieden. Für den Wechsel von der Überleitung des Unterhaltsanspruchs durch Verwaltungsakt zur cessio legis im Rahmen des § 33 SGB II kann nichts anderes gelten.[121] Ein Anspruchsübergang für vergangene Zeiträume fand allerdings nur statt, wenn Unterhalt geschuldet war und gleichzeitig Leistungen zur Sicherung des Lebensunterhalts erbracht wurden. Eine Rückwirkung des Anspruchsübergangs kommt allenfalls **bis zum 1.1.2005** in Betracht, da die Grundsicherung für Arbeitsuchende erst an diesem Tage eingeführt worden ist. Zu beachten ist auch, dass in der Zeit bis zum 31.7.2006 dem Gesetz eine Rechtswahrungsanzeige unbekannt war und die Träger der Grundsicherung (→ Rn. 230) den Schuldner 246

---

[117] Conradis in LPK/SGB II § 41 Rn. 5, 7.
[118] Anders noch bis zur 9. Auflage.
[119] FamRZ 1995, 871.
[120] Gesetz zur Umsetzung des Föderalen Konsolidierungsprogramms vom 23.6.1993 (BGBl. I S. 944, 952), in Kraft seit dem 27.6.1993.
[121] OLG Brandenburg FamRZ 2007, 2014; Klinkhammer FamRZ 2006, 1171 (1173); zu Schwierigkeiten in der Praxis: Hußmann FPR 2007, 354; offen lassend insoweit BGH FamRZ 2011, 197 Rn. 29 ff.

nur dann in Verzug setzen konnten, wenn sie zuvor den Unterhaltsanspruch auf sich übergeleitet hatten. Hatte der Leistungsträger dem Unterhaltspflichtigen vor dem 1. August 2006 die Gewährung von Leistungen mitgeteilt, so konnte diese Mitteilung nicht als die nach § 33 III 1 SGB II erforderliche Rechtswahrungsanzeige angesehen werden und deshalb nach der genannten Bestimmung die Möglichkeit der Inanspruchnahme des Unterhaltspflichtigen für die Vergangenheit nicht eröffnen.[122]

247 Unterhalt für die Vergangenheit kann verjähren oder nach § 242 BGB wegen illoyal verspäteter Geltendmachung verwirkt sein; die Geltendmachung nachehelichen oder nachpartnerschaftlichen Unterhalts kann nach § 1585b III BGB, § 16 S. 2 LPartG ausgeschlossen sein. Diese Vorschriften gelten nach dem Anspruchsübergang auch für die Träger der Grundsicherung (→ Rn. 230); sie müssen sich eigene Versäumnisse, aber auch solche des Unterhaltsgläubigers zurechnen lassen.[123] Auf die Hemmung der Verjährung während bestehender Ehe oder Lebenspartnerschaft oder während der Minderjährigkeit des Kindes können sich die Träger der Grundsicherung gegenüber dem Unterhaltsschuldner nicht berufen (§ 207 BGB).[124] Vgl. dazu auch → Rn. 274.

6. Vergleichsberechnung

248 Nach § 33 II 3 SGB II geht der Unterhaltsanspruch nur auf die Träger der Grundsicherung (→ Rn. 230) über, soweit das Einkommen und Vermögen der unterhaltsverpflichteten Person das nach §§ 11 bis 12 SGB II zu berücksichtigende Einkommen und Vermögen übersteigt. Dadurch soll erreicht werden, dass der Unterhaltspflichtige nicht schlechter steht als der Leistungsempfänger. Er darf **nicht selbst hilfebedürftig** sein und auch durch Unterhaltszahlungen nicht zum Empfänger von Leistungen zur Sicherung des Lebensunterhalts werden.[125] 33 II 3 SGB II hat also denselben Inhalt wie § 94 III 1 Nr. 1 SGB XII (vgl. dazu → Rn. 92 ff.). Die Vorschrift ist jedoch unglücklich gefasst. Denn aus §§ 11 bis 12 SGB II ergibt sich nicht, welcher sozialrechtliche Selbstbehalt dem Unterhaltsschuldner verbleiben soll. Der Zweck der Vorschrift legt es aber nahe, dem Schuldner jedenfalls so viel zu belassen, wie er als Leistungen zur Sicherung des Lebensunterhalts nach §§ 19 ff. SGB II erhalten könnte.[126] Verfügt der Schuldner (nur) über ein diesen Leistungen entsprechendes Einkommen oder Vermögen, ist sein sozialrechtlicher Bedarf gedeckt. Ein Übergang des Unterhaltsanspruchs kommt erst dann in Betracht, wenn der Pflichtige Einkommen oder Vermögen hat, das diesen Bedarf übersteigt. In diese Vergleichsberechnung darf nur Einkommen oder Vermögen eingestellt werden, das nach §§ 11 bis 12 SGB II berücksichtigt werden darf. Vgl. dazu → Rn. 192 ff., 199. Fiktive Einkünfte des Schuldners sind daher wie im Sozialhilferecht (→ Rn. 36) kein Einkommen in diesem Sinne.

249 Der zuständige Träger der Grundsicherung (→ Rn. 230) muss also zunächst feststellen, ob und ggf. in welcher Höhe der Unterhaltsschuldner Arbeitslosengeld II erhält oder erhalten könnte. Dem ist das zu berücksichtigende Einkommen und Vermögen gegenüberzustellen. Müsste der Unterhaltsschuldner das Einkommen oder das Vermögen nach §§ 11 bis 12 SGB II ganz oder teilweise nicht einsetzen, wenn er selbst hilfebedürftig wäre, muss es (insoweit) unberücksichtigt bleiben. Vom Einkommen des Schuldners sind in diesem Rahmen die in § 11b SGB II genannten Beträge, insbesondere die Freibeträge nach §§ 11b II 1, III SGB II (→ Rn. 194) abzusetzen. Erst wenn Einkommen und Vermögen, soweit zu berücksichtigen, die (möglichen) Leistungen zur Sicherung des Lebensunterhalts übersteigen, kommt ein Übergang des Unterhaltsanspruchs in Betracht.[127]

---

[122] BGH FamRZ 2011, 1386.
[123] Vgl. BGH FamRZ 2002, 1698 mAnm Klinkhammer.
[124] BGH FamRZ 2006, 1665 = R 657d.
[125] Münder in LPK/SGB II § 33 Rn. 43; Klinkhammer FamRZ 2004, 1909 (1915); DH der Bundesagentur zu § 33 SGB II Nr. 33.32; DIJuF-Rechtsgutachten JAmt 2006, 506 mit Berechnungsbeispiel.
[126] So die DH der Bundesagentur zu § 33 SGB II Nr. 33.32: vgl. dazu Klinkhammer FamRZ 2004, 1909, 1915.
[127] Klinkhammer FamRZ 2004, 1909 (1915).

4. Abschnitt: Die Grundsicherung für Arbeitsuchende und Unterhalt § 8

Lebt der Unterhaltsschuldner mit anderen in einer **Bedarfsgemeinschaft,** muss er sein 250
zu berücksichtigendes Einkommen und Vermögen nicht nur zur Deckung seines eigenen
sozialrechtlichen Bedarfs einsetzen, sondern auch für den Bedarf der Mitglieder der Bedarfsgemeinschaft verwenden (§ 9 I, II 1 SGB II). Reichen Einkommen und Vermögen dafür
nicht aus, gilt jede Person der Bedarfsgemeinschaft als hilfebedürftig, und zwar im Verhältnis
des eigenen Bedarfs zum Gesamtbedarf (§ 9 II 3 SGB II; → Rn. 213). Dies bedeutet, dass
Einkommen und Vermögen der Mitglieder der Bedarfsgemeinschaft in die Vergleichsberechnung nach § 33 II 3 SGB II einzubeziehen sind.[128] Erst wenn der Gesamtbedarf
gedeckt ist und noch weiteres nach §§ 11, 12 SGB II zu berücksichtigendes Einkommen
und Vermögen verbleibt, kann der Unterhaltsanspruch des Gläubigers auf die Träger der
Grundsicherung (→ Rn. 230) übergehen. Der **BGH** hat dementsprechend entschieden,
dass in die grundsicherungsrechtliche Vergleichsberechnung unabhängig vom Bestehen oder
vom Rang bürgerlich-rechtlicher Unterhaltspflichten auch die Angehörigen der Bedarfsgemeinschaft einzubeziehen sind, in der die unterhaltspflichtige Person lebt.[129] Machen die
Grundsicherungsträger (bzw. macht die gemeinsame Einrichtung – das Jobcenter) den
Unterhalt aus übergegangenem Recht geltend, so obliegt die Darlegung der sozialrechtlichen Vergleichsberechnung als Einwendung dem Unterhaltsschuldner.[130] Vgl. → Rn. 260.

7. Keine Härteregelung

Anders als § 94 III 1 Nr. 2 SGB XII sieht § 33 SGB II nicht vor, dass ein Anspruchs- 251
übergang bei unbilliger Härte nicht stattfindet.[131] Der Schuldner wird daher sozialrechtlich
nur durch die Vergleichsberechnung (→ Rn. 248 ff.) geschützt.[132] Im Übrigen ergibt sich
seine Haftungsgrenze aus den Selbstbehaltssätzen des Unterhaltsrechts, bei unverheirateten
minderjährigen und privilegiert volljährigen Kindern aus dem notwendigen Selbstbehalt,
bei den anderen Unterhaltsgläubigern aus dem jeweiligen angemessenen Selbstbehalt
(§§ 1603 I, 1361, 1581, 1615l III 1 BGB, §§ 12, 16 LPartG). Zu Härtefällen wird es
insbesondere kommen, wenn Eltern ihre eigenen volljährigen Kinder auf Unterhalt in
Anspruch nehmen. Hier hat der BGH aber durch seine Rechtsprechung zum erhöhten
angemessenen Selbstbehalt des volljährigen Kindes[133] und zur Anwendung des § 1611 III
BGB[134] Vorsorge getroffen, so dass unbillige Härten weitgehend vermieden werden. Eine
alternativ erwogene Analogie zu § 94 III 1 Nr. 2 SGB XII wird zudem vielfach an der auf
öffentliche Belange beschränkten Anwendung der Härteklausel scheitern, vgl. → Rn. 90.

8. Laufende Zahlung des Unterhalts

Nach § 33 II 2 SGB II ist der Anspruchsübergang ausgeschlossen, soweit der Unterhalts- 252
anspruch durch laufende Zahlung erfüllt wird.[135] Die Vorschrift deckt sich mit § 94 I 2
SGBXII, die vielfach für überflüssig gehalten wird.[136] ME soll diese Bestimmung dem

---

[128] Schnitzler/Günther MAH FamR § 12 Rn. 57, 109; vgl. Hußmann FPR 2007, 354 (356); Scholz FamRZ 2006, 1417 (1423); so auch früher DH der Bundesagentur zu § 33 SGB II Nr. 33.32, die allerdings inzwischen (Neufassung vom 17.4.2008) ihre Auffassung geändert hat und nunmehr auf den individuellen Bedarf des Unterhaltspflichtigen abstellt.
[129] BGH FamRZ 2013, 1962 Rn. 14.
[130] BGH Beschl. v. 8.5.2019 – XII ZB 560/16, BeckRS 2019, 9552; aA noch OLG Düsseldorf BeckRS 2016, 122730; vgl. auch OLG Dresden FamRZ 2017, 740.
[131] Vgl. Schnitzler/Günther MAH FamR § 12 Rn. 140.
[132] aA Hußmann FPR 2007, 354 (357), der sich für eine analoge Anwendung des § 94 III 1 SGB XII ausspricht; dafür spricht freilich die Parallele zum wegen Wohnkosten eingeschränkten Anspruchs-übergangs Rn. 241; vgl. auch Klinkhammer FamRZ 2004, 1909 (1915).
[133] BGH FamRZ 2002, 1698 ; 2003, 1179 jeweils mAnm Klinkhammer FamRZ 2004, 366; 2004, 370 jeweils mAnm Strohal FamRZ 2004, 441.
[134] BGH FamRZ 2004, 1097 = R 610; 2004, 1559 = R 614.
[135] Vgl. dazu das Beispiel in den DH der Bundesagentur zu § 33 SGB II Nr. 33.31.
[136] Schellhorn § 94 SGB XII Rn. 59; Wolf in Fichtner/Wenzel § 94 SGB XII Rn. 34.

Schuldner entsprechend der Rechtsprechung des BGH[137] die Möglichkeit geben, jederzeit wieder mit laufenden Unterhaltszahlungen zu beginnen und damit die Grundsicherung entbehrlich zu machen.[138] Vgl. dazu im Einzelnen → Rn. 84.

9. Geltendmachung des übergegangenen Anspruchs

253   Nach Übergang des Unterhaltsanspruchs stehen die gemeinsame Einrichtung, handelnd in Wahrnehmungszuständigkeit für die Träger der Grundsicherung, oder ausnahmsweise die Optionskommune (→ Rn. 230), jeweils vereinfachend auch Jobcenter genannt (§ 6d SGB II), dem Schuldner als Gläubiger gegenüber. Daher ist es grundsätzlich ihre Aufgabe, den Anspruch für die zurückliegende Zeit geltend zu machen. Daneben können sie bis zur Höhe der bisherigen monatlichen Aufwendungen **Unterhaltsantrag auf künftige Leistung** stellen, wenn die Leistungen zur Sicherung des Lebensunterhalts voraussichtlich für längere Zeit erbracht werden müssen (§ 33 III 2 SGB II). Zur Titulierung in diesem Fall → Rn. 275. Zur Rechtsstellung, insbesondere zur Parteifähigkeit der gemeinsamen Einrichtung vgl. → Rn. 176, 230.

254   Geht der Unterhaltsanspruch während eines laufenden Unterhaltsverfahrens auf die Träger der Grundsicherung (→ Rn. 230) über, weil nunmehr Arbeitslosengeld II gewährt wird, bleibt der Anspruchsübergang grundsätzlich unberücksichtigt. Jedoch muss der Antrag umgestellt und entsprechend §§ 113 I 2 FamFG, 265 II ZPO beantragt werden, dass der Unterhalt, der bis zur letzten mündlichen Verhandlung des Unterhaltsverfahrens fällig geworden ist, an die Träger der Grundsicherung, in der Regel an die für diese handelnde gemeinsame Einrichtung, zu zahlen ist. Dies gilt natürlich nur, soweit Leistungen zur Sicherung des Lebensunterhalts erbracht worden sind. Eine Umstellung des Antrags ist in der Regel entbehrlich, wenn die Träger der Grundsicherung den Unterhaltsanspruch an den Unterhaltsgläubiger zurückübertragen haben (→ Rn. 255). Insoweit ergibt sich – auch zum Kostenvorschuss – dieselbe Problematik wie im Sozialhilferecht. Darauf kann verwiesen werden. Vgl. → Rn. 107 ff.

10. Rückübertragung und erneute Abtretung des Unterhaltsanspruchs

255   Nach § 33 IV 1 SGB II besteht seit dem 1.8.2006 für die Träger der Grundsicherung (→ Rn. 230) die Möglichkeit, den auf sie übergegangenen Unterhaltsanspruch im Einvernehmen mit dem Empfänger der Leistungen, der zugleich Unterhaltsgläubiger ist, auf diesen zur gerichtlichen Geltendmachung zurückzuübertragen; ferner können sie sich den vom Leistungsempfänger gerichtlich geltend gemachten Anspruch wieder abtreten lassen. Die Formulierung des § 33 IV 1 SGB II entspricht fast wörtlich derjenigen des § 94 V SGB XII. Daher kann – auch zur Kostenvorschusspflicht des Sozialleistungsträgers – auf die Erläuterungen zu dieser Vorschrift Bezug genommen werden. Vgl. → Rn. 111 bis 119. Zur gesetzlichen Vertretung bei Rückabtretung auf Minderjährige → Rn. 274.

VI. Rechtslage bei Ausschluss des Anspruchsübergangs

1. Geltendmachung des Unterhaltsanspruchs durch die Träger der Grundsicherung

256   Der Anspruchsübergang ist nach § 33 II SGB II in verschiedenen Fällen **ausgeschlossen,** insbesondere

---

[137] FamRZ 1982, 23 (25).
[138] Ebenso Hußmann FPR 2007, 354 (356).

- bei Unterhaltsansprüchen eines volljährigen Kindes, das die Berufsausbildung abgeschlossen oder das 25. Lebensjahr vollendet, den Unterhaltsanspruch aber nicht geltend gemacht hat (→ Rn. 234),
- bei Unterhaltsansprüchen einer Schwangeren oder eines erwachsenen Kindes, das ein leibliches Kind bis zur Vollendung des 6. Lebensjahres betreut, gegen die Eltern (→ Rn. 236),
- wenn der Unterhaltsberechtigte mit dem Verpflichteten in einer Bedarfsgemeinschaft zusammenlebt (→ Rn. 179, 236),
- wenn und soweit die Vergleichsberechnung (→ Rn. 248) eine geringere Leistungsfähigkeit als nach Unterhaltsrecht ergibt.

Ist der Anspruchsübergang ausgeschlossen, verbleibt der Unterhaltsanspruch beim Gläubiger. Bei teilweisem Anspruchsübergang (→ Rn. 257) können die Träger der Grundsicherung (→ Rn. 230) nur den restlichen (übergegangenen) Teil des Unterhaltsanspruchs gegen den Schuldner geltend machen. Für den Bedarf von Mitgliedern der Bedarfsgemeinschaft kann der Pflichtige von den Sozialleistungsträgern nicht nach Zivilrecht herangezogen werden, da Einkommen und Vermögen der gesamten Bedarfsgemeinschaft bereits bei Ermittlung der Hilfebedürftigkeit berücksichtigt werden (§ 9 II SGB II; → Rn. 179 ff.). Bei Erfüllung des Unterhaltsanspruchs durch laufende Zahlung geht es weniger um den Anspruchsübergang als um die Frage, inwieweit der Schuldner mit befreiender Wirkung an den Unterhaltsgläubiger zahlen kann (→ Rn. 252).

Ein teilweiser Anspruchsübergang kommt vor allem in Betracht, wenn die Leistungen zur Sicherung des Lebensunterhalts nicht die Höhe des Unterhaltsanspruchs erreichen oder wenn die Vergleichsberechnung dazu führt, dass der Schuldner nach sozialrechtlichen Grundsätzen nur zum Teil leistungsfähig ist. Dies kann zB der Fall sein, wenn die Träger der Grundsicherung Einkommen nur nach Abzug der hohen Freibeträge der §§ 11b III SGB II (→ Rn. 194) berücksichtigen, während im Unterhaltsrecht von höheren Einkünften ausgegangen wird. Dann kann es sich ergeben, dass der Unterhaltsgläubiger Leistungen zur Sicherung des Lebensunterhalts bezieht und daneben den Unterhaltsanspruch ganz oder teilweise behält. Zu den sich daraus ergebenden Problemen vgl. → Rn. 261. 257

Besondere Schwierigkeiten ergeben sich, wenn der Unterhaltsgläubiger oder der Unterhaltsschuldner in einer Bedarfsgemeinschaft leben. Dann ist nach § 9 II SGB II das Einkommen und Vermögen aller Mitglieder dem Gesamtbedarf gegenüberzustellen. Ist der Gesamtbedarf nicht gedeckt, sind alle Mitglieder anteilig hilfebedürftig (§ 9 II 3 SGB II; → Rn. 213, 223, 239 f.). Dies führt dazu, dass der Unterhaltsanspruch des Leistungsempfängers nicht oder nicht in voller Höhe auf die Träger der Grundsicherung (→ Rn. 230) übergeht. Dasselbe gilt, wenn der Pflichtige durch Erfüllung des Unterhaltsanspruchs selbst hilfebedürftig würde. Vgl. dazu § 11b I 1 Nr. 7 SGB II und → Rn. 259. 258

Soweit der Unterhaltsanspruch nicht auf den Träger übergeht, bleibt er beim Unterhaltsberechtigten. Daraus kann sich die Gefahr einer doppelten Befriedigung des Berechtigten ergeben. Vgl. → Rn. 261[139]

Wird der Unterhaltsverpflichtete rechtskräftig zur Zahlung von Unterhalt verurteilt oder verpflichtet er sich dazu in einer vollstreckbaren Urkunde, mindert sich sein sozialrechtlich zu berücksichtigendes Einkommen um den titulierten Betrag (§ 11b 1 Nr. 7 SGB II S 1; → Rn. 197, 224). Ist dadurch der Gesamtbedarf der Bedarfsgemeinschaft nicht mehr gedeckt, muss der Fehlbetrag durch zusätzliche Leistungen zur Sicherung des Lebensunterhalts aufgefangen werden. Damit stehen Sozialrecht und Unterhaltsrecht aber nicht im Widerspruch, weil die Wertungen beider Rechtsgebiete (individuelle und abgestufte zivilrechtliche Unterhaltsverantwortung und zusammenfassende Betrachtungsweise des Sozialrechts) zur Geltung kommen.[140] Dass die Wertungen mitunter unterschiedlich sind, ist hinzunehmen, eine Angleichung ist dem Gesetzgeber vorbehalten. 259

Die Träger der Grundsicherung (→ Rn. 230) müssen **darlegen und beweisen,** dass der Unterhaltsanspruch (ganz oder teilweise) auf sie übergegangen ist. Dazu gehört 260

---

[139] Vgl. auch das ausführliche Berechnungsbeispiel in der Vorauflage.
[140] Vgl. dazu auch BSG BeckRS 2011, 69454.

indessen nicht die sozialrechtliche Leistungsfähigkeit des Unterhaltspflichtigen. Insoweit trifft die Darlegungs- und Beweislast den Unterhaltsschuldner.[141]. Dass nach § 33 II 3 SGB II der Anspruch nur übergeht, soweit das Einkommen und Vermögen des Schuldners das nach §§ 11 bis 12 SGB II zu berücksichtigende Vermögen übersteigt (zum Verständnis dieser Gesetzesformulierung vgl. → Rn. 248), ist nach der neuesten Rechtsprechung des **BGH** aufgrund der vom Gesetzgeber als Parallele zu § 94 SGB XII gedachten – und somit auch § 94 III 2 SGB XII (vgl. dazu → Rn. 125) umfassenden – Regelung eine prozessuale Einwendung.[142] An der bis zur 9. Auflage hier vertretenen gegenteiligen Auffassung wird in Anbetracht der überzeugenden Begründung des BGH nicht festgehalten.

Dies ist eine Voraussetzung des Anspruchsübergangs, die nach allgemeinen Grundsätzen der Gläubiger zu beweisen hat. Eine Regelung, wie sie sich bei der Sozialhilfe in § 94 III 2 SGB XII findet (vgl. dazu → Rn. 125), ist dem Recht der Grundsicherung für Arbeitsuchende fremd.

2. Geltendmachung des Unterhaltsanspruchs durch den Leistungsempfänger

261   Wenn der Übergang des Unterhaltsanspruchs auf die Träger der Grundsicherung ausgeschlossen ist, bleibt der Gläubiger Anspruchsinhaber. Eine Rückabtretung geht ins Leere. Der Gläubiger behält die gewährten Leistungen zur Sicherung des Lebensunterhalts und kann gleichwohl, soweit die Voraussetzungen des § 1613 I BGB vorliegen, rückständigen Unterhalt gegen den Pflichtigen geltend machen. Da die Leistungen der Grundsicherung in aller Regel nicht erstattet werden müssen, besteht die Gefahr, dass der **Bedarf** des Gläubigers **doppelt gedeckt** wird, einmal durch die Leistungen zur Sicherung des Lebensunterhalts, zum anderen durch den realisierten Unterhalt. Für die Zukunft gilt dasselbe, wenn weiter Grundsicherung gewährt wird und der Schuldner den Unterhalt nicht zahlt. Der BGH[143] hat im Sozialhilferecht (vgl. → Rn. 126 ff.) für solche Fälle an der Subsidiarität der Sozialhilfe festgehalten und die Hilfe zum Lebensunterhalt nicht als bedarfsdeckendes Einkommen angesehen. Er hält es allerdings für möglich, in Ausnahmefällen dem Unterhaltsanspruch mit dem Einwand der unzulässigen Rechtsausübung zu begegnen. Dies gilt allerdings nur für die **Vergangenheit,** also die Zeit vor Rechtshängigkeit der Unterhaltsklage, und nur dann, wenn andernfalls für den Schuldner die Gefahr bestünde, mit derartig hohen Forderungen aus der Vergangenheit belastet zu werden, dass es ihm voraussichtlich auf Dauer unmöglich gemacht würde, die Unterhaltsrückstände zu tilgen und daneben seinen laufenden Verpflichtungen nachzukommen.[144] Meines Erachtens können diese zu § 91 BSHG entwickelten Grundsätze auf das SGB II übertragen werden. Dies führt dazu, dass der Unterhaltspflichtige ab Rechtshängigkeit des Unterhaltsanspruchs mit dem Einwand der unzulässigen Rechtsausübung nicht gehört wird. Lediglich wenn aus der davor liegenden Zeit beachtliche Rückstände offen stehen und wenn deren Zahlung neben dem laufenden Unterhalt sein Existenzminimum nachhaltig gefährden würde, kann erwogen werden, die Leistungen zur Sicherung des Lebensunterhalts gemäß § 242 BGB quasi als bedarfsdeckend zu behandeln. Dass dem Ausschluss des Anspruchsübergangs ein bestimmter Förderungszweck zugrunde liegt, der auch dem Unterhaltspflichtigen zugute kommt, dürfte im Rahmen von § 33 SGB II im Gegensatz zum Sozialhilferecht (vgl. → Rn. 127 f.) weniger relevant sein. Vielmehr zeigt etwa der Anspruchsausschluss nach § 33 II 1 Nr. 2 SGB II, dass die Sozialleistung nicht ohne weiteres dem Unterhaltspflichtigen zugute kommen soll, weil es im Belieben des Unterhaltsberechtigten steht, ob er den Anspruch geltend macht oder nicht.

---

[141] BGH Beschl. v. 8.5.2019 – XII ZB 560/16, BeckRS 2019, 9552; aA noch OLG Düsseldorf BeckRS 2016, 122730; vgl. auch OLG Dresden FamRZ 2017, 740.
[142] BGH Beschl. v. 8.5.2019 – XII ZB 560/16, BeckRS 2019, 9552; mit eingehender Begründung.
[143] FamRZ 1999, 843.
[144] BGH FamRZ 1999, 843 (847) (zu § 91 BSHG).

5. Abschnitt: Unterhaltsvorschuss und Unterhalt

I. Die Voraussetzungen des Unterhaltsvorschusses

Der Unterhaltsvorschuss ist eine Sozialleistung[1] zur Unterstützung von Familien, in denen ein alleinstehender Elternteil mit einem oder mehreren Kindern zusammenlebt. Der Unterhaltsvorschuss ist mit Wirkung zum 1.7.2017 **reformiert** worden.[2] **262**
Er steht dem **Kind,** nicht dem betreuenden Elternteil zu. Die Leistung erhält ein Kind bis zum Alter von **12 Jahren,**
– wenn es im Inland bei einem allein erziehenden Elternteil lebt, der ledig, verwitwet, geschieden ist oder von seinem Ehegatten oder Lebenspartner dauernd getrennt lebt,
– wenn der andere Elternteil seine Unterhaltspflicht nicht oder nicht regelmäßig durch Vorausleistung erfüllt oder wenn er oder ein Stiefelternteil verstorben ist und das Kind nicht Waisengeld mindestens in Höhe des Unterhaltsvorschusses bezieht (§ 1 I, IV 1 UVG).
Darüber hinaus besteht nach dem neu eingefügten § 1 Ia UVG ein Anspruch auf Unterhaltsleistung bis zum Alter von **18 Jahren,** wenn das Kind keine Leistungen nach dem SGB II bezieht oder durch die Unterhaltsleistung die Hilfebedürftigkeit des Kindes nach § 9 SGB II vermieden werden kann (§ 1 Ia 1 Nr. 1 UVG) oder der betreuende Elternteil mit Ausnahme des Kindergelds über Einkommen im Sinne des § 11 I 1 SGB II in Höhe von mindestens 600 EUR verfügt, wobei Beträge nach § 11b SGB II nicht abzusetzen sind.

Beim **Getrenntleben** verweist § 1 II 1 UVG zunächst auf die Voraussetzungen des § 1567 BGB; Getrenntleben im Sinne des UVG liegt auch vor, wenn der Ehegatte oder Lebenspartner des betreuenden Elternteils wenigstens sechs Monate in einer Anstalt untergebracht ist. Nach Auffassung des OVG Münster[3] sollen Eltern getrennt leben, wenn sie zwar die eheliche Lebensgemeinschaft aufnehmen wollen, ein Elternteil aber wegen eines Einreiseverbots nicht nach Deutschland kommen kann. Anspruch auf Unterhaltsvorschuss besteht auch dann, wenn der betreuende Elternteil von seinem Lebenspartner getrennt lebt, wie seit dem 1.1.2008 in § 1 I Nr. 2 UVG[4] ausdrücklich bestimmt wird. **263**

Unterhaltsvorschuss wird nach § 1 I Nr. 2 UVG nicht gewährt, wenn der betreuende Elternteil **wiederverheiratet** ist und mit dem neuen Ehegatten zusammenlebt, da sich der Ehegatte in aller Regel wenigstens an der Betreuung und Erziehung des Kindes beteiligt. Diese Regelung entspricht der Verfassung.[5] Das Zusammenleben eines Elternteils mit einem Lebenspartner schließt gleichfalls einen Anspruch des Kindes auf Unterhaltsvorschuss aus.[6] Ein Anspruch besteht ebenfalls nicht, wenn der betreuende Elternteil mit dem anderen Elternteil in nichtehelicher Gemeinschaft zusammenlebt, wenn er sich weigert, die zur Durchführung des Gesetzes erforderlichen Auskünfte nach § 6 UVG zu erteilen, oder wenn er es ablehnt, bei der Feststellung der Vaterschaft oder des Aufenthalts des anderen Elternteils mitzuwirken (§ 1 III UVG). Das VG Frankfurt hat einen Anspruch überdies bei anonymer Samenspende versagt, dies allerdings nicht aus § 1 III UVG, sondern aus § 2 UVG begründet, weil es an einem planwidrigen Ausbleiben der väterlichen Unterhaltsleistung fehle.[7] **264**

Das Kind muss mit dem betreuenden Elternteil in der Bundesrepublik leben (§ 1 I Nr. 2 UVG). Bei Ausländern genügt ein gesicherter Aufenthaltsstatus (§ 1 IIa 1 UVG). Auf die **265**

---

[1] BGH FamRZ 2001, 619 (621).
[2] Art. 23 des Gesetzes zur Neuregelung des bundesstaatlichen Finanzausgleichssystems ab dem Jahr 2020 und zur Änderung haushaltsrechtlicher Vorschriften vom 14. August 2017; BGBl. I S. 3122.
[3] NJW 2002, 3564.
[4] IdF des Ersten Gesetzes zur Änderung des UVG vom 21.12.2007 – BGBl. I S. 3194.
[5] BVerwG FamRZ 2001, 1452 mit krit. Anm. Muscheler FamRZ 2006, 121.
[6] BVerwG FamRZ 2005, 1742 mit krit. Anm. Muscheler FamRZ 2006, 121.
[7] VG Frankfurt BeckRS 2011, 49782.

Staatsangehörigkeit kommt es grundsätzlich nicht an. Jedoch besteht ein Anspruch auf Unterhaltsvorschuss bei nicht freizügigkeitsberechtigten Ausländern nur unter bestimmten Bedingungen (§ 1 II a UVG). Unterhaltsvorschuss ist eine Familienleistung im Sinne des Art. 4 I h der VO (EWG) Nr. 1408/71.[8]

266 Unterhaltsvorschuss wird vom letzten Monat vor der Antragstellung an gewährt. Nach der früheren Regelung in § 3 UVG wurde er nur für längstens 72 Monate gezahlt. Im Zuge der Reform 2017 (→ Rn. 262) ist § 3 UVG aufgehoben worden, so dass die Einschränkung der Leistungsdauer entfallen ist.

Bis zum 31.12.2007 wurde Unterhaltsvorschuss gemäß § 2 I, II UVG in Höhe der für Kinder der Ersten und zweiten Altersstufe jeweils geltenden Regelbeträge abzüglich der Hälfte des Erstkindergeldes von 154 EUR gewährt (vgl. die 6. Auflage → § 6 Rn. 575). Der Unterhaltsvorschuss belief sich daher im alten Bundesgebiet bei einem Kind bis zum vollendeten 6. Lebensjahr auf (202–77 =) 125 EUR bei einem Kind bis zum vollendeten 12. Lebensjahr auf (245–77 =) 168 EUR. Im Beitrittsgebiet wurden 109 EUR bzw. 149 EUR gezahlt. Da die Ersetzung der Regelbeträge durch den Mindestunterhalt (§ 1612a I BGB idF des UÄndG; dazu → § 2 Rn. 223) nicht zu niedrigeren Leistungen führen sollte, betrug der Unterhaltsvorschuss ab 1.1.2008 im gesamten Bundesgebiet für ein Kind bis zum vollendeten 6. Lebensjahr 279 EUR und bis zum vollendeten 12. Lebensjahr 322 EUR. Diese Beträge finden sich auch noch in der aktuellen Gesetzesfassung wieder, sind inzwischen aber bedeutungslos geworden.

Denn inzwischen sind die Mindestbeträge, insbesondere durch die Erhöhung des Kinderfreibetrags zum 1.1.2010, von der Gesetzesentwicklung überholt. Aktuell (Stand: 2019) beträgt der Mindestunterhalt (Mindestbedarf) für bis fünfjährige Kinder 353 EUR und für 6 bis 11-jährige Kinder 406 EUR und für die (nunmehr ebenfalls anspruchsberechtigten) 12 bis 17-jährigen Kinder 476 EUR. Anzurechnen ist das volle Kindergeld von 204 EUR (Stand 1.7.2019), sodass sich **Zahlbeträge von 149 EUR bzw. 202 EUR und 272 EUR** ergeben (vgl. § 2 I, II UVG).

Auf das höhere Kindergeld bei drei und mehr Kindern kommt es nicht an.

267 Auf die Vorschussleistungen werden **nur bestimmte** im selben Monat erzielte **Einkünfte** angerechnet, und zwar Unterhaltszahlungen des nicht betreuenden Elternteils, Waisenbezüge und Schadensersatzansprüche wegen des Todes dieses Elternteils (§ 2 III UVG). Auf sonstige Einkünfte des Kindes kommt es nicht an, mögen sie auch unterhaltsrechtlich Einkommen darstellen, wie zB den Wohnvorteil. Die Tilgung von Schulden für ein Eigenheim, in dem das Kind mietfrei wohnt, ist keine Unterhaltszahlung im Sinne des § 2 III Nr. 1 UVG.[9] Vermögen des Kindes wird nicht angerechnet; das Gleiche gilt für Zinsen. Einkommen und Vermögen des betreuenden Elternteils und sonstiger unterhaltspflichtiger Verwandter, insbesondere der Großeltern, bleiben außer Betracht.[10] Im Gegenteil muss sich das Enkelkind den Unterhaltsvorschuss als Einkommen anrechnen lassen, wenn es seine Großeltern auf Unterhalt in Anspruch nehmen will.[11] Unterhaltsvorschuss wird daher auch gezahlt, wenn der betreuende Elternteil über ein gutes Einkommen verfügt und trotz Leistungsunfähigkeit des Barunterhaltspflichtigen den Kindesunterhalt ohne weiteres aufbringen kann.

268 Der Unterhaltsvorschuss wird zu 40% vom Bund, im Übrigen von den Ländern getragen (§ 8 I 1 UVG). Die Länder können die Gemeinden in angemessenem Umfang an den Kosten beteiligen (§ 8 I 2 UVG). Sie bedienen sich mit Ausnahme der Stadtstaaten zur Ausführung des Gesetzes vielfach der Kreise und größeren Städte.

269 Für öffentlich-rechtliche Streitigkeiten nach dem UVG ist der **Verwaltungsrechtsweg** gegeben, während entsprechende Prozesse nach dem SGB II und dem SGB XII vor den Sozialgerichten zu führen sind (§ 51 Nr. 4a, 6a SGG). Der nach § 7 I 1 UVG übergegangene Unterhaltsanspruch ist dagegen vor den **Familiengerichten** geltend zu machen.

---

[8] EuGH FamRZ 2002, 449.
[9] BVerwG NJW 2005, 2027.
[10] R. Scholz, UVG, § 2 Rn. 11.
[11] OLG Dresden FamRZ 2006, 569.

II. Anspruchsübergang

Nach § 7 I 1 UVG **geht der Unterhaltsanspruch** des Kindes gegen den pflichtigen **270** Elternteil, bei dem es nicht lebt, zusammen mit dem unterhaltsrechtlichen Auskunftsanspruch auf das Land über. Der Übergang von Unterhaltsansprüchen gegen sonstige Verwandte, insbesondere die Großeltern (vgl. auch → Rn. 267), ist nicht vorgesehen. Für die Vergangenheit kann der pflichtige Elternteil von dem Zeitpunkt an in Anspruch genommen werden, in dem die Voraussetzungen des § 1613 BGB vorgelegen haben oder der pflichtige Elternteil von dem Antrag auf Unterhaltsleistung Kenntnis erhalten hat und über die Möglichkeit der Inanspruchnahme belehrt worden ist (§ 7 II UVG).

Besondere **Schuldnerschutzvorschriften** wie § 94 III 1 Nr. 1 SGB XII, § 33 II 3 **271** SGB II enthält das UVG **nicht**. Da keine Regelungslücke vorliege, findet nach Auffassung des **BGH**[12] eine öffentlich-rechtliche Vergleichsberechnung nicht statt. Vgl. dazu → Rn. 92 ff., 248 ff. Demgemäß geht auch ein Unterhaltsanspruch, der auf fiktivem Einkommen des Schuldners beruht, auf das Land (Unterhaltsvorschusskasse) über. Scholz hat diese Auffassung in der 7. Auflage im Ergebnis aus verfassungsrechtlichen Gründen in Frage gestellt. Sie lässt sich allerdings damit rechtfertigen, dass das UVG mangels besonderer Schutzvorschriften insoweit der unterhaltsrechtlichen Sichtweise folgt, nach welcher es nicht auf die erzielten Einkünfte ankommt, sondern auf das, was der Unterhaltspflichtige zu erzielen verpflichtet und imstande ist. Da auf die tatsächlich bestehende Leistungsfähigkeit (= Erwerbsfähigkeit und Erwerbsmöglichkeit) abgestellt wird, liegt auch kein Eingriff in das verfassungsrechtlich garantierte Existenzminimum vor.[13] Dass dem Unterhaltspflichtigen nicht im Wege der Vollstreckung das Lebensnotwendige genommen werden darf, wird durch die Schutzvorschriften des Vollstreckungsrechts gewährleistet. Vgl. aber → Rn. 275a.

Der übergegangene Unterhaltsanspruch unterliegt der dreijährigen **Verjährungsfrist** **272** (§§ 195, 197 II BGB). Die Frist ist während der Minderjährigkeit des Kindes nicht nach § 207 I 2 Nr. 2 BGB gehemmt. Diese Vorschrift greift nicht ein, wenn der Unterhaltsanspruch auf einen Dritten übergegangen ist.[14] Zur Hemmung der Verjährung nach Rückabtretung des Unterhaltsanspruchs an das Kind vgl. → Rn. 274.

Endet die Zahlung des Unterhaltsvorschusses und kann der Schuldner neben dem **273** laufenden Unterhalt Zahlungen auf den rückständigen und auf das Land übergegangen Unterhaltsanspruch nicht leisten, hat der Anspruch des Unterhaltsberechtigten auf den **laufenden Unterhalt** Vorrang (§ 7 III 2 UVG). Dieser Vorrang hindert allerdings eine Verurteilung zu rückständigem Unterhalt nicht. Jedoch ist das Urteil – tunlichst im Tenor – mit dem Vorbehalt zu versehen, dass aus ihm nur vollstreckt werden darf, wenn und soweit der Unterhaltsgläubiger bei der Durchsetzung seiner Unterhaltsforderung nicht benachteiligt wird. § 7 III 2 UVG ist nicht erst in der Zwangsvollstreckung zu beachten.[15]

Seit dem 1.7.1998 sieht § 7 IV 2 UVG wie § 94 V 1 SGB XII und § 33 IV 1 SGB II **274** eine **Rückabtretung** des kraft Gesetzes auf das Land übergegangenen Unterhaltsanspruchs an das Kind vor. Die Vorschrift gilt bei einer vor dem 1.7.1998 vorgenommenen Rückabtretung entsprechend.[16] Ebenso kann sich das Land den geltend gemachten Unterhaltsanspruch wieder abtreten lassen (§ 7 IV 2 UVG). Auf die Ausführungen zu § 94 SGB XII kann verwiesen werden (→ Rn. 111 ff.). Einziehungsermächtigung und Prozessstandschaft sind auch hier wegen Verstoßes gegen § 32 SGB I nichtig.[17] Die Vertretungsmacht des Elternteils, in dessen Obhut sich das Kind befindet (§ 1629 II 2 BGB), deckt auch den Abschluss einer Rückabtretungsvereinbarung zwischen dem Kind und dem Land, da § 7

---

[12] FamRZ 2001, 619 (621).
[13] BVerfGE 68, 256 = FamRZ 1985, 43; BVerfG FamRZ 2010, 793; 2010, 183; 2008, 1145.
[14] BGH FamRZ 2006, 1664 = R 657d.
[15] BGH FamRZ 2006, 1664 = R 657a, b.
[16] BGH FamRZ 2000, 221.
[17] BGH FamRZ 1996, 1203 (1205); 1996, 1207.

IV 2 UVG andernfalls weitgehend gegenstandslos würde. Die Frage ist allerdings umstritten[18]; beim **BGH** ist insoweit ein Verfahren anhängig.[19]

Die Rückabtretung bewirkt zwar, dass das Kind wieder Gläubiger des Unterhaltsanspruchs ist, macht aber den einmal eingetretenen gesetzlichen Forderungsübergang nicht ungeschehen. Dies ist insbesondere bei der Verjährung von Bedeutung. Infolge des Anspruchsübergangs entfällt die Hemmung der Verjährung nach § 207 I 2 Nr. 2 BGB,[20] sodass nunmehr die Verjährungsfrist beginnt. Wird der Unterhaltsanspruch erst nach Vollendung der Verjährung an das Kind rückabgetreten, bleibt es bei der einmal eingetretenen Verjährung. Erfolgt die Rückabtretung vor Eintritt der Verjährung, wird die Frist für das Kind nicht wieder gehemmt. Denn der Unterhaltsanspruch dient dazu, dass das Land beim Schuldner wegen des geleisteten Vorschusses Regress nehmen kann. Daran ändert die Rückabtretung nichts. Vielmehr hat das Kind Beträge, die der Schuldner auf den (rückständigen) Unterhalt gezahlt hat, an die Unterhaltsvorschusskasse abzuführen (§ 667 BGB; vgl. → Rn. 114), soweit diese Vorschusszahlungen erbracht hat. Das Kind benötigt deshalb den Schutz durch die Hemmung der Verjährung während seiner Minderjährigkeit nicht mehr. Für die Zukunft, also für die Zeit nach Einstellung der Vorschusszahlungen, zB wegen Ablaufs der Förderungsdauer von 72 Monaten oder wegen Vollendung des 12. Lebensjahres (→ Rn. 262, 266), kann nur das Kind den Unterhaltsanspruch geltend machen. Insoweit bleibt es bei der Hemmung der Verjährung während der Minderjährigkeit des Kindes (§ 207 I 2 Nr. 2 BGB).

275 Wenn voraussichtlich auf längere Zeit Unterhaltsvorschuss gewährt werden muss (§ 7 IV 1 UVG), kann das Land auch die **künftige Leistung** (nunmehr „einen Unterhaltsanspruch für die Zukunft") geltend machen. Der Titel muss und soll nicht die Einschränkung erhalten, dass die Zahlung von künftigen Unterhaltsvorschusszahlungen abhängig ist (vgl. → Rn. 121).[21] Denn in diesem Fall müsste im Vollstreckungsverfahren für die Klauselerteilung stets der Eintritt der Bedingung nach §§ 120 FamFG, 726 ZPO nachgewiesen werden.[22] Die Verpflichtung ist vielmehr – entsprechend der regelmäßigen Unterhaltsverpflichtung, die ebenfalls nicht unter der Bedingung künftiger Bedürftigkeit, Leistungsfähigkeit, Nichterfüllung etc. tituliert wird – allgemein, dh als unbedingter Zahlungstitel, auszusprechen. Dass der Sozialleistungsträger in diesen Fällen als Legalzessionar auf künftige Leistung klagen kann, beruht auf der ausdrücklichen gesetzlichen Bestimmung. Anderenfalls müsste der Sozialleistungsträger Monat für Monat eine erneute Klauselerteilung beantragen. In § 7 V UVG ist insoweit für die Vollstreckung aus einem Vollstreckungsbescheid bestimmt, dass zum Nachweis des Anspruchsübergangs (nur) der Bewilligungsbescheid über den Unterhaltsvorschuss beigefügt werden muss.

Auch das vereinfachte Verfahren ist zulässig (§ 250 I Nr. 11, 12 FamFG). Der künftige Unterhalt kann als Prozentsatz des jeweiligen Mindestunterhalts geltend gemacht werden[23] (§ 1612a BGB; vgl. → § 2 Rn. 358 ff.). Im vereinfachten Verfahren können Zinsen nach § 288 BGB für bereits fällige Ansprüche geltend gemacht werden, nicht aber Prozesszinsen nach § 291 BGB.[24] Wird die Zahlung des Unterhaltsvorschusses eingestellt, kann dem unterhaltsberechtigten Kind für den vom Land erwirkten Vollstreckungstitel eine Rechtsnachfolgeklausel erteilt werden.[25] Dem Land kann als Rechtsnachfolger des Kindes gemäß §§ 120 I FamFG, 727 I ZPO (hinsichtlich künftiger Zahlungen analog) die Vollstreckungsklausel erteilt werden, wenn das Kind vor Aufnahme der Vorschusszahlungen einen Voll-

---

[18] aA AG Lüdenscheid FamRZ 2002, 1207; Palandt/Götz § 1629 Rn. 24; Schürmann FF 2016, 105 mwN.
[19] Vgl. BGH Beschluss vom 17.4.2019 – XII ZA 63/18, BeckRS 2019, 10352.
[20] BGH FamRZ 2006, 1664 (1666) = R 657d.
[21] Anders BGH FamRZ 2008, 1428 und OLG Schleswig MDR 2010, 752; anders noch OLG Schleswig BeckRS 2008, 07383.
[22] Vgl. OLG Schleswig MDR 2010, 752; vgl. auch BGH FamRZ 2008, 1433 (Unzulässigkeit der Beschwerde des Antragstellers gegen die Bedingung im vereinfachten Verfahren).
[23] OLG Celle JAmt 2009, 210; OLG Hamm FamRZ 2011, 409 mwN auch zur a. A.; auch der BGH FamRZ 2008, 1428, geht von der Möglichkeit der Dynamisierung aus.
[24] BGH FamRZ 2008, 1428.
[25] BGH FamRZ 2015, 2150.

5. Abschnitt: Unterhaltsvorschuss und Unterhalt § 8

streckungstitel über Unterhalt erwirkt hat. Dies gilt in analoger Anwendung dieser Vorschrift auch dann, wenn in dem Verfahren der Elternteil, in dessen Obhut sich das Kind befindet, als Prozess- bzw. Verfahrensstandschafter (§ 1629 III 1 BGB) aufgetreten ist und wenn es sich bei dem Titel um eine einstweilige Anordnung handelt.[26]

Eine **neuartige Regelung** ist im Zuge der Reform (→ Rn. 262) mit **§ 7a UVG** eingeführt worden, die im ursprünglichen Gesetzentwurf[27] noch nicht vorgesehen war. Die Vorschrift sieht unter der Überschrift „Übergegangene Ansprüche des Berechtigten bei Leistungsunfähigkeit" vor, dass, solange der Elternteil, bei dem der Berechtigte nicht lebt, Leistungen nach dem SGB II bezieht und über kein eigenes Einkommen im Sinne von § 11 I 1 SGB II verfügt, der nach § 7 übergegangene Unterhaltsanspruch nicht verfolgt wird. Unter Leistungsunfähigkeit kann hier nur die sozialrechtliche Leistungsunfähigkeit verstanden werden, weil es bei unterhaltsrechtlicher Leistungsunfähigkeit schon am Unterhaltsanspruch fehlen würde. Die Einschränkung greift nach ihrem Wortlaut nur ein, wenn der Unterhaltspflichtige überhaupt kein Einkommen im Sinne von § 11 I 1 SGB II bezieht. Wenn er hingegen Einkommen bezieht, greift § 7a UVG mithin auch dann nicht ein, wenn das Einkommen nicht ausreicht, um seinen sozialrechtlichen Bedarf oder seinen unterhaltsrechtlichen Selbstbehalt abzudecken. Sofern § 7a UVG allerdings eingreift, dürfte dies auch einer Rückabtretung des Unterhaltsanspruchs an das Kind entgegenstehen.

275a

III. Verhältnis von Sozialhilfe und Grundsicherung für Arbeitsuchende zum Unterhaltsvorschuss

Sozialhilfe wird nicht gewährt, soweit Unterhaltsvorschuss gezahlt wird (§ 2 II 1 SGB XII). Jedoch übersteigt der Anspruch des Kindes auf Sozialhilfe in aller Regel den Unterhaltsvorschuss von 133 bzw. 180 EUR (→ Rn. 266). Daher geht der Unterhaltsanspruch in Höhe des Unterhaltsvorschusses auf das Land, in Höhe der Sozialhilfe auf den Sozialhilfeträger über. Ein etwaiger Restanspruch verbleibt dem unterhaltsberechtigten Kind. Ist der Schuldner nur teilweise leistungsfähig, geht der auf das Land übergegangene Anspruchsteil vor.[28] Auch wenn dieselbe Stadt oder derselbe Kreis Sozialhilfe und – im Auftrag des Landes – Unterhaltsvorschuss gewähren, kann im Unterhaltsprozess nicht offen bleiben, in welcher Höhe der Anspruch auf das Land und in welcher Höhe er auf die Stadt oder den Kreis als örtlichen Sozialhilfeträger übergegangen ist.[29] Dasselbe gilt, wenn das Kind Sozialgeld nach § 19, 23 SGB II bezieht.

276

Die **Konkurrenz zwischen Unterhaltsvorschuss und Sozialhilfe** wird durch § 7 I 2 UVG geregelt. Wird ein Kind sozialhilfebedürftig, gewährt in der Regel der Sozialhilfeträger sofort Hilfe, und zwar auch soweit Anspruch auf Unterhaltsvorschuss besteht. Die Zahlung des Unterhaltsvorschusses wird in der Praxis oft erst nach einiger Zeit aufgenommen. In diesem Fall geht der Unterhaltsanspruch nicht nach § 7 I 1 UVG auf das Land über, solange Sozialhilfe gezahlt wird. Es verbleibt für die Zeit der Gewährung von Sozialhilfe beim Anspruchsübergang auf den Sozialhilfeträger nach § 94 SGB XII. Diesem obliegt es, die Erstattung seiner Aufwendungen vom Land nach § 104 SGB X oder vom Unterhaltsschuldner nach § 94 SGB XII zu verlangen. Der Sozialhilfeträger kann den nach § 94 I 1 SGB XII übergegangenen Unterhaltsanspruch an das Land abtreten, soweit dieses Erstattung geleistet hat.[30] Auch kann er bei der zuständigen Unterhaltsvorschusskasse nach § 95 SGB XII die Feststellung des Unterhaltsvorschusses und damit mittelbar seines Erstattungsanspruchs nach § 104 SGB X gegen das Land beantragen (§ 7 I 2 UVG). Erst ab

277

---

[26] OLG Zweibrücken FamRZ 2000, 964 mwN.
[27] BR-Drs. 814/16.
[28] OLG Düsseldorf FamRZ 1996, 167 (169).
[29] Davon geht BGH FamRZ 1996, 1207 als selbstverständlich aus; aA zu Unrecht Seetzen NJW 1994, 2505.
[30] Rechtsgutachten DIJuF JAmt 2001, 473.

Gewährung des Unterhaltsvorschusses und entsprechender Kürzung der Sozialhilfe geht der Anspruch in Höhe der vom Land erbrachten Leistungen auf dieses über.

278 Die Ausführungen zu → Rn. 277 gelten entsprechend für das Verhältnis von Unterhaltsvorschuss und Grundsicherung für Arbeitsuchende. Soweit der Bedarf des Kindes durch Leistungen nach dem SGB VIII, zB durch Erziehung in einem Heim, sichergestellt ist, besteht kein Anspruch auf Unterhaltsvorschuss (§ 1 IV 2 UVG). Bei sozialrechtlicher Leistungsunfähigkeit des Unterhaltspflichtigen greift die Sonderregelung in § 7a UVG (→ Rn. 275a).

6. Abschnitt: Ausbildungsförderung und Unterhalt

I. Voraussetzungen und Dauer der Förderung

279 Grundlage der Ausbildungsförderung ist das Bundesgesetz über die individuelle Förderung der Ausbildung (BAföG).[1] Danach wird die Ausbildung durch eine **subsidiäre Sozialleistung** gefördert. Die Subsidiarität wird in der Regel nicht – wie bei der Sozialhilfe (§ 94 SGB XII) und bei der Grundsicherung für Arbeitsuchende (§ 33 SGB II) – dadurch verwirklicht, dass zunächst Förderung gewährt und dann Rückgriff beim Unterhaltsschuldner genommen wird. Dies ist die Ausnahme (vgl. § 37 BAföG; → Rn. 288). Vielmehr besteht von vornherein nur ein Anspruch auf Förderung einer der Neigung, Eignung und Leistung entsprechenden Ausbildung, wenn dem Auszubildenden die für seinen Lebensunterhalt und seine Ausbildung erforderlichen Mittel anderweitig nicht zur Verfügung stehen (§ 1 BAföG). Zur Bestreitung des Lebensunterhalts und der Ausbildungskosten sind zunächst **Einkommen** und Vermögen des Auszubildenden anzurechnen. Ferner ist das Einkommen seines nicht getrennt lebenden Ehegatten und seiner Eltern, und zwar in dieser Reihenfolge, heranzuziehen, nicht dagegen deren Vermögen (§ 11 II BAföG). Auf Einkommen der Großeltern kommt es nicht an. Die einzusetzenden Mittel werden grundsätzlich auf den Bedarf des Auszubildenden (→ Rn. 281) angerechnet. Wenn ein Auszubildender von seinen Eltern Unterhalt erhält, der seinen Bedarf im Sinne der §§ 12 ff. BAföG deckt, verfügt er über die für seinen Lebensunterhalt und seine Ausbildung erforderlichen Mittel, so dass Ausbildungsförderung nicht gewährt werden kann (§ 1 BAföG). Unter bestimmten Voraussetzungen, insbesondere wenn der Auszubildende ein Abendgymnasium oder ein Kolleg besucht oder wenn ausnahmsweise eine (erneute) Ausbildung nach vorhergehender Erwerbstätigkeit oder nach Vollendung des 30. Lebensjahres gefördert wird (vgl. → Rn. 282), bleibt das Einkommen der Eltern außer Betracht (§ 11 III BAföG). Das Einkommen der Eltern wird auch dann nicht berücksichtigt, wenn ihr Aufenthalt nicht bekannt ist oder sie rechtlich oder tatsächlich gehindert sind, im Inland Unterhalt zu leisten (§ 11 II a BAföG). Einkommen (und natürlich auch das Vermögen) des dauernd getrennt lebenden oder geschiedenen Ehegatten werden nicht angerechnet (§ 11 II 2 BAföG). Jedoch mindern tatsächliche Unterhaltsleistungen des geschiedenen oder getrennt lebenden Ehegatten des Auszubildenden dessen Bedarf (§ 21 III Nr. 4 BAföG).

280 Das anzurechnende **Einkommen** wird in pauschaler Weise auf der Basis der positiven Einkünfte im Sinne des § 2 I, II EStG ermittelt (§ 21 BAföG). Beim Einkommen des Auszubildenden kommt es auf die Verhältnisse im Bewilligungszeitraum an (§ 22 I 1 BAföG). Bei der Anrechnung des Einkommens der Eltern und des Ehegatten wird auf die Verhältnisse des vorletzten Kalenderjahres vor Beginn des Bewilligungszeitraums abgestellt (§ 24 I BAföG). Ist das Einkommen im Bewilligungszeitraum voraussichtlich wesentlich niedriger, wird auf besonderen Antrag von den Einkommensverhältnissen in diesem Zeitraum ausgegangen (§ 24 III BAföG). Erhöht sich dagegen das anzurechnende Einkommen der Eltern, bleibt es dabei, dass die Verhältnisse des vorletzten Kalenderjahres

---

[1] Neugefasst durch Bekanntmachung vom 7.12.2010, BGBl. I S. 1952.

6. Abschnitt: Ausbildungsförderung und Unterhalt § 8

maßgebend sind. Dies kann dazu führen, dass Anspruch auf Ausbildungsförderung besteht, obwohl die früher nicht leistungsfähigen Eltern jetzt ohne weiteres ihrem Kind die Kosten der Lebenshaltung und der Ausbildung zur Verfügung stellen könnten. Dem Auszubildenden (§ 23 BAföG), den Eltern und dem Ehegatten (§ 25 BAföG) stehen beim Einkommen bestimmte Freibeträge zu.² Ab 1.8.2008 bleiben vom Einkommen des Auszubildenden 255 EUR anrechnungsfrei (§ 23 I 1 Nr. 1 BAföG). Beim Auszubildenden kann auf Antrag ein weiterer Freibetrag bis zu 205 EUR monatlich anrechnungsfrei belassen werden, wenn dies zur Deckung besonderer Kosten der Ausbildung erforderlich ist (§ 23 V BAföG). Beim Ehegatten und bei den Eltern werden 50% des die Freibeträge übersteigenden Einkommens und 5% für jedes Kind nicht angerechnet (§ 25 IV BAföG). **Vermögen** des Auszubildenden ist nach Maßgabe der §§ 26 ff. BAföG zu berücksichtigen. Auch hier werden Freibeträge gewährt; beim Auszubildenden bleibt ein Betrag von 5200 EUR anrechnungsfrei (§ 29 I Nr. 1 BAföG).

Beim **Bedarf** des Auszubildenden unterscheidet das Gesetz zwischen Schülern (§ 12 BAföG), Studierenden (§ 13 BAföG), und Praktikanten (§ 14 BAföG). Er setzt sich aus einem Grundbetrag, verschiedenen Zuschlägen, Wohnkosten, evtl. Beiträgen zur Kranken- und Pflegeversicherung zusammen. Die Höchstförderung (Grundbedarf, Wohnpauschale und Zuschlag für Kranken- und Pflegeversicherung) beträgt seit dem 1.8.2016 **735 EUR** (§§ 13, 13a BAföG), zuvor betrug sie 670 EUR.³ Im Einzelnen ist die Berechnung des Bedarfs sowie des anzurechnenden Einkommens und Vermögens höchst kompliziert. Eine **Erhöhung der Bedarfssätze** zum Wintersemester 2019 ist in der Planung, befindet sich aber derzeit noch im Gesetzgebungsverfahren.⁴ 281

Ausbildungsförderung wird unter bestimmten Voraussetzungen insbesondere für den Besuch von weiterführenden **Schulen** (ab Klasse 10), von Fach- und Fachoberschulen, Abendschulen und von **Hochschulen** gewährt (§ 2 I, Ia BAföG), und zwar grundsätzlich nur bis zum ersten berufsqualifizierenden Abschluss (§ 7 I 1 BAföG). Ein Master- oder Magisterstudiengang wird unter bestimmten Bedingungen gefördert, insbesondere wenn er auf einem Bachelor- oder Bakkalaureusstudiengang aufbaut (§ 7 I a 1 Nr. 1 BAföG). Für eine einzige weitere Ausbildung kann nur unter bestimmten Voraussetzungen Ausbildungsförderung gewährt werden (§ 7 II BAföG). Ein Abbruch der Ausbildung oder ein Wechsel der Fachrichtung sind nur ausnahmsweise zulässig (§ 7 III BAföG). Die Ausbildung muss grundsätzlich im Inland durchgeführt werden; unter Umständen kann auch eine Ausbildung im Ausland gefördert werden (§§ 5 ff. BAföG). Die **Förderungshöchstdauer** entspricht der Regelstudienzeit nach § 10 II des Hochschulrahmengesetzes oder einer vergleichbaren Festsetzung. Sie richtet sich nach der besuchten Schule. Sie beträgt beim Besuch von Universitäten grundsätzlich 9 Semester; beim Besuch von Fachhochschulen werden 7 Semester (mit Praxiszeiten 8 Semester), bei Lehramtsstudiengängen für die Primarstufe und die Sekundarstufe I 7 Semester gefördert (§ 15a BAföG). 282

Die Ausbildungsförderung wird grundsätzlich **als Zuschuss,** bei Besuch von Hochschulen und vergleichbaren Einrichtungen jedoch nur **zur Hälfte** als Zuschuss, zur anderen Hälfte **als Darlehen** gewährt (§ 17 I, II BAföG). Das Darlehen ist unverzinslich, solange der Schuldner mit der Rückzahlung nicht in Verzug gerät (§ 18 II BAföG). Es ist in monatlichen Raten von mindestens 105 EUR, beginnend mit dem fünften Jahr nach Ende der Förderung, zu tilgen (§ 18 III BAföG). Auf Antrag kann der Schuldner auf Grund seiner Einkommensverhältnisse von der Rückzahlung ganz oder teilweise freigestellt werden; auch besteht bei guten Leistungen in der Abschlussprüfung die Möglichkeit eines Teilerlasses (§§ 18a, b BAföG). Bei einer weiteren Ausbildung und bei Überschreitung der Förderungshöchstdauer kann ein **Bankdarlehen** gewährt werden (§ 17 III BAföG). Das Bankdarlehen ist zu verzinsen (§ 18c II 1 BAföG). Zur unterhaltsrechtlichen Obliegenheit, ein Bankdarlehen in Anspruch zu nehmen, → Rn. 286. Hier sind allerdings Änderungen geplant. In Zukunft soll auch dieses Darlehen in Form eines zinsfreien Staatsdarlehens gewährt werden.⁵ 283

---

² Zur Anrechnung von Unterhalt auf die Freibeträge vgl. BGH FamRZ 2000, 640.
³ Zu früheren Höchstsätzen s. die 7. bis 9. Auflage.
⁴ Entwurf des 26. BAföG-Änderungsgesetzes; BR-Drs. 55/19.
⁵ BR-Drs. 55/19 S. 3.

284 **Zuständig** sind die Ämter für Ausbildungsförderung, die bei den Kreisen und kreisfreien Städten, für Studenten bei den Hochschulen oder den Studentenwerken errichtet sind (§ 40 BAföG). Das Verfahren richtet sich nach §§ 45 ff. BAföG. Das Gesetz wird im Auftrag des Bundes von den Ländern ausgeführt; die Verwaltung der bewilligten Darlehen obliegt dem Bundesverwaltungsamt (§ 39 I, II BAföG). Die Kosten tragen der Bund zu 65% und die Länder zu 35% (§ 56 I BAföG).

285 Für öffentlich-rechtliche Streitigkeiten nach dem BAföG ist der Verwaltungsrechtsweg gegeben (§ 54 BAföG). Der Unterhaltsanspruch, der nach § 37 BAföG auf das Land übergeht (→ Rn. 288), ist vor dem zuständigen Familiengericht geltend zu machen.

II. Das Verhältnis von Ausbildungsförderung und Unterhalt

1. Ausbildungsförderung und Vorausleistung

286 Endgültig festgesetzte BAföG-Leistungen sind unterhaltsrechtliches Einkommen und mindern den Bedarf des unterhaltsberechtigten Kindes. Das Kind ist daher gehalten, zur Minderung seiner Bedürftigkeit Ausbildungsförderung in Anspruch zu nehmen, auch wenn und soweit diese nur als unverzinsliches Darlehen gewährt wird.[6] Vgl. dazu im Einzelnen → § 1 Rn. 734 ff. Ein verzinsliches Bankdarlehen nach § 17 III BAföG entspricht dagegen im Wesentlichen einem Kredit, der auf dem freien Markt aufgenommen werden kann. Es dürfte daher kein Einkommen im Sinne des Unterhaltsrechts und auch dann nicht auf den Unterhaltsanspruch anzurechnen sein, wenn in den Fällen des 17 III BAföG die Eltern ausnahmsweise noch zum Unterhalt verpflichtet sind. Vgl. → Rn. 282; vgl. aber auch → § 2 Rn. 73 (zur Finanzierung von Studiengebühren durch Darlehen). Zu künftigen Änderungen → Rn. 283.

287 Kein Einkommen ist dagegen die **Vorausleistung** von Ausbildungsförderung, die nach § 36 BAföG auf Antrag gewährt wird, wenn die Eltern den nach dem BAföG angerechneten Unterhaltsbetrag nicht zahlen (§ 36 I 1 BAföG) oder sie ihre Mitwirkung bei der Bewilligung der Ausbildungsvergütung verweigern, insbesondere entgegen § 47 IV BAföG, § 60 I SGB I die für die Anrechnung ihres Einkommens erforderlichen Auskünfte nicht erteilen (§ 36 II BAföG). Bei der Vorausleistung kann Einkommen der Eltern naturgemäß nicht angerechnet werden, da sonst das unterhaltsberechtigte Kind auf einen zeitraubenden Unterhaltsprozess verwiesen würde. Das soll ihm gerade nicht zugemutet werden. Voraussetzung einer Vorausleistung ist, dass die **Ausbildung** wegen des Verzuges der Eltern **gefährdet** ist (§ 36 I BAföG). Eigenes Einkommen des Auszubildenden schließt eine Vorausleistung ganz oder teilweise aus; auch Einkommen des nicht getrennt lebenden Ehegatten im Bewilligungszeitraum ist zu berücksichtigen (§ 36 I BAföG). Der **Leistungsumfang** der Vorausleistung der Ausbildungsförderung entspricht der regelmäßigen Leistung. Die einzige Besonderheit ist, dass der von den Eltern nach dem BAföG zu leistende Unterhaltsbetrag nicht angerechnet wird. Daher richtet sich auch nach den allgemeinen Bestimmungen des § 17 BAföG, ob und in welchem Umfang die Vorausleistungen als Zuschuss, als Staatsdarlehen oder als Bankdarlehen erfolgen.[7]

2. Anspruchsübergang

288 Ist die Ausbildungsförderung endgültig festgesetzt worden, besteht keine Möglichkeit des Landes zum Rückgriff gegen den Unterhaltspflichtigen, da die Subsidiarität der Förderung bereits durch die Anrechnung des Einkommens des Auszubildenden, des Ehegatten oder seiner Eltern verwirklicht worden ist. Vgl. → Rn. 279. Dagegen geht der Unterhaltsanspruch bei Gewährung einer **Vorausleistung** auf das Land über, soweit auf den Bedarf des Auszubildenden das Einkommen der Eltern anzurechnen ist (§ 37 I 1 BAföG). Wird

---

[6] BGH FamRZ 1989, 499; vgl. OLG Koblenz FamRZ 2018, 1666.
[7] Ramsauer/Stallbaum/Sternal BAföG § 36 Rn. 26.

eine Ausbildung unabhängig vom Einkommen der Eltern gefördert (§ 11 II a, III BAföG), scheidet daher ein Anspruchsübergang von vorneherein aus (→ Rn. 279). Bei Gewährung eines Bankdarlehens gemäß § 18c BAföG ist der Anspruchsübergang nach § 37 I 3 BAföG ausgeschlossen.

Der Forderungsübergang ist der Höhe nach in dreifacher Weise eingeschränkt
– durch die Höhe der Vorausleistung des Amtes für Ausbildungsförderung,
– durch die Höhe des Unterhaltsanspruchs des Auszubildenden gegen seine Eltern
– und durch die Höhe des nach dem BAföG anzurechnenden Einkommens der Eltern.[8]

Auf den Unterhaltsantrag des Landes gegen den unterhaltspflichtigen Elternteil hat das Familiengericht diese Voraussetzungen des Anspruchsübergangs festzustellen.[9] Ist die Höhe des von den Eltern des in der Ausbildung befindlichen unterhaltsberechtigten Kindes einzusetzenden Einkommens streitig, so hat das Familiengericht nach einer Entscheidung des **BGH**[10] die Rechtmäßigkeit der von der zuständigen Behörde durchgeführten Einkommensermittlung in vollem Umfang zu überprüfen. Insoweit ist die Lage vom Sozialhilfe- und Grundsicherungsrecht (→ Rn. 77, 244) verschieden, weil es beim BAföG für die Höhe des Anspruchsübergangs auf die sozialrechtliche Einkommensfeststellung ankommt.[11] Steht bei der Einkommensermittlung die Anerkennung eines Härtefreibetrages im Ermessen der Behörde, so hat das Familiengericht demnach auch zu überprüfen, ob nur die Anerkennung des Freibetrages ermessensfehlerfrei ist, und diesen ggf. abweichend vom ergangenen Bewilligungsbescheid in seine Berechnung einzubeziehen. Der Unterhaltspflichtige ist für eine Begrenzung des Anspruchsübergangs darlegungs- und beweispflichtig. Soweit es ihm nicht gelingt, die Voraussetzungen für eine Ermessensreduzierung hinsichtlich des Härtefreibetrages darzulegen, ist von der Rechtmäßigkeit der behördlichen Bewilligung und dem darin zugrunde gelegten einsetzbaren Elterneinkommen auszugehen.

Durch die familiengerichtliche Überprüfung der Einkommensanrechnung wird die bei Festsetzung der Vorausleistung unterlassene Anrechnung nachgeholt und auf diese Weise die Subsidiarität der Ausbildungsförderung hergestellt.

Fraglich ist der Übergang, wenn und soweit die Vorausleistung als **Darlehen** gewährt wird. Hier dürfte zunächst zu differenzieren sein. Hätte dem Kind auch **bei voller Anrechnung des Unterhaltsbeitrags der Eltern** ein Förderungsanspruch zugestanden, so ist der in diesem Fall monatlich als (Staats-)Darlehen gewährte Betrag nach der im Unterhaltsrecht hM auf den Bedarf anzurechnen und kann insoweit ein Unterhaltsanspruch nicht auf das Land übergehen (vgl. § 37 I 1 BAföG). Hätte das Kind hingegen bei Anrechnung des Unterhaltsbeitrags der Eltern keinen Anspruch auf Ausbildungsförderung, so geht der gesamte Unterhaltsanspruch auf das Land über.[12]

Der Übergang des Unterhaltsanspruchs vollzieht sich **kraft Gesetzes** ohne Erlass eines Verwaltungsakts. Er erfasst nur den gesetzlichen Unterhaltsanspruch gegen die **Eltern**, nicht dagegen Ansprüche gegen den Ehegatten, auch nicht nach Trennung oder Scheidung. Die Großeltern können vom Land ebenfalls nicht in Anspruch genommen werden. Ein vertraglicher Unterhaltsanspruch des Auszubildenden gegen die Eltern geht nach § 37 I 1 BAföG nur auf das Land über, wenn er den gesetzlichen Anspruch lediglich modifiziert.[13] Ein vertraglicher Anspruch des einen Elternteils gegen den anderen auf Freistellung vom Kindesunterhalt fällt nicht unter § 37 BAföG, selbst wenn er an das bereits volljährige Kind abgetreten worden ist.[14] Zusammen mit dem Unterhaltsanspruch geht der unterhaltsrechtliche **Auskunftsanspruch** nach § 1605 BGB auf das Land über (§ 37 I 1 BAföG). Daneben besteht eine öffentlich-rechtliche Auskunftspflicht der Eltern und des Ehegatten, auch des dauernd getrennt lebenden, gegenüber dem Amt für Ausbildungsförderung (§ 47 IV BAföG, § 60 SGB I).

---

[8] BGH FamRZ 2000, 640.
[9] BGH FamRZ 2000, 640.
[10] BGH FamRZ 2013, 1644.
[11] Vgl. BGH FamRZ 2013, 1644 Rn. 15 f.
[12] Vgl. BVerwG FamRZ 1991, 996; OVG NRW FamRZ 1997, 1183.
[13] Vgl. BGH FamRZ 1989, 499.
[14] BGH FamRZ 1989, 499.

290 Ob ein **Unterhaltsanspruch** besteht, ist allein **nach bürgerlichem Recht** zu beurteilen. Haben die Eltern wirksam bestimmt, dass das Kind den Unterhalt in ihrem Haushalt in Natur entgegenzunehmen hat, besteht ein Barunterhaltsanspruch, der allein übergehen könnte, nicht.[15] Näheres dazu → § 2 Rn. 32 ff., 45 ff. Zudem scheidet dann auch die Gewährung einer Vorausleistung aus (§ 36 III BAföG). Vgl. dazu oben → Rn. 287. Ist die Unterhaltsbestimmung dagegen unwirksam, kann das Land den übergegangenen Anspruch gegen die Eltern geltend machen.[16] Vgl. dazu → § 2 Rn. 48.

Auch Bedarf und Bedürftigkeit des Kindes sowie die Leistungsfähigkeit des Verpflichteten richten sich nur nach Unterhaltsrecht. Es kommt nicht darauf an, ob nach dem BAföG eine Zweitausbildung gefördert wird. Entscheidend ist allein, ob sie von den Eltern nach §§ 1610 II BGB geschuldet wird. Vgl. dazu → § 2 Rn. 91 ff. Das antragstellende Land muss darlegen, dass diese Voraussetzungen gegeben sind. Zur (nicht angezeigten) Anrechnung des Darlehensanteils der Vorausleistung auf den Unterhaltsbedarf s. → Rn. 288.

291 Der Unterhaltsanspruch muss während der Zeit bestehen, für die dem Auszubildenden die Förderung gezahlt wird, also während des Bewilligungszeitraums. Es gilt also der Grundsatz der **Gleichzeitigkeit.** Hier ergeben sich unter Umständen Schwierigkeiten, da das Einkommen, das den Eltern angerechnet wird, sich nach den Verhältnissen des vorletzten Kalenderjahres vor dem Bewilligungszeitraum richtet (§ 24 BAföG) und daher von den nach BGB maßgeblichen Einkünften im Unterhaltszeitraum vielfach abweichen wird.[17] Vgl. → Rn. 280.

292 Unterhalt für die **Vergangenheit** kann von dem Zeitpunkt an verlangt werden, in dem die Voraussetzungen des bürgerlichen Rechts, insbesondere des § 1613 BGB, vorliegen (§ 37 IV Nr. 1 BAföG). Darüber hinaus kann Unterhalt von dem Zeitpunkt an gefordert werden, in dem die Eltern bei dem Antrag auf Förderung mitgewirkt oder sie von ihm Kenntnis erlangt haben und darüber belehrt worden sind, unter welchen Voraussetzungen das BAföG ihre Inanspruchnahme ermöglicht (§ 37 IV Nr. 2 BAföG). Es handelt sich auch hier um eine besonders ausgestaltete Rechtswahrungsanzeige. Liegt bereits ein Unterhaltstitel vor, kann das Land ihn auf sich umschreiben lassen (§§ 120 FamFG, 727 ZPO). Ist der titulierte Unterhalt zu gering, muss es Abänderungsklage (einen Abänderungsantrag) erheben.

293 Ob die Eltern im Rahmen des Unterhaltsverfahrens, das das Land gegen sie führt, einwenden können, dass ihrem Kind die Förderung nicht hätte gewährt werden dürfen, erscheint fraglich.[18] Die Eltern können jedoch geltend machen, dass ihr Einkommen ganz oder teilweise nicht hätte angerechnet werden dürfen. Dies ergibt sich aus dem Wortlaut des § 37 I 1 a. E. BAföG.[19] Die Einkommensanrechnung ist daher von den Familiengerichten zu überprüfen (vgl. → Rn. 288). Daneben stehen den Eltern sämtliche Einwendungen aus dem Unterhaltsrecht zu.

294 Der übergegangene Anspruch ist nach § 37 VI BAföG mit 6% zu verzinsen.

295 § 37 BAföG sieht eine **Rückabtretung** nicht vor. Sie ist daher unzulässig (§ 32 SGB X). Dies gilt ebenfalls für Einziehungsermächtigung und Prozessstandschaft.[20] Vgl. dazu auch → Rn. 111. Das Land ist auch ohne ausdrückliche gesetzliche Bestimmung berechtigt, den Unterhalt für die Zukunft einzuklagen, wenn künftig mit der Gewährung von Ausbildungsförderung zu rechnen ist (vgl. § 94 IV 2 BSHG, § 33 III 2 SGB II, § 7 IV 1 UVG).[21]

---

[15] BGH FamRZ 1996, 798.
[16] BGH FamRZ 1996, 798.
[17] Vgl. dazu Rothe/Blanke BAföG § 36 Anm. 4.2.
[18] Dafür: Rothe/Blanke § 37 Anm. 6.1.
[19] Rothe/Blanke § 37 Anm. 8.2.
[20] BGH FamRZ 1996, 1203 (1205); 1996, 1207.
[21] Vgl. BGH FamRZ 1992, 797.

§ 9 Auslandsberührung

1. Abschnitt: Materielles Recht

I. Rechtsquellen

Im materiellen Unterhaltsrecht hat die Bedeutung des internationalen Kollisionsrechts **1** erheblich zugenommen. Bereits im Jahre 2006 lebten in der Bundesrepublik Deutschland 13% binationale Paare. Im Jahr 2017 wurden in der Bundesrepublik Deutschland 407.466 Ehen geschlossen, davon waren in 57.672 Fällen, also in 14,16% ein ausländischer Ehegatte und in weitere 3405 Fällen, also in 0,84% zwei ausländische Ehegatten beteiligt. Personen mit Migrationshintergrund, die inzwischen die deutsche Staatsangehörigkeit erhalten haben, sind nicht als Auslandsbeteiligung erfasst.[1] Der Anteil von Ausländern an der Bevölkerung der Bundesrepublik Deutschland belief sich 2016 auf 9219.989 Menschen, also auf 11,2% der Gesamtbevölkerung.[2] Weil ein internationales materielles Unterhaltsrecht gegenwärtig noch nicht existiert und wohl auch nur schwer durchzusetzen ist,[3] beschränken sich die europäischen Rechtsquellen, die internationalen Übereinkommen und das nationale Kollisionsrecht zum materiellen Recht im wesentlichen auf die Unterhaltsbemessung (→ Rn. 4) und auf Vorschriften, die für Fälle mit Auslandsberührung anordnen, **welches nationale materielle Recht anwendbar** ist. Dabei ist vorrangig[4] auf die unmittelbar geltenden europäischen Verordnungen und internationalen Übereinkommen und nur ergänzend auf das nationale Recht abzustellen. Durch das (Artikel-)Gesetz zur Durchführung der Verordnung (EG) Nr. 4/2009 und zur Neuordnung bestehender Aus- und Durchführungsbestimmungen auf dem Gebiet des internationalen Unterhaltsverfahrensrechts vom 23. Mai 2011[5] sind das vorrangig anwendbare europäische Recht und die internationalen Vereinbarungen in nationales Recht umgesetzt worden. Wegen des Vorrangs der inzwischen in Kraft getretenen Europäischen Unterhaltsverordnung (EuUnthVO → Rn. 2 f.) mit dem in ihrem Art. 15 zum materiellen Recht in Bezug genommenen Haager Unterhaltsprotokoll vom 23.11.2007 (HUP 2007 → Rn. 4) konnte die frühere Vorschrift des Art. 18 EGBGB gestrichen werden. Die verfahrensrechtlichen Vorschriften zur Umsetzung der aktuellen europäischen Verordnungen und internationalen Übereinkommen sind durch das Gesetz zur Geltendmachung von Unterhaltsansprüchen im Verkehr mit ausländischen Staaten (Auslandsunterhaltsgesetz – AUG) neu geregelt worden (→ Rn. 627).[6]

1. Europäische Unterhaltsverordnung (EuUnthVO)

Für die Länder der Europäischen Union enthält die **Verordnung (EG) Nr. 4/2009 des** **2** **Rates über die Zuständigkeit, das anwendbare Recht, die Anerkennung und Voll-**

---

[1] www.verband-binationaler.de unter: Eheschließungen.
[2] www.destatis.de unter: Bevölkerung und Erwerbstätigkeit.
[3] Vgl. Dethloff FPR 2010, 489 und Pirrung FPR 2010, 516.
[4] Vgl. Erklärung (Nr. 17) zum Vorrang; Amtsblatt der EU C 83/344 vom 30.3.2010.
[5] BGBl. 2011 I S. 898.
[6] Vom 23. Mai 2011 BGBl. 2011 I S. 898 in der Fassung des Art. 1 des Gesetzes zur Durchführung des Haager Übereinkommens vom 23. November 2007 über die internationale Geltendmachung der Unterhaltsansprüche von Kindern und anderen Familienangehörigen sowie zur Änderung von Vorschriften auf dem Gebiet des internationalen Unterhaltsverfahrensrechts und des materiellen Unterhaltsrechts vom 20. Februar 2013 BGBl. 2013 I S. 273 zuletzt geändert durch Art. 5 des Gesetzes zur Änderung des Unterhaltsrechts und des Unterhaltsverfahrensrechts vom 20.11.2015 BGBl. 2015 I S. 2018. Zum früheren Recht vgl. BGH FamRZ 1991, 925; 1987, 682 und 2005, 1987.

streckung von Entscheidungen und die Zusammenarbeit in Unterhaltssachen (EuUnthVO) (→ Rn. 602)[7] erstmals auch eine Regelung zum anwendbaren **materiellen Recht**. Die Verordnung ist am 10.1.2009 veröffentlicht worden und nach ihrem Art. 76 I am zwanzigsten Tag nach der Verkündung, also am 31.1.2009 in Kraft getreten. Nach Art. 76 III EuUnthVO findet die Verordnung ab dem 18.6.2011 Anwendung, sofern das Haager Protokoll über das auf Unterhaltspflichten anzuwendende Recht vom 23.11.2007 (→ Rn. 3)[8] zu diesem Zeitpunkt in der Europäischen Union anwendbar ist. Sonst sollte sie mit der Anwendbarkeit des Haager Unterhaltsprotokolls Anwendung finden. Dieses Unterhaltsprotokolls tritt nach dessen Art. 25 am ersten Tag des Monats in Kraft, der auf einen Zeitabschnitt von drei Monaten nach Hinterlegung der zweiten Ratifikations-, Annahme, Genehmigungs- oder Beitrittsurkunde eines Mitgliedsstaats folgt.

Gemäß Artikel 15 der Unterhaltsverordnung richtet sich das in Unterhaltssachen **anwendbare (materielle) Recht** nach dem Haager Protokoll vom 23.11.2007 über das auf Unterhaltspflichten anzuwendende Recht. Durch diese Verweisung macht sich die Unterhaltsverordnung die Kollisionsregeln des Haager Unterhaltsprotokolls zu Eigen. Durch diese Regelungstechnik hat die Europäische Union von ihrer internen Regelungskompetenz nach Artikel 65 Buchstabe b des Vertrages zur Gründung der Europäischen Gemeinschaft[9] Gebrauch gemacht. Nach der Rechtsprechung des EuGH ist damit die Außenvertretungskompetenz zum Abschluss des Haager Unterhaltsprotokolls auf die Europäische Union übergegangen.[10] Am 30.11.2009 hatte der Rat der Europäischen Union beschlossen, dem Unterhaltsprotokoll beizutreten und das Haager Unterhaltsprotokoll innerhalb der Union vorläufig anzuwenden, sollte es am 18.6.2011 völkerrechtlich noch nicht in Kraft sein (Art. 4).[11] Am 8.4.2010 hat die Europäische Union als Mitglied der Haager Konferenz das Unterhaltsprotokoll gezeichnet und ratifiziert. Damit galten die Verordnung und das in Art. 15 in Bezug genommene Haager Protokoll über das auf Unterhaltspflichten anwendbare (materielle) Recht in den Mitgliedstaaten der Europäischen Union, mit Ausnahme Englands[12] und Dänemarks,[13] schon seit dem **18.6.2011,** unabhängig davon, ob das Haager Protokoll im Übrigen in Kraft getreten war.[14] Nach Art. 5 des Ratsbeschlusses vom 30.11.2009 richtet sich das anzuwendende Recht für Unterhaltsansprüche, die vor dem Inkrafttreten des Unterhaltsprotokolls oder vor seiner vorläufigen Anwendung in der Europäischen Union entstanden sind, schon nach den neuen Kollisionsvorschriften, sofern Unterhalt für die Zeit nach dem 18.6.2011 geltend gemacht wird. Damit können die Gerichte der Mitgliedstaaten der Europäischen Union nach Art. 267 der europäischen Verfassung[15] dem EuGH Vorabentscheidungersuchen zur Beantwortung grundsätzlicher Rechtsfragen des Haager Protokolls vorlegen.[16] Die Europäische Unterhaltsverordnung gilt für die Bundesrepublik Deutschland **innerhalb der Europäischen Union** somit unmittelbar gegenüber Belgien, Bulgarien, Estland, Finnland, Frankreich, Griechenland, Irland, Italien, Kroatien, Lettland, Litauen, Luxemburg, Malta, Niederlande, Österreich, Polen,

---

[7] Vom 18.12.2008, ABl. EU 2009 Nr. L 7, S. 1; vgl. auch Ratsdokument 5199/06 JUSTCIV 2, BR-Drs. 30/06 vom 17.1.2006; Henrich FamRZ 2015, 1761 (1763 ff.); Looschelders/Boos FamRZ 2006, 374 (383); Heger/Selg FamRZ 2011, 1101; zu den Entwürfen vgl. Wagner FamRZ 2006, 979, Kohler/Pintens FamRZ 2007, 1481 (1482 f.) und zu noch weiter gehenden Bemühungen um eine europäische Rechtsangleichung vgl. Pintens FamRZ 2005, 1597 (1601 ff.).
[8] Im Internet abrufbar unter https://www.hcch.net/ unter Instrumente/Übereinkommen.
[9] EGV, jetzt Artikel 81 Absatz 2 Buchstabe c AEUV.
[10] BT-Drs. 17/4887, 52.
[11] ABl. L 331 vom 16.12.2009 S. 17.
[12] Zur ev. Entwicklung im Falle eines „Brexit" vgl. Kohler/Pintens FamRZ 2018, 1369.
[13] Vgl. Protokoll (Nr. 22) über die Position Dänemarks; Amtsblatt der EU C 83/299 vom 30.3.2010 und Erklärung (Nr. 48) zu dem Protokoll über die Position Dänemarks; Amtsblatt der EU C 83/353 vom 30.3.2010.
[14] BGH FamRZ 2013, 1366 Rn. 33; vgl. auch Wagner NJW 2013, 1653 (1655).
[15] Die korrekte Bezeichnung lautet: Vertrag über die Arbeitsweise der Europäischen Union (AEUV) vom 13.12.2007.
[16] Conti/Bißmaier FamRBint 2011, 62 (66); Andrae FPR 2010, 505 (508); zum Eilverfahren vor dem EuGH vgl. Kohler/Pintens FamRZ 2008, 1669 (1670 f.).

1. Abschnitt: Materielles Recht § 9

Portugal, Rumänien, Schweden, Slowakei, Slowenien, Spanien, Tschechien, Ungarn und Zypern. Im Verhältnis zu Dänemark gilt sie auf der Grundlage des Abkommens vom 19.10.2005 zwischen der EU und Dänemark über die gerichtliche Zuständigkeit und die Anerkennung und Vollstreckung von Entscheidungen in Zivil- und Handelssachen mit Ausnahme der Vorschriften über das anwendbare Recht und die Zusammenarbeit zwischen den Zentralen Behörden. Auch in England gilt die Europäische Unterhaltsverordnung nur mit Ausnahme der Vorschriften über das anwendbare materielle Recht.

Das generelle Inkrafttreten des Haager Unterhaltsprotokolls und damit auch der Europäischen Unterhaltsverordnung hing zunächst noch davon ab, ob ein weiters Land ihm beitreten würde.[17] Dies ist inzwischen geschehen. Am 1.8.2013 ist das Haager Unterhaltsprotokoll auch völkerrechtlich für Serbien und die Europäische Union in Kraft getreten.[18] Während auch Irland[19] an die Ratifizierung des Haager Unterhaltsprotokolls durch die Europäische Union gebunden ist und das sich daraus ergebende, ggf. auch ausländische, materielle Recht anzuwenden hat, geht England ausdrücklich einen anderen Weg.[20] Es hat zwar für die EuUnthVO optiert, wird aber an einem gemeinsamen Kollisionsrecht zum anwendbaren materiellen Recht nach dem Haager Unterhaltsprotokoll nicht teilnehmen.[21] Englische Gerichte wenden somit nicht nur – wie auch alle übrigen Staaten – das eigene Verfahrensrecht, sondern stets auch das eigene materielle Recht (lex fori) an, was erhebliche Auswirkungen auf die Anerkennung und Vollstreckbarkeit in der anderen Staaten der EU hat (→ Rn. 675 ff.).[22]

Der Grund für die Anknüpfung der EuUnthVO an die Geltung des Haager Protokolls 3 über das auf Unterhaltspflichten anzuwendende Recht liegt in dem Regelungsumfang der Verordnung.[23] Die EuUnthVO enthält erstmals eine Gesamtregelung für unterhaltsrechtliche Verfahren, indem sie für aktuelle Verfahren die Vorschriften über die internationale Zuständigkeit, das anwendbare materielle Recht und die Anerkennung und Vollstreckung ausländischer Entscheidungen in einem Regelungswerk zusammenfasst. Hinsichtlich des anwendbaren materiellen Rechts nimmt die EuUnthVO auf das Haager Unterhaltsprotokoll Bezug, indem sie in Art. 15 anordnet, dass sich für die durch das Haager Unterhaltsprotokoll gebundenen Mitgliedstaaten das auf Unterhaltspflichten anwendbare Recht aus jenem Unterhaltsprotokoll ergibt.[24]

Nach Art. 1 EuUnthVO findet die Verordnung Anwendung auf Unterhaltspflichten, die auf einem Familien-,[25] Verwandtschafts- oder eheähnlichen Verhältnis oder auf Schwägerschaft beruhen. Diese Definition ist weit auszulegen; sie umfasst auch den Unterhaltsanspruch des nichtehelichen Elternteils nach § 1615l BGB, den Anspruch des Lebenspartners in einer registrierten Partnerschaft sowie den Nachteilsausgleich für das begrenzte Realsplitting, Abfindungsansprüche, Sachleistungen, Ansprüche auf Verfahrenskostenvorschuss und übergegangene Unterhaltsansprüche.[26] Auch auf entsprechende negative Feststellungsanträge ist die Verordnung anwendbar (→ Rn. 9).[27] Nach Art. 69 II EuUnthVO hat die Verordnung grundsätzlich[28] im Verhältnis der Mitgliedstaaten untereinander Vor-

---

[17] Zum aktuellen Status vgl. http://www.hcch.net/ de/instruments/conventions/status-tabelle/?cid=133.
[18] Wagner NJW 2014, 1862 (1864).
[19] Vgl. Protokoll (Nr. 21) über die Position des Vereinigten Königreichs und Irlands hinsichtlich des Raums der Freiheit der Sicherheit und des Rechts; Amtsblatt der EU C 83/295 vom 30.3.2010.
[20] Boele-Woelki/Mom FPR 2010, 485; vgl. auch die Erwägungsgründe 46 bis 48 der EuUnthVO.
[21] Botur FPR 2010, 519 (522).
[22] Vgl. Erwägungsgrund 20 der EuUnthVO.
[23] Dose, Europäisches Unterhaltsrecht, 8. Göttinger Workshop zum Familienrecht 2009, S. 81, 87.
[24] Hirsch, Europäisches Unterhaltsrecht, 8. Göttinger Workshop zum Familienrecht 2009, S. 17, 32 ff.
[25] Zum anwendbaren Recht nach dem HUÜ 73 für Ansprüchen nach § 1615l BGB vgl. BGH FamRZ 2011, 97 Rn. 22 ff.
[26] Motzer FamRBint 2011, 56, 57; Conti/Bißmaier FamRBint 2011, 62 (66).
[27] Vgl. BGH FamRZ 2013, 1113 Rn. 28 mit Hinweis auf entsprechende Rechtsprechung des EuGH.
[28] Zur eingeschränkten Anwendbarkeit der Übereinkommen der skandinavischen Staaten vgl. Art. 69 III EuUnthVO.

rang vor sonstigen Abkommen, auch wenn es bereits bestehende Abkommen nach Art. 69 I EuUnthVO im Übrigen unberührt lässt. Inhaltlich richtet sich das anwendbare materielle Recht somit schon seit dem 18.6.2011 nach dem in Bezug genommenen Haager Unterhaltsprotokoll (→ Rn. 4).

2. Haager Unterhaltsprotokoll 2007 (HUP 2007)

4 Das **Haager Protokoll über das auf Unterhaltspflichten anzuwendende Recht vom 23.11.2007 (HUP 2007)**[29] wurde gemeinsam mit dem HUVÜ 2007 (→ Rn. 604 f.) verabschiedet aber kurz zuvor davon abgetrennt.[30] Wie ausgeführt (→ Rn. 2) ist es völkerrechtlich drei Monate nach dem Beitritt des zweiten Mitgliedstaats, also **am 1.8.2013,** in Kraft getreten. Inzwischen gilt es außer zwischen den genannten (→ Rn. 2) Mitgliedstaaten der EU auch für Brasilien, Kasachstan und Serbien. Die Ukraine hat das Übereinkommen gezeichnet aber noch nicht ratifiziert.[31] Unabhängig davon ist es innerhalb der europäischen Union bereits seit dem 18.6.2011 anwendbar (→ Rn. 2). Nach Art. 22 HUP 2007 gilt das Protokoll nur für Unterhalt, der in einem Vertragsstaat für einen **Zeitraum ab Inkrafttreten** des Protokolls in diesem Staat verlangt werden kann. Für die durch das Haager Unterhaltsprotokoll gebundenen Mitgliedstaaten der EU gilt das Übereinkommen allerdings auf der Grundlage des genannten Ratsbeschlusses ausnahmsweise auch für früher entstandene Unterhaltsansprüche, wenn das gerichtliche Verfahren nach dem 18.6.2011 eingeleitet worden ist.[32] Nur für früher anhängig gewordene Fälle ist auf frühere Abkommen oder das nationale Kollisionsrecht zurückzugreifen (→ Rn. 5 ff.). Im Zuständigkeitsbereich ersetzt die Unterhaltsverordnung nach Art. 18 HUP 2007 allerdings seinen Vorgänger, das HUÜ 73 (→ Rn. 5). Weil die EU das HUP 2007 für ihre Mitgliedstaaten (mit Ausnahme von England und Dänemark) gezeichnet und ratifiziert hat, ist der EuGH in ihrem Verhältnis nach Art. 267 des Vertrags über die Arbeitsweise der Europäischen Union[33] **zur einheitlichen Auslegung** des Protokolls berufen.[34]

Es bestimmt das auf solche Unterhaltspflichten **anwendbare Recht,** die sich aus Beziehungen der Familie,[35] Verwandtschaft,[36] Ehe oder Schwägerschaft ergeben. Neben den allgemeinen und den besonderen Regeln für die Ermittlung des anwendbaren materiellen Rechts enthält das Unterhaltsprotokoll in Art. 14 (wie schon Art. 11 II HUÜ 73) auch eine Vorschrift für die **Bemessung des Unterhalts.** Danach sind bei der Bemessung des Unterhalts die Bedürfnisse der berechtigten Person (= Bedarf und Bedürftigkeit) und die wirtschaftlichen Verhältnisse der verpflichteten Person (= Leistungsfähigkeit), sowie etwaige an die berechtigte Person anstelle des Unterhalts geleistete Entschädigungen zu berücksichtigen, selbst wenn das anzuwendende nationale Recht etwas anderes bestimmt. Vorbehalte zu dem Unterhaltsprotokoll sind nach Art. 27 HUP 2007 nicht zulässig. Nach Art. 2 HUP 2007 ist das Protokoll auch dann anzuwenden, wenn das darin bezeichnete Recht dasjenige eines Nichtvertragsstaats ist. Das gilt auch für Dänemark und das Vereinigte Königreich ein, die durch den Beitritt der EU zu dem Abkommen nicht gebunden sind.[37] Weil Albanien, Japan, die Schweiz und die Türkei, anders als beim Haager Unter-

---

[29] ABl. 2009 L 331, 19; im Internet veröffentlicht unter: https://www.hcch.net/ unter Instrumente/ Übereinkommen.
[30] Hirsch Europäisches Unterhaltsrecht 8. Göttinger Workshop zum Familienrecht 2009 S. 17, 32.
[31] Vgl. die Statustabelle im Internet unter: http://www.hcch.net/de/instruments/conventions/status-tabelle/?cid=133; OLG Bremen FamRZ 2013, 224.
[32] BGHZ 203, 372 = FamRZ 2015, 479 Rn. 22.
[33] Vertrag über die Arbeitsweise der Europäischen Union (AEUV) vom 13.12.2007; im Internet veröffentlicht unter http://eur-lex.europa.eu/LexUriServ/LexUriServ.do?uri=OJ:C:2008:115: 0047:0199:de:PDF.
[34] Kohler/Pintens FamRZ 2018, 1369 (1380 f.); die Entscheidungen des EuGH können im Internet unter „europa.eu.int" (Kommission) oder „curia.eu.int" (EuGH) abgerufen werden.
[35] Zum anwendbaren Recht nach dem HUÜ 73 für Ansprüche nach § 1615l BGB vgl. BGH FamRZ 2011, 97 Rn. 22 ff.; vgl. auch OLG Köln FamRZ 2012, 1509.
[36] BGHZ 203, 372 = FamRZ 2015, 479 Rn. 14 ff.
[37] Österreichischer OGH FamRZ 2018, 342 (344).

haltsübereinkommen 73 (→ Rn. 5), dem HUP 2007 nicht beigetreten sind, ist streitig, ob das Protokoll auch im Verhältnis zu ihnen anwendbar ist. Die überwiegende Auffassung verneint die Anwendbarkeit und stellt dabei auf Art. 18 HUP 2007 ab, wonach das Protokoll das frühere HUÜ 73 nur im Verhältnis der Vertragsstaaten ersetzt.[38] Die Gegenmeinung stellt auf Art. 2 HUP 2007 ab, wonach unabhängig vom Erfordernis der Gegenseitigkeit auch das Recht eines Nichtvertragsstaats anzuwenden ist. Der BGH konnte die Frage bislang dahinstehen lassen.[39] Die gleiche Frage stellt sich bezüglich des Verhältnisses des HUP 2007 zum Haager Abkommen über das auf Unterhaltspflichten gegenüber Kindern anzuwendende Recht vom 24.10.1956 (→ Rn. 6), das von Lichtenstein und der chinesischen Verwaltungsregion Macau ratifiziert worden ist, für die das HUP 2007 ebenfalls nicht gilt. Nach Art. 3 I HUP 2007 ist für Unterhaltspflichten grundsätzlich das Recht des Staates maßgebend, in dem die berechtigte Person ihren gewöhnlichen Aufenthalt hat. Wechselt sie ihren gewöhnlichen Aufenthalt, ist ab dem Zeitpunkt des Aufenthaltswechsels das Recht des Staates des neuen gewöhnlichen Aufenthalts anzuwenden.[40] Für Ansprüche auf Kindes- oder Elternunterhalt ergänzt Art. 4 HUP 2007 die allgemeine Regelung. Wenn die unterhaltsberechtigte Person danach keinen Unterhalt erhalten kann,[41] ist in besonderen Fällen auch das materielle Recht des angerufenen Gerichts, des gewöhnlichen Aufenthalts der berechtigten Person oder des Rechts des Staates, dem berechtigte und verpflichtete Person gemeinsam angehören, anwendbar. Auf einen Antrag auf Herabsetzung des Unterhalts durch den Unterhaltspflichtigen ist allerdings nicht das nach Art. 4 III HUP 2007 geltende materielle Recht anwendbar am Sitz des Unterhaltspflichtigen anwendbar. Denn der Unterhaltsberechtigte, der sich nach Art. 5 EuUnthVO auf ein Abänderungsverfahren am Ort des Unterhaltspflichtigen einlässt, ruft damit die Behörde dieses Staates nicht iSv Art. 4 III HUP 2007 an.[42] Für Unterhaltsansprüche zwischen (geschiedenen) Ehegatten gilt, wenn eine Ehegatte sich gegen die allgemeine Zuständigkeit nach Art. 3 HUP 2007 wendet, nach Art. 5 HUP 2007 das Recht eines anderen Staates, insbesondere des Staates ihres letzten gemeinsamen gewöhnlichen Aufenthalts, wenn es zu der Ehe eine engere Beziehung aufweist.[43] Nach Art. 7, 8 HUP 2007 können die unterhaltsberechtigte und die unterhaltspflichtige Person auch eine Rechtswahl treffen (→ Rn. 31). Von der Anwendung des nach dem Unterhaltsprotokoll bestimmten Rechts darf nach Art. 13 HUP 2007 nur abgesehen werden, soweit seine Wirkungen der öffentlichen Ordnung (ordre public) des Staates des angerufenen Gerichts widersprechen.

3. Haager Übereinkommen über das auf Unterhaltspflichten anzuwendende Recht (HUÜ 73)

Seit dem 1.4.1987 ist das **Haager Übereinkommen über das auf Unterhaltspflichten anzuwendende Recht vom 2.10.1973 (HUÜ 73)** in der Bundesrepublik mit dem Vorbehalt gemäß Art. 15 (deutsches Recht, wenn sowohl der Unterhaltspflichtige als auch der Unterhaltsberechtigte deutsche Staatsangehörige sind) in Kraft.[44] Für die fünf neuen Bundesländer gilt es gemäß Art. 11 des Einigungsvertrages seit dem 3.10.1990. Weil das HUÜ 73 schon früher vorrangig vor dem nationalen Recht galt (vgl. Art. 6 HUÜ 73) und das nationale Recht jetzt in § 97 FamFG nur noch eine Verweisung enthält, ist es erforderlich, stets die einschlägigen Vorschriften des HUÜ 73 anzuführen.[45] Das HUÜ 73 ist am 1.4.1987 für die Bundesrepublik Deutschland im Verhältnis zu Frankreich, Italien,

---

[38] Vgl. Henrich FamRZ 2015, 1761 (1763).
[39] BGHZ 203, 372 = FamRZ 2015, 479 Rn. 34 ff. (zur Schweiz); vgl. auch Odendahl IPRax 2018, 450 (451).
[40] Henrich FamRZ 2015, 1761 (1763 f.).
[41] EuGH FamRZ 2018, 1503 Rn. 52 ff.
[42] EuGH FamRZ 2018, 1753 46, 53.
[43] BGH FamRZ 2013, 1366 Rn. 31.
[44] BGBl. 1986 II S. 825, 837 ff. und 1987 II S. 225, zum Vorbehalt nach Art. 15 → Rn. 12.
[45] BGH FamRZ 2001, 412.

Japan,[46] Luxemburg, Niederlande,[46] Portugal, Schweiz, Spanien und der Türkei[47] (zum Teil mit dem Vorbehalt gemäß Art. 15) in Kraft getreten.[48] In der Folgezeit ist es auch von Polen,[49] Litauen,[50] Estland,[51] Griechenland[52] und Albanien[53] ratifiziert worden.[54] Unabhängig davon ist es gemäß Art. 3 von Vertragsstaaten auch im Verhältnis zu Nichtvertragsstaaten anzuwenden, was stets zur Anwendung des dort geltenden materiellen Rechts durch die Vertragsstaaten führt (sog weltweite Anerkennung).[55] Nach Art. 22 HUP 2007 ist die **Geltung** des HUÜ 73 im Verhältnis zu den Staaten der Europäischen Union, mit Ausnahme von England und Dänemark, auf bis zum 17.6.2011 geltend gemachte Unterhaltsansprüche und im Verhältnis zu den weiteren Mitgliedstaaten des HUP 2007 auf Unterhaltsansprüche bis zum Inkrafttreten des HUP 2007 in diesem Staat begrenzt. Ob im Verhältnis zur Schweiz und zur Türkei das HUP 2007 oder das HUÜ 73 Anwendung findet, ist umstritten. Das Haager Unterhaltsprotokoll ist zwar einerseits auch im Verhältnis zu Nichtvertragsstaaten anwendbar (Art. 2 HUP), die Schweiz und die Türkei sind aber dem Haager Unterhaltsprotokoll nicht beigetreten, während das HUÜ 73 für sie gilt. Die überwiegende Auffassung in der Literatur stellt darauf ab, dass nach dessen Art. 18 durch das HUP 2007 die früheren Übereinkommen (HUÜ 73 und HUÜ 56) nur im Verhältnis zwischen den Vertragsstaaten ersetzt werden und die Schweiz und die Türkei keine Vertragsstaaten seien; ihr gegenüber sei deswegen weiterhin das HUÜ 73 anwendbar. Die Gegenmeinung stellt auf Art. 2 HUP 2007 ab, wonach das Protokoll auch anzuwenden ist, wenn das darin bezeichnete Recht dasjenige eines Nichtvertragsstaates ist; auch das HUP 2007 könne deswegen zur Anwendung des schweizer oder des türkischen materiellen Rechts führen (→ Rn. 4). Der BGH hat diesen Streit dahinstehen lassen, weil in beiden Fällen auf der Grundlage des gewöhnlichen Aufenthalts (→ Rn. 13 ff.) schweizer Recht anwendbar, die Rechtsfrage mithin nicht erheblich sei.[56]

4. Haager Abkommen über das auf Unterhaltspflichten gegenüber Kindern anzuwendende Recht (HUÜ 56)

6 Das **Haager Abkommen über das auf Unterhaltspflichten gegenüber Kindern anzuwendende Recht vom 24.10.1956 (HUÜ 56),**[57] wird durch das HUÜ 73 nach dessen Art 18 verdrängt, jedoch nur für die Zeit ab seinem Inkrafttreten am 1.4.1987 (Art. 12 HUÜ 73) und nur im Verhältnis zu den Vertragsstaaten des HUÜ 73, also nicht im Verhältnis zu Belgien, Liechtenstein, Macau und Österreich.[58] Das HUÜ 56 ist deswegen nur noch für Ansprüche auf Kindesunterhalt im Verhältnis zu diesen Ländern und allgemein für die Zeit vor dem 1.4.1987 anwendbar.[59] Nach Art. 18 HUP 2007 hat auch das Haager Protokoll (→ Rn. 4) ab dessen Inkrafttreten und im Verhältnis zwischen dessen Vertragsstaaten das HUÜ 56 ersetzt.

---

[46] Vgl. auch BGBl. 2013 II S. 386.
[47] Vgl. BGH FamRZ 2010, 966 Rn. 22.
[48] Bekanntmachung vom 26.3.1987, BGBl. II S. 225.
[49] Zum 1.5.1996, BGBl. 1996 II S. 664.
[50] Zum 1.9.2001, BGBl. 2001 II S. 791.
[51] Zum 1.1.2002, BGBl. 2002 II S. 957.
[52] Zum 1.9.2003, BGBl. 2003 II S. 2169.
[53] Zum 1.11.2011, BGBl. 2013 II S. 386.
[54] Vgl. die Statustabelle im Internet unter: http://www.hcch.net/de/instruments/conventions/status-table/?cid=86.
[55] BGH FamRZ 2011, 97 Rn. 21.
[56] BGHZ 203, 372 = FamRZ 2015, 479 Rn. 34 ff. und BGH FamRZ 2013, 1366 Rn. 34 ff. mwN zu den verschiedenen Auffassungen in der Literatur; vgl. auch Henrich FamRZ 2015, 1761 (1763) und Savas FPR 2013, 101.
[57] BGBl. 1961 II S. 1013; veröffentlicht im Internet unter http://www.hcch.net/ unter: Instrumente/Übereinkommen.
[58] Zur Statustabelle für das HUÜ 56 siehe im Internet unter: http://www.hcch.net/ de/instruments/conventions/status-table/?cid=37.
[59] BGH FamRZ 2005, 1987.

5. Innerdeutsches Kollisionsrecht und bilaterale Verträge

Für den Unterhaltsanspruch eines Ehegatten, dessen Ehe vor dem Beitritt der **neuen** **Bundesländer** geschlossen wurde, bleibt das bisherige Recht maßgebend (Art. 234 § 5 EGBGB).[60] In welchen Fällen das Recht der ehemaligen DDR „bisheriges Recht" war, ist nach innerdeutschem Kollisionsrecht zu beantworten, und zwar in Anlehnung an das internationale Privatrecht, lediglich mit dem Unterschied, dass in deutsch-deutschen Fällen nicht auf das Heimatrecht, sondern auf den gewöhnlichen Aufenthalt (→ Rn. 13 ff.) abgestellt wird.[61]

Im Verhältnis zu **Iran** ist noch das Niederlassungsabkommen vom 17.2.1929 in Kraft, das auch für Unterhaltsansprüche gilt.[62] Voraussetzung ist danach für eine Anwendbarkeit iranischen Rechts jedoch, dass beide Beteiligte ausschließlich iranische Staatsangehörige sind.[63] Ist das der Fall, findet die Anwendung des iranischen Rechts nur bei einem Verstoß gegen den deutschen ordre public seine Grenzen.[64]

II. Definition der Unterhaltspflicht

Schon das **HUÜ 73** regelte in Art. 2 I das Kollisionsrecht „nur auf dem Gebiet der Unterhaltspflicht", definierte aber nicht näher, was unter dem Begriff der Unterhaltspflicht zu verstehen ist. Das nationale Kollisionsrecht enthält in § 2 AUG iVm § 231 FamFG zwar eine Definition der Unterhaltssachen. Diese nationale Auslegung kann aber nicht für die europäischen Verordnungen und die internationalen Übereinkommen Geltung beanspruchen. Denn schon die Auslegung des HUÜ 73 konnte sich nicht allein nach dem Recht des Gerichtsstaats (lex fori) richten, sondern erfolgte autonom für das gesamte Übereinkommen nach dessen Zweck und der Entstehungsgeschichte unter Berücksichtigung der Rechtspraxis in den Vertragsstaaten.[65]

Bereits nach § 1 HUÜ 73 war der Begriff der Unterhaltspflicht dahingehend eingeschränkt, dass sie sich aus den Beziehungen der Familie, der Verwandtschaft, der Ehe oder Schwägerschaft ergeben musste, einschließlich der Unterhaltspflichten gegenüber einem nichtehelichen Kind. Das Übereinkommen erfasste damit also nur **gesetzliche** Unterhaltspflichten.[66] Allerdings entfällt durch eine den gesetzlichen Anspruch konkretisierende Vereinbarung nicht der Charakter als gesetzlicher Anspruch.[67] Daran hat das Haager Protokoll festgehalten, indem es in § 1 I **HUP 2007** seinen Anwendungsbereich mit Unterhaltspflichten, die sich aus Beziehungen der Familie, Verwandtschaft, Ehe oder Schwägerschaft ergeben, einschließlich der Unterhaltspflichten gegenüber einem Kind, ungeachtet des Familienstands seiner Eltern, definiert.

Inhaltlich zählt zum Unterhalt nach der gebotenen **weiten Auslegung**[68] allerdings grundsätzlich alles, was zur Befriedigung der natürlichen Lebensbedürfnisse eines Menschen nötig ist, also die Kosten für Nahrung, Kleidung, Wohnung, Ausbildung, Kultur ua. Die Prüfung einer Unterhaltspflicht nach Art. 1 I HUP 2007 und Art. 1 HUÜ 73 erfasst zugleich die Fragen, wer für den Unterhalt ganz oder teilweise aufkommen muss und in welcher Form dies zu geschehen hat.

---

[60] BGH FamRZ 1995, 544; 1994, 160.
[61] BGH FamRZ 1995, 473; 1994, 304; 1991, 421; 1982, 1189; BSG IPRspr 2003, 214.
[62] Vgl. BGH FamRZ 2004, 1952 (1953 f.); 1990, 32; 1986, 345; OLG Stuttgart FamRZ 2004, 25; Jones DRiZ 1996, 322.
[63] BGH FamRZ 1986, 345; OLG Hamm IPRax 2014, 349; FamRZ 2013, 1481 (1482); OLG Celle JAmt 2011, 290.
[64] Henrich FamRZ 2015, 1761 (1766).
[65] Vgl. Kropholler, Internationales Privatrecht 10. Aufl. § 47 II 4; Hausmann IPRax 1990, 382 (387).
[66] BGH FamRZ 2017, 1705 Rn. 23 zur Unterhaltspflicht zwischen in der Türkei nur nach religiösem Ritus miteinander verbundenen Partnern.
[67] Österreichischer OGH FamRZ 2017, 1495 unter Hinweis auf Art. 1 I, 75 I EuUnthVO.
[68] Henrich FamRZ 2015, 1761 (1762) unter Hinweis auf den Erwägungsgrund 11 der EuUnthVO.

10 Im Einzelnen gehören zu den von Art. 1 I HUP 2007 und Art. 1, 2 I HUÜ 73 geregelten Pflichten
- die Barleistungen gegenüber dem gegenwärtigen oder früheren Ehegatten.[69] Die Zahlung eines Pauschalbetrages nach englischem Recht (lump sum) ist im Zweifel eher güterrechtlicher Natur und deswegen nicht von den Übereinkommen erfasst.[70]
- die Bar-, Betreuungs- oder Naturalleistungen seitens der Eltern gegenüber ihren Kindern,[71]
- der Unterhaltsanspruch des ein gemeinsames, nichtehelich geborenes Kind betreuenden Elternteils,[72]
- der Unterhaltsanspruch des Elternteils gegenüber einem Kind,
- der Verfahrenskostenvorschuss als Teilaspekt des Unterhaltsanspruchs.[73] Umstritten war die Rechtslage, wenn das anzuwendende ausländische Recht einen **Verfahrenskostenvorschuss** nicht kennt: Ein Teil der Rechtsprechung wandte dann gemäß Art. 6 HUÜ 73 deutsches Recht an,[74] andere lehnten den Rückgriff auf deutsches Recht ab.[75] Auf der Grundlage des HUP 2007 dürfte nun ein Rückgriff auf das innerstaatliche deutsche Recht ausscheiden, weil nach dessen Art. 13 von der Anwendung des danach anwendbaren nationalen Rechts nur abgesehen werden darf, wenn seine Wirkungen dem ordre public des Staates des angerufenen Gerichts offensichtlich widersprechen. Das dürfte bei Fehlen eines Verfahrenskostenvorschusses nicht der Fall sein,
- der Anspruch des Unterhaltsberechtigten gegen den dauernd getrennt lebenden oder geschiedenen Ehegatten auf Erstattung der ihm durch das begrenzte Realsplitting erwachsenen Steuerlast,[76]
- der Anspruch auf **Auskunft** zur Beurteilung der Unterhaltspflicht.[77] Kennt ein anwendbares ausländisches Unterhaltsstatut einen Auskunftsanspruch nicht, etwa weil die Umstände von Amts wegen zu ermitteln sind, ist zu prüfen, ob das anwendbare deutsche Verfahrensrecht über die verfahrensrechtlichen Auskunftsansprüche der §§ 235 f. FamFG hinreichende Feststellungen zu den Grundlagen des Unterhaltsanspruchs ermöglicht. Ist dies nicht der Fall, muss dem Unterhaltsberechtigten im Hinblick auf seine Darlegungs- und Beweislast auch nach dem ordre public Maßstab des Art. 13 HUP 2007 ein materieller Auskunftsanspruch nach deutschem Recht (→ § 1 Rn. 1150 ff.) zur Verfügung stehen, um seinen Unterhalt realisieren zu können.[78]
- die Zuweisung der Wohnung und des Hausrats während des Getrenntlebens (vgl. §§ 1361a f. BGB) ist noch umstritten. Für die entsprechenden Ansprüche nach der Scheidung (vgl. §§ 1568a f. BGB) gilt allerdings entweder unmittelbar nach Art. 17 EGBGB oder über Art. 5 HUP 2007 oder Art. 8 HUÜ 73 das Scheidungsstatut,[79]
- der familienrechtliche Ausgleichsanspruch, wie ihn zB das deutsche Recht kennt,[80]
- die „prestations compensatoires" des französischen Rechts,[81]

---

[69] BGH FamRZ 2018, 1347 Rn. 11 f.
[70] BGH FamRZ 2009, 1659 Rn. 13 ff.; vgl. auch OLG Celle FamRZ 2009, 359 Rn. 12.
[71] BGH FamRZ 2019, 289; 2018, 1828; vgl. jedoch BGH FamRZ 1994, 1102; Unterhalt ist gem. § 1612 I 1 BGB auf Geldleistung gerichtet. Kinderbetreuung beruht nicht auf einem Unterhaltsanspruch, auch wenn ein Elternteil durch Betreuung seine Unterhaltspflicht in der Regel erfüllt; OLG München NJW-RR 2004, 1442 (zum Krankenversicherungsbeitrag für ein Kind).
[72] BGH FamRZ 2011, 97 Rn. 22 ff.; OLG Karlsruhe FamRZ 2018, 200; OLG Hamm FamRZ 2018, 29; OLG Koblenz FamRZ 2017, 1403.
[73] BGH FamRZ 2005, 1164; 2005, 883; 2004, 1633; zum Realsplitting vgl. BGH FamRZ 2008, 40.
[74] OLG Köln IPRspr 1994, 192.
[75] KG FamRZ 1988, 167.
[76] BGH FamRZ 2008, 40.
[77] BGH FamRZ 2013, 1113 Rn. 18; OLG Karlsruhe IPRax 2017, 519.
[78] ZB OLG Stuttgart IPRax 1990, 113; a. A. OLG Bamberg FamRZ 2005, 1682.
[79] BGH FamRZ 2013, 1366 Rn. 40.
[80] Vgl. aber BGH FamRZ 2018, 681 Rn. 27.
[81] Vgl. unten „Frankreich" Rn. 168 ff.; BGH FamRZ 2013, 1113 Rn. 17; die Qualifikation ist streitig; vgl. Hausmann IPRax 1990, 382 mwN; Staudinger/Mankowski, BGB (2003) Anh. I zu EGBGB Art. 18 Rn. 278; zum britischen Recht vgl. BGH FamRZ 2009, 1659 Rn. 13 ff.; vgl. auch OLG Celle FamRZ 2009, 359 Rn. 12.

1. Abschnitt: Materielles Recht § 9

– der Unterhaltsanspruch des schweizerischen ZGB (Art. 125),[82] nicht jedoch der frühere immaterielle Genugtuungsanspruch gemäß Art. 151 II, sowie die Bedürftigkeitsrente gemäß Art. 152 schweizerisches ZGB (→ Rn. 376 ff.),
– der dem schweizerischen ZGB nachgebildete Entschädigungsanspruch des türkischen Rechts gemäß Art. 174 I ZGB und die Bedürftigkeitsrente des Art. 175 ZGB,[83] nicht hingegen der immaterielle Genugtuungsanspruch nach Art. 174 II ZGB (→ Rn. 465 ff.),
– die Morgengabe des islamischen Rechts, soweit sie im Zusammenhang mit der Scheidung zu zahlen ist, ist hingegen weder unterhaltsrechtlicher noch güterrechtlicher Natur, sondern unterfällt den allgemeinen Wirkungen der Ehe. Auf sie ist deswegen weder das HUÜ 73 noch das HUP 2007 anwendbar.[84]

III. Anwendbares materielles Recht – Unterhaltsstatut

1. Gesetzliche Grundlagen

Für Sachverhalte mit Bezug zum Recht eines ausländischen Staates richtet sich die Frage, welches materielle Recht anwendbar ist, unmittelbar nach der EuUnthVO mit dem in Art. 15 in Bezug genommenen HUP 2007 und nach den internationalen Übereinkommen (→ Rn. 2 ff.). Soweit diese Bestimmungen nach Art. 3 Nr. 1 und 2 EGBGB unmittelbar anwendbares innerstaatliches Recht geworden sind, gehen sie dem sonstigen nationalen Recht vor.[85] Auch aus Sicht des Europäischen Rechts[86] und der Haager Übereinkommen[87] ergibt sich ein solcher Vorrang vor dem nationalen Recht. Unabhängig von der Ratifizierung des Abkommens durch den weiteren beteiligten Staat gilt das nach den Übereinkommen anzuwendende materielle Recht gemäß Art. 15 EuUnthVO, Art. 2 HUP 2007, Art. 3 HUÜ 73 für die Gerichte der Vertragsstatten auch dann, wenn es das Recht eines Nichtvertragsstaats ist. Auf dieser Grundlage richtet sich das anzuwendende Recht nach folgenden Grundsätzen:

11

2. Vorbehalt nach Art. 15 HUÜ

Bei der Ratifizierung des HUÜ 73 hatte die Bundesrepublik Deutschland den Vorbehalt nach **Art. 15 HUÜ 73** erklärt. Danach gilt im Rahmen der zeitlichen Geltung dieses Übereinkommens (→ Rn. 5) immer deutsches Recht, wenn sowohl der Unterhaltsberechtigte als auch der Unterhaltspflichtige Deutscher ist und der Unterhaltspflichtige seinen gewöhnlichen Aufenthalt (→ Rn. 13 ff.) in der Bundesrepublik Deutschland hat. Demgegenüber schließt Art. 27 HUP 2007 Vorbehalte ausdrücklich aus.

12

3. Gewöhnlicher Aufenthalt

Wie schon Art. 4 I, II HUÜ 73[88] sieht auch Art. 3 HUP 2007 als **Regelanknüpfungspunkt** für das anzuwendende Recht den gewöhnliche Aufenthalt des Unterhaltsberechtigten vor,[89] wobei ein späterer Wechsel des gewöhnlichen Aufenthalts ausdrücklich zu

13

---

[82] → Rn. 390 ff.
[83] OLG Karlsruhe FamRZ 2017, 1491 zur Schweiz.
[84] BGH FamRZ 2010, 533 Rn. 1 ff.; 2006, 1380; OLG Zweibrücken FamRZ 1997, 1404; AG Büdingen NJW-RR 2014, 1033; grundlegend Yassari, Die Brautgabe im Familienvermögensrecht, 2014.
[85] BGH FamRZ 2001, 412; 1993, 1051.
[86] Vgl. Erklärung (Nr. 17) zum Vorrang; Amtsblatt der EU C 83/344 vom 30.3.2010 und Art. 69 II EuUnthVO.
[87] Vgl. Art. 13, 27 HUP 2007 und Art. 6, 11 HUÜ 73.
[88] AG Schöneberg FamRZ 2010, 1566 (1567).
[89] Vgl. BGH FamRZ 2013, 1375 Rn. 11; für Kroatien vgl. Mikulic/Schön FamRZ 2012, 1028 (1030 f.).

beachten ist (sog Wandelbarkeit des Unterhaltsstatuts, Art. 3 II HUP 2007, Art. 4 II HUÜ 73).[90] Diese Grundregel beruht auf dem Gedanken, dass das Recht am gewöhnlichen Aufenthalt das Recht mit den engsten Verbindungen zu den tatsächlichen Lebensumständen des Unterhaltsberechtigten ist.[91] Nur für den Kindesunterhalt und den nachehelichen Ehegattenunterhalt gelten Sonderregelungen (→ Rn. 26 ff.).

14 Der gewöhnliche Aufenthalt einer Person[92] ist dort, wo sie sozial integriert ist und ihren Lebensmittelpunkt sowie den Schwerpunkt ihrer Bindungen in familiärer und beruflicher Hinsicht hat.[93] Maßgebend sind die **faktischen Verhältnisse,** wobei auch die Verweilabsichten der betreffenden Person von Bedeutung sind, wenn sich der Beteiligte erst seit kurzer Zeit in einem neuen Land aufhält.[94] Nicht notwendig ist der Wille, den Aufenthaltsort zum Lebensmittelpunkt zu machen, denn sonst wäre es nicht nur der Aufenthalt, sondern der Wohnsitz. Durch vorübergehende Abwesenheit auch von längerer Dauer wird der gewöhnliche Aufenthalt in der Regel nicht aufgehoben, sofern eine Rückkehrabsicht besteht.[95] Lebt und arbeitet ein unterhaltsberechtigter Ausländer aber auf Grund seiner dortigen familiären Bindungen länger als $3^{1}/_{2}$ Jahre in seinem Heimatstaat, ist auf seinen Unterhaltsanspruch das ausländische Recht anwendbar.[96] Für minderjährige Kinder, die ihren – selbstständigen – gewöhnlichen Aufenthalt in aller Regel bei den Eltern oder dem sorgeberechtigten Elternteil haben, ist eine Änderung des gewöhnlichen Aufenthalts ohne den Willen des gesetzlichen Vertreters bedeutungslos.[97]

15 Gewöhnlichen Aufenthalt hat
– der ausländische Gastarbeiter, der im Aufenthaltsstaat Wohnung und Arbeit gefunden hat, nachgezogene Familienangehörige jedoch nur bei längerem Aufenthalt[98] und Familienintegration,[99]
– der Student, der länger als nur ein Semester im Gastland studieren will,
– der Facharbeiter, der länger als nur einige Monate im Ausland für seinen Arbeitgeber tätig ist. Insoweit hat sich in der Praxis eine Faustregel von sechs Monaten gebildet,
– der gehobene Mitarbeiter eines ausländischen Arbeitgebers, sofern er nicht nur für wenige Monate im Gastland eingesetzt werden soll,
– der Asylbewerber, grundsätzlich auch der noch nicht anerkannte, der sich längere Zeit im Gastland aufhält, vor allem dann, wenn er Wohnung und Arbeit gefunden hat. Bei einem nicht anerkannten Asylbewerber kann es trotz längeren Aufenthalts an der sozialen Integration fehlen. Dann kommt es jeweils auf die tatsächlichen Verhältnisse an.[100]

4. Subsidiarität

16 Nach Art. 6 **HUÜ 73** ist das innerstaatliche materielle Recht des angerufenen Gerichts anzuwenden, wenn der Unterhaltsberechtigte nach den in den Art. 4 und 5 HUÜ 73 vorgesehenen Rechten vom Unterhaltspflichtigen **keinen Unterhalt erhalten** kann. Im Gegenzug sah das HUÜ 73 nach dessen Art. 24 die Möglichkeit von Vorbehalten vor, um das anwendbare Recht auf einen engeren Kreis von Unterhaltsansprüchen zu beschränken.

---

[90] BGH FamRZ 2017, 1682 Rn. 15 (zur Wandelbarkeit); 2016, 1849 Rn. 24 (zum gewöhnlichen Aufenthalt); 2009, 1402 Rn. 10; 2004, 1639; OLG Jena FamRZ 2919, 1364; OLG Köln FamRZ 2005, 534 und OLGR Koblenz 2003, 339 (zur Wandelbarkeit); OLG Zweibrücken FamRZ 2004, 729 (zum Kindesunterhalt nach russischem Recht); Henrich FamRZ 2015, 1761 (1763 f.).
[91] Hirsch Europäisches Unterhaltsrecht 8. Göttinger Workshop zum Familienrecht 2009 S. 17, 32 f.
[92] Vgl. zur Anknüpfung allgemein BGH FamRZ 2018, 383 Rn. 11.
[93] BGH FamRZ 2016, 1849 Rn. 24; 2008, 45 Rn. 12; 2001, 412; 1993, 798; 1981, 135; OLG Stuttgart FamRZ 2014, 850.
[94] BGH FamRZ 2011, 542 Rn. 35.
[95] BGH FamRZ 1993, 798.
[96] BGH FamRZ 2001, 412.
[97] BGH FamRZ 2016, 799 Rn. 25.
[98] OLG Karlsruhe FamRZ 1992, 316: bei zweieinhalb Jahren.
[99] OLG Karlsruhe FamRZ 1992, 1351.
[100] Vgl. OLG Hamm IPRax 1990, 247: mehr als vier Jahre; OLG Koblenz IPRax 1990, 249: mehr als neun Jahre; OLG Nürnberg IPRax 1990, 249: 23 Monate.

1. Abschnitt: Materielles Recht § 9

Nach Art. 13, 24 HUÜ 73 konnte sich jeder Vertragsstaat vorbehalten, das Übereinkommen nur zwischen Ehegatten und früheren Ehegatten sowie gegenüber einer unverheirateten Person bis zur Vollendung des 21. Lebensjahres anzuwenden. Diesen Vorbehalt hat allerdings kein Vertragsstaat erklärt. Nach Art. 14, 24 HUÜ 73 konnte jeder Vertragsstaat die Anwendbarkeit des Übereinkommens ausschließen hinsichtlich des Verwandtenunterhalts in der Seitenlinie (Nr. 1), des Unterhalts zwischen Verschwägerten (Nr. 2) und des Unterhalts zwischen geschiedenen und getrennt lebenden Ehegatte, wenn die Entscheidung über die Trennung, Scheidung oder Ehenichtigkeit durch Versäumnisbeschluss in einem Staat ergangen ist, in dem der säumige Beteiligte seinen gewöhnlichen Aufenthalt (→ Rn. 13 ff.) hatte. Von diesem Vorbehalt haben Griechenland (Nr. 1–3), Luxemburg (Nr. 3), Polen (Nr. 2 und 3), Portugal (Nr. 2 und 3), Spanien (Nr. 1 und 2) und die Türkei (Nr. 1 und 2) Gebrauch gemacht.[101] Schließlich konnten sich die Vertragsstaaten nach Art. 15, 24 HUÜ 73 vorbehalten, das lex fori als gemeinsames Heimatrecht der Beteiligten anzuwenden, wenn der Unterhaltsberechtigte und der Unterhaltspflichtige Staatsangehörige dieses Staates sind und der Unterhaltspflichtige dort seinen gewöhnlichen Aufenthalt hat. Von diesem Vorbehalt haben neben der Bundesrepublik Deutschland auch Italien, Litauen, Luxemburg, die Niederlande, Polen, Portugal, die Schweiz, Spanien und die Türkei Gebrauch gemacht.[102]

Demgegenüber sieht das **HUP 2007** kein grundsätzlich subsidiär anwendbares Recht für 17 den Fall vor, dass der Unterhaltsberechtigte nach dem sonst anwendbaren Recht **keinen Unterhalt erlangen** kann. Eine solche Regelung enthält das neue Übereinkommen in Art. 4 II HUP 2007 nur noch für **bestimmte privilegierte Unterhaltsberechtigte.**[103] Kann der Unterhaltsberechtigte nach dem Recht an seinem gewöhnlichen Aufenthaltsort (Art. 3 HUP 2007 → Rn. 13 ff.) keinen Unterhalt erhalten, ist das lex fori des angerufenen Gerichts nur dann anzuwenden, wenn es sich um die Unterhaltspflicht der Eltern gegenüber ihren Kindern, anderer Personen als der Eltern mit Ausnahme von Ehegatten gegenüber Personen, die das 21. Lebensjahr noch nicht vollendet haben oder der Kinder gegenüber ihren Eltern handelt (Art. 4 I, II HUP 2007). Gleiches gilt für das Recht der angerufenen Behörde am gewöhnlichen Aufenthalt des Unterhaltspflichtigen. Kann der Unterhaltsberechtigte auch nach diesen Vorschriften keinen Unterhalt erhalten, ist ggf das Recht nach einer gemeinsamen Staatsangehörigkeit anzuwenden. Der Umstand, dass der Staat des angerufenen Gerichts zugleich dem gewöhnlichen Aufenthalt des Unterhaltsberechtigten entspricht steht der Anwendung des Art 4 II HUP 2007 nicht entgegen, wenn durch die subsidiäre Anknüpfungsregel ein von der primären Anknüpfung in Art. 3 HUP 2007 abweichendes Recht bestimmt wird. Und auch nach einem Wechsel seines gewöhnlichen Aufenthalts kann der Unterhaltsberechtigte rückständigen Unterhalt aus der Zeit vor dem Wechsel nach dem materiellen Recht am neuen Ort geltend machen, wenn diese Gerichte für den Rechtsstreit zuständig sind.[104] Damit wird dem Unterhaltsberechtigten indirekt das Recht zuerkannt, durch die Wahl des Gerichts auch das auf die Unterhaltsforderung anzuwendende materielle Recht zu wählen.[105] Die in Art. 4 II HUP 2007 enthaltene Wendung „kann … keinen Unterhalt erhalten" ist dahin auszulegen, dass sie auch Fälle erfasst, in denen der Unterhaltsberechtigte nach dem Recht des früheren gewöhnlichen Aufenthalts keinen Unterhalt erhalten kann, weil er bestimmte nach diesem Recht bestehende Voraussetzungen nicht erfüllt.[106] Auch für Unterhaltspflichten zwischen Ehegatten und geschiedenen Ehegatten kann sich der Unterhaltspflichtige im Wege einer Einrede darauf berufen, dass das Recht eines anderen Staates, insbesondere des Staates ihres

---

[101] Vgl. die Statustabelle im Internet unter: http://www.hcch.net/de/instruments/conventions/status-table/?cid=86.
[102] Vgl. die Statustabelle im Internet unter: http://www.hcch.net/de/instruments/conventions/status-table/?cid=86.
[103] EuGH FamRZ 2018, 1503; Hirsch, Europäisches Unterhaltsrecht, 8. Göttinger Workshop zum Familienrecht 2009, S. 17, 33.
[104] EuGH FamRZ 2018, 1503 Rn. 33, 51; vgl. auch Kohler/Pintens FamRZ 2018, 1369 (1380 f.).
[105] Österreichischer OGH FamRZ 2017, 1493.
[106] EuGH FamRZ 2018, 1503 Rn. 52, 59.

letzten gemeinsamen gewöhnlichen Aufenthalts, zu ihrer Ehe eine engere Bindung aufweist. Dann ist das Recht dieses anderen Staates anzuwenden (Art. 5 HUP 2007 → Rn. 26). Bei Unterhaltspflichten, die nicht den Unterhalt der Eltern gegenüber ihrem Kind und nicht den Ehegattenunterhalt nach Art. 5 HUP 2007 betreffen, kann der Unterhaltspflichtige dem Anspruch schließlich nach Art. 6 HUP 2007 entgegenhalten, dass die Unterhaltspflicht weder nach dem Recht des Aufenthaltsstaats des Unterhaltspflichtigen noch nach dem Recht des Staats, dem sie gemeinsam angehören, besteht. Wenn diese Einrede zu Recht erhoben ist, entfallen also die nicht ausgenommenen Unterhaltsansprüche. Im Gegenzug erklärt Art. 27 HUP 2007 **Vorbehalte** zu dem Protokoll ausdrücklich für unzulässig. Die auf den gewöhnlichen Aufenthalt des Unterhaltsberechtigten abstellende Vorschrift des Art. 3 HUP 2007 wird durch eine sehr komplizierte und mehrstufige Regelung in Art. 5 HUP 2007 modifiziert.

5. Gemeinsame Staatsangehörigkeit

18 Nach Art. 4 IV HUP 2007, Art. 5 HUÜ 73 ist **ersatzweise** anstelle des gewöhnlichen Aufenthalts das **gemeinsame Staatsangehörigkeitsrecht** maßgebend, wenn der Unterhaltsberechtigte vom Unterhaltspflichtigen nach dem innerstaatlichen Recht des Aufenthaltsorts „keinen Unterhalt erhalten" kann. Unter innerstaatlichem Recht sind nur die Sachnormen gemeint, nicht das Kollisionsrecht. Gibt es keine gemeinsame Staatsangehörigkeit, scheiden diese Möglichkeiten aus. Im Anwendungsbereich des HUÜ 73 ist bei gewöhnlichem Aufenthalt in der Bundesrepublik Deutschland aufgrund des Vorbehalts nach dessen Art. 15 stets das deutsche Recht anwendbar (→ Rn. 16). Ein Staat der das **„Domicile"** als Anknüpfungspunkt in Familiensache kennt, kann nach Art. 9 HUP 2007 das Ständige Büro der Haager Konferenz davon unterrichten, dass die Gerichte seines Landes im Rahmen dieses Übereinkommens statt auf die gemeinsame Staatsangehörigkeit auf das „Domicile" als Anknüpfungspunkt abstellen.

19 Umstritten ist, ob bei sog **Mehrstaatlern** dasjenige Recht Vorrang hat, mit dem die maßgebliche Person am engsten verbunden ist, etwa durch ihre Lebensgeschichte (s. Art. 5 I EGBGB), oder ob das gemeinsame Heimatrecht immer zum Zuge kommt, auch wenn es „ineffektiv" ist und keinen Unterhaltsanspruch gibt. Wenn die „Effektivität" der gemeinsamen Staatsangehörigkeit dazu führen würde, dass die Regelung des Art. 5 HUÜ 73 sonst nicht zum Zuge kommen kann, widerspricht dies dem Zweck dieser hilfsweisen Anknüpfung, die dem Berechtigten die Erlangung von Unterhalt erleichtern soll (Günstigkeitsprinzip). Hat ein sog Mehrstaater auch die deutsche Staatsangehörigkeit, hat diese immer Vorrang (vgl. aber → Rn. 8).

20 Wann und unter welchen Umständen der Unterhaltsberechtigte **„keinen Unterhalt erhalten"** kann, ist vorbehaltlich der Ausführungen unter (→ Rn. 16) noch nicht generell geklärt. Die Regelung in Art. 4 IV HUP 2007 und Art. 5 HUÜ 73 ist zwar, wie erwähnt, als Begünstigung des Berechtigten zu verstehen, jedoch nicht als Meistbegünstigungsklausel, ebenso wenig wie die in Art. 6 HUÜ 73.[107]

21 a) Besteht nach der primär anwendbaren Rechtsordnung von vornherein überhaupt kein gesetzlicher Unterhaltsanspruch im Verhältnis zwischen Unterhaltsberechtigtem und Unterhaltspflichtigem, ist die genannte Voraussetzung eindeutig zu bejahen.[108]

22 b) Scheidet ein Unterhaltsanspruch jedoch aus persönlichen, wirtschaftlichen oder sonstigen individuellen Gründen aus, hat der EuGH einen Rückgriff auf einen neuen gewöhnlichen Aufenthalts akzeptiert, wenn der Unterhaltsberechtigte keinen Unterhalt erhalten kann, weil er bestimmte nach diesem Recht bestehende Voraussetzungen nicht erfüllt, etwa weil im Ausgangsstaat der Anspruch auf Kindesunterhalt mit Vollendung des 18. Lebens-

---

[107] OLG Bremen FamRZ 2013, 224 (225); Henrich IPRax 2001, 437; vgl. auch BGH FamRZ 2001, 412 (413) und OLG Nürnberg FamRZ 2010, 2077 (2078), jeweils zu Art. 18 II EGBGB), BGH FamRZ 2007, 113 (zur Scheidung) und KG FamRZ 1988, 167.
[108] BGH 2001, 412 (413); OLG Nürnberg FamRZ 2010, 2077 Rn. 33 ff.; OLG Hamm FamRZ 2009, 2009 Rn. 60.

1. Abschnitt: Materielles Recht § 9

jahres erlischt und der Unterhaltsberechtigte diese Alter erreicht hat. Diese weite Auslegung erfasst auch den Fall, dass der Unterhaltsberechtigte deshalb keinen Unterhalt verlangen kann, weil sie den Unterhaltspflichtigen nicht gemahnt oder zur Auskunft aufgefordert hat und daher die gesetzlichen Voraussetzungen des § 1613 BGB nicht erfüllt sind. Auch diese Untätigkeit schließt die Anwendbarkeit des Art. 4 II HUP2007 nicht aus.[109] Damit ist aber nicht entschieden, dass über Art. 4 IV HUP 2007 und Art. 5 HUÜ 73 generell auf das deutsche Recht als lex fori zurückgegriffen werden kann. Für verschiedene Fallgruppen ist dies noch streitig, eine Einschränkung gilt aber jedenfalls
– bei mangelnder Bedürftigkeit des Berechtigten,[110]
– bei fehlender oder eingeschränkter Leistungsfähigkeit des Verpflichteten,[111]
– bei einem vom deutschen Recht abweichenden Nachrang des Unterhaltsberechtigten,
– bei einem vom deutschen Recht abweichenden Nachrang des Unterhaltspflichtigen,
– bei Verwirkung des Unterhaltsanspruchs,[112]
– bei Verjährung des Unterhaltsanspruchs,[113]
– beim Erlöschen des Unterhaltsanspruchs durch eine gezahlte Abfindung,[114]
– bei Verzicht auf den Unterhalt,[115]
– bei Herabsetzung und Befristung des Unterhaltsanspruchs aus Billigkeitsgründen,
– bei generellen Beschränkungen, wenn zB das Unterhaltsstatut nur Elementarunterhalt gewährt, aber keinen Vorsorgeunterhalt oder keinen Verfahrenskostenvorschuss,[116]
– bei Unterhaltsansprüchen, die das ausländische Gesetz dem Grunde nach ebenfalls vorsieht aber an andere Voraussetzungen knüpft, die dem inländischen ordre public (→ Rn. 24 f.) nicht widersprechen (vgl. Art. 13 HUP 2007 und Art. 11 I HUÜ 73).[117]

6. Recht des Gerichtsstaats

Wiederum **ersatzweise** ist gemäß Art. 4 II HUP 2007 und Art. 6 HUÜ 73 das 23 materielle Recht des Gerichtsstaats **(lex fori)**, bei Anrufung deutscher Gerichte also deutsches materielles Recht, maßgebend, wenn die Hauptanknüpfung (gewöhnlicher Aufenthalt des Berechtigten) und – im Falle des HUÜ 73 – die vorrangige Ersatzanknüpfung an die gemeinsame Staatsangehörigkeit nicht zum Unterhalt führen. Für die Voraussetzung, „keinen Unterhalt erhalten" zu können, gilt dasselbe wie zu Art. 4 IV HUP 2007 und Art. 5 HUÜ 73 (→ Rn. 16).

7. Verstoß gegen den Ordre Public

Eine ausländische Rechtsnorm ist nicht anzuwenden, wenn ihre Anwendung zu einem 24 Ergebnis führt, das mit **wesentlichen Grundsätzen des deutschen Rechts** (ordre public[118]) offensichtlich unvereinbar ist (Art. 13 HUP 2007 und Art. 11 I HUÜ 73; zum Verstoß gegen den materiellen und den verfahrensrechtlichen ordre public vgl. → Rn. 690).[119] Dafür reicht es aber nicht aus, wenn das ausländische Recht im Rahmen

---

[109] EuGH FamRZ 2018, 1503 Rn. 52, 59.
[110] BGH FamRZ 2001, 412 (413).
[111] BGH FamRZ 2001, 412 (413); vgl. auch OLG Oldenburg FamRZ 1996, 1240 mAnm Henrich IPRax 1997, 46 f.
[112] OLG Bremen FamRZ 2013, 224 (225); Zur Versagung nachehelichen Unterhalts wegen Ehebruchs nach österreichischem Recht vgl. OLG Bremen IPRax 1998, 366.
[113] OLG Bremen FamRZ 2013, 224 (225).
[114] BGH FamRZ 2005, 1987.
[115] Vgl. aber BGH FamRZ 1983, 137; OLG Hamm FamRZ 2000, 31; OLG Karlsruhe FamRZ 1992, 316.
[116] Vgl. dazu KG FamRZ 1988, 167.
[117] OLG Nürnberg FamRZ 2010, 2077 (2078).
[118] → Rn. 685 ff.
[119] OLG Düsseldorf FamRZ 1995, 885; vgl. insoweit aber OLG Zweibrücken FamRZ 1997, 1404 und OLG Zweibrücken EZFamR aktuell 1999, 126.

Dose 1589

eines Unterhaltsrechtsverhältnisses lediglich deutlich geringere Ansprüche vorsieht als das deutsche Recht.[120] Ein Verstoß gegen den ordre public liegt auch dann nicht vor, wenn das Scheidungsstatut (→ Rn. 26 ff.) nachehelichen Unterhalt grundsätzlich nicht, nur in geringerem Umfang oder nur unter engeren Voraussetzungen kennt als das deutsche Recht, dafür aber andere Möglichkeiten zur Verfügung stellt, wie zB das französische Recht mit den „prestations compensatoires"[121] (s. → Rn. 163 ff. „Frankreich") oder das englische Recht mit der Zahlung eines Pauschalbetrages in Form einer „lump sum"[122] (s. → Rn. 133 ff. „England und Wales"). Ein Verstoß gegen den ordre public kommt aber dann in Betracht, wenn auch für besondere Härtefälle kein Unterhalt vorgesehen ist.[123] Ist zB nach dem Heimatrecht der Beteiligten kein Anspruch auf nachehelichen Ehegattenunterhalt gegeben, liegt darin ein Verstoß gegen den deutschen ordre public, wenn der unterhaltsbedürftige Ehegatte Kinder zu versorgen hat und auch unter Berücksichtigung staatlicher Hilfen ohne erhebliche Vernachlässigung seiner Elternpflicht nicht in der Lage wäre, seinen eigenen Lebensunterhalt sicherzustellen.[124] Gleiches kann der Fall sein, wenn ein Beteiligter trotz offensichtlicher Bedürftigkeit nach ausländischem Recht wirksam auf Unterhaltsansprüche verzichtet hat.[125] In beiden Fällen kann auf die Wertungen zurückgegriffen werden, die der BGH zur Frage der Sittenwidrigkeit ehevertraglicher Regelungen entwickelt hat.[126] Dann steht dem Berechtigten wegen des vorliegenden Härtefalls ein Anspruch auf nachehelichen Unterhalt zu. Das gilt allerdings nur für die Zeit ihres Aufenthaltes in Deutschland, denn die Anwendung des deutschen ordre public ist naturgemäß auf das Gebiet der Bundesrepublik beschränkt.[127]

25 Ist eine Vorschrift des ausländischen Rechts wegen Verstoßes gegen den deutschen ordre public nicht anzuwenden, tritt an seine Stelle das **deutsche Recht.** Dabei kommt allerdings kein höherer Unterhaltsanspruch in Betracht, als zur Vermeidung einer Notlage erforderlich ist. Ggf. sind deshalb auch Einkünfte aus überobligatorischer Tätigkeit anzurechnen, wenn die (teilweise) Erwerbstätigkeit keine Vernachlässigung des Kindes zur Folge hat.[128]

8. Folgen einer Scheidung

26 Wurde die Ehe geschieden, für nichtig erklärt oder aufgehoben oder die Trennung von Tisch und Bett förmlich durch ein Gericht ausgesprochen, wie zB nach italienischem Recht (nicht bei faktischer Trennung allein!), so war für den **nachehelichen Unterhalt** nach Art. 8 HUÜ 73 ausschließlich das auf die Scheidung/Trennung von Tisch und Bett angewendete Recht maßgebend, und zwar unwandelbar und unabhängig davon, ob der betreffende Staat Vertragsstaat des Übereinkommens ist (Art. 3 HUÜ 73).[129] Vorrangig war dann lediglich die sich aus dem deutschen Vorbehalt nach Art. 15 HUÜ 73 ergebende Sonderregelung für ein gemeinsames Heimatrecht (→ Rn. 16).[130] Das gleiche Ergebnis ergibt sich über Art. 17 I, 14 I 1 EGBGB. Entsprechend findet nach der Einrede des Art. 5 HUP 2007 der Grundsatz in Art. 3 HUP 2007, der für Unterhaltspflichten das Recht des

---

[120] BGH FamRZ 2011, 97 Rn. 16 f.; OLG Celle JAmt 2011, 490.
[121] BGH FamRZ 2013, 1113 Rn. 17; 2008, 40 Rn. 22.
[122] BGH FamRZ 2009, 1659 Rn. 4; vgl. jetzt auch EuGH FamRZ 2017, 1913.
[123] Vgl. BGH FamRZ 1991, 925 und auch OLG Düsseldorf FamRZ 1995, 885.
[124] OLG Hamm FamRZ 1999, 1142; OLG Düsseldorf FamRZ 1995, 885; zum deutschen Recht vgl. BVerfG FamRZ 2001, 343 = R 553.
[125] BGH FamRZ 1983, 137; OLG Hamm FamRZ 2000, 31.
[126] Vgl. etwa BGH FamRZ 2018, 577 Rn. 15 ff. und FamRZ 2017, 884 Rn. 30 ff.
[127] OLG Hamm FamRZ 2000, 29 (31); OLG Zweibrücken FamRZ 1997, 1404.
[128] OLG Zweibrücken FamRZ 2000, 32; vgl. auch BGH NJW 1966, 296.
[129] BGH FamRZ 1991, 925; OLG Hamm FamRZ 1995, 886; kritisch Schwarz/Scherpe FamRZ 2004, 665 (zum deutsch-schwedischen Rechtsverkehr).
[130] Vgl. BGH FamRZ 1991, 925 (Ehe nach polnischem Recht geschieden, beide Ehegatten inzwischen sog Spätaussiedler in Deutschland mit deutschem Pass); OLG Hamm FamRZ 2001, 918 (für russische Spätaussiedler, die Deutsche iSv Art. 116 GG waren) mAnm Steinbach FamRZ 2001, 1525.

1. Abschnitt: Materielles Recht § 9

Staates des gewöhnlichen Aufenthalts der berechtigten Person als maßgeblich anordnet, keine Anwendung, wenn einer der Beteiligten sich dagegen wendet und das Recht eines anderen Staates, insbesondere des Staates ihres letzten gemeinsamen gewöhnlichen Aufenthalts, zu der betreffenden Ehe eine engere Verbindung aufweist. Eine solche Einrede ist ausnahmsweise auch erst in der Rechtsbeschwerdeinstanz zulässig, wenn wegen eines Verfahrensfehlers, etwa wegen Verletzung der Hinweispflicht, neue Tatsachen vorgetragen werden dürfen.[131] Hat der Scheidungsrichter ein unzutreffendes Scheidungsstatut angewendet, bleibt es trotzdem für den Unterhalt maßgebend.[132]

Verweigert das **Scheidungsstatut** nach Art. 5 HUP 2007 und Art. 8 HUÜ 73 einen Unterhaltsanspruch des geschiedenen Ehegatten, kann allenfalls eine Verletzung des deutschen „ordre public" nach Art. 13 HUP 2007, Art. 11 I HUÜ 73 und Art. 6 EGBGB vorliegen. Ein Verstoß gegen den ordre public kommt aber nur dann in Betracht, wenn auch für besondere Härtefälle kein Unterhalt vorgesehen ist (→ Rn. 24 f.).[133] 27

Handelt es sich um einen **ausländischen Scheidungstitel** zwischen einem Deutschen und einem Ausländer oder werden zwei Ausländer in einem Drittstaat geschieden, muss die Entscheidung zunächst gemäß § 107 FamFG (früher Art. 7 § 1 FamRÄndG) von der zuständigen Landesjustizverwaltung anerkannt werden.[134] Wird die Anerkennung rechtswirksam abgelehnt, ist die Scheidung nicht existent und folglich auch nicht maßgebend für das anzuwendende Unterhaltsrecht. Dann gelten die normalen (oben dargestellten) Regeln für den Trennungsunterhalt unter Ehegatten.[135] Ist hingegen eine solche Anerkennung nicht nötig, wie bei gemeinsamer Staatsangehörigkeit des Drittstaats, müssen der Unterhaltsberechtigte selbst und das Familiengericht die Anerkennungsfähigkeit des Scheidungstitels inzident prüfen, und zwar nach § 109 FamFG.[136] Auch wenn als Bestandteil eines Scheidungstitels eine Entscheidung zum Kindesunterhalt ergangen ist, setzt dessen Vollstreckbarkeit die vorherige Anerkennung der Scheidung nicht voraus.[137] Denn Kindesunterhalt schuldet der Elternteil auch unabhängig von einer rechtskräftigen Scheidung. Allerdings setzt der Titel auf Kindesunterhalt die Abstammung, regelmäßig also die Vaterschaft, voraus. Wenn diese nicht unstreitig ist, muss sie zunächst durch einen anerkennungsfähigen Statusbeschluss geklärt werden. Verstößt der ausländische Statustitel gegen den inländischen ordre public des Vollstreckungsstaates, kann er nicht anerkannt werden. Dann ist auch eine zugleich ausgesprochene Unterhaltspflicht nicht für vollstreckbar zu erklären.[138] Handelt es sich hingegen um einen isolierten Unterhaltstitel, kann die Vollstreckbarkeit lediglich aus besonderen Gründen, insbesondere im Falle eines Verstoßes gegen den inländischen verfahrensrechtlichen ordre public (→ Rn. 690), abgelehnt werden. 28

Nach der zu Art. 7 § 1 I 1 FamRÄndG entwickelten[139] und zu § 107 FamFG aufrechterhaltenen[140] Rechtslage fallen **Privatscheidungen** im Anerkennungsverfahren jedenfalls dann unter den Begriff der Entscheidung, wenn daran eine ausländische Behörde entsprechend den von ihr zu beachtenden Normen in irgendeiner Form, und sei es auch nur registrierend, mitgewirkt hat. Dem steht auch die Rechtsprechung des BGH[141] nicht entgegen, weil sich diese auf die Anwendbarkeit der Verordnung (EU) Nr. 1259/2010 (Rom III-VO) unter Berücksichtigung der Verordnung (EG) 2201/2003 (Brüssel IIa-VO) 29

---

[131] Vgl. BGH FamRZ 2013, 1366 Rn. 41 ff.; vgl. auch Mikulic/Schön FamRZ 2012, 1028 (1030 f.).
[132] Vgl. BGH FamRZ 1987, 682.
[133] Vgl. BGH FamRZ 1991, 925; OLG Düsseldorf FamRZ 1995, 885.
[134] BGH FamRZ 2011, 788; vgl. auch die Verordnung (EG) Nr. 2201/2003 des Rats über die Zuständigkeit und die Anerkennung und Vollstreckung von Entscheidungen in Ehesachen und in Verfahren betreffend die elterliche Verantwortung und zur Aufhebung der Verordnung (EG) Nr. 1347/2000 vom 27.11.2003, Schönfelder Ergänzungsband Nr. 103b; siehe dazu Althammer, Brüssel IIa Rom III 2014.
[135] Vgl. OLG Koblenz FamRZ 1991, 459 und OLG Düsseldorf FamRZ 1995, 885.
[136] BGH FamRZ 2019, 371 Rn 19 f.; vgl. auch OLG Hamm FamRZ 1995, 886.
[137] BGH FamRZ 2007, 717 (718).
[138] BGH FamRZ 2009, 1816 Rn. 30 ff., 44.
[139] BGHZ 82, 34 = FamRZ 1982, 44 (45).
[140] BGH FamRZ 2019, 371 Rn. 15 f.
[141] EuGH FamRZ 2018, 169 – Sahyouni.

beschränkt, was einer Anerkennung im Verfahren nach § 107 FamFG nicht im Weg steht.[142]

30   In der Alltagspraxis wird nicht selten übersehen, dass im Geltungsbereich der HUÜ 73 auf Grund des **Statutenwechsels durch die Scheidung** für den nachehelichen Unterhalt eine andere Rechtsordnung maßgebend ist als für den Trennungsunterhalt. Das gilt etwa, wenn der unterhaltsberechtigte Ausländer seinen gewöhnlichen Aufenthalt in Deutschland hat und sich der Trennungsunterhalt deswegen nach deutschem materiellen Recht richtet, während er wegen einer gemeinsamen ausländischen Staatsbürgerschaft nach seinem ausländischen Heimatrecht geschieden worden ist, wonach sich dann auch der nacheheliche Unterhalt richtet. Für Unterhaltsansprüche nach dem HUP 2007 müssen die Beteiligten stets prüfen, ob das Recht eines anderen Staates, insbesondere des letzten gemeinsamen Aufenthalts, eine engere Verbindung zu ihrer Ehe aufweist und deswegen im Interesse eines günstigeren materiellen Rechts eine **Einrede** nach Art. 5 HUP 2007 geboten ist.[143]

9. Wahl des anzuwendenden Rechts

31   In den Art. 7, 8 HUP 2007 ist nun erstmals auch eine Wahl des anzuwendenden materiellen Rechts vorgesehen. Diese Möglichkeiten, die in den Vorgängerübereinkommen, dem HUÜ 56 und dem HUÜ 73, noch nicht vorgesehen waren, sollen auch im internationalen Kollisionsrecht die Privatautonomie stärken.

32   Nach **Art. 7 I HUP 2007** können die Beteiligten – ungeachtet der weiteren Vorschriften zur Anwendbarkeit des materiellen Rechts – allein für ein bestimmtes Verfahren in einem bestimmten Staat das Recht dieses Staates (lex fori) als auf die Unterhaltspflicht anzuwendendes Recht bestimmen. Nach Einleitung des Verfahrens ist dies formlos möglich. Erfolgt die Rechtswahl vor der Einleitung des Unterhaltsverfahrens, muss dies durch eine von beiden Beteiligten unterzeichnete Vereinbarung in Schriftform oder auf einem Datenträger, dessen Inhalt für eine spätere Einsichtnahme zugänglich ist (Art. 7 II HUP 2007), erfolgen.

33   **Art. 8 HUP 2007** geht sogar noch darüber hinaus. Danach können die Beteiligten jederzeit auch allgemein ein auf ihre Unterhaltspflichten anzuwendendes Recht bestimmen. Die Möglichkeit ist allerdings mehrfach begrenzt. Einerseits ist diese allgemeine Rechtswahl nur hinsichtlich der in Art. 8 I a–d HUP 2007 angegebenen Rechte möglich. Das sind das Recht des Staates, dem ein Beteiligter im Zeitpunkt der Rechtswahl angehört (a), das Recht des Staates, in dem ein Beteiligter im Zeitpunkt der Rechtswahl seinen gewöhnlichen Aufenthalt hat (b), das Recht, das die Beteiligten als das auf ihren Güterstand anzuwendende Recht gewählt haben, oder das tatsächlich darauf angewandt wird (c) oder das Recht, das die Beteiligten als das auf ihre Ehescheidung oder Trennung anzuwendende Recht gewählt haben, oder das tatsächlich darauf angewandt wird (d). Eine solche Rechtswahl ist stets schriftlich zu erstellen oder auf einem Datenträger, dessen Inhalt für eine spätere Einsichtnahme zugänglich ist; sie ist von beiden Beteiligten zu unterschreiben (Art. 8 II HUP 2007). Eine weitere Einschränkung ergibt sich hinsichtlich der Art des geschuldeten Unterhalts. Nach Art. 8 III 1 HUP 2007 ist die allgemeine Rechtswahl nicht zulässig für den Unterhalt einer Person die das 18. Lebensjahr noch nicht vollendet hat, also nicht für den Unterhaltsanspruch minderjähriger Kinder. Gleiches gilt für den Unterhaltsanspruch eines Volljährigen, der aufgrund einer Beeinträchtigung seiner persönlichen Fähigkeiten nicht in der Lage ist, seine Interessen zu schützen (Art. 8 III 2 HUP 2007). Die Wirksamkeit eines Verzichts des Unterhaltsberechtigten auf seinen Unterhaltsanspruch ist nach Art. 8 IV HUP 2007 hingegen unbeschadet des im Übrigen anwendbaren Rechts stets nach dem Recht zu beurteilen, in dem der Unterhaltsberechtigte im Zeitpunkt seiner Rechtswahl seinen gewöhnlichen Aufenthalt hat. Schließlich ist das

---

[142] Vgl. EuGH FamRZ 2018, 169; inzwischen sind durch eine Ergänzung des Art. 17 EGBGB die Kollisionsnormen der Rom III-VO für auf sog. Privatscheidungen entsprechend anwendbar erklärt worden, Kohler/Pintens FamRZ 2018, 1369 (1371)

[143] BGH FamRZ 2013, 1366 Rn. 42 ff.

1. Abschnitt: Materielles Recht § 9

von den Beteiligten bestimmte Recht nach Art. 8 V HUP 2007 auch dann nicht anzuwenden, wenn die Anwendung für einen Beteiligten offensichtlich unbillige oder unangemessene Folgen hätte, es sei denn, die Beteiligten waren im Zeitpunkt der Rechtswahl umfassend unterrichtet und sich der Folgen ihrer Rechtswahl vollständig bewusst.

10. Auf öffentliche Träger übergegangene Unterhaltsansprüche

Wenn der unterhaltsberechtigten Person **öffentliche Hilfen** geleistet wurden, richtet 34
sich der Anspruchsübergang auf den Träger der öffentlichen Leistungen und die Durchsetzung des Unterhaltsanspruchs sowie die sonstige Erstattung der öffentlichen Leistungen durch den Unterhaltspflichtigen gemäß Art. 15 EuUnthVO iVm Art. 10 HUP 2007 bzw gemäß Art. 9 HUÜ 73 nach dem Recht, dem die Einrichtung untersteht.[144]

IV. Bemessung des Unterhalts

1. Allgemeines zur Bedarfsermittlung

Das internationale Unterhaltsstatut bestimmt gemäß Art. 15 EuUnthVO iVm Art. 1 35
HUP 2007 das auf „Unterhaltspflichten anzuwendende Recht". Nach Art. 10 Nr. 1 HUÜ 73 bestimmt es dabei insbesondere, ob, in welchem Ausmaß und von wem der Berechtigte Unterhalt verlangen kann, wer zur Einleitung des Unterhaltsverfahrens berechtigt ist und welche Fristen für die Einleitung gelten sowie das Ausmaß der Erstattungspflicht, wenn öffentliche Träger Leistungen an den Unterhaltsberechtigte erbracht haben. Stets sind bei der Bemessung des Unterhalts die **Bedürfnisse des Berechtigten und die wirtschaftlichen Verhältnisse des Verpflichteten** zu berücksichtigen, selbst wenn das anzuwendende materielle Recht etwas anderes bestimmt (Art. 14 HUP 2007 und Art. 11 II HUÜ 73). Unabhängig von der Anwendbarkeit des deutschen oder eines ausländischen Unterhaltsrechts bereitet die Unterhaltsbemessung zusätzliche Schwierigkeiten, wenn **Unterhaltsberechtigter und Unterhaltspflichtiger nicht in dem selben Staat** leben.[145] Denn wenn die Währungsumrechnung und die damit verbundene unterschiedliche Kaufkraft nicht dem deutschen Verhältnis entsprechen, könnte der Unterhaltsberechtigte real im Vergleich zu dem Unterhaltspflichtigen zu viel oder zu wenig erhalten. Weil geringe Abweichungen aber auch innerhalb Deutschlands nicht unüblich sind,[146] kann der Unterhalt innerhalb der **Eurozone** wie im Inland berechnet werden, wenn sich die Kaufkraft des Euro in den beteiligten Staaten nur gering unterscheidet (→ Rn. 42 ff.).[147]

Auch bei größeren Abweichungen oder unterschiedlichen Währungen der betroffenen 36
Länder ist zunächst der Bedarf wie im Inland zu ermitteln, zB nach den ehelichen Lebensverhältnissen (§§ 1361 I 1, 1578 I 1 BGB bei Ehegatten)[148] oder der eigenen Lebensstellung (§ 1610 I BGB bei Kindern, Eltern, sonstigen Verwandten und Ansprüchen nach § 1615l BGB).[149] Sodann ist festzustellen, welchen Betrag der Berechtigte benötigt, um in dem Land, in dem er lebt, dieselbe Kaufkraft zur Verfügung zu haben.[150] Die Rechtsprechung hat sich dabei in der Vergangenheit überwiegend der sog Verbrauchergeldparitäten bedient,

---

[144] Vgl. BGH FamRZ 2011, 802.
[145] Vgl. BGH FamRZ 1990, 992.
[146] Hinsichtlich der Wohnkosten und der Kosten der allgemeinen Lebenshaltung besteht noch immer ein leichtes Ost-West-Gefälle und seit langem auch ein Nord-Süd-Gefälle. Die Wohnkosten sind zudem in größeren Städten deutlich höher als in ländlichen Bezirken.
[147] Vgl. zur Verfahrenskostenhilfe BGH FamRZ 2009, 497.
[148] BGHZ 192, 45 = FamRZ 2012, 281 Rn. 16 ff = R 731.
[149] BGHZ 213, 254 = FamRZ 2017, 437 Rn. 23 ff. = R 780b; BGH FamRZ 2018, 1903 Rn. 10 f.; BGHZ 205, 342 = FamRZ 2015, 1369 Rn. 34; und BGH FamRZ 2014, 1536 Rn. 36 f. = R 757a.
[150] BGH FamRZ 1987, 682 (683 f.); zur Umrechnung der Währung von Familienleistungen vgl. EuGH vom 30. April 2014 – C-250/13 – ABl EU 2014, Nr C 194, 7.

die für die Zeit bis Ende 2009 in regelmäßigen Abständen vom deutschen Statistischen Bundesamt bekannt gegeben wurden (→ Rn. 42 ff.). Zusätzlich ist die reale Kaufkraft aber auch vom Verhältnis des betreffenden Devisenkurses zum Euro abhängig (→ Rn. 38).[151] Als Methoden zur Bemessung der unterschiedlichen Kaufkraftparität (KKP) kommen die Bedarfskorrektur nach Ländergruppeneinteilungen (→ Rn. 37), das Verhältnis von Devisenkurs und der bis 2009 vom Statistischen Bundesamt veröffentlichten Verbrauchergeldparität (→ Rn. 38 ff.) oder die „vergleichenden Preisniveaus des Endverbrauchs der privaten Haushalte einschließlich indirekter Steuer" in Betracht (→ Rn. 79a ff.), die vom Statistischen Amt der Europäischen Union (Eurostat) (→ Rn. 79e) und der OECD sowie der Weltbank (→ Rn. 79f ff.) ermittelt und veröffentlicht werden. Dabei ist die letzte Methode eindeutig vorzuziehen. Auf der Grundlage des vergleichenden Preisniveaus des Endverbrauchs der privaten Haushalte lässt sich die Bedarfskorrektur (→ Rn. 79g f.) nach der Tabelle I für den Unterhaltsberechtigten im Ausland und der Tabelle II für den Unterhaltspflichtigen im Ausland ermitteln (→ Rn. 80 ff.). Schließlich dienen die Teuerungsziffern (→ Rn. 92) einer Plausibilitätskontrolle der individuell errechneten Bedarfskorrekturen.

2. Bedarfskorrektur nach Ländergruppeneinteilung

37 Teilweise – insbesondere beim Kindesunterhalt – ist in der Vergangenheit ein nach der Düsseldorfer Tabelle errechneter **Bedarf** lediglich pauschal um einen Bruchteil (meist $^1/_4$ bis $^3/_4$) gekürzt worden, wobei auf eine Ländergruppeneinteilung des Bundesfinanzministeriums zurückgegriffen wurde (→ Rn. 37).[152] Gegen diese Berechnung bestehen trotz größerer Praktikabilität erhebliche Bedenken, weil sich die der Einteilung zugrunde liegenden steuerlichen Erwägungen und die unterhaltsrechtliche Bedarfsbemessung nicht decken und weil der Bedarf nicht ohne Berücksichtigung der konkreten Einzelumstände, auch des verschiedenen und wechselnden Ausmaßes der Inflation in dem betreffenden Staat, pauschal gekürzt werden kann. Die Ländergruppeneinteilung kann deswegen lediglich der Kontrolle eines zuverlässig auf der Grundlage der vom Statistischen Amt der Europäischen Union (Eurostat), der OECD oder der Weltbank ermittelten „vergleichenden Preisniveaus des Endverbrauchs der privaten Haushalte einschließlich indirekter Steuern"[153] dienen (→ Rn. 79a ff.). In jedem Falle ist darauf zu achten, dass der Berechtigte nicht mehr erhält, als er zur Deckung seines Bedarfs in seinem Aufenthaltsland benötigt.[154] Dem in Deutschland lebenden Unterhaltspflichtigen muss in jedem Fall der hier maßgebliche **Selbstbehalt** verbleiben.[155] Der Selbstbehalt kann lediglich dann mit entsprechender Auswirkung auf die Leistungsfähigkeit entsprechend der unterschiedlichen Kaufkraftparität angeglichen werden, wenn der Unterhaltspflichtige im Ausland lebt.[156]
Ländergruppeneinteilung ab 2017 (BStBl. I 2016, 1183)
Unter Bezugnahme auf die Abstimmung mit den obersten Finanzbehörden der Länder sind die Beträge des § 1 III 2, des § 10 I Nr. 5 S. 3, des § 32 VI 4 und des § 33a I 6, II 2 EStG mit Wirkung ab 1.1.2017 wie folgt anzusetzen:[157]

---

[151] Im Internet veröffentlicht bei www.bundesbank.de unter Suchbegriff: Devisenkurse.
[152] OLG Hamm 2008, 552 Rn. 54; OLG München FamRZ 2002, 55 (Herabsetzung um $^1/_3$ für die Türkei); OLG Koblenz FamRZ 2002, 56 (Herabsetzung auf $^1/_3$ für Russland); OLG Hamm FamRZ 1989, 1332; OLG Düsseldorf FamRZ 1989, 1335; OLG Celle FamRZ 1990, 1390; OLG Celle OLGR 1998, 149; OLG Karlsruhe FamRZ 1991, 600; zu den Ländergruppeneinteilungen siehe FamRZ 1996, 471, FamRZ 2005, 1385, FamRZ 2007, 1433 und Rn. 37.
[153] Vgl. insoweit BGH FamRZ 2014, 1536 Rn. 32 ff. = R 757a; OLG Stuttgart FamRZ 2014, 850 (851 f.); OLG Oldenburg FamRZ 2013, 891 (892).
[154] Vgl. BGH FamRZ 1992, 1060; KG FamRZ 1994, 759.
[155] Vgl. OLG Karlsruhe FamRZ 1990, 313; zur Sicherung des Existenzminimums allgemein vgl. BVerfG FamRZ 2014, 1765 ff.
[156] Unger FamRZ 2015, 1539 (1540); OLG Karlsruhe FamRZ 2017, 282 (285).
[157] BMF-Schreiben vom 20.10.2016 BStBl. I 2016 S. 1183; Im Internet veröffentlicht unter: http://www.bundesfinanzministerium.de Suchwort: Ländergruppeneinteilung.

1. Abschnitt: Materielles Recht § 9

in voller Höhe	mit 3/4	mit 1/2	mit 1/4	
Wohnsitzstaat des Steuerpflichtigen bzw. der unterhaltenen Person				
1	2	3	4	
Andorra	Aruba	Äquatorialguinea	Afghanistan	Mali
Australien	Bahamas	Algerien	Ägypten	Marokko
Belgien	Bahrain	Amerikanisch-	Albanien	Marshallinseln
Bermuda	Barbados	Angola	Armenien	Mauretanien
Brunei Darussa-	Chile	Samoa	Äthiopien	Mikronesien,
lam	Cookinseln	Antigua und	Bangladesch	Föderierte
Dänemark	Curacao	Barbuda	Belize	Staaten von
Färöer	Estland	Argentinien	Benin	Moldau,
Finnland	Französisch-	Aserbaidschan	Bhutan	Republik
Frankreich	Polynesien	Bosnien und	Bolivien,	Mongolei
Grönland	Griechenland	Herzegowina	Plurinationaler	Mosambik
Hongkong	Korea, Republik	Botsuana	Staat	Myanmar
Insel Man	Lettland	Brasilien	Burkina Faso	Nepal
Irland	Litauen	Bulgarien	Burundi	Nicaragua
Island	Malta	China	Cote d'Ivoire	Niger
Israel	Nauru	Costa Rica	Dschibuti	Pakistan
Italien	Oman	Dominica	El Salvador	Papua-
Japan	Portugal	Dominikanische	Eritrea	Neuguinea
Kaimaninseln	Puerto Rico	Republik	Gambia	Paraguay
Kanada	Saudi-Arabien	Ecuador	Georgien	Philippinen
Kanalinseln	Slowakei	Fidschi	Ghana	Ruanda
Katar	Slowenien	Gabun	Guatemala	Salomonen
Kuwait	St. Kitts und	Grenada	Guinea	Sambia
Lichtenstein	Nevis	Irak	Guinea-Bissau	Samoa
Luxemburg	St. Martin	Iran, Islamische	Guyana	Sao Tomé und
Macau	(niederländischer	Republik	Haiti	Principe
Monaco	Teil)	Jamaika	Honduras	Senegal
Neukaledonien	Taiwan	Jordanien	Indien	Sierra Leone
Neuseeland	Trinidad und	Kasachstan	Indonesien	Simbabwe
Niederlande	Tobago	Kolumbien	Jemen	Somalia
Norwegen	Tschechische	Kroatien	Kambodscha	Sri Lanka
Österreich	Republik	Kuba	Kamerun	Sudan
Palästinensische	Turks- und	Libanon	Kap Verde	Südsudan
Gebiete	Caicos-Inseln	Libyen	Kenia	Swasiland
San Marino	Uruguay	Malaysia	Kirgisistan	Syrien, Arab.
Schweden	Zypern	Malediven	Kiribati	Rep.
Schweiz		Mauritius	Komoren	Tadschikistan
Singapur		Mazedonien,	Kongo	Tansania,
Spanien		ehem. jug.	Kongo,	Ver. Rep.
Vatikanstadt		Republik	Demokratische	Timor-Leste
Vereinigte Arab.		Mexiko	Republik	Togo
Emirate		Montenegro	Korea, Dem. VR	Tonga
Vereinigte		Namibia	Kosovo	Tschad
Staaten		Niue	Laos, Dem. VR	Tunesien
Vereinigtes		Palau	Lesotho	Uganda
Königreich		Panama	Liberia	Ukraine
		Peru	Madagaskar	Usbekistan
		Polen	Malawi	Vanuatu
		Rumänien		Vietnam
		Russische		
		Föderation		

Dose 1595

in voller Höhe	mit ³/₄	mit ¹/₂	mit ¹/₄
Wohnsitzstaat des Steuerpflichtigen bzw. der unterhaltenen Person			
1	2	3	4
		Serbien Seychellen St. Lucia St. Vincent und die Grenadinen Südafrika Suriname Thailand Türkei Turkmenistan Tuvalu Ungarn Venezuela, Bolivarische Republik Weißrussland/ Belarus		Zentralafrikanische Republik

3. Bedarfskorrektur mit Hilfe der Verbrauchergeldparität und der vergleichenden Preisniveaus

38 **a) Kaufkraftunterschiede.** Diese konkreten Berechnungsmethoden auf der Grundlage der Kaufkraftunterschiede verschiedener Staaten sind den pauschalen und teilweise auf Großstädte bezogenen Methoden über die Ländergruppeneinteilung (→ Rn. 37) und die Teuerungsziffern (→ Rn. 91 ff.) eindeutig vorzuziehen. Dabei ist in einem **ersten** Schritt das **Verhältnis der Kaufkraft** (Kaufkraftparität – KKP) der beiden betroffenen Staaten zu ermitteln. Weil das Statistische Bundesamt die dafür erforderlichen Verbrauchergeldparitäten allerdings nur bis einschließlich 2009 erhoben und veröffentlicht hat, ist das Verhältnis von Verbrauchergeldparitäten zu Wechselkursen (→ Rn. 39 ff.) nur noch zeitlich begrenzt als Grundlage verwendbar (aa → Rn. 39 ff.). Für die Folgezeit sind die Kaufkraftunterschiede unmittelbar auf der Grundlage der vom Statistischen Amt der Europäischen Union (Eurostat), der OECD sowie der Weltbank ermittelten und veröffentlichten „vergleichenden Preisniveaus des Endverbrauchs der privaten Haushalte einschließlich indirekter Steuer" zu ermitteln (bb → Rn. 79a ff.).[158] Auf der Grundlage der so ermittelten Kaufkraftunterschiede ist dann in einem zweiten Schritt anhand der Korrekturtabellen von Gutdeutsch/Zieroth unter Berücksichtigung des Bedarfs und der Leistungsfähigkeit beider Beteiligten eine Bedarfskorrektur durchzuführen (b → Rn. 80 ff.).[159]

39 **aa) Kaufkraftunterschiede auf der Grundlage der vom Statistischen Bundesamt bis Ende 2009** veröffentlichten **Verbrauchergeldparitäten.**[160] Ein genauerer Weg, um die unterschiedliche Kaufkraft im Empfängerstaat in die Unterhaltsbemessung einfließen zu lassen,

---

[158] Teilweise wird die Berücksichtigung dieser Kaufkraftunterschiede schon bei der Bemessung des für den Kindesunterhalt nach der Düsseldorfer Tabelle relevanten Einkommens für ausreichend erachtet: BGH FamRZ 2014, 1536 Rn. 34 ff. = R 757a; OLG Oldenburg FamRZ 2013, 891 (892 f.); das scheint mir nicht ausreichend zu sein, weil es die Wechselwirkung der unterschiedlichen Kaufkraft der Länder nicht berücksichtigt (→ Rn. 80 ff.); vgl. dazu auch Többens FamRZ 2016, 597 (599).
[159] Többens FamRZ 2016, 597 (600 f.).
[160] BGH FamRZ 2014, 1536 Rn. 33 = R 757a.

ist die Berücksichtigung von Wechselkurs und Verbrauchergeldparität.[161] Denn wenn sich der Unterhaltsberechtigte oder der Unterhaltspflichtige im Ausland befindet, muss der Zahlbetrag des Unterhalts in der Regel in eine andere Währung umgetauscht werden. Die Verbrauchergeldparität gibt an, wie viele ausländische Geldeinheiten erforderlich sind, um die gleiche Gütermenge bestimmter Qualität im Ausland zu erwerben, die man in der Bundesrepublik Deutschland für einen Euro erhält. Aus der Verbrauchergeldparität allein lässt sich aber nur dann erkennen, ob ein Land teurer oder billiger ist als ein anderes, wenn beide Länder die gleiche Währung und damit den gleichen Devisenkurs haben, wie zB in der Eurozone. Sonst kann die Kaufkraft nur durch einen **Vergleich der Verbrauchergeldparität mit dem Wechselkurs** festgestellt werden, zu dem man Euro in ausländische Währung tauscht. Wenn die Verbrauchergeldparität von der Devisenparität abweicht, ergibt sich dabei ein **Kaufkraftgewinn** oder ein **Kaufkraftverlust**. Ist die Verbrauchergeldparität größer als der Wechselkurs, dann ist das Ausland teurer als das Inland. Umgekehrt ist das Leben im Ausland billiger, wenn der Devisenkurs größer ist als die Verbrauchergeldparität. Die Rechtsprechung versucht diesem Umstand dadurch Rechnung zu tragen, dass sie den Bedarf in Anknüpfung an die Abweichung der Kaufkraftparität vom Devisenkurs[162] korrigiert.[163]

Auf die **Bedarfsbemessung** hat die Verbrauchergeldparität dann Einfluss, wenn der Bedarf des Unterhaltsberechtigten vom Einkommen des Unterhaltspflichtigen abhängt, wie beim Unterhalt nach den ehelichen Lebensverhältnissen gemäß § 1578 I 1 BGB oder dem abgeleiteten Unterhaltsbedarf eines noch im Haushalt eines Elternteils lebenden Kindes gemäß § 1610 I BGB. Der sich auf der Grundlage des Einkommens des Unterhaltspflichtigen in Höhe einer Quote oder aus der Düsseldorfer Tabelle ergebende Bedarf verändert sich dann nach Maßgabe der von der Devisenparität abweichenden Verbrauchergeldparität. Kann zB der unterhaltsberechtigte geschiedene Ehegatte nach Übersiedlung in ein billigeres Land seinen Bedarf nach den ehelichen Lebensverhältnissen mit geringerem Aufwand decken, rechtfertigt das die Herabsetzung seines Unterhaltsbedarfs im Verhältnis des Kaufkraftgewinns.[164] Ebenso kann der Bedarf eines Kindes im Ausland geringer sein, als der Betrag, der sich aus der Düsseldorfer Tabelle für Kinder innerhalb der Bundesrepublik Deutschland ergibt, wenn auch die Lebenshaltungskosten an seinem Aufenthaltsort geringer sind.[165] Wegen der genaueren Ergebnisse ist einer solchen Anpassung des geschuldeten Unterhalts mittels Verbrauchergeldparität und Devisenkurs[166] der Vorzug gegenüber einer pauschalen Herabsetzung nach der Ländergruppeneinteilung einzuräumen.

Dabei ist zunächst in einem **ersten Schritt** wie in den folgenden Tabellen das **Verhältnis der Verbrauchergeldparität zum Devisenkurs** zu ermitteln. Die Verbrauchergeldparität bildet das Ergebnis eines Preisvergleichs für Waren und Dienstleistungen des

40

---

[161] Bis 2009 veröffentlicht vom Statistischen Bundesamt im Internet unter: https://www-genesis.destatis.de/genesis/online/data;jsessionid=2C6E66C2EAC38C130F35CEB7780C0501.tomcat_GO_1_1?operation=statistikAbruftabellen&levelindex=0&levelid=1409964041807&index=18.

[162] Vgl. Gutdeutsch/Zieroth FamRZ 1993, 1152 ff.

[163] BGH FamRZ 2014, 1536 Rn. 33 ff. = R 757a; 1987, 682 (684); OGH Wien ZfRV 2004, 104; OLG Hamm FamRZ 2018, 29 (32); OLG Brandenburg FamRZ 2008, 1279; OLG Hamm FamRZ 2005, 369; OLG Zweibrücken FamRZ 2004, 729; OLG Düsseldorf FamRZ 1990, 556; OLG Hamburg FamRZ 1990, 794.

[164] BGH FamRZ 1987, 682 (683 f.); OLG Hamm FamRZ 2018, 29 (32); OLG München FamRZ 1998, 857 (Bedarfskorrektur auf 40% für Tschechien).

[165] Insoweit sind in der Rechtsprechung in der Vergangenheit oft pauschale Kürzungen durchgeführt worden, die die wirklichen Verhältnisse nicht exakt abbilden: vgl. OLG Celle OLGR 1998, 149 (Bedarfskorrektur um $1/3$ für Polen); OLG Karlsruhe FamRZ 1998, 1531 (Bedarfskorrektur um $1/4$ für Tschechien); OLG Karlsruhe FamRZ 1991, 600 und OLG Hamm FamRZ 1989, 1332 (Bedarfskorrektur auf $1/3$ für Polen); OLG Düsseldorf FamRZ 1990, 556 (Polen); OLG Hamburg FamRZ 1990, 794 (Polen); LG Hannover FamRZ 1998, 858 (Abschlag von 20% für Slowenien); OLG Koblenz FamRZ 1998, 1532 (Bedarfskorrektur auf $1/3$ für Bulgarien); vgl. insoweit Buseva FamRZ 1997, 264; OLG Stuttgart FamRZ 1999, 887 (Herabsetzung auf $1/3$ für Serbien).

[166] BGH FamRZ 1987, 682 (683 f.); OLG Hamm FamRZ 2018, 29 (32) und 2000, 908; OLG Zweibrücken FuR 2000, 425.

privaten Verbrauchs zwischen ausländischen Staaten und der Bundesrepublik Deutschland. Sie wurde bis Ende 2009 regelmäßig vom Statistischen Bundesamt veröffentlicht.[167] Die damit zu vergleichenden Devisenkurse werden von der Deutschen Bundesbank errechnet und veröffentlicht.[168] Seit dem 1.1.1999 galten im europäischen Bereich durch die auf der Grundlage des Vertrages über die Gründung der Europäischen Gemeinschaft (jetzt: Vertrag über die Arbeitsweise der Europäischen Union – AEUV) erlassene „Verordnung (EG) Nr. 2866/98 des Rates vom 31. Dezember 1998 über die Umrechnungskurse zwischen dem Euro und den Währungen der Mitgliedstaaten, die den Euro einführen" für die an der Währungsunion teilnehmenden Länder unwiderruflich festgelegten Umrechnungskurse gegenüber dem Euro (EUR) und somit auch untereinander (1 Euro = 1,95583 DM). Seit dem 1.1.2002 ist der Euro in Belgien, der Bundesrepublik Deutschland, Finnland, Frankreich, Irland, Italien, Luxemburg, Monaco, den Niederlanden, Österreich, Portugal, San Marino, Spanien und dem Vatikan gesetzliches Zahlungsmittel. Hinzu gekommen sind zum 1.1.2001 Griechenland, zum 1.1.2007 Slowenien, zum 1.1.2008 Malta und Zypern (mit Ausnahme der Türkischen Republik Nordzypern, die von der EU nicht anerkannt ist), zum 1.1.2009 die Slowakei, zum 1.1.2011 Estland, zum 1.1.2014 Lettland und zum 1.1.2015 Litauen. Von den übrigen neun EU-Staaten sind sieben verpflichtet, den Euro einzuführen, sobald sie die vereinbarten Konvergenzkriterien erreichen. Dänemark und das Vereinigte Königreich können den Euro einführen, müssen es aber nicht; sie haben also eine Ausstiegsoption. Da die Devisenparität neben der Verbrauchergeldparität nur ein Faktor der unterschiedlichen Kaufkraft in verschiedenen Ländern ist, muss grundsätzlich auch für die Länder der Eurozone geprüft werden, ob der nach deutschen Grundsätzen errechnete Bedarf oder die Leistungsfähigkeit anzupassen sind.[169] Das ist allerdings nur dann erforderlich, wenn (bei gleicher Währung) die Verbrauchergeldparität nicht nur unerheblich auseinander fällt.

41 Das in die Korrekturtabellen (→ Rn. 83) zu übernehmende **Verhältnis (x) zwischen Devisenkurs (D) und Verbrauchergeldparität (V)** ist für die nunmehr auf der Grundlage des Euro ermittelten Werte nach folgender **Formel** zu berechnen: x = ((100 D – 100 V)/V) oder x = 100 D/V – 100. Für die am häufigsten relevanten Länder sind die entsprechenden Werte in den folgenden Tabellen aufgelistet, wobei auch der aktuelle Devisenkurs zum Euro für 2018 angegeben ist:

42 Belgien (Euro – EUR)

Jahr	Devisenkurs (D)	Verbrauchergeldparität (V)	Verhältnis zueinander (x) x = 100 D/V – 100
1974 bis 1993			+ 0,6 Durchschnitt
1994	40,3015	40,3264	– 0,1
1995	40,2401	40,1608	+ 0,2
1996	40,2500	40,9169	– 1,6
1997	40,3563	40,9169	– 1,4
1998	40,3464	41,0889	– 1,8
1999	40,3399	41,3495	– 2,4
2000	40,3399	41,6134	– 3,1
2001	40,3399	41,2622	– 2,2
2002 (EUR)	1,0000	1,0262	– 2,6
2003	1,0000	1,0102	– 1,0
2004	1,0000	1,0100	– 1,0
2005	1,0000	1,0129	– 1,3
2006	1,0000	1,0173	– 1,7
2007	1,0000	1,0161	– 1,6

---

[167] Statistisches Bundesamt, Preise, Fachserie 17, Reihe 10, im Internet veröffentlicht unter www.destatis.de; s. auch Internationaler Vergleich der Verbraucherpreise ausgewählter Länder, FamRZ 2013, 925; 2010, 98; 2009, 98; 2008, 15; 2007, 1436.
[168] Im Internet veröffentlicht unter www.bundesbank.de unter Suchbegriff: Devisenkurse.
[169] So auch Krause FamRZ 2002, 145.

1. Abschnitt: Materielles Recht   § 9

Jahr	Devisenkurs (D)	Verbrauchergeldparität (V)	Verhältnis zueinander (x)
2008	1,0000	1,0301	− 2,9
2009	1,0000	1,0291	− 2,8
2018	1,0000		

Bulgarien (Lew – BGN)   43

Jahr	Devisenkurs (D)	Verbrauchergeldparität (V)	Verhältnis zueinander (x)
			x = 100 D/V − 100
1998	1,9558	1,4520	+ 34,7
1999	1,9558	1,4477	+ 35,1
2000	1,9558	1,5461	+ 26,5
2001	1,9482	1,6171	+ 20,5
2002	1,9492	1,6825	+ 15,9
2003	1,9490	1,7045	+ 14,3
2004	1,9533	1,7743	+ 10,0
2005	1,9559	1,6152	+ 21,1
2006	1,9558	1,6472	+ 18,7
2007	1,9558	1,6909	+ 15,7
2008	1,9558	1,7638	+ 10,9
2009	1,9558	1,7874	+ 9,4
2018	1,95583		

Dänemark (Dänische Krone – DKK)   44

Jahr	Devisenkurs (D)	Verbrauchergeldparität (V)	Verhältnis zueinander (x)
			x = 100 D/V − 100
1974 bis 1993			− 20,4 Durchschnitt
1994	7,6660	9,6919	− 20,9
1995	7,6489	9,7353	− 21,4
1996	7,5384	9,6489	− 21,9
1997	7,4511	9,7064	− 23,2
1998	7,4485	9,8037	− 24,0
1999	7,4355	10,0042	− 25,7
2000	7,4539	10,0920	− 26,1
2001	7,4521	9,9786	− 25,3
2002	7,4305	10,0894	− 26,4
2003	7,4307	9,4749	− 21,6
2004	7,4399	9,3854	− 20,7
2005	7,4518	9,3348	− 20,2
2006	7,4591	9,3298	− 20,1
2007	7,4506	9,3846	− 20,6
2008	7,4560	9,4335	− 21,0
2009	7,4462	9,5258	− 21,8
2018	7,4532		

Estland (Estnische Krone – EEK); ab 1.1.2011 (Euro – EUR)   45

Jahr	Devisenkurs (D)	Verbrauchergeldparität (V)	Verhältnis zueinander (x)
			x = 100 D/V − 100
1996	15,6466	10,2668	+ 52,4
1997	15,6466	11,1954	+ 39,8
1998	15,6466	11,9550	+ 30,9
1999	15,6466	12,1329	+ 29,0
2000	15,6466	12,4101	+ 26,1
2001	15,6466	12,6656	+ 23,5
2002	15,6466	12,9619	+ 20,7

Dose

§ 9 Auslandsberührung

Jahr	Devisenkurs (D)	Verbrauchergeldparität (V)	Verhältnis zueinander (x)
2003	15,6466	12,9559	+ 20,8
2004	15,6466	13,0674	+ 19,7
2005	15,6466	13,2070	+ 18,5
2006	15,6466	12,9583	+ 20,7
2007	15,6466	13,1491	+ 19,0
2008	15,6466	13,5040	+ 19,0
2009	15,6466	13,5103	+ 15,8
2018 (EUR)[170]	1,0000		

46 Finnland (Euro – EUR)

Jahr	Devisenkurs (D)	Verbrauchergeldparität (V)	Verhältnis zueinander (x) $x = 100\, D/V - 100$
1994	6,2872	6,9037	– 8,9
1995	5,9571	6,8481	– 13,0
1996	5,9691	6,8362	– 12,79
1997	5,8533	6,9751	– 16,1
1998	5,9412	7,0076	– 15,2
1999	5,94573	7,0633	– 15,8
2000	5,9457	7,1095	– 16,4
2001	5,9457	7,0761	– 16,0
2002 (EUR)	1,0000	1,1958	– 16,4
2003	1,0000	1,1792	– 15,2
2004	1,0000	1,1592	– 13,7
2005	1,0000	1,1424	– 12,5
2006	1,0000	1,1360	– 12,0
2007	1,0000	1,1316	– 11,6
2008	1,0000	1,1485	– 12,7
2009	1,0000	1,1663	– 14,3
2018	1,0000		

47 Frankreich (Euro – EUR)

Jahr	Devisenkurs (D)	Verbrauchergeldparität (V)	Verhältnis zueinander (x) $x = 100\, D/V - 100$
1974 bis 1993			– 0,1 Durchschnitt
1994	6,6893	6,6075	+ 1,2
1995	6,8105	6,6142	+ 3,0
1996	6,6511	6,6866	– 0,5
1997	6,5842	6,6706	– 1,3
1998	6,5568	6,6615	– 1,6
1999	6,55957	6,6729	– 1,7
2000	6,55957	7,3777	– 11,1
2001	6,55957	7,2952	– 10,1
2002 (EUR)	1,0000	1,1400	– 12,3
2003	1,0000	1,1449	– 12,7
2004	1,0000	1,1502	– 13,1
2005	1,0000	1,1462	– 12,8
2006	1,0000	1,1464	– 12,8
2007	1,0000	1,1438	– 12,6
2008	1,0000	1,1447	– 12,6
2009	1,0000	1,1449	– 12,7
2018	1,0000		

---

[170] Seit 1.1.2011 Mitglied der Eurozone.

1. Abschnitt: Materielles Recht   § 9

Griechenland (Euro – EUR)   48

Jahr	Devisenkurs (D)	Verbrauchergeldparität (V)	Verhältnis zueinander (x) $x = 100\,D/V - 100$
1994	229,4824	161,8246	+ 41,8
1995	316,2215	281,4144	+ 12,4
1996	312,9328	302,2921	+ 3,5
1997	308,0532	314,9485	– 2,2
1998	328,2696	311,9346	+ 5,2
1999	340,750	318,5391	+ 7,0
2000	340,750	321,6826	+ 5,9
2001	340,750	322,2125	+ 5,8
2002 (EUR)	1,0000	0,9678	+ 3,3
2003	1,0000	0,9858	+ 1,4
2004	1,0000	0,9970	+ 0,3
2005	1,0000	1,0090	– 0,9
2006	1,0000	1,0124	– 1,2
2007	1,0000	1,0196	– 1,9
2008	1,0000	1,0056	– 0,6
2009	1,0000	1,0191	– 1,9
2018	1,0000		

Irland (Euro – EUR)   49

Jahr	Devisenkurs (D)	Verbrauchergeldparität (V)	Verhältnis zueinander (x) $x = 100\,D/V - 100$
1994	0,8064	0,7886	+ 2,3
1995	0,8511	0,7983	+ 6,6
1996	0,8126	0,8049	+ 1,0
1997	0,7437	0,8049	– 7,6
1998	0,7808	0,8082	– 3,4
1999	0,787564	0,8287	– 5,0
2000	0,787564	0,8541	– 7,8
2001	0,787564	0,8616	– 8,6
2002 (EUR)	1,0000	1,1359	– 12,0
2003	1,0000	1,1532	– 13,3
2004	1,0000	1,1581	– 13,7
2005	1,0000	1,1573	– 13,6
2006	1,0000	1,1643	– 14,1
2007	1,0000	1,1722	– 14,7
2008	1,0000	1,1725	– 14,7
2009	1,0000	1,1583	– 13,7
2018	1,0000		

Italien (Euro – EUR)   50

Jahr	Devisenkurs (D)	Verbrauchergeldparität (V)	Verhältnis zueinander (x) $x = 100\,D/V - 100$
1974 bis 1993			+ 15,3 Durchschnitt
1994	1944,9383	1674,5120	+ 16,1
1995	2219,0039	1732,3561	+ 28,1 (s)
1996	2005,7738	1786,1461	+ 12,3
1997	1920,4929	1792,6948	+ 7,1
1998	1939,3494	2018,4004	– 4,0
1999	1936,27	2043,7095	– 5,3
2000	1936,27	2052,2875	– 5,7
2001	1936,27	2047,9895	– 5,5

§ 9   Auslandsberührung

Jahr	Devisenkurs (D)	Verbrauchergeldparität (V)	Verhältnis zueinander (x)
2002 (EUR)	1,0000	1,0712	− 6,6
2003	1,0000	1,0932	− 8,5
2004	1,0000	1,0973	− 8,9
2005	1,0000	1,0968	− 8,8
2006	1,0000	1,1000	− 9,1
2007	1,0000	1,1011	− 8,7
2008	1,0000	1,1057	− 9,2
2009	1,0000	1,1132	− 10,2
2018	1,0000		

51 Kanada (Kanadischer Dollar − CAD)

Jahr	Devisenkurs (D)	Verbrauchergeldparität (V)	Verhältnis zueinander (x) $x = 100\,D/V - 100$
1996	1,7737	1,7171	+ 3,3
1997	1,5605	1,7370	− 10,2
1998	1,6458	1,7478	− 5,8
1999	1,5824	1,6519	− 4,2
2000	1,3692	1,6617	− 17,6
2001	1,3864	1,6521	− 16,1
2002	1,4838	1,6874	− 12,1
2003	1,5817	1,7098	− 7,5
2004	1,6167	1,5641	+ 3,4
2005	1,5087	1,5570	− 3,1
2006	1,4237	1,5456	− 7,9
2007	1,4678	1,5426	− 4,8
2008	1,7114		
2009	1,5090		
2018	1,5313		

52 Kroatien (Kuna − HRK)

Jahr	Devisenkurs (D)	Verbrauchergeldparität (V)	Verhältnis zueinander (x) $x = 100\,D/V - 100$
1998	7,1080	6,5281	+ 8,9
1999	7,6153	6,7326	+ 13,1
2000	7,6588	6,9430	+ 10,3
2001	7,4867	7,3355	+ 2,1
2002	7,4165	7,3813	+ 0,5
2003	7,5752	7,3720	+ 2,8
2004	7,5109	7,3853	+ 1,7
2005	7,4008	6,5905	+ 12,3
2006	7,3247	6,5213	+ 12,3
2007	7,3376	6,5297	+ 12,4
2008	7,2239	6,5370	+ 10,5
2009	7,3400	6,6598	+ 10,2
2018	7,436130		

53 Lettland (Lats − LVL)

Jahr	Devisenkurs (D)	Verbrauchergeldparität (V)	Verhältnis zueinander (x) $x = 100\,D/V - 100$
2001	0,5601	0,4918	+ 13,9
2002	0,5810	0,4952	+ 17,3
2003	0,6407	0,5073	+ 26,3
2004	0,6652	0,5292	+ 25,7

1. Abschnitt: Materielles Recht   § 9

Jahr	Devisenkurs (D)	Verbrauchergeldparität (V)	Verhältnis zueinander (x)
2005	0,6962	0,5694	+ 22,3
2006	0,6962	0,5794	+ 20,2
2007	0,7001	0,5966	+ 17,3
2008	0,7027	0,6245	+ 12,5
2009	0,7057	0,6341	+ 11,3
2018 (EUR)[171]	1,0000		

Litauen (Litas – LTL)   54

Jahr	Devisenkurs (D)	Verbrauchergeldparität (V)	Verhältnis zueinander (x) $x = 100\,D/V - 100$
1996	5,1937	3,4739	+ 49,5
1997	4,5010	3,7297	+ 20,7
1998	4,4474	3,1233	+ 42,4
1999	4,2305	3,1338	+ 35,0
2000	3,6686	3,1001	+ 18,3
2001	3,5823	3,0527	+ 17,3
2002	3,4594	2,8076	+ 23,2
2003	3,4527	2,7463	+ 25,7
2004	3,4529	2,7297	+ 26,5
2005	3,4528	2,8183	+ 22,5
2006	3,4528	2,7709	+ 24,6
2007	3,4528	2,8008	+ 23,3
2008	3,4528	2,8794	+ 19,9
2009	3,4528	2,9238	+ 18,1
2014 (EUR)[172]	1,0000		

Luxemburg (Euro – EUR)   55

Jahr	Devisenkurs (D)	Verbrauchergeldparität (V)	Verhältnis zueinander (x) $x = 100\,D/V - 100$
1994	40,3015	37,0422	+ 8,8
1995	40,2401	37,1125	+ 8,4
1996	40,2500	37,2539	+ 8,0
1997	40,3563	37,2539	+ 8,3
1998	40,3464	38,2746	+ 5,4
1999	40,3399	38,4250	+ 5,0
2000	40,3399	38,8833	+ 3,7
2001	40,3399	38,7293	+ 4,2
2002 (EUR)	1,0000	0,9670	+ 3,4
2003	1,0000	0,9746	+ 2,6
2004	1,0000	0,9875	+ 1,3
2005	1,0000	1,0020	− 0,2
2006	1,0000	1,0127	− 1,3
2007	1,0000	1,0198	− 1,9
2008	1,0000	1,0299	− 2,9
2009	1,0000	1,0291	− 2,8
2018	1,0000		

---

[171] Seit 1.1.2014 Mitglied der Eurozone.
[172] Seit 1.1.2015 Mitglied der Eurozone.

§ 9   Auslandsberührung

56 Malta (Maltesische Lira − MTL, ab 2008 Euro = EUR)

Jahr	Devisenkurs (D)	Verbrauchergeldparität (V)	Verhältnis zueinander (x)
			x = 100 D/V − 100
1999	0,4248	0,4069	+ 4,4
2000	0,4035	0,4075	− 1,0
2001	0,4030	0,4082	− 1,3
2002	0,4089	0,4058	+ 0,8
2003	0,4261	0,4027	+ 5,8
2004	0,4280	0,4063	+ 5,3
2005	0,4299	0,4047	+ 6,2
2006	0,4293	0,4098	+ 4,8
2007	0,4293	0,4072	+ 5,4
2008 (EUR)	1,0000	0,9537	+ 4,9
2009	1,0000	0,9597	+ 4,2
2018	1,0000		

57 Nordmazedonien (Denar − MKD)

Jahr	Devisenkurs (D)	Verbrauchergeldparität (V)	Verhältnis zueinander (x)
			x = 100 D/V − 100
1998	60,5333	44,0502	+ 37,4
1999	60,6083	43,3665	+ 39,8
2000	60,7212	44,2495	+ 37,2
2001	60,9161	45,3868	+ 34,2
2002	60,9802	51,2002	+ 19,1
2003	61,2637	51,2685	+ 19,5
2004	61,3383	50,0996	+ 22,4
2005	61,2998	50,2548	+ 22,0
2006	61,1884	50,6376	+ 20,8
2007	61,1885	50,8130	+ 20,4
2008	61,2745	50,8305	+ 20,5
2009	61,2731	50,6932	+ 20,9
2018	61,8188		

58 Montenegro (Neuer Dinar − RSD, ab 2006 Euro − EUR)

Jahr	Devisenkurs (D)	Verbrauchergeldparität (V)	Verhältnis zueinander (x)
			x = 100 D/V − 100
2002	60,7084	51,5713	+ 17,7
2003	65,1623	55,8881	+ 16,6
2004	72,8039	59,8378	+ 21,7
2005	82,9860	69,2276	+ 19,9
2006 (EUR)	1,0000	0,8115	+ 23,2
2007	10000	0,8115	+ 23,2
2008	1,0000	0,8204	+ 21,9
2009	1,0000	0,8299	+ 20,5
2018	1,0000		

59 Niederlande (Euro − EUR)

Jahr	Devisenkurs (D)	Verbrauchergeldparität (V)	Verhältnis zueinander (x)
			x = 100 D/V − 100
1974 bis 1993			+ 3,1 Durchschnitt
1994	2,1933	2,0493	+ 7,0
1995	2,1909	2,0401	+ 7,4
1996	2,1916	2,0523	+ 6,8

1. Abschnitt: Materielles Recht　　　　　　　　　　　　　　　　　　§ 9

Jahr	Devisenkurs (D)	Verbrauchergeldparität (V)	Verhältnis zueinander (x)
1997	2,2011	2,0583	+ 6,9
1998	2,2046	2,1746	+ 1,4
1999	2,2037	2,2092	− 0,3
2000	2,2037	2,2162	− 0,6
2001	2,2037	2,2616	− 2,6
2002 (EUR)	1,0000	1,0469	− 4,5
2003	1,0000	1,0505	− 4,8
2004	1,0000	1,0456	− 4,4
2005	1,0000	1,0378	− 3,6
2006	1,0000	1,0353	− 3,4
2007	1,0000	1,0318	− 3,1
2008	1,0000	1,0231	− 2,3
2009	1,0000	1,0322	− 3,1
2018	1,0000		

Norwegen (Norwegische Krone – NOK)　　　　　　　　　　　　　　60

Jahr	Devisenkurs (D)	Verbrauchergeldparität (V)	Verhältnis zueinander (x)
			x = 100 D/V − 100
1974 bis 1993			− 26,4 Durchschnitt
1994	8,5103	10,6237	− 19,9
1995	8,6488	10,7228	− 19,3
1996	8,3970	10,7522	− 21,9
1997	7,9804	10,8718	− 26,6
1998	8,3952	11,0374	− 23,9
1999	8,3107	11,4846	− 27,6
2000	8,1131	11,5593	− 29,8
2001	8,0484	11,5738	− 30,5
2002	7,5086	11,4309	− 34,3
2003	8,0033	11,5560	− 30,7
2004	8,3697	11,3550	− 26,3
2005	8,0092	11,2617	− 28,9
2006	8,0472	11,2690	− 28,6
2007	8,0165	11,0496	− 27,4
2008	8,2237	10,9707	− 25,0
2009	8,7278	11,2147	− 22,2
2018	9,6594		

Österreich (Euro – EUR)　　　　　　　　　　　　　　　　　　　61

Jahr	Devisenkurs (D)	Verbrauchergeldparität (V)	Verhältnis zueinander (x)
			x = 100 D/V − 100
1974 bis 1993			− 3,8 Durchschnitt
1994	13,7599	15,4245	− 10,8
1995	13,7599	15,4733	− 11,1
1996	13,7599	15,5843	− 11,7
1997	13,7638	15,5348	− 11,4
1998	13,7609	15,5348	− 12,9
1999	13,7603	14,8281	− 7,2
2000	13,7603	14,8619	− 7,4
2001	13,7603	14,8394	− 7,3
2002 (EUR)	1,0000	1,0835	− 7,7
2003	1,0000	1,0561	− 5,3
2004	1,0000	1,0569	− 5,4
2005	1,0000	1,0554	− 5,2

§ 9   Auslandsberührung

Jahr	Devisenkurs (D)	Verbrauchergeldparität (V)	Verhältnis zueinander (x)
2006	1,0000	1,0533	− 5,1
2007	1,0000	1,0568	− 5,4
2008	1,0000	1,0584	− 5,5
2009	1,0000	1,0617	− 5,8
2018	1,0000		

62 Polen (Zloty – PLN)

Jahr	Devisenkurs (D)	Verbrauchergeldparität (V)	Verhältnis zueinander (x)
			x = 100 D/V − 100
1979 bis 1993			+ 55,7 Durchschnitt
1994	71,608	93,84	+ 31,0
1995	59,139	74,23	+ 25,5
1996	3,5017	3,1323	+ 11,8
1997	3,6935	3,5586	+ 3,8
1998	3,8811	3,1828	+ 21,9
1999	4,2238	3,4032	+ 24,1
2000	4,0056	3,6709	+ 9,1
2001	3,6721	3,4042	+ 7,9
2002	3,8574	3,4303	+ 12,5
2003	4,3996	3,4103	+ 29,0
2004	4,5268	3,4668	+ 30,6
2005	4,0230	3,1303	+ 28,5
2006	3,8959	3,1001	+ 25,7
2007	3,7837	3,0426	+ 24,7
2008	3,5121	2,9240	+ 20,1
2009	4,3276	3,3703	+ 28,4
2018	4,2669		

63 Portugal (Euro – EUR)

Jahr	Devisenkurs (D)	Verbrauchergeldparität (V)	Verhältnis zueinander (x)
			x = 100 D/V − 100
1974 bis 1993			+ 19,1 Durchschnitt
1994	200,1054	187,8799	+ 6,5
1995	204,6918	192,6926	+ 6,2
1996	200,5157	196,7636	+ 1,9
1997	197,6784	198,3600	− 0,3
1998	200,3308	182,6172	+ 9,7
1999	200,482	185,9154	+ 7,8
2000	200,482	187,1608	+ 7,1
2001	200,482	189,3349	+ 5,9
2002 (EUR)	1,0000	0,9631	+ 3,8
2003	1,0000	0,9913	+ 0,9
2004	1,0000	0,9974	+ 0,3
2005	1,0000	0,9962	+ 0,4
2006	1,0000	1,0075	− 0,7
2007	1,0000	1,0125	− 1,2
2008	1,0000	1,0084	− 0,8
2009	1,0000	0,9984	+ 0,2
2018	1,0000		

1. Abschnitt: Materielles Recht §9

Rumänien (Leu – ROL) 64

Jahr	Devisenkurs (D)	Verbrauchergeldparität (V)	Verhältnis zueinander (x)
			x = 100 D/V – 100
1998	9.788,9389	8.061,9538	+ 21,4
1999	16.137,2112	11.607,2997	+ 39,0
2000	19.862,1915	16.687,9693	+ 19,0
2001	26.004,0000	21.972,8740	+ 18,3
2002	31.270,0000	24.731,4945	+ 26,4
2003	37.551,0000	29.047,4090	+ 29,3
2004	40.510,0000	31.564,4518	+ 28,3
2005	3,6209	2,9676	+ 22,0
2006	3,5258	2,9735	+ 18,6
2007	3,3353	2,9026	+ 14,9
2008	3,6826	2,9864	+ 23,3
2009	4,2399	3,3193	+ 27,7
2018	4,6558		

Russische Föderation (Rubel – RUB) 65

Jahr	Devisenkurs (D)	Verbrauchergeldparität (V)	Verhältnis zueinander (x)
			x = 100 D/V – 100
1999	26,2176	23,9685	+ 9,4
2000	25,9360	28,3865	– 8,6
2001	26,1400	21,6867	+ 20,5
2002	29,7004	35,0873	– 15,4
2003	34,6842	32,4924	– 8,7
2004	35,8173	33,8432	+ 6,7
2005	35,1884	34,3415	+ 2,5
2006	34,1117	34,3517	– 0,7
2007	35,0183	33,9112	– 3,3
2008	36,4207	36,0944	+ 0,9
2009	44,1376	42,9249	+ 2,8
2018	74,0611		

Schweden (Schwedische Krone – SEK) 66

Jahr	Devisenkurs (D)	Verbrauchergeldparität (V)	Verhältnis zueinander (x)
			x = 100 D/V – 100
1974 bis 1993			– 10,4 Durchschnitt
1994	9,3077	9,1266	+ 2,0
1995	9,7728	9,1996	+ 5,6
1996	8,7182	9,1011	– 4,2
1997	8,6092	10,5039	– 18,0
1998	8,8387	10,5492	– 16,2
1999	8,8077	10,7169	– 17,8
2000	8,4438	10,6237	– 20,5
2001	9,2551	10,5941	– 12,6
2002	9,1611	11,0356	– 17,0
2003	9,1242	10,9917	– 17,2
2004	9,1243	10,8419	– 17,0
2005	9,2822	11,0196	– 15,8
2006	9,2544	10,9775	– 15,7
2007	9,2501	10,8666	– 14,9
2008	9,6152	10,8953	– 11,7
2009	10,6191	11,0970	– 4,3
2018	10,3539		

§ 9   Auslandsberührung

67 Schweiz (Schweizer Franken – CHF)

Jahr	Devisenkurs (D)	Verbrauchergeldparität (V)	Verhältnis zueinander (x) $x = 100\,D/V - 100$
1974 bis 1993			– 22,4 Durchschnitt
1994	1,6475	2,1514	– 23,4
1995	1,6132	2,1599	– 25,3
1996	1,6046	1,9874	– 19,3
1997	1,6366	1,9694	– 16,9
1998	1,6109	1,9558	– 17,6
1999	1,6004	1,9653	– 18,6
2000	1,5570	1,9576	– 20,5
2001	1,5105	1,9046	– 20,7
2002	1,4670	1,8908	– 22,4
2003	1,5212	1,9041	– 20,1
2004	1,5438	1,8821	– 18,0
2005	1,5483	1,8609	– 16,8
2006	1,5729	1,8433	– 14,7
2007	1,6427	1,8139	– 9,4
2008	1,5874	1,8208	– 12,8
2009	1,5100	1,8063	– 16,4
2018	1,1520		

68 Serbien (Neuer Dinar – RSD)

Jahr	Devisenkurs (D)	Verbrauchergeldparität (V)	Verhältnis zueinander (x) $x = 100\,D/V - 100$
2002	60,7084	51,5713	+ 17,7
2003	65,1623	55,8881	+ 16,6
2004	72,8039	59,8378	+ 21,7
2005	82,9860	69,2276	+ 19,9
2006	84,1349	72,3531	+ 16,3
2007	80,0111	71,6446	+ 11,7
2008	81,7127	69,7455	+ 17,2
2009	94,0526	78,6138	+ 19,6
2018	118,6148		

69 Slowakische Republik (Slowakische Krone – SKK)

Jahr	Devisenkurs (D)	Verbrauchergeldparität (V)	Verhältnis zueinander (x) $x = 100\,D/V - 100$
1999	44,0701	30,9467	+ 42,4
2000	42,5828	33,9554	+ 25,4
2001	43,3000	37,7233	+ 14,8
2002	42,6940	38,4424	+ 11,1
2003	41,4890	32,9444	+ 25,0
2004	40,0220	33,4686	+ 19,6
2005	38,5990	32,4828	+ 18,8
2006	37,2340	31,8554	+ 16,9
2007	33,7750	29,8752	+ 13,1
2008	30,1450		
2009 (EUR)	1,0000		
2018	1,0000		

1. Abschnitt: Materielles Recht § 9

Slowenien (Tolar – SIT, ab 2007 Euro – EUR) 70

Jahr	Devisenkurs (D)	Verbrauchergeldparität (V)	Verhältnis zueinander (x) x = 100 D/V – 100
1996	176,1850	154,9786	+ 13,7
1997	180,3938	165,4679	+ 9,0
1998	184,6516	160,0516	+ 15,4
1999	194,3779	168,4608	+ 15,4
2000	206,5509	179,4339	+ 15,1
2001	217,9797	190,4351	+ 14,5
2002	225,9772	202,1582	+ 11,8
2003	233,8493	207,8261	+ 12,5
2004	239,0874	211,2784	+ 13,2
2005	239,5681	211,9649	+ 13,0
2006	239,5961	215,3326	+ 11,3
2007 (EUR)	1,0000	0,9021	+ 10,9
2008	1,0000	0,9103	+ 9,9
2009	1,0000	0,9131	+ 9,5
2018	1,0000		

Spanien (Euro – EUR) 71

Jahr	Devisenkurs (D)	Verbrauchergeldparität (V)	Verhältnis zueinander (x) x = 100 D/V – 100
1974 bis 1993			+ 7,4 Durchschnitt
1994	161,4787	140,7072	+ 14,8
1995	170,0870	145,1990	+ 17,1
1996	164,6322	148,9589	+ 10,5
1997	165,1465	149,6427	+ 10,3
1998	166,0438	156,3413	+ 6,2
1999	166,386	159,3993	+ 4,4
2000	166,386	161,3721	+ 3,1
2001	166,386	162,4444	+ 2,4
2002 (EUR)	1,0000	0,9923	+ 0,8
2003	1,0000	0,9846	+ 1,6
2004	1,0000	0,9959	+ 0,4
2005	1,0000	1,0070	– 0,7
2006	1,0000	1,0236	– 2,3
2007	1,0000	1,0329	– 3,2
2008	1,0000	1,0435	– 4,2
2009	1,0000	1,0400	– 3,8
2018	1,0000		

Tschechische Republik (Tschechische Krone – CZK) 72

Jahr	Devisenkurs (D)	Verbrauchergeldparität (V)	Verhältnis zueinander (x) x = 100 D/V – 100
1996	35,2974	25,9394	+ 36,1
1997	35,6643	27,6638	+ 28,9
1998	35,8276	30,3229	+ 18,1
1999	36,8677	26,9770	+ 36,7
2000	35,5929	27,3926	+ 29,9
2001	34,0680	27,7840	+ 22,6
2002	30,8040	27,8719	+ 10,5
2003	31,8460	23,7782	+ 33,9
2004	31,8910	23,9638	+ 33,1
2005	29,7820	24,6148	+ 21,0

§ 9   Auslandsberührung

Jahr	Devisenkurs (D)	Verbrauchergeldparität (V)	Verhältnis zueinander (x)
2006	28,3420	23,7916	+ 19,1
2007	27,7660	23,5334	+ 18,0
2008	24,9460	22,3841	+ 11,4
2009	26,4350	23,1999	+ 13,9
2018	25,6770		

73 Türkei (Türkische Lira – TRL)

Jahr	Devisenkurs (D)	Verbrauchergeldparität (V)	Verhältnis zueinander (x) $x = 100\,D/V - 100$
1996	103.106,6477	78.547,3896	+ 31,2
1997	166.581,2111	140.909,9424	+ 18,2
1998	285.355,9965	279.005,7061	+ 2,3
1999	438.625,2523	452.00,720	− 3,6
2000	575.074,9779	598.113,1498	− 3,9
2001	1.102.425,0000	1.314.283,4028	− 16,1
2002	1.439.680,0000	1.273.250,0000	+ 13,1
2003	1.694.851,0000	1.581.500,3397	+ 7,2
2004	1.777.052,0000	1.722.552,6704	+ 3,2
2005	1,6771	1,7252	− 2,8
2006	1,8090	1,8605	− 2,8
2007	1,7865	1,8882	− 5,4
2008	1,9064	1,9765	− 3,5
2009	2,1631	2,1760	− 0,6
2018	5,6905		

74 Ukraine (Griwna – UAH)

Jahr	Devisenkurs (D)	Verbrauchergeldparität (V)	Verhältnis zueinander (x) $x = 100\,D/V - 100$
1999	4,3804	4,0326	+ 8,6
2000	4,9996	5,0538	− 1,1
2001	4,8012	5,5306	− 13,2
2002	5,0449	4,4765	+ 12,7
2003	6,0377	4,6648	+ 29,4
2004	6,6070	4,9877	+ 32,5
2005	6,3708	4,8957	+ 30,1
2006	6,3382	5,0218	+ 26,2
2007	6,9369	5,4920	+ 26,3
2008	7,7770	5,8935	+ 32,0
2009	10,8670	7,5984	+ 43,0
2018	32,122821		

75 Ungarn (Forint – HUF)

Jahr	Devisenkurs (D)	Verbrauchergeldparität (V)	Verhältnis zueinander (x) $x = 100\,D/V - 100$
1982 bis 1993			+ 86,5 Durchschnitt
1994	126,4436	105,7205	+ 19,6
1995	170,5616	133,0497	+ 28,0
1996	198,2294	163,3943	+ 21,3
1997	210,4559	190,6267	+ 10,4
1998	238,1499	216,3529	+ 10,1
1999	252,7141	177,8027	+ 42,1
2000	260,0250	191,1857	+ 36,0
2001	256,5900	203,0982	+ 26,3

1. Abschnitt: Materielles Recht § 9

Jahr	Devisenkurs (D)	Verbrauchergeldparität (V)	Verhältnis zueinander (x)
2002	242,9600	211,1409	+ 15,1
2003	253,6200	213,8239	+ 18,6
2004	251,6600	218,7564	+ 15,0
2005	248,0500	209,4277	+ 18,4
2006	264,2600	219,9486	+ 20,1
2007	251,3500	218,1246	+ 15,2
2008	251,5100	216,9065	+ 16,0
2009	280,3300	234,5345	+ 19,5
2018	319,9000		

Vereinigtes Königreich (Pfund Sterling – GBP) 76

Jahr	Devisenkurs (D)	Verbrauchergeldparität (V)	Verhältnis zueinander (x) $x = 100 \, D/V - 100$
1994	0,7881	0,7855	+ 0,3
1995	0,8646	0,7983	+ 8,3
1996	0,8330	0,8049	+ 3,5
1997	0,6884	0,8541	− 19,4
1998	0,6711	0,8654	− 22,5
1999	0,6586	0,8771	− 24,9
2000	0,6093	0,8731	− 30,3
2001	0,6219	0,8593	− 27,6
2002	0,6288	0,8583	− 26,7
2003	0,6920	0,8642	− 19,9
2004	0,6787	0,8585	− 20,9
2005	0,6838	0,8265	− 17,3
2006	0,6817	0,8301	− 17,9
2007	0,6843	0,8269	− 17,2
2008	0,7963	0,8312	− 4,2
2009	0,8909	0,8483	+ 5,0
2018	0,8854		

Vereinigte Staaten von Amerika (US-Dollar – USD) 77

Jahr	Devisenkurs (D)	Verbrauchergeldparität (V)	Verhältnis zueinander (x) $x = 100 \, D/V - 100$
1974 bis 1993			− 2,4 Durchschnitt
1994	1,2060	1,1782	+ 2,4
1995	1,3641	1,1854	+ 15,1
1996	1,3007	1,2148	+ 7,1
1997	1,1274	1,2224	− 7,8
1998	1,1118	1,2224	− 9,0
1999	1,0654	1,2700	− 16,1
2000	0,9215	1,2867	− 28,4
2001	0,8956	1,2686	− 29,4
2002	0,9456	1,2648	− 25,2
2003	1,1312	1,2947	− 12,6
2004	1,2439	1,3046	− 4,7
2005	1,2441	1,3267	− 6,2
2006	1,2556	1,3412	− 6,4
2007	1,3705	1,3562	+ 1,1
2008	1,4708	1,3840	+ 6,3
2009	1,3948	1,3693	+ 1,9
2018	1,33458		

78 Weißrussland (Belarus-Rubel – BYR)

Jahr	Devisenkurs (D)	Verbrauchergeldparität (V)	Verhältnis zueinander (x)
			x = 100 D/V − 100
2001	1.241,5500	1.095,7117	+ 13,3
2002	1.688,5000	1.516,0460	+ 11,4
2003	2.324,1100	1.900,8716	+ 22,3
2004	2.685,9100	2.180,5989	+ 23,2
2005	2.680,9600	2.216,3287	+ 21,0
2006	2.692,6800	2.263,6921	+ 19,0
2007	2.947,8100	2.286,9710	+ 28,9
2008	3.149,1700	2.475,4416	+ 27,2
2009	3.898,2400	2.971,8944	+ 31,2
2018	2,4113		

79 Zypern (Euro – EUR)

Jahr	Devisenkurs (D)	Verbrauchergeldparität (V)	Verhältnis zueinander (x)
			x = 100 D/V − 100
2007	0,5826	0,5938	− 1,9
2008 (EUR)	1,0000	1,0291	− 2,8
2009	1,0000	1,0295	− 2,9
2018	1,0000		

79a   **bb)** Wegen der zeitlich begrenzten Aussagen der Statistiken des Statistischen Bundesamtes lassen sich die Kaufkraftunterschiede aktueller auf der Grundlage der vom Statistischen Amt der Europäischen Union (**Eurostat**), der OECD sowie der Weltbank veröffentlichten **vergleichenden Preisniveaus** ermitteln. Hält sich der **Unterhaltsberechtigte** im Ausland auf, so sind für die Höhe seines Unterhaltsanspruchs daher die Geldbeträge maßgebend, die er an seinem Aufenthaltsort aufwenden muss, um die für den Unterhaltsanspruch maßgebliche Lebensstellung (§§ 1361 I 1, 1578 I 1, 1610 I BGB) aufrechtzuerhalten (→ Rn. 35 f., 39).[173] Lebt hingegen der **Unterhaltspflichtige** im Ausland und kann er mit seinem tatsächlich erwirtschafteten Einkommen wegen der in seinem Land abweichenden Lebenshaltungskosten einem in einem anderen Land lebenden Unterhaltsberechtigten nur einen angepassten Bedarf bedienen, muss sich auch dies bei der Bemessung des Unterhalts niederschlagen.[174] Für die Zeit ab 2010 sind die dafür relevanten Kaufkraftunterschiede der verschiedenen Staaten auf der Grundlage der vom Statistischen Amt der Europäischen Union (Eurostat) der OECD sowie der Weltbank ermittelten und veröffentlichten „vergleichenden Preisniveaus des Endverbrauchs der privaten Haushalte einschließlich indirekter Steuern" zu berücksichtigen.[175] Weil die Werte auf einen einheitlichen Maßstab (EU 28 Länder bzw. United States) bezogen sind, berücksichtigen sie bereits sowohl die unterschiedliche Kaufkraft als auch die Währungsunterschiede.[176] Auf der Grundlage diese Werte ist dann nur noch

79b   Nach dem **Handbuch zur Methodologie von Kaufkraftparitäten** der Europäischen Kommission[177] sind **Kaufkraftparitäten (KPKs)** in ihrer einfachsten Form nichts weiter als Preisrelationen, die das Verhältnis von Preisen für die gleiche Ware oder Dienstleistung in verschiedenen Ländern aufzeigen (Nr. 16). KKPs werden in drei Schritten berechnet. Im ersten Schritt werden auf Produktebene die Preisrelationen für einzelne Waren und

---

[173] BGH FamRZ 1987, 682 (683 f.); OLG Oldenburg FamRZ 2013, 891 (892); OLG Karlsruhe FamRZ 1991, 600.
[174] OLG Oldenburg FamRZ 2013, 891 (892).
[175] BGH FamRZ 2014, 1536 Rn. 32 ff. = R 757a; OLG Karlsruhe FamRZ 2016, 237 (239); OLG Oldenburg FamRZ 2013, 891 (892 f.).
[176] Többens FamRZ 2016, 597 (600 f.); a. A. OLG Karlsruhe FamRZ 2017, 282 (284).
[177] Veröffentlicht im Internet unter:https://ec.europa.eu/eurostat/de/web/purchasing-power-parities/methodology.

Dienstleistungen berechnet. Im zweiten Schritt wird auf Ebene der Produktgruppen aus den für die Produkte der Gruppe berechneten Preisrelationen ein Durchschnittswert gebildet, um auch die ungewichteten KKPs für die Gruppe zu erhalten. Der dritte Schritt erfolgt auf den Aggregationsebenen, wo die KKPs für die auf dieser Aggregationsebene enthaltenen Produktgruppen gewichtet und gemittelt werden, um gewichtete KKPs für die Aggregationsebene zu erhalten. Die Gewichtszahlen, die auf der dritten Stufe zur Aggregation der KKPs verwendet werden, sind die Endausgaben für die Produktgruppen (Nr. 17).

Um die KKPs über die Ausgabenseite zu berechnen, muss jedes Land, das an dem Vergleich teilnimmt, eine Zusammenstellung der jährlichen nationalen Anschaffungspreise und eine detaillierte Aufgliederung der Endverbrauchsausgaben vorlegen. Die Preise sollten sich auf eine Auswahl von Produkten aus einem gemeinsamen Warenkorb von exakt definierten Waren und Dienstleistungen beziehen. Die Endverbrauchsausgaben sollten gemäß einer gemeinsamen Klassifikation nach Produktgruppen – den sog. „Basiskategorien" – aufgeschlüsselt werden. Sowohl Preise als auch Ausgaben sollten sich auf das Vergleichsjahr beziehen – also das „Referenzjahr". Und beide sollten die gesamte Palette der im Bruttoinlandsprodukt (BIP) enthaltenen Endprodukte und Dienstleistungen abdecken. Die Teilnehmerländer müssen für das Referenzjahr auch Jahresdurchschnittswerte von Wechselkursen und der Einwohnerzahl zur Jahresmitte erheben (Nr. 34).

Vergleichbarkeit und Repräsentativität sind nicht notwendigerweise komplementäre Erfordernisse. Das Verbraucherverhalten kann von Land zu Land aus vielerlei Gründen variieren. Produkte, die für ein Land repräsentativ sind, sind in anderen Ländern nicht unbedingt repräsentativ, während Produkte, die sich länderübergreifend exakt vergleichen lassen, höchstwahrscheinlich nicht gleichermaßen repräsentativ für alle diese Länder sind. Doch auch so führt die Nichtbeachtung dieser beiden Erfordernisse zu einer Überzeichnung oder Unterzeichnung von Preisniveaus und einer entsprechenden Unterzeichnung oder Überzeichnung von Mengengrößen. Eurostat und die OECD setzen Verfahren zur Auswahl der Produkte und zur Berechnung der KKPs ein, die so konzipiert sind, dass beide Erfordernisse berücksichtigt werden. Wenn Kompromisse eingegangen werden müssen, wird die Vergleichbarkeit der Repräsentativität vorgezogen. Ein Mangel an Repräsentativität kann zu verzerrten Ergebnissen führen, die den Vergleich beeinträchtigen können. Ein Mangel an Vergleichbarkeit macht den Vergleich zunichte (Nr. 47).

KKPs sind damit eher statistische Konstrukte denn präzise Messgrößen. Sie sind, wie alle Statistiken, Punktschätzungen innerhalb einer gewissen Bandbreite von Schätzungen – der „statistischen Fehlerwahrscheinlichkeit" – in der der wahre Wert enthalten ist. Die Fehlerwahrscheinlichkeiten, die die KKPs umgeben, sind abhängig von der Zuverlässigkeit der Ausgabengewichtungen und der Preisdaten sowie von dem Maß, in dem die von den Teilnehmerländern zur Preiserhebung ausgewählten Waren und Dienstleistungen den Preisniveaus in den einzelnen Ländern tatsächlich entsprechen. Wie grundsätzlich bei Daten der volkswirtschaftlichen Gesamtrechnung ist es auch bei den KKPs und bei den aus ihnen abgeleiteten realen Endverbrauchsausgaben und vergleichenden Preisniveaus nicht möglich, genaue Fehlerwahrscheinlichkeiten zu berechnen (Nr. 28).

Da weder die EU 25[178] noch die OECD 30 eine eigentliche „nationale" Währung haben, werden an ihrer Stelle der Euro und der US-Dollar verwendet. Euros mit der EU 25 als Basis sind Euros, die innerhalb der gesamten EU 25 die gleiche Kaufkraft haben. Ihre Kaufkraft ist ein gewichteter Durchschnitt der Kaufkraft der Landeswährungen der EU-Mitgliedsstaaten. Sie geben die durchschnittlichen Preisniveaus in der EU 25 wieder. In ähnlicher Weise sind US-Dollar auf Basis der OECD 30 US-Dollars mit der gleichen Kaufkraft in der gesamten OECD 30 und geben die durchschnittlichen Preisniveaus in der OECD 30 wieder (Nr. 170). Eurostat folgt der Konvention, die Währungseinheiten, in denen die KKPs und realen Endverbrauchsausgaben für die EU 25 ausgedrückt werden, „Kaufkraftstandards" oder „KKS" zu nennen. Die OECD nennt die Währungseinheiten, in denen die KKPs und realen Endverbrauchsausgaben für die OECD 30 ausgedrückt

---

[178] Inzwischen hat die EU 28 Mitglieder und mit Albanien, Montenegro, Nordmazedonien, Serbien und der Türkei fünf Beitrittskandidaten.

werden, „US-Dollar in durchschnittlichen OECD-Preisen", manchmal auch kurz „OECD-Dollar" (Nr. 171).

79c Die auf dieser Grundlage errechneten **vergleichenden Preisniveaus** geben die Relationen von KKPs zu Wechselkursen an. Sie liefern eine Messgröße der Unterschiede bei den Preisniveaus der Länder, indem sie für eine gegebene Produktgruppe oder ein Aggregat die Währungseinheiten berechnen, die erforderlich sind, um die gleiche Menge dieser Produktgruppe oder dieses Aggregats in jedem anderen Land zu kaufen (Nr. 20). Die vergleichenden Preisniveaus enthalten damit für jedes einzelne Land bereits die Relation von Verbrauchergeldparität zu einem einheitlichen Devisenkurs. Da die vergleichenden Preisniveaus auf einen Referenzmaßstab bezogen sind, es im Rahmen der Kaufkraftanpassung aber auf das Kaufkraftverhältnis zwischen zwei Ländern ankommt, sind die Werte dieser Länder ins Verhältnis zu setzen (→ Rn. 79g).[179]

79d Für diese Zwecke haben Eurostat (für die Staaten der Europäischen Union) und die OECD (für deren Mitglieder und weitere wichtige Länder) die folgenden vergleichenden Preisniveaus errechnet und veröffentlicht:[180]

79e **Eurostat:** Vergleichende Preisniveaus des Endverbrauchs der privaten Haushalte einschließlich indirekter Steuern (EU28 = 100)[181]

Jahr	2008	2009	2010	2011	2012	2013	2014	2015	2016	2017	2018
EU (28 Länder)	100	100	100	100	100	100	100	100	100	100	100
EU (27 Länder)	100,1	100,1	100,1	100,1	100,2	100,2	100,2	100,2	100,2	100,2	
Euroraum (19 Länder)	101,5	103,9	102,8	102,9	101,8	102,1	101,2	99,2	101,5	102,8	
Euroraum (18 Länder)	108,2	110,3	109,2	109,1	107,9	108,7	106,8	104,5	108,8	102,8	
Belgien	108,2	110,3	109,2	109,1	107,9	108,7	106,8	104,5	108,8	110,8	
Bulgarien	50,1	53	52	51,1	50,1	49,4	47,4	46,7	47,7	49,8	
Tschechische Republik	72,3	68,8	71,6	73,5	71,2	68,2	62,8	62,8	65,6	68,2	
Dänemark	135,2	138,6	137,5	139	138	138,2	138	134,2	140,3	138,9	
Deutschland	103,4	105,6	104,1	102,9	101,5	103,2[182]	101,8	100,6	103,2	104	
Estland	73,8	73,1	71,7	72,8	73,1	74,6	74,4	72,8	75,1	78,1	
Irland	126,5	124,2	118	118,9	117,9	120,6	122,9	120,6	124,4	127,2	
Griechenland	90,6	94,1	95,8	95,7	93,3	89,8	85,2	82,9	84,3	85,4	
Spanien	94,6	97,8	97,8	98,1	96	94,6	92,4	89,1	91,6	92,5	
Frankreich	109,2	110,9	109,6	109,4	108,3	107,4	106,7	105,3	108	109,5	
Kroatien	73,2	73,9	73,4	71,5	68,8	68	65,7	63,7	65,6	67.4	
Italien	99,9	102	100	101,5	101,3	102,3	102,5	100,1	100,2	100.9	
Zypern	88,6	91,8	93,3	94,5	93,8	93,3	91	86,7	88	89,5	
Lettland	75,6	74,2	68,6	71,2	71,5	70,5	70,7	68,8	71,6	72,8	
Litauen	64,3	65,3	63,1	64,1	63,4	62,9	62,1	60,3	62,7	64,5	
Luxemburg	113	118,1	119,4	120,1	119,1	120,4	120,8	118	123	125,9	
Ungarn	68,5	622,8	63,4	61,9	60,6	59,4	57,9	57,7	60,1	63	

---

[179] Dieser Vergleich ergibt sich aus der Tabelle der OECD, in Internet veröffentlicht unter: https://stats.oecd.org/Index.aspx?DataSetCode=CPL.

[180] Eurostat veröffentlicht im Internet unter: https://ec.europa.eu/eurostat/tgm/table.do?tab=table&init=1&language=de&pcode=tec00120&plugin=1 und OECD veröffentlicht unter http://www.oecd.org/std/prices-ppp/purchasingpowerparitiespppsdata.htm.

[181] Zur Anwendbarkeit vgl. BGH FamRZ 2014, 1536 Rn. 32 ff. = R 757a.

[182] Zur Entwicklung des Verbraucherpreisindex in Deutschland bis 2013 vgl. FamRZ 2014, 819; zur weiteren Entwicklung siehe unter www.destatis.de.

1. Abschnitt: Materielles Recht § 9

Jahr	2008	2009	2010	2011	2012	2013	2014	2015	2016	2017	2018
Malta	77,4	79,6	78	79,2	78,8	81,4	80,6	78,9	81,3	81,7	
Niederlande	102,4	106,5	107,6	108,9	107,8	108,9	109,5	107,3	111,2	112,1	
Österreich	102,9	105,4	104,7	105,4	104,6	105,5	105	102,7	106	108,6	
Polen	67,4	57,2	59,6	57,7	55,7[183]	55,7	55,8	54,2	53,8	56,7	
Portugal	84,3	86,2	85,5	86	84,2	82,9	82,9	81,3	84,1	86	
Rumänien	59,2	54,1	53,7	54	51,3	53,2	52,8	52,8	51,7	52,6	
Slowenien	81	86,6	85,3	84,4	82,8	83,1	82,7	80,8	83,5	83,4	
Slowakei	69,2	72,5	69,4	70	69,6	68,6	67,7	66,4	67,9	69,8	
Finnland	117,1	120,2	119,6	120,7	121	122,6	121,5	118,3	121,1	122,4	
Schweden	109,5	104,4	117,2-,3	123,8	125,8	130,5	124,5	120,1	125,9	125,5	
Vereinigtes Königreich	113,1	107,3	110,8	111	118,6	116,5	123	134,1	122,2	116,4	
Island	97,7	95,9	106,6	108,5	110,3	113,8	120,4	127,9	150,1	166,1	
Liechtenstein	:	:	:	:	:	:	:	:	:	:	:
Norwegen	138,1	135,3	149	155,5	160,2	156,1	146,4	143	146,6	149,5	
Schweiz	120	128	140	154,5	152,7	147,3	146,5	159,8	161,9	159,9	
Montenegro	57,9	58,5	55,9	55,3	55,7	55,8	54,5	52,8	53,7	55,6	
Nordmazedonien	47,8	47	46,7	48,2	47,5	47,5	46,4	45,2	46	47,9	
Albanien	55,4	53,6	50,3	49,1	47,3	48,2	48,1	45,4	49,1	49,8	
Serbien	55,6	53	50,4	53,6	49,5	52,6	50,6	48,3	49,3	51,9	
Türkei	65,5	61,3	68,2	60,9	65	63,9	58,5	57,7	58,2	52,7	
Bosnien und Herzegowina	55,5	56,1	55	54,8	53,3	52,8	52,3	50,6	51,2	52	
Kosovo (UN Resolution 1244/99)						51,8	51,1	49,6	50,8	52,1	
Vereinigte Staaten	80,2	87,7	92,1	89	95,1	93,9	93,5	108,8	113,3-[184]	114,4	
Japan	99,9	117,2	127,1	129,6	134,3	102,6	96,6	98	114	110,8	

: = nicht verfügbar b = Zeitreihenbruch

OECD: Vergleichende Preisniveaus des Endverbrauchs der privaten Haushalte einschließlich indirekter Steuern (United States = 1)[185]

79f

---

[183] Vgl. AG Karlsruhe FamRZ 2015, 1201 (1203).
[184] Vgl. OLG Karlsruhe FamRZ 2016, 237 (239).
[185] Im Internet veröffentlicht unter: http://stats.oecd.org/Index.aspx?datasetcode=SNA_TABLE4 mit Erläuterungen unter http://www.oecd.org/std/prices-ppp/purchasingpowerparities-frequentlyaskedquestionsfaqs.htm. Die Werte für 2004 bis 2008 ergeben sich aus der Vorauflage.

Jahr:	2009	2010	2011	2012	2013	2014	2015	2016	2017	2018
Australia	1.441513	1.501886	1.511052	1.540115	1.447123	1.452489	1.474079	1.451201	1.444458	1.434276
Austria	0.843558	0.842258	0.831374	0.813648	0.797081	0.798797	0.798599	0.789364	0.780367	0.775798
Belgium	0.849935	0.836639	0.831911	0.822137	0.806166	0.800214	0.799784	0.793648	0.781355	0.776795
Canada	1.201310	1.221601	1.239904	1.244607	1.224000	1.230358	1.248004	1.245164	1.252006	1.248531
Chile	354.325885	359.837020	348.016847	347.228507	349.680536	367.213907	391.360578	406.873022	402.358738	403.864488
Czech Republic	13.635638	13.673097	13.345305	13.297699	12.785271	12.703210	12.934509	12.808315	12.530576	12.480582
Denmark	7.729549	7.591444	7.466492	7.564136	7.354846	7.328674	7.303397	7.232726	6.950601	6.818195
Estonia	0.517014	0.512138	0.511600	0.521063	0.522424	0.526890	0.537436	0.533337	0.535932	0.543370
Finland	0.896318	0.900548	0.898068	0.908495	0.905357	0.907210	0.907504	0.899145	0.877078	0.870256
France	0.862789	0.854700	0.841361	0.844301	0.811643	0.807565	0.808478	0.794704	0.775574	0.765686
Germany	0.810940	0.805105	0.788739	0.787246	0.774784	0.768937	0.777913	0.768617	0.754169	0.751570
Greece	0.704287	0.722034	0.713163	0.684663	0.631286	0.611135	0.608907	0.600497	0.586328	0.576377
Hungary	127.664108	126.420729	124.271836	125.623608	124.979432	129.414974	132.517954	134.615415	136.068883	139.025638
Iceland	121.950919	132.891539	135.152004	136.967670	137.022617	138.547869	141.936844	141.893267	137.725092	137.621163
Ireland	0.901099	0.849570	0.831513	0.823072	0.811228	0.819041	0.809469	0.810133	0.796521	0.780478
Israel	3.962948	3.976260	3.944763	3.955358	3.839566	3.940387	3.924124	3.826053	3.754754	3.663425
Italy	0.771164	0.773190	0.758687	0.747731	0.737299	0.739644	0.738495	0.713846	0.696280	0.690916
Japan	115.150067	111.666587	107.454281	104.273972	101.302673	103.052076	103.449739	102.644578	102.470366	100.074597
Korea	824.618828	840.890196	854.585723	854.887268	869.081422	871.878106	857.368025	862.549513	866.009087	852.694385
Latvia	0.521023	0.487045	0.498504	0.506202	0.499272	0.497561	0.497436	0.494481	0.490739	0.496120
Lithuania	0.469297	0.450413	0.451919	0.452657	0.443348	0.442623	0.445738	0.447022	0.448588	0.450025
Luxembourg	0.902820	0.925712	0.905099	0.906790	0.895254	0.884138	0.881025	0.871545	0.861496	0.865601
Mexico	7.428654	7.676843	7.673013	7.858708	7.884359	8.045318	8.325895	8.684357	9.040807	9.342497

1. Abschnitt: Materielles Recht § 9

Jahr:	2009	2010	2011	2012	2013	2014	2015	2016	2017	2018
Netherlands	0.848170	0.854114	0.836065	0.824408	0.798166	0.808798	0.809761	0.810165	0.790553	0.790576
New Zealand	1.470614	1.496139	1.485915	1.495622	1.445979	1.440730	1.475468	1.469730	1.470805	1.454390
Norway	9.082050	9.151959	9.082736	9.037085	9.029349	9.278458	9.929852	10.249825	10.070307	10.434994
Poland	1.868773	1.804959	1.801424	1.796168	1.762045	1.767142	1.764643	1.767247	1.750195	1.721663
Portugal	0.627201	0.623172	0.623083	0.605398	0.583607	0.578868	0.584790	0.581801	0.580383	0.575624
Slovak Republic	0.515457	0.502126	0.506407	0.504542	0.491124	0.485412	0.491417	0.484094	0.481903	0.482383
Slovenia	0.645342	0.637951	0.623970	0.606793	0.590407	0.591238	0.595138	0.588930	0.575578	0.574673
Spain	0.718533	0.726982	0.714129	0.694976	0.674800	0.662359	0.664562	0.655507	0.641230	0.632962
Sweden	8.918912	9.025343	8.844042	8.654768	8.597681	8.727131	8.852008	9.003919	8.856307	8.854893
Switzerland	1.469760	1.466179	1.397498	1.354072	1.312477	1.281761	1.235456	1.228178	1.193124	1.174976
Turkey	0.904443	0.920383	0.966176	1.019856	1.070294	1.104504	1.162141	1.249671	1.373961	1.560225
United Kingdom	0.709928	0.702299	0.706052	0.701634	0.695248	0.698444	0.692365	0.698632	0.691089	0.688818
United States	1.000000	1.000000	1.000000	1.000000	1.000000	1.000000	1.000000	1.000000	1.000000	1.000000
Euro area (19 countries)	0.794815	0.792990	0.780418	0.774110	0.755508	0.751931	0.755019	0.743474	0.728101	0.722539
European Union (28 countries)	0.760596	0.765287	0.754435	0.755761	0.734622	0.737130	0.751375	0.727520	0.706071	0.700678
Non-OECD Member Economies Durchschnitt										
Non-OECD Mem- Argentina	1.840578	2.198683	2.664829	3.200527	3.903966	5.380045	6.737002	9.317956	11.473536	.

§ 9 Auslandsberührung

Jahr:	2009	2010	2011	2012	2013	2014	2015	2016	2017	2018
ber Economies; einzelne Staaten										
Brazil	1.294364	1.386284	1.471075	1.559020	1.649293	1.747275	1.859391	1.985496	2.024346	2.044489
Bulgaria	0.693056	0.676994	0.701073	0.692816	0.680008	0.661231	0.678518	0.677218	0.681667	
China	3.131183	3.308221	3.505536	3.524483	3.545648	3.511991	3.477557	3.472826	3.549759	3.572570
Co-lombia	1082.979231	1111.170441	1161.909895	1174.995213	1179.362636	1182.549471	1198.565328	1241.199851	1278.0404-02	1298.941267
Costa Rica	321.509310	338.500809	346.738298	355.297024	363.682463	377.983569	388.051528	390.019563	390.705341	
Croatia	3.841779	3.873835	3.752628	3.664139	3.575120	3.543492	3.511437	3.432023	3.371315	
Cyprus	0.681941	0.700197	0.698621	0.706852	0.687317	0.679712	0.662962	0.644648	0.632269	
India	13.196079	14.208060	15.109435	16.013302	16.733715	16.986392	17.152326	17.522908	17.729170	18.181294
Indo-nesia	3007.984710	3425.297479	3606.566084	3674.270252	3795.437571	3931.472728	4044.099352	4092.200721	4190.4924-70	4257.875619
Malta	0.569338	0.572525	0.574148	0.579729	0.577478	0.586361	0.599539	0.592520	0.581816	
Ro-mania	1.566897	1.537767	1.550032	1.563593	1.606230	1.628371	1.662424	1.627054	1.644575	Roma
Russian Federation	14.016913	15.821142	17.345572	18.460624	19.421265	21.014710	23.588315	24.361176	24.342030	26.059744
Saudi Arabia	1.401753	1.622911	1.837011	1.876216	1.823938	1.751108	1.439412	1.377981	1.445887	
South Africa	4.353130	4.573735	4.773938	4.935225	5.155736	5.345785	5.559277	5.861077	6.076257	6.200139

Die in der **Eurostat-Tabelle** (→ Rn. 79e) angegebenen Werte der vergleichenden **79g**
Preisniveaus bilden für jedes einzelne Land die Relation der Kaufkraft zu einem einheitlichen Referenzmaßstab ab. Bei der Tabelle des Statistischen Amtes der Europäischen Union (Eurostat) ist das die Europäische Union von zurzeit 28 Ländern. In der Tabelle ist deswegen für die „EU (28 Länder)" jeweils der neutrale Wert 100 angegeben. Da es im Rahmen der Kaufkraftanpassung aber auf das **Kaufkraftverhältnis** zwischen zwei Ländern ankommt, sind die Werte der betroffenen Länder zueinander ins Verhältnis zu setzen. Das erfolgt auf die Weise, dass der Wert für den Staat des Unterhaltspflichtigen mit 100% zu multiplizieren und durch den Wert für den Staat des Unterhaltsberechtigten zu dividieren ist. Der sich daraus ergebende **Prozentsatz** zeigt den Wert, um den die Kaufkraft im Staat des Unterhaltspflichtigen von derjenigen im Staat des Unterhaltsberechtigten abweicht. Übersteigt der Wert 100%, ist der übersteigende Teil wegen der entsprechend höheren Kaufkraft des Unterhaltsberechtigten Grundlage einer Reduzierung des Unterhalts; liegt der Wert unter 100%, führt die geringere Kaufkraft in Höhe der Differenz zu einem höheren Unterhaltsbedarf des Unterhaltsberechtigten. In beiden Fällen ist die Höhe der Anpassung wegen der damit verbundenen Wechselwirkungen im Wege der Tabellen zur Bedarfskorrektur durchzuführen (→ Rn. 80 ff.).

So ergibt sich auf der Grundlage des von Eurostat ermittelten vergleichenden Preis- **79h**
niveaus des Endverbrauchs der privaten Haushalte (→ Rn. 79e) in einem **Beispielsfall** das Kaufkraftverhältnis zwischen einem Unterhaltspflichtigen in Deutschland und einem Unterhaltsberechtigten in der Tschechischen Republik nach den statistischen Werten für das Jahr 2013 folgende Berechnung: (Deutschland 101,5x 100%: Tschechische Republik 70,6 =) **143,67%**. Der **Kaufkraftunterschied** beläuft sich auf der Grundlage dieser statistischen Werte von Eurostat somit für die Tabellen der Bedarfskorrektur (→ Rn. 83) auf gerundete 45%.

b) Bedarfskorrektur auf der Grundlage der Kaufkraftunterschiede. In einem **80**
zweiten Schritt ist sodann der **Unterhaltsbedarf,** ausgehend von dem früher festgestellten Verhältnis zwischen Verbrauchergeldparität und Devisenkurs x bzw. jetzt dem Verhältnis der vergleichenden Preisniveaus (→ Rn. 79g f.), anhand der folgenden Korrekturtabellen von Gutdeutsch/Zieroth zu errechnen. Dabei ist zwischen den Tabellen für einen Unterhaltsberechtigten im Ausland oder einen Unterhaltspflichtigen im Ausland zu unterscheiden.

Die **Abweichung der Verbrauchergeldparität** ist dabei nicht immer gleich der **81**
Bedarfskorrektur und auch nicht deren Kehrwert, wenn sich nicht der Unterhaltspflichtige, sondern der Unterhaltsberechtigte im Ausland befindet. Solange die Ehe besteht, sind nach dem Prinzip der Halbteilung die verfügbaren Mittel so zu verteilen, dass beide Ehegatten in gleichem Umfang ihren Bedarf decken können. Dasselbe gilt für den nachehelichen Unterhalt, wenn die währungsraumübergreifende Bedarfslage die ehelichen Lebensverhältnisse bestimmt, weil beide Eheleute ihren Bedarf in verschiedenen Währungsgebieten decken. Entsprechendes gilt auch für den Kindesunterhalt nach den Einkommensstufen der Düsseldorfer Tabelle.

Wenn ein unterhaltsberechtigter Ehegatte in einem Staat mit höherer Kaufkraft lebt, **82**
benötigt er nicht die Hälfte des unterhaltsrelevanten Einkommens, um einen entsprechenden Lebensstandard aufrechtzuerhalten, wie ihn der Unterhaltspflichtige pflegt (§ 1578 I 1 BGB). Soweit dadurch der Unterhaltspflichtige entlastet wird, verbleiben ihm aber weitere Mittel, die auch eine abgeleitete Lebensstellung des Unterhaltsberechtigten beeinflussen. Somit steht in all diesen Fällen der Bedarfskorrektur auf Seiten der Unterhaltsberechtigten eine **gegenläufige Bedarfskorrektur** auf Seiten des Unterhaltspflichtigen gegenüber, die das Ausmaß der nötigen Korrektur vermindert.[186] Das Ausmaß der Korrektur hängt in

---

[186] Lebt der Unterhaltsberechtigte in einem billigeren Land, braucht er weniger Geld für die Aufrechterhaltung seiner Lebensstellung. Die resultierende Entlastung beim Unterhaltspflichtigen muss (soweit prägend) auf Grund des Halbteilungsgrundsatzes auch dem Berechtigten zugutekommen und vermindert daher die Herabsetzung seines Bedarfs. Soweit sich auf Grund einer abweichenden Verbrauchergeldparität umgekehrt der Bedarf des Berechtigten erhöht, muss dieser die daraus resultierende Mehrbelastung des Pflichtigen mittragen, was auch die Erhöhung seines Bedarfs reduziert.

solchen Fällen also davon ab, in welchem Umfang der Gesamtbedarf des Unterhaltspflichtigen und des Unterhaltsberechtigten auf Inland und Ausland verteilt wird.[187]

83   Die folgenden Tabellen von *Gutdeutsch/Zieroth*[188] ermöglichen es, für bestimmte Kaufkraftunterschiede[189] einen Prozentsatz für die Bedarfskorrektur abzulesen. Positive Werte des Kaufkraftunterschieds, also Werte über 100%, drücken dabei eine höhere Kaufkraft des Unterhaltsberechtigten aus, die zu einem geringeren Bedarf und damit zu einer negativen Bedarfskorrektur führt. Umgekehrt bedeutet ein negativer Wert des Kaufkraftunterschieds, also ein Wert unter 100%, dass der Unterhaltspflichtige in einem Land mit höherer Kaufkraft lebt, was zu einem höheren Bedarf des Unterhaltsberechtigten und damit zu einer positiven Bedarfskorrektur führt. Das gilt aber nur, wenn der **Unterhaltsberechtigte im Ausland** lebt und sich für ihn eine höhere Kaufkraft im Ausland bedarfsreduzierend und eine geringere Kaufkraft im Ausland bedarfserhöhend auswirkt (vgl. Tabelle 1). Lebt hingegen der **Unterhaltspflichtige im Ausland,** tritt die umgekehrte Wirkung ein. Die höhere Kaufkraft in seinem Land führt dann dazu, dass er in der Lage ist, höheren Unterhalt zu zahlen, mithin zu einer positiven Bedarfskorrektur, während er bei geringerer Kaufkraft in seinem Land die Einkünfte stärker für den eigenen Unterhalt benötigt, was zu einer negativen Bedarfskorrektur führt (vgl. Tabelle 2):

Tabelle I

Abw. der VGP	iso- liert	Bedarfskorrektur bei Auslandsberührung (**Unterhaltsberechtigter im Ausland**) im Verbund bei prozentualem Auslandsanteil des Bedarfs von:													
		5	10	15	20	25	30	35	40	45	50	55	60	65	70	75
−50	100	90	82	74	67	60	54	48	43	38	33	29	25	21	18	14
−45	82	75	68	62	56	51	46	41	37	33	29	25	22	19	16	13
−40	67	61	56	52	47	43	39	35	32	28	25	22	19	16	14	11
−35	54	50	46	42	39	36	32	29	27	24	21	19	16	14	12	10
−30	43	40	37	34	32	29	27	24	22	20	18	16	14	12	10	8
−25	33	31	29	27	25	23	21	19	18	16	14	13	11	10	8	7
−20	25	23	22	20	19	18	16	15	14	12	11	10	9	8	6	5
−15	18	17	16	15	14	13	12	11	10	9	8	7	6	6	5	4
−10	11	10	10	9	9	8	8	7	6	6	5	5	4	4	3	3
−5	5	5	5	4	4	4	4	3	3	3	3	2	2	2	2	1
0	0	0	0	0	0	0	0	0	0	0	0	0	0	0	0	0
5	−5	−5	−4	−4	−4	−4	−3	−3	−3	−3	−2	−2	−2	−2	−1	−1
10	−9	−9	−8	−8	−7	−7	−7	−6	−6	−5	−5	−4	−4	−3	−3	−2
15	−13	−12	−12	−11	−11	−10	−10	−9	−8	−8	−7	−6	−6	−5	−4	−4
20	−17	−16	−15	−15	−14	−13	−12	−12	−11	−10	−9	−8	−7	−7	−6	−5
25	−20	−19	−18	−18	−17	−16	−15	−14	−13	−12	−11	−10	−9	−8	−7	−6
30	−23	−22	−21	−20	−19	−18	−17	−16	−15	−14	−13	−12	−11	−10	−8	−7
35	−26	−25	−24	−23	−22	−21	−20	−19	−17	−16	−15	−14	−12	−11	−10	−8
40	−29	−28	−26	−25	−24	−23	−22	−21	−19	−18	−17	−15	−14	−12	−11	−9
45	−31	−30	−29	−28	−26	−25	−24	−23	−21	−20	−18	−17	−15	−14	−12	−10
50	−33	−32	−31	−30	−29	−27	−26	−25	−23	−22	−20	−18	−17	−15	−13	−11
55	−35	−34	−33	−32	−31	−29	−28	−26	−25	−23	−22	−20	−18	−16	−14	−12
60	−38	−36	−35	−34	−32	−31	−30	−28	−26	−25	−23	−21	−19	−17	−15	−13
65	−39	−38	−37	−36	−34	−33	−31	−30	−28	−26	−25	−23	−21	−19	−16	−14
70	−41	−40	−39	−37	−36	−34	−33	−31	−30	−28	−26	−24	−22	−20	−17	−15
75	−43	−42	−40	−39	−37	−36	−34	−33	−31	−29	−27	−25	−23	−21	−18	−16

---

[187] Vgl. auch OLG Hamm FamRZ 2018, 29 (32).
[188] Gutdeutsch/Zieroth, Verbrauchergeldparität und Unterhalt, FamRZ 1993, 1152.
[189] → Rn. 39 ff., → Rn. 79 a ff.; vgl. auch Internationaler Vergleich der Verbraucherpreise ausgewählter Länder in: FamRZ 2014, 819; 2013, 925; 2010, 98; 2009, 98; 2008, 15; 2007, 1436; 2005, 1409.

§ 9 1. Abschnitt: Materielles Recht

Abw. der VGP	iso- liert	Bedarfskorrektur bei Auslandsberührung (**Unterhaltsberechtigter im Ausland**) im Verbund bei prozentualem Auslandsanteil des Bedarfs von:														
		5	10	15	20	25	30	35	40	45	50	55	60	65	70	75
80	−44	−43	−42	−40	−39	−37	−36	−34	−32	−31	−29	−26	−24	−22	−19	−17
85	−46	−45	−43	−42	−40	−39	−37	−36	−34	−32	−30	−28	−25	−23	−20	−18
90	−47	−46	−45	−43	−42	−40	−39	−37	−35	−33	−31	−29	−26	−24	−21	−18
95	−49	−47	−46	−45	−43	−42	−40	−38	−36	−34	−32	−30	−28	−25	−22	−19
100	−50	−49	−47	−46	−44	−43	−41	−39	−37	−35	−33	−31	−29	−26	−23	−20

Tabelle II

Abw. der VGP	iso- liert	Bedarfskorrektur bei Auslandsberührung (**Unterhaltspflichtiger im Ausland**): im Verbund bei prozentualem Inlandsanteil des Bedarfs von:														
		5	10	15	20	25	30	35	40	45	50	55	60	65	70	75
−50	−50	−49	−47	−46	−44	−43	−41	−39	−37	−35	−33	−31	−29	−26	−23	−20
−45	−45	−44	−42	−41	−40	−38	−36	−35	−33	−31	−29	−27	−25	−22	−20	−17
−40	−40	−39	−37	−36	−35	−33	−32	−30	−29	−27	−25	−23	−21	−19	−17	−14
−35	−35	−34	−33	−31	−30	−29	−27	−26	−24	−23	−21	−20	−18	−16	−14	−12
−30	−30	−29	−28	−27	−26	−24	−23	−22	−20	−19	−18	−16	−15	−13	−11	−10
−25	−25	−24	−23	−22	−21	−20	−19	−18	−17	−15	−14	−13	−12	−10	−9	−8
−20	−20	−19	−18	−18	−17	−16	−15	−14	−13	−12	−11	−10	−9	−8	−7	−6
−15	−15	−14	−14	−13	−12	−12	−11	−10	−10	−9	−8	−7	−7	−6	−5	−4
−10	−10	−10	−9	−9	−8	−8	−7	−7	−6	−6	−5	−5	−4	−4	−3	−3
−5	−5	−5	−5	−4	−4	−4	−4	−3	−3	−3	−3	−2	−2	−2	−2	−1
0	0	0	0	0	0	0	0	0	0	0	0	0	0	0	0	0
5	5	5	4	4	4	4	3	3	3	3	2	2	2	2	1	1
10	10	9	9	8	8	7	7	6	6	5	5	4	4	3	3	2
15	15	14	13	12	12	11	10	9	8	8	7	6	6	5	4	3
20	20	19	18	17	15	14	13	12	11	10	9	8	7	6	5	4
25	25	23	22	20	19	18	16	15	14	12	11	10	9	8	6	5
30	30	28	26	24	23	21	19	18	16	15	13	12	10	9	7	6
35	35	33	30	28	26	24	22	20	18	17	15	13	12	10	8	7
40	40	37	35	32	30	27	25	23	21	19	17	15	13	11	9	8
45	45	42	39	36	33	30	28	25	23	21	18	16	14	12	10	8
50	50	46	43	40	36	33	30	28	25	22	20	18	15	13	11	9
55	55	51	47	43	40	36	33	30	27	24	22	19	17	14	12	10
60	60	55	51	47	43	39	36	32	29	26	23	20	18	15	13	10
65	65	60	55	50	46	42	38	34	31	28	25	22	19	16	13	11
70	70	64	59	54	49	45	40	37	33	29	26	23	20	17	14	11
75	75	69	63	57	52	47	43	39	35	31	27	24	21	18	15	12
80	80	73	67	61	55	50	45	41	36	32	29	25	22	18	15	13
85	85	77	71	64	58	53	47	43	38	34	30	26	23	19	16	13
90	90	82	74	67	61	55	50	44	40	35	31	27	23	20	17	13
95	95	86	78	71	64	58	52	46	41	37	32	28	24	21	17	14
100	100	90	82	74	67	60	54	48	43	38	33	29	25	21	18	14

Anwendungshinweise[190]
Die **Tabellen enthalten** folgende Werte:
– in der ersten Spalte (Vorspalte):
die Kaufkraftunterschiede, wie sie der Berechnung auf der Grundlage der vergleichenden Preisniveaus des Endverbrauchs der privaten Haushalte einschließlich indirekter Steuern

---

[190] Ergänzt auf der Grundlage von Gutdeutsch/Zieroth, Verbrauchergeldparität und Unterhalt, FamRZ 1993, 1152.

§ 9   Auslandsberührung

(→ Rn. 79e ff., 79g f.), den veröffentlichten Tabellen (→ Rn. 40 f.) oder den Aufstellungen in → Rn. 42 ff. entnommen werden können. Fehlen entsprechende Veröffentlichungen, kann der Richter die Abweichung notfalls auf der Grundlage anderer Hilfsmittel (→ Rn. 37, 91 ff.) nach § 287 ZPO schätzen.

– in der zweiten Spalte:
die Bedarfskorrektur (in Prozent) für einen Unterhaltsberechtigten, der in einem anderen Land lebt als der Unterhaltspflichtige, soweit der Bedarf sich aus dem Einkommen ableitet und die Korrektur auf den Bedarf des Berechtigten beschränkt wird.

– in den folgenden Spalten:
die entsprechende Bedarfskorrektur, wenn von einem Bedarfsverbund ausgegangen wird, die Auswirkung der Paritätsabweichung auf die Bedarfsverteilung also ausgeglichen werden soll. Dabei gibt die Kopfzeile an, welcher Prozentsatz des Gesamtbedarfs auf die Unterhaltsberechtigten im Ausland (Tabelle I) oder im Inland (Tabelle II) entfällt.

85   Die Tabellen geben den Korrekturwert **nur für bestimmte Kombinationen** von Bedarfsverteilung und Abweichung der Verbrauchergeldparität an. Liegen die maßgebenden Werte dazwischen, kann interpoliert oder die Berechnungsformel unmittelbar angewandt werden. Andererseits unterliegen die Abweichungen der Verbrauchergeldparität oft starken Schwankungen, so dass eine präzise Bedarfsberechnung nach den vorliegenden Werten nur zu einer Scheingenauigkeit führt. Deshalb kann es bei der Bedarfskorrektur nur um eine grobe Annäherung gehen. Um das auch erkennbar zu machen, sollten für die Bedarfskorrektur **nur durch 5 teilbare Prozentwerte,** zB + 10% oder – 25% verwendet werden. Der Tabelle sollte dann nur entnommen werden, welcher so gerundete Prozentwert der gesuchten Kombination am nächsten ist. Im Zweifelsfall ist einer Rundung auf ganze 10% der Vorzug zu geben. Es ließe sich auch vertreten, grundsätzlich die kleinere Korrektur zu wählen, weil sich die Abweichung als Regelwidrigkeit verstehen lässt, die durch wirtschaftspolitische Maßnahmen abgebaut werden sollte.

Beispiele zur Anwendung:[191]

86   **Beispiel 1:**
Der Mann mit prägendem Einkommen von 3500 EUR ist seiner geschiedenen Frau unterhaltspflichtig, die **nach Polen verzogen** ist (isolierter Bedarf) und dort 1500 Zloty (PLN) verdient, welche die ehelichen Lebensverhältnisse ausnahmsweise nicht geprägt haben.

• erster Schritt: Bedarfsberechnung
$6/7 \times 3500 \times 1/2 = 1500$ EUR

• zweiter Schritt: Korrektur des Bedarfs
Das Kaufkraftverhältnis zwischen Deutschland und Polen beträgt auf der Grundlage der vergleichenden Preisniveaus 2017 (→ Rn. 79e, 79g): (104x 100% : 56,7 =) 183,42%. Somit ist die Kaufkraft der Unterhaltsberechtigten in Polen gegenwärtig rund 85% höher als in Deutschland. Damit weicht der Bedarf um – 46% ab (→ Rn. 83, Tabelle I Spalte 2, weil isoliert),
1500 EUR – 46% = rund 810 EUR

• dritter Schritt: Berechnung des Anspruchs
Einkommen der Frau bei einem gegenwärtigen Devisenkurs von 1 EUR = 4,2662 PLN (→ Rn. 83):
1500 PLN/4,2662 = rund 352 EUR
810 EUR – 352 EUR = 458 EUR
Der Bedarf ist teilweise gedeckt. Es besteht noch ein Anspruch in Höhe von 458 EUR.

87   **Beispiel 2:**
Deutsche **Eheleute leben in Dänemark.** Die Frau kehrt ins billigere Deutschland zurück (isolierter Bedarf). Der Mann verdient 20000 Dänische Kronen (DKK), also bei einem gegenwärtigen Devisenkurs von 1 EUR = 7,4532 DKK (→ Rn. 44) rd. 2683 EUR. Er ist seiner getrennt lebenden Ehefrau unterhaltspflichtig, die keine Einkünfte erzielt.

• erster Schritt: Bedarfsberechnung
$6/7 \times 2683$ EUR $\times 1/2$ = rd. 1150 EUR

• zweiter Schritt: Bedarfskorrektur
Das Kaufkraftverhältnis zwischen Dänemark und Deutschland beträgt auf der Grundlage der vergleichenden Preisniveaus 2017 (→ Rn. 79e, 79g): (138,9x 100% : 104 =) 133,56%. Somit ist die

---

[191] Auf der Grundlage von Gutdeutsch/Zieroth, Verbrauchergeldparität und Unterhalt, FamRZ 1993, 1152.

1. Abschnitt: Materielles Recht § 9

Kaufkraft des Unterhaltspflichtigen in Dänemark gegenwärtig rund 35% geringer als in Deutschland. Damit weicht der Bedarf in Deutschland um − 35% ab (→ Rn. 83, Tabelle II Spalte 2, weil isoliert):
1150 EUR − 35% = rd. 747 EUR

Beispiel 3: 88
Die Frau und das sechsjährige Kind **leben in Spanien,** was schon die ehelichen Lebensverhältnisse bestimmt hat (Bedarf im Verbund). Der Unterhaltspflichtige lebt in Deutschland.
Das Kaufkraftverhältnis zwischen Deutschland und Spanien beträgt auf der Grundlage der vergleichenden Preisniveaus 2017 (→ Rn. 79e, 79g): (104x 100% : 92,5 =) 112,43%. Somit ist die Kaufkraft der Unterhaltsberechtigten in Spanien gegenwärtig rund 10% höher als in Deutschland. Bei einem bereinigten Inlandseinkommen des Pflichtigen von 2650 EUR ergibt sich zunächst ein Unterhaltsbedarf für
das Kind:
345 (447 − 102) EUR
die Ehefrau:
988 (2650 − 345 = 2305 × $^3/_7$) EUR
Summe:
1333 (345 + 988) EUR
Die Unterhaltssumme beläuft sich somit auf 50,3% des Einkommens. Tabelle I liefert für einen Auslandsanteil des Bedarfs von 50% und eine Abweichung der Verbrauchergeldparität von + 10% eine Bedarfskorrektur von − 5%.
Kind:
345 − 5% = rd. 328 EUR
Ehefrau:
988 − 5% = rd. 939 EUR
Summe:
1333 − 5% = rd. 1266 EUR
Dem Pflichtigen bleiben
2650 − 1266 = 1384 EUR
Dieser Fall gibt zugleich Anlass darüber nachzudenken, ob bei solch geringen Abweichungen der Kaufkraft **überhaupt eine Bedarfskorrektur** angebracht ist. Im Hinblick auf die ohnehin stets gebotene Billigkeitskontrolle dürfte es kaum erheblich sein, ob der Unterhaltspflichtige insgesamt 1333 EUR (ohne Bedarfskorrektur) oder 1266 EUR (nach der rechnerisch sehr geringen Bedarfskorrektur) zahlen muss. Dabei ist auch zu berücksichtigen, dass sich die Kaufkraftunterschiede stets entwickeln und auch bei nationalen Unterhaltsverfahren ebenfalls ein Korrekturbedarf bestehen kann, wenn ein Beteiligte in einer teuren Großstadtregion und der andere im günstigeren ländlichen Bereich lebt. Dies wird bei nationalen Unterhaltsverfahren aber regelmäßig mit der Erwägung abgelehnt, dass es beiden Beteiligten unbenommen ist, die vorhandenen Mittel nach ihren Wünschen einzusetzen und dass deswegen die Wahl eines Wohnorts mit höherem Lebensbedarf nicht zu Lasten des anderen Beteiligten gehen kann.

Beispiel 4: 89
Der Mann verdient 3550 EUR, welche die ehelichen Lebensverhältnisse geprägt haben. Zwei minderjährige Kinder sind unterhaltsbedürftig, von denen eines (15 Jahre alt) beim Vater in Deutschland, ein anderes (2 Jahre alt) bei der einkommenslosen **Ehefrau in Litauen** lebt, welche ebenso wie die Kinder unterhaltsberechtigt ist. Die Kaufkraftdifferenz hat Einfluss auf den beiderseitigen Bedarf (Bedarf im Verbund).
• erster Schritt: Bedarfsberechnung
Gruppe 6 der DT:
1. Kind:
508 (610 − 102) EUR
2. Kind:
352 (454 − 102) EUR
Summe Kindesunterhalt:
860 EUR
Vorabzug prägenden Kindesunterhalts:
3550 − 860 = 2690 EUR
Ehegattenunterhalt aus prägendem Einkommen des Pflichtigen
Voller Bedarf abzüglich Erwerbstätigenbonus für Pflichtigen:
2690 × $^3/_7$ = 1153 EUR
• zweiter Schritt: Bedarfskorrektur
Auslandsanteil:

(352 + 1153=) 1505/3550 = rund 40%
Das Kaufkraftverhältnis zwischen Deutschland und Litauen beträgt auf der Grundlage der vergleichenden Preisniveaus 2013 (→ Rn. 79e, 79g): (104x 100% : 64,5 =) 161,24%. Somit ist die Kaufkraft der Unterhaltsberechtigten in Litauen gegenwärtig rund 60% höher als in Deutschland.
Bedarfskorrektur nach der Tabelle I (Auslandsanteil 40%, Kaufkraft + 60%): − 26%
Bedarf 2. Kind (Ausland):
352 − 26% = rd. 260 EUR
Bedarf Ehefrau:
1153 − 26% = rd. 853 EUR
Bedarf des 1. Kindes (beim Vater):
508 EUR
Dem Unterhaltspflichtigen bleiben:
19291 (3550 − 260 − 853 − 508) EUR

90 **Beispiel 5:**
Der unterhaltspflichtige Mann **lebt in Schweden** und verdient 40 000 SEK pro Monat, die unterhaltsberechtigte einkommenslose Frau lebt in Deutschland. Vom Erwerbseinkommen stehen $1/7$ dem Mann als Bonus zu. Die Devisenparität SEK und EUR beträgt gegenwärtig 1 EUR = 10,3539 SEK (→ Rn. 66). Die Kaufkraftdifferenz hat Einfluss auf den beiderseitigen Bedarf (Bedarf im Verbund).
• erster Schritt: Bedarfsberechnung
Einkommen des Mannes:
40 000/10,3539 = rd. 3863 EUR
Bedarf: $6/7 \times 3863 \times 1/2$ = 1656 EUR
• zweiter Schritt: Korrekturrechnung
Inlandsanteil des Bedarfs:
1656/3863 = 43%
Bedarfskorrektur nach der Tabelle II:
Das Kaufkraftverhältnis zwischen Schweden und Deutschland beträgt auf der Grundlage der vergleichenden Preisniveaus 2017 (→ Rn. 79e, 79g): (125,5 × 100% : 104 =) 120,67%. Somit ist die Kaufkraft des Unterhaltspflichtigen in Schweden gegenwärtig rund 20% geringer als in Deutschland. Damit weicht der Bedarf in Deutschland Nach der Tabelle II (Inlandsanteil 45%, Kaufkraftverhältnis 20%) um − 12% ab.
1656 − 12% = 14578 EUR

4. Bedeutung der Teuerungsziffern für den Kaufkraftausgleich der Auslandsbesoldung

91 In übernationalen Unterhaltsfällen sind die **Kaufkraftunterschiede** der betroffenen Staaten regelmäßig auf der Grundlage der vom Statistischen Amt der Europäischen Union (Eurostat) veröffentlichten vergleichenden Preisniveaus (→ Rn. 79a ff., 80 ff.) zu berücksichtigen.[192] Für Unterhaltsrückstände und als Kontrolle ist auch noch eine Bedarfskorrektur auf der Grundlage des Verhältnisses der Devisenkurse und der Verbrauchergeldparitäten möglich (→ Rn. 38 ff.). Schließlich dienen auch die Ländergruppeneinteilungen (→ Rn. 37) und die Teuerungsziffern (→ Rn. 92) einer Plausibilitätskontrolle der individuell errechneten Bedarfskorrekturen.

92 Die internationalen **Teuerungsziffern,**[193] zu deren Berechnung das Statistische Bundesamt nach § 55 II BBesG verpflichtet ist, eignen sich für eine Ermittlung der Kaufkraftunterschiede unmittelbar hingegen nicht.[194] Im Ausland tätige Beamte und Soldaten erhalten einen Kaufkraftausgleich, der dafür sorgt, dass sie sich mit den Dienstbezügen die gleiche Menge an Waren und Dienstleistungen der Lebenshaltung kaufen können wie im Inland. Sie erhalten an Dienstorten mit hohem Preisniveau einen Zuschlag zum Gehalt und bei sehr niedrigen Preisen einen Abschlag. Der Kaufkraftausgleich ist eine durch 5 teilbare Prozentzahl und wird auf der Basis von so genannten Teuerungsziffern festgesetzt.

---

[192] BGH FamRZ 2014, 1536 Rn. 32 ff. mwN = R 757a; DFGT FamRZ 2011, 1921.
[193] Vgl. insoweit BT-Drs. 15/2320 S. 3.
[194] Abweichend von der Vorauflage; vgl. auch BGH FamRZ 2014, 1536 Rn. 32 ff. = R 757a; OLG Stuttgart FamRZ 2014, 850 (851 f.); OLG Oldenburg FamRZ 2013, 891 (892);

Die Teuerungsziffern können beim Statistischen Bundesamt abgefragt werden[195] und sind als PDF-Datei im Internet veröffentlicht.[196]

Mit den Teuerungsziffern werden lediglich die Preisunterschiede zwischen einzelnen Städten und nicht diejenigen zwischen den verschiedenen Ländern ermittelt. Überdies beziehen sich die Werte nicht auf den Durchschnitt privater Haushalte, sondern auf die Haushalte von entsandten Diplomaten, die zusätzliche Versorgungsmöglichkeiten oder besondere Vergünstigungen nutzen können. Sie beziehen sich somit überwiegend auf die Kaufkraft in ausländischen Großstädten, die mit dem Kaufkraftdurchschnitt des Landes oft nicht vergleichbar ist.[197] Hinzu kommt, dass für knapp 40 Prozent des Warenkorbes keine Teuerungsziffern berechnet werden, während hinsichtlich anderer Güter Pauschalen verwendet werden, die zu überwiegend niedrigeren Gesamtteuerungsziffern führen. Deshalb weist auch das Statistische Bundesamt ausdrücklich darauf hin, dass die Teuerungsziffern für den Kaufkraftausgleich der Auslandsbesoldung nicht mit der Kaufkraft des Euro im Ausland vergleichbar sind.[198] Für die Ermittlung des Kaufkraftverhältnisses verschiedener Staaten als Grundlage der unterhaltsrechtlichen Bedarfskorrektur sind die Teuerungsziffern deswegen nicht geeignet. Sie dienen allenfalls einer Korrektur in Ausnahmefällen, in denen die Umstände den der Bemessung der Teuerungsziffern zugrunde liegenden Verhältnissen entsprechen. Nur für solche Zwecke werden die aktuellen Teuerungsziffern in der folgenden Tabelle aufgeführt.

---

[195] Vgl. die entsprechende Mitteilung des Statistischen Bundesamtes, das die Teuerungsziffern im Internet bereitstellt über: www.destatis.de und die Bekanntmachung des BMF vom 11.4.2011 – VI C 5 – S 2341/10/10003 – zu den Kaufkraftzuschlägen; vgl. auch BAG NZA 1997, 1174 und BVerwG DVBl 1996, 1130.
[196] Im Internet unter: https://www.destatis.de unter Stichwort: Teuerungsziffer.
[197] OLG Stuttgart FamRZ 2014, 850 (851 f.).
[198] Vgl. die Erläuterungen der Teuerungsziffern im Internet unter: https://www.destatis.de unter Stichwort: Teuerungsziffer.

Land/Dienstort	März 2018	April 2018	Mai 2018	Juni 2018	Juli 2018	Aug 2018	Sep 2018	Okt 2018	Nov 2018	Dez 2018	Jan 2019	Feb 2019	März 2019
Afghanistan/Kabul *	-	-	-	-	-	-	-	-	-	-	-	-	-
Ägypten/Kairo	/	/	/	/	/	/	/	/	/	/	/	/	/
Albanien/Tirana	/	/	/	/	/	/	/	/	/	/	/	/	/
Algerien/Algier	/	/	/	/	/	/	/	/	/	/	/	/	/
Angola/Luanda	27	27	26	26	25	24	6	5	5	5	6	5	6
Äquatorialguinea/Malabo	10	10	10	10	10	10	10	10	10	10	10	10	11
Argentinien/Buenos Aires	-1	0	1	-2	-4	-3	-8	-9	-6	-7	-6	-5	-5
Armenien/Eriwan	/	/	/	/	/	/	/	/	/	/	/	/	/
Aserbaidschan/Baku	-9	-9	-9	-8	-8	-8	-8	-8	-8	-8	-7	-7	-7
Äthiopien/Addis Abeba	/	/	/	/	/	/	/	/	/	/	/	/	/
Australien/Canberra	8	7	70	9	8	8	6	5	-	-	-	-	7
Bahrain/Manama	/	/	/	/	/	/	/	/	/	/	/	/	/
Bangladesch/Dhaka	6	6	6	7	7	7	8	8	8	9	9	9	9
Belgien/Brüssel	6	6	6	6	6	6	6	6	6	6	5	-	6
Benin/Cotonou	6	6	6	6	6	6	6	6	5	5	5	5	5
Bolivien/La Paz	/	/	/	/	/	/	/	/	/	/	/	/	/
Bosnien u. Herzeg./Sarajewo	/	/	/	/	/	/	/	/	/	/	/	/	/
Botsuana/Gaborone	/	/	/	/	/	/	/	/	/	/	/	/	/
Brasilien/Rio de Janeiro	17	16	15	14	13	14	11	12	15	13	15	16	15
Brasilien/Brasilia	15	14	13	12	11	12	9	10	13	11	13	14	13
Brasilien/Porto Alegre	12	11	10	9	8	9	6	7	10	8	10	11	10
Brasilien/Recife	16	15	14	13	12	13	10	11	14	12	14	15	14
Brasilien/Sao Paulo	17	16	15	14	13	14	11	12	15	13	15	16	15

1. Abschnitt: Materielles Recht   § 9

Land/Dienstort	März 2018	April 2018	Mai 2018	Juni 2018	Juli 2018	Aug 2018	Sep 2018	Okt 2018	Nov 2018	Dez 2018	Jan 2019	Feb 2019	März 2019
Brunei/Banda Seri Begawan	/	/	/	/	/	/	/	/	/	/	/	/	/
Bulgarien/Sofia	/	/	/	/	/	/	/	/	/	/	/	/	/
Burkina Faso/Ouagadougou	6	6	6	6	6	6	7	6	6	6	5	5	6
Burundi/Bujumbura	17	17	17	18	17	17	17	16	17	17	17	17	14
Chile/Santiago de Chile	4	4	4	4	3	4	2	3	3	3	2	4	4
China/Hongkong	9	9	9	10	10	10	10	10	11	11	10		
China/Peking	8	8	8	8	8	7	7	8	7	8	8	9	9
China/Chengdu	8	8	8	8	8	7	7	8/	7	8	8	9	9
China/Kanton	1B0	10	10	10	10	9	9	10	9	10	10	11	11
China/Shanghai	12	12	12	12	12	11	11	12	11	12	12	13	13
China/Shenyang	6	6	6	6	6	5	5	6	5	6	6	7	7
Costa Rica/San José	8	8	8	9	9	9	8	8	8	8	9	8	8
Côte d'Ivoire/Abidjan	2	2	2	2	2	2	2	2	2	2	2	2	2
Dänemark/Kopenhagen	12	12	12	12	12	12	11	11	11	11	12	12	12
Dom. Rep./Santo Domingo	-4	-5	-5	-3	-4	-4	-4	-4	-4	-4	-4	-3	-3
Dschibuti/Dschibuti	15	15	16	17	17	17	17	17	18	18	18	17	
Ecuador/Quito	-2	-2	-2	-1	-1	-1	-1	-1	-1	-1	0	0	0
El Salvador/San Salvador	-1	-2	-1	0	0	0	0	0	0	0	0	0	/
Eritrea/Asmara	6	6	6	7	7	7	7	7	8	8	8	8	8
Estland/Tallinn	/	/	/	/	/	/	/	/	/	/	/	/	/
Finnland/Helsinki	8	8	8	8	7	8							
Frankreich/Paris	4	4	4	4	4	4	4	4	4	4	5	5	5
Gabun/Libreville	**20**	**20**	**21**	**21**	**21**	**21**	**21**	**21**	**21**	**20**	**20**	**21**	**21**

§ 9 Auslandsberührung

Land/Dienstort	März 2018	April 2018	Mai 2018	Juni 2018	Juli 2018	Aug 2018	Sep 2018	Okt 2018	Nov 2018	Dez 2018	Jan 2019	Feb 2019	März 2019
Georgien/Tiflis	/	/	/	/	/	/	/	/	/	/	/	/	/
Ghana/Accra	8	8	8	10	9	8	8	8	8	9	9	8	8
Griechenland/Athen	/	/	/	/	/	/	/	/	/	/	/	/	/
Guatemala/Guatemala-Stadt	0	0	0	0	0	0	0	0	0	0	0	0	0
Guinea/Conakry	14	14	14	16	16	15	16	16	15				
Haiti/Port-au-Prince	**9**	**9**	9	10	10	10	10	10	10	10	11	10	9
Honduras/Tegucigalpa	8	8	8	9	9	9	9	10	10	10	11	10	10
Indien/Neu Delhi	-4	-4	-4	-4	-3	-3	-3	-4	-4	-3	-2	-3	
Indien/Bangalore	-1	-1	-1	-1	0	0	0	-1	-1	0	1	0	
Indien/Chennai	-10	-10	-10	-10	-9	-9	-9	-10	-10	-9	-8	-9	
Indien/Kalkutta	-9	-9	-9	-9	-8	-8	-8	-9	-9	-8	-7	-8	
Indien/Mumbai	-2	-2	-2	-2	-1	-1	-1	-2	-2	-1	0	-1	
Indonesien/Jakarta	/	/	/	/	/	/	/	/	/	/	/	/	/
Irak/Bagdad 1)	–	–	–	–	–	–	–	–	–	–	–	–	–
Iran/Teheran	-15	-16		-13	-19	-20	-18	-24	-22	-20	-19	-20	-21
Irland/Dublin	3	3	3	3	3	3	3	3	2	2	3	4	3
Island/Reykjavik	16	20	17	18	21	18	15	13	8	8	12	9	10
Israel/Tel Aviv	13	13	13	14	13	13	13	13	13	13	14		
Italien/Rom	3	4	3	3	2	2	3	3	3	3	3	3	4
Jamaika/Kingston	10	10	12	13	13	12	11	11	15	15	17	14	16
Japan/Tokyo	**33**	**33**	32	34	33	33	33	32	33	33	35	35	35
Jemen/Sanaa	/	/	/	/	/	/	/	/	/	/	/	/	/
Jordanien/Amman	-2	-2	-1	-1	0	-1	-1	0	0	0	0	0	/

1. Abschnitt: Materielles Recht   § 9

Land/Dienstort	März 2018	April 2018	Mai 2018	Juni 2018	Juli 2018	Aug 2018	Sep 2018	Okt 2018	Nov 2018	Dez 2018	Jan 2019	Feb 2019	März 2019
Kambodscha/Phnom Penh	-2	-2	-1	-1	-1	-1	0	0	0	-1	0	0	0
Kamerun/Jaunde	/	/	/	/	/	/	/	/	/	/	/	/	7
Kanada/Ottawa	-1	-2	-1	1	0	0	0	0	0	-1	-2	1	2
Kanada/Montreal	-1	-2	-1	1	0	0	0	0	0	-1	-2	1	2
Kanada/Toronto	3	2	3	5	4	4	4	4	4	3	2	5	6
Kanada/Vancouver	1	0	1 3	3	2	2	2	2	2	1	0	3	4
Kasachstan/Astana	/	/	/	/	/	/	/	/	/	/	/	/	/
Katar/Doha	/	/	/	/	/	/	/	/	/	/	/	/	★
Kenia/Nairobi	0	1	1	2	2	2	2	2	2	3	3	3	4
Kirgisistan/Bischkek	/	/	/	/	/	/	/	/	/	/	/	/	/
Kolumbien/Bogota	4	4	5	5	4	5	3	4	2	2	3	3	4
Kongo, Dem. Rep./Kinshasa	21	20	21	22	22	22						14	15
Korea, Dem. VR/Pjöngjang	13	13	13	14	13	13							
Korea, Rep./Seoul	12	12	13	13	12	12	13	13	12	13	13	13	13
Kosovo/Pristina	/	/	/	/	/	/	/	/	/	/	/	/	/
Kroatien/Zagreb	/	/	/	/	/	/	/	/	/	/	/	/	/
Kuba/Havanna	6	5	6	7	7	7	7	7	7	7	7	7	7
Kuwait/Kuwait City	/	/	/	/	/	/	/	/	/	/	/	/	/
Laos/Vientiane	2	2	2	3	3	2	3	2	3	2	3	3	3
Lettland/Riga	/	/	/	/	/	/	/	/	/	/	/	/	/
Libanon/Beirut	-4	-4	-3	-2	-3	-3	-3	-2	-2	-2	-2	-2	-1
Libyen/Tripolis		/	/	/	/	/	/	/	/	/	/	/	/
Litauen/Wilna	/	/	/	/	/	/	/	/	/	/	/	/	/

§ 9 Auslandsberührung

Land/Dienstort	März 2018	April 2018	Mai 2018	Juni 2018	Juli 2018	Aug 2018	Sep 2018	Okt 2018	Nov 2018	Dez 2018	Jan 2019	Feb 2019	März 2019
Luxemburg/Luxemburg	-4	-4	-4	-3	-4	-3	-3	-3	-4	-4	-4	-3	-3
Madagaskar/Antananarivo	-6	-6	-6	-6	-6	-6	-6	-6	-7	-7	-6	-6	-6
Malawi/Lilongwe	-6	-7	-7	-6	-6	-6	-6	-5	-5	-4	-4	-5	-4
Malaysia/Kuala Lumpur	/	/	/	/	/	/	/	/	/	/	/	/	/
Mali/Bamako	3	3	4	4	4	/						3	3
Malta/Valletta	/	/	/	/	/	/	/	/	/	/	/	/	/
Marokko/Rabat	/	/	/	/	/	/	/	/	/	/	/	/	/
Mauretanien/Nouakchott	-4	-5	-4	-4	-4	-4						-2	-2
Mazedonien/Skopje	/	/	/	/	/	/	/	/	/	/	/	/	/
Mexiko/Mexiko-Stadt	/	/	/	/	/	/	/	/	/	/	/	/	/
Moldau/Chisinau	/	/	/	/	/	/	/	/	/	/	/	/	/
Mongolei/Ulan Bator	/	/	/	/	/	/	/	/	/	/	/	/	/
Montenegro/Podgorica	/	/	/	/	/	/	/	/	/	/	/	/	/
Mosambik/Maputo	-5	-5	-4	-4	-3	-3	-3	-4	-4	-3	-3	-3	-3
Myanmar/Rangun	-6	-6	-6	-6	-5	-5	-5	-6	-6	-6	-6	-6	-6
Namibia/Windhuk	/	/	/	/	/	/	/	/	/	/	/	/	/
Nepal/Kathmandu	/	/	/	/	/	/	/	/	/	/	/	/	/
Neuseeland/Wellington	13	12	12	16	12	12	10	10	10	15	15	14	13
Nicaragua/Managua	0	-1	0	1	1	1	1	1	1	1	0	0	/
Niederlande/Den Haag	/	/	/	/	/	/	/	/	/	/	/	/	/
Niger/Niamey	0	0		0	0	0	0	0	0	0	0	-1	-1
Nigeria/Abuja	2–4	4	4	5	5	6	6	6	6	6	7	7	7
Norwegen/Oslo	**24**	**24**	**24**	**25**	**26**	**26**	**24**	**26**	**26**	**24**	**23**	**26**	**25**

1. Abschnitt: Materielles Recht   § 9

Land/Dienstort	März 2018	April 2018	Mai 2018	Juni 2018	Juli 2018	Aug 2018	Sep 2018	Okt 2018	Nov 2018	Dez 2018	Jan 2019	Feb 2019	März 2019
Oman/Maskat	−1	−1	0	1	0	0	0	1	1	1	1	0	/
Österreich/Wien	0	0	0	0	−1	−1	0	0	0	0	1	1	1
Pakistan/Islamabad	/	/	/	/	/	/	/	/	/	/	/	/	/
Panama/Panama	1	1	1	1	1	1	1	1	1	1	2	1	2
Paraguay/Asunción	−6	−7	−7	−6	−6	−6	/	/	/	/	/	/	/
Peru/Lima	4	4	4	4	5	5	5	5	5	5	5	5	6
Philippinen/Manila	/	/	/	/	/	/	/	/	/	/	/	/	/
Polen/Warschau	/	/	/	/	/	/	/	/	/	/	/	/	/
Portugal/Lissabon	/	/	/	/	/	/	/	/	/	/	/	/	/
Ruanda/Kigali	9	9	10	10	9	9	12	13	13	13	13	13	13
Rumänien/Bukarest	/	/	/	/	/	/	/	/	/	/	/	/	/
Russ. Föderation/Moskau	/	/	/	/	/	/	/	/	/	/	/	/	/
Russ. Föderation/Jekaterinburg	/	/	/	/	/	/	/	/	/	/	/	/	/
Russ. Föderation/Kaliningrad	/	/	/	/	/	/	/	/	/	/	/	/	/
Russ. Föderation/Nowosibirsk	/	/	/	/	/	/	/	/	/	/	/	/	/
Russ. Föderation/St. Petersburg	/	/	/	/	/	/	/	/	/	/	/	/	/
Sambia/Lusaka	/	/	/	/	/	/	/	/	/	/	/	/	/
Saudi-Arabien/Riad	3	2	0	2	1	2	0	1	0	/	/	/	/
Schweden/Stockholm	17	15	14	17	16	16	17	16	15	18	19	18	18
Schweiz/Genf	4	4	4	3	4	4	/	/	/	/	/	12	12
Senegal/Dakar	/	/	/	/	/	/	/	/	/	/	/	/	/
Serbien/Belgrad	8	8	8	9	9	8	8	8	9	9	10	9	10
Sierra Leone/Freetown													

Dose

§ 9   Auslandsberührung

Land/Dienstort	März 2018	April 2018	Mai 2018	Juni 2018	Juli 2018	Aug 2018	Sep 2018	Okt 2018	Nov 2018	Dez 2018	Jan 2019	Feb 2019	März 2019
Simbabwe/Harare	**10**	**10**	**10**	11	12	12	12	17	21	24	/	/	/
Singapur/Singapur	14	14	14	15	14	14	14	14	14	15	16	16	16
Slowakei/Pressburg	/	/	/	/	/	/	/	/	/	/	/	/	/
Slowenien/Laibach	/	/	/	/	/	/	/	/	/	/	/	/	/
Spanien/Madrid	1	0	0	0	1	1	1	0	1	1	1	1	0
Sri Lanka/Colombo	/	/	/	/	/	/	/	/	/	/	/	/	/
Südafrika/Pretoria	-8	-8	-9	-8	-9	-9	-11	-10	-10	-9	-10	-9	-9
Sudan/Khartum	-6	-6	-5	-4	-4	-4							
Südsudan/Dschuba													
Syrien/Damaskus													
Tadschikistan/Duschanbe	/	/	/	/	/	/	/	/	/	/	/	/	/
Taiwan/Taipei	6	6	5	/	**0**	**0**	0	0	0	0	0	0	0
Tansania/Daressalam	5	4	4	5	5	5	5	4	5	5	6	6	6
Thailand/Bangkok	1	1	1	1	1	1	1	1	1	1	2	2	2
Togo/Lomé	-1	0	0	-1	0	-1	-1	-2	-2	-2	-1	-2	-2
Trinidad & Tobago/Port-of-Spain	4	4	5	5	5	5.	/	/	/	/	/	/	/
Tschad/N'Djamena	**10**	**10**	13	13	13	12	12	12	12	12	12	12	11
Tschechische Rep./Prag	/	/	/	/	/	/	/	/	/	/	/	/	/
Tunesien/Tunis	-15	-15	-15	-15	-15	-15	-16	-16	-16	-16	-16	-17	-16
Türkei/Istanbul	/	/	/	/	/	/	/	/	/	/	/	/	/
Turkmenistan/Aschgabat	/	/	/	/	/	-5	/	/	/	/	/	/	/
Uganda/Kampala	-5	-5	-5	-5	-5	-5	-16	-16	-15	-15	4	4	4
Ukraine/Kiew	-16	-16	-15	-15	-15	-15	-16	-16	-15	-15	-14	-14	-14

1. Abschnitt: Materielles Recht § 9

Land/Dienstort	März 2018	April 2018	Mai 2018	Juni 2018	Juli 2018	Aug 2018	Sep 2018	Okt 2018	Nov 2018	Dez 2018	Jan 2019	Feb 2019	März 2019
Ungarn/Budapest	/	/	/	/	/	/	/	/	/	/	/	/	/
Uruguay/Montevideo	**14**	14	14	13	13	14	12	11	12	13	15	13	15
Usbekistan/Taschkent	/	/	/	/	/	/	/	/	/	/	/	/	/
Venezuela/Caracas								14					
Ver. Arab. Emirate/Abu Dhabi	-2	-3	-2	-1	-2	0	-1	-2	-1	-1	-1	-2	-2
Ver. Königreich/London	4	5	4	4	2	2	3	3	4	4	2	5	5
Ver. Staaten/Washington	5	3	6	7	7	7	7	7	7	7	8	9	8
Ver. Staaten/Atlanta	4	2	5	6	6	6	6	6	6	6	7	8	7
Ver. Staaten/Boston	7	5	8	9	9	9	9	9	9	9	10	11	10
Ver. Staaten/Chicago	4	2	5	6	6	6	6	6	6	6	7	8	7
Ver. Staaten/Houston	3	1	4	5	5	5	5	5	5	5	6	7	6
Ver. Staaten/Los Angeles	4	2	5	6	6	6	6	6	6	6	7	8	7
Ver. Staaten/Miami	3	1	4	5	5	5	5	5	5	5	6	7	6
Ver. Staaten/New York	9	7	10	11	11	11	11	11	11	11	12	13	12
Ver. Staaten/San Francisco	6	4	7	8	8	8	8	8	8	8	9	10	9
Vietnam/Hanoi	/	/	/	/	/	/	/	/	/	/	/	/	/
Weißrussland/Minsk	-17	-17	-17	-17	-17	-17	-17	-17	-17	-17	-17	-17	-17
Zypern/Nikosia	/	/	/	/	/	/	/	/	/	/	/	/	/

* zurzeit keine Preiserhebung
r = revidierte Werte
fett dargestellte Werte: Originalteuerungsziffer des Preisvergleichs
Normalschrift: mit Wechselkursveränderungen und Verbraucherpreisindizes fortgerechnete Teuerungsziffern

August 2014 und vereinzelt andere Werte: geschätzte Teuerungsziffern
–: Berechnung fundierter Teuerungsziffern derzeit nicht möglich
/: monatliche Berechnung eingestellt, da Kaufkraftausgleich seit Juli 2009 = 0 (Teuerungsziffer zwischen –15 und 0)
zT fortgerechnete Teuerungsziffer vorheriger Preisvergleiche[199]

[199] Die Anmerkungen zur Tabelle nehmen z. T. auf farbig unterlegte Felder Bezug; sie sind insoweit im Original im Internet unter: https://www.destatis.de unter Stichwort: Teuerungsziffer besser nachvollziehbar.

V. Währung

94 Grundsätzlich kann der Berechtigte Unterhalt in der Währung seines Landes oder des Landes des Unterhaltspflichtigen verlangen, muss dabei aber auf die Verhältnisse und Interessen des Unterhaltspflichtigen Rücksicht nehmen.[200] Auch devisenrechtliche Beschränkungen müssen beachtet werden.

Ist der Antrag auf Zahlung in ausländischer Währung gerichtet, darf der Richter nicht zur Zahlung in inländischer Währung verpflichten (§ 308 I ZPO). Denn Auslandswährung und Eurowährung sind nicht gleichartig (§ 244 I BGB).[201] Wegen des Fremdwährungsrisikos darf die Umrechnung erst im Zeitpunkt der Erfüllung erfolgen.

95–99 – in dieser Auflage nicht belegt –

VI. Ausgewählte Länder

100 Auslandsrecht[202] wird dann benötigt, wenn sich dessen Anwendbarkeit aus Verordnungen der Europäischen Union, aus internationalen Übereinkommen oder aus dem nationalen Kollisionsrecht ergibt (→ Rn. 1 ff.). Nach § 113 I FamFG iVm § 293 ZPO hat der Tatrichter ausländisches Recht von Amts wegen zu ermitteln. Wie er sich diese Kenntnis verschafft, liegt in seinem pflichtgemäßen Ermessen. Jedoch darf sich die Ermittlung des fremden Rechts nicht auf die Heranziehung der Rechtsquellen beschränken, sondern muss auch die konkrete Ausgestaltung des Rechts in der ausländischen Rechtspraxis, insbesondere die ausländische Rechtsprechung, berücksichtigen. Der Tatrichter ist gehalten, das Recht als Ganzes zu ermitteln, wie es sich in Lehre und Rechtsprechung entwickelt hat.[203] In welcher Weise sich der Tatrichter die notwendigen Kenntnisse verschafft, liegt in seinem pflichtgemäßen Ermessen. Er kann das ausländische Recht etwa im Wege des Europäischen Übereinkommens betreffend Auskünfte über ausländisches Recht vom 7.6.1986 ermitteln (→ Rn. 624 f.).[204] Verfügt er sonst über keine ausreichenden Erkenntnisquellen, muss er ein Rechtsgutachten zum Inhalt des ausländischen materiellen Rechts einholen.[205] Vom Revisionsgericht wird insoweit allerdings lediglich überprüft, ob der Tatrichter sein Ermessen rechtsfehlerfrei ausgeübt, insbesondere sich anbietende Erkenntnisquellen unter Berücksichtigung der Umstände des Einzelfalls hinreichend ausgeschöpft hat.[206]

Während sich die Vorschriften zum Kindesunterhalt in weitem Umfang schon jetzt entsprechen, ist im Scheidungsrecht als Voraussetzung des nachehelichen Ehegattenunterhalts eine allgemeine Entwicklung zu verzeichnen. Sie verläuft ausgehend von der Verschuldensscheidung über die in vielfältigen Varianten fast überall etablierte Zerrüttungsscheidung hin zur einvernehmlichen Scheidung. Dabei sind die Übergänge fließend, denn in einigen Ländern ist die Verschuldensscheidung neben der Möglichkeit einer Scheidung wegen unheilbarer Zerrüttung beibehalten worden. Die Zerrüttungsscheidung wiederum nähert sich durch Vermutungtatbestände nach Ablauf bestimmter Fristen dem Prinzip der einvernehmlichen Scheidung an und erfasst diese teilweise sogar als Unterfall. Die schwedische Scheidung auf Wunsch eines Ehegatten hat sich als „Modell künftiger Generatio-

---

[200] Vgl. BGH FamRZ 2013, 1366 Rn. 96; 1992, 1060 (1063); 1990, 992; OLG Karlsruhe FamRZ 1991, 600.
[201] Vgl. BGH FamRZ 2013, 1366 Rn. 96; IPRax 1994, 366 mAnm Grothe IPRax 1994, 346.
[202] → Rn. 11 ff.; einen Überblick über Internet-Adressen zum internationalen, europäischen und ausländischen Recht gibt Otto IPRax 1998, 231; eine große Anzahl internationaler und nationaler Vorschriften zum Unterhaltsrecht ist über die Homepage der Bundesnotarkammer „www.bnotk.de" unter Links/International abrufbar.
[203] BGH NJW 2014, 1244 Rn. 15; NJW 2003, 2685 (2686).
[204] Vgl. auch Henrich Internationales Ehe- und Kindschaftsrecht mit Staatsangehörigkeitsrecht.
[205] Etwa beim Max-Planck-Institut für ausländisches und internationales Privatrecht in Hamburg.
[206] BGH NJW 2014, 1244 Rn. 15; WM 2013, 1225 Rn. 39.

nen" noch nicht allgemein durchgesetzt.[207] Das Scheidungsrecht steht wiederum in engem Zusammenhang mit dem nachehelichen Unterhaltsrecht.[208] Auch sonst unterscheidet sich das materielle Recht verschiedener Staaten nicht unerheblich voneinander. Teilweise gehen die Unterhaltspflichten über den deutschen Verwandtenunterhalt in gerader Linie hinaus, indem sich auch Geschwister oder Schwiegereltern und Schwiegerkinder Unterhalt schulden.[209] Teilweise ist die familiäre Verantwortung auch zu Lasten staatlicher Sozialleistungen weiter zurückgedrängt, wenn, wie in Schweden und Norwegen, Kindesunterhalt grundsätzlich nur bis zur Vollendung des 18. Lebensjahres und bei längerem Schulbesuch bis zur Vollendung des 21. Lebensjahres geschuldet ist und die Unterhaltspflicht gegenüber den Kindern, wie in Finnland, generell mit Vollendung des 18. Lebensjahres endet (→ Rn. 624 f.).

Belgien

1. Allgemeines

Die Zuständigkeit für das Familienrecht war in der Vergangenheit auf verschiedene Gerichte verteilt. Mit Gesetz vom 20.7.2013[210] ist als Abteilung des Gerichts erster Instanz ein Familiengericht eingeführt worden. Es ist für den überwiegenden Teil der Familiensachen zuständig, allerdings mit Ausnahme der Anerkennung und Vollstreckung von ausländischen Entscheidungen.[211] **101**

2. Kindesunterhalt

Gemäß Art. 203 § 1 des belgischen Code Civil (ZGB)[212] haben die Eltern die Pflicht, ihre Kinder zu unterhalten, und zwar bis zur Beendigung der Ausbildung, auch über den Eintritt der Volljährigkeit mit Vollendung des 18. Lebensjahres (Art. 388 ZGB) hinaus. Unbeschadet der Rechte des Kindes besteht insoweit eine gegenseitige Beitragspflicht der Eltern (Art. 203 bis ZGB). Innerhalb der Grenzen, die er aus dem Nachlass des verstorbenen Elternteils oder an Vorteilen durch Ehevertrag, Schenkung oder Testament von diesem erhalten hat, ist auch der Stiefelternteil zum Unterhalt verpflichtet (Art. 203 § 2 ZGB). Durch Scheidung oder Trennung der Eltern bleibt der Unterhaltsanspruch des Kindes im Wesentlichen unberührt (Art. 303, Art. 304, Art. 311 bis II ZGB). Die Höhe richtet sich nach der Bedürftigkeit des Berechtigten und der Leistungsfähigkeit des Verpflichteten (Art. 208 ZGB). Abänderung (Fortfall oder Ermäßigung) ist möglich (Art. 209 ZGB), wenn der Unterhaltspflichtige den Unterhalt nicht mehr gewähren kann oder der Unterhaltsberechtigte des Unterhalts nicht mehr bedarf. Der Richter kann auch von der Zahlungspflicht befreien, wenn Vater oder Mutter ihre Leistungsunfähigkeit nachweisen oder sich zur Aufnahme des Kindes in die Wohnung und zu dessen Verpflegung bereit erklären (Art. 210, 211 ZGB). **102**

---

[207] Die Verordnung (EU) Nr 1259/2010 des Rates vom 20. Dezember 2010 zur Durchführung einer verstärkten Zusammenarbeit im Bereich des auf die Ehescheidung und Trennung ohne Auflösung des Ehebandes anzuwendenden Rechts ist veröffentlicht im Amtsblatt der Europäischen Union ABl EU 2010, Nr L 189 S. 12 und im Internet unter: http://eur-lex.europa.eu/LexUriServ/LexUriServ.do?uri=OJ:L:2010:343:0010:0016:de:PDF; siehe dazu Althammer, Brüssel IIa Rom III 2014.
Zum Ergebnis des 6. Symposiums für Europäisches Familienrecht „Ehescheidung und Unterhalt im europäischen Vergleich", 2002 vgl. Walter FamRZ 2003, 218.

[208] Zur familiären Solidarität im internationalen Vergleich s. Frank FamRZ 2009, 649.

[209] Frank FamRZ 2009, 649 (651 ff.).

[210] BS 27.9.2013 in Kraft getreten am 1.9.2014 in der Fassung des Gesetzes vom 12.5.2014 BS 19.5.2014.

[211] Pintens FamRZ 2014, 1504 (1506).

[212] Belgischer Code Civil in der Fassung vom 30.6.2005, zuletzt geändert durch Gesetz vom 29.12.2010; vgl. Bergmann/Ferid/Henrich/Cieslar/Pintens, Internationales Ehe- und Kindschaftsrecht, Belgien, Stand: 15.3.2011 Seite 78 ff.

3. Ehegattenunterhalt

103 **Trennung.** Gemäß Art. 213 ZGB schulden die Ehegatten einander Hilfe und Beistand. Dazu zählt auch die Unterhaltspflicht. Der Richter kann für die Zeit der Trennung die Zahlung einer Unterhaltsrente anordnen (Art. 223 ZGB), auch vorläufig. Nach der „Verkündung" der Trennung von Tisch und Bett besteht die Unterstützungspflicht nur noch zugunsten desjenigen Ehegatten, der die Trennung erwirkt hat (Art. 308 ZGB). Mit dem Tod des vorverstorbenen Ehegatten geht eine Unterhaltspflicht gegenüber dem hinterbliebenen Ehegatten als Nachlassverbindlichkeit auf die Erben über, wenn die Bedürftigkeit schon im Zeitpunkt des Todes bestand (Art. 205 bis § 1 ZGB). Das gilt auch bei Trennung von Tisch und Bett. Der Unterhalt geht dann zu Lasten des Nachlasses und wird von allen Erben und Vermächtnisnehmern im Verhältnis ihrer Erbteile geschuldet. Hat der Verstorbene ein Vermächtnis als vorrangig bezeichnet, haftet dieses nur nachrangig (Art. 205 bis § 3 ZGB). Der Unterhaltsanspruch muss aber innerhalb eines Jahres nach dem Tode geltend gemacht werden (Art. 205 bis § 5, Art. 310 § 6 ZGB).

104 **Scheidung.** Das belgische Ehescheidungsrecht ist mit Gesetz vom 27.4.2007 mit Wirkung zum 1.9.2007 grundlegend geändert worden.[213] An die Stelle der Scheidung aus bestimmten Gründen oder auf Grund faktischer Trennung ist die Scheidung auf Grund unheilbarer Ehezerrüttung getreten (Art. 229 §§ 1–3 ZGB).[214] Diese neue gesetzliche Regelung lässt eine Ehescheidung schon nach dreimonatiger Trennung zu, ohne dass sich die Ehegatten über die Scheidungsfolgen einigen müssen. Reichen beide Ehegatten einen Scheidungsantrag ein, wird eine unheilbare Zerrüttung schon nach einer Trennung von mehr als sechs Monaten vermutet, Art. 229 § 2 ZGB. Gleiches gilt nach Art. 229 § 3 ZGB nach einer Trennung von einem Jahr, wenn nur ein Ehegatte den Scheidungsantrag einreicht. Diese Scheidungsform wird deswegen voraussichtlich stark an Bedeutung gewinnen.[215] Die schon nach früherem Recht mögliche einverständliche Scheidung, von der 75 bis 80% der Scheidungswilligen Gebrauch machen, wurde daneben beibehalten und weiter vereinfacht.[216]

Mit der Änderung des Scheidungsrechts ist auch das Recht des **nachehelichen Unterhalts** reformiert worden. Haben die Ehegatten den Unterhalt nicht, wie bei der einverständlichen Scheidung erforderlich, vertraglich geregelt, kann auf Antrag eines Ehegatten eine Unterhaltspflicht gerichtlich ausgesprochen werden (Art. 301 § 1 und 2 ZGB). Unterhaltsberechtigt ist inzwischen aber nicht nur der unschuldige, sondern ein bedürftiger Ehegatte (Art. 301 § 2 I ZGB). Gleichwohl verzichtet auch das neue Recht nicht vollständig auf den Aspekt des Scheidungsverschuldens. Der Antrag auf nachehelichen Unterhalt kann abgewiesen werden, wenn der Antragsteller ein schweres Vergehen gegen den Antragsgegner begangen hat, dass diesem eine Fortsetzung des ehelichen Lebens unmöglich macht (Art. 301 § 2 II ZGB) oder wenn der Antragsteller gegenüber dem Antragsgegner gewalttätig geworden ist (Art. 301 § 2 III ZGB). Die Dauer des Unterhalts darf die Dauer der Ehe grundsätzlich nicht übersteigen (sog Spiegelunterhalt); nur bei außergewöhnlichen Umständen darf der Richter davon abweichen.[217] Dazu hat der Unterhaltsberechtigte nachzuweisen, dass er nach Ablauf der ursprünglichen Frist aus von seinem Willen unabhängigen Gründen noch immer bedürftig ist. Auch dann bleibt der Unterhalt aber auf den Betrag beschränkt, der erforderlich ist, um die Bedürftigkeit des Unterhaltsberechtigten zu decken (Art. 301 § 4 ZGB).[218] Die Vorschrift ist auch auf Unterhaltsansprüche anwend-

---

[213] Belgisches Staatsblatt vom 7.6.2007.
[214] Vgl. Pintens FamRZ 2007, 1491 (1493 f.).
[215] Pintens FamRZ 2007, 1491 (1494).
[216] Dass die Ehegatten mindestens 20 Jahre alt sein müssen und die Ehe bei Antragstellung mindestens 2 Jahre Bestand hatte, ist nicht mehr erforderlich. Die vermögensrechtlichen wie familienrechtlichen Scheidungsfolgen müssen allerdings vertraglich geregelt sein (Art. 1287 bis 1288 ZGB). Auf die Antragsschrift erhalten die Beteiligten eine 3-monatige Überlegungsfrist. Danach ist die richterliche Kontrolle (anders als in Frankreich) sehr eingeschränkt und im Wesentlichen auf Sittenwidrigkeit, den ordre public und die Wahrung außergewöhnlicher Kindesinteressen beschränkt.
[217] Pintens FamRZ 2007, 1491 (1494).
[218] Pintens FamRZ 2009, 1535 (1536).

bar, die vor Inkrafttreten der gesetzlichen Neuregelung zugesprochen wurden (Art. 42 § 5 des Reformgesetzes).[219] Allerdings verstieß auch die Vollstreckung eines früheren belgischen Urteils über nachehelichen Unterhalt nicht gegen den deutschen ordre public, wenn das Urteil darauf beruhte, dass dem unterhaltspflichtigen Ehegatten die Schuld am Scheitern der Ehe zugesprochen worden war.[220]

Die **Höhe des Unterhalts** richtet sich nicht mehr nach dem ehelichen Lebensstandard, sondern in erster Linie nach der aktuellen Bedürftigkeit des Antragstellers (Art. 301 § 3 I ZGB). Allerdings kann der Unterhaltsanspruch auch über die persönliche Bedürftigkeit hinausgehen, wenn besondere Kriterien, wie die Dauer der Ehe oder das Alter des Unterhaltsberechtigten, dafür sprechen. Der Richter kann ggf entscheiden, dass der Unterhalt degressiv wird und in welchem Maße er es sein soll (Art. 301 § 3 II ZGB). Wie schon nach früherem Recht darf der Unterhaltsanspruch ein Drittel des Gesamteinkommens des Unterhaltspflichtigen nicht übersteigen (Art. 301 § 3 III ZGB). Bei der Unterhaltsbemessung wenden belgische Gerichte keine Leitlinien an; nur ausnahmsweise orientieren sie sich an den deutschen Leitlinien, wenn die Beteiligten zwar ihren Wohnsitz in Belgien, ihren Aufenthalt aber in Deutschland haben.[221] Das Gericht, das den Unterhalt zuerkennt, stellt fest, dass dieser von Rechts wegen den Schwankungen des Verbraucherpreisindex oder auf andere Weise geänderten Lebenshaltungskosten angepasst wird (Art. 301 § 6 ZGB). **105**

Eine **einverständliche Scheidung** ist nur möglich, wenn die Beteiligten eine Unterhaltsvereinbarung mit positiver oder negativer Abänderungsklausel treffen. Trotz der – eingeschränkten – richterlichen Kontrollmöglichkeit hat die für diese Scheidungsform notwendige Unterhaltsvereinbarung Vertragscharakter. Nach der Rechtsprechung entfallen die Rechtsfolgen auch nicht im Falle des Ehebruches, es sei denn, solches ergibt sich aus der vertraglichen Vereinbarung. Da hierfür die causa der Unterhaltspflicht bekannt sein muss, sind entsprechende Bedingungen in die vertraglich vereinbarte Unterhaltspflicht aufzunehmen. Entsprechend hat der belgische Kassationshof im Jahre 2000 unter Aufgabe seiner früheren Rechtsprechung entschieden, dass auch ein Ehevertrag auflösbar ist, was zB bei Betrug oder Arglist in Betracht kommt. **106**

Jeder Unterhalt kann an veränderte Verhältnisse angepasst werden, ist also **abänderbar**. Das gilt auch für den im Rahmen einer einverständlichen Scheidung vereinbarten Unterhalt, wenn die Ehegatten dies nicht ausdrücklich ausgeschlossen haben (Art. 301 § 7 I ZGB). Auch eine **Kapitalisierung** des Unterhalts ist möglich (Art. 301 § 5 ZGB). **107**

4. Familienunterhalt

Die Kinder schulden **ihren Eltern** und ihren anderen Aszendenten (Verwandte in aufsteigender Linie) bei Bedürftigkeit Unterhalt (Art. 205 ZGB). Schwiegersöhne und Schwiegertöchter schulden ihren Schwiegereltern unter den gleichen Voraussetzungen Unterhalt. Diese Verpflichtung entfällt, wenn der Berechtigte eine neue Ehe eingeht oder wenn der Ehegatte, der die Schwägerschaft vermittelt, und evtl. gemeinsame Kinder verstorben sind (Art. 206 ZGB). Diese Verpflichtungen sind gegenseitig (Art. 207 ZGB). **108**

Mit dem Tode eines vorverstorbenen Ehegatten geht die Unterhaltspflicht gegenüber seinen im Zeitpunkt des Todes bedürftigen Verwandten in aufsteigender Linie in Höhe der Erbrechte, die diesen Verwandten durch unentgeltliche Zuwendungen zugunsten des hinterbliebenen Ehegatten entzogen worden sind, als Nachlassverbindlichkeit auf die Erben über (Art. 205 bis § 2 ZGB). Das gilt auch bei Trennung von Tisch und Bett. Der Unterhalt muss jedoch innerhalb eines Jahres ab dem Tode geltend gemacht werden (Art. 205 bis § 5 ZGB).

---

[219] Zur Übergangsregelung vgl. Urteil des Belgischen Staatsgerichtshofs vom 3.12.2008, Belgisches Staatsblatt vom 24.12.2008 und Pintens FamRZ 2009, 1535 (1536).
[220] OLG Frankfurt NJW-RR 2005, 1375.
[221] Zur Höhe → Rn. 101.

Bosnien-Herzegowina

1. Allgemeines

109 Der Unterhalt ist im fünften Teil des Familiengesetzes der Föderation von Bosnien und Herzegowina vom 6.6.2005 (FamG)[222] geregelt. Die gesetzliche Regelung beginnt mit den gemeinsamen Bestimmungen in den Art. 213, 214 FamG. Nach Art. 213 I FamG ist der gegenseitige Unterhalt der Ehegatten und außerehelichen Gefährten, Eltern und Kinder und der anderen Verwandten ihre Pflicht und ihr Recht, wie in diesem Gesetz vorgesehen. In Fällen, in denen der gegenseitige Unterhalt dieser Personen ganz oder teilweise nicht verwirklicht werden kann, leistet nach Art. 213 II FamG die „Gesellschaftsgemeinschaft" unter den gesetzlich geregelten Voraussetzungen für die nicht gesicherten Familienmitglieder die für den Unterhalt notwendigen Mittel.

110 Ein **Verzicht** auf das Recht und die Pflicht zum Unterhalt hat nach Art. 213 III FamG keine Rechtswirkung. Wie in anderen Rechtsordnungen kann allenfalls auf einzelne Unterhaltsbeträge für abgelaufene Zeitabschnitte, nicht hingegen auf das Stammrecht verzichtet werden. Die in Art. 213 I FamG genannten Personen tragen nach Art. 214 FamG zum gegenseitigen Unterhalt entsprechend ihren Möglichkeiten und den Bedürfnissen der unterhaltenen Person bei. Das Maß des Unterhalts richtet sich also auch hier nach dem Bedarf des Unterhaltsberechtigten und der Leistungsfähigkeit des Unterhaltspflichtigen.

2. Kindesunterhalt

111 Die Eltern sind nach Art. 215 FamG zum Unterhalt ihres **minderjährigen** Kindes verpflichtet und müssen zur Erfüllung dieser Pflicht „alle ihre Möglichkeiten und Fähigkeiten nutzen". Ein minderjähriges Kind, das Einkünfte aus Arbeit oder aus seinem Vermögen erzielt, ist verpflichtet, zu seinem Unterhalt beizutragen, sowie auch zum Unterhalt der Mitglieder der Familie, in der es lebt, insoweit allerdings nur unter den Voraussetzungen der Unterhaltspflicht eines volljährigen Kindes nach Art. 219 I FamG.

112 Befindet sich ein Kind in ordentlicher Schulausbildung, sind die Eltern gemäß Art, 216 I FamG verpflichtet, ihm nach ihren Möglichkeiten den Unterhalt auch nach der **Volljährigkeit,** längstens aber bis zur Vollendung des 26. Lebensjahres zu gewährleisten. Ist ein volljähriges Kind wegen Krankheit, physischer oder psychischer Gebrechen arbeitsunfähig und hat es keine ausreichenden Mittel zum Leben oder kann es diese nicht aus seinem Vermögen realisieren, sind die Eltern nach Art. 216 II FamG zu seinem Unterhalt verpflichtet, solange die Unfähigkeit andauert. Ein Elternteil, der die elterliche Sorge nicht ausübt oder dem die elterliche Sorge beschränkt oder entzogen worden ist, wird dadurch nach Art. 218 FamG nicht von seiner Unterhaltspflicht gegenüber dem Kind frei.

113 Die Stiefmutter oder der Stiefvater ist nach Art. 220 I FamG verpflichtet, die minderjährigen Stiefkinder zu unterhalten, wenn diese keinen Unterhalt von den Eltern erlangen können. Die Stiefmutter und der Stiefvater haben diese Pflicht gemäß Art, 220 II FamG auch nach dem Tod des Elternteils des Kindes, wenn im Zeitpunkt seines Todes eine Familiengemeinschaft zwischen dem Stiefvater oder der Stiefmutter und den Stiefkindern bestanden hat. Ist die Ehe zwischen dem Elternteil und der Stiefmutter oder dem Stiefvater für nichtig erklärt oder geschieden, ist die Stiefmutter oder der Stiefvater nach Art. 220 III FamG nicht zum Unterhalt des Stiefkindes verpflichtet. Habt die Stiefmutter oder der Stiefvater auch eigene Kinder, ist die Unterhaltspflicht für die Kinder und die Stiefkinder nach Art, 221 II FamG „gemeinschaftlich" also gleichrangig. Nach Art. 222 I FamG sind auch die Großmutter und der Großvater zum Unterhalt ihres minderjährigen Enkels verpflichtet. Die Unterhaltspflicht für einen volljährigen Enkel entspricht der Unterhalts-

---

[222] Bergmann/Ferid/Henrich/Cieslar/Jessel-Holst, Internationales Ehe- und Kindschaftsrecht, Bosnien-Herzegowina, Stand: 1.1.2017 S. 90 ff.

pflicht der Eltern nach Art. 216 FamG, setzt also voraus, dass sich der Enkel in der ordentlichen Schulausbildung befindet und endet mit Vollendung des 26. Lebensjahres.

Wird der Unterhalt für ein Kind begehrt, berücksichtigt das Gericht nach Art. 236 I FamG neben den stets relevanten Umständen (→ Rn. 110) auch das Alter des Kindes sowie die Bedürfnisse seiner Schulausbildung. Im Verfahren über den Unterhalt für ein Kind würdigt das Gericht besonders als Beitrag zu Unterhalt des Kindes die Arbeit und Sorge, die der Elternteil, bei dem das Kind lebt, in Erziehung und Aufziehung des Kindes erbringt, Art. 236 II FamG. Ein arbeitsfähiger Elternteil kann nach Art. 236 III FamG nicht von der Pflicht zum Unterhalt des minderjährigen Kindes befreit werden. Im Verfahren auf Unterhalt eines Kindes, über welches die Eltern die elterliche Sorge ausüben, kann das Gericht gemäß Art. 249 I FamG von Amts wegen einstweilige Maßnahmen zwecks Unterhaltsgewährung anordnen. Stellt das Gericht fest, dass die Eltern sogar gemeinschaftlich nicht in der Lage sind, die Bedürfnisse für den Unterhalt zu befriedigen, benachrichtigt es hiervon die Vormundschaftsbehörde zwecks Gewährleistung der Mittel zum Unterhalt des Kindes. Die Vormundschaftsbehörde bemüht sich darum, dass sich Eltern über den Unterhalt des Kindes oder, wenn dies die erhöhen Bedürfnisse des Kindes erfordern oder die materiellen Umstände der Eltern ermöglichen, über die Erhöhung des Beitrags zum Unterhalt einigen. Dabei orientiert sie sich an den Angaben über die durchschnittlichen Bedürfnisse einer unterhaltsbegehrenden Person, die der Minister der Föderation für Arbeit und Sozialpolitik nach Art. 235 IV FamG einmal jährlich, spätestens zum 1. März des laufenden Jahres, bekannt gibt. Eine elterliche Vereinbarung, die unter Beteiligung der Vormundschaftsbehörde zustande kommt, hat die Wirkung einer vollstreckbaren Urkunde (Art. 255 II FGB). Die Vormundschaftsbehörde kann im Namen des minderjährigen Kindes auch einen Rechtsstreit wegen Unterhalt oder Erhöhung des Unterhalts einleiten, wenn der sorgeberechtigte Elternteil dieses Recht nicht wahrnimmt (Art. 237–243 FamG).

3. Ehegattenunterhalt

Ein Ehegatte, der keine ausreichenden Mittel zum Leben hat und sie auch nicht aus seinem Vermögen realisieren kann und arbeitsunfähig ist oder keine Beschäftigung aufnehmen kann, hat Anspruch auf Unterhalt gegenüber seinem Ehegatten nach dessen Möglichkeiten (Art. 224 I FamG).[223] Das Recht auf Unterhalt **erlischt,** wenn der aus einer geschiedenen oder für nichtig erklärten Ehe unterhaltsberechtigte Ehegatte eine neue Ehe schließt oder eine außereheliche Gemeinschaft eingeht, wenn das Gericht feststellt, dass er dieses Rechts unwürdig geworden ist oder wenn eine der Voraussetzungen des Unterhaltsanspruchs nach Art. 224 FamG nicht mehr besteht (Art. 229 FamG).

Der berechtigte Ehegatte kann den Unterhaltsantrag bis zum Abschluss der Hauptverhandlung im Verfahren über die Scheidung oder Nichtigerklärung der Ehe **einreichen** (Art. 225 I FamG). Das Gericht ist nach Art. 225 II FamG verpflichtet, den Ehegatten über dieses Recht zu belehren. Ausnahmsweise kann der frühere Ehegatte Unterhalt innerhalb einer Frist einem Jahr nach Beendigung der Ehe verlange, wenn die Unterhaltsvoraussetzungen bei Abschluss der Hauptverhandlung im Verfahren über die Scheidung oder Nichtigerklärung der Ehe bestanden und ununterbrochen bis zum Abschluss der Hauptverhandlung im Unterhaltsstreitverfahren angedauert haben (§ 225 III FamG). Spätester Einsatzpunkt für das Bestehen eines Unterhaltsanspruches ist also die Auflösung der Ehe. Liegen die Voraussetzungen des Unterhaltsanspruches in diesem Zeitpunkt nicht vor, kann auch später kein Anspruch mehr entstehen.

Das Gericht kann den Unterhaltsantrag des Ehegatten oder des geschiedenen Ehegatten zurückweisen, wenn sich der unterhaltsberechtigte Ehegatte ohne ernstlichen Anlass von Seiten des anderen Ehegatten in der Ehegemeinschaft grob und ungehörig verhalten hat oder wenn die Unterhaltspflicht für den anderen Ehegatten eine **offensichtliche Unbilligkeit** darstellen würde (Art. 226 I FamG). Auch in oder nach einem Rechtsstreit über

---

[223] Vgl. OLG Hamm FamRZ 1995, 886 (zur früheren Vorschrift des Art. 239 FGB).

die Nichtigkeit der Ehe kann das Gericht den Unterhaltsantrag zurückweisen, wenn die Unterhaltspflicht für den anderen Ehegatten eine offensichtliche Unbilligkeit darstellen würde (Art. 226 II FamG). Gleiches gilt, wenn die Ehegatten während einer längeren Zeitspanne des Getrenntlebens völlig selbständig die Mittel für ihren eigenen Unterhalt sichergestellt haben oder aus den Umständen des Falles festgestellt wird, dass der den Unterhalt begehrende Ehegatte durch die Beendigung der Ehe, die eine kürzere Zeit gedauert hat, in keine schwerere materielle Situation geraten ist als die, in der er sich bei Eingehung der Ehe befunden hat (Art. 227 FamG). Konnte der Unterhaltsberechtigte seinen Unterhaltsbedarf durch die Einkünfte aus einer Teilzeittätigkeit aber nur teilweise decken, entfällt der Unterhaltsanspruch nicht hinsichtlich der weggefallenen sonstigen Unterstützungsleistungen.[224] Das Gericht kann entscheiden, dass die Pflicht zum Unterhalt des Ehegatten eine bestimmte **Zeitspanne** dauert, insbesondere dann, wenn die Ehe von kurzer Dauer war oder wenn der den Unterhalt begehrende Ehegatte imstande ist, in absehbarer Zeit die Mittel zum Lebensunterhalt auf andere Weise sicherzustellen (Art. 228 I FamG). In berechtigten Fällen kann das Gericht die Unterhaltspflicht später verlängern; ein Antrag auf Verlängerung des Unterhalts kann aber nur bis zum Ablauf der Zeitspanne erhoben werden, für die der Unterhalt festgesetzt ist (Art. 228 II, III FamG).

4. Unterhalt des außerehelichen Partners

117 Ist eine außereheliche Gemeinschaft, die längere Zeit gedauert hat, aufgelöst, so hat ein außerehelicher Partner das Recht auf Unterhalt von dem anderen außerehelichen Partner (Art. 230 I FamG). Der Antrag auf Unterhalt kann innerhalb einer **Frist** von einem Jahr nach Beendigung der außerehelichen Gemeinschaft erhoben werden (Art. 230 II FamG). Das Gericht kann den Unterhaltsantrag des außerehelichen Partners zurückweisen, wenn sich dieser ohne ernsthaften Anlass von Seiten des anderen außerehelichen Partners in der außerehelichen Gemeinschaft grob oder ungehörig verhalten hat oder wenn die Unterhaltspflicht für den anderen außerehelichen Partner eine offensichtliche Unbilligkeit darstellen würde (Art. 231 FamG). Insbesondere wenn der den Unterhalt Begehrende imstande ist, in absehbarer Zeit die Mittel zum Lebensunterhalt auf andere Weise sicherzustellen, kann das Gericht die Unterhaltspflicht auf eine bestimmte Zeitspanne **befristen** (Art. 232 I FamG). In gerechtfertigten Fällen kann das Gericht die Unterhaltspflicht verlängern; der Antrag auf Verlängerung des Unterhalts kann aber nur bis zum Ablauf der Zeitspanne erhoben werden, für die der Unterhalt festgesetzt worden ist (Art. 232 II, III FamG). Das Recht auf Unterhalt **erlischt,** wenn der unterhaltene außereheliche Partner eine Ehe eingeht, wenn er eine neue außereheliche Gemeinschaft begründet, wenn er dieses Rechts unwürdig geworden ist oder wenn eine der Voraussetzungen des Unterhaltsanspruchs nach Art. 224 FamG nicht mehr vorliegt (Art. 233 FamG). Der **Vater** eines außerehelichen Kindes ist auch unabhängig von einer früheren Lebensgemeinschaft verpflichtet, entsprechend seinen Möglichkeiten der Mutter seines Kindes während der Zeit von drei Monaten vor der Geburt und eines Jahres nach der Geburt zu unterhalten, wenn die Mutter für das Kind sorgt und keine ausreichenden Mittel zum Leben hat (Art. 234 FamG).

5. Sonstiger Verwandtenunterhalt

118 Nach Art. 219 FamG ist ein volljähriges Kind zum **Unterhalt seines Elternteils** verpflichtet, der arbeitsunfähig ist und keine Beschäftigung aufnehmen kann und der keine ausreichenden Mittel zum Leben hat oder diese nicht aus seinem Vermögen realisieren kann. Unter den gleichen Voraussetzungen trifft die Unterhaltspflicht nach Art. 217 FamG auch ein minderjähriges Kind, das Einkünfte aus Arbeit oder aus seinem Vermögen erzielt. Das Kind kann nach Art. 119 II FamG im Einklang mit den weiteren Bestimmungen des

---

[224] OLG Hamm FamRZ 1995, 886 (zur früheren Regelung des Art. 243 FGB); OLG München 4 UF 34/05, BeckRS 2005, 33886.

Gesetzes von der Unterhaltspflicht gegenüber einem Elternteil frei werden, der ihm aus nicht gerechtfertigten Gründen in der Zeit, als er dazu verpflichtet war, keinen Unterhalt gewährt hat. Unter den genannten Voraussetzungen ist nach Art. 221 FamG auch ein Stiefkind verpflichtet, die Stiefmutter oder den Stiefvater zu unterhalten, wenn diese ihm längere Zeit Unterhalt gewährt oder für es gesorgt haben. Gemäß Art. 222 I FamG ist ein Enkel zum Unterhalt von Großmutter und Großvater verpflichtet, allerdings nur unter den Voraussetzungen der Unterhaltspflicht gegenüber den Eltern nach den Art. 217, 219 FamG.

Eine Unterhaltspflicht besteht auch zwischen vollbürtigen **Brüdern und Schwestern.** Halbbrüder und Halbschwestern sind einander nur unterhaltspflichtig, wenn der Unterhaltsberechtigte minderjährig ist.

6. Allgemeine Vorschriften zur Bestimmung des Unterhalts

Das Recht auf Unterhalt wird nach Art. 223 I FamG in der Reihenfolge in Anspruch genommen, in der die Unterhaltsleistenden zur Erbfolge berufen sind. Trifft die Unterhaltspflicht mehrere Personen gemeinsam, wird sie unter ihnen entsprechend ihren Möglichkeiten aufgeteilt, Art. 223 II FamG. **119**

Im Unterhaltsverfahren setzt das Gericht den Gesamtbetrag der für den Unterhalt erforderlichen Mittel fest, Art. 235 I FamG. Bei der Festsetzung der **Bedürfnisse** der Person, die den Unterhalt verlangt, berücksichtigt, das Gericht nach Art. 235 II FamG ihren Vermögensstand, ihre Arbeitsfähigkeit, Möglichkeiten zur Aufnahme einer Beschäftigung, die gesundheitliche Verfassung und andere Umstände, von denen die Bemessung ihrer Bedürfnisse abhängt. Bei der Feststellung der **Möglichkeiten** der unterhaltspflichtigen Person berücksichtigt das Gericht alle ihre Einkünfte und die tatsächlichen Möglichkeiten, ein höheres Arbeitseinkommen zu erzielen, sowie ihre eigenen Bedürfnisse und gesetzlichen Unterhaltspflichten. Der nacheheliche Unterhalt ist nach der Bedürftigkeit des Unterhaltsberechtigten und der Leistungsfähigkeit des Unterhaltspflichtigen zu bemessen.[225] **120**

Nach Art. 235 IV FamG gibt der Minister der Föderation für Arbeit und Sozialpolitik einmal jährlich, spätestens zum 1. März des laufenden Jahres, Angaben über die durchschnittlichen Bedürfnisse einer unterhaltsbegehrenden Person bekannt, in Bezug auf die Lebenshaltungskosten, die das Gericht im Unterhaltsverfahren berücksichtigt. Das Gericht verpflichtet die unterhaltspflichtige Person zur Zahlung künftiger monatlicher Unterhaltsbeträge in einem bestimmten Geldbetrag, Art. 244 FamG. **121**

Die unterhaltene Person sowie auch der Unterhaltsschuldner können nach Art. 245 I FamG verlangen, dass das Gericht den durch eine frühere rechtskräftige Entscheidung oder durch eine vor der Vormundschaftsbehörde erzielte Vereinbarung oder in der Form einer notariellen Urkunde zuerkannten Unterhalt **erhöht, herabsetzt oder aufhebt,** wenn sich die Umstände geändert haben, auf deren Grundlage das frühere Urteil oder die Einigung ergangen ist. Die in der abgeänderten Entscheidung festgelegten Rechte und Pflichten können nicht vor der Antragstellung wirksam sein, Art. 245 II FamG. Eine natürliche oder juristische Person, die Aufwendungen zum Unterhalt einer Person gehabt hat, kann nach Art. 246 FamG durch gerichtlichen Antrag **Ersatz** dieser Aufwendungen von demjenigen verlangen, der nach dem FamG verpflichtet ist, den Betreffenden zu unterhalten, wenn die getätigten Aufwendungen gerechtfertigt waren. **122**

Nach Art. 249 II FamG ordnet das Gericht in Verfahren auf Unterhalt, mit Ausnahme des Unterhalts minderjähriger Kinder, einstweilige Maßnahmen zwecks Unterhaltsgewährung nur auf Antrag der Person an, die den Unterhalt begehrt. Dann ordnet das Gericht die einstweilige Maßnahme gemäß Art. 249 III FamG an, wenn das Bestehen einer Tatsache, von der das Recht auf Unterhalt abhängt, als wahrscheinlich erscheint, sowie in Verfahren auf Feststellung der Mutterschaft oder der Vaterschaft, wenn es als wahrscheinlich erscheint, dass der Antragsgegner ein Elternteil des Kindes ist. **123**

---

[225] OLG München 4 UF 34/05, BeckRS 2005, 33886.

Dänemark

1. Kindesunterhalt

124 Nach § 13 I des Gesetzes über die Versorgung der Kinder[226] (Kinderversorgungsgesetzes – KiVG) sind Eltern „jeder für sich verpflichtet, das Kind zu versorgen". Das Gesetz unterscheidet nicht danach, ob ein Kind ehelich oder außerhalb einer Ehe geboren ist. Kommt ein Elternteil seiner Versorgungspflicht gegenüber dem Kind nicht nach, so kann das **Staatsamt** ihm auferlegen, einen Beitrag zum Unterhalt des Kindes zu leisten (§ 13 II KiVG). Verträge über Unterhaltsbeiträge schließen eine abweichende Entscheidung des Staatsamts nicht aus, wenn der Vertrag offenbar unbillig erscheint, die Verhältnisse sich wesentlich geändert haben oder der Vertrag dem Besten des Kindes zuwiderläuft (§ 17 KiVG). Alle Entscheidungen über den Kindesunterhalt werden somit in Dänemark von den Staatsämtern bzw. (auf Beschwerde) vom Justizministerium getroffen.[227] Unterhaltsbeiträge stehen dem Kind zu und sind, sofern ein Gesamtbetrag gezahlt wird, mündelsicher anzulegen (§ 18 KiVG). Daraus folgt, dass ein wirksamer Verzicht auf Kindesunterhalt ausgeschlossen ist.[228] Antragsberechtigt ist derjenige, der die Personensorge ausübt und die Kosten der Versorgung des Kindes bestreitet. Soweit die Versorgung aus öffentlichen Mitteln bestritten wird, steht das Recht der Behörde zu (§ 18 II KiVG).

125 Der Unterhaltsbeitrag „wird mit Rücksicht auf das Beste des Kindes und die wirtschaftlichen Verhältnisse der Eltern einschließlich ihrer Erwerbsfähigkeit festgesetzt" (§ 14 I KiVG). Sind beide Eltern mittellos, wird der Beitrag im Allgemeinen auf den geltenden **Normalbetrag** festgesetzt.[229] Von dieser Vorschrift wird, auf Grund extensiver Auslegung des Begriffs „mittellos", sehr häufig Gebrauch gemacht. In fast allen übrigen Fällen orientiert sich die Praxis an den Sätzen der öffentlichen Unterhaltsvorschüsse und legt fest, dass der Normalbetrag mit einem schematisierten Zuschlag (von 25, 50 oder 100%) zu zahlen ist.[230] Für außergewöhnlichen Bedarf, zB für Taufe, Konfirmation, Krankheit oder Kosten eines anderen besonderen Anlasses kann ein besonderer Beitrag festgesetzt werden, wenn der Antrag binnen 3 Monaten beim Staatsamt gestellt wird (§ 15 I, II KiVG).

126 Der Unterhaltsbeitrag ist **halbjährig im Voraus** zu zahlen, wenn nichts anderes bestimmt ist (§ 14 IV KiVG). Für einen Zeitraum, der mehr als drei Monate vor der Antragstellung liegt, kann ein Unterhaltsbeitrag nur dann auferlegt werden, wenn besondere Gründe dafür sprechen (§ 15 II KiVG). Die Beitragspflicht endet grundsätzlich mit Vollendung des 18. Lebensjahres oder (vorbehaltlich einer abweichenden Bestimmung der Staatsverwaltung) mit ihrer Eheschließung (§ 14 II KiVG). Ein Beitrag zum Studium oder zur Ausbildung kann jedoch auch für die Folgezeit auferlegt werden, bis das Kind das 24. Lebensjahr vollendet hat (§ 14 III KiVG). Antragsberechtigt ist auch insoweit nur

---

[226] Gesetz über die Versorgung der Kinder vom 18.5.1960 in der Fassung der Bekanntmachung vom 23.12.2015 (Nr. 1815) zuletzt geändert durch § 4 des Gesetzes Nr. 1313 vom 27.11.2013; bis Juli 2002 wurde das Kinderversorgungsgesetz als Kindergesetz zitiert; vgl. Bergmann/Ferid/Henrich/Cieslar/Giesen, Internationales Ehe- und Kindschaftsrecht, Dänemark, Stand: 25.10.2018 S. 119 ff.

[227] Bergmann/Ferid/Henrich/Cieslar/Giesen, Internationales Ehe- und Kindschaftsrecht, Dänemark, Stand: 25.10.2018 S. 49.

[228] Denn der sorgeberechtigte und betreuende Elternteil hat nach § 18 II 1 KiVG nur das Recht zur Stellung des Antrags, die Höhe des Unterhaltsbeitrags festsetzen zu lassen und Unterhaltsbeiträge zu verlangen.

[229] § 14 des Gesetzes v. 4.6.1986 (Nr. 350) über eine Kinderbeihilfe und vorschussweise Zahlung von Kindesunterhalt in der Fassung der Bekanntmachung (Nr. 1095) vom 27.10.2014, zuletzt geändert durch § 1 des Gesetzes (Nr. 999) vom 30.8.2015; Bergmann/Ferid/Henrich/Cieslar/Giesen, Internationales Ehe- und Kindschaftsrecht, Dänemark, Stand: 25.10.2018 S. 121 ff.

[230] Bergmann/Ferid/Henrich/Cieslar/Giesen, Internationales Ehe- und Kindschaftsrecht, Dänemark, Stand: Mai 2017 S. 119, dort Fn. 4.

derjenige, der die Kosten der Versorgung des Kindes trägt.[231] Das Staatsamt kann einen Unterhaltsbeitrag (für die Vergangenheit nur bei ganz besonderen Umständen) auf begründeten Antrag jederzeit **ändern** (§ 16 I KiVG).

2. Ehegattenunterhalt

Trennung. Nach § 2 des Gesetzes über die Wirkungen der Ehe[232] (Ehewirkungsgesetz – EheG II) obliegt es den Ehegatten, durch Geldleistungen, Haushaltstätigkeit oder auf andere Weise nach ihren Fähigkeiten zu einem **Familienunterhalt** beizutragen, der nach den Lebensverhältnissen der Ehegatten als angemessen anzusehen ist. Zum Unterhalt wird gerechnet, was für den Haushalt, für die Erziehung der Kinder sowie für die Befriedigung der besonderen Bedürfnisse eines jeden Ehegatten erforderlich ist (§ 2 S. 2 EheG II). Können die Bedürfnisse eines Ehegatten aus seinem Beitrag zum Familienunterhalt nicht gedeckt werden, ist der andere Ehegatte verpflichtet, ihm die erforderlichen Geldmittel in angemessenem Umfang zur Verfügung zu stellen (§ 3 EheG II). Erfüllt der Ehegatte diese Unterhaltspflicht nicht, ist er auf Antrag zu verpflichten, dem anderen Ehegatten einen Geldbetrag in der Höhe zu leisten, die nach den Umständen als billig anzusehen ist (§ 5 EheG II). 127

Für die **Trennungszeit** gelten die Vorschriften zum Familienunterhalt entsprechend (§ 6 S. 1 EheG II). Auf Antrag ist der Zuschuss für den unterhaltsbedürftigen Ehegatten und die bei ihm lebenden Kinder als Geldbetrag festzusetzen. Nach § 6 S. 3 EheG II steht dem Ehegatten, der im Wesentlichen die Schuld an der Beendigung des Zusammenlebens trägt, kein Unterhaltsanspruch zu, „es sei denn, dass ganz besondere Gründe dafür sprechen". In der heutigen Unterhaltspraxis wird die Schuldfrage allerdings regelmäßig nicht mehr aufgeworfen.[233] 128

Streitigkeiten über Unterhaltsbeiträge nach §§ 5, 6 EheG II werden von der höheren Verwaltungsbehörde **(Staatsamt)** entschieden (§ 8 I EheG II). Sie kann dabei auch von einer Vereinbarung der Beteiligten abweichen, wenn diese unbillig erscheint oder die Verhältnisse sich wesentlich geändert haben (§ 9 EheG II). Die Verwaltungsbehörde kann ihre Entscheidung auf Antrag jederzeit ändern, wenn sich die Verhältnisse wesentlich geändert haben (§ 8 I 2 EheG II). Die Staatsverwaltung oder der Justizminister können gemäß § 9a EheG II für die Festsetzung oder Änderung von Unterhalt nach diesem Gesetz einen Beteiligten um Auskünfte über dessen eigene Verhältnisse ersuchen. Kommt der Beteiligte dem nicht nach, kann die Entscheidung aufgrund der vorliegenden Erkenntnisse getroffen werden. Die Ehegatten sind verpflichtet, einander die Auskünfte über ihre wirtschaftlichen Verhältnisse zu geben, die zur Beurteilung ihrer Unterhaltspflicht erforderlich sind (§ 10 EheG II). 129

Scheidung. Im Rahmen einer unstreitigen Ehetrennung nach § 29 des Gesetzes über die Eingehung und Auflösung der Ehe[234] (Ehegesetz – EheG I) und der darauf beruhenden Ehescheidung (§§ 31, 32 EheG I) haben die Ehegatten eine **einvernehmliche Regelung** ua darüber zu treffen, ob ein Ehegatte verpflichtet sein soll, einen Beitrag zum Unterhalt des anderen zu leisten (§§ 42 II 1, 49 EheG I). Die Frage der Höhe des Unterhaltsbeitrags können die Ehegatten der Entscheidung der höheren Verwaltungsbehörde überlassen (§ 42 II 2 EheG I). In sonstigen Fällen der Ehetrennung oder -scheidung sowie bei Aufhebung der Ehe entscheidet das mit der Hauptsache befasste Gericht auch darüber, ob und für welche Zeit ein Ehegatte einen Beitrag zum künftigen Unterhalt des anderen zu leisten hat (§§ 49, 50, 25 I EheG I). Der in einem Urteil zur Ehetrennung festgesetzte Unterhaltsbeitrag gilt auch für die Zeit nach Ehescheidung, wenn das Gericht im Tren- 130

---

[231] Bergmann/Ferid/Henrich/Cieslar/Giesen, Internationales Ehe- und Kindschaftsrecht, Dänemark, Stand: Mai 2017 S. 119, dort Fn. 5.
[232] Vom 18.3.1925 in der Fassung der Bekanntmachung (Nr. 1814) vom 23.12.205; vgl. Bergmann/Ferid/Henrich/Cieslar/Giesen, Internationales Ehe- und Kindschaftsrecht, Dänemark, Stand: 25.10.2018 S. 65 ff.
[233] Bergmann/Ferid/Henrich/Cieslar/Giesen, Internationales Ehe- und Kindschaftsrecht, Dänemark, Stand: 25.10.2018 S. 66 dort Fn. 4.
[234] Bekanntmachung vom 23.12.2015 (Nr. 1818); Bergmann/Ferid/Henrich/Cieslar/Giesen, Internationales Ehe- und Kindschaftsrecht, Dänemark, Stand: 25.10.2018 S. 56 ff.

nungsurteil nicht eine andere Bestimmung getroffen hat (§ 45 EheG I). Die grundsätzliche Höchstdauer des nachehelichen Unterhalts beträgt 10 Jahre; die Unterhaltspflicht darf diese Dauer nur bei besonderen Umständen übersteigen, § 50 I 2 EheG I. Zur Dauer gibt es allerdings eine vielfältige Rechtsprechung, wonach am häufigsten Unterhaltszeiten von 3, 5, 8 oder 10 Jahren festgelegt werden.[235]

131 Im Gegensatz zu der vom Gericht festzusetzenden Dauer des nachehelichen Unterhalts obliegt die Bemessung der **Höhe von Unterhaltsbeiträgen** stets den Staatsämtern, wenn keine Vereinbarung über diese Frage zustande kommt (§ 50 I 1 EheG I). Ist die Ehetrennung oder -scheidung von einem Staatsamt bewilligt worden (§ 42 I EheG I), bleibt dieses Amt drei Monate für die Beitragsbemessung zuständig (§ 25 Eheauflösungsbekanntmachung). In allen anderen Fällen richtet sich die örtliche Zuständigkeit nach Wohnsitz oder Aufenthalt primär des Zahlungspflichtigen und sekundär des Berechtigten.[236]

Bei der Entscheidung über die Pflicht zur Zahlung eines Unterhaltsbeitrags sind die Bedürftigkeit und Erwerbsfähigkeit des Unterhaltsberechtigten, die Leistungsfähigkeit des Unterhaltspflichtigen und die Dauer der Ehe zu berücksichtigen (§ 50 II 1 EheG I). Weiterhin kann berücksichtigt werden, ob der Unterhaltsberechtigte eine Ausbildungsbeihilfe oder ähnliches benötigt (§ 50 II 2 EheG I). In der Praxis ist die Beitragsbemessung jedoch stark schematisiert und zunehmend restriktiv.[237] Regelmäßig wird die Höhe des Unterhalts nach der „Fünftelregelung" mit Korrektiv durch die „Drittelregelung" ermittelt. Danach beträgt der Unterhalt ein Fünftel der Differenz des um den Kindesunterhalt bereinigten Bruttoeinkommens des Unterhaltspflichtigen zum Bruttoeinkommen des Unterhaltsberechtigten. Dabei soll die Gesamtsumme der Unterhaltsleistungen des Unterhaltspflichtigen an mehrere Unterhaltsberechtigte ein Drittel seiner Bruttoeinkünfte nicht übersteigen.[238] Die Beitragspflicht entfällt, wenn der Unterhaltsberechtigte eine **neue Ehe** eingeht oder einer der Ehegatten verstirbt (§ 51 EheG I). Ein eheliches Zusammenleben steht einer neuen Ehe nicht gleich, führt aber oft dazu, dass ein Unterhaltsbeitrag „bis auf weiteres" mangels Bedürftigkeit versagt oder aberkannt wird.[239]

132 Eine Unterhaltsvereinbarung oder eine gerichtliche Entscheidung über die Beitragspflicht kann durch Urteil **abgeändert** werden, wenn wesentlich geänderte Umstände und besondere Gründe hierfür sprechen (§ 53 I EheG I). Eine von der höheren Verwaltungsbehörde getroffene Entscheidung über die Höhe des Beitrags kann von dieser abgeändert werden, wenn die Umstände dafür sprechen (§ 53 II EheG I).

England und Wales

1. Kindesunterhalt

133 Für den Kindesunterhalt stehen im englischen und walisischen Recht zwei alternative Rechtsgrundlagen zur Verfügung. Wird der Antrag auf Kindesunterhalt im Rahmen eines Scheidungsverfahrens oder zwischen geschiedenen Ehegatten gestellt, ergibt sich der Anspruch aus den sec. 21 bis 26 des Matrimonial Causes Act 1973 **(MCA)**.[240] Nach Sec 15 I

---

[235] Bergmann/Ferid/Henrich/Cieslar/Giesen, Internationales Ehe- und Kindschaftsrecht, Dänemark, Stand: 25.10.2018 S. 43.
[236] Bergmann/Ferid/Henrich/Cieslar/Giesen, Internationales Ehe- und Kindschaftsrecht, Dänemark, Stand: 25.10.2018 S. 32.
[237] Bergmann/Ferid/Henrich/Cieslar/Giesen, Internationales Ehe- und Kindschaftsrecht, Dänemark, Stand: 25.10.2018 S. 43.
[238] Bergmann/Ferid/Henrich/Cieslar/Giesen, Internationales Ehe- und Kindschaftsrecht, Dänemark, Stand: 25.10.2018 S. 43.
[239] Bergmann/Ferid/Henrich/Cieslar/Giesen, Internationales Ehe- und Kindschaftsrecht, Dänemark, Stand: 25.10.2018 S. 46.
[240] In Kraft seit dem 1.1.1974; Bergmann/Ferid/Henrich/Cieslar/Henrich, Internationales Ehe- und Kindschaftsrecht, Großbritannien, Stand 1.3.2016 S. 156 ff.; im Internet unter: http://www.legislation.gov.uk/ukpga/1973/18; vgl auch Odersky FPR 2013, 72 (74 f.).

Children Act 1989 iVm § 1 I, III des Anhangs (schedule) 1 zum Children Act 1989[241] **(ChAct Anh. 1)** kann ein Elternteil, der Vormund oder eine sonst ermächtigte Person (residence order) jederzeit Unterhalt für ein **minderjähriges Kind** verlangen.

Auf diesen Antrag kann das Gericht einen oder beide Elternteile verpflichten, an den Antragsteller oder an das Kind periodische Zahlungen (ggf. mit Sicherheitsleistung; § 1 II a, b ChAct Anh. 1; sec. 23 I d, e MCA) oder eine einmalige Abfindung (§ 1 II c ChAct Anh. 1; sec. 23 I f MCA) zu zahlen. Für die Pauschalsumme kann auch eine Zahlung in Raten, die später abgeändert werden können, vorgesehen werden (§ 5 V, VI ChAct Anh. 1; sec. 23 III c MCA). Es kann auch anordnen, dass ein Vermögen des unterhaltspflichtigen Elternteils zugunsten des Kindes festgelegt oder auf dieses übertragen wird (§ 1 II d, e ChAct Anh. 1; sec. 24 I a MCA). Eine Anordnung zur Zahlung laufenden Unterhalts oder zur Leistung einer Sicherheit dafür kann durch spätere Anordnung geändert oder aufgehoben werden (§ 1 IV ChAct Anh. 1). Diese Befugnis schließt die Befugnis ein, den entsprechenden Elternteil auch dann noch zur Zahlung einer Pauschalsumme zu verpflichten (§ 5 III ChAct Anh. 1). Solange das Kind noch nicht volljährig ist, kann das schon mit der Sache befasste Gericht von Amts wegen eine weitere laufende Unterhaltspflicht, eine Sicherheitsleistung oder eine weitere Abfindung festlegen (§ 1 V a ChAct Anh. 1). Anordnungen auf Festlegung oder Übertragung von Vermögen kann das Gericht in demselben Unterhaltsrechtsverhältnis aber nur einmal treffen (§ 1 V b ChAct Anh. 1). Ist das Kind ein Gerichtsmündel, kann das Gericht von den Befugnissen auch von Amts wegen Gebrauch machen (§ 1 VII ChAct Anh. 1). Sonst kann es solche Anordnungen auch im Zusammenhang mit besonderen Sorgerechtsentscheidungen (residence order oder spezial guardianship order) treffen (§ 1 VI ChAct Anh. 1). Unterhalt kann auch dann in einer Pauschalsumme zugewiesen werden, wenn er Verbindlichkeiten oder Ausgaben im Zusammenhang mit der Geburt erfasst oder wenn er die vernünftigerweise vor Erlass der Anordnung eingegangenen Verbindlichkeiten betrifft (§ 5 I ChAct Anh. 1). Ein Familiengericht (magistrates' court) soll als Pauschale höchstens 1000 Pfund oder den durch Verordnung erhöhten Betrag zusprechen (§ 5 II ChAct Anh. 1).

134 Eine Verpflichtung zur Zahlung laufenden Unterhalts für minderjährige Kinder oder zu einer entsprechenden Sicherheitsleistung kann für die Zeit ab Antragstellung oder ab einem späteren Zeitpunkt beginnen, darf sich aber nicht über die Vollendung des 17. Lebensjahres erstrecken, es sei denn, das Gericht hält nach den Umständen des Falles einen späteren Zeitraum für richtig. Grundsätzlich darf sich die Anordnung jedenfalls nicht über den 18. Geburtstag des Kindes hinaus erstrecken (§ 3 I ChAct Anh. 1). Diese zeitliche Begrenzung besteht aber nicht, wenn sich das Kind in einer Ausbildung befindet oder eine Ausbildung aufnehmen will, gleichgültig, ob es daneben noch in einem entgeltlichen Beschäftigungsverhältnis steht. Gleiches gilt, wenn besondere Umstände vorliegen, die eine abweichende Anordnung rechtfertigen (§ 3 II ChAct Anh. 1). Eine neue Unterhaltsanordnung oder die Abänderung einer bestehenden Unterhaltsanordnung, kann lediglich für die Zeit ab der erstmaligen Bezifferung, frühestens aber für die Zeit von 6 Monaten vor Antragstellung festgesetzt werden (§ 3 I, V, VI ChAct Anh. 1). Eine Anordnung auf periodische Unterhaltszahlungen verliert ihre Wirksamkeit, wenn der Unterhaltspflichtige stirbt, unabhängig davon, was die Anordnung bestimmt (§ 3 III ChAct Anh. 1). Eine Anordnung auf periodische Unterhaltszahlungen oder Sicherheitsleistung dafür verliert ihre Wirksamkeit auch, wenn der Elternteil, an den die Leistungen erbracht werden sollen und der unterhaltspflichtige Elternteil für einen Zeitraum von mehr als sechs Monaten zusammenleben (§ 3 IV ChAct Anh. 1).

135 Nach sec. 23 I lit. d MCA kann das Gericht bei gerichtlicher Ehescheidung, Nichtigerklärung oder gerichtlicher Trennung der Ehe oder jederzeit danach auch eine Anordnung treffen, dass ein Ehegatte an eine bestimmte Person periodische Zahlungen zugunsten

---

[241] In Kraft seit dem 14.10.1991, zuletzt geändert durch den Children and Families Act 2014; die Vorschriften des Human Fertilisation and Embryology Act 2008 sind in das Child Maintenance and Enforcement Agency (CMEC) übergegangen; Bergmann/Ferid/Cieslar/Henrich, Großbritannien, Stand 1.3.2016 S. 76 ff. mit Anhang I S. 87 ff.; vgl. auch https://www.gov.uk/child-maintenance.

eines Kindes der Familie oder direkt an das Kind leistet und zwar für einen konkret spezifizierten Zeitraum. Entsprechend kann das Gericht nach sec. 15 I ChAct iVm § 1 I, II lit. a, b ChAct Anh. 1 auf Antrag eines Elternteils eine Anordnung erlassen, die einen oder beide Elternteile des Kindes verpflichtet, periodische Zahlungen für den in dem Antrag genannten Zeitraum an den Antragsteller zugunsten des Kindes oder an das Kind selbst zu leisten. In den meisten Fällen wird der Kindesunterhalt auf der Grundlage des Child Support Act 1991[242] von der Child Support Agency[243] (CSA, Kindesunterhaltsamt) bestimmt.[244] Die **Höhe** des Kindesunterhalts ergibt sich allerdings nicht unmittelbar aus dem Gesetz. Nach ständiger Praxis beträgt sie für ein Kind 15%, für zwei Kinder 20% und für drei und mehr Kinder 25% des Nettoeinkommens des barunterhaltspflichtigen Elternteils. Dies gilt allerdings nur für Nettoeinkünfte bis 110 000 £/jährlich; bei höheren Einkünften hat das Gericht nach den individuellen Umständen zu entscheiden. Lebt bei dem barunterhaltspflichtigen Elternteil ein weiteres Kind, sind zunächst (nach Anzahl der Kinder) 15%, 25% oder 35% von seinem Nettoeinkommen abzuziehen.[245]

136   Ein **volljähriges Kind** kann jederzeit die Anordnung einer finanziellen Unterstützung verlangen, wenn es eine Ausbildung (Schule oder Berufsausbildung) begonnen hat, beginnen wird oder beginnen möchte, unabhängig davon, ob das Kind schon einen Arbeitsverdienst erzielt hat oder noch nicht oder wenn sonst besondere Umstände vorliegen, die eine Anordnung rechtfertigen (§ 2 I, VII ChAct Anh. 1). Die Anordnung kann auf eine zur Höhe und Dauer festgelegte periodische Zahlung oder auf eine einmalige Zahlung in bestimmter Höhe lauten (§ 2 II ChAct Anh. 1). Für die Pauschalsumme kann auch eine Zahlung in Raten, die später abgeändert werden können, vorgesehen werden (§ 5 V, VI ChAct Anh. 1). Ein Antrag ist nicht möglich, wenn zugunsten des Kindes unmittelbar vor Vollendung seines 16. Lebensjahres bereits eine periodische Unterhaltszahlung in Kraft war (§ 2 III ChAct Anh. 1). Die Anordnung soll nicht ergehen, solange die Eltern des Antragstellers in einem gemeinsamen Haushalt leben (§ 2 IV ChAct Anh. 1). Die Anordnung kann später auf Antrag jedes Beteiligten abgeändert oder aufgehoben werden (§ 2 V ChAct Anh. 1). Diese Befugnis schließt die Befugnis ein, den entsprechenden Elternteil zur Zahlung einer Pauschalsumme zu verpflichten (§ 5 III ChAct Anh. 1). Das Gericht kann während der Dauer einer zuvor angeordneten Zahlung von Zeit zu Zeit eine weitere Anordnung treffen (§ 2 VIII ChAct Anh. 1; sec 23 IV MCA).

137   Eine Anordnung auf periodische Unterhaltszahlungen verliert ihre Wirksamkeit, wenn der Unterhaltspflichtige stirbt (§ 3 III ChAct Anh. 1).

138   Bei seiner Entscheidung über den Unterhaltsanspruch minderjähriger oder volljähriger Kinder berücksichtigt das Gericht alle Umstände, einschließlich des Einkommens, der Verdienstmöglichkeiten, des Vermögens, die finanziellen Bedürfnisse, Verpflichtungen und Haftungen des Unterhaltspflichtigen, der finanziellen Bedürfnisse, des Einkommens, der Verdienstmöglichkeiten und des Vermögens des unterhaltsberechtigten Kindes, einer ev. körperlichen oder geistigen Behinderung des Kindes und der Art und Weise, wie das Kind bisher ausgebildet wurde oder nach den Erwartungen ausgebildet werden sollte (§ 3 I ChAct Anh. 1; sec. 25 MCA). Bei dem Ausspruch über die Unterhaltspflicht einer Person, die nicht Elternteil des Kindes ist, hat das Gericht außerdem zu berücksichtigen, ob, in welchem Umfang und auf welcher Grundlage sie die Unterhaltspflicht übernommen hat, ob dies im Bewusstsein geschehen ist, nicht Elternteil des Kindes zu sein und ob noch eine weitere Person dem Kind unterhaltspflichtig ist (§ 4 II ChAct Anh. 1; sec. 25 IV MCA). Wenn das Gericht einer Person aufgibt, Unterhalt für ein minderjähriges Kind zu zahlen, dessen Elternteil er nicht ist, soll dies in der Entscheidung vermerkt werden (§ 4 III ChAct Anh. 1).

139   Im Verfahren auf Kindesunterhalt kann das Gericht jederzeit eine **vorläufige Anordnung** erlassen, soweit das sachdienlich erscheint. Darin kann es einen Elternteil oder beide Eltern zur Zahlung wiederkehrender Leistungen, frühestens für die Zeit ab Eingang des

---

[242] http://www.legislation.gov.uk/ukpga/1991/48/contents/enacted.
[243] https://www.gov.uk/child-maintenance/overview.
[244] Odersky FPR 2013, 72 (74).
[245] Rieck/Woelke, Ausländisches Familienrecht, England und Wales, Stand: Juli 2018, Rn. 33.

Unterhaltsantrags, verpflichten. Die vorläufige Anordnung verliert ihre Geltung mit der abschließenden Entscheidung des Gerichts in der Hauptsache, wenn nicht ein früherer Zeitpunkt bestimmt war, der später aber auch geändert werden kann (§ 9 I–IV ChAct Anh. 1; sec. 22 MCA). Unterhaltsvereinbarungen können vom Gericht auf Antrag eines Beteiligten abgeändert werden, wenn sich die Verhältnisse seit der Vereinbarung geändert haben oder die getroffene Vereinbarung bezüglich des Kindes keine angemessenen finanziellen Arrangements enthält (§ 10 I–VII ChAct Anh. 1).

2. Ehegattenunterhalt

Wie in anderen Staaten des common law existiert auch in England und Wales kein materielles Recht, das die Ansprüche der getrennt lebenden oder geschiedenen Ehegatten regelt. Stattdessen sind richterliche Eingriffsbefugnisse kodifiziert, die es ihm erlauben, die Scheidungsfolgen mit einem sehr weiten Ermessensspielraum zu regeln. Die im Matrimonial Causes Act 1973[246] (MCA) geregelten Eingriffsbefugnisse sind nach deutschem Verständnis in Unterhalt, Güterrecht, Versorgungsausgleich sowie Hausrats- und Wohnungszuweisung zu unterscheiden. Nach der Art des Eingriffs ist nach dem englischen Recht zwischen Anordnungen zur finanziellen Versorgung (financial provision orders) und Anordnungen zur Vermögenszuweisung (property adjustment orders) zu unterscheiden, die aber auch miteinander kombiniert werden können und stets auf einer einheitlichen Gesamtwürdigung durch das Gericht beruhen.[247] **140**

Zur finanziellen Versorgung kann das Gericht eine Verpflichtung zu Zahlung wiederkehrender Leistungen (periodical payment orders; sec. 23 (1) (a) MCA) und deren Sicherung sowie die Zahlung einer, ggf. in Raten zu zahlenden, Pauschalsumme (lump sum; sec. 23 (1) (c) MCA) anordnen.[248] Die Ermächtigung zur Vermögenszuordnung erstreckt sich auch darauf, einen Ehegatten zu verpflichten, dem anderen Vermögensgegenstände zu übertragen oder ihm Nutzungsrechte daran einzuräumen (sec. 24 MCA) oder Vermögensgegenstände zu veräußern und den Erlös zu teilen (sec. 24A MCA). Bei der Ermessensausübung soll das Gericht prüfen, ob eine endgültige Regelung der finanziellen Angelegenheiten möglich ist (clean break approach), zB durch eine Einmalzahlung bei großem Vermögen (big money cases).[249] **141**

Bei der Ausübung dieser Eingriffsmöglichkeiten hat das Gericht im Rahmen seines sehr weiten Ermessens Billigkeitskriterien sowie die gesetzlichen Ermessensfaktoren und die obergerichtlichen Vorgaben zu beachten. Danach ist an erster Stelle das Wohl minderjähriger Kinder in der Familie zu beachten. Erst danach kommen als weitere Kriterien das Einkommen und die Vermögensverhältnisse der Ehegatten, ihre finanziellen Bedürfnisse, ihr Alter und ihre Gesundheit, die Dauer der Ehe und das Verhalten der Ehegatten während der Ehe (sec. 25 MCA).[250] Als wegweisende obergerichtliche Entscheidung gilt die Entscheidung des House of Lords in der Sache White v. White aus dem Jahre 2000.[251] Danach ist bei der Verteilung des ehelichen Vermögens grundsätzlich der Maßstab der gleichen Teilhabe beider Ehegatten (yardstick of equal division) zu beachten. Auch bei einer Kapitalisierung des voraussichtlich zukünftigen Unterhaltsbedarfs muss der Pauschalbetrag den Grundsatz der Halbteilung des Vermögens beachten; dann bedarf es allerdings keiner zusätzlichen wiederkehrenden Leistungen zur Deckung des laufenden Unterhaltsbedarfs. Der Maßstab der gleichen Teilhabe soll selbst für solche Fälle gelten, in denen das Vermögen nicht für einen „clean break" durch Einmalzahlung ausreicht und deswegen die Unterhaltssicherung durch Zahlung wiederkehrender Leistungen auf der Grundlage der **142**

---

[246] In Kraft seit dem 1.1.1974; Bergmann/Ferid/Henrich/Cieslar/Henrich, Internationales Ehe- und Kindschaftsrecht, Großbritannien, Stand 1.3.2016 S. 156 ff.
[247] Odersky FPR 2013, 72.
[248] BGH FamRZ 2009, 1659 Rn. 4; vgl. auch Scherpe/Sloan FamRZ 2015, 1547 ff.; Odersky FPR 2013, 72 f.
[249] Vgl. zB EuGH IPRax 1999, 35; zur Vollstreckung im Ausland vgl. BGH FamRZ 2009, 1659.
[250] Odersky FPR 2013, 72 (73).
[251] 2 FLR 981, veröffentlicht im Internet unter: www.publications.parliament.uk.

Einkünfte im Vordergrund steht.²⁵² Abweichungen von diesem Halbteilungsgrundsatz lässt sich die Vermögensteilung mit dem besonderen Wohnbedarf des Ehegatten begründen, bei dem minderjährige Kinder leben.²⁵³

143 Währen der Ehe sind die Ehegatten verpflichtet, zum **Familienunterhalt** beizutragen. Für die Zeit bis zum Ausspruch der Scheidung kann das Gericht gemäß sec. 22 MCA laufende Unterhaltszahlungen anordnen. Bei der Festsetzung der Unterhaltshöhe und der Art und Weise des Unterhalts hat das Gericht nach Sec 27 MCA alle Umstände des Einzelfalls, insbesondere aber das Wohl der Kinder zu berücksichtigen. Daneben sind die Umstände zu berücksichtigen, die nach Sec 25 II MCA auch für den nachehelichen Unterhalt gelten. Die Zuständigkeit für eine Anordnung von Unterhaltsentscheidungen ergibt sich (für die Magistrates' Courts) aus Sec 3 II des Domestic Proceedings and Magistrates' Courts Act 1978 oder (für den High Court) aus Sec 27 MCA. Die Anordnungen während des laufenden Trennungs- oder Scheidungsverfahrens sind mit dem deutschen Trennungsunterhalt vergleichbar, orientieren sich zur Höhe aber lediglich am erforderlichen Bedarf des Unterhaltsberechtigten.²⁵⁴

144 Statt auf Ehescheidung kann der Ehegatte aus den gleichen Gründen auch auf **gerichtliche Trennung** antragen. Die Entscheidung hebt die Verpflichtung zur ehelichen Lebensgemeinschaft auf, lässt das Eheband und die sich sonst daraus ergebenden Pflichten jedoch unberührt (Sec 18 I MCA). Insbesondere schulden sich die Ehegatten weiterhin Unterhalt bis zum Abschluss der Verfahren, die auf gerichtliche Trennung, Ehescheidung oder Nichtigkeit der Ehe gerichtet sind (Sec 22 MCA).

145 Der Unterhaltsanspruch **geschiedener Ehegatten** ergibt sich aus Sec 23 ff. MCA. Nach Sec 23 MCA kann das Gericht zugunsten eines Ehegatten für die Zeit nach der gerichtlichen Trennung, Ehescheidung oder Nichtigkeit der Ehe eine Unterhaltsregelung treffen. Dabei kann es dem unterhaltsberechtigten Ehegatten entweder einen laufenden Unterhaltsanspruch oder eine pauschale Abfindung zusprechen (Sec 23 MCA). Es kann aber auch anordnen, dass ein Vermögen des unterhaltspflichtigen Elternteils zugunsten des Unterhaltsberechtigten festgelegt, auf diesen übertragen und zu Unterhaltszwecken verkauft wird (Sec 24, 24a MCA). Bei der Entscheidung hat das Gericht zu förderst das Wohl der familienangehörigen und noch nicht volljährigen Kinder zu berücksichtigen.²⁵⁵ Zu berücksichtigen sind ferner das Einkommen und die sonstigen Vermögensverhältnisse der Ehegatten, ihr ehelicher Lebensstandard und ihre finanziellen Bedürfnisse, ihr Alter, die Ehedauer, die jeweilige Beiträge zum Familienunterhalt, das Verhalten der Ehegatten, ev. körperliche oder geistige Behinderungen sowie zu erwartende Nachteile durch die Scheidung, zB entfallende Pensionsansprüche (Sec 25, 25B, 25C MCA).²⁵⁶ Die frühere gesetzliche Regelung, wonach die Ehegatten durch den Unterhaltsanspruch in die Lage versetzt werden sollten, ihren früheren Lebensstandard aufrechtzuerhalten, wurde 1984 aufgehoben.²⁵⁷

146 Macht das Gericht von seiner Befugnis zur Anordnung nachehelichen Unterhalts Gebrauch, hat es zu prüfen, ob die Unterhaltspflicht zeitlich zu begrenzen ist (Sec 25A I MCA). Wenn periodische Zahlungen angeordnet werden, muss das Gericht insbesondere prüfen, ob der Unterhalt auf einen Zeitraum begrenzt werden kann, der es dem bedürftigen Ehegatten ohne unangemessene Härte ermöglicht, sich aus der finanziellen Abhängigkeit von dem anderen Ehegatten zu lösen (Sec 25A II MCA). Ist das Gericht der Auffassung, dass dem Anspruchsteller die begehrten wiederkehrenden Unterhaltsleistungen nicht zustehen, kann es mit der Abweisung des Antrags zugleich bestimmen, dass der

---

²⁵² BGH FamRZ 2009, 1659 Rn. 14; Süß/Ring/Odersky, Eherecht in Europa, England und Wales Rn. 53 f.
²⁵³ BGH FamRZ 2009, 1659 Rn. 14; Rieck/Woelke, Ausländisches Familienrecht, England und Wales, Stand: Juli 2018, Rn. 34 f.
²⁵⁴ Odersky FPR 2013, 72 (74).
²⁵⁵ Odersky FPR 2013, 72 (73).
²⁵⁶ Zu Präzedenzentscheidungen bei der Anwendung dieser gesetzlichen Vorgaben vgl. Odersky FPR 2013, 72 (73); zu den bei der Güteraufteilung nach Ehescheidung zu beachtenden Grundsätzen vgl. Scherpe FamRZ 2006, 1314.
²⁵⁷ Bergmann/Ferid/Cieslar/Henrich, Internationales Ehe- und Kindschaftsrecht, Großbritannien, Stand: 1.3.2016 S. 45 und 166 f.

Antragsteller auch künftig nicht das Recht hat, einen Antrag auf Erlass einer solchen Anordnung zu stellen (Sec 25A III MCA). Der Unterhaltsanspruch entfällt, wenn einer der Ehegatten verstirbt. Gleiches gilt, wenn der unterhaltsberechtigte Ehegatte heiratet oder eine zivile Partnerschaft eingeht (Sec 28 MCA). Auf Antrag eines Ehegatten kann das Gericht eine Unterhaltsanordnung ändern, wenn es dies für angemessen hält (Sec 31 MCA).

Bei der Beurteilung der Wirksamkeit von **Eheverträgen** ist strikt danach zu unterscheiden, ob der Vertrag vor der Ehe (pre-nuptial agreements) oder nach der Heirat (post-nuptial agreements) geschlossen wurde.[258] Vor der Ehe geschlossene Eheverträge sind grundsätzlich nichtig, weil sie in die den Gerichten gesetzlich zugewiesene Kompetenz zur Ermessensentscheidung über Vermögensaufteilung und Unterhalt eingreifen.[259] Allerdings sind solche Eheverträge nicht bedeutungslos, sondern können dem Gericht als Entscheidungsgrundlage dienen. Denn der Richter hat bei der Festlegung der finanziellen Folgen der Scheidung nach Sec 25 MCA stets die gesamten Umstände einschließlich des Verhaltens der Beteiligten zu berücksichtigen. Dazu zählen nach der Rechtsprechung auch Abschluss und Inhalt eines vorehelichen Ehevertrages. Eine Vereinbarung der Ehegatten vor der Ehe kann der Entscheidung danach zugrunde gelegt werden, wenn sie das Unterhaltsrecht des berechtigten Ehegatten nicht unangemessen beschränkt oder ausschließt (Sec 34 MCA), also „fair" ist. Solche Eheverträge haben auf die gerichtliche Entscheidung oft sehr große Auswirkung; teilweise werden sie in vollem Umfang übernommen.[260] 147

Die Rechtsprechung zu den Eheverträgen nach der Heirat hat sich kürzlich geändert. Solche Eheverträge werden jetzt für grundsätzlich wirksam und vollziehbar angesehen.[261] Das schließt es aber nicht aus, dass einer der Beteiligten zur Klärung der Vermögens- und Unterhaltsfragen gleichwohl das Gericht anruft. Und dieses ist auch dann nicht an den Ehevertrag gebunden, sondern nimmt eine eigene Würdigung vor. Der Unterschied zur Behandlung des vorehelichen Ehevertrages wird damit begründet, dass nach der Heirat nicht mehr ein so hoher Druck auf den Ehegatten lastet wie zuvor.[262] Vermutlich wird die Rechtsprechung deswegen den Eheverträgen nach der Heirat größeres Gewicht einräumen und sie, wenn das Gericht überhaupt angerufen wird, eher übernehmen. Noch größere Bedeutung kommt Eheverträgen zu, die mit Blick auf eine bevorstehende Scheidung geschlossen werden (separation agreements). Solche Eheverträge haben nach ständiger Rechtsprechung regelmäßig ein maßgebliches Gewicht für die Ermessensentscheidung des Richters. Abweichungen sind in der Rechtspraxis eher selten und besonders zu begründen.[263]

Das Recht der nichtehelichen Lebensgemeinschaften wird in der englischen Wissenschaft und Praxis als reformbedürftig empfunden. Die Reformvorschläge der Law Commission sind in einer Stellungnahme der Regierung gelobt worden. Eine Umsetzung ist gegenwärtig aber noch nicht vorgesehen, weil wegen der unabsehbaren finanziellen Folgen zunächst die Auswirkungen der 2006 eingeführten schottischen Regelungen abgewartet werden sollen.[264] 148

3. Allgemeine Grundsätze

Macht das Gericht von seiner Möglichkeit Gebrauch, **periodischen Kindesunterhalt** oder die dafür angeordneten Sicherungen später **abzuändern** oder aufzuheben, hat es ebenfalls alle Umstände des Falles zu berücksichtigen, einschließlich der Änderungen seit 149

---

[258] Grundlegend Scherpe FamRZ 2009, 1536 ff.; vgl. auch Odersky FPR 2013, 72 (73).
[259] Mac Leod v. Mac Leod Privy Council 2008, zitiert bei Scherpe FamRZ 2009, 1536 (1537).
[260] Vgl. Scherpe FamRZ 2009, 1536 (1537); zu Akzeptanz ausländischer Eheverträge vgl. Radmacher v. Granation Court of Appeal, zitiert bei Scherpe FamRZ 2009, 1536 (1538); vgl. auch Odersky FPR 2013, 72 (73).
[261] Odersky FPR 2013, 72 (73) mwN.
[262] Mac Leod v. Mac Leod Privy Council 2008, zitiert bei Scherpe FamRZ 2009, 1536 (1537).
[263] Edgar v. Edgar Court of Appeal, zitiert bei Scherpe FamRZ 2009, 1536 (1538).
[264] Scherpe FamRZ 2008, 1690.

Erlass der abzuändernden Anordnung (§ 6 I ChAct Anh. 1; sec. 31 MCA). Die Abänderungsbefugnis schließt auch die Befugnis ein, frühere Anordnungen auszusetzen oder wieder in Kraft zu setzen. Bei Änderung der Zahlungsverpflichtung kann es auch den Zeitpunkt der Änderung festsetzen (§ 6 II, III ChAct Anh. 1). Der Antrag auf Abänderung kann auch von dem minderjährigen Kind gestellt werden, sobald es das 16. Lebensjahr vollendet hat (§ 6 IV ChAct Anh. 1). Entfällt die Wirksamkeit des monatlichen Unterhalts zwischen dem 16. und 18. Lebensjahr, kann das unterhaltsberechtigte Kind deren Wiederaufleben beantragen (§ 6 V ChAct Anh. 1). Nach dem Tod des unterhaltspflichtigen Elternteils kann der Vormund des Kindes oder der Testamentsvollstrecker des verstorbenen Elternteils Änderung oder Aufhebung der Verpflichtung zur Zahlung monatlichen Unterhalts oder zur Sicherung wiederkehrender Leistungen beantragen (§ 6 VIII, 7 ChAct Anh. 1).

Finnland

1. Kindesunterhalt

150 Nach § 1 des Gesetzes über den Kindesunterhalt[265] (KUG) hat ein Kind Anspruch auf angemessenen Unterhalt. Der Unterhalt umfasst die Sicherstellung der materiellen und geistigen Bedürfnisse, die dem Entwicklungsstand des Kindes entsprechen, die Fürsorge und Ausbildung, die das Kind benötigt und die daraus entstehenden Kosten (§ 1 S. 2 KUG). Die Eltern kommen nach **ihren Fähigkeiten** für den Unterhalt des Kindes auf. Bei der Beurteilung ihrer Fähigkeiten zur Unterhaltsleistung sind ihr Alter, ihre Arbeitsfähigkeit, ihre Möglichkeiten, einer Erwerbstätigkeit nachzugehen, die Menge ihrer verfügbaren Mittel und ihre sonstigen gesetzlichen Unterhaltspflichten zu berücksichtigen (§ 2 I KUG). Bei der Beurteilung des Umfangs der Unterhaltspflicht sind auch die Fähigkeiten und Möglichkeiten des Kindes zu berücksichtigen, selbst für seinen Unterhalt zu sorgen, sowie alle Umstände, die es ermöglichen, dass durch den Kindesunterhalt den Eltern keine Aufwendungen entstehen, oder dass diese gering bleiben (§ 2 II KUG).

151 Das Recht des Kindes auf Unterhalt von seinen Eltern endet grundsätzlich, sobald das Kind das **18. Lebensjahr** vollendet hat (§ 3 I KUG). Für die Kosten der Ausbildung eines volljährigen Kindes haben die Eltern aufzukommen, wenn es angemessen erscheint. Dabei sind die Veranlagungen des Kindes, die Dauer und Kosten der Ausbildung und die Möglichkeiten des Kindes, nach Ende der Ausbildung selbst Ausbildungskosten zu tragen, besonders zu berücksichtigen (§ 3 II KUG).

152 Wenn ein Ehegatte nicht auf andere Weise für den Unterhalt des Kindes aufkommt und das Kind nicht ständig bei ihm wohnt, kann er zur Zahlung eines Unterhaltsbeitrags an das Kind verpflichtet werden (§ 4 I KUG); dasselbe gilt, wenn das Kind nicht ständig bei seinen Eltern wohnt. Die **Höhe** des Unterhaltsbeitrags sowie die Art und Weise seiner Zahlung werden entweder durch eine Vereinbarung oder durch eine gerichtliche Entscheidung festgelegt (§ 4 II KUG). Dabei wird das minderjährige Kind durch den sorgeberechtigten Elternteil oder einen anderen gesetzlichen Vertreter vertreten. Der sorgeberechtigte Elternteil ist berechtigt, das Kind insoweit auch nach Vollendung des 18. Lebensjahres zu vertreten (§ 5 KUG). Gleiches gilt für die Verfahrensführungsbefugnis des Sozialausschusses,[266] insoweit sind die Einzelheiten im Sozialgesetzbuch geregelt.

153 Der Unterhaltsbeitrag ist monatlich im Voraus zu zahlen, wenn nicht etwas anderes vereinbart oder bestimmt ist. Der Beitrag kann auch in unterschiedlicher Höhe für verschiedene Zeiträume festgesetzt werden (§ 6 I KUG). Die Pflicht, Unterhalt zu zahlen, endet nach § 6 II KUG, wenn das Kind das 18. Lebensjahr vollendet hat, sofern nicht

---

[265] Vom 5.9.1975/704 in der Fassung vom 13.1.2015/15; vgl. Bergmann/Ferid/Henrich/Cieslar/Arends, Finnland, Stand: 1.1.2018 S. 93 ff.
[266] Vgl. insoweit das Gesetz zur Sicherung des Kindesunterhalts 122/1977.

etwas anderes vereinbart oder bestimmt ist. Der Unterhaltsbeitrag kann aber auch mit einem einmal zu leistenden Betrag festgesetzt werden, wenn dies zur Sicherstellung des künftigen Unterhalts des Kindes erforderlich ist und im Hinblick auf die Leistungsfähigkeit des Unterhaltspflichtigen als angemessen angesehen werden kann (§ 6 III KUG).

Eine **Unterhaltsvereinbarung** bedarf der Schriftform. Aus ihr müssen sich die Angaben zur Person des unterhaltsberechtigten Kindes und des Unterhaltspflichtigen, die Höhe des Unterhaltsbeitrags, der Zeitpunkt, von dem an der Unterhaltsbeitrag zu zahlen ist, der Zeitpunkt, an dem die Zahlung des Unterhaltsbeitrags endet, wann die einzelnen Unterhaltsbeiträge zur Zahlung fällig sind und an wen der Unterhaltsbeitrag zu leisten ist ergeben (§ 7 I KUG). Die Unterhaltsvereinbarung ist von dem unterhaltspflichtigen Elternteil und dem Vertreter des Kindes zu unterzeichnen. Ein volljähriges Kind muss die Vereinbarung selbst unterzeichnen. Eine Vereinbarung über die Unterhaltspflicht eines Geschäftsunfähigen oder eingeschränkt Geschäftsfähigen muss von seinem Betreuer genehmigt und unterschrieben werden (§ 7 II KUG). Eine Vereinbarung, in der im Namen des Kindes auf einen künftigen Unterhaltsanspruch **verzichtet** wird, ist nichtig (§ 7 III KUG). Die Unterhaltsvereinbarung ist dem Sozialausschuss der Gemeinde am Wohnsitz des Kindes zur Genehmigung vorzulegen (§ 8 I KUG). Der Sozialausschuss hat die Vereinbarung zu genehmigen, wenn ihr Inhalt dem Gesetz entspricht und sie in der vorgeschriebenen Form zustande gekommen ist. Dabei prüft er insbesondere, ob das Recht des Kindes auf einen ausreichenden Unterhalt und die Leistungsfähigkeit der Eltern beachtet sind (§ 8 II KUG). Eine vom Sozialausschuss genehmigte Unterhaltsvereinbarung kann wie eine rechtskräftige Entscheidung vollstreckt werden (§ 8 III KUG). Der Sozialausschuss kann eine Unterhaltsvereinbarung auch genehmigen, wenn die Beteiligten ihren Wohnsitz nicht in Finnland haben, nach der EuUnthVO aber die finnischen Gerichte zuständig sind und die Beteiligten nach dem HUP 2007 die Anwendbarkeit des finnischen materiellen Rechts vereinbart haben (§ 8a KUG). 154

Durch **gerichtliche Entscheidung** kann die Höhe des Unterhaltsbeitrags und die Art und Weise seiner Zahlung unter Berücksichtigung der gesetzlichen Vorschriften festgesetzt werden (§ 9 KUG). Dabei hat das Gericht zu bestimmen, dass der Unterhaltsbeitrag vom Eintritt der Rechtshängigkeit an oder ab einem festgesetzten späteren Zeitpunkt zu zahlen ist (§ 10 I KUG). Aus besonders schwerwiegenden Gründen kann das Gericht auch einen Unterhaltsbeitrag für die Zeit vor Rechtshängigkeit, längstens aber für die unmittelbar vorausgegangene Jahr, festsetzen (§ 10 II KUG). Wenn der Unterhaltsantrag binnen eines Jahres ab Feststellung der Vaterschaft erhoben wurde, kann der Vater verpflichtet werden Unterhalt vom Zeitpunkt der Geburt an zu zahlen, bei späterer Antragstellung aber längstens für die zurückliegende Zeit von fünf Jahren vor der Rechtshängigkeit (§ 10 III KUG). 155

Die Höhe des Unterhaltsbeitrags und die Art und Weise seiner Zahlung könne durch Vereinbarung oder gerichtliche Entscheidung **abgeändert** werden, wenn sich die Verhältnisse, die bei der Festsetzung zu berücksichtigen sind, so wesentlich geändert haben, dass eine Abänderung unter Berücksichtigung der Verhältnisse des Kindes und des unterhaltspflichtigen Elternteils angemessen ist. Bei Prüfung der Abänderung ist die Höhe des Unterhaltsbeitrags entsprechend dem Gesetz über die Anbindung von Unterhaltszahlungen an die Lebenshaltungskosten[267] zu berücksichtigen (§ 11 I KUG). Bei der Entscheidung über eine Abänderung könne auch die Verhältnisse während des letzten Jahres vor Einreichung des Antrags berücksichtigt werden, wenn besondere Gründe dafür sprechen (§ 11 II KUG). Die Vorschrift des § 11 I KUG ist entsprechend anwendbar, wenn die Unterhaltsvereinbarung offensichtlich unbillig ist (§ 11 III KUG). 156

Wenn das Gericht entscheidet, dass ein Unterhaltsbeitrag vorzeitig endet oder herabgesetzt wird, hat es zugleich zu prüfen, ob die seit Anhängigkeit des Verfahrens geleisteten Beträge zurückzuerstatten sind (§ 12 I KUG). Wenn die Vaterschaft rechtskräftig aufgehoben ist, kann das Gericht den gesetzlichen Vertreter des Kindes zur (teilweisen) Rückzahlung des Kindesunterhalts verpflichten, wenn der Vertreter bei Festsetzung des Unterhaltsbeitrags oder bei Erhalt der Beträge wusste, dass der Mann nicht der Vater des Kindes ist und die Rückzahlung unter Berücksichtigung der Verhältnisse des Kindes, seines 157

---

[267] Gesetz Nr. 660/1966 in der Fassung vom 20.1.2012/23.

gesetzlichen Vertreters und des Mannes billig erscheint (§ 12 II KUG). Verspätete Unterhaltsleistungen werden zuerst mit den fälligen Unterhaltsschulden des ältesten Kalenderjahres verrechnet, sodann in der zeitlichen Reihenfolge bis zu den jüngsten Rückständen (§ 16a I KUG). Hatte das Kind Leistungen nach dem Unterhaltssicherungsgesetz bezogen, ist der Träger der Leistungen zum Regress bei den unterhaltspflichtigen Eltern befugt (§ 16a II KUG).

2. Ehegattenunterhalt

158   Nach § 46 I des Ehegesetzes vom 13.6.1929[268] (EheG) sind beide Ehegatten verpflichtet, nach ihren Fähigkeiten zum gemeinsamen Haushalt der Familie und zum Unterhalt der Ehegatten beizutragen. Das gilt während intakter Ehe und auch für eine **Trennungszeit**. Der Unterhalt der Ehegatten schließt die Befriedigung der gemeinsamen und persönlichen Bedürfnisse der Ehegatten ein. Die Höhe des einem Ehegatten zu leistenden Unterhaltsbeitrags und dessen Zahlungsweise können durch einen Vertrag oder eine gerichtliche Entscheidung festgesetzt werden (§ 46 II EheG). Kommt ein Ehegatte seiner Unterhaltspflicht nicht nach oder leben die Ehegatten getrennt, kann das Gericht einen Ehegatten verpflichten, an den anderen Unterhalt zu zahlen (§ 47 EheG).

159   Hält das Gericht einen Ehegatten für unterhaltsbedürftig, kann es den anderen Ehegatten bei der **Ehescheidung** verpflichten, unter Berücksichtigung seiner Leistungsfähigkeit und anderer Gesichtspunkte angemessenen Unterhalt zu zahlen (§ 48 I EheG). Die Unterhaltszahlung kann entweder vorläufig oder befristet festgelegt werden. Die Abgeltung in einer einmaligen Zahlung kommt in Betracht, wenn die Vermögensverhältnisse des Unterhaltspflichtigen und die anderen Gesichtspunkte dazu Anlass geben (§ 48 II EheG). Die Verpflichtung zur Zahlung eines laufenden Unterhalts endet, wenn der Unterhaltsberechtigte eine neue Ehe eingeht. Die Verpflichtung zur Zahlung von Ehegattenunterhalt kann rückwirkend für den Zeitraum von längstens zwei Jahren vor Einleitung des Verfahrens festgelegt werden (§ 49 I EheG). Die gerichtliche Entscheidung über die Unterhaltspflicht kann für vorläufig vollstreckbar erklärt werden, wenn darin nichts anderes entschieden ist (§ 49 II EheG).

160   Die Ehegatten können einen **Vertrag** über den Ehegattenunterhalt schließen. Der Vertrag ist schriftlich abzuschließen und dem Sozialausschuss der Gemeinde am Wohnort eines Ehegatten zur Genehmigung vorzulegen (§ 50 I EheG). Der Sozialausschuss hat vor der Genehmigung des Vertrags abzuwägen, ob der Vertrag im Hinblick auf den Unterhaltsbedarf des einen Ehegatten, die Leistungsfähigkeit des anderen Ehegatten und sonstige relevante Gesichtspunkte angemessen ist (§ 50 II EheG). Ein vom Sozialausschuss genehmigter Vertrag kann wie eine rechtskräftige Entscheidung vollstreckt werden (§ 50 III KUG).

161   Eine gerichtliche Entscheidung oder eine zwischen den Ehegatten getroffene Vereinbarung über Unterhaltszahlungen kann **abgeändert** werden, wenn dies auf Grund veränderter Verhältnisse begründet erscheint. Eine Entscheidung oder ein Vertrag die eine Abgeltung des Unterhalts durch eine einmalige Zahlung zum Inhalt haben, könne jedoch nicht mehr abgeändert werden, sobald die Unterhaltszahlung geleistet ist (§ 51 I KUG). Bei der Abänderung des Unterhalts können auch die Verhältnisse während der letzten sechs Monate vor Einleitung des Verfahrens berücksichtigt werden (§ 51 II KUG). Ein zwischen den Ehegatten geschlossener Unterhaltsvertrag kann abgeändert werden, wenn sein Inhalt unangemessen ist (§ 51 III KUG). Wird eine Entscheidung oder Vereinbarung über den Ehegattenunterhalt abgeändert oder aufgehoben oder wird die Vereinbarung für nichtig erklärt, hat das Gericht abzuwägen, ob der Ehegatte das, was er geleistet hat, ganz oder teilweise zurückerhalten soll (§ 51 IV KUG).

---

[268] Ehegesetz vom 13.6.1929/234 in der Fassung vom 25.8.2016/695; vgl. Bergmann/Ferid/Henrich/Cieslar/Arends, Internationales Ehe- und Kindschaftsrecht, Finnland, Stand: 1.1.2018 S. 35 ff.

3. Unterhaltsanspruch eines Lebenspartners

Nach § 8 I, II des Gesetzes über die eingetragene Lebenspartnerschaft[269] (Lebenspart- 162
nerG) hat die Eingehung oder Auflösung einer eingetragenen Lebenspartnerschaft
die gleichen rechtlichen Wirkungen wie die Eingehung oder Auflösung einer Ehe
(→ Rn. 158 ff.).

Frankreich[270]

1. Kindesunterhalt

Gemäß Art. 371–2 I des Zivilgesetzbuches (Code civil von 1804 – Cc)[271] trägt jeder 163
Elternteil zum Unterhalt und zur Erziehung entsprechend seinen finanziellen Möglichkeiten, denen des anderen Elternteils wie auch entsprechend den Bedürfnissen des Kindes bei. Die Verpflichtung endet nicht allein deswegen, weil das Kind volljährig geworden ist (Art. 371–2 II Cc).[272] Nach Art. 203 Cc gehen die Ehepartner mit der Eheschließung die Verpflichtung ein, ihre Kinder zu ernähren, zu unterhalten und zu erziehen. Nach Art. 213 S. 2 Cc sorgen die Ehegatten für die Erziehung der Kinder und bereiten deren Zukunft. Leben ein Elternteil oder beide von dem Kind getrennt, nimmt der Beitrag zum Unterhalt und zur Erziehung die Form einer Unterhaltsrente an, die von dem Elternteil an den betreuenden Elternteil oder an eine dritte Person zu zahlen ist, der das Kind anvertraut wurde (Art. 373-2-2 I Cc). Die Modalitäten und Garantien dieses Unterhalts sind in einer genehmigten Vereinbarung nach Art. 373-2-7 Cc oder bei deren Fehlen durch den Richter festzulegen. (Art 373-2-2 II Cc). Die Eltern können den Familienrichter zur Genehmigung eine Vereinbarung anrufen, in der die Modalitäten der Ausübung der elterlichen Sorge, Beiträge zum Unterhalt und die Erziehung des Kindes geregelt ist (Art. 373-2-7 I Cc). Der Richter genehmigt die Vereinbarung, sofern die Interessen des Kindes nicht entgegenstehen und die Zustimmung der Eltern nicht freiwillig ist (Art 373–2-7 II Cc). Anpassung an die veränderten Verhältnisse ist möglich (Art. 209 Cc). Die Vorschriften über die Vaterschaft und die Vaterschaftsvermutungen sind durch das Reformgesetz 2005,[273] das am 16.1.2009 ratifiziert wurde,[274] grundlegend umgestaltet worden.[275] Jedes nichteheliche Kind, bei dem die Vaterschaft nicht gesetzlich begründet ist, kann nach Art. 342 I Cc von dem Mann Unterhalt verlangen, der in der gesetzlichen Zeit der Empfängnis mit seiner Mutter eine Beziehung hatte. Der Antrag ist nach Art. 342 II Cc zulässig so lange das Kind minderjährig ist und, wenn während der Minderjährigkeit noch kein Antrag erhoben war, auch noch zwei Jahre nach Eintritt der Volljährigkeit. Solch ein Antrag ist auch dann zulässig, wenn die Mutter oder der Vater im Zeitraum der Empfängnis mit einer anderen Person verheiratet waren oder wenn sie nicht heiraten konnten, da ein Ehehinderungsgrund bestand (Art. 342 III Cc).

---

[269] Gesetz über die eingetragene Lebenspartnerschaft vom 9.11.2001/950 in der Fassung vom 19.12.2017/947; vgl. Bergmann/Ferid/Henrich/Cieslar/Arends, Internationales Ehe- und Kindschaftsrecht, Finnland, Stand: 1.1.2018 S. 61 f.; vgl. jetzt auch § 1a EheG zur Möglichkeit einer Umwandlung einer registrierten Partnerschaft in eine Ehe.
[270] Vgl. auch Junggeburth FPR 2013, 75.
[271] Zuletzt geändert durch Gesetz Nr. 2013–404 vom 17.5.2013; vgl. Bergmann/Ferid/Henrich/Cieslar/Schönberger, Internationales Ehe- und Kindschaftsrecht, Frankreich, Stand: 1.2.2014 S. 55 ff.
[272] Dazu gehört auch die Ausbildung über den Eintritt der Volljährigkeit hinaus, vgl. Bericht über das 3. Regensburger Symposion für Europäisches Familienrecht, FamRZ 1996, 1529.
[273] Verordnung Nr. 2005–759 vom 6.7.2005 JO vom 6.7.2005.
[274] Gesetz Nr. 2009–61 vom 16.1.2009 JO vom 18.1.2009.
[275] Vgl. insoweit Ferrand/Francoz-Terminal FamRZ 2009, 1539 (1541 f.).

2. Ehegattenunterhalt

164   **Trennung.** Nach Art. 213 Cc sorgen die Ehegatten gemeinsam für den moralischen und materiellen Unterhalt der Familie. Die Trennung lässt die eheliche Hilfeleistungspflicht gemäß Art. 212 Cc unberührt (Art. 303 Cc). Nach Art. 212 Cc schulden die Ehegatten einander gegenseitigen Respekt, Treue, Hilfe und Beistand. Diese Pflicht umfasst auch den Unterhalt.[276] Gemäß Art. 303 II Cc wird Trennungsunterhalt ohne Rücksicht auf ein Verschulden an der Trennung gewährt. Dieser Unterhalt unterliegt den Vorschriften über Unterhaltsverpflichtungen (Art. 303 III Cc). Wenn jedoch die Vermögenswerte des verpflichteten Ehegatten dazu Anlass geben, wird der Unterhalt ganz oder teilweise durch eine Einmalzahlung gemäß den Art. 274 bis 275-1, 277 und 281 Cc ersetzt. Wenn diese Einmalzahlung die Bedürfnisse des Gläubigers nicht mehr deckt, kann dieser eine Ergänzung in Form einer zusätzlichen Unterhaltszahlung verlangen (Art. 303 IV Cc). Die aus diesen Regelungen folgenden Verpflichtungen sind beiderseitig (Art. 207 I Cc). Der Unterhaltsschuldner kann sich im Fall eines eigenen Verstoßes des Unterhaltsberechtigten gegen seine Unterhaltspflicht aber auf die Verwirkungsvorschrift des Art. 207 II Cc berufen.

165   In der nach Art. 252 Cc zwingend vorgesehenen Versöhnungsverhandlung ordnet der Richter nach Art. 254 Cc unter Berücksichtigung einer eventuellen Zustimmung beider Ehegatten, die notwendigen Maßnahmen an, um die Existenz der Eheleute und der Kinder bis zur Rechtskraft der Entscheidung zu sichern. Nach Art. 255 Nr. 6 Cc kann er insbesondere eine Unterhaltszahlung festlegen. Hat nach Beginn des Scheidungsverfahrens (in Frankreich) ein französisches Gericht in einer „ordonnance de non conciliation contradictoire" eine Regelung des Trennungsunterhalts getroffen, bleibt diese grundsätzlich bis zur Rechtskraft der Scheidung wirksam. Sie ist mehr als eine einstweilige Anordnung nach deutschem Recht (§§ 49 ff. FamFG), entspricht im Wesentlichen einem deutschen Urteil zum Trennungsunterhalt und ist die einzige Möglichkeit, während des Scheidungsverfahrens eine gerichtliche Regelung über den Trennungsunterhalt zu erlangen.[277]

166   **Scheidung.** Das französische Recht kennt mehrere Möglichkeiten einer Scheidung,[278] nämlich
– im Einvernehmen beider Ehegatten, die gemeinsam die Scheidungsfolgen im Voraus regeln, um vom Familienrichter die Scheidung ausgesprochen zu bekommen (Art. 230–232 Cc); dieses Verfahren setzt einen gemeinsamen Scheidungsantrag der Ehegatten voraus. Der Richter genehmigt die Vereinbarung und spricht die Scheidung aus, wenn er der Überzeugung ist, dass der Wille beider Ehegatten wahr ist und ihr Einverständnis frei und ohne Zweifel behaftet. Der Richter kann die Genehmigung verweigern und die Scheidung nicht aussprechen, wenn er feststellt, dass die Vereinbarung die Interessen der Kinder oder eines der Ehegatten ungenügend berücksichtigt (Art. 232 I, ii Cc),
– den Scheidungsantrag eines Ehegatten, der sich auf Fakten bezieht, die von beiden Ehegatten akzeptiert werden müssen und die ein weiteres Zusammenleben unerträglich machen (Art. 233–234 Cc); dieser Scheidungsgrund setzt voraus, dass der Ehegatte, der die Scheidungsinitiative nicht ergriffen hat, positiv antwortet, die vorgetragenen Tatsachen zugibt und die Scheidung akzeptiert. Wenn der Richter der Überzeugung ist, dass beide Ehegatten ihre Zustimmung aus freien Stücken gegeben haben, spricht er die Scheidung aus und entscheidet über die Folgesachen (Art. 234 Cc),
– auf Antrag eines Ehegatten wegen endgültiger Zerrüttung der ehelichen Gemeinschaft, die auf ein Auseinanderleben der Ehegatten abstellt (Art. 237–238 Cc); ein Ehegatte kann die Scheidung beantragen, wenn die Ehe endgültig zerrüttet ist (Art. 237 Cc). Die endgültige Zerrüttung resultiert aus dem Ende der ehelichen Lebensgemeinschaft, wenn die Ehegatten in Zeitpunkt der Zustellung des Scheidungsantrags seit mindestens zwei Jahren getrennt leben (Art. 238 I Cc),

---

[276] Vgl. OLG Karlsruhe FamRZ 1992, 58.
[277] Vgl. OLG Karlsruhe NJW-RR 1994, 1286.
[278] Furkel/Gergen FamRZ 2005, 1615; zur Privatscheidung vgl. Kohler/Pintens FamRZ 2017, 1456; vgl. auch Rieck/Katzenmaier, Ausländisches Familienrecht, Frankreich, Stand: Juli 2018, Rn. 18 ff.

– aus Verschulden, wenn für einen Ehegatten wegen schwerer Verfehlungen oder wiederholter Pflichtverletzungen des anderen Ehegatten die Aufrechterhaltung der Ehegemeinschaft unerträglich ist (Art. 242 Cc). In diesen Fällen kann ein Ehegatte bei alleinigem Verschulden des anderen Ehegatten, wie der Antragsgegner einer Zerrüttungsscheidung, Schadensersatz zum Ausgleich einer besonderen Härte verlangen, der er aufgrund der Auflösung der Ehe unterliegt (Art. 266 Cc).

Hinzu kommt die Umwandlung eines Trennungsurteils in ein Scheidungsurteil nach dreijähriger Trennung von Tisch und Bett gemäß Art. 306 ff. Cc.

Nachehelicher Unterhalt (pension alimentaire)[279] wird seit der zum 1.1.2005 in Kraft getretenen Reform nicht mehr von Gesetzes wegen geschuldet. Die Scheidung beendet vielmehr die Unterhaltspflicht zwischen den Ehegatten (Art. 270 I Cc). Die Art. 281–285 Cc, die einen solchen Anspruch bislang für den Fall einer Scheidung wegen endgültiger Zerrüttung vorsahen, sind gestrichen worden. Nach wie vor kann aber ein Unterhalt vereinbart werden, der dann aber als vertraglicher Anspruch nach den allgemeinen Regeln geltend gemacht werden muss.[280] Im Regelfall endet mit der Scheidung deswegen die laufende gegenseitige Unterstützungspflicht der Ehegatten.

An Stelle des Unterhalts kann jedoch bei allen Scheidungsarten eine Pflicht zu **Ausgleichsleistungen,** den sog **prestations compensatoires,** angeordnet oder vereinbart werden, um die Ungleichheit auszugleichen, welche die Auflösung der Ehe in den jeweiligen Lebensbedingungen schafft (Art. 270 II Cc).[281] Der Anspruch kann nach neuester Rechtsprechung des Kassationsgerichtshofs auch erstmals im Berufungsverfahren über die Ehescheidung geltend gemacht werden.[282] Nach dieser Vorschrift kann einer der Ehegatten gehalten sein, dem anderen eine bestimmte Zahlung zu leisten, um soweit wie möglich die Ungleichheit auszugleichen, die das Ende der Ehe in den Lebensbedingungen verursacht. Die Leistung wird als Pauschale ermittelt. Sie kann als Einmalzahlung bestimmt werden, deren Höhe der Richter festsetzt. Damit soll möglichst eine endgültige Regelung der finanziellen Verhältnisse der früheren Ehegatten erreicht werden. Der Richter kann die Gewährung einer solchen Leistung verwehren, wenn die Gleichheit es erfordert, sei es unter Berücksichtigung der Kriterien des Art. 271 Cc, sei es, weil die Scheidung aus alleinigen Verschulden desjenigen Ehegatten ausgesprochen wurde, der die Zahlung verlangt, im Hinblick auf die besonderen Umstände des Eheendes (Art. 270 III Cc). Ein Ausgleich ist etwa versagt worden, nachdem die Ehefrau unter Fälschung der Unterschrift des Ehemannes Darlehen aufgenommen und die Beträge auf eigene Konten überwiesen hatte, um sie allein zu vereinnahmen.[283]

Die Ausgleichsleistung wird nach den Bedürfnissen des Empfängers und der Leistungsfähigkeit des anderen Ehegatten festgesetzt. Dabei ist die Lage im Zeitpunkt der Ehescheidung und ihre Entwicklung in absehbarer Zukunft zu berücksichtigen (Art. 271 I Cc). Ist die Gütergemeinschaft der Ehegatten im Falle ihrer Ehescheidung mit einer ‚ordonnance de non conciliation' beendet, kann eine später erhaltene Abfindung nicht mehr bei der Bemessung der prestations compensatoire berücksichtigt werden.[284] Entsprechend muss das Gericht mit Verkündung des Scheidungsurteils zugleich über die ‚prestations compensatoire' entscheiden und darf diese nicht einem späteren Zeitpunkt vorbehalten.[285] Das gleiche gilt für eine Abfindung, die vor Eingehung der Ehe, etwa durch die Kündigung des Arbeitsverhältnisses, begründet war, auch wenn sie erst während der Ehe ausgezahlt worden ist.[286]

---

[279] Vgl. insoweit Junggeburth FPR 2013, 75 (81 ff.).
[280] Rieck/Katzenmaier, Ausländisches Familienrecht, Frankreich, Stand: Juli 2018, Rn. 18.
[281] BGH FamRZ 2013, 1113 Rn. 17; Furkel/Gergen FamRZ 2005, 1615 (1621).
[282] Katzenmaier NZFam 2019, 107 unter Hinweis auf Cass. Ziv. 1, 14.3.2018, pourvoi n° 17–14.874.
[283] Katzenmaier NZFam 2019, 107, 108 unter Hinweis auf Cass. Ziv. 1, 13.12.2017, pourvoi no 16–25256.
[284] Cass. Ziv. 1, 11.4.2018, pourvoi no 17–17575.
[285] Katzenmaier NZFam 2019, 107, 108 unter Hinweis auf Cass. Ziv. 1, 15.11.2017, pourvoi no 16–25.700.
[286] Katzenmaier NZFam 2019, 107 f. unter Hinweis auf Cass. Ziv. 1, 15.11.2017, pourvoi no 16–25023.

Bei der Bemessung der Bedürftigkeit und der Leistungsfähigkeit berücksichtigt der Richter insbesondere die Dauer der Ehe, Alter und Gesundheit der Eheleute, ihre Ausbildung und berufliche Situation oder ob die Karriere des Ehegatten zu Lasten der eigenen Karriere gefördert wurde, das geschätzte oder voraussichtliche Vermögen der Ehegatten, Kapital und Einkünfte nach der Auseinandersetzung des Ehegüterstands, ihre bestehenden und voraussichtlichen Ansprüche sowie ihre Rentenansprüche (Art. 271 II Cc).[287] Zu berücksichtigen ist weiterhin, wenn der Schuldner auch Kindesunterhalt zahlt oder der Gläubiger neu verheiratet ist, was seine Kosten der Lebensführung reduziert.[288] Bei der Festsetzung einer Ausgleichsleistung durch den Richter oder durch die Beteiligten oder anlässlich eines Änderungsantrags geben die Beteiligten gegenüber dem Richter eine eidesstattliche Erklärung über die Richtigkeit ihrer Einkommen, Gehälter, Vermögen und Lebensbedingungen ab (Art. 272 Cc). Wenn die Vermögenssituation des Schuldners es gestattet, nimmt die Ausgleichszahlung die Form einer Kapitalzuwendung an. Bei Zahlung einer Geldsumme kann der Ausspruch der Scheidung von Sicherheiten gem. Art. 277 Cc abhängig gemacht werden. Daneben ist auch eine Übertragung von Gütern zu Eigentum oder von vorübergehenden Rechten oder Leibrenten, Wohnung oder Nießbrauch möglich, wobei die Übertragung zu Gunsten des Gläubigers mit dem Urteilsspruch erfolgt. Die Zustimmung des verpflichteten Ehegatten zur Übertragung von Gütern zu Eigentum ist zwingend bei Gütern, die er im Wege einer Erbschaft oder Schenkung erhalten hat (Art. 274 Cc).

169 Der Richter entscheidet über die Art und Weise der Übertragung (Art. 274 Cc). Unabhängig von einer gesetzlichen oder gerichtlichen Hypothek kann der Richter dem Schuldner die Leistung einer Realsicherheit, die Stellung einer Bürgschaft oder die Unterzeichnung eines Vertrages auferlegen, um die Zahlung der Rente oder der Kapitalzuwendung zu sichern (Art. 277 Cc). Hat der Schuldner der Ausgleichszahlung keine flüssigen Mittel, kann ihm nach Leistung dieser Bürgschaft als Sicherheit gestattet werden, das Kapital in bis zu acht Jahresraten aufzubringen (Art. 275 I Cc). Nur wenn kein genügendes Kapital vorhanden ist, kann die Ausgleichszahlung ausnahmsweise die Form einer Leibrente oder einer Rente auf Zeit annehmen (Art. 276 I Cc). Die Leibrente kann nach Art. 276 II Cc verringert werden, wenn es die Umstände erfordern, durch Übertragung eines Teils als Kapital in den Formen des Art. 274 Cc.

170 Die Rentenzahlungspflicht geht beim Tode des Schuldners auf dessen Erben über. Die Zahlung ist von allen Erben zu erbringen, aber beschränkt auf die Aktiva des Nachlasses und darüber hinaus von allen Vermächtnisnehmern (Art. 280 I Cc) Wenn die Ausgleichszahlung als Einmalzahlung gem. Art. 275 festgelegt wurde, ist der Saldo des indexierten Betrages sofort zur Zahlung fällig (Art. 280 II Cc). Wenn sie als Rente bestimmt wurde, ist sie durch eine sofort fällige Summe zu ersetzen (Art. 280 II Cc). Im Fall einer bedeutenden Änderung seiner Lage kann der Schuldner eine Abänderung der Zahlungsmodalitäten beantragen (Art. 275 II 1 Cc). Im Ausnahmefall kann der Richter dann, durch spezielle und begründete Entscheidung, die Zahlungen auf die Einmalzahlung auf eine Höchstdauer von acht Jahren begrenzen (Art. 275 II 2 Cc). Der Schuldner kann sich zu jeder Zeit vom Saldo der indexierten Einmalzahlung befreien. Nach der Auseinandersetzung des Ehegüterstands kann der Gläubiger der Ausgleichszahlung bei Gericht die Zahlung des Saldos der indexierten Einmalzahlung verlangen (Art. 275 III Cc). Die Ausgleichszahlungen sind der Unterhaltspflicht einigermaßen vergleichbar (Art. 270 ff. Cc), zumindest dann, wenn mangels Masse eine Ausgleichsleistung in Form einer großen Geldsumme oder Überlassung von Vermögenswerten in Natur ua (Art. 274 Cc) nicht möglich ist und eine Ausgleichsrente mit Gleitklausel festgesetzt wird (Art. 275 I Cc). International-privatrechtlich ist umstritten, ob sie güterrechtlich zu qualifizieren ist (Art. 15 EGBGB)[289] oder unterhaltsrechtlich nach Art. 15 EuUnthVO und dem HUP 2007 (→ Rn. 2, 4).[290] Letzteres dürfte

---

[287] Rieck/Katzenmaier, Ausländisches Familienrecht, Frankreich, Stand: Juli 2018, Rn. 18.
[288] Katzenmaier NZFam 2019, 107 (108) unter Hinweis auf Cass. Ziv. 1, 4.7.2018, pourvoi no 17–20.281.
[289] Vgl. OLG Karlsruhe FamRZ 1989, 748; Rieck/Katzenmaier, Ausländisches Familienrecht, Frankreich, Stand: Juli 2018, Rn. 18.
[290] So Hausmann IPRax 1990, 382 (387); EuGH IPRax 1981, 19.

zutreffen wegen des stark auf Versorgung ausgerichteten und danach bemessenen (vgl. Art. 271, 272, 276 ff. Cc) Charakters der Ausgleichsleistung.[291]

Der Richter kann es ablehnen, dem an der Scheidung ausschließlich schuldigen Ehegatten eine Ausgleichsleistung zuzusprechen, wenn die Billigkeit es verlangt (Art. 270 III Cc). Bei einem gemeinsamen Scheidungsantrag setzten die Ehegatten den Betrag und die Art und Weise der Ausgleichsleistung in einem Vertrag fest, den sie der richterlichen **Genehmigung** unterstellen. Der Richter darf die Genehmigung versagen, wenn die Rechte und Pflichten der Ehegatten ungleich festgesetzt sind (Art. 278 Cc). **171**

Bei der Umwandlung eines Trennungsurteils in ein Scheidungsurteil (Art. 306 ff. Cc) richtet sich die Unterhaltspflicht und die Pflicht zu Ausgleichsleistungen nach den Regeln der Scheidung (Art. 308 Cc). **172**

3. Familienunterhalt

Gemäß Art. 205 Cc sind Kinder gegenüber ihren Eltern und anderen Verwandten der aufsteigenden Linie unterhaltspflichtig, wenn diese bedürftig sind. Solche Unterhaltsleistungen schulden nach Art. 206 Cc auch Schwiegerkinder und Schwiegereltern. Diese Verpflichtung entfällt, wenn der Ehegatte, der die Schwägerschaft vermittelt, und evtl. gemeinsame Kinder verstorben sind. In der Rechtsprechung ist anerkannt, dass diese Unterhaltspflicht auch mit der Scheidung von dem die Schwägerschaft vermittelnden Kind endet.[292] Die Verpflichtungen sind gegenseitig (Art. 207 I Cc). Hat der Unterhaltsberechtigte jedoch selbst schwer gegen seine Verpflichtung gegenüber dem Unterhaltsschuldner verstoßen, kann das Gericht diesen ganz oder teilweise von seiner Unterhaltspflicht befreien (Art. 207 II Cc). **173**

Griechenland

1. Kindesunterhalt

Nach Art. 1390 des Zivilgesetzbuchs vom 15.3.1940[293] (ZGB) sind die Ehegatten während der Ehe nach ihren Kräften verpflichtet, ihren Kindern Unterhalt zu leisten. Das Maß bestimmt sich nach den Umständen des Familienlebens, die Erfüllung erfolgt, wie es das eheliche Zusammenleben erfordert. Auch sonst sind Eltern und Kinder einander Hilfe, Zuneigung und Achtung schuldig (Art. 1507 ZGB). Eine Vermögenszuwendung eines Elternteils an das Kind zur Begründung oder Erhaltung der Selbstständigkeit oder zum Beginn oder zur Fortsetzung des Berufs ist nur insoweit als Schenkung zu qualifizieren, als sie das nach den Umständen erforderliche Maß übersteigt (Art. 1509 ZGB). **174**

Allgemein bestimmt sich die Unterhaltspflicht gegenüber den Kindern nach den Vorschriften über die Unterhaltspflicht zwischen Verwandten (Art. 1485 ff. ZGB). Unterhaltsbedürftig ist nach § 1486 I ZGB nur, wer außerstande ist, sich selbst durch sein Vermögen oder durch eine seinem Alter, seinem Gesundheitszustand und seinen übrigen Lebensumständen unter Berücksichtigung seiner etwaigen Ausbildungsbedürfnisse angemessene Arbeit zu unterhalten (Art. 1486 I ZGB). Ein minderjähriges Kind ist allerdings, auch wenn es **Vermögen** hat, seinen Eltern gegenüber zum Unterhalt berechtigt, soweit die Einkünfte aus seinem Vermögen oder der Ertrag seiner Arbeit zu seinem Unterhalt nicht **175**

---

[291] BGH FamRZ 2013, 1113 Rn. 17; EuGH IPRax 1999, 35; 1981, 19 (20); vgl. aber BGH FamRZ 2009, 1659 Rn. 13 ff. (zum englischen Recht).
[292] Rieck/Katzenmaier, Ausländisches Familienrecht, Frankreich, Stand: Juli 2018, Rn. 19.
[293] In der Fassung des Gesetzes 2915/2001, zuletzt geändert durch Gesetz 4356/2015 vom 24.12.20015; vgl. Bergmann/Ferid/Henrich/Cieslar/Kastrissios, Internationales Ehe- und Kindschaftsrecht, Griechenland, Stand: 1.1.2016 S. 52 ff.; die griechische Zivilprozessordnung 44/1967 vom 16.9.1968 (ZPO) ist durch das Gesetz Nr. 4335/2015 vom 23.7.2015 mit dem Ziel einer Entlastung und Beschleunigung zum 1.1.2016 grundlegend geändert worden.

ausreichen (Art. 1486 II ZGB). Die Eltern sind, jeder nach seinen Möglichkeiten, zum Unterhalt ihres Kindes gemeinsam verpflichtet (Art. 1489 II ZGB). Ihren minderjährigen Kindern sind die Eltern auch dann unterhaltspflichtig, wenn dadurch ihr eigener angemessener Unterhalt gefährdet würde (Art. 1487 S. 2 ZGB). Sowohl hinsichtlich des Bedarfs als auch zur Leistungsfähigkeit ist also von einer gegenüber den sonstigen Verpflichtungen **gesteigerten Unterhaltspflicht** gegenüber minderjährigen Kindern auszugehen. Der Ehegatte, dem die elterliche Sorge nicht zusteht, ist berechtigt, vom anderen Ehegatten **Auskunft** über die Person und das Vermögen des Kindes zu verlangen (Art. 1513 V ZGB). Die Eltern verwenden die Einkünfte aus dem Vermögen des Kindes für dessen Pflege, Bildung und Ausbildung. In Fällen außerordentlicher Not können Sie auch das Kapital des Kindesvermögens verwenden (Art. 1529 I, II ZGB).

176 Eltern dürfen ihren minderjährigen Kindern gegenüber bestimmen, in welcher Art und für welche Zeit im Voraus der Unterhalt gewährt werden soll. Wenn besondere Gründe vorliegen kann das Gericht auf Antrag des Kindes abweichend entscheiden (Art. 1497 ZGB). Ist die Mutter mittellos und die Vaterschaft wahrscheinlich, kann das Gericht schon vor Erhebung des Antrags auf Anerkennung des Kindes als Sicherheit monatliche Vorauszahlungen festsetzen (Art. 1502 ZGB).

2. Ehegattenunterhalt

177 Die Ehegatten sind nach Art. 1389 ZGB verpflichtet, nach ihren Kräften für die Bedürfnisse der Familie zu sorgen. Ihr Beitrag erfolgt durch ihre persönliche Arbeit, ihre Einkünfte und ihr Vermögen. Diese Pflicht beinhaltet insbesondere die gegenseitige Unterhaltspflicht. Das Maß der Verpflichtung wird entsprechend den Familienbedingungen bestimmt und deren Erfüllung findet durch die von dem ehelichen Zusammenleben bedingte Weise statt (Art. 1390 I ZGB). Wenn ein Ehegatte aus einem gerechtfertigten Grund die eheliche Lebensgemeinschaft aufgegeben hat, so ist der ihm von dem anderen geschuldete Unterhalt durch Geldzahlung und zwar monatlich im Voraus zu entrichten (Art. 1391 I ZGB). Diese Unterhaltspflicht kann wegfallen oder die Betragshöhe gemindert oder erhöht werden, wenn es nach den Umständen für geboten erscheint (Art. 1391 II ZGB). Der Anspruch auf Trennungsunterhalt entfällt nicht schon wegen kurzer Ehedauer, zumal die Vorschrift des § 1392 ZGB nicht auf die entsprechend einschlägige Vorschrift für den nachehelichen Unterhalt (Art. 1444 I ZGB) verweist.[294]

178 Soweit und solange ein **geschiedener** Ehegatte[295] seinen Unterhalt nicht durch seine Einkünfte oder sein Vermögen sicherstellen kann, kann er nach Art. 1442 ZGB vom früheren Ehegatten Unterhalt verlangen,[296] wenn
- er im Zeitpunkt der Verkündung des Scheidungsurteils oder am Ende des in den nachfolgenden Fällen vorgesehenen Zeitraums wegen seines **Alters oder Gesundheitszustands** nicht gezwungen werden kann, einen eigenen Beruf aufzunehmen oder fortzusetzen, der seinen Unterhalt sichert,
- er die Sorge für ein **minderjähriges Kind** hat und aus diesem Grund an der Ausübung eines geeigneten Berufs gehindert ist,
- er keine geeignete dauerhafte Beschäftigung findet oder wenn er eine gewisse berufliche Ausbildung benötigt, wobei der Unterhalt dann auf drei Jahre seit der Verkündung des Scheidungsurteils begrenzt ist oder
- sonst ein nachehelicher Unterhalt aus Billigkeitsgründen geboten ist.

179 Bei der Bemessung der Bedürftigkeit ist ein ev. erhaltener Zugewinn zu berücksichtigen. Ehegattenunterhalt schuldet nicht, wer dazu auch angesichts seiner übrigen Verpflichtungen nicht **leistungsfähig** ist, ohne seinen eigenen Unterhalt zu gefährden (Art. 1443, 1487 ZGB). Das **Maß** des angemessenen Unterhalts und die Abänderungsmöglichkeit richten

---

[294] LG Piräus 7497/2004 NoB 2005, 118 f.; vgl. auch Koutsouradis FamRZ 2005, 1624 (1626).
[295] Zur Herabsetzung der Trennungszeit auf zwei Jahre als Scheidungsvoraussetzung vgl. Koutsouradis FamRZ 2009, 1544 (1545).
[296] OLG Düsseldorf FamRZ 2012, 381 (382); OLGR Zweibrücken 2007, 241.

sich nach den allgemeinen Bestimmungen (Art. 1443, 1493, 1494 ZGB → Rn. 186 ff.). Danach richtet sich Höhe im Einzelfall nach der Bedürftigkeit des Unterhaltsberechtigten und der Leistungsfähigkeit des Unterhaltspflichtigen;[297] Tabellen oder Richtlinien existieren nicht. Wie im deutschen Recht trägt der Unterhaltsberechtigte die Darlegungs- und Beweislast für seine Bedürftigkeit.[298] Für die Vergangenheit wird Unterhalt nur bei Verzug geschuldet (Art. 1443, 1498 ZGB). Der Unterhalt ist monatlich im Voraus in Geld zu zahlen. In besonderen Fällen kann eine einmalige Leistung schriftlich vereinbart oder vom Gericht angeordnet werden (Art. 1443 S. 2, 3 ZGB). Der nacheheliche Unterhalt ist weitgehend **dispositiv;** selbst ein Verzicht auf künftigen Unterhalt ist nach überwiegender Auffassung zulässig, weil Art. 1443 ZGB nicht auf die entspr. Vorschrift des Art. 1499 ZGB verweist.

Der nacheheliche Unterhalt kann **ausgeschlossen oder eingeschränkt** werden, wenn dies aus wichtigem Grund geboten ist (Art. 1444 I ZGB), insbesondere wenn 180
– die Ehe nur eine kurze Zeit gedauert hat,
– der Berechtigte an der Ehescheidung schuldig ist oder
– der Berechtigte seine Bedürftigkeit mutwillig verursacht hat.

Das Unterhaltsrecht **erlischt,** wenn der Berechtigte wieder heiratet oder dauerhaft in einer nichtehelichen Lebensgemeinschaft zusammenlebt. Mit dem Tod des Berechtigten erlischt es für künftig fällig werdende Raten; der Tod des Unterhaltspflichtigen lässt das Unterhaltsrecht nicht entfallen (Art. 1444 II ZGB).

Der unterhaltspflichtige frühere Ehegatte schuldet dem anderen **Auskunft** über sein Vermögen und seine Einkünfte, sofern diese für die Berechnung der Unterhaltshöhe nützlich ist. Auf Antrag des Unterhaltsberechtigten können auch der Arbeitgeber und das Finanzamt verpflichtet werden, jede nützliche Auskunft über den Vermögensstand des anderen Ehegatten und insbesondere über dessen Einkommen zu erteilen (Art. 1445 ZGB). 181

Auf Antrag der Kindesmutter kann das Gericht den Vater des **nichtehelich** geborenen Kindes zur Zahlung der Entbindungskosten und eines für die Zeit von zwei Monaten vor bis vier Monate nach der Entbindung befristeten Unterhalts an die bedürftige Mutter verurteilen, soweit diese außerstande ist, sich selbst zu unterhalten. Liegen besondere Umstände vor, kann die Unterhaltspflicht auf insgesamt ein Jahr verlängert werden. Der Anspruch erlischt nicht mit dem Tod des Vaters und verjährt nach Ablauf von drei Jahren seit der Entbindung. Ein Anspruch auf Schadensersatz ist daneben nicht ausgeschlossen (Art. 1503 I, II ZGB). 182

3. Verwandtenunterhalt

Aszendenten **(Vorfahren) und Abkömmlinge** sind sich gegenseitig nach den Vorschriften der Art. 1486 bis 1502 ZGB zum Unterhalt verpflichtet (Art. 1485 ZGB). Unterhaltspflichtig sind zunächst die Abkömmlinge in der Reihenfolge, in der sie als gesetzliche Erben berufen sind (vgl Art. 1813 ZGB) nach dem Verhältnis ihres Erbteils (Art. 1488 ZGB). Sind keine Abkömmlinge vorhanden, so sind die nächsten Vorfahren zum Unterhalt verpflichtet und zwar zu gleichen Teilen, wenn mehrere des gleichen Grades vorhanden sind (Art. 1489 I ZGB). Wenn ein Vorfahre oder ein Abkömmling zur Unterhaltsleistung nicht in der Lage ist oder ein gerichtliches Vorgehen gegen ihn unmöglich oder besonders schwierig ist, trifft die Unterhaltspflicht den nächst Verpflichteten (Art. 1490 I ZGB). In diesem Falle, wenn ein öffentlicher Träger Unterhalt gezahlt hat oder wenn die sorgeberechtigte Person oder der Ehegatte des Unterhaltspflichtigen Unterhalt an ein minderjähriges Kind gezahlt hat, geht der Unterhaltsanspruch per Gesetz auf ihn über (Art. 1490 II ZGB). 183

Abkömmlinge und Vorfahren sind nur zum **Notunterhalt** berechtigt, der das unbedingt zur Erhaltung Notwendige umfasst, wenn sie sich gegenüber dem Unterhaltspflichtigen einer Verfehlung schuldig gemacht haben, die eine Enterbung rechtfertigt (Art. 1495 ZGB). 184

---

[297] OLG Zweibrücken FamRZ 2007, 1559.
[298] OLG Düsseldorf FamRZ 2012, 381 (382).

185 **Geschwister** schulden sich wechselseitig Unterhalt, wenn der Berechtigte aus besonderen Gründen, insbesondere wegen Alters, schwerer Krankheit oder Gebrechlichkeit außerstande ist, sich selbst zu unterhalten und die Verpflichtung unter Berücksichtigung aller Umstände angemessen ist. Der Unterhalt umfasst das unbedingt Notwendige zum Leben und die Erziehungskosten sowie die Kosten für die allgemeine und berufliche Ausbildung (Art. 1504 ZGB).

4. Allgemeine Grundsätze

186 Unterhaltsberechtigt ist nach Art. 1486 I ZGB nur, wer außerstande ist, sich selbst durch sein Vermögen oder durch eine seinem Alter, seinem Gesundheitszustand und seinen übrigen Lebensumständen unter Berücksichtigung seiner etwaigen Ausbildungsbedürfnisse angemessene Arbeit zu unterhalten.[299] Nicht zum Unterhalt verpflichtet ist, wer angesichts seiner übrigen Verpflichtungen nicht zur Leistung in der Lage ist, ohne seinen eigenen Unterhalt zu gefährden (Art. 1487 S. 1 ZGB). Damit setzt die Unterhaltspflicht stets Bedürftigkeit des Berechtigten und Leistungsfähigkeit des Unterhaltspflichtigen voraus.

187 Der Unterhaltsanspruch gegenüber dem (geschiedenen) Ehegatten geht dem Anspruch gegenüber den **unterhaltspflichtigen** Abkömmlingen und Vorfahren vor. Letztere haften nur, wenn der Ehegatte auch angesichts seiner übrigen Verpflichtungen nicht zur Zahlung des geschuldeten Unterhalts in der Lage oder wenn die Durchsetzung gegen ihn unmöglich oder besonders schwierig ist (Art. 1491 ZGB). Minderjährige Kinder und (frühere) Ehegatten sind als **Unterhaltsberechtigte** gleichrangig und gehen anderen Unterhaltsberechtigten vor (Art. 1492 S. 3 ZGB). Danach haben Abkömmlinge in der Reihe der gesetzlichen Erbfolge (vgl. Art. 1813 ZGB) Vorrang vor den Aszendenten. Bei den Vorfahren gehen schließlich die näheren den entfernteren vor (Art. 1492 ZGB).

188 Das **Maß** des Unterhalts bestimmt sich nach den Bedürfnissen des Unterhaltsberechtigten unter Berücksichtigung der Umstände seines Lebens (angemessener Unterhalt). Er umfasst alles, was zum Lebensunterhalt notwendig ist sowie die Kosten der Erziehung und die Kosten seiner allgemeinen und beruflichen Ausbildung (Art. 1473 ZGB). Der Unterhalt ist in Geld monatlich in voraus zu zahlen. Aus besonderem Anlass kann das Gericht dem Unterhaltspflichtigen gestatten, den Unterhalt in anderer Art (zB durch Wohnungsgewährung) zu erbringen (Art. 1496 ZGB). Haben sich die Verhältnisse seit Erlass eines Urteils geändert, kann das Gericht die Unterhaltspflicht **abändern** oder beenden (Art. 1494 ZGB). Für die **Vergangenheit** wird Unterhalt nur geschuldet, soweit sich der Unterhaltspflichtige im Verzug befand (Art. 1498 ZGB). Ein **Verzicht** auf künftigen Unterhalt ist nicht zulässig; Vorauszahlungen befreien den Unterhaltspflichtigen nur, wenn sie im Rahmen einer nach Art. 1496, 1497 ZGB zulässigen Unterhaltsbestimmung erfolgt sind (Art. 1499 ZGB). Der Unterhaltsanspruch der Verwandten **erlischt** mit dem Tod des Berechtigten oder des Verpflichteten, es sei denn, dass er die Vergangenheit oder schon fällige Raten betrifft (Art. 1500 ZGB).

Irland

1. Kindesunterhalt

189 Nach den Sec 5 ff. des Family Law Act 1995[300] (FLA 1995) kann das Gericht, bevor es über die Hauptsache der gerichtlichen Trennung entscheidet, Anordnungen zu einzelnen Folgesachen erlassen. Hat ein Ehegatte einen Antrag auf gerichtliche Trennung gestellt, kann das Gericht für die Dauer des Verfahrens auch eine Anordnung über den Kindes-

---

[299] OLGR Zweibrücken 2007, 241 (zum nachehelichen Unterhalt).
[300] Familienrechtsgesetz vom 2.10.1995 im Kraft seit dem 1.8.1996; Bergmann/Ferid/Henrich/Cieslar/Coester-Waltjen/Jakob, Internationales Ehe- und Kindschaftsrecht, Irland Stand 30.11.1999S. 107 ff.

unterhalt erlassen. Es kann einen Ehegatten zu regelmäßigen Zahlungen oder Pauschalzahlungen für den Unterhalt gemeinsamer Kinder verpflichten. Die Unterhaltspflicht darf nicht vor der Antragstellung beginnen und endet mit dem vom Gericht bestimmten Zeitpunkt, spätestens mit Beendigung des Verfahrens über die gerichtliche Trennung (Sec 7 I FLA 1995). Das Gericht kann die Zahlung von bestimmten Bedingungen und Auflagen abhängig machen, die es für angemessen hält und in der Anordnung genau bezeichnet (Sec 7 II FLA 1995). Mit Erlass des Urteils auf gerichtliche Trennung oder jederzeit danach kann das Gericht einem Kind auf Antrag wiederkehrende Unterhaltsleistungen (Sec 8 I a FLA 1995), eine Sicherheitsleistung für wiederkehrende Zahlungen (Sec 8 I b, VI FLA 1995) oder eine oder mehrere Pauschalzahlungen (Sec 8 I c FLA 1995) zusprechen. Hinsichtlich der Pauschalzahlungen kann das Gericht Ratenzahlung und deren Sicherung anordnen (Sec 8 III FLA 1995). Auch diese Unterhaltszahlungen können frühestens für die Zeit ab Antragstellung und längstens bis zum Tod des unterhaltspflichtigen Ehegatten angeordnet werden (Sec 8 IV FLA 1995).

Bei der Bemessung der **Art und Höhe** einer Unterhaltsanordnung zugunsten eines abhängigen Familienmitglieds soll das Gericht insbesondere die finanziellen Bedürfnisse des Familienmitglieds und des unterhaltspflichtigen Elternteils (Sec 16 IV a FLA 1995), Einkommen, Verdienstmöglichkeiten, Eigentum und andere Finanzquellen des Kindes und des unterhaltspflichtigen Elternteils (Sec 16 IV b FLA 1995), körperliche oder geistige Behinderungen (Sec 16 II c FLA 1995), das gesetzliche Einkommen oder sonstige Zuflüsse (Sec 16 IV d FLA 1995), die Art der bisher genossenen und von den Ehegatten vorgesehenen Erziehung (Sec 16 IV e FLA 1995) und die Bedürfnisse der Unterbringung (Sec 16 IV g FLA 1995) berücksichtigen. Das Gericht soll keine Unterhaltsanordnung zugunsten des Kindes treffen, wenn dies nicht im öffentlichen Interesse liegt (Sec 16 V FLA 1995). 190

Bei der Anordnung von wiederkehrenden Unterhaltszahlungen kann das Gericht bestimmen, dass die Zahlung nicht mit Beginn des Verfahrens, sondern erst am Tag der Anordnung beginnt (Sec 17 I a FLA 1995). Die Zahlung rückständigen Unterhalts kann es in einer Summe und zur Zahlung innerhalb einer bestimmten Frist zusprechen. Für die schon vom anderen Elternteil geleisteten Zahlungen kann es einen Abschlag von der Gesamtsumme vornehmen (Sec 17 I b, c FLA 1995). Bei veränderten Umständen kann das Gericht die Unterhaltsanordnung auf Antrag eines Ehegatten **abändern** oder aufheben, die Anordnung (zeitlich) außer Kraft setzen oder sie wiederaufleben lassen. Dabei kann es schon zugesprochene Vermögensgegenstände wieder einziehen (Sec 18 II FLA 1995). Anordnungen auf Kindesunterhalt sollen aufgehoben werden, wenn das Kind wegen Vollendung des 18. bzw. 23. Lebensjahres aus dem Abhängigkeitsverhältnis tritt oder wenn das Gericht überzeugt ist, dass das Abhängigkeitsverhältnis aus sonstigen Gründen beendet ist (Sec 18 III FLA 1995). Die Abänderungsbefugnis kann in der Anordnung jedoch ausgeschlossen oder eingeschränkt werden (Sec 18 IV FLA 1995). 191

2. Ehegattenunterhalt

Bereits während des ehelichen Zusammenlebens kann ein Ehegatte eigene Unterhaltsansprüche und die Unterhaltsansprüche eines gemeinsamen Kindes von dem anderen Ehegatten verlangen.[301] Wenn die Ehegatten sich dauerhaft trennen, könne sie statt der Ehescheidung zunächst auch einen Antrag auf **gerichtliche Trennung** stellen. Nach den Sec 5 ff. des Family Law Act 1995[302] (FLA 1995) kann das Gericht, bevor es über die Hauptsache entscheidet, Anordnungen zu einzelnen Folgesachen erlassen. Hat ein Ehegatte einen Antrag auf gerichtliche Trennung gestellt, kann das Gericht auch eine Anordnung über den Trennungsunterhalt für die Dauer des Verfahrens erlassen. Es kann einen Ehegat- 192

---

[301] Bergmann/Ferid/Henrich/Cieslar/Coester-Waltjen/Jakob, Internationales Ehe- und Kindschaftsrecht, Irland, Stand: 30.11.1999 S. 31.
[302] Bergmann/Ferid/Henrich/Cieslar/Coester-Waltjen/Jakob, Internationales Ehe- und Kindschaftsrecht, Irland, Stand: 30.11.1999 S. 107 ff.

ten zu regelmäßigen Zahlungen oder Pauschalzahlungen für den Unterhalt des anderen Ehegatten verpflichten. Die Unterhaltspflicht darf nicht vor der Antragstellung beginnen und endet mit dem vom Gericht bestimmten Zeitpunkt, spätestens mit Beendigung des Verfahrens über die gerichtliche Trennung (Sec 7 I FLA 1995). Das Gericht kann die Zahlung von bestimmten Bedingungen und Auflagen abhängig machen, die es für angemessen hält und in der Anordnung genau bezeichnet (Sec 7 II FLA 1995).

193 Mit Erlass des **Urteils auf gerichtliche Trennung** oder jederzeit danach kann das Gericht über den Trennungsunterhalt (Sec 5 bis 22 FLA 1995) entscheiden und einem Ehegatten auf seinen Antrag wiederkehrende Unterhaltsleistungen (Sec 8 I a FLA 1995), eine Sicherheitsleistung für wiederkehrende Zahlungen an den anderen Ehegatten (Sec 8 I b, VI FLA 1995) oder eine oder mehrere Pauschalzahlungen (Sec 8 I c FLA 1995) zusprechen. Außerdem kann das Gericht eine weitere Zahlung an den unterhaltsberechtigten Ehegatten zur Begleichung aller zurückliegenden Unterhaltsansprüche anordnen (Sec 8 II FLA 1995). Hinsichtlich der Pauschalbeträge kann das Gericht Ratenzahlung und deren Sicherung anordnen (Sec 8 III FLA 1995). Auch diese Unterhaltszahlungen können frühestens für die Zeit ab Antragstellung und längstens bis zum Tod eines der Ehegatten angeordnet werden (Sec 8 IV FLA 1995). Nach Wiederheirat eines Ehegatten soll eine solche Anordnung nicht mehr erlassen werden. Bei Wiederheirat des unterhaltsberechtigten Ehegatten entfällt der Unterhaltsanspruch für die Zukunft (Sec 8 V FLA 1995).

Die 1995 in der Verfassung zugelassene **Ehescheidung** und deren Grenzen sind durch den Family Law (Divorce) Act 1996 (FLA 1996)[303] in einfaches Recht umgesetzt worden. Dessen Sec 11 bis 30 für Nebenentscheidungen im Scheidungsverfahren entsprechen fast wörtlich den Sec 5 bis 22 FLA 1995 für das Trennungsverfahren.[304]

194 Erlässt das Gericht eine gesicherte Zahlungsanordnung für wiederkehrende Leistungen, eine Pauschalzahlungsanordnung oder eine Vermögensübertragungsanordnung, kann es dabei oder jederzeit danach den **Verkauf von Eigentum** anordnen, das dem unterhaltspflichtigen oder beiden Ehegatten gehört oder zusteht (Sec 15 I FLA 1995). Dadurch darf aber nicht das gesetzliche Recht eines Ehegatten zum Bewohnen des Familienheims beeinträchtigt werden (Sec 15 II FLA 1995). Die Anordnung kann mit Nebenbestimmungen versehen werden, insbesondere zu Einzelheiten des Verkaufs und eines potentiellen Käufers, mit aufschiebenden und auflösenden Bedingungen sowie Anordnungen über die Auszahlung des Verkaufserlöses und die Erlösaufteilung (Sec 15 III FLA 1995). Die Verkaufsanordnung verliert bei Tod oder Wiederheirat der unterhaltsberechtigten Ehegatten ihre Wirkung für die Zukunft (Sec 15 IV FLA 1995).

195 Bei der Bemessung der **Art und Höhe** des Unterhalts soll das Gericht die Interessen aller Ehegatten und der abhängigen Familienmitglieder berücksichtigen (Sec 16 I FLA 1995). Dabei soll es zukünftiges Einkommen, Verdienstmöglichkeiten, Eigentum und andere Finanzquellen beider Ehegatten (Sec 16 II a FLA 1995), die zukünftigen finanziellen Bedürfnisse, Verbindlichkeiten und Verantwortungen beider Ehegatten (Sec 16 II b FLA 1995), den Lebensstandard der Ehegatten vor dem Verfahren oder vor der Trennung (Sec 16 II c FLA 1995), das Alter beider Ehegatten und die Zeit des Zusammenlebens (Sec 16 II d FLA 1995), körperliche oder geistige Behinderungen (Sec 16 II e FLA 1995), die zukünftigen Zuwendungen beider Ehegatten an die Familie (Sec 16 II f FLA 1995), die Auswirkungen der ehelichen Pflichten während des Zusammenlebens auf die Verdienstmöglichkeiten beider Ehegatten (Sec 16 II g FLA 1995), das gesetzliche Einkommen ohne Zuschüsse (Sec 16 II h FLA 1995), das Verhalten beider Ehegatten, wenn die Nichtberücksichtigung nach Auffassung des Gerichts ungerecht wäre (Sec 16 II i FLA 1995), die Bedürfnisse bezüglich der Unterkunft der Ehegatten (Sec 16 II j FLA 1995), den Wert von Zuflüssen, die ein Ehegatte auf Grund des Trennungsurteils verliert (Sec 16 II k FLA 1995) und die Rechte anderer Personen, insbesondere eines neuen Ehepartners des unterhaltspflichtigen Ehegatten (Sec 16 II l FLA 1995), berücksichtigen.

---

[303] http://www.irishstatutebook.ie/1996/en/act/pub/0033/.
[304] Bergmann/Ferid/Henrich/Cieslar/Coester-Waltjen/Jakob, Internationales Ehe- und Kindschaftsrecht, Irland, Stand: 30.11.1999S. 34.

Das Gericht soll keine Anordnung zur Unterstützung eines Ehegatten erlassen, der den 196
anderen Ehegatten bis zum Beginn des Verfahrens verlassen hat, es sei denn, dies erscheint
in Anbetracht aller Umstände ungerecht. Das gilt auch dann nicht, wenn der Ehegatte
einen berechtigten Grund hatte, den anderen zu verlassen (Sec 16 III a FLA 1995). Verlassen im Sinne des Gesetzes beinhaltet vielmehr auch ein Verhalten, das dem anderen
Ehegatten einen berechtigten Grund gibt, ersteren zu verlassen (Sec 16 VI FLA 1995).

Bei der Anordnung von wiederkehrenden Unterhaltszahlungen kann das Gericht be- 197
stimmen, dass die Zahlung nicht mit Beginn des Verfahrens, sondern erst am Tag der
Anordnung beginnt (Sec 17 I a FLA 1995). Die Zahlung rückständigen Unterhalts kann es
in einer Summe und zur Zahlung innerhalb einer bestimmten Frist zusprechen (Sec 17 I b
FLA 1995). Bei veränderten Umständen kann das Gericht die Unterhaltsanordnung auf
Antrag eines Ehegatten **abändern** oder aufheben, die Anordnung (zeitlich) außer Kraft
setzen oder sie wiederaufleben lassen. Dabei kann es schon zugesprochene Vermögensgegenstände wieder einziehen (Sec 18 II FLA 1995). Die Abänderungsbefugnis kann in der
Anordnung jedoch ausgeschlossen oder eingeschränkt werden (Sec 18 IV FLA 1995).

Italien[305]

1. Kindesunterhalt

Gemäß Art. 147, Art. 148 des Zivilgesetzbuches[306] (c. c.) haben die Eltern die Ver- 198
pflichtung, den gesamten Lebensbedarf ihrer Kinder zu tragen („mantenere"), sie auszubilden und zu erziehen. Dabei ist auf die Fähigkeiten, Neigungen und Lebenspläne der
Kinder Rücksicht zu nehmen. Daraus folgt, dass die Unterhaltspflicht über den Eintritt der
Volljährigkeit oder der vorzeitigen Mündigkeit hinaus fortdauert, solange sie nicht in der
Lage sein können, sich selbst zu unterhalten, zB im Falle eines Studiums. Maßgebend ist
dabei eine abstrakte Betrachtung.[307] Eine feste Altersgrenze gibt es jedoch nicht.[308] Diese
Verpflichtung hängt ab von ihren Vermögensverhältnissen und ihrer Erwerbs- und Haushaltsführungsfähigkeit (Art. 148 I c. c.). Gläubiger des Kindesunterhalts ist bei minderjährigen Kindern der andere Ehegatte, dem das Kind zugewiesen ist, nicht das Kind selbst.[309]
Nur ausnahmsweise kann das Gericht in einer nach den Umständen des Einzelfalles zu
begründenden Entscheidung etwas anderes anordnen.[310] Feste Regeln für die Bemessung
der Unterhaltshöhe gibt es wegen der großen regionalen Unterschiede nicht[311] Nach
Art. 155 V c. c. wird der Unterhalt automatisch und zwingend an die Indexentwicklung
angeglichen, wenn von den Beteiligten oder vom Richter kein anderer Maßstab gesetzt
worden ist.[312] Das Gericht kann die Auszahlung eines Bruchteils der Einkünfte unmittelbar
an den Träger der Unterhaltslast (zB den anderen Ehegatten) anordnen (Art. 148 II c. c.).
Über den Kindesunterhalt wird zusammen mit der Trennung oder Scheidung von Amts
wegen entschieden (Art. 155 II c. c., Art. 6 Nr. 3 SchG).[313] Die Eltern haben ein Wahlrecht, in welcher Form sie Unterhalt leisten; bei Streit entscheidet das Gericht.[314] Unbe-

---

[305] Vgl. Cubeddu-Wiedemann FPR 2013, 93.
[306] Codice Civile Italiano vom 16.3.1942, zuletzt geändert durch Gesetz Nr. 76 vom 20.5.2016; vgl. Bergmann/Ferid/Henrich/Cieslar/Henrich, Internationales Ehe- und Kindschaftsrecht, Italien, Stand: 15.5.2017 S. 63 ff.
[307] Vgl. Gabrielli in: Entwicklungen des europäischen Kindschaftsrechts, 2. Auflage, S. 71.
[308] Bericht über das 3. Regensburger Symposion für Europäisches Familienrecht, FamRZ 1996, 1529.
[309] Vgl. OLG Hamm FamRZ 1993, 213.
[310] Vgl. Gabrielli FamRZ 2007, 1505 (1507).
[311] Vgl. Grunsky, Italienisches Familienrecht, 2. Aufl. 1978, S. 119.
[312] Cubeddu-Wiedemann FPR 2013, 93 (94).
[313] → § 10 Rn. 93 ff.
[314] Bericht über das 3. Regensburger Symposion für Europäisches Familienrecht, FamRZ 1996, 1529.

schadet abweichender Vereinbarungen hat jeder Elternteil zum Unterhalt der Kinder proportional zu seinem Einkommen beizutragen, wobei allerdings die tatsächliche Betreuung dem Barunterhalt gleichgestellt ist, was zur alleinigen Barunterhaltspflicht des anderen Elternteils führt.[315]

Falls notwendig setzt der Richter auf Antrag periodische Unterhaltsleistungen fest, wobei er die gegenwärtigen Bedürfnisse des Kindes, den Lebensstandard, den das Kind während des Zusammenlebens mit beiden Eltern gehabt hat, die Zeiten, die es bei jedem Elternteil verbringt, die wirtschaftlichen Mittel beider Eltern und den wirtschaftlichen Wert der von jedem Elternteil übernommenen Haushaltstätigkeit und Fürsorge[316] berücksichtigt (Art. 155 IV c. c.). Die Bedürfnisse des Kindes richten sich auch nach dessen Alter. Neben dem gewöhnlichen Bedarf kommt auch Sonderbedarf für unvorhersehbare und außergewöhnliche Ausgaben hinzu.[317] Dabei sind die von den Eltern getroffenen Vereinbarungen zu beachten, wenn sie den Interessen der Kinder nicht widersprechen (Art. 155 II 3 c. c.). Wenn die von den Eltern gegebenen Auskünfte über ihre wirtschaftlichen Verhältnisse nicht hinreichend dokumentiert sind, verfügt der Richter die Ermittlung der umstrittenen Einkünfte und Vermögensgegenstände durch die Steuerpolizei, auch wenn diese auf den Namen anderer Personen eingetragen sind (Art. 155 VI c. c.). Die Eltern haben das Recht, zu jeder Zeit die Überprüfung der Verfügungen zur Höhe und zur Art des Unterhalts zu verlangen (Art. 155ter c. c.). Nach Abwägung aller Umstände kann der Richter auch zugunsten **volljähriger,** wirtschaftlich noch nicht unabhängiger Kinder die Zahlung laufenden Unterhalts verfügen (Art 155^{quinquies} I 1 c. c.).

199 Ist diese Unterhaltspflicht beendet, kommt eine Alimentationspflicht gem. Art. 433 ff. c. c. in Betracht, jedoch in geringerem Umfang wie diejenige nach Art. 147 f. c. c. Sie richtet sich nach der wirtschaftlichen Lage des Pflichtigen und dem notwendigen Bedarf des Kindes unter Beachtung seiner sozialen Stellung und kann in Ausnahmefällen bis nahe an den standesgemäßen Unterhalt heranreichen; regelmäßig liegt sie jedoch weit darunter.[318] Bei nichtehelichen Kindern hat die Anerkennung der Vaterschaft gemäß Art. 261 c. c. die Übernahme aller Rechte zur Folge, die gegenüber ehelichen Kindern bestehen und zwar rückwirkend ab der Geburt des Kindes. Die Ansprüche ehelicher und nichtehelich geborener Kinder sind gleichrangig. Für schwer behinderte Kinder sind nach der gesetzlichen Neuregelung die für minderjährige Kinder geltenden Vorschriften anwendbar. Für sie wird unabhängig von ihrem Alter deswegen der gesamte Unterhalt geschuldet und nicht nur ein pauschalierter Anteil (Art. 155^{quinquies} II c. c.). Sonstigen volljährigen aber finanziell noch nicht unabhängigen Kindern steht der Unterhalt allerdings unmittelbar zu (Art. 155^{quinquies} I 2 c. c.). Ein Rangverhältnis des Unterhalts dieser Kinder zu dem Unterhaltsanspruch minderjähriger Kinder ist im Gesetz nicht geregelt.[319]

Der Unterhaltsanspruch minderjähriger Kinder ist mit demjenigen geschiedener Ehegatten gleichrangig. Das Gericht kann im Mangelfall bei unterschiedlichem Bedarf entscheiden, wer den Unterhalt vorrangig erhält.[320]

2. Ehegattenunterhalt

200 **Trennung.** Gemäß Art. 143 II c. c. begründet die Ehe ua die Pflicht zu gegenseitiger materieller Unterstützung.[321] Beide Ehegatten sind, jeweils unter Berücksichtigung ihrer eigenen Mittel und ihrer eigenen Fähigkeiten zur Berufsausübung und Haushaltsführung, verpflichtet, zur Deckung des Familienbedarfs beizutragen (Art. 143 III c. c.). Diese Verpflichtung ruht gegenüber dem anderen Ehegatten, der ohne berechtigten Grund die

---

[315] Cubeddu-Wiedemann FPR 2013, 93 (94).
[316] Vgl. insoweit Cubeddu Wiedemann FPR 2013, 93 (94).
[317] Cubeddu Wiedemann FPR 2013, 93 (94).
[318] Grunsky, Italienisches Familienrecht, 2. Aufl. 1978, S. 159.
[319] Cubeddu-Wiedemann FPR 2013, 93 (95).
[320] Cubeddu-Wiedemann FPR 2013, 93 (100).
[321] Cubeddu-Wiedemann FPR 2013, 93 (96); Rieck/Enßlin, Ausländisches Familienrecht, Italien, Stand: Juli 2018, Rn. 9.

eheliche Wohnung verlässt und sich weigert, zurückzukehren (Art. 146 I c. c.). Ein berechtigter Grund für die Trennung liegt vor, wenn ein Antrag auf Trennung von Tisch und Bett oder auf Nichtigkeit oder Auflösung der Ehe oder auf Beendigung ihrer bürgerlich-rechtlichen Wirkungen erhoben ist (Art. 146 II c. c.). In Italien gibt es die einverständliche und die gerichtliche Trennung (Art. 150 II c. c.). Eine Trennung, die nur auf dem gegenseitigen Einverständnis der Ehegatten beruht, ist ohne richterliche Bestätigung wirkungslos (Art. 158 I c. c.).

Gemäß Art. 156 I, II c. c. regelt der Richter bei der gerichtlichen Trennung von Amts wegen den angemessenen Unterhalt zugunsten des nicht für die Trennung verantwortlichen bedürftigen Ehegatten.[322] Voraussetzung dafür ist allerdings, dass mit dem Ausspruch der Trennung auf Antrag ein Ausspruch über die Verantwortlichkeit des anderen Ehegatten ergangen ist (Art. 151 II c. c.).[323] Der für die Trennung nicht verantwortliche Ehegatte kann grundsätzlich den ehelichen Lebensstandard beibehalten (Art. 156 I c. c. **„mantenimento"**).[324] Hat er selbst ausreichendes Einkommen, entfällt der Anspruch. Eine zumutbare Erwerbstätigkeit muss er ausüben. Auf Seiten des Unterhaltsschuldners ist sein Einkommen von wesentlicher Bedeutung, weniger seine sonstigen Vermögensverhältnisse (Art. 156 II c. c.), während beim Unterhaltsgläubiger auch seine Vermögensverhältnisse zu berücksichtigen sein sollen.[325] Auf Trennungsunterhalt können die Ehegatten nicht verzichten.

201

Der für die Trennung verantwortliche und bedürftige Ehegatte (Art. 156 III, 438 I c. c.) hat zwar auch einen Unterhaltsanspruch gegen den anderen Ehegatten,[326] aber nur in wesentlich geringerem Umfang, nämlich nur auf das Notwendige unter Berücksichtigung seiner sozialen Stellung (**„alimenti"**, Art. 156 III iVm Art. 433 ff., Art. 438 II 2 c. c.).[327] Die alimenti entsprechen somit dem Mindestunterhalt zur Deckung des Notwendigsten und stehen jedem getrennt lebenden Ehegatten zu, der bedürftig ist.[328] Sind beide Ehegatten schuldig an der Trennung, haben beide nur den Anspruch auf „alimenti" gemäß Art. 156 III, Art. 433 ff. c. c.

202

Die beiden Formen des Unterhaltsanspruchs sind, wenn nachträgliche Umstände dies rechtfertigen, **Abänderungen** nach Maßgabe des Art. 156 VIII c. c. zugänglich. Als Abänderungsgründe kommen eine neue nichteheliche Lebensgemeinschaft des Berechtigten, sofern sie seine wirtschaftliche Lage verbessert, oder der Widerruf der Zuweisung der Ehewohnung in Betracht.[329]

Der Anspruch kann auch noch nach Erlass eines Trennungsurteils geltend gemacht werden.[330]

Scheidung. Maßgebend ist das Gesetz Nr. 898/70 zur Regelung der Fälle der Eheauflösung in der Fassung vom 6.3.1987 (sog Scheidungsgesetz – SchG –).[331] Gemäß dessen Art. 5 VI ff. SchG ordnet das Gericht auf Antrag[332] die Pflicht des einen Ehegatten an, dem

203

---

[322] Der Streitwert eines Verfahrens auf Trennung von Tisch und Bett ist grundsätzlich niedriger anzusetzen als der Streitwert eines Scheidungsverfahrens (OLG Karlsruhe FamRZ 1999, 605). Für Folgesachen gilt verfahrensrechtlich der Entscheidungsverbund mit entsprechenden Streitwerten (OLG Karlsruhe EZFamR aktuell 1999, 147).
[323] Diesen Ausspruch trifft der Richter – auf Antrag – bereits im Trennungsurteil. Er kann aber auch im späteren isolierten Unterhaltsverfahren nachgeholt werden (OLG Karlsruhe FamRZ 1991, 439; OLG Düsseldorf FamRZ 1997, 559).
[324] Cubeddu-Wiedemann FPR 2013, 93 (97).
[325] Grunsky, Italienisches Familienrecht, 2. Aufl. 1978, S. 104; bei seit langem in Deutschland lebenden Ehegatten stellt das OLG Düsseldorf (FamRZ 1997, 559) auf die hiesigen Lebensverhältnisse ab.
[326] OLG Stuttgart FamRZ 2004, 1496.
[327] Vgl. Grunsky, Italienisches Familienrecht, 2. Aufl. 1978, S. 105.
[328] Cubeddu-Wiedemann FPR 2013, 93 (96, 100).
[329] Cubeddu-Wiedemann FPR 2013, 93 (98).
[330] OLG Düsseldorf OLGR 1996, 273.
[331] Gesetz Nr. 898 vom 1.12.1970, Neufassung durch Gesetz Nr. 72 vom 6.3.1987 zuletzt geändert durch Gesetz Nr. 55 vom 6.5.2015; vgl. Bergmann/Ferid/Henrich/Cieslar, Internationales Ehe- und Kindschaftsrecht, Italien, Stand: 15.5.2017 S. 129 ff.
[332] BGH NJW 2002, 145.

anderen eine Unterhaltsrente zu zahlen. Danach ist die Verpflichtung zur Zahlung nachehelichen Ehegattenunterhalts zwar grundsätzlich im Scheidungsurteil auszusprechen. Diese verfahrensrechtliche Norm allein steht einem späteren Unterhaltsbegehren allerdings nicht entgegen. Nach der Rechtsprechung des italienischen Kassationshofs sind deswegen Ansprüche eines Ehegatten auf Trennungsunterhalt nicht ausgeschlossen, auch wenn er sie in dem Trennungsverfahren nicht geltend gemacht hatte. Für Unterhaltsansprüche nach der Scheidung gilt dasselbe.[333] **Voraussetzung** ist, dass der andere keine hinreichenden Mittel hat und sich solche aus „objektiven" Gründen auch nicht beschaffen kann (Art. 5 VI SchG). Das italienische Recht kennt auch einen dem deutschen § 1573 BGB vergleichbaren Ergänzungsunterhalt, wenn der bedürftige Ehegatte zwar erwerbstätig ist, aber mit den Einkünften nicht den ehelichen Lebensstandard erreicht.[334] Im Wesentlichen gelten für die Unterhaltsbemessung dieselben Maßstäbe wie für den deutschen nachehelichen Unterhalt.[335] Die persönlichen und wirtschaftlichen Verhältnisse der Ehegatten, wie Alter, Gesundheit, persönliche Stellung, Erwerbsfähigkeit, Vermögen und andere Unterhaltspflichten sind zu berücksichtigen. Auch die Gründe der Ehescheidung sind von Bedeutung, was bei fehlendem Verschulden zu einer Erhöhung des Unterhalts führen kann.[336] Zeiten der Kindererziehung sind ebenso zu berücksichtigen, wie die Ehedauer. Unter Berücksichtigung aller Kriterien kann sich auch ergeben, dass ein Unterhalt nach den ehelichen Lebensverhältnissen nicht mehr gerechtfertigt ist, etwa bei kurzer Ehedauer.[337] Auch die Zuweisung der Ehewohnung kann ein Kriterium für den dann noch geschuldeten Unterhalt sein. Tabellen oÄ gibt es nicht, wohl aber bei einigen Gerichten Richtlinien zur Umsetzung der unterhaltsrelevanten Umstände.[338] Auch ein fester Selbstbehalt für den Unterhaltspflichtigen besteht nicht; wegen des Halbteilungsgrundsatzes darf dem unterhaltsberechtigten Ehegatten aber allenfalls die Hälfte des beim Unterhaltspflichtigen vorhandenen Einkommens zugesprochen werden.

Für die **konkrete Bemessung des nachehelichen Unterhalts** hat sich infolge einer jüngsten Entscheidung der Vereinigten Zivilsenate des Kassationshofs eine grundlegende Änderung ergeben. Denn die frühere Rechtsprechung hatte auf der Grundlage des Maßstabs der ehelichen Lebensverhältnisse zu dauerhaften Unterhaltsverpflichtungen in erheblicher Höhe geführt. Diese Rechtsprechung hatte dazu geführt, dass es häufig zu Leibrenten für den Unterhaltsberechtigten kam und der Unterhaltspflichtige sich ab der Trennung einer Unterhaltspflicht für zwei Haushalte gegenübersah. Weil dies einerseits, auch im Hinblick auf die übrigen europäischen Rechtsentwicklungen, nicht mehr als zeitgemäß empfunden wurde und andererseits der Gesetzgeber tatenlos geblieben war, hatte der italienische Kassationshof 2017 eine rigorose Kehrtwende durchgeführt und für die Bemessung des nachehelichen Unterhalts nicht mehr auf die ehelichen Lebensverhältnisse, sondern auf die wirtschaftliche Eigenverantwortung des Unterhaltsberechtigten abgestellt.[339] Neben dem Vorliegen eines Unterhaltstatbestands sollte künftig auch die Höhe des Unterhalts Anspruchsvoraussetzung sein, wobei der Anspruch entfalle, wenn der Unterhaltsberechtigte die entsprechenden wirtschaftlichen Mittel für seinen Lebensunterhalt selbst besitzt oder sich selbst beschaffen kann. Statt des Kriteriums der ehelichen Lebensverhältnisse sollte künftig auf einen dem Unterhaltsberechtigten zustehenden Mindestbedarf abgestellt werden, der mit 1000 EUR bemessen wurde. Nachehelichen Unterhalt sollte im Übrigen nur noch erhalten, wer nicht selbst arbeitet. Weil nachehelich häufig Erwerbstätigkeiten für einen Monatslohn von 1000 EUR ausgeübt werden, führte dies in solchen Fällen zu einem vollständigen Wegfall des nachehelichen Unterhalts. Weil damit der nacheheliche Unterhalt von einem Extrem ins andere verrückt war, hat 2018 der

---

[333] BGH NJW 2002, 145; OLG Düsseldorf NJW-RR 1997, 387; OLG Frankfurt FamRZ 1994, 584.
[334] Cubeddu-Wiedemann FPR 2013, 93 (98); Battes/Korenke FuR 1996, 199.
[335] Vgl. auch Battes/Korenke FuR 1996, 199.
[336] Vgl. OLG Frankfurt FamRZ 1994, 584; Patti FamRZ 1990, 703 (706).
[337] Cubeddu-Wiedemann FPR 2013, 93 (98 f.).
[338] Cubeddu-Wiedemann FPR 2013, 93 (100); vgl. auch Jayme in einer Rezension FamRZ 1995, 205.
[339] Cass. 10.5.2017, Nr. 11504, Foro it. 2017 I 1859 (Lamorgese-Urteil).

Vereinigte Zivilsenat des Kassationshofs eine grundlegende Neubemessung des nachehelichen Unterhalts beschlossen.[340] Damit wurde zwar die Aufgabe des Maßstabs der ehelichen Lebensverhältnisse und die Neueinführung des Kriteriums der wirtschaftlichen Eigenverantwortlichkeit bestätigt. Die Rechtsprechung wurde aber wegen fehlender Berücksichtigung anderer Parameter des Art. 5 VI SchG korrigiert. Denn danach sei auch die Dauer der Ehe und die gemeinsame Entscheidung hinsichtlich der Ausgestaltung des Familienlebens (Art. 144 c. c.), insbesondere die Aufgabe einer Berufstätigkeit zum Wohl der Familie und zugunsten der Kindererziehung, zu berücksichtigen. Auch sei die aus Art. 29 der italienischen Verfassung folgende nacheheliche Solidarität zu berücksichtigen. Danach ist bei Vorliegen der übrigen Voraussetzungen nachehelicher Unterhalt auch dann wieder geschuldet, wenn der Unterhaltsberechtigte eigene Einkünfte erzielt, die den zuvor genannten Mindestbedarf erreichen. Allerdings muss der Unterhaltsberechtigte darlegen und beweisen, dass es ihm nicht möglich war, eine Erwerbstätigkeit mit ausreichend hohen Einkünften zu erlangen.[341]

Unterhalt wird grundsätzlich in monatlichen Raten ohne zeitliche Grenze zugesprochen, kann aber auch befristet werden, wenn das Ende der Unterhaltspflicht bereits absehbar ist. Entscheidungen zur Unterhaltspflicht sind nach den Grundsätzen des Wegfalls der Geschäftsgrundlage abänderbar; teilweise ist dieses auch ausdrücklich gesetzlich geregelt (Art. 9 I SchG). Eine neue Ehe des Unterhaltspflichtigen kann eine Abänderung nicht begründen, die Unterstützung durch eine verfestigte nichteheliche Lebensgemeinschaft des Unterhaltsberechtigten kann hingegen zu einer Abänderung führen.[342] Das italienische Recht kennt im Abänderungsverfahren nach Art. 9 I SchG allerdings keinen Auskunftsanspruch des Unterhaltsberechtigten.[343] Einmalige Abfindungen in Geld oder Immobilien sind möglich, wenn die Ehegatten damit einverstanden sind (Art. 5 VIII SchG).[344] Nach Zahlung einer einmaligen Abfindung kann gemäß Art. 5 VIII 2 SchG keine nachträgliche Unterhaltsforderung mehr erhoben werden. Ob dies auch gilt, wenn der berechtigte Ehegatte nachträglich in wirtschaftliche Not gerät, ist in der italienischen Literatur umstritten.[345] 204

Eine Besonderheit ist die automatische Gleitklausel, die wenigstens den Geldentwertungsindex erreichen muss (Art. 5 VII 1 SchG). Der Richter muss ausdrücklich begründen, wenn er von der im Gesetz vorgesehenen automatischen Anpassung abweichen will (Art. 5 VII 2 SCHG). 205

Die Unterhaltspflicht endet, wenn der berechtigte Ehegatte eine neue Ehe eingeht (Art. 5 X SchG) oder mit dem Tod des Unterhaltspflichtigen (Art. 9bis I SchG). Im letzten Fall kann aber nach billigem Ermessen ein neuer Anspruch auf nachehelichen Unterhalt als Nachlassverbindlichkeit entstehen. Eine vor Rechtshängigkeit geschlossene Vereinbarung zB über einen Verzicht auf den nachehelichen Unterhalt steht bei Beendigung der Ehe unter dem „Verdacht der Nichtigkeit".[346] 206

Der Unterhalt kann auch noch nach Abschluss des Scheidungsverfahrens erstmalig und isoliert zugesprochen werden, und zwar auf Antrag.[347] 207

3. Verwandtenunterhalt

Nach Art. 433 Nr. 2, 4 und 6 c. c. sind ua Kinder und Schwiegerkinder sowie voll- und halbbürtige Geschwister sowie diejenigen, die eine Schenkung bekommen haben, zum Unterhalt (alimenti) verpflichtet. Dabei gehen die unterhaltspflichtigen Kinder dem Ehe- 208

---

[340] Cass. 11.7.2018, Nr. 18287, abrufbar unter: www.cortedicassazione.it.
[341] Zu der gesamten Rechtsprechungsreform vgl. Patti FamRZ 2018, 1393 f.
[342] Cubeddu-Wiedemann FPR 2013, 93 (99).
[343] OLG Bamberg FamRZ 2005, 1682.
[344] Eine einmalige Abfindung schließt auch im Falle einer späteren Bedürftigkeit einen weiteren Antrag auf Unterhalt aus.
[345] Vgl. Cubeddu-Wiedemann FPR 2013, 93 (99).
[346] OLG Frankfurt FamRZ 1994, 584.
[347] Vgl. OLG Frankfurt FamRZ 1994, 584; nach Grunsky, Italienisches Familienrecht, 2. Aufl. 1978, S. 105 nur bei Veränderung der Umstände seit Erlass des Scheidungsurteils.

gatten nach und den Eltern vor. Die Schwiegerkinder gehen auch den Eltern nach und den Schwiegereltern vor. Bei den weiter nachrangigen Geschwistern gehen vollbürtige den halbbürtigen vor. Bei mehreren gleichrangigen Unterhaltspflichtigen haben alle im Verhältnis ihrer eigenen wirtschaftlichen Umstände zur Unterhaltsleistung beizutragen (Art. 441 I cc). Unterhalt setzt stets Bedürftigkeit und die Unfähigkeit voraus, für den eigenen Unterhalt zu sorgen (Art. 438 I cc).[348] Die Höhe bestimmt sich nach dem Bedarf des Berechtigten und der Leistungsfähigkeit des Unterhaltspflichtigen (Art. 438 II cc). Zwischen Brüdern ist der Unterhalt strikt auf den notwendigen Bedarf beschränkt (Art. 439 I cc). Bei Minderjährigen kann er auch die Kosten für Erziehung und Unterricht umfassen (Art. 439 II cc). Bei Änderung der wirtschaftlichen Verhältnisse kann der Unterhalt abgeändert werden (Art. 440 cc). Geschuldet wird der Unterhalt ab Einreichung des Antrags oder ab Verzug, wenn innerhalb von 6 Monaten nach Inverzugsetzung ein Antrag erhoben wird (Art. 445 cc). Der Mindestunterhalt ist weder übertragbar noch pfändbar.

Kroatien

1. Kindesunterhalt

209   Derzeit leben rund 220 000 kroatische Staatsangehörige und rund 376 000 Einwohner mit kroatischen Wurzeln in Deutschland.[349] Nach Art. 281, 288 des Familiengesetzes vom 18.9.2015 (FamG)[350] sind zuerst die Eltern verpflichtet, für ihre **minderjährigen** Kinder Unterhalt zu leisten. Ein Elternteil, der für sein nicht mit ihm in einer Familiengemeinschaft lebendes Kind keinen Unterhalt geleistet hat, obwohl er dazu verpflichtet war, muss dem Kind den nicht geleisteten Unterhalt auch rückwirkend vom Anspruchsbeginn bis zur Erhebung des Antrags vergüten (Art. 289 I FamG). Diese Forderung verjährt in fünf Jahren ab dem Tag des Beginns der Unterhaltspflicht (Art. 289 III FamG). Dabei gilt der Unterhaltsanspruch für den einzelnen Monat mit dem Ende des unterhaltspflichtigen Monats als entstanden (Art. 289 II FamG). Nachdem im Jahre 2008 festgestellt worden war, dass 48,7% der Eltern ihre Unterhaltspflicht nicht erfüllen und 43 000 Kinder im Alter bis 18 Jahren ohne Unterhalt blieben, wurde das Familiengesetz von 2003 geändert.[351] Besucht ein Kind regelmäßig die Schule oder studiert es an einer Universität oder Fachhochschule und kommt es seinen Verpflichtungen regelmäßig und ordentlich nach, schulden die Eltern ihm auch nach der **Volljährigkeit** Unterhalt (Art. 290 I FamG). Das gilt nach Art. 290 VI FamG auch, wenn das Kind es aus berechtigten Gründen (Schwangerschaft, Krankheit und Ähnliches) nicht geschafft hat, die Verpflichtungen des laufenden Schul- oder akademischen Jahres zu erfüllen. Hat das volljährige Kind die Schule beendet aber noch keine Beschäftigung gefunden, schulden die Eltern ihm für die Dauer eines Jahres nach der Schulausbildung weiterhin Unterhalt (Art. 290 II FamG). Das Gleiche gilt, wenn das volljährige Kind wegen Krankheit, geistiger oder körperlicher Gebrechen arbeitsunfähig ist, für die Zeit der Arbeitsunfähigkeit (Art. 290 IV FamG). Die Eltern eines solchen Kindes haben nach Art. 291 II FamG das Recht, von dem Kind und den zuständigen Behörden und juristischen Personen Informationen über die Ausbildung und Beschäftigung des Kindes zu verlangen und zu erhalten. Ein Elternteil, dem die elterliche Fürsorge eingeschränkt oder entzogen wurde oder der die elterliche Fürsorge nicht ausübt, wird dadurch nicht von der Unterhaltspflicht für das Kind befreit. Nach Art. 288 III 1 FamG sind auch **Stiefeltern** dem minderjährigen Kind zum Unterhalt verpflichtet, wenn es von den Eltern

---

[348] Cubeddu-Wiedemann FPR 2013, 93 (100).
[349] Mikulic/Schön FamRZ 2012, 1028 unter Hinweis auf Angaben des Statistischen Bundesamtes.
[350] Familiengesetz vom 18.9.2015; vgl. Bergmann/Ferid/Henrich/Cieslar/Majstorovic/Hosko, Internationales Ehe- und Kindschaftsrecht, Kroatien, Stand: 30.1.2019 S. 71 ff.; zum anwendbaren Recht vgl. Mikulic/Schön FamRZ 2012, 1028 (1030 f.); zur Geltendmachung von Unterhalt vgl. auch DIJuF Länderbericht JAmt 2006, 288.
[351] NN Nr. 107 vom 19.10.2007; vgl. Hlaca FamRZ 2008, 1701 (1703).

keinen Unterhalt erlangen kann. Stiefeltern, die im Zeitpunkt des Todes eines Elternteils mit dem Kind zusammenlebten, schulden dem minderjährigen Kind auch nach dem Tode des Elternteils Unterhalt (Art. 288 III 2 FamG). Eine Unterhaltspflicht der Stiefeltern entfällt aber, wenn ihre Ehe mit dem Elternteil des Kindes geschieden oder für nichtig erklärt worden ist. Leistet ein Elternteil keinen Unterhalt für das Kind, sind die **Großeltern** nach den für die Eltern geltenden Bestimmungen zum Kindesunterhalt verpflichtet (Art. 288 II FamG). Der Unterhaltsantrag kann sich in den Fällen des Art. 288 III FamG nach Art. 306 FamG allerdings nur auf Unterhaltsleistungen für die Zeit nach Antragstellung beziehen.

Bei der Bemessung des **Unterhaltsbedarfs** ist der gesamte Vermögensstand des Unterhaltspflichtigen zu berücksichtigen, nicht nur sein Einkommen und seine Verdienstmöglichkeiten. Neben den allgemeinen Grundsätzen (→ Rn. 220) sind auch das Alter des Kindes sowie die Bedürfnisse seiner Ausbildung in Betracht zu ziehen (Art. 311 f. FamG). Ungeachtet der allgemeinen Grundsätze über die Bedürftigkeit und die Leistungsfähigkeit kann ein arbeitsfähiger Elternteil nicht von der Unterhaltspflicht für ein minderjähriges Kind befreit werden. Der Unterhaltsbedarf eines Kindes kann mit einem erhöhten Betrag festgestellt werden, wenn dies den vergrößerten Möglichkeiten des einzelnen Elternteils entspricht (Art. 315 I FamG). Nach Art. 314 I, II FamG ist jetzt ein vom Alter des Kindes abhängiger Mindestbedarf vorgeschrieben, den Elternteile, die nicht mit dem Kind zusammenleben, monatlich für dessen Unterhalt zahlen müssen. Der Betrag hängt von dem jährlich bis zum 1. April vom Ministerium für öffentliche Fürsorge zu veröffentlichen Mindestgeldbeträge ab (Art. 314 I FamG). Er beträgt für ein Kind bis zu 6 Jahren 17%, für ein Kind von 7 bis 12 Jahren 20% und für ein Kind von 13 bis 18 Jahren 22% des Durchschnittseinkommens (Art. 314 II FamG). Bei Unterhaltspflichten gegenüber mehreren Kindern kann auch ein geringerer Unterhalt festgesetzt werden, der aber die Hälfte der genannten Beträge nicht unterschreiten darf (Art. 314 III FamG). Hat das Kind **eigene Einkünfte**, ist es verpflichtet, mit diesen zu seinem Unterhalt beizutragen, dann kann auch ein geringerer Unterhalt bestimmt werden (Art. 314 III Nr. 2 FamG). Im Unterhaltsstreitverfahren für ein Kind zieht das Gericht bei dem Elternteil, bei dem das Kind lebt, besonders die Arbeit und die Sorge, die er in das Heranwachsen des Kindes investiert, in Betracht und verringert demgemäß seinen Geldbetrag zum Kindesunterhalt (Art. 310 I FamG). Rückständigen Unterhalt kann das Kind jetzt bereits ab dem Tag der Entstehung der Unterhaltspflicht und nicht erst ab Einleitung des Verfahrens oder ab Verzug verlangen.[352] Die Eltern und das Kind können über den Unterhalt eine gerichtliche Vereinbarung treffen (Art. 302 FamG).

Bei der Durchsetzung der Unterhaltsansprüche sind das Finanzministerium, das Steueramt, das Ministerium für innere Angelegenheiten, die Rentenversicherungsanstalt und Finanzagenturen dem Gericht zu Hilfeleistungen verpflichtet (Art. 319 FamG). Das **Zentrum für Sozialfürsorge** bemüht sich darum, dass Eltern sich mit ihren minderjährigen Kindern oder mit ihren volljährigen Kindern, die regelmäßig die Schule besuchen, außergerichtlich über die Höhe oder die Vergrößerung des Unterhaltsbeitrags für das Kind einigen. Diese Einigung soll dem Wohlergehen des Kindes Rechnung tragen. Der im Zentrum für Sozialfürsorge geschlossene Vergleich ist eine vollstreckbare Urkunde. Das Zentrum für Sozialfürsorge kann im Namen des Kindes ein Verfahren auf Erhöhung des Unterhalts einleiten und führen, wenn eine andere Person oder Einrichtung für das Kind sorgt oder wenn der Elternteil, mit dem das Kind lebt, den Anspruch aus unberechtigten Gründen nicht geltend macht. Es kann auch die Vollstreckung der Unterhaltsentscheidung für das Kind beantragen. Dabei ist die Pfändung des gesamten Einkommens des Unterhaltspflichtigen bis zu einem Viertel des Durchschnittseinkommens zulässig. Über Unterhaltsentscheidungen für Kinder, die ihm das Gericht zustellt und über bei ihm geschlossene Unterhaltsvergleiche führt es nach ministeriell vorgegebener Art und Weise Protokoll (Art. 318 FamG).

Ist der Unterhaltsanspruch eines Kindes durch vollstreckbare Urkunde festgestellt, kann der hiernach unterhaltspflichtige Elternteil einen Antrag auf Feststellung der **Beendigung**

---

[352] Hlaca FamRZ 2008, 1701 (1703); zur früheren Rechtslage vgl. BGH FamRZ 2005, 1987.

seiner Unterhaltspflicht erheben, soweit die Voraussetzungen für die Unterhaltsleistung an das Kind entfallen sind(Art. 285 FamG). In einer solchen Entscheidung stellt das Gericht von Amts wegen als Tag der Beendigung des Unterhaltsanspruchs den Tag der Antragstellung oder einen späteren Tag fest, wenn die Unterhaltspflicht an diesem späteren Tag enden soll. Für Unterhaltsansprüche nach der Antragstellung kann das Gericht in dem Verfahren die Zwangsvollstreckung aus der ursprünglichen Entscheidung einstweilen einstellen.

Ist der Unterhaltsanspruch eines Kindes durch vollstreckbare Urkunde festgestellt, kann der hiernach unterhaltspflichtige Elternteil einen Antrag auf Feststellung einer **geminderten** Unterhaltspflicht erheben, wenn Umstände bestehen, die diese begründen. In dem Antrag muss der Elternteil den geminderten Betrag ausweisen, zu dessen Leistung er sich auch weiterhin für verpflichtet hält. Befindet das Gericht den Antrag auf Minderung der Unterhaltspflicht ganz oder teilweise als begründet, entscheidet es nach von Amts wegen, welchen geminderten Betrag der Elternteil als Unterhaltsleistung zahlen muss und zwar ab dem Tag der Antragstellung oder einen späteren Tag; anderenfalls weist es den Antrag vollständig ab. Für Unterhaltsansprüche nach der Antragstellung kann das Gericht in dem Verfahren die Zwangsvollstreckung aus der ursprünglichen Entscheidung teilweise einstweilen einstellen.

Ein Elternteil, der noch nach Antragstellung auf Wegfall oder Herabsetzung seiner Unterhaltspflicht aufgrund der ursprünglichen vollstreckbaren Urkunde Unterhalt geleistet hat, hat Anspruch auf Rückzahlung des überzahlten Unterhalts, wenn seinem Antrag stattgegeben wird. Den Antrag auf Rückzahlung des geleisteten Unterhalts hat er allerdings in einem gesonderten Verfahren zu stellen (Art. 287 I FamG). Ein Verzicht auf den Unterhalt hat keine Rechtswirkung (Art. 286 FamG).

2. Ehegattenunterhalt

212 Ein Ehegatte,[353] der nicht genügend Mittel zum Leben hat oder sie aus seinem Vermögen nicht beschaffen kann und arbeitsunfähig ist oder keine Beschäftigung findet, hat das Recht auf Unterhalt von seinem Ehegatten (Art. 295 I FamG). Der Anspruch auf Unterhalt **endet,** wenn der berechtigte Ehegatte aus einer geschiedenen oder für ungültig erklärten Ehe eine neue Ehe schließt (Art. 300 I FamG). Der Anspruch erlischt auch, wenn das Gericht feststellt, dass er in einer außerehelichen Gemeinschaft lebt oder dass er dieses Rechts unwürdig geworden ist oder wenn die Voraussetzungen des Art. 295 FamG nicht mehr gegeben sind (Art. 300 II FamG).

213 Der berechtigte Ehegatte muss den Unterhaltsantrag bis zum Abschluss der Hauptverhandlung im Streitverfahren über die Scheidung oder Ungültigerklärung der Ehe **einreichen,** worauf ihn das Gericht hinzuweisen hat (Art. 297 I FamG). Nur ausnahmsweise kann der frühere Ehegatte auch innerhalb von sechs Monaten nach Beendigung der Ehe Unterhalt beantragen, wenn die Unterhaltsvoraussetzungen bei Abschluss der Hauptverhandlung im Streitverfahren über die Scheidung oder Ungültigerklärung der Ehe bestanden und ununterbrochen bis zum Abschluss der Hauptverhandlung im Unterhaltsstreitverfahren angedauert haben (Art. 297 II FamG). Der Ehegatte kann den Unterhalt aber nur für den Zeitraum nach der Antragserhebung geltend machen (Art. 306 FamG). Stets ist der späteste Einsatzzeitpunkt für das Bestehen eines Unterhaltsanspruchs aber die Auflösung der Ehe. Liegen die Voraussetzungen des Unterhaltsanspruchs in diesem Zeitpunkt nicht vor, kann auch später kein Anspruch mehr entstehen.

214 Das Gericht kann den Unterhaltsanspruch des Ehegatten ablehnen, wenn der Unterhalt eine **offensichtliche Ungerechtigkeit** für den unterhaltspflichtigen Ehegatten darstellen würde (Art. 299 FamG). Insbesondere wenn die Ehe nur kurz dauerte oder wenn der unterhaltsberechtigte Ehegatte die Möglichkeit hat, die Mittel zum Lebensunterhalt in absehbarer Zeit auf andere Weise zu sichern, hat das Gericht die Unterhaltspflicht bis zu einem Jahr zu **befristen** (Art. 298 I FamG). In berechtigten Fällen kann das Gericht die

---

[353] Zur Ehe vgl. Hlaca FamRZ 2014, 1510.

Unterhaltspflicht verlängern; der Antrag auf Verlängerung des Unterhalts kann aber nur bis zum Ablauf der Zeit eingereicht werden, für die der Unterhalt bestimmt wurde (Art. 298 II FamG).

3. Unterhalt für den außerehelichen Partner und die Mutter des nichtehelich geborenen Kindes

Endet die **außereheliche Gemeinschaft** einer Frau und eines Mannes, die mindestens drei Jahre dauerte oder in der ein gemeinsames Kind geboren wurde, hat der außereheliche Partner unter den gleichen Voraussetzungen wie ein Ehegatte (wenn er nicht genügend Mittel zum Leben hat oder sie aus seinem Vermögen nicht beschaffen kann und arbeitsunfähig ist oder keine Beschäftigung findet; Art. 295, 303 FamG) das Recht auf Unterhalt von dem anderen außerehelichen Partner (Art. 281 FamG). Der Anspruch auf Unterhalt **endet,** wenn der berechtigte außereheliche Partner eine Ehe eingeht (Art. 300 I FamG). Der Anspruch erlischt auch, wenn das Gericht feststellt, dass er in einer außerehelichen Gemeinschaft lebt oder dass er dieses Rechts unwürdig geworden ist oder wenn die Voraussetzungen des Art. 295 FamG nicht mehr gegeben sind (Art. 300 II FamG). Der Unterhaltsantrag kann nur innerhalb einer Frist von sechs Monaten von der Beendigung der außerehelichen Gemeinschaft an eingereicht werden (Art. 297 I FamG). Der nichteheliche Partner kann den Unterhalt nur für den Zeitraum nach der Antragstellung verlangen (Art. 297 II FamG). Die Vorschriften der Art. 298–300 FamG über die Feststellung des Wegfalls oder einer Minderung der Unterhaltspflicht finden nach Art. 303 FamG entsprechende Anwendung. Der unterhaltspflichtige nichteheliche Partner hat im Falle einer Beendigung oder Minderung der Unterhaltspflicht nach Art. 287 FamG auch für die Zeit vor Erhebung des Feststellungsantrags Anspruch auf Rückzahlung geleisteten Unterhalts. 215

Der **Vater** eines außerehelichen Kindes ist auch unabhängig von einer früheren Lebensgemeinschaft verpflichtet, vom Tag der Kindesgeburt an ein Jahr Unterhalt für die Mutter des gemeinsamen Kindes zu leisten, wenn sie für das Kind sorgt und nicht genügend Mittel zum Leben hat (Art. 305 I FamG). Diesen Unterhalt schuldet der Vater des Kindes nach Art. 305 II FamG auch für die Zeit vor der Antragstellung. Auch insoweit finden die Vorschriften der Art. 298–300 FamG über die Feststellung des Wegfalls oder einer Minderung der Unterhaltspflicht entsprechende Anwendung. Die Forderung verjährt in einem Jahr nach der Entstehung (Art. 305 III FamG). 216

Das Gericht kann den Unterhaltsanspruch des außerehelichen Partners ablehnen, wenn der Unterhalt eine **offensichtliche Ungerechtigkeit** für den anderen außerehelichen Partner darstellen würde (Art. 299 FamG). Der Unterhaltsanspruch des nichtehelichen Partners dauert bis zu einem Jahr nach Antragstellung (Art. 298 I FamG). In berechtigten Fällen kann das Gericht die Unterhaltspflicht verlängern; der Antrag auf Verlängerung des Unterhalts kann aber nur bis zum Ablauf der Zeit, für die der Unterhalt bestimmt wurde, eingereicht werde (Art. 289 II, III FamG). 217

4. Verwandtenunterhalt

Ein volljähriges Kind ist verpflichtet, für einen Elternteil, der arbeitsunfähig ist und nicht genügend Mittel zum Leben hat oder sie aus seinem Vermögen nicht beschaffen kann, Unterhalt zu leisten (Art. 281, 292 I FamG). Hat der unterhaltsberechtigte Elternteil in einer Zeit, als dies seiner gesetzlichen Pflicht entsprach, aus unberechtigten Gründen keinen Unterhalt für das Kind geleistet, kann das Kind von seiner Unterhaltspflicht gegenüber dem Elternteil befreit werden (Art. 292 II FamG). Auch ein volljähriges Stiefkind ist unter den Voraussetzungen wie ein volljähriges leibliches Kind zum Unterhalt für ein Stiefelternteil verpflichtet, wenn das Stiefelternteil längere Zeit für es Unterhalt gezahlt oder für es gesorgt hatte (Art. 293 FamG). Der Unterhaltsantrag kann sich in diesen Fällen nach Art. 306 FamG nur auf Unterhaltsleistungen für die Zeit nach Antragstellung beziehen. 218

5. Allgemeine Vorschriften zur Bestimmung des Unterhalts

219 Nach Art. 281 FamG[354] ist Unterhalt die Pflicht und das Recht der Eltern und der Kinder, der Ehegatten und nichtehelichen Partner und der Verwandten in gerader Linie, wenn es durch dieses Gesetz vorgesehen ist. Diese Personen tragen gemäß ihren Möglichkeiten und den Bedürfnissen der unterhaltenen Person unter den Bedingungen und in der Art und Weise, die in diesem Gesetz vorgesehen sind, zum gegenseitigen Unterhalt bei (Art. 282 FamG). Der Verzicht auf die Unterhaltspflichten und -rechte hat nach Art. 286 I FamG grundsätzlich keine rechtliche Wirkung. Die Unterhaltsberechtigten können allerdings nach Art. 286 II FamG auf aus dem Unterhalt erworbene Rechte verzichten bzw anders über sie verfügen. Letzteres findet nach Art. 286 III FamG auf den Unterhalt minderjähriger Kinder oder der Kinder, über die die Eltern nach ihrer Volljährigkeit die elterliche Sorge ausüben, keine Anwendung.

Der Unterhaltsanspruch des Ehegatten oder des außerehelichen Partners geht im **Rang** dem Kindesunterhalt nach und dem Verwandtenunterhalt vor (Art. 283 I, II FamG). Kinder und Stiefkinder haften ihren Eltern (bzw. Stiefeltern) gemeinschaftlich (Art. 284 I FamG). Der Unterhaltsanspruch gegen die Großeltern geht nach Art. 288 I FamG dem Unterhaltsanspruch gegen die Stiefeltern vor (Art. 288 III FamG). Haften nach dem Gesetz mehrere Personen gleichrangig für den Unterhalt, ist diese Verpflichtung nach ihren Möglichkeiten zu teilen (Art. 284 I FamG). Ist ein vorrangiger Unterhaltspflichtiger nicht in der Lage, den vollständigen Unterhalt zu befriedigen, kann der Unterhaltsberechtigte auch von den nachrangigen Schuldnern Unterhalt verlangen (Art. 284 II FamG). Der Unterhaltsberechtigte kann die nachrangigen Unterhaltspflichtigen in dem gegen den vorrangig Unterhaltspflichtigen eingeleiteten Verfahren oder in einem gesonderten Verfahren in Anspruch nehmen (Art. 287 I FamG). Der Unterhaltsantrag gegen den nachrangig Unterhaltspflichtigen hat nach Art. 284 II FamG Erfolg, wenn der Antragsteller glaubwürdig darlegt, dass der vorrangig Unterhaltspflichtige nicht in der Lage ist, den Unterhalt vollständig zu befriedigen.

220 Im Unterhaltsstreitverfahren stellt das Gericht den Gesamtbetrag der für den Unterhalt notwendigen Mittel fest (Art. 307 I FamG). Bei der Bemessung des **Unterhaltsbedarfs** berücksichtigt das Gericht die eigenen Einkünfte, den Vermögensstand, die Arbeitsfähigkeit, die Beschäftigungsmöglichkeit, den Gesundheitszustand und andere Umstände, von denen die Unterhaltsentscheidung abhängt (Art. 307 II FamG). Bei der Bemessung der **Leistungsfähigkeit** des Unterhaltspflichtigen sind seine Vermögensverhältnisse, alle Einkünfte und realen Möglichkeiten des Erwerbs eines erhöhten Verdienstes, die eigenen Bedürfnisse und sonstigen gesetzlichen Unterhaltsverpflichtungen zu berücksichtigen (Art. 307 III, 313 I FamG). Falls es dies für erforderlich hält, kann das Gericht von dem Unterhaltspflichtigen ein Vermögensverzeichnis nach den Vorschriften des Zwangsvollstreckungsgesetzes verlangen (Art. 313 II FamG). Ebenso kann es nach Art. 313 III FamG von der Steuerverwaltung, dem Innenministerium, der Rentenversicherungsanstalt, der Finanzagentur oder anderen Personen die ihnen verfügbaren Angaben einfordern.

221 Der Unterhalt ist **in Geld** zu bestimmen, wenn nicht berechtigte Gründe bestehen, dass er auf andere Art und Weise gesichert wird (Art. 303 FamG). Der Unterhalt für ein Kind ist stets in einem Geldbetrag zu bestimmen (Art. 309 FamG).

222 Das Gericht weist den Unterhaltspflichtigen darauf hin, dass er in einem Gerichtsverfahren, im Zentrum für Sozialfürsorge oder in einer besonders beglaubigten Urkunde darin zustimmen kann, dass die **Auszahlungen** der monatlichen Unterhaltsraten aus seinem Lohn, Lohnersatz oder seiner Rente nach seiner Zustimmung (administratives Verbot) ohne die Durchführung eines Vollstreckungsverfahrens ausgeführt werden können. Stimmt die einem Kind unterhaltspflichtige Person dem administrativen Verbot nicht zu, überprüft das Zentrum für Sozialfürsorge nach Ablauf von sechs Monaten ab Empfang der Gerichtsentscheidung oder ab Vergleichsschluss, ob der Unterhaltspflichtige seine Pflicht ordentlich und vollständig erfüllt und unternimmt die notwendigen Maßnahmen zum Schutz der Kindesinteressen (Art. 319 FamG). Der Unterhaltspflichtige hat einem neuen Arbeitgeber

---

[354] → Rn. 209; zur Geltendmachung von Unterhalt vgl. auch DIJuF Länderbericht JAmt 2006, 288.

die Daten über eine vollstreckbare Urkunde zum Unterhalt und die Personalien des Unterhaltsberechtigten mitzuteilen. Der neue Arbeitgeber ist verpflichtet, den Unterhaltsberechtigten über das neue Arbeitsverhältnis zu benachrichtigen. Zur Vereinnahmung der Geldbeträge für den Unterhalt kann in das gesamte vollstreckungsfähige Vermögen des Vollstreckungsschuldners vollstreckt werden.

Der Unterhaltsberechtigte und der Unterhaltspflichtige können eine gerichtliche **Erhöhung oder Herabsetzung** des durch rechtskräftige Entscheidung oder durch einen vor dem Zentrum für Sozialfürsorge geschlossenen Vergleich festgesetzten Unterhalts verlangen, wenn sich die Umstände, die der früheren Entscheidung zugrunde lagen, geändert haben (Art. 285 FamG). Eine natürliche oder juristische Person kann geleistete Unterhaltszahlungen von dem gesetzlich Verpflichteten **erstattet verlangen,** wenn die ausgelegten Kosten berechtigt waren (Art. 287 FamG). Der Unterhaltsanspruch geht also mit der Zahlung auf den Leistenden über. 223

Montenegro

Montenegro hat am 3.6.2006 seine Unabhängigkeit erklärt und ist aus der Staatengemeinschaft mit Serbien (früheres Jugoslawien) ausgeschieden. Nachdem zunächst das Familiengesetz vom 23.3.1989 in Kraft geblieben war, ist es inzwischen durch das Familiengesetz vom 29.12.2006 (FamG)[355] abgelöst worden. Unterhaltsansprüche von Kindern, Eltern und anderen Verwandten richten sich jetzt nach den Art. 254–261 FamG, solche der Ehegatten nach den Art. 262–267 FamG. 224

1. Kindesunterhalt

Die Eltern sind nach Art. 254 I FamG zum Unterhalt ihres minderjährigen Kindes verpflichtet. Hat das Kind nach der Volljährigkeit die schulische Ausbildung nicht beendet, sind die Eltern verpflichtet, ihm nach ihren Möglichkeiten Unterhalt bis zum Ablauf der zeitlichen Dauer der Ausbildung in der entsprechenden Schule bzw Fakultät zu gewähren, und sofern die schulische Ausbildung aus berechtigten Gründen verlängert ist, spätestens bis zur Vollendung des 26. Lebensjahres (Art. 254 II FamG). Ist ein volljähriges Kind wegen Krankheit, körperlicher oder seelischer Mängel arbeitsunfähig, hat es keine hinreichenden Mittel zum Unterhalt oder kann es solche nicht aus dem vorhandenen Vermögen realisieren, sind die Eltern zu seinem Unterhalt verpflichtet, solange dieser Zustand währt (Art. 255 FamG). Ein Elternteil, dem die elterliche Sorge entzogen worden ist, wird nach Art. 256 FamG nicht von der Unterhaltspflicht gegenüber seinen Kindern frei. 225

Der Stiefvater und die Stiefmutter sind zum Unterhalt ihrer minderjährigen Stiefkinder verpflichtet, wenn diese keine Verwandten haben, die ihnen nach diesem Gesetz unterhaltspflichtig sind, oder die Verwandten hierzu außerstande sind (Art. 258 I FamG). Die Pflicht des Stiefvaters und der Stiefmutter zum Unterhalt ihrer minderjährigen Stiefkinder besteht auch nach dem Tod von deren Elternteil, mit dem der Stiefvater bzw die Stiefmutter verheiratet war, wenn bis zum Tod dieses Elternteils zwischen dem Stiefvater bzw der Stiefmutter und den Stiefkindern eine Familiengemeinschaft bestanden hat (Art. 258 II FamG). Wenn die Ehe zwischen dem Elternteil und dem Stiefvater bzw der Stiefmutter des Kindes für nichtig erklärt oder geschieden ist, endet nach Art. 258 III FamG die Pflicht des Stiefvaters bzw der Stiefmutter zum Unterhalt des Stiefkindes. 226

2. Ehegattenunterhalt

Ein Ehegatte, der keine ausreichenden Mittel für den Unterhalt hat, arbeitsunfähig ist oder keine Beschäftigung aufnehmen kann, hat nach Art. 262 I FamG **Anspruch auf** 227

---

[355] Bergmann/Ferid/Henrich/Cieslar/Jessel-Holst, Internationales Ehe- und Kindschaftsrecht, Montenegro, Stand: 1.11.2016 S. 42 ff.

Unterhalt von seinem Ehegatten, entsprechend dessen materiellen Möglichkeiten. Unter Berücksichtigung aller Umstände kann das Gericht den Antrag auf Unterhalt abweisen, wenn der Unterhalt von einem Ehegatten begehrt wird, der sich ohne ernsthaften Anlass von Seiten des anderen Ehegatten in der Ehegemeinschaft grob und ungehörig verhalten hat oder der seinen Ehegatten böswillig oder ohne gerechtfertigten Grund verlassen hat, oder wenn sein Antrag eine offensichtliche Unbilligkeit für den anderen Ehegatten darstellen würde (Art. 262 II FamG).

228 Unter den Voraussetzungen des Art. 262 FamG hat der ungesicherte Ehegatte nach Art. 263 I FamG das Recht zu beantragen, dass ihm in dem Urteil, durch welches die **Ehe geschieden** wird, Unterhalt zu Lasten des anderen Ehegatten zuerkannt wird, entsprechend dessen materiellen Möglichkeiten. Ausnahmsweise kann der Ehegatte, der im Ehescheidungsverfahren nicht verlangt hat, dass ihm Unterhalt zu Lasten des anderen Ehegatten zuerkannt wird, aus berechtigten Gründen einen solchen Antrag in einem gesonderten Verfahren **binnen Jahresfrist** nach der Ehescheidung stellen, aber nur, wenn die Voraussetzungen für den Unterhalt vor der Scheidung der Ehe entstanden sind und ununterbrochen bis zum Abschluss der Hauptverhandlung im Unterhaltsverfahren angedauert haben, oder wenn innerhalb dieser Frist als Folge einer Körperverletzung oder gesundheitlichen Störung aus der Zeit vor der Scheidung der Ehe Arbeitsunfähigkeit eingetreten ist (Art. 263 II FamG). Haben die Ehegatten im Falle der Ehescheidung eine Unterhaltsvereinbarung getroffen oder hat sich ein Ehegatte ohne ausdrückliche Vereinbarung am Unterhalt des anderen Ehegatten durch Zahlung bestimmter Geldbeträge, Überlassung seines Vermögens zur Nutzung oder auf andere Weise beteiligt, läuft die Frist nach Art. 263 II FamG zur Stellung eines Antrags auf Unterhalt ab dem Tag, an dem die letzte Leistung auf den Unterhalt erfolgt ist, bzw ab dem Tag, an dem der Ehegatte sein Vermögen zurückerhalten hat (Art. 263 III FamG).

229 Wenn die Lebensgemeinschaft der Ehegatten dauerhaft beendet ist und wenn die Ehegatten eine lange Reihe von Jahren darauf angewiesen waren, die Mittel für ihren Unterhalt völlig **selbständig** sicherzustellen, und ein derartiger Zustand bis zur Scheidung der Ehe angedauert hat, kann das Gericht, unter Wertung aller Umstände des Falles, den Antrag auf Zuerkennung von Unterhalt zugunsten eines derartigen Ehegatten abweisen (Art. 264 FamG).

Das Gericht kann nach Art. 265 I FamG entscheiden, dass die Unterhaltspflicht eine **bestimmte Zeitspanne** dauert, wenn der Anspruchsteller imstande ist, in absehbarer Zeit auf andere Art die Mittel für den Unterhalt sicherzustellen. Falls die Ehe nur kurze Zeit gedauert hat, kann das Gericht, unter Wertung aller Umstände, entscheiden, dass die Unterhaltspflicht eine bestimmte Zeitspanne dauert, oder den Antrag auf Unterhalt insgesamt abweisen, unabhängig von der Möglichkeit des Anspruchstellers, in absehbarer Zeit auf andere Weise die Mittel für den Unterhalt sicherzustellen, sofern nicht der Anspruchsteller ein gemeinsames minderjähriges Kind großzieht. Dabei berücksichtigt das Gericht besonders, ob sich die Vermögensumstände des Ehegatten im Zusammenhang mit der Eingehung der Ehe verändert haben (Art. 265 II FamG). In berechtigten Fällen kann das Gericht die Pflicht zur Unterhaltszahlung verlängern (Art. 265 III FamG). Der Antrag auf Verlängerung der Unterhaltszahlungen kann nur bis zum Ablauf der Zeitspanne erhoben werden, für die Unterhalt zuerkannt worden ist (Art. 265 IV FamG).

230 Das Recht des geschiedenen Ehegatten auf Unterhalt **erlischt** nach Art. 266 I FamG, wenn die Voraussetzungen nach Art. 262 I FamG nicht mehr bestehen, mit Ablauf der Zeitspanne, für die der Unterhalt zuerkannt worden ist, wenn der unterhaltsberechtigte geschiedene Ehegatte eine neue Ehe eingeht, eine nichteheliche Gemeinschaft begründet oder wenn das Gericht nach Prüfung aller Umstände befindet, dass der geschiedene Ehegatte dieses Anspruchs unwürdig geworden ist. Ein Ehegatte, dessen Unterhaltsberechtigung einmal erloschen ist, kann nicht erneut einen Unterhaltsanspruch gegen denselben Ehegatten verwirklichen (Art. 266 II FamG).

231 Im Falle der **Nichtigerklärung** der Ehe kann der Ehegatte, der im Zeitpunkt der Eheschließung keine Kenntnis von dem Nichtigkeitsgrund hatte, beantragen, dass ihm zu Lasten des anderen Ehegatten Unterhalt zuerkannt wird, unter den Voraussetzungen, zu denen ein geschiedener Ehegatte das Unterhaltsrecht verwirklichen kann.

3. Unterhalt des außerehelichen Partners

Wenn die nichteheliche Gemeinschaft einer Frau und eines Mannes beendet ist, hat jeder von ihnen gemäß Art. 268 I FamG unter den Voraussetzungen des Art. 262 I FamG einen Unterhaltsanspruch gegen den anderen, sofern die Lebensgemeinschaft **längere Zeit** gedauert hat.

Der Antrag auf Unterhalt kann spätestens **binnen Jahresfrist** nach der Beendigung der Lebensgemeinschaft erhoben werden, jedoch nur dann, wenn die Voraussetzungen für den Unterhalt vor der Beendigung der Gemeinschaft entstanden sind und ununterbrochen bis zum Abschluss der Hauptverhandlung im Unterhaltsverfahren angedauert haben (Art. 268 II FamG).

Das Gericht kann den Antrag auf Unterhalt **abweisen,** wenn der Unterhalt von einem nichtehelichen Gefährten begehrt wird, der sich ohne ernsthaften Anlass von Seiten des anderen nichtehelichen Gefährten in der nichtehelichen Gemeinschaft grob oder ungehörig verhalten hat, wenn er die Lebensgemeinschaft böswillig oder ohne gerechtfertigten Grund verlassen hat oder wenn sein Antrag eine offensichtliche Unbilligkeit für den anderen nichtehelichen Gefährten darstellen würde (Art. 268 III FamG).

Das Gericht kann entscheiden, dass die Unterhaltspflicht eine **bestimmte Zeitspanne** dauert, besonders in dem Fall, dass der Anspruchsteller imstande ist, in absehbarer Zeit auf andere Weise die Mittel für den Unterhalt sicherzustellen (Art. 269 I FamG). In berechtigten Fällen kann das Gericht die Pflicht zur Unterhaltszahlung verlängern (Art. 269 II FamG). Der Antrag auf Verlängerung der Unterhaltszahlung kann nur bis zum Ablauf der Zeitspanne erhoben werden, für die der Unterhalt zuerkannt worden ist (Art. 269 III FamG).

Das Recht des nichtehelichen Gefährten auf Unterhalt **erlischt,** wenn die Voraussetzungen nach Art. 262 I FamG nicht mehr bestehen, mit Ablauf der Zeitspanne, für die der Unterhalt zuerkannt worden ist, wenn der unterhaltsberechtigte nichteheliche Gefährte eine Ehe eingeht, eine neue nichteheliche Gemeinschaft begründet oder wenn das Gericht unter Prüfung aller Umstände befindet, dass der nichteheliche Gefährte dieses Anspruchs unwürdig geworden ist (Art. 270 FamG).

Unabhängig davon, ob zwischen den Eltern eines nichtehelich geborenen Kindes eine Lebensgemeinschaft bestanden hat, ist der **Kindesvater** verpflichtet, sich unter den Voraussetzungen des Art. 262 I FamG entsprechend seinen Möglichkeiten am Unterhalt der Mutter des Kindes während der Dauer von drei Monaten vor der Geburt und einem Jahr nach der Geburt zu beteiligen (Art. 271 I FamG). Das gilt nach Art. 271 II FamG auch dann, wenn das Kind tot geboren oder nach der Geburt gestorben ist, für die Dauer der durch die Geburt hervorgerufenen Arbeitsunfähigkeit, längstens aber bis zu einem Jahr nach der Geburt des Kindes. Das Gericht kann den Antrag der Mutter auf Unterhalt abweisen, wenn es eine offensichtliche Unbilligkeit für den Vater darstellen würde, wenn dem Antrag stattgegeben würde (Art. 271 III FamG).

4. Verwandtenunterhalt

Kinder sind zum **Unterhalt ihrer Eltern** verpflichtet, die arbeitsunfähig sind, keine ausreichenden Mittel für den Unterhalt haben oder solche nicht aus dem vorhandenen Vermögen realisieren können (Art. 257 I FamG). Ausnahmsweise kann das Gericht den Antrag auf Unterhalt abweisen, wenn der Unterhalt von einem Elternteil begehrt wird, dem das Elternrecht entzogen worden ist und der das Kind nicht unterhalten hat, und wenn er dazu die Möglichkeit gehabt hat oder wenn das Gericht unter Wertung aller Umstände des Falles befindet, dass dies eine offensichtliche Ungerechtigkeit für das Kind darstellen würde (Art. 257 II FamG).

Stiefkinder sind zum Unterhalt ihres Stiefvaters und ihrer Stiefmutter verpflichtet, die sie längere Zeit unterhalten und die für sie gesorgt haben. Sofern der Stiefvater und die Stiefmutter Kinder haben, besteht diese Pflicht mit diesen Kindern gemeinschaftlich (Art. 259 FamG).

240 **Brüder und Schwestern** sind zum Unterhalt ihrer minderjährigen Geschwister verpflichtet, die nicht die Mittel für den Unterhalt haben, wenn die Eltern nicht mehr leben oder zu ihrem Unterhalt außerstande sind (Art. 260 FamG). Die Unterhaltspflicht besteht auch zwischen den **übrigen Blutsverwandten** in gerader Linie (Art. 261 I FamG). Das Recht auf Unterhalt von diesen Verwandten wird in der Reihenfolge verwirklicht, in der sie als gesetzliche Erben berufen sind. Sind mehrere Personen gemeinsam zum Unterhalt verpflichtet, wird die Unterhaltspflicht zwischen ihnen nach ihren Möglichkeiten aufgeteilt (Art. 261 II, III FamG).

241 Die **Vormundschaftsbehörde** kann im Namen einer alten und sich allein versorgenden Person, auf ihren Vorschlag oder aus eigener Initiative, ein Unterhaltsverfahren gegen gesetzlich verpflichtete Verwandte einleiten und führen. Widersetzt sich die unterhaltsberechtigte Person dem, ist die Behörde nicht befugt, das Verfahren im eigenen Namen einzuleiten (Art. 278 FamG).

5. Allgemeine Vorschriften zur Bestimmung des Unterhalts

242 Die Pflicht der zur Unterhaltsleistung verpflichteten Familienmitglieder wird entsprechend ihren Möglichkeiten, innerhalb der Grenzen des Bedarfs des Anspruchstellers festgesetzt (Art. 272 I FamG). Der Gesamtbetrag der für diesen Unterhalt erforderlichen Mittel kann nicht geringes sein als der Betrag der ständigen Geldbeihilfe, die nach den Vorschriften über Sozialfürsorge einer Person ohne jegliche Einkünfte in der Gemeinde gewährt wird, in welcher der Unterhaltsempfänger wohnt (Art. 272 II FamG).

Bei der Bewertung des **Bedarfs** des Unterhaltsempfängers berücksichtigt das Gericht seine Vermögenslage, Grad der Arbeitsfähigkeit, Möglichkeit einer Beschäftigung, Gesundheitszustand und andere Umstände, von denen die Entscheidung über den Unterhalt abhängt (Art. 273 I FamG). Wird der Unterhalt für ein Kind begehrt, so nimmt das Gericht auch das Alter des Kindes und den Bedarf für seine Ausbildung in Betracht (Art. 273 II FamG). Bei der Bewertung der Möglichkeiten des Unterhaltspflichtigen berücksichtigt das Gericht seine sämtlichen Einkünfte und die tatsächlichen Möglichkeiten zur Erzielung von Einkommen, ferner seine eigenen Bedürfnisse und gesetzlichen Unterhaltspflichten (Art. 273 III FamG).

Im Streit der Eltern über den Unterhalt des **Kindes** wird zugunsten des Elternteils, dem das Kind zur Obhut und Erziehung anvertraut ist, die Arbeit und Pflege dieses Elternteils, die er täglich für die Pflege und das Großziehen des Kindes aufbringt, besonders als sein Beitrag berücksichtigt (Art. 274 FamG).

243 Die **Vormundschaftsbehörde** strengt im Namen des minderjährigen Kindes einen Streit über Unterhalt bzw auf Heraufsetzung des Unterhalts an und führt diesen Streit, wenn der Elternteil, bei dem sich das Kind zur Obhut und Erziehung befindet, aus nicht stichhaltigen Gründen dieses Recht nicht wahrnimmt (Art. 275 I FamG). Wenn der Elternteil nicht die Vollziehung einer Entscheidung betreibt, durch welche Unterhalt zuerkannt worden ist, stellt die Vormundschaftsbehörde im Namen des minderjährigen Kindes bei Gericht den Antrag auf Vollstreckung der Entscheidung, gemäß den Vorschriften des Gesetzes über das Vollstreckungsverfahren (Art. 275 II FamG).

Das Gericht ist nach Art. 276 FamG verpflichtet, jede Unterhaltsentscheidung der zuständigen Vormundschaftsbehörde zu übermitteln. Die Vormundschaftsbehörde kann im Namen einer alten und alleinstehenden Person auf deren Antrag hin oder von sich aus ein Verfahren auf Verwirklichung ihres Unterhaltsanspruchs gegen Verwandte anstrengen und führen, die nach diesem Gesetz zu ihrem Unterhalt verpflichtet sind. Sofern die betreffende Person dem entgegentritt, ist die Vormundschaftsbehörde nicht befugt, in ihrem Namen ein Verfahren anzustrengen (Art. 278 FamG).

244 Der Unterhalt wird in der Regel **in Geld** festgesetzt (Art. 279 I FamG). Der Unterhalt kann auch auf andere Weise festgesetzt werden, wenn sich der Unterhaltsgewährende und der Unterhaltsempfänger entsprechend geeinigt haben (Art. 279 II FamG).

Das Gericht kann auf Antrag des Unterhaltsempfängers oder des Unterhaltspflichtigen den durch eine frühere Gerichtsentscheidung zuerkannten Unterhalt **heraufsetzen, he-**

rabsetzen oder aufheben, sofern sich die Umstände, die der Entscheidung zugrunde lagen, später geändert haben (Art. 280 FamG).

Das Gericht gibt dem Unterhaltspflichtigen die Bezahlung der künftigen Unterhaltsbeträge in festen monatlichen Geldbeträgen auf (Art. 281 I FamG). Sofern der Unterhaltspflichtige regelmäßig monatliche Geldeinkünfte bezieht, setzt das Gericht auf Antrag des Unterhaltsempfängers den künftigen Unterhaltsbetrag in einem **Prozentsatz** vom Arbeitslohn, der Rente oder der sonstigen ständigen Geldeinkünfte fest (Art. 281 II FamG). Wenn die Unterhaltshöhe in einem Prozentsatz von den regelmäßigen monatlichen Geldeinkünften des Unterhaltsschuldners (Arbeitslohn, Ersatz für Arbeitslohn, Rente, Urheberhonorar usw) festgesetzt wird, kann die Höhe des Unterhalts in der Regel nicht geringer sein, als 15% und nicht höher als 50% der regelmäßigen monatlichen Geldeinkünfte des Unterhaltsschuldners (Art. 281 III FamG). Sofern es sich beim Unterhaltsgläubiger um ein Kind handelt, soll das Ausmaß des Unterhalts für das Kind mindestens einen solchen Lebensstandard ermöglichen, wie ihn der Elternteil genießt, der Unterhaltsschuldner ist (Art. 281 IV FamG).

Sofern der Elternteil, der aufgrund gerichtlicher Entscheidung zur Bezahlung eines bestimmten Betrages für den Unterhalt des Kindes verpflichtet ist, seiner Pflicht nicht regelmäßig nachkommt, ergreift die Vormundschaftsbehörde auf Antrag des anderen Elternteils oder von Amts wegen Maßnahmen, damit für das Kind ein vorläufiger Unterhalt gemäß den Vorschriften über Sozial- und Kinderschutz gewährleistet wird, bis der Elternteil beginnt, seine Pflicht zu erfüllen.

Eine natürliche oder juristische Person, die die Unterhaltskosten einer Person getragen hat, kann den Ersatz dieser Kosten von demjenigen verlangen, der nach dem FamG zur Unterhaltsleistung verpflichtet ist, soweit die aufgewendeten Kosten erforderlich waren (Art. 283 I FamG). Sind mehrere Personen gemeinsam zur Unterhaltsleistung verpflichtet, haften sie gegenüber dem Dritten gesamtschuldnerisch für die aufgewendeten Unterhaltskosten, bis zur Höhe ihrer materiellen Möglichkeiten (Art. 283 II FamG). Im Falle des Todes desjenigen, der eine ständige Geldbeihilfe nach den Vorschriften über Sozialfürsorge bezogen hat, können die Kosten dieser Beihilfe aus seinem Nachlass bezahlt werden, ohne Rücksicht darauf, ob seine Erben Personen sind, die ihm nach dem Gesetz unterhaltspflichtig waren (Art. 283 III FamG).

Das Recht auf Unterhalt vom Ehegatten bzw vom nichtehelichen Gefährten wird vor dem Unterhalt von Seiten der Verwandten verwirklicht (Art. 284 I FamG). Wenn gleichzeitig mehrere Unterhaltsbedürftige vorhanden sind, hat der Unterhaltsanspruch des Kindes den Vorrang (Art. 284 II FamG).

Niederlande

1. Kindesunterhalt

Gemäß Art. 1:404 I des Bürgerlichen Gesetzbuches[356] (Burgerlijk Wetboek – BW) sind Eltern verpflichtet, nach Leistungsfähigkeit für die Kosten von Unterhalt und Erziehung ihrer **minderjährigen Kinder** aufzukommen. Diese Verpflichtung besteht gemäß Art. 1:404 II BW auch für einen Stiefelternteil während seiner Ehe oder seiner registrierten Partnerschaft gegenüber den zu seinem Hausstand gehörenden minderjährigen Kindern seines Ehegatten oder seines registrierten Partners. Kommt ein Elternteil oder Stiefelternteil seiner Verpflichtung zur Aufbringung der Kosten der Versorgung oder Erziehung nicht oder nicht gehörig nach, so können der andere Elternteil oder der Vormund beim Land-

---

[356] Neufassung durch die beiden Gesetze vom 11.12.1958 und 3.4.1969, zuletzt geändert durch Gesetz vom 7.6.2017, Stb 245. Die Artikel der neuen Bücher, wie hier des 1. Buches „Personen- und Familienrecht" sind jeweils für sich gezählt, so dass grundsätzlich das Buch mit zitiert werden muss; zB Art. 1:2 BW für Artikel 2 des 1. Buches; vgl. Bergmann/Ferid/Henrich/Cieslar/Weber/Breemhaar, Internationales Ehe- und Kindschaftsrecht, Niederlande, Stand: 2018 S. 76 ff.

gericht beantragen, den Betrag zu bestimmen, den dieser Eltern- oder Stiefelternteil zugunsten des Kindes bezahlen muss (Art. 1:406 I BW). Die von den Gerichten angewandte Berechnungsmethode zur Höhe des Kindesunterhalts, die zurzeit in den sog. Trema-Normen festgelegt ist, soll vereinfacht, transparenter gemacht und sodann mit einer Reform des Kindesunterhalts in das Gesetz übernommen werden.[357] Das Landgericht kann diesen Betrag bereits gleichzeitig mit einer von ihm zu treffenden Entscheidung bezüglich der Sorge bestimmen (Art. 1:406 II BW). Ein auf Art. 1:394 BW gestützter Antrag (→ Rn. 259) kann zugunsten des minderjährigen Kindes nach Art. 1:406a S. 1 BW von demjenigen, der die Sorge über das Kind ausübt, gestellt werden. Der Elternteil oder der Vormund des Kindes bedarf der dort bezeichneten Ermächtigung nicht (Art. 1:406a S. 2 BW). Gleichzeitig mit einer durch das Landgericht zu treffenden Entscheidung bezüglich der über die Kinder auszuübenden Sorge nach Auflösung der Ehe nach Trennung von Tisch und Bett kann das Landgericht auf Antrag eines Elternteils den Betrag einer im Zusammenhang mit der vorangegangenen Sorgerechtsregelung bestimmten wiederkehrenden Zahlung zur Aufbringung der Kosten der Versorgung und Erziehung ändern (Art. 1:407 BW).

Eine Zahlung zur Aufbringung der Kosten der Versorgung und Erziehung oder zur Aufbringung der Kosten des Lebensunterhalts und der Ausbildung, deren Betrag in einer richterlichen Entscheidung, worunter auch die Entscheidung aufgrund von Art. 822 I lit. c ZPO zu verstehen ist, festgelegt worden ist, wird zugunsten des Minderjährigen an den Elternteil, der das Kind versorgt und erzieht, oder an den Vormund bzw an den Volljährigen geleistet (Art. 1:408 I BW). Auf Antrag eines Berechtigten, wie er in Abs. 1 bezeichnet ist, eines Unterhaltspflichtigen oder auf gemeinsamen Antrag eines Berechtigten und eines Unterhaltspflichtigen übernimmt das Landesbüro für die Einziehung von Unterhaltsbeträgen die Einziehung der Unterhaltszahlungen. Der vollstreckbare Titel wird dazu vom Unterhaltsberechtigten diesem Büro übergeben. Dessen Aushändigung ermächtigt das Büro zur Durchführung der Einziehung, wenn nötig im Wege der Zwangsvollstreckung (Art. 1:408 II BW). Für die Kosten der Einziehung durch das Landesbüro für die Einziehung von Unterhaltsbeträgen wird der Unterhaltspflichtige in Anspruch genommen, unbeschadet der Kosten gerichtlicher Verfolgung und Vollstreckung. Die Inanspruchnahme wegen der Kosten erfolgt durch Änderung des im ersten Absatz bezeichneten Betrags nach durch Verordnung zu bestimmender Regel, in Höhe von 15/100'stel des Monatsbeitrags, mindestens in Höhe von 18 EUR (Art. 1:408 III BW).[358]

Die Einziehung auf Antrag eines Unterhaltsberechtigten erfolgt nur, wenn der Berechtigte bei Einreichung des Antrags glaubhaft gemacht hat, dass der Unterhaltspflichtige innerhalb höchstens der letzten sechs Monate vor der Einreichung des Antrags hinsichtlich mindestens einer wiederkehrenden Zahlung seinen Pflichten nicht nachgekommen ist. In diesen Fällen erfolgt die Einziehung von Beträgen, die ab einem Zeitpunkt von höchstens sechs Monaten vor Einreichung des Antrags geschuldet werden (Art. 1:408 IV BW). Bevor die Einziehung mit Inanspruchnahme wegen der Kosten erfolgt, wird der Unterhaltspflichtige durch Brief mit Empfangsbestätigung von dem Vorhaben und den Gründen dafür sowie von dem Betrag einschließlich der Kosten der Einziehung in Kenntnis gesetzt. Das Landesbüro für die Einziehung von Unterhaltsbeiträgen wird berechtigt, am vierzehnten Tag nach Absendung des Briefes die Einziehung vorzunehmen (Art. 1:408 V BW). Die Einziehung, die auf Antrag des Unterhaltsberechtigten erfolgt, endet nur, wenn während mindestens eines halben Jahres regelmäßig an das Landesbüro für die Einziehung von Unterhaltsbeiträgen gezahlt worden ist und keine Beträge, wie sie in Abs. 4 S. 2 bezeichnet sind, mehr geschuldet werden. Die Frist von einem halben Jahr wird jedes Mal verdoppelt, wenn eine vorhergehende Einziehungsfrist auch auf Antrag des Unterhaltsberechtigten angefangen hatte (Art. 1:408 VI BW).

---

[357] Breemhaar FamRZ 2016, 1540 (1541); vgl. auch Rieck/Vinnen, Ausländisches Familienrecht, Niederlande, Stand: Juli 2018, Rn. 17.
[358] VO über den Kostenaufschlag bei Einziehung von Kindesunterhalt vom 17.11.1993 in der Fassung der VO vom 1.11.2006, Stb 545; vgl. Bergmann/Ferid/Henrich/Cieslar/Weber/Breemhaar, Internationales Ehe- und Kindschaftsrecht, Niederlande, Stand: 2018 S. 161 Fn. 437.

Eine Einziehung, die im Zeitpunkt des Erreichens der Volljährigkeit des Kindes gilt, wird zugunsten des Volljährigen fortgesetzt, wenn diese nicht auf seinen Antrag hin beendet wird (Art. 1:408 VII BW). Die Vollstreckung eines vollstreckbaren Titels betreffend die Zahlung der Kosten der Versorgung und Erziehung oder des Lebensunterhalts und der Ausbildung erfolgt unter Beachtung der in Abs. 3 bezeichneten Änderung (Art. 1:408 VIII BW). Einziehungen, die zehn Jahre, nachdem der Minderjährige das Alter von 21 Jahren erreicht hat, noch nicht vom Landesbüro für die Einziehung von Unterhaltsbeiträgen durchgeführt worden sind, dürfen beendet werden. Der Unterhaltsberechtigte wird hierüber schriftlich in Kenntnis gesetzt (Art. 1:408 IX BW).

Eine Zahlung durch den Unterhaltspflichtigen erfolgt in erster Linie in Anrechnung auf die in Abs. 3 bezeichneten Kosten, sodann in Anrechnung auf etwa fällige Zinsen und schließlich in Anrechnung auf die geschuldeten Unterhaltszahlungen und die etwa laufenden Zinsen (Art. 1:408 X BW). Das Landesbüro für die Einziehung von Unterhaltsbeiträgen trägt Sorge, dass die Gelder, die für den Unterhalt von Minderjährigen ausgezahlt werden, an die dazu Berechtigten bezahlt werden. Geschieht die Auszahlung an eine Gemeinde als Berechtigte, wird von den an das Büro gezahlten Geldern ein durch den Minister der Justiz zu bestimmender Teil zur Bestreitung der Kosten in Abzug gebracht, welche mit der Einziehung der Gelder verbunden sind (Art. 1:408 XI BW). Art 1:243 II–IV BW ist entsprechend anwendbar (Art. 1:408 XII BW).

Gegenüber **volljährigen Kindern** (minderjährig ist das noch nicht 18 Jahre alte unverheiratete Kind, Art. 1:233 BW) bis zum 21. Lebensjahr gilt die Verpflichtung hinsichtlich der Kosten des Lebensunterhalts und der Ausbildung weiter (Art. 1:395a I BW). Die Unterhaltspflicht des Stiefelternteils besteht nur während der bestehenden Ehe mit dem Elternteil für die in seinem Hausstand lebenden volljährigen Kinder, die das 21. Lebensjahr noch nicht vollendet haben (Art. 1:395 BW). Hat das Gericht den Betrag festgesetzt, den ein Eltern- oder Stiefelternteil bzw, entsprechend Art. 394, der Erzeuger oder der Mann, der in Art. 1:394 BW diesem gleichgestellt ist, für die Versorgung und Erziehung seines minderjährigen Kindes oder Stiefkindes zu bezahlen hat, und hatte diese Verpflichtung bis zur Erreichung der Volljährigkeit des Kindes bestanden, so gilt ab diesem Zeitpunkt die Gerichtsentscheidung als eine solche über die Festsetzung des Betrags für Lebensunterhalt und Ausbildung, wie in Art. 1:395a BW beschrieben (Art. 1:395b I BW). Dasselbe gilt, wenn in Anwendung von Kapitel XIII des Gesetzes über die Jugendfürsorge der Betrag festgesetzt worden ist, den der Eltern- oder Stiefelternteil zur Bestreitung der Kosten der in Art. 69 I BW bezeichneten Maßnahmen an das Landesbüro für die Einziehung von Unterhaltsbeiträgen zahlen muss (Art. 1:395b II BW). Ist derjenige, der Unterhalt zu leisten hat, außerstande, das hierfür erforderliche Geld aufzubringen, kann das Landgericht anordnen, dass er den Verwandten oder Verschwägerten, dem er Lebensunterhalt schuldet, zu sich in die Wohnung aufnimmt und dort für das Nötige sorgt (Art. 1:398 I BW). Eltern können sich vom Gericht zur Leistung von Naturalunterhalt an volljährige Kinder berechtigen lassen (Art. 1:398 II BW). Bei der Bemessung des gesetzlich von Verwandten und Verschwägerten geschuldeten Unterhalts werden die **Bedürftigkeit** des Berechtigten und die **Leistungsfähigkeit** des Unterhaltspflichtigen berücksichtigt (Art. 397 I BW).[359] Ein neues Reformkonzept sieht vor, die Versorgungskosten und Unterhaltskosten abhängig vom Einkommen des Unterhaltspflichtigen und vom Alter des unterhaltsberechtigten Kindes zu ermitteln. Dafür sollen durch das Justizministerium feste Beträge festgesetzt werden.[360] Mehrere Unterhaltspflichtige haften anteilig nach ihrer Leistungsfähigkeit und der Beziehung zum Berechtigten (Art. 397 II BW). Auf die Unterhaltsschuld eines in den Niederlanden lebenden barunterhaltspflichtigen Elternteils wird das dem anderen Elternteil nach deutschem Recht gewährte Kindergeld zur Hälfte angerechnet, wenn der barunterhaltspflichtige Elternteil in den Niederlanden kindergeldberechtigt wäre, sein dort begründeter Kindergeldanspruch aber wegen der sich aus dem deutschen Recht ergebenden Kindergeldberechtigung des anderen Elternteils ruht.[361]

---

[359] OLG Hamm FamRZ 1994, 1132.
[360] Boele-Woelki FamRZ 2005, 1632 (1633).
[361] BGH FamRZ 2004, 1639.

248 Eine **Abänderung** des Unterhaltstitels ist wegen nachträglicher Veränderung der Verhältnisse oder auch wegen ursprünglicher Unrichtigkeit möglich (Art. 401 I–IV BW; → Rn. 259). Der festgesetzte Unterhalt wird jedoch ohnehin alljährlich kraft Gesetzes an den Lohnindex angepasst (Art. 402a BW).[362] Ein **Verzicht** auf den gesetzlich geschuldeten Unterhalt ist nichtig (Art. 400 II BW).

Unterhalt für mehr als fünf Jahre vor der Einleitung des Verfahrens erlischt (Art. 403 BW). Der vertretungsberechtigte Elternteil kann ohne Umschreibung Zahlung von Kindesunterhalt aus einem Titel verlangen, in dem der Unterhaltspflichtige zur Unterhaltszahlung an den früheren, inzwischen aufgelösten niederländischen „Kinderschutzbund" verurteilt wurde.[363]

2. Ehegattenunterhalt

249 **Trennung.** Während der Trennung hat der dafür verantwortliche Ehegatte dem anderen einen Betrag für dessen Lebensunterhalt auszukehren (Art. 1:84 II, VI BW). Konkrete Angaben zur Höhe ergeben sich aus dem Gesetz nicht. Die Berechnungsmethode ist bislang nur in den sog Trema-Normen festgelegt, soll aber nach einem Gesetzentwurf unmittelbar ins Gesetz übernommen werden.[364] Die deutsche Rechtsprechung dazu geht von einem weiten Ermessensspielraum aus und orientiert sich weitgehend an den Leitlinien der Oberlandesgerichte.[365]

250 Bei einem auf Trennung von Tisch und Bett lautenden Urteil gilt analog dasselbe wie bei der Ehescheidung (Art. 1:169 II BW).

251 **Scheidung.** In den Niederlanden sind zur Auflösung einer Ehe drei Verfahren möglich:
- Die Trennung von Tisch und Bett (Art. 1:169 ff. BW) kann im Anschluss zur Auflösung der Ehe aus diesem Grunde führen.
- Die (am häufigsten beantragte) Ehescheidung sieht als einzigen Grund die dauerhafte Zerrüttung der Ehe vor (Art. 1:151 BW). Die Ehescheidung wird erst durch Eintragung des Beschlusses in das zuständige Personenstandsregister auf Antrag eines Beteiligten wirksam. Wenn ein solcher Antrag nicht innerhalb von 6 Monaten nach Rechtskraft des Beschlusses gestellt worden ist, verliert die Entscheidung seine Rechtskraft (Art. 1:163 BW).
- Mit dem In-Kraft-Treten des Gesetzes zur Öffnung der Ehe für Gleichgeschlechtliche Paare zum 1.4.2001 galt die Ehe auch als aufgelöst, wenn sie in eine – sodann aufgelöste – eingetragene Partnerschaft umgewandelt worden war (sog Blitzscheidung; Art. 149e BW). Die Umwandlung in eine eingetragene Partnerschaft und die Auflösung der Partnerschaft durch Vertrag wurde vom Standesbeamten registriert und konnte theoretisch innerhalb von 24 Stunden stattfinden.[366] Diese Regelung ist wegen der fehlenden Anerkennung im Ausland mit der Folge „hinkender" Statusverhältnisse durch die am 1.3.2009 in Kraft getretene Scheidungsreform wieder aufgehoben worden.[367]

252 Mit der Abschaffung der Verschuldensscheidung im Jahre 1971 wurde der nacheheliche Unterhaltsanspruch von der verfahrensrechtlichen Stellung der Beteiligten im Scheidungsverfahren losgelöst. Ein geschiedener Ehegatte hat nur dann Anspruch auf Unterhalt, wenn er selbst weder ausreichende Einkünfte für seinen Unterhalt hat noch solche vernünftigerweise erwerben kann. Das Gericht kann in der Ehescheidungsentscheidung oder durch spätere Entscheidung dem Ehegatten, der keine ausreichenden Einkünfte für seinen Lebensunterhalt hat noch sie billigerweise erwerben kann, auf dessen Antrag zu Lasten des anderen Ehegatten eine Zahlung zum Lebensunterhalt zuerkennen (Art. 1:157 I BW). Bei der Festsetzung der Zahlung kann das Gericht den Bedarf für eine Vorsorge hinsichtlich des Lebensunterhalts für den Fall des Todes desjenigen berücksichtigen, der zur Zahlung

---

[362] OLG Hamm FamRZ 2004, 1889; OLG Düsseldorf FamRZ 2001, 1019 (1020).
[363] OLG Hamm FamRZ 2004, 1889.
[364] Breemhaar FamRZ 2016, 1540 (1541).
[365] OLG Hamm FamRZ 1989, 1095.
[366] Zum Entwurf einer Registerscheidung vgl. Mom FamRZ 2006, 1325.
[367] Mom FamRZ 2009, 1551 (1552 f.).

verpflichtet ist (Art. 1:157 II BW). Bei der **Bemessung** des nachehelichen Unterhaltsanspruchs werden die Lebensverhältnisse und Bedürfnisse des Unterhaltsberechtigten einerseits und die Leistungsfähigkeit des Unterhaltspflichtigen andererseits berücksichtigt. Bei der Bemessung ist das Gericht grundsätzlich frei. Ob eine Belastung die Leistungsfähigkeit vermindert, ist durch eine Kontrolle der Angemessenheit zu ermitteln. Die bloße Arbeitsaufgabe genügt dem ebenso wenig, wie die Arbeitslosigkeit eines neuen Ehegatten. Die Bedürftigkeit meint nicht denselben Unterhalt wie zur Ehezeit, sondern den angemessenen Unterhalt; eine Erwerbstätigkeit ist dem Unterhaltsberechtigten deswegen oft zumutbar. Bei der Unterhaltsbemessung sind die Richtlinien des Vereins für Rechtspflege (die der Düsseldorfer Tabelle entsprechen) behilflich. Das niederländische Recht sieht seit dem 1.7.1994 eine **zeitliche Begrenzung** des nachehelichen Unterhalts vor (Art. 1:157 III–VI BW). Die Unterhaltspflicht kann regelmäßig (im Hinblick auf das Alter eines jüngsten Kindes) auf höchstens 12 Jahre festgesetzt werden (Art. 1:157 III BW). Ist keine Frist bestimmt, endet die Verpflichtung zum Lebensunterhalt nach 12 Jahren (Art. 1:157 IV BW). Für Altfälle beträgt die Frist statt 12 insgesamt 15 Jahre. Die Frist kann verlängert werden, wenn das Ende der Zahlungen dem Unterhaltsberechtigten nach „Gerechtigkeit und Billigkeit" nicht zugemutet werden kann. Der Antrag muss innerhalb von drei Monaten nach Fristablauf eingereicht werden. Das Gericht bestimmt in der Entscheidung, ob eine Verlängerung der Frist nach Ablauf derselben möglich ist oder nicht (Art. 157 V BW). Bei einer Ehedauer bis zu 5 Jahren endet die Verpflichtung zum Lebensunterhalt, wenn keine Kinder aus der Ehe hervorgegangen sind, nach einer Frist, die der Ehedauer entspricht; sog Spiegelunterhalt (Art. 157 VI BW). Im Rahmen eines aktuellen Gesetzentwurfs, der als Rechtsgrund des nachehelichen Unterhalts den Ausgleich ehezeitlicher Einkommensverluste benennt, soll die Höchstfrist für den nachehelichen Unterhalt von zwölf auf fünf Jahre reduziert werden.[368]

In der Übereinkunft kann ausbedungen werden, dass sie nicht durch Richterspruch aufgrund einer Änderung der Umstände abgeändert werden kann. Eine solche Bedingung kann nur schriftlich vereinbart werden (Art. 1:159 I BW). Die Bedingung wird hinfällig, wenn die Übereinkunft vor Stellung des Antrags auf Ehescheidung geschlossen worden ist, sofern nicht dieser binnen drei Monaten nach der Übereinkunft gestellt wird. Das vorstehende ist auf einen gemeinschaftlichen Antrag entsprechend anwendbar (Art. 1:159 II BW). Ungeachtet einer solchen Bedingung kann auf Antrag einer der Beteiligten die Übereinkunft durch das Gericht in der Ehescheidungsentscheidung oder durch spätere Entscheidung abgeändert werden, und zwar aufgrund einer so tiefgreifenden Änderung der Umstände, dass der Antragsteller nach den Maßstäben von Gerechtigkeit und Billigkeit nicht länger an die Bedingung gebunden bleiben kann (Art. 1:159 III BW). Seit dem 1.1.1973 werden die durch richterliche Entscheidung oder Vertrag festgesetzten Unterhaltsbeiträge jährlich automatisch an den vom Justizminister festgesetzten **Lohnindex** angepasst (Art. 1:402a BW). **253**

Die Umstände, die zur dauerhaften Zerrüttung der Ehe geführt haben (Schuldfrage), spielen bei der Bemessung des Unterhaltsanspruchs keine Rolle. Nur äußerst schwerwiegende, für den Unterhaltspflichtigen unzumutbare Umstände können den Unterhaltsanspruch beseitigen. **254**

Die Unterhaltspflicht **endet** nicht nur im Falle einer Wiederheirat oder Eingehung einer eingetragenen Partnerschaft des Unterhaltsberechtigten, sondern auch durch formloses Zusammenleben mit einem neuen Partner (Art. 1:160 BW). Ob das Zusammenleben eine hetero- oder homosexuelle Beziehung betrifft, ist unerheblich. Die Rechtsprechung stellt allerdings hinsichtlich der Dauer hohe Anforderungen und verlangt auch eine über bloßes Zusammenleben hinausgehende persönliche Beziehung. **255**

Einen Verfahrenskostenvorschuss sieht das Gesetz nicht vor.[369]

Vor oder nach der Ehescheidung können die Ehegatten durch Übereinkunft bestimmen, ob und, wenn ja, mit welchem Betrag nach der Ehescheidung der eine dem anderen gegenüber zur Zahlung zu dessen Lebensunterhalt verpflichtet sein soll. Ist in die Über- **256**

---

[368] Breemhaar FamRZ 2016, 1540 (1541).
[369] OLG Düsseldorf FamRZ 1978, 908.

einkunft keine Frist aufgenommen, ist Art. 1:157 IV–VI BW entsprechend anwendbar (Art. 1:158 BW). In dem genannten aktuellen Gesetzentwurf soll die Privatautonomie gestärkt und die Möglichkeit eines Ehevertrags schon im Rahmen der Eheschließung eingeführt werden, in dem auch vollständig auf nachehelichen Unterhalt verzichtet werden kann.[370]

3. Verwandtenunterhalt

257 Allgemein sind sich Eltern, Kinder, Schwiegerkinder, Schwiegereltern und Stiefeltern auf Grund von Verwandtschaft oder Schwägerschaft zur Gewährung des Lebensunterhalts verpflichtet (Art. 1:392 I BW). Die Verpflichtung besteht, ausgenommen im Verhältnis der Eltern zu minderjährigen Kindern und volljährigen Kindern vor Vollendung des 21. Lebensjahres, nur bei Bedürftigkeit des Unterhaltsberechtigten und geht der Unterhaltspflicht des (geschiedenen) Ehegatten nach (Art. 1:392 II, III BW). Die Unterhaltspflicht von Schwiegerkindern und Schwiegereltern endet, wenn die Ehe des angeheirateten Kindes aufgelöst ist (Art. 1:396 I BW). Die Verpflichtung besteht nicht gegenüber einem Schwiegerkind, das von Tisch und Bett getrennt lebt und einem Schwiegerelternteil, der wieder geheiratet hat (Art. 1:396 II BW).

258 Bei der Bemessung des Verwandtenunterhalts werden die Bedürfnisse des Unterhaltsberechtigten einerseits und die Leistungsfähigkeit des Unterhaltspflichtigen andererseits berücksichtigt (Art. 1:397 I BW). Bei mehreren Unterhaltspflichtigen haften sie nach Leistungsfähigkeit und Beziehung anteilig (Art. 1:397 II BW).

4. Allgemeine Vorschriften zur Bestimmung des Unterhalts

259 Das **Rangverhältnis** zwischen (früheren) Ehegatten, (früheren) eingetragenen Partnern, Eltern und (Stief-)Kindern ist durch die zum 1.3.2009 in Kraft getretene Neuregelung nun gesetzlich geregelt. Im Mangelfall haben jetzt nach Art. 1:400 I BW Kinder und Stiefkinder bis zur Vollendung des 21. Lebensjahres Vorrang vor allen anderen Unterhaltsberechtigten.[371] Damit wurde die bisherige Rechtsprechung, nach der auf die Umstände des Einzelfalles abzustellen war, wobei minderjährige Kinder und Ehegatten regelmäßig erstrangig waren, zu Gunsten der Kinder modifiziert. Schwiegereltern und Schwiegerkinder sind nachrangig (Art. 1:400 I BW). Verträge, durch welche auf den gesetzlich geschuldeten Lebensunterhalt **verzichtet** wird, sind nichtig (Art. 1:400 II BW).

Eine gerichtliche Entscheidung oder eine Übereinkunft betreffend Lebensunterhalt kann durch spätere Gerichtsentscheidung **geändert oder aufgehoben** werden, wenn sie nachträglich aufgrund Änderung der Verhältnisse den gesetzlichen Maßstäben nicht mehr entspricht. Dies gilt nicht für die Änderung einer Frist, die nach Art. 1:157 BW vom Gericht festgesetzt oder nach Art. 1:159 BW in eine Vereinbarung aufgenommen worden ist (Art. 1:401 I BW). Eine vom Gericht nach Art. 1:157 III, V, VI S. 2 BW festgesetzte Frist kann auf Antrag eines der früheren Eheleute im Falle einer so tiefgreifenden Änderung der Umstände geändert werden, dass die unveränderte Anwendung der Frist nach den Grundsätzen der Gerechtigkeit und Billigkeit dem Antragsteller nicht zugemutet werden kann. Eine Verlängerung ist nicht zulässig, wenn das Gericht solches gemäß Art. 1:157 V BW bestimmt hat. Auf den Antrag auf Verlängerung ist Art. 1:157 V s. 2,3 BW entsprechend anwendbar (Art. 1:401 II BW). Die Beteiligten könne schriftlich übereinkommen, dass Abs. 1 S. 1 auf einen Antrag auf Änderung einer Frist anwendbar ist, die in eine Übereinkunft, wie sie in Art. 1:158 BW bezeichnet ist, aufgenommen worden ist (Art. 1:401 III BW). Eine gerichtliche Entscheidung betreffend Lebensunterhalt kann auch geändert oder aufgehoben werden, wenn sie von Anfang an nicht den gesetzlichen Maßstäben entsprochen hat, weil bei der Entscheidung von unrichtigen oder unvollständigen Gegebenheiten ausgegangen worden ist (Art. 1:401 IV BW). Ein Unterhaltsvertrag kann auch geändert

---
[370] Breemhaar FamRZ 2016, 1540 (1541).
[371] Mom FamRZ 2009, 1551 (1553).

oder aufgehoben werden, wenn er unter grober Missachtung der gesetzlichen Maßstäbe geschlossen worden ist (Art. 1:401 V BW).

Die durch gerichtliche Entscheidung oder durch Vertrag festgesetzten Unterhaltsbeträge werden jährlich kraft Gesetzes um einen durch den Minister der Justiz festzustellenden **Prozentsatz geändert,** welcher, unbeschadet der Bestimmungen von Abs. 3 und 4 dem prozentualen Unterschied zwischen der Lohnindexzahl zum 30. September eines Jahres und der entsprechenden Indexzahl des vorangegangenen Jahres entspricht (Art. 1:402a I BW). Die Änderung tritt an dem, dem in Abs. 1 genannten Datum folgenden 1. Januar in Kraft. Der Erlass, in welchem der Prozentsatz festgestellt ist, wird im Staatsanzeiger bekannt gemacht (Art. 1:402a II BW). Durch Verordnung wird bestimmt, was unter Lohnindexzahl zu verstehen ist (Art. 1:402a III BW). Die weiteren Einzelheiten der Indexierung ergeben sich aus Art. 1:402a IV-VIII BW.

Eine Zahlung ist nicht geschuldet für die Zeit, die im Zeitpunkt der Antragstellung mehr als fünf Jahre zurückliegt (Art. 1:403 BW).

Norwegen

1. Kindesunterhalt

Maßgebend ist – neben dem Gesetz Nr. 47 vom 4.7.1991 über die Ehe (EheG → Rn. 265) – das Gesetz Nr. 7 vom 8.4.1981 über Kinder und Eltern (Kindergesetz – KG).[372] Nach § 66 I KG haben die Eltern ihren Kindern Unterhalt (Kosten für Versorgung und Ausbildung) „nach den Fähigkeiten und der Begabung sowie nach den wirtschaftlichen Verhältnissen" zu leisten, wenn das Kind selbst keine Mittel dafür hat. Im Verhältnis untereinander sind beide Eltern verpflichtet das beizutragen, was nach den Umständen am Dringendsten ist. Dies gilt auch für andere Personen, die das Personensorgerecht erhalten haben, nachdem beide Eltern gestorben sind (§ 66 II KG). Lebt ein Elternteil oder leben beide Eltern nicht mit dem Kind zusammen, hat jeder getrennt lebende Elternteil einen festen Geldbetrag für die Versorgung und Ausbildung des Kindes zu zahlen, bei Zusammenleben des Kindes mit dem anderen Elternteil zu dessen Händen (§ 67 I KG). Für besondere Ausgaben, die entstehen, bevor das Kind das 18. Lebensjahr vollendet hat, kann den Eltern die Zahlung eines Sonderbeitrags auferlegt werden. Der Anspruch auf einen Sonderbeitrag ist innerhalb eines Jahres, nachdem die Auslagen erfolgt sind, geltend zu machen. Das Ministerium kann nähere Bestimmungen über besondere Auslagen treffen (§ 67 II KG). Der Anspruch auf Unterhalt steht dem Kind zu und ist, wenn nichts anderes bestimmt ist, monatlich im Voraus an denjenigen zu zahlen, mit dem das Kind ständig zusammenlebt. Er wird auch für den Monat, in dem der Anspruch entsteht, und bis zum Ende des Monats, in dem die Voraussetzungen entfallen sind, geschuldet (§ 67 III KG). Wenn ein Elternteil, der mit dem Kind zusammenlebt, seine Unterhaltspflicht gemäß § 66 KG vernachlässigt, kann auch ihm nach § 67 I KG die Zahlung eines entsprechenden Geldbetrages auferlegt werden.[373] Grundsätzlich dauert die Unterhaltspflicht bis zur **Vollendung des 18. Lebensjahres** des Kindes, wenn nicht etwas anderes vereinbart oder im Gesetz geregelt ist (§ 68 I KG). Bei Fortsetzung des üblichen Schulbesuchs hat das Kind einen Anspruch auf einen „Geldbeitrag", solange der Schulbesuch andauert. Das gilt jedoch nicht, wenn es nach den wirtschaftlichen Verhältnissen der Eltern und den sonstigen Umständen unbillig wäre, ihnen den Unterhaltsbeitrag aufzuerlegen (§ 68 II KG). Bei einer anderen Ausbildung kann den Eltern die Zahlung eines Beitrags an das volljährige Kind auferlegt werden, wenn es nach ihren wirtschaftlichen Verhältnissen, nach den Interessen und Begabungen des Kindes sinnvoll ist, ihm die Möglichkeit zu geben, sich die

---

[372] Zuletzt geändert durch Gesetz Nr. 23 vom 18.6.2010; vgl. Bergmann/Ferid/Henrich/Cieslar/Sperr, Internationales Ehe- und Kindschaftsrecht, Norwegen, Stand: 1.7.2011 S. 100 ff.

[373] Rieck/Fritze, Ausländisches Familienrecht, Norwegen, Stand: Juli 2018, Rn. 19 und 33.

Mittel zu einer weiteren Ausbildung zu verschaffen. (§ 68 III KG). Für die Ansprüche eines volljährigen Kindes ist eine zeitliche Begrenzung festzusetzen (§ 68 II, III KG).

261 Für Fälle, in denen der Unterhaltsbedarf des minderjährigen Kindes nicht gedeckt ist, sieht auch das norwegische Recht einen **Unterhaltsvorschuss** vor. Entsprechend entfällt der Unterhaltsbeitrag nach dem Kindergesetz, wenn der Unterhaltsbeitrag gemäß § 9–2 des Kinderschutzgesetzes festgesetzt werden kann (§ 69 KG). Die Sätze des Unterhaltsvorschusses werden jährlich zum 1. Juli festgelegt und zwar seit 2009 für vier verschiedene Altersgruppen (0 bis 5 Jahre, 6 bis 10 Jahre, 11 bis 14 Jahre und 15 bis 17 Jahre). Die jeweilige Höhe des Unterhaltsvorschusses und weitere Einzelheiten sind über die Homepage des norwegischen Arbeitsamts[374] zu erfahren.[375] Die Höhe des von den Eltern geschuldeten Unterhalts richtet sich – wenn die Eltern keine Vereinbarung getroffen haben – mindestens nach den Sätzen des Vorschussgesetzes[376] (§ 70 I, VII KG iVm der Verordnung über die Festsetzung des Unterhaltsbeitrages[377]). Die Sätze unterliegen grundsätzlich einer **Indexierung,** sofern nicht durch die Entscheidung oder die Vereinbarung etwas anderes bestimmt ist (§ 73 KG).[378] Maßgebend sind die vom statistischen Zentralamt festgelegten Änderungen des Verbraucherpreisindexes (§ 73 III, IV KG). Die Beiträge werden jedes Jahr neu festgesetzt; die Anpassung richtet sich nach dem Verbraucherpreisindex für den Monat Januar im Verhältnis zu dem Index der letzten Änderung und ist auf die nächsten vollen zehn Kronen abzurunden; die Neufestsetzung gilt dann ab Juni (§ 73 III IV KG). Kann der mehreren Kindern Unterhaltspflichtige nicht an alle Kinder den gesamten Beitrag zahlen, ist seine Beitragspflicht anteilig zu kürzen (§ 75 II KG).

262 Nach § 70 I KG könne die Eltern eine Vereinbarung über den Kindesunterhalt schließen. Sie dürfen allerdings keinen geringeren Kindesunterhalt als den vom Ministerium festgelegten Mindestbeitrag vereinbaren. Wenn sie sich nicht einigen, kann jeder von ihnen nach § 70 II KG verlangen, dass der Beitragsvogt nach § 71 KG über den Unterhaltsbeitrag entscheidet. Daneben ist bei besonderen Umständen eine **Änderung** des Unterhalts möglich (§ 74 KG und § 56 VII EheG). Geändert werden kann der Unterhaltstitel auch von Amts wegen und ohne Bindung an den Antrag (§ 75 I KG).

263 Für die **Vergangenheit** kann für bis zu drei Jahre vom Eingang des Antrags an Unterhalt verlangt und festgesetzt werden. Die über ein Jahr rückwirkende Festsetzung eines Unterhaltsbeitrags setzt voraus, dass der Beteiligte einen besonderen Grund für die Verspätung des Verlangens hat (§ 72 KG). Auf den Unterhaltsbeitrag nach § 67 I KG kann nicht verzichtet werden (§ 67 I 3 KG). Ist Eile geboten, kann auf Antrag, notfalls auch ohne Stellungnahme des anderen Beteiligten, eine vorläufige Entscheidung über die Heranziehung zu einem Unterhaltsbeitrag ergehen, die von dem Monat der Antragstellung bis zu einer Entscheidung in der Hauptsache gilt (§ 76 KG).

2. Ehegattenunterhalt

264 Während des Zusammenlebens schulden sich die Ehegatten nach ihren Möglichkeiten einen Beitrag zu einer angemessenen Lebensführung der Familie. Kommt ein Ehegatte seiner Unterhaltspflicht nicht nach, kann der andere nach den § 38 EheG einen Beitrag in Geld verlangen. Die Ausgestaltung entspricht derjenigen getrennt lebender Ehegatten.[379] Die Ehegatten sind sich gegenseitig auskunftspflichtig und können vom anderen Steuer-, Bankunterlagen und weitere Nachweise über die finanziellen Verhältnisse verlangen (§ 39 EheG).

---

[374] NAV.no unter dem Stichwort bidrages-forskudd.
[375] Vgl. Rieck/Fritze, Ausländisches Familienrecht, Norwegen, Stand: Juli 2018, Rn. 19.
[376] Gesetz vom 17.2.1989, Nr. 2 über den Unterhaltsvorschuss; vgl. Bergmann/Ferid/Henrich/Cieslar/Sperr, Internationales Ehe- und Kindschaftsrecht, Norwegen, Stand: 1.7.2011 S. 61 f.
[377] Verordnung vom 15.1.2003, Nr. 123.
[378] Vgl. OLG Hamm JAmt 2001, 549.
[379] Rieck/Fritze, Ausländisches Familienrecht, Norwegen, Stand: Juli 2018, Rn. 9.

Trennung. In Norwegen gibt es die formalisierte Aufhebung der ehelichen Gemein- 265
schaft durch Urteil oder Bewilligung (§ 20 des Ehegesetzes[380] – EheG) und die bloß
tatsächliche Trennung. Für die formalisierte Trennung sind die §§ 79 ff. EheG, für die
rein tatsächliche Trennung auf Grund der Verweisung in § 38 II EheG dieselben Vorschriften maßgebend. Mit der Aufhebung der ehelichen Gemeinschaft hören die gegenseitigen Verpflichtungen auf Familienunterhalt nach § 38 EheG auf. Das gleiche gilt,
wenn das eheliche Zusammenleben auf andere Weise beendet wird, ohne dass eine
Entscheidung über die Scheidung oder die Aufhebung der ehelichen Gemeinschaft vorliegt (§ 79 I EheG). Ist die Fähigkeit und die Möglichkeit eines Ehegatten, selbst für
einen angemessenen Unterhalt zu sorgen, durch die Sorge für gemeinsame Kinder oder
die Aufgabenverteilung in der Ehe verringert worden, kann dem anderen Ehegatten
auferlegt werden, einen **Unterhaltsbeitrag** zu zahlen (§ 79 II EheG). In anderen Fällen
kann eine Beitragspflicht nur auferlegt werden, wenn besondere Gründe dafür sprechen
(§ 79 III EheG).

Der Unterhaltsbeitrag ist nach der **Bedürftigkeit** des Berechtigten und der **Leistungs-** 266
fähigkeit des Verpflichteten zu bemessen (§ 80 I EheG). Wenn besondere Gründe dafür
sprechen kann der Unterhaltsbeitrag ausschließlich auf einen einmaligen Betrag oder auch
zusätzlich auf laufende Beiträge festgesetzt werden (§ 80 II EheG). Zur Höhe schuldet der
Unterhaltspflichtige keinen Unterhalt auf der Grundlage einer Halbteilung der gemeinsamen Einkünfte. Die Bemessung erfolgt vielmehr nach Billigkeit, wobei die grundsätzliche Selbständigkeit der getrennt lebenden Ehegatten einzubeziehen ist.[381] Die Beteiligten können eine Vereinbarung über den Beitrag treffen. Wenn sie sich nicht einigen,
kann jeder Ehegatte eine gerichtliche Entscheidung verlangen. Falls sie es wünschen, kann
der Beitrag auch von der Verwaltungsbehörde (Beitragsvogt) festgesetzt werden (§ 83
EheG). Grundsätzlich kann der Beitrag nur für eine begrenzte Zeit von bis zu drei Jahren
festgesetzt werden. Nur wenn besondere Gründe vorliegen ist der Beitrag für längere Zeit
oder ohne zeitliche Begrenzung festzusetzen. Falls die Ehe lange dauerte, ist grundsätzlich
ein Unterhaltsbeitrag für längere Zeit oder ohne Zeitbegrenzung festzusetzen (§ 81 I
EheG).

Der Unterhaltsbeitrag kann für eine **zurückliegende** Zeit von bis zu drei Jahren vor 268
Geltendmachung verlangt werden (§ 81 II EheG).

Spätere **Änderungen** sind bei geänderten Verhältnissen oder bei neuen Erkenntnissen 269
möglich. Jeder Beteiligte kann verlangen, dass ein durch die Verwaltungsbehörde oder ein
Gericht festgesetzter Beitrag geändert wird. Wenn wichtige Gründe dafür sprechen, kann
die Entscheidung auch Beiträge umfassen, die schon vor dem Änderungsverlangen fällig
waren (§ 84 EheG).

Scheidung. Mit der Aufhebung der ehelichen Gemeinschaft und der Scheidung endet 270
nach § 79 I EheG die gegenseitige Beistandspflicht nach § 38 EheG. Gleichwohl kann
ein Ehegatte nach den §§ 79 ff. EheG auch nachehelich einen Unterhaltsbeitrag verlangen, wenn er nicht selbst für seinen Unterhalt sorgen kann oder sich seine Lebensstellung durch die Ehe oder die Kindererziehung verschlechtert hat (§ 79 II EheG). Sonst
gelten im Wesentlichen dieselben Regelungen wie beim Trennungsunterhalt
(→ Rn. 265 ff.). In der Praxis wird der nacheheliche Unterhalt regelmäßig bis auf die
gesetzliche Grenze von drei Jahren befristet und nur ausnahmsweise bei langer Ehedauer
unbefristet zugesprochen.[382] In jedem Fall endet eine Unterhaltspflicht mit der Wiederverheiratung (§ 82 EheG).

---

[380] Gesetz Nr. 47 vom 4.7.1991 über die Ehe (Ehegesetz) in der Fassung des Änderungsgesetzes
vom 19.12.2003, zuletzt geändert durch Gesetz vom 19.12.2008; vgl. Bergmann/Ferid/Hen-
rich/Cieslar/Sperr, Internationales Ehe- und Kindschaftsrecht, Norwegen, Stand: 1.7.2011
S. 77 ff.
[381] Rieck/Fritze, Ausländisches Familienrecht, Norwegen, Stand: Juli 2018, Rn. 9.
[382] Rieck/Fritze, Ausländisches Familienrecht, Norwegen, Stand: Juli 2018, Rn. 18; Bergmann/
Ferid/Henrich/Cieslar/Sperr, Internationales Ehe- und Kindschaftsrecht, Norwegen, Stand:
1.7.2011 S. 45.

Österreich

1. Kindesunterhalt

271 Gemäß § 231 I des Allgemeinen Bürgerlichen Gesetzbuchs[383] (ABGB) müssen die Eltern für den standesgemäßen (ihren Verhältnissen angemessenen) Unterhalt ihrer Kinder anteilig nach ihren Kräften beitragen. Das Kind hat insgesamt Anspruch auf volle Befriedigung seines Bedarfs. Dabei sind seine Anlagen, Fähigkeiten, Neigungen und Entwicklungsmöglichkeiten zu berücksichtigen (§ 231 I ABGB). Damit steht die Unterhaltpflicht der Eltern gegenüber ihren Kindern unter dem Oberbegriff der Bedürfnisbefriedigung.[384] Es gibt auch Ansätze von Tabellen, etwa die vom österreichischen Bundesjustizministerium herausgegebene über die durchschnittlichen monatlichen Verbraucherausgaben für Kinder oder die Tabelle des Landesgerichts Wien über die Durchschnittsbedarfssätze von Kindern.[385] In der Praxis wir die **Höhe des Kindesunterhalts** nach der Prozentwertmethode ermittelt. Danach steht den Kindern, wenn der barunterhaltspflichtige Elternteil keinen weiteren Unterhalt schuldet, nach Altersgruppen gestaffelt ein Prozentsatz der Bemessungsgrundlage zu, die sich aus dem Nettoeinkommen des Unterhaltspflichtigen und allen weiteren Einkünften oder Einkunftsmöglichkeiten des Unterhaltspflichtigen ergibt.[386] Dieser beträgt bei Kindern bis zur Vollendung des 6. Lebensjahres 16%, bei Kindern von 6 bis zur Vollendung des 10. Lebensjahres 18%, bei Kindern von 10 bis zur Vollendung des 15. Lebensjahres 20% und bei Kindern von 15 bis zur Vollendung des 18. Lebensjahres 22%. Schuldet der Unterhaltspflichtige weiteren Personen Unterhalt, sind die Prozentsätze zu kürzen und zwar bei weiterem Kindesunterhalt um 1%, wenn das weitere Kind jünger als 10 Jahre ist, und um 2%, wenn das weitere Kind das 10. Lebensjahr vollendet hat. Bei einer weiteren Unterhaltspflicht gegenüber einem (geschiedenen) Ehegatten ist der Prozentsatz des Kindesunterhalts, abhängig vom Einkommen des unterhaltsberechtigten Ehegatten, um 0% bis 3% herabzusetzen. Das unterhaltsrelevante Nettoeinkommen des Unterhaltspflichtigen als Bemessungsgrundlage bleibt allerdings stets gleich.[387]

Neben dem Regelunterhalt können Kinder für Kosten, die bei der Mehrzahl der unterhaltsberechtigten Kinder nicht regelmäßig anfallen, auch **Sonderbedarf** geltend machen. Das ist regelmäßig dann der Fall, wenn die zusätzlichen Kosten auf gesundheitliche Beeinträchtigungen oder zusätzliche Ausbildungsbedürfnisse zurückzuführen sind. Dabei hat das unterhaltsberechtigte Kind von mehreren gleichwertigen Alternativen die kostengünstigere zu wählen. Mit Ausnahme eines Betreuungssonderunterhalts hat der barunterhaltspflichtige Elternteil die Kosten des Sonderbedarfs allein zu tragen.[388] Bei ordnungsgemäßem Studiengang haben die Eltern auch für die Lebenshaltungs- und Ausbildungskosten während des Hochschulstudiums aufzukommen.[389] Zum Unterhalt gehört auch die Deckung des Wohnbedarfs.[390]

272 Der den Haushalt führende Elternteil erfüllt seine Unterhaltspflicht grundsätzlich durch persönliche Betreuung des Kindes (§ 231 II 1 ABGB). Das gilt nach der österreichischen Rechtsprechung auch für den Unterhalt eines volljährigen Kindes, das noch im Haushalt

---

[383] Vom 1.6.1811, JGS Nr. 946, mit zahlreichen Änderungen des Personen- und Familienrechts seit 1960 in der Fassung BGBl. 2013 I S. 179; vgl. Bergmann/Ferid/Henrich/Cieslar/Lurger/Schwimann, Internationales Ehe- und Kindschaftsrecht, Österreich, Stand: 1.5.2017 S. 102 ff.; zum Kindes- und Ehegattenunterhalt vgl. auch Gitschthaler FPR 2013, 90, 92.
[384] Bergmann/Ferid/Henrich/Cieslar/Lurger/Schwimann, Internationales Ehe- und Kindschaftsrecht, Österreich, Stand: 1.5.2017 S. 70.
[385] Vgl. Gschnitzer/Faistenberger, Österreichisches Familienrecht, 2. Aufl., Anhang II S. 158.
[386] Gitschthaler FPR 2013, 90 (91 f.); Bergmann/Ferid/Henrich/Cieslar/Lurger/Schwimann, Internationales Ehe- und Kindschaftsrecht, Österreich, Stand: 1.5.2017 S. 71.
[387] Gitschthaler FPR 2013, 90 f.; Bergmann/Ferid/Henrich/Cieslar/Lurger/Schwimann, Internationales Ehe- und Kindschaftsrecht, Österreich, Stand 1.5.2017 S. 71.
[388] Gitschthaler FPR 2013, 90 (91).
[389] OGH 11.3.1992, ÖA 1992, 87; 14.6.1978, SZ 51/90; Gitschthaler FPR 2013, 90 (92).
[390] OGH 19.2.1992, EvBl. 1992/108.

eines Elternteils lebt.[391] Wird die Betreuung teilweise Dritten übertragen, hat der den Haushalt führende Elternteil den Mehrbedarf selbst zu tragen, es sei denn, die Drittpflege war durch Umstände in der Person des Kindes, zB Krankheit, veranlasst. Zum Barunterhalt muss der betreuende Elternteil auch dann beitragen, soweit der andere Elternteil zur vollen Deckung der Bedürfnisse des Kindes nicht imstande ist oder mehr leisten müsste, als es seinen eigenen Lebensverhältnissen angemessen wäre (§ 231 II 2 ABGB). Der Anspruch auf Unterhalt mindert sich insoweit, als das Kind eigene Einkünfte hat oder unter Berücksichtigung seiner Lebensverhältnisse selbsterhaltungsfähig ist (§ 231 III ABGB). Zur Befriedigung des Unterhaltsbedarfs haben alle Unterhaltspflichtigen bis zur Höhe ihrer Leistungsfähigkeit beizutragen. Primär haften beide Eltern gleichrangig im Verhältnis ihrer Leistungsfähigkeit („nach ihren Kräften"), sekundär der Stamm des Kindesvermögens und zuletzt gleichrangig die Großeltern (§ 232 ABGB). Bei geringem Einkommen oder einer hohen Anzahl von Unterhaltsberechtigten, bei denen sich rechnerisch sogar eine Gesamtbelastung von über 100% ergeben könnte, führt die Rechtsprechung eine **Belastungskontrollrechnung** durch. Dabei muss dem Unterhaltspflichtigen von seinem Einkommen nach Abzug sämtlicher Unterhaltspflichten ein Resteinkommen in Höhe des niedrigsten Unterhaltsexistenzminimums verbleiben. Dieses beläuft sich gegenwärtig auf monatlich 730 EUR bzw, wenn der Partner ebenfalls über Einkünfte verfügt, auf monatlich 550 EUR.[392] Bei sehr hohen Einkünften des Unterhaltspflichtigen begrenzt die Rechtsprechung die Unterhaltsansprüche der Kinder auf das 2 bis 2,5-fache des Durchschnittsbedarfssatzes. Der Barunterhalt ist dadurch gegenwärtig auf monatlich 630 EUR bei Kindern unter 10 Jahren und auf 1320 EUR bei Kindern ab Vollendung des 10. Lebensjahres begrenzt; für Kinder, die bereits in einer eigenen Wohnung leben, ist die Höhe auf 1500 bis 1600 EUR begrenzt.[393]

Großeltern müssen aber nur dann Unterhalt zahlen, wenn sie unter Berücksichtigung sonstiger Sorgepflichten ihren eigenen angemessenen Unterhalt nicht gefährden. Ihnen gegenüber mindert sich der Unterhaltsanspruch eines Enkels auch insoweit, als ihm die Heranziehung des Stammes eigenen Vermögens zumutbar ist (§ 232 S. 2 2. HS ABGB).[394] Die Unterhaltsschuld eines verstorbenen Elternteils geht nach § 233 S. 1, 3 ABGB bis zum Wert der Nachlassaktiva abzüglich der Nachlassschulden und Nachlassverbindlichkeiten, ausgenommen Pflichtteile und letztwillige Verfügungen, („Wert der Verlassenschaft") auf seine Erben über.[395] Anzurechnen ist aber alles, was das Kind als Erbteil, vertragliche oder letztwillige Verfügung sowie öffentlich-rechtliche (zum UVG → § 8 Rn. 262 ff.) oder privatrechtliche Leistung erhalten hat (§ 233 S. 2 ABGB).

Der Unterhaltsanspruch endet ohne Rücksicht auf das Alter mit Eintritt der Selbsterhaltungsfähigkeit, gegebenenfalls nach einem Studium. Bei nachträglichem Verlust der Selbsterhaltungsfähigkeit lebt er allerdings wieder auf. Eigene Einkünfte des Kindes werden angerechnet (Art. 231 III ABGB), sein Vermögen erst, wenn beide Eltern leistungsunfähig sind. Der Unterhalt kann nach § 235 II ABGB auch für die vergangenen drei Jahre geltend gemacht werden.[396] Die Anerkennung und Vollstreckung eines vor dem Beitritt Österreichs zum EuGVÜ geschlossenen Unterhaltsvergleichs (→ Rn. 602 ff., 614) richtet sich nach dem deutsch-österreichischen Vertrag über die gegenseitige Anerkennung und Vollstreckung von gerichtlichen Entscheidungen, Vergleichen und öffentlichen Urkunden in Zivil- und Handelssachen vom 6.6.1959 (BGBl. 1960 II S. 1246 – deutsch-österreichischer Vertrag) und dem dazu ergangenen Ausführungsgesetz vom 8.3.1960 (BGBl. I S. 169 – Ausführungsgesetz).[397]

273

---

[391] OGH 9 Ob 121/06; BGH FamRZ 2009, 1402 Rn. 12.
[392] Gitschthaler FPR 2013, 90 (91).
[393] Gitschthaler FPR 2013, 90 (91).
[394] Vgl. auch OGH 8.4.1981, SZ 54/52.
[395] OGH 14.7.1981, SZ 54/107.
[396] OGH 23.10.1990, SZ 63/181; 12.7.1990, ÖA 1991, 139; 3.4.1990, JBl. 1991, 40; 9.6.1988, SZ 61/143; Gitschthaler FPR 2013, 90 (93); Ferrari in: Entwicklungen des europäischen Kindschaftsrechts, 2. Auflage, S. 83.
[397] OLGR Düsseldorf 2007, 79.

274   Wer für einen Anderen Unterhalt leistet, der nach dem Gesetz Unterhalt schuldet, kann nach § 1042 ABGB Ersatz verlangen. Der Unterhaltsregress des Scheinvaters oder der Mutter gegen den biologischen Vater kann somit sowohl wegen irrtümlicher Zahlung einer Nichtschuld auf § 1431 ABGB als auch auf § 1042 ABGB gestützt werden.[398] Nach ständiger Rechtsprechung verjährt der Regressanspruch gemäß § 1480 ABGB in drei Jahren.[399] Weil der Regress des Scheinvaters gegen den biologischen Vater die Beseitigung der rechtlichen Vaterschaft voraussetzt, beginnt die dreijährige Verjährung nicht vor der Entscheidung über die Vaterschaftsanfechtung.[400] Fraglich ist, ob der Scheinvater dann den gesamten rückständigen Unterhalt verlangen kann oder ob auch eine Schutzwürdigkeit des biologischen Vaters berücksichtigt werden muss, etwa wenn er von seiner Vaterschaft nichts wusste.[401] ME ist in solchen Fällen oder bei langjährig angewachsenen, besonders hohen Rückständen zu prüfen, ob der Regressanspruch teilweise verwirkt ist.

2. Ehegattenunterhalt

275   Zum 1.1.2000 ist in Österreich das Eherechts-Änderungsgesetz (EheRÄG 1999) in Kraft getreten. Es gleicht das österreichische Eherecht den gesellschaftlichen Entwicklungen an. Zwar fehlt noch ein gesellschaftlicher Konsens für die vollständige Ersetzung des Verschuldensprinzips; in einzelnen Regelungen kommt aber eine Verstärkung des Zerrüttungsprinzips zum Ausdruck.[402]

276   **Während der Ehezeit** sollen die Ehegatten ihre Lebensgemeinschaft nach der neu gefassten Vorschrift des § 91 I ABGB so gestalten, dass ihre Beiträge, insbesondere die Haushaltsführung, die Erwerbstätigkeit, die Leistung des Beistands und der Obsorge, unter Rücksichtnahme aufeinander und auf das Wohl der Kinder bei gesamthafter Betrachtung voll ausgewogen sind. Von einer einvernehmlichen Gestaltung kann ein Ehegatte abgehen, wenn dem nicht ein wichtiges Anliegen des anderen oder der Kinder entgegensteht oder, auch wenn ein solches Anliegen vorliegt, persönliche Gründe des Ehegatten, besonders sein Wunsch nach Aufnahme einer Erwerbstätigkeit, als gewichtiger anzusehen sind.[403] In diesen Fällen haben sich die Ehegatten um ein Einvernehmen über die Neugestaltung der ehelichen Lebensgemeinschaft zu bemühen (§ 91 II ABGB). Nach § 94 I ABGB haben die Ehegatten nach ihren Kräften und gemäß der Gestaltung ihrer ehelichen Lebensgemeinschaft zur Deckung der ihren Lebensverhältnissen angemessenen Bedürfnisse gemeinsam beizutragen. Der Ehegatte, der den gemeinsamen Haushalt führt, leistet dadurch seinen Beitrag im Sinn des Abs. 1; er hat an den anderen einen Anspruch auf Unterhalt, wobei eigene Einkünfte angemessen zu berücksichtigen sind (§ 94 II 1 ABGB). In der Vergangenheit bestand der Unterhaltsanspruch eines Ehegatten bei bestehender Haushaltsgemeinschaft grundsätzlich in natura; nur einen geringen Teil von 5% des Nettoeinkommens des Partners konnte er als Taschengeld verlangen. Um diese Abhängigkeit zu verhindern, sieht § 94 III 1 ABGB nun vor, dass der unterhaltsberechtigte Ehegatte seinen Unterhalt ganz oder teilweise in Geld verlangen kann, soweit nicht ein solches Verlangen, insbesondere im Hinblick auf die verfügbaren Mittel, unbillig wäre. Unbilligkeit kommt dann in Betracht, wenn das Einkommen des erwerbstätigen Ehegatten gerade die dringendsten Lebensbedürfnisse abdeckt oder wenn der Unterhaltspflichtige ohnedies Aufwendungen deckt, die allen Familienmitgliedern zugute kommen (Wohnungsmiete, Gas, Strom pp.). Gleiches gilt, wenn der Ehegatte eines Landwirts Unterhalt in Geld verlangt, um Lebensmittel zu kaufen, die am Hof ausreichend und wesentlich preiswerter zur Verfügung stehen.[404]

---

[398] OGH – 4 Ob 201/07y – EF-Z 2008, 58, zitiert bei Ferrari FamRZ 2008, 1708 (1709).
[399] OGH – 8 Ob 68/06t – EF-Z 2006, 50, zitiert bei Ferrari FamRZ 2008, 1708 (1709).
[400] OGH – 4 Ob 201/07y – EF-Z 2008, 58 und – 2 Ob 175/07k – EF-Z 2008, 59, jeweils zitiert bei Ferrari FamRZ 2008, 1708 (1709).
[401] Ferrari FamRZ 2008, 1708 (1710).
[402] Ferrari FamRZ 2001, 896.
[403] Vgl. Gitschthaler FPR 2013, 90 (92).
[404] Ferrari FamRZ 2001, 896 (897).

Trennung. Der Anspruch auf Trennungsunterhalt ist in § 94 II 2 ABGB geregelt. Dort 277
wird an den Zustand vor der Trennung angeknüpft, dh, derjenige Ehegatte, der den
Haushalt geführt hat oder zB gemeinsame minderjährige Kinder betreut, hat gegen den
anderen Ehegatten grundsätzlich weiterhin Anspruch auf angemessenen Unterhalt. Die
Höhe des Unterhalts ergibt sich ebenfalls aus der Prozentwertmethode und zwar mit einem
Bedarf von 33% des unterhaltsrelevanten Einkommens des anderen Ehegatten bei einem
einkommenslosen unterhaltsberechtigten Ehegatten bzw einem Bedarf von 40% des Familieneinkommens abzüglich des eigenen Einkommens bei einem mitverdienenden unterhaltsberechtigten Ehegatten. Weitere Unterhaltspflichten für Kindesunterhalt wirken sich
mit einem Abzug von 4% aus.[405] Ein Verzicht auf die Unterhaltsansprüche ist nur in sehr
eingeschränktem Maße zulässig, etwa bei rückständigem Unterhalt. Der Unterhaltsanspruch kann aber verwirkt sein, wenn der Unterhaltsberechtigte ganz massive Eheverfehlungen begeht, aus denen sich ergibt, dass sich sein Ehewille bereits gänzlich verflüchtigt
hat (vgl. § 74 EheG). Das ist etwa bei schweren Treueverstößen, grundlosem Verlassen
oder Aufnahme einer nichtehelichen Lebensgemeinschaft, körperlichen Angriffen, beharrlicher Unterbindung des Kontakts zwischen den Kindern und dem Unterhaltspflichtigen
der Fall.[406] Die Ehefrau handelt aber nicht missbräuchlich, wenn sie die eheliche Gemeinschaft wegen Drohungen des Ehemannes aufhebt.[407]

Maßstab für die Bemessung des Trennungsunterhalts (→ Rn. 277) ist der **gemeinsam** 278
erreichte Lebensstandard.[408] Zu berücksichtigen sind regelmäßig nur die tatsächlich
erzielten Nettoeinkünfte des Unterhaltsberechtigten.[409] Einer Erwerbstätigkeit braucht die
Hausfrau noch nicht nachzugehen.[410] Der Unterhaltsanspruch steht dem Ehegatten auch
zu, soweit er einen eigenen Beitrag zur Deckung der Lebensverhältnisse nicht zu leisten
vermag (§ 94 II 3 ABGB); er ist aber auch als Aufstockungsunterhalt geschuldet.[411] Dies ist
ein wesentlicher Unterschied zum nachehelichen Unterhalt bei der Verschuldensscheidung, bei der eine Erwerbstätigkeit auszuüben ist, soweit sie „erwartet" werden kann.

Auf den Unterhaltsanspruch kann dem Grunde nach (Stammrecht) nur in sehr eingeschränktem Maße verzichtet werden, wohl aber auf einzelne Unterhaltsleistungen (§ 94 III
2 ABGB).[412]

Scheidung. Der Scheidungsunterhalt richtet sich auf der Grundlage des insoweit 279
relevanten Ehegesetzes[413] (EheG) danach, ob im Scheidungsurteil ein Schuldausspruch
enthalten ist oder nicht (§ 66, § 69 EheG).[414] Durch das EheRÄG 1999 wurden die
„absoluten Scheidungsgründe" Ehebruch und Verweigerung der Fortpflanzung (§§ 47, 48
EheG alt) in den Tatbestand der schweren Eheverfehlungen nach § 49 EheG aufgenommen, die nur dann als Scheidungsgrund in Betracht kommen, wenn sie auch zu einer
schweren Zerrüttung der Ehe geführt haben. Damit wurde diesen Gründen der §§ 49–55
ABGB der absolute Charakter genommen. Außerdem wurde durch die Reform mit § 55a
ABGB ein neuer, verschuldensunabhängiger Unterhaltsanspruch eingeführt.

---

[405] Gitschthaler FPR 2013, 90 f.; zum Ziel des § 94 II 1 u. 2 vgl. OGH FamRZ 1997, 421 (Ls.) und ÖJZ 1996, 618.
[406] Gitschthaler FPR 2013, 90 (93).
[407] OGH 12.5.1976, JBl. 1976, 481.
[408] Vgl. OLG Stuttgart OLGR 2001, 380.
[409] Gitschthaler FPR 2013, 90 (93).
[410] OGH 17.12.1979, EF-Slg. 32789; Bergmann/Ferid/Henrich/Cieslar/Lurger/Schwimann, Internationales Ehe- und Kindschaftsrecht, Österreich, Stand: 1.5.2017 S. 52 f. und S. 106 Fn. 26; Ausnahme Rechtsmissbrauch, vgl. Gschnitzer/Faistenberger, Österreichisches Familienrecht, 2. Aufl., Anhang II, S. 49.
[411] Gitschthaler FPR 2013, 90 f.
[412] Gitschthaler FPR 2013, 90 (93).
[413] Ehegesetz von 6.7.1938 in der Fassung des Kindschafts- und Namensrechts-Änderungsgesetzes 2013, BGBl. I Nr. 15/2013; vgl. Bergmann/Ferid/Henrich/Cieslar/Lurger/Schwimann, Internationales Ehe- und Kindschaftsrecht, Österreich, Stand 1.5.2017 S. 139 ff.
[414] Zur Versagung nachehelichen Unterhalts wegen Ehebruchs nach österreichischem Recht und zur evtl. Ergebniskorrektur wegen Verstoßes gegen den ordre public vgl. OLG Bremen IPRax 1998, 366 und Schulze IPRax 1998, 350.

280 Bei Scheidung mit **Schuldausspruch** wegen Ehebruchs ua (§§ 49, 60 EheG) oder der sog Scheidung aus anderen Gründen (alleiniges Verschulden gemäß §§ 50–52 EheG) hat der schuldlose oder minderschuldige Ehegatte einen Anspruch auf angemessenen Unterhalt nach den ehelichen Lebensverhältnissen, soweit er sich nicht selbst unterhalten kann. Einkünfte aus Vermögen und Erträge einer zumutbaren Erwerbstätigkeit (insofern besteht ein Unterschied zum Trennungsunterhalt) sind zu berücksichtigen (§ 66 EheG).[415] Beim Unterhaltpflichtigen sind Einschränkungen seiner Leistungsfähigkeit, etwa durch Zahlung von Kindesunterhalt, billigerweise zu beachten. Dieser Anspruch ist gleichrangig mit dem eines neuen Ehegatten.

Der Anspruch beträgt in der Regel ein Drittel des Nettoeinkommens des Unterhaltspflichtigen. Eigene Einkünfte des Berechtigten sind anzurechnen. Bei Doppelverdienern mit erheblichem Einkommensunterschied erhält der Unterhaltsberechtigte ca. 40 % des Gesamtnettoeinkommens beider Ehegatten abzüglich des eigenen (vgl. → Rn. 277).[416]

281 Sind beide Ehegatten **gleich schuld** an der Scheidung, kann der bedürftige Ehegatte vom anderen einen Unterhaltsbeitrag nach Billigkeit verlangen (§ 68 EheG). Dieser Anspruch steht grundsätzlich beiden Ehegatten zu, ist aber zur Höhe auf das Selbstbehalt des Unterhaltspflichtigen beschränkt.[417] Der Anspruch kann befristet werden und ist gleichrangig mit dem Anspruch eines neuen Ehegatten. Vorrangig sind hier aber das Vermögen des berechtigten Ehegatten und ein Unterhaltsanspruch gegen Verwandte heranzuziehen.

282 Ist die Ehe nach § 55 EheG (sog **Heimtrennung**) mit Ausspruch des Zerrüttungsverschuldens zu Lasten des Antragstellers (allein oder überwiegend, § 61 III EheG) geschieden, setzt sich der Trennungsunterhaltsanspruch des anderen schuldlosen Ehegatten (Antragsgegner im Scheidungsverfahren) gemäß § 94 ABGB über die Scheidung hinaus fort (§ 69 II EheG; → Rn. 280).[418] Der Unterhaltsanspruch ist unbefristet und hat Vorrang gegenüber einem neuen Ehegatten des Unterhaltspflichtigen (§ 69 II 3 EheG). Der geschiedene Ehegatte haftet vor den Verwandten des Berechtigten.

283 Fehlt bei einer Scheidung aus sonstigen Gründen ein Schuldausspruch, ist der Antragsteller dem Antragsgegner zu **Billigkeitsunterhalt** nach Maßgabe des § 69 III EheG verpflichtet. Dabei kommt es auf die Bedürfnisse und die Vermögens- und Erwerbsverhältnisse der geschiedenen Ehegatten an.[419] Dieser Anspruch gewährt allerdings, im Gegensatz zum Unterhaltsanspruch aus alleinigem oder überwiegendem Verschulden des Unterhaltspflichtigen, keine volle Alimentierung des Unterhaltsberechtigten nach den ehelichen Lebensverhältnissen. Stattdessen deckt der Anspruch lediglich den zur Existenzsicherung notwendigen Bedarf ab, sodass er sich lediglich auf Ansprüche in Höhe des notwendigen Selbstbehalts des Unterhaltspflichtigen richtet (→ Rn. 272).[420]

284 Bei **einvernehmlicher Scheidung** – § 55a EheG – gibt es keinen Schuldausspruch. Im Gegenzug setzt die Scheidung eine Vereinbarung der Ehegatten über den Unterhalt voraus (§ 55a II EheG). Einer solchen Vereinbarung bedarf es nicht, soweit über diese Gegenstände bereits eine rechtskräftige gerichtliche Entscheidung vorliegt (§ 55a III EheG). Nur soweit der vereinbarte Unterhalt den Lebensverhältnissen der Ehegatten angemessen ist, gilt er als der gesetzliche (§ 69a EheG → Rn. 285). Ist die Unterhaltsvereinbarung unwirksam, gilt § 69b EheG (→ Rn. 288).

285 Durch das EheRÄG 1999 wurde mit § 68a EheG zum 1.1.2000 ein neuer, **verschuldensunabhängiger Unterhaltsanspruch** geschaffen. Danach gebührt dem bedürftigen Ehegatten unabhängig vom Verschulden an der Scheidung Unterhalt nach seinem Lebensbedarf,
- soweit und solange ihm auf Grund der **Pflege und Erziehung** eines gemeinsamen Kindes unter Berücksichtigung dessen Wohl nicht zugemutet werden kann, sich selbst zu

---

[415] Gitschthaler FPR 2013, 90 (93).
[416] Gitschthaler FPR 2013, 90 f.; OLG Stuttgart – 16 UF 580/99, BeckRS 2000, 30128354.
[417] Gitschthaler FPR 2013, 90 (93).
[418] Im Einzelnen Aicher FamRZ 1980, 637; Bergmann/Ferid/Henrich/Cieslar/Lurger/Schwimann, Internationales Ehe- und Kindschaftsrecht, Österreich, Stand: 1.5.2017 S. 152, dort Fn. 92; OLG Karlsruhe zitiert nach BGH FamRZ 1992, 298.
[419] Gitschthaler FPR 2013, 90 (93); vgl. auch OLG Karlsruhe FamRZ 1995, 738.
[420] Gitschthaler FPR 2013, 90 (93).

unterhalten. Die Unzumutbarkeit wird vermutet, solange das Kind das fünfte Lebensjahr noch nicht vollendet hat. Bei der gerichtlichen Festsetzung ist der Unterhalt über das fünfte Lebensjahr des jüngsten Kindes hinaus jeweils auf längstens drei Jahre zu befristen. Nur in besonderen Fällen, etwa bei besonderer Betreuungsbedürftigkeit des Kindes, kann von der Befristung abgesehen werden (§ 68a I EheG).
- wenn sich der unterhaltsbedürftige Ehegatte während der Ehe auf Grund der einvernehmlichen Gestaltung der ehelichen Lebensgemeinschaft der Haushaltsführung sowie ggf. der Pflege und Erziehung eines gemeinsamen Kindes oder der Betreuung eines Angehörigen der Ehegatten gewidmet hat und es ihm nun, nach der Scheidung, unzumutbar ist, sich selbst zu unterhalten (§ 68a II EheG). Eine Unzumutbarkeit kann sich aus folgenden Gründen ergeben:
  – durch die Übernahme familiärer Aufgaben, wenn zB durch fehlende Aus- und Fortbildung jetzt keine Erwerbsmöglichkeit mehr besteht,
  – wegen der Dauer der ehelichen Lebensgemeinschaft,
  – wegen des Alters,
  – wegen Krankheit.

Auch der Unterhalt nach § 68a II EheG ist grundsätzlich auf längstens drei Jahr zu befristen. Das gilt aber nur dann, wenn erwartet werden kann, dass der Unterhaltsberechtigte danach in der Lage sein wird, seinen Unterhalt selbst zu sichern (§ 68a II 2 EheG).

Der Unterhalt nach § 68a I und II EheG vermindert sich oder entfällt ganz, wenn die Gewährung **unbillig** wäre (§ 68a III EheG). Das kann der Fall sein, wenn der Bedürftige einseitig besonders schwere Eheverfehlungen begangen hat, er seine Bedürftigkeit grob schuldhaft herbeigeführt hat oder ein gleich schwerwiegender Grund vorliegt. Für den Anspruch nach § 68a II EheG gilt dies auch bei kurzer Ehedauer. Dann muss der Bedürftige seinen Unterhalt notfalls auch durch sozial nicht adäquate Erwerbstätigkeit oder aus dem Stamm seines Vermögens decken (§ 68a III 3 EheG). **286**

Die Höhe des Unterhalts nach § 68a I und II EheG richtet sich grundsätzlich nach dem Lebensbedarf des Bedürftigen. Ob sie den eheangemessenen Unterhalt erreichen kann, ist streitig.[421] Regelmäßig wird der Lebensbedarf zwischen dem notwendigen und dem eheangemessenen Bedarf liegen. **287**

Nach dem ebenfalls durch das EheRÄG 1999 eingeführten § 69b EheG ist § 69a EheG entsprechend anwendbar, wenn die Ehe nicht aus Verschulden, sondern aus den Gründen der §§ 50–52 EheG (→ Rn. 280) oder des § 55 EheG (→ Rn. 282) geschieden worden ist. Bei der einvernehmlichen Scheidung gilt dies aber nur, wenn die Ehegatten keine wirksame Vereinbarung nach § 55a II EheG getroffen haben. **288**

Der **allein oder überwiegend Schuldige** hat mit Ausnahme des Anspruchs aus § 68a EheG sonst keinen Anspruch gegen den anderen Ehegatten. Ein Unterhaltsberechtigter, der infolge sittlichen Verschuldens bedürftig ist, kann nur den notdürftigen Unterhalt verlangen (§ 73 I EheG). **289**

Zu zahlen ist in der Regel eine monatlich im Voraus fällige Geldrente (§ 70 I EheG). Nur ausnahmsweise ist eine Abfindung angemessen (§ 70 II EheG). Die Höhe des Unterhalts kann im Falle einer **Änderung** der maßgeblichen Verhältnisse angepasst werden. **290**

Der Unterhaltsanspruch erlischt bei Wiederheirat oder Begründung einer eingetragenen Partnerschaft des berechtigten Ehegatten endgültig (§ 75 EheG). Lebt er in einer neuen Lebensgemeinschaft, ruht die Unterhaltspflicht des geschiedenen Ehegatten und zwar unabhängig davon, ob und in welchem Umfang der neue Lebenspartner Leistungen erbringt. Eine Verwirkung des Unterhaltsanspruchs kommt nach § 74 EheG bei nachehelichem schwerem Verschulden gegen den unterhaltspflichtigen Ehegatten, zB bei Vereitelung des Umgangsrechts mit einem gemeinsamen Kind, in Betracht. **291**

Unterhaltsvereinbarungen sind nach § 80 EheG formlos auch vor oder während der Ehe zulässig. Eine Grenze bilden die guten Sitten, die zB bei grobem Missverhältnis zwischen den Leistungen beider Ehegatten oder im Falle eines Unterhaltsverzichts für den Fall der Not (str.) verletzt sind.

---

[421] Ferrari FamRZ 2001, 896 (898).

292 Einen **Auskunftsanspruch** wie im deutschen Recht (§§ 1580, 1605 BGB) gibt es im österreichischen Recht nicht. Die Höhe eines Unterhaltsanspruchs wird in Österreich von Amts wegen festgestellt.[422] Da im deutschen Unterhaltsverfahrensrecht der Amtsermittlungsgrundsatz nicht gilt, muss der deutsche Richter notfalls doch auf §§ 235 f. FamFG und § 1580 BGB analog zurückgreifen, wenn er die Verhältnisse in Anwendung österreichischen Sachrechts feststellt. Die Anwendbarkeit der §§ 235 f. FamFG ergibt sich schon daraus, dass es sich dabei um rein verfahrensrechtliche Vorschriften handelt und der deutsche Richter stets das deutsche Verfahrensrecht (lex fori) anzuwenden hat (im Einzelnen umstritten).[423]

293 Das österreichische Zivilrecht sieht in § 235 AGBG auch Ansprüche aus **gemeinsamer Elternschaft** vor. Danach hat der Vater eines gemeinsamen Kindes der Mutter Kosten und Auslagen der Entbindung sowie Unterhalt für die ersten acht Wochen nach der Entbindung zu zahlen. Falls infolge der Entbindung weitere Auslagen notwendig werden, hat er auch diese zu ersetzen (§ 235 I ABGB). Diese Ansprüche sind, wie der deutsche Betreuungsunterhalt nach § 1615l BGB, auf die durch die gemeinsame Elternschaft entstandene Familie zurückzuführen. Allein der deutlich weitere Umfang der Unterhaltspflicht nach deutschem Recht bis zur Vollendung des dritten Lebensjahres des Kindes mit Verlängerungsmöglichkeit aus kind- und elternbezogenen Gründen kann einen Verstoß des deutschen Rechts gegen den österreichischen ordre public nicht begründen. Denn das deutsche Recht regelt insoweit Ansprüche, die auch dem österreichischen Recht nicht fremd sind und lediglich im Umfang über den dort geregelten Maßstab hinausgehen.[424] Die Forderung verjährt nach § 235 I ABGB mit Ablauf von drei Jahren nach der Entbindung.

Polen

1. Kindesunterhalt

294 Nach Art. 87 des Familien- und Vormundschaftsgesetzbuchs vom 25.2.1964[425] (FVGB) sind Eltern und Kinder sich einander zur Achtung und zum Beistand verpflichtet. In vermögensrechtlicher Sicht wird dieser Grundsatz konkretisiert durch die Pflicht der Eltern, die Bedürfnisse der Familie, die sie gegründet haben, zu befriedigen (Art. 27 FVGB), die Pflicht der Kinder, zum Familienunterhalt beizutragen (Art. 91 FVGB) und die Unterhaltspflichten der Art. 128–144 FVGB.[426] Danach sind die Eltern grundsätzlich zum Unterhalt gegenüber einem unvermögenden Kind verpflichtet, das sich nicht selbst unterhalten kann (Art. 133 § 1 FVGB, sog privilegierter Unterhalt). Liegen dessen Voraussetzungen nicht vor, räumt das Gesetz bei Bedürftigkeit den einfachen Unterhalt gemäß Art. 133 § 2 FVGB ein.[427]

295 Der **privilegierte Unterhaltsanspruch** (Art. 133 § 1 FVGB) besteht, solange das Kind noch nicht in der Lage ist, sich selbst zu unterhalten, weil es mangels Berufsausbildung noch keine angemessene Erwerbstätigkeit ausüben kann. Der Unterhaltsanspruch besteht von Geburt an und zwar unabhängig davon, ob das Kind ehelich oder außerhalb einer Ehe geboren wurde.[428] Die Bedürftigkeit spielt beim privilegierten Unterhaltsanspruch nur insoweit eine Rolle, als dieser ausgeschlossen oder beschränkt ist, wenn das Kind seine Unterhalts- und Erziehungskosten aus Einkünften seines Vermögens oder durch sonstige

---

[422] OLG Karlsruhe FamRZ 1995, 738.
[423] Vgl. OLG Karlsruhe FamRZ 1995, 738 mwN.
[424] BGH FamRZ 2011, 97 Rn. 17; vgl. auch BGH FamRZ 2009, 1402 Rn. 11 f.
[425] In Kraft seit dem 1.1.1965, in der bereinigten Fassung vom 9.3.2017 DzU 2017 Pos 682; vgl. Bergmann/Ferid/Henrich/Cieslar/de Vries, Internationales Ehe- und Kindschaftsrecht, Polen, Stand 27.8.1018 S. 55 ff.
[426] De Vries FPR 2013, 65 (67).
[427] Vgl. Passauer FamRZ 1990, 14 (18 f.).
[428] De Vries FPR 2013, 65 (68).

Einkünfte (zB Hinterbliebenenrente, Stipendium) selbst decken kann.[429] Das Alter, insbesondere die Volljährigkeit, hat auf die Unterhaltspflicht keinen Einfluss.[430] Eine Ausnahme gilt nach Art. 133 § 3 FVGB nur dann, wenn die Unterhaltsleistungen für die Eltern mit einer übermäßigen Einbuße verbunden wären oder wenn das Kind sich nicht um die Möglichkeit bemüht, selbständig für seinen Unterhalt zu sorgen. Das ist auch dann der Fall, wenn das volljährige Kind seine Berufsausbildung vernachlässigt, sei es, weil es die Lehrzeit unangemessen überschreitet, beim Studium keine Fortschritte macht oder keine Prüfungen ablegt.[431] Ist das Kind im Stande, eine Arbeit aufzunehmen, erlischt die Unterhaltspflicht der Eltern. Die Aufnahme einer Arbeit vor Beginn des Studiums zur Verbesserung der Berufsqualifikation schließt die Unterhaltspflicht während des folgenden Studiums nicht aus, wenn die Arbeit nicht länger als ein Jahr andauerte. Die Unterhaltspflicht kann auch lebenslang andauern, wenn das Kind zB wegen eines Gebrechens außerstande ist, sich selbst zu versorgen.

Der Umfang des privilegierten Unterhaltsanspruchs richtet sich nach den „gerechtfertigten" Bedürfnissen des Berechtigten und der Leistungsfähigkeit des Unterhaltspflichtigen, also dessen Erwerbs- und Vermögensmöglichkeiten (Art. 135 § 1 FVGB). Verkürzungen der Leistungsfähigkeit ohne wichtigen Grund während der letzten drei Jahre vor der Geltendmachung des Unterhaltsanspruchs bleiben unberücksichtigt (Art. 136 FVGB). **296**

Der privilegierte Unterhalt setzt nicht erst bei Bedürftigkeit ein, sondern berechtigt zum gleichen Lebensstandard, wie er beim Unterhaltspflichtigen besteht.[432] Unterschieden wird zwischen den Unterhaltskosten (die begrifflich im Wesentlichen dem deutschen Barunterhalt entsprechen) und den Erziehungskosten oder sonstigen Unterhaltskosten (vergleichbar dem Betreuungsunterhalt), die nicht in Geld ausgedrückt werden.[433] Der Unterhalt wird festgesetzt in bestimmten Sätzen oder in Prozentsätzen des Einkommens des Verpflichteten.[434] Polnische Gerichte neigen dazu, einem Kind bis zu 25% des Einkommens des Verpflichteten zuzuerkennen. Wenn deutsche Gerichte entscheiden, sollte der Unterhalt nach den Bedarfssätzen der Düsseldorfer Tabelle ermittelt und dann mit Hilfe der Kaufkraftunterschiede (→ Rn. 79a ff.) den wirtschaftlichen Verhältnissen in Polen angeglichen werden.[435] Teilweise sind auch pauschal Anteile von $^2/_3$ dieser Sätze,[436] mindestens die Hälfte[437] oder nur $^1/_3$[438] zugesprochen worden, was den konkreten Verhältnissen aber nicht hinreichend entspricht. Statt eines festen Unterhaltsbetrags kann das Gericht die Höhe der Unterhaltsleistung auch prozentual bestimmen, wenn der Verpflichtete über ein für diese Bemessungsart geeignetes, nämlich stabiles Einkommen verfügt.[439] Das Kammergericht[440] setzt einen altersbedingten Mehrbedarf gemäß Art. 135 § 1, Art. 138 FVGB von 20% bei Überschreitung des sechsten Lebensjahres an. Bei der Bemessung ist nicht nur das tatsächliche Einkommen des Unterhaltspflichtigen, sondern auch sein erzielbares Einkommen maßgebend.[441] **297**

Den **einfachen Kindesunterhalt** gemäß Art. 133 § 2 FVGB erhält dasjenige Kind, das **nachträglich bedürftig** wird, nachdem es die Fähigkeit, sich selbst angemessen zu **298**

---

[429] Vgl. Gralla/Leonhardt, Das Unterhaltsrecht in Osteuropa, 1989 Abschnitt Polen, S. 141.
[430] Richtlinien des OG, Dz. U. 1988, Nr. 45, Pos. 241.
[431] Richtlinien des OG, Dz. U. 1988, Nr. 45, Pos. 241, S. 380 f.
[432] Vgl. OLG Celle FamRZ 1993, 103; OLGR Celle 1998, 149; OLG Nürnberg FamRZ 1994, 1133.
[433] Vgl. Art. 58 § 1 FVGB und dazu KG FamRZ 1994, 759.
[434] Bergmann/Ferid/Henrich/Cieslar/de Vries, Internationales Ehe- und Kindschaftsrecht, Polen, Stand: 27.8.2018 S. 35 f., 39; Passauer FamRZ 1990, 14 (19).
[435] → Rn. 79a ff.; OLGR Hamm 2000, 59.
[436] OLG Nürnberg FamRZ 19971355; OLG Koblenz FamRZ 1995, 1439; OLG Celle FamRZ 1993, 103; OLG Schleswig FamRZ 1993, 1483 (L).
[437] OLG Düsseldorf FamRZ 1991, 1095.
[438] OLG Düsseldorf FamRZ 1989, 1335; OLG Karlsruhe FamRZ 1991, 600; vgl. auch Kleffmann, FuR 1998, 74 (75).
[439] OG OSN 1980 Pos 129.
[440] KG FamRZ 1994, 759.
[441] Vgl. Gralla/Leonhardt, Das Unterhaltsrecht in Osteuropa, 1989 Abschnitt Polen, S. 121.

§ 9 Auslandsberührung

unterhalten, bereits erlangt hatte.[442] Der Umfang dieses Anspruches richtet sich nur auf die Befriedigung der gewöhnlichen „gerechtfertigten" Bedürfnisse (elementarer oder notwendiger Lebensbedarf).

299 Die in einem Scheidungsurteil auch ohne besonderen Antrag von Amts wegen enthaltene Titulierung des Kindesunterhaltsanspruchs wirkt für und gegen das Kind (Art. 58 § 1 S. 1 FVGB) und kann gem. Art. 138 FVGB **abgeändert** werden.[443] Das Gericht entscheidet über den Unterhalt auch dann, wenn die Eltern freiwillig zahlen.[444] An Vereinbarungen der Verfahrensbeteiligten ist es dabei nicht gebunden. Die Entscheidung schließt neben der Festsetzung des Barunterhalts eines Ehegatten auch einen Ausspruch über den Betreuungsunterhalt durch den anderen Ehegatten ein, indem es ausspricht, dass der andere Elternteil das Kind betreuen und die restlichen Kosten der Erziehung tragen soll.[445]

300 Die **Vaterschaft** ist in den §§ 62–86 FVGB geregelt. Danach wird der Ehemann der Mutter als Vater vermutet, wenn das Kind während bestehender Ehe oder innerhalb von 300 Tagen nach Trennung von Tisch und Bett oder nach Scheidung oder Auflösung der Ehe geboren wird (Art. 62 § 1 FVGB). Zur Anfechtung der Vaterschaft, die vom Gericht auszusprechen ist, sind der Ehemann der Mutter und die Mutter binnen 6 Monaten ab Kenntnis von der Geburt und das Kind binnen einer Frist von 3 Jahren nach Eintritt der Volljährigkeit berechtigt (Art. 63, Art. 69 § 1, Art. 70 § 1 FVGB). Die Vaterschaftsanfechtung und eine Anerkennung der Vaterschaft (wenn das Kind keine Abkömmlinge hinterlassen hat) sind nach dem Tod des Kindes unzulässig (Art. 71, 76 FVGB). Gilt die Vermutung nicht, dass der Ehemann der Mutter der Vater des Kindes ist, oder wurde eine solche Vermutung widerlegt, kann die Vaterschaft durch die Anerkennung der Vaterschaft durch den leiblichen Vater oder durch Gerichtsentscheidung festgestellt werden (Art. 72 FVGB). Die Erklärung kann nur gegenüber bestimmten Organen, ua dem Standesbeamten oder dem Vormundschaftsgericht, abgegeben werden. Sie ist nur wirksam, wenn die Kindesmutter sich zugleich oder binnen drei Monaten anschließt (Art. 77, 78 FVGB). Die Vaterschaftsanerkennung ist auch für bereits gezeugte aber noch ungeborene Kinder zulässig (Art. 75 FVGB).[446] Der anerkennende Mann muss mindestens 16 Jahre alt sein. Bei späterer Kenntnis davon, dass das Kind nicht von ihm abstammt, kann er binnen 6 Monaten einen Antrag auf Feststellung der Unwirksamkeit der Anerkennung erheben. Die Vaterschaft kann auf Antrag des Kindes, der Mutter oder des mutmaßlichen Vaters auch gerichtlich festgestellt werden. Wenn das Kind volljährig geworden und verstorben ist, können die Mutter oder der mutmaßliche Vater die gerichtliche Feststellung der Vaterschaft nicht mehr verlangen (Art. 84 § 1 FVGB).[447]

301 Auf den Unterhaltsanspruch eines Kindes, dessen Abstammung von einem im Inland lebenden deutschen Vater festgestellt werden soll, ist nach Auffassung des OLG München[448] auch dann deutsches Recht anzuwenden, wenn die Mutter Ausländerin ist und mit dem Kind im Ausland lebt (vgl. aber → Rn. 13, 28). Das Kind kann deswegen zugleich mit der Vaterschaftsfeststellung Leistung des Regelunterhalts verlangen.[449]

302 Hat die polnische **Sozialversicherungsanstalt** ZUS Unterhaltsleistungen an das Kind erbracht, hat das nach dem polnischen Recht keinen Anspruchsübergang zu Folge. Die Leistungen sind allerdings bloße Vorauszahlungen und nicht bedarfsdeckend und stehen deswegen einer Zahlungsaufforderung und einem Antrag auf Kindesunterhalt durch das Kind nicht entgegen.[450]

---

[442] Gralla/Leonhardt, Das Unterhaltsrecht in Osteuropa, 1989 Abschnitt Polen, S. 143.
[443] KG NJW-RR 1995, 202 Ls.
[444] OG NO 1953, Nr. 7, S. 76.
[445] OG OSN 1952, Pos. 69.
[446] Zur Vaterschaftsanerkennung und zur Sorgeerklärung nach deutschem Recht vgl. BGH FamRZ 2004, 802.
[447] Zum deutschen ordre public BGH FamRZ 2009, 1816 Rn. 30 ff., 44; zur Vaterschaft vgl. auch Maczynski FamRZ 2009, 1555 (1556 f.).
[448] OLG München FamRZ 1998, 503.
[449] Zur Vollstreckung vgl. OLG Hamm FamRZ 2006, 967.
[450] OLG Hamm FamRZ 2006, 969.

2. Ehegattenunterhalt

Trennung. Nach Art. 23, Art. 27, Art. 28 FVGB sind beide Ehegatten verpflichtet, zur Befriedigung der Bedürfnisse der Familie beizutragen, jeder nach seinen Kräften und Erwerbsmöglichkeiten sowie seinem Vermögen. Diese Regelung für den Familienunterhalt schließt auch den Trennungsunterhalt ein.[451] Der Unterhaltsanspruch nach Art. 27 FVGB erlischt deswegen grundsätzlich erst im Zeitpunkt der rechtlichen Trennung oder der Scheidung der Ehe. Bestehen allerdings keine familiären Bindungen mehr, weil die Ehegatten bereits seit mehreren Jahren faktisch getrennt leben und die Kinder bereits einen eigenen Hausstand unterhalten, kann der Unterhaltsanspruch auch früher enden.[452] Eine während des Zusammenlebens getroffene Anordnung zur unmittelbaren Auszahlung des Familienunterhalts bleibt auch dann wirksam, wenn nach ihrem Erlass die eheliche Gemeinschaft beendet wird (Art. 28 § 2 FVGB). Dabei handelt es sich um einen sog privilegierten Unterhaltsanspruch; die Unterhaltspflicht hängt davon ab, ob ein Ehegatte seine Bedürfnisse in dem Umfang befriedigen kann wie der andere Ehegatte (Lebensstandardprinzip).[453] Trennungsunterhalt wird deswegen jedenfalls in Höhe des unterhaltsrechtlichen Existenzminimums geschuldet.[454] Darüber hinaus besteht eine Unterhaltspflicht dann, wenn der Berechtigte seine am Lebensstandard des anderen Ehegatten gemessenen gerechtfertigten Bedürfnisse nicht selbst befriedigen kann, etwa wegen Betreuung der gemeinsamen Kinder, wegen Erwerbsunfähigkeit oder Nichtfinden einer Arbeitsstelle.[455] Auf Verschulden an der Trennung kommt es in der Regel nicht an, jedoch wird dem Alleinschuldigen analog Art. 60 § 1 FVGB Unterhalt nicht zuerkannt.[456]

Die rechtliche Trennung von Tisch und Bett wird nach den Art. 611 ff. FVGB auf Antrag von einem Gericht ausgesprochen, lässt die Ehe als solche aber fortbestehen. Nach Art. 614 FVGB hat der Ausspruch grundsätzlich dieselben Rechtsfolgen wie eine Scheidung. Der Unterhalt richtet sich dann danach, wie das Gericht mit dem Ausspruch der Trennung gemäß Art. 61/3 § 1 FVGB über die Schuld an der Zerrüttung der Ehe entschieden hat. Damit entspricht der Unterhaltsanspruch gemäß Art. 130 FVGB dem Anspruch auf nachehelichen Unterhalt.[457]

Scheidung. Die unterhaltsrechtlichen Folgen der Verschuldensscheidung (Art. 60 §§ 1–3 FVGB) richten sich nach dem **Schuldausspruch** im Scheidungsurteil, der deswegen unbedingt im Tenor auszusprechen ist (Art. 57 § 1 FVGB). Auf einen übereinstimmenden Antrag beider Ehegatten hat das Gericht den Schuldausspruch zu unterlassen. In diesem Fall treten dieselben Folgen ein, wie wenn keinen der Ehegatten die Schuld träfe (Art. 57 § 2 FVGB). Ein im Scheidungsurteil unterbliebener Schuldausspruch kann nicht mit einem isolierten Feststellungsantrag nachgeholt werden.[458] Ist der Schuldausspruch allerdings versehentlich unterblieben, kann dieser innerhalb der Frist nach § 113 I FamFG iVm § 321 ZPO (insoweit vergleichbar mit Art. 351 der polnischen ZPO) oder im Berufungsverfahren ergänzt werden. Ist das Scheidungsurteil rechtskräftig, kommt im – späteren – Unterhaltsverfahren allenfalls eine inzidente Schuldfeststellung in Betracht, wenn die Schuldfrage nach dem maßgeblichen Unterhaltsstatut von Bedeutung ist.[459] Auf dieser Grundlage des Schuldausspruchs kommen die folgenden **verschiedenen Unterhaltsansprüche** in Betracht:

---

[451] Vgl. OLG Koblenz FamRZ 1992, 1428 und De Vries FPR 2013, 65 (66); Gralla/Leonhardt, Das Unterhaltsrecht in Osteuropa, 1989 Abschnitt Polen, S. 146.
[452] De Vries FPR 2013, 65 (66) unter Hinweis auf die Rechtsprechung des Obersten Gerichts.
[453] Vgl. Gralla/Leonhardt, Das Unterhaltsrecht in Osteuropa, 1989 Abschnitt Polen, S. 147.
[454] OLG Hamm FamRZ 2005, 369.
[455] Vgl. OLG Koblenz FamRZ 1992, 1428; Richtlinien des Pol.OG FamRZ 1989, 471.
[456] Gralla/Leonhardt, Das Unterhaltsrecht in Osteuropa, 1989 Abschnitt Polen, S. 147; im Anschluss daran OLG Hamm FamRZ 1994, 774.
[457] De Vries FPR 2013, 65 (67).
[458] BGH MDR 1977, 126; OLG Hamm FamRZ 2000, 29; de Vries FPR 2013, 65 (66).
[459] Roth IPRax 2000, 292 (293 f.); zum gleichen Problem beim türkischen nachehelichen Unterhalt → Rn. 490.

– Bei Alleinverschulden hat der alleinschuldige Ehegatte keinen Anspruch, der andere den privilegierten Unterhaltsanspruch gemäß Art. 60 § 2 FVGB.[460]
– Bei beiderseitigem Verschulden hat jeder den einfachen Unterhaltsanspruch gemäß Art. 60 § 1 FVGB.
– Bei fehlendem Schuldausspruch oder der Feststellung, dass keinen Ehegatten die Schuld trifft, haben beide den einfachen Unterhaltsanspruch gemäß Art. 60 § 1, 57 § 2 FVGB.
– Soweit ersichtlich, wird überwiegendes Verschulden nicht festgestellt und steht jedenfalls dem alleinigen Verschulden nicht gleich. Auch dann sind beide Ehegatten als schuldig anzusehen, was auch für den minder schuldigen Ehegatten nur den einfachen Unterhaltsanspruch nach Art. 60 § 1 FVGB begründen kann.

305 Der Umfang des **privilegierten Unterhaltsanspruchs** hängt ausdrücklich nicht von der Bedürftigkeit des Berechtigten ab (Art. 60 § 2 FVGB), sondern soll verhindern, dass durch die Scheidung eine wesentliche Verschlechterung der materiellen Situation des nichtschuldigen Ehegatten eintritt. Der Anspruch zielt nicht auf den gleichen nachehelichen Lebensstandard, den der Unterhaltspflichtige hat, aber auf einen besseren Lebensstandard als nur die Befriedigung der gerechtfertigten (notwendigen) Bedürfnisse wie beim einfachen Unterhaltsanspruch.[461] Zu vergleichen ist der Lebensstandard vor und nach der Scheidung.[462] Im Ergebnis ist also wie im deutschen Recht (§ 1578 BGB) auf die ehelichen Lebensverhältnisse abzustellen.

Auch der privilegierte Unterhaltsanspruch erlischt bei Wiederheirat des Unterhaltsberechtigten (Art. 60 § 3 S. 1 FVGB); sonst ist er aber grundsätzlich zeitlich unbegrenzt gegeben.[463] Auch der privilegierte Unterhaltsanspruch kann grundsätzlich mit Rücksicht auf die Grundsätze des gesellschaftlichen Zusammenlebens gekürzt werden. Das ist möglich, wenn ein offenkundig ungebührliches oder allgemeines Missfallen hervorrufendes Verhalten des Unterhaltsberechtigten festgestellt ist. Das kann etwa der Fall sein, wenn die Bedürfnislage schuldhaft oder die Voraussetzungen der Unterhaltsansprüche vorsätzlich herbeigeführt sind.[464]

306 Der **einfache Unterhaltsanspruch** gemäß Art. 60 § 1 FVGB setzt hingegen mit der Bedürftigkeit des Berechtigten eine Notlage sowie die Leistungsfähigkeit des Unterhaltspflichtigen voraus. Letzteres ist der Fall, wenn beide Ehegatten für das Scheitern der Ehe verantwortlich sind, wenn keiner dafür verantwortlich ist oder wenn das Gericht auf übereinstimmenden Antrag der Ehegatten einen Schuldausspruch unterlassen hat (Art. 57 § 2 FVGB). Er zielt auf die Befriedigung nur der elementaren Bedürfnisse des Berechtigten, also auf den Notunterhalt ab[465] und entspricht damit der Unterhaltspflicht von Verwandten, die auf die berechtigten Bedürfnissen des Berechtigten und die Einkommens- und Vermögensmöglichkeiten des Verpflichteten abstellt (Art. 61, Art. 135 § 2 FVGB). Bedürftigkeit besteht, wenn der Unterhaltsberechtigte seinen notwendigen Lebensunterhalt nicht oder nicht vollständig decken kann, etwa weil er gemeinsame Kinder betreut, eine Berufsausbildung absolviert, oder nicht erwerbsfähig ist.[466] Er erlischt außer bei Wiederheirat regelmäßig in fünf Jahren seit Rechtskraft des Scheidungsurteils (Art. 60 § 3 FVGB), wenn der Unterhaltspflichtige nicht für (teil-)schuldig an der Zerrüttung der Ehe erklärt wurde. Liegen außerordentliche Umstände vor, kann der Anspruch über die Fünfjahresfrist hinaus verlängert werden (Art. 60 § 3 S. 2 Hs. 2 FVGB). Als außerordentlicher Umstand kann auch eine krankheitsbedingte Bedürftigkeit des Berechtigten in Betracht kommen, wenn die Ehe nicht von kurzer Dauer war.[467] Ein nicht im Scheidungstenor ausgesproche-

---

[460] De Vries FPR 2013, 65 (67).
[461] Vgl. Gralla/Leonhardt, Das Unterhaltsrecht in Osteuropa, 1989 Abschnitt Polen, S. 149.
[462] De Vries FPR 2013, 65 (67); vgl. auch OLG Koblenz FamRZ 1992, 1442.
[463] Diese Rechtsfolge hat der polnische Verfassungsgerichtshof für verfassungsgemäß erklärt, vgl. de Vries FPR 2013, 65 (67).
[464] De Vries FPR 2013, 65 (67) unter Hinweis auf die Rechtsprechung des OG.
[465] Vgl. Gralla/Leonhardt, Das Unterhaltsrecht in Osteuropa, 1989 Abschnitt Polen, S. 118, 121, 150; OLG Koblenz FamRZ 1992, 1442.
[466] De Vries FPR 2013, 65 (66).
[467] OLG Hamm FamRZ 2000, 29.

Länderdarstellungen – Polen **§ 9**

nes Verschulden kann hingegen nicht mehr berücksichtigt werden (aber → Rn. 304). Aus einem Umkehrschluss folgt, dass die Unterhaltspflicht eines an der Zerrüttung der ehelichen Gemeinschaft mitschuldigen Ehegatten auch über die Fünfjahresfrist hinaus fortbesteht.[468]

Die Unterhaltsbemessung erfolgt überwiegend nach festen Beträgen; zulässig ist aber auch eine Bemessung nach Prozentsätzen des Einkommens des Unterhaltspflichtigen. Dabei sind auch die finanziellen Möglichkeiten und das Vermögen eines neuen Lebenspartners des Unterhaltspflichtigen zu berücksichtigen.[469] Eine Abänderung der Unterhaltspflicht ist bei veränderten Umständen möglich (Art. 138 FVGB, materiell-rechtliche Regelung).[470] Eine rückwirkende Abänderung gibt es im polnischen Recht hingegen nicht.[471] Der Hinweis auf den früher inflationären Verfall der polnischen Währung und die dortige Erhöhung der Lebenshaltungskosten reichte als Abänderungsgrund allein nicht aus.[472] 307

Unterhaltsleistungen sind entsprechend dem Unterhaltstitel auch in Zloty und durch Dritte möglich.[473] Auf Verlangen des Unterhaltsberechtigten ist allerdings in Euro zu verurteilen (→ Rn. 94).[474] Ist der Antrag hingegen auf Zahlung in ausländischer Währung gerichtet, darf nicht in Euro verurteilt werden.[475] 308

Eine Mahnung ist nach polnischem Recht entbehrlich, wenn ein Unterhaltsanspruch auf Grund „nicht befriedigter Bedürfnisse" besteht.[476] 309

Eine vertragliche Regelung der Unterhaltspflicht muss mit dem Gesetz vereinbar sein. Die Unterhaltspflicht des Ehegatten geht derjenigen der Verwandten vor (Art. 130 FVGB).

3. Verwandtenunterhalt

Nach Art. 128 FVGB obliegt **gradlinigen Verwandten und Geschwistern** die Verpflichtung zur Leistung von Mitteln für den Unterhalt und nach Bedarf auch für die Erziehung (Unterhaltspflicht). Die Unterhaltspflicht obliegt den Eltern und Großeltern vor den Abkömmlingen und diesen vor den Geschwistern; innerhalb dieser Gruppen gehen die gradnäheren den entfernteren Unterhaltspflichtigen vor (Art. 129 § 1 FVGB). Gleichrangige Unterhaltspflichtige haften anteilig nach ihren Einkommens- und Vermögensverhältnissen (Art. 129 § 2 FVGB). Die Unterhaltspflicht des früheren oder des „von Tisch und Bett getrennten" Ehegatten geht der Unterhaltspflicht der Verwandten vor (Art. 130 FVGB). Die Unterhaltspflicht eines entfernteren Verwandten entsteht erst dann, wenn vorrangige Unterhaltspflichtige nicht vorhanden oder zu Unterhaltsleistungen nicht in der Lage sind. Gleiches gilt, wenn von ihnen Unterhaltsleistungen nicht oder nur mit schwer zu überwindenden Hindernissen erwirkt werden können (Art. 132 FVGB). Gegenüber den Geschwistern entfällt die Unterhaltspflicht dann, wenn sie für den Pflichtigen oder seine nächste Familie mit übermäßigen Einbußen verbunden wäre (Art. 134 FVGB). Der Umfang der Unterhaltsleistungen hängt von den berechtigten Bedürfnissen des Berechtigten und den Einkommens- und Vermögensmöglichkeiten des Verpflichteten ab (Art. 135 § 1 FVGB). 310

Stiefeltern und Stiefkinder schulden einander Unterhalt, wenn dies den Grundsätzen des gesellschaftlichen Zusammenlebens entspricht (Art. 144 §§ 1–3 FVGB). Der Verpflichtete kann die Erfüllung der Unterhaltspflicht gegenüber dem Berechtigten ablehnen, wenn die Unterhaltsforderung gegen die Grundsätze des gesellschaftlichen Zusammenlebens verstößt (Art. 144/1 FVGB). 311

---

[468] VerfGH vom 11.4.2006 OTK-A 2006, Nr. 4, Pos. 43, zitiert bei Bugajski FamRZ 2008, 1710 (1711).
[469] De Vries FPR 2013, 65 (66).
[470] Vgl. OLG Celle FamRZ 1993, 103.
[471] Vgl. OLG Karlsruhe FamRZ 1991, 600.
[472] OLG Hamm FamRZ 1999, 677.
[473] Bytomsky FamRZ 1991, 783.
[474] Vgl. zur Verurteilung in DM: BGH FamRZ 1990, 992; vgl. auch BGH FamRZ 1992, 1060.
[475] BGH IPRax 1994, 366 mAnm Grothe IPRax 1994, 346.
[476] OLG Koblenz FamRZ 1992, 1428.

4. Unterhalt aus gemeinsamer Elternschaft

312 Ein **nicht mit der Mutter verheirateter Vater** schuldet ihr für die Dauer von drei Monaten vor der Niederkunft, für die mit Schwangerschaft und Entbindung verbundenen angemessenen Ausgaben und für die Zeit von drei Monaten nach der Geburt des gemeinsamen Kindes Unterhalt. Aus wichtigen Gründen kann die Unterhaltspflicht auch über diesen Zeitraum hinaus verlängert werden (Art. 141, 142 FVGB). Ist die Vaterschaft glaubhaft gemacht, kann die Mutter ihren Unterhalt und den Unterhalt des Kindes für die Dauer von drei Monaten als Vorschuss verlangen (Art. 142 FVGB). Ist die Vaterschaft nicht festgestellt, können die Ansprüche, falls nicht das Kind verstorben ist, nur gleichzeitig mit dem Antrag auf Feststellung der Vaterschaft geltend gemacht werden (Art. 143 FVGB).

5. Allgemeine Vorschriften

313 Die **Höhe** des geschuldeten Unterhalts, mit Ausnahme des privilegierten nachehelichen Unterhalts (→ Rn. 305), hängt von den gerechtfertigten Bedürfnissen des Berechtigten (Bedarf) und den Erwerbs- und Vermögensmöglichkeiten des Verpflichteten (Leistungsfähigkeit) ab (Art. 135 § 1 FVGB). Hat der Unterhaltspflichtige innerhalb der letzten drei Jahre ohne wichtigen Grund auf Vermögensansprüche verzichtet, einen Verlust in anderer Weise ermöglicht oder eine Beschäftigung niedergelegt bzw. gegen eine weniger ergiebige eingetauscht, bleibt die Veränderung bei der Unterhaltsbemessung unberücksichtigt (Art. 136 FVGB). Bei veränderten Umständen kann eine Anpassung des gerichtlich festgesetzten oder des vertraglich vereinbarten Unterhalts beantragt werden (Art. 138 FVGB).

Das polnische Recht kannte in der Vergangenheit keine gesetzliche Regelung, um die **Auswirkung erbrachter Sozialleistungen** auf Unterhaltspflichten zu klären. Dies wurde bei der Einführung eines neuen staatlichen Förderprogramms („Familie 500 Plus") zum 1.4.2016[477] besonders deutlich. Danach können die Eltern oder andere erziehungsberechtigte Personen vom Staat jeweils 500 Zloty (ca. 120 EUR) für ihr zweites und jedes weitere Kind verlangen. Die Leistungen erfolgen einkommensunabhängig und bis zur Vollendung des 18. Lebensjahres. Das Inkrafttreten dieses Gesetzes gab dem Gesetzgeber zugleich Anlass, allgemein den Einfluss staatlicher Unterstützung auf Unterhaltspflichten zu klären. Dazu hat er mit Wirkung zum 20.8.2016[478] in Art. 135 § 3 FVGB neu geregelt, dass staatliche Leistungen auf Unterhaltspflichten keinen Einfluss haben und bei der Unterhaltsbemessung unberücksichtigt bleiben, wenn es sich um folgende Leistungen handelt:[479]
– Leistungen aus der Sozialhilfe oder aus dem Unterhaltsfonds (nach erfolgloser Zwangsvollstreckung gegen den Unterhaltsschuldner), die vom Unterhaltspflichtigen zu erstatten sind,
– Leistungen, Aufwendungen und andere finanzielle Unterstützung, die mit der Unterbringung des Kindes in einer Pflegefamilie verbunden sind,
– Leistungen für Hilfen zur Erziehung nach dem Gesetz über die Staatshilfe bei der Kindererziehung (Programm „Familie 500 Plus") und
– Familienleistungen nach dem Gesetz vom 28.11.2003 über die Familienleistungen.

314 Unterhaltsansprüche **verjähren** mit Ablauf von drei Jahren (Art. 137 § 1 FVGB). Die Unterhaltspflicht geht nicht auf die Erben über (Art. 139 FVGB). Wer (ggf. als nachrangig Unterhaltspflichtiger) Unterhaltsleistungen erbringt, kann von den (vorrangig) Verpflichteten Erstattung dieser Leistungen verlangen; auch dieser Anspruch verjährt mit Ablauf von drei Jahren (Art. 140 §§ 1, 2 FVGB).

315 Unterhalt kann, außer gegenüber minderjährigen Kindern, verweigert werden, wenn die Unterhaltspflicht mit den Grundsätzen des gesellschaftlichen Zusammenlebens unver-

---

[477] Gesetz vom 10.2.2016 über die Staatshilfe bei der Kindererziehung (Dz. U. 2016, Pos. 195 idF Dz. U. 2017, Pos. 1428).
[478] Gesetz vom 10.6.2016 zur Änderung des Familien- und Vormundschaftsgesetzbuches sowie einiger anderer Gesetze (Dz. U. 2016, Pos. 1177).
[479] Vgl. dazu Bugajski FamRZ 2017, 1473 (1474).

einbar ist. Danach kann die Unterhaltspflicht auch wegfallen, wenn sie den eigenen Unterhalt des Unterhaltspflichtigen gefährdet oder wenn ein volljähriges Kind nichts tut, um für seinen eigenen Unterhalt zu sorgen.[480]

Portugal

1. Kindesunterhalt

Gemäß Art. 1874 I des Zivilgesetzbuches[481] (CC) schulden Eltern[482] und Kinder einander Achtung, Hilfe und Beistand. Die Beistandspflicht umfasst die Verpflichtung, Unterhalt zu leisten und während des Zusammenlebens entsprechend den eigenen wirtschaftlichen Mitteln zu den Lasten des familiären Lebens beizutragen (Art. 1874 II CC). Nach Art. 1878 I CC obliegt es den Eltern auch für den Lebensunterhalt ihrer minderjährigen Kinder zu sorgen. Unter Unterhalt versteht man alles, was für den Lebensbedarf, die Wohnung und die Kleidung unentbehrlich ist (Art. 2003 I CC). Der Unterhalt umfasst auch die Ausbildung und die Erziehung des Unterhaltsberechtigten, falls dieser minderjährig ist (Art. 2003 II CC).   316

Die Unterhaltspflicht dauert grundsätzlich bis zur Vollendung des 18. Lebensjahres des Kindes (Art. 1877 f., 2003 II, 122 CC) oder dessen Eheschließung (Die Emanzipation entspricht der Volljährigkeit bis auf die Einschränkung der Verfügungsfreiheit über das Vermögen, Art. 133, 1649 CC). Hat das Kind seine Berufsausbildung bei Eintritt der Volljährigkeit oder der Emanzipation noch nicht abgeschlossen, sind die Eltern weiterhin unterhaltspflichtig, soweit es „vernünftig ist", von den Eltern die Erfüllung zu fordern, und auf der Basis der normalerweise für den Abschluss jeder Ausbildung erforderlichen Zeit (Art. 1880 CC). Hat das Kind jedoch ausreichende Einkünfte aus seinem Vermögen oder ausnahmsweise genügend eigene Einkünfte, entfällt die Unterhaltspflicht (Art. 1896 I CC). Jedenfalls ab Volljährigkeit des Kindes ist auch ein Rückgriff auf den Vermögensstamm zumutbar. Hat das Kind vorhandenes Vermögen verschenkt, entfällt die Unterhaltspflicht, soweit das verschenkte Vermögen Mittel zum Lebensunterhalt hätte sichern können (Art. 2011 I CC). Die Unterhaltspflicht obliegt dann ganz oder teilweise den Schenkungsempfängern (Art. 2011 II CC).   317

Die **Höhe** des Kindesunterhalts hängt grundsätzlich von der Leistungsfähigkeit der Eltern und der Bedürftigkeit des Kindes ab (Art. 2004 I CC). Dabei ist auch zu berücksichtigen, dass der Unterhaltspflichtige für seinen eigenen Lebensunterhalt sorgen kann (Art. 2004 II CC); ihm muss also ein Selbstbehalt verbleiben. Soweit das Kind seinen Unterhalt durch Arbeit oder sonstige Einkünfte selbst sicherstellen kann, mindert sich die Unterhaltspflicht der Eltern (Art. 1879 CC). Allerdings muss ein minderjähriges Kind nur den Erlös seiner Arbeit oder andere Einkünfte, nicht also den Stamm seines Vermögens, einsetzen. Die Erträge eines vorhandenen Vermögens sind hingegen auch bei minderjährigen Kindern bedarfsdeckend zu berücksichtigen (vgl. Art. 1896 I–III CC).   318

Der Unterhalt ist grundsätzlich als monatliche Rente zu zahlen (Art. 2005 I CC); eine Ausnahme ist nur bei einer abweichenden Vereinbarung oder sonst aus besonderen Gründen gerechtfertigt. Ersatzweise kann die Unterhaltsleistung kraft richterlicher Anordnung auch durch Aufnahme in den Haushalt erfolgen, wenn der Unterhaltspflichtige eine Rente nicht leisten kann (Art. 2005 II CC). Geschuldet wird Unterhalt, wenn er festgesetzt oder vereinbart ist, ab Verzug oder ab Einleitung des darauf gerichteten Verfahrens (Art. 2006 CC).   319

---

[480] De Vries FPR 2013, 65 (67); Maczynski FamRZ 2009, 1555 (1558).
[481] Vom 28.12.1961 in der Fassung des Gesetzes Nr. 122/2015 vom 1.9.2015; vgl. Bergmann/Ferid/Henrich/Cieslar/Nordmeier, Internationales Ehe- und Kindschaftsrecht, Portugal, Stand: 7.3.2016 S. 52 ff.
[482] Zur Elternschaft vgl. De Oliveira FamRZ 2009, 1559.

320 Eltern haften untereinander im Verhältnis ihrer Anteile als gesetzliche Erben des Kindes (Art. 2010 I CC). Kann ein Elternteil keinen Unterhalt zahlen, ist grundsätzlich auch insoweit der andere zur Leistung verpflichtet (Art. 2010 II CC). Allerdings geht der Kindesunterhalt dem Anspruch auf Unterhalt geschiedener Ehegatten vor (Art. 1216-A II CC).

Auf den Unterhalt kann für die Zukunft nicht verzichtet werden, jedoch auf bereits fällige Leistungen; der Unterhalt ist nicht pfändbar und nicht aufrechenbar, auch nicht für die Vergangenheit (Art. 2008 I, II CC).

321 **Abänderung.** Die Unterhaltspflicht kann abgeändert werden, wenn sich die für die Festsetzung maßgebenden Umstände geändert haben (Art. 2012 CC).

Ehelich und nichtehelich geborene Kinder sind unterhaltsrechtlich gleichgestellt.

322 Bei gerichtlicher Trennung oder Scheidung müssen die Eltern dem Gericht eine Vereinbarung über den Kindesunterhalt (Höhe, Art der Leistung, Quote) vorlegen und vom Gericht bestätigen lassen. Die Bestätigung ist zu verweigern, wenn die Vereinbarung nicht den Interessen des minderjährigen Kindes entspricht (Art. 1905 I CC). Fehlt eine (gerichtlich bestätigte) Vereinbarung, entscheidet das Gericht selbst nach den Interessen des minderjährigen Kindes (Art. 1906 II CC).

323 Solange der Unterhalt nicht endgültig festgesetzt ist, kann das Gericht auf Antrag oder – bei minderjährigen Kindern – von Amts wegen nach Ermessen einen vorläufigen Unterhalt zusprechen. Der empfangene vorläufige Unterhalt ist in keinem Fall zurückzuerstatten (Art. 2007 I, II CC).

2. Ehegattenunterhalt

324 Während des Bestehens der ehelichen Gemeinschaft sind die Ehegatten einander gemäß Art. 2015 CC nach Maßgabe des Art. 1675 CC zur Leistung von Unterhalt verpflichtet.

Trennung. In Portugal wird unterschieden zwischen der tatsächlichen Trennung (Art. 1782 CC) und der gerichtlichen Trennung der Ehegatten sowie ihres Vermögens (Art. 1794 ff. CC). Gemäß Art. 1672 CC sind die Ehegatten einander durch die Verpflichtung zur Achtung, Treue, zum Zusammenleben, zur Zusammenarbeit und zum Beistand verbunden. Die Beistandspflicht umfasst die Verpflichtung, Unterhalt zu leisten und zu den Lasten des familiären Lebens beizusteuern (Art. 1675 I, Art. 2015 CC). Die Unterhaltspflicht besteht während der tatsächlichen Trennung grundsätzlich fort, jedoch wird danach unterschieden, wer die Trennung zu verantworten hat (Art. 1675 II CC). Trifft die **Verantwortung für die Trennung** nur den einen Ehegatten, bleibt er dem anderen grundsätzlich unterhaltspflichtig. Trifft die Verantwortung beide, ist der Hauptschuldige dem anderen unterhaltspflichtig. Nur ausnahmsweise kann der Richter in beiden Fällen dem schuldlosen oder minderschuldigen Ehegatten eine Unterhaltspflicht gegenüber dem anderen Ehegatten aufbürden (nach Billigkeit unter Berücksichtigung der Dauer der Ehe und des Umfangs des Einsatzes des allein oder überwiegend Schuldigen für die wirtschaftlichen Verhältnisse der Ehe, Art. 1675 III CC). Sind beide Ehegatten gleich schuld an der Zerrüttung, verbleibt es beim Grundsatz der gegenseitigen Unterhaltspflicht (Art. 1675 II CC).

325 Die **Höhe** des Unterhalts richtet sich nach der Leistungsfähigkeit des Unterhaltspflichtigen und der Bedürftigkeit des unterhaltsberechtigten Ehegatten. Bei der Festlegung des Unterhalts wird auch berücksichtigt, dass der Unterhaltspflichtige für seinen eigenen Lebensunterhalt sorgen kann (Art. 2004 I, II CC). Dabei ist der Wegfall sowohl der Leistungsfähigkeit als auch der Bedürftigkeit ein Beendigungsgrund für die Unterhaltspflicht (Art. 2013 I lit. b CC).

326 Im Prinzip gilt dasselbe im Falle der **gerichtlichen Trennung.** Unbeschadet der besonderen Vorschriften für die gerichtliche Trennung in den Art. 1794 ff. CC sind auf sie die Vorschriften über die Wirkungen der Scheidung entsprechend anwendbar (Art. 1794 CC). Danach besteht eine Unterhaltspflicht für den allein oder überwiegend schuldigen Ehegatten, wenn das Urteil mit schuldhafter Verletzung der ehelichen Pflichten (Art. 1779 CC), mit Ablauf bestimmter Trennungszeit, mit längerer Abwesenheit/Verschollenheit

oder mit längerer Geistesstörung oder Geisteskrankheit des Antragsgegners begründet ist, wodurch das eheliche Zusammenleben beeinträchtigt war. Für beide Ehegatten besteht eine gegenseitige Unterhaltspflicht, wenn sie als gleichschuldig getrennt sind oder die Trennung auf beiderseitigem Einverständnis beruht (Art. 2016 I, IV CC). Ausnahmsweise kann in diesen Fällen dem anderen – normalerweise anspruchslosen – Ehegatten Unterhalt zuerkannt werden, wenn es die Billigkeit erfordert, insbesondere auf Grund der Ehedauer oder der für die Ehe geleisteten Arbeit (Art. 2016 II, IV CC).

Auch bei der **Bemessung** dieses Unterhalts hat das Gericht die Leistungsfähigkeit des einen und die Bedürftigkeit des anderen Ehegatten zu berücksichtigen (Art. 2004 I CC), insbesondere die Dauer der Ehe, den Beitrag zu den Kosten der Haushaltsführung, das Alter und den Gesundheitszustand der Ehegatten, die beruflichen Qualifikationen und Einstellungschancen, die Zeit für die Erziehung gemeinsamer Kinder, ihre Einkünfte und Renten, eine neue Eheschließung oder faktische Gemeinschaft und im Allgemeinen alle Umstände, welche die Bedürftigkeit des Unterhaltsgläubigers und die Leistungsfähigkeit des Unterhaltsschuldners beeinflussen (Art. 2016-A I CC). Der Unterhaltsschuldner hat nicht das Recht, die Aufrechterhaltung des während der Ehe vorhandenen Lebensstandards zu verlangen (Art. 2016-A III CC). Die Unterhaltspflicht kann aus moralischen Gründen enden, wenn der Unterhaltsberechtigte dadurch des Vorteils unwürdig wird (Art. 2019 CC). 327

Die allgemeinen Bestimmungen über den Beginn der Unterhaltsschuld (Einleitung des Verfahrens oder Eintritt des Verzugs, Art. 2006 CC), den Verzicht und die Abtretbarkeit (Art. 2008 I CC), die Unpfändbarkeit, die Nichtaufrechenbarkeit (Art. 2008 II CC) sowie die Abänderbarkeit (Art. 2012 CC) gelten entsprechend (Art. 2014 II CC). 328

Ist die Ehe für nichtig erklärt oder angefochten worden, behält der gutgläubige Ehegatte das Unterhaltsrecht nach Rechtskraft der entsprechenden Entscheidung (Art. 2017 CC).

Scheidung.[483] In Portugal gibt es die einvernehmliche und die streitige Scheidung (Art. 1773 ff. CC). Daneben ist die Umwandlung der gerichtlichen Trennung (→ Rn. 324) in eine Scheidung möglich (Art. 1795-D I CC). Gemäß Art. 2016 I CC muss jeder Ehegatte nach der Scheidung selbst für seinen eigenen Unterhalt sorgen. Gelingt ihm das nicht (vollständig), hat jeder Ehegatte nach Art. 2016 II CC unabhängig von der Art der Scheidung Anspruch auf Unterhalt. 329

Bei einverständlicher Scheidung muss eine Vereinbarung ua über den Unterhalt des bedürftigen Ehegatten sowohl für die Dauer des Rechtsstreits (also vorläufig) als auch für die Zeit nach der Scheidung getroffen werden (Art. 1775 I lit. c, II CC), die vom Richter in der ersten Verhandlung (Art. 1778-A II CC) und im Urteil über die Scheidung im gegenseitigen Einvernehmen (Art. 1778 CC) bestätigt werden muss.

Grundvoraussetzung für einen Unterhaltsanspruch bei streitiger Scheidung ist – wie bei der gerichtlichen Trennung (→ Rn. 324) – eine entsprechende Begründung des Scheidungsurteils (Art. 1781 lit. a–d CC) oder Billigkeit (Art. 2016 II CC). Für die Höhe gilt dasselbe wie bei gerichtlicher Trennung (→ Rn. 327). 330

Bei Wiederverheiratung erlischt der Unterhaltsanspruch gegen den früheren Ehegatten; gleiches gilt, wenn der Unterhaltsberechtigte wegen seines moralischen Verhaltens des Vorteils unwürdig wird (Art. 2019 CC). 331

3. Verwandtenunterhalt

Nach den Ehegatten und früheren Ehegatten sind auch die Abkömmlinge zum Unterhalt verpflichtet. Im Rang danach folgen die Unterhaltspflichten der Vorfahren, der Geschwister, der Onkel und Tanten während der Minderjährigkeit des Unterhaltsberechtigten sowie der Stiefeltern für die minderjährigen Stiefkinder, die bis zum Tod des Ehegatten und leiblichen Elternteils von diesem unterhalten wurden (Art. 2009 I CC). Zwischen den Abkömmlingen und den Vorfahren des Unterhaltsberechtigten richtet sich die Verpflichtung nach der Reihenfolge in der gesetzlichen Erbfolge (Art. 2009 II, 2133 CC). Ist ein 332

---

[483] Vgl. OLG Karlsruhe FamRZ 1990, 168.

Unterhaltspflichtiger nicht oder nicht vollständig zur Unterhaltsleistung in der Lage, obliegt die Unterhaltspflicht in entsprechendem Umfang den nachfolgend Verpflichteten (Art. 2009 III CC). Mehrere gleichrangige Unterhaltspflichtige haften im Verhältnis ihres gesetzlichen Erbrechts. Ist eine Person leistungsunfähig, obliegt die Unterhaltspflicht den übrigen (Art. 2010 I, II CC). Hat der Unterhaltsberechtigte unentgeltlich über sein Vermögen verfügt und ist er deswegen (teilweise) leistungsunfähig, haften in diesem Umfang der Schenkungsempfänger und dessen Erben vorrangig (Art. 2011 CC).

333 Die Unterhaltspflicht endet mit Wegfall der Voraussetzungen, weil der Unterhaltspflichtige den Unterhalt nicht weiter leisten kann oder der Unterhaltsberechtigte des Unterhalts nicht mehr bedarf, mit dem Tod des Unterhaltspflichtigen oder des Unterhaltsberechtigten und wenn der Unterhaltsberechtigte seine Pflichten gegenüber dem Unterhaltspflichtigen in schwerwiegender Weise verletzt (Art. 2013 I CC).

4. Unterhaltsanspruch der Kindesmutter

334 Der nicht mit der Kindesmutter verheiratete Kindesvater schuldet ihr, unbeschadet weitergehenden Schadensersatzes, für die Zeit der Schwangerschaft und das erste Lebensjahr des Kindes Unterhalt. Die Mutter kann den Unterhaltsanspruch mit dem Antrag auf Vaterschaftsermittlung verbinden und vorläufigen Unterhalt verlangen, wenn der Antrag fristgerecht erhoben wurde und das Gericht die Anerkennung als wahrscheinlich ansieht (Art. 1884 I, II CC).

Rumänien

1. Kindesunterhalt

335 Ein Kind, das das 14. Lebensjahr vollendet hat, kann nach Art. 498 des neuen Zivilgesetzbuches[484] (ZGB) von den Eltern die Änderung der Unterrichtsart oder der Berufsausbildung oder des Wohnorts, der für die Durchführung der Unterrichtung oder Berufsausbildung erforderlich ist, verlangen (Art. 498 I ZGB). Falls sich die Eltern dem entgegenstellen, kann das Kind das Familiengericht befassen, dieses entscheidet auf der Grundlage des Berichts über die psychosoziale Untersuchung. Die Anhörung des Kindes ist verpflichtend, die Bestimmungen des Art. 264 ZGB sind anwendbar (Art. 498 II ZGB).

Die **Unterhaltspflicht** der Eltern gegenüber ihren Kindern ist in Art. 499 ZGB geregelt. Der Vater und die Mutter sind verpflichtet, das minderjährige Kind gemeinsam zu unterhalten und dabei die Erfordernisse seiner Lebensführung sowie seine Erziehung, Unterrichtung und Berufsausbildung zu sichern (Art. 499 I ZGB). Für nichtehelich geborene Kinder kann die Elternschaft nach Art. 505 ZGB gerichtlich festgestellt werden. Stiefeltern, die zum Unterhalt eines Kindes beigetragen haben, sind nach Art. 517 I ZGB verpflichtet, die Unterhaltszahlungen während der Minderjährigkeit des Kindes aufrechtzuerhalten, falls dessen natürliche Eltern verstorben, verschwunden oder selbst bedürftig sind. Ein Entzug der Ausübung der elterlichen Sorge befreit den Elternteil nach Art. 510 ZGB nicht von der Verpflichtung zum Unterhalt des Kindes. Mit Ausnahme des Unterhaltsrechts und des Erbrechts haben die Eltern jedoch keinerlei Recht an den Gütern des Kindes und das Kind nicht an den Gütern der Eltern (Art. 500 ff. ZGB).

336 **Bedürftigkeit.** Falls das **minderjährige Kind** eigene Einkünfte erzielt, die nicht ausreichend sind, sind die Eltern verpflichtet, die notwendigen Voraussetzungen für dessen Pflege, Erziehung und Berufsausbildung zu sichern (Art. 499 II ZGB). Eigene Einkünfte minderjährige Kinder sind also auf den Unterhaltsbedarf des Kindes anzurechnen und ver-

---

[484] (Codul civil) vom 24.7.2011, zuletzt geändert durch das Gesetz Nr. 60/2012 vom 17.4.2012; vgl. Bergmann/Ferid/Henrich/Cieslar/Bormann, Internationales Ehe- und Kindschaftsrecht, Rumänien, Stand: 30.4.2014 S. 43 ff.

mindern dessen Bedürftigkeit. Der Minderjährige, der Unterhalt von seinen Eltern verlangt, ist bedürftig, wenn er sich nicht durch seine Arbeit erhalten kann, selbst wenn er über Güter verfügt (Art. 525 I ZGB). Den Stamm seines Vermögens muss das minderjährige Kind für seinen Unterhalt also regelmäßig nicht einsetzen. Falls die Eltern jedoch zu Unterhaltsleistungen nicht in der Lage wären, ohne ihre eigene Existenz zu gefährden, kann das Vormundschaftsgericht bestimmen, dass sein Unterhalt durch die Verwertung seiner Güter erfolgt, mit Ausnahme derjenigen, derer er dringend bedarf (Art. 525 II ZGB).

Entsprechendes gilt für Kinder im Studium oder in der sonstigen Berufsausbildung, jedoch nur bis zum 26. Lebensjahr.[485] Nach Art. 499 III ZGB sind die Eltern zum Unterhalt des **volljährigen Kindes** verpflichtet, falls es sich in der Fortsetzung der Ausbildung befindet, und zwar bis zu deren Abschluss, jedoch ohne dass dieses das 26. Lebensjahr überschreitet.

Falls der Unterhalt von den Eltern geschuldet wird, kann dieser nach Art. 529 II ZGB bis zur **Höhe** von einem Viertel des monatlichen Nettoeinkommens für ein Kind, einem Drittel für zwei Kinder und der Hälfte für drei oder mehr Kinder festgesetzt werden.[486] Der Betrag des Unterhalts, der den Kindern geschuldet wird, darf zusammen mit dem gesetzlichen Unterhalt für andere Personen die Hälfte des monatlichen Nettoeinkommens des Unterhaltspflichtigen aber nicht übersteigen (Art. 529 III ZGB). Unter Nettoeinkommen ist das Arbeitseinkommen gemeint.[487] Sonstiges Einkommen (zB aus Kapital) wird von dieser Begrenzung nicht erfasst.[488] Leitlinien oder Tabellen gibt es im Rahmen der Bemessung des Kindesunterhalts nicht.[489]

337

Das Gericht legt mit dem Scheidungsbeschluss gemäß Art. 402 I ZGB den Beitrag jedes Elternteils zu den Ausgaben für die Pflege, Erziehung sowie Schul- und Berufsausbildung des Kindes fest. Dabei finden die Vorschriften der Art. 513 ZGB über die Unterhaltspflicht nach Art. 402 II ZGB entsprechende Anwendung. Auch sonst entscheidet im Streitfall nach Art. 499 IV ZGB das Gericht über den Umfang der Unterhaltspflicht, die Art und Weise von deren Erfüllung sowie über den Beitrag jedes Elternteil, auf der Grundlage des Berichts über die psychosoziale Untersuchung. Die Eltern können sich nach Art. 506 ZGB aber auch mit Zustimmung des Gerichts über das Sorgerecht und weitere Maßnahmen zum Schutz des Kindes einigen, wenn das übergeordnete Interesse des Kindes berücksichtigt wird. Dabei ist die Anhörung des Kindes verpflichtend.

Unzulässig ist der **Verzicht** auf künftige Unterhaltsleistungen (Art. 515 ZGB).[490] Geltend gemacht werden kann der Unterhalt grundsätzlich nur für die Zukunft ab Einleitung des Verfahrens (Art. 532 I ZGB). Für einen davor liegenden Zeitraum kann gleichwohl Unterhalt zugesprochen werden falls sich die Einreichung des Antrags im gerichtlichen Verfahren durch Verschulden des Unterhaltspflichtigen verzögert hat (Art. 532 II ZGB).[491]

338

Bei **Änderung** der Umstände kann das Gericht die hinsichtlich der Rechte und Pflichten der Eltern gegenüber dem minderjährigen Kind getroffenen Maßnahmen ändern, und zwar auf Antrag jedes Elternteils oder eines anderen Familienmitglieds, des Kindes, der Schutzeinrichtung, der für den Schutz des Kindes spezialisierten öffentlichen Behörde oder des Staatsanwalts (Art. 403, 531 ZGB).[492]

---

485 Zum früheren Recht Gralla/Leonhardt, Das Unterhaltsrecht in Osteuropa, 198 Abschnitt Rumänien, S. 191.
486 In der deutschen Rechtspraxis führt diese Pauschalierung zu erheblichen Mehrforderungen über den Sätzen der Düsseldorfer Tabelle, vgl. den Bericht des Bundesverwaltungsamts für 1995 in DAVorm 1996, 581.
487 Gralla/Leonhardt, Das Unterhaltsrecht in Osteuropa, 198 Abschnitt Rumänien, S. 192.
488 Gralla/Leonhardt, Das Unterhaltsrecht in Osteuropa, 198 Abschnitt Rumänien, S. 179, 193.
489 Gralla/Leonhardt, Das Unterhaltsrecht in Osteuropa, 198 Abschnitt Rumänien, S. 178.
490 Bergmann/Ferid/Henrich/Cieslar/Bormann, Internationales Ehe- und Kindschaftsrecht, Rumänien, Stand: 30.4.2014 S. 36; Gralla/Leonhardt, Das Unterhaltsrecht in Osteuropa, 198 Abschnitt Rumänien, S. 182.
491 Zum früheren Recht Gralla/Leonhardt, Das Unterhaltsrecht in Osteuropa, 198 Abschnitt Rumänien, S. 180.
492 Zum früheren Recht vgl. OLG Nürnberg FamRZ 1996, 353; Gralla/Leonhardt, Das Unterhaltsrecht in Osteuropa, 198 Abschnitt Rumänien, S. 179.

339   Die **Erben** einer Person, die zum Unterhalt eines Minderjährigen verpflichtet war oder die diesem Unterhalt gewährt hat, ohne rechtlich hierzu verpflichtet zu sein, sind gehalten, entsprechend dem Wert der ererbten Güter, den Unterhalt fortzusetzen, wenn die Eltern des Minderjährigen gestorben, verschwunden oder bedürftig sind, jedoch nur für den Zeitraum, in der der Unterhaltene Minderjährig ist (Art. 518 I ZGB). Falls mehrere Erben vorhanden sind, handelt es sich um eine gemeinschaftliche Verpflichtung, bei der jeder der Erben verhältnismäßig zum Wert der ererbten Güter zum Unterhalt des Minderjährigen beiträgt (Art. 518 II ZGB).

2. Ehegattenunterhalt

340   Die Ehegatten sind nach Art. 325 I ZGB verpflichtet, sich gegenseitig materiell zu unterstützen. Sie sind verpflichtet, im Verhältnis ihrer jeweiligen Mittel zu den Aufwendungen der Ehe beizutragen, falls dies in einem Ehevertrag nicht anders geregelt ist (Art. 325 II ZGB). Jegliche Vereinbarung, die vorsieht, dass die Aufwendungen der Ehe nur von einem Ehegatten zu tragen sind, ist nichtig (Art. 325 III ZGB). Die Arbeit jedes Ehegatten im Haushalt und bei der Kinderpflege stellt einen Beitrag zu den Aufwendungen der Ehe dar (Art. 326 ZGB). Jeder Ehegatte ist frei darin, einen Beruf auszuüben und über die daraus erzielten Einnahmen im Rahmen der gesetzlichen Bestimmungen und unter Beachtung seiner Verpflichtungen hinsichtlich der Aufwendungen der Ehe zu verfügen (Art. 327 ZGB). Der Ehegatte, der wirksam bei der beruflichen Tätigkeit des anderen Ehegatten mitgeholfen hat, kann nach Art. 328 ZGB einen Ausgleich erhalten, und zwar in dem Maße der Bereicherung des letzteren und soweit die Mitwirkung die Grenzen der Verpflichtung zur materiellen Unterstützung sowie der Verpflichtung zur Beteiligung an den Aufwendungen der Ehe übersteigt.

341   **Trennung.** Gemäß Art. 516 I ZGB sind Ehegatten sich gegenseitig zum Unterhalt verpflichtet. Danach schulden die Ehegatten einander bis zur Auflösung der Ehe Unterhalt. Wie beim Kindesunterhalt hat nur der infolge von Arbeitsunfähigkeit Bedürftige einen Anspruch. Die zwingende Betreuung eines Kindes durch die Mutter oder die Pflege eines kranken Angehörigen werden je nach den Umständen des Einzelfalls der Arbeitsunfähigkeit gleichgestellt.[493] Wer unberechtigt die Ehewohnung verlassen hat, kann keinen Trennungsunterhalt verlangen (zB bei Zusammenleben mit einem neuen Partner).[494]

Zur Höhe des Trennungsunterhalts gibt es keine gesetzliche Regelung. Jedoch bieten die Vorschriften für den Scheidungsunterhalt (Art. 389, 529 III ZGB) Anhaltspunkte, wonach der Unterhalt bis zu einem Drittel beträgt und gemeinsam mit Kindesunterhalt die Hälfte des Nettoarbeitseinkommens des Pflichtigen nicht übersteigen darf.

342   **Scheidung.** Unberührt des in Art. 390 ZGB geregelten Anspruchs auf Ausgleichszahlungen kann der Ehegatte, dem an der Scheidung kein Verschulden zukommt, von dem Ehegatten, der die Scheidung verschuldet hat, **Schadensersatz** verlangen. Das Gericht entscheidet über den Antrag im Scheidungsbeschluss (Art. 388 ZGB).

Falls die Scheidung wegen ausschließlichen Verschuldens des Antragsgegners ausgesprochen wird, kann der Antragsteller nach Art. 390 ff. ZGB eine **Ausgleichsleistung** erhalten, die, soweit dies möglich ist, ein bedeutendes Ungleichgewicht ausgleichen soll, das infolge der Scheidung hinsichtlich der Lebensbedingungen dessen eintritt, der diese beantragt hat. Die Ausgleichsleistung kann allerdings nur zugesprochen werden, wenn die Ehe mindestens 20 Jahre angedauert hat (Art. 390 II ZGB). Der Ehegatte, der eine Ausgleichsleistung beantragt, kann von dem ehemaligen Ehegatten nach Art. 390 III ZGB nicht zusätzlich eine Unterhaltszahlung gemäß Art. 389 ZGB verlangen. Die Festsetzung (Art. 391 ZGB), Form (Art. 392 ZGB), Sicherheiten (Art. 393 ZGB), Änderung (Art. 394 ZGB) und Beendigung der Ausgleichszahlung (Art. 395 ZGB) ist im Gesetz ausdrücklich geregelt.

---

[493] Gralla/Leonhardt, Das Unterhaltsrecht in Osteuropa, 198 Abschnitt Rumänien, S. 197.
[494] Gralla/Leonhardt, Das Unterhaltsrecht in Osteuropa, 198 Abschnitt Rumänien, S. 197.

Durch die Auflösung der Ehe endet die eheliche **Unterhaltspflicht** zwischen den Ehegatten (Art. 389 ZGB). Die Unterhaltspflicht zwischen ehemaligen Ehegatten besteht nach Art. 516 III ZGB unter den vom Gesetzt geregelten Voraussetzungen. Danach hat der geschiedene Ehegatte gemäß Art. 389 II ZGB einen Anspruch auf Unterhalt, wenn er aufgrund vor oder während der Ehe eingetretener Erwerbsunfähigkeit bedürftig ist. Er hat einen Anspruch auf Unterhalt auch dann, wenn die Erwerbsunfähigkeit innerhalb eines Jahres nach Auflösung der Ehe eingetreten ist, jedoch nur, wenn die Erwerbsunfähigkeit durch eine Verletzung in Verbindung mit der Ehe verursacht wurde. Der nach Art. 389 II ZGB geschuldete Unterhalt beträgt bis zu einem Viertel des Nettoeinkommens des Zahlungsverpflichteten, im Verhältnis zu dessen Mitteln und der Bedürftigkeit des Gläubigers (Art. 389 III ZGB).

Wenn die Scheidung wegen ausschließlichen Verschuldens eines der Ehegatten ausgesprochen wurde, kann dieser nur für ein Jahr nach Auflösung der Ehe den Unterhalt nach Art. 389 II, III ZGB erhalten (Art. 389 IV ZGB). Mit Ausnahme der sonst vom Gesetz geregelten Fälle endet der Unterhaltsanspruch mit der Wiederverheiratung des Unterhaltsberechtigten (Art. 389 V ZGB). Das formlose Zusammenleben mit einem neuen Partner lässt den Anspruch hingegen unberührt, weil das rumänische Gesetz keine entsprechende Verwirkungsvorschrift enthält. Die Wiederheirat des Unterhaltsschuldners lässt seine Unterhaltspflicht unberührt.

Gleichzeitig mit dem Scheidungsurteil wird von Amts wegen über den Scheidungs- und Kindesunterhalt entschieden.[495] Ein **Scheidungsverschulden,** über das im Scheidungsbeschluss oder in einem nachfolgenden richterlichen Beschluss entschieden werden kann, ist für die Verpflichtung zum Unterhalt nicht von Bedeutung, weil die Unterhaltspflicht nicht auf einer deliktischen Haftung basiert. Unterhaltsberechtigt kann also auch der schuldig geschiedene Ehegatte sein. Allerdings beeinflusst der Verschuldensausspruch die Dauer der Unterhaltspflicht. Der schuldig geschiedene Ehegatte hat höchstens für ein Jahr Anspruch auf nachehelichen Unterhalt, während der Unterhaltsanspruch des anderen Ehegatten oder der Anspruch bei Verschulden beider Ehegatten grundsätzlich unbegrenzt ist.

3. Verwandtenunterhalt

Neben Ehegatten und Eltern sind auch alle weiteren Verwandten in gerader Linie, Brüder und Schwestern, auch im Falle der Adoption, sowie weitere im Gesetz ausdrücklich genannte Personen unterhaltspflichtig (Art. 516 I, II ZGB). Ein Kind ist seinem Stiefelternteil nur dann zum Unterhalt verpflichtet, wenn es von dem Stiefelternteil für mindestens 10 Jahre unterhalten worden ist (Art. 517 II ZGB). Nach Beendigung einer Adoption kann der Adoptierte Unterhalt nur von seinen natürlichen Verwandten oder ggf von seinem Ehegatten verlangen (Art. 520 ZGB).

4. Allgemeine Vorschriften

Die Unterhaltspflicht besteht nur zwischen den vom Gesetz vorgeschriebenen Personen. Sie wird nur geschuldet, wenn die vom Gesetz verlangten Voraussetzungen erfüllt sind (Art. 513 ZGB). Derjenige, der sich gegenüber dem Unterhaltspflichtigen **schwerer Taten** entgegen den Gesetzen oder guten Sitten schuldig gemacht hat, kann von diesem keinen Unterhalt verlangen (Art. 526 I ZGB). Wer sich durch eigenes Verschulden im Zustand der Bedürftigkeit befindet, kann nur das zu seinem Unterhalt strikt Notwendige verlangen (Art. 526 II ZGB). Die Unterhaltspflicht setzt auch die Bedürftigkeit des Unterhaltsberechtigten und die Leistungsfähigkeit des Unterhaltspflichtigen voraus, denn nach Art. 529 I ZGB wird Unterhalt geschuldet entsprechend den Bedürfnissen dessen, der ihn verlangt, und den Mitteln dessen, der ihn zahlt.

---

[495] Vgl. zum früheren Recht Gralla/Leonhardt, Das Unterhaltsrecht in Osteuropa, 1989 Abschnitt Rumänien, S. 187.

347 Das Recht auf Unterhalt hat nur derjenige, der **bedürftig** ist und sich nicht durch Arbeit oder aus seinen Gütern unterhalten kann (Art. 524 ZGB, vgl. aber → Rn. 336). Die Bedürftigkeit einer Person, die zum Unterhalt berechtigt ist, kann durch jegliche Beweismittel nachgewiesen werden (Art. 528 ZGB).

Zum Unterhalt verpflichtet werden kann nur derjenige, der über die Mittel verfügt, diesen zu zahlen oder über die Möglichkeit, diese Mittel zu erwerben (Art. 527 I ZGB). Erforderlich ist also auch die **Leistungsfähigkeit** des Unterhaltspflichtigen. Bei der Festsetzung der Mittel dessen, der Unterhalt schuldet, sind dessen Einkünfte und Güter zu berücksichtigen, sowie die Möglichkeit, diese zu verwerten, desgleichen sind seine sonstigen Verpflichtungen zu berücksichtigen (Art. 527 II ZGB). Die Leistungsfähigkeit des Unterhaltspflichtigen kann durch jegliche Beweismittel nachgewiesen werden (Art. 528 ZGB). Im Rahmen der Leistungsfähigkeit sind sowohl regelmäßige Einkünfte aus Arbeitseinkommen und Renten als auch andere Mittel wie Ersparnisse oder Zusatzgüter zu verstehen, die für den Unterhalt verwertet werden können. Nach der Rechtsprechung dürfen Zuschläge für besondere Arbeitsbedingungen, Reisespesen, Studienstipendien, Beihilfen für den Todesfall, Schwangerschaft und Pflege eines kranken Kindes sowie zufälliges Einkommen für die Unterhaltspflicht nicht herangezogen werden. Da der unterhaltspflichtige Ehegatte nur dann Unterhalt schuldet, wenn er über ausreichende materielle Mittel verfügt, wird in der gerichtlichen Praxis zurzeit nur selten Unterhalt zugesprochen.

348 Der Unterhalt ist nach Art. 519 ZGB in folgender **Rangfolge** geschuldet:
a) Ehegatten und ehemalige Ehegatten schulden sich Unterhalt vor allen anderen Verpflichtungen;
b) Der Nachkomme ist vor dem Vorfahren zum Unterhalt verpflichtet, wenn es jedoch mehrere Nachkommen und mehrere Vorfahren gibt, haften die im Verwandtschaftsgrad näheren vor den im Verwandtschaftsgrad weiter entfernten;
c) Brüder und Schwestern schulden sich Unterhalt nach den Eltern, jedoch vor den Großeltern.

Falls der Unterhaltspflichtige nicht gleichzeitig den Unterhalt an alle leisten kann, die diesen verlangen, also im **Mangelfall,** kann das Gericht unter Berücksichtigung der Bedürfnisse jeder dieser Personen entscheiden, dass der Unterhalt nur an eine von ihnen zu leisten ist oder der Unterhalt unter mehreren von ihnen oder unter allen Personen aufgeteilt wird, die berechtigt sind ihn zu verlangen. In diesem Fall entscheidet das Gericht gleichzeitig über die Art und Weise, wie der Unterhalt zwischen den Personen aufgeteilt wird, die ihn erhalten sollen (Art. 523 ZGB).

Falls **mehrere** der in Art. 516 ZGB vorgesehenen Personen (→ Rn. 349) zum Unterhalt der gleichen Person **verpflichtet** sind, tragen sie zur Zahlung des Unterhalts im Verhältnis der ihnen zur Verfügung stehenden Mittel bei (Art. 521 I ZGB). Falls ein Elternteil Anspruch auf Unterhalt von mehreren Kindern hat, kann er, im Fall der Dringlichkeit, ein Verfahren nur gegen eines von ihnen einleiten. Jenes, das Unterhalt geleistet hat, kann bei den anderen Verpflichteten wegen des von ihnen zu leistenden Anteils Rückgriff nehmen (Art. 521 II ZGB).

Falls derjenige, der in erster Linie zum Unterhalt verpflichtet ist, nicht über ausreichende Mittel zur Deckung der Bedürfnisse dessen verfügt, der den Unterhalt verlangt, kann das Vormundschaftsgericht andere Personen, die zum Unterhalt verpflichtet sind, zur Ergänzung heranziehen, und zwar in der Art. 519 ZGB festgelegten Rangfolge (Art. 522 ZGB).

349 Die Pflicht zu Unterhalt ist in natura zu erfüllen, und zwar durch die Sicherung des zum Leben Notwendigen und gegebenenfalls der Ausgaben für die Erziehung, Unterrichtung und Berufsausbildung (Art. 530 I ZGB). Falls die Verpflichtung zum Unterhalt nicht freiwillig in Natura erfüllt wird, bestimmt das Gericht die Erfüllung durch Zahlung einer Unterhaltsrente, die **in Geld** festgesetzt wird (Art. 530 II ZGB). Die Unterhaltsrente kann in Form eines festen Betrages oder als prozentualer Anteil des monatlichen Nettoeinkommens dessen festgesetzt werden, der den Unterhalt schuldet. Die Bestimmungen des Art. 529 II, III ZGB zum Kindesunterhalt bleiben daneben anwendbar (Art. 530 III ZGB). Die Unterhaltsrente, die als Geldrente festgesetzt wurde, ist von Rechts wegen vierteljährlich der Inflation anzupassen (Art. 531 II ZGB).

Die Unterhaltsrente ist in **regelmäßigen Raten** zu zahlen, zu den zwischen den Beteiligten vereinbarten Zeitpunkten oder, mangels einer Vereinbarung, zu denjenigen, die vom Gericht festgelegt wurden (Art. 533 I ZGB). Auch falls der Unterhaltsgläubiger innerhalb des für die Zahlung einer Rate geltenden Zeitraums verstirbt, wird der Unterhalt für diesen Zeitraum vollständig geschuldet (Art. 533 II ZGB). Desgleichen können die Beteiligten vereinbaren oder das Gericht in begründeten Fällen entscheiden, dass der Unterhalt durch **Vorauszahlung** einer Gesamtsumme zu leisten ist, die die Bedürfnisse des Unterhalts des Berechtigten für einen längeren Zeitraum oder für den gesamten Zeitraum, in dem der Unterhalt geschuldet wird, deckt, und zwar in dem Maße, im dem der Unterhaltsschuldner über die nötigen Mittel zur Deckung dieser Verpflichtung verfügt (Art. 533 III ZGB). 350

Die Unterhaltsrente wird von dem Zeitpunkt geschuldete, zu dem sie bei Gericht beantragt wurde (Art. 532 I ZGB). Für einen davor liegenden Zeitraum kann gleichwohl **rückständiger Unterhalt** zugesprochen werden, falls sich die Einreichung des Antrags im gerichtlichen Verfahren durch Verschulden des Unterhaltspflichtigen verzögert hat (Art. 532 II ZGB).

Die Unterhaltspflicht ist von persönlichem Charakter (Art. 514 I ZGB). Sie erlischt durch den **Tod** des Schuldners oder des Gläubigers der Unterhaltspflicht, soweit dies im Gesetz nicht anders geregelt ist (Art. 514 II ZGB). Das Unterhaltsrecht kann nicht abgetreten werden und in das Unterhaltsrecht kann nicht vollstreckt werden, außer unter den durch Gesetz geregelten Voraussetzungen (Art. 514 II ZGB). Niemand kann für die Zukunft auf sein Recht auf Unterhalt verzichten (Art. 515 ZGB). 351

Wenn sich eine **Änderung** hinsichtlich der Mittel dessen ergibt, der den Unterhalt leistet oder hinsichtlich der Bedürfnisse dessen, der ihn empfängt, kann das Gericht, gemäß den Umständen, die Unterhaltsrente erhöhen oder verringern oder kann deren Zahlung beenden (Art. 531 I ZGB).

Falls, gleich aus welchem Grund, nachgewiesen wird, dass der geleistete Unterhalt, sei dieser freiwillig oder infolge einer gerichtlichen Entscheidung geleistet, nicht geschuldet war, kann derjenige, der die Verpflichtung erfüllt hat, die **Rückzahlung** von demjenigen verlangen, der die Leistung erhalten hat oder von demjenigen, der tatsächlich die Verpflichtung zu Leistung in diesem Fall gehabt hätte, und zwar gemäß den für eine ungerechtfertigte Bereicherung geltenden Regelungen (Art. 534 ZGB).

Schottland

1. Kindesunterhalt

Nach Sec 1 I c, d des Family Law (Scotland) Act 1985[496] (FLAct) schulden die Eltern und die Personen Kindesunterhalt, die ein Kind als zu ihrer Familie gehörig bei sich aufgenommen haben (Sec. 1 I lit. c, V lit a und b FLAct). Der Umstand, dass die Eltern nicht verheiratet sind oder waren, bleibt bei den Rechtsbeziehungen des Kindes zu allen anderen Personen außer Betracht.[497] Spezielle Vorschriften, nach denen der Unterhaltsberechtigte nach dem Tod des Unterhaltsschuldners von dem Testamentsverwalter oder von jedem Unterhalt verlangen kann, der durch die Rechtsnachfolge in den Nachlass bereichert worden ist, bleiben nach Sec. 1 IV FLAct unberührt. Die weiteren Einzelheiten des Unterhaltsanspruchs minderjähriger und volljähriger Kinder richten sich nach den allgemeinen Grundsätzen (→ Rn. 356 ff.). 352

Sprich das Gericht einem noch nicht 16 Jahre alten Kind Unterhalt zu, kann es in die Unterhaltsverpflichtung die Kosten der Kindesbetreuung aufnehmen, wenn es dies für vernünftig hält (Sec 4 IV FLAct). 353

---

[496] Zuletzt geändert durch den pensions act 2008; Bergmann/Ferid/Henrich/Cieslar/Henrich, Internationales Ehe- und Kindschaftsrecht, Großbritannien-Schottland, Stand 1.3.2016 S. 55 ff.

[497] Sec 1 I Law Reform (Parent and Child) (Scotland) Act 1986; Bergmann/Ferid/Henrich/Cieslar, Internationales Ehe- und Kindschaftsrecht, Großbritannien-Schottland, Stand Mai 2017 S. 56 ff.

2. Ehegattenunterhalt

354 Ehegatten schulden einander Unterhalt (aliment; Sec 1 I a, b FLAct). Ein Antrag auf **Familienunterhalt** ist auch zulässig, wenn der unterhaltsberechtigte Ehegatte und der Unterhaltspflichtige noch im gleichen Haushalt leben (Sec 2 VI FLAct). Im Rahmen der Ehescheidung ist wie im englischen Recht zwischen einmaligen Ausgleichsleistungen und periodischen Unterhaltszahlungen zu unterscheiden (→ Rn. 141 ff.). Nach sec. 13 II FLAct ist eine laufende Unterhaltsleistung aber nur dann anzuordnen, wenn eine einmalige Kapitalsumme oder eine Vermögensübertragung zur Überzeugung des Gerichts nicht für einen fairen Ausgleich genügt. Laufender Unterhalt darf außerdem gewährt werden, wenn dies wegen der Belastungen eines Ehegatten durch die Versorgung minderjähriger Kinder erforderlich ist, der Berechtigte wegen der Scheidung sonst in ernsthafte finanzielle Bedrängnis gerät oder ein Ehegatte vor der Scheidung in erheblichem Maße von der finanziellen Unterstützung des anderen abhängig war, wobei der Unterhalt in dem letztgenannten Fall für längstens drei Jahre bewilligt werden darf.[498]

Die Einzelheiten des Unterhaltsanspruchs der Ehegatten richten sich nach den allgemeinen Grundsätzen (→ Rn. 356 ff.). Einen Verfahrenskostenvorschuss schulden sich die Ehegatten nicht (Sec 22 FLAct). Gegen diesen Antrag kann der unterhaltspflichtige Ehegatte einwenden, dass er seiner Unterhaltspflicht nachkomme und beabsichtige, dies auch weiterhin zu tun (Sec 2 VII FLAct). Die Abweisung eines Scheidungsantrags hindert das Gericht nicht am Erlass einer Unterhaltsanordnung, wenn die Voraussetzungen dafür weiterhin vorliegen (Sec 21 FLAct).

355 Neben dem Unterhalt schulden sich die Ehegatten auch einen vermögensrechtlichen Ausgleich (financial provision), der ebenfalls dafür vorgesehen ist, die Lebensverhältnisse des anspruchsberechtigten Ehegatten sicherzustellen (Sec 8 ff. FLAct). Bei der Bemessung der Ausgleichsleistung ist nach sec. 9 I a FLAct das während der Ehe erworbene Vermögen fair zu teilen, was grundsätzlich als hälftige Teilung verstanden wird.[499]

Die finanzielle Versorgung bei Beendigung einer nichtehelichen Gemeinschaft ist in dem Family Law (Scotland) Act 2006 geregelt.[500] Nach Sec 28 FLAct 2006 kann das Gericht auf Antrag eines Partners den anderen verpflichten, eine in der Anordnung festgesetzte Geldsumme oder einen in der Anordnung festgesetzten Betrag als Ausgleich für die wirtschaftliche Belastung zu zahlen, die sich nach dem Ende des Zusammenlebens aufgrund der Sorge für ein gemeinschaftliches Kind der beiden ergibt.

3. Allgemeine Grundsätze

356 Die Unterhaltsverpflichtung umfasst diejenige Unterstützung, die den Umständen nach vernünftig ist unter Berücksichtigung derjenigen Tatsachen, die das Gericht bei seiner Unterhaltsbemessung nach dem Gesetz (Sec 4 FLAct) zu berücksichtigen hat oder berücksichtigen kann (Sec 1 II FLAct). Gegen einen Unterhaltsantrag durch oder zugunsten einer anderen Person als eines Kindes unter 16 Jahren kann eingewendet werden, dass der Antragsgegner ein **Angebot** gemacht habe, den Unterhaltsberechtigte in seinen Haushalt aufzunehmen und seiner Unterhaltsverpflichtung nachzukommen, das vernünftigerweise angenommen werden könne (Sec 2 VIII FLAct). Das Gericht prüft unter Berücksichtigung aller Umstände, insbesondere des Verhaltens der Beteiligten und einer bestehenden Unterhaltsanordnung, ob es vernünftig ist, von dem Unterhaltsberechtigten die Annahme dieses Angebots zu erwarten. Allein der Umstand, dass sich die Ehegatten getrennt haben, soll nicht als Indiz dafür angesehen werden, dass es unvernünftig sei, die Annahme des Angebots zu erwarten (Sec 2 IX FLAct). Die Person, an die der Unterhalt gezahlt wird,

---

[498] Odersky FPR 2013, 72 (74).
[499] Odersky FPR 2013, 72 (74).
[500] Vom 15.12.2005, zuletzt geändert durch Order 2014; Bergmann/Ferid/Henrich/Cieslar/Henrich, Internationales Ehe- und Kindschaftsrecht, Großbritannien-Schottland, Stand 1.3.2016 S. 67 ff.

soll für die Zahlungen auf eine Unterhaltsanordnung eine Quittung ausstellen (Sec 2 X FLAct).

Bei der Bemessung der **Unterhaltshöhe** hat das Gericht die Bedürfnisse und Ver- 357 mögensverhältnisse der Beteiligten, die Fähigkeiten der Beteiligten, Einkünfte zu erzielen, und alle Umstände des Falles zu berücksichtigen (Sec 4 I FLAct). Bei der Bemessung aller Umstände des Falles kann das Gericht auch die Kosten in Rechnung stellen, die der Unterhaltsschuldner einer in seinem Haushalt lebenden und von ihm abhängigen Person gewährt und zwar unabhängig davon, ob er dieser Person unterhaltspflichtig ist oder nicht (Sec 4 III a FLAct). Das Verhalten eines Beteiligten soll bei der Unterhaltsbemessung unberücksichtigt bleiben, wenn dies nicht offensichtlich unbillig ist (Sec 4 III b FLAct). Schulden mehrere Personen einer anderen Person Unterhalt, gibt es keine gesetzliche Rangfolge. Das Gericht kann jedoch bei der Bemessung der Höhe eines geschuldeten Unterhalts berücksichtigen, dass noch eine andere Person unterhaltspflichtig ist (Sec 4 II FLAct).

Das Gericht kann, wenn es dem Antrag stattgibt, **periodische Unterhaltszahlungen** 358 anordnen, sei es auf bestimmte oder unbestimmte Zeit oder bis zum Eintritt eines bestimmten Ereignisses. Für einen Sonderbedarf kann es ebenfalls Unterhalt anordnen (Sec 3 I a, b FLAct). Es ist in keinem Fall berechtigt, statt periodischer Zahlungen die Zahlung einer Pauschalsumme anzuordnen (Sec 3 II FLAct). Rückwirkenden Unterhalt kann es für die Zeit ab Einleitung des Verfahrens, ab einem späteren Zeitpunkt oder unter besonderen Umständen auch ab einem früheren Zeitpunkt anordnen (Sec 3 I c FLAct). Auch wenn der Unterhaltsanspruch nicht bestritten ist, kann das Gericht den zu zahlenden Unterhalt niedriger festsetzen, als beantragt (Sec 3 I d FLAct).

Eine Unterhaltsentscheidung kann auf Antrag eines der Beteiligten **abgeändert** werden, 359 wenn sich die Verhältnisse seit dem Erlass der Entscheidung wesentlich geändert haben (Sec 5 I FLAct). Ändert das Gericht die Unterhaltsentscheidung rückwirkend ab, kann es auch die Rückzahlung eines bereits für diese Zeit gezahlten Unterhalts anordnen (Sec 5 IV FLAct). Eine **Vereinbarung,** die den Unterhalt ausschließt oder begrenzt ist unwirksam, wenn sie nicht bei Abschluss in jeder Hinsicht fair und vernünftig war (Sec 7 I FLAct). Hat sich der Unterhaltsschuldner in der Vereinbarung zu Unterhaltsleistungen verpflichtet, kann jeder Beteiligte im Fall einer wesentlichen Veränderung der Verhältnisse auf Abänderung oder Aufhebung der eingegangenen Verpflichtung antragen (Sec 7 II FLAct).

4. Verfahrensrecht

Für isolierte Unterhaltssachen ist der Court of Session oder der sheriff court zuständig 360 (Sec 2 I FLAct). Ein **Anspruch auf Zahlung von Unterhalt** kann aber auch im Verbund mit anderen Entscheidungen geltend gemacht werden und zwar mit folgenden Verfahren (Sec 2 II FLAct):
- mit einem Verfahren auf Scheidung oder Trennung oder einem Verfahren auf Bestehen oder Nichtigkeit der Ehe,
- in Bezug auf Anordnungen finanzieller Vorsorge,
- in einem Verfahren betreffend Rechte und Verpflichtungen in Bezug auf Kinder,
- in einem Verfahren betreffend die Feststellung der Abstammung oder der Ehelichkeit oder
- in einem Verfahren anderer Art, wenn das Gericht es für zweckmäßig erachtet, einen Unterhaltsanspruch mit zu behandeln.

Ein **Unterhaltsantrag** kann durch den Unterhaltsberechtigten (auch durch ein min- 361 derjähriges Kind), den Vermögenspfleger eines Unmündigen oder für ein minderjähriges Kind durch einen Elternteil oder Vormund oder eine Person, die zur Personensorge berechtigt ist oder diese anstrebt oder ausübt erhoben werden (Sec 2 IV FLAct). Eine Frau kann auch auf Unterhalt für ihr noch ungeborenes Kind antragen; die Verhandlung soll aber erst nach der Geburt des Kindes stattfinden (Sec 2 V FLAct). Auf Antrag des Unterhaltsberechtigten in einem Unterhaltsverfahren oder eines Beteiligten in einer Ehesache kann das Gericht eine einstweilige Unterhaltsanordnung erlassen (Sec 6 FLAct). Eine einstweilige Anordnung kann das Gericht auch in einem späteren Abänderungsverfahren treffen (Sec 5 III FLAct).

362 Die Maßstäbe für die nacheheliche finanzielle Versorgung sind in den Sec 8 ff. FLAct geregelt. Dabei sind insbesondere Sec 10 (Aufteilung des ehelichen Vermögens), Sec 11 (in Betracht zu ziehende Faktoren), Sec 12 und 12A (Anordnung auf Zahlung einer Kapitalsumme) und Sec 13 (Anordnung auf Zahlung periodischer Beiträge) zu beachten. Innerhalb eines Jahres ab Erlass einer Unterhaltsanordnung kann der Unterhaltsberechtigte eine **Sicherungsanordnung** zur Aufhebung oder Abänderung von Vermögensübertragungen der letzten fünf Jahre sowie die Untersagung künftiger Übertragungen oder Transaktionen beantragen (Sec 18 I FLAct). Wenn das Gericht zu der Überzeugung gelangt, dass der Unterhaltsanspruch durch die Übertragung oder Transaktion ganz oder teilweise gefährdet wird, kann es die beantragte oder eine andere von ihm für richtig gehaltene Anordnung treffen (Sec 18 II FLAct). Dabei darf es aber nicht in die Rechte eines Dritten eingreifen, wenn dieser das Vermögen gutgläubig oder gegen angemessenes Entgelt erworben hat oder sein Recht von einer Person herleitet, die das Vermögen ihrerseits entsprechend erworben hatte (Sec 18 III FLAct).

Schweden

1. Kindesunterhalt

363 Gemäß Kap. 7 § 1 I 1 Föräldrabalk = Elterngesetz[501] (EG, nachfolgend ohne Kapitel zitiert) haben die Eltern für den Kindesunterhalt in einer den Bedürfnissen des Kindes und den wirtschaftlichen Verhältnissen beider Eltern angemessenen Weise zu sorgen. Bei Feststellung der Unterhaltsverpflichtung der Eltern sind die eigenen Einkünfte des Kindes und die sozialen Vergünstigungen für das Kind unter Beachtung dessen, was sich aus den einschlägigen Vorschriften ergibt, zu berücksichtigen (§ 1 I 2 EG). Der Unterhaltsanspruch endet, wenn das Kind das 18. Lebensjahr vollendet hat (§ 1 II 1 EG).[502] Besucht das Kind nach diesem Zeitpunkt die Schule, sind die Eltern unterhaltspflichtig, solange der Schulbesuch dauert, jedoch längstens bis das Kind das 21. Lebensjahr vollendet hat (§ 1 II 2 EG);[503] der Schulbesuch muss aber bei Vollendung des 18. Lebensjahres bestanden haben oder vor Vollendung des 19. Lebensjahres wieder aufgenommen worden sein.[504] Als Schulbesuch gilt der Besuch der Grundschule oder der weiterführenden Schule und eine andere vergleichbare „Grundausbildung"[505] (§ 1 II 3 EG). An den Kosten für den Unterhalt des Kindes haben sich die Eltern, jeder von ihnen nach seinen Möglichkeiten, gemeinsam zu beteiligen (§ 1 III EG),

Wer dauernd mit dem Kind eines anderen und mit dem Elternteil, der Inhaber der Personensorge ist, zusammenlebt, ist dem Kind gegenüber unterhaltspflichtig, wenn er oder sie mit dem Elternteil verheiratet ist oder ein eigenes Kind zusammen mit dem Elternteil hat (Stiefelternteil). Bei Vorliegen besonderer Gründe besteht die Unterhaltsverpflichtung auch, nachdem das Kind von Zuhause ausgezogen ist (§ 5 I EG). Die Unterhaltsverpflichtung wird in derselben Weise bestimmt, wie für einen Elternteil nach § 1 EG, gilt jedoch nicht für den Teil, den das Kind als Unterhalt von dem Elternteil erhalten kann, mit dem der Unterhaltspflichtige nicht zusammenwohnt (§ 5 II EG).

Vernachlässigt der andere als derjenige, der nach § 2 EG Unterhalt zu zahlen hat, also der betreuende Elternteil, seine Unterhaltspflicht, kann das Gericht ihm auferlegen, Unterhalt an das Kind zu zahlen (§ 6 EG).

---

[501] Elterngesetzbuch (1949:381) vom 10.6.1949, neu im GBl. veröffentlicht durch Gesetz 1995:974, zuletzt geändert zum 1.1.2013 durch Gesetz 2012:779; Bergmann/Ferid/Henrich/Cieslar/Giesen, Internationales Ehe- und Kindschaftsrecht, Schweden, Stand: 1.5.2017 S. 66 ff.
[502] Das Kind ist bis zum 18. Lebensjahr minderjährig (Kap. 9 § 1 Elterngesetz: „jünger als 18 Jahre").
[503] Rieck/Firsching, Ausländisches Familienrecht, Schweden, Stand: Juli 2018, Rn. 19.
[504] Nach einem Bericht über das 3. Regensburger Symposion für Europäisches Familienrecht in FamRZ 1996, 1529 sollen Eltern gegenüber ihren volljährigen, aber noch in der Ausbildung befindlichen Kindern „nie" unterhaltspflichtig sein, vgl. jedoch → Rn. 369.
[505] Zur allgemeinen Schulausbildung nach § 1603 II 2 BGB vgl. BGH FamRZ 2002, 815.

Ein Elternteil hat seine Unterhaltspflicht durch Zahlung eines Unterhaltsbeitrags an das Kind zu erfüllen, wenn er nicht Inhaber des Personensorgerechts ist und auch nicht dauernd mit dem Kind zusammenlebt (§ 2 I Nr. 1 EG) oder das Personensorgerecht für das Kind gemeinsam mit dem anderen Elternteil innehat, das Kind aber dauernd nur mit dem anderen Elternteil zusammenlebt (§ 2 I Nr. 2 EG). Der Unterhaltsbeitrag wird durch gerichtliche Entscheidung oder Vertrag[506] festgesetzt (§ 2 II EG). Der Elternteil darf das Kind in den, den Unterhaltsbeitrag betreffenden Fragen auch dann vertreten, wenn er als Inhaber der Personensorge noch nicht volljährig ist. Auch ein Inhaber der Vermögenssorge ist berechtigt, das Kind zu vertreten. Eine Unterhaltsvereinbarung kann auch vor der Geburt des Kindes geschlossen werden (§ 2 III EG). In einem Streit über den Unterhalt für das Kind ist jedem, der das Kind gemäß § 2 III EG vertreten darf, Gelegenheit zu geben, sich zu äußern (§ 2 IV EG). Ein Elternteil, der zur Zahlung eines Unterhaltsbeitrags gemäß Kap. 19 des Sozialversicherungsgesetzbuchs verpflichtet ist, wird so angesehen, als hätte er seine Unterhaltsverpflichtung bis zu dem Betrag erfüllt, den das Kind als Unterhaltsunterstützung erhalten hat (§ 2a EG). Die Berechnung des Kindesunterhalts erfolgt auf der Grundlage von Leitlinien, die von der staatlichen Sozialbehörde (socialstyrelsen) herausgegeben werden. Daraus ergibt sich ein Kindesbedarf, der nach verschiedenen Altersgruppen pauschal bemessen wird.[507]

364

Dem Unterhaltspflichtigen verbleibt ein sog **Vorbehaltsbetrag** für den eigenen Unterhalt oder für den Unterhalt eines anderen (vergleichbar im Prinzip unserem Selbstbehalt; § 3 I EG). Der Vorbehaltsbetrag für den eigenen Unterhalt des Unterhaltspflichtigen umfasst alle gewöhnlichen Lebenshaltungskosten. Die Wohnungskosten werden gesondert in angemessener Höhe berechnet. Die Kosten der sonstigen Lebenshaltung werden anhand eines Normalbetrages berechnet. Für ein Jahr berechnet beträgt der Normalbetrag 120% des geltenden Grundbetrages nach Kap. 2 §§ 6 und 7 des Sozialversicherungsgesetzbuchs[508] (§ 3 II EG). Bei Vorliegen besonderer Gründe darf ein Betrag für den Unterhalt des Ehegatten, mit dem der Unterhaltspflichtige dauernd zusammenlebt, vorbehalten werden. Dem Ehegatten steht eine andere Person, mit der der Beitragspflichtige dauernd zusammenwohnt, gleich, wenn beide ein gemeinsames Kind haben. Der Vorbehaltsbetrag bestimmt sich nach § 3 II EG; der Normalbetrag beträgt jedoch 60% des Preisgrundbetrages (§ 3 III EG). Ungeachtet dessen, was sonst für die Unterhaltspflicht eines Elternteils gegenüber zwei oder mehr Kindern gilt, darf der Unterhaltspflichtige für den Unterhalt eines jeden zu Hause wohnenden Kindes einen Betrag vorbehalten, der zusammen mit dem, was vom anderen Elternteil oder auf dessen Rechnung für das Kind ausgegeben wird, im Jahr 40% des geltenden Preisgrundbetrages ausmacht. Das Gericht kann jedoch einen anderen Vorbehaltsbetrag festsetzen, wenn dies durch die Umstände in dem besonderen Fall gerechtfertigt ist (§ 3 IV EG).

365

Nimmt der Unterhaltspflichtige, der nach § 2 EG einen Unterhaltsbeitrag zu zahlen hat, ein unterhaltsberechtigtes Kind, während eines zusammenhängenden Zeitraums von mindestens 5 Tage zu je 24 Stunden oder während eines Kalendermonats an mindestens sechs ganzen Tagen zu sich, darf er bei der Erfüllung seiner Unterhaltspflicht für jeden vollen Tag des Aufenthalts des Kindes einen Abzug von $^1/_{40}$ des Unterhaltsbeitrags, der für den während der Aufenthaltszeit gültigen Kalendermonat berechnet wird, zu seinen Gunsten vornehmen. Ein solcher Abzug darf jedoch nicht bei einem Unterhaltsbeitrag erfolgen, der sich auf einen späteren Zeitraum bezieht, als sechs Monate nach dem Ende des Kalendermonats, in dem der Aufenthalt endete. Der zusammengenommene Abzugsbetrag, der dem Elternteil für einen Fall zugute kommt, soll, wenn er mit einem Örebetrag endet, auf den niedrigeren Betrag in Kronen abgerundet werden (§ 4 I EG). Bei der Berechnung der Anzahl ganzer Tage zählt der Tag, an dem der Aufenthalt des Kindes endet, als voller Tag. Das gilt jedoch nicht, wenn der Aufenthalt an demselben Tag beginnt und endet (§ 4 II EG). Bei Vorliegen besonderer Gründe kann das Gericht für das Abzugsrecht andere als die

366

---

[506] Vgl. OLG Düsseldorf FamRZ 2002, 1422.
[507] Rieck/Firsching, Ausländisches Familienrecht, Schweden, Stand: Juli 2018, Rn. 19.
[508] Der Grundbetrag nach dem Gesetz über die öffentliche Versicherung vom 25.5.1962 (Nr. 381) betrug für das Jahr 2001 37.700 SEK.

in § 4 I, II EG genannte Voraussetzungen anordnen. Gegen den Widerstand eines Beteiligten darf eine solche Anordnung jedoch für den Zeitraum vor der Antragstellung nicht ergehen (§ 4 III EG). Der unterhaltspflichtige Elternteil hat keinen Anspruch auf einen Abzug, wenn der Unterhaltsbeitrag unter Beachtung der Tatsache festgesetzt worden ist, dass er oder sie seine Unterhaltsverpflichtung im Wesentlichen dadurch erfüllt, dass er das Kind bei sich aufnimmt (§ 4 IV EG).

367 Der Unterhalt ist **monatlich im Voraus** zu leisten (§ 7 I EG). Eine Vereinbarung darüber, dass der Unterhaltsbeitrag für die Zukunft mit einem einmaligen Betrag oder für längere Zeit als drei Monate gezahlt werden soll, ist nur wirksam, wenn die Vereinbarung schriftlich geschlossen wurde und von zwei Personen beglaubigt worden ist. Ist das Kind jünger als 18 Jahre, muss die Vereinbarung außerdem vom Sozialausschuss der Gemeinde genehmigt werden, in der das Kind oder der Inhaber der Personensorge den ständigen Wohnsitz hat oder, wenn keiner von ihnen einen ständigen Wohnsitz im Inland hat, vom Sozialausschuss Stockholm (§ 7 II EG). Das Gericht kann eine andere als die in § 7 I EG vorgesehene Zahlweise festsetzen, wenn dafür besondere Gründe vorliegen (§ 7 III EG). Der Unterhaltsbeitrag in Form eines einmaligen Betrags ist an den Sozialausschuss zu zahlen, wenn das Kind jünger als 18 Jahre ist (§ 7 IV EG). Eine den Vorschriften des § 7 EG widersprechende Zahlung befreit nicht von der Verpflichtung, den Unterhaltsbeitrag in der vorgeschriebenen Form zu zahlen (§ 7 V EG).

Für einen längeren Zeitraum als 3 Jahren vor Einleitung des Verfahrens darf dem Antrag auf Feststellung eines Unterhaltsbeitrags nur stattgegeben werden, wenn der Unterhaltspflichtige einverstanden ist (§ 8 EG).

Auch ein festgestellter Unterhaltsanspruch erlischt grundsätzlich 5 Jahre nach dem ursprünglich gültigen Fälligkeitstag (§ 9 I EG). Erfolgt vor dem in § 9 I EG angegebenen Zeitpunkt eine Pfändung wegen des Unterhaltsbeitrags oder ist der Unterhaltspflichtige aufgrund eines Antrags, der vor diesem Zeitpunkt gestellt wurde, in Insolvenz geraten, kann die Zahlung wegen der Forderung auch danach dem gepfändeten Vermögen entnommen oder im Insolvenzverfahren ausgekehrt werden (§ 9 II EG). Ist der Antrag auf Unternehmenssanierung vor dem in § 9 I EG genannten Zeitpunkt gestellt worden, kann der Unterhaltsbeitrag innerhalb von drei Monaten ab dem Zeitpunkt verlangt werden, in dem der Beschluss über die Beendigung der Unternehmenssanierung mitgeteilt wird. Kommt ein Vergleich zustande, kann die Forderung innerhalb von drei Monaten ab dem Zeitpunkt verlangt werden, zu dem der Vergleich hätte erfüllt werden sollen. Erfolgt innerhalb dieser Zeit eine Pfändung des Unterhaltsbeitrags oder ist die Insolvenz beantragt worden, findet § 9 II EG Anwendung (§ 9 III). Eine dem widersprechende Vereinbarung ist unwirksam (§ 9 IV EG).

368 Die **Abänderung** eines Urteils oder einer Unterhaltsvereinbarung ist bei Änderung der Verhältnisse für die Zeit ab Einleitung des neuen Verfahrens ohne weiteres möglich. Für die Zeit davor kann der Unterhaltstitel abgeändert werden, wenn der andere Beteiligte nicht widerspricht. Widerspricht er einer Herabsetzung oder einem Wegfall, ist eine Änderung nur für die noch nicht gezahlten Beträge zulässig (§ 10 I EG). Eine Vereinbarung über den Unterhalt kann vom Gericht auch angepasst werden, wenn sie im Hinblick auf die Umstände bei ihrem Zustandekommen und die sonstigen Verhältnisse von Anfang an unbillig war. Eine Entscheidung über die Rückzahlung bereits erhaltener Beiträge ist jedoch nur zulässig, wenn hierfür besondere Gründe vorliegen (§ 10 II EG). In § 1 des Gesetzes vom 16.12.1966 (Nr. 680) ist die Abänderung bestimmter Unterhaltsbeiträge geregelt. Ist ein festgesetzter Unterhaltsbeitrag, der laufend gezahlt wird, während eines Zeitraums von sechs Jahren seiner Höhe nach nicht in anderer als der in § 1 des Gesetzes vom 16.12.1966 geregelten Weise geändert worden, kann das Gericht für die Zeit nach Antragstellung die Unterhaltsfestsetzung überprüfen, ohne dass ein Antrag auf Anpassung nach § 10 I, II EG erforderlich ist (§ 10 III EG). Ein Urteil oder eine Vereinbarung über den Unterhaltsbeitrag für die Zeit, bis das Kind ein bestimmtes Alter erreicht hat, steht einer Prüfung der Frage des Unterhalts für die darauf folgende Zeit nicht im Wege (§ 10 IV EG).

369 Der Unterhaltsbeitrag kann für unterschiedliche Unterhaltszeiträume in unterschiedlicher Höhe festgesetzt werden (§ 14 I EG). Eine Unterhaltsfestsetzung über die Vollendung des 18. Lebensjahres hinaus darf nicht gegen den Widerspruch des Unterhaltspflichtigen erfolgen, ehe zuverlässig beurteilt werden kann, ob für die Zeit danach überhaupt noch eine Unterhaltspflicht vorliegt (§ 14 II EG).

Eheliche und nichteheliche Kinder sind hinsichtlich des Unterhalts materiell völlig gleichgestellt. Das adoptierte Kind gilt als Kind des Annehmenden, nicht als Kind seiner biologischen Eltern (Kap. 4, § 8). **370**

In bestimmten Fällen ergibt sich ein Recht desjenigen, der Unterhaltsbeiträge gezahlt hat, aus öffentlichen Mittel Ersatz zu erhalten, aus dem Gesetz über den **Ersatz** geleisteter Unterhaltsbeiträge (§ 17 EG). Hatte ein Mann Auslagen für die Versorgung eines Kindes, weil er als Vater angesehen wurde oder weil angenommen wurde, dass er dies sei, wird jedoch festgestellt, dass ein anderer Mann Vater des Kindes ist, hat der zuerst genannte nur bei Vorliegen besonderer Gründe einen Anspruch auf Ersatz der Aufwendungen durch den anderen (§ 18 EG).

2. Ehegattenunterhalt

Trennung. Die Ehegatten haben, jeder nach seinen Möglichkeiten, zur Sicherung des gemeinsamen Unterhalts beizutragen (Kap. 6 § 1 I Äktenskapsbalk = Ehegesetz[509] – EheG, im Folgenden ohne Kap. zitiert). Reicht das, was ein Ehegatte beizutragen hat, für die persönlichen Bedürfnisse des Ehegatten oder für die Ausgaben, die dieser Ehegatte sonst für den Unterhalt der Familie aufwendet, nicht aus, hat der andere Ehegatte die erforderlichen Geldbeträge beizusteuern (§ 2 EheG). Diese Verpflichtung gilt auch dann fort, wenn die Ehegatten getrennt leben.[510] Kann ein Ehegatte aufgrund von Krankheit oder Abwesenheit seine Angelegenheiten nicht selbst besorgen und fehlen die Mittel zum Unterhalt der Familie, darf der andere Ehegatte in dem erforderlichen Umfang die Einkünfte des kranken oder abwesenden Ehegatten und die Erträge seines Vermögens verwenden sowie Bankguthaben und andere Geldmittel abheben. Dies gilt jedoch nicht, wenn die Ehegatten nicht mehr zusammenleben oder wenn ein Bevollmächtigter, ein Vormund, ein Pfleger oder ein Betreuer, der berechtigt ist, den kranken oder abwesenden Ehegatten zu vertreten, vorhanden ist (§ 4 I EheG). Ein zulässiges Rechtsgeschäft ist für den kranken oder abwesenden Ehegatten auch dann bindend, wenn die Mittel nicht für den Unterhalt der Familie benötigt wurden, soweit der Dritte weder wusste noch hätte wissen müssen, dass kein Bedürfnis vorlag (§ 4 II EheG). Verletzt ein Ehegatte seine Unterhaltspflicht, kann das Gericht diesen auf Antrag verpflichten, dem anderen Ehegatten einen Unterhaltsbeitrag zu zahlen (§ 5 EheG). Leben die Ehegatten getrennt, hat ein Ehegatte seine Unterhaltspflicht stets durch Zahlung eines Unterhaltsbeitrages zu erfüllen (§ 6 EheG). **371**

Die **Höhe** des Beitrags hängt ab von den finanziellen Möglichkeiten beider Ehegatten wie schon während des Zusammenlebens (§ 1 und 2 EheG). Jedoch darf jetzt ein Ehegatte nicht mehr die Einkünfte des kranken oder abwesenden Ehegatten und die Erträgnisse seines Vermögens für den Unterhalt verwenden (§ 4 I EheG). Verletzt ein Ehegatte seine Unterhaltspflicht, kann das Gericht ihn auch während der Trennungszeit verpflichten, dem anderen Ehegatten einen Unterhaltsbeitrag zu zahlen (§ 5 EheG). **372**

Scheidung. Nach der Scheidung ist die gegenseitige Unterhaltspflicht grundsätzlich beendet; jeder Ehegatte ist für seine Versorgung selbst verantwortlich (§ 7 I EheG).[511] Benötigt ein Ehegatte für eine Übergangszeit eine Beitrag für seine Unterhalt, so hat dieser Ehegatte das Recht, von dem anderen Ehegatten eine Unterhaltsbeitrag zu erhalten, soweit dies im Hinblick auf dessen Möglichkeiten und die sonstigen Umstände angemessen ist (§ 7 II EheG). Hat ein Ehegatte nach Auflösung einer langjährigen Ehe oder aufgrund anderer außerordentlicher Umstände Schwierigkeiten, sich selbst zu versorgen, so hat **373**

---

[509] Ehegesetzbuch (1987:230) vom 14.5.1987, zuletzt geändert durch Gesetz 2016/245; Bergmann/Ferid/Henrich/Cieslar/Giesen, Internationales Ehe- und Kindschaftsrecht, Schweden, Stand: 1.5.2017 S. 53ff.
[510] Rieck/Firsching, Ausländisches Familienrecht, Schweden, Stand: Juli 2018, Rn. 9.
[511] Bergmann/Ferid/Henrich/Cieslar/Giesen, Internationales Ehe- und Kindschaftsrecht, Schweden, Stand 1.5.2017 S. 31.

dieser Ehegatte für einen längeren als den in § 7 II EheG bezeichneten Zeitraum das Recht auf einen Unterhaltsbeitrag von dem anderen Ehegatten.[512] Dabei ist wesentlich darauf abzustellen, ob die Bedürftigkeit des geschiedenen Ehegatten durch die Ehe selbst begründet ist,[513] also ein ehebedingter Nachteil vorliegt. Bei der Entscheidung über dieses Recht ist zu berücksichtigen, ob der unterhaltsbedürftige Ehegatte einen Beitrag für den Aufbau einer Altersversorgung benötigt (§ 7 III EheG).

374 Der Unterhalt ist fortlaufend als Rente und nur bei Vorliegen besonderer Gründe, zB wenn der Unterhaltsberechtigte einen Beitrag für den Aufbau einer Altersversorgung benötigt, als Abfindung zu zahlen (§ 8 EheG). Er kann rückwirkend ohne Zustimmung des Unterhaltspflichtigen nur bis zu 3 Jahre vor Einleitung des Verfahrens zugesprochen werden (§ 9 EheG). Ein festgestellter Unterhaltsbeitrag erlischt grundsätzlich 3 Jahre nach seiner Fälligkeit; bei Zwangsvollstreckung, Konkurs oder Vergleich gelten jedoch Besonderheiten (§ 10 EheG; vgl. zu § 9 EG → Rn. 367).

375 Zur **Abänderung** gilt im Wesentlichen dasselbe wie beim Kindesunterhalt (§ 11 EheG). Für die Zeit nach der Scheidung darf der Unterhalt nur erhöht werden, wenn außerordentliche Gründe vorliegen. Ein Einmalbetrag darf überhaupt nicht abgeändert werden, wenn der andere Beteiligte widerspricht.

Schweiz[514]

1. Kindesunterhalt

376 Gemäß Art. 276 I, 285, 328 II des Schweizerischen Zivilgesetzbuches[515] (ZGB) haben die Eltern für den Unterhalt ihrer Kinder aufzukommen, inbegriffen die Kosten von Erziehung, Ausbildung und Kindesschutzmaßnahmen. Der Unterhalt wird durch Pflege und Erziehung oder, wenn das Kind nicht unter der Obhut der Eltern steht, durch Geldzahlung geleistet (Art. 276 II ZGB). Der Unterhalt umfasst alles, was nach den Verhältnissen der Eltern angemessen (nicht nur nötig) ist. Die Eltern haben das Kind ihren Verhältnissen entsprechend zu erziehen und seine körperliche, geistige und sittliche Entfaltung zu fördern und zu schützen (Art. 302 I ZGB). Sie haben dem Kind, insbesondere auch dem körperlich oder geistig gebrechlichen, eine angemessene, seinen Fähigkeiten und Neigungen soweit möglich entsprechende allgemeine und berufliche Ausbildung zu verschaffen (Art. 302 II ZGB). Voraussetzung der Unterhaltspflicht ist die Bedürftigkeit des Kindes. Die Eltern sind von der Unterhaltspflicht in dem Maße befreit, als dem Kinde zugemutet werden kann, den Unterhalt aus seinem Arbeitserwerb oder andern Mitteln zu bestreiten (Art. 276 III ZGB). Die Unterhaltspflicht der Eltern dauert grundsätzlich bis zur **Volljährigkeit** des Kindes, also bis zur Vollendung des 18. Lebensjahres (Art. 14, 277 I ZGB). Hat das Kind dann noch keine angemessene Ausbildung, so haben die Eltern, soweit es ihnen nach den gesamten Umständen zugemutet werden darf, für seinen Unterhalt aufzukommen, bis eine entsprechende Ausbildung ordentlicherweise abgeschlossen werden

---

[512] Rieck/Firsching, Ausländisches Familienrecht, Schweden, Stand: Juli 2018, Rn. 18.
[513] Bergmann/Ferid/Henrich/Cieslar/Giesen, Internationales Ehe- und Kindschaftsrecht, Schweden, Stand 1.5.2017 S. 31.
[514] Zu der zum 1.1.2000 in Kraft getretenen Neuregelung des nachehelichen Unterhaltsrechts vgl. Meyer FPR 2013, 83; Reusser FamRZ 2001, 595 (597 f.); s. auch Hausheer/Spycher, Unterhalt nach neuem Scheidungsrecht, Bern 2001; Hausheer/Geiser/Aebi-Müller, Das Familienrecht des Schweizerischen Zivilgesetzbuches 6. Aufl. Rn. 10.61 ff., 17.35 ff.; Tour/Schnyder/Schmid/Jungo Das schweizerische Zivilgesetzbuch 14. Aufl. § 24 Rn. 41 ff. und § 42 Rn. 1 ff.; Hausheer, Vom alten zum neuen Scheidungsrecht, Bern 1999 und Hausheer/Spycher, Handbuch des Unterhaltsrechts, Bern 1997 mit Buchbesprechung Schneyder FamRZ 1999, 763; zur Rechtsprechung des Schweizerischen Bundesgerichts suche im Internet unter der Homepage „www.servat.unibe.ch/dfr/dfr_bge1.html".
[515] Vom 10.12.1907, in der Fassung vom 1.7.2014; im Internet abrufbar unter: http://www.admin.ch/opc/de/classified-compilation/19070042/index.html.

kann (also nicht unbedingt abgeschlossen ist).[516] Während der Ehe tragen die Eltern die Kosten des Unterhaltes nach den Bestimmungen des Eherechts (Art. 278 I ZGB). Jeder Ehegatte hat dem andern in der Erfüllung der Unterhaltspflicht gegenüber vorehelichen Kindern in angemessener Weise beizustehen (Art. 278 II ZGB).

Der **Unterhaltsbeitrag** soll den Bedürfnissen des Kindes sowie der Lebensstellung und Leistungsfähigkeit der Eltern entsprechen und außerdem Vermögen und Einkünfte des Kindes sowie den Beitrag des nicht obhutsberechtigten Elternteils an der Betreuung des Kindes berücksichtigen (Art. 285 I ZGB). Kinderzulagen, Sozialversicherungsrenten und ähnliche für den Unterhalt des Kindes bestimmte Leistungen, die dem Unterhaltspflichtigen zustehen, sind zusätzlich zum Unterhaltsbeitrag zu zahlen, soweit das Gericht es nicht anders bestimmt (Art. 285 II ZGB). Erhält der Unterhaltspflichtige infolge Alter oder Invalidität nachträglich Sozialversicherungsrenten oder ähnliche für den Unterhalt des Kindes entsprechende Leistungen, die Erwerbseinkommen ersetzen, so hat er diese Beträge dem Kind zu zahlen; der bisherige Unterhaltsbeitrag vermindert sich von Gesetzes wegen im Umfang dieser neuen Leistungen (Art. 285 IIbis ZGB). Der Unterhaltsbeitrag ist im Voraus auf die Termine zu entrichten, die das Gericht festsetzt (Art. 285 III ZGB).

377

Durch eine Neuregelung der Art. 276 II, 285 II ZGB ist zum 1.1.2017 die **Absicherung der Betreuung** in den Kindesunterhalt übernommen worden. Neben die Pflege und Erziehung als Naturalunterhalt und den Barunterhalt ist als drittes Element des Kindesunterhalts der Unterhalt zur „Gewährung der Betreuung des Kindes durch die Eltern oder Dritte" getreten. Mit der Neuregelung soll erreicht werde, dass der Betreuungsunterhalt dem Kind auch dann unverändert verbleibt, wenn der nacheheliche Unterhalt entfällt oder herabgesetzt wird, etwa wegen einer neuen Ehe oder qualifizierten eheähnlichen Lebensgemeinschaft. Die gesetzliche Neuregelung unterscheidet zwar nicht zwischen ehelich und außerehelich geborenen Kindern, Für den betreuenden Elternteil ergeben sich gleichwohl Unterschiede, weil neben dem ihm wirtschaftlich zustehenden Betreuungsunterhalt für einen eigenen Unterhaltsanspruch mit und ohne Ehe verschiedene Eigenvorsorgeobliegenheiten bestehen.[517] Nachdem zunächst zur Bemessung der neuen Betreuungsunterhalts erheblich abweichende Auffassungen vertreten waren,[518] hat inzwischen das Schweizer Bundesgericht eine erste Leitentscheidung dazu getroffen.[519] Auszugehen ist danach von der von der sog. **Lebenshaltungskostenmethode** und nicht von einer Betreuungspauschale oder einem Prozentsatz des Elterneinkommens. Danach ist der Bedarf des betreuenden Elternteils zu berechnen und sein eigenes Einkommen in Abzug zu bringen; die Differenz bildet des geschuldeten Betreuungsunterhalt. Ob der Bedarf der Lebenshaltungskosten pauschal oder konkret zu bemessen ist, ist noch nicht abschließend entschieden, wobei das Bundesgericht allerdings eine konkrete Berechnung für adäquat gehalten hat.[520] Denn Ziel des Betreuungsunterhalts ist die Sicherung des familienrechtlichen Existenzminimums, sofern der betreuende Elternteil dieses nicht aus eigenen Einkünften decken kann. Der Betreuungsunterhalt ist auch bei geteilter Obhut und sogar bei gleichmäßiger Aufteilung des Kindesbetreuung in Form eines Wechselmodells geschuldet.[521] Bislang wurde zur Erwerbspflicht des betreuenden Elternteils ein Altersphasenmodell (0–10–16) vertreten, was als nicht mehr zeitgemäß kritisiert wird. Kürzlich hat das Schweizer Bundesgericht, allerdings in einem Fall in dem beide Eltern schon zuvor einer Erwerbstätigkeit nachgegangen waren, entschieden, dass für die Zumutbarkeit einer Erwerbstätigkeit des betreuenden Elternteils die sog. Schulstufenregel gelten soll, wonach ein Teilzeiterwerb mit dem Eintritt in die obligatorische Schulpflicht erwartet werden kann.[522]

---

[516] Zur fehlenden Bestimmtheit eines von ordnungsgemäßem Studium abhängigen Unterhaltsanspruchs vgl. BGH FamRZ 2004, 1023; vgl. auch: OLG Karlsruhe FamRZ 2002, 1420.
[517] Hausheer FamRZ 2015, 1567 ff.; Dumitrescu NZFam 2018, 835 (837 f.).
[518] Aebi-Müller FamRZ 2018, 1725 (1730 f.); Dumitrescu NZFam 2018, 835 (837 f.).
[519] Schweizer Bundesgericht FamRZ 2018, 1821 ff.
[520] Dumitrescu NZFam 2018, 835 (838).
[521] Hausheer FamRZ 2018, 1403 ff.
[522] Schweizer Bundesgericht FamRZ 2018, 1825 f.; so auch Aebi-Müller FamRZ 2018, 1725 (1731); einschränkend Dumitrescu NZFam 2018, 835 (838).

Gegenüber minderjährigen Kindern ist eine **Einschränkung** des Unterhaltspflichtigen bis zum Notbedarf[523] zumutbar, gegenüber dem volljährigen Kind wird ein erweiterter Notbedarf, zuzüglich etwa 20%, anerkannt.[524] Wenn ein Elternteil nichts verdient, obwohl er es könnte, wird er nach einem fiktiven Einkommen taxiert.[525] Grundsätzlich ist auch die betreuende Mutter barunterhaltspflichtig, jedoch wird die persönliche Betreuung als wesentlicher Unterhaltsbeitrag angesehen.[526] Der Unterhaltsanspruch steht dem Kind zu und ist, solange das Kind unmündig ist, an den gesetzlichen Vertreter oder – bei gemeinsamer elterlicher Sorge – an den Inhaber der Obhut zu leisten (Art. 289 I ZGB). Der Begriff der Obhut beschreibt die tatsächlichen Verhältnisse und ist nicht im Rechtssinne zu verstehen.[527]

Die Festsetzung von Unterhaltsbeiträgen ist eine **Ermessensentscheidung,** die nach Recht und Billigkeit zu treffen ist und bei der alle bedeutsamen Umstände berücksichtigt werden müssen (vgl. auch Art. 4 ZGB). Neben der Lebensstellung, den Bedürfnissen des Kindes (bei denen eigenes Einkommen und Vermögen zu berücksichtigen ist) und der Leistungsfähigkeit der Eltern verdeutlicht der neue Art. 285 I ZGB, dass auch der Beitrag des nicht obhutsberechtigten Elternteils an der Betreuung des Kindes ein wesentliches Kriterium für die Festsetzung der Höhe der Unterhaltsbeiträge ist. Allerdings werden die Grundkosten für den Unterhalt des Kindes wie Wohnungsanteil, Versicherungs- und Krankenkassenprämien, Bekleidungskosten usw nicht durch den Umfang der Mitbetreuung beeinflusst. Wenn es die wirtschaftlichen Verhältnisse erlauben, soll der Unterhaltsbeitrag für das Kind aber so bemessen werden, dass sich der sorgeberechtigte Elternteil ein angemessenes Maß an Freizeit verschaffen kann, zB durch stundenweise Anstellung eines bezahlten Babysitters. Die gleiche Funktion kann die Mitbetreuung des Kindes durch den anderen Elternteil erfüllen, sei es, dass beide Eltern gemeinsam die elterliche Sorge ausüben,[528] sei es, dass die Betreuung im Rahmen eines großzügig bemessenen Umgangsrechts wahrgenommen wird. Einen verordneten Mindestunterhalt gibt es nicht, auch keinen sog Regelunterhalt, jedoch Empfehlungen der Jugendämter als Orientierungshilfe.[529] Verbreitet ist eine abstrakte Quotenaufteilung nach einem bestimmten **Prozentsatz** des Nettoeinkommens des Unterhaltspflichtigen, zB für ein Kind 15 bis 17%, für zwei Kinder 25 bis 27%, für drei Kinder 30 bis 33% usw des Nettoeinkommens, alles jedoch unverbindlich und nach Art einer Faustregel.[530]

378 Der Unterhaltsbeitrag wird in der Regel auf den Monatsbeginn festgesetzt (Art. 285 III ZGB). In diesem Zeitpunkt entsteht die Einzelforderung und wird gleichzeitig fällig.[531] Der Anspruch auf Unterhaltsbeiträge steht dem Kind zu und wird, solange das Kind minderjährig ist, durch Leistung an dessen gesetzlichen Vertreter oder den Inhaber der Obhut erfüllt (Art. 289 I ZGB). Kommt jedoch das Gemeinwesen für den Unterhalt auf, so geht der Unterhaltsanspruch mit allen Rechten **auf das Gemeinwesen über** (Art. 289 II ZGB).

---

[523] Hinderling/Steck, Das schweizerische Ehescheidungsrecht, 4. Auflage, S. 298. Der Notbedarf orientiert sich am vollstreckungsrechtlichen Existenzminimum (bei uns etwa Pfändungsfreigrenze), dessen Berechnung jedoch individuell und dem Vollstreckungsbeamten überlassen ist. Zur Berechnung werden Richtlinien verwendet, die jedoch unverbindlich sind.

[524] Hinderling/Steck, Das schweizerische Ehescheidungsrecht, 4. Auflage, S. 461; Hegnauer, Entwicklungen des europäischen Kindschaftsrechts, 2. Auflage, S. 130.

[525] Hinderling/Steck, Das schweizerische Ehescheidungsrecht, 4. Auflage, S. 467.

[526] Hinderling/Steck, Das schweizerische Ehescheidungsrecht, 4. Auflage, S. 468.

[527] Vgl. dazu auch BGH FamRZ 2014, 719 Rn. 16 ff.

[528] Vgl. insoweit Hausheer FamRZ 2014, 1520.

[529] Vgl. auch Meyer FPR 2013, 83 (85 f.); Hinderling/Steck, Das schweizerische Ehescheidungsrecht, 4. Auflage, S. 465; Hegnauer, Entwicklungen des europäischen Kindschaftsrechts, 2. Auflage, S. 131.

[530] Hausheer/Geiser/Aebi-Müller, Das Familienrecht des Schweizerischen Zivilgesetzbuches, 6. Aufl., Rn. 17.45; Hinderling/Steck, Das schweizerische Ehescheidungsrecht, 4. Auflage, S. 465; zur Vollstreckung eines schweizer Unterhaltstitels auf Kindesunterhalt BGH FamRZ 2011, 802.

[531] Hinderling/Steck, Das schweizerische Ehescheidungsrecht, 4. Auflage, S. 471.

Unterhaltsverträge werden für das Kind erst mit der Genehmigung durch die Kindesschutzbehörde verbindlich (Art. 287 I ZGB). Vertraglich festgelegte Unterhaltsbeiträge können geändert werden, soweit dies nicht mit Genehmigung der Kindesschutzbehörde ausgeschlossen worden ist (Art. 287 II ZGB). Wird der Vertrag in einem gerichtlichen Verfahren geschlossen, so ist für die Genehmigung das Gericht zuständig (Art. 287 III ZGB).

Die **Abfindung** des Kindes für seinen Unterhaltsanspruch kann vereinbart werden, wenn sein Interesse es rechtfertigt. Die Vereinbarung wird für das Kind erst verbindlich, wenn die Kindesschutzbehörde, oder bei Abschluss in einem gerichtlichen Verfahren, das Gericht die Genehmigung erteilt hat, und die Abfindungssumme an die dabei bezeichnete Stelle entrichtet worden ist (Art. 288 ZGB).

Auf das Unterhaltsstammrecht kann grundsätzlich nicht **verzichtet** werden, aber auf die einzelne Unterhaltsrate. Diese Einzelforderung (nicht das Stammrecht) ist grundsätzlich vererblich, kann verjähren (5 Jahre, Art. 128 Nr. 1 OR), ist verrechenbar, abtretbar und pfändbar.[532] Der Unterhalt kann für die Zukunft und für die Dauer eines Jahres vor Einleitung des Verfahrens verlangt werden (Art. 279 I ZGB).

379 Grundsätzlich hat das Kind denjenigen Elternteil, dem es entzogen worden ist, auf Unterhalt in Anspruch zu nehmen (Art. 279 I ZGB). Vor der Scheidung und im Scheidungsverbund macht der obhutsberechtigte Elternteil, dem das Kind zugeteilt werden soll, den Kindesunterhalt allerdings im eigenen Namen, also in gesetzlicher **Verfahrensstandschaft** geltend (Art. 279 III ZGB; vgl. auch § 1629 III BGB).[533] Ebenso wie im deutschen Recht entfällt diese Verfahrensführungsbefugnis aber mit Eintritt der Mündigkeit (Volljährigkeit) des Kindes.[534]

380 **Abänderung.** Unterhaltsbeiträge sind nach den Verhältnissen festzusetzen, wie sie sich voraussichtlich über längere Zeit hin gestalten. Das Gericht kann aber auch anordnen, dass der Unterhaltsbeitrag sich bei bestimmten Veränderungen der Bedürfnisse des Kindes oder der Leistungsfähigkeit der Eltern oder der Lebenskosten ohne weiteres erhöht oder vermindert (Art. 286 I ZGB). Bei erheblicher Veränderung der Verhältnisse setzt das Gericht den Unterhaltsbeitrag auf Antrag eines Elternteils oder des Kindes neu fest oder hebt ihn auf (Art. § 286 II, 179 ZGB). Bei nicht vorhergesehenen außerordentlichen Bedürfnissen des Kindes kann das Gericht die Eltern zur Leistung eines besonderen Beitrags verpflichten (Art. 286 III ZGB). Zu denken ist dabei an außergewöhnliche Kosten im Sinne eines Mehrbedarfs zB für Zahnkorrektur oder für besondere schulische Förderung. Für den Beginn der Änderung ist auf den der Einleitung des Verfahrens folgenden Monatsanfang abzustellen. Liegen besonders schwerwiegende Gründe vor, ist ausnahmsweise eine weitergehende Rückwirkung zulässig.[535] Eine Abänderung kommt auch in Betracht, wenn der nicht sorgeberechtigte Elternteil seinem bei der Unterhaltsbemessung berücksichtigten großzügigen Umgangsrecht nicht nachkommt und dadurch erhebliche finanzielle Mehrbelastungen des sorgeberechtigten Elternteils entstehen. Die zugrunde liegende Neuregelung des § 285 I ZGB soll allerdings nicht zu einer kleinlichen Aufrechnerei führen.

381 Bei Säumnis des Unterhaltsschuldners sieht das ZGB – neben der allgemeinen Zwangsvollstreckung – eine Reihe von unterstützenden Maßnahmen vor: Inkassohilfe (Art. 290 ZGB), richterliche Anweisung an Schuldner des Unterhaltspflichtigen, Zahlungen an den gesetzlichen Vertreter des Kindes zu leisten (Art. 291 ZGB), Anordnung von Sicherheitsleistung gegenüber dem Unterhaltspflichtigen für die künftigen Beiträge (Art. 292 ZGB), Übernahme der Unterhaltskosten durch den Staat/Kanton (Art. 293 I ZGB), Vorschusszahlungen des Staates/Kanton mit Übergang des Unterhaltsanspruchs (Art. 293 II, Art. 289 II ZGB).[536] Wie der Unterhaltsvorschuss nach dem österreichischen Bundesgesetz für die Gewährung von Vorschüssen auf den Unterhalt von Kindern (UVG) ist auch der Vorschuss nach Art. 289 II ZGB eine Familienleistung im Sinne von Art. 4 I h EWGVO

---

[532] Hinderling/Steck, Das schweizerische Ehescheidungsrecht, 4. Auflage, S. 472.
[533] Vgl. BGH FamRZ 2008, 390.
[534] BGE 109 II 371, 373.
[535] Hinderling/Steck, Das schweizerische Ehescheidungsrecht, 4. Auflage, S. 480.
[536] Hegnauer, Entwicklungen des europäischen Kindschaftsrechts, 2. Auflage, S. 132.

1408/71 vom 14.6.1971; er steht deswegen unter denselben Voraussetzungen auch den im Inland wohnenden ausländischen EU-Bürgern zu.[537]

382 Maßgeblich für die Höhe von Unterhaltsansprüchen sind auch in der Schweiz die Bedürftigkeit des Unterhaltsberechtigten und die Leistungsfähigkeit des Unterhaltspflichtigen, jeweils unter Berücksichtigung der anrechenbaren Einkünfte und der individuellen Lebenshaltungskosten. Wird in einer Ehesache ein Unterhaltsbeitrag für das Kind festgelegt, wird zunächst der Gesamtunterhaltsbetrag ermittelt, der vom unterhaltspflichtigen an den unterhaltsberechtigten Ehegatten und an die gemeinsamen Kinder zu zahlen ist. Der Gesamtunterhaltsbedarf wird nach den Regeln für den Ehegattenunterhalt berechnet, wobei der Bedarf der Kinder zum Bedarf des obhutsberechtigten Ehegatten hinzugerechnet wird. Danach wird ein angemessener Anteil des Gesamtunterhaltsbeitrags als Kindesunterhalt ausgeschieden.[538]

2. Ehegattenunterhalt

383 **Familienunterhalt.** Der den Verhältnissen angepasste gesamte Lebensbedarf der Ehegatten und der im gemeinsamen Haushalt lebenden Kinder wird vom ZGB als ehelicher Unterhalt bezeichnet und in Art. 163 ff. ZGB geregelt. Die Ehegatten sorgen gemeinsam, ein jeder nach seinen Kräften, für den gebührenden Unterhalt der Familie (Art. 163 I ZGB). Der Unterhalt umfasst neben den Grundbedürfnissen der Nahrung, Kleidung, Wohnung, Körper- und Gesundheitspflege auch die Befriedigung kultureller Bedürfnisse sowie die Absicherung gegen Risiken verschiedener Art, wie Krankheit, Unfall, Alter pp.
Der eheliche Unterhalt wird durch regelmäßige Geldbeiträge aus Einkommen und/oder Vermögen sowie durch Natural- und Sachleistungen sichergestellt. Die Ehegatten verständigen sich über den Beitrag, den jeder von ihnen leistet, namentlich durch Geldzahlungen, Besorgen des Haushaltes, Betreuen der Kinder oder durch Mithilfe im Beruf oder Gewerbe des andern (Art. 163 II ZGB). Dabei berücksichtigen sie die Bedürfnisse der ehelichen Gemeinschaft und ihre persönlichen Umstände (Art. 163 III ZGB). Regelmäßig leistet jeder Ehegatte seinen Beitrag in allen Formen aber in unterschiedlichem Ausmaß. Über die Beiträge im Einzelnen haben sich die Ehegatten zu verständigen.[539]
Der Ehegatte, der den Haushalt besorgt, die Kinder betreut oder dem andern im Beruf oder Gewerbe hilft, hat Anspruch darauf, dass er vom andern regelmäßig einen angemessenen Betrag zur freien Verfügung ausrichtet (Art. 164 I ZGB). Bei der Festsetzung des Betrages sind eigene Einkünfte des berechtigten Ehegatten und eine verantwortungsbewusste Vorsorge für Familie, Beruf oder Gewerbe zu berücksichtigen (Art. 164 II ZGB).
Hat ein Ehegatte im Beruf oder Gewerbe des andern erheblich mehr mitgearbeitet, als sein Beitrag an den Unterhalt der Familie verlangt, so hat er dafür Anspruch auf angemessene Entschädigung (Art. 165 I ZGB). Dies gilt auch, wenn ein Ehegatte aus seinem Einkommen oder Vermögen an den Unterhalt der Familie bedeutend mehr beigetragen hat, als er verpflichtet war (Art. 165 II ZGB). Ein Ehegatte kann aber keine Entschädigung fordern, wenn er seinen außerordentlichen Beitrag aufgrund eines Arbeits-, Darlehens- oder Gesellschaftsvertrags oder eines anderen Rechtsverhältnisses geleistet hat (Art. 165 III ZGB).

384 Erfüllt ein Ehegatte seine Pflichten gegenüber der Familie nicht oder sind die Ehegatten in einer für die eheliche Gemeinschaft wichtigen Angelegenheit uneinig, so können sie gemeinsam oder einzeln das Gericht um Vermittlung anrufen (Art. 172 I ZGB). Das Gericht mahnt die Ehegatten an ihre Pflichten und versucht sie zu versöhnen; es kann mit ihrem Einverständnis Sachverständige beiziehen oder sie an eine Ehe- oder Familienberatungsstelle verweisen (Art. 172 II ZGB). Wenn nötig, trifft das Gericht auf Begehren eines Ehegatten die vom Gesetz vorgesehenen Maßnahmen. Die Bestimmung über den Schutz

---

[537] EuGH FamRZ 2001, 683.
[538] Meyer FPR 2013, 83 (86) mwN.
[539] Hausheer/Geiser/Aebi-Müller, Das Familienrecht des Schweizerischen Zivilgesetzbuches, 6. Aufl., Rn. 08.01 ff.

der Persönlichkeit gegen Gewalt, Drohungen oder Nachstellungen ist sinngemäß anwendbar (Art. 172 III ZGB).

Auf Begehren eines Ehegatten setzt das Gericht die Geldbeiträge an den Unterhalt der Familie fest (Art. 173 I ZGB). Ebenso setzt es auf Begehren eines Ehegatten den Betrag für den Ehegatten fest, der den Haushalt besorgt, die Kinder betreut oder dem andern im Beruf oder Gewerbe hilft (Art. 173 II ZGB). Die Leistungen können für die Zukunft und für das Jahr vor Einreichung des Begehrens gefordert werden (Art. 173 III ZGB).

Trennung. In der Schweiz gibt es die einfache Trennung (tatsächliche Aufhebung der ehelichen Lebensgemeinschaft) gemäß Art. 175 ZGB und die **gerichtliche Trennung** auf Grund sanktionierter Aufhebung der ehelichen Lebensgemeinschaft gemäß Art. 117 f. ZGB. Die gerichtliche Trennung können beide Ehegatten unter den gleichen Voraussetzungen wie bei der Scheidung verlangen (Art. 117 I ZGB). Das Recht, die Scheidung zu verlangen, wird durch das Trennungsurteil nicht berührt (Art. 117 III ZGB). Mit der gerichtlichen Trennung tritt von Gesetzes wegen Gütertrennung ein (Art. 118 I ZGB). Die gerichtliche Trennung ist für Paare gedacht, die sich aus religiösen Gründen, wegen ihres Alters oder wegen der erb- oder sozialversicherungsrechtlichen Folgen nicht scheiden lassen wollen.[540] 385

Da auch die gerichtliche Trennung das Eheband nicht auflöst, gelten bei beiden Trennungsformen die Vorschriften über die Unterhaltsansprüche zwischen Ehegatten weiter. Bei der Festsetzung des Unterhalts kommen deswegen im Wesentlichen dieselben Grundsätze wie bei Maßnahmen zum Schutz der ehelichen Gemeinschaft zur Anwendung (Art. 118 II, 172, 173 ZGB).[541] Ist die Aufhebung des gemeinsamen Haushaltes begründet, so muss das Gericht auf Begehren eines Ehegatten die Geldbeiträge, die der eine Ehegatte dem andern schuldet, festsetzen (Art. 176 I Nr. 1 ZGB). Insoweit verlangt die Rechtsprechung vom Unterhaltsberechtigten eine konkrete Bedarfsdarlegung.[542] Mit zunehmender Dauer der Trennungszeit, zB bei der zweijährigen „Ersitzung" des Scheidungsgrundes nach Art. 114 ZGB, wird die Verpflichtung des Unterhaltsberechtigten zur Selbstversorgung allerdings immer stärker. 386

Jeder Ehegatte kann von dem anderen Auskunft über dessen Einkommen, Vermögen oder Schulden verlangen (Art. 170 I ZGB). Auf sein Begehren kann das Gericht den andern Ehegatten oder Dritte verpflichten, die erforderlichen Auskünfte zu erteilen und die notwendigen Urkunden vorzulegen (Art. 170 II ZGB). Vorbehalten bleibt das Berufsgeheimnis der Rechtsanwälte, Notare, Ärzte, Geistlichen und ihrer Hilfspersonen (Art. 170 III ZGB).

Abänderung. Ändern sich die Verhältnisse, so passt das Gericht auf Begehren eines Ehegatten die Maßnahmen an oder hebt sie auf, wenn ihr Grund weggefallen ist. Die Bestimmungen über die Änderung der Verhältnisse bei Scheidung gelten sinngemäß.[543] Nehmen die Ehegatten das Zusammenleben wieder auf, so fallen die für das Getrenntleben angeordneten Maßnahmen mit Ausnahme der Gütertrennung und der Kindesschutzmaßnahmen dahin (Art. 179 II ZGB). 387

Erfüllt ein Ehegatte seine Unterhaltspflicht gegenüber der Familie nicht, so kann das Gericht dessen Schuldner anweisen, ihre Zahlungen ganz oder teilweise dem andern Ehegatten zu leisten (Art. 177 ZGB). 388

Scheidung. Seit der zum 1.1.2000 in Kraft getretenen Änderung des ZGB[544] ist zwischen **drei Arten der Ehescheidung** zu unterscheiden:[545] 389
– der Scheidung auf gemeinsames Begehren, die eine umfassende bzw eine weitgehende Einigung über die Scheidungsfolgen voraussetzt (Art. 111, 112 ZGB),
– dem einseitigen Scheidungsantrag nach zweijähriger Trennungszeit (Art. 114 ZGB) und

---

540 Rieck/Meyer, Ausländisches Familienrecht, Schweiz, Stand: Juli 2018, Rn. 13.
541 Hinderling/Steck, Das schweizerische Ehescheidungsrecht, 4. Auflage, S. 268.
542 Schweizer Bundesgericht 5A_776/2015.
543 Hinderling/Steck, Das schweizerische Ehescheidungsrecht, 4. Auflage, S. 270.
544 Vgl. Reusser FamRZ 2001, 595 ff.
545 Hausheer/Geiser/Aebi-Müller, Das Familienrecht des Schweizerischen Zivilgesetzbuches, 6. Aufl., Rn. 10.74 ff.

– dem einseitigen Scheidungsantrag, wenn dem Antragsteller die Fortsetzung der Ehe aus schwerwiegenden, ihm nicht zurechenbaren Gründen nicht zumutbar ist (Art. 115 ZGB),

Inzwischen erfolgt der weit überwiegende Anteil aller Ehescheidungen (98%) auf gemeinsames Begehren.

390 Dem neu in Art. 125 ZGB geregelten **nachehelichen Unterhalt** liegen zwei Prinzipien zugrunde:
- Nach der Ehescheidung muss sich jeder Ehegatte im Grundsatz selbst versorgen. Nur wenn dies einem Ehegatten nicht zumutbar ist, kann ihm nachehelicher Unterhalt zugesprochen werden.
- Die Ehe wird so geschieden, wie sie gelebt worden ist. Entscheidend kommt es dabei auf die **Lebensprägung** an.[546] Ist die wirtschaftliche Selbstständigkeit durch die Ehe nicht beeinträchtigt, kann ein Unterhaltsanspruch nur aus Arbeitsmarktgründen oder bei unterbliebener Ausbildung begründet sein. Ist die Ehe hingegen lebensprägend geworden, soll der nacheheliche Ehegattenunterhalt den zuletzt erreichten ehelichen Standard aufrechterhalten. Das ist zB bei sehr langer Ehedauer von mehr als 20 Jahren, tatsächlicher Kindererziehung oder Umstellung auf einen anderen Kulturkreis der Fall. Selbst bei sehr großen Einkommensunterschieden ist Zurückhaltung geboten; regelmäßig muss ein anderer Unterhaltsgrund hinzutreten.[547]

391 Mit der Scheidung entfällt die Pflicht zur gemeinsamen Sorge für den Unterhalt (Art. 163 ZGB); ehebedingte Nachteile sind indes auszugleichen. Seine Rechtfertigung hat der nacheheliche Unterhalt somit im Schutz des Vertrauens darauf, dass sich ein Scheitern der Ehe nicht zum Nachteil nur eines Ehegatten auswirkt.[548] Ein angemessener Beitrag ist dem anderen Ehegatten nach Art. 125 I ZGB nur dann zu leisten, wenn ihm nicht zuzumuten ist, für den gebührenden Unterhalt einschließlich der Altersversorgung selbst aufzukommen.[549] Die Unterhaltspflicht wird in der Regel zeitlich begrenzt; lebenslange Unterhaltsleistungen kommen nur sehr selten vor. Bei kinderloser Ehe oder kurzer Ehedauer (weniger als fünf bis zehn Jahre) kommt, wenn überhaupt, nur eine Unterhaltspflicht von kurzer Dauer in Betracht.[550]

392 Die Beteiligung an der Bewältigung ehebedingter Nachteile setzt voraus, dass nach den konkreten Umständen (Art. 4 ZGB) einem Ehegatten nicht zumutbar ist, für den ihm gebührenden Unterhalt unter Einschluss einer angemessenen Altersvorsorge allein aufzukommen (Art. 125 I ZGB). Für die Zumutbarkeit ist allein die Fähigkeit maßgebend, sich selbst zu versorgen; auf ein Verschulden am Scheitern der Ehe kommt es nicht an. Solches ist nur zu berücksichtigen, wenn nach Art. 125 III ZGB ein Unterhaltsanspruch als offensichtlich unbillig versagt oder gekürzt werden soll.[551]

393 Bei der Entscheidung, ob, in welcher Höhe und wie lange ein Beitrag zu leisten ist, sind nach Art. 125 II ZGB insbesondere zu berücksichtigen:[552]
– die **Aufgabenteilung während der Ehe,** wobei es auf die tatsächlich gelebten Verhältnisse ankommt,
– die **Dauer der Ehe.** Auch dabei ist maßgeblich, inwieweit die Ehe den Lebensplan und die Fähigkeit des Unterhaltsberechtigten zur Selbstversorgung beeinflusst hat. Regelmäßig gelten kinderlose Ehen bis zu fünf Jahren als kurz, solche von über zehn Jahren als

---

[546] Meyer FPR 2013, 83 (84); Reusser FamRZ 2001, 595 (597); der Begriff ist nicht identisch mit den ehelichen Lebensverhältnissen nach deutschem Recht.
[547] Meyer FPR 2013, 83 (84 f.); Hausheer/Geiser/Aebi-Müller, Das Familienrecht des Schweizerischen Zivilgesetzbuches, 6. Aufl., Rn. 10.68 ff.; Reusser FamRZ 2001, 595 (598).
[548] Hausheer/Spycher, Handbuch des Unterhaltsrechts, Rn. 05.43 ff.; Hegnauer/Breitschmid, Grundriss des Eherechts, 4. Aufl., Rn. 11.36.
[549] Rieck/Meyer, Ausländisches Familienrecht, Schweiz, Stand: Juli 2018, Rn. 18; Hegnauer/Breitschmid Grundriss des Eherechts, 4. Aufl., Rn. 11.37.
[550] Rieck/Meyer, Ausländisches Familienrecht, Schweiz, Stand: Juli 2018, Rn. 18.
[551] Hausheer/Spycher, Handbuch des Unterhaltsrechts, 2. Aufl. Rn. 05.43 ff.; Hausheer/Geiser/Aebi-Müller, Das Familienrecht des Schweizerischen Zivilgesetzbuches, 6. Aufl., Rn. 10.110 ff.; Hegnauer/Breitschmid Grundriss des Eherechts, 4. Aufl., Rn. 11.41.
[552] Hausheer/Spycher, Handbuch des Unterhaltsrechts, 2. Aufl. Rn. 05107 ff.

lang, was zum Alter des unterhaltsbedürftigen Ehegatten in Bezug zu setzen ist. Sind aus der Ehe Kinder hervorgegangen, kann auch eine nur kurze Ehe für den überwiegend mit Kindererziehung befassten Elternteil prägend geworden sein. Entsprechendes gilt mit Blick auf den Arbeits- und Wohnungsmarkt für einen Ehegatten aus einem fremden Kulturkreis.[553] Umgekehrt kann eine zwar langjährige aber schon lange getrennte Ehe trotz langer Dauer keine prägende Wirkung erreichen oder diese wegen früheren Eintritts der Fähigkeit zur Eigenversorgung wieder verloren haben.
– die einvernehmlich gelebte **Lebensstellung während der Ehe.** Maßgeblich ist dabei, was die Ehegatten sich als angemessen hätten leisten können. Ein Anspruch auf uneingeschränkte Fortführung des bisherigen Lebensstandards besteht allerdings nicht. Selbst bei günstigen Verhältnissen bildet der angemessene bisherige Standard die Obergrenze des Unterhaltsbeitrags.
– **Alter und Gesundheit der Ehegatten.**
– **Einkommen und Vermögen der Ehegatten.** Dabei sind realistische Anwartschaften auch aus Erbrecht,[554] günstige Einkommensperspektiven aber auch künftige Belastungen wie Unterstützungspflichten oder unverschuldeter Verlust des Arbeitsplatzes zu berücksichtigen, wenn die Entwicklung mit einer gewissen Wahrscheinlichkeit absehbar ist.[555] Bei normalen Einkommensverhältnissen (zwischen 5000 und 9000 Franken/mtl.) kann der Lebensstandard regelmäßig nicht voll gehalten werden, was zur Herabsetzung aller Ansprüche führt. Bei gehobenen Einkommensverhältnissen ist als Obergrenze vom Verbrauch (ohne Vermögensbildung) zum Ende der Ehezeit auszugehen. Nach Art. 143 I ZGB ist im Urteil anzugeben, von welchem Einkommen oder Vermögen jedes Ehegatten ausgegangen wird. Bei Aufnahme einer nichtehelichen Lebensgemeinschaft ist zu prüfen, ob dies Einfluss hat auf die Möglichkeit sich selbst zu versorgen und ob die Ehe bis zur Aufnahme der neuen Gemeinschaft prägend war.[556]
– Umfang und Dauer der von den Ehegatten noch zu leistenden **Betreuung der Kinder.**[557] Nach bisheriger Rechtsprechung sind Betreuungsleistungen bis zur Vollendung des 16. Lebensjahres des jüngsten Kindes zu berücksichtigen.[558] Bei nur einem Kind ist ab dem 10. Lebensjahr, nach wirtschaftlichen Verhältnissen und Betreuungsmöglichkeiten ggf. auch schon früher, eine Teilzeitbeschäftigung zumutbar.[559] Bei mehreren Kindern ist regelmäßig keine Berufstätigkeit zumutbar.
– die berufliche **Ausbildung und die Erwerbsaussichten** der Ehegatten sowie der mutmaßliche Aufwand für die berufliche Eingliederung des bedürftigen Ehegatten. Bei günstigen Verhältnissen hat der ökonomisch schwächere Ehegatte Anspruch auf Beibehaltung der ehelichen Lebensstellung. Ein Wiedereinstieg in das Berufsleben ist für eine geschiedene Ehefrau oft schon ab dem 45. Lebensjahr,[560] jedenfalls aber mit Vollendung des 50. Lebensjahres kaum noch möglich. Verfügt der Unterhaltspflichtige aber im Mangelfall nicht über ausreichende Mittel, kann zwangsläufig kein oder nur ein geringerer Unterhalt festgesetzt werden, was eigene Erwerbstätigkeit oder den Bezug von Sozialhilfe unumgänglich macht.[561]
– Ansprüche aus der ersten oder zweiten Säule der eidgenössischen **Alters- und Hinterbliebenenversorgung** und aus der beruflichen oder sonstigen privaten oder staatlichen Vorsorge nach Teilung der Austrittsleistungen.

---

[553] Hegnauer/Breitschmid Grundriss des Eherechts, 4. Aufl., Rn. 11.42b.
[554] BGE 116 II 103, 105 E.2.b/c.
[555] BEG 114 II 117.
[556] Hegnauer/Breitschmid Grundriss des Eherechts, 4. Aufl., Rn. 11.42e.
[557] Vgl. Menne FF 2012, 487; Reusser FamRZ 2001, 595 (598); OLG Stuttgart Urteil vom 22.11.2011 – 17 UF 133/10, BeckRS 2013, 12437.
[558] BEG 109 II 286; 110 II 225; 115 II 10; 115 II 431 Erw. 5; Hinderling/Steck, Das schweizerische Ehescheidungsrecht, 4. Auflage, S. 285; Plate FuR 1996, 50.
[559] BGE 114 II 303 Erw. d; 115 II 10 Erw. 3c; Hegnauer/Breitschmid Grundriss des Eherechts, 4. Aufl., Rn. 11.42f.
[560] BGE 114 II 9.
[561] Hegnauer/Breitschmid Grundriss des Eherechts, 4. Aufl., Rn. 11.42g.

394 Art. 125 II ZGB nennt damit nur Beispiele, die nach ihrer Bedeutung im konkreten Einzelfall zu gewichten sind. Allgemein sind **Höhe und Dauer** des Unterhalts nach der Selbsterhaltungsfähigkeit des Berechtigten und der Leistungsfähigkeit des Unterhaltspflichtigen[562] festzusetzen. Die Höhe des Ehegattenunterhalts wird heute vorwiegend nicht rein pauschal im Sinne einer Quote, sondern konkret ermittelt. Auch dabei werden allerdings Pauschalierungen mit individuellem Einzelbedarf, zB für Wohnkosten, Krankenvorsorge usw, kombiniert.[563] In der Rechtsprechung hat sich die „Methode der familienrechtlichen Existenzminimum- und Grundbedarfsberechnung mit allfälliger Überschussverteilung" durchgesetzt.[564] Nach dieser Methode wird für alle Unterhaltsberechtigten vorerst der Bedarf als familienrechtliches Existenzminimum konkret berechnet. Dabei wird in einem ersten Schritt das „betreibungsrechtliche" Existenzminimum[565] ermittelt, das in einem zweiten Schritt zum familienrechtlichen Grundbedarf erweitert wird.[566] Der Summe aller familienrechtlichen Existenzminima wird sodann, unter Anrechnung (auch hypothetischer) Einkommen, das maßgebliche Einkommen des Unterhaltspflichtigen gegenüber gestellt. Auch wenn sich daraus ein Überschuss ergibt, ist dieser anteilig auf die Unterhaltsberechtigten zu verteilen.[567] Bei der Bemessung des nachehelichen Unterhalts ist allerdings zu berücksichtigen, das seit der gesetzlichen Neuregelung zum 1.1.2017 der Betreuungsunterhalt als Teil des Kindesunterhalts ausgestaltet ist, obwohl er wirtschaftlich dem geschiedenen Ehegatten zusteht (→ Rn. 35 f., 39). Da er nach der Rechtsprechung des Schweizer Bundesgerichts im Wege der Lebenshaltungskostenmethode zu ermitteln ist, deckt er bereit wirtschaftlich einen Teil des Unterhaltsbedarfs des betreuenden Elternteils ab. Wie sich das auf die Höhe des (weitergehenden) eigenen Unterhaltsanspruchs auswirkt ist noch nicht abschließend geklärt.[568] Mit Ausnahme der Fälle einer alters-, gesundheits- oder bildungsbedingt dauerhaft reduzierten Eigenversorgung wird die Unterhaltsrente nur befristet (für eine bestimmte Dauer oder bis zum Eintritt einer Bedingung) oder allenfalls degressiv geschuldet.[569]

395 Nach Art. 125 III ZGB kann ein Unterhaltsbeitrag **versagt oder gekürzt** werden, wenn die Verpflichtung offensichtlich unbillig wäre, insbesondere wenn der Unterhaltsberechtigte seine eigene Pflicht, zum Unterhalt der Familie beizutragen, grob verletzt hat (Nr. 1), seine Bedürftigkeit mutwillig herbeigeführt hat (Nr. 2) oder gegen den Unterhaltspflichtigen oder nahe Angehörige eine schwere Straftat begangen hat (Nr. 3).[570] Der Ausschluss darf sich nicht zu Lasten notwendiger Kinderbetreuung auswirken.[571] Der Unterhaltsanspruch entfällt beim Tod des Berechtigten und des Unterhaltspflichtigen. Vorbehaltlich einer abweichenden Vereinbarung entfällt er auch bei Wiederheirat des Unterhaltsberechtigten (Art. 130 I, II ZGB).

396 Beantragen die Ehegatten die Scheidung auf gemeinsames Begehren, müssen sie nach Art. 111 I ZGB eine vollständige Vereinbarung über die Scheidungsfolgen einreichen, die vom Gericht zu genehmigen ist (Art. 140 ZGB). Sie können aber auch verlangen, dass das Gericht die Scheidungsfolgen beurteilen soll, über die sie sich nicht einig sind. Insoweit stellen die Ehegatten dann wechselseitig Anträge, über die im Scheidungsurteil mit entschieden wird (Art. 112 I ZGB).

397 Das Gericht setzt als Unterhaltsbeitrag eine Rente fest und bestimmt den Beginn der Beitragspflicht (Art. 126 I ZGB). Rechtfertigen es besondere Umstände, kann anstelle der

---

[562] Meyer FPR 2013, 83 (85); Haussheer/Spycher, Handbuch des Unterhaltsrechts, 2. Aufl. Rn. 05.88 ff.
[563] Haussheer/Geiser/Aebi-Müller, Das Familienrecht des Schweizerischen Zivilgesetzbuches, 6. Aufl., Rn. 10.90 ff.
[564] BGE 128 III 65 ff.; BGer 5C.232/2004 E. 3.
[565] Vgl. dazu www.berechnungsblaetter.ch.
[566] BGer 5C.282/2002.
[567] Haussheer/Geiser/Aebi-Müller, Das Familienrecht des Schweizerischen Zivilgesetzbuches, 6. Aufl., Rn. 10.94 ff. mwN.
[568] Haussheer FamRZ 2015, 1567 ff.; 2018, 1403 ff.
[569] Hegnauer/Breitschmid Grundriss des Eherechts, 4. Aufl., Rn. 11.43.
[570] Haussheer/Spycher, Handbuch des Unterhaltsrechts, 2. Aufl. Rn. 05.96 ff.
[571] Menne FF 2012, 487.

Rente eine Abfindung festgesetzt werden (Art. 126 II ZGB). Das Gericht kann den Unterhaltsbeitrag auch von Bedingungen abhängig machen (Art. 126 III ZGB). Damit kann es wichtigen Unwägbarkeiten in der Entwicklung schon im Voraus Rechnung tragen.

Abänderung/Anpassung. Nach Art. 127 ZGB können die Ehegatten (nicht das Gericht) in der Vereinbarung die Abänderung der festgesetzten Rente ganz oder teilweise **ausschließen.**[572] Das Gericht kann anordnen, dass der Unterhaltsbeitrag sich bei bestimmten Veränderungen der Lebenshaltungskosten ohne weiteres erhöht oder vermindert (Art. 128 ZGB). Bei erheblicher und dauernder Veränderung der Verhältnisse kann die Rente herabgesetzt, aufgehoben oder für eine bestimmte Zeit eingestellt werden; eine Verbesserung der Verhältnisse der berechtigten Person ist nur dann zu berücksichtigen, wenn im Scheidungsurteil eine den gebührenden Unterhalt deckende Rente festgesetzt werden konnte (Art. 129 I ZGB). Der Unterhaltspflichtige muss eine seine Leistungsfähigkeit übersteigende Wirkung der Indexierung also durch Abänderungsantrag geltend machen.[573] Ist ein nicht indexierter Unterhaltsbeitrag festgesetzt worden, kann die berechtigte Person für die Zukunft dessen Anpassung an die Teuerung auch später verlangen, wenn das Einkommen des Unterhaltspflichtigen nach der Scheidung unvorhersehbar gestiegen ist (Art. 129 II ZGB). Dann kann eine Erhöhung und/oder eine Indexierung der Rente angeordnet werden.[574] 398

Eine Herabsetzung, Aufhebung oder befristete Einstellung der Rente kommt nach Art. 129 I ZGB besonders bei einer Verminderung seiner Leistungsfähigkeit in Betracht. Verbesserte Verhältnisse des Unterhaltsberechtigten können eine Herabsetzung nur begründen, wenn zuvor eine den gebührenden Unterhalt deckende Rente festgesetzt war (Art. 129 I 2 ZGB). Auch dann ist aber Zurückhaltung geboten, weil die erhöhte Eigenleistung des Berechtigten in erster Linie dessen Startchancen verbessern und nicht den Unterhaltspflichtigen entlasten soll.[575] Als Aufhebungsgrund kommt auch eine neue nichteheliche Lebensgemeinschaft in Betracht. Dies wird bei fünfjähriger Dauer vermutet, kann aber auch schon früher, zB bei gemeinsamem Erwerb von Wohneigentum, vorliegen.[576] 399

Nunmehr kann auch nachträglich binnen fünf Jahren seit der Scheidung die Festsetzung einer Rente oder deren Erhöhung verlangt werden, wenn im Urteil festgehalten ist, dass kein zur Deckung des gebührenden Unterhalts ausreichender Betrag festgesetzt werden konnte, die wirtschaftlichen Verhältnisse des Unterhaltspflichtigen sich aber entsprechend verbessert haben (Art. 129 III ZGB). 400

3. Verwandtenunterhalt

Wer in günstigen Verhältnissen lebt, ist nach Art. 328 I ZGB verpflichtet, Verwandte in auf- und absteigender Linie zu unterstützen, die ohne diesen Beistand in Not geraten würden. Die Unterhaltspflicht der Eltern und des Ehegatten, der eingetragenen Partnerin oder des eingetragenen Partners bleibt vorbehalten (Art. 328 II ZGB) und geht dem Verwandtenunterhalt vor. Schon nach dem Wortlaut setzt der Unterhaltsanspruch Leistungsfähigkeit des Unterhaltspflichtigen („Wer in günstigen Verhältnissen lebt") und Bedürftigkeit des Unterhaltsberechtigten („die ohne diesen Beistand in Not geraten würden") voraus.[577] 401

---

[572] Zu den Risiken BGE 122 II 97.
[573] Hegnauer/Breitschmid Grundriss des Eherechts, 4. Aufl., Rn. 11.54.
[574] Hausheer/Geiser/Aebi-Müller, Das Familienrecht des Schweizerischen Zivilgesetzbuches, 6. Aufl., Rn. 10.107 ff.; Hegnauer/Breitschmid Grundriss des Eherechts, 4. Aufl., Rn. 11.54.
[575] BGE 108 II 83; Hegnauer/Breitschmid Grundriss des Eherechts, 4. Aufl., Rn. 11.55.
[576] BGE 116 II 394; 124 III 54.
[577] Bergmann/Ferid/Henrich/Cieslar/von Werdt/Möckli, Internationales Ehe- und Kindschaftsrecht, Schweiz, Stand: 1.1.2018 S. 47 ff., 58 f.

4. Allgemeine Vorschriften

402 Reicht das Einkommen zur Deckung des Lebensbedarfs nicht aus, ist dem Unterhaltsschuldner stets sein Existenzminimum zu belassen. Dann ist allerdings ein hypothetisches Einkommen zuzurechnen, wenn dessen Erzielung zumutbar und möglich ist.[578] Gleiches gilt, wenn der Unterhaltsschuldner rechtsmißbräuchlich eine Erwerbstätigkeit aufgegeben hat, obwohl er keinerlei Aussicht auf eine Erwerbstätigkeit mit entsprechendem Verdienst hatte.[579] Zwar ist dann die Pfändung eines hypothetischen Einkommens nicht möglich, im Rahmen der Vollstreckung kann aber auch in das Existenzminimum eingegriffen werden.[580] Kommt das Gemeinwesen für den Kindesunterhalt auf, so geht der Unterhaltsanspruch mit allen Rechten auf das Gemeinwesen über (Art. 289 II ZGB). Ein solcher **Forderungsübergang** ist für die Vergangenheit bereits im Ausgangsverfahren zu berücksichtigen. Den rückständigen Unterhalt können deswegen nur entweder der Träger der Sozialleistungen oder, gemeinsam mit dem laufenden künftigen Unterhalt, der Unterhaltsberechtigte in Verfahrensstandschaft zur Zahlung an den Träger der Sozialleistung geltend machen. In einem späteren Verfahren zur Anordnung der Vollstreckbarkeit eines schweizer Unterhaltstitels in der Bundesrepublik Deutschland kann ein gesetzlicher Forderungsübergang geltend gemacht werden, soweit dem Übergang unstreitige Zahlungen des Sozialhilfeträgers nach Erlass der zu vollstreckenden Entscheidung zugrunde liegen.[581]

Serbien

Der Unterhalt richtet sich nach den Bestimmungen des Familiengesetzes der Republik Serbien vom 24.2.2005 (FamG).[582]

1. Kindesunterhalt

403 **Minderjährige Kinder** haben nach § 154 I FamG das Recht auf Unterhalt von den Eltern. Die Pflicht der minderjährigen Kinder, ihren Unterhaltsbedarf (teilweise) von eigenen Einkünften oder eigenem Vermögen zu bestreiten, ist gegenüber der Unterhaltspflicht der Eltern subsidiär (Art. 154 III FamG).

404 Ein **volljähriges Kind** hat ein Recht auf Unterhalt von den Eltern, wenn es arbeitsunfähig ist und nicht genug Mittel für den Unterhalt hat. Der Anspruch besteht, solange dieser Zustand andauert (Art. 155 I FamG). Besucht das volljährige Kind noch regelmäßig die Schule, längstens aber bis zur Vollendung des 26. Lebensjahres, bemisst sich der Anspruch auf Unterhalt von den Eltern im Verhältnis zu deren Möglichkeiten (Art. 155 II FamG). Der Unterhaltsanspruch gegen die Eltern entfällt allerdings, wenn die Unterhaltspflicht eine offensichtliche Ungerechtigkeit für die Eltern darstellen würde (Art. 155 IV FamG).

405 Für den Unterhalt „**als Kind angenommener** Verwandter" gelten die gleichen Grundsätze wie für leibliche Kinder (Art. 158 FamG). **Minderjährige Stiefkinder** haben auch gegen ihren Stiefelternteil Anspruch auf Unterhalt (Art. 159 I FamG). Der Anspruch entfällt, wenn die Ehe zwischen dem Elternteil und dem Stiefelternteil für ungültig erklärt oder geschieden worden ist (§ 159 II FamG). Die Dauer und die Höhe des Unterhalts sind nach allgemeinen Kriterien zu bemessen (→ Rn. 414 ff.). Subsidiäre Unterhaltsansprüche

---

[578] BGE 137 III 113 E. 2.3.
[579] BGE 143 III 233.
[580] BGE 106 III 18; 111 III 13 E. 5; 116 III 10 E. 2; 137 III 193 E. 3.9; 137 III 145 E. 3.4.3.
[581] EuGH NJW 2011, 3506; BGH FamRZ 2011, 802 Rn. 17 ff.; zur Zustellung in der Schweiz vgl. BGH FamRZ 2008, 390 Rn. 14 ff.
[582] Nr. 18/2005; vgl. Bergmann/Ferid/Henrich/Cieslar/Kraljic, Internationales Ehe- und Kindschaftsrecht, Serbien Stand 30.6.2006 S. 51 ff.

der Kinder gegen andere Blutsverwandte in gerader aufsteigender Linie sind im Rahmen des Verwandtenunterhalts erörtert (→ Rn. 411 ff.).

2. Ehegattenunterhalt

Nach Art. 25 FamG sind die **Ehegatten** verpflichtet, ein gemeinsames Leben zu führen, sich gegenseitig zu achten und zu unterstützen. Sie sind auch verpflichtet, sich unter den durch das Gesetz bestimmten Voraussetzungen gegenseitig Unterhalt zu leisten (Art. 28 FamG). Der Ehegatte, der nicht genug Mittel für seinen Unterhalt hat und arbeitsunfähig oder arbeitslos ist, hat ein Recht auf Unterhalt vom anderen Ehegatten nach dessen Möglichkeiten (Art. 151 I FamG). Kein Unterhaltsrecht hat der Ehegatte, der bei Eingehung einer nichtigen oder anfechtbaren Ehe von dem Grund der Nichtigkeit oder Anfechtbarkeit gewusst hat (Art. 151 II FamG). Der Ehegatte hat auch dann keinen Anspruch auf Unterhalt, wenn die Anerkennung des Anspruchs eine offensichtliche Ungerechtigkeit für den unterhaltspflichtigen Ehegatten darstellen würde (Art. 151 III FamG).

Wird eine Ehe für ungültig erklärt, steht dem Ehegatten, der den Nichtigkeitsgrund im Zeitpunkt der Eheschließung nicht kannte, unter den Voraussetzungen des Art. 151 I FamG ein Anspruch auf Unterhalt zu.

Der Unterhaltsberechtigte kann verlangen, dass ihm dieser Unterhaltsanspruch gegen den anderen Ehegatten bereits **im Verfahren der Ehescheidung**[583] zugesprochen wird. Hatte der Ehegatte im Scheidungsverfahren keinen Unterhalt beantragt, kann er ausnahmsweise innerhalb einer Frist von zwei Jahren nach der Ehescheidung aus berechtigten Gründen einen isolierten Unterhaltsantrag erheben. Das setzt aber voraus, dass die Unterhaltsvoraussetzungen schon im Zeitpunkt der Ehescheidung vorlagen und ununterbrochen bis zum Abschluss der Hauptverhandlung in dem isolierten Unterhaltsverfahren angedauert haben oder dass innerhalb dieser Frist eine Arbeitsfähigkeit als Folge einer körperlichen Verletzung oder einer angegriffenen Gesundheit aus der Zeit vor der Ehescheidung eingetreten ist.[584] Hat der unterhaltspflichtige Ehegatte seit der Ehescheidung auf Grund einer Vereinbarung oder ohne ausdrückliches Übereinkommen zum Unterhalt des anderen Ehegatten durch Zahlung bestimmter Beträge, Überlassung der Nutzung seines Eigentums oder auf andere Weise beigetragen, beginnt die zweijährige Antragsfrist mit dem Tag der letzten Leistung bzw. dem Tag der Rückgabe des Vermögensgegenstandes. Wenn die Ehegatten im Scheidungs- oder in einem Eheschutzverfahren den nachehelichen Unterhalt aufgrund einer vom Gericht genehmigten Konvention nach Art. 176, 276 ZPO regeln, können sie damit Ungewissheiten bezüglich beurteilungsrelevanter Tatsachen oder deren rechtlicher Tragweite bereinigen. Insoweit bleibt die Vereinbarung dann aber unabänderlich.[585] Eine Abänderung kommt dann nur wegen Veränderungen in Betracht, mit denen die Beteiligten nicht rechnen konnten.[586] Allerdings ist der Trennungsunterhalt nach Art. 277 ZPO von Amts wegen festzustellen, was auch im Rahmen einer entsprechenden Konvention zu berücksichtigen ist und insoweit den Untersuchungsgrundsatz stärkt. Im Übrigen unterliegen Unterhaltsentscheidungen bei Veränderung der zugrunde liegenden Umstände einem Abänderungsvorbehalt, was auch einem vertraglichen Ausschluss der Abänderbarkeit des nachehelichen Unterhalts Grenzen setzen kann. Veränderte Verhältnisse sind aber, soweit nach Art. 229, 317 I ZPO möglich, noch im Ausgangsverfahren einzubringen und könne dann kein späteres Abänderungsverfahren rechtfertigen.[587]

Das Gericht kann den Antrag auf Unterhalt unter Berücksichtigung aller Umstände des Falles **abweisen,** wenn der berechtigte Ehegatte den anderen ohne berechtigten Grund

---

[583] Zu den Scheidungsvoraussetzungen vgl. Cvejic Jancic FamRZ 2009, 1561 ff.
[584] Diese Regelung verstößt gegen den deutschen ordere publik, wenn der Ehegatte danach wegen Fristablaufs trotz Erziehung eines minderjährigen Kindes keinen Betreuungsunterhalt verlangen kann; vgl. OLG Koblenz FamRZ 2004, 1877 zum früheren Art. 288 EheFamG.
[585] BGE 142 III 518 E. 2.5.
[586] BGE 142 III 518 E. 2.6.1.
[587] BGE 143 III 42 E. 5.1 und 5.3; BGE 142 III 413 E. 2.2.6.

verlassen hat. Außerdem kann der Antrag auf Unterhalt abgewiesen werden, wenn sich der Unterhaltsberechtigte ohne besonderen Anlass durch den anderen Ehegatten in der ehelichen Gemeinschaft grob oder ungebührlich verhalten hat oder wenn sein Antrag eine offensichtliche Ungerechtigkeit für den anderen Ehegatten darstellen würde. Lebten die Ehegatten schon längere Zeit getrennt und waren beide Ehegatten bis zum Zeitpunkt der Ehescheidung „eine lange Reihe von Jahren" darauf angewiesen, ihren Unterhalt selbst sicherzustellen, kann das Gericht den Unterhaltsantrag unter Berücksichtigung aller Umstände des Falles ebenfalls abweisen.

Der Unterhalt des Ehegatten kann nach der **Beendigung** der Ehe nicht länger dauern als fünf Jahre (Art. 163 II FamG). Ausnahmsweise kann der Unterhalt des Ehegatten nach der Beendigung der Ehe auch nach dem Ablauf der Frist von fünf Jahren verlängert werden, wenn besonders berechtigte Gründe den unterhaltsberechtigten Ehegatten an einer Arbeit hindern (Art. 163 III FamG). Der Unterhalt des Ehegatten endet auch, wenn der Unterhaltsberechtigte eine neue Ehe bzw nichteheliche Gemeinschaft eingeht (Art. 167 III FamG). Der Ehegatte, dessen Unterhaltsrecht einmal beendet war, kann das Unterhaltsrecht gegenüber demselben Ehegatten nicht mehr geltend machen (Art. 167 IV FamG).

3. Unterhalt der Mutter eines Kindes und des außerehelichen Partners

409 Die **Mutter eines Kindes,** die nicht genügend Mittel für den Unterhalt hat, hat ein Recht auf Unterhalt vom Vater des Kindes für die Zeit vom dritten Monat vor der Geburt bis zum ersten Jahr nach der Geburt (Art. 153 I FamG). Der Unterhaltsanspruch besteht nicht, wenn die Anerkennung des Anspruchs eine offensichtliche Ungerechtigkeit für den Vater darstellen würde (Art. 153 II FamG).

410 Der **nichteheliche Partner,** der nicht genügend Mittel für den Unterhalt hat und arbeitsunfähig oder arbeitslos ist, hat ein Recht auf Unterhalt vom anderen nichtehelichen Partner nach dessen Möglichkeiten (Art. 152 I FamG). Auf diesen Unterhaltsanspruch sind die Bestimmungen des Familiengesetzes über den Unterhaltsanspruch eines Ehegatten sinngemäß anzuwenden (Art. 152 II FamG).

4. Verwandtenunterhalt

411 **Minderjährige Kinder** haben neben dem Anspruch gegen ihre Eltern ein Recht auf Unterhalt von anderen Blutsverwandten in gerade aufsteigender Linie, wenn die Eltern nicht leben oder nicht genug Mittel für den Unterhalt haben (§ 154 II FamG). Auch insoweit ist die Pflicht der minderjährigen Kinder, ihren Unterhaltsbedarf (teilweise) von eigenen Einkünften oder eigenem Vermögen zu bestreiten, gegenüber der Unterhaltspflicht der Blutsverwandten subsidiär (Art. 154 III FamG). **Volljährige Kinder,** die arbeitsunfähig sind und nicht genug Mittel für den Unterhalt haben oder noch regelmäßig die Schule besuchen, haben ein Recht auf Unterhalt von anderen Blutsverwandten in gerade aufsteigender Linie im Verhältnis zu deren Möglichkeiten. Der Anspruch besteht nur, wenn die Eltern nicht mehr leben oder nicht genug Mittel für den Unterhalt haben (§ 155 III FamG). Der Unterhaltsanspruch des volljährigen Kindes gegen die Blutsverwandten entfällt allerdings, wenn die Unterhaltspflicht für sie eine offensichtliche Ungerechtigkeit darstellen würde (Art. 155 IV FamG).

412 Ein **Elternteil,** der arbeitsunfähig ist und nicht genug Mittel für den Unterhalt hat, kann von seinem volljährigen Kind oder einem anderen Blutsverwandten in gerader absteigender Linie Unterhalt im Verhältnis zu deren Möglichkeiten verlangen. Gleiches gilt gegenüber einem minderjährigen Kind, wenn es Einkommen oder Vermögenseinkünfte hat (Art. 156 I EheG). Der Unterhaltsanspruch gegen die Kinder oder sonstigen Nachkommen entfällt allerdings, wenn die Unterhaltspflicht für sie eine offensichtliche Ungerechtigkeit darstellen würde (Art. 156 II FamG). Ein **Stiefelternteil,** der arbeitsunfähig ist und nicht genug Mittel für den Unterhalt besitzt, hat einen Unterhaltsanspruch gegen ein volljähriges Stiefkind im Verhältnis zu dessen Möglichkeiten (Art. 159 III FamG). Der

Unterhaltsanspruch entfällt, wenn die Unterhaltspflicht für das Stiefkind eine offensichtliche Ungerechtigkeit darstellen würde (Art. 159 IV FamG).

Minderjährige **Geschwister** können von ihren volljährigen Geschwistern oder von ihren minderjährigen Geschwistern mit Einkommen oder Vermögenseinkünften Unterhalt verlangen, wenn die Eltern nicht leben oder nicht genug Mittel für den Unterhalt haben (§ 157 FamG). 413

5. Allgemeine Vorschriften zur Bestimmung des Unterhalts

Sind mehrere Personen unterhaltsberechtigt, hat das Unterhaltsrecht des Kindes **Vorrang** (§ 166 IV EheG). Die Unterhaltspflicht des Ehegatten geht allen übrigen Unterhaltspflichten im Rang vor (§ 166 I EheG). Blutsverwandte haften für den Unterhalt in der Reihenfolge ihres gesetzlichen Erbrechts (§ 166 II EheG). Verschwägerte Verwandte gehen den Blutsverwandten im Rang nach (§ 166 III EheG). Sind mehrere Personen gleichzeitig unterhaltspflichtig, wird ihre Verpflichtung geteilt (§ 166 VI FamG) und zwar nach ihren jeweiligen Möglichkeiten. 414

Der Unterhalt wird nach den Bedürfnissen des Unterhaltsberechtigten und den Möglichkeiten des Unterhaltsschuldners festgelegt (Art. 160 I FamG). Dabei ist allerdings dem **Mindestunterhalt** Rechnung zu tragen, der von dem für den Familienschutz zuständigen Ministerium als gesetzliche Entschädigung für ein Pflegekind bzw. eine sonstige Person in familiärer Unterbringung regelmäßig festgesetzt wird (Art. 160 I, IV FamG). Die **Bedürfnisse des Unterhaltsberechtigten** (also sein Unterhaltsbedarf) sind von seinem Alter, seiner Gesundheit, seiner Ausbildung, seinem Vermögen, seinem Einkommen und anderen für die Festlegung des Unterhalts bedeutenden Umständen abhängig (Art. 160 II FamG).[588] Die **Möglichkeiten des Unterhaltsschuldners** (also seine Leistungsfähigkeit) sind von seinen Einkünften, den Beschäftigungs- und Verdienstmöglichkeiten, seinem Vermögen, seinen persönlichen Bedürfnissen, den Unterhaltspflichten gegenüber anderen Personen und anderen für die Festlegung des Unterhalts bedeutenden Umständen abhängig (Art. 160 III FamG).[589] 415

Der zu leistende Unterhalt wird in der Regel in Geld festgelegt (Art. 161 I FamG). Wenn der Unterhaltsberechtigte und der Unterhaltspflichtige sich darüber einigen, kann der Unterhalt auch in anderer Weise festgelegt werden (Art. 161 II FamG). Die **Höhe** des Unterhalts wird nach Wahl des Unterhaltsberechtigten in einem festen Geldbetrag oder als Prozentsatz der regelmäßigen Geldeinkünfte (Verdienst, Verdienstersatz, Rente, Honorare usw) des Unterhaltsschuldners festgelegt (§ 162 I FamG). Wird der Unterhalt als Prozentsatz festgelegt, darf die Höhe in der Regel weder geringer als 15% noch höher als 50% des Nettoeinkommens des Unterhaltspflichtigen sein (Art. 162 II FamG). Unterhaltsberechtigten Kindern muss der Unterhalt mindestens einen Lebensstandard ermöglichen, wie ihn der Unterhaltsschuldner genießt (Art. 162 III EheG). Die Höhe des Unterhalts kann später **abgeändert** (erhöht oder vermindert) werden, wenn sich die Umstände, die der vorherigen Entscheidung zugrunde lagen, geändert haben (§ 164 FamG). 416

Der Unterhalt kann für eine bestimmte **Dauer** oder auf unbestimmte Zeit zugesprochen werden (§ 163 I FamG). Nachehelicher Unterhalt darf grundsätzlich nicht für längere Zeit als fünf Jahre ab Beendigung der Ehe zugesprochen werden. Nur ausnahmsweise darf der nacheheliche Unterhalt über die Frist von fünf Jahren hinaus verlängert werden, wenn „besondere berechtigte Gründe" den unterhaltsberechtigten Ehegatten an einer Arbeit hindern (Art. 163 II, III EheG). Der nacheheliche Unterhalt endet, wenn der Unterhaltsberechtigte eine neue Ehe oder eine nichteheliche Gemeinschaft eingeht (§ 167 III EheG). Wenn der Ehegattenunterhalt aus diesem Grunde oder aus anderen Gründen endet, lebt das Unterhaltsrecht gegen diesen Ehegatten auch später nicht wieder auf (§ 167 IV EheG). Allgemein **endet** ein Unterhaltsanspruch mit dem Tod des Unterhaltsberechtigten oder des Unterhaltsschuldners oder wenn die Dauer des Unterhalts beendet ist (§ 167 I 417

---

[588] OLG Stuttgart FamRZ 1999, 887 zum früheren Art. 309 I, II EheFamG.
[589] OLG Stuttgart FamRZ 1999, 887 (888) zum früheren Art. 310 III EheFamG.

EheG). Der Unterhalt kann beendet werden, wenn der Unterhaltsberechtigte, mit Ausnahme minderjähriger Kinder, genügend Mittel für den Unterhalt erwirbt oder wenn der Unterhaltsschuldner nicht mehr leistungsfähig ist oder wenn die Unterhaltsleistung für ihn offensichtlich ungerecht ist. Letztes gilt aber nicht für den Unterhaltsanspruch minderjähriger Kinder (§ 167 II EheG).

418 Eine Person, die tatsächlich Unterhalt geleistet hat, ohne dazu rechtlich verpflichtet gewesen zu sein, kann von dem Unterhaltspflichtigen **Erstattung** seiner Unterhaltsleistungen verlangen (Art. 165 I EheG). Waren nach dem Gesetz mehrere Personen unterhaltsverpflichtet, haften sie „solidarisch", also als Gesamtschuldner, für den Regressanspruch (§ 165 II EheG). Ein **Verzicht** auf den Familienunterhalt ist nach Art. 8 FamG unwirksam.

Slowenien

Die familienrechtlichen Unterhaltsvorschriften sind in dem Gesetz über die Ehe- und Familienbeziehungen vom 26.5.1976[590] (EheFamG) geregelt.

1. Kindesunterhalt

419 Nach Art. 123 I EheFamG sind die Eltern[591] verpflichtet, ihre Kinder bis zu deren Volljährigkeit zu unterhalten, so dass sie im Einklang mit ihren Fähigkeiten und Erwerbsmöglichkeiten ihren Kindern die Lebensverhältnisse gewährleisten, die für deren Entwicklung notwendig sind. Geht das Kind einer Mittelschulausbildung, einem ordentlichen Studium oder einem Fernstudium nach, dauert die Unterhaltspflicht über die **Volljährigkeit** hinaus an, jedoch nur bis zur **Vollendung des 26. Lebensjahres** (Art. 123 II EheFamG, Art. 183 FG). Wurde der Berechtigte 18 Jahre alt, hat er dem Sozialamt innerhalb von 30 Tagen nach Erlangung des Schüler- oder Studentenstatus eine Bestätigung über die Immatrikulation vorzulegen oder ihm mitzuteilen, wo er sich regelmäßig ausbildet. Kommt er dieser Benachrichtigungspflicht nicht nach, passt das Sozialamt das Unterhaltsgeld nicht an die Indexentwicklung an (→ Rn. 433). Der Unterhaltspflichtige kann nach Volljährigkeit des Kindes beim Sozialamt prüfen, ob dieses noch den Schüler- oder Studentenstatus hat. Falls dies nicht der Fall ist, kann er die Unterhaltsleistungen einstellen.[592] Ist das Kind allerdings eine Ehe eingegangen oder lebt es in einer nichtehelichen Lebensgemeinschaft, so sind die Eltern nur dann unterhaltspflichtig, wenn der Ehegatte oder Lebenspartner nicht imstande ist, das Kind zu unterhalten (Art. 123 III EheFamG). Die Unterhaltspflicht der Eltern ist also gegenüber der Unterhaltspflicht des Ehegatten subsidiär. Nach der zum 1.5.2004 in Kraft getretenen Unterhaltsnovelle schulden die Eltern auch Kindern mit einer schweren körperlichen oder geistigen Behinderung nur noch bis zur Volljährigkeit oder bis zum Abschluss der darüber hinaus gehenden ordentlichen Schul- und Hochschulausbildung Unterhalt. Die Neuregelung sollte die Benachteiligung gegenüber Eltern gesunder Kinder beseitigen. In der Folgezeit sind weiterhin bedürftige Kinder auf staatliche Unterstützung angewiesen.[593] Eine Entziehung des Elternrechts wirkt sich auf die Unterhaltspflicht nicht aus (Art. 125 EheFamG).

Stiefeltern haften dem minderjährigen Kind, wenn kein leistungsfähiger leiblicher Elternteil vorhanden ist (Art. 127 I EheFamG). Durch die Unterhaltsnovelle ist diese Unterhaltspflicht zum 1.5.2004 auf die Kinder beschränkt worden, die mit dem leiblichen

---

[590] In der Fassung des Gesetzes Nr. 16/2004 vom 21.5.2004; Bergmann/Ferid/Henrich/Cieslar/Zupancic/Novak, Internationales Ehe- und Kindschaftsrecht, Slowenien, Stand: 1.12.2008 S. 74 ff.; zum neuen Unterhaltsrecht vgl. Novak FamRZ 2005, 1637 ff. und zur Entwicklung der neuerlichen Reform Novak FamRZ 2015, 1570 und 2017, 1479.

[591] Zur Frist für die Einreichung eines Vaterschaftsfeststellungsantrags und zum Recht auf Kenntnis der eigenen Abstammung vgl. Novak FamRZ 2009, 1564.

[592] Novak FamRZ 2017, 1479 (1483).

[593] Novak FamRZ 2005, 1637 (1639).

Elternteil und dem Stiefelternteil in einem Haushalt leben. Andererseits ist sie auf den Partner einer nichtehelichen Lebensgemeinschaft erweitert worden.[594] In beiden Fällen besteht die Unterhaltspflicht aber nur gegenüber minderjährigen und nicht gegenüber volljährigen Kindern. Die Unterhaltspflicht des Stiefelternteils oder des Lebenspartners eines leiblichen Elternteils besteht aber nur, wenn keiner der leiblichen Eltern das Kind unterhalten kann. Der Anspruch erlischt, wenn die Ehe oder Lebensgemeinschaft mit dem leiblichen Elternteil aufgelöst wird. Verstirbt der leibliche Elternteil, gilt der Anspruch fort, wenn das Kind im Zeitpunkt des Todes mit dessen ehelichem oder nichtehelichem Partner zusammengelebt hat (Art. 127 II EheFamG).

Nach dem seit dem 1.5.2004 geltenden Recht haben sich die Eltern vor einer Anrufung des Gerichts allein oder mit Hilfe der Fürsorgebehörde um eine **Vereinbarung** zu bemühen. Mit einer solchen Vereinbarung können sie sich an das Gericht wenden, das diese – solange noch kein Scheidungsverfahren rechtshängig ist – im Verfahren der freiwilligen Gerichtsbarkeit als Beschluss erlässt. Das Gericht kann den Antrag aber zurückweisen, wenn die Vereinbarung nicht dem Wohl des Kindes dient. Streben die Eltern eine einvernehmliche Ehescheidung an, haben sie mit dem Antrag auf Ehescheidung eine vollstreckbare notarielle Vereinbarung ua über den Kindes- und Ehegattenunterhalt vorzulegen (Art. 64 I EheFamG). Das Gericht hat vor der Scheidung festzustellen, ob durch die Vereinbarung der Unterhalt hinreichend sichergestellt ist und holt dazu eine Stellungnahme des Zentrums für Sozialarbeit ein (Art. 64 II EheFamG). Entspricht die Vereinbarung danach dem Wohl des Kindes, wird die Ehescheidung mit einem Urteil ausgesprochen, in das alle Vereinbarungen über die gemeinsamen Kinder Eingang finden. Entspricht die Vereinbarung über den Kindesunterhalt dem Kindeswohl hingegen nicht, kann das Gericht sie im Verfahren der einvernehmlichen Ehescheidung nicht ersetzen, sondern muss den Antrag auf Ehescheidung zurückweisen. Scheidet das Gericht die Ehe allerdings auf Antrag eines Ehegatten, weil sie unhaltbar geworden ist (Art. 65 EheFamG), entscheidet es zugleich ua auch über den Unterhalt für die gemeinsamen Kinder (Art. 78 I EheFamG). Durch die Entscheidung gewinnt das Kind einen eigenen Unterhaltsanspruch, wie sich aus den Art. 103 I, 123 EheFamG und insbesondere aus Art. 132 EheFamG ergibt, wonach das Kind selbst Anpassung des im Scheidungsurteil festgelegten Unterhalts verlangen kann.[595]

420

Der Unterhalt wird in einem monatlich im Voraus zu zahlenden Betrag festgesetzt, er kann aber ab dem Zeitpunkt verlangt werden, in dem der Unterhaltsantrag erhoben wurde (Art. 131c EheFamG). Die **Höhe des Beitrags** zum Unterhalt bestimmt das Gericht nach den Bedürfnissen des Kindes und nach den materiellen Möglichkeiten und den Erwerbsmöglichkeiten eines jeden Ehegatten (Art. 129 EheFamG). Der Unterhalt sichert nicht nur die fundamentalsten Mittel, sondern garantiert im Interesse des Kindeswohls sowohl die körperliche als auch die geistige Entwicklung des Kindes (Art. 129a I EheFamG). Somit muss er alle körperlichen und geistigen Bedürfnisse decken, insbesondere die Wohnkosten, die Ernährung, Kleidung, Kosten für Tagesstätten, Bildung, Erziehung, Erholung, Unterhaltung und andere besondere kindliche Bedürfnisse (Art. 129a I EheFamG). Feste Unterhaltssätze oder Tabellen nach verschiedenen Altersstufen existieren nicht, weil der Unterhalt zum Wohl des Kindes individuell festgelegt werden soll.[596] Bei veränderten Umständen kann jeder Elternteil oder das Kind Anpassung der Unterhaltshöhe verlangen (Art. 132 EheFamG). Ein **Verzicht** auf den Kindesunterhalt hat keine Rechtswirkung (Art. 128 EheFamG).

421

2. Ehegattenunterhalt

Nach Art. 49 EheFamG tragen die Ehegatten nach ihren Möglichkeiten zum **Familienunterhalt** bei. Ein Ehegatte, der keine Mittel zum Leben hat, aber ohne sein Verschulden arbeitslos oder arbeitsunfähig ist, hat Anspruch auf Unterhalt gegenüber seinem Ehegatten,

422

---

[594] Zur Kritik an der Ausweitung vgl. Novak FamRZ 2005, 1637 (1639).
[595] BGH FamRZ 2007, 717.
[596] Novak FamRZ 2005, 1637 (1639).

soweit dieser dazu in der Lage ist (Art. 50 EheFamG). Die Vorschriften über den nachehelichen Unterhalt sind auf den Familienunterhalt und den Trennungsunterhalt entsprechend anwendbar (Art. 50a EheFamG). Weil der Anspruch aus dem Wesen der Ehe als Lebens- und Solidargemeinschaft folgt, können die Ehegatten darauf nicht verzichten (Art. 128 EheFamG). Durch Vereinbarung dürfen die Ehegatten den Trennungsunterhalt deswegen auch nicht ausschließen, sondern allenfalls modifizieren.[597] Leben die Ehegatten getrennt, entfällt der Unterhaltsanspruch, wenn sie wirtschaftlich einander nicht mehr verbunden sind.[598]

423 Ein Ehegatte, der keine Mittel zum Leben hat und ohne sein Verschulden keiner Arbeit nachgehen kann, hat Anspruch auf Unterhalt gegenüber seinem geschiedenen Ehegatten (Art. 81 EheFamG). Das Gericht kann einen Antrag auf **nachehelichen Unterhalt** zurückweisen, wenn die Unterhaltszahlung angesichts der Handlungen, die zur Scheidung geführt haben (Unhaltbarkeit der Ehe für einen oder beide Ehegatten), für den Unterhaltspflichtigen unbillig wäre oder wenn der unterhaltsberechtigte Ehegatte zu irgendeinem Zeitpunkt vor oder nach der Ehescheidung gegen den Unterhaltspflichtigen, dessen Kinder oder Eltern eine Straftat begangen hat (Art. 81a III EheFamG). Erfolgte die Straftat nachdem die Unterhaltspflicht ausgesprochen war, kann der Unterhaltspflichtige einen Abänderungsantrag wegen veränderter Verhältnisse erheben.

424 Mit dem Antrag auf einvernehmliche Scheidung haben die Ehegatten eine Vereinbarung auch über den Unterhalt eines unversorgten Ehegatten vorzulegen (Art. 64 I, 81b I EheFamG). Ihre Vereinbarung für den Fall der Ehescheidung, insbesondere ein ev. Unterhaltsverzicht, darf dem Kindeswohl nicht entgegenstehen (Art. 81b II EheFamG). Seit der zum 1.5.2004 in Kraft getretenen Neuregelung sind für diese Vereinbarungen nicht mehr die Fürsorgebehörden, sondern die Notare zuständig, die schon bei der Niederschrift die Verfassung und andere zwingende Vorschriften beachten müssen, um verfassungswidrige, sittenwidrige oder dem Kindeswohl widersprechende Vereinbarungen zu verhindern. Ein den gesetzlichen Unterhalt unterschreitender Anspruch oder ein vollständiger Unterhaltsverzicht ist nur zulässig, wenn in Zeitpunkt der Vereinbarung ein nachehelicher Unterhaltsanspruch nicht zu erwarten ist. Die Vereinbarung ist hingegen sittenwidrig, wenn anzunehmen war, dass der Unterhaltsberechtigte auf einen gesetzlich gegebenen nachehelichen Unterhaltsanspruch verzichtet und dadurch sozialhilfebedürftig wird (Art. 128 EheFamG).[599] Die Vereinbarung wird in Form einer vollstreckbaren notariellen Urkunde geschlossen. Sonst spricht das Gericht dem unversorgten Ehegatten, der keine Mittel zum Leben hat, arbeitsunfähig oder arbeitslos ist und keine Beschäftigung aufnehmen kann, auf Antrag einen Unterhaltsbeitrag zu Lasten des anderen Ehegatten zu. Dabei kann es die Ursache, derentwegen die Ehe unhaltbar geworden ist, berücksichtigen. Der Unterhalt kann unbefristet oder für eine bestimmte Zeit zuerkannt werden, bis sich der Berechtigte in die neue Lage eingelebt und in den neuen Verhältnissen eingerichtet hat (Art. 82 EheFamG). Der Unterhalt wird nach den Bedürfnissen des Unterhaltsberechtigten und nach den Möglichkeiten des Unterhaltspflichtigen festgesetzt (Art. 82a EheFamG). Er wird regelmäßig in einer monatlich im Voraus zu zahlenden Summe festgesetzt; er kann aber ab dem Zeitpunkt verlangt werden, in dem der Unterhaltsantrag erhoben wurde (Art. 82b I EheFamG). Wenn besondere Gründe dafür sprechen und die Art der Unterhaltsleistung für keinen Ehegatten eine besondere Härte darstellt, kann der Unterhalt ausnahmsweise auch als einmalige Summe oder in anderer Weise festgelegt werden (Art. 82b II, III EheFamG).

425 Ein Ehegatte ist **bedürftig,** wenn er die Kosten für seine Lebenshaltung nicht aus seinen Einkünften oder seinem Vermögen bestreiten kann. Ist dies nur teilweise möglich, kann er einen ergänzenden (Aufstockungs-)Unterhalt verlangen.[600] Geringe Ersparnisse, die den Unterhalt nicht dauerhaft sichern, Liegenschaften, die keine Erträge abwerfen, und Hilfen der Eltern lassen die Bedürftigkeit nicht entfallen. Der unterhaltsberechtigte Ehegatte muss

---

[597] Novak FamRZ 2005, 1637 (1638).
[598] OG Jug 27.6.1963.
[599] Novak FamRZ 2005, 1637 (1638).
[600] Bergmann/Ferid/Henrich/Cieslar/Zupancic/Novak, Internationales Ehe- und Kindschaftsrecht, Slowenien, Stand: 1.12.2008 S. 32 unter Hinweis auf E OG Kroat 28.6.1978.

für seine Erwerbsunfähigkeit darlegen, dass er ohne Verschulden keine Arbeit finden kann, die wenigstens ungefähr seiner Ausbildung, seinen Qualifikationen oder Fähigkeiten entspricht[601] oder er nur eine solche Arbeit bekommen könnte, die zu einer erheblichen Verschlechterung seiner oder seiner Kinder Lebensumstände führen würde.[602] Das ist auch dann der Fall, wenn durch die Erwerbstätigkeit die Sorge für die Kinder unmöglich oder wesentlich erschwert würde. Grundsätzlich ist zwar eine Erwerbstätigkeit auch neben der Kinderbetreuung zumutbar; das richtet sich aber stets nach den konkreten Umständen.[603] Ein arbeitsfähiger Ehegatte hat alles zu tun, um Arbeit zu bekommen. Lehnt er eine angemessene Arbeit ab oder löst er ein bestehendes Arbeitsverhältnis auf, entfällt die Bedürftigkeit.

Der Ehegatte ist nicht verpflichtet, dem anderen Ehegatten Unterhalt zu leisten, wenn dadurch sein eigener Unterhalt oder der Unterhalt der minderjährigen Kinder, die er nach dem Gesetz zu unterhalten hat (→ Rn. 434), gefährdet wird (Art. 82c EheFamG). Allerdings hat der Ehegatte Vorrang vor den Eltern des Unterhaltspflichtigen. Bei der Beurteilung dieser **Leistungsfähigkeit** des Unterhaltspflichtigen sind seine regelmäßigen Einkünfte (Arbeitseinkommen, Urheberhonorar, Einkommen aus einem Gewerbebetrieb pp.) zu berücksichtigen. Bestimmte besondere Einkünfte, etwa die Invaliditätsrente,[604] Schadensersatz[605] oder Einkommen aus dem Verkauf des Vermögens[606] bleiben hingegen unberücksichtigt. Die Leistungsfähigkeit des Unterhaltspflichtigen hat nach slowenischem Recht der Berechtigte zu **beweisen**. Ein Auskunftsanspruch gegen den Unterhaltspflichtigen steht ihm dabei nicht zur Verfügung. **426**

Die **Höhe** des Unterhaltsbeitrags richtet sich nach den für einen angemessenen Unterhalt notwendigen Kosten.[607] Angemessen ist der durchschnittliche Lebensbedarf von Personen vergleichbarer sozialer Stellung, Ausbildung pp. unter Berücksichtigung der Vermögens- und Lebensverhältnisse des Unterhaltspflichtigen.[608] **427**

Die gesetzlichen Unterhaltsvorschriften sind nach überwiegender Auffassung zwingendes Recht. Danach dürfen die Ehegatten von ihnen auch durch Vereinbarung (vgl. Art. 128, 130 EheFamG) nicht entscheidend abweichen, sondern müssen sich auf die Modalitäten, zB die Art der Pflichterfüllung, beschränken. Ein **Verzicht** auf den Ehegattenunterhalt ist jedenfalls dann unwirksam, wenn er die Interessen der Kinder gefährdet (Art. 81b II EheFamG) oder trotz fortbestehenden Anspruchs zu Lasten der Sozialhilfe geschlossen wurde.[609] Allerdings können sich die Ehegatten über eine Unterhaltspflicht einigen, die über die gesetzliche Regelung hinausgeht. **428**

Ein auf Unterhalt gerichteter Antrag kann bei bestehender Ehe (Familien- oder Trennungsunterhalt) oder mit der Ehescheidung (nachehelicher Unterhalt) eingereicht werden. Wird der nacheheliche Unterhalt nicht im Scheidungsverfahren begehrt, kann er mit einem isolierten Antrag nur noch **binnen eines Jahres** ab Rechtskraft der Ehescheidung **429**

---

[601] Bergmann/Ferid/Henrich/Cieslar/Zupancic/Novak, Internationales Ehe- und Kindschaftsrecht, Slowenien, Stand: 1.12.2008 S. 32 unter Hinweis auf E OG Slow 23.11.1966.
[602] Zur Beschäftigung an einem entfernten Ort Bergmann/Ferid/Henrich/Cieslar/Zupancic/Novak, Internationales Ehe- und Kindschaftsrecht, Slowenien, Stand: Mai 2017 S. 26 unter Hinweis auf E OG Slow 8.11.1973.
[603] Einer sonst arbeitsfähigen Ehefrau, die ein pflegebedürftiges geistig behindertes Kind betreut, steht voller Unterhalt zu; Bergmann/Ferid/Henrich/Cieslar/Zupancic/Novak, Internationales Ehe- und Kindschaftsrecht, Slowenien, Stand: 1.12.2008 S. 32 unter Hinweis auf E OG Slow 25.4.1973.
[604] Bergmann/Ferid/Henrich/Cieslar/Zupancic/Novak, Internationales Ehe- und Kindschaftsrecht, Slowenien, Stand: 1.12.2008 S. 33 unter Hinweis auf E OG Jug 28.9.1962.
[605] Bergmann/Ferid/Henrich/Cieslar/Zupancic/Novak, Internationales Ehe- und Kindschaftsrecht, Slowenien, Stand: 1.12.2008 S. 33 unter Hinweis auf E OG BH 30.10.1980.
[606] Bergmann/Ferid/Henrich/Cieslar/Zupancic/Novak, Internationales Ehe- und Kindschaftsrecht, Slowenien, Stand: 1.12.2008 S. 33 unter Hinweis auf E OG Slow 6.11.1970.
[607] Bergmann/Ferid/Henrich/Cieslar/Zupancic/Novak, Internationales Ehe- und Kindschaftsrecht, Slowenien, Stand: 1.12.2008 S. 32 f.
[608] OLG Hamm v. 23.6.1983 – 1 UF 47/83 – Leitsatz veröffentlicht bei Juris.
[609] Novak FamFR 2005, 1637 (1638).

geltend gemacht werden, sofern die Voraussetzungen schon bei der Scheidung vorlagen und auch weiterhin vorliegen (Art. 81a I, II EheFamG). Weil die Bestimmungen für nachehelichen Unterhaltsansprüche sinngemäß auf den Unterhalt während bestehender Ehe anwendbar sind, wird diese zeitliche Grenze auch auf den Anspruch auf Trennungsunterhalt übertragen. Danach kann der Ehegatte Trennungsunterhalt grundsätzlich nur binnen eines Jahres ab dem Zerfall der Lebensgemeinschaft geltend machen. Auch nach der slowenischen Rechtsprechung steht den schon längere Zeit nicht mehr zusammen lebenden und materiell nicht mehr voneinander abhängigen Ehegatten kein Unterhaltsanspruch mehr zu.

430 Das Gericht kann den Unterhalt auf Antrag eines Ehegatten veränderten persönlichen Umständen **anpassen** und den Unterhalt auch abändern, wenn der Unterhaltsberechtigte gegenüber dem Unterhaltspflichtigen, seinen Kindern oder seinen Eltern eine Straftat begangen hat (Art. 82c EheFamG). Auch sonst wird der Unterhalt von Amts wegen der Wandlung der Lebenshaltungskosten angepasst (→ Rn. 433). Der Anspruch **entfällt,** wenn der unterhaltsberechtigte Ehegatte nicht mehr bedürftig ist, eine neue Ehe eingeht oder in nichtehelicher Gemeinschaft lebt (Art. 83 EheFamG).

3. Unterhalt des außerehelichen Partners

431 Eine für längere Zeit geschlossene **nichteheliche Lebensgemeinschaft** eines Mannes und einer Frau hat zwischen ihnen dieselben familienrechtlichen Folgen, als wenn sie eine Ehe geschlossen hätten (Art. 12 I EheFamG). Die gesetzlichen Bestimmungen für den ehelichen Unterhalt gelten deswegen auch für den Unterhalt zwischen Partnern einer nichtehelichen Lebensgemeinschaft.[610]

4. Verwandtenunterhalt

432 Volljährige Kinder sind nach ihren Möglichkeiten verpflichtet, ihre Eltern zu unterhalten, wenn diese arbeitsunfähig sind und keine ausreichenden Mittel zum Leben haben (Art. 124 I EheFamG). Diese Unterhaltspflicht besteht aber nicht gegenüber einem Elternteil, der seine Unterhaltspflicht ihm gegenüber aus ungerechtfertigten Gründen nicht erfüllt hat (Art. 124 II EheFamG). Seit der zum 1.5.2004 in Kraft getretenen Unterhaltsreform schulden Stiefkinder ihren Stiefeltern keinen Unterhalt mehr, auch wenn sie von diesen längere Zeit unterhalten oder umsorgt wurden.[611] Die Eltern und ihre leiblichen Kinder können über die Unterhaltspflicht eine vollstreckbare notarielle Vereinbarung schließen (Art. 130a EheFamG). Auch die Eltern können auf diesen Unterhaltsanspruch nicht verzichten, weil das Gesetz einen Unterhaltsverzicht im Verhältnis zwischen Eltern und Kinder generell ausschließt (Art. 128 EheFamG).

5. Allgemeine Vorschriften

433 Die **Höhe** des Unterhalts wird nach den Bedürfnissen des Unterhaltsberechtigten und den Möglichkeiten des Unterhaltspflichtigen festgesetzt (Art. 129 EheFamG). Die Beteiligten können über die Höhe und die Anpassung der Unterhaltspflicht eine notarielle Vereinbarung schließen, die einen Vollstreckungstitel bildet (Art. 130a EheFamG). Ein gerichtlich festgesetzter Unterhalt wird jährlich im Januar auf der Grundlage des Index der Verbraucherpreisentwicklung in der Republik Slowenien den veränderten Lebenshaltungskosten **angepasst** (Art. 82d EheFamG). Ehegatten dürfen allerdings auch einen anderen Anpassungsmodus vereinbaren oder auf die Anpassung verzichten (vgl. Art. 81b II EheFamG). Zum Zwecke der Anpassung übersendet das Gericht den Unterhaltstitel an das Zentrum für Sozialarbeit, das den Berechtigten und den Unterhaltspflichtigen schriftlich über die Anpassung und den neuen Unterhaltsbetrag informiert (Art. 82d II, III, 132a III,

---

[610] Novak FamRZ 2017, 1479 (1481).
[611] Novak FamRZ 2005, 1637 (1640).

IV EheFamG). Haben sich nachträglich die Umstände, auf deren Grundlage der Unterhalt vereinbart oder festgesetzt war, geändert, kann das Gericht den vereinbarten oder festgesetzten Unterhalt auf Antrag auch unabhängig von der Indexierung erhöhen, herabsetzen oder einstellen (Art. 82c, 132 EheFamG).[612]

Ein Unterhaltspflichtiger kann, außer bei der Pflicht zum Unterhalt gegenüber minderjährigen Kindern, allein wählen, ob er dem Berechtigten bestimmte Unterhaltsbeträge leistet, ihn bei sich zum Unterhalt aufnimmt oder für dessen Unterhalt in anderer Weise sorgt (Art. 131a I EheFamG). Aus besonderen Gründen kann der Unterhaltsberechtigte aber auf Unterhalt durch Geldzahlungen antragen (Art. 131a II EheFamG). **434**

Der Unterhaltsanspruch minderjähriger Kinder geht im **Rang** dem Unterhalt der Ehegatten und der volljährigen Kinder vor. Diese wiederum haben Vorrang vor dem Unterhaltsanspruch der Eltern des Unterhaltspflichtigen (Art. 131b EheFamG). **435**

Sind mehrere Personen **gleichrangig** unterhaltspflichtig, haften sie nach Maßgabe ihrer Möglichkeiten unter Berücksichtigung der ihnen zuteil gewordenen Obsorge und Hilfe (Art. 126 EheFamG).

Wer Aufwendungen für den Unterhalt einer Person hatte, kann diese von dem Unterhaltspflichtigen erstattet verlangen, soweit sie notwendig gewesen sind (Art. 133 EheFamG). Mehrere Unterhaltspflichtige haften gemeinsam für die Erstattung der Kosten an den vermeintlich Unterhaltspflichtigen (Art. 199 EheFamG). **436**

Spanien

In Spanien sind die unterhaltsrechtlichen Beziehungen hauptsächlich im Codigo civil[613] (Zivilgesetzbuch) geregelt. Der Codigo civil (CC) gilt zwar in ganz Spanien, in den sog autonomen Gemeinschaften Aragonien, Balearen, Baskenland, Galizien, Katalonien und Navarra jedoch nur subsidiär. Soweit ersichtlich bestehen jedoch auf dem Gebiet des einschlägigen Unterhaltsrechts keine wesentlichen Unterschiede, soweit überhaupt Sonderregelungen über den Unterhalt existieren.[614] **437**

1. Kindesunterhalt

Gemäß Art. 110 CC und Art. 154 II Nr. 1 CC sind die Eltern verpflichtet, den minderjährigen Kindern Unterhalt zu leisten und ihnen eine vollständige Ausbildung zu verschaffen. Eheliche und nichteheliche Kinder sind gleichgestellt (Art. 108 II CC). Unter Unterhalt versteht man alles, was zu Lebensbedarf, Wohnung, Kleidung und ärztlicher Betreuung notwendig ist (Art. 142 I CC). Der Unterhalt umfasst auch die Erziehung und Ausbildung des Unterhaltsberechtigten während der Minderjährigkeit und auch später, wenn er seine Ausbildung aus von ihm nicht zu vertretenden Gründen noch nicht beendet hat (Art. 142 II CC). Die Unterhaltspflicht setzt sich also nach Eintritt der **Volljährigkeit** (Vollendung des 18. Lebensjahres, Art. 315 CC) fort bis zur (nicht schuldhaft verzögerten) Beendigung der Ausbildung. Zum Unterhalt gehören auch die Kosten der Schwangerschaft und der Geburt, soweit sie nicht anderweitig gedeckt werden können (art. 142 III CC). **438**

Die **Höhe des Unterhalts** richtet sich nach dem Vermögen oder den Mitteln dessen, der leistet und den Bedürfnissen dessen, der empfängt (Art. 146 CC), also nach der Leistungsfähigkeit des Unterhaltspflichtigen und der Bedürftigkeit des Unterhaltsberechtigten. Die Leistungsfähigkeit des Unterhaltspflichtigen ist entfallen, wenn sein Vermögen soweit zurückgegangen ist, dass er die Leistung des Unterhalts nur bewirken kann, wenn er seine eigenen Bedürfnisse und die seiner Familie nicht befriedigt (Art. 152 Nr. 2 CC), wenn seine

---

[612] Vgl. BGH FamRZ 2007, 717.
[613] Zivilgesetzbuch vom 24.7.1889, zuletzt geändert durch Gesetz Nr. 20 vom 21.7.2011; vgl. Bergmann/Ferid/Henrich/Cieslar/Daum, Internationales Ehe- und Kindschaftsrecht, Spanien, Stand: 12.10.2016 S. 40 ff.
[614] Vgl. Daum FPR 2013, 68 (70, 71).

Einkünfte also lediglich ausreichen, die eigenen Bedürfnisse innerhalb seiner Familie abzudecken. Die Bedürftigkeit des Unterhaltsberechtigten ist entfallen, wenn er ein Handwerk, einen Beruf oder ein Gewerbe ausüben kann oder wenn er etwas erlangt hat oder sich sein Vermögen so verbessert hat, dass er der Unterhaltsrente für seinen Lebensunterhalt nicht bedarf (Art. 152 Nr. 3 CC), wenn er also eigene Einkünfte erzielt oder erzielen kann, die seinen eigenen Bedarf abdecken. Beruht die Bedürftigkeit eines Abkömmlings auf „schlechter Führung" oder Arbeitsunlust, entfällt der Unterhalt für die Dauer dieses Zustands (Art. 152 Nr. 5 CC), ebenso bei Erbunwürdigkeit (Art. 152 Nr. 4 CC).

439 Der Unterhaltsanspruch kann zwar mit dem Eintritt der Bedürftigkeit verlangt werden (Art. 148 I 1 CC). Für die **Vergangenheit** kann er im gerichtlichen Verfahren aber erst ab Einleitung des Verfahrens zugesprochen werden (Art. 148 I 2 CC). Die Zahlungen sind monatlich im Voraus zu leisten; wenn der Berechtigte stirbt, sind seine Erben nicht verpflichtet, dasjenige zurückzuzahlen, was er im Voraus erhalten hat (Art. 148 II CC). Der Unterhaltspflichtige kann nach seiner Wahl den Unterhalt durch Zahlung einer Unterhaltsrente leisten oder dadurch, dass er den Unterhaltsberechtigten in sein Haus aufnimmt und dort unterhält (Art. 149 CC). Diese Wahlmöglichkeit entfällt, soweit sie einer gerichtlich festgelegten häuslichen Gemeinschaft widerspricht (Art. 149 II 1 CC). Sie kann ferner abgelehnt werden, wenn hierfür ein berechtigter Grund vorliegt oder wenn sie die Interessen des minderjährigen Unterhaltsberechtigten beeinträchtigt (Art. 149 II 2 CC).

440 Der Anspruch auf künftigen Unterhalt ist weder **verzichtbar** noch auf einen Dritten übertragbar. Es kann auch nicht mit dem aufgerechnet werden, was der Unterhaltsberechtigte demjenigen schuldet, der den Unterhalt zu leisten hat (Art. 151 I CC). Auf rückständige Unterhaltsrenten kann hingegen verzichtet und gegen sie kann aufgerechnet werden; der Anspruch kann auch entgeltlich oder unentgeltlich übertragen werden (Art. 151 II CC).

441 Der nach Bedarf des Unterhaltsberechtigten und Leistungsfähigkeit des Unterhaltspflichtigen ermittelte Unterhalt wird nach Art. 147 CC entsprechend **herabgesetzt oder erhöht,** wenn sich die Bedürfnisse des Berechtigten oder das Vermögen des Verpflichteten vergrößern oder verringern.

442 Eltern sind für den Unterhalt **gleichrangig** verpflichtet. Der Umfang ihrer Leistungspflicht richtet sich nach ihrer jeweiligen Leistungsfähigkeit (Art. 145 I iVm Art. 91, 93 CC). Der Richter kann indessen im Fall dringender Notwendigkeit und bei Vorliegen besonderer Umstände einen Elternteil dazu verpflichten, den Unterhalt vorläufig zu leisten, unbeschadet seines Rechts, von dem anderen Elternteil den Anteil zu verlangen, der auf ihn entfällt (Art. 145 II CC).

Die Unterhaltspflicht **entfällt** mit dem Tod des Unterhaltspflichtigen, auch wenn der Unterhalt in Erfüllung eines rechtskräftigen Urteils geleistet wird (Art. 150 CC). Die Verpflichtung, Unterhalt zu leisten, entfällt auch durch den Tod des Unterhaltsberechtigten (Art. 152 Nr. 1 CC).

443 In einem Trennungs- oder Scheidungsurteil, legt der Richter von Amts wegen den Kindesunterhalt fest (Art. 93 CC). Im Mangelfall geht der Kindesunterhalt den weiteren Unterhaltsansprüchen und auch dem Ehegattenunterhalt vor (Art. 145 III CC).

2. Ehegattenunterhalt

444 **Trennung.** In Spanien ist die Trennung (Art. 81 ff. CC) stark institutionalisiert, ähnlich wie die Scheidung selbst (Art. 85 ff. CC): Die Trennung wird gerichtlich durch Trennungsurteil ausgesprochen. Neben der vereinbarten Trennung (beide Ehegatten beantragen sie oder einer beantragt sie, der andere stimmt zu) gibt es diejenige auf einseitigen Antrag eines Ehegatten. Die tatsächliche Trennung ist insofern bedeutsam, als sie nach bestimmten Fristen (zB bei einvernehmlichem Scheidungsantrag oder zuvor gerichtlich ausgesprochener Trennung nach zwei Jahren, Art. 86, 81 CC) einen gesetzlichen Grund für die Scheidung schafft. Erst das Trennungsurteil bewirkt die rechtlich endgültige Aufhebung der ehelichen Lebensgemeinschaft (Art. 83 CC). Ist der Trennungsantrag zugelassen, so können die Ehegatten – jetzt in jedem Falle rechtmäßig – getrennt leben (Art. 102 Nr. 1 CC).

In Spanien wird unterschieden zwischen Beitrag zu den Lasten der Ehe, dem eigentli- **445**
chen Unterhalt[615] und der „Rente" (Pension).[616]

Der **Trennungsunterhalt** richtet sich nach den Regeln über den Verwandtenunterhalt (Art. 153, 142 ff., 143 I Nr. 1 CC). Bei vereinbarter Trennung muss mit dem Trennungsantrag ein Vorschlag ua zum Unterhalt eingereicht werden (Art. 81 Nr. 1, 90 I d, f CC). Der Vorschlag wird vom Richter gebilligt, es sei denn, er wäre schädlich für die Kinder oder in schwerwiegender Weise nachteilig für einen der Ehegatten (Art. 90 II 1 CC).[617] Lehnt der Richter die Vereinbarung durch begründete Entscheidung ab, müssen die Ehegatten einen neuen Vorschlag unterbreiten (Art. 90 II 3 CC). Die Vereinbarung ist ab richterlicher Billigung ein Vollstreckungstitel und kann im Wege der Zwangsvollstreckung geltend gemacht werden (Art. 90 II 4 CC). Die Maßnahmen, welche der Richter mangels Vereinbarung ergreift, können ebenso wie die von den Ehegatten vereinbarten gerichtlich oder durch eine neue Vereinbarung geändert werden, wenn sich die Umstände wesentlich ändern (Art. 90 III CC). Der Richter kann diejenigen dinglichen oder persönlichen Sicherheiten festsetzen, welche die Erfüllung der Vereinbarung erfordert (Art. 90 IV CC).

Kommt es zu keiner Vereinbarung nach Art. 81 Nr. 1, 86, 90 CC (zB bei einseitigem **446** Trennungsantrag) oder billigt der Richter sie nicht, legt er von Amts wegen den Beitrag zu den Ehelasten und die Rente fest (Art. 91, 97, 103 Nr. 3 CC). Voraussetzung für die Rente ist, dass einem Ehegatten durch die Trennung eine wirtschaftliche Verschlechterung seiner früheren Lage in der Ehe widerfahren ist (Art. 97 I CC).[618] Dabei sind ua zu berücksichtigen das Alter und der Gesundheitszustand, die berufliche Qualifikation und die Erwerbsmöglichkeiten, der Zeitaufwand für die Familie in Vergangenheit und Zukunft, die Mitwirkung bei der Handels-, Gewerbe- und Berufstätigkeit des anderen Ehegatten, die Dauer der Ehe und des ehelichen Zusammenlebens, der etwaige Verlust eines Rentenanspruchs, das Vermögen und die wirtschaftlichen Mittel und Bedürfnisse des einen und des anderen Ehegatten sowie jeder sonstige erhebliche Umstand (Art. 97 II CC). In der gerichtlichen Entscheidung werden die Grundlagen für die Aktualisierung der Rente und die Sicherheiten für ihre effektive Leistung festgesetzt (Art. 97 III CC).[619]

Die Beteiligten könne vereinbaren, dass die Rente durch Abfindung mit einem Kapital- **447** betrag, Einräumung eines Nießbrauchs an bestimmten Vermögensgegenständen oder durch eine lebenslange Rente ersetzt wird (Art. 99 CC). Sind die Rente und die Grundlagen für deren Aktualisierung in dem Trennungs- oder Scheidungsurteil festgesetzt, so kann dies nur bei wesentlichen Veränderungen im Vermögen des einen oder des anderen Ehegatten geändert werden (Art. 100 CC).

Bei Abweisung des Trennungsantrags bleibt es bei der rein faktischen Trennung, für die **448** es keine besondere gesetzliche Regelung gibt (Verwandtenunterhalt).

Scheidung. Die unterhaltsrechtlichen Wirkungen des Scheidungsantrags und **449** der Scheidung entsprechen derjenigen der gerichtlichen Trennung (Art. 90 ff. CC, → Rn. 445 ff.).[620] Maßstab für die Begrenzung und Befristung des Unterhaltsanspruchs ist die Position, die der Unterhaltsberechtigte ohne die Ehescheidung hätte.[621] Bei der Bedarfsbemessung ist allerdings darauf abzustellen, ob er mit seinem eigenen Gehalt einen den ehelichen Lebensverhältnissen entsprechenden Standard erzielen kann, oder ob es zur Aufrechterhaltung dieses Standards der ehelichen Lebensverhältnisse einer dauernden Differenzzahlung in Form eines Aufstockungsunterhalts bedarf.[622]

Der gutgläubige Ehegatte, dessen Ehe für nichtig erklärt worden ist, hat Anspruch auf eine Entschädigung, wenn eheliches Zusammenleben vorgelegen hat, wobei die in Art. 97 CC genannten Umstände zu beachten sind (Art. 98 CC).

---

[615] Daum FPR 2013, 68 (69).
[616] Vgl. Kneip FamRZ 1982, 445 (449).
[617] Daum FPR 2013, 68 (69).
[618] OLG München FamRZ 2009, 1593.
[619] Daum FPR 2013, 68 (69).
[620] Brenninger, Scheidung und Scheidungsunterhalt im spanischen Recht, Jur. Diss. 2005.
[621] Zur Aufrechnung, Verwirkung und Verjährung vgl. BGH FamRZ 2009, 858 Rn. 14 ff.
[622] OLG München FamRZ 2009, 1593.

Der Anspruch auf die Rente erlischt bei Wegfall des Rechtsgrundes, der Veranlassung für sie war, wenn der Gläubiger eine neue Ehe eingeht oder wenn er mit einer anderen Person in eheähnlicher Gemeinschaft zusammenlebt (Art. 101 I CC). Der Anspruch auf die Rente erlischt nicht durch die bloße Tatsache des Todes des Schuldners. Trotzdem können dessen Erben beim Richter deren Herabsetzung oder Wegfall beantragen, wenn das Nachlassvermögen zur Erfüllung der Schuld nicht ausreicht oder ihre Noterbrechte beeinträchtigt würden (Art. 101 II CC).

3. Verwandtenunterhalt

450 Nach Art. 143 I CC sind Ehegatten, Verwandte in aufsteigender Linie sowie Abkömmlinge einander unterhaltspflichtig. Die Geschwister schulden sich gegenseitig nur die Unterstützung, die zum Leben notwendig ist, wenn sie sie aus einem Grund benötigen, der dem Unterhaltsberechtigten nicht zur Last zu legen ist; dies bezieht sich ggf auch auf das, was sie für ihre Erziehung bedürfen (Art. 143 II CC). Auch hier gehört zum Unterhalt alles, was zum Lebensbedarf, für Wohnkosten, Kleidung und ärztliche Betreuung notwendig ist (Art. 142 I CC). Er umfasst auch die Kosten einer Ausbildung, solange sie aus nicht zu vertretenden Gründen noch nicht abgeschlossen werden konnte (Art. 142 II CC). Auch die Kosten der Schwangerschaft und der Geburt zählen hinzu, soweit sie nicht anderweitig gedeckt sind (Art. 142 III CC). Von mehreren Unterhaltsschuldnern haften zunächst die Ehegatten, dann die gradnächsten Abkömmlinge, die gradnächsten Verwandten in aufsteigender Linie und schließlich die Geschwister vor den Halbgeschwistern (Art. 144 I CC). Abkömmlinge und Verwandte in aufsteigender Linie haften entsprechend ihrer Berufung zur gesetzlichen Erbfolge (Art. 144 II CC). Mehrere gleichrangige Unterhaltspflichtige haften nach ihren Einkommens- und Vermögensverhältnissen (Art. 145 I CC). Das Gericht kann aber bei dringendem Bedarf unbeschadet seiner Rückgriffsmöglichkeit zunächst einen der Unterhaltspflichtigen zur Zahlung vorläufigen Unterhalts verpflichten (Art. 145 II CC). Bei mehreren Unterhaltsberechtigten besteht nach Art. 145 III CC die gleiche Rangfolge wie bei den Unterhaltspflichtigen nach Art. 143 CC; allerdings geht der Unterhaltsanspruch minderjähriger Kinder dem eines Ehegatten vor.

Die Vorschriften der Art. 142 ff. CC über die Unterhaltspflicht der Verwandten gilt nach Art. 153 CC außer für die nach Art. 143 I CC Unterhaltspflichtigen auch für Personen, die aufgrund eines Testament oder durch Vertrag (Art. 1791 ff. CC) Unterhalt schulden.

Tschechische Republik

451 Das Zivilrecht der Tschechischen Republik ist zurzeit in einem starken Umbruch. Dieser erfasst auch das Unterhaltsrecht, das bislang im Familiengesetz geregelt war und inzwischen, neben einigen neuen Rechtsinstituten, in das neue BGB übernommen worden ist. Aufgrund umfangreicher Übergangsbestimmungen werden die bisherigen Vorschriften über längere Zeit neben dem neu geschaffenen Recht des BGB anwendbar bleiben.[623]

1. Kindesunterhalt

452 Nach § 910, 915 des Bürgerlichen Gesetzbuchs (BGB)[624] sind die Eltern ihren Kindern so lange unterhaltspflichtig, wie diese selbst nicht fähig sind, sich zu unterhalten. Das Kind hat ein Recht auf den gleichen **Lebensstandard** wie die Eltern (§ 915 I BGB). Beide Eltern haben nach ihren Fähigkeiten, Möglichkeiten und Vermögensverhältnissen zum Unterhalt des Kindes beizutragen (§ 914 BGB). Bei der Festsetzung der Barunterhalts-

---

[623] Bergmann/Ferid/Henrich/Cieslar/Bohata, Internationales Ehe- und Kindschaftsrecht, Tschechische Republik, Stand: 1.1.2015 S. 59 ff., 73 ff.
[624] Vom 3.2.2012 in Kraft seit 1.1.2014; Bergmann/Ferid/Henrich/Cieslar/Bohata, Internationales Ehe- und Kindschaftsrecht, Tschechische Republik, Stand: 1.1.2015 S. 96 ff.

pflicht ist zu berücksichtigen, welcher Elternteil in welchem Ausmaß für das Kind persönlich sorgt. Leben die Eltern zusammen, so wird auch die Sorge der Eltern für den gemeinsamen Haushalt berücksichtigt (§ 919 BGB).

Allgemein hat das Gericht bei der Festsetzung des Unterhalts die begründeten Bedürfnisse des Berechtigten und die Fähigkeiten, Möglichkeiten und Vermögensverhältnisse des Unterhaltspflichtigen zu berücksichtigen (§ 913 I BGB). Die **Höhe** richtet sich also auch hier nach der Bedürftigkeit des Unterhaltsberechtigten und der Leistungsfähigkeit des Unterhaltspflichtigen (§ 913 I BGB).[625] Dabei ist auch zu prüfen, ob der Unterhaltspflichtige eine bessere Beschäftigung, Verdienstmöglichkeit oder einen Vermögensvorteil ohne wichtigen Grund aufgegeben hat oder ob er Vermögensrisiken eingegangen ist (§ 913 II BGB). Ein Unterhaltsanspruch kann nur anerkannt werden, wenn der Berechtigte nicht in der Lage ist, sich selbst zu versorgen (§ 911 BGB). Weist ein unterhaltspflichtiger Elternteil in einem Verfahren seine Einkünfte nicht durch Vorlage aller zur Beurteilung der Eigentumsverhältnisse notwendigen Urkunden und weiteren Unterlagen nach und ermöglicht er dem Gericht auch nicht die Ermittlung weiterer unterhaltsrelevanter Umstände, so ist sein durchschnittliches monatliches Einkommen mit dem 25-fachen des durch Sonderbestimmungen festgelegten Lebensminimums[626] anzusetzen (§ 916 BGB). Lassen die Vermögensverhältnisse des unterhaltspflichtigen Elternteils dies zu, erstreckt sich der Unterhaltsbedarf auch auf die Bildung einer für die Ausbildung des Kindes zweckgebundenen Ersparnis (§ 917 BGB). 452

Ein minderjähriges Kind hat auch dann einen Anspruch auf Unterhalt, sofern es eigenes Eigentum besitzt, soweit die aus diesem Eigentum erzielten Gewinne zusammen mit den Einnahmen aus seiner Erwerbstätigkeit für seinen Unterhalt nicht ausreichen (§ 912 BGB). 453

Unterhaltsleistungen sind regelmäßig monatlich im Voraus fällig (§ 921 BGB). In besonderen Fällen kann das Gericht entscheiden, dass der Unterhaltspflichtige den für die Zukunft anfallenden Betrag in einer Summe zu hinterlegen hat; dann muss es zugleich die für die Auszahlung der festgesetzten monatlichen Raten erforderlichen Maßnahmen treffen (§ 918 BGB). Leben die Eltern nicht zusammen, regelt das Gericht **von Amts wegen** den Umfang ihrer Unterhaltspflichten oder genehmigt ihre Vereinbarung über die Höhe der Unterhaltsleistungen (§ 919 S. 1 BGB). Gleiches gilt, wenn die Eltern zusammenleben, aber einer von ihnen seine Unterhaltspflicht nicht freiwillig erfüllt (§ 919 S. 2 BGB). Entscheidet das Gericht über die Unterbringung des Kindes in einer Anstalt, regelt es zugleich den Umfang der Unterhaltspflicht der Eltern, soweit der Bedarf nicht durch Pflegesätze[627] abgedeckt ist. Unterhaltsleistungen für volljährige Kinder regelt das Gericht nur auf Antrag. 454

Leisten Dritte oder der Sozialhilfeträger[628] an Stelle des Unterhaltspflichtigen, können sie den gezahlten Betrag von dem vorrangig Unterhaltspflichtigen erstattet verlangen. Eine **Aufrechnung** ist gegenüber Unterhaltsforderungen minderjähriger Kinder ausgeschlossen und gegenüber solchen volljähriger Kinder nur im Wege einer Vereinbarung zulässig. **Rückständigen** Unterhalt können minderjährige Kinder für einen Zeitraum von längstens 3 Jahren vor Einleitung des Verfahrens verlangen; sonstigen Unterhaltsberechtigten kann Unterhalt erst ab Anhängigkeit des gerichtlichen Verfahrens zuerkannt werden (§ 922 I BGB). Bei veränderten Verhältnissen kann das Gericht (bei minderjährigen Kindern auch ohne Antrag) eine Vereinbarung oder gerichtliche Entscheidung über den Unterhalt **ändern** (§ 932 I BGB). Kommt es zu einer Einstellung oder Herabsetzung der geschuldeten Unterhaltsleistung für die abgelaufene Zeit, sind die verbrauchten Unterhaltsleistungen nicht zurückzuerstatten (§ 923 II BGB). Wenn es sich nicht um Unterhalt für ein minderjähriges Kind handelt, kann eine Änderung oder Einstellung nur auf Antrag erfolgen. 455

---

[625] Rieck/Frimmel, Ausländisches Familienrecht, Tschechien, Stand: Juli 2018, Rn. 19.
[626] § 2 des Gesetzes Nr. 110/2006 Sb über das Lebens- und Existenzminimum; vgl. Bergmann/Ferid/Henrich/Cieslar/Bohata, Internationales Ehe- und Kindschaftsrecht, Tschechische Republik, Stand: 1.1.2015 S. 43 f., 74.
[627] ZB VO Nr. 82/1993 Sb über den Kostenersatz für Aufenthalte in Sozialeinrichtungen; RegAO Nr. 176/1996 über die Festlegung des Pflegesatzes für Jugendliche in Schuleinrichtungen der Anstalts- oder Präventivpflege.
[628] § 5 des Sozialhilfegesetzes Nr. 482/1991 Sb.

2. Ehegattenunterhalt

456 **Trennung.** Ehegatten sind während bestehender Ehe einander verpflichtet, zu der Befriedigung der familiären Bedürfnisse je nach ihren Fähigkeiten, Möglichkeiten und materiellen Verhältnissen beizutragen (§ 690 BGB). Die Erwerbspflicht kann ganz oder teilweise durch Haushaltstätigkeit oder Kindererziehung aufgewogen werden (§ 691 II, III BGB). Erfüllt ein Ehegatte seine Pflicht zur Deckung der Haushaltskosten nicht, entscheidet darüber auf Antrag des anderen Ehegatten das Gericht (§ 691 I BGB).

457 Nach § 697 BGB schulden die Ehegatten einander Unterhalt. Erfüllt einer der Ehegatten diese Verpflichtung nicht, setzt das Gericht auf Antrag den Umfang fest, wobei es auch die Sorge für den gemeinsamen Haushalt berücksichtigt. Der Umfang der Unterhaltspflicht „wird so festgesetzt, dass das materielle und kulturelle Niveau beider Ehegatten gleich ist" (§§ 697 II, 915 I BGB), entspricht also dem Halbteilungsgrundsatz nach den ehelichen Lebensverhältnissen.[629] Die Unterhaltspflicht des Ehegatten geht einer Unterhaltspflicht vermögender oder leistungsfähiger Kinder vor (§ 697 I BGB).

458 Bei der Festsetzung des Unterhalts hat das Gericht die begründeten Bedürfnisse des Berechtigten und die Fähigkeiten, Möglichkeiten und Vermögensverhältnisse des Unterhaltspflichtigen zu berücksichtigen (§§ 697 II, 913 I BGB). Dabei ist auch zu prüfen, ob der Verpflichtete eine bessere Beschäftigung, Verdienstmöglichkeit oder einen Vermögensvorteil ohne Grund aufgegeben hat oder ob er Vermögensrisiken eingegangen ist (§§ 697 II, 913 II BGB). Unterhaltsleistungen sind in wiederkehrenden Beträgen monatlich im Voraus fällig (§§ 697 II, 921 BGB).

459 Die Unterhaltspflicht geschiedener Ehegatten geht der Verpflichtung der Kinder gegenüber ihren Eltern vor. Leisten Dritte oder der Sozialhilfeträger anstelle des unterhaltspflichtigen Ehegatten, könne sie den gezahlten Betrag von ihm erstattet verlangen. Gegenüber der Unterhaltsforderung ist eine **Aufrechnung** nur im Wege einer Vereinbarung zulässig. Für die Vergangenheit kann Unterhalt nur ab dem Eingang der Antragsschrift zuerkannt werden (§§ 697 II, 922 I BGB). Bei veränderten Verhältnissen kann das Gericht auf Antrag eine Vereinbarung oder gerichtliche Entscheidung über den Trennungsunterhalt ändern. Wird der Unterhalt für eine abgelaufene Zeit herabgesetzt, sind verbrauchte Unterhaltsleistungen nicht zurückzuerstatten (§§ 697 II, 923 II BGB).

460 **Scheidung.**[630] Ein geschiedener Ehegatte, der nicht fähig ist, sich selbst zu unterhalten, kann von dem ehemaligen Ehegatten verlangen, dass dieser nach seinen Fähigkeiten, Möglichkeiten und Vermögensverhältnissen zu seinem „angemessenen" Unterhalt beiträgt (§ 760 BGB). Einigen sie sich nicht, entscheidet auf Antrag das Gericht über den Unterhaltsanspruch (§ 762 BGB). Der geschiedene Ehegatte hat nachehelich aber keinen Anspruch auf Beibehaltung der ehelichen Lebensverhältnisse. Was unter angemessenem Unterhalt zu verstehen ist, hängt von den Umständen des Einzelfalles ab (§ 760 II BGB).[631] Der Unterhaltsanspruch besteht allerdings maximal für die Dauer von 3 Jahren ab Rechtskraft der Ehescheidung (§§ 762 I BGB).

461 Sonst besteht ein Anspruch auf nachehelichen Unterhalt nur, wenn der geschiedene Ehegatte nicht in der Lage ist, sich selbst zu unterhalten, zB wegen Kindererziehung oder Erwerbsunfähigkeit § 760 I BGB). Diese Voraussetzung des Unterhaltsanspruchs muss im Zeitpunkt der Scheidung vorliegen oder, wie zB die Erkrankung eines betreuungsbedürftigen Kindes, in der Ehe wurzeln.[632] Nach § 760 II lit. a BGB entfällt ein nachehelicher Unterhalt regelmäßig dann, wenn er aus eigenem Verschulden seinen Arbeitsplatz verloren hat oder wenn er einer ihm zumutbaren Beschäftigung nicht nachgeht.[633] Für den Unterhalt sind alle verfügbaren Einkünfte einzusetzen. Auf Anfrage des Gerichts erteilt das Finanzamt Auskunft über die Steuerbemessungsgrundlagen. Die Einkommensfiktion des

---

[629] Westphalova FamRZ 2015, 1573 (1574).
[630] Zur Ehe und Scheidung nach den Reformen von 2005 vgl. Casals/Ribot FamRZ 2006, 1331 ff.
[631] Rieck/Frimmel, Ausländisches Familienrecht, Tschechien, Stand: Juli 2018, Rn. 18.
[632] Rieck/Frimmel, Ausländisches Familienrecht, Tschechien, Stand: Juli 2018, Rn. 18.
[633] Rieck/Frimmel, Ausländisches Familienrecht, Tschechien, Stand: Juli 2018, Rn. 18.

§ 916 BGB gilt beim nachehelichen Unterhalt, anders als beim Kindesunterhalt, aber nicht. Den Vermögensstamm müssen die geschiedenen Ehegatten nur ausnahmsweise einsetzen.

Die Unterhaltspflicht kann grundsätzlich zeitlich unbegrenzt fortbestehen. Der Unterhaltsanspruch erlischt aber, wenn der Berechtigte eine neue Ehe eingeht oder der Pflichtige stirbt (§ 763 BGB). Er erlischt ebenfalls, wenn eine zB im Rahmen der einvernehmlichen Scheidung schriftlich vereinbarte einmalige Zahlung ausgezahlt wird (§ 761 I BGB). Im Übrigen gelten für die Festsetzung des Unterhalts die gleichen Vorschriften wie für den Trennungsunterhalt (§ 760 III BGB). **462**

3. Unterhalt aus gemeinsamer Elternschaft

Der nicht mit der Kindesmutter verheiratete **Kindesvater** schuldet ihr für die Dauer von 2 Jahren einen angemessenen Beitrag zur Bestreitung des Unterhalts und hat die mit der Schwangerschaft und der Entbindung verbundenen Kosten zu ersetzen (§ 920 I BGB). Auf Antrag der schwangeren Frau kann das Gericht „demjenigen, dessen Vaterschaft wahrscheinlich ist", auferlegen, den zur Sicherung der Ansprüche der Kindesmutter und des Kindesunterhalts für die Zeit des Mutterschaftsurlaubs[634] erforderlichen Betrag im Voraus zu leisten (§ 920 II BGB). Der Anspruch auf Erstattung der durch die Schwangerschaft und Entbindung entstandenen Auslagen kann auch rückwirkend innerhalb von zwei Jahren ab dem Tag der Geburt des Kindes zuerkannt werden (§ 922 II BGB). **463**

4. Verwandtenunterhalt

Kinder, die in der Lage sind, sich selbst zu unterhalten, schulden ihren Eltern bei Bedürftigkeit einen ordentlichen Unterhalt und zwar anteilig nach den Fähigkeiten, Möglichkeiten und Vermögensverhältnissen aller unterhaltspflichtigen Kinder (§ 915 II BGB).

Verwandte in aufsteigender Linie und Abkömmlinge (Aszendenten und Deszendenten) schulden sich gegenseitig Unterhalt (§ 910 I BGB). Die Unterhaltspflicht der Eltern gegenüber ihren Kindern geht der Unterhaltspflicht von weiteren Vorfahren vor (§ 910 II BGB). Sonst geht die Unterhaltspflicht der Nachkommen der Unterhaltspflicht der Vorfahren vor (§ 910 IV BGB). Nähere Verwandte haften vor entfernteren (§ 910 III BGB). Mehrere gleichrangige Unterhaltspflichtige haften anteilig nach ihren Fähigkeiten, Möglichkeiten und Vermögensverhältnissen (§ 914 BGB).

Ein Unterhaltsanspruch steht dem Bedürftigen gegen seine Verwandten aber nur zu, wenn er nicht in der Lage ist, sich selbst zu versorgen (§ 911 BGB). **464**

Türkei

Das materielle türkische Zivilrecht ist im Zivilgesetzbuch Nr. 4721 vom 22.11.2001[635] (im Folgenden nur ZGB) geregelt. Es ist weitgehend vom schweizerischen Recht (ZGB) übernommen und vom islamischen Recht losgelöst.[636] Beide Rechtsordnungen sind jedoch auf Grund eigener Rechtsentwicklung, insbesondere der zum 1.1.2000 in Kraft getretenen schweizerischen Reform des Scheidungs- und Unterhaltsrechts und der Neufassung des türkischen Zivilgesetzbuchs nicht mehr identisch. Bei der „Lückenfüllung" des **465**

---

[634] §§ 157 I, 158 des Arbeitsgesetzbuchs.
[635] Übersetzt von Rumpf StAZ 2002, 100, in Kraft seit dem 1.1.2002; die Neufassung hat die Struktur des 1988 grundlegend geänderten ZGB beibehalten und nur geringe weitere Änderungen eingeführt, zuletzt geändert durch Gesetz Nr. 6217 vom 31.3.2011; vgl. auch Bergmann/Ferid/Henrich/Cieslar/Rumpf/Odendahl, Internationales Ehe- und Kindschaftsrecht, Türkei, Stand: 24.2.2017 S. 62 ff.; Elden NZFam 2018, 1065 (1066 f.), und Savas FPR 2013, 101 ff.
[636] Mit der Neufassung ist auch die Vorschrift des Art. 152 I ZGB aF gestrichen worden, wonach der Mann „das Oberhaupt der ehelichen Verbindung" war.

türkischen Rechts durch Anwendung des schweizerischen Rechts ist deshalb Vorsicht geboten.[637]

1. Kindesunterhalt

466 Gemäß Art. 327 I ZGB tragen die Eltern die Kosten für den Unterhalt, die Erziehung und den Schutz ihrer Kinder. Die Unterhaltspflicht dauert nach Art. 328 I ZGB bis zur **Volljährigkeit** des Kindes (mit Vollendung des 18. Lebensjahres oder vorheriger Heirat, Art. 11 ZGB), wenn das Kind bis dahin nicht wirtschaftlich selbstständig ist. Dauert die Ausbildung nach Volljährigkeit fort, sind die Eltern bis zum Ende der Ausbildung in dem Maße zum Unterhalt verpflichtet, wie es angesichts der Umstände von ihnen erwartet werden kann (Art. 328 II ZGB). Dabei ist die Rechtsprechung zur früheren Rechtslage von einer Altersgrenze bis zu 25 Jahren ausgegangen.[638] Unabhängig davon steht dem volljährigen Kind auch ein Anspruch auf Familienunterhalt als Notunterhalt zu (→ Rn. 494). Wenn die Eltern mittellos sind, bei außergewöhnlichen Ausgaben oder bei sonstigen besonderen Ursachen kann das Gericht den Eltern gestatten, den zur Bestreitung der Unterhalts- und Erziehungskosten festgesetzten Betrag aus dem Vermögen des minderjährigen Kindes zu entnehmen (Art. 327 II ZGB).

467 Im Falle der Scheidung der Eltern oder ihrer Trennung von Tisch und Bett ist der nicht sorgeberechtigte Elternteil nach seinen Fähigkeiten zur Zahlung von Kindesunterhalt verpflichtet (Art. 182 II ZGB).[639] Die Scheidungsvereinbarung im Rahmen einer einverständlichen Scheidung muss auch die Belange der Kinder berücksichtigen. Ein Verzicht oder eine fehlende Regelung schließen (anders als beim Ehegattenunterhalt) nach der Rechtsprechung des Kassationshofs allerdings einen späteren Antrag auf Kindesunterhalt nicht aus.[640] Auf Antrag kann das Gericht die Höhe dieser als Unterhaltsrente zu leistenden Zahlungen auf Grund der sozialen und wirtschaftlichen Verhältnisse der Beteiligten festlegen (Art. 182 III ZGB). Der sorgeberechtigte Elternteil ist selbst und nicht nur in Verfahrensstandschaft zum Empfang des Unterhaltsbeitrags berechtigt.[641]

468 Der Unterhaltsbeitrag wird unter Berücksichtigung der Bedürfnisse des Kindes sowie der Lebensbedingungen und Leistungsfähigkeit der Eltern bestimmt (Art. 330 I 1 ZGB). Damit richtet sich die **Höhe** des Unterhalts einerseits nach der **Leistungsfähigkeit** des Unterhaltspflichtigen, diese wiederum nach seinen Einkünften und seinem Vermögen, etwaigen weiteren Unterhaltspflichten, zB gegenüber weiteren Ehegatten und weiteren Kindern.[642] Von Bedeutung sind aber auch die **Bedürftigkeit** des Kindes unter Berücksichtigung seiner Einkünfte (Art. 330 I 2 ZGB) und der Verhältnisse an seinem Aufenthaltsort. Der Unterhalt muss sich auch an der Lebensstellung der Eltern orientieren. In der Türkei gibt es keine sog Tabellen, der Unterhalt wird nach freiem Ermessen festgesetzt.[643] Lebt das Kind in der Türkei, lässt sich der Unterhaltsbedarf nicht ohne Berücksichtigung der dortigen Lebensverhältnisse beurteilen. Die Rechtsprechung geht von dem sich aus der Düsseldorfer Tabelle ergebenden Bedarf aus und vermindert diesen entsprechend den Vergleichswerten zur Feststellung der Verbrauchergeldparität (→ Rn. 35 ff.).[644] Teilweise wird auch eine pauschale Quote des sich aus der Düsseldorfer Tabelle ergebenden Bedarfs ermittelt, wobei entspr. der steuerlichen Behandlung von Unterhaltsleistungen an Angehö-

---

637 Vgl. Saltas-Özcan, Die Scheidungsfolgen nach türkischem materiellen Recht mit Besprechung Odendahl FamRZ 2002, 1691; Rumpf IPRax 1983, 114.
638 Bericht über das 3. Regensburger Symposion für Europäisches Familienrecht, FamRZ 1996, 1529.
639 Vgl. OLG Celle FamRZ 1991, 598.
640 Vgl. Öztan FamRZ 2007, 1517 (1521).
641 OLG Stuttgart FamRZ 1999, 312 mit ablehnender Anmerkung Andrae IPRax 2001, 98 (Fortdauer der Verfahrensstandschaft des sorgeberechtigten Elternteils auch nach der Scheidung bis zur Volljährigkeit des Kindes).
642 OLG Brandenburg IPRspr 2012, 204.
643 Vgl. OLG Stuttgart FamRZ 2014, 850 (851); OLG Celle FamRZ 1991, 598 (599 f.).
644 OLG Hamm FamRZ 1989, 1084; vgl. Gutdeutsch/Zieroth FamRZ 1993, 1152.

rige im Ausland derzeit ein hälftiger Abschlag vorgenommen wird (→ Rn. 37, 91).[645] Besser ist es allerdings, die Höhe des nach der Düsseldorfer Tabelle ermittelten Unterhalts im Verhältnis der vergleichenden Preisniveaus des Endverbrauchs der privaten Haushalte an die türkischen Verhältnisse anzupassen[646] (→ Rn. 79a ff.).

469 Den Eltern steht ein **Wahlrecht** zu, in welcher Form sie Unterhalt leisten;[647] dem unterhaltsbedürftigen Kind kann ein solches Wahlrecht nur ausnahmsweise in besonders gelagerten Einzelfällen, zB bei einer Gefährdung des Kindeswohls, zustehen. In der Regel wird einem getrennt vom Unterhaltspflichtigen lebenden Kind eine monatliche Unterhaltsrente (Art. 330 II ZGB) gezahlt. Im Streitfall entscheidet der Richter sowohl über die Höhe wie über die Art und Weise der Erfüllung nach Ermessen (Art. 330 III ZGB).

470 **Verändern** sich die Verhältnisse der Eltern zB durch Wiederheirat, Umzug oder Tod eines Ehegatten erheblich, so trifft das Gericht auf Antrag eines Elternteils oder von Amts wegen die erforderlichen Maßnahmen (Art. 183 ZGB). Ändern sich sonst die Verhältnisse, setzt das Gericht auf Antrag den Unterhaltsbeitrag neu fest oder hebt den Unterhalt auf (Art. 331 ZGB). Entsprechendes hatte zuvor schon die deutsche Rechtsprechung zum türkischen Unterhaltsrecht angenommen.[648]

2. Ehegattenunterhalt

471 **Trennung.** Das materielle Unterhaltsrecht während bestehender Ehe ist im Wesentlichen in Art. 185 III, Art. 186 III und Art. 196 I ZGB, bei Gütertrennung iVm Art. 190 ZGB, geregelt.[649] Die Ehegatten schulden einander Zusammenleben, Treue und Beistand (Art. 185 III ZGB). Nach Art. 186 III ZGB tragen die Ehegatten gemeinsam, ein jeder nach seinen Kräften, unter Einsatz von Arbeit und Vermögen zu den Ausgaben der Gemeinschaft bei. Zu dieser Unterhaltspflicht gehört die Gewährung von Wohnung, Nahrung, Kleidung, Bezahlung der Arztkosten, eines Taschengeldes ua. Auf Begehren eines Ehegatten setzt das Gericht die Geldbeträge jedes Ehegatten zum Unterhalt der Familie fest (Art. 196 I ZGB).

472 Dies alles gilt auch im Falle des Getrenntlebens.[650] Voraussetzung ist aber, dass die Eheleute **berechtigt getrennt leben**.[651] Gemäß Art. 197 II ZGB regelt der Richter bei „begründeter" Aufhebung der ehelichen Lebensgemeinschaft auf Antrag eines Ehegatten auch den Unterhaltsbeitrag. Nach der Neufassung des ZGB ist ein Ehegatte berechtigt, so lange getrennt zu leben, als seine Persönlichkeit, seine wirtschaftliche Sicherheit oder der Friede der Familie durch das Zusammenleben erheblich gefährdet wäre (Art. 197 I ZGB). Damit ist der von der früheren Formulierung ausgehende Streit, ob dafür stets eine richterliche Genehmigung erforderlich ist, negativ entschieden. Entsprechend hatte die Literatur schon zum früheren Recht eine richterliche Erlaubnis nicht für nötig gehalten.[652] Die weitgehend an Tekinalp orientierte abweichende Rechtsprechung[653] ist nicht mehr haltbar. Berechtigtes Getrenntleben ist nach der gesetzlichen Neuregelung jedenfalls bei ernstlichen Bedrohungen der Gesundheit, des Rufs oder des beruflichen Fortkommens des trennungswilligen Ehegatten durch das Zusammenleben, im Falle eines verlassenen Ehegatten (vgl. Art. 164 II ZGB) oder mit Einreichung des Antrags auf Trennung oder Scheidung (Art. 170 ZGB) anzunehmen.[654]

---

[645] OLG Celle FamRZ 1993, 103; OLG Zweibrücken FamRZ 1999, 33.
[646] Vgl. zB OLG Düsseldorf FamRZ 1990, 556; OLG Hamburg FamRZ 1990, 794, AG Hamburg-Altona FamRZ 1992, 82; vgl. auch Savas FPR 2013, 101 (102).
[647] OLG Zweibrücken FamRZ 1999, 33.
[648] Vgl. KG FamRZ 1993, 976.
[649] Vgl. Rumpf IPRax 1983, 114; OLG Karlsruhe FamRZ 1990, 1351.
[650] Vgl. Rumpf IPRax 1983, 114.
[651] Tekinalp IPRax 1985, 333.
[652] Vgl. Tekinalp IPRax 1985, 333; a. A. seinerzeit noch der türkische Kassationshof, zitiert bei Tekinalp IPRax 1985, 333.
[653] Vgl. OLG Karlsruhe FamRZ 1990, 1351; OLG Hamm FamRZ 1993, 69.
[654] Vgl. OLG Frankfurt FamRZ 1990, 747.

473 Nach Art. 169, 197 II, III ZGB trifft der Richter bei berechtigtem Getrenntleben oder schon im Falle des **faktischen Getrenntlebens** zugunsten des verlassenen Ehegatten die notwendigen Maßnahmen, wenn die Aufforderung an den Ehemann zur Erfüllung seiner Pflichten erfolglos bleibt oder von vornherein aussichtslos ist. Zu diesen Maßnahmen gehört auch die Zuerkennung von Unterhalt.[655]

474 Einstweilige Maßnahmen zum Trennungsunterhalt nach Art. 169 ZGB kann das Gericht auch bei einverständlichem Getrenntleben treffen, wenn die Ehegatten sich darüber nicht schon entsprechend Art. 166 III ZGB geeinigt haben.[656] Die Höhe des Bedarfs auf Trennungsunterhalt einer in die Türkei zurückgekehrten Ehefrau schätzt das OLG Düsseldorf[657] auf jedenfalls die Hälfte des Existenzminimums nach der Düsseldorfer Tabelle,[658] falls kein höherer Bedarf nach den ehelichen Lebensverhältnissen ersichtlich ist (→ Rn. 35 ff., 79a ff.).

475 Ein Anspruch auf Trennungsunterhalt kann auch dem Ehemann gegenüber der Ehefrau zustehen.[659] Auf Antrag eines Ehegatten kann der Unterhalt bei Veränderung der Verhältnisse abgeändert oder aufgehoben werden (Art. 200 ZGB).

476 Ein türkischer Titel zum **Trennungsunterhalt** wirkt nicht als Titel zum nachehelichen Unterhalt über die Rechtskraft der Ehescheidung fort. Denn das türkische Unterhaltsrecht unterscheidet, ebenso wie das deutsche Recht,[660] zwischen Trennungsunterhalt und nachehelichem Unterhalt.[661] Nach Art. 186 III ZGB tragen die Ehegatten gemeinsam, ein jeder nach seinen Kräften, unter Einsatz von Arbeit und Vermögen zu den Ausgaben der Lebensgemeinschaft bei. Das gilt für die bestehende Ehe und auch für die Trennungszeit der Ehegatten.[662] Bei begründeter Aufhebung der ehelichen Lebensgemeinschaft regelt der Richter nach Art. 197 II ZGB auf Antrag eines Ehegatten den Unterhaltsbeitrag eines Ehegatten an den anderen. Auch wenn das türkische Familiengericht mit der Abweisung des Scheidungsantrags wegen der Trennung der Ehegatten einen „Vorsorgeunterhalt" zugesprochen hat, handelt es sich dabei nicht um nachehelichen Unterhalt, der sich im weitesten Sinne aus materiellem Schadensersatz (Art. 174 I ZGB), immateriellem Schadensersatz zur Genugtuung (Art. 174 II ZGB) und – falls der Schadensersatz nicht ausreicht – aus Bedürftigkeitsunterhalt (Art. 175 ZGB) zusammensetzt.[663]

477 **Scheidung.** Für den Fall der Scheidung[664] sind nach dem mit Wirkung zum 1.1.2002 neu verkündeten ZGB folgende Ansprüche auf Schadensersatz und auf Unterhalt vorgesehen:[665]

- **Materieller Schadensersatz** nach Art. 174 I ZGB (früher Art. 143 I ZGB). Danach kann der Ehegatte, der an der Scheidung nicht oder weniger schuldig ist, einen angemessenen materiellen Schadensersatz verlangen, wenn durch die Scheidung für ihn bestehende oder erwartete Vorteile beeinträchtigt werden (→ Rn. 479).
- **Immaterieller Schadensersatz (Genugtuung)** nach Art. 174 II ZGB (früher Art. 143 II ZGB). Danach kann der Ehegatte, der durch die Ereignisse, die Grund der Scheidung waren, eine Verletzung seiner Persönlichkeit erleidet, von der schuldigen Gegenseite einen angemessenen Betrag als Schmerzensgeld verlangen. Der immaterielle Schadensersatz ist nicht von Amts wegen, sondern nur auf Antrag zuzusprechen.[666] Hatte der Schuldner des immateriellen Schadensersatzes während der Ehe eine außereheliche Beziehung mit einer dritten Person aufgenommen, wobei die Hürde dafür sehr niedrig

---

[655] OLG Stuttgart FamRZ 2008, 1754; Tekinalp IPRax 1985, 333.
[656] Zur früheren Rechtslage vgl. Rumpf, Türkei, Beck'sche Reihe, S. 56.
[657] FamRZ 1995, 37.
[658] Vgl. insoweit BGH FamRZ 2003, 363 mit Anmerkung Scholz FamRZ 2003, 514.
[659] Vgl. OLG Karlsruhe FamRZ 1990, 1351.
[660] BGH FamRZ 1999, 1497; 1981, 242 (243 f.).
[661] Savas FPR 2013, 101 (102).
[662] Rumpf IPRax 1983, 114 (115).
[663] BGH FamRZ 2010, 966 Rn. 16.
[664] Vgl. insoweit Öztan FamRZ 2007, 1517 (1523).
[665] Elden NZFam 2018, 1065 (1066 f.).
[666] Kassationshof E 2017/6380, K 2017/13782.

ist, haftet die dritte Person neben ihm gesamtschuldnerisch für den Anspruch[667] (→ Rn. 480).
- **Bedürftigkeitsunterhalt** nach Art. 175 ZGB (früher Art. 144 ZGB). Der Ehegatte, der durch die Scheidung bedürftig wird, und den kein höheres Verschulden trifft,[668] kann vom anderen Ehegatten nach dessen wirtschaftlicher Leistungsfähigkeit für seine Lebensführung unbefristet Unterhalt verlangen. Auf ein Verschulden des Unterhaltspflichtigen kommt es nicht an (→ Rn. 483).

Neben dem Bedürftigkeitsunterhaltsanspruch gemäß Art. 175 ZGB ist im türkischen Recht also ein Anspruch auf angemessenen Ersatz des materiellen Schadens gemäß Art. 174 I ZGB (Entschädigungsanspruch) und ein weiterer Anspruch auf Ersatz des immateriellen Schadens gemäß Art. 174 II ZGB (Genugtuungsanspruch) vorgesehen. Der Entschädigungsanspruch kann, wie der Bedürftigkeitsunterhalt, als Pauschalsumme oder Rente, der Genugtuungsanspruch nur als Pauschalsumme zuerkannt werden (Art. 176 I, II ZGB). **478**

Voraussetzung für den **Entschädigungsanspruch** nach Art. 174 I ZGB ist, dass der Antragsteller schuldlos oder weniger schuldig an der Scheidung war. Ein Mitverschulden, auch ein geringes, führt allerdings zu einer Kürzung des Ersatzanspruchs. Weitere Voraussetzung ist ein Verschulden des anderen Ehegatten und der Eintritt eines ersetzbaren **Vermögensschadens** als finanzielle Einbuße durch die Scheidung. Der Schaden kann zB im Verlust des ehelichen Unterhaltsanspruchs[669] und des Erbrechts sowie in einem sonstigen Vermögensverlust, den Kosten für Umzug und neue Einrichtungsgegenstände, ärztlichen Behandlungskosten, entgangenen Gebrauchsmöglichkeiten oder den Verfahrenskosten der Scheidung liegen. Die Höhe der Entschädigung steht im Ermessen (Art. 4 ZGB) des Gerichts, erreicht aber nicht die volle Schadenssumme. Als weitere Kriterien sind bei der Bemessung der Umfang des Verschuldens oder des Mitverschuldens, die wirtschaftlichen und persönlichen Verhältnisse, Alter, Gesundheit und Arbeitsfähigkeit sowie der Umfang der Kindererziehung zu berücksichtigen. Obwohl es sich um einen Schadensersatzanspruch handelt, sind auch hier ein **Mangelfall** und die dadurch bedingte Begrenzung möglich. Damit handelt es sich um eine besondere Form des nachehelichen Unterhalts und nicht um eine güterrechtliche Regelung.[670] **479**

Die Höhe des **Genugtuungsanspruchs** nach Art. 174 II ZGB (kein eigentlicher Unterhaltsanspruch) richtet sich ebenfalls nach billigem Ermessen, wobei zu beachten sei, dass die Norm zu Gunsten der Ehefrau ausgestaltet ist.[671] Einzubeziehen sind sämtliche Umstände, die zur Scheidung geführt haben, Art und Ausmaß der Verletzung der persönlichen Interessen des anderen Ehegatten, der Grad des Verschuldens, die Dauer der Ehe, das Alter und die sozialen und wirtschaftlichen Verhältnisse der Ehegatten.[672] Auch der Genugtuungsanspruch kann nach der Scheidung selbstständig geltend gemacht werden.[673] **480**

Für die Abänderung des Entschädigungsanspruchs gilt dasselbe wie zum Unterhaltsanspruch (→ Rn. 476), wenn es sich um eine Rentenzahlung und nicht um einen Abfindungsbetrag handelt. **481**

Das OLG Stuttgart[674] ordnet (wohl) den Genugtuungsanspruch aus Art. 174 II ZGB international-privatrechtlich nach Art. 14, 17 EGBGB, den Entschädigungsanspruch aus Art. 174 I ZGB aber wegen des vor allem unterhaltsrechtlichen Charakters zutreffend als unterhaltsrechtlichen Anspruch ein.[675] Das OLG Frankfurt[676] wendet auf den Genugtuungsanspruch ebenfalls Art. 17 I, Art. 14 I Nr. 1 EGBGB an. Das dürfte zutreffend sein, **482**

---

[667] Kassationshof E 2017/4–1482, K 2017/556.
[668] Vgl. dazu OLG Karlsruhe FamRZ 2017, 1491 (1493).
[669] OLG Hamm FamRZ 2006, 1387.
[670] OLG Karlsruhe FamRZ 2006, 948.
[671] Kassationshof Urteil vom 24.9.2018, E 2016/23990, K 2018/9704.
[672] Kassationshof Urteil vom 20.9.2018, E 2016/21698, K 2018/9674; vgl. auch OLG Frankfurt FamRZ 1992, 1182.
[673] Vgl. OLG Hamm FamRZ 1994, 580; Öztan FamRZ 1994, 1574; → § 9 Rn. 203.
[674] OLG Stuttgart FamRZ 1993, 974 und 1993, 975.
[675] So auch OLG Karlsruhe FamRZ 2006, 948.
[676] OLG Frankfurt FamRZ 1992, 1182.

weil der stets in einer Pauschalsumme zu zahlende immaterielle Genugtuungsanspruch mit Unterhalt nichts zu tun hat.[677]

483 Im Falle der Scheidung kann der schuldlose oder nicht überwiegend schuldige bedürftige Ehegatte auch auf unbegrenzte **Dauer** vom anderen Ehegatten **Unterhalt** verlangen (Art. 175 I ZGB),[678] und zwar nach überwiegender Auffassung in Literatur und Rechtsprechung grundsätzlich neben dem Entschädigungsanspruch nach Art. 174 I ZGB.[679] Auf das Verschulden des Unterhaltspflichtigen kommt es nicht an (Art. 175 II ZGB), sondern nur darauf, dass den Unterhaltsberechtigten nicht ein überwiegendes Verschulden trifft.[680] Bei dem Unterhaltsanspruch handelt es sich zwar nicht um einen Anspruch auf Notunterhalt,[681] er kommt jedoch erst in Betracht, wenn der materielle Schadensersatz (Art. 174 I ZGB) nicht ausreicht und der geschiedene Ehepartner bedürftig geworden ist. Dafür ist Kausalität zwischen der Scheidung und der Bedürftigkeit erforderlich.[682] Ein Ehegatte wird durch die Scheidung aber regelmäßig bereits deswegen bedürftig, weil er dadurch seinen Anspruch auf Trennungsunterhalt verliert.[683] Dem bedürftigen Unterhaltsberechtigten darf es zwar nicht zumutbar sein, seinen Unterhalt durch eigene Arbeit abzudecken. Seit der Neuregelung dürfen an diese Voraussetzung aber keine zu hohen Anforderungen gestellt werden. In Betracht kommen insbesondere Fälle der Kindererziehung und der Krankheit oder der Erwerbslosigkeit.

484 Die **Höhe** des Unterhalts orientiert sich zwar nicht an den „ehelichen Lebensverhältnissen" wie im deutschen Recht, jedoch richtet sie sich nach der Leistungsfähigkeit des Verpflichteten (Art. 175 I ZGB)[684] und den Bedürfnissen des Berechtigten.[685] Dabei spielen die Dauer der Ehe, das Alter und die Gesundheit, die berufliche Ausbildung, die soziale Stellung, die Chancen auf dem Arbeitsmarkt, Kinderbetreuung, Vermögen, die Verhältnisse am Lebensmittelpunkt[686] ua eine Rolle, ebenso die Billigkeit und soziale Gesichtspunkte.[687] Der Unterhaltspflichtige darf durch die Unterhaltsleistung nicht selbst in Not geraten; sein angemessener Unterhalt muss gesichert sein. Eine Unterhaltspflicht der Ehefrau hängt seit der Neufassung des ZGB nicht mehr davon ab, dass sie wohlhabend ist. Das OLG Hamm[688] geht bei der Unterhaltsbemessung von den ehelichen Lebensverhältnissen aus und errechnet nach deutschen Regeln ($3/7$) einen Quotenbedarf. Ähnlich geht das OLG Köln im Rahmen des nach Art. 4 ZGB[689] gebundenen Ermessens vor[690] und meint, türkische Gerichte pflegten der Ehefrau ca. $1/5$ bis $1/6$ des Einkommens des Ehegatten als Unterhalt zuzusprechen.[691] Zu Unrecht meint der 12. Zivilsenat des OLG Hamm hingegen, der Unterhaltspflichtige habe nur das Existenzminimum („Mindestbedarf") des Berechtigten abzudecken; dies ergebe sich nach türkischem Rechtsverständnis aus der Fassung in Art. 144 aF ZGB „seinen Vermögensverhältnissen entspre-

---

677 Vgl. auch OLG Stuttgart 2012, 999 (1000).
678 Vgl. Ansay/Krüger StAZ 1988, 252; zum neuen türkischen ZGB vgl. Das Standesamt 2002, 97 ff.
679 Savas FPR 2013, 101 (104).
680 OLG Karlsruhe FamRZ 2017, 1491 (1493).
681 Vgl. OLG Stuttgart FamRZ 1993, 975; OLG Köln FamRZ 1992, 948; Staudinger/v. Bar, BGB 13. Auflage [2003], Anh. I zu EGBGB Art. 18 Rn. 260; a. A. OLG Saarbrücken FamRZ 1994, 579 und KG FamRZ 1993, 976; Jayme IPRax 1989, 330; OLG Hamm FamRZ 1995, 881; zum Streitstand vgl. OLG Köln FamRZ 1997, 1087; FamRZ 1999, 860 (861).
682 Savas FPR 2013, 101 (103); Öztan FamRZ 1994, 1574.
683 OLG Hamm FamRZ 2006, 1387.
684 Nach OLG Köln NJW-RR 1998, 1540 muss sich der unterhaltspflichtige Ehegatte auch fiktive Einkünfte anrechnen lassen, wenn er seine Arbeitskraft nicht ausschöpft.
685 Savas FPR 2013, 101 (103).
686 OLG Stuttgart FamRZ 2008, 1754 f.; NJW-RR 2004, 582; OLG Düsseldorf FamRZ 2001, 919.
687 Öztan FamRZ 1994, 1574; nach OLG Stuttgart NJW-RR 1994, 135 soll die Verpflichtung des Ehemannes zur Zahlung von nachehelichem Unterhalt bei der Entscheidung über den Entschädigungsanspruch der Ehefrau (Art. 143 I ZGB) zu berücksichtigen sein.
688 FamRZ 1994, 582; gegen eine Lebensstandardgarantie aber OLG Stuttgart NJW-RR 2004, 582.
689 Das Gericht hat sein Ermessen nach Recht und Billigkeit zu treffen.
690 FamRZ 1992, 948, „freies Ermessen".
691 IPRax 1989, 53.

chenden Beitrag".⁶⁹² Das OLG Hamm⁶⁹³ zieht bei Anwendung des Art. 144 aF ZGB auch den Gesichtspunkt des Art. 18 VII EGBGB aF heran und berücksichtigt deswegen die Verhältnisse in Deutschland als Lebensmittelpunkt des Unterhaltsberechtigten mit.

Nach türkischem Recht sind die Ansprüche auf Kindes- und Ehegattenunterhalt im gleichen Rang. Auch die Unterhaltsansprüche der geschiedenen und der zweiten Ehefrau sind gleichrangig.⁶⁹⁴ Danach sind die Ansprüche im Mangelfall anteilig zu kürzen. Teilweise wird allerdings vertreten, dass bei der Anwendung des türkischen Rechts privilegierte Kinder iSv § 1609 Nr. 1 BGB vorrangig zu behandeln sind.⁶⁹⁵   **485**

Der Bedürftigkeitsunterhalt kann in einer Pauschalsumme oder, falls nach den Umständen erforderlich, als Rente zugesprochen werden (Art. 176 I ZGB). Ändern sich die wirtschaftlichen Verhältnisse der Beteiligten oder erfordert es die Billigkeit, ist eine Erhöhung, Ermäßigung oder ein Wegfall der Rente möglich (Art. 176 IV ZGB). Auf Antrag kann das Gericht die Höhe des Unterhalts auf Grund der sozialen und wirtschaftlichen Verhältnisse der Beteiligten in den kommenden Jahren festlegen (Art. 176 V ZGB).⁶⁹⁶   **486**

Die Beteiligten können auf den Schadensersatz und die Bedürftigkeitsrente **verzichten** und diesen Verzicht ausdrücklich in das Protokoll aufnehmen. Der Richter muss die Vereinbarung allerdings wegen des Gebots der Angemessenheit prüfen und sie ggf. abändern oder vorhandene Lücken schließen. Hält der Richter den Verzicht allerdings wegen des Grundsatzes der Vertragsfreiheit für angemessen, wird er wirksam und schließt einen späteren Antrag auf Schadensersatz oder Bedürftigkeitsrente aus. Haben die Beteiligten hingegen eine Vereinbarung über Schadensersatz oder Unterhalt getroffen und hat der Richter diese, obwohl er keine Änderungen vorgeschlagen hatte, versehentlich im Urteilstenor nicht berücksichtigt, kann die Vereinbarung später durch Leistungsantrag durchgesetzt werden.⁶⁹⁷ Das OLG Karlsruhe⁶⁹⁸ hält einen nach türkischem Recht wirksamen Unterhaltsverzicht für unwirksam, solange der Berechtigte in Deutschland seinen gewöhnlichen Aufenthalt hat (→ Rn. 13 ff., 24).   **487**

Eine **Verfahrenskostenvorschusspflicht** gibt es nach türkischem Gesetzesrecht nicht ausdrücklich, sie wird aber von der Rechtsprechung und der Literatur aus der Sorge- und Beistandspflicht hergeleitet (Art. 151 III ZGB).⁶⁹⁹   **488**

Einen **Auskunftsanspruch** kennt das türkische Recht nicht, weil dort die Untersuchungsmaxime herrscht. Durchweg wird jedoch von der deutschen Rechtsprechung bei Unterhaltsstreitigkeiten in Deutschland im Rahmen des anwendbaren deutschen Verfahrensrechts (lex fori) ein Auskunftsanspruch angenommen.⁷⁰⁰   **489**

Lange Zeit war umstritten, ob der Unterhaltsanspruch gemäß Art. 144 ZGB aF, auf den nicht ausdrücklich verzichtet wurde, spätestens im Scheidungsverfahren geltend gemacht werden muss oder nicht. Inzwischen hat sich der türkische Kassationsgerichtshof in einer Plenarentscheidung vom 22.1.1988 der Auffassung angeschlossen, dass auch **nach rechtskräftigem Abschluss des Scheidungsverfahrens** noch ein Antrag eines Ehegatten auf immateriellen Schadensersatz nach Art. 143 II (jetzt 174 II) ZGB zulässig ist. Der für die Scheidungsangelegenheiten zuständige 2. Senat des Kassationsgerichtshofs hat diese Rechtsprechung nunmehr auch auf materiellen Schadensersatz (§ 174 I ZGB) und den Bedürftigkeitsunterhalt (§ 175 ZGB) erstreckt.⁷⁰¹ Damit ist die Streitfrage im   **490**

---

⁶⁹² FamRZ 1995, 881; eine nähere Begründung fehlt allerdings; zur Problematik des „Sprachrisikos" bei der Anerkennung und Vollstreckung deutscher Unterhaltsentscheidungen in der Türkei vgl. Kiliç IPRax 1994, 477.
⁶⁹³ FamRZ 1993, 75; so auch OLG Düsseldorf FamRZ 2001, 919 (920).
⁶⁹⁴ OLG Düsseldorf FamRZ 2001, 919 (920); OLG Hamm FamRZ 1994, 582.
⁶⁹⁵ Savas FPR 2013, 101 (103 f.).
⁶⁹⁶ Das berücksichtigt die entsprechende Entwicklung und ersetzt eine Abänderung.
⁶⁹⁷ Öztan FamRZ 2007, 1517 (1520 f.) m. w. N.
⁶⁹⁸ FamRZ 1992, 316.
⁶⁹⁹ Vgl. Rumpf IPRax 1983, 114.
⁷⁰⁰ ZB OLG Hamm FamRZ 1993, 69.
⁷⁰¹ Zitat bei Öztan FamRZ 1994, 1574; OLG Köln FamRZ 1999, 869.

Sinne der Zulässigkeit eines nachträglichen Unterhaltsbegehrens abschließend geklärt.[702] Voraussetzung ist jedoch, dass die Bedürftigkeit bereits im Zeitpunkt der Scheidung gegeben war.[703] Die gesetzliche Neuregelung hat sich dem ausdrücklich angeschlossen (Art. 177, 178 ZGB).

491 Nach der Rechtsprechung des Kassationsgerichtshofs zum früheren Recht **verjährte** das Unterhaltsstammrecht nicht, weil das Gesetz keine Frist zur Erhebung des Antrags auf nacheheliche Unterhalt vorsieht. Der Verjährung unterlagen allerdings schon die Einzelforderungen als periodisch wiederkehrende Leistungen (muayyen zamanlarda tediye). Nach der neu geschaffenen Vorschrift des Art. 178 ZGB verjähren nunmehr die Ansprüche, die anlässlich der Beendigung durch Scheidung entstehen, ein Jahr nach Rechtskraft des Scheidungsurteils.[704]

492 **Abänderung.** Für den Ehegattenunterhalt nach Scheidung ergibt sich eine Abänderungsmöglichkeit wegen veränderter Umstände aus Art. 176 IV ZGB.[705] Fällt der Grund für die Unterhaltsrente weg, vermindert sich sein Gewicht oder nimmt die finanzielle Leistungsfähigkeit des Unterhaltspflichtigen erheblich ab, kann die Rente herabgesetzt oder aufgehoben, bei gegenläufiger Entwicklung nach Billigkeit auch erhöht werden. Legen die Ehegatten im Rahmen einer Vereinbarung allerdings eine bestimmte Summe für den Schadensersatz oder einen bestimmten Betrag für die Bedürftigkeitsrente fest und ist die Summe vom Richter für angemessen befunden worden, können sie nach Rechtskraft des Urteils keine Abänderung mehr verlangen.[706]

493 Durch Wiederheirat des Berechtigten entfällt ein Unterhaltsanspruch gegen den geschiedenen Ehepartner. Dasselbe gilt bei Aufnahme einer neuen Lebensgemeinschaft,[707] Wegfall der Bedürftigkeit, unehrenhaftem Lebenswandel oder Tod eines Ehegatten, es sei denn, die Beteiligten hatten anderes vereinbart.[708]

3. Verwandtenunterhalt

494 Nach Art. 364 ZGB ist jeder seinen Verwandten auf- und absteigender Linie sowie seinen Geschwistern unterhaltspflichtig, wenn sie ohne diese Unterstützung in Bedürftigkeit geraten würden.[709] Der Unterhaltsanspruch besteht allerdings nur für den Fall der Not (sog Notunterhalt) und umfasst eine Leistung, die zum Lebensunterhalt des Bedürftigen erforderlich und den wirtschaftlichen Verhältnissen des Verpflichteten angemessen ist (Art. 365 II ZGB). Der Anspruch ist gegen die Unterhaltspflichtigen in der Reihenfolge ihres Erbrechts geltend zu machen (Art. 365 I ZGB). Die Unterhaltspflicht der Geschwister richtet sich nach deren Vermögensverhältnissen (Art. 364 II ZGB); sie können nur herangezogen werden, wenn sie in eigenem Wohlstand leben. Gegenüber dem Unterhaltsanspruch der Kinder und der Ehegatten ist dieser Anspruch nachrangig (Art. 364 III ZGB). Wurde der Unterhalt von öffentlichen oder gemeinnützigen Einrichtungen gezahlt, geht der Unterhaltsanspruch auf diese über, sodass der Unterhaltsantrag auch von ihnen erhoben werden kann (Art. 365 IV ZGB). Auf Antrag kann das Gericht die Höhe der Unterhaltsrente auf Grund der sozialen und wirtschaftlichen Verhältnisse der Beteiligten in den kommenden Jahren festlegen (Art. 365 V ZGB).

---

[702] OLG Köln FamRZ 1999, 860; OLG Hamm FamRZ 1994, 582 mit Anmerkung Henrich NJW-RR 1994, 136; OLG Saarbrücken FamRZ 1994, 579; zweifelnd noch OLG Hamm FamRZ 1994, 580; OLG Köln FamRZ 1999, 1540.
[703] Vgl. Henrich NJW-RR 1994, 136.
[704] OLG Stuttgart FamRZ 2007, 290; das OLG Düsseldorf FamRZ 2001, 919 (920) und Krüger FamRZ 2000, 1135 (1136) gehen insoweit noch von der früheren Rechtslage aus.
[705] Zu früheren Rechtslage vgl. OLG Hamm FamRZ 1995, 882.
[706] Öztan FamRZ 2007, 1517 (1520).
[707] Vgl. OLG Hamm FamRZ 1995, 882.
[708] Savas FPR 2013, 101 (105).
[709] Zum früheren Recht vgl. AG Fritzlar IPRax 1984, 278.

Ungarn

1. Kindesunterhalt

Zum 15.3.2014 ist das neue ungarische Bürgerliche Gesetzbuch (BGB) in Kraft getreten. **495** Es hat das Zivilgesetzbuch von 1959 und zahlreiche Einzelgesetze abgelöst und vereint nun alle zivilrechtlichen Materien in einem einheitlichen Regelwerk. Im Vierten Buch (Familienrecht) sind unter dem XIII. Titel im XX. Kapitel gemeinsame Regelungen zum Verwandtenunterhalt, im XXI. Kapitel Vorschriften über den Unterhalt **minderjähriger** und im XXII. Kapitel Vorschriften über den Unterhalt **volljähriger Kinder in der Ausbildung** enthalten. Im V. Titel ist der Ehegattenunterhalt geregelt.[710] Nach der gesetzlichen Neuregelung sind die Eltern zum Unterhalt eines minderjährigen Kindes auch unter Einschränkung ihres eigenen notwendigen Unterhalts verpflichtet. Nach § 4:214 BGB wird die Unterhaltsbedürftigkeit eines minderjährigen Kindes gesetzlich vermutet.[711] Nach § 4:218 II BGB richtet sich dessen Unterhalt nach den begründeten Bedürfnissen des Kindes, den Einkommens- und Vermögensverhältnissen beider Eltern, sonstigen unterhaltsbedürftigen Kindern, dem eigenen Einkommen des Kindes und den ihm zustehenden Sozialleistungen. 2017 wurde eine Arbeitsgruppe zur Analyse der Rechtsprechung über den Verwandtenunterhalt gegründet, deren Bericht zu Interpretationsmöglichkeit der neuen gesetzlichen Bestimmungen im Mai 2018 veröffentlicht wurde. Weil die Ermittlung der Einkommens- und Vermögensverhältnisse der Eltern und davon abgeleiteter individueller Unterhaltsbedarfe mit erheblichen praktischen Schwierigkeiten verbunden ist, wurde auch vorgeschlagen, die Grundbedürfnisse eines Kindes mit einer bestimmten Summe anzugeben.[712]

Ob bei der Ermittlung des Kindesunterhalts außerdem auf Erwägungen zurückzugreifen **496** ist, die zum früheren Unterhaltsrecht galten, bleibt abzuwarten. Dabei handelt es sich um die folgenden Überlegungen: Zum Unterhalt gehörte alles, was der Bedürftige zu seinem Lebensunterhalt benötigte. Der Unterhalt für Abkömmlinge und Geschwister erstreckte sich auch auf die Kosten für Erziehung und Ausbildung (§ 65 I FamG, jetzt § 4:218 III BGB). Die Eltern waren verpflichtet, auch zu Lasten des eigenen notwendigen Unterhalts alles mit ihren minderjährigen Kindern zu teilen, was ihnen zum gemeinsamen Unterhalt zur Verfügung stand (§ 69 A I 1 FamG, jetzt § 4:215 I 1 BGB). Diese gesteigerte Unterhaltspflicht war nicht maßgebend, wenn der Kindesunterhalt aus eigenen Vermögenserträgen gedeckt war oder ein anderer gradliniger Verwandter (→ Rn. 504) verpflichtet werden konnte (§ 69 A I 2 FamG; jetzt § 4:215 I 2 BGB). Minderjährig ist ein Kind bis zur Vollendung des 18. Lebensjahres (§ 12 II ZGB; jetzt § 2:10 I BGB). Jedoch wurde bereits von einem 16-jährigen Kind in der Regel erwartet, dass es einer Beschäftigung nachgeht, falls es nicht in Ausbildung steht.[713] Lebten die Eltern getrennt, leistete der betreuende Elternteil Unterhalt in Natur, der andere zahlte eine monatliche Geldrente (§ 69 A II FamG, jetzt § 4:216 I BGB). Auch wenn das Kind im Haushalt des unterhaltspflichtigen Elternteils lebte, dieser aber nicht für das Kind sorgte, musste er Leistungen in Geld erbringen (§ 69 D I FamG, jetzt § 4:216 II BGB). Nach den Grundsätzen des Verwandtenunterhalts war ein Stiefkind unterhaltsberechtigt, dass mit Einverständnis im gemeinsamen Haushalt lebte. Dann waren beide Ehegatten in gleichem Rang zum Unterhalt verpflichtet (§ 62 I FamG, jetzt § 4:198 I BGB).

Die **Höhe** des Unterhalts richtete sich nach den Einkommens- und Vermögensverhältnissen beider Eltern unter Berücksichtigung weiterer unterhaltsberechtigter Kinder und Stiefkinder sowie den tatsächlichen Bedürfnissen des Kindes unter Berücksichtigung seines

---

[710] Gesetz Nr. 2013:V über das Bürgerliche Gesetzbuch vom 26.2.2013 MK 2013 Nr. 31 S. 2382; Bergmann/Ferid/Henrichs/Cieslar/Küpper, Internationales Ehe- und Kindschaftsrecht Ungarn, Stand: 30.4.2017 S. 76j ff.
[711] Szeibert FamRZ 2018, 1411.
[712] Szeibert FamRZ 2018, 1411.
[713] Gralla/Leonhardt/Rupp, Das Unterhaltsrecht in Osteuropa, 1989 Abschnitt Ungarn, 304.

eigenen Einkommens (§ 69 C I 2 FamG, jetzt § 4:218 II BGB). Im Regelfall wurden pro Kind etwa 15–25% des monatlichen Durchschnittsverdienstes des Unterhaltspflichtigen angesetzt. Der Unterhaltsanspruch mehrerer Unterhaltsberechtigter gegenüber dem Unterhaltspflichtigen durfte insgesamt jedoch nicht mehr als die Hälfte seines Einkommens betragen (§ 69 C I 1, II 1 FamG, jetzt § 4:205 VI und § 4:218 IV BGB). Bei mehreren unterhaltsberechtigten Kindern war eine gleichmäßige Behandlung sicherzustellen, insbesondere wenn sie nicht in einem Haushalt erzogen wurden (§ 69 C II 2 FamG, jetzt § 4:202 BGB und § 4:218 II lit. c BGB). Lebte der Unterhaltspflichtige aus dienstlichen Gründen im Ausland, war sein letztes ausländisches Einkommen maßgebend.[714] Dann kam eine Anpassung im Verhältnis der vergleichenden Preisniveaus in Betracht (→ Rn. 35 ff., 79a ff.). Der Unterhalt konnte in einem bestimmten Betrag, prozentual von einem bestimmten Verdienst oder als Summe dieser beiden Möglichkeiten festgesetzt werden (§ 69 C III FamG; jetzt § 4:206 – Unterhaltsrente). Wurde der Unterhalt prozentual festgesetzt, musste zugleich der Grundbetrag angegeben werden, um eine spätere Anpassung zu ermöglichen (§ 69 C IV FamG). Der eigene notwendige Unterhalt, der dem Unterhaltspflichtigen allgemein als **Selbstbehalt** verbleiben musste (§ 66 I FamG, jetzt § 4:195 BGB), konnte durch die gesteigerte Unterhaltspflicht gegenüber minderjährigen Kindern auch unterschritten werden (§ 69 A I FamG, jetzt § 4:215 I BGB). Wenn ein Unterhaltspflichtiger mangels Leistungsfähigkeit von seiner Unterhaltpflicht befreit war, ging der auf ihn entfallende Unterhalt auf die mit ihm im gleiche Rang Verpflichteten, in Ermangelung solcher auf die im Rang nachfolgenden Verpflichteten über (66 II FamG, jetzt § 4:201 II BGB).

497 Haben die Eltern keine Vereinbarung geschlossen, entschied das Gericht über den Kindesunterhalt (§ 69 B FamG, jetzt § 4:218 I BGB). Für die **Vergangenheit** konnte grundsätzlich nur für 6 Monate Unterhalt geltend gemacht werden, hatte ein Unterhaltsberechtigter den Anspruch schuldlos noch nicht geltend gemacht auch für einen längeren Zeitraum (§ 68 I, II FamFG, jetzt § 4:208 III BGB). Im Interesse des Minderjährigen waren neben dem sorgeberechtigten Elternteil, der auch aus eigenem Recht vorgehen konnte (§ 67 II FamG, jetzt § 4:208 II BGB), zusätzlich die Vormundschaftsbehörde und der Staatsanwalt befugt, einen Antrag auf Unterhalt zu erheben (§ 67 I FamG, jetzt § 4:208 I BGB).

498 Eine **Unterhaltsabänderung** und auch ein vollständiger Wegfall des Unterhalts waren bei wesentlicher Änderung der zugrunde liegenden Verhältnisse möglich (§ 69 I FamG, jetzt § 4:210 BGB), eine Erhöhung auch dann, wenn in einer abzuändernden Vereinbarung der Unterhalt erheblich unter dem, was nach dem Gesetz hätte verlangt werden können, festgelegt worden war (§ 69 II FamG).

499 Für **volljährige Kinder** enthält die gesetzliche Neuregelung (→ Rn. 495) mit § 4:220 I BGB eine gesetzliche Vermutung zur Unterhaltsbedürftigkeit. Sie gilt für volljährige Kinder bis zur Vollendung des 20. Lebensjahres, solange das Kind eine mittlere Schulausbildung betreibt. In einer öffentlichen Stellungnahme hat eine eingesetzte Expertenkommission die Auffassung vertreten, dass die Bedürftigkeit mangels wirtschaftlicher Leistungsfähigkeit nicht widerlegbar sein soll.[715] Diese strenge Gesetzesauslegung würde dann auch dagegen sprechen, dass ein minderjähriges Kind diesen Unterhaltsanspruch durch unwürdiges Verhalten verwirken kann.

Nach der Rechtsprechung zum früheren Recht konnte ein volljähriges Kind Unterhalt verlangen, wenn es infolge Studiums bedürftig war (§ 60 II FamG, jetzt § 4:220 II BGB). Dabei musste der eigene notwendige Unterhalt des Unterhaltspflichtigen aber gewahrt bleiben (§ 66 I FamG, jetzt § 4:219 iVm § 4:195 BGB). Diese frühere Rechtsprechung wurde als §§ 4:219–222 ZGB in das neue Bürgerliche Gesetzbuch übernommen. Das volljährige und arbeitsfähige Kind ist danach zu Unterhalt berechtigt, wenn es darauf wegen einer notwendigen, auf die berufliche Laufbahn vorbereitende Ausbildung angewiesen ist. Zum Unterhalt ihres über 25-jährigen und noch in Ausbildung befindlichen Kindes sind die Eltern nur in außerordentlich begründeten Fällen verpflichtet (§ 4:220 V BGB).

---

[714] OG Nr. 344 PJD.
[715] Szeibert FamRZ 2018, 1411 f.

Ein solches volljähriges Kind ist verpflichtet, die notwendige Ausbildung innerhalb eines zumutbaren Zeitraums fortzusetzen, seinen Ausbildungs- und Prüfungspflichten regelmäßig nachzukommen und die Ausbildung kontinuierlich durchzuführen (§ 4:220 III lit. b BGB). Unverschuldete Unterbrechungen bleiben dabei unberücksichtigt.

Das noch in der Ausbildung befindliche volljährige Kind kann nach den allgemeinen Regeln über den Verwandtenunterhalt das Recht auf Unterhalt durch unwürdiges Verhalten verwirken (§ 4:220 III lit. a BGB). Ein Wegfall des Unterhaltsanspruchs wegen Unwürdigkeit war allerdings bereits nach dem früheren Recht (§ 60 III FamG, jetzt § 4:220 IV BGB) und der darauf beruhenden ständiger Rechtsprechung nur in ganz besonderen Ausnahmefällen möglich.[716] § 4:220 IV ZGB nimmt nun eine solche Unterhaltsunwürdigkeit insbesondere für die Fälle an, in denen das unterhaltsberechtigte volljährige Kind ohne triftigen Grund keinen Kontakt zu seinen Eltern aufrechterhält. Zusätzlich konnte der Unterhaltsanspruch eines volljährigen Kindes auch durch ein grundlos beleidigendes Verhalten gegenüber den Eltern entfallen.[717] Der Kindesunterhalt ging dem Ehegatten- und dem Verwandtenunterhalt im Rang vor (§ 64 I, II FamG, jetzt §§ 4:213, 4:219, 4:202 lit. a und b BGB). Die Eltern hafteten anteilig nach ihren Erwerbs-, Einkommens- und Vermögensverhältnissen. Dabei war eine persönliche Betreuungsleistung zu berücksichtigen (§ 63 I, II FamG, jetzt § 4:201 I und § 4:216 BGB).

500

Den Unterhalt konnte der Verpflichtete – nach seiner Wahl – durch Versorgung im eigenen Haushalt oder monatlich in Geld leisten (jetzt § 4:216 I BGB). Der Berechtigte konnte verlangen, dass der Verpflichtete den Unterhalt in Geld leistet. Unter Berücksichtigung der Verhältnisse der Beteiligten konnte das Gericht auch eine andere Art des Unterhalts festsetzen (§ 66 III FamG, jetzt § 4:217 III BGB).

2. Ehegattenunterhalt

Auch insoweit ist die gesetzliche Neuregelung im Vierten Teil des BGB zu beachten, zu der es bislang noch keine veröffentlichte obergerichtliche Rechtsprechung gibt (→ Rn. 495). Zur Auslegung kann aber auf die bisherige Rechtsentwicklung zurückgegriffen werden. Danach waren sich die Ehegatten während der Ehe zu Treue und Beistand verpflichtet (§ 24 EheG, jetzt § 4:24 BGB). Zur Bestreitung des gemeinsamen Haushalts diente in erster Linie das Einkommen der Ehegatten und ihr sonstiges gemeinsames Vermögen (§ 32 I 1 EheG).

501

Trennung. Wenn die Ehegatten unter Aufrechterhaltung der Lebensgemeinschaft getrennt lebten, waren die Kosten für ihren Lebensunterhalt in erster Linie auf die gleiche Weise wie zuvor zu bestreiten (§ 32 I 2 EheG, jetzt § 4:29 BGB). Wenn Einkommen und gemeinsames Vermögen die Kosten des gemeinsamen Haushalts nicht deckten, waren die Ehegatten verpflichtet, dazu in gleicher Weise auch aus ihrem Sondergut beizutragen (§ 32 II EheG, jetzt §§ 4:37 f. BGB). Ein Ehegatte schuldete dem anderen Unterhalt, wenn dieser ohne eigenes Verschulden bedürftig war, der Unterhalt nicht den eigenen und den eines gleichrangigen Unterhaltsberechtigten gefährdete und der andere Ehegatte nicht unterhaltsunwürdig war. Heranzuziehen war dafür zunächst das gemeinsame Vermögen, dann das Sondergut des Unterhaltspflichtigen (§ 32 III FamG, jetzt §§ 4:37 f. BGB, denn in Ungarn ist gesetzlicher Güterstand die Gütergemeinschaft (→ § 6 Rn. 400) mit gemeinsamem Vermögen und Sondergut (§ 27 I FamG, jetzt § 4:34 II BGB). Die Unterhaltspflicht besteht jedoch auch, wenn keine Gütergemeinschaft besteht.

Scheidung. Voraussetzung für einen **nachehelichen Unterhalt** war, dass der Ehegatte ohne eigenes Verschulden bedürftig geworden ist, zB durch Krankheit oder Alter (§ 21 I 1 FamG, jetzt § 4:29 I BGB). Die Dauer der Ehe spielte dabei keine Rolle.[718] Der Unter-

502

---

[716] Bergmann/Ferid/Henrich/Cieslar/Vekas/Ember, Internationales Ehe- und Kindschaftsrecht, Ungarn, Stand: Mai 2017 S. 28.
[717] So ausdrücklich OG Nr. 353, PJD. S. iÜ u. III B 6.
[718] Gralla/Leonhardt/Rupp, Das Unterhaltsrecht in Osteuropa, 1989 Abschnitt Ungarn, 319; Bergmann/Ferid/Henrich/Cieslar/Vekas/Ember, Internationales Ehe- und Kindschaftsrecht, Ungarn,

haltsberechtigte war zwar nur in beschränktem Umfang verpflichtet, den Stamm seines Vermögens aufzubrauchen, eine ihm zumutbare Arbeit musste er aber annehmen. Eine Grenze fand der Unterhaltsanspruch in der **Leistungsfähigkeit** des Verpflichteten und damit in der Gefährdung des eigenen Unterhalts des Unterhaltspflichtigen und derjenigen Personen, denen er mindestens gleichrangig zu Unterhalt verpflichtet war (§ 21 I 2 FamG, jetzt § 4:31 BGB). Der Unterhalt wurde jeweils für den Einzelfall festgelegt, Tabellen- oder Pauschalsätze gab es nicht.[719] Abzudecken war nur das Nötige für die Lebensführung. Geschuldet war der Unterhalt in Form einer monatlichen Geldrente. Sie konnte **zeitlich begrenzt** werden, wenn anzunehmen war, dass die Unterhaltspflicht mit Ablauf der Frist endete (§ 21 II FamG, jetzt §§ 4:33, 4:209 II BGB). Unabhängig davon endete sie im Falle der Wiederheirat des Berechtigten oder wenn er eine eingetragene Lebenspartnerschaft begründete (§ 22 II FamG, jetzt § 4:33 BGB), bei nachträglicher Unwürdigkeit oder bei Wegfall der Bedürftigkeit. Trat die Bedürftigkeit später neu auf, lebte auch der Unterhaltsanspruch wieder auf (§ 22 II 2 FamG).

Die **Unwürdigkeit** des Berechtigten wurde nicht von Amts wegen geprüft, sondern nur dann, wenn der Unterhaltspflichtige sich darauf berief. Eine Unwürdigkeit im Zeitpunkt der Scheidung lag vor, wenn der Unterhaltsberechtigte mit seinem Verhalten die moralische Grundlage der Ehe schwer verletzt hatte und diese Verletzung dann zur Scheidung führte (jetzt § 4:30 BGB). Dabei musste aber auch das Verhalten des Unterhaltspflichtigen während der Ehe berücksichtigt werden. War sein Verhalten ebenfalls schwer ehewidrig, konnte er sich nicht auf Unwürdigkeit berufen. Beruhte die Unwürdigkeit hingegen auf einem späteren Verhalten des Unterhaltsberechtigten, konnte das Verhalten des Unterhaltspflichtigen während der Ehe nicht berücksichtigt werden. Dann war der Berechtigte unwürdig, wenn er vorsätzlich die Interessen des unterhaltspflichtigen Ehegatten in persönlicher oder finanzieller Hinsicht verletzte (Verleumdung, Strafanzeige, Zufügung eines finanziellen Schadens usw) oder ein schwer gesellschaftsfeindliches Verhalten zeigt (liederlicher Lebenswandel, Begehung schwerer Straftaten usw, jetzt § 4:30 I lit. b BGB).[720] Eine Verzeihung des Unterhaltspflichtigen schloss die Unwürdigkeit aus. Trat die Unterhaltsbedürftigkeit erst nach Ablauf von fünf Jahren seit der Scheidung auf, konnte der bedürftige Ehegatte nur ganz ausnahmsweise Unterhalt verlangen (besondere Billigkeitsgründe, § 22 III FamG, jetzt § 4:29 II BGB).[721]

503 Eine **Abänderung** des Unterhalts war möglich (§ 22 I FamG, jetzt §§ 4:33, 4:210 I BGB), wenn sich die einer Vereinbarung oder einem Urteil zugrunde liegenden Umständen wesentlich geändert hatten. Ein Verzicht auf Unterhalt war nur dann wirksam, wenn er entgeltlich war.

Lebten die Eltern eines Kindes nicht zusammen, war der Vater verpflichtet, sofern die Sozialversicherung dies nicht deckte, der Mutter die Kosten, die mit der Geburt zusammenhingen, sowie den notwendigen Unterhalt für eine in besonderen Rechtsvorschriften bestimmte Zeit zu zahlen. Diese Forderungen standen der Mutter – sofern diese die Sozialversicherung auch decken würde – auch dann zu, wenn das Kind tot geboren war (§ 69D II FamG).

3. Verwandtenunterhalt

504 Gegenüber seinen Verwandten war nach den §§ 60 ff. FamG unterhaltsberechtigt, wer nicht imstande war, sich selbst zu unterhalten, und auch keinen Ehegatten hatte, der zum Unterhalt verpflichtet werden konnte (§ 60 I FamG, jetzt § 4:194 I BGB). Nach § 61 I, II FamG (jetzt § 4:196 II, V BGB) waren (neben dem Kindes- und Ehegattenunterhalt) in erster Linie die **Abkömmlinge,** danach Verwandte der **aufsteigenden Linie** zum Unterhalt

---

Stand: Mai 2017 S. 22 f.; zu den Rechtsfolgen einer registrierten Partnerschaft vgl. Weiss FamRZ 2008, 1724.

[719] Gralla/Leonhardt/Rupp, Das Unterhaltsrecht in Osteuropa, 1989 Abschnitt Ungarn, 319.
[720] So das Grundsatzurteil des OG Nr. XXXVII.
[721] Gralla/Leonhardt/Rupp, Das Unterhaltsrecht in Osteuropa, 1989 Abschnitt Ungarn, 320.

verpflichtet. Der in der Abstammungsordnung näher stehende Verwandte haftete vor dem entfernteren Verwandten (§ 61 III FamG, jetzt § 4:196 V BGB). Nachrangig waren einem Minderjährigen auch seine volljährigen **Geschwister** zum Unterhalt verpflichtet, aber nur dann, wenn sie zur Leistung imstande waren, ohne ihren eigenen Unterhalt, den Unterhalt ihres Ehegatten oder den Unterhalt eigener Verwandter in gerader Linie zu gefährden (§ 61 IV FamG, jetzt § 4:197 BGB). Unterhaltspflichtig war auch ein Stiefkind, wenn der unterhaltsbedürftige Elternteil längere Zeit für seinen Unterhalt gesorgt hat (§ 62 II FamG, jetzt § 4:198i BGB). Mehrere gleichrangige Unterhaltspflichtige hafteten anteilig nach ihren Erwerbs-, Einkommens- und Vermögensverhältnissen. Dabei war eine persönliche Betreuungsleistung zu berücksichtigen (§ 63 I, II FamG, jetzt § 4:201 I, III BGB). Der Unterhaltsanspruch eines Kindes ging dem der (gleichrangigen) Ehegatten und geschiedenen Ehegatten, dieser den übrigen Verwandten (§ 64 II FamG, jetzt § 4:202 lit. a und b BGB), die Kinder und Eltern den weiteren Verwandten, die Abkömmlinge den Verwandten der aufsteigenden Linie und die näheren Verwandten den entfernteren vor (§ 64 I FamG, jetzt § 4:202 lit. c und d BGB). Auf Antrag konnte das Gericht in begründeten Fällen eine abweichende Reihenfolge festsetzen (§ 64 III FamG, jetzt § 4:203 BGB).

Trotz deutlicher Verstärkung der Verantwortlichkeit von Kindern gegenüber ihren Eltern in Art. 16 IV des ungarischen Grundgesetzes sind die Regelungen zum **Elternunterhalt** im Rahmen der gesetzlichen Neuregelung annähernd gleich geblieben (→ Rn. 495). In § 4:196 I, II BGB wurden der traditionelle Kreis der Unterhaltspflichtigen und deren Rang übernommen. Danach haften in erster Linie die Eltern gegenüber ihren Kindern und die volljährigen Kinder gegenüber ihren bedürftigen Eltern. Im Jahre 2016 wurde in § 4:208 Ia BGB ein Anspruchsübergang für Regressforderungen eines nur nachrangig verpflichteten Dritten eingeführt, wenn er den Regress innerhalb der Ausschlussfrist von einem Jahr geltend macht. Erforderlich ist die Bedürftigkeit des Elternteils und die Leistungsfähigkeit des unterhaltspflichtigen Kindes. Auch dieser Anspruch kann nach den allgemeinen Regeln über den Verwandtenunterhalt durch unwürdiges Verhalten verwirken.

Der Anspruch **umfasste** alles, was der Berechtigte zum Lebensunterhalt benötigte (§ 65 I 1 FamG, jetzt § 4:205 I, II BGB). Für Abkömmlinge und Geschwister erstreckte er sich auch auf die Kosten der Erziehung und Ausbildung (§ 65 I 2 FamG, jetzt § 4:205 III BGB). Die Unterhaltspflicht erstreckte sich auch auf die Kosten der Betreuung infolge hohen Alters oder Pflegebedürftigkeit (§ 65 II FamG, jetzt § 4:205 IV BGB). Nicht zum Unterhalt verpflichtet war, wer dadurch seinen eigenen notwendigen Unterhalt gefährden würde (§ 66 I FamG, jetzt § 4:195 BGB). **505**

Der Unterhalt konnte **rückwirkend** für sechs Monate geltend gemacht werden, darüber hinaus nur, wenn dem Berechtigten keine Versäumnis bei der Geltendmachung des Anspruchs vorwerfbar war (§ 68 I, II FamG, jetzt § 4:208 III BGB). Bei veränderten Umständen konnte eine **Anpassung** des Unterhalts oder ein Wegfall der Unterhaltspflicht verlangt werden (§ 69 I FamG, jetzt § 4:210 I BGB). Eine Erhöhung kam auch in Betracht, wenn der Unterhalt von Beginn an mit einem erheblich kleineren Betrag als vom Gesetz geschuldet festgesetzt war (§ 69 II FamG). **506**

Nichteheliche Lebenspartner haben während ihrer Beziehung keine gesetzlichen Unterhaltsansprüche. Nach Auflösung der Lebensgemeinschaft können sie von dem anderen Unterhalt verlangen, sofern sie ohne eigenes Verschulden nicht in der Lage sind, für den eigenen Unterhalt zu sorgen, die Lebensgemeinschaft wenigstens ein Jahr bestand und aus ihr ein gemeinsames Kind hervorgegangen ist.

Vereinigte Staaten von Amerika (USA)

In den USA fällt das Unterhaltsrecht in die Zuständigkeit der 50 Einzelstaaten und weiterer Territorien.[722] Diese verfügen jedoch nicht alle über vollständige und einheitliche Regelungen. Es gibt Leitgesetze (uniform acts), die jeweils aber nicht in sämtlichen Staaten und **507**

---

[722] Koritz FPR 2013, 87 (88).

Territorien eingeführt oder voll anerkannt sind.[723] Soweit sie nachfolgend dargestellt sind, gilt dies mit dieser Einschränkung. Die wichtigsten und einschlägigen Leitgesetze sind:
- das Heirats- und Scheidungsgesetz von 1970 (uniform marriage and divorce act – UMDA),[724]
- das Gesetz über die bürgerlich-rechtliche Unterhaltspflicht von 1954 (uniform civil liability for support act – UCLSA),[725]
- das Gesetz über den zwischenstaatlichen (US-internen) Familienunterhalt von 1992 (uniform interstate family support act – UIFSA),[726]
- für nichteheliche Kinder das Elterngesetz von 1973 (uniform parentage act – UPA).[727]
- Das einheitliche Gesetz über die gegenseitige Vollstreckung von Unterhalt von 1950 ist sehr verbreitet (uniform reciprocal enforcement of support act).[728]
- Für die Durchsetzung noch wichtiger und aktueller ist das revidierte Gesetz über die gegenseitige Vollstreckung von Unterhalt (uniform reciprocal enforcement of support act 1968 revised act – URESA).[729]

Das UIFSA enthält hauptsächlich – neben Begriffsbestimmungen – Regelungen zur Zuständigkeit sowie zum Verfahren und zur Vollstreckung. Es hat ergänzenden Charakter

---

[723] Siehe im Internet die Aufstellung der Cornell University Law School unter: www.law.cornell.edu/uniform/vol9.html#mardv.

[724] Geändert 1971 und 1973; ratifiziert von den Bundesstaaten Arizona, Colorado, Illinois, Kentucky, Minnesota, Missouri, Montana und Washington; vgl. Bergmann/Ferid/Henrich/Cieslar/Seibl/Bardy/Rieck/Lorenz, Internationales Ehe- und Kindschaftsrecht, USA, Stand: 15.2.2013 S. 145 ff.; zum amerikanischen Recht der Ehescheidung vgl. auch Krause FamRZ 1998, 1406 (1407 ff.).

[725] Das Gesetz hat den Zweck, die Anwendung des URESA zu fördern und zu erleichtern; es wurde ratifiziert von den Bundesstaaten Maine, New Hampshire und Utah; vgl. Bergmann/Ferid/Henrich/Cieslar/Seibl/Bardy/Rieck/Lorenz, Internationales Ehe- und Kindschaftsrecht, USA, Stand: 15.2.2013 S. 106i ff.

[726] Das Gesetz überlagert das URESA, es ist in den USA sehr weit verbreitet; es wurde ratifiziert von den Bundesstaaten Alabama, Alaska, Arizona, Arkansas, California, Colorado, Connecticut, Delaware, District of Columbia, Florida, Georgia, Hawaii, Idaho, Illinois, Indiana, Iowa, Kansas, Kentucky, Luisiana, Maryland, Maine, Massachusetts, Michigan, Minnesota, Mississippi, Missouri, Montana, Nebraska, Nevada, New Hampshire, New Jersey, New Mexico, New York, North Carolina, North Dakota, Ohio, Oklahoma, Oregon, Pennsylvania, Rhode Island, South Carolina, South Dakota, Tennessee, Texas, Utah, Vermont, Virgin Islands, Virginia, Washington, West Virginia, Wisconsin und Wyoming, vgl. dazu im Internet www.law.cornell.edu/uniform/vol9.html#mardv; Rechtsprechung ist dazu noch nicht nachgewiesen; vgl. Koritz FPR 2013, 87 (88) und Bergmann/Ferid/Henrich/Cieslar/Seibl/Bardy/Rieck/Lorenz, Internationales Ehe- und Kindschaftsrecht, USA, Stand: 15.2.2013 S. 109 ff.

[727] Das Gesetz wurde ratifiziert von den Bundesstaaten Alabama, California, Colorado, Delaware, Hawaii, Illinois, Kansas, Minnesota, Missouri, Montana, Nevada, New Jersey, New Mexico, North Dakota, Ohio, Rhode Island, Texas, Washington und Wyoming, vgl. www.law.cornell.edu/uniform/vol9.html#mardv; zum Gesetzestext vgl. auch Bergmann/Ferid/Henrich/Cieslar/Seibl/Bardy/Rieck/Lorenz, Internationales Ehe- und Kindschaftsrecht, USA, Stand: 15.2.2013 S. 168 ff.

[728] Geändert 1952 und 1958. Es wurde ratifiziert von Alabama, Alaska, Connecticut, Delaware, District of Columbia, Florida, Georgia, Guam, Hawaii, Indiana, Iowa, Maryland, Massachusetts, Michigan, Minnesota, Mississippi, Missouri, New Jersey, New York, Oregon, Puerto Rico, Rhode Island, South Carolina, South Dakota, Tennessee, Texas, Utah, Virgin Islands und Washington; das Gesetz wird überlagert und ist teilweise durch das URESA abgelöst; vgl. Bergmann/Ferid/Henrich/Cieslar/Seibl/Bardy/Rieck/Lorenz, Internationales Ehe- und Kindschaftsrecht, USA, Stand: 15.2.2013 S. 192 ff.

[729] Durch dieses Gesetz ist 1968 das zuvor genannte Gesetz teilweise ersetzt, erweitert und ergänzt worden. Es ist ratifiziert worden von den Bundesstaaten Arizona, Arkansas, California, Colorado, Florida, Georgia, Hawaii, Idaho, Illinois, Iowa, Kansas, Kentucky, Luisiana, Maine, Michigan, Minnesota, Montana, Nebraska, Nevada, New Hampshire, New Jersey, New Mexico, North Carolina, North Dakota, Ohio, Oklahoma, Oregon, Pennsylvania, Rhode Island, South Carolina, South Dakota, Texas, Vermont, Virginia, West Virginia, Wisconsin und Wyoming; vgl. Bergmann/Ferid/Henrich/Cieslar/Seibl/Bardy/Rieck/Lorenz, Internationales Ehe- und Kindschaftsrecht, USA, Stand: 15.2.2013 S. 201 ff.

(§ 103 UIFSA), ist aber deutlich im Vordringen begriffen gegenüber dem URESA.[730] Nach einem Bericht des Deutschen Instituts für Vormundschaftswesen (DIV) werden die amerikanischen Unterhaltsfälle in der Regel aber noch nach dem URESA abgewickelt.[731]

1. Kindesunterhalt

Nach dem Gesetz über die bürgerlich-rechtliche Unterhaltspflicht hat jeder Mann (§ 2 UCLSA) und jede Frau (§ 3 UCLSA) seinem/ihrem Kind Unterhalt zu leisten, unabhängig davon, ob einer von ihnen und ggf. wer die elterliche Sorge ausübt.[732] Das gilt sowohl für eheliche als auch für Kinder, die nicht aus einer Ehe hervorgegangen sind. Die Eltern sind anteilig im Verhältnis ihrer Mittel zum Kindesunterhalt verpflichtet,[733] wobei die Mittel des Kindes nur dann heranzuziehen sind, wenn die Eltern nicht leistungsfähig sind.[734] Bei Trennung oder Scheidung kann das Gericht nach § 309 UMDA den Unterhalt gegen den regelmäßig nicht sorgeberechtigten, unterhaltspflichtigen Elternteil festsetzen, wobei zu berücksichtigen sind:

508

– die verfügbaren Mittel des Kindes, nach § 6 (b), (d) und (e) UCLSA das Vermögen und Einkommen der Beteiligten sowie die Erwerbsfähigkeit und der Bedarf des Unterhaltsberechtigten,
– die verfügbaren Mittel des Inhabers des Sorgerechts, nach § 6 (b) und (c) UCLSA das Vermögen und Einkommen der Beteiligten sowie die Erwerbsfähigkeit des Unterhaltspflichtigen,
– der Lebensstandard, der für das Kind gegolten hätte, wenn die Ehe nicht aufgelöst worden wäre, nach § 6 (a) UCLSA der Lebensstandard der Beteiligten, denn das minderjährige Kind hat Anspruch darauf, in dem Maße unterstützt und aufgezogen zu werden, wie es der Stellung der Eltern in der Gesellschaft entspricht.[735] Das gilt auch für die medizinische Versorgung,[736]
– die körperliche und seelische Situation des Kindes,
– sein Erziehungsbedarf,
– nach § 6 (f) UCLSA das Alter der Beteiligten, wobei die Vollendung des 18. Lebensjahrs für sich allein kein Anlass ist, den Unterhalt zu erhöhen, zu verringern oder zu streichen,[737]
– die finanziellen Mittel und der Bedarf des nicht sorgeberechtigten Elternteils.[738]

---

[730] Reimann, Einführung in das US-amerikanische Privatrecht, 2. Aufl. 2004, S. 186, 197.
[731] DAVorm 1996, 595. Zu den Entwicklungstendenzen mit dem Ziel einer zwischenstaatlichen Angleichung des Kindesunterhalts und dessen Vereinfachung der Vollstreckung vgl. Battes/Korenke FuR 1995, 194.
[732] Bergmann/Ferid/Henrich/Cieslar/Seibl/Bardy/Rieck/Lorenz, Internationales Ehe- und Kindschaftsrecht, USA, Stand: 15.2.2013 S. 62u ff.; Lyons v. Municipal Court, Central Orange County Iudicial Dist. 1977, 142 Cal Rptr 449, 75 Cal. App. 3d 829; Armstrong v. Armstrong 1976, 126 Cal. Rptr 805, 15 Cal. 3d 942, 544 P 2d 941.
[733] Crookham v. Smith, 1977, 137 Cal Rptr 428, 68 Cal. App 3d 773.
[734] Bergmann/Ferid/Henrich/Cieslar/Seibl/Bardy/Rieck/Lorenz, Internationales Ehe- und Kindschaftsrecht, USA, Stand: 15.2.2013 S. 106j, dort Fn. 71; Armstrong v. Armstrong 1976, 126 Cal. Rptr 805, 15 Cal. 3d 942, 544 P 2d 941.
[735] Bergmann/Ferid/Henrich/Cieslar/Seibl/Bardy/Rieck/Lorenz, Internationales Ehe- und Kindschaftsrecht, USA, Stand: 15.2.2013 S. 106j, dort Fn. 73; Marriage of Ames, 1976, 130 Cal. Rptr 435, 59 Cal. App. 3d 234.
[736] Bergmann/Ferid/Henrich/Cieslar/Seibl/Bardy/Rieck/Lorenz, Internationales Ehe- und Kindschaftsrecht, USA, Stand: 15.2.2013 S. 106j, dort Fn. 73; Ballard v. Anderson, 1971, 95 Cal. Rptr 1, 4 Cal. 3d 873, 484 P 2d 1345, 42 A. L. R. 3d 1392.
[737] Bergmann/Ferid/Henrich/Cieslar/Seibl/Bardy/Rieck/Lorenz, Internationales Ehe- und Kindschaftsrecht, USA, Stand: 15.2.2013 S. 107, dort Fn. 74; Ganschow v. Ganschow, 1975, 120 Cal. Rptr 865, 14, Cal. 3d 150, 534 P 2d 705.
[738] Bergmann/Ferid/Henrich/Cieslar/Seibl/Bardy/Rieck/Lorenz, Internationales Ehe- und Kindschaftsrecht, USA, Stand: 15.2.2013 S. 62u f.

509 Während der Richter in der Vergangenheit sehr frei war, den Unterhalt auf der Grundlage des Bedarfs des unterhaltsberechtigten Kindes und der Leistungsfähigkeit des unterhaltspflichtigen Elternteils festzusetzen, gibt es in den meisten Staaten inzwischen gesetzliche Richtlinien, von denen der Richter nur in besonders begründeten Einzelfällen abweichen darf. Die Richtlinien unterscheiden sich nicht unerheblich und lassen sich im Grundsatz auf drei Berechnungsmodelle zurückführen.[739] Die sog „flat percentage guidelines" stellen auf das Brutto- bzw Nettoeinkommen ab, von dem ein Prozentsatz, etwa in Wisconsin 17% für ein Kind, 25% für zwei Kinder, 29% für drei Kinder, 31% für vier Kinder und 34% für fünf oder mehr Kinder, als Unterhalt festgesetzt wird. Beim „income shares" Modell werden zunächst zur Ermittlung des geschuldeten Lebensstandards des Kindes die Einkünfte beider Eltern addiert. Daraus wird ein Unterhaltsanspruch des Kindes bei hypothetischer Fortdauer der Ehe ermittelt, der dann nach dem Verhältnis der Einkünfte der Eltern in entsprechenden Quoten auf diese aufgeteilt wird. Nach dem „Melson formular" wird zunächst ein Basisunterhalt des Kindes ermittelt, indem der Bedarf und die Quote der Eltern auf der Grundlage ihres Nettoeinkommens nach Abzug eines Selbstbehalts (primary support allowance) ermittelt wird. Um die Lebensstellung des Kindes zu sichern wird dem Basisunterhalt ein Prozentsatz des verbleibenden Einkommens des Unterhaltsverpflichteten hinzugerechnet. Auch bei den letzten beiden Modellen sind die sonstigen Unterhaltspflichten für weitere Kinder zu berücksichtigen.[740]

Selbst wenn in dem Scheidungsurteil keine Unterhaltspflicht ausgesprochen oder eine solche sogar abgewiesen wurde, kann bei später auftretender Bedürftigkeit des Kindes noch Kindesunterhalt verlangt werden. Die Unterhaltspflicht gegenüber einem Kind endet grundsätzlich mit Eintritt dessen Volljährigkeit, § 316c UMDA, das ist in den meisten Staaten die Vollendung des 18. Lebensjahres. Die Tendenz der US-Gerichte geht jedoch dahin, die Unterhaltspflicht im Falle einer Ausbildung, insbesondere eines Studiums, über das 18. Lebensjahr hinaus auszudehnen.[741] Sind volljährige Kinder sonst, zB wegen Krankheit oder Geschäftsunfähigkeit, außer Stande, sich selbst zu unterhalten, sind die Eltern nach dem Recht einzelner Staaten (aber nicht überall) weiterhin unterhaltspflichtig.[742]

510 Die **Abänderung** einer gerichtlichen Unterhaltsfestsetzung ist nur bei schwerwiegenden und andauernden Änderungen der Umstände und nur für die Zukunft möglich, wenn dadurch die ursprüngliche Unterhaltsfestsetzung „unvernünftig" (unconscionable) geworden ist, § 316a UMDA. Nach § 7 UCLSA soll sich das Gericht die Zuständigkeit bewahren, die Unterhaltsfestsetzung zu ändern oder aufzuheben, wenn dies gerecht ist. Rückstände können noch für einen Zeitraum von 10 Jahren vollstreckt werden und sind nicht abänderbar, wenn sie gerichtlich festgesetzt waren.[743]

511 In der Praxis stellt sich häufig die **Aufenthaltsermittlung** eines in die USA zurückgekehrten Elternteils als Problem dar. Ist der Aufenthalt nicht bekannt und auch nicht über den Unterhaltsberechtigten in Erfahrung zu bringen, empfiehlt sich eine Anfrage bei den in jedem Bundesstaat angesiedelten Parent-Locator-Services,[744] die bei der Suche nach Elternteilen behilflich sind. Handelt es sich bei dem Elternteil um einen US-Militärangehörigen, kann zur Ermittlung des aktuellen Aufenthalts auch eine Nachfrage bei den Militärdienststellen in Fort Benjamin, Harrison/Indiana (für aktive Soldaten), in St. Louis/Missouri (für Reservisten und ehemalige Truppenangehörige) und in San Antonio/Texas (für die US-Luftwaffe) weiterhelfen. Sonst besteht die Möglichkeit, das jeweilige Deutsche

---

[739] Reimann, Einführung in das US-amerikanische Privatrecht, 2. Aufl. 2004, S. 185; Battes/Flume, Familienrecht im Ausland, FuR 1994, 155; Battes/Korenke FuR 1995, 194.
[740] Zu den Berechnungsmodellen vgl. ausführlich Bergmann/Ferid/Henrich/Cieslar/Seibl/Bardy/Rieck/Lorenz, Internationales Ehe- und Kindschaftsrecht, USA, Stand: 15.2.2013 S. 62u f. m. w. N.
[741] Reimann, Einführung in das US-amerikanische Privatrecht, 2. Aufl. 2004, S. 184; Bergmann/Ferid/Henrich/Cieslar/Seibl/Bardy/Rieck/Lorenz, Internationales Ehe- und Kindschaftsrecht, USA, Stand: 15.2.2013 S. 62v f.
[742] Clark, Domestic Relations, Bd. 1, S. 435 ff.
[743] Szamocki's Marriage, 1975, 121 Cal. Rptr 231, 48 Cal. App. 3d 812.
[744] Für Californien: Parent Locator Service, P. O. Box 419073, Rancho Cordova CA 95741–9073, Tel.: (9 16) 3 23–56 30, Fax: (9 16) 3 23–56 69.

Generalkonsulat einzuschalten und von dort eine Adressenabfrage beim Department of Motor Vehicles (DMV), der zuständigen Führerscheinbehörde, durchführen zu lassen.

2. Ehegattenunterhalt

Trennung. Nach dem Gesetz über die bürgerlich-rechtliche Unterhaltspflicht hat der Mann seiner Frau Unterhalt zu leisten (§ 2 UCLSA).[745] Auch die Frau trifft gegenüber ihrem Mann eine Unterhaltspflicht, jedoch nur, wenn der Mann in Not ist (§ 3 UCLSA); eine solche Notlage („when in need") ist (erst) anzunehmen, wenn der Ehemann sämtliche nur erdenklichen Möglichkeiten zur Beschaffung der notwendigen Mittel ausgeschöpft hat.[746] Für die **Höhe** des Unterhalts sind die Dauer der Ehe, der Lebensstandard beider Ehegatten, ihr Alter, ihre Erwerbsfähigkeit, ihre Bildungsabschlüsse bei Beginn der Ehe und Einreichung des Scheidungsantrags, Beiträge eines Ehegatten zur weiteren Bildung und Ausbildung des anderen Ehegatten, ihr Einkommen und Vermögen, eine Prognose für die eigene Unterhaltssicherung, das Ergebnis der Güterauseinandersetzung, die steuerlichen Folgen der Unterhaltspflicht, Vereinbarungen der Ehegatten vor und während der Ehe, der Bedarf des Anspruchstellers unter Berücksichtigung seiner individuellen Möglichkeiten und die Leistungsfähigkeit des Unterhaltspflichtigen maßgebend (vgl. auch § 6 UCLSA). Verschulden des Unterhaltspflichtigen ist in der Regel nicht Voraussetzung.[747] Die Bedürftigkeit allein ist jedoch nicht ausschlaggebend, vielmehr kommt es auch auf Gesichtspunkte der Gerechtigkeit an, wodurch ein Fehlverhalten durchaus an Bedeutung gewinnen kann.[748]

512

Scheidung. Das Gericht kann den Unterhalt regeln, wenn der Anspruchsteller sich selbst, etwa wegen der Kinderbetreuung, nicht durch Arbeit oder Vermögen unterhalten kann.[749] Auch eine lange Ehedauer, verbunden mit Haushaltsführung und Kindererziehung, vermag Unterhaltsansprüche zu rechtfertigen. Bei der nach richterlichem Ermessen festzusetzenden **Höhe und Dauer** spielt das eheliche Verschulden dann eine Rolle, wenn auch die Scheidung auf Verschulden beruht,[750] daneben aber zugleich der eheliche Lebensstandard, die Ehedauer, das Alter, die gesundheitliche Situation des Anspruchstellers sowie die Leistungsfähigkeit des Unterhaltspflichtigen (§ 308b UMDA).[751] Der Unterhalt kann auf Dauer oder auf Zeit zuerkannt werden; die Tendenz geht aber dahin, den Unterhalt bis zur Wiedereingliederung des Berechtigten in das Berufsleben zu befristen oder bis er sonst für sich selbst sorgen kann.[752] In einigen Staaten endet der Unterhaltsanspruch mit Auflösung der Ehe,[753] es sei denn, das Gericht hat im Scheidungsverbund nachehelichen Unterhalt zugesprochen.[754] Der Unterhaltsanspruch endet, wenn ein Beteiligter stirbt oder wenn die Beteiligten eine Vereinbarung über die Erledigung treffen. Bei Wiederheirat des Unterhaltsberechtigten endet der Unterhaltsanspruch in einigen Bundesstaaten kraft Ge-

513

---

[745] Bergmann/Ferid/Henrich/Cieslar/Seibl/Bardy/Rieck/Lorenz, Internationales Ehe- und Kindschaftsrecht, USA, Stand: 15.2.2013 S. 106i, dort Fn. 69, 70.
[746] Bergmann/Ferid/Henrich/Cieslar/Seibl/Bardy/Rieck/Lorenz, Internationales Ehe- und Kindschaftsrecht, USA, Stand: 115.2.2013 S. 106j, dort Fn. 72; Disabled and Blind Action Committee of California v. Jenkins, 1974, 118 Cal. Rptr 536, 44, Cal. App. 3d 74; Reimann, Einführung in das US-amerikanische Privatrecht, 2. Aufl. 2004, 180 f.
[747] Bergmann/Ferid/Henrich/Cieslar/Seibl/Bardy/Rieck/Lorenz, Internationales Ehe- und Kindschaftsrecht, USA, Stand: 15.2.2013 S. 62h f.
[748] Reimann, Einführung in das US-amerikanische Privatrecht, 2. Aufl. 2004, 185.
[749] Bergmann/Ferid/Henrich/Cieslar/Seibl/Bardy/Rieck/Lorenz, Internationales Ehe- und Kindschaftsrecht, USA, Stand: 15.2.2013 S. 62h f.
[750] Reimann, Einführung in das US-amerikanische Privatrecht, 2. Aufl. 2004, 185.
[751] Reimann, Einführung in das US-amerikanische Privatrecht, 2. Aufl. 2004, 185.
[752] Reimann, Einführung in das US-amerikanische Privatrecht, 2. Aufl. 2004, 185 f.; Bergmann/Ferid/Henrich/Cieslar/Seibl/Bardy/Rieck/Lorenz, Internationales Ehe- und Kindschaftsrecht, USA, Stand: 15.2.2013 S. 62i f.
[753] Bergmann/Ferid/Henrich/Cieslar/Seibl/Bardy/Rieck/Lorenz, Internationales Ehe- und Kindschaftsrecht, USA, Stand: 15.2.2013 S. 62i f., 106i.
[754] Vgl. auch Reimann, Einführung in das US-amerikanische Privatrecht, 2. Aufl. 2004, 186.

setzes,⁷⁵⁵ in anderen kann auf Abänderung der Unterhaltsanordnung geklagt werden. Geht der Unterhaltsberechtigte eine eheähnliche Beziehung ein, kann in den meisten Staaten auf Aufhebung der Unterhaltsverpflichtung geklagt werden.⁷⁵⁶ Wird der Unterhalt nicht im Scheidungsverfahren geltend gemacht, besteht die Gefahr der Verspätung.⁷⁵⁷

514   Zahlt der Unterhaltsschuldner nicht, kann gegen ihn ein Verfahren wegen **"contempt of court"** (Missachtung des Gerichts) eingeleitet werden.⁷⁵⁸ Außerdem ist die Vollstreckung in sein Vermögen möglich.

Die Darstellung des Unterhaltsrechts aller Einzelstaaten und Territorien ist aus Raumgründen, aber auch mangels hinreichender Rechtsquellen leider nicht möglich. Weitere Quellen und eine weitergehende Kommentierung finden sich ua bei Bergmann/Ferid/Henrich/Cieslar/Seibl/Bardy/Rieck/Lorenz, Internationales Ehe- und Kindschaftsrecht, Länderabschnitt USA Stand: 12.5.2013.

515–599   – in dieser Auflage nicht belegt –

2. Abschnitt: Verfahrensrecht einschließlich Vollstreckung

I. Rechtsquellen

600   Eine systematische Kodifizierung des internationalen Zivilverfahrensrechts (IZPR), vergleichbar derjenigen des materiellen internationalen Privatrechts (IPR), gibt es nicht. Grundsätzlich hat jedes Gericht sein eigenes Verfahrensrecht (sog **lex fori**) anzuwenden. Der deutsche Unterhaltsrichter wendet somit die Vorschriften des FamFG und der davon in Bezug genommenen ZPO an. **Vorrangige** Regelungen finden sich allerdings zur internationalen Zuständigkeit (→ Rn. 640 ff), der damit zusammenhängenden internationalen Rechtshängigkeit (→ Rn. 660 ff.), zum Verfahren (→ Rn. 665 ff.) zur Anerkennung, Vollstreckbarkeit und Vollstreckung ausländischer Entscheidungen (→ Rn. 675 ff.) und zur internationalen Zusammenarbeit in gerichtlichen Verfahren in Verordnungen der Europäischen Union und in völkerrechtlichen Vereinbarungen (→ Rn. 627). Soweit sich die Rechtsgrundlage aus einer EU-Verordnung oder einer von der Europäischen Union mit Wirkung für die gesamte Union gezeichneten völkerrechtlichen Vereinbarung ergibt, müssen die Gerichte der Mitgliedstaaten der Europäischen Union grundsätzliche Rechtsfragen zur Wahrung einer einheitlichen Rechtsprechung innerhalb der Europäischen Union nach Art. 267 der europäischen Verfassung¹ dem EuGH zur Vorabentscheidung vorlegen.²

601   Im internationalen Verfahrensrecht sind vorrangig die Verordnungen der Europäischen Union³ sowie die internationalen Übereinkommen anwendbar (→ Rn. 602 ff.). Ergänzend gelten weitere bilaterale Staatsverträge (→ Rn. 616).⁴ § 97 I FamFG sieht ausdrücklich vor,

---

755 So in Alabama, Arizona, California, Colorado, Illinois, Minnesota, Missouri, New York, Oklahoma, Utah, Virginia und Washington.
756 Bergmann/Ferid/Henrich/Cieslar/Seibl/Bardy/Rieck/Lorenz, Internationales Ehe- und Kindschaftsrecht, USA, Stand: 15.2.2013 S. 62i f.
757 Bergmann/Ferid/Henrich/Cieslar/Seibl/Bardy/Rieck/Lorenz, Internationales Ehe- und Kindschaftsrecht, USA, Stand: Mai 2017 S. 62v.
758 Zur Vollstreckbarkeit eines Unterhaltstitels, der auf einer solchen Verfahrensweise beruht vgl. BGH FamRZ 2009, 2069 Rn. 20, 34.
1 Die korrekte Bezeichnung lautet: Vertrag über die Arbeitsweise der Europäischen Union (AEUV) vom 13.12.2007.
2 Zum Eilverfahren vor dem EuGH vgl. Kohler/Pintens FamRZ 2008, 1669 (1670 f.).
3 S. insoweit die Homepage des Europäischen Justiziellen Netzes http://ec.europa.eu/civiljustice/enforce_judgement/enforce_judgement_int_de.htm.
4 BGH FamRZ 1987, 580 zur Schweiz; vgl. Looschelders/Boos FamRZ 2006, 374 ff.; Kropholler, Europäisches Zivilprozessrecht, 10. Aufl. Einl. Rn. 13; Geimer/Schütze, Europäisches Zivilverfahrensrecht, 4. Aufl. 2004, Einl. Rn. 23; Garbe/Ullrich/Andrae Verfahren in Familiensachen 3. Aufl. § 11 Familiensachen mit Auslandsberührung; zur Vollstreckung deutscher Unterhaltstitel

2. Abschnitt: Verfahrensrecht einschließlich Vollstreckung § 9

dass Regelungen in völkerrechtlichen Vereinbarungen, wenn sie unmittelbar geltendes Recht geworden sind, den nationalen Vorschriften vorgehen und die unmittelbar geltenden Regelungen in Rechtsakten der Europäischen Union vom nationalen Recht unberührt bleiben. Ebenso bleiben die zur Umsetzung und Ausführung von völkerrechtlichen Vereinbarungen und Rechtsakten der Europäischen Union erlassenen Bestimmungen unberührt.[5] Die Vorschriften der §§ 98 I, II, 105, 232 FamFG über die internationale Zuständigkeit in Unterhaltssachen und der §§ 108 ff. FamFG über die Anerkennung und Vollstreckbarkeit ausländischer Unterhaltstitel gelten also lediglich subsidiär, wenn nicht vorrangiges Recht eingreift. Es ist deswegen rechtsfehlerhaft, im Zusammenhang mit anderen Ländern der Europäischen Union oder im Zuständigkeitsbereich völkerrechtlicher Übereinkommen allein auf die Vorschriften des FamFG abzustellen. Die internationale Zuständigkeit für Unterhaltssachen, die Anerkennung und Vollstreckung ausländischer Unterhaltsentscheidungen und die internationale Zusammenarbeit der Justiz ist also – abhängig von den jeweils betroffenen Ländern – in verschiedenen EU-Verordnungen, völkerrechtlichen Vereinbarungen und Abkommen sowie in Gesetzen geregelt. Die Verordnungen der EU und die völkerrechtlichen Vereinbarungen werden, soweit sie das Unterhaltsrecht betreffen, in Deutschland überwiegend durch das AUG (→ Rn. 627) umgesetzt. Bei internationalem Bezug sind im Unterhaltsrecht deswegen vor allem folgende Rechtsquellen zu beachten:[6]

1. Europäische Unterhaltsverordnung Nr. 4/2009 (EuUnthVO)

Für die **Länder der Europäischen Union** enthält die Verordnung (EG) Nr. 4/2009 des Rates über die Zuständigkeit, das anwendbare Recht, die Anerkennung und Vollstreckung von Entscheidungen und die Zusammenarbeit in Unterhaltssachen (EuUnthVO, teilweise auch als EuUntVO abgekürzt)[7] neben der Regelung zum materiellen Recht (→ Rn. 2) unmittelbar geltende Vorschriften zur internationalen Zuständigkeit in Unterhaltssachen, zur Anerkennung, Vollstreckbarkeit und Vollstreckung ausländischer Unterhaltstitel, zur **Verfahrenskostenhilfe** und zur internationalen Zusammenarbeit in Unterhaltssachen. Die EuUnthVO trennt die für unterhaltsrechtliche Verfahren relevanten Zuständigkeitsvorschriften (Art. 3 ff. EuUnthVO) und die Vorschriften über die Anerkennung und Vollstreckbarkeit ausländischer Unterhaltstitel (Art. 16 ff. EuUnthVO) aus der EuGVVO (→ Rn. 606) heraus und fasst sie mit einer Bestimmung über das auf Unterhaltspflichten anwendbare materielle Recht (Art. 15 EuUnthVO) zusammen. Damit schafft die Verordnung erstmals eine Gesamtregelung für unterhaltsrechtliche Verfahren. Inhaltlich nimmt Art. 15 EuUnthVO auf die Regelungen zum anwendbaren materiellen Recht in dem Haager Protokoll vom 23.11.2007 Bezug, was die Vorschriften über den gleichzeitigen Beginn der Anwendbarkeit erklärt (→ Rn. 2 f.). Die Verordnung ist am 10.1.2009 veröffentlicht worden und nach ihrem Art. 76 I am zwanzigsten Tag nach der

602

---

im Ausland; Hohloch FPR 2006, 244; zur internationalen Durchsetzung von Kindesunterhalt im Ausland vgl. Faetan/Schmidt FPR 2006, 258.

[5] Das neue Gesetz zur Geltendmachung von Unterhaltsansprüchen im Verkehr mit ausländischen Staaten (Auslandsunterhaltsgesetz – AUG) BT-Drs. 17/4887 ist am 18.6.2011 in Kraft getreten (BGBl. I S. 898 in der Fassung des Art. 1 des Gesetzes zur Durchführung des Haager Übereinkommens vom 23. November 2007 über die internationale Geltendmachung der Unterhaltsansprüche von Kindern und anderen Familienangehörigen sowie zur Änderung von Vorschriften auf dem Gebiet des internationalen Unterhaltsverfahrensrechts und des materiellen Unterhaltsrechts vom 20. Februar 2013 BGBl. 2013 I S. 273).

[6] Vgl. auch http://www.bundesjustizamt.de unter: Themen/Bürgerdienste/Auslandsunterhalt.

[7] Vom 18.12.2008, ABl. EU 2009 Nr. L 7, S. 1; im Internet unter http://eur-lex.europa.eu/LexUriServ/LexUriServ.do?uri=OJ:L:2009:007:0001:0079:DE:PDF; vgl. auch Ratsdokument 5199/06 JUSTCIV 2, BR-Drs. 30/06 vom 17.1.2006; Heger/Selg FamRZ 2011, 1101; zu den Entwürfen vgl. Kohler/Pintens FamRZ 2007, 1481 (1482 f.); Wagner FamRZ 2006, 979; Looschelders/Boos FamRZ 2006, 374 (383); Boele-Woelki/Mom FPR 2006, 232 und Linke FPR 2006, 237; zu noch weiter gehenden Bemühungen um europäische Rechtsangleichung vgl. Pintens FamRZ 2005, 1597 (1601 ff.).

Verkündung, also am 31.1.2009 in Kraft getreten. Nach Art. 76 III EuUnthVO findet die Verordnung ab dem **18.6.2011** Anwendung und zwar nach Art. 75 I EuUnthVO grundsätzlich nur auf die danach eingeleiteten Verfahren (→ Rn. 2 f.).[8] Seitdem gilt sie in allen Mitgliedstaaten der Europäischen Union, mit Ausnahme Dänemarks.[9] Neben der Regelung zum anwendbaren materiellen Recht in Art. 15 (→ Rn. 2 f.) regelt die Verordnung die internationale Zuständigkeit unter den Mitgliedstaaten (Art. 3–14), die Vollstreckung von Unterhaltstitel aus anderen Staaten der Europäischen Union (Art. 16–43), den Anspruch auf Verfahrenskostenhilfe innerhalb der Europäischen Union (Art. 44–47), die Erstreckung auf gerichtliche Vergleiche und öffentliche Urkunden (Art. 48), die internationale Zusammenarbeit der Zentralen Behörden im Rahmen der Europäischen Union (Art. 49–64), die Vertretungsbefugnis von öffentliche Aufgaben wahrnehmenden Einrichtungen (Art. 64) und allgemeine Bestimmungen zur Geltung der Verordnung (Art. 65 ff.). Der Verordnung sind umfangreiche Erwägungsgründe vorangestellt, die zur Auslegung herangezogen werden können.[10]

603 Nach Art. 1 EuUnthVO findet die Verordnung Anwendung auf Unterhaltspflichten, die auf einem Familien-,[11] Verwandtschafts- oder eheähnlichen Verhältnis oder auf Schwägerschaft beruhen. Nach Art. 69 II EuUnthVO hat die Verordnung grundsätzlich[12] im Verhältnis der Mitgliedstaaten untereinander **Vorrang vor sonstigen Übereinkommen und Vereinbarungen** der Mitgliedstaaten, auch wenn es bereits bestehende Abkommen nach Art. 69 I EuUnthVO im Übrigen unberührt lässt. Für die Vollstreckbarkeit ausländischer Unterhaltstitel unterscheidet die Verordnung allerdings zwischen Mitgliedstaaten, die durch das Haager Protokoll über das auf Unterhaltspflichten anwendbare Recht gebunden sind (Art. 17 ff.) und solchen, die nicht durch das Haager Protokoll gebunden sind (Art. 23 ff.). Während auch Irland[13] an die Ratifizierung des Haager Protokolls durch die Europäische Union gebunden ist und das sich daraus ergebende, ggf. auch ausländische, Recht anzuwenden hat, geht England ausdrücklich einen anderen Weg.[14] Es hat zwar für die EuUnthVO optiert, nimmt aber an einem gemeinsamen Kollisionsrecht zum anwendbaren materiellen Recht nach dem Haager Protokoll nicht teil.[15] Englische Gerichte wenden somit nicht nur – wie die übrigen Staaten – das eigene Verfahrensrecht, sondern stets auch das eigene materielle Recht (lex fori) an, was sich auch auf die Anerkennung und Vollstreckbarkeit ihrer Entscheidungen in den anderen Staaten der EU negativ auswirkt (→ Rn. 675 ff.).[16] Die Durchführung dieser Verordnung ist im Gesetz zur Geltendmachung von Unterhaltsansprüchen im Verkehr mit ausländischen Staaten (Auslandsunterhaltsgesetz – AUG) vom 23.5.2011 (→ Rn. 627) geregelt (§ 1 I Nr. 1a AUG).[17]

---

[8] BGH FamRZ 2013, 1375 Rn. 10; OLG Karlsruhe FamRZ 2014, 864.
[9] Vgl. Protokoll (Nr. 22) über die Position Dänemarks; Amtsblatt der EU C 83/299 vom 30.3.2010 und Erklärung (Nr. 48) zu dem Protokoll über die Position Dänemarks; Amtsblatt der EU C 83/353 vom 30.3.2010; zur Umsetzung vgl. Unger FamRZ 2013, 1941 (1942 ff.).
[10] Vgl. etwa BGH FamRZ 2016, 115 Rn. 5 und BGHZ 191, 9 = FamRZ 2011, 1568 Rn. 10 f.
[11] Zum anwendbaren Recht nach dem HUÜ 73 für Ansprüchen nach § 1615l BGB vgl. BGH FamRZ 2011, 97 Rn. 22 ff.
[12] Zur eingeschränkten Anwendbarkeit der Übereinkommen der skandinavischen Staaten vgl. Art. 69 III EuUnthVO.
[13] Vgl. Protokoll (Nr. 21) über die Position des Vereinigten Königreichs und Irlands hinsichtlich des Raums der Freiheit der Sicherheit und des Rechts; Amtsblatt der EU C 83/295 vom 30.3.2010.
[14] Boele-Woelki/Mom FPR 2010, 485; vgl. auch die Erwägungsgründe 46 bis 48 der EuUnthVO.
[15] Botur FPR 2010, 519 (522); zur ev. Entwicklung im Falle eines „Brexit" vgl. Kohler/Pintens FamRZ 2018, 1369.
[16] Vgl. Erwägungsgrund 20 der EuUnthVO.
[17] Zur möglichen Diskrepanz zwischen § 28 I 1 AUG und Art. 3a und b der Verordnung vgl. die vor dem EuGH anhängigen Verfahren, veröffentlicht in: Abl EU 2013, Nr C 274 S. 13 und Abl EU 2013, Nr C 274 S. 15 und Wagner NJW 2014, 1862 (1867); zur Frage, ob sich die Zuständigkeiten nach Art. 3 Ziff. c und d zwingend ausschließen vgl. das vor dem EuGH anhängigen Verfahren, veröffentlicht in: Abl EU 2014, Nr C 194 S. 16; zur Frage der Rechtshängigkeitssperre nach Art. 12 der VO, wenn in einem isolierten Verfahren ein Antrag auf Kindesunterhalt gestellt und in einem Scheidungsverfahren als Folgesache ebenfalls der Kindesunterhalt rechtshängig ist vgl. das vor dem EuGH anhängigen Verfahren, veröffentlicht in: Abl EU 2013, Nr C 325 S. 14.

2. Haager Unterhaltsübereinkommen vom 23.11.2007 (HUVÜ 2007)

Das Haager Übereinkommen über die internationale Geltendmachung der Unterhalts- **604** ansprüche von Kindern und anderen Familienangehörigen vom 23.11.2007 (HUVÜ 2007)[18] regelt die internationale Zusammenarbeit bei der Geltendmachung von Unterhaltsansprüchen und die Anerkennung ausländische Unterhaltstitel durch die Mitgliedstaaten.[19] Das Übereinkommen ist nach Art. 60 HUVÜ 2007 am ersten Tag des Monats in Kraft getreten, der auf einen Zeitraum von drei Monaten nach der Hinterlegung der zweiten Ratifizierungs-, Annahme- oder Genehmigungsurkunde folgt. Die Europäische Union hat das Übereinkommen am 9. April 2014 **ratifiziert**, sodass es seit dem 1. August 2014 in den Mitgliedstaaten der EU (mit Ausnahme Dänemarks) anwendbar ist. Schon zuvor war es nach entsprechender Ratifizierung in Albanien (1.1.2013), Norwegen (1.1.2013), Bosnien und Herzegowina (1.2.2013) und in der Ukraine (1.11.2013) in Kraft getreten. In der Folgezeit ist es nach Ratifizierung auch für die Vereinigten Staaten von Amerika (1.1.2017), Montenegro (1.1.2017), die Türkei (1.2.2017), Brasilien (1.11.2017), Weißrussland (1.6.2018), Honduras (19.10.2018), das Vereinigte Königreich Großbritannien (1.4.2019), Kasachstan (14.6.2019) und Guyana (7.3.2020) in Kraft getreten. Kanada (23.5.2017) und Burkina Faso (7.1.2009) haben das Abkommen zwar gezeichnet aber noch nicht ratifiziert.[20] Das Übereinkommen gilt nach Art. 56 I HUVÜ 2007 für alle Ersuchen oder Anträge über die Zentrale Behörde, die nach dem Inkrafttreten des Übereinkommens zwischen dem ersuchenden und dem ersuchten Staat eingegangen sind und auch für alle unmittelbar gestellten Anträge, die nach dem Inkrafttreten des Übereinkommens zwischen dem Ursprungsstaat und dem Vollstreckungsstaat bei der zuständigen Behörde des Vollstreckungsstaats eingegangen sind. Soweit der Unterhalt schon vor Inkrafttreten des Übereinkommens fällig geworden ist, ist der Vollstreckungsstaat nach Art. 56 III HUVÜ 2007 nur zur Vollstreckung verpflichtet, wenn es sich um den Unterhaltsanspruch einer Person bis zur Vollendung des 21. Lebensjahres handelt. Das Übereinkommen **verdrängt** gemäß Art. 48 HUVÜ 2007 grundsätzlich im Verhältnis zwischen den Vertragsstaaten und in seinem Anwendungsbereich das frühere HUVÜ 73 (→ Rn. 611 f.). Wenn nach diesem Übereinkommen aber keine Vollstreckung möglich ist und das HUVÜ 73 bei Erlass der zu vollstreckenden Entscheidung in Kraft war und eine Vollstreckbarkeit ermöglicht, geht letzteres nach Art. 56 II HUVÜ 2007 vor. Das in dem Übereinkommen geregelte System der behördlichen Zusammenarbeit erstreckt sich auf Anträge auf Anerkennung oder auf Anerkennung und Vollstreckung eines Unterhaltstitels, Anträge auf Vollstreckung eines im ersuchten Staat ergangenen oder anerkannten Unterhaltstitels, Anträge auf Herbeiführung einer Entscheidung im ersuchten Staat einschließlich einer Abstammungsentscheidung, wenn entweder keine entsprechende Entscheidung vorliegt oder eine vorliegende Entscheidung nicht vollstreckbar ist, Anträge auf Abänderung einer im ersuchten Staat ergangenen Entscheidung sowie auf Anträge auf Abänderung einer in einem anderen als dem ersuchten Staat ergangenen Entscheidung.[21]

Nach Art. 2 I HUVÜ 2007 ist das Übereinkommen anzuwenden auf Unterhalts- **605** pflichten aus einer Eltern-Kind-Beziehung gegenüber einer Person, die das 21. Lebensjahr noch nicht vollendet hat (a), auf die Anerkennung und Vollstreckung oder die Vollstreckung einer Entscheidung über die Unterhaltspflichten zwischen Ehegatten und früheren Ehegatten, wenn der Antrag zusammen mit einem in den zuvor genannten Anwendungsbereich fallenden Antrag gestellt wird (b) und – unter Ausschluss der Vorschriften über die Zusammenarbeit auf Verwaltungsebene und die Zentralen Behörden –

---

[18] Im Internet veröffentlicht unter http://www.hcch.net/de/instruments/conventions/full-text/?cid=131.
[19] Martiny FamRZ 2008, 1681 (1689).
[20] Vgl. insoweit den Status des Übereinkommens unter http://www.hcch.net/de/instruments/conventions/status-table/?cid=131 sowie Wagner NJW 2013, 1653 (1655); 2014, 1862 (1864) und Unger FamRZ 2013, 1941 (1945 f.).
[21] Hirsch, Europäisches Unterhaltsrecht, 8. Göttinger Workshop zum Familienrecht 2009, S. 17, 23 f.

auf Unterhaltspflichten (allein) zwischen Ehegatten und früheren Ehegatten (c). Auf die Kinder ist das Übereinkommen unabhängig vom Zivilstand ihrer Eltern anzuwenden (Art. 2 IV HUVÜ 2007). Nach Art. 2 II, 62 HUVÜ 2007 kann sich jeder Vertragsstaat vorbehalten, den Anwendungsbereich des Art. 2 I a auf Unterhaltsberechtigte zu beschränken, die das 18. Lebensjahr noch nicht vollendet haben. Dann kann dieser Staat aber auch selbst keine Anwendung auf ältere Unterhaltsberechtigte verlangen. Nach Art. 2 III, 63 HUVÜ 2007 kann jeder Vertragsstaat auch erklären, dass er das Übereinkommen oder Teile davon auf andere Unterhaltspflichten aus Beziehungen der Familie, Verwandtschaft, Ehe oder Schwägerschaft, einschließlich der Pflichten gegenüber schutzbedürftigen Personen, erstrecken wird. Dadurch wird eine Verpflichtung zwischen zwei Vertragsstaaten aber nur begründet, soweit ihre jeweiligen Erklärungen dieselben Unterhaltspflichtigen und dieselben Teile des Übereinkommens betreffen. Die Durchführung des Übereinkommens war zunächst in dem Gesetz zur Durchführung des Übereinkommens vom 30.10.2007 über die gerichtliche Zuständigkeit und die Anerkennung und Vollstreckung von Entscheidungen in Zivil- und Handelssachen und zur Änderung des Bürgerlichen Gesetzbuchs vom 10.12.2008 geregelt;[22] seit dem Inkrafttreten des Übereinkommens am 1. August 2014 wird es durch das AUG (→ Rn. 627) in nationales Recht umgesetzt (§ 1 I Nr. 2a AUG).

3. Verordnungen (EG) Nr. 44/2001 (Brüssel I-VO = EuGVVO) und Nr. 1215/ 2012 (Brüssel Ia-VO = EuGVVO-neu)

606 Die Verordnung (EG) Nr. 44/2001 vom 22.12.2000 des Rates über die gerichtliche Zuständigkeit und die Anerkennung und Vollstreckung von Entscheidungen in Zivil- und Handelssachen (Brüssel I-Verordnung – EuGVVO) galt im Verhältnis der Staaten innerhalb der Europäischen Union primär für Unterhaltsverfahren, die **ab dem 1.3.2002 und vor dem 18.6.2011** (→ Rn. 602) eingeleitet waren.[23] Diese Verordnung hatte nach Art. 68 EuGVVO seit ihrem Inkrafttreten zum 1.3.2002 (Art. 76 EuGVVO)[24] im Verhältnis zu den Mitgliedsstaaten der EU das EUGVÜ (→ Rn. 614) ersetzt. Allerdings galt Teil IV des zugrunde liegenden EG-Vertrags nicht für das Vereinigte Königreich, Irland und Dänemark. In diesen Ländern war die Verordnung deswegen nicht originär anwendbar; diese Länder konnten sich aber gemäß dem Protokoll im Anhang zum EG-Vertrag für eine Beteiligung entscheiden. Das war für Großbritannien[25] und Irland, zunächst aber nicht für Dänemark (vgl. Art. 1 III EuGVVO) geschehen. Im Verhältnis zu Dänemark galt das EUGVÜ deswegen zunächst fort, bis des Abkommen zwischen der EU und Dänemark vom 19.10.2005 über die gerichtliche Zuständigkeit und die Anerkennung und Vollstreckung von Entscheidungen in Zivil- und Handelssachen[26] am 1.7.2007 in Kraft getreten ist.[27] Die Verordnung galt ebenfalls nicht für die in Art. 299 des EG-Vertrages ausgenommenen Territorien.[28]

607 Inzwischen wurde die EuGVVO durch Art. 80 der Verordnung (EU) Nr. 1215/2012 des Europäischen Parlaments und des Rates über die gerichtliche Zuständigkeit und die Anerkennung und Vollstreckung von Entscheidungen in Zivil- und Handelssachen vom

---

[22] BGBl. 2009 I S. 2862; 2008 I S. 2399.
[23] Schönfelder Ergänzungsband Nr. 103; vgl. Martiny FamRZ 2008, 1681 (1682); veröffentlicht im Internet unter: http://eur-lex.europa.eu/LexUriServ/LexUriServ.do?uri=OJ:L:2001:012:0001: 0023:de:PDF; vgl. auch Motzer FamRBint 2011, 56.
[24] BGH FamRZ 2009, 858 Rn. 11.
[25] Zum Unterhaltsbegriff und zur Vollstreckung eines englischen Unterhaltstitels vgl. BGH FamRZ 2009, 1659 Rn. 15 ff.
[26] ABl. EU vom 16.11.2005 L 299 S. 62; im Internet veröffentlicht unter http://eur-lex.europa.eu/ LexUriServ/LexUriServ.do?uri=OJ:L:2005:299:0062:0070:DE:PDF.
[27] ABl. 2007 L 94 S. 70 vom 4.4.2007.
[28] Die VO gilt deswegen nicht für die britische Kanalinsel Jersey, vgl. BGH NJW 1995, 264 zum EuGVÜ und auch nicht für die britische Insel Anguilla/Karibik, vgl. BGH NJW-RR 2005, 148.

12.12.2012 (Brüssel Ia-VO – **EuGVVO-neu**)[29] für die Zeit ab Geltung der Neufassung am 10.1.2015 (Art. 81 II EuGVVO-neu) aufgehoben und ersetzt.[30] Die ursprüngliche EuGVVO (→ Rn. 606) gilt nach Art. 66 II EuGVVO-neu allerdings weiterhin für Entscheidungen, die in vor dem 10.1.2015 eingeleiteten gerichtlichen Verfahren ergangen sind, für vor diesem Zeitpunkt förmlich errichtete oder eingetragene öffentliche Urkunden sowie für vor diesem Zeitpunkt gebilligte oder geschlossene gerichtliche Vergleiche, sofern sie in den Anwendungsbereich der ursprünglichen EuGVVO fallen. Die neue EuGVVO ist auf Zivil- und Handelssachen ohne Beschränkung auf die Gerichtsbarkeit anwendbar, sie gilt nach ihrem Art. 1 II lit. e aber ausdrücklich nicht für Unterhaltspflichten, die auf einem Familien-, Verwandtschafts-, oder eherechtlichen Verhältnis oder auf Schwägerschaft beruhen. Für das Unterhaltrecht ist die Verordnung somit nur noch in ihrer ursprünglichen Fassung auf die genannten Übergangsfälle anwendbar. Im Übrigen ist sie für das Unterhaltsrecht durch die EuUnthVO ersetzt worden (→ Rn. 602 f.).[31]

Das **Verhältnis** zu anderen Übereinkommen regelte Art. 71 EuGVVO. Danach ließ die Verordnung Übereinkommen unberücksichtigt, in denen die Mitgliedstaaten für besondere Rechtsgebiete die gerichtliche Zuständigkeit, die Anerkennung oder die Vollstreckung von Entscheidungen regelten. Diese Verweisung, die auch das HUVÜ 73 (→ Rn. 611) erfasste, stand jedoch unter der Maßgabe, dass für den Titelgläubiger in jedem Fall die Möglichkeit bestand, das Verfahren der Vollstreckbarerklärung nach den Art. 38 ff. EuGVVO in Anspruch zu nehmen (Art. 71 II b 3 EuGVVO), wenn das Spezialabkommen insoweit keinen Vorrang beanspruchte. Ist das Abkommen, wie das HUVÜ 73, im Hinblick auf die Ausgestaltung des Verfahrens offen, bestand keine Notwendigkeit, dem Gläubiger eines Unterhaltstitels das effektive Vollstreckbarerklärungsverfahren nach dem EuGVVO vorzuenthalten. In solchen Fällen konnte der Titelgläubiger das ihm am zweckmäßigsten erscheinende Verfahren nebst entsprechendem Ausführungsgesetz nach seiner freien Entscheidung aus den Art. 38 ff. EuGVVO einerseits oder dem Spezialabkommen andererseits auswählen.[32] **608**

In **zeitlicher Hinsicht** galt das EuGVVO nur für solche Anträge, die nach dem Inkrafttreten der Verordnung am 1.3.2002 erhoben worden waren (Art. 66 I, 76 EuGVVO).[33] Eine Anerkennung und Vollstreckung von Entscheidungen war nach dieser Verordnung aber auch dann möglich, wenn zwar das Verfahren vor dem Inkrafttreten eingeleitet war, die Entscheidung aber danach ergangen ist und für alle beteiligten Staaten bei Einleitung des Verfahrens das EuGVÜ oder das Lugano-Abkommen (→ Rn. 615) in Kraft getreten war (§ 66 II EuGVVO).[34] Andererseits war die EuGVVO nur noch auf solche unterhaltsrechtlichen Ansprüche anwendbar, für die in zeitlicher Hinsicht die EuUnthVO (→ Rn. 602 f.) noch nicht galt. Denn in ihrem Geltungsbereich löst die EuUnthVO nach ihrem Art. 68 I alle unterhaltsrechtlichen Ansprüche aus der zivilrechtlichen Gesamtregelung der EuGVVO heraus und ersetzt die frühere Regelung vollständig.

Schon die ursprüngliche EuGVVO war nach Art. 1 I auf **Zivil- und Handelssachen** **609** anzuwenden, ohne dass es auf die Art der Gerichtsbarkeit ankam. Ausgenommen waren allerdings Steuer- und Zollsachen sowie verwaltungsrechtliche Angelegenheiten. Nach Art. 1 II a war die Verordnung auch nicht auf das eheliche Güterrecht anwendbar, was zu Abgrenzungsproblemen bei verschiedenen ausländischen Rechtsordnungen führte (→ Rn. 9 f., 140 ff.). In **Unterhaltssachen** war die VO allerdings nicht auf Ansprüche zwischen den unmittelbaren Unterhaltsbeteiligten beschränkt. Der Begriff „Zivilsache"

---

[29] Im Internet veröffentlicht unter: http://eur-lex.europa.eu/LexUriServ/LexUriServ.do?uri=OJ:L:2012:351:0001:0032:de:PDF.
[30] Ulrici JZ 2016, 127; vgl. auch Alio NJW 2014, 2395; zur Auslegung vgl. EuGH FamRZ 2017, 1913 Rn. 23 f.
[31] Vgl. Alio NJW 2014, 2395 und FamRBint 2013, 56 (nur noch für Gewaltschutzsachen und einzelne sonstige Familiensachen iS von § 266 FamFG).
[32] BGH FamRZ 2009, 1659 Rn. 11; BGHZ 171, 310 = FamRZ 2007, 989 (990) und FamRZ 2008, 390 (391); Heiderhoff IPRax 2004, 99 (101 f.).
[33] BGHZ 171, 310 = FamRZ 2007, 989 (990); FamRZ 2007, 717; FamRZ 2005, 1987.
[34] EuGH NJW-RR 2012, 152.

erfasste vielmehr auch einen Rückgriffsantrag, mit der eine **öffentliche Stelle** gegenüber einer Privatperson die Rückzahlung von Beträgen verfolgte, die sie als Sozialhilfe oder sonstige staatliche Sozialleistung an den geschiedenen Ehegatten oder an das Kind dieser Person gezahlt hatte, soweit für diesen Antrag die allgemeinen Vorschriften über Unterhaltsverpflichtungen galten.[35] Das galt aber nicht, wenn der Rückgriffsantrag auf Bestimmungen gestützt war, mit denen der Gesetzgeber der öffentlichen Stelle eine eigene, besondere Befugnis verliehen hatte.[36] Wegen des engen Zusammenhangs war auch ein Antrag auf Ausgleich der durch Realsplitting entstandenen steuerlichen Nachteile (→ § 1 Rn. 1185 f.) Unterhaltssache im Sinne der Verordnung, auch soweit sich daraus die besondere örtliche Zuständigkeit des Unterhaltsberechtigten ergab.[37] Für den Anwendungsbereich der EuUnthVO ist dieses umstritten und liegt dem BGH zur Entscheidung vor.

610 Die Verordnung regelte insbesondere die **internationale Zuständigkeit** (Kapitel II, Art. 2 bis 31; → Rn. 640 ff.) sowie die Anerkennung und Vollstreckung ausländischer Entscheidungen (Kapitel III und IV, Art. 32 bis 58; → Rn. 675 ff.). Die Vorschriften über die Zuständigkeit galten nur für die nach dem 1.3.2002 eingeleiteten Anträge (§ 66 EuGVVO). Die internationale Zuständigkeit der deutschen Gerichte galt nach Art. 5 Nr. 2 EuGVVO auch für einen **Stufenantrag** gemäß § 254 ZPO, mit der Auskunft über das Einkommen des Unterhaltspflichtigen und Zahlung von Unterhalt in noch zu beziffernder Höhe verlangt wurde. War zunächst ein Leistungsantrag auf Zahlung von Unterhalt erhoben worden und wurde das Unterhaltsbegehren erst nachträglich im Wege des Stufenantrags verfolgt, hatte dies auf die internationale Zuständigkeit nach Art. 5 Nr. 2 EuGVVO auch dann keinen Einfluss, wenn der Antragsteller bei Rechtshängigkeit des Stufenantrags nicht mehr in Deutschland wohnte.[38] Die Ausführung der Verordnung war im Gesetz zur Ausführung zwischenstaatlicher Verträge und zur Durchführung von Verordnungen und Abkommen der Europäischen Union auf dem Gebiet der Anerkennung und Vollstreckung in Zivil- und Handelssachen (Anerkennungs- und Vollstreckungsausführungsgesetz – AVAG) vom 3.12.2009 (→ Rn. 626) geregelt. Nach Art. 267 des Vertrags über die Arbeitsweise der Europäischen Union[39] ist der **EuGH zur einheitlichen Auslegung** der EuGVVO berufen.[40]

4. Haager Übereinkommen über die Anerkennung und Vollstreckung von Unterhaltsentscheidungen vom 2.10.1973 (HUVÜ 73)

611 Das Haager Übereinkommen über die Anerkennung und Vollstreckung von Unterhaltsentscheidungen vom 2.10.1973 (HUVÜ 73),[41] ist nicht zu verwechseln mit dem Haager Übereinkommen über das auf Unterhaltspflichten anwendbare Recht (HUÜ 73) vom gleichen Tage (→ Rn. 5). Das HUVÜ 73 galt in der Bundesrepublik Deutschland seit 1.4.1987. Weitere Mitgliedstaaten sind Albanien (seit 1.12.2012), Andorra (seit 1.7.2012), Australien (seit 1.2.2002), Dänemark (seit 1.1.1988), Estland (seit 1.4.1998), Finnland (seit 1.7.1983), Frankreich (seit 1.10.1977), Griechenland (seit 1.2.2004),[42] Großbritannien (seit

---

[35] EuGH FamRZ 2003, 83 (84) (zum inhaltsgleichen EuGVÜ).
[36] Sie gilt also nicht für den öffentlich-rechtlichen Kostenbeitrag nach den Vorschriften des SGB VIII; vgl. insoweit BGH FamRZ 2007, 377 = R 666d.
[37] BGH FamRZ 2008, 40.
[38] BGH FamRZ 2013, 1113 Rn. 18 f.
[39] Vertrag über die Arbeitsweise der Europäischen Union (AEUV) vom 13.12.2007; im Internet veröffentlicht unter https://eur-lex.europa.eu/legal-content/DE/TXT/PDF/?uri=CELEX:12012E/TXT.
[40] Die Entscheidungen des EuGH können im Internet unter „europa.eu.int" (Kommission) oder „curia.eu.int" (EuGH) abgerufen werden; vgl. auch Zöller/Geimer ZPO 32. Aufl. Anhang I A.
[41] BGBl. 1986 II S. 825; im Internet unter: http://www.hcch.net/de/instruments/conventions/full-text/?cid=85.
[42] Vgl. FamRZ 2006, 1084.

1.3.1980), Italien (seit 1.1.1982), Litauen (seit 1.10.2003),[43] Luxemburg (seit 1.6.1981), die Niederlande (seit 1.3.1981), Norwegen (seit 1.7.1978), Polen (seit 1.7.1996), Portugal (seit 1.8.1976),[44] Schweden (seit 1.5.1977), die Schweiz (seit 1.8.1976),[45] die Slowakei (seit 1.1.1993),[46] Spanien (seit 1.9.1987), Tschechien (seit 1.1.1993), die Türkei (seit 1.11.1983) und die Ukraine (seit 1.8.2008).[47] Belgien hat das Abkommen zwar 1976 gezeichnet, hat es aber nicht ratifiziert und ist ihm somit aber nicht beigetreten.[48] Im Verhältnis zur EuGVVO konnte der Unterhaltsberechtigte die für ihn **günstigere Regelung** wählen (→ Rn. 607).[49] Das HUVÜ 2007 hatte nach dessen Art. 48 das HUVÜ 73 **ersetzt**, soweit sich der zeitliche und gegenständliche Anwendungsbereich der Übereinkommen deckten.

Das Abkommen regelte nach seinem Art. 1 die Anerkennung und Vollstreckung von Entscheidungen über Unterhaltspflichten aus Beziehungen der Familie,[50] Verwandtschaft, Ehe und Schwägerschaft, einschließlich der Unterhaltspflicht gegenüber einem nichtehelichen Kind (→ Rn. 9 f.). Nach Art. 26, 34 HUVÜ 73 konnte sich allerdings jeder Vertragsstaat vorbehalten, Vergleiche oder Entscheidungen zum nachehelichen Unterhalt oder zum Kindesunterhalt nach vollendetem 21. Lebensjahr weder anzuerkennen noch für vollstreckbar zu erklären. Das hatte zu einem Sammelsurium unterschiedlicher Praktiken bei der Anerkennung und Vollstreckung geführt.[51] Die Ausführung dieses Abkommens war im Gesetz zur Ausführung zwischenstaatlicher Verträge und zur Durchführung von Verordnungen und Abkommen der Europäischen Union auf dem Gebiet der Anerkennung und Vollstreckung in Zivil- und Handelssachen (Anerkennungs- und Vollstreckungsausführungsgesetz – AVAG) vom 3.12.2009 (→ Rn. 626) und im Gesetz zur Geltendmachung von Unterhaltsansprüchen im Verkehr mit ausländischen Staaten (Auslandsunterhaltsgesetz – AUG) vom 23.5.2011 (→ Rn. 627) geregelt (§ 1I Nr. 2b AUG). 612

5. Haager Kindesunterhaltsübereinkommen vom 15.4.1958 (HKUVÜ 58)

Das Haager Übereinkommen über die Anerkennung und Vollstreckung von Entscheidungen auf dem Gebiet der Unterhaltspflicht gegenüber Kindern vom 15.4.1958 (HKUVÜ 58),[52] sollte nicht verwechselt werden mit dem Haager Übereinkommen über das auf Unterhaltspflichten gegenüber Kindern anzuwendende Recht vom 24.10.1956 (HUÜ 56 → Rn. 6). Das Abkommen vom 15.4.1958 **gilt nur noch** gegenüber Liechtenstein, Surinam und den niederländischen und französischen Überseegebieten.[53] Das HUVÜ 2007 ersetzte nach dessen Art. 48 das HKUVÜ 58, soweit sich der zeitliche und gegenständliche Anwendungsbereich der Übereinkommen deckten. 613

---

[43] Vgl. FamRZ 2003, 1717.
[44] Zu Portugal vgl. BGH NJW 2004, 3189.
[45] BGH FamRZ 2011, 802.
[46] Zur Slowakei vgl. OLG Jena, DAVorm 1995, 1086.
[47] S. die Übersicht im Internet unter www.hcch.net/de/instruments/conventions/status-table/?cid=85; zu dem Verhältnis zum Luganer Übereinkommen vgl. BGH FamRZ 2008, 390 f.
[48] Vgl. die Statustabelle im Internet unter: http://www.hcch.net/de/instruments/conventions/status-table/?cid=85.
[49] BGH FamRZ 2009, 1659 Rn. 11.
[50] Zur Geltung für Unterhaltsansprüche aus gemeinsamer Elternschaft vgl. BGH FamRZ 2011, 97 Rn. 22.
[51] Siehe die Auflistung der Vorbehalte im Internet unter http://www.hcch.net/de/instruments/conventions/status-table/?cid=85.
[52] BGBl. 1961 II S. 1006; im Internet veröffentlicht unter http://www.hcch.net/de/instruments/conventions/status-table/?cid=38.
[53] Vgl. die Statustabelle im Internet unter: http://www.hcch.net/de/instruments/conventions/status-table/?cid=38; Henrich FamRZ 2015, 1761 (1767); zum zeitlichen Geltungsbereich vgl. OLG Köln FamRZ 1995, 1430: nur für vor Inkrafttreten des HUVÜ 73 fällig gewordene Unterhaltsforderung.

6. Europäisches Gerichtsstands- und Vollstreckungsübereinkommen vom 27.9.1968 (EuGVÜ)

614 Das europäische Übereinkommen über die gerichtliche Zuständigkeit und Vollstreckung gerichtlicher Entscheidungen in Zivil- und Handelssachen vom 27.9.1968 – EuGVÜ –[54] war das Vorgängerabkommen der EuGVVO (→ Rn. 606 ff.). Das Abkommen galt seit in Kraft treten der EuGVVO für neue Sachverhalte nur noch im Verhältnis zu Dänemark und auch das **nur bis zum 19.10.2005** (→ Rn. 606).[55] Die Ausführung der Verordnung war im Gesetz zur Ausführung zwischenstaatlicher Verträge und zur Durchführung von Verordnungen und Abkommen der Europäischen Union auf dem Gebiet der Anerkennung und Vollstreckung in Zivil- und Handelssachen (Anerkennungs- und Vollstreckungsausführungsgesetz – AVAG) vom 3.12.2009 (→ Rn. 626) geregelt.

7. Luganer Übereinkommen über die Zuständigkeit, Anerkennung und Vollstreckung von Entscheidungen vom 30.10.2007 (LugÜ)

615 Die Vorgängerregelung des Luganer Übereinkommen über die gerichtliche Zuständigkeit und die Anerkennung und Vollstreckung von Entscheidungen in Zivil- und Handelssachen vom 30.10.2007 (LugÜ),[56] hatten die damaligen EG- und EFTA-Staaten am 16.9.1988 als Parallelübereinkommen zum EUGVÜ unterzeichnet.[57] Das Abkommen stimmte im Wesentlichen mit dem EuGVÜ (→ Rn. 614) überein.[58] Für die Zeit ab Januar 2011 hat das neue Gerichtsstands- und Vollstreckungsübereinkommen zwischen der EU und der Schweiz das frühere Übereinkommen abgelöst. Dem **neuen Übereinkommen (LugÜ)** gehören neben den Staaten der Europäischen Union und der **Schweiz auch Norwegen und Island** an. Für unterhaltsrechtliche Kollisionsfälle mit diesen Staaten kann jedenfalls auf das neue Übereinkommen zurückgegriffen werden.[59] Ob in den Mitgliedstaaten der Europäischen Union die Zuständigkeitsregelung des Art. 3 EuUnthVO gegenüber dem von der EU ratifizierten und auch gegenüber der Schweiz anwendbaren Luganer Übereinkommen vorrangig ist, hat der BGH bislang ausdrücklich offen gelassen.[60] Dabei ist allerdings zu berücksichtigen, dass die EuUnthVO nach deren Art. 69 I die Anwendung der schon geltenden Übereinkommen und bilateralen oder multilateralen Vereinbarungen der Mitgliedstaaten nicht berühren soll und nach Art. 69 II grundsätzlich lediglich „im Verhältnis der Mitgliedstaaten untereinander" Vorrang vor entsprechenden Übereinkommen und Vereinbarungen hat. Inhaltlich entspricht das Übereinkommen den Regelungen, die innerhalb der Europäischen Union gegenüber Staaten wie Großbritannien und Dänemark gelten, die nicht an das HUP 2007 (→ Rn. 4) gebunden sind.[61] Die Ausführung dieses Abkommens ist allgemein im Gesetz zur Ausführung zwischenstaatlicher Verträge

---

[54] BGBl. 1972 II S. 773 in der Fassung des 4. Beitrittsübereinkommens vom 29.11.1996 BGBl. 1998 II S. 1412; s. auch Dietze/Schnichels NJW 1995, 2274; zu früheren Reformbestrebungen s. Wagner IPRax 1999, 241 und Huber IPRax 1999, 29.
[55] Zur Geltung für Fälle, die noch nicht in den zeitlichen Geltungsbereich der EuGVVO fallen BGH FamRZ 2009, 858 Rn. 11 f.
[56] ABl. 2009 L 147, 5; die Vorgängerregelung war veröffentlicht in BGBl. 1994 II S. 2658 ff., 3772 iVm der Bekanntmachung vom 27.3.2008 BGBl. II S. 278 und vom 29.11.2007 BGBl. II S. 1995; im Internet veröffentlicht unter: http://www.admin.ch/opc/de/official-compilation/2010/5609.pdf; s. dazu Dietze/Schnichels, NJW 1995, 2274.
[57] BGBl. 1994 II S. 2658.
[58] Martiny FamRZ 2008, 1081 (1092); vgl. auch BGH FamRZ 2008, 390, WM 2008, 479 und NJW-RR 2005, 150 (gegenüber der Schweiz); vgl. auch Jayme/Kohler IPRax 2000, 454 (462 f.).
[59] Die Schweiz ist zum 1.1.1992 beigetreten, vgl. die Bekanntmachung in BGBl. 1995 II S. 221; BGH Beschluss vom 22.5.2019 – XII ZB 523/17, BeckRS 2019, 12213; FamRZ 2008, 390; vgl. auch den Statusbericht unter: https://eur-lex.europa.eu/legal-content/DE/TXT/?uri=LEGISSUM%3Al16029 und: https://www.rhf.admin.ch/rhf/de/home/zivilrecht/rechtsgrundlagen/sr-0-275-12.html.
[60] BGH FamRZ 2019, 289 Rn. 13.
[61] Henrich FamRZ 2015, 1761 (1767).

und zur Durchführung von Verordnungen und Abkommen der Europäischen Union auf dem Gebiet der Anerkennung und Vollstreckung in Zivil- und Handelssachen (Anerkennungs- und Vollstreckungsausführungsgesetz – AVAG) vom 3.12.2009 (→ Rn. 626) und, soweit Unterhaltsansprüche betroffen sind, im Gesetz zur Geltendmachung von Unterhaltsansprüchen im Verkehr mit ausländischen Staaten (Auslandsunterhaltsgesetz – AUG) vom 23.5.2011 (→ Rn. 627) geregelt (§ 1 I Nr. 1c AUG).

8. Bilaterale Abkommen

Bilaterale Abkommen, bestehen zB zwischen der Bundesrepublik Deutschland und der Schweiz,[62] Norwegen,[63] Israel,[64] Spanien[65] sowie Tunesien,[66] zum Teil sind sie nachrangig, zum Teil konkurrieren sie mit den oben genannten Abkommen (s. etwa Art. 69f EuGVVO).[67] Ob das autonome, innerstaatliche Recht nach dem Günstigkeitsprinzip neben dem (bilateralen) vertraglichen Anerkennungsrecht anwendbar ist, muss durch Auslegung des jeweiligen Vertrages und des autonomen Rechts (→ Rn. 701) ermittelt werden. Überwiegend werden die bilateralen Übereinkommen durch die EuUnthVO (→ Rn. 602) und das LugÜ (→ Rn. 615) verdrängt; von Bedeutung sind sie allerdings noch im Verhältnis zu **Israel und Tunesien**.[68] Auch diese Abkommen werden überwiegend durch das Gesetz zur Ausführung zwischenstaatlicher Verträge und zur Durchführung von Verordnungen und Abkommen der Europäischen Union auf dem Gebiet der Anerkennung und Vollstreckung in Zivil- und Handelssachen (Anerkennungs- und Vollstreckungsausführungsgesetz – AVAG) vom 3.12.2009 (→ Rn. 626) ausgeführt.

616

9. Verordnung (EG) Nr. 805/2004 vom 21.4.2004 zur Einführung eines europäischen Vollstreckungstitels für unbestrittene Forderungen (EuVTVO)

Die Verordnung (EG) Nr. 805/2004 des Europäischen Parlaments und des Rates vom 21.4.2004 zur Einführung eines europäischen Vollstreckungstitels für unbestrittene Forderungen (EuVTVO)[69] war auch in Unterhaltssachen zwischen den Mitgliedstaaten der EU (mit Ausnahme von Dänemark) anwendbar.[70] Sie ist allerdings inzwischen mit Wirkung zum 18. Juni 2011 und für die danach eingeleiteten Verfahren für die Länder innerhalb der Europäischen Union, für die nach Art. 15 EuUnthVO das HUP 2007 anwendbar ist (→ Rn. 4f.), durch Art. 68 II EuUnthVO (→ Rn. 602f.) **ersetzt worden.**

617

In ihrem noch verbliebenen Geltungsbereich, also insbesondere gegenüber England (→ Rn. 4f.) und Dänemark, ermöglicht sie es, die in ihren Anwendungsbereich fallenden und auf Geldzahlung lautenden nationalen Vollstreckungstitel jederzeit mittels Formulars im **Ursprungsland** als „europäischer Vollstreckungstitel" bestätigen zu lassen. Entsprechen die Titel den Anforderungen der Verordnung, sind sie als europäischer Vollstreckungstitel

618

---

[62] Vgl. Baumbach/Lauterbach/Albers/Hartmann ZPO 77. Aufl. Schlussanhang V B.
[63] Vertrag vom 17.7.1977 BGBl. 1981 II S. 341; vgl. Baumbach/Lauterbach/Albers/Hartmann ZPO 77. Aufl. Schlussanhang V B Rn. 10.
[64] Vertrag vom 20.7.1977 BGBl. 1980 II S. 925; BGH NJW-RR 2005, 929; Baumbach/Lauterbach/Albers/Hartmann ZPO 77. Aufl. Schlussanhang V B Rn. 9.
[65] Vertrag vom 14.11.1983 BGBl. 1987 II S. 34; Baumbach/Lauterbach/Albers/Hartmann ZPO 77. Aufl. Schlussanhang V B Rn. 11.
[66] Vgl. Baumbach/Lauterbach/Albers/Hartmann ZPO 77. Aufl. Schlussanhang V B Rn. 8.
[67] Vgl. die Übersicht bei Baumbach/Lauterbach/Albers/Hartmann ZPO 77. Aufl. Schlussanhang V B Rn. 1–11.
[68] Henrich FamRZ 2015, 1761 (1768).
[69] ABl. 2004 L 143 S. 15; Schönfelder Ergänzungsband Nr. 103f.; vgl. auch Zöller/Geimer ZPO 32. Aufl. Anhang II E.
[70] Dänemark nimmt nach Art. 69 EG-Vertrag iVm den Art. 1 und 2 des Protokolls zum Vertrag von Amsterdam über die Position Dänemarks (ABl. 1997 C 340/101 iVm 28) nicht an der Annahme der Rechtsakte im Bereich der justiziellen Zusammenarbeit in Zivilsachen teil. Das Vereinigte Königreich und Irland haben hingegen von ihrer Opt-in-Möglichkeit Gebrauch gemacht.

zu deklarieren und damit ohne vorheriges Vollstreckbarerklärungsverfahren und ohne Vollstreckungsklausel nach Art. 38 ff. EuGVVO **in den übrigen Mitgliedstaaten vollstreckbar** (§ 120 FamFG iVm § 1082 ZPO).[71] Zur Ausführung der Verordnung ist in Deutschland das Vollstreckungstitel-Durchführungsgesetz erlassen worden, das die entsprechenden Vorschriften des ZPO angepasst hat.[72] Als Titel kommen sowohl (unbestrittene) gerichtliche Entscheidungen als auch gerichtliche Vergleiche und sonstige öffentlich vollstreckbare Urkunden in Betracht. Aus deutscher Sicht zählen dazu auch die meisten Versäumnisbeschlüsse,[73] Vollstreckungsbescheide, Anerkenntnisbeschlüsse, gerichtliche Vergleiche, notarielle Urkunden sowie Jugendamtsurkunden nach §§ 59, 60 SGB VIII.

Voraussetzung für die Bestätigung als europäischer Vollstreckungstitel ist im Wesentlichen, dass die Entscheidung nicht im Widerspruch zu den Zuständigkeitsregelungen im Kap. II des EUGVVO (→ Rn. 606 ff.) steht und nicht unter Verstoß gegen die Verfahrensvorschriften der Europäischen Vollstreckungstitelverordnung (EuVTVO),[74] insbesondere zur Gewährleistung des rechtlichen Gehörs, ergangen ist.[75] Um dies sicherzustellen ist mit dem deutschen Vollstreckungstitel-Durchführungsgesetz[76] die ZPO an die Mindestanforderungen angeglichen worden. Der Schuldner kann die Erklärung als europäischer Vollstreckungstitel mit Anträgen auf Berichtigung bzw. Widerruf anfechten (§ 1081 ZPO). Die Ausgestaltung des Berichtigungs- und Widerrufsverfahrens hat die Verordnung (Art. 10 II EuVTVO) dem autonomen Recht der Mitgliedstaaten überlassen. In diesem Rahmen hat das deutsche Vollstreckungstitel-Durchführungsgesetz die Zuständigkeit auf die Gerichte, Behörden (insbesondere Jugendämter) und Notare übertragen, denen auch sonst die Erteilung einer vollstreckbaren Ausfertigung des Titels obliegt (§§ 1079, 724, 797 ZPO). Bei gerichtlichen Entscheidungen ist dafür die erste Instanz oder, wenn der Rechtsstreit in einer höheren Instanz anhängig ist, die höhere Instanz zuständig. Funktional zuständig ist der Rechtspfleger (§ 20 Nr. 11 RPflG).[77] Wird der Antrag zurückgewiesen, sind die Vorschriften über die Anfechtung der Entscheidung über die Erteilung einer Vollstreckungsklausel anzuwenden (§ 1080 II ZPO).[78] Über einen Antrag auf Berichtigung bzw. Widerruf nach einer positiven Entscheidung ist das Gericht zuständig, das die Bestätigung erteilt hat (§ 1081 I 2 ZPO). War diese von einer Behörde oder einem Notar erlassen, ist der Antrag auf Berichtigung oder Widerruf an die Stelle zu richten, die, die Bestätigung ausgestellt hat; der Antrag ist von dort unverzüglich an das Amtsgericht am Sitz der Behörde oder des Notars weiterzuleiten (§ 1081 I 2 ZPO). Aus einem Titel, der in einem anderen Mitgliedstaat der Europäischen Union nach der EuVollstrTVO als Europäischer Vollstreckungstitel bestätigt worden ist, findet die Zwangsvollstreckung im Inland statt, ohne dass es einer Vollstreckungsklausel und einer ordre public-Prüfung bedarf (§ 1082 ZPO).[79] Dagegen sehen die EuVTVO (Art. 21, 23) und das autonome nationale Recht (§§ 766, 775 Nr. 5, 767[80] ZPO) nur sehr eingeschränkte Rechtsmittel vor.[81]

---

[71] BGH NJW 2014, 2363 Rn. 11 ff.; zum Verfahren vgl. Wagner IPRax 2005, 401 ff. und Gebauer FPR 2006, 252.
[72] Gesetz zur Durchführung der Verordnung über den europäischen Vollstreckungstitel; vgl. dazu BT-Drs. 15/5222 und 15/5482 sowie BR-Drs. 375/05 und 375/05 (Beschluss); vgl. auch Wagner IPRax 2005, 401 (409).
[73] Zu den Anforderungen an die Bestätigung einer Versäumnisentscheidung als Europäischer Vollstreckungstitel vgl EuGH IPRax 2016, 598; vgl. dazu Wagner IPRax 2005, 189 (192 f.).
[74] Veröffentlicht im Internet unter: http://eur-lex.europa.eu/LexUriServ/LexUriServ.do?uri=CELEX:32004R0805:DE:HTML.
[75] BGH NJW 2012, 858 Rn. 15.
[76] BGBl. 2005 I S. 2477.
[77] Vgl. BGH NJW 2012, 858 Rn. 12.
[78] Zum Verfahren vgl. BGH NJW 2012, 858 Rn. 11 ff.
[79] BGH NJW 2014, 2363 Rn. 13 ff.
[80] Zum Vollstreckungsabwehrantrag im Verfahren der Vollstreckbarerklärung nach dem EuGVÜ vgl. EuGHE 1985, 2267 (2277) Rn. 12, OLG Hamburg RIW 1998, 889 (890); Zum Vollstreckungsabwehrantrag im Verfahren der Vollstreckbarerklärung nach der EuGVVO und der EuVollstrTVO vgl. Wagner IPRax 2005, 401 (406 f.).
[81] BGH NJW 2012, 859 Rn. 1 ff.

10. UN-Übereinkommen über die Geltendmachung von Unterhaltsansprüchen im Ausland vom 20.6.1956

Das UN-Übereinkommen über die Geltendmachung von Unterhaltsansprüchen im Ausland vom 20.6.1956[83] mit fast 70 Vertragsstaaten regelt den Empfang und die Übermittlung von Unterhaltsgesuchen und ergänzt die nach nationalem und internationalem Recht bestehenden Rechtsschutzmöglichkeiten.[84] Die Ausführung dieses Übereinkommens ist im Gesetz zur Geltendmachung von Unterhaltsansprüchen im Verkehr mit ausländischen Staaten (Auslandsunterhaltsgesetz – AUG) vom 23.5.2011 (→ Rn. 627) geregelt (§ 1 I Nr. 2d AUG). Die entsprechenden Anträge über die Geltendmachung von Unterhaltsansprüchen im Ausland nach diesem Übereinkommen sind im Internet abrufbar.[85] Unter der Voraussetzung, dass Gegenseitigkeit verbürgt ist,[86] erleichtert es die Verfolgung und Durchsetzung von Unterhaltsansprüchen im Verhältnis der Bundesrepublik Deutschland zu Staaten außerhalb der EU, mit denen keine völkerrechtlichen Verträge bestehen. Von praktischer Bedeutung ist das Gesetz, nachdem die USA zum 1.1.2017 das HUVÜ ratifiziert haben, nur noch im Verhältnis zu **Kanada und Südafrika**. Das HUVÜ 2007 (→ Rn. 604 f.) ersetzt nach dessen Art. 49 dieses Übereinkommen, soweit sich der zeitliche und gegenständliche Anwendungsbereich der Übereinkommen deckt.

619

11. Verordnung (EG) Nr. 1393/2007 vom 13.11.2007 über die Zustellung gerichtlicher und außergerichtlicher Schriftstücke in Zivil- oder Handelssachen in den Mitgliedstaaten (EuZVO)

Die Verordnung (EG) Nr. 1393/2007 des Europäischen Parlaments und des Rates vom 13.11.2007 über die Zustellung gerichtlicher und außergerichtlicher Schriftstücke in Zivil- oder Handelssachen in den Mitgliedstaaten („Zustellung von Schriftstücken") und zur Aufhebung der Verordnung Nr. 1348/2000 des Rates (EuZVO)[87] hat zwischen den Mitgliedstaaten der EU (mit Ausnahme von Dänemarks; Art. 1 III EuZVO) **Vorrang** vor sonstigen bilateralen oder multilateralen Übereinkünften. Nach Art. 1 Abs. 2 EuZVO findet die Verordnung keine Anwendung, wenn die Anschrift des Empfängers des Schriftstücks unbekannt ist.[88] Durch die Verordnung soll, im Interesse eines reibungslosen Binnenmarktes, eine schnelle Übermittlung und Zustellung von Schriftstücken erreicht werden. In Ausführung der VO hat jeder Mitgliedsstaat Übermittlungsstellen und Emp-

620

Die Zusammenarbeit in Zivilsachen wird sowohl im Europäischen Bereich als auch international durch weitere EU-Verordnungen und Übereinkommen erleichtert:[82]

---

[82] Außerhalb Europas erfolgt die Zustellung im Ausland nach den Vorschriften des ZRHO. Für die USA ist im Auftrag des Department of Justice als Zentrale Behörde die Process Forwarding International in Seattle zuständig, s. insoweit im Internet „www.hagueservice.net".

[83] BGBl. 1959 II S. 149 und 2004 II S. 1786, vgl. zuletzt BGBl. 2011 II S. 1139; Im Internet veröffentlicht unter https://www.bundesjustizamt.de/DE/SharedDocs/Publikationen/AU/UN_Uebereinkommen.pdf?__blob=publicationFile&v=2; s. auch die weiteren Informationen unter https://www.bundesjustizamt.de/DE/Themen/Buergerdienste/AU/UN/UN_node.html; s. auch Katsanou FPR 2006, 255 und zum Verfahren Nds.RPfl. 1999, 8 ff.

[84] BGH EuZW 2011, 276; Martiny FamRZ 2008, 1681 (1684).

[85] https://www.bundesjustizamt.de/DE/SharedDocs/Publikationen/AU/Antrag_de.pdf?__blob=publicationFile&v=2.

[86] Zum Verfahren vgl. Wicke FPR 2006, 240; zur Gegenseitigkeit s. BGBl. 2011 I S. 1109; s. auch den Überblick des Justizministeriums mit abrufbarer Staatenliste im Internet unter: https://www.bundesjustizamt.de/DE/Themen/Buergerdienste/AU/AUG/Vertragsstaaten/Staatenliste_node.html.

[87] ABl. 2007 L 324 S. 79; Schönfelder Ergänzungsband Nr. 103c; vgl. auch Zöller/Geimer ZPO 32. Aufl. Anhang II B; im Internet veröffentlicht unter: http://eur-lex.europa.eu/legal-content/DE/ALL/?uri=CELEX:32007R1393.

[88] EuGH IPRax 2013, 341.

fangsstellen sowie eine Zentralstelle zur Erteilung von Auskünften und zur Suche nach Lösungswegen mitgeteilt. Die Verordnung regelt nach den allgemeinen Bestimmungen zum Anwendungsbereich (Art. 1), zu Übermittlungs- und Empfangsstellen (Art. 2) und zur Zentralstelle (Art. 3) in den Art. 4–11 die Übermittlung und Zustellung von gerichtlichen Schriftstücken und sodann (Art. 12–15) andere Arten der Übermittlung und Zustellung gerichtlicher Schriftstücke. Die Verfahren gemäß den Art. 16 bis 20 der Verordnung finden keine Anwendung, wenn sich herausstellt, dass ein Europäischer Zahlungsbefehl nicht in einer Weise zugestellt wurde, die den Mindestvorschriften der Art. 13 bis 15 der Verordnung genügt.[89] Nach der Rechtsprechung des EuGH ist die Empfangsstelle unter allen Umständen und ohne insoweit über einen Wertungsspielraum zu verfügen verpflichtet, den Empfänger eines Schriftstücks über sein Recht zu belehren, dessen Annahme zu verweigern, indem sie zu diesem Zweck systematisch das Formblatt in Anhang II der Verordnung verwendet. Der Umstand, dass die Empfangsstelle bei der Zustellung eines Schriftstücks an den Empfänger dieses Formblatt nicht beigefügt hat, begründet keine Nichtigkeit des Verfahrens, sondern eine Unterlassung, die nach den Bestimmungen der Verordnung geheilt werden kann.[90] Eine Antragszustellung ist allerdings nicht deswegen unwirksam, weil die Antragsschrift ohne die in Bezug genommenen Anlagen zugestellt worden ist.[91] Nach Art. 16 können zum Zwecke der Zustellung in einem anderen Mitgliedstaat auch außergerichtliche Schriftstücke nach Maßgabe der Verordnung übermittelt werden.[92] Das Schriftstück wird – nach Anfertigung von Übersetzungen – von der Übermittlungsstelle weitergeleitet und der Empfangsstelle zugestellt. Die Zustellung kann nur in Ausnahmefällen abgelehnt werden.[93] Die in § 184 I 1 ZPO iVm § 113 I 2 FamFG geregelte Befugnis des Gerichts, bei einer Zustellung im Ausland nach § 183 ZPO anzuordnen, dass bei fehlender Bestellung eines Verfahrensbevollmächtigten ein inländischer Zustellungsbevollmächtigter zu benennen ist und anderenfalls spätere Zustellungen durch Aufgabe zur Post bewirkt werden können, erstreckt sich nur auf diejenigen Zustellungen im Ausland, die gemäß § 138 I–IV ZPO nach den bestehenden völkerrechtlichen Vereinbarungen vorzunehmen sind.[94] Dagegen gilt diese Anordnungsbefugnis nicht für Auslandszustellungen, die nach den gemäß § 113 I FamFG iVm § 138 V ZPO unberührt bleibenden Bestimmungen der EuZVO vorgenommen werden.[95] Die Verordnung wird durch die §§ 1067 ff. ZPO in nationales Recht umgesetzt. Nach einem Bericht der Europäischen Kommission vom 4.12.2013 wird die EuZVO „in zufrieden stellender Weise" angewendet. Gleichwohl sieht die Kommission Verbesserungsbedarf und strebt Mindeststandards und eine Beschleunigung der grenzüberschreitenden Zustellung an. Die Debatte soll dann in Gesetzgebungsvorschläge der Europäischen Kommission münden.[96]

12. Haager Übereinkommen über die Zustellung gerichtlicher und außergerichtlicher Schriftstücke im Ausland in Zivil- und Handelssachen vom 15.11.1965 (HÜZA)

621 In der Zusammenarbeit mit Staaten außerhalb der Europäischen Union gilt das Haager Übereinkommen über die Zustellung gerichtlicher und außergerichtlicher Schriftstücke im Ausland in Zivil- und Handelssachen vom 15.11.1965 (HÜZA).[97] Das Übereinkommen

---

[89] EuGH C-119/13 vom 4.9.2014 – EuZW 2014, 916.
[90] EuGH EuZW 2015, 832.
[91] BGH NJW 2013, 387.
[92] Vgl. EuGH FamRZ 2009, 1471.
[93] Vgl. dazu den Vorlagebeschluss an den EuGH BGH NJW 2007, 775.
[94] BGH NJW 2012, 2588 Rn. 13; vgl. auch zur Zustellung durch Aufgabe zur Post: BGH Urteil vom 17.7.2012 – VI ZR 288/11, BeckRS 2012, 16761.
[95] EuGH NJW 2013, 443; BGH NJW 2011, 1885; für nicht verfahrenseinleitende Schriftsätze vgl. aber BGH NJW-RR 2012, 1013 Rn. 19 ff. und EuGH NJW 2008, 1721.
[96] Vgl. Wagner NJW 2014, 1862 (1864).
[97] Vom 15.11.1965 in der Fassung der Bekanntmachung vom 27.2.2019 BGBl. II S. 198, im Internet veröffentlicht unter: http://www.hcch.net/de/instruments/conventions/specialised-sections/service; vgl. BVerfG IPRax 2009, 249 Rn. 11; 2004, 61 Rn. 31 ff.

2. Abschnitt: Verfahrensrecht einschließlich Vollstreckung § 9

ist für die Bundesrepublik Deutschland am 26.6.1979 in Kraft getreten.[98] Es regelt gegenüber den zahlreichen weiteren Vertragsstaaten[99] die Zustellung gerichtlicher und behördlicher Schriftstücke durch eine Zentrale Behörde. Die §§ 183 f. ZPO setzten das Übereinkommen in nationales Recht um.[100] Nach Art. 19 HÜZA schließt das Übereinkommen nicht aus, dass innerstaatliches Recht eines Vertragsstaats auch andere Verfahren zulässt, nach denen Schriftstücke aus dem Ausland zum Zweck der Zustellung in seinem Hoheitsgebiet übermittelt werden können.[101] Werden bei einer Auslandszustellung nach dem HÜZA die Anforderungen dieses Abkommens gewahrt und bei der Zustellung nur Formvorschriften des Verfahrensrechts des Zustellungsstaates verletzt, wird der Zustellungsmangel nach § 189 ZPO geheilt, wenn das Schriftstück dem Zustellungsempfänger tatsächlich zugegangen ist.[102]

13. Verordnung (EG) Nr. 1206/2001 vom 28.5.2001 über die Zusammenarbeit zwischen den Gerichten der Mitgliedsstaaten auf dem Gebiet der Beweisaufnahme in Zivil- oder Handelssachen (EuBVO)

Die Verordnung (EG) Nr. 1206/2001 des Rates vom 28.5.2001 über die Zusammenarbeit **622** zwischen den Gerichten der Mitgliedsstaaten auf dem Gebiet der Beweisaufnahme in Zivil- oder Handelssachen (EuBVO)[103] ist zwischen den Mitgliedstaaten der EU (mit Ausnahme von Dänemark) anwendbar; sie ist am 1.7.2001 in Kraft getreten und gilt nach ihren Art. 24 II überwiegend ab dem 1.1.2004. Sie ist in Zivil- und Handelssachen anzuwenden, wenn das Gericht eines Mitgliedsstaates das zuständige Gericht eines anderen Mitgliedsstaates um Beweisaufnahme bittet oder wenn es darum ersucht, unmittelbar Beweis erheben zu dürfen.[104] Zur Ausführung erlaubt die VO den **unmittelbaren Geschäftsverkehr** zwischen den beteiligten Gerichten (§ 2 EuBVO). Die von jedem Mitgliedsland benannte Zentralstelle hat lediglich die Aufgabe, Auskünfte zu erteilen oder bei Problemfällen nach Lösungsmöglichkeiten zu suchen.[105] Die Bestimmungen der Verordnung, insbesondere deren Art. 1 I, sind dahin auszulegen, dass das zuständige Gericht eines Mitgliedstaats, das einen in einem anderen Mitgliedstaat wohnhaften Beteiligten als Zeugen vernehmen will, hinsichtlich der Durchführung der Zeugenvernehmung die Möglichkeit hat, den betreffenden Beteiligten nach dem Recht seines Mitgliedstaats vorzuladen und zu vernehmen.[106]

14. Haager Übereinkommen über die Beweisaufnahme im Ausland in Zivil- und Handelssachen

Die gerichtliche Beweisaufnahme außerhalb der Europäischen Union ist durch das **623** Haager Übereinkommen über die Beweisaufnahme im Ausland in Zivil- und Handels-

---

[98] BGBl. 1977 II S. 1452, 1453 und 1979 II S. 779 in der Fassung der Bekanntmachung vom 5.11.2013 BGBl. II S. 1580; zum Zweck des Abkommens und zu den Grenzen der Zustellung vgl. BVerfG NJW 2013, 990.
[99] Siehe insoweit die Statustabelle mit den Daten des Inkrafttretens für jedes Land, das dieses Übereinkommen ratifiziert hat, unter: http://www.hcch.net/de/instruments/conventions/statustable/?cid=17.
[100] Zur Änderung des nationalen deutschen Rechts vgl. den Entwurf eines Gesetzes zur Verbesserung der grenzüberschreitenden Forderungsdurchsetzung und Zustellung BT-Drs. 16/8839 und BGBl. 2008 I S. 2122.
[101] Zu einer vom Vorsitzenden angeordneten Zustellung durch Aufgabe zur Post nach § 184 ZPO vgl. BGH NJW-RR 2013, 435 Rn. 9 ff.
[102] BGH FamRZ 2011, 1860 Rn. 21 ff.
[103] Schönfelder Ergänzungsband Nr. 103d; im Internet abrufbar unter: http://eur-lex.europa.eu/legal-content/DE/TXT/?uri=uriserv:OJ.L_.2001.174.01.0001.01.DEU; vgl. auch Zöller/Geimer ZPO 32. Aufl. Anhang II D.
[104] Zur Durchführung einer solchen Beweisaufnahme vgl. BVerfG FamRZ 2016, 26 Rn. 28 ff.
[105] Zu den Kosten der Beweisaufnahme im Ausland vgl. BGH NJW-RR 2005, 725.
[106] EuGH NJW 2012, 3771.

sachen vom 18.3.1970 geregelt, das für die Bundesrepublik Deutschland ebenfalls am 26.6.1979 in Kraft getreten ist.[107] Das Abkommen ist von insgesamt 62 Staaten ratifiziert und in deren Verhältnis anwendbar.[108] Eine Beweisaufnahme ist danach im Wege der Rechtshilfe (Art. 1–14) oder durch diplomatische oder konsularische Vertreter und durch Beauftragte (Art. 15–22) möglich. Auch insoweit sind Zentrale Behörden für die Durchführung der Beweisaufnahme gebildet.[109]

15. Europäisches Übereinkommen betreffend Auskünfte über ausländisches Recht vom 7.6.1968[110]

624 Mit dem Europäischen Übereinkommen betreffend Auskünfte über ausländisches Recht vom 7.6.1968[111] haben sich die **Vertragsstaaten verpflichtet, einander Auskünfte** über ihr Zivil- und Handelsrecht, ihr Vertragsrecht auf diesen Gebieten und über ihre Gerichtsverfassung zu erteilen (Art. 1). Zur Ausführung des Übereinkommens haben die Vertragsstaaten besondere Empfangsstellen eingerichtet (Art. 2). Ein Auskunftsersuchen muss nach Art. 3 von einem Gericht ausgehen, auch wenn es nicht von ihm selbst abgefasst worden ist. Das Auskunftsersuchen muss das Gericht, von dem das Ersuchen ausgeht, und die Art der Rechtssache bezeichnen (Art. 4 I). Der Sachverhalt ist so genau anzugeben, wie es zum Verständnis des Ersuchens und zur richtigen und genauen Beantwortung der Rechtsfrage erforderlich ist (Art. 4 II). Zur Ergänzung könne auch Auskünfte zu anderen Rechtsgebieten erbeten werden (Art. 4 III). Das Auskunftsersuchen ist von einer Übermittlungsstelle oder, falls eine solche nicht existiert, vom Gericht selbst an die Empfangsstelle zu übermitteln (Art. 5). Die Empfangsstelle, bei der ein Auskunftsersuchen eingegangen ist, kann dieses entweder selbst beantworten oder es an eine andere staatliche oder öffentliche, ggf. auch an eine private Stelle zur Beantwortung weiterleiten (Art. 6). Zweck der Antwort ist es, dem Gericht, von dem das Ersuchen ausgeht, in objektiver und unparteiischer Weise über das Recht des ersuchten Staates zu unterrichten. Sie hat nach den Umständen des Einzelfalls jedenfalls das ausländische Recht und einschlägige Gerichtsentscheidungen zu benennen (Art. 7). Die Auskünfte binden das ersuchende Gericht nicht (Art. 8). Die Empfangsstelle ist regelmäßig verpflichtet, für eine Beantwortung des Ersuchens zu sorgen (Art. 10, 11). Dies hat so schnell wie möglich zu geschehen; sonst ist die ersuchende Stelle auf die Verzögerung und die voraussichtliche Dauer hinzuweisen (Art. 12). Ggf. können auch ergänzende Angaben von der ersuchenden Stelle erbeten werden (Art. 13). Das Auskunftsersuchen ist in der Amtssprache des ersuchten Staates abzufassen; die Antwort erfolgt in der Sprache des ersuchten Staates (Art. 14). Nur ausnahmsweise dürfen Kosten für die Auskunft erhoben werden, wenn das Ersuchen an eine private Stelle weitergeleitet wird und dies entsprechende Kosten verursache; dann sind die der ersuchenden Stelle die zu erwartenden Kosten zuvor mitzuteilen (Art. 15, 6 III). Die gemäß Art. 2 I, II des Übereinkommens zu bestimmenden nationalen Stellen und ihre Kontaktdaten werden – mit

---

[107] BGBl. 1977 II S. 1452 (1453) in der Fassung der Bekanntmachung vom 26.8.2014 BGBl. II S. 720; Im Internet abrufbar unter: http://www.hcch.net/de/instruments/conventions/full-text/?cid=82.

[108] Zu den Mitgliedstaaten vgl. die Statustabelle im Internet unter: http://www.hcch.net/de/instruments/conventions/status-table/?cid=82.

[109] Zur Änderung des nationalen deutschen Rechts vgl. den Entwurf eines Gesetzes zur Verbesserung der grenzüberschreitenden Forderungsdurchsetzung und Zustellung BT-Drs. 16/8839.

[110] Nach dem Protokoll Nr. 16 zur EMRK veröffentlicht unter: http://www.echr.coe.int/Documents/Protocol_16_ENG.pdf soll auch der Dialog zwischen dem EGMR und den Gerichten der Mitgliedstaaten verstärkt werden. Dazu ermöglicht es den höchsten Gerichten der Mitgliedstaaten, den EGMR um ein Gutachten über Grundfragen zur Auslegung und Anwendung der Rechte und Freiheiten der EGMR und ihrer Protokolle zu ersuchen; vgl dazu Kohler/Pintens FamRZ 2018, 1369 (1382).

[111] BGBl. 1974 II S. 937 in der Fassung der Bekanntmachung vom 19.6.2009 BGBl. II S. 821; im Internet veröffentlicht unter: https://www.coe.int/de/web/conventions/full-list/-/conventions/treaty/062.

2. Abschnitt: Verfahrensrecht einschließlich Vollstreckung § 9

Ausnahme derer Deutschlands – künftig nicht mehr im Bundesgesetzblatt Teil II veröffentlicht, sondern können auf der Webseite des Europarats abgerufen werden.[112]

Das Übereinkommen ist für die Bundesrepublik Deutschland am 19.3.1975 in Kraft **625** getreten. Es gilt außerdem für die Mitgliedstaaten des Europarates Albanien, Aserbaidschan, Belgien, Bosnien und Herzegowina, Bulgarien, Costa Rica, Dänemark, Estland, Finnland, Frankreich, Georgien, Griechenland, Island, Italien, Kroatien, Lettland, Lichtenstein, Litauen, Luxemburg, Malta, Mexiko, Monaco, Niederlande, Nordmakedonien, Norwegen, Österreich, Polen, Portugal, Republik Moldau, Rumänien, Russische Föderation, Schweden, Schweiz, Serbien, Slowakei, Slowenien, Spanien, Tschechien, Türkei, Ukraine, Ungarn, das Vereinigte Königreich Großbritannien und Zypern sowie für die Nichtmitgliedstaaten Weißrussland, Costa Rica und Mexiko.[113] Zur Ausführung dieses Übereinkommens hat die Bundesrepublik Deutschland das Ausführungsgesetz vom 21.1.1987 (AuRAK)[114] erlassen.

Zur Durchführung der EU-Verordnungen und Ausführung der völkerrechtlichen Verträge im Unterhaltsrecht wurden zwei nationale Gesetze erlassen.

16. Anerkennungs- und Vollstreckungsausführungsgesetz – AVAG)

Das Gesetz zur Ausführung zwischenstaatlicher Verträge und zur Durchführung von **626** Verordnungen und Abkommen der Europäischen Union auf dem Gebiet der Anerkennung und Vollstreckung in Zivil- und Handelssachen (Anerkennungs- und Vollstreckungsausführungsgesetz – AVAG) vom 3.12.2009[115] ist erneut durch Art. 2 des Gesetzes zur Durchführung des Haager Übereinkommens vom 23.11.2007 über die internationale Geltendmachung der Unterhaltsansprüche von Kindern und anderen Familienangehörigen sowie zur Änderung der Vorschriften auf dem Gebiet des internationalen Unterhaltsverfahrensrechts und des materiellen Unterhaltsrechts vom 20.2.2013 geändert worden.[116] Es gilt im Unterhaltsrecht nach § 1 I Nr. 1a nur noch für Übergangsfällen zur Umsetzung des EuGVÜ (→ Rn. 614) und nach § 1 I Nr. 1c-e für verschiedene bilaterale Verträge (→ Rn. 616). Zu Umsetzung der neueren EU-Verordnungen und internationalen Übereinkommen zum Unterhaltsrecht ist es durch das AUG ersetzt worden (→ Rn. 627).

17. Auslandsunterhaltsgesetz – AUG

Das neue Gesetz zur Geltendmachung von Unterhaltsansprüchen im Verkehr mit aus- **627** ländischen Staaten (Auslandsunterhaltsgesetz – AUG)[117] dient der **Durchführung** nach § 1 I Nr. 1a der EuUnthVO (→ Rn. 602 f.), nach § 1 I Nr. 1b des Abkommens zwischen der EU und Dänemark vom 19.10.2005 (→ Rn. 606), nach § 1 I Nr. 1c des neuen Luganer Übereinkommens vom 30.10.2007 (→ Rn. 615), nach § 1 I Nr. 2a des HUVÜ 2007 (→ Rn. 604 f.), nach § 1 I Nr. 2b des HUVÜ 73 (→ Rn. 611 f.), nach § 1 I Nr. 2c des Luganer Übereinkommens vom 16.9.1988, soweit es Unterhaltssachen erfasst (→ Rn. 615) und nach § 1 I Nr. 2d des UN-Übereinkommens vom 20.6.1956 (→ Rn. 619). Außerdem dient es nach § 1 I Nr. 3 der Geltendmachung von gesetzlichen Unterhaltsansprüchen, wenn ein Beteiligter im Geltungsbereich dieses Gesetzes und der andere Beteiligte in

---

[112] BGBl. 2011 II S. 1140; im Internet siehe unter: https://www.coe.int/de/web/conventions/full-list/-/conventions/treaty/062.
[113] Siehe die Statustabelle im Internet unter: http://www.coe.int/de/web/conventions/full-list/-/conventions/treaty/062/declarations?p_auth=SGbHipU9.
[114] BGBl. 1974 I S. 1433.
[115] BGBl. 2009 I S. 3830 in der Fassung der Bekanntmachung vom 30.11.2015 (BGBl. I 2146)1; die Neufassung hat die Vorgängerregelung vom 19.2.2001 in der Fassung vom 17.4.2007 BGBl. I S. 529 ersetzt; zur neuerlichen Überarbeitung für Ansprüche außerhalb des Unterhaltsrechts vgl. BR-Drs. 26/14 (Beschluss) sowie BT-Drs. 18/823 und 18/1492.
[116] BGBl. 2013 I S. 273.
[117] Vom 23. Mai 2011 BGBl. 2011 I S. 898 in der Fassung des Art. 5 des Gesetzes vom 20.11.2015 (BGBl. I 2018); vgl. auch BT-Drs. 17/4887.

einem anderen Staat, mit dem die Gegenseitigkeit verbürgt ist,[118] ihren gewöhnlichen Aufenthalt hat (§§ 105, 232 FamFG). Es hat das frühere Gesetz zur Geltendmachung von Unterhaltsansprüchen im Verkehr mit ausländischen Staaten vom 19.12.1986 und weitgehend auch das AVAG (→ Rn. 626) abgelöst. Das Bundesamt für Justiz in Bonn hat als Zentrale Behörde nach dem AUG seine Tätigkeit in einer umfassenden Broschüre zusammengestellt.[119]

Nach Verweis auf die hilfsweise Geltung des FamFG und Begriffsbestimmungen in den §§ 2,3 AUG regelt das Gesetz im allgemeinen Teil die Aufgaben der Zentralen Behörde (§§ 4 ff.), das Ersuchen um Unterstützung in Unterhaltssachen (§§ 7 ff.), die Datenerhebung durch die Zentrale Behörde (§§ 16 ff.), die Verfahrenskostenhilfe (§§ 20 ff.) und ergänzende Zuständigkeiten (§§ 25 ff.). Im Kapitel 2 folgen Vorschriften zur Anerkennung und Vollstreckung ausländischer Entscheidungen, wobei zwischen Verfahren ohne Exequatur nach der EuUnthVO (§§ 30 ff.) und Verfahren mit Exequatur (§§ 35 ff.) unterschieden wird. Es folgen Vorschriften zur Anerkennung und Vollstreckung von Unterhaltstiteln nach völkerrechtlichen Verträgen (§§ 57 ff.) und in Verfahren bei förmlicher Gegenseitigkeit (§ 64). Dem schließen sich Vorschriften zur Vollstreckung und zum Schadensersatz wegen ungerechtfertigter Vollstreckung (§§ 65 ff.), Verfahrensvorschriften (§§ 70 ff.) sowie Kosten- und Übergangsvorschriften (§§ 76 f.) an. Schließlich ist das Verfahren der Beschwerde und der Rechtsbeschwerde geregelt (§§ 43 ff.). Nach der Rechtsprechung des BGH unterliegt die Beschwerde im Verfahren der Vollstreckbarerklärung eines ausländischen Titels nach § 64 AUG gemäß § 117 I FamFG dem für Familienstreitsachen geltenden Begründungserfordernis. Gegen eine Entscheidung, mit der eine solche Beschwerde verworfen wird, ist dann allerdings gemäß § 46 AUG die zulassungsfreie Rechtsbeschwerde statthaft.[120]

18. Nationales Verfahrensrecht bei Auslandsbezug

628   Als Auffangrecht regeln die §§ 97 ff. FamFG das familiengerichtliche Verfahren bei Auslandsbezug. Dabei ist einleitend in § 97 FamFG ausdrücklich der Vorrang bindender völkerrechtlicher Vereinbarungen und EU-Verordnungen niedergelegt. Dem folgen Vorschriften zur internationalen Zuständigkeit für verschiedene Verfahrensarten (§§ 98 ff. FamFG) und zur Anerkennung und Vollstreckung ausländischer Entscheidungen bei Gegenseitigkeit (§§ 107 ff. FamFG).

629–639   – *in dieser Auflage nicht belegt* –

II. Internationale Zuständigkeit und Verfahren

1. Internationale Zuständigkeit

640   Im Rahmen der internationalen Zuständigkeit ist die Frage zu beantworten, ob eine bestimmte Unterhaltssache von einem deutschen oder einem ausländischen Gericht zu entscheiden ist. Damit steht im Zusammenhang wie zu verfahren ist, wenn wegen derselben Rechtssache bereits Verfahren in mehreren verschiedenen Ländern anhängig sind. Die internationale Zuständigkeit ergibt sich vorrangig aus den genannten (→ Rn. 600 ff.) Verordnungen und Übereinkommen der Europäischen Union (früher Europäische Gemeinschaft), den internationalen Übereinkommen, bilateralen Verträgen und dem Auslandsunterhaltsgesetz (AUG), das diese Rechtsgrundlagen in das deutsche Recht umsetzt. Nur

---

[118] Zur Gegenseitigkeit vgl. BGBl. 2011 I S. 1109; s. auch den Überblick des Justizministeriums mit abrufbarer Staatenliste im Internet unter: https://www.bundesjustizamt.de/DE/Themen/Buergerdienste/AU/AUG/Vertragsstaaten/Staatenliste_node.html und den Überblick bei Heger/Selg FamRZ 2011, 1101.
[119] Abrufbar im Internet unter: https://www.bundesjustizamt.de/DE/SharedDocs/Publikationen/AU/Broschuere_Auslandsunterhalt.pdf?__blob=publicationFile&v=3.
[120] BGH FamRZ 2018, 1347 Rn. 13 ff. mit Anm. Hau FamRZ 2018, 1352.

hilfsweise ist auf das nationale Recht zurückzugreifen, das allerdings in der Regel damit übereinstimmt.[121] Sie ist in jeder Lage des Rechtsstreits **von Amts wegen zu prüfen** (Art. 10 f. EuUnthVO, Art. 18 HUVÜ 2007, Art. 25 EuGVVO). Daran hat sich auch durch die mit Gesetz zur Reform des Zivilprozesses vom 27.7.2001 neu geschaffene Vorschrift des § 545 II ZPO und die seit dem 1.1.2009 geltende Vorschrift des § 72 II FamFG nichts geändert, wonach die Revision nicht darauf gestützt werden kann, dass das Gericht des ersten Rechtszuges seine Zuständigkeit zu Unrecht angenommen oder verneint hat. Denn diese Regelungen beziehen sich lediglich die nationale und nicht auf Fragen der internationalen Zuständigkeit.[122] Die internationale Zuständigkeit ergibt sich im Geltungsbereich der EuUnthVO (→ Rn. 602 f.) vorrangig unmittelbar aus dieser Verordnung[123] sowie den ergänzenden Zuständigkeitsregelungen der §§ 25 ff. AUG und nur soweit diese aktuelle Verordnung nach ihren zeitlichen Anwendungsbereich noch nicht gilt, aus der EuGVVO (R. 606 ff.) oder aus dem nationalen Kollisionsrecht in den §§ 98 I, II, 105, 232 FamFG.

641 **a) Gewöhnlicher Aufenthalt.** Im Gegensatz zu der Vorgängerregelung knüpft die **EuUnthVO** für die internationale Zuständigkeit grundsätzlich nicht mehr am Wohnsitz, sondern am **gewöhnlichen Aufenthaltsort** an (s. §§ 105, 232 I Nr. 2 FamFG). Entsprechend sehen Art. 3 lit. a EuUnthVO eine Zuständigkeit des Gerichts an dem Ort vor, an dem der Antragsgegner seinen gewöhnlichen Aufenthalt hat,[124] und Art. 3 lit. b EuUnthVO eine Zuständigkeit des Gerichts an dem Ort, an dem der Unterhaltsberechtigte seinen gewöhnlichen Aufenthalt hat.[125] Diese Zuständigkeiten sind alternativ miteinander und mit den weiteren allgemeinen Zuständigkeiten des Art. 3 EuUnthVO verknüpft, sodass alle Zuständigkeiten des Art. 3 EuUnthVO gleichrangig nebeneinander stehen. Der gewöhnliche Aufenthalt ist in § 2 der Verordnung nicht definiert, ist aber verordnungsautonom einheitlich auszulegen.[126] Bei der Auslegung des Begriffes kann auch auf die Auslegung derselben Anknüpfung in den Haager Übereinkommen zurückgegriffen werden (→ Rn. 13 ff.), zumal der EuGH innerhalb der EU auch für eine unionsinterne Auslegung des HUP 2007 zuständig ist (→ Rn. 2).[127] Maßgeblich ist dabei, ob der Beteiligte sich im Bereich des angerufenen Gerichts ständig niedergelassen und deshalb dort einen Wohnsitz begründet hatte.[128]

Der gewöhnliche Aufenthalt einer Person[129] ist dort, wo sie sozial integriert ist und ihren Lebensmittelpunkt sowie den Schwerpunkt ihrer Bindungen in familiärer und beruflicher Hinsicht hat.[130] Maßgebend sind die **faktischen Verhältnisse,** wobei auch die Verweilabsichten der betreffenden Person von Bedeutung sind, wenn sich der Beteiligte erst seit kurzer Zeit in einem neuen Land aufhält.[131] Nicht notwendig ist der Wille, den Aufenthaltsort zum Lebensmittelpunkt zu machen, denn sonst wäre es nicht nur der Aufenthalt, sondern der Wohnsitz. Durch vorübergehende Abwesenheit auch von längerer Dauer wird der gewöhnliche Aufenthalt in der Regel nicht aufgehoben, sofern eine Rückkehrabsicht besteht.[132] Lebt und arbeitet ein unterhaltsberechtigter Ausländer aber auf Grund seiner dortigen familiären

---

[121] Vgl. BGH FamRZ 2001, 412; 1992, 1060; 1991, 925; 1989, 603; 1984, 465; 1983, 806; OLG Düsseldorf FamRZ 2013, 55 Rn. 6.
[122] BGH FamRZ 2019, 289 Rn. 12; BGHZ 203, 372 = FamRZ 2015, 479 Rn. 11; FamRZ 2005, 1987; 2004, 1952; 2003, 370; BGHZ 153, 82 = FamRZ 2003, 370 f.
[123] Hau FamRZ 2010, 516 ff.
[124] OLG Karlsruhe FamRZ 2018, 200 f.
[125] OLG Düsseldorf FamRZ 2013, 55 Rn. 7; zur Vereinbarkeit der Umsetzung durch § 28 I AUG mit dem Inhalt der Verordnung vgl. EuGH FamRZ 2015, 639 Rn. 47 mAnm Mayer; vgl. auch BGH FamRZ 2013, 1375 Rn. 11 und Kohler/Pintens FamRZ 2015, 1537 (1540 f.).
[126] Vgl. EuGH FamRZ 2009, 843 (zur Brüssel II a-VO).
[127] Kohler/Pintens FamRZ 2018, 1369 (1380 f.).
[128] BGH FamRZ 2013, 1113 Rn. 14; OLG Düsseldorf FamRZ 2013, 55 Rn. 7.
[129] Vgl. zur Anknüpfung allgemein BGH FamRZ 2018, 383 Rn. 11.
[130] BGH FamRZ 2016, 1849 Rn. 24; 2008, 45 Rn. 12; 2001, 412; 1993, 798; 1981, 135; OLG Stuttgart FamRZ 2014, 850.
[131] BGH FamRZ 2011, 542 Rn. 35.
[132] BGH FamRZ 1993, 798.

Bindungen länger als 3½ Jahre in seinem Heimatstaat, ist auf seinen Unterhaltsanspruch das ausländische Recht anwendbar.[133] Für minderjährige Kinder, die ihren – selbstständigen – gewöhnlichen Aufenthalt in aller Regel bei den Eltern oder dem sorgeberechtigten Elternteil haben, ist eine Änderung des gewöhnlichen Aufenthalts ohne den Willen des gesetzlichen Vertreters bedeutungslos[134] (→ Rn. 13 ff.). Ist ein **Kind** allerdings mit gemeinsamem Willen der Eltern in einen anderen Mitgliedstaat, als dem, in dem die Eltern vor der Geburt ihren ständigen Aufenthalt hatten, geboren um dort in seinen ersten Lebensmonaten zu verbleiben, hat es dort einen ständigen Aufenthalt begründet.[135]

Die internationale Zuständigkeit nach dem gewöhnlichen Aufenthalt wird im Rahmen der Umsetzung in das nationale Recht allerdings in § 28 AUG durch eine Zuständigkeitskonzentration ergänzt. Danach ist etwa entgegen Art. 3 EuUnthVO nicht das örtliche Gericht am gewöhnlichen Aufenthalt des Unterhaltspflichtigen oder des Unterhaltsberechtigten, sondern das für den Sitz des OLG, in dem die betreffende Person ihren gewöhnlichen Aufenthalt hat, zuständige Amtsgericht international zuständig. Inzwischen hat der EuGH entschieden, dass eine solche Zuständigkeitskonzentration grundsätzlich der Regelung in Art. 3 lit. b EuUnthVO entgegensteht. Allerdings hat er zugleich die Geltung einer solchen nationalen Umsetzung für den Fall anerkannt, dass die Regelung zur Verwirklichung des Ziels einer ordnungsgemäßen Rechtspflege beiträgt und die Interessen der Unterhaltsberechtigten schützt, indem sie zugleich eine effektive Durchsetzung von Unterhaltsansprüchen begünstigt. Diese Voraussetzungen sind von den nationalen Gerichten zu prüfen.[136] Entsprechend hat der Gesetzgeber § 28 I AUG mit Wirkung zum 26.11.2015 dahingehend geändert, dass die Vorschrift keine ausschließliche Zuständigkeit mehr regelt. Das OLG Brandenburg hat die Vereinbarkeit des § 28 I AUG mit Art: 3 lit. b EuUnthVO in einem konkreten Fall bejaht,[137] das AG Köln hat sie in einem Zuständigkeitsstreit verneint und auf die Zuständigkeit nach Art. 3 lit. b EuUnthVO abgestellt.[138]

642 Die durch Art. 68 I EuUnthVO bis auf die Fortgeltung für frühere Unterhaltsansprüche und sonstige Zivilsachen **verdrängte EuGVVO** sah allgemeine, besondere und ausschließliche internationale Zuständigkeiten sowie Zuständigkeitsvereinbarungen vor und schloss damit ausdrücklich das autonome Zuständigkeitsrecht der Mitgliedsstaaten aus (Art. 3 I und II EuGVVO). In Unterhaltssachen[139] war die EuGVVO als spezielle Regelung vorrangig anwendbar, wenn der Antragsgegner seinen **Wohnsitz** in einem Vertragsstaat hatte (Art. 2, 3).[140] Das Vorliegen eines Wohnsitzes richtete sich nach dem Recht des Staates, für dessen Gebiet der Wohnsitz geprüft wurde (Art. 59). Ein gewöhnlicher Aufenthalt in Deutschland und auch die gemeinsame deutsche Staatsangehörigkeit begründeten (bei Wohnsitz im Ausland) nach der EuGVVO keine internationale Zuständigkeit deutscher Gerichte.[141] Studierte ein Kind im Ausland, konnte dies regelmäßig keinen Wohnsitz am Studienort begründen. Das galt insbesondere dann, wenn für den Auslandsaufenthalt nur ein zeitlich befristetes Visum bestand.[142] Hatte der Antragsgegner keinen Wohnsitz im Hoheitsgebiet der Mitgliedsstaaten der EuGVVO bestimmte sich die Zuständigkeit vorbehaltlich einer ausschließlichen Zuständigkeit nach Art. 22 oder einer Vereinbarung der Zuständigkeit nach Art. 23 (→ Rn. 652 f.) nach den Vorschriften der ZPO (Art. 4). Auch außerhalb des Anwendungsbereichs der EuGVVO waren die Vorschriften der ZPO an-

---

[133] BGH FamRZ 2001, 412.
[134] EuGH FamRZ 2018, 1430 Rn. 57; BGH FamRZ 2016, 799 Rn. 25.
[135] EuGH Urteil vom 8.6.2017 – C-111/17 – Celex-Nr. 62017CJ0111.
[136] EuGH FamRZ 2015, 639 Rn. 47 mAnm Mayer; vgl. auch Kohler/Pintens FamRZ 2015, 1537 (1540 f.).
[137] OLG Brandenburg FamRZ 2017, 135, 136.
[138] AG Köln FamRZ 2017, 1511 mAnm Riegner NZFam 2017, 576 und Mast FamRB 2017, 173; vgl. auch Henrich FamRZ 2018, 1671 (1672 f.).
[139] Zur Abgrenzung zum nicht umfassten Ehegüterrecht vgl. EuGH IPRax 1999, 35 mAnm Weller IPRax 1999, 14; BGH FamRZ 2008, 40; Zöller/Geimer ZPO 32. Aufl. Anhang 1 A; Kropholler, Europäisches Zivilprozessrecht, 10. Aufl. EuGVÜ Art. 1 Rn. 23 ff. und EuGVÜ Art. 5 Rn. 39 f.
[140] BGH FamRZ 2005, 1987.
[141] KG IPRax 1999, 37 mAnm Schulze IPRax 1999, 21.
[142] OLG Hamm FamRZ 2002, 54.

wendbar. Primär sah die EuGVVO die internationale Zuständigkeit am Wohnsitz des Antragsgegners vor (Art. 2 I, 3 I). Für Unterhaltssachen waren in Art. 5 Nr. 2 weitere internationale Gerichtsstände vorgesehen, die wahlweise neben den Gerichtsstand des Wohnsitzes traten. Danach war auch das Gericht international zuständig, in dem der Unterhaltsberechtigte seinen Wohnsitz[143] oder sogar nur seinen gewöhnlichen Aufenthalt hatte. Damit sollte dem Unterhaltsberechtigten als dem regelmäßig schwächsten Beteiligten die Rechtsverfolgung erleichtert werden. Soweit Art. 5 Nr. 2 die internationale Zuständigkeit regelte, enthielt die Vorschrift zugleich eine Regelung der örtlichen Zuständigkeit.[144] Die Staatsangehörigkeit der Beteiligten spielte dabei keine Rolle.[145]

b) Anspruchsübergang und Anerkennungshindernis. Der eigene Sitz einer **Öffentlichen Einrichtung** kann als solcher die Zuständigkeit nicht beeinflussen. Ein entsprechender Gerichtsstand ist in Art. 3 ff. EuUnthVO (→ Rn. 602) **nicht ausdrücklich** genannt und auch Art. 64 EuUnthVO, der die Rechte öffentliche Aufgaben wahrnehmender Einrichtungen regelt, lässt keine entsprechende Anwendung des Art. 3 lit. b auf den Ort am Sitz der Einrichtung zu. Zwar ist die öffentliche Einrichtung materiell-rechtlich im Rahmen eines Antrags auf Anerkennung und Vollstreckbarerklärung von Entscheidungen oder für die Zwecke einer Vollstreckung von Entscheidungen als „berechtigte Person" zu behandeln. Sie kann im Aufenthaltsstaat des Unterhaltsschuldners also Regress für die geleisteten Sozialleistungen nehmen oder den titulierten übergegangenen Unterhaltsanspruch vollstrecken. Umstritten ist nun, ob der Anspruchsübergang auf eine öffentliche Einrichtung auch deren Zuständigkeit nach Art. 3 lit. b EuUnthVO begründet.[146] Eine solche Anwendbarkeit hatte der EuGH noch hinsichtlich der Vorgängerregelung der EuUnthVO, der EuGVVO, abgelehnt (zum anwendbaren Recht vgl. aber → Rn. 34).[147] Denn nach der EuGVVO war die Zuständigkeit nach dem Wohnsitz des Unterhaltsberechtigten in Art. 5 Nr. 2 übereinkommensautonom eng auszulegen. Sie galt deswegen nicht für die öffentliche Hand, wenn diese gesetzlich auf sie übergegangene Unterhaltsansprüche im Wege des Regresses gegen den Unterhaltspflichtigen geltend machte.[148]

Zwar soll eine sich aus dem gewöhnlichen Aufenthalt ergebende internationale Zuständigkeit deutscher Gerichte in Ehesachen dann entfallen, wenn die zu treffende Entscheidung offensichtlich nach dem Recht keines der Staaten anerkannt würde, denen einer der Ehegatten angehört. Das Gesetz wollte damit sog. **„hinkende" Ehen** vermeiden, die entstanden wären, wenn die deutsche Statusentscheidung nur in Deutschland, nicht aber nach dem Recht der Staatsangehörigkeit der Beteiligten anerkannt würde. Die Vorschrift beschränkte sich damit allerdings auf die Regelung der internationalen Zuständigkeit in Ehesachen als Statusverfahren. Ein allgemeiner Grundsatz, der sich auch auf das Rechtsschutzbedürfnis in Unterhaltsrechtsstreitigkeiten übertragen ließe, lässt sich daraus nicht herleiten.[149]

Auf den **Geltungsbereich der EuUnthVO** dürfte diese restriktive Rechtsprechung allerdings nicht übertragbar sein. Denn Art. 3 lit b EuUnthVO eröffnet im Gegensatz zu Art. 5 Nr. 2 EuGVVO keinen einschränkend auszulegenden besonderen Gerichtsstand. Im Rahmen des weiter auszulegenden alternativen allgemeinen Gerichtsstands für die materiell unterhaltsberechtigte Person kann sich deswegen auch eine öffentliche Aufgaben wahrnehmende Einrichtung iSv Art. 64 EuUnthVO im Rahmen seines Antrags auf Unterhaltsregress auf den gewöhnlichen Aufenthalt des materiell Unterhaltsberechtigten nach Art. 3 lit b EuUnthVO stützen.[150]

---

[143] Unterhaltsberechtigter ist derjenige, der (auch erstmals) auf Unterhalt klagt; EuGH IPRax 1998, 354 mAnm Fuchs IPRax 1998, 327; BGH FamRZ 2008, 40; Martiny FamRZ 2008, 1683; Kropholler, Europäisches Zivilprozessrecht, 10. Aufl. EuGVÜ Art. 5 Rn. 41.
[144] BGH FamRZ 2008, 40.
[145] Rauscher/Gutknecht IPRax 1993, 21 (23).
[146] Vgl. Hau FamRZ 2010, 516 (519).
[147] Vgl. insoweit EuGH FamRZ 2004, 513.
[148] EuGH FamRZ 2004, 513; vgl. auch den Vorlagebeschluss des BGH FamRZ 2002, 21.
[149] BGH FamRZ 2011, 97 Rn. 13.
[150] AG Stuttgart FamRZ 2014, 786 f.; Mankowski IPRax 2014, 249; die Rechtsfrage hat der BGH inzwischen dem EuGH zur Entscheidung vorgelegt (BGH Beschluss vom 5.6.2019 – XII ZB 44/19, BeckRS 2019, 13125.

645 c) **Widerantrag und Auskunftsantrag.** Eine besondere Zuständigkeit für einen **Widerantrag** sieht die EuUnthVO nicht vor. Dafür besteht grundsätzlich auch kein Bedarf, weil Art. 3 EuUnthVO die allgemeine Zuständigkeit alternativ auf den gewöhnlichen Aufenthalt des Antragsgegners oder des Unterhaltsberechtigten stützt. Nur in Fällen eines Abänderungsantrags oder eines negativen Feststellungsantrags[151] ist der Unterhaltspflichtige auf die Zuständigkeit am gewöhnlichen Aufenthalt des Unterhaltsberechtigten verwiesen. Die ist zum Schutz des Unterhaltsberechtigten ausdrücklich vorgesehen. Umgekehrt hat der Unterhaltsberechtigte stets, und somit auch für einen Widerantrag, die Möglichkeit, den Unterhaltspflichtigen am eigenen oder an dessen gewöhnlichen Aufenthaltsort in Anspruch zu nehmen. Nach der Vorgängerregelung in der EuGVVO war ein international zuständiges Gericht hingegen ausdrücklich auch für einen Widerantrag, der auf denselben Vertrag oder Sachverhalt wie der Hauptantrag gerichtet war, zuständig (Art. 6 Nr. 3 EuGVVO). Dabei war das Erfordernis der Konnexität weit auszulegen.[152]

646 Im Hinblick auf das weite Verständnis des Begriffs der Unterhaltssache (→ Rn. 9 f.) müssen auch die der Durchsetzung des Hauptanspruchs auf Unterhalt dienenden Hilfsansprüche auf **Auskunft und Versicherung der Richtigkeit** zu den Unterhaltssachen im Sinne des Art. 5 Nr. 2 EuGVVO gerechnet werden. Eine andere Auslegung verstieße gegen die Grundsätze einer geordneten Rechtspflege und der Vermeidung einer Häufung von Gerichtsständen in Bezug auf ein und dasselbe Rechtsverhältnis, die, wie der Europäische Gerichtshof mehrfach entschieden hat, bereits Ziele des EuGVÜ waren.[153] Denn mit der Geltendmachung der Ansprüche auf Auskunft und Unterhalt in einem einzigen Verfahren werden aus verfahrensökonomischen Gründen aufeinander folgende Doppelverfahren über dasselbe Lebensverhältnis verhindert und der Unterhaltsberechtigte in die Lage versetzt, seinen Anspruch zu konkretisieren. Ein Stufenantrag, bei der gemäß § 113 I FamFG iVm § 254 ZPO mit dem Antrag auf Auskunft und Abgabe der eidesstattlichen Versicherung der Richtigkeit ein zunächst unbeziffertes Zahlungsbegehren verbunden wird, muss deshalb ebenfalls der internationalen Zuständigkeit nach Art. 5 Nr. 2 EuGVVO unterfallen.[154]

647 d) **Weitere Beteiligte.** Eine **Erstreckung des Gerichtsstands am gewöhnlichen Aufenthaltsort des Antragsgegners auf andere Personen** sieht die EuUnthVO nicht vor, obwohl dies in der Sache sinnvoll sein kann. Verlangt etwa ein volljähriges Kind von seinem Vater Unterhalt, kann der von ihm geschuldete Anteil davon abhängig sein, in welchem Umfang er Unterhalt für seine geschiedene Ehefrau, die Mutter des gemeinsamen Kindes, zahlt. Denn entweder führt der vorab entschiedene Ehegattenunterhalt dazu, dass die Leistungsfähigkeit der Mutter für den Kindesunterhalt steigt und die des Vaters sinkt, oder der Kindesunterhalt wird vorab durch einen oder beide gezahlt und beeinflusst damit die Höhe des Ehegattenunterhalts. Wäre für beide Verfahren das gleiche Gericht zuständig, könnte es die Verfahren verbinden und gemeinsam entscheiden.[155] Darauf hat die neue Verordnung zum Schutz der weiteren Person verzichtet. Diese soll an dem für sie geltenden Gerichtsstand in Anspruch genommen werden. Im Übrigen bleibt dem Unterhaltsberechtigten die Möglichkeit, auch zwei sich dauerhaft im Ausland aufhaltende Unterhaltspflichtige am Gericht des eigenen gewöhnlichen Aufenthalts in Anspruch zu nehmen (Art. 3 lit. b EuUnthVO).

648 Hingegen konnte eine Person, die ihren Wohnsitz im Hoheitsgebiet eines Mitgliedstaats hatte, nach der Vorgängerregelung in Art. 6 Nr. 1 EuGVVO auch vor dem Wohnsitzgericht eines weiteren Antragsgegners in Anspruch genommen werden, wenn zwischen den Verfahren eine so enge Beziehung gegeben war, dass eine gemeinsame Verhandlung und Entscheidung geboten erschien, um sich widersprechende Entscheidungen zu vermeiden. Einer Anwendbarkeit dieser Vorschrift stand nicht entgegen, dass gegen mehrere Antragsgegner erhobene Verfahren, zB die Anträge einer Mutter auf anteiligen Unterhalt gegen

---

[151] S. insoweit Hau FamRZ 2010, 516 (518).
[152] BGH BB 2002, 14.
[153] EuGH IPRax 2006, 161 (163) und Slg. 1997 I 3767 Rn. 26.
[154] BGH FamRZ 2013, 1113 Rn. 18; OLG Karlsruhe IPRax 2017, 519.
[155] Vgl. BGH FamRZ 2008, 2101 Rn. 31 ff.

die Väter ihrer verschiedenen Kinder, auf unterschiedlichen Rechtsgrundlagen beruhten. Wenn die Voraussetzungen dieser Zuständigkeitskonzentration vorlagen, musste nicht gesondert geprüft werden, ob die Anträge nur deshalb erhoben worden waren, um einen der Antragsgegner den Gerichten seines Wohnsitzstaates zu entziehen.[156]

e) Annexzuständigkeit und Scheidungsverbund. Annexzuständigkeiten ergeben sich aus Art. 3 lit. c und d EuUnthVO. Nach Art. 3 lit. c EuUnthVO ist ein Gericht, das nach seinem Recht „für ein **Verfahren in Bezug auf den Personenstand** zuständig" ist, auch insoweit zuständig, als in der Nebensache zu diesem Verfahren über eine Unterhaltssache zu entscheiden ist. Das gilt nur dann nicht, wenn die Zuständigkeit in der Personenstandsache allein auf der Staatsangehörigkeit eines Beteiligten beruht. Eine Annexzuständigkeit kommt etwa in Betracht, wenn eine Abstammungssache mit dem darauf aufbauenden Unterhaltsanspruch verbunden wird. Zu den Personenstandssachen zählen auch Ehescheidungssachen, sodass die Vorschrift die konzentrierte Zuständigkeit im **Scheidungsverbund** regelt (s. auch §§ 98, 105, 232 I Nr. 1 FamFG). Gleiches gilt – wie schon nach der überwiegenden Auffassung zu der Vorgängerregelung in Art. 5 Nr. 2 Alt. 2 EuGVVO – auch für Verfahren auf Trennung der Ehegatten im Vorfeld der Ehescheidung.[157] Wenn in einem Mitgliedstaat betreffend die Trennung oder die Beendung der ehelichen Verbindung der Eltern (Art. 3 lit. c EuUnthVO) und in einem anderen Mitgliedstaat ein Verfahren bezüglich der elterlichen Verantwortung für das gemeinsame Kind (Art. 3 lit. d EuUnthVO) anhängig ist, ist ein Antrag in Bezug auf eine Unterhaltspflicht für dieses Kind nur zu dem Verfahren bezüglich der elterlichen Verantwortung **akzessorisch**.[158] Für eine spätere Abänderung der Unterhaltsentscheidung kann sich der Beteiligte aber nicht mehr auf diese mit der Personenstandssache beendete Zuständigkeit berufen.[159]

Schließlich ist nach Art. 3 lit. d EuUnthVO ein Gericht, das nach seinem Recht „für ein **Verfahren in Bezug auf die elterliche** Verantwortung zuständig" ist, auch insoweit zuständig, als in der Nebensache zu diesem Verfahren über eine Unterhaltssache zu entscheiden ist. Diese neue Vorschrift erweitert die internationale Zuständigkeit für Unterhaltssachen auf Fälle, in denen ein für die Kindschaftssache internationales Gericht sonst nicht für die Unterhaltssache zuständig wäre, weil weder der Unterhaltsberechtigte, noch der Antragsgegner dort ihren ständigen Aufenthalt haben.

War über eine Unterhaltssache im **Verbund** oder als Annex zur Ehesache zu entscheiden, war das Ehegericht schon nach der früheren Regelung in Art. 5 Nr. 2 Alt. 2 EuGVVO auch zur Entscheidung über die Unterhaltssache international zuständig.[160] Dieses galt nur dann nicht, wenn sich die Zuständigkeit in der Ehesache (zB nach § 606a I 1 Nr. 1 ZPO aF) allein aus der Staatsangehörigkeit eines Beteiligten ergab (vgl. § 98 I Nr. 1, II FamFG). Nur in einem solchen Fall war die Unterhaltssache abzutrennen und von dem nach der EuGVVO allgemein zuständigen Gericht (→ Rn. 641 f.) zu entscheiden.[161] Die originäre Verbundzuständigkeit nach den §§ 606a, 623 ZPO aF war somit nur von Bedeutung, wenn der Antragsgegner weder im Inland noch in einem EU-Ausland wohnte. Nach Auffassung des KG[162] ergab sich eine solche Annexzuständigkeit trotz § 621 II 1 ZPO aF nicht für Anträge auf Trennungsunterhalt, weil diese nicht im Scheidungsverbund geltend gemacht werden können.[163]

f) Gerichtsstandsvereinbarung. Nach Art. 4 **EuUnthVO** (→ Rn. 602) können die Beteiligten die gerichtliche Zuständigkeit in Unterhaltssachen wirksam durch **Gerichtsstandsvereinbarungen** festlegen.[164] Eine Gerichtsstandsvereinbarung ist nach Art. 4 III

---

[156] EuGH EuZW 2007, 703.
[157] Zweifelnd und unter Hinweis auf die englische Fassung der Verordnung Hau FamRZ 2010, 516.
[158] EuGH FamRZ 2015, 1582 Rn. 48.
[159] Vgl. dazu EuGH FamRZ 2015, 734 Rn. 69 f.
[160] Vgl. BGH FamRZ 1992, 298.
[161] Vgl. Kropholler, Europäisches Zivilprozessrecht, 10. Aufl. EuGVÜ Art. 5 Rn. 46.
[162] KG IPRax 1999, 37 (38); a. A. Schulze IPRax 1999, 21.
[163] Zum Gerichtsstand der Streitgenossenschaft nach Art. 6 Nr. 1 EuGVVO vgl. BGH FamRZ 1985, 578.
[164] Vgl. auch Bork/Jacoby/Schwab/Heiderhoff FamFG 3. Aufl. § 98 Rn. 25.

EuUnthVO nur dann ausgeschlossen, wenn es sich um Unterhaltsansprüche minderjähriger Kinder (bis zur Vollendung des 18. Lebensjahres) handelt (s. §§ 105, 232 I Nr. 2 FamFG). Sonst können die Beteiligten vereinbaren, dass bestimmte Gerichte eines Mitgliedstaats zur Beilegung eines bereits entstandenen oder eines künftig entstehenden Streits über Unterhaltspflichten zuständig sind. Als solche Gerichte kommen zunächst die Gerichte eines Mitgliedstaats, in dem ein Beteiligter seinen gewöhnlichen Aufenthalt hat, oder die Gerichte eines Mitgliedstaats, dessen Staatsangehörigkeit einer der Beteiligten besitzt, in Betracht (Art. 4 I 1 lit. a, b EuUnthVO). Für die Entscheidung über Unterhaltspflichten zwischen Ehegatten oder früheren Ehegatten können die Beteiligten auch das für die Ehesache zuständige Gericht oder ein Gericht eines Mitgliedstaates wählen, in dem die Ehegatten mindestens ein Jahr lang ihren letzten gemeinsamen Aufenthalt hatten (Art. 4 I 1 lit. c EuUnthVO). Die genannten Voraussetzungen für die Gerichtsstandsvereinbarung müssen nach Art. 4 I 2 EuUnthVO bei deren Abschluss oder im Zeitpunkt der Anrufung des Gerichts erfüllt sein. Die vereinbarte Zuständigkeit ist nach Art. 4 I 3 EuUnthVO eine **ausschließliche,** wenn die Beteiligten nichts anderes vereinbart haben. Die Gerichtsstandsvereinbarung bedarf nach Art. 4 II EuUnthVO der Schriftform oder einer elektronischen Übermittlung, die eine dauerhafte Aufzeichnung ermöglicht. Die Beteiligten könne nach Art. 4 IV EuUnthVO für Unterhaltsansprüche, mit Ausnahme der Unterhaltsansprüche minderjähriger Kinder, für Länder außerhalb der Europäische Union auch eine Zuständigkeit der Mitgliedstaaten des Luganer Übereinkommens vom 30.10.2007 (→ Rn. 615) vereinbaren. Dann ist dieses Übereinkommen anwendbar, wenn es sich nicht um Unterhaltsansprüche minderjähriger Kinder handelt. Gegenüber den Vorschriften des EuGVVO sind damit die zur Auswahl zur Verfügung stehenden Foren begrenzt und die formalen Anforderungen erhöht worden.[165]

653 Auch nach dem **EuGVVO** (→ Rn. 606) waren bereits Gerichtsstandsvereinbarungen im Bereich der internationalen Entscheidungszuständigkeit möglich. Ob eine solche Vereinbarung wirksam zustande gekommen war, richtete sich nach dem maßgeblichen materiellen Recht (→ Rn. 31 ff.).[166] Die Zulässigkeit und Wirkung für ein vor deutschen Gerichten rechtshängiges Verfahren bestimmte sich hingegen nach deutschem Verfahrensrecht.[167] Bei der Vereinbarung der internationalen Zuständigkeit wurde § 38 II und III ZPO durch die Vorschrift des Art. 23 I EuGVVO verdrängt.[168] Weil die Gerichtsstandsvereinbarung nur eine Zuständigkeitsoption eröffnete, die erst mit Einleitung des Verfahrens zur ausschließlichen Zuständigkeit wurde, kam es für die intertemporäre Anwendbarkeit der EuGVVO nicht auf den Abschluss der Vereinbarung, sondern auf den Zeitpunkt der Einleitung des Verfahrens an.[169] Der Begriff Gerichtsstandsvereinbarung war für den Bereich der EuGVVO vertragsautonom auszulegen.[170] Die Vereinbarung musste einen bereits bestehenden oder einen aus einem bestimmten Rechtsverhältnis künftig entstehenden Rechtsstreit betreffen. Die Gerichtsstandsvereinbarung setzte nach Art. 23 I EuGVVO eine entsprechende Willenseinigung der Beteiligten voraus. Die vorgeschriebene **Schriftform** sollte gewährleisten, dass die Einigung zwischen den Beteiligten tatsächlich bestand.[171] Die Zuständigkeitsvereinbarung durch Schriftwechsel setzte allerdings nicht die Form des § 126 BGB voraus. Die Übermittlung von Kopien der Schriftstücke zB per Fernschreiben oder Telefax genügte. Die schriftlichen Erklärungen mussten nicht unterschrieben sein, jedoch musste die Identität der erklärenden

---

[165] Hau FamRZ 2010, 515 (517).
[166] BGH NJW 1989, 1431 (1432).
[167] BGH FamRZ 2001, 412; NJW 1989, 1431; Stein/Jonas/Bork ZPO 23. Aufl. § 38 Rn. 23; zur Bindung an die Ablehnung einer wirksamen Gerichtsstandsvereinbarung durch ein ausländisches Gericht vgl. EuGH IPRax 2014, 163.
[168] Kropholler, Europäisches Zivilprozessrecht, 10. Aufl. EuGVÜ Art. 17 Rn. 16 (zum insoweit inhaltsgleichen EuGVÜ).
[169] So zum EuGVÜ EuGH vom 13.11.1979, Rs. 25/79, Slg. 1979, 3423 (3429); wegen der sich aus dem 19. Erwägungsgrund zur EuGVVO ergebenden Kontinuität gilt diese Rechtsprechung auch für die inhaltsgleiche Vorschrift der EuGVVO.
[170] EuGH NJW 1992, 1671.
[171] BGH NJW 2006, 1672; TranspR 2007, 119.

Person feststehen.[172] Darüber hinaus genügte nach Art. 23 II EuGVVO jede Form der elektronischen Übermittlung, die den Nachweis einer Willenseinigung erlaubte. Mit Art. 23 I 2 EuGVVO war klar gestellt, dass die Zuständigkeitsvereinbarung im Regelfall eine **ausschließliche** Zuständigkeit begründete, also die übrigen, an sich gegebenen Zuständigkeiten derogierte.[173] Die Beteiligten konnten jedoch auch nur eine weitere, mit den übrigen an sich gegebenen Zuständigkeiten konkurrierende Zuständigkeit begründen. Hierfür war eine ausdrückliche Vereinbarung nicht erforderlich. Im Einklang mit der früheren Auslegung des Art. 17 I EuGVÜ genügte dafür nach Art. 22 I 2 EuGVVO auch eine konkludente Vereinbarung. Einseitige fakultative Zuständigkeitsvereinbarungen waren ebenfalls zulässig, auch wenn das EuGVVO die ausdrückliche Regelung des Art. 17 IV EuGVÜ[174] nicht übernommen hatte. Neben der allgemeinen Zuständigkeit der Gerichte eines Vertragsstaats konnte durch die Vereinbarung auch ein bestimmtes Gericht gewählt werden.[175] Ebenso konnte durch Vereinbarung nach Art. 23 I EuGVVO auch die Zuständigkeit der Gerichte eines Vertragsstaats ausgeschlossen werden (Derogation). Eine (für sich betrachtet wirksame) die deutsche Gerichtsbarkeit ausschließende Gerichtsvereinbarung war dann unwirksam, wenn bei dem ausländischen Gericht eine sachgerechte, den elementaren rechtsstaatlichen Garantien entsprechende Entscheidung des Rechtsstreits nicht gewährleistet war.[176]

g) Rügelose Einlassung. Eine internationale Zuständigkeit in Unterhaltssachen kann 654 sich auch aus **rügeloser Einlassung** des Antragsgegners ergeben. Wenn ein Gericht nicht schon nach anderen Vorschriften zuständig ist, wird es nach Art. 5 EuUnthVO zuständig, wenn sich der Antragsgegner auf das Verfahren einlässt. Das gilt allerdings nicht, wenn er sich auf das Verfahren einlässt, um den Mangel der Zuständigkeit geltend zu machen. Auch dann muss er die Zuständigkeitsrüge allerdings mit der ersten Antragserwiderung erheben.[177] Im Einzelnen kann insoweit auf die frühere Regelung in der EuGVVO verwiesen werden (→ Rn. 655).

Schon nach Art. 24 EuGVVO konnte eine rügelose Einlassung[178] die internationale 655 Zuständigkeit in Unterhaltssachen begründen. Art. 24 EuGVVO verdrängte in seinem Anwendungsbereich § 39 ZPO.[179] Erforderlich war, dass der Antragsgegner sich vor dem an sich unzuständigen Gericht „auf das Verfahren einlässt" (Art. 24 S. 1). Eine Verhandlung zur Hauptsache (s. § 39 ZPO) war nicht erforderlich;[180] auch Einreden zum Verfahren konnten die internationale Zuständigkeit nach Art. 24 EuGVVO begründen. Das galt aber dann nicht, wenn der Antragsgegner die internationale Zuständigkeit des angerufenen Gerichts mit den ersten Schriftsatz gerügt hatte.[181] In diesem Fall blieb es ihm unbenommen, sich hilfsweise auch auf das Verfahren einzulassen.[182] Einer ausdrücklichen Rüge der internationalen Zuständigkeit bedurfte es dabei nicht, weil Erklärungen im gerichtlichen Verfahren grundsätzlich auslegungsfähig sind und sich die Rüge deswegen auch aus

---

172 BGH NJW 2001, 1731.
173 Zum Erfordernis eines internationalen Bezuges in der Vorgängerregelung des Art. 17 I EuGVÜ: OLG Hamm IPRax 1999, 244; m. (abweichender) Anm. Aull IPRax 1999, 226.
174 Zur Auslegung als einseitige Gerichtsstandsvereinbarung mit der weiter bestehenden Möglichkeit eines Inlandsverfahrens nach Art. 17 I EuGVÜ BGH IPRax 1999, 246; mAnm Schulze IPRax 1999, 229.
175 Rahm/Künkel/Breuer, Handbuch des Familiengerichtsverfahrens, Stand Nov. 2018, Teil II Kap. C Rn. 95.
176 OLG Frankfurt IPRax 1999, 247; mAnm Hau IPRax 1999, 232.
177 OLG Koblenz FamRZ 2015, 1618 (1619); vgl. auch EuGH RIW 1981, 709 und BGH IPRax 2003, 351.
178 BGH NJW 1993, 1073.
179 OLG Köln NJW 1988, 2182; Kropholler, Europäisches Zivilprozessrecht, 10. Aufl. EuGVÜ Art. 18 Rn. 5.
180 Kropholler, Europäisches Zivilprozessrecht, 10. Aufl. EuGVÜ Art. 18 Rn. 7.
181 OLG Frankfurt FamRZ 2012, 1506 (1507).
182 BGH FamRZ 2002, 21 (22); EuGH NJW 1984, 2760 mAnm Hübner IPRax 1984, 237; EuGH IPRax 1982, 234; 1982, 238 mAnm Leipold IPRax 1982, 222; OLG Hamm NJW 1990, 652 (653); OLG Saarbrücken, NJW 1992, 987; Kropholler, Europäisches Zivilprozessrecht, 10. Aufl. Art. 18 Rn. 10 ff.

anderen Umständen ergeben konnte. Sie konnte insbesondere in der Rüge der örtlichen Zuständigkeit enthalten sein.[183] Wenn der Antragsgegner auch zur Begründetheit des Antrags Stellung genommen hatte, war das also unschädlich, weil eine nur hilfsweise vorgebrachte Einlassung zur Sache nicht zuständigkeitsbegründend wirkt. Wenn der Antragsgegner sein Bestreiten der internationalen Zuständigkeit noch in der Berufungsinstanz aufgab und sich fortan ohne Rüge der Unzuständigkeit auf das Verfahren einließ, konnte dies jedoch die Zuständigkeit nach Art. 24 EuGVVO begründen.[184] Auch hier war allerdings nach dem allgemeinen Grundsatz der §§ 39 S. 2, 504 ZPO eine vorherige Belehrung über die Folgen der rügelosen Verhandlung durch das Gericht erforderlich.[185]

656 **h) Auffang- und Notzuständigkeit.** Um ein abgeschlossenes System der internationalen Zuständigkeit zu schaffen, enthalten die Art. 6, 7 EuUnthVO noch zwei weitere Zuständigkeiten als Auffangzuständigkeit und Notzuständigkeit (vgl. auch § 27 AUG).[186]

657 Ergibt sich nach den vorrangigen Bestimmungen der Verordnung keine Zuständigkeit für Mitgliedstaaten (→ Rn. 641 ff.) und auch keine Zuständigkeit für Nichtmitgliedstaaten, die dem Luganer Übereinkommen angehören (→ Rn. 615, 652), sind nach Art. 6 EuUnthVO die Gerichte des Mitgliedstaats der **gemeinsamen Staatsangehörigkeit der Beteiligten als Auffangzuständigkeit** international zuständig. Dabei handelt es sich um einen typisierten Fall der Notzuständigkeit.[187]

658 Um Fälle von Rechtsverweigerung zu vermeiden, sieht Art. 7 EuUnthVO schließlich eine **Notzuständigkeit** vor, wonach ein Gericht eines Mitgliedstaats in Ausnahmefällen über einen Rechtsstreit entscheiden kann, der einen engen Bezug zu einem Drittstaat aufweist.[188] Ein solcher Ausnahmefall kann gegeben sein, wenn sich ein Verfahren in dem entsprechenden Drittstaat als unmöglich erweist oder vom Antragsteller nicht erwartet werden kann, dass er in diesem Staat ein Verfahren einleitet oder führt.[189] Die Notzuständigkeit kann nur ausgeübt werden, wenn der Rechtsstreit einen ausreichenden Bezug zu dem Mitgliedstaat des angerufenen Gerichts aufweist, etwa über die Staatsangehörigkeit einer der Beteiligten.[190] Ergibt sich keine internationale Zuständigkeit nach den vorrangigen Vorschriften, können die Gerichte eines Mitgliedstaats deswegen nach Art. 7 EuUnthVO über einen Unterhaltsrechtsstreit entscheiden, sofern es unmöglich oder dem Antragsteller nicht zumutbar ist, ein Verfahren in dem Drittstaat einzuleiten, der zu dem Rechtsstreit einen Bezug aufweist.[191] Um ein „forum shopping" zu vermeiden, muss der Rechtsstreit dann aber einen ausreichenden Bezug zu dem Mitgliedstaat des angerufenen Gerichts haben.

659 **i) Fortdauer einer einmal gegebenen Zuständigkeit.** Liegen die Zuständigkeitsvoraussetzungen im Zeitpunkt der Anrufung eines Gerichts iSv Art. 9 EuUnthVO vor, bleibt das angerufene Gericht auch bei veränderten Umständen weiterhin zuständig (**perpetuatio fori**).[192] Gleiches ergibt sich auch aus § 113 I FamFG iVm § 261 III Nr. 2 ZPO. Waren die Zuständigkeitsvoraussetzungen zunächst nicht gegeben, treten sie aber später bis zur letzten mündlichen Verhandlung ein, ist auch dies für die Zuständigkeit des schon mit der Sache befassten Gerichts noch ausreichend[193] und ermöglicht eine Entscheidung in der Sache.

660 **k) Prüfung der Zulässigkeit. Lässt sich ein Antragsgegner,** der seinen gewöhnlichen Aufenthalt nicht im Gerichtsstaat, sondern einem anderen Staat hat, **nicht auf das Verfahren ein,** setzt das zuständige Gericht das Verfahren nach Art. 11 I EuUnthVO so

---

[183] BGH NJW-RR 2005, 1518.
[184] BGH NJW 2007, 3501; vgl. auch OLG Koblenz IPRspr 1991, 174; Geimer RIW 1988, 221.
[185] Rahm/Künkel/Breuer, Handbuch Familien- und Familienverfahrensrecht, Stand Nov. 2018, Teil II 4. Kap. C Rn. 95.
[186] Zur Notzuständigkeit nach der Brüssel IIa-VO vgl. BGH FamRZ 2013, 687 Rn. 19 ff.
[187] Hau FamRZ 2010, 516 (517).
[188] BGH FamRZ 2016, 115 Rn. 4 f.
[189] Vgl. BGH FamRZ 2013, 687 Rn. 19 ff.
[190] Siehe Erwägungsgrund 16 zur EuUnthVO.
[191] BGH FamRZ 2016, 115 Rn. 5.
[192] BGH FamRZ 2013, 1113 Rn. 20 (zur EuGVVO).
[193] Kropholler, Europäisches Zivilprozessrecht, 10. Aufl. EuGVÜ Art. 2 Rn. 12 ff.

lange aus, bis festgestellt ist, dass es dem Antragsgegner möglich war, das verfahrenseinleitende Schriftstück oder ein gleichwertiges Schriftstück so rechtzeitig zu empfangen, dass er sich verteidigen konnte oder dass alle hierzu erforderlichen Maßnahmen getroffen wurden. An die Stelle dieser Vorschrift tritt Art. 19 der europäischen Zustellungsverordnung (→ Rn. 620), wenn das verfahrenseinleitende Schriftstück nach jener Verordnung zugestellt wurde (Art. 11 II EuUnthVO). Sind die Bestimmungen der europäischen Zustellungsverordnung nicht anwendbar, ist Art. 15 des Haager Zustellungsübereinkommen (→ Rn. 621) anwendbar, wenn das verfahrenseinleitende Schriftstück oder ein gleichwertiges Schriftstück nach diesem Abkommen übermittelt war (Art. 11 III EuUnthVO).

l) Rechtshängigkeit vor einem ausländischen Gericht. Die bestehende **Rechts-** **661** **hängigkeit** vor einem ausländischen Gericht ist nach Art. 12 EuUnthVO zu beachten. Werden bei Gerichten verschiedener Mitgliedstaaten Verfahren wegen desselben Anspruchs zwischen denselben Personen anhängig gemacht, setzt das **später angerufene Gericht** sein Verfahren von Amts wegen aus, bis die Zuständigkeit des zuerst angerufenen Gerichts feststeht.[194] Die Zuständigkeit des zuerst angerufenen Gerichts steht in einem Exequaturverfahren nach Art. 27 II EuGVVO fest, wenn nicht eine ausschließliche Zuständigkeit des später angerufenen Gerichts nach dieser Verordnung besteht und dieses Gericht sich nicht von Amts wegen für unzuständig erklärt hat und keiner der Beteiligten seine Zuständigkeit vor oder mit der Stellungnahme, die nach dem innerstaatlichen Verfahrensrecht als das erste Verteidigungsvorbringen zur Sache vor diesem Gericht anzusehen ist, gerügt hat.[195] Sobald die Zuständigkeit des zuerst angerufenen Gerichts feststeht, erklärt sich das später angerufene Gericht zugunsten dieses Gerichts für unzuständig (Art. 12 II EuUnthVO; s. auch § 113 I FamFG iVm § 261 III Nr. 1 ZPO). Ob **derselbe Anspruch** betroffen ist, muss auch dann beurteilt werden, wenn ein Begehren in einem bereits anhängigen Verfahren noch nachträglich geltend gemacht werden soll. Falls es sich um denselben Anspruch handelt, wäre ein von dem anderen Beteiligten über den betreffenden Anspruch eingeleitetes späteres Verfahren auszusetzen. Insofern können aus Gründen der Rechtssicherheit für die Prüfung der Identität der Streitgegenstände keine unterschiedlichen Kriterien gelten. Vielmehr ist auch in dieser Hinsicht das Verständnis des Begriffs desselben Anspruchs heranzuziehen.[196] Nach der Rechtsprechung des Europäischen Gerichtshofs ist der Begriff der Anspruchsidentität weit auszulegen. Dieselben Ansprüche liegen vor, wenn die Anträge auf derselben Grundlage beruhen und denselben Gegenstand haben. Dabei umfasst die Grundlage des Anspruchs den Sachverhalt und die Rechtsvorschrift, auf die der Antrag gestützt wird; der Gegenstand wird in dem Zweck des Antrags gesehen.[197] Es genügt, wenn die Anträge im Kern den gleichen Gegenstand haben, auf eine vollständige Identität kommt es nicht an.[198] Nach diesen Maßstäben hat der Europäische Gerichtshof das Vorliegen desselben Anspruchs bejaht, wenn das erste Verfahren auf Erfüllung eines Vertrages, das zweite Verfahren dagegen auf die Feststellung der Unwirksamkeit oder Auflösung des Vertrages gerichtet ist.[199] Der umgekehrte Fall der Erhebung eines negativen Feststellungsantrags und eines anschließenden Antrags auf Schadensersatz ist ebenso zu beurteilen.[200] Danach haben auch ein Leistungsantrag auf Zahlung von Trennungsunterhalt und ein Stufenantrag denselben Anspruch zum Gegenstand. Beide beruhen auf demselben Lebenssachverhalt, nämlich der Trennung der Beteiligten und der behaupteten Unterhaltsbedürftigkeit des Antragstellers, und dienen demselben Zweck, der Durchsetzung der Unterhaltspflicht.[201] Anders ist es allerdings, wenn in einem Verfahren Kindesunterhalt, in dem

---

[194] BGH FamRZ 2013, 1113 Rn. 26; das gilt aber nicht im Falle einer ausschließlichen Zuständigkeit des später angerufenen Gerichts EuGH NJW 2014, 1871; BGH WM 2013, 2160 Rn. 7 und BGH WM 2014, 1813.
[195] EuGH ZIP 2014, 1142.
[196] BGH FamRZ 2013, 1113 Rn. 26.
[197] EuGH Slg. 1994 I-5439 Rn. 38 ff.
[198] EuGHE 1987, 4861 Rn. 6; BGH FamRZ 2013, 1113 Rn. 27; WM 2013, 2160 Rn. 7.
[199] EuGHE 1987, 4861 Rn. 16.
[200] EuGH Slg. 1994 I-5439 Rn. 43; BGH FamRZ 2013, 1113 Rn. 28.
[201] BGH FamRZ 2013, 1113 Rn. 29.

anderen Trennungsunterhalt geltend gemacht werden, weil es sich dabei um unterschiedliche Ansprüche handelt.[202] Gleiches gilt, wenn ein Antrag auf Kindesunterhalt mit einem Stufenantrag auf Trennungsunterhalt konkurriert.[203] Eine Rechtshängigkeit in Staaten außerhalb der EU berührt Art. 12 EuUnthVO hingegen nicht.[204] Die im nationalen Recht eines Mitgliedstaats vorgesehenen einstweiligen Maßnahmen können nach Art. 14 EuUnthVO bei den Gerichten dieses Staates auch dann beantragt werden, wenn nach der Verordnung für die Entscheidung in der Hauptsache das Gericht eines anderen Mitgliedstaats zuständig ist.

662 Entsprechend war auch schon nach der Vorgängerregelung eine ausländische Rechtshängigkeit zu beachten. War eine Unterhaltssache im Ausland bereits rechtshängig, war dies grundsätzlich ein Verfahrenshindernis, das von Amts wegen zu beachten war. Richtete sich die internationale Zuständigkeit nach der EuGVVO, war dessen Art. 27 anwendbar, der die Rechtshängigkeit nicht von einem Wohnsitz der Beteiligten in einem der Vertragsstaaten abhängig machte.[205] Notwendig war allerdings die **Identität der Beteiligten.** Diese war hinsichtlich des Kindesunterhalts nicht gegeben, wenn in einem ausländischen Verfahren der Elternteil den Unterhalt als eigenen eingeklagt hatte, während in dem anderen Verfahren das Kind als Anspruchsberechtigter aufgetreten war (vgl. jetzt aber → Rn. 664).[206] Identisch mussten auch die beiden Streitgegenstände sein; sie mussten auf derselben „Grundlage" beruhen, wobei das Ziel des Verfahrens verschieden sein konnte.[207] Traf ein Verfahren auf Erlass einer **einstweiligen Anordnung** oder auf Erlass einer einstweiligen Verfügung mit einer Unterhaltshauptsache zusammen, bestand keine Rechtshängigkeitssperre (Art. 31 EuGVVO).[208] Bei einstweiligen Rechtsschutzverfahren im In- und Ausland kam zwar grundsätzlich konkurrierende „Rechtshängigkeit" in Betracht.[209] In dringenden Einzelfällen musste jedoch über einen solchen Antrag im Inland in jedem Fall sachlich entschieden werden.[210] Stellte die ausländische Rechtsordnung für die Rechtshängigkeit auf die bloße Einleitung (Antragseinreichung) ab, galt dies auch für den Zuständigkeitskonflikt. Denn die Frage der Rechtshängigkeit beurteilte stets der jeweilige Entscheidungsstaat,[211] sodass dort mit der bloßen Anhängigkeit auch eine Rechtshängigkeit im Sinne des deutschen Verfahrensrechts gegeben und die Rechtshängigkeitssperre eingetreten war.[212] Nicht ausreichend war es allerdings, dass nach der ausländischen Rechtsordnung eine Unterhaltssache zwar im Verbund mit der Scheidung zu entscheiden, aber noch nicht zum Verfahrensgegenstand gediehen war (sog Verbundbefangenheit).[213] Eine überlange Dauer des ausländischen Verfahrens konnte die Rechtshängigkeitssperre im Inland ausnahmsweise aufheben.[214]

663 Nach Art. 27 I EuGVVO musste das später angerufene Gericht sein Verfahren von Amts wegen aussetzen, bis die Zuständigkeit des zuerst angerufenen Gerichts feststand.[215] Sobald die Zuständigkeit des zuerst angerufenen Gerichts feststand, erklärte sich das später angeru-

---

[202] OLG Karlsruhe IPRax 2017, 519.
[203] OLG Karlsruhe IPRax 2016, 316.
[204] Österreichischer OGH FamRZ 2017, 1512.
[205] EuGH NJW 1992, 3221 mAnm Rauscher/Gutknecht IPRax 1993, 21 (22 f.).
[206] Vgl. für das italienische Recht BGH NJW 1986, 662; WM 2013, 2160 Rn. 9; Kropholler, Europäisches Zivilprozessrecht, 10. Aufl. EuGVÜ Art. 21 Rn. 4 f.
[207] EuGH NJW 1989, 665 (666) mAnm Schack IPRax 1989, 139; zur Konkurrenz von Leistungs- und Feststellungsantrag OLG Köln NJW 1991, 1427; vgl. auch Schack IPRax 1991, 270 (272); Kropholler, Europäisches Zivilprozessrecht, 10. Aufl. EuGVÜ Art. 21 Rn. 6 ff.
[208] Vgl. BGH NJW 1986, 662; OLG Karlsruhe FamRZ 1986, 1226; OLG Köln FamRZ 1992, 75, Türkei; Kropholler, Europäisches Zivilprozessrecht, 10. Aufl. Art. 21 Rn. 11 und Art. 24 Rn. 8 f.
[209] Vgl. OLG Karlsruhe FamRZ 1986, 1226.
[210] Vgl. OLG Köln FamRZ 1992, 75.
[211] Vgl. BGH NJW 1986, 662; EuGH IPRax 1985, 336 (338) mAnm Rauscher IPRax 1985, 317; Kropholler, Europäisches Zivilprozessrecht, 10. Aufl. EuGVÜ Art. 21 Rn. 3.
[212] Vgl. BGH FamRZ 1992, 1058, streitig.
[213] Vgl. BGH NJW 1986, 662, Italien; sehr fraglich dazu OLG München FamRZ 1992, 73, Polen; kritisch dazu auch Linke IPRax 1992, 159.
[214] Vgl. BGH FamRZ 1983, 368.
[215] BGH FamRZ 2013, 1113 Rn. 26; zur Gefahr des Rechtsverlustes durch Verjährung vgl. BGH WM 1993, 1102.

fene Gericht für unzuständig (Art. 27 II EuGVVO).[216] Die Verordnung ließ weder eine Prognose für die zu prüfende Zuständigkeit,[217] noch ein parallel betriebenes Verfahren zu. Erst wenn sich das zuerst angerufene Gericht für unzuständig erklärt hatte, konnte das später angerufene Gericht sein Verfahren fortsetzen. Auch eine Verweisung an ein ausländisches Gericht wegen internationaler Unzuständigkeit kam somit nicht in Betracht.[218] Art. 27 EuGVVO fand sowohl Anwendung, wenn sich die Zuständigkeit des früher angerufenen Gerichts aus der Verordnung selbst ergab, als auch dann, wenn sie nach Maßgabe des Art. 4 EuGVVO auf innerstaatlichen Rechtsvorschriften eines Vertragsstaats beruhte.[219] Nach Auffassung des OLG München[220] war Rechtshängigkeit iSv Art. 27 EuGVÜ auch gegeben bei einem negativen Feststellungsantrag in einem Vertragsstaat und einem Leistungsantrag (Erfüllung) in einem anderen Vertragsstaat bezüglich derselben Ansprüche. Dem ist zuzustimmen, weil der negative Feststellungsantrag denselben Streitgegenstand betrifft, wie die Vorfrage für den Leistungsantrag und verschiedene Verfahren deswegen zu widerstreitenden Entscheidungen führen konnten. Aber auch, wenn es an einer Identität des Streitgegenstands fehlte, war nach Art. 28 EuGVVO zu prüfen, ob zwischen erstinstanzlichen Verfahren verschiedener Vertragsstaaten ein „Zusammenhang" bestand. War das der Fall, konnte das später angerufene Gericht das Verfahren aussetzen und, wenn das zuerst angerufene Gericht für beide Verfahren zuständig und eine Verbindung möglich war, sich für unzuständig erklären. Ein Zusammenhang lag vor, „wenn zwischen ihnen eine so enge Beziehung gegeben ist, dass eine gemeinsame Verhandlung und Entscheidung geboten erscheint, um zu vermeiden, dass in getrennten Verfahren widersprechende Entscheidungen ergehen können" (Art. 28 III EuGVVO).

m) Aussetzung wegen Sachzusammenhangs. Für Fälle des **Sachzusammenhangs** **664** **verschiedener Verfahren** enthält Art. 13 EuUnthVO jetzt eine besondere internationale Kollisionsnorm. Sind bei Gerichten verschiedener Mitgliedstaaten Verfahren anhängig, die im Zusammenhang stehen, kann jedes später angerufene Gericht das Verfahren nach Art. 13 I EuUnthVO aussetzen. Sind die Verfahren noch in erster Instanz anhängig, kann sich jedes später angerufene Gericht auf Antrag eines Beteiligten nach Art. 13 II EuUnthVO auch für unzuständig erklären, wenn das zuvor angerufene Gericht für die betreffenden Verfahren zuständig und die Verbindung der Verfahren nach seinem Recht zulässig ist. Nach der Legaldefinition des Art. 13 III EuUnthVO stehen Verfahren in diesem Sinne im Zusammenhang, wenn zwischen ihnen eine so enge Beziehung gegeben ist, dass eine gemeinsame Behandlung und Entscheidung geboten erscheint, um zu vermeiden, dass in getrennten Verfahren widersprechende Entscheidungen ergehen können.

2. Rechtsschutzbedürfnis

Ein Rechtsschutzbedürfnis für einen Leistungsantrag kann ausnahmsweise fehlen, wenn **665** ein ausländischer Unterhaltstitel bereits vorliegt und dieser im Inland auf einfachere und kostengünstigere Weise für vollstreckbar erklärt werden kann.[221] Das ist jetzt jedenfalls bei einer Vollstreckung der ausländischen Entscheidung ohne Exequatur nach Art. 17 bis 22 EuUnthVO der Fall (→ Rn. 677 ff.). Das Rechtsschutzbedürfnis für einen neuen Antrag im Inland ist aber jedenfalls dann und insoweit zu bejahen, als ein vom Gläubiger gestellter Antrag auf Vollstreckbarerklärung rechtskräftig zurückgewiesen worden ist, auch wenn er nicht alle ihm im Vollstreckbarerklärungsverfahren zur Verfügung stehenden Möglichkeiten ausgeschöpft hat.[222]

---

[216] Zur Neufassung vgl. Zöller/Geimer ZPO 32. Aufl. Anhang 1 A; Kropholler, Europäisches Zivilprozessrecht, 10. Aufl. EuGVÜ Art. 21 Rn. 21 ff.
[217] EuGH NJW 1992, 303, mAnm Rauscher IPRax 1993, 21.
[218] Zöller/Geimer ZPO 32. Aufl. Anhang 1 A.
[219] EuGH NJW 1992, 3221 mAnm Rauscher/Gutknecht IPRax 1993, 21 (22 f.).
[220] OLG München IPRax 1994, 308; vgl. jetzt auch BGH FamRZ 2013, 1113 Rn. 26 ff.
[221] BGH FamRZ 1987, 370 und NJW-RR 2010, 571 Rn. 10; vgl. auch EuGH NJW 1977, 495 Ls.; LG Hamburg IPRax 1992, 251.
[222] BGH FamRZ 2019, 289 Rn. 16 ff.

3. Abänderung ausländischer Unterhaltstitel

666 Art. 8 EuUnthVO enthält erstmals eine **grundsätzliche Verfahrenskonzentration** für Abänderungsentscheidungen bei dem Erstgericht. Ist eine Entscheidung in einem Mitgliedstaat oder in einem Vertragsstaat des HUVÜ 2007 (→ Rn. 604 f.) ergangen, in dem der Unterhaltsberechtigte seinen gewöhnlichen Aufenthalt hat, so kann der Unterhaltspflichtige kein Verfahren in einem anderen Mitgliedstaat einleiten, um eine Änderung der Entscheidung oder eine neue Entscheidung herbeizuführen, solange der Unterhaltsberechtigte seinen gewöhnlichen Aufenthalt weiterhin in dem Staat hat, in dem die Entscheidung ergangen ist.[223] Eine Durchbrechung der Rechtskraft der Erstentscheidung ist damit grundsätzlich den Gerichten des Ausgangsstaates solange vorbehalten.[224] Unabhängig von der Rechtskraft einer gerichtlichen Ausgangsentscheidung sollte die Entscheidungskonzentration auch für gerichtliche Vergleiche und öffentliche Urkunden gelten.[225] Vom Wortlaut werden diese Unterhaltstitel zwar nicht erfasst (vgl. § 2 I Nr. 1 bis 3 EuUnthVO). Eine Erstreckung auf solche Titel würde aber Art. 48 EuUnthVO und Art. 19 I HUVÜ 2007 entsprechen, wonach sich auch die Vorschriften über die Vollstreckbarkeit auf diese erstrecken.[226] Nur in besonderen Einzelfällen kann eine Abänderung oder ein neues Verfahren auch in einem anderen Mitgliedstaat eingeleitet werden. Das ist der Fall, wenn

– der andere Staat auf der Grundlage einer Gerichtsstandsvereinbarung nach Art. 4 EuUnthVO (→ Rn. 652 f.) zuständig ist (Art. 8 II lit. a),
– der Unterhaltsberechtigte sich durch rügelose Einlassung nach Art. 5 EuUnthVO (→ Rn. 654 f.) der Zuständigkeit des anderen Mitgliedstaats unterworfen hat (Art. 8 II lit. b),
– die zuständige Behörde des Ursprungsstaats, der dem HUVÜ 2007 angehört, ihre Zuständigkeit für die Änderung der Entscheidung oder für den Erlass einer neuen Entscheidung nicht ausüben kann oder die Ausübung abgelehnt hat (Art. 8 II lit. c) oder
– die im Ursprungsstaat, der dem HUVÜ 2007 angehört, ergangene Entscheidung in dem Mitgliedstaat, in dem die Abänderung der Entscheidung oder die Herbeiführung einer neuen Entscheidung beabsichtigt ist, nicht anerkannt oder für vollstreckbar erklärt werden kann (Art. 8 II lit. d).

667 In der **EuGVVO** war die Zuständigkeit für einen Abänderungsantrag noch abweichend geregelt und richtete sich nach allgemeinen Grundsätzen. Umgekehrt war eine internationale Entscheidungszuständigkeit deutscher Gerichte auch nicht allein deswegen gegeben, weil der Ersttitel von einem deutschen Gericht erlassen war.[227]

Die Abänderung ausländischer Entscheidungen durch ein deutsches Gericht setzte danach ua voraus die
– Anerkennung des ausländischen Titels in Deutschland,
– Gleichheit der Beteiligten, sei es auch in umgekehrter Beteiligtenstellung[228] und
– Abänderbarkeit nach dem maßgebenden (meist ausländischen) Unterhaltsstatut.

Dabei bedeutete die Anerkennung eine Ausdehnung der verfahrensrechtlichen Wirkungen der Auslandsentscheidung auf das Inland mit der Folge der Beachtlichkeit des Titels im Inland.[229] Sie richtete sich vorrangig nach den geltenden Verordnungen der EU oder internationalen Übereinkommen im Zusammenhang mit den nationalen Ausführungsvorschriften (→ Rn. 626 f.) und nur hilfsweise nach dem nationalen Recht in §§ 108 f. FamFG. Die Anerkennung bedurfte nicht unbedingt einer förmlichen Entscheidung, sondern konnte auch „inzident" im Abänderungsrechtsstreit bejaht werden, und zwar

---

[223] Vgl. Erwägungsgrund 17 der EuUnthVO.
[224] OLG Düsseldorf FamRZ 2013, 55 (56).
[225] OLG Düsseldorf FamRZ 2013, 55 (56).
[226] Hau FamRZ 2010, 516 (518).
[227] Kropholler, Europäisches Zivilprozessrecht, 10. Aufl. EuGVÜ Art. 5 Rn. 49.
[228] Vgl. insoweit BGHZ 171, 310 = FamRZ 2007, 989.
[229] Vgl. Zöller/Geimer ZPO 32. Aufl. § 328 Rn. 20.

unabhängig davon, ob bereits eine Vollstreckbarerklärung vorlag.[230] Bei einer mit der ausländischen Scheidung verbundenen Unterhaltsregelung war hinsichtlich des Ehegattenunterhalts zu beachten, dass vor der Anerkennung der Unterhaltsentscheidung durch den Abänderungsrichter uU die Scheidung selbst (nicht die Unterhaltsfolgesache) durch die Landesjustizverwaltung anerkannt sein musste (§ 107 FamFG, früher Art. 7 § 1 I FamRÄndG).[231] Beim Kindesunterhalt galt dies nicht, weil er von der Scheidung unabhängig ist.[232] Allerdings setzt der Titel auf Kindesunterhalt die Abstammung, regelmäßig also die Vaterschaft, voraus. Wenn diese nicht feststeht, muss sie zunächst durch einen anerkennungsfähigen Statusbeschluss geklärt werden. Verstößt die ausländische Statusentscheidung gegen den inländischen ordre public des Vollstreckungsstaates, kann es nicht anerkannt werden. Dann ist auch eine zugleich ausgesprochene Unterhaltspflicht nicht für vollstreckbar zu erklären.[233] Handelt es sich hingegen um einen isolierten Unterhaltstitel, kann lediglich die Vollstreckbarkeit aus besonderen Gründen, insbesondere im Falle eines Verstoßes gegen den inländischen ordre public (→ Rn. 690), abgelehnt werden (→ Rn. 682).

Die Beteiligtenidentität verlangte, dass grundsätzlich dieselben Personen beteiligt sein mussten, wie im Vorverfahren. Wirkte ein Auslandstitel nach der maßgebenden ausländischen Rechtsordnung unmittelbar für und gegen einen Dritten, zB ein Kind, konnte auch dieser Abänderung beantragen.[234]

Die **Befugnis zur Abänderung ausländischer Entscheidungen** bildet keinen Eingriff in fremde Hoheitsgewalt.[235] Im Verfahren zur Abänderung ausländischer Entscheidungen ist allerdings die verfahrensrechtliche von der materiellrechtlichen Prüfung zu trennen. Ob und wie sich spätere Änderungen der maßgeblichen Verhältnisse auf den titulierten materiellen Unterhaltsanspruch auswirken, richtet sich allein nach dem international anwendbaren materiellen Recht (→ Rn. 11 ff.). Nach dem eigenen Verfahrensrecht ist allein die verfahrensrechtliche Frage zu beantworten, ob die Änderung des materiellen Unterhaltsanspruches eine verfahrensrechtliche Möglichkeit für dessen Abänderung eröffnet.[236] Der deutsche Abänderungsrichter ist dabei an das deutsche Verfahrensrecht gebunden, auch wenn es um die Abänderung ausländischer Titel geht (lex fori). Dazu zählen auch die Vorschriften der §§ 238 f. FamFG, die eindeutig verfahrensrechtlicher Natur sind.[237] Die Vorschriften begründen einen verfahrensrechtlichen Abänderungsanspruch, setzt jedoch einen nicht nur unwesentlich materiellrechtlich geänderten Unterhaltsanspruch voraus.[238] Ungeachtet dogmatischer Bedenken geht die herrschende Rechtspraxis (folgerichtig) davon aus, dass dies (als Folge der Anerkennung) auch bei der Abänderung von Auslandsentscheidungen gilt und – nach dem aus der Rechtskraft der abzuändernden Entscheidung folgenden Grundsatz der Wahrung der Grundlagen des abzuändernden Titels – vorbehaltlich eines Statutenwechsels (→ Rn. 670) von dem in der Auslandsentscheidung zugrunde gelegten materiellen Recht (Unterhaltsstatut) auszugehen ist.[239]

In den Fällen, in denen schon **nach dem anwendbaren materiellen Auslandsrecht eine Abänderungssperre** zu beachten ist, wie zB bei einer vereinbarten oder angeordneten Unabänderbarkeit nach irischem Recht[240] oder bei Übertragung eines Vermögens-

---

[230] Rahm/Künkel/Breuer, Handbuch Familien- und Familienverfahrensrecht, Stand Nov. 2018, Teil II 4. Kap. C Rn. 346 ff.
[231] BGH FamRZ 1981, 1203; vgl. Staudinger/Spellenberg FamFG (2016) § 107 Rn. 24.
[232] BGH FamRZ 2007, 717 (718).
[233] BGH FamRZ 2009, 1816 Rn. 30 ff., 44.
[234] Vgl. BGHZ 171, 310 = FamRZ 2007, 989; BGH FamRZ 1992, 1060; 1983, 806.
[235] BGH FamRZ 1983, 806 ff.
[236] BGHZ 203, 372 = FamRZ 2015, 479 Rn. 22; OLG Koblenz FamRZ 2015, 1618 (1620); OLG Hamm FamRZ 2018, 29 (30).
[237] Zur Rechtslage in Italien, Frankreich und den Benelux-Staaten s. Schlosser FamRZ 1973, 427 f.; dazu und zur Rechtslage in der Schweiz, den osteuropäischen Staaten, dem angloamerikanischen Bereich und Österreich s. Siehr, FS Bosch, S. 927 f.; zur Schweiz s. auch Leipold, FS Nagel, S. 189, 195; Gottwald, FS Schwab, S. 151, 153 f.; vgl. auch OG Uri, DAV 1983, 771 ff.
[238] Vgl. BGH FamRZ 1983, 353.
[239] Vgl. BGH FamRZ 1983, 806.
[240] Sec 18 IV FLA 1995; Rn. 197.

werts etwa in Form der „prestations compensatoires" nach französischem Recht oder eine „clean break" nach englischem Recht, bieten die §§ 238 f. FamFG keine Grundlage für eine weiter gehende Abänderung, was aus dem Wesen als verfahrensrechtliche Vorschrift folgt; andernfalls könnte ein Beteiligter auf Grund deutschen Verfahrensrechts in Deutschland einen größeren Unterhalt erzielen, als ihm materiell nach dem anzuwendenden Unterhaltsstatut zusteht. Gibt das anzuwendende Auslandsrecht materiellrechtlich mehr, als das deutsche Verfahrensrecht zulässt, ist dessen Durchsetzung in Deutschland nicht möglich, zB wegen der Sperre nach § 238 III FamFG. Diese verfahrensrechtliche Beschränkung der Geltendmachung eines materiellen Rechts oder eines materiellen Anspruchs ist nichts Außergewöhnliches, wie etwa die Verjährung, die Verwirkung oder die Rechtskraftwirkung zeigen. Soweit ersichtlich ist jedenfalls in den europäischen Rechtsordnungen eine Abänderung des materiellen Unterhaltsanspruchs grundsätzlich möglich, und zwar – meist – sowohl in Form einer Erhöhung als auch in Form einer Ermäßigung bis auf Null, wobei wie im deutschen (Verfahrens-)Recht auf wesentliche Veränderung der für die ursprüngliche Verpflichtung maßgebenden Umstände oder Verhältnisse abgestellt wird.

670 Ändert sich das Unterhaltsstatut nach Erlass der Ausgangsentscheidung, ändert sich auch das Abänderungsstatut, zB im Falle eines Umzugs des Unterhaltsberechtigten nach Deutschland mit Wechsel des gewöhnlichen Aufenthalts (→ Rn. 11 ff.).[241] Sinn und Zweck des Art. 8 EuUnthVO ist es, dass ein Unterhaltsschuldner eine Änderung der in einem Mitgliedstaat getroffenen Unterhaltsentscheidung so lange nicht in einem anderen Mitgliedstaat herbeiführen können soll, wie die berechtigte Person ihren gewöhnlichen Aufenthalt in dem Entscheidungsstaat hat. Der Unterhaltsberechtigte wird also davor geschützt, dass der Unterhaltsverpflichtete versucht, die einmal zu seinem Nachteil getroffene Entscheidung mithilfe eines in einem anderen Mitgliedstaat durchgeführten Verfahrens zu korrigieren.[242] Einer materiellrechtlichen Wandelbarkeit des Unterhaltsstatuts steht der verfahrensrechtliche Grundsatz der Wahrung des Titels nach seinen Grundlagen jedoch nicht entgegen. Denn dieser Grundsatz besagt nur, dass die Titel bestehen bleiben, soweit sich die Grundlagen nicht verändert haben. Der Veränderung unterliegen aber nicht nur tatsächliche Umstände, wie Bedürftigkeit oder Leistungsvermögen (beides auch Rechtsbegriffe), sondern auch das Recht selbst, und zwar nicht nur in seiner Gesamtheit (Statut), sondern auch innerhalb derselben Rechtsordnung.[243] Da in den (meisten) Ländern, zumindest in Europa, die Abänderungsvoraussetzungen im Wesentlichen identisch sind, wird sich der Statutenwechsel allein nicht oder kaum auswirken, allenfalls im Zusammenhang mit der Änderung weiterer Umstände.

4. Einstweiliger Rechtsschutz

671 Die Vorschriften zum einstweiligen Rechtsschutz sind Teil des Verfahrensrechts. Insoweit wendet der Richter deswegen seine eigene lex fori, der deutsche Familienrichter also die §§ 49 ff. FamFG an (→ § 10 Rn. 392 ff.).[244] Entsprechend verweisen auch die Vorschriften der EU-Verordnungen für deren Mitgliedstaaten auf das nationale Recht. **Art. 14 EuUnthVO und Art. 31 EuGVVO** enthalten insoweit wortgleich folgende Regelung: „*Die im Recht eines Mitgliedstaates vorgesehenen einstweiligen Maßnahmen einschließlich solcher, die auf eine Sicherung gerichtet sind, können bei den Gerichten dieses Staates auch dann beantragt werden, wenn für die Entscheidung in der Hauptsache das Gericht eines anderen Mitgliedstaates aufgrund dieser Verordnung zuständig ist.*" Eine abweichende internationale Zuständigkeit steht dem

---

[241] BGHZ 203, 372 = FamRZ 2015, 479 Rn. 22 ff.; OLG Koblenz FamRZ 2015, 1618 (1620); OLG Hamm FamRZ 2018, 29 (30); a. A. noch BGH FamRZ 1983, 806 im Bereich des Haager Kindesunterhaltsübereinkommens vom 24.10.1956; zum Statutenwechsel offen gelassen. Die Änderung des gewöhnlichen Aufenthalts des Unterhaltsberechtigten bewirkt jedenfalls schon im Bereich des Haager Unterhaltsübereinkommens einen Statutenwechsel.
[242] OLG Düsseldorf FamRZ 2013, 55 Rn. 9.
[243] BGH FamRZ 2007, 793 (796); 1990, 1091.
[244] Vgl. insoweit Dose/Kraft, Einstweiliger Rechtsschutz in Familiensachen 4. Aufl. Rn. 31 ff., 75 ff., 149 ff.

2. Abschnitt: Verfahrensrecht einschließlich Vollstreckung § 9

Erlass einer Einstweiligen Anordnung oder eines Arrestes also nicht entgegen. Dabei ist allerdings noch nicht endgültig geklärt, welche genaue Bedeutung diesen Vorschriften zukommt.[245]

Eine entsprechende Regelung sieht Art. 20 der Verordnung (EG) Nr. 2101/2003 des Rates über die Zuständigkeit und die Anerkennung und Vollstreckung von Entscheidungen in Ehesachen und in Verfahren betreffend die **elterliche Verantwortung** und zur Aufhebung der Verordnung (EG) Nr. 1347/2000 vom 27.11.2003 (EuEheVO = Brüssel II a-Verordnung)[246] vor. Die Bedeutung dieser Vorschrift haben der EuGH[247] und – auf der Grundlage des Vorabentscheidungsersuchens – der BGH[248] geklärt. Danach enthält Art. 20 EuEheVO keinen zuständigkeitsbegründenden Inhalt, sondern bildet lediglich eine Öffnungsklausel für das geschlossene Zuständigkeitssystem der Verordnung. Wenn ein nach den weiteren Vorschriften der Verordnung ohnehin zuständiges Gericht eine einstweilige Maßnahme erlässt, ist die Maßnahme nach der Verordnung auch in den weiteren Mitgliedstaaten anzuerkennen und vollstreckbar. Weil im Vollstreckbarkeitsverfahren die Zuständigkeit des Ausgangsgerichts nicht überprüft werden darf, kommt es nicht entscheidend darauf an, ob das Gericht tatsächlich zuständig war. Entscheidend ist allein, ob sich das Gericht der einstweiligen Maßnahme für nach der EuEheVO zuständig gehalten hat. Nur wenn dies nicht der Fall war, kommt eine Anerkennung und Vollstreckung nach der EuEheVO nicht in Betracht. Dann wirkt die einstweilige Maßnahme zunächst nur im Ausgangsstaat und eine Anerkennung und Vollstreckung kommt allenfalls auf der Grundlage nachrangiger Übereinkommen oder des nationalen Rechts im Vollstreckungsstaat in Betracht. Auch dies ist allerdings nur möglich, soweit dem kein abschließender Charakter der Verordnung entgegensteht. Um die einstweilige Maßnahme eines in der Hauptsache unzuständigen Gerichts nach Art. 20 EuEheVO auf andere Weise anerkennen und vollstrecken zu können, müssen deswegen alle tatbestandlichen Voraussetzungen dieser Öffnungsklausel gegeben sein. **672**

Diese Rechtsprechung lässt sich jedoch nur begrenzt auf das **Unterhaltsrecht** übertragen. Zwar begründen Art. 14 EuUnthVO und Art. 31 EuGVVO ebenfalls keine eigene internationale Zuständigkeit für einstweilige Maßnahmen. Einstweilige Maßnahmen durch Gerichte, die nach den Verordnungen ohnehin in der Hauptsache zuständig sind, sind schon nach den allgemeinen Regeln zulässig, weil dann der international zuständige Richter sein eigenes Verfahrensrecht als lex fori anwendet (→ Rn. 671). Für Gerichte, die ihre fehlende Zuständigkeit nach den Verordnungen erkennen, enthalten die Art. 14 EuUnthVO und Art. 31 EuGVVO aus Gründen der Eilbedürftigkeit zusätzlich eine Öffnungsklausel in das nationale Recht. Einstweilige Maßnahmen, die sich darauf stützen, sind nur begrenzt nach diesen Verordnungen (→ Rn. 674) und sonst nach anderen Übereinkommen[249] oder dem nationalen Vollstreckungsrecht, in Deutschland also nach §§ 108 f. FamFG, anzuerkennen und zu vollstrecken. Das wiederum verlangt, dass die Voraussetzungen des Art. 14 EuUnthVO oder Art. 31 EuGVVO vorliegen, also die einstweilige Maßnahme auf der Grundlage des zuständigen nationalen Verfahrensrechts ergangen und für die Hauptsache (jedenfalls auch) das Gericht eines anderen Mitgliedstaats und nicht allein ein Drittstaat zuständig ist. **673**

Der EuGH hatte zur früheren Rechtslage daran festgehalten, dass auch einstweilige Maßnahmen nach Art. 24 EuGVÜ **anerkannt und vollstreckt** werden konnten, sofern sie nach Gewährung rechtlichen Gehörs erlassen worden waren. Nunmehr bestimmen Art. 36 EuUnthVO und Art. 47 EuGVVO zwar ausdrücklich, dass ein „Antragsteller nicht gehindert ist, einstweilige Maßnahmen einschließlich solcher, die auf eine Sicherung gerichtet sind, nach dem Recht des Vollstreckungsmitgliedstaats in Anspruch zu nehmen, ohne dass es einer **674**

---

[245] Zur Zuständigkeit zum Erlass einstweiliger Maßnahmen nach dem EuGVÜ vgl. EuGH IPRax 1999, 240; mAnm Hess/Vollkommer IPRax 1999, 220; siehe auch Kropholler, Europäisches Zivilprozessrecht, 10. Aufl. Art. 24 Rn. 6 ff.
[246] ABl. 2003 L 338 S. 1.
[247] EuGH FamRZ 2010, 1521.
[248] BGH FamRZ 2011, 542 mAnm Helms.
[249] Vgl. EuGH IPRax 1981, 19.

Vollstreckbarerklärung" nach Art. 30 EuUnthVO bzw. Art. 41 EuGVVO bedarf.[250] Voraussetzung ist aber, dass die Entscheidung anerkennungsfähig ist und die Befugnis, solche Maßnahmen zu veranlassen, ergibt sich nach Art. 36 II EuUnthVO und Art. 47 II EuGVVO erst aus der Vollstreckbarerklärung.[251] Um der Gefahr zu begegnen, dass sich ein Beteiligter in einem der über Art. 14 EuUnthVO oder Art. 31 EuGVVO eröffneten exorbitanten Gerichtsstände einen Titel nur zu dem Zweck verschafft, diesen in einem anderen Mitgliedstaat zu vollstrecken, fordert der EuGH eine „reale Verknüpfung" des Verfahrensgegenstands mit dem Gebiet des Entscheidungsstaats.[252] Der Begriff der einstweiligen Maßnahme in Art. 14 EuUnthVO und Art. 31 EuGVVO ist weit auszulegen und umfasst auch eine Verfügung, die eine (teilweise) Erfüllung der Hauptleistung anordnet. Wegen dieser einschneidenden Wirkungen verlangt der EuGH[253] allerdings Sicherungen, die eine spätere Rückabwicklung der einstweiligen Anordnung ermöglichen. Nach Art. 36 III EuUnthVO, 47 III EuGVVO darf die Vollstreckung aus einer noch nicht formell rechtskräftigen einstweiligen Anordnung nicht über Maßnahmen zur Sicherung hinausgehen.

5. Verfahrenskostenhilfe

Um einen effektiven Zugang zum Recht zu gewährleisten regeln die Art. 44 ff. EuUnthVO auch den Anspruch und die Voraussetzungen für die Bewilligung von Verfahrenskostenhilfe. Der Anspruch richtet sich gegen den ersuchten Mitgliedstaat, wobei die Voraussetzungen nicht enger als diejenigen sein dürfen, die für vergleichbare innerstaatliche Fälle gelten. Entsprechend regeln auch die Art. 14 ff. HUVÜ 2007 den effektiven Zugang zu den dort geregelten Verfahren. Die Ansprüche auf Verfahrenskostenhilfe aus diesen und weiteren Verordnungen und Übereinkommen sind durch die §§ 20 ff. AUG in das nationale Recht übertragen, die bei der Bewilligung ergänzend heranzuziehen sind.

III. Anerkennung und Vollstreckung ausländischer Unterhaltstitel

675   Die Anerkennung[254] und Vollstreckung ausländischer Unterhaltstitel hat mit der zunehmenden internationalen Verflechtung ehelicher und familiärer Beziehungen an praktische Bedeutung gewonnen. Als Rechtsgrundlagen kommen vorgreiflich EU-Verordnungen (→ Rn. 602 f., 606 f.) und internationale Übereinkommen (→ Rn. 604 f., 611 f., 615) in Betracht. Dabei ist stets ihr räumlicher und zeitlicher Geltungsbereich zu beachten; für aktuell Anträge ist auf die **EuUnthVO** (→ Rn. 602 f.) und das **HUVÜ 2007** (→ Rn. 602 f.) abzustellen. Nur hilfsweise ist auf das nationale Vollstreckbarkeitsrecht (§§ 108 ff. FamFG) zurückzugreifen. Die vorgreiflichen EU-Verordnungen und internationalen Übereinkommen werden durch die §§ 30 ff. AUG (→ Rn. 627) in das nationale Recht umgesetzt. Im Rahmen der Anerkennung und Vollstreckung ausländischer Titel ist stets zu beachten, dass sich die hier genannten einschlägigen EU-Verordnungen, internationalen Übereinkommen und nationalen Vorschriften (→ Rn. 602 ff.) auf **Unterhaltstitel** beschränken. Verknüpft ein ausländischer Titel den Unterhalt mit einem vermögensrechtlichen Ausgleich, kann nach diesen Vorschriften nur der Teil vollstreckt werden, den der Unterhalt betrifft. Das gilt insbesondere für britische Titel, wenn die Entscheidung eine endgültige Regelung der finanziellen Angelegenheiten (sog clean break approach) enthält,[255] oder für französische Titel, wenn eine Ausgleichsleistungen (sog prestations compensatoires)[256] angeordnet wurde.

---

[250] Vgl. dazu Heß/Hub IPRax 2003, 93 ff.
[251] Vgl. zum EuGVÜ Hess/Vollkommer IPRax 1999, 220.
[252] EuGH IPRax 1999, 240 (zum EuGVÜ).
[253] EuGH IPRax 1999, 240; mAnm Hess/Vollkommer IPRax 1999, 220 (zum EuGVÜ).
[254] Vgl. insoweit Wagner FamRZ 2013, 1620 ff.
[255] BGH FamRZ 2009, 1659 Rn. 14 ff.
[256] BGH FamRZ 2013, 1113 Rn. 17.

2. Abschnitt: Verfahrensrecht einschließlich Vollstreckung § 9

Während für die Vollstreckbarkeit eines ausländischen Unterhaltstitels in der Bundes- **676** republik Deutschland ursprünglich ein eigenständiger Vollstreckungsantrag notwendig war, ist die Anerkennung und Vollstreckbarkeit mit der zunehmenden Angleichung der nationalen Verfahrensrechte **mehr und mehr erleichtert** worden. Eine erste einschneidende Erleichterung erfolgte durch die **Einführung des Exequaturverfahrens** (→ Rn. 682 ff.). Danach kann ein ausländischer Unterhaltstitel auf Antrag des Unterhaltsberechtigten mit der inländischen Vollstreckungsklausel versehen werden. Auf Antrag prüft der in Familiensachen nach § 35 I, II AUG zuständigen Richter am Amtsgericht, ob die formellen Vollstreckungsvoraussetzungen vorliegen; soll eine notarielle Urkunde vollstreckt werden, kann die Vollstreckbarkeit nach § 35 III AUG auch von einem Notar erklärt werden. Der Richter entscheidet nach Art. 30 S. 2 EuUnthVO, Art. 23 IV HUVÜ 2007 ohne Anhörung des Unterhaltspflichtigen und darf die zu vollstreckende Entscheidung **nicht in der Sache selbst nachprüfen** (Art. 34 I EuUnthVO, Art. 23 IV, 28 HUVÜ 2007). Liegen die formellen Vollstreckungsvoraussetzungen vor, entscheidet er in diesem Verfahrensstadium ohne Prüfung der Versagungsgründe nach Art. 24 EuUnthVO, Art. 23 III HUVÜ 2007, dass der Unterhaltstitel mit der Vollstreckungsklausel zu versehen ist, was dann durch den Gerichtsvollzieher vollzogen wird. Erst gegen den Beschluss des Amtsgerichts kann der erstmals beteiligte Unterhaltsschuldner mit seiner **Beschwerde** Einwendungen erheben (Art. 32 EuUnthVO; Art 23 V, VI HUVÜ 2007; §§ 35, 67 IV AUG). Im vereinfachten Klauselerteilungsverfahren nach den §§ 30 – 34 AUG ist trotz der Qualifikation des Verfahrens als Familienstreitsache keine fristgebundene Beschwerdebegründung erforderlich.[257] Demgegenüber unterliegt die Beschwerde im Vollstreckbarkeitsverfahren bei förmlicher Gegenseitigkeit nach § 64 AUG dem für Familienstreitsachen geltenden Begründungserfordernis des § 117 I FamFG.[258] Gegen eine Entscheidung, mit der die Beschwerde im Verfahren der Vollstreckbarerklärung eines ausländischen Titels nach § 64 AUG als Familienstreitsache verworfen wurde, ist die Rechtsbeschwerde zum BGH zulassungsfrei statthaft.[259] Wurde die Beschwerde als unbegründet zurückgewiesen, ergibt sich die Zulässigkeit der Rechtsbeschwerde aus den §§ 67 IV AUG, 70 ff. FamFG.1 Auch das Oberlandesgericht (§ 43 I AUG) darf die zu vollstreckende Entscheidung im Beschwerdeverfahren nach Art. 34 I EuUnthVO, Art, 28 HUVÜ 2007 nicht in der Sache selbst, sondern nur darauf überprüfen, ob Vollstreckungshindernisse nach Art. 24 EuUnthVO, Art. 22 HUVÜ 2007 vorliegen. Gegen die Entscheidung des Oberlandesgerichts ist nach Art. 33 EuUnthVO, Art. 23 X HUVÜ 2007 eine Rechtsbeschwerde zum Bundesgerichtshof statt. In den Vollstreckbarkeitsverfahren nach der EuUnthVO (ohne und mit Exequatur), nach dem LugÜ 2007, dem HUVÜ 2007 und dem HUVÜ 73 ist gemäß § 46 AUG eine zulassungsfreie Rechtsbeschwerde nach 70 ff. FamFG statthaft,[260] allerdings nur, wenn die Zulassungsgründe des § 70 II Satz 1 FamFG vorliegen. Das europäische Recht hat die Vollstreckbarkeit im Vertrauen auf die Rechtsstaatlichkeit der Verfahren in den Mitgliedstaaten inzwischen noch weiter erleichtert (Art. 17 EuUnthVO).

Für Mitgliedstaaten, die neben dem allgemein erwarteten rechtsstaatlichen Verfahren auch die Vorschriften über das international anwendbare Recht nach dem HUP 2007 (→ Rn. 4) akzeptieren, hat es auch das Exequaturverfahren abgeschafft und lässt die **unmittelbare Vollstreckbarkeit** der Unterhaltstitel eines anderen Mitgliedstaates zu. Ein Recht zur Nachprüfung der zu vollstreckenden Entscheidung auf gravierende Vollstreckungshindernisse steht dem Unterhaltsschuldner nach Art. 19 EuUnthVO nur noch in besonderen Ausnahmefällen im Ursprungsmitgliedstaat zu (→ Rn. 677 ff.). Eine Verweigerung oder Aussetzung der Vollstreckung kann nach Art. 21 EuUnthVO im Vollstreckungsmitgliedstaat nur unter sehr engen Voraussetzungen erfolgen. Zur Ausführung der EuUnthVO und weiterer internationaler Übereinkommen hat der Gesetzgeber das AUG reformiert (→ Rn. 627). Die unmittelbare Vollstreckbarkeit ohne Exequaturverfahren ist in den §§ 30 ff. AUG geregelt, während das Exequaturverfahren nach der EuUnthVO, der

---

[257] BGH FamRZ 2017, 1705 Rn. 12 f.
[258] BGH FamRZ 2018, 1347 Rn. 19 ff.
[259] BGH FamRZ 2018, 1347 Rn. 13 ff.
[260] BT-Drs. 17/854 S. 10.

EuGVVO und den weiteren Verordnungen der Europäischen Union nach den §§ 36 ff. AUG und das Exequaturverfahren auf der Grundlage von völkerrechtlichen Verträgen nach den §§ 57 ff. AUG erfolgt. Die Vollstreckung davon nicht erfasster ausländischer Unterhaltstitel erfolgt nach § 110 FamFG iVm § 64 AUG bei förmlicher Gegenseitigkeit.[261] Trotz der Möglichkeit einer Zusammenarbeit mit der Zentralen Behörde nach Art. 49 ff. EuUnthVO, Art. 4 ff. HUVÜ 2007, §§ 4 ff. AUG muss dem Unterhaltsberechtigten im Zuständigkeitsbereich der EuUnthVO die Möglichkeit bleiben, seinen Antrag unmittelbar und ohne Beteiligung der Zentralen Behörde bei der zuständigen Behörde oder dem zuständigen Gericht des Vollstreckungsmitgliedstaats einzureichen.[262]

1. Unmittelbare Vollstreckbarkeit nach der EuUnthVO

677 Für den Bereich der Europäischen Union ist inzwischen die EuUnthVO in Kraft getreten und seit dem 18.6.2011 anwendbar (→ Rn. 602 ff.). Für das Anerkennungs- und Vollstreckbarkeitsverfahren **unterscheidet** die Verordnung nach ihrem Art. 16 zwischen zwei Typen von Mitgliedstaaten. Für Staaten, die durch das HUP 2007 (→ Rn. 4) gebunden sind, haben die Art. 17 ff. EuUnthVO das Exequaturverfahren abgeschafft (→ Rn. 678). Für Unterhaltstitel aus Mitgliedstaaten, die nicht an das Haager Protokoll über das auf Unterhaltspflichten anwendbare Recht gebunden sind (→ Rn. 2), ist nach den Art. 23 ff. der EuUnthVO auch künftig ein Exequaturverfahren notwendig.[263] Nach Wirksamkeit des „**Brexit**" wird das nur noch im Verhältnis zu Dänemark der Fall sein, während das Vereinigte Königreich dann voraussichtlich als souveräner Staat dem HUVÜ 2007 beitreten wird.[264] Unterhaltstitel solcher Staaten müssen – wie bislang nach dem EuGVVO – auch weiterhin in anderen Staaten der Europäischen Union für vollstreckbar erklärt werden. Im Beschwerdeverfahren sind vom Gericht des Vollstreckungsstaats dann nach wie vor die Versagungsgründe für eine Anerkennung und Vollstreckbarkeit zu prüfen (→ Rn. 682 ff.). Die Art. 40 ff. EuUnthVO enthalten ergänzende Vorschriften für den gesamten Bereich der Europäischen Union.

678 Die in einem Mitgliedstaat, der hinsichtlich des anwendbaren materiellen Rechts durch das HUP 2007 gebunden ist, ergangener Unterhaltstitel sind nach Art. 17 ff. EuUnthVO künftig auch in jedem anderen Mitgliedstaat vollstreckbar, ohne dass es hierfür eines besonderen Verfahrens bedarf. Voraussetzung ist **lediglich die Vollstreckbarkeit im Ausgangsstaat**. Eines zusätzlichen Exequaturverfahrens bedarf es in diesem Verhältnis ausdrücklich nicht mehr (Art. 17, 48 EuUnthVO). Mit der Vollstreckbarkeit sind nach Art. 18 EuUnthVO allerdings zugleich alle Sicherungsmaßnahmen zulässig, die das Recht des Vollstreckungsmitgliedstaats kennt. Weil die Ausgangsentscheidung in der Sache nicht nachgeprüft werden darf, kann der Unterhaltsschuldner Einwendungen gegen den Titel nur mit einem Vollstreckungsgegenantrag nach § 767 ZPO geltend machen, auch soweit sie nach Erlass des zu vollstreckenden Titels entstanden sind und nicht mehr mit einem Rechtsmittel geltend gemacht werden konnten (Art. 21 II 3, 24 II EuUnthVO, § 66 I AUG; → Rn. 688). Andererseits kann er solche nachträglich entstandenen Vollstreckungshindernisse auch nur im Vollstreckungsverfahren geltend machen, weil er insoweit nach § 66 II AUG mit einem Vollstreckungsabwehrantrag nach § 767 ZPO ausgeschlossen ist.[265] Der Vollstreckungsschuldner kann deswegen in diesen Verfahren einwenden, die Unterhaltsschuld vollständig oder teilweise erfüllt zu haben oder dass der Anspruch infolge subsidiärer Leistungen an den Unterhaltsberechtigten ganz oder teil-

---

[261] Zur Gegenseitigkeit vgl. BGBl. 2011 I S. 1109; s. auch den Überblick des Justizministeriums mit abrufbarer Staatenliste im Internet unter: https://www.bundesjustizamt.de/DE/Themen/Buergerdienste/AU/AUG/Vertragsstaaten/Staatenliste_node.html .
[262] EuGH FamRZ 2017, 987 Rn. 44, 50 f.; vgl auch Kohler/Pintens FamRZ 2017, 1441 (1445).
[263] Dazu gehört neben Dänemark auch England, weil dessen Gerichte stets auch das materielle lex fori, also das englische materielle Recht, anwenden; vgl. Heger/Selg FamRZ 2011, 1101.
[264] Zur ev. Entwicklung im Falle eines „Brexit" vgl. Kohler/Pintens FamRZ 2018, 1369 und 2017, 1441 f.
[265] Vgl. BGH FamRZ 2011, 802.

weiser auf den Leistenden übergegangen ist.[266] Eine Änderung der einer Unterhaltsbemessung zugrunde liegenden Umstände kann der Vollstreckungsschuldner hingegen nicht einwenden, weil er insoweit auf eine Abänderung des Titels verwiesen ist, für die regelmäßig die Gerichte des Ausgangsstaates zuständig sind (→ Rn. 666 ff.).[267] Nach Art. 22 EuUnthVO bewirkt die unmittelbare Anerkennung und Vollstreckung eines Unterhaltstitels allerdings ausdrücklich nicht zugleich die Anerkennung von Familien-, Verwandtschafts-, eherechtlichen Verhältnissen oder Schwägerschaft, die der Unterhaltspflicht zugrunde liegen.

679 Ein Antragsgegner kann die Vollstreckbarkeit des Unterhaltstitels gemäß Art. 17, 19 EuUnthVO nicht im Vollstreckungsstaat, sondern nur noch **in dem Ursprungsmitgliedsstaat überprüfen** lassen und auch nur dann, wenn er sich nicht auf das ursprüngliche Verfahren eingelassen hatte und ihm das verfahrenseinleitende Schriftstück nicht rechtzeitig genug zugestellt worden war oder er aufgrund höherer Gewalt ohne eigenes Verschulden gehindert war, sich gegen den Unterhaltsanspruch zu verteidigen. Auch das ist ihm allerdings nicht möglich, wenn er im Ausgangsverfahren kein Rechtsmittel eingelegt hatte, obwohl die Möglichkeit dafür gegeben war (Art. 19 I EuUnthVO). Der Antragsgegner muss unverzüglich, spätestens innerhalb einer Frist von 45 Tagen tätig werden. Eine Verlängerung der Frist wegen weiter Entfernung kommt nicht in Betracht. Die Frist für die Nachprüfung der Entscheidung beginnt mit dem Tag, an dem der Antragsgegner vom Inhalt der Entscheidung tatsächlich Kenntnis genommen hat, spätestens mit dem Tag der ersten Vollstreckungsmaßnahme, die zur Folge hatte, dass die Vermögensgegenstände des Antragsgegners ganz oder teilweise seiner Verfügung entzogen wurden (Art. 19 II EuUnthVO). Weist das Ausgangsgericht den Antrag auf Nachprüfung mit der Begründung zurück, dass die Voraussetzungen dafür nicht erfüllt sind, bleibt die Entscheidung in Kraft und ist weiter vollstreckbar (Art. 19 III 1 EuUnthVO). Entscheidet das Gericht hingegen, dass die Nachprüfung erfolgreich ist, weil die Voraussetzungen des Art. 19 I EuUnthVO vorliegen, erklärt es die Entscheidung für nichtig. Der Unterhaltsberechtigte verliert dadurch aber weder die Vorteile, die sich aus der Unterbrechung der **Verjährungs- oder Ausschlussfristen** ergeben, noch das Recht, die im ursprünglichen Verfahren zugesprochenen Unterhaltsansprüche erneut rückwirkend geltend zu machen (Art. 19 III 2 EuUnthVO).

680 Mit dem Antrag auf Vollstreckung einer Entscheidung in einem anderen Mitgliedstaat hat der Antragsteller den zuständigen Vollstreckungsbehörden **folgende Unterlagen vorzulegen:**
– eine Ausfertigung der Entscheidung, die die für ihre Beweiskraft erforderlichen Voraussetzungen erfüllt (Art. 20 I lit. a EuUnthVO). Die zuständigen Behörden des Vollstreckungsmitgliedstaats können von dem Antragsteller nach Art. 20 II 1 EuUnthVO grundsätzlich nicht verlangen, dass er eine Übersetzung der zu vollstreckenden Entscheidung vorlegt. Eine solche Übersetzung kann erst verlangt werden, wenn die Vollstreckung der Entscheidung angefochten wurde (Art. 20 II 2 EuUnthVO). Die dann erforderliche Übersetzung ist von einer Person zu erstellen, die zur Anfertigung von Übersetzungen in einem der Mitgliedstaaten befugt ist (Art. 20 III EuUnthVO),
– einen Auszug aus der Entscheidung, den die zuständige Behörde des Ursprungsmitgliedstaats unter Verwendung des in Anlage I der Verordnung vorgesehenen Formblatts erstellt hat (Art. 20 I lit. b EuUnthVO),[268]
– gegebenenfalls ein Schriftstück, aus dem die Höhe der Zahlungsrückstände und das Datum der Berechnung hervorgeht (Art. 20 I lit. c EuUnthVO) und
– gegebenenfalls eine Transkript oder eine Übersetzung des Inhalts des in Art. 20 I lit. b genannten Formblatts (Anlage I der Verordnung) in die Amtssprache des Vollstreckungsmitgliedstaats oder – falls es in diesem Mitgliedstaat mehrere Amtssprachen gibt – nach

---

[266] BGH FamRZ 2011, 802; 2009, 1996; 2009, 858; 2007, 989.
[267] BGH FamRZ 2009, 1996; 2007, 989; 2005, 1479.
[268] Abrufbar im Internet unter: http://eur-lex.europa.eu/legal-content/DE/TXT/HTML/?uri=CELEX:32009R0004&from=DE oder: https://www.bundesjustizamt.de/DE/Themen/Buergerdienste/AU/EG/Verordnung/Verordnung_node.html.

Maßgabe des Rechts dieses Mitgliedstaats in die Verfahrenssprache oder eine der Verfahrenssprachen des Ortes, an dem die Vollstreckung betrieben wird, oder in eine sonstige Sprache, für die der Vollstreckungsmitgliedstaat erklärt hat, dass er sie zulässt. Jeder Mitgliedstaat kann angeben, welche Amtssprache oder Amtssprachen der Organe der Europäischen Union er neben seiner oder seinen eigenen für das Ausfüllen des Formblatts zulässt (Art. 20 I lit. d EuUnthVO).

681 Grundsätzlich kann die Vollstreckung nach den Vorschriften des Vollstreckungsstaats **verweigert oder ausgesetzt** werden, soweit dies nicht mit Art. 21 II, III EuUnthVO unvereinbar ist (Art. 21 I EuUnthVO). Auf Antrag des Unterhaltspflichtigen ist die Vollstreckung insgesamt oder teilweise zu verweigern, wenn sowohl nach dem Recht des Ursprungsstaats als auch nach dem Recht des Vollstreckungsstaats Vollstreckungsverjährung eingetreten ist, wobei insoweit die längere Frist gilt (§ 21 II 1 EuUnthVO). Auf Antrag kann die Vollstreckung auch dann ganz oder teilweise abgelehnt werden, wenn die Entscheidung mit einer im Vollstreckungsmitgliedstaat ergangenen Entscheidung oder einer vollstreckbaren Entscheidung eines anderen Mitgliedstaates oder eines Drittstaates unvereinbar ist (Art. 21 II 2 EuUnthVO). Eine Entscheidung, die den früheren Unterhaltstitel wegen geänderter Umstände abändert, ist nicht als eine solche unvereinbare Entscheidung anzusehen (Art. 21 II 3 EuUnthVO). Denn sie ändert die frühere Entscheidung nur ab einem gewissen Zeitpunkt ab und für die Zeit davor bleibt der frühere Unterhaltstitel regelmäßig wirksam und vollstreckbar. Wurde ein Antrag auf Nachprüfung der Entscheidung vor dem Ursprungsgericht gestellt (→ Rn. 679), kann die zuständige Behörde des Vollstreckungsmitgliedstaats die Vollstreckung nach Art. 20 III 1 EuUnthVO insgesamt oder teilweise aussetzen. Sie hat die Vollstreckung auf Antrag des Unterhaltspflichtigen nach Art. 20 III 2 EuUnthVO auszusetzen, wenn die Vollstreckbarkeit auch im Ursprungsmitgliedstaat ausgesetzt ist.

2. Exequaturverfahren

682 Das Exequaturverfahren zur Vollstreckbarkeit ausländischer Entscheidungen ist teilweise nach der EuUnthVO (→ Rn. 677) und sonst nach der EuGVVO und dem LugÜ sowie nach dem HUVÜ 2007 und dem HUVÜ 73 vorgesehen. Es erlaubt zwar keine unmittelbare Vollstreckung ausländischer Entscheidungen, führt aber deswegen zu einer wesentlichen Erleichterung, weil die Gerichte des Vollstreckungsstaats den zu vollstreckenden Titel in der Sache nicht nachprüfen dürfen. Außerdem ist die Vollstreckbarkeit aus Gründen des Gläubigerschutzes in erster Instanz ohne Anhörung des Unterhaltsschuldners anzuordnen, wenn die formellen Voraussetzungen dafür vorliegen. Vollstreckungshindernisse kann der Unterhaltsschuldner erst mit seiner Beschwerde gegen die Vollstreckbarkeitsentscheidung vorbringen. Im Rahmen der Umsetzung des EuGVÜ (→ Rn. 614) und verschiedener bilateraler Übereinkommen ist das Exequaturverfahren durch das AVAG (→ Rn. 626), für die Europäischen Verordnungen und die weiteren internationalen Übereinkommen ist es durch das AUG (→ Rn. 627) in das nationale Recht übertragen worden (→ Rn. 689 ff.).

683 Die **EU-Verordnungen** (EuUnthVO und EuGVVO) erfordert in ihrem Anwendungsbereich kein besonderes Anerkennungsverfahren für Unterhaltstitel (Art. 23 I EuUnthVO, Art. 33 I EuGVVO). Entscheidungen eines Mitgliedstaats werden vielmehr grundsätzlich anerkannt. Über die Anerkennung ist nur zu entscheiden, wenn diese Frage den Gegenstand eines Rechtsstreits bildet (Art. 23 II EuUnthVO, Art. 33 II EuGVVO) oder wenn die Entscheidung eines anderen Rechtsstreits von der Anerkennung abhängt (Art. 23 III EuUnthVO, Art. 33 III EuGVVO). Auch dann darf die Anerkennung des Unterhaltstitels nur versagt werden, wenn die in den Verordnungen ausdrücklich genannten Versagungsgründe vorliegen (Art. 24 EuUnthVO, Art. 34 f. EuGVVO). Danach wird eine Entscheidung, ein gerichtlicher Vergleich oder eine öffentliche Urkunde (Art. 48 EuUnthVO, Art. 57 f. EuGVVO) nicht anerkannt, wenn sie gegen den inländischen ordre public verstößt (→ Rn. 690), dem Antragsgegner, der sich auf das Verfahren nicht eingelassen hat, das verfahrenseinleitende Schriftstück nicht ordnungsgemäß zugeleitet worden war,[269] der Titel mit einer Entscheidung zwischen denselben Beteiligten in einem Mitgliedstaat oder einer anerkennungsfähigen früheren Entscheidung unvereinbar ist oder der abzuändernde Titel unter Verstoß gegen eine besondere oder ausschließliche internationale Zuständigkeit zustande gekommen ist.[270] Die ausländische Entscheidung darf aber keinesfalls in der Sache selbst nachgeprüft werden (Art. 42 EuUnthVO, Art. 36 EuGVVO).

Im Rahmen der **internationalen Übereinkommen** sind Entscheidungen, Vergleiche oder Vereinbarungen (s. Art. 19 I, IV, 30 HUVÜ 2007, Art. 21 HUVÜ 73) stets ausdrücklich anzuerkennen. Dabei ist auch die Zuständigkeit des ausländischen Gerichts zu prüfen (Art. 20 HUVÜ 2007, Art. 4 HUVÜ 73). Die Gründe für eine Versagung der Anerkennung überschneiden sich aber mit den Gründen für die Ablehnung einer Anerkennung, wenn nach den EU-Verordnungen ausnahmsweise über die Anerkennung zu entscheiden ist (Art. 22 HUVÜ 2007, Art. 5 HUVÜ 73). Durch die Anerkennung eines ausländischen Titels erstreckt sich dessen materielle Bestandskraft auf das Inland. Eine erneute Anrufung des Gerichts wegen derselben Angelegenheit ist dann grundsätzlich auch im Inland unzulässig. Dem steht der Einwand der Rechtskraft des ausländischen Titels entgegen.[271] Zulässig bleibt aber eine Abänderung des Titels, wenn sich die tatsächlichen Umstände oder das anwendbare Recht inzwischen geändert haben (→ Rn. 666 ff.). 684

Für die Vollstreckbarerklärung im Exequaturverfahren haben die Art. 30 EuUnthVO, Art. 41 EuGVVO für alle Mitgliedstaaten ein **einheitliches Verfahren** eingeführt, das die Postulate der **Schnelligkeit und Effizienz** in hohem Maße verwirklicht. Zu dessen Ausführung galt für die Anerkennung und Vollstreckung ausländischer Unterhaltstitel in Deutschland das AUG (→ Rn. 627). Über die Vollstreckbarerklärung durch Klauselerteilung muss nicht in einem schwerfälligen Verfahren entschieden werden. Vielmehr stellen die Verordnungen ein weiter vereinfachtes schriftliches Verfahren zur Verfügung, dessen Kernpunkt der Ausschluss der kontradiktorischen Verhandlung im ersten Verfahrensabschnitt ist. Nach Art. 30 EuUnthVO, Art. 41 EuGVVO wird die Entscheidung unverzüglich für vollstreckbar erklärt, sobald die in Art. 28 EuUnthVO, Art. 53 EuGVVO vorgeschriebenen Förmlichkeiten erfüllt sind. Auch eine Prüfung der Anerkennungshindernisse der Art. 24 EuUnthVO, Art. 34 f. EuGVVO erfolgt in diesem Verfahrensabschnitt nicht. Hinzu kommt der Überraschungseffekt. Nach Art. 30 S. 2 EuUnthVO, Art. 41 S. 2 EuGVVO erhält der Unterhaltspflichtige in diesem Abschnitt des Verfahrens keine Gelegenheit, eine Erklärung abzugeben. Ihm soll keine Zeit bleiben, sein Vermögen im Zweitstaat dem Vollstreckungszugriff zu entziehen. Die **Rechte des Schuldners** werden erst im weiteren Verfahren gewahrt. Er kann sich durch die Einlegung der Beschwerde nach Art. 32 I, II EuUnthVO, Art. 43 I, II EuGVVO rechtliches Gehör verschaffen. Während der Beschwerdefrist, die regelmäßig einen Monat (Art. 32 V 1 EuUnthVO, 43 V 1 EuGVVO) und nur bei Wohnsitz in einem anderen Mitgliedstaat 45 Tage (§ 32 V 2 EuUnthVO) bzw. zwei Monate (Art. 43 V 2 EuGVVO) beträgt und solange über die Beschwerde noch nicht entschieden ist, darf die Zwangsvollstreckung in das dort gelegene Vermögen nicht über Maßnahmen der Sicherung hinausgehen (Art. 36 III EuUnthVO, Art. 47 III EuGVVO). Erst im Beschwerdeverfahren ist der Antrag auf Anerkennung und Vollstreckung im Inland abzuweisen, wenn Gründe für die Versagung der Anerkennung nach Art. 24 EuUnthVO, Art. 34 f. EuGVVO vorliegen. Auch dann ist der Unterhaltstitel aber nicht in der Sache selbst nachzuprüfen (Art. 42 EuUnthVO, Art. 45 II EuGVVO). Gegen die Beschwerdeentscheidung ist nach Art. 33 EuUnthVO, Art. 44 EuGVVO, § 46 AUG eine zulassungsfreie Rechtsbeschwerde zum Bundesgerichtshof statthaft.[272] Vor- 685

---

[269] BGH FamRZ 2008, 586 (588); 2006, 198; NJW 2004, 2386; zur berechtigten Verweigerung der Annahme bei Zustellung einer Antragsschrift in ausländischer Sprache OLG Celle IPRax 2005, 451 mAnm Roth IPRax 2005, 438.
[270] Vgl. zum inhaltsgleichen EuGVÜ BGH IPRax 1994, 367.
[271] EuGH NJW 1977, 495; Kropholler, Europäisches Zivilprozessrecht, 10. Aufl. EuGVÜ Art. 25 Rn. 7; Zöller/Geimer ZPO 32. Aufl. § 328 Rn. 20 f.
[272] Art. 33, 71 I lit. b EuUnthVO iVm § 46 AUG; Art. 44 EuGVVO iVm Anhang IV sowie § 15 AVAG.

behaltlich der zugleich auszusprechenden Anerkennung der ausländischen Entscheidung folgt das Vollstreckbarkeitsverfahren nach dem HUVÜ 2007 ebenfalls diesen Grundsätzen (Art. 23 ff. HUVÜ 2007).

3. Anerkennungs- und Vollstreckungshindernisse

686 Bei der Prüfung, welche Gründe einer Anerkennung und Vollstreckung eines ausländischen Unterhaltstitels entgegenstehen, ist nach der jeweiligen Rechtsgrundlage zu unterscheiden. Soweit sich die Vollstreckung für Mitgliedstaaten, die nach dem HUP 2007 gebunden sind, nach §§ 17 ff. **EuUnthVO** richtet, ist weder eine Anerkennung noch eine Vollstreckbarerklärung in Vollstreckungsstaat erforderlich. Soweit nach Art. 19 EuUnthVO eine Nachprüfung des Unterhaltstitels im Ursprungsmitgliedstaat möglich ist, beschränkt sich die Prüfung auf die Wahrung des rechtlichen Gehörs. Der Unterhaltsschuldner kann rügen, dass ihm das verfahrenseinleitende Schriftstück oder ein gleichwertiges Schriftstück nicht so rechtzeitig zugestellt worden ist, dass er sich verteidigen konnte oder dass er aufgrund höherer Gewalt oder aufgrund außergewöhnlicher Umstände ohne eigenes Verschulden nicht in der Lage gewesen ist, Einspruch gegen die Unterhaltsforderung zu erheben. Soweit sich die Vollstreckung noch nach dem Exequaturverfahren der EuUnthVO (Art. 23 ff.), der **EuGVVO oder dem LugÜ** richtet, ist zu beachten, dass die Anerkennung nach Art. 23 EuUnthVO, 33 EuGVVO grundsätzlich keines besonderen Verfahrens bedarf. Nur wenn die Anerkennung als solche den Gegenstand eines Rechtsstreits bildet, kann sie unter den gleichen Voraussetzungen versagt werden, unter denen auch eine Vollstreckbarkeit versagt werden darf (Art. 23 II, III, 34 I EuUnthVO, 34, 45 I EuGVVO). Das ist der Fall, wenn die zu vollstreckende Entscheidung gegen den inländischen ordre public (→ Rn. 690) verstößt, der Unterhaltsschuldner sich nicht auf das Verfahren eingelassen hat, weil ihm das verfahrenseinleitende Schriftstück oder ein gleichwertiges Schriftstück nicht so rechtzeitig zugestellt worden ist, dass er sich verteidigen konnte oder die zu vollstreckende Entscheidung mit einer Entscheidung zwischen denselben Beteiligten unvereinbar ist, die im Vollstreckungsstaat ergangen ist oder dort die Voraussetzungen für eine Anerkennung und Vollstreckung erfüllt (Art. 24 EuUnthVO, 34, 35, 45 EuGVVO). Die internationalen Übereinkommen, die vor dem Ausspruch der Vollstreckbarkeit auch eine Anerkennung des ausländischen Unterhaltstitels voraussetzen, wie das **HUVÜ 2007 und das HUVÜ 73,** verlangen für die Anerkennung zunächst, dass die internationale Zuständigkeit gewahrt ist (Art. 20 HUVÜ 2007, 4 HUVÜ73). Die Gründe für eine sonstige Versagung der Anerkennung und der Vollstreckung entsprechen im Wesentlichen denen des Exequaturverfahrens der EuUnthVO, der EuGVVO und des LugÜ.

687 Nach allen genannten Rechtsgrundlagen darf der zu vollstreckende Unterhaltstitel im Vollstreckungsgericht **nicht in der Sache nachgeprüft** werden (Art. 42 EuUnthVO, Art. 28 HUVÜ 2007, Art. 45 II EuUnthVO, Art. 29 LugÜ, Art. 12 HUVÜ 73).[273] Die (Anerkennung und) Vollstreckung ist also auch dann zulässig, wenn im Ausgangsverfahren andere Verfahrens- und materielle Vorschriften zugrunde lagen, als sie im Vollstreckungsstaat gelten. Ein (Anerkennungs- und) Vollstreckungshindernis liegt erst dann vor, wenn so gravierende Unterschiede vorliegen, dass der verfahrensrechtliche[274] oder der materiell-rechtliche[275] **ordre public** des Vollstreckungsstaats (→ Rn. 690) verletzt ist. Bei verfahrensrechtlichen Verstößen ist ein (Anerkennungs- und) Vollstreckungshindernis regelmäßig ausgeschlossen, wenn der Unterhaltsschuldner von einem im Ausgangsverfahren möglichen Rechtsmittel keinen Gebrauch gemacht hat (Art. 19 I EuUnthVO, Art. 22 lit. e ii HUVÜ 2007, Art. 34 Nr. 2 EuGVVO).[276]

688 **Rechtsvernichtende und rechtshemmende Einwendungen** gegen die inländische Vollstreckung einer Entscheidung können allgemein nur unter den Voraussetzungen des

---

[273] BGH FamRZ 2007, 989.
[274] BGH FamRZ 2009, 2069 Rn. 20 ff.; 2009, 1816 Rn. 30 ff.
[275] BGH FamRZ 2009, 1402 Rn. 9 ff.
[276] Vgl. aber BGH FamRZ 2009, 1816 Rn. 39 ff.; 2008, 586 Rn. 35 ff.

§ 120 FamFG iVm § 767 II ZPO erhoben werden.[277] Ursprünglich hatten das deutsche Ausführungsgesetz und die dazu ergangene Rechtsprechung vorgesehen, dass Einwendungen, wie zB die Erfüllung oder ein Anspruchsübergang, gegen die Vollstreckung einer ausländischen Entscheidung auch in dem Vollstreckungsverfahren berücksichtigt werden können, sofern die Gründe, auf denen sie beruhen, erst nach dem Erlass der zu vollstreckenden Entscheidung entstanden sind (vgl. § 44 AUG aF).[278] Weil die nachträglich entstandenen rechtsvernichtenden oder rechtshemmenden Einwendungen vom Ausgangsgericht noch nicht berücksichtigt werden konnte, stehe das Verbot einer Nachprüfung in der Sache der Berücksichtigung im Vollstreckbarkeitsverfahren nicht entgegen. Jedenfalls wenn die **Erfüllung** unstreitig sei, könne dies noch im Vollstreckungsverfahren berücksichtigt werden.[279] Bei der Behauptung eines späteren Vollstreckungsverzichts sei allerdings Zurückhaltung geboten.[280] Dieser Auffassung hat sich der EuGH in einem Vorlageverfahren nicht angeschlossen. Danach ist Art. 45 der EuGVVO dahin auszulegen, dass er der Versagung oder Aufhebung einer Vollstreckbarerklärung einer Entscheidung durch ein Gericht, das über einen Rechtsbehelf gemäß Art. 43 oder 44 dieser Verordnung zu entscheiden hat, aus einem anderen als einem in den Art. 34 und 35 dieser Verordnung genannten Grund, wie etwa dem, dass der Entscheidung im Ursprungsmitgliedstaat nachgekommen wurde, entgegensteht.[281] Weil das Exequaturverfahren danach nicht der richtige Platz ist, um solche Einwendungen gegen den titulierten Anspruch selbst geltend zu machen, ist der Unterhaltsschuldner mit derartigen Einwendungen auf das Vollstreckungsabwehrverfahren nach § 120 FamFG iVm § 767 ZPO verwiesen. Der Gesetzgeber hat aus diesem Grund die frühere Vorschrift des § 44 AUG gestrichen und § 66 I AUG entsprechend geändert.[282] Allerdings müssen die Gerichte auch im Exequaturverfahren nach §§ 32, 33 EuUnthVO bis zum rechtskräftigen Abschluss prüfen, ob und ggf. inwieweit die ausländische Entscheidung im Ursprungsstaat bereits aufgehoben oder abgeändert worden ist.[283] Für **andere Einwendungen,** die auf wesentliche Änderungen analog §§ 238 f. FamFG hinauslaufen (wie etwa die Veränderung der wirtschaftlichen Verhältnisse), ist ohnehin nur ein Abänderungsantrag (→ Rn. 666 ff.) möglich.[284] Da der materielle Anspruch nicht Gegenstand des Vollstreckungsverfahrens ist, müssen solche Einwendungen vor dem (international) zuständigen Gericht mit dem Ziel einer Abänderung des bestehenden Titels verfolgt werden, wobei allerdings auch dies nur möglich ist, wenn die neuen Tatsachen erst nach Erlass der ausländischen Entscheidung entstanden sind.[285]

Hatte sich ein Antragsgegner **in dem Verfahren nicht eingelassen,** wird die ausländische (Versäumnis-)Entscheidung nur anerkannt bzw. für vollstreckbar erklärt, wenn ihm der verfahrenseinleitende Schriftsatz mit einer ausreichenden Frist zu Stellungnahme zugestellt worden war (Art. 19 I lit. a EuUnthVO, Art. 22 lit. e HUVÜ 2007, Art. 34 Nr. 2 EuGVVO, Art. 6 HUVÜ 73 und Art. 34 II, 27 Nr. 2 LugÜ),[286] es sei denn, der Antragsgegner hat gegen die Entscheidung kein Rechtsmittel eingelegt, obwohl es ihm möglich war (Art. 19 I EuUnthVO, Art. 22 lit. e ii HUVÜ 2007, Art. 45 I, 34 Nr. 2 EuGVVO).[287] Dabei stellte allerdings schon Art. 34 Nr. 2 EuGVVO nicht mehr auf die formal ordnungs-

689

---

[277] EuGH NJW 2011, 3506; BGH FamRZ 2011, 802; 2009, 1996; 2009, 858; 1987, 370 (371); 1987, 1146; 1982, 785; IPRax 1993, 321 ff.
[278] Vgl. zur staatsvertraglichen Vollstreckung § 44 AUG und BGH FamRZ 2011, 802; 2009, 858; BGHZ 171, 310 = FamRZ 2007, 989.
[279] BGH FamRZ 2009, 1996; 2009, 858; 2007, 989 (992); 2005, 1479.
[280] BGH FamRZ 2008, 586 (590).
[281] EuGH NJW 2011, 3506 und jetzt auch BGH FamRZ 2015, 2144 Rn. 18 ff.
[282] Vgl. BT-Drs. 17/10492 S. 12; BGBl. 2013 I S. 273 (274).
[283] BGH FamRZ 2015, 2144 Rn. 9 ff.; 2011, 802 Rn. 14; BGHZ 171, 310 = FamRZ 2007, 989 Rn. 15.
[284] BGH FamRZ 2005, 1479 (zur Abgrenzung zwischen Abänderungsverfahren und Vollstreckungsgegenantrag), 1990, 504, Österreich.
[285] BGH FamRZ 1987, 370 (371); OLG Karlsruhe FamRZ 1991, 600, Polen: OLG Hamm FamRZ 1991, 718.
[286] BGH FamRZ 2008, 586 Rn. 27 f.; zur Zustellung vgl. BGH FamRZ 2008, 390 Rn. 14 ff.
[287] BGH FamRZ 2009, 1816 Rn. 39 ff.; 2008, 586 Rn. 35; EuGH NJW 2007, 825.

gemäße Zustellung des verfahrenseinleitenden Schriftstücks ab, wie dies noch in Art. 27 Nr. 2 EuGVÜ der Fall war, sondern auf die tatsächliche Wahrung der Verteidigungsrechte. Diese gelten als gewahrt, wenn der Antragsgegner **Kenntnis vom laufenden Gerichtsverfahren** erlangt hat und deswegen seine Rechte geltend machen konnte.[288] Dabei hat das für die Vollstreckbarerklärung zuständige Rechtsbehelfsgericht anhand der vorgetragenen Tatsachen in eigener Zuständigkeit und Verantwortung und ohne Bindung an die Feststellungen des erststaatlichen Gerichts von Amts wegen im Wege des Freibeweises die Erlangung der Kenntnis von dem Verfahren zu beurteilen.[289] Die für die Entscheidung erheblichen Tatsachen muss es hingegen nicht von Amts wegen ermitteln.[290] War die Antragsschrift nach den Vorschriften des Ausgangsgerichts zu Recht **öffentlich zugestellt** worden, ist unter dem Gesichtspunkt der Rechtzeitigkeit der Zustellung stets eine Abwägung der schützenswerten Interessen des Gläubigers und des Schuldners in Einzelfall geboten. Dabei ist auch darauf abzustellen, ob der Schuldner die Veranlassung der fiktiven Zustellung an ihn zu vertreten hat oder ob den Gläubiger etwaige Nachlässigkeiten bezüglich der Zustellungsmöglichkeit treffen.[291] Für den Zuständigkeitsbereich der EuUnthVO, des HUVÜ 2007 und der EuGVVO kommt es (im Gegensatz zu den Regelung in Art. 6 HUVÜ 73 und Art. 27 Nr. 2 EuGVÜ) nicht mehr darauf an, ob die Zustellung nach dem Recht des Ausgangsstaats ordnungsgemäß erfolgt ist, wenn der Schuldner das verfahrenseinleitende Schriftstück trotz des formellen Fehlers so rechtzeitig erhalten hat, dass er sich unter Berücksichtigung seines Anspruchs auf rechtliches Gehör effektiv verteidigen konnte.[292]

690 Soweit die (Anerkennung und) Vollstreckbarkeit des ausländischen Unterhaltstitels auszusprechen ist, kann dies abgelehnt werden, wenn der Titel gegen den **ordre public** des Vollstreckungsstaates verstößt (Art. 24 lit. a EuUnthVO, 22 lit. a HUVÜ 2007, Art. 34 Nr. 1, 43 III, 45 I EuGVVO, Art. 5 HUVÜ 73; zum Verstoß gegen den materiellen ordre public vgl. → Rn. 24 f.). Die Kompetenz des **EuGH** zur Konkretisierung des Begriffs der „öffentlichen Ordnung" ist durch einige jüngere Entscheidungen im Wesentlichen geklärt. Nach der richtungsweisenden Entscheidung *Krombach*[293] hat der EuGH seine Rechtsprechung in der Entscheidung *Renault SA*[294] weiter konkretisiert. Danach ist es nicht Aufgabe des EuGH, den Mitgliedsstaaten den Inhalt der öffentlichen Ordnung vorzuschreiben. Der Gerichtshof habe aber über die Grenzen zu wachen, innerhalb derer ein Mitgliedstaat die Entscheidungsfreizügigkeit zurücknimmt. Damit hat der Gerichtshof eine zweistufige Begriffsbildung entwickelt. Der EuGH steckt den gemeinschaftlichen Rahmen des ordre public ab, während die konkrete Ausfüllung durch die Gerichte der Mitgliedstaaten erfolgt.[295] In diesem Rahmen ist stets zu prüfen, ob entweder der **verfahrensrechtliche**[296] oder der **materiellrechtliche**[297] **ordre public** des Vollstreckungsstaats verletzt ist. Dabei ist allerdings nicht auf die Vereinbarkeit mit einzelnen nationalen Vorschriften des Vollstreckungsstaates abzustellen, sondern darauf, ob die zu vollstreckende Entscheidung gegen grundlegende Prinzipien des nationalen Rechts verstößt. Denn es liefe dem Grundsatz

---

[288] BGH Beschluss vom 22.5.2019 – XII ZB 523/17, BeckRS 2019, 12213; FamRZ 2011, 1568 Rn. 13; 2008, 586 Rn. 27; EuGH Slg. 2009, I-3571 Rn. 73, 75.
[289] Vgl. aber noch EuGH IPRax 1991, 177 (zu Art. 27 Nr. 2 EuGVÜ); BGH FamRZ 2008, 586 Rn. 22 ff.; 2008, 390 (391 f.) (zur öffentlichen Zustellung nach schweizerischem Recht); BGH NJW 1992, 1239 (1241).
[290] BGH FamRZ 2008, 586 (588).
[291] EuGH RIW 1985, 967 Rn. 32 (zum EuGVÜ); BGH FamRZ 2008, 390 (391 f.).
[292] BGH FamRZ 2011, 1568 Rn. 13; 2008, 586 Rn. 27; 2008, 390; EuGH Slg. 2009, I-3571 Rn. 73, 75 und NJW 2007, 825 (827).
[293] EuGH vom 28.3.2000 – Rs. C-7/98; vgl., dazu Bar JZ 2000, 725; Geimer ZIP 2000, 859; Hau EWiR 2000, 441; Piekenbrock IPRax 2000, 364 und die Folgeentscheidung des BGH in BGHZ 144, 390 = NJW 2000, 3289.
[294] EuGH IPRax 2001, 328 (zu Art. 27 Nr. 1 EuGVÜ).
[295] Vgl. dazu Heß IPRax 2001, 301 und Jayme/Kohler IPRax 2000, 454 (460 f.).
[296] BGHZ 210, 59 = FamRZ 2016, 1251 Rn. 49 ff.; BGH FamRZ 2009, 2069 Rn. 20 ff.; 2009, 1816 Rn. 30 ff.
[297] BGH MDR 2019, 351 Rn. 14 ff.; FamRZ 2009, 1402 Rn. 9 ff.

zuwider, dass fremde Rechtsanschauungen und -ordnungen grundsätzlich zu achten sind, auch wenn sie im Einzelfall mit den deutschen Auffassungen nicht übereinstimmen, wenn eine generelle Überprüfung ausländischer Verfahren am Maßstab der deutschen Rechtsordnung vorgenommen würde.[298] Auch verfahrensrechtlich zieht selbst eine Verletzung des verfassungsrechtlich geschützten Grundsatzes des rechtlichen Gehörs nicht zwingend einen Verstoß gegen den ordre public nach sich. Der Grundsatz des rechtlichen Gehörs ist schon dadurch gewährleistet, dass das verfahrenseinleitende Schriftstück ordnungsgemäß und so rechtzeitig zugestellt worden sein muss, dass der Antragsgegner sich hinreichend verteidigen konnte (→ Rn. 689). Ihm muss also ausreichend Zeit verbleiben, um seine Verteidigung vorzubereiten und die zur Vermeidung einer Versäumnisentscheidung erforderlichen Schritte einzuleiten.[299] Darüber hinaus greift der Vorbehalt des verfahrensrechtlichen ordre public nur in Ausnahmefällen ein. Die Vollstreckbarerklärung kann insbesondere nicht schon deshalb versagt werden, weil die ausländische Entscheidung in einem Verfahren erlassen worden ist, das von zwingenden Vorschriften des deutschen Verfahrensrechts abweicht. Ein Versagungsgrund ist vielmehr nur dann gegeben, wenn die Entscheidung des ausländischen Gerichts aufgrund eines Verfahrens ergangen ist, das von den Grundsätzen des deutschen Verfahrensrechts in einem solchen Maße abweicht, dass es nicht als in einem geordneten rechtsstaatlichen Verfahren ergangen angesehen werden kann.[300]

4. Umsetzung durch nationales Recht

691 Das vereinfachte Verfahren der Vollstreckbarerklärung wird für Übergangsfälle nach dem EuGVÜ (→ Rn. 614) und verschiedene bilaterale Verträgen (→ Rn. 616) noch durch das **AVAG** (→ Rn. 626) geregelt. Für Unterhaltsansprüche, die von der EuUnthVO (→ Rn. 602 f.) und dem Abkommen zwischen der EU und Dänemark vom 19.10.2005 (→ Rn. 606), dem Luganer Übereinkommen vom 30.10.2007 (→ Rn. 615), dem HUVÜ 2007 (→ Rn. 604 ff.), dem HUVÜ 73 (→ Rn. 611 f.), dem Lugano Übereinkommen vom 16.9.1988 (→ Rn. 615) und dem UN-Übereinkommen vom 20.6.1956 (→ Rn. 619) erfasst sind, regelt nun das **AUG** (→ Rn. 627) die Umsetzung des internationalen Verfahrensrechts und des Rechts der Anerkennung und Vollstreckung ausländischer Titel in das nationale Recht. Gleiches gilt für gesetzliche Unterhaltsansprüche zwischen Beteiligten in verschiedenen Staaten mit verbürgter Gegenseitigkeit (§ 1 I S. 1 Nr. 1–3 AUG).

692 Für Anträge auf Verweigerung, Beschränkung oder Aussetzung der unmittelbaren Vollstreckung in Verfahren ohne Exequaturverfahren nach § 21 EuUnthVO (→ Rn. 678 ff.) ist nach § 31 I AUG das **Amtsgericht als Vollstreckungsgericht** zuständig. Über Anträge auf Feststellung der Anerkennung oder Vollstreckbarerklärung eines ausländischen Titels im weiteren Geltungsbereich des AUG (→ Rn. 682 ff.) entscheidet nach § 35 I AUG das **Amtsgericht** am Sitz des örtlich zuständigen Oberlandesgerichts (→ Rn. 641). Lediglich im Geltungsbereich des AVAG (→ Rn. 691), das auch für die weitere Vollstreckung in Zivil- und Handelssachen zuständig ist, ist für die Erteilung der Vollstreckungsklausel nicht der Familienrichter, sondern der Vorsitzende einer Zivilkammer des **Landgerichts** am Wohnsitz des Schuldners (§ 3 I, III AVAG) zuständig.[301] Für die Antragstellung (§§ 36 II AUG, 4 II AVAG; § 114 IV Nr. 6 FamFG iVm § 78 III ZPO) und das erstinstanzliche Verfahren (§ 38 II, 67 III AUG, § 6 III AVAG) besteht **kein Anwaltszwang**. Die von dem Beteiligten vorzulegenden Urkunden in der Form des Rechts des Ursprungstitels sind in Art. 20 EuUnthVO, Art. 25 HUVÜ 2007, Art. 53 EuGVVO und Art. 17 HUVÜ 73 sowie in § 30 II, III AUG und § 4 AVAG aufgeführt. Nach Art. 28

---

[298] BVerfG IPRax 2009, 249 Rn. 11; 2004, 61 Rn. 31 ff.; BGH FamRZ 2009, 1659 Rn. 22 ff.; 2009, 1402 Rn. 11 f.
[299] EuGHE 1981, 1573 (1608 f.).
[300] EuGH NJW 2000, 2185; BGH FamRZ 2010, 966 Rn. 19; 2009, 2069 Rn. 22 ff.; 2009, 1816 Rn. 22 ff.; 2000, 1816; 1990, 868.
[301] Vgl. dazu OLG Düsseldorf IPRax 1984, 217; OLG Köln FamRZ 1995, 1430 für frz. Unterhaltstitel.

§ 9   Auslandsberührung

EuUnthVO, Art. 53 II, 54 EuGVVO, Art. 11 IV, 12 II HUVÜ 2007 hat der Beteiligte, der eine Vollstreckbarerklärung beantragt, mit der Ausfertigung der ausländischen Entscheidung eine Bescheinigung unter **Verwendung eines Formblatts** zu der Verordnung vorzulegen, in der ua die Vollstreckbarkeit der Entscheidung nach dem Recht des Ursprungslands zu bescheinigen ist. Wird diese formularmäßige Bescheinigung nicht vorgelegt, kann das zuständige Gericht nach Art. 29 EuUnthVO, Art. 55 EuGVVO eine Frist setzen, innerhalb derer die Bescheinigung vorzulegen ist. Es kann sich aber auch mit einer gleichwertigen Urkunde begnügen, oder den Antragsteller von der Verpflichtung zur Vorlage der Bescheinigung befreien, wenn es eine weitere Klärung nicht für erforderlich hält.[302] Nach Art. 25 I HUVÜ 2007 bzw. Art. 17 I HUVÜ 73 hat der Unterhaltsberechtigte die Vollstreckbarkeit im Ursprungsstaat durch dem Vollstreckbarkeitsantrag beigefügte Schriftstücke zu belegen. Hat der Antragsteller in seinem Vollstreckbarkeitsantrag keinen **Zustellungsbevollmächtigten** im Sinne des § 184 Absatz 1 Satz 1 ZPO benannt, können nach § 37 I AUG bis zur nachträglichen Benennung alle Zustellungen an ihn durch Aufgabe zur Post bewirkt werden. Das gilt nach § 37 III AUG allerdings nicht im Verfahren nach der EuUnthVO (→ Rn. 620) und nach § 37 II AUG nicht, wenn er einen Verfahrensbevollmächtigten benannt hat, an den im Inland des Vollstreckungsstaats zugestellt werden kann.

693   Ein Vollstreckbarerklärungsverfahren in einem anderen Vertragsstaat begründet gegenüber dem Ausgangsverfahren nicht den Einwand der anderweitigen Rechtshängigkeit, weil jeweils nur über die Vollstreckbarkeit desselben Unterhaltstitels in einem anderen Mitgliedstaat und nicht über den Anspruch selbst entschieden wird.[303] Der zuständige Richter entscheidet in erster Instanz grundsätzlich ohne vorherige Anhörung des Schuldners und ohne mündliche Verhandlung (Art. 30 EuUnthVO, Art. 41 EuGVVO, § 38 AUG, § 6 I, II AVAG).[304] Die Vollstreckbarerklärung erfolgt durch gerichtlichen Beschluss, wonach der ausländische Titel mit einer **Vollstreckungsklausel** zu versehen ist (Art. 30 EuUnthVO, Art. 23 III HUVÜ 2007, Art. 42 I EuGVVO, Art. 13 HUVÜ 73, § 40 AUG, § 8 AVAG). § 41 AUG und § 9 AVAG enthalten insoweit das Muster einer Vollstreckungsklausel, die auf Grund der gerichtlichen Entscheidung durch den Urkundsbeamten der Geschäftsstelle auf den Unterhaltstitel zu setzen ist. Über die **Kosten** des Verfahrens ist nach § 40 I 4 AUG oder § 8 I 4 AVAG entsprechend § 788 ZPO für die Kosten der Zwangsvollstreckung zu entscheiden. Diese Vorschrift ist auch bei anderweitiger Erledigung oder bei Rücknahme des Antrags anwendbar.

694   Ist der Antrag **unzulässig oder unbegründet,** weist ihn der zuständige Richter durch begründeten Beschluss kostenpflichtig ab (§ 40 II AUG, § 8 II AVAG).[305] Gegen die Anordnung der Vollstreckung im Inland durch die Entscheidung in erster Instanz kann der Unterhaltspflichtige befristete Beschwerde einlegen, die grundsätzlich nach § 43 IV AUG, § 11 I, III AVAG binnen Monatsfrist, bei Zustellung der Entscheidung im Ausland nach § 43 IV 1 AUG iVm Art. 32 V EuUnthVO innerhalb von 45 Tagen und sonst bei Auslandszustellung nach § 43 IV 2b AUG, § 10 II AVAG binnen zwei Monaten eingegangen sein muss. Der Unterhaltsberechtigte kann gegen die Ablehnung seines Antrags nach §§ 42 II, 43 II AUG, §§ 11 I, II AVAG unbefristete Beschwerde einlegen. Die Beschwerde ist im Geltungsbereich des AUG entsprechend § 64 FamFG **beim Amtsgericht einzulegen** (§ 43 II AUG).[306] Im Geltungsbereich des AVAG ist sie hingegen beim Oberlandesgericht einzulegen; auch dann wird die Zulässigkeit der Beschwerde aber nicht dadurch berührt, dass sie statt beim Beschwerdegericht bei dem Gericht des ersten Rechtszugs eingelegt wird (Art. 43 I, II iVm Anhang III EuGVVO; § 11 I, II AVAG). Das OLG entscheidet im Beschwerdeverfahren erstmals nach Anhörung des Schuldners[307] oder auf Grund fakultativer mündlicher Verhandlung, aber jedenfalls durch begründeten Be-

---

[302] Vgl. BGH FamRZ 2008, 586 (588).
[303] EuGH EuZW 1994, 278 (279) mAnm Karl.
[304] Kropholler, Europäisches Zivilprozessrecht, 10. Aufl. EuGVÜ Art. 34 Rn. 1 ff.
[305] Vgl. BGH ZIP 2007, 396.
[306] BT-Drs. 17/4887 S. 47.
[307] EuGH IPRax 1985, 274; Stürner IPRax 1985, 254 ff.

schluss (§ 45 AUG, § 13 AVAG). Solange die mündliche Verhandlung nicht angeordnet ist, besteht kein Anwaltszwang (§§ 45 II AUG, 13 II AVAG, § 114 IV Nr. 6 FamFG iVm § 78 III ZPO); nach Anordnung der mündlichen Verhandlung gilt § 114 I FamFG. Gegen den Beschluss des OLG findet die zulassungsfreie Rechtsbeschwerde zum BGH statt (→ Rn. 676) (Art. 33, 71 I lit. b EuUnthVO, Art. 44 iVm Anhang IV EuGVVO; §§ 46 ff. AUG, 15 ff. AVAG).[308] Dort herrscht allerdings Anwaltszwang (§ 114 II FamFG). Die EU-Verordnungen und die internationalen Übereinkommen gelten nach den ausdrücklichen Regelungen nicht für die vor Inkrafttreten fällig gewordenen Unterhaltsbeträge. Insoweit gelten die jeweiligen Vorgängerregelungen weiter.[309]

Ist der ausländische Titel unklar oder nicht genügend bestimmt,[310] ist eine Konkretisierung im Klauselerteilungsverfahren ausnahmsweise zulässig (Art. 34 AUG).[311] Dabei müssen die zur Konkretisierung erforderlichen Feststellungen, gegebenenfalls nach Anregung eines bestimmten Antrags (vgl. § 14 II Nr. 1 AUG, § 113 I FamFG iVm § 139 I ZPO), im Klauselerteilungsverfahren getroffen werden. Der ausländische Titel ist so genau für vollstreckbar zu erklären wie ein entsprechender deutscher Titel.[312] Ein kraft Gesetz an den **Index** für Lebenshaltungskosten gebundener Unterhaltstitel kann aber auch wegen des Anpassungsbetrages für vollstreckbar erklärt werden (Art. 19, 25 I lit. e HUVÜ 2007).[313] **695**

Ist zweifelhaft, ob ein Titel (zB eine Jugendamtsurkunde) durch eine spätere abweichende ausländische Entscheidung abgeändert wurde oder noch fort gilt, hat der Schuldner die Möglichkeit, dies durch einen **negativen Feststellungsantrag** klären zu lassen (§ 67 AUG).[314] Unabhängig davon haben auch die Gerichte im Vollstreckungsverfahren bis zum rechtskräftigen Verfahrensabschluss zu prüfen, ob und ggf. inwieweit die ausländische Entscheidung im Ursprungsstaat bereits aufgehoben worden ist.[315] **696**

Bei den **bilateralen Verträgen** muss jeweils im Einzelfall geprüft werden, wie die Vollstreckung geregelt ist. Für das Vollstreckungsabkommen zwischen der EU und dem Königreich Dänemark vom 19.10.2005 gilt hinsichtlich unterhaltsrechtlicher Ansprüche nunmehr das AUG, wie sich aus der Neufassung des § 1 I Nr. 1b AUG ergibt. **697**

Im Rechtshilfeverkehr mit **Kanada und Südafrika** gilt das UN-Übereinkommen über die Geltendmachung von Unterhaltsansprüchen im Ausland vom 20.6.1956 (→ Rn. 619) und nach § 1 I Nr. 2d AUG dieses Ausführungsgesetz (→ Rn. 627). Mit diesen Staaten bestehen – vorbehaltlich des Geltungsbereichs des HUVÜ 2007 (→ Rn. 604) – insoweit keine vorgreiflichen vertraglichen Vereinbarungen. Denn das Übereinkommen regelt lediglich die Rechtshilfe in Unterhaltssachen, auch soweit sie zur Vollstreckbarerklärung ausländischer Unterhaltsentscheidungen erforderlich ist (§ 5 III UN-Übereinkommen). Die für eine Vollstreckbarkeit der ausländischen Unterhaltstitel nach § 64 AUG notwendige Gegenseitigkeit ist im Verhältnis zu diesen Staaten jedoch gewahrt.[316] Das materielle Recht bleibt durch das UN-Übereinkommen und das AUG unberührt (vgl. insoweit → Rn. 600 ff.). Bei eingehenden Gesuchen (§§ 13 ff. AUG) bestimmt sich das anzuwendende Recht nach den geltenden Verordnungen der Europäischen Union und internationalen Übereinkommen. Ausgehende Gesuche (§§ 7 ff. AUG) werden allein nach deutschem materiellen Recht geprüft. **698**

---

[308] BGH FamRZ 1990, 868.
[309] BGHZ 171, 310 = FamRZ 2007, 989 und FamRZ 2008, 390 (391 f.); OLG Köln FamRZ 1995, 1430.
[310] Vgl. insoweit BGH FamRZ 2004, 1023.
[311] Vgl. BGH FamRZ 1986, 45, Schweiz; NJW 1990, 3084 ff.; 1993, 1801 (1802); 1994, 1413 ff.; Kropholler, Europäisches Zivilprozessrecht, 10. Aufl. EuGVÜ Art. 31 Rn. 16.
[312] BGH IPRax 1994, 367 mAnm Roth IPRax 1994, 350, Italien.
[313] BGHZ 171, 310 = FamRZ 2007, 989; NJW 1986, 1440 (1441); OLG Düsseldorf FamRZ 2001, 1019; OLG Stuttgart DAVorm 1990, 713; OLG Hamburg FamRZ 1983, 1157.
[314] Vgl. OLG Hamm FamRZ 1993, 339, Polen.
[315] BGHZ 171, 310 = FamRZ 2007, 989.
[316] Zur Gegenseitigkeit vgl. BGBl. 2011 I S. 1109; s. auch den Überblick des Justizministeriums mit abrufbarer Staatenliste im Internet unter: https://www.bundesjustizamt.de/DE/Themen/Buergerdienste/AU/AUG/Vertragsstaaten/Staatenliste_node.html.

5. Anerkennung und Vollstreckung nach nationalem Recht

699 Die Vollstreckbarerklärung ausländischer Unterhaltstitel erfolgt überwiegend auf der Grundlage der genannten EU-Verordnungen und der internationalen Übereinkommen sowie der zu deren Ausführung erlassenen Gesetze (AUG und übergangsweise AVAG). Für eine Anerkennung (§§ 108 f. FamFG) oder Vollstreckung (§§ 109 f. FamFG) nach **autonomem innerstaatlichen Recht** bei verbürgter Gegenseitigkeit[317] bleibt daneben nur ein sehr begrenzter Anwendungsbereich. Darauf ist nur dann zurückzugreifen, wenn die vorrangigen staatsvertraglichen Regelungen nach ihrem persönlichen, zeitlichen oder sachlichen Anwendungsbereich keine Regelung getroffen haben. Soweit allerdings der Anwendungsbereich einer völkerrechtlichen Anerkennungs- und Vollstreckungsvereinbarung betroffen ist, geht diese Konvention gemäß § 97 I 1 FamFG den Vorschriften des autonomen Rechts vor. Beansprucht die Konvention jedoch selbst keinen absoluten Vorrang gegenüber dem deutschen Recht, sondern lässt sie, wie etwa Art. 23 HUVÜ 73 einen Rückgriff auf das innerstaatliche Recht des Vollstreckungsstaats zu, steht § 97 I FamFG einem solchen Rückgriff nicht entgegen.[318] Die EU-Verordnungen, die neben einer Erleichterung der Anerkennung auch den Schutz des Unterhaltsschuldners bezwecken, beanspruchen allgemein eine ausschließliche Geltung gegenüber dem autonomen innerstaatlichen Recht. Die EuUnthVO ist allerdings nach ihren Art. 75 I, 76 S. 3 nicht auf Titel anzuwenden, die vor ihrem Inkrafttreten am 18.6.2011, die EuGVVO nach ihren Art. 66 I, II, 76 nicht auf Titel, die vor ihrem Inkrafttreten am 1.3.2002 geschaffen wurden. Das HUVÜ 2007, das HUVÜ 73 und das EuGVÜ sind als internationale Abkommen nur ab dem Beitritt der betreffenden Staaten auf diese anwendbar.[319] Soweit eine unmittelbare Vollstreckung nach Art. 17 ff. EuUnthVO oder eine Vollstreckbarerklärung mittels Klauselerteilung im Exequaturverfahren nach der EuUnthVO oder der EuGVVO möglich ist, scheidet ein Vollstreckungsantrag nach nationalem Recht bereits mangels Rechtsschutzbedürfnisses aus (→ Rn. 665).[320] Im Verhältnis zu den Bestimmungen der internationalen Übereinkommen kann das nationale Recht aber weiterhin zur Anwendung kommen, wenn es für die Anerkennung des ausländischen Titels günstiger ist.[321] Der Grundsatz der Meistbegünstigung des Rechtsmittelführers führt allerdings nicht zu einer dem korrekten Verfahren widersprechenden Erweiterung des Instanzenzuges.[322]

700 Ausländische Unterhaltstitel entfalten im Inland – mit Ausnahme der unmittelbar vollstreckbaren Unterhaltstitel nach Art. 17 ff. EuUnthVO (→ Rn. 677 ff.) und der europäischen Vollstreckungstitel (→ Rn. 617) – nur die von der deutschen Rechtsordnung zugebilligten Wirkungen. Dabei ist zwischen der **Anerkennung** ausländischer Entscheidungen (§ 108 f. FamFG) und deren **Vollstreckbarerklärung** (§ 109 f. FamFG) zu unterscheiden. Handelt es sich um einen **ausländischen Scheidungstitel** zwischen einem Deutschen und einem Ausländer oder werden zwei Ausländer in einem Drittstaat geschieden, muss die Entscheidung gemäß § 107 FamFG von der zuständigen Landesjustizverwaltung anerkannt werden.[323] Die sich in einem behördlichen oder gerichtlichen Verfahren

---

[317] Zur Gegenseitigkeit vgl. BGBl. 2011 I S. 1109; s. auch den Überblick des Justizministeriums mit abrufbarer Staatenliste im Internet unter: https://www.bundesjustizamt.de/DE/Themen/Buergerdienste/AU/AUG/Vertragsstaaten/Staatenliste_node.html.
[318] BGH FamRZ 2015, 2043 Rn. 16.
[319] BGH FamRZ 2007, 717.
[320] Siehe Anmerkung Gottwald zu OLG Karlsruhe FamRZ 1999, 309 (310 f.); a. A. BGH FamRZ 1987, 370 zum Vollstreckungsantrag, wenn der Antrag auf Vollstreckbarerklärung rechtskräftig zurückgewiesen worden ist.
[321] Martiny FamRZ 2008, 1681 (1686).
[322] BGH FamRZ 2015, 2043 Rn. 20 ff.
[323] BGH FamRZ 2011, 788; vgl. die Verordnung (EG) Nr. 2201/2003 des Rats über die Zuständigkeit und die Anerkennung und Vollstreckung von Entscheidungen in Ehesachen und in Verfahren betreffend der elterliche Verantwortung und zur Aufhebung der Verordnung (EG) Nr. 1347/2000 vom 27.11.2003, Schönfelder Ergänzungsband Nr. 103b; siehe dazu Althammer, Brüssel IIa Rom III 2014; zur früheren Regelung in Art. 7 § 1 FamRÄndG vgl. auch Staudinger/Spellenberg FamFG (2016) § 107 Rn. 20.

stellende Vorfrage der Anerkennung einer im Ausland erfolgten Privatscheidung ausländischer Staatsangehöriger ist allerdings ohne gesondertes Anerkennungsverfahren inzident zu prüfen.[324] Diese Anerkennung ist erforderlich, wenn sie Voraussetzung des geltend gemachten Unterhaltsanspruchs ist. Das ist der Fall, wenn nachehelicher Unterhalt geltend gemacht wird, der sich von dem Anspruch auf Trennungsunterhalt unterscheiden kann, und ohne die Anerkennung des Scheidungsausspruchs nicht feststeht, ob die Ehe rechtskräftig geschieden ist. Besteht der im Scheidungsverbund ausgesprochene Unterhaltsanspruch aber unabhängig von der Scheidung der Ehegatten, wie dies beim Anspruch auf Kindesunterhalt der Fall ist, bedarf es einer vorherigen Anerkennung des Scheidungsausspruchs für die Vollstreckbarerklärung des Unterhaltstitels nicht.[325] Denn während die Anerkennung von Statusentscheidungen ausdrücklich auszusprechen ist,[326] tritt sie in Unterhaltssachen automatisch ein (§ 108 I FamFG),[327] ohne dass es dafür eines besonderen Verfahrens bedarf. Allerdings setzt der Titel auf Kindesunterhalt die Abstammung, regelmäßig also die **Vaterschaft,** voraus. Wenn diese nicht feststeht, muss auch sie zunächst durch einen anerkennungsfähigen Statusbeschluss geklärt werden. Verstößt die ausländische Statusentscheidung gegen den inländischen ordre public des Vollstreckungsstaates, kann sie nicht anerkannt werden. Dann ist auch die zugleich ausgesprochene Unterhaltspflicht nicht für vollstreckbar zu erklären.[328] Handelt es sich hingegen um einen isolierten Unterhaltstitel, kann lediglich die Vollstreckbarkeit aus besonderen Gründen, insbesondere im Falle eines Verstoßes gegen den inländischen ordre public (→ Rn. 690), abgelehnt werden (§§ 109 f. FamFG). Nach nationalem Recht setzt der Ausspruch der Vollstreckbarkeit der ausländischen Unterhaltsentscheidung ein besonderes **gerichtliches Verfahren** voraus. Im Rahmen dieses Vollstreckungsantrags ist von Amts wegen zu prüfen, ob die auch einer Vollstreckbarkeit entgegenstehenden Anerkennungshindernisse vorliegen (§§ 109 f. FamFG).[329]

701 Soweit die zwischenstaatlichen Abkommen nach dem Willen der Vertragsparteien die Anerkennung erleichtern und nicht erschweren sollen, hat der Titelberechtigte die Wahl zwischen vertraglichem und autonomem, innerstaatlichem Anerkennungsrecht.[330] Der Antragsteller kann dann auf das ihm günstigste Recht zugreifen. Dieses **Günstigkeitsprinzip** gilt selbst für das Verhältnis mehrerer Staatsverträge und auch für den Verpflichteten.[331] Nach Art. 69 II EuUnthVO bzw. Art. 69 EuGVVO beanspruchen diese unmittelbar anwendbaren EU-Verordnungen allerdings die ausschließliche Geltung gegenüber dem autonomen Recht und den Übereinkommen und Vereinbarungen zwischen Mitgliedstaaten; sie bilden damit in ihrem Anwendungsbereich eine Ausnahme vom Günstigkeitsprinzip. Nach Art. 48 f. HUVÜ 2007 ersetzt das Übereinkommen im Verhältnis ihrer Mitgliedstaaten und in ihrem Anwendungsbereich das HUVÜ 73 und das New Yorker Übereinkommen von 1956. Weitere Übereinkommen lässt das HUVÜ 2007 nach seinem Art. 51 unberührt. Gleiches gilt nach Art. 23 HUVÜ 73 für das Verhältnis dieses Übereinkommens zu anderen Übereinkommen und nationalem Recht.

702 Der Vollstreckungsantrag ermöglicht es, einem sonst im Inland nicht vollstreckbaren **ausländischen Titel** (und zwar nicht nur Entscheidungen im formellen Sinne, sondern auch sonstige Beschlüsse, Zahlungsbefehle, Vollstreckungsbescheide pp. einschließlich eines Kostenfestsetzungsbeschlusses[332]) die Vollstreckbarkeit zu verleihen. Erst danach ist die Ent-

---

[324] BGH FamRZ 2019, 371 Rn. 11 ff.; vgl. auch EuGH FamRZ 2018, 169; inzwischen sind durch eine Ergänzung des Art. 17 EGBGB die Kollisionsnormen der Rom III-VO für auf sog. Privatscheidungen entsprechend anwendbar erklärt worden, Kohler/Pintens FamRZ 2018, 1369 (1371).
[325] BGH FamRZ 2007, 717 (718).
[326] Bergmann FamRZ 1999, 487; siehe auch Boden FamRZ 1998, 1416.
[327] Kropholler, Europäisches Zivilprozessrecht, 10. Aufl. EuGVÜ Art. 26 Rn. 1.
[328] BGH FamRZ 2009, 1816 Rn. 30 ff., 44.
[329] Vgl. BGH NJW 1999, 3198.
[330] Rahm/Künkel/Breuer, Handbuch des Familiengerichtsverfahrens, Stand Nov. 2018, Teil II 4. Kap. C Rn. 459 ff.
[331] BGH FamRZ 2008, 390 (391); Schack IPRax 1986, 218 (219).
[332] Für einen Unterhaltsvergleich BGH FamRZ 1986, 45; OLG München FamRZ 1992, 73 (75); vgl. auch Art. 25 EuGVÜ.

scheidung im Inland durchsetzbar. Streitgegenstand des Vollstreckungsverfahrens ist nicht der materiell-rechtliche Anspruch,[333] sondern lediglich die Zulässigkeit der inländischen Zwangsvollstreckung aus dem ausländischen Titel. Deswegen darf die ausländische Entscheidung auch in diesem Verfahren keinesfalls in der Sache selbst nachgeprüft werden. Eine Ablehnung der inländischen Vollstreckung kann lediglich auf die im Gesetz (§ 109 FamFG) genannten Gründe gestützt werden. Sachlich zuständig ist für die Vollstreckbarkeit ausländischer Unterhaltstitel das **Familiengericht**;[334] örtlich zuständig ist vorrangig das Gericht der Ehesache oder das Gericht am inländischen gewöhnlichen Aufenthalt des minderjährigen Kindes (§ 232 I FamFG). Sonst ist regelmäßig das Gericht am gewöhnlichen Aufenthalt des Antragsgegners örtlich zuständig (§ 232 II FamFG). Das Verfahren richtet sich nach den allgemeinen Regeln des Erkenntnisverfahrens. Das Gericht entscheidet nach dem inländischen Verfahrensrecht durch Beschluss nach fakultativer mündlicher Verhandlung. Da der inländische Vollstreckungsbeschluss zum Vollstreckungstitel wird, muss er sowohl den Verfahrensantrag als auch den Vollstreckungstenor und den ausländischen Titel mit seinem gesamten Tenor vollständig benennen.

703 Voraussetzung der Anerkennung nach nationalem Recht ist die Rechtskraft des Titels und seine Anerkennungsfähigkeit (§ 109 FamFG). Die Anerkennung ist in diesem Verfahren ausgeschlossen, wenn das ausländische Gericht für das Verfahren nach deutschem Recht nicht zuständig war, das verfahrenseinleitende Dokument nicht ordnungsgemäß zugestellt wurde und der Beteiligte sich zur Hauptsache nicht geäußert hatte, die Entscheidung mit einem hier erlassenen oder anzuerkennenden Beschluss unvereinbar ist oder wenn die Entscheidung gegen den deutschen ordre public verstößt (§ 109 I Nr. 1–4 FamFG). Gleiches gilt für die Vollstreckbarkeit nach nationalem Recht, wenn (anders als bei der Vollstreckbarerklärung nach EU-Verordnungen oder internationalen Übereinkommen) die **Gegenseitigkeit** nicht verbürgt[335] ist.

704 Anstelle des Vollstreckungsantrags kann auch ein **Antrag auf Leistung** aus dem durch die ausländische Entscheidung festgestellten Anspruch erhoben werden.[336] Dabei ist das deutsche Gericht jedoch wegen der Rechtskraft der ausländischen Entscheidung und seiner Anerkennung im Inland an den Inhalt der ausländischen Entscheidung gebunden. Es muss eine mit dem ausländischen Titel übereinstimmende Sachentscheidung treffen. Das gilt auch für die Währung.[337] Fraglich bleibt allerdings, ob die ausländische Entscheidung wegen ihrer Rechtskraft einem erneuten Verfahren über denselben Streitgegenstand entgegensteht. Dies dürfte regelmäßig der Fall sein, jedenfalls dann, wenn der bestehende Titel grundsätzlich auch im Inland einfacher und kostengünstiger vollstreckbar ist,[338] und nur dann ausscheiden, wenn eine Erfolg versprechende Vollstreckung aus dem vorliegenden Titel im Inland ausnahmsweise nicht in Betracht kommt (→ Rn. 665).

705 Ist der ausländische Titel nach deutschem Recht zu unbestimmt gefasst, kann er in der Entscheidung über seine Vollstreckbarkeit ausnahmsweise noch konkretisiert werden.[339] Dabei müssen die zur Konkretisierung erforderlichen Feststellungen im Vollstreckbarerklärungsverfahren getroffen[340] und gegebenenfalls ein bestimmter Antrag angeregt werden.

706 Der Vollstreckbarerklärung steht nicht entgegen, dass der ausländische Unterhaltstitel nicht auf EUR lautet, zumal das den Einsatz eines im außereuropäischen Ausland belegenen Vermögens erschweren würde.[341] Der Entscheidung des OLG Hamm[342] wonach der

---

[333] BGH NJW 1978, 1975.
[334] BGH FamRZ 1983, 1008.
[335] BGBl. 2011 I S. 1109; BGH NJW 2001, 524; s. auch den Überblick des Justizministeriums mit abrufbarer Staatenliste im Internet unter: https://www.bundesjustizamt.de/DE/Themen/Buergerdienste/AU/AUG/Vertragsstaaten/Staatenliste_node.html.
[336] BGH FamRZ 1987, 370; 1986, 665 (666); NJW 1979, 2477; 1964, 1626.
[337] BGH FamRZ 1987, 370, Tschechoslowakei; KG FamRZ 1993, 976, Türkei.
[338] EuGH NJW 1977, 495.
[339] BGH FamRZ 1986, 45 (Schweiz); vgl. auch BGH FamRZ 2004, 1023.
[340] BGH IPRax 1994, 367 mAnm Roth IPRax 1994, 350, Italien.
[341] BGH FamRZ 1990, 992.
[342] FamRZ 1991, 718; vgl. Rahm/Künkel/Breuer, Handbuch des Familiengerichtsverfahrens, Stand Nov. 2018, Teil II 4. Kap. C Rn. 497 ff.

Vollstreckungsbeschluss auf EUR (statt zB Zloty) umgestellt werden könne, ist nicht zu folgen, weil damit ein Eingriff in die ausländische Entscheidung verbunden wäre. Denn einem umgestellten Titel würde der Devisenkurs im Zeitpunkt des Vollstreckungsbeschlusses zugrunde liegen und die folgenden Devisenschwankungen (→ Rn. 42 ff.) blieben unberücksichtigt. Ein finnischer Unterhaltstitel ist auch hinsichtlich des gesetzlich indexierten Unterhaltsbetrages für vollstreckbar zu erklären,[343] zumal die Indexierung in der ausländischen Entscheidung einer Vollstreckbarkeit im Inland nicht entgegensteht.[344]

Häufig kommen auf Grund staatsvertraglicher Regelung für die Vollstreckbarerklärung **einfachere und billigere Verfahren** in Betracht, wie zB durch die Verfahren nach der EuUnthVO, der EuGVVO, dem LuGÜ, dem HUVÜ 2007 oder dem HUVÜ 73 (→ Rn. 675 ff.), jeweils iVm dem AUG (→ Rn. 627) oder dem AVAG (→ Rn. 626).[345] Da die zwischenstaatlichen Abkommen nach dem Willen des nationalen Gesetzgebers die Anerkennung erleichtern und nicht erschweren sollen, hat der Titelberechtigte grundsätzlich die Wahl zwischen dem vertraglichen und dem autonomen, innerstaatlichen Anerkennungsrecht.[346] Allerdings kann dem Antragsteller im innerstaatlichen Vollstreckbarerklärungsverfahren ausnahmsweise das Rechtsschutzbedürfnis fehlen, wenn er im Wege der Vollstreckbarkeit nach Art. 17 ff. EuUnthVO oder ggf. auch im Wege eines Exequaturverfahrens eine schnellere und kostengünstigere Vollstreckung erreichen kann (→ Rn. 665).[347] Das grundsätzliche Günstigkeitsprinzip gilt auch für den Verpflichteten.[348] Die EuUnthVO und die EuGVVO, die auch einen besseren Schutz des Antragsgegners bezweckt, beansprucht für ihren Wirkungsbereich allerdings die ausschließliche Geltung gegenüber dem autonomen Recht und bildet damit eine wichtige Ausnahme vom Günstigkeitsprinzip. Im Verhältnis zu den Ländern der EU (mit Ausnahme von Dänemark) geht deswegen das einfachere Verfahren nach der genannten Verordnung vor. **707**

Liegt ein im Inland anerkennungsfähiger ausländischer Titel vor, steht dessen Rechtskraft einem erneuten Antrag wegen derselben Angelegenheit grundsätzlich entgegen (→ Rn. 665).[349] Nach überwiegender Auffassung schließt dies aber einen „unselbstständigen" Leistungsantrag auf Zahlung des titulierten Betrages in gleicher Währung nicht aus.[350] Die Rechtskraft der ausländischen Entscheidung stehe diesem Verfahren bei vorliegenden Vollstreckungshindernissen nicht entgegen, weil das Gericht lediglich befugt ist, ohne inhaltliche Nachprüfung eine inhaltlich gleiche Sachentscheidung zu treffen (vgl. aber → Rn. 704).[351] **708**

Die Anerkennung einer ausländischen Entscheidung kann auch als selbstständige Inzidentanerkennung im Rahmen eines Zwischenfeststellungsantrags einer rechtshängigen Familiensache begehrt werden,[352] wenn diese Frage in dem Rechtsstreit auftritt. Daneben kann ein Streit über die Anerkennung auch zum Gegenstand eines gesonderten (positiven oder negativen) Feststellungsantrags gemacht werden, um zB der Gefahr divergierender Entscheidungen bei der unselbstständigen Inzidentanerkennung zu begegnen. **709**

---

[343] OLG Schleswig FamRZ 1994, 53; Rahm/Künkel/Breuer, Handbuch des Familiengerichtsverfahrens, Stand Nov. 2018, Teil II 4. Kap. C Rn. 497 ff.
[344] BGH NJW 1993, 1801.
[345] Vgl. dazu etwa BGHZ 171, 310 = FamRZ 2007, 989; KG FamRZ 1990, 1376; OLG Schleswig FamRZ 1994, 53; OLG Hamm FamRZ 1993, 213.
[346] Österreichischer OGH IPRax 1999, 47 (48) (zum inhaltsgleichen EuGVÜ); Rahm/Künkel/Breuer, Handbuch des Familiengerichtsverfahrens, Stand Nov. 2018, Teil II 4. Kap. C Rn. 497 ff.; Kropholler, Europäisches Zivilprozessrecht, 10. Aufl. EuGVÜ Art. 25 Rn. 8.
[347] BGH FamRZ 2015, 2043 Rn. 17.
[348] Schack IPRax 1986, 218 (219).
[349] EuGH NJW 1977, 495; Kropholler, Europäisches Zivilprozessrecht, 10. Aufl. Art. 25 EuGVÜ, Rn. 7.
[350] BGH FamRZ 1987, 370; OLG Karlsruhe FamRZ 1999, 309; Rahm/Künkel/Breuer, Handbuch des Familiengerichtsverfahrens, Stand Nov. 2018, Teil II 4. Kap. C Rn. 497 ff.
[351] Vgl. BGH FamRZ 2019, 289 Rn. 16 ff.
[352] Rahm/Künkel/Breuer, Handbuch des Familiengerichtsverfahrens, Stand Nov. 2018, Teil II 4. Kap. C Rn. 497.

IV. Beitrittsgebiet (ehemalige DDR)

710 Nach Art. 10, 11 Einigungsvertrag gelten die Staatsverträge der Bundesrepublik Deutschland mit Wirkung ab 3.10.1990 auch für das Gebiet der ehemaligen DDR. Deren Staatsverträge werden ab 3.10.1990 als erloschen angesehen.[353] Problematisch ist allerdings, ob die vor dem 3.10.1990 erlassenen Unterhaltsentscheidungen der DDR-Gerichte nach den bis dahin geltenden DDR-Staatsverträgen oder nach denjenigen der Bundesrepublik Deutschland anzuerkennen und zu vollstrecken sind und wie mit den vor dem 3.10.1990 erlassenen Entscheidungen von Vertragsstaaten der Bundesrepublik Deutschland für das Beitrittsgebiet verfahren werden soll. Nach dem Grundsatz, dass Staatsverträge, soweit nicht anders geregelt, erst für die ab ihrem Inkrafttreten entstandenen Tatbestände gelten, dürften die alten DDR-Verträge für die vor dem 3.10.1990 fällig gewordenen Unterhaltsansprüche noch anwendbar sein, ebenso für die vorher erlassenen Entscheidungen. Im Übrigen gilt, soweit keine DDR-Staatsverträge abgeschlossen wurden, für die Zeit vor dem 3.10.1990 das sog Rechtsanwendungsgesetz (RAG) der früheren DDR. Nach Art. 234 § 5 EGBGB bleibt für den Unterhaltsanspruch eines Ehegatten, dessen Ehe vor dem Wirksamwerden des Beitritts geschieden worden ist, das bisherige Recht maßgebend. Unterhaltsvereinbarungen bleiben unberührt. Entscheidungen der früheren DDR bedürfen allerdings keiner Vollstreckbarerklärung.[354]

---

[353] Vgl. Pirrung IPRax 1992, 408.
[354] BGH FamRZ 1982, 785; OLG Hamm FamRZ 1991, 1078; OLG Brandenburg FamRZ 1998, 1134.

§ 10 Verfahrensrecht

1. Abschnitt: Verfahrensgegenstand, Zuständigkeit und Gericht

I. Vom Unterhaltsprozess zum Verfahren in Unterhaltsstreitsachen

Die gerichtliche Geltendmachung und Durchsetzung von Ansprüchen, die den gesetzlichen Unterhalt betreffen, folgte bis zum 31.8.2009 ausschließlich den Verfahrensvorschriften, die nach der Zivilprozessordnung auch für andere bürgerlich-rechtliche Rechtsstreitigkeiten (§ 13 GVG aF) galten. Diese trugen dabei auch verfahrensspezifischen Besonderheiten Rechnung, die aus den unterschiedlichen Zielen resultierten, die die Beteiligten des Unterhaltsverhältnisses verfolgten. Sie hingen im Einzelfall etwa davon ab, ob ein Vollstreckungstitel erst geschaffen (**Leistungsklage**), ein vorhandener den geänderten Verhältnissen angepasst (**Abänderungsklage**) oder seiner Wirkungen beraubt (**Vollstreckungsabwehrklage**) oder ein solcher Anspruch nur festgestellt oder verneint werden sollte (**Feststellungsklage**), ob eine endgültige Entscheidung (**Urteil**) oder nur eine vorläufige (**einstweilige Verfügung oder einstweilige Anordnung**) gesucht wurde. 1

Mit dem am 1.9.2009 in Kraft getretenen Gesetz zur Reform des Verfahrens in Familiensachen und in den Angelegenheiten der freiwilligen Gerichtsbarkeit (FGG-RG) vom 17.12.2008[1] hat der Gesetzgeber seinem Reformanliegen, das bis dahin mit einer komplizierten und dissonanten Regelungstechnik wahrgenommene **Familiengerichtsverfahren** zumindest durch eine **formale Ordnung** an einem **einheitlichen Standort** zusammenzufassen, Gesetzesgestalt gegeben.[2] Wesentlicher Bestandteil der Reform war hierbei das Anliegen, das durch die Fürsorge des Gerichts geprägte familiengerichtliche Verfahren von den Festlegungen des Zivilprozesses zu lösen, der sich mit der Struktur eines Streitverfahrens als Modell für familienrechtliche Angelegenheiten nur bedingt eignet.[3] Mit der ersatzlosen Aufhebung von Buch 6 der ZPO (Verfahren in Familiensachen) durch Art. 29 Nr. 15 des FGG-RG[4] ist damit jeder **unmittelbare Bezug** des Verfahrens in Familiensachen zur **Zivilprozessordnung entfallen**. Das gilt mithin auch für das Verfahren zur Durchsetzung gesetzlicher Unterhaltsansprüche. Gleichwohl hält die Neuregelung des Verfahrens an dem Grundsatz fest, dass der Streit in Unterhaltssachen sowie in den anderen Familienstreitsachen (§ 112 FamFG) weiterhin der im Zivilprozess vorherrschenden Dispositionsmaxime folgt. Gemäß § 113 I 2 FamFG finden deshalb die allgemeinen Vorschriften der Zivilprozessordnung und die Vorschriften der Zivilprozessordnung über das Verfahren vor den Landgerichten weiterhin „entsprechend" (§§ 1–494a ZPO) Anwendung, soweit dem abweichende Regelungen des FamFG nicht entgegenstehen. Gleiches gilt für den Urkunden- und Wechselprozess sowie das Mahnverfahren (§ 113 II FamFG). 1a

Wesentlich beeinflusst wird die gerichtliche Verfolgung gesetzlicher Unterhaltsansprüche (§ 231 I FamFG) im **Erkenntnisverfahren** von folgenden Neuerungen: 1b
1. Mit Rücksicht auf eine möglichst **verfahrenseinheitliche Terminologie** im Familiengerichtsverfahren wird das streitige Unterhaltsverfahren über eine Ablösung der Begriffe „Prozess, Klage, Kläger, Beklagter und Partei" durch die Begriffe „Verfahren, Antrag, Antragsteller, Antragsgegner und Beteiligter" (§ 113 V FamFG) auf das Verfahren in anderen Familiensachen abgestimmt, wobei dies auch dann zu gelten hat, wenn Vorschriften der ZPO entsprechend heranzuziehen sind. Während für den ver-

---

[1] BGBl. I S. 2586.
[2] BT-Drs. 16/6308, 162 li. Sp.
[3] BT-Drs. 16/6308, 162 re. Sp.
[4] BT-Drs. 16/6308, 121.

fahrenstechnisch nicht vorgebildeten Beteiligten die Grenze zum Absurden[5] bei einem „Widerantragsgegner" (statt Widerbeklagtem) jedenfalls in Sichtweite liegen dürfte, bedarf es weiterer Gesetzesreformen, will der Gesetzgeber die formale Ordnung für das Familiengerichtsverfahren konsequent herstellen, die etwa für § 38 FamGKG („Stufenklageantrag") und § 40 FamGKG („Klage- und Widerklageantrag") noch nicht besteht.

2. Die **Mitwirkung** eines **Rechtsanwalts** für den das Verfahren aktiv führenden Beteiligten ist auch dann notwendig (§ 114 I FamFG), wenn er außerhalb des Verbundverfahrens Unterhaltsansprüche in einer selbständigen Familiensache erstinstanzlich geltend machen oder sich gegen ein entsprechendes Unterhaltsbegehren in einem Hauptsacheverfahren verteidigen will.

3. Der **einstweilige Rechtsschutz** in Unterhaltsstreitsachen findet nur noch im Wege einstweiliger Anordnung oder durch Arrest statt (§§ 119, 246–248 FamFG). Auch das Verfahren der einstweiligen Anordnung ist ein selbständiges Verfahren. Eine Abhängigkeit von einem Hauptsacheverfahren (**Akzessorietät**) besteht nicht (§ 51 III 1 FamFG).

4. Die Mitwirkung der Beteiligten am Verfahren sowie die dritter Personen durch Erfüllung **verfahrensrechtlicher Auskunftspflichten** ist erweitert (§§ 235, 236 FamFG).

5. Die Überprüfung von Endentscheidungen in streitigen Unterhaltssachen wird durch die Rechtsmittel der **befristeten Beschwerde** (§ 58 FamFG) und der **Rechtsbeschwerde** (§ 70 FamFG) sichergestellt. Die Heranziehung zivilprozessualer Berufungsvorschriften ist nur in einem begrenzt geregelten Umfang möglich (§ 117 II FamFG). Der Anwendungsbereich der im FamFG originär nicht geregelten **sofortigen Beschwerde** (§ 567 ZPO) und der **Rechtsbeschwerde** nach § 574 ZPO bleibt,[6] soweit hierauf verwiesen wird.

Für das **Vollstreckungsverfahren** in Familienstreitsachen verweist § 120 I FamFG auf die Vorschriften der Zivilprozessordnung über die Zwangsvollstreckung (Buch 8).

1c Den Übergang vom alten zum neuen Familienverfahrensrecht regeln auch für Unterhaltssachen die **Überleitungsvorschriften** in Art. 111 FGG-RG in der Fassung des Gesetzes zur Strukturreform des Versorgungsausgleichs vom 3.4.2009.[7] Die Grundregel (Art. 111 I 1 FGG-RG) besagt danach, dass auf Verfahren, die bis zum Inkrafttreten des FamFG eingeleitet worden sind oder deren **Einleitung** bis zu diesem Zeitpunkt **beantragt** wurde, weiterhin das bis zum Inkrafttreten geltende Verfahrensrecht anzuwenden ist. Die Einreichung eines Prozesskostenhilfegesuchs, der lediglich ein **Klageentwurf** beigefügt ist, stellt keinen einleitungsrelevanten Sachverhalt dar, der für das nachfolgende Hauptsacheverfahren zur Anwendung alten Verfahrensrechts führen könnte.[8] Ist eine Unterhaltsklage vor dem 1.9.2009 erhoben worden, gilt das entsprechende Prozessrecht auch für die zu einem späteren Zeitpunkt erhobene **Widerklage**.[9] Maßgebend ist allein die **erstinstanzliche Verfahrenseinleitung**, so dass auch erst nach dem 31.8.2009 eingeleitete **Rechtsmittelverfahren** nach altem Verfahrensrecht durchzuführen sind.[10] Durch Art. 111 I 2 FGG-RG wird klargestellt, dass als eigenständige Verfahren im Sinne der Überleitungsvorschriften auch **Abänderungsverfahren** zu gelten haben. Werden diese nach dem 31.8.2009 eingeleitet oder wird erst dann ein entsprechender Antrag eingereicht, ist das Verfahren nach dem FamFG zu führen, mithin zB nach §§ 238, 239 oder 240 FamFG,[11] auch wenn es sich um einen nach altem Verfahrensrecht zustande gekommenen Unterhaltstitel handelt. Für das **Scheidungsverbundverfahren** besagt die Regelung, dass bei einer vor dem 1.9.2009 anhängig gewordenen Ehesache altes Verfahrensrecht auch anzuwenden ist auf **Folgesachen**, die erst zu einem späteren Zeitpunkt anhängig werden.[12]

---

[5] Schael FamRZ 2009, 7 (9).
[6] BGH FamRZ 2011, 368; FGPrax 2010, 154.
[7] BGBl. I S. 700.
[8] OLG Stuttgart FamRZ 2010, 1686.
[9] BGH FamRZ 2011, 100 Rn. 11.
[10] BGH FamRZ 2010, 192 Rn. 5.
[11] Hoppenz/Hoppenz, Familiensachen, Art. 111 FGG-RG Rn. 1.
[12] Musielak/Borth FamFG Einl. Rn. 94.

Besonderheiten für das Verbundverfahren ergeben sich allerdings aus Art. 111 V FGG-RG, wonach abweichend von dem in Art. 111 I FGG-RG aufgestellten Grundsatz das ab dem 1.9.2009 geltende Verfahrensrecht heranzuziehen ist, sofern am 31.8.2010 im ersten Rechtszug noch keine Endentscheidung zum **Versorgungsausgleich** vorlag. Dies gilt mithin auch für den als Folgesache geltend gemachten Unterhalt in einem noch bestehenden Verbund.[13] Weitere Besonderheiten gelten im Anwendungsbereich des einstweiligen Rechtsschutzes wegen der Einführung des **selbständigen Anordnungsverfahrens** durch das FGG-RG (vgl. zu den Einzelheiten → Rn. 394 und 395). Für das Vollstreckungsverfahren enthalten die Übergangsbestimmungen keine besonderen Regelungen, deren es für die Vollstreckung in Unterhaltsstreitsachen nicht bedarf, weil auch in den nach dem 31.8.2009 einzuleitenden **Vollstreckungsverfahren** die Vorschriften der Zivilprozessordnung heranzuziehen sind (§ 120 I FamFG). War durch gerichtliche Entscheidung entweder die Unterhaltsache am Stichtag ausgesetzt oder das Ruhen des Verfahrens angeordnet, wird das Verfahren nach den Vorschriften des FamFG aufgenommen und fortgesetzt (Art. 111 III FGG-RG).

II. Verfahrensgegenstand

1. Die Unterhaltssachen als Familienstreitsachen (§ 231 I FamFG)

Bestimmt und begrenzt werden unterhaltsrechtliche Streitigkeiten, die als so genannte 2 Familienstreitsachen (§ 112 Nr. 1 FamFG) Gegenstand eines familiengerichtlichen Verfahrens sein können, zum einen durch die **Beschränkung** auf einen **Personenkreis**, der durch Ehe oder Verwandtschaft (§ 231 I Nr. 1 und 2 FamFG), Lebenspartnerschaft (§§ 269 I Nr. 8 und 9, 270 I 2 FamFG) oder auch durch die Geburt eines gemeinsamen Kindes (§ 231 I Nr. 3 FamFG) verbunden ist oder war sowie deren **Rechtsnachfolger.** Als solche kommen insbesondere bei Tod des Unterhaltsberechtigten oder Unterhaltspflichtigen deren Erben in Betracht wie auch in Fällen des gesetzlichen Forderungsübergangs (§ 94 SGB XII, § 37 BAföG, § 7 UVG) der Träger der Sozialleistungen. Zum anderen erfährt das Verfahren eine Eingrenzung durch die Festlegung auf den **gesetzlichen Unterhalt.** Damit zählen Streitigkeiten, die sich aus rein **vertraglichen Unterhaltsregelungen** ableiten,[14] nicht zu den Unterhaltssachen iSv § 231 I FamFG. Für diese kann zwar gemäß § 266 I Nr. 3 FamFG als sonstige Familiensache eine familiengerichtliche Zuständigkeit bestehen. Doch finden insbesondere die besonderen Verfahrensvorschriften gemäß §§ 232–248 FamFG keine Anwendung.

Davon zu unterscheiden sind allerdings die Fälle, in denen Vereinbarungen die gesetzliche Unterhaltspflicht lediglich ausformen. Hier wird in aller Regel der gesetzliche Unterhalt nach Zeitraum und Höhe nur konkretisiert.[15] Eine selbständige, vom Gesetz losgelöste Unterhaltsregelung liegt allerdings nicht schon deshalb vor, weil der vereinbarte Unterhaltsbetrag höher ist als der, der nach den tatsächlichen Verhältnissen kraft Gesetzes geschuldet wäre.[16] Vielmehr kommt es darauf an, ob die vertragliche Regelung hinsichtlich der Voraussetzungen, des Umfangs und des Erlöschens des Anspruchs die im **gesetzlichen Unterhaltsrecht** vorgegebenen Grundsätze **aufnimmt** und im Einzelfall selbst mit erheblichen Abweichungen abbildet.[17] Für eine „Loslösung" vom gesetzlichen Unterhaltstatbestand müssen **besondere dafür sprechende Anhaltspunkte**[18] vorliegen. Allerdings fehlt es in der Rechtsprechung an einer näheren Definition der Kriterien für eine Abgrenzung zwischen rein vertraglichem und gesetzlichem Unterhalt. Maßgebend bleiben im jeweiligen Einzelfall die allgemeinen Auslegungsregeln für Vertragserklärungen der Betei-

---

[13] Johannsen/Henrich/Büte FGG-RG Art. 111 Rn. 12.
[14] BGH FamRZ 1978, 674.
[15] BGH FamRZ 1997, 544 (545).
[16] BGH FamRZ 1981, 19.
[17] BGH FamRZ 2009, 219 Rn. 13.
[18] BGH FamRZ 2004, 1546 (1547).

ligten.[19] Für eine abschließende vertragliche Gestaltung des Unterhalts gibt dabei allein die Unterscheidung zwischen gesetzlichem und vertraglichem Unterhalt nichts her. Dies gilt ebenso für Modifikationen bei Bedarf, Bedürftigkeit und Leistungsfähigkeit,[20] zumal diese Begriffe auch bei vertraglichen Unterhaltsregelungen als Bemessungskriterien ins Gewicht fallen können. Für die Einordnung der Rechtsnatur des Unterhalts können auch außerhalb des dokumentierten Willens der Beteiligten liegende Gesichtspunkte herangezogen werden,[21] die sich zum einen aus der Natur des Unterhalts ergeben, wie dies beim **Kindesunterhalt** der Fall ist, der ohnehin nur einer eingeschränkten Dispositionsbefugnis unterliegt (§ 1614 BGB). Zum anderen können die **zeitlichen Umstände** der vertraglichen Regelungen Bedeutung erlangen, wie dies etwa im zeitlichen Zusammenhang mit einer Ehescheidung der Fall sein kann, wonach umfangreiche Modifikationen eines nachehelichen Unterhaltsanspruchs die Rechtsnatur des gesetzlichen Unterhalt in der Regel nicht in Zweifel ziehen.[22] Etwas anderes kann allerdings dann gelten, wenn ein nachehelicher Unterhaltsanspruch nicht gegeben, von einem früheren Unterhaltsverzicht auszugehen ist oder die Beteiligten die vereinbarten Unterhaltszahlungen in den Kontext eines Austauschgeschäfts gestellt haben.

2a Überdies muss die gesetzliche Unterhaltspflicht lediglich „betroffen" sein, um eine familiengerichtliche Zuständigkeit zu begründen. Sie geht damit über eine Bindung an Unterhaltstatbestände im engeren Sinne (zB §§ 1601 ff. BGB) hinaus. Diese weite und aus § 23b Nr. 5 und 6 GVG aF unverändert übernommene Formulierung[23] soll alle diejenigen Ansprüche erfassen, deren Zuweisung in den Zuständigkeitsbereich der Familiengerichte nach Sinn und Zweck der genannten Norm geboten erscheint. Sie begründet eine **vorrangige familiengerichtliche Spezialzuständigkeit**.[24] Selbst wenn die gesetzliche Unterhaltspflicht nicht betroffen ist, führt dies nicht notwendig zur Verneinung einer familiengerichtlichen Zuständigkeit. Denn unter den Voraussetzungen von § 266 I FamFG unterliegen nunmehr weitere Familienstreitsachen (§ 112 Nr. 3 FamFG) aus Verlöbnis, Ehe vor und nach einer Scheidung, aus Eltern-Kind-Verhältnis und Umgangsrecht als sonstige Familiensachen der familiengerichtlichen Zuständigkeit.

Allerdings dürfte vor dem Hintergrund der hierdurch erweiterten familiengerichtlichen Zuständigkeit durch die Einführung des Großen Familiengerichts[25] ein nunmehr eingeschränktes Verständnis der Zuständigkeit in Unterhaltssachen nicht angezeigt sein,[26] zumal der abschließende Zuständigkeitskatalog in § 266 I FamFG für eine allgemeine Auffangzuständigkeit keinen Raum lässt.[27]

Ob eine unterhaltsrechtliche Streitigkeit im Sinne von §§ 231, 269 FamFG vorliegt, richtet sich allein nach der Begründung des geltend gemachten Anspruchs; maßgebend ist das **tatsächliche Vorbringen** des Antragstellers, nicht dessen rechtliche Würdigung. Der familienrechtliche Charakter der Einwendung oder des Verteidigungsvorbringens ist bedeutungslos.[28]

Die gesetzliche Unterhaltspflicht „betreffen":

3 – Die Unterhaltsansprüche des minderjährigen oder volljährigen gemeinsamen Kindes gemäß §§ 1601 ff. BGB gegenüber seinen Eltern (und umgekehrt aller Vorfahren – Eltern, Großeltern, Tanten, Onkeln – gegenüber dem Kind),
– die Unterhaltsansprüche der in Gemeinschaft lebenden Ehegatten (§ 1360, § 1360a BGB), zB Zahlung von Haushaltsgeld oder von Taschengeld,
– des getrennt lebenden Ehegatten (§ 1361 BGB),

---

[19] BGH FamRZ 2012, 699 Rn. 20.
[20] BGH FamRZ 2012, 525 Rn. 33.
[21] BGH FamRZ 2014, 912 Rn. 25.
[22] Borth FamRZ 2014, 915 (916).
[23] BGH FamRZ 1994, 626; 1978, 582 (584).
[24] BGH FamRZ 1983, 155.
[25] BT-Drs. 16/6308, 2.
[26] Vgl. aber Johannsen/Henrich/Maier FamFG § 231 Rn. 9.
[27] Keidel/Giers FamFG § 266 Rn. 4.
[28] St. Rspr., zB BGH FamRZ 1985, 48; FamRZ 1980, 988; für die Prozessaufrechnung BGH FamRZ 1989, 166.

- des geschiedenen Ehegatten gemäß §§ 1569 ff. BGB oder – bei Scheidung nach altem Recht – gemäß §§ 58 ff. EheG iVm Art. 12 Nr. 3 S. 2 des 1. EheRG einschließlich des Unterhaltsbeitrags nach § 60 EheG,[29]
- die Unterhaltsansprüche der gebärenden oder Beerdigungskosten der infolge der Schwangerschaft verstorbenen Mutter gemäß §§ 1615l I–III, 1615m oder des betreuenden Vaters (§ 1615l IV BGB),
- die in einer Scheidungsvereinbarung der Eltern gegenüber einem Elternteil festgelegte Verpflichtung zur Entrichtung gesetzlich begründeter Unterhaltsleistungen für ein gemeinsames Kind, auch wenn die Vereinbarung ohne Beteiligung des Kindes vor dem 1.7.1977 abgeschlossen worden ist,[30] ferner die vertragliche Vereinbarung der Eltern, in Höhe des Kindesunterhalts Lebensversicherungsverträge abzuschließen,[31]
- der Anspruch auf Befreiung von einer in einem Scheidungsvergleich übernommenen Unterhaltsverpflichtung,[32]
- der Anspruch auf Erstattung bereits erbrachter Unterhaltsleistungen,[33]
- nach OLG Hamm[34] Erstattungsansprüche hinsichtlich eines Versorgungsausgleichs als Nebenpflicht aus dem Unterhaltsverhältnis,
- ein Rechtsstreit über die Rückgewähr von Leistungen, die zum Zwecke der Erfüllung einer gesetzlichen Unterhaltspflicht erbracht worden sind,[35]
- der „Ausgleichsanspruch" eines Elternteils gegen den anderen wegen Unterhaltsleistungen für ein gemeinsames Kind,[36] auch wegen des Kindergelds,[37]
- der Antrag auf Rückzahlung eines Verfahrenskostenvorschusses,[38]
- der Antrag auf Zahlung von Verfahrenskostenvorschuss zur Verteidigung gegen die Ehelichkeitsanfechtung,[39]
- der Streit um Kinderbetreuungskosten,[40]
- Sonderbedarf, zB Erstattung von Umzugskosten,[41]
- der Anspruch auf Befreiung von Krankheitskosten und auf Zahlung von Krankenhaustagegeld, die im Rahmen einer Familienversicherung für den begünstigten Ehegatten angefallen sind,[42]
- der Antrag auf Auskehrung von privaten Krankenkassenleistungen einschließlich Schadensersatz wegen Nichterfüllung,[43]
- der Antrag auf Schadensersatz wegen unterlassener Weiterleitung von Arztrechnungen an die Beihilfestelle,[44]
- der Antrag auf Beteiligung an den Zahlungen der Beihilfestelle und der Krankenkasse, soweit es um die Deckung tatsächlicher Krankheitskosten geht,[45]
- der Antrag des Unterhaltsberechtigten aus § 419 BGB,[46]

---

[29] BGH NJW 1979, 2517.
[30] BGH FamRZ 1978, 672.
[31] BayObLG FamRZ 1983, 1246.
[32] BGH FamRZ 1989, 603.
[33] BGH FamRZ 1984, 217.
[34] FamRZ 1994, 705.
[35] BGH FamRZ 1978, 582.
[36] OLG Brandenburg FamRZ 2016, 1462 (1463); OLG Köln FamRZ 2012, 574.
[37] BGH FamRZ 1980, 345.
[38] OLG München FamRZ 1978, 601; OLG Zweibrücken FamRZ 1981, 1090.
[39] OLG Koblenz FamRZ 1982, 402.
[40] OLG Hamburg FamRZ 1985, 407; a.A. BGH FamRZ 1978, 873 bei Unterhaltsverzicht der Ehefrau und eigener Regelung des Kindesunterhalts.
[41] BGH FamRZ 1985, 49.
[42] BGH FamRZ 1994, 626; zT a. A. OLG Hamm FamRZ 1991, 206.
[43] OLG Düsseldorf MDR 1994, 278.
[44] AG Charlottenburg FamRZ 1993, 714.
[45] A. A. OLG München FamRZ 1986, 74 mit abl. Anm. v. Rassow; vgl. OLG Hamm FamRZ 1987, 1142.
[46] Vermögensübernahme; OLG Frankfurt a. M. FamRZ 1983, 196; a. A. OLG München FamRZ 1978, 48; offengelassen OLG Frankfurt a. M. FamRZ 1988, 734; die Vorschrift ist aufgehoben

§ 10

– die Schadensersatzforderung wegen eines Unterhaltstitels gemäß § 826 BGB;[47] Schadensersatz wegen vorsätzlicher Verletzung der Unterhaltspflicht,[48] sowie „Attributsklage" im Zusammenhang mit der Verletzung von Unterhaltspflichten,[49]
– der aus dem gesetzlichen Unterhaltsrechtsverhältnis zwischen den Ehegatten hergeleitete Anspruch auf Zustimmung zum sog steuerlichen Realsplitting gemäß § 10 I Nr. 1 EStG,[50]
– der Antrag gegen den Ehegatten auf Ersatz der außergerichtlichen Kosten für die Geltendmachung des auf Grund des Realsplittings bestehenden Steuererstattungsanspruchs,[51]
– die Schadensersatzforderung wegen pflichtwidrig unterlassener Zustimmung zum steuerlichen Realsplitting,[52]
– der Antrag des Unterhaltsberechtigten gegen seinen geschiedenen oder von ihm dauernd getrennt lebenden Ehegatten auf Erstattung der ihm durch das begrenzte Realsplitting entstandenen Nachteile,[53]
– der Streit über Schadensersatz wegen verspäteter Erstattung der Steuermehrbelastung auf Grund steuerlichen Realsplittings,[54]
– die (vor dem 27.6.1993) übergeleiteten oder übergegangenen gesetzlichen Unterhaltsansprüche, zB gemäß § 90 BSHG (jetzt gemäß § 94 SGB XII, § 33 SGB II oder § 37 IV BAföG),[55]
– der Bereicherungsanspruch des Unterhaltsschuldners gegen den Sozialhilfeträger bei „Abzweigung" von Arbeitslosengeld,[56]
– der wechselseitige Verzicht von Ehegatten auf Unterhalt,[57]
– das Verfahren über einen Vollstreckungsabwehrantrag, wenn und soweit der Vollstreckungstitel, gegen den sie sich richtet, einen Unterhaltsanspruch nach §§ 231 I, 269 FamFG zum Gegenstand hat,[58] auch dann, wenn Verwirkung des titulierten gesetzlichen Unterhaltsanspruchs geltend gemacht wird,[59]
– das Verfahren über die Vollstreckbarerklärung eines ausländischen Titels, wenn der Titel nach deutschem Recht Unterhaltsansprüche im Sinne der §§ 231 I, 269 FamFG betrifft,[60]
– der Antrag auf Abänderung eines Unterhaltstitels,[61] auch diejenige gemäß § 641q ZPO aF,[62]
– der Antrag auf Ausspruch der Erledigung des Rechtsstreits,[63]
– das sog Drittschuldnerverfahren,[64]
– das Arrestverfahren oder das einstweilige Verfügungsverfahren, wenn das Hauptsacheverfahren Familiensache wäre,[65]

---

durch EGInsOÄndG v. 19.12.1998 und gem. Art. 223a EGBGB weiterhin anzuwenden, soweit die Vermögensübernahme bis zum 31.12.1998 wirksam geworden ist.

[47] OLG Düsseldorf FamRZ 1980, 376; OLG Karlsruhe FamRZ 1982, 400.
[48] BGH FamRZ 2016, 972 Rn. 14; OLG Hamm FamRZ 2013, 67; OLG Köln FamRZ 2012, 1836.
[49] OLG Celle FamRZ 2012, 1838.
[50] BGH FamRZ 2008, 40 Rn. 15: „Nachwirkungen eines Unterhaltsverhältnisses"; 1984, 1211.
[51] OLG Zweibrücken NJW-RR 1993, 644.
[52] OLG Köln NJW-RR 1987, 456; a. A. OLG München FamRZ 1983, 614.
[53] BGH FamRZ 2008, 40.
[54] OLG Zweibrücken FamRZ 1992, 830.
[55] BGH VersR 1979, 375; OLG München FamRZ 1978, 48.
[56] OLG Düsseldorf FamRZ 1992, 481.
[57] BGH FamRZ 1981, 19.
[58] St. Rspr., zB BGH FamRZ 1981, 19.
[59] BGH FamRZ 1979, 910.
[60] BGH FamRZ 1988, 491.
[61] St. Rspr., zB BGH FamRZ 1979, 907.
[62] OLG Frankfurt a. M. FamRZ 1978, 348; OLG Hamm FamRZ 1980, 190.
[63] BGH FamRZ 1981, 19.
[64] OLG Hamm FamRZ 1985, 407.
[65] BGH FamRZ 1980, 46; OLG Stuttgart FamRZ 1978, 704; allgM.

1. Abschnitt: Verfahrensgegenstand, Zuständigkeit und Gericht § 10

- die eng mit einem Unterhaltsverfahren zusammenhängenden Nebenverfahren, zB das Verfahren, in dem ein Richter in Unterhaltssachen als befangen abgelehnt wird gem. § 45 II ZPO,[66]
- die Kosten aus einer Familiensache,[67]
- das Kostenfestsetzungsverfahren,[68] auch der gegen den Kostenfestsetzungsbeschluss gerichtete Vollstreckungsabwehrantrag,[69]
- das Verfahrenskostenhilfeverfahren, soweit es nicht ausschließlich die Zwangsvollstreckung betrifft,[70]
- die Erstattung außerprozessualer Kosten für die Geltendmachung gesetzlicher Unterhaltsansprüche,[71]
- der Antrag auf Erstattung der im Rahmen eines Vollstreckungsabwehrverfahrens gegen einen Unterhaltstitel entstandenen Kosten,[72]
- der Schadensersatz aus § 717 II ZPO wegen der Kosten eines Unterhaltsverfahrens,[73]
- der Antrag auf Schadensersatz wegen Zinsen auf überzahlten Unterhalt,[74]
- der Antrag des Unterhaltsgläubigers auf Einwilligung zur Auszahlung eines gepfändeten und hinterlegten Betrages,[75]
- die den gesetzlichen Unterhaltsanspruch vorbereitenden Auskunftsansprüche,[76]
- die Schadensersatzforderung wegen Verschweigens von Einkünften im Unterhaltsverfahren,[77]
- der Ausgleichsanspruch wegen gezahlter Mieten,[78]
- die Unterzeichnung der Anlage „U" durch den Unterhaltsgläubiger iRd begrenzten Realsplittings sowie die Berücksichtigung von Familienfreibeträgen,[79]
- das vereinfachte Verfahren über den Unterhalt Minderjähriger nach §§ 249–260 FamFG,
- Streitigkeiten über die elterliche Unterhaltsbestimmung nach § 1612 II BGB;
- das vereinfachte Klauselerteilungsverfahren (§§ 36–48 AUG) „kraft verfahrensrechtlichen Zusammenhangs" nach den Vorschriften des Auslandsunterhaltsgesetzes.[80]

2. Die Nichtunterhaltssachen

Die gesetzliche Unterhaltspflicht **„betreffen"** nicht:
- rein vertragliche, vom Gesetz losgelöste Unterhaltsansprüche;[81] eine solche Loslösung ist nur ganz ausnahmsweise anzunehmen,[82]
- Klagen von Dritten gegen Eltern gemeinsamer Kinder auf Ersatz ihrer Aufwendungen für den Unterhalt der Kinder, etwa aus Geschäftsführung ohne Auftrag,[83]
- diejenigen Verrichtungen, die im VIII. Buch der ZPO (Zwangsvollstreckung) den Vollstreckungsgerichten zugewiesen sind,[84]

4

---

[66] BGH FamRZ 1986, 1197.
[67] BGH FamRZ 1981, 19.
[68] BGH FamRZ 1978, 585.
[69] OLG Nürnberg FamRZ 2017, 1852 (1853).
[70] Vgl. BGH FamRZ 1979, 421.
[71] OLG Braunschweig FamRZ 1979, 719.
[72] OLG Hamm FamRZ 1988, 1291.
[73] OLG Düsseldorf FamRZ 1988, 298.
[74] OLG Düsseldorf FamRZ 1988, 298.
[75] OLG Düsseldorf FamRZ 1988, 298.
[76] BGH FamRZ 1985, 367.
[77] OLG Hamm NJW-RR 1991, 1349.
[78] OLG Schleswig SchlHA 1979, 144.
[79] AG Gelnhausen FamRZ 1988, 510.
[80] BGH FamRZ 2017, 1705 Rn. 12.
[81] BGH FamRZ 1979, 220.
[82] BGH FamRZ 2014, 912 Rn. 24; 2012, 699 Rn. 19; 2012, 525 Rn. 32.
[83] BGH FamRZ 1979, 218.
[84] BGH FamRZ 1979, 421.

- Verfahren wegen der Vergütung eines Rechtsanwalts für geleistete Beratungshilfe, auch dann, wenn ihr Gegenstand bei gerichtlicher Geltendmachung eine Familiensache wäre,[85] auch nicht die Gebührenklage gemäß § 34 ZPO,[86]
- die Klage aus der Vereinbarung, eine Schuld des Ehegatten aus Anwaltsvertrag mitzutragen,[87]
- das Verfahren über die Bestimmung der Bezugsberechtigung für das Kindergeld (§ 64 II 3 EstG),[88]
- die Klage auf Auskunftserteilung gegen den Unterhaltsschuldner nach § 836 III ZPO,[89]
- der Streit über die Tilgung gemeinsamer Schulden,[90]
- der Antrag auf Gesamtschuldnerausgleich gemäß § 426 BGB,[91]
- der Antrag eines Ehegatten gegen den anderen auf Freistellung von Verbindlichkeiten gegenüber einer Bank,[92]
- Ausgleichsansprüche wegen Verfügung über ein gemeinschaftliches Bankkonto,[93]
- das Verlangen nach Teilhabe am Lohnsteuerjahresausgleich,[94]
- das Verlangen nach Zustimmung zum Lohnsteuerermäßigungsantrag oder auf Stellung eines eigenen Lohnsteuerermäßigungsantrags,[95]
- der Antrag auf Aufteilung der Steuerrückerstattung,[96]
- das Verlangen nach Mitwirkung bei der steuerlichen Zusammenveranlagung,[97]
- der Antrag auf Schadensersatz wegen Verweigerung der Mitwirkung bei der steuerlichen Zusammenveranlagung,[98]
- der Antrag auf Herausgabe des Steuerbescheids und auf Schadensersatz wegen Nichtzustimmung zur gemeinsamen steuerlichen Veranlagung zur Einkommensteuer,[99]
- der Antrag des Scheinvaters auf Ersatz der im Anfechtungsverfahren angefallenen Kosten;[100] davon zu unterscheiden sind die für das Kind erbrachten Unterhaltsleistungen; wegen des Forderungsübergangs gemäß § 1607 III 2 BGB handelt es sich insoweit um eine Unterhaltssachen (§ 231 I FamFG),
- die Übertragung des Kfz-Schadensfreiheitsrabatts auf einen Dritten,[101]
- der Anspruch auf Auskehrung des Krankenhaustagegeldes und des Genesungsgeldes,[102]
- der Anspruch des Unterhaltspflichtigen auf Erstattung zu Unrecht abgezweigter Sozialleistungen,[103]
- die Auseinandersetzung der Eltern über Beerdigungskosten ihres Kindes,[104]

---

[85] BGH FamRZ 1984, 774.
[86] BGH FamRZ 1986, 347; zum Anspruch auf „Beraterhonorar im Rahmen einer Scheidungsfolgenvereinbarung" BGH FamRZ 1988, 1036.
[87] OLG Düsseldorf FamRZ 1991, 1070.
[88] BGH FamRZ 2014, 646 Rn. 6; OLG Köln FamRZ 2015, 1751; OLG Celle FamRZ 2012, 1963 (1964).
[89] Überweisung einer gepfändeten Geldforderung, OLG Nürnberg FamRZ 1979, 524.
[90] OLG Düsseldorf FamRZ 1986, 180.
[91] Gesamtschuldnerausgleich; allgM, zB aus BGH FamRZ 1987, 1239.
[92] OLG Nürnberg FamRZ 1994, 838.
[93] OLG Zweibrücken FamRZ 1987, 1138; OLG Köln FamRZ 1987, 1139.
[94] BGH FamRZ 1980, 554; OLG Hamm FamRZ 1988, 518; OLG Hamburg FamRZ 1982, 507.
[95] BayObLG FamRZ 1985, 947.
[96] OLG Düsseldorf FamRZ 1985, 82.
[97] HM; vgl. dazu BGH FamRZ 1977, 38: damals gab es noch keine Familiengerichte, OLG Köln NJW-RR 1993, 454; OLG Stuttgart FamRZ 1992, 1447.
[98] OLG München FamRZ 1983, 614; a. A. OLG Köln NJW-RR 1987, 456.
[99] OLG Hamm FamRZ 1991, 1070.
[100] OLG Jena FamRZ 2003, 1125; a. A. OLG Hamm FamRZ 2005, 1844.
[101] OLG Stuttgart FamRZ 1989, 763; OLG Köln FamRZ 2003, 622.
[102] OLG Hamm FamRZ 1991, 206; zum Krankenhaustagegeld a. A. BGH FamRZ 1994, 626, s. o.
[103] BGH EzFamR aktuell 1993, 143.
[104] OLG Schleswig SchlHA 1981, 1978.

1. Abschnitt: Verfahrensgegenstand, Zuständigkeit und Gericht § 10

– die Geltendmachung von Ansprüchen gegen den Übernehmer nach § 419 BGB, soweit sie auf der durch die Ehe begründeten gesetzlichen Unterhaltspflicht beruhen, wenn bereits ein entsprechender Unterhaltstitel vorliegt,[105]
– Ansprüche aus einer Vereinbarung über ein Einverständnis mit einer heterologen Insemination.[106]

Streiten Unterhaltsberechtigter und Unterhaltspflichtiger im Insolvenzverfahren darüber, ob ein titulierter Unterhaltsrückstand im Zusammenhang mit einer vorsätzlichen unerlaubten Handlung steht, handelt es sich, da hier die deliktsrechtliche Natur des Anspruchs im Vordergrund steht, nicht um eine Unterhaltssache.

Auch wenn hiernach in den vorstehend aufgeführten Angelegenheiten nach Maßgabe unterhaltsrechtlicher Betrachtung eine familiengerichtliche Zuständigkeit nicht gegeben ist, kann eine solche in Einzelfällen gleichwohl gegeben sein, soweit die Auseinandersetzung zwischen den Beteiligten den Anforderungen an eine **sonstige Familiensache** nach § 266 I FamFG entspricht.

3. Mischverfahren

Andere Familienstreitsachen (§ 112 Nr. 2 und 3 FamFG) können, da sie **derselben** 5 **Verfahrensart** folgen, gemeinsam mit Unterhaltssachen nach §§ 231 I, 269 FamFG gerichtlich verfolgt werden, Ehesachen und andere Familiensachen (vgl. § 111 FamFG) allerdings nur, soweit dies gesetzlich ausdrücklich geregelt ist (§§ 126 II, 137 FamFG). Andere **prozessuale Ansprüche** als Familiensachen können nicht, auch nicht durch Antragshäufung (§ 260 ZPO) oder durch Widerklage (§ 33 ZPO) oder hilfsweise, zusammen mit Unterhaltssachen beim Familiengericht geltend gemacht werden.[107] Steht eine Familiensache mit einer Nichtfamiliensache im Verhältnis von **Haupt- und Hilfsanspruch,** so ist zunächst das Familiengericht für den Hauptanspruch zuständig. Nach dessen Abweisung kommt Verweisung an das für den Hilfsanspruch zuständige Gericht in Betracht.[108]

Zulässig und vom Familiengericht mitzuerledigen ist jedoch die nichtfamilienrechtliche **Hilfsbegründung** eines einzigen einheitlichen prozessualen Anspruchs.[109]

Beispiel:
Antrag auf 2500 EUR wegen Unterhaltsüberzahlung, hilfsweise wegen Missbrauchs der Bankvollmacht für das Geschäftskonto.

Werden in einem Scheidungsfolgenvergleich Ansprüche zur einheitlichen Auseinandersetzung sowohl familienrechtlicher als auch allgemeiner – nicht der Zuständigkeitsregelung des § 266 I FamFG unterliegender – vermögensrechtlicher Beziehungen der Ehegatten begründet, und ist keine Zuordnung bestimmter Ansprüche nur zu einem der beiden Regelungsbereiche möglich, dann ist der Rechtsstreit wegen aller Ansprüche Familiensache.[110]

Zulässig und wirksam ist die **Aufrechnung** mit einem familienrechtlichen Anspruch. Der Rechtsstreit wird dadurch jedoch nicht zur Familiensache.[111]

Für den umgekehrten Fall (Aufrechnung mit einer Zivilforderung gegen einen familienrechtlichen Anspruch) siehe OLG Köln.[112]

In beiden Fällen ist das jeweilige Gericht gehalten, über die zur Aufrechnung gestellte Gegenforderung mit zu entscheiden (§ 145 ZPO) oder insoweit das Verfahren unter Frist-

---

[105] AG Westerstede FamRZ 1995, 1279.
[106] OLG Stuttgart FamRZ 2015, 514.
[107] BGH FamRZ 1986, 347.
[108] BGH FamRZ 1981, 1047.
[109] BGH FamRZ 1983, 155.
[110] BGH FamRZ 1981, 19.
[111] BGH FamRZ 1989, 166.
[112] OLG Köln FamRZ 1992, 450.

setzung mit der Aufforderung zur gerichtlichen Geltendmachung bei dem zuständigen Gericht auszusetzen (§ 148 ZPO).[113]

III. Das Familiengericht

1. Die sachliche Zuständigkeit

6 a) **Zuständigkeit in 1. Instanz.** Gemäß §§ 23a I Nr. 1 GVG, 111 Nr. 8 FamFG besteht die erstinstanzliche Zuständigkeit für Streitigkeiten, die die gesetzliche Unterhaltspflicht betreffen, bei den **Amtsgerichten**. Darüber hinaus bestimmt § 23b I GVG, dass bei diesen Gerichten für die Behandlung von Familiensachen (§ 111 FamFG) Familiengerichte (Abteilungen für Familiensachen) als **besondere Spruchkörper** zu bilden sind. Deren Einrichtung und Aufgabenzuweisung sind dadurch gerichtsverfassungsrechtlich zwingend vorgegeben[114] und zugleich abweichenden Regelungen bei der Geschäftsverteilung (§ 21e GVG) entzogen. Das Präsidium übt einen beschränkten Einfluss allein aus bei der personellen Besetzung des Familiengerichts und, sofern mehrere Abteilungen für Familiensachen bei einem Amtsgericht bestehen, wenn zwischen diesen Zuständigkeitsstreitigkeiten bestehen. Liegt ein solcher vor im Verhältnis zwischen dem Familiengericht und (zB) der Abteilung für Zivilprozesssachen desselben Amtsgericht, ist zu bedenken, dass die **Familiensachen** nunmehr als **eigenständige Zivilsachen** neben die bürgerlichen Rechtsstreitigkeiten getreten sind (§ 13 GVG). Demgemäß bestimmt der Streit die Zulässigkeit des Rechtswegs. Die Entscheidung hierüber ist gemäß § 17a VI GVG im Verfahren nach § 17a I bis V GVG herbeizuführen.[115] Dies soll sicherstellen, dass in einem frühen Verfahrensstadium Streitigkeiten zur Zulässigkeit des Rechtswegs vorab rechtskräftig geklärt werden (§ 17a IV GVG). Verweist die Zivilprozessabteilung im Verfahren gemäß § 17a II GVG eine Nichtfamiliensache an das Familiengericht, ist die Entscheidung, sofern nicht gemäß § 17a IV 3 GVG angefochten wird, wirksam und bindend.[116] In der rechtlichen Beurteilung der Nichtfamiliensache bleibt das Gericht allerdings frei, weil lediglich der Rechtsweg zum Familiengericht verbindlich bleibt.[117]

Zweck des § 23b GVG ist es, eine **Konzentration der Zuständigkeit** für alle ehebezogenen Verfahren zu schaffen und den Beteiligten hierfür einen Richter mit der als notwendig erachteten besonderen Sachkunde zur Verfügung zu stellen.[118] Ob eine Familiensache vorliegt, richtet sich nach der Begründung des geltend gemachten Anspruchs, bei Auslandsberührung nach deutschem Recht als der lex fori.[119]

7 b) **Zuständigkeit in 2. Instanz.** In der zweiten Instanz sind die Oberlandesgerichte sachlich zuständig für die Entscheidung über Rechtsmittel in den von den Familiengerichten entschiedenen Sachen (§ 119 I Nr. 1a GVG). Aufgrund der **formellen Anknüpfung** besteht eine Zuständigkeit hier auch dann, wenn materiell eine Nichtfamiliensache vorliegt. Es kommt lediglich darauf an, ob die allgemeine Prozessabteilung oder die Abteilung für Familiensachen (bei kleineren Amtsgerichten der allgemeine Zivilrichter oder der Familienrichter) die angefochtene Entscheidung erlassen hat.[120] Auf den Charakter der Rechtsstreitigkeit kommt es nicht mehr an.[121] Ergeben sich auf Grund unterschiedlicher Kennzeichnung des Gerichts und des Verfahrensgegenstands Zweifel darüber, ob das Amtsgericht als Familiengericht oder als allgemeines Prozessgericht entschieden hat, kann der Beteiligte die Entscheidung nach dem **Meistbegünstigungsgrundsatz** sowohl beim

---

[113] BGH FamRZ 1989, 166 (167).
[114] Hüßtege in Thomas/Putzo, GVG § 23b Rn. 4.
[115] BGH FamRZ 2013, 281 Rn. 7.
[116] OLG Hamm FamRZ 2011, 658.
[117] BGH FamRZ 1980, 557.
[118] BGH FamRZ 1980, 46.
[119] BGH FamRZ 1983, 155.
[120] BGH FamRZ 1992, 665.
[121] BGH FamRZ 1993, 690.

Landgericht als auch beim Oberlandesgericht anfechten.[122] Etwas anderes gilt nur, wenn eine Zuständigkeitsrüge in zulässiger Weise erhoben wurde. Zu verhandeln und zu entscheiden hat ein Familiensenat des OLG, solange nicht in zulässiger Weise gerügt ist, dass keine Familiensache gegeben sei.[123] Die Anwendung des Meistbegünstigungsgrundsatzes in dieser Konstellation dürfte aber zukünftig an Bedeutung verlieren, da die jeweiligen Verfahrensordnungen (ZPO oder FamFG) in den Entscheidungsformen (Endurteil oder Endbeschluss) so weit voneinander abweichen, dass bei verfahrenskonformer Vorgehensweise die jeweils entscheidende Abteilung für die Rechtsmittelinstanz „ad occulos" bekannt werden dürfte.

Hat das OLG eine Sache ausdrücklich als Familiensache behandelt, ist der BGH daran gebunden.[124] Wenn die allgemeine Prozessabteilung des Amtsgericht fälschlich über eine Familiensache entschieden hat, wahrt nur eine beim Landgericht eingelegte Berufung die Rechtsmittelfrist; ist beim OLG Rechtsmittel eingelegt, kommt eine Verweisung weder an das Landgericht noch an das Familiengericht in Betracht: das Rechtsmittel ist vielmehr wegen mangelnder Zuständigkeit als unzulässig zu verwerfen.[125] Ein etwaiger Verweisungsbeschluss ist nicht bindend.[126] Hat das Familiengericht eine Familiensache fälschlich, aber bindend, an das Landgericht verwiesen, kann bei Berufung das Oberlandesgericht prüfen, ob eine Familiensache vorliegt. Zuständig ist der Familiensenat jedenfalls dann, wenn der Beklagte der Verweisung schon vor dem Familiengericht widersprochen hat und vor dem OLG die Zuständigkeit des allgemeinen Zivilsenats rügt.[127] Bei einem in der Rechtsmittelinstanz erstmals erhobenen Anspruch prüft das OLG wie ein Erstgericht, ob eine Familiensache vorliegt, und zwar von Amts wegen.

2. Die örtliche Zuständigkeit

Die örtliche Zuständigkeit in familienrechtlichen Unterhaltsstreitigkeiten beurteilt sich grundsätzlich nach den zivilprozessualen Regeln, die für den allgemeinen Gerichtsstand gelten (§ 232 III 1 FamFG iVm §§ 12 ff. ZPO), allerdings mit der Maßgabe, dass an die Stelle des Wohnsitzes der **gewöhnliche Aufenthalt** des **Antragsgegners** tritt. Indessen wird diese Zuständigkeit in den meisten Fällen verdrängt durch einen ausschließlichen oder auch nur besonderen Gerichtsstand.

a) Ehesache. Dies gilt zunächst für die Zuständigkeit bei **Anhängigkeit einer Ehesache** (§ 232 I Nr. 1 FamFG). Maßgebender Zeitpunkt ist die Einreichung der Antragsschrift zur Hauptsache (§ 124 S. 1 FamFG). Ein Verfahrenskostenhilfegesuch genügt nicht. Das Familiengericht der Ehesache ist – auch bei isoliert betriebenen Unterhaltssachen – **ausschließlich zuständig** für die durch die Ehe und, sofern es sich um gemeinschaftliche Kinder handelt, durch Verwandtschaft begründete gesetzliche Unterhaltspflicht (§ 231 I Nr. 1 FamFG). Das Alter der Kinder spielt keine Rolle. Eine Zuständigkeit nach § 232 I Nr. 1 FamFG ist auch gegeben, wenn bei Anhängigkeit der Ehesache die Unterhaltsansprüche aus übergegangenem Recht verfolgt werden. Maßgebend ist allein die **Rechtsnatur** des verfolgten **Unterhaltsanspruchs**. Die Rechtsverfolgung des Kindesunterhalts im vereinfachten Verfahren gemäß §§ 249 ff. FamFG nimmt an der örtlichen Zuständigkeit aus § 232 I Nr. 1 FamFG nicht teil. Insoweit bleibt es bis zum Abschluss des vereinfachten Verfahrens bei einer örtlichen Zuständigkeit gemäß § 232 I Nr. 2 FamFG. Die ausschließliche Zuständigkeit infolge der Ehesache greift auch dann, wenn das Gericht der Ehesache an sich örtlich unzuständig ist. Ein anderes gilt nur im Fall des **Rechtsmissbrauchs.** So vermag ein vorsätzlich ohne Einhaltung des Trennungsjahres eingereichter Scheidungsantrag die Zuständigkeit der Ehesache nicht zu begründen.[128]

---

[122] BGH FamRZ 1995, 219.
[123] BGH FamRZ 1989, 165.
[124] BGH FamRZ 2009, 219 Rn. 6.
[125] BGH FamRZ 1991, 682.
[126] BGH FamRZ 1991, 682.
[127] BGH FamRZ 1994, 25.
[128] So KG FamRZ 1989, 1105.

9   Sind unterhaltsrechtliche Streitigkeiten iSv § 232 I Nr. 1 FamFG bei einem anderen Gericht im ersten Rechtszug anhängig, kommt es für diese Streitsachen mit **Rechtshängigkeit** der Ehesache zur **Zuständigkeitskonzentration** bei dem Gericht der Ehesache, die durch Verweisung von Amts wegen herzustellen ist (§ 233 S. 1 FamFG). Dies gilt für den im **vereinfachten Verfahren** (§ 249 FamFG) verfolgten Kindesunterhalt nach Übergang in das streitige Verfahren (§ 255 FamFG) entsprechend. Nach ihrem **rechtskräftigen Abschluss** oder einer anderweitigen Erledigung der Hauptsache begründet die Ehesache, selbst wenn noch Folgesachen anhängig sind, die örtliche Zuständigkeit für weitere Unterhaltsverfahren nicht mehr. Die Zuständigkeit aus § 232 I Nr. 1 FamFG entfällt hier bereits dann, wenn die Anhängigkeit der Ehesache endet, bevor der Antrag in der neuen Unterhaltssache dem Antragsgegner zugestellt worden ist.[129] Will die Unterhaltsberechtigte rückständigen Trennungsunterhalt nach Rechtskraft des Scheidungsausspruchs noch geltend machen oder auch erstmalig nachehelichen Unterhalt, kann sie sich, selbst wenn Folgesachen noch erst- oder zweitinstanzlich zu entscheiden sind, auf die ausschließliche Zuständigkeit der Ehesache nicht mehr berufen. Die örtliche Zuständigkeit beurteilt sich vielmehr nach § 232 III FamFG und kann dazu führen, dass die mit der Zuständigkeitskonzentration verbundenen Vorteile verloren gehen. Hat sich allerdings die Anhängigkeit der Ehesache zuständigkeitsbegründend im Sinne von § 232 I Nr. 1 FamFG ausgewirkt, bleibt es bei diesem Gerichtsstand (perpetuatio fori) auch dann, wenn die Anhängigkeit endet (§ 113 I 2 FamFG iVm § 261 III Nr. 2 ZPO).

10 Da es sich bei dem örtlichen Gerichtsstand der Ehesache um einen **ausschließlichen Gerichtsstand** handelt, können die Beteiligten weder durch Vereinbarung noch durch rügeloses Verhandeln anderweitig eine Zuständigkeit begründen (§§ 113 I 2 FamFG, 40 II ZPO). Dies betrifft allerdings zunächst nur das Verhältnis zu nicht ausschließlichen Gerichtsständen. Zu Kollisionen insoweit kann es allerdings bezogen auf unterhaltsrechtliche Streitigkeiten kommen, wenn der Gerichtstand der Ehesache etwa mit vollstreckungsrechtlichen Verfahren (§ 767 ZPO) konkurriert, für die § 802 ZPO ebenfalls einen ausschließlichen Gerichtsstand vorgibt. Bisher wurde in einer entsprechenden Konstellation für ein **Vollstreckungsabwehrverfahren,** die eine Unterhaltssache betraf, mit der aber keine Regelung für den Fall der Scheidung begehrt wurde, auch dann das Verfahrensgericht des ersten Rechtszugs iSd § 767 I ZPO als ausschließlich zuständig angesehen, wenn eine Ehesache anhängig war oder während des Verfahrens anhängig wurde. Den Regelungen in § 621 II 1 und III ZPO aF kam hiernach kein Vorrang zu.[130] Nunmehr regelt § 232 II FamFG, dass der ausschließliche Gerichtsstand der Ehesache jedweden anderen außergerichtlichen Gerichtsstand verdrängt. Damit hat sich der Gesetzgeber gegen eine Übernahme der bisherige Rechtsprechung[131] entschieden, die durch eine vorrangige Zuständigkeit des Verfahrensgericht des ersten Rechtszugs sicherstellen wollte, dass die von diesem Gericht im Vorverfahren erworbene Sachkunde für das Vollstreckungsabwehrverfahren ausgenutzt werden konnte. Nunmehr steht die jeweils aktuelle Situation im Vordergrund. Für die Fallkenntnisse über das Vorverfahren sollen die Verfahrensakten beigezogen werden.[132]

Im **Arrestverfahren** besteht für das Arrestgericht eine ausschließliche Zuständigkeit gemäß § 919 ZPO, die allerdings nunmehr ebenfalls bei Anhängigkeit einer Ehesache durch deren Zuständigkeit gemäß § 232 II FamFG verdrängt wird. Geht ein Ehegatte während der Anhängigkeit der Ehesache gegen den anderen Ehegatten aus einer **notariellen Urkunde** über den Trennungsunterhalt im Wege des Vollstreckungsabwehrverfahrens vor, ist das Gericht der Ehesache zuständig.

11 **b) Kindesunterhalt.** Ohne Anhängigkeit einer Ehesache begründet § 232 I Nr. 2 FamFG eine weitere – gegenüber § 232 I Nr. 1 FamFG allerdings nachrangige[133] – ausschließliche Zuständigkeit. Sie erfasst die **Unterhaltspflichten** gegenüber **minderjäh-**

---

[129] BGH FamRZ 1981, 23.
[130] BGH FamRZ 1980, 346.
[131] BGH FamRZ 2001, 1705.
[132] BT-Drs. 16/6308, 255.
[133] Keidel/Weber FamFG § 232 Rn. 8; vgl. auch BT-Drs. 16/6308, 255.

rigen Kindern oder unverheirateten volljährigen bis zur Vollendung des 21. Lebensjahres, soweit letztere im Haushalt eines Elternteils leben und sich in der allgemeinen Schulausbildung befinden (§ 1603 II 2 BGB). Neu ist die Einbeziehung dieser **privilegierten volljährigen Kinder.** Diese haben allerdings bereits zur Begründung der Zuständigkeit die Voraussetzungen schlüssig darzulegen, unter denen sie den Unterhaltspflichtigen auf Unterhaltszahlungen in Anspruch nehmen wollen. Dazu reicht der allgemeine Hinweis, man lebe bei dem nicht in Anspruch genommenen Elternteil und gehe noch zur Schule, nicht aus. Mit der Einbeziehung der privilegiert volljährigen Kinder entfällt die in der Rechtsprechung[134] bis dahin bejahte Notwendigkeit, im Wege der Analogie (§ 642 III ZPO aF) eine gemeinsame örtliche Zuständigkeit bei gleichzeitiger Geltendmachung von Unterhaltsansprüchen minderjähriger und privilegierter volljähriger Kinder aus derselben Familie zu begründen, um insbesondere einander widersprechende Entscheidungen zu vermeiden. Von einer in der Reformdiskussion angeregten Einbeziehung auch der nicht privilegierten Volljährigen hat der Gesetzgeber abgesehen.[135]

Im Unterschied zu § 642 I 1 ZPO aF ist die Zuständigkeit nicht mehr auf die elterliche Unterhaltspflicht begrenzt, so dass hier nunmehr auch eine Zuständigkeit für Unterhaltsansprüche gegenüber den Großeltern (Enkelunterhalt) gegeben ist.[136] Da § 232 I Nr. 2 FamFG mit der **betroffenen Unterhaltspflicht** auf den **Verfahrensgegenstand** abstellt, kommt es nicht darauf an, ob die unterhaltsberechtigten Kinder bei Rechtshängigkeit noch minderjährig sind oder noch unter den Voraussetzungen von § 1603 II 2 BGB mit einem Elternteil leben. Abzustellen ist allein darauf, dass der geltend gemachte Unterhalt zumindest zum Teil noch den **Unterhaltszeitraum** der Minderjährigkeit oder der so genannten privilegierten Volljährigkeit erfasst. Deshalb kann in diesem Gerichtsstand das volljährige Kind rückständigen Kindesunterhalt aus der Zeit seiner Minderjährigkeit geltend machen.[137] Daraus folgt ferner, dass eine örtliche Zuständigkeit nach § 232 I Nr. 2 FamFG auch dann besteht, wenn Dritte als **Rechtsnachfolger** (zB Sozialleistungsträger) die Ansprüche auf Zahlung von Kindesunterhalt weiterverfolgen.

Dessen ungeachtet ist nur das Gericht örtlich zuständig, in dessen Bezirk das Kind oder der Elternteil, der auf Seiten des minderjährigen Kindes zu handeln befugt ist, im Zeitpunkt der **Rechtshängigkeit**[138] seinen gewöhnlichen Aufenthalt hat. Demzufolge besteht, wie nach § 642 I 1 ZPO aF, ein **Wahlrecht**[139] zwischen dem **gewöhnlichen Aufenthaltsort** des Kindes und dem des jeweiligen Elternteils. Auf den Wohnsitz kommt es im Unterschied zur Altregelung nicht mehr an. Seinen gewöhnlichen Aufenthalt hat eine Person an dem Ort, an dem der tatsächliche Mittelpunkt seines Lebens liegt, der zudem bestimmt ist durch eine familiäre und berufliche Einbindung und auf Dauer angelegt ist,[140] ohne dass es auf einen entsprechenden Willen ankommt.[141] Als Elternteil kommt nur derjenige in Betracht, zu dessen Gunsten die entsprechende **Handlungsbefugnis** streitet. Diese erfasst sowohl die gesetzliche Vertretung des minderjährigen Kindes als auch die Verfahrensstandschaft (§ 1629 III 1 BGB).

Da verfahrensspezifisch die Unterhaltspflicht nur „betroffen" sein muss, besteht die ausschließliche Zuständigkeit unabhängig davon, ob aus der Sicht des unterhaltsberechtigten Kindes das Verfahren als **Aktiv- oder Passivverfahren** geführt wird. Will der Unterhaltspflichtige gegen mehrere unterhaltsberechtigte Kinder vorgehen, besteht in Ansehung insbesondere des Wahlrechts die Möglichkeit, dass verschiedene Gerichte ausschließlich zuständig sind. Will der Unterhaltspflichtige gleichwohl eine einheitliche **streitgenössische Verfahrensführung** (§ 60 ZPO) sicherstellen, muss er in einem Verfahren nach § 36 I Nr. 3 und II ZPO auf eine Bestimmung der örtlichen Zuständigkeit hinwirken. Die

---

[134] OLG Oldenburg FamRZ 2005, 1846.
[135] BT-Drs. 16/6308, 383 und 418.
[136] OLG Hamm FamRZ 2013, 899.
[137] Johannsen/Henrich/Maier FamFG § 232 Rn. 9.
[138] OLG Hamm FamRZ 2008, 1007.
[139] OLG Hamm FamRZ 2018, 1685 (1686).
[140] BGH FamRZ 2002, 1182.
[141] Bork/Jacoby/Schwab/Löhnig FamFG § 122 Rn. 4.

ausschließliche Zuständigkeit nach § 232 I Nr. 2 Hs. 2 FamFG besteht nicht, wenn das **Kind** oder **ein Elternteil** seinen gewöhnlichen Aufenthalt im **Ausland** hat. Unerheblich ist, ob es sich um den handlungsbefugten Elternteil handelt. Die Regelung erschöpft sich in der Klarstellung, dass der deutsche Gesetzgeber die in § 232 I FamFG geregelte ausschließliche Zuständigkeit eines ausländischen Gerichts in Unterhaltssachen nicht festlegen kann. Besteht für das Kind oder ein Elternteil der gewöhnliche Aufenthalt im Ausland, ist die örtliche Zuständigkeit eines Gerichts im Inland nach § 232 III FamFG zu beurteilen.

Unabhängig vom Nachrang gegenüber dem Gerichtsstand der anhängigen Ehesache besteht für die örtliche Zuständigkeit nach § 232 I Nr. 2 FamFG ein **Vorrang** (§ 232 II FamFG) auch gegenüber anderen ausschließlichen Zuständigkeiten (wegen der weiteren Einzelheiten vgl. zunächst die Ausführungen vorstehend zu → Rn. 11). Ausgenommen hiervon ist die Geltendmachung von Kindesunterhalt im Verfahren nach § 237 II FamFG. Hier besteht eine **ausschließliche Zuständigkeit** für das Gericht, bei dem das Verfahren auf Feststellung der Vaterschaft anhängig ist.[142] Beide Verfahren sollen nach dem Willen des Gesetzgebers miteinander verbunden werden können (§ 179 I 2 FamFG).[143] Das **Abstammungsverfahren** stellt für seine ausschließliche Zuständigkeit in erster Linie auf den gewöhnlichen Aufenthaltsort des Kindes ab (§ 170 I FamFG). Verliert das volljährige Kind seine für § 232 I Nr. 2 FamFG vorausgesetzte Privilegierung, führt dies zur Änderung der örtlichen Zuständigkeit (§ 232 III FamFG), sofern die Veränderungen nach Anhängigkeit, aber vor Rechtshängigkeit eintreten.[144]

13   c) **Wahlgerichtsstand.** Neben den Bestimmungen über eine ausschließliche örtliche Zuständigkeit gewährt § 232 III 2 Nr. 1 FamFG einen so genannten „**temporären Wahlgerichtsstand**"[145] (§ 113 I 2 iVm § 35 ZPO) für die gleichzeitige Geltendmachung von Unterhaltsansprüchen eines Ehegatten oder eines Elternteils aus § 1615l BGB im Gerichtsstand von Unterhaltsansprüchen des Kindes aus der entsprechenden Beziehung, und zwar auch wenn diese im vereinfachten Verfahren geltend gemacht werden. Allerdings scheidet nach den Grundsätzen der perpetuatio fori eine Verbindung durch **Verweisung** aus, wenn insoweit bei einem anderen ansonsten zuständigen Gericht bereits Rechtshängigkeit eingetreten ist. Beim Kindesunterhalt stellt die Vorschrift auf die **Anhängigkeit** ab. Deshalb eröffnet ein Verfahrenskostenhilfegesuch den Wahlgerichtsstand ebenso wenig wie ein von der Bewilligung von Verfahrenskostenhilfe abhängig gemachter Hauptsacheantrag.

Soweit ein ausschließlicher Gerichtsstand nicht greift, ermöglicht § 232 III 2 Nr. 2 FamFG dem Unterhalt begehrenden Kind, in einem **besonderen Gerichtsstand** seine unterhaltspflichtigen Eltern wahlweise bei einem Gerichtsstand des Vaters oder der Mutter in Anspruch zu nehmen. Dies setzt allerdings eine Verfahrenseinleitung gegen beide Elternteile als Streitgenossen gemeinschaftlich (§ 59 ZPO), aber nicht notwendig gleichzeitig voraus.[146] Allerdings ist die Ausübung des Wahlrechts durch das volljährige Kind missbräuchlich, wenn der eine Elternteil seiner anteiligen Gewährung von Unterhalt nachkommt und lediglich zur Begründung eines Gerichtsstandes herangezogen werden soll, um ein Unterhaltsverfahren gegen den anderen Elternteil zu ermöglichen.[147]

Eine Heranziehung von § 232 III 2 Nr. 2 FamFG für andere Konstellationen anteiliger Haftung (§ 1606 III BGB), wie dies etwa beim **Elternunterhalt** mit mehreren unterhaltspflichtigen Kindern und verschiedenen Gerichtsständen denkbar ist, scheidet aus. Hier lässt sich eine von der Sache her gebotene Zuständigkeitskonzentration nur über ein gesondertes Verfahren der **Zuständigkeitsbestimmung** (§ 36 I Nr. 3 ZPO) erreichen.[148]

Eine weitere Wahlmöglichkeit schafft § 232 III 2 Nr. 3 FamFG für die Unterhaltsfälle, bei denen der jeweilige Antragsgegner im **Inland keinen** allgemeinen oder besonderen

---

[142] Hüßtege in Thomas/Putzo, FamFG § 232 Rn. 8; Bork/Jacoby/Schwab/Kodal FamFG § 237 Rn. 7.
[143] BT-Drs. 16/6308, 257.
[144] OLG Hamm FamRZ 2018, 613.
[145] FA-FamR/Schwonberg, 11. Auflage, Kap. 1 Rn. 350.
[146] Hüßtege in Thomas/Putzo FamFG § 232 Rn. 14.
[147] OLG Nürnberg FamRZ 1996, 172.
[148] BGH FamRZ 1998, 361.

Gerichtsstand (auch nicht wegen Vermögens gemäß § 23 ZPO) unterhält. In diesen Konstellationen kann der Antragsteller sich auf die örtliche Zuständigkeit des Gerichts an seinem Aufenthaltsort berufen. Einschränkungen beim Verfahrensgegenstand bestehen, abgesehen von den Unterhaltssachen im Sinne von § 232 I FamFG nicht. Auf die Art des Unterhaltsverfahrens kommt es nicht an. So kann der Unterhaltspflichtige mit innerstaatlichem Aufenthalt auch Abänderungsverfahren (§§ 238, 239 FamFG) im Wahlgerichtsstand nach § 232 III 2 Nr. 3 FamFG betreiben, sofern für den Unterhaltsberechtigten ein innerstaatlicher Gerichtsstand nicht besteht. Da es sich bei § 232 III 2 Nr. 3 FamFG lediglich um eine Auffangzuständigkeit handelt, tritt sie zurück, soweit eine Zuständigkeit sich aus **unmittelbar** geltendem **EU-Gemeinschaftsrecht**, wie dies bei Art. 3 EuUnthVO iVm § 28 AUG der Fall ist, ableiten lässt.[149] Bleibt es im Einzelfall gemäß § 232 III 1 FamFG für die örtliche Zuständigkeit bei den allgemeinen Zuständigkeitsregeln – die sachliche Zuständigkeit ist immer ausschließlich –, sind Gerichtsstandsvereinbarungen (vgl. § 38 III ZPO) zulässig. Hier kann eine Zuständigkeit auch durch Verlust des Rügerechts (§ 39 ZPO) eintreten.

d) Zusammenfassung. Für die Prüfung der örtlichen Zuständigkeit in Unterhaltssachen der Familienstreitsachen ist hiernach folgende Reihenfolge vorgegeben: **14**
- Unterhaltspflicht gegenüber gemeinsamen Kindern, ohne vereinfachtes Verfahren, sowie durch die Ehe begründete Unterhaltspflicht bei Anhängigkeit einer Ehesache (ausschließlicher Gerichtsstand der Ehesache – § 232 I Nr. 1 FamFG –);
- Unterhaltspflicht gegenüber minderjährigen und privilegiert volljährigen Kindern mit gewöhnlichem Aufenthalt des Kindes und der Eltern im Inland (ausschließlicher Gerichtsstand nach Wahl des Gerichts am gewöhnlichen Aufenthaltsort des Kindes oder des handlungsbefugten Elternteils – § 232 I Nr. 2 FamFG –);
- anderweitige ausschließliche Zuständigkeit, soweit Unterhaltsachen betroffen sind (zB Vollstreckungsabwehrverfahren – §§ 767, 802 ZPO – und Arrest – § 919 ZPO –);
- besondere Gerichtsstände für Unterhaltssachen nach Wahl (– § 232 III 2 Nr. 1–3 FamFG);
- örtliche Zuständigkeit nach den allgemeinen ZPO-Vorschriften mit der Maßgabe, dass an die Stelle des Wohnsitzes der gewöhnliche Aufenthalt tritt (– § 232 III 1 FamFG –).

3. Internationale Zuständigkeit

a) Während die Bestimmungen über die örtliche Zuständigkeit (§ 232 FamFG) sich **15** darüber verhalten, welches innerstaatliche Gericht in Sachen betreffend die gesetzliche Unterhaltspflicht zur Entscheidung berufen ist, legen die gesetzlichen Regelungen in Verfahren mit einem **Auslandsbezug** fest, ob die internationale Zuständigkeit für eine Verhandlung und Entscheidung durch deutsche Gerichte besteht. Ein entsprechender Bezug im Unterhaltsverhältnis besteht etwa dann, wenn zumindest ein Beteiligter nicht über die deutsche **Staatsangehörigkeit** verfügt oder einen **Wohnsitz** oder **gewöhnlichen Aufenthalt** im Ausland unterhält. Die internationale Zuständigkeit ist **Sachurteilsvoraussetzung** und von Amts wegen zu beachten. Fehlt sie, ist der der Antrag in der Hauptsache, sofern nach Hinweis des angerufenen Gerichts eine Rücknahme nicht erfolgt, als unzulässig abzuweisen. Die Möglichkeit einer Verweisung an ein ausländisches Gericht besteht nicht. Bejaht das Gericht zu Unrecht seine internationale Zuständigkeit, steht dies der Wirksamkeit der Entscheidung bis zu einer erfolgreichen Anfechtung nicht entgegen.

Über Verfahren mit Auslandsbezug (§§ 97–110 FamFG) enthalten §§ 98 II, 103 II und 105 FamFG Regelungen zur internationalen Zuständigkeit auch in **Unterhaltssachen**, die allerdings, wie § 97 FamFG „deklaratorisch klarstellt", durch Regelungen des Völkerrechts, bilaterale Staatsverträge oder des Rechts der Europäischen Union verdrängt werden.[150]

---

[149] OLG Brandenburg FamRZ 2017, 135.
[150] → § 9 Rn. 601.

§ 10 Verfahrensrecht

16 b) Der **Vorrang** für **internationale Rechtsgrundlagen** findet derzeit noch Niederschlag insbesondere in der Verordnung (EG) Nr. 44/2001 des Rates über die gerichtliche Zuständigkeit und die Anerkennung und Vollstreckung von Entscheidungen in Zivil- und Handelssachen **(EuGVVO)** vom 22.12.2000,[151] die am 1.3.2002 in Kraft getreten und in ihrem Geltungsbereich das Brüsseler EWG – Übereinkommen über die gerichtliche Zuständigkeit und die Vollstreckung gerichtlicher Entscheidungen in Zivil- und Handelssachen vom 29.7.1068 **(EuGVÜ)** abgelöst hat. Zur Weiterentwicklung der Rechtslage durch das Inkrafttreten der EuUnthVO seit dem 18.6.2011 → Rn. 17.

Nach Art. 2 EuGVVO sind deutsche Gerichte zur Entscheidung von Unterhaltssachen berufen, wenn der **Unterhaltsbeklagte** im Hoheitsgebiet der Bundesrepublik seinen **Wohnsitz** unterhält. Art. 6 Nr. 1 EuGVVO ermöglicht, der Regelung in § 232 III 2 Nr. 2 FamFG vergleichbar, die streitgenössische Inanspruchnahme eines weiteren Unterhaltsbeklagten, sofern in der Sache eine enge Beziehung besteht, wie dies etwa bei der Inanspruchnahme der Eltern durch ihr volljähriges Kind (§ 1606 III 1 BGB) oder beim Elternunterhalt der Fall ist. Die zuständigkeitsbegründenden Voraussetzungen müssen spätestens im Zeitpunkt der letzten mündlichen Verhandlung vorliegen. Ihr Wegfall nach Eintritt der Rechtshängigkeit beseitigt die Zuständigkeit nicht mehr (perpetuatio fori).[152] Art. 5 Nr. 2 Alt. 1 EuGVVO ermöglicht die Rechtsverfolgung in einer Unterhaltssache vor einem deutschen Gericht am **Wohnort** oder **gewöhnlichen Aufenthaltsort** des **Unterhaltsberechtigten,** wenn der Unterhaltsbeklagte seinen Wohnsitz in einem der Vertragsstaaten unterhält. Die internationale Zuständigkeit ist nach Art. 5 Nr. 2 Alt. 2 EuGVVO ferner für den Wohnort des Unterhaltsberechtigten gegeben im Zusammenhang mit einem den Personenstand betreffenden Verfahren, sofern dies nicht auf die Staatsangehörigkeit einer Partei abstellt. Auch im Abänderungsverfahren ist die Zuständigkeit eigenständig zu bestimmen.[153] Die internationale Zuständigkeit wird, abgesehen von der für Unterhaltssachen in der Praxis kaum relevanten Gerichtsstandsvereinbarung (Art. 23 EuGVVO), schließlich noch begründet durch ein rügeloses Einlassen des Unterhaltsbeklagten (Art. 24 EuGVVO). Davon ist aber nicht schon dann auszugehen, wenn der Unterhaltsbeklagte mit der Klageerwiderung die örtliche Zuständigkeit rügt und sich nur hilfsweise zur Sache einlässt.[154]

Die Zuständigkeitsregelungen des Luganer Übereinkommens über die gerichtliche Zuständigkeit und die Vollstreckung gerichtlicher Entscheidungen in Zivil- und Handelssachen vom 16.9.1988[155] **(LugÜ)** halten den Art. 2 und 5 Nr. 2 EuGVVO vergleichbare Bestimmungen bereit. Sie haben wegen des Vorrangs der EuGVVO Bedeutung nur noch im Verhältnis zu Island, Norwegen und Schweiz.

17 c) Mit der Verordnung Nr. 4/2009 des Rates über die Zuständigkeit, das anwendbare Recht, die Anerkennung und Vollstreckung von Entscheidungen und die Zusammenarbeit in Unterhaltssachen vom 18.12.2009 **(EuUnthVO)**[156] hat die Europäische Union ua die Zuständigkeit für Entscheidungen in Unterhaltssachen neu geregelt. Die allgemeinen Bestimmungen in Art. 3 lit. a–c EuUnthVO schreiben die alternativen Zuständigkeiten aus Art. 2 und 5 Nr. 2 EuGVVO fort, knüpfen aber in Abgrenzung hierzu statt an den Wohnort des „Beklagten" oder der „berechtigten Person" nunmehr an den **gewöhnlichen Aufenthalt** an. Da die EuUnthVO hierfür keine Definition vorgibt, knüpft der BGH[157] insoweit an die Vorgängerregelung des Art. 5 Nr. 2 EuGVVO an, für den Art. 59 I EuGVVO auf das jeweilige nationale Recht des angerufenen Gerichts verweist. Abzustellen ist deshalb darauf, ob sich die beteiligte Person im Zuständigkeitsbereich des angerufenen Gerichts ständig niedergelassen und deshalb dort seinen Wohnsitz begründet hatte (§ 7 I BGB).

---

[151] ABl. 2001 § 12 S. 1.
[152] Hüßtege in Thomas/Putzo EuGVVO Art. 2 Rn. 8.
[153] OLG Nürnberg FamRZ 2005, 1691.
[154] BGH FamRZ 2008, 40 Rn. 7.
[155] BGBl. 1994 II S. 2660.
[156] Abl. 2009 L 7 S. 1.
[157] BGH FamRZ 2013, 1113, Rn. 14.

Allerdings hat der Gesetzgeber bei der innerstaatlichen Umsetzung durch § 28 I AUG für die Fälle des Art. 3 lit. a und b EuUnthVO eine **örtliche Zuständigkeitskonzentration** vorgegeben.[158] Örtlich zuständig im Geltungsbereich der Verordnung ist danach das für den **Sitz des Oberlandesgerichts**, in dessen Bezirk der Antragsgegner oder der Berechtigte seinen gewöhnlichen Aufenthalt hat, zuständige Amtsgericht. Umstritten ist, ob es sich hierbei um eine zulässige gerichtsorganisatorische Maßnahme des Gesetzgebers[159] oder einen unzulässigen Eingriff in die Regelungsmaterie der EuUnthVO handelt.[160] Im Rahmen einer Zuständigkeitsbestimmung hat das OLG Düsseldorf[161] die Regelung in § 28 AUG als „EU-widrig" abgelehnt. Nach Auffassung des EuGH steht Art. 3 lit. b EuUnthVO nationalen Regelungen entgegen, die eine Zuständigkeitskonzentration bei dem für den Sitz des Rechtsmittelgerichts zuständigen erstinstanzlichen Gericht begründen, es sei denn, diese Regelung dient der Verwirklichung einer **ordnungsgemäßen Rechtspflege** und schützt die Interessen der Unterhaltsberechtigten, indem sie die **effektive Durchsetzung von Unterhaltsansprüchen** begünstigt.[162] Das zu prüfen sei Sache der vorlegenden Gerichte. Der nationale Gesetzgeber hat die „ausweichenden Vorbehalte" des EuGH lediglich zum Anlass genommen, die Festlegung in § 28 I AUG auf einen ausschließlichen Gerichtsstand zu beseitigen, obwohl sich eine Öffnungsklausel eher auf – hier höherrangiger – europäischer Ebene aufgedrängt hätte.[163] Die mit der aktuellen Fassung von § 28 I AUG verbundene Rechtsunsicherheit dauert an. Das OLG Brandenburg[164] hält die Regelung für europarechtskonform mit dem Hinweis auf eine besondere Sachkunde, die im Zuge der Zuständigkeitskonzentration bei der regelmäßigen Befassung von Unterhaltsstreitigkeiten mit Auslandsberührung zu erwarten sei. Dem steht die Entscheidung des AG Köln[165] entgegen, das gemäß Art. 3 lit. b EuUnthVO auf die Nähe zum gewöhnlichen Aufenthalt des Unterhaltsberechtigten abstellt und die Zuständigkeitskonzentration nicht greifen lässt. Damit einher geht die Gewissheit, dass die rechtsstaatlich gebotene und durch den EuGH ausdrücklich angemahnte **Vorhersehbarkeit**[166] der gerichtlichen Zuständigkeit nicht zu erlangen ist. Eine dem Art. 6 Nr. 1 EuGVVO vergleichbare streitgenössische Inanspruchnahme mehrerer „Unterhaltsbeklagter" ist danach allerdings nicht mehr möglich. Die internationale Zuständigkeit kann weiterhin gemäß Art. 5 EuUnthVO durch **rügelose Einlassung** (jedwede Verteidigungshandlung, die auf eine Abweisung des Antrags zielt)[167] begründet werden oder auch im Fall einer **besonderen Notwendigkeit** (Art. 7 EuUnthVO). Örtlich zuständig im letzten Fall ist das Amtsgericht Pankow-Weißensee (§ 27 AUG). Für **Abänderungsverfahren** begründet Art. 8 EuUnthVO unter den dort genannten Voraussetzungen eine vorrangige Zuständigkeit und Verfahrenskonzentration, die für gerichtliche Entscheidungen, öffentliche Urkunden und Vergleiche (vgl. Art. 48 II EuUnthVO) gleichermaßen gilt.[168] Zur internationalen Zuständigkeit beim **einstweiligen Rechtsschutz** vgl. weiter → Rn. 413 und → § 9 Rn. 671. Mit Wirkung vom 18.6.2011 (Art. 76 EuUnthVO) ist die EuUnthVO, abhängig von der Anwendbarkeit des Haager Protokolls von 2007, in Kraft getreten, so dass die EuGVVO (vgl. → Rn. 16) nur noch für die zu diesem Zeitpunkt bereits eingeleiteten Verfahren anzuwenden ist (Art. 75 I EuUnthVO). Zum Anwendungsbereich der EuUnthVO im Übrigen vgl. weiter → § 9 Rn. 640–664.

d) Ist die internationale Zuständigkeit in Ermangelung eines nach § 97 FamFG zu beachtenden Vorrangs **autonom** nach **deutschem Recht** zu bestimmen, kommt es zunächst darauf an, ob eine Scheidungssache anhängig ist. Besteht für diese eine interna-

18

---

[158] OLG Karlsruhe FamRZ 2018, 200 (201).
[159] Heger FPR 2013, 1 (4).
[160] Hüßtege in Thomas/Putzo EuUnthVO Vorbem. Art. 1 Rn. 21 mwN.
[161] OLG Düsseldorf FamRZ 2014, 583.
[162] EuGH FamRZ 2015, 639.
[163] Prütting/Helms/Hau FamFG Anh. 3 § 110 Rn. 44.
[164] OLG Brandenburg FamRZ 2017, 135.
[165] AG Köln FamRZ 2017, 1511.
[166] FamRZ 2015, 639 Rn. 29.
[167] OLG Stuttgart FamRZ 2014, 850.
[168] OLG Düsseldorf FamRZ 2013, 55 (56).

§ 10 Verfahrensrecht

tionale Zuständigkeit (§ 98 I FamFG), erstreckt sich diese auf die Folgesachen (§ 98 II FamFG), mithin auch auf Unterhaltssachen, soweit sie die Unterhaltspflicht gegenüber gemeinsamen Kindern oder die durch Ehe begründete gesetzliche Unterhaltspflicht betreffen und eine Entscheidung für den Fall der Scheidung begehrt wird (§ 137 II Nr. 2 FamFG). Dies gilt ebenso für Unterhaltssachen als Folgesache einer Aufhebungssache (§ 103 II FamFG). Die **internationale Verbundzuständigkeit** lässt sich allerdings nicht in der Weise umkehren, dass ein ausländisches Scheidungsverfahren die Zuständigkeit deutscher Gerichte hindert, sofern für die Unterhaltssache ein Gerichtsstand im Inland eröffnet ist.[169] Selbst wenn der Unterhalt im Rahmen eines ausländischen Verfahrens verfolgt wird, steht dies einer innerstaatlichen internationalen Zuständigkeit nicht entgegen. Die Rechtsverfolgung im Inland muss allerdings eine anderweitige Rechtshängigkeit berücksichtigen (§ 261 III Nr. 1 ZPO) und führt gegebenenfalls zur Abweisung des Antrags als unzulässig.[170]

Ohne vorrangige Verbundzuständigkeit stellt das autonome deutsche Recht für Verfahren in Unterhaltssachen gemäß § 105 FamFG auf den Grundsatz der **Doppelfunktionalität** ab, wonach deutsche Gericht auch international zuständig sind, soweit ihre örtliche Zuständigkeit (§ 232 FamFG) gegeben ist. Allerdings ist die internationale Zuständigkeit nicht ausschließlich (§ 106 FamFG).

4. Abgabe, Verweisung und Kompetenzkonflikte

19 Bis zum Inkrafttreten des FamFG erfassten Abgabe und Verweisung die Überleitung eines Verfahrens von einer Gerichtsabteilung an die andere oder von einem Gericht an ein anderes. Innerhalb desselben Gerichts sprach man – gleichgültig ob es sich um ein ZPO- oder FGG-Verfahren handelte – immer nur von **Abgabe**. Den Begriff der **Verweisung** gab es lediglich bei der Überleitung von ZPO-Verfahren, nicht aber bei FGG-Familiensachen. Der wesentliche Unterschied zwischen Abgabe und Verweisung bestand darin, dass eine Verweisung bindend war, eine Abgabe aber nicht. Durch § 13 GVG idF des FGG-Reformgesetzes hat der Gesetzgeber mit Wirkung vom 1.9.2009 den **Familiensachen** gerichtsorganisatorisch eine gleichwertige Bedeutung als Zivilsachen neben den **bürgerlichen Rechtsstreitigkeiten** und den **Angelegenheiten der freiwilligen Gerichtsbarkeit** zugewiesen. Das Verhältnis dieser Gerichtszweige zueinander bestimmt sich seither gemäß § 17a VI GVG entsprechend den Regeln über die Zulässigkeit des Rechtsweges (§ 17a I bis V GVG). Das hat, wobei weiterhin zwischen der Überleitung innerhalb und außerhalb des Gerichts zu unterscheiden ist, folgende Konsequenzen:

20 a) **Gerichtsinterne Abgrenzung zwischen Familiengericht und Prozessgericht.** Wird bei dem Familiengericht eine Streitsache anhängig, die nach dessen Beurteilung eine bürgerliche Rechtsstreitigkeit mit einem entsprechend begrenztem Streitwert zum Inhalt hat, kann die Sache vor Rechtshängigkeit formlos, allerdings ohne Bindung, innerhalb des Amtsgerichts an das Prozessgericht abgegeben werden. Dieses wird, sofern es an der Beurteilung der Angelegenheit als Familiensache festhält, nach **Rechtshängigkeit**[171] im Verfahren gemäß § 17a II GVG nach Anhörung der Verfahrensbeteiligten die Sache an das für zuständig erachtete Familiengericht gerichtsintern verweisen. Der Beschluss ist **für dieses Gericht bindend** (§ 17a II 3 GVG),[172] allerdings nicht wegen einer anderweitigen örtlichen oder sachlichen Zuständigkeit. Ein Verfahren nach § 36 Nr. 6 ZPO zur Bestimmung des zuständigen Gerichts ist unzulässig.[173] Indessen bleibt dann Raum für eine allerdings nur deklaratorische Zuständigkeitsbestimmung nach § 36 Nr. 6 ZPO, wenn innerhalb eines Verfahrens Zweifel an der Bindungswirkung des Verweisungsbeschlusses aufkommen

---

[169] OLG Köln FamRZ 2003, 544.
[170] OLG Celle FamRZ 2009, 359.
[171] Prütting/Helms FamFG § 111 Rn. 40.
[172] BGH FamRZ 2013, 1302 Rn. 8.
[173] OLG Hamm NJW 2010, 2740.

und keines der beteiligten Gerichte sich in der Lage sieht, das Verfahren in der Sache zu fördern.[174]

Rügt ein Verfahrensbeteiligter die Zuständigkeit (§ 17a III 2 GVG), hat das zunächst angerufene Gericht hierüber nach Anhörung oder mündlicher Verhandlung durch begründeten Beschluss (§ 17a IV 1 und 2 GVG) zu befinden. Dabei ist zumindest die **Anhörung** schon deshalb unverzichtbar, weil bei der Zulässigkeit des Rechtswegs für die Abgrenzung zwischen bürgerlich-rechtlicher Streitigkeit und Familiensache wegen des Grundsatzes der Waffengleichheit und der Bedeutung des gesetzlichen Richters (Art. 101 I 2 GG) auch mit auf das jeweilige Verteidigungsvorbringen abzustellen ist.[175] Die Entscheidung unterliegt der Anfechtung (§ 17a IV 3 GVG) im Wege der **sofortigen Beschwerde** (§§ 567–572 ZPO).[176] Soweit nach einer teilweise vertretenen Ansicht für Familiensachen eine Beschwerdemöglichkeit nach § 58 FamFG gegeben sein soll,[177] dürfte dem aber entgegenstehen, dass es sich nicht um eine Endentscheidung im Sinne dieser Vorschrift handelt. Im Übrigen hat sich der Gesetzgeber des FamFG bei der Anfechtung von **Zwischen- und Nebenentscheidungen** an den Verhältnissen im Zivilprozess orientieren wollen.[178]

Hält sich das zunächst angerufene Gericht – ohne eine entsprechende Rüge – für unzuständig, kann es von Amts wegen nach Anhörung der Verfahrensbeteiligten seine **Unzuständigkeit** feststellen und die Sache gemäß § 17a II GVG verweisen. Auch diese Entscheidung ist mit der sofortigen Beschwerde durch die Verfahrensbeteiligten anfechtbar. Dies hat ebenso zu gelten, wenn das Gericht nach freiem und im Rechtsmittelverfahren nicht überprüfbarem Ermessen seine **Zuständigkeit** durch Beschluss vorab gesondert feststellt (§ 17a III 1 GVG). Sehen die Beteiligten davon ab, sich mit einem Rechtsmittel gegen die Verweisung zu wenden, ist das nunmehr befasste Gericht gehindert, erneut in Prüfungsverfahren nach § 17a GVG einzutreten.[179]

Sieht das Gericht trotz Rüge, die als Verfahrenshandlung wegen des Anwaltszwangs[180] gegenüber dem Familiengericht nunmehr nur durch einen Rechtsanwalt wirksam erhoben werden kann (§ 114 I FamFG), von einer **Vorabentscheidung** verfahrenswidrig ab und entscheidet entweder durch Abweisung als unzulässig oder in der Sache selbst, fehlt es zur funktionalen Zuständigkeit innerhalb des Amtsgerichts an einem ordnungsgemäßen Vorabverfahren, so dass für das Rechtsmittelgericht in der Hauptsache die ansonsten durch § 17a V GVG beabsichtigte Bindung nicht besteht.[181]

Die Vorabentscheidung nach § 17a GVG setzt in Zivilsachen die **Rechtshängigkeit** 21 voraus.[182] Sie scheidet deshalb für Verfahrensabschnitte, die vor dem entsprechenden Zeitpunkt liegen, aus. Damit findet das Vorabverfahren insbesondere im **Verfahrenskostenhilfeverfahren** nicht statt. Reicht der Antragsteller üblicherweise beim Familiengericht ein Verfahrenskostenhilfegesuch für ein noch einzuleitendes Hauptsacheverfahren ein oder begehrt er ohne Vorschusszahlung mit Einreichung der Antragsschrift Verfahrenskostenhilfe, kann das Gericht, sofern es die Angelegenheit als bürgerlichen Rechtsstreit einstuft, das Verfahren formlos – aber nicht bindend – an die Abteilung für Zivilprozesssachen des Amtsgerichts abgeben. Hat allerdings das Familiengericht die nachgesuchte Verfahrenskostenhilfe mit der Verneinung einer familiengerichtlichen Zuständigkeit versagt, ist das Prozessgericht nach Abgabe gehindert, die Zuständigkeitsfrage im Verfahren der Verfahrenskostenhilfe abweichend zu beurteilen.[183]

---

[174] BGH FamRZ 2013, 1302 Rn. 5.
[175] BGH FamRZ 2018, 839 Rn. 10; 2013, 281 Rn. 19.
[176] Keidel/Meyer-Holz FamFG § 58 Rn. 87.
[177] Hüßtege in Thomas/Putzo GVG § 17a Rn. 19.
[178] BT-Drs. 16/6308, 203.
[179] OLG Hamm FamRZ 2019, 231; OLG Brandenburg FamRZ 2018, 1683.
[180] BGH NJW 2008, 3572 (3573).
[181] BGH NJW 2008, 3572 (3573); OLG Düsseldorf FamRZ 2019, 379; OLG Nürnberg FamRZ 2012, 896.
[182] Prütting/Helms FamFG § 111 Rn. 40; Hüßtege in Thomas/Putzo GVG § 17a Rn. 3; aA OLG München FamRZ 2010, 2090.
[183] BGH NJW-RR 2010, 209 Rn. 15.

22 **b) Gerichtsinterne Abgrenzung zwischen Familiengericht und Abt. der freiwilligen Gerichtsbarkeit.** Wird das Familiengericht mit einer Sache befasst, die zum einen nicht als Familiensache einzustufen und zum anderen als **Streitsache** der **freiwilligen Gerichtsbarkeit** anzusehen ist, hat an Stelle einer Abgabe eine Entscheidung im Verweisungsverfahren gemäß § 17a VI iVm I bis V GVG zu erfolgen. Nach § 17a I GVG gilt dies für alle Fälle des zum Gericht „beschrittenen Rechtswegs", weshalb eine Verweisung im Verhältnis der Abteilungen zueinander ausscheidet, wenn es sich bei den Angelegenheiten der freiwilligen Gerichtsbarkeit um solche handelt, die von Amts wegen einzuleiten sind, für die es von vornherein an dem notwendigen Ausgangspunkt der gebotenen Streitschlichtung fehlt.[184]

23 **c) Abgrenzung zwischen Familiengerichten verschiedener Amtsgerichte.** Gelangt das mit einer unterhaltsrechtlichen Streitigkeit befasste Familiengericht zu der Einschätzung, dass ein anderes Familiengericht – außerhalb des eigenen Amtsgerichts – zur Verhandlung und Entscheidung der Sache berufen ist, handelt es sich um eine Frage der **örtlichen Zuständigkeit**. Die Überleitung hat hier in einem Verfahren nach § 113 I 2 FamFG iVm § 281 ZPO durch **Verweisung** zu erfolgen. Die Vorschrift setzt die Beteiligung zweier verschiedener Gerichte voraus.[185] Notwendig ist **Rechtshängigkeit**;[186] vor Rechtshängigkeit kann nur abgegeben werden. Ausgenommen hiervon ist das Verfahren betreffend die Bewilligung von Verfahrenskostenhilfe. Der Verweisungsantrag kann in der Rechtsmittelinstanz nachgeholt werden.[187]

Die **Bindungswirkungen** des § 281 II 4 ZPO, die im Verfahrenskostenhilfeverfahren allerdings verfahrensspezifisch das Hauptsacheverfahren nicht erfassen,[188] **entfallen nicht** bei jedem – auch – offenbaren Verfahrensfehler, zB nicht bei Fehlen des Verweisungsantrags,[189] nicht in jedem Falle bei fehlender Begründung,[190] sondern nur bei einem besonders **schwerwiegenden Verfahrensverstoß**, zB greifbarer Gesetzeswidrigkeit oder Willkür[191] oder bei Häufung grober Rechtsirrtümer.[192]

Ist ein Verweisungsbeschluss unter Versagung des rechtlichen Gehörs ergangen, ist die Verweisung ebenfalls nicht bindend.[193] Dies gilt aber dann nicht, wenn die Anhörung der Gegenseite im einstweiligen Rechtsschutz- oder Vollstreckungsverfahren unterblieben ist und der Grund im Gläubigerschutz liegt. Der Anspruch auf rechtliches Gehör ist bei fehlerhafter Entscheidung über den Verweisungsantrag im schriftlichen Verfahren dann nicht verletzt, wenn das Gericht Gelegenheit zur Stellungnahme in angemessener Frist gegeben und erkennbar gemacht hat, dass es nach Fristablauf ohne mündliche Verhandlung entscheiden wird.[194] Auf die gerichtsinterne Zuständigkeitsregelung hat die Bindungswirkung keinen Einfluss.[195] Gelangt das Familiengericht, an das die Sache verwiesen worden ist, zu der Einschätzung, dass es sich bei der Streitsache nicht um eine Familiensache handelt, kann es ohne Bindungswirkungen die Sache an das Prozessgericht desselben Amtsgerichts im Verfahren nach § 17a VI GVG verweisen.

Die **Bindungswirkungen bleiben erhalten,** wenn der Antragsgegner seinen Wohnsitz oder gewöhnlichen Aufenthaltsort nachträglich ändert oder die Verfahrensbeteiligten anderweitige Verweisung übereinstimmend beantragen (§ 113 I 2 FamFG iVm § 261 III Nr. 2 ZPO).[196] Hat ein Familiengericht ein bei ihm eingeleitetes Hauptsacheverfahren wegen örtlicher Unzuständigkeit – rechtskräftig – abgewiesen, steht diese Entscheidung

---

[184] BT-Drs. 16/6308, 318.
[185] BGH FamRZ 1978, 582.
[186] BGH NJW-RR 1997, 1161.
[187] BGH FamRZ 1978, 873; FamRZ 1984, 465.
[188] OLG Hamm FamRZ 2018, 1685 (1686).
[189] RGZ 131, 200; BGHZ 1, 341.
[190] BGH FamRZ 1988, 943.
[191] BGH NJW 2003, 3201; OLG Hamm FamRZ 2018, 1685 (1686).
[192] BGH NJW-RR 1992, 383.
[193] BGHZ 102, 338 (341).
[194] BGH NJW 1988, 1794.
[195] BGH FamRZ 1979, 1005.
[196] BGH FamRZ 1995, 729.

der Bindungswirkung eines später in einem neuen Verfahren über denselben Streitgegenstand von einem anderen Gericht erlassenen Verweisungsbeschlusses an das erste Gericht nicht entgegen. § 11 ZPO ist in diesem Fall nicht anzuwenden.[197] Die Verweisungsvorschrift des § 281 ZPO gilt unmittelbar nur für das Verfahren in der Hauptsache, wird aber neben der Verfahrenskostenhilfe auf weitere **Beschlussverfahren** entsprechend angewendet, wie zB das Zwangsvollstreckungsverfahren und das Arrestverfahren. Allerdings findet § 281 ZPO nur dort Anwendung, wo überhaupt ein anderes Familiengericht örtlich zuständig ist; ein ausländisches Gericht kann dies niemals sein, da jeder justizhoheitliche Akt an der Staatsgrenze endet.

Die **Bindungswirkungen** werden allerdings **durchbrochen,** wenn eine **Ehesache** 24 nachträglich rechtshängig wird. Hier bestimmt § 233 S. 1 FamFG, dass bei einem anderen Familiengericht anhängige Unterhaltssachen nach § 232 I Nr. 1 FamFG, sofern sie dort noch **im ersten Rechtszug** anhängig sind, von Amts wegen an das Gericht der Ehesache abzugeben sind. Eine Verweisung an das Gericht der Ehesache ist nicht mehr zulässig, wenn im 1. Rechtszug eine abschließende Entscheidung ergangen ist.[198] Auf deren Rechtskraft kommt es nicht an. Die Abgabe einer Familiensache an das Gericht der Ehesache ist für dieses allerdings dann nicht bindend, wenn sie auf dem Irrtum des abgebenden Gerichts beruht, die Ehesache sei rechtshängig.[199] Wird wegen örtlicher Unzuständigkeit verwiesen, bindet dieses nicht hinsichtlich der sachlichen Zuständigkeit.

Eine Verweisungsentscheidung hat Wirkung bis zur abschließenden Kostenentscheidung. Dort ist an sich bei den Familienstreitsachen aufzunehmen, dass die **Mehrkosten,** die durch die Anrufung des unzuständigen Gerichts als Gerichts- bzw. außergerichtliche Kosten angefallen sind, dem Antragsteller auferlegt werden müssen (§ 281 III 2 ZPO). Indessen bleibt es in den Unterhaltssachen bei der Sondervorschrift des § 243 FamFG.

d) Verfahrensüberleitungen zwischen Familiengericht und Landgericht. Wird 25 das Familiengericht mit einer Sache befasst, die nach seiner Einschätzung in die erstinstanzliche Zuständigkeit des Landgerichts fällt, handelt es sich, wie im umgekehrten Fall der Verfahrensüberleitung vom Landgericht an das Familiengericht, zunächst um eine Frage der **sachlichen Zuständigkeit.** Deren Einhaltung wird an sich durch Verweisung nach § 113 I 2 FamFG iVm § 281 ZPO geregelt. Allerdings gilt es zu bedenken, dass durch die Verfahrensüberleitung darüber hinaus das Verhältnis zwischen einem Spruchkörper für Familiensachen und einem solchen für bürgerliche Rechtsstreitigkeiten betroffen ist, für das § 17a VI GVG das **Verweisungsverfahren** gemäß **§ 17a I bis V GVG** mit einer Vorabentscheidung und rechtskräftigen Klärung der Zuständigkeit vor Verhandlung und Entscheidung zur Hauptsache vorsieht. Demgemäß ist vorrangig hierauf für die Verweisung an das Landgericht abzustellen.[200] Der wesentliche Unterschied zwischen den beiden Verweisungsverfahren liegt darin, dass der Verweisungsbeschluss gemäß § 17a IV 3 GVG mit der sofortigen Beschwerde angefochten werden kann, während die Verweisung nach § 281 II 4 ZPO für das Gericht bindend ist und keiner Anfechtung unterliegt. Soweit hier bei schwerwiegenden Verfahrensverstößen eine Bindung ausscheidet, kann dies für den auf § 17a GVG gestützten Verweisungsbeschluss nicht in gleichem Maße gelten, weil hier die Möglichkeit einer Fehlerkorrektur im Rechtsmittelverfahren (§§ 567–572 ZPO) eröffnet ist.

Die durch § 17a II 5 GVG festgelegten Bindungswirkungen erfassen an sich lediglich das 26 Verhältnis zwischen der Familiengerichtsbarkeit und den anderen Zivilgerichtsbarkeiten (§ 17a VI GVG), so dass bei sachlicher Zuständigkeit des Prozessgerichts beim Amtsgericht eine Weiterverweisung durch das Landgericht (§ 281 ZPO) in Betracht käme. Indessen scheidet ein solches Vorgehen aus, wenn das Ausgangsgericht im Rahmen seiner Verweisungsentscheidung weitere Zuständigkeitsfragen geprüft und bejaht hat,[201] so dass insoweit eine Bindung entsprechend § 281 II 4 ZPO eintritt.[202]

---

[197] BGH FamRZ 1997, 398.
[198] BGH FamRZ 1985, 800.
[199] BGH NJW-RR 1996, 897.
[200] OLG Stuttgart FamRZ 2012, 1073.
[201] BGH FamRZ 1999, 501.
[202] Prütting/Helms FamFG § 111 Rn. 44.

27   **e) Verfahrensüberleitung zwischen Familiengericht und Rechtsmittelgericht.** Das Verhältnis zwischen Familiengericht und Rechtsmittelgericht wird abschließend und ausschließlich durch die Bestimmungen des Rechtsmittelverfahrens festgelegt. Im Übrigen sieht das Gesetz eine bindende Verweisung neben den hier nicht einschlägigen Verweisungsverfahren in § 281 ZPO und § 17a GVG nicht vor. Aus eben diesen Gründen ist für bindende Verweisungen zwischen Rechtsmittelgerichten kein Raum.

28   **f) Negative Kompetenzkonflikte.** Mit dem Inkrafttreten des FamFG haben die denkbaren Konstellationen, in denen es unter Beteiligung der Familiengerichtsbarkeit noch zu negativen Kompetenzkonflikten kommen kann, abgenommen. Diese Entwicklung geht auf die Verselbständigung der Familiensachen im Verhältnis zu den bürgerlichen Rechtsstreitigkeiten (§ 13 GVG) zurück. Während zuvor Streitigkeiten der verschiedenen Spruchkörper über die Frage, ob eine Familiensache vorlag, bei einem negativen Kompetenzkonflikt gemäß § 36 I Nr. 6 ZPO in einem Verfahren zur Bestimmung der Zuständigkeit entschieden wurden, gibt § 17a GVG nunmehr hierfür ein Vorabverfahren zur rechtskräftigen Feststellung des zuständigen Gerichts vor Behandlung und Entscheidung der Hauptsache vor. Daneben ist für ein Vorgehen der Gerichte nach § 113 I 2 FamFG, § 36 I Nr. 6 ZPO kein Raum.[203]

29   Allerdings besteht in den Fällen, in denen etwa ein Familiengericht im Rahmen des § 281 ZPO seine örtliche Zuständigkeit verneint und die Familiensache an das für zuständig angesehene Familiengericht verwiesen hat, die Möglichkeit, dass das angegangene Gericht sich seinerseits für nicht zuständig hält und wegen tatsächlicher oder vermeintlicher schwerwiegender Verfahrensverstöße (zB Versagung rechtlichen Gehörs und Willkür) Bindungswirkung der Verweisung (§ 281 II 4 ZPO) verneint.[204] Da in dieser Verfahrenssituation die Abgrenzung zu anderen Zivilsachen im Sinne von § 13 GVG allerdings nicht in Streit steht, ist für ein Vorabverfahren nach § 17a GVG kein Raum. Der Kompetenzkonflikt kann hier nur in einem Verfahren nach § 36 I Nr. 6 ZPO beendet werden. Sinn und Zweck des Verfahrens ist es in erster Linie, im Interesse der Beteiligten und der Rechtssicherheit den misslichen Streit darüber, welches Gericht für die Sachentscheidung zuständig ist, schnell zu beenden.[205]

Das Bestimmungsverfahren nach § 36 I Nr. 6 ZPO ist nicht nur im Erkenntnisverfahren, sondern auch im Vollstreckungsverfahren anwendbar.[206] Eine Zuständigkeitsbestimmung ist schon im Verfahrenskostenhilfeverfahren möglich,[207] jedoch nur für die Zuständigkeit zur Entscheidung über den Verfahrenskostenhilfeantrag.[208] Ansonsten kommt die Bestimmung des zuständigen Gerichts gemäß § 36 I Nr. 6 ZPO grundsätzlich erst dann in Betracht, wenn in der Streitsache Rechtshängigkeit eingetreten ist.[209]

Die Zuständigkeitsbestimmung setzt einen **negativen Zuständigkeitsstreit** in einem rechtshängigen Verfahren voraus.[210] Ein „Antrag" ist nicht erforderlich, vielmehr genügt die Vorlage durch eines der beteiligten Gerichte.[211]

30   Notwendig ist eine **rechtskräftige Unzuständigkeitserklärung.** Diese setzt die Zustellung des Antrags im Hauptsacheverfahren oder – falls nach den verfahrensrechtlichen Vorschriften ausreichend – die Mitteilung der das Verfahren in Gang setzenden Antragsschrift voraus.[212] In bestimmten Fällen kann die Anhörung des Gegners unterbleiben (zB bei einer Pfändung gemäß § 834 ZPO).[213] Dass die Unzuständigkeitserklärung eines Gerichts unzulässig ist, steht nicht entgegen.[214] Eine rechtskräftige Unzuständigkeitserklä-

---

[203] OLG Hamm NJW 2010, 2740.
[204] OLG Hamm FamRZ 2018, 1685 (1686); OLG Brandenburg FamRZ 2018, 1683 (1684); 2017, 135 (136).
[205] BGH FamRZ 2013, 1302 Rn. 5.
[206] BGH FamRZ 1983, 578.
[207] OLG Hamm FamRZ 2018, 1685; 2009, 442.
[208] BGH FamRZ 1991, 1172.
[209] BGH NJW-RR 1996, 254.
[210] BGH FamRZ 1993, 49.
[211] BGH FamRZ 1984, 774.
[212] BGH FamRZ 1987, 924.
[213] BGH FamRZ 1983, 578.
[214] BGH FamRZ 1978, 232.

rung liegt nicht in der formlosen „Abgabe" an ein anderes Amtsgericht, ohne dass den Beteiligten, insbesondere dem Antragsgegner, davon Mitteilung gemacht würde,[215] auch nicht in einer gerichtsinternen, nicht hinausgegebenen „Begleitverfügung".[216] Entscheidungen, die den Verfahrensbeteiligten nicht bekannt gegeben worden sind, stellen keine rechtskräftigen Unzuständigkeitserklärungen dar.[217]

Die Zuständigkeitsbestimmung ist nicht nach freiem Ermessen, sondern unter Beachtung der gesetzlichen Zuständigkeitsnormen und der Bindungswirkung vorangegangener Verweisungen zu treffen. Sie ist auch dann wirksam und bindend, wenn sie im Einzelfall den gesetzlichen Zuständigkeitsnormen nicht entspricht.[218] Allerdings ist auch für Zweckmäßigkeitserwägungen Raum.[219] Eine Gerichtsstandsbestimmung findet nicht statt, wenn nur ein Gericht sich für unzuständig erklärt und ein anderes das Verfahren an dieses Gericht verwiesen hat, weil die Streitsache dort bereits anhängig sei.[220] Eine Trennung gemäß § 145 ZPO ist im Rahmen einer Zuständigkeitsbestimmung nicht zulässig. Das Gericht, das über den Kompetenzkonflikt entscheidet, ist nicht „Verfahrensgericht".[221]

Streiten sich einzelne Familiengerichtsabteilungen bei einem Amtsgericht über ihre Zuständigkeit, dann handelt es sich nicht um einen Streit bezüglich der Qualifizierung einer Rechtssache als Familiensache, sondern um eine Abgrenzung innerhalb der **Geschäftsverteilung** des Amtsgerichts. Über diesen Kompetenzkonflikt hat das Präsidium des Gerichtes gemäß § 21e I GVG zu entscheiden. **31**

Es verbleiben allerdings Konstellationen, in denen das Gericht selbst nach rechtskräftigem Abschluss eines Verfahrens nach § 17a GVG die „Übernahme" der Sache ablehnt. Hier erfordern indessen das Interesse an einer funktionierenden Rechtspflege und die Rechtssicherheit eine alsbaldige Bestimmung des zuständigen Gerichts nach Maßgabe der Bestimmungen in § 36 I Nr. 6 ZPO. Zuständig für die Entscheidung (§ 37 ZPO) ist das im Instanzenzug höhere Gericht, mithin bei Zuständigkeitsstreit zwischen Familiengerichten das Oberlandesgericht und dort der nach dem Geschäftsverteilungsplan zuständige Senat für Familiensachen. Fehlt es an einem gemeinsamen Instanzgericht, ist das Oberlandesgericht zuständig, zu dessen Bezirk das zuerst mit der Sache befasste Gericht gehört (§ 36 II ZPO).

5. Der Familienrichter

Bei den Amtsgerichten entscheiden gemäß § 22 I GVG Einzelrichter, wobei gemäß § 22 V GVG **Richter auf Probe** und **Richter kraft Auftrags** verwendet werden können. Für Familienrichter macht hiervon § 23b III 2 GVG eine **Ausnahme**. Nach dieser Vorschrift dürfen Richter auf Probe im ersten Jahr nach ihrer Ernennung keine Geschäfte des Familienrichters wahrnehmen. Sie dürfen somit weder als Vertreter eines Familienrichters noch als Bereitschaftsrichter oder ersuchter Richter in Familiensachen tätig sein.[222] Im Gegenschluss ergibt sich hieraus aber, dass Richter kraft Auftrags als Familienrichter tätig sein können. Bei den Familiensenaten des Oberlandesgerichts können nur **Richter auf Lebenszeit** verwendet werden. Dies ergibt sich daraus, dass § 115 GVG eine § 22 V GVG entsprechende Bestimmung nicht enthält. **32**

Die **Ausschließung** und **Ablehnung** von Familienrichtern bestimmt sich in unterhaltsrechtlichen Streitigkeiten nach § 113 I 2 FamFG iVm §§ 41 ff. ZPO. Danach ist zur Entscheidung über die Ablehnung eines Familienrichters ein **anderer Richter des Amtsgerichts** zuständig (§ 45 II ZPO). Wird ein **Familienrichter beim Familiensenat** des OLG abgelehnt, entscheidet sein **Senat** darüber. Ist dieser Senat infolge der Ablehnung **33**

---

[215] BGH FamRZ 1993, 49 (50).
[216] BGH FamRZ 1982, 43.
[217] BGH FamRZ 1988, 1257.
[218] BGH FamRZ 1980, 670.
[219] BGH FamRZ 1984, 575.
[220] BGH FamRZ 1980, 45.
[221] BGH FamRZ 1979, 217.
[222] OLG Stuttgart FamRZ 1984, 716.

beschlussunfähig geworden, entscheidet der nach der Geschäftsverteilung vertretungsweise zuständige Senat. Ein zulässiges Ablehnungsgesuch setzt voraus, dass die Begründung in den Kernpunkten zusammen mit dem Gesuch eingereicht oder zu Protokoll erklärt wird. Es kann weder eine Fristsetzung für die Einreichung einer Begründung verlangt noch angekündigt werden, die Begründung werde innerhalb einer bestimmten Frist nachgeliefert werden.[223]

2. Abschnitt: Die Schaffung und Abänderung von Unterhaltstiteln

I. Der Leistungsantrag im Hauptsacheverfahren 1. Instanz

34 Mit dem Inkrafttreten des Gesetzes zur Reform des Verfahrens in Familiensachen und in den Angelegenheiten der Freiwilligen Gerichtsbarkeit (FGG-RG)[1] zum 1.9.2009 hat der Gesetzgeber die spezifischen zivilprozessualen Vorschriften über das Verfahren in Familiensachen im Allgemeinen (6. Buch) und damit auch die für den Unterhaltsprozess im Besonderen aufgehoben. An deren Stelle getreten sind im Rahmen der gesetzlichen Neuregelung durch das FGG-Reformgesetz vorrangig die **besonderen Vorschriften** in **Unterhaltssachen** (§§ 231–245 FamFG) sowie die **allgemeinen Vorschriften in Familiensachen** (§§ 112–116 FamFG). Darüber hinaus enthält § 113 I 2 FamFG, soweit das Verfahren in Unterhaltssachen als Familienstreitsache (früher: Unterhaltsprozess) zu führen ist (§ 112 Nr. 1 FamFG), im Übrigen eine pauschale Verweisung auf die **Allgemeinen Vorschriften** der ZPO und die Vorschriften der ZPO über das **Verfahren vor den Landgerichten.** Deren Heranziehung erfolgt allerdings wiederum unter terminologischer Abstimmung mit dem FamFG in der Weise, dass an die Stelle der Bezeichnung Prozess oder Rechtsstreit die des Verfahrens, der Klage die des Antrags, des Klägers und Beklagten die des Antragstellers und Antragsgegners und der der Partei die des Beteiligten tritt (§ 113 V FamFG). Abgesehen von diesen terminologischen Neuerungen ist für das **Hauptsacheverfahren erster Instanz** in unterhaltsrechtlichen Streitigkeiten weiterhin an den zivilprozessualen Vorschriften in bürgerlichen Rechtsstreitigkeiten anzuknüpfen. Auch diese stehen allerdings wiederum im Zeichen verfahrensspezifischer Besonderheiten, die aus Natur und Funktion des gesetzlichen Unterhalts sowie der ihm zugrunde liegenden Rechtsverhältnisse ihre Bedeutung erfahren.

1. Allgemeines

35 Mit einem allgemeinen Leistungsantrag (bisher: Leistungsklage) erstrebt der Unterhaltsberechtigte in einem streitigen Unterhaltsverfahren (bisher: Unterhaltsprozess) die Titulierung seiner Unterhaltsansprüche durch Endentscheidung in der Gestalt eines Beschlusses (§§ 116, 38 FamFG) oder auch über einen Verfahrensvergleich an. Der Antrag ist in der Regel gerichtet – und darin liegt eine Besonderheit im Vergleich zu anderen Familienstreitsachen und bürgerlichen Rechtsstreitigkeiten – auf **erst künftig fällig werdende Leistungen** (§ 258 ZPO). Ist der Unterhaltspflichtige in der Vergangenheit seinen Zahlungsverpflichtungen nicht oder nur unzureichend nachgekommen, erstreckt sich der Antrag auch auf die in der Zwischenzeit aufgelaufenen **Unterhaltsrückstände**.

Die wiederkehrenden Leistungen in Zukunft und Vergangenheit beruhen auf **einseitigen Verpflichtungen,** die sich in ihrer Gesamtheit als Folge ein und desselben Rechtsverhältnisses ergeben, so dass die einzelne Leistung nur noch vom Zeitablauf abhängig ist, ohne dass der Umfang der Schuld von vornherein genau feststeht.[2] Voraussetzung ist

---

[223] OLG Köln FamRZ 1996, 1150.
[1] BGBl. I S. 2586.
[2] BGH NJW 1986, 3142.

jedoch, dass der Unterhaltsanspruch bereits entstanden ist und noch besteht[3] und dass auch die für die Höhe der Leistungen wesentlichen Umstände mit ausreichender Sicherheit festzustellen sind.[4] So fehlt es vor Rechtskraft der Ehescheidung an einem den nachehelichen Unterhaltsanspruch tragenden Rechtsverhältnis.[5] Wenn dem prozessualen Anspruch auf Grund der gegenwärtigen Verhältnisse nicht stattgegeben werden kann, führt dies zur Abweisung des Antrags.[6]

Entscheidungsgrundlage sind **die tatsächlichen Verhältnisse** der Gegenwart und **die voraussichtlichen** der Zukunft.[7] Vorzunehmen ist deshalb eine Prognose der Entwicklung der zugrunde zu legenden Verhältnisse.[8]

36

Nicht ohne weiteres vorhersehbar ist zB
– innerhalb einer längeren Zeit die Entwicklung der allgemeinen wirtschaftlichen Verhältnisse,
– die Entwicklung der besonderen individuellen Verhältnisse wie etwa Krankheit, Arbeitslosigkeit, Hinzutreten weiterer Unterhaltsberechtigter, Wiederverheiratung.

Maßgebend ist immer der **konkrete Einzelfall.** Im Zweifel ist von einer **Prognose** abzusehen und von dem im Zeitpunkt der letzten mündlichen Verhandlung gegebenen Verhältnissen auszugehen. Wirken sich etwa Steuererstattungen für das Kalenderjahr in der zuletzt angefallenen Höhe einkommens- und unterhaltserhöhend aus, kommt eine Fortschreibung für künftig fällig werdende Unterhaltsleistungen (§ 258 ZPO) nur in Betracht, wenn auf Grund konkreter Feststellungen (zB Fahrtkosten, steuerliches Realsplitting) Steuererstattungen mit **hinreichender Sicherheit** – zudem rechnerisch darstellbar – zu erwarten sind. Eine einkommenserhöhende Entlastung durch das begrenzte Realsplitting setzt dabei allerdings wegen der steuerrechtlichen Zuordnung zum Kalenderjahr des Geldflusses voraus, dass der Steuerpflichtige den Unterhalt in bestimmter Höhe anerkannt hat, unstreitig zahlt oder zur Unterhaltszahlung rechtskräftig verurteilt ist.[9]

Selbst ohne weiteres vorhersehbare Ereignisse, wie etwa das Vorrücken des Kindes in eine höhere Altersstufe der Düsseldorfer Tabelle oder der bereits feststehende Eintritt des Unterhaltsverpflichteten in den Ruhestand, können nicht immer berücksichtigt werden, weil die konkreten finanziellen Auswirkungen nicht hinreichend sicher vorauszusehen sind.[10] Kann der Unterhaltspflichtige zur Wahrung seines notwendigen Selbstbehalts den dynamischen Kindesunterhalt in Höhe des Mindestunterhalts (§§ 1612a I BGB, 36 Nr. 4 EGZPO) altersentsprechend an das berechtigte Kind nur für die 1. Altersgruppe leisten, scheidet die Festsetzung eines gleich bleibenden Prozentsatzes für die nachfolgenden Altersgruppen aus. Eine hierfür notwendige Einkommensverbesserung des Unterhaltspflichtigen kann ungeachtet der Entwicklung des Selbstbehalts prognostisch nicht unterstellt werden. Sieht das Gericht von einer Prognose ab, obwohl sie bei verständiger Würdigung in Betracht kommt, ist die davon betroffene Partei nicht gehindert, diesen Umstand zu einem späteren Zeitpunkt geltend zu machen, wie dies insbesondere bei fortlaufenden Zins- und Tilgungsleistungen auf unterhaltswirksame Verbindlichkeiten der Fall ist. Sieht das Gericht davon ab, das voraussichtliche Ende von Zins- und Tilgungsleistungen bei der zukünftigen Unterhaltsbemessung zu berücksichtigen, sind die Beteiligten berechtigt, nach Ablauf der Zahlungen hierauf einen Abänderungsantrag (§ 238 FamFG) zu stützen. Die Präklusion nach § 238 II FamFG greift nicht, weil sie bezogen auf den Zeitpunkt der letzten mündlichen Verhandlung nur bereits **entstandene Gründe**[11] erfasst.

---

[3] BGH FamRZ 1982, 259.
[4] BGH NJW 1983, 2197.
[5] BGH FamRZ 1981, 242.
[6] BGH FamRZ 1982, 479.
[7] BGH VersR 1981, 280.
[8] St. Rspr., zB BGH FamRZ 1982, 259.
[9] BGH FamRZ 2007, 793 (797) = R 674g.
[10] BGH FamRZ 2015, 1694 Rn. 18.
[11] BGH FamRZ 2015, 1694 Rn. 18.

Wird der Antrag abgewiesen, etwa wegen fehlender Bedürftigkeit oder Leistungsfähigkeit,[12] liegt darin keine sachliche Beurteilung der voraussichtlich in der Zukunft bestehenden Verhältnisse.[13] Ergeben sich Änderungen in den Lebensumständen der Beteiligten des Unterhaltsverhältnisses, ist der Unterhaltsberechtigte nicht gehindert, erneut im Wege eines allgemeinen Leistungsantrags einen Unterhaltsanspruch zu verfolgen. Dasselbe gilt, wenn nur eine über einen freiwillig gezahlten Betrag hinausgehende Mehrforderung geltend gemacht und darüber negativ entschieden worden ist.[14]

2. Rechtsschutzbedürfnis und Titulierungsinteresse

37 Die Zulässigkeit eines Leistungsantrags im streitigen Unterhaltsverfahren unterliegt insoweit keinen Besonderheiten, als ein Rechtsschutzbedürfnis für die Rechtsverfolgung vorliegen muss. Ein solches ergibt sich regelmäßig bereits aus der Nichterfüllung der fälligen Unterhaltsforderung.[15] Besteht bereits ein **Unterhaltstitel,** ist in aller Regel ein Leistungsantrag unzulässig.[16] Geht der Antragsteller von einem **positiven Feststellungsantrag** zu einem streitgegenständlich deckungsgleichen Leistungsantrag über, ohne den Feststellungsantrag weiter zu verfolgen, handelt es sich um eine ohne weiteres zulässige Antragserweiterung nach § 264 Nr. 2 ZPO.[17]

Indessen können selbst bei **bestehendem Unterhaltstitel** besondere Umstände ein Rechtsschutzinteresse begründen, wie dies der BGH[18] etwa für den Fall bejaht, wenn gegen einen Verfahrensvergleich mit einem Vollstreckungsabwehrantrag zu rechnen ist oder die durch Vollstreckungsklausel festgelegten Mehrbeträge in Streit sind. Einen besonderen Grund für die erneute Titulierung durch einen Leistungsantrag nimmt die Rechtsprechung darüber hinaus bei **ausländischen Titeln** an, die im Inland weder anerkannt noch vollstreckt werden können.[19] Für das Rechtsschutzbedürfnis genügt es hier, dass im Einzelfall ein anderer und **kostengünstigerer Weg** zur Durchsetzung eines Unterhaltsanspruchs im Inland nicht zur Verfügung steht.[20] Gleich dürfte der Fall zu behandeln sein, in dem es an einem **vollstreckungsfähigen Titel** fehlt. Das Rechtsschutzbedürfnis für einen Leistungsantrag ist auch dann zu bejahen, wenn über denselben Unterhaltsanspruch bereits eine **einstweilige Anordnung** vorliegt.[21] Titel dieser Art beruhen auf einem lediglich summarischen Verfahren (§ 51 I 2 FamFG) und beinhalten vorläufige Regelungen. Sie stehen, da sie **nicht in materielle Rechtskraft** erwachsen, einer Endentscheidung in einem Hauptsacheverfahren über denselben Anspruch nicht gleich.

38 Liegt eine **einseitige Verpflichtungserklärung** in Gestalt einer Urkunde des Notars (§ 794 I Nr. 5 ZPO) oder des Jugendamtes (§§ 59, 60 SGB VIII) vor, fehlt das Rechtsschutzinteresse für einen Leistungsantrag. Neben dem eine Herabsetzung des Unterhalts begehrenden **Unterhaltspflichtigen**[22] muss sich auch der weitergehenden Unterhalt begehrende **Unterhaltsberechtigte** auf ein Abänderungsverfahren verweisen lassen.[23] Dies folgt nunmehr aus § 239 I 1 FamFG, der klarstellt, dass allein schon das **Vorhandensein** eines entsprechenden **Unterhaltstitels** zu einem auf diese Vorschrift gestützten Abänderungsverfahren führt.[24] Daneben besteht für den Unterhaltsberechtigten auch kein „Wahl-

---

[12] BGH FamRZ 1982, 259.
[13] BGH FamRZ 1982, 479.
[14] BGH FamRZ 1982, 479.
[15] BGH FamRZ 2011, 97 Rn. 19.
[16] BGH FamRZ 1989, 267.
[17] BGH NJW-RR 2002, 283.
[18] BGH FamRZ 1989, 267.
[19] BGH FamRZ 1987, 370.
[20] BGH BeckRS 2018, 33353 Rn. 16.
[21] BGH FamRZ 1984, 767; 1983, 355 (356).
[22] BGH FamRZ 1989, 172; 1983, 23 (24).
[23] BGH FamRZ 2004, 24; OLG Düsseldorf FamRZ 2006, 1212.
[24] BGH FamRZ 1983, 23 (24).

recht".[25] **Leistungs- und Abänderungsverfahren** stehen in einem **Exklusivverhältnis**[26] zueinander, wonach ein zulässigerweise eingeleitetes oder auch nur einleitbares Abänderungsverfahren einen Leistungsantrag ausschließt. Bei den einseitig erstellten Unterhaltstiteln aus § 239 I 1 FamFG wird der Unterhaltsberechtigte dadurch in seinen Rechten auch nicht eingeschränkt, weil für ihn eine vergleichbare Bindung an die Beschränkungen aus Abs. II und III des § 238 FamFG nicht besteht.[27] Maßgebend ist allein das materielle Recht (§ 239 II FamFG). Der Unterhaltsberechtigte unterliegt, sofern die Verpflichtungserklärung nicht auf einen übereinstimmenden Willen der Verfahrensbeteiligten zurückgeht, in der Sache und der Unterhaltsberechnung keinerlei Bindungen für sein weitergehendes Unterhaltsbegehren.[28] Das minderjährige Kind hat Anspruch auf Hergabe eines unbefristeten Unterhaltstitels. Hat der Unterhaltspflichtige einen Titel freiwillig errichtet, aber bis zum Eintritt der Volljährigkeit befristet, besteht weiterhin ein Rechtsschutzinteresse für den Wegfall der Befristung, der allerdings im Abänderungsverfahren nach § 239 FamFG durchzusetzen ist.[29]

Nach OLG Naumburg[30] ist eine notarielle Urkunde (§ 794 I Nr. 5 ZPO), mit der sich der Unterhaltspflichtige wegen der Zahlung von Unterhalt der Vollstreckung unterwirft, dann nicht geeignet, ein Titelungsinteresse für eine Entscheidung in einem Hauptsacheverfahren zu verneinen, wenn die Urkunde lediglich eine im Wege einstweiliger Anordnung ergangene Unterhaltsanordnung „ersetzen" soll. Allerdings vernachlässigt diese Sichtweise unzulässigerweise den Unterschied, der darin besteht, dass die Beteiligten durch einen Vergleich im Anordnungsverfahren die Unterhaltsanordnung „ersetzen" können, die notarielle Urkunde aber außerhalb des einstweiligen Rechtsschutzes und ohne erkennbare Anbindung an ein Verfahren erstellt wird.

Das Rechtsschutzbedürfnis für einen Leistungsantrag ist ferner betroffen, wenn der **39** Unterhaltspflichtige seine Unterhaltszahlungen regelmäßig ohne Einschränkung erbringt und durch sein Verhalten keine Besorgnis der Nichterfüllung für die Zukunft begründet. Gleichwohl bejaht die inzwischen herrschende Meinung in Schrifttum[31] und Rechtsprechung[32] selbst in einem solchen Fall – erst recht, wenn der Unterhaltspflichtige nur eingeschränkt dem Unterhaltsverlangen nachkommt – das Rechtsschutzbedürfnis für eine **vollständige Titulierung**. Die Berechtigung des **Titulierungsinteresses** beruht zunächst auf § 258 ZPO, wonach der Unterhaltsberechtigte selbst erst zukünftig fällig werdenden Unterhalt mit dem Leistungsantrag geltend machen kann, und zwar auch dann, wenn – anders als in einem Fall des § 259 ZPO – keine Umstände die Besorgnis rechtfertigen, dass der Unterhaltspflichtige sich der rechtzeitigen Leistung entziehen könnte. Überdies kann der Unterhaltspflichtige seine **freiwilligen Zahlungen** jederzeit einstellen, so dass der Unterhaltsberechtigte einen Titel über den vollen Unterhalt benötigt. Eine solche Entwicklung muss er vor dem Hintergrund der §§ 258, 259 ZPO für die Zulässigkeit eines Leistungsantrags nicht erst abwarten. Das Rechtsschutzbedürfnis entfällt auch nicht dadurch, dass der Unterhaltspflichtige seine Absicht kundtut, einen Unterhaltstitel schaffen zu wollen, oder sonst vor Rechtshängigkeit etwa im VKH-Verfahren den Unterhaltsanspruch „anerkennt". Der Unterhaltsberechtigte benötigt erst dann keinen weiteren Rechtsschutz, wenn er einen vollstreckbaren Unterhaltstitel in Händen hält. Kommt der Unterhaltspflichtige dem erst nach Rechtshängigkeit nach, tritt Erledigung der Hauptsache ein.

---

[25] OLG Düsseldorf FamRZ 2006, 1212.
[26] BGH FamRZ 2004, 1712; 1997, 811 (813); 1985, 690.
[27] BGH FamRZ 2011, 1041 Rn. 23 = R 725b.
[28] BGH FamRZ 2011, 1041 Rn. 24 und 25 = R 725b; 2009, 314 Rn. 14.
[29] OLG Bamberg FamRZ 2019, 30.
[30] OLG Naumburg FamRZ 2014, 1658 Ls.
[31] Frank in Koch UnterhaltsR-HdB § 8 Rn. 31; Ehinger/Rasch/Schwonberg/Siede Handbuch Unterhaltsrecht Rz. 10.19.
[32] BGH FamRZ 2010, 195 Rn. 15; 1998, 1165; OLG Hamm FamRZ 1992, 831; OLG Stuttgart FamRZ 1990, 1368; OLG Düsseldorf FamRZ 1990, 1369.

40 Das Rechtsschutzbedürfnis für einen Leistungsantrag im Unterhaltsverfahren mit dem Ziel der Titulierung bei unstreitigen Unterhaltszahlungen wird in der Praxis nicht selten mit der **Kostenfrage** verwechselt. Indessen weicht die Entscheidung auch hier nicht von den allgemeinen Kostenvorschriften ab und hält in §§ 243 Nr. 4 FamFG, 93 ZPO die Sanktion für einen zulässigen und begründeten, aber **vorschnell gerichtlich geltend gemachten Unterhaltsanspruch** bereit, ohne dass deshalb das Rechtsschutzbedürfnis für die Titulierung zu verneinen wäre. Wird nämlich der Anspruch nach Einleitung sofort anerkannt, trägt der Antragsteller die Kosten des Verfahrens, sofern der Antragsgegner keine Veranlassung zur Einleitung des Hauptsacheverfahrens gegeben hat. Bei unstreitigen Unterhaltszahlungen ist dies zweifelsfrei dann anzunehmen, wenn es an jeglicher Aufforderung, eine vollstreckbare Urkunde über den Unterhalt zur Verfügung zu stellen, vor Einleitung des Hauptsacheverfahrens fehlt.[33]

41 Hat der Antragsteller den Antragsgegner **außergerichtlich** zur Titelschaffung **aufgefordert,** wird differenziert. Da der Unterhaltspflichtige dem Verlangen ohne weitere Kosten beim Unterhalt von Kindern bis 21 Jahren (§ 59 I Nr. 4 SGB VIII und § 55a KostO) sowie beim Betreuungsunterhalt aus § 1615l BGB (§ 59 I Nr. 3 SGB VIII) nachkommen kann, gibt er bei Untätigkeit Veranlassung für ein gerichtliches Verfahren. Da die Möglichkeit einer kostenfreien Titulierung beim Ehegattenunterhalt und anderen Unterhaltsverhältnissen nicht besteht, wird in der Rechtsprechung überwiegend[34] dem Unterhaltspflichtigen die Berufung auf §§ 243 FamFG, 93 ZPO nur dann versagt, wenn der Unterhaltsberechtigte die Aufforderung zur Titulierung mit der **Erklärung der Kostenübernahme** verbindet.[35] Abweichende Auffassungen[36] stellen demgegenüber auf die besondere Bedürfnislage des Unterhaltsberechtigten ab, der auf die Unterhaltszahlungen für seinen Lebensunterhalt angewiesen ist, und bejahen eine Nebenpflicht (Obliegenheit) des Unterhaltspflichtigen, auch ohne Kostenfreistellung den Unterhalt titulieren zu lassen.

Erbringt der Unterhaltspflichtige auf den geschuldeten Unterhalt nur **Teilleistungen,** gibt er Veranlassung im Sinne von § 93 ZPO zur gerichtlichen Geltendmachung des **vollen Unterhalts,** und zwar auch dann, wenn er vor Einleitung des Verfahrens nicht zur Titulierung des Unterhalts aufgefordert worden ist.[37]

Das Rechtsschutzbedürfnis für einen Leistungsantrag ist schließlich auch zu bejahen, wenn der Unterhaltsberechtigte für die Titulierung des **unstreitigen Unterhalts Verfahrenskostenhilfe** begehrt. Hier bildet allerdings § 113 I 2 FamFG iVm § 114 ZPO das Korrektiv, wonach wegen **Mutwilligkeit** der Rechtsverfolgung Verfahrenskostenhilfe zu versagen ist, sofern der Unterhaltspflichtige keine Veranlassung für das gerichtliche Vorgehen des Unterhaltsberechtigten gegeben hat und sich bei einem sofortigen Anerkenntnis auf die ihm günstige Kostenvorschrift (§ 93 ZPO) berufen könnte.[38]

3. Die Beteiligten, gesetzliche Vertretung Minderjähriger und Verfahrensstandschaft

42 **a) Die Streitgenossen.** Mit einem Leistungsantrag nimmt in der Regel der Unterhaltsberechtigte selbst den Unterhaltspflichtigen auf Zahlung einer Unterhaltsrente in

---

[33] BGH FamRZ 2010, 195 Rn. 16.
[34] OLG Köln FamRZ 2004, 1114; OLG Stuttgart FamRZ 2001, 1381; OLG Düsseldorf FamRZ 1994, 117.
[35] Weitergehend OLG Karlsruhe FamRZ 2003, 1763, das auf das Gesamtverhalten des Unterhaltsschuldners abstellen will.
[36] OLG Nürnberg MDR 2002, 886; OLG Düsseldorf FamRZ 1994, 1484; OLG München FamRZ 1994, 313.
[37] BGH FamRZ 2010, 195 Rn. 18.
[38] Frank in Koch UnterhaltsR-HdB § 8 Rn. 219; OLG Hamm FamRZ 2007, 1660; im Ergebnis ebenso OLG Karlsruhe FamRZ 2003, 1763 und OLG Köln FamRZ 2004, 1114, das zur Begründung der Mutwilligkeit allerdings das Titulierungsinteresse verneint; danach wäre mangels Zulässigkeit dem Antragsteller Verfahrenskostenhilfe schon wegen fehlender Erfolgsaussichten zu versagen.

Anspruch. Dabei können auch im Unterhaltsverfahren **mehrere Antragsteller** gemeinsam unter den Voraussetzungen von §§ 59, 60 ZPO als einfache Streitgenossen auftreten. Aus denselben Gründen kann das Unterhaltsverfahren gegen mehrere Unterhaltspflichtige gerichtet werden, ohne dass damit eine notwendige Streitgenossenschaft verbunden wäre.[39]

Dies lässt allerdings die gesondert zu beurteilende örtliche Zuständigkeit unberührt. Hier besteht bei einer getrennten Verfahrensführung infolge unterschiedlicher örtlicher Zuständigkeit die Gefahr einander widersprechender Verfahrensergebnisse. Hinzu kommen Gründe der Verfahrensökonomie. Dem ist unter den Voraussetzungen von § 36 I Nr. 3 ZPO durch Antrag auf **Bestimmung des zuständigen Gerichts** zu begegnen. Eine solche Vorgehensweise drängt sich insbesondere auf für Fälle, in denen unterhaltspflichtige Kinder als Teilschuldner (§ 1606 III 1 BGB) Elternunterhalt[40] leisten sollen oder etwa der Unterhaltspflichtige im Wege eines Abänderungsverfahrens gegen Unterhaltstitel von Kindern aus verschiedenen Ehen[41] oder sich gegen titulierte Ansprüche ehelicher und nichtehelicher Kinder wenden will.[42] Dem vergleichbar ist die Situation, in der sich der Unterhaltspflichtige titulierten Unterhaltsansprüchen gleichrangiger Elternteile (§ 1609 Nr. 6 BGB) ausgesetzt sieht.

Für die Annahme einer **Streitgenossenschaft** reicht es aus, dass entweder gleichartige 43 und auf im Wesentlichen gleichartigen tatsächlichen und rechtlichen Gründen beruhende Verpflichtungen (§ 60 ZPO) betroffen oder Unterhaltsschuldner aus demselben tatsächlichen und rechtlichen Grund verpflichtet sind (§ 59 Alt. 2 ZPO). Zwar sind diese Vorschriften weit auszulegen und dienen nicht zuletzt Zweckmäßigkeitserwägungen;[43] doch rechtfertigt allein ein enger Sachzusammenhang die Zuständigkeitsbestimmung nicht. Begehrt etwa der Unterhaltspflichtige bei einem für mehrere Kinder bestehenden Unterhaltstitel Herabsetzung nur gegenüber einem Kind, rechtfertigt ein daran anknüpfendes und auf weiteren Unterhalt gerichtetes Abänderungsverfahren eines weiteren Kindes trotz eines streitbezogen engen Sachzusammenhangs keine Verfahrensverbindung über § 36 I Nr. 3 ZPO. Dies scheitert bereits an den unterschiedlichen Beteiligtenrollen. Das Kind will – ebenso wie dieser – nur gegen eine (unterhaltspflichtige) Person vorgehen. Dem berechtigten Interesse an einer verfahrensökonomischen und zweckmäßigen Lösung trägt in dieser Situation die Möglichkeit einer Aussetzung (§ 148 ZPO) Rechnung.[44] Bei erfolgreichem Bestimmungsverfahren folgen die Kosten der Hauptsache. Ansonsten hat sie der erfolglose Antragsteller zu tragen.[45]

b) Die Vertretung Minderjähriger. Die Geltendmachung und gerichtliche Durch- 44 setzung von Unterhaltsansprüchen minderjähriger Kinder gegenüber ihren unterhaltspflichtigen Eltern haben davon auszugehen, dass den Eltern unabhängig von Zusammenleben, Trennung oder Scheidung die **elterliche Sorge** und damit die gesetzliche Vertretung ihrer Kinder **gemeinschaftlich** zusteht (§§ 1626, 1629 I 2 BGB). Dies gilt für **eheliche Kinder** und, sofern die Voraussetzungen von § 1626a I Nr. 1 BGB erfüllt sind, für **nichteheliche Kinder** gleichermaßen. Bei bestehender Gesamtvertretung ist deshalb an sich jeder Elternteil gehindert, als Vertreter des Kindes Ansprüche gegen den anderen Elternteil geltend zu machen (§ 1629 II 1 iVm § 1795 I Nr. 1, 3 BGB).

Um ein gegebenenfalls auch zeitaufwändiges Pflegerbestellungs- oder Sorgerechtsregelungsverfahren zu vermeiden,[46] sieht § 1629 II 2 BGB als **Ausnahmetatbestand** für Unterhaltsansprüche des minderjährigen Kindes deshalb vor, dass bei gemeinsamer Sorge derjenige **Elternteil** zur Vertretung berufen ist, in dessen **Obhut** sich das Kind befindet.

---

[39] BGH FamRZ 1986, 660 (661).
[40] BayObLG FamRZ 1999, 1666; Soyka FPR 2003, 631 (633).
[41] BGH FamRZ 1986, 660 (661).
[42] BGH FamRZ 1998, 361.
[43] BGH NJW-RR 1991, 381.
[44] BGH FamRZ 1998, 1023.
[45] BayObLG NJW-RR 2000, 141.
[46] BT-Drs. 13/4899, 96.

Maßgebend sind die tatsächlichen Betreuungsverhältnisse,[47] die derjenige Elternteil, der sich auf eine Vertretungsbefugnis beruft, darlegen und gegebenenfalls beweisen muss.[48] Das Familiengericht kann dem betreuenden Elternteil die Vertretungsmacht zur Geltendmachung von Kindesunterhalt entziehen (§§ 1629 II 3, 1796 BGB). Dies setzt allerdings einen **konkreten Interessengegensatz** voraus, der sich allein mit einem Loyalitätskonflikt nicht begründen lässt (vgl. auch → Rn. 45).[49]

Das unterhaltsberechtigte Kind befindet sich in der Obhut desjenigen Elternteils, bei dem der **Schwerpunkt** der **tatsächlichen Fürsorge** und **Betreuung** liegt, dh der sich vorrangig um die Befriedigung der elementaren Bedürfnisse des Kindes kümmert.[50] Einem nach solchen Kriterien bestimmten Obhutsverhältnis steht nicht entgegen, dass
– der betreuende Elternteil sich der Hilfe Dritter bedient (zB Internat oder Verwandte) und hierbei seinen Betreuungsobliegenheiten durch regelmäßige Kontakte mit dem Kind und der Betreuungsperson nachkommt;[51]
– die Eltern auch über ihr Getrenntleben hinaus noch in der Ehewohnung verblieben sind.
Vorübergehende Abweichungen bei der tatsächlichen Betreuung des Kindes, die eine stärkere Einbindung des barunterhaltspflichtigen Elternteils mit sich bringen, wie dies zum Beispiel bei einer beruflichen Fortbildung des betreuenden Elternteils geschehen kann, führen zu keiner Änderung in den Vertretungsverhältnissen.[52]

45 In der Konstellation des so genannten **Wechselmodells,** bei dem die Eltern ihr Kind in der Weise betreuen, dass es in nahezu gleichlangen Phasen abwechselnd jeweils bei dem einen und dem anderen Elternteil lebt, fehlt es an dem für ein Obhutsverhältnis notwendigen **Schwerpunkt der Betreuung.** Eine auf § 1629 II 2 BGB gestützte Vertretung ist ausgeschlossen.[53] Der die Barunterhaltsinteressen des Kindes verfolgende Elternteil muss beim Familiengericht beantragen, ihm die Entscheidung zur Geltendmachung von Kindesunterhalt zu übertragen (§ 1628 BGB),[54] oder auf eine **Pflegerbestellung (§ 1909 BGB)** hinwirken.

Ihm steht insoweit ein **Wahlrecht** zu.[55] Gründe der Praktikabilität und Verfahrensökonomie dürften im Regelfall Anlass bieten, die Alleinvertretung des Kindes im Verfahren nach § 1628 BGB anzustreben. Dies kann im Einzelfall bei der Notwendigkeit, den Unterhaltsbedarf des Kindes akut zu decken, im Wege einstweiliger Anordnung erfolgen und die Verzögerungen durch Einschaltung eines Dritten vermeiden. Soweit im Schrifttum[56] **Interessengegensätze** bemüht werden, um demgegenüber auf die Notwendigkeit einer Ergänzungspflegschaft abzustellen, vermag dies nicht zu überzeugen. So sind auch im Fall der Verfahrensstandschaft nach § 1629 III 1 BGB Interessengegensätze bei der Verfolgung von Kindes- und Ehegattenunterhalt, da der Höhe nach hier Abhängigkeiten bestehen können, abstrakt vorstellbar. Deshalb kann nur ein **konkreter Interessenkonflikt** im festzustellenden Einzelfall den Rückgriff auf § 1628 BGB ausschließen.[57] Steht dem Elternteil auf Grund gerichtlicher Entscheidung die Alleinvertretungsbefugnis zu, kann er gemäß §§ 1712 I Nr. 2, 1713 I BGB dem Jugendamt als **Beistand** die weitere Verfolgung der Unterhaltsansprüche des Kindes überlassen.

Betreuungsleistungen in einem Verhältnis von $^2/_3$ zu $^1/_3$ stellen den Schwerpunkt der Betreuung bei dem einen Elternteil nicht in Frage.[58] Allerdings kann sich derjenige Elternteil nicht auf § 1629 II 2 BGB berufen, dessen Betreuungsleistungen diejenigen des

---

[47] BGH FamRZ 2014, 917 Rn. 17 = R 750a.
[48] Baumgärtel Handbuch der Beweislast im Privatrecht Bd. 2 § 1629.
[49] OLG Frankfurt FamRZ 2018, 827 (828).
[50] BGH FamRZ 2015, 236 Rn. 20; 2014, 917 R. 28 = R 750a; BGH FamRZ 2006, 1015 (1016) = R 646.
[51] MüKoBGB/Huber § 1629 Rn. 77.
[52] BGH FamRZ 2015, 236 Rn. 25.
[53] BGH FamRZ 2014, 917 Rn. 16 = R 750a; FamRZ 2006, 1015 (1016) = R 646.
[54] BGH FamRZ 2017, 437 Rn. 2.
[55] Ehinger/Rasch/Schwonberg/Siede Handbuch Unterhaltsrecht Rz. 11.58a.
[56] Seiler FamRZ 2015, 1845 (1850).
[57] OLG Frankfurt FamRZ 2017, 289.
[58] BGH FamRZ 2006, 1015 (1016) = R 646; a. A. KG FamRZ 2003, 53.

anderen Elternteils „lediglich geringfügig übersteigen",[59] weil sich ein Schwerpunkt nicht feststellen lässt. Bei dieser Einschätzung dürfte es in erster Linie auch nicht auf eine durch Quotenbildung festgelegte Verweildauer des Kindes bei einem Elternteil ankommen. Der Schwerpunkt ist vielmehr bei dem Elternteil zu sehen, der sich für einen Dritten erkennbar durch Zuwendung mit dem Kind konkret befasst und für dieses einsetzt, und zwar in einem Umfang, der an Intensität den Betreuungsanteil des anderen Elternteils deutlich übertrifft. Der Beaufsichtigung des Kindes bei der Fertigung von Schul- und Übungsarbeiten dürfte ungeachtet des zeitlichen Umfangs ein größeres Gewicht zukommen als die Verfügbarkeit des Elternteils während der altersangepassten eigenständigen Freizeitgestaltung durch das Kind. Allerdings ist nicht zu übersehen, dass insbesondere der BGH dem **zeitlichen Einsatz** der Elternteile als Kriterium für die Abgrenzung zwischen Wechselmodell und Residenz- bzw. Eingliederungsmodell eine besondere Bedeutung zukommen lässt.[60]

Befindet sich das Kind in der **Obhut eines Dritten,** bleibt es bei dem Vertretungshindernis der Eltern (§ 1629 II 1 BGB iVm § 1795 I Nr. 1, 3 BGB). Hier bedarf es der **Bestellung eines Ergänzungspflegers (§ 1909 BGB)**.[61] 46

Die Alleinvertretungsbefugnis (§ 1629 II 2 BGB) des Elternteils berechtigt nur zur **Geltendmachung von Unterhaltsansprüchen** gegen den anderen Elternteil, umfasst insoweit aber – weitergehend als § 1629 III 1 BGB – sowohl die außergerichtliche als auch die gerichtliche Verfolgung in **Aktiv- und Passivverfahren.** Sie kommt mithin zum Tragen auch für Abänderungsverfahren, im einstweiligen Anordnungsverfahren, im vereinfachten Verfahren (→ Rn. 639) oder für negative Feststellungsverfahren des auf Unterhalt in Anspruch genommenen Elternteils. Die Alleinvertretungsbefugnis deckt indessen nicht den Abschluss einer Vereinbarung über den **Rückerwerb** von **Unterhaltsansprüchen** für Unterhaltszeiträume, in denen das Kind Leistungen der Sozialhilfe (zB § 7 IV 3 UVG) erhalten hat und weiter erhalten wird.[62] Bei einem solchen Vorgang handelt es sich lediglich um eine Verschaffung von Rechten, um sie in einem anderen Verfahren durchsetzen zu können. Der Erwerb ist nicht unmittelbar gegen den anderen Elternteil gerichtet, mithin vom Wortlaut der Regelung in § 1629 II 2 BGB nicht gedeckt, die überdies als Ausnahmetatbestand einer interessenbestimmten Auslegung nicht zugänglich ist. Soweit dem gegenüber die Auffassung vertreten wird,[63] in der Zusammenschau mit § 9 I UVG sei der betreuende Elternteil nach § 1629 II 2 BGB vertretungsberechtigt auch für die Rückübertragung (§ 7 IV 3 UVG), wird nicht hinreichend gewichtet, dass § 9 I UVG in allen Vertretungsvarianten für das minderjährige Kind eine „ordnungsgemäße Vertretung" voraussetzt,[64] sie aber nicht begründet oder erweitert.

Änderungen in den durch § 1629 II 2 BGB bestimmten Vertretungsverhältnissen können zunächst bei den maßgebenden Obhutsverhältnissen eintreten. So wird bei einem **Obhutswechsel** des Kindes zum anderen Elternteil oder zu einem verantwortlichen Dritten ein bis dahin zulässigerweise eingeleitetes Unterhaltsverfahren ohne zeitliche Einschränkung unzulässig,[65] dem der Vertreter ohne Vertretungsmacht zur Vermeidung einer ihn ansonsten treffenden Kostenlast[66] durch Erledigungserklärung Rechnung tragen muss. Hat er in der Vergangenheit monetäre Leistungen für den Unterhaltsbedarf des Kindes erbracht, steht ihm ein **familienrechtlicher Ausgleichsanspruch**[67] zu, den er aber nur

---

[59] Johannsen/Henrich/Jaeger BGB § 1629 Rn. 6; a. A. OLG Düsseldorf FamRZ 2001, 1235 das aber bei der Bemessung des Kindesunterhalts von einem strikten Wechselmodell ausgeht, für das der BGH mit überzeugenden Gründen eine Vertretung aus § 1629 II 2 BGB verneint hat.
[60] BGH FamRZ 2015, 236 Rn. 21; 2014, 917 Rn. 17 = R 750a.
[61] OLG Stuttgart JAmt 2005, 309.
[62] Johannsen/Henrich/Jaeger BGB § 1629 Rn. 7; MüKoBGB/Huber § 1629 Rn. 81; BeckOKBGB/Veit § 1629 Rn. 78; a. A. Klinkhammer, → § 8 Rn. 274.
[63] FA-FamR/Diehl Kap. 14 Rdn. 226.
[64] BayVGH FamRZ 2014, 1494.
[65] OLG München FamRZ 2003, 248; OLG Hamm FamRZ 1990, 890.
[66] OLG Rostock FamRZ 2012, 890 (891).
[67] BGH FamRZ 2017, 611 Rn. 11; 2016, 1053 Rn. 11.

gegenüber dem anderen unterhaltspflichtigen Elternteil (§ 1606 III BGB) im Wege einer subjektiven Antragsänderung geltend machen kann.

Unabhängig davon entfällt die Alleinvertretung des jeweiligen Elternteils mit den entsprechenden Folgen auch bei **Wegfall der Elternstellung** oder bei einer ihm nachteiligen Beendigung der gemeinsamen Personensorge durch gerichtliche Entscheidung. Das ist allerdings bei Regelungen, die lediglich das Aufenthaltsbestimmungsrecht betreffen, noch nicht der Fall.[68] Die auf § 1629 II 2 BGB gestützte Alleinvertretungsbefugnis berechtigt den jeweiligen Elternteil, die Durchsetzung von Unterhaltsansprüchen gemäß §§ 1712 I Nr. 2, 1713 I BGB dem Jugendamt als Beistand zu überlassen. Änderungen, in den Obhutsverhältnissen, die zum Wegfall der Alleinvertretungsbefugnis führen, beseitigen auch die Vertretungsbefugnis des Beistands.[69] Beruht die Vertretungsbefugnis des zunächst betreuenden Elternteils auf §§ 1626a, 1629 I 3 BGB und wechselt das Kind in die Obhut des auf Unterhalt in Anspruch genommen Elternteils, hat eine zuvor eingeleitete Beistandschaft weiterhin Bestand, da die gesetzliche Vertretung des Kindes nicht an ein Obhutsverhältnis anknüpft.[70]

47 **c) Die Verfahrensstandschaft (§ 1629 III 1 BGB).** Für einen **streitgegenständlich ausgewählten Bereich** wird die Vertretungsregelung des § 1629 II 2 BGB wie auch jede auf anderem Rechtsgrund (zB § 1671 BGB) beruhende Vertretungsbefugnis überlagert durch eine gesetzliche **Verfahrensstandschaft (§ 1629 III 1 BGB)** des vertretungsberechtigten Elternteils. Sie beinhaltet das Recht, während der Trennung (§ 1567 BGB) und Anhängigkeit einer Ehesache der Eltern Unterhaltsansprüche des minderjährigen Kindes im eigenen Namen gerichtlich geltend zu machen, und verfolgt das Ziel, dem Kind in der besonderen Konfliktsituation seiner Eltern die Beteiligtenrolle in einer gerichtlichen Auseinandersetzung zu ersparen.[71] Durch die Festlegung auf diese Kriterien ist die Verfahrensstandschaft zum einen beschränkt auf Unterhaltsansprüche **ehelicher Kinder.** Zum anderen erfasst sie, was zwar nicht unmittelbar aus dem Wortlaut der Bestimmung abzulesen ist, aber aus § 1629 III 2 BGB gefolgert werden muss, nur deren **gerichtliche Verfolgung.** Denn die in Ausübung der Verfahrensstandschaft erwirkten **Entscheidungen** des Gerichts wie auch die zwischen den Eltern geschlossene **Vergleiche** wirken danach für und gegen das Kind. Kommt es im Zuge außergerichtlicher Verhandlungen der Eltern etwa zu Vereinbarungen über den Kindesunterhalt, muss das minderjährige Kind, soll es vertraglich gebunden werden, hieran als Vertragspartei, vertreten durch den legitimierten Elternteil, mitwirken. Ansonsten ist das Kind, selbst wenn die Eltern für dieses durch Vertrag zugunsten Dritter (§ 328 BGB) Unterhaltsansprüche regeln, nicht gehindert, Unterhaltsansprüche ohne Bindung an die Vereinbarung der Eltern geltend zu machen. Auch Erklärungen des Verfahrensstandschafter vor Einleitung des gerichtlichen Verfahrens entfalten nur dann ihre Wirkung, wenn der handelnde Elternteil zu diesem Zeitpunkt vertretungsberechtigt war (zB Inverzugsetzung durch Mahnung oder Auskunftsverlangen).

Soweit die Voraussetzungen von § 1629 III BGB vorliegen, sollen nach einer teilweise vertretenen Auffassung[72] Einleitung und Führung einer **Beistandschaft** mit dem Ziel der Geltendmachung von Kindesunterhaltsansprüchen (§§ 1712, 1713 I BGB) Unterhaltsansprüchen unzulässig sein. Diese Betrachtungsweise stellt in den Vordergrund, dass die gesetzliche Regelung das Kind selbst an der Geltendmachung von Unterhalt hindern und aus der besonderen Konfliktsituation der Eltern bei Trennung und Scheidung „heraushalten" soll. Der Gegenmeinung[73] folgt indessen der BGH[74], wonach weder der Gesetzeswortlaut der maßgebenden Bestimmung noch der Gesetzeszweck und rechtssystematische Erwägungen einer Heranziehung des Instituts der Beistandschaft im Geltungsbereich der Verfahrensstandschaft entgegenstehen. Allerdings scheidet nach Einleitung einer Beistand-

---

[68] OLG Zweibrücken FamRZ 1997, 570 (571).
[69] OLG Bamberg FamRZ 2014, 2014.
[70] OLG Koblenz FamRZ 2018, 918 (919).
[71] BT-Drs. 10/4514, 23.
[72] OLG Oldenburg FamRZ 2014, 1652; OLG Celle FamRZ 2013, 53.
[73] OLG Schleswig FamRZ 2014, 1712 (1713).
[74] BGH FamRZ 2015, 130 Rn. 14–20.

schaft die weitere Verfolgung von Kindesunterhaltsansprüchen im Rahmen einer Folgesache nach § 137 II 1 Nr. 2 FamFG aus.

Die Verfahrensstandschaft umfasst alle **Aktiv- und Passivverfahren** sowie Nebenverfahren. Es macht keinen Unterschied, ob der Kindesunterhalt im Rahmen des Verbundes als Folgesache oder isoliert geltend gemacht wird. Will sich der Unterhaltspflichtige gegen einen bereits titulierten Kindesunterhalt wenden, hat er, sofern die Verfahrensstandschaft noch andauert, den **Abänderungsantrag** gegen den legitimierten Elternteil zu richten. Trotz Verfahrensstandschaft bleibt das unterhaltsberechtigte Kind Inhaber der Forderung. Schon aus diesem Grund ist dem Verfahrensstandschafter deren Heranziehung für eigene Zwecke versagt.[75] Im Verhältnis zu Dritten unterliegt der Kindesunterhalt in der Verfolgung durch den nach § 1629 III 1 BGB berechtigten Elternteil einer **treuhänderischen Zweckbindung,** die einen Zugriff von persönlichen Gläubigern des jeweiligen Elternteils, jedenfalls soweit die Forderung des Gläubigers nicht in Zusammenhang mit der Durchsetzung des Kindesunterhalts steht, ausschließt.[76]

Eine berechtigterweise ausgeübte **Verfahrensstandschaft** endet, sobald ihre Voraussetzungen entfallen. Der insoweit nicht mehr legitimierte Elternteil sieht sich dadurch auch gehindert, etwaigen **rückständigen Kindesunterhalt** aus der Zeit der Minderjährigkeit weiterzuverfolgen.[77] Denkbar ist der Wegfall der Verfahrensstandschaft zunächst in Fällen, in denen auf Grund von Änderungen in der Sorgerechtslage[78] der bis dahin legitimierte Elternteil die Personensorge verliert oder unter den Voraussetzungen von § 1629 II 2 BGB das Kind in die Obhut des anderen Elternteils wechselt[79] oder den Status eines ehelichen Kindes einbüßt. Durch die **veränderte Rechtslage** wird der Leistungsantrag des Verfahrensstandschafters unzulässig, worauf er entweder im Kosteninteresse die Hauptsache für erledigt erklären oder aber im Wege der Antragsänderung nunmehr einen familienrechtlichen Ausgleichsanspruch verfolgen muss.[80]

Die Verfahrensstandschaft endet ferner mit der **Volljährigkeit** des Kindes,[81] ohne dass deren verfahrensspezifische Konsequenzen einhellig beurteilt werden. Nach der älteren Rechtsprechung des BGH und der im Übrigen wohl bisher auch sonst vorherrschenden Meinung[82] soll es hier infolge des Erlöschens der Verfahrensstandschaft zu einem **Beteiligtenwechsel kraft Gesetzes** kommen. Indessen fehlt es hierfür an einer anzuknüpfenden Rechtsnorm. Das automatische Hineinwachsen in das Verfahren setzt das volljährige Kind überdies den nachteiligen Kostenfolgen der bisherigen Verfahrensführung aus, obwohl die Verfahrensstandschaft dem Schutz des bis zu diesem Zeitpunkt minderjährigen Kindes dient.[83] Mehr spricht deshalb für die Ansicht,[84] der sich der BGH in einer neueren Entscheidung nunmehr angeschlossen hat,[85] wonach mit dem Wegfall der Verfahrensstandschaft lediglich das Recht des volljährigen Kindes erwächst, durch eigene Erklärung in das Verfahren einzutreten.[86] Maßgebend sind die Grundsätze eines **gewillkürten Beteiligtenwechsels.** Im Aktivverfahren bedarf es zunächst der Einwilligung des nicht mehr legitimierten Elternteils. Verweigert er diese, führt dies mit der entsprechenden Kostenfolge zur Abweisung des Antrags als unzulässig. Nichts anders gilt, wenn das volljährige Kind einen Eintritt in das Verfahren ablehnt und der Elternteil daraufhin keine **Erledigungserklärung**

---

[75] OLG Naumburg FamRZ 2001, 1236 (Aufrechnung gegen güterrechtliche Ausgleichsforderung).
[76] BGH FamRZ 1991, 295 (296).
[77] BGH FamRZ 2013, 1378 Rn. 6 = R 737a.
[78] OLG Nürnberg FamRZ 2002, 407.
[79] OLG München FamRZ 1997, 1493 (1494).
[80] BGH FamRZ 2017, 611 Rn. 11.
[81] BGH FamRZ 2013, 1378 Rn. 6 = R 737a.
[82] BGH FamRZ 1983, 474; 1985, 471; OLG München FamRZ 1996, 422; Gießler FamRZ 1994, 800 (802); Rogner NJW 1994, 3325.
[83] BGH FamRZ 1991, 295 (296).
[84] Johannsen/Henrich/Jaeger BGB § 1629 Rn. 12.
[85] BGH FamRZ 2013, 1378 Rn. 8 = R 737a.
[86] BGH FamRZ 1990, 283 (284): „... Von seinem Recht, nunmehr als Partei in den Prozess einzutreten, hat er in zulässiger Weise durch die Einlegung der Revision neben seiner Mutter Gebrauch gemacht ..."

§ 10   Verfahrensrecht

abgibt. Ansonsten setzt das Kind das Verfahren als Beteiligter fort. Die subjektive Antragsänderung durch Eintritt des volljährigen Kindes in das Verfahren bedarf **keiner Zustimmung** des unterhaltspflichtigen Antragsgegners, da mit dem Eintritt der Volljährigkeit das gesetzliche Vertretungsverhältnis als Anknüpfung für eine Verfahrensstandschaft entfallen und mit dem Wechsel des Beteiligten eine Änderung im Streitstoff nicht verbunden ist.[87] Wird der Kindesunterhalt im Rahmen des Verbundes geltend gemacht (§ 137 II 1 Nr. 2 FamFG), zwingt der Eintritt der Volljährigkeit zur Herauslösung der Folgesache (→ Rn. 106a), weil das Kind durch dieses Ereignis selbst Verfahrensbeteiligter wird (§ 140 I FamFG).

51 Wird die **Ehe** der Kindeseltern **rechtskräftig geschieden,** führt dies nicht notwendig zum sofortigen Wegfall der Verfahrensstandschaft. Zwar greift § 1629 III 1 BGB für solche Unterhaltsverfahren nicht mehr ein, die der weiterhin vertretungsberechtigte Elternteil **nach diesem Zeitpunkt anhängig** macht, so dass auch Abänderungsverfahren (§§ 238, 239 FamFG) des Titelschuldners ungeachtet einer noch nicht erfolgten Titelumschreibung nur noch gegen das Kind selbst zu richten sind.[88] Doch kann der legitimierte Elternteil weiterhin im eigenen Namen diejenigen Unterhaltsansprüche des Kindes, die bereits **zuvor rechtshängig** geworden waren, bis zu einer rechtskräftigen Entscheidung oder zu einem dem gleichstehenden Vergleich (§ 1629 III 2 BGB) verfolgen (wegen der Vollstreckungsbefugnis vgl. nachstehend → Rn. 52). In der Rechtsprechung insbesondere des BGH wird dies aus einer Analogie zu § 265 II 1 ZPO hergeleitet.[89] Entgegen einer verbreiteten Rechtspraxis muss eine „Beteiligtenberichtigung des Rubrums" im laufenden Verfahren als unzulässig ausscheiden. Allerdings ist das minderjährige Kind nach Rechtskraft der Ehescheidung seiner Eltern nicht gehindert, im Wege des gewillkürten Beteiligtenwechsels, vertreten nunmehr durch den ausscheidenden Verfahrensstandschafter in das laufende Verfahren einzutreten.[90] Dies bedarf sowohl der Zustimmung des ausscheidenden Verfahrensstandschafter als auch – nach mündlicher Verhandlung – der des Antragsgegners (§ 269 ZPO analog). Eine solche wird, sofern der Antragsgegner zu den geänderten Anträgen rügelos verhandelt, unwiderlegbar vermutet.

Die langjährig insbesondere in der Rechtsprechung umstrittene Frage,[91] ob im Fall der Verfahrensstandschaft für die **Bewilligung von Verfahrenskostenhilfe** auf die Einkommensverhältnisse des Kindes oder des handelnden Elternteils abzustellen ist, hat der BGH[92] dahin beantwortet, dass es nach dem Wortlaut der gesetzlichen Regelung (§§ 114, 115 ZPO) hier auf die Person des das Verfahren betreibenden Beteiligten ankommt. Diese Rolle hat der Gesetzgeber in § 1629 III 1 BGB verbindlich dem jeweiligen Elternteil zugewiesen, auf dessen wirtschaftliche Verhältnisse mithin abzustellen ist.

52 Aus einem von ihm auf Grund der Verfahrensstandschaft erstrittenen Unterhaltstitel kann der Elternteil die **Zwangsvollstreckung** bis zu einer Titelumschreibung auf das Kind (entsprechend § 120 I FamFG iVm § 727 ZPO)[93] betreiben. Bis dahin kann das unterhaltsberechtigte Kind auch keine **weitere vollstreckbare Ausfertigung** des Unterhaltstitels verlangen.[94] Die **Vollstreckungsbefugnis** des durch den Titel legitimierten Elternteils bleibt auch dann erhalten, wenn die Verfahrensstandschaft lediglich durch Rechtskraft der Scheidung endet,[95] weil die Vertretungsberechtigung des Elternteils fortbesteht und sich für den Titelschuldner durch diese Entwicklung in tatsächlicher Hinsicht nichts ändert.[96]

---

[87] BGH FamRZ 2013, 1378 Rn. 11 = R 737a.
[88] OLG Koblenz FamRZ 2016, 1870; Keidel/Meyer-Holz FamFG § 238 Rn. 16.
[89] BGH FamRZ 2014, 917 Rn. 24 = R 750b; 2013, 1378 Rn. 6 = R 737a.
[90] BGH FamRZ 2014, 917 Rn. 25 = R 750b.
[91] OLG Karlsruhe FamRZ 2001, 1080; OLG Dresden FamRZ 1997, 1287.
[92] BGH FamRZ 2005, 1164.
[93] BGH FamRZ 2015, 2150 Rn. 12.
[94] OLG Koblenz FamRZ 2014, 1657.
[95] OLG Schleswig FamRZ 1990, 189.
[96] Hochgräber FamRZ 1996, 272 (273).

Sind die Voraussetzungen der Verfahrensstandschaft allerdings mit dem Eintritt der **Volljährigkeit** des Kindes[97] oder auf Grund von Veränderungen in den Obhutsverhältnissen (§ 1629 II 2 BGB)[98] entfallen, kann der Titelschuldner dies mit einem Vollstreckungsabwehrantrag (§ 767 ZPO) gegenüber dem weiter die Zwangsvollstreckung betreibenden Elternteil einwenden, der sich, da ein **Auswechseln titulierter Ansprüche** nicht möglich ist, hiergegen auch nicht mit Erfolg auf einen ihm möglicherweise zustehenden **familienrechtlichen Ausgleichsanspruch** berufen kann.[99] Keinen Unterschied macht es hierbei, ob der nicht mehr legitimierte Elternteil wegen eines laufenden Unterhalts oder auch noch wegen Unterhaltsrückständen aus der Zeit der Minderjährigkeit des Kindes die Zwangsvollstreckung betreibt, da maßgebend für den Erfolg des Vollstreckungsabwehrantrags allein auf den Wegfall der Vollstreckungsbefugnis abzustellen ist.[100]

Eine Titelumschreibung auf das unterhaltsberechtigte Kind ist auch dann angezeigt (§ 120 I FamFG iVm § 727 ZPO analog),[101] wenn das Land gemäß § 7 IV UVG einen Unterhaltstitel erstritten, seine Vorschussleistungen nach Ablauf des Bewilligungszeitraums aber eingestellt hat.

4. Verfahrensgrundsätze

Das Familienstreitverfahren (§ 112 Nr. 1 FamFG) zur gerichtlichen Durchsetzung von gesetzlichen Unterhaltsansprüchen (früher: Unterhaltsprozess) beginnt mit der Einreichung einer **Antragsschrift** durch den Unterhalt begehrenden Beteiligten, die ungeachtet ihrer Bezeichnung (§ 113 V FamFG) den an eine Klageschrift in bürgerlichen Rechtsstreitigkeiten zu stellenden Anforderungen genügen muss (§ 253 ZPO). Mit der von Amts wegen zu bewirkenden Zustellung wird die Hauptsache rechtshängig (§ 261 I ZPO). Allerdings besteht für das streitige Unterhaltsverfahren nunmehr auch erstinstanzlich die Notwendigkeit der Mitwirkung eines **Rechtsanwalts** (§ 114 I FamFG), mithin auch dann, wenn der Unterhaltsberechtigte seine Ansprüche außerhalb des Verbundes in einem isolierten Verfahren verfolgt. Demzufolge muss die Antragsschrift, soll sie zu einer wirksamen Verfahrenseinleitung führen, durch einen Rechtsanwalt unterzeichnet sein. Die Einleitung eines streitigen Unterhaltsverfahrens durch Erklärungen des Antragstellers zu Protokoll der Geschäftsstelle des Amtsgerichts (§ 496 ZPO) scheidet demzufolge aus. Mit der Ausdehnung des **Anwaltszwangs** auf die erstinstanzlichen Unterhaltsstreitigkeiten will der Gesetzgeber wegen der erheblichen Auswirkungen und häufig existenziellen Folgen sowie der ständig zunehmenden Komplexität des materiellen Rechts die Verfahrensführung nicht mehr dem Unterhaltsberechtigten und dem Unterhaltspflichtigen überlassen.[102]

Ausnahmen von einer notwendigen anwaltlichen Mitwirkung sieht § 114 IV FamFG vor. Sie erlangen besondere Bedeutung für das Unterhaltsverfahren insoweit, als der Anwaltszwang nicht besteht im Verfahren der **einstweiligen Anordnung** (§§ 246–248, 50 ff. FamFG). Diese Einschränkung vermag bei der Begründung für die Erweiterung des Anwaltszwang nach § 114 I FamFG nicht zu überzeugen, da der Gesetzgeber gleichzeitig den Anwendungsbereich des einstweiligen Anordnungsverfahrens im Rahmen einer Neukonzeption erheblich gestärkt und verselbständigt hat mit dem Ziel, durch Aufklärung des Sachverhalts und gütliche Streitbeilegung **dauerhafte Lösungen** und **Vereinbarungen** zu ermöglichen und ein Hauptsacheverfahren entbehrlich zu machen.[103] Der Anwaltszwang entfällt darüber hinaus im Verfahren der **Verfahrenskostenhilfe** (§ 113 I 2 FamFG iVm §§ 114 ff. ZPO), so dass die Naturalbeteiligten einen Unterhaltstitel gemäß § 118 I 3 ZPO durch Vergleich auch ohne anwaltliche Mitwirkung schaffen können. Dies gilt ferner

---

[97] OLG Celle FamRZ 1992, 842; OLG Hamm FamRZ 1992, 843; OLG Oldenburg FamRZ 1992, 843.
[98] OLG München FamRZ 1997, 1493 (1494).
[99] Hochgräber FamRZ 1996, 272 (273); Johannsen/Henrich/Jaeger BGB § 1629 Rn. 13.
[100] OLG München FamRZ 1997, 1493 (1494).
[101] BGH FamRZ 2015, 2150 Rn. 11.
[102] BT-Drs. 16/6308, 223.
[103] BT-Drs. 16/6308, 259/260.

für das vereinfachte Verfahren über den Unterhalt Minderjähriger (§§ 249–260 FamFG), weil in diesem Verfahren (§ 257 FamFG) Anträge und Erklärungen auch vor dem Urkundsbeamten der Geschäftsstelle abgegeben werden können (§ 114 IV Nr. 6 FamFG iVm § 78 III ZPO), und zwar abweichend von § 64 II 2 FamFG auch im Beschwerdeverfahren (vgl. auch → Rn. 598 und 679).

Gemäß § 114 III FamFG besteht kein Anwaltszwang, soweit eine **Behörde** als Verfahrensbeteiligter auftritt, wie dies der Fall ist, wenn der Träger von Sozialleistungen Unterhaltsansprüche nach Forderungsübergang als Rechtsnachfolger gerichtlich geltend macht. Die Mitwirkung eines Rechtsanwalts im Unterhaltsverfahren ist im Übrigen dann entbehrlich, wenn ein Beteiligter durch das **Jugendamt** als **Beistand** vertreten (§§ 1716 S. 2, 1915 I, 1793 I 1 BGB) wird, zu dessen Aufgaben die Geltendmachung und Durchsetzung von Unterhaltsansprüchen gehört (§ 1712 I 1 Nr. 2 BGB).

54 Für das mit der Rechtshängigkeit der Streitsache „eingeleitete" Unterhaltsverfahren stellt die Verweisung durch § 113 I 2 FamFG auf die Allgemeinen Vorschriften der ZPO und auf die Vorschriften der ZPO für das landgerichtliche Erkenntnisverfahren sicher, dass im erstinstanzlichen Hauptsacheverfahren ungeachtet der terminologischen Einbindung in das FamFG weiterhin die bisher auch die unterhaltsrechtliche Streitigkeit prägenden **Verfahrensgrundsätze des Zivilprozesses** maßgebend bleiben. Dies gilt zunächst für die **Dispositionsmaxime**, die besagt, dass allein die Beteiligten den Inhalt der streitigen Auseinandersetzung wie auch deren Beginn und Ende festlegen und hierüber verfügen.[104] Darüber hinaus bleibt es Sache der Beteiligten, den ihr jeweiliges Begehren stützenden Sachverhalt dem Gericht darzulegen und gegebenenfalls die hierfür notwendigen Beweismittel zu benennen. Der solchermaßen umschriebene zivilprozessuale **Verhandlungs- oder Beibringungsgrundsatz** unterliegt allerdings vor dem Hintergrund eines bisher schon durch den Gesetzgeber bei der Aufklärung von Einkommens- und Vermögensverhältnissen der Beteiligten bejahten und insbesondere in § 643 aF für das streitige Unterhaltsverfahren zum Ausdruck gekommenen Interesses an der Vermeidung langwieriger Auskunftsverfahren[105] **Einschränkungen** durch Steuerungselemente des Gerichts, die Bestandteile einer **Amtsermittlung** aufweisen. Mit den durch §§ 235, 236 FamFG für das streitige Unterhaltsverfahren neu und erweitert geregelten **verfahrensrechtlichen Auskunftspflichten** der Beteiligten und Dritter haben sich die Tendenzen amtswegiger Sachverhaltsaufklärung verstärkt. Gleichwohl stehen diese Steuerungselemente weiterhin im Kontext einer streitigen Auseinandersetzung (§§ 138 III, 288 ZPO) und erfahren hierdurch ihre Begrenzung.[106] Demzufolge ist das Gericht auch nicht befugt, mit dem Ziel einer schnellen Verfahrenserledigung einen Stufenantrag (§ 254 ZPO) durch verfahrensrechtliche Auskunftsanordnungen zu erledigen oder die Verfahrenskostenhilfe für ein entsprechendes Stufenverfahren mit dem Hinweis auf mögliche Auskunftsanordnungen zu versagen.

55 In streitigen Unterhaltssachen maßgebend ist weiterhin das **Prinzip der Mündlichkeit**,[107] wonach das Gericht nach dem Ergebnis einer mündlichen Verhandlung (§ 128 I ZPO) entscheidet, entweder im Verlauf eines frühen Termins (§§ 272, 275 ZPO) oder nach Anordnung und Durchführung eines schriftlichen Vorverfahrens (§§ 272, 276 ZPO). Allerdings sind die **Verhandlungen** nunmehr auch in Familienstreitsachen **nicht öffentlich** (§ 170 I 1 GVG) mit der Möglichkeit für das Gericht, im Einzelfall nach einer Ermessensausübung die Öffentlichkeit zuzulassen. Hierbei sind insbesondere das Interesse der Beteiligten am Schutz der Privatsphäre und der aus dem Rechtsstaatsprinzip abzuleitende Grundsatz der Öffentlichkeit der Verhandlung gegeneinander abzuwägen, wobei dem erklärten Willen eines Beteiligten am Schutz seiner Privatsphäre bindende Wirkung zukommt (§ 170 I 2 GVG). Die **Verkündung** von **Endentscheidungen** in Unterhaltsstreitverfahren ist, wie auch in Ehesachen und den weiteren Familienstreitsachen, „in jedem Fall öffentlich". Dies hat der Gesetzgeber durch eine Neufassung von

---

[104] Borth FamRZ 2007, 1925 (1934).
[105] MüKoFamFG/Pasche § 235 Rn. 2.
[106] Hüßtege in Thomas/Putzo FamFG § 235 Rn. 4.
[107] Keidel/Weber FamFG § 113 Rn. 8; Hoppenz/Walter, Familiensachen, FamFG § 113 Rn. 2.

2. Abschnitt: Die Schaffung und Abänderung von Unterhaltstiteln § 10

§ 173 I GVG durch Gesetz vom 5.12.2012 mit Wirkung vom 1.1.2013 lediglich klargestellt.[108]

Mit Zustimmung der Beteiligten kann das Gericht unter den weiteren Voraussetzungen von § 128 II ZPO von einer mündlichen Verhandlung absehen und **im schriftlichen Verfahren** entscheiden. Bei der Notwendigkeit einer Beweiserhebung nach streitigem Vorbringen sind auf Grund der Verweisung in § 113 I 2 FamFG die zivilprozessualen Vorschriften über die **Beweisaufnahme** (§§ 355–484 ZPO) heranzuziehen. Daneben steht, sofern für eine sachgerechte Entscheidung unentbehrlich,[109] die Möglichkeit der Beweiserhebung von Amts wegen (§ 144 I ZPO).

Gemäß § 113 I 1 FamFG iVm § 38 I FamFG entscheidet das Gericht auch bei den das Verfahren abschließenden **Endentscheidungen** nur noch durch Beschluss. Durch die Abschaffung des Urteils als die bisher in Unterhaltssachen bestimmende Entscheidungsform ergeben sich allerdings Schwierigkeiten für das Verständnis der **Verweisung** in § 113 I 2 FamFG auf Vorschriften der ZPO und deren „**entsprechende**" **Anwendung**. So könnte die Beseitigung des Urteils als Erscheinungsform richterlichen Handelns durch das „**Beschluss-Prinzip**" bei streng formaler Betrachtung dazu führen, dass aus den pauschal in Bezug genommenen Vorschrift der ZPO die Urteils-Vorschriften (§§ 300–328, 330–347 ZPO) von vornherein ausscheiden müssten. Dem ist allerdings entgegenzuhalten, dass die ZPO in § 329 ZPO für Beschlüsse ersichtlich nur rudimentäre Regelungen bereithält. Wollte man die „entsprechende" Anwendung der **ZPO-Vorschriften** konsequenterweise auf die Beschluss-Vorschriften beschränken, wäre in Unterhaltssachen und den weiteren Familienstreitsachen sowie den Ehesachen der Grundsatz der mündlichen Verhandlung mit dem FamFG beseitigt. Denn gemäß § 128 IV ZPO können Entscheidungen des Gerichts, die nicht Urteile sind, ohne mündliche Verhandlung ergehen, soweit nichts anderes bestimmt ist. Das entspricht indessen nicht der Intention des Gesetzgebers, der, wie das Verbundverfahren verdeutlicht, ersichtlich an der Notwendigkeit der mündlichen Verhandlung festhält (§ 137 II 1 FamFG). Mehr spricht deshalb für eine **entsprechende Heranziehung** auch der **Urteilsvorschriften der ZPO**,[110] sofern die allgemeinen Bestimmungen und die Vorschriften über das Verfahren in Familiensachen des FamFG nicht abweichende Regelungen vorgeben.[111] Diese Sichtweise, die sich der BGH auch zu eigen gemacht hat,[112] vermeidet im Übrigen die mit der Beschränkung auf die ZPO-Beschlussvorschriften verbundenen Lücken, die sich insbesondere bei der Beweiskraft des Tatbestandes (§ 314 ZPO) und der Bindung des Gerichts (§ 318 ZPO) auftun und wiederum nur durch einen Rückgriff auf die Urteilsvorschriften zu schließen wären. Dass bei einseitiger Verhandlung ein **Versäumnisbeschluss** (§ 113 I 2 FamFG iVm § 330 ZPO) ergehen kann,[113] dürfte ernsthaft nicht in Zweifel gezogen werden, auch wenn das Versäumnisverfahren in der ZPO auf das **Urteilsverfahren** beschränkt ist und das FamFG die Möglichkeit einer Säumnisentscheidung, wie die Regelung in § 130 I FamFG einerseits und die Ausnahmebestimmungen der §§ 51 II 3 und 130 II FamFG andererseits erkennen lassen, in Familienstreitsachen voraussetzt.

5. Sonderformen des Leistungsantrags in Unterhaltssachen („Teilunterhalt")

Der mit einem Nachforderungsantrag aus § 324 ZPO nicht zu verwechselnde **Zusatz- oder Nachforderungsantrag** auf Unterhaltsleistungen ist seiner Natur nach ein allgemeiner Leistungsantrag im Sinne von § 258 ZPO. Er ist nur insoweit zulässig, als kein **Abänderungsverfahren** (§ 238 FamFG) zu betreiben ist,[114] das wiederum eine abschließende **Sonderregelung** für in der Hauptsache ergangene Endentscheidungen des Gerichts

55a

55b

---

[108] BGBl. I S. 2418.
[109] OLG Naumburg FamRZ 2003, 385.
[110] Hoppenz/Walter FamFG § 113 Rn. 2.
[111] Hütter/Kodal FamRZ 2009, 917 (919); Prütting/Helms FamFG § 116 Rn. 16 f.
[112] BGH FamRZ 2012, 1287 Rn. 15.
[113] Keidel/Weber FamFG § 113 Rn. 6; Musielak/Borth FamFG § 113 Rn. 2.
[114] BGH FamRZ 2009, 314 Rn. 13.

§ 10   Verfahrensrecht

darstellt.[115] Der Unterhaltsberechtigte muss sich deshalb mit einem weiter gehenden Unterhaltsbegehren auf dieses Verfahren und dessen besondere Verfahrensanforderungen verweisen lassen, wenn er mit seinem Unterhaltsbegehren bei der Ersttitulierung obsiegt hat. Dabei macht es auch keinen Unterschied, ob das weitergehende Unterhaltsverlangen Gegenstand der Ersttitulierung war.[116]

55c Allerdings kommt der Zusatzantrag als Leistungsantrag in Betracht, wenn der Unterhaltsberechtigte im ersten Verfahren nur einen **Teilantrag** gestellt[117] oder zum Ausdruck gebracht hat, dass er mehr verlangen könne, aber nicht wolle,[118] etwa, indem er von seinem Unterhalt nur einen Teil beansprucht. Ob dies der Fall ist, ergibt sich aus der Beschlussformel, für deren Auslegung die Beschlussgründe, insbesondere auch der dort in Bezug genommene Vortrag der Beteiligten im Verfahren samt Antrag heranzuziehen sind.[119] Daneben genügt aber auch die schriftsätzliche Erklärung oder auch die zu Protokoll, die Unterhaltsforderung werde als **„Teilunterhalt"** geltend gemacht. Ob rückständige oder zukünftige Leistungen verlangt werden, ist gleichgültig. Die Geltendmachung von **zeitlich begrenztem Unterhalt** ist, wenn sich aus den Umständen des Einzelfalles nichts anderes ergibt, als Teilantrag anzusehen, so dass Unterhalt für die Folgezeit im Wege des Leistungsantrags nachgefordert werden kann.[120] Verlangt der Unterhaltsberechtigte, der seinen vollen Unterhalt bereits hat titulieren lassen, einen **Sonderbedarf** (§ 1613 BGB), ist er nicht gehindert, seinen Zahlungsanspruch mit einem Leistungsantrag zu verfolgen,[121] weil das Abänderungsverfahren nur auf künftig fällig werdende „wiederkehrende Leistungen" Anwendung findet.

Der Zusatzantrag lässt zwar die Mehrforderung auch für die **Vergangenheit** zu, weil § 238 III FamFG nicht gilt, ist aber einerseits mit dem erheblichen Nachteil verbunden, dass der Unterhaltsberechtigte erneut die Anspruchsgrundlagen behaupten und notfalls beweisen muss,[122] hat aber andererseits den Vorteil, dass Bindungen aus § 238 FamFG nicht bestehen.

55d In der Regel macht der Unterhaltsberechtigte seinen vollen Unterhaltsanspruch geltend. Will er dies nicht, muss er dies ausdrücklich erklären **(sog offener Teilantrag)** oder sich erkennbar eine Nachforderung vorbehalten **(sog verdeckter Teilantrag)**. Ein solcher Vorbehalt liegt nicht in der schlichten Geltendmachung des so genannten Quotenunterhalts.[123] Die **Vermutung** spricht gegen einen Teilantrag.[124]

Wird Unterhalt ohne nähere Aufschlüsselung in **Elementar- und Vorsorgeunterhalt** geltend gemacht, so wird der volle einheitliche Unterhaltsanspruch rechtshängig, dessen lediglich unselbständiger Teil Vorsorgeunterhalt ist. Im Zweifel ist zu vermuten, dass Unterhalt in voller, dem Unterhaltsberechtigten zustehender Höhe geltend gemacht wird. Für die Annahme, ein solcherart geltend gemachter Unterhaltsanspruch sei lediglich als Teilantrag gestellt worden, reicht es nicht aus, dass vorgerichtlich ein höherer Gesamtbetrag an Elementar- und Vorsorgeunterhalt angemahnt worden war. Auch der bloße Hinweis, eine Antragserweiterung werde vorbehalten, reicht nicht aus, um einen Antrag als Teilantrag zu qualifizieren. Der in einem weiteren Unterhaltsverfahren gestellte Antrag auf Vorsorgeunterhalt ist bei dieser Sachlage unzulässig, da über den Unterhaltsanspruch insgesamt bereits entschieden worden ist.[125]

55e Zahlt der Unterhaltspflichtige freiwillig einen monatlichen Unterhalt zB in Höhe von 500 EUR **(Sockelbetrag)** und verlangt der Unterhaltsberechtigte zB weitere 500 EUR **(Spitzenbetrag)**, handelt es sich bei der Mehrforderung um einen **offenen Teilantrag**.

---

[115] BGH FamRZ 1987, 259.
[116] BGH FamRZ 1985, 690.
[117] BGH FamRZ 2015, 309 Rn. 13.
[118] BGH NJW-RR 1987, 386.
[119] BGHZ 34, 337.
[120] OLG Koblenz FamRZ 1986, 489.
[121] BGH FamRZ 1984, 470 (472).
[122] BGH FamRZ 1985, 371.
[123] BGH FamRZ 1985, 690 = R 259.
[124] BGH FamRZ 2003, 444; 1990, 863.
[125] OLG Karlsruhe FamRZ 1995, 1498.

Nur die Entscheidung hierüber erwächst in Rechtskraft, auch wenn der Erfolg der Mehrforderung die Berechtigung des Sockelbetrages voraussetzt. Zwar setzt die Verpflichtung zur Zahlung des Spitzenbetrages materiell-rechtlich voraus, dass der Unterhaltsberechtigte außer diesem auch den freiwillig bezahlten Betrag beanspruchen kann. Bis zur Höhe dieses Betrages ist der Unterhaltsanspruch aber nicht Verfahrensgegenstand, sondern nur ein für die zu treffende Entscheidung vorgreifliches Rechtsverhältnis, das als bloßes Entscheidungselement an der Rechtskraft nicht teilnimmt.[126] Stellt der Unterhaltspflichtige im Beispielsfall die freiwilligen Leistungen ganz oder teilweise ein, muss der Unterhaltsberechtigte deswegen einen weiteren Teilantrag stellen, nicht aber einen Abänderungsantrag gegen den titulierten Betrag.[127]

Geht das Land wegen erbrachter Unterhaltsleistungen gestützt auf den Forderungsübergang aus § 7 I UVG gegen den Unterhaltspflichtigen auch nach § 7 IV UVG vor, kann das Kind seine weitergehenden Unterhaltsansprüche mit einem allgemeinen Leistungsantrag (§ 258 ZPO) verfolgen.

Begehrt der Unterhaltsberechtigte über einen **titulierten Spitzenbetrag** hinaus weiteren Unterhalt, kann er diesen nur mit einem Abänderungsantrag (§ 238 FamFG) verfolgen, es sei denn er hat den Spitzenbetrag als „Teilunterhalt" in vollem Umfang erfolgreich geltend gemacht. Strebt er neben der Anpassung des Spitzenbetrages auch die Titulierung des Sockelbetrages an, muss er neben dem **Abänderungsantrag** wegen der erstmaligen Titulierung einen **Leistungsantrag** stellen. Insoweit kommt auch eine **Umdeutung** in Betracht,[128] sofern der Unterhaltsberechtigte sein Begehren nur auf eine „Abänderung des Titels" gerichtet hat.[129] Der Unterhaltspflichtige seinerseits muss sich ebenfalls mit einem Abänderungsantrag – allerdings nur – gegen den titulierten Spitzenbetrag wenden. Wegen des Sockelbetrages kann er nach seinen Vorstellungen die Zahlungen ganz oder teilweise einstellen und mit einem **negativen Feststellungsantrag** das Nichtbestehen einer Unterhaltsverpflichtung klären lassen.

6. Verfahrensrechtliche Auskunftspflichten (§§ 235, 236 FamFG)

Schon vor dem Inkrafttreten des FamFG hatte der Gesetzgeber für das streitige Unterhaltsverfahren das Bedürfnis nach einer amtswegigen **Beschleunigung** und **Förderung** des **Verfahrens** im Zeichen akuter Bedürftigkeit unterhaltsberechtigter Beteiligter gesehen und zuletzt in § 643 aF Gestalt gegeben. Danach konnte das Gericht von Amts wegen Auskünfte und Belege von Beteiligten oder bestimmten Dritten zu Einkünften verlangen, soweit sie für die Bemessung des Unterhalts von Bedeutung waren. Durch Neuregelungen im Rahmen des FamFG hat der Gesetzgeber den Einsatz dieser verfahrensrechtlichen Steuerungselemente erheblich ausgedehnt, wobei nach Anforderung und Umfang zu unterscheiden ist zwischen den **Auskunftspflichten** der **Beteiligten** (§ 235 FamFG) und den Pflichten näher bezeichneter **Dritter** (§ 236 FamFG). Die verfahrensrechtlichen Auskunftspflichten stellen auch nur ein zusätzliches Regelungsinstrument für das streitige Verfahren in Unterhaltssachen dar. Sie lassen insbesondere andere verfahrensrechtliche Möglichkeiten zur Sachverhaltsaufklärung nach den allgemeinen Vorschriften unberührt (§ 113 I 2 FamFG iVm §§ 142, 143, 273 ZPO).

a) Die Auskunftspflicht der am Verfahren Beteiligten (§ 235 FamFG). Soweit sich die verfahrensrechtliche Auskunftsverpflichtung in erster Linie gegen die Beteiligten selbst richtet, ist wiederum zu unterscheiden zwischen der dem Gericht eingeräumten Möglichkeit des Auskunftsverlangens (§ 235 I FamFG) und einer entsprechenden Verpflichtung hierzu (§ 235 II FamFG). Ergänzt wird das jeweilige Vorgehen durch die mögliche Einholung einer die jeweilige Auskunft stützenden Versicherung. Nach der Intention des Gesetzgebers soll das gegenüber der Altregelung in § 643 I ZPO aF erweiter-

---

[126] BGH FamRZ 1995, 729 (730).
[127] BGH FamRZ 1991, 320.
[128] BGH FamRZ 2015, 309 Rn. 25.
[129] BGH FamRZ 1997, 281 (282).

te Auskunftsverfahren in Unterhaltssachen **zeitintensive Stufenverfahren** (§ 254 ZPO) in möglichst weitgehendem Umfang entbehrlich machen.[130] Allerdings muss hierfür aus der Sicht des Beteiligten, der zur Berechnung des Unterhalts Informationen von der Gegenseite benötigt, ein **effektiver Mechanismus** vorgehalten werden. Angesichts der oftmals existentiellen Bedeutung von Unterhaltsleistungen für den Berechtigten und angesichts dessen, dass ungenügende Unterhaltszahlungen zu einem erhöhten Bedarf an öffentlichen Leistungen führen können, sieht der Gesetzgeber über das private Interesse des Unterhaltsgläubigers hinaus auch ein **öffentliches Interesse** an einer sachlich richtigen Entscheidung in Unterhaltsangelegenheiten.[131]

aa) Gemäß § 235 I 1 FamFG kann das Gericht anordnen, dass die Beteiligten Auskunft über ihre Einkünfte, ihr Vermögen und ihre persönlichen und wirtschaftlichen Verhältnisse erteilen sowie bestimmte Belege vorlegen, soweit dies für die Bemessung des Unterhalts von Bedeutung ist. Befürchtungen, mit dieser Regelung sei in streitigen Unterhaltsverfahren der Verhandlungs- und Beibringungsgrundsatz durch das Prinzip der Amtsermittlung ersetzt worden, lässt sich entgegenhalten, dass schon nach dieser Regelung das verfahrensspezifische Auskunftsverlangen nur in einem begrenzten Umfang zum Einsatz kommt.

Betroffen sein muss zunächst, dies ergibt sich auch ohne ausdrücklichen Verweis aus der Stellung der Vorschrift im Kontext der besonderen Verfahrensvorschriften in Unterhaltsachen, ein durch § 231 I FamFG geregelter Unterhaltstatbestand. Damit werden verfahrensspezifisch erfasst allerdings nicht nur die typischen Unterhaltsbegehren sondern auch Verfahren, in denen der **gesetzliche Unterhalt** wegen Überzahlung im Rahmen einer ungerechtfertigter Bereicherung (§ 812 BGB) oder eines Schadenersatzes (§ 826 BGB) eine Rolle spielt. Auch in Verfahren zur Anpassung von Unterhaltstiteln (§§ 238–240 FamFG) stehen dem Gericht die Steuerungselemente aus § 235 FamFG zur Verfügung. Unerheblich für den Einsatz der verfahrensrechtlichen Auskunftspflicht ist auch, ob die Beteiligten des Unterhaltsverhältnisses selbst oder ihre **Rechtsnachfolger** das streitige Verfahren durchführen.

Das **vereinfachte Verfahren** (§§ 249 ff. FamFG) regelt zwar auch eine gesetzliche Unterhaltspflicht im Sinne von § 231 I FamFG. Indessen scheidet dieses Verfahren aus dem Anwendungsbereich der verfahrensrechtlichen Auskunftspflicht von vornherein aus, weil im Anwendungsbereich der §§ 249–254 FamFG abweichend von den durch § 235 I 1 FamFG gesetzten Voraussetzungen eine Unterhaltsbemessung nicht stattfindet, diese vielmehr dem streitigen Verfahren (§ 255 FamFG) vorbehalten bleibt. Diese Einschränkung gilt wiederum nicht für das Verfahren der Unterhaltsanordnung im **einstweiligen Rechtsschutz**. Insbesondere dürften Gründe der schnellen Titulierung Anordnungen aus § 235 FamFG nicht entgegenstehen,[132] wenn das durch den Gesetzgeber über die Regelung in § 246 II FamFG verfolgte Ziel angestrebt wird, wonach auch über eine einstweilige Unterhaltsanordnung **regelmäßig** erst auf Grund mündlicher Verhandlung entschieden wird. Hier bestehen für die Rechtspraxis keine unüberwindbaren Hindernisse, durch Auskunftsanordnungen gegenüber den Beteiligten schon in Verbindung mit der Terminierung dem durch § 235 FamFG verfolgten privaten und öffentlichen Interesse „an einer sachlich richtigen Entscheidung in Unterhaltsangelegenheiten"[133] zum Durchbruch zu verhelfen.[134]

58 Auf die verfahrensrechtliche Auskunftsverpflichtung eines Beteiligten zurückgreifen kann und darf das Gericht allerdings nur, soweit es im einzelnen Verfahren auf das Ergebnis der Auskunft ankommt. Bezogen auf den jeweiligen Verfahrensgegenstand besagt dies zunächst, dass in einem **isolierte Auskunftsverfahren,** in dem der Antragsteller lediglich seine materiellrechtlichen Auskunftsansprüche (§§ 1361 IV 4, 1605, 1580 BGB) in einem streitigen Verfahren durchsetzen will, dem Gericht die Befugnis aus § 235 I FamFG nicht zur Verfügung steht, um das Verfahren zügig abzuschließen. Dem steht entgegen, dass die

---

[130] BT-Drs. 16/6308, 255.
[131] BT-Drs. 16/6308, 256.
[132] So aber Keidel/Weber FamFG § 235 Rn. 3.
[133] BT-Drs. 16/6308, 256.
[134] MüKoFamFG/Pasche § 235 Rn. 7.

2. Abschnitt: Die Schaffung und Abänderung von Unterhaltstiteln § 10

erstrebte Auskunft im Verfahren nicht **bemessungsrelevant** ist. Auch fehlt es nicht an dem Rechtsschutzinteresse durch eine entsprechende Rechtsverfolgung durch den Antragsteller,[135] so dass ihm die für ein streitiges Verfahren nachgesuchte Verfahrenskostenhilfe, so die Voraussetzungen im Übrigen vorliegen, nicht versagt werden kann. Nichts anderes hat für ein **Stufenverfahren** (§ 254 ZPO) zu gelten, mit dem der Antragsteller in einer frühen Verfahrensphase lediglich die Einkommens- und Vermögensverhältnisse geklärt wissen will. Das Gericht ist hier gehindert, durch Anordnungen von Amts wegen die „Teilerledigung der Hauptsache" herbeizuführen, bevor es auf der letzten Stufe auf die Bemessung des Unterhalts ankommt.

Als das Unterhaltsverfahren förderndes Steuerungselement scheidet ein auf § 235 I FamFG gestütztes Auskunftsverlangen ferner aus, wenn der Sachverhalt unstreitig ist, als zugestanden zu gelten hat (§ 113 I 2 FamFG iVm §§ 138 III, 288 ZPO) oder unerheblich ist. So liegen die Dinge etwa dann, wenn sich der Unterhaltsberechtigte auf eine konkrete Bedarfsberechnung oder den höchsten Tabellensatz[136] der Kindesunterhaltstabelle stützt und die Leistungsfähigkeit des Unterhaltspflichtigen nicht in Streit steht.[137] Ungeachtet seiner inhaltlich an das materielle Auskunftsrecht angelehnten Ausgestaltung ist die Befugnis des Gerichts, im streitigen Unterhaltsverfahren von den Beteiligten Auskünfte zu verlangen, rein **verfahrensrechtlicher Natur**.[138] Sie leitet sich ab aus dem Rechtsverhältnis der Beteiligten zum Gericht und steht deshalb nach dem **lex-fori-Prinzip** auch dann zur Disposition des Gerichts, wenn dieses nach dem maßgebenden Unterhaltsstatut **ausländisches Unterhaltsrecht** für die jeweilige Unterhaltsbemessung heranzuziehen hat. Kommt nach dem anzuwendenden Recht der Auskunft allerdings keine Bedeutung für die Bemessung des Unterhalts zu, ist auch kein Raum für auf § 235 FamFG gestützte gerichtliche Maßnahmen.[139]

Inhaltlich orientiert sich § 235 I 1 FamFG zunächst an den materiellrechtlichen Auskunftsverpflichtungen. Danach hat der Beteiligte auf Verlangen des Gerichts eine systematische schriftlich verkörperte Zusammenstellung (Bestandsverzeichnis) der Einnahmen und Ausgaben sowie der Vermögenswerte und diesen gegenüberstehende Verbindlichkeiten vorzulegen. Bei verfahrenskonformer Auskunftserteilung handelt es sich um eine eigene und **schriftliche Erklärung** des Beteiligten, die aber nicht die Anforderungen an die gesetzliche Schriftform im Sinne von § 126 BGB erfüllen muss. Sie kann auch durch eine **Dritten als Boten** erfolgen, muss aber aus sich heraus erkennen lassen, dass sie vollinhaltlich von dem Auskunftspflichtigen herrührt und verantwortet werden soll.[140] Die im anwaltlichen Schriftsatz festgehaltene Erklärung „... mein Mandant erteilt Auskunft zu seinen Einkommensverhältnissen wie folgt ..." erscheint danach unbedenklich.

Die verfahrensrechtliche Auskunftsverpflichtung erstreckt sich darüber hinaus auf die **persönlichen und wirtschaftlichen Verhältnisse** des Beteiligten. Damit sind allerdings nicht die – wortgleichen – Verhältnisse gemeint, deren Klärung im Rahmen eines Verfahrens betreffend die Verfahrenskostenhilfe geboten ist. Vielmehr handelt es sich um diejenigen persönlichen und wirtschaftlichen Besonderheiten der Beteiligten, die im Einzelfall die Unterhaltsbemessung beeinflussen können, wie dies im Fall des Zusammenlebens des Unterhaltsberechtigten oder des Unterhaltspflichtigen mit einer anderen Person in nichtehelicher Lebensgemeinschaft oder sonst unter Umständen der Fall ist, die sich allein aus der Darstellung von Einkommens- und Vermögensverhältnissen nicht ableiten lassen. So werden hier ua auch Angaben zur jüngeren Erwerbsbiographie, zum erlernten Beruf und zu anderen Unterhaltspflichten,[141] zur Eheschließung, Scheidung oder auch Studium erwartet.[142] Die Auskunft hat sich im Übrigen auf die Vorlage von die jeweilige Auskunft als Nachweise stützenden **Belegen** zu erstrecken.

---

[135] Musielak/Borth FamFG § 235 Rn. 3.
[136] BGH FamRZ 1983, 478.
[137] BGH FamRZ 1994, 1169.
[138] Musielak/Borth FamFG § 235 Rn. 3.
[139] MüKoFamFG/Pasche § 235 Rn. 9.
[140] BGH FamRZ 2008, 600 Rn. 12.
[141] Bork/Jacoby/Schwab/Kodal FamFG § 235 Rn. 9.
[142] MüKoFamFG/Pasche § 235 Rn. 11.

60 Die Auskunft- und Belegverpflichtung wird ergänzt durch die Regelung in § 235 III FamFG, wonach die Beteiligten dem Gericht **ohne Aufforderung** mitzuteilen haben, wenn sich während des Verfahrens Umstände, die Gegenstand der Anordnung nach § 235 I FamFG waren, wesentlich verändert haben. Die – bisher gesetzlich nicht geregelte – **ergänzende Auskunftsverpflichtung** lässt sich von der Erkenntnis leiten, dass die für die Unterhaltsbemessung maßgebenden Verhältnisse nicht auf einem abgeschlossenen Sachverhalt beruhen, sondern einem steten Wandel unterliegen (zB die fortgeschriebenen ehelichen Lebensverhältnisse) und Anpassungen notwendig machen, sollen sie zu sachlich richtigen Entscheidungen in Unterhaltsangelegenheiten führen. Deshalb ist das Gericht, will es seiner Entscheidung für die Zukunft eine zutreffende Prognose zugrunde legen, im Zeitpunkt der Entscheidung auf eine hinreichend verlässliche **aktualisierte Tatsachengrundlage** angewiesen. Diesem Ziel dient die verfahrensrechtliche Regelung in § 235 III FamFG. Sie lässt im Übrigen die bisher schon aus dem materiellen Unterhaltsrecht iVm § 242 BGB abgeleitete Verpflichtung zur ungefragten Information über Veränderungen in den Unterhaltsverhältnissen[143] unberührt, die insbesondere dann zum Tragen kommt, wenn im Verlauf des Verfahrens Änderungen bei unstreitigen Tatsachen eintreten. Die ergänzende Auskunftsverpflichtung besteht nämlich nur, sofern und soweit ein Auskunftsverlangen des Gerichts nach Maßgabe von § 235 I FamFG stattgefunden hat. Sie wird deshalb auch inhaltlich bestimmt und begrenzt, mithin für den jeweiligen Beteiligten auch überschaubar, durch den Umfang dieses Auskunftsverlangens. Zudem ist der Beteiligte hierüber ausdrücklich zu belehren (§ 235 I 4 FamFG). Schwierigkeiten für die Beteiligten bestehen allerdings noch insoweit, als die Ergänzung nur bei **wesentlichen Änderungen** verlangt werden kann, die sich für den einzelnen Beteiligten, jedenfalls soweit sie ihm zum Nachteil gereichen – die ihm günstigen Änderungen wird der anwaltlich vertretene Beteiligte ohnehin bis zum Schluss der mündlichen Verhandlung vorbringen –, nicht verlässlich einschätzen lassen. Gleichwohl lässt sich dem seitens des Gerichts durch eingehende Belehrung vorbeugen.

61 In dem Bestreben, mit einem effektiven Steuerungselement das streitige Unterhaltsverfahren zu beschleunigen, hat der Gesetzgeber erstmalig die verfahrensrechtliche Auskunftspflicht durch eine aus der Struktur des Stufenverfahrens (§ 254 ZPO) abgeleitete **Versicherungspflicht** ergänzt.[144] Gemäß § 235 I 2 FamFG kann das Gericht anordnen, dass die Beteiligten schriftlich versichern, die Auskunft wahrheitsgemäß und vollständig erteilt zu haben. Hierbei handelt es sich nicht um eine eidesstattliche Versicherung, steht einer solchen im Ergebnis auch nicht gleich.[145] Der **schriftlichen Versicherung,** die der Beteiligte **höchstpersönlich** abzugeben hat, sich mithin auch nicht durch seinen Verfahrensbevollmächtigten vertreten lassen kann, kommt in erster Linie eine **Appellfunktion** gegenüber dem Auskunftspflichtigen im Stufenverhältnis zwischen der Auskunftserteilung und der eidesstattlicher Versicherung zu. Sie soll den Beteiligten zu **besonderer Sorgfalt** bei der Auskunftserteilung anhalten. Im Unterschied zur eidesstattlichen Versicherung ist sie nicht strafbewehrt (§ 156 StGB), hindert aber bei unzutreffenden Angaben auch nicht eine Einordnung als Verfahrensbetrug (§ 263 StGB). Der gesetzlichen Regelung liegt die Erwartung zugrunde, bereits mit der Befugnis für das Gericht, „zunächst" die schriftliche Versicherung zu verlangen, die Funktion der zweiten Stufe des Stufenverfahrens zu erfüllen.[146] Soweit hieraus allerdings teilweise gefolgert wird,[147] das Gericht müsse unter den Voraussetzungen von § 259 BGB auch die Abgabe einer **eidesstattlichen Versicherung** verlangen können, wenn eine Versicherung im Sinne von § 235 I 2 FamFG nicht zum Ziel führt, ergibt sich aus dem Gesetz kein Hinweis für ein solches Verfahren als „ultima ratio". Vielmehr deutet die Gesetzesbegründung motivisch eher darauf hin, dass mit dem Steuerungselement der schriftlichen Versicherung der Gesetzgeber „zunächst" neue Wege der Sachverhaltsaufklärung gehen will. Sollte sich dies als unzureichend erweisen, müsste der

---

[143] BGH FamRZ 2008, 1325 Rn. 28.
[144] BT-Drs. 16/6308, 255.
[145] Hütter/Kodal FamRZ 2009, 917 (920).
[146] BT-Drs. 16/6308, 255.
[147] Prütting/Helms/Bömelburg FamFG § 235 Rn. 13.

2. Abschnitt: Die Schaffung und Abänderung von Unterhaltstiteln § 10

Gesetzgeber mit einer Gesetzesänderung erneut auf den Plan treten. Nach geltender Rechtslage sind die Gerichte jedenfalls nicht befugt, jenseits der schriftlichen Versicherung die eidesstattliche Versicherung nach den Grundsätzen der Amtsermittlung im Rahmen der verfahrensrechtlichen Auskunftspflichten heranzuziehen.[148]

Auch an die Verknüpfung zwischen **Auskunft und Versicherung** stellt das Gesetz im Gegensatz zur eidesstattlichen Versicherung keine zusätzlichen Anforderungen. So bietet die strukturelle Orientierung am Stufenverfahren (§ 254 ZPO) keinen Anlass, in Anlehnung an die eidesstattliche Versicherung (§ 260 II BGB) die Versicherungspflicht erst dann einsetzen zu lassen, wenn nach Prüfung der Auskunft durch das Gericht Grund zu der Annahme besteht, dass die erteilte Auskunft lückenhaft und nicht mit der gebotenen Sorgfalt erteilt worden ist.[149] Das Gericht kann vielmehr sein Auskunftsverlangen von vornherein mit der Anforderung einer entsprechenden Versicherung verbinden[150] oder aber auch die Versicherung etwa bei einer Auskunftsergänzung (§ 235 III FamFG) nachfordern. Ansonsten gingen die beabsichtigten Beschleunigungseffekte – dem Ziel der gesetzlichen Neuregelung widersprechend – durch eingehende und langwierige Prüfungen durch das Gericht und durch Streitigkeiten zwischen den Beteiligten darüber, ob die Auskunft teilweise nicht und nicht sorgfältig erteilt worden ist, verloren. 62

Liegen die Voraussetzungen vor, unter denen das Gericht in Ausübung **pflichtgemäßen Ermessens** von den Beteiligten Auskünfte und Versicherungen nach § 235 I 1 und 2 FamFG verlangen kann, hat es bei der **Anordnung** weitere Verfahrensregeln einzuhalten. Dies gilt zunächst für das Auskunftsverlangen als solches, das inhaltlich konkret und einem gemäß § 253 II Nr. 2 ZPO vergleichbaren Antrag zu fassen ist, um dem Beteiligten die Erteilung vollständiger und für die Unterhaltsbemessung ausreichender Auskünfte zu ermöglichen und nachteilige Folgen für die Beweiswürdigung in der Hauptsache oder auch nur bei der Kostenfolge (§ 243 S. 2 Nr. 3 FamFG) zu vermeiden. Dies wiederum setzt voraus, dass die Beteiligten dem Gericht unter Beachtung des Beibringungsgrundsatzes einen streitigen Sachverhalt unterbreitet haben, der überhaupt erst erfüllbare Anordnungen ermöglicht. Diese ergehen **schriftlich** durch Beschluss oder Verfügung und sind zuzustellen (§ 113 I 2 FamFG iVm § 329 II ZPO), da zu ihrer Erfüllung das Gericht eine **angemessene Frist** (§ 235 I 3 FamFG) setzen soll. Deren Bemessung hat sich an dem Inhalt der Anordnung zu orientieren. Überdies soll von der Fristsetzung in Ausnahmefällen abgesehen werden, wenn feststeht, dass der Beteiligte die benötigte Information oder den Beleg ohne eigenes Verschulden nicht kurzfristig erlangen kann.[151] Die verfahrenskonforme Anordnung enthält schließlich gemäß § 235 S. 4 FamFG neben der Fristsetzung **Hinweise**. Diese betreffen zum einen die **ausführliche Belehrung** über die Verpflichtung zur Ergänzung der Auskunft, sofern insoweit wesentliche Änderungen bezogen auf die zunächst zu erteilende Auskunft (§ 235 I FamFG) während des Verfahrens eintreten. Zum anderen erstreckt sich die Belehrung auf die verfahrensrechtliche Möglichkeit, im Fall unterbliebener oder unzureichender Mitwirkung **Auskünfte** zur Höhe von Einkünften **bei bestimmten Dritten** einzuholen (236 FamFG) und die unzureichende Mitwirkung im Verfahren **kostenrechtlich zu sanktionieren** (§ 243 S. 2 Nr. 3 FamFG). 63

bb) Während das Gericht von der verfahrensrechtlichen Auskunftspflicht der Beteiligten im Rahmen von § 235 I FamFG nach pflichtgemäßem Ermessen Gebrauch machen kann, erstarken entsprechende Anordnungen zu einer **Verpflichtung** für das gerichtliche Handeln (§ 235 II FamFG), wenn die Voraussetzungen von § 235 I FamFG erfüllt sind, ein Beteiligter ein Vorgehen des Gerichts beantragt und der andere Beteiligte vor Beginn des Verfahrens einer nach den Vorschriften des bürgerlichen Rechts bestehenden Auskunftspflicht trotz Aufforderung innerhalb angemessener Frist nicht nachgekommen ist. Der durch einen Rechtsanwalt (§ 114 I FamFG) in einem eingeleiteten Unterhaltsverfahren zu stellende **Verfahrensantrag** kann hiernach nur Erfolg haben, wenn der Antragsteller den anderen Beteiligten vor Einleitung des Verfahrens mit einem **Auskunftsverlangen** nach 64

---

[148] MüKoFamFG/Pasche § 235 Rn. 16.
[149] So aber MüKoFamFG/Pasche § 235 Rn. 28.
[150] Keidel/Weber FamFG § 235 Rn. 6.
[151] BT-Drs. 16/6308, 256.

§ 10   Verfahrensrecht

materiellem Recht (§§ 1605, 1580, 1361 IV BGB) in **Verzug** gesetzt hat. Die gesetzliche Regelung stellt für die Verzugswirkungen auf eine unterbliebene Auskunftserteilung ab. Deshalb genügen für die Verzugswirkungen in diesem Zusammenhang weder der Zugang eines Verfahrenskostenhilfegesuchs betreffend den Unterhalt noch der eines Antrags auf Erlass einer einstweiligen Unterhaltsanordnung.[152] Inhaltlich müsste das erfolglose Auskunftsverlangen so konkret ausgerichtet sein,[153] dass es selbst Gegenstand eines isolierten Auskunftsverfahrens sein könnte. Ein allgemein gehaltener Auskunftsantrag begründet ebenso wenig eine Verpflichtung im Sinne von § 235 II FamFG wie eine erteilte Auskunft, bei der die Beteiligten darüber streiten, ob sie vollständig und hinreichend sorgfältig erteilt worden ist. Die **Angemessenheit** der **Fristsetzung** bestimmt sich wiederum nach dem Gegenstand des Auskunftsverlangens im Einzelfall (zB monatliche Lohnabrechnungen, betriebswirtschaftliche Auswertungen oder Gewinn- und Verlustrechnungen). Im Interesse des Auskunft begehrenden Beteiligten erscheint in diesem Zusammenhang eher eine – abhängig nicht zuletzt auch von dem Verhalten des anderen Beteiligten – großzügige Betrachtung angezeigt, insbesondere dann, wenn der Auskunftspflichtige den Zeitraum vor Einleitung des Verfahrens wie auch den nachfolgenden Zeitraum nach Anhörung bis zur Zulässigkeit des gerichtlichen Vorgehens untätig hat verstreichen lassen. Das notwendige Rechtsschutzbedürfnis für einen auf § 235 II FamFG gestützten Auskunftsantrag dürfte zu verneinen sein, sofern der Auskunft begehrende Beteiligte bereits über einen im Auskunftsverfahren nach § 254 ZPO erstrittenen Vollstreckungstitel verfügt, der inhaltlich seinem jetzigen Verfahrensantrag entspricht.[154]

65 Dem Gericht sind in Unterhaltssachen Befugnisse und Verpflichtungen, in bestimmten Verfahrenskonstellationen mit der verfahrensrechtlichen Auskunfts- und Belegpflicht der Beteiligten die notwendige Sachverhaltsaufklärung zu betreiben, an die Hand gegeben. Dies könnte Begehrlichkeiten aus Sicht der am Unterhaltsverhältnis Beteiligten in dem Bemühen, ein Stufenverfahren (§ 254 ZPO) zu vermeiden, in der Weise fördern, dass der Unterhaltsberechtigte in Verbindung mit einem **Verfahrenskostenhilfegesuch** zunächst einen Antrag nach § 235 II FamFG mit einem – von der Auskunftserteilung abhängigen – vorerst noch **unbezifferten Zahlungsantrag** stellt. Indessen scheidet ein solches „verkürztes Stufenverfahren" von vornherein aus.[155] Dem steht zunächst schon entgegen, dass sich die verfahrensrechtlichen Auskunftspflichten nur in einem durch einen zulässigen Antrag eingeleiteten Unterhaltsverfahren aktualisieren lassen. Denn nur dieses begründet zwischen den Beteiligten und dem Gericht das für die Begründung der Auskunftspflichten notwendige Verfahrensrechtsverhältnis. Weder das Auskunftsverlangen noch das unbestimmte Zahlungsbegehren erfüllen die Voraussetzungen eines **zulässigen Leistungsantrags**.[156] Überdies muss die begehrte Auskunft für den geltend gemachten Unterhalt konkret bemessungsrelevant sein. Daran fehlt es bei einem vorrangigen Auskunftsantrag. Für die Beurteilung der Bemessungsrelevanz ist das Gericht im Übrigen auf den zwischen den Beteiligten streitigen Sachvortrag angewiesen.[157] Bei **Wahrung des Beibringungsgrundsatzes** für das Unterhaltsverfahren erschöpfen sich die verfahrensrechtlichen Pflichten der Beteiligten aus § 235 FamFG in einer Stärkung der Aufklärungstätigkeit (§ 139 ZPO) durch das Gericht im Rahmen eines zulässigen Leistungsantrags mit dem Ziel der Verfahrensbeschleunigung.[158] Einen vollständigen Ersatz für das Stufenverfahren begründen sie nicht. Mit dem Hinweis auf § 235 FamFG kann deshalb die Verfahrenskostenhilfe für ein entsprechendes Verfahren nicht versagt werden.

66 Die Anordnungen des Gerichts unterliegen, wie § 235 IV FamFG lediglich deklaratorisch klarstellt, als Zwischenentscheidungen **keiner gesonderten Anfechtung.** Die Überprüfung ihrer Rechtmäßigkeit erfolgt allerdings im Rahmen des Rechtsmittels der

---

[152] MüKoFamFG/Pasche § 235 Rn. 36.
[153] Johannsen/Henrich/Maier Familienrecht FamFG § 235 Rn. 10.
[154] Hüßtege in Thomas/Putzo FamFG § 235 Rn. 12.
[155] Prütting/Helms/Bömelburg FamFG § 235 Rn. 22 mwN.
[156] Götz NJW 2010, 897 (900).
[157] Hüßtege in Thomas/Putzo FamFG § 235 Rn. 4.
[158] Borth FamRZ 2007, 1925 (1934).

2. Abschnitt: Die Schaffung und Abänderung von Unterhaltstiteln § 10

Beschwerde gegen die das Unterhaltsverfahren beendende Endentscheidung (§ § 113 I 1, 58 I FamFG). Der Beurteilung durch das Beschwerdegericht unterliegen dabei auch die der Endentscheidung vorausgegangenen, aber nicht selbständig anfechtbaren Entscheidungen (§ 58 II FamFG). In diesem Zusammenhang kann insbesondere die fehlerhafte Ablehnung von Anordnungen als wesentlicher Verfahrensmangel, sofern entscheidungsrelevant, unter Aufhebung der angefochtenen Endentscheidung zur Zurückverweisung der Sache an das Gericht des ersten Rechtszuges führen (§ 117 II 1 FamFG iVm § 538 II ZPO).

Leisten die Beteiligten den gemäß § 235 I und II FamFG getroffenen Anordnungen keine oder nur unzureichende Folge, stehen dem Gericht **keine Zwangsmittel** zur Durchsetzung zur Verfügung (§ 235 IV FamFG). Die Regelung hält damit auch in Ansehung weitergehender Ermittlungsbefugnisse des Gerichts an der Dispositionsmaxime der Beteiligten für das Unterhaltsverfahren fest. Allerdings bleibt eine unzureichende Mitwirkung der Beteiligten im Verfahren nicht folgenlos. Zum einen unterliegt das Verhalten des jeweiligen Beteiligten einer Bewertung im Rahmen der **freien Beweiswürdigung** (§ 286 ZPO). Zum anderen kann das Gericht nunmehr an Dritte zur Sachverhaltsaufklärung herantreten (§ 236 FamFG) und die unzureichende Mitwirkung letztlich über die Kostenentscheidung sanktionieren (§ 243 S. 2 Nr. 3 FamFG).

b) Die Auskunftspflicht Dritter (§ 236 FamFG). Führt bei der gebotenen Sachverhaltsaufklärung der Weg über die verfahrensrechtliche Auskunftspflicht eines Beteiligten nicht weiter, weil dieser den Anordnungen des Gericht nach § 235 I oder II FamFG nicht oder nicht vollständig nachkommt, bietet § 236 FamFG dem Gericht die Möglichkeit, die weitere Aufklärung durch Einschaltung Dritter zu betreiben, allerdings bezogen sowohl auf den Inhalt der zu erteilenden Auskünfte als auch den Adressatenkreis der in Betracht kommenden Dritten nur in einem begrenzten Umfang. Dabei unterscheidet die gesetzliche Regelung wiederum zwischen einem Auskunftsverlangen des Gerichts nach pflichtgemäß ausgeübtem Ermessen (§ 236 I FamFG) und einem solchen auf Antrag des anderen Beteiligten (§ 236 II FamFG). 67

aa) Gemäß § 236 I FamFG kann das Gericht mit einem Auskunftsverlangen auf eine **verfahrensrechtliche Auskunftspflicht bestimmter Dritter** zurückgreifen, wenn es zuvor mit einem den Regelungen in § 235 I FamFG entsprechenden Auskunftsverlangen gegenüber einem Beteiligten nicht den notwendigen Aufklärungserfolg erzielt hat. Die Inanspruchnahme Dritter ist mithin subsidiär und überdies gegenüber § 235 I FamFG inhaltlich begrenzt. Sie erschöpft sich in **Auskünften** und **Belegen** zu **Einkünften,** die nach dem streitigen Vorbringen der Beteiligten für die Unterhaltsbemessung relevant sind. Insoweit muss zwischen den Auskunftsverlangen gegenüber den Beteiligten und gegenüber den Dritten Identität (Einkunftsart und Zeitraum) bestehen. Mit der Festlegung auf die Einkünfte des Beteiligten will der Gesetzgeber eine Ausforschung vermeiden und die Belastungen für den nicht verfahrensbeteiligten Dritten begrenzen.[159] Nachfragen und Nachweise zu Vermögenswerten sowie zu den persönlichen und wirtschaftlichen Verhältnissen haben gegenüber Dritten zu unterbleiben, wobei die Erträge aus Vermögen, soweit sie für die Unterhaltsbemessung eine Rolle spielen können, ohnehin über die Einkunftsarten erfasst werden.

Neben der inhaltlichen Ausgestaltung eines auf § 236 I FamFG gestützten Auskunftsverlangens erfolgt eine weitere Begrenzung dieses verfahrensrechtlichen Steuerungselements durch die Festlegung auf den in Betracht kommenden **Adressatenkreis**.[160] Dieser wird durch die Aufzählung in § 236 I Nr. 1 bis 5 FamFG spezifiziert und abschließend geregelt.[161] Die nach dem Willen des Gesetzgebers nur behutsam und begrenzt verfolgte Einschaltung Dritter bei der Sachverhaltsaufklärung steht, abgesehen von einer insoweit fehlenden Regelungslücke, ebenso wie Gründe der Rechtssicherheit einer Ausdehnung des Adressatenkreises im Wege der **Analogie** auf andere Dritte entgegen.[162] 68

---

[159] BT-Drs. 16/6308, 256.
[160] Musielak/Borth FamFG § 236 Rn. 5.
[161] Bork/Jacoby/Schwab/Kodal FamFG § 236 Rn. 3.
[162] MüKoFamFG/Pasche § 236 Rn. 7.

68a Zu den nach § 236 FamFG auskunftspflichtigen Personen und Stellen zählen, da typischerweise das in einem Arbeitsverhältnis erzielte Erwerbseinkommen für den Unterhalt bemessungsrelevant ist, zunächst die **Arbeitgeber** (Nr. 1), wobei es auf die Funktion ankommt. Sie beschäftigen nach überkommenem Verständnis, auch der öffentlich-rechtliche Dienstherr, zumindest einen oder mehrere Arbeitnehmer und schulden für die weisungsgebundene Tätigkeit des Mitarbeiters eine Vergütung. Darüber hinaus ist die Stellung eines Arbeitgebers auch zu bejahen gegenüber freien Mitarbeitern oder auch anderen arbeitnehmerähnlichen Personen, sofern diese in wirtschaftlicher Abhängigkeit zumindest überwiegend das Erwerbseinkommen auf Grund dieses Rechtsverhältnisses erzielen (Subunternehmer). Bei Vertragsverhältnissen des Handelsvertreters hängt dies im Einzelfall vom Umfang der Weisungsbefugnis und davon ab, ob er im Wirtschaftsverkehr gegebenenfalls als nachgeordneter Unternehmer auftritt.[163]

68b Als auskunftspflichtige Dritte (Nr. 2) nennt das Gesetz darüber hinaus die **Sozialleistungsträger.** Gemeint sind damit die in § 12 SGB I iVm §§ 18–29 SGB I aufgeführten Leistungsträger. Hier erstreckt sich die Auskunfts- und Belegpflicht neben den eigentlichen Sozialleistungen auch auf die diesen unterliegenden einzelnen Berechnungselemente (zB Bruttoarbeitslohn, Beitragssätze etc). Betroffen sind sämtliche **Sozialdaten,** nämlich Einzelangaben über persönliche oder sachliche Verhältnisse des Betroffenen (§ 67 I SGB X), über die der zuständige Leistungsträger im Rahmen seines Aufgabenbereichs verfügt. Allerdings wird der Anwendungsbereich begrenzt durch Angaben, denen für die Ermittlung und Bemessung der Einkünfte des Beteiligten Bedeutung zukommt. Die Erfüllung der Auskunft und Übermittlung der Sozialdaten in einem gerichtlichen Verfahren betreffend die gesetzliche Unterhaltspflicht folgt sozialrechtlich den Regelungen in § 74 S. 1 Nr. 1a) SGB X, die bei Wahrung des **Sozialgeheimnisses** (§ 35 S. 1 SGB I) darauf abstellen, dass der Betroffene einem Auskunftsverlangen, wie es in § 235 I FamFG geregelt ist, innerhalb angemessener Frist nicht nachgekommen ist.

Die **Künstlersozialkasse** (§§ 37 ff. KVG) wird der Vollständigkeit halber, da sich die Regelung in § 12 I SGB I hierauf nicht erstreckt, sie aber ebenfalls das Sozialgeheimnis zu wahren hat (§ 35 I 4 SGB I), aus Gründen der Rechtsklarheit und Rechtssicherheit gesondert erfasst.

68c Mit den **sonstigen Personen und Stellen** (Nr. 3) werden über einen **Auffangtatbestand** Einrichtungen als auskunftspflichtig angesehen, die Leistungen in bestimmten Lebenslagen (Alter, verminderte Erwerbsfähigkeit, Entschädigung und Nachteilsausgleich – Stellen und Einrichtungen gemäß § 69 II Nr. 1 und 2 SGB X –) erbringen, ohne dass es darauf ankommt, ob eine privatrechtliche oder öffentlich-rechtliche Organisationsform bei dem Leistungsträger vorliegt. Hierzu rechnen insbesondere die berufsständigen Versorgungswerke der Selbständigen, die Träger der betrieblichen Altersversorgung, der Zusatzversorgung des öffentlichen Dienstes, aber auch Gesellschaften, die Rentenleistungen aus einer Lebensversicherung erbringen.

68d **Versicherungsunternehmen** (Nr. 4) sind, soweit sie wegen der Erbringung von Rentenleistungen nicht bereits anderweitig zur Erteilung von Auskünften herangezogen werden können (Nr. 3), darüber hinaus auskunftspflichtig auch im Hinblick auf zu erbringende oder erbrachte Kapitalleistungen.

68e Wegen der Aufklärung unterhaltsrelevanter Einkommensverhältnisse kann das Gericht schließlich auch an die zuständigen **Finanzämter** herantreten (Nr. 5). Die bisherige Beschränkung auf die Verfolgung von Unterhaltsansprüchen minderjähriger Kinder erscheint in den Augen des Gesetzgebers nicht mehr sachgerecht.[164] Nunmehr erstreckt sich die verfahrensrechtliche Auskunftspflicht auf jedwede durch § 231 I FamFG erfasste Unterhaltssache. Die bisherige Regelung erschien auch wegen der häufigen verfahrensrechtlichen Verknüpfung von Kindes- und Ehegattenunterhalt wenig praxistauglich. Da der Beteiligte sich mit der Versagung der ihm abverlangten Auskünfte pflichtwidrig verhält, erscheint er weniger schutzwürdig,[165] so dass dem Interesse des Unterhaltsberech-

---

[163] Musielak/Borth FamFG § 236 Rn. 5.
[164] BT-Drs. 16/6308, 256.
[165] BT-Drs. 16/6308, 256.

tigten an einer vollständigen Aufklärung der für die Unterhaltsbemessung maßgebenden Verhältnisse gegenüber dem Anliegen des Unterhaltspflichtigen an der Wahrung des **Steuergeheimnisses** der Vorrang gebührt (vgl. § 30 IV Nr. 2 AO). Gegenüber der Altregelung in § 643 II 1 Nr. 3 ZPO aF ist mit den Festlegungen in § 236 I FamFG allerdings insoweit eine Verschlechterung der verfahrensrechtlichen Position des minderjährigen Unterhaltsberechtigten verbunden, als die Verpflichtung der Finanzämter, über Vermögensverhältnisse der Steuerpflichtigen Auskünfte zu erteilen, entfallen ist. Dem soll nach der Einschätzung des Gesetzgebers[166] aber schon deshalb keine messbare Bedeutung zukommen, weil bei der Unterhaltsbemessung ohnehin in der Regel die Vermögenserträge im Kontext der Einkünfte eine Rolle spielten. Inhaltlich dürften die Möglichkeiten der Finanzämter von ihrer Funktion her, das Einkommen durch die Erhebung von Steuern zu vermindern und nicht durch Geldzuwendungen die wirtschaftliche Situation des Steuerpflichtigen zu verbessern, begrenzt bleiben. Hier stehen deshalb die **steuerrechtlichen Verhältnisse** des Beteiligten für das Gericht im Fokus, dem die Finanzbehörde im Wesentlichen durch Vorlage von Einkommensteuerbescheiden und damit korrespondierenden Erklärungen nebst Anlagen derselben oder auch Schätzungsbescheiden Rechnung tragen kann.

Mit der Einbeziehung der Leistungsträger (§ 12 SGB I) und der Finanzämter in die Auskunfts- und Belegpflichten Dritter bei der Sachverhaltsaufklärung in Unterhaltssachen räumt der Gesetzgeber den Interessen von Berechtigten aus einem gesetzlichen Unterhaltsverhältnis Vorrang ein gegenüber ansonsten anerkannten Geheimhaltungsinteressen, die mit dem **Sozialgeheimnis** (§ 74 S. 1 Nr. 1a SGB X) und dem **Steuergeheimnis** (30 IV Nr. 2 AO) verbunden sind. Von der nach dem gesetzgeberischen Anliegen sich aufdrängenden Möglichkeit, Vermögenserträge der Beteiligten auch bei Banken durch entsprechende Erträgnisaufstellungen abzurufen, hat der Gesetzgeber trotz entsprechender Kritik an der Altregelung in § 643 II ZPO aF[167] keinen Gebrauch gemacht. Eine entsprechende Anwendung der Vorschrift scheidet aus (→ Rn. 68). Einen Grund dafür, im Unterschied zu Sozialgeheimnis und Steuergeheimnis das jeweilige Spannungsverhältnis mit den Unterhaltsbelangen hier zugunsten des **Bankgeheimnisses** ausfallen zulassen, lässt allerdings auch die Gesetzesbegründung nicht erkennen.

68f

Will das Gericht nach Ausübung des pflichtgemäßen Ermessens gemäß § 236 I FamFG mit einem Auskunfts- und Belegverlangen an einen auskunftspflichtigen Dritten herantreten, was unter angemessener Fristsetzung und Zustellung (§ 113 I 2 FamFG iVm § 329 II ZPO) eines **spezifizierten Ersuchens** erfolgen sollte, hat es dies **den Beteiligten mitzuteilen** (§ 236 III FamFG). Abgesehen von der – an sich schon selbstverständlichen – Inkenntnissetzung über den Verfahrensstand trägt dem Vorgehen der Umstand Rechnung, dass das Gericht von einem verfahrensbezogen pflichtwidrigen Verhalten des Beteiligten ausgeht und diesem die Möglichkeit eingeräumt wird, bei verständiger Würdigung und Abwägung seiner Interessen seiner Verpflichtung aus § 235 I FamFG nunmehr nachzukommen und so eine als unangenehm wahrgenommene Einbeziehung Dritter in das streitige Unterhaltsverfahren abzuwenden.[168]

69

Da der auskunftspflichtige Dritte nicht Verfahrensbeteiligter ist, das Gericht mithin dessen Verhalten im Verfahren gegebenenfalls im Rahmen der Endentscheidung auch nicht sanktionieren kann (§ 286 ZPO), stellt sich die Frage nach der Durchsetzung der gerichtlichen Anordnungen. Insoweit bestimmt § 236 IV 1 FamFG lapidar, dass die nach § 236 I FamFG zur Auskunft verpflichteten Personen und Stellen den gerichtlichen Anordnungen Folge zu leisten haben. Da sich der Gesetzgeber für den Vorrang der Unterhaltsinteressen vor einem Geheimhaltungsinteresse entschieden hat,[169] kann insbesondere der auf Auskunft in Anspruch genommene Arbeitgeber sich auch nicht auf ein solches berufen. Auch eine Berufung auf das Sozialgeheimnis und das Steuergeheimnis ist ausgeschlossen, wie die entsprechenden spezialgesetzlichen Regelungen (→ Rn. 68 f.)

70

---

[166] BT-Drs. 16/6308, 256.
[167] DAV FamRZ 1997, 276 (277).
[168] Keidel/Weber FamFG § 236 Rn. 7.
[169] BGH FamRZ 2005, 1986 (1987).

verdeutlichen. Überdies sieht die gesetzliche Regelung einer Intention des Gesetzgebers entsprechend[170] kein **Auskunfts- und Zeugnisverweigerungsrecht** vor. Dafür spricht auch, dass für die Durchsetzung der gerichtlichen Anordnungen § 236 IV 2 FamFG auf die zivilprozessualen Folgen der Zeugnisverweigerung (§ 390 ZPO) verweist, dessen es nicht bedurft hätte, wenn dem auskunftspflichtigen Dritten die Berufung auf die Zeugnisverweigerungsrechte (§§ 383–385 ZPO) eröffnet sein sollte. Vielmehr erschöpft sich die ausdrückliche Bezugnahme in § 236 IV 2 FamFG auf die „Folgen der Zeugnisverweigerung" in einer **Rechtsfolgenverweisung,**[171] die zudem nicht greifen soll, wenn die Auskunftspflicht einer **Behörde** in Rede steht. In diesem Fall muss das Gericht gegebenenfalls mit Hilfe die Fach- und Dienstaufsicht die Befolgung seiner Anordnungen sicherstellen.[172] Allerdings erfasst die uneingeschränkte Auskunftspflicht Dritter auch Konstellationen, die durch Familienverhältnisse überlagert sind und im Beweisverfahren einem besonderen Zeugenschutz unterliegen können (§§ 383, 384 ZPO). Hier tritt typischerweise ins Blickfeld das **Ehegattenarbeitsverhältnis,** über das der eine Ehegatte als Arbeitgeber Auskünfte erteilen soll, die aber im Rahmen einer Beweisaufnahme nicht erzwungen werden können. Deshalb wird teilweise ein dem Zeugnisverweigerungsrecht entsprechendes Auskunftsverweigerungsrecht bejaht,[173] teilweise auch eine analoge Anwendung der §§ 383, 384 ZPO als erwägenswert angesehen.[174] Dem dürfte allerdings entgegenstehen, dass der Gesetzgeber mit dem Hinweis auf § 390 ZPO den Rückgriff auf weitere Vorschriften des Zeugenbeweises ausgeschlossen hat und dies keine Regelungslücke für Analogien lässt. Vielmehr kommt hier wiederum zum Tragen, dass der Gesetzgeber bei der Festlegung von Auskunftspflichten Dritter den Unterhaltsinteressen gegenüber Geheimhaltungsinteressen einen Vorrang eingeräumt wissen will.[175] Im Übrigen sind auch in anderen Konstellationen Zeugnisverweigerungsrechte eingeschränkt, sofern Familienverhältnisse betroffen sind (vgl. § 385 I Nr. 3 ZPO).

71 Kommt der auskunftspflichtige Dritte der gerichtlichen Anordnung nicht oder teilweise nicht nach, ermöglicht § 390 I und II ZPO neben der Auferlegung der durch die Weigerung verursachten **Kosten** die Verhängung von **Ordnungsgeld** und **Erzwingungshaft.** Das Gericht entscheidet hierüber von Amts wegen durch Beschluss. Hiergegen kann sich der betroffene Dritte gemäß § 390 III ZPO mit der **sofortigen Beschwerde** (§§ 567–572 ZPO) wenden. Dabei wird im Rahmen des Rechtsmittelverfahrens neben den Rechtsfolgenanordnungen des Gerichts aus § 390 I und II ZPO inzidenter auch überprüft, ob die Auskunfts- und Beleganordnung den Anforderungen von § 236 I FamFG entspricht.

72 Vergleichbar mit der Regelung in § 235 IV FamFG bestimmt § 236 V FamFG, dass die Anordnungen des Gerichts nach dieser Vorschrift für die **Beteiligten** nicht anfechtbar sind. Aus deren Sicht handelt es sich um eine Zwischenentscheidung, die im Kontext einer Anfechtung der Endentscheidung (§ 58 FamFG) einer rechtlichen Kontrolle unterzogen werden kann. Daraus kann im Umkehrschluss weiter geschlossen werden, dass der nicht am Verfahren **beteiligte Dritte** gegen die Anordnungen des Gerichts mit einem **Rechtsmittel** vorgehen können soll. Das sieht der Gesetzgeber, da er (der Dritte) nicht die Möglichkeit habe, die Rechtmäßigkeit einer Anordnung inzident im Rechtsmittelzug überprüfen zu lassen, auch so.[176] Allerdings enthält die Vorschrift keinen weiteren Hinweis auf das statthafte Rechtsmittel.

Teilweise wird deshalb die Auffassung vertreten, der auf Auskunft in Anspruch genommene Dritte, der sich gegen die gerichtliche Anordnung zur Wehr setzen will, müsse die Verhängung von Ordnungsmittel und die Verpflichtung zur Zahlung der Kosten abwarten, um dann erst im Rahmen von § 390 III ZPO seine Rechte mit der sofortigen Beschwerde

---

[170] BT-Drs. 16/6308, 257.
[171] Keidel/Weber FamFG § 236 Rn. 9.
[172] Musielak/Borth FamFG § 236 Rn. 9.
[173] MüKoFamFG/Pasche § 236 Rn. 21.
[174] Hüßtege in Thomas/Putzo FamFG § 236 Rn. 9.
[175] Bork/Jacoby/Schwab/Hütter/Kodal FamFG § 236 Rn. 12.
[176] BT-Drs. 16/6308, 257.

zu wahren.[177] Indessen dürfte ein solches Ergebnis mit den Grundsätzen eines **effektiven Rechtsschutzes** (Art. 19 IV GG) für einen nicht am Verfahren beteiligten Dritten unvereinbar sein. Das Risiko, sich erst Zwangsmaßnahmen auszusetzen, um seine der Aussageverpflichtung entgegenstehenden Rechte erst in einem Vollstreckungsverfahren zu sichern, muss auch der Zeuge in einem streitigen Verfahren nicht tragen, der in einem Zwischenstreit (§ 387 ZPO) vorab – gegebenenfalls auch mit einer sofortigen Beschwerde – klären lassen kann, ob eine Aussageverpflichtung besteht. Für den Dritten im Sinne von § 236 FamFG gilt nichts anderes. Mit einer Anfechtungsbefugnis für diesen besteht auch kein Widerspruch zu der in § 355 II ZPO zum Ausdruck gekommenen Wertung, wonach die Beweisanordnung keiner Anfechtung unterliegt. Diese bestimmt nur den Verfahrensgang zwischen den Beteiligten. Das Auskunftsersuchen gegenüber dem Dritten hat im Unterschied dazu, wie die Befragung des Zeugen, bereits Vollzugscharakter.

Nach anderer Ansicht[178] soll sich der betroffene Dritte gegen die auf § 236 I FamFG gestützten Anordnungen des Gerichts schon außerhalb eines Zwangsmittelverfahrens zur Wehr setzen dürfen. Die Statthaftigkeit des Rechtsmittels wird dabei aus § 58 I FamFG abgeleitet und angenommen, dass es sich aus Sicht des Dritten bei den gegen ihn gerichteten Maßnahme um eine Endentscheidung handele.

Indessen vernachlässigt diese Sichtweise die Ausgangssituation des iSv § 236 FamFG auskunftspflichtigen Dritten. Denn das Rechtsmittel des § 58 I FamFG stellt wesentlich darauf ab, dass nur die den Verfahrensgegenstand abschließende Endentscheidung (§ 38 I 1 FamFG) nach dieser Vorschrift überprüft werden soll. Insoweit erlangt der durch das Gericht auf Auskunft in Anspruch genommene Dritte aber nicht die Stellung eines Verfahrensbeteiligten, wie sich im Umkehrschluss auch aus § 236 V FamFG ergibt. Es bleibt, zumal sich eine mittelbare Verweisung auf das Rechtsmittel der sofortigen Beschwerde (§§ 567–572 ZPO) auch nicht über § 113 I FamFG gewinnen lässt, nach zutreffender Ansicht[179] bei einer Regelungslücke. Sie ist durch eine **Analogie zu § 390 III ZPO** zu schließen, wonach der Dritte mit der **sofortigen Beschwerde** die Rechtswidrigkeit einer **Auskunftsanordnung** rügen kann. Die jeweiligen Verfahrenssituationen sind miteinander vergleichbar. In beiden Fällen steht die Rechtmäßigkeit des Auskunftsersuchens in Rede. Der in diesem Zusammenhang nicht ins Gewicht fallende Unterschied besteht lediglich darin, dass in einem Fall das Gericht sein Vorgehen bereits mit einer Sanktion verbunden hat. Bei dem Bestreben, für seine Rechtsverfolgung die in jedem Fall vorgegebene Rechtsmittelfrist zu wahren, wird der betroffene Dritte bis zu einer abschließenden gerichtlichen Klärung den divergierenden Sichtweisen im Schrifttum Rechnung tragen müssen.

bb) Die nach pflichtgemäßem Ermessen mögliche Inanspruchnahme Dritter mit der Erteilung von Auskünften und Belegen erstarkt gemäß § 236 II FamFG zu einer **Verpflichtung** für das Gericht, sofern die Voraussetzungen von § 236 I FamFG vorliegen und der andere Beteiligte, wirksam vertreten durch einen Rechtsanwalt (§ 114 I FamFG), dies beantragt. Die vielfach entsprechend der Gesetzesbegründung[180] zu § 235 II FamFG gezogene Parallele besteht allerdings nur mit Einschränkungen. Denn nach dieser Vorschrift setzt die Verpflichtung zur Einholung von Auskünften bei dem anderen Beteiligten erst nach einem außergerichtlichen Auskunftsverlangen ein. Ein entsprechendes Verhalten setzen die Regelungen in § 236 I und II FamFG aber nicht voraus. Gleichwohl lassen sich daraus Einschränkungen beim Umfang der verpflichtenden Tätigkeit für das Gericht und auch ein nur eingeschränkter Gebrauch der Befugnisse für das Gericht aus § 235 I FamFG nicht ableiten.[181]

Gestützt auf einen entsprechenden Antrag hat das Gericht gemäß § 236 II FamFG nach § 236 I FamFG vorzugehen, wenn der betroffene Beteiligte seiner Verpflichtung aus § 235

---

[177] MüKoFamFG/Pasche § 236 Rn. 25; Bork/Jacoby/Schwab/Hütter/Kodal FamFG § 236 Rn. 16.
[178] Johannsen/Henrich/Maier FamFG § 236 Rn. 1; Keidel/Weber FamFG § 236 Rn. 11; Hüßtege in Thomas/Putzo FamFG § 236 Rn. 11.
[179] Prütting/Helms/Bömelburg FamFG § 236 Rn. 21.
[180] BT-Drs. 16/6308, 257.
[181] So Johannsen/Henrich/Maier FamFG § 236 Rn. 10.

§ 10   Verfahrensrecht

I FamFG, nämlich Auskunft über seine Einkünfte, sein Vermögen und seine persönlichen und wirtschaftlichen Verhältnisse nicht oder nicht vollständig nachgekommen ist. Damit erfasst die Bezugnahme lediglich die Verpflichtung aus dieser Vorschrift, knüpft aber nicht weiter an die Rechtsfolge an, wonach das Gericht im Rahmen seines Ermessens gehandelt hat. Eben diese Verpflichtung ist auch Gegenstand von § 235 II FamFG, wenn auch verbunden mit weiteren Anspruchsvoraussetzungen, auf die es aber im Rahmen von § 236 FamFG nicht weiter ankommt. Deshalb macht es für die Verpflichtung des Gerichts zum Tätigwerden nach § 236 II FamFG keinen Unterschied, ob das Auskunftsverlangen gegenüber dem betroffenen Beteiligten auf § 235 I oder II FamFG gestützt worden ist. Eine Zurückhaltung der Gerichte beim Einsatz von § 235 I FamFG, um eine Bindung nach § 236 II zu umgehen, ist danach nicht zu erwarten.

75   Die Verpflichtung des Gerichts zur Einholung von Auskünften ist streng **antragsbezogen,** der deshalb so konkret gefasst sein muss, dass er, wie beim Antrag nach § 235 II FamFG, selbst den Verfahrensgegenstand eines Auskunftsverfahrens bilden könnte. Diese Voraussetzungen korrespondieren mit der Verpflichtung des Gerichts. Begehrt der Beteiligte die Einholung von Auskünften bei einem Finanzamt, entspricht das Gericht dem Antrag nicht, wenn es von anderen Dritten im Sinne von § 236 I FamFG Auskünfte verlangt, selbst wenn diese ebenso erkenntnisreich sein sollten wie die Rechtsverfolgung des anderen Beteiligten.[182] Sieht das Gericht davon ab, einem auf § 236 II FamFG gestützten Antrag zu entsprechen, obwohl die Anforderungen von § 236 I FamFG erfüllt sind, stellt dies einen wesentlichen Verfahrensfehler dar, der gemäß § 117 II FamFG iVm § 538 II 1 Nr. 1 ZPO zur Aufhebung und Zurückverweisung führen kann.[183]

7. Die das Verfahren erledigende Endentscheidung (§§ 116 I, 38 FamFG)

76   In seinem Bestreben, mit dem FamFG die Regelungsmaterien der freiwilligen Gerichtsbarkeit mit den Familienstreitsachen in einem umfassenden und möglichst geschlossenen Verfahrenswerk zusammen zu führen, hat der Gesetzgeber nicht nur terminologisch (§ 113 V FamFG) sondern auch durch eine begrenzte Verweisung (§ 113 I 2 FamFG) das Zivilprozessrecht aus dem Verfahren in Familiensachen in weitgehendem Maße verdrängt. Damit ist das **Urteil** als die den Verfahrensgegenstand bisher **erledigende Entscheidung** des Gerichts auch in streitigen Unterhaltssachen entfallen. Nunmehr entscheidet das Gericht in Familiensachen – ausschließlich – durch **Beschluss,** wie § 116 I FamFG dies für das Verfahren in Familiensachen praktisch nur wiederholend hervorhebt, weil sich die Festlegung auf diese Form der Entscheidung schon aus den allgemeinen Bestimmungen des FamFG (§ 113 I 1 FamFG iVm § 38 FamFG) ergibt

   a) Die formellen Mindestanforderungen und Entscheidungsgründe (§ 38 II und III FamFG). Gemäß § 38 I 1 FamFG entscheidet das Gericht, soweit durch die Entscheidung der Verfahrensgegenstand ganz oder teilweise erledigt wird (Endentscheidung), durch **Beschluss.** Diese Entscheidungsform übernimmt mithin auch in Unterhaltssachen die Funktion, die im Zivilprozess dem Urteil zukommt. Die weiteren Anforderungen an **Form** und **Inhalt** der **Endentscheidung** richten sich mangels Verweisung auf die Urteilsvorschriften (§ 313 ZPO) primär nach den Regelungen in § 38 II bis IV und VI FamFG, die aber ergänzt werden durch weitere verfahrensrechtliche Anforderungen an das Unterhaltsverfahren (zB § 238 II FamFG, § 767 II ZPO). In § 38 II FamFG ist zunächst von den **formellen Mindestanforderungen**[184] die Rede. Notwendiger Bestandteil für das Beschlussrubrum ist danach zunächst eine genaue Bezeichnung der **Beteiligten** und ihrer Bevollmächtigten unter Hervorhebung ihrer Stellung im Verfahren (§ 38 II Nr. 1 FamFG). Die Vollständigkeit der Bezeichnung steht hier im Dienste einer ordnungsgemäßen Zustellung von Entscheidungen und einer späteren Vollstreckung. Sie entspricht, abgesehen von den terminologischen Unterschieden, den Anforderungen, die § 313 I Nr. 1 und 2

---

[182] Bork/Jacoby/Schwab/Hütter/Kodal FamFG § 236 Rn. 10.
[183] Prütting/Helms/Bömelburg FamFG § 236 Rn. 17.
[184] BT-Drs. 16/6308, 195.

2. Abschnitt: Die Schaffung und Abänderung von Unterhaltstiteln § 10

ZPO an das Urteilsrubrum stellt. Dies gilt ebenso für die Bezeichnung des **Gerichts** und derjenigen Richter, die an der Entscheidung mitgewirkt haben (§ 38 II Nr. 2 FamFG; § 313 I Nr. 2 ZPO). Nicht übernommen ist die in § 313 I Nr. 3 ZPO geforderte Bezeichnung des Tages, an dem die mündliche Verhandlung geschlossen worden ist, obwohl in Unterhaltsstreitsachen im Regelfall eine mündliche Verhandlung stattfindet (vgl. §§ 137 II 1, 117 IV und 68 III 2 FamFG). Gleichwohl dürfte die entsprechende Angabe jedenfalls für die Endentscheidungen in Hauptsacheverfahren vor dem Hintergrund der durch Verweisung in § 113 I 2 FamFG weiterhin für anwendbar erklärten Vorschriften der ZPO wie auch der Besonderheiten der Unterhaltsstreitsachen geboten bleiben.[185] So knüpft die nach § 296a ZPO mögliche Präklusion mit Angriffs- und Verteidigungsmitteln an den **Schluss der mündlichen Verhandlung** an. Mit einem Vollstreckungsabwehrantrag (§ 120 I FamFG iVm § 767 II ZPO) können nur Gründe geltend gemacht werden, die erst nach dem Schluss der mündlichen Verhandlung entstanden sind. Auch die Präklusion im Abänderungsverfahren nach § 238 II FamFG erfordert für die Beteiligten die Angabe einer hinreichend klare zeitliche Zäsur.

Zu den formellen Mindestanforderungen gehört schließlich die an die Stelle der Urteilsformel tretende **Beschlussformel** (§ 38 II Nr. 3 FamFG). Deren Funktion ist unverändert, Sie dokumentiert den das Verfahren abschließenden Rechtsfolgenausspruch. Die Formel ist, auch soweit sie die gesetzliche Unterhaltspflicht regelt, so konkret und aus sich heraus verständlich zu fassen, dass sie den Beteiligten und dem Rechtsmittelgericht als Entscheidungsgrundlage dienen kann und bei der Zwangsvollstreckung ein Handeln der Vollstreckungsorgane ermöglicht.

Die für die Urteilsbegründung typische Differenzierung zwischen Tatbestand und Entscheidungsgründen (§ 313 I Nr. 5 und 6 ZPO) kennt die nach § 38 FamFG abzufassende Endentscheidung auch in Unterhaltsstreitsachen nicht. Die gesetzliche Regelung in § 38 II 1 FamFG beschränkt sich insoweit auf die Vorgabe, wonach der Beschluss zu begründen ist. Allerdings hat die **Begründungspflicht** auch in diesem Fall den Besonderheiten Rechnung zu tragen, die bisher dem Tatbestand und den Entscheidungsgründen in Unterhaltssachen und den anderen Familienstreitsachen zukamen. Dabei fällt zunächst die **Beweiskraft** ins Gewicht, die der **Tatbestand** für das mündliche Parteivorbringen erfüllt und die nur durch das Sitzungsprotokoll entkräftet werden kann (§ 314 ZPO). Darüber hinaus stellt die Endentscheidung insbesondere in unterhaltsrechtlichen Streitigkeiten mit ihren typischerweise in die Zukunft gerichteten Prognosen und einem damit verbundenen **Abänderungspotential** erhöhten Begründungsbedarf dar, um in späteren gerichtlichen Auseinandersetzungen die Präklusionswirkungen (§§ 238 II FamFG, 120 I FamFG iVm § 767 II ZPO) verlässlich feststellen zu können. Deshalb spricht alles dafür, die Darstellung der Beschlussgründe entsprechend § 313 II und III ZPO in Anlehnung an Tatbestand und Entscheidungsgründe beim Urteil in Unterhaltssachen aufzubauen.[186] Dabei muss das Gericht seine die Entscheidung tragenden Erwägungen so darstellen, dass die Beteiligten und das Rechtsmittelgericht sie verstehen und nachvollziehen können.[187] Fehlt es hieran, handelt es sich um einen **wesentlichen Verfahrensmangel,** der im Rechtsmittelverfahren zur Aufhebung und Zurückverweisung führen kann (§ 117 II FamFG iVm § 538 II ZPO). Eine in der Rechtspraxis anzutreffende Übung, die Begründung der Entscheidung durch den Ausdruck eines computergesteuerten Rechenprogramms zu ersetzen, erfüllt die Mindestanforderungen an die Begründungspflicht nicht.[188]

Einer Begründung bedarf es nicht unter den abschließend in § 38 IV FamFG alternativ genannten Voraussetzungen. Die Vorschrift in § 38 VI FamFG regelt den Fall, in dem eine zunächst zulässigerweise unterbliebene Begründung auf Antrag nachgeholt werden kann. Gemäß § 38 III 2 FamFG ist der Beschluss zu unterschreiben, und zwar in Ergänzung des

---

[185] Keidel/Meyer-Holz FamFG § 38 Rn. 48; Meyer-Seitz/Frantzioch/Ziegler, Die FGG-Reform: Das neue Verfahrensrecht 2009, S. 403 Fußnote 25; vgl. auch Prütting/Helms FamFG § 116 Rn. 8.
[186] Keidel/Meyer-Holz FamFG § 38 Rn. 59; Musielak/Borth FamFG § 38 Rn. 3.
[187] OLG Köln FamRZ 2005, 1921.
[188] OLG Frankfurt FamRZ 2006, 274.

Gesetzeswortlauts durch den Familienrichter, der die zugrunde liegende Verhandlung geführt hat (§ 113 I 2 FamFG iVm § 309 ZPO).

78 **b) Die Kostenentscheidung (§ 243 FamFG).** Jede das Unterhaltsverfahren abschließende Endentscheidung ist – im Unterschied zu Teilentscheidungen – mit einer **Kostenentscheidung** zu versehen (§ 113 I 2 FamFG iVm § 308 II ZPO). Die allgemeinen Vorschriften über die Kostenregelung nach den §§ 80–84 FamFG sind nicht heranzuziehen, da ihre Anwendung in Ehesachen und Familienstreitsachen ausgeschlossen ist (§ 113 I 1 FamFG). Daraus folgt, dass auf die zivilprozessualen Kostenvorschriften abzustellen ist (§ 113 I 2 FamFG iVm §§ 91 ff. ZPO), sofern das FamFG keine **Sonderregelungen** vorsieht. Für das Verfahren in Unterhaltssachen ist dies allerdings der Fall. Hier entscheidet das Gericht abweichend von den **zivilprozessualen Vorschriften** über die Kostenverteilung **nach billigem Ermessen** über die Verteilung der Kosten des Verfahrens auf die Beteiligten (§ 243 S. 1 FamFG). Wird der Unterhalt im Rahmen des Verbundes als Folgesache geltend gemacht, richtet sich die Kostenentscheidung nach § 150 FamFG.[189] Die Ermessensausübung nach § 243 FamFG soll nach dem Willen des Gesetzgebers eine flexiblere und weniger formale Handhabung der Kostenentscheidung ermöglichen.[190] Dafür besteht auch durchaus besonderer Anlass, da in Unterhaltssachen dem Dauercharakter der Verpflichtung bei der Streitwertermittlung (§ 51 FamGKG) nur begrenzt Rechnung getragen werden kann. Soweit § 243 S. 2 Nr. 2 bis 4 FamFG für die Kostenverteilung bestimmte Abwägungskriterien vorgibt, handelt es sich nicht um eine abschließende Regelung, so dass etwa in der Rechtsmittelinstanz der Rechtsgedanke der verfahrensspezifischen Vorschrift in § 97 II ZPO zum Tragen kommen kann.

78a Der unter Nr. 1 bemühte Gesichtspunkt stellt für die Kostenverteilung in erster Linie auf das Maß des jeweiligen Obsiegens und Unterliegens der Beteiligten ab (§ 92 I ZPO). Während in der Vergangenheit die Rechtsprechung[191] zunehmend auf ein wirtschaftliche Betrachtung abgestellt hatte, um das Maß des jeweiligen **Obsiegens** und **Unterliegens** jenseits der starren Streitwertregelung (§ 42 GKG aF) in einem größeren Zeitfenster zu beurteilen, trägt dem nunmehr die Einbeziehung der **Dauer der Unterhaltsverpflichtung** Rechnung. Schuldet der Unterhaltspflichtige der Unterhaltsberechtigten nachehelichen Unterhalt in Höhe der ersten zwölf Monate und kommt es für den weiteren Unterhaltszeitraum zu einer Begrenzung oder Befristung, ist dem dadurch begrenzten Erfolg des Unterhaltsverlangens bei der Kostenquotierung Rechnung zu tragen, auch wenn bei einem am Streitwert (§ 51 I und II FamGKG) ausgerichteten Vergleich der Antrag zur Höhe uneingeschränkt durchdringt.

78b Das unter Nr. 2 der Vorschrift erfasste Bemessungskriterium übernimmt in geändertem Umfang die Regelung aus § 93d ZPO aF, wonach nunmehr die Weigerung eines Beteiligten, seiner **materiellrechtlichen Verpflichtung** zur Erteilung von **Auskünften** über sein **Einkommen** vor Beginn des gerichtlichen Verfahrens nachzukommen, zu seinem Nachteil die Kostenentscheidung beeinflussen kann. Allerdings muss die Weigerung ursächlich für den Verfahrensausgang geworden sein, nicht aber nur Anlass für das Verfahren. Abweichend von der Altregelung spielen nach der Neuregelung in § 243 FamFG Auskünfte zum **Vermögen** des Beteiligten keine Rolle mehr. Die Auskunftsverpflichtung erfasst auch nicht die vorgerichtliche Darlegung von Erwerbsbemühungen.[192]

78c Gemäß Nr. 3 kann sich im Rahmen der ermessengetragenen Kostenverteilung auswirken, wenn die Beteiligten ihren verfahrensrechtlichen **Auskunfts- und Versicherungspflichten** (§ 235 I FamFG) nicht oder nicht vollständig nachgekommen sind. Dies setzt allerdings voraus, dass das Gericht die Auskunftspflichten verfahrenskonform mit den entsprechenden Belehrungen aktualisiert hat (§ 235 I 3 und 4 FamFG).

78d Schließlich soll sich gemäß Nr. 4 kostenbezogen auswirken können, wenn die Voraussetzungen von § 93 ZPO erfüllt sind. Dies ist der Fall, wenn der Antragsgegner, ohne

---

[189] BT-Drs. 16/6308, 233.
[190] BT-Drs. 16/6308, 259.
[191] OLG Brandenburg FamRZ 2007, 67.
[192] KG FamRZ 2008, 530.

Veranlassung zum Verfahren gegeben zu haben, den gerichtlich geltend gemachten Anspruch sofort anerkennt (→ Rn. 40 und 41).

Die Vorschrift des § 243 FamFG über den Maßstab der Kostenverteilung verdrängt als **79** besondere Regelung in Unterhaltssachen die allgemeinen Vorschriften (§§ 91 ff. ZPO) auch dann, wenn der Verfahrensgegenstand nicht durch eine Endentscheidung in der Hauptsache erledigt wird.[193] Allerdings lässt die Formulierung in § 243 S. 2 FamFG („insbesondere") Raum auch für die Heranziehung von Rechtsgedanken aus weiteren auch zivilprozessualen Kostenregelungen. Endet das Verfahren durch **Vergleich**, ohne dass die Beteiligten eine Vereinbarung auch über die Kosten getroffen haben, kann das Gericht hierfür im Rahmen der nach § 243 S. 2 FamFG zu treffenden Billigkeitsentscheidung auch an § 98 ZPO anknüpfen.[194] Haben die Beteiligten die **Hauptsache** übereinstimmend für **erledigt** erklärt, wird die nach § 91a I ZPO zu treffende Kostenentscheidung durch den Bemessungsmaßstab aus § 243 FamFG überlagert. Wird der Leistungsantrag zurückgenommen, spielen die näheren Umstände zum Anlass der **Rücknahme** für die nach § 243 FamFG vorzunehmende Kostenverteilung eine Rolle. Nimmt der Antragsteller den Antrag zurück, hat der Antragsgegner entsprechend § 243 S. 2 Nr. 2 und 3 FamFG die Kosten zu tragen, wenn er seinen Auskunfts- und Belegverpflichtungen vor Beginn des gerichtlichen Verfahrens nicht nachgekommen ist und die nachträgliche Sachverhaltsaufklärung zur Verneinung der Erfolgsaussichten für das geltend gemachte Unterhaltsbegehren führt. Ist dies nicht der Fall, kann im Rahmen der Billigkeitsabwägung auf die kostenrechtlichen Folgen aus § 269 III ZPO abgestellt werden.

c) Die isolierte Anfechtung der Kostenentscheidung. Die mit der Hauptsacheent- **80** scheidung verbundene Kostenentscheidung kann im Rahmen des gegen die Hauptsache gerichteten Rechtsmittels der Beschwerde (§ 58 I FamFG) angefochten werden. Eine **isolierte Anfechtung** der Kostenentscheidung scheidet allerdings in Unterhaltssachen wie in anderen Familienstreitsachen grundsätzlich aus. Zwar ist die Kostenentscheidung Bestandteil der **Endentscheidung**, die nach § 58 I FamFG mit der Beschwerde angefochten werden kann. Die Statthaftigkeit des Rechtsmittels besteht allerdings nach dieser Vorschrift gemäß der „**Subsidiaritätsklausel**"[195] nur mit der Einschränkung, dass „durch Gesetz nichts anderes bestimmt ist". Eine solche Regelung ergibt sich zunächst nicht aus den besonderen Vorschriften des Unterhaltsverfahrens, auch nicht aus § 243 FamFG, der im Unterschied zu anderen Familienstreitsachen schon nach seinem Wortlaut lediglich den Maßstab[196] für die **Kostenverteilung**[197] wegen der Besonderheiten des Unterhaltsverfahrens speziell regelt und eine „flexiblere Handhabung"[198] der Kostenentscheidung in Unterhaltssachen ermöglichen soll. Zur Frage der Anfechtbarkeit der Kostenentscheidung sagt die gesetzliche Bestimmung indessen nichts. Deshalb kann der Ansicht des OLG Oldenburg,[199] wonach § 243 die Kostenbestimmung der ZPO insgesamt verdrängen soll, nicht gefolgt werden. Schließlich fehlt es auch an jeglichem Anhalt oder Hinweis des Gesetzgebers, warum im Unterschied zu anderen Familienstreitsachen, für die § 243 FamFG keine Anwendung findet, allein in Unterhaltssachen die **verfahrensrechtlichen Vorschriften** der ZPO ausgeschlossen sein sollten.

Damit verbleibt für die Anfechtbarkeit einer Kostenentscheidung auch in Unterhaltssachen der Verweis in § 113 I 2 FamFG auf den zivilprozessualen Grundsatz in § 99 I ZPO, wonach die auf die Kostenfolge beschränkte Anfechtung einer Endentscheidung ausgeschlossen bleibt.[200] Ausgenommen hiervon ist gemäß § 99 II ZPO lediglich die Anfechtung der Kostenentscheidung, wenn es sich bei der Endentscheidung um einen auf ein Anerkenntnis zurückgehenden **Anerkenntnisbeschluss** handelt. Hier ist „durch Gesetz"

---

[193] BT-Drs. 16/6308, 325.
[194] BGH FamRZ 2011, 1933 Rn. 32.
[195] BT-Drs. 16/12717, 60.
[196] Keidel/Giers FamFG § 243 Rn. 11; Johannsen/Henrich/Maier FamFG § 243 Rn. 2.
[197] BGH FamRZ 2011, 1933 Rn. 23.
[198] BT-Drs. 16/6308, 259.
[199] OLG Oldenburg FamRZ 2010, 1831 (1832).
[200] BGH FamRZ 2019, 551 Rn. 5.

§ 10   Verfahrensrecht

das Rechtsmittel der **sofortigen Beschwerde** (§§ 567–572 ZPO) eröffnet.[201] Soweit gleichwohl die Anfechtbarkeit verneint wird mit dem Hinweis auf einen größeren Rahmen für die Billigkeitsabwägung in § 243 FamFG, wird die Möglichkeit einer Anfechtung unbilliger Entscheidungen unzulässigerweise von vornherein ausgeklammert.

81 **d) Die Anfechtung der isolierten Kostenentscheidung.** Von der isolierten Anfechtung einer Kostenentscheidung zu unterscheiden ist die Anfechtung einer **isolierten Kostenentscheidung,** wie sie in Unterhaltssachen und weiteren Familienstreitsachen in Betracht kommt, wenn die Beteiligten die Hauptsache übereinstimmend für erledigt erklären oder der Antragsteller seinen Leistungsantrag zurücknimmt und das Gericht daraufhin durch Beschluss über die Kosten entscheidet. Dem steht die Situation gleich, in der die Beteiligten die Hauptsache durch Vergleich ohne Regelung zu den Kosten beendet haben und das Gericht das Verfahren mit einer Kostenentscheidung abschließt.[202] Auch dabei handelt es sich nicht etwa um eine Nebenentscheidung, sondern, da sie die Instanz abschließt, um eine **Endentscheidung** im Sinne von § 38 I 1 FamFG.[203] Daraus wurde in Literatur[204] und Rechtsprechung zunächst teilweise[205] gefolgert, dass gegenüber isolierten Kostenentscheidungen in Unterhaltssachen wie auch in weiteren Familienstreitsachen die Beschwerde nach § 58 I FamFG das statthafte Rechtsmittel sei.

Indessen kann dem nicht gefolgt werden. Zum einen steht diese Rechtsmittelvorschrift unter dem ausdrücklichen Vorbehalt, dass „durch Gesetz nichts anderes bestimmt ist." Zum anderen enthält das FamFG zu den Familienstreitsachen keine verfahrensrechtlichen Vorgaben zur **Erledigung der Hauptsache** und **Antragsrücknahme.** Deshalb ist, dem Vorbehalt in § 58 I FamFG entsprechend, gemäß § 113 I 2 FamFG auf die zivilprozessualen Vorschriften in §§ 91a, 98 ZPO und § 269 ZPO abzustellen, die den weiteren Verfahrensgang für diese erledigenden Ereignisse regeln und sowohl in § 91a II ZPO als auch § 269 V 1 ZPO die **sofortigen Beschwerde** (§§ 567–572 ZPO) als das statthafte Rechtsmittel vorgeben,[206] und zwar sowohl für die Unterhaltssachen als auch die weiteren Familienstreitsachen.[207] Dem Rückgriff auf die zivilprozessualen Vorschriften steht entgegen einer ebenfalls vertretenen Meinung[208] auch die kostenrechtliche Sonderregelungen für Unterhaltssachen in § 243 FamFG nicht entgegen, weil es sich hierbei nur um eine den **Maßstab der Kostenverteilung**[209] bestimmende Vorschrift handelt (vgl. dazu näher vorstehend → Rn. 80). Dass der Gesetzgeber mit der Bezugnahme in § 113 I 2 FamFG auf die zivilprozessualen Vorschriften zur Anfechtung von Kostenentscheidungen in Unterhaltssachen das bis zum Inkrafttreten des FamFG statthafte Rechtsmittel der sofortigen Beschwerde für das geltende Recht übernommen wissen will, unterstreichen die fortgeschriebenen **Gebührentatbestände** des FamGKG, die unter Nr. 1910 KV (früher: Nr. 1810 KV GKG)[210] im Abschnitt „Sonstige Beschwerden" für das Verfahren über die sofortige Beschwerde gemäß §§ 91a II, 99 II und 269 V ZPO, die derzeit nur relevant sind für Ehesachen und Familienstreitsachen,[211] eine Verfahrensgebühr in Höhe von 75,00 EUR festlegen. Die Verweisung auf die sofortige Beschwerde erfasst die Bestimmungen in §§ 567–572 ZPO vollständig,[212] weshalb ua der Wert des Beschwerdegegenstandes 200 EUR (§ 567 II ZPO) übersteigen muss,[213] nicht aber den in Höhe von 600 EUR, wie

---

[201] Johannsen/Henrich/Maier FamFG § 243 Rn. 11; Hüßtege in Thomas/Putzo FamFG § 243 Rn. 11.
[202] BGH FamRZ 2011, 1933 Rn. 2 und 3.
[203] BT-Drs. 16/6308, 195.
[204] Keidel/Giers (16. Auflage) FamFG § 243 Rn. 11.
[205] OLG Oldenburg FamRZ 2010, 1831; OLG Brandenburg FamRZ 2010, 1464.
[206] Keidel/Meyer-Holz FamFG § 58 Rn. 97; Hüßtege in Thomas/Putzo FamFG § 243 Rn. 11; Hoppenz/Herr FamFG § 243 Rn. 6.
[207] OLG Nürnberg FamRZ 2010, 1837; OLG Frankfurt FamRZ 2010, 1696.
[208] OLG Oldenburg FamRZ 2010, 1693.
[209] BGH FamRZ 2011, 1933 Rn. 23.
[210] BT-Drs. 16/6308, 315.
[211] Schneider/Wolf/Volpert, Familiengerichtskostengesetz, S. 823 Rn. 2.
[212] Keidel/Meyer-Holz FamFG § 58 Rn. 97.
[213] Hoppenz/Herr FamFG § 243 Rn. 6.

§ 61 I FamFG ihn für die Beschwerde nach § 58 I FamFG vorgibt.[214] Allerdings muss der Streitwert der Hauptsache (§§ 91a II 2, 269 V 1 ZPO) erreicht sein. Im Zusammenhang mit dem Gesetz zur Modernisierung von Verfahren im anwaltlichen und notariellen Berufsrecht hat der Gesetzgeber einzelne Regelungslücken im FamFG geschlossen oder Gesetzesbestimmungen durch Neuformulierungen klargestellt, dabei aber bei der Anfechtung von Kostenentscheidungen in Familienstreitsachen erklärtermaßen keinen Handlungsbedarf gesehen, weil, wie vorstehend ausgeführt, durch die **Subsidiaritätsklausel** in § 58 FamFG schon ein Verweis auf das Rechtsmittel der **sofortigen Beschwerde** (§§ 569–572 ZPO) bestehe, so dass für ein auf § 58 FamFG gestütztes Rechtsmittel kein Raum sei.[215] Auf der Grundlage einer „Gesamtschau der weiteren Auslegungskriterien" stellt auch der BGH[216] für die Anfechtung einer isolierten Kostenentscheidung in Ehesachen und den Familienstreitsachen auf das Rechtsmittel der sofortigen Beschwerde ab.

Handelt es sich, wie bei § 243 S. 1 FamFG, um eine nach billigem Ermessen zu treffende Kostenentscheidung, ermöglicht die sofortige Beschwerde lediglich eine Überprüfung daraufhin, ob es erstinstanzlich zu einem Ermessensfehlgebrauch oder einer Ermessensüberschreitung gekommen ist. Das Rechtsmittel eröffnet dem Beschwerdegericht keine eigene Ermessensentscheidung.[217]

e) Die Wertfestsetzung. Die für die **Kostenentscheidung** in Unterhaltssachen, soweit sie Familienstreitsachen und wiederkehrende Leistungen gerichtet sind, maßgebende **Wertfestsetzung** erfolgt nach den Bestimmungen in § 51 I und II FamGKG. Danach bemisst sich der Wert für die streitigen Unterhaltsverfahren (§§ 231 I, 112 Nr. 1 FamFG) nach den ersten zwölf Monaten folgend auf die Einreichung des Leistungsantrags, begrenzt allerdings durch den Gesamtbetrag der geforderten Leistung. 82

Der Verfahrenswert ist nach dem vom Antragsteller **tatsächlich** begehrten **Zahlbetrag** zu berechnen, wie er sich aus dem Antrag ergibt. Ohne Einfluss bleibt, ob die Beteiligten nur zur Höhe streiten.[218] Dabei werden „**Leermonate**" durch nachfolgende Monate ersetzt.[219] Antragserweiterungen – auch außerhalb der Jahresfrist – erhöhen den Streitwert.[220] Die Gegenmeinung[221] führt je nachdem, ob der Leistungsantrag sofort in voller Höhe geltend gemacht wird oder erst im Laufe des Verfahrens durch Antragserweiterungen diesen Betrag erreicht, zu unterschiedlichen Bewertungen, für die eine gesetzliche Rechtfertigung fehlt. Ist für denselben Zeitraum der Unterhalt durch **einstweilige Anordnung** tituliert, führt dies nicht zu einer Minderung des Hauptsachestreitwerts.[222] Wird eine **Abfindung** geltend gemacht, bleibt der Jahresbetrag maßgebend.[223] Der Wert für einen **Sonderbedarf** richtet sich nach § 35 FamGKG. Maßgebend ist der Wert des geforderten Betrages. Dies hat entgegen OLG Hamburg[224] auch zu gelten für Anträge auf **Rückzahlung** geleisteten Unterhalts. Wird das Unterhaltsbegehren nach den §§ 1612a–1612c BGB verfolgt, bestimmt sich der Streitwert auf der Grundlage des nach Abzug des anteiligen Kindergeldes noch verbleibenden Zahlbetrags.[225] Das Aufrücken in die nächst **höhere Altersgruppe** nach Einreichung des Antrags wirkt sich nicht werterhöhend aus (§ 51 I 2 FamGKG). 82a

Als **verfahrenswertrelevante Rückstände** sind die bei Einreichung des Leistungsantrags fälligen Beträge dem Wert hinzuzurechnen (§ 51 II 1 FamGKG).[226] Da die Unterhaltsrente monatlich im Voraus (§ 1612 III BGB) zu zahlen ist, handelt es sich bei dem 82b

---

[214] So aber Schneider/Wolf/Volpert, S. 824.
[215] BT-Drs. 16/12717, 60.
[216] BGH FamRZ 2011, 1933 Rn. 13 und 14.
[217] OLG Hamm 2016, 1483, 1484.
[218] OLG Celle FamRZ 2003, 1683.
[219] OLG Celle FamRZ 2003, 1683; OLG Hamburg FamRZ 2003, 1198.
[220] OLG Stuttgart FamRZ 2017, 547 (548); OLG Karlsruhe FamRZ 2017, 57 (58).
[221] OLG Koblenz FamRZ 2017, 1079; OLG Celle FamRZ 2014, 1810 (1811).
[222] OLG Karlsruhe FamRZ 1999, 606.
[223] OLG Jena FamRZ 1999, 1680.
[224] OLG Hamburg FamRZ 1998, 311 (ergangen noch zu § 17 GKG aF).
[225] OLG München FamRZ 2005, 1766.
[226] OLG Köln FamRZ 2001, 779.

Unterhaltsbetrag im Monat der Antragseinreichung (Anhängigkeit) bereits um wertrelevanten Rückstand. Mit einer Antragserweiterung werden die Unterhaltsbeträge aus dem Zeitraum zwischen Einreichung des Antrags und der Erweiterung nicht zu streitwertrelevanten Rückständen im Sinne dieser Vorschrift.[227] Zeitlicher Beginn für einen Leistungsantrag auf nachehelichen Unterhalt ist der Tag der Rechtskraft der Ehescheidung.[228] Wird der Unterhalt im Rahmen des Verbundverfahrens verfolgt, fallen keine Rückstände an.

82c   Die zeitliche Festlegung auf die **Einreichung des Antrags** ist für das Rechtsmittelverfahren mit Berechungsschwierigkeiten verbunden, die sich typischerweise mit der durch die erstinstanzliche Endentscheidung veränderten Verfahrenssituation einstellen. Greift zB der Antragsgegner seine erstinstanzliche Verpflichtung erst für den Unterhaltszeitraum ab dem 13. Monat an und zudem nur mit einem Spitzenbetrag, bliebe es bei einem Festhalten am Wortlaut des § 51 I FamGKG gleichwohl beim erstinstanzlichen Streitwert. Der BGH[229] zieht deshalb für das **Rechtsmittelverfahren** die Vorschrift lediglich **sinngemäß** heran. Maßgebend für den laufenden Unterhalt sind danach die ersten zwölf Monate des noch streitgegenständlichen Unterhaltszeitraums, wobei als Korrektiv § 40 II FamGKG (§ 47 II GKG aF) zu beachten ist, wonach der Streitwert des Rechtsmittelverfahrens, soweit der Streitgegenstand nicht erweitert worden ist, durch den Streitwert der ersten Instanz begrenzt wird. Aber auch mit dieser Lesart sind Ungereimtheiten verbunden, die aus der Anknüpfung an die ersten zwölf Monate resultieren und Streitwertmanipulationen zugänglich bleiben. Wenn lediglich die Dauer der **Befristung** eines Unterhaltsanspruchs im Streit ist, richtet sich der Streitwert des Beschwerdeverfahrens nach dem für die ersten zwölf **streitigen Monate** geforderten Betrag,[230] begrenzt allerdings durch den Wert des Verfahrensgegenstands des ersten Rechtszugs (§ 40 II FamGKG).

Gemäß § 39 II FamGKG ist bei **wechselseitigen Rechtsmitteln,** sofern sie denselben Verfahrensgegenstand betreffen, nur der Wert des höheren Anspruchs wertbestimmend. Beantragt etwa der Beschwerdeführer die Abweisung des Leistungsantrags während der Gegner mit der Anschlussbeschwerde eine Verlängerung oder den Wegfall der **Befristung** verlangt, betreffen die Ansprüche denselben Gegenstand im Sinne von § 39 II, I 1 und 3 FamGKG, mit der Folge, dass der Streitwert sich nur nach dem **höheren Wert** richtet.[231] Streiten die Beteiligten über nachehelichen Unterhalt, führt die Vereinbarung über einen **Verzicht** auf **zukünftigen Unterhalt** nicht zu einer Werterhöhung, sofern der Streitwert für das Verfahren bereits den 12-fachen Monatsbetrag erfasst.[232]

83   f) **Die Anordnung der sofortigen Wirksamkeit (§ 116 III 2 und 3 FamFG).** Im Unterschied zu Endurteilen, aus denen gemäß § 704 ZPO die Zwangsvollstreckung stattfindet, sofern sie rechtskräftig oder für vorläufig vollstreckbar erklärt worden sind, worüber der Urteilstenor nach Maßgabe der §§ 708–713 ZPO Regelungen zu enthalten hat, bestimmt § 120 II 1 FamFG, dass Endentscheidungen (§ 38 I FamFG) mit **Wirksamwerden** vollstreckbar sind. In Unterhaltssachen wie in den weiteren Familienstreitsachen tritt die Wirksamkeit erst mit der **Rechtskraft** ein (§ 116 III 1 FamFG). Dies ist der Fall, wenn die Beteiligten entweder umfassend auf Rechtsmittel verzichten, die Rechtsmittelfristen abgelaufen sind oder die Beteiligten die Rechtsmittel ausgeschöpft haben. Allerdings bedarf es eines Zuwartens mit der Zwangsvollstreckung bis zur Rechtskraft der Endentscheidung nicht, wenn das Gericht die **sofortige Wirksamkeit** anordnet (§ 116 III 2 FamFG). Bei dieser Prüfung hat das Gericht im Rahmen der **Ermessensprüfung** das Interesse des Gläubigers an der Erlangung der Leistung und das Schutzinteresse des Schuldners gegeneinander abzuwägen.[233] Soweit die Endentscheidung eine Verpflichtung zur Leistung von Unterhalt ausspricht, „soll" das Gericht die sofortige Wirksamkeit anordnen (§ 116 III 3

---

[227] OLG Stuttgart FamRZ 2017, 547 (548); OLG Karlsruhe FamRZ 2017, 57 (58).
[228] OLG Köln FamRZ 2002, 326.
[229] BGH FamRZ 2003, 1274.
[230] OLG Stuttgart FamRZ 2005, 1205.
[231] OLG Oldenburg FamRZ 2009, 73.
[232] OLG Stuttgart MDR 2013, 1104.
[233] BT-Drs. 16/6308, 412.

2. Abschnitt: Die Schaffung und Abänderung von Unterhaltstiteln § 10

FamFG). Hier steht die Bedeutung des Unterhalts im Regelfall für die Sicherung des Lebensbedarfs auf Seiten des Unterhaltsberechtigten im Vordergrund. Konsequenterweise erscheint nach der gesetzgeberischen Zielsetzung eine solche Entscheidung nicht geboten, wenn und soweit es sich um länger zurückliegende Unterhaltszeiträume oder um übergegangene Ansprüche (§§ 33 II 4 SGB II, 94 IV 2 SGB XII, 7 IV 1 UVG) handelt.[234]

Mit der Befugnis des Gerichts, durch eine Anordnung der sofortigen Wirksamkeit die Vollstreckung aus einer Endentscheidung schon vor Rechtskraft zu ermöglichen, scheidet das **Rechtsinstitut der vorläufigen Vollstreckbarkeit** (§§ 708–713 ZPO) aus dem Anwendungsbereich der Familienstreitsachen aus.[235] An seine Stelle ist abschließend das durch § 116 III FamFG und § 120 II 2 und 3 FamFG gebildete Regelwerk getreten.[236] Weder kann die Anordnung von einer Sicherheitsleistung abhängig gemacht werden (§ 709 S. 2 ZPO), noch kann dem Antragsgegner eine Abwendungsbefugnis durch Sicherheitsleistung eingeräumt werden (§ 711 ZPO).[237] Im Rahmen des § 116 III 2 und 3 FamFG hat der Gesetzgeber danach der Position des jeweiligen Antragstellers (Gläubigers) und Unterhaltsberechtigten gegenüber der des Antragsgegners (Schuldners) und Unterhaltspflichtigen den Vorrang eingeräumt. Abgestufte Regelungsinstrumente durch Heranziehung von Sicherheitsleistungen bestehen nicht.[238] Die Frage, ob und in welchem Umfang die weiteren Regelungen zur vorläufigen Vollstreckbarkeit gemäß §§ 714 bis 720 ZPO iVm § 120 I FamFG entsprechend heranzuziehen sind, ist dahin zu beantworten, dass dies nur in Betracht kommt, soweit die Regelungen den Vorgaben in § 120 II 2 und 3 FamFG nicht entgegenstehen.[239] So muss eine Vorabentscheidung über die angeordnete sofortige Wirksamkeit abweichend von § 718 ZPO von vornherein ausscheiden, weil es an einem entsprechenden Verweis in § 120 II FamFG fehlt, vielmehr nach dem Willen des Gesetzgebers davon auszugehen ist, dass das erstinstanzliche Gericht im Beziehungsgeflecht zwischen § 116 III FamFG und § 120 II 2 und 3 FamFG bereits von Amts wegen die notwendigen Ermessenserwägungen abschließend angestellt hat.

Eine **isolierte Anfechtung** der Entscheidung zur sofortigen Wirksamkeit ist unzulässig, weil das Gesetz einen Rechtsbehelf hierfür nicht vorsieht. Ist die von Amts wegen zu treffende **Entscheidung** allerdings **unterblieben,** kann der hierdurch beschwerte Beteiligte in erster Linie auf eine **Ergänzung** der Entscheidung hinwirken (§ 113 I 2 FamFG iVm § 321 ZPO).[240] Umstritten ist, ob eine Ergänzung auch noch im Rahmen eines ordentlichen Rechtsmittelverfahrens zur Hauptsache (§ 58 I FamFG) möglich ist. Nach OLG Bamberg[241] soll das Beschwerdegericht in diesem Fall gemäß § 64 III FamFG die Anordnung der sofortigen Wirksamkeit nachholen können. Hiergegen bestehen Bedenken, weil die Ratio des § 64 III FamFG dem Ziel dient, irreversible Veränderungen bis zur Entscheidung des Beschwerdegerichts zu verhindern, nicht aber die Vollstreckung der erstinstanzlichen Entscheidung zu beschleunigen. Nach a. A. soll eine entsprechende Anwendung von § 120 I FamFG iVm § 718 ZPO die nachträgliche Anordnung der Wirksamkeit ermöglichen.[242] Dabei wird allerdings der grundlegende Unterschied zwischen der zivilprozessualen Vollstreckbarkeit, die zwingend mit dem Urteil auszusprechen ist, und der familiengerichtlichen Entscheidung zur sofortigen Wirksamkeit, die im Ermessen des Gerichts steht, vernachlässigt. Aus dem erstinstanzlichen Schweigen zur Wirksamkeit in der Beschlussformel kann danach nicht zwingend auf ein Unterbleiben der Ermessensausübung geschlossen werden. Überdies könnte das Beschwerdegericht mangels Kenntnis von den Erwägungen des erstinstanzlichen Gerichts nur ein eigenes Ermessen ausüben, das insoweit in § 116 III FamFG nicht vorgesehen ist. Der Unterhaltsberechtigte wird in einer

84

---

[234] BT-Drs. 16/6308, 224.
[235] BT-Drs. 16/6308, 224 und 412.
[236] BT-Drs. 16/6308, 412.
[237] OLG Düsseldorf FamRZ 2014, 870 (871).
[238] OLG Bremen FamRZ 2011, 322 (323).
[239] OLG Karlsruhe FamRZ 2014, 869.
[240] OLG Brandenburg FamRZ 2016, 161 (162).
[241] OLG Bamberg FamRZ 2013, 481 (482).
[242] KG FamRZ 2014, 1934.

§ 10   Verfahrensrecht

solchen Situation nicht rechtlos gestellt. Ihm bleibt die erstinstanzliche Korrekturmöglichkeit durch eine Ergänzungsentscheidung (§ 321 ZPO).[243] Dass er hierbei die Fristvorgaben in § 321 II ZPO zu beachten hat, erscheint in Ansehung anwaltlicher Vertretung zumutbar.

Wird in einer Unterhaltsstreitsache ein dem Unterhaltsbegehren stattgebender **Versäumnisbeschluss,** in dem die sofortige Wirksamkeit angeordnet worden ist, im Einspruchsverfahren aufgehoben, ist die weitere **Zwangsvollstreckung** aus dem Ausgangstitel, wenn der Aufhebungsbeschluss keine weiteren Anordnungen zur sofortigen Wirksamkeit enthält, ohne weiteres einzustellen. Die Anordnung nach § 116 III 2 und 3 FamFG soll die Zwangsvollstreckung einer noch nicht rechtskräftigen Entscheidung ermöglichen (§§ 116 III 1, 120 II 1 FamFG). Sie hat im Übrigen nicht die Funktion, eine vollstreckbare Entscheidung im Sinne von § 775 Nr. 1 ZPO herbeizuführen, so dass allein schon die Aufhebung der Anordnung die weitere Zwangsvollstreckung hindert.[244] Zu eben demselben Ergebnis führt eine Entscheidung, mit dem das Gericht die Ausgangsentscheidung aufrechterhält, ohne dabei die sofortige Wirksamkeit der Zweitentscheidung anzuordnen.[245]

85   g) **Der Vollstreckungsschutz (§ 120 II 2 und 3 FamFG).** Dem in Anspruch genommenen Unterhaltspflichtigen verbleibt gegenüber der Anordnung nach § 116 III 2 FamFG allein die Berufung auf die **Schuldnerschutzklausel** des § 120 II 2 FamFG, wonach das Gericht auf seinen **Antrag** hin die Vollstreckung vor Eintritt der Rechtskraft der Endentscheidung einzustellen oder zu beschränken hat, wenn die Vollstreckung ihm nach dem glaubhaft gemachten Vorbringen (§ 294 ZPO) einen nicht zu ersetzenden Nachteil bringen würde. Auch im Rahmen der Schutzklausel fehlt es allerdings an flexiblen Regelungsinstrumenten. Neben der **Einstellung** der Zwangsvollstreckung kommt nur die **Beschränkung** zur Höhe des titulierten Unterhalts oder (selten) auf bestimmte Vollstreckungsmaßnahmen in Betracht. Die Möglichkeit der Anordnung von Sicherheitsleistungen sieht das Gesetz auch hier nicht vor.[246]

Bei der Beurteilung des **nicht zu ersetzenden Nachteils** geht der Gesetzgeber von der Vorschrift des § 62 I 2 ArbGG aus.[247] Allerdings enthalten auch die zivilprozessualen Vollstreckungsschutzvorschriften in §§ 707 I 2, 719 II ZPO vergleichbare Anknüpfungen. Sie sollen vermeiden, dass durch die Vollstreckung vor Eintritt der Rechtskraft ein **Schaden** entsteht, der auch im Fall des Erfolgs eines Rechtsmittels **nicht mehr rückgängig** zu machen ist.[248] Die hierzu ergangene familiengerichtliche Instanzrechtsprechung stellt allerdings den nicht zu ersetzenden Nachteil über den mit einer Vollstreckung absehbar verbundenen – nicht ausreichenden[249] – Verlust hinaus vielfach in den Zusammenhang mit **irreparablen Folgeschäden**[250] (Verlust der Existenzgrundlage).[251] Im Unterschied dazu hat der BGH[252] zuletzt zu § 719 II ZPO die Auffassung vertreten, ein nicht zu ersetzender Nachteil sei bereits dann gegeben, wenn der Gläubiger die auf Grund des Titels gezahlten, aber nicht geschuldeten Geldbeträge im Falle der Aufhebung oder Abänderung des Vollstreckungstitels voraussichtlich **wegen Mittellosigkeit** nicht zurückzahlen könne. Diese Sichtweise dürfte der Vorstellung des Gesetzgebers von der Verhinderung eines **unmittelbaren Vollstreckungsschadens** näherstehen. Sie unterstreicht die **besondere Schutzposition,** die dem Schuldner durch § 120 II FamFG zukommt, zumal hier im Unterschied zu § 719 II ZPO überwiegende Interessen des Gläubigers nicht ins Gewicht fallen. Überdies hindert diesen die Einstellung der Zwangsvollstreckung ohne Sicherheitsleistung bis

---

[243] OLG Brandenburg FamRZ 2016, 161 (162).
[244] BGH FamRZ 2013, 1731 Rn. 17.
[245] BGH FamRZ 2013, 1731 Rn. 19 und 23.
[246] Hoppenz/Walter FamFG § 120 Rn. 6.
[247] BT-Drs. 16/6308, 226.
[248] BT-Drs. 16/6308, 226.
[249] OLG Hamm 1997, 1489.
[250] OLG Hamm FamRZ 2000, 363.
[251] OLG Rostock FamRZ 2004, 127 (128).
[252] BGH NJW-RR 2007, 1138.

zur Rechtskraft an jeglicher Zwangsvollstreckung und setzt ihn folglich gegenüber Gläubigern zurück, die in einem Zivilprozess titulierte Ansprüche im Regelungswerk der vorläufigen Vollstreckbarkeit (§§ 708 ff. ZPO) mit dem abgestuften Einsatz von Sicherheitsleistungen durchsetzen und damit nicht dem „entweder für den Unterhaltsberechtigten" (§ 116 III 2 und 3 FamFG) „oder für den Unterhaltspflichtigen" (§ 120 II FamFG) ausgesetzt sind.

Sieht man den nicht zu ersetzenden Nachteil im Sinne von § 120 II FamFG bei der erstmaligen Titulierung des Unterhalts bereits dann als bevorstehend an, wenn eine Rückzahlung wegen voraussichtlicher **Mittellosigkeit** nicht oder zumindest auf **absehbare Zeit**[253] nicht zu erwarten ist,[254] dürften die Voraussetzungen in den weit überwiegenden Fällen der unterhaltsrechtlichen Streitigkeiten erfüllt sein, insbesondere in denen der Geltendmachung von **Kindesunterhalt,** wobei der Unterhaltspflichtige sich allerdings nicht auf formelhafte Ausführung zu den unmittelbar drohenden Vollstreckungsschäden beschränken darf. Dasselbe Gericht, das eine Unterhaltsverpflichtung in der erkannten Höhe für gerechtfertigt hält und durch die Anordnung der sofortigen Wirksamkeit (§ 116 III 3 FamFG) die Position des Unterhaltsberechtigten stärken soll, müsste in diesem Fall auf Antrag des Unterhaltspflichtigen unter Zugrundelegung des unveränderten Sachverhalts die Zwangsvollstreckung gemäß § 120 II 2 FamFG der Schuldnerschutzklausel folgend bis zur Rechtskraft wieder einstellen. Da das Gericht allerdings bereits im Rahmen seiner Ermessensausübung nach § 116 III 3 FamFG die beiderseitigen Belange gegeneinander abzuwägen hat, wird es unter diesen Umständen von vornherein eher von einer Anordnung der sofortigen Wirksamkeit absehen. Allerdings führen Erfahrungen in der Rechtspraxis eher zu der Erkenntnis, dass erstinstanzliche Gerichte vielfach uneingeschränkt die sofortige Wirksamkeit bei Endentscheidungen in den Unterhaltsstreitsachen anordnen, ohne danach zu differenzieren, ob es sich um laufenden Unterhalt, höhere Unterhaltsrückstände oder gar um Forderungen aus übergegangenem Recht handelt. Hier erscheint die anwaltliche Vertretung des Unterhaltspflichtigen in der mündlichen Verhandlung und im Vorfeld der Endentscheidungen in besonderer Weise gefordert.

Zur Vermeidung einer „Blockade" im ordentlichen Streitverfahren, zu der es nicht zuletzt auch erst im Rechtsmittelverfahren kommen kann (vgl. → Rn. 87), wird der anwaltlich beratene Unterhaltsberechtigte seine Interessen vorrangig im **einstweiligen Anordnungsverfahren** verfolgen, in dem es wegen des Ausschlusses eines Rechtsmittelverfahrens (§ 57 S. 1 FamFG) weder einer Anordnung der sofortigen Wirksamkeit bedarf, noch Raum ist für einen auf die Schutzklausel gestützten Einstellungsantrag. Zudem setzt er sich hierbei auch nicht (§ 119 I 2 FamFG, § 945 ZPO) der Gefahr der Schadensersatzverpflichtung (§ 120 I FamFG iVm § 717 II ZPO) aus, wenn der Vollstreckungstitel später aufgehoben oder zumindest zu seinem Nachteil abgeändert werden sollte. Es ist zu bezweifeln, dass auf diesem Wege in Unterhaltssachen das Spannungsverhältnis zwischen Gläubiger- und Schuldnerinteressen in den §§ 116 III, 120 II FamFG ein flexibel handhabbares Regelungsinstrument gefunden hat. Vor diesem Hintergrund wird jedenfalls für die Vollstreckbarkeit von Endentscheidungen in Unterhaltssachen zum Teil an der instanzgerichtlichen Rechtsprechung weiterhin festgehalten, wonach der Unterhaltspflichtige den Verlust durch nicht rückholbare Überzahlungen als mehr oder weniger typische Vollstreckungsfolge hinzunehmen hat.[255]

Über die Anordnung der sofortigen Wirksamkeit entscheidet das Gericht **von Amts wegen.** Eines Antrags bedarf es nicht. Die Entscheidung ist Bestandteil der Beschlussformel. Auf den Vollstreckungsschutz bis zur Rechtskraft der Endentscheidung kann sich der Unterhaltspflichtige nur mit einem **Antrag** und einem glaubhaft zu machenden Vorbringen berufen. Da das Gericht in der Regel (§ 128 ZPO) nach dem Ergebnis einer **mündlichen Verhandlung** entscheidet, muss der Antrag vor Schluss der Verhandlung gestellt werden. Er kann nicht nachgeholt werden (§ 113 I 2 FamFG iVm § 296a ZPO). Die Entscheidung über den Einstellungsantrag findet ebenfalls Eingang in den Beschluss-

---

[253] OLG Stuttgart FamRZ 2014, 868 (869).
[254] OLG Düsseldorf FamRZ 2014, 870 (871); OLG Bremen FamRZ 2011, 322 (323).
[255] OLG Brandenburg FamRZ 2014, 866 (867); OLG Hamm FamRZ 2012, 730.

§ 10　　　　　　　　　　　　　　　　　　　　　　　　　　　　　Verfahrensrecht

tenor. Hat das Gericht über einen rechtzeitig gestellten Antrag nicht entschieden, kann der Unterhaltspflichtige (§ 120 I FamFG iVm § 716 ZPO) Ergänzung des Beschlusses verlangen.

Hat der Unterhaltspflichtige verabsäumt, erstinstanzlich einen Vollstreckungsschutzantrag zu stellen oder hat das Gericht den Antrag abschlägig beschieden, ist der insoweit beschwerte Beteiligte nicht gehindert, im Rahmen eines ordentlichen **Rechtsmittelverfahrens** zur Hauptsache einen – ggfls. erneuten – Antrag nach § 120 II 2 FamFG zu stellen, über den das Beschwerdegericht auch unter Berücksichtigung der Erfolgsaussichten[256] des Rechtsmittels und der Nachteilsabwägungen sachlich zu entscheiden hat.[257] Der dem entgegenstehenden Ansicht,[258] einen Schutzantrag könne der Unterhaltspflichtige in der Beschwerdeinstanz nur dann stellen, wenn er diesen bereits erstinstanzlich erfolglos angebracht habe, kann nicht gefolgt werden. Schon aus dem Wortlaut der Vorschrift lassen sich keine Anhaltspunkte für eine entsprechende Einschränkung des Vollstreckungsschutzes gewinnen. Innerhalb des Unterhaltszeitraums bis zur Rechtskraft der Entscheidung hat „das Gericht" auf Antrag über den Vollstreckungsschutz zu entscheiden. Das schließt den Zeitraum des andauernden Beschwerdeverfahrens zweifelsfrei ein. Zudem müsste es auf Unverständnis stoßen, wenn in Abänderungs- Korrektur- und Vollstreckungsabwehrverfahren (§§ 238, 239, 240 FamFG, § 767 ZPO) das Beschwerdegericht im Rahmen seiner Zuständigkeit über erstmalig gestellte Vollstreckungsschutzanträge entscheiden muss (§ 242 FamFG, § 769 ZPO), dies aber in einem Verfahren der erstmaliger Titulierung des Unterhalts zu unterbleiben hätte. Die hiernach abzulehnende Ansicht kann sich auch nicht mit Erfolg auf die ständige Rechtsprechung des BGH[259] berufen, wonach eine Einstellung der Zwangsvollstreckung im Rechtsbeschwerdeverfahren von vornherein ausscheidet, wenn der Unterhaltspflichtige es unterlassen hat, in der Vorinstanz einen Vollstreckungsschutzantrag zu stellen. Denn dem liegt die Erwägung zugrunde, dass ein Vollstreckungsschutz in der Revisonsinstanz das letzte Mittel bleiben muss, mithin der Unterhaltspflichtige vorab alles unternommen haben muss, um der Notwendigkeit eines Schutzantrages erst in der Rechtsbeschwerdeinstanz vorzubeugen.

88　**h) Die Rechtsbehelfsbelehrung (§ 39 FamFG).** Die den Verfahrensgegenstand ganz oder auch nur teilweise erledigende Endentscheidung (§ 38 I 1 FamFG) bedarf in Unterhaltssachen wie in den weiteren Familienstreitsachen einer Rechtsbehelfsbelehrung. Sie ist Bestandteil der richterlichen Entscheidung und muss nach dem Aufbau der Entscheidung durch die Unterschrift des Richters gedeckt sein.[260] Der Verweis auf eine als Anlage beigefügte Belehrung genügt den Anforderungen nicht.[261] Inhaltlich muss sich die Rechtsbehelfsbelehrung verhalten über das statthafte Rechtsmittel sowie das Gericht, bei dem dieser Rechtsbehelf einzulegen ist, dessen Sitz und die einzuhaltende Form und Frist. Einer Belehrung über Form und Frist einer Rechtsmittelbegründung, die gemäß § 117 I FamFG in Ehe- und Familienstreitsachen besonderen formalen Anforderungen genügen muss, bedarf es indessen nicht.[262] Dies ist ferner anzunehmen für die Anschlussbeschwerde (§ 66 FamFG), weil es sich nicht um einen Rechtsbehelf handelt sondern um eine Antragstellung im Rahmen der Beschwerde der Gegenseite (vgl. → Rn. 591). Gleichwohl ist der Wortlaut der gesetzlichen Regelung unvollständig, weil in der Rechtsbehelfsbelehrung auch der Angabe des in Unterhaltssachen gemäß § 114 I FamFG bestehenden Anwaltszwangs bedarf.[263]

89　Die **unterbliebene** oder **fehlerhafte** Rechtsbehelfsbelehrung hindert den Lauf der Rechtsmittelfrist und im Anschluss daran den Eintritt der Rechtskraft der Endentscheidung

---

[256] OLG Hamm FamRZ 2011, 1317.
[257] OLG Düsseldorf FamRZ 2014, 870; OLG Rostock FamRZ 2011, 1679; OLG Bremen FamRZ 2011, 322.
[258] OLG Frankfurt FamRZ 2015, 1223; OLG Karlsruhe FamRZ 2014, 869.
[259] BGH FamRZ 2013, 1299 Rn. 5 mwN.
[260] OLG Oldenburg FamRZ 2012, 1080.
[261] OLG Oldenburg FamRZ 2012, 1080.
[262] BGH FamRZ 2011, 1389 Rn. 6.
[263] BGH FamRZ 2012, 1287 Rn. 7; 2010, 1425 Rn. 14.

nicht.²⁶⁴ Diesem Ergebnis kann der beschwerte Beteiligte allerdings mit einem Antrag auf **Wiedereinsetzung in den vorigen Stand** entgegentreten. In diesem Zusammenhang sind die Vorschrift in §§ 17, 18 FamFG, die in § 17 II FamFG ausdrücklich den Fall unterbliebener oder fehlerhafter Rechtsbehelfsbelehrung mit einer Unschuldsvermutung zugunsten des beschwerten Beteiligten regeln, nicht einschlägig. Maßgebend für das streitige Unterhaltsverfahren sind gemäß § 113 I 2, 117 V FamFG die Vorschriften der §§ 233–238 ZPO, die allerdings bis zum 31.12.2013 keine dem § 17 II FamFG vergleichbare Regelung enthielten. Teilweise wurde deshalb für Ehesachen und Familienstreitsachen eine systemkonforme Analogie gefordert.²⁶⁵ Mit Wirkung vom 1.1.2014 hat der Gesetzgeber durch eine Neufassung von § 233 ZPO die zivilprozessualen Vorschriften auch redaktionell an § 17 II FamFG angepasst.²⁶⁶ Aber auch diese Gleichbehandlung im Wortlaut bei den Anforderungen an das fehlende Verschulden für die Fristversäumung erhöht nicht die Aussichten für eine Wiedereinsetzung. Denn nach der Rechtsprechung des BGH²⁶⁷ muss das Fehlen oder die Fehlerhaftigkeit der Rechtsmittelbelehrung **kausal** für die **Fristversäumung** sein. Dies scheidet dann aus, wenn der Beteiligte so weitreichend über Rechtskenntnisse verfügt, dass er keiner Unterstützung durch eine Rechtsbehelfsbelehrung bedarf.²⁶⁸ Dies ist regelmäßig anzunehmen, wenn der Beteiligte im Verfahren anwaltlich vertreten ist.²⁶⁹ Dies hat ferner zu gelten für **Behörden,** die ein gerichtliches Verfahren im Rahmen der ihnen zugewiesenen Aufgaben führen (zB Jugendamt).²⁷⁰ Da es in einer Unterhaltssache zu einer den Verfahrensgegenstand erledigenden Endentscheidung (§ 38 I 1 FamFG) nach streitiger Verhandlung nur unter anwaltlicher oder behördlicher Mitwirkung kommen kann, dürften Unzuträglichkeiten in der Rechtsbehelfsbelehrung, selbst nach Mandatsniederlegung und bei verfahrenskonformer Zustellung der Entscheidung (§ 172 ZPO), keinen Anlass für eine Wiedereinsetzung in den vorigen Stand gegen die Fristversäumung bieten.

Allerdings kann im Einzelfall auch bei der anwaltlicher Vertretung ein Vertrauen in die Richtigkeit einer Rechtsbehelfsbelehrung gerechtfertigt erscheinen und zu einem die Wiedereinsetzung gebietenden unvermeidbaren oder jedenfalls verständlichen Rechtsirrtum führen.²⁷¹ Maßgebend ist aber auch hier die Kausalität. Die hat der BGH²⁷² für den Fall einer „offenkundig falschen" Rechtsbehelfsbelehrung, die deshalb – ausgehend von dem bei einem Rechtsanwalt vorauszusetzenden Kenntnisstand – nicht einmal den Anschein der Richtigkeit zu erwecken vermochte, verneint. Die Berufung auf einen nicht vermeidbaren Rechtsirrtum ist dem anwaltlich vertretenen Beteiligten, der sich auf Grund fehlerhafter Rechtsbehelfsbelehrung mit der Beschwerde (§ 58 FamFG) gegen einen Versäumnisbeschluss wendet und dadurch die Einspruchsfrist²⁷³ versäumt, versagt. Die bei einem Rechtsanwalt vorauszusetzende **verfahrensrechtliche Sachkunde** umfasst das Wissen um die an eine Rechtsmittelbegründung in Familienstreitsachen zu stellenden Fristanforderungen (§ 117 I FamFG), so dass bei entsprechend fehlerhafter Rechtsmittelbelehrung Wiedereinsetzung nicht gewährt werden kann.²⁷⁴

i) Rubrum und Tenor einer Endentscheidung in Unterhaltssachen (§ 231 I 90 **FamFG).**

Beispiel für Rubrum und Tenor einer erstinstanzlichen Endentscheidung über einen Leistungsantrag in Unterhaltssachen (§ 231 I FamFG):

---

²⁶⁴ BT-Drs. 16/6308, 183.
²⁶⁵ Keidel/Meyer-Holz FamFG § 39 Rn. 15.
²⁶⁶ BGBl. I 2012 S. 2418.
²⁶⁷ BGH FamRZ 2010, 1425 Rn. 11 mwN.
²⁶⁸ BT-Drs. 16/6308, 183.
²⁶⁹ BGH FamRZ 2013, 779 Rn. 7; 2012, 1287 Rn. 8; 2010, 1425 Rn. 11.
²⁷⁰ BGH FamRZ 2013, 779 Rn. 8.
²⁷¹ BGH FamRZ 2018, 699 Rn. 7; 2014, 643 Rn. 20.
²⁷² BGH FamRZ 2012, 1287 Rn. 9.
²⁷³ BGH FamRZ 2014, 643 Rn. 21.
²⁷⁴ BGH FamRZ 2018, 699 Rn. 8.

§ 10 Verfahrensrecht

> Im Namen des Volkes
> Beschluss
> In der Familiensache
> .... Antragstellerin
> gegen
> .... Antragsgegner
> wegen Trennungsunterhalts
> hat das Amtsgericht – Familiengericht – ....
> auf die mündliche Verhandlung vom ....
> durch den Richter am Amtsgericht .... beschlossen:
> Der Antragsgegner wird verpflichtet, an die Antragstellerin beginnend ab dem ....
> einen monatlichen Trennungsunterhalt in Höhe von 700 EUR zu zahlen, und zwar im
> Voraus bis zum 3. eines jeden Monats. Im Übrigen wird der Antrag abgewiesen.
> Von den Kosten des Verfahrens tragen der Antragsgegner ²/₃ und die Antragstellerin ¹/₃
> (§ 243 FamFG).
> Die sofortige Wirksamkeit wird angeordnet, soweit der Antragsgegner verpflichtet ist, ab
> Juli .... Trennungsunterhalt zu zahlen (§ 116 III 3 FamFG).
> Der Antrag, die Zwangsvollstreckung vor Eintritt der Rechtskraft einzustellen, wird zurückgewiesen (§ 120 II 2 FamFG).

91 **j) Der Erlass der Endentscheidung.** Während das zivilprozessuale Endurteil (§ 300 ZPO) für den Erlass der **Verkündung** (§ 310 ZPO) bedarf, um einerseits die Bindungswirkung (§ 318 ZPO) für das Gericht und andererseits die Anfechtung (§ 517 ZPO) sowie die Vollstreckungsmöglichkeit für die Prozessparteien (§ 717 ZPO) verbindlich festzulegen, enthält das FamFG weder in den besonderen Bestimmungen für die Familiensachen noch in seinem Allgemeinen Teil über das Verfahren im ersten Rechtszug Regelungen über einen vergleichbaren Erlass von Endentscheidungen in Unterhaltssachen und weiteren Familienstreitsachen. Allerdings könnte § 38 III 3 FamFG, wonach das Datum der **Übergabe** des Beschlusses an die Geschäftsstelle **oder** der **Bekanntgabe** durch Verlesen der Beschlussformel (Erlass) auf dem Beschluss zu vermerken ist, vordergründig naheliegen, dass eine Verkündung der Endentscheidung nicht mehr zwingend erforderlich ist. Indessen steht diese Regelung ersichtlich im Kontext der Vorschriften über das Wirksamwerden (§ 40 FamFG) und die Bekanntgabe (§ 41 FamFG) von Entscheidungen in Familiensachen der freiwilligen Gerichtsbarkeit, die aber für die Unterhaltssachen in ihrer Eigenschaft als Familienstreitsachen keine Anwendung finden (§ 113 I 1 FamFG).[275] Auch der Gesetzgeber geht jedenfalls im Zuge der gesetzlichen Regelung in § 142 III FamFG in der Fassung des Gesetzes zur Struktur des Versorgungsausgleichs (VAStRefG) vom 3.4.2009[276] von einer Verlautbarung der Entscheidung in Ehesachen und Familienstreitsachen durch Verkündung aus. Maßgebend hierfür bleiben durch die Verweisung in § 113 I 2 FamFG danach die **zivilprozessualen Verkündungsvorschriften.** Insoweit erlaubt der pauschale Bezug allerdings unterschiedliche Sichtweisen. Teilweise wird auf die Verkündungsanforderungen für zivilprozessuale Beschlüsse (§ 329 I ZPO) abgestellt,[277] die allerdings durch die weitere nur eingeschränkte Bezugnahme auf Urteilsvorschriften (§ 329 I 2 ZPO) nur rudimentär angelegt sind und den Fall der Entscheidung im schriftlichen Verfahren (§ 128 II ZPO) zumindest im Wortlaut von § 329 I ZPO nicht erfassen. Vor diesem Hintergrund wird überwiegend entweder uneingeschränkt[278] oder zumindest ergänzend auch auf die bei der Urteilsverkündung (§§ 310–312 ZPO) bestehenden Verfahrensregeln zurückgegriffen.[279] Die Wirksamkeit der Verkündung hängt danach im Unterschied zu § 41 II 1

---

[275] Reichold in Thomas/Putzo FamFG § 40 Rn. 1; Keidel/Meyer-Holz FamFG § 41 Rn. 2; MüKoFamFG/Ulrici § 41 Rn. 4; Musielak/Borth FamFG § 41 Rn. 1.
[276] BGBl. I S. 700.
[277] Meyer-Seitz/Frantzioch/Ziegler, Die FGG-Reform: Das neue Verfahrensrecht 2009 S. 401 Fußnote 1.
[278] Musielak/Borth FamFG § 116 Rn. 3; Prütting/Helms FamFG § 116 Rn. 12.
[279] Hütter/Kodal FamRZ 2009, 917 (919).

FamFG nicht von der Anwesenheit der Beteiligten ab (§ 311 II 2 ZPO). In der Zwischenzeit hat sich der BGH der Sichtweise angeschlossen, dass Endentscheidungen in Ehesachen und Familienstreitsachen („urteilsersetzende Beschlüsse") gemäß § 113 I 2 FamFG iVm § 311 II ZPO gemäß den zivilprozessualen Vorschriften zu verkünden sind.[280]

Die nach dem Inkrafttreten des FamFG zunächst aufgeworfene Frage, ob die Endentscheidungen („urteilsersetzende Beschlüsse") in Ehesachen und Familienstreitsachen „**Im Namen des Volkes**" zu verkünden seien,[281] war mangels damit verbundener Beschwer von vornherein nur akademischer Natur.[282] Während die Rechtspraxis zunächst wohl überwiegend an dem Grundsatz festgehalten hat, dass die Vorschrift des § 311 I ZPO weiterhin dem Urteilseingang vorbehalten bleiben sollte, ist der BGH im Verlauf der gesetzlichen Neuregelung dazu übergegangen, die urteilsersetzenden Beschlüsse den zivilprozessualen Urteilen auch in der Form der Verkündung gleichzusetzen. Die entsprechende **Gleichstellung** der beiden **Entscheidungsformen** hat der Gesetzgeber schließlich durch eine Neufassung des § 173 I GVG mit Wirkung vom 1.1.2013 ausdrücklich sichergestellt.[283] Sie enthält zugleich die Klarstellung, dass die urteilsersetzenden Endentscheidungen in Ehesachen und Familienstreitsachen öffentlich zu verkünden sind, wozu es, da die mündliche Verhandlung in Familiensachen im Regelfall nicht öffentlich sind (§ 170 I GVG), der **Wiederherstellung der Öffentlichkeit** bedarf. Gemäß § 38 III 3 FamFG ist die Verkündung durch die Geschäftsstelle auf dem Beschluss zu dokumentieren. Sie erlangt Bedeutung für die Bestimmung der Beschwerdefrist (§ 63 III FamFG). Die den Verfahrensgegenstand teilweise oder ganz erledigende Endentscheidung ist von Amts wegen gemäß § 113 I 2 FamFG iVm § 317 ZPO[284] unter Beachtung der zivilprozessualen Zustellvorschriften (§§ 166 ff. ZPO)[285] zuzustellen. Kann die Zustellung an einen Beteiligten nicht bewirkt werden, beginnt die Beschwerdefrist spätestens mit Ablauf von fünf Monaten nach Erlass des Beschlusses, dh in Unterhaltssachen nach **Verkündung** der Endentscheidung.[286]

II. Die Unterhaltssachen im Verbundverfahren

1. Das Verbundverfahren

Das FamFG hält für das Verfahren in Familiensachen in bestimmten Konfliktsituationen, wie sie sich bei Scheidung einer Ehe erfahrungsgemäß abzeichnen, an dem Prinzip des Verbundverfahrens fest. Es soll vor **übereilten Entscheidungen** der Beteiligten, aber auch die Position des **wirtschaftlich schwächeren Ehegatten** schützen.[287] Damit sind auch unterhaltsrechtliche Konsequenzen einer Scheidung unmittelbar betroffen. Die maßgebenden Verfahrensvorschriften (§§ 133–150 FamFG) sind zwingender Natur und damit einer Disposition der Verfahrensbeteiligten entzogen.[288]

Gemäß § 137 I FamFG ist über Scheidung und Folgesachen zusammen zu verhandeln und zu entscheiden. Die in Betracht kommenden Folgesachen legt § 137 II FamFG abschließend fest.[289] Sie lassen sich dadurch von anderen Familiensachen unterscheiden, dass mit ihnen wegen des **Verhandlungs- und Entscheidungsverbundes** eine Endentscheidung **für den Fall der Scheidung** angestrebt werden muss. Das Verbundverfahren bleibt auf Scheidungssachen (§ 121 Nr. 1 FamFG) beschränkt. Das Aufhebungsverfahren

---

[280] BGH FamRZ 2012, 1287 Rn. 15.
[281] Kranz FamRZ 2010, 85 (86); Musielak/Borth FamFG § 116 Rn. 3.
[282] Götz NJW 2010, 887 (900).
[283] BGBl. I 2012 S. 2418.
[284] Prütting/Helms FamFG § 116 Rn. 14.
[285] Hoppenz/Walter FamFG § 113 Rn. 2.
[286] BGH FamRZ 2015, 839 Rn. 12; 2012, 106 Rn. 12.
[287] BT-Drs. 16/6308, 229.
[288] BGH FamRZ 1997, 687.
[289] BT-Drs. 16/6308, 230.

und weitere Ehesachen im Sinne von § 121 FamFG eröffnen keinen Verfahrensverbund.[290] Dies ist erst dann und nur insoweit möglich, wenn hilfsweise Scheidung begehrt wird oder der Antragsgegner einem Aufhebungsbegehren seinerseits mit einem Scheidungsbegehren entgegentritt (§ 126 FamFG).[291] In Lebenspartnerschaftssachen gelten die Vorschriften des Verbundverfahrens entsprechend (§ 270 I 1 FamFG), mithin auch die nachfolgenden Ausführungen.

Das Verbundverfahren ist ein **einheitliches Verfahren** im Sinne der **Übergangsvorschriften,** die in Art. 111 I FGG-RG besagen, dass die vor dem Inkrafttreten dieses Gesetzes geltenden Vorschriften über das Verfahrens in Familiensachen weiterhin anzuwenden sind in Verfahren, deren Einleitung vor dem Inkrafttreten beantragt war. Demgemäß ist das bis zum 31.8.2009 geltende Verfahrensrecht auch in Unterhaltsfolgesachen heranzuziehen, die erst ab dem 1.9.2009 anhängig gemacht worden sind, wenn ein beteiligter Ehegatte noch vor dem Inkrafttreten einen Scheidungsantrag anhängig gemacht hat. Allerdings kommt in den Fällen der **Aussetzung** (§ 614 ZPO aF) oder des **Ruhens des Verfahrens** (§ 251 ZPO) unter den Voraussetzungen von Art. 111 III FGG-RG eine Aufnahme des Verbundverfahrens nach den Vorschriften des FamFG in Betracht, das für bereits anhängig oder noch anhängig werdende Unterhaltsfolgesachen gleichermaßen gilt.

2. Die Unterhaltsfolgesachen

94 Der Kreis möglicher Folgesachen erfasst in § 137 II Nr. 2 FamFG auch Unterhaltssachen. Dies gilt zunächst für die **gesetzliche Unterhaltspflicht** gegenüber einem **gemeinsamen – minderjährigen – Kind** (§ 231 I Nr. 1 FamFG) mit Ausnahme des vereinfachten Verfahrens über den Unterhalt Minderjähriger (§§ 249–260 FamFG). Da eine Entscheidung aber erst für den Fall der Scheidung möglich ist, wird der Kindesunterhalt erfahrungsgemäß außerhalb des Verbundes vorab tituliert, zumal die Scheidung als solche den Bestand eines entsprechenden Unterhaltstitels unberührt lässt. Gleichwohl kommt eine den Kindesunterhalt betreffende Folgesache insbesondere dann in Betracht, wenn er in Zusammenhang mit der nachehelichen Titulierung von Unterhaltsansprüchen etwa des betreuenden Elternteils steht. Gerade deshalb kann er auch Veränderungen in den Bemessungsgrundlagen ausgesetzt sein. Bei einer solchen Sach- und Rechtslage besteht die Möglichkeit, im Rahmen der Folgesache **Abänderungsanträge** (§§ 238, 239 FamFG) zu verfolgen,[292] allerdings wiederum nur für den Fall der Scheidung, so dass laufender und rückständiger Unterhalt minderjähriger Kinder außerhalb des Verbundes geltend zu machen ist. Ist der Kindesunterhalt bei Einreichung des Scheidungsantrags bereits anderweitig rechtshängig, steht dies einer Geltendmachung des Kindesunterhalts als Folgesache entgegen (§ 261 III Nr. 1 ZPO). Anderes gilt nur dann, wenn die Rechtsverfolgung begrenzt ist auf einen Unterhaltszeitraum bis zur Rechtskraft der Scheidung. Einer nachträglichen Begrenzung ermöglicht nicht die weitere Rechtsverfolgung als Folgesache. Ihr fehlt das notwendige Rechtsschutzbedürfnis.[293] Vom Wortlaut der Vorschrift gedeckt und durch den Gesetzgeber gewollt ist die erstmalige Einbeziehung der Unterhaltssachen aus § 231 II FamFG in den Kreis möglicher Folgesachen.[294] Indessen dürfte die Regelungsproblematik, an welchen Berechtigten das Kindergeld ausgezahlt werden soll, nicht zu den wirklichkeitsnahen Fragestellungen erst bei und nur für den Fall der Scheidung der Kindeseltern gehören.

Eine weitere Unterhaltssache, die den Gegenstand einer Folgesache gemäß § 137 II Nr. 2 FamFG bilden kann, betrifft die **durch Ehe** begründete **gesetzliche Unterhaltspflicht** (§ 231 I Nr. 2 FamFG). Da nur die gemeint sein kann, die für den Fall der rechtskräftigen Scheidung besteht, scheiden Trennungsunterhaltsansprüche (§ 1361 BGB)

---

[290] BGH FamRZ 1989, 153.
[291] Keidel/Weber FamFG § 137 Rn. 4; MüKoFamFG/Heiter § 137 Rn. 16.
[292] BGH FamRZ 1996, 543 (544).
[293] Prütting/Helms FamFG § 137 Rn. 35.
[294] BT-Drs. 16/6308, 230.

2. Abschnitt: Die Schaffung und Abänderung von Unterhaltstiteln § 10

allerdings aus,[295] und zwar auch solche, die auf Zahlung von Vorsorgeunterhalt ab Rechtshängigkeit des Scheidungsverfahrens gerichtet sind (§ 1361 I 2 BGB).[296] Es bleiben als Verfahrensgegenstand etwaige nacheheliche gesetzliche Unterhaltsansprüche der Ehegatten (§§ 1569 ff. BGB). Eine isolierte Rechtsverfolgung dieser Ansprüche außerhalb eines anhängigen Scheidungsverfahrens ist unzulässig, weil das Entstehen der nachehelichen Unterhaltsberechtigung an die Rechtskraft der Scheidung geknüpft ist. Sie könnte überdies die mit dem Verbundverfahren verbundene besondere Schutzfunktion auch nicht ausfüllen.

Im Rahmen der Unterhaltsfolgesache muss die jeweilige **gesetzliche Unterhaltspflicht** 95 gegenüber Kindern und Ehegatten allerdings lediglich „betroffen" sein. Sie muss weder notwendig noch im gesamten Verfahrensstadium auf Zahlung einer Unterhaltsrente gerichtet sein. Deshalb kann Kindes- und Ehegattenunterhalt auch mit einem **Stufenantrag** (§ 254 ZPO) geltend gemacht werden, wobei erst auf der letzten Stufe die endgültige Regelung des jeweiligen Unterhaltsverhältnisses für den Fall der Scheidung angestrebt sein muss. Im Unterschied dazu können **vorbereitende Auskunftsansprüche** (§§ 1580, 1605 BGB), die nicht im Rahmen eines Stufenantrages geltend gemacht werden, nicht im Verbundverfahren verfolgt werden.[297] Etwas anderes gilt im Ausnahmefall dann, wenn der auf Unterhalt in Anspruch genommene Ehegatte „widerklagend" Auskunft von dem anderen Ehegatten begehrt, um dessen Unterhaltsbegehren entgegentreten zu können.[298] In diesem Fall wirkt sich die Auskunft auf die für den Fall der Scheidung zu regelnden Unterhaltsverhältnisse aus. Als Folgesache in Unterhaltssachen möglich ist ferner ein **negativer Feststellungsantrag,** um rechtskräftig feststellen zu lassen, dass ein nachehelicher Unterhaltsanspruch etwa wegen Verwirkung nicht besteht. Aussichtsreich erscheint der Antrag allerdings nur bei einem entsprechenden Feststellungsinteresse.[299] Denkbar als Unterhaltsfolgesache ist ein negativer Feststellungsantrag schließlich nach Erlass einer **einstweiligen Unterhaltsanordnung,** die gemäß § 56 I FamFG[300] über die Rechtskraft der Scheidung hinaus bis zum Wirksamwerden einer anderweitigen Regelung in Kraft bleibt.[301] Teilweise wird auch ein **Vollstreckungsabwehrantrag** (§ 767 ZPO) als Folgesache angesehen, sofern der zur Zahlung von Trennungsunterhalt verpflichtete Ehegatte begründetermaßen ein Fortsetzung der Vollstreckung auch nach Rechtskraft der Scheidung befürchten muss.[302]

3. Die Einleitung des Verbundes in Unterhaltsfolgesachen

Voraussetzung für die frühestmögliche Einleitung einer Unterhaltssache als Folgesache 96 im Verbundverfahren ist die **Anhängigkeit der Scheidungssache,**[303] die ein die Scheidung begehrender Ehegatte durch Einreichung einer entsprechenden Antragsschrift (§ 124 FamFG iVm § 253 ZPO) herbeiführt. Rechtshängigkeit ist nicht erforderlich. Die Einreichung eines darauf gerichteten Gesuchs um Bewilligung von **Verfahrenskostenhilfe** genügt nicht. Das Gesetz unterscheidet zwischen Folgesachen, die nur auf Antrag, in den Verbund mit der Scheidungssache treten **(Antragsverbund),** und solchen, für die kein Antrag notwendig ist **(Zwangsverbund).** Für die Unterhaltsfolgesachen bedarf es, wie im Umkehrschluss aus § 137 II 2 FamFG folgt, eines entsprechenden Antrags. Dieser ist allerdings nicht so zu verstehen, dass der Antragsteller in einer Unterhaltssache ausdrücklich die Herstellung des Verbundes mit der Scheidungssache beantragen müsste. Notwendig aber auch ausreichend ist die Einreichung einer den Anforderungen von § 113 I 2 FamFG iVm § 253 II ZPO genügenden **Antragsschrift,** die auf eine Unterhaltsregelung für den

---

[295] BGH FamRZ 1985, 578 (579).
[296] BGH FamRZ 1982, 781 (782).
[297] BGH FamRZ 1997, 811.
[298] OLG Zweibrücken FamRZ 1996, 749.
[299] Keidel/Weber FamFG § 137 Rn. 8b; Hoppenz/Walter FamFG § 113 Rn. 6.
[300] Prütting/Helms FamFG § 137 Rn. 31.
[301] BT-Drs. 16/6308, 202.
[302] MüKoFamFG/Heiter § 137 Rn. 78.
[303] Musielak/Borth FamFG § 137 Rn. 25.

Fall der Scheidung gerichtet ist und eine sie tragende Begründung enthält. Mit ihr werden die Unterhaltsfolgesache anhängig und der Antragsverbund hergestellt.

Auch wenn die Beteiligten im Vorfeld des Scheidungsverfahrens abschließende vertraglich Regelungen zu den Scheidungsfolgen getroffen haben, sind sie nicht gehindert, gleichwohl den Verbund durch Anträge zu den Folgesachen zu eröffnen. Haben sie etwa den Versorgungsausgleich **ausgeschlossen**, auf einen güterrechtlichen Ausgleich und auf nachehelichen Ehegattenunterhalt **verzichtet**, kann der hiervon nachteilig betroffene Beteiligte sich mit Anträgen zu den Folgesachen (§ 137 II FamFG) auf die Unwirksamkeit der getroffenen Regelungen berufen, und zwar auch dann, wenn er dabei nicht alle Folgesachen anhängig macht. Unter den Voraussetzungen von § 113 I 2 FamFG iVm § 256 II ZPO kann er sein Begehren zunächst mit einem **Zwischenfeststellungsantrag** verfolgen, um erst im Fall des Erfolgs den jeweiligen Verbund herzustellen.[304] Steht die im Rahmen des Verbundverfahrens angestrebte Unterhaltsregelung im Zusammenhang mit einem Verfahrenskostenhilfegesuch, hängen die jeweiligen Rechtsfolgen im Einzelfall von den erkennbar gewordenen Absichten des Antragstellers ab. Begehrt er für die „Durchführung" der Folgesache die nachgesuchte **Verfahrenskostenhilfe,** wird hinreichend klar, dass die Folgesache auch ohne vorrangige Entscheidung über das Gesuch anhängig werden und der Antragsverbund eintreten soll.[305] Dem gegenüber ist ein erkennbar allein auf die Bewilligung von Verfahrenskostenhilfe für eine Unterhaltssache gerichtetes Gesuch – die nicht unterzeichnete Antragsschrift ist als Entwurf beigefügt – nicht geeignet, den Verbund mit der Scheidungssache herzustellen.[306] Allerdings wird in Schrifttum[307] und Rechtsprechung[308] die Auffassung vertreten, dass bereits die Einreichung eines „reinen" Verfahrenskostenhilfegesuchs zumindest die Verbundfolgen (§ 137 II 1 FamFG) auslösen soll. Indessen hat diese Auffassung bereits den eindeutigen Wortlaut der Vorschrift gegen sich. Sie widerspricht überdies dem allgemeinen Verfahrensgrundsatz, wonach ein Gesuch um die Bewilligung von Verfahrenskostenhilfe für eine Hauptsache nicht die Anhängigkeit der Hauptsache selbst begründet. So hat der BGH etwa zu Art. 111 I FGG-RG entschieden, dass allein die Einreichung einer Antragsschrift zur Bewilligung von Verfahrenskostenhilfe eine Verfahrenseinleitung bezogen auf ein Hauptsacheverfahren noch nicht bewirkt, vielmehr lediglich der Vorbereitung eines beabsichtigten gerichtlichen Verfahrens dient.[309] Dass im Hinblick auf Funktion und Natur des Verbundverfahrens der dem zugrunde liegende Verfahrensgrundsatz einzuschränken wäre, lässt sich dem Gesetz nicht entnehmen. Im Übrigen besteht **Anwaltszwang** für die Scheidungssache und die Folgesachen (§ 114 I FamFG), nicht aber für das Verfahrenskostenhilfegesuch (§ 114 IV Nr. 5 FamFG). Dass der Beteiligte selbst abweichend von diesen Regelungen eine Folgesache sollte anhängig machen können, erscheint fernliegend. Will man außerhalb der Vorschrift des § 137 II FamFG die Belange des bedürftigen Beteiligten nach den Grundsätzen eines fairen Verfahrens wahren, führt die Behandlung eines entscheidungsreifen Verfahrenskostenhilfegesuchs für eine antragsgebunde Folgesache konsequenterweise, sofern im Übrigen „terminierte Entscheidungsreife" zur Hauptsache im Verbundverfahren besteht, zur Terminsaufhebung.[310]

97 Für die Rechtspraxis von erheblicher Bedeutung ist ferner die Frage, bis zu welchem Zeitpunkt der Antragsteller **spätestens** die Unterhaltsfolgesache **anhängig** gemacht haben muss, um eine nacheheliche Regelung von Unterhaltsverhältnisse im Verbundverfahren begehren zu können. Gemäß § 623 IV 1 ZPO aF konnte die Unterhaltssache als **Folgestreitsache** bis zum **Schluss der mündlichen Verhandlung** anhängig gemacht werden. Damit verbunden waren allerdings nicht selten Verfahrensabläufe, bei denen weniger der Zweck des Verbundprinzips (→ Rn. 93) im Vordergrund stand als das Bestreben der

---

[304] BGH FamRZ 2019, 953 Rn. 18; FamRZ 2005, 691.
[305] BGH FamRZ 1996, 1142 (1143).
[306] Keidel/Weber FamFG § 137 Rn. 16 mwN; MüKoFamFG/Heiter § 137 Rn. 37.
[307] Prütting/Helms FamFG § 137 Rn. 50.
[308] OLG Hamm FamRZ 2012, 655; OLG Oldenburg FamRZ 2012, 655 (656) mwN.
[309] BGH FamRZ 2012, 783 Rn. 19 und 21.
[310] BGH FamRZ 2012, 863 Rn. 22.

Beteiligten, mit spätmöglichsten Anträgen eine sich abzeichnende lange Verfahrensdauer für einseitig günstige Unterhaltsregulierungen fruchtbar zu machen. Nunmehr bestimmt § 137 II 1 FamFG, dass eine Unterhaltssache nur dann als Folgesache den Antragsverbund begründen kann, wenn sie **spätestens zwei Wochen vor** der **mündlichen Verhandlung** im ersten Rechtszug **anhängig** gemacht worden ist. Mit dieser Regelung will der Gesetzgeber sicherstellen, dass die Möglichkeit zur Anhängigmachung von Verbundsachen bereits vor dem Termin endet, und einem missbräuchlichen Einsatz von Scheidungsfolgesachen mit der Folge von Terminsverlegungen, Vertagungen und Terminsaufhebungen entgegenwirken.[311]

Teilweise wurde die gesetzliche Neuregelung vor diesem Hintergrund zunächst dahin verstanden, dass nach dem Verfahrensgrundsatz der **Einheit der mündlichen Verhandlung** für die gebotene Rückrechnung bereits von dem ersten Termin auszugehen sei, den das Gericht in der Scheidungssache anberaumt habe, Folgetermine mithin die Frist nicht neu eröffneten.[312] Andere Stimmen im Schrifttum halten gegen den Gesetzeswortlaut für die Fristberechnung am **Schluss der mündlichen Verhandlung** fest.[313] Wird allerdings die Intention des Gesetzgebers in den Vordergrund gestellt, wonach es allein darauf ankommen soll, Terminsverlegungen, Vertagungen und Terminsaufhebungen zu vermeiden, mithin einen geordneten Ablauf des Verbundverfahrens sicherzustellen, nicht aber dessen Beschleunigung, kann die Fristberechnung verständigerweise abstellen nur auf den Beginn der mündlichen Verhandlung, den das Gericht zur **abschließenden Verhandlung** in der **Scheidungssache** und den bis dahin schon entscheidungsreifen Folgesachen bestimmt hat.[314] Nach Auffassung des BGH[315] bietet die einschränkende Umschreibung der mündlichen Verhandlung „erster Instanz" deshalb auch hinreichend Anlass für die Anknüpfung der Fristberechnung an die Schlussverhandlung über das Scheidungsbegehren. Nicht zu übersehen ist dabei allerdings, dass dies dem mit der Fristsetzung verfolgten Ziel einer Vorbeugung von Verfahrensverzögerungen im Ergebnis wesentlich zuwiderläuft.

Schließlich muss bezweifelt werden, dass die Frist von zwei Wochen überhaupt ausreichend bemessen ist, um der Gefahr notwendiger Terminsverlegungen vorzubeugen. Allein der noch fristgerechte Eingang der Antragsschrift betreffend den nachehelichen Unterhalt bei Gericht führt zunächst dazu, dass die Antragsschrift dem Gegner zuzustellen ist (§ 113 I 2 FamFG iVm § 253 I ZPO) und diesem **rechtliches Gehör** vor dem Termin zu gewähren ist. Will man nach der hier allerdings nicht vertretenen Auffassung schon ein Verfahrenskostenhilfegesuch ausreichen lassen,[316] kann als sicher angenommen werden, dass innerhalb der Frist weder eine Bescheidung des Gesuchs noch eine zustellungsfähige Antragsschrift für die Folgesache für die Schlussverhandlung in der Scheidungssache und den Folgesachen vorliegen. Das Gericht wird einen sich so abzeichnenden „Durchlauftermin" nicht stattfinden lassen. Nicht anders ist die Situation, in der der jeweilige Antragsteller mit der Folgesache ein Verfahrenskostenhilfegesuch verbunden hat. Hier wird Klarheit über die Folgesache gegebenenfalls erst nach vorrangigem Abschluss eines Beschwerdeverfahrens zur Verfahrenskostenhilfe eintreten. Von der sich aufdrängenden Möglichkeit, einem verfahrensinadäquatem Verhalten der Beteiligten mit erweiterten Regelungen zur **Abtrennung** bei nachgeschobenen Folgesachen zu begegnen, hat der Gesetzgeber keinen Gebrauch gemacht.

Schließlich korrespondiert die **Ausschlussfrist** von zwei Wochen nicht mit der **Ladungsfrist** von einer Woche (§ 217 ZPO). Während nach der Vorgängerregelung in § 623 IV 1 ZPO aF eine Folgesache noch in der mündlichen Schlussverhandlung anhängig gemacht werden konnte, endet nach § 137 II FamFG die Möglichkeit für ein solches Vorgehen nunmehr bereits zwei Wochen vor der mündlichen Verhandlung. Dem Gesetz-

---

[311] BT-Drs. 16/6308, 374.
[312] Prütting/Helms (2. Auflage) FamFG § 137 Rn. 47.
[313] Schulte-Bunert/Weinreich/Roßmann FamFG § 137 Rn. 37.
[314] Musielak/Borth FamFG § 137 Rn. 30; Hoppenz/Walter FamFG § 137 Rn. 10; Johannsen/Henrich/Markwardt FamFG § 137 Rn. 14; OLG Hamm FamRZ 2010, 2091.
[315] BGH FamRZ 2012, 863 Rn. 34.
[316] OLG Oldenburg FamRZ 2012, 655 (656) mwN.

geber kam es durch die Einführung einer Fristvorgabe darauf an, Terminsverlegungen, Vertagungen und Terminsaufhebungen und einen damit einhergehenden Verfahrensmissbrauch zu vermeiden.[317] Allerdings besteht danach die Gefahr, dass im Fall kurzfristiger, aber nach § 217 ZPO an sich zulässiger Terminierung der mündlichen Verhandlung die Einhaltung der Zweiwochenfrist nicht mehr gegeben ist, um eine Folgesache anhängig machen zu können. Vor diesem Hintergrund ist zunächst die Auffassung vertreten worden, die Ladungsfrist müsse in Ansehung der Ladungs- und Einlassungsfristen (§§ 217, 274 III ZPO) bei der Terminierung entscheidungsreifer Sachen regelmäßig mit mindestens vier Wochen bemessen werden, um den Beteiligten die Gelegenheit zu geben, sich über das voraussichtliche Verfahrensende und die davor noch zu treffenden Dispositionen Klarheit zu verschaffen.[318]

Der BGH[319] ist dem in einer grundlegenden Entscheidung vom 21.3.2012 nicht gefolgt, da es hierfür an einer gesetzlichen Grundlage fehle und die Verdoppelung der Zweiwochenfrist die intendierte zeitliche Einschränkung für die Anhängigmachung einer antragsgebundenen Folgesache in ihr Gegenteil verkehre. Allein die Einhaltung der Frist des § 137 II 1 FamFG zwischen Zustellung der Ladung und dem Termin zur mündlichen Verhandlung genügt den gesetzlichen Anforderungen bei der Terminierung aber nicht, weil von dem Beteiligten in diesem Fall nicht erwartet werden kann, noch am Tage des Zugangs der Ladung die beabsichtigte Folgesache mit einer einzureichenden Antragsschrift anhängig zu machen. Dem durch die Terminsladung betroffenen Beteiligten muss vielmehr ein **Überlegungsfrist** bleiben, die der BGH in Anknüpfung an die bis zum 31.8.2009 bestehende Rechtslage mit einer Woche bemisst.[320] Sie entspricht der Ladungsfrist.[321] Zwischen Zustellung der Ladung und der mündlichen Verhandlung muss nach alledem ein **Zeitraum von drei Wochen** (21 Tage) liegen. Abzustellen ist auf die Zustellung an denjenigen Beteiligten, für den es auf die Einhaltung der Frist ankommt, oder an seinen Verfahrensbevollmächtigten. Die Einhaltung der Zweiwochenfrist nach § 137 II 1 FamFG hat im Wege der **Rückrechnung** ausgehend vom Termin zur mündlichen Verhandlung unter **entsprechender Anwendung** der allgemeinen Vorschriften, die auf die Rückrechnung von Fristen im Übrigen nicht zugeschnitten sind, zu erfolgen (§ 113 I 2 FamFG iVm § 222 ZPO und § 188 II BGB).

Ist zum **Beispiel** der Termin zur mündlichen Behandlung auf Donnerstag, den 28. August anberaumt, muss die Folgesache spätestens am Mittwoch, den 13. August eingegangen sein. Da die vorgelagerte Überlegungsfrist wie die Ladungsfrist rückzurechnen ist, muss die Ladung am Mittwoch, den 6. August zugestellt worden sein.[322] Zusätzlich zu diesen Vorgaben ist bei der Terminsbestimmung der Zeitbedarf zu berücksichtigen, der innerhalb des Gerichts durch den Geschäftsgang wie auch durch den Ablauf des Zustellverfahrens anfällt, so dass zwischen Terminsbestimmung und der mündlichen Schlussverhandlung, sofern die Anhängigmachung von antragsbezogenen Folgesachen nicht ausgeschlossen werden kann, ein Zeitraum von einem Monat liegen sollte.

Stellt sich nach der Terminsbestimmung heraus, dass die Überlegungsfrist und die Ausschlussfrist des § 137 II 1 FamFG nicht gewahrt sind, kann der jeweilige Beteiligte selbst im Termin noch eine Folgesache anhängig machen.[323] Alternativ steht ihm aber auch ein **Anspruch auf Terminsverlegung** zu,[324] den er allein mit dem Hinweis begründen muss, es sei noch nicht abschließend geklärt, ob eine Folgesache noch anhängig gemacht werden soll.

100   Der **Ausschluss** für die Geltendmachung von Unterhaltsansprüchen als Folgesachen hängt allein von der sich erst im Nachhinein ergebenden **Fristunterschreitung** ab. Über-

---

[317] BT-Drs. 16/6308, 374.
[318] Musielak/Borth, 2. Aufl. 2011, FamFG § 137 Rn. 31.
[319] BGH FamRZ 2012, 863 Rn. 21.
[320] BGH FamRZ 2012, 863 Rn. 23.
[321] BGH FamRZ 2013, 1300 Rn. 12.
[322] BGH FamRZ 2013, 1300 Rn. 11 und 12.
[323] BGH FamRZ 2013, 1300 Rn. 14.
[324] BGH FamRZ 2013, 1300 Rn. 14.

reicht der Antragsteller erst im Schlusstermin über die Verhandlung zur Scheidung und zu den entscheidungsreifen Folgesachen die Antragsschrift zum nachehelichen Unterhalt und führt die Verhandlung aus **anderen Gründen** nicht zur Endentscheidung, tritt Anhängigkeit der Folgesache zum nachehelichen Unterhalt ein, sobald das Gericht einen **weiteren Termin** bestimmt, der bezogen auf die Antragsschrift die Frist von zwei Wochen wahrt. Dies ist ferner der Fall, wenn auf die **Beschwerde** die Verbundentscheidung aufgehoben und an das Gericht erster Instanz zurückverwiesen worden ist (§ 117 II FamFG iVm § 538 II ZPO), bei einer **Neuterminierung**.[325] Auch kann der Antragsteller erstmalig in einem zurückverwiesenen Verfahren Folgesachen in Unterhaltssachen anhängig machen.[326] Maßgebend für den Ausschluss ist allein der Ablauf der zweiwöchigen Frist. Die Gründe für den Fristablauf sind ohne Bedeutung. Auf ein Verschulden der Ehegatten oder ihrer Verfahrensbevollmächtigten kommt es ebenfalls nicht an. Eine **Wiedereinsetzung in den vorigen Stand** scheitert daran, dass die Frist nicht zu den in § 233 ZPO aufgeführten Fristen zählt.[327] Die notwendige Fristwahrung des § 137 II 1 FamFG kann der Antragsteller in dieser Situation nur noch durch eine **Terminsverlegung** oder **Vertagung** erreichen (§ 227 ZPO),[328] was aber schon deshalb wenig Aussicht auf Erfolg verspricht, weil die Fristbestimmung gerade diese Verfahrensabläufe vermeiden soll.[329]

Gelingt es dem Antragsteller nicht, für die Unterhaltssachen den Verbund fristgemäß herzustellen, ist der für den Fall der Scheidung angekündigte **Antrag unzulässig,** weil eine entsprechende Rechtsverfolgung außerhalb des Verbundverfahrens nicht möglich ist. Allerdings ist bei der weiteren Behandlung der gescheiterten Folgesache zu unterscheiden. So kann der Antragsteller nach einem gebotenen Hinweis des Gerichts beim Kindesunterhalt den Scheidungsvorbehalt fallen lassen und die Unterhaltsansprüche, soweit sie nicht anderweitig bereits tituliert sind, mit einem Leistungsantrag in einem isolierten Verfahren nach **Abtrennung** (§ 145 ZPO) weiterverfolgen, Ein entsprechendes Vorgehen beim nachehelichen Ehegattenunterhalt scheidet wegen der Voraussetzung der Rechtskraft der Ehescheidung aus. Hier muss der Antragsteller bei Meidung der Abweisung als unzulässig den **Antrag zurücknehmen.** Die Abtrennung unterliegt keiner isolierten Anfechtung. Allerdings kommt eine Überprüfung im Zusammenhang mit einer Anfechtung des Scheidungsbeschlusses in Betracht.[330]

4. Verfahrensgrundsätze in Unterhaltsfolgesachen

Auch wenn der Verbund dadurch definiert wird, dass über die Scheidung und Folgesachen zusammen zu verhandeln und zu entscheiden ist **(Verhandlungs- und Entscheidungsverbund),** unterliegt er doch nicht einer für alle Entscheidungsbestandteile geltenden einheitlichen Verfahrensordnung. Vielmehr bleiben die einzelnen Folgesachen insoweit selbständig und folgen grundsätzlich ihren eigenen – auch außerhalb des Verbundes geltenden – Verfahrensregeln, soweit diese nicht durch besondere Regelungen des Verbundverfahrens (§§ 133–150 FamFG) verdrängt werden. Für die Unterhaltssachen als Familienstreitsachen (§ 231 I Nr. 1 und 2 FamFG) kann deshalb angeknüpft werden an die **Verfahrensgrundsätze,** soweit sie bei isolierter Verfolgung von Unterhaltsansprüchen Geltung beanspruchen (→ Rn. 53–55a) und im Wesentlichen auf einer entsprechenden Anwendung **zivilprozessualer Vorschriften** beruhen (§ 113 S. 2 FamFG). In der Scheidungssache ist auch der in der Geschäftsfähigkeit beschränkte Ehegatte verfahrensfähig (§ 125 I FamFG). Dies erstreckt sich allerdings nicht auf die Folgesachen, so dass es der Bestellung eines gesetzlichen Vertreters bedarf.[331] Wird der Antragsgegner auf Unterhalt in Anspruch

101

---

[325] OLG Brandenburg FamRZ 2016, 484; OLG Köln FamRZ 2015, 1128; OLG Düsseldorf FamRZ 2011, 298.
[326] Keidel/Weber FamFG § 137 Rn. 20.
[327] MüKoFamFG/Heiter § 137 Rn. 57.
[328] BGH FamRZ 2013, 1879 Rn. 19.
[329] BT-Drs. 16/6308, 374.
[330] OLG Bremen FamRZ 2011, 753.
[331] Keidel/Weber FamFG § 125 Rn. 3; Hoppenz/Walter FamFG § 125 Rn. 3.

genommen, ist ihm bis zum Eintritt des gesetzlichen Vertreters in der Folgesache ein **Verfahrenspfleger** zu bestellen (§ 113 I 2 FamFG iVm § 57 I ZPO).

102 Besonderheiten unterliegt das Verfahren in Unterhaltsfolgesachen allerdings dadurch, dass **allein die Ehegatten Verfahrensbeteiligte** sein können. Unterhaltsansprüche gemeinsamer minderjähriger Kinder kann ein Elternteil nur **im eigenen Namen** aufgrund einer gesetzlichen Verfahrensstandschaft (§ 1629 III 1 BGB) verfolgen, sofern sich das Kind – bei gemeinsamer elterlicher Sorge – in seiner Obhut befindet oder bei alleinigem Sorgerecht (→ Rn. 47–52). Lebt das minderjährige Kind in einem Obhutsverhältnis bei Dritten scheidet eine gerichtliche Rechtsverfolgung im Rahmen einer Folgesache aus. Zum Verhältnis zwischen Verfahrensstandschaft und Beistandschaft des Jugendamtes vgl. im Übrigen → Rn. 47. Erstrebt der jeweilige Elternteil, der sich weder auf ein Obhutsverhältnis noch auf eine ihm günstige Sorgeregelung berufen kann, im Rahmen des Verbundverfahrens die elterliche Sorge für ein gemeinsames Kind der Ehegatten, ist er ebenfalls an einer Verfolgung von Unterhaltsansprüchen des Kindes im Rahmen des Verbundes gehindert, weil die entsprechende Vertretungsbefugnis ihm erst ab Rechtskraft der Scheidung zustehen kann. Die Unterhaltsansprüche müssen hier in einem gesonderten Verfahren durch das Kind selbst, vertreten durch einen **Ergänzungspfleger**, verfolgt werden. Verlässt das minderjährige Kind das Obhutsverhältnis eines Elternteils oder wird während des Verfahrens die elterliche Sorge anderweitig geregelt, muss der Elternteil, da die Verfahrensstandschaft endet, die Hauptsache für erledigt erklären. Die Verfahrensstandschaft endet auch, wenn das Kind volljährig und damit selbst Beteiligter wird.[332] Greift dieser das Verfahren nicht auf, tritt insoweit Erledigung ein. Ohne Erledigung muss die Folgesache aus dem Verbundverfahren ausscheiden. Dem ist gemäß § 140 I FamFG zwingend durch Abtrennung Rechnung zu tragen. Die abgetrennte Folgesache bleibt auch danach Folgesache (§ 137 V FamFG). Sie verliert diesen Charakter allerdings, sobald das Kind – was sich aufdrängen dürfte – seine Unterhaltsansprüche ohne den Scheidungsvorbehalt weiterverfolgt.[333]

103 Das durch das Verbundprinzip vermittelte **Abhängigkeitsverhältnis** der Unterhaltsfolgesache von der Scheidungssache wirft die Frage nach dem Schicksal der Folgesache auf, wenn es nicht zu einer Endentscheidung mit einem Scheidungsausspruch kommt. In diesem Zusammenhang erstreckt § 141 S. 1 FamFG für den Fall der **Rücknahme** des **Scheidungsantrags** die Wirkungen der Rücknahme auch auf die Folgesachen. Diese werden auch bei **Abweisung** des Scheidungsantrags gegenstandslos (§ 142 II 1 FamFG). In beiden Fällen bleibt dem jeweiligen Antragsteller allerdings die Fortführung der Folgesache als **selbständige Familiensache** vorbehalten, sofern er vor Wirksamwerden der Rücknahme (vgl. § 269 I ZPO) oder vor der Abweisungsentscheidung ausdrücklich erklärt hat, diese Familiensachen fortführen zu wollen (§§ 141 S. 2, 142 II 2 FamFG). Dazu bedarf es der Umstellung des Antrags, der auch in Unterhaltssachen nicht mehr für den Fall der Scheidung gestellt werden kann und, da ein nachehelicher Ehegattenunterhalt an die Rechtskräftige Scheidung anknüpft, nach seiner Begründung auf die Titulierung von Trennungsunterhalt (§§ 1361 ff. BGB), sofern nicht bereits anderweitig geschehen, gerichtet werden muss.

104 Als weiteren Fall der Verfahrensbeendigung ohne Scheidungsausspruch regelt § 131 FamFG den **Tod** eines **beteiligten Ehegatten** nach Rechtshängigkeit des Scheidungsantrags und vor Rechtskraft eines Scheidungsausspruchs. Danach gilt das Scheidungsverfahren als **in der Hauptsache** erledigt. Eine Erledigungserklärung sieht das Gesetz nicht vor. Allerdings ist der überlebende Ehegatte nicht gehindert, seinen Scheidungsantrag (vor mündlicher Verhandlung) zurückzunehmen,[334] trägt aber dann in der Regel die Kosten der Scheidungssache und der Folgesachen (§ 150 II 1, III FamFG). Ob der Tod eines beteiligten Ehegatten auch die **Erledigung der Folgesachen** nach sich zieht, hängt im Einzelfall vom **materiellen Recht** ab. Stirbt der Unterhalt begehrende Ehegatte, tritt mit dem Wegfall des Unterhaltsverhältnisses Erledigung der Hauptsache auch in der Folgesache ein.

---

[332] BGH FamRZ 1990, 283 (284).
[333] BT-Drs. 16/6308, 230.
[334] OLG Naumburg FamRZ 2006, 867.

2. Abschnitt: Die Schaffung und Abänderung von Unterhaltstiteln § 10

Im Falle des Todes des Unterhaltspflichtigen kann der überlebende Ehegatte gegen die Erben vorgehen, auf die die Unterhaltspflicht als **Nachlassverbindlichkeit** übergeht (§ 1586b BGB). Beim Kindesunterhalt scheidet eine Fortführung der Folgesache aus, weil mit dem Tod des barunterhaltspflichtigen Elternteils dessen Unterhaltspflicht erlischt (§ 1615 I BGB). Dies ist auch der Fall, wenn der Tod des betreuenden Elternteils die Verfahrensstandschaft (§ 1629 III 1 BGB) beendet.

Nach der Erledigung ist das Verfahren durch die von Amts wegen zu treffende **Kostenentscheidung** (§ 113 I 2 FamFG iVm § 308 II ZPO) zu beenden. Allerdings tritt mit dem Tod eines Beteiligten zunächst eine Unterbrechung des Verfahrens ein (§ 113 I 2 FamFG iVm § 239 ZPO). Bestand eine anwaltliche Vertretung, ist das Verfahren auf Antrag auszusetzen (§ 246 ZPO) und gegen die Erben aufzunehmen (§ 250 ZPO).

Den **Maßstab** für die **Kostenverteilung** im Verbundverfahren bilden die Regelungen in § 150 FamFG, die insbesondere in Unterhaltssachen die Vorschrift des § 243 FamFG verdrängen.[335] Wird der Scheidungsantrag abgewiesen, trägt der Antragsteller in der Regel (§ 150 II 1, III FamFG) die Kosten sowohl der Scheidungssache als auch der Folgesachen. Eine **isolierte Anfechtung** allein der Kostenentscheidung (§§ 58 I, 113 I 2 FamFG iVm § 99 I ZPO) scheidet aus (→ Rn. 80).[336] Davon zu unterscheiden ist die Anfechtung einer **isolierten Kostenentscheidung,** zu der es kommt, wenn der Antragsteller den Scheidungsantrag zurückgenommen hat. Gegen die hier ebenfalls nach § 150 II 1, III FamFG zu treffende Entscheidung kann der Beschwerte gemäß §§ 113 I 2 FamFG iVm § 269 V ZPO mit der **sofortigen Beschwerde** (§§ 569–572 ZPO) vorgehen. Dies ist auch der Fall, wenn das Gericht nach Erledigung der Hauptsache nur noch über die Verfahrenskosten zu befinden hat (§ 113 I 2 FamFG iVm § 91a II ZPO).[337] Kann die Unterhaltssache als selbständige Familiensache (→ Rn. 103) weitergeführt werden, sind die hierfür maßgebenden Kostenvorschriften (§ 150 V FamFG iVm § 243 FamFG) heranzuziehen (→ Rn. 78–79).

5. Die Abtrennung der Unterhaltsfolgesache

Gegenüber der mit dem Verbundverfahren verbundenen Intention, den beteiligten Eheleute im Fall der Scheidung eine gerichtliche Regelung der Rechtsverhältnisse zu ermöglichen, die sich nach Rechtskraft der Scheidung auf ihre Lebensumstände auswirken, kann durch den Gang des Verfahrens oder durch eine Änderung in den tatsächlichen Verhältnissen eine Situation eintreten, in der der **Verhandlungs- und Entscheidungsverbund** (§ 137 I FamFG) gegenüber anderen Verfahrensprinzipien oder schutzwürdigen Interessen der beteiligten Eheleute zurücktreten muss. Dem trägt das Gesetz für diese Ausnahmefälle durch **Abtrennung von Folgesachen** Rechnung, wobei § 140 FamFG zwischen einer obligatorischen („ist abzutrennen") und einer Abtrennung, die das Gericht nach gebundenem Ermessen anordnen „kann",[338] unterscheidet. Die Regelung ist abschließend und keiner Disposition der Beteiligten zugänglich,[339] auch nicht über ein rügeloses Verhandeln (§ 295 ZPO).[340] Sie schließt überdies eine anderweitige Verfahrenstrennung (§ 145 ZPO) aus.[341] Die **Ausnahmeregelung** in § 140 FamFG unterscheidet, soweit Unterhaltsfolgesachen betroffen sind, zwischen drei möglichen Fallkonstellationen.

Gemäß § 140 I FamFG ist die **Unterhaltsfolgesache** von der Scheidungssache abzutrennen, wenn eine **weitere Person Beteiligter** des Verfahrens wird. Dies betrifft Unterhaltsansprüche minderjähriger gemeinsamer Kinder, die der sorgeberechtigte oder derjenige Elternteil, indessen Obhut sich das Kind befindet, auf Grund bestehender Verfahrensstandschaft (§ 1629 III 1 BGB) zunächst zulässigerweise im eigenen Namen geltend

---

[335] BT-Drs. 16/6308, 233.
[336] BGH FamRZ 2011, 1933 Rn. 12 und 13.
[337] BGH FamRZ 2011, 1933 Rn. 12 und 13.
[338] BT-Drs. 16/6308, 231.
[339] OLG Hamm FamRZ 2009, 367.
[340] BGH FamRZ 1991, 687.
[341] Prütting/Helms FamFG § 140 Rn. 4.

gemacht hat. Mit Eintritt der **Volljährigkeit** im laufenden Verfahren wird das Kind selbst weiterer Verfahrensbeteiligter, dem durch Abtrennung Rechnung zu tragen ist. Entsprechend ist zu verfahren, wenn die Verfahrensstandschaft des jeweiligen Elternteils durch Verlust des Sorgerechts oder – bei gemeinsamer Sorge – des Obhutsverhältnisses die Verfahrensstandschaft verliert (→ Rn. 102).

Die Abtrennung der Folgesache betreffend den Kindesunterhalt ist ferner in Situationen geboten, in denen etwa wegen eines **konkreten Interessenkonflikts** die Notwendigkeit einer Ergänzungspflegschaft (§ 1909 BGB) für das minderjährige Kind besteht oder der an sich nach § 1629 III 1 BGB legitimierte Elternteil zulässigerweise[342] die Beistandschaft des Jugendamtes (§ 1712 I Nr. 2 BGB) für die Verfolgung des Kindesunterhalts in Anspruch nimmt.

106b Die Abtrennung einer Unterhaltsfolgesache vom Verbund kann nach § 140 II 2 Nr. 5 FamFG ferner erfolgen, wenn sich der Scheidungsausspruch so **außergewöhnlich verzögern** würde, dass ein weiterer Aufschub unter Berücksichtigung der Bedeutung der Unterhaltsfolgesache eine **unzumutbare Härte** darstellen würde. Das Gericht kann sich zu einer entsprechenden Prüfung allerdings erst dann veranlasst sehen, wenn ein beteiligter Ehegatte, der hierfür keiner anwaltlichen Mitwirkung bedarf (§ 114 IV Nr. 4 FamFG und § 140 V FamFG iVm § 114 IV Nr. 6 FamFG, § 78 III ZPO), einen darauf zielenden **Antrag** stellt. Die Voraussetzungen einer außergewöhnlichen Verzögerung des Scheidungsausspruchs und der unzumutbaren Härte müssen **kumulativ** vorliegen.[343] Von außergewöhnlichen Verzögerung gehen insbesondere die Instanzgerichte[344] in der Zwischenzeit bei einer Verfahrensdauer von mehr als zwei Jahren aus. Allerdings handelt es sich dabei um eine **Prognoseentscheidung,**[345] so dass das Verfahren im Zeitpunkt der Abtrennungsentscheidung noch nicht zwei Jahre gedauert haben muss. Es genügt, dass mit hinreichender Sicherheit eine außergewöhnliche Verzögerung droht.[346] Auf die Gründe hierfür kommt es nicht an.[347] Mithin kann eine solche auch in Fällen angenommen werden, die außerhalb der Verantwortung der Beteiligten liegen.[348] Die zeitliche Berechnung der Verzögerung knüpft an die **Rechtshängigkeit des Scheidungsantrags** an,[349] allerdings mit der Korrekturmöglichkeit durch § 140 IV 1 FamFG, wonach die Frist frühestens mit Ablauf des Trennungsjahres beginnt, wenn nicht eine Härtefallscheidung (§ 140 IV 2 FamFG iVm § 1565 II BGB) in Rede steht. Selbst wenn der Zeitablauf für die Scheidungssache auf eine außergewöhnliche Verzögerung hindeutet, scheidet eine Abtrennung aus, wenn über die Unterhaltsfolgesache demnächst entschieden werden kann.[350]

106c Neben der außergewöhnlichen Verzögerung muss mit dem Zuwarten des Scheidungsausspruchs unter Berücksichtigung der Bedeutung der Folgesache eine **unzumutbare Härte** verbunden sein. Diese liegt vor, wenn das Interesse des die Scheidung begehrenden Ehegatten das des anderen an einer einheitlichen Endentscheidung überwiegt. Die hier anzustellenden **Abwägungen** haben in erster Linie die mit dem Verfahren verfolgten Gesichtspunkte zu gewichten, denen zufolge der Verbund dem Schutz des wirtschaftlich schwächeren Ehegatten dienen soll.[351] Deshalb nimmt in dem Maße, in dem die **wirtschaftliche Bedeutung** der Folgesache für den schwächeren Ehegatten zunimmt, auch die Zumutbarkeit für den anderen Ehegatten am Festhalten des Verbundes an Gewicht zu. Je wichtiger die Folgesache und deren Auswirkungen für die **aktuelle Lebenssituation** des widersprechenden Ehegatten sind, desto strenger sind die an eine in Betracht kommende Abtrennung zu stellenden Anforderungen.[352] Zu den Anliegen, die für den wirt-

---

[342] BGH FamRZ 2015, 130 Rn. 13 und 14.
[343] OLG Koblenz NZFam 2014, 606; OLG Köln FamRZ 2010, 659.
[344] OLG Koblenz FamRZ 2008, 166; OLG Düsseldorf FamRZ 2008, 1266.
[345] BGH FamRZ 1986, 898.
[346] Johannsen/Henrich/Markwardt FamFG § 140 Rn. 10.
[347] MüKoFamFG/Heiter § 140 Rn. 51.
[348] BT-Drs. 16/6308, 231.
[349] BGH FamRZ 1991, 687.
[350] OLG Hamm FamRZ 2007, 651.
[351] BT-Drs. 16/6308, 229.
[352] OLG Hamm FamRZ 2007, 651 (652).

schaftlich schwächeren Ehegatten im Zusammenhang mit der Scheidung unmittelbar und unaufschiebbar an Aktualität gewinnen, zählt die finanzielle Absicherung seiner laufenden Lebenshaltung und damit die Erzielung und der Einsatz von Einkommen. Da sich hierüber die Verfahrensgegenstände in den Unterhaltsfolgesachen verhalten, dürfte für diese im **Regelfall** die Abtrennung ausscheiden.[353] Ein anderes mag im Einzelfall dann gelten, wenn dem nachehelichen Unterhalt nur geringe Bedeutung etwa in Form eines Aufstockungsunterhalts (§ 1573 BGB) zukommt oder laufende öffentliche Leistungen den Unterhaltsbedarf in der sonst geltend gemachten Höhe decken. Als unzumutbare Härte im Sinne von § 140 II 2 Nr. 5 FamFG kann schließlich angesehen werden, wenn der nacheheliche Unterhalt wesentlich niedriger ausfallen wird als der zuletzt titulierte Trennungsunterhalt und der unterhaltsberechtigte Ehegatte das Verfahren verzögert, um längst möglich die Vorteile des Trennungsunterhalts für sich zu nutzen.[354] Als zumutbar muss dem gegenüber eine Verfahrenssituation angesehen werden, in der sich der Unterhaltspflichtige mit Aussicht auf Erfolg im Wege eines Abänderungsverfahrens (§§ 238, 239 FamFG) gegen den überhöht titulierten Trennungsunterhalt wehren kann. Die Interessenkonkurrenz unter dem Blickwinkel der Zumutbarkeit zwischen dem Anliegen einer alsbaldigen Scheidung einerseits und der gleichzeitigen Regelung der Unterhaltsverhältnisse taucht im Übrigen in der Rechtspraxis regelmäßig dann auf, wenn im Zuge einer anderweitigen Orientierung der Ehegatten eine sich abzeichnenden **Geburt eines Kindes** oder bei **fortgeschrittenem Lebensalter** der Wunsch nach einer **Wiederheirat**[355] und einer damit einhergehenden neuen Lebensplanung stärker wird.[356]

106d In einem weiteren Fall regelt § 140 III FamFG auf **Antrag** eines Ehegatten die Abtrennung einer Unterhaltsfolgesache, sofern dies im Zusammenhang mit einer nach § 140 II 2 Nr. 3 FamFG erfolgten Abtrennung einer **Kindschaftsfolgesache** geboten erscheint. Nach der Gesetzesbegründung[357] sind die Abtrennungsvoraussetzungen gegenüber dem bisherigen Rechtszustand (§ 623 II 2 ZPO aF) insofern vollständig neu geregelt. Der Tatbestand, der nun auf Gründe des Kindeswohls abstellt, tritt an die Stelle der voraussetzungslosen Abtrennung der Kindschaftsfolgesache auf Antrag eines Ehegatten. Zudem hat der Gesetzgeber für die **Unterhaltsfolgesache** das Kriterium eines **Zusammenhangs mit der Kindschaftssache** eingeführt, um eine Abtrennung von Unterhaltsfolgesachen, welche nicht durch diesen Zweck gedeckt sind, zu vermeiden. Deshalb muss eine Abtrennung nach § 140 III FamFG als rechtsmissbräuchlich[358] ausscheiden, wenn die Kindschaftsfolgesache durch einen der Ehegatten betrieben wird, um durch eine gleichzeitige Abtrennung der Unterhaltsfolgesache die ansonsten nach § 140 II 2 Nr. 5 FamFG nicht in Betracht kommende Abtrennung mit dem Ziel der vorzeitigen Scheidung zu erreichen. Die Regelung in § 140 III FamFG hat nicht die Funktion, die Abtrennungsmöglichkeiten über den Rahmen der § 140 I und II FamFG hinaus zu erweitern.

107 Über die Abtrennung der Unterhaltsfolgesache entscheidet das Gericht nach Anhörung der Beteiligten[359] vorab oder auch gleichzeitig mit der Verbundentscheidung durch **gesonderten Beschluss** (§ 140 VI FamFG), der sich in der gebotenen **Begründung** über die Voraussetzungen für oder die Gründe gegen eine Abtrennung zu verhalten hat, auch wenn er als Zwischenentscheidung, wie § 140 VI Hs. 2 FamFG ausdrücklich klarstellt, keiner Anfechtung unterliegt. Er bedarf keiner mündlichen Verhandlung (§ 113 I 2 FamFG iVm § 128 IV ZPO) und ist den Beteiligten gemäß § 113 I 2 FamFG iVm § 329 ZPO bekannt zu machen. Unzulässig ist danach eine verbreitete Rechtspraxis der Gerichte, über eine Abtrennung erst in der Verbundendentscheidung zu befinden, auch wenn dies wegen der Regelung in § 140 VI Hs. 2 FamFG zunächst ohne Folgen bleibt. Dies gilt ebenso für den Fall, dass das Gericht von einer Entscheidung über die Abtren-

---

[353] BGH FamRZ 1986, 898 (899); OLG Hamm FamRZ 2009, 710 (712).
[354] BGH FamRZ 1991, 1043 (1044).
[355] OLG Brandenburg FamRZ 2014, 232.
[356] OLG Hamm FamRB 2014, 138; OLG Hamm FamRZ 2007, 651.
[357] BT-Drs. 16/6308, 231.
[358] BGH FamRZ 2008, 2268 Rn. 11.
[359] BGH FamRZ 1986, 898.

nung absieht, ohne diese in der Verbundentscheidung überhaupt anzusprechen („stillschweigende Abtrennung").[360]

107a Der Beschluss, mit dem das Gericht einen Antrag auf Abtrennung der Unterhaltsfolgesache ablehnt, unterliegt keiner Anfechtung.[361] Dies entspricht der Intention des Gesetzgebers, im Rahmen des FamFG die selbständige Anfechtung von Zwischenentscheidungen einzuschränken. In den Fällen der ausdrücklichen oder stillschweigenden Abtrennung der Folgesache ist allerdings derjenige Beteiligte, der am Verhandlungs- und Entscheidungsverbund (§ 137 I FamFG) festhalten möchte, ungeachtet des Ausschlusses einer Anfechtung nach § 140 VI Hs. 2 FamFG nicht rechtlos gestellt. Denn die Möglichkeit einer fehlerhaften Abtrennung begründet für diesen eine **selbständige Beschwer**,[362] auch wenn er selbst die Scheidung begehrt oder ihr nicht entgegentreten will.[363] Er muss sich mit der **Beschwerde** (§ 58 FamFG) gegen den Scheidungsausspruch wenden und die Gründe prüffähig darlegen, die gegen eine Abtrennung sprechen. Dabei genügt als Sachantrag (§ 117 I FamFG) ein Antrag auf Aufhebung und Zurückverweisung der Sache.[364] Hat das erstinstanzliche Gericht zu Unrecht die Unterhaltsfolgesache abgetrennt, liegt ein wesentlicher Verfahrensfehler vor, weil das Gericht eine **unzulässige Teilentscheidung** (§ 301 ZPO) erlassen hat,[365] dem das Beschwerdegericht durch Aufhebung der angefochtenen Entscheidung und Zurückverweisung der Sache Rechnung tragen kann (§ 117 II FamFG iVm § 538 II Nr. 7 ZPO). Dies kann wegen eines **wesentlichen Verfahrensfehlers** ebenfalls angenommen werden, wenn es an einer nachvollziehbaren **Begründung** der Abtrennungsentscheidung **fehlt** (§ 117 II FamFG iVm § 538 II Nr. 1 ZPO).

Hat das Gericht die Unterhaltsfolgesache gemäß § 140 III FamFG abgetrennt und entschieden, muss sich der um den Verhandlungs- und Entscheidungsverbund (§ 137 I FamFG) bemühte Beteiligte mit dem Rechtsmittel (§ 58 FamFG) gegen die **Folgesache** wenden,[366] die wegen Unzulässigkeit einer Teilentscheidung über Aufhebung und Zurückverweisung (§ 117 II FamFG iVm § 238 II Nr. 7 ZPO) dann zur Wiederherstellung des Verbundes führen kann, wenn eine Klärung unterhaltsrechtlicher Verhältnisse vor Rechtskraft der Scheidung nicht geboten war. Hat das Gericht die Ehe der Beteiligten geschieden und gleichzeitig den nachehelichen Unterhalt geregelt, hat die Aufhebung und Zurückverweisung der angefochtenen Entscheidung in der Folgesache an das Gericht erster Instanz nach OLG Brandenburg[367] die Aufhebung und Zurückverweisung der ebenfalls angefochtenen Ehescheidung zur Aufrechterhaltung des Verbundes zur Folge, und zwar unabhängig davon, ob an sich die Voraussetzung der Ehescheidung nach wie vor gegeben sind.

107b Die durch eine unzulässige Abtrennung begründete **Beschwer entfällt** nachträglich, wenn durch eine Zurückverweisung der Verbund nicht mehr wiederhergestellt werden kann. Da das erstinstanzliche Gericht auch nach Abtrennung gehalten bleibt, in der **abgetrennten Folgesache** die **Entscheidungsreife** herbeizuführen, kann es dazu kommen, dass die Folgesache durch eine rechtskräftige (auch Versäumnisentscheidung) Endentscheidung, die Rücknahme der Folgesache oder eine anderweitige Erledigung nicht mehr anhängig ist. In diesem Fall scheidet eine Zurückverweisung aus.[368] Überdies wird das Beschwerdegericht im Rahmen seiner Ermessensausübung auch zu berücksichtigen haben, ob eine in erster Instanz anhängige Folgesache in der Zwischenzeit entscheidungsreif geworden ist. Sind diese Voraussetzungen gegeben, kann das Rechtsmittelgericht von einer Zurückverweisung absehen, die Folgesache an sich ziehen[369] und so einen Verhandlungs- und Entscheidungsverbund wiederherstellen.

---

[360] BGH FamRZ 1996, 1070.
[361] OLG Brandenburg FamRZ 2012, 572.
[362] BGH FamRZ 2013, 1879 Rn. 12.
[363] MüKoFamFG/Heiter § 140 Rn. 89.
[364] BGH FamRZ 2013, 1879 Rn. 11.
[365] BGH FamRZ 2008, 2268 Rn. 11.
[366] Keidel/Weber FamFG § 140 Rn. 20.
[367] OLG Brandenburg FamRZ 2013, 301.
[368] OLG Düsseldorf FamRZ 2002, 1572.
[369] BGH NJW 2009, 230 Rn. 7.

Die **abgetrennten Unterhaltsfolgesachen** bleiben **Folgesachen** (§ 137 V 1 FamFG), weil die beteiligten Ehegatten unabhängig von der Aufhebung des Scheidungsverbundes weiterhin in den Folgesachen Regelungen für den Fall der Scheidung begehren. Dies hat Konsequenzen auch für die Kostenentscheidung (§ 150 V 1 FamFG iVm § 150 I bis IV FamFG). Allerdings sind sie nicht gehindert, ihre Anträge zu ändern und (zB) auch rückständigen Kindes- oder Trennungsunterhalt zu verlangen. Mit einer entsprechende Antragsänderung oder -erweiterung verliert allerdings die Rechtsverfolgung den Charakter einer Folgesache,[370] so dass der Verfahrensteil, der über scheidungsbedingte Regelungen hinausgeht, abzutrennen (§ 145 ZPO) und als **selbständige Familiensache** fortzusetzen ist. Über die Verfahrenskosten ist in diesem Fall gemäß § 150 V 2 FamFG nach § 243 FamFG zu befinden.[371]

6. Die Unterhaltsfolgesache im Entscheidungsverbund

Über das jeweilige Scheidungsbegehren entscheidet das Gericht gemäß §§ 116 I, 38 **108** FamFG bei Entscheidungsreife auf Grund mündlicher Verhandlung durch **Beschluss**, der gemäß den **zivilprozessualen Urteilsvorschriften** (§§ 310–312 ZPO) zu verkünden und nach den **zivilprozessualen Zustellvorschriften** (§ 113 I 2 FamFG iVm § 317 ZPO und §§ 166 ff. ZPO) zuzustellen ist (→ Rn. 91 und 92).

Will das Gericht dem **Scheidungsantrag stattgeben**, hat es über sämtliche im Verbund stehenden Folgesachen mit zu entscheiden (§ 142 I 1 FamFG), allerdings auch insoweit erst bei uneingeschränkter Entscheidungsreife aller Folgesachen. Die an **Form** und **Inhalt** der **Endentscheidung** hinsichtlich der Unterhaltsfolgesache zu stellenden Anforderungen entsprechen denen, die bei der isolierten Geltendmachung von Unterhaltsansprüchen zu beachten sind (→ Rn. 76 und 77). Wenn das Gericht in der Unterhaltsfolgesache eine Verpflichtung zur Gewährung von Kindes- oder Ehegattenunterhalt ausspricht, soll es deshalb auch die **sofortige Wirksamkeit** anordnen (§ 116 III 2 FamFG). Allerdings wird die Endentscheidung in der Scheidungssache erst mit Rechtskraft wirksam (§ 148 FamFG). Gleichwohl ist, **bezogen auf die Rechtskraft der Scheidung**,[372] die Anordnung der sofortigen Wirksamkeit regelmäßig zu treffen – Unterhaltsrückstände stehen nicht in Rede –, weil sie ab diesem Zeitpunkt in der Unterhaltsfolgesache die Zwangsvollstreckung auch dann ermöglichen soll, wenn die Beteiligten, wie in anderen Familienstreitsachen, im Beschwerdeverfahren weiterhin über eine nacheheliche Unterhalts- oder Kindesunterhaltsverpflichtung streiten. Will der auf Unterhalt in Anspruch genommene Ehegatte dies verhindern, kann er bereits erstinstanzlich einer zu erwartenden Anordnung nach § 116 III 2 FamFG mit einem **Vollstreckungsschutzantrag** (§ 120 II 1 FamFG) entgegentreten, über den das Gericht im Rahmen der Entscheidung über die Folgesache mit befinden muss.[373]

Der Entscheidung im Verbund steht nicht entgegen, dass ein Beteiligter in der **Unter-** **109** **haltsfolgesache** – wie in den anderen Familienstreitsachen – entgegen § 114 I FamFG nicht anwaltlich vertreten ist oder der anwaltliche Vertreter in der letzten mündlichen Verhandlung vor der Entscheidung zur Sache nicht verhandelt. Für diesen Fall bestimmt § 142 I 2 FamFG, dass die **Versäumnisentscheidung** in der Folgesache Bestandteil der Verbundentscheidung bleibt, die als **Teilversäumnis- und Endbeschluss** die Scheidungssache mit allen Folgesachen den Verfahrensgegenstand vollständig erledigt (§ 38 I 1 FamFG). Die Voraussetzungen und Folgen der Säumnis hat das FamFG auch für die Familienstreitsachen nicht besonders geregelt, sondern setzt insoweit anderweitige Regelungen voraus (vgl. insbesondere § 143 FamFG), so dass hierfür gemäß § 113 I 2 FamFG weiterhin auf die entsprechenden Urteilsvorschriften der ZPO (§§ 330–347 ZPO) abzustellen ist. Daraus folgt weiter, dass der säumige Beteiligte mit dem **Einspruch** (§ 338

---

[370] MüKoFamFG/Heiter § 137 Rn. 102.
[371] Keidel/Weber FamFG § 150 Rn. 11.
[372] MüKoFamFG/Heiter § 142 Rn. 16; Hoppenz/Walter FamFG § 142 Rn. 3.
[373] Keidel/Weber FamFG § 142 Rn. 8.

ZPO) in der Folgesache vorgehen muss, auch wenn es sich hierbei um eine Endentscheidung im Sinne von § 58 FamFG handelt und die Entscheidung nicht ausdrücklich als Versäumnisentscheidung gekennzeichnet ist.[374] Maßgebend ist allein der Inhalt. Lässt sich allerdings auch danach nicht ersehen, dass das Gericht in der Unterhaltsfolgesache auf Grund einer Säumnis entschieden hat, kann der beschwerte Beteiligte nach dem Prinzip der **Meistbegünstigung** Einspruch oder Beschwerde einlegen.[375]

110 Will er sich bei einem Teilversäumnis- und Endbeschluss gegen die Scheidung oder die Entscheidung in den Folgesachen wenden, ist die **Beschwerde** (§ 58 I FamFG) das statthafte Rechtsmittel. Indessen hindern der Einspruch und das sich anschließende Einspruchsverfahren den Lauf von Rechtsmittel- und Rechtsmittelbegründungsfristen für das Beschwerdeverfahren nicht. Will der in der Unterhaltsfolgesache säumige Beteiligte an dem Entscheidungsverbund festhalten, muss er deshalb neben dem Einspruchsverfahren durch das ordentliche Rechtsmittel den Eintritt der Rechtskraft der Verbundentscheidung abwenden.[376] Dabei muss der Rechtsmittelführer, um den Anforderungen von § 117 FamFG zu genügen, in seiner Begründung hinreichend deutlich machen, dass es ihm auf die Wiederherstellung des Verbunds ankommt.[377] Dies wäre etwa dann nicht der Fall, wenn sich die Ausführungen gegen die erstinstanzlich anhängig gebliebene Folgesache richteten,[378] und deshalb zur Verwerfung des Rechtsmittels führen müsste.

Bei Zusammentreffen von **Teilversäumnis- und Endbeschluss** stellt § 143 FamFG sicher, dass zunächst über den Einspruch und die Teilversäumnisentscheidung in erster Instanz zu verhandeln und zu entscheiden ist. Gegen die das Verfahren in der Folgesache abschließende Endentscheidung kann der beschwerte Beteiligte die Folgesache mit einem ordentlichen Rechtsmittel in die Beschwerdeinstanz bringen, die mit einer Verfahrensverbindung die Voraussetzungen für eine einheitliche Entscheidung von Scheidung und Scheidungsfolgesachen erneut schafft.[379]

Statt einer Teilversäumnisentscheidung kann auf **Antrag** im Fall der Säumnis unter den Voraussetzungen von §§ 331a, 251a II ZPO auch im Rahmen der nach § 142 I FamFG zu treffenden Entscheidung für die Unterhaltsfolgesache eine **Entscheidung nach Lage der Akten** ergehen. Ebenso kann das Gericht gemäß § 251a II ZPO entscheiden, wenn in der Schlussverhandlung beide Ehegatten in der Unterhaltsfolgesache nicht verhandeln. Sind die Voraussetzungen für eine Entscheidung nach Lage der Akten nicht erfüllt, ordnet das Gericht, sofern es von einer Vertagung (§ 227 ZPO) absieht, gemäß § 251a III ZPO das Ruhen des Verbundverfahrens an. Einer Entscheidung allein über das Scheidungsbegehren und die weiteren Folgesachen steht der Grundsatz der einheitlichen Endentscheidung entgegen (§ 142 I 1 FamFG).[380]

111 Wird der **Scheidungsantrag abgewiesen,** bestimmt § 142 II 1 FamFG, dass die **Folgesachen gegenstandslos** werden. Dies liegt in der Konsequenz des Verbundverfahrens, wonach Folgesachen nur für den Fall eines erfolgreichen Scheidungsbegehrens zu regeln sind. Es handelt sich um eine Rechtsfolge, die weder von einem Antrag noch einer gerichtlichen Feststellung abhängt. Allerdings bleibt diese Aussage nur „vorübergehender Natur", wenn die abweisende Entscheidung auf Rechtsmittel aufgehoben und die Scheidungssache gemäß § 146 I FamFG zur Wiederherstellung des Verbundes zurückverwiesen wird. In diesem Fall leben die Folgesachen wieder auf, soweit sie sich nicht anderweitig (in Unterhaltsachen: etwa durch Rücknahme oder Vergleich) erledigt haben.[381] Zwar handelt es sich im Unterschied zu § 626b I 1 ZPO aF („ist zurückzuverweisen") nur noch um eine Soll-Vorschrift. Gleichwohl bleibt es im Regelfall bei der Zurückverweisung. Selbst in begründeten Ausnahmefällen soll ein Absehen von der Zurückverweisung nach dem

---

[374] BGH FamRZ 1988, 945.
[375] BGH FamRZ 2011, 966 Rn. 12; 1994, 1521.
[376] BGH FamRZ 2015, 1277 Rn. 15.
[377] BGH FamRZ 2015, 1277 Rn. 15 und 19.
[378] BGH FamRZ 2015, 1277 Rn. 19; 2014, 1443 Rn. 19.
[379] Keidel/Weber FamFG § 143 Rn. 5.
[380] OLG Hamm FamRZ 1999, 520.
[381] MüKoFamFG/Henjes § 146 Rn. 7.

Willen des Gesetzgebers nicht in Betracht kommen, wenn ein Beteiligter auf der Zurückverweisung besteht.[382]

Die Regelung über die Gegenstandslosigkeit der Folgesachen in § 142 II 1 FamFG gilt allerdings nicht ausnahmslos. Denn § 142 II 2 FamFG regelt **Ausnahmetatbestände**, wonach neben Kindschaftssachen (§ 137 III FamFG) auch solche Folgesachen nicht gegenstandslos werden, hinsichtlich derer ein Beteiligter **vor der Entscheidung** ausdrücklich erklärt hat, sie **fortführen** zu wollen. Davon sind auch die als Folgesachen anhängig gemachten **Unterhaltssachen** betroffen. Erforderlich ist eine ausdrückliche Erklärung schriftlich oder zu Protokoll, die anwaltlicher Mitwirkung (§ 114 I FamFG) bedarf.[383] Allein schon die wirksame Erklärung bewirkt den Fortgang der Folgesache als **selbständige Familiensache** (§ 142 II 3 FamFG). Einer gerichtlichen Entscheidung bedarf es daneben nicht.[384] Allerdings muss der Beteiligte sich „**vor**" der Entscheidung gegenüber dem Gericht erklären, dh aber nicht nur bis zum Schluss der mündlichen Verhandlung,[385] sondern gegebenenfalls bis zur Verkündung der Entscheidung,[386] zumal es sich um eine **Bewirkungshandlung** handelt, die an eine Mitwirkung des Gerichts oder anderer Beteiligter nicht gebunden ist.[387] Demzufolge bedarf es auch keiner Aufnahme des Vorbehalts in den Beschlusstenor.[388] Eine **Belehrung** des Gerichts über die **Fortsetzungserklärung** nach § 142 II 2 FamFG sieht das Gesetz nicht vor. Ebenso wenig ist mit der Ankündigung der Antragsabweisung ein entsprechender Hinweis des Gerichts angezeigt, überdies mit der Einräumung einer Gelegenheit zur Abgabe der Fortsetzungserklärung. Allerdings unterliegt keinem Zweifel, dass das Gericht im Rahmen des zu gewährenden **rechtlichen Gehörs** spätestens im Verlauf der Erörterung der Scheidungssache in der mündlichen Verhandlung gehalten ist, zumindest auf Bedenken gegen die Erfolgsaussichten für den Scheidungsantrag hinzuweisen,[389] will es sich nicht dem Vorwurf einer **Überraschungsentscheidung** aussetzen, die im Rechtsmittelverfahren keinen Bestand hat.

Die Fortsetzung der Unterhaltsfolgesachen als **selbständige Familiensachen** ist erst 112 dann möglich, wenn die den Scheidungsantrag abweisende Entscheidung in Rechtskraft erwachsen ist. Die Zuständigkeit des Gerichts bleibt nach den Grundsätzen der **perpetuatio fori** (§ 261 III Nr. 2 ZPO) unberührt. Im Übrigen gelten die für die isolierte Geltendmachung von Unterhalt maßgebenden Verfahrensvorschriften.[390] Schließlich muss der Unterhalt begehrende Ehegatte seine Anträge anpassen, weil Entscheidungen für den Fall der Scheidung nicht mehr zu treffen sind. Während dies beim Kindesunterhalt bei bestehender Verfahrensstandschaft (§ 1629 III 1 BGB) ohne weiteres möglich ist, hat er bei eigenem Unterhalt den Umstand Rechnung zu tragen, dass er mangels Identität mit dem nachehelichen Unterhalt die Voraussetzungen für ein Trennungsunterhaltsbegehren (§ 1361 BGB) darzulegen hat. Hatte er dieses bereits in einem anderen Verfahren rechtshängig gemacht, ist die erneute gerichtliche Verfolgung wegen **anderweitiger Rechtshängigkeit** unzulässig.

c) Über die Kosten der Scheidungssache und der Folgesachen entscheidet das Gericht 113 gemäß § 150 FamFG. Sie verdrängt damit für das Verbundverfahren, soweit Unterhaltsfolgesachen betroffen sind, auch die Vorschrift des § 243 FamFG.[391] Anderes gilt nur dann, wenn Folgesachen als selbständige Familiensachen fortzuführen sind. Insoweit verweist § 150 V 2 FamFG auf die hierfür jeweils geltenden Kostenvorschriften, mithin für das Unterhaltsverfahren auf die Regelungen in § 243 FamFG.

---

[382] BT-Drs. 16/6308, 232.
[383] Keidel/Weber FamFG § 142 Rn. 16.
[384] BT-Drs. 16/6308, 232.
[385] So aber MüKoFamFG/Heiter § 142 Rn. 12.
[386] Keidel/Weber FamFG § 142 Rn. 16.
[387] Johannsen/Henrich/Markwardt FamFG § 142 Rn. 6.
[388] So aber Hüßtege in Thomas/Putzo FamFG § 142 Rn. 12.
[389] MüKoFamFG/Heiter § 142 Rn. 12.
[390] Keidel/Weber FamFG § 142 Rn. 17.
[391] BT-Drs. 16/6308, 233.

§ 10 Verfahrensrecht

Wird dem Scheidungsbegehren stattgegeben, hält § 150 I FamFG am **Grundsatz der Kostenaufhebung** auch hinsichtlich der mit entschieden Folgesachen fest mit der Möglichkeit einer Billigkeitskorrektur nach § 150 III FamFG. Bei Abweisung des Scheidungsantrags trägt der jeweilige Antragsteller die Kosten der Scheidungssache und der Folgesache, aber auch hier eingeschränkt durch eine in Erwägung zu ziehende Billigkeitskorrektur (§ 150 III FamFG). Eine **isolierte Anfechtung** der mit der Verbundentscheidung verbundenen Kostenentscheidung ist unstatthaft, weil durch Gesetz bestimmt ist, dass in Ehesachen und Familienstreitsachen eine auf die Kostenentscheidung beschränkte Anfechtung nicht zulässig ist (§§ 58 I HS 2, 113 I 2 FamFG iVm § 99 I ZPO).[392]

III. Das streitige Unterhaltsverfahren bei ungeklärter Vaterschaft

1. Der Kindesunterhalt bei ungeklärter Vaterschaft

114   Der im ordentlichen Streitverfahren zu regelnde Kindesunterhalt (§ 1601 BGB) knüpft an das Bestehen eines **Verwandtschaftsverhältnisses** an. Das Kind kann den nicht betreuenden und barunterhaltspflichtigen Vater als Erzeuger nur dann auf Zahlung von Unterhalt in Anspruch nehmen, wenn dessen **Vaterschaft** feststeht. Fehlt es bei der Geburt eines Kindes an der Ehe mit der Mutter des Kindes (§§ 1592 Nr. 1, 1593 BGB) oder der wirksamen Anerkennung der Vaterschaft (§ 1592 Nr. 2 BGB) oder ist die Vaterschaft nicht rechtskräftig festgestellt (§ 1592 Nr. 3 BGB), hindert die **Rechtsausübungssperre** (§ 1600d IV BGB) die erfolgreiche und rechtskräftige Titulierung von Unterhaltsansprüchen gegen den „wahren" Vater. Allerdings besteht bei dem minderjährigen Kind ungeachtet einer Klärung der abstammungsrechtlichen Vorfrage eine jedenfalls auf die Sicherung des **Existenzminimums** gerichtete Bedarfssituation teilweise schon vor (vgl. § 247 FamFG), jedenfalls regelmäßig und dauerhaft nach der Geburt. In dieser Situation kann das Kind zunächst im Wege des **einstweiligen Rechtsschutzes** (§ 248 FamFG) den vermeintlichen Vater auf Zahlung von Unterhalt in Anspruch nehmen, wobei es die Vaterschaft lediglich glaubhaft machen muss (vgl. zum einstweiligen Rechtsschutz → Rn. 469–483).

Unabhängig davon wird dem noch „vaterlosen Kind" die Möglichkeit eröffnet, **in einem Hauptsacheverfahren** im Zusammenhang mit der Feststellung der Vaterschaft die gerichtliche Regelung des Unterhalts zu betreiben. Während § 653 ZPO aF die entsprechende Rechtsverfolgung noch im Rahmen eines **Annexverfahrens**[393] mit der Klage auf Feststellung der Vaterschaft vorsah, regelt § 237 FamFG nunmehr die Voraussetzungen, unter denen der Kindesunterhalt in einem **selbständigen Verfahren**[394] geltend gemacht werden kann. Das Verfahren dient nach Zweck und Verfahrensgestaltung dem Ziel, schon vor der wirksamen Feststellung der Vaterschaft einen am Existenzminimum ausgerichteten Titel zu schaffen, der die Unterhaltsgewährung ohne weitere zeitliche Verzögerung sicherstellt. Es handelt sich um eine **Familienstreitsache,** die ihre verfahrensrechtliche Eigenständigkeit auch dann nicht verliert, wenn sie mit dem abstammungsrechtlichen Verfahren (§ 169 Nr. 1 FamFG) auf Feststellung der Vaterschaft (§ 1600d I BGB) verbunden wird (§ 179 I 2 FamFG).[395] Im Unterschied zur hauptsacheunabhängigen einstweiligen Anordnung ist eine Vollstreckung aus diesem Titel allerdings erst nach rechtskräftiger Feststellung der Vaterschaft möglich (§ 237 IV FamFG). Überdies unterliegt die Verfolgung von Unterhaltsansprüchen in diesem Zusammenhang besonderen Zulässigkeitsvoraussetzungen. Alternativ verbleibt dem Kind die Möglichkeit, zunächst das Abstammungsverfahren zu betreiben, um im Erfolgsfall seinen Unterhaltsanspruch über das vereinfachte Verfahren (§§ 249 ff. FamFG) titulieren zu lassen, wobei es abweichend von der Beschränkung auf

---

[392] Keidel/Meyer-Holz FamFG § 58 Rn. 95.
[393] MüKoFamFG/Pasche § 237 Rn. 1.
[394] Keidel/Weber FamFG § 237 Rn. 1.
[395] BT-Drs. 16/6308, 257.

den Mindestunterhalt durch § 237 I FamFG Kindesunterhalt bis zum 1,2fachen des Mindestunterhalts verlangen kann. Ihm steht insoweit ein **Wahlrecht** zu.[396]

2. Das Titulierungsverfahren (§ 237 FamFG)

a) Zulässigkeitsvoraussetzungen. Gemäß § 237 I FamFG kann ein Kind zulässigerweise einen Mann auf Unterhalt in Anspruch nehmen, wenn es **minderjährig** ist, seine **Vaterschaft nicht feststeht**, aber ein Verfahren auf **Feststellung der Vaterschaft anhängig** ist. Damit beruhen, wie bei der einstweiligen Anordnung, Einleitung und Gang des Unterhaltsverfahrens jedenfalls bis zur Rechtskraft des Abstammungsverfahrens auf einer Durchbrechung der Rechtsausübungssperre (§ 1600d IV BGB). Die Einreichung eines Gesuchs für die Bewilligung von Verfahrenskostenhilfe für einen noch einzureichenden Feststellungsantrag genügt den Anforderungen für ein Unterhaltsverfahren nicht; allerdings reicht aus, dass der Antrag in der Abstammungssache gleichzeitig mit dem Unterhaltsantrag bei Gericht eingeht. Steht die Vaterschaft des auf Unterhalt in Anspruch genommenen Mannes zum Zeitpunkt der Zustellung des Unterhaltsantrags bereits rechtswirksam fest, ist ein Unterhaltsverfahren nach § 237 FamFG unzulässig.[397] 115

Die Titulierung von Unterhaltsansprüchen Volljähriger oder privilegierter Volljähriger (§ 1603 II 2 BGB) scheidet schon nach dem Wortlaut der Bestimmung aus. Offenbar sieht der Gesetzgeber das Verfahren in einem nahen zeitlichen Zusammenhang mit der Geburt des Kindes. Ob aber hier das Gewicht einer geringeren Schutzwürdigkeit des Volljährigen[398] die Differenzierung rechtfertigen kann, erscheint fraglich, zumal die im Übrigen wortgleiche Regelung im einstweiligen Rechtsschutz (§ 248 I FamFG) eine entsprechende Unterscheidung beim Kindesunterhalt nicht kennt. Antragsteller ist das Kind, handelnd durch seinen gesetzlichen Vertreter (§§ 1626a II, 1712, 1716 BGB).

Ungeachtet des missverständlichen Wortlauts darf für das Kind **keine Vaterschaft,** auch nicht die eines Dritten feststehen.[399] Besteht anderweitig eine „rechtliche" Vaterschaft, begründet diese auch entsprechende Unterhaltspflichten, so dass ein auf § 237 I FamFG gestütztes Unterhaltsverfahren unzulässig ist. Auch wenn ein solches Verfahren im Unterschied zu § 653 ZPO aF nunmehr eigenständig geführt werden kann, bleibt ein Annex insoweit, als ein Feststellungsverfahren nach § 1600d IV BGB anhängig sein oder gleichzeitig werden muss. Unzulässig ist deshalb auch eine Verbindung mit anderen Abstammungssachen im Sinne von § 169 FamFG.[400] Im Fall der Anfechtung der Vaterschaft oder der Feststellung der Unwirksamkeit des Vaterschaftsanerkenntnisses besteht für eine Anknüpfung an § 237 FamFG kein Anlass, da ein die Unterhaltspflicht auslösendes Verwandtschaftsverhältnis vorliegt. Für den Fall des rechtskräftigen Erfolges fehlen die abstammungsrechtlichen Vorgaben für eine Unterhaltspflicht. Geht der Antragsteller gegen das Kind mit einem **negativen Feststellungsantrag** vor, scheidet ein auf § 237 FamFG gestütztes Unterhaltsverfahren ebenfalls aus, weil mit Erfolg des Antrags im Statusverfahren das für die Unterhaltsverpflichtung bestimmende Verwandtschaftsverhältnis wiederum fehlt. Will das Kind in dieser Verfahrenssituation gleichwohl Unterhaltsansprüche verfolgen, muss es zulässigerweise (vgl. § 182 FamFG) mit einem **Widerantrag** Feststellung der Vaterschaft begehren. Einen auf § 237 FamFG gestützten Zahlungsantrag kann das Kind bis zum **rechtskräftigen Abschluss** des Abstammungsverfahrens stellen. Der weiteren Verfolgung eines entsprechenden Antrags steht im Übrigen nicht entgegen, wenn während des laufenden Unterhaltsverfahrens die Vaterschaft wirksam anerkannt oder rechtskräftig festgestellt wird. Allerdings ist das Kind nicht gehindert, nunmehr sein Unterhaltsbegehren dieser Entwicklung anzupassen und ohne die durch § 237 III FamFG dem Verfahrensgegenstand gesetzten Grenzen in das ordentliche Streitverfahren überzugehen (vgl. näher → Rn. 120). 116

---

[396] Schulte-Bunert/Weinreich/Schwonberg FamFG § 237 Rn. 3.
[397] OLG Nürnberg FamRZ 2017, 542.
[398] MüKoFamFG/Pasche § 237 Rn. 6.
[399] Johannsen/Henrich/Maier FamFG § 237 Rn. 2.
[400] MüKoFamFG/Pasche § 237 Rn. 5.

§ 10

117 **b) Zuständigkeit.** Gemäß § 237 II FamFG **ausschließlich örtlich zuständig** ist das **Gericht,** bei dem das Abstammungsverfahren anhängig ist. Diese Regelung verdrängt die ansonsten in Unterhaltssachen zu beachtenden ausschließlichen Zuständigkeiten (§ 232 I FamFG) und hält damit Voraussetzungen bereit, unter denen das Abstammungsverfahren und das Unterhaltsverfahren miteinander verbunden werden können (§ 179 I 2 FamFG).[401] Ist das Abstammungsverfahren bereits in der **Beschwerdeinstanz** anhängig, stellt sich die Frage nach der gerichtlichen Zuständigkeit für eine einzureichende Unterhaltssache. Da es sich hierbei um ein selbständiges Verfahren handelt, scheidet eine Zuständigkeit des Beschwerdegerichts aus. Im Übrigen wird teilweise[402] unter Hinweis auf den Wortlaut (**„anhängig ist"**) die örtliche Zuständigkeit für die Unterhaltssache aus § 237 II FamFG verneint. Andere betonen, nicht zuletzt auch um ein Auseinanderfallen der Rechtsmittelzuständigkeiten zu vermeiden, das Festhalten an den Möglichkeiten einer **Verfahrensverbindung** und sehen die örtlich Zuständigkeit des erstinstanzlichen Gerichts, bei dem die – noch nicht rechtskräftige – Abstammungssache **anhängig „war"**.[403] Die damit verbundene Streitfrage stellt sich allerdings eher im Ausnahmefall. Denn für das Abstammungsverfahren geht § 170 FamFG, wie § 232 I Nr. 2 FamFG, im Regelfall vom **gewöhnlichen Aufenthalt** des Kindes, das den der Mutter teilt, aus. Problematisch erscheint demzufolge lediglich die Fallkonstellation des Aufenthaltswechsels des Kindes nach Anhängigkeit des Abstammungsverfahrens bei einer nachfolgenden Unterhaltsstreitsache. Aber auch für diesen Ausnahmefall erscheint es geboten, nach der ratio legis[404] die Möglichkeit einer Verfahrensverbindung durch die speziellere Zuständigkeit nach § 237 II FamFG zu wahren.

118 **c) Verfahrensgrundsätze.** Ungeachtet der tatsächlichen oder möglichen Verbindung mit einem Vaterschaftsfeststellungsverfahren handelt es sich bei der nach § 237 FamFG möglichen Verfolgung von gesetzlichen Unterhaltsansprüchen um eine **Familienstreitsache** (§ 112 Nr. 1 FamFG).[405] Soweit besondere **Verfahrensvorschriften** aus Abschnitt 9 (Verfahren in Unterhaltssachen) des FamFG insoweit keine Festlegungen enthalten, richten sich Einleitung, Gang und Entscheidung im erstinstanzlichen Verfahren im Wesentlichen wie im **ordentlichen Streitverfahren** nach zivilprozessualen Vorschriften (§ 113 I 2 FamFG).[406] Demgemäß gelten auch die entsprechenden Verfahrensgrundsätze (→ Rn. 53–55). Im Zentrum stehen hierbei die **Dispositionsmaxime** sowie der **Verhandlungs- und Beibringungsgrundsatz.** Die Beurteilung der Verfahrenskostenhilfe folgt über § 113 I FamFG den zivilprozessualen Vorschriften (§§ 114 ff. ZPO). Eine Abhängigkeit vom Abstammungsverfahren besteht auch hier nicht. Steht nach dem Ergebnis des zur Abstammung eingeholten Gutachtens fest, dass der Antragsgegner der Vater des antragstellenden Kindes ist, kann dem Antragsgegner mangels Erfolgsaussichten **Verfahrenskostenhilfe** für eine Rechtsverteidigung gegen das auf Zahlung des Mindestunterhalts gerichtete Unterhaltsbegehren nicht bewilligt werden.[407] Das Unterhaltsverfahren wird durch Einreichung einer Antragsschrift eingeleitet. Sie muss nach Form und Inhalt den Anforderungen von § 253 ZPO genügen und ist von einem **Rechtsanwalt** zu unterzeichnen, da für das Unterhaltsverfahren, im Unterschied zum Abstammungsverfahren, eine anwaltliche Mitwirkung (§ 114 I FamFG) vorgeschrieben ist, soweit nicht eine Vertretung durch das **Jugendamt** erfolgt (§ 114 IV Nr. 2 FamFG). Das Gericht entscheidet auf Grund **mündlicher Verhandlung** durch zu verkündenden Beschluss. Die Beweisaufnahme erfolgt, soweit sie bei dem durch § 237 III FamFG auf den Mindestunterhalt begrenzten Verfahrensgegenstand in Betracht kommt, nach den zivilprozessualen Vorschriften (§§ 355–484 ZPO). Aus eben diesen Gründen dürften verfahrensrechtliche Auskunftsver-

---

[401] BT-Drs. 16/6308, 257.
[402] Musielak/Borth FamFG § 237 Rn. 5.
[403] Bork/Jacoby/Schwab/Kodal FamFG § 237 Rn. 7; Schulte-Bunert/Weinreich/Schwonberg FamFG § 237 Rn. 6.
[404] BT-Drs. 16/6308, 257.
[405] BT-Drs. 16/6308, 257.
[406] Hüßtege in Thomas/Putzo FamFG § 237 Rn. 1; Hoppenz/Herr FamFG § 237 Rn. 1.
[407] OLG Naumburg FamRZ 2014, 587.

pflichtungen (§§ 235, 236 FamFG) in diesem Verfahren allerdings ausscheiden. Demgegenüber nicht ausgeschlossen dürfte aber ein Stufenantrag (§ 254 ZPO) des Kindes sein, da es auch weniger als den Mindestunterhalt geltend machen kann und ihm die Möglichkeit offenstehen muss, diesen zu beziffern, um von vornherein ein **Korrekturverfahren** (§ 240 FamFG) zu vermeiden (→ Rn. 124–132). Soweit die Beteiligten über den Unterhalt verfügen können, sind sie auch berechtigt, durch einen **Vergleich,** für den Fall der rechtskräftigen Feststellung der Vaterschaft, die Streitsache zu erledigen, wobei der Vergleich im Hinblick auf die Dispositionsbefugnis der Beteiligten auch über die durch § 237 III FamFG gesetzten Grenzen hinausgehen kann. Entsprechende Anwendung finden die zivilprozessualen Vorschriften auch bei einem **Anerkenntnis** (§ 307 ZPO). Im Fall der Säumnis ergeht bezogen auf die Unterhaltssache ein **Versäumnisbeschluss,** an das sich das Einspruchsverfahren (§§ 338–347 ZPO) anschließen kann.[408] Hat das Gericht nach Verfahrensverbindung (§ 179 I 2 FamFG) in einer **einheitlichen Endentscheidung** die Vaterschaft festgestellt und zugleich im Hinblick auf die Säumnis des Antragsgegners (zB mangels anwaltlicher Vertretung) die Verpflichtung zur Zahlung des Mindestunterhalts ausgesprochen, muss der Antragsgegner neben der **Beschwerde** gegen die Feststellung (§ 58 FamFG) auch **Einspruch** gegen die Teilversäumnisentscheidung einlegen. Zwar wird bei Abweisung des Feststellungsantrags im Beschwerdeverfahren die Entscheidung zum Unterhalt gegenstandslos. Doch bleibt ihm eine Beseitigung des Unterhaltstitels im Verfahren nach § 237 FamFG versagt, wenn seine Beschwerde in der Abstammungssache erfolglos bleibt.

d) Regelungsgegenstand. Das Anliegen des Gesetzgebers, dem Kind in einem vereinfachten und beschleunigten Verfahren einen Unterhaltstitel zu verschaffen, der zu einem frühestmöglichen Zeitpunkt eine dauerhafte Sicherung seines Existenzminimums gewährleistet, kommt auch in den Regelungen über den **Verfahrensgegenstand** zum Ausdruck. Den legt § 237 III 1 FamFG zunächst auf der Seite des unterhaltsbedürftigen Kindes in der Weise fest, dass der Kindesunterhalt lediglich in **Höhe des Mindestunterhalts** gemäß den Altersstufen nach § 1612a I 3 BGB und unter Berücksichtigung der Leistungen nach § 1612b oder 1612c BGB geltend gemacht werden kann. Die kindbezogenen Leistungen iSv § 1612c BGB, die definitionsgemäß den Anspruch auf Kindergeld ausschließen, sind abschließend durch § 65 I Nr. 1 bis 3 EStG erfasst. Damit sind gleichzeitig andere Vergünstigungen, soweit sie einen Kindesbezug habe, wie etwa beim Ortszuschlag, der Eigenheimzulage oder dem Arbeitslosengeld I, als Abzugsposten ausgeschlossen. Mit dem Bezug, wie bei der Verfolgung von Unterhaltsansprüchen im vereinfachten Verfahren, zum Mindestunterhalt ist gleichzeitig festgelegt, dass die Rechtsverfolgung von Unterhaltsansprüchen im Verfahren gemäß § 237 FamFG nur möglich ist, soweit **deutsches Recht** als **Unterhaltsstatut** zum Tragen kommt (→ Rn. 638). Dies erscheint jedenfalls gesichert, soweit das Haager Protokoll über das auf Unterhaltspflichten anzuwendende Recht vom 23.11.2007 (HUP 2007) für die ab dem 18.6.2011 einzuleitenden Unterhaltsverfahren[409] Anwendung findet, wodurch selbst den nicht in der Bundesrepublik lebenden Ausländern in einem weitergehenden Maße die Berufung auf das deutsche Unterhaltsrecht (§ 4 HUP) möglich ist, mithin auch die Rechtsverfolgung im Verfahren nach § 237 FamFG.[410]

Von der Titulierung in diesem Verfahren sind **Zusatz-** und **Sonderbedarf** von vornherein ausgeschlossen. Die Beschränkung auf den Mindestunterhalt dient im Übrigen der Verfahrensvereinfachung, weil das unterhaltsberechtigte Kind einen darüber hinausgehenden und aus den Einkommens- und Vermögensverhältnissen des potentiellen Vaters abzuleitenden Bedarf (§ 1610 II BGB) darlegen und gegebenenfalls beweisen müsste.[411] Damit einhergehenden Verfahrensverzögerungen soll die Klärung der Abstammungsfrage nicht ausgesetzt sein. Das Kind kann allerdings auch einen **geringeren Unterhalt** verlangen, womit es der Gefahr einer Abänderung des Titels im Korrekturverfahren (§ 240

---

[408] Johannsen/Henrich/Maier FamFG § 237 Rn. 4; Hoppenz/Herr FamFG § 237 Rn. 2.
[409] OLG Celle 2012, 1501.
[410] Hüßtege in Thomas/Putzo FamFG § 237 Rn. 5.
[411] BGH FamRZ 2002, 536 (540).

FamFG) vorbeugen kann. Abzulehnen ist die nicht weiter begründete Ansicht,[412] mit dem Vaterschaftsfeststellungsverfahren könnten **bezifferte Unterhaltsansprüche** nicht zusammen geltend gemacht werden. Dies kann schon deshalb nicht richtig sein, weil das Kind gemäß § 237 III 2 FamFG einen geringeren Unterhalt als den Mindestunterhalt nach § 237 III 1 FamFG verlangen kann und damit in diesem Fall seinen Unterhaltsbetrag beziffern muss (§ 253 II Nr. 2 ZPO). Überdies steht dem Kind bei der Geltendmachung des Mindestunterhalts, der in § 1612a I 2 und 3 BGB definiert ist und auf den § 237 FamFG ausdrücklich Bezug nimmt, ein **Wahlrecht** zwischen statischem und dynamischem Unterhalt zu. Es ist nichts dafür ersichtlich, dass dies im Kontext eines Streitverfahrens nach § 237 FamFG nicht gelten soll. Auch für das vereinfachte Verfahren (§ 249 FamFG), das ebenfalls auf den Mindestunterhalt iSv § 1612a I BGB abstellt, wird, soweit ersichtlich, das Wahlrecht zwischen statischem und dynamischem Unterhalt ernsthaft nicht in Zweifel gezogen. Auch in zeitlicher Hinsicht unterliegt das Unterhaltsbegehren **keiner Befristung**. Das Kind kann deshalb die Titulierung **rückständigen Unterhalts** für den Unterhaltszeitraum ab Geburt verlangen,[413] weil es vor Feststellung der Vaterschaft an der Geltendmachung des Unterhaltsanspruch gehindert ist (§ 1613 II Nr. 2a BGB). Dies kann je nach Alter des Kindes bei Einleitung des Feststellungsverfahrens zu erheblichen Unterhaltsrückständen für mehrere Jahre führen

120 **e) Einwendungsausschluss.** Die beschleunigte und vereinfachte Unterhaltsregelung im Kontext des Abstammungsverfahrens wird schließlich ergänzt durch die Bestimmung in § 237 III 3 FamFG, wonach im Übrigen in diesem Unterhaltsverfahren eine Herabsetzung oder Erhöhung des Unterhalts nicht verlangt werden kann. Mehr als die im Mindestunterhalt zum Ausdruck kommende Sicherung des Existenzminimums kann das Kind in diesem Verfahren nicht verlangen. Schwerwiegender dürften sich allerdings die Folgen für den potentiellen Vater auswirken. Dieser ist nämlich mit Einwendungen zur **Bedürftigkeit** des Kindes, zur **Mithaftung** der **Kindesmutter** bei Drittbetreuung des Kindes oder aber zu einer **fehlenden Leistungsfähigkeit**[414] ausgeschlossen. Durch die verfahrensrechtlichen Beschränkungen verliert er die Möglichkeiten einer entsprechenden Rechtsverteidigung indessen nicht. Sie werden uneingeschränkt in das Korrekturverfahren verlagert, sofern der potentielle Vater dieses Verfahren fristgemäß (§ 240 II 1 FamFG) in Gang setzt auch rückwirkend. Einer Geltendmachung erst im Korrekturverfahren vorbehalten sind darüber hinaus Einwendungen zur **Erfüllung,**[415] zum **Forderungsübergang** wegen subsidiärer Sozialleistungen,[416] zu **Stundung** und **Begrenzung** (§ 1613 III BGB)[417] oder auch **Verwirkung**.[418] Gleichwohl bleibt in Ausnahmefällen, in denen etwa die Erfüllung des geltend gemachten Unterhaltsanspruchs oder die Leistungsunfähigkeit des Vaters unstreitig ist, zu prüfen, ob einem dennoch nach § 237 FamFG gestellten Antrag des Kindes wegen einer missbräuchlichen Ausnutzung des Einwendungsausschlusses in § 237 III 3 FamFG das Rechtsschutzbedürfnis fehlt.[419]

Da der Einwendungsausschluss nur im Kontext einer Klärung der Abstammung geregelt ist und die Vaterschaft des auf Unterhalt in Anspruch genommenen Antragsgegners noch nicht rechtskräftig feststehen darf, stellt sich die Frage nach dem Anwendungsbereich von § 237 III 3 FamFG, , wenn im Verlauf des Abstammungsverfahrens die Vaterschaft wirksam anerkannt oder – etwa im abgetrennten Abstammungsverfahren – rechtskräftig festgestellt worden ist.Nach OLG Hamm[420] bleibt der Einwendungsausschluss auch dann bestehen, wenn im Laufe des Verfahrens die Vaterschaft anerkannt wird. Der Wortlaut lasse kein Absehen von dieser Regelung zu. Überdies bestehe auch keine Regelungslücke. Indessen

---

[412] OLG Naumburg FamRZ 2002, 838.
[413] Johannsen/Henrich/Maier FamFG § 237 Rn. 6.
[414] OLG München FamRZ 2015, 1814.
[415] BGH FamRZ 2003, 1095.
[416] OLG Nürnberg FamRZ 2015, 277; a. A. Hüßtege in Thomas/Putzo FamFG § 237 Rn. 8.
[417] Schulte-Bunert/Weinreich/Schwonberg FamFG § 237 Rn. 5.
[418] OLG Karlsruhe FamRZ 2002, 1262.
[419] BGH FamRZ 2003, 1095 (1096).
[420] OLG Hamm FamRZ 2016, 1000.

2. Abschnitt: Die Schaffung und Abänderung von Unterhaltstiteln § 10

wird hierbei nicht hinreichend gewichtet, dass das Titulierungsverfahren nach § 237 FamFG nicht nur für den potentiellen Vater mit dem Einwendungsausschluss, sondern auch für das Unterhalt begehrende Kind mit der Festlegung auf den Mindestunterhalt Begrenzungen in der Rechtsverfolgung aussetzt (§ 237 III 3 FamFG), die nur im Zeichen ungeklärter Vaterschaft ihre vom Gesetzgeber verfolgte Schutzfunktion erfüllen sollen. Diese muss das Kind nicht mehr in Anspruch nehmen, sobald die statusrechtliche Vorfrage mit der Anerkennung der Vaterschaft geklärt ist. Es kann deshalb, ohne durch § 237 FamFG gehindert zu sein, in Ausübung eines **Wahlrechts** sein Unterhaltsbegehren nunmehr in einem „ordentliches Hauptsacheverfahren" weiterverfolgen[421] und dabei insbesondere durch Antragsanpassung den ihm jetzt nach seiner Lebensstellung zustehenden Unterhalt (§ 1601, 1602, 1610 BGB) verlangen. Das Kind muss nicht erst die weitere Rechtsverfolgung im Korrekturverfahren nach § 240 FamFG suchen. Verlässt es allerdings den Anwendungsbereich des § 237 FamFG, ist für eine weitere Einschränkung der Rechte des Unterhaltspflichtigen durch § 237 III FamFG kein Raum mehr.

f) Entscheidung, Rechtskraft und Wirksamkeit. Das Gericht entscheidet über das 121 Unterhaltsbegehren auf Grund mündlicher Verhandlung, auch im Fall der Verfahrensverbindung mit dem Vaterschaftsfeststellungsverfahren, durch zu verkündenden und den Beteiligten, zuzustellenden Beschluss (§ 116 I FamFG). Die Endentscheidung muss nach Form, Inhalt und Rechtsbehelfsbelehrung den Anforderungen an eine sonstige Endentscheidung in einer streitigen Unterhaltssache (§§ 38, 39 FamFG) genügen (→ Rn. 76, 77 und 88). In diesem Zusammenhang gibt § 116 III 3 FamFG abweichend vom Regelfall, wonach in Familienstreitsachen die Endentscheidung erst mit Rechtskraft wirksam (§ 116 III 1 FamFG) und damit vollstreckbar (§ 120 II 1 FamFG) werden, auf, die **sofortige Wirksamkeit** anzuordnen, soweit die Entscheidung eine Verpflichtung zur Leistung von Unterhalt enthält. Für das nach § 237 FamFG geführte Unterhaltsverfahren bestimmt § 237 IV FamFG indessen, dass der Ausspruch über die Verpflichtung zur Leistung von Unterhalt vor **Rechtskraft** der **Feststellung der Vaterschaft** oder deren **wirksamer Anerkennung** nicht wirksam wird. Soweit daraus aber gefolgert wird, bei der Entscheidung über den Unterhalt in einem auf § 237 FamFG gestützten Verfahren sei § 116 III 2 und 3 FamFG nicht anzuwenden,[422] kann dem nicht gefolgt werden. Richtigerweise dürfte der Bezug zu § 237 IV FamFG bei der Tenorierung in der Weise herzustellen sein, dass die Anordnung der sofortigen Wirksamkeit an die Rechtskraft der Vaterschaftsfeststellung oder Wirksamkeit der Anerkennung der Vaterschaft zeitlich anknüpft.[423] Die Situation ist vergleichbar mit der Rechtslage im Verbundverfahren, wonach die Unterhaltsfolgesache[424] vor Rechtskraft der Scheidung (§ 148 FamFG) nicht wirksam wird, aber nach Rechtskraft derselben die Zwangsvollstreckung möglich sein muss, sofern die Beteiligten in der Folgesache weiter streiten (→ Rn. 108). Erkennt der potentielle Vater im Verlauf des Beschwerdeverfahrens die Vaterschaft wirksam an, muss eine Zwangsvollstreckung, auch wenn die Unterhaltssache noch nicht rechtskräftig ist, ebenso möglich sein wie bei einer Beschwerderücknahme. Will der danach zu Recht in Anspruch genommene Vater gleichwohl eine Zwangsvollstreckung abwenden, muss er hiergegen mit einem auf § 120 II 2 FamFG gestützten Schutzantrag vorgehen.[425]

g) Kosten. Über die Kosten des Unterhaltsverfahrens entscheidet das Gericht unter 122 Heranziehung der durch § 243 FamFG für Unterhaltssachen vorgegebenen Abwägungskriterien auf der Grundlage des für ein ordentliches Unterhaltsverfahren bestehenden **Verfahrenswertes** (§ 51 FamGKG). Kommt es zu einer **Verfahrensverbindung** mit dem Vaterschaftsfeststellungsverfahren, ist gemäß § 33 I 2 FamGKG, da die Abstammungssache als nichtvermögensrechtliche Angelegenheit mit einem daraus abgeleiteten vermögensrechtlichen Anspruch verbunden ist, nur der werthöhere maßgebend. Wird weiter berücksichtigt, dass gemäß § 47 I FamGKG im Regelfall für das Vaterschaftsfeststellungsverfahren

---

[421] OLG Hamm FamRZ 2012, 146; Hüßtege in Thomas/Putzo FamFG § 237 Rn. 8.
[422] Prütting/Helms/Bömelburg FamFG § 237 Rn. 12.
[423] Johannsen/Henrich/Maier FamFG § 237 Rn. 8.
[424] Hoppenz/Herr FamFG § 237 Rn. 4.
[425] Keidel/Weber FamFG § 237 Rn. 9.

der Verfahrenswert mit 2000 EUR anzunehmen ist, kann davon ausgegangen werden, dass eben in diesem Regelfall der **Wert der Unterhaltssache,** der bestimmt wird durch den Mindestunterhalt für die ersten zwölf Monate bei Antragseinreichung zuzüglich die Rückstände, den Verfahrenswert der Abstammungssache verdrängt (zum Verfahrenswert → Rn. 82a).

123 h) **Rechtsmittel.** Als Endentscheidung unterliegt die gemäß § 237 FamFG ergangene Unterhaltsanordnung der Anfechtung durch das Rechtsmittel der **Beschwerde** (§ 58 FamFG). Allerdings bleibt die Rechtsverfolgung der Beteiligten auch im Rechtsmittelverfahren den durch § 237 III FamFG vorgegebenen Beschränkungen ausgesetzt, so dass das Kind zur Unterhaltshöhe auf den Mindestunterhalt begrenzt bleibt, während der potentielle Vater mit seinen Einwendungen weiterhin ausgeschlossen bleibt.[426] Die damit einhergehenden verfahrensrechtlichen Einschränkungen sind den Beteiligten zumutbar, da sie sich mit der jeweiligen Rechtsverfolgung im **Korrekturverfahren** nach § 240 FamFG Gehör verschaffen können. Die Beschränkungen werden allerdings dann gegenstandslos, wenn die Vaterschaft rechtskräftig festgestellt oder wirksam anerkannt ist. In einem noch laufenden Unterhaltsverfahren kann das beteiligte Kind im Wege der **Antragsänderung** dann seinen vollen Unterhalt geltend machen, der in Anspruch genommene Vater sämtliche Einwendungen vorbringen. Dabei macht es keinen Unterschied, ob das Verfahren noch erstinstanzlich oder bereits in der Beschwerdeinstanz anhängig ist (siehe auch → Rn. 120). Die Kostenentscheidung unterliegt, soweit die Unterhaltssache betroffen ist, der Anfechtung nur mit der Hauptsache (§ 113 I 2 FamFG iVm § 99 I ZPO. Die Anfechtung einer **isolierten Kostenentscheidung** (§ 113 I 2 FamFG iVm §§ 567 ff ZPO) kommt wie bei anderen Familienstreitsachen danach in Betracht zB bei Rücknahme des Antrags auf Zahlung von Unterhalt.

3. Das „Korrekturverfahren" (§ 240 FamFG)

124 a) **Allgemeines.** Die Regelung der Unterhaltsverhältnisse im Streitverfahren gemäß § 237 FamFG erfolgt nach pauschalen Bemessungskriterien und ohne konkrete Prüfung der wirtschaftlichen Verhältnisse der Beteiligten, um dem Kind nach einfachen Maßstäben ohne komplizierte und zeitaufwendige Berechnungen einen schnellen Unterhaltstitel zu verschaffen. Dies macht es, um auch im jeweiligen Einzelfall ein materiell gerechtes Ergebnis zu finden, notwendig, jedenfalls in Form eines **selbständigen Nachverfahrens**[427] das Ergebnis auf eine entsprechende individuelle Tragfähigkeit zu überprüfen und gegebenenfalls anzupassen. Die Voraussetzungen für ein solches Korrekturverfahren auch für einen nach § 237 FamFG erstrittenen Unterhaltstitel regelt § 240 FamFG in seiner ersten Alternative.

Darüber hinaus findet das Abänderungsverfahren in einem weiteren Fall Anwendungen auf Unterhaltstitel, die nach den Bestimmungen des **vereinfachten Verfahrens** (§ 253 FamFG) insbesondere mit Beschränkungen für den Unterhaltspflichtigen erstellt worden sind und die zur Wahrung eines effektiven Rechtsschutzes einer uneingeschränkten Überprüfung zugänglich bleiben müssen.

b) **Abgrenzung zu anderen Verfahren.** Enthält eine im Streitverfahren nach § 237 FamFG ergangene rechtskräftige Endentscheidung eine Verpflichtung zu künftig fällig werdenden wiederkehrenden Unterhaltsleistungen, kann jeder Verfahrensbeteiligte eine Abänderung beantragen. Auch wenn das Verfahren nach dem insoweit missverständlichen Wortlaut der Bestimmung auf die „Abänderung" eines Unterhaltstitels gerichtet ist, hat es die Gestalt eines sogenanntes **Erstverfahrens**[428] (§ 113 I 2 FamFG iVm § 258 ZPO), mit dem der zunächst abstrakt-pauschaliert festgesetzte Kindesunterhalt an die individuellen Verhältnisse der Beteiligten des Unterhaltsverhältnisses angepasst wird. Es folgt den Verfahrensregeln eines ordentliches Streitverfahrens in Unterhaltssachen, wobei der zunächst

---

[426] Bork/Jacoby/Schwab/Hütter/Kodal FamFG § 237 Rn. 13.
[427] Keidel/Meyer-Holz FamFG § 240 Rn. 2.
[428] Musielak/Borth FamFG § 240 Rn. 1.

2. Abschnitt: Die Schaffung und Abänderung von Unterhaltstiteln   § 10

nach § 237 FamFG erstrittene **Unterhaltstitel** als solcher lediglich eine **besondere Verfahrensvoraussetzung** darstellt. Im Übrigen besteht keine Bindung an die rechtlichen und tatsächlichen Verhältnisse, die zu dem Ausgangstitel geführt haben. Deshalb sind auch Darlegungen zu Änderungen in diesen Verhältnissen für die Zulässigkeit des Verfahrens und einen Erfolg in der Sache belanglos.[429]

In seinem Anwendungsbereich verdrängt das richtigerweise als **Korrekturverfahren** zu bezeichnende Institut das ansonsten gegen Endentscheidungen in der Hauptsache statthafte Abänderungsverfahren (§ 238 FamFG).[430] Erst die nach § 240 FamFG erlassene Korrekturentscheidung unterliegt einer weiteren Abänderung nur noch unter den Voraussetzungen von § 238 FamFG.[431]

Da die Korrekturberechnung zu einer **vollständigen Neuberechnung** des Kindesunterhalts führt, ist der barunterhaltspflichtige Vater mit allen in Betracht kommenden Einwendungen zu hören. Dies gilt nicht zuletzt auch für (ua) den Erfüllungseinwand, den er nach § 237 III 3 FamFG im Vorverfahren nicht mit Erfolg erheben konnte. Allerdings handelt es sich dabei auch um eine Einwendung, die der Unterhaltspflichtige an sich im Rahmen eines **Vollstreckungsabwehrverfahrens** (§ 767 ZPO) gegenüber dem Unterhaltstitel vorbringen kann. Gleichwohl kommt auch in diesem Zusammenhang dem Korrekturverfahren als dem spezielleren Verfahren der Vorrang zu,[432] wobei dies aber dann nicht mehr der Fall ist, wenn die Fristen für eine rückwirkende Korrektur (§ 240 II FamFG) abgelaufen sind.[433] Dies gilt ebenso für einen Verwirkungseinwand.

Ferner findet das Korrekturverfahren Anwendung für einen im vereinfachten Verfahren erstrittenen **Festsetzungsbeschluss** (§ 253 I 1 FamFG) oder einen **Teilfestsetzungsbeschluss** (§ 253 I 2 FamFG), bei letzterem allerdings nur, sofern noch kein Antrag auf Durchführung des **vorrangigen streitigen Verfahrens** (§ 255 FamFG) gestellt worden ist (Vgl. hierzu näher → Rn. 674 ff. und 692 ff.). Der Vorrang entfällt wiederum dann, wenn es bei der Teilfestsetzung bleibt, weil der Antragsteller seinen weitergehenden Festsetzungsantrag zurückgenommen hat oder der noch verfahrensanhängige Antrag gemäß § 255 VI FamFG als zurückgenommen gilt (zum Konkurrenzverhältnis zwischen § 240 FamFG und § 255 FamFG im Fall des Teilfestsetzungsbeschlusses nach § 253 I 2 FamFG vgl. auch → Rn. 693). Mit dem Korrekturverfahren nach § 240 FamFG kann auch der Wegfall einer aufschiebenden Bedingung verfolgt werden, die vor dem Hintergrund der Regelung in § 7 IV 1 UVG Eingang in die vereinfachte Unterhaltsfestsetzung gefunden hat.[434] Gegenüber dem Festsetzungsbeschluss will das OLG Brandenburg[435] dem Antragsgegner die weitere Rechtsverfolgung statt nach § 240 FamFG uneingeschränkt in einem Vollstreckungsabwehrverfahren (§ 767 ZPO) eröffnen.

Wendet sich der Antragsgegner gegen den ihn belastenden Festsetzungsbeschluss zunächst erfolglos mit der Beschwerde (§§ 256, 58 FamFG), ist er nicht gehindert, danach seine Rechtsverfolgung weiter im Abänderungsverfahren nach § 240 FamFG zu betreiben. Er ist insbesondere nicht mit Einwendungen präkludiert.[436] Voraussetzungen für dieses Verfahren ist allerdings die Rechtskraft des Festsetzungsbeschlusses.

c) Der Unterhaltstitel des Vorverfahrens. Das Korrekturverfahren (§ 240 I FamFG) knüpft an eine im Vorverfahren (§ 237 FamFG) oder im vereinfachten Verfahren (§ 253 FamFG) erlassene rechtskräftige **Endentscheidung** an. Damit sind als Unterhaltstitel im Vorverfahren zulässigerweise geschlossene **Vergleiche** aus dem Anwendungsbereich ausgeschlossen.[437] Wollen die Beteiligten insoweit eine Titelkorrektur durchsetzen, kommt nur eine Anpassung im Abänderungsverfahren nach § 239 FamFG in Betracht. Hat 125

---

[429] OLG Hamm FamRZ 2004, 1588 (zu § 654 ZPO aF).
[430] BGH FamRZ 2003, 304.
[431] OLG Naumburg FamRZ 2006, 611.
[432] Musielak/Borth FamFG § 240 Rn. 1; Hüßtege in Thomas/Putzo FamFG § 240 Rn. 1.
[433] Johannsen/Henrich/Brudermüller, 5. Aufl. 2010, FamFG § 240 Rn. 4.
[434] OLG Düsseldorf FamRZ 2016, 276.
[435] OLG Brandenburg FamRZ 2012, 1223.
[436] OLG Bremen FamRZ 2013, 560 (561).
[437] OLG Naumburg FamRZ 2006, 211.

der auf Unterhalt in Anspruch genommene Antragsgegner die Vaterschaft wirksam anerkannt und sodann den Kindesunterhalt durch eine **Jugendamtsurkunde** titulieren lassen, fehlt es ebenfalls an einer für das Korrekturverfahren notwendigen Endentscheidung. Eine Korrektur des Unterhaltstitels ist auch hier nur unter den weiteren Voraussetzungen eines Abänderungsverfahrens (§ 239 FamFG) möglich.[438] Dies entspricht Sinn und Zweck des beschränkten Anwendungsbereichs für ein Korrekturverfahren, da die Beteiligten sich mit dem Abschluss eines Vergleichs und dem Anerkenntnis nicht der in § 237 FamFG oder §§ 249, 250 FamFG pauschal-abstrakt geregelten Unterhaltsbemessung ausgesetzt haben. Die rechtskräftige Endentscheidung muss überdies, um Verfahrensgegenstand eines Korrekturverfahrens werden zu können, zumindest auch auf die Verpflichtung zu **künftig fällig werdenden** wiederkehrenden Leistungen gerichtet sein. Sind lediglich **Rückstände** tituliert, scheidet eine Korrektur von vornherein aus, obwohl der Kindesvater mit seinen Einwendungen im Vorverfahren ausgeschlossen war (§ 237 III 3 FamFG oder §§ 252 II, 256 FamFG). Für den Antragsgegner bleibt das Vollstreckungsabwehrverfahren (§ 767 ZPO).

126 **d) Die Verfahrensgrundsätze.** Einleitung und Gang des Korrekturverfahrens folgen den allgemeinen Verfahrensvorschriften, die für eine erstinstanzliche Titulierung von Unterhaltsansprüchen im streitigen Verfahren Anwendung finden (→ Rn. 53–55a).[439] Die von einem **Rechtsanwalt** zu unterzeichnende (§ 114 I FamFG) **Antragsschrift** (§ 113 I 2 FamFG iVm § 253 II ZPO) ist bei dem nach den allgemeinen Regeln örtlich ausschließlich zuständigen Gericht (§ 232 I Nr. 2 FamFG) einzureichen.[440] Mit der Zustellung an den Gegner (§§ 166 ff. ZPO) tritt Rechtshängigkeit ein.[441] Da im Korrekturverfahren Herabsetzung und Erhöhung des Unterhalts nebeneinander verlangt werden können, kommen das Kind und der barunterhaltspflichtige Vater als Antragsteller in einem entsprechenden Verfahren in Betracht, gegebenenfalls auch als Widerantragsteller. Im Unterschied zur zwingenden Regelung in § 654 III ZPO aF, die bei Klagen beider Parteien eine **Verfahrensverbindung** vorschrieb, fehlt es an einer Nachfolgeregelung. Allerdings besteht das mit der Altregelung verfolgte Anliegen, eine einheitliche Unterhaltsfestsetzung sicherzustellen und widersprechende Entscheidungen zu vermeiden,[442] fort, so dass auch weiterhin eine Verfahrensverbindung geboten erscheint (§ 113 I 2 FamFG iVm § 147 ZPO).[443]

Für den durch den Ausgangstitel beschwerten Unterhaltspflichtigen besteht die Möglichkeit, um einstweiligen Rechtsschutzes gemäß § 242 FamFG iVm § 769 ZPO nachzusuchen. Materiellrechtlich beurteilt das Gericht das Unterhaltsbegehren des Kindes und die Einwendungen, die der Vater dem entgegenhält, wie in einem Erstverfahren, und zwar unabhängig davon, ob die jeweiligen Ausführungen schon im Vorverfahren stattgefunden hatten oder hätten Berücksichtigung finden können. Dies führt zu einer vollständigen Neuberechnung des Kindesunterhalts. Demgemäß beurteilt sich ungeachtet des vorhandenen Unterhaltstitels auch die **Darlegungs- und Beweislast**[444] wie bei der erstmaligen Geltendmachung des Unterhalts. Das Gericht entscheidet auf Grund mündlicher Verhandlung durch zu begründenden, mit einer Rechtsbehelfsbelehrung zu versehenden und zu verkündenden **Beschluss** (§ 116, 38, 39 FamFG), Dieser ist gemäß § 113 I 2 FamFG iVm § 317 ZPO zuzustellen und unterliegt nach den allgemeinen Bestimmungen als Endentscheidung der Anfechtung durch das Rechtsmittel der Beschwerde (§ 58 FamFG).[445] Kommt es im Korrekturverfahren zu einer vom Ausgangstitel abweichenden Unterhaltsbemessung, ändert das Gericht die Titel entsprechend ab. Eine Aufhebung, wie ihn § 255 IV FamFG für das streitige Verfahren vorsieht, ist nicht geboten, wohl aber die Berücksichtigung von zwischenzeitlich auf den Unterhaltstitel erbrachten Unterhaltszahlungen.

---

[438] Keidel/Meyer-Holz FamFG § 240 Rn. 1.
[439] MüKoFamFG/Pasche § 240 Rn. 10.
[440] a. A. Prütting/Helms/Bömelburg FamFG § 240 Rn. 7.
[441] Keidel/Meyer-Holz FamFG § 240 Rn. 6.
[442] Musielak/Borth FamFG § 240 Rn. 8.
[443] Keidel/Meyer-Holz FamFG § 240 Rn. 13.
[444] OLG Celle FamRZ 2013, 1829.
[445] MüKoFamFG/Pasche § 240 Rn. 13.

Über die **Kosten** entscheidet das Familiengericht gemäß § 243 FamFG. Für die Wertfestsetzung sind die Vorschriften in § 51 I und II FamGKG maßgebend. In erster Instanz fällt an bei den **Gerichtskosten** eine Verfahrensgebühr nach Nr. 1220 KV FamGKG. Für die anwaltliche Tätigkeit entsteht eine Gebühr nach Nr. 3100 VV RVG sowie die Terminsgebühr nach Nr. 3104 VV RVG. Auch bei dem gegen einen Feststellungsbeschluss nach § 253 FamFG gerichteten Abänderungsverfahren findet eine Kostenanrechnung, wie sie § 255 V FamFG für das streitige Verfahren vorsieht, in Ermangelung einer entsprechenden gesetzlichen Regelung nicht statt. Im Beschwerdeverfahren fällt beim Gericht die Verfahrensgebühr nach Nr. 1222 KV FamGKG an. Für die anwaltliche Mitwirkung im Beschwerdeverfahren sind die Kostenvorschriften in Nr. 3200 und 3202 VV RVG heranzuziehen.

e) Die Zeitschranken einer Korrektur. Während das Korrekturverfahren der Beurteilung des Unterhaltsbegehrens, soweit dieses in die Zukunft gerichtet ist, keine zeitlichen Schranken setzt und eine Titulierung auch über den Eintritt der Volljährigkeit des Kindes zulässt (§ 244 FamFG), kommt eine **rückwirkende Abänderung** der rechtskräftigen Endentscheidung je nach Zielrichtung mit unterschiedlichen Einschränkungen in Betracht, wobei zwischen der **Erhöhung** des Unterhalts und einer **Herabsetzung** (§ 240 II FamFG) zu unterscheiden ist. 127

aa) Erhöhung. Soweit das Kind im Korrekturverfahren einen über die Titulierung im Vorverfahren hinausgehenden höheren Unterhalt geltend macht, kann es diesen verlangen, soweit die materiellen Voraussetzungen von § 1613 BGB erfüllt sind. Darüber hinaus bestehen im Korrekturverfahren auch keine verfahrensrechtlichen Einschränkungen.[446] 128

bb) Herabsetzung. Demgegenüber unterliegt die rückwirkende Herabsetzung des Unterhalts zeitlichen Schranken, wobei verschiedene Fallkonstellationen zu unterscheiden sind. Zunächst sieht § 240 II 1 FamFG vor, dass eine Abänderung nur zulässig ist für die Zeit ab Rechtshängigkeit des Antrags, sofern der Antrag auf Herabsetzung nicht innerhalb eines Monats nach Rechtskraft „gestellt" wird. Für die Berechnung der Monatsfrist lässt die Vorschrift zunächst nicht weiter erkennen, welcher Zeitpunkt mit der **Antragstellung** gemeint sein soll. Der Ansicht,[447] die hierfür auf die **Anhängigkeit** des Verfahrens zurückgreifen will, ist nicht zu folgen, da nach der Systematik des FamFG bereits die Einreichung einer Antragsschrift die Anhängigkeit eines Verfahrens bewirkt (vgl. § 124 FamFG). Hinzu kommt, dass die verschiedenen Regelungen in § 240 II FamFG zwischen Anhängigkeit (S. 2) und Antragstellung (S. 1) unterscheiden. Bei zivilprozessualer Sichtweise der Familienstreitsache (§ 113 I 2 FamFG iVm § 137 I ZPO) käme für einen Bezug auf die Antragstellung auch die mündliche Verhandlung in Betracht. Indessen handelt es sich bei dieser Bestimmung, wie der Gesetzgeber betont,[448] lediglich um die inhaltliche Übernahme der bisherigen Regelung in § 654 II 1 ZPO aF, die für den Endzeitpunkt der Monatsfrist an die Rechtshängigkeit der Korrekturklage anknüpfte, so dass, da eine Änderungsabsicht des Gesetzgebers nicht erkennbar ist, weiterhin auf die Zustellung der Antragsschrift an das Kind und damit die Begründung der **Rechtshängigkeit** als Endzeitpunkt für die **Monatsfrist** abzustellen ist.[449] Dies unterstreicht, dass allein die rechtzeitige Einreichung eines Verfahrenskostenhilfegesuchs[450] die nach § 222 ZPO zu beurteilende Frist[451] nicht wahrt. 129

Maßgebend ist der fristgerechte Eingang der Antragsschrift mit der nach § 167 ZPO in Betracht kommenden Rückwirkung bei Gericht,[452] wenn die **Zustellung demnächst** erfolgt. Dies ist nicht der Fall, wenn es durch fehlende Mitwirkung des Kindsvaters zu Verzögerungen bei der Zustellung kommt. Allerdings erscheint zweifelhaft, ob insbesondere der um den Nachweis fehlender Leistungsfähigkeit im Korrekturverfahren bemühte 130

---

[446] Johannsen/Henrich/Brudermüller, 5. Aufl. 2010, FamFG § 240 Rn. 11.
[447] Zöller/Lorenz ZPO FamFG § 240 Rn. 8.
[448] BT-Drs. 16/6308, 259.
[449] Keidel/Meyer-Holz FamFG § 240 Rn. 6.
[450] OLG Zweibrücken FamRZ 2008, 799; OLG Hamm FamRZ 2008, 1540 noch zu § 654 II 1 ZPO aF.
[451] Musielak/Borth FamFG § 240 Rn. 6.
[452] OLG Brandenburg FamRZ 2007, 2085.

Kindesvater in der Lage ist, innerhalb der Monatsfrist die Einreichung einer anwaltlich unterzeichneten Antragsschrift bei Gericht zu gewährleisten, ohne dass zuvor – gegebenenfalls erst in einem Beschwerdeverfahren – über eine hierfür notwendige **Verfahrenskostenhilfe** entschieden ist. Die Fristwahrung lässt sich auch nicht durch Zustellung des Verfahrenskostenhilfegesuchs erreichen, da hierdurch die geforderte Rechtshängigkeit des Abänderungsantrags nicht eintritt.[453] Kommt es deshalb, zumal die Monatsfrist auch nicht verlängert werden kann, mit der Einreichung der Antragsschrift erst nach Bewilligung von Verfahrenskostenhilfe zu einer Fristüberschreitung, stellt sich die Frage nach einer **Wiedereinsetzung in den vorigen Stand.** Allerdings handelt es sich bei der Monatsfrist des § 240 II 1 FamFG weder um eine Notfrist noch um eine solche, für die das Gesetz ausdrücklich eine Wiedereinsetzung in den vorigen Stand vorsieht (§ 113 I 2 FamFG iVm § 233 ZPO). Gleichwohl wird eine verfahrenssystematische Nähe zur Notfrist betont und ein Antrag auf Wiedereinsetzung gegen der Versäumung der Monatsfrist entsprechend § 233 ZPO für zulässig erachtet.[454] Ein darauf zielendes Gesuch setzt allerdings voraus, dass der Kindesvater bis zum Ablauf der Frist gegenüber dem Gericht die für eine Bewilligung von Verfahrenskostenhilfe notwendigen Nachweise zu seinen persönlichen und wirtschaftlichen Verhältnissen geführt hat, um eine entsprechende Bescheidung zu ermöglichen.

131 Hat das weiteren Unterhalt verlangende Kind innerhalb der Monatsfrist einen Erhöhungsantrag anhängig gemacht, läuft die Frist für ein rückwirkendes Herabsetzungsverlangen des Kindesvaters nicht vor Beendigung des durch das Kind betriebenen Verfahrens (§ 240 II 2 FamFG) ab. Die Vorschrift soll den Rechtsfrieden zwischen den Beteiligten fördern und dem Kindesvater, der zunächst davon abgesehen hat, für die Vergangenheit eine Korrektur des Unterhaltstitels anzustreben, gegenüber einem keinen Fristen ausgesetzten Unterhaltsverlangen des Kindes die Befugnis, eine Unterhaltsherabsetzung auch für die Vergangenheit zu verlangen, verfahrensrechtlich zu erhalten.[455]

Hat der Kindesvater mit seinem Korrekturantrag die Monatsfrist im Sinne von § 240 II 1 FamFG nicht einhalten können, bleibt ihm das Recht, gleichwohl für die Vergangenheit eine Herabsetzung des titulierten Unterhalts für die Zeit ab dem Ersten des auf ein entsprechendes Auskunfts- oder Verzichtsverlangen folgenden Monats zu verlangen, (§ 240 II 3 FamFG). Diese Regelung ist der Gleichbehandlung von Unterhaltsberechtigtem und Unterhaltspflichtigem geschuldet. So wie das Kind für die Vergangenheit unter den Voraussetzungen von § 1613 BGB weitergehenden Unterhalt verlangen kann, ist der Kindesvater im Zuge einer **„negativen Inverzugsetzung"** in zeitlicher Hinsicht gleichermaßen berechtigt, ein Korrekturverfahren zu führen (vgl. auch die Regelung in § 238 III 3 FamFG zum Abänderungsverfahren). Für eine negative Inverzugsetzung muss es als ausreichend angesehen werden, wenn der Unterhaltspflichtige in einer Mitteilung dem Unterhaltsberechtigten nachvollziehbar darlegt, dass nur noch ein geringerer oder kein Unterhalt mehr geschuldet wird, und von diesem die ihm gegenüber abzugebende Erklärung, die Herabsetzung der Unterhaltszahlungen oder deren Wegfall zu akzeptieren, verlangt.[456] Der Erfolg der negativen Inverzugsetzung hängt nicht davon ab, dass der Unterhaltspflichtige seiner Darstellung der Einkommens- und Unterhaltsverhältnisse Belege oder sonstige Nachweise beifügt.[457]

132 **f) Die absoluten Korrekturgrenzen (§ 240 II 4 FamFG).** Während eine rückwirkende Heraufsetzung des Kindesunterhalts ungeachtet möglicher Verwirkung im Übrigen keinen weiteren zeitlichen Schranken unterliegt, bestimmt § 240 II 4 FamFG unter Bezugnahme auf § 238 III 4 FamFG, dass eine **rückwirkende Herabsetzung** des titulierten Unterhalts für einen mehr als **ein Jahr vor Rechtshängigkeit** liegenden Unterhaltszeitraum nicht verlangt werden kann. Es handelt sich um eine **generelle Begrenzung,** die für alle durch § 240 II FamFG erfassten Fallvarianten der rückwirkenden Herabsetzung des

---

[453] OLG Hamm FamRZ 2008, 1540.
[454] Keidel/Meyer-Holz FamFG § 240 Rn. 8; Johannsen/Henrich/Brudermüller, 5. Aufl. 2010, FamFG § 240 Rn. 11.
[455] BT-Drs. 13/7338, 43.
[456] OLG Koblenz NZFam 2015, 377.
[457] OLG Hamburg NJW 2013, 2042.

Kindesunterhalts Anwendung findet. Das kann im Einzelfall zu schwerwiegenden Beeinträchtigungen der Interessen des Unterhaltspflichtigen führen. Hat das Kind im Zuge einer erst nach Jahren geklärten Vaterschaft den Unterhalt mit Rückständen für mehrere Jahre im Verfahren nach § 237 FamFG geltend gemacht und im Hinblick auf § 237 III FamFG den Unterhaltstitel mit einem umfassenden Einwendungsausschluss für den Unterhaltspflichtigen erstritten, dürfte es grob unbillig erscheinen, diesen mit seinen Rechten ab einem bestimmten Zeitpunkt auszuschließen. Den gegen die Beschränkung vorgebrachten **rechtsstaatlichen Bedenken** dürfte im Einzelfall nur dadurch zu begegnen sein, dass die Zeitschranke bei einem ansonsten **grob unbilligen Korrekturergebnis** zurückweichen muss (§ 242 BGB).[458] Jedenfalls dürfte eine Beschränkung der Härteregelung auf Fälle eines betrügerischen Verhaltens[459] mit Fortwirkungen im Vorverfahren allein nicht ausreichen, um ein grob unbilliges Ergebnis zu vermeiden, zumal solche Kriterien im Verfahren nach § 237 FamFG kaum realistisch erscheinen. Einem Betrugsvorwurf dürfte sich das Unterhalt begehrende Kind im Vorverfahren schon deshalb nicht aussetzen, weil dieses auf den Mindestunterhalt beschränkt bleibt und der Unterhaltspflichtigen mit seinen Einwendungen zur Leistungsfähigkeit ausgeschlossen ist (§ 237 III 3 FamFG).

IV. Die Abänderung gerichtlicher Endentscheidungen (§ 238 FamFG)

1. Allgemeines

Den Gegenstand eines Abänderungsverfahrens nach § 238 FamFG in Unterhaltssachen bilden **Endentscheidungen** des Gerichts in einem **Hauptsacheverfahren,** soweit sie eine Verpflichtung zu künftig fällig werdenden wiederkehrenden Leistungen nach § 258 ZPO enthalten. Dabei bildet § 238 FamFG die **Korrekturmöglichkeit** zu § 258 ZPO, der bei wiederkehrenden Leistungen auch wegen der erst nach Erlass der Endentscheidung fällig werdenden Leistungen einen Antrag auf künftige Entrichtung gestattet. Mit dem Beschluss (§§ 116, 38 FamFG) nach § 258 ZPO werden somit **künftige Ansprüche** tituliert, die zum Zeitpunkt des Erlasses der Ausgangsentscheidung noch nicht einmal entstanden und erst recht nicht fällig sind. Entstanden ist der Monatsbetrag einer Unterhaltsrente nämlich erst mit dem Beginn des Monats, in den die Unterhaltspflicht fällt (§ 1612 III 2 BGB). Schafft daher § 258 ZPO dem Unterhaltsberechtigten die Möglichkeit, einen Titel über noch gar nicht entstandene Ansprüche zu erlangen, korrigiert § 238 FamFG diesen Titel für den Fall, dass die seit Erlass der Endentscheidung eingetretene Sach- und Rechtslage sich wesentlich geändert hat.

Als Einsatzzeitpunkt für die Abänderung des Unterhaltstitels bestimmt § 238 III 1 FamFG als Grundsatz den Eintritt der **Rechtshängigkeit** des Abänderungsantrags. Darüber hinaus eröffnet § 238 III 2 und 3 FamFG unter bestimmten Voraussetzungen auch eine **rückwirkende Korrektur.** Für den Unterhaltsberechtigten kommt danach eine Abänderung schon ab dem Zeitpunkt in Betracht, zu welchem er von dem Unterhaltspflichtigen **höheren Unterhalt** für die Vergangenheit nach den materiell-rechtlichen Vorschriften des bürgerlichen Rechts (§§ 1613 I, 1585b II, 1361 IV 4, 1360a III BGB) verlangen kann. Für den um **Herabsetzung** oder Wegfall des titulierten Unterhalts bemühten Unterhaltspflichtigen setzt die Korrekturmöglichkeit mit dem ersten des auf ein entsprechendes Auskunfts- oder Verzichtsverlangen des Unterhaltspflichtigen folgenden Monats ein. Bis zum Inkrafttreten von § 238 FamFG sah § 323 III ZPO aF zugunsten des Unterhaltspflichtigen eine entsprechende Vorverlagerung des Abänderungszeitpunktes nicht vor, was vielfach als ungerechtfertigte verfahrensrechtliche Benachteiligung des Unterhaltspflichtigen wahrgenommen wurde. Nunmehr entspricht es einem uneingeschränkten Ausfluss materieller Gerechtigkeit, den Ursprungstitel an die spätere Entwicklung anpassen zu können, wenn diese erheblich von der Vorausschau bei Erlass der abzuändernden Ent-

---

[458] Bork/Jacoby/Schwab/Hütter/Kodal FamFG § 240 Rn. 7.
[459] Prütting/Helms/Bömelburg FamFG § 240 Rn. 20.

scheidung abweicht. Damit eröffnet der Abänderungsantrag nicht nur einen Angriff auf die **Richtigkeit der Prognose** des früheren Titels,[460] sondern auch auf den Fortbestand des abzuändernden Titels überhaupt. Das Abänderungsverfahren stellt somit einen verfahrensrechtlichen Anwendungsfall der **clausula rebus sic stantibus** dar.[461]

135 In seinem auf die Korrektur von gerichtlichen Endentscheidungen in der Hauptsache beschränkten Anwendungsbereich hat das Abänderungsverfahren nach § 238 FamFG das bisher auf verschiedene Unterhaltstitel anwendbare Abänderungsverfahren des § 323 ZPO aF abgelöst. Die tatbestandliche Neustrukturierung soll nach dem Willen des Gesetzgebers die Übersichtlichkeit erhöhen und zu einer stärkeren Anbindung der Rechtslage unmittelbar an den Wortlaut des Gesetzes führen.[462] Gegliedert ist die Vorschrift in vier Absätze, wovon die Absätze I und III die Zulässigkeit, der Absatz II – mit Auswirkungen auf die Zulässigkeit und Begründetheit des Abänderungsantrags – die Tatsachenpräklusion für den Antragsteller und der Absatz IV die Begründetheit des Abänderungsantrags regeln.[463]

136 Der Abänderungsantrag ist hiernach weiterhin nur insoweit zulässig (§ 238 II FamFG), als die Gründe, auf die sie gestützt wird, erst nach **Schluss der Tatsachenverhandlung** des vorausgegangenen Verfahrens entstanden sind, in der eine Antragserweiterung oder die Geltendmachung von Einwendungen hätte spätestens erfolgen müssen. Insbesondere zur **Absicherung der Rechtskraft** unanfechtbar gewordener Entscheidungen ist danach eine Zeitschranke für die Berücksichtigung von Abänderungsgründen errichtet. Der Möglichkeit einer Abänderung bedarf es nämlich nicht, wenn die veränderten Verhältnisse schon im Ursprungsverfahren hätten geltend gemacht werden können. Maßgebender Zeitpunkt ist der Schluss der mündlichen Verhandlung der letzten Tatsacheninstanz, also auch der Beschwerdeinstanz, sofern eine solche stattgefunden hat.[464]

137 Aus dem Charakter des Abänderungsverfahrens als Anwendungsfall der clausula rebus sic stantibus ergibt sich weiter, dass die Abänderung einer Endentscheidung nicht weiter gehen darf, als dies aus Gründen der veränderten Verhältnisse notwendig erscheint. § 238 FamFG will weder eine Möglichkeit zur neuerlichen Wertung des alten Sachverhalts noch einen Weg eröffnen, diesen bei Gelegenheit einer Änderung abweichend zu beurteilen. Erst recht kann die Vorschrift nicht die Möglichkeit bieten, gegen den Grund des Anspruchs Einwendungen zu erheben oder diesen neu zur Nachprüfung zu stellen. Der Abänderungsantrag stellt einen Ausnahmefall von den allgemeinen Regeln der Rechtskraft dar. Die sich aus der **Rechtskraft** ergebende **Bindungswirkung** der Erstentscheidung darf daher nach § 238 FamFG nur insoweit beseitigt werden, als der vorausgegangene Beschluss auf Verhältnissen beruht, die sich inzwischen geändert haben. Ist eine Änderung nicht eingetreten, hindert die Bindung das Abänderungsgericht daran, die diesbezüglichen Tat- und Rechtsfragen neuerlich zu prüfen. Dass die Fragen möglicherweise unrichtig beurteilt worden sind, kann den Umfang der rechtlichen Bindung nicht beeinflussen, wie dies auch bei allen anderen Endentscheidung gilt.[465]

2. Rechtsnatur

138 Der Abänderungsantrag ist zum einen ein **verfahrensrechtlicher Gestaltungsantrag**, der einen früheren (meistens) rechtskräftigen Unterhaltstitel ändert und damit die Rechtsbeziehung zwischen den Beteiligten neugestaltet (in Form einer Anspruchsminderung oder -erhöhung). Führt die Abänderungsentscheidung erneut zu einer Verpflichtung zur Zahlung von Unterhalt, ist dieser neue Titel das **Ergebnis eines Leistungsantrags.**[466] Begehrt der Unterhaltspflichtige mit dem Abänderungsantrag einen völligen Wegfall seiner Leistungspflicht, ist sein Begehren als negativer Feststellungsantrag aufzufassen. Ein zusätz-

---

[460] BGH FamRZ 1985, 259.
[461] BGH FamRZ 2001, 1364 (1365).
[462] BT-Drs. 16/6308, 257.
[463] BT-Drs. 16/6308, 257.
[464] Graba FamRZ 2001, 585 (592).
[465] BGH FamRZ 2001, 1364; NJW 2001, 937.
[466] BGH FamRZ 2001, 1140 (1141).

licher Feststellungsantrag kann aber mit dem Abänderungsantrag nicht verbunden werden, weil hierdurch keine Veränderung der Leistungsentscheidung erreicht werden kann und damit das Rechtsschutzinteresse fehlt.[467] Das **Rechtsschutzbedürfnis** für einen Abänderungsantrag entfällt auch dann, wenn der Unterhaltsberechtigte den Titel zurückgibt. Benötigt er den Titel noch zur Vollstreckung von rückständigem Unterhalt, entfällt das Rechtsschutzbedürfnis, wenn der Unterhaltsberechtigte erklärt, ab einem bestimmten Zeitpunkt aus dem Titel nicht zu vollstrecken.[468]

3. Verfahrensgegenstand

Die Frage, ob das Vorverfahren und das Abänderungsverfahren den gleichen Verfahrensgegenstand umfassen, wird in Rechtsprechung und Literatur nicht einheitlich beantwortet. Die herrschende Meinung[469] geht davon aus, dass die abzuändernde Entscheidung auch die erst in Zukunft eintretenden Tatsachen umfasst, die für die Verpflichtung zu den wiederkehrenden Leistungen maßgebend sind. Daher beziehe sich die **materielle Rechtskraft** der abzuändernden Entscheidung auch auf die **richterliche Prognose** und betreffe damit denselben Verfahrensgegenstand wie der Abänderungsantrag. § 238 FamFG wird deshalb als eine Vorschrift angesehen, die aus Gründen der Gerechtigkeit die Durchbrechung der materiellen Rechtskraft der abzuändernden Entscheidung zulässt **(sog. Billigkeitstheorie)**.[470]

139

Demgegenüber wird eingewendet, ein identischer Verfahrensgegenstand liege schon deswegen nicht vor, weil sich der auf künftige Abänderung (nämlich nach Rechtshängigkeit des Abänderungsverfahrens, § 238 III FamFG) gerichtete Antrag hinsichtlich seines zeitlichen Umfangs wie auch in seiner Antragstellung vom Erstverfahren unterscheide. Da auch bei wiederkehrenden Leistungen die zeitliche Grenze wie sonst auch durch den Schluss der letzten mündlichen Tatsachenverhandlung des Vorverfahrens gesetzt werde, liege dem Abänderungsantrag ein anderer Sachverhalt zugrunde und damit auch ein anderer Verfahrensgegenstand. Die Abänderungsentscheidung könne daher die Rechtskraft des Vorverfahrens nicht durchbrechen, sondern stehe mit ihr in Einklang **(sog. Bestätigungstheorie)**.[471]

Der sog Billigkeitstheorie ist zuzustimmen. Die unterhaltsrechtlichen Beziehungen zwischen den jeweiligen Beteiligten des Unterhaltsverfahrens werden wesentlich dadurch charakterisiert, dass sie grundsätzlich auf Dauer angelegt, dadurch aber zugleich dem stetigen Wandel der sozialen Wirklichkeit ausgesetzt sind, der sich verändernd auf den jeweils geschuldeten Unterhalt auswirkt. Hierauf muss die Rechtsordnung im Spannungsfeld zwischen Bestand der gerichtlichen Entscheidung und dem Postulat der materiellen Gerechtigkeit reagieren. Der Gesetzgeber ist dem **verfahrensrechtlich** nachgekommen, indem er durch die – neben den §§ 257 und 259 ZPO – weitere Sondervorschrift des § 258 ZPO ein Unterhaltsverfahren auch bezogen auf die erst nach Erlass der Endentscheidung fällig werdenden Leistungen zulässt. Diese Entscheidung beinhaltet demgemäß wegen dieser Unterhaltsleistungen eine **Prognose**, die an der Rechtskraft der Endentscheidung teilnimmt. Diese „Zukunftsrechtskraft" befindet sich in Übereinstimmung mit der herrschenden prozessualen Rechtskrafttheorie,[472] wonach das rechtskräftige Urteil das materielle Recht nicht ändert, sondern nur erkennt, was rechtens ist. Die Bedeutung der Rechtskraft liegt darin, dass Gerichte und Beteiligte, auch wenn im Nachhinein Änderungen in den Anspruchsvoraussetzungen eintreten, an die rechtskräftige Entscheidung an sich gebunden sind. Vor diesem Hintergrund eröffnet § 238 FamFG wiederum als **Ausnahmeregelung** die Möglichkeit der Titelabänderung und legt gleichzeitig die Voraussetzungen im Einzelnen fest, unter denen die Rechtskraft „billigerweise" durch-

140

---

[467] BGH FamRZ 2001, 1140 (1141).
[468] OLG München FamRZ 1999, 942.
[469] BGH FamRZ 1980, 1099.
[470] BGH FamRZ 1990, 496 (497); 1982, 259 (260).
[471] Gottwald, Festschrift für Schwab, 1990, S. 163.
[472] Graba, Die Abänderung von Unterhaltstiteln, Rn. 69.

brochen werden kann. Für diese Sichtweise sprach bisher auch die systematische Stellung von § 323 ZPO aF innerhalb der die Rechtskraft regelnden Vorschriften (§§ 322–325 ZPO). Ansonsten hätte nahe gelegen, den Abänderungsantrag in den Kontext des Vollstreckungsabwehrverfahrens (§ 120 FamFG iVm § 767 ZPO) zu stellen.[473] Daran hat sich durch die Neustrukturierung des Abänderungsverfahrens in § 238 FamFG in der Sache nichts geändert. Dessen ungeachtet wäre diese Vorschrift, wollte man der Bestätigungstheorie in der Einschätzung folgen, dass dem Abänderungsantrag ein anderer Sachverhalt und damit ein anderer Streitgegenstand zugrunde liege, überflüssig.[474]

4. Anwendungsbereich

141 Während das Abänderungsverfahren nach § 323 ZPO aF seinem allgemeinen, entsprechender Anwendung fähigen Rechtsgedanken (nämlich der clausula rebus sic stantibus) folgend den Kreis der abänderungsfähigen Unterhaltstitel nicht auf die in Abs. I, IV und V der Vorschrift genannten Titel beschränkte, bleibt der Anwendungsbereich von § 238 FamFG gemäß einer entsprechenden Intention des Gesetzgebers[475] schon nach seinem Wortlaut begrenzt. Er erfasst gemäß der Regelung in § 238 I 1 FamFG nur die in einem Hauptsacheverfahren ergangenen Endentscheidungen des Gerichts, die eine Verpflichtung zu künftig fällig werdenden wiederkehrenden Leistungen enthalten. Bei den **Endentscheidungen des Gerichts** muss es sich um den Verfahrensgegenstand ganz oder teilweise erledigende Beschlüsse handeln (§§ 38 I 1, 116 FamFG). Die Art der Endentscheidung ist nicht weiter vorgegeben, so dass neben kontradiktorischen Entscheidungen auch solche der Abänderung unterliegen, die auf ein **Anerkenntnis**[476] oder eine **Säumnis,**[477] soweit der Einspruch nicht oder nicht mehr zulässig ist, zurückgehen. Auch **Teilentscheidungen**[478] unterliegen definitionsgemäß einer Abänderung.

142 Bei Unterhaltsanordnungen, die im Rahmen des **einstweiligen Rechtsschutzes** (§§ 246–248 FamFG) ergangen sind, handelt es sich ebenfalls um Endentscheidungen. Gleichwohl scheiden sie aus dem Anwendungsbereich des § 238 FamFG aus, weil diese Entscheidungen nicht **in einer Hauptsache,** sondern nur in einem summarischen Verfahren ergangen sind. Hier richten sich Abänderung und Anpassung vorrangig nach § 54 I FamFG. Führt dies aus der jeweiligen Sicht der Beteiligten nicht zum Erfolg, muss der Unterhaltsberechtigte mit einem Leistungsantrag, der Unterhaltspflichtige gegebenenfalls mit einem negativen Feststellungsantrag gegen die Anordnung vorgehen. Weist das Gericht den **negativen Feststellungsantrag** ab, steht dies einer Erstentscheidung in der Hauptsache gleich, die als Endentscheidung nur unter den Voraussetzungen von § 238 FamFG abänderbar ist.[479]

Abänderungsentscheidungen nach § 323 ZPO aF oder § 238 FamFG unterliegen wiederum einer Abänderung nach Maßgabe der Regelungen des § 238 FamFG. Das gilt auch dann, wenn der erstmaligen Abänderung keine gerichtliche Endentscheidung als Unterhaltstitel – zB Verfahrensvergleich oder vollstreckbare Urkunde (vgl. § 239 FamFG) – zugrunde gelegen hatte, und zwar unabhängig von der verfahrensbezogenen Stellung, die die Beteiligten im ersten Abänderungsverfahren eingenommen hatten.[480]

Bei Unterhaltsbeschlüssen, die im **vereinfachten Verfahren** nach §§ 249 ff. FamFG ergangen sind, handelt es sich um gerichtliche Endentscheidungen, die allerdings vorrangig im Verfahren nach § 240 FamFG der Abänderung und Anpassung unterliegen. Erst die darauf ergehende gerichtliche Entscheidung kann nur unter den besonderen Verfahrensan-

---

[473] Graba Unterhaltstitel Rn. 69.
[474] Graba Unterhaltstitel Rn. 67.
[475] BT-Drs. 16/6308, 257.
[476] BGH FamRZ 2007, 1459 = R 680; 2002, 88 (90).
[477] BGH FamRZ 2010, 1150 = R 713.
[478] OLG Karlsruhe FamRZ 1992, 199.
[479] OLG Hamm FamRZ 2000, 544.
[480] BGH FamRZ 2012, 1284 Rn. 13.

forderungen von § 238 FamFG abgeändert werden. Dies gilt gleichermaßen für die Unterhaltsanordnungen im Kontext eines Vaterschaftsfeststellungsverfahrens (§ 237 FamFG).

Als Abänderungstitel im Sinne von § 238 FamFG kommen ferner in Betracht Endentscheidungen **ausländischer Gerichte,** sofern deutsche Gerichte international zuständig sind (→ Rn. 15–18 und → § 9 Rn. 640 bis 664).[481] Voraussetzung ist allerdings, dass der Ausgangstitel im Inland anzuerkennen ist.[482] Ohne Belang ist in diesem Zusammenhang, ob es bezogen auf den Ausgangstitel nach ausländischem Recht keines Abänderungsverfahrens bedarf und die Mehrforderung mit einem Leistungsantrag geltend gemacht werden kann.[483] Unerheblich ist ferner, ob der Ausgangstitel auf ausländischem oder inländischem Sachrecht beruht.[484] Im Übrigen dürften die Anforderungen an eine Abänderung unabhängig von dem materiellrechtlich maßgebenden Unterhaltsstatut nach deutschem Recht **(lex fori)** zu beurteilen sein, das die einzelnen Voraussetzungen hierfür **verfahrensrechtlich** in § 238 FamFG abschließend ausgestaltet hat.[485] Der BGH hat die entsprechende Rechtsfrage bisher allerdings ausdrücklich offengelassen,[486] für die Grundlagen und den Umfang der Anpassung des Ausgangstitels aber auf das diesem zugrunde liegende Unterhaltsstatut abgestellt (Zum Abänderungsverfahren für ausländische Unterhaltstitel vgl. auch → § 9 Rn. 666–670).

143

Das Abänderungsverfahren nach § 238 FamFG ist schließlich auch durchzuführen bei Leistungsurteilen, Abänderungsurteilen, Anerkenntnisurteilen, Versäumnisurteilen oder sonstigen **Endurteilen,** soweit sie eine Verpflichtung zu künftig fällig werdenden wiederkehrenden Unterhaltsleistungen enthalten und gemäß den bis zum 31.8.2009 anzuwendenden zivilprozessualen Vorschriften ergangen sind.[487] Nach der **Übergangsregelung** in **Art. 111 I 2 FGG-RG** findet § 238 FamFG allerdings nur Anwendung, wenn das Abänderungsverfahren erst nach dem Inkrafttreten des FamFG am 1.9.2009 eingeleitet war. War das Abänderungsverfahren schon vor dem Inkrafttreten eingeleitet oder war seine Einleitung zu diesem Zeitpunkt bereits beantragt, ist das Verfahren nach den Verfahrensvorschriften in § 323 ZPO aF fortzuführen, und zwar in allen Instanzen bis zum rechtskräftigen Abschluss des Verfahrens.[488] Maßgebend ist in Unterhaltssachen der Eingang der Antragsschrift bei Gericht.[489] Der Antrag auf Bewilligung von Verfahrenskostenhilfe für eine noch einzureichende Antragsschrift genügt nicht. Soweit die **Zeitschranke** des § 238 III FamFG eine gegenüber § 323 III 1 ZPO aF weiter zurückreichende Abänderung zugunsten des Unterhaltspflichtigen eröffnet, bleibt diese aber bei Meidung eines Verstoßes gegen das Rückwirkungsverbot begrenzt durch den Zeitpunkt des Inkrafttretens der Bestimmung.[490]

144

Der Gegenstand einer Abänderung von gerichtlichen Entscheidungen nach § 238 FamFG wird weiter dadurch begrenzt, dass der Unterhaltstitel eine Verpflichtung zu **künftig fällig** werdenden wiederkehrenden Leistungen enthalten muss (§ 258 ZPO). Eine auf fälligen Unterhalt begrenzte Entscheidung genügt nicht. Am Schluss der Tatsachenverhandlung muss zumindest noch eine wiederkehrende Leistung „nicht fällig" sein. Besonderheiten gelten, wenn die Beteiligten den durch Endentscheidung titulierten Unterhalt später auf eine andere Grundlage oder der Höhe nach anderweitig berechnet und geregelt haben. Hier scheidet, obwohl noch ein Titel nach dem Wortlaut des § 238 I 1 FamFG vorliegt, ein Abänderungsverfahren aus. Will der Unterhaltsberechtigte den nachträglich vereinbarten Unterhalt gerichtlich durchsetzen, muss er einen Leistungsantrag im ordentlichen Streitverfahren stellen. Der Unterhaltspflichtige, der einwenden will, man habe sich

145

---

[481] BGH FamRZ 2015, 479 Rn. 11.
[482] BGH FamRZ 2015, 479 Rn. 12; 1983, 806.
[483] BGH FamRZ 1992, 298.
[484] OLG Karlsruhe FamRZ 1989, 1310.
[485] OLG Celle FamRZ 1993, 103 (104).
[486] BGH FamRZ 2015, 479 Rn. 14; 1992, 1060 (1062).
[487] BT-Drs. 16/6308, 359.
[488] BGH FamRZ 2010, 192 Rn. 5.
[489] Johannsen/Henrich/Büte FGG-RG Art. 111 Rn. 4.
[490] OLG Celle FamRZ 2011, 50 (51).

§ 10

auf einen niedrigeren Unterhalt verständigt, ist gegenüber einer weiteren Vollstreckung aus der gerichtlichen Endentscheidung auf ein Vollstreckungsabwehrverfahren (§ 767 ZPO) angewiesen.

146 Obwohl das Abänderungsverfahren nach dem Wortlaut des § 238 I FamFG auf Titel gerichtet ist, die künftig fällig werdende wiederkehrende Leistungen betreffen, wird die Ansicht[491] vertreten, dass auch Titel mit Abfindungscharakter **(Kapitalabfindung)** einer Abänderungsantrag zugänglich seien, um nachträglichen Änderungen in den Verhältnissen, die sich auf Bedürftigkeit oder Leistungsfähigkeit im Unterhaltsverhältnis auswirken können und die bei der Bemessung des Abfindungsbetrages naturgemäß Berücksichtigung gefunden haben, Rechnung zu tragen. Für den Bereich des Unterhaltsrechts stellt sich die Abfindungsproblematik indessen abgesehen von der Möglichkeit nach § 1585 II BGB vorrangig im Kontext **vergleichsweiser Regelungen** (§ 239 FamFG). In dieser Situation lassen sich aber beide Beteiligte in Kenntnis unsicherer Zukunftsprognosen mit nicht verlässlich abschätzbaren persönlichen und wirtschaftlichen Entwicklungen auf eine konkrete Unterhaltsberechnung ein. Mit der Abfindung soll und will der Unterhaltspflichtige Gewissheit gerade darüber erlangen, dass, worum der Unterhaltsberechtigte weiß, mit der Zahlung des vereinbarten Betrages die Sache für ihn „für alle Zeit" erledigt ist. Die Gewichtung des **Abfindungsmoments** steht hiernach einer Anpassung der Kapitalleistung auf dem Wege eines Abänderungsantrags entgegen.[492]

147 Eine formelle Rechtskraft der Endentscheidung setzt das Abänderungsverfahren nicht voraus.[493] Allerdings kann die Einleitung eines Abänderungsverfahrens nur von einem **wirksamen,** mithin **vollstreckbaren Unterhaltstitel** (§§ 116 III, 120 II FamFG) ausgehen; an einem solchen Titel fehlt es, wenn der von der Kindesmutter geltend gemachte Ehegatten- und Kindesunterhaltsanspruch unaufgeschlüsselt als Gesamtbetrag in der Entscheidung ausgewiesen worden ist.[494] Hat sie einen entsprechenden Titel erstritten und will etwa das Kind nach dem Ende der Verfahrensstandschaft hieraus die Vollstreckung selbst betreiben, scheidet eine Titelumschreibung mangels erkennbarer Abgrenzung zwischen Kindes- und Ehegattenunterhalt aus. Nicht vollstreckungsfähig ist ein Unterhaltstitel ferner, wenn Unterhalt unter Anrechnung bereits gezahlter, aber nicht bezifferter Beträge zu zahlen ist **(sog. unbestimmte Anrechnungsklausel),**[495] wie dies häufig bei erstinstanzlichen Entscheidungen festzustellen ist, wenn insbesondere während des laufenden Verfahrens Teilleistungen auf den geschuldeten Unterhalt erbracht werden, dass der Teilerledigung verfahrensrechtlich Rechnung getragen wird. Um den Anforderungen eines vollstreckbaren Unterhaltstitels zu genügen, muss der zu vollstreckende Zahlungsanspruch **betragsmäßig festgelegt** sein oder sich zumindest aus dem Titel ohne weiteres ersehen lassen. In diesem Zusammenhang reicht es – so der BGH[496] – für eine **Vollstreckungsfähigkeit** nicht, wenn auf Urkunden Bezug genommen wird, die nicht Bestandteil des Titels sind, oder die Leistungen nur aus dem Inhalt anderer Schriftstücke zu ermitteln sind. Allerdings hat der BGH[497] in der Zwischenzeit die Vollstreckbarkeit von mit **Wertsicherungsklauseln** versehenen Unterhaltstiteln ausdrücklich bejaht. Die erforderlichen Daten seien leicht sowie zuverlässig feststellbar und damit offenkundig (§ 291 ZPO). Fehlt dem jeweiligen Titel die Vollstreckbarkeit, muss der Unterhaltsberechtigte einen Leistungsantrag stellen, der Unterhaltspflichtige sich mit einem **Vollstreckungsabwehrantrag analog § 767 ZPO** gegen eine drohende Zwangsvollstreckung zur Wehr setzen.[498]

148 Wird ein auf Zahlung von Unterhalt gerichteter **Erstantrag abgewiesen,** fehlt es schon nach dem Wortlaut der Bestimmung an der Verpflichtung zu künftig wiederkehrenden Leistungen (§ 258 ZPO), um für ein weiteres Unterhaltsverfahren die Voraussetzungen

---

[491] Zöller/Vollkommer ZPO § 323 Rn. 25.
[492] BGH NJW 1981, 818; vgl. auch BGH FamRZ 2005, 1662 = R 639.
[493] BGH FamRZ 1986, 43.
[494] OLG Zweibrücken FamRZ 1986, 1237.
[495] BGH FamRZ 2006, 261 = R 645.
[496] BGH FamRZ 2006, 261 (263).
[497] BGH FamRZ 2004, 531.
[498] BGH FamRZ 2006, 261 = R 645.

von § 238 FamFG zu bejahen.[499] Darüber hinaus stellt der BGH[500] mit darauf ab, dass es im Fall der Abweisung eines Erstantrages an einer sachlichen Beurteilung der voraussichtlich in der Zukunft bestehenden Verhältnisse, mithin auch an einer in die Zukunft reichenden Rechtskraft fehle.[501] Wurde der Unterhaltsantrag in der Erstentscheidung **als zurzeit unbegründet** abgewiesen, weil die derzeitigen und künftigen Verhältnisse nicht hinreichend genug festgestellt werden konnten, scheidet mangels einer in die Zukunft weisenden Titulierung einer Zahlungsverpflichtung ein Abänderungsverfahren aus. Für den Fall, dass der Zahlungsantrag in einem Erstverfahren auf einen **Spitzenbetrag** beschränkt und abgewiesen worden war, gilt dies ebenso.[502] Auch wenn der Unterhaltsberechtigte in diesen Fällen der Antragsabweisung nicht gehindert ist, sein Unterhaltsbegehren erneut mit einem Leistungsantrag zu verfolgen, hat er die Rechtskraft der abweisenden Entscheidungen zu beachten. Dies besagt, dass er den neuen Leistungsantrag zulässigerweise nur auf einen neuen Lebenssachverhalt stützen kann. Er hat hierzu eine **wesentliche Änderung der Sach- und Rechtslage** seit dem Schluss der Tatsachenverhandlung im Erstverfahren darzulegen.[503]

Hat der Unterhaltsberechtigte seinen Unterhalt in einer Erstentscheidung erstritten und führt ein erstes **Abänderungsverfahren** dazu, dass, eine Unterhaltsverpflichtung nicht mehr besteht, kann er erneut Unterhalt nur unter den besonderen Voraussetzungen eines **weiteren Abänderungsverfahrens** verlangen. Dabei beruht nach Ansicht des BGH[504] die abzuändernde Entscheidung sowohl im Falle der Reduzierung als auch bei völliger Streichung der Unterhaltsrente weiterhin auf einer Prognose der zukünftigen Entwicklung und stellt den Rechtszustand auch für die Zukunft fest. Ein späterer Antrag auf Wiedergewährung der Unterhaltsrente stelle daher abermals die Geltendmachung einer von der Prognose abweichenden tatsächlichen Entwicklung der Verhältnisse dar, für die das Gesetz das Abänderungsverfahren vorsehe, um die (erneute) Anpassung der Entscheidung an die veränderten Entscheidungsgrundlagen zu ermöglichen.[505] Nach a. A.[506] ist der Unterhalt auf Grund einer Gesamtschau der beiden Entscheidungen nur zeitlich befristet zuerkannt worden. Mit dem weiteren Unterhaltsbegehren macht der Unterhaltsberechtigte danach nur eine im Abänderungsverfahren möglichen Korrektur der Prognose zur Dauer der Unterhaltsverpflichtung geltend. Haben beide Beteiligte mit einem ersten Abänderungsverfahren keinen Erfolg, können sie ihre jeweiligen Interessen nur mit einem weiteren Abänderungsantrag verfolgen.[507]

149

Handelt es sich bei der Erstentscheidung um eine **Feststellungsentscheidung**, die auf einen Feststellungsantrag zurückgeht, mit dem sich der Unterhaltspflichtige gegen eine einstweilige Unterhaltsanordnung wenden will, hängt das weitere Verfahren vom Inhalt der Entscheidung ab. Wird festgestellt, dass eine Unterhaltspflicht nicht gegeben ist, steht dies der **Abweisung eines Leistungsantrags** gleich. Ein erneutes Unterhaltsbegehren kann der Unterhaltspflichtige mit einem Leistungsantrag verfolgen, muss dabei aber die Rechtskraft berücksichtigen, so dass er auf eine wesentliche Änderung der Sach- und Rechtslage angewiesen bleibt.[508] Wird der Feststellungsantrag abgewiesen, steht dies einer Entscheidung im Sinne von § 238 I 1 FamFG gleich, die für beide Beteiligte nur im Abänderungsverfahren angepasst werden kann.[509]

150

Eine **Teilabweisung** im Vorverfahren führt allerdings nicht notwendig dazu, dass wegen des abgewiesenen Teils ein Leistungsantrag und im Übrigen ein Abänderungsantrag für ein weitergehendes Unterhaltsbegehren zu stellen wären. Vielmehr kommt es auch hier auf die

151

---

[499] BGH FamRZ 2005, 101 = R 620.
[500] BGH FamRZ 2005, 101 (102).
[501] Zur Kritik vgl. Johannsen/Henrich/Brudermüller, 5. Aufl. 2010, FamFG § 238 Rn. 49.
[502] BGH FamRZ 1982, 479.
[503] BGH FamRZ 1990, 863 (864).
[504] BGH FamRZ 2013, 1215 Rn. 17; 2012, 288 Rn. 22; 2007, 983 Rn. 19 = R 676a.
[505] BGH FamRZ 2013, 853 Rn. 21 = R 736b.
[506] Johannsen/Henrich/Brudermüller, 5. Aufl. 2010, FamFG § 238 Rn. 51.
[507] BGH FamRZ 2008, 872 Rn. 12 = R 690a.
[508] BGH FamRZ 1990, 863 (864).
[509] OLG Hamm FamRZ 2000, 544.

inhaltliche Tragweite der Erstentscheidung an. Stützt sich der Teilerfolg des Erstantrags lediglich auf zugesprochene **Unterhaltsrückstände** und beruht die Abweisung darauf, dass im Zeitpunkt der letzten Tatsachenverhandlung ein Unterhaltsanspruch nicht mehr bestand, fehlt es neben den Anforderungen im Wortlaut von § 238 I 1 FamFG an einer Prognose für die Zukunft. Die Rechtsverfolgung eines neuerlichen Unterhaltsbegehrens erfolgt im Wege des Leistungsantrags.[510]

Hat der Erstantrag **zur Höhe** auch des laufenden Unterhalts nur zu einem Teilerfolg geführt, kann weitergehender Unterhalt vor dem Hintergrund der angestellten Prognose nur unter den Voraussetzungen eines Antrags nach § 238 FamFG verlangt werden. Entsprechend vorzugehen ist nach einer Teilabweisung im Vorverfahren auch, wenn der laufende Unterhalt nur **zeitlich befristet** zuerkannt worden ist und ab einem bestimmten Zeitpunkt in der Zukunft wegfällt.[511] Hier hat das Gericht in einer Vorausschau vorausgesetzt, dass der Unterhaltsanspruch künftig auf Dauer erlöschen „könne". Ist diese dem abweisenden Teil der Endentscheidung zugrunde liegende Prognose nicht eingetroffen, kann sie korrigiert werden.

5. Abgrenzung zwischen Abänderungsantrag (§ 238 FamFG) und Vollstreckungsabwehrantrag (§ 767 ZPO) sowie Verhältnis zur Vollstreckungserinnerung (§ 766 ZPO)

152 a) **Ziel der Rechtsverfolgung.** Der Abänderungsantrag nach § 238 FamFG ist ein Gestaltungsantrag, der sowohl vom Unterhaltspflichtigen als auch vom Unterhaltsberechtigten gestellt werden kann und sich gegen in der Hauptsache ergangene Endentscheidungen wendet. Er verlangt eine wesentliche Änderung der stets wandelbaren wirtschaftlichen bzw. tatsächlichen oder auch rechtlichen Verhältnisse und betrifft damit Ereignisse, aus denen sich unmittelbare Auswirkungen auf die bei der Entscheidung über den Antrag auf künftige Leistung zu treffende **Zukunftsprognose** ergeben können.[512]

Mit einem Vollstreckungsabwehrantrag nach § 767 ZPO macht der Unterhaltspflichtige (und nur er) **rechtsvernichtende** und **rechtshemmende Einwendungen** gegen den titulierten Anspruch selbst geltend, wobei sich diese Rechtsschutzmöglichkeit zusätzlich zu den mit Abänderungsanträgen nach §§ 238, 239 FamFG abänderbaren Titeln auch gegen eine einstweilige Unterhaltsanordnung (§§ 246–248 FamFG) richten kann (→ Rn. 441).

Hiernach sind an sich beide Verfahrensarten angesprochen, wenn sich bezogen auf einen Unterhaltstitel die maßgebenden Verhältnisse in der Weise nach Schluss der letzten mündlichen Tatsachenverhandlung im vorausgegangenen Verfahren ändern, dass eine **Herabsetzung** oder ein vollständiger **Wegfall des titulierten Unterhalts** in Betracht kommt. Gleichwohl ist eine Abgrenzung schon deshalb zwingend geboten, weil das Abänderungsverfahren nur bei wesentlichen Änderungen und zudem unter der zeitlichen Begrenzung durch § 238 III FamFG Aussicht auf Erfolg bietet, ein Vollstreckungsabwehrverfahren aber schon mit dem Zeitpunkt der Entstehung der Einwendung einsetzen kann.

153 b) **Differenzierung nach Antragsgrund.** Herkömmlicherweise werden die beiden Verfahrens unter dem Gesichtspunkt der in Betracht kommenden Antragsbegründungen gegeneinander abgegrenzt.[513] Danach dient **§ 767 ZPO** der **Durchsetzung** rechtsvernichtender, -hemmender und beschränkender **Einwendungen**, während § 238 FamFG die **anspruchsbegründenden Tatsachen** und damit den **Antragsgrund** selbst betrifft.[514] Indessen ist die Abgrenzung der beiden Verfahrensarten nicht immer eindeutig zu vollziehen.[515] Fällt etwa nachträglich der Grund für die Verpflichtung zur Zahlung von Unterhalt weg, stellt auch dies einen ganz oder teilweise rechtsvernichtenden Umstand

---

[510] BGH FamRZ 2005, 101 = R 620.
[511] BGH FamRZ 2007, 983 Rn. 19 = R 676a; 1984, 353 (354).
[512] BGH FamRZ 2005, 1479 = R 636; 1984, 470 (471).
[513] MüKoFamFG/Pasche § 238 Rn. 22.
[514] KG FamRZ 2016, 379.
[515] BGH FamRZ 1982, 470 (471).

dar,[516] nämlich hinsichtlich des rechtskräftig bestehenden und nachträglich zu verändernden Titels. Auch die Abgrenzung, mit dem Vollstreckungsabwehrantrag sei ein scharf umrissenes, punktuelles Ereignis wie Verzicht, Erfüllung oder Verwirkung geltend zu machen,[517] hilft nicht entscheidend weiter. Denn der Wegfall der Leistungsfähigkeit durch plötzliche Arbeitslosigkeit oder Krankheit stellt ebenfalls ein scharf umrissenes, punktuelles Ereignis dar, welches in die Zukunft hineinreicht und Dauerwirkungen erzielt. Deshalb wird die Auffassung vertreten,[518] dass § 238 FamFG als **Sonderregelung** zu verstehen sei, die mit Ausnahme der Erfüllung sämtliche Umstände erfasse, die mittelbar oder unmittelbar einen Anspruch auf wiederkehrende Leistungen beeinflussen. Teilweise wird bei der Abgrenzung danach differenziert, ob dem Unterhaltstitel die Vollstreckbarkeit dauerhaft genommen werden soll oder Abänderungsgründe angeführt werden, die selbst wieder zu abänderbaren Entscheidungen führen können. Das Vollstreckungsabwehrverfahren kommt hiernach nur für Einwendungen in Betracht, die den titulierten Unterhaltsanspruch unwandelbar vollständig oder bezogen auf einen bestimmten Zeitraum beseitigen oder vermindern.[519]

c) Einzelfälle. Trotz der Schwierigkeiten für eine auch dogmatisch überzeugenden Abgrenzung zwischen den beiden Verfahrensarten lassen sich insbesondere nach der Rechtsprechung und in dem dazu ergangenen Schrifttum[520] dem Vollstreckungsabwehrverfahren (§ 767 ZPO) zuordnen

– der **Erlass** der titulierten Unterhaltsschuld, **Verzicht** oder **Vollstreckungsverzicht**,[521]
– **Stundung, Verjährung** und **Verwirkung**,[522]
– die **unzulässige Rechtsausübung**,[523]
– der Wegfall des Trennungsunterhaltsberechtigung, sofern nach **Rechtskraft der Scheidung** die Zwangsvollstreckung aus dem Alttitel auch für die Folgezeit fortgesetzt wird,[524]
– der Wegfall (§ 1586 BGB) des nachehelichen Unterhalts bei **Wiederheirat** oder Begründung einer Lebenspartnerschaft,[525]
– die **Erfüllung**[526] und entsprechende **Erfüllungssurrogate** oder ein der Erfüllung gleichkommender Vorgang;[527] dass die Erklärung einer **Aufrechnung** im Ergebnis an einem Aufrechnungsverbot (§§ 394, 850b I Nr. 2 II ZPO) scheitern kann, steht der Zulässigkeit eines Vollstreckungsabwehrantrags nicht entgegen; ein Wechsel in der Kindergeldberechtigung stellt im Zuge der gesetzlichen Neuregelung (§ 1612b I 2 BGB) durch die Unterhaltsreform 2008, wonach sich das **Kindergeld** bedarfsdeckend auswirkt, kein Erfüllungssurrogat dar;[528] der Einwand des barunterhaltspflichtigen Elternteils, durch die Betreuung des Kindes in Ausübung seiner Umgangsbefugnis **Naturalunterhalt** geleistet zu haben, ist im Rahmen eines Vollstreckungsabwehrantrags zulässig, allerdings ohne Aussicht auf Erfolg,[529]
– beim titulierten Kindesunterhalt der Wegfall der elterlichen Verfahrensstandschaft oder einer sonstigen Vertretungsbefugnis mit Eintritt der **Volljährigkeit des Kindes**[530] oder bei einer **Änderung der elterlichen Sorge**,[531] evtl auch bei Unterhaltsrückständen aus Zeiträumen, in denen die elterliche Handlungsbefugnis noch gegeben war; die Vollstre-

---

[516] Hahne FamRZ 1983, 1191.
[517] Johannsen/Henrich/Brudermüller, 5. Aufl. 2010, FamFG § 238 Rn. 9 mwN.
[518] Hoppenz FamRZ 1987, 1097.
[519] Graba Rn. 559.
[520] FA-FamR/Kintzel Kap. 6 Rn. 1135; Keidel/Meyer-Holz FamFG § 238 Rn. 43.
[521] BGH FamRZ 1979, 573.
[522] BGH FamRZ 1987, 259, KG FamRZ 2016, 379.
[523] BGH FamRZ 1983, 355.
[524] BGH FamRZ 1881, 242.
[525] OLG Naumburg FamRZ 2006, 1402.
[526] BGH FamRZ 1984, 470.
[527] BGH FamRZ 1989, 159.
[528] Johannsen/Henrich/Brudermüller, 5. Aufl. 2010, FamFG § 238 Rn. 11;.
[529] BGH FamRZ 2006, 1015.
[530] OLG Köln FamRZ 1995, 308.
[531] OLG Schleswig FamRZ 1990, 189.

ckungsabwehr richtet sich hierbei aber nur gegen die Vollstreckungsbefugnis des Elternteils und lässt den Titel im Übrigen unberührt, so dass das Kind oder der neue Inhaber der elterlichen Sorge (ausgenommen der bis dahin barunterhaltspflichtige Elternteil) nach Titelumschreibung die Zwangsvollstreckung fortsetzen kann,
– der Einwand des **Nichtbestehens** der **Ehelichkeit** und der **Vaterschaft** (§ 1599 BGB) durch den kindesunterhaltspflichtigen Scheinvater,[532]
– die fehlende Vollstreckbarkeit des Unterhaltstitels bei **unbestimmter Anrechnungsklausel**,[533]
– die Berufung auf die **Haftungsbeschränkung** des § 1586b I 3 BGB nach Titelumschreibung durch den Erben des unterhaltspflichtigen Erblassers,[534]
– die Fortsetzung der Zwangsvollstreckung aus einem Unterhaltstitel über den Trennungsunterhalt nach Wiederherstellung der ehelichen Lebensgemeinschaft und erneuter Trennung, es sei denn es handelt sich bei der Zwischenzeit nur um einen kurzfristigen Versöhnungsversuch.

155 **d) Befristung.** Dem gegenüber ist die zeitliche **Begrenzung des Unterhaltsanspruchs**, soweit der Unterhaltspflichtige sein Begehren auf § 1578b BGB (oder in Altfällen: §§ 1573 V BGB, 1578 I Satz 2 BGB aF) stützt, mit einem Abänderungsantrag (§ 238 FamFG), nicht im Vollstreckungsabwehrverfahren (§ 767 ZPO) zu verfolgen, wie der BGH[535] in der Zwischenzeit wiederholt unter Hinweis auf die „wandelbaren wirtschaftlichen Verhältnisse" entschieden hat. Scheidet bei der erstmaligen Titulierung des Unterhalts eine Befristung nach § 1578b BGB aus tatsächlichen oder rechtlichen Gründen aus, ist eine nachträgliche Befristung im Abänderungsverfahren zu verfolgen.[536]

Wendet sich der Unterhaltspflichtige gegen einen Titel mit dem Hinweis, der Unterhaltsberechtigte müsse sich nunmehr Einkünfte aus der Erbringung von **Versorgungsleistungen** zurechnen lassen, ist ebenfalls der Abänderungsantrag die gebotene Vorgehensweise. Nach der geänderten Rechtsprechung des BGH zur **Differenz- bzw. Additionsmethode** handelt es sich auch um **bemessungsrelevantes Einkommen**,[537] so dass eine nachträgliche Berücksichtigung beim Ehegattenunterhalt sich nicht allein erfüllungsbezogen, sondern schon auf die Bedarfsverhältnisse auswirkt. In solchen Situationen müsste das Vollstreckungsabwehrverfahren zu unbilligen Ergebnissen führen.[538]

156 **e) Antragsziel und umfassender Rechtsschutz.** Eine genaue und im Einzelnen umrissene Unterscheidung hinsichtlich der Heranziehung der beiden Verfahrensarten ermöglicht allein der Gesetzestext beider Vorschriften nicht. Nach § 238 I FamFG ist ein Abänderungsantrag dann zulässig, sofern der Antragsteller Tatsachen vorträgt, aus denen sich eine wesentliche Veränderung der der Entscheidung zugrunde liegenden tatsächlichen oder rechtlichen Verhältnisse ergibt. Diese allgemeine Gesetzesformulierung erfasst mit Ausnahme der **Erfüllung** und der **Erfüllungssurrogate** alle künftigen Ereignisse, die zu einer wesentlichen Veränderung führen. Man könnte somit von daher der Ansicht folgen,[539] § 238 FamFG greife für den Unterhaltspflichtigen mit Ausnahme des Falls der Erfüllung immer ein (eine Erhöhung des laufenden Unterhalts zugunsten des Unterhaltsberechtigten kann ohnedies nur nach § 238 FamFG in Betracht kommen). Dem widerspricht indessen die Formulierung in § 767 I ZPO, die ebenso alle künftigen Ereignisse umfasst, die zu einer Reduzierung oder zu einem Wegfall der Vollstreckungsfähigkeit führen können. Ein Vollstreckungsabwehrantrag ist gemäß § 767 I ZPO nämlich dann möglich, wenn der Unterhaltspflichtige Einwendungen geltend machen kann, „die den durch das Urteil (hier: Endentscheidung) festgestellten Anspruch selbst betreffen". Dies sind alle Umstände, die zum Erlass der vorausgegangenen Entscheidung geführt haben bzw.

---

[532] FA-FamR/Kintzel Kap. 6 Rn. 1135.
[533] BGH FamRZ 2006, 261 Rn. 23 = R 645.
[534] Keidel/Meyer-Holz FamFG § 238 Rn. 43.
[535] BGH FamRZ 2000, 1499; 2001, 905.
[536] BGH FamRZ 2013, 1291 Rn. 16.
[537] BGH FamRZ 2004, 1170 (und 1173) = R 612.
[538] BGH FamRZ 2005, 1479 = R 636.
[539] Hoppenz FamRZ 1987, 1097.

die, sofern sie damals bereits vorhanden gewesen wären, einen entsprechenden, unmittelbaren Einfluss auf die frühere Entscheidung gehabt hätten. Die Begrifflichkeiten der „wesentlichen Veränderung der der Entscheidung zugrunde liegenden tatsächlichen oder rechtlichen Verhältnisse" (§ 238 FamFG) und der „Einwendungen, die den durch das Urteil festgestellten Anspruch selbst betreffen" (§ 767 I ZPO), sind demnach identisch; die Formulierung in § 238 I FamFG differenziert nur hinsichtlich des Grundes des zugesprochenen Anspruchs, seines Umfangs, der Höhe und der zeitlichen Dauer. Dies aber sind alles Umstände bzw. Einwendungen, die gerade den durch die Ausgangsentscheidung festgestellten Anspruch selbst betreffen.

Stellt man daher mit dem BGH[540] fest, dass die Voraussetzungen beider Vorschriften schwer voneinander abgrenzbar sind, aber verwandten Zwecken dienen, kann eine Heranziehung des § 238 FamFG bzw. des § 767 ZPO nur von dem **Antragsziel**[541] abhängen, welches der jeweilige Antragsteller vernünftigerweise vor Augen hat. Dabei ist die im 8. Buch der ZPO stehende Vorschrift des § 767 ZPO nur dazu gedacht, die Vollstreckung einer weiterhin existenten und damit rechtskräftig bleibenden Endentscheidung vorübergehend oder auf Dauer einzustellen. Da aber im Zweifel ein Antragsteller den **umfassenden Rechtsschutz** zu seinen Gunsten sucht, wird in der Regel ein Unterhaltspflichtiger versuchen, mit dem Abänderungsantrag den gänzlichen Wegfall des Ersttitels zu erreichen und nicht bloß – über § 767 ZPO – den bloßen Wegfall der Vollstreckbarkeit.[542] Letzteres beantragt er nur dann, wenn dies infolge Reduzierung des Verfahrenswertes für ihn kostengünstiger ist, den Zeitraum vor Rechtshängigkeit (§ 238 III FamFG) betrifft oder wenn es sich nur um einen vorübergehenden Ausschluss der Anspruchsdurchsetzung handelt. In allen übrigen Fällen wird der Unterhaltspflichtige das Abänderungsverfahren des § 238 FamFG bemühen, weil nur ein solches Vorgehen endgültige Rechtsbefriedung durch Wegfall des Ersttitels schafft. 157

Abänderungsantrag und Vollstreckungsabwehrantrag schließen sich für ein und denselben Streitgegenstand grundsätzlich gegenseitig aus.[543] Anstelle eines zulässigen Abänderungsantrags kann daher kein Vollstreckungsabwehrantrag gestellt werden.[544] Es besteht **kein Wahlrecht**.[545] Ist ein Titel nicht mehr abänderbar (zB wegen Unterhaltsverzichts oder bei einem Trennungsunterhalt nach Rechtskraft der Ehescheidung), kann auch bei Änderung der wirtschaftlichen Verhältnisse nur der Antrag nach § 767 ZPO gestellt werden.[546] Hier gehen rechtsvernichtende Einwendungen und Einreden denkbaren Veränderungen der Verhältnisse vor. Umgekehrt kann auch anstelle eines zulässigen Abänderungsantrags kein Vollstreckungsabwehrantrag gestellt werden. Ein Vollstreckungsabwehrantrag kann in einen Abänderungsantrag **umgedeutet** werden.[547] 158

Allerdings hat der BGH unter Aufgabe einer älteren Rechtsprechung **beide Verfahrensarten** in ein und derselben Streitsache – **zeitlich gestaffelt**, dh bis zur Rechtshängigkeit den Antrags aus § 767 ZPO, danach den auf Abänderung nach § 238 FamFG – zugelassen, hierbei zunächst für den Fall des nachträglichen Bezugs einer **Rente** aus dem **Versorgungsausgleich** durch den bedürftigen Ehegatten.[548] Dem lag die Erwägung zugrunde, dass der Rentenbezug einerseits die Bedürftigkeit mindere, mithin zu einer Änderung der wirtschaftlichen Verhältnisse führe, andererseits aber mit dem etwa gleich hohen Rentenbezug ein der Erfüllung wirtschaftlich gleichkommender Vorgang einsetze. Diese Einwendung müsse der Schuldner dem Gläubiger immer entgegenhalten können, weshalb der Anwendungsbereich des Vollstreckungsabwehrantrags bleiben müs- 159

---

[540] BGH FamRZ 1984, 997.
[541] BGH NJW 2008, 1446 Rn. 7 (rechtskräftiger Unterlassungstitel); BGH FamRZ 2005, 1479 = R 636.
[542] BGH FamRZ 2001, 282.
[543] BGH FamRZ 2005, 1479 = R 636.
[544] BGH FamRZ 1988, 1156.
[545] BGH FamRZ 2005, 1479 = R 636.
[546] BGH FamRZ 1981, 242.
[547] BGH FamRZ 2005, 1479 (1481) = R 636.
[548] BGH FamRZ 1989, 159.

se, wenn das Abänderungsbegehren an der zeitlichen Schranke des § 238 III FamFG scheitere.[549]

160 **f) Sonderfall: Rentennachzahlung.** Indessen hält der BGH auf der Grundlage eines Urteils vom 8.6.2005[550] an dieser Auffassung bezogen jedenfalls auf die Fälle **nachträglicher Rentenzahlungen** nicht mehr fest. Nunmehr ist ausschließlich ein Abänderungsantrag zu stellen. Bestimmend sind auch hier die Auswirkungen der geänderten Rechtsprechung zur **Differenz- oder Additionsmethode.**[551] Sie fallen bei nachträglichem Rentenbezug durch den bedürftigen Ehegatten in der Weise ins Gewicht, dass die Zahlungen nicht mehr entsprechend der Anrechnungsmethode vom titulierten Anspruch in Abzug zu bringen sind, sondern bereits zuvor auf der Ebene der Bedarfsbemessung nach den ehelichen Lebensverhältnissen Berücksichtigung finden.[552] Eine Anpassung auch an diese dem jeweiligen Titelgläubiger günstigen Verhältnisse ermöglicht dem gegenüber das Vollstreckungsabwehrverfahren auf der Grundlage des in der Ausgangsentscheidung rechtskräftig festgestellten Unterhaltsbedarfs nicht. Durch ein Vorgehen nach § 767 ZPO hätte es der Titelschuldner vielmehr in der Hand, sich etwa auf den rentenbezugsbedingten Wegfall des Altersvorsorgeunterhalts zu berufen, ohne dass dessen Auswirkungen auf eine **titelerhaltende Erhöhung** des verbleibenden Elementarunterhalts überhaupt Berücksichtigung finden könnten. Ein Vollstreckungsabwehrantrag müsste in den entsprechenden Fallgestaltungen nach alledem zu unbilligen Ergebnissen führen.[553] Allerdings unterliegt der Abänderungsantrag im Unterschied zum Vollstreckungsabwehrantrag insoweit Beschränkungen, als eine Abänderung der Ausgangsentscheidung zugunsten des Unterhaltpflichtigen nur im Rahmen besonderer Zeitschranken (§ 238 III FamFG) in Betracht kommt. Soweit danach für einen davor liegenden Zeitraum unter Einschluss der Rentenzahlungen eine Überzahlung erfolgt ist, steht dem Unterhaltspflichtigen ein auf **§ 242 BGB** beruhender **Erstattungsanspruch** (→ Rn. 337) außerhalb des Unterhaltsverhältnisses zu, dessen Höhe sich danach bemisst, in wieweit sich der Unterhaltsanspruch ermäßigt hätte, wenn die Rente schon während des in Rede stehenden Zeitraums gezahlt worden wäre.[554] Nach a. A. soll das Rückwirkungsverbot des § 238 III FamFG für den Bereicherungsanspruch durch eine teleologische Reduktion ausgeschaltet werden.[555]

161 **g) Sonderfall: Verwirkung.** Bei der Verwirkung (§§ 1579, 1611 BGB) von Unterhaltsansprüchen hat der BGH[556] zunächst den Charakter der rechtsvernichtenden Einwendung betont und das Vollstreckungsabwehrverfahren als richtige Verfahrensart eingestuft, dann aber auch einen mit dem Verwirkungseinwand gestütze Abänderungsantrag akzeptiert,[557] da auch in solchen Fällen bei der für die Zukunft zu treffenden Entscheidung der Einfluss der **stets wandelbaren wirtschaftlichen Verhältnisse** auf die Unterhaltspflicht zu berücksichtigen sei. In diesem Zusammenhang erscheint ein zeitlich gestaffeltes Zusammentreffen der beiden Verfahrensarten auch in Ansehung der Entscheidung vom 8.6.2005[558] weiterhin unbedenklich, weil sich für die rechtsvernichtende Einwendung der Verwirkung Auswirkungen durch die geänderte Rechtsprechung zur Differenz- bzw. Additionsmethode nicht abzeichnen und anspruchserhaltende Gesichtspunkte, soweit sie auf veränderten Verhältnissen beruhen, auch im Rahmen des Verwirkungseinwandes zu berücksichtigen sind. Mithin scheidet eine unbillige Benachteiligung des Titelgläubigers durch die Wahl der Verfahrensart von vornherein aus.[559] Nach anderer Ansicht[560] soll der

---

[549] BGH FamRZ 1989, 159 (161).
[550] BGH FamRZ 2005, 1479 = R 636.
[551] BGH FamRZ 2001, 986 = R 563.
[552] BGH FamRZ 2003, 848 (851); 2002, 88 (91).
[553] BGH FamRZ 2005, 1479 (1480) = R 636.
[554] BGH FamRZ 1990, 269 (272 f.); 1989, 718 (719).
[555] Johannsen/Henrich/Brudermüller, 5. Aufl. 2010, FamFG § 238 Rn. 10.
[556] BGH FamRZ 1991, 1175; 1990, 1040; 1987, 259 (261).
[557] BGH FamRZ 1997, 671; 1990, 1095.
[558] BGH FamRZ 2005, 1479 = R 636.
[559] FA-FamR/Kintzel Kap. 6 Rn. 1139.
[560] KG FamRZ 1990, 187; Graba Rn. 162; Johannsen/Henrich/Brudermüller, 5. Aufl. 2010, FamFG § 238 Rn. 12.

Verwirkungseinwand nur unter den Voraussetzungen von § 238 FamFG verfolgt werden können. Hierbei wird wiederum vertreten, dass die dem Antragsteller im Abänderungsverfahren nachteilige Zeitschranke (§ 238 III FamFG) im Wege einer teleologischen Reduktion nicht greifen soll.[561] Nach OLG Köln[562] ist der Einwand der Verwirkung nachehelichen Unterhalts im Wege des Abänderungsverfahrens geltend zu machen, wenn auch ein zeitlich begrenzter Ausschluss oder eine zeitlich begrenzte Herabsetzung in Betracht kommen können. Das Vollstreckungsabwehrverfahren wäre nach dieser Ansicht die richtige Verfahrensart, wenn auf Grund des Verwirkungseinwandes nur ein Verlust des Unterhaltsanspruchs auf Dauer in Betracht käme. Diese Unterscheidung erscheint allerdings schon deshalb nicht tragfähig, weil sie für die Zulässigkeit des Antrags an das Ausmaß ihres Erfolges anknüpft. Für die ab dem 1.9.2009 einzuleitenden Abänderungs- oder Vollstreckungsabwehrverfahren dürfte in der Rechtsanwendung aus der Sicht des Unterhaltspflichtigen jedenfalls insoweit eine Erleichterung der Rechtsverfolgung mit der Beseitigung der allein ihm nachteiligen Zeitschranke aus § 323 III 1 ZPO aF eingetreten sein.

h) Zusammentreffen der Verfahren. Wird davon ausgegangen, dass im Kontext der Verwirkung für Vollstreckungsabwehr und Abänderung eine kumulative Verbindung möglich ist, sind die Besonderheiten der jeweiligen Verfahrensart zu beachten.[563] So muss für eine **objektive Antragshäufung** (§ 260 ZPO) die gleiche Zuständigkeit gegeben sein, die für den Vollstreckungsabwehrantrag durch §§ 767 I, 802 ZPO an die ausschließliche Zuständigkeit des Verfahrensgericht erster Instanz im Vorverfahren, bei dem Abänderungsantrag, sofern keine ausschließliche Zuständigkeit (§ 232 I Nr. 1 und 2 FamFG)) besteht, an den allgemeinen Gerichtsstand des Antragsgegners (§ 232 III FamFG iVm §§ 12, 13 ZPO) anknüpft. Hat nach dem Erstverfahren ein Aufenthaltswechsel des Antragsgegners stattgefunden, scheitert eine Antragshäufung bereits an dem Fehlen der gemeinsamen örtlichen Zuständigkeit. Zudem müssen die jeweiligen Angriffe gegen die Ausgangsentscheidung der jeweiligen Antragsart zugeordnet werden. Beruft sich der Unterhaltspflichtige lediglich auf Verwirkung, kann er sich auf die Vollstreckungsabwehr beschränken. Will er zugleich eine Veränderung etwa in den Einkommensverhältnissen geltend machen mit Auswirkungen auf Bedarf, Bedürftigkeit und Leistungsfähigkeit, kann er dies nur unter gleichzeitiger Beachtung der Voraussetzungen und Einschränkungen (§ 238 III FamFG) des Abänderungsverfahrens. Allerdings hat der BGH[564] es vor dem Hintergrund nicht einfacher Abgrenzungsfragen zwischen Abänderungs- und Vollstreckungsabwehrverfahren aus Gründen der Verfahrensökonomie für unbedenklich angesehen, beide Verfahrensarten, sofern dasselbe Gericht zuständig ist, in einem **Hilfsverhältnis** miteinander zu verbinden. Führt nämlich ein zulässigerweise eingeleitetes Abänderungsverfahren aus sachlichen Gründen nicht zum Erfolg, soll dem Unterhaltspflichtigen zumindest die Möglichkeit erhalten bleiben, jedenfalls mit weiteren Einwendungen aus § 767 I ZPO die Vollstreckbarkeit des Titels zu beseitigen. Gegen die **Umdeutung** eines unzulässigen Abänderungsantrags in einen zulässigen Vollstreckungsabwehrantrag bestehen ebenso wenig Bedenken wie in der umgekehrten Konstellation, sofern die schutzwürdigen Interessen des jeweiligen Antragsgegners[565] gewahrt sind.[566] Gegebenenfalls hat das Gericht auch in diesem Zusammenhang auf die Stellung sachdienlicher Anträge hinzuwirken.[567]

i) Die Vollstreckungserinnerung. Anstelle eines Abänderungsantrags können sowohl der Unterhaltspflichtige als auch der Unterhaltsberechtigte eine **Erinnerung nach § 120 I FamFG iVm § 766 I ZPO** einlegen, um Unterhaltsansprüche durchzusetzen oder aufzuhalten. Die Erinnerung gegen Art und Weise der Zwangsvollstreckung ist ein Rechtsbehelf gegen Zwangsvollstreckungsmaßnahmen durch den Gerichtsvollzieher nach dem 8. Buch der ZPO und gegen Zwangsvollstreckungsmaßnahmen des Vollstreckungsgerich-

---

[561] Graba Unterhaltstitel Rn. 233 mwN.
[562] OLG Köln FamRZ 2001, 1717.
[563] BGH FamRZ 2001, 282.
[564] BGH FamRZ 2001, 282.
[565] OLG Brandenburg FamRZ 2002, 1193.
[566] BGH FamRZ 1991, 1040.
[567] BGH FamRZ 2006, 261 = R 645.

tes (Richter oder Rechtspfleger). Unter § 766 ZPO fallen alle Anträge, Einwendungen und Erinnerungen, die die Art und Weise der Zwangsvollstreckung oder das vom Vollstreckungsgericht bei der Zwangsvollstreckung zu beachtende Verfahren betreffen. Dabei wird sich der Gläubiger im Wege der Erinnerung dagegen wehren, wenn sich der Gerichtsvollzieher weigert, den Zwangsvollstreckungsauftrag zu übernehmen bzw. weisungsgemäß durchzuführen, wenn er die Erledigung des Auftrags verzögert, oder aber wenn die Einstellung oder Beschränkung der Zwangsvollstreckung zu Unrecht erfolgt ist. Eine Erinnerung des Schuldners will die Zwangsvollstreckung ganz oder teilweise verhindern und kann sich auf Mängel des Vollstreckungstitels, das Fehlen einer ordnungsgemäßen Vollstreckungsklausel oder eine mangelnde Umschreibung der Klausel auf den Rechtsnachfolger gründen.

Allen Einwendungen des § 766 ZPO ist gemein, dass sie sich nur gegen die **Art und Weise der Zwangsvollstreckung** im Vollstreckungsverfahren wenden, keinen Angriff aber auf die im Erkenntnisverfahren ergangene materiell-rechtliche Entscheidung bedeuten. Derartige Einwendungen des Schuldners gegen den durch Endentscheidung oder einen sonstigen Vollstreckungstitel ausgesprochenen Anspruch sind nicht vom Vollstreckungsorgan und daher nicht im Erinnerungsverfahren zu prüfen; Rechtsweg hierfür ist das Vollstreckungsabwehrverfahren (§ 767 ZPO).

6. Abgrenzung zwischen Abänderungs- (§ 238 FamFG) und negativem Feststellungsantrag

164 Der auf § 238 FamFG gestützte Abänderungsantrag dient gemäß der durch den Gesetzgeber mit dem Ziel der besseren Übersichtlichkeit verfolgten Entzerrung[568] der einzelnen Abänderungstatbestände in § 238 und § 239 FamFG allein dem Ziel der Anpassung von in der **Hauptsache** ergangenen **Endentscheidungen.** Diese stehen gleich den nach altem Recht in Unterhaltssachen erlassenen **Urteilen.** Soweit der Unterhaltspflichtige um eine Herabsetzung des titulierten Unterhalts wegen veränderter Verhältnisse bemüht ist, bleibt ausschließlich das Abänderungsverfahren. Daneben besteht für einen **negativen Feststellungsantrag kein Rechtsschutzbedürfnis.**[569] Soweit die Rechtsprechung nach dem bis zum 31.8.2009 geltenden Verfahrensrecht bei nicht der materiellen Rechtskraft fähigen einstweiligen Unterhaltsanordnungen (§ 620 Nr. 4 und 6 ZPO aF) den Antrag auf negative Feststellung als zulässigen Verfahrensantrag angesehen hat, kann im Kontext von § 238 FamFG dahinstehen, ob durch die Neuregelung der einstweiligen Anordnung auch in Unterhaltssachen und die damit einhergehende **Verselbständigung des Anordnungsverfahrens** (§ 51 III 1 FamFG) mit der Möglichkeit, ein Hauptsacheverfahren zu erzwingen (§ 52 II FamFG), hieran noch festgehalten werden kann.[570] Denn bei den einstweiligen Anordnungen in Unterhaltssachen handelt es sich zwar definitionsgemäß (§ 38 I 1 FamFG) um den Verfahrensgegenstand des selbständigen Anordnungsverfahren abschließende Endentscheidungen, die aber nicht in einem **Hauptsacheverfahren** ergehen und schon deshalb auch weiterhin nicht Gegenstand eines Verfahrens nach § 238 FamFG sein können (→ Rn. 142 und zum Feststellungsverfahren näher → Rn. 315 bis 329). Wird allerdings ein negativer Feststellungsantrag abgewiesen, liegt wiederum eine in einem Hauptsacheverfahren ergangene Endentscheidung vor, deren Abänderung im Verfahren nach § 238 FamFG in Betracht kommt.

7. Abgrenzung zwischen Abänderungs- und Zusatz- oder Nachforderungsantrag

165 Mit einem Zusatz- bzw. Nachforderungsantrag macht der Unterhaltsberechtigte über die Erstentscheidung hinaus einen weiteren Unterhaltsbetrag geltend, der entweder den Gegenstand des Vorverfahrens betrifft oder aber – bei gleicher Beteiligtenrolle – nicht

---

[568] BT-Drs. 16/6308, 257.
[569] BGH NJW 1983, 3142.
[570] Jetzt wohl hM: vgl. OLG Hamm FamRZ 2017, 724 mwN; OLG Frankfurt FamRZ 2015,105.

2. Abschnitt: Die Schaffung und Abänderung von Unterhaltstiteln § 10

streitgegenständlich ist. Hierfür steht entweder der Weg des zusätzlichen Leistungsantrags des § 258 ZPO oder der Sonderregelung des Abänderungsantrags nach § 238 FamFG zur Verfügung. Soweit ein Unterhaltsanspruch nur im Wege des Abänderungsantrags verfolgt werden kann, ist der Leistungsantrag unzulässig.[571] Beide Verfahrensarten stehen in einem **Exklusivverhältnis** zueinander.[572]

Der BGH geht davon aus, dass ein im Vorverfahren voll obsiegender Unterhaltsberechtigter **Nachforderungen** (innerhalb des gleichen Verfahrensgegenstandes) nur unter den Voraussetzungen des § 238 FamFG **durch Abänderungsantrag** geltend machen kann.[573] Damit lehnt der BGH die Lehre vom Zusatzantrag ab, wonach der Unterhaltsberechtigte – ohne Beschränkung nach § 238 FamFG – Nachforderungen durch Leistungsantrag geltend machen könne, da dieser Teil des gesamten Unterhaltsanspruchs im Erstverfahren nicht Verfahrensgegenstand war (Fall des sog verdeckten Teilantrags). In einer weiteren Entscheidung hat der BGH erneut die Möglichkeit eines **verdeckten Teilantrags** abgelehnt und festgestellt, dass im **Zweifel** eine **Vermutung** dafür spreche, dass im Vorverfahren der Unterhalt in voller Höhe geltend gemacht worden sei.[574] Nur dann, wenn sich der Unterhaltsberechtigte im Erstverfahren ausdrücklich oder ansonsten erkennbar eine Nachforderung vorbehalten und damit einen **offenen Teilantrag** gestellt habe, kann somit ein bis dahin nicht titulierter Differenz- oder Zusatzbetrag durch Leistungsantrag kumulativ geltend gemacht werden.[575] Um einen solchen Teilantrag handelt es sich, wenn der bisher titulierte Unterhalt nur einen **Grundbetrag** darstellen soll oder über einen freiwillig bezahlten Betrag hinaus ein so genannter **Spitzenbetrag** begehrt wird.

Im letzteren Fall wird in der Erstentscheidung lediglich über den Spitzenbetrag entschieden, wenngleich das Gericht inzidenter in seinem Beschluss feststellen musste, dass auch der freiwillig gezahlte Betrag geschuldet ist. Dieses Beschlusselement wird jedoch – da nicht verfahrensgegenständlich – von der **Rechtskraft** der Endentscheidung **nicht umfasst**.

Stellt nunmehr der Unterhaltspflichtige (auch) seine freiwillige Zahlung **(den sog Sockelbetrag)** ein, kann der Unterhaltsberechtigte im Wege des **Zusatzantrags** den bisher freiwillig gezahlten Betrag gemäß § 258 ZPO verlangen. Will der Unterhaltspflichtige (nach Titulierung auch des Sockelbetrages) diesen allein oder den Gesamtbetrag in Wegfall geraten lassen, muss er gegen jede der beiden Endentscheidungen im Wege der Abänderung nach § 238 FamFG vorgehen. Ist der Sockelbetrag noch nicht tituliert, kann der Unterhaltspflichtige im Fall reduzierter Leistungsfähigkeit durch Einschränkung seiner freiwilligen Zahlungen dem Rechnung tragen.[576] Bei Wegfall der Leistungsfähigkeit bleibt dann der titulierte Spitzenbetrag zur Zahlung fällig. Meint der Unterhaltspflichtige, gar keinen Unterhalt mehr zu schulden oder jedenfalls einen geringeren als den Sockelbetrag, muss er dies im Wege des Abänderungsantrags gegen den Beschluss wegen des Spitzenbetrags geltend machen. Auf der anderen Seite kann der Unterhaltsberechtigte, sofern der Sockelbetrag noch nicht tituliert ist, im Wege des **Nachforderungsantrags** auch über die Summe von Sockel- und Spitzenbetrag hinaus weitere Unterhaltsbeträge gerichtlich geltend machen.[577]

166

Liegt eine **zeitlich befristete Endentscheidung** zum Unterhalt vor, kann eine Abänderung **auch nach Fristende** nur mit dem Abänderungsantrag geltend gemacht werden.[578] Das setzt allerdings weiter voraus, dass dem Ersturteil noch eine **Prognoseentscheidung** zugrunde liegt. Dies ist der Fall, wenn die Befristung in der Erstentscheidung

167

---

[571] BGH FamRZ 2009, 314 Rn. 13; BGH FamRZ 1987, 259.
[572] BGH FamRZ 2015, 309 Rn. 14; 2004, 1712 mwN stRspr; OLG Düsseldorf FamRZ 2006, 1212.
[573] BGH FamRZ 1985, 690.
[574] BGH FamRZ 2009, 314 Rn. 13.
[575] BGH FamRZ 2015, 309 Rn. 15; 1995, 729 (730); 1993, 945 (946).
[576] BGH FamRZ 1993, 945.
[577] BGH FamRZ 1991, 320.
[578] BGH FamRZ 1984, 353 (354).

§ 10 Verfahrensrecht

auf einen noch in der Zukunft liegenden Zeitpunkt abstellt. Hat das Gericht auf Grund entsprechender Befristung etwa nur Unterhaltsrückstände zuerkannt, beim laufenden Unterhalt aber die Anspruchsvoraussetzungen verneint, fehlt es an einer in die **Zukunft reichenden Rechtskraftwirkung,** die nur unter den Voraussetzungen von § 238 FamFG durchbrochen werden könnte.[579] Hier kann der Unterhaltsberechtigte, sofern die rechtlichen und tatsächlichen Verhältnisse dies hergeben, im Wege des Leistungsantrags erneut Unterhalt geltend machen.

168 Besitzt der Unterhaltsberechtigte einen Unterhaltstitel, der (nur) den **Elementarunterhalt** betrifft, ohne dass sich der Unterhaltsberechtigte dies im Vorverfahren derart (als Teilunterhalt) vorbehalten hatte, ist daraus zu schließen, dass er den gesamten ihm zustehenden Unterhalt geltend machen und sich keine Nachforderung vorbehalten wollte. Will er nunmehr zusätzlich **Alters- oder Krankenvorsorgeunterhalt** geltend machen, kann er dies nur unter den Voraussetzungen des § 238 FamFG, mithin erst dann, wenn sich die im Vorverfahren maßgeblichen Verhältnisse wesentlich geändert haben.[580] Dies bedeutet, dass aus Gründen der Billigkeit mit einem **aus anderen Gründen zulässigen Abänderungsantrag** zusätzlich – sozusagen im Wege der Nachforderung – weitere Elemente des einheitlichen Unterhaltsanspruchs (nämlich Alters- bzw. Krankenvorsorgeunterhalt) verlangt werden können. Dies ist im Ergebnis nichts anderes als ein Weg zur Fehlerberichtigung im Wege eines verdeckten Zusatzantrags, wobei diese Umstände (nämlich der Bedarf an Vorsorgeunterhalt) bereits zurzeit des ersten Verfahrens vorgelegen haben können.

169 Diese Rechtsprechung gilt für **Sonderbedarf** (§ 1613 BGB) nicht, da das Abänderungsverfahren des § 238 FamFG nur Ansprüche auf regelmäßig wiederkehrende Leistungen betrifft, ein Sonderbedarf als einmaliger, unregelmäßiger Bedarf[581] somit durch Leistungsantrag geltend gemacht werden muss. Wird aber der Sonderbedarf zum Dauerzustand (die einmalige Krankenbehandlung wird zum **Dauerzustand** und erhöht damit ab sofort den Lebensbedarf des Unterhaltsberechtigten), ist hinsichtlich dieser (wiederkehrenden) Mehrzahlungen die Abänderung nach § 238 I FamFG vorgegeben, weil die nun zu erbringenden Unterhaltsleistungen nicht mehr die Voraussetzungen eines Sonderbedarfs begründen. Beim Kindesunterhalt wird der **Zusatzantrag** für einen **Mehrbedarf,** wie ihn der BGH bei den **Kinderbetreuungskosten** nunmehr bejaht,[582] neben der bestehenden Titulierung des Tabellenunterhalts für zulässig erachtet.[583] Dem ist zuzustimmen, da der Barunterhaltsbedarf des Kindes auch bei günstigen Einkommensverhältnissen von vornherein nicht den Betreuungs- und Erziehungsbedarf des Kindes erfasst, hierfür vielmehr zusätzliche Mittel zu veranschlagen sind.[584]

170 Eines Zusatzantrags bedarf es auch dann, wenn nur ein Titel über den Trennungsunterhalt vorliegt und der Unterhaltsberechtigte nunmehr **nachehelichen Unterhalt** begehrt. Hierbei handelt es sich streng genommen nicht um einen Zusatzantrage, sondern um einen Erstantrag mit völlig neuem Streitgegenstand, was Unterhaltszeitraum und Anspruchsgründe anbelangt (§ 1361 BGB bzw. §§ 1569 ff. BGB).[585] Demgegenüber ist der Unterhaltsanspruch des minderjährigen Kindes identisch mit jenem nach Eintritt der **Volljährigkeit.**[586] Hieraus resultierende Korrekturen sind im Wege des Abänderungsverfahrens geltend zu machen (§ 244 FamFG). Dies besagt, dass der Unterhaltspflichtige insoweit selbst mit einem die Volljährigkeit des Unterhaltsberechtigten bemühenden Vollstreckungsabwehrantrag ausgeschlossen ist.

---

[579] BGH FamRZ 2007, 983 Rn. 19 = R 676a; 2005, 101 (102) = R 620.
[580] BGH FamRZ 2015, 309 Rn. 24; 1985, 690.
[581] Hierzu BGH FamRZ 1984, 470 (472).
[582] BGH FamRZ 2009, 962 Rn. 17 = R 700.
[583] Keidel/Meyer-Holz FamFG § 238 Rn. 36.
[584] BGH FamRZ 2009, 962 Rn. 25 = R 700.
[585] BGH NJW 1985, 1340.
[586] BGH NJW 1984, 1613.

8. Abgrenzung zwischen Abänderungsantrag und Rechtsmittel

Da die Einleitung eines Abänderungsverfahrens (§ 238 FamFG) nicht an die **Rechtskraft** der abzuändernden Endentscheidung gebunden ist,[587] kann zwischen einem Antrag nach § 238 FamFG und der Beschwerde (§§ 58, 117 FamFG) dann eine **Wahlmöglichkeit** bestehen, wenn die Korrektur auf Gründe gestützt wird, die nach dem Schluss der Tatsachenverhandlung im Vorverfahren der ersten Instanz entstanden sind.[588] Soweit die Ansicht[589] vertreten wird, aus dem gegenüber § 323 II ZPO aF („nicht mehr möglich war") nunmehr geänderten Wortlaut in § 238 II FamFG („nicht möglich war oder ist") sei zu folgern, dass die Möglichkeit nicht mehr bestehe, vielmehr der Antragsteller gehalten sei, das Rechtsmittelverfahren zu betreiben, kann dem nicht gefolgt werden. Denn unverändert geht es bei der Präklusionsvorschrift darum, die dem Einspruchsverfahren noch zugänglichen Tatsachenveränderungen auszuschalten. Demgegenüber knüpft die Beschwerde an eine im kontradiktorischen Verfahren erlassene Endentscheidung an. Überdies ist nichts dafür ersichtlich, dass der Gesetzgeber mit der Formulierungserweiterung die vor dem Inkrafttreten des § 238 FamFG bestehende Rechtslage hätte ändern wollen. Mit der etwas veränderten Formulierung sollten lediglich eine Präzisierung und Klarstellung erreicht werden.[590] Vor dem Hintergrund der lediglich redaktionellen Änderungen, die an der bisherigen Rechtsprechung des BGH[591] nichts ändert, bestehen zwischen Abänderungsverfahren und Rechtsmittel weiterhin Berührungspunkte, die eine Abgrenzung notwendig machen.

Die alternative Rechtsverfolgung durch einen Beteiligten mit einem Abänderungsantrag oder der Beschwerde **(Wahlrecht)** besteht aber nur, solange eine Beschwerde, mit der im Rahmen des laufenden Rechtsmittels auch die Abänderungsgründe gegebenenfalls im Wege einer Antragserweiterung geltend gemacht werden können, **noch nicht anhängig** ist.[592] Das Wahlrecht setzt notwendig die **Zulässigkeit des Rechtsmittels** voraus. Diese ist nicht gegeben, wenn der Beteiligte, der nunmehr eine Abänderung begehrt, in erster Instanz obsiegt hat, es mithin an der notwendigen **Beschwer** fehlt. In diesem Fall bleibt er von vornherein auf einen Abänderungsantrag angewiesen. Eine in der Beschwerdeinstanz in Betracht kommende Antragserweiterung ist nur für den Beteiligten möglich, der über dieses Begehren hinaus die Beseitigung einer Beschwer durch die erstinstanzliche Entscheidung anstrebt.[593] Weist das Gericht ein Unterhaltsbegehren zurück, weil es nicht im Wege der Abänderungsantrags, sondern im Wege des Leistungsantrags geltend gemacht wurde, ist die dagegen eingelegte Beschwerde nicht deshalb unzulässig, weil der Rechtsmittelkläger sein Begehren nunmehr im Wege des Abänderungsantrags verfolgt.[594] Schließlich wird der jeweilige Beteiligte bei Ausübung des Wahlrechts zu gewichten haben, ob die Ausgangsentscheidung ihm günstige Feststellungen enthält, die bei einem Rechtsmittel mit der weiteren Gefahr eines Anschlussrechtmittels (§ 66 FamFG) verloren gehen könnten. Wird nach Einleitung eines Abänderungsverfahrens Beschwerde eingelegt, ist das Verfahren bis zum rechtskräftigen Abschluss des Rechtsmittels auszusetzen (§ 148 ZPO).

Ist ein **Beschwerdeverfahren** bereits **anhängig**, hat der **Beschwerdeführer** mangels Rechtsschutzbedürfnisses **kein Wahlrecht**.[595] Er muss alle Veränderungen, die nach Schluss der mündlichen Verhandlung in erster Instanz eingetreten sind, im Rahmen der Beschwerde (gegebenenfalls im Wege der Antragserweiterung, die auch nach Ablauf der Beschwerdebegründungsfrist möglich ist),[596] geltend machen. Mit der Beschwerde können

---

[587] BGH FamRZ 1986, 43.
[588] BGH FamRZ 2015, 309 Rn. 26.
[589] MüKoFamFG/Pasche § 238 Rn. 29.
[590] BT-Drs. 16/6308, 257.
[591] BGH FamRZ 1992, 162 (163).
[592] FA-FamR/Seiler Kap. 6 Rn. 1168; Hüßtege in Thomas/Putzo FamFG § 238 Rn. 6; Johannsen/Henrich/Brudermüller, 5. Aufl. 2010, FamFG § 238 Rn. 115.
[593] BGH FamRZ 2006, 402.
[594] BGH FamRZ 2004, 24; 2001, 1140.
[595] BGH FamRZ 2015, 309 Rn. 28.
[596] BGH FamRZ 1982, 1198.

neue Tatsachen vorgebracht werden (§ 65 III FamFG). Dass neben einem Beschwerdeverfahren nicht gleichzeitig auch ein Abänderungsverfahren geführt werden kann, ergibt sich im Übrigen daraus, dass eine endgültige (wenn auch nicht rechtskräftige) Verpflichtung im Vorverfahren für die Zulässigkeit eines Abänderungsantrags gegeben sein muss. Dies ist aber gerade im Falle der Beschwerde, die auf Änderung oder Beseitigung des Ausgangstitels zielt, nicht der Fall; hier fehlt eine bereits **endgültige Regelung,** die der Antragsteller als Anknüpfung für ein Abänderungsbegehren hinnimmt. Die Einleitung eines Abänderungsverfahrens neben einem noch laufenden Beschwerdeverfahren müsste auch zu einer unzulässigen doppelten Rechtshängigkeit führen, überdies verbunden mit der Gefahr einander widersprechender Entscheidungen.[597]

174 Hat der Gegner Beschwerde eingelegt, ist der andere Beteiligte, will er Veränderungen, die nach Schluss der mündlichen Verhandlung entstanden sind, geltend machen, gehalten, eine ihm günstige Korrektur der erstinstanzlichen Entscheidung mit der **Anschlussbeschwerde** (§ 66 FamFG) bzw. der Antragserweiterung zu verfolgen. Daneben ist ein Abänderungsverfahren nach § 238 FamFG unstatthaft. Die mit der Anschlussbeschwerde mögliche Rechtsverfolgung wird durch die Anschlussfrist des § 524 II 2 ZPO iVm § 117 II FamFG nicht begrenzt, da diese gemäß § 524 II 3 ZPO in Familienstreitsachen, soweit sie, wie in Unterhaltssachen, eine Verpflichtung zu künftig fällig werdenden wiederkehrenden Leistungen zum Gegenstand haben, keine Anwendung findet. Nach Ansicht des BGH[598] ist diese Formulierung eher als allgemeine Erläuterung des Verfahrensgegenstandes zu verstehen, für den das Gesetz generell eine unbefristete Anschließung vorsieht. Dies hat zur Folge, dass der Beschwerdegegner mit der Anschließung selbst solche Änderungen in den Verhältnissen noch geltend machen kann, die schon vor Schluss der mündlichen Verhandlung in der ersten Instanz vorgelegen haben.

Sieht der Beschwerdegegner zunächst von einer Rechtsverfolgung im Wege der Anschließung ab, stellt sich die Frage, ob er die ihm günstigen Änderungen der maßgebenden Verhältnissen in einem von ihm zu führenden nachfolgenden Abänderungsverfahren geltend machen kann. In seiner langjährigen Rechtsprechung hat der BGH[599] hierzu die Auffassung vertreten, dass der Beschwerdegegner gehalten sei, sämtliche ihm günstige Entwicklungen mit der Anschlussbeschwerde in das Verfahren einzubringen und gegebenenfalls einen Widerantrag zu stellen. Sehe er hiervon ab, sei er mit den sogenannten Alttatsachen in einem mit dem gleichen Ziel verfolgten Abänderungsverfahren später präkludiert (§ 238 II FamFG). Die Begründung für diese Rechtsprechung stützte sich im Wesentlichen auf Zweckmäßigkeitserwägungen und die zu vermeidende Gefahr von einander widersprechender gerichtlicher Entscheidungen.[600] In seiner aktuellen Rechtsprechung hält der BGH an der uneingeschränkten **Verpflichtung zum Widerantrag und zur Anschlussbeschwerde** indessen nicht mehr fest. Dabei stellt er entscheidend auf die **Rechtskraftwirkung im Einzelfall** ab.

Haben die Beteiligten den Unterhalt etwa durch Vergleich tituliert und ist ein auf Herabsetzung des titulierten Unterhalts gerichteter Antrag abgewiesen worden (1. Abänderungsantrag), weil weiterhin zumindest der titulierte Unterhalts geschuldet wird, ist der Unterhaltsberechtigte nicht gehindert, weitergehenden Unterhalt gerichtlich anzustreben (2. Abänderungsantrag), und zwar auch mit Tatsachen, die er bereits im Kontext des vorangegangenen Verfahrens im Wege des Widerantrags hätte geltend machen „können". Maßgebend hierfür ist allein die **Rechtskraft** des ersten Abänderungsantrags, in die mit dem Verlangen nach einem höheren Unterhalt nicht eingegriffen wird.[601] Nichts anderes gilt für den Fall, in dem die Beteiligten über die Abänderung eines durch Beschluss titulierten Unterhalts streiten.[602] Auch hier unterliegt die weitere Rechtsverfolgung durch die Anschlussbeschwerde (§ 66 FamFG) oder Abänderungsantrag (§ 238 FamFG) der Dis-

---

[597] OLG Zweibrücken FamRZ 2004, 554.
[598] BGH FamRZ 2009, 579 Rn. 26.
[599] BGH FamRZ 1998, 99; 1986, 43.
[600] BGH FamRZ 1998, 99, 100.
[601] BGH FamRZ 2013, 1215 Rn. 22.
[602] BGH FamRZ 2018, 914 Rn. 17.

2. Abschnitt: Die Schaffung und Abänderung von Unterhaltstiteln § 10

positionsbefugnis der Beteiligten, soweit sie die Grenzen der Rechtskraftwirkung beachten.[603] Beiden Fallgestaltungen liegt zugrunde, dass es sich gemessen am Ziel der Rechtsverfolgung um gegenläufige Abänderungsverfahren handelt.

Trotz Anhängigkeit eines Beschwerdeverfahrens steht dem Beteiligten, der sich auf **175** eine nachträgliche Veränderung von Verhältnissen (§ 238 I 2 FamFG) berufen will, nach Ansicht des BGH[604] die alternative Geltendmachung der Umstände in einem Abänderungsverfahren oder im Rechtsmittelverfahren **(Wahlrecht)** offen, wenn eine bereits **rechtskräftige** erstinstanzliche **Teilentscheidung** (zB Teilanerkenntnisbeschluss) vorliegt, die Beteiligten im Beschwerdeverfahren nur noch über einen Spitzenbetrag streiten und die Veränderungen sich auch auf die bereits rechtskräftige Teilentscheidung auswirken können.[605] Hier muss sich der Beteiligte nicht – je nach Verfahrenskonstellation – vorrangig auf einen Widerantrag im Rahmen einer Rechtsmittelerweiterung oder Anschließung verweisen lassen. Maßgebend für diesen Ausnahmefall sollen Gesichtspunkte der Verfahrensökonomie und Zumutbarkeit sein. Der dabei allerdings hinzunehmenden Gefahr sich widersprechender Entscheidungen über einen einheitlichen Lebenssachverhalt[606] ist durch Aussetzung des Abänderungsverfahrens (§ 148 ZPO) zu begegnen.

Verliert die Anschließung infolge Rücknahme oder Verwerfung der Beschwerde ihre **176** Wirkung, kann der Beschwerdegegner in einem neuen Verfahren Abänderungsantrag stellen, wobei dieser Antrag als schon zum Zeitpunkt der Anschließung gestellt gilt (**„Vorwirkung"**).[607] Damit kann der bisherige Titel rückwirkend – allerdings nur – auf den Zeitpunkt der wirkungslos gewordenen Anschließung abgeändert werden, so dass der Antragsteller in seiner Rechtsstellung nicht vom Ausgang des Beschwerdeverfahrens abhängt.

Nach **Rücknahme der Beschwerde** und **Ausfall der Anschlussbeschwerde** muss **177** die hierauf zunächst gestützte Abänderung allerdings innerhalb der 6-Monats-Frist des § 204 II iVm § 204 I Nr. 1 BGB (§ 212 II BGB aF) gerichtlich verfolgt werden, wenn die Vorwirkung des Abänderungsbegehrens erhalten bleiben soll. Wird die **Beschwerde** als **unzulässig** verworfen oder vom Antragsgegner zurückgenommen, ist der Schluss der letzten mündlichen Verhandlung in erster Instanz der für § 238 II FamFG maßgebende **Präklusionszeitpunkt**. Dabei macht es keinen Unterschied, ob in der Beschwerdeinstanz eine mündliche Verhandlung stattgefunden hat.[608] Wird nicht nur die Beschwerde, sondern auch der Verfahrensantrag zurückgenommen, ist auf die letzte Tatsachenverhandlung eines etwaigen Vorverfahrens abzustellen.[609] Ein zurückgenommener Verfahrensantrag oder eine zurückgenommene Beschwerde haben die Wirkung des Verlustes des eingereichten Antrags oder des eingereichten Rechtsmittels (§§ 269 III, 516 III ZPO). Rechtswirkungen wie die Verschiebung des Präklusionszeitpunktes durch das wirkungslos gewordene Antragsverfahren oder Rechtsmittel können daher nicht eintreten. Gemäß § 238 II FamFG ist gegen einen Versäumnisbeschluss der Abänderungsantrag jedoch nur dann zulässig, wenn die Möglichkeit eines **Einspruchs** nicht oder nicht mehr besteht.[610]

Kommt als Rechtsmittel nur die **Rechtsbeschwerde** in Betracht, ist daneben weiter der **178** Abänderungsantrag (§ 238 FamFG) zulässig, da mit der Rechtsbeschwerde eine Änderung der tatsächlichen Verhältnisse nach Schluss der mündlichen Verhandlung in der Beschwerdeinstanz nicht geltend gemacht werden kann (§ 72 I FamFG). Daher hat jeder Beteiligte die Wahl, ob er selbst Rechtsmittel einlegen oder ein Abänderungsverfahren einleiten will. Führt die Rechtsbeschwerde zur Aufhebung des angefochtenen Beschlusses und zur Zurückverweisung an das Beschwerdegericht, können die Beteiligten in der

---

603 BGH FamRZ 2018, 914 Rn. 18.
604 BGH FamRZ 1993, 941.
605 BGH FamRZ 1993, 941.
606 BGH FamRZ 1993, 941 (943).
607 BGH FamRZ 1988, 601.
608 BGH FamRZ 1988, 493.
609 BGH FamRZ 2000, 1499 (1500).
610 BGH FamRZ 1982, 793.

erneuten Tatsacheninstanz die nach Schluss der letzten Tatsachenverhandlung eingetretenen Änderungen in das Verfahren einführen.[611]

9. Zulässigkeit des Abänderungsverfahrens

179 a) **Allgemeine Verfahrensvoraussetzungen.** Die örtliche Zuständigkeit bestimmt sich nach den für ein Erstverfahren in streitigen Unterhaltssachen (§§ 231 I, 112 Nr. 1 FamFG) maßgebenden Vorschriften (→ Rn. 8 bis 14). Sie regeln in § 232 I Nr. 1 und 2 FamFG, soweit eine Ehesache anhängig ist oder Unterhaltsansprüche minderjähriger und privilegiert volljähriger Kinder betroffen sind, eine **ausschließliche Zuständigkeit**. Diese geht, wie § 232 II FamFG unter Nichtübernahme der bisherigen Rechtsprechung[612] bestimmt, nunmehr auch jedweder anderen ausschließlichen Zuständigkeit (zB §§ 767, 802 ZPO) vor. Im Übrigen bleibt es für das Abänderungsverfahren beim allgemeinen durch den Aufenthaltsort des Antragsgegners bestimmten **Gerichtsstand** (§ 232 III 1 FamFG iVm §§ 12, 13 ZPO), soweit nicht der Antragsteller sich auf einen **Wahlgerichtsstand** (§ 232 III 2 FamFG) berufen kann. Eine Fortdauer der Zuständigkeit des früheren Verfahrensgerichts, wie dies in § 767 I ZPO für das Vollstreckungsabwehrverfahren geregelt ist, sieht das FamFG nicht vor. Wechselt etwa das minderjährige Kind nach Abschluss eines Erstverfahrens mit seinem gewöhnlichen Aufenthalt in einen anderen Gerichtsbezirk, besteht dort für Abänderungsverfahren eine neue ausschließliche Zuständigkeit. Für den Gesetzgeber stehen mit dieser Regelung die jeweils aktuellen Lebensumstände des Kindes im Vordergrund. Notwendige Vorkenntnisse aus dem Vorverfahren soll die Beiziehung der Verfahrensakten ermöglichen.[613] Hinsichtlich der **sachlichen Zuständigkeit** gilt die Vorschrift des § 23a I Nr. 1 GVG mit der Folge, dass die Verfahren vor dem Amtsgericht – Familiengericht – in erster Instanz zu führen sind; die Zuständigkeit des Oberlandesgerichts in zweiter Instanz ergibt sich aus § 119 I Nr. 1a GVG. Zur internationalen Zuständigkeit vgl. die Ausführungen zu → Rn. 15 bis 18 und → § 9 Rn. 640–670).

180 Eine weitere allgemeine Verfahrensvoraussetzung besteht darin, dass das vorausgegangene Unterhaltsverfahren abgeschlossen sein muss **(endgültige Regelung)**.[614] Dies setzt nicht notwendig die Rechtskraft der Entscheidung aus dem Vorverfahren voraus. Es reicht aus der materielle Bestand der Erstentscheidung. Der Antragsteller muss deutlich machen oder zumindest davon ausgehen, dass es (für das Vorverfahren) bei der Erstentscheidung bleiben soll, die damit zum Maßstab der entsprechenden Abänderung (als feste Größe) gewählt wird. Mit einer Antragstellung vor Rechtskraft der Vorentscheidung gibt der Antragsteller zu erkennen, die Vorentscheidung als bestandskräftig hinzunehmen. Legt er gleichwohl später Beschwerde (§§ 58, 117 FamFG) ein, wird der Abänderungsantrag unzulässig. Kommt die Beschwerde vom Gegner, muss sich der Antragsteller wegen eines Abänderungsbegehrens diesem Rechtsmittel zunächst anschließen (→ Rn. 174). Ein von ihm bereits eingeleitetes Abänderungsverfahren ist auszusetzen (§ 148 ZPO). **Gegenläufige Abänderungsverfahren** sind streitgegenständlich identisch. Dem zeitlich später bei einem anderen Gericht eingeleiteten Abänderungsverfahren steht die **anderweitige Rechtshängigkeit** (§ 261 III Nr. 1 ZPO) entgegen. Beide Abänderungsanträge können aber gemäß § 113 I 2 FamFG iVm § 33 ZPO beim Erstverfahren im Wege der **Widerantrags** verbunden werden.[615] Dabei ist der Antragsgegner nicht gehindert, mit dem Widerantrag lediglich einen **Auskunftswiderantrag** zu stellen, um sich Gewissheit über die Einkommensverhältnisse des Antragstellers zu verschaffen.[616]

181 Auch für die Zulässigkeit eines Abänderungsantrags ist ein **Rechtsschutzinteresse** notwendig, das regelmäßig gegeben ist, solange der Unterhaltsberechtigte noch einen

---

[611] BGH NJW 1985, 2029.
[612] BGH FamRZ 2001, 1705.
[613] BT-Drs. 16/6308, 255.
[614] BGH FamRZ 1986, 43.
[615] BGH FamRZ 1998, 99 (100); 1997, 488.
[616] OLG Zweibrücken FamRZ 2004, 1884.

abänderungsfähigen Vollstreckungstitel in Händen hält. Im Einzelnen ist nach der Rolle der Beteiligten zu unterscheiden.

Das Rechtsschutzinteresse des **Unterhaltspflichtigen** für einen auf Herabsetzung des titulierten Unterhalts gerichteten Antrag entfällt hier nicht schon dann, wenn der Unterhaltsberechtigte auf weitere Vollstreckung verzichtet und erklärt, wegen veränderter Verhältnisse „**derzeit keinen Unterhalt**" geltend machen zu wollen.[617] Steht einer Titelherausgabe aber entgegen, dass der Titel noch für die Vollstreckung von **Unterhaltsrückständen** benötigt wird, entfällt das Rechtsschutzinteresse jedenfalls dann, wenn der Unterhaltsgläubiger einen entsprechenden Hinweis mit seinem weitergehenden Vollstreckungsverzicht verbindet.[618] Eine nach Vollstreckung auch der Unterhaltsrückstände vorgebrachte Verzichtserklärung beseitigt das Rechtsschutzinteresse aber nicht.[619] Haben die Beteiligten schon zuvor durch außergerichtliche Vereinbarung **(Teilverzicht)** den titulierten Unterhalt gekürzt, besteht das Rechtsschutzinteresse für ein Abänderungsverfahren nur noch in Höhe des verbleibenden Sockelbetrages.[620] Ist der Unterhalt nur in Höhe des Spitzenbetrages tituliert, fehlt das Rechtsschutzinteresse für ein Abänderungsbegehren des Unterhaltspflichtigen, wenn die angestrebte Herabsetzung der Unterhaltsrente den bis dahin freiwillig gezahlten **Sockelbetrag** nicht übersteigt.[621]

Ist der **Unterhaltsberechtigte** um eine ihm günstige Titelanpassung bemüht, steht dem Rechtsschutzinteresse nicht entgegen, wenn der Unterhaltspflichtige auch den Spitzenbetrag freiwillig zahlt, dessen Titulierung der Unterhaltsberechtigte anstrebt.[622] Das Unterhaltsverlangen steht insoweit einem Leistungsantrag auf erstmalige Titulierung gleich (→ Rn. 37 bis 41).[623]

Sind die Beteiligten gehalten, Änderungen nach Schluss der erstinstanzlichen Tatsachenverhandlung im Wege der Beschwerde oder der Anschlussbeschwerde gerichtlich geltend zu machen (vgl. zu den näheren Voraussetzungen → Rn. 171–178), fehlt das Rechtsschutzinteresse für ein gesondertes Abänderungsverfahren.[624] Allerdings ist ein Rechtsschutzinteresse wieder zu bejahen, sobald die Beschwerde wirksam zurückgenommen oder als unzulässig verworfen worden ist.

b) Besondere Verfahrensvoraussetzungen. aa) Im Unterschied zum allgemeinen Leistungsantrag knüpft das Abänderungsverfahren an einen abzuändernden Unterhaltstitel an. Im Fall des § 238 FamFG muss der Antragsteller von einer in der **Hauptsache** ergangenen **Endentscheidung** (früher: Urteil) ausgehen (auch Anerkenntnis-[625] und Versäumnisbeschlüsse).[626] Hierzu gehören auch **ausländische Entscheidungen**, soweit sie im Inland anerkannt werden oder anzuerkennen sind.[627] (zu Art und Umfang der in Betracht kommenden Endentscheidungen → Rn. 141 bis 144). Allerdings muss die abzuändernde Entscheidung bezogen auf ihren Entscheidungszeitpunkt künftig fällig werdende wiederkehrende Leistungen betreffen (§ 258 ZPO). Da der Abänderungsantrag der Rechtskraftdurchbrechung bei Prognosefehlern dient,[628] ist er nicht zulässig, wenn der zugrunde liegende Titel keinen **vollstreckungsfähigen Inhalt** (→ Rn. 147) hat. In diesen Fällen bedarf es daher bei der jeweiligen Rechtsverfolgung für den **Unterhaltsgläubiger** der Geltendmachung mit einem Leistungsantrag (Erstantrag), für den **Unterhaltsschuldner** eines Vollstreckungsabwehrantrags analog § 767 ZPO.[629]

---

[617] OLG Saarbrücken FamRZ 2009, 1938; OLG Köln FamRZ 2006, 718.
[618] OLG Hamm FamRZ 2006, 1856; OLG München FamRZ 1999, 942.
[619] Keidel/Meyer-Holz FamFG § 238 Rn. 19.
[620] FA-FamR/Kintzel Kap. 6 Rn. 1165.
[621] BGH FamRZ 1993, 945.
[622] OLG Zweibrücken FamRZ 1997, 620.
[623] BGH FamRZ 1998, 1165.
[624] Hüßtege in Thomas/Putzo FamFG § 238 Rn. 15.
[625] BGH FamRZ 2007, 1459 = R 680.
[626] BGH FamRZ 2010, 1150 = R 713.
[627] BGH FamRZ 2015, 479 Rn. 12; 1992, 1060 (1062).
[628] Dazu Büttner NJW 1999, 2327.
[629] BGH FamRZ 2006, 261 = R 645.

183 **bb)** Ferner setzt das Abänderungsverfahren des § 238 FamFG eine **Identität des Verfahrensgegenstandes** voraus. Das ist allerdings nicht so zu verstehen, dass Vorverfahren und Abänderungsverfahren den gleichen Streitstoff (Sachverhalt und Antrag) enthalten müssen. Denn dieser (aus dem Vorverfahren) ist historisch überholt und nicht rückholbar. Vielmehr bedarf es nur einer Verfahrensübereinstimmung dem Grunde nach. Damit ist primär das **jeweilige Rechtsverhältnis** mit den ihm zugrunde liegenden Tatsachen gemeint, aus dem der Unterhaltsberechtigte die einseitigen Verpflichtungen auf wiederkehrende Leistungen durch den Unterhaltspflichtigen ableitet.

– Eine solche Übereinstimmung besteht nicht zwischen einem für den **Trennungsunterhalt** durch einen Ehegatten erstrittenen Unterhaltstitel und den Rechtsverhältnissen nach Rechtskraft der Ehescheidung. Gemäß gefestigter Rspr. des BGH[630] handelt es sich beim **nachehelichen Unterhalt** um einen verfahrensrechtlich neuen Streitgegenstand. Hierauf gestützte Unterhaltsansprüche muss der geschiedene Ehegatte mit einem Leistungsantrag verfolgen. Die Anpassung eines Unterhaltstitels aus der Trennungszeit durch den Unterhaltsberechtigten scheidet ebenso aus wie eine Herabsetzung durch den Unterhaltspflichtigen. Dieser muss sich bei Fortsetzung der Zwangsvollstreckung nach Rechtskraft der Ehescheidung hiergegen mit einem Vollstreckungsabwehrantrag wenden.

– Ist allerdings die Ehe der Beteiligten rechtskräftig geschieden und der **nacheheliche Unterhalt** (zB) wegen eines Betreuungsbedarfs gemeinsamer Kinder nach § 1570 BGB bereits tituliert, betreffen Änderungen der Verhältnisse, auch soweit sie zu einem **Folgetatbestand** führen, ein- und denselben Verfahrensgegenstand und sind damit im Abänderungsverfahren geltend zu machen.[631]

– Haben die beteiligten Ehegatten im Zuge einer ersten Trennung den Unterhalt titulieren lassen, danach aber durch Wiederherstellung der ehelichen Lebensgemeinschaft die Trennung beendet und damit gleichzeitig durch Begründung des Anspruchs auf **Familienunterhalt** (§§ 1360, 1360a BGB) den Trennungsunterhaltsanspruch zum Erlöschen gebracht, fehlt es nach erneuter Trennung an einer das Abänderungsverfahren eröffnenden Identität des Verfahrensgegenstandes, so dass auch hier der erneute Trennungsunterhalt nur mit einem Leistungsantrag tituliert werden kann.[632] Daraus folgt gleichzeitig, dass mangels Identität des Verfahrensgegenstandes auch ein auf Abänderung eines zum **Haushaltsgeld** erstrittenen Titels im Wege eines Verfahrens nach § 238 FamFG nach Trennung der Eheleute ausscheiden muss.

– Die Identität des Verfahrensgegenstandes zwischen Vor- und Abänderungsverfahren zu bejahen ist beim **Kindesunterhalt,** und zwar auch zwischen dem Unterhaltsanspruch des Kindes gegen seine Eltern vor und nach Eintritt der **Volljährigkeit,**[633] selbst wenn sich zwischenzeitlich die Leistungsform (Bar- statt Naturalunterhalt) geändert hat.[634]

184 **c) Identität der Verfahrensbeteiligten.** Die Verfahrensbeteiligten des Abänderungsverfahrens müssen mit denen des Vorverfahrens identisch sein; allerdings reicht aus, dass sich die **Rechtskraft** der **Ausgangsentscheidung** auf sie erstreckt.[635] Von Bedeutung sind hier insbesondere die Fälle des gesetzlichen Forderungsübergangs und der Verfahrensstandschaft.

Antragsbefugt ist danach an Stelle des Unterhaltsberechtigten auch der **Rechtsnachfolger,** zB das Land gemäß § 37 I BAföG[636] oder der Sozialhilfeträger nach § 33 SGB II, § 94 SGB XII[637] in Höhe des übergegangenen Anspruchs. Bei entsprechender Titulierung auch des künftigen Unterhalts (§ 94 IV 2 SGB XII) ist der **Sozialhilfeträger** Antragsteller auch im Abänderungsverfahren, ohne dass dadurch der materiell Unterhaltsberechtigte

---

[630] BGH FamRZ 1981, 242 (243 und 441).
[631] BGH FamRZ 2014, 1276 Rn. 18; 1984, 353 (354).
[632] OLG Düsseldorf FamRZ 1992, 943.
[633] BGH FamRZ 1984, 682.
[634] BGH FamRZ 1997, 281.
[635] BGH FamRZ 1982, 587 (588).
[636] BGH FamRZ 1992, 1060.
[637] BGH FamRZ 1992, 797 (799).

gehindert ist, seinerseits bei veränderten Verhältnissen Abänderungsantrag zu stellen.[638] Vor einer doppelten Inanspruchnahme ist der Unterhaltspflichtige durch die Einrede der anderweitigen Rechtshängigkeit (§ 261 III Nr. 1 ZPO) geschützt. Will er seinerseits gegen einen titulierten Unterhalt vorgehen, muss er, sofern die Forderung nur zum Teil auf den Sozialhilfeträger übergegangen ist, den Abänderungsantrag gegen den Titelgläubiger und den öffentlichen Leistungsträger richten.[639]

Die für das Abänderungsverfahren notwendige Personenidentität ist ferner anzunehmen bei Entscheidungen zum **Kindesunterhalt,** sofern ein Elternteil diese auf Grund der **Verfahrensstandschaft** (§ 1629 III 1 BGB) zunächst im eigenen Namen erstritten hat. Bis zur Beendigung dieser Handlungsbefugnis ist an aktiven und passiven Abänderungsverfahren der jeweilige Elternteil Beteiligter und bleibt es in einem noch laufenden Abänderungsverfahren, auch wenn durch **Rechtskraft** der **Ehescheidung** die Verfahrensstandschaft endet (→ Rn. 51). Die Beteiligtenstellung erledigt sich in diesem Fall aber dann, wenn es in der Zwischenzeit zu einer anderweitigen Regelung der elterlichen Sorge gekommen ist.[640] Ein nach Rechtskraft der Ehescheidung einzuleitendes Abänderungsverfahren kann nur das unterhaltsberechtigte Kind selbst als Antragsteller oder Antragsgegner, vertreten gegebenenfalls nach § 1629 II 2 BGB[641] durch das betreuende Elternteil, betreiben. Davon zu unterscheiden sind allerdings Entscheidungen, die die Eltern über Unterhaltspflichten gegenüber dem Kind im Verhältnis zueinander erwirkt haben. Allein sie bleiben Beteiligte in einem darauf zielenden Abänderungsverfahren.[642] **185**

Hat der Verfahrensstandschafter noch während der Minderjährigkeit des Kindes ein Abänderungsverfahren eingeleitet, führt der Eintritt der **Volljährigkeit** dazu, dass im Wege der subjektiven Antragsänderung das Kind mit Zustimmung des dann ausscheidenden Verfahrensstandschafters als Beteiligter das Verfahren fortsetzen kann.[643] Einer Zustimmung des anderen Elternteils bedarf es nicht.[644] Lehnt das Kind den Eintritt in das Verfahren ab, muss der Verfahrensstandschafter im eigenen Kosteninteresse das Verfahren in der Hauptsache für erledigt erklären. Begehrt der Unterhaltspflichtige im Abänderungsverfahren die Beseitigung seiner titulierten Unterhaltsverpflichtung kann er nach Eintritt der Volljährigkeit im Wege subjektiver Antragsänderung (§ 263 ZPO analog) das Kind unmittelbar in Anspruch nehmen. Der Beteiligtenwechsel ist jedenfalls sachdienlich.

d) Die Behauptung der wesentlichen Veränderung. Als weitere besondere Verfahrensvoraussetzung setzt § 238 I 2, II FamFG die Behauptung voraus, dass eine wesentliche Veränderung der Verhältnisse nach Schluss der mündlichen Verhandlung im Vorverfahren eingetreten sei. Dies ist **Zulässigkeitsvoraussetzung,** wie der insoweit gegenüber der Regelung in § 323 I ZPO aF geänderte Wortlaut („Der Antrag ist zulässig") anknüpfend an die Rechtsprechung des BGH[645] ausdrücklich klarstellt.[646] Der Antragsteller muss **Tatsachen** vortragen, aus denen sich eine wesentliche Veränderung der der Entscheidung zugrunde liegenden tatsächlichen oder rechtlichen Verhältnisse ergibt.[647] Veränderungen können sowohl die Voraussetzungen der Unterhaltsberechtigung dem Grunde nach als auch die für Höhe und Dauer der Unterhaltsrente bemessungsrelevanten Umstände betreffen. Hat das Ausgangsgericht der Unterhaltsberechtigten Betreuungsunterhalt (§ 1570 BGB) und nachfolgend Krankenunterhalt (§ 1572 BGB) zugebilligt, kann diese mit dem Abänderungsantrag zulässigerweise weitergehenden Unterhalt wegen Alters (§ 1571 BGB) oder Wegfall der Erwerbsfähigkeit geltend machen.[648] **186**

---

[638] BGH FamRZ 1992, 797 (799).
[639] OLG Jena FamRZ 2009, 67; OLG Brandenburg FamRZ 2004, 552.
[640] Keidel/Meyer-Holz FamFG § 238 Rn. 16.
[641] OLG Naumburg FamRZ 2007, 1334 (1335).
[642] BGH FamRZ 1986, 254 (notarielle Scheidungsfolgenvereinbarung).
[643] BGH FamRZ 2013, 1378 Rn. 8 und 9 = R 737a.
[644] BGH FamRZ 2013, 1378 Rn. 11 = R 737a.
[645] BGH FamRZ 2001, 1687; 1984, 353 (355); zu § 238 I 2 FamFG bestätigt BGH FamRZ 2010, 1150 Rn. 13 = R 713.
[646] BT-Drs. 16/6308, 257.
[647] BGH FamRZ 2015, 1694 Rn. 16; 2008, 872 Rn. 15 = R 690b.
[648] BGH FamRZ 2014, 1276 Rn. 18.

Da der Gesetzgeber durch die Neuregelung in § 238 I 2 FamFG an der bis dahin gültigen Rechtslage insoweit hat festhalten wollen,[649] insbesondere der BGH[650] aber nach inzwischen gefestigter Rechtsprechung **Änderungen der Gesetzeslage** und grundlegende Änderungen in der **höchstrichterlichen Rechtsprechung** als zulässige Gründe für ein Abänderungsverfahren ansieht, dürften als „Tatsachenvortrag im Sinne von § 238 I S. 2 FamFG" weiterhin auch Darlegungen zu relevanten Änderungen von Gesetzen und höchstrichterlicher Rechtsprechung zulässig und erforderlich sein.[651]

187 Der zur Substantiierung eines zulässigen Abänderungsantrags erforderliche Vortrag kann sich entgegen einer verbreiteten Praxis nicht selektiv auf einen einzelnen Umstand beschränken, der sich seit der Ersttitulierung unzweifelhaft vermeintlich zu seinen Gunsten geändert hat (zB altersbedingte Erhöhung des Kindesunterhaltsbedarfs oder Anpassung des Selbstbehalts). Vielmehr hat er bereits im Rahmen der Zulässigkeit auch die unstreitigen Gesichtspunkte unter Berücksichtigung der Zeitschranke des § 238 II FamFG mit darzulegen. Die **Gesamtbeurteilung** aller Veränderungen und der unverändert gebliebenen Verhältnisse **durch den Antragsteller** in der Antragsschrift muss erkennen lassen, ob es sich um wesentliche Veränderungen im Sinne von § 238 I 2 FamFG handelt. Beruft sich der Antragsteller etwa zur Begründung seines Begehrens auf eine Gesetzesänderung oder auch eine grundlegende Änderung der höchstrichterlichen Rechtsprechung, hat er die konkreten Auswirkungen dieser Änderungen durch Gegenüberstellung der beiden Rechtslagen darzustellen. Dies erfordert von Seiten des Antragstellers, dass er der Unterhaltsbemessung der Ausgangsentscheidung eine Neuberechnung gegenüberstellt, in die er die aus seiner Sicht eingetretenen Änderungen einarbeitet. Allein der Hinweis auf das Urteil des BGH vom 13.6.2001[652] oder die Entscheidung des BVerfG[653] zum Splittingvorteil begründet die Zulässigkeit eines Abänderungsantrags nicht. Sie enthält – wie auch bei Hinweisen anderer Art – nicht die auf die abzuändernde Entscheidung zu beziehende Behauptung einer wesentlichen Änderung (Zu den Besonderheiten der Darlegungen bei Anerkenntnis- und Versäumnisentscheidungen → Rn. 192 bis 195).

188 Erbringt der Unterhaltspflichtige freiwillige Zahlungen und ist lediglich der **Spitzenbetrag** durch eine Entscheidung tituliert, muss er bei seinem Bemühen um Beseitigung seiner Zahlungsverpflichtungen vorrangig seine freiwilligen Zahlungen auf den **Sockelbetrag** einstellen.[654] Begehrt er auch Abänderung des Titels über den Spitzenbetrag, muss er im Rahmen der Zulässigkeit beziffert unterlegte Gründe darlegen, die bezogen auf den Gesamtbetrag eine wesentliche Veränderung der Verhältnisse erkennen lassen.[655] Im Übrigen richten sich die Anforderungen an die Darlegung wesentlicher Veränderungen im Rahmen der Zulässigkeit des Abänderungsantrags auch nach Art und Inhalt der Ausgangsentscheidung. Hat das Gericht im Erstverfahren den Ehegattenunterhalt nach dem **konkreten Bedarf** zugesprochen, genügt die um einen höheren Unterhalt bemühte Antragstellerin ihrem Abänderungsbegehren nicht mit dem Hinweis auf verbesserte Einkommensverhältnisse, weil diese bei der Bemessung des Unterhalts in der Erstentscheidung keine Rolle gespielt haben.[656] Im Unterschied dazu kann sich der Unterhaltspflichtige mit einem Abänderungsantrag auf sein gesunkenes Einkommen berufen, da nunmehr seine Leistungsfähigkeit in Frage steht.

Hat das Erstgericht den Unterhaltspflichtigen wegen mutwilliger Aufgabe der gut bezahlten Arbeitsstelle auf **„fiktiver Grundlage"** (Fortschreibung des Erwerbseinkommens) zur Zahlung von Unterhalt verpflichtet, ist ein Abänderungsantrag gestützt allein auf den Hinweis, der Unterhaltspflichtige komme wieder seiner Erwerbsobliegenheit nach,

---

[649] BT-Drs. 16/6308, 257.
[650] BGH FamRZ 2008, 1911 Rn. 62; 2003, 1734 (1736); 848, 851.
[651] BGH FamRZ 2018, 914 Rn. 21; 2015, 1694 Rn. 16; 2010, 1884 Rn. 12 und 13.
[652] BGH FamRZ 2001, 986 = R 563.
[653] BVerfG FamRZ 2003, 1821 = R 598.
[654] BGH FamRZ 1993, 945.
[655] Keidel/Meyer-Holz FamFG § 238 Rn. 23.
[656] BGH FamRZ 1990, 280.

verdiene aber weniger als zuvor, unzulässig.⁶⁵⁷ Sie richtet sich nicht gegen die in der Ausgangsentscheidung angestellte Prognose. Allerdings unterliegen die Auswirkungen fiktiver Grundlagen auch Einschränkungen. Ist es dem Unterhaltspflichtigen, dem nach mutwilliger Aufgabe seiner Erwerbstätigkeit das zuletzt erzielte Einkommen als erzielbar zugerechnet worden ist, gelungen, eine vergleichbare Erwerbstätigkeit mit vergleichbarem Einkommen zu finden und verliert er diese etwa in Folge einer betriebsbedingten Kündigung, kann ihm die Berufung auf veränderte Verhältnisse (§ 238 I 2 FamFG) nicht versagt werden, weil die ursprünglichen Verhältnisse durch die nachträgliche Entwicklung ihre Relevanz eingebüßt haben. Ist dem arbeitslosen Unterhaltspflichtigen in einem Erstverfahren ein Erwerbseinkommen als erzielbar zugerechnet worden mit der Begründung, er habe sich nicht hinreichend um eine ihm zumutbare Erwerbstätigkeit gekümmert, kann er sich im Rahmen eines Abänderungsverfahrens zulässigerweise darauf berufen, trotz intensiver – substanziiert darzulegender – nachträglicher Bemühungen um eine Erwerbstätigkeit nicht erfolgreich gewesen zu sein.

Die „in sich schlüssige" Darlegung einer wesentlichen Änderung der maßgebenden Verhältnisse schon im Rahmen der Zulässigkeitsprüfung kann auch nicht dahingestellt bleiben, weil allein die weitere **Sachentscheidung** des Gerichts die Präklusionswirkungen (§ 238 II FamFG) auslösen kann. Fehlt ein entsprechender Sachvortrag, ist der Abänderungsantrag unzulässig. Stellt sich die Behauptung der wesentlichen Änderung als unwahr dar oder ist die Änderung selbst nur unwesentlich, ist der Antrag nach § 238 FamFG unbegründet.⁶⁵⁸ **189**

Die dargelegten **Änderungen** in den maßgebenden Verhältnissen müssen schließlich bereits **eingetreten** sein.⁶⁵⁹ Dass mit einer Änderung lediglich zu rechnen ist, kann regelmäßig selbst dann nicht ausreichen, wenn die Prognose nach Sachlage mit großer Sicherheit getroffen werden könnte.⁶⁶⁰ Daher wäre ein Abänderungsverlangen etwa bei zu erwartender Altersrente nach Vollendung des 65. Lebensjahres selbst dann unzulässig, wenn sich deren Höhe mit einiger Wahrscheinlichkeit voraussagen ließe.⁶⁶¹ Dass die wesentliche Veränderung nur vorübergehend ist, ist nicht entscheidungserheblich. Die zeitlich befristete Änderung führt damit zu einer entsprechend zeitlich begrenzten Abänderungsentscheidung, wie etwa zu einer Unterhaltsversagung mangels Leistungsfähigkeit für die voraussichtliche Dauer einer vorübergehenden Arbeitslosigkeit oder auch einer Strafhaft des Unterhaltspflichtigen.⁶⁶² Nach Ende des vorübergehenden Ereignisses lebt damit der Ersttitel in seiner ursprünglichen Höhe wieder auf. Soweit sich die Prognose einer vorübergehenden Leistungseinschränkung nicht bewahrheitet (zB durch Verlängerung der Strafhaft infolge weiterer Verurteilungen), ist der Unterhaltspflichtige nicht gehindert, die Veränderung der Sachlage mit einem neuen Abänderungsantrag geltend zu machen. **190**

10. Begründetheit des Abänderungsantrags

a) Änderung der Verhältnisse. Ein Erfolg in der Sache des gegen eine Endentscheidung in der Hauptsache gerichteten Abänderungsantrags ist nach § 238 IV FamFG unter Beachtung der Präklusionsvorschrift des § 238 II FamFG zu beurteilen, wonach ungeachtet ihrer Relevanz im Rahmen der Zulässigkeit, eine Titelanpassung nicht auf präkludierte Umstände gestützt werden kann.⁶⁶³ Die Begründetheit des Abänderungsantrags hängt hiernach zunächst davon ab, dass eine mit dem Begehren zulässigerweise geltend gemachte wesentliche Veränderung der tatsächlichen und rechtlichen Verhältnisse jedenfalls bewiesenermaßen eingetreten ist. Den zeitlichen Vergleichsrahmen bilden hierbei der angestrebte Abänderungszeitpunkt und der Schluss der Tatsachenverhandlung des Vorverfahrens. Die **191**

---

⁶⁵⁷ BGH FamRZ 2008, 872 Rn. 19 = R 690b.
⁶⁵⁸ BGH FamRZ 2018, 914 Rn. 11; 2015, 1694 Rn. 16; 2001, 1687.
⁶⁵⁹ BGH FamRZ 2002, 88; OLG Hamm FamRZ 2003, 461.
⁶⁶⁰ BGH FamRZ 1981, 862 (863).
⁶⁶¹ BGH FamRZ 1993, 941.
⁶⁶² BGH FamRZ 1982, 792.
⁶⁶³ BGH FamRZ 1987. 259, 262.

inhaltlichen Veränderungen sind auf die Beschlussgründe der zur Abänderung anstehenden Entscheidung zu beziehen. Das wirft die Frage nach der Behandlung von Endentscheidungen auf, die keine Begründung enthalten und auch keiner bedürfen, wie dies bei **Anerkenntnis- und Säumnisentscheidungen** der Fall ist.

192 Beruht die Verpflichtung zur Zahlung von Unterhalt auf einem Versäumnisbeschluss, der das tatsächliche Vorbringen des Antragstellers in der mündlichen Verhandlung als zugestanden zugrunde legt (§ 113 I 2 FamFG iVm § 331 I ZPO), spricht zunächst der Wortlaut von § 238 I 2 FamFG, wonach Änderungen in den Verhältnissen von den „… der Entscheidung zugrunde liegenden … Verhältnissen." auszugehen haben, dafür, dass nur Änderungen gegenüber den als zugestanden behandelten **(fiktiven) Verhältnissen** maßgebend sein können. Gleichwohl war und ist in Rechtsprechung und Literatur umstritten,[664] ob die fiktiven[665] oder die tatsächlichen Verhältnisse heranzuziehen sind. Der BGH hat in einer Entscheidung vom 12.5.2010[666] gegenüber einem Abänderungsbegehren des Unterhaltspflichtigen, allerdings zunächst ausdrücklich beschränkt auf eine Änderung der Einkommensverhältnisse, darauf abgestellt, dass eine Abänderung nur dann und insoweit möglich sei, als sich die seinerzeit gegebenen **tatsächlichen Verhältnisse** wesentlich geändert haben. In der zu entscheidenden Fallgestaltung hatten sich die tatsächlichen Einkommensverhältnisse des Unterhaltspflichtigen von ca. 1525 EUR seit dem Versäumnisbeschluss nicht wesentlich verändert, während der Versäumnisentscheidung ein zugestandenes Einkommen in Höhe von 2255 EUR zugrunde lag. Der BGH hat unter Heranziehung der tatsächlichen Verhältnisse eine entsprechende Änderung verneint und die Entscheidungen der Instanzgerichte bestätigt, die den Abänderungsantrag als **unzulässig** abgewiesen hatten. In einer weiteren Entscheidung hat der BGH erneut auf die tatsächlichen Verhältnisse abgestellt, soweit Vermögensverhältnisse betroffen waren und diesen eine für den Unterhalt bemessungsrelevante Bedeutung zukam.[667]

193 Allerdings erscheint zweifelhaft, ob es für die Beurteilung der Unzulässigkeit auf die Abgrenzung zwischen fiktiven und tatsächlichen Verhältnissen in der besagten Konstellation ankommt. Denn auch bezogen auf die fingierten Verhältnisse haben sich **nach** Rechtskraft der Versäumnisentscheidung keine Veränderungen ergeben, so dass auch mit dieser Begründung die Zulässigkeit jedenfalls an § 238 II FamFG scheitert.[668] Davon zu unterscheiden ist allerdings die Beurteilung der jeweiligen Verhältnisse im Kontext der **Begründetheit des Abänderungsantrags**, mit dem der Antragsteller Herabsetzung des titulierten Unterhalts begehrt (§ 238 IV FamFG). Ist dieser im Hinblick auf Änderungen tatsächlicher oder auch fiktiver Verhältnisse zulässig, hat die Anpassung wiederum die Präklusionswirkungen des § 238 II FamFG **(Sekundärwirkung)**[669] zu beachten. Diese dienen der Sicherung der Rechtskraft und verbieten die Berücksichtigung von Umständen, die dem Verfahrensstoff des Vorverfahrens widersprechen.[670] Die hier zu wahrende **Rechtskraft** des Versäumnisbeschlusses unterliegt dabei keiner anderen Beurteilung als die bei einer kontradiktorischen Entscheidung.[671] Ausgangspunkt für eine Titelanpassung kann hiernach nur der nach den **fiktiven Verhältnissen** festgesetzte Unterhalt sein. Das sind die der Versäumnisentscheidung zugrunde liegenden Behauptungen des Unterhaltsberechtigten.[672] Wollte der Unterhaltspflichtige dies vermeiden, hätte er zumutbarer Weise mit einem Einspruch gegen die Versäumnisentscheidung vorgehen müssen. Haben die Beteiligten nach den Feststellungen in einer **kontradiktorischen Entscheidung** ein höheres Einkommen als tatsächlich gegeben des Unterhaltspflichtigen hingenommen, ist dieser

---

[664] Vgl. die Nachweise bei Johannsen/Henrich/Brudermüller, 5. Aufl. 2010, FamFG § 238 Fn. 324 und Soyka, Das Abänderungsverfahren im Unterhaltsrecht, S. 71 dort Fn. 6 und 7.
[665] Soyka, Das Abänderungsverfahren im Unterhaltsrecht, S. 71 Rn. 64.
[666] BGH FamRZ 2010, 1150 Rn. 17 = R 713.
[667] BGH FamRZ 2010, 1318 Rn. 39.
[668] Hoppenz/Hoppenz FamFG § 238 Rn. 64.
[669] Johannsen/Henrich/Brudermüller, 5. Aufl. 2010, FamFG § 238 Rn. 91.
[670] BGH FamRZ 1987, 259 (262).
[671] BGH FamRZ 2010, 1150 Rn. 19 = R 713.
[672] Hoppenz/Hoppenz FamFG § 238 Rn. 33.

ebenso mit einem Abänderungsbegehren gehindert, eine Titelanpassung zu verlangen, die das im Vorverfahren festgestellte Einkommen vernachlässigt.

Beispiel:
Die Antragstellerin nimmt den Antragsgegner auf Zahlung von Trennungsunterhalt in Anspruch. Sie trägt dazu vor, der Antragsgegner erziele ein unterhaltswirksames Erwerbseinkommen in Höhe von monatlich 3500 EUR, so dass ihr ($3/7$) Trennungsunterhalt in Höhe von 1500 EUR zustehe, und erwirkt hierüber einen entsprechenden Versäumnisbeschluss. Tatsächlich belief sich das bereinigte Erwerbseinkommen nur auf 2800 EUR. Mit dem zutreffenden Hinweis, er verdiene jetzt nur noch 2100 EUR, begehrt der unterhaltspflichtige Ehemann Abänderung des Versäumnisbeschlusses, wonach er nur noch (2100 EUR $3/7$ =) 900 EUR zu zahlen habe.
Der Antrag ist zulässig, und zwar unabhängig davon, ob die Veränderungen auf die seinerzeit tatsächlichen oder die fiktiven Einkommensverhältnisse bezogen werde. Er kann in der Sache aber nur zum Teil Erfolg haben, weil die Anknüpfung allein an den tatsächlichen Verhältnissen einen unzulässigen Eingriff in die Rechtskraft des Versäumnisbeschlusses darstellt. Richtig ist zwar, dass nach den tatsächlichen Verhältnissen das Erwerbseinkommen um 700 EUR (= 25%) wesentlich gesunken ist. Gleichwohl ließe eine darauf reduzierte Berechnung unberücksichtigt, dass dem rechtskräftigen Versäumnisbeschluss ein wesentlich höheres fiktives Erwerbseinkommen zugrunde lag. Dem ist im Rahmen der gebotenen Titelanpassung in der Weise Rechnung zu tragen, dass eine Herabsetzung des titulierten Unterhalts nur auf (3500 EUR 75%) $3/7$ = 1125 EUR zu erfolgen hat.

Wendet sich der Unterhaltpflichtige als Antragsgegner **gegen** ein weitergehendes Unterhaltsbegehren der Unterhaltsberechtigten, kann er sich abweichend von den der Unterhaltsberechnung zugrunde liegenden fiktiven Verhältnissen auf die ihm günstigeren tatsächlichen Verhältnisse berufen. Die Präklusionsvorschriften des § 238 II FamFG gelten nicht für den jeweiligen Antragsgegner, der an der Rechtkraft der Entscheidung festhalten will.

Im Unterschied zur Säumnisentscheidung beruht der den Unterhalt titulierende **Anerkenntnisbeschluss** auf keiner durch Feststellungen gestützten gerichtlichen Sachprüfung. Allein das verfahrensbezogene Anerkenntnis (§ 113 I 2 FamFG iVm § 307 ZPO) bewirkt und bestimmt den Inhalt des Unterhaltstitels. Auch wenn der Anerkenntnisbeschluss hiernach keine der kontradiktorischen Entscheidung vergleichbaren Tatsachenfeststellungen enthält, bejaht der BGH[673] eine an die Rechtskraft der Anerkenntnisentscheidung anknüpfende Bindungswirkung, die grundsätzlich einer freien und von der bisherigen Titulierung losgelösten Neufestsetzung des Unterhalts entgegensteht, damit aber für eine Titelanpassung gleichzeitig an dem Erfordernis einer Veränderung der maßgeblichen Verhältnisse festhält. Dies wirft allerdings wiederum die Frage auf, welche Verhältnisse für die Beurteilung von Veränderungen heranzuziehen sind. Die **„subjektiven Vorstellungen"**[674] des Anerkennenden müssen ausscheiden, da sie in der Regel für den Gegner im Dunkeln liegen und nicht nachprüfbar sind, Dieser sieht sich einem allein in den Händen des Anerkennenden mit geringem Aufwand zu motivierenden Abänderungsverlangen ausgesetzt, dem er über ein Nichtwissen hinaus kaum Erhebliches entgegenhalten kann.[675] Die Rspr. des BGH[676] stellt deshalb nicht zuletzt mit rechtspolitischen Erwägungen darauf, dass dem Unterhaltspflichtigen über ein Anerkenntnis diese Steuerungsmöglichkeit verschlossen bleiben muss. Stattdessen werden die der Anerkenntnisentscheidung (richtiger: dem Anerkenntnis) zugrunde liegenden **tatsächlichen Verhältnisse** dafür bemüht, ob sich im Nachhinein eine das Abänderungsverfahren eröffnende wesentliche Veränderung eingestellt hat. In der Konsequenz dieser Rechtsprechung bedarf es allerdings einer vollständigen Neuberechnung des Unterhalts ohne Bindung an zurückliegende Verhältnisse, wenn sich die maßgebenden tatsächlichen Verhältnisse im Nachhinein nicht weiter aufklären lassen.[677]

Indessen erscheint fraglich, ob dem Unterhaltsberechtigten hiernach mit dem erhöhten Risiko, seine Unterhaltsberechtigung nach Grund und Höhe trotz eines vorhandenen Unterhaltstitels neu nachweisen zu müssen, nicht eher „Steine statt Brot" gegeben werden. Auch beim säumigen Unterhaltspflichtigen spielen die nicht offenbarten Beweggründe

194

195

---
[673] BGH FamRZ 2007, 1459 Rn. 14 = R 680.
[674] So aber Graba FamRZ 2002, 7 (9).
[675] Soyka, Das Abänderungsverfahren im Unterhaltsrecht, Rn. 65.
[676] BGH FamRZ 2007, 1459 Rn. 15 = R 680.
[677] BGH FamRZ 2007, 1459 Rn. 15 = R 680.

und Motive verfahrensbezogen keine Rolle. Maßgebend ist allein, dass er dem Antrag und dem diesen stützenden Tatsachenvortrag nicht entgegentritt. Der Anerkennende bringt im Unterschied dazu in der mündlichen Verhandlung nur zum Ausdruck, dass er sich entsprechend verhalten will. Es kann deshalb für die Beurteilung eines nachfolgenden Abänderungsantrags keinen Unterschied machen, ob der Gegner eine Versäumnisentscheidung gegen sich ergehen lässt oder den Anspruch verfahrenskonform anerkennt. Für ihn ist es im Ergebnis ohne Belang, ob das Gericht das Vorbringen des Unterhaltsberechtigten darüber hinaus noch in einer Sachprüfung übernimmt. Auch im Fall des Anerkenntnisses muss sich ein Abänderungsbegehren deshalb wegen der Bindungswirkungen an dem **ursprünglichen Vorbringen** des **Unterhaltsberechtigten** (zur Versäumnisentscheidung → Rn. 193), das zum Anerkenntnis geführt hat, messen lassen. Der Unterhaltspflichtige erscheint hierdurch auch nicht unbillig benachteiligt, da er auf Grund des ihm mit der Antragsschrift im Vorverfahren unterbreiteten Tatsachenvortrags des Unterhaltsberechtigten übersehen kann, worauf er sich unterschiedslos entweder durch ausdrückliches Mitwirken (Anerkenntnis) oder durch stilles Dulden (Nichtverhandeln) „aktiv" einlässt. Ansonsten bleibt es bei der Gefahr eines rechtspolitisch unerwünschten Bestrebens, sich in ungünstiger Verfahrenssituationen durch ein Anerkenntnis den Bindungswirkungen einer Endentscheidung zu entziehen,[678] dem die jeweilige anwaltliche Beratung für die Vorgehensweise des Unterhaltspflichtigen im Verfahren Rechnung tragen müsste.

196 **b) Wesentlichkeit der Änderung.** Für die Beurteilung wesentlich veränderter Verhältnisse kommt es, wie schon im Kontext der Zulässigkeitsprüfung nach § 238 I 2 FamFG (→ Rn. 186 bis 190), nicht auf das Ausmaß einzelner veränderter Umstände an, sondern darauf, ob die für die Unterhaltsbemessung **maßgeblichen Verhältnisse** in ihrer **Gesamtheit** wesentlich verändert sind.[679] Wesentlich ist die Änderung dann, wenn sie in einer nicht unerheblichen Weise zu einer anderen Beurteilung des Bestehens, der Höhe oder der Dauer des Anspruchs führt.[680] Auf Grund der Gesamtbeurteilung können sich erhebliche Veränderungen bei einzelnen Bemessungskriterien auch gegeneinander aufheben, so dass im Gesamtergebnis eine Wesentlichkeit zu verneinen ist. Allgemein wird als Richtwert angenommen,[681] dass eine Änderung von etwa 10% des Unterhaltsanspruchs als wesentlich anzusehen ist; bei beengten wirtschaftlichen Verhältnissen[682] kann der Prozentsatz aber durchaus darunter liegen.[683] Da die Wesentlichkeit von Veränderungen auf den titulierten Unterhalt zu beziehen ist, kommt es, sofern lediglich ein **Spitzenbetrag** tituliert ist, für die Bemessung der Abweichung auf diesen an.[684]

197 Zum Begriff der Wesentlichkeit gehört in gewisser Weise auch die **Nachhaltigkeit**. Eine kurzfristige Arbeitslosigkeit wird daher nicht als wesentlich angesehen.[685] Kurzfristige Einkommens- oder Bedarfsschwankungen sollen unwesentlich sein. Hier erscheint aber Zurückhaltung geboten. Berücksichtigt man den Streitwert in Unterhaltssachen (Jahresstreitwert gemäß § 51 I FamGKG hinsichtlich des laufenden Unterhaltes), so kommt schon dem Wegfall oder der Begründung einer Unterhaltsrente **für einen Monat** fast eine 10%ige, damit wesentliche Bedeutung zu, wenngleich im Tatsächlichen die Laufdauer einer Unterhaltsrente in der Regel gemäß § 258 ZPO zeitlich unbefristet ist. Sollte allerdings in vermögenden Verhältnissen der Streit einen Monatsunterhalt von mehr als 600 EUR betreffen, könnte im Hinblick auf die Beschwerdesumme des § 61 I FamFG und die damit vom Gesetzgeber angenommene Bedeutung der Sache durchaus von einer wesentlichen Veränderung beim bloßen Streitgegenstand eines Monatsunterhaltes gesprochen werden. Dass hierbei nur ein Monatsbetrag und keine fortlaufende Rente abzuändern ist, kann nicht entscheidend sein. Denn nach dem Gesetzeswortlaut des § 238 I FamFG muss es sich

---

[678] BGH FamRZ 2007, 1459 Rn. 14 = R 680.
[679] BGH FamRZ 1985, 53 (56).
[680] BGH FamRZ 1984, 353 (355).
[681] Hüßtege in Thomas/Putzo FamFG § 238 Rn. 23.
[682] OLG Hamm FamRZ 2012, 53.
[683] BGH FamRZ 1992, 539.
[684] Johannsen/Henrich/Brudermüller, 5. Aufl. 2010, FamFG § 238 Rn. 74.
[685] BGH FamRZ 1996, 345.

nur bei der Erstverpflichtung um wiederkehrende Leistungen handeln, nicht aber bei dem Abänderungsstreitgegenstand.

c) Änderungen tatsächlicher Verhältnisse. Die für eine Anpassung des Unterhaltstitels in Frage kommenden **Änderungsgründe** lassen sich gemäß § 238 IV und § 238 I 2 FamFG in tatsächliche und rechtliche Gründe gliedern. Allerdings fallen sie nur dann ins Gewicht, sofern ihnen für die Änderung in der Unterhaltsbemessung gegenüber dem Titel aus dem Vorverfahren unterhaltsrechtlich Bedeutung zukommt. 198

Als Änderungen tatsächlicher Verhältnisse sind in der Rechtspraxis häufig anzutreffen
– Veränderungen in Einkommens- und Vermögensverhältnissen mit Auswirkungen auf den Unterhaltsbedarf oder die finanzielle Leistungsfähigkeit;[686] berücksichtigungsfähig sind allerdings nur solche Entwicklungen, die auch unterhaltsrechtlich beachtlich sind; dies ist nicht der Fall, wenn der Unterhaltspflichtige sich auf eine Verschlechterung der Ertragslage beruft, weil nur auf eine Minderung des unterhaltswirksamen Einkommens abgestellt werden kann;[687]
– gestiegene Lebenshaltungskosten mit Auswirkungen auf einen konkreten Unterhaltsbedarf,[688]
– Erreichen einer höheren Altersstufe durch das Kind sowie Änderung von Unterhaltstabellen als Ausdruck veränderter Lebenshaltungskosten,[689]
– der Verlust eines Arbeitsplatzes oder Arbeitslosigkeit, sofern sie nicht nur vorübergehend ist; wird eine Abfindung gezahlt, die in der Regel dazu bestimmt ist, im Rahmen einer sparsamen Wirtschaftsführung das Einkommensniveau für eine Übergangszeit bis zur Aufnahme einer neuen Erwerbstätigkeit zu erhalten, kann eine Änderung tatsächlicher Verhältnisse schon mit Eintritt der Arbeitslosigkeit vorliegen, wenn die Abfindung der Höhe nach für eine angemessene Verteilung nicht ausreicht,[690]
– der Eintritt eines Rentenfalls mit Bedarfsveränderungen infolge höheren Alters[691] oder auch Absinken des Bedarfs infolge niedrigen Renteneinkommens;[692] ist dem Beteiligten wegen vorzeitigen und vorwerfbaren Bezugs einer Altersrente (Altersteilzeit) ein höheres Erwerbseinkommen als erzielbar zugerechnet worden, stellt das Erreichen der Regelaltersgrenze eine Änderung der tatsächlichen Verhältnisse dar, weil der Ersttitulierung ein fiktives Erwerbseinkommen, nicht etwa ein jetzt fortzuschreibendes Renteneinkommen zugrunde gelegen hat,[693]
– Übergang vom konkreten Bedarf zum Quotenunterhalt bei gesunkenen Einkommen durch Eintritt in den Ruhestand,[694]
– Aufnahme von Versorgungsleistungen für einen neuen Lebenspartner,[695]
– Entwicklungen in den Lebensverhältnissen der Beteiligten mit Auswirkungen auf Ausschluss- oder Herabsetzungsgründe (§ 1579 BGB),[696]
– Wiederheirat des Unterhaltspflichtigen und/oder Geburt eines weiteren Kindes,[697]
– Volljährigkeit des Kindes mit Auswirkungen auf einen gestiegenen Unterhaltsbedarf sowie Beginn der anteiligen Haftung (§ 1606 III 1 BGB) der Eltern[698] oder Eintritt des Schülers in das 22. Lebensjahr,
– Bedarfsminderung beim Kindesunterhalt durch Eigeneinkommen des Kindes (zB BAföG –Leistungen),[699]

---

[686] ZB BGH FamRZ 2007, 1459 Rn. 13 = R 680.
[687] OLG Hamm FamRZ 1996, 1077.
[688] BGH FamRZ 1992, 162 (164); OLG Köln FamRZ 2013, 1134.
[689] BGH FamRZ 2005, 608 (609).
[690] BGH FamRZ 1987, 359.
[691] BGH FamRZ 1995, 221 (223).
[692] BGH FamRZ 2005, 1479.
[693] OLG Saarbrücken FamFR 2011, 153.
[694] BGH FamRZ 2003, 848.
[695] BGH FamRZ 2004, 1173.
[696] BGH FamRZ 2010, 192 Rn. 24 = R 708.
[697] BGH FamRZ 2009, 579; 2008, 1911 Rn. 20.
[698] KG FamRZ 1989, 1206 (1207).
[699] OLG Nürnberg FamRZ 2003, 1025.

- Vaterschaftsanfechtung bei einem in der Ehe geborenen Kind,[700]
- das Hinzukommen neuer Unterhaltslasten und entsprechende Rangverschiebungen (§ 1609 BGB),[701]
- der Eintritt oder die Erweiterung von Erwerbsobliegenheiten,[702]
- Begrenzung auf den angemessenen Bedarf und Befristung (§ 1578b BGB),[703]
- Wegfall des Vorsorgeunterhalts mit Auswirkungen auf den Elementarunterhalt,[704]
- Entwicklungen bei Altschulden und berücksichtigungsfähigen Neuschulden,
- Eröffnung eines Insolvenzverfahrens,

199 Neben der Veränderung der tatsächlichen Verhältnisse können auch nachträgliche Abweichungen bei der **Beurteilung** der **Prognose,** die das Gericht im Erstverfahren seiner Entscheidung über die Verpflichtung zur künftigen Zahlung von Unterhalt zugrunde gelegt hat, einen Abänderungsgrund darstellen.[705] Die Fallkonstellationen zeichnen sich dadurch aus, dass sich die tatsächlichen Verhältnisse entgegen der prognostizierten Erwartung nicht geändert haben (**„Nichteintritt tatsächlicher Veränderungen").**[706] Die Prognose erweist sich **nach** Ablauf der in **prognostizierter Zeit** unverändert gebliebener Verhältnisse als nicht mehr tragfähig, weshalb einem Abänderungsantrag auch die Präklusionsvorschrift (§ 238 II FamFG) nicht entgegensteht. Schlägt etwa die Erwartung über die Entwicklung von Einkünften des Unterhaltspflichtigen fehl, kann dies über einen Abänderungsantrag korrigiert werden.[707] Ist die Erstentscheidung noch anspruchsverneinend davon ausgegangen, dass ab einem bestimmten Zeitpunkt in der Zukunft die Bedürftigkeit des Unterhaltsberechtigten im Zuge einer prognostizierten Wiedereingliederung in das Berufsleben entfallen werde, und erfüllt sich diese Erwartung nicht, kann dies zu einer Abänderung der Erstentscheidung und Fortführung der Alimentierung über den Prognosezeitraum hinaus führen. Vergleichbar dürfte der Fall zu entscheiden sein, bei dem das Gericht die Befristung des nachehelichen Unterhalts mit der Prognose begründet, dass zu einem bestimmten Zeitpunkt die **ehebedingten Nachteile** aller Voraussicht nach entfallen sein werden. Auch in dieser Fallgestaltung ist das Abänderungsverfahren der richtige Rechtsbehelf, um einer Prognose, die sich im Nachhinein als fehlerhaft herausgestellt, aber an der Rechtskraft der Erstentscheidung teilnimmt, abzuhelfen. Das Ausbleiben von Veränderungen kann hiernach nicht anders eingestuft werden als das Eintreffen derselben, soweit dem eine sich als fehlerhaft herausstellende Prognose zugrunde liegt.[708]

200 Schließlich unterliegen auch im Vorverfahren zugrunde gelegte **Fiktionen** einer Anpassung. Dem genügt ein Abänderungsbegehren allerdings erst dann, wenn in den Verhältnissen, die zu den einzelnen Fiktionen geführt haben, wesentliche Änderungen eingetreten sind, die einem Festhalten an der ursprünglichen Prognosebeurteilung entgegenstehen. Bereits daraus folgt, dass allein ein gewisser „Zeitablauf" ein Abänderungsverfahren nicht eröffnen kann.[709] Denn der jeweilige in der Rechtspraxis vielfach als „angemessen" bezeichnete Zeitablauf richtet sich, ohne das Hinzutreten weiterer Gesichtspunkte, zweifelsfrei nicht gegen die Prognose abzuändernden Entscheidung. Ein anderes Ergebnis mag allenfalls dann gerechtfertigt erscheinen, wenn die zur Abänderung anstehende Entscheidung in der Prognose Einschränkungen enthält. Schließlich wäre eine „angemessene Zeit" einer andauernden Fiktion bereits bei der Erstentscheidung absehbar und berücksichtigungsfähig, der Antragsteller demnach mit dem hierauf beschränkten Hinweis im Abänderungsverfahren präkludiert.

---

[700] OLG Nürnberg FamRZ 1996, 1090.
[701] BGH FamRZ 2012, 288 Rn. 18.
[702] OLG Bamberg FamRZ 1999, 942.
[703] BGH FamRZ 2018, 1506 Rn. 27; 2010, 1238 Rn. 18; 2010, 111 Rn. 58.
[704] BGH FamRZ 2005, 1479 = R 680.
[705] FA-FamR/Kintzel Kap. 6 Rn. 1196.
[706] Hoppenz/Hoppenz FamFG § 238 Rn. 35.
[707] OLG Koblenz FamRZ 2002, 471.
[708] Johannsen/Henrich/Brudermüller, 5. Aufl. 2010, FamFG § 238 Rn. 69; Hoppenz/Hoppenz FamFG § 238 Rn. 55; FA-FamR/Kintzel Kap. 6 Rn. 1196.
[709] BGH FamRZ 2008, 872 Rn. 19 = R 690b.

2. Abschnitt: Die Schaffung und Abänderung von Unterhaltstiteln § 10

Dessen ungeachtet müssen die geltend gemachten **Abänderungsgründe** mit den Verhältnissen, die für die jeweiligen Fiktionen maßgebend waren, auch „**korrespondieren**". Ist etwa dem Unterhaltspflichtigen, der zunächst schuldlos seine Arbeitsstelle verloren hatte, wegen anschließend unzureichender Erwerbsbemühungen in einem Erstverfahren ein unterhaltswirksames Einkommen zugerechnet worden, liegt dem die Prognoseerwägung zugrunde, dass für den Unterhaltspflichtigen bei Wahrung seiner Erwerbsobliegenheit in Ansehung seiner Vor- und beruflichen Ausbildung eine reale Beschäftigungsmöglichkeit auf dem Arbeitsmarkt mit einem entsprechend erzielbaren Einkommen besteht. Bemüht sich der Unterhaltspflichtige daraufhin nach dem Maß seiner Obliegenheit um eine Arbeitsstelle, ohne eine solche zu erlangen, muss er sich in dem von ihm zulässigerweise betriebenen Abänderungsverfahren eine Fortschreibung des fingierten Einkommens nicht mehr entgegenhalten lassen.[710] Entsprechend liegen die Dinge, wenn der arbeitslose Antragsteller nach erstmaliger Verpflichtung auf der Grundlage eines fiktiven Einkommens nunmehr infolge hinreichender Bemühungen eine neue Arbeitsstelle findet, die seiner Vor- und Ausbildung entspricht, bei der er aber erheblich weniger verdient, als ihm bisher fiktiv zugerechnet worden ist. Auch in diesem Fall muss der Beteiligte nach einer gewissen Zeitspanne ein auf diesem Sachverhalt gestütztes Abänderungsverfahren möglich sein. Wiederum erweist sich die zunächst angestellte Prognose als nicht mehr tragfähig.[711]

201

Hat der Unterhaltspflichtige allerdings seine Arbeitsstelle **mutwillig** aufgegeben und ist deshalb zu Unterhaltszahlungen verurteilt worden, weil das Erstgericht das zuletzt erzielte Einkommen fortgeschrieben hat, kann der Unterhaltspflichtige keine Abänderung mit dem Hinweis verlangen, er genüge nun wieder seiner Erwerbsobliegenheit, verdiene aber weniger als in seiner ursprünglichen Arbeitsstelle. Grundlage des fingierten Einkommens im Ersturteil und damit der Prognose war in diesem Fall die Beibehaltung der ursprünglichen Arbeitsstelle. Als schlüssige Abänderungsgründe können demnach nur solche Entwicklungen „**korrespondieren**", die geeignet erscheinen, das dem zugrunde liegende Arbeitsverhältnis zu beeinflussen. Dies wäre etwa der Fall, wenn der Antragsteller geltend machen könnte, in der Zwischenzeit den Arbeitsplatz mit einem entsprechenden Einkommen ohnehin verloren zu haben (zB Krankheit, Betreuung eines Kindes in einer Ehe oder Personalabbau).[712]

202

Dabei gilt es allerdings weiter zu bedenken, dass in einem solchen Fall veränderter Verhältnisse das zunächst zugerechnete Erwerbseinkommen nicht ersatzlos entfällt. Vielmehr unterliegen auch die der Fiktion zugrunde liegende Verhältnisse lediglich der **Anpassung.** Dies bedeutet, dass der Unterhaltspflichtige sich gegebenenfalls, sofern ihn etwa gesundheitliche Gründe an der Ausübung seiner ursprünglichen Erwerbstätigkeit hindern, nunmehr nach den gesetzlichen Vorschriften Lohnfortzahlung und Krankengeld (zur Berechnung vgl. §§ 47–51 SGB V) fiktiv zurechnen lassen muss. Im Fall des Personalabbaus kann sich die Fiktion in einer Abfindung und Arbeitslosengeldzahlungen fortsetzen. Ist dem Unterhaltspflichtigen, der vorwerfbar vorzeitig aus dem Erwerbsleben ausgeschieden ist, bei der erstmaligen Titulierung des Unterhalts ein erzielbares Erwerbseinkommen zugerechnet worden, setzt sich die Fiktion im Abänderungsverfahren in der Weise fort, dass gegenüber der tatsächlichen Altersrente die nach dem fiktiv fortgeschriebenen Erwerbseinkommen zu ermittelnde „**fiktive Altersrente**" heranzuziehen ist. Allerdings sind finanzielle Vergünstigungen, die mit der vorzeitigen Verrentung (etwa durch den Arbeitgeber) verbunden waren, „gegenzurechnen".[713]

203

Auch sonst hängt es in dem jeweiligen Einzelfall davon ab, ob Veränderungen auf der Tatsachengrundlage Relevanz für ein Abänderungsverfahren zukommt. Haben die Beteiligten in einem Erstverfahren über den Ehegattenunterhalt gestritten, der daraufhin gerichtlich tituliert worden ist, kann der Unterhaltspflichtige allein schon mit einem signifikant gestiegenen Einkommen der unterhaltsberechtigten Person in der Regel die **Zulässigkeitsanforderungen** (§ 238 I 2 FamFG) an ein Abänderungsverfahren erfüllen.

---

[710] OLG Celle FamRZ 2009, 790; OLG Hamm FamRZ 2008, 2216.
[711] FA-FamR/Kintzel Kap. 6 Rn. 1196.
[712] BGH FamRZ 2008, 872 Rn. 19 = R 690b.
[713] OLG Saarbrücken FamFR 2011, 153.

Das ist jedoch nicht der Fall, wenn dem Unterhaltstitel etwa eine konkrete Bedarfsberechnung zugrunde liegt, weil auch der **konkrete Unterhaltsbedarf** Anpassungen durch Inflation und allgemeine Preissteigerungen unterliegt, die ein gestiegenes und anrechenbares Einkommen der Unterhaltsberechtigten wieder ausgleichen.[714]

204 d) **Änderungen rechtlicher Verhältnisse.** Mit der Regelung in § 238 I 2 FamFG hat der Gesetzgeber die bis dahin durch den BGH – zunächst zur Abänderung von Vergleichen,[715] dann aber auch zur Abänderung von Unterhaltsurteilen[716] – entwickelte Rechtsprechung in der Formulierung des Gesetzes übernommen, wonach auch **Veränderungen rechtlicher Verhältnisse** als Grund für die Abänderung einer in der Hauptsache zum Unterhalt ergangenen Endentscheidung in Betracht kommen. Im Unterschied zu den tatsächlichen Verhältnissen, die nach der Lebenswirklichkeit unbegrenzten Möglichkeiten einer Veränderung ausgesetzt sind, kann, soll die Vorschrift weiterhin der Sicherung der Rechtskraft dienen, nicht jedwede Änderung des Rechts, die im Nachhinein die rechtlichen Beurteilung der Erstentscheidung in einem anderen Licht erscheinen lässt, zu einer Titeländerung führen. Deshalb dürfte zu differenzieren sein.

205 Die in jeder gerichtlichen Entscheidung mit der Begründung offen gelegten rechtlichen Verhältnisse sind an sich schon dann betroffen, wenn sich die darin zum Ausdruck gekommenen **Rechtsansichten** ändern und dies zu einer abweichenden Beurteilung führen müsste, sollte der Sachverhalt erneut zu bescheiden sein. Dem steht aber die Rechtskraft der Erstentscheidung entgegen. Die bloße Veränderung der rechtlichen Beurteilung bereits im früheren Verfahren durch den Erstrichter gewürdigter tatsächlicher Verhältnisse kann deshalb keine Abänderung rechtfertigen.[717] Gleichwohl ist der Abänderungsrichter nicht gehindert, in einem anderweitig eröffneten Abänderungsverfahren die neue Rechtsansicht bzw. die veränderte Rechtsprechung seiner Entscheidung zugrunde zu legen. Denn an die Rechtsansicht des Erstrichters besteht keine Bindung. Zudem kann der Abänderungsrichter Rechtsfehler des Erstgerichts korrigieren.

206 Im Unterschied dazu ist die **Änderung der Gesetzeslage** als Änderung rechtlicher Verhältnisse im Sinne von § 238 I 2 FamFG beachtlich.[718] Dieser Einordnung liegen auch die Übergangsregelungen in § 36 Nr. 1 und 2 EGZPO zugrunde mit ihrer Klarstellung, dass es sich bei den **Gesetzesänderungen** im materiellen Unterhaltsrecht durch das Gesetz vom 21.12.2007 um einen Anwendungsfall des (früher: § 323 I ZPO aF) § 238 I 2 FamFG handelt (→ Rn. 283–294).[719] Die Entscheidung, mit der die Verpflichtung zu Unterhaltsleistungen ausgesprochen wird, beruht auf der jeweils aktuellen Gesetzeslage und geht in der Prognose davon aus, dass sich daran nichts ändert. Erweist sich diese Einschätzung im Zuge einer Gesetzesänderung als nicht mehr zutreffend, ist dem durch Abänderung Rechnung zu tragen.[720] Allerdings ist die Frage, ob eine für die Bemessung des Unterhalts relevante Gesetzesänderung eingetreten ist, von der weiteren Frage nach dem zulässigen Rechtsbehelf für die Geltendmachung der Änderung der Gesetzeslage zu trennen. Dies hängt zuletzt von den beabsichtigten Auswirkungen der Gesetzesänderungen ab, so dass gesondert zu prüfen bleibt, ob die Änderung der rechtlichen Verhältnisse mit einem Abänderungsantrag (§ 238 FamFG) oder einem Vollstreckungsabwehrantrag (§ 767 ZPO) zu verfolgen ist (vgl. insoweit auch § 36 Nr. 2 EGZPO für die Übergangsregelungen).

Einer Gesetzesänderung steht der Fall gleich, dass das BVerfG eine **Norm** für **nichtig** oder **verfassungswidrig** erklärt oder auch nur ein **bestimmtes Normverständnis** zur Vermeidung eines verfassungswidrigen Ergebnisses vorgibt und dies zu einer abweichenden Beurteilung der Erstentscheidung führt.[721] Nachdem das BVerfG die durch den BGH bei der Auslegung von § 1578 BGB entwickelte Rechtsprechung zu den ehelichen Lebens-

---

714 OLG Köln FamRZ 2013, 1134.
715 BGH FamRZ 2001, 1687 (1699) = R 566.
716 BGH FamRZ 2003, 848 (851).
717 BGH FamRZ 2001, 1687 (1699) = R 566.
718 BGH FamRZ 2014, 1276 Rn. 18; FamRZ 2007, 793 Rn. 36 = R 674d; 2007, 882 Rn. 25.
719 BGH FamRZ 2013, 1291 Rn. 16; FamRZ 2010, 111 Rn. 62.
720 So bereits RGZ 166, 303.
721 BGH FamRZ 2001, 1687 (1699) = R 566; 1990, 1091 (1094).

2. Abschnitt: Die Schaffung und Abänderung von Unterhaltstiteln § 10

verhältnissen und der Heranziehung der Gleichteilungsmethode als verfassungswidrig verworfen hat, kann der infolge dieser Rechtsprechung nachteilig betroffene Beteiligte mit dem Hinweis auf Änderung der rechtlichen Verhältnisse eine Titelanpassung in den Grenzen von § 238 III FamFG geltend machen.[722]

Darüber hinaus entspricht es in der Zwischenzeit der ständigen Rechtsprechung des BGH,[723] dass auch **grundlegende Änderungen** in der **höchstrichterlichen Rechtsprechung** Anlass für ein Abänderungsverfahren bieten können. Diese Entwicklung ist vor dem Hintergrund zu sehen, dass, wie *Graba*[724] mit Recht betont hat, im Unterhaltsrecht der Rechtsprechung wegen der unvermeidbar allgemein gehaltenen Fassung des gesetzlichen Unterhaltstatbestandes eine **besondere Konkretisierungsfunktion** zukommt. Die höchstinstanzlichen Entscheidungen wirken sich mithin über den jeweiligen Einzelfall hinaus praktisch wie Gesetze, folglich grundlegende Änderungen wie Gesetzesänderungen aus. Dies ist allerdings nicht schon dann der Fall, wenn der BGH erstmalig eine instanzgerichtlich umstrittene Rechtsfrage entscheidet. Schließlich muss es sich um **grundlegende Änderungen** handeln. Als solche sind etwa angesehen worden die geänderte Rechtsprechung zur Aufnahme einer Berufstätigkeit nach Haushaltsführung[725] und zur trennungs- bzw. scheidungsbedingten Veräußerung des Familienheimes.[726] Als anpassungsrelevant iSv § 238 I 2 FamFG anzusehen ist ferner die Änderung in der Rechtsprechung zur Berücksichtigung der Kindergartenkosten.[727] Auch die Entwicklungen in der Rechtsprechung des BGH zur Befristung des nachehelichen Unterhalts schon zu § 1573 V BGB aF mit einer gegenüber der **Dauer der Ehe** stärkeren Betonung der **ehebedingten Nachteile** müssen als grundlegende Änderung der rechtlichen Verhältnisse gesehen werden.[728]

Ungeachtet der **zeitlichen Begrenzungen,** die sich bereits verfahrensrechtlich aus der Regelung des § 238 III FamFG ergeben, kann die einer Gesetzesänderung gleichstehende Änderung der höchstrichterlichen Rechtsprechung erst für den Unterhaltszeitraum Berücksichtigung finden, der, wie der BGH in der Zwischenzeit wiederholt entschieden hat,[729] auf die **Verkündung der die Rechtsprechung ändernden Endentscheidung** folgt. Dies hat auch dann zu gelten, wenn bereits aus anderen Gründen das Abänderungsverfahren vor diesem Zeitpunkt eröffnet ist.[730] Die **zeitliche Beschränkung** greift selbst dann, wenn das BVerfG eine frühere höchstrichterliche Rechtsprechung, wie für den Anwendungsbereich der Anrechnungsmethode geschehen, im Nachhinein für verfassungswidrig erklärt. Denn maßgebend bleibt auch hier der Zeitpunkt der Entscheidung (Beschluss vom 5.2.2002).[731] Demgemäß konnte der BGH jedenfalls für Unterhaltszeiträume vor Verkündung seiner Entscheidung zur Einschränkung der Anrechnungsmethode (13.6.2001)[732] an seiner bis dahin ausgeübten Rechtsprechung zur Anrechnungsmethode festhalten.[733] Da das BVerfG die Rechtsprechung des BGH zur Bedarfsermittlung durch Dreiteilung erst mit Entscheidung vom 25.1.2011 verworfen hat, entfaltet die damit einhergehende Änderung der rechtlichen Verhältnisse iSv § 238 I 2 FamFG Wirkung erst für die nachfolgenden Unterhaltszeiträume ab Februar 2011.[734]

Die zeitliche Anbindung des Abänderungsverfahrens an die Verkündung höchstrichterlicher Entscheidungen steht hiernach im Kontext einer **Durchbrechung** der **Rechtskraft**

207

208

209

---

[722] BVerfG FamRZ 2011, 437 Rn. 81 = R 722i.
[723] BGH FamRZ 2010, 2059 Rn. 18; 2010, 538 Rn. 22; 2007, 793 Rn. 36 = R 674d; 2007, 882 Rn. 25; 2005, 1979; 2003, 1734; 2003, 848 (849).
[724] Graba, Die Abänderung von Unterhaltstiteln, 3. Aufl. 2004, Rn. 278.
[725] BGH FamRZ 2001, 986 = R 563.
[726] BGH FamRZ 2002, 88; 2001, 1140.
[727] BGH FamRZ 2009, 962 Rn. 20 = R 700.
[728] BGH FamRZ 2010, 2059 Rn. 18; 2010, 1884 Rn. 18; 2010, 538 Rn. 22; 2010, 111 Rn. 60.
[729] BGH FamRZ 2007, 983 = R 676; 2007, 882 = R 675; 2007, 793 = R 674; 2003, 518 = R 585; 2001, 1687 (1690).
[730] BGH FamRZ 2003, 848.
[731] BVerfG FamRZ 2011, 437 Rn. 81 = R 722i; 2002, 527.
[732] BGH FamRZ 2001, 986 = R 563.
[733] BVerfG FamRZ 2003, 1821 (1825).
[734] BGH FamRZ 2013, 853 Rn. 27 = R 736d.

von Entscheidungen der Instanzgerichte, die den Veränderungen noch nicht Rechnung tragen konnten. Deshalb scheidet eine zeitliche Fixierung auf den Zeitpunkt der Verkündung dann aus, wenn sich die Instanzgerichte in einem **Erstverfahren** mit den maßgebenden Rechtsfragen zu befassen haben. Hier sind auch Unterhaltszeiträume einer Berücksichtigung der geänderten höchstrichterlichen Rechtsprechung zugänglich, die vor der Verkündung liegen.

210 **e) Die Zeitschranke des § 238 II FamFG.** Während die Präklusionsvorschrift des § 323 II ZPO aF noch vorsah, dass eine Abänderungsklage nur insoweit „zulässig" war, als die Gründe, auf die sie gestützt wurde, nach dem Schluss der mündlichen Verhandlung, entstanden sein mussten, bestimmt § 238 II FamFG nunmehr allgemeiner, dass der Antrag „**nur auf Gründe gestützt**" werden kann, die nach Schluss der Tatsachenverhandlung des vorausgegangenen Verfahrens entstanden sind. Dabei handelt es sich allerdings nach der Intention des Gesetzgebers lediglich um eine Präzisierung und Klarstellung der schon zuvor mit der Präklusionsvorschrift umschriebenen Rechtslage.[735] Sie macht einmal mehr deutlich, dass – wie schon nach bis dahin geltendem Recht – nicht nur im Rahmen der Zulässigkeit, sondern auch bei der Begründetheit eines Abänderungsantrags Gründe, die nicht die Zeitschranke des § 238 II FamFG erfüllen, für eine gegenüber der Entscheidung aus dem Vorverfahren abweichende Beurteilung ausscheiden.[736] Die Präklusion erfüllt hiernach eine **Doppelfunktion**. Denn selbst in einem mit nachträglich entstandenen Abänderungsgründen zulässigerweise (Primärwirkung) eingeleiteten Abänderungsverfahren, ist der Antragsteller bei der Anpassung des Alttitels (Sekundärwirkung) mit Gründen ausgeschlossen, die die Voraussetzungen der Zeitschranke des § 238 II FamFG nicht erfüllen.[737] Auf diese Weise stellen die so genannten **Präklusionswirkungen** aus § 238 II FamFG gegenüber „Alttatsachen" den **Schutz der Rechtskraft** für die Entscheidung aus dem Vorverfahren sicher.

211 Handelt es sich bei der Erstentscheidung um einen Versäumnisbeschluss, sind somit alle Gründe präkludiert, die durch Einspruch nach § 338 ZPO noch hätten geltend gemacht werden können.[738] Beachtlich sind mithin erst Gründe, die nach Ablauf der Einspruchsfrist (§ 339 ZPO) entstanden sind. Handelt es sich bei der abzuändernden Entscheidung um eine Beschwerdeentscheidung, ist die letzte mündliche Verhandlung in der Beschwerdeinstanz maßgebend. Im Falle der **Beschwerderücknahme** zählt wieder die letzte mündliche Verhandlung in erster Instanz.[739] Sind mehrere Abänderungsverfahren aufeinander gefolgt, so präkludiert der Schluss der Tatsachenverhandlung im letzten Verfahren.[740] Im schriftlichen Verfahren gilt der gemäß § 128 II 2 ZPO maßgebende Zeitpunkt. Hat es der Gegner des früheren, auf Unterhaltserhöhung gerichteten Abänderungsverfahrens versäumt, die seinerzeit bereits bestehenden, für eine Herabsetzung sprechenden Gründe geltend zu machen, ist er durch die Beschwerderücknahme nicht gehindert, seinerseits eine wesentliche Änderung iSv § 238 I 2 FamFG zum Gegenstand eines Abänderungsverfahrens zu machen mit Gründen, die er im Wege der Anschlussbeschwerde nicht mehr hat geltend machen können.[741]

212 Die Präklusion setzt an bei dem Zeitpunkt, zu dem die wesentlichen Veränderungen **tatsächlich eingetreten** sind, nicht aber zu einem früheren Zeitpunkt etwa der Vorhersehbarkeit (zB das am Schluss der mündlichen Verhandlung absehbare Ende laufender Kredittilgungen).[742] Wäre der Zeitpunkt der Voraussehbarkeit maßgebend, müsste der die Abänderung begehrende Beteiligte – zur Vermeidung der Präklusionswirkung – einen bedingten Antrag stellen, wobei die Bedingung der künftige Eintritt des vorausgesehenen

---

[735] BT-Drs. 16/6308, 257.
[736] Keidel/Meyer-Holz FamFG § 238 Rn. 51.
[737] Hoppenz/Hoppenz, Familiensachen, FamFG § 238 Rn. 54; Johannsen/Henrich/Brudermüller, 5. Aufl. 2010, FamFG § 238 Rn. 91.
[738] BGH FamRZ 1982, 792 (793).
[739] BGH FamRZ 1988, 493.
[740] BGH FamRZ 2000, 1499; 1998, 99 = R 514.
[741] BGH FamRZ 2018, 914 Rn. 17; 2013, 1215 Rn. 22.
[742] BGH FamRZ 1982, 792 (793).

Ereignisses wäre. Da es nach deutschem Prozess- und Verfahrensrecht keinen bedingten Antrag gibt, ist diese Möglichkeit dem jeweiligen Antragsteller verwehrt. Nach dem eindeutigen Wortlaut in § 238 II FamFG („**entstanden**") ist entscheidend, wann die wesentliche Veränderung tatsächlich eingetreten ist.[743] Auch kommt es nicht darauf an, ob der maßgebliche Umstand erst später bekannt geworden ist.[744] Abzustellen ist auf die tatsächlichen („objektiven") Verhältnisse.[745]

Allerdings soll nach einer teilweise vertretenen Auffassung[746] dem Fall der bereits einge- **213** tretenen Tatsachen die Situation gleichstehen, in der das Gericht bei entsprechendem Vortrag Tatsachen, deren **Eintritt vorhersehbar** war, in seine Prognoseentscheidung bereits hätte einbeziehen können. Danach wäre der Beteiligte, der bei einer zum Jahresende anstehenden Entscheidung den für das nächste Jahr trennungsbedingt zu erwartenden Wechsel der Steuerklasse nicht geltend gemacht hätte, mit einer entsprechenden Einkommensminderung im Abänderungsverfahren präkludiert.[747] Hiergegen bestehen allerdings durchgreifende Bedenken, die sich abgesehen vom Wortlaut aus den unscharfen Konturen des Prüfungskriteriums herleiten lassen. Zudem besteht auch keine Obliegenheit des Beteiligten, im Erstverfahren **mögliche Entwicklungen** in der Zukunft vorzutragen, wovon ihn nicht zuletzt gerade die Regelung des § 238 II FamFG freistellen will. Das gesetzliche Unterhaltsverhältnis zeichnet sich durch seine dynamische Natur aus, die ständig Veränderungen ausgesetzt bleibt und im Konflikt mit der Rechtskraft einer gerichtlichen Entscheidung, die zwar auf einer Prognose beruht, aber hierbei von einer tatsächlichen Momentaufnahme ausgeht, Anpassungen erforderlich macht. Die Bandbreite nachträglicher tatsächlicher Entwicklungen mit Auswirkungen auf die konkrete Unterhaltsbemessung lässt sich dabei nicht annähernd eingrenzen. Zudem bliebe ungeklärt, in welchem **Zeitfenster** (zeitliche Nähe zur Schlussverhandlung) die Beteiligten zukünftige Änderungen im Erstverfahren noch vorbringen müssten, um im Abänderungsverfahren nicht ausgeschlossen zu werden.

Schließlich steht dem jeweiligen Antragsteller bei seinem Rechtsbehelf gegen den durch **214** Endentscheidung titulierten Unterhalt insbesondere bei zeitnahen Veränderungen ein **Wahlrecht** insoweit zu, als er zwischen einem Rechtsmittel (§§ 58, 117 FamFG) und einem Abänderungsantrag (§ 238 FamFG) frei entscheiden kann (→ Rn. 171 bis 178). Wollte man allerdings **vorhersehbare Änderungen** schon der Zeitschranke des § 238 II FamFG unterwerfen, müsste der Antragsteller zur Vermeidung von Rechtsnachteilen durch einen Ausschluss mit möglichen Abänderungsgründen unter Verzicht auf das Wahlrecht mit dem Rechtsmittel vorgehen. Die Beteiligten müssen nach alledem bis zum Schluss der mündlichen Verhandlung im Erstverfahren nur Tatsachen vortragen, die bereits entstanden sind, ohne allerdings gehindert zu sein, bei Wahrung ihrer jeweiligen Interessen künftige Entwicklungen aufzuzeigen und anzukündigen (zB Ausscheiden aus dem Erwerbsleben, Verrentung, altersbedingte Verringerung der Betreuungsbedürftigkeit minderjähriger Kinder, Eintritt der Volljährigkeit etc). Sehen sie davon ab, werden die anstehenden Änderungen nicht **Gegenstand der Prognoseentscheidung** des Gerichts. Sie bilden, sobald sie entstanden sind, die Grundlage für ein Abänderungsbegehren, mit dem der Beteiligte nicht ausgeschlossen ist, weil die Umstände an der Rechtskraft der Erstentscheidung nicht teilnehmen. Allerdings ist das Gericht, ein entsprechender Vortrag der Beteiligten im Erstverfahren unterstellt, nicht gehindert, eine sich abzeichnende Entwicklung mit in seine Prognoseentscheidung – und damit für die Beteiligten in ihren Folgen absehbar – aufzunehmen. Ist dies unterblieben, sind die Beteiligten durch die Zeitschranke des § 238 II FamFG nicht gehindert, nach Eintritt der Entwicklung hierauf ein Abänderungsbegehren zu stützen.[748] Geht der Unterhaltspflichtige einer Erwerbstätigkeit nach mit Aussicht auf

---

[743] BGH FamRZ 2002, 88; 1992, 162 (163).
[744] BGH FamRZ 1982, 687 (688).
[745] OLG Jena NJW 2009, 2832.
[746] OLG Naumburg FamRZ 2008, 797.
[747] OLG Naumburg FamRZ 2008, 797.
[748] Johannsen/Henrich/Brudermüller, 5. Aufl. 2010, FamFG § 238 Rn. 102; Hoppenz/Hoppenz FamFG § 238 Rn. 59; FA-FamR/Kintzel Kap. 6 Rn. 1209.

Versorgungsbezüge, sind die Beteiligten nicht gehalten, bereits in einem Erstverfahren den **Eintritt des Versorgungsfalls** zu berücksichtigen,[749] und zwar unabhängig von der zeitlichen Nähe zu dem zu erwartenden Ereignis. Einem Abänderungsantrag des Unterhaltspflichtigen nach dem Ausscheiden aus dem Erwerbsleben steht die Zeitschranke des § 238 II FamFG nicht entgegen.

215 Steht der Unterhaltsberechtigte kurz vor dem **Hineinwachsen in eine höhere Altersstufe,** „kann" dieser Umstand bereits ab dem Zeitpunkt des vorhergesehenen Eintrittes in die Erstentscheidung aufgenommen werden.[750] Hierbei handelt es sich nicht um einen bedingten Antrag, sondern um einen **Antrag auf künftige** (auf höhere) **Leistungen,** der gemäß § 258 ZPO zulässig ist. Zeichnet sich beim Trennungsunterhalt für das nächstfolgende Jahr ein trennungsbedingter **Wechsel der Steuerklasse** ab, besteht für das Gericht keine Notwendigkeit eine damit einhergehende Erhöhung der Steuerlast prognostisch vorwegzunehmen, da nicht erwartet werden kann, dass die Beteiligten auch die steuerlichen Konsequenzen ihres Getrenntlebens ziehen. Da man sich des Eintritts künftiger Ereignisse nicht eine Sekunde gewiss sein kann, gestattet es das Gesetz, die Aktualisierung der Unterhaltshöhe infolge inzwischen eingetretener Veränderungen[751] auch erst im Abänderungsverfahren vorzunehmen. Der Unterhaltpflichtige ist durch die Zeitschranke nicht gehindert, sich im Abänderungsverfahren wegen eines ehegleichen Zusammenlebens auf eine Verwirkung (§ 1579 Nr. 2 BGB) zu berufen, wenn das zeitliche Mindestmaß von zwei Jahren im Ausgangsverfahren noch nicht erreicht war.[752] Hat das Gericht allein mit Rücksicht auf die Betreuungsbelange der gemeinsamen Kinder eine vollständige Verwirkung des Unterhalts für den betreuenden Elternteil verneint, kann der Unterhaltspflichtige sich nach Wegfall der Betreuung auf eine vollständige Verwirkung zu berufen.

216 Auch wenn die Regelung in § 238 II FamFG lediglich daran anknüpft, dass die „Gründe" nach Schluss der Tatsachenverhandlung des vorangegangenen Verfahrens „entstanden" sein müssen, um in einem Abänderungsverfahren nicht den Präklusionswirkungen zu unterliegen, dehnt der BGH in seiner zur **Begrenzung** und **Befristung** von Unterhaltsansprüchen (§§ 1573 V, 1578 I 2 BGB aF, jetzt § 1578b BGB) entwickelten Rechtsprechung den Anwendungsbereich der Präklusion über den Wortlaut der Vorschrift hinaus weiter aus. Denn im Kontext dieser Rechtsprechung sind neben solchen Gründen, die bereits vor Schluss der mündlichen Verhandlung entstanden und im Vorverfahren zu berücksichtigen waren, auch solche Abänderungsgründe präkludiert, die **„zuverlässig vorhersehbar"** waren[753].

Die Einbeziehung vorhersehbarer Entwicklungen in den Anwendungsbereich der Präklusion setzt notwendig voraus, dass diese bei der erstmaligen Titulierung im Rahmen der Prognoseentscheidung ins Gewicht gefallen sind oder hätten fallen müssen. Indessen entstehen für ein nachfolgendes Abänderungsverfahren Abgrenzungsschwierigkeiten vielfach dadurch, dass sich die schriftlichen Entscheidungsgründe der Instanzgerichte jedenfalls bei der erstmaligen Titulierung des Unterhalts über Fragen der Begrenzung oder einer Befristung ausschweigen oder mit einer pauschalen Bezugnahme auf die Gesetzesvorschriften von einer nachvollziehbaren Begründung absehen. Offen bleibt danach, ob und in welchem Umfang die bereits vorhanden **Alttatsachen** in der Entscheidung zum Unterbleiben der Begrenzung oder Befristung geführt haben.

In der Rechtsprechung des BGH ist weiter anerkannt, dass das Ausgangsgericht auch von einer Einbeziehung der Begrenzung oder Befristung in die Prognose absehen kann.[754] Unklar bleibt danach aber zunächst im Fall unterbliebener Begründung, ob das Ausgangsgericht eine hinreichende Prognose hat anstellen können, dabei aber von einer Begrenzung des Unterhalts abgesehen hat, oder ob es mangels hinreichender Tatsachen von vornherein

---
[749] BGH FamRZ 2015, 1694 Rn. 18.
[750] OLG Karlsruhe FamRZ 2004, 1057; a. A. KG FamRZ 1990, 1122.
[751] Dazu Graba Rn. 366.
[752] OLG Karlsruhe FamRZ 2003, 50.
[753] BGH FamRZ 2015, 1694 Rn 22; 2011, 454 Rn. 43; 2010, 1238, Rn. 25; 2010, 111 Rn. 59; 2009, 1990 Rn. 17.
[754] BGH FamRZ 2011, Rn. 42; 2010, 1238 Rn. 25.

die Begrenzung oder Befristung einem Abänderungsverfahren hat überlassen wollen. In dieser Situation geht der BGH davon aus, dass die Entscheidung über Begrenzung oder Befristung im Rahmen von § 1578b BGB im Ergebnis auf einer umfassenden **Billigkeitsabwägung** beruht. Lassen sich dazu nachvollziehbare Gesichtspunkte aus der Ausgangsentscheidung nicht gewinnen, ist **im Zweifel** davon auszugehen, dass das Ausgangsgericht eine abschließende Entscheidung insoweit noch nicht hat treffen wollen.[755]

Sofern die **Alttatsachen** in der Ausgangsentscheidung – zB bei der Bemessung des Unterhaltsbedarfs nach den ehelichen Lebensverhältnissen – im Fall der Berücksichtigung bereits zu einer abweichenden Entscheidung geführt hätten, ist der Unterhaltspflichtige, soweit er damit nunmehr eine Herabsetzung oder Begrenzung des Unterhalts anstrebt, nach § 238 II FamFG präkludiert, selbst wenn ihm aus anderem Rechtsgrund das Abänderungsverfahren eröffnet ist.[756]

217 Die Zeitschranke des § 238 II FamFG steht einem auf Begrenzung oder Befristung des nachehelichen Unterhalts gestützten Abänderungsbegehren ferner nicht entgegen, soweit dies sich aus einer nachträglichen grundlegenden **Änderung** der **höchstrichterlichen Rechtsprechung**, die einer wesentlichen Änderung der rechtlichen Verhältnisse im Sinne von § 238 I 2 FamFG gleichsteht (→ Rn. 207 und 208), ableiten lässt. Im Zuge seiner geänderten Rechtsprechung zum Übergang von der Anrechnungsmethode zur Differenzmethode[757] bei der Bemessung des Unterhalts nach den ehelichen Lebensverhältnissen ist der BGH mit einer am 12.4.2006 verkündeten Entscheidung von einem grundlegend geänderten Verständnis zunächst der Befristung nach § 1573 V BGB aF ausgegangen, das er in der Folgezeit auch auf weitere Begrenzungsvorschriften ausgedehnt hat.[758] Für Abänderungsanträge, mit den nunmehr gestützt auf die geänderte Rechtsprechung **nachträglich** eine **Befristung** oder **Begrenzung** des zugesprochenen Unterhalts verfolgt wird, greift hiernach die Präklusion nur ein, sofern schon vor der am 12.4.2006 verkündeten Entscheidung die Voraussetzungen für eine Heranziehung der §§ 1573 V, 1578 I 2 BGB aF vorgelegen hatten, mithin die geänderte Rechtsprechung die Position des Unterhaltspflichtigen nicht weiter verbessern konnte.[759] Begehrt der Unterhaltspflichtige die nachträgliche Befristung eines durch Gerichtsentscheidung titulierten Unterhalts, bei dem die geänderte Rechtsprechung des BGH bereits hätte Berücksichtigung finden können, steht einem entsprechenden Abänderungsantrag die Zeitschranke des § 238 II FamFG entgegen.[760] Auch die gesetzliche Neuregelung in § 1578b BGB zum 1.1.2008 schafft insoweit keinen Abänderungsgrund, weil sie die geänderte Rechtsprechung des BGH kodifiziert und kein eigenes (neues) rechtliches Abänderungspotential aufweist. Die Übergangsregelung in § 36 Nr. 1 ZPO hat darüber hinaus keinen eigenständigen Abänderungsgrund geschaffen,[761] sondern setzt vielmehr einen solchen, der sich auf Grund der Gesetzesänderung ergeben kann, voraus, um ihn nach Zumutbarkeitsgesichtspunkten einzuschränken.

Auch in anderen Fällen einer grundlegenden Änderung höchstrichterlicher Rechtsprechung scheitert ein hierauf gestütztes nachträgliches Abänderungsbegehren nicht an der Zeitschranke des § 238 II FamFG, setzt aber im jeweiligen Einzelfall voraus, dass sie sich zugunsten des Antragstellers bemessungsrelevant auswirkt.

218 Bedeutung erlangen kann die **Präklusion** insbesondere bei im Vorverfahren **nicht vorgetragenen Umständen.** Da diese unzweifelhaft vor Schluss der letzten mündlichen Tatsachenverhandlung entstanden sind, spricht der Gesetzeswortlaut des § 238 II FamFG vordergründig für eine klare Nichtberücksichtigung im Abänderungsverfahren. Einerseits sind die Beteiligten grundsätzlich gehalten, ihre Standpunkte bereits im Ausgangsverfahren geltend zu machen. Andererseits haben weitere Umstände im Vorverfahren möglicherweise

---

[755] BGH FamRZ 2015, 1694 Rn. 25.
[756] BGH FamRZ 2015, 1694 Rn. 26.
[757] BGH FamRZ 2001, 986 (991) = R 563.
[758] BGH FamRZ 2008, 1325 Rn. 35 und 36.
[759] Dose FamRZ 2007, 1298 (1296).
[760] BGH FamRZ 2010, 111 Rn. 59.
[761] BGH FamRZ 2010, 111 Rn. 62.

deshalb keine Erwähnung gefunden, weil es auf sie gar nicht mehr ankam und der Antrag ohnedies begründet oder abzuweisen war. Deshalb ist in diesem Zusammenhang wie folgt **zu unterscheiden:**
- Aufseiten des **Antragstellers** im Abänderungsverfahren stellen die bisher verschwiegenen Tatsachen keinen Abänderungsgrund iSd § 238 II FamFG dar. Ist aber sein Abänderungsantrag aus anderen Gründen zulässig, sind die früher verschwiegenen Tatsachen dann zu berücksichtigen, wenn sie **nicht zu einer Beseitigung der Rechtskraftwirkung führen.**[762] Dies gilt immer dann, wenn auf eine Einwendung des Gegners hin der Antragsteller weitere für ihn sprechende Umstände benötigt, um wenigstens den bisherigen Titel aufrechterhalten zu können. Strebt der Antragsteller aber eine **Erhöhung** seines im Vorverfahren nicht in vollem Umfang erfolgreich titulierten Unterhalts an, kann er die bisher verschwiegenen Tatsachen nicht unterstützend im Abänderungsverfahren einsetzen. Begehrt der Unterhaltspflichtige im Rahmen eines ansonsten zulässigen Abänderungsverfahrens **Herabsetzung** der Unterhaltsrente, kann er sich ebenfalls nicht auf die im Erstverfahren nicht vorgetragenen Alttatsachen berufen. Diese sind verbraucht. Mit Ihrer Berücksichtigung müsste sich das Gericht insoweit in Widerspruch setzen zu den Rechtskraftwirkungen der Erstentscheidung.
- Auch der Antragsgegner eines Abänderungsverfahrens ist gehalten, die Regeln der Rechtskraftwirkung zu beachten. Hat er etwa in einem ersten Abänderungsverfahren Umstände nicht vorgetragen oder auch bewusst verschwiegen, hängt der Erfolg seines nachfolgenden und hierauf gestützten Abänderungsbegehrens davon ab, ob er sich mit dem erstrebten Erfolg in Widerspruch setzt zur Rechtskraft der abzuändernden Entscheidung. Hat die unterhaltsberechtigte Ehefrau in einem ersten Verfahren in Abänderung eines titulierten Unterhalts erfolglos höheren Unterhalt begehrt, ist der unterhaltspflichtige Ehegatte nicht gehindert, unter Rückgriff auf Alttatsachen, die für das vorangegangene Abänderungsverfahren keine Relevanz hatten, eine Herabsetzung des tituliert Unterhalts geltend zu machen. Hatte im umgekehrten Fall der Unterhaltspflichtige erfolglos Abänderung eines titulierten Ehegattenunterhalts angestrebt, kann die Unterhaltsberechtigte ein weitergehendes Unterhaltsbegehren auf Tatsachen stützen, die sie schon im Vorverfahren hätte anbringen können, aber nicht müssen, um die Abweisung des Abänderungsantrags sicherzustellen. In beiden Fällen ist mit der erneuten Abänderung kein Eingriff in die Rechtskraft der Ausgangsentscheidung verbunden. Es handelt sich um **gegenläufige Abänderungsverfahren,** die bei der jeweiligen Rechtsverfolgung nur der Dispositionsbefugnis der Beteiligten unterliegen.
Soweit der BGH[763] in der Vergangenheit über das Kriterium der Rechtskraft hinaus den Anwendungsbereich der Präklusion auch auf Fälle der gegenläufigen Abänderungsverfahren erstreckt und mit dem Hinweis auf eine einheitliche Klärung der Unterhaltsverhältnisse und die Gefahr unzweckmäßiger Verdoppelung der Verfahren begründet hat, hält er hieran, wie er wiederholt entschieden hat,[764] nicht weiter fest. Unberührt davon bleiben aber die Fallkonstellationen, in denen der Antragsgegner im Erstverfahren ohne das Vorbringen der Alttatsachen mit seiner Rechtsverteidigung **nur eingeschränkt erfolgreich** war. Einem auf die Alttatsachen gestützten Abänderungsbegehren stehen hier die Präklusionswirkungen entgegen.
- Will der **Antragsgegner** des Abänderungsverfahrens nur die **Abweisung des Abänderungsantrags** erreichen, ist er mit seinen früher verschwiegenen Tatsachen nicht ausgeschlossen;[765] er kann alle früher bereits entstandenen und nicht vorgetragenen Umstände zum Zwecke seiner Verteidigung geltend machen.[766] Grund hierfür ist, dass § 238 II FamFG für den Antragsgegner nicht gilt. Denn nur für den Antrag selbst (also nur für die Antragstellerseite) müssen die sie stützenden Gründe nachträglich entstanden sein; für die Antragserwiderung gilt dies nicht, zumal sie **keine Veränderung** des bisher bestehenden

---
[762] BGH FamRZ 1987, 259 (261).
[763] BGH FamRZ 1998, 99.
[764] BGH FamRZ 2018, 914 Rn. 17; 2013, 1215 Rn. 22.
[765] BGH FamRZ 2007, 793 Rn. 38 = R 674d.
[766] BGH FamRZ 2000, 1499.

Rechtszustandes, also der **Rechtskraft** der bisherigen Entscheidung will, sondern ihren Fortbestand wünscht. Somit sprechen auch keine Gründe der Rechtskraftwirkung gegen die Berücksichtigung dieser bisher nicht vorgetragenen Umstände; ihre Einführung in das jetzige Verfahren entspricht der Billigkeit allemal.

Ist die Verpflichtung zur Zahlung einer Unterhaltsrente durch einen **Versäumnisbeschluss** (§ 331 ZPO) erfolgt, beruht sie auf dem zugestandenen Vorbringen des Unterhaltsberechtigten. Für ein Abänderungsbegehren, mit dem er weitergehenden Unterhalt verlangt, kann sich der Antragsteller, da er mit seinem Antrag durch die Säumnisentscheidung uneingeschränkt durchgedrungen ist, auch auf von ihm nicht vorgetragene Alttatsachen stützen, allerdings nur im Rahmen eines auf Grund von Neutatsachen zulässigerweise eröffneten Abänderungsverfahren. Demgegenüber ist der säumige Unterhaltspflichtige gehindert, im Rahmen eines eigenen Abänderungsverfahrens sich auf Alttatsachen zu berufen. Mit den Einwendungen, die er mit dem Einspruch gegen die Versäumnisentscheidung hätte geltend machen müssen, ist er gemäß § 238 II FamFG im weiteren Abänderungsverfahren ausgeschlossen.[767] Soweit er sich allerdings gegen ein weitergehendes Unterhaltsbegehren verteidigen will, ist ihm die Berufung auf Alttatsachen durch § 238 II FamFG, wie bei kontradiktorischen Entscheidungen, nicht genommen. 219

Haben die im Vorverfahren **vorgetragenen Umstände** für die Bemessung des ohne Einschränkungen geltend gemachten Unterhalts **keine Bedeutung** erlangt, weil das Gericht hierauf nicht abgestellt hat, stellt sich die Frage nach einer möglichen Präklusion, wenn sich der Unterhaltsberechtigte für weitergehenden Unterhalt hierauf erneut beruft oder der Unterhaltspflichtige um eine erneute Herabsetzung des titulierten Unterhalts bemüht. Da § 238 II FamFG die Rechtskraft der Ausgangsentscheidung sichert, ist der Beteiligte im Abänderungsverfahren mit allen bereits vorgetragenen Tatsachen erneut zu hören, soweit sie die **Rechtskraft** der Ausgangsentscheidung **nicht tangieren.** Davon kann allerdings nur ausgegangen werden, wenn der Beteiligte im Vorverfahren voll obsiegt hat. In diesem Fall ist der Unterhaltsberechtigte nicht gehindert, gestützt auf Alttatsachen nunmehr seinen vollen Unterhalt geltend zu machen.[768] 220

Die **Präklusionswirkungen** aus § 238 II FamFG treten formal allein auf Grund **objektiver Gegebenheiten** ein. Weder Kenntnis noch Kennenmüssen von Umständen durch die Beteiligten beeinflussen den Wirkungsbereich dieser Regel. Erfahrungen in der Rechtsprechung, wonach die konsequente Beachtung der Zeitschranke des § 238 II FamFG in Einzelfällen zu grob unbilligen Ergebnissen führen kann, hat der Entwurf des FGG-Reformgesetzes zunächst zum Anlass genommen, dem in einer **Härteklausel** (§ 238 II FamFG-E) Gestalt zu geben. Der Gesetzgeber hat die Klausel allerdings nicht übernommen wegen der Befürchtung, mit einer solchen Regelung das Risiko für ein erheblich erhöhtes Streitpotential zu schaffen.[769] Er hat dies mit dem Hinweis verbunden, der bisherige Rechtszustand – mit den von der Rechtsprechung entwickelten Einschränkungen der Präklusion – habe sich bewährt und sei beizubehalten. Maßgebend sind hiernach weiterhin die insbesondere durch die Rechtsprechung des BGH entwickelten Fallgruppen, die im Wege einer teleologischen Reduktion die Berufung auf die Präklusionsvorschrift versagen, wenn dies sonst zu einem **unerträglichen** (grob unbilligen) **Ergebnis** führen müsste. So ist der Antragsteller mit der Geltendmachung eines schon vor Schluss der mündlichen Verhandlung des Vorverfahrens vorhandenen **betrügerischen Verschweigens** durch den Antragsgegner nicht durch § 238 II FamFG präkludiert, wenn das Verschweigen nach diesem Zeitpunkt **andauert und fortwirkt.**[770] Vergleichbar ist der Fall, in dem der Unterhaltspflichtige im Vorverfahren sein wirkliches Einkommen verschleiert hat und deshalb das Gericht von einem zu geringen Einkommen ausgegangen ist. Hier ist es dem Unterhaltspflichtigen im Abänderungsverfahren gegenüber einem weiter gehenden Unterhaltsverlangen verwehrt, sich für sein wirkliches Einkommen auf die Präklusion als 221

---

[767] BGH FamRZ 2010, 1150 Rn. 12 = R 713.
[768] BGH FamRZ 1985, 690; 1984, 374.
[769] BT-Drs. 16/6308, 384.
[770] BGH FamRZ 1990, 1095; OLG Koblenz FamRZ 1988, 565.

Alttatsache zu berufen.[771] Dem aktuellen wirklichen Einkommen ist im Abänderungsverfahren vielmehr das zuvor mit Erfolg **verschleierte Einkommen** gegenüberzustellen. Allerdings ist in der Rechtsprechung, soweit ersichtlich, auch weiterhin nicht geklärt, ob die gebotene Vermeidung des grob unbilligen Ergebnisses allein schon ein Abänderungsverfahren ermöglicht oder die hierfür maßgebenden Gründe erst in einem mit anderen Abänderungsgründen zulässigerweise eingeleiteten Abänderungsverfahren Berücksichtigung finden können.

222 **f) Anpassung und Bindungswirkungen.** Hat der Antragsteller eine wesentliche Änderung der für die ursprüngliche Unterhaltsbemessung maßgebenden Verhältnisse behauptet und erforderlichenfalls auf Grund einer durchgeführten Beweisaufnahme bewiesen, kann er „unter Wahrung ihrer Grundlagen" eine Anpassung der Ausgangsentscheidung verlangen (§ 238 IV FamFG). Mit dieser gegenüber § 323 I ZPO aF („entsprechende Abänderung") abweichenden Formulierung sollen die Bindungswirkungen deutlicher zum Ausdruck kommen.[772] Schon mit diesem klarstellenden Wortlaut ist daher die bisher vertretene Auffassung,[773] wonach das zulässigerweise eröffnete Abänderungsverfahren eine völlige Neuberechnung des Unterhalts ermögliche, nicht mehr haltbar.

Vielmehr sind die Abänderungsentscheidung nicht nur die neuen, nach Schluss der letzten mündlichen Tatsachenverhandlung veränderten Umstände zu berücksichtigen, sondern auch die in der Erstentscheidung festgestellten und unverändert gebliebenen Verhältnisse **(Alttatsachen)** samt ihrer rechtlichen Bewertung der weiteren Rechtsfindung zugrunde zu legen. Dies bedeutet **keine freie,** von der bisherigen Höhe **unabhängige Neufestsetzung** des Unterhalts, sondern eine Anpassung der bisherigen Entscheidung an die zwischenzeitlich eingetretenen veränderten Verhältnisse unter Wahrung der Grundlagen der abzuändernden Entscheidung.[774] Der Umfang der Anpassung richtet sich zum einen nach der Tragweite der nach § 238 II FamFG geänderten Verhältnisse nach Schluss der letzten mündlichen Verhandlung und zum anderen nach dem Umfang der Bindungswirkung der früheren Entscheidung, somit danach, mit welchem Gewicht weitere Umstände zwischen den Beteiligten für die Bemessung des Unterhalts in der Vorentscheidung bestimmend gewesen sind. Neben der Wesentlichkeit der Änderung und der Erforderlichkeit der nachträglich eingetretenen Tatsachen ist somit die Bindungswirkung ein drittes Element, welches der **Bestandskraft** (nicht der Rechtskraft) dient.[775] In der Praxis wird allerdings die Grenze zwischen nachträglicher Veränderung der Verhältnisse und Bindungswirkung häufig verwischt. Sie sind allerdings schon unter dogmatischen Gesichtspunkten zu trennen. Die zunächst in Rede stehenden wesentlichen Änderungen gehören zu den Tatbestandsvoraussetzungen. Die **Bindungswirkungen** gewinnen erst im Rahmen der **Rechtsfolgen** Bedeutung. Im Übrigen gilt Folgendes:

223 Nachträglich aufgetretene Änderungen sind **objektive Merkmale** und Bestandteile der Abänderungsentscheidung, die oftmals ohne Zutun der Beteiligten und ohne deren Willen später eingetreten und damit nach § 238 II FamFG zu berücksichtigen sind. Dies ist sozusagen der beteiligten-unabhängige Teil der für die Erstverpflichtung maßgebenden Verhältnisse.

Ein weiteres Element dieser Verhältnisse sind aber die **subjektiven Vorstellungen der Beteiligten** und Umstände, die ebenfalls mit in die Entscheidungsfindung im Vorverfahren eingeflossen sind. Hierzu gehören die Ermittlung der Einkommensverhältnisse, die Einbeziehung zusätzlicher Ab- und Zuschläge, die Bewertung besonderer Belastungen und Zugrundelegung fiktiver Einkünfte, Feststellungen zur Leistungsfähigkeit, Bedürftigkeit, zur Anrechnung weiterer Unterhaltspflichtiger oder -berechtigter, zur Nichtanrechnung von Einkommensarten sowie Feststellungen zur Arbeitsfähigkeit. All diese Einzelumstände sind – sozusagen als innerer Bestandteil des Unterhaltsverfahrens – in die Erstentscheidung eingeflossen. Dabei haben die Beteiligten diese Grundlagen der ergangenen Entscheidung

---

[771] BGH FamRZ 1984, 997.
[772] BT-Drs. 16/6308, 258.
[773] Vgl. Graba Rn. 442 mwN.
[774] BGH FamRZ 2015, 1694 Rn. 20; 2012, 281 Rn. 15; 2010, 1318 Rn. 32.
[775] BGH FamRZ 1990, 280 (281); 1987, 257 (259, 263).

entweder dadurch akzeptiert, dass sie die Entscheidung unangefochten ließen, oder aber sie haben im Rahmen der Verhandlung oder der Vergleichsgespräche diese einzelnen Verhältnisse festgelegt und der nachfolgenden Entscheidung damit aufgezwungen (zB dadurch, dass die Beteiligten einen bestimmten Nebenverdienst als den Bedarf nicht erhöhend oder bestimmte Verbindlichkeiten nicht das Einkommen mindernd bewertetet haben).

Nach der herrschenden Meinung (vgl. zur sog Billigkeitstheorie und zur Abgrenzung gegenüber der sog Bestätigungstheorie → Rn. 139) besteht daher eine **Bindung** hinsichtlich der rechtlichen Beurteilung derjenigen unverändert gebliebenen tatsächlichen Verhältnisse, die der Richter im Vorverfahren festgestellt und für seine Entscheidung über den Unterhalt für maßgeblich gehalten hat. Eine Bindung besteht auch an das in der Ausgangsentscheidung herangezogene **Unterhaltsstatut**, selbst wenn dies rechtsfehlerhaft war.[776] Sie scheidet aber aus, wenn gerade die veränderten Verhältnisse einen Statutenwechsel begründen, den zudem das ausländische Ausgangsgericht, wenn es zur Abänderung berufen wäre, zu berücksichtigen hätte.[777] Das Verfahren nach § 238 FamFG lässt eine Abänderung nur aus **Gründen der Billigkeit** zu, wobei vor dem Hintergrund der Rechtskraftwirkung lediglich die **Korrektur einer Prognoseentscheidung** möglich ist, nicht dagegen eine ursprüngliche Fehlerbeseitigung. Daraus folgt weiter, dass eine Billigkeitskorrektur selbst dann abgelehnt wird, wenn in der Erst- oder Vorentscheidung **fehlerhafte Feststellungen** getroffen worden sind. Vielmehr bleiben die Feststellungen der abzuändernden Entscheidung, die nicht von Änderungen betroffen sind, für das Abänderungsgericht bindend. Für Billigkeitskorrekturen besteht im Zusammenhang mit der Prüfung der Bindungswirkungen, die erst die Rechtsfolgenseiten betrifft, im Übrigen auch keine Notwendigkeit. Die Rechtskraft auch fehlerhafter Feststellungen wird durch die **Präklusionswirkungen** (§ 238 II FamFG) sichergestellt. Die Berufung hierauf steht, wie insbesondere aus der Rechtsprechung des BGH hervorgeht,[778] unter dem Vorbehalt von Treu und Glauben (§ 242 BGB). **Grob unbillige Ergebnisse** werden im Einzelfall dadurch vermieden, dass dem jeweiligen Antragsgegner auf Grund seines illoyalen Verhaltens (zB betrügerisches Verschweigen von Einkünften), das zu den fehlerhaften Feststellungen geführt hat, die Berufung auf die Präklusionswirkungen versagt bleibt (→ Rn. 221).

Allerdings kann keine Bindung an die in der Ausgangsentscheidung zutage getretene **Rechtsansicht** des Erstgerichts bestehen. Hierbei handelt es sich nämlich weder um Tatsachenfeststellungen, die sich nachträglich geändert haben, noch um die Entscheidung immanente Verhältnisse iSd § 238 FamFG, vielmehr um die Rechtsanwendung des jeweils nur seinem eigenen Gewissen unterworfenen Richters. Weicht diese – dem Unabhängigkeitsgrundsatz entspringende – singuläre Rechtsansicht des Abänderungsrichters von jener im Erstverfahren ab, ist er an Letztere nicht gebunden, vielmehr kann er neu und anders bewerten. Auf diese Weise ist er nicht gehindert, **Rechtsfehler** des Erstgerichts zu korrigieren.[779]

Nach der Rechtsprechung des BGH besteht keine Bindung an jene Feststellungen in der Vorentscheidung, die auf Grund richterlicher Hilfsmittel oder allgemeiner unterhaltsrechtlicher Bewertungskriterien in die Entscheidung eingeflossen sind. Dazu gehört die Berücksichtigung von **Unterhaltsrichtlinien** und **Unterhaltstabellen.**[780] In ihrer Anwendung liege nämlich keine bindende Feststellung über die Bestimmung der ehelichen Lebensverhältnisse iSd § 1578 BGB, die bei einer Abänderungsentscheidung zu berücksichtigen seien.[781] Ebenso ist das Abänderungsgericht hinsichtlich der Festlegung des **Erwerbstätigenbonus** ($1/7$ oder 10%) wie auch bei der Zugrundelegung des Verteilungsschlüssels und der entsprechenden **Verteilungsquote** durch die Vorentscheidung nicht gebunden ($3/7$ Quote oder sog. hälftige Partizipation nach Abzug einer Berufspauschale).[782]

---

[776] BGH FamRZ 2015, 479 Rn. 24; 2012, 281 Rn. 15.
[777] BGH FamRZ 2015, 479 Rn. 26.
[778] BGH FamRZ 1990, 1095; 1984, 997.
[779] BGH FamRZ 1984, 374.
[780] BGH FamRZ 1994, 1100; 1990, 1095; 1990, 982.
[781] BGH FamRZ 1985, 374.
[782] BGH FamRZ 1990, 981 (982).

227 Der BGH hat ferner entschieden, dass hinsichtlich der Berücksichtigung eines **Wohnvorteils** bei mietfreiem Wohnen im eigenen Haus keine Bindung an den **Berechnungsansatz** der Erstentscheidung erfolgt.[783] Gebunden ist die Abänderungsentscheidung im Abänderungsverfahren nur insoweit, als überhaupt ein Wohnvorteil in Ansatz gebracht worden ist.[784] Die jeweilige Berechnung zählt nicht zu den tragenden Entscheidungselementen. Schließlich geht auch von der Art und Weise der Besteuerung des Einkommens (hierbei reale oder fiktive Steuerlast) keine Bindung für nachfolgende Entscheidungen aus.[785] Zwar mag fraglich sein, ob es sich bei der Berücksichtigung der jeweiligen Steuerlast bzw. der Anrechnung des Wohnvorteils noch um unverbindliche Hilfsmittel zur Unterhaltsberechnung handelt oder nicht bereits um die Ausfüllung unbestimmter Rechtsbegriffe wie eheliche Lebensverhältnisse und Bedarf im Rahmen des § 1578 I BGB. Jedenfalls ist die Praxis dem BGH darin gefolgt, in diesen genannten Fällen von keiner Bindungswirkung der Erstentscheidung auszugehen.

228 In der Konsequenz dieser Rechtsprechung besteht auch dann keine Bindung, wenn im Vorverfahren der Unterhaltsanspruch des Berechtigten nach seinem **konkreten Bedarf** und nicht anhand einer **Unterhaltsquote** bestimmt worden ist. Liegt allerdings der Ausgangsentscheidung eine konkrete Bedarfsberechnung zugrunde, führt allein ein gestiegenes Einkommen des Unterhaltspflichtigen nicht zu einer Erhöhung des Unterhalts, sofern sich nicht gleichzeitig auch der individuelle Bedarf des Unterhaltsberechtigten erhöht hat.[786] Hat das Gericht aus Sicht des Unterhaltsberechtigten den als konkreten Bedarf geltend gemachten Unterhalt zu niedrig bemessen, scheidet ein nunmehr **allein** auf den Quotenunterhalt gestütztes Abänderungsverfahren aus. Sein Begehren hätte der Unterhaltsberechtigte bereits mit einem Rechtsmittel gegen die Ausgangsentscheidung verfolgen müssen.

Keine Bindungswirkung besteht nach der Rechtsprechung des BGH[787] in dem Fall, dass der Unterhaltsberechtigte im ersten Unterhaltsverfahren voll erfolgreich war, im Vorverfahren aber trotzdem nicht sein gesamter Unterhaltsbedarf Verfahrensgegenstand war. Ob dies daran lag, dass die Geltendmachung des Krankheitsvorsorgeunterhaltes oder des Altersvorsorgebetrages schlicht vergessen wurde, oder aber ein höherer **Elementarunterhalt** erlangt werden sollte, kann hierbei dahingestellt bleiben. Da der Unterhaltsberechtigte durch die Erstentscheidung nicht beschwert ist, darf er für die Zukunft weitergehen und seinen vollen Unterhalt verlangen, sofern die Voraussetzungen eines Abänderungsverfahrens **aus anderen Gründen** (nämlich nach § 238 II FamFG) vorliegen. Er kann dann zusätzlich zum bisherigen Elementarunterhalt einen bisher nicht verlangten **Vorsorgebedarf** geltend machen, wobei nunmehr möglicherweise eine Anpassung des Elementarunterhalts wegen der Berücksichtigung des Vorsorgeunterhaltes erfolgt. Unerheblich ist dabei, dass die Anpassung zu einem niedrigeren Elementarunterhalt führt. Denn maßgebend für die Beurteilung der Wesentlichkeit und der Anpassung ist der die unselbständigen Einzelelemente umfassende Gesamtunterhalt.

229 Die gleiche Möglichkeit besteht auch dann, wenn im Vorverfahren der Unterhaltsberechtigte deshalb einen geringeren als den angemessenen Unterhalt geltend machen musste, weil der Unterhaltspflichtige nur eingeschränkt leistungsfähig war. Erhöht sich im Nachhinein die Leistungsfähigkeit des Unterhaltspflichtigen (fällt somit der **Mangelfall** weg), kann der Unterhaltsberechtigte seinen **vollen Unterhalt** geltend machen. Die angepasste Entscheidung bleibt nicht notwendig eine Mangelfallentscheidung.

230 Keine Bindung an die Verhältnisse im Erstverfahren besteht auch dann, wenn sich die **gesetzliche Grundlage** geändert hat. Denn diese ist jederzeit mit ihrem aktuellen Stand zu berücksichtigen. Dies ist ferner der Fall, wenn das BVerfG eine bei der Erstentscheidung herangezogene Rechtsnorm für verfassungswidrig erklärt oder ihr zur Vermeidung eines solchen Ergebnisses ein abweichendes Normverständnis vorgibt, wie dies bei der Beur-

---

[783] BGH FamRZ 1994, 1100 (1102).
[784] BGH FamRZ 2007, 793 Rn. 31 = 674d.
[785] BGH FamRZ 1990, 981 (982).
[786] BGH FamRZ 1990, 280 (281).
[787] BGH FamRZ 1984, 374 (376).

teilung der ehelichen Lebensverhältnisse[788] oder der Berücksichtigung des Splittingvorteils[789] geschehen ist. Die Bindung entfällt schließlich auch bei grundlegenden Änderungen in der höchstrichterlichen Rechtsprechung, wie dies bei der Änderung der BGH-Rechtsprechung zur **Anrechnungs- und Differenzmethode**[790] der Fall ist. Liegt der Erstentscheidung noch eine Rechtsprechung zugrunde, die das BVerfG für nicht verfassungskonform erklärt, gehen von ihr im Abänderungsverfahren keine Bindungswirkungen mehr aus.[791] Enthält eine Versäumnis-, Anerkenntnis – oder Verzichtsentscheidung – entgegen § 38 IV Nr. 1 FamFG – eine Begründung, so stellt diese die Bindungswirkung durch Benennung der maßgeblichen Umstände und Verhältnisse fest. Durch Nichteinlegung eines Rechtsmittels bescheinigen die Beteiligten, dass die der Entscheidung zugrunde gelegten Umstände für sie bindend sein und Bestandskraft entfalten sollen. Dies geschieht im Rahmen des Streitverfahrens durch Unterwerfung unter den Titel.

g) **Anpassungsmaßstab.** Da § 238 IV FamFG eine entsprechende **Anpassung** unter Wahrung der Grundlagen der Erstentscheidung gebietet, hat eine entsprechende Bewertung nach dem Ergebnis einer anzustellenden Auslegung primär auf das Gewicht der einzelnen Bemessungskriterien der Vorentscheidung und deren weitere Entwicklung abzustellen.[792] Dabei müssen Alttatsachen, die in der Ausgangsentscheidung keine Berücksichtigung gefunden haben, von vornherein ausscheiden. Die Titelanpassung dient lediglich der **Korrektur** einer im Nachhinein fehlerhaft gewordenen **Prognose**, nicht aber einer Beseitigung von Fehlern der Ausgangsentscheidung,[793] die, hätten die Beteiligten hiergegen Beschwerde eingelegt, im Rechtsmittelverfahren hätten behoben werden müssen.[794] Hat der Wohnvorteil und damit verbundene Zins- und Tilgungsdienste darin keine Rolle gespielt, kann sich daran für eine Anpassung des Unterhaltstitels auch dann nichts ändern, wenn der Wert des Wohnvorteils erheblich gestiegen ist.[795] Eine rein **prozentuale Anpassung** muss im Regelfall ausscheiden. Die Beschränkung auf eine durch Tabellenkalkulation gesteuerte Rechenaufgabe begründet die Gefahr einer Verzerrung, wobei sie die jeweils individuell festgestellten und bewerteten Verhältnissen nicht mehr wiedergibt.[796] Sie liefe zudem der bei jeder Unterhaltsbemessung anzustellenden Angemessenheitskontrolle[797] zuwider. So kann es dazu kommen, dass bei gestiegenen Einkommensverhältnissen ein Teil hiervon nicht zur Deckung des Lebensbedarfs, sondern zur Bildung von Rücklagen verwendet wird. Hier würde eine rein schematische Erhöhung des Unterhaltsanspruchs den tatsächlichen Verhältnissen nicht mehr entsprechen und wäre somit ungerecht. Im Rahmen des Kindesunterhalts ist zu berücksichtigen, dass bei einer schematischen Erhöhung des Anspruchs möglicherweise die Grenzen des Bedarfs des auszubildenden Jugendlichen überschritten sein können, was dann zu einer moderateren Erhöhung des Anspruchs führt.

231

Im Rahmen der Anpassung ins Gewicht fallen müssen darüber hinaus auch die Auswirkungen, die sich aus Veränderungen im Sinne von § 238 I 2 FamFG ergeben, soweit sie auf rechtlichen Verhältnissen beruhen. Ermöglicht eine **Änderung** der Gesetzeslage oder – häufiger – der **höchstrichterlichen Rechtsprechung** als Abänderungsgrund eine anderweitige Bemessung des Unterhalts, hat die Anpassung auch das **Vertrauen** des betroffenen Beteiligten in den Fortbestand der gerichtlichen Entscheidung zu finden, wie dies § 36 Nr. 1 EGZPO bei den Änderungen im materiellen Unterhaltrecht durch das Gesetz vom 21.12.2007[798] mit einer Zumutbarkeitsprüfung ausdrücklich vorgibt. Dies kann im jeweiligen Einzelfall auch dazu führen, dass bei einem für mehrere Jahre titulierten Unterhalt eine nur **stufenweise Anpassung** in Betracht kommt.

232

---

[788] BVerfG FamRZ 2002, 527.
[789] BVerfG FamRZ 2003, 1821.
[790] BGH FamRZ 2001, 986.
[791] BVerfG FamRZ 2011, 437 Rn. 81 = R 722i.
[792] Keidel/Meyer-Holz FamFG § 238 Rn. 95.
[793] FA-FamR/Kintzel Kap. 6 Rn. 1211.
[794] BGH FamRZ 2001, 1364 (1365).
[795] BGH FamRZ 2007, 793 Rn. 31 = R 674d.
[796] BGH FamRZ 1984, 967.
[797] BGH FamRZ 1997, 806 (811).
[798] BGBl. I S. 3189.

Hat der Unterhaltsberechtigte in einem Erstverfahren vor dem Hintergrund eingeschränkter Leistungsfähigkeit des Unterhaltspflichtigen Unterhalt nur in einem dadurch begrenzten Umfang erlangen können **(Mangelfall)**, ist er nicht gehindert, bei wesentlich verbesserten Einkommensverhältnissen des Unterhaltspflichtigen erstmals seinen **angemessenen Unterhalt** geltend zu machen,[799] so dass der Titel entsprechend anzupassen ist. Unterlag die Unterhaltsbemessung im Ausgangstitel **zielgerichtet Beschränkungen** (§ 1578b BGB), hat dem auch die Anpassung durch Verkürzung oder Verlängerung der Frist Rechnung zu tragen. Macht der Unterhaltsberechtigte erstmalig in einem aus anderem Rechtsgrund zulässigerweise eröffneten Abänderungsverfahren **Vorsorgeunterhalt** oder einen Mehrbedarf geltend, steht einer entsprechenden Titelanpassung nicht entgegen, dass er im Vorverfahren nicht seinen vollen Unterhalt verfolgt hat.[800]

233 **h) Die Zeitschranke des § 238 III FamFG. aa) Die Grundregel.** Die einer erfolgreichen Rechtsverfolgung sich notwendigerweise stellende Frage nach dem Beginn des Unterhaltszeitraums, für den der jeweilige Antragsteller unter den Voraussetzungen von § 238 I und II FamFG sein Abänderungsbegehren geltend machen kann, ist nach den zeitlichen Anforderungen zu beantworten, wie sie durch § 238 III FamFG vorgegeben sind. Dabei handelt es sich, wie der gegenüber der Altregelung in § 323 III ZPO aF insoweit klarstellende Wortlaut[801] („zulässig") nunmehr erkennen lässt, um ein Kriterium der **Zulässigkeit** des Abänderungsantrags. Macht der Antragsteller im Rahmen eines Abänderungsbegehrens eine Anpassung der Ausgangsentscheidung abgesehen von den zukünftig fällig werdenden wiederkehrenden Leistungen auch für zurückliegende Unterhaltszeiträume geltend, ist der Abänderungsantrag unzulässig,[802] soweit dieser den Anforderungen von § 238 III FamFG nicht genügt. Dabei übernimmt § 238 III 1 FamFG den in § 323 III 1 ZPO aF formulierten Grundsatz, während § 238 III 2 FamFG für ein Erhöhungsverlangen des Unterhaltsberechtigten und § 238 III 3 und 4 FamFG für ein Herabsetzungsbegehren des Unterhaltspflichtigen weitergehende Zeiträume ermöglichen.

234 Nach § 238 III 1 FamFG ist der Antrag auf Abänderung einer Endentscheidung im Sinne von § 238 I 1 FamFG zulässig für den Unterhaltszeitraum ab **Rechtshängigkeit** des Antrags. Gemeint ist damit die Zustellung der entsprechenden Antragsschrift (§ 113 I 2 FamFG iVm §§ 253 I, 261 ZPO). Für den Unterhaltszeitraum ab diesem Ereignis ist es dem Unterhaltspflichtigen möglich, eine Herabsetzung des titulierten Unterhalts zu erreichen. Im Unterschied dazu kann der Unterhaltsberechtigte für eine Erhöhung seines Unterhalts auf den ersten des Monats (vgl. § 1613 I 2 BGB) des Eintritts der Rechtshängigkeit oder der mündlichen Verhandlung, in der er den erhöhten Unterhalt verlangt hat, berufen. Die durch den Gesetzgeber mit der Neuregelung in § 238 III FamFG angestrebte Gleichbehandlung von Unterhaltsberechtigtem und Unterhaltspflichtigem[803] ist jedenfalls insoweit nicht erreicht. Wird die Abänderung durch Antragserweiterung oder durch Widerantrag begehrt, ist für die Abänderung der in § 261 II ZPO genannte Zeitpunkt maßgeblich.[804] Sinn und Zweck der Grundregel des § 238 III 1 FamFG ist der Vertrauensschutz des Antragsgegners.[805]

235 Die Abänderung ist „ab Rechtshängigkeit" möglich,[806] nicht erst am Tag danach oder ab dem auf die Zustellung folgenden Fälligkeitstag.[807] Die formlose Übersendung eines VKH-Gesuchs mit oder ohne Abschrift des beabsichtigten Antrags (Antragsentwurf) führt noch keine Rechtshängigkeit iSd § 261 ZPO herbei.[808] Wird der Abänderungsantrag erst nach Bewilligung der Verfahrenskostenhilfe zugestellt, ist erst ab diesem Zeitpunkt die Rechts-

---

[799] Hoppenz/Hoppenz, Familiensachen, FamFG § 238 Rn. 52.
[800] BGH FamRZ 1985, 690.
[801] BT-Drs. 16/6308, 258.
[802] Keidel/Meyer-Holz FamFG § 238 Rn. 65; FA-FamR/Kintzel Kap. 6 Rn. 1189.
[803] BT-Drs. 16/6308, 258.
[804] BGH NJW 1984, 1458.
[805] BGH FamRZ 2007, 193 (195) = R 664; 1983, 22 (23).
[806] BGH FamRZ 1990, 269.
[807] BGH FamRZ 2004, 1712 (1714).
[808] BGH NJW 1982, 1050.

hängigkeit herbeigeführt. Dies entspricht auch der mit der Neuregelung verbundenen Intention des Gesetzgebers.[809] Der bedürftige Antragsteller kann sich hiergegen über § 15 Nr. 3 FamGKG wehren.[810] Die Vorschrift des § 167 ZPO findet keine entsprechende Anwendung.[811] Soweit gestützt auf Gründe der Verfahrensökonomie und der Sicherung des gleichen Zugangs zum Gericht teilweise bereits auf den Zugang eines VKH-Gesuchs abgestellt wird,[812] ist dem in erster Linie der Wortlaut der Vorschrift entgegenzuhalten. Überdies fehlt es im Hinblick auf § 15 Nr. 3 FamGKG aus Sicht des bedürftigen Beteiligten an einer Regelungslücke. Ungeachtet dieser Vorschrift dürften jedenfalls für den um eine Erhöhung des Unterhalts bemühten Unterhaltsberechtigten mit dieser Rechtslage Nachteile nicht verbunden sein, weil die Übersendung des entsprechenden VKH-Gesuchs an den Unterhaltspflichtigen die Wirkungen des Verzugs auslösen (§ 238 III 2 FamFG) und für die Erhöhung des Unterhalts die Begrenzung durch § 238 III 4 FamFG nicht in Betracht kommt.

Hat der Antragsteller gestützt auf nach Schluss der mündlichen Verhandlung entstandene Veränderungen sein Abänderungsbegehren zunächst im Rahmen einer unselbstständigen **Anschlussbeschwerde** (§ 66 S. 1 FamFG) geltend gemacht und ist das Anschlussrechtsmittel durch die Rücknahme oder Verwerfung der Beschwerde unwirksam geworden (§ 66 S. 2 FamFG), stellt der BGH für den Einsatz der Zeitschranke iSd § 238 III FamFG aus gegenüber dem Wortlaut der Vorschrift höherrangigen Gründen insbesondere der Verfahrensökonomie und des Gebotes einheitlicher Entscheidung auf die Rechtshängigkeit des Abänderungsantrags im Beschwerdeverfahren ab, wenn der Abänderungsantrag nunmehr selbständig und in engem zeitlichem Zusammenhang mit dem abgeschlossenen Beschwerdeverfahren gestellt wurde.[813] Allerdings hat der BGH die weitere Frage, bis zu welchem Zeitpunkt die „**Vorwirkung**" eines Abänderungsantrags ausgedehnt werden kann oder ob hierfür ein Zeitrahmen (§ 204 II BGB) von sechs Monaten zur Verfügung stehen muss,[814] ausdrücklich offen gelassen und eine Verfahrenseinleitung fünf Wochen nach Rücknahme des Rechtsmittels als unbedenklich eingestuft. 236

bb) Die rückwirkende Erhöhung. Das auf Erhöhung des titulierten Unterhalts gerichtete Abänderungsverlangen erfährt durch § 238 III 2 FamFG eine über die Rechtshängigkeit des Antrags hinausgehende Erschließung zurückliegender Unterhaltszeiträume durch einen Verweis auf das **materielle Unterhaltsrecht**, soweit nach den Vorschriften des bürgerlichen Rechts Unterhalt für die Vergangenheit verlangt werden kann. Das ist im Zuge verschiedener Gesetzesänderungen im Ergebnis einheitlich für alle Fälle der gesetzlichen Unterhaltspflicht geregelt. Nunmehr kann der Unterhaltsberechtigte Unterhalt **rückwirkend** bereits **ab Aufforderung zur Auskunftserteilung** oder ab einer **Mahnung** des Unterhaltspflichtigen verlangen. Dies gilt sowohl für den Verwandten- und den Kindesunterhalt als auch den Unterhalt nach § 1615l III 1 BGB. Das trifft ferner zu für die Familien- und Trennungsunterhalt auf Grund der Verweisungsvorschriften der §§ 1360a III und 1361 IV 4 BGB. Darüber hinaus erreicht § 1613 I 2 BGB, dass die erhöhten Unterhaltsansprüche nicht mehr ab dem Tag der Inverzugsetzung, sondern ab dem ersten Tag des Monats begründet sind, in welchem die Aufforderung zur Auskunft oder die Mahnung erfolgte, sofern die Unterhaltsberechtigung dem Grunde nach gegeben war. Gemäß § 1585b II BGB in der Fassung des Gesetzes zur Änderung des Unterhaltsrechts vom 21.12.2007[815] gilt dies auf Grund der Verweisung auf § 1613 I BGB seit dem 1.1.2008 auch für den nachehelichen Unterhalt, allerdings weiter unter Beachtung der Zeitgrenze des § 1585b III BGB. Des verfahrensrechtlichen Rückgriffs auf eine so genannte Stufenmahnung in der Gestalt eines **Stufenantrags** bedarf es auf Seiten der Unterhaltsberechtigten nicht mehr. 237

---

[809] BT-Drs. 16/6308, 258.
[810] BGH FamRZ 1982, 365 (366) (§ 65 VII Nr. 3 GKG aF).
[811] OLG Brandenburg FamRZ 2014, 1216; BGH FamRZ 1982, 792 (793) (§ 207 I ZPO aF).
[812] Maurer FamRZ 1988, 445 (452).
[813] BGH FamRZ 1988, 601.
[814] Keidel/Meyer-Holz FamFG § 238 Rn. 68.
[815] BGBl. I S. 3189.

Da § 238 III 2 FamFG nach alledem bereits mit der Aufforderung zur Auskunftserteilung den Zeitraum des rückwirkend geltend zu machenden Unterhaltes bestimmt, ist eine entsprechende Rechtsverfolgung dem Unterhaltsberechtigten auch deswegen nahe zu legen, weil der BGH eine **ungefragte Auskunftspflicht** des Auskunftspflichtigen grundsätzlich verneint[816] und nur etwa in Fällen sittenwidriger vorsätzlicher Schädigung (§ 826 BGB) aus Billigkeitsgründen dem Schädiger eine Berufung auf die Zeitschranke des § 238 III FamFG verwehrt (→ Rn. 240).[817]

238 An die **Aufforderung** zur Auskunft sind im Übrigen keine besonderen Anforderungen zu stellen. Gleichwohl muss das Auskunftsverlangen einen Bezug zum bestehenden Unterhaltstitel und das Bemühen um Überprüfung der Einkommens- und Vermögensverhältnisse mit dem in Betracht kommenden Ziel eines höheren Unterhalts erkennen lassen. Zwar ist eine genaue Bezifferung im Einzelfall nicht notwendig. Gleichwohl muss für den Unterhaltspflichtigen erkennbar werden, welcher Unterhaltsbetrag nunmehr von ihm erwartet wird. Zwar steht eine Zuvielforderung der Wirksamkeit der Mahnung nicht entgegen. Doch begründet die auf einen bestimmten Unterhaltsbetrag ausgesprochene Mahnung keinen Verzug für ein darüber hinausgehendes Unterhaltsverlangen. Der Berufung auf eine Mahnung können allerdings Zeitablauf und die Grundsätze von Treu und Glauben entgegenstehen.[818] Eine Stufenmahnung gewährleistet hier aus Sicht des Unterhaltsberechtigten die notwendige Rechtssicherheit.[819] Unter diesen Voraussetzungen kann rückwirkend neben **Elementar- auch Vorsorgeunterhalt** verlangt werden, und zwar unabhängig davon, ob der Unterhaltsberechtigte ein entsprechend spezifiziertes Verlangen zuvor angekündigt hat.[820] Bereits mit dem Auskunftsverlangen ist der durch § 238 III FamFG zugunsten des Unterhaltspflichtigen begründete Schutzzweck entfallen. Er kann sich zurechenbar auf die Konkretisierung absehbarer Unterhaltsansprüche einstellen. Der Schutz des Unterhaltsberechtigten endet aber dann, wenn er nach Auskunftserteilung sein Abänderungsbegehren beziffert und damit, sofern nicht mit einem Vorbehalt der Nachforderung versehen, konkretisiert hat. Dies hindert ihn, zu einem späteren Zeitpunkt sein Unterhaltsbegehren für den vor der erstmaligen Bezifferung liegenden Unterhaltszeitraum unter Hinweis auf sein Auskunftsverlangen zu erhöhen.[821]

Einer Mahnung bedarf es nicht, wenn der Unterhaltspflichtige unter Bezug auf das weitergehende Unterhaltsverlangen ernsthaft und endgültig die Leistung verweigert. Maßgebender Zeitpunkt iSv § 238 III 2 FamFG ist hierbei der Zugang der erklärten **Leistungsverweigerung** beim Unterhaltsberechtigten. Hat der Unterhaltspflichtige zugesagt über den titulierten Unterhalt hinaus weitergehenden Unterhalt zu zahlen und stellt er seine Zahlungen ein, macht dies eine Mahnung durch den Unterhaltsberechtigten entbehrlich, weil die Inverzugsetzung bereits durch **Selbstmahnung** eingetreten ist.[822] Dies ist ferner der Fall, wenn der Unterhaltspflichtige Veränderungen in den für die Bemessung des Unterhalts maßgebenden Verhältnissen zum Anlass nimmt, höhere Unterhaltsbeträge zu zahlen, später aber seine freiwilligen Zahlungen einstellt oder auch nur kürzt.

239 cc) **Die rückwirkende Herabsetzung.** Bei der Festlegung der Zeitschranke für eine Herabsetzung des titulierten Unterhalts fehlt die Möglichkeit einer Anknüpfung an materiellrechtliche Bestimmungen. Deshalb enthält § 238 III 3 FamFG eine ergänzende **verfahrensrechtliche Regelung,** die demgemäß auch erst für die Unterhaltszeiträume ab Inkrafttreten dieser Vorschrift (1.9.2009) Anwendung findet.[823] Danach kann der Unterhaltspflichtige für eine rückwirkende Herabsetzung ausgehen von dem ersten des auf ein entsprechendes Auskunfts- oder Verzichtsverlangen folgenden Monats. Das **Auskunftsverlangen** hat vergleichbar den Anforderungen zu genügen, die gemäß § 1613 I 1 BGB

---

[816] BGH FamRZ 1986, 450 (453).
[817] BGH FamRZ 1988, 270 (271).
[818] BGH FamRZ 2002, 1698 (1699).
[819] Keidel/Meyer-Holz FamFG § 238 Rn. 72.
[820] BGH FamRZ 2007, 193 (195) = R 664.
[821] BGH FamRZ 2013, 109 Rn. 41.
[822] OLG Köln FamRZ 2000, 443 (444).
[823] OLG Celle FamRZ 2011, 50.

für ein Auskunftsbegehren des Unterhaltsberechtigten zu gelten haben. Dabei muss das Verlangen erkennbar in Bezug zu dem titulierten Unterhalt stehen und zum Ausdruck bringen, dass der Unterhaltspflichtige die Auskunft über Einkünfte und Vermögen des Unterhaltsberechtigten benötigt, um über die Herabsetzung oder die Beseitigung der titulierten Unterhaltsverpflichtung entscheiden zu können. Das dem in der Rechtsfolge gleichstehende **Verzichtsverlangen** beinhaltet die Aufforderung an den Unterhaltsberechtigten, teilweise oder vollständig auf den titulierten Unterhalt zu verzichten (**„negative Mahnung"**). Für eine entsprechende Inverzugsetzung muss es dabei als ausreichend angesehen werden, wenn der Unterhaltspflichtige in einer Mitteilung dem Unterhaltsberechtigten nachvollziehbar darlegt, dass nur noch ein geringer oder kein Unterhalt mehr geschuldet wird, und von diesem die ihm gegenüber abzugebende Erklärung, die Herabsetzung der Unterhaltszahlungen oder deren Wegfall zu akzeptieren, verlangt.[824] Allein das Verlangen nach einer Neuberechnung des Unterhalts genügt den Anforderungen an eine negative Mahnung nicht.[825] Der Erfolg der negativen Inverzugsetzung hängt aber nicht davon ab, dass der Unterhaltspflichtige seiner Darstellung der Einkommens- und Unterhaltsverhältnisse Belege oder sonstige Nachweise beifügt.[826]

Maßgebend ist der Zugang des Verlangens beim Empfänger, den der Unterhaltspflichtige zu beweisen hat. Eine **absolute Grenze** für ein Herabsetzungsverlangen bildet darüber hinaus die Regelung des § 238 III 4 FamFG, wonach jenseits der Zeit von einem Jahr vor Rechtshängigkeit des Abänderungsantrags eine Abänderung zugunsten des Unterhaltspflichtigen ausgeschlossen ist. Da diese Vorschrift sich nur gegen den Unterhaltspflichtigen richtet, ist der Unterhaltsberechtigte auch jenseits der Jahresgrenze unter den allerdings engeren Voraussetzungen von § 1585b III BGB noch zu einer Titelanpassung berechtigt.

Eine allgemeine, die Zeitschranke des § 238 III FamFG überlagernde **Härteklausel,** die im Einzelfall grob unbillige Ergebnisse vermeiden könnte, hat der Gesetzgeber aus § 238 III 5 FamFG-E nicht übernommen. Dem lag ebenso wie bei der nicht Gesetz gewordenen Härteregelung in § 238 II FamFG-E das Bestreben des Gesetzgebers zugrunde, eine erhebliche Erhöhung des Streitpotentials sowie den Eindruck einer Ausweitung der Ausnahmefälle grober Unbilligkeit zu vermeiden.[827] Es bleibt danach bei der stRspr des BGH,[828] wonach erst im Bereich einer **vorsätzlichen sittenwidrigen Schädigung** (§ 826 BGB) eine Berufung auf die Zeitschranke des § 238 III FamFG dem Schädiger verwehrt bleibt. Demzufolge kann der um Erhöhung des Unterhalts bemühte Berechtigte, sofern ihm der Nachweis einer sittenwidrigen Schädigung durch den Unterhaltspflichtigen gelingt, als Schadensersatz den Unterhalt geltend machen, um den der vorhandene Titel hinter dem Unterhaltsbetrag zurückbleibt, den er ohne das schädigende Ereignis im Wege der Abänderung erstritten hätte. Ein entsprechendes Abänderungsverfahren ist insoweit möglich, aber nicht notwendig. Der Auffassung,[829] wonach schon allgemein bei Pflichtverletzungen, auch wenn sie den Grad der Sittenwidrigkeit noch nicht erreicht haben, eine Berufung auf die Zeitschranke versagt sein soll, ist hiernach nicht zu folgen. **240**

Haben die Beteiligten einen bestehenden Unterhaltstitel durch eine **Abänderungsvereinbarung** mit einer Herabsetzung des geschuldeten Unterhalts angepasst und vollstreckt der Unterhaltsberechtigte weiterhin den Unterhalt in titulierter Höhe, ist es dem Unterhaltspflichtigen möglich, hiergegen mit einem Vollstreckungsabwehrantrag (§ 767 ZPO) vorzugehen, der einer § 238 III FamFG entsprechenden Zeitschranke nicht ausgesetzt ist. Haben die Beteiligten im Wege einer Vereinbarung den geschuldeten Unterhalt erhöht und stellt der Unterhaltspflichtige seine Zahlungen ein, steht das Verhalten einem Verzugseintritt ohne Mahnung mit der Folge gleich, dass dem Unterhaltsberechtigten eine Titelanpassung ab diesem Zeitpunkt erhalten bleibt (§ 238 III 2 FamFG). **241**

---
[824] OLG Brandenburg FamRZ 2014, 1216.
[825] OLG Koblenz NZFam 2015, 377.
[826] OLG Hamburg NJW 2013, 2042.
[827] BT-Drs. 16/6308, 384.
[828] BGH FamRZ 1988, 270; 1986, 794; 1986, 450.
[829] Gottwald FamRZ 1992, 1374 (1376).

11. Darlegungs- und Beweislast im Abänderungsverfahren

242 **a) Antragsteller.** Nach den allgemeinen Regeln hat im Verfahren in erster Linie der Antragsteller die wesentlichen Umstände, die für die Ersttitulierung maßgebend waren, darzulegen und zu beweisen.[830] Hat das Gericht im Vorverfahren dem Unterhaltsberechtigten Erwerbseinkünfte nicht fiktiv zugerechnet, muss der Unterhaltspflichtige für ein Abänderungsbegehren eine wesentliche Veränderung der Verhältnisse darlegen und beweisen, will er sich nunmehr auf eine weitergehende Erwerbsobliegenheit des Unterhaltsberechtigten berufen.[831] Der Antragsteller darf sich mit seinem Vorbringen nicht darauf beschränken, nur einzelne veränderte Berechnungsfaktoren anzugeben; vielmehr muss er die Veränderung insgesamt und in ihrer Wesentlichkeit (in toto) darstellen.[832] In diesem Zusammenhang muss er auch Behauptungen der Gegenseite, die seinem Vorbringen zu wesentlich veränderten Verhältnissen entgegenstehen, widerlegen **(negative Tatsachen).**[833] Macht der Unterhaltspflichtige etwa den Wegfall seiner Leistungsfähigkeit mit dem Hinweis auf einen Arbeitsplatzverlust geltend und hält der Unterhaltsberechtigte dem substantiiert entgegen, dass und wie der Unterhaltspflichtige durch entsprechende Bemühungen wieder in einem neuen Arbeitsverhältnis mit entsprechenden Einkünften stehen könnte, ist der Antragsteller gehalten, dieses Vorbringen zu widerlegen. Allein der Hinweis auf den Verlust des Arbeitsplatzes trägt das Abänderungsbegehren nicht.

243 Beruft sich der unterhaltsberechtigte Antragsteller in seinem Erhöhungsbegehren auf eine wesentliche Einkommenssteigerung auf Seiten des verpflichteten Antragsgegners, muss dieser hierauf **substantiiert erwidern** und darf sich im Hinblick auf § 138 III ZPO nicht auf ein bloßes Bestreiten der besagten Behauptungen beschränken. Da nämlich die anspruchserhöhenden Behauptungen in seinem Bereich angesiedelt sind, ist es letztlich auch nur ihm möglich, seine derzeit richtige Einkommenslage darzulegen.[834] Dies gilt ebenso im umgekehrten Fall, wenn der Unterhaltspflichtige unter Hinweis auf ein wesentlich gestiegenes Einkommen der unterhaltsberechtigten Person eine Herabsetzung des titulierten Unterhalts verlangt.

244 Beruft sich der Unterhaltspflichtige im Rahmen eines Abänderungsverfahrens auf eine **Begrenzung** oder **Befristung** des titulierten Unterhalts (§ 1578b BGB), ist er für die Tatsachen darlegungs- und beweispflichtig, aus denen sich das Begehren ableiten lässt.[835] Da die entsprechenden Rechtsfolgen voraussetzen, dass **keine ehebedingten Nachteile** festzustellen sind, müsste der Unterhaltspflichtige den „Nichteintritt" entsprechender Nachteile darlegen und beweisen. Zur Vermeidung unbilliger Belastungen des Unterhaltspflichtigen stellt der BGH[836] in diesem Zusammenhang nunmehr auf seine Rechtsprechung ab, nach der den Verfahrensgegner des für eine negative Tatsache beweispflichtigen Beteiligten eine so genannte **sekundäre Darlegungslast** trifft.[837] Danach muss der Unterhaltsberechtigte die Behauptung, ehebedingte Nachteile seien nicht vorhanden, nicht nur bestreiten sondern auch seinerseits die Umstände näher darlegen, aus denen die Nachteile entstanden sein und noch fortdauern sollen. Erst dieses Vorbringen muss der Unterhaltspflichtige, will er mit einer Begrenzung oder Befristung im Verfahren durchdringen, widerlegen.[838] Dies kann allerdings nicht dazu führen, dass der Unterhaltspflichtige sich formal auf den Hinweis zurückzieht, ehebedingte Nachteile seien nicht gegeben. Vielmehr hat auch er nach dem Maß seiner Möglichkeiten, die nicht zuletzt durch ein – im Regelfall – mehrjähriges eheliches Zusammenleben eröffnet sind, seine Einwendungen zu substanti-

---

[830] BGH FamRZ 2004, 1179 (1180); 1987, 259 (260, 262).
[831] BGH FamRZ 2010, 538 Rn. 43.
[832] BGH FamRZ 1985, 53 (56).
[833] OLG Brandenburg FamRZ 2005, 815.
[834] BGH FamRZ 1990, 496 (497).
[835] BGH FamRZ 2010, 875 Rn. 18 = R 711.
[836] BGH FamRZ 2010, 875 Rn. 21 = R 711.
[837] BGH FamRZ 2007, 896 Rn. 20.
[838] BGH FamRZ 2010, 875 Rn. 23 = R 711.

ieren. Sieht er davon ab, scheitert auch ein entsprechendes Abänderungsbegehren, ohne dass es auf die sekundäre Darlegungslast ankäme.[839]

Die unterhaltsberechtigte Antragstellerin genügt ihrer Darlegungs- und Beweislast, wenn sie bei einer Erwerbstätigkeit des Unterhaltspflichtigen beim Ehegattenunterhalt die derzeitigen (verbesserten) Einkommensverhältnisse darstellt. Macht der Antragsgegner geltend, die Erhöhung seiner Erwerbseinkünfte wirke sich auf den Bedarf **nicht bemessungsrelevant** aus (zB Karrieresprung, überobligationsmäßige Tätigkeit), trifft ihn hierfür die Darlegungs- und Beweislast.[840] Die allgemeinen Grundsätze der Darlegungs- und Beweislast hat das minderjährige Kind auch dann zu beachten, wenn es in Abänderung eines bestehenden Unterhaltstitels nunmehr erstmalig die Titulierung des **Mindestunterhalts** verlangt. Er muss Veränderungen in den Erwerbs- und Einkommensverhältnissen des Unterhaltspflichtigen darlegen, die nunmehr zumindest die Zurechnung eines höheren Einkommens rechtfertigen sollen.[841] Die Vermutung der Leistungsfähigkeit des Unterhaltspflichtigen gegenüber dem Mindestunterhaltsbegehren des unterhaltsberechtigten Minderjährigen besteht nur bei der erstmaligen Titulierung.[842] Deshalb vermag der minderjährige Unterhaltsberechtigte allein mit dem Hinweis, der Mindestunterhalt sei gestiegen, entgegen OLG Hamm[843] die Zulässigkeitsschranke des § 238 I 2 FamFG nicht zu überwinden, wenn schon nach den Feststellungen bei der erstmaligen Titulierung das verfügbare oder erzielbare Einkommen des Unterhaltspflichtigen nicht geeignet war, den Mindestunterhalt auf einem niedrigeren Niveau zu bestreiten. Beruft sich der Antragsteller zur Abänderung eines Unterhaltstitels auf Umstände, die bereits bei der Ersttitulierung hätten Berücksichtigung finden können und müssen, ist er darlegungs- und beweispflichtig für die Umstände, die geeignet sind, einen **Fortbestand der Präklusionswirkungen** (§ 238 II FamFG) etwa wegen eines ansonsten unerträglichen (grob unbilligen) Ergebnisses auszuschließen (vgl. hierzu näher → Rn. 221).[844]

b) Antragsgegner. Steht dem Unterhaltsberechtigten der titulierte Unterhalt jedenfalls mit der seinerzeit in den Entscheidungsgründen angestellten Begründung nicht mehr zu, trifft ihn, will er aus anderen Gründen an dem Unterhaltstitel festhalten, auch in seiner Eigenschaft als Antragsgegner im Abänderungsverfahren die Darlegungs- und Beweislast für die sein Begehren stützenden Tatsachen. Dies ist in der Rechtspraxis häufig der Fall beim Wechsel in den Unterhaltstatbeständen des nachehelichen Unterhalts. Läuft eine zunächst auf die Betreuung minderjähriger Kinder gestützte Unterhaltsberechtigung (§ 1570 BGB) aus und kommt im Anschluss etwa ein Aufstockungsunterhalt (§ 1573 II BGB) in Betracht, hat der Unterhaltsberechtigte den Nachweis für die Tatsachen zu führen, die ein Festhalten am Unterhaltstitel mit dieser Begründung rechtfertigen. Endet die Unterhaltsberechtigung des geschiedenen Ehegatten bei der Betreuung eines gemeinschaftlichen Kindes nach Ablauf von drei Jahren (§ 1570 I 1 BGB), muss der betreuende Elternteil, will er gestützt auf den Unterhaltstitel weiterhin Betreuungsunterhalt verlangen, die insoweit nach § 1570 I 2 und 3, II BGB erforderlichen Voraussetzungen nach den allgemeinen Regeln darlegen und beweisen, weil es sich nicht um die Fortschreibung eines einmal begründeten Lebenssachverhalts handelt, sondern um eine mögliche Unterhaltsberechtigung, die sich aus einem **anderen Lebenssachverhalt** ableitet. Tritt der Antragsgegner einem weitergehenden Unterhaltsbegehren im Abänderungsverfahren mit dem Hinweis entgegen, man habe die Abänderung des Titels vereinbarungsgemäß ausgeschlossen, trägt er insoweit die Darlegungs- und Beweislast.[845]

Will das unterhaltsberechtigte Kind nach Wegfall der **Privilegierung** an dem zuvor titulierten Unterhalt festhalten, hat es seine fortbestehende Unterhaltsberechtigung und

---

[839] Finke FamRZ 2010, 878 (879).
[840] OLG München FamRZ 1999, 1512.
[841] OLG Köln FamRZ 2003, 1960.
[842] OLG Naumburg FamRZ 2007, 1342.
[843] OLG Hamm FamRZ 2004, 1885, 1886.
[844] OLG Düsseldorf FamRZ 2011, 1953.
[845] BGH FamRZ 2010, 193 = R 708c.

Bedürftigkeit gegenüber einem Abänderungsbegehren darzulegen und zu beweisen.[846] Begehrt der während der Minderjährigkeit des Kindes allein barunterhaltspflichtige Elternteil nach Eintritt der **Volljährigkeit** mit dem Hinweis auf eine Mithaftung des vormals betreuenden Elternteils Herabsetzung des titulierten Kindesunterhalts, ergibt sich eine wesentliche Veränderung der maßgebenden Verhältnisse (§ 238 I FamFG) allein schon aus dem Eintritt der jeweiligen **Mithaftung beider Elternteile** (§ 1606 III 1 BGB). Demgemäß trägt das volljährige Kind als Antragsgegner die Darlegungs- und Beweislast für alle Umstände, die den Fortbestand des Titels rechtfertigen.[847] Dies schließt die jeweiligen Haftungsquoten der Eltern, mithin auch deren unterhaltswirksame Einkommen ein. Dem genügt etwa der allgemein gehaltene Hinweis, der vormals betreuende Elternteil verdiene „nicht mehr als den Selbstbehalt", nicht. Anderes dürfte allerdings in dem – eher seltenen – Fall zu gelten haben, wenn der aus der Minderjährigkeit des Kindes stammende Titel in seiner Prognose den Zeitraum der anschließenden Volljährigkeit und damit den Zeitraum der Mithaftung beider Elternteile mit erfasst. Hier trifft den die Abänderung begehrenden Unterhaltspflichtigen weiterhin uneingeschränkt die Darlegungs- und Beweislast.[848]

Nimmt der Ehemann mit einem Abänderungsantrag seine Ehefrau auf Herabsetzung eines titulierten Unterhalts mit dem Hinweis auf eine anteilige Mithaftung des nichtehelichen Erzeugers eines Kindes in Anspruch, obliegt es der Ehefrau, die jeweiligen Haftungsquoten (analog § 1606 III 1 BGB) und damit auch die maßgeblichen Einkommensverhältnisse des nichtehelichen Erzeugers darzulegen.[849]

12. Die Abänderungsentscheidung

248 Der einem Abänderungsbegehren des Unterhaltsberechtigten stattgebende Beschluss (§ 116 I FamFG) spricht ab Rechtshängigkeit oder Inverzugsetzung bzw. Aufforderung zur Auskunft (§ 238 III 2 FamFG) – unter Abänderung der früheren Entscheidung ab diesem Zeitpunkt – einen weiteren Unterhalt zu, der einheitlich wie folgt tituliert wird:

„Der Antragsgegner wird verpflichtet, in Abänderung des Beschlusses des Amtsgerichts – Familiengericht – vom ... ab ... nachehelichen Unterhalt in Höhe von monatlich ... EUR zu zahlen."

Die gleiche Formulierung gilt auch im Falle einer Reduzierung des titulierten Unterhalts, hinsichtlich der Vergangenheit gegebenenfalls gemäß § 238 III 3 FamFG (also ab Auskunfts- oder Verzichtsverlangen) unter Wahrung der Abänderungssperre des § 238 III 4 FamFG. Auch im Fall eines vollständigen Wegfalls der Unterhaltsverpflichtung ergeht eine Abänderungs-, nicht etwa eine Feststellungsentscheidung.[850] Selbst in Ansehung von Formulierungsschwierigkeiten, die sich insbesondere bei der Einbeziehung von Versäumnisentscheidungen im Abänderungsverfahren einstellen, ist es entgegen einer verbreiteten Praxis **nicht** zulässig, den **Alttitel „aufzuheben"**, weil eine **rechtskräftige Endentscheidung** „nur" im Rahmen eines Abänderungsverfahrens angepasst, im Übrigen aber nicht aufgehoben werden kann.[851] Bei bereits laufenden Vollstreckungsmaßnahmen müsste überdies die Aufhebung des Vollstreckungstitels auch die Beseitigung von darauf gestützten Vollstreckungsmaßnahmen mit einem entsprechenden Rangverlust nach sich ziehen (§ 120 II FamFG iVm §§ 775, 776 ZPO). Richtigerweise rechtfertigt die Abänderungsentscheidung, soweit sie zu einer Herabsetzung des titulierten Unterhalts führt, in diesem Umfang eine Beseitigung von Vollstreckungsmaßnahmen.[852] Im Fall der Erhöhung des Unterhalts

---

[846] OLG Hamm FamRZ 2003, 1025.
[847] BGH FamRZ 2017, 370 Rn. 39; OLG Köln FamRZ 2013, 793; OLG Bremen FamRZ 2012, 383 (384); OLG Brandenburg FamRZ 2004, 553; OLG Köln FamRZ 2000, 1043; OLG Hamm FamRZ 2000, 904; KG FamRZ 1994, 765.
[848] BGH FamRZ 2017, 370 Rn. 39; OLG Zweibrücken FamRZ 2001, 249.
[849] BGH FamRZ 1998, 541 (544).
[850] FA-FamR/Kintzel Kap. 6 Rn. 1239.
[851] Keidel/Meyer-Holz FamFG § 238 Rn. 101.
[852] OLG Karlsruhe FamRZ 1988, 858 (859).

2. Abschnitt: Die Schaffung und Abänderung von Unterhaltstiteln § 10

bedarf es, wie im Fall des Zusatzantrags, für die Vollstreckung der entsprechenden Einleitung von zusätzlichen Vollstreckungsmaßnahmen.

Machen sowohl Antragsteller als auch Antragsgegner **gegenläufige Ansprüche** geltend (zB der Antragsteller auf Erhöhung des Unterhalts, der Antragsgegner auf Ermäßigung), sind diese Verfahren zu verbinden und in Form von Antrag und **Widerantrag** zu führen (§ 33 ZPO). Zwar kann hierbei kein **Teilbeschluss,** jeweils gesondert über Antrag bzw. Widerantrag ergehen, weil beide Abänderungsbegehren in einem einheitlichen Zusammenhang stehen und sich gegenseitig bedingen, mithin die Gefahr einander widersprechender Entscheidungen nicht ausgeschlossen ist **(horizontales Teilurteil).**[853] Gleichwohl ist es denkbar, einen Teilbeschluss über einen **zeitlich befristeten Unterhaltszeitraum** ergehen zu lassen; in einer solchen Konstellation lassen sich Abänderungsantrag und Widerantrag durch Endentscheidung **(vertikaler Teilbeschluss)** isoliert erledigen. Indessen muss auch in einem solchen Fall, sollen Widersprüche ausgeschlossen bleiben, der Erlass von Teilentscheidungen unterbleiben, wenn sich in beiden Zeiträumen ein – und dieselbe Vorfrage stellt.[854] Kommt es in dem für das Abänderungsverfahren relevanten Unterhaltszeitraum aus Sicht des die Abänderung begehrenden Unterhaltspflichtigen zu **Überzahlungen,** kann er das Abänderungsbegehren mit einem **Rückzahlungsantrag** verbinden, der eine genaue Bezifferung voraussetzt und in seiner genauen Höhe in der Regel erst in der mündlichen Verhandlung, auf die die Endentscheidung erfolgt, gestellt werden kann. Erleichtert wird die entsprechende Rechtsverfolgung im Übrigen dadurch, dass die verschärfte Haftung des Unterhaltsberechtigten (§ 818 IV BGB) gemäß § 241 FamFG bereits mit der Rechtshängigkeit des Antrags im Abänderungsverfahren eintritt.

249

Die weiteren formellen und inhaltlichen Anforderungen, die an die Begründung der Abänderungsentscheidung zu stellen sind, entsprechen gemäß §§ 116 I, 38 II und III 1, 39 FamFG den der abzuändernden Vor- oder Erstentscheidung (→ Rn. 76 und 77). Dabei ist für die das Abänderungsverfahren erledigende Endentscheidung besonders zu bedenken, dass sie wiederum einem Abänderungsverfahren ausgesetzt sind, mithin aus den **niedergelegten Entscheidungsgründen** auch die Gesichtspunkte hervorgehen sollen, die später die Beurteilung von nachträglichen und wesentlichen Veränderungen der Entscheidungsgrundlagen (§ 238 I 2, II FamFG) ermöglichen. Die Abänderungsentscheidung wird mit Rechtskraft wirksam (§ 116 III 1 FamFG) und vollstreckbar (§ 120 II 1 FamFG), sofern das Gericht nicht die **sofortige Wirksamkeit** anordnet, was zu geschehen hat, wenn die Endentscheidung eine Verpflichtung zur Leistung von Unterhalt enthält (§ 116 III 2 und 3 FamFG). Die Entscheidung über die **Kosten** des Abänderungsverfahrens richtet sich nach § 243 FamFG.

250

Der **Verfahrenswert** für den Abänderungsantrag bestimmt sich nach § 51 FamGKG aus dem Jahresbetrag der Differenz zwischen gefordertem und bereits tituliertem Unterhalt zuzüglich geltend gemachter Rückstände aus der Differenz vor Anhängigkeit des Verfahrens; der Monat der Anhängigkeit zählt zu den Rückständen (§ 51 II 1 FamGKG).[855] Erschöpft sich die Abänderung von einem statischen in einen dynamischen Unterhaltstitel („Umwandlungsinteresse"), folgt die Wertberechnung § 42 I FamGKG.[856] Zur Frage des Wertes für die Beschwer vgl. → Rn. 515.

251

Gemäß § 242 S. 1 FamFG kann der Unterhaltspflichtige im Wege des **einstweiligen Rechtsschutzes** zur Sicherung seines Abänderungsbegehrens ab Einreichung seines Abänderungsantrags oder eines darauf zielenden Antrags auf Bewilligung von Verfahrenskostenhilfe die **Einstellung der Zwangsvollstreckung** beantragen, worüber entsprechend § 769 ZPO zu befinden ist. Diese Regelung entspricht einer bis zum Inkrafttreten der Vorschrift gehandhabten Rechtspraxis. Sobald der Abänderungsantrag anhängig ist, bedarf es auch für den Vollstreckungsschutzantrag der Mitwirkung eines **Rechtsanwalts** (§ 114 I FamFG). Das Gericht entscheidet nach Anhörung des Gegners im Regelfall (§ 128 IV ZPO) ohne mündliche Verhandlung. Die Entscheidung liegt im pflichtgemäßen

---

[853] BGH FamRZ 1987, 151.
[854] OLG Celle FamRZ 2013, 1752; OLG Bremen FamRZ 2007, 2089.
[855] OLG Brandenburg NZFam 2017, 320.
[856] Schneider NZFam 2018, 166 (168).

§ 10   Verfahrensrecht

Ermessen („kann") des Gerichts. Dabei stehen im Vordergrund die möglichen Erfolgsaussichten des Abänderungsbegehrens[857] auf Grund einer **summarischen Prüfung,** wie sie vergleichbar auch für die Bewilligung von Verfahrenskostenhilfe zu erwarten sind und in der Rechtspraxis auch üblicherweise bemüht werden. Damit scheidet der einstweilige Rechtsschutz für einen unzulässigen Abänderungsantrag von vornherein aus. Er darf überdies für den zurückliegenden Zeitraum nicht über die durch § 238 III FamFG dem Abänderungsbegehren gesetzten zeitlichen Grenzen hinausgehen. Die Einstellung der Zwangsvollstreckung wird mit **Erlass des Beschlusses** wirksam und bedarf keiner weiteren Wirksamkeitsanordnung. Im Unterschied zu § 120 II 2 und 3 FamFG kann die Einstellung der Zwangsvollstreckung gemäß § 242 S. 1 FamFG iVm § 769 I ZPO von einer Sicherheitsleistung abhängig gemacht werden. Die Dauer des einstweiligen Rechtsschutzes ist auf den Zeitraum bis zum Erlass der Endentscheidung (§ 38 III 3 FamFG) durch das Instanzgericht zu begrenzen. Nicht maßgebend ist die jeweilige Rechtskraft. Soll dies erreicht werden, bedarf es entsprechender Anordnungen in der Endentscheidung (§ 120 I FamFG iVm § 770 ZPO). Dem Gang des Abänderungsverfahrens entsprechend unterliegt die Entscheidung des Gerichts über den einstweiligen Rechtsschutz der jederzeit möglichen Anpassung an Veränderungen in der verfahrensbezogenen Sach- und Rechtslage. Die Entscheidung unterliegt allerdings unabhängig von ihrem jeweiligen Inhalt gemäß § 242 S. 2 FamFG, wie schon bisher,[858] keiner Anfechtung. Eine gleichwohl eingelegte Beschwerde ist durch das Beschwerdegericht in seiner durch § 122 GVG vorgegebenen Besetzung als unzulässig zu verwerfen.[859] Begehrt der Unterhaltsberechtigte eine Erhöhung der Unterhaltszahlungen, kann er in einem **selbständigen Anordnungsverfahren** (§§ 246, 51 III 1 FamFG) sein weitergehendes Unterhaltsbegehren neben dem Abänderungsverfahren verfolgen.

V. Die Abänderung von Vergleichen und Urkunden (§ 239 FamFG)

1. Allgemeines

252   Seinem Anliegen entsprechend, für das bis dahin in § 323 ZPO aF für Verurteilungen und weitere Schuldtitel gleichermaßen geregelte Abänderungsverfahren in Unterhaltssachen durch Aufteilung auf mehrere Vorschriften eine Entzerrung und mehr Übersichtlichkeit zu bewirken, um die jeweilige Rechtslage stärker unmittelbar am Wortlaut auszurichten,[860] hat der Gesetzgeber für das Abänderungsverfahren bei Vergleichen und vollstreckbaren Urkunden in § 239 FamFG **eigenständige Verfahrensregeln** aufgestellt. Enthält ein Vergleich (§ 794 I Nr. 1 ZPO) oder eine vollstreckbare Urkunde eine Verpflichtung zu künftig fällig werdenden wiederkehrenden Leistungen, hängt die **Zulässigkeit** eines **Abänderungsantrags** allein noch davon ab, dass der jeweilige Antragsteller – allerdings substantiiert – Tatsachen vorträgt, die eine Abänderung des Titels rechtfertigen (§ 239 I 2 FamFG). Die **Begründetheit** richtet sich im Übrigen ausschließlich nach den Vorschriften des materiellen Rechts (§ 239 II FamFG).

Präklusionsvorschriften, wie sie die Regelungen in § 238 II und III FamFG bei der Abänderung gerichtlicher Endentscheidungen vorgeben, stehen, da weder der Vergleich noch die vollstreckbare Urkunde in Rechtskraft erwachsen,[861] weder bei der Zulässigkeit noch in der Sache selbst dem Abänderungsbegehren entgegen. Mithin kann der Antragsteller, sofern ihm nicht aus anderen Rechtsgründen (zB schuldbestätigendes Anerkenntnis des Unterhaltspflichtigen) die Berufung hierauf versagt bleibt, eine Titelanpassung selbst auf Tatsachen (§ 239 I 2 FamFG) stützen, die noch aus der **Zeit vor Erstellung des Titels**

---
[857] BGH FamRZ 2005, 1662.
[858] BGH FamRZ 2004, 1191; 2003, 92.
[859] KG FamRZ 2011, 853.
[860] BT-Drs. 16/6308, 257.
[861] BGH FamRZ 2009, 762 Rn. 25.

stammen und schon zum damaligen Zeitpunkt eine abweichende Titulierung gerechtfertigt hätten.[862] Der Unterhaltsberechtigte wird hierdurch auch nicht unangemessen benachteiligt. Denn gegenüber einem etwaigen Rückzahlungsverlangen kann er sich gemäß § 818 III BGB auf den Wegfall der Bereicherung berufen,[863] sieht sich dabei aber durch § 241 FamFG ab Rechtshängigkeit des Abänderungsantrags der **verschärften Haftung** nach § 818 IV BGB ausgesetzt. Da die nach § 239 FamFG abänderbaren Titel nicht in Rechtskraft erwachsen und keiner Präklusion unterliegen, sind die Beteiligten des Unterhaltsverhältnisses auch nicht gehindert, dem Eintritt von Änderungen ohne Abänderung der bestehenden Unterhaltstitel Rechnung zu tragen. Haben etwa die Eltern im Hinblick auf bestehende Obhutsverhältnisse den Kindesunterhalt durch Vergleich oder Jugendamtsurkunde geregelt, kann der unterhaltspflichtige Elternteil, sobald eine Mithaftung des anderen Elternteils nach § 1606 III 1 BGB eintritt, diesen im Rahmen eines **familienrechtlichen Ausgleichsanspruch** auf anteilige Erstattung seiner Überzahlungen in Anspruch nehmen. Der Vergleich und die Jugendamtsurkunde üben hier – anders als die gerichtliche Entscheidung – keine „**Sperrwirkung**" aus.[864] Vergleichbar ist die Situation bei Eintritt der Volljährigkeit des Kindes.

Die in § 239 I 1 FamFG aufgeführten Titel sind aber nur dann überhaupt abänderbar, 253 wenn sie eine Verpflichtung zu **künftig fällig werdenden wiederkehrenden Leistungen** enthalten. Damit sind Titel, die allein **rückständigen Unterhalt** titulieren, oder solche, die einen künftigen Unterhalt mit einer **Kapitalabfindung** erledigen, schon nach dem Wortlaut vom Anwendungsbereich der Vorschrift ausgeschlossen. Begehrt der Unterhaltsberechtigte nach Ablauf des durch Vergleich **befristet titulierten Unterhalts** mit der Begründung, die mit dem Vergleich verbundenen Erwartungen hätten sich nicht erfüllt, erneut Unterhalt, kann er, ohne an die besonderen Zulässigkeitsvoraussetzungen von § 239 I 2 FamFG gebunden zu sein und ungeachtet der materiellrechtlichen Konsequenzen des Vergleichs, mit einem **allgemeinen Leistungsantrag** vorgehen.[865] Ist in einem vorangegangenen Abänderungsverfahren der Vergleich oder die vollstreckbare Urkunde bereits einmal abgeändert worden, kommt ungeachtet der materiellrechtlichen Beurteilung verfahrensrechtlich die Vorschrift des § 239 FamFG nicht mehr zur Anwendung. Denn das **erneute Abänderungsbegehren** knüpft nunmehr an eine in einer Hauptsache ergangene Endentscheidung an, deren Abänderung nach § 238 FamFG zu beurteilen ist.[866] Haben die Beteiligten im Vorverfahren eine Endentscheidung durch Vergleich abgeändert, ist dieser gegebenenfalls Gegenstand eines weiteren Abänderungsantrags, der ohne Präklusion der Beurteilung nach § 239 FamFG unterliegt.

Ob dies auch dann zu gelten hat, wenn das Gericht den **Antrag** auf Abänderung eines 254 Titels im Sinne von § 239 FamFG **abgewiesen** hat, hängt von der Fallgestaltung im Einzelfall ab. Deshalb kann der Ansicht,[867] wonach § 238 FamFG auch anwendbar sein soll, wenn der frühere Abänderungsantrag gegen einen Titel des § 239 FamFG abgewiesen worden ist, in dieser Allgemeinheit nicht gefolgt werden. Zu differenzieren ist vielmehr nach der jeweiligen **Beteiligtenstellung** und der **Zielrichtung im Abänderungsverfahren**.

Hat sich der unterhaltspflichtige Ehegatte vergleichsweise zur Zahlung von Unterhalt an den unterhaltsberechtigten Ehegatten verpflichtet und wird sein Abänderungsantrag, mit dem er den Wegfall seiner Zahlungsverpflichtung begehrt, abgewiesen, hat sich sein erneuter Abänderungsantrag an den Erfordernissen von § 238 FamFG messen zu lassen.[868] Erstrebt der andere Ehegatte anschließend erstmalig mit einem eigenen Abänderungsantrag seinerseits weitergehenden Unterhalt, kann er sein Recht nach Maßgabe der verfahrens-

---

[862] BGH 1984, 997; OLG Karlsruhe 2003, 1675.
[863] BGH FamRZ 2008, 1911 Rn. 23.
[864] BGH FamRZ 2017, 611 Rn. 16.
[865] BGH FamRZ 2013, 853 Rn. 20 = R 736c; 2007, 983 Rn. 17 = R 676a.
[866] BGH FamRZ 2012, 1284 Rn. 13; 2010, 1238 Rn. 12.
[867] Johannsen/Henrich/Brudermüller, 5. Aufl. 2010, FamFG § 239 Rn. 3 mwN.
[868] BGH FamRZ 2016, 203 Rn. 24; 2013, 1215 Rn. 16 und 18.

rechtlichen und materiellrechtlichen Vorgaben aus § 239 FamFG verfolgen.[869] Er ist nicht dadurch präkludiert, dass der Gegner in einem Vorverfahren bereits (erfolglos) die Abänderung des Titels begehrt hat. Er kann deshalb auch Tatsachen vortragen, die schon vor Schluss der mündlichen Verhandlung im Vorverfahren entstanden waren.[870]

Die **Präklusion** reicht nicht weiter als die **Rechtskraft** eines abzuändernden Beschlusses. Ist ein vorangegangener Abänderungsantrag vollständig abgewiesen worden, erschöpft sich die Rechtskraft dieser Entscheidung darin, dass jedenfalls der durch Vergleich titulierte Unterhalt weiter zu zahlen ist. Über ein weitergehendes Unterhaltsbegehren besagt die Entscheidung im Übrigen nichts. Dieses unterliegt allein der Dispositionsbefugnis des Unterhaltsberechtigten und kann in einem eigenen Abänderungsverfahren verfolgt werden. Hierdurch wird der bereits rechtskräftig entschiedene Verfahrensstoff nicht zur erneuten inhaltlichen Überprüfung des Gerichts gestellt. Durch die Begrenzung der Präklusionswirkungen auf die jeweilige Rechtskraft wird ferner erreicht, dass es der Unterhaltspflichtige nicht in der Hand hat, dem aus einem Vergleich Unterhaltsberechtigten die Berufung auf bisher eingetretene Veränderungen abzuschneiden, indem er seinerseits ein von vornherein erfolgloses Abänderungsverfahren anstrengt.[871] Soweit der BGH[872] in der Vergangenheit über die Rechtskraft hinaus für die Präklusionswirkungen auch verfahrensökonomischen Gründe herangezogen hat, um in möglichst einem Abänderungsverfahren die Unterhaltsverhältnisse zu klären und der Gefahr einander widersprechender Entscheidungen vorzubeugen, hält er an dieser Rechtsprechung nicht weiter fest.[873]

Die vorstehend beschriebenen rechtlichen Folgen in der Konstellation der „**gegenläufigen Abänderungsverfahren**" sind spiegelbildlich auch gegeben, wenn in einem ersten Abänderungsverfahren der unterhaltsberechtigte Ehegatte weitergehenden Unterhalt verlangt, nach dessen Erfolglosigkeit in einem weiteren Abänderungsverfahren der unterhaltspflichtige Ehegatte eine Herabsetzung des titulierten Unterhalts anstrebt. Hat jedoch der jeweilige Beteiligte des Unterhaltsverhältnisses in einem ersten Abänderungsverfahren auch nur einen **Teilerfolg** erzielt, berühren weitere Abänderungen – in welche Richtung auch immer – die Rechtskraft der ersten Abänderung und unterliegen der Präklusion, sofern sie nicht den Anforderungen von § 238 II FamFG genügen. Will der Antragsgegner in einem Abänderungsverfahren auch eine ihm günstige Abänderung des bereits abgeänderten Titels erreichen, muss er sich, will er damit nicht an den Erfordernissen von § 238 II FamFG scheitern, mit einem **Widerantrag** und gegebenenfalls der **Anschlussbeschwerde** dem Abänderungsbegehren des anderen Ehegatten anschließen.

Schließen die Beteiligten im **Beschwerdeverfahren** einen **Vergleich**, wonach der Unterhalt der Höhe nach der erstinstanzlichen Bemessung folgend Bestand haben und die Beschwerde zurückgenommen werden soll, erwächst die erstinstanzliche Entscheidung in Rechtskraft, so dass eine Abänderung hiergegen nur nach § 238 FamFG mit den entsprechenden Präklusionsfolgen in Betracht kommt.[874]

Über das Begehren auf Abänderung eines Vergleichs oder einer vollstreckbaren Urkunde entscheidet das Gericht durch Beschluss (§§ 116, 38 FamFG). Die formellen und inhaltlichen Anforderungen an die zu treffende Endentscheidung entsprechen den im Abänderungsverfahren nach § 238 FamFG gestellten Anforderungen (vgl. hierzu wie auch zur Kostenentscheidung und zum Verfahrenswert → Rn. 248 bis 251). Dies gilt ebenso für die Übergangsregelung in Art. 111 I 2 FamFG, wonach das Abänderungsverfahren nach § 239 FamFG Anwendung findet für entsprechende Verfahren, die ab dem 1.9.2009 eingeleitet werden oder deren Einleitung ab diesem Datum beantragt wird.[875]

---

[869] BGH FamRZ 2013, 1215 Rn. 14 und 15.
[870] BGH FamRZ 2013, 1215 Rn. 14.
[871] BGH FamRZ 2013, 1215 Rn. 22.
[872] BGH FamRZ 1998, 99.
[873] BGH FamRZ 2018, 914 Rn. 17.
[874] BGH FamRZ 1990, 269.
[875] BGH FamRZ 2010, 192 Rn. 5.

2. Abschnitt: Die Schaffung und Abänderung von Unterhaltstiteln § 10

2. Der Vergleich

a) Zulässigkeit des Verfahrens. aa) Allgemeine Verfahrensvoraussetzungen. Ein 255
Vergleich, der eine Verpflichtung zu künftig fällig werdenden wiederkehrenden Leistungen
in Unterhaltssachen zum Gegenstand hat und nach den zivilprozessualen Vorschrift des
§ 794 I Nr. 1 ZPO errichtet worden ist, kann in einem Verfahren gemäß § 239 FamFG
abgeändert und angepasst werden. Die Regelung erfasst mithin auch Vergleiche, die die
Beteiligten in einem **VKH-Prüfungsverfahren** ohne die ansonsten gebotene anwaltliche
Mitwirkung geschlossen haben (§ 114 IV Nr. 5 FamFG iVm § 118 III 3 ZPO). Haben die
Beteiligten ihren in einem **einstweiligen Anordnungsverfahren** (§§ 246, 50 ff. FamFG)
geführten Unterhaltsstreit durch einen Vergleich beigelegt, schließt zwar, wie bei der
Altregelung (§ 323 IV ZPO aF), auch der Wortlaut der neuen Vorschrift eine Abänderungsmöglichkeit nach § 239 FamFG nicht aus. Gleichwohl ist nicht davon auszugehen,
dass der Gesetzgeber die bisher geübte Rechtspraxis hat ändern wollen. Deshalb ist weiterhin darauf abzustellen, was und mit welcher Tragweite die Beteiligten mit dem Vergleich
ihren Streit haben beilegen wollen. Haben sie im Verfahren mit einer **endgültigen Unterhaltsregelung** den Unterhaltsstreit insgesamt beendet, was sich gegebenenfalls im Wege
der Auslegung aus dem übereinstimmenden Willen der Beteiligten herleiten lassen muss,
können sie unter den Voraussetzungen von § 239 FamFG eine Abänderung des Titels
anstreben.[876] Erschöpft sich allerdings der Vergleich lediglich in einer Erledigung des im
einstweiligen Rechtsschutz verfolgten Anliegens und geht nicht über das hinaus, was
ansonsten Regelungsgegenstand einer einstweiligen Anordnung geworden wäre, muss sich
der durch Änderungen betroffene Beteiligte auf die für das Anordnungsverfahren vorgesehenen Rechtsbehelfe (§ 54 FamFG) verweisen lassen. Ein Abänderungsverfahren nach
§ 239 FamFG scheidet aus (→ Rn. 423 und 424).[877] Wird gegen einen im einstweiligen
Anordnungsverfahren geschlossener Vergleich gleichwohl zunächst ein auf § 239 FamFG
gestützter Abänderungsantrag gerichtet, kommt, sofern sich herausstellt, dass mit dem
Vergleich keine endgültige Regelung der Unterhaltsverhältnisse erreicht werden sollte, eine
Umdeutung in einen auf § 54 FamFG zu stützenden Abänderungsantrag mit der Fortgeltung des einstweiligen Rechtsschutzes in Betracht.[878]

Vom Wortlaut nicht erfasst ist der so genannte **Anwaltsvergleich** (§§ 796a–796c ZPO), 256
zumal er lediglich die Grundlage einer gerichtlichen Vollstreckbarerklärung ist, dem
eigentlichen Vollstreckungstitel.[879] Aber auch in diesem Zusammenhang kann davon ausgegangen werden, dass der Gesetzgeber die bisherige Praxis, die beim Anwaltsvergleich auf
Grund einer sinngemäßen Anwendung von § 323 IV ZPO aF ein Abänderungsverfahren
eröffnete, nicht hat ändern wollen, weshalb auch auf Grund der Nachfolgeregelung in
§ 239 FamFG jedenfalls eine entsprechende Abänderung in Betracht kommt.[880] Der
Schiedsspruch, dem ein vereinbarter Wortlaut zugrunde liegt (§ 1054 ZPO), ist kein
Abänderungstitel im Sinne des § 239 FamFG, da ihm die Wirkungen einer rechtskräftigen
gerichtlichen Endentscheidung zukommen (§ 1055 ZPO). Dies gilt ferner für **außergerichtliche Unterhaltsvereinbarungen,** und zwar auch dann, wenn die Vereinbarungen
ausdrücklich das Regelungswerk aus §§ 238, 239 FamFG in Bezug nehmen (vgl. hierzu
→ Rn. 369 bis 373). Zwar kann dies für die Beteiligten durchaus materiellrechtliche
Konsequenzen haben. Doch müssen sie die verfahrensrechtliche Umsetzung mit einem
Leistungsantrag oder gegebenenfalls auch mit einem negativen Feststellungsantrag verfolgen. Es handelt sich nicht um einen nach § 239 FamFG erforderlichen Vollstreckungstitel.

Der Vergleich muss, soll § 239 FamFG ein Abänderungsverfahren ermöglichen, **wirk-** 257
sam zustande gekommen sein. In einem anhängigen Verfahren geschieht dies formell
durch Protokollierung (§§ 160 III Nr. 1, 162 I, 163 ZPO) oder durch einen im schriftlichen Verfahren (§ 113 I 2 FamFG iVm § 278 VI ZPO) erlassenen Feststellungsbeschluss.

---

[876] OLG Jena FamRZ 2012, 54.
[877] OLG Köln FamRZ 2015, 598.
[878] BGH FamRZ 2017, 1343 Rn. 17 und 18.
[879] BGH FamRZ 2006, 261 = R 645.
[880] Keidel/Meyer-Holz FamFG § 239 Rn. 6; Hoppenz/Hoppenz FamFG § 239 Rn. 9.

Der Abänderungsantrag ist unzulässig, wenn der zugrunde liegende Vergleich nach § 779 BGB unwirksam ist.[881] Beruft sich der Unterhaltspflichtige auf eine ursprüngliche oder etwa durch wirksame Anfechtung herbeigeführte Unwirksamkeit des Vergleichs, muss er mit dieser Einwendung die Fortsetzung des Ausgangsverfahrens betreiben.[882] Ein Abänderungsantrag bleibt auch dann unzulässig, wenn das Ausgangsverfahren in der Zwischenzeit rechtskräftig abgeschlossen ist. In diesem Fall muss der Unterhaltspflichtige sein Rückzahlungsbegehren mit einem allgemeinen Leistungsantrag in einem gesonderten Verfahren weiterverfolgen.[883] Erforderlich für ein Vorgehen nach § 239 FamFG ist darüber hinaus ein **vollstreckungsfähiger Inhalt** des Titels, wobei es in diesem Zusammenhang nicht auf die – möglicherweise übereinstimmende – Sichtweise der Beteiligten ankommt. Maßgebend ist allein, wie das zuständige Vollstreckungsorgan oder das Gericht im Abänderungsverfahren bei verständiger Würdigung den Inhalt des Titels verstehen muss. Nicht vollstreckungsfähig und damit auch nicht abänderbar ist deshalb ein Vergleich des Inhalts, wonach der Unterhalt unter Anrechnung nicht bezifferter Beträge gezahlt werden soll **(unbestimmte Anrechnungsklausel)** (→ Rn. 147).[884]

258 Auch das Verfahren nach § 239 FamFG setzt im Übrigen die **Identität** sowohl des **Verfahrensgegenstandes** als auch der **Beteiligten** zwischen Vergleich und dem Abänderungsverfahren voraus. Ein zum Trennungsunterhalt geschlossener Vergleich kann, da mit dem nachehelichen Unterhalt keine Identität besteht, für den Unterhaltszeitraum nach Rechtskraft der Ehescheidung nicht abgeändert werden, und zwar auch nicht, wenn die Beteiligten den Titelmantel im Anschluss an die Rechtskraft mit einer außergerichtlichen Vereinbarung für den nachehelichen Zeitraum unterlegen. Die Auswechslung titulierter Ansprüche ist nicht möglich. Abänderung des Vergleichs können nur diejenigen Beteiligten geltend machen, die den Titel erstellt haben, sowie ihre Rechtsnachfolger (etwa Sozialhilfeträger nach Forderungsübergang), Dritte nur dann, wenn ihnen durch den Vergleich ein eigenes Recht unmittelbar (§ 328 BGB) eingeräumt worden ist, wobei ein darauf gerichteter Wille in den Vergleichserklärungen deutlich zum Ausdruck kommen muss.[885] Hat ein Elternteil in Ausübung seiner **Verfahrensstandschaft** zum Kindesunterhalt einen Vergleich geschlossen, wirkt dieser auch für und gegen das Kind (§ 1629 III 2 BGB). Das hat zur Folge, dass der Elternteil an Abänderungsverfahren aktiv und passiv zu beteiligen ist, sofern bei Einleitung des Verfahrens die Verfahrensstandschaft noch besteht. Ist dies nicht der Fall, tritt das Kind als Rechtsinhaber an diese Stelle.

259 Wegen der **Zuständigkeit** und des **Rechtsschutzinteresses** für die Abänderung von Vergleichen kann auf die Ausführungen zur Abänderung gerichtlicher Entscheidungen (§ 238 FamFG) verwiesen werden (→ Rn. 179 und 181). Die Regelungen gelten entsprechend. Haben die Beteiligten nur über einen **Spitzenbetrag** einen Vergleich geschlossen, besteht das Rechtsschutzinteresse für einen hiergegen gerichteten Abänderungsantrag erst dann, wenn die begehrte Herabsetzung betragsmäßig den freiwillig gezahlten **Sockelbetrag** übersteigt.[886]

260 **bb) Besondere Verfahrensvoraussetzungen.** Gemäß § 239 I 2 FamFG ist der Abänderungsantrag nur zulässig, sofern der Antragsteller Tatsachen vorträgt, die eine Abänderung rechtfertigen. Damit wird dem jeweiligen Antragsteller schon im Rahmen der Zulässigkeit zusätzlich abverlangt,[887] einerseits die Verhältnisse darzulegen, die als Grundlage zu dem Abschluss des Vergleichs geführt haben, sowie andererseits die jetzigen oder, da eine bei gerichtlichen Entscheidungen bestehende Präklusion (§ 238 II und III FamFG) nicht besteht, auch die vormaligen **Tatsachen** darzustellen, auf die er sich für sein Abänderungsbegehren berufen will.[888] Fehlt es an entsprechenden **Darlegungen,** ist der

---

[881] OLG Köln FamRZ 1999, 943.
[882] BGH FamRZ 2011, 1140 Rn. 11.
[883] BGH FamRZ 2011, 1140 Rn. 14.
[884] BGH FamRZ 2006, 261 = R 645.
[885] BGH FamRZ 1986, 254.
[886] BGH FamRZ 1993, 945.
[887] Keidel/Meyer-Holz FamFG § 239 Rn. 18.
[888] BGH FamRZ 2013, 1215 Rn. 13; 2013, 274 Rn. 13.

2. Abschnitt: Die Schaffung und Abänderung von Unterhaltstiteln § 10

Abänderungsantrag als **unzulässig**,[889] kann der Antragsteller sein entsprechendes Vorbringen nicht beweisen, als unbegründet abzuweisen. Allerdings dürfen die insoweit an die Zulässigkeit eines Abänderungsantrags zu stellenden Anforderungen nicht überspannt werden. Denn in diesem Zusammenhang ist auch zu berücksichtigen, dass die Beteiligten häufig die Grundlagen ihrer Verständigung nicht umfassend dokumentieren. Vor diesem Hintergrund muss es als ausreichend angesehen werden, wenn der Antragsteller einzelne Elemente, die für die Bemessung des Unterhalts in Betracht kamen, und deren Entwicklung darstellt. Ansonsten müsste der Antrag schon als unzulässig erfolglos bleiben, obwohl es auch im Fall der Unaufklärbarkeit der Geschäftsgrundlage des Vergleichs geboten sein kann, den Titel ohne Bindungen anzupassen, und zwar nach den für eine Erstfestsetzung maßgebenden gesetzlichen Bestimmungen (§ 239 II FamFG).[890] Haben die Beteiligten für die Unterhaltsbemessung in einem Vergleich ein von dem Unterhaltspflichtigen **erzielbares Erwerbseinkommen** als Grundlage angenommen, vermag allein ein längerer Zeitablauf die Zulässigkeitsvoraussetzungen für ein auf Wegfall der **fiktiven Geschäftsgrundlage** gestütztes Abänderungsbegehren nicht zu erfüllen.[891] Notwendig sind vielmehr Darlegungen über konkrete, aber im Ergebnis erfolglose Bemühungen um ein Beschäftigungsverhältnis, das den im Vergleich angenommenen Betätigungsfeld entspricht. Die Prüfung der Zulässigkeitsvoraussetzungen kann nicht mit dem Hinweis unterbleiben, der Abänderungsantrag sei jedenfalls „unbegründet". Denn der Umfang der Rechtskraft der Endentscheidung beurteilt sich unterschiedlich danach, ob der Antrag unzulässig oder unbegründet war.[892] Im Fall der Sachentscheidung ist hieran für die Frage der Präklusion in einem weiteren Abänderungsverfahren anzuknüpfen, im anderen Fall an dem Ausgangstitel. Gelangt das Beschwerdegericht abweichend von der Vorinstanz zu der Einschätzung, dass der Abänderungsantrag bereits an den Zulässigkeitsvoraussetzungen scheitert, ist die Beschwerde mit der Maßgabe zurückzuweisen, dass der Abänderungsantrag als unzulässig abzuweisen ist.

b) Begründetheit des Abänderungsantrags. Die für die Begründetheit des Abänderungsantrags in der Sache erforderliche Beurteilung einer schwerwiegenden Änderung und der daraus folgenden Anpassung des Titels richtet sich allein nach den Regel des **materiellen Rechts** und damit letztlich nach den aus § 313 BGB abgeleiteten Grundsätzen über das Fehlen, die Veränderung oder den Wegfall der Geschäftsgrundlage.[893] Haben sich, wie bei sonstigen privatrechtlichen Verträgen auch, die Umstände, die die Beteiligten zur Grundlage des Vergleichs gemacht haben, schwerwiegend verändert und hätten sie den Vergleich, wenn sie die Veränderungen vorausgesehen hätten, nicht oder nicht mit dem Inhalt geschlossen, kann jeder Beteiligte eine Anpassung des Vergleichs verlangen, soweit dies dem anderen Beteiligten nach den gesamten Umständen des Einzelfalls zugemutet werden kann. 261

Geltungsgrund des Vergleichs ist allein der **Wille der Beteiligten**.[894] Er entscheidet mithin auch darüber, ob eine Störung der Geschäftsgrundlage eingetreten ist. Enthält der Vergleich Ausführungen über die **Grundlagen,** die seinerzeit die Beteiligten für die Bemessung des Unterhalts herangezogen haben, sind diese in erster Linie für die Frage, ob eine schwerwiegende Änderung der Geschäftsgrundlage eingetreten ist, heranzuziehen und den durch den Antragsteller behaupteten aktuellen Verhältnissen gegenüberzustellen. Der dokumentierte Wille der Beteiligten ist ferner maßgebend für Art und Umfang einer in Betracht kommenden Titelanpassung. Damit sind auch Umstände erfasst, deren Bedeutung für eine Unterhaltsbemessung die Beteiligten verneint haben. Sie sind grundsätzlich einer Korrektur entzogen. Ein anderes muss allerdings dann gelten, wenn sich solche Umstände so weit fortentwickelt haben, dass dem hierdurch benachteiligten Beteiligten ein Festhalten an dieser vertraglichen Vorgabe schlechterdings nicht mehr zugemutet werden kann. 262

---

[889] OLG Celle FamRZ 2012, 891 (892).
[890] BGH FamRZ 2010, 192 Rn. 14; 2001, 1140 (1142); 1987, 257 (259).
[891] OLG Hamm FamRZ 2014, 333 (334).
[892] BGH FamRZ 2012, 525 Rn. 44.
[893] BGH FamRZ 2010, 192 Rn. 13; 2001, 1687.
[894] BGH FamRZ 1986, 790 (791).

Haben die Beteiligten bei ersichtlich auskömmlichen Einkommensverhältnisses des Unterhaltspflichtigen der Unterhaltsberechtigten ein niedriges Einkommen „anrechnungsfrei" belassen, muss sich der Antragsteller, soweit er berechtigterweise auf ein erheblich gesunkenes Eigeneinkommen verweisen kann, diesen Umstand für die Zukunft nicht entgegenhalten lassen.

263 Enthält der angegriffene Vergleich **keine formulierten Grundlagen,** ist im Wege einer interessengerechten **Auslegung,** die weitere Umstände der getroffenen Vereinbarung berücksichtigt, zu ermitteln,[895] welche Verhältnisse die Beteiligten als unterhaltsrelevant eingestuft und zur Grundlage ihrer Einigung erhoben haben. Erst die daraus hervorgehenden Feststellungen ermöglichen im Vergleich mit den aktuellen Verhältnissen die Beurteilung, welche Auswirkungen den Umständen zukommen sollen, die sich entgegen den Erwartungen der der Beteiligten entwickelt haben.[896] Unzulässig wäre es deshalb, bereits an dieser Stelle der Anspruchsprüfung mit einem Hinweis auf das Fehlen von „Vergleichsgrundlagen" im Unterhaltstitel den Unterhaltsanspruch von vornherein **losgelöst von allen Bindungen** anhand der aktuellen Einkünfte der Beteiligten neu zu bestimmen. Dabei bliebe die gegenüber der Titelanpassung vorrangige Frage, ob überhaupt eine schwerwiegende Änderung eingetreten ist, unbeantwortet. Überdies trägt der Antragsteller, der sich auf den Fortfall der Geschäftsgrundlage beruft, hierfür die **Darlegungs- und Beweislast.**[897] Gelingt es ihm bereits nicht, die Geschäftsgrundlage und deren Störung darzulegen und zu beweisen, was bei einer nicht weiter motivierten und entsprechend dokumentierten Unterhaltsvereinbarung erfahrungsgemäß durchaus nahe liegt, ist der Antrag abzuweisen, ohne dass es noch auf die Frage ankäme, wie die Beteiligten den titulierten Unterhalt konkret ermittelt hatten. War etwa die Unterhaltsberechtigte bei Abschluss des Vergleichs nicht erwerbstätig, ohne dass die Beteiligten dem für die Zukunft eine bemessungsrelevante Bedeutung zugemessen hatten, fehlt es an einer die Abänderung eröffnenden Änderung der Geschäftsgrundlage, wenn die Unterhaltsberechtigte weiterhin nicht erwerbstätig ist und der Unterhaltspflichtige nunmehr allein mit dem Hinweis auf eine Erwerbsobliegenheit eine Herabsetzung des titulierten Unterhalts geltend macht. Der Umstand, dass der Unterhaltspflichtige seine Meinung „einseitig" über eine Erwerbsobliegenheit geändert hat, begründet keine Änderung der Geschäftsgrundlage.[898]

264 Hatten die Beteiligten der Unterhaltsberechtigten vergleichsweise ohne Dokumentation der Grundlagen Unterhalt zugebilligt und zugleich vereinbart, dass eine Abänderung des Titels bis zum Renteneintrittsalters des Unterhaltspflichtigen ausgeschlossen bleiben sollte, begründet allein der Zeitablauf keine das Abänderungsverfahren eröffnende Störung der Geschäftsgrundlage. Ein ohne dokumentierte Geschäftsgrundlage geschlossener Vergleich, mit dem der Unterhaltsberechtigten pauschal eine unbefristete Unterhaltsrente zugebilligt worden ist, rechtfertigt nicht die Einschätzung, mit der pauschalen Regelung sei eine **Abänderung** des Titels **ausgeschlossen.** Lagen etwa zum Zeitpunkt der Vereinbarung die Voraussetzungen für eine **Verwirkung** noch nicht vor, ist der Unterhaltspflichtige nicht gehindert, diese Einwendungen, sobald die Voraussetzungen eingetreten sind, als nachträgliche Änderungen der Geschäftsgrundlage geltend zu machen.[899] Haben die Beteiligten bei der Titulierung des Unterhalts im Vergleich Regelungen über eine **Befristung** (§ 1578b BGB) weder ausdrücklich noch konkludent getroffen, ist jedenfalls bei einer **erstmaligen Titulierung** der Unterhaltspflichtige mit der nachträglichen Berufung auf eine Befristung nicht ausgeschlossen. Treffen die Beteiligten in den festgehaltenen Grundlagen lediglich zu nahe liegenden Bemessungskriterien wie den Einkommensverhältnissen Vereinbarungen, folgt daraus bei der gebotenen interessengerechten Auslegung nicht der generelle Ausschluss anderer Abänderungsgründe.[900]

---

[895] BGH FamRZ 2013, 274 Rn. 14; 2010, 1238 Rn. 13 und 15; 2010, 192 Rn. 16.
[896] BGH FamRZ 1996, 665.
[897] BGH FamRZ 2010, 192 Rn. 22 = R 708c.
[898] OLG Hamburg FamRZ 2002, 465.
[899] BGH FamRZ 2010, 192 Rn. 24 = R 708c.
[900] BGH FamRZ 2010, 1238 Rn. 18.

2. Abschnitt: Die Schaffung und Abänderung von Unterhaltstiteln § 10

Auch wenn nach § 239 I 2 FamFG das Vorbringen von **Tatsachen** die Grundlage für 265 eine in Betracht kommende Anpassung eines Vergleichs bilden soll, kommen hierfür auch **rechtliche Verhältnisse** in Betracht. Das folgt schon daraus, dass allein die **Dispositionsfreiheit** der Beteiligte für die Titulierung maßgebend ist, der zufolge die Beteiligten neben tatsächlichen auch bestimmte rechtliche Verhältnisse in den Regelungsbereich aufnehmen können, so dass im Fall von Rechtsänderungen eine entsprechende Titelanpassung möglich sein muss. Berücksichtigungsfähig sind hiernach alle tatsächlichen und rechtlichen Gesichtspunkte, wie sie auch bei der Abänderung gerichtlicher Entscheidungen (§ 238 I 2 FamFG) denkbar sind.

Neben einer wesentlichen Änderung der **subjektiven Verhältnisse** (wirtschaftliche 266 Situation, Anzahl der Unterhaltsberechtigten, Veränderungen hinsichtlich des Bedarfs) können auch **objektive Umstände,** nämlich Entscheidungen des BVerfG,[901] **Änderungen der höchstrichterlichen Rechtsprechung**[902] (zB Einschränkungen im Anwendungsbereich der Anrechnungsmethode,[903] Begrenzung und Befristung beim nachehelichen Unterhalt),[904] wie auch der **Rechtslage** durch Gesetzesänderungen zu einer Anpassung führen, jedenfalls dann, wenn sich dem Vergleich der Wille der Beteiligten entnehmen lässt, dass sie vom Fortbestand der damals zugrunde zu legenden Rechtslage ausgegangen sind und deren Änderung auch zu einer Korrektur ihres Titels führen solle. Haben die Beteiligten bei der vergleichsweisen Titulierung des nachehelichen Unterhalts der Gleichteilungsmethode des BGH erkennbar Rechnung getragen, kommt eine Abänderung des Titels im Verfahren nach § 239 FamFG in Betracht, nachdem das BVerfG die dem zugrunde liegende Rechtsprechung als nicht verfassungskonform beurteilt hat.[905] Da eine entsprechende Anknüpfung bei der Unterhaltsbemessung generell Vereinbarungen immanent ist (dass sie nämlich auf der Grundlage der herrschenden Meinung und Rechtsprechung getroffen worden sind), bedarf die Feststellung dieser Anknüpfung im Übrigen keiner umfangreichen Überprüfung.[906] Haben die Beteiligten die vergleichsweise Ausgestaltung des Unterhalts an der seinerzeit geltenden Rechtlage ausgerichtet, kann darauf geschlossen werden, dass die Beteiligten die im Zeitpunkt der Abänderungsentscheidung gültige Gesetzeslage berücksichtigt hätten, wenn es darauf bei Abschluss des Vergleichs schon angekommen wäre.[907] Deshalb kommt im Unterschied zur Abänderung gerichtlicher Entscheidungen eine Abänderung des Vergleichs auch in Betracht, wenn dem eine bestimmte **Rechtsprechung** der **Instanzgerichte** zugrunde liegt, die die Beteiligten durch die Vereinbarung haben übernehmen wollen und diese sich nachträglich geändert hat.

Steht fest, dass die bei Abschluss der Vereinbarung noch maßgebenden Verhältnisse sich 267 schwerwiegend verändert haben, kann eine Abänderung des Titels gleichwohl nicht zu einer ungebundenen, von der bisherigen Vergleichsgrundlage unabhängigen Neufestsetzung des Unterhaltes wie bei einem Erstverfahren führen. Vielmehr wird der Titel nur an die veränderten Verhältnisse angepasst.[908] Doch auch diese Anpassung erfolgt nicht schematisch und automatisch. Vielmehr ist eine Anpassung an veränderte Umstände erst dann gerechtfertigt, wenn dem Antragsteller ein Festhalten an der bisherigen Regelung infolge der **veränderten Umstände nach Treu und Glauben** nicht **zuzumuten** ist. Dies kann nicht bereits dann bejaht werden, wenn sich eine Veränderung in der Größenordnung von rund 10% ergeben hat, wobei eine Veränderung aber auch unterhalb dieser Größenordnung bei deutlich begrenzten wirtschaftlichen Verhältnissen angezeigt sein kann.[909] Denn

---

[901] Vgl. BGH FamRZ 2007, 882 mwN.
[902] BGH FamRZ 2010, 192 Rn. 30 = R 708c; 2007, 882 = R 675; 2007, 793 = R 674; 2004, 1357 = R 617.
[903] BGH FamRZ 2001, 986 = R 563.
[904] BGH FamRZ 2010, 192 Rn. 33 = R 708c.
[905] BGH FamRZ 2013, 853 Rn. 27 = R 736d; BVerfG FamRZ 2011, 437 Rn. 81 = R 722i.
[906] Vgl. dazu BGH FamRZ 1995, 665 (666).
[907] BGH FamRZ 1987, 1011.
[908] BGH FamRZ 1995, 665 ff.; 1992, 539.
[909] BGH FamRZ 1992, 539.

auch im Anpassungsverfahren nach § 239 FamFG müssen alle Umstände des Einzelfalles überprüft und abgewogen werden. Nur wenn sich somit dem abzuändernden Titel der damalige Wille der Beteiligten entnehmen lässt, dass eine Veränderung um rund 10% ein Abänderungsgrund und damit ein Festhalten am alten Titel unzumutbar sein soll, reicht allein die prozentuale Veränderung zur Anpassung des Titels aus. Trotz Störung der Geschäftsgrundlage kann sich ergeben, dass es deswegen beim geschaffenen Titel bleibt, weil die auf beiden Seiten eingetretenen, unterschiedlichen Entwicklungen sich im Gesamtergebnis **gegeneinander aufheben** und damit zu keiner der Höhe nach anderen Regelung führen als in der vorausgegangenen Vereinbarung. Da stets nur der **Wille der Beteiligten** zu erforschen ist, sind fehlgeschlagene einseitige Vorstellungen, Erwartungen und Hoffnungen unmaßgeblich.

268 Ob oder in welchem Ausmaß eine Beeinträchtigung der privatrechtlichen Geschäftsgrundlage vorliegt, ist dem **übereinstimmenden Willen der Beteiligten** zu entnehmen, der zum Abschluss des Vergleichs geführt hat. Allein deren Nichtübereinstimmung bedeutet aber noch nicht, dass damit unmittelbar auch eine Anpassung erfolgen muss, weil dann eine gemeinsame Geschäftsgrundlage fehlt. Nur dann, wenn die Vereinbarung Ausführungen oder Anhaltspunkte zur Frage der **Bindung des Vergleichs** enthält, kann festgestellt werden, ob die Störung der Geschäftsgrundlage auch zur **Anpassung** führt. Eine solche scheidet allerdings von vornherein aus, wenn die Beteiligten die Abänderung des Vergleichs **ausgeschlossen** haben,[910] wobei sich dies mit Zweifel ausschließender Deutlichkeit aus der Vereinbarung ergeben muss. Allein die Festlegung eines monatlichen Pauschalbetrages genügt nicht.[911] Haben die Beteiligten zulässigerweise vereinbart, dass der zwischen ihnen geschlossene Vergleich „nach § 238 FamFG" abgeändert werden kann, folgt daraus mangels entgegenstehender Anhaltspunkte, dass sie die Abänderbarkeit des Vergleichs unter die für eine Abänderung von Endentscheidungen bestehenden Vorgaben (§ 238 II und III FamFG) gestellt und einer Vergleichsanpassung nach den Grundsätzen des Wegfalls der Geschäftsgrundlage entzogen haben. Erstrebt der Unterhaltsberechtigte eine Erhöhung seines titulierten Unterhalts, muss er im Rahmen der Voraussetzungen für eine Titelanpassung auch seine entsprechende materiellrechtliche Berechtigung (§§ 1613 I, 1585b II BGB) nachweisen. Haben die Beteiligten einen Unterhaltsvergleich geschlossen, bei dem sich der Unterhaltspflichtige für den Fall der Abänderung die Berufung auf eine Befristung des Ehegattenunterhalts vorbehalten hat, kann ein entsprechend dokumentierter Wille der Beteiligten nur dahin verstanden werden, dass die Geltendmachung des Befristungseinwandes erst in einem anderweit eröffneten Abänderungsverfahren erfolgen kann, mithin nicht alleiniger Abänderungsgrund sein soll.[912]

269 Scheitert eine Anpassung des Vergleichs an zwischenzeitlich geänderte Verhältnisse daran, dass sich die genaue Berechnung des im Vergleich titulierten Unterhalts nicht mehr nachvollziehen lässt, ist der geschuldete Unterhalt nach den gesetzlichen Bestimmungen neu und **ohne Bindungen** zu berechnen.[913] Dies gilt zB dann, wenn sich die Berechnung des titulierten Unterhalts unter Zugrundelegung der verschiedenen Faktoren (monatliches Nettoeinkommen, Quotenhöhe, Abzugspositionen) nicht mehr nachvollziehen lässt. Dann besteht ganz oder teilweise keine Bindung durch und an den Vergleich.[914] Eine **völlige Neuberechnung** kann aber auch dann angezeigt sein, wenn sich die Geschäftsgrundlagen so wesentlich geändert haben, dass keine Elemente der früheren Grundlage mehr vorhanden sind und hieran eine Anpassung scheitert. Lässt sich in diesem Fall dem Vergleich nicht entnehmen, dass er unabhängig von der künftigen Entwicklung der Verhältnisse Bestand haben soll, ist er bindungsfrei neu festzulegen (und nicht anzupassen).[915]

270 Haben die Beteiligten die Titulierung des Unterhalts wiederholt durch Vergleich geregelt, ist der **dem letzten zugrunde liegende Wille** maßgebend, sofern sich aus ihm

---

[910] BGH FamRZ 2015, 734 Rn. 24 und 25.
[911] BGH FamRZ 2010, 192 Rn. 21 = R 708c.
[912] OLG Karlsruhe FamRZ 2010, 1253.
[913] BGH FamRZ 2010, 192 Rn. 14; 2001, 1140 (1142).
[914] BGH FamRZ 1987, 257.
[915] BGH FamRZ 1986, 153.

nicht Anhaltspunkte für die Weitergeltung früherer Grundlagen entnehmen lassen.[916] Die Titelabänderung nach den Grundsätzen der Änderung der Geschäftsgrundlage (§ 313 BGB) hat schließlich auch bei Vergleichen zu erfolgen, die ein **einstweiliges Anordnungsverfahren** endgültig (wie ein Hauptsachetitel) regeln wollen. Denn auch hier lässt sich dem Willen der Beteiligten entnehmen, dass dieser Vergleich von Bestand sein soll und nicht nur bis zur Schaffung eines Hauptsachetitels eine vorläufige Vollstreckungsgrundlage darstellt.

3. Die vollstreckbaren Urkunden

a) Zulässigkeit des Verfahrens. aa) Allgemeine Voraussetzungen. Die nächst dem Vergleich im Verfahren nach § 239 FamFG abänderbaren Unterhaltstitel werden in der 2. Alternative dieser Vorschrift als vollstreckbare Urkunden zusammengefasst. Sie müssen, auch wenn § 239 FamFG keinen unmittelbaren Hinweis auf die verfahrensrechtlichen Voraussetzungen dieser Titel enthält, in formeller Hinsicht den Anforderungen von § 794 I Nr. 5 ZPO genügen.[917]

Im Vordergrund stehen hier insbesondere **Vereinbarungen,** die Eheleute im Zuge ihrer Trennung oder auch im Rahmen von Scheidungsfolgevereinbarungen über ihre jeweiligen Unterhaltsverhältnisse (§ 1585c S. 2 BGB) und die ihrer gemeinsamen Kinder treffen und durch einen Notar (§ 56 IV BeurkG) beurkunden lassen müssen. Sie sind ungeachtet anderer Regelungen nur dann nach § 239 FamFG abänderbar, wenn sie eine Verpflichtung zu künftig fällig werdenden wiederkehrenden Unterhaltsleistungen enthalten.

Die Vereinbarung muss nach den beurkundungsrechtlichen wie auch den bürgerlich-rechtlichen Bestimmungen entsprechend wirksam zustande gekommen sein und einen **vollstreckungsfähigen Inhalt ausweisen.** Hieran fehlt es, wenn der Titel zum Ehegatten- und Kindesunterhalt nur einen unaufgeschlüsselten Gesamtbetrag ausweist.[918] Nicht vollstreckungsfähig ist eine Vereinbarung ferner, wenn Unterhalt unter Anrechnung nicht näher bezifferter Beträge (zB Anrechnung eines aus einer halbschichtigen Erwerbstätigkeit als Verkäuferin erzielbaren Nettolohnes) gezahlt werden soll (**sog unbestimmte Anrechnungsklausel),**[919] Um den Anforderungen eines vollstreckbaren Unterhaltstitels zu genügen, muss der zu vollstreckende Zahlungsanspruch **betragsmäßig festgelegt** sein oder sich zumindest aus dem Titel ohne weiteres ersehen lassen. In diesem Zusammenhang reicht es – so der BGH[920] – für eine **Vollstreckungsfähigkeit** nicht, wenn auf Urkunden Bezug genommen wird, die nicht Bestandteil des Titels sind, oder die Leistungen sich nur aus dem Inhalt anderer Schriftstücke ermitteln lassen. Allerdings hat der BGH[921] in der Zwischenzeit die Vollstreckbarkeit von mit **Wertsicherungsklauseln** versehenen Unterhaltstiteln mit der Begründung bejaht, die erforderlichen Daten seien leicht sowie zuverlässig feststellbar und damit offenkundig (§ 291 ZPO).

Wesentlicher Bestandteil des nach § 794 I Nr. 5 ZPO errichteten Vollstreckungstitels ist schließlich die Erklärung des Unterhaltspflichtigen, mit der er sich wegen der laufenden Zahlungsverpflichtungen der **sofortigen Zwangsvollstreckung** unterwirft. Deren rein **verfahrensrechtlichen** und unabhängig von der dem Titel zugrunde liegenden Einigung zu beurteilenden **Wirkungen** kann der Unterhaltpflichtige nicht mit einem Antrag nach § 239 FamFG beseitigen. Als Rechtsbehelf kommt nur ein Vollstreckungsabwehrantrag in Betracht.[922] Fehlt die **Unterwerfungserklärung,** handelt es sich um eine **außergerichtliche Unterhaltsvereinbarung,** die selbst dann nicht im Abänderungsverfahren nach § 239 FamFG angepasst werden kann, wenn die Beteiligten dies in der Vereinbarung ausdrücklich festhalten. Dies mag materiellrechtlich für die Beteiligten bindend sein. Ihre

---

[916] BGH FamRZ 1995, 665.
[917] Keidel/Meyer-Holz FamFG § 239 Rn. 7.
[918] OLG Zweibrücken FamRZ 1986, 1237.
[919] BGH FamRZ 2006, 261 = R 645.
[920] BGH FamRZ 2006, 261 (263) = R 645.
[921] BGH FamRZ 2004, 531.
[922] BGH NJW-RR 2008, 1075.

jeweiligen Konsequenzen können sie daraus aber nur mit einem Leistungsantrag oder einem negativen Feststellungsantrag ziehen. Das Verfahren gemäß § 239 FamFG steht nicht zu ihrer Disposition.

274 Die Abänderung des Titels in diesem Verfahren setzt, wie schon bei der abgelösten Regelung in § 323 IV ZPO aF, nicht voraus, dass der festgesetzte Unterhaltsbetrag notwendigerweise auf einer Vereinbarung der Urkundsbeteiligten beruht.[923] Als weiterer Unterhaltstitel, der einer Anpassung nach Maßgabe der Verfahrensvorschriften in § 239 FamFG unterliegt, ist deshalb neben der **einseitigen Verpflichtungserklärung** mit Unterwerfungserklärung zu notariellem Protokoll die **Jugendamtsurkunde** anzusehen (§ 59 I 1 Nr. 3 und 4 SGB VIII), mit der sich der Unterhaltspflichtige zur Zahlung laufenden Kindesunterhalts für Minderjährige und Volljährige bis zur Vollendung des 21. Lebensjahres sowie zur Zahlung von Betreuungsunterhalt (§ 1615l BGB) verpflichten kann. Auch wenn dieser Unterhaltstitel die Voraussetzungen von § 794 I Nr. 5 ZPO nicht erfüllt, handelt es sich doch bei Einhaltung der entsprechenden Beurkundungsvorschriften durch das Jugendamt um einen Titel, der „nach seinen vollstreckungsrechtlichen Wirkungen" einer durch das Gericht oder einen Notar erstellten vollstreckbaren Urkunde gleichsteht (§ 60 SGB VIII) und als solche nunmehr durch den entsprechenden Wortlaut in § 239 I 1 FamFG erfasst wird.

275 Allerdings ist umstritten, ob bei der Anpassung der einseitig errichteten Urkunde in jedem Fall der Abänderungsantrag nach § 239 FamFG als **ausschließlicher Rechtsbehelf** zu gelten hat. Hatte sich der Unterhaltspflichtige etwa in einer Jugendamtsurkunde zur Zahlung von Kindesunterhalt verpflichtet, ohne dass auf Seiten des unterhaltsberechtigten Kindes ein gesetzlicher Vertreter beteiligt war, enthält die Urkunde keine Festlegungen zu Grund und Höhe, so dass es dem unterhaltsberechtigten Kind frei steht, einen höheren Unterhalt zu verlangen.[924] Dies erfolgt nach OLG Köln[925] nur durch einen Abänderungsantrag, allerdings in der Sache mit der Möglichkeit einer von dem abzuändernden Titeln unabhängigen Neufestsetzung des Unterhaltes. Auf Grund einer fehlenden materiellrechtlichen Bindung wird dem entgegen gehalten, dem unterhaltsberechtigten Kind stehe ein **Wahlrecht** zu, seine Mehrforderung entweder mit einem **Abänderungsantrag** oder mit einem **Leistungsantrag** zu verfolgen.[926]

Nach erneut bestätigter Rechtsprechung des BGH[927] ist ein neuer Leistungsantrag auf Unterhalt indessen nur dann zulässig, wenn kein Abänderungsverfahren in Betracht kommt. Eine Nachforderung im Wege des Zusatzantrags ist danach lediglich dann möglich, wenn sich der schon vorliegende Unterhaltstitel **eindeutig** nur auf einen **Teilbetrag** des geschuldeten Unterhalts beschränkt. Dabei spricht im Zweifel eine **Vermutung** dafür, dass in einem Vorverfahren der Unterhalt in voller Höhe geltend gemacht worden ist. Das gilt, wenn der geschuldete Kindesunterhalt in einer Jugendamtsurkunde nach den §§ 59 I Nr. 3, 60 SGBVIII festgelegt worden ist, nicht anders als in sonstigen Fällen einer einseitig erstellten vollstreckbaren Urkunde. Ist der jeweilige Kindesunterhalt durch Jugendamtsurkunde tituliert und lassen sich daraus – im Regelfall – keine Anhaltspunkte dafür gewinnen, dass der an sich geschuldete Unterhalt nur zum Teil erfasst sein soll, muss das unterhaltsberechtigte Kind, will es etwa einen **Mehrbedarf** wegen der Kinderbetreuungskosten geltend machen, den vorrangigen Rechtsbehelf des Abänderungsantrags (§ 239 FamFG) wählen, und zwar unabhängig davon, nach welchen Vorschriften des bürgerlichen Rechts (§ 239 II FamFG) das Begehren in der Sache Erfolg haben kann. Besteht zwischen den Beteiligten des Unterhaltsverhältnisses **Einvernehmen** über die entsprechende Anpassung einer Jugendamtsurkunde, sind sie nicht auf ein Abänderungsverfahren nach § 239 FamFG angewiesen. Vielmehr unterliegt es ihrer Dispositionsbefugnis, in „**Abänderung**" des bestehenden Unterhaltstitels eine „ersetzende" Jugendamtsurkunde erstellen zu las-

---

[923] BGH FamRZ 2004, 24.
[924] BGH FamRZ 2004, 24.
[925] OLG Köln FamRZ 2001, 1716.
[926] Graba FamRZ 2005, 678 (679).
[927] BGH FamRZ 2009, 314 Rn. 13; a. A. noch BGH FamRZ 2008, 1152 für den Fall, dass keine (schlüssige) Vereinbarung zum Gesamtunterhalt vorliege; vgl. jetzt erneut BGH FamRZ 2011, 1041 Rn. 25 = R 725b.

sen.⁹²⁸ Allerdings sind an die Feststellung des Einvernehmens strenge Anforderungen zu stellen, insbesondere dann, wenn der neue Titel mit einer Herabsetzung des Unterhalts einhergeht.⁹²⁹ Hat der minderjährige Unterhaltsberechtigte den Unterhaltspflichtigen zur Erstellung einer vollstreckbaren Urkunde über einen **dynamischen Unterhaltstitel** aufgefordert, der Inanspruchgenommene aber nur einen statischen Titel vorgelegt, kann der Unterhaltsberechtigte die „Dynamisierung" des Titels im Abänderungsverfahren (§ 239 FamFG) weiterverfolgen.⁹³⁰ Entfällt die durch Jugendamtsurkunde titulierte Unterhaltsverpflichtung dem Grunde nach durch rechtskräftige Feststellung, dass die Vaterschaft nicht besteht, handelt es sich um eine Einwendung, die an sich einen Vollstreckungsabwehrantrag (§ 767 ZPO) stützen kann (vgl. → Rn. 198). Allerdings beseitigt der erfolgreiche Vollstreckungsabwehrantrag lediglich die Vollstreckbarkeit des Titels. Maßgebend dürfte aber das im Einzelfall weitergehende **Antragsziel** des Antragstellers sein, nämlich vor dem Hintergrund des Wegfalls der statusrechtlichen Anknüpfung für eine Unterhaltsverpflichtung deren Titulierung zu beseitigen. Diese ist dem Antragsteller im Abänderungsverfahren nach § 239 FamFG ohne die zeitlichen Beschränkungen aus § 238 III FamFG eröffnet.⁹³¹

Zwischen dem **Gegenstand** der Beurkundung und dem des Abänderungsverfahrens muss ebenso **Identität** bestehen wie zwischen den Urkundsbeteiligten und den **Beteiligten** des neuen Verfahrens oder deren Rechtsnachfolger. Abgrenzungsschwierigkeiten können sich in diesem Zusammenhang insbesondere bei **Elternvereinbarungen** im Zusammenhang mit Trennung und Ehescheidung ergeben, soweit sie sowohl die eigenen Unterhaltsverhältnisse wie auch die ihrer gemeinsamen Kinder durch außerhalb eines gerichtlichen Verfahrens notariell beurkundete Vereinbarung vollstreckungsfähig regeln. Eine nach § 1629 III 1 BGB an sich bestehende **Verfahrensstandschaft** des betreuenden Elternteil ermöglicht eine insoweit auch das Kind bindende Vereinbarung über den zu zahlenden Kindesunterhalt nicht, da sie nur bei der gerichtlichen Verfolgung von Unterhaltsansprüchen zum Tragen kommt. Für das Abänderungsverfahren bleibt es hiernach für die Elternvereinbarung bei der Beteiligtenstellung der Eltern.⁹³² Ein anderes kann erst dann angenommen werden, wenn ein Elternteil bei der Vereinbarung erkennbar als **Vertreter der Kindes** mit einem entsprechenden **Vertretungswillen** aufgetreten ist, was aus dem Inhalt der Vereinbarung sowie den gesamten Umständen der notariellen Verhandlung zweifelsfrei hervorgehen muss.⁹³³ Nichts anderes kann gelten für den Fall, dass geltend gemacht wird, die Eltern hätten ihrem Kind vertraglich ein eigenes Forderungsrecht eingeräumt (§ 328 BGB).

Wegen der gerichtlichen **Zuständigkeit** wie auch des **Rechtsschutzinteresses** für ein Abänderungsverfahren von vollstreckbaren Urkunden kann auf die Ausführungen zur Abänderung gerichtlicher Entscheidungen (§ 238 FamFG) und von Vergleichen verwiesen werden (→ Rn. 179 und 259). Sie geltend entsprechend auch für vollstreckbare Urkunden.⁹³⁴

bb) Besondere Verfahrensvoraussetzungen. Auch für die Abänderung vollstreckbarer Urkunden setzt § 239 I 2 FamFG schon im Rahmen der **Zulässigkeit** des **Antrags** voraus, dass der Antragsteller **Tatsachen** darlegt, die eine Abänderung rechtfertigen können. Fehlt es hieran, ist der Abänderungsantrag als unzulässig abzuweisen.⁹³⁵ Macht der nach § 1592 Nr. 1, 2 BGB rechtliche Vater etwa geltend, er sei nicht der biologische Vater, und begehrt Abänderung der von ihm erstellten Jugendamtsurkunde, ist er vor dem Hintergrund der Sperrwirkung des § 1599 I BGB selbst mit dem Hinweis auf Treu und Glauben als unzulässig mit einem Abänderungsbegehren nach § 239 I 2 FamFG von vornherein ausgeschlossen.⁹³⁶

---

⁹²⁸ BGH FamRZ 2017, 370 Rn. 11.
⁹²⁹ BGH FamRZ 2017, 370 Rn. 12.
⁹³⁰ OLG Celle FamRZ 2017, 2020.
⁹³¹ OLG Karlsruhe FamRZ 2014, 313.
⁹³² BGH FamRZ 1997, 811.
⁹³³ BGH NJW-RR 1986, 428.
⁹³⁴ OLG Dresden FamRZ 2000, 543.
⁹³⁵ BT-Drs. 16/6308, 258.
⁹³⁶ OLG Hamm MDR 2014, 229.

Tatsachen im Sinne dieser Vorschrift sind auch **rechtliche Verhältnisse**, wie etwa die bei unveränderter Tatsachengrundlage sich einstellenden Änderungen in der höchstrichterlichen Rechtsprechung oder auch Gesetzesänderungen, sofern das „alte" Recht für die Unterhaltsbemessung eine Rolle gespielt hat (→ Rn. 260 und 265). Art und Umfang der nach § 239 I 2 FamFG darzulegenden Tatsachen hängen im Einzelfall davon ab, ob der vollstreckbaren Urkunde ein einseitiges oder zweiseitiges Rechtsgeschäft zugrunde liegt. Ist Bestandteil der vollstreckbaren Urkunde eine **Unterhaltsvereinbarung**, müssen die Darlegungen eine schwerwiegende Veränderung in den vereinbarten Grundlagen aufzeigen, da nur nach den aus § 313 BGB abzuleitenden Grundsätzen über das Fehlen, die Veränderung oder den Wegfall der Geschäftsgrundlage eine Anpassung des Titels in Betracht kommt.[937] Dies hat ebenso zu gelten, wenn die vollstreckbare Urkunde zwar nur ein **einseitiges Leistungsversprechen** enthält, dem aber eine die Verpflichtung näher begründende **Vereinbarung** zugrunde liegt (sog. **kausaler Anerkenntnisvertrag**).[938]

279 Ist dies nicht der Fall oder lässt sich dies nicht feststellen, ist danach zu unterscheiden, ob der Unterhaltsberechtigte oder der Unterhaltspflichtige eine Abänderung des Titels begehrt. Für eine Mehrforderung an Unterhalt können hier zum Nachteil des Unterhaltsberechtigten **keine Bindungswirkungen** eintreten. Wollte man etwa bei der Errichtung einer Jugendamtsurkunde eine Bindung des Gegners annehmen, hätte es der Unterhaltspflichtige in der Hand, durch eine zu geringe Unterhaltstitulierung nur schwer zu beseitigende Vorteile gegenüber dem Unterhaltsberechtigten zu schaffen. Der **Unterhaltsberechtigte** ist daher nicht gehindert, auch im Rahmen eines Abänderungsverfahrens weitergehenden Unterhalt geltend zu machen.[939] Maßgeblich für die Neufestsetzung sind die zu diesem Zeitpunkt vorherrschenden tatsächlichen und rechtlichen Verhältnisse.[940] Gegen ihn richten sich deshalb auch, da er **nicht Urkundsbeteiligter** bei der Errichtung des Vollstreckungstitels war, weder die besonderen Anforderungen an die Zulässigkeit (§ 239 I 2 FamFG) noch die materiellrechtlichen Einschränkungen des § 239 II FamFG.[941] Dies hat ebenso zu gelten, wenn der Unterhaltspflichtige den Kindesunterhalt nur für die Dauer der Minderjährigkeit des unterhaltsberechtigten Kindes tituliert hat und dieses sich berechtigterweise um die Titulierung der unbefristeten Unterhaltspflicht bemüht.[942]

280 Im Unterschied dazu ist die Interessenlage für den **Unterhaltspflichtigen**, der als Urkundsbeteiligter die Erstellung der vollstreckbaren Urkunde veranlasst hat und sich um eine Herabsetzung des titulierten Unterhalts bemüht, vergleichbar der des Schuldners nach einem **prozessualen Anerkenntnis**, von dem er sich, auch wenn es nicht zu einem Anerkenntnisbeschluss (§ 307 ZPO) kommt, nur unter den Voraussetzungen eines Restitutions- oder Abänderungsgrundes lösen kann (**schuldbestätigendes Anerkenntnis**).[943] Demgemäß muss der Unterhaltspflichtige für den Erfolg seines Abänderungsbegehrens neben den **aktuellen Einkommensverhältnissen** auch diejenigen nach Grund und Höhe darlegen (§ 239 I 2 FamFG), die ihn zur **Errichtung der vollstreckbaren Urkunde** veranlasst hatten,[944] wie auch die Gründe dafür, dass der Unterhaltsberechtigte die Einkommensminderung durch Unterhaltskürzung nunmehr mit tragen soll.[945] Die Grundsätze des Fehlens oder der Änderung der Geschäftsgrundlage sind hier, da es an einer Geschäftsgrundlage fehlt, weder unmittelbar noch entsprechend anwendbar. Da die Zeitschranke des § 238 III FamFG für die in § 239 FamFG genannten Titel nicht gilt, kann der Unterhaltspflichtige etwa mit dem Hinweis auf gesunkenes Einkommen eine Abänderung der Jugendamtsurkunde auch **rückwirkend** verlangen.[946]

---

[937] BGH FamRZ 2017, 370 Rn. 24.
[938] Keidel/Meyer-Holz FamFG § 239 Rn. 25.
[939] BGH FamRZ 2011, 1041 Rn. 25 = R 725b.
[940] BGH FamRZ 2009, 314 Rn. 14; 2004, 24.
[941] OLG Brandenburg NJW 2014, 323.
[942] OLG Bamberg FamRZ 2019, 30.
[943] BGH FamRZ 2002, 88 (90).
[944] OLG Hamm NJW 2013, 3377 (3378).
[945] BGH FamRZ 2007, 715 Rn. 11.
[946] OLG Köln FamRZ 2013, 795.

2. Abschnitt: Die Schaffung und Abänderung von Unterhaltstiteln § 10

Dem gegenüber erscheint der Unterhaltsberechtigte im Hinblick auf den Entreicherungseinwand nach § 818 III BGB hinreichend geschützt, gemäß § 241 FamFG nunmehr aber uneingeschränkt nur noch bis zur Rechtshängigkeit des Abänderungsantrags auf Herabsetzung.

b) Begründetheit des Abänderungsantrags. Die Beurteilung des Erfolgs in der Sache für ein Abänderungsbegehren nach § 239 II FamFG hängt primär wiederum davon ab, ob es sich um eine vollstreckbare Urkunde handelt, die einen Vollstreckungstitel mit zweiseitigem Rechtsgeschäft über den Unterhalt als Inhalt oder zumindest als Grundlage erkennen lässt. Sind diese Voraussetzungen für eine **Unterhaltsvereinbarung** zu bejahen, erfolgt eine Anpassung des Unterhaltstitels nach den durch § 313 BGB vorgegebenen Grundsätzen über das Fehlen, die Veränderung oder den Wegfall der Geschäftsgrundlage.[947] Die materielle Rechtslage (§ 239 II FamFG) ist vergleichbar mit der bei der Abänderung von Vergleichen, so dass auf die entsprechenden Ausführungen verwiesen werden kann (→ Rn. 261 bis 270). Handelt es sich um eine **streng einseitige** – den gesamten Unterhalt umfassende – **Verpflichtungserklärung,** notariell protokolliert oder als Jugendamtsurkunde, hängt der Erfolg für den um Titelbeseitigung bemühten Unterhaltspflichtigen davon ab, dass sich die maßgebenden rechtlichen und tatsächlichen Verhältnisse im Nachhinein verändert haben, so dass ihm die Zahlung des titulierten Unterhalts in voller Höhe oder zumindest teilweise nicht mehr zuzumuten ist.[948] Auf eine **wesentliche** Änderung kommt es allerdings dabei nicht an.[949] Lag etwa bereits dem durch Erstellung der Jugendamtsurkunde anerkannte Unterhalt eine Unterschreitung des notwendigen Selbstbehalts zugrunde, bleibt der Unterhaltspflichtige hieran auch im Rahmen einer Entscheidung über sein Abänderungsbegehren gebunden.[950] 281

Hängt der Erfolg eines Abänderungsbegehrens von der **Darlegungs- und Beweislast** ab, trifft diese, sofern die vollstreckbare Urkunde auf einer Unterhaltsvereinbarung beruht, denjenigen Beteiligten, der sich auf eine Störung oder den Wegfall der Geschäftsgrundlage beruft. Dieser hat dann darzulegen und, was insbesondere bei fehlender Dokumentation Schwierigkeiten begegnet, zu beweisen die ursprüngliche Geschäftsgrundlage wie diejenigen Veränderungen, aus den eine Störung mit der Notwendigkeit einer Anpassung gefolgert werden soll.[951] Wendet der Antragsgegner gegenüber einem Abänderungsverlangen ein, nach dem Willen der Beteiligten solle der Unterhaltstitel **nicht abänderbar** sein, hat er dies, sofern sich aus dem dokumentierten Willen hierfür nichts herleiten lässt, mit anderen Beweismitteln zu beweisen.[952] 282

Gegenüber einer streng einseitigen Verpflichtungserklärung sieht sich der um mehr Unterhalt bemühte Beteiligte nur der Darlegungs- und Beweislast eines Unterhaltsberechtigten bei einem **Erstantrag** ausgesetzt, da die Urkunde ihn nicht bindet. Dem gegenüber trifft den Unterhaltspflichtigen für eine ihm günstige Titelanpassung die uneingeschränkte Darlegungs- und Beweis für alle Umstände aus denen er eine nachträgliche Abänderung zu seinen Gunsten ableitet.[953]

VI. Die Abänderung von Unterhaltstitel nach Art. 3 II Unterhaltsänderungsgesetz 2008

Die Änderungen im materiellen Unterhaltsrecht durch das Gesetz zur Änderung des Unterhaltsrechts vom 21.12.2007[954] begründen, woraufhin Stellungnahmen[955] und Vergleichs- 283

---

[947] BGH FamRZ 2017, 370 Rn. 24.
[948] BGH FamRZ 2017, 370 Rn. 25; 2011, 1041 Rn. 25 = R 725b.
[949] BT-Drs. 16/6308, 258.
[950] OLG Köln FamRZ 2013, 795; OLG Hamm FamRR 2012, 33 (34).
[951] BGH FamRZ 2010, 192 Rn. 22.
[952] FA-FamR/Kintzel Kap. 6 Rn. 1226.
[953] Keidel/Meyer-Holz FamFG § 239 Rn. 46.
[954] BGBl. I S. 3189.
[955] Borth FamRZ 2006, 813.

§ 10 Verfahrensrecht

berechnungen[956] schon im Vorfeld des Inkrafttretens aufmerksam gemacht haben, einen erheblichen Abänderungsbedarf, hierbei in besonderem Umfang zum Vorteil des Unterhaltspflichtigen.[957] Wird zudem bedacht, dass insbesondere nach der ständigen Rechtsprechung des BGH[958] auch **Gesetzesänderungen** als **wesentliche Änderungen** im Sinne von § 238 I 2 FamFG (§ 323 I ZPO aF) ein Abänderungsverfahren eröffnen können, stellt sich die Frage nach der Behandlung von „**Altfällen**". Nur dem Gesichtspunkt der Gesetzesänderung sollen die Übergangsvorschriften des § 36 EGZPO Rechnung tragen.[959] Sie schaffen dabei **keinen eigenen Abänderungstatbestand,** sondern setzen diesen voraus.[960] War etwa die zeitliche Begrenzung eines nachehelichen Krankheitsunterhalts (§ 1572 BGB) nach dem bis zum 31.12.2007 anzuwendenden materiellen Unterhaltsrecht nicht möglich, kann der Unterhaltspflichtige im Hinblick auf § 1578b BGB ab 1.1.2008 hierauf eine Abänderungsantrag stützen, ohne dass sich der Sachverhalt geändert haben muss.[961] Hatte der BGH aber seine Rechtsprechung bereits vor dem 1.1.2008 etwa zur **Befristung** des **Aufstockungsunterhalts** grundlegend geändert und bereits dadurch einen Abänderungsrund im Sinne von § 323 ZPO aF geschaffen (→ Rn. 207 bis 209), scheitert ein nach dem 1.1.2008 nunmehr auf die Befristung nach § 1578b BGB gestützter Abänderungsantrag daran, dass die begehrte Befristung ihre erstmalige Relevanz nicht durch die gesetzliche Neuregelung („... durch das Gesetz zur Änderung des Unterhaltsrechts erheblich geworden ...") erfährt.[962] Hatten die Beteiligten in einem 2005 geschlossenen Vergleich die „rechtlichen Voraussetzungen" für eine Befristung des nachehelichen Unterhalts noch nicht als gegeben angesehen, ohne dass die weitere rechtliche und tatsächliche Entwicklung in einem ersten Abänderungsverfahren des Unterhaltspflichtigen (2007) Eingang gefunden hatte, bleibt der Unterhaltspflichtige mit der Einwendung der Befristung nach § 1578b BGB in einem weiteren Abänderungsverfahren nach dem Inkrafttreten der gesetzliche Neuregelung ausgeschlossen, weil der Unterhaltspflichtige seine Einwendung bereits im ersten Abänderungsverfahren auf der Grundlage der geänderten Rechtsprechung des BGH hätte geltend machen müssen. Von den dadurch begründeten Folgen der Präklusion will ihn die Regelung in § 36 EGZPO nicht freistellen.[963] Im Übrigen ist bei den Übergangsbestimmungen von folgendem auszugehen:

284 Handelt es sich um **Unterhaltsprozesse,** die bei Inkrafttreten der gesetzlichen Neuregelung **noch gerichtsanhängig** waren, folgt aus § 36 Nr. 7 EGZPO, dass es für den zurückliegenden Unterhaltszeitraum bis zum 31.12.2007 bei „altem Recht" bleibt und ab dem 1.1.2008 „neues Recht" Anwendung findet. Dem haben die Beteiligten durch Anpassung ihres jeweiligen Vorbringens Rechnung zu tragen. Um nach der Intention des Gesetzgebers eine möglichst zeitnahe Umstellung der Unterhaltsverhältnisse auf das geänderte Recht sicherzustellen, haben die Gerichte **auf Antrag** auch eine in erster oder zweiter Instanz bereits geschlossene mündliche Verhandlung wieder zu eröffnen (§ 36 Nr. 6 EGZPO), ohne dass es noch auf die Voraussetzungen von § 156 ZPO ankäme. Für das Gericht besteht **kein Ermessen.** Die Beteiligten sind zu einer entsprechenden Vorgehensweise aber nicht verpflichtet. Sehen sie von einem Antrag ab, sind die Beteiligten nicht gehindert, die Anwendung neuen Rechts zum Gegenstand eines Abänderungsverfahrens zu machen, sofern nicht noch ein Berufungsverfahren in Betracht kommt. Mit einer **erstmaligen Geltendmachung neuen Rechts** ist der beteiligte Antragsteller, sieht er von einem Antrag auf Wiedereröffnung der mündlichen Verhandlung ab, in einem späteren Abänderungsverfahren gegenüber **nicht präkludiert** (§ 323 II ZPO aF; § 238 II FamFG), weil die unterhaltsrechtlichen Änderungen erst nach Schluss der mündlichen Verhandlung eingetreten sind.[964] Für die bei Inkraft-

---

[956] Hütter FamRZ 2006, 1577.
[957] Zur weiteren Kritik vgl. Schwab FamRZ 2007, 1054 (1056).
[958] BGH FamRZ 2010, 111 Rn. 62; 2001, 1687.
[959] BGH FamRZ 2012, 699 Rn. 35; 2010, 1238 Rn. 41.
[960] BGH FamRZ 2010, 1884 Rn. 34 = R 718d; 2010, 111 Rn. 62.
[961] BGH FamRZ 2010, 1414 Rn. 34.
[962] BGH FamRZ 2010, 1238 Rn. 41.
[963] BGH FamRZ 2012, 1284 Rn. 29.
[964] BGH FamRZ 2008, 1911 Rn. 28.

treten des Gesetzes noch in der Revision anhängigen Sachen stellt § 36 Nr. 5 EGZPO durch die Wiedereröffnung der Tatsacheninstanz die Beachtung „neuen Rechts" sicher, wenn auf Grund der nunmehr relevanten Tatsachen eine Beweisaufnahme erforderlich wird.

Im Übrigen unterscheiden die Übergangsbestimmungen danach, ob über den Unterhaltsanspruch bereits **rechtskräftig entschieden** ist, ein **vollstreckbarer Titel** oder eine **Unterhaltsvereinbarung** vorliegt. Hierunter fallen insbesondere rechtskräftige Urteile, Vergleiche (§ 794 I Nr. 1 ZPO), notarielle Urkunden (§ 794 I Nr. 5 ZPO) und Jugendamtsurkunden (§§ 59, 60 SGB VIII). Einstweilige Anordnungen (§§ 620 Nr. 4 bis 6 oder 644 ZPO aF) sind nicht erfasst. Ihnen liegt keine **bindende Unterhaltsfestsetzung** zugrunde. Dies gilt ebenso für im vereinfachten Verfahren ergangene Festsetzungsbeschlüsse (§ 649 ZPO aF). Soweit diese rechtskräftig sind, müssen die Beteiligten die unterhaltsrelevanten Gesetzesänderungen vorrangig[965] mit einem Abänderungsantrag (Korrekturantrag) nach § 654 ZPO aF bzw. § 240 FamFG verfolgen. Dieser unterliegt nicht den durch § 36 Nr. 1 und 2 EGZPO für ein Abänderungsverfahren nach § 323 ZPO aF bzw. § 238 FamFG aufgestellten Bindungen.

Die zum 1.1.2008 in Kraft getretenen Änderungen des materiellen Unterhaltsrechts lassen sich in ihren konkreten Auswirkungen nicht isoliert auf einzelne Unterhaltsverhältnisse beschränken. Dem steht nämlich entgegen, dass im Rahmen der Bedarfsbestimmung und der Beurteilung der Leistungsfähigkeit in der Regel **mehrere Unterhaltsverhältnisse**, wie etwa bei Kindes- und Ehegattenunterhalt, voneinander beeinflusst sind. Macht etwa das Kind mit dem Hinweis auf seinen nunmehr gesetzlich geregelten Vorrang höheren Kindesunterhalt geltend, kann der Ehegattenunterhalt in der zuletzt ausgeurteilten Höhe aller Voraussicht nach keinen Bestand haben. Angesichts dieser inhaltlichen Abhängigkeit müssen die jeweiligen Unterhaltsberechtigten und Unterhaltspflichtigen zur Vermeidung einander widersprechender Entscheidungen und von Rechtsnachteilen die verfahrensrechtlichen Möglichkeiten der **Streitverkündung** (§ 72 ZPO) oder auch der **Nebenintervention** (§ 66 ZPO) in Anspruch nehmen.

Bei einem **rechtskräftigen Urteil** kommt (§ 36 Nr. 1 EGZPO) eine Titelanpassung in Betracht, wenn der Antragsteller sich auf Umstände berufen kann, die vor dem Inkrafttreten des Gesetzes entstanden, aber im jeweiligen Einzelfall erst **auf Grund der Gesetzesänderung erheblich** geworden sind (zB Rangfolge, Bedeutung der Ehedauer oder Erwerbsobliegenheit bei oder nach Kindesbetreuung) und zu einer **wesentlichen Änderung** der Unterhaltsverpflichtung führen. Im Übrigen bleibt es aber bei den durch das Ausgangsurteil geschaffenen Bindungen. Demgemäß ist der Antragsteller – im Unterschied zum Antragsgegner – gehindert, „**Alttatsachen**" die er bereits im Erstverfahren hätte vorbringen müssen, nunmehr erstmalig oder erneut geltend zu machen, sofern sie nicht erst im Lichte der gesetzlichen Neuregelung Bedeutung erlangen. Während der Gesichtspunkt der Wesentlichkeit im Sinne von § 323 I ZPO aF bzw. § 238 I 2 FamFG und der dazu entwickelten Rechtsprechung zu verstehen ist, kommt dem weiteren Kriterium in § 36 Nr. 1 EGZPO, dass nämlich die Titelanpassung dem anderen Beteiligten unter Berücksichtigung seines Vertrauens in die getroffene Regelung zumutbar sein muss, eine zusätzlich **begrenzende Funktion** zu.

Im Rahmen dieser **Vertrauensschutzklausel**,[966] die ansonsten bei einem gegen Unterhaltsurteile gerichteten Abänderungsantrag bisher keine gesonderte Bedeutung erlangt hat, ist im jeweiligen Einzelfall zu gewichten, ob und welche Dispositionen der Unterhaltsberechtigte im Vertrauen auf den Fortbestand des Titels privat oder beruflich getroffen hat, ob ihn diese längerfristig binden und unter welchen Voraussetzungen er sich hiervon mit messbaren Nachteilen lösen kann. Dabei darf allerdings auch nicht vernachlässigt werden, dass nach dem Willen des Gesetzgebers die Unabänderlichkeit eines Unterhaltstitels nicht der Regelfall ist.[967] Im Ergebnis kann dies auch zu **zeitlich abgestuften Titeländerungen** führen. Wird in diesem Zusammenhang danach gefragt, ob das bisherige Unterhaltsrecht im konkreten Einzelfall zu einem so unbilligen und damit

---

[965] OLG Karlsruhe FamRZ 2003, 1672.
[966] BGH FamRZ 2012, 197 Rn. 32; 2011, 1381 Rn. 21 = R 726b.
[967] BGH FamRZ 2010, 2059 Rn. 38; 2010, 1414 Rn. 34.

ungerechten Ergebnis geführt hat, dass es nicht dauerhaft aufrechterhalten bleiben kann, dürfen die **konkreten Auswirkungen** nicht vernachlässigt werden. Für die Unterhaltsberechtigten unzumutbar wäre in diesem Zusammenhang auch, wenn im Zuge der Rangänderung der aus dem betreuenden Elternteil und den minderjährigen Kindern bestehenden Restfamilie insbesondere bei beengten wirtschaftlichen Verhältnissen im Saldo weniger bliebe als vor der Gesetzesänderung,[968] die insbesondere der **Stärkung des Kindeswohls** dienen sollte.[969]

289 Einer **erstmaligen Abänderung** bestehender Unterhaltsurteile auf Grund des Gesetzes zur Änderung des Unterhaltsrechts vom 21.12.2007 stehen die Präklusionen der § 323 II ZPO aF (jetzt: § 238 II FamFG) und § 767 II ZPO nicht entgegen (§ 36 Nr. 2 EGZPO). Die Zeitschranke des § 323 III ZPO aF (für Unterhaltszeiträume ab 1.9.2009: § 238 III FamFG) findet allerdings Anwendung, so dass ein Abänderungsantrag, mit dem der **Unterhaltspflichtige** gestützt auf das neue Unterhaltsrecht eine Herabsetzung des titulierten Unterhalts begehrt, gemäß § 323 III 1 ZPO aF (für Unterhaltszeiträume ab 1.9.2009: § 238 III 3 und 4 FamFG) frühestens ab dem ersten des auf ein entsprechendes Auskunfts- oder Verzichtsverlangen folgenden Monat eine Titelanpassung zulässig ist. Den Antragsteller trifft die **Darlegungs- und Beweislast** für die wesentliche Veränderung der Verhältnisse, die die Abänderung eröffnen können. Im Übrigen bleibt es bei den allgemeinen Regeln (→ Rn. 242 bis 247). Beruft sich der Unterhaltspflichtige als Antragsteller darauf, dass die betreuende Kindesmutter im Hinblick auf das Alter des gemeinsamen Kindes nicht mehr nach § 1570 I 1 BGB unterhaltsberechtigt sei, hat diese die Voraussetzungen für eine fortbestehende Unterhaltsberechtigung nach § 1570 I 2, 3 BGB darzulegen und zu beweisen.[970] Allerdings kann sich der unterhaltspflichtige Kindesvater jedenfalls bei gemeinsamer Elternverantwortung nicht auf ein unmotiviertes Bestreiten im Kontext der Betreuungsmöglichkeiten für das gemeinsame Kind beschränken.

290 Handelt es sich um eine **titulierte Unterhaltsvereinbarung**, sind zunächst die Grundsätze über die Änderung oder den Wegfall der Geschäftsgrundlage (§ 313 BGB) maßgebend (→ Rn. 261 bis 270). Hat bei der Vereinbarung eine bestimmte Rechtsgrundlage erkennbaren Niederschlag gefunden, können erhebliche Gesetzesänderungen, sofern sie sich wesentlich auf die Unterhaltsbemessung auswirken, unter Beachtung der Vertrauensschutzklausel des § 36 Nr. 1 EGZPO eine Anpassung der Unterhaltsvereinbarung ermöglichen. Maßgebend für **Bindung** und Titelanpassung ist der **Wille der Beteiligten.** Hier trägt die **Darlegungs- und Beweislast** derjenige Vertragsteil, der sich auf die Änderung der Geschäftsgrundlage beruft.[971] Haben die Beteiligten die Regelung ihrer Unterhaltsverhältnisse in den Zusammenhang mit anderen Auseinandersetzungen über den Versorgungsausgleich, den Zugewinnausgleich oder andere Vermögensdispositionen gestellt, hat die in Betracht kommende Unterhaltsanpassung die anderweitigen Vereinbarungen mit zu gewichten.[972] Ein Eingriff in diese Teilbereiche vor dem Hintergrund der Änderungen des Unterhaltsrechts ist aber nicht zulässig. Eine Anpassung kann nur über die Unterhaltsbestimmungen in der **Gesamtregelung** erfolgen. Deshalb dürfte dem **Vertrauensschutz** gegenüber einem Verlangen nach Abänderung einer **Abfindungs-** oder **Gesamtvereinbarung,** zu der es bei Anwendung des neuen Unterhaltsrechts nicht oder nicht so gekommen wäre, der Vorrang einzuräumen sein.[973] Verfahrensrechtliche Einschränkungen eines Abänderungsantrags (§ 323 II und III ZPO aF; ab 1.9.2009: § 239 FamFG) bestehen nicht. Gegenüber Unterhaltsüberzahlungen ist der Unterhaltsberechtigte durch § 818 III BGB (beachte aber: § 241 FamFG) geschützt.

Formlose Unterhaltsvereinbarungen unterliegen ebenfalls unter den Voraussetzungen von § 313 BGB einer Anpassung an das neue Recht. Der Anpassung zugänglich ist damit auch ein nach altem Recht erklärter Unterhaltsverzicht. Für eine **Abfindungsver-**

---

[968] Vgl. die Berechnungen bei Hauß FamRB 2006, 180 (182).
[969] Zu weiteren praktischen Auswirkungen vgl. Borth FamRZ 2006, 820 (821).
[970] BGH FamRZ 1990, 496 (497).
[971] BGH FamRZ 2010, 192 Rn. 22 = R 708c.
[972] BGH FamRZ 2001, 1687.
[973] FA-FamR/Kintzel Kap. 6 Rn. 1233.

2. Abschnitt: Die Schaffung und Abänderung von Unterhaltstiteln § 10

einbarung dürfte dies allerdings ausscheiden, wenn es den Parteien erkennbar darum ging, dass Unterhaltsansprüche „... ein für allemal erledigt ..."[974] sein sollten.

Die durch § 36 Nr. 1 und 2 EGZPO geschaffene **Übergangsregelung** erscheint angesichts der Entscheidung des Gesetzgebers, die ab dem 1.1.2008 entstehenden Unterhaltsansprüche ungeachtet der Entstehung der jeweiligen **Anknüpfungstatsachen** dem nunmehr geltenden Unterhaltsrecht zu unterstellen, **lückenhaft**. Wird nämlich für Altfälle ein Vertrauenstatbestand geschaffen, der einen zu weit reichenden Eingriff in erworbene Altrechte vermeiden oder abschwächen soll, kann es keinen hinreichend rechtfertigenden Unterschied machen, ob die jeweilige Titulierung vor oder unmittelbar nach dem Inkrafttreten des neuen Unterhaltsrechts erfolgt ist. Maßgebend für die Begründung des jeweiligen **Vertrauenstatbestandes** ist nämlich nicht der Zeitpunkt der Entscheidung oder der Unterhaltsvereinbarung sondern die dem **zugrunde liegende Disposition,** die die Eheleute für sich und ihre Familie getroffen und wonach sie **tatsächlich gelebt** haben. War danach zB ein Unterhalt begehrender Ehegatte am 1.1.2008 langjährig verheiratet, muss er nicht zuletzt im Lichte des Schutzes von Ehe und Familie (Art. 6 GG) auf eine daran anknüpfende Unterhaltsabsicherung vertrauen dürfen, ohne dass es dabei auf eine noch rechtzeitige Titulierung „vor" der gesetzlichen Neuregelung ankäme. Es müsste auf Unverständnis stoßen, sollte – im Extremfall – der Vertrauensschutz nach § 36 Nr. 1 und 2 ZPO bei einem rechtskräftigen Urteil durchgreifen, im Fall einer Titulierung nur durch einstweilige Anordnung (§§ 620 Nr. 4 bis 6, 644 ZPO aF) leer laufen, obwohl ein **gleichwertiges Schutzbedürfnis** besteht. Die Rechtsprechung wird dem der Vorschrift des § 36 Nr. 1 EGZPO zugrunde liegenden übergeordneten Rechtsgedanken zur Vermeidung von Wertungswidersprüchen und Gerechtigkeitsdefiziten im jeweiligen Einzelfall Rechnung tragen müssen.

Für die bis zum 31.12.2007 errichteten **dynamischen Unterhaltstitel** ist mit dem Inkrafttreten des Gesetzes vom 21.12.2007 und der gleichzeitigen Aufhebung der Regelbetragverordnung der jeweilige Regelbetrag als **variable Bezugsgröße** entfallen. An dessen Stelle ist der Mindestunterhalt (§ 1612a I BGB) als Ausdruck des jeweils in Form eines Freibetrages (§ 32 VI 1 EStG) einkommensteuerfrei zu stellenden sächlichen Existenzminimums eines Kindes getreten, vorübergehend überlagert noch durch die speziellere Vorschrift des § 36 Nr. 4 EGZPO. Diese ist allerdings seit dem 1.1.2009 durch die Anhebung des Mindestunterhalts gegenstandslos geworden.

Trotz der Umstellung vom Regelbetrag auf den Mindestunterhalt als nicht miteinander deckungsgleiche, aber jeweils variable Größe bedarf es für den Unterhaltszeitraum ab dem 1.1.2008 weder eines Abänderungs- noch eines Titelumschreibungsverfahrens. Vielmehr enthält § 36 Nr. 3a–d EGZPO einen **Umrechnungsschlüssel,** mit dem sich für vier denkbare Fallgestaltungen, die der jeweiligen Rolle des Kindergeldes bei der Unterhaltsbemessung Rechnung tragen, der nach neuem Recht konkret geschuldete Zahlbetrag durch das jeweilige Vollstreckungsorgan errechnen lässt. Demgemäß bleibt der **Alttitel** als **Vollstreckungstitel wirksam.** Mit der Umrechnung ist eine Änderung des Unterhalts der Höhe nach nicht verbunden. Dies stellt die gesetzliche Regelung durch **Anpassung** des **Prozentsatzes** sicher (§ 36 Nr. 3 S. 2 EGZPO). An die Stelle des bisherigen Prozentsatzes (für den Regelbetrag) tritt ein neuer Prozentsatz (für den Mindestunterhalt). Maßgebend sind ausschließlich die **Verhältnisse am Stichtag.**

Weiter ist zu bedenken, dass in der durch den Gesetzgeber gewählten Regelungstechnik der Dynamisierung sowohl beim Regelbetrag als auch beim Mindestunterhalt der **Prozentsatz** jeweils die **fixe Größe** darstellt, mithin für alle in Betracht kommenden Altersgruppen einheitlich ausfällt. Es ist mithin nach Wortlaut, Sinn und Zweck der Vorschrift nichts dafür ersichtlich, dass der Gesetzgeber bei seinem Bemühen, die dynamischen Alttitel in das neue Unterhaltsrecht nach einfachen Regeln zu überführen, von diesem Grundsatz hätte abweichen wollte. Deshalb kann dem OLG Dresden[975] nicht gefolgt werden, soweit es unter Vernachlässigung des Stichtags die Umrechnung nach § 36 Nr. 3 EGZPO für jede Altersgruppe gesondert ermittelt und deshalb je nach Alter des Kindes

---

[974] BGH FamRZ 2005, 1662 = R 639.
[975] OLG Dresden FamRZ 2011, 42.

"wandelbare" Prozentsätze errechnen will. Vielmehr ist der auf den Stichtag zu beziehende Prozentsatz ungeachtet des Aufstiegs in eine höher Altersstufe fortzuschreiben.[976]

294 Zu den einzelnen Berechnungsbeispielen vgl. die „Anmerkung E. Übergangsregelung" der Düsseldorfer Tabelle (Anhang D). Der Heranziehung des Umrechnungsschlüssels bedarf es auch dann, wenn die Beteiligten aus anderem Grund eine Abänderung des Unterhaltstitels anstreben (zB beim Zusammentreffen von Kindes- und Ehegattenunterhalt). Erst dann lässt sich etwa feststellen, ob Änderungen in den für die Bemessung des Unterhalts maßgebenden Kriterien im konkreten Einzelfall wesentlich ins Gewicht fallen.

VII. Das Vollstreckungsabwehrverfahren (§ 767 ZPO)

1. Verfahrensgegenstand

295 Für den Unterhaltspflichtigen, der sich gegen eine Zwangsvollstreckung aus Unterhaltstiteln zur Wehr setzen will, die er für unzulässig hält, sieht das FamFG im Unterschied zum Abänderungsverfahren keinen originären Rechtsbehelf vor. Der allgemeine Verweis in § 120 I FamFG, wonach die Vollstreckung in Ehesachen und Familienstreitsachen entsprechend den Vorschriften der Zivilprozessordnung (8. Buch) erfolgt, stellt aber sicher, dass auch in den Unterhaltssachen nach §§ 231 I, 112 Nr. 1 FamFG dem Unterhaltspflichtigen die Verfolgung seiner Rechte in einem Vollstreckungsabwehrverfahren erhalten bleibt (§ 767 ZPO iVm § 113 V Nr. 1 FamFG).[977] Bei dem Vollstreckungsabwehrantrag geht es nicht, wie bei einem Abänderungsantrag gemäß §§ 238, 239 FamFG, um die Berücksichtigung des Einflusses der stets wandelbaren wirtschaftlichen Verhältnisse auf die laufende Unterhaltspflicht,[978] auch nicht um die Beseitigung des materiell-rechtlichen Anspruchs oder um die Feststellung von dessen Fortbestehen, sondern allein darum, dem titulierten Anspruch **durch Rechtsgestaltung** die **Vollstreckbarkeit zu nehmen.**[979] Die Prüfung beschränkt sich auf den Anspruch, der Gegenstand der Entscheidung oder Regelung war, und auf die **Einwendungen des Unterhaltspflichtigen** gegen diesen Anspruch.[980] Verfahrensgegenstand ist allein die Frage, ob die Zwangsvollstreckung aus dem Titel wegen der nunmehr vorgebrachten materiellrechtlichen Einwendungen unzulässig geworden ist.[981] Allerdings können, wie der BGH für den Verwirkungseinwand entschieden hat, Umstände, welche gegenüber fälligen Unterhaltsansprüchen eine Einwendung iSv § 767 ZPO begründen, für Zeiträume ab Rechtshängigkeit – auch – eine Abänderung gemäß § 238 FamFG begründen.[982] Gleichwohl schließen sich das Vollstreckungsabwehrverfahren und das Abänderungsverfahren für den gleichen Streitgegenstand wegen der unterschiedlichen Zielrichtung grundsätzlich gegenseitig aus (→ Rn. 158). Der Unterhaltspflichtige hat somit auch **kein Wahlrecht,** sondern muss sein Rechtsschutzbegehren auf die Verfahrensart stützen, die dem Ziel seiner Rechtsverfolgung für den jeweils in Rede stehenden Unterhaltszeitraum am nächsten kommt.[983]

296 **Familiensache** ist ein Vollstreckungsabwehrverfahren dann, wenn und soweit der Unterhaltstitel, gegen den sich das Verfahren richten soll, einen sachlich und persönlich beschränkten **gesetzlichen Unterhaltsanspruch** zum Gegenstand hat (§§ 111 Nr. 8, 112, 231 I FamFG). Diese Eigenschaft verliert ein Unterhaltsanspruch trotz **vertraglicher Ausgestaltung** nicht, wenn die Regelungen den gesetzlichen Unterhaltsanspruch, dessen Bestand unangetastet bleibt, lediglich inhaltlich nach Höhe, Dauer und Modalitäten der

---
[976] BGH FamRZ 2012, 1048 Rn. 21.
[977] OLG Jena FamRZ 2012, 1662 (1663).
[978] BGH FamRZ 2005, 101 (102) = R 620; FamRZ 1984, 470.
[979] BGH FamRZ 1984, 878.
[980] BGH FamRZ 1982, 782.
[981] BGH FamRZ 2005, 1479 = R 636.
[982] BGH FamRZ 1990, 1095.
[983] BGH FamRZ 2005, 1479 = R 636.

2. Abschnitt: Die Schaffung und Abänderung von Unterhaltstiteln § 10

Unterhaltsgewährung näher festlegt und präzisiert, wenn die Vereinbarung also das Wesen des Unterhaltsanspruchs nicht verändert. Ungeachtet auch erheblicher Modifikationen kommt es hierbei entscheidend darauf an, ob die vertragliche Regelung die im **gesetzlichen Unterhaltsrecht** vorgegebenen **Grundsätze aufnimmt** und **abbildet**.[984]

Voraussetzung für die Zulässigkeit ist ein **wirksamer Titel**. Hat der Unterhaltspflichtige einen Vergleich wirksam angefochten oder will er die Nichtigkeit geltend machen, müssen die Beteiligten dem durch Fortsetzung des Erstverfahrens Rechnung tragen. Ist der Titel zwar wirksam erstellt, enthält aber keinen vollstreckungsfähigen Inhalt (zB die Regelung: „unter Anrechnung bereits gezahlter Beträge"), besteht für den Unterhaltspflichtigen die Möglichkeit, mit einem **Vollstreckungsabwehrantrag analog § 767 ZPO** (**Titelgegenantrag**)[985] den Verstoß gegen das Konkretisierungsgebot und damit die fehlende Vollstreckungsfähigkeit des Titels zu rügen (→ Rn. 147).[986]

2. Zuständigkeit

Soweit der Vollstreckungstitel Unterhaltsansprüche zum Gegenstand hat, für die nach § 232 I FamFG bei Anhängigkeit einer Ehesache oder bei Unterhaltsansprüchen minderjähriger oder privilegiert volljähriger Kinder eine **ausschließliche** örtliche **Zuständigkeit** besteht, wirkt sich diese bei einem Vollstreckungsabwehrantrag in der Weise aus, dass sie der Regelung in § 232 II FamFG folgend jedwede andere ausschließliche Zuständigkeit verdrängt. Sie geht damit für ihren Regelungsbereich auch den ausschließlichen Gerichtsständen des 8. Buchs der ZPO vor. 297

Im Übrigen ist das Gericht des Vorverfahrens erster Instanz örtlich und sachlich ausschließlich zuständig (§§ 767 I, 802 ZPO). Handelt es sich bei der Erledigung des Vorverfahrens um einen gerichtlichen **Vergleich,** so ist das Gericht zuständig, bei welchem das durch Vergleich erledigte Vorverfahren in erster Instanz anhängig war. Dies soll auch dann gelten, wenn der Vergleich in zweiter Instanz geschlossen worden ist.[987] Haben die Beteiligten den Vergleich gemäß § 118 I 3 ZPO im VKH-Prüfungsverfahren geschlossen, ist das Gericht zuständig, bei dem sie um die Bewilligung von **Verfahrenskostenhilfe** nachgesucht hatten. Ist es erst im Beschwerdeverfahren zu einer Einigung gekommen, besteht wiederum die Zuständigkeit bei dem Gericht, das erstinstanzlich über das VKH-Gesuch zu entscheiden hatte. Für den Vollstreckungsabwehrantrag gegen vollstreckbare Urkunden besteht die örtliche Zuständigkeit nach den allgemeinen Regeln (§ 797 V ZPO), wobei allerdings an die Stelle des Wohnsitzes der gewöhnliche Aufenthalt tritt (§ 232 III 1 FamFG). 298

3. Die Vollstreckungstitel

Den Hauptanwendungsfall für den Rechtsbehelf eines Vollstreckungsabwehrantrags bilden die – terminologisch den früheren Urteilen in Unterhaltssachen entsprechenden – **in einer Hauptsache** ergangenen **Endentscheidungen** (§§ 116 III, 120 I FamFG iVm § 767 ZPO). Gleichermaßen von Bedeutung als Vollstreckungstitel ist der in einem gerichtlichen Verfahren geschlossene **Vergleich** sowie die weiteren in § 794 I ZPO genannten Titel (etwa **vollstreckbare Urkunden,** § 794 I Nr. 5 ZPO und für vollstreckbar erklärte Anwaltsvergleiche, §§ 796b, 796c ZPO), soweit sie eine Unterhaltssache (§ 231 I FamFG) zum Gegenstand haben.[988] Darüber hinaus kann der Unterhaltspflichtige mit einem Vollstreckungsabwehrantrag wahlweise neben einem **Abänderungsantrag** nach § 54 FamFG auch gegen eine **einstweilige Unterhaltsanordnung** vorgehen. Zwar ist der entsprechende Vollstreckungstitel aus dem Katalog der in § 794 ZPO zusammengefass- 299

---

[984] BGH FamRZ 2009, 219 Rn. 13.
[985] BGH NJW 2015, 1181 Rn. 6 und 7.
[986] BGH FamRZ 2006, 261 (262) = R 645.
[987] OLG Koblenz FamRZ 1986, 366.
[988] OLG Nürnberg FamRZ 2017, 1852.

ten weiteren Vollstreckungstitel gestrichen worden (vgl. § 794 I Nr. 3a ZPO aF). Gleichwohl bleibt dem Unterhaltspflichtigen das Vollstreckungsabwehrverfahren weiterhin eröffnet, wenn er mit Einwendungen nach § 767 I ZPO gegen diesen Titel vorgehen will. Dies ist etwa dann der Fall, wenn der Unterhaltsberechtigte trotz Erfüllung weiterhin die Zwangsvollstreckung betreiben will. Die Streichung aus dem Katalog beruht im Übrigen darauf, dass die einstweilige Anordnung schon nach § 53 FamFG Vollstreckungstitel ist, dem der Unterhaltspflichtige gemäß § 120 I FamFG mit einem Vollstreckungsabwehrantrag entgegentreten kann, so dass es einer weiteren Erwähnung des Titels in § 794 I ZPO nicht mehr bedarf.[989] Dies gilt im Ergebnis ebenso (vgl. § 794 I Nr. 2a ZPO aF) für den **Beschluss** über die Festsetzung des Unterhalts Minderjähriger **im vereinfachten Verfahren** (§ 253 FamFG), der in seiner Eigenschaft als das Verfahren erledigende Endentscheidung unmittelbar nach § 120 I FamFG iVm § 767 ZPO mit dem Vollstreckungsabwehrantrag angegriffen werden kann,[990] ohne dass eine zusätzlichen Erwähnung in § 794 I ZPO als weiterer Vollstreckungstitel notwendig wäre.[991]

300 Die nach § 59, 60 SGB VIII errichteten **Jugendamtsurkunden** bedürfen als Vollstreckungstitel für das Vollstreckungsabwehrverfahren keiner gesonderten Erwähnung, weil sie schon gemäß § 60 S. 3 SGB VIII den vollstreckbaren Urkunden im Sinne von § 794 I Nr. 5 ZPO gleichstehen.

Die in einem Vergleich begründeten Rechte und Pflichten können nicht durch eine **außergerichtliche Vereinbarung** ausgetauscht und die neuen Vereinbarungen zum Gegenstand der Zwangsvollstreckung gemacht werden. Bei entsprechenden Vereinbarungen über die **Reduzierung der Pflichten** aus dem nach § 794 I Nr. 1 ZPO errichteten Titel kann der Unterhaltspflichtige im Vollstreckungsabwehrverfahren gegen die weitere Zwangsvollstreckung vorgehen.[992] Dasselbe gilt, wenn ein Ehegatte nach Auflösung der neuen Ehe aus einem Vergleich mit dem Ehegatten der alten Ehe über nachehelichen Unterhalt mit Rücksicht auf § 1586a BGB weiter vollstreckt.[993]

4. Das Rechtsschutzbedürfnis

301 Der Vollstreckungsabwehrantrag ist mangels **Rechtsschutzbedürfnisses** unzulässig, wenn eine Zwangsvollstreckung unzweifelhaft nicht mehr droht.[994] Dazu gehört in der Regel die Herausgabe des Vollstreckungstitels an den Unterhaltspflichtigen. Bei Titeln auf wiederkehrende Leistung begründet jedoch die **Nicht-Herausgabe** des **Titels** nicht schon für sich allein die Besorgnis weiterer Vollstreckung trotz Erfüllung, wenn der Titel für die erst künftig fällig werdenden Ansprüche noch benötigt wird.[995] Beschränken sich die rechtshindernden oder rechtshemmenden Einwendungen des Unterhaltspflichtigen auf **Teilleistungen** oder einen zeitlich befristeten Umfang, muss die Erklärung des Unterhaltsberechtigten, in diesem Umfang künftig nicht mehr vollstrecken zu wollen, da er die schuldnerischen Einwendungen anerkenne, zum Wegfall des Rechtsschutzbedürfnisses für einen Vollstreckungsabwehrantrag ausreichen.[996] In diesem Falle ist der Unterhaltsberechtigte nicht in der Lage, den Vollstreckungstitel herauszugeben, weil er ihn für die übrigen, nicht mit Einwendungen des Schuldners belegten Zeiträume noch einsetzen darf. Der Einwand, die Unterhaltsberechtigte betreibe zu Unrecht aus einem Titel, mit welchem ihr Trennungsunterhalt zuerkannt worden sei, die Zwangsvollstreckung für einen Unterhaltszeitraum nach Rechtskraft der Scheidung, kann mit einem Vollstreckungsabwehrantrag nach § 767 ZPO geltend gemacht werden. Das Rechtsschutzbedürfnis für ein Vollstreckungsabwehrverfahren entfällt in einem solchen Falle grundsätzlich erst mit der **Heraus-**

---

[989] BT-Drs. 16/6308, 326.
[990] OLG Stuttgart FamRZ 2013, 646 (647); OLG Brandenburg FamRZ 2012, 1223 (1224).
[991] BT-Drs. 16/6308, 326.
[992] BGH FamRZ 1988, 270; 1982, 782.
[993] BGH FamRZ 1988, 46.
[994] BGH FamRZ 1984, 470 (471).
[995] BGH FamRZ 1984, 470.
[996] BGH FamRZ 1984, 470 (471).

gabe des **Titels** an den Unterhaltspflichtigen, hingegen nicht schon bei einem von der Unterhaltsberechtigten erklärten Verzicht auf die Rechte aus einem Pfändungs- und Überweisungsbeschluss.[997] Denn dieser Verzicht betrifft lediglich eine Vollstreckungsmaßnahme, lässt aber die weitere Vollstreckbarkeit des Unterhaltstitels unberührt.

Der Vollstreckungsgegenantrag ist grundsätzlich so lange zulässig, wie eine **Vollstreckungsmöglichkeit** besteht.[998] Danach kommt es nicht darauf an, ob eine konkrete Vollstreckung beabsichtigt ist. Ebenso wenig ist nach dieser Ansicht von Bedeutung, dass der Unterhaltspflichtige die vollstreckungsfähige Ausfertigung verloren hat. Der Inhaber einer titulierten Forderung gibt allerdings (noch) keine Veranlassung zur Einleitung eines Vollstreckungsabwehrverfahrens, wenn er dem Unterhaltspflichtigen gegenüber zum Ausdruck bringt, auf die Durchsetzung des Anspruchs zu verzichten, sofern eine vergleichsweise Regelung getroffen werden kann.[999]   302

Nach **Beendigung der Zwangsvollstreckung** setzen sich die rechtlichen Möglichkeiten des Vollstreckungsabwehrantrags in dem materiell-rechtlichen Bereicherungsantrag fort.[1000] Wegen dieser Möglichkeit lässt sich das Rechtsschutzinteresse für ein Vollstreckungsabwehrverfahren nicht mehr damit begründen, sie diene der Klärung einer zwischen den Beteiligten streitigen Rechtsfrage wegen des in der Vergangenheit angeblich zu viel geleisteten Unterhalts.[1001]

5. Die Einwendungen (§ 767 I ZPO)

Unter Einwendungen (§ 767 I ZPO) sind bei einer in der Hauptsache erlassenen Endentscheidung (früher: Endurteil) nur die **nachträglich** (§ 767 II ZPO) entstandenen **rechtsvernichtenden** (zB Erfüllung, Erfüllungssurrogate, Erlass, Verwirkung[1002] nach §§ 1579 und 1611 BGB, Wiederheirat des Unterhaltsberechtigten,[1003] Befristung und auflösende Bedingung)[1004] oder **rechtshemmenden** (zB Stundung) zu verstehen.[1005] Der Einwand des Unterhaltspflichtigen, der Zwangsvollstreckung aus einem Unterhaltstitel stehe die ihm erteilte Restschuldbefreiung entgegen, kann nur als Einwendung im Vollstreckungsabwehrverfahren nach § 767 ZPO verfolgt werden.[1006] Zu weiteren in der Rechtspraxis häufiger in Betracht kommenden Einwendungen wird auf die **Aufstellung** zu → **Rn. 154** verwiesen. Wird aus einer Endentscheidung über den **Trennungsunterhalt**, die wegen Nicht-Identität den nachehelichen Unterhalt nicht umfasst, für die Zeit nach der Scheidung der Ehe vollstreckt, kann der Unterhaltspflichtige die (rechtsvernichtende) Einwendung der Ehescheidung erheben.[1007] Stellen die Eheleute nach Titulierung des Trennungsunterhalts die eheliche Lebensgemeinschaft nicht nur vorübergehend wieder her, erlischt der Trennungsunterhaltsanspruch und lebt auch bei erneuter Trennung nicht wieder auf. Da **Trennungsunterhalt** und **Familienunterhalt** nicht identisch sind, kann der Unterhaltspflichtige, sollte der Unterhaltsberechtigte die Vollstreckung fortsetzen oder nach erneuter Trennung wieder aufnehmen, mit einem Vollstreckungsabwehrantrag das **Erlöschen** des titulierten Anspruchs geltend machen.[1008]   303

Der Einwand des Unterhaltspflichtigen, für die Dauer der Ferienaufenthalte seiner Kinder bei ihm entfalle seine Barunterhaltspflicht zum Teil, ist ein solcher nach § 767 I ZPO.[1009] Vollstreckt der Elternteil, der auf Grund einer Verfahrensstandschaft (§ 1629 III 1   304

---
[997] OLG Köln FamRZ 1996, 1077.
[998] OLG Hamm FamRZ 2000, 1166.
[999] OLG Köln NJW-RR 1996, 381.
[1000] BGH FamRZ 1991, 1175.
[1001] BGH FamRZ 1984, 470.
[1002] BGH FamRZ 1991, 1175; 1987, 259 (261); OLG Jena FamRZ 2014, 1032 (1033).
[1003] BGH FamRZ 2005, 1662 = R 639; OLG Naumburg FamRZ 2006, 1402.
[1004] OLG Brandenburg FamRZ 2014, 872 (873).
[1005] BGH FamRZ 1983, 355.
[1006] BGH NJW 2008, 3640.
[1007] BGH FamRZ 1981, 441.
[1008] OLG Düsseldorf FamRZ 1992, 943.
[1009] BGH FamRZ 1984, 470 (Teillöschen).

§ 10 Verfahrensrecht

BGB) einen Kindesunterhaltstitel erstritten hat, hieraus nach Volljährigkeit des Kindes, muss der Unterhaltspflichtige mit einem Vollstreckungsabwehrantrag gegen den Titelgläubiger (nicht gegen das Kind) wegen des **Wegfalls der Vollstreckungsbefugnis** vorgehen.[1010] Setzt der Elternteil nach Obhutswechsel des Kindes die Vollstreckung aus dem Kindesunterhaltstitel fort, kann der Unterhaltspflichtige den Fortfall der Vollstreckungsbefugnis als Einwendung im Rahmen eines Vollstreckungsabwehrverfahrens geltend machen.[1011] Hat der Unterhaltsberechtigte durch planmäßige Vereitelung von Umgangskontakten zwischen dem gemeinsamen Kind und dem Unterhaltspflichtigen seinen Unterhaltsanspruch zeitweilig **verwirkt,** handelt es sich um eine Einwendung, die durch Vollstreckungsabwehrantrag geltend zu machen ist.[1012]

305 Begehrt der Unterhaltspflichtige wegen eines nachträglich bei dem Unterhaltsberechtigten eingetretenen **Rentenbezugs** Herabsetzung des titulierten Unterhalts, hat der BGH[1013] darin zunächst auch einen der Erfüllung wirtschaftlich gleichkommenden Vorgang erkannt und deshalb für die Zeit bis zur Rechtshängigkeit den Vollstreckungsabwehrantrag und erst für den weiteren Unterhaltszeitraum einen Abänderungsantrag als dem Ziel der Rechtsverfolgung am besten dienende Antragsart angesehen. Im Zuge der geänderten Rechtsprechung zur Differenz- bzw. Additionsmethode, wonach sich nunmehr der Rentenbezug auch auf der Ebene der Bedarfsbemessung auswirkt, muss ein allein am Erfüllungssurrogat orientierter Vollstreckungsabwehrantrag zu unbilligen Ergebnissen führen, weil ein entsprechendes Verfahren nicht in der Lage ist, die auch **titelerhaltenden Aspekte** etwa bei der Bedarfsbemessung der geänderten Rechtsprechung aufzunehmen. Folgerichtig scheidet der BGH den Vollstreckungsabwehrantrag nunmehr vollständig aus dem Bereich des nachträglichen Rentenbezugs aus.[1014] Für dessen Einbindung in einen bestehenden Titel bedarf es vielmehr typischerweise der Neuberechnung der stets wandelbaren wirtschaftlichen Verhältnisse durch einen Abänderungsantrag.

306 Im Verfahren nach § 767 ZPO kann **nicht** geltend gemacht werden die Veränderung der stets wandelbaren wirtschaftlichen Verhältnisse der Beteiligten, zB Änderung der Unterhaltsrichtsätze oder Minderung des Einkommens.[1015] Wendet der Unterhaltspflichtige nachträglich ein, die Unterhaltsberechtigte müsse sich nunmehr Einkünfte aus **Versorgungsleistungen** anrechnen lassen, handelt es sich um eine Einwendung, die über eine bloße Erfüllung hinausgeht. Nach der mittlerweile gefestigten Rechtsprechung des BGH[1016] handelt es sich um bedarfswirksames Einkommen, dessen Entwicklung allein im Kontext der stets wandelbaren wirtschaftlichen Verhältnisse angemessen Berücksichtigung finden kann. In einem solchen Zusammenhang steht auch die Beendigung der Ausbildung durch das volljährige Kind. Sie scheidet deshalb ebenfalls als Einwendung im Sinne von § 767 I ZPO aus.

Unterhaltsleistungen mit **Erfüllungscharakter** während der Dauer eines streitigen Verfahrens müssen in der Endentscheidung berücksichtigt werden, weil sonst im Falle einer Zwangsvollstreckung der Einwand der Erfüllung nicht mehr zulässig wäre.[1017] Leistung unter Vorbehalt ist gewöhnlich Erfüllung.[1018] Zahlung zur Abwendung der Zwangsvollstreckung ist keine Erfüllung.[1019]

307 Der Unterhaltspflichtige kann seinen Vollstreckungsabwehrantrag gegen eine in der Hauptsache ergangene Endentscheidung nur auf Gründe stützen, die erst nach **Schluss der mündlichen Verhandlung** entstanden sind, in der sie spätestens hätten geltend gemacht werden müssen und auch durch einen Einspruch nicht mehr geltend gemacht

---

[1010] OLG Brandenburg FamRZ 1997, 509.
[1011] OLG Jena FamRZ 2014, 867 (868).
[1012] OLG München FamRZ 1997, 1160.
[1013] BGH FamRZ 1989, 159.
[1014] BGH FamRZ 2005, 1479 = R 636.
[1015] BGH FamRZ 1983, 355.
[1016] BGH FamRZ 2004, 1170 (und 1173).
[1017] BGH FamRZ 1998, 1165.
[1018] BGH FamRZ 1984, 470.
[1019] BGH NJW 1983, 1111.

werden können (§ 767 II ZPO). Das Entstehen der Einwendungen ist nach materiellem Recht zu beurteilen. Maßgebend sind, wie bei § 238 II FamFG, die **objektiven Verhältnisse**. Auf ein Kennen, **Kennenmüssen** oder ein sonstiges **Verschulden** der Unkenntnis kommt es nicht weiter an.[1020] Die Präklusion trifft den Unterhaltspflichtigen allein deshalb, weil er die Einwendungen nicht mit einem Einspruch oder einer Beschwerde (§ 58 FamFG) in dem danach fortzusetzenden Vorverfahren geltend gemacht hat.

Die Präklusionsvorschrift des § 767 II ZPO gilt weder für den **Vergleich**[1021] noch für die **vollstreckbaren Urkunden** (§ 797 IV ZPO). Allerdings muss der Unterhaltspflichtige seine Einwendungen gegen diese Unterhaltstitel in einem **ersten Vollstreckungsabwehrverfahren** vollständig geltend machen, weil er ansonsten gemäß § 767 III ZPO in einem weiteren Verfahren insoweit präkludiert ist. Dies kann aber nur gelten, wenn eine **Sachentscheidung** ergangen ist, so dass die Präklusion nicht greift, wenn es hierzu im vorangegangenen Vollstreckungsabwehrverfahren nicht gekommen ist.[1022]

6. Die Rechtskraft

Die Rechtskraft einer den Vollstreckungsabwehrantrag gegen einen gerichtlichen Vergleich abweisenden Endentscheidung erstreckt sich nicht auf das Bestehen des materiellrechtlichen Anspruchs. Nur durch ein negatives Feststellungsverfahren ist dies möglich.[1023] Bei einer dem Vollstreckungsabwehrantrag stattgebenden Entscheidung gilt dies gleichfalls mit Ausnahme des Falles der Aufrechnung mit einer Gegenforderung nach § 322 II ZPO.[1024]

308

7. Verzicht auf Verfahren

Auf die Durchführung eines Vollstreckungsabwehrverfahrens kann durch Verfahrensvertrag verzichtet werden; jedoch sind an eine derartige Einigung strenge Anforderungen zu stellen.[1025]

309

8. Verbindung des Vollstreckungsabwehr- mit einem Abänderungsantrag

Vollstreckungsabwehrantrag und Abänderungsantrag können, was der BGH vor dem Hintergrund nicht einfacher Abgrenzungsfragen als unbedenklich ansieht,[1026] in der Weise verbunden werden, dass in erster Linie ein Antrag aus § 767 ZPO, hilfsweise ein Anspruch aus §§ 238, 239 FamFG geltend gemacht wird.[1027] Voraussetzung ist allerdings die **Zulässigkeit der Antragsverbindung** gemäß § 260 ZPO.[1028] Dabei muss zunächst die gleiche Zuständigkeit gegeben sein (Vgl. einerseits für den Vollstreckungsabwehrantrag → Rn. 297 f. und andererseits für den Abänderungsantrag → Rn. 179). Überdies sind die Besonderheiten der einzelnen Verfahrensarten zu beachten, wie etwa die Zeitschranke des § 238 III FamFG, die nur für den Abänderungsantrag gilt. Wird in einer Unterhaltssache ein Vollstreckungsabwehrantrag mit einem Abänderungsantrag im **Eventualverhältnis** verbunden, und ist der Vollstreckungsabwehrantrag unzulässig, das Gericht aber für den Abänderungsantrag örtlich nicht zuständig, so darf keine Teilentscheidung ergehen. Auf den Hilfsantrag ist die Sache vielmehr an das für den Abänderungsantrag zuständige Familiengericht zu verweisen.[1029]

310

[1020] Seiler in Thomas/Putzo ZPO § 767 Rn. 22.
[1021] BGH FamRZ 1984, 997; 1983, 22.
[1022] BGH NJW 1991, 2280 (2281).
[1023] BGH FamRZ 1984, 878.
[1024] BGH FamRZ 1984, 878.
[1025] BGH FamRZ 1982, 782.
[1026] BGH FamRZ 2001, 282.
[1027] FA-FamR/Kintzel Kap. 6 Rn. 142.
[1028] BGH FamRZ 1979, 573.
[1029] OLG Dresden FamRZ 2000, 14.

311 **Kumulativ** können Vollstreckungsabwehrantrag und Abänderungsantrag schließlich in der Weise zusammentreffen, dass etwa beim titulierten Kindes- und Ehegattenunterhalt gegen zwei Titelgläubiger Einwendungen vorgebracht werden, die in der Person des einen nach § 767 I ZPO, in der des anderen als Abänderungsantrag zu behandeln sind (zB gesunkenes Einkommen gegenüber Kindesunterhalt als Abänderungsgrund und Ehescheidung oder Wiederheirat der Unterhaltsberechtigten als rechtsvernichtende Einwendung).

Ein Vorrang des Vollstreckungsabwehrantrags gegenüber einem Abänderungsantrag besteht allerdings dann, wenn gegenüber rechtsvernichtenden oder rechtshemmenden Einwendungen Abänderungsgründe auf Grund der tatsächlichen Entwicklung (zB Rechtskraft der Ehescheidung und Wiederverheiratung) nicht mehr zum Tragen kommen.[1030]

9. Vollstreckungsabwehr und negativer Feststellungsantrag

312 Neben dem Vollstreckungsabwehrantrag ist gemäß § 256 ZPO auch der **Feststellungsantrag auf Nichtbestehen** des Anspruchs möglich, etwa wenn die Reichweite des Vollstreckungstitels unklar ist.[1031] Sie ist allerdings ausgeschlossen, soweit Einwendungen geltend gemacht werden, die nach § 767 II ZPO zu beurteilen sind.[1032] Durch eine Feststellungsentscheidung wird zwar die Vollstreckbarkeit des angefochtenen Titels nicht beseitigt. Ihre Rechtskraft erstreckt sich aber auf den Titel des Vorverfahrens.[1033]

10. Abgrenzung zwischen Vollstreckungsabwehrantrag und Rechtsmittel

313 Da die Einleitung eines Vollstreckungsabwehrverfahrens nicht die **Rechtskraft** der abzuändernden Endentscheidung in der Hauptsache voraussetzt, besteht für den Unterhaltspflichtigen ein **Wahlrecht,** soweit er Einwendungen geltend machen will, die nach Schluss der mündlichen Verhandlung, aber vor Ablauf der Beschwerdefrist (§ 63 I FamFG) entstanden sind. Hier steht es ihm frei mit seinen Einwendungen entweder ein Beschwerdeverfahren zu betreiben oder erstinstanzlich einen Vollstreckungsabwehrantrag zu stellen. Allerdings dürfte sich bei der Wahl im Einzelfall das Rechtsmittel jedenfalls dann aufdrängen, wenn der Unterhaltspflichtige darüber hinaus noch weitere Einwendungen verfolgen will, mit denen er im Vollstreckungsabwehrverfahren ansonsten präkludiert wäre (§ 767 II ZPO).

Hat der Unterhaltspflichtige allerdings gegen die Entscheidung im Erstverfahren eine **zulässige Beschwerde** eingelegt, ist daneben ein Vollstreckungsabwehrantrag unzulässig.[1034] Überdies ist er gehalten, alle in Betracht kommenden Einwendungen im Beschwerdeverfahren geltend zu machen, will er nicht in einem nachfolgenden Verfahren entsprechend präkludiert sein. Ein Wahlrecht besteht nicht zwischen dem **Einspruchsverfahren** und einem Vollstreckungsabwehrantrag, weil der Unterhaltspflichtige hier durch § 767 II ZPO zur Geltendmachung der Einwendungen mit einem zulässigen Einspruch gezwungen ist.[1035]

11. Die Entscheidung

314 Die Entscheidung im Vollstreckungsabwehrverfahren ergeht durch **Beschluss** (§§ 116, 38, 39 FamFG). Bei Erfolg des Rechtsbehelfs erklärt das Gericht in der Hauptsache die Zwangsvollstreckung aus dem angegriffenen Vollstreckungstitel für unzulässig. Neben der nach § 243 FamFG zu treffenden Kostenentscheidung hat das Gericht ferner Anordnungen zur **sofortigen Wirksamkeit** (§ 116 III FamFG) zu treffen. Im Übrigen entsprechen die

---

[1030] FA-FamR/Kintzel Kap. 6 Rn. 1144.
[1031] BGH NJW 1997, 2320.
[1032] OLG Rostock OLGR 2003, 565.
[1033] BGH NJW 1973, 803.
[1034] Seiler in Thomas/Putzo ZPO § 767 Rn. 15.
[1035] BGH NJW 1982, 1812.

an Form und Inhalt der Endentscheidung zu stellenden Anforderungen denen eines erstmaligen Erkenntnisverfahrens (→ Rn. 76 und 77). Die Möglichkeit einer **einstweiligen Einstellung** der **Zwangsvollstreckung** zur vorläufigen Sicherung des Vollstreckungsabwehrantrags ergibt sich aus § 769 ZPO. Die vorläufige Entscheidung ist bei Änderung der Sach- und Rechtslage abänderbar, unterliegt aber keiner Anfechtung (zu den Einzelheiten des Verfahrens siehe weiter → Rn. 251).[1036] Der **Verfahrenswert** richtet sich nach dem Nennbetrag des vollstreckbaren Anspruchs ohne Rücksicht auf seine Realisierbarkeit.[1037] Maßgebend sind die Beträge, deren sich der die Zwangsvollstreckung betreibende Beteiligte berühmt. Unerheblich ist, ob die titulierte Forderung in Wahrheit ganz oder teilweise schon getilgt war und ob dies etwa im Laufe des Verfahrens unstreitig wird.[1038]

VIII. Das Feststellungsverfahren (§ 256 ZPO)

1. Allgemeines

Bei den Unterhaltssachen der Familienstreitsachen (§§ 112 Nr. 1, 231 I FamFG) kommt das Feststellungsverfahren überwiegend im Zusammenhang mit der Bescheidung eines **negativen Feststellungsantrags** zum Zuge, und zwar in der Weise, dass der Unterhaltspflichtige die Feststellung anstrebt, dem Unterhaltspflichtigen keinen Unterhalt oder nicht mehr als einen bestimmten Betrag zu schulden. Eine entsprechende Ausgangslage besteht üblicherweise dann, wenn der Unterhaltspflichtige sich gegen eine ihn belastende **einstweilige Anordnung** (§ 246 FamFG) oder auch nur gegen die Behauptung des Unterhaltsberechtigten wehren will, mit der sich dieser einer Unterhaltspflicht des anderen berühmt. Der negative Feststellungsantrag kommt für den Unterhaltspflichtigen ferner in Betracht gegenüber einem im Anordnungsverfahren geschlossenen **Vergleich,** soweit dieser nicht den Unterhalt insgesamt sondern lediglich das Anordnungsverfahren erledigt.[1039] Allerdings kann mit der Unterhaltsbemessung zu berücksichtigen ist.[1040] Macht der Unterhaltsberechtigte Unterhalt nur mit einem **Teilantrag** geltend, ist der Unterhaltspflichtige nicht gehindert, mit einem **negativen Feststellungswiderantrag** die Feststellung anzustreben, wonach er dem Unterhaltsberechtigten keinen Unterhalt schuldet. Allein mit der Ankündigung, nach rechtskräftiger Abweisung des Teilantrags keine weiteren Ansprüche geltend machen zu wollen, beseitigt der Unterhaltsberechtigte das Rechtsschutzinteresse für einen negativen Feststellungswiderantrag nicht.[1041]

Seit der Neuregelung des Verfahrensrechts der einstweiligen Anordnung in §§ 246, 50 ff. FamFG wird allerdings die Ansicht vertreten,[1042] für den Rechtsbehelf eines negativen Feststellungsantrags fehle es an einem notwendigen **Rechtsschutzbedürfnis**. Zwar scheide die **einstweilige Unterhaltsanordnung,** da nicht in einer Hauptsache ergangen, als nach § 238 FamFG abänderbarer Titel aus. Doch handele es sich nunmehr um ein von der Hauptsache unabhängiges selbständiges Verfahren (§ 51 III 1 FamFG). Der Unterhaltspflichtige habe es in der Hand, durch einen **Erzwingungsantrag** nach § 52 II FamFG den Unterhaltsberechtigten unter gerichtlicher Fristsetzung zur Stellung eines Leistungsantrags in der Hauptsache zu bewegen. Darauf müsse er sich, abgesehen von einem nach § 54 FamFG möglichen Abänderungsantrag, vorrangig verweisen lassen. Dieser Ansicht kann nicht gefolgt werden. Sie beruht auf einer Fehlbewertung des durch § 52 II FamFG dem Unterhaltspflichtigen eingeräumten Rechtsbehelfs. Abzustellen ist in diesem Zusammenhang primär darauf, dass der Gesetzgeber als Ausgleich für den Verlust der Akzessorie-

315

316

[1036] BGH FamRZ 2004, 1191.
[1037] BGH FamRZ 2014, 1996 Rn. 15.
[1038] BGH FamRZ 2006, 620.
[1039] OLG Hamm FuR 2013, 52.
[1040] BGH FamRZ 1992, 162 (164).
[1041] BGH NJW 1993, 2309.
[1042] Reichold in Thomas/Putzo, 35. Aufl., FamFG § 52 Rn. 4; MüKoFamFG/Soyka § 56 Rn. 3.

tät zwischen dem Anordnungsverfahren und einem Hauptsacheverfahren die Rechte des mit einem vollstreckbaren Unterhaltstitel aus einem nur summarischen Verfahren belasteten **Unterhaltspflichtigen stärken** wollte. Eine Beschränkung auf das Antragsrecht aus § 52 II FamFG liefe auf das Gegenteil hinaus. So bliebe der Unterhaltspflichtige in dieser Verfahrenssituation weiterhin der Vollstreckung aus dem Titel ausgesetzt, zumal ein Vollstreckungsschutz nach § 55 FamFG ausscheidet. Daran würde sich auch nichts ändern, wenn der Unterhaltsberechtigte zunächst auch nur ein VKH-Gesuch für ein Hauptsacheverfahren einreichen müsste. Nicht zu vernachlässigen ist die Gefahr, dass der Unterhaltsberechtigte durch Fristverlängerungsanträge (§ 224 II ZPO) die Einleitung des Hauptsacheverfahrens hinauszögert. Schließlich steht auch das Fristsetzungsverfahren nach § 926 ZPO, das dem Gesetzgeber als Vorbild für die Regelungen in § 52 II FamFG gedient hat,[1043] dem Rechtschutzinteresse für einen negativen Feststellungsantrag nicht entgegen.[1044]

317 Dessen ungeachtet folgt aus seiner Stellung als Rechtssubjekt die Befugnis des Unterhaltspflichtigen, sich aktiv und effektiv gegen einen Vollstreckungstitel zur Wehr zu setzen, wie dies auch sonst bei einem rechtskräftigen Unterhaltstitel der Fall ist, zumal es für den Unterhaltsberechtigten unter dem Schutz von § 818 III BGB von untergeordneter Bedeutung bleiben dürfte, dass die titulierte Zahlungsverpflichtung lediglich auf einer vorläufigen Regelung beruht. Da hiernach nichts dafür ersichtlich ist, dass der Unterhaltspflichtige im Verfahren nach § 52 II FamFG auf einfacherem und schnellerem Weg seine schutzwürdigen Interessen effektiv wahren kann,[1045] muss es seinem **Wahlrecht**[1046] vorbehalten bleiben, ob er sich für einen Antrag nach § 52 II FamFG oder für einen negativen Feststellungsantrag im Streitverfahren entscheidet.[1047]

318 Der Antrag ist auf die Feststellung gerichtet, dass ein Rechtsverhältnis besteht bzw. nicht besteht.[1048] Hierzu gehört jedes Schuldverhältnis zwischen den Beteiligten, insbesondere auch Fragen der **Wirksamkeit** und Auslegung bestehender Verträge, eines Endbeschlusses oder eines Vergleichs (es sei denn, dass hinsichtlich beider Titel das Vollstreckungsabwehrverfahren der einfachere Weg wäre).[1049] Besteht Streit über die Wirksamkeit eines Vergleichs, ist das Verfahren mit einem Feststellungsantrag fortzusetzen. Das Gericht wird, sofern es bei dem **Vergleich** bleibt, die entsprechende Feststellung treffen. Abstrakte Rechtsfragen oder reine Tatfragen, Vorfragen oder die Erwartung künftiger Rechtsverhältnisse gehören nicht zu den Rechtsverhältnissen im Sinne des § 256 ZPO. Allerdings kann das Rechtsverhältnis betagt oder bedingt sein.[1050] Es muss aber gegenwärtig[1051] und darf nicht zukünftig sein.[1052] Schon deshalb ist ein Feststellungsantrag, dass die zukünftige Nichtzahlung auf einer vorsätzlichen unerlaubten Handlung beruht (vgl. § 302 Nr. 1 InsO), unzulässig.[1053]

319 Auch der **positive Feststellungsantrag** gewinnt im Unterhaltsrecht zunehmend an Bedeutung. Dies trifft insbesondere zu auf Eheverträge mit Vereinbarungen, die Unterhaltsfragen regeln und deren Wirksamkeit zwischen den Beteiligten umstritten ist.[1054] Allerdings stellen die Instanzgerichte durchaus unterschiedlich starke Anforderungen an das darzulegende **Feststellungsinteresse**. Während das OLG Düsseldorf[1055] ein solches bejaht, wenn an Stelle eines an sich möglichen Leistungsantrags die Durchführung des Fest-

---

[1043] BT-Drs. 16/6308, 201.
[1044] BGH NJW 1986, 1815.
[1045] So aber Götsche/Viefhues ZFE 2009, 124 (130).
[1046] OLG Jena FamRZ 2012, 54 (55).
[1047] Musielak/Borth FamFG § 52 Rn. 14; Johannsen/Henrich/Maier FamFG vor §§ 246–248 Rn. 9; Hoppenz/Runge, Familiensachen, ZPO § 256 Rn. 8.
[1048] BGH NJW 1984, 1556.
[1049] BGH NJW 1977, 583.
[1050] BGH NJW 1984, 2950.
[1051] BGH FamRZ 2017, 1052 Rn. 15.
[1052] BGH NJW 1988, 774.
[1053] OLG Karlsruhe FamRZ 2013, 801 (802); OLG Brandenburg FamRZ 2012, 1743.
[1054] BGH FamRZ 2005, 691.
[1055] OLG Düsseldorf FamRZ 2005, 282.

stellungsverfahrens unter dem Gesichtspunkte der Verfahrensökonomie zu einer sachgemäßen Erledigung der streitigen Punkte führt, verneint das OLG Frankfurt a. M.[1056] das Feststellungsinteresse für einen Antrag auf Feststellung der Nichtigkeit eines Ehevertrages, solange ein Scheidungsantrag nicht gestellt und auch sonst offen ist, ob es zu einer Ehescheidung der Beteiligten kommt.

2. Feststellungsinteresse

Notwendig ist ein besonderes Feststellungsinteresse. Dieses ist gegeben, wenn dem Recht oder der Rechtslage des Antragstellers eine gegenwärtige Gefahr der Unsicherheit droht und wenn die erstrebte Entscheidung geeignet ist, diese Gefahr zu beseitigen. Bei einem behauptenden **(positiven) Feststellungsantrag** liegt eine solche Gefährdung in der Regel schon darin, dass der Antragsgegner das Recht des Antragstellers **ernstlich bestreitet**.[1057] Bei dem leugnenden **(negativen) Feststellungsantrag** liegt es vor, wenn sich der Antragsgegner eines Anspruchs gegen den Antragsteller beziffert oder unbeziffert „berühmt" (allgM). Von einem solchen „Sich-Berühmen" kann allerdings nicht schon dann die Rede sein, wenn sich der Unterhaltsberechtigte gerichtlich oder außergerichtlich lediglich um die Durchsetzung eines Auskunftsbegehrens bemüht, weil er sich insoweit noch in der **Prüfphase** befindet, ob er sich eines Unterhaltsanspruchs „**berühmen soll**", und hierbei auf die Auskunft des Unterhaltspflichtigen angewiesen ist.[1058] 320

Das Feststellungsinteresse entfällt nicht deshalb, weil der Unterhaltsberechtigte später einen Leistungsantrag stellen könnte. Zwar besteht grundsätzlich kein Feststellungsinteresse, wenn dasselbe Ziel mit einem Leistungsantrag erreichbar ist.[1059] Dem Feststellungsantrag steht aber nicht die Möglichkeit eines Antrags auf zukünftige Leistung entgegen.[1060] Ist ein **Feststellungsantrag** anhängig und wird danach ein **Leistungsantrag** umgekehrten Rubrums mit gleichem Streitgegenstand erhoben, kommt es darauf an, ob aus der Sicht der letzten mündlichen Verhandlung des Feststellungsverfahrens **Entscheidungsreife** bereits eingetreten war, als der Leistungsantrag nicht mehr einseitig zurückgenommen werden konnte. Denn zu diesem Zeitpunkt entfällt in der Regel das schutzwürdige Interesse an der parallelen Weiterverfolgung des Feststellungsantrags und damit dessen Zulässigkeit.[1061] Wendet sich der Antragsteller allerdings gegen eine einstweilige Anordnung, soll nach OLG Düsseldorf[1062] das Feststellungsinteresse wegen der fortdauernden Wirkung ab Einstellung der Zwangsvollstreckung aus der einstweiligen Anordnung auch bei einem **gegenläufigen Unterhaltsleistungsantrag** des Gegners gegeben sein. Denn solange eine anderweitige Entscheidung iSd § 56 I 1 FamFG nicht vorliegt, bestehe mit einem **Widerantrag** in einem negativen Feststellungsverfahren die Möglichkeit für einen vorläufigen Rechtsschutz durch Einstellung der Zwangsvollstreckung aus der bekämpften einstweiligen Anordnung. Dem gegenüber geht das OLG Brandenburg[1063] davon aus, dass für einen negativen **Feststellungswiderantrag** das Feststellungsinteresse dann fehlt, wenn bereits Leistungsantrag auf Zahlung von Unterhalt gestellt worden ist, und eine nach § 246 FamFG (§ 620 Nr. 6 ZPO aF) ergangene einstweilige Anordnung bekämpft werden soll. Das Interesse an der Feststellung, dass kein Unterhalt geschuldet wird, kann fehlen, wenn Anträge auf Erlass einer einstweiligen Anordnung zurückgewiesen wurden.[1064] Das Feststellungsinteresse kann ferner fehlen, wenn nach Ablehnung einer Unterhaltsanordnung der Berechtigte nichts mehr unternimmt.[1065] Zwar kann bei sich abzeichnender Gefahr der 321

[1056] OLG Frankfurt a. M. FamRZ 2006, 712; 2005, 457.
[1057] Bereits OLG Köln VersR 1977, 938.
[1058] OLG Brandenburg FamRZ 2005, 117.
[1059] BGH FamRZ 1984, 470.
[1060] Bereits RG 113, 412 zu § 259 ZPO.
[1061] BGH NJW-RR 1990, 1532; WM 1987, 637.
[1062] OLG Düsseldorf FamRZ 1993, 816.
[1063] OLG Brandenburg FamRZ 1999, 1210.
[1064] BGH FamRZ 1995, 725.
[1065] OLG Karlsruhe FamRZ 1994, 836.

Verjährung bereits titulierter Unterhaltsansprüche ein Feststellungsinteresse bestehen. Doch kann dies nur dann gelten, wenn andere Möglichkeiten der Hemmung oder eines Neubeginns der Verjährung ausscheiden.[1066]

322 Das Feststellungsinteresse fehlt auch, wenn der Antragsteller einen einfacheren Weg hat, zB gemäß § 766 ZPO[1067] oder im Wege der **Urteilsberichtigung** vorgehen kann. Kein Feststellungsinteresse besteht, wenn der Antragsteller das gleiche Ziel mit der **Leistungsantrag** erreichen kann,[1068] oder aber wenn die Feststellungsentscheidung im Ausland, wo vollstreckt werden soll, nicht anerkannt wird. Streiten die Beteiligten über die Wirksamkeit eines Ehevertrages, der den nachehelichen Unterhalt regelt, ist der Antrag des Unterhaltsberechtigten auf Feststellung der Unwirksamkeit unzulässig, wenn die Ehe geschieden oder das Scheidungsverfahren noch rechtshängig ist; Dem Feststellungsantrag fehlt, da der Unterhaltsberechtigte zumutbarer Weise einen Leistungsantrag stellen kann, das Rechtsschutzinteresse.[1069] Dies hat auch für den Fall zu gelten, dass er bei der weiteren Rechtsverfolgung auf einen Stufenantrag angewiesen wäre.[1070]

3. Abgrenzung zu anderen Verfahren

323 Soweit verschiedentlich „Feststellung" begehrt wird, dass der bereits titulierte Unterhalt wegfalle, handelt es sich in Wahrheit um einen Abänderungsantrag gemäß § 238 FamFG. Ist eine Feststellungsentscheidung ergangen und wird sie durch eine Leistungsentscheidung ausgefüllt, wird die Feststellungsentscheidung insoweit gegenstandslos. Eine Änderung des ausfüllenden Beschlusses ist nur unter den Voraussetzungen des § 238 FamFG möglich.[1071] Gegen eine in der Hauptsache ergangene Endentscheidung auf wiederkehrende Leistungen ist ein Feststellungsantrag mangels Rechtsschutzinteresses unzulässig. Möglich ist nur das Abänderungsverfahren gemäß § 238 FamFG.[1072]

Ist in einer Feststellungsentscheidung auf wiederkehrende Leistungen verfahrensordnungswidrig die Höhe der Leistungen festgelegt, ist ebenfalls der Abänderungsantrag gemäß § 238 FamFG möglich.[1073] Eine Entscheidung, die eine Unterhaltspflicht auf negativen Feststellungsantrag gegen eine Unterhaltsanordnung hin feststellt, ist einer Verurteilung zu künftig fällig werdenden Leistungen gleichzustellen; dagegen gibt es das Abänderungsverfahren.[1074]

Nur durch Feststellungsantrag, nicht durch Vollstreckungsabwehrantrag, kann die Rechtskraft einer Entscheidung über den Vollstreckungsabwehrantrag auf den **materiellrechtlichen Anspruch** eines gerichtlichen Vergleichs erstreckt werden.[1075] Nur den negativen Feststellungsantrag hat der Unterhaltspflichtige gegen einen **Vergleich,** der einer einstweiligen Anordnung in den Wirkungen gleichsteht.[1076] Die Feststellung, dass keine Unterhaltspflicht mehr besteht, ist mit Eintritt der Rechtskraft eine anderweitige Regelung gemäß § 56 I 1 FamFG. Abänderung des Vergleichs unter den Voraussetzungen von § 239 FamFG käme nur dann in Betracht, wenn die Beteiligten über den einstweiligen Rechtsschutz hinaus die Unterhaltssache insgesamt und abschließend geregelt hätten.[1077]

[1066] OLG Brandenburg FamRZ 2012, 1316 (1317).
[1067] BGH NJW-RR 1989, 636.
[1068] OLG Nürnberg FamRZ 2004, 1734.
[1069] OLG Naumburg FamRZ 2008, 619.
[1070] OLG Koblenz FamRZ 2004, 1732.
[1071] BGH MDR 1968, 1002.
[1072] BGH NJW 1986, 3142.
[1073] BGH FamRZ 1984, 556.
[1074] OLG Hamm FamRZ 1994, 387.
[1075] BGH FamRZ 1984, 878.
[1076] BGH FamRZ 1983, 892.
[1077] OLG Hamm FuR 2013, 52.

2. Abschnitt: Die Schaffung und Abänderung von Unterhaltstiteln § 10

4. Prüfungs- und Entscheidungsumfang

Der Feststellungsantrag verfolgt ein „Weniger" (kein „aliud") gegenüber dem Leistungsbegehren. Entspricht der Erlass einer Feststellungsentscheidung statt der begehrten, aber unbegründeten Leistungsentscheidung dem Interesse des Antragstellers, kann ohne Verstoß gegen § 308 I ZPO – auch ohne ausdrückliche hilfsweise Geltendmachung – eine Feststellungsentscheidung erlassen werden.[1078] Für eine Prüfung und Entscheidung über die Höhe des festzustellenden Anspruchs ist bei einem positiven Feststellungsantrag kein Raum.[1079]

324

Bei einem negativen Feststellungsantrag ist entgegen einer verbreiteten Praxis nicht die verbleibende Unterhaltspflicht positiv zu beantragen und festzustellen, sondern negativ, in welcher Höhe **keine Unterhaltspflicht** besteht,[1080] zB: „... Es wird festgestellt, dass der Antragsteller **nicht verpflichtet** ist, an die Antragsgegnerin für die Zeit vom 1.1. bis 31.12.2002 **mehr als** 300 EUR Unterhalt monatlich zu zahlen ..." Nicht: „... Es wird festgestellt, dass der Antragsteller ... 300 EUR Unterhalt zu zahlen hat." Es ist schließlich, abgesehen von Ausnahmefällen bei der Beurteilung des Feststellungsinteresses, schon wegen des Umfangs der Rechtskraft unzulässig, die Zulässigkeit des Feststellungsantrags offenzulassen und in der Sache zu entscheiden.[1081]

5. Darlegungs- und Beweislast

Sie richtet sich nach allgemeinen materiell-rechtlichen Grundsätzen. Auch bei einem negativen Feststellungsantrag ist die **umgekehrte Beteiligtenstellung** auf die Darlegungs- und Beweislast ohne Einfluss.[1082] Bei einem positiven Feststellungsantrag muss daher der Antragsteller das Bestehen des behaupteten Anspruchs beweisen, bei einem negativen Feststellungsantrag der Antragsgegner das Bestehen des Anspruchs, dessen er sich berühmt.

325

6. Rechtskraft

Eine Endentscheidung, die einen negativen Feststellungsantrag abweist, hat grundsätzlich dieselbe Bedeutung und Rechtskraftwirkung wie eine Endentscheidung, die das Gegenteil dessen positiv feststellt, was mit dem negativen Feststellungsantrag begehrt wird.[1083]

326

Beispiel:
Der Antragsteller verlangt Feststellung, dass er nicht verpflichtet ist, 10 000 EUR Unterhaltsrückstand zu zahlen. Der Antrag wird als unbegründet abgewiesen. Damit ist rechtskräftig (positiv) ausgesprochen, dass dem Antragsgegner 10 000 EUR Unterhaltsrückstand zustehen.[1084] Allerdings ist dadurch kein Leistungstitel geschaffen. Die Feststellungsentscheidung wirkt vielmehr wie eine Grundentscheidung (§ 304 ZPO), die noch der konkreten Ausfüllung bedarf.[1085]

Beispiel:
Der Unterhaltsberechtigte berühmt sich eines Unterhaltsanspruchs gegen den Unterhaltsverpflichteten. Dieser beantragt festzustellen, dass dem Antragsgegner kein Unterhaltsanspruch gegen ihn zustehe (negativer Feststellungsantrag). Der Antrag wird abgewiesen. Damit steht fest, dass der Unterhaltsanspruch dem Grunde nach besteht.

Wird der (positive) Feststellungsantrag rechtskräftig und abschließend abgewiesen, so schafft die Endentscheidung **Rechtskraft** auch für einen später auf dieselbe Forderung gestützten **Leistungsantrag** insoweit, als das mit dem Leistungsantrag erstrebte Ziel unter

327

[1078] BGH FamRZ 1984, 556.
[1079] BGH FamRZ 1984, 556.
[1080] BGH FamRZ 1988, 604.
[1081] BGH FamRZ 2012, 525 Rn. 44.
[1082] BGH NJW 1993, 1716.
[1083] OLG Hamm FamRZ 2000, 544.
[1084] BGH FamRZ 1986, 565.
[1085] BGH FamRZ 1986, 565.

keinem rechtlichen Gesichtspunkt aus dem Lebenssachverhalt hergeleitet werden kann, der dem Feststellungsantrag zugrunde gelegen hat.[1086]

> **Beispiel:**
> Der Antragsteller beantragt Feststellung, dass ihm die Antragsgegnerin für die Zeit vom 1.1.1995–31.12.2002 Ausgleich wegen Kindesunterhalts schulde. Nach rechtskräftiger, einschränkungsloser Abweisung beantragt er unter konkreter Bezifferung auf Leistung.
> Der Leistungsantrag ist zwar zulässig, weil verschiedene Streitgegenstände vorliegen, aber unbegründet wegen der Rechtskraft der Feststellungsentscheidung.

Keine Rechtskraftwirkung besteht, wenn der zur Prüfung gestellte Streitpunkt als Vorfrage im Verfahren über den Leistungsantrag bereits entschieden worden ist.[1087]

> **Beispiel:**
> Im Leistungsverfahren auf Erstattung des an die Kinder gezahlten Unterhalts wird geprüft, ob eine Freistellungsverpflichtung auf Grund eines Vergleichs besteht. Mit dem nachfolgenden Feststellungsantrag macht der Antragsteller die Nichtigkeit der Freistellungsvereinbarung geltend. Die Rechtskraft der früheren Leistungsentscheidung erstreckt sich nicht auf den weiteren Bestand der Freistellungsverpflichtung.

7. Einstweilige Einstellung der Zwangsvollstreckung

328 Richtet sich der negative Feststellungsantrag gegen einen Vollstreckungstitel, wie dies bei der einstweiligen Unterhaltsanordnung der Fall ist, kann der Unterhaltspflichtige, sofern und sobald der Feststellungsantrag anhängig oder ein darauf zielendes Gesuch um die Bewilligung von Verfahrenskostenhilfe eingereicht ist, entsprechend § 242 S. 1 FamFG iVm § 769 ZPO zur Sicherung seines Rechtsbehelfs einen Antrag auf Einstellung der Zwangsvollstreckung anbringen. Auch wenn der Feststellungsantrag im Wortlaut nicht unmittelbar einem Antrag auf Herabsetzung des titulierten Unterhalts entspricht, ist dieser doch nach Sinn und Zweck auf die Beseitigung (oder auch nur Herabsetzung) eines titulierten Unterhalts gerichtet, so dass von einer entsprechenden Heranziehung der Vorschrift auszugehen ist.[1088] Wollte man dem nicht folgen, käme, wie schon nach bisherigem Recht, eine Einstellung der Zwangsvollstreckung unter gleichlautenden Voraussetzungen über § 120 I FamFG iVm § 769 ZPO in Betracht (vgl. zum Verfahren weiter → Rn. 251). Eine Anfechtung der Entscheidung findet, wie schon nach bisherigem Recht,[1089] nicht statt (§ 242 S. 2 FamFG).

Sofern entgegen OLG Düsseldorf[1090] die Zulässigkeit eines negativen Feststellungs(wider)antrags gegen eine einstweilige Unterhaltsanordnung mangels Feststellungsunteresse verneint wird, sobald ein gegenläufiger Leistungsantrag anhängig ist, muss der Unterhaltspflichtige mit seinem Abweisungsantrag zur Hauptsache einen Antrag auf vorläufige **Einstellung** der Zwangsvollstreckung **analog § 769 ZPO** verbinden können.[1091] Die positive Entscheidung hierüber wird allerdings bereits mit Erlass der Endentscheidung gegenstandslos, obwohl eine Abweisung des Antrags in der Hauptsache als anderweitige Regelung nach § 56 I 1 FamFG erst mit **Rechtskraft** der Endentscheidung eintritt. In diesem Fall bleibt der Unterhaltspflichtige auf Maßnahmen der Vollstreckungsabwehr (§ 767 ZPO) angewiesen, wenn das Gericht entgegen § 116 III 2 FamFG von einer Anordnung der sofortigen Wirksamkeit der Abweisungsentscheidung absieht. Ein Vorgehen des Gerichts nach § 116 III 3 FamFG ist nicht angezeigt, da die Endentscheidung keine Verpflichtung zur Leistung von Unterhalt enthält.

[1086] BGH NJW 1989, 393.
[1087] BGH FamRZ 1986, 444.
[1088] Keidel/Meyer-Holz FamFG § 242 Rn. 17; Musielak/Borth FamFG § 242 Rn. 2.
[1089] BGH FamRZ 2004, 1191.
[1090] OLG Düsseldorf FamRZ 1993, 816.
[1091] OLG Hamburg FamRZ 1996, 745.

2. Abschnitt: Die Schaffung und Abänderung von Unterhaltstiteln　　　　§ 10

8. Verfahrenswert

Der Verfahrenswert des negativen Feststellungsantrags liegt – ohne Abschlag – so hoch 329
wie der Anspruch, dessen sich der Gegner berühmt. Bei einem positiven Feststellungsantrag wird ein gewisser Abschlag vorgenommen, der nach der herrschenden Meinung mit rund 20% bemessen wird.[1092] Dies sind aber nur Anhaltswerte, da der Wert des Feststellungsinteresses in jedem Fall unterschiedlich zu bewerten ist. Auch bei einem negativen Feststellungsantrag wirken die Rückstände bis zur Einreichung des Antrags nach § 51 II 1 FamGKG werterhöhend, wenn und soweit der Antrag diese Rückstände umfasst. Letzteres ist eine Frage der Auslegung des Antrags.[1093]

IX. Die Verfahren wegen ungerechtfertigter Bereicherung, Erstattung und Schadensersatz in Unterhaltssachen (§ 231 I FamFG)

1. Die ungerechtfertigte Bereicherung

Hat der Unterhaltsberechtigte Unterhaltszahlungen erlangt, die ihm von Rechts wegen 330
nicht oder nicht in der erlangten Höhe zustehen, kann ihn der Unterhaltspflichtige insoweit aus ungerechtfertigter Bereicherung (§ 812 BGB) auf Rückzahlung in Anspruch nehmen.[1094] Dabei dürfte es allerdings nur auf „unfreiwillige" Überzahlungen ankommen. Denn etwaigen Begehren auf Rückzahlung freiwillig erbrachter Unterhaltsleistungen stehen im Regelfall die Bestimmungen in §§ 814, 1361 IV 4, 1360b BGB entgegen. Ein erfolgreiches Rückzahlungsbegehren setzt primär voraus, dass der Unterhaltspflichtige ohne Rechtsgrund gemäß § 812 I 1 BGB Unterhalt geleistet hat[1095] und der Unterhaltsberechtigte immer noch bereichert ist. Demgemäß muss ein Rückzahlungsverlangen schon dann erfolglos bleiben, wenn der Unterhalt auf Grund einer in einer Hauptsache ergangenen **Endentscheidung,** die den **Rechtsgrund** für das Behaltendürfen darstellt, tituliert ist. Gelingt es dem Unterhaltspflichtigen nicht, „den Rechtsgrund" zu beseitigen, bleibt ihm nur ein Schadensersatzanspruch unter den Voraussetzungen von § 826 BGB. Auch der **Vergleich** stellt einen dem Erfolg des Bereicherungsantrags zunächst entgegenstehenden Rechtsgrund dar,[1096] so dass es vor einer Kondiktion der Titelabänderung in einem Verfahren nach § 239 FamFG bedarf.[1097] Das gilt für die sonstigen **vollstreckbaren Urkunden** sowie den im vereinfachten Verfahren ergangenen **Festsetzungsbeschluss** (§ 253 FamFG) gleichermaßen. Kann der Unterhaltspflichtige in den Abänderungs- und Korrekturverfahren (§§ 238, 239 und 240 FamFG) eine **rückwirkende Titelbeseitigung** durchsetzen,[1098] kann er auch für diese Zeiträume Rückzahlung zu Unrecht geleisteter Beträge geltend machen. Da die Altregelung zu § 323 III 1 ZPO aF durch § 238 III 3 und 4 FamFG abgelöst worden ist, kann der Unterhaltspflichtige nunmehr in den Grenzen dieser Vorschrift – allerdings erstmalig für ab 1.9.2009 gezahlten Unterhalt – auch bei in der Hauptsache ergangenen Endentscheidungen für Unterhaltszeiträume vor Rechtshängigkeit Rückzahlungen aus ungerechtfertigter Bereicherung verlangen. Betreibt der Unterhaltsberechtigte die Zwangsvollstreckung aus einem Unterhaltstitel, gegen den sich der Unterhaltspflichtige zunächst mit Einwendungen iSv § 767 ZPO wendet, entfällt mit erfolgreicher Zwangsvollstreckung die Zulässigkeit des Vollstreckungsabwehrantrags. Seine Rechtsverfolgung muss der Unterhaltspflichtige zulässigerweise mit einem Rückzahlungsantrag aus ungerechtfertigter Bereicherung fortsetzen.[1099] Hat der Unterhaltsberechtigte aus

---
[1092] BGH NJW 1988, 689.
[1093] OLG Köln FamR 2001, 1385.
[1094] BGH FamRZ 1987, 684 (685); 1986, 794 (795).
[1095] BGH FamRZ 1985, 368.
[1096] BGH FamRZ 1998, 951; 1992, 1152.
[1097] BGH FamRZ 1991, 1175.
[1098] BGH FamRZ 2008, 1911 Rn. 21.
[1099] BGH FamRZ 1991, 1175; OLG Brandenburg FamRZ 2012, 1223 (1224).

einem Unterhaltsvergleich erfolgreich die Zwangsvollstreckung betrieben, obwohl eine solche mangels hinreichender Bestimmung des Unterhaltstitels nicht hätte erfolgen dürfen, kann der Unterhaltspflichtige unmittelbar aus ungerechtfertigter Bereicherung Rückzahlung der Unterhaltsbeträge verlangen.[1100] Mit Abschluss der Zwangsvollstreckung ist das vorrangige Vollstreckungsabwehrverfahren (Titelgegenantrag analog § 767 ZPO → Rn. 296) nicht mehr zulässig.

331 Als Rechtsgrund iSv § 812 BGB scheiden allerdings aus gerichtliche Vergleiche, soweit sie in einem Verfahren der **einstweiligen Anordnung** ergangen sind. Die einstweilige Anordnung trifft auf Grund einer nur summarischen Prüfung vorläufige Regelungen, die jederzeit im ordentlichen Streitverfahren geändert werden können. Geht sie über Bestand und Höhe des materiellrechtlichen Unterhaltsanspruchs hinaus, hat der Unterhaltspflichtige Überzahlungen ohne rechtlichen Grund (§ 812 I 1 BGB) erbracht. Neben diesem Fall ist ihm ein Rückzahlungsbegehren aus ungerechtfertigter Bereicherung auch dann **unmittelbar** eröffnet, wenn die Beteiligten im Verfahren der einstweiligen Anordnung einen allein dieses Verfahren erledigenden **Vergleich** geschlossen haben, weil dem Vergleich keine weitergehenden Wirkungen beigemessen werden können, als sie die einstweilige Anordnung entfaltet hätte.[1101] An dieser Rechtslage hat sich auch durch die gesetzliche Neuregelung, wonach das Anordnungsverfahren ein von dem Hauptsacheverfahren unabhängiges Verfahren darstellt (§ 51 III 1 FamFG), nichts geändert[1102] (wegen der Ersatzansprüche des Unterhaltspflichtigen bei im summarischen Verfahren erstellten Vollstreckungstiteln → Rn. 442 bis 445). Erbringt der Unterhaltspflichtige vor dem Hintergrund einer Absprache, wonach die Beteiligten sich zulässigerweise auf die steuerliche Zusammenveranlagung verständigt hatten, höhere Unterhaltszahlungen, kann er, sofern sich die Unterhaltsberechtigte an die Absprache nicht hält, aus ungerechtfertigter Bereicherung den aufgrund der gewählten Einzelveranlagung überzahlten Unterhalt zurückverlangen.[1103]

332 Für den durch ungerechtfertigte Bereicherung erlangten Unterhalt hat der Unterhaltsberechtigte Wertersatz (§ 818 II BGB) zu leisten. Die Verpflichtung entfällt, wenn der Empfänger der Unterhaltsleistungen nicht mehr bereichert ist (§ 818 III BGB). Allerdings dauert die Bereicherung fort, wenn der Unterhaltsberechtigte mit den Unterhaltszahlungen **Rücklagen** gebildet oder sich geldwerte Vorteile durch Tilgung von Verbindlichkeiten oder durch Anschaffungen verschafft hat. Eine **Entreicherung** liegt demgegenüber vor, wenn der Bedürftige den überzahlten Unterhalt restlos für seine laufenden Lebensbedürfnisse verbraucht hat, ohne sich noch in seinem Vermögen vorhandene Werte oder Vorteile zu verschaffen.[1104] Letzteres ist gegeben bei anderweitigen Ersparnissen, Anschaffungen oder Vermögensvorteilen durch Tilgung von Schulden. Die rechtsgrundlose Zahlung des Unterhaltspflichtigen muss für diesen **Vermögensvorteil** aber **kausal** gewesen sein.[1105] Die Kausalität fehlt, wenn der Bedürftige die Mittel für die Anschaffung von dritter Seite geschenkt erhielt oder der Vermögensvorteil unter Einschränkung des Lebensstandards erworben wurde. Den Wegfall der Bereicherung muss der Bereicherte darlegen und beweisen. Allerdings hält die Rechtsprechung[1106] hierfür **Beweiserleichterungen** bereit, wonach insbesondere bei unteren und mittleren Einkommen nach der Lebenserfahrung eine Vermutung dafür spricht, dass das Erhaltene für eine Verbesserung des Lebensstandards ausgegeben wurde, ohne dass seitens des Unterhaltsberechtigten hierfür noch besondere Verwendungsnachweise zu erbringen wären. Eine auf Rückzahlung ihm nicht zustehenden Unterhalts in Anspruch genommener Beteiligter kann sich auf den Entreicherungseinwand nach § 818 III BGB nicht berufen, wenn er ein deklaratorisches Anerkenntnis über die Rückforderung abgegeben hat.[1107]

[1100] OLG Schleswig FamRZ 2017, 824 (825).
[1101] BGH FamRZ 1991, 1175.
[1102] FA-FamR/Kintzel Kap. 6 Rn. 1058.
[1103] OLG Hamm FamRB 2013, 314.
[1104] BGH FamRZ 1992, 1152 (1153).
[1105] BGH FamRZ 1992, 1152 (1153).
[1106] BGH FamRZ 2008, 1911 Rn. 70; 2000, 751 = R 539.
[1107] OLG Düsseldorf FamRZ 1999, 1059.

In Ansehung von Beweiserleichterungen und nach den Regeln der Lebenserfahrung 333
wird das Rückzahlungsbegehren des Unterhaltspflichtigen, wenn nicht zuletzt bei der
Zwangsvollstreckung, häufig jedenfalls am **Wegfall der Bereicherung** (§ 818 III BGB)
scheitern, es sei denn, dass der Unterhaltsberechtigte verschärft haftet. Diese Haftung setzt
bürgerlich-rechtlich nach § 818 IV BGB an und für sich mit der Rechtshängigkeit des
Antrags auf Bereicherungsausgleich ein. Deshalb konnte eine **verschärfte Haftung** nach
den bis zum 31.8.2009 maßgebenden Verfahrensvorschriften nicht schon mit Erhebung
einer Abänderungs- oder negativen Feststellungsklage einsetzen.[1108] Für die ab 1.9.2009
einzuleitenden Verfahren, mit denen der Unterhaltspflichtige aus ungerechtfertigter Bereicherung Rückzahlungsansprüche geltend macht, sieht § 241 FamFG eine Haftungsverschärfung für den Unterhaltsberechtigten vor. Nunmehr setzt die verschärfte Haftung, auf
die § 818 IV BGB verweist, bereits mit **Rechtshängigkeit** des auf Herabsetzung gerichteten **Abänderungsantrags** ein. Bereits die Verfahren nach §§ 238, 239, 240 FamFG, mit
denen der Unterhaltspflichtige die Beseitigung des Rechtsgrundes im Sinne von § 812
BGB als Voraussetzung für sein Rückzahlungsbegehren schaffen muss, führen, sobald sie
rechtshängig sind, zur verschärften Haftung des Unterhaltsberechtigten. Die Regelung
dient der Verfahrensvereinfachung und enthebt den Unterhaltspflichtigen der Notwendigkeit, den jeweiligen Abänderungsantrag mit einem Leistungsantrag auf Rückzahlung zu
verbinden, ohne dass der Unterhaltsberechtigte hierdurch benachteiligt wäre.[1109]

Dem Entreicherungseinwand kann darüber hinaus eine noch vor Rechtshängigkeit eines 334
Abänderungsantrags (§ 241 FamFG) einsetzende verschärfte Haftung nach § 819 I BGB
entgegenstehen. Hier tritt die Haftung ein mit dem Zeitpunkt, in dem er den Mangel des
rechtlichen Grundes tatsächlich erfährt. Notwendig hierfür ist allerdings das **Wissen** um
ein **Fehlen des rechtlichen Grundes** selbst. Allein die Kenntnis der Umstände, aus denen
sich die entsprechenden Schlussfolgerungen ziehen lassen, genügt nicht. Ebenso wenig
reicht es für eine verschärfte Haftung aus, dass die uneingeschränkte Fortgeltung des
ursprünglichen Titels „in Frage gestellt" war.[1110] Der Unterhaltsgläubiger muss die zutreffende rechtliche Würdigung (tatsächlich) anstellen, wobei er sich allerdings nicht einer
Kenntniserlangung verschließen darf. So soll nach Ansicht des OLG Düsseldorf dem
Unterhaltsberechtigten die Berufung auf den Wegfall der Bereicherung etwa dann verwehrt
sein, wenn er titulierte Unterhaltsleistungen erhalten hat und nachträglich für den besagten
Unterhaltszeitraum BAföG-Leistungen erhält und ihm bei Erhalt klar ist, dass er bei
korrekter zeitlicher Zuordnung keinen Anspruch auf Unterhalt hatte und sich demgemäß
schon bei Eingang der BAföG-Zahlungen auf eine Rückzahlung des gewährten Unterhalts
einstellen musste.[1111] Indessen erscheint zweifelhaft, ob der Unterhaltspflichtige hier Rückzahlungsansprüche aus ungerechtfertigter Bereicherung herleiten kann. Denn im Zeitpunkt
der Unterhaltsleistungen hat mit der Titulierung ein Rechtsgrund bestanden. Mehr spricht
deshalb dafür, dem Unterhaltspflichtigen einen Erstattungsanspruch (§ 242 BGB) zuzubilligen, der darauf hinausläuft, dass er im Verhältnis zum Unterhaltsberechtigten so zu stellen
ist, als wären die BAföG-Leistungen in den jeweils unterhaltsrelevanten Zeiten erbracht
worden (vgl. zu den näheren Einzelheiten des Erstattungsanspruchs → Rn. 337).

Die Voraussetzungen für eine verschärfte Haftung nach **§ 820 I BGB** sind in den 335
meisten Fällen schon deshalb nicht gegeben, weil die Titulierung von Unterhaltszahlungen
überwiegend auf gerichtlichen Entscheidungen beruht, die als **staatliche Hoheitsakte**
einem Rechtsgeschäft im Sinne von § 820 I BGB nicht gleichstehen. Eine abweichende
Beurteilung der verschärften Bereicherungshaftung kann auch nicht angenommen werden,
soweit die Beteiligten einen **Vergleich** geschlossen haben. Der Rechtsgrund für die
gezahlten Unterhaltsbeträge liegt nämlich weiter in der vertraglich lediglich modifizierten
gesetzlichen Unterhaltspflicht. Die Ungewissheit des Erfolgseintritts müsste sich überdies
aus dem Inhalt des Rechtsgeschäfts ableiten lassen Dies ist bei den für die gesetzliche
Unterhaltsverpflichtung maßgebenden Kriterien (Bedürftigkeit, Leistungsfähigkeit) nicht

---

[1108] BGH FamRZ 2010, 1637 Rn. 55.
[1109] BT-Drs. 16/6308, 259.
[1110] BGH FamRZ 1998, 951 (952).
[1111] OLG Düsseldorf FamRZ 2014, 566 (567).

der Fall.[1112] Kommt der Unterhaltspflichtige seiner Zahlungsverpflichtung aus der einstweiligen Anordnung nur „unter Vorbehalt" nach, und bringt dies entsprechend zum Ausdruck, scheidet eine analoge Anwendung von § 820 I BGB ebenfalls aus. Der Erklärungswert des Vorbehalts erschöpfte sich in der Regel in der Vermeidung eines Anerkenntnisses und der Wirkungen nach § 814 BGB.[1113]

336 Die bereicherungsrechtlichen Vorschriften hinterlassen mit ihren durch §§ 818 IV, 819 I BGB aus Sicht des Unterhaltspflichtigen nur begrenzten Möglichkeiten bei der Verfolgung von Ansprüchen auf Rückzahlung nicht geschuldeten Unterhalts eine **Anwendungslücke**, die sich auch durch § 241 FamFG nicht vollständig schließen lässt. Denn ungeachtet der Haftungserweiterung für den Unterhaltsberechtigten durch diese Vorschrift bleiben die einem Abänderungsbegehren durch § 238 III 3 und 4 FamFG gesetzten Grenzen bestehen, die jenseits dieser Unterhaltszeiträume den Rückgriff wegen ungerechtfertigter Bereicherung ausschließen. Für den weiter zurückliegenden Zeitraum ist der Unterhaltspflichtige allerdings nicht rechtlos gestellt, weil er ungeachtet einer noch bestehenden Titulierung dem Unterhaltsberechtigten die weiteren Zahlungen im Rahmen eines **zins- und tilgungsfreien Darlehens** mit der Ankündigung des Rückzahlungsverzichts bei Fortbestand des Titels anbieten kann. Nach den Grundsätzen von Treu und Glauben ist dieser gehalten, das Angebot anzunehmen.[1114]

2. Erstattungsanträge

337 Um einen nicht nach bereicherungsrechtlichen Vorschriften zu beurteilenden Erstattungsantrag handelt es sich, wenn der Unterhaltsberechtigte für einen Unterhaltszeitraum, in dem er – gegebenenfalls auch tituliert – Unterhaltszahlungen erhalten hat, **Rentennachzahlungen** etwa aus einer bewilligten Rente wegen Erwerbsminderung oder nach Durchführung eines Versorgungsausgleichs erhält. Sie sind **für einen Unterhaltszeitraum** gezahlt worden, bei dem sie sich wegen des Zeitablaufs **nicht** mehr **bemessungsrelevant** auswirken konnten, da es hierfür auf den Zeitpunkt des Zahlungseingangs der Rentenzahlungen ankommt. Bei dieser Ausgangslage steht dem Unterhaltspflichtigen ein auf Treu und Glauben (§ 242 BGB) beruhender Erstattungsanspruch zu,[1115] mit dem er einen Ausgleich für die „Überzahlungen" verlangen kann. Der Höhe nach lässt sich der Erstattungsbetrag in der Weise berechnen, dass die Beteiligten sich so stellen lassen müssen, wie der Unterhaltsanspruch ausgefallen wäre, wenn die Rente in dem ihr zuzuordnenden Zeitraum bereits gezahlt worden wäre. Die kapitalisierte Differenz zwischen Soll und Ist ergibt den Erstattungsbetrag. Hat der Unterhaltsberechtigte die Nachzahlung anderweitig verbraucht, ist er gleichwohl mit dem Entreicherungseinwand aus § 818 III BGB ausgeschlossen. Der Situation von bedarfsbezogen „verzögerten" Rentenzahlungen steht der Fall gleich, in dem der Unterhaltsberechtigte sonstige bedarfsrelevante **Sozialleistungen** nachträglich für einen bereits zurückliegenden Zeitraum erhalt hat, in denen der Unterhaltspflichtige wegen des bestehenden Unterhaltsbedarfs Leistungen hat erbringen müssen, wie dies etwa nach Bewilligung von bedarfsdeckenden BAföG-Leistungen der Fall sein kann.

Sind die näheren Umstände zu Beginn und Höhe der in Aussicht stehenden Rentennachzahlungen den Beteiligten nicht bekannt, so dass sie bei der aktuellen Unterhaltsbemessung nicht berücksichtigt werden, kann der Unterhaltspflichtige die weiteren Unterhaltszahlungen, soweit sie ohne die Rentenzahlungen geschuldet werden, als **zins- und tilgungsfreies Darlehen** anbieten, worauf dieser sich nach Treu und Glauben einlassen muss (→ Rn. 336).

337a Mit einem weiteren Erstattungsantrag eigener Art kann der Unterhaltspflichtige den Unterhaltsberechtigten auf Rückzahlung eines **Verfahrenskostenvorschusses** in An-

---

[1112] BGH FamRZ 1998, 951 (953).
[1113] BGH FamRZ 1984, 470.
[1114] BGH FamRZ 2010, 1637 Rn. 56; 2000, 751 (753); 1992, 1152.
[1115] BGH FamRZ 2005, 1479 (1480) = R 636b; 1989, 718.

spruch nehmen, für den es an einer speziellen gesetzlichen Regelung fehlt. Es handelt sich um einen **familienrechtlichen Erstattungsanspruch** unter Berücksichtigung des Vorschusscharakters der Leistung. Der Anspruch steht dem Unterhaltspflichtigen zu, wenn die Voraussetzungen, unter denen er verlangt werden konnte, nicht mehr bestehen, insbesondere weil sich die wirtschaftlichen Verhältnisse des Empfängers **wesentlich gebessert** haben oder wenn die Rückzahlung aus anderen Gründen der **Billigkeit** entspricht.[1116]

3. Schadensersatz

Sowohl nach materiellem Recht als auch auf unmittelbar verfahrensrechtlicher Grundlage können einem Beteiligten des Unterhaltsverhältnisses Schadensersatzansprüche gegen den anderen Beteiligten wegen Verletzung von verfahrensrechtlichen und sonstigen aus dem Unterhaltsverhältnis resultierenden Pflichten oder auch aus anderem Rechtsgrund zustehen.

338

Macht der Unterhaltsberechtigte in und außerhalb eines gerichtlichen Verfahrens Unterhaltsansprüche geltend, hat er die der Begründung des Anspruchs dienenden tatsächlichen Umstände wahrheitsgemäß anzugeben und darf nichts verschweigen, was seine Unterhaltsberechtigung in Frage stellen könnte. Vor dem Hintergrund der verfahrensrechtlichen Wahrheitspflicht (§ 138 I ZPO und § 235 III FamFG) ist dies in einem laufenden Verfahren erst recht der Fall. So hat ein Unterhaltsberechtigter Zuwendungen Dritter auch dann zu offenbaren, wenn er selbst sie unterhaltsrechtlich nicht für bemessungsrelevant hält. Vorsätzliche Verstöße gegen diese Verpflichtung, die zu einer fehlerhaften Unterhaltsbemessung führen, begründen eine Schadensersatzverpflichtung gemäß § 823 II BGB iVm § 263 StGB wegen **Betruges.**[1117] Soweit für den Unterhaltsberechtigten eine Verpflichtungen zur ungefragten Information aus vertraglicher Treuepflicht[1118] oder aus dem unterhaltsrechtlichen Treueverhältnis (→ § 1 Rn. 1199) anzunehmen ist, dürfte eine Ersatzpflicht nach dieser Vorschrift allerdings daran scheitern, dass es für den Nachweis des Betruges auf die Erregung eines (konkreten, nicht angenommenen) Irrtums in der Person des Unterhaltspflichtigen ankommt. Es bleibt bei einem möglichen Schadensersatz wegen sittenwidriger Schädigung.

Gemäß § 826 BGB kann der Unterhaltspflichtige Schadensersatz verlangen, wenn der Unterhaltsberechtigte in **vorsätzlicher** und **sittenwidriger Weise** einen unrichtig gewordenen Unterhaltstitel weiterhin ausnützt. Dabei muss diesem die Unrichtigkeit des Unterhaltstitels bewusst sein; die Fortsetzung der Vollstreckung aus diesem Titel muss zusätzlich in hohem Maße unbillig sein.[1119] Da der Schadensersatzanspruch eine teilweise oder vollständige **Durchbrechung der Rechtskraft** des vorausgegangenen Titels darstellt, sofern eine Beseitigung der Rechtskraft durch Wiederaufnahme des Verfahrens (§§ 578 ff. ZPO) ausscheidet, ist sie nur unter engen Voraussetzungen möglich. Insgesamt muss das Verhalten des Unterhaltsberechtigten **evident unredlich** gewesen sein, so dass der andere Beteiligte nach Treu und Glauben schlechterdings nicht an der Rechtskraft der vorausgegangenen Entscheidung festgehalten werden kann, dies vielmehr für ihn **unerträglich** und **insgesamt rechtsmissbräuchlich** wäre.[1120] Nimmt etwa der **Unterhaltsberechtigte** eine rechtskräftig zuerkannte Unterhaltsrente weiterhin entgegen, ohne die Aufnahme einer Erwerbstätigkeit – auch ungefragt – zu offenbaren, kann darin unter besonderen Umständen eine sittenwidrige vorsätzliche Schädigung im Sinne von § 826 BGB liegen, die zum Schadensersatz, Unterlassung der weiteren Zwangsvollstreckung und gegebenenfalls Titelherausgabe verpflichtet.[1121] Ein Fall sittenwidriger Schädigung iSv § 826 BGB kann ferner dann vorliegen, wenn die Unterhaltsberechtigte, die bei einem Ehebruch ein Kind empfangen hat, Zweifel des unterhaltspflichtigen Ehemannes an der Abstammung des Kindes

339

[1116] BGH FamRZ 2005, 1974 (1978); 1990, 491.
[1117] BGH FamRZ 2018, 1415 Rn. 40; OLG Oldenburg FamRZ 2011, 1965.
[1118] BGH FamRZ 2008, 1325 Rn. 28 = R 694.
[1119] BGH FamRZ 1988, 270; 1986, 450.
[1120] BGH FamRZ 1986, 794 (796).
[1121] BGH FamRZ 1986, 450.

durch unzutreffende Angaben zerstreut oder den Ehemann durch arglistige Täuschung oder Drohung an der Einleitung eines Ehelichkeitsanfechtungsverfahrens hindert.[1122]

340 Allerdings besteht keine allgemeine Pflicht zur **ungefragten Offenbarung** veränderter Verhältnisse.[1123] Darüber hinausgehende **besondere Umstände** hat der BGH allerdings darin gesehen, dass der Unterhaltspflichtige vor dem Hintergrund erfolgloser Abänderungsverfahren und angesichts alters- und krankheitsbedingter Einschränkungen der Unterhaltsberechtigten verständigerweise keinen Anlass mehr hatte, die Möglichkeit der Aufnahme einer Erwerbstätigkeit durch die Unterhaltsberechtigte überhaupt in Erwägung zu ziehen.[1124] Besondere Umstände sind demgegenüber entgegen OLG Koblenz[1125] noch nicht darin zu sehen, dass der Unterhaltsberechtigte in einem mehrjährigen eheähnlichen Verhältnis lebt, ohne dies dem Unterhaltspflichtigen mitzuteilen. Hier muss sich der Unterhaltspflichtige auf die ihm nach dem Gesetz zustehenden Informationsmöglichkeiten verweisen lassen, zumal es sich bei dem Zusammenleben mit einem anderen Partner nicht um eine nacheheliche Entwicklung handelt, die man als eher fern liegend anzusehen hätte. Eine **weitergehende Verpflichtung** des Unterhaltsberechtigten zur ungefragten Information über Entwicklungen, die für eine Unterhaltsbemessung von Bedeutung sein können, ist allerdings dann zu bejahen, wenn die Beteiligten den Unterhalt durch **Vereinbarung** geregelt haben. Diese begründet eine **vertragliche Treuepflicht**[1126] des Inhalts für den Unterhaltsberechtigten, den Unterhaltspflichtigen ohne Aufforderung von sich aus über wesentliche Veränderungen in seiner Sphäre zu informieren, die Auswirkungen auf die Unterhaltsverpflichtung haben können.

341 Aus einer Verletzung der Pflicht zur ungefragten Information kann sich auch der **Unterhaltspflichtigen** wegen vorsätzlicher sittenwidriger Schädigung schadensersatzpflichtig machen, wenn er durch ihm anzulastendes Verschweigen, den Unterhaltsberechtigten an der Geltendmachung von Unterhaltsansprüchen hindert. Notwendig ist aber auch hier ein **evident unredliches Schweigen,** das allein bei Einstellung von Zahlungen auf die Kreditraten noch nicht vorliegt, sofern die Kreditrückführung auf der Grundlage einer eigenen Vermögensbildung erfolgt war.[1127] Vertragliche Regelungen begründen aber auch hier eine weitergehende Pflicht zur ungefragten Offenbarung. Verschweigt der Unterhaltspflichtige, der auf Grund eines Titels oder einer außergerichtlichen Vereinbarung Unterhalt zahlt, in evident unredlicher Weise eine grundlegende Verbesserung seiner Leistungsfähigkeit, wie etwa die Aufnahme einer Erwerbstätigkeit mit gravierenden Einkommensverbesserungen nach unerwartetem Abbruch eines Studiums, kann er sich gemäß § 826 BGB schadensersatzpflichtig machen.[1128]

342 Wurde ein für vorläufig vollstreckbar erklärtes Unterhaltsurteil nachträglich aufgehoben oder abgeändert, billige § 717 II ZPO einen auf **verschuldensunabhängiger Haftung** beruhenden Schadensersatzanspruch zu, den der Beklagte noch im anhängigen Rechtsstreit geltend machen konnte. Gemäß § 120 I FamFG iVm § 717 II ZPO besteht nunmehr eine entsprechende Ersatzverpflichtung des Antragstellers, wenn auf die Beschwerde (§ 58 FamFG) des Antragsgegners der Beschluss, mit dem das erstinstanzliche Gericht die sofortige Wirksamkeit (§ 116 III 2 und 3 FamFG) angeordnet hatte, aufgehoben oder geändert wird. Auf einen Wegfall der Bereicherung kann sich der Antragsteller gegenüber dem auf § 717 II ZPO gestützten Ersatzbegehren im Unterschied zu der Schadensersatzregelung in § 717 III 2 bis 4 ZPO nicht berufen.[1129]

Der **Schadensersatz** erstreckt sich auf Ersatz dessen, was der Titelschuldner im Wege der Zwangsvollstreckung oder zu deren Abwendung an den Titelgläubiger gezahlt hat. Letzteres setzt voraus, dass die **Zwangsvollstreckung konkret droht.** Allein das Vor-

---

[1122] BGH FamRZ 2013, 939 Rn. 18.
[1123] BGH FamRZ 1986, 794 (796).
[1124] BGH FamRZ 1986, 450 (452).
[1125] OLG Koblenz FamRZ 1987, 1156.
[1126] BGH FamRZ 2008, 1325 Rn. 28 = R 694.
[1127] OLG Bamberg FamRZ 1994, 1178.
[1128] OLG Bremen FamRZ 2000, 256.
[1129] OLG Karlsruhe FamRB 2018, 177.

liegen eines Titels genügt nicht, es sei denn der Titelgläubiger hat deutlich gemacht, dass er zur Vollstreckung schreiten werde, wenn Zahlungen ausbleiben. Weder Zinsen und Kosten noch die zurückverlangte vollstreckte Hauptsumme führen zu einer Erhöhung des Verfahrenswertes, wobei es auch keinen Unterschied macht, ob der Schadensersatzanspruch im Wege des so genannten Inzidentantrages oder als Widerantrag verfolgt wird. Wird eine Endentscheidung des **Beschwerdegerichts** aufgehoben oder abgeändert, scheidet eine Schadensersatzverpflichtung aus (§ 120 I FamFG iVm § 717 III 1 ZPO). Eine Erstattungspflicht folgt hier den Regeln der ungerechtfertigten Bereicherung (§ 120 I FamFG iVm § 717 III 2 bis 4 ZPO).[1130]

Gemäß § 248 V 2 FamFG steht dem durch **einstweilige Anordnung** in Anspruch genommenen Antragsgegner nach Rücknahme des Antrags auf Vaterschaftsfeststellung oder nach dessen rechtskräftiger Abweisung ein **verschuldensunabhängiger Schadensersatzanspruch** zu (zu den Voraussetzungen vgl. näher die Ausführungen zu → Rn. 482 und 483) Im Übrigen kommt beim einstweiligen Rechtsschutz in Unterhaltssachen gemäß § 119 II FamFG iVm § 945 ZPO nur noch im Zusammenhang mit Arrestanordnungen ein Schadensersatz in Betracht (→ Rn. 496).

X. Das Drittschuldnerverfahren

Gemäß § 856 I ZPO kann jeder Gläubiger, dem der Anspruch des Schuldners gegen den Drittschuldner zur Einziehung oder an Zahlungs Statt überwiesen wurde (§§ 835, 849 ZPO), gegen den Drittschuldner Klage auf Hinterlegung des Geldes, Herausgabe der Sache an den Gerichtsvollzieher oder auf Übereignung an den Schuldner verlangen, wenn dieser seinen Verpflichtungen nach §§ 853–855 ZPO nicht nachkommt. 343

In **Unterhaltssachen** (§ 231 I FamFG) spielt das Drittschuldnerverfahren allerdings nur eine vergleichsweise geringe Rolle. Dies ist vor dem Hintergrund zu sehen, dass Unterhaltsrenten, die auf gesetzlichen Vorschriften beruhen, gemäß § 850b I Nr. 2 ZPO grundsätzlich **unpfändbar** sind. Eine Ausnahme hiervon bildet allerdings § 850b II ZPO, wonach die **Unterhaltsrente** nach den für Arbeitseinkommen geltenden Vorschriften unter Billigkeitsgesichtspunkten im Einzelfall gepfändet werden kann. Unter diesen Voraussetzungen ist auch ein **Taschengeldanspruch** grundsätzlich pfändbar,[1131] ohne dass es darauf ankommt, ob ein Taschengeld tatsächlich gezahlt wird.[1132] Im Übrigen ist im Rahmen der Pfändungsmaßnahme lediglich zu prüfen, ob sich nach den in erster Linie durch den Gläubiger darzulegenden Verhältnissen bei Zusammenleben der Eheleute aufgrund (fiktiver) Aufteilung des Familieneinkommens ein Bedarf darstellen lässt, der jenseits der Pfändungsgrenzen einen Betrag ergibt, der die Zubilligung eines Taschengeldes ermöglicht. Dies wird in der unterhaltsrechtlichen und vollstreckungsrechtlichen Praxis in der Regel mit 5 bis 7% des bereinigten Nettoeinkommens des unterhaltspflichtigen Ehegatten angenommen.[1133] Darüber hinaus sind für die Zulässigkeit und den Umfang der Pfändungsmaßnahme lediglich noch Billigkeitserwägungen anzustellen, die zu einer Beschränkung der Pfändung eines ansonsten weiter reichenden Taschengeldanspruchs führen können.[1134]

Die verfahrensrechtlichen Grundlagen für das der Pfändung folgende **Drittschuldnerverfahren** bilden die §§ 829, 835, 836 ZPO. Zwar wird der Vollstreckungsgläubiger durch die Überweisung der Forderung zur Einziehung nicht zum Inhaber der Forderung. Er erhält aber ein eigenes Einziehungsrecht und darf deshalb im eigenen Namen und – vor allem – Leistung an sich verlangen. Antragsgegner ist der Drittschuldner, dem Hauptschuldner muss grundsätzlich der Streit verkündet werden (§ 841 ZPO). Ist, wie beim 344

[1130] BGH FamRZ 2013, 109 Rn. 58 und 59.
[1131] BGH FamRZ 2004, 1784.
[1132] BGH FamRZ 1998, 608 (609).
[1133] BGH FamRZ 2004, 366 (369).
[1134] OLG Celle FamRZ 1991, 726 (727).

gepfändeten Taschengeldanspruch, die **gesetzliche Unterhaltspflicht** (§ 231 I FamFG) betroffen, besteht für das Drittschuldnerverfahren eine entsprechende familiengerichtliche Zuständigkeit (§ 111 Nr. 8 FamFG). In diesem Verfahren ist nach den **Verfahrensregeln des ordentlichen Streitverfahrens** (§§ 113 ff. FamFG) zu prüfen, ob der gepfändete Unterhaltsanspruch in dem durch die Pfändung begrenzten Umfang nach dem **materiellen Unterhaltsrecht** tatsächlich besteht. Mit Einwendungen gegen die Pfändungsmaßnahme als solche, wie etwa der Geltendmachung von Pfändungsverboten und entsprechenden Beschränkungen, sind der Drittschuldner als Unterhaltspflichtiger und der Schuldner, wenn er dem Streit beitreten sollte, in diesem Verfahren nicht zu hören.[1135] Vollstreckungsrechtliche Voraussetzung für die Einleitung und Durchführung des Drittschuldnerverfahrens ist lediglich die wirksame Pfändungsmaßnahme.

XI. Das isolierte Auskunfts-, Beleg- und Versicherungsverfahren

345 Das unterhaltsrechtliche Auskunftsverfahren ist von zentraler Bedeutung für das Ausmaß eines dem Unterhaltsberechtigten zustehenden Unterhalts. So lässt sich ohne entsprechende Informationen über unterhaltsrelevante Einnahmen und Ausgaben der Unterhaltsbedarf nach den ehelichen Lebensverhältnissen nicht verlässlich darstellen. Das gilt nicht minder für ein unterhaltsberechtigtes minderjähriges Kind, das seine Lebensstellung und damit seinen angemessenen Unterhalt primär aus den Einkommens- und Verschuldungsverhältnissen des barunterhaltspflichtigen Elternteils ableitet. Bei volljährigen Kindern ermöglichen die Auskünfte die genaue Berechnung der jeweiligen Haftungsanteile beider Elternteile. Grundnorm ist hierbei die Vorschrift des § 1605 I 1 BGB, nach der Verwandte in gerader Linie einander verpflichtet sind, auf Verlangen über ihre Einkünfte und ihr Vermögen **Auskunft** zu erteilen, soweit dies zur Feststellung eines Unterhaltsanspruchs oder einer Unterhaltsverpflichtung erforderlich ist. Auch wenn die Verwandtschaft als Anknüpfung für die gesetzliche Auskunftsverpflichtung dient, kann der Umfang der im Einzelfall zu erteilenden Auskunft darüber hinausgehen, wie dies etwa der Fall ist, wenn das unterhaltsberechtigte Kind Auskunft auch über die Einkommensverhältnisse der neuen Ehefrau des unterhaltspflichtigen Vaters begehrt.[1136] Ferner kommt für die Durchsetzung eines familienrechtlichen Ausgleichsanspruchs ein Auskunftsanspruch in Betracht, der sich aus § 242 BGB ableiten lässt.[1137]

Unmittelbar gilt § 1605 BGB (nur) für den Kindesunterhalt; für den Trennungsunterhalt findet diese Vorschrift nach § 1361 IV 3 BGB, für den Nachscheidungsunterhalt gemäß § 1580 BGB Anwendung. Sind die Einkommensverhältnisse beider Beteiligten des Unterhaltsverhältnisses ungeklärt, besteht eine **wechselseitige Auskunfts- und Belegpflicht.** Hierbei darf aber kein Beteiligter ein Zurückbehaltungsrecht nach §§ 273, 320 BGB ausüben.[1138] Das Verlangen nach Auskunft und das nach Vorlage von Belegen sind **getrennte Ansprüche,** die unabhängig voneinander verfolgt werden können. Allerdings kann der Anspruch auf Vorlage von Belegen nicht über den Auskunftsanspruch hinausgehen (→ § 1 Rn. 1176).

346 Geschuldet wird eine **systematische Zusammenstellung** der Einnahmen und Ausgaben (Verzeichnis),[1139] deren der Unterhaltsberechtigte bedarf, um ohne übermäßigen Arbeitsaufwand seinen Unterhaltsanspruch zu berechnen.[1140] Bei den Ausgaben bei einer Gewinnermittlung oder bei den Werbungskosten können dabei Sachgesamtheiten zusammengefasst werden, wenn insoweit der Verzicht auf eine detaillierte Aufschlüsselung im Verkehr üblich ist und eine ausreichende Orientierung des Auskunftsberechtigten nicht

---

[1135] BGH FamRZ 1998, 608.
[1136] BGH FamRZ 2011, 21 Rn. 14.
[1137] BGH FamRZ 2013, 1027 Rn. 8.
[1138] OLG Köln FamRZ 1987, 714.
[1139] KG FamRZ 2015, 1973.
[1140] BGH FamRZ 1983, 997; OLG Jena FamRZ 2013, 656 (657); OLG Hamm FamRZ 2006, 865.

verhindert. Bei **Gewinneinkünften** (Selbständige, Gewerbetreibende) genügt es, nur das Endergebnis in der Auskunft anzuführen und bezüglich aller Einzelheiten auf eine beigefügte Anlage zur Einnahmen-Überschussrechnung Bezug zu nehmen. Auch sonst kann im Einzelfall auf beigefügte Anlagen Bezug genommen werden, sofern diese eine ausreichende Orientierung des Unterhaltsberechtigten ermöglichen.[1141] Eine Darstellung allein in Form eines **Einkommensteuerbescheides** genügt danach den Auskunftserfordernissen schon deshalb nicht, weil steuerrechtlich erhebliche Vorgänge nicht notwendig auch unterhaltsrechtlich beachtlich sind.[1142]

Ebenso wenig genügen auf mehrere Schriftsätze verteilte Angaben des Auskunftspflichtigen. Notwendig ist vielmehr eine hinreichend klare **Gesamterklärung**,[1143] deren es schon deshalb bedarf, weil die erteilte Auskunft gegebenenfalls auch Gegenstand einer nach § 261 BGB abzugebenden eidesstattlichen Versicherung sein kann.[1144] Dieser Verpflichtung kann der Auskunftspflichtige auch durch **mehrere Teilauskünfte** nachkommen, sofern nach dem erklärten Willen des Auskunftspflichtigen diese in ihrer Gesamtheit die geschuldete Auskunft darstellen sollen.[1145]

An die **Form** der zu erteilenden Auskunft stellen die Instanzgerichte unterschiedliche Anforderungen. Einvernehmen besteht allerdings insoweit, als es sich bei der Auskunft um eine Wissenserklärung handelt, die grundsätzlich der **Schriftform** bedarf. Teilweise wird die Auffassung vertreten, dass diesen grundsätzlichen Anforderungen auf Genüge getan wird, wenn die notwendigen Erklärungen schriftsätzlich durch einen bevollmächtigten Rechtsanwalt erfolgen.[1146] Nach anderer Ansicht[1147] ist die Auskunft vom Unterhaltspflichtigen persönlich zu erteilen und zu unterschreiben, wobei die Übersendung durch Dritte erfolgen kann. Eine verbreitete Rechtspraxis stellt in der Regel nicht auf eine entsprechende Differenzierung ab, wenn kein Zweifel daran aufkommt, dass die anwaltlich mitgeteilten Daten auf Angaben des Auskunftspflichtigen zurückgehen. Zu einem anderen Ergebnis zwingt die nach § 261 BGB mögliche eidesstattliche Versicherung nicht. Denn auch die schriftsätzlichen Ausführungen der anwaltlichen Vertretung können Gegenstand einer eidesstattlichen Versicherung sein.[1148] Die Streitfrage hat der BGH[1149] in dem Sinne entschieden, dass der Auskunftspflichtige eine eigene und schriftliche Erklärung abgeben muss, die aber nicht die Anforderungen an die gesetzliche Schriftform im Sinne von § 126 BGB erfüllen muss. Sie kann auch durch einen **Dritten** als **Boten** erfolgen, muss aber aus sich heraus erkennen lassen, dass sie vollinhaltlich von dem Auskunftspflichtigen herrührt und verantwortet werden soll. Die im anwaltlichen Schriftsatz festgehaltene Erklärung „... meine Partei erteilt Auskunft zu ihren Einkommensverhältnissen wie folgt ..." erscheint danach unbedenklich.[1150]

Die **Auskunft** kann nur verlangt werden, soweit diese für die Festsetzung eines Unterhaltsanspruchs **erforderlich** ist. Demgemäß besteht eine Verpflichtung nicht, soweit eine Auskunft den Unterhaltsanspruch unter keinem Gesichtspunkt beeinflussen kann.[1151] Dies ist aber nicht schon dann der Fall, wenn der Unterhaltspflichtige mit dem Hinweis, er sei **„unbegrenzt leistungsfähig"**, einer Verpflichtung zur Auskunftserteilung vorbeugen will. Denn mit dieser Einlassung stellt er lediglich seine unterhaltsbezogene Leistungsfähigkeit außer Streit.[1152] Indessen kann die zu erteilende Auskunft auch (zB) bei der Bemessung des Unterhaltsbedarfs nach den ehelichen Lebensverhältnissen (§ 1578 I BGB) ins Gewicht fallen, so dass die Unterhaltsberechtigte, will sie ihren Bedarf korrekt beziffern, mit dem

---

[1141] OLG München FamRZ 1996, 738.
[1142] KG FamRZ 2015, 1973 (1974).
[1143] OLG Hamm FamRZ 2006, 865.
[1144] OLG Brandenburg FF 2018, 463.
[1145] BGH FamRZ 2015, 127 Rn. 17.
[1146] OLG Hamm FamRZ 2005, 1194.
[1147] OLG Dresden FamRZ 2005, 1194.
[1148] OLG Hamm FamRZ 2005, 1194.
[1149] BGH FamRZ 2008, 600.
[1150] OLG Jena FamRZ 2013, 656 (657).
[1151] OLG Düsseldorf FamRZ 1998, 1191.
[1152] BGH FamRZ 2018, 260 Rn. 15; 1994, 1169 (1171).

pauschalen Hinweis des Unterhaltspflichtigen, er könne zahlen, nicht weiterkommt. Allerdings hat der BGH gemessen an seiner älteren Rechtsprechung bei Fällen, in denen die beteiligten Eheleute in mehr als auskömmlichen Einkommens- und Vermögensverhältnissen lebten und die Voraussetzungen für einen Unterhalt nach konkretem Bedarf sich abzeichneten, einen Anspruch aus Auskunftserteilung verneint.[1153] Nunmehr betont der BGH,[1154] dass selbst bei **besonders günstigen Einkommensverhältnissen** das jeweilige Einkommen für die Bemessung des Unterhaltsbedarf schon deshalb von Bedeutung sein kann, weil die Unterhaltsberechtigte das Recht hat, auch unter diesen Voraussetzungen den Unterhalt nach der **Quotenmethode** geltend zu machen. Danach lässt allein der Hinweis, man sei unbegrenzt leistungsfähig, eine Verpflichtung zur Auskunftserteilung nicht entfallen.[1155]

Schließlich steht auch der Einwand des Unterhaltspflichtigen, die Unterhaltsberechtigte habe ihren Unterhaltsanspruch verwirkt (§§ 1361 III, 1579 BGB), einer Auskunftsverpflichtung grundsätzlich nicht entgegen. Denn selbst wenn die Anknüpfungsvoraussetzungen für eine **Verwirkung** vorliegen, kann ein eingeschränkter Unterhaltsanspruch bestehen, da die insoweit anzustellenden Erwägungen nicht zuletzt die wirtschaftlichen Verhältnisse der Beteiligten einzubeziehen haben.[1156]

349 Unabhängig von der zu erteilenden Auskunft sind gemäß § 1605 I 2 BGB über die Höhe der Einkünfte auf Verlangen **Belege,** insbesondere Bescheinigungen des Arbeitgebers, vorzulegen. Dabei gelten die §§ 260, 261 BGB entsprechend (§ 1605 I 3 BGB). Über das Vermögen sind somit keine Belege vorzulegen. Bei den **vorzulegenden Belegen** soll es sich nach Auffassung des Kammergerichts[1157] um **Originalurkunden** handeln. Gemäß § 242 BGB sei der Unterhaltspflichtige gehalten, die Leistung so zu bewirken, wie Treu und Glauben mit Rücksicht auf die Verkehrssitte es erfordern. Die Pflicht zur Vorlage von Belegen verlange daher, dass der Unterhaltspflichtige dem Unterhaltsberechtigten die vorzulegenden Urkunden in einer den Zwecken und Gepflogenheiten des Rechtsverkehrs üblichen und angemessenen Weise zugänglich mache. Daher erfülle der Schuldner seine Vorlagepflicht nicht durch die Überreichung einer Abschrift oder Fotokopie des Originals. Der Gläubiger habe das Recht, sich – auf seine Kosten – Fotokopien vom Original anzufertigen. Habe der Berechtigte den Beleg vollständig ausgewertet, habe er das Original auf Antrag des Pflichtigen an diesen zurückzugeben. Nach anderer Ansicht[1158] ist die Vorlage von Originalurkunden im Regelfall nicht erforderlich. Hiernach sollen Fotokopien lediglich im Einzelfall nicht genügen, wenn die überlassenen Unterlagen nicht lesbar sind oder Anhaltspunkte für Manipulationen bieten. Der Ansicht des Kammergerichts dürfte zu folgen sein. Der Gesetzeswortlaut geht von einer „Vorlage", die sich nur auf die einzusehenden Originaldokumente beziehen kann. Nicht zuletzt ein angesichts verfeinerter Kopiertechniken hohes Fälschungspotential lässt das Verlangen, die Originale einzusehen, gerechtfertigt erscheinen.

350 Begehrt der Auskunftsberechtigte die Vorlage von Belegen, müssen diese im Auskunfts- und Belegantrag selbst bezeichnet sein. Der Antrag ist sonst unzulässig, da er keinen vollstreckungsfähigen Inhalt aufweist;[1159] das gilt auch dann, wenn der Antrag auf eine **unmögliche Leistung** gerichtet ist, zB auf die Vorlage eines noch gar nicht erlassenen Steuerbescheids.[1160] Eine Entscheidung, die zur Vorlage nicht existenter Unterlagen verpflichtet, ist nicht vollstreckungsfähig. Allerdings muss dann geprüft werden, ob das Gericht zur **Erstellung** hat verpflichten wollen.[1161] Gemäß § 113 I 2 FamFG iVm § 253 II Nr. 2 ZPO muss die Antragsschrift die **bestimmte Angabe des Gegenstands** und des **Grun-**

[1153] BGH FamRZ 1994, 1169 (1171).
[1154] BGH FamRZ 2018, 260 Rn. 17.
[1155] BGH FamRZ 2018, 260 Rn. 25.
[1156] OLG Zweibrücken FamRZ 2011, 1066; OLG Bamberg FamRZ 2006, 344.
[1157] KG FamRZ 1982, 614.
[1158] OLG Frankfurt a. M. FamRZ 1997, 1296.
[1159] BGH FamRZ 1983, 454.
[1160] BGH FamRZ 1989, 731.
[1161] BGH FamRZ 1992, 425.

des des erhobenen Anspruchs sowie einen bestimmten Antrag enthalten. Für den Auskunftsantrag als Leistungsantrag bedeutet dies, dass bereits im Antrag genau angegeben werden muss, über welche Einkünfte oder Gegenstände (Vermögen) Auskunft zu erteilen ist und für welchen Zeitraum welche Belege konkret verlangt werden.[1162]

Beispiel 1:
Der Antragsgegner wird verpflichtet, der Antragstellerin für den Zeitraum vom 1.1.2000 bis 31.12.2002
a) Auskunft zu erteilen über seinen Lohn (Gehalt) als unselbstständiger Arbeitnehmer,
b) vorzulegen die monatlichen Lohnbescheinigungen (Gehaltsbescheinigungen, Bezügemitteilungen) des Arbeitgebers.

Beispiel 2:
Der Antragsgegner wird verurteilt, der Antragstellerin für den Zeitraum vom 1.1.2000 bis 31.12.2002
a) Auskunft zu erteilen über seinen Gewinn als selbstständiger Unternehmer abzüglich Steuern, Krankenversicherungs- und Vorsorgebeiträgen,
b) vorzulegen die Bilanzen samt Gewinn- und Verlustrechnungen, Einkommensteuererklärungen, Einkommensteuerbescheide sowie die Belege über die geleisteten Krankenversicherungs- und Vorsorgebeiträge.

Dabei handelt es sich streng genommen um zwei verschiedene Anträge, die voneinander unabhängig sind.[1163] Bei weit überdurchschnittlichen Verhältnissen (wenn ein Teil der Einkünfte für Vermögensbildung verwendet wurde und die Leistungsfähigkeit des Unterhaltspflichtigen für hohe Unterhaltsbeträge außer Streit steht) ist ein Auskunftsantrag überflüssig.[1164] Es genügt nicht, zB Auskunft zu verlangen über „die derzeitigen Einkünfte" und „die entsprechenden Belege vorzulegen". Eine Verlagerung der konkreten Bestimmung in das Vollstreckungsverfahren ist unzulässig. Möglich ist jedoch in engen Grenzen die Auslegung des Antrags.[1165] Auch die „Verdeutlichung" von Inhalt und Umfang des Beschlusstenors ist im Verfahren gemäß § 888 ZPO grds. möglich.[1166] Allerdings erlaubt das Vollstreckungsverfahren keine Korrekturen bei Auskunfts- und Belegpflichten, die nicht der materiellen Rechtslage entsprechen. Dies muss der Auskunftspflichtige im Erkenntnisverfahren verfolgen.[1167] Begehrt das unterhaltsberechtigte Kind von seinem aus eigenem Einkommen nicht leistungsfähigen erneut verheirateten Vater Auskunft auch über die Einkommensverhältnisse dessen Ehefrau, muss dies konkret beantragt und Eingang in den Tenor der zu vollstreckenden Endentscheidung gefunden haben.[1168]

Da die Auskunftserteilung eine Vorstufe des Dauerschuldverhältnisses der Unterhaltspflicht ist und durch einen Unterhaltstitel auch der erst künftig, von Monat zu Monat, entstehende Unterhalt festgeschrieben wird, kann auch das Auskunftsbegehren (selbst nach erteilter Auskunft) in zeitlicher Hinsicht vor Abschluss des Rechtsstreits bis zur letzten mündlichen Verhandlung erweitert werden, ohne dass dies ein Verstoß gegen die Zweijahressperrfrist des § 1605 II BGB wäre.[1169]

Ein reiner Auskunftsantrag ist **im Verbundverfahren nicht** möglich, weil, wie § 137 II 1 FamFG aber voraussetzt, mit einer Entscheidung über den isolierten Auskunftsantrag keine Regelung für den Fall der Scheidung zu treffen ist. Überdies entspricht, wie der BGH weiter zu dem bis dahin geführten Meinungsstreit klargestellt hat,[1170] die Einbeziehung isoliert erhobener Auskunftsansprüche in den Scheidungsverbund nicht dem Gesetzeszweck. Hierfür steht vielmehr der **Stufenantrag** zur Verfügung. Werden gleichwohl verfahrensfehlerhaft Auskunftsansprüche zusammen mit einer Ehesache geltend gemacht,

---

[1162] BGH FamRZ 1993, 1423.
[1163] OLG München FamRZ 1994, 1126.
[1164] BGH FamRZ 1994, 1169.
[1165] BGH FamRZ 1983, 454.
[1166] BGH FamRZ 1993, 1189.
[1167] OLG München FamRZ 1992, 1207.
[1168] OLG Hamm FamFR 2011, 106.
[1169] OLG Karlsruhe FamRZ 1987, 297.
[1170] BGH FamRZ 1997, 811 (812).

ist der Auskunftsanspruch nach § 145 ZPO abzutrennen und als isoliertes Auskunftsverfahren fortzusetzen. Eine Abweisung des Antrags etwa im Rahmen einer Verbundentscheidung ist unzulässig. Auch im Verfahren der **einstweiligen Anordnung** (§ 246 FamFG) kann Auskunft nicht verlangt werden (vgl. hierzu → Rn. 401).

353 Der Beschluss, mit dem das Gericht in einem ordentlichen Streitverfahren (§§ 113 ff. FamFG) das Auskunftsbegehren erledigt (§ 38 I FamFG) unterliegt der Anfechtung (§ 58 FamFG) durch die Beteiligten, soweit sie beschwert sind. Davon kann, abgesehen von einer Zulassung (vgl. hierzu näher → Rn. 515) durch das Gericht erster Instanz (§ 61 II FamFG), nur ausgegangen werden, wenn der Wert des Beschwerdegegenstandes 600 EUR übersteigt (§ 61 I FamFG).

Der mit seinem Auskunftsantrag abgewiesene **Auskunftsberechtigte** kann die Wertgrenze im Regelfall für ein Rechtsmittel unschwer einhalten, weil im Fall der Abweisung seine **Beschwer** aus einem **Bruchteil** ($1/4$ bis $1/10$) der erwogenen Unterhaltsforderung abgeleitet wird.[1171]

Dem gegenüber ist die Beschwer des zur Auskunft verpflichteten **Antragsgegners** gemäß § 42 I FamGKG nach **billigem Ermessen** zu bestimmen. Maßgebend ist das Interesse des Rechtsmittelführers, die Auskunft „nicht" erteilen zu müssen.[1172] Abzustellen ist auf den **Aufwand an Zeit** und Kosten, die die Erteilung der geschuldeten Auskunft erfordert.[1173] Im Regelfall wird erwartet, dass die für die Auskunft erforderlichen Tätigkeiten in der **Freizeit** stattfinden.[1174] Überdies folgt die Monetarisierung nach den Bestimmungen für die Entschädigung von Zeugen nach dem JVEG, sofern es sich nicht um eine berufstypische Leistung handelt oder einen Dienstausfall zur Folge hat.[1175] In diesem Zusammenhang können die **Kosten** der Zuziehung einer sachkundigen Hilfsperson (zB Steuerberater, Rechtsanwalt) nur berücksichtigt werden, wenn sie **zwangsläufig** entstehen, weil der Auskunftspflichtige zu einer sachgerechten Auskunftserteilung nicht in der Lage ist.[1176] Dies kann allerdings nicht schon dann angenommen werden, wenn der Auskunftspflichtige üblicherweise seine Einkommensteuer durch einen Steuerberater erstellen lässt. Im Übrigen kommt es auf die im Einzelfall titulierte Auskunftsverpflichtung an. So kann der Wert des Beschwerdegegenstandes auch erreicht werden, wenn die Vorlage von Belegen für den Auskunftspflichtigen mit vergleichsweise hohen **Kopierkosten** verbunden ist.[1177] Wird der mit seiner Ehefrau zur Einkommensteuer **zusammenveranlagte Unterhaltspflichtige** neben der Auskunft zu seinem Einkommen zur Vorlage des Einkommensteuerbescheides verpflichtet, benötigt er regelmäßig nicht die Mitwirkung eines Steuerberaters. Insbesondere ist eine „fiktive" Einzelveranlagung nicht geboten. Anerkennungsfähigen Geheimhaltungsinteressen des anderen Ehegatten kann durch Schwärzung der diesen allein betreffenden Angaben im Steuerbescheid Rechnung getragen werden.[1178] Ist die Verpflichtung zur Auskunft infolge Unbestimmtheit nicht vollstreckungsfähig, sind die für eine **Abwehr der Zwangsvollstreckung** notwendigen Kosten heranzuziehen.[1179] Der Ansatz von Kosten für die Beauftragung eines Rechtsanwalts kommt für die Bemessung der Beschwer in Betracht, wenn die sorgfältige Erfüllung des titulierten Auskunftsanspruchs Rechtskenntnisse voraussetzt.[1180] Zusätzlich ins Gewicht fallen kann bei der Bemessung des Rechtsmittelinteresses im Einzelfall ein **Geheimhaltungsinteresse** des zur Auskunft verpflichteten Beteiligten. Allerdings hat dieser gegenüber dem Gericht konkret darzulegen und glaubhaft zu machen, dass ihm bei Erteilung der Auskunft konkrete Nachteile drohen.[1181] Dabei ist ausschließlich

---

[1171] BGH FamRZ 2006, 619.
[1172] BGH FamRZ 2018, 1529 Rn. 6; 2009, 594 Rn. 9 (stRspr).
[1173] BGH FamRZ 2018, 445 Rn. 6; 2014, 1100 Rn. 10; 2014, 1286 Rn. 6; 2014, 644 Rn. 6 (stRspr)
[1174] BGH FamRZ 2017, 982 Rn. 8.
[1175] BGH FamRZ 2018, 1529 Rn. 6; 2013, 105 Rn. 11; 2008, 2274 Rn. 14.
[1176] BGH FamRZ 2018, 445 Rn. 9; 2014, 1286 Rn. 14; 2014, 644 Rn. 11; 2012, 1555 Rn. 8.
[1177] BGH FamRZ 2019, 464 Rn. 3.
[1178] BGH FamRZ 2012, 1555 Rn. 15; FamRZ 2012, 204 Rn. 10.
[1179] BGH FamRZ 2002, 666.
[1180] BGH FamRZ 2012, 1555 Rn. 17.
[1181] BGH FamRZ 2005, 1986.

auf die Person des Auskunftsberechtigten abzustellen. Anhaltspunkte sind darzustellen und glaubhaft zu machen, dass gerade mit der Auskunftserteilung gegenüber dieser Person die zu beschreibenden Nachteile verbunden sein können.[1182] Unerheblich ist deshalb der Hinweis auf die anwaltliche Vertretung des Auskunftsberechtigten mit dem Hinweis, dieser vertrete einen Konkurrenten oder auch dessen Interessenvertretung. Die Vertraulichkeit von Gehaltsmitteilungen oder ein allgemeiner Anspruch auf Daten- und Geheimschutz genügt ebenfalls nicht, um eine Beschwer zu begründen oder zu erhöhen.[1183]

Nach denselben Grundsätzen richtet sich im Regelfall die Bemessung der Beschwer im Fall der Verpflichtung zur Abgabe der **eidesstattlichen Versicherung.**[1184] Ein Geheimhaltungsinteresse, das sich mit der Auskunftserteilung allerdings bereits erledigt hat, ist nicht mehr zu berücksichtigen.[1185] Das gilt ferner für die Kosten einer erneuten anwaltlichen Beratung wegen der Abgabe der eidesstattlichen Versicherung.[1186]

Die durch Endentscheidung (§ 116 III FamFG) titulierte **Verpflichtung zur Auskunft** 354 wird, da sie in Unterhaltssachen eine Familienstreitsache betrifft, auch nach dem Inkrafttreten des FamFG durch die Verweisung in § 120 I FamFG, die eine Heranziehung vollstreckungsrechtlicher Bestimmungen als §§ 86 ff. FamFG ausschließt, gemäß § 888 I ZPO **vollstreckt.**[1187] Soweit der Titel auf eine Vorlage von Belegen gerichtet ist, hat eine notwendigen Zwangsvollstreckung an sich durch Wegnahme und Aushändigung an den Auskunftsberechtigten durch den Gerichtsvollzieher zu erfolgen (§ 120 I FamFG iVm § 883 ZPO). Dies wird in der Rechtspraxis allerdings als nicht hilfreich angesehen, wenn gleichzeitig, was in den weit überwiegenden Fällen der Fall sein dürfte, eine Auskunftsverpflichtung vollstreckt werden soll. In dieser Konstellation wird die **Belegpflicht** deshalb vollstreckungsrechtlich als ergänzende und von der Vollstreckung nach § 888 ZPO mit abgedeckte **Nebenpflicht** eingestuft (→ § 1 Rn. 1193).[1188] Dies erscheint deshalb gerechtfertigt, weil der Auskunftspflichtige erfahrungsgemäß auch in der Vollstreckung seiner Pflicht durch Vorlage von Belegdokumenten (zB Lohnabrechnungen, Steuererklärungen und Bescheide) nachzukommen pflegt. Ist der Auskunftstitel zu unbestimmt, kommt die Auferlegung von Zwangsgeld oder die Verhängung von Zwangshaft nicht in Betracht. Der Titel ist dann praktisch wertlos. Deshalb ist schon im Auskunftsantrag, erst recht bei der Abfassung der Entscheidung, darauf zu achten, dass die vorgesehene Fassung konkret genug und vollstreckungsfähig ist. Auskunft und Vorlage von Belegen sind zwei getrennte Ansprüche. Eine pauschale Aufforderung, geeignete Belege vorzulegen, ist zu unbestimmt, um den Pflichtigen für den Anspruch auf Vorlage von Belegen in Verzug zu setzen.[1189] Die Entscheidungen im Vollstreckungsverfahren unterliegen gemäß § 793 ZPO der Anfechtung im Wege der **sofortigen Beschwerde** (§§ 567–572 ZPO).

Auch die titulierte Verpflichtung zur Auskunft schafft für den Grund des Hauptanspruchs **keine Rechtskraft.** Der Unterhaltspflichtige kann sein Interesse, keinen Unterhalt zahlen zu müssen, im Verfahren über den Unterhaltsanspruch ohne Einschränkung weiterverfolgen.[1190] 355

Gemäß §§ 1605 I 3, 261 BGB hat der Auskunftspflichtige bezogen auf eine von ihm 356 bereits erteilte Auskunft (§ 260 I BGB) deren Vollständigkeit und Richtigkeit eidesstattlich zu versichern. Dies ist der Fall, wenn Grund zu der Annahme besteht, der Auskunftspflichtige habe die Auskunft nicht mit der erforderlichen Sorgfalt erteilt. Allerdings müssen konkret begründete Anhaltspunkte dafür vorliegen. Ein entsprechender Verdacht kann selbst dann begründet sein, wenn inhaltliche Mängel der erteilten Auskunft nicht festgestellt sind. Gleichwohl besteht ein Anspruch auf Abgabe der **eidesstattlichen Ver-**

[1182] BGH FamRZ 2014, 1100 Rn. 11.
[1183] BGH FamRZ 2014, 1696 Rn. 12.
[1184] BGH FamRZ 2005, 1066.
[1185] BGH FamRZ 2013, 105 Rn. 17.
[1186] BGH FuR 2011, 110 Rn. 10.
[1187] BGH FamRZ 1983, 578.
[1188] OLG Jena FamRZ 2013, 656 (657).
[1189] OLG München FamRZ 1996, 307.
[1190] BGH FamRZ 1986, 796.

sicherung nicht schon dann, wenn Anhaltspunkte für eine unvollständige oder unrichtige Auskunft vorliegen. Hinzukommen muss vielmehr die Feststellung, dass sich die Unvollständigkeit oder Unrichtigkeit bei **gehöriger Sorgfalt** hätte vermeiden lassen.[1191] Andernfalls besteht zunächst – bei unverschuldeter Unkenntnis oder entschuldbarem Irrtum – ein **ergänzender Auskunftsanspruch.**[1192] Im Übrigen besteht ein Anspruch auf Abgabe der eidesstattlichen Versicherung dann nicht, wenn nach dem übereinstimmenden Verständnis der Beteiligten die begehrte Auskunft noch nicht vollständig erteilt ist, selbst wenn der Bereich der noch zu erteilenden Auskunft klar abgrenzbar erscheint.[1193]

357 Liegen die Voraussetzungen vor, unter denen der Auskunftsberechtigte auch die Abgabe einer eidesstattlichen Versicherung verlangen kann, hat er den Auskunftspflichtigen dazu außerhalb eines gerichtlichen Verfahrens aufzufordern, damit dieser seiner Verpflichtung **freiwillig** nachkommen kann. Dies geschieht im Verfahren nach § 410 Nr. 1 FamFG vor dem örtlich und sachlich zuständigen Amtsgericht (§ 23a I Nr. 2, II Nr. 5 GVG, 411 I FamFG), in dessen Bezirk die Verpflichtung zur Auskunft zu erfüllen ist. Funktional zuständig ist der Rechtspfleger (§ 3 Nr. 1b RPflG). Bleibt die Aufforderung erfolglos, kann der Auskunftsberechtigte die Verpflichtung zur eidesstattlichen Versicherung – wie die Auskunft und Belegvorlage – im ordentlichen Streitverfahren (§§ 113 ff. FamFG) titulieren lassen. Zum Rechtsmittel, der Beschwer und dem Verfahrenswert entspricht die Rechtslage der bei der Titulierung des Auskunftsanspruchs (im Einzelnen → Rn. 353).

Die nach § 116 III FamFG wirksame Endentscheidung, mit der das Gericht dem Anspruch stattgegeben hat, ist, sobald die allgemeinen Voraussetzungen der Zwangsvollstreckung nachgewiesen sind, im Verfahren vor dem **Vollstreckungsgericht,** nicht dem Familiengericht,[1194] gemäß § 120 I FamFG iVm §§ 889, 888 ZPO zu vollstrecken. Zuständig ist auch hier der Rechtspfleger (§ 20 Nr. 17 RPflG). Zwangsmittel dürfen erst dann angedroht werden, wenn der Auskunftspflichtige in dem auf Antrag des Auskunftsberechtigten zu bestimmenden Termin nicht erschienen ist oder in diesem die Abgabe verweigert.[1195] Dem steht der Fall gleich, in dem der Auskunftspflichtige zwar Auskünfte erteilt, diese aber vage bleiben und erkennbare Lücken aufweisen.[1196] Für die Anordnung der Erzwingungshaft bleibt der Richter zuständig (§ 4 II Nr. 2 RPflG).

XII. Das Stufenverfahren (§ 254 ZPO)

358 Im Stufenverfahren nach § 254 ZPO, einem Sonderfall objektiver Antragshäufung (§ 260 ZPO), wird mit dem Antrag auf Rechnungslegung oder auf Vorlegung eines Vermögensverzeichnisses oder auf Abgabe einer eidesstattlichen Versicherung der Antrag auf Herausgabe desjenigen verbunden, was der Antragsgegner aus dem zugrunde liegenden Rechtsverhältnis schuldet. Es handelt sich nach dem Wortlaut der gesetzlichen Bestimmung um einen **Leistungsantrag,** der nach der weit auszulegenden Bestimmung auch **vorbereitende Auskunfts-, Beleg- und Versicherungsansprüche** (→ Rn. 345 bis 357) erfasst. Das Verfahren kann auf einzelne Stufen beschränkt werden.[1197]

Im Anwendungsbereich des § 254 ZPO für das Unterhaltsrecht liegt dem Stufenverfahren die Unterhaltsbeziehung beider Beteiligter zugrunde und erstreckt sich in zumindest zwei Stufen auf das Auskunfts- und das Zahlungsbegehren. Kommt im Anschluss an das Auskunftsbegehren zunächst das Verlangen nach Abgabe der eidesstattlichen Versicherung hinzu, handelt es sich um einen dreistufigen Verfahrensaufbau. Ungeachtet der gesetzliche Formulierung in § 254 ZPO, wonach der Stufenantrag in letzter Konsequenz auf „Herausgabe des geschuldeten" gerichtet sein soll, stellt das Stufenverfahren ein verfahrensrechtlich

---

[1191] BGH FamRZ 1984, 144 (145).
[1192] OLG Hamm FamRZ 2013, 1889 (1892).
[1193] OLG Köln FamRZ 2001, 423.
[1194] OLG Frankfurt a. M. FamRZ 2004, 129.
[1195] OLG Düsseldorf FamRZ 1997, 1494.
[1196] OLG Brandenburg FamRZ 2015, 1999.
[1197] KG FamRZ 1997, 503.

2. Abschnitt: Die Schaffung und Abänderung von Unterhaltstiteln § 10

zulässiges Vorgehen auch dann dar, wenn **Abänderung** eines bestehenden **Unterhaltstitels** (§§ 238, 239 FamFG) begehrt wird[1198] und etwa der Unterhaltspflichtige eine Herabsetzung des titulierten Unterhalts verlangt, wobei er im Vorfeld auf Auskünfte über die Einkommensverhältnisse des Unterhaltsberechtigten angewiesen ist. Um einen zulässigen Stufenantrag handelt es sich auch, wenn das Herabsetzungsbegehren gegen eine **einstweilige Anordnung** (§ 246 FamFG) gerichtet werden soll. Hier kann der Unterhaltspflichtige den negativen Feststellungsantrag mit einem Auskunftsantrag auf der ersten Stufe verbinden.[1199] An dieser Rechtslage hat sich durch die Neuregelung des einstweiligen Rechtsschutzes und die Verselbständigung des Anordnungsverfahrens (§ 51 III 1 FamFG) nichts geändert (zur umstrittenen Zulässigkeit der negativen Feststellung vgl. in diesem Zusammenhang → Rn. 438 und 439).

Überdies besteht für den jeweiligen Antragsteller die Möglichkeit, auch erst im Laufe des Verfahrens von einem Leistungs-, Abänderungs- oder Feststellungsantrag zum **nachträglichen Stufenantrag** überzugehen, was sich insbesondere dann aufdrängt, wenn der Antragsteller erst nach Rechtshängigkeit in Erfahrung bringt, dass der Verfahrensgegner im Vorfeld nur unzureichende Auskünfte erteilt hat. Verfahrensrechtlich handelt es sich um eine nachträgliche Anspruchshäufung, indessen nicht um eine Antragsänderung im Sinne von § 263 ZPO. Gleichwohl erscheint die Interessenlage vergleichbar, die eine entsprechende Anwendung rechtfertigt.[1200] Stimmt der Gegner nicht zu, muss die „geänderte" Rechtsverfolgung sachdienlich sein. 359

Rechtshängig werden grundsätzlich von Anfang an alle Stufen, auch wenn in der Zustellung nicht ausdrücklich eine Einschränkung auf die erste Stufe zum Ausdruck gekommen ist.[1201] Von einer solchen Einschränkung ist selbst dann nicht auszugehen, wenn eine Bewilligung von Verfahrenskostenhilfe nur für den Auskunftsantrag erfolgt ist.[1202] Mit der Rechtshängigkeit gerät der Auskunftspflichtige in Verzug.[1203] Sofern die Erhöhung eines Unterhaltsanspruchs im Wege eines Abänderungsverfahrens (§ 238 FamFG) durchgesetzt werden soll, wird mit der Zustellung der Stufenantragsschrift gleichzeitig die Zeitschranke des § 238 III 1 FamFG für den nachfolgenden (bezifferten) Abänderungsantrag überwunden, hindert aber den Antragsteller nicht, auch die ihm durch § 238 III 2 FamFG eingeräumte Vorwirkung des Abänderungszeitraums auf der Leistungsstufe geltend zu machen. Die Verjährung eines zunächst noch unbezifferten Leistungsanspruchs wird durch die Rechtshängigkeit gemäß § 204 I Nr. 1 BGB gehemmt (nach § 209 I BGB aF unterbrochen),[1204] jedoch nur in Höhe der späteren Bezifferung.[1205] Ein Auskunftsantrag mit der **Ankündigung** „Nach Erteilung der Auskunft wird Zahlungsantrag gegenüber der Beklagten gestellt werden", stellt keinen – verjährungshemmenden – Leistungsantrag in der besonderen Form des Stufenantrags dar.[1206] 360

Zu verhandeln und zu entscheiden ist regelmäßig Stufe für Stufe durch **Teilbeschluss** und nach Erledigung der Vorstufe auf Antrag eines Beteiligten[1207] das Verfahren – nicht von Amts wegen – in der nächsten Stufe fortzusetzen. Die Fortsetzung des Verfahrens erfolgt dabei durch den Antragsteller unter Berücksichtigung des Ergebnisses aus der Vorstufe mit der schriftsätzlichen Ankündigung eines Sachantrags verbunden mit dem Antrag auf Terminsbestimmung. Der **Antragsgegner** kann sich zur Erledigung der nächsten Stufe auf den Terminsantrag beschränken. Diesem ist allerdings erst dann stattzugeben, wenn eine in der Vorstufe notwendig gewordene **Zwangsvollstreckung** abgeschlossen ist. Die Instanz schließt ab mit einer **Schlussentscheidung** (§ 116 FamFG). Nach Erteilung der Auskunft 361

[1198] OLG Hamburg FamRZ 1983, 626.
[1199] OLG Frankfurt a. M. FamRZ 1987, 175 (zu § 620 S. 1 Nr. 6 ZPO aF).
[1200] OLG München FamRZ 1995, 678.
[1201] BGH FamRZ 1995, 797.
[1202] BGH FamRZ 1995, 797.
[1203] BGH FamRZ 1990, 283.
[1204] BGH FamRZ 2017, 900 Rn. 26.
[1205] BGH FamRZ 1992, 1163.
[1206] OLG Celle NJW-RR 1995, 1411; OLG Düsseldorf FamRZ 1986, 488.
[1207] BGH FamRZ 2015, 247 Rn. 13; 2012, 1296 Rn. 28.

und Erledigung (gegebenenfalls) der weiteren Zwischenstufe muss der Antrag beziffert werden.[1208] Andernfalls ist der Antrag wegen Nichtbeachtung des Bestimmtheitserfordernisses (§ 253 II Nr. 2 ZPO) auf Antrag des Antragsgegners als unzulässig abzuweisen.[1209] Stellt sich im Zuge der Auskunftsstufe heraus, dass ein Unterhaltsanspruch (zB wegen zu geringen Einkommens des Unterhaltspflichtigen) nicht besteht, ist es dem Antragsteller verwehrt, mit Erfolg **einseitig** die **Hauptsache** für erledigt zu erklären. Dies wäre nur dann möglich, wenn der Stufenantrag bis zum Eintritt des erledigenden Ereignisses zulässig und begründet gewesen wäre, woran es bei einem Stufenantrag allerdings fehlt, wenn ein Zahlungsanspruch von vornherein nicht gegeben war.[1210] In dieser Verfahrenssituation besteht für den Antragsteller zunächst die Möglichkeit, im Wege der Antragsänderung (§ 263 ZPO) einen **materiellrechtlichen Kostenerstattungsanspruch** als Verzugsschaden in das Verfahren einzuführen. Entsprechend legt der BGH[1211] den Antrag auf Feststellung der Erledigung aus. Alternative kann der Antrag auch zurückgenommen werden, weil der Antragsgegner, sofern er außergerichtlich seiner Auskunftsverpflichtung nicht hinreichend nachgekommen ist und deshalb zur Einleitung des Stufenverfahrens Anlass gegeben hat, die Kosten des Verfahrens zu tragen hat (§ 243 S. 2 Nr. 2 FamFG). Nach OLG Frankfurt[1212] scheidet die Auslegung der einseitigen Teilerledigungserklärung als Feststellung des Bestehens eines materiell-rechtlichen Kostenerstattungsanspruchs aus, weil das Gericht im Rahmen des laufenden Verfahrens ohnehin gemäß § 243 S. 1 FamFG nach **billigem Ermessen** zu entscheiden hat. Demzufolge muss der Antragsteller, will er sein Kosteninteresse auf einen materiellrechtlichen Kostenerstattungsanspruch stützen, sein Recht in einem weitern Streitverfahren weiterverfolgen.

Die Kostenvorschrift ist entsprechend heranzuziehen, wenn die Beteiligten – verfahrensfehlerhaft, aber bindend – die Hauptsache übereinstimmend für erledigt erklärt haben.[1213] Gegen die **isolierte Kostenentscheidung** ist gemäß § 113 I 2 FamFG iVm § 269 V 1 bzw. § 91a II ZPO das Rechtsmittel der **sofortigen Beschwerde** gegeben (Zur Zulässigkeit des Rechtsmittels im Einzelnen → Rn. 81). Lässt sich ausnahmsweise feststellen, dass aus Rechtsgründen kein Unterhaltsanspruch besteht, kann der Stufenantrag in vollem Umfang abgewiesen werden.[1214]

362 Der Stufenantrag kann im Unterschied zum isolierten Auskunftsantrag **auch im Verbundverfahren** (§ 137 II Nr. 2 FamFG) gestellt werden. Über das Auskunftsbegehren ist in diesem Falle vor der Entscheidung über den Scheidungsantrag gesondert zu verhandeln und durch **Teilbeschluss** zu entscheiden.[1215] Geht der Antragsteller nach Auskunftserteilung nicht in das Betragsverfahren über, kann der unbezifferte Antrag in der Folgesache, sofern diese nicht abgetrennt wird, nur auf Antrag des Gegners durch Versäumnisurteil als unzulässig abgewiesen werden.[1216] Stufenantrag ist auch möglich in Verbindung mit einem **bezifferten Leistungsantrag.** Hier macht der Antragsteller zunächst einen **Mindestbetrag** geltend (bezifferten Teilantrag). Nur wegen des darüber hinausgehenden Begehrens liegt ein Stufenantrag vor.[1217] Allerdings darf bei einem entsprechenden Stufenantrag über den Leistungsantrag trotz anfänglicher (vorläufiger) Bezifferung erst nach Erledigung des Begehrens auf Auskunft und eidesstattliche Versicherung entschieden werden. Der Antragsteller eines Stufenantrags kann die Bezifferung des Leistungsantrages mit einem Mindestbetrag rückgängig machen und den Leistungsantrag unbeziffert weiterverfolgen.[1218] Überdies kann er nach erstinstanzlicher Abweisung des bezifferten Leistungsantrages mit der

---

[1208] BGH FamRZ 1988, 156 (157).
[1209] OLG Schleswig FamRZ 1991, 95 (96).
[1210] BGH FamRZ 1995, 348.
[1211] BGH FamRZ 1995, 348.
[1212] OLG Frankfurt FamRZ 2018, 1929 (1931).
[1213] OLG Nürnberg FamRZ 2001, 1381 (zu § 93d ZPO aF).
[1214] BGH FamRZ 1990, 863 (864).
[1215] BGH FamRZ 1997, 811; FamRZ 1982, 151.
[1216] OLG Schleswig FamRZ 1991, 95 (96).
[1217] BGH FamRZ 2003, 31.
[1218] BGH FamRZ 1996, 1070.

2. Abschnitt: Die Schaffung und Abänderung von Unterhaltstiteln § 10

Beschwerde auf den Auskunftsantrag zurückgreifen und von dessen Erfüllung die weitere Bezifferung abhängig machen.[1219]

In einen Teilbeschluss über eine Stufe ist keine Kostenentscheidung aufzunehmen. Die gesamten **Kosten des Stufenverfahrens** bilden eine Einheit und sind erst in der **Schlussentscheidung** zu regeln. Da jeder Teilbeschluss eine nach § 58 FamFG anfechtbare Endentscheidung darstellt, wird er gemäß § 116 III 1 FamFG erst mit **Rechtskraft** wirksam und vollstreckbar (§ 120 II 1 FamFG), sofern nicht die an die Stelle der vorläufigen Vollstreckbarkeit getretene sofortige Wirksamkeit angeordnet wird. Allerdings sieht § 116 III 2 FamFG lediglich die Möglichkeit für das Gericht vor, in Ausübung eines pflichtgemäßen Ermessens die **sofortige Wirksamkeit** anzuordnen. Zwar bestimmt § 116 III 3 FamFG eine weitergehende Vorgabe, wonach das Gericht bei der Titulierung des laufenden Unterhalts die sofortige Wirksamkeit im Regelfall anordnen soll. Doch beinhalten die der Schlussentscheidung vorausgehenden Teilbeschlüsse keine Verpflichtung zur Leistung von Unterhalt. Gleichwohl unterstreicht die Regelung ein **besonderes Eilbedürfnis,** das nach der Wertung des Gesetzgebers der Durchsetzung von Unterhaltsansprüchen zukommen soll. Wird ferner bedacht, dass dem im Stufenverfahren der eigentlichen Titulierung vorausgehenden Teilentscheidungen insoweit eine vorbereitende und dienende Funktion zukommt, müsste es auf Unverständnis stoßen, wenn diese Entscheidungen nur in einem wesentlich größeren Zeitfenster vollstreckungstauglich wären. Der hiernach gebotene Gleichklang in der vorläufigen Vollstreckbarkeit lässt sich daher nur durch eine entsprechende Anordnung der sofortigen Wirksamkeit nach § 116 III 3 FamFG bei allen Teilentscheidung im Stufenverfahren sicherstellen. 363

Bei der Festsetzung des Verfahrenswertes ist § 38 FamGKG (§ 44 GKG aF) zu beachten. Danach ist für die Wertberechnung nur der höhere Anspruch, das ist in der Regel der Leistungsanspruch, maßgebend.[1220] Damit stellt sich die Frage, von welchem Wert auszugehen ist, wenn es – aus welchen Gründen auch immer – nicht mehr zu einer Bezifferung und Entscheidung über das Zahlungsbegehren kommt. Teilweise wird die Auffassung vertreten,[1221] im Fall des „stecken gebliebenen Stufenantrags"[1222] vor Bezifferung des Leistungsantrags sei allein das wirtschaftliche Interesse des Antragstellers an der Auskunft (§ 42 I FamGKG) maßgebend. Dabei wird allerdings vernachlässigt, dass der noch unbezifferte Zahlungsantrag bereits mit allen anderen Stufenanträgen bei Zustellung der Antragsschrift im Wege der **objektiven Antragshäufung** (→ Rn. 360) rechtshängig geworden ist. Weist deshalb das Gericht den Stufenantrag unter Einschluss des noch nicht bezifferten Zahlungsantrags ab, ohne dass es auf die Auskunftserteilung noch ankäme, weil der Antragsteller (zB) wirksam auf Unterhalt verzichte hat, erschöpft sich der Wert des gesamten Verfahrens nicht in dem Auskunftsinteresse des Antragstellers. Vielmehr ist der Wert auch des unbezifferten Antrags im Wege einer Schätzung zu ermitteln. Hierbei sind maßgebend die durch den Antragsteller unterbreiteten Anhaltspunkte.[1223] Maßgebend bleibt deshalb auch bei unterbliebener Bezifferung des Zahlungsantrags der Wertvergleich gemäß § 38 FamGKG.[1224] 364

Der Zuständigkeitsverfahrenswert (nach § 5 ZPO) bemisst sich nach der Summe aller geltend gemachten Ansprüche. Dabei ist für die **Rechnungslegung** das Interesse des Antragstellers an der Konkretisierung seines Leistungsantrages maßgebend, damit gemäß § 42 FamGKG etwa $1/10$ bis $1/3$ des Leistungsanspruchs. Der Wert **der eidesstattlichen Versicherung** hängt davon ab, welche zusätzlichen Auskünfte sich der Antragsteller hiervon zwecks Erhöhung seines Leistungsantrags verspricht; dies könnte somit $1/10$ bis $1/3$ des Jahresbetrages der zusätzlichen Unterhaltsspitze sein. Bei der Leistungsstufe sind die An- 365

[1219] OLG München FamRZ 1995, 678.
[1220] OLG Celle FamRZ 2009, 452.
[1221] OLG Jena FamRZ 2017, 1079; OLG Frankfurt aM FamRZ 1987, 1293.
[1222] OLG Stuttgart FamRZ 2005, 1765.
[1223] OLG Celle FamRZ 2009, 452.
[1224] OLG Schleswig FamRZ 2014, 689; OLG Celle FamRZ 2009, 452; OLG Stuttgart FamRZ 2008, 534; KG FamRZ 2007, 69; OLG Brandenburg FamRZ 2007, 71; OLG Celle FamRZ 1997, 99.

gaben des Antragstellers und damit der Jahresbetrag gemäß § 51 I FamGKG mit Rückständen gemäß § 51 II 1 FamGKG zugrunde zu legen. Maßgebender Zeitpunkt für die Ermittlung der Rückstände ist die Einreichung des Stufenantrags, nicht die des später bezifferten Zahlungsantrags.[1225] Wechselseitig verfolgte Auskunftsansprüche sind nach dem einfachen Wert zu bemessen (§ 39 I 3 FamGKG), sofern sie auf denselben Unterhaltstatbestand und denselben Unterhaltszeitraum gerichtet sind.[1226]

366 **Verfahrenskostenhilfe** ist, soweit sie der **Antragsteller** begehrt, für alle Stufen (nicht erst für die Auskunftsstufe, später dann für die nächste Stufe)[1227] zu bewilligen (inzwischen hM).[1228] Die weitere Rechtspraxis ist nicht einheitlich. Nach OLG Düsseldorf soll das Gericht sich die Entscheidung vorbehalten können, nach Einreichung des Zahlungsantrags gesondert über die Verfahrenskostenhilfe für diesen Antrag zu entscheiden.[1229] Manche wollen gleichzeitig den **Streitwert** für den unbezifferten Leistungsantrag festsetzen, um einen Missbrauch bei der späteren Antragstellung zu unterbinden.[1230] Nach OLG München[1231] soll Verfahrenskostenhilfe auch für die unbezifferte Leistungsstufe zu gewähren sein, nach Bezifferung aber ein neuer VKH-Antrag gestellt werden müssen. Nach OLG Celle umfasst die uneingeschränkte Bewilligung von Verfahrenskostenhilfe ohne weiteres den entsprechend den Darlegungen des Antragstellers im Bewilligungszeitraum auf Grund der Auskunft nachträglich bezifferten Zahlungsantrag.[1232] Geht das Zahlungsbegehren über die Auskunft hinaus, bedarf es einer weitergehenden Entscheidung über die zu gewährende Verfahrenskostenhilfe. Nach OLG Hamm[1233] soll die Erfolgsaussicht der Leistungsstufe nach deren Bezifferung erneut geprüft werden können. Nach OLG München[1234] soll für die Leistungsstufe ein vorläufiger Streitwert festzusetzen sein (sonst keine nachträgliche Beschränkung).
Wird davon ausgegangen, dass die Rechtshängigkeit von Anfang an alle Stufen erfasst, können die Erfolgsaussichten iSv § 114 ZPO für die **Rechtsverteidigung** des **Antragsgegners** gegen das Unterhaltsbegehren im Ergebnis nicht anders beurteilt werden als die der Rechtsverfolgung durch den Antragsteller. Verweigert der Antragsgegner etwa grundlos die geschuldete Auskunft, kann ihm zumindest wegen Mutwilligkeit der Rechtsverteidigung Verfahrenskostenhilfe zur Verteidigung in den nächsten Stufen nicht bewilligt werden.[1235] Davon unabhängig dürften aber auch die Erfolgsaussichten der Rechtsverteidigung zu verneinen sein, da ohne die Darstellung der Einkommens- und Verschuldensverhältnisse nicht beurteilt werden kann, ob die Einwendungen des Unterhaltspflichtigen durchgreifen können. Wendet sich der Antragsgegner mit seinen Einwendungen gegen den Anspruchsgrund, wonach aus Rechtsgründen kein Unterhaltsanspruch besteht, ist dem Antragsgegner uneingeschränkt Verfahrenskostenhilfe zu bewilligen. Denn ungeachtet der Einleitung eines Stufenverfahrens ist das Gericht nicht gehindert, den Antrag abzuweisen, wenn aus Rechtsgründen eine Unterhaltsverpflichtung zu verneinen ist.[1236]

367 Bei den einzelnen Teilbeschlüssen, die die jeweilige Stufe erledigen, handelt es sich vor dem Hintergrund ihres verfahrensrechtlichen Eigenlebens um in der Hauptsache ergangene **Endentscheidungen,** die nach den allgemeinen Regeln der Anfechtung (§§ 58, 117 FamFG) unterliegen, und zwar auch dann, wenn sie auf einem entsprechenden Anerkennt-

---

[1225] OLG Karlsruhe FamRZ 2013, 1508 (1509).
[1226] OLG Jena FamRZ 2013, 489 (490).
[1227] so aber OLG Naumburg FamRZ 2009, 1848.
[1228] OLG Hamm 6 WF 355/13, BeckRS 2014, 09281; OLG Schleswig FamRZ 2014, 689; KG 2008, 702; OLG Zweibrücken FamRZ 2007, 1109; OLG Jena FamRZ 2005, 1186; OLG München FamRZ 2005, 42.
[1229] OLG Düsseldorf FamRZ 2000, 101.
[1230] OLG Frankfurt aM FamRZ 1991, 1458.
[1231] OLG München FamRZ 1993, 340.
[1232] OLG Celle FamRZ 2008, 2137 (2138); 1994, 1043.
[1233] OLG Hamm FamRZ 1994, 312.
[1234] OLG München FamRZ 1991, 1184.
[1235] OLG Karlsruhe FamRZ 2012, 1319 (1320).
[1236] BGH FamRZ 1990, 863 (864).

nis beruhen.¹²³⁷ Allerdings ist das Beschwerdegericht, sofern nur mit einem Teilbeschluss der Stufenanträge befasst, nicht gehindert, auch die weiteren Stufen an sich zu ziehen und bei Entscheidungsreife mit zu erledigen.¹²³⁸ Werden die Stufenanträge insgesamt mit der Begründung abgewiesen, ein Unterhaltsanspruch sei nicht gegeben, setzt sich nach Einlegung der Beschwerde, sofern keine einschränkenden Anträge gestellt werden, das Stufenverhältnis in der Rechtsmittelinstanz fort, so dass zunächst über das Auskunftsbegehren zu entscheiden ist. Wegen des Zahlungsbegehrens kommt unter den Voraussetzungen von § 117 II FamFG iVm § 538 II Nr. 4 ZPO eine **Zurückverweisung** in Betracht, die allerdings, abgesehen von dem Fall der **unzulässigen Teilentscheidung,** von dem entsprechenden Antrag eines Beteiligten abhängt. Im Übrigen ist das Beschwerdegericht befugt, selbst wenn das Rechtsmittel zunächst nur mit dem Auskunftsantrag geführt wird, die Anträge insgesamt abzuweisen, sofern es einen Unterhaltsanspruch verneint, und zwar auch dann, wenn der Hauptanspruch zwischenzeitlich beziffert und anderweitig geltend gemacht wird.¹²³⁹ Verfolgt der Antragsteller nach erstinstanzlicher Abweisung seiner Stufenanträge in der Beschwerdeinstanz lediglich das Auskunftsbegehren und macht schließlich geltend, der Antragsgegner sei nunmehr seiner Auskunftsverpflichtung nachgekommen, kann er den Auskunftsantrag auch einseitig für erledigt erklären. Für einen entsprechenden Feststellungsantrag bejaht der BGH,¹²⁴⁰ damit das Rechtsmittelverfahren zum Abschluss gebracht werden könne, das Rechtsschutzinteresse.

Beschwer. Da die einzelnen Teilentscheidungen gesondert rechtsmittelfähig sind, müssen sie jeweils auch, abgesehen vom (seltenen) Fall der Zulassung, die notwendige Beschwer im Sinne von § 61 I FamFG (mehr als 600 EUR) begründen. Maßgebend sind die Verhältnisse bei Einlegung des Rechtsmittels.¹²⁴¹ Diese Voraussetzungen sind vielfach bei einem dem Auskunftsbegehren stattgebenden Antrag für den Antragsgegner nicht erfüllt. Im Fall der Einlegung eines Rechtsmittels gegen die Verpflichtung zur Erteilung einer Auskunft, zur Rechnungslegung, zur Einsichtgewährung in bestimmte Unterlagen, zur Abgabe einer eidesstattlichen Versicherung oder dergleichen bemisst sich der Wert des Beschwerdegegenstandes nämlich nach dem **Aufwand an Zeit und Kosten,** die die Erfüllung des titulierten Anspruchs erfordert, sowie nach einem etwaigen **Geheimhaltungsinteresse** des Verpflichteten, nicht aber nach dem Wert des Auskunftsanspruchs. Dabei bleibt das Interesse des Auskunftspflichtigen an der Vermeidung einer für ihn nachteiligen Kostenentscheidung außer Betracht¹²⁴² (eingehend zu weiteren Einzelheiten und der aktuellen BGH-Rechtsprechung → Rn. 353). Verpflichtet das Beschwerdegericht den Antragsgegner auf einen Stufenantrag zur Auskunft und verweist es die Sache wegen der weiteren Stufen zurück, richtet sich der **Verfahrenswert** eines gegen diese Beschwerdeentscheidung gerichteten Rechtsmittels lediglich nach der Beschwer des Antragsgegners durch die Verpflichtung zur Auskunft, auch wenn das Vordergericht die Stufenanträge insgesamt abgewiesen hatte.¹²⁴³ 368

XIII. Das Anpassungsverfahren bei außergerichtlichen Unterhaltsvereinbarungen

Haben die Beteiligten ihre durch die gesetzlichen Unterhaltspflichten bestimmten Rechtsverhältnisse mit einer Unterhaltsvereinbarung näher ausgestaltet und sich über die laufende Zahlung einer Unterhaltsrente verständigt, stellt sich die Frage nach den verfahrens- und materiellrechtlichen Anforderungen für eine Anpassung und deren Durchsetzung. Ein verfahrenssystematisch vorrangiges Abänderungsverfahren nach §§ 238, 239 369

---

¹²³⁷ BGH FamRZ 2003, 1922.
¹²³⁸ BGH NJW 1985, 2405.
¹²³⁹ BGH FamRZ 1990, 863 (864).
¹²⁴⁰ BGH FamRZ 1999, 1197 (1199).
¹²⁴¹ BGH FamRZ 2009, 595 Rn. 9; 2009, 495 Rn. 14.
¹²⁴² BGH FamRZ 1995, 349 = R 485 A.
¹²⁴³ BGH FamRZ 2003, 87.

FamFG scheitert bereits aus formellen Gründen, weil die außergerichtliche Vereinbarung weder einer gerichtlichen Endentscheidung noch einem Vergleich oder sonst einer vollstreckbaren Urkunde gleichsteht.[1244] Das in ZPO und FamFG festgelegte System der Rechtsbehelfe unterliegt nicht der Dispositionsfreiheit der Beteiligten. Zudem fehlen Anhaltspunkte, die eine gebotene analoge Anwendung rechtfertigen könnten. Es verbleibt hiernach bei den Rechtsbehelfen für ein **gerichtliches Erstverfahren**. Das wiederum ist je nach Fallkonstellation unterschiedlich zu beurteilen und hängt primär davon ab, welcher der beiden Beteiligten an der Vereinbarung nicht mehr festhalten will.

370 Macht der **Unterhaltsberechtigte** geltend, der Unterhaltspflichtige schulde auf Grund der weiteren Entwicklung einen **höheren Unterhalt**, muss er dies mit einem **Leistungsantrag** (§ 258 ZPO) durchsetzen. Berühmt er sich eines solchen gegenüber dem Unterhaltspflichtigen, kann dieser ihm mit einem **negativen Feststellungsantrag** (§ 256 ZPO) entgegentreten, Das hierfür zunächst zu bejahende Feststellungsinteresse entfällt allerdings im Nachhinein, sobald der Unterhaltsberechtigte wegen desselben Verfahrensgegenstandes mit einem Leistungsantrag den höheren Unterhalt gerichtlich geltend macht und dieser Leistungsantrag nicht mehr einseitig zurückgenommen werden kann.[1245] Der Unterhaltspflichtige muss das Feststellungsverfahren in der Hauptsache für erledigt erklären.

371 Ist der **Unterhaltspflichtige** der Ansicht, etwa wegen Verschlechterung seiner Einkommensverhältnisse nur noch einen **geringeren Unterhalt** zu schulden, steht es ihm frei, die Zahlungen einzustellen und dadurch den Unterhaltsberechtigten zu einem Leistungsantrag zu zwingen. Hält dieser sich weiter für entsprechend unterhaltsberechtigt, ohne hierbei gerichtlich vorzugehen, kann der Unterhaltspflichtige auch hier mit einem negativen Feststellungsantrag rechtskräftig feststellen lassen, dass er nicht mehr als von ihm zugestanden an Unterhalt schuldet. Wird der Feststellungsantrag abgewiesen, steht rechtskräftig fest, dass der Unterhaltspflichtige den vereinbarten Unterhalt schuldet. Allerdings fehlt weiter ein vollstreckbarer Titel, so dass der Unterhaltsberechtigte einen Leistungsantrag (§ 258 ZPO) stellen muss. Ein vorrangiges Abänderungsverfahren scheidet aus, da es an einer Verpflichtung im Sinne von § 238 I FamFG fehlt.

372 In der Sache haben die jeweiligen nach **materiellem Recht** zu beurteilenden Rechtsbehelfe, mit denen die Beteiligten einen höheren oder geringeren Unterhalt als vereinbart geltend machen, Erfolg, wenn sich, wie bei sonstigen privatrechtlichen Verträgen auch (§ 313 BGB), die Umstände, die die Beteiligten zur Grundlage der Vereinbarung gemacht hatten, schwerwiegend verändert haben und die Beteiligten die Vereinbarung, wenn sie die Veränderungen vorausgesehen hätten, nicht oder nicht mit dem Inhalt geschlossen hätten, so dass jeder Beteiligte eine Anpassung verlangen kann, soweit dies dem anderen Beteiligten nach den gesamten Umständen des Einzelfalls zuzumuten ist. Die Rechtslage entspricht der für die Abänderung von Vergleichen und vollstreckbaren Urkunden, für deren Abänderung § 239 II FamFG auf das materielle Recht verweist. Zu den näheren Einzelheiten über das Ausmaß einer Störung der Geschäftsgrundlage sowie zu den daraus folgenden Möglichkeiten einer Anpassung kann deshalb auf die Ausführungen zu → Rn. 261 bis 270 verwiesen werden, die entsprechend gelten.

Gleiches gilt auch für die **Darlegungs- und Beweislast**. Begehrt der Unterhaltsberechtigte mit dem Hinweis auf die Anpassung der Unterhaltsvereinbarung einen höheren Unterhalt, muss er die Grundlagen der Vereinbarung sowie deren Änderung darlegen und beweisen, die im Wege der Anpassung sein Begehren rechtfertigen. Bestreitet der Unterhaltspflichtige das Zustandekommen einer solchen, muss der Unterhaltsberechtigte auch dies beweisen. Für den Fall, dass ihm dies nicht gelingt, muss er – zumindest hilfsweise – sein Gesamtunterhaltsbegehren auf die gesetzlichen Bestimmungen stützen. Stellt der Unterhaltspflichtige das Zustandekommen einer Unterhaltsvereinbarung nicht in Abrede, muss er für eine erfolgreiche Anpassung seinerseits die Grundlagen des Vertrages und deren aktuelle Störung darlegen und beweisen.

373 Die Heranziehung der Grundsätze über die Störung der Geschäftsgrundlage (§ 313 BGB) setzt eine **wirksam** zustande gekommene **Unterhaltsvereinbarung** voraus. Dafür

---

[1244] OLG Bamberg FamRZ 2001, 922.
[1245] BGH NJW 2006, 515.

muss es den allgemeinen Vertragsregeln entsprechend deutliche Anhaltspunkte geben. Allein der Umstand, dass der Unterhaltsberechtigte über einen längeren Zeitraum unbeanstandet gleich bleibende Unterhaltszahlungen entgegengenommen hat, rechtfertigt nicht die Annahme, die Beteiligten hätten hierüber eine Vereinbarung geschlossen. Allerdings sind in der Rechtspraxis nicht selten Fallgestaltungen anzutreffen, bei denen sich die Beteiligten nach Durchführung anwaltlichen Schriftwechsels über laufende Unterhaltszahlungen verständigt haben, ohne dass sich die Beteiligten hierauf im Nachhinein berufen.

XIV. Das Mahnverfahren (§ 113 II FamFG, §§ 688–703d ZPO)

Unterhalt kann auch nach dem Inkrafttreten des FamFG im Mahnverfahren geltend gemacht werden (§ 113 II FamFG), aber nur die bis zum Ablauf der Widerspruchsfrist fälligen Beträge, also praktisch nur die **Rückstände** (§ 688 I iVm § 692 I Nr. 3 ZPO). In der unterhaltsrechtlichen Praxis hat das Mahnverfahren nur geringe Bedeutung und geht regelmäßig ins streitige Verfahren über. Deshalb erscheint es sinnvoller, von Anfang an das ordentliche Streitverfahren einzuleiten und den behaupteten Unterhaltsanspruch eingehend zu begründen. 374

XV. Das Wiederaufnahmeverfahren (§ 118 FamFG, §§ 578–591 ZPO)

Eine weitere Abänderungsmöglichkeit einer in einer Hauptsache ergangenen rechtskräftigen Endentscheidung gewährt das **Wiederaufnahmeverfahren** nach § 118 FamFG iVm §§ 578 ff. ZPO. Es handelt sich nicht um ein weiteres Rechtsmittel. Dabei richtet sich die Rechtsverfolgung im **Nichtigkeitsverfahren** (§ 579 ZPO) gegen die Verletzung elementarer Verfahrensnormen. Im **Restitutionsverfahren** (§ 580 ZPO) soll eine evident unrichtige oder nicht vollständige Entscheidungsgrundlage beseitigt werden. Insofern gleichen beide Verfahrensarten als außerordentliche Rechtsbehelfe einem Rechtsmittel im verfahrenstechnischen Sinn und beseitigen die Rechtskraftwirkung der angefochtenen Entscheidung.[1246] Vorrang gebührt dem Nichtigkeitsverfahren. Kommen gleichzeitig Restitutionsgründe in Betracht, ist das Verfahren bis zum rechtskräftigen Abschluss des Nichtigkeitsverfahrens auszusetzen (§ 578 II ZPO). Ein Wiederaufnahmeverfahren in einer Scheidungssache erstreckt sich auch auf die Folgesachen (§ 137 FamFG). 375

Voraussetzung für die Wiederaufnahme ist die **formelle Rechtskraft** der angefochtenen Endentscheidung. Hierzu zählen in Unterhaltssachen Gestaltungs-, Anerkenntnis- und Versäumnisbeschlüsse sowie Entscheidungen in Arrestverfahren. Verfahrensvergleiche unterliegen nicht dem Wiederaufnahmeverfahren, da sie Endentscheidungen nicht gleichstehen und die Feststellung ihrer behaupteten Nichtigkeit im Wege der Fortsetzung des abgeschlossenen Verfahrens erfolgen kann. Beteiligte des Wiederaufnahmeverfahrens sind dieselben wie im vorausgegangenen Verfahren.

Gemäß § 584 ZPO ist für den Wiederaufnahmeantrag ausschließlich das Gericht, das im ersten Rechtszug entschieden hat, zuständig. Entscheidungen des Beschwerdegerichts und des Rechtsbeschwerdegericht fallen danach in die Zuständigkeit des Beschwerdegerichts. Wird der Rechtsbehelf allerdings auf Gründe gestützt, die nach §§ 579, 580 Nr. 4 und 5 ZPO geltend gemacht werden, entscheidet bei eigener Vorentscheidung das Rechtsbeschwerdegericht. Hat das Oberlandesgericht die Beschwerde als unzulässig verworfen, ist das Gericht erster Instanz ausschließlich zuständig, weil in der Sache keine Entscheidung durch das Beschwerdegericht ergangen ist.[1247] Ein anderes muss allerdings dann gelten, wenn die Gründe, die zur Verwerfung geführt haben, im Wiederaufnahmeverfahren angeführt werden. Die durch § 584 ZPO begründete **ausschließliche Zuständigkeit** wird in Unterhaltssachen verdrängt (§ 232 II FamFG), soweit eine ausschließliche Zustän- 376

[1246] BGH NJW 1982, 2449 (2450).
[1247] OLG München FamRZ 1982, 314.

377 Die **Nichtigkeits- und Restitutionsgründe** sind in §§ 579, 580 ZPO abschließend geregelt. Auch eine analoge Anwendung von § 579 I Nr. 4 ZPO scheidet aus, wenn die Antragsschrift im Ausgangsverfahren dem Antragsgegner nur mit vom Antragsteller erschlichenen **öffentlichen Zustellung** bekannt gemacht worden ist.[1248] Lagen die Voraussetzungen einer öffentlichen Zustellung für das Gericht erkennbar nicht vor, fehlt es für ein Wiederaufnahmeverfahren schon an der notwendigen Rechtskraft der Vorentscheidung, weil Rechtsmittel- und Rechtsbehelfsfristen nicht in Gang gesetzt worden sind.[1249]

378 Für die **Einleitung** (§ 253 ZPO) und das weitere Verfahren gelten die allgemeinen Vorschriften entsprechend (§ 585 ZPO). Hinsichtlich des Anwaltszwangs gilt § 114 FamFG. **Verfahrenskostenhilfe** ist für das Wiederaufnahmeverfahren eigenständig zu bewilligen. Die nach § 114 ZPO gebotene Prüfung der Erfolgsaussichten umfasst die Voraussetzungen für das Wiederaufnahmeverfahren und die Weiterverfolgung der Hauptsache aus dem Vorverfahren.[1250] Sie ist deshalb zu versagen, wenn die angegriffene Entscheidung ungeachtet der vorgetragenen Wiederaufnahmegründe in der Sache weiterhin Bestand hat. Auch im Übrigen gelten die allgemeinen Verfahrensgrundsätze (§ 113 FamFG) mit der Möglichkeit einer Verfahrenstrennung und Verfahrensverbindung (§§ 145, 150 ZPO). Antragsrücknahme (§ 269 ZPO) ist wie eine Antragsänderung gemäß §§ 263, 264 ZPO möglich.

379 Das **Verfahren** ist in **drei Abschnitte** gegliedert. Führt die zunächst anzustellende Prüfung der Zulässigkeit des Wiederaufnahmeverfahrens ua dazu, dass das Vorbringen des Antragstellers von den in Betracht kommenden Gründen (§§ 579, 580 ZPO) nicht getragen wird, ist der Antrag als **unzulässig** abzuweisen (§ 589 I 2 ZPO). Der zweite Abschnitt hat die Feststellung zum Ziel, ob die zulässigerweise angeführten Nichtigkeits- oder Restitutionsgründe tatsächlich gegeben sind. Ist dies der Fall, kann das Gericht mit einer **Zwischenentscheidung** die Voraussetzungen des Wiederaufnahmeverfahrens bejahen,[1251] wenn es nicht bereits die über die Wiederaufnahmegründe hinausgehende neue Verhandlung in der Unterhaltssache selbst verbunden hat (§ 590 ZPO). Die **Zwangsvollstreckung** aus der angefochtenen Entscheidung kann auf Antrag gemäß § 707 I ZPO iVm § 120 II FamFG eingestellt werden.

Gemäß § 586 ZPO ist der Wiederaufnahmeantrag vor Ablauf eines Monats (Notfrist) zu stellen.[1252] Die Einreichung eines Gesuchs um Bewilligung von Verfahrenskostenhilfe genügt nicht. Allerdings ist Wiedereinsetzung zulässig. Die Frist beginnt mit dem Tag, an welchem der Beteiligte von dem Anfechtungsgrund Kenntnis erhalten hat, jedoch nicht vor eingetretener Rechtskraft der Entscheidung[1253] (§ 586 II 1 ZPO). Nach Ablauf von 5 Jahren ab Rechtskraft des Beschlusses sind die Anträge nach § 578 I ZPO unstatthaft (§ 586 II 2 ZPO).

XVI. Der „Widerantrag" (§ 33 ZPO)

1. Allgemeines

380 Durch die Verweisung in § 113 I 2 und V FamFG eröffnet die Vorschrift des § 33 ZPO auch für die Unterhaltssachen (§ 231 I FamFG) der Familienstreitsachen weiterhin einen zusätzlichen **besonderen Gerichtsstand des Sachzusammenhangs** für einen Widerantrag, der – nach seiner Definition – verfahrensgegenständlich mit einem Hauptsache-

---
[1248] BGH FamRZ 2003, 672.
[1249] BGH FamRZ 2007, 40.
[1250] BGH NJW 1993, 3140.
[1251] BGH FamRZ 1993, 943.
[1252] BVerfG NJW 1993, 3257.
[1253] BGH NJW 1993, 1596.

antrag in Zusammenhang steht, somit konnex ist. Besteht eine örtliche Zuständigkeit des angerufenen Gerichts schon nach den allgemeinen Vorschriften, ist ein Rückgriff auf die besondere Vorschrift entbehrlich. Sie regelt lediglich eine Gerichtsstandfrage und stellt keine besondere Verfahrensvoraussetzung für ein Widerantragsverfahren dar. Dieser besondere Gerichtsstand des § 33 I ZPO soll bei Verfahren, die miteinander im Zusammenhang stehen, eine **einheitlichen Verhandlung** und **Entscheidung** ermöglichen. Die hierdurch erfolgende Privilegierung des Antragsgegners beruht darauf, dass der Antragsteller mit Einleitung eines ordentlichen Streitverfahrens stets das Risiko trägt, nicht nur Einwendungen und Einreden gegenüber dem verfolgten Anspruch selbst ausgesetzt zu sein, sondern mit einem „**eigenständigen Gegenantrag**" auf Grund Sachzusammenhangs rechnen zu müssen.

> **Beispiel:**
> Der in Karlsruhe lebende Antragsteller nimmt den Antragsgegner in Freiburg gerichtlich in Anspruch. Sofern der Antragsgegner gegen den Antragsteller einen **konnexen Gegenanspruch** hat, kann er diesen gemäß. § 33 I ZPO im Gerichtsstand des bereits eingeleiteten Verfahrens, somit an seinem Wohnort in Freiburg, geltend machen. Besteht zwischen Erstverfahren und Zweitverfahren kein Zusammenhang, muss der Antragsgegner den Antragsteller in Karlsruhe gerichtlich verfolgen. Wohnen beide Beteiligte inzwischen in Freiburg (vgl. § 261 II Nr. 2 ZPO), ergibt sich die Zuständigkeit für die das Zweitverfahren des Antragsgegners in Freiburg (wegen mangelnder Konnexität liegt kein Widerantragsverfahren vor) aus den allgemeinen Vorschriften; § 33 I ZPO findet keine Anwendung. Ob somit beide Antragsverfahren im letzteren Fall miteinander verbunden werden, hängt von § 147 ZPO ab.
> Danach müssen beide zu verbindenden Verfahren in **rechtlichem Zusammenhang** stehen. Dies ist ein weitergehender Begriff als der Zusammenhang iSd § 33 I ZPO, der somit auch ein tatsächlicher oder wirtschaftlicher sein kann.
> Haben der Antragsteller und der Antragsgegner gemäß. § 38 ZPO den Gerichtsstand Baden-Baden in zulässiger Weise vereinbart, kann Freiburg als Gerichtsort des Widerantrags nicht zuständig sein, da der **Gerichtsstand** des § 33 I ZPO **nicht ausschließlich** ist. Im Übrigen gilt § 33 I ZPO gemäß § 33 II ZPO nur für **vermögensrechtliche Widerantragsverfahren** und dann nicht, wenn für den Gegenanspruch eine ausschließliche Zuständigkeit besteht.

Der Widerantrag ist ein **Gegenangriff** gegen den Antrag des Antragstellers und steht daher mit ihm in einer natürlichen Einheit. Beide Verfahrensgegenstände beziehen sich derart aufeinander, dass das Obsiegen in dem einen Verfahrensrechtsverhältnis das Unterliegen im anderen Verfahren bedingt. Der Widerantrag ist daher kein Angriffs- oder Verteidigungsmittel iSd §§ 115 FamFG, 528 ZPO,[1254] sondern ein Antragsverfahren eigener Art. Erforderlich ist das Vorliegen der allgemeinen und besonderen Verfahrensvoraussetzungen. Da er einen **eigenen Verfahrensgegenstand** hat, kann ein Widerantrag nicht bloß die Kehrseite des Antrags darstellen. Der auf Leistung in Anspruch genommene Antragsgegner kann daher nicht im Wege des Widerantrags die Feststellung begehren, den geforderten Unterhaltsbetrag nicht zu schulden.[1255] Allerdings kann der Antragsgegner mit dem Widerantrag geltend machen, dass statt Unterhalt zu schulden, er selber Unterhalt fordern könne. Auch geht es über die bloße **Negation** des im Streitverfahrens geltend gemachten Anspruchs hinaus, wenn der Unterhaltspflichtige als Antragsgegner gegenüber dem Unterhaltsbegehren Rückforderung wegen Überzahlung aus der Garantiehaftung gemäß § 120 I FamFG iVm § 717 II 2 ZPO geltend macht.

381

2. Die Einleitung des Widerantragsverfahrens

Verfahrensvoraussetzung eines Widerantrags ist, dass der Antrag gegen den Antragsgegner im Zeitpunkt der Einleitung des Widerantragsverfahrens noch in der Hauptsache rechtshängig ist.[1256] Der Widerantrag kann **bis zum Schluss der letzten mündlichen**

382

[1254] BGH NJW 1995, 1223 (1224).
[1255] BGH NJW 2006, 515.
[1256] BGH NJW-RR 2001, 60.

Verhandlung in dem Vorverfahren gestellt werden.[1257] Dies geschieht durch eine zuzustellende Widerantragsschrift, die zu dem Aktenzeichen des Vorverfahrens einzureichen ist. Im schriftlichen Verfahren kann der Widerantrag bis zu dem Zeitpunkt des § 128 II 2 ZPO eingereicht werden, der dem Schluss der mündlichen Verhandlung entspricht. Das erst nach Schluss der mündlichen Verhandlung eingeleitete Widerantragsverfahren ist, wenn es nicht zu einer Wiedereröffnung des Verfahrens kommt, unzulässig.[1258]

In der **Beschwerdeinstanz** ist der Widerantrag unter denselben Voraussetzungen zulässig wie im erstinstanzlichen Verfahren (§ 68 III 1 FamFG). Die Vorschrift des § 533 ZPO, die für das zivilprozessuale Verfahren mit den Kriterien der Sachdienlichkeit oder der Einwilligung des Gegners einschränkende Vorgaben enthält, ist, wie in Familienstreitsachen aus der begrenzten Verweisung auf die Berufungsvorschriften folgt (§ 117 II FamFG), nicht anzuwenden, weil sie nach der Einschätzung des Gesetzgebers den Bedürfnissen des familiengerichtlichen Verfahrens, die Tatsachenfeststellung an das häufig im Fluss befindliche Geschehen anzupassen, nicht gerecht werden kann.[1259] In der **Rechtsbeschwerdeinstanz** (§ 70 FamFG) findet eine reine Rechtsprüfung statt im Rahmen der durch die Beteiligten gestellten Rechtsbeschwerde- und Anschließungsanträge (§ 74 III 1 FamFG). Ein Widerantrag ist danach im Allgemeinen unstatthaft (Ausnahme zB § 717 III ZPO).[1260]

3. Die allgemeinen Verfahrensvoraussetzungen

383 Da § 33 I ZPO nur eine Regelung der **örtlichen Gerichtszuständigkeit** enthält, wird die sachliche Zuständigkeit durch § 33 ZPO nicht berührt, die sich nach den allgemeinen Regeln für das Streitverfahren bestimmen lässt. Der Widerantrag ist daher zulässig, wenn er vor ein Gericht gleicher Ordnung wie das Gericht des Vorverfahrens gehört. Die sachliche Zuständigkeit entspricht der für das Erstverfahren, das Anlass bietet für den Widerantrag (§ 23a I Nr. 1 GVG, §§ 111 Nr. 8, 112 Nr. 1, 231 I FamFG).

4. Der Zusammenhang des § 33 I ZPO

384 Ein Zusammenhang mit dem Erstverfahren liegt vor, wenn beide Anträge auf ein **gemeinsames Rechtsverhältnis** zurückzuführen sind, oder aber die Forderung des Antragstellers mit dem Verteidigungsmittel des Antragsgegners **in Zusammenhang** steht. Einer Identität zwischen beiden Anspruchsgrundlagen bedarf es nicht.

> **Beispiel:**
> Zusammenhang besteht zwischen dem Unterhaltsbegehren des Antragstellers und dem im Wege des Widerantrags geltend gemachten Anspruch auf Vorschusszahlung zugunsten des Antragsgegners für dessen beabsichtigtes gerichtliches Verfahren auf Rückzahlung geleisteten Unterhaltes wegen ungerechtfertigter Bereicherung.

Ein Zusammenhang mit den Verteidigungsmitteln des Antragsgegners besteht, wenn dieser zB gegenüber einer Rückstandsforderung auf Unterhalt in Höhe von 3000 EUR Aufrechnung mit einem rein zivilrechtlichen Gegenanspruch in Höhe von 10 000 EUR erklärt: Über die erloschene Rückstandsforderung in Höhe von 3000 EUR hinaus führt der Antragsgegner in Höhe von 7000 EUR gegen den Antragsteller ein Widerantragsverfahren. Auch mit weiteren Familiensachen kann, soweit es sich um **Familienstreitsachen** (§ 112 FamFG) handelt, der für einen Widerantrag notwendige Zusammenhang bestehen.[1261]

[1257] BGH NJW-RR 1992, 1085.
[1258] BGH NJW 2000, 2512.
[1259] BT-Drs. 16/6308, 224.
[1260] BGH NJW 1994, 2085.
[1261] OLG Schleswig FamRZ 2015, 1519 (1520).

5. Der zeitliche Zusammenhang von Antrag und Widerantrag

Zeitlich gesehen ist ein Widerantragsverfahren erst **ab Rechtshängigkeit des Vorverfahrens** zulässig; es gibt daher keinen Widerantrag im Rahmen eines Mahnverfahrens oder eines vereinfachten Unterhaltsverfahrens iSd § 249 FamFG. Zum Zeitpunkt der Einleitung des Widerantragsverfahrens muss die Rechtshängigkeit des Vorverfahrens auch noch fortdauern.[1262] Ist zu diesem Zeitpunkt der Antrag bereits zurückgenommen (§ 269 ZPO) oder anderweitig erledigt (§ 91a ZPO), ist ein Widerantrag nicht mehr zulässig.[1263] Das gilt auch dann, wenn sich das Verfahren auf die Verhandlung über die Kosten reduziert hat. Da auch dann das Verfahren in der Hauptsache erledigt ist, ist das Vorverfahren als Streitverfahren nicht mehr rechtshängig. Unschädlich ist es aber für die Zulässigkeit des Widerantragsverfahrens, wenn nach seiner Einleitung der Vorantrag zurückgenommen oder auf andere Weise erledigt wird. Das Gericht des Vorverfahrens bleibt gemäß § 261 III Nr. 2 ZPO auch weiterhin für den Widerantrag zuständig; dieser steht damit nunmehr als einziger Antrag zur Entscheidung des Gerichts nach Erledigung der Vorverfahrens.

385

6. Die Beteiligten des Widerantragsverfahrens

Auch in den unterhaltsrechtlichen Familienstreitsachen erschöpft sich das Widerantragsverfahren nicht in einem verfahrensrechtlichen Verhältnis zwischen Antragsteller und Antragsgegner. Vielmehr kommt auch hierbei eine Drittbeteiligung in Betracht, die durch einen **Drittwiderantrag** eine weitere verfahrensrechtliche Beziehung begründet. Die Rechtsprechung kennt verschiedene Fallkonstellationen.

386

a. Der Antragsgegner stellt einen Widerantrag nicht nur gegen den Antragstellern sondern darüber hinaus noch gegen einen bis dahin am Verfahren nicht beteiligten Dritten als Streitgenossen iSd §§ 59, 60 ZPO. Praktisch wird dieser Fall, wenn der eine unterhaltspflichtige Elternteil nach Eintritt der Volljährigkeit des unterhaltsberechtigten Kindes den titulierten Unterhalt abändern will, das Kind mit seiner Rechtsverteidigung seinen Barunterhaltsanspruch gegen den anderen Elternteil titulieren lassen will (§ 1606 III 1 BGB). Vergleichbare Ausgangssituationen können sich im Kontext der Verfolgung von Elternunterhaltsansprüchen einstellen. Der Drittwiderantrag bedarf wegen der subjektiven Antragshäufung, um zulässig zu sein, der Einwilligung des Antragstellers (rügelose Einlassung genügt) oder der Bejahung der Sachdienlichkeit durch das Gericht.[1264] Wird der **beteiligtenerweiternde Widerantrag** in der Beschwerdeinstanz gestellt, ist immer die Zustimmung des Antragstellers erforderlich, sofern er sie nicht rechtsmissbräuchlich verweigert.[1265] Dritte können im Wege der Anschlussbeschwerde nicht einbezogen werden.[1266]

Hat das Gericht die Sachdienlichkeit des Widerantrags und damit dessen Zulässigkeit bejaht, bedarf es für die örtliche Zuständigkeit des angerufenen Gerichts, soweit es den Dritten anbelangt, einer **Gerichtsstandsbestimmung** nach § 36 Nr. 3 ZPO, da der Widerantrag nur für die Beteiligten von Vorantrag und Widerantrag, nicht für einen in das Verfahren einbezogenen Dritten die örtliche Zuständigkeit begründet.[1267] Fehlt die Zuständigkeit oder wird die Sachdienlichkeit verneint, ist der Widerantrag als **unzulässig abzuweisen**.[1268] Auf Antrag des Antragsgegners kann aber der Widerantrag auch abgetrennt und als eigenständiges Verfahren geführt werden; darüber hinaus kommt eine **Verweisung** gemäß § 281 ZPO an den allgemeinen, besonderen oder ausschließlichen Gerichtsstand des Gegenantrags in Betracht.

b. Auch wenn es für das Widerantragsverfahren an sich wesentlich ist, dass auf Seiten des Antragstellers zumindest auch ein Widerantragsgegner und auf Seiten des Antragsgegner

---

[1262] BGH NJW-RR 2001, 60.
[1263] BGH NJW 2009, 148.
[1264] BGH NJW 1991, 2838.
[1265] BGH NJW 1984, 2104.
[1266] BGH NJW 1995, 198.
[1267] BGH NJW-RR 2008, 1516.
[1268] BGH NJW 1993, 2120.

ein Widerantragsteller mitwirken,[1269] sind in der Rechtsprechung Ausnahmen anerkannt, bei denen der Antragsgegner mit einem Widerantrag ausschließlich gegen einen Dritten vorgeht, der in keinem verfahrensspezifischen Verhältnis zum Antragsteller steht („**isolierter Widerantrag**"). Im Vordergrund stehen hier verfahrensökonomische Gesichtspunkte, wonach im Beziehungsgeflecht mehrerer Personen eine schnelle und kostengünstige Entscheidung gewährleistet werden soll.[1270] Allerdings ist ein isolierter Drittwiderantrag, mit dem der auf Kindesunterhalt in Anspruch genommene Elternteil einen familienrechtlichen Ausgleichsanspruch gegen den betreuenden Elternteil geltend machen will, unzulässig. Den Verfahrensgegenständen fehlt es an einer **engen tatsächlichen und rechtlichen Verknüpfung**. Wegen des Verzichtsverbots in § 1614 I BGB ist jeglicher Zusammenhang zwischen Kindesunterhalt und Freistellung oder familienrechtlichem Ausgleichsanspruch ausgeschlossen. Das unterhaltsberechtigte Kind hat Anspruch auf Titulierung seines Unterhalts, ohne dass dabei auch nur der Streit zwischen den Interessen der Eltern, der für den Kindesunterhalt belanglos bleibt, eine zeitliche Verzögerung oder verfahrensbezogene Belastung rechtfertigen könnte.[1271]

7. Identität der Verfahrensart von Vorantrag und Widerantrag

387 Zulässigkeitsvoraussetzung für den Widerantrag ist weiter, dass sie in derselben Verfahrensart wie der Vorantrag gestellt wird. Unzulässig ist daher ein Widerantrag im Urkunden- und Wechselverfahren (§ 113 II FamFG iVm § 595 I ZPO). Auch ist es unzulässig, gegenüber der Familiensache Unterhalt einen nicht familienrechtlichen Anspruch im Wege des Widerantrags durchzusetzen.[1272] Antrag und Widerantrag sind für den Verfahrenswert nicht zu addieren, wenn der (Teil-)Erfolg des Antrags zwingend zur Abweisung des Widerantrags führt.[1273] Bei einer Häufung von Antrag und Widerantrag sind die Kosten nicht nach diesen Verfahrensgegenständen zu verteilen, sondern nach dem Verhältnis der Verfahrenswerte zu quotieren.[1274]

8. Sonderformen des Widerantrags, Hilfswiderantrag

388 Der Widerantrag kann unter einer auflösenden oder aufschiebenden Bedingung gestellt werden (zB für den Fall des Erfolgs des Vorantrags oder völligen bzw. teilweisen Antragsabweisung). Hierzu gehört, wenn der Antragsgegner mit einer Gegenforderung aufrechnet und für den Fall der Nichtzulässigkeit der Aufrechnung (zB gegenüber dem laufenden Unterhalt) Eventualwiderantrag auf Zahlung seiner Gegenforderung stellt. Zulässig wäre auch ein Hilfswiderantrag, mit der die Zurückforderung des bezahlten Unterhaltes für den Fall begehrt wird, dass dem Antragsteller der geltend gemachte Unterhalt nicht oder nicht in der vollen Höhe – wie gezahlt –, zusteht.

Kein Hilfswiderantrag liegt dann vor, wenn ein Dritter **Gegenantrag** stellt oder er gegen einen Dritten rechtshängig gemacht wird. Hierbei handelt es sich um keinen Widerantrag zwischen den Beteiligten selbst, sondern um eine **subjektive Antragserweiterung,** die sich nach den §§ 59, 60 ZPO richtet. Im Übrigen kann schon deswegen ein Streitgenosse nicht im Wege des Hilfswiderantrags einbezogen werden, weil das gegen ihn begründete Verfahrensrechtsverhältnis bedingungsfeindlich ist und nicht in der Schwebe gehalten werden kann.

[1269] BGH NJW 2014, 1670 Rn. 14.
[1270] BGH NJW 2014, 1670 Rn. 16.
[1271] BGH FamRZ 2018, 681 Rn. 25.
[1272] BGH NJW 1986, 1178.
[1273] OLG Hamm FamRZ 2002, 1642.
[1274] OLG Naumburg FamRZ 2002, 434.

9. Feststellungswiderantrag

Hat der Antragsteller nur einen **Teilantrag** gestellt oder seinen Unterhaltsanspruch auf einen bestimmten Zeitraum befristet (bloße Unterhaltsrückstände oder Unterhalt nur für einen bestimmten Zeitabschnitt), kann der Antragsgegner mit einem **negativen Feststellungsantrag** begehren, dass festgestellt wird, dass er überhaupt keinen Unterhalt schulde (auch über die nicht vom Antrag erfasste Zeit hinaus).

389

10. Wider-Widerantrag

Einem mit dem Widerantrag überzogenen Antragsteller bleibt es unbenommen, sich gegen Letzteren selbst im Wege des Wider-Widerantrags zu wehren. Er ist – auch hilfsweise – zulässig und unterliegt nicht den Fesseln des § 263 ZPO (Antragsänderung), da sich an der Beteiligtenrolle (nur Antragsteller und Antragsgegner) nichts ändert.[1275]

390

11. Gerichtsstandsvereinbarungen

Liegt kein konnexer Widerantrag vor, begründet § 33 I ZPO nicht den besonderen Gerichtsstand des Widerantrags Das Gleiche gilt im Falle des Gegenantrags ausschließlich gegenüber einem Dritten. Hier kann aber das Gericht des Vorverfahrens durch **Prorogation** (§ 38 ZPO) oder **rügelose Verhandlung** (§ 39 ZPO) zuständig werden.

391

Andererseits kann die besondere Zuständigkeit des § 33 I ZPO und damit auch die internationale Zuständigkeit durch negative Prorogation **(Derogation)** abbedungen werden. Der dann erhobene Widerantrag ist wegen fehlender örtlicher Zuständigkeit unzulässig. Allerdings sind an den Ausschluss der Widerantragszuständigkeit strenge Anforderungen zu stellen, weil hierdurch die Rechtsposition des Antragstellers erheblich verstärkt und jene des Antragsgegners geschwächt wird.[1276]

3. Abschnitt: Vorläufige Regelung und Sicherung von Unterhaltsansprüchen

I. Die einstweilige Anordnung in Unterhaltsverfahren

Gerichtliche Auseinandersetzungen in den Unterhaltssachen der Familienstreitsachen (§§ 111 Nr. 8, 112 Nr. 1, 231 I FamFG) stehen auf Seiten des Unterhaltsberechtigten regelmäßig im Zeichen **akuter Bedürfnisse** und deren Befriedigung. Diese konkurrieren mit den Anforderungen an das dem Schutz des Unterhaltspflichtigen dienende Verfahren und einer daraus naturgemäß resultierenden Dauer der streitigen Auseinandersetzung. In dem entsprechenden Spannungsfeld geht der einstweilige Rechtsschutz im Unterschied zu anderen Familienstreitsachen über eine **Sicherung von Ansprüchen** oder eine **vorläufige Regelung** von Rechtsverhältnissen hinaus und stellt mit dem Institut der einstweiligen Anordnung in der Gestalt einer **Leistungsanordnung** ein Instrument zur Verfügung, mit dessen Hilfe bereits während der möglichen Dauer des gerichtlichen Hauptsacheverfahrens eine die Beteiligten befriedigende, aber jederzeit abänderbare Regelung des Unterhalts getroffen werden kann. Während der Gesetzgeber Regelungsbedürfnis für entsprechende einstweilige Anordnungen zunächst nur in bestimmten Lebenslagen – Anhängigkeit einer Ehesache (§ 620 ZPO aF) oder Feststellung der Vaterschaft (§ 641d ZPO aF) – für notwendig erachtet hatte, bejahte er auf Grund des zum 1.7.1998 in Kraft getretenen Kindesunterhaltsgesetzes die Zulässigkeit solcher Maßnahmen schlechthin für alle auf

392

[1275] BGH NJW-RR 1996, 65.
[1276] BGH NJW 1983, 1266 (1267).

§ 10　　　　　　　　　　　　　　　　　　　　　　　　　　　　　　　Verfahrensrecht

Zahlung von Unterhalt gerichtete Klagen (§ 644 ZPO aF). Gemäß § 661 II ZPO aF konnten in Lebenspartnerschaftssachen einstweilig Anordnungen entsprechend den Vorschriften in Ehesachen (§§ 620–620g ZPO aF) ergehen.

393 Das im Verlauf dieser Rechtsentwicklung teilweise als „chaotisch" wahrgenommene Bündel von Verfahrensgestaltungen in Unterhaltsachen hat der Gesetzgeber durch das Gesetz zur Reform des Verfahrens in Familiensachen und in den Angelegenheiten der Freiwilligen Gerichtsbarkeit (FGG-RG) vom 17.12.2008[1] – in Kraft getreten am 1.9.2009 – beseitigt. Nunmehr erfassen die §§ 49–57 FamFG den einstweiligen Rechtsschutz in der Gestalt der **einstweiligen Anordnung** für alle Familiensachen (§ 111 FamFG) abschließend, soweit nicht speziellere Vorschriften des FamFG, wie etwa für Unterhaltsachen durch §§ 246–248 FamFG, abweichende Regelungen enthalten. Die Festlegung des Gesetzgebers auf das Institut der einstweiligen Anordnung besagt zugleich für den einstweiligen Rechtsschutz in Unterhaltsachen, dass Regelungen des Unterhalts im Wege **einstweiliger Verfügung** (Leistungsverfügung gemäß §§ 935, 940 ZPO), wie sie nach altem Recht – wenn auch zuletzt durchaus nur noch in begrenztem Umfang (vgl. 7. Auflage § 10 Rn. 250 bis 261) – in Betracht kamen, nunmehr nicht mehr zulässig sind.[2] Neben der einstweiligen Anordnung bleibt infolge der ausdrücklichen Verweisung in § 119 II 1 FamFG der **Arrest** als Sicherungsmittel von Unterhaltsansprüchen.

394 Eine weitere strukturelle Änderung im einstweiligen Rechtsschutz durch das FamFG liegt in der Lösung des Anordnungsverfahrens vom Hauptsacheverfahren. Während nach der bis zum 31.8.2009 gültigen Rechtslage eine einstweilige Anordnung in Unterhaltsachen nur bei Anhängigkeit eines entsprechenden Hauptsacheverfahrens oder eines darauf zielenden Prozesskostenhilfegesuchs ergehen konnte, ist das Verfahren der einstweiligen Anordnung nunmehr ein **selbständiges Verfahren**, und zwar unabhängig davon, ob eine inhaltsgleiche Hauptsache bereits anhängig ist oder später anhängig wird (§ 51 III 1 FamFG). Die verfahrensbezogene Verselbständigung des einstweiligen Rechtsschutzes wirft die Frage nach Auswirkungen der **Übergangsregelungen** auf. Als Art. 1 des FGG-RG vom 17.12.2008 ist das FamFG gemäß Art. 112 FGG-RG am 1.9.2009 in Kraft getreten. Da der Gesetzgeber für den Bereich des einstweiligen Rechtsschutzes in Familiensachen keine verfahrensspezifischen Regelungen getroffen hat, ist auf die Übergangsvorschrift in Art. 111 FGG-RG abzustellen. Danach ist zu unterscheiden.

Nach Art. 111 I FGG-RG sind auf Verfahren, deren Einleitung bis zum Inkrafttreten der gesetzlichen Neuregelung in erster Instanz – wie bei den hier in Rede stehenden Unterhaltsachen – beantragt worden sind, die vor dem Inkrafttreten geltenden Vorschriften anzuwenden. War demgemäß bis zum Ablauf des 31.8.2009 ein auf die Gewährung von Unterhalt gerichtetes **Hauptsacheverfahren** „beantragt" und **zugleich** ein inhaltsgleiches unselbständiges **Anordnungsverfahren** anhängig, ist die jeweilige Rechtsverfolgung nach den am 31.8.2009 gültigen Verfahrensvorschriften abzuwickeln. Dabei macht es im Ergebnis keinen Unterschied, ob das Anordnungsverfahren vor oder nach diesem Zeitpunkt ausgesetzt war oder ruhte. Art. 111 III FGG-FG kommt nicht zur Anwendung. Das ursprüngliche **unselbständige Anordnungsverfahren** hat seinen Charakter nicht durch die gesetzliche Neuregelung verloren.[3]

395 War dem am 31.8.2009 bereits anhängigen Hauptsacheverfahren ein Antrag auf Erlass einer einstweiligen Anordnung **nach dem Inkrafttreten** des FamFG gefolgt, ist zu bedenken, dass es sich seither gemäß der Definition in Art. 111 II FGG-RG auch im übergangsrechtlichen Zusammenhang um ein selbständiges Verfahren ohne Bindung an ein Hauptsacheverfahren handelt, so dass, da die Selbständigkeit erst auf das Inkrafttreten des FGG-RG zurückzuführen ist, eine Anknüpfung an das alte Recht über Art. 111 I FGG-RG ausscheidet.[4] Der Gegenmeinung,[5] die darauf abstellt, dass ein vor dem 1.9.2009

---

[1] BGBl. 2008 I S. 2586.
[2] Dose/Kraft, Einstweiliger Rechtsschutz in Familiensachen, 4. Aufl. 2018, Rn. 1; Keidel/Giers FamFG § 49 Rn. 4.
[3] Dose Rn. 6; Hüßtege in Thomas/Putzo ZPO vor § 606 Rn. 4.
[4] Dose Rn. 6; OLG Nürnberg FamRZ 2010, 1463.
[5] Johannsen/Henrich/Büte FGG-RG Art. 111 Rn. 7.

anhängig gewordenes Hauptsacheverfahren jedwedes später anhängig gewordenes Anordnungsverfahren wegen der früheren Akzessorietät verfahrensrechtlich nach sich zieht, vernachlässigt die Tragweite des Art. 111 II FGG-RG, mit der der Gesetzgeber auch übergangsrechtlich die Zuordnung der nach dem Inkrafttreten des FGG-RG initiierten Anordnungsverfahren abschließend dem FamFG unterstellt. Gegenteiliges lässt sich für diese Meinung auch nicht aus dem Verlauf des Gesetzgebungsverfahrens gewinnen. Soweit sie auf den der Neuregelung zugrunde liegenden Gesetzentwurf verweist,[6] wird übersehen, dass dort lediglich von dem „nach bisherigem Recht" in Gang gesetzten unselbständigen Anordnungsverfahren die Rede ist.

1. Die einstweilige Anordnung als Grundtatbestand (§ 246 FamFG)

a) Allgemeine Voraussetzungen. aa) Anordnungsanspruch. Die gerichtliche Verfolgung von Unterhaltsansprüchen im Wege des einstweiligen Rechtsschutzes muss, sofern sie – wie im Regelfall – auf Gewährung einer Unterhaltsrente (Leistungsanordnung) gerichtet ist, abgesehen von den Sonderfällen in §§ 247 und 248 FamFG primäre den Anforderungen von § 246 I FamFG genügen. Nach dieser Vorschrift kann das Familiengericht auf Antrag die Verpflichtung zur Zahlung von Unterhalt oder eines Kostenvorschusses für ein gerichtliches Verfahren regeln. Sie schafft damit allerdings keinen eigenständigen Unterhaltsanspruch, sondern setzt einen solchen aus dem jeweiligen materiellen Recht[7] abzuleitenden Anordnungsanspruch als Anknüpfung für die begehrte Maßnahme voraus. **396**

Bezogen auf den Kreis unterhaltsberechtigter Personen erfasst werden damit die durch Verwandtschaft, Ehe und Lebenspartnerschaft begründeten **gesetzlichen Unterhaltspflichten** sowie Ansprüche nach § 1615l oder 1615m BGB (§§ 231 I, 270 I 2 FamFG). Insoweit unterscheidet sich § 246 I FamFG nicht von der Regelung in § 49 I FamFG, die ausdrücklich darauf abstellt, dass sich die Maßnahme nach den für das Rechtsverhältnis maßgebenden Vorschrift rechtfertigen muss.[8] Dem haben bereits Antragstellung und Begründung Rechnung zu tragen. Gleichwohl steht die Rechtsverfolgung im Anordnungsverfahren im Zeichen verfahrensspezifischer Eilbedürftigkeit. Deshalb schafft die einstweilige Unterhaltsanordnung auf Grund einer nur summarischen Prüfung und gestützt auf das Ergebnis **glaubhaft** gemachten Vorbringens[9] lediglich eine einstweilige Vollstreckungsmöglichkeit wegen eines vorläufig als bestehend angenommenen Anspruchs.[10] Sie stellt **keine rechtskräftige Entscheidung** über den Unterhaltsanspruch dar und kann jederzeit, auch für die zurückliegende Zeit, durch eine im Hauptsacheverfahren erstrittene Endentscheidung (§ 38 FamFG) abgelöst werden (§ 56 I FamFG).[11] Ein Anordnungsanspruch besteht nach alledem nur dann, wenn sich aus dem Ergebnis des summarischen Erkenntnisverfahrens ein materiellrechtlicher Unterhaltsanspruch ableiten lässt.[12]

Inhaltlich kann der Anordnungsanspruch durchaus auf den **vollen Unterhalt** gerichtet sein.[13] Dem Unterhaltsberechtigten steht deshalb auch bei der Entscheidung, ob er die Rechtsverfolgung im summarischen Verfahren der einstweiligen Anordnung oder im ordentlichen Streitverfahren suchen soll, ein **Wahlrecht** zu.[14] Einer teilweise vertretenen Auffassung, wonach im Recht der einstweiligen Anordnung lediglich ein so genannter **Notunterhalt** nach Maßgabe sozialrechtlicher Bestimmungen zugesprochen werden soll,[15] **397**

---

[6] BT-Drs. 16/6308, 359.
[7] Johannsen/Henrich/Maier FamFG § 246 Rn. 3.
[8] Keidel/Giers FamFG § 246 Rn. 3.
[9] OLG Naumburg FamRZ 2004, 478.
[10] BGH FamRZ 1984, 767.
[11] BGH FamRZ 1984, 767.
[12] Dose/Kraft, Einstweiliger Rechtsschutz, Rn. 31 und 32.
[13] BT-Drs. 16/6308, 259; Dose/Kraft, Einstweiliger Rechtsschutz, Rn. 32.
[14] OLG Jena FamRZ 2011, 491.
[15] OLG Hamm FamRZ 2001, 357; AG Tempelhof FamRZ 2002, 616 mAnm van Els.

§ 10 Verfahrensrecht

ist deshalb nicht zu folgen. Grenzen sind dem jeweiligen Unterhaltsbegehren im Einzelfall allerdings insoweit zu setzen, als die Voraussetzungen für die Unterhaltsanordnung lediglich auf glaubhaft gemachtem Vorbringen mit geringerer Beweiskraft beruhen. Vor diesem Hintergrund ist zwischen dem jeweiligen Regelungsumfang und dem Beweismaß ein Abhängigkeitsverhältnis in der Weise zu bejahen, dass mit zunehmender Höhe des verlangten Unterhalts weitergehende Anforderungen an die Glaubhaftmachung zu stellen sind.[16] So mag die Geltendmachung des Mindestunterhalts für ein minderjähriges Kind im Anordnungsverfahren im Hinblick auf die gesteigerte Erwerbsobliegenheit des Unterhaltspflichtigen und seine Darlegungs- und Beweislast uneingeschränkt durchdringen, während die Verfolgung von Ehegattenunterhaltsansprüchen gemessen an einem konkreten Unterhaltsbedarf nach den ehelichen Lebensverhältnissen und gestützt nur auf eine eidesstattliche Versicherung betragsmäßigen Begrenzungen ausgesetzt sein dürfte.

398 Der Anordnungsanspruch auf Zahlung von Unterhalt erschöpft sich nicht in einer laufenden Unterhaltsrente (§§ 1612 I 1; 1585 I 1 BGB). So kann die Anordnung darüber hinaus gerichtet sein auf Zahlung von **Wirtschaftsgeld**[17] oder **Taschengeld.**[18] Ferner kommt eine Deckung von **Sonder- und Mehrbedarf,**[19] wie etwa bei notwendigen Umzugskosten,[20] in Betracht. Als Mehrbedarf lassen sich auch im einstweiligen Rechtsschutz darstellen die notwendigen Aufwendungen für den Besuch einer Privatschule[21] oder des Kindergartens,[22] für Nachhilfe,[23] für die Ausbildungskosten zur Pianistin[24] oder für kostenträchtige Sportarten[25] oder auch die Hundebetreuung.[26] Dies gilt im Übrigen auch für einen **Altersvorsorgeunterhalt,** indessen erst für den Unterhaltszeitraum ab Rechtshängigkeit des Scheidungsantrages (§ 1361 I 2 BGB).[27] Besteht für den unterhaltsberechtigten Ehegatten ein Anspruch auf Leistungen aus der Familienversicherung, kann er im Wege einstweiliger Anordnung **Krankenvorsorgeunterhalt** erst ab Rechtskraft der Ehescheidung geltend machen.[28] Der Sonderbedarf ist durch § 1612 II BGB näher definiert. Die Rechtsprechung hat ihn für nicht vorhersehbare Kosten kieferorthopädischer Behandlungen bejaht.[29] Aufwendungen für Klassenfahrten oder die Konfirmation erfüllen die gesetzlichen Voraussetzungen nicht.[30] Dem Anordnungsverfahren verschlossen bleibt die Geltendmachung von **rückständigem Unterhalt,** der zwar die Voraussetzungen des Anordnungsanspruchs erfüllt, aber im Regelfall mangels Regelungsbedürfnis nicht zugesprochen werden kann (→ Rn. 403).

Der auf Zahlung einer laufenden Unterhaltsrente gerichtete Anordnungsanspruch unterliegt keiner **Befristung.** Hat der Unterhaltsberechtigte eine Anordnung auf Zahlung von Trennungsunterhalt erstritten, wirkt diese ungeachtet fehlender Identität mit dem nachehelichen Ehegattenunterhalt auch über den Zeitpunkt der Rechtskraft der Ehescheidung hinaus (§ 56 FamFG).[31] Allerdings kommt eine Begrenzung der zugebilligten Unterhaltsrente dann in Betracht, wenn nach dem glaubhaft gemachten Vorbringen (§ 113 I 2 FamFG iVm § 294 ZPO) ein Anspruch auf nachehelichen Unterhalt nicht besteht (zB Verzicht, kurze Ehedauer). In diesem Zusammenhang ist dann auch die neuere Recht-

---

[16] Schulte-Bunert/Weinreich/Schwonberg FamFG § 246 Rn. 3.
[17] OLG Celle FamRZ 1999, 162.
[18] BGH FamRZ 1998, 608.
[19] MüKoFamFG/Pasche § 246 Rn. 4.
[20] OLG München FamRZ 1996, 1411.
[21] OLG Karlsruhe FamRZ 2008, 1209 (1210).
[22] BGH FamRZ 2009, 964 Rn. 17.
[23] OLG Düsseldorf NJW-RR 2005, 534.
[24] BGH FamRZ 2001, 1603 Rn. 18.
[25] OLG Naumburg FamRZ 2008, 177.
[26] OLG Bremen FamRZ 2011, 43.
[27] Dose/Kraft, Einstweiliger Rechtsschutz, Rn. 34.
[28] Musielak/Borth FamFG § 246 Rn. 15.
[29] OLG Celle FamRZ 2008, 1884 (1885).
[30] BGH FamRZ 2006, 612.
[31] BT-Drs. 16/6308, 202.

sprechung des BGH zur Begrenzung und Befristung nach § 1578b BGB schon bei einer einstweiligen Regelung zu berücksichtigen.[32]

Auf Grund der ausdrücklichen Hervorhebung in § 246 I FamFG kann der Berechtigte im Wege einstweiliger Anordnung auch **Zahlung eines Kostenvorschusses** – gegebenenfalls selbst in Form von Ratenzahlungen[33] – für ein gerichtliches Verfahren verlangen. Indessen begründet die Vorschrift **keinen originären Vorschussanspruch.** Sie setzt vielmehr, wie bei der Verpflichtung zur Zahlung von Unterhalt, einen solchen als nach materiellem Recht bestehend voraus.[34] Der Anspruch ist unterhaltsrechtlicher Natur und auf Deckung von **Sonderbedarf** gerichtet.[35] Gleichwohl ist der Kreis unterhaltsberechtigter Personen, die in die Gunst eines Kostenvorschusses gelangen können, durch materiellrechtliche Regelungen begrenzt. Die zwischen Ehegatten primär im Rahmen ehelicher Lebensgemeinschaft geregelte Vorschusspflicht (§ 1360a IV BGB) gilt im Fall der Trennung auf Grund von Verweisung (§ 1361 IV 4 BGB) entsprechend. Ihren minderjährigen und privilegiert volljährigen Kindern[36] als auch volljährigen Kindern, die sich in der Ausbildung befinden und noch keine selbständige Lebensstellung erreicht haben,[37] schulden barunterhaltspflichtige Eltern im Fall der Bedürftigkeit einen Verfahrenskostenvorschuss. Für Lebenspartnerschaften sind §§ 9 S. 2 und 12 S. 2 LPartG maßgebend. Im Übrigen bestehen aus dem **materiellen Unterhaltsrecht** abzuleitende Ansprüche auf Verfahrenskostenvorschüsse nicht.

Dies gilt für **geschiedene Ehegatten,** für die das Gesetz eine entsprechende nacheheliche Verantwortung nicht vorsieht,[38] ebenso wie für betreuende nichteheliche Elternteile (§ 1615l BGB), die wiederum nicht besser stehen sollen als geschiedene Ehegatten. Einen vor Rechtskraft der Ehescheidung entstandenen Anspruch auf Zahlung eines Verfahrenskostenvorschusses kann der unterhaltsberechtigte Ehegatte aber auch nach Eintritt der Rechtskraft noch weiterverfolgen. Für die Zubilligung eines Kostenvorschusses im Rahmen des **Elternunterhalts** fehlt es, wie auch sonst beim Verwandtenunterhalt, abgesehen von der eigenen Lebensstellung der Eltern auch an einer besonderen Mitverantwortung der Kinder.[39]

Soweit nach alledem ein Kostenvorschuss verlangt werden kann, müssen die weiteren allgemeinen Voraussetzungen des materiellen Unterhaltsrechts erfüllt sein. Dies gilt in erster Linie für eine entsprechende Inverzugsetzung, die Bedürftigkeit und die Leistungsfähigkeit des Unterhaltspflichtigen, die auch dann noch gegeben sein kann, wenn der Unterhaltspflichtige zu **Ratenzahlungen** auf den Kostenvorschuss in der Lage ist.[40] Wird zudem bedacht, dass mit der Zubilligung eines Verfahrenskostenvorschusses kein gerichtlicher Rechtsschutz sichergestellt werden soll, der über die zivilprozessuale Verfahrenskostenhilfe hinausgeht,[41] scheidet ein Anspruch auf Kostenvorschuss schon dann aus, wenn für die beabsichtigte Rechtsverfolgung die **notwendigen Erfolgsaussichten** zu verneinen sind. Dem Erlass einer Anordnung auf Zahlung eines Kostenvorschusses steht allerdings nicht entgegen, dass der Unterhaltspflichtige zur Vermeidung einer Anordnung die Zahlung eines **zinslosen Darlehens** anbietet.[42] Denn die Rückzahlung eines Kostenvorschusses kann im Vergleich zum Darlehen nur unter besonderen (Änderung in den wirtschaftlichen Verhältnissen oder Billigkeit) und dem Unterhaltsberechtigten günstigeren Voraussetzungen verlangt werden (→ Rn. 400), die für eine Darlehensrückzahlung keine Geltung beanspruchen können.

---

[32] Dose/Kraft, Einstweiliger Rechtsschutz, Rn. 38.
[33] BGH FamRZ 2004, 1633 (1635).
[34] Johannsen/Henrich/Maier FamFG § 246 Rn. 3.
[35] BGH FamRZ 2004, 1633 (1635).
[36] BGH FamRZ 2004, 1633.
[37] BGH FamRZ 2005, 883.
[38] BGH FamRZ 2017, 1052 Rn. 12 mwN.
[39] OLG München FamRZ 1993, 821 (822).
[40] OLG Celle FamRZ 2014, 783 (784).
[41] BGH FamRZ 2001, 1363 (1364).
[42] OLG Frankfurt JurBüro 2014, 155 (156).

400 Ungeachtet seiner unterhaltsrechtlichen Natur ist der Anspruch auf Verfahrenskostenvorschuss nicht auf unterhaltrechtliche Streitigkeiten begrenzt, wie die systematische Zuordnung zum Abschnitt 9 des FamFG („Verfahren in Unterhaltssachen") nahelegen könnte. Es muss sich aber notwendigerweise um eine **gerichtliche Auseinandersetzung** handeln. Damit sind allein vorgerichtliche Tätigkeiten ausgeschlossen.[43] Dies gilt ebenso für Kosten, soweit sie für eine **außergerichtliche Mediation** anfallen können. Überdies muss es sich um eine **persönliche Angelegenheit** (vgl. § 1360 IV 1 BGB) des Berechtigten handeln.

Zu denken ist danach primär an eine Beteiligung bei gerichtlichen Auseinandersetzungen iSv § 111 FamFG. In Betracht kommen aber auch mit persönlichem Bezug Zivilprozesse etwa wegen Schadensersatz aus Verkehrsunfall, Körperverletzung oder Arzthaftung oder auch verwaltungsgerichtliche, sozialgerichtliche oder arbeitsgerichtliche Streitigkeiten. Voraussetzung für ein gerichtliches Verfahren ist aber nicht notwendig ein Streitcharakter. So kann auch das Insolvenzverfahren mit Restschuldbefreiung eine persönliche Angelegenheit darstellen.[44] Indessen scheidet eine Vorschusspflicht des anderen Ehegatten aus, wenn die Insolvenz im Wesentlichen auf vorehelichen Schulden oder solchen Verbindlichkeiten beruht, die weder zum Aufbau oder zur Erhaltung einer wirtschaftlichen Existenz der Eheleute eingegangen wurden noch aus sonstigen Gründen mit der gemeinsamen Lebensführung in Zusammenhang stehen.[45] Allerdings stellt die Rechtsprechung[46] eine persönliche Angelegenheit iSv § 1360 IV 1 BGB nicht in Frage, wenn der in Anspruch genommene Ehegatte einen Kostenvorschuss für eine güterrechtliche Auseinandersetzung des anderen Ehegatten aus einer vorangegangenen Ehe zahlen soll. Dabei ist nicht zu übersehen, dass sich in der Rechtspraxis verlässliche Abgrenzungskriterien für eine Unterscheidung zwischen persönlichen und „nichtpersönlichen" Angelegenheiten iSv § 1360 IV 1 BGB nicht haben finden lassen, zumal auch eine Abgrenzung zwischen persönlicher und vermögensrechtlicher Angelegenheit sich nicht als tragfähig erwiesen hat.[47] Es verbleibt danach eine ausgeprägte Kasuistik, nach der etwa Streitigkeiten zwischen Eheleuten wegen Zahlung eines Nutzungsentgelts[48] oder erbrechtlicher Ansprüche[49] oder gesellschaftsrechtlicher Streitigkeiten[50] nicht als persönliche Angelegenheiten gelten sollen, obwohl der Bezug zur Person ernsthaft nicht in Frage gestellt werden kann. Dies verdeutlicht, dass im Einzelfall letztlich Abgrenzungskriterien herangezogen werden, die über den Wortlaut der gesetzlichen Bestimmung hinausgehen und Ihren Niederschlag mehr oder weniger ausgesprochen in allgemeinen **Billigkeitserwägungen** auch unter Berücksichtigung der Lebensumstände sowohl des Berechtigten als auch des Unterhaltspflichtigen suchen und finden.

Darüber hinaus darf das Begehren nach dem summarischen und glaubhaft zu machenden Vorbringen neben den Erfolgsaussichten (→ Rn. 399) für die jeweilige Rechtsverfolgung **nicht unbillig sein** und muss darüber hinaus für den Unterhaltspflichtigen auch **zumutbar** erscheinen.[51] Hat der Vorschussberechtigte eine einstweilige Anordnung erwirkt, kann aus dem Titel auch nach Erledigung des gerichtlichen Verfahrens weiter vollstreckt werden, und zwar vor dem Hintergrund des unterhaltsrechtlichen Charakters selbst dann, wenn der Berechtigte die Kosten des Verfahrens zu tragen hat.[52]

Gegenüber dem Anspruch auf Verfahrenskostenvorschuss kann der Unterhaltspflichtige, wie gegenüber dem Unterhaltsbegehren, **Verwirkung** einwenden. Dies kann die Bewilligung von Verfahrenskostenhilfe nach sich ziehen, wenn nicht alsbald mit der Realisierung

---

[43] OLG München FamRZ 1990, 312 (313).
[44] BGH FamRZ 2007, 722 Rn. 7.
[45] BGH FamRZ 2003, 1651.
[46] BGH FamRZ 2010, 189 Rn. 7.
[47] BGH FamRZ 2010, 189 Rn. 5.
[48] OLG Frankfurt FamRZ 2001, 1148.
[49] OLG Köln NJW-RR 1989, 967.
[50] BGH FamRZ 1964, 197 (198).
[51] BGH FamRZ 2001, 1363.
[52] BGH FamRZ 1986, 40 (42); 1985, 802.

des Verfahrenskostenvorschusses zu rechnen ist.[53] Der Vorschuss kann zurückgefordert werden, wenn die Voraussetzungen, unter denen er verlangt werden konnte, nicht mehr bestehen, insbesondere weil sich die wirtschaftlichen Verhältnisse des Empfängers wesentlich gebessert haben; ferner, wenn die Rückzahlung aus anderen Gründen der Billigkeit entspricht.[54] Die Durchsetzung solcher **Rückzahlungsansprüche** kann indessen nicht im Wege einstweiliger Anordnung erfolgen (→ Rn. 404).

401 Das Verlangen nach **Auskunft** (§§ 1361 IV 4, 1580, 1605 BGB) zur Geltendmachung von Unterhaltsansprüchen scheidet als Gegenstand eines **Anordnungsanspruchs** im Sinne von § 246 I FamFG aus.[55] Allerdings wird in der Literatur[56] teilweise durchaus die Auffassung vertreten, dass eine einstweilige Anordnung auf Erteilung von Auskunft im Rahmen eines so genannten **Stufenantrags** ergehen könne, wenn der Unterhaltsberechtigte die Auskunft benötige, um seinen Unterhaltsanspruch beziffern zu können. Dies soll im Ergebnis dem Ziel einer höheren Richtigkeitsgewähr dienen und ein Hauptsacheverfahren entbehrlich machen.[57] Dem dürfte in erster Linie allerdings entgegenstehen, dass bereits der Wortlaut der gesetzlichen Bestimmung – im Übrigen noch klarer als die abgelösten Regelungen in § 620 Nr. 4 und 6 ZPO aF – unverwechselbar lediglich von einer **Verpflichtung** zur **Zahlung von Unterhalt** und **Kostenvorschuss** spricht und damit den als Hilfsanspruch positivgesetzlich gesondert geregelten unterhaltsrechtlichen Auskunftsanspruch nicht erfasst. Ein Rückgriff auf § 49 I FamFG,[58] der in Unterhaltssachen im Übrigen durch die speziellere Vorschrift des § 246 I FamFG ohnehin verdrängt wird, scheitert letztendlich daran, dass diese Vorschrift strengere Anforderungen (**„dringendes Bedürfnis"**) für eine Anordnung stellt, indessen nichts dafür ersichtlich ist, dass nach dem Willen des Gesetzgebers im Rahmen eines Anordnungsverfahrens für den Hilfsanspruch strengere Regeln gelten sollten als für den Hauptanspruch. Zudem dürfte ein **Auskunftsstufenantrag** dem Verfahren des einstweiligen Rechtsschutzes in Unterhaltssachen auch insoweit fremd sein, als der Antragsteller auf diesem Wege einen nicht mehr rückgängig zu machenden Rechtsschutz erlangen könnte.

402 Dessen ungeachtet dürfte eine Auskunftsanordnung vor dem Hintergrund dringend benötigter Unterhaltszahlungen, die hier schon auf Grund nur summarischer Prüfung in Betracht kommen, zu verfahrensinadäquaten Verzögerungen (zB Vollstreckung aus der Auskunftsteilentscheidung etc) führen. Schließlich ist auch ein besonderes Bedürfnis für einen Stufenantrag nicht ersichtlich. Dabei soll nicht verkannt werden, dass das Ziel der Verfahrensbeschleunigung in Unterhaltssachen nicht in der Weise im Vordergrund steht wie in anderen Bereichen des einstweiligen Rechtsschutzes.[59] Deshalb dient insbesondere die **mündliche Verhandlung** (§ 246 II FamFG) der Klärung offener Fragen[60] und Aufklärung der bis dahin offen gebliebenen Gesichtspunkte.[61] Vor diesem Hintergrund dürfte sich aus der Sicht des Antragstellers bei nicht abschließend geklärten Einkommens- und Vermögensverhältnissen aufdrängen, von vornherein auf eine mündliche Verhandlung hinzuwirken und hierdurch das Familiengericht in den Stand zu versetzen, durch Maßnahmen nach §§ 235, 236 FamFG (zB Gehaltsabrechnungen und Kreditunterlagen) das Verfahren so weit zu fördern, dass eine abschließende Regelung des vollen Unterhalts möglich erscheint, die selbst ein Hauptsacheverfahren entbehrlich macht.[62] Auch kostenrechtliche Nachteile dürfte der um Aufklärung der Einkommens- und Vermögensverhältnisse be-

---

[53] OLG Brandenburg FamRZ 2014, 784.
[54] BGH FamRZ 1990, 491.
[55] Bork/Jacoby/Schwab/Hütter FamFG § 246 Rn. 7; Keidel/Giers FamFG § 246 Rn. 2; Gießler/Soyka, Vorläufiger Rechtsschutz in Familiensachen, 6. Auflage, Rn. 270; MüKoFamFG/Pasche § 246 Rn. 6.
[56] Musielak/Borth FamFG § 246 Rn. 15; Dose/Kraft, Einstweiliger Rechtsschutz, Rn. 72.
[57] Schulte-Bunert/Weinreich/Schwonberg FamFG § 246 Rn. 6.
[58] Dose/Kraft, Einstweiliger Rechtsschutz, Rn. 73.
[59] BT-Drs. 16/6308, 260.
[60] Dose/Kraft, Einstweiliger Rechtsschutz, Rn. 245.
[61] BT-Drs. 16/6308, 260.
[62] Dose/Kraft, Einstweiliger Rechtsschutz, Rn. 245.

mühte Antragsteller nicht zu befürchten haben, wenn er bereits vor dem Verfahren entsprechend den Anforderungen aus § 243 S. 2 Nr. 2 FamFG gehandelt hat.

Eine Rechtsverfolgung im einstweiligen Anordnungsverfahren scheidet ferner aus zur Erlangung der **Zustimmung zum begrenzten Realsplitting** oder der **Mitwirkung zur Zusammenveranlagung** (§ 26b EStG). Auch hier fehlt es schon nach dem Wortlaut von § 246 I FamFG an einem zulässigen Verfahrensgegenstand für einen Anordnungsanspruch, so dass die entsprechende Rechtsverfolgung im ordentlichen Streitverfahren zu betreiben ist.

403 **bb) Anordnungsgrund.** Im Unterschied zur – früheren – einstweiligen Verfügung und zum Arrest sowie in Abgrenzung zur allgemeinen Regelung in § 49 I FamFG geht das Gesetz für eine einstweilige Anordnung auf Zahlung von Unterhalt und eines Verfahrenskostenvorschusses nicht von einem **besonderen Anordnungsgrund** aus. Gemäß § 246 I FamFG „kann" das Gericht eine Zahlungsanordnung erlassen, wenn ein Unterhaltsanspruch (Anordnungsanspruch) glaubhaft gemacht ist. Ein dringliches Bedürfnis ist, wie die ausdrückliche Abgrenzung zu § 49 I FamFG erkennen lässt, als Anordnungsgrund nicht erforderlich. Die Eilbedürftigkeit ergibt sich bei einem anderweitig nicht gedeckten Unterhaltsbedarf aus der Natur der Sache.[63] Gleichwohl entspricht allgemeiner Auffassung, dass jede Anordnung auf Unterhalt ein **Regelungsbedürfnis** voraussetzt,[64] das sich nicht in den Anforderungen eines allgemeinen Rechtsschutzbedürfnisses erschöpft, sondern als **spezifisches Bedürfnis** nach einer **Eilentscheidung** verstanden werden kann.[65] So muss es als ausreichend angesehen werden, wenn zwischen den Beteiligten des Unterhaltsverhältnisses Streit über die Höhe des Unterhalts besteht und der Unterhaltspflichtige dem Unterhaltsverlangen nicht nachkommt.[66] Dem steht gleich der Fall, bei dem der Unterhaltspflichtige außergerichtlich den Zahlungsanspruch „anerkennt", die Unterhaltszahlungen aber nicht aufnimmt.[67]

Andererseits fehlt ein Regelungsbedürfnis, wenn der Unterhaltspflichtige nicht zur Zahlung aufgefordert worden ist oder bisher den geltenden Unterhalt in der begehrten Höhe **freiwillig** gezahlt hat, es sei denn er hat seine Zahlungseinstellung angekündigt.[68] Auch für einen **rückständigen Unterhalt**[69] ist das Regelungsbedürfnis regelmäßig zu verneinen. Hier gebührt den Schutzinteressen des Unterhaltspflichtigen gegenüber der Inanspruchnahme angesichts des geringen Grades an Beweiskraft für das nur glaubhaft gemachte Vorbringen des Unterhaltsberechtigten der Vorrang, der sich insoweit auf ein Hauptsacheverfahren verweisen lassen muss. Denkbar sind Ausnahmen nur zur Vermeidung einer **akuten Notlage,** die bei rückständigem Unterhalt vorliegen kann, wenn sich die Nichtzahlung noch aktuell für den Unterhaltsberechtigten belastend durch eine Zins- und Schuldenlast auswirkt.[70]

404 Der Unterhaltspflichtige kann dem Unterhaltsberechtigten im einstweiligen Rechtsschutz nicht den Bezug von **Sozialleistungen** entgegenhalten.[71] Ein damit verbundener Forderungsübergang (UVG, SGB II, SGB XII) beseitigt ein Regelungsbedürfnis für den zukünftigen Unterhalt nicht.[72] Zum Teil[73] wird ein solches auch zugunsten des Sozialleistungsträgers angenommen.

Haben die Beteiligten eine **Unterhaltsvereinbarung** getroffen, besteht ein Regelungsbedürfnis erst, wenn konkrete Anhaltspunkte dafür dargetan sind, dass der Unterhaltspflichtige seinen eigenen Zahlungsverpflichtungen nicht mehr nachkommen wird. Besteht

---

[63] Dose/Kraft, Einstweiliger Rechtsschutz, Rn. 75.
[64] OLG Stuttgart FamRZ 2000, 965 mwN.
[65] MüKoFamFG/Pasche § 246 Rn. 6; Seiler in Thomas/Putzo, ZPO FamFG § 246 Rn. 4.
[66] BVerfG FamRZ 2016, 30 Rn. 18 und 19.
[67] Musielak/Borth FamFG § 246 Rn. 8.
[68] Gießler/Soyka Rn. 256.
[69] Bork/Jacoby/Schwab/Hütter FamFG § 246 Rn. 4; Dose/Kraft, Einstweiliger Rechtsschutz, Rn. 75; MüKoFamFG/Pasche § 246 Rn. 4.
[70] OLG Düsseldorf FamRZ 1987, 611.
[71] BVerfG FamRZ 2016, 30 Rn. 18.
[72] Bork/Jacoby/Schwab/Hütter FamFG § 246 Rn. 5.
[73] Johannsen/Henrich/Maier FamFG § 246 Rn. 4.

für die nächste Zeit aus tatsächlichen oder rechtlichen Gründen keine Vollstreckungsmöglichkeit (zB im Fall einer Verbraucherinsolvenz), ist ein Regelungsbedürfnis zu verneinen, indessen nicht wenn Vollstreckungsschutz gemäß § 120 II FamFG besteht.[74] Liegt bereits ein – allerdings nicht rechtskräftiger – **Unterhaltstitel** vor, fehlt das Regelungsbedürfnis, wenn die sofortige Wirksamkeit (§ 116 III FamFG) angeordnet ist. Dies gilt ebenso, wenn die Beteiligten über auskömmliche Einkommensverhältnisse verfügen[75] und nur ein geringer Aufstockungsunterhalt zuzubilligen wäre.[76] Knüpft die Inanspruchnahme des Unterhaltspflichtigen lediglich an zurechenbare (fiktive) Einkommensverhältnisse an, so dass **Vollstreckungsmöglichkeiten** bei verständiger Beurteilung zu verneinen sind, muss sich der Unterhaltsberechtigte, da eine Regelung im einstweiligen Rechtsschutz zu verneinen ist, auf das ordentliche Streitverfahren verweisen lassen. Ist nur ein **Teilbetrag** des Unterhalts tituliert, besteht ein Regelungsbedürfnis für weitergehenden Unterhalt, da der Unterhaltsberechtigte auch im Wege einstweilige Anordnung den **vollen Unterhalt** titulieren lassen kann. Für ein Begehren auf **Feststellung**, Unterhalt oder Verfahrenskostenvorschuss zu schulden oder nicht, fehlt es wiederum an einem Regelungsbedürfnis, weil die Rechtswirkungen der Feststellung erst mit Rechtskraft der Entscheidung eintreten, die der Antragsteller nur im Rahmen eines Hauptsacheverfahrens erlangen kann.[77] Zudem lassen sich die anzustellenden Billigkeitserwägungen im Kontext einer Feststellung nicht dergestalt abschließend anstellen, dass die Höhe der später zu treffenden Zahlungsanordnung bereits im Zeitpunkt der begehrten Feststellung festliegen.[78] Das Regelungsbedürfnis für eine einstweilige Anordnung ist schließlich zu verneinen für die **Rückforderung** des gezahlten Unterhalts oder eines Kostenvorschusses. Deren Durchsetzung kann nur in einem ordentlichen Streitverfahren erfolgen.

cc) Akzessorietät. Hat der jeweilige Antragsteller die Voraussetzungen eines Anordnungsanspruchs in der Gestalt eines Unterhaltsanspruchs dargelegt sowie glaubhaft gemacht und bestehen entsprechende Anhaltspunkte für ein Regelungsbedürfnis im einstweiligen Rechtsschutz, eröffnet § 246 I FamFG das Anordnungsverfahren. Weitere Voraussetzungen sind nicht zu erfüllen. Im Unterschied zu §§ 644 S. 2; 620a II ZPO aF, wonach das Anordnungsverfahren nur zulässig war, wenn ein Hauptsacheverfahren anhängig oder zumindest ein darauf gerichteter Antrag auf Bewilligung von Prozesskostenhilfe eingereicht war, besteht gemäß § 51 III 1 FamFG eine entsprechende Abhängigkeit nicht mehr. Das Anordnungsverfahren ist nunmehr in jeder Hinsicht ein **selbständiges Verfahren** mit eigenen Verfahrenshandlungen (§ 51 III 2 FamFG) und eigener Kostenentscheidung (§ 51 IV FamFG), auf dessen Statthaftigkeit es ohne Auswirkungen bleibt, ob vor oder während des Anordnungsverfahrens ein Hauptsacheverfahren anhängig wird. Im Übrigen hat das Gericht, auch wenn es, wie bisher in § 620 ZPO aF, nunmehr in § 246 I FamFG lediglich „kann" heißt, auf Antrag die begehrte Anordnung zu erlassen. Ihm steht **kein Handlungsermessen** zu.[79] 405

b) Zuständigkeit. Die Verselbständigung des Anordnungsverfahrens gegenüber dem Hauptsacheverfahren durch das FamFG begründet zugleich die Notwendigkeit einer gesonderten Zuständigkeitsbestimmung. Diese richtet sich primär nach § 50 FamFG und erfasst die **örtliche** und **sachliche Zuständigkeit**. Die stets vom Amts wegen zu prüfende **internationale Zuständigkeit** (→ Rn. 413) ergibt sich für die hier in Rede stehenden Unterhaltssachen aus §§ 97, 98, 105 FamFG und weiteren Vorschriften außerhalb des FamFG.[80] 406

aa) Gemäß § 50 I 1 FamFG ist, der zivilprozessualen Vorschriften des § 937 I ZPO zu Arrest und einstweiliger Verfügung nachgebildet, das Gericht örtlich und sachlich zuständig, das für ein **„deckungsgleiches Hauptsacheverfahren"**[81] im ersten Rechtszug zu-

---

[74] Gießler/Soyka Rn. 255.
[75] OLG Zweibrücken FamRZ 1981, 65.
[76] Schulte-Bunert/Weinreich/Schwonberg FamFG § 246 Rn. 11.
[77] Gießler/Soyka Rn. 258; OLG Zweibrücken FamRZ 1983, 940.
[78] OLG München FamRZ 2016, 1935 (nicht rechtskräftig).
[79] OLG Stuttgart FamRZ 2000, 965.
[80] OLG Karlsruhe FamRZ 2014, 1565.
[81] Zum Begriff: Gießler/Soyka Rn. 23.

ständig „wäre". Damit wird der Fall erfasst, in dem noch kein Hauptsacheverfahren anhängig gemacht worden ist. Durch die Verweisung auf das **„fiktive Hauptsachegericht"**[82] sind dieselben Zuständigkeitsbestimmungen maßgebend, die für eine Geltendmachung von Unterhaltsansprüchen im ordentlichen Streitverfahren zu beachten wären. Deshalb hat in diesem Fall auch eine gesonderte Zuständigkeitsprüfung stattzufinden. Während die sachliche Zuständigkeit aus § 111 Nr. 8 FamFG iVm § 23a GVG folgt, beurteilt sich die örtliche für Unterhaltssachen hiernach gemäß § 232 FamFG. Vorrangig kommt dabei, soweit die Verfolgung von Unterhalt für ein minderjähriges oder ein privilegiert volljähriges Kind betroffen ist, die ausschließliche Zuständigkeit des § 232 I Nr. 2 FamFG mit dem Vorrang vor der ausschließlichen Zuständigkeit eines anderen Gerichts (§ 232 II FamFG) zum Zuge, soweit keine Ehesache (§ 232 I Nr. 1 FamFG) anhängig ist. Ausgenommen ist weiter die Fallkonstellation, bei der das Kind oder der für das Kind verantwortlich handelnde Elternteil seinen gewöhnlichen Aufenthalt im Ausland hat. Im Übrigen bleiben die Zuständigkeitsvorschriften der ZPO und die besonderen Wahlgerichtsstände zuständigkeitsbestimmend (§ 232 III FamFG).

407 Besteht bei mehreren Gerichten eine örtliche Zuständigkeit, ist dasjenige Gericht zuständig, das zuerst mit der Sache befasst worden ist (§ 261 III Nr. 1 ZPO). Fehlt es bei dem angegangenen Gericht an einer Zuständigkeit, ist die Sache bei Meidung der Zurückweisung auf Antrag an das zuständige Gericht (§ 113 I 2 FamFG iVm § 281 ZPO) zu **verweisen**. Ferner ist für das Anordnungsverfahren (§ 113 I 2 FamFG iVm § 261 III Nr. 2 ZPO) davon auszugehen, dass eine spätere Veränderung der für die Zuständigkeit bestimmenden Lebensumstände die einmal begründete Zuständigkeit nicht mehr beeinflussen **(sog. Perpetuatio fori)**. Auch wenn die Anknüpfung für die örtliche Zuständigkeit im Anordnungsverfahren an das fiktive Hauptsachegericht verfahrensökonomischen Gründen geschuldet sein soll,[83] kann die Vorschrift eine **Zuständigkeitskonzentration** dann nicht gewährleisten, wenn die Umstände, die noch für das Anordnungsverfahren maßgebend waren, sich geändert haben und für das spätere Hauptsacheverfahren eine abweichende örtliche Zuständigkeit gegeben ist. Es kommt weder eine Abgabe noch eine Verweisung in Betracht. Die unterschiedliche gerichtliche Zuständigkeit, die sich auch in anderen Konstellationen einstellen kann, ist hinzunehmen. Einer Anregung, das Anordnungsverfahren für erledigt zu erklären, dürfte sowohl aus Kostengründen wie auch vor dem Hintergrund eines gegenüber dem Hauptsacheverfahren vorrangigen Regelungsbedürfnisses (→ Rn. 403) nicht zu folgen sein.

408 **bb)** Ist bei Einreichung eines Antrages auf Unterhaltsanordnung im einstweiligen Rechtsschutz eine **deckungsgleiche Hauptsache** bereits erstinstanzlich **anhängig** (zu den Besonderheiten bei Anhängigkeit einer Ehesache → Rn. 411), besteht gemäß § 50 I 2 Hs. 1 FamFG bei diesem Gericht auch die örtliche Zuständigkeit für das Anordnungsverfahren. In diesem Fall hat eine entsprechende Zuständigkeitsprüfung im einstweiligen Rechtsschutz zu unterbleiben, indessen nicht für die von Amts wegen zu prüfende internationale Zuständigkeit.[84] Anknüpfungspunkt ist allein die tatsächliche Anhängigkeit der Hauptsache.[85] Stellt sich heraus, dass bei dem angerufenen Gericht eine Zuständigkeit für die Hauptsache nicht vorgelegen hat, und führt dies zur **Verweisung** (§ 281 ZPO) an das für die Unterhaltssache örtlich zuständige Gericht, folgt dem das Anordnungsverfahren.[86] Die Anhängigkeit der Hauptsache in der **Beschwerdeinstanz** zieht die Zuständigkeit des Beschwerdegerichts gemäß § 50 I 2 Hs. 2 FamFG nach sich. Ist der Bundesgerichtshof aufgrund einer zugelassenen Rechtsbeschwerde (§ 70 I FamFG) mit der Hauptsache befasst, besteht vor dem Hintergrund des auf Prüfung der vorinstanzlichen Rechtsanwendung begrenzten Rechtsmittels erneut die erstinstanzliche Zuständigkeit.[87]

---

[82] Keidel/Giers FamFG § 50 Rn. 3.
[83] BT-Drs. 16/6308, 200.
[84] Keidel/Giers FamFG § 50 Rn. 5.
[85] Gießler/Soyka Rn. 27; Keidel/Giers FamFG § 50 Rn. 5.
[86] Gießler/Soyka Rn. 34.
[87] BT-Drs. 16/6308, 200.

Es muss allerdings **Deckungsgleichheit** zwischen dem Streitgegenstand der Hauptsache und dem des Anordnungsverfahrens bestehen, wobei sie auch auf einen Teil des Streitgegenstandes bezogen sein kann. Jedenfalls soll durch die vollständige oder teilweise Deckungsgleichheit der Fall widersprüchlicher Entscheidungen im Verhältnis von Hauptsache- und Anordnungsverfahren ausgeschlossen sein.[88] Gleichwohl muss das Prinzip der Deckungsgleichheit mitunter als den gerichtlichen Verfahrensablauf störend erscheinen. Verfolgt der Unterhaltsberechtigte im Beschwerdeverfahren sein Unterhaltsbegehren weiter und verweist ihn das Beschwerdegericht in den nicht seltenen Fällen unter Versagung von Verfahrenskostenhilfe wegen fehlender Bedürftigkeit auf die Geltendmachung eines Verfahrenskostenvorschusses, muss sich der Unterhaltsberechtigte mangels Deckungsgleichheit zwischen **Unterhalt** und **Kostenvorschuss** an das erstinstanzliche Gericht wenden.[89] Dies erscheint im Ergebnis zwar misslich, weil das erstinstanzliche Gericht für das Begehren auf Zahlung eines Kostenvorschusses die Erfolgsaussichten für die weitere Rechtsverfolgung in der Rechtsmittelinstanz prüfen muss, sich erfahrungsgemäß aber vom erstinstanzlichen Ausgang des Verfahrens leiten lässt. Auch vermag die Versagung von Verfahrenskostenhilfe durch das Beschwerdegericht mit dem Verweis auf die Geltendmachung eines Verfahrenskostenvorschusses das erstinstanzliche Gericht nicht zu binden. Gleichwohl dürfte angesichts der klaren gesetzlichen Regelung der Meinung,[90] die eine Zuständigkeit des Beschwerdegerichts kraft **Sachzusammenhang** annimmt, nicht zu folgen sein.

Die **Anhängigkeit der Hauptsache** in **erster Instanz** beginnt mit der Einreichung **409** der den Anforderungen von §§ 113 I 2, 113 V FamFG iVm § 253 ZPO genügenden Antragsschrift. Rechtshängigkeit ist nicht erforderlich. Die Einreichung eines auf Bewilligung von Verfahrenskostenhilfe für eine noch einzureichende Antragsschrift genügt den Anforderungen schon nach dem Wortlaut des Gesetzes indessen nicht. Die entsprechende Regelung in § 620a II ZPO aF hat der Gesetzgeber in der Konsequenz der Verselbständigung des Anordnungsverfahrens (§ 51 III 1 FamFG) nicht übernommen.[91] Für sie besteht, da der frühestmögliche Zeitpunkt für Maßnahmen des einstweiligen Rechtsschutzes durch Anknüpfung an die **fiktive Hauptsachezuständigkeit** (§ 50 I 1 FamFG) gewährleistet erscheint, auch kein besonderes Regelungsbedürfnis im Sinne einer Gesetzeslücke. Deshalb ist der teilweise[92] vertretenen Auffassung, wonach zuständigkeitsbegründend die Einreichung eines **Verfahrenskostenhilfegesuchs** einer Anhängigkeit der Hauptsache im Sinne von § 50 FamFG gleichstehen soll, nicht zu folgen, zumal sich entgegen Giers[93] auch der Gesetzesbegründung nicht entnehmen lässt, dass der Gesetzgeber im Kontext der Zuständigkeit nach § 50 I 2 FamFG an der alten Rechtslage hätte festhalten wollen. Allerdings besteht eine Anhängigkeit der Hauptsache in den nicht seltenen Fällen jedenfalls dann, wenn der Antragsteller mit der Antragsschrift zur Hauptsache ein Verfahrenskostenhilfegesuch eingereicht hat und lediglich die weitere Durchführung von der Bewilligung von Verfahrenskostenhilfe abhängig machen will. Die erstinstanzliche Zuständigkeit nach § 50 I 2 Hs. 1 FamFG endet mit der formellen Rechtskraft der Hauptsacheentscheidung.

Die **Anhängigkeit** einer deckungsgleichen **Hauptsache** in der **Beschwerdeinstanz 410** beginnt mit Eingang der gegen die Endentscheidung gerichteten Beschwerdeschrift bei dem Beschwerdegericht. Sie endet mit der Einlegung der zugelassenen Rechtsbeschwerde. Die Einreichung nur eines Verfahrenskostenhilfegesuchs für ein im Hauptsacheverfahren noch einzulegendes Rechtsmittel führt, wie im erstinstanzlichen Verfahren, nicht zur Anhängigkeit der Hauptsache in der Rechtsmittelinstanz.[94] Wird nach der Entscheidung über die Bewilligung von Verfahrenskostenhilfe das Rechtsmittel eingelegt und mit dem

---

[88] Gießler/Soyka Rn. 28; Keidel/Giers FamFG § 50 Rn. 4.
[89] OLG Oldenburg FamRZ 2012, 390.
[90] Keidel/Giers FamFG § 50 Rn. 6.
[91] Gießler/Soyka Rn. 29.
[92] Seiler in Thomas/Putzo FamFG § 50 Rn. 3; Keidel/Giers FamFG § 50 Rn. 4.
[93] Keidel/Giers FamFG § 50 Rn. 4; BT-Drs. 16/6308, 200 sucht lediglich für die fiktive Hauptsachezuständigkeit den Bezug zu § 937 ZPO, dem im Übrigen eine Differenzierung zwischen fiktiver oder schon bestehender Zuständigkeit oder Anhängigkeit fremd ist.
[94] Johannsen/Henrich/Büte FamFG § 50 Rn. 6.

Antrag auf Wiedereinsetzung dem Beschwerdegericht vorgelegt, tritt Anhängigkeit der Hauptsache beim Beschwerdegericht ein. Die **Teilbarkeit** des unterhaltsrechtlichen **Verfahrensgegenstandes** kann zu Abgrenzungsschwierigkeiten zwischen den Instanzen führen. Hat das Familiengericht im Fall eines **Stufenantrags** durch Teilentscheidung lediglich über das Auskunftsbegehren entschieden und befindet sich diese auf Grund einer Anfechtung in der Beschwerdeinstanz, ist die Hauptsache – eine vollständige Deckungsgleichheit ist nicht erforderlich – an sich in beiden Instanzen anhängig. Gleichwohl spricht eine größere **Sachnähe** der Unterhaltsanordnung zu dem in erster Instanz noch anhängigen Zahlungsantrag dafür, von einer Zuständigkeit des Familiengerichts auszugehen.[95] Dies ist ferner anzunehmen, wenn das Familiengericht durch Teilentscheidung lediglich über – mit einem Rechtsmittel angegriffene – **Unterhaltsrückstände** entschieden hat. Hier ist das erstinstanzliche Gericht weiter mit dem laufenden Unterhalt befasst, der – abgesehen von seltenen Ausnahmefällen – auch nur Gegenstand einer Unterhaltsanordnung sein kann.[96]

411 cc) Die Vorschrift des § 50 I 2 FamFG kommt nicht zur Anwendung, wenn es sich bei der Hauptsache um eine **anhängige Ehesache** handelt. Zwischen einer solchen und der auf Zahlung von Unterhalt gerichteten Anordnung besteht keine – auch nur teilweise – Deckungsgleichheit im Sinne der Vorschrift. Allerdings besteht bei dem Gerichtsstand der Ehesache für die durch die Ehe begründeten und für die gegenüber gemeinschaftlichen Kindern entstandenen Unterhaltspflichten eine **ausschließliche Zuständigkeit** (§ 232 I Nr. 1 FamFG). Deshalb ist das Gericht der Ehesache entsprechend zuständig auch für Maßnahmen im Anordnungsverfahren.[97] War bei Einleitung des Anordnungsverfahren eine Ehesache noch nicht anhängig, ist das Verfahren, sobald anderweitig die Rechtshängigkeit in der Ehesache eintritt, auch das auf Zahlung von Unterhalt gerichtete Anordnungsverfahren, soweit bei einem Gericht **im ersten Rechtszug** anhängig, unter Durchbrechung des Grundsatzes der perpetuatio fori entsprechend § 233 FamFG an das Gericht der Ehesache abzugeben.[98] Befand sich das Anordnungsverfahren allerdings im Zusammenhang mit einem deckungsgleichen Hauptsacheverfahren bereits in der Beschwerdeinstanz (§ 50 I 2 Hs. 2 FamFG), scheidet eine Abgabe aus.[99]

412 Auch dem Instanzenwechsel in der Ehesache folgt die Zuständigkeit für das Anordnungsverfahren, allerdings unter Beachtung der Besonderheiten des **Verbundverfahrens.** Hat das Familiengericht im Verbund die Ehe geschieden und dabei auch Folgesachen mit erledigt, führt die Einlegung eines Rechtsmittels ohne Spezifizierung der Rechtsverfolgung nicht zur Anhängigkeit der Ehesache in der Beschwerdeinstanz, weil die Anfechtung vorerst lediglich den Eintritt der Rechtskraft hindert. Erst die mit der Rechtsmittelbegründung angekündigten Anträge geben darüber Aufschluss, ob die Ehesache in der zweiten Instanz anfallen wird. Erst mit Eingang der Beschwerdebegründungsschrift beim Beschwerdegericht geht die Zuständigkeit für eine Unterhaltsanordnung auf das Beschwerdegericht über, soweit die Entscheidung in der Ehesache oder einer deckungsgleichen Folgesache angefochten werden soll.[100]

413 dd) Die in jeder Lage von Amts wegen zu prüfende **internationale Zuständigkeit** folgt auch für das Anordnungsverfahren – wie zur Hauptsache – zunächst den allgemeinen Regeln. Nach diesen knüpft die internationale Zuständigkeit für Unterhaltssachen über den Auffangtatbestand in § 105 FamFG an die örtliche Zuständigkeit an. Gleichwohl wird diese Vorschrift überwiegend verdrängt durch europarechtliche Regelungen und sonstige internationale Übereinkommen. Für den Bereich der hier in Rede stehenden Unterhaltssachen war zuletzt für Mitgliedsländer der **Europäischen Union** die Verordnung Nr. 44/2001 des Rates über die gerichtliche Zuständigkeit und die Anerkennung und Vollstreckung von Entscheidungen in Zivil- und Handelssachen vom 22.12.2000 (EuGVVO) maßgebend, die in Art. 2, 5 und 24 EUGVVO verschiedene Konstellationen für eine

---

[95] OLG Frankfurt NJW 2014, 2052.
[96] Schulte-Bunert/Weinreich/Schwonberg FamFG § 50 Rn. 13.
[97] Gießler/Soyka Rn. 26; Schulte-Bunert/Weinreich/Schwonberg FamFG § 50 Rn. 5.
[98] Keidel/Giers FamFG § 50 Rn. 7.
[99] Johannsen/Henrich/Maier FamFG § 233 Rn. 3.
[100] Gießler/Soyka Rn. 33.

3. Abschnitt: Vorläufige Regelung und Sicherung von Unterhaltsansprüchen § 10

internationale Zuständigkeit deutscher Gerichte in Unterhaltssachen sowohl für Hauptsache- als auch Anordnungsverfahren bereithielt. Auch wenn danach die internationale Zuständigkeit für ein Gericht eines anderen Mitgliedstaates sprach, waren deutsche Gericht unter den Voraussetzungen von **Art. 31 EUGVVO** zum Erlass einer auf Zahlung von Unterhalt gerichteten einstweiligen Anordnung berufen.[101] Die Verordnung Nr. 4/2009 des Rates über die Zuständigkeit, das anwendbare Recht, die Anerkennung und Vollstreckung von Entscheidungen und die Zusammenarbeit in Unterhaltssachen vom 18.12.2009 (EuUnthVO) hat mit Wirkung vom 18.6.2011 (Art. 76 EuUnthVO) die EuGVVO, die deshalb nur noch für die zu diesem Zeitpunkt bereits eingeleiteten Anordnungsverfahren anzuwenden ist (Art. 75 I EuUnthVO), abgelöst. Soweit sich hiernach gemäß Art. 3 ff. EuUnthVO eine internationale Zuständigkeit für ein deutsches Gericht nicht begründen lässt, bleibt für dieses jedenfalls im Rahmen des einstweiligen Rechtsschutzes weiterhin Raum für eine **einstweilige Anordnung** auf Zahlung von Unterhalt **(Art. 14 EuUnthVO),** soweit nach nationalem Recht eine Zuständigkeit besteht (§§ 50, 232 FamFG).[102] Die Zuständigkeitsregelungen des Luganer Übereinkommens über die gerichtliche Zuständigkeit und die Vollstreckung gerichtlicher Entscheidungen in Zivil- und Handelssachen vom 16.9.1988[103] haben Bedeutung nur noch im Verhältnis zu Island, Norwegen und Schweiz, in denen weder die EUGVVO noch die EuUnthVO gilt. Zur Internationalen Zuständigkeit beim einstweiligen Rechtsschutz vgl. weiter → § 9 Rn. 671–674.

c) Der Verfahrensgang. Für das Anordnungsverfahren in Unterhaltssachen bestimmt 414
§ 246 I FamFG, dass eine einstweilige Anordnung nur auf Antrag ergehen kann. Im Übrigen richtet sich das Verfahren, wie § 51 II 1 FamFG klarstellt, nach den Vorschriften für eine entsprechende Hauptsache, soweit sich nicht aus den Besonderheiten des einstweiligen Rechtsschutzes etwas anderes ergibt. Entsprechend anzuwenden sind danach, da es sich bei Unterhaltssachen um Familienstreitsachen handelt, gemäß § 113 I 2 FamFG die Allgemeinen Vorschriften der ZPO und die Vorschriften der ZPO über das Verfahren vor den Landgerichten, soweit dem nicht Sondervorschriften des FamFG entgegenstehen.

Der Antrag auf Erlass einer einstweiligen Anordnung ist, sofern er schriftlich erfolgt, im Unterschied zu § 620a II 3 ZPO aF zu begründen. Dabei handelt es sich allerdings um eine Soll-Vorschrift;[104] der Antragsteller ist gegebenenfalls zur Ergänzung aufzufordern (§ 139 ZPO). Zudem sind die Voraussetzungen glaubhaft zu machen (§ 51 I 2 FamFG). Der Mitwirkung eines Rechtsanwalts bedarf es – im Unterschied zur alten Rechtslage – für das gesamte Anordnungsverfahren nicht (§ 114 IV Nr. 1 FamFG). Die notwendigen Anträge können auch zu Protokoll der Geschäftsstelle gestellt werden (§ 113 I 2 FamFG iVm § 129 II ZPO).

Da es sich um eine Familienstreitsache handelt, bedarf es eines den Verfahrensgegenstand 415
festlegenden **bezifferten Sachantrags,** und zwar nach Form und Inhalt vergleichbar einem Zahlungsantrag im ordentlichen Streitverfahren (§ 113 I 2 FamFG iVm § 253 ZPO). Dieser ist im Verlauf des Anordnungsverfahrens gegebenenfalls anzupassen. Werden etwa nach Antragstellung **öffentliche Leistungen** erbracht, die zu einem Forderungsübergang führen (§§ 94 SGB XII, 33 SGB II oder 7 UVG), ist nach zutreffender Ansicht der Zahlungsantrag entsprechend § 265 II ZPO umzustellen.[105] Soweit die Gegenmeinung[106] darauf abstellt, dass mit den Leistungen ein das Anordnungsverfahren rechtfertigendes Eilbedürfnis entfallen sei, und eine Erledigung annimmt, wird nicht hinreichend gewichtet, dass sich das Anordnungsverfahren richtigerweise auf den notwendigen Unterhalt beschränken muss sowie Regelungen schaffen soll, die die Verfahrensbeteiligten als endgültige Regelungen akzeptieren. Dieser Zweck wird verfehlt, wenn sich insbesondere der unterhaltspflichtige Ehegatte infolge einer (Teil-)Erledigungserklärung nunmehr einer ge-

---

[101] Hüßtege in Thomas/Putzo, 35. Aufl., EuGVVO Art. 31 Rn. 3.
[102] MüKoFamFG/Lipp EG-UntVO Art. 14 Rn. 1 und 13.
[103] BGBl. 1994 II S. 2660.
[104] MüKoFamFG/Soyka § 51 Rn. 5.
[105] Ebert, Einstweiliger Rechtsschutz in Familiensachen, § 2 Rn. 71.
[106] Gießler/Soyka Rn. 247.

richtlichen Auseinandersetzung (auch) mit dem Träger der öffentlichen Leistungen ausgesetzt sieht. Schließlich dient sie auch nicht dem Ziel des Gesetzgebers, im Rahmen der Stärkung des einstweiligen Rechtsschutzes umfassende und endgültige Regelungen oder Vereinbarungen zu ermöglichen, die nachfolgende Hauptsacheverfahren entbehrlich machen.[107]

416 Mit der förmlichen **Zustellung der Antragsschrift** (§ 113 I 2 FamFG iVm §§ 270, 271 ZPO) wird das Anordnungsverfahren eingeleitet (rechtshängig). In verfahrensrechtlicher Hinsicht bewirkt dies, dass ein inhaltsgleiches Anordnungsverfahren anderweitig nicht mehr anhängig gemacht werden darf und die Zuständigkeit des angerufenen Gerichts durch eine Veränderung der sie begründenden Tatsachen unberührt bleibt. Materiellrechtlich führt die Zustellung zum Eintritt des Schuldnerverzuges (§ 286 I 2 BGB), dessen Folgen nicht schon mit der Zurückweisung des Antrags entfallen.[108] **Beteiligte des Anordnungsverfahrens** und damit antragsbefugt sind in erster Linie die Personen des zugrunde liegenden Unterhaltsverhältnisses. Soweit der Unterhalt für ein minderjähriges, gemeinschaftliches eheliches Kind von Ehegatten in Rede steht, wirkt sich allerdings auch im Anordnungsverfahren aus, dass der Elternteil, in dessen Obhut sich das Kind befindet, Unterhaltsansprüche im Wege der **Verfahrensstandschaft** (§ 1629 III 1 BGB) verfolgen muss. Nach rechtskräftiger Scheidung wird das minderjährige Kind antragsberechtigt, vertreten durch den allein sorgeberechtigten Elternteil (§ 1629 I BGB) oder im Fall gemeinsamer elterlicher Sorge durch den Elternteil, in dessen Obhut sich das Kind befindet (§ 1629 II 2 BGB). Ein noch vor Eintritt der Rechtskraft durch den nach § 1629 III 1 BGB autorisierten Elternteil eingeleitetes Anordnungsverfahren kann dieser aber noch bis zum Abschluss des Verfahrens im eigenen Namen fortsetzen (→ Rn. 51). Endet die Verfahrensstandschaft durch Eintritt der Volljährigkeit des Kindes, müssen die Verfahrensbeteiligten dem nach der geänderten Rechtsprechung des BGH[109] durch einen **gewillkürten Antragstellerwechsel** Rechnung tragen. Einer Zustimmung des Antragsgegners hierzu bedarf es nicht.

Besteht eine **Beistandschaft** des Jugendamtes für die Geltendmachung von Unterhaltsansprüchen, (§ 1712 I Nr. 2 BGB) ist eine Vertretung durch den weiterhin uneingeschränkt sorgeberechtigten Elternteil (§ 1716 I 1 BGB) auch im Anordnungsverfahren ausgeschlossen (§ 234 FamFG). Die Regelung soll einen widerspruchsfreien Verfahrensgang sicherstellen.[110] Mit dem Ende der Beistandschaft auf schriftliches Verlangen des sorgeberechtigten Elternteils (§ 1715 I 1 BGB) übernimmt dieser wieder die gesetzliche Vertretung des Kindes auch in der Unterhaltssache. Auch wenn die Voraussetzungen für eine Verfahrensstandschaft (§ 1629 III 1 BGB) vorliegen, bleibt die Möglichkeit, den Kindesunterhalt über eine Beistandschaft zu verfolgen, unberührt.[111] Fraglich erscheint, ob der Sozialleistungsträger als Beteiligter am Anordnungsverfahren mitwirken kann. Soweit Unterhaltsrückstände in Rede stehen, die wegen des Forderungsübergangs häufig Gegenstand der behördlichen Rechtsverfolgung sind, fehlt es jedenfalls an einem Regelungsbedürfnis (→ Rn. 403). Im Übrigen wird die Beteiligtenstellung des Sozialleistungsträgers in den Fällen angenommen, in denen er nach sozialhilferechtlichen Vorschriften auch zur Geltendmachung künftiger Unterhaltsansprüche befugt ist.[112]

417 Dem Anordnungsverfahren zugrunde liegt eine lediglich **summarische Prüfung** der Sach- und Rechtslage, die sich zum streitigen Vorbringen der Beteiligten auf Glaubhaftmachung (§ 294 ZPO) zu den Anspruchsvoraussetzungen und den Einwendungen beschränken kann (§ 51 I 2 FamFG). Abweichend von § 51 II 2 FamFG, wonach das Gericht ohne mündliche Verhandlung entscheiden kann, bestimmt § 246 II FamFG allerdings, dass in Unterhaltssachen die Entscheidung über eine einstweilige Anordnung auf Grund mündli-

---

[107] BT-Drs. 16/6308, 260.
[108] BGH FamRZ 1995, 725.
[109] BGH FamRZ 2013, 1378 Rn. 8 = R 737a.
[110] MüKoFamFG/Coester-Waltjen/Hilbig-Lugani § 173 Rn. 1.
[111] BGH FamRZ 2015, 130 Rn. 14–20.
[112] Johannsen/Henrich/Maier FamFG § 246 Rn. 4; Bork/Jacoby/Schwab/Hütter FamFG § 246 Rn. 5.

cher Verhandlung ergeht, wenn dies zur Aufklärung des Sachverhalts oder für eine gütliche Beilegung des Verfahrens geboten erscheint. Mit dieser Sonderregelung betont der Gesetzgeber die Bedeutung der **mündlichen Verhandlung** in Unterhaltssachen auch im Verfahren der einstweiligen Anordnung. Primäres Ziel ist hierbei – im Unterschied zum einstweiligen Rechtsschutz in anderen Familiensachen – nicht eine beschleunigte Regelung in den unterhaltsrechtlichen Beziehungen der Beteiligten. Im Vordergrund steht vielmehr zum einen eine weitestgehende **Sachverhaltsaufklärung** in den für die Unterhaltsbemessung bestimmenden Einkommens-, Vermögens- und Verschuldungsverhältnissen.[113] Zum anderen soll die mündliche Verhandlung Raum schaffen für das Zustandekommen von **Vereinbarungen,** die, nach Aufklärung der maßgebenden Verhältnisse, dem Rechtsfrieden dienende endgültige Regelungen enthalten und weitere Auseinandersetzungen im Rahmen von Hauptsacheverfahren entbehrlich machen.

Auch wenn die Entscheidung über die Anordnung einer mündlichen Verhandlung hiernach weiterhin im Ermessen des jeweiligen Gerichts steht, hat dieses bei seiner Entscheidung die Zielrichtung des mit der Regelung in § 246 II FamFG verfolgten Anliegens des Gesetzgebers zu beachten und in der Regel erst **auf Grund mündlicher Verhandlung**[114] zu entscheiden. Überdies setzt sich das Gericht durch eine entsprechende Vorgehensweise in den Stand, ungeachtet des für das Verfahren zu beachtenden Beibringungsgrundsatzes durch den Einsatz verfahrensspezifischer Auskunftsrechte (§ 51 II 1 FamFG iVm §§ 235, 236 FamFG) eine **abschließende Entscheidung** oder Regelung zu fördern.[115] Soweit dem teilweise[116] entgegengehalten wird, die Bestimmung des § 235 FamFG sei, da mit dem Beschleunigungsgrundsatz im Anordnungsverfahren unvereinbar, nicht anzuwenden, beruht dies auf einer Verkennung der Tragweite der Auskunftsverpflichtung im Kontext der Sachverhaltsaufklärung. Zwar unterliegt keinem Zweifel, dass eine Beweisaufnahme im Anordnungsverfahren nur präsente Beweismittel erfassen darf (§ 294 II ZPO). Doch hindert dies das Gericht nicht, im Rahmen einer Terminsbestimmung den Verfahrensbeteiligten die Vorlage von Verdienst- und Gehaltsabrechnungen, Steuerbescheiden, Kredittilgungsplänen oder um weiteren Unterlagen aufzugeben,[117] die eine verbesserte Beurteilung der für die Unterhaltsbemessung relevanten Lebensverhältnisse der Beteiligten ermöglichen. Überdies sind die Beweise, sofern die Beteiligten sie in der mündlichen Verhandlung verfügbar machen, zu erheben. Die Vorschriften über die Zurückweisung von Angriffs- und Verteidigungsmitteln (§ 115 FamFG) kommen nicht zur Anwendung. Das Absehen von einer mündlichen Verhandlung reduziert sich nach alledem auf einfache oder besonders eilbedürftige Fälle[118] (zB Geltendmachung von Mindestunterhalt). Das Familiengericht kann und muss von den ihm durch §§ 235, 236 FamFG eingeräumten verfahrensrechtlichen Befugnissen auch beim einstweiligen Rechtsschutz Gebrauch machen,[119] soweit sie sich mit der an eine Eilentscheidung gestellten Verfahrensgestaltung vereinbaren lassen.

Auf Antrag ist dem jeweiligen Verfahrensbeteiligten unter den Voraussetzungen von § 113 I 2 FamFG iVm §§ 114, 115 ZPO im Anordnungsverfahren **Verfahrenskostenhilfe** zu bewilligen. Maßgebend sind, abgesehen von fehlendem Mutwillen, in erster Linie die jeweiligen **Erfolgsaussichten** für die Rechtsverfolgung oder Rechtsverteidigung. Auch hier gilt der Grundsatz, dass Verfahrenskostenhilfe zu bewilligen ist, wenn die Entscheidung in der Hauptsache von der Beantwortung schwieriger, bislang ungeklärter Rechtsfragen abhängt.[120]

---

[113] BT-Drs. 16/6308, 260.
[114] Dose/Kraft, Einstweiliger Rechtsschutz, Rn. 245.
[115] MüKoFamFG/Pasche § 246 Rn. 9; Musielak/Borth FamFG § 246 Rn. 7.
[116] Gießler/Soyka Rn. 267.
[117] MüKoFamFG/Pasche § 246 Rn. 9.
[118] BT-Drs. 16/6308, 260.
[119] Bork/Jacoby/Schwab/Hütter FamFG § 246 Rn. 7; MüKoFamFG/Pasche § 246 Rn. 9; Schulte-Bunert/Weinreich/Schwonberg FamFG § 246 Rn. 36.
[120] BVerfG FamRZ 2016, 30 Rn. 13.

Bei der Prüfung der Bedürftigkeit ist auf die persönlichen und wirtschaftlichen Verhältnisse des Verfahrensbeteiligten abzustellen. Werden Unterhaltsansprüche minderjähriger Kinder in Verfahrensstandschaft verfolgt, hängt die Bewilligung von Verfahrenskostenhilfe demgemäß von der Bedürftigkeit des Verfahrensstandschafters ab.[121] Da die Vertretung durch einen Anwalt im Anordnungsverfahren nicht vorgeschrieben ist (§ 114 IV Nr. 1 FamFG), ist dem Beteiligten auf Antrag ein zur Vertretung bereiter **Anwalt beizuordnen** (§ 121 II ZPO), wenn entweder der Gegner durch einen Rechtsanwalt vertreten ist (Grundsatz der Waffengleichheit) oder die Vertretung durch einen Rechtsanwalt erforderlich erscheint. Hierbei ist an die Umstände des jeweiligen Einzelfalles anzuknüpfen, die gekennzeichnet sind durch die Schwierigkeit der Sach- und Rechtslage sowie die Fähigkeiten des Beteiligten, sich mündlich und schriftlich verständlich zu artikulieren. Für den Bereich der hier in Rede stehenden Unterhaltssachen kommt hinzu, dass der Gesetzgeber, wie er durch die Regelung in § 114 I FamFG zum Ausdruck bringt, nunmehr für jedwede Beteiligung an einem Hauptsacheverfahren die Mitwirkung eines Rechtsanwalts vorschreibt. Wird ferner bedacht, dass die Ausgestaltung des Anordnungsverfahrens in Unterhaltssachen verstärkt dem Ziel dienen soll, das Zustandekommen von Vereinbarungen zu fördern[122] und damit nachfolgende Hauptsacheverfahren zu vermeiden, dürfte für den Regelfall die anwaltliche Beiordnung geboten sein.[123]

420   d) **Entscheidung, Vergleich und Wirkungen.** Über den Antrag auf Erlass einer Unterhaltsanordnung entscheidet das Gericht gemäß §§ 116, 38 I 1 FamFG durch **Beschluss,** soweit durch die Entscheidung der Verfahrensgegenstand ganz oder teilweise erledigt wird. Über die formellen inhaltlichen Anforderungen verhält sich § 38 II FamFG. Gemäß § 38 III 1 FamFG ist der Beschluss zu begründen. Auch wenn hierzu keine näheren Einzelheiten vorgegeben werden, umfasst die gebotene **Begründung,** von der unter den Voraussetzungen von § 38 IV FamFG allerdings abgesehen werden kann, bezogen auf den Verfahrensgegenstand der einstweiligen Anordnung zunächst eine Sachverhaltsdarstellung, soweit sie zum Verständnis der Entscheidung aus sich heraus erforderlich erscheint und eine spätere Überprüfung und/oder Abänderung ermöglichen soll.[124] Die sich daran anschließende rechtliche Würdigung soll die Beteiligten in den Stand versetzen, ihr weiteres Vorgehen und die entsprechenden Erfolgsaussichten im Hinblick auf die nur einstweiligen Regelungen abzuschätzen. Wegen der Selbständigkeit des Anordnungsverfahrens ist die Endentscheidung mit einer **Kostenentscheidung** (§ 51 IV FamFG) zu versehen, die ihren jeweiligen Maßstab in Unterhaltssachen aus § 243 FamFG ableitet.

Der **Verfahrenswert** bemisst sich wegen der geringeren Bedeutung des Anordnungsverfahrens in der Regel nach der Hälfte des für das Hauptsacheverfahren maßgebenden Wertes (§§ 41 S. 2, 51 FamGKG), und zwar auch dann, wenn das Anordnungsverfahren das ordentliche Streitverfahren ersetzt.[125] Soweit die Gegenmeinung[126] demgegenüber darauf abstellt, dass etwa bei der Verfolgung eines Verfahrenskostenvorschusses der volle Wert in Ansatz zu bringen sei, wird verkannt, dass dies § 41 S. 2 FamGKG, wonach im **Regelfall** von der **Hälfte** des Hauptsachewertes auszugehen ist, nicht mehr Rechnung trägt.[127] Er ist zugleich für die Rechtsanwaltsvergütung maßgebend (§ 23 I 2 RVG).[128]

Inhaltlich hat sich die Entscheidung am bezifferten Sachantrag zu orientieren. Dabei kann auch im Eilverfahren der **volle Unterhalt** zuerkannt werden, möglicherweise auch nur **befristet** (§ 56 I 1 FamFG), etwa bis zum Beginn einer mündlichen Verhandlung. Zulässig erscheint überdies, vorerst nur einen **Sockelbetrag** (zB Mindestunterhalt) zu

---

[121] BGH FamRZ 2005, 1164.
[122] BT-Drs. 16/6308, 260.
[123] Dose/Kraft, Einstweiliger Rechtsschutz, Rn. 273.
[124] Keidel/Meyer-Holz FamFG § 38 Rn. 53.
[125] OLG Frankfurt FamRZ 2018, 519; OLG Koblenz FamRZ 2018, 50; OLG Zweibrücken FamRZ 2017, 54; OLG Celle FamRZ 2014, 696;.
[126] OLG Bremen FamRZ 2015, 526; OLG Köln FamRZ 2015, 526.
[127] OLG Celle FamRZ 2016, 164.
[128] Keidel/Giers FamFG § 52 Rn. 26.

titulieren, wenn etwa die vorläufige Maßnahme ohne vorherige Anhörung des Unterhaltspflichtigen erfolgt ist.[129]

Gemäß §§ 51 II 1, 39 FamFG ist auch im Anordnungsverfahren die Endentscheidung (§ 38 FamFG) mit einer **Rechtsbehelfsbelehrung** zu versehen, allerdings nur mit einer solchen für statthafte Rechtsbehelfe.[130] Erwähnung finden in § 39 FamFG für eine Belehrung ausdrücklich lediglich das statthafte Rechtsmittel, der Einspruch, der Widerspruch oder die Erinnerung. Indessen sind solche Rechtsbehelfe für das Anordnungsverfahren in Unterhaltssachen nicht vorgesehen. Gleichwohl ist zu bedenken, dass es nicht dem Anliegen des Gesetzgebers entspricht, mit dieser Regelung zugleich Beschränkungen zu verbinden. Vielmehr kommt in der Rechtsbehelfsbelehrung der rechtsfürsorgliche Charakter dieses Verfahrens zum Ausdruck.[131] Vor diesem Hintergrund wird betont, dass auch über das Recht, gemäß § 52 II FamFG die Fristsetzung zur Einleitung des Hauptsacheverfahrens zu beantragen, entsprechend § 39 FamFG zu belehren ist.[132] Zudem verdeutlicht die Vorschrift, dass auch über Rechtsbehelfe belehrt werden soll, die eine **unbeschränkte Überprüfung** in **derselben Instanz** eröffnen,[133] weshalb in Unterhaltssachen die Belehrung sich auch auf die Abänderungsmöglichkeiten nach § 54 II FamFG erstrecken muss,[134] nicht aber auf **außerordentliche Rechtsbehelfe** wie etwa die Beschlussberichtigung, Ergänzung und die Möglichkeit der Anhörungsrüge[135] oder das Abänderungsverfahren wegen veränderter Verhältnisse nach § 54 I FamFG.[136] Die Entscheidung über den Anordnungsantrag ist gemäß § 113 I 2 FamFG iVm § 329 III ZPO förmlich zuzustellen, und zwar an beide Verfahrensbeteiligte, sofern dem Antrag auch nur teilweise stattgegeben worden ist, im Fall der Zurückweisung lediglich an den Antragsteller.[137]

Ein **Säumnisverfahren** ist für das Anordnungsverfahren ausgeschlossen (§ 51 II 3 FamFG) mit der Folge, dass bei Fernbleiben des anwaltlich vertretenen Antragstellers eine Sachentscheidung unterbleibt. Die Säumnis des Antragsgegners führt zu einer **einseitigen streitigen Verhandlung.** Dabei kommt § 138 III ZPO zur Anwendung. Unter diesen Voraussetzungen bedarf es weiterer Glaubhaftmachung nicht.[138] Im Fall eines Anerkenntnisses ergeht entsprechend § 307 ZPO ohne weitere Sachprüfung ein **Anerkenntnisbeschluss** mit der möglichen Kostenfolge aus § 243 S. 2 Nr. 4 FamFG.

Den Unterhalt betreffende einstweilige Anordnungen entfalten in erster Linie unmittelbare Wirkungen zwischen den Verfahrensbeteiligten. Soweit der Kindesunterhalt für gemeinsame minderjährige Kinder geregelt wird, wirkt eine entsprechende Anordnung darüber hinaus unmittelbar auch für und gegen das Kind (§ 1629 III 2 BGB iVm § 246 FamFG). Allerdings muss das Kind im Zeitpunkt des Erlasses der Entscheidung noch minderjährig sein. Dies gilt für eine vergleichsweise Erledigung entsprechend.

Die Befugnis der Beteiligten, ihre Unterhaltsverhältnisse grundsätzlich eigenständig zu regeln, schließt die Möglichkeit ein, das entsprechende Anordnungsverfahren durch Vergleich zu beenden. Allerdings hat ein in diesem Verfahren geschlossener **Vergleich,** durch den nichts anderes erreicht werden soll als eine der beantragten einstweiligen Anordnung entsprechende Regelung, keine weitergehende Wirkung als eine entsprechende einstweilige Anordnung.[139] Ein Vergleich, der eine einstweilige Anordnung ersetzt, bietet keinen Rechtsgrund[140] zum „Behaltendürfen". Weitergehende Regelungen, etwa die Begründung eines eigenen Forderungsrechts des Kindes durch Vertrag zu seinen Gunsten (§ 328 BGB),

---

[129] Gießler/Soyka Rn. 272.
[130] Dose/Kraft, Einstweiliger Rechtsschutz, Rn. 299.
[131] BT-Drs. 16/6308, 196.
[132] BT-Drs. 16/6308, 201.
[133] Keidel/Meyer-Holz FamFG § 39 Rn. 6.
[134] Reichhold in Thomas/Putzo FamFG § 39 Rn. 2.
[135] BT-Drs. 16/6308, 196.
[136] Gießler/Soyka Rn. 95; Dose/Kraft, Einstweiliger Rechtsschutz, Rn. 298.
[137] Gießler/Soyka Rn. 99 und 101.
[138] Ebert Rn. 80 mwN.
[139] BGH FamRZ 1983, 892.
[140] BGH FamRZ 1991, 1175.

sind möglich, jedoch müssen für einen derartigen Willen ausreichend sichere Anhaltspunkte vorliegen.[141]

Dessen ungeachtet bedarf es vor dem Hintergrund der umfassenden Regelungskompetenz der Beteiligten auch hinreichender Klarstellungen in dem Vergleich dazu, ob sie mit diesem Titel nur das einstweilige Anordnungsverfahren oder die Unterhaltsangelegenheit in ihrer Gesamtheit erledigen wollen. Fehlen entsprechende Aussagen und lassen sie sich auch nicht auf Grund einer Auslegung feststellen, ist davon auszugehen, dass der Vergleich nur unter den Voraussetzungen von § 54 I 2 FamFG einer Anpassung zugänglich und nicht über eine entsprechende Anordnung hinaus Wirkung entfalten (§ 56 FamFG) sollte. Soweit der Vergleich über die Zeit nach Rechtskraft der Scheidung hinaus fortgilt, regelt er beim Ehegattenunterhalt den nachehelichen Unterhalt, nicht den Trennungsunterhalt.[142]

424 Haben die Beteiligten aber hinreichend erkennbar den gesamten Unterhaltsstreit erledigt, stellt der Vergleich einen nach § 239 FamFG iVm § 313 BGB durch ein **Abänderungsverfahren** anzupassenden Unterhaltstitel dar.[143] Tituliert ist beim Ehegattenunterhalt in diesem Fall wegen fehlender Identität mit dem nachehelichen Unterhalt allerdings nur der Trennungsunterhalt. Wird aus dem Vergleich nach Rechtskraft der Ehescheidung die Zwangsvollstreckung fortgesetzt, ist, sofern die Beteiligten für diesen Unterhaltszeitraum keine Regelungen getroffen haben, das **Vollstreckungsabwehrverfahren** (§ 767 ZPO) zu betreiben. Streiten die Beteiligten über die Wirksamkeit des Vergleichs, ist hierüber im Verfahren nach § 54 FamFG zu befinden, sofern die Erledigung nur dem einstweiligen Anordnungsverfahren galt. Bei einem darüber hinaus gehenden Vergleichsinhalt bedarf es je nach Beteiligtenrolle eines Vorgehens im ordentlichen Streitverfahren.[144]

Nach OLG Karlsruhe[145] setzt ein in einem einstweiligen Anordnungsverfahren geschlossener Vergleich die Zweijahresfrist des § 1605 II BGB nicht in Lauf, soweit er den Unterhalt nur vorläufig regelt. Die Zustellung des Antrags auf Erlass einer einstweiligen Anordnung kann eine materiell-rechtliche Mahnung gemäß § 286 I 2 BGB sein,[146] deren Wirkung (Verzug) nur ausnahmsweise (zB durch Verzicht oder Verwirkung) beseitigt werden kann. Dies gilt grundsätzlich auch bei **Ablehnung** des Antrags auf Erlass einer einstweiligen Anordnung.[147]

425 e) **Abänderung, Aufhebung und Anfechtung. aa) Das Abänderungsverfahren.** Die Voraussetzungen für eine Überprüfung sowie gegebenenfalls Aufhebung und Änderung von Entscheidungen im einstweiligen Anordnungsverfahren sind auch für die in Rede stehenden Unterhaltssachen primär in § 54 FamFG geregelt. Diese Vorschrift, die inhaltlich weitgehend die Regelungen aus § 620b ZPO aF übernommen hat,[148] ermöglicht auf **Antrag** in einem selbständigen Überprüfungsverfahren weiterhin ohne Anbindung an ein Hauptsacheverfahren eine Korrektur oder Anpassung der Ausgangsentscheidung unter Beachtung der Besonderheiten des einstweiligen Rechtsschutzes. Einer anwaltlichen Mitwirkung bedarf auch das Überprüfungsverfahren nicht. Schließlich macht es keinen Unterschied, ob das Gericht eine Anordnung erlassen oder einen Antrag abschlägig beschieden hat.

Es ist weiterhin zu unterscheiden zwischen einem **Abänderungsantrag nach § 54 I FamFG** und einem **Antrag gemäß § 54 II FamFG,** auf Grund mündlicher Verhandlung erneut zu beschließen, sofern die einstweilige Anordnung – entgegen § 246 II FamFG – ohne mündliche Verhandlung ergangen ist. Die **örtliche** und **sachliche Zuständigkeit** für die jeweiligen Verfahren regelt § 54 III FamFG. Zuständig ist danach primär dasjenige Gericht (S. 1), das – entgegen dem Wortlaut, der von einer einstweiligen Anordnung ausgeht, – die zu überprüfende Entscheidung erlassen hat, mithin auch dann, wenn sich die

---

[141] BGH FamRZ 1983, 892.
[142] BGH FamRZ 1985, 51.
[143] OLG Jena FamRZ 2012, 54.
[144] OLG Hamm FamRZ 1991, 582.
[145] OLG Karlsruhe FamRZ 1992, 684.
[146] BGH FamRZ 1983, 352.
[147] Vgl. BGH FamRZ 1995, 725.
[148] BT-Drs. 16/6308, 201.

für die Zuständigkeit bestimmenden Verhältnisse nach Erlass der Erstentscheidung geändert haben (Perpetuatio fori). Dies gilt jedoch dann nicht (S. 2), wenn das Verfahren an ein anderes Gericht abgegeben oder verwiesen worden ist, wie dies etwa im Fall einer ursprünglichen Zuständigkeit nach § 50 II FamFG oder bei nachträglicher Rechtshängigkeit einer Ehesache (§ 233 FamFG) in Betracht kommt.

Der Antrag gemäß § 54 II FamFG ist **vorrangig** dazu bestimmt, das Anordnungsverfahren, in dem eine mündliche Verhandlung noch nicht stattgefunden hat, zum Abschluss zu bringen, und verdrängt den Abänderungsantrag nach § 54 I FamFG.[149] Dies ergibt sich für den Bereich der Unterhaltsstreitsachen schon aus der Regelung in **§ 246 II FamFG**, mit der der Gesetzgeber die Bedeutung der mündlichen Verhandlung für diesen Bereich des einstweiligen Rechtsschutzes hervorgehoben hat. Überdies besteht die Möglichkeit, den Abänderungsantrag als Antrag, auf Grund mündlicher Verhandlung erneut zu beschließen, auszulegen[150] und nach § 246 II FamFG zu verfahren. 426

Allerdings ist der Antrag nach § 54 II FamFG **unzulässig**, wenn das Gericht bereits einseitig mündlich verhandelt hat (§ 51 II 3 FamFG), der Beteiligte allerdings zurechenbar nicht erschienen ist.[151] Der Antrag setzt eine **Beschwer** voraus. Daran fehlt es, wenn das Gericht dem Begehren des Antragstellers entsprochen hat und der Antragsteller eine **Antragserweiterung** verfolgt. Sie entfällt auch dann, wenn die einstweilige Anordnung in der Zwischenzeit bereits außer Kraft getreten ist (§ 56 FamFG).[152] Ein entsprechendes **Rechtsschutzinteresse** ist zu verneinen, wenn die nach § 52 II 1 FamFG gesetzte Frist zur Einleitung des Hauptsacheverfahrens verstrichen ist, und die Aufhebung der einstweiligen Anordnung nach § 52 II 3 FamFG möglich ist.[153] Hat der Antragsgegner zB den durch einstweilige Anordnung titulierten Verfahrenskostenvorschuss gezahlt, ist ein Abänderungsantrag unzulässig, da dies weder Voraussetzung für eine Rückforderung ist noch die Rückzahlung im Anordnungsverfahren geltend gemacht werden kann (→ Rn. 404).

Der von dem beschwerten Beteiligten zu stellende Sachantrag bedarf im Unterschied zu der Regelung in § 620d ZPO aF keiner weiteren Begründung. Eine solche dürfte sich allerdings, sofern nicht bereits vor Erlass der einstweiligen Anordnung geschehen, im Sinne einer effektiven Rechtsverfolgung empfehlen. Der Antrag setzt auch nicht notwendig eine Änderung der bei Erlass der Anordnung für maßgebend erachteten Verhältnisse voraus. Vielmehr reicht auch eine **abweichende rechtliche Beurteilung derselben Tatsachen** aus. Im Zusammenhang mit der Zulässigkeit des Antrages nach § 54 II FamFG kommt es allein darauf an, ob eine mündliche Verhandlung über das beiderseitige Vorbringen noch nicht stattgefunden hat. Dies ist auch dann der Fall, wenn das Gericht in einem Erstverfahren mündlich verhandelt und in einem anschließenden Abänderungsverfahren nach § 54 I FamFG ohne mündliche Verhandlung entschieden hat.[154] Eine **Tatsachenpräklusion** besteht im Verfahren nach § 54 II FamFG nicht, so dass der Abänderungsantrag auch auf eine **rückwirkende Änderung** gestützt werden kann.[155] Die Antragstellung unterliegt keiner Fristbindung, so dass selbst „nach Jahren" einem Antrag auf Durchführung der mündlichen Verhandlung gestellt werden, sofern dem der Gesichtspunkt des Rechtsmissbrauchs nicht entgegensteht.[156] 427

Hat das Gericht über eine einstweilige Anordnung auf Grund mündlicher Verhandlung entschieden, kann der beschwerte Beteiligte durch nicht fristgebundenen **Abänderungsantrag gemäß § 54 I FamFG** ein **Überprüfungsverfahren** einleiten. Auch wenn in dieser Vorschrift lediglich von Entscheidungen (des Gerichts) die Rede ist, erstreckt sich 428

---

[149] OLG Celle FamRZ 2013, 569; Prütting/Helms/Dürbeck FamFG § 54 Rn. 10; Johannsen/Henrich/Büte FamFG § 54 Rn. 9; a. A. Keidel/Giers FamFG § 54 Rn. 14; Seiler in Thomas/Putzo FamFG § 54 Rn. 6.
[150] Götsche/Viefhues ZFE 2009, 124 (128).
[151] OLG Koblenz FamRZ 2017, 726.
[152] Dose/Kraft, Einstweiliger Rechtsschutz, Rn. 313.
[153] Gießler/Soyka, 5. Aufl., Rn. 191.
[154] BVerfG FamRZ 2005, 966.
[155] Dose/Kraft, Einstweiliger Rechtsschutz, Rn. 314.
[156] OLG Köln FamRZ 2006, 1402.

das Abänderungsverfahren auch auf andere Vollstreckungstitel, die nach mündlicher Verhandlung ergangen sind, soweit sie lediglich den Gegenstand des Anordnungsverfahrens erfassen, wie dies etwa bei einem entsprechenden **Vergleich** der Fall ist.[157] Das Abänderungsverfahren folgt zunächst den Regeln, die für den erstmaligen Erlass einer einstweiligen Anordnung maßgebend sind, so dass eine anwaltliche Mitwirkung weiterhin nicht erforderlich ist. Im Übrigen bedarf es für den jeweiligen Antragsteller einer **Beschwer.** Sie fehlt insbesondere dann, wenn die einstweilige Anordnung bereits außer Kraft getreten ist (§ 56 FamFG) oder die Voraussetzungen für eine Aufhebung nach § 52 II FamFG erfüllt sind. Ist die einstweilige Anordnung, deren Abänderung begehrt wird, auf Grund mündlicher Verhandlung ergangen, muss sich ein zulässiges Änderungsbegehren zudem auf neue Tatsachen und Beweismittel stützen. Ansonsten fehlt für eine neue Entscheidung das **Rechtsschutzbedürfnis**.[158] Ein Interesse, bei unveränderter Sach- und Rechtslage erneut über eine einstweilige Anordnung oder einen zurückgewiesenen Antrag wiederholt zu befinden, ist nicht anzuerkennen. Neu in diesem Zusammenhang sind allerdings auch solche Tatsachen und Beweismittel, die erst nachträglich bekannt geworden sind und allein deshalb bei der Erstentscheidung keine Berücksichtigung gefunden haben.[159] Eine dem § 238 II FamFG vergleichbare Präklusion besteht nicht. Richtet sich das Abänderungsbegehren gegen einen Vergleich, ist, da die Beteiligten sich durch die Vereinbarung gebunden haben, immer die Darlegung von nachträglichen Änderungen der maßgebenden Verhältnisse zu verlangen.

Einer Abänderung im Rahmen eines Abänderungsverfahrens nach § 238 FamFG ist eine einstweilige Anordnung schon deshalb nicht zugänglich, weil ein solches Verfahren nach der gegenüber der alten Rechtslage klarstellenden Formulierung in § 238 I FamFG nur für eine **in der Hauptsache** ergangene Endentscheidung vorgesehen ist. Das gilt auch für einen Vergleich, der eine einstweilige Anordnung ersetzt.[160] Ein Abänderungsantrag des Unterhaltsberechtigten kann eventuell in einen Leistungsantrag umgedeutet werden.[161] Haben die Beteiligten im Verfahren der einstweiligen Anordnung einen Vergleich geschlossen, kann der zunächst auf § 239 FamFG gestützte Abänderungsantrag in einen aus § 54 FamFG abzuleitenden Abänderungsantrag entsprechend § 140 BGB umgedeutet werden, wenn es den Beteiligten ersichtlich darauf ankam, mit dem Vergleich lediglich das einstweilige Anordnungsverfahren zu erledigen.[162]

429 **bb) Das Fristsetzungsverfahren.** Neben der nur in verfahrensrechtlich engen Grenzen möglichen Abänderung einer Endentscheidung im Anordnungsverfahren regelt § 52 FamFG erstmalig in einem formalisierten und an die Vorgaben von § 926 ZPO für die sonstigen Zivilsachen angelehnten Verfahren die Voraussetzungen für die **Aufhebung einer einstweiligen Anordnung.** Auch hierüber ist der Beteiligte gleichzeitig mit der ihn belastenden Anordnung gemäß § 39 FamFG zu belehren.[163] Nach bisherigem Recht (§§ 620a, 644 ZPO aF) war ein Anordnungsverfahren nur parallel zur Anhängigkeit einer Ehesache, zu einem Antrag auf Bewilligung von Prozesskostenhilfe hierfür oder zu einer deckungsgleichen Hauptsache statthaft. Die entsprechende Akzessorietät hat das FamFG nicht übernommen (§ 51 III 1 FamFG). Dem liegt die gesetzgeberische Erwägung zugrunde, dass ein Hauptsacheverfahren in aller Regel überflüssig sein soll, sofern die Beteiligten mit einer einstweiligen Regelung zufrieden sind.[164] Gleichwohl soll ein Hauptsacheverfahren gewährleistet sein, wenn der hiervon betroffene Beteiligte dies „wünscht".

In Unterhaltssachen, soweit sie Familienstreitsachen sind (§ 112 Nr. 1 FamFG), hat deshalb das Gericht gemäß § 52 II 1 FamFG auf **Antrag** des durch die einstweilige Anordnung **beschwerten Beteiligten** anzuordnen, dass der Gegner binnen einer Frist,

---

[157] BGH FamRZ 2018, 1343 Rn. 16.
[158] Zöller/Feskorn FamFG § 54 Rn. 4 mwN.
[159] Ebert Rn. 157.
[160] BGH FamRZ 1991, 1175.
[161] BGH FamRZ 1983, 892.
[162] BGH FamRZ 2018, 1343 Rn. 17.
[163] BT-Drs. 16/6308, 201.
[164] BT-Drs. 16/6308, 201.

3. Abschnitt: Vorläufige Regelung und Sicherung von Unterhaltsansprüchen § 10

die drei Monate nicht übersteigen darf, entweder einen Antrag auf Einleitung eines Hauptsacheverfahrens oder zumindest für ein solches Verfahren einen Antrag auf **Bewilligung von Verfahrenskostenhilfe** stellt. Der Antrag kann schriftlich oder zu Protokoll der Geschäftsstelle ohne anwaltliche Mitwirkung gestellt werden. Zuständig ist das Gericht, das die einstweilige Anordnung erlassen hat, und zwar auch dann, wenn sich die eine **Zuständigkeit** für das Hauptsacheverfahren begründenden Verhältnisse nach Erlass der einstweiligen Anordnung verändert haben. Ein anderes gilt allerdings dann, wenn nach Erlass der Anordnung eine **Ehesache** anhängig geworden ist. Die Zuständigkeitskonzentration des § 233 FamFG zieht dann auch die Zuständigkeit für das Fristsetzungsverfahren nach sich.[165]

Der Antrag im **Fristsetzungsverfahren** kann bereits mit dem Antrag auf Zurückweisung im Anordnungsverfahren angebracht werden,[166] gegebenenfalls auch als Hilfsantrag.[167] Einer anwaltlichen Mitwirkung bedarf es nicht, da das Fristsetzungsverfahren noch Teil des einstweiligen Rechtsschutzes darstellt, der dem **Anwaltszwang** nicht unterliegt (§ 114 IV Nr. 1 FamFG). Funktional besteht für das Familiengericht eine richterliche Zuständigkeit. Die Vorschrift des § 20 Nr. 14 RpflG findet auch keine entsprechende Anwendung.[168] Die für den Antrag **notwendige Beschwer** fehlt oder entfällt, wenn die einstweilige Anordnung aufgehoben (§ 54 FamFG) oder außer Kraft (§ 56 FamFG) getreten ist. Das Verfahren ist überdies unstatthaft, wenn ein Hauptsacheverfahren bereits rechtshängig ist.[169] Die Fristsetzung, die drei Monate nicht überschreiten darf, richtet sich im Übrigen nach den **Umständen des Einzelfalls**,[170] dürfte aber in streitigen Unterhaltssachen in der Regel weniger als **einen Monat** betragen. Hierbei ist zu bedenken, dass, sofern die einstweilige Anordnung gemäß § 246 II FamFG auf Grund mündlicher Verhandlung ergeht, eine Abänderung (§ 54 I FamFG) praktisch ausgeschlossen ist, mithin auch ein Vollstreckungsschutz nach § 55 FamFG ausscheidet. Allein der Antrag nach § 52 II FamFG eröffnet ihn nicht. Örtlich zuständig für die Fristsetzung ist das nach § 54 III FamFG berufene Gericht, das nach fakultativer mündlichen Verhandlung durch **Beschluss** entscheidet (§ 38 FamFG). Eine Kostenentscheidung ist nicht veranlasst, da Kosten nicht anfallen.

Die Entscheidung unterliegt **keiner Anfechtung,** und zwar unabhängig davon, ob das Familiengericht dem Fristsetzungsantrag stattgibt[171] oder – aus welchen Gründen auch immer – den Antrag ablehnt.[172] Das Gesetz sieht in § 52 FamFG im Unterschied zur Aufhebung der Anordnung im Fall des § 56 FamFG keine Regelung vor, so dass davon auszugehen ist, dass dies dem hinreichend erklärten Willen des Gesetzgebers, der im Übrigen eingehende Regelungen zur Anfechtung im Verfahren der einstweiligen Anordnung abschließend getroffen hat (§§ 55 I 2; 56 III 2, 57 FamFG), entspricht. Es besteht hiernach auch kein Freiraum für Analogien, so dass weder der Ansicht gefolgt werden kann, die jedenfalls im Fall des ablehnenden Beschlusses die Anfechtung (§ 58 FamFG) ermöglichen will,[173] noch der Meinung beizutreten ist, die auf eine entsprechende Anwendung der sofortigen Beschwerde (§ 567 I Nr. 2 ZPO) abstellen will.[174] Soweit diese Auffassungen auf eine Parallele zu § 926 ZPO abstellen wollen, ist dem entgegenzuhalten, dass der Gesetzgeber durch § 57 FamFG den Umfang möglicher Anfechtungen für den Bereich des einstweiligen Rechtsschutzes im FamFG erklärtermaßen hat begrenzen wollen. Der durch die einstweilige Anordnung beschwerte Unterhaltspflichtige wird dadurch im Ergebnis auch nicht rechtlos gestellt, da ihm unabhängig von einem Abänderungsverfahren

430

---

[165] Musielak/Borth FamFG § 52 Rn. 2.
[166] Bork/Jacoby/Schwab/Löhnig/Heiß FamFG § 52 Rn. 14.
[167] Löhnig/Heiß FamRZ 2009, 1101 (1105); a. A. Gießler/Soyka Rn. 65.
[168] OLG Frankfurt FamRZ 2018, 519.
[169] Seiler in Thomas/Putzo FamFG § 52 Rn. 5.
[170] BT-Drs. 16/6308, 201.
[171] OLG Brandenburg FamRZ 2017, 1248.
[172] OLG Frankfurt FamRZ 2018, 519.
[173] OLG Stuttgart FamRZ 2015, 2078.
[174] OLG Karlsruhe FamRZ 2011, 571.

nach § 54 FamFG die Möglichkeit verbleibt, mit einem **negativen Festellungsantrag** (→ Rn. 438)[175] in einem ordentliche Streitverfahren eine rechtskräftige Klärung der Unterhaltsverhältnisse und damit das mit einem Fristsetzungsverfahren verfolgte Ziel zu erzwingen.[176]

Auch wenn die Entscheidung über die Fristsetzung keiner Anfechtung unterliegt, kann das Familiengericht auf Antrag des beschwerten Beteiligten seine Entscheidung über die Fristbestimmung ändern, wenn erhebliche Gründe glaubhaft gemacht werden (§ 224 II ZPO). Die Frist beginnt, wenn nicht das Gericht einen bestimmten Zeitpunkt ausdrücklich festlegt, was sich bei in Betracht kommenden Zustellungsverzögerungen aber aufdrängt, mit Zustellung der Entscheidung über die Fristbestimmung (§ 329 II 2 ZPO).

431 Die **Fristsetzung** unterscheidet alternativ zwischen der Einleitung des Hauptsacheverfahrens und einem hierauf zielenden Antrag auf Verfahrenskostenhilfe. Die Unterscheidung stellt dadurch auch sicher, dass der mit der Fristsetzung belastete Beteiligte nicht schon vor dem Hintergrund seiner Bedürftigkeit mit dem Fristablauf seinen einstweiligen Rechtsschutz verliert. Er muss allerdings innerhalb der Frist dem Gericht die gebotenen Nachweise führen, um seine Bedürftigkeit glaubhaft zu machen. Das Gericht wird deshalb **beide Alternativen** in die Fristsetzung aufnehmen, und zwar selbst dann, wenn der durch die einstweilige Anordnung belastete Unterhaltspflichtige mit seinem Fristsetzungsantrag lediglich auf die Einleitung des Hauptsacheverfahrens abstellt. Soweit dem entgegengehalten wird, die Fristsetzung sei zwingend auf die Einleitung des Hauptsacheverfahrens zu begrenzen, da auf das Gesuch um die Bewilligung von Verfahrenskostenhilfe keine Sachentscheidung ergehe,[177] stehen solchen Erwägungen der Wortlaut und die Zielrichtung der Vorschrift entgegen.

432 cc) **Das Aufhebungsverfahren.** Für das sich anschließende, dem Anwaltszwang nicht unterliegende (§ 114 IV Nr. 1 FamFG) **Aufhebungsverfahren** gibt § 52 II 3 FamFG lediglich vor, dass die einstweilige Anordnung, sofern der Fristsetzung nicht Folge geleistet wird, aufzuheben ist. Verfahrensrechtlich müssen zunächst weiter die Voraussetzungen des Fristsetzungsverfahrens erfüllt sein. Dem steht etwa ein laufender Abänderungsantrags nach § 54 FamFG nicht entgegen. Zusätzlich hängt das Verfahren ab von einer wirksamen Fristsetzung und dem glaubhaft gemachten Fristablauf ab. In diesem Fall ist die einstweilige Anordnung aufzuheben, und zwar vollständig, dh mit **Rückwirkung**.[178] Gleichzeitig ist der Antrag auf Erlass einer einstweiligen Anordnung abzuweisen, selbst wenn dies nicht ausdrücklich beantragt wird. Die Aufhebungsentscheidung soll das gesamte Verfahren der einstweiligen Anordnung aus **formellen Gründen** „kassieren".[179]

Maßgebend für die Fristwahrung ist der rechtzeitige Eingang beim Gericht der Hauptsache (§ 113 I 2 FamFG iVm § 167 ZPO). Die Einreichung einer Antragsschrift bei einem unzuständigen Gericht genügt zur Fristwahrung nicht. Die Frist soll, wie vertreten wird,[180] auch dann versäumt sein, wenn der Antragsteller zwar rechtzeitig ein vollständiges und prüffähiges Gesuch um die Bewilligung von Verfahrenskostenhilfe für ein Hauptsacheverfahren bei dem zuständigen Gericht eingereicht hat, allerdings nach bestandskräftiger Versagung von Verfahrenskostenhilfe nicht unverzüglich den Antrag auf **Einleitung des Hauptsacheverfahrens** stellt. Dieser Ansicht ist nicht zu folgen. Gelingt es dem durch die Fristsetzung belasteten Antragsteller, innerhalb der Frist **entweder** das Hauptsacheverfahren einzuleiten **oder** die Voraussetzungen für eine Entscheidung über das darauf zielende **Verfahrenskostenhilfegesuch** zu schaffen, ist für eine Aufhebungsentscheidung nach § 52 II 3 FamFG bereits kein Raum mehr. Ohne Belang bleibt deshalb für die Fristwahrung, ob nach Versagung von Verfahrenskostenhilfe noch nachfolgend ein Kostenvorschusses für die Einleitung eines Hauptsacheverfahrens eingezahlt wird.[181] Der verfahrens-

---

[175] OLG Hamm FamRZ 2017, 724.
[176] BGH FamRZ 2018, 1343 Rn. 16; OLG Jena FamRZ 2012, 54.
[177] MüKoFamFG/Soyka § 52 Rn. 12.
[178] Dose/Kraft, Einstweiliger Rechtsschutz, Rn. 335.
[179] Musielak/Borth FamFG § 52 Rn. 13.
[180] Keidel/Giers FamFG § 52 Rn. 10a; Gießler/Soyka Rn. 150.
[181] So aber Keidel/Giers FamFG § 52 Rn. 2.

rechtliche Fortbestand der einstweiligen Anordnung bleibt davon wegen der durch das Verfahrenskostenhilfegesuch gewährten Frist unberührt.

Für eine rein verfahrensrechtliche Aufhebung der einstweiligen Anordnung besteht im Übrigen auch keine Notwendigkeit aus Sicht des durch die einstweilige Anordnung beschwerten Beteiligten. Wird nämlich der Antrag im Hauptsacheverfahren rechtskräftig abgewiesen, tritt die einstweilige Anordnung außer Kraft (§ 56 II Nr. 2 FamFG). Wird dem Antragsteller die nachgesuchte Verfahrenskostenhilfe für das Hauptsacheverfahren bestandskräftig versagt, kann der Gegner die Aufhebung im Rahmen eines Abänderungsverfahrens (§ 54 FamFG) durchsetzen und zu deren Sicherung Vollstreckungsschutz (§ 55 FamFG) in Anspruch nehmen.

Die Regelung in § 52 II 3 FamFG enthält keinen Hinweis darauf, ob das Aufhebungsverfahren, obwohl es hier die Familienstreitsachen (§ 112 Nr. 1 FamFG) betrifft, von Amts wegen oder nur **auf Antrag** des belasteten Beteiligten zu betreiben und abzuschließen ist. Allerdings soll das Verfahren zur Einleitung des Hauptsacheverfahrens nach dem Willen des Gesetzgebers mit der Abschaffung der Akzessorietät und der Verselbständigung des Anordnungsverfahrens den Bedürfnissen von Verfahrensbeteiligten Rechnung tragen, soweit diese mit besseren Erkenntnismöglichkeiten ein Hauptsacheverfahren „wünschen".[182] Dies spricht dafür, auch den weiteren Gang des Aufhebungsverfahrens von der Disposition des belasteten Beteiligten und damit einem entsprechenden Antrag abhängig zu machen.[183] Der von der Gegenmeinung[184] bemühte Hinweis, die einstweilige Anordnung sei „zwingend" aufzuheben, besagt lediglich, dass bei der Aufhebung kein Spielraum für die gerichtliche Entscheidung besteht. Auch die Regelung in § 926 II ZPO, die der Gesetzgeber als Vorbild herangezogen hat, macht die zulässige Aufhebung der Entscheidung von einem Antrag der belasteten Partei abhängig.[185] Zwischen dem Anordnungsverfahren und dem nachfolgenden Hauptsacheverfahren muss **Identität**[186] bestehen. Dies ist dann der Fall, wenn das Hauptsacheverfahren zur Überprüfung der Rechtmäßigkeit der einstweiligen Anordnung führt. Besteht nur Teilidentität, führt dies zur **Teilaufhebung.**[187]

Über den Aufhebungsantrag entscheidet das Gericht nach Anhörung des Gegners[188] durch begründeten Beschluss (§§ 116, 38 FamFG). Als Entscheidungen in Betracht kommen die Aufhebung der einstweiligen Anordnung und die Zurückweisung des Aufhebungsantrags. Damit stellt sich zugleich die Frage nach einer Anfechtung, die der Gesetzgeber nach der Gesetzesbegründung dahin beantwortet wissen will, dass die Entscheidung, jedenfalls soweit die einstweilige Anordnung aufgehoben wird, **keiner Anfechtung** unterliegt.[189] Auch wenn nicht zu übersehen ist, dass dem Gesetzgeber für die Regelungen in § 52 FamFG die Vorschrift des § 926 ZPO als Vorbild gedient hat, die eine Anfechtung des über die Aufhebung zu treffenden Endurteils erklärtermaßen vorsieht, muss § 52 FamFG vorrangig im Kontext der weiteren Vorschriften des hier in Rede stehenden einstweiligen Rechtsschutzes gesehen werden, der zum einen nur in besonderen Fällen (§ 56 FamFG) ausdrücklich die Anfechtung vorsieht sowie durch § 57 S. 1 FamFG im Übrigen die Anfechtungsmöglichkeiten begrenzt und in Fällen von **unterhaltsrechtlichen Streitigkeiten** vollständig ausschließt. Daraus folgt richtigerweise, dass die Entscheidungen im Aufhebungsverfahren keiner Anfechtung unterliegen, und zwar unabhängig davon, ob das Familiengericht den Antrag auf Aufhebung abgewiesen[190] oder ihm stattgegeben[191] hat. Der durch die einstweilige Anordnung beschwerte Unterhaltspflichtige ist dadurch auch nicht rechtlos gestellt, da er durch einen negativen Feststellungsantrag in

---

[182] BT-Drs. 16/6308, 201.
[183] Dose/Kraft, Einstweiliger Rechtsschutz, Rn. 335; Keidel/Giers FamFG § 52 Rn. 10; Johannsen/Henrich/Büte FamFG § 52 Rn. 8.
[184] Haußleiter FamFG § 52 Rn. 10; Seiler in: Thomas/Putzo FamFG § 52 Rn. 8.
[185] Keidel/Giers FamFG § 52 Rn. 10.
[186] Johannsen/Henrich/Büte FamFG § 52 Rn. 8.
[187] Schulte-Bunert/Weinreich/Schwonberg FamFG § 52 Rn. 14.
[188] OLG Zweibrücken FamRZ 2013, 238.
[189] BT-Drs. 16/6308, 201.
[190] OLG Zweibrücken FamRZ 2013, 238.
[191] OLG Hamburg FamRZ 2013, 482.

einem Hauptsacheverfahren eine der materiellen Rechtskraft fähige Entscheidung und dadurch ein Außerkrafttreten der einstweiligen Anordnung (§ 56 I und III FamFG) herbeiführen kann.

Kommt es zur Aufhebung der einstweiligen Anordnung, ist zugleich über die gesamten **Kosten** des Anordnungsverfahrens zu bestimmen. Vor dem Hintergrund seiner verfahrensbezogenen Untätigkeit hat der Antragsteller in diesem Fall gemäß § 243 FamFG in der Regel die gesamten Kosten des Verfahrens zu tragen. Eine anderweitige Kostenverteilung kommt allerdings dann in Betracht, wenn er die einstweilige Anordnung zunächst berechtigterweise erstritten hatte. Nach Aufhebung der einstweiligen Anordnung wegen Fristversäumung kann der unterhaltsberechtigte Beteiligte mit Aussicht auf Erfolg nur unter den Voraussetzungen von § 54 FamFG erneut einstweiligen Rechtsschutz anstreben.

435 dd) **Rechtsmittelausschluss und Korrekturmöglichkeiten.** Die Endentscheidungen in den durch §§ 232 I, 269 I Nr. 8 und 9 FamFG erfassten Unterhaltssachen unterliegen im Übrigen im einstweiligen Anordnungsverfahren **keiner Anfechtung** durch ein ordentliches Rechtsmittel. Die Regelung erscheint auch aus verfassungsrechtlicher Sicht unbedenklich, da für den beschwerten Beteiligten abgesehen von verschiedenen Rechtsbehelfen mit dem Hauptsacheverfahren eine Korrekturmöglichkeit offen steht, die über die vorläufigen Maßnahmen hinaus eine der Rechtslage entsprechende Endentscheidung im ordentlichen Streitverfahren sicherstellt. Die Vorschrift übernimmt insoweit die bisherigen Rechtslage aus § 620c S. 2 ZPO aF Dieser lag die Erwägung zugrunde, dass Maßnahmen im Anordnungsverfahrens Rechtsfrieden während der Dauer der Ehesache schaffen sollten, dem aber die – auch wiederholte – Befassung der Instanzgerichte mit vorläufigen Maßnahmen nicht dienlich sein konnte. Sie förderte darüber hinaus das Ziel, im Rahmen eines summarischen Verfahrens alsbald eine abschließende Regelung herbeizuführen. Allerdings hat dies die Rechtspraxis in der Vergangenheit in Fällen so genannter greifbarer Gesetzwidrigkeit[192] nicht gehindert, gestützt auf eine „außerordentliche sofortige Beschwerde" erstinstanzliche Entscheidungen in der Sache zu korrigieren. Indessen dürfte dies bei Beachtung des verfassungsrechtlichen **Gebots der Rechtsmittelklarheit** nicht zulässig sein.[193] Die Rechtspraxis trägt dem im Zuge entsprechender Klarstellung durch das BVerfG in der Weise Rechnung, dass zunehmend durch die „Gehörsrüge" nach § 321a ZPO auch die Fälle erfasst werden, für die sie in der Vergangenheit eine „außerordentliche sofortige Beschwerde" bemüht hat.[194] Ein – im Kontext der Rechtsbehelfe des Anordnungsverfahrens bedenkliches – weites Verständnis dieser Vorschrift will hierbei auch „so genannte Pannenfälle, Präklusionsfälle und Hinweisfälle" erfassen.[195]

436 Unberührt von dem Ausschluss der Anfechtbarkeit bleibt die instanzinterne Fortführung des Verfahrens infolge einer **Anhörungsrüge** (§§ 51 II 1, 113 I 2 FamFG iVm § 321a ZPO).[196] Diese kommt nur in Betracht, wenn Korrekturmöglichkeiten nach § 54 FamFG ausscheiden. Der Antrag nach § 52 II FamFG steht der Anhörungsrüge allerdings nicht entgegen, die innerhalb von zwei Wochen nach Kenntniserlangung der Anfechtungsgründe zu erheben ist. Maßgebend ist positive Kenntnis.[197] Der Zeitpunkt der Kenntniserlangung ist glaubhaft zu machen. Die schriftlich zu erhebende Rüge muss die Umstände ausführen,[198] aus denen sich die Verletzung des **Anspruchs auf rechtliches Gehör** herleiten lassen soll, und die **Entscheidungserheblichkeit** darlegen. Dabei ist neuer Sachvortrag unzulässig.[199] Die Rüge ist als unzulässig zu verwerfen, wenn die Rüge die Form- und Fristerfordernisse nicht erfüllt. Ist sie nicht begründet, erfolgt die Zurückweisung. Ansonsten entscheidet das Gericht in der Sache, wobei sich die weitere Behandlung und die Begründung der Entscheidung im Anordnungsverfahren neben einer weiteren Bezugnah-

---

[192] Vgl. Keidel/Meyer-Holz FamFG Anh. § 58 Rn. 56.
[193] BVerfG NJW 2003, 1924; BGH FamRZ 2007, 1315; 2007, 1463.
[194] OLG Zweibrücken FamRZ 2006, 555.
[195] OLG Köln FamRZ 2005, 2075.
[196] BT-Drs. 16/6308, 202.
[197] BAG NJW 2006, 1029.
[198] BayObLG FamRZ 2005, 917.
[199] BGH FamRZ 2007, 1463.

3. Abschnitt: Vorläufige Regelung und Sicherung von Unterhaltsansprüchen § 10

me auf den beanstandeten Beschluss auf den Verstoß gegen das rechtliche Gehör beschränken können (zur Anhörungsrüge → Rn. 623–633).[200]

Die Unanfechtbarkeit von Entscheidungen im Verfahren der einstweiligen Anordnung (§ 57 S. 1 FamFG) in Unterhaltssachen wirkt sich auch auf die der Hauptsache vorangehenden oder nachfolgenden **Nebenentscheidungen** aus. Dies gilt zunächst und vorwiegend für die **Versagung** von **Verfahrenskostenhilfe,** die im Zusammenhang mit einem Hauptsacheverfahren mit der sofortigen Beschwerde (§§ 127, 569 ff. ZPO) angefochten werden kann. Insbesondere der Grundsatz, wonach der Rechtsschutz in Nebenverfahren nicht weiter gehen kann als der in der Hauptsache, verdrängt hier durch § 57 S. 1 FamFG die allgemeine Beschwerdemöglichkeit.[201] Er stellt zudem die Vermeidung widersprechender Entscheidungen zwischen Instanz- und Rechtsmittelgericht sicher.[202] Ebenso unanfechtbar im Kontext von § 57 S. 1 FamFG sind selbständige **Kostenentscheidungen.**[203] Dem gegenüber gelten die Rechtsmittelbeschränkungen nicht, da es sich hierbei um andere Entscheidungsgegenstände handelt, für die Festsetzung des **Verfahrenswertes**[204] wie auch im **Kostenfestsetzungsverfahren.**[205]

ee) Weitere Rechtsverfolgung durch den Unterhaltsberechtigten. Der Unterhaltsberechtigte kann jederzeit und unabhängig von dem Umfang seines Erfolges im einstweiligen Rechtsschutzverfahren durch einen Leistungsantrag ein Hauptsacheverfahren einleiten (§ 113 I 2 FamFG iVm § 253 ZPO), um in einem ordentlichen Streitverfahren eine rechtskräftige Feststellung seines Unterhaltsanspruchs zu erwirken.[206] 437

ff) Weitere Rechtsverfolgung durch den Unterhaltspflichtigen. Der Unterhaltspflichtige kann jederzeit durch **negativen Feststellungsantrag** (§ 113 I 2 FamFG iVm § 256 ZPO) den vom Unterhaltsberechtigten behaupteten und/oder durch einstweilige Anordnung vorläufig geregelten Unterhaltsanspruch klären lassen,[207] insbesondere wenn es um die wirtschaftlichen Verhältnisse geht,[208] und zwar auch für die Zeit vor Rechtshängigkeit des Feststellungsantrages oder vor Verzug des Unterhaltsberechtigten mit einem Verzicht auf seine Rechte aus der einstweiligen Anordnung.[209] 438

Allerdings wurde, nachdem der Unterhaltspflichtige mit dem Inkrafttreten des § 52 II FamFG den Unterhaltsberechtigten zur **Einleitung eines Hauptsacheverfahrens** „zwingen" kann, teilweise das notwendige **Feststellungsinteresse** verneint.[210] Nach einer weiteren Ansicht soll jedenfalls die Bewilligung von Verfahrenskostenhilfe für einen Feststellungsantrag mit dem Hinweis auf Mutwilligkeit der Rechtsverfolgung ausscheiden.[211] Indessen dürfte dieser Einschätzung nicht zu folgen sein. Zunächst ist davon auszugehen, dass der Gesetzgeber als Ausgleich für den Verlust der Akzessorietät zwischen dem Anordnungsverfahren und einem Hauptsacheverfahren die Rechte des mit einem vollstreckbaren Unterhaltstitel aus einem nur summarischen Verfahren belasteten Unterhaltspflichtigen stärken wollte. Eine Beschränkung auf das Antragsrecht aus § 52 II FamFG müsste allerdings auf das Gegenteil hinauslaufen. So wäre der Unterhaltspflichtige in diesem Verfahren weiterhin der Vollstreckung aus dem Titel ausgesetzt, da ein Vollstreckungsschutz nach § 55 FamFG ebenso ausscheidet wie – im Regelfall – ein Abänderungsverfahren nach mündlicher Verhandlung (§§ 54, 246 FamFG). Überdies besteht die Gefahr, dass der Unterhaltsberechtigte durch Fristverlängerungsanträge (§ 224 II ZPO) die Einleitung des

---

[200] Dose/Kraft, Einstweiliger Rechtsschutz, Rn. 349.
[201] OLG Saarbrücken FamRZ 2010, 1829; OLG Hamm FamRZ 2010, 1467.
[202] BGH FamRZ 2005, 790.
[203] OLG Koblenz FamRZ 2018, 50; OLG Naumburg FamRZ 2014, 59; OLG Düsseldorf FamRZ 2011, 496 (497); OLG Naumburg FamRZ 2007, 1035.
[204] OLG Koblenz FamRZ 2018, 50.
[205] Musielak/Borth FamFG § 57 Rn. 35.
[206] BGH FamRZ 1984, 767; OLG Zweibrücken FamRZ 2000, 1288.
[207] BGH FamRZ 2018, 1343 Rn. 16.
[208] Vgl. BGH FamRZ 1984, 356; FamRZ 1984, 769.
[209] BGH FamRZ 1989, 850.
[210] MüKoFamFG/Soyka § 56 Rn. 3; Hüßtege in Thomas/Putzo (35. Aufl.) FamFG § 246 Rn. 9; FA-FamR/Gerhardt, 9. Aufl., Kap. 6 Rn. 896; Prütting/Helms/Dürbeck FamFG § 52 Rn. 5.
[211] Gießler/Soyka Rn. 124.

Hauptsacheverfahrens hinauszögert. Auch das Fristsetzungsverfahren nach § 926 ZPO, das dem Gesetzgeber als Vorbild für die Einführung des Fristsetzungsverfahrens nach § 52 II FamFG gedient hat,[212] steht dem Rechtschutzinteresse für eine negative Feststellungsklage in der Hauptsache nicht entgegen.[213] Schließlich folgt aus seiner Stellung als Rechtssubjekt die Befugnis des Unterhaltspflichtigen, sich aktiv und effektiv gegen einen Vollstreckungstitel zur Wehr zu setzen, wie dies auch sonst bei einem rechtskräftigen Unterhaltstitel der Fall ist, zumal es für den Unterhaltsberechtigten unter dem Schutz des § 818 III BGB von untergeordneter Bedeutung bleiben dürfte, dass die titulierte Zahlungsverpflichtung lediglich auf einer vorläufigen Regelung beruht.[214]

439 Dieses Recht des Unterhaltspflichtigen stellt auch weiterhin der negative Feststellungsantrag (§ 256 ZPO) sicher. Bereits die Einreichung eines Verfahrenskostenhilfegesuchs zur Durchführung eines entsprechenden Streitverfahrens ermöglicht die Einstellung der Zwangsvollstreckung (§ 242 FamFG),[215] da auch dieses Streitverfahren auf die Herabsetzung oder Beseitigung des titulierten Unterhalts gerichtet ist. Zudem kann der Unterhaltspflichtige auf diesem Wege seine Rechte auch deshalb wahren, weil bereits die Rechtshängigkeit des Feststellungsantrages richtiger Ansicht nach die verschärfte Haftung (§ 241 FamFG iVm § 818 IV BGB) bei der Rückzahlung der auf die einstweilige Anordnung geleisteten Unterhaltsbeträge auslöst.[216] Da hiernach nichts dafür ersichtlich ist, dass der Unterhaltspflichtige im Verfahren nach § 52 II FamFG auf einfacherem und schnellerem Weg seine schutzwürdigen Interessen effektiv wahren kann,[217] muss es seinem **Wahlrecht**[218] vorbehalten bleiben, ob er sich für einen Antrag nach § 52 II FamFG oder für einen negativen Feststellungsantrag im Streitverfahren entscheidet.[219] Zulässigkeitsvoraussetzung ist jedoch – wie bei jedem negativen Feststellungsantrag – ein „**Berühmen**" des Unterhaltsberechtigten, das sich auch aus den Umständen ergeben kann, nicht jedoch im Allgemeinen aus bloßem Schweigen oder passivem Verhalten. Reagiert der Unterhaltsberechtigte nach zweimaliger Ablehnung einer einstweiligen Anordnung und zwischenzeitlicher Scheidung nicht auf eine Aufforderung des Unterhaltspflichtigen, auf Trennungsunterhalt zu verzichten, liegt darin kein „Berühmen".[220]

440 Das für den negativen Feststellungsantrag notwendige **Feststellungsinteresse** fehlt oder entfällt, sofern und soweit Rückzahlung des verpflichtungsgemäß gezahlten Unterhalts verlangt werden kann.[221] Dies ist ferner der Fall, wenn der Unterhaltsberechtigte seinerseits bereits einen Leistungsantrag auf weitergehenden Unterhalt gestellt hat, der den gleichen Streitgegenstand betrifft.[222] Mit dem Feststellungsantrag ist anzugeben, für welchen Unterhaltszeitraum **kein** Unterhalt geschuldet werden soll. Die Beweislast beurteilt sich ungeachtet der gewählten Verfahrensart nach dem **materiellen Recht.** Demgemäß trifft den Unterhaltsberechtigten auch in seiner Eigenschaft als Antragsgegner des negativen Feststellungsantrages die **Darlegungs- und Beweislast** für seine Unterhaltsberechtigung, den Bedarf und für seine Bedürftigkeit. Gelingt ihm dies nicht, ist dem negativen Feststellungsantrag stattzugeben. Mit der Rechtskraft tritt die einstweilige Anordnung auf Unterhalt außer Kraft.[223]

441 Der Unterhaltspflichtige kann gegen eine einstweilige Unterhaltsanordnung ein **Vollstreckungsabwehrverfahren** (§ 120 I FamFG iVm § 767 ZPO) betreiben,[224] wenn er

---

[212] BT-Drs. 16/6308, 201.
[213] BGH NJW 1986, 1815.
[214] OLG Stuttgart FamRZ 2015, 489 (490).
[215] Keidel/Meyer-Holz FamFG § 242 Rn. 17; Musielak/Borth FamFG § 242 Rn. 2.
[216] OLG Hamm FamRZ 2017, 724; Keidel/Meyer-Holz FamFG § 241 Rn. 4; Musielak/Borth FamFG § 241 Rn. 4; a. A. Hüßtege in Thomas/Putzo § 241 Rn. 1 mwN.
[217] So aber Götsche/Viefhues ZFE 2009, 124 (130).
[218] OLG Hamm FamRZ 2017, 724; OLG Frankfurt NJW-RR 2015, 326;.
[219] Keidel/Giers FamFG § 246 Rn. 8; Johannsen/Henrich/Maier vor §§ 246–248 FamFG Rn. 9; Dose/Kraft, Einstweiliger Rechtsschutz, Rn. 486.
[220] Vgl. BGH FamRZ 1995, 725.
[221] OLG Düsseldorf FamRZ 1997, 824; OLG Frankfurt FamRZ 1991, 1210 (1211).
[222] OLG Köln FamRZ 2004, 39; OLG Brandenburg FamRZ 1999, 1210.
[223] BGH FamRZ 2000, 751; 1991, 180.
[224] Johannsen/Henrich/Maier FamFG vor §§ 246–248 Rn. 10; Keidel/Giers FamFG § 246 Rn. 10.

nachträglich entstandene rechtshemmende oder rechtsvernichtende Einwendungen geltend machen will, zB Erfüllung.[225] Entsprechend § 767 II ZPO können mit dem Vollstreckungsabwehrantrag jedoch nur Umstände geltend gemacht werden, die nicht schon vor Erlass der Entscheidung vorgebracht werden konnten.[226] Dem Vollstreckungsabwehrantrag steht nicht entgegen, dass der Unterhaltspflichtige mit seinen Einwendungen auch in einem **Abänderungsverfahren** (§ 54 FamFG) vorgehen könnte. Ihm steht insoweit ein **Wahlrecht** zu, wonach es seiner Entscheidung obliegt, ob er die einstweilige Anordnung insgesamt oder nur deren Vollstreckbarkeit beseitigen will.[227] Das Rechtsschutzbedürfnis für einen Vollstreckungsabwehrantrag ist allerdings dann zu verneinen, wenn der Unterhaltspflichtige das Außerkrafttreten der einstweiligen Anordnung auf Zahlung von Unterhalt im Beschlusswege (§ 56 III 1 FamFG) erreichen kann.[228] Bei der entsprechenden Anwendung des § 767 ZPO ist davon auszugehen, dass ein Anspruch in dem titulierten Umfang bestanden hat.[229]

Das gilt auch, soweit die einstweilige Anordnung über § 56 FamFG den nachehelichen Unterhalt regelt.[230] Der Vollstreckungsabwehrantrag ist also nicht schon mit der Begründung erfolgreich, die einstweilige Anordnung erfasse nur den Trennungsunterhalt, der mit Rechtskraft der Scheidung auf Grund der Nichtidentität von Trennungsunterhalt und nachehelichem Unterhalt[231] entfallen sei.

442 Ist der Unterhaltspflichtige seiner Zahlungsverpflichtung aus der einstweiligen Anordnung nachgekommen oder betreibt der Unterhaltsberechtigte mangels Vollstreckungsschutz mit Erfolg die **Zwangsvollstreckung,** scheidet ein Feststellungsantrag wegen Fehlens eines Feststellungsinteresses aus. Seine weiteren Rechte wahrnehmen kann der Unterhaltspflichtige in diesem Fall allerdings noch mit einem **Bereicherungsantrag (§§ 812 BGB),** der auf Rückzahlung des – vermeintlich – zu Unrecht gezahlten Unterhalts zu richten ist. Dieser Bereicherungsantrag kann ab dem Zeitpunkt zurückdatiert werden, von dem ab kein Unterhalt mehr in voller oder teilweiser Höhe geschuldet war. Einer Beseitigung der **einstweiligen Anordnung** als Fälligkeitsvoraussetzung bedarf es nicht, da die Anordnung als nur vorläufige Entscheidung **keinen Rechtsgrund** für ein Behaltendürfen des Unterhalts darstellt.[232] Der auf Rückzahlung gerichtete Bereicherungsantrag kann mit einem in die Zukunft gerichteten Feststellungsantrag **(Antragshäufung)** verbunden werden, wobei insoweit bereits ein Verfahrenskostenhilfegesuch ausreicht, um die Einstellung der weiteren Zwangsvollstreckung (§ 242 BGB) nach zutreffender Ansicht zu ermöglichen.[233] Bei der Bezifferung des Rückzahlungsantrages, der während des Verfahrens laufend Anpassungen unterliegen kann:, sind, was in der Rechtspraxis nicht selten verkannt wird, die jeweils gezahlten oder vollstreckten Beträge den Zeiträumen aus der einstweiligen Anordnung **spezifiziert zuzuordnen,** so dass eine entsprechende Kongruenz mit dem Titel besteht. Dabei ist maßgebend, für welchen Unterhaltszeitraum und nicht in welchem Zeitraum Zahlungen erfolgt sind **(Für-Prinzip).**

443 Vielfach wird ein Verlangen nach Rückzahlung von Unterhaltsbeträgen aber auch wegen **Wegfalls der Bereicherung** nach § 818 III BGB keinen Erfolg haben. Hier trifft allerdings zunächst den Bereicherten die **Darlegungs- und Beweislast.**[234] Bei Überzahlungen von Unterhalt kommt es für den Wegfall der Bereicherung darauf an, ob der Unterhaltsberechtigte die Beträge restlos für seinen Lebensbedarf verbraucht oder sich noch in seinem Vermögen – auch in Form anderweitiger Ersparnisse, Anschaffungen oder Tilgung eigener Schulden – vorhandene Werte verschafft hat. Hier sieht die Rechtspre-

---

[225] BGH FamRZ 1983, 355; vgl. auch FamRZ 1984, 769 und NJW 1987, 3266.
[226] BGH FamRZ 1985, 51.
[227] Johannsen/Henrich/Maier FamFG vor §§ 246–248 Rn. 10.
[228] OLG Köln FamRZ 1999, 1000.
[229] BGH FamRZ 1983, 355.
[230] BGH FamRZ 1985, 51.
[231] Vgl. dazu BGH FamRZ 1980, 1099.
[232] BGH FamRZ 1991, 1175 (1176); OLG Stuttgart FamRZ 1992, 1195; OLG Bamberg FamRZ 2006, 965.
[233] Keidel/Meyer-Holz FamFG § 242 Rn. 17; Musielak/Borth FamFG § 242 Rn. 2.
[234] BGH FamRZ 2008, 1911 Rn. 70.

chung für den beweisbelasteten Beteiligten Beweiserleichterungen vor. So spricht insbesondere bei **unteren** und **mittleren Einkommen** nach der Lebenserfahrung eine Vermutung dafür, dass das Erhaltene für die Verbesserung des Lebensstandards ausgegeben wurde, ohne dass der Bereicherte einen besonderen Verwendungsnachweis erbringen müsste.[235] Im Übrigen hat der Unterhaltsberechtigte, will er sich auf einen Wegfall der Bereicherung berufen, seine Vermögenslage vor und nach dem Geldempfang prüffähig darzulegen.[236]

444 Eine Berufung auf den Wegfall der Bereicherung versagt ist dem Unterhaltsberechtigten aber dann, wenn er gemäß **§ 818 IV BGB** verschärft haftet. Während nach bisherigem Recht in diesem Zusammenhang die entsprechende Haftung erst mit Erhebung der Bereicherungsklage einsetzte, lässt § 241 FamFG die **Haftungsverschärfung** nunmehr bereits mit der Rechtshängigkeit eines auf Herabsetzung gerichteten Abänderungsantrages eintreten. Allerdings erfasst die Vorschrift zunächst die auf Herabsetzung des titulierten Unterhalts gerichteten Anträge aus §§ 238–240 FamFG, die im Anordnungsverfahren nicht zur Anwendung gelangen. Gleichwohl erscheint zumindest eine entsprechende Anwendung auf einen **negativen Feststellungsantrag** geboten,[237] mit dem sich der Unterhaltspflichtige gegen eine einstweilige Anordnung zur Wehr setzt (→ Rn. 438–440). Zum einen ist auch ein solches Verfahren auf die Beseitigung eines Unterhaltstitels und damit in der Sache auf eine Herabsetzung eines titulierten Unterhalts gerichtet. Das Rechtsschutzziel des auf Herabsetzung antragenden Unterhaltspflichtigen im Fall bereits bezahlter Beträge geht regelmäßig dahin, dies auch zurückzuverlangen.[238] Dasselbe Ziel verfolgt er mit dem durch die Besonderheiten des Anordnungsverfahrens begründeten negativen Feststellungsantrag. Zum anderen ist für den Unterhaltsberechtigten kein weitergehender Vertrauensschutz gerechtfertigt, da für ihn auch bei dem Feststellungsantrag das Anliegen des Unterhaltspflichtigen, die Beträge zurückzuerlangen, offensichtlich ist. Wollte man gleichwohl den negativen Feststellungsantrag aus dem Anwendungsbereich des § 241 FamFG herausnehmen, wäre der Unterhaltspflichtige gezwungen, neben diesem Antrag sofort einen Rückforderungsantrag (Leistungsantrag) zu stellen[239] und damit die Rechtsanwendungspraxis des „zweigleisigen Vorgehens"[240] nach altem Recht fortsetzen, die der Gesetzgeber als nachteilig mit der Regelung des § 241 FamFG hat beseitigen wollen.

445 Eine noch vor Rechtshängigkeit einsetzende Haftung gemäß **§ 819 I BGB** scheidet im Allgemeinen aus, da der Unterhaltsberechtigte – kaum beweisbar – von der Rechtsgrundlosigkeit der festgesetzten Unterhaltsleistungen positive Kenntnis haben muss, und zwar sowohl bezogen auf die maßgebenden Tatsachen als auch auf den fehlenden Rechtsgrund.[241] Die Voraussetzungen für eine verschärfte Haftung nach **§ 820 I BGB** sind schon deshalb nicht erfüllt, weil die Unterhaltszahlung im Anordnungsverfahren in der Regel auf einem staatlichen Hoheitsakt beruht, der einem Rechtsgeschäft nicht gleich steht. Eine abweichende Beurteilung und gegebenenfalls analoge Anwendung der verschärften Bereicherungshaftung erscheint selbst dann nicht gerechtfertigt, wenn die Beteiligten im Anordnungsverfahren einen verfahrensbezogenen Vergleich geschlossen haben. Der Rechtsgrund für die gezahlten Unterhaltsbeträge folgt weiter aus der vertraglich lediglich modifizierten gesetzlichen Unterhaltspflicht. Die Ungewissheit des Erfolgseintrittes im Sinne von § 820 I BGB müsste sich überdies aus dem Inhalt des Rechtsgeschäfts ableiten lassen Dies ist bei den für die gesetzliche Unterhaltsverpflichtung maßgebenden Kriterien (Bedürftigkeit, Leistungsfähigkeit) nicht der Fall.[242] Kommt der Unterhaltspflichtige seiner Zahlungs-

---

[235] BGH FamRZ 2008, 1911 Rn. 70.
[236] OLG Brandenburg FamRZ 2007, 42 (44).
[237] Keidel/Meyer-Holz FamFG § 241 Rn. 4; Musielak/Borth FamFG § 241 Rn. 4; a. A. Seiler in: Thomas/Putzo FamFG § 246 Rn. 9.
[238] BT-Drs. 16/6308, 259.
[239] FA-FamR/Gerhardt, 9. Aufl., Kap. 6 Rn. 839.
[240] BT-Drs. 16/6308, 259.
[241] BGH FamRZ 1998, 951 (952).
[242] BGH FamRZ 1998, 951 (953).

verpflichtung aus der einstweiligen Anordnung nur „unter Vorbehalt" nach, und bringt dies entsprechend zum Ausdruck, scheidet eine analoge Anwendung von § 820 I BGB ebenfalls aus. Der Erklärungswert des Vorbehalts erschöpfte sich in der Regel in der Vermeidung eines Anerkenntnisses und der Wirkungen nach § 814 BGB.[243]

Den Schwierigkeiten, die verfahrens- und materiellrechtlich mit einem auf §§ 812 ff. BGB gestützten Rückzahlungsantrag verbunden sind, kann der Unterhaltpflichtige dadurch ausweichen, dass er dem Unterhaltsberechtigten die zu erbringenden Unterhaltsleistungen als **Darlehen** mit der Abrede anbietet, auf Rückzahlung zu verzichten, sofern in der Hauptsache eine entsprechende Unterhaltsverpflichtung festgestellt wird. Mit dem Darlehensangebot, das der Unterhaltsberechtigte nach Treu und Glauben anzunehmen gehalten ist,[244] entfällt bereits das Regelungsbedürfnis für eine einstweilige Anordnung.[245]

Stellt sich im Hauptsacheverfahren heraus, dass der im Wege der einstweiligen Anordnung titulierte und gezahlte Unterhalt gekürzt wird oder insgesamt wegfällt, führt dies auch zukünftig zu **keinem Schadensersatzanspruch**. Schon nach bisherigem Recht beinhalteten die §§ 620 ff. ZPO aF eine abschließende Regelung des einstweiligen Rechtsschutzes in Unterhaltssachen. Nach dem Willen des Gesetzes sollte das Risiko des Unterhaltsberechtigten bewusst geringgehalten werden, um die Anwendung des einstweiligen Rechtsschutzes zu erleichtern. Diese Absicht würde unterlaufen, wenn man einen Schadensersatzanspruch mangels ausdrücklicher Regelungen auch nur in analoger Anwendung der §§ 717 II, 945 ZPO bejahen wollte.[246] Sein Anliegen, die Anwendung des einstweiligen Rechtsschutzes zu erleichtern und im Verhältnis zum ordentlichen Streitverfahren noch auszudehnen, hat der Gesetzgeber durch die Neuregelungen in §§ 246, 49 ff. FamFG unterstrichen, die wiederum ein abschließendes Regelwerk darstellen, ohne eine Schadensersatzpflicht zu normieren. Überdies hat der Gesetzgeber durch § 119 I 2 FamFG, wonach im Gegenschluss die Vorschrift des § 945 ZPO bei einstweiligen Anordnung in Unterhaltssachen (§ 112 Nr. 1 FamFG) nicht anzuwenden ist, klargestellt, dass eine Ersatzpflicht, sollte die einstweilige Anordnung ganz oder teilweise keinen Bestand haben, ausscheidet und damit die bisherige Rechtspraxis – ebenso für den Sonderfall der einstweiligen Anordnung bei Feststellung der Vaterschaft (§ 248 V 2 FamFG im Verhältnis zu § 641g ZPO aF) – fortgeschrieben.[247] 446

f) Vollstreckung. Einstweilige Anordnungen in den Unterhaltssachen nach § 112 Nr. 1 FamFG werden nach den Vorschriften des Zivilprozessrechts (§ 53 FamFG iVm § 120 FamFG) vollstreckt.[248] Es handelt sich um Endentscheidungen (§ 38 FamFG), die allerdings schon mit Erlass oder Verkündung sofort wirksam und vollziehbar sind. Mangels gegenteiliger Regelung erfordern sie, wie bei Arrest und einstweiliger Verfügung, ihrem Charakter als Eilmaßnahme entsprechend **keine besondere Vollstreckbarerklärung**. Demgemäß bedarf die einstweilige Anordnung auch keiner Wirksamkeitsanordnung nach § 116 III FamFG.[249] Nach überwiegender Auffassung,[250] die sich hierbei auf eine entsprechende Anwendung von § 929 I ZPO berief, bedurfte sie bisher auch keiner Vollstreckungsklausel.[251] Den dieser Frage zugrunde liegenden Streit hat der Gesetzgeber durch die Regelung in § 53 I FamFG nunmehr erledigt, wonach die einstweilige Anordnung einer Vollstreckungsklausel nur bedarf, wenn die Vollstreckung für oder gegen einen anderen als den im Beschluss bezeichneten Beteiligten erfolgen soll. Für auf Zahlung von Unterhalt gerichtete einstweilige Anordnungen ist danach eine Vollstreckungsklausel im Regelfall entbehrlich. Gemäß § 55 I FamFG kann die Vollstreckung einer Unterhaltsanordnung im Kontext von 447

---

[243] BGH FamRZ 1984, 470.
[244] BGH FamRZ 2000, 751 (753); 1992, 1152.
[245] Ebert Rn. 252.
[246] BGH FamRZ 2000, 751 = R 539.
[247] BT-Drs. 16/6308, 226.
[248] BT-Drs. 16/6308, 326.
[249] Keidel/Giers FamFG § 53 Rn. 2.
[250] Dose/Kraft, Einstweiliger Rechtsschutz, Rn. 478.
[251] A. A. OLG Zweibrücken FamRZ 1984, 716 und zuletzt etwa OLG Karlsruhe FamRZ 2008, 291.

Abänderungsverfahren nach § 54 FamFG einstweilen eingestellt werden, und zwar gegebenenfalls auch gegen Sicherheitsleistung (vgl. hierzu § 248 IV FamFG). Die Entscheidung unterliegt, wie § 55 I 2 FamFG allgemein klarstellt, keiner Anfechtung. Mithin scheidet auch ein sogenanntes „außerordentliches Rechtsmittel" aus.

448 Die einstweilige **Einstellung der Zwangsvollstreckung** ist bei einem gegen die einstweilige Anordnung gerichteten Vollstreckungsabwehrantrag (§ 120 I FamFG iVm § 767 ZPO) möglich unmittelbar gemäß § 120 FamFG iVm § 769 ZPO. Bei einem negativen Feststellungsantrag, der über die bloße Beseitigung der Vollstreckbarkeit hinausgeht, kann die einstweilige Einstellung der Zwangsvollstreckung analog § 242 S. 1 FamFG oder, wollte man dem nicht folgen, analog § 120 I FamFG iVm § 769 ZPO verlangt werden. In beiden Fällen (vgl. auch § 242 S. 2 FamFG) ist eine Anfechtung ausgeschlossen.[252] Kommt der Unterhaltsberechtigte mit einem Leistungsantrag im Hauptsacheverfahren seiner Verpflichtung aus § 52 II FamFG nach, kann der Unterhaltspflichtige seinen Abweisungsantrag zulässigerweise mit einen auf § 120 II FamFG iVm §§ 707 I, 719 I ZPO analog gestützten Einstellungsantrag verbinden.[253] Auch hier unterliegt die gerichtliche Entscheidung keiner Anfechtung.[254]

Die Vollstreckung einer einstweiligen Anordnung zur Zahlung eines **Verfahrenskostenvorschusses** ist auch nach Beendigung des Hauptsacheverfahrens und ungeachtet der Kostenentscheidung möglich. Für den Arglisteinwand (§ 767 I ZPO) genügt nicht das Unterliegen des Empfängers im Rechtsstreit. Die Kostenentscheidung ist keine „anderweitige Regelung" im Sinne von § 56 FamFG.[255] Bei einer Ermäßigung des titulierten Zahlungsbetrages bleibt Vollstreckungstitel die „alte" einstweilige Anordnung.[256]

449 g) **Außerkrafttreten.** Auch die im einstweiligen Rechtsschutz ergangenen Unterhaltsanordnungen sollen nach dem Willen des Gesetzgebers mit der Beseitigung der Akzessorietät vom Hauptsacheverfahren und der nur fakultativ ausgestalteten Einleitung eines entsprechenden Verfahrens (§ 52 II FamFG) möglichst endgültige Lösungen ermöglichen, die weitere Streitverfahren vermeiden.[257] Einstweilige Anordnungen sind deshalb, sofern sie nicht ausdrücklich befristet sind, auch wenn sie keine materielle Rechtskraft entfalten, auf eine **dauerhafte Regelung** der Unterhaltsverhältnisse angelegt. Dies wirft die Frage nach der Beendigung des einstweiligen Rechtsschutzes auf, und zwar auch in Ansehung des Verhältnisses und der Konkurrenz zum Hauptsacheverfahren. Ungeachtet der Befristung, des Vollzuges und weiterer inhaltlicher Beschränkungen regelt § 56 FamFG das Außerkrafttreten der einstweiligen Anordnung auch in Unterhaltssachen. Dabei sind zwei Fallgruppen zu unterscheiden, die sich durch das Vorhandensein oder Ausbleiben einer **anderweitigen Regelung** voneinander abgrenzen lassen.

450 aa) Gemäß § 56 I 1 FamFG tritt in einer **ersten Fallgruppe** die einstweilige Anordnung mit dem Wirksamwerden einer **anderweitigen Regelung** außer Kraft. Als solche kommen in erster Linie in Betracht Endentscheidungen im Hauptsacheverfahren, aber auch bei bestimmten Fallkonstellationen des vereinfachten Verfahrens, wenn sich vor Erlass des Feststellungsbeschlusses (§ 253 FamFG) die Notwendigkeit einstweiligen Rechtsschutzes ergeben hat (vgl. hierzu näher → Rn. 647). Keine anderweitige Regelung gemäß § 56 I FamFG ist in einer einstweiligen Anordnung zu erkennen, die gemäß § 54 I oder II FamFG lediglich die ursprüngliche Anordnung ersetzt. Denn die damit verbundenen rechtlichen Folgen ergeben sich bereits aus § 54 FamFG. Dem gegenüber können Vergleiche, aber auch Vereinbarungen, soweit sie keinen Vollstreckungstitel enthalten,[258] sowie Urkunden im Sinne von § 794 I Nr. 5 ZPO[259] und zB Jugendamtsurkunden (§ 60 SGB VIII) anderweitige Regelungen aufweisen. Handelt es sich hierbei um eine Unter-

---

[252] BGH FamRZ 2004, 1191.
[253] OLG Frankfurt a. M. FamRZ 1990, 767.
[254] BGH FamRZ 2004, 1191.
[255] BGH FamRZ 1985, 802.
[256] KG FamRZ 1991, 1327.
[257] BT-Drs. 16/6308, 199 f. und 259.
[258] Keidel/Giers FamFG § 56 Rn. 3a.
[259] Musielak/Borth FamFG § 56 Rn. 5.

haltsvereinbarung, ist dies aber nur der Fall, wenn die Unterhaltsbeträge niedriger ausfallen. Geht die Vereinbarung der Höhe nach darüber hinaus, bedarf es der Erstellung eines vollständigen Vollstreckungstitels.[260] Allerdings muss der jeweilige Regelungsgegenstand deckungsgleich sein mit dem der einstweiligen Anordnung im Sinne einer **strengen Identität.**

Bereits daraus folgt, dass, sofern es an einer entsprechenden Befristung fehlt, allein die Rechtskraft einer **Ehescheidung** nicht ein Außerkrafttreten der zum Trennungsunterhalt ergangenen einstweiligen Anordnung bewirkt,[261] obwohl nach dem materiellen Recht die Trennungsunterhaltsverpflichtung mit diesem Zeitpunkt endet und die nacheheliche Unterhaltsverpflichtung anderen Regeln folgt. Auch in diesem Fall will die Bestimmung in § 56 I 1 FamFG weiterhin einen regelosen Zustand vermeiden,[262] und zwar ungeachtet der Tatsache, dass die einstweilige Anordnung nur unter den materiellrechtlichen Voraussetzungen für den Trennungsunterhalt ergangen ist.[263] Soweit die Gegenmeinung schon mit der Rechtskraft der Ehescheidung ein Außerkrafttreten annehmen will[264] und dies mit der hauptsacheunabhängigen Neukonzeption des einstweiligen Rechtsschutzes begründet, wird vernachlässigt, dass § 56 FamFG auf eine „**anderweitige Regelung**" abstellt, mithin nicht allein an eine materiellrechtliche Veränderung der Rechtslage anknüpft, und dies auch dem Anliegen des Gesetzgebers entspricht.[265]

Bei der anderweitigen Regelung im Sinne von § 56 I 1 FamFG muss es sich im Verhältnis zur einstweiligen Anordnung um eine **Regelung in der Sache** selbst handeln. Diese fehlt bei einer Entscheidung, mit der das Gericht den Antrag im Hauptsacheverfahren als unzulässig abgewiesen hat.[266] Hat der Unterhaltsberechtigte im Wege einstweiliger Anordnung einen **Verfahrenskostenvorschuss** erwirkt, begründet die für ihn negative Kostenentscheidung im Hauptsacheverfahren keine anderweitige Regelung im Sinne von § 56 I 1 FamFG.[267] Von einer solchen kann ferner nicht die Rede sein bei einem erfolgreichen **Vollstreckungsabwehrantrag** (§ 767 ZPO), mit dem der Unterhaltspflichtige sich lediglich gegen die Vollstreckbarkeit der einstweiligen Anordnung wendet, und zwar mit rechtshemmenden oder rechtsvernichtenden Einwendungen, ohne die Berechtigung des Unterhaltsanspruchs in Frage zu stellen. Dem gegenüber beseitigt der in der Sache erfolgreiche **negative Feststellungsantrag** des Unterhaltspflichtigen wie auch der Leistungsantrag des Unterhaltsberechtigten im Hauptsacheverfahren den Bestand der vorausgegangenen inhaltsgleichen einstweiligen Anordnung. Nimmt der Unterhaltspflichtige den Unterhaltsberechtigten gemäß § 812 BGB auf **Rückzahlung** des auf Grund der einstweiligen Anordnung geleisteten oder vollstreckten Unterhalts in Anspruch, führt der Erfolg des Antrages ebenfalls zu einer anderweitigen Regelung,[268] die ein Außerkrafttreten der einstweiligen Anordnung nach sich zieht.

Besteht zwischen der einstweiligen Anordnung und der nachfolgenden Regelung nur eine **Teilidentität,** tritt die Anordnung nur, soweit Identität besteht, außer Kraft.[269] Ist die einstweilige Anordnung zum Trennungsunterhalt ergangen, bleibt sie durch eine Regelung des nachehelichen Ehegattenunterhalts im Hauptsacheverfahren in ihrem Bestand zum Trennungsunterhalt unangetastet.[270] Hat der gegen eine Anordnung zum Trennungsunterhalt gerichtete negative Feststellungsantrag zur Höhe nur teilweise Erfolg, führt die anschließende Rechtskraft der Ehescheidung nicht zum Wiederaufleben der einstweiligen Anordnung in der ursprünglichen Höhe.[271] Materiellrechtlich maßgebend ist zwar nun-

---

[260] Gießler/Soyka, 5. Aufl., Rn. 386.
[261] BT-Drs. 16/6308, 202.
[262] Bork/Jacoby/Schwab/Löhnig/Heiß FamFG § 56 Rn. 1.
[263] Prütting/Helms/Dürbeck FamFG § 56 Rn. 5.
[264] Schulte-Bunert/Weinreich/Schwonberg FamFG § 56 Rn. 2.
[265] BT-Drs. 16/6308, 202.
[266] OLG München FamRZ 1987, 610.
[267] BGH FamRZ 1985, 802.
[268] MüKoFamFG/Soyka § 56 Rn. 3.
[269] OLG Karlsruhe FamRZ 1988, 855.
[270] Keidel/Giers FamFG § 56 Rn. 4.
[271] Musielak/Borth FamFG § 56 Rn. 6.

§ 10   Verfahrensrecht

mehr das nacheheliche Unterhaltsrecht. Doch stellt § 56 FamFG auf die **gerichtliche Regelung** ab, zu der es aber bereits durch Bescheidung des negativen Feststellungsantrags gekommen ist.

452   Die anderweitige Regelung des § 56 I 1 FamFG muss, um die Rechtsfolge des Außerkrafttretens auszulösen, wirksam sein. Handelt es sich dabei, wie bei den hier in Rede stehenden Unterhaltssachen (§§ 111 Nr. 8, 112 Nr. 1 FamFG), um eine Familienstreitsachen, stellt § 56 I 2 FamFG für die **Wirksamkeit** auf die **Rechtskraft** der Endentscheidung (§ 116 III 1 FamFG) ab, soweit nicht die Wirksamkeit zu einem späteren Zeitpunkt eintritt. Mit dieser Regelung hat der Gesetzgeber die zu § 620f ZPO aF in diesem Zusammenhang aufgekommenen Streitfragen (→ Rn. 240 der 7. Auflage) im Sinne der Rechtsprechung des BGH[272] Gesetz werden lassen.[273] Allerdings wird dadurch auch das Problem einer möglichen **Doppelvollstreckung**[274] fortgeschrieben. Erwirkt nämlich der Unterhaltsberechtigte im Hauptsacheverfahren eine ihm günstige Entscheidung, wird diese zwar an und für sich erst mit Rechtskraft wirksam. Doch soll das Gericht gemäß § 116 III 3 FamFG die sofortige Wirksamkeit anordnen und damit vor Rechtskraft der Entscheidung die Voraussetzungen für die Zwangsvollstreckung (§ 120 II 1 FamFG) ermöglichen. Der Unterhaltspflichtige sieht sich in diesem Fall zwei Unterhaltstiteln mit gegebenenfalls auch unterschiedlichem Inhalt ausgesetzt. Diese Entwicklung lässt sich nicht dadurch vermeiden, dass man mit der Anordnung der sofortigen Wirksamkeit (§ 116 III 3 FamFG) von einem vorzeitigen Außerkrafttreten der einstweiligen Anordnung ausgeht.[275] Denn die Anordnung der **sofortigen Wirksamkeit** steht der Rechtskraft der Entscheidung nicht gleich.[276] Vielmehr ist das Gericht im Hauptsacheverfahren gehalten, von Anordnungen nach § 116 III 2 und 3 FamFG abzusehen oder nur einschränkend Gebrauch zu machen, sofern und soweit eine streitidentische einstweilige Anordnung vorausgegangen ist.[277] In der familiengerichtlichen Praxis ist nicht selten die Tendenz zu beobachten, vorbeugend im Rahmen der Endentscheidung im Hauptsacheverfahren die im Wege einstweiliger Anordnung zugesprochenen Unterhaltsbeträge als **Abzugsposten** zu berücksichtigen. Dies ist unzulässig, weil die danach eingeschränkte Titulierung weder den selbständigen Charakter des Anordnungsverfahrens (§ 51 III 1 FamFG) noch die durch § 56 FamFG festgelegte Verknüpfung zwischen einstweiligem Rechtsschutz und Hauptsacheverfahren respektiert. Eine Korrektur im Rechtsmittelverfahren ist je nach Beschwer nur in eingeschränktem Umfang möglich.

In den weiter durch § 56 I 2 FamFG umschriebenen Ausnahmefällen tritt die einstweilige Unterhaltsanordnung jenseits der Rechtskraft im Hauptsacheverfahren außer Kraft, wenn nämlich die anderweitige Regelung zu einem späteren Zeitpunkt wirksam wird (§ 148 FamFG).

453   bb) In der **zweiten Fallgruppe** regelt § 56 II FamFG auch in Unterhaltssachen die Voraussetzungen, unter denen die einstweilige Anordnung außer Kraft tritt, bei Fällen, in denen es nicht zu einer anderweitigen Regelung im Rahmen eines Hauptsacheverfahrens gekommen ist. Durch die Anknüpfung an das **deckungsgleiche Hauptsacheverfahren** unterstreicht auch diese Regelung, dass im Unterschied zu § 620f ZPO aF dem weiteren Schicksal des Antrages in einer Ehesache durch Rücknahme, Abweisung oder anderweitige Erledigung keine Bedeutung mehr für Bestand und Wirksamkeit der einstweiligen Anordnung zukommt.[278]

Die einstweilige Unterhaltsanordnung tritt außer Kraft (Nr. 1), wenn der Unterhaltsberechtigte im Hauptsacheverfahren seinen **Verfahrensantrag zurücknimmt** (§ 113 I 2 FamFG iVm § 269 ZPO). Er verneint damit die Notwendigkeit für die Aufrechterhaltung einer gerichtlichen Regelung. Bis zum Beginn einer mündlichen Verhandlung bedarf er

---

[272] BGH FamRZ 2000, 751.
[273] BT-Drs. 16/6308, 202.
[274] MüKoFamFG/Soyka § 56 Rn. 5; Johannsen/Henrich/Maier FamFG vor §§ 246–248 Rn. 14.
[275] So aber Dose/Kraft, Einstweiliger Rechtsschutz, Rn. 414.
[276] Prütting/Helms/Dürbeck FamFG § 56 Rn. 3.
[277] Musielak/Borth FamFG § 116 Rn. 7.
[278] BT-Drs. 16/6308, 202.

dazu einer Einwilligung des Unterhaltspflichtigen nicht. Form, Wirksamkeit und Zeitpunkt werden im Übrigen durch § 269 II ZPO vorgegeben. Wird der Antrag in der Hauptsache zurückgenommen, treten die entsprechenden Wirkungen, soweit die Zustimmung des Gegners erforderlich ist, demnach erst mit Eingang dessen Erklärung bei Gericht ein.

Der wirksamen Rücknahme des Antrags in der Hauptsache gleich steht der Fall (Nr. 2), in dem der Unterhaltsberechtigte mit seinem Unterhaltsbegehren in der **Hauptsache rechtskräftig unterlegen** ist, wobei die gesetzliche Regelung nicht danach unterscheidet, ob der Antrag im ordentlichen Streitverfahren als unzulässig oder unbegründet abgewiesen worden ist.[279] Tritt die einstweilige Anordnung mit rechtskräftiger Abweisung des Antrages außer Kraft, führt die Wiedereinsetzung in den vorigen Stand gegen die Versäumung der Rechtsmittelfrist zur Beseitigung der Rechtskraft und damit zum „Wiederaufleben" der einstweiligen Anordnung.[280]

454

Erklären die Verfahrensbeteiligten die **Hauptsache** übereinstimmend für **erledigt** (Nr. 3), ist vor dem Hintergrund einer entsprechenden Verständigung über die Unterhaltsverhältnisse für die Aufrechterhaltung einer Maßnahme im einstweiligen Rechtsschutz kein Raum mehr. Maßgebend für den Zeitpunkt des Außerkrafttretens der einstweiligen Anordnung sind die gemäß § 113 I 2 FamFG iVm § 91a I ZPO vorgebrachten Erledigungserklärungen.

Hinzu kommen weitere Ereignisse, die **anderweitig** eine **Erledigung** der **Hauptsache** bewirken (Nr. 4), wie etwa der Tod des Unterhaltsberechtigten. Hierfür reichen allerdings Entwicklungen, die lediglich **materiellrechtliche Auswirkungen** haben, nicht aus.[281] Wird das Ruhen des Hauptsacheverfahrens angeordnet oder dieses Verfahren durch die Beteiligten nicht betrieben, so dass nach Fristablauf die Akten weggelegt werden, kann von einer anderweitigen Erledigung der Hauptsache ebenfalls nicht ausgegangen werden.[282] Der durch die Anordnung weiterhin beschwerte Unterhaltspflichtige muss sich deshalb im Abänderungsverfahren (§ 54 FamFG) um eine Aufhebung der Anordnung bemühen.[283]

cc) Die Regelungen in § 56 II FamFG erfassen die Fälle des Außerkrafttretens der einstweiligen Anordnung allerdings nicht abschließend. So können die Beteiligten mit der entsprechenden Rechtsfolge auch das Anordnungsverfahren übereinstimmend für erledigt erklären. Schließlich kann der Antrag auf Erlass einer einsteiligen Anordnung zurückgenommen werden mit der Folge, dass die einstweilige Anordnung wirkungslos wird (§ 269 III 1 ZPO).[284] Stellt der durch eine Unterhaltsanordnung begünstigte Unterhaltsberechtigte (zB in Befolgung einer Fristsetzung nach § 52 II FamFG) lediglich einen Antrag auf Bewilligung von **Verfahrenskostenhilfe** für ein noch anhängig zu machendes Hauptsacheverfahren, tritt die einstweilige Anordnung mit Rücknahme des Verfahrenskostenhilfegesuchs außer Kraft. Wird die nachgesuchte Verfahrenskostenhilfe versagt, ohne dass es hierbei auf eine Beurteilung der Erfolgsaussichten in der Sache ankommt, wird die Anordnung wirkungslos nach Ablauf der Monatsfrist (§§ 127, 569 ZPO) für die Einlegung einer hiergegen zu richtenden sofortigen Beschwerde oder nach rechtskräftigem Abschluss des Rechtsmittelverfahrens.[285] War zu diesem Zeitpunkt allerdings ein Hauptsacheverfahren anhängig, bleibt die Versagung von Verfahrenskostenhilfe oder auch die Rücknahme eines entsprechenden Antrags ohne Auswirkungen auf den Bestand der einstweiligen Anordnung.

455

Die Wirkungen des Außerkrafttretens treten allerdings nur für die Zukunft ein,[286] so dass aus einer Unterhaltsanordnung, soweit noch Rückstände zur Zahlung offen sind, weiter die Zwangsvollstreckung betrieben werden kann.

---

[279] Keidel/Giers FamFG § 56 Rn. 8a.
[280] Hüßtege in Thomas/Putzo ZPO § 620f aF Rn. 9.
[281] Gießler/Soyka Rn. 191.
[282] So aber Gießler/Soyka Rn. 191.
[283] Musielak/Borth FamFG § 56 Rn. 4.
[284] Prütting/Helms/Dürbeck FamFG § 56 Rn. 8.
[285] OLG Stuttgart FamRZ 2005, 1187.
[286] Seiler in Thomas/Putzo FamFG § 56 Rn. 8; Keidel/Giers FamFG § 56 Rn. 13.

456   **dd)** Sobald die in § 56 I und II FamFG umschriebenen Entwicklungen eingetreten sind, führt dies, ohne dass es dazu noch eines gerichtlichen Gestaltungsaktes bedarf, zum Außerkrafttreten der einstweiligen Unterhaltsanordnung. Das in § 56 III FamFG umschriebene **Feststellungsverfahren** ist deshalb lediglich **deklaratorischer Natur.** Danach hat das Gericht, das in der Anordnungssache im ersten Rechtszug zuletzt entschieden hat, auf Antrag die Wirkung des Außerkrafttretens durch Beschluss auszusprechen. Der ansonsten an keine Frist und besondere Formvorschriften gebundene **Sachantrag** muss konkret zur Unterhaltshöhe wie auch zum zeitlichen Umfang die Tragweite der begehrten Feststellung erfassen und dabei die nach § 56 I und II FamFG maßgebenden Gründe darstellen sowie im **summarischen Verfahren** auch **glaubhaft** machen. Mit dem Sachantrag kann der Unterhaltspflichtige einen Antrag auf Aussetzung der Vollstreckung entsprechend § 55 I FamFG verbinden.[287] Streiten die Beteiligten allerdings darüber, ob sie im Hauptsacheverfahren durch **Vereinbarung** eine anderweitige Regelung **wirksam** getroffen haben, ist das Feststellungsverfahren unzulässig, weil die Frage der wirksamen Verfahrensbeendigung im ursprünglichen oder gegebenenfalls in einem weiteren Hauptsacheverfahren mit den für das ordentliche Streitverfahren maßgeblichen Beweisanforderungen statt der im Anordnungsverfahren ausreichenden Glaubhaftmachung zu klären ist.[288] Demgegenüber ist den Beteiligten das Feststellungsverfahren entsprechend § 56 III FamFG auch dann eröffnet, wenn der Unterhaltsberechtigte auf seine Rechte aus der einstweiligen Unterhaltsanordnung verzichtet[289] und damit lediglich eine **verfahrensspezifische Rechtsposition** aufgegeben hat.

Soweit die Möglichkeit besteht, das Außerkrafttreten der einstweiligen Anordnung und damit die Vollstreckbarkeit eines Unterhaltsanspruchs im Feststellungsverfahren (§ 56 III FamFG) zu erreichen, ist ein demselben Ziel dienendes **Vollstreckungsabwehrverfahren** (§ 767 ZPO) unzulässig. Einem entsprechenden Antrag fehlt, da das gleichwertige Ziel der Rechtsverfolgung im Beschlussverfahren schneller zu erreichen ist,[290] in der Regel das notwendige Rechtsschutzinteresse.[291] Bereits mit einer Entscheidung im Feststellungsverfahren kann der Unterhaltspflichtige die Einstellung einer Zwangsvollstreckung sowie die Aufhebung von **Vollstreckungsmaßnahmen** erzwingen (§§ 775 Nr. 1, 776, 795 ZPO). Ein Vollstreckungsabwehrverfahren kommt allerdings dann mit den Beweismöglichkeiten des ordentlichen Streitverfahrens in Betracht, wenn ein Feststellungsantrag nicht erfolgreich war oder die Beteiligten über die Wirksamkeit der anderweitigen Regelung streiten. In diesem Fall muss sich der einer Zwangsvollstreckung ausgesetzte Unterhaltspflichtige nicht auf ein nur summarisches Verfahren verweisen lassen. Macht der Unterhaltspflichtige Rückzahlungsansprüche wegen ungerechtfertigter Bereicherung (§ 812 BGB) im Hauptsacheverfahren geltend, ist er von Rechts wegen nicht gehindert, daneben gemäß § 56 III FamFG das Außerkrafttreten der einstweiligen Anordnung zu verfolgen. Unzulässig ist allerdings ein Abänderungsverfahren nach § 54 FamFG, sofern die Voraussetzungen für einen Feststellungsantrag vorliegen.

457   **ee)** Für die Entscheidung im Feststellungsverfahren zuständig ist das Gericht, das im ersten Rechtszug zuletzt entschieden hat, mithin im jeweiligen Einzelfall auch das Oberlandesgericht, wenn gemäß § 50 I 2 2. Halbsatz FamFG dessen **erstinstanzliche Zuständigkeit** im Rahmen eines die Hauptsache betreffenden Beschwerdeverfahrens gegeben war.[292] Das Gericht entscheidet über den Feststellungsantrag aufgrund fakultativer mündlicher Verhandlung durch Beschluss, in dem es entweder den Antrag zurückweist oder das Außerkrafttreten der einstweiligen Anordnung in vollem Umfang oder beschränkt bezogen auf **Zeitraum** und **Höhe des Unterhalts** feststellt.

Einer **Kostenentscheidung** bedarf es im Regelfall nicht, weil Kosten und Gebühren nicht entstehen, es sei denn der andere Beteiligte tritt dem Feststellungsbegehren mit einem

---

[287] Gießler/Soyka Rn. 195.
[288] OLG Hamm FamRZ 1991, 582.
[289] OLG Zweibrücken FamRZ 2001, 424 (425).
[290] OLG Düsseldorf FamRZ 1991, 721.
[291] Musielak/Borth FamFG § 56 Rn. 12.
[292] Keidel/Giers FamFG § 56 Rn. 11.

Antrag entgegen, so dass jedenfalls über die außergerichtlichen Kosten zu entscheiden ist (§ 243 FamFG). Kommt es allerdings zu einem Außerkrafttreten der einstweiligen Anordnung ohne anderweitige Regelung (§ 56 II FamFG), steht der jeweilige Verfahrensausgang der Hauptsache nicht mit der Kostenentscheidung in der einstweiligen Anordnung überein. Der Widerspruch dürfte sich dadurch beheben lassen, dass in diesen Fallkonstellationen im Festsetzungsverfahren auf Antrag auch die Kostenentscheidung der einstweiligen Anordnung zu korrigieren sein wird.[293] Eine Korrektur im Kontext der Kostenentscheidung im Hauptsacheverfahren scheidet aus. Dem steht die Selbständigkeit des Anordnungsverfahrens (§ 51 III 1 FamFG) entgegensteht.

Der Beschluss ist als **Endentscheidung** (§§ 116, 38 I und III 1 FamFG) entsprechend zu begründen. Aus ihm müssen sich der Sachverhalt und die rechtlichen Erwägungen nachvollziehen lassen, die zu der Entscheidung geführt haben. Die Entscheidung ist überdies mit einer **Rechtsmittelbelehrung** (§ 39 FamFG) zu versehen und den beschwerten Beteiligten von Amts wegen zuzustellen (§ 329 II 2 FamFG), da die Entscheidung im Feststellungsverfahren mit der **Beschwerde** angefochten werden kann (§ 56 III 2 FamFG), und zwar auch in den Regelungsmaterien der Unterhaltssachen, die ansonsten von einer Anfechtung im einstweiligen Rechtsschutz ausgeschlossen sind (§ 57 FamFG).[294]

ff) Die Statthaftigkeit des Rechtsmittels richtet sich im Übrigen nach § 58 I FamFG, so dass eine Anfechtung von vornherein ausscheidet, soweit das Oberlandesgericht die Anordnung erlassen hat. Die Bemessung der **Beschwerdefrist** steht im Zeichen einer ersten Korrektur des FamFG durch den Gesetzgeber,[295] der zufolge § 63 II Nr. 1 FamFG nunmehr bestimmt, dass die Beschwerde, sofern sie sich gegen eine **Endentscheidung im Verfahren der einstweiligen Anordnung** richtet, innerhalb einer Frist von zwei Wochen einzulegen ist. Obwohl der Gesetzgeber im Unterschied zu § 63 II Nr. 1 FamFG aF durch die Neuregelung den Anwendungsbereich der Vorschrift nicht mehr nur auf **bestehende Anordnung** beschränkt wissen will, wird weiter die Auffassung[296] vertreten, dass bei Rechtsmitteln, die sich gegen Entscheidungen nach § 56 III 1 FamFG richten, die Monatsfrist des § 63 I FamFG maßgebend sein soll. Auf die kurze Frist von zwei Wochen ist nach dieser Ansicht nicht abzustellen, da sich die Anfechtung im Kontext von § 56 III FamFG nicht gegen eine Endentscheidung über eine einstweilige Anordnung richte. Eine derart zwingende Einschränkung lässt sich aber dem Wortlaut der Neuregelung nicht abgewinnen. Im Vordergrund steht danach vielmehr eine einstweilige Anordnung „betreffende Endentscheidung". Dies lässt sich bei der Beurteilung des Außerkrafttretens einer einstweiligen Anordnung ernsthaft nicht in Zweifel ziehen. Dafür spricht im Übrigen auch die gesetzessystematische Stellung des deklaratorischen Feststellungsverfahrens im Kontext der Vorschriften über das Verfahren der einstweiligen Anordnung (§§ 49 bis 57 FamFG). Andernfalls käme dem Feststellungsverfahren außerhalb des Regelungsbereichs der einstweiligen Anordnung eine Sonderstellung zu, für die es an einer erkennbaren Zielsetzung des Gesetzgebers fehlt. So wäre ua das Verfahren der Rechtsbeschwerde über § 70 I FamFG eröffnet,[297] obwohl dem einstweiligen Rechtsschutz allgemein das weitere Rechtsmittel der Rechtsbeschwerde (§ 70 IV FamFG) verschlossen bleiben soll. In der weiteren Konsequenz wäre bei dem Außerkrafttreten einer einstweiligen Anordnung nach § 56 FamFG ein weitergehender Rechtsschutz möglich als bei sämtlichen vorangehenden Entscheidungen des einstweiligen Rechtsschutzes. Richtigerweise ist deshalb im Zuge der Korrektur durch den Gesetzgeber nunmehr für die Anfechtung der Endentscheidung im Feststellungsverfahren auf die Beschwerdefrist von zwei Wochen abzustellen.[298]

---

[293] Dose/Kraft, Einstweiliger Rechtsschutz, Rn. 425 und 426.
[294] Prütting/Helms/Dürbeck FamFG § 56 Rn. 11; Keidel/Giers FamFG § 56 Rn. 11; Schulte-Bunert/Weinreich/Schwonberg FamFG § 56 Rn. 25.
[295] BT-Drs. 17/1049, 18.
[296] Keidel/Giers FamFG § 56 Rn. 11; Seiler in Thomas/Putzo FamFG § 56 Rn. 10.
[297] Keidel/Giers FamFG § 56 Rn. 11.
[298] Musielak/Borth FamFG § 56 Rn. 13; MüKoFamFG/Soyka § 56 Rn. 12; Bork/Jacoby/Schwab/Löhnig/Heiß FamFG § 56 Rn. 21.

Der weitere Gang des **Beschwerdeverfahrens** folgt im Übrigen den §§ 64–69 FamFG. Vorläufiger Vollstreckungsschutz bis zum rechtskräftigen Abschluss des Feststellungsverfahrens kann gemäß § 55 FamFG nicht erlangt werden, da der Vollstreckungsschutz nach dieser Vorschrift auf die Abänderung einer einstweiligen Anordnung ausgerichtet ist. Droht der Unterhaltsberechtigte ungeachtet des Außerkrafttretens der einstweiligen Anordnung weiter mit der Zwangsvollstreckung, bleibt der Unterhaltspflichtige auf einen Vollstreckungsabwehrantrag (§ 767 ZPO) angewiesen (vgl. auch → Rn. 451 und 456) mit dem **vorläufigen Vollstreckungsschutz** gemäß § 769 ZPO. Allerdings handelt es sich dabei nicht um eine alternative Rechtsverfolgung, weil der Vollstreckungsabwehrantrag der einstweiligen Anordnung lediglich die Vollstreckbarkeit nimmt.

Die besonderen Regelungen des § 117 FamFG über das Rechtsmittel in Familienstreitsachen mit der Anknüpfung an bestimmte Vorschriften des zivilprozessualen Berufungsverfahrens kommen, obwohl die Unterhaltssachen den Familienstreitsachen zugeordnet sind (§ 112 Nr. 1 FamFG), nicht zur Anwendung, weil sie ihrer Natur nach dem einstweiligen Rechtsschutz und dem summarischen Verfahrensablauf nicht entsprechen. Einer **anwaltlichen Mitwirkung** bedarf der jeweilige Beteiligte auch für das Feststellungsverfahren nicht (§ 114 IV Nr. 1 FamFG). Das Beschwerdegericht entscheidet das Verfahren abschließend durch nicht weiter anfechtbaren Beschluss (§ 38 FamFG).

459 Eine **Rechtsbeschwerde** ist nicht statthaft, auch wenn das Oberlandesgericht erstinstanzlich über das Außerkrafttreten entschieden hat. Für sämtliche Beschlüsse, die in einem Anordnungsverfahren ergehen, ist gemäß § 70 IV FamFG davon auszugehen, dass eine Anfechtung nicht stattfindet,[299] auch wenn sie sich nicht unmittelbar auf eine Anordnung, eine Abänderung oder Aufhebung bezieht, wie dies im Feststellungsverfahren nach § 56 III FamFG der Fall ist. Durch den gesetzlichen Bezug auf das „Verfahren" wird hinreichend deutlich, dass der gesamte einstweilige Rechtsschutz erfasst sein soll. Die Rechtsbeschwerde bleibt auch dann unstatthaft, wenn das Oberlandesgericht sie zugelassen hat. Sie entfaltet deshalb auch keine Bindung.[300] Der durch § 70 IV FamFG für den Bereich des einstweiligen Rechtsschutzes festgelegte Ausschluss der Rechtsbeschwerde greift allerdings nicht durch auf die sogenannten **selbständigen Nebenverfahren**.[301] Als solche anzusehen sind die Bewilligung von Verfahrenskostenhilfe,[302] soweit nicht die Erfolgsaussichten der Rechtsverfolgung sondern Fragen der Bedürftigkeit (§ 115 ZPO) oder Beiordnung (§ 121 ZPO) in Rede stehen, das Kostenfestsetzungsverfahren oder das Verfahren der Wertfestsetzung (zur Beschwerde vergl. auch → Rn. 436).

2. Die einstweilige Anordnung vor Geburt eines Kindes (§ 247 FamFG)

460 Der nach § 246 FamFG im Wege einstweiliger Anordnung zu regelnde Kindesunterhalt (§ 1601 BGB) setzt das Bestehen eines Verwandtschaftsverhältnisses zum Unterhaltspflichtigen voraus. Daran knüpft ferner die Unterhaltsberechtigung der nichtehelichen Mutter (§ 1615l I BGB) an.[303] Im Fall der Geburt eines nichtehelichen Kindes lassen sich diese Voraussetzungen indessen in Ansehung der Rechtsausübungssperre des § 1600d IV BGB nicht **ohne** zeitaufwendige **Klärung der Vaterschaft** schaffen, obwohl eine durch die Geburt bedingte Bedarfslage bei Kind und Mutter sich abzeichnen oder bereits vorliegen kann. Für die entsprechende Lebenslage ermöglichte § 1615o BGB aF bisher im Wege einstweiliger Verfügung unter **Durchbrechung der Rechtsausübungssperre** zugunsten der Bedürftigen eine zeitlich befristete Regelung der Unterhaltsverhältnisse zwischen Kind und Mutter einerseits und dem zumindest vermuteten Kindesvater (§ 1600d II BGB) andererseits. Ungeachtet möglicher Sozialleistungen (SGB II, SGB XII oder UVG) bejaht der Gesetzgeber weiterhin auch zivilrechtlich einen einstweiligen Rechtsschutz, der nun-

---

[299] BGH FamRZ 2018, 1343 Rn. 7; 2013, 1878 Rn. 9.
[300] BGH FamRZ 2018, 1343 Rn 8; 2013, 1878 Rn. 9.
[301] Keidel/Meyer-Holz FamFG § 70 Rn. 48a.
[302] BGH FamRZ 2011, 1138 Rn. 15.
[303] OLG Celle FamRZ 2005, 747.

3. Abschnitt: Vorläufige Regelung und Sicherung von Unterhaltsansprüchen § 10

mehr im Rahmen von § 247 FamFG zu gewährleisten ist. Die Vorschrift verschafft weiterhin Geltung dem Grundanliegen von § 1615o BGB aF, im Interesse der Mutter und des Kindes die Befriedigung von Unterhaltsbedürfnissen in der besonderen Situation vor und nach der Geburt in einem **beschleunigten** und möglichst **einfach zu betreibenden Verfahren** sicherzustellen.[304] Dieser Rechtsschutz ergeht abschließend im Wege einstweiliger Anordnung, so dass unterhaltsrechtlich für einstweilige Verfügungen kein Raum bleibt. Die besondere Bedeutung für die Unterhaltsbedürfnisse der nichtehelichen Mutter unterstreichen die Regelungen in § 247 FamFG auch dadurch, dass nach zutreffender Meinung[305] die Geltendmachung von Unterhaltsansprüchen der Mutter (§ 1615l BGB) in einem ordentlichen Streitverfahren die rechtskräftige Klärung der Vaterschaft für das betroffene Kind voraussetzt.

a) Allgemeine Voraussetzungen. aa) Anordnungsanspruch. Wird im Wege einstweiliger Anordnung nach § 247 FamFG im Zusammenhang mit der Geburt eines Kindes Unterhalt geltend gemacht, setzt dies zunächst die Darlegung eines Unterhaltsanspruchs **(Anordnungsanspruch)** voraus. Bezogen auf das Kind handelt es sich um den Barunterhaltsanspruch gegen den (zumindest) vermuteten Vater. Er ist begrenzt auf einen Unterhaltszeitraum von drei Monaten. Der Unterhaltsanspruch der nichtehelichen Mutter gegenüber dem besagten Erzeuger aus Anlass der Geburt umfasst primär einen auch zeitlich begrenzten Unterhalt für den Zeitraum von sechs Wochen vor bis acht Wochen nach der Geburt des Kindes sowie darüber hinaus – ohne zeitliche Eingrenzung – die Kosten, die durch Schwangerschaft und Entbindung entstehen. Abgesehen von den zeitlichen Begrenzungen kann jeweils der **volle Unterhalt**[306] geltend gemacht werden. Die Begrenzung auf einen Mindestunterhalt[307] sieht die gesetzliche Regelung im Unterschied zu § 237 III FamFG nicht vor.

461

Bei der nichtehelichen Mutter richtet sich dieser nach der erlangten Lebensstellung (§§ 1615l III 1, 1610 I BGB), dh im Wesentlichen nach dem Einkommen, das sie ohne die Geburt des Kindes erzielen könnte, begrenzt dabei allerdings durch den Halbteilungsgrundsatz.[308] Erfahrungsgemäß sind die jeweiligen Einkommen der Beteiligten allerdings zu diesem Zeitpunkt noch nicht so weitgehend aufgeklärt, so dass die Kindesmutter nicht gehindert ist, den **Mindestunterhalt** in Höhe von (derzeit) 880 EUR zu verlangen. Geschuldet wird auch **Sonderbedarf,** zB des Kindes[309] in Form der Säuglingserstausstattung.[310] Auch ein Verfahrenskostenvorschuss kann Gegenstand einer Anordnung sein.[311] Im Übrigen müssen die Unterhaltsberechtigten ihren Unterhaltsbedarf und ihre Bedürftigkeit darlegen, soweit sie sich nicht auf einen Mindestunterhalt berufen.[312] Kostenersatz für Schwangerschaft und Entbindung kann nur verlangt werden, soweit er nicht durch Leistungen der Krankenversicherung gedeckt ist.

bb) Anordnungsgrund. Abweichend von § 49 I FamFG verlangt auch das Anordnungsverfahren nach § 247 FamFG kein dringliches Regelungsbedürfnis als **Anordnungsgrund.** Insbesondere bedarf es keiner Darlegung einer Gefährdung des Anspruchs. Gleichwohl ist davon auszugehen, dass jedwede Anordnung von Unterhaltszahlungen eine Regelungsnotwendigkeit voraussetzt, und zwar in Form eines spezifischen Bedürfnisses für eine Eilentscheidung.[313] Im Verfahren nach § 247 FamFG ergibt sich das besondere Rechtsschutzbedürfnis aber schon aus der Natur des durch den konkreten Lebenssachverhalt der Geburt eines nichtehelichen Kindes bestimmten und begrenzten Unterhaltsanspruchs. Fehlen kann ein solcher allerdings dann noch, wenn etwa der Kindesunterhalt

462

---

[304] BT-Drs. 16/6308, 260.
[305] OLG Oldenburg FamRZ 2018, 1511 (str.); OLG Celle FamRZ 2009, 704.
[306] MüKoFamFG/Pasche § 247 Rn. 6; Gießler/Soyka Rn. 375; Johannsen/Henrich/Maier FamFG § 247 Rn. 6.
[307] So aber Bork/Jacoby/Schwab/Hütter FamFG § 247 Rn. 7; Keidel/Giers FamFG § 247 Rn. 6.
[308] BGH FamRZ 2005, 442.
[309] OLG Celle FamRZ 2009, 704.
[310] OLG Oldenburg FamRZ 1999, 1685.
[311] OLG Düsseldorf FamRZ 1995, 1426.
[312] Gießler/Soyka Rn. 374.
[313] OLG Stuttgart FamRZ 2000, 965.

durch vollstreckbare Urkunde bereits sichergestellt ist oder der Vater nach vorgeburtlicher Anerkennung seinen Zahlungsverpflichtungen nachkommt, ohne eine Zahlungseinstellung anzukündigen. Auch bei der Verfolgung von **Unterhaltsrückständen** dürfte ein Regelungsbedürfnis in der Regel zu verneinen sein[314] (→ Rn. 403). Dies gilt erst recht, wenn die durch § 247 FamFG festgelegten Zeiträume verstrichen sind, bevor um einstweiligen Rechtsschutz nachgesucht wird.[315] Dem gegenüber hindert der Bezug von **Sozialleistungen** die Unterhaltsberechtigten nicht, ungeachtet eines Forderungsüberganges den zukünftigen Unterhalt im Rahmen der Zeitschranken im Wege einstweiliger Anordnung geltend zu machen. Dies gilt gleichermaßen für den Fall, dass nicht unterhaltspflichtige Verwandte oder sonstige Dritte mit freiwilligen Leistungen einspringen.[316] Allerdings ist für eine einstweilige Anordnung dann kein Raum, wenn die zukünftige Kindesmutter über eigenes Einkommen oder Vermögen verfügt.[317] Hier fehlt es bereits an der notwendigen Bedürftigkeit.

463 **b) Der Verfahrensablauf.** Das Verfahren betreffend den einstweiligen Rechtsschutz vor Geburt des nichtehelichen Kindes findet – wie schon nach § 1615o BGB aF – als **selbständiges Verfahren** statt, das, soweit § 247 FamFG keine Besonderheiten enthält, den allgemeinen Verfahrensregeln über die einstweilige Anordnung in Unterhaltssachen (§§ 246, 50–57 FamFG) unterliegt. Auf die entsprechenden Ausführungen hierzu wird verwiesen (→ Rn. 414–459). Folgende Abweichungen sind allerdings zu beachten:

Als Besonderheit für den Verfahrensablauf nach § 247 FamFG tritt zunächst hervor, dass die Unterhaltsansprüche bereits im Vorfeld der Geburt des Kindes Verfahrensgegenstand sein können. Zwar verweist § 50 I 1 FamFG für die **örtliche Zuständigkeit** auf das Gericht, das für die Hauptsache zuständig wäre. Doch fehlt es, solange das Kind noch nicht geboren ist, an einem **deckungsgleichen Hauptsacheverfahren.** Ein frühestmögliches Hauptsacheverfahren zum Kindesunterhalt kommt zudem erst im Zusammenhang mit der gerichtlichen Feststellung der Vaterschaft (§ 237 FamFG) in Betracht. Dann ist für eine auf § 247 FamFG gestützte einstweilige Anordnung aber wegen der spezielleren Regelung nach § 248 FamFG kein Raum mehr.[318] Für die örtliche Zuständigkeit bei Maßnahmen des auf § 247 FamFG gestützten einstweiligen Rechtsschutzes ist deshalb anzuknüpfen an § 232 I Nr. 2, III Nr. 1 FamFG. Zuständig ist danach das Gericht am **Aufenthaltsort der Kindesmutter.** Das Gesetz lässt im Gegensatz zur Festlegung der in Betracht kommenden Unterhaltszeiträume offen, ab wann frühestens der Antrag auf Erlass einer einstweiligen Anordnung gestellt werden kann. Man wird deshalb im Einzelfall auf den **Zeitpunkt** abstellen, zu dem die Antragstellerin gestützt auf ein ärztliche Zeugnis über den voraussichtlichen Geburtstermin und ihre eidesstattliche Versicherung zur Vaterschaftsvermutung nach § 1600d II BGB die Anknüpfungstatsachen für Ihr Unterhaltsbegehren darstellen kann.[319]

464 Soweit § 52 II FamFG für Unterhaltssachen (§ 231 Nr. 1 FamFG) auf Antrag des Unterhaltspflichtigen dem Unterhaltsberechtigten eine Frist zur **Einleitung eines Hauptsacheverfahrens** setzen kann, so dass nach fruchtlosem Fristablauf die einstweilige Anordnung aufgehoben werden kann, ist diese Vorschrift im Anwendungsbereich des § 247 FamFG **ausgeschlossen.**[320] Dies beruht darauf, dass insoweit für die Unterhaltsberechtigten vor der Geburt des Kindes und ohne rechtskräftige Feststellung der Vaterschaft (§ 1600d IV BGB) den Unterhaltsberechtigten kein deckungsgleiches Hauptsacheverfahren zur Verfügung steht, mit dem sie ihre Unterhaltsansprüche rechtskräftig klären lassen könnten. Soweit die Ansicht vertreten wird, ein Antrag auf Fristsetzung sei jedenfalls dann möglich, wenn die Vaterschaft anerkannt oder gerichtlich festgestellt sei,[321] wird der

---

[314] Keidel/Giers FamFG § 247 Rn. 5.
[315] Bork/Jacoby/Schwab/Hütter FamFG § 247 Rn. 5.
[316] Schulte-Bunert/Weinreich/Schwonberg FamFG § 247 Rn. 4; a. A. Prütting/Helms/Bömelburg FamFG § 247 Rn. 11.
[317] OLG Koblenz FamRZ 2006, 1137.
[318] Gießler/Soyka Rn. 351; Prütting/Helms/Bömelburg FamFG § 247 Rn. 1.
[319] Musielak/Borth FamFG § 247 Rn. 2.
[320] Keidel/Giers FamFG § 247 Rn. 12.
[321] Gießler/Soyka Rn. 381.

Anwendungsbereich von § 247 FamFG verlassen. Bis zur Geburt des Kindes bleibt ein den Kindesunterhalt betreffendes Hauptsacheverfahren ausgeschlossen. Für die Folgezeit bedarf es eines Rückgriffs auf § 247 FamFG nicht, da die Unterhaltsanordnung nach § 246 FamFG mit der Möglichkeit der Fristsetzung ergehen kann. Dies gilt wegen Wegfalls der Rechtsausübungssperre (§ 1600d IV BGB) für den Unterhalt der nichtehelichen Mutter ebenso.

Auf Seiten der Unterhaltsberechtigten wird das Anordnungsverfahren geführt durch das (gegebenenfalls noch nicht geborene) **Kind und seine Mutter,** der durch die Regelung in § 247 II 1 FamFG vorgeburtlich die „**Handlungsbefugnis**" für das Kind zur Vermeidung einer Pflegerbestellung für die Leibesfrucht[322] eingeräumt wird. Sie tritt mithin nicht in Verfahrensstandschaft im eigenen Namen auf. Unberührt davon bleibt die Möglichkeit, die Vertretung des Kindes durch eine **Beistandschaft** (§§ 1712 I Nr. 2, 1713 II, 1714, 1716 BGB) sicherzustellen. Mit der Geburt tritt die elterliche Sorge der Mutter ein. Sie vertritt sodann das Kind, sofern eine Beistandschaft nicht besteht.

Das Gericht entscheidet über den bezifferten Sachantrag nach § 247 FamFG im **summarischen Verfahren.** Die Antragsteller haben die Voraussetzungen des jeweiligen Unterhaltstatbestandes sowie die abstammungsrechtlichen Vorgaben darzulegen und glaubhaft zu machen (§ 294 ZPO). Hierbei handelt es sich um **doppelte Anspruchsvoraussetzungen:** Zum einen muss die **Vaterschaft** des Mannes **glaubhaft** gemacht werden, da Verwandte in gerader Linie verpflichtet sind, einander Unterhalt zu gewähren (§ 1601 BGB). Hier hilft aber dem Unterhaltsberechtigten die Vaterschaftsvermutung des § 1600d II 1 BGB, so dass er nur glaubhaft machen muss, dass der Mann der Mutter während der gesetzlichen Empfängniszeit beigewohnt hat. Hinzu kommt der Nachweise einer bestehenden **Schwangerschaft** sowie die Darlegung des **voraussichtlichen Zeitpunkts** der Geburt des Kindes. Bestehen aber trotzdem schwerwiegende Zweifel an der Vaterschaft (§ 1600d II 2 BGB), so ist die Vaterschaftsvermutung zerstört und der Unterhaltsberechtigte hat durch anderen Tatsachenvortrag die Vaterschaft des in Anspruch Genommenen hinreichend deutlich zu machen. 465

Darüber hinaus müssen die **engeren Unterhaltsvoraussetzungen** glaubhaft gemacht werden, nämlich der Bedarf[323] und die Bedürftigkeit der Unterhaltsberechtigten. Zur Leistungsfähigkeit des auf Zahlung in Anspruch genommenen Unterhaltspflichtigen sind weder Darlegungen noch eine entsprechende Glaubhaftmachung erforderlich. Es ist den allgemeinen Regeln[324] entsprechend Sache des Unterhaltspflichtigen, seine Einwendungen zu substantiieren und glaubhaft zu machen, sofern er geltend machen will, nicht leistungsfähig zu sein. Allerdings gilt, soweit Abstammungsfragen in Rede stehen, auch im einstweiligen Rechtsschutz der **Amtsermittlungsgrundsatz.**[325] 466

Die Bescheidung des Antrags folgt in der Regel nach dem Ergebnis einer **mündlichen Verhandlung,** die entsprechend § 246 II FamFG auch in diesem Verfahren stattfinden soll, wenn nicht Gründe von besonderer Eilbedürftigkeit dem entgegenstehen. Diese dürften nur in Ausnahmefällen gegeben sein, wenn berücksichtigt wird, dass der einstweilige Rechtsschutz im Vorfeld der Geburt eines Kindes schon vor Eintritt der Bedürftigkeit auf Seiten der Unterhaltsberechtigten in Anspruch genommen werden kann. Über den Antrag auf Gewährung von Unterhalt in den Begrenzungen durch § 247 I FamFG entscheidet das Gericht durch Beschluss, der im Falle des Erfolges auf Zahlung von **Barunterhalt** und/oder **Kostenersatz** gerichtet ist. Darüber hinaus ermöglicht § 247 II 2 FamFG im Ausnahmefall[326] die **Hinterlegung** vor der Geburt des Kindes. 467

Als Endentscheidung (§ 38 FamFG) unterliegt der Beschluss (§ 116 FamFG) keiner Anfechtung (§ 57 S. 1 FamFG), wohl aber einer Abänderbarkeit (§ 54 FamFG), bei der auch die verfahrensspezifische Entwicklung etwa zu schwerwiegenden Zweifeln an der Vaterschaft im Zuge der Gegenglaubhaftmachung Berücksichtigung finden. Allerdings ist 468

---

[322] BT-Drs. 16/6308, 260.
[323] Ebert Rn. 364.
[324] Gießler/Soyka Rn. 366.
[325] Keidel/Giers FamFG § 247 Rn. 8.
[326] BT-Drs. 16/6308, 260.

die **Einholung von Gutachten** ausgeschlossen.³²⁷ Das Außerkrafttreten der einstweiligen Anordnung und deren Folgen richtet sich nach § 56 FamFG. Wird in einem späteren Hauptsacheverfahren der gegen den auf Unterhalt in Anspruch genommenen Antragsgegner gerichtete Antrag auf Feststellung der Vaterschaft zurückgenommen oder rechtskräftig abgewiesen, scheidet ein Schadensersatzanspruch für eine zuvor nach § 247 FamFG ergangene Unterhaltsanordnung aus. Lediglich im Kontext einer auf § 248 FamFG gestützten Anordnung sieht § 248 V 2 FamFG eine darauf gestützte **Schadensersatzpflicht** vor. Der Gesetzgeber hat diese – abweichend von der bisherigen Rechtslage – im Übrigen, wie durch § 119 I 2 FamFG zum Ausdruck kommt, für den weiteren Bereich des einstweiligen Rechtsschutzes in Unterhaltssachen nicht ändern wollen.³²⁸ Deshalb ist auch keine Regelungslücke erkennbar, die Anlass für die Begründung einer Ersatzpflicht analog § 248 V 2 FamFG geben könnte.³²⁹

3. Die einstweilige Anordnung bei Feststellung der Vaterschaft (§ 248 FamFG)

469 Der wegen der Geburt eines nichtehelichen Kindes in Unterhaltssachen (§§ 111 Nr. 8, 112 Nr. 1 FamFG) bestehende einstweilige Rechtsschutz endet, sofern ein solcher zunächst gemäß § 247 FamFG stattgefunden hat, spätestens mit Ablauf der diesem Verfahren gesetzten Fristen. Sie sind nicht verlängerbar. Einer Heranziehung des Grundtatbestandes aus § 246 FamFG für die Anordnung von Unterhaltszahlungen in der Folgezeit steht aber in diesem Fall vorerst weiter die **Rechtsausübungssperre** (§ 1600d IV BGB) entgegen. Deshalb verknüpft das Gesetz einen weiteren einstweiligen Rechtsschutz für das nichteheliche Kind und die betreuende Mutter mit der Einleitung eines Hauptsacheverfahrens zur Klärung der Vaterschaft. Die besonderen Voraussetzungen für ein entsprechendes Anordnungsverfahren in dieser Situation erfasst § 248 FamFG, soweit sie von den allgemeinen Regeln (§§ 246, 247, 50–57 FamFG) abweichen und diese ergänzen.³³⁰ Die Regelungen verdrängen im Übrigen in ihrem Anwendungsbereich einen (im Einzelfall noch) konkurrierenden einstweiligen Rechtsschutz aus § 247 FamFG.³³¹ Durch die Anbindung an ein **abstammungsrechtliches Hauptsacheverfahren** hält das Anordnungsverfahren mit § 248 I und V 1 FamFG – im Unterschied zu §§ 246, 247 FamFG – einerseits an der Akzessorietät der Vorgängerregelung des § 641d ZPO aF fest. Andererseits handelt es sich aber nunmehr um ein selbständiges Verfahren (§ 51 III 1 FamFG).

470 **a) Zulässigkeit des Anordnungsverfahrens.** Spezifische Zulässigkeitsvoraussetzung³³² für eine auf § 248 FamFG zu stützende einstweilige Anordnung ist zunächst die Anhängigkeit eines auf **Feststellung der Vaterschaft** nach § 1600d BGB gerichteten Antrags.³³³ Damit scheidet ein negativer Feststellungsantrag für eine Anknüpfung ebenso aus wie andere Abstammungssachen (§ 169 FamFG). Allerdings ist das Kind nicht gehindert, sich im Wege des **Widerantrags** einem negativen Feststellungsantrag anzuschließen, um zu seinen Gunsten die Zulässigkeitsvoraussetzungen für einen einstweiligen Rechtsschutz nach § 248 FamFG zu schaffen.³³⁴ Die Verbindung mit einem Antrag auf Unterhalt nach § 237 FamFG ist nicht erforderlich, zumal dieser zur Höhe ohnehin nur auf den Mindestunterhalt gerichtet sein kann, die einstweilige Anordnung indessen entsprechenden Bindungen nicht unterliegt. Der Antragsteller ist auch nicht gezwungen, sich am Feststellungsverfahren zu beteiligen. Demgegenüber sieht das Anordnungsverfahren ein Antragsrecht des betreuenden und die Feststellung seiner Vaterschaft betreibenden Vaters nicht vor. Einstweiliger Rechtsschutz nach § 248 FamFG scheidet aus, wenn die Vaterschaft angefochten oder die Feststellung der Unwirksamkeit eines Vaterschaftsanerkenntnisses verfolgt wird. Selbst für

---

³²⁷ Gießler/Soyka Rn. 365.
³²⁸ BT-Drs. 16/6308, 226.
³²⁹ Musielak/Borth FamFG § 247 Rn. 6.
³³⁰ BT-Drs. 16/6308, 260.
³³¹ Gießler/Soyka Rn. 423.
³³² MüKoFamFG/Pasche § 248 Rn. 7.
³³³ BT-Drs. 16/6308, 260.
³³⁴ Keidel/Giers FamFG § 248 Rn. 2.

eine nur analogen Anwendung von § 248 FamFG ist kein Raum, weil in diesen Konstellationen von einer bestehenden Vaterschaft auszugehen ist, mithin die Voraussetzungen gegeben sind, unter denen die Unterhaltsberechtigten einstweiligen Rechtsschutz gemäß § 246 FamFG erlangen können.

Der Antrag auf Erlass einer einstweiligen Unterhaltsanordnung kann gestellt werden, sobald der Antrag auf Feststellung der Vaterschaft anhängig ist. Rechtshängigkeit muss nicht eingetreten sein. Während die Vorgängerregelung des § 641d ZPO aF der **Anhängigkeit der Hauptsache** einen Antrag auf Bewilligung von Prozesskostenhilfe gleichstellte, hat der Gesetzgeber diese Möglichkeit in § 248 I FamFG nicht übernommen. Teilweise wird deshalb betont, es müsse sich, da man die Rechtsstellung des nichtehelichen Kindes und seiner Mutter nicht habe verschlechtern wollen, um ein Redaktionsversehen handeln, zumal der Gesetzgeber auch sonst im einstweiligen Rechtsschutz den Antrag auf Verfahrenskostenhilfe für ein Hauptsacheverfahren dem Antrag in der Hauptsache selbst gleichstelle (§ 52 II FamFG).[335] Gegen ein Redaktionsversehen steht indessen zum einen die inhaltsgleiche Regelung in § 237 FamFG für ein Hauptsacheverfahren betreffend den Kindesunterhalt im Kontext nicht geklärter Vaterschaft.[336] Darüber hinaus ist auch nicht ersichtlich, dass mit der neuen Rechtslage notwendigerweise eine Schlechterstellung des Kindes verbunden wäre. Denn im Vorfeld des anhängigen Feststellungsverfahrens erfolgt der einstweilige Rechtsschutz nach § 247 FamFG. Zwar sind danach nur zeitlich befristete Maßnahmen möglich. Doch erscheinen sie ausreichend bemessen, um das minderjährige Kind, vertreten durch die Kindesmutter oder den jeweiligen gesetzlichen Vertreter in den Stand zu versetzen, die Erfolgsaussichten für das Feststellungsverfahren nachzuweisen sowie die Bewilligung von Verfahrenskostenhilfe und die Einreichung eines Feststellungsantrags sicherzustellen.

b) Regelungsvoraussetzungen. aa) Anordnungsanspruch. Der durch § 248 FamFG im Wege einstweiligen Rechtsschutzes zuzubilligende Unterhalt beruht auf der Fortschreibung der zuvor schon bestehenden und durch einstweilige Anordnung gemäß § 247 FamFG aktualisierten Unterhaltsberechtigungen. Beim Kindesunterhalt handelt es sich weiterhin um den nunmehr **unbefristeten Barunterhaltsanspruch** des Kindes (§§ 1601 ff., 1610 BGB) gegenüber dem nicht betreuenden, aber durch § 1600d II BGB vermuteten Vater. Die Kindesmutter kann sich vorerst für ihre fortbestehende und durch die Vaterschaftsvermutung vermittelte Unterhaltsberechtigung auf § 1615l BGB berufen. Zur Höhe und Umfang unterliegt die Rechtsverfolgung keinen Beschränkungen mit der Ausnahme, dass Zahlungen erst für den Unterhaltszeitraum ab Antragstellung verlangt werden kann.[337] Die Gewährung von Sozialleistungen hindern die Geltendmachung des Unterhalts nicht, zwingen aber zu Antragsanpassungen im Laufe des Verfahrens (analog § 265 II ZPO). Den Unterhaltsberechtigten steht der **volle laufende Unterhalt**[338] zu, der sich beim Kindesunterhalt aus der Lebensstellung des vermuteten Vaters, beim Betreuungsunterhalt der Mutter aus deren erlangter Lebensstellung ableiten lässt. Die Begrenzung auf einen **Mindestunterhalt**[339] sieht das Gesetz insbesondere im Unterschied zu § 237 III FamFG nicht vor. Allerdings können die Unterhaltsberechtigten sich hierauf insbesondere bei unübersichtlichen Einkommensverhältnissen des Unterhaltspflichtigen wegen der sie ansonsten treffenden Darlegungs- und Beweislast berufen. Daneben ist die Geltendmachung eines **Sonderbedarfs** nicht ausgeschlossen.

Umstritten ist allerdings, ob hierunter auch ein **Verfahrenskostenvorschuss** fällt, den das Kind oder die Mutter für das Statusverfahren benötigt. Wird neben der Unterhaltsverpflichtung als solcher noch auf eine besondere Verantwortung des Unterhaltspflichtigen gegenüber dem Unterhaltsberechtigten abgestellt, kann die Vorschusspflicht gegen-

---

[335] Prütting/Helms/Bömelburg FamFG § 248 Rn. 5; Keidel/Giers FamFG § 248 Rn. 3; Johannsen/Henrich/Maier Familienrecht FamFG § 248 Rn. 3.
[336] Bork/Jacoby/Schwab/Hütter FamFG § 248 Rn. 2.
[337] Gießler/Soyka Rn. 397.
[338] Johannsen/Henrich/Maier Familienrecht FamFG § 248 Rn. 4; MüKoFamFG/Pasche § 248 Rn. 4.
[339] Bork/Jacoby/Schwab/Hütter FamFG § 248 Rn. 3 (Existenzminimum).

über dem Kind ernsthaft nicht in Frage gestellt werden.³⁴⁰ Entgegen OLG Koblenz³⁴¹ erscheint diese Verpflichtung auch nicht unangemessen vor dem Hintergrund, dass die Unterhaltpflicht im laufenden Klageverfahren erst noch geklärt werden soll. Diese Wertung hat der Gesetzgeber durch die Regelungen des § 248 FamFG im Sinne des Kindes entschieden. Aber auch gegenüber der nichtehelichen Mutter ist von einer allerdings zeitlich begrenzten gesteigerten Verantwortung des „glaubhaft gemachten" Kindesvaters auszugehen, die eine Verpflichtung zur Zahlung eines Verfahrenskostenvorschusses trägt.³⁴²

474 **bb) Anordnungsgrund.** Während § 641d II 3 ZPO aF noch ausdrücklich verlangte, dass der Antragsteller ungeachtet der Anspruchsvoraussetzungen die **Notwendigkeit** einer einstweiligen Anordnung darzulegen und glaubhaft zu machen hatte, stellt § 248 FamFG an das Anordnungsverfahren weder entsprechende Voraussetzungen noch verlangt die Vorschrift in Abgrenzung zu § 49 I FamFG ein dringliches Regelungsbedürfnis. Deshalb steht einer einstweiligen Anordnung im Unterschied zum vorherigen Rechtslage³⁴³ nicht mehr entgegen, wenn Mutter und Kind freiwillige Leistungen von Dritten erhalten. Auch Sozialleistungen (SGB II, SGB XII oder UVG) rechtfertigen keine Versagung des einstweiligen Rechtsschutzes. Erforderlich ist aber auch hier, wie in den Fällen der auf §§ 246, 247 FamFG gestützten einstweiligen Anordnungen, das **spezifische Bedürfnis** nach einer Eilentscheidung.³⁴⁴ Dies dürfte typischerweise dann der Fall sein, wenn die Beteiligten über Grund und Umfang einer Unterhaltsverpflichtung streiten,³⁴⁵ was im Fall des § 248 FamFG schon dann der Fall ist, wenn der Antragsgegner im Abstammungsverfahren dem Begehren des Kindes entgegentritt. Ein Anordnungsgrund entfällt nicht dadurch, dass der Unterhaltspflichtige erstinstanzlich mit dem Feststellungsbeschluss in der Hauptsache zur Zahlung von Kindesunterhalt (§ 237 FamFG) verpflichtet worden ist, weil die Wirksamkeit der Verurteilung zu Unterhaltszahlungen von der Rechtskraft des Endentscheidung in der Abstammungssache abhängt (§ 237 IV FamFG).

475 Während in Unterhaltssachen der einstweilige Rechtsschutz ansonsten allgemein auf die Zahlung von Unterhalt gerichtet ist, bestimmt § 248 IV FamFG, wie schon die Regelung in § 641d I 2 ZPO aF, dass das Gericht auch die Verpflichtung des vermeintlichen Vaters zur **Sicherheitsleistung** in bestimmter Höhe für den Unterhalt anordnen kann. Es handelt sich um eine Ermessenentscheidung des Gerichts, bei der insbesondere der Grad der Wahrscheinlichkeit für den Nachweis der Anspruchsvoraussetzungen eine bestimmende Rolle spielt und im Verlauf des Anordnungsverfahrens – auf Antrag – auch zu Anpassungen der gerichtlichen Entscheidung führt. Zudem können Unterhaltszahlung und Sicherheitsleistung nebeneinander angeordnet werden, wenn auch die **Gefährdung** des erst zukünftig fällig werdenden Unterhalts glaubhaft gemacht wird.³⁴⁶ Scheidet die Anordnung von Unterhaltszahlungen aus, etwa wenn der Unterhaltsberechtigte sein Vorbringen nicht hinreichend glaubhaft gemacht hat oder freiwillige Leistungen Dritter ebenso wie Sozialleistungen den laufenden Unterhalt des Kindes und der Mutter sicherstellen, kann das Gericht – allerdings nur auf entsprechenden Antrag – gleichwohl bestimmen, dass der Mann für den Unterhalt Sicherheit zu leisten hat.³⁴⁷ Mit dieser Maßnahme soll erreicht werden, dass der Unterhaltspflichtige für den Fall der rechtskräftigen Feststellung der Vaterschaft, die seit Antragstellung während des Hauptsacheverfahrens **aufgelaufenen Unterhaltsrückstände** erfüllen kann. Entsprechend bemisst sich auch die **Sicherheitsleistung**.³⁴⁸ Der Unterhaltsberechtigte muss eine sich abzeichnende Ratenzahlung nicht hinnehmen. Die Art der Sicherheit obliegt der Ent-

---

³⁴⁰ OLG Düsseldorf FamRZ 1995, 1426.
³⁴¹ OLG Koblenz FamRZ 1999, 241.
³⁴² MüKoFamFG/Pasche § 248 Rn. 4; Gießler/Soyka Rn. 461.
³⁴³ So noch OLG Koblenz FamRZ 2006, 1137.
³⁴⁴ MüKoFamFG/Pasche § 248 Rn. 6.
³⁴⁵ Musielak/Borth FamFG § 246 Rn. 8.
³⁴⁶ Gießler/Soyka Rn. 401.
³⁴⁷ OLG Düsseldorf FamRZ 1994, 111; a. A. OLG Karlsruhe FamRZ 1990, 422.
³⁴⁸ OLG Düsseldorf FamRZ 1994, 840.

scheidung des Gerichts, wobei vorrangig Einzahlungen auf ein Sperrkonto des Kindes oder des Jugendamtes in Betracht kommen.[349]

c) Das Verfahren. Das selbständige Anordnungsverfahren beginnt mit der Einreichung eines bezifferten – nach § 1612a BGB auch dynamischen – Antrags bei Gericht. Er kann zu Protokoll der Geschäftsstelle erklärt werden. Einer anwaltlichen Mitwirkung bedarf es, zumal eine solche auch in der Abstammungssache (§ 169 Nr. 1 FamFG) entbehrlich ist, nicht (§ 114 IV Nr. 1 FamFG). **Zuständig** ist das **Gericht** des ersten Rechtszuges und, wenn die Abstammungssache in der Beschwerdeinstanz schwebt, das Oberlandesgericht (§ 248 II FamFG). War zuvor noch ein bis dahin nicht beschiedener Antrag auf Erlass einer einstweiligen Anordnung bei dem Familiengericht eingegangen, dauert dessen Zuständigkeit fort **(perpetuatio fori).** Der Fall, dass sich die Abstammungssache im **Rechtsbeschwerdeverfahren** befindet, wird durch § 248 II FamFG nicht erfasst. Maßgebend sind danach die allgemeinen Vorschriften, die durch § 50 I 1 FamFG auch insoweit wieder die Zuständigkeit des ersten Rechtszuges vorgeben.[350] Für eine Zuständigkeit in diesem Fall des Beschwerdegerichts als „letzter Tatsacheninstanz", worauf die Gegenmeinung[351] abstellen will, fehlt es in Ansehung der gesetzlichen Regelung in § 248 II FamFG an einer zureichenden gesetzlichen Anknüpfung. Die Antragsbefugnis von Mutter und Kind besteht unabhängig von der jeweiligen Beteiligtenstellung. Erhalten die Anordnungsberechtigten im Verlauf des Anordnungsverfahrens Leistungen Dritter, die mit einem gesetzlichen Forderungsübergang verbunden sind, ist dem durch Anpassung des Antrags (analog § 265 II ZPO) Rechnung zu tragen. 476

Über den Antrag entscheidet das Gericht im **summarischen Verfahren** mit den Beweisanforderungen der Glaubhaftmachung (§ 51 I 2 FamFG iVm § 294 ZPO), beschränkt allerdings, soweit abstammungsrechtliche Vorfragen in Rede stehen, durch den **Amtsermittlungsgrundsatz.**[352] Im Übrigen gelten auch für eine auf § 248 FamFG zu stützende einstweilige Anordnung die Grundsätze der **Glaubhaftmachung** für die **doppelten Anspruchsvoraussetzungen**, wie sie dem Anordnungsverfahren nach § 247 FamFG eigen sind (→ Rn. 465). 477

Über den Antrag, der das Gericht bindet (§ 308 I ZPO), ist zwar abweichend von der Regelung in § 641d II 4 ZPO aF nicht mehr zwingend mündlich zu verhandeln. Gleichwohl bleibt in der Regel eine **mündliche Verhandlung** nunmehr entsprechend § 246 II FamFG geboten. Ein Säumnisverfahren findet nicht statt (§ 51 I 3 FamFG). Da die Sicherheitsleistung im Vergleich mit Unterhaltszahlungen ein Minus darstellt, kann das Gericht statt der begehrten Zahlung eine Sicherheitsleistung anordnen. Das gilt folgerichtig nicht für den umgekehrten Fall. Die gerichtliche Entscheidung, die das Unterhaltsbegehren erledigt, ergeht durch zu begründenden Beschluss, der, weil es sich um eine **Endentscheidung** handelt, nach Form und Inhalt den Anforderungen von §§ 116, 38 FamFG genügen und (anders noch § 641d IV ZPO aF) mit einer Kostenentscheidung (§ 51 IV FamFG) sowie einer Rechtsbehelfsbelehrung (§ 39 FamFG) versehen werden muss (→ Rn. 421).

Soweit § 52 II FamFG in Unterhaltssachen den Antrag vorsieht, unter Fristsetzung den durch die einstweilige Anordnung begünstigten Beteiligten zur **Einleitung eines deckungsgleichen Hauptsacheverfahrens** gerichtlich verpflichten zu lassen, dürfte dieser Regelung im Kontext einer zu § 248 FamFG ergangenen einstweiligen Anordnung nur geringe Bedeutung zukommen. Soweit der Unterhalt der betreuenden Mutter in Rede steht (§ 1615l II BGB), bedarf es zunächst der **rechtskräftigen Feststellung** der **Vaterschaft**, so dass jedenfalls bis zum rechtskräftigen Abschluss der Abstammungssache die Anknüpfung für ein deckungsgleiches Hauptsacheverfahren, das die Mutter einleiten könnte, fehlt. Erst in der Folgezeit kann der durch die einstweilige Anordnung belastete Beteiligte, sofern die Anordnung nicht bis zur Rechtskraft der Hauptsache im Abstammungsverfahren befristet war, mit Aussicht auf Erfolg ein unterhaltsrechtliches Hauptsacheverfahren erzwingen. Wird der Sinn der Regelung in § 52 II FamFG dahin verstanden, 478

---

[349] OLG Düsseldorf FamRZ 1994, 111.
[350] Prütting/Helms/Bömelburg FamFG § 248 Rn. 13.
[351] Johannsen/Henrich/Maier FamFG § 248 Rn. 7.
[352] Keidel/Giers FamFG § 248 Rn. 9.

dass demjenigen, der durch die einstweilige Unterhaltsanordnung belastet ist, die Möglichkeit erhalten bleiben soll, in einem Hauptsacheverfahren die Unterhaltsverpflichtung abschließend klären zu lassen,[353] dürfte der Erfolg des entsprechenden Antragsrechts auch gegenüber dem Kindesunterhalt begrenzt bleiben. Zwar sieht § 237 FamFG die Möglichkeit vor, in Verbindung mit dem Abstammungsverfahren in einem Hauptsacheverfahren auch den Kindesunterhalt gegen den vermuteten Vater geltend zu machen. Indessen ist das Begehren im Unterschied zu der möglichen Unterhaltsregelung durch einstweilige Anordnung, die auf den **vollen Unterhalt** gerichtet sein kann,[354] zur Höhe begrenzt auf den **Mindestunterhalt**. Überdies wird eine darauf gestützte Entscheidung vor Rechtskraft des Beschlusses, der die Vaterschaft feststellt, nicht wirksam (§ 237 IV FamFG).

479 Während § 641d III ZPO aF noch die sofortige Beschwerde als **Rechtsmittel** gegen die nach § 641d I ZPO aF erlassene einstweilige Unterhaltsanordnung vorsah, unterliegt die zu § 248 FamFG ergehenden Endentscheidungen den allgemeinen Regeln für Unterhaltsanordnungen entsprechend **keiner Anfechtung** mehr (§ 57 S. 1 FamFG). Korrekturen der Entscheidung sind allerdings möglich im Rahmen eines **Abänderungsverfahrens** (§ 54 FamFG). Dabei kann, abgesehen von den für die Unterhaltsbemessung maßgebenden Gesichtspunkten (Einkommen, Arbeitslosigkeit, Erwerbsobliegenheit etc), auch der jeweiligen Entwicklung im abstammungsrechtlichen Hauptsacheverfahren Rechnung getragen werden (zB Abstammungsgutachten, Ergebnis einer Beweisaufnahme über die Vernehmung von Zeugen zum Mehrverkehr). Allerdings bleibt die Beweisaufnahme auch im Abänderungsverfahren auf die durch § 294 II ZPO bestimmten Möglichkeiten begrenzt. Insbesondere ist die Einholung von **Sachverständigengutachten** ausgeschlossen. Unberührt von einer Korrektur über das Abänderungsverfahren bleibt die weitere Rechtsverfolgung durch den auf Unterhalt in Anspruch genommenen Antragsgegner mit Hilfe eines **negativen Feststellungsantrages**, Vollstreckungsabwehr- und gegebenenfalls Bereicherungsantrages (vgl. hierzu vertieft → Rn. 438 bis 444).

480 Wird in der Hauptsache die Vaterschaft **rechtskräftig festgestellt,** lässt dies den Bestand einer einstweiligen Anordnung, sofern nicht befristet, unberührt. Spätere Abänderungen im einstweiligen Rechtsschutz folgen den Verfahrensregeln nach § 246 FamFG. Das **Außerkrafttreten** der einstweiligen Anordnung richtet sich dann im Wege „anderweitiger Regelungen" nach § 56 I FamFG. Zu einer solchen kommt es insbesondere dann, wenn die Beteiligten im Hauptsacheverfahren in der Unterhaltssache folgen lassen. Hierzu zählen neben rechtskräftigen Beschlüssen in ordentlichen Streitverfahren über beziffertem und dynamisierten Unterhalt auch vollstreckbare Urkunden (§ 794 I Nr. 1 und 5 ZPO), Jugendamtsurkunden und Beschlüsse im vereinfachten Verfahren (§§ 249 ff. FamFG). Wird der Unterhalt durch Vergleich oder vollstreckbare Urkunde tituliert, hängt das Ausmaß der durch § 56 I FamFG bestimmten Wirkungen davon ab, ob der Titel den Unterhalt insgesamt oder nur teilweise erledigen soll. Bleibt danach noch ein Teilbetrag offen, gilt die einstweilige Anordnung insoweit fort.

481 Allerdings liegt der gesetzlichen Konzeption in § 56 FamFG die Verknüpfung zwischen dem Anordnungsverfahren und einem **deckungsgleichen Hauptsacheverfahren** zugrunde. Davon kann aber im Verhältnis zwischen Unterhaltsanordnung und Abstammungsverfahren nicht ausgegangen werden. Deshalb erweitert § 248 V 1 FamFG den allgemeinen Regelungsbereich für das Außerkrafttreten um zwei Fälle. Nach dieser Vorschrift tritt die Unterhaltsanordnung, abgesehen von dem Fall der **Antragsrücknahme** im Hauptsacheverfahren, außer Kraft, wenn der Antrag in der Abstammungssache **rechtskräftig** (anders noch § 641f ZPO aF: schon bei Klageabweisung) **abgewiesen** ist. Beruht die Abweisung auf einer erstinstanzlichen Entscheidung, die allerdings noch nicht rechtskräftig ist, muss der Antragsgegner ein Abänderungsverfahren mit der Möglichkeit einer Aussetzung der Vollstreckung (§ 55 FamFG) anstrengen, um eine Beseitigung seiner titulierten Unterhaltsverpflichtung zu erreichen. In diesem Verfahren ist die Frage, ob das Bestehen der Vaterschaft noch als hinreichend wahrscheinlich angesehen werden kann, eigenständig auf der Grundlage des hier maßgeblichen Verfahrensstoffs zu beur-

---

[353] BT-Drs. 16/6308, 201.
[354] Johannsen/Henrich/Maier FamFG § 248 Rn. 4; MüKoFamFG/Pasche § 248 Rn. 4.

teilen.³⁵⁵ Erklären die Beteiligten das Abstammungsverfahren in der **Hauptsache** übereinstimmend für **erledigt**, dürfte die Unterhaltsanordnung analog § 248 V 1 FamFG außer Kraft treten. Dies wird ferner angenommen im Fall des **Todes eines Beteiligten**, obwohl eine **Erledigung des Abstammungsverfahrens** nur unter den Voraussetzungen von § 181 FamFG eintreten kann, wonach der Hinweis des Gerichts, das Verfahren werde nur auf Verlangen fortgesetzt, erfolgt und innerhalb einer Frist von einem Monat das Fortsetzungsverlangen ausgeblieben sein muss. Bei einer entsprechenden gesetzlichen Ausgangslage drängt es sich vorerst auf, die notwendige Rechtsklarheit aus Sicht des belasteten Beteiligten neben einem Feststellungsantrag (§ 56 III 1 FamFG) vorsorglich mit einem Abänderungsantrag (§ 54 FamFG) und entsprechendem Vollstreckungsschutz (§ 55 FamFG) zu verbinden.³⁵⁶

482 Nach Rücknahme des Antrags auf Vaterschaftsfeststellung oder nach dessen rechtskräftiger Abweisung hat der Antragsteller, Kind und/oder Mutter, dem Antragsgegner den Schaden zu ersetzen, der ihm aus der **Vollziehung** der **einstweiligen Anordnung** entstanden ist (§ 248 V 2 FamFG). Neben Ersatz für geleistete Unterhaltszahlungen ist auch der durch die Anordnung von Sicherheitsleistungen entstandene Schaden auszugleichen. Hat der Antragsgegner im Wege des Regresses (§ 1607 III BGB) von dem biologischen Vater Ersatz für erbrachte Unterhaltsleistungen erhalten, mindern die Leistungen seinen nach § 248 V 2 FamFG auszugleichenden Schaden. Allerdings muss er sich gegenüber dem Kind und der Mutter nicht vorrangig auf diese Ersatzmöglichkeit verweisen lassen.³⁵⁷

483 Eine Schadensersatzverpflichtung besteht ferner, wenn die Beteiligten eine mögliche Unterhaltsanordnung durch **Vereinbarung** oder **Vergleich** abgelöst haben.³⁵⁸ Sie ist nicht gegeben, wenn es im Zuge eines Vaterschaftsanerkenntnisses zu einer Erledigung der Hauptsache im Abstammungsverfahren gekommen ist.³⁵⁹ Es handelt sich um einen **verschuldensunabhängigen Schadensersatzanspruch**, angelehnt an die Regelungen in §§ 717 II, 945 ZPO, so dass der Entreicherungseinwand des Antragstellers ausgeschlossen ist. Allerdings beschränkt sich der zu ersetzende Schaden auf die Vollziehung der einstweiligen Anordnung. Er umfasst auch die freiwilligen Unterhaltszahlungen, soweit sie auf Grund der Anordnung erbracht worden sind. Andere Schuldtitel sind von der Ersatzpflicht ausgeschlossen. Hier kann der Antragsteller im Fall von Überzahlungen nur mit dem Bereicherungsantrag reagieren. Dies ist ferner der Fall, wenn die Vaterschaft festgestellt wird, sich im Nachhinein aber herausstellt, dass die Antragsteller überhöhten Unterhalt erhalten haben. Insoweit steht der Antragsgegner einem Beteiligten gleich, der auf Grund einer nach § 246 FamFG ergangenen Anordnung Unterhalt gezahlt hat, so dass auch selbst eine analoge Anwendung von § 248 V 2 FamFG ausscheidet.³⁶⁰

4. Konkurrenzen

484 Im Anwendungsbereich der §§ 246–248 FamFG sind im Unterschied zu den §§ 644, 620 ZPO aF **Überschneidungen** beim Erlass von Unterhaltsanordnungen grundsätzlich **ausgeschlossen**. Sind die personenstands- und abstammungsrechtlichen Vorfragen geklärt, richtet sich der einstweilige Rechtsschutz ausschließlich nach § 246 FamFG. Steht diesem vor oder nach der Geburt eines Kindes die Rechtsausübungssperre entgegen, kann einstweiliger Rechtsschutz, nach Höhe und Zeit begrenzt, gemäß § 247 FamFG gewährt werden. Dieser endet, wenn nicht schon wegen Fristablauf, jedenfalls mit Anhängigkeit eines Vaterschaftsfeststellungsverfahrens. Ergeht für die Folgezeit eine Unterhaltsanordnung nach § 248 FamFG, wirkt diese, sofern nicht befristet, über den Zeitpunkt der rechtskräftigen Feststellung der Vaterschaft hinaus und steht im Abänderungsverfahren einer nach § 246 FamFG erlassenen Unterhaltsanordnung gleich.

---
³⁵⁵ BT-Drs. 16/6308, 260.
³⁵⁶ Prütting/Helms/Bömelburg FamFG § 248 Rn. 21.
³⁵⁷ MüKoFamFG/Pasche § 248 Rn. 13.
³⁵⁸ Prütting/Helms/Bömelburg FamFG § 248 Rn. 22a.
³⁵⁹ Prütting/Helms/Bömelburg FamFG § 248 Rn. 22a.
³⁶⁰ MüKoFamFG/Pasche § 248 Rn. 13.

II. Der Arrest in Unterhaltssachen (§ 119 II FamFG, §§ 916 ff. ZPO)

1. Verfahrensvoraussetzungen

485 **a) Verfahrensziel.** Während der einstweilige Rechtsschutz in der Ausgestaltung durch die einstweilige Anordnung in Unterhaltssachen, soweit es sich um Familienstreitsachen handelt, abgesehen von den Ausnahmeregelungen in § 247 II 2 FamFG und § 248 IV FamFG auf Zahlung von Unterhalt gerichtet ist, dient der Arrest seiner zivilprozessualen Herkunft entsprechend nur der **Sicherung der Zwangsvollstreckung** wegen einer Unterhaltsforderung. Nie führt er zur Befriedigung, etwa durch Überweisung (§ 835 ZPO).[361] Er ist daher für Unterhaltszwecke im Allgemeinen von geringer Bedeutung, jedenfalls wenn es um die Befriedigung des Existenzminimums geht. Gleichwohl lassen sich in der familiengerichtlichen Rechtspraxis Konstellationen finden,[362] in denen zwar keine akute Unterhaltsbedürftigkeit besteht, aber zureichende Anhaltspunkte für eine konkrete **Gefährdung künftiger Unterhaltsansprüche** besteht. Gemäß § 119 II 1 FamFG hält der Gesetzgeber am Arrest als besonderem Rechtsschutzinstrument auch in Familienstreitsachen fest. Verfahrensrechtlich maßgebend sind – ungeachtet der sonstigen Verweisungen auf zivilprozessuale Vorschriften (§§ 113 I 2, 120 I FamFG) – kraft ausdrücklicher Bezugnahme die Arrestvorschriften der ZPO (§ 119 II 2 FamFG). Ist das Hauptsacheverfahren bereits rechtskräftig abgeschlossen, fehlt es für ein entsprechendes Arrestverfahren an dem notwendigen **Rechtsschutzbedürfnis**, nicht aber bei einem schon oder noch anhängigen Verfahren.

486 **b) Anordnungsanspruch und Anordnungsgrund.** Dem einstweiligen Anordnungsverfahren vergleichbar knüpft das Arrestverfahren an das Vorhandensein eines **Arrestanspruchs** (§ 916 ZPO) und eines **Arrestgrundes** (§§ 917, 918 ZPO) an. Soweit der Arrestanspruch in Rede steht, ist auf das jeweilige gesetzliche Unterhaltsrechtsverhältnis abzustellen. Der zu sichernde Unterhaltsanspruch kann dabei auf den **vollen Unterhalt**[363] gerichtet sein, zudem rückständigen, aber auch zukünftig fällig werdenden Unterhalt umfassen. Einschränkungen resultieren hierbei allerdings aus der Sicherungsfunktion des Arrests. So fehlt es an einem Anordnungsgrund, wenn der **rückständige Unterhalt** bereits tituliert ist.[364] Bei der Sicherung von erst **künftig fällig werdenden Unterhaltsansprüchen** stellt sich die Frage nach dem Umfang des zu sichernden Unterhaltszeitraums. Hier gibt zunächst die Bestimmung über die Anordnung der Einleitung eines Hauptsacheverfahrens (§ 926 I ZPO) in der Weise eine Zeitschranke vor, als sicherungsfähig erst ein in der Hauptsache **klagbarer Unterhaltsanspruch** sein kann.[365] Für einen nachehelichen Unterhaltsanspruch folgt daraus, dass er erst ab Rechtshängigkeit des Scheidungsantrags durch Arrest gesichert werden kann.[366] Im Übrigen bestehen für die zeitliche Bemessung des zu sichernden zukünftigen Unterhalts keine weiteren gesetzlichen Vorgaben. Auch hier handelt es sich, wie in einem Hauptsacheverfahren, um das Ergebnis einer **Prognoseentscheidung,** in deren Vordergrund die voraussichtliche Entwicklung des jeweiligen Unterhaltsanspruchs steht, mithin zB der Eintritt einer Erwerbsobliegenheit, das Ausscheiden aus dem Erwerbsleben oder auch die Befristung des Unterhaltsanspruchs.[367] Zudem muss die Arrestanordnung auch die wirtschaftliche Bewegungsfreiheit des Unterhaltspflichtigen wahren, zumal es sich um eine Voraussetzung für die prognostizierte Unterhaltsbemessung handelt. Der jeweilige Sicherungszeitraum kann hiernach nur einzelfallbezogen erfasst werden.[368] Ein Zeitraum von mehr als **fünf Jahren** muss allerdings als nicht mehr verläss-

---

[361] Vgl. BGH Rpfleger 1993, 292.
[362] Vgl. Menne FamRZ 2004, 7.
[363] Schulte-Bunert/Weinreich/Schwonberg FamFG § 119 Rn. 11; Frank in Koch UnterhaltsR-HdB § 8 Rn. 194.
[364] Schulte-Bunert/Weinreich/Schwonberg FamFG § 119 Rn. 11.
[365] OLG Düsseldorf FamRZ 1994, 111 (114).
[366] Prütting/Helms FamFG § 119 Rn. 6.
[367] Dose/Kraft, Einstweiliger Rechtsschutz, Rn. 442.
[368] OLG Hamm FamRZ 1995, 1427 (1428).

lich prognosefähig ausscheiden. Allgemein werden sicherungsfähige Unterhaltszeiträume von 2 bis 5 Jahren angenommen.³⁶⁹ Vergleichsweise geringen Schwankungen unterliegt erfahrungsgemäß die Bemessung des Kindesunterhalts, so dass hier im Einzelfall sogar weitergehend auf einen Unterhaltszeitraum auch bis zum Eintritt der Volljährigkeit abgestellt werden kann.³⁷⁰

c) Der persönliche Arrest. Das Arrestverfahren unterscheidet zum Arrestgrund zwischen einem dinglichen und einem persönlichen Arrest. Der **persönliche Sicherheitsarrest** findet nach § 918 ZPO nur statt, wenn er erforderlich ist, um die gefährdete Zwangsvollstreckung in das Vermögen des Unterhaltspflichtigen zu sichern. Der persönliche Sicherheitsarrest ist daher gerechtfertigt, wenn er keine oder **unzureichende Angaben** über den Verbleib **wesentlichen Vermögens** macht. Dem steht der Fall gleich, dass der Unterhaltspflichtige wesentliche Vermögensgegenstände **verschiebt** oder **verschleudert**.³⁷¹ Danach muss die Arrestanordnung unterbleiben, wenn der Unterhaltspflichtige kein Vermögen (mehr) hat. Die Dauer des Arrestvollzuges ist unter Wahrung des Grundsatzes der Verhältnismäßigkeit nach dem Maß der Schwierigkeiten zu bemessen, die einem Zugriff des Unterhaltsberechtigten auf vorhandenes Vermögen entgegenstehen. Kann der Unterhaltspflichtige die Lösungssumme ohne weiteres entrichten, so kann die Fortdauer der Arresthaft bis zur gesetzlichen Höchstgrenze von sechs Monaten gerechtfertigt sein.³⁷²

487

d) Der dingliche Arrest. Gemäß § 917 I ZPO findet der **dingliche Arrest** statt, wenn zu besorgen ist, dass ohne dessen Verhängung die Vollstreckung des Titels vereitelt oder wesentlich erschwert werden würde. Maßgebend hierfür ist die Sichtweise eines verständigen, gewissenhaft prüfenden Menschen.³⁷³ Während der persönliche Arrest durch Freiheitsbeschränkungen in der Person des Unterhaltspflichtigen mittelbar die Zwangsvollstreckung sichert, greift der dingliche Arrest unmittelbar in dessen Vermögen ein. In der familiengerichtlichen Praxis spielt nur der **dingliche Arrest** eine Rolle. Ein entsprechender Arrestgrund ist unter folgenden Voraussetzungen zu bejahen:

488

Es müssen konkrete Umstände vorhanden sein, aus denen sich hinreichend sicher ergibt, dass der Unterhaltspflichtige seinen Zahlungsverpflichtungen in Zukunft nicht nachkommen wird. **Bei relativ geringer Unterzahlung** oder **zeitlich schwankender Erfüllung** kann hiervon noch **nicht** ausgegangen werden.³⁷⁴ Neben der Gefährdung der künftigen Unterhaltszahlung stellt einen Arrestgrund auch die Gefahr dar, dass künftig die Durchsetzung der Ansprüche gefährdet ist; allerdings reicht hierfür eine **Verschlechterung der Vermögenslage** nicht aus, oder deshalb nicht, weil ohnehin eine Veränderung der wirtschaftlichen Verhältnisse möglicherweise auf eine Kürzung des materiell-rechtlichen Anspruchs selbst hinausläuft. Arrestgrund kann aber sein, dass der Unterhaltspflichtige **unbekannten Aufenthalts** ist oder sich **ins Ausland absetzt,** wesentliche Vermögenswerte veräußert oder ins Ausland verschiebt. Nicht notwendig muss der Arrestgegner mit dem entsprechenden Ziel Handlungen begonnen haben. Vielmehr genügt das Bestehen eines durch hinreichende Anhaltspunkte gestützten Verdachts. **Wohnt er im Ausland,** reicht dies aus, wenn die Arrestanordnung dort vollstreckt werden müsste (§ 917 II ZPO). Ist zu befürchten, dass der Unterhaltspflichtige seine letzten Vermögenswerte vor der Vollstreckung ausgibt (zB Verbrauch einer arbeitsrechtlichen Abfindung oder von Vermögenswerten, die für die Unterhaltsbemessung maßgebend sind),³⁷⁵ kann auch aus diesem Grund ein Arrest beantragt werden.³⁷⁶ Dass seine Einkommens- und Vermögenslage undurchsichtig erscheint, ist noch kein Arrestgrund. Erteilt der Unterhaltspflichtige über einen

---

³⁶⁹ OLG Düsseldorf FamRZ 1994, 111 (113); OLG Hamm FamRZ 1995, 1427; OLG Karlsruhe FamRZ 1996, 1429.
³⁷⁰ KG FamRZ 1985, 730.
³⁷¹ Dose/Kraft, Einstweiliger Rechtsschutz, Rn. 433.
³⁷² OLG Karlsruhe FamRZ 1996, 1429.
³⁷³ OLG Hamm FamFR 2011, 522.
³⁷⁴ OLG Karlsruhe FamRZ 1985, 507 bei drohender Konkurrenz anderer Gläubiger.
³⁷⁵ Dose/Kraft, Einstweiliger Rechtsschutz, Rn. 441.
³⁷⁶ OLG Hamm FamRZ 1980, 393.

§ 10　Verfahrensrecht

längeren Zeitpunkt keine Auskunft über seine Einkommensverhältnisse, stellt dies ebenfalls noch keinen Arrestgrund dar.[377]

489 Die Absicherung erst künftig fällig werdender Unterhaltsansprüche durch einen Arrest ist auch dann noch möglich, wenn bereits ein **vollstreckbarer Titel** vorliegt.[378] Denn die Vollstreckung aus einem Unterhaltstitel, der – entsprechend einem Dauerschuldverhältnis – fortlaufende Ansprüche umfasst, kann nicht vor Fälligkeit der jeweiligen Monatsunterhaltsbeträge erfolgen (§ 751 ZPO). Handelt es sich aber um **fällige Beträge,** die tituliert sind, ist kein Arrest mehr erforderlich. Dies ist auch der Fall, wenn der Unterhaltsberechtigte sich im Wege der **Vorratspfändung** (§ 850d III ZPO) absichern kann.[379] Allerdings nimmt die erst nach Erlass des Arrests entstandene Möglichkeit einer Vorratspfändung in die gepfändete Forderung dem Arrest das Rechtsschutzbedürfnis nicht mehr, weil eine solche nachträgliche Pfändungsmaßnahme keine über den Arrest hinausgehenden Vorteile erbringt. Auch wenn nach § 1585a BGB für den Unterhaltsberechtigten die Möglichkeit besteht, von dem Unterhaltspflichtigen für den künftigen Unterhalt eine Sicherheitsleistung zu verlangen, steht dies einer Arrestanordnung aus anderem Grund nicht entgegen.[380]

Da der Arrest nur der Absicherung des Unterhaltsberechtigen gegenüber dem Unterhaltspflichtigen dient, ist der jeweilige Unterhaltsanspruch und seine Rechtsnatur von untergeordneter Bedeutung, so dass ein einzelner Arrest gleichzeitig sowohl Trennungs- als auch nachehelichen Unterhalt absichern kann.[381] Verfahrensgegenstand eines Arrestverfahrens ist nicht die zu sichernde Geldforderung sondern der **Sicherungsanspruch** des Unterhaltsberechtigten.[382]

2. Verfahrensablauf

490 **a) Zuständigkeit.** Gemäß § 919 ZPO ist für die Anordnung des Arrests sowohl das **Gericht der Hauptsache** als wahlweise auch (§ 35 ZPO) das **Amtsgericht** zuständig, in dessen **Bezirk** sich der mit Arrest zu belegende Gegenstand oder die in ihrer persönlichen Freiheit zu beschränkende Person befindet. Allerdings wird das entsprechende Wahlrecht verdrängt, soweit eine nach § 232 II FamFG vorrangige ausschließliche Zuständigkeit gemäß § 232 I FamFG betroffen ist (→ Rn. 10 und 14). Gegenüber einem bereits rechtshängigen Arrestverfahren ist bei Identität des Anordnungsanspruchs ein nachfolgendes Arrestgesuch anderweitig unzulässig. Da es sich bei der Hauptsache um die gesetzlichen Unterhaltsansprüche des §§ 111 Nr. 8, 231 I FamFG handelt, ist für den Arrest in erster Linie das Amtsgericht (§ 23a Nr. 1 GVG), und zwar dort das **Familiengericht** (§ 23b GVG) zuständig.[383] Ist die Hauptsache in der Beschwerdeinstanz anhängig, besteht beim Oberlandesgericht (§ 119 I Nr. 1a GVG) die Zuständigkeit des Gerichts der Hauptsache (§ 943 I ZPO), dort bei Dringlichkeit auch die Zuständigkeit des Vorsitzenden (§ 944 ZPO).

491 **b) Einleitung und Verfahrensgrundsätze.** Gemäß § 920 ZPO bedarf es zur Einleitung des Arrestverfahrens eines **Arrestgesuchs,** welches **Arrestanspruch** und **Arrestgrund** benennt **und beide glaubhaft macht** (§§ 920 II, 294 ZPO). Im Übrigen finden für die Anordnung die allgemeinen Vorschriften der §§ 921–927 ZPO Anwendung, für die Vollziehung des Arrestes jene der §§ 928–934 ZPO. Das Arrestgesuch kann der Antragsteller **schriftlich** oder zu **Protokoll** eines jeden Amtsgerichts (§ 920 III ZPO iVm § 129a ZPO) anbringen. Hierfür ist anwaltliche Mitwirkung nicht erforderlich (§ 114 IV Nr. 6 FamFG). Eines Sachantrags, der an den Anforderungen von § 253 II Nr. 2 ZPO zu messen wäre, bedarf es nicht. Das Gesuch muss aber erkennen lassen, dass die Anordnung des persönlichen oder dinglichen Arrestes begehrt wird. Die Angabe der Lösungs-

---

[377] OLG München FamRZ 2000, 965.
[378] OLG Hamm FamRZ 1980, 391.
[379] OLG Zweibrücken FamRZ 2000, 966 (967).
[380] OLG Düsseldorf FamRZ 1994, 111 (114).
[381] OLG Hamm FamRZ 1995, 1427; OLG Düsseldorf FamRZ 1994, 111.
[382] Dose/Kraft, Einstweiliger Rechtsschutz, Rn. 431.
[383] BGH FamRZ 1980, 46.

3. Abschnitt: Vorläufige Regelung und Sicherung von Unterhaltsansprüchen § 10

summe (§ 923 ZPO) ist nicht erforderlich, da hierüber das Gericht von Amts wegen entscheidet. Über das Arrestgesuch kann das Gericht mündlich verhandeln. In diesem Fall wird eine anwaltliche Mitwirkung notwendig. Allerdings wird teilweise[384] eine erstinstanzliche Anwaltsvertretung unter Hinweis auf § 78 I ZPO als entbehrlich angesehen. Indessen kann dem nicht gefolgt werden. Das auf Sicherung von Unterhaltsansprüchen gerichtete Arrestverfahren betrifft eine Familienstreitsache, für die § 114 I FamFG auch eine erstinstanzliche Anwaltsvertretung vorsieht. Ausnahmeregelungen (§ 114 IV FamFG) sind nicht einschlägig. Gegenteilige Regelungen lassen sich auch nicht den besonderen Arrestvorschriften der ZPO entnehmen, auf die § 119 II FamFG verweist. Zutreffender Meinung[385] nach ist deshalb von einem **Anwaltszwang** für das Arrestverfahren auszugehen, sobald es zu einer mündlichen Verhandlung kommt.

c) Entscheidung. Abweichend von § 922 I 1 ZPO entscheidet das Gericht – in Ausübung pflichtgemäßen Ermessens auch nach fakultativer mündlicher Verhandlung – ausnahmslos durch **Beschluss** (§ 116 I FamFG). Kommt es zu einer **Arrestanordnung**, bestimmt das Gericht die Art des Arrestes, den zu sichernden Unterhaltsanspruch nach Grund und Höhe sowie die Lösungssumme für die Abwendungsbefugnis des Unterhaltspflichtigen, auf **Antrag** des Arrestbegünstigten zugleich über die begehrten Vollziehungsmaßnahmen (§§ 930–933 ZPO). Die Anordnung der sofortigen Wirksamkeit ist entbehrlich. Der Arrestbefehl bedarf auch sonst seiner Sicherungsfunktion entsprechend keiner Vollstreckbarerklärung (§ 708 Nr. 6 ZPO).[386] Eine Begründung ist für die Arrestanordnung nur angezeigt, wenn sie im Ausland geltend gemacht werden soll (§ 922 I 2 ZPO). Sie enthält darüber hinaus, wie die Entscheidung über die Zurückweisung des Arrestantrags, eine **Kostenentscheidung** (§ 243 FamFG). Die Festsetzung des **Verfahrenswertes** erfolgt in Ermangelung einer speziellen Regelung nach § 42 FamGKG und hat billigem Ermessen zu entsprechen. Nach OLG Frankfurt soll dabei im Regelfall der Wert mit $1/3$ der zu sichernden Hauptforderung anzunehmen sein.[387] Der Wert ist maßgebend auch für die Vergütung anwaltlicher Tätigkeit (§ 23 I RVG). Gerichtskosten fallen an wie im einstweiligen Anordnungsverfahren (§ 3 II FamGKG iVm KV 1420). Die anwaltliche Vergütung bemisst sich nach Nr. 3100, 3104 VV RVG.

d) Vollziehung. Der Fortbestand der erstrittenen Arrestanordnung steht nicht zur ungebundenen Disposition des Unterhaltsberechtigten. Vielmehr muss er hiervon durch Vollziehung, das ist die Vollstreckung der Sicherungsanordnung, Gebrauch machen. Demgemäß bestimmt § 929 II ZPO, dass die **Vollziehung** unstatthaft ist, wenn seit dem Tag, an dem der Arrestbefehl verkündet oder dem Beteiligten, auf dessen Gesuch er ergangen ist, zugestellt ist, ein Monat verstrichen ist. Die Vollziehung, die nur auf eine **Sicherung** der **glaubhaft** gemachten **Unterhaltsansprüche** gerichtet sein kann, nicht aber zu einer Erfüllung von Unterhaltsansprüchen führt, ist die tätige Bestätigung der im Erkenntnisverfahren vom Unterhaltsberechtigten geltend gemachten Dringlichkeit eines einstweiligen Rechtsschutzes durch rechtzeitige Mitwirkung zu seiner Durchsetzung.[388] Die Regelung soll im Übrigen durch eine zeitnahe Umsetzung der Anordnung Vollstreckungsmaßnahmen bei wesentlich veränderten Verhältnissen verhindern.[389] Die Vollziehungsfrist stellt **keine Notfrist** dar, so dass eine Heilung der Fristversäumnis ausscheidet, und kann durch Vereinbarung der Beteiligten nicht verlängert werden (§ 224 ZPO). Ohne Einfluss auf ihren Lauf bleibt auch der weitere Gang des Arrestverfahrens etwa nach Widerspruch (§ 924 I ZPO) oder im Beschwerdeverfahren. Allerdings führt die Einstellung der Zwangsvollstreckung aus dem Arrestbefehl zur Fristunterbrechung.[390] Wird die Arrestanordnung nach Aufhebung im Rechtsmittelverfahren erneut erlassen, bedarf es wiederum der Voll-

---

[384] Gießler/Soyka Rn. 310.
[385] Prütting/Helms FamFG § 119 Rn. 8; Schulte-Bunert/Weinreich/Schwonberg FamFG § 119 Rn. 19.
[386] FA-FamR/Schwonberg Kap. 1 Rn. 647.
[387] OLG Frankfurt FamRZ 2018, 1172.
[388] OLG Hamm FamRZ 1994, 1479.
[389] Seiler in Thomas/Putzo ZPO § 929 Rn. 2.
[390] OLG Düsseldorf FamRZ 1987, 497 (499).

ziehung, wofür der Unterhaltsberechtigte allerdings die ungekürzten Frist des § 929 II ZPO in Anspruch nehmen kann.

Als geeignete Vollziehungsmaßnahme kommt primär die Zustellung der Arrestanordnung auf Betreiben des begünstigten Beteiligten in Betracht.[391] Nach anderer Ansicht[392] soll auch die Zustellung von Amts wegen ausreichen, wobei diese nur für Arrestanordnungen gelten kann, die aufgrund mündlicher Verhandlung ergehen (vgl. § 922 II ZPO). Im Übrigen erfüllt jedwede durch den Unterhaltsberechtigten veranlasste **Vollstreckungsmaßnahme** die Vollziehungsanforderungen, wobei die rechtzeitige **Antragstellung** fristwahrend wirkt.[393] Die Einhaltung der Vollziehungsfrist hat das Gericht von Amts wegen zu beachten, allerdings nicht zu ermitteln.[394] Fehlt es an einer rechtzeitige Vollziehung ist der Arrestbefehl auf Antrag noch im laufenden Arrestverfahren oder wegen veränderter Umstände (§ 927 ZPO) aufzuheben. Dies hindert allerdings nicht bei Änderung der Sach- und Rechtslage die erneute Einleitung eines Arrestverfahrens.

494 **e) Rechtsbehelfe.** Die Wahl des jeweils statthaften **Rechtsbehelfs** im Arrestverfahren, worüber die Beteiligten zu belehren sind (§ 39 FamFG), hängt zum einen davon ab, wer durch die Entscheidung beschwert ist, zum anderen aber auch vom einzelfallbezogenen Verlauf des Verfahrens.

Hat das Familiengericht den Arrest **ohne mündliche Verhandlung erlassen,** muss der Unterhaltspflichtige hiergegen mit einem **Widerspruch** (§ 924 ZPO) vorgehen. Geht die Entscheidung über die Arrestanordnung auf eine mündliche Verhandlung zurück, handelt es sich um einen Endentscheidung, gegen die der beschwerte Unterhaltspflichtige unter den weiteren Voraussetzungen von §§ 58, 117 FamFG mit dem Rechtsmittel der **Beschwerde** vorgehen muss.[395] Im Fall einer Säumnisentscheidung findet allerdings das Einspruchsverfahren statt (§§ 338 ff. ZPO iVm 113 I 2 FamFG). Hat das Familiengericht nach mündlicher Verhandlung die Arrestanordnung aufgehoben und verfolgt der Unterhaltsberechtigte seinen Arrestantrag in der Beschwerdeinstanz weiter, hat das Beschwerdegericht im Erfolgsfall den Arrest **erneut zu erlassen**.[396] Eine Bestätigung der erstinstanzlichen Arrestanordnung genügt nicht.

Als Rechtsbehelf steht dem Unterhaltspflichtigen ferner der **Aufhebungsantrag** nach § 926 II ZPO offen, wenn der Unterhaltsberechtigte der Anordnung zur Einleitung eines Hauptsacheverfahrens nicht fristgerecht nachkommt. Bei **veränderten Umständen** kann er überdies mit einem Aufhebungsantrag nach § 927 ZPO gegen die Arrestanordnung vorgehen. Damit sind zugleich Abänderungsverfahren nach §§ 238, 239 FamFG und Vollstreckungsabwehrverfahren (§ 767 ZPO) ausgeschlossen. Wird die durch die Arrestanordnung festgelegte Lösungssumme hinterlegt oder erfüllt der Unterhaltsberechtigte eine etwaige Vorschusspflicht nicht, kann der Unterhaltspflichtige die Aufhebung des Arrests verlangen (§ 934 ZPO), im Fall der abschlägigen Bescheidung sein entsprechendes Begehren mit der **sofortigen Beschwerde** (§ 934 IV ZPO) weiterverfolgen.

495 Wird das Arrestgesuch durch Beschluss **ohne mündliche Verhandlung zurückgewiesen** oder die vorherige Sicherheitsleistung für erforderlich erklärt (§ 922 III ZPO), handelt es sich – bezogen auf das zivilprozessuale Arrestverfahren – um die Zurückweisung eines das Verfahren betreffenden Gesuchs (§ 567 I Nr. 2 ZPO). Allerdings enthält weder § 119 FamFG noch sonst eine Bestimmung im FamFG (vgl. zur entsprechenden Regelungstechnik zB § 76 II FamFG)[397] einen hier einschlägigen allgemeinen Verweis auf die Vorschriften der sofortigen Beschwerde (§§ 567–572 ZPO). Gleichwohl hat der Gesetzgeber durch die einschränkungslose Verweisung (§ 119 II FamFG) auf die Vorschriften des **zivilprozessualen Arrestverfahrens** zum Ausdruck gebracht, die verfahrensrechtliche Behandlung des Arrests in Familienstreitsachen dem entsprechenden Rechtsschutz in bürger-

---

[391] BGH NJW 1993, 1076.
[392] Gießler/Soyka, 5. Aufl., Rn. 331.
[393] BGH NJW 2006, 1290.
[394] OLG Stuttgart NJW-RR 2009, 696.
[395] OLG Nürnberg FamRZ 2018, 1102.
[396] OLG Celle FamRZ 2015, 160.
[397] Hierzu eingehend Keidel/Meyer-Holz FamFG § 58 Rn. 93 und 94.

3. Abschnitt: Vorläufige Regelung und Sicherung von Unterhaltsansprüchen § 10

lichen Rechtsstreitigkeiten gleichzustellen.[398] In der Konsequenz dieser Gleichstellung kann auch der Unterhaltsberechtigte als Antragsteller gegenüber der ihm ungünstigen Entscheidung aus § 922 III ZPO innerhalb der Frist von zwei Wochen (§ 569 I ZPO) im Rechtsmittelverfahren der **sofortigen Beschwerde**[399] sein Rechtsschutzbegehren weiterverfolgen. Soweit dem gegenüber die Auffassung vertreten wird,[400] es handele sich bei der Entscheidung um eine **Endentscheidung,** die nur nach § 58 FamFG anfechtbar sei, wird die Tragweite der Verweisung in § 119 II FamFG verkannt und vernachlässigt, dass der Rechtsbehelf des § 58 FamFG gemäß der „**Vorbehaltsklausel**" dieser Vorschrift nur greifen soll, „sofern durch Gesetz nichts Anderes bestimmt ist". Schließlich hätte diese Auffassung, da eine Abhilfe in Familiensachen nicht zulässig ist (§ 68 I 2 FamFG), die ansonsten nicht bekannte Konsequenz, dass der Antragsgegner einem Beschwerdeverfahren in einer Arrestsache ausgesetzt wäre, an der er erstinstanzlich (vgl. § 922 III ZPO) nicht beteiligt war. Entgegen OLG München[401] ist schließlich unerheblich, dass es in § 119 II ZPO an einer **ausdrücklichen Anordnung** der sofortigen Beschwerde als statthaftem Rechtsmittel fehlt. Dies entspricht vielmehr bezogen auf die Unterhaltstreitsachen und die weiteren Familienstreitsachen auch nicht der Regelungstechnik des FamFG. Begehrt der Antragsteller in der Arrestsache die Bewilligung von Verfahrenskostenhilfe, steht ihm diese unter den Voraussetzungen von § 113 I 2 FamFG iVm §§ 114, 115 ZPO zu. Wird sie ihm versagt, kann er sich hiergegen mit der sofortigen Beschwerde §§ 127, 567–572 ZPO wenden, ohne dass sich das FamFG hierüber ausdrücklich verhalten müsste (zur sofortigen Beschwerde in Unterhaltstreitsachen → Rn. 602 bis 605).

Wird das Arrestgesuch erst nach dem Ergebnis einer **mündlichen Verhandlung** zurückgewiesen oder die Arrestanordnung aufgehoben, handelt es sich um einen Endbeschluss (§ 922 I ZPO), der einem zivilprozessualen Endurteil gleichstehend im Verfahren der befristeten Beschwerde gemäß den §§ 58, 117 FamFG der Anfechtung unterliegt.[402] Haben die Beteiligten das Arrestverfahren in der Hauptsache übereinstimmend für erledigt erklärt, unterliegt die sich daran anschließende Kostenentscheidung gemäß § 113 I 2 FamFG iVm § 91a II 1 ZPO der Anfechtung über die sofortige Beschwerde.[403]

Hat das Oberlandesgericht auf Grund seiner Zuständigkeit im Hauptsacheverfahren im ersten Rechtszug über das Arrestgesuch oder in der Beschwerdeinstanz des Arrestverfahrens entschieden, findet eine weitere Anfechtung im Wege der **Rechtsbeschwerde** nicht statt (§ 70 IV FamFG).

f) Folgenbeseitigung. Während durch die Beschränkung in § 119 I 2 FamFG auf die Familienstreitsachen nach § 112 Nr. 2 und Nr. 3 FamFG die **verfahrensbezogene Schadensersatzpflicht** aus § 945 ZPO für den Bereich der einstweiligen Anordnung in Unterhaltssachen (§ 112 Nr. 1 FamFG) ausdrücklich ausgeschlossen ist, findet auf das Arrestverfahren auch bezogen auf die Unterhaltssachen der Familienstreitsachen die entsprechende Bestimmung über eine Schadensersatzpflicht Anwendung. Die verschuldensunabhängige Ersatzpflicht trifft den Unterhaltsberechtigten allerdings nur in zwei Fallkonstellationen, und zwar zum einen, wenn die Arrestanordnung **von Anfang an ungerechtfertigt** war, dh Anordnungsanspruch und Anordnungsgrund nicht gegeben waren. Allein die spätere Aufhebung des Arrests begründet hiernach für sich keine Ersatzpflicht. Die weitere Ersatzpflicht betrifft den Fall der Aufhebung des Arrestes wegen nicht rechtzeitiger Einleitung eines Hauptsacheverfahrens (§ 926 II ZPO). Ersatzfähig ist der dem Unterhaltspflichtigen aus der Vollziehung entstandene Schaden. Kommt es im Arrestverfahren zu einem Vergleich, der in seinem Bestand vom Ausgang des Hauptsacheverfahrens abhängt, scheidet

496

---

[398] Dose/Kraft, Einstweiliger Rechtsschutz, Rn. 450.
[399] Prütting/Helms FamFG § 119 Rn. 9; Schulte-Bunert/Weinreich/Schwonberg FamFG § 119 Rn. 19; Dose/Kraft, Einstweiliger Rechtsschutz, Rn. 450; KG FamRZ 2014, 148; OLG Celle FamRZ 2013, 1917; OLG Koblenz FamRZ 2013, 1602; OLG Celle Beschluss v. 9.10.2009 – 19 WF 264/09, BeckRS 2015, 02317.
[400] OLG Karlsruhe FamRZ 2011, 234.
[401] OLG München FamRZ 2011, 746.
[402] OLG Nürnberg FamRZ 2018, 1102.
[403] OLG Stuttgart FamRZ 2012, 324.

eine Schadensersatzverpflichtung aus, weil § 945 ZPO an die gerichtliche Anordnung anknüpft. Dem steht eine Vereinbarung der Beteiligten nicht gleich.[404]

Seiner Rechtsnatur nach handelt es sich um einen Schadensersatzanspruch aus unerlaubter Handlung im weiteren Sinne, der im ordentlichen Streitverfahren bei familiengerichtlicher Zuständigkeit (§§ 231 I, 111 Nr. 8 FamFG iVm § 23a I Nr. 1 GVG) geltend zu machen ist. Eine Bindung an das Ergebnis des Arrestverfahrens besteht für das nachfolgende Schadensersatzverfahren allerdings nicht.[405]

4. Abschnitt: Rechtsmittel in Unterhaltssachen

497 Im Zuge des mit dem FamFG verfolgten Reformvorhabens, das familiengerichtliche Verfahren zum einen von einem unübersichtlichen Nebeneinander verschiedener Verfahrensordnungen (ZPO-Verfahren und FGG-Verfahren) herauszulösen und zum anderen das für familienrechtliche Angelegenheiten nur bedingt geeignete Verfahrensmodell der Zivilprozessordnung weitestmöglich zurückzudrängen,[1] hat der Gesetzgeber auch das Rechtsmittelverfahren in Familiensachen neu geregelt und den Anwendungsbereich auf die Verfahren in Unterhaltssachen (§ 231 I FamFG), die bis dahin bei den Rechtsmitteln ausschließlich zivilprozessualen Vorschriften folgten, erstreckt. Auch der Neuregelung liegt weiter der **dreistufige Instanzenzug** zugrunde, der vom Amtsgericht als Familiengericht (§§ 23a Nr. 1, 23b I GVG) über den Senat für Familiensachen bei dem Oberlandesgericht (§ 119 I Nr. 1a, II GVG) zum Bundesgerichtshof (§ 133 GVG) führt. Als **originäre Rechtsmittel** werden durch das FamFG geregelt die gegen die erstinstanzliche Entscheidung zu richtende **Beschwerde** (§ 58 FamFG) und die **Rechtsbeschwerde** (§ 70 FamFG). Soweit in Unterhaltsstreitverfahren das FamFG weitere Rechtsmittel und Rechtsbehelfe für erforderlich erachtet, beruht deren Anwendbarkeit auf einem Verweis durch das FamFG auf zivilprozessuale Vorschriften (zB sofortige Beschwerde, Einspruch und Widerspruch).

498 Statthaft ist die in allen Fällen einer Befristung (§ 63 FamFG) unterliegende **Beschwerde** allerdings nur, soweit sie sich gegen eine **Endentscheidung** richtet. Dabei handelt es sich nach der Legaldefinition in § 38 I 1 FamFG[2] um eine den Verfahrensgegenstand ganz oder teilweise erledigende Entscheidung. Als solche ist auch eine **isolierte Kostenentscheidung** anzusehen,[3] wenn die Beteiligten etwa durch **Antragsrücknahme** oder durch übereinstimmende Erklärung die bei Einleitung des Verfahrens noch vorhandene Hauptsache anderweitig erledigt haben.[4] Im Unterschied dazu ist die Anfechtung von **Neben- oder Zwischenentscheidungen grundsätzlich** nur dann statthaft, wenn dies entsprechend der Vorbehaltsklausel in § 58 I Hs. 2 FamFG im Gesetz ausdrücklich bestimmt ist, wobei sich die entsprechenden Bestimmungen auch aus gesetzlichen Regelungen außerhalb des FamFG, wie etwa in Familienstreitsachen aus der ZPO ergeben können. Soweit danach eine Anfechtung in Betracht kommt, folgt sie entsprechend den Regeln der **sofortigen Beschwerde** (§§ 567–572 ZPO).[5] Allerdings sind **Zwischenentscheidungen** wiederum nach § 58 FamFG anfechtbar, wenn sie Endentscheidungen hinsichtlich der Anfechtbarkeit gleichgestellt sind, wie dies zivilprozessual für Zwischenurteile über die Zulässigkeit und über den Grund[6] sowie für Vorbehaltsurteile der Fall ist. Gemäß § 113 I 2 FamFG iVm §§ 280 II, 304 II und 302 III ZPO gilt entsprechendes für Zwischen- und Vorbehaltsbeschlüsse.[7] Im Übrigen gewinnt die **Vorbehaltsklausel** auch insoweit an Bedeutung, als Entscheidungen,

---

[404] Reichold in Thomas/Putzo ZPO § 945 Rn. 9.
[405] Zöller/Vollkommer ZPO § 945 Rn. 9.
[1] BT-Drs. 16/6308, 162.
[2] Keidel/Meyer-Holz FamFG § 38 Rn. 4.
[3] BT-Drs. 16/6308, 195.
[4] Johannsen/Henrich/Althammer FamFG § 58 Rn. 10.
[5] BT-Drs. 16/6308, 203.
[6] BGH FamRZ 2009, 215 Rn. 8.
[7] Keidel/Meyer-Holz FamFG § 58 Rn. 17.

wie die isolierte Kostenentscheidung, ungeachtet ihres Charakters als Endentscheidung in Familienstreitsachen gemäß § 113 I 2 FamFG iVm § 91a II, 99 II und 269 ZPO mit der sofortigen Beschwerde anzufechten sind (→ Rn. 81 und 82).[8] Handelt es sich bei der Entscheidung um einen **Versäumnisbeschluss**, ist dessen Anfechtung mit der Beschwerde gemäß § 117 II FamFG iVm § 514 I ZPO ausgeschlossen. Da das FamFG im Übrigen auch in Familienstreitsachen ein Versäumnisverfahren nicht kennt, dieses vielmehr voraussetzt (vgl. etwa die Erwähnung in § 51 III 3 FamFG), verbleibt es für die Rechtsverfolgung gegen eine Säumnisentscheidung gemäß § 113 I 2 FamFG bei den zivilprozessualen Vorschriften (§§ 330–347 ZPO). Im Fall eines **zweiten Versäumnisbeschlusses** ist der Rechtsbehelf des Einspruchs nicht gegeben (§ 345 ZPO). Dem Säumigen bleibt die Beschwerde (§ 58 I FamFG), allerdings begrenzt auf die Begründung, ein Fall schuldhafter Versäumung habe nicht vorgelegen (§ 117 II FamFG iVm § 514 II ZPO).

Schließlich unterscheiden die Regelungen des FamFG zwischen **Endentscheidungen** (§ 38 I 1 FamFG) und **„in der Hauptsache"** ergangenen **Endentscheidungen** (vgl. § 238 I FamFG).

499

Der ersten Gruppe zuzuordnen sind hierbei in Unterhaltssachen zB die einstweilige Anordnung, deren Anfechtung allerdings nach § 57 S. 1 FamFG ausgeschlossen ist, die Entscheidung über das Außerkrafttreten der einstweiligen Anordnung, die nach § 56 III 2 FamFG der Anfechtung unterliegt,[9] sowie der **Festsetzungsbeschluss** im vereinfachten Verfahren (§ 253 FamFG), der ebenfalls gemäß § 58 FamFG angefochten werden kann.[10]

Die zweite Gruppe umfasst diejenigen Endentscheidungen, die im Rahmen der durch § 113 V FamFG vorgegeben Terminologie den früheren Endurteilen (vgl. § 323 I ZPO aF) entsprechen, mithin diejenigen Entscheidungen, die nach den bis zum 31.8.2009 im ordentlichen Streitverfahren für die Familienstreitsachen maßgebenden zivilprozessualen Rechtsmittelvorschriften mit der **Berufung** (§§ 511 ff. ZPO) anzufechten waren.

Durch einen enumerativ beschränkten Verweis in § 117 FamFG gelten Vorschriften des Berufungsverfahrens auch im Beschwerdeverfahren entsprechend. Zwar handelt es sich dem Wortlaut der Vorschrift nach auch bei den im vereinfachten Verfahren (§§ 249 ff. FamFG) ergehenden Entscheidung um solche in einer **Familienstreitsache** (§ 112 Nr. 1 FamFG). Gleichwohl ist nichts dafür ersichtlich, dass der Gesetzgeber Vorschriften des Berufungsverfahrens in Verfahren zur Anwendung komm lassen wollte, die schon vor Inkrafttreten des FamFG **nicht dem ZPO-Berufungsrecht** zuzuordnen waren. Mehr spricht deshalb dafür, dass der Gesetzgeber bei seinem Bemühen, ein einheitliches Rechtsmittel der Beschwerde zu schaffen,[11] vernachlässigt hat,[12] dass der Festsetzungsbeschluss gemäß § 652 I ZPO aF nur mit der sofortigen Beschwerde angefochten werden konnte. In der Gesetzesbegründung zu § 256 FamFG heißt es deshalb auch nur allgemein, die Vorschrift entspreche dem bisherigen § 652 ZPO.[13]

500

Zu unterscheiden bleibt danach bei den Rechtsmittel in Unterhaltsstreitsachen (§§ 231 I, 112 Nr. 1, 111 Nr. 8 FamFG) zwischen den Beschwerden, die ausschließlich den Beschwerdevorschriften des FamFG folgen (§§ 58–69 FamFG), und solchen, in denen das Rechtsmittelverfahren durch die entsprechende Heranziehung **zivilprozessualer Berufungsvorschriften** teilweise überlagert wird (§§ 58–69, 117 FamFG). Dabei führt allein schon die Einordnung als unterhaltsbezogene Familienstreitsache entgegen einer in Schrifttum[14] und Rechtsprechung[15] verbreiteten Meinung für das Beschwerdeverfahren nicht notwendig zur Heranziehung von § 117 FamFG. So hat der BGH[16] einerseits etwa zur

---

[8] BGH FamRZ 2011, 1933 Rn. 2 und 3.
[9] Prütting/Helms/Dürbeck FamFG § 56 Rn. 11.
[10] Keidel/Giers FamFG § 256 Rn. 11.
[11] BT-Drs. 16/6308, 166.
[12] Schael FPR 2009, 11 (12).
[13] BT-Drs. 16/6308, 261.
[14] Prütting/Helms/Bömelburg FamFG § 256 Rn. 10; Hüßtege in Thomas/Putzo FamFG § 256 Rn. 5.
[15] OLG Brandenburg FamRZ 2017, 230; 2016, 1804; OLG Jena FamRZ 2015, 1513.
[16] BGH FamRZ 2017, 1705 Rn. 13.

Beschwerde im vereinfachten Klauselerteilungsverfahren (§§ 43–45 AUG) zwar die Qualifikation als Familienstreitsache bejaht, indessen aus teleologischen und systematischen Gründen sowie gemessen an den Intentionen der Gesetzesbegründung die durch § 117 FamFG vorgegebenen Anforderungen an eine fristgebundene Beschwerdebegründung verneint. Im Beschwerdeverfahren über die Vollstreckbarerklärung eines ausländischen Unterhaltstitels (§ 64 AUG) hat er andererseits die Qualifikation als Familienstreitsache betont und Gründe, die gegen eine fristgebundene Beschwerdebegründung iSv § 117 FamFG sprechen könnten, vor dem Hintergrund der weiteren Verfahrensgestaltung verneint.[17] Nach den **Übergangsbestimmungen** in Art. 111 I FGG-RG finden die Rechtsmittelvorschriften des noch bis Ende August 2009 anwendbaren Prozessrechts Anwendung auch auf Rechtsmittel, bei denen der Rechtsstreit erstinstanzlich vor diesem Zeitpunkt eingeleitet worden ist.[18]

I. Die Beschwerde gegen in der Hauptsache ergangene Endentscheidungen (§§ 58, 117 FamFG)

1. Allgemeines

501 Die Beschwerde bringt den Verfahrensgegenstand im Umfang der Anfechtung vor das Oberlandesgericht als Beschwerdegericht. Sie ist zulässig, sobald die erstinstanzliche Entscheidung verkündet ist. Einer vorherigen Zustellung bedarf es nicht.[19] War die **Verkündung** (§ 113 I 2 FamFG iVm § 311 ZPO) fehlerhaft, bedarf es nach fehlerfreier Wiederholung keiner erneuten Beschwerdeeinlegung. Das Wort „Beschwerde" ist nicht zwingend notwendig. Es genügt, dass der Wille, die erstinstanzliche Entscheidung einer Nachprüfung durch das Beschwerdegericht zu unterziehen, klar zutage tritt.[20] Allerdings muss der Schriftsatz als Beschwerde (= Verfahrenshandlung) bestimmt sein; es genügt nicht, dass er inhaltlich nur den Anforderungen an eine Beschwerde entspricht. Eine unrichtige Bezeichnung des Rechtsmittels (zB Einspruch) ist unschädlich.[21] Statthaft ist die Beschwerde allerdings nur, wenn sie sich gegen eine in einem **Hauptsacheverfahren** erlassene **Endentscheidung** richtet (→ Rn. 76 bis 92).

502 Das kann allerdings nicht uneingeschränkt gelten, soweit die Entscheidungsform verfahrensfehlerhaft ergangen oder zumindest unklar ist, ob es sich bei der anzufechtenden Entscheidung um eine der in Betracht kommenden Endentscheidungen handelt. In einem solchen Fall muss vielmehr nach dem auf dem Gleichbehandlungsgebot und dem Vertrauensschutz basierenden **Meistbegünstigungsprinzip** sowohl das nach dem äußeren Erscheinungsbild einzulegende als auch das bei verfahrenskonformer Entscheidung statthafte Rechtsmittel eingelegt werden können.[22] Allerdings führt der Grundsatz der Meistbegünstigung des Rechtsmittelführers nicht zu einer dem korrekten Verfahren widersprechenden **Erweiterung des Instanzenzuges**.[23]

Zwar dürfte im Zuge der gesetzlichen Neuregelung des Verfahrens der Korrekturbedarf abnehmen, soweit bei verfahrensabschließenden Entscheidungen nach ihrem äußeren Erscheinungsbild die Abgrenzung zwischen dem Familiengericht und der Abteilung für Zivilprozesssachen beim Amtsgericht mit den unterschiedlichen Rechtsmittelwegen in Rede steht. Denn die nunmehr verschiedenen Verfahrensordnungen erlauben insoweit eine verfahrensrechtlich eindeutige Zuordnung schon nach dem äußeren Erscheinungsbild der Entscheidung.

---

[17] BGH FamRZ 2018, 1347 Rn. 19.
[18] BGH FamRZ 2010, 192 Rn. 5.
[19] BGH NJW 1999, 3269.
[20] BGH NJW 2004, 1112.
[21] BGH FamRZ 1989, 729.
[22] BGH FamRZ 2016, 1259 Rn. 9; 2015, 1877 Rn. 7 und 8; 2013, 1215 Rn. 7.
[23] BGH FamRZ 2018, 839 Rn. 14 und 15; 2015, 2043 Rn. 22 und 23.

Gleichwohl bleiben Anwendungsfälle der Meistbegünstigung verfahrensintern etwa dann, wenn das Familiengericht in der Form eine **Versäumnisentscheidung** getroffen, in der Sache aber kontradiktorisch entschieden hat. Hier muss ungeachtet der Möglichkeit, den Rechtsbehelf des Einspruch zu wählen, die Beschwerde (§ 58 FamFG) eröffnet sein.[24] Handelt es sich aber nach Form (Bezeichnung) und Inhalt (ohne Gründe) um eine Versäumnisentscheidung, ist die Beschwerde auch dann nicht statthaft, wenn ein Fall der Säumnis nicht gegeben war. Nach dem allein maßgebenden Inhalt der Entscheidung bleibt nur das Einspruchsverfahren.[25] Hat das Gericht irrtümlich einen Versäumnisbeschluss (§§ 330, 331 ZPO) erlassen, obwohl nur die Voraussetzungen für eine zweite Versäumnisentscheidung (§ 345 ZPO) gegeben waren, ist an Stelle des Einspruchs auch die Beschwerde (§§ 58, 117 II FamFG iVm § 514 II ZPO) zulässig.

Das gilt ebenso im umgekehrten Fall.[26] Das Meistbegünstigungsprinzip will den Beteiligten vor ungerechtfertigten verfahrensrechtlichen Benachteiligungen schützen. Sie erweitert deshalb auch nicht den Instanzenzug.[27] Weitere Anwendungsfälle für das Meistbegünstigungsprinzip haben sich im Zuge des Inkrafttretens des FamFG eingestellt durch eine fehlerhafte Behandlung der Übergangsbestimmungen (Art. 111 FGG-RG). Hat das Amtsgericht in einem sog. Altfall durch Beschluss entschieden, kann der beschwerte Beteiligte sich hiergegen mit der Beschwerde (§ 64 FamFG) wenden.[28] Das gilt gleichermaßen für den umgekehrten Fall, in dem das Gericht unter der Geltung neuen Verfahrensrechts noch fehlerhaft durch Urteil entschieden hat.[29] Das weitere Verfahren des Rechtsmittelgerichts bestimmt sich allerdings nach den Vorschrift, die im Fall einer auch formell richtigen Entscheidung der Vorinstanz für die Anfechtung maßgebend gewesen wären.[30]

2. Zuständigkeit und Eingang

Gemäß § 64 I FamFG ist die Beschwerde, die in Ehe- und Familienstreitsachen nur in Form einer Beschwerdeschrift (vgl. hierzu näher → Rn. 508–512) erfolgen kann (§ 64 II 2 FamFG), bei dem Gericht einzulegen, dessen Beschluss angefochten werden soll. Die Zuständigkeit des **erstinstanzlichen Gerichts** ist ausschließlich. Die Einlegung beim später mit der Sache befassten Beschwerdegericht ersetzt den formgemäßen Eingang nicht, und zwar auch dann, wenn die Akten auf eine Beschwerde eines Beteiligten dem Beschwerdegericht bereits vorliegen oder sich im Nachhinein herausstellt, dass eine erste Beschwerdeeinlegung wegen **Formmangels unwirksam** war. Hat der Beteiligte unter Nichtbeachtung von § 64 I FamFG sein Rechtsmittel bei dem Beschwerdegericht eingelegt, ist dieses, selbst wenn ihm die Akten aus anderen Gründen (zB Beschwerde eines anderen Beteiligten) bereits vorliegen, nach den Grundsätzen einer fairen Verfahrensführung gehalten, die Beschwerdeschrift an das Eingangsgericht weiterzuleiten.[31] Dies gilt allerdings nur, wenn die Maßnahme im ordentlichen Geschäftsgang geeignet erscheint, die Fristwahrung sicherzustellen. Unterlässt in einem solchen Fall das Beschwerdegericht die Weiterleitung, kann der beschwerte Beteiligte **Wiedereinsetzung in den vorigen Stand** verlangen, wenn die Beschwerdeschrift noch rechtzeitig bei dem erstinstanzlichen Gericht eingegangen wäre.[32] Über den ordentlichen Geschäftsgang hinaus besteht allerdings im Allgemeinen keine Pflicht für das Beschwerdegericht, durch eilfertige Maßnahmen die Einhaltung der Beschwerdefrist etwa durch Telefax sicherzustellen.[33] Gleichwohl dürften die **Grundsätze** eines **fairen Verfahrens** dem Beschwerdegericht zumindest Anlass

503

---

[24] BGH NJW 1999, 583 (584).
[25] BGH NJW 1994, 665.
[26] BGH NJW 1997, 1448.
[27] BGH FamRZ 2012, 1293 Rn. 18.
[28] BGH FamRZ 2011, 966 Rn. 14.
[29] BGH FamRZ 2012, 783 Rn. 14.
[30] BGH FamRZ 2012, 1293 Rn. 20.
[31] BGH FamRZ 2014, 550 Rn. 14.
[32] BGH FamRZ 2012, 1205 Rn. 26.
[33] BGH FamRZ 2014, 550 Rn. 15.

geben, den Beschwerdeführer kurzfristig auf die fehlende Eingangszuständigkeit (ggfls. auch telefonisch) hinzuweisen. Bei Einlegung mittels Fernschreiber an Orten mit mehreren Fernschreibstellen muss die für das Eingangsgericht bestimmte Fernschreibstelle angegangen werden.[34] Dasselbe gilt für die Einlegung per Telefax.

Die erstinstanzliche Zuständigkeit nach § 64 I FamFG erschöpft sich in der zu dokumentierenden Entgegennahme der Beschwerde. Im Übrigen ist das **„Eingangsgericht"** weder zur Abhilfe noch zu einer Zustellung der Rechtsmittelschrift befugt, wenn die Beschwerde sich gegen eine Endentscheidung in Familiensachen richtet (§ 68 I 2 FamFG). Durch die Vorlageverpflichtung ist es ferner gehindert, die Beschwerdeschrift auf Mängel zu prüfen. Dies unterliegt der ausschließlichen Beurteilung durch das Beschwerdegericht. Die Zuständigkeit des Eingangsgerichts besteht ferner für die in Familienstreitsachen nicht seltenen Fälle, in denen der beschwerte Beteiligte zunächst lediglich die **Bewilligung von Verfahrenskostenhilfe** für eine danach einzulegende Beschwerde anstrebt. Insoweit hat der Gesetzgeber durch die Regelung des § 64 I 2 FamFG in der Fassung des Gesetzes vom 5.12.2012[35] mit Wirkung vom 1.1.2013 die bis dahin bestehende Streitfrage entschieden, ob im Fall einer erst beabsichtigten Beschwerde auch für das Verfahrenskostenhilfegesuch die Eingangszuständigkeit iSv § 64 FamFG[36] oder entsprechend § 117 ZPO die des Beschwerdegerichts[37] anzunehmen sei.

3. Beschwerdefrist

504 Die Beschwerdefrist beträgt einen Monat (§ 63 I FamFG) und beginnt mit der **schriftlichen Bekanntgabe** des Beschlusses (§ 116 FamFG) an die Beteiligten.[38] Dem geht allerdings notwendigerweise eine wirksame Verkündung (§ 113 I 2 FamFG iVm § 310 ZPO) voraus.[39] Ist diese unterblieben, handelt es sich nur um die Bekanntgabe eines Scheinbeschlusses oder eines Beschlussentwurfs, der keine Rechtswirkungen entfaltet, mithin auch den Lauf der Rechtsmittelfrist nicht auslöst.[40] Die Bekanntgabe an die Beteiligten findet ihren Ausdruck in der von Amts wegen gebotenen Zustellung der Endentscheidung (§ 113 I 2 FamFG iVm § 317 ZPO)[41] unter Beachtung der zivilprozessualen Zustellvorschriften (§§ 166 ff. ZPO).[42] Zuzustellen ist danach seit der zum 1.7.2014 in Kraft getretenen Neufassung des § 317 I 1 ZPO eine **beglaubigte Beschlussabschrift**.[43] Für die Fristberechnung abzustellen ist dabei, sofern der Beschluss mehrfach wirksam zugestellt worden ist, die **erste Zustellung** an den jeweiligen Beteiligten. Erfolgt die Zustellung unter Verletzung von § 113 I 2 FamFG iVm § 172 I ZPO nicht an den Bevollmächtigten, ist sie unwirksam und setzt die Rechtsmittelfrist nicht in Gang.[44] Ein zur Unwirksamkeit der Zustellung führender **wesentlicher Mangel** liegt vor, wenn die zugestellte Abschrift oder (bis 30.6.2014) Ausfertigung wesentlich von der Urschrift des Beschlusses abweicht.[45] Dies ist jedenfalls dann anzunehmen, wenn in dem zugestellten Beschlussexemplar ganze Seiten fehlen.[46] Allerdings trägt der Beschwerdeführer im Einzelfall das Risiko bei der Abgrenzung, ob es sich um einen wesentlichen und zur Unwirksamkeit der ersten Zustellung führenden Mangel handelt. Weicht die zunächst zugestellte Abschrift von der Urschrift der Endentscheidung etwa nur insoweit ab, als die Festsetzung des Verfahrens-

---

[34] BGH NJW 1988, 1980.
[35] BGBl. I S. 2418.
[36] OLG Köln FamRZ 2013, 1758; OLG Bamberg FamRZ 2012, 49.
[37] OLG Frankfurt FamRZ 2013, 146.
[38] BGH FamRZ 2015, 1006 Rn. 10.
[39] BGH FamRZ 2015, 1006 Rn. 12.
[40] OLG Hamm FamRZ 2016, 1387.
[41] Prütting/Helms FamFG § 116 Rn. 14.
[42] Hoppenz/Walter, Familiensachen, FamFG § 113 Rn. 2.
[43] BGH NJW 2016, 1180.
[44] BGH FamRZ 2016, 1259 Rn. 7.
[45] KG FamRZ 2003, 620.
[46] BGH NJW 1998, 1959.

wertes fehlt, bleibt es bei der Wirksamkeit der ersten Zustellung. Denn der Beschwerdeführer wird hierdurch in seiner Beurteilung der Erfolgsaussichten des statthaften Rechtsmittels nicht beeinträchtigt. Das gilt auch für den Fall, dass die Geschäftsstelle die Zustellung der Endentscheidung wegen eines von ihr rechtsirrig als wesentlich anzusehenden Mangels „wiederholt". Denn es liegt nicht in ihrer Macht, die Folgen einer wirksamen Zustellung zu beseitigen.[47] Allerdings kommt, wenn sich der Beschwerdeführer rechtsirrig auf den begleitenden Hinweis der Geschäftsstelle, man könne die mängelbehaftete Ausfertigung wegen der erneuten Zustellung „vernichten", die Wiedereinsetzung in den vorigen Stand in Betracht. Ist die Auskunft der Geschäftsstelle nicht offenkundig fehlerhaft, muss der Beschwerdeführer zur möglichen Wirksamkeit der ersten Zustellung auch keine weiteren Nachforschungen anstellen.[48]

Musste ein Beschluss berichtigt werden (§ 319 ZPO), beginnt die Beschwerdefrist **erst mit Zustellung des Berichtigungsbeschlusses** zu laufen,[49] wenn der Beschluss insgesamt nicht erkennen lässt, wie das Gericht entscheiden wollte.[50] Ansonsten hat die Berichtigung eines Beschlusses wegen offenbarer Unrichtigkeit grundsätzlich keinen Einfluss auf Beginn und Lauf von Rechtsmittelfristen. Bemängelt der Verfahrensbevollmächtigte Fehler an der ihm zugestellten **Beschlussabschrift** und wird ihm nach Rücksendung der Abschrift ein anderes Exemplar erneut zugestellt, läuft die Beschwerdefrist dennoch ab der ersten Zustellung, wenn die bemängelten Fehler nicht geeignet waren, Zweifel an der gesamten Begründung des Beschlusses aufkommen zu lassen.[51] Ohne Einfluss auf den Lauf der Beschwerdefrist bleibt auch, wenn die **Rechtsbehelfsbelehrung** (§ 39 FamFG) fehlerhaft war oder vollständig fehlte. Eine denkbare Wiedereinsetzung dürfte daran scheitern, dass bei Unterhaltssachen im Hauptsacheverfahren eine anwaltliche Mitwirkung auch erstinstanzlich erforderlich ist (§ 114 FamFG), ein Wiedereinsetzungen aber dann ausscheidet, wenn der Beteiligte über so weitreichende Rechtskenntnisse verfügt, dass er der Unterstützung durch eine Rechtsmittelbelehrung nicht bedarf. Dies ist bei einer anwaltlichen Vertretung oder der Verfahrensbeteiligung einer Behörde in der Regel der Fall.[52] Ausnahmen sind allerdings denkbar etwa bei Fällen „offenkundig falscher" Rechtsmittelbelehrung, die auch bei der anwaltlichen Vertretung zu einem unvermeidbaren oder zumindest nachvollziehbaren Rechtsirrtum führen (vgl. hierzu näher → Rn. 89).[53]

Die Beschwerdefrist beginnt spätestens **mit Ablauf von fünf Monaten** nach Erlass des Beschlusses (§ 63 III 2 FamFG). Da in Ehesachen und Familienstreitsachen die urteilsersetzende Endentscheidung zu ihrer **Wirksamkeit der Verkündung** (vgl. § 142 III FamFG) bedarf (siehe näher auch → Rn. 91 und 504),[54] tritt an die Stelle des Erlasses im Sinne von § 38 III 3 FamFG hier die Verkündung (§ 113 I 2 FamFG iVm § 310 I ZPO).[55] Dabei macht es keinen Unterschied, dass dem Beteiligten eine von der Urschrift abweichende Abschrift zugestellt worden ist.[56] Die Bemessung der Beschwerdefrist ist auch dann nach § 63 III 2 FamFG zu beurteilen, wenn die Zustellung der Endentscheidung mit Mängeln behaftet war (zB unzulässige Niederlegung) und die Beschwerdefrist des § 63 I FamFG deshalb nicht in Gang setzen konnte.[57] Ohne Belang für den Fristlauf nach § 63 III 2 FamFG bleiben die Umstände, die dazu geführt haben, dass die Bekanntgabe der Endentscheidung (§ 63 III 1 FamFG) überhaupt unterblieben ist.[58]

Von dem Beteiligten, der sich in Unkenntnis darüber befindet, ob, wann und mit welchem Inhalt eine ihn beschwerende Endentscheidung verkündet worden ist, kann die

---

[47] BGH FamRZ 2011, 362 Rn. 20.
[48] BGH FamRZ 2011, 362 Rn. 36.
[49] BGH FamRZ 1995, 155.
[50] BGH NJW-RR 2001, 211.
[51] BGH NJW-RR 2000, 1665.
[52] BGH FamRZ 2013, 779 Rn. 7; 2012, 1287 Rn. 8; 2010, 1425 Rn. 11.
[53] BGH FamRZ 2018, 699 Rn. 7; 2014, 643 Rn. 20.
[54] BGH FamRZ 2012, 1287 Rn. 15.
[55] BGH FamRZ 2015, 1006 Rn. 10; OLG Zweibrücken FamRZ 2014, 496.
[56] BGH FamRZ 2004, 1478 Rn. 10.
[57] BGH FamRZ 2015, 839 Rn. 24 und 25; 2013, 1566 Rn. 18.
[58] BGH FamRZ 2015, 1006 Rn. 26; 2015, 839 Rn. 26:

§ 10   Verfahrensrecht

vorsorgliche Einlegung einer Beschwerde nicht erwartet werden.[59] Hat der anwaltlich vertretene Beteiligte an der mündlichen Schlussverhandlung teilgenommen, ist er nach Erhalt des Protokolls gehalten, zeitnah Erkundigungen einzuholen, sofern die Zustellung der verkündeten Endentscheidung „ausbleibt". Unterbleiben die entsprechenden Nachforschungen, ist die Einlegung der Beschwerde nach Ablauf von sechs Monaten (§ 63 III 2 FamFG) unzulässig.[60] Allerdings scheidet ein Fristablauf nach § 63 III 2 FamFG aus, wenn der beschwerte Beteiligte im Verhandlungstermin nicht vertreten und zu diesem Termin auch nicht ordnungsgemäß geladen worden war.[61] Es besteht dann insoweit auch **keine Erkundigungspflicht.** Unterbleibt die Verkündung, wird ein Lauf der Frist von vornherein nicht in Gang gesetzt, da es zu einem Erlass einer anfechtbaren Endentscheidung nicht gekommen ist.

Die Fristen des § 63 I FamFG beginnen mit der Zustellung, dh am Zustellungstag selbst.[62] Für die nähere Berechnung (§ 222 I ZPO) gelten die Vorschriften der §§ 187–189 BGB. Da für den Anfang der Frist ein Ereignis (nämlich die Zustellung) maßgebend ist, wird bei der Berechnung der Frist **der Tag nicht mitgerechnet, auf welchen das Ereignis fällt.** Dies führt (§ 188 II BGB) dazu, dass die Monatsfrist mit dem Ablauf desjenigen Tages des letzten Monats endet, welcher durch seine Benennung oder seine Zahl dem Tag entspricht, in den das Ereignis fällt. Wurde somit ein Beschluss am 28.2. zugestellt, endet die Beschwerdefrist am 28.3. Maßgebend ist hierbei das Datum, unter welchem der Verfahrensbevollmächtigte des Beschwerdeführers das Empfangsbekenntnis unterschreibt (§ 174 IV ZPO). Auf den Lauf der jeweiligen Beschwerdefrist wirkt sich nicht aus, wenn die Beteiligten daneben noch andere Rechtsbehelfe verfolgen. Hat das Familiengericht im **Verbundverfahren** bei einigen Folgesachen wegen Teilsäumnis insoweit in der Verbundentscheidung durch Teilversäumnisbeschluss entschieden, lässt das Einspruchsverfahren den Fristenlauf einer parallel dazu und bezogen auf den kontradiktorisch entschiedenen Teil einzulegenden Beschwerde unberührt.[63] Besteht neben weiteren Justizbehörden für das Eingangsgericht eine **gemeinsame Poststelle** oder eine entsprechende Faxannahmestelle, kommt es für die Fristwahrung allein darauf an, wann die Beschwerdeschrift dort eingegangen ist,[64] weil sie damit bereits in den Verfügungsbereich des Gerichts gelangt ist. Für die Einhaltung der Beschwerdefrist unschädlich ist es, wenn in der Beschwerdeschrift das Eingangsgericht zwar fehlerhaft bezeichnet worden ist, die Rechtsmittelschrift gleichwohl fristgemäß bei dem zuständigen Eingangsgericht vorliegt.

Der Lauf der Fünfmonatsfrist des § 63 III 2 FamFG beginnt mit dem Tag der Verkündung. Eine besondere Fristberechnung nach § 222 II ZPO scheidet aus. Hat die Verkündung am 3. März stattgefunden beginnt die Beschwerdefrist spätestens am 3. August, und zwar unabhängig davon, ob dieser Tag auf einen Samstag, Sonntag oder Feiertag fällt. Sie endet am 3. September, verändert sich aber unter den Voraussetzungen von § 222 II ZPO.[65]

507   Im Unterschied zu § 517 ZPO handelt es sich bei der Beschwerdefrist des § 63 I FamFG nicht um eine **Notfrist** (§ 224 I 2 ZPO), steht dieser aber in ihren Wirkungen gleich.[66] Sie ist, wie aus § 113 I 2 FamFG iVm § 224 letzter Hs. ZPO folgt, sowohl einer Disposition der Beteiligten als auch einer Verkürzung oder Verlängerung durch richterliche Entscheidung entzogen. Im Fall der Säumnis kann wegen der Gleichstellung mit der Notfrist **Wiedereinsetzung** (§§ 233 ff. ZPO) gewährt werden.[67] Allerdings bestimmt § 234 III ZPO, dass nach Ablauf eines Jahres, von dem Ende der versäumten Frist gerechnet, Wiedereinsetzung nicht mehr beantragt werden kann. Gleichwohl kommt

---

[59] BGH FamRZ 2004, 264.
[60] OLG Zweibrücken FamRZ 2014, 496.
[61] BGH FamRZ 2010, 1646 Rn. 14.
[62] BGH NJW 1985, 495.
[63] BGH FamRZ 1986, 897.
[64] BGH NJW-RR 2013, 830 Rn. 12.
[65] Keidel/Sternal FamFG § 63 Rn. 46.
[66] Reichold in Thomas/Putzo FamFG § 63 Rn. 6.
[67] Johannsen/Henrich/Althammer FamFG § 63 Rn. 11.

dieser Ausschluss nicht zum Tragen, wenn die Ursachen für die Fristüberschreitung in der **Sphäre des Gerichts** liegen, wie dies etwa dann der Fall ist, wenn das Rechtsmittelgericht über die begehrte Verfahrenskostenhilfe entschieden, den Beteiligten aber hierüber nicht in Kenntnis gesetzt hat.[68] Eine Wiedereinsetzung gegen den durch § 63 III 2 FamFG bestimmten Fristablauf scheidet aus, weil es sich hierbei nicht um den Ablauf einer Rechtsmittelfrist handelt. Dies steht aber einer Wiedereinsetzung in den vorigen Stand gegen die Versäumung der Beschwerdefrist (§ 63 I FamFG) nicht entgegen, sofern der beschwerte Beteiligte schuldlos gehindert war, diese Rechtsmittelfrist einzuhalten.[69]

Die Einhaltung der Beschwerdefrist, die das Beschwerdegericht von Amts wegen zu prüfen hat, muss der jeweilige Beschwerdeführer beweisen. Notwendig ist der **Vollbeweis.** Im Übrigen gilt der Freibeweis. Der Beweis kann durch den Eingangsstempel des Gerichts geführt werden (§ 418 I ZPO), allerdings ist der Gegenbeweis (§ 418 II ZPO) zulässig, wobei wegen der Beweisnot des beschwerten Beteiligten keine überspannten Anforderungen gestellt werden dürfen.[70] Hat der Verfahrensbevollmächtigte seine Unterschrift auf dem Empfangsbekenntnis mit einem bestimmten Datum versehen, ist der beschwerte Beteiligte nicht gehindert, den Nachweis zu führen, dass die zuzustellende Endentscheidung an diesem Tag den Bereich der Geschäftsstelle noch nicht verlassen haben konnte. Die Verwerfung der Beschwerde hindert den Rechtsmittelführer nicht, während der noch laufenden Rechtsmittelfrist erneut Beschwerde einzulegen.[71] Allerdings hindert ein eventueller Verstoß gegen den Grundsatz der Gewährung des rechtlichen Gehörs nicht den Ablauf der Rechtsmittelfrist gegen die auf dem Verstoß beruhende Entscheidung.[72]

4. Die Beschwerdeschrift

508 Die Einlegung der Beschwerde hat gemäß § 64 II 1 und 2 FamFG in Form einer Beschwerdeschrift zu erfolgen, da in den Unterhaltssachen des § 231 I FamFG wie auch in Ehesachen und den weiteren Familienstreitsachen die Einlegung zur Niederschrift der Geschäftsstelle ausgeschlossen ist. Die Beschwerdeschrift stellt einen bestimmenden Schriftsatz dar. Eine Beschwerde liegt auch in der **Beschwerdebegründung,** wenn sie den Anforderungen des § 64 II FamFG entspricht.

Der vorgeschriebenen **Schriftform** genügen Fernschreiben, Telegramm, Telekopie (Telefax) sowie Telebrief.[73] Die Einlegung durch Telekopie ist unbedenklich, wenn sie dem Beschwerdegericht unmittelbar auf der dem Gericht zur Verfügung stehenden Fernkopieranlage übermittelt wird.[74]

Die für die Zulässigkeit der Beschwerde unverzichtbaren **Formerfordernisse** verlangen, den vergleichbaren Vorgaben für das Berufungsverfahren entsprechend (§ 519 II Nr. 1 und 2 ZPO), in § 64 II 3 FamFG die genaue Bezeichnung des angefochtenen Beschlusses sowie die formalisierte Erklärung, dass hiergegen Beschwerde eingelegt wird. Zur Bezeichnung des angefochtenen Beschlusses ist dabei erforderlich, dass der Verfahrensgegner und – innerhalb der Rechtsmittelfrist – auch das Beschwerdegericht in der Lage sind, sich aus den vorhandenen Unterlagen Gewissheit über die **Identität der angefochtenen Entscheidung** zu verschaffen.[75] Der Formvorschrift aus § 64 II 3 FamFG ist nur dann entsprochen, wenn bis zum Ablauf der Rechtsmittelfrist zweifelsfrei erklärt ist, **für wen** und **gegen wen**

---

[68] BGH FamRZ 2008, 978 Rn. 15 und 16.
[69] BGH FamRZ 2015, 1006 Rn. 33; 2013, 1566 Rn. 21.
[70] BGH FamRZ 2017, 1316 (Ls); 2005, 106.
[71] BGH NJW-RR 1999, 287.
[72] BGH FamRZ 2001, 829.
[73] BGH NJW 1989, 589.
[74] BAG NJW 1987, 341; zB BGH FamRZ 1992, 296; ebenso BVerwG NJW 1987, 2098, wenn die Bundespost die unterzeichnete Rechtsmittelschrift im Telekopierverfahren aufnimmt und die Telekopie als Telebrief auf postalischem Weg zustellt; a. A. BGHZ 79, 314, wenn die Telekopie einem privaten Zwischenempfänger übermittelt und von diesem durch einen Boten dem Rechtsmittelgericht überbracht wird; auch BGH NJW 1989, 589.
[75] BGH FamRZ 2006, 543.

das Rechtsmittel eingelegt werden soll.[76] Maßgebend ist der **objektive Erklärungswert.** Nach Ablauf der Frist durch den Beteiligten nachgeschobene „klarstellende" Erläuterungen können für die Beurteilung durch das Beschwerdegericht keine Berücksichtigung mehr finden.[77] Deshalb sind Erklärungen nach Fristablauf, es handele sich bei der Eingabe nur um ein Verfahrenskostenhilfegesuch für eine noch einzulegende Beschwerde, ebenso unbeachtlich wie die für eine umgekehrte Fallkonstellation, wenn der objektive Erklärungswert des fristgerecht angebrachten Begehrens dem jeweils entgegensteht.

509 Inhaltlich erfordert die für die Beschwerdeschrift vorgeschriebene Bezeichnung des angefochtenen Beschlusses eine **vollständige Angabe** der Beteiligten, des Gerichts, das den angefochtenen Beschluss erlassen hat, des Verkündungsdatums und des Aktenzeichens sowie die ausdrückliche Erklärung, ein **unbedingtes Rechtsmittel** einzulegen. Fehlerhafte oder unvollständige Angaben schaden nur dann nicht, wenn auf Grund der sonstigen erkennbaren Umstände für Gericht und Verfahrensgegner nicht zweifelhaft bleibt, welche Entscheidung angefochten wird.[78] Ob ein solcher Fall gegeben ist, hängt von den Umständen des Einzelfalls ab.[79] So ist von einer formgerecht eingelegten Beschwerde auszugehen, wenn trotz fehlerhafter Bezeichnung des Verkündungstermins für das Beschwerdegericht und den Beschwerdegegner aus der Beschwerdeschrift und den weiteren Umständen aus der Verfahrensakte zweifelsfrei erkennbar bleibt, welche Endentscheidung angefochten werden soll.[80] Hat das Gericht an ein und demselben Tag Entscheidungen zum Trennungsunterhalt und nachehelichen Unterhalt verkündet, muss die Beschwerdeschrift auch eine eindeutige Zuordnung zum Verfahrensgegenstand erkennen lassen. In diesem Zusammenhang ist das Beschwerdegericht gehalten, bei fehlerhafter oder unvollständiger Beteiligtenbezeichnung die Gründe des angefochtenen (und beigefügten) Beschlusses für die **Auslegung der Beschwerdeschrift** heranzuziehen.[81] Deshalb kann es angezeigt erscheinen, der Beschwerdeschrift eine Ausfertigung oder beglaubigte Abschrift der angefochtenen Entscheidung beizufügen, auch wenn § 519 III ZPO in Familiensachen keine Anwendung mehr findet. Lässt sich innerhalb der Beschwerdefrist nicht hinreichend sicher feststellen, gegen welche Entscheidung (zB bei mehreren Endentscheidungen zwischen den Beteiligten und fehlenden Angaben zu Aktenzeichen) sich der Beschwerdeführer wenden will, ist das Rechtsmittel als unzulässig zu verwerfen.[82] Die Angabe einer ladungsfähigen Anschrift des Beschwerdeführers ist nicht Zulässigkeitsvoraussetzung der Beschwerde.[83] Die fehlerhafte Bezeichnung des angerufenen Beschwerdegerichts ist unschädlich, sofern die Beschwerdeschrift nach Weiterleitung noch fristgerecht bei dem zuständigen Gericht eingeht.[84]

510 Die Beschwerdeschrift bedarf wegen des Anwaltszwangs (§ 114 I FamFG) zu ihrer Wirksamkeit der **Unterschrift eines Rechtsanwalts** (§ 64 II 4 FamFG). Erforderlich ist der vollständige Name. Eine Abkürzung genügt nicht. Hat allerdings das Beschwerdegericht die Abkürzung wiederholt nicht beanstandet, ist bei Verfristung des Rechtsmittels Wiedereinsetzung zu gewähren.[85] Zur Bedeutung der Blankounterschrift siehe näher → Rn. 526. Eine Ausnahme besteht nur für den Fall, in dem das Jugendamt als Beistand (§ 1712 BGB) das minderjährigen Kind zulässigerweise auch in der Beschwerdeinstanz (§ 114 IV Nr. 2 FamFG) vertritt. Hier unterzeichnet der gemäß § 55 SGB VIII beauftragte Mitarbeiter. Die notwendige Unterschrift soll die Identifizierung des Urhebers ermöglichen sowie den unbedingten Willen zum Ausdruck bringen, die volle Verantwortung für den Schriftsatz zu übernehmen und diesen bei dem Beschwerdegericht einzurei-

---

[76] BGH FamRZ 2007, 903.
[77] BGH FamRZ 2012, 962 Rn. 19.
[78] BGH FamRZ 2017, 731 Rn. 8.
[79] BGH FamRZ 2006, 543.
[80] BGH FamRZ 2015, 1276 Rn. 18.
[81] BGH FamRZ 2006, 1115.
[82] OLG Celle FamRZ 2011, 1247.
[83] BGH NJW 2005, 3773.
[84] BGH FamRZ 1995, 1134.
[85] BGH FamRZ 2013, 1035 (LS).

chen.[86] Demgemäß genügt die in Computerschrift erfolgte Wiedergabe des Vor- und Zunamens unter der als Computerfax übermittelten Beschwerdeschrift den Anforderungen, dh Wiedergabe der Unterschrift in der Kopie, nicht. Unzulässig ist die Beschwerde etwa dann, wenn sich die „Unterzeichnung" der Beschwerdeschrift bei Würdigung der bekannten oder erkennbaren Umstände der Unterschrift eines zugelassenen Rechtsanwalts nicht zuordnen lässt.[87] Allerdings kann dieser Mangel im Einzelfall unschädlich sein, wenn die sonstigen Umstände der Beschwerdeeinlegung die Gewähr dafür bieten, dass der mit der Unterschriftsleistung verfolgte Zweck erreicht wird.[88] Dabei sind aber nur solche Gesichtspunkte zu berücksichtigen, die dem Beschwerdegericht bis zum Ablauf der Rechtsmittelfrist bekannt geworden sind. Ein Unterschriftsmangel kann durch die Unterzeichnung des Beglaubigungsvermerks auf den mit der Urschrift der Beschwerdeschrift eingereichten Abschriften behoben werden.[89] Im Übrigen kann die Unterschrift innerhalb der laufenden Beschwerdefrist nachgeholt werden; ansonsten ist die Beschwerde nach Fristablauf als unzulässig (§ 117 I 4 FamFG iVm § 522 I 2 ZPO) zu verwerfen.[90]

Wird in einem **Verfahrenskostenhilfegesuch** eine beigefügte Schrift als **Entwurf einer Beschwerdeschrift** bezeichnet, liegt keine Beschwerdeeinlegung vor, selbst wenn die Schrift den gesetzlichen Anforderungen an eine Beschwerdeschrift genügt.[91] Auch wenn **Verfahrenskostenhilfe** beantragt wurde, ist erst dann das Rechtsmittel der Beschwerde eingelegt, wenn eine **formgerechte Rechtsmittelschrift** eingereicht wurde **und** der Rechtsmittelführer unabhängig von der Bewilligung von Verfahrenskostenhilfe zur **Durchführung** des Rechtsmittels **entschlossen** ist.[92] Erfüllt ein Schriftsatz allerdings die gesetzlichen Anforderungen, die an eine Beschwerdeschrift zu stellen sind, kommt im Zusammenhang mit einem Verfahrenskostenhilfegesuch die Annahme, es handele sich **nicht** um eine Beschwerdeschrift nur in Betracht, wenn sich dies aus den gesamten Umständen des Einzelfalles mit einer jeden vernünftigen Zweifel ausschließenden Deutlichkeit feststellen lässt.[93] Deshalb können selbst bei einer Erklärung „vorbehaltlich VKH-Bewilligung für die zweite Instanz" weitere Formulierungen im Schriftsatz und sonstige Umstände, wie etwa die gleichzeitige „Begründung des Rechtsmittels" dafür sprechen, dass der jeweilige Beteiligte in jedem Fall zu einer unbedingten Rechtsverfolgung entschlossen ist.

Eine nur für den Fall der Bewilligung von Verfahrenskostenhilfe **bedingt eingelegte Beschwerde** ist unzulässig.[94] Im Hinblick auf die schwerwiegenden Folgen einer durch die Bewilligung von Verfahrenskostenhilfe bedingten und damit unzulässigen Beschwerde ist für die Annahme einer derartigen Bedingung eine ausdrücklich zweifelsfreie Erklärung erforderlich, die den fraglichen Schriftsatz etwa als Entwurf einer Beschwerdeschrift bezeichnet. Eindeutigkeit in diesem Sinne ist auch gegeben, wenn von einer **beabsichtigten Beschwerde** oder davon die Rede ist, dass man **nach Gewährung von Verfahrenskostenhilfe** Beschwerde einlegen werde.[95] Maßgebend ist der **objektive Erklärungswert**. Deshalb ist es auch unerheblich, ob ausdrücklich von einer bedingt eingelegten Beschwerde die Rede ist. Bedingt und daher unzulässig ist eine Rechtsmitteleinlegung deshalb auch dann, wenn „abhängig von der Verfahrenskostenhilfebewilligung Beschwerde eingelegt wird".[96] Anders liegen die Dinge, wenn Beschwerde eingelegt wird, deren **Durchführung** aber von der Gewährung von Verfahrenskostenhilfe abhängig gemacht wird, weil diese Formulierung auch die Deutung zulässt, dass man sich lediglich für den Fall der Versagung von Verfahrenskostenhilfe die Rücknahme des Rechtsmittels vorbehal-

---

[86] BGH FamRZ 2003, 1175.
[87] BGH NJW-RR 2010, 358 Rn. 12.
[88] BGH FamRZ 2005, 1241.
[89] BGH FamRZ 2008, 1243 Rn. 9.
[90] OLG Bamberg FamRZ 2013, 480.
[91] OLG Stuttgart FamRZ 2000, 240.
[92] BGH NJW-RR 2000, 879.
[93] BGH FamRZ 2011, 366 Rn. 10 und 12.
[94] BGH FamRZ 2011, 29 Rn. 17; FamRZ 2007, 895.
[95] BGH FamRZ 2006, 400; 2005, 1537; 2004, 1553.
[96] BGH FamRZ 2011, 29 Rn. 18.

te.[97] Als eindeutig hat der BGH[98] andererseits die mit einer formgerecht eingereichten Beschwerdeschrift verbundene Erklärung „Beschwerde wird nur für den Fall von Gewährung der Verfahrenskostenhilfe erhoben" dahin ausgelegt, der Antragsteller wolle schon die **Einlegung des Rechtsmittels** von einer positiven Bescheidung seines Verfahrenskostenhilfegesuchs abhängig machen. An einer formgerechten Beschwerdeschrift fehlt es auch dann, wenn der Beschwerdeführer sein Verfahrenskostenhilfegesuch erklärtermaßen mit Beschwerdeanträgen und einer Begründung versieht, diese aber ausdrücklich zunächst nur zur Begründung der Erfolgsaussichten im Sinne von § 114 ZPO heranzieht und sie erst im Fall der Bewilligung von Verfahrenskostenhilfe als Anträge und Begründung für das dann durchzuführende Beschwerdeverfahren geltend machen will. Auch in einem solchen Fall stellt der Beschwerdeführer die Einlegung der Beschwerde unter der unzulässigen Bedingung der Bewilligung von Verfahrenskostenhilfe.[99] (Zur Abgrenzung zwischen Verfahrenskostenhilfegesuch und Beschwerdebegründung → Rn. 524.)

512 Für die anwaltliche Rechtspraxis bleiben auch auf der Grundlage der BGH-Rechtsprechung Unwägbarkeiten, die mit der einzelfallbezogenen Heranziehung von Auslegungsmaßstäben verbunden sind. In höherem Umfang Rechtssicherheit lässt sich aber dadurch herstellen, dass der Beschwerdeführer sein Verfahrenskostenhilfegesuch von vornherein in der Gestalt einer Rechtsmittelbegründung entsprechend § 117 I FamFG aufbaut und ggf. in einem die notwendige Beschwer des § 61 I FamFG erreichenden Umfang unbedingt einlegt mit dem Vorbehalt einer **Beschwerdeerweiterung nach Bewilligung von Verfahrenskostenhilfe.** Kostenrechtliche Vorbehalte hiergegen haben sich durch die Beseitigung der Einschränkungen bei der anwaltlichen Vertretung im Zuge gesetzlicher Neuregelungen erledigt.

5. Beschwerdesumme/Beschwer

513 Jedes Rechtsmittel ist nur statthaft, wenn einer der Beteiligten durch die Entscheidung des Gerichts beschwert ist. Dies verlangt auf der **Antragstellerseite,** dass ein Teil des Antrags abgewiesen worden ist und der Antragsteller somit weniger erhalten hat als beantragt. Auf seiner Seite muss daher eine **formelle Beschwer** vorliegen.[100] Die Zulässigkeit der Beschwerde hängt allerdings weiter davon ab, dass der Antragsteller mit dem Rechtsmittel auch die **Beseitigung** der **Beschwer** anstrebt. So wird eine zunächst zulässige Beschwerde unzulässig, wenn der Beschwerdeführer nach Wegfall der Beschwer nur noch eine Erweiterung oder Änderung des Antrags verfolgt.[101] Allerdings liegt eine Beschwer vor, wenn der Beschwerdeführer nach erstinstanzlicher Abweisung des Leistungsantrags (§ 258 ZPO) als unzulässig mit der Beschwerde sein Unterhaltsbegehren nunmehr im Wege des Abänderungsantrags (§ 238 FamFG) weiterverfolgt. Zum einen handelt es sich um ein und denselben materiellen Anspruch. Zum anderen stellt sich der erfolgreiche Abänderungsantrag aus Sicht des Unterhalt begehrenden Unterhaltsberechtigten als Ergebnis eines Leistungsantrags dar (→ Rn. 138). Schließlich liefe es auf eine mit den Grundsätzen der Verfahrensökonomie nicht mehr zu vereinbarenden Förmelei hinaus, von dem Beschwerdeführer zunächst die Verfolgung eines Leistungsantrags zu verlangen, um dann rechtzeitig auf den als Hilfsantrag angekündigten Abänderungsantrag die Anträge entsprechend umzustellen.

514 Auf der **Antragsgegnerseite** reicht neben der formellen auch eine **materielle Beschwer** aus. Daher ist der in Anspruch genommene Unterhaltspflichtige auch dann berechtigt, ein Rechtsmittel einzulegen, wenn er in 1. Instanz den Unterhaltsanspruch anerkannt hatte.[102] Der Antragsgegner kann somit immer dann Beschwerde einlegen, wenn er nur verpflichtet wurde, unabhängig davon, ob er der Verpflichtung in irgendeiner Form

---

[97] BGH FamRZ 2004, 1553 (1554).
[98] BGH FamRZ 2005, 1537.
[99] BGH FamRZ 2007, 895.
[100] BGH NJW 1991, 704.
[101] BGH FamRZ 2006, 402.
[102] BGH FamRZ 2003, 1922.

widersprochen hat.[103] Unterliegen beide Beteiligte in erster Instanz, ist die Beschwer für jeden Beteiligten gesondert zu bestimmen.

Auf Entscheidungsgründe, die nicht in Rechtskraft erwachsen, kann eine Beschwer nicht gestützt werden, wie dies etwa bei den präjudiziellen Rechtsverhältnissen der Fall ist. An der notwendigen Beschwer fehlt es für den Antragsteller auch dann, wenn er voll obsiegt hat, und lediglich die Begründung für unzutreffend hält. Hat das Gericht den zugesprochenen nachehelichen Unterhalt befristet (§ 1578b BGB), sind beide Ehegatten beschwert, sofern der eine einen kürzeren und der andere einen längeren Unterhaltszeitraum anstrebt.

Maßgebend für die **Berechnung der Beschwer** sind nicht die Regelungen in § 51 FamGKG für den Gebührenstreitwert, sondern kraft ausdrücklicher gesetzlicher Regelung (§ 2 ZPO) die §§ 3 ff. ZPO, insbesondere § 9 ZPO (3,5-facher Jahresbetrag). Abzustellen ist grundsätzlich auf den **Zeitpunkt der Einlegung des Rechtsmittels.** Übersteigt allerdings die Beschwer des erstinstanzlich unterlegenen Beteiligten die Wertgrenze des § 61 I FamFG, steht der Zulässigkeit des Rechtsmittels ein zunächst angekündigter Beschwerdeantrag unterhalb der Wertgrenze nicht entgegen, sofern und soweit der Beschwerdeführer seinen Antrag im Rahmen einer fristgerecht eingereichten Beschwerdebegründung noch erweitern kann.[104] Begehrt ein Beteiligter **Abänderung eines Unterhaltstitels** (zB § 238 FamFG), ist lediglich von der Differenz zwischen tituliertem Monatsbetrag und dem erstrebten Anpassungsbetrag, dem in „Streit" befindlichen Teil, für die weitere Berechnung auszugehen.[105] Hat das Gericht erster Instanz den Kindesunterhalt nur in statischen Beträgen festgestellt, besteht die Beschwer für die mit dem Rechtsmittel verfolgte **Dynamisierung** in einem gemäß § 3 ZPO zu bemessenden „Umwandlungsinteresse".

515

Die Anwendung des § 9 ZPO führt in aller Regel, selbst bei kleinen laufenden Unterhaltsbeträgen, dazu, dass die Beschwerdesumme von (derzeit) mehr als 600 EUR (§ 61 I FamFG) erreicht wird. Anders ist es, wenn nur ein geringer Rückstand (fester Betrag) mit der Beschwerde zur Überprüfung gestellt wird, oder auch bei zeitlicher Begrenzung des Unterhalts unter einem Jahr (§ 9 S. 2 ZPO).

Ungeachtet der Zulässigkeit des Rechtsmittels bei einem höheren Beschwerdewert als 600 EUR ist die Beschwerde auch dann zulässig, wenn das Gericht des 1. Rechtszuges sie im Beschluss zugelassen hat. Dies geschieht – in der Rechtspraxis eher selten – dann, wenn das Verfahren entweder grundsätzliche Bedeutung hat oder die Rechtsfortbildung oder die Einheitlichkeit der Rechtsprechung eine Entscheidung durch die Beschwerdeinstanz erforderlich macht (§ 61 III Nr. 1 FamFG). An diese **Zulassung** ist das in der Instanz höhere Gericht gebunden. Eine Beschränkung der Zulassung auf bestimmte Rechtsfragen ist nicht zulässig. Die Beschränkung der Zulassung ist möglich, soweit sie einen tatsächlich und rechtlich selbständigen Teil des Gesamtstreitstoffs betrifft.[106]

Sieht das Gericht erster Instanz von einer Prüfung der Zulassung ab, weil nach seiner Auffassung die im Sinne von § 61 I FamFG notwendige Beschwer erreicht sei, hat das Beschwerdegericht vor einer danach in Betracht kommenden Verwerfung des Rechtsmittels die Prüfung nachzuholen, ob die Voraussetzungen einer „Zulassungsbeschwerde" gegeben sind.[107] Eine solche Prüfung ist aber nicht schon dann anzustellen, wenn das erstinstanzliche Gericht seine Entscheidung mit einer Rechtsbehelfsbelehrung gemäß § 39 S. 1 FamFG versehen hat. Denn diese betrifft ersichtlich nur die Statthaftigkeit des Rechtsmittels. Sie lässt die dem Beschwerdegericht vorbehaltene weitere Zulässigkeitsprüfung unberührt, und zwar auch dann, wenn die erste Instanz den Wert der Beschwer auf unter 600 EUR festgesetzt hat, weil diese Wertfestsetzung das Beschwerdegericht nicht bindet.[108]

---

[103] BGH NJW 1982, 1940.
[104] BGH NJW-RR 2005, 714.
[105] MüKoFamFG/Fischer § 61 Rn. 24 und 25; BGH FuR 2019, 353.
[106] BGH NJW-RR 2009, 1431.
[107] BGH FamRZ 2014, 1445 Rn. 10; 2014, 1100 Rn. 17; 2012, 961 Rn. 6; 2011, 882 Rn. 14; 2010, 964 Rn. 18.
[108] BGH FamRZ 2014, 1445 Rn. 14; 2014, 1100 Rn. 20 und 21.

516 Im Übrigen ist eine nachträgliche Zulassung durch das Gericht erster Instanz unzulässig, es sei denn aus den Gründen seiner Entscheidung ergeben sich zureichende Anhaltspunkte dafür, dass die Nichtzulassung auf einem Versehen beruht.[109]

516 Bei **Auskunftsanträgen** scheitert die **Beschwerde** des Antragsgegners oft deswegen an § 61 I FamFG, weil der Wert der Beschwer gemäß § 3 ZPO nach billigem Ermessen zu bestimmen ist[110] und dabei die Wertgrenze nicht überschreitet (vgl. hierzu näher auch → Rn. 353). Hierbei ist abzustellen auf das Interesse des Verpflichteten, die begehrte Auskunft **nicht** erteilen zu müssen.[111] Maßgebend ist der Aufwand an Zeit und Kosten, den die Erteilung der geschuldeten Auskunft erfordert.[112] Dabei ist im Regelfall davon auszugehen, dass der Pflichtige den an ihn gestellten Anforderungen in seiner **Freizeit** nachkommen kann.[113] **Zeit- und Arbeitsaufwand** machen in einfach gelagerten Fällen, zB bei einem nichtselbständigen Lohnempfänger, in der Regel nicht mehr als 300 bis 400 EUR aus. Dabei folgt die überschlägige Berechnung den Bestimmungen für die Entschädigung von Zeugen nach dem JVEG.[114] Die Kosten für die Hinzuziehung sachkundiger **Hilfskräfte** (zB Steuerberater, Rechtsanwalt) können nur berücksichtigt werden, wenn sie zwangsläufig entstehen, weil der Pflichtige zu einer sachgerechten Auskunftserteilung nicht in der Lage ist.[115] Handelt es sich mangels Bestimmtheit um einen **nicht vollstreckungsfähigen Titel**, kommt es auf die zur Abwehr der Zwangsvollstreckung notwendigen Kosten an.[116] Davon ist ferner auszugehen, wenn eine Verpflichtung zur Vorlage **nicht existenter Unterlagen** erfolgt. Ein **Geheimhaltungsinteresse** wirkt sich im Einzelfall bei der Bemessung des Rechtsmittelinteresses erhöhend aus.[117] Hier muss der Beschwerdeführer allerdings ihm drohende Nachteile konkret darlegen und glaubhaft machen.[118]

Auch bei der Verpflichtung zur **Herausgabe** von **Geschäftsunterlagen** richtet sich der Wert der Beschwer nach dem erforderlichen Aufwand an Zeit und Kosten sowie einem etwaigen Geheimhaltungsinteresse des Verpflichteten.[119] Allerdings kommt es für die Beschwer des zur Auskunft Verpflichteten nicht auf den Aufwand zur Beantwortung von Fragen an, die über den Tenor der Auskunftsentscheidung hinausgehen.[120] Entscheidet der Beschluss lediglich über den Auskunftsanspruch im Rahmen eines **Stufenverfahrens**, und verweist es die Sache im Übrigen hinsichtlich des Leistungsanspruchs an die Vorinstanz zurück, so ist für den Wert der Beschwer allein der Auskunftsanspruch maßgebend.[121]

Wendet sich der Auskunftspflichtige mit seinem Rechtsmittel lediglich gegen die Verpflichtung zur **Abgabe der eidesstattlichen Versicherung**, beurteilt sich der Wert der Beschwer nach den für die Auskunftsverpflichtung maßgebenden Grundsätzen.[122]

517 Ist zum **Zeitpunkt** der Rechtsmitteleinlegung die Beschwerdesumme erreicht, wird aber später die Beschwerde zum Teil zurückgenommen und sinkt dadurch die Beschwer unter den nach § 61 I FamFG erforderlichen Betrag, wird die Beschwerde nur dann unzulässig, wenn die **Rücknahme** willkürlich ist, dh **ohne** einen sich aus dem bisherigen

---

[109] BGH FamRZ 2012, 961 Rn. 4 und 5.
[110] BGH FamRZ 2007, 714.
[111] BGH FamRZ 2018, 1529 Rh. 6; 2018, 445 Rn. 6; 2017, 1947 Rn. 9; 2017, 368 Rn. 369; 2014, 1012 Rn. 11.
[112] BGH FamRZ 2005, 104.
[113] BGH FamRZ 2018, 445 Rn. 7; 2017, 1947 Rn. 11; 2017, 982 Rn. 8.
[114] BGH FamRZ 2018, 1529 Rn. 6; 2018, 445 Rn. 5; 2017, 1947 Rn. 11; 2017, 982 Rn. 9; 2017, 368 Rn. 5; 2014, 644 Rn. 12 mwN.
[115] BGH FamRZ 2018, 445 Rn. 9; 2014, 644 Rn. 11; 2014, 27 Rn. 9.
[116] BGH FamRZ 2002, 666.
[117] BGH FamRZ 2018, 1762 Rn. 16; 2014, 644 Rn. 6.
[118] BGH FamRZ 2012, 204 Rn. 13; 2005, 1986.
[119] BGH NJW-RR 2002, 145; NJW 1999, 3049.
[120] BGH NJW-RR 2001, 1571.
[121] BGH NJW 2000, 1724; vgl. zum Beschwerdewert bei Verurteilungen zur Auskunftserteilung über Kontobewegungen: BGH NJW-RR 2001, 569; zum Wert der Beschwer bei einer Verurteilung zur Auskunftserteilung über Nebeneinkünfte: BGH NJW-RR 2001, 210; zur Bemessung des Wertes des Beschwerdegegenstandes im Falle einer Verurteilung zur Gewährung von Einsicht in auszusortierende Geschäftsunterlagen: BGH NJW-RR 2001, 929.
[122] BGH FamRZ 2018, 608 Rn. 7; 2017, 225.

4. Abschnitt: Rechtsmittel in Unterhaltssachen § 10

Verfahren ergebenden Grund erfolgt. Einen solchen **zureichenden Grund** stellt es aber dar, wenn dem Beschwerdeführer nur in einem hinter dem ursprünglichen Antrag zurückbleibenden Umfange Verfahrenskostenhilfe gewährt wird und er daraufhin seinen Rechtsmittelantrag dem anpasst.[123] Der Antragsgegner wird durch die Erfolglosigkeit eines hilfsweise von ihm geltend gemachten Zurückbehaltungsrechts nicht über den Betrag der zugesprochenen Forderung hinaus beschwert.[124]

Haben die Beteiligten das streitige Unterhaltsverfahren in der ersten Instanz zunächst durch Vergleich beendet und streiten sie im Anschluss in demselben Verfahren über die **Wirksamkeit des Vergleichs,** bemisst sich die Beschwer des Beschwerdeführers, sofern das Gericht nunmehr antragsgemäß feststellt, dass das Verfahren durch Vergleich beendet worden ist, nur nach dem Interesse an der Unwirksamkeit des Vergleichs, nicht aber nach dem ursprünglichen Verfahrenswert.[125]

6. Beschwerdebegründung

a) Fristwahrung und Fristverlängerung. Die Frist für die Beschwerdebegründung 518 beträgt **zwei Monate** und beginnt mit der schriftlichen Bekanntgabe des Beschlusses, spätestens mit Ablauf von fünf Monaten nach Erlass des Beschlusses (§ 117 I 3 FamFG). Sie beginnt damit, wie die Beschwerdefrist, mit der von Amts wegen gebotenen Zustellung einer beglaubigten Abschrift der Endentscheidung (§ 113 I 2 FamFG iVm § 317 ZPO)[126] unter Beachtung der zivilprozessualen Zustellvorschriften (§§ 166 ff. ZPO).[127] Lässt sich ein entsprechender Fristbeginn nicht feststellen, beginnt die Frist zur Begründung des Rechtsmittels spätestens mit Ablauf von fünf Monaten nach **Verkündung** (vgl. hierzu näher auch → Rn. 506 und 507) der Endentscheidung (§ 117 I 3 FamFG). Die Frist wird nur gewahrt durch den rechtzeitigen Eingang der Begründung beim **Beschwerdegericht** (§ 117 I 2 FamFG).

Im Unterschied zur Beschwerdefrist (→ Rn. 507) steht die Begründungsfrist einer **Notfrist** nicht gleich. Zwischen ihnen besteht auch kein Abhängigkeitsverhältnis. So lässt die **Versäumung** der **Beschwerdefrist** den weiteren Lauf der Frist zur Begründung unberührt. Dies gilt ebenso für einen entsprechenden und nach § 233 ZPO zulässigen Antrag auf **Wiedereinsetzung** sowie eine erneute Einlegung der Beschwerde.[128] Die Beschwerdebegründungsfrist läuft auch dann, wenn das Rechtsmittel – zu Unrecht – als unzulässig verworfen worden ist.[129] Dies zwingt den jeweiligen Beteiligten, das Rechtsmittel auch dann fristgerecht zu begründen, wenn er sich um Wiedereinsetzung gegen die Versäumung der Beschwerdefrist bemühen und gegen die Verwerfung der Beschwerde mit der Rechtsbeschwerde (§§ 117 I 4 FamFG iVm §§ 522 I 4 ZPO) vorgehen sollte.[130] Hat das Beschwerdegericht gesondert die Wiedereinsetzung versagt, muss der Beteiligte neben der Rechtsbeschwerde auch hiergegen, um den Eintritt der Rechtskraft zu hindern, vorgehen.

Beginn und Ablauf der Begründungsfrist finden auch gegenüber dem **mittellosen** 519 **Beteiligten** statt, der sich ohne die Bewilligung von Verfahrenskostenhilfe an einer fristgemäßen Begründung des Rechtsmittels gehindert sieht. Ihm steht allerdings nach dem Wegfall des Hindernisses durch die Bekanntgabe der Entscheidung über die Bewilligung von Verfahrenskostenhilfe eine Wiedereinsetzungsfrist von **einem Monat** zur Verfügung, innerhalb derer er die versäumte Verfahrenshandlung nachzuholen hat (§ 117 V FamFG iVm § 234 I 2 ZPO).[131] Dabei handelt es sich um die Rechtsmittelbegründung selbst, nicht aber nur um einen Fristverlängerungsantrag.[132] Hat der Beteiligte wegen Mittellosigkeit

---

[123] OLG Koblenz FamRZ 1996, 557.
[124] BGH NJW-RR 1996, 828.
[125] BGH FamRZ 2007, 630.
[126] BGH FamRZ 2016, 624 Rn. 16.
[127] Hoppenz/Walter, Familiensachen, FamFG § 113 Rn. 2.
[128] BGH FamRZ 1999, 649.
[129] BGH FamRZ 2004, 1783 m. abl. Anm. Vollkommer FamRZ 2005, 194.
[130] BGH FamRZ 2005, 791 (792).
[131] BGH FamRZ 2006, 1271.
[132] BGH FamRZ 2006, 1754.

zunächst von der Einlegung der Beschwerde überhaupt Abstand genommen und wird ihm nach Bewilligung von Verfahrenskostenhilfe Wiedereinsetzung in den vorigen Stand gegen die Versäumung der Beschwerdefrist bewilligt, beginnt die Monatsfrist zur Nachholung der Beschwerdebegründung erst mit Bekanntgabe der **Wiedereinsetzungsentscheidung**.[133]

520 Die Frist für die Beschwerdebegründung kann **mit Einwilligung** des Gegners auf Antrag von dem Vorsitzenden verlängert werden (§ 117 I 4 FamFG iVm § 520 II 2 ZPO). Die Einwilligungserklärung ist bedingungsfeindlich und unwiderruflich. Eine besondere Schriftform ist für sie nicht erforderlich.[134] Notwendigerweise muss sie aber erklärtermaßen Eingang in den Verlängerungsantrag finden.[135] Im Ausnahmefall reichen allerdings auch konkludente Darlegungen aus, wenn sich die Einwilligung des Gegners zweifelsfrei aus dem Zusammenhang des Antrags mit bereits zuvor gestellten Verlängerungsanträgen ergibt.[136] Zum Nachweis genügt die **anwaltliche Versicherung** durch den Verfahrensbevollmächtigten des Beschwerdeführers.[137] Von einer wirksamen Fristverlängerung ist auch dann auszugehen, wenn der Vorsitzende auf Grund von Missverständnissen von dem Vorliegen einer Einwilligung ausgegangen ist.[138]

Ohne Einwilligung des Gegners kann die Frist bis zu einem Monat verlängert werden, wenn nach freier Überzeugung des Vorsitzenden das Verfahren durch die Verlängerung nicht verzögert wird oder wenn der Beschwerdeführer erhebliche Gründe darlegt (§ 117 I 4 FamFG iVm § 520 II 3 ZPO). Die angegebenen Gründe sind manchmal recht fadenscheinig, vor allem, wenn nur große „Arbeitsbelastung" angegeben oder auf die „Weihnachtsfeiertage" hingewiesen wird und mehrere Rechtsanwälte in einer Kanzlei tätig sind. In solchen Fällen wird die Verlängerung entweder gleich abgelehnt oder auf den Mangel der Begründung hingewiesen.[139] Allerdings wird es für eine erstmalige Fristverlängerung als ausreichend angesehen, wenn der Rechtsanwalt pauschal geltend macht, eine ausreichende Rücksprache mit dem Mandanten und die Beschaffung von Unterlagen habe noch nicht erfolgen können.[140] Die auf Antrag eines Verfahrensbevollmächtigten vom Vorsitzenden verfügte Verlängerung der Beschwerdebegründungsfrist ist wirksam, ohne dass es darauf ankommt, ob der Verfahrensbevollmächtigte bei sorgfältiger Prüfung hätte erkennen können, dass sein Antrag unwirksam war.[141] Im Antrag, das Ruhen des Verfahrens anzuordnen, ist kein Antrag auf Verlängerung eines laufenden Beschwerdebegründungsfrist enthalten.[142]

521 Der **Verlängerungsantrag** muss **schriftlich**, auch (häufig) durch Telefax,[143] vor Ablauf der Begründungsfrist beim Beschwerdegericht eingegangen sein.[144] Zur Fristwahrung genügt die Einreichung beim Ausgangsgericht nicht. Dies ist im Übrigen nach den Grundsätzen eines fairen Verfahrens nur gehalten, den Verlängerungsantrag im ordentlichen Geschäftsgang an das Beschwerdegericht weiterzureichen, so dass das Risiko der Fristwahrung beim jeweiligen Antragsteller verbleibt.[145] Ein telefonischer Anruf beim Vorsitzenden genügt nicht, kann allenfalls den Verlängerungsantrag ankündigen und seine Aussichten erkunden. Die Verlängerung selbst kann noch **nach Ablauf der Begründungsfrist** vorgenommen werden.[146] Eine fehlerhafte Verlängerung (ausgenommen: besonders schwere Mängel) ist grundsätzlich wirksam und unterliegt auch nicht der Beurteilung durch das Rechtsbeschwerdegericht.[147] Kürzere Verlängerung als beantragt ist

---

[133] BGH FamRZ 2007, 1640 Rn. 13.
[134] BGH FamRZ 2005, 267.
[135] BGH FamRZ 2005, 1082.
[136] BGH FamRZ 2006, 1020.
[137] BGH FamRZ 2005, 267.
[138] BGH NJW 2004, 1460.
[139] BGH FamRZ 1990, 36.
[140] BGH NJW 2010, 1610 Rn. 9.
[141] BGH NJW-RR 1999, 286.
[142] BGH NJW-RR 2010, 275 Rn. 9.
[143] BGH FamRZ 1991, 548.
[144] BGH FamRZ 2015, 1878 Rn. 10.
[145] BGH FamRZ 2011, 1389 Rn. 10.
[146] BGH FamRZ 1988, 55.
[147] BGH FamRZ 1988, 55.

Ablehnung des weitergehenden Antrags.[148] Unwirksam ist eine „Verlängerung", wenn die Begründungsfrist bei Antragseingang bereits abgelaufen war.[149] Dem steht die **Rechtskraft** entgegen. Für den Beschwerdeführer bleibt nur die Möglichkeit der Wiedereinsetzung, die er gleichzeitig mit der Begründung des Rechtsmittels verbinden muss, nicht aber mit einem weiteren „Verlängerungsantrag".[150] Die häufig begehrte **stillschweigende Fristverlängerung** ist nicht möglich.[151] Sie muss vielmehr ausdrücklich erfolgen. Die förmliche Zustellung der Verlängerungsverfügung ist nicht nötig.[152] Die Verlängerung wird wirksam durch formlose Mitteilung der Verfügung seitens der Geschäftsstelle an den Verfahrensbevollmächtigten.[153] Die Entscheidung des Vorsitzenden bedarf weder einer Begründung noch unterliegt sie einer Anfechtung.

Der Antrag auf Verlängerung der Begründungsfrist unterliegt dem **Anwaltszwang**.[154] Dabei trägt der Beschwerdeführer das Risiko, ob die Frist vom Vorsitzenden in Ausübung von dessen pflichtgemäßem Ermessen verlängert wird.[155] Demgemäß besteht auch keine Verpflichtung des Vorsitzenden, bei einer ohne erhebliche Gründe begehrten ersten Fristverlängerung den Beschwerdeführer vor Ablauf der Frist über die drohende Versagung zu informieren.[156] Überdies kann er auch nicht darauf vertrauen, dass ihm ohne Einwilligung des Gegners eine zweite Verlängerung der Beschwerdebegründungsfrist bewilligt wird.[157] Wird aber die Frist sogar über den Antrag hinaus verlängert, kann sie voll ausgenutzt werden. Mangelhafte Anträge oder sogar ein fehlender Antrag machen eine erfolgte Verlängerung nicht unwirksam.[158] Hat der mittellose Beteiligte innerhalb der Begründungsfrist **Verfahrenskostenhilfe** beantragt, ist er, sofern vor Ablauf der Frist hierüber noch nicht entschieden ist, nicht gehalten, fortlaufend um eine **Verlängerung der Beschwerdebegründungsfrist** nachzusuchen. Ihm ist vielmehr nach Bescheidung des Verfahrenskostenhilfegesuchs unter den Voraussetzungen von §§ 233 ff. ZPO Wiedereinsetzung in den vorigen Stand zu gewähren.[159]

Ist entweder die Beschwerdefrist nicht gewahrt oder aber die Begründungsfrist, kann die Beschwerde als unzulässig im schriftlichen Verfahren durch Beschluss verworfen werden (§ 68 II 2 FamFG) Gegen den Beschluss findet die Rechtsbeschwerde statt (§§ 522 I 4, 574 ZPO). Eine anschließende Wiedereinsetzung gegen die Fristversäumung beseitigt den verwerfenden Beschluss unmittelbar.[160]

b) Äußere Form der Begründungsschrift. Die Beschwerde wird in den Unterhaltssachen der Familienstreitsachen (§§ 231 I, 112 Nr. 1 FamFG) ihrer äußeren Form nach durch Einreichung eines Schriftsatzes begründet (§§ 64 II 1 und 2, 117 S. 1 FamFG). Allerdings fehlt es an einer § 520 III 1 ZPO vergleichbaren Regelung, die **ausdrücklich** die **Schriftform** für die Berufungsbegründung vorschreibt. Gleichwohl ist jedenfalls basierend auf dem Sinnzusammenhang der besagten Vorschriften davon auszugehen, dass nach dem Willen des Gesetzgebers bei einer gebotenen Begründung des Rechtsmittels in Familienstreitsachen (§ 117 I 1 FamFG) die allgemeinen Formvorschriften zu beachten sind, wie sie für die **Einlegung des Rechtsmittels** zu gelten haben (§ 64 II 2 FamFG). Der hiernach auch für die Beschwerdebegründung vorgeschriebenen **Schriftform** kann der Rechtsmittelführer über Fernschreiben, Telegramm, Telekopie (Telefax)sowie Telebrief nachkommen.[161] Im Übrigen sind dieselben Formalien zu beachten wie bei der Einlegung

---

[148] BGH NJW-RR 1989, 1278.
[149] BGH FamRZ 2017, 1068 Rn. 8.
[150] BGH FamRZ 2006, 1754.
[151] BGH FamRZ 1990, 147.
[152] BGH FamRZ 1990, 613.
[153] BGH FamRZ 1994, 302.
[154] BGH FamRZ 2019, 550 Rn. 11. .
[155] BGH FamRZ 2009, 1745 Rn. 8.
[156] BGH FamRZ 2007, 1808.
[157] BGH FamRZ 2004, 867.
[158] BGH NJW 1985, 1559.
[159] BGH FamRZ 2007, 1319.
[160] BGH NJW 2006, 2269.
[161] BGH NJW 1989, 589.

der Beschwerde (→ Rn. 508 bis 510). Der Begründungsschriftsatz bedarf deshalb wegen des Anwaltszwangs (§ 114 I FamFG) auch der Unterzeichnung durch einen Rechtsanwalt (§ 64 II 4 FamFG). Wird das minderjährige Kind bei der Verfolgung seiner Unterhaltsansprüche durch das Jugendamt als Beistand vertreten (§ 114 IV Nr. 2 FamFG), genügt die Unterschrift des beauftragten Mitarbeiters (§ 55 SGB VIII).

524 Abgrenzungsprobleme stellen sich häufig, (vergleichbar ist der Fall der Einlegung der Beschwerde – → Rn. 511), bei der Frage ein, ob der beteiligte Rechtsmittelführer die Beschwerde bereits begründen oder nur die Voraussetzungen für eine zu bewilligende **Verfahrenskostenhilfe** nachweisen will. Wird die Beschwerdebegründung zulässigerweise mit einem Verfahrenskostenhilfegesuch in einem Schriftsatz oder auch in getrennten Dokumenten verbunden, hat der Rechtsmittelführer alles zu vermeiden,[162] womit er den Eindruck erwecken könnte, er wolle eine bestimmte Verfahrenshandlung **lediglich ankündigen** und von der Gewährung von Verfahrenskostenhilfe abhängig machen. Sind aber die gesetzlichen Anforderungen an eine Beschwerdebegründung erfüllt, kommt eine Deutung, dass es sich nicht um eine **unbedingte Beschwerdebegründung** handeln sollte, nur in Betracht, wenn sich dies vor dem Hintergrund der schwerwiegenden Folgen einer bedingten und damit unzulässigen Beschwerde als das Ergebnis einer sinnvollen Auslegung aller Begleitumstände mit einer jeden Zweifel ausschließenden Deutlichkeit ergibt.[163] Hierfür sprechen beispielsweise Formulierungen wie „Entwurf einer Beschwerdebegründung" oder „Begründung zunächst nur des VKH-Gesuchs" oder „beabsichtigte Beschwerdebegründung" oder Ankündigungen, die Beschwerde „nach Gewährung der VKH" begründen zu wollen. Demgegenüber sieht der BGH[164] in einem mit „Beschwerdebegründung" überschriebenen Schriftsatz eine den Anforderungen von § 117 I FamFG genügende Beschwerdebegründungsschrift auch dann, wenn darin „zunächst" Verfahrenskostenhilfe beantragt und der Beschwerdeantrag mit den Worten „Nach der Bewilligung der Verfahrenskostenhilfe werde ich beantragen.", angekündigt wird. Hier deute die **temporale Staffelung** mangels konkreter Anhaltspunkte lediglich auf den legitimen Wunsch hin, das Gericht solle vorab über die Verfahrenskostenhilfe entscheiden. Nicht genügen soll dem gegenüber aber wiederum die Bezugnahme in einem VKH-Gesuch auf den „Entwurf der Beschwerdebegründung", sofern darin lediglich „angekündigt" wird, „die Beschwerde mit folgenden Anträgen zu begründen".[165] Auch der Antrag auf Einstellung der Zwangsvollstreckung aus einer erstinstanzlichen Endentscheidung kann im Einzelfall den Anforderungen an eine Beschwerdebegründungsschrift genügen, sofern sich aus dem Zusammenhang und den Begleitumständen die Überzeugung gewinnen lässt, dass der Schriftsatz zur Begründung des Rechtsmittels bestimmt sein soll.[166] Das dürfte aber dann zu verneinen sein, wenn mit dem Vollstreckungsschutzantrag die Begründung des Rechtsmittels noch „angekündigt" wird.[167]

Für die anwaltliche Rechtspraxis, die in Unterhaltssachen wesentlich durch die Inanspruchnahme von Verfahrenskostenhilfe seitens der Beteiligten bestimmt ist, sind mit dieser Rechtsprechung, die auf eine Heranziehung der Begleitumständen im jeweiligen Einzelfall abstellt, durchaus Risiken verbunden, die sich vermeiden lassen (vgl. dazu → Rn. 512).

525 **c) Inhalt der Begründungsschrift.** Für die schriftliche Begründung der Beschwerde gibt § 117 I 1 FamFG lediglich vor, dass der Beschwerdeführer einen bestimmten **Sachantrag** zu stellen und diesen abweichend von § 65 I FamFG, wonach die Beschwerde begründet werden „soll", zu **begründen** „hat". Unschädlich ist, wenn der Sachantrag bereits in die Beschwerdeschrift Eingang gefunden hat, wie auch der Fall, in dem der Beschwerdeführer mit der Beschwerde das Rechtsmittel sogleich begründet hat. Bei diesen Anforderungen an die Begründungsschrift handelt es sich um unverzichtbare **Zulässigkeits-**

---

[162] BGH FamRZ 2006, 400; 2004, 1553; 1986, 1987.
[163] BGH FamRZ 2009, 494 Rn. 9; 2005, 1537; 2004, 1553.
[164] BGH FamRZ 2006, 400.
[165] BGH BeckRS 2004, 06076.
[166] BGH FamRZ 2015, 1791 Rn. 17 und 18.
[167] Prütting/Helms/Feskorn FamFG § 117 Rn. 24a.

4. Abschnitt: Rechtsmittel in Unterhaltssachen § 10

voraussetzungen.[168] Denn das Beschwerdegericht hat nach Eingang der Begründung von Amts wegen zu prüfen, ob die Beschwerde an sich statthaft sowie in der gesetzlichen Form und Frist eingelegt und begründet worden ist (§ 117 I 4 FamFG iVm § 522 I 1 FamFG). Fehlt es an einer hinreichenden Begründung, ist die Beschwerde – nach Anhörung, aber ohne mündliche Verhandlung – als unzulässig zu verwerfen (§ 522 I 2 ZPO).

Spätestens in der Begründungsschrift hat sich der Rechtsmittelführer, sofern dies nicht bereits in der Beschwerdeschrift geschehen ist, dahin zu erklären, inwieweit die Entscheidung der Vorinstanz angefochten wird und welche Abänderungen beantragt werden.[169] Die Ausführungen müssen für das Gericht und den Rechtsmittelgegner erkennen lassen, mit welchem Ziel und – gegebenenfalls – in welchem Umfang die angefochtene Entscheidung abgeändert werden soll.

Ein **förmlicher Antrag** ist danach nicht zuletzt aus Plausibilitätsgründen durchaus angezeigt und in der Praxis auch vorherrschend. Gleichwohl geht der BGH[170] in Anlehnung an seine ständige Rechtsprechung zum zivilprozessualen Berufungsrecht (§ 520 III 2 ZPO) davon aus, dass es zur Zulässigkeit keines konkreten Sachantrags in der Beschwerdebegründung bedarf, sofern die schriftsätzlichen Ausführungen innerhalb der Begründungsfrist „ihrem gesamten Inhalt nach eindeutig ergeben", in welchem Umfang und mit welchem Ziel die Entscheidung der Vorinstanz angegriffen werden soll.[171] Dies kann etwa dann bejaht werden, wenn der erstinstanzlich verpflichtete Unterhaltspflichtige in der Beschwerdebegründung weiterhin seine Leistungsfähigkeit in tatsächlicher und rechtlicher Würdigung der angegriffenen Entscheidung in Abrede stellt. Hat das Familiengericht den Antrag auf Zahlung des Mindestkindesunterhalts unter Hinweis auf eine Leistungsunfähigkeit des Unterhaltspflichtigen abgewiesen, genügt die hiergegen gerichtete Beschwerdebegründung den Zulässigkeitsvoraussetzungen, sofern sich die Darlegungen nachvollziehbar gegen die Ausführungen in der angefochtenen Entscheidung wenden. Führt der Beschwerdeführer, wie schon in erster Instanz, schriftsätzlich aus, warum ein Unterhaltstitel entgegen der angegriffenen Entscheidung nicht hätte abgeändert werden dürfen, erscheint die Beschwerdebegründung auch ohne konkreten Sachantrag im Sinne von § 117 I FamFG unbedenklich.[172] Um den Begründungsanforderungen von § 117 I 1 FamFG zu genügen ist es ferner nicht erforderlich, dass das Vorbringen schlüssig, hinreichend substantiiert oder rechtlich vertretbar erscheint.[173]

Allerdings stellt ein Schriftsatz keine zulässige Begründung der Beschwerde dar, wenn der Rechtsmittelführer darin zwar einzelne Rügen erhebt, sich aber ausdrücklich die weitere Prüfung vorbehält, ob das Rechtsmittel überhaupt durchgeführt wird.[174] Dies unterstreicht das beim Beschwerdeführer verbleibende Risiko einer Verwerfung wegen unzureichender Begründung, wenn er von der schriftsätzlichen Ankündigung eines konkreten Sachantrags absieht. Wendet sich der Beschwerdeführer gegen eine Endentscheidung, mit der ihn das erstinstanzliche Gericht zB zur Zahlung von Kindes- und Trennungsunterhalt verpflichtet hat, und lassen sich aus seinen Ausführungen in der Beschwerdebegründungsschrift ohne konkreten Sachantrag nur Angriffe gegen den Trennungsunterhalt ableiten, darf das Rechtsmittel nicht mit dem Hinweis auf Unbestimmtheit des Beschwerdeangriffs als insgesamt unzulässig verworfen werden.[175] Der Antrag, den angefochtenen Beschluss aufzuheben und die Sache an das **Gericht** erster Instanz **zurückzuverweisen** (§ 117 II FamFG iVm § 538 II ZPO), ist ein zulässiger Sachantrag, weil er hinreichend zum Ausdruck bringt, das erstinstanzliche Vorbringen weiterverfolgen zu wollen.[176]

---

[168] Keidel/Weber FamFG § 117 Rn. 38.
[169] BGH FamRZ 2015, 1277 Rn. 17; 2014, 1443 Rn. 16; 2012, 1205 Rn. 14 und 20.
[170] BGH FamRZ 2019, 378 Rn. 8; 2018, 884 Rn. 25; 2015, 1375 Rn. 10; 2014, 1443 Rn. 16; 2012, 1205 Rn. 12.
[171] BGH FamRZ 2018, 884 Rn. 25; 2012, 1205 Rn. 14.
[172] BGH FamRZ 2012, 962 Rn. 20.
[173] BGH FamRZ 2019, 378 Rn. 8; 2018, 283 Rn. 9.
[174] BGH FamRZ 2005, 882.
[175] BGH FamRZ 2015, 1009 Rn. 18.
[176] BGH FamRZ 2006, 1029.

526 Soweit die Zulässigkeit der Beschwerde darüber hinaus von einer **Begründung des Rechtsmittels** abhängt, lassen sich weder aus § 117 FamFG noch auf Grund einer Verweisung auf zivilprozessuale Verfahrensvorschriften nähere Kriterien für einen **Mindeststandard** einer zulässigen Beschwerdebegründung gewinnen, zumal die an eine Berufungsbegründung im Einzelnen zu stellenden Anforderungen (§ 520 III 2 ZPO) für das Beschwerdeverfahren in § 117 FamFG nicht übernommen worden sind. Anzuknüpfen ist deshalb an die Zweckrichtung, die dem Begründungszwang im streitigen Verfahren zukommt. Danach haben die inhaltlichen Anforderungen an eine Beschwerdebegründung in erster Linie zum Ziel, **bloß formelhaften Rechtsmittelbegründungen** entgegenzuwirken.[177] So reicht es nicht aus, die rechtliche Würdigung durch den Erstrichter mit stereotypen Wendungen zu rügen, die nur auf den Wortlaut von Vorschriften zurückgreifen, oder lediglich auf das Vorbringen in erster Instanz zu verweisen. Die Beschwerdebegründung muss erkennbar die durch die erstinstanzliche Entscheidung geschaffene Beschwer angreifen. Zu verlangen ist eine hinreichend dokumentierte **Auseinandersetzung** mit der angefochtenen **Entscheidung.** Sie muss deutlich machen, welche Punkte angegriffen werden sollen und wie wie der Beschwerdeführer dem entgegentreten will. Allerdings bedarf es im Kontext der Zulässigkeit der Beschwerdebegründung keiner Auseinandersetzung mit den Gründen der angefochtenen Entscheidung, wenn der Beschwerdeführer sein Rechtsmittel ausschließlich auf neue Angriffs- der Verteidigungsmitteln stützt.[178] Die entsprechenden zivilprozessualen Berufungsvorschriften (§ 531 II ZPO) finden, wie aus § 117 II FamFG folgt, in Familienstreitsachen keine Anwendung. Rügt der Beschwerdeführer eine „fehlerhafte Rechtsanwendung", muss er zumindest in nachvollziehbaren Ansätzen seine rechtliche Wertung gegenüberstellen und einen Bezug zum Streitfall verdeutlichen.

Rechtfertigt das erstinstanzliche Gericht die Abweisung des Antrags mit **mehreren** voneinander unabhängigen und selbständig tragenden **Erwägungen,** muss die Beschwerdebegründung die Entscheidung in allen Punkten angreifen; andernfalls ist die Beschwerde unzulässig.[179] Dem gegenüber ist der Beschwerdeführer nicht gehalten, sich im Rahmen der Begründung auch mit Umständen auseinandersetzt, die zwar keinen Eingang in die Gründe der Entscheidung gefunden haben, diese aber stützen könnten.[180] Im Übrigen ist eine Beschwerde als nicht hinreichend begründet anzusehen, wenn lediglich die Gründe der angefochtenen Entscheidung wiederholt und als unzutreffend bezeichnet werden.

An einer hinreichenden Begründung des Rechtsmittels fehlt es auch dann, wenn der bevollmächtigte **Rechtsanwalt** lediglich den Ausführungen des Mandanten seine Unterschrift (§ 64 II 4 FamFG) „leiht". Ergeben sich – gegebenenfalls nach Anhörung – für das Beschwerdegericht zureichende Anhaltspunkte dafür, dass der Verfahrensbevollmächtigte mit der **Unterschrift** nicht die Verantwortung für den Inhalt der gesamten Begründungsschrift übernehmen will, ist das Rechtsmittel als unzulässig zu verwerfen,[181] wie dies etwa der Fall ist, wenn der durch den Rechtsanwalt formulierte Antrag nicht mit der durch den Beteiligten vorgegebenen Begründung korrespondiert.[182] Von einer formwirksamen Beschwerdebegründung kann auch dann die Rede sein, wenn die Begründungsschrift lediglich auf eine **Blankounterschrift** des unterzeichnenden Rechtsanwalts zurückgeht. Dies bleibt aber dann unschädlich, wenn der Rechtsanwalt zuvor den Inhalt der noch zu erstellenden Begründungsschrift so genau festgelegt hat, dass er einer eigenverantwortlichen Prüfung gleichsteht.[183]

527 Während eine **pauschale Bezugnahme** auf erstinstanzliche Schriftsätze nicht die notwendige Auseinandersetzung mit der Entscheidung erkennen lässt, kann der Verweis zur Begründung auf einen Schriftsatz, mit dem der Verfahrensbevollmächtigte um die Bewilligung von **Verfahrenskostenhilfe** für das Rechtsmittel nachgesucht hat, genügen, soweit

---

[177] BGH FamRZ 2005, 882.
[178] BGH FamRZ 2019, 378 Rn. 8.
[179] BGH NJW 2011, 2367; NJW-RR 2006, 285; FamRZ 2005, 882.
[180] BGH NJW-RR 2006, 499.
[181] BGH FamRZ 2005, 1553 (1554).
[182] BGH FamRZ 2008, 876 Rn. 8.
[183] BGH FamRZ 2012, 1935 Rn. 18.

die übrigen formellen Voraussetzungen für eine Begründungsschriftsatz gegeben sind.[184] Nicht erforderlich ist dabei ein ausdrücklich erklärter Verweis, wenn sich eine entsprechende Bezugnahme bereits aus den **Begleitumständen** und aus dem **Zusammenhang** ergibt. Für eine **konkludente Bezugnahme** reicht auch schon ein mit der Beschwerdeschrift eingereichtes begründetes Verfahrenskostenhilfegesuch aus.[185] Geeignet für eine zulässige Bezugnahme ist schließlich auch ein eingehend begründeter **Beschluss,** mit dem das Beschwerdegericht das Verfahrenskostenhilfegesuch beschieden hat und den Sach- und Streitstand auch für den Verfahrensgegner nachvollziehbar erkennen lässt, sofern der Beschwerdeführer die Entscheidung des Gerichts sich zu eigen macht.[186]

7. Beschwerdeerweiterung, Antragserweiterung

Die Beschwerdeerweiterung ist streng zu unterscheiden von der Antragserweiterung in der Beschwerdeinstanz.[187] **528**

a) Die **Beschwerdeerweiterung** nach Ablauf der Beschwerdebegründungsfrist (vorher handelt es sich noch um Beschwerdebegründung) ist in aller Regel zulässig bis zum Schluss der mündlichen Verhandlung, wenn und soweit sie sich im Rahmen der Beschwerdebegründung hält und von ihr gedeckt ist.[188] Deshalb bedarf es auch nicht der Erklärung eines Vorbehalts innerhalb der Beschwerdebegründungsfrist.

Beispiel:
In der Beschwerdebegründung bekämpft der Antragsgegner die auf 500 EUR monatlich lautende Erstentscheidung nur in Höhe von 200 EUR, später mit den gleichen Anfechtungsgründen in voller Höhe.

Unzulässig hingegen ist die Beschwerdeerweiterung, wenn **neue Anfechtungsgründe** dafür notwendig sind. Das ist zB dann der Fall, wenn der erstinstanzliche Beschluss sowohl über Trennungs- als auch Nachscheidungsunterhalt entschieden hat und sich die Beschwerdebegründung zunächst nur gegen die Verpflichtung hinsichtlich des Getrenntlebensunterhalts wendet. Eine nachträgliche Erweiterung hinsichtlich des Nachscheidungsunterhalts ist dann **unzulässig.**[189]

Beispiel:
Neben der Anfechtung der Verpflichtung zu laufendem Unterhalt wird nunmehr auch die Verpflichtung zur Zahlung von Rückstand nebst Zinsen angefochten mit der alleinigen neuen Begründung, weder Verzug noch Rechtshängigkeit liege vor.

Zulässig wäre allerdings die Anfechtung mit der gleichen Begründung wie zum laufenden Unterhalt (zB mangelnde Leistungsfähigkeit).

Kein Fall der Beschwerdeerweiterung ist das bloße **Nachschieben** von weiteren **Anfechtungsgründen,** ohne den Antrag zu ändern (zB die Beschwerde wird nachträglich auch auf Verwirkung oder Befristung gestützt). Hierbei kommt § 115 FamFG zur Anwendung, wonach Angriffs- und Verteidigungsmittel zurückgewiesen werden können, wenn ihre Zulassung nach freier Überzeugung des Gerichts die **Erledigung** des Verfahrens **verzögern** würde und die Verspätung auf **grober Nachlässigkeit** beruht. Ausnahmsweise ist eine Beschwerdeerweiterung auch dann zulässig, wenn nach Ablauf der Begründungsfrist **Abänderungsgründe** gemäß § 238 FamFG entstehen.[190] **529**

---

[184] BGH FamRZ 2008, 1063 Rn. 11.
[185] BGH FamRZ 2008, 1063 Rn. 12.
[186] BGH FamRZ 1994, 102 (103).
[187] BGH FamRZ 2006, 402.
[188] ZB BGH FamRZ 1990, 260: Erweiterung um Rückstände für einen zusätzlichen Unterhaltszeitraum auf der Basis des bisherigen Sachvortrags zum Unterhaltsanspruch und zu den Einkommensverhältnissen der Parteien; vgl. auch BGH FamRZ 2005, 1538 (entschieden zur Anschlussberufung).
[189] OLG Düsseldorf FamRZ 1987, 295.
[190] BGH FamRZ 1986, 895.

Beispiel:
Der Antragsgegner erkrankt nach Ablauf der Begründungsfrist so schwer, dass seine Leistungsfähigkeit für den Unterhalt überhaupt entfällt. Er greift nunmehr seine Verpflichtung zur Zahlung von 500 EUR statt wie bisher in Höhe von 250 EUR monatlich in vollem Umfang an.
oder
Die Antragstellerin erhält nachdem die Begründungsfrist abgelaufen ist, erstmalig eine Erwerbsunfähigkeitsrente, die geeignet ist, neben einem Wohnvorteil und Kapitaleinkünften ihren Unterhaltsbedarf voll zu decken. Die zunächst auf eine Kürzung des titulierten Unterhalts begrenzte Beschwerde kann der Antragsgegner wegen des Änderungsgrundes erweitern.

Dasselbe gilt, wenn nach Ablauf der Begründungsfrist Einwendungen gemäß § 767 ZPO entstehen, zB Wiederverheiratung der früheren Ehefrau (Berechtigte).

530 b) Für die **Antragserweiterung** durch den Beschwerdeführer gelten die Regeln des § 117 FamFG überhaupt nicht, weil jene keinen Angriff gegen den Erstbeschluss darstellt. Die Antragserweiterung ist vielmehr an den allgemeinen Vorschriften (zB Antragsänderung, § 263 ZPO) zu messen.[191] Sie setzt in der Beschwerdeinstanz eine **zulässige Beschwerde** voraus, die nur dann gegeben ist, wenn der Beschwerdeführer unabhängig von der Antragserweiterung die Beschwer aus einem erstinstanzlichen Beschluss beseitigen will.[192]

8. Antragsänderung/Beteiligtenänderung

531 Die Antragsänderung ist in der Beschwerdeinstanz – wie in der ersten Instanz – unter den Voraussetzungen von §§ 263, 267 ZPO iVm § 68 III 1 FamFG uneingeschränkt zulässig. Die zusätzlich für das Berufungsverfahren durch § 533 ZPO vorgegebenen Beschränkungen bestehen für das Beschwerdeverfahren nicht. Zum einen wird in § 117 II FamFG für das Rechtsmittel in Familienstreitsachen auf diese Vorschrift nicht verwiesen, weil die dem Berufungsverfahren durch dies Vorschrift gesetzten besonderen Anforderungen für die Bedürfnisse des familiengerichtlichen Verfahrens, die Tatsachenfeststellung an das häufig im Fluss befindliche Geschehen anzupassen, nicht dienlich sind.[193] Zum anderen handelt es sich bei der Beschwerde, die auf neue Tatsachen und Beweismittel gestützt werden kann (§ 65 III FamFG), im Unterschied zum zivilprozessualen Berufungsverfahren um eine vollständige **zweite Tatsacheninstanz.**[194]

Erforderlich ist entweder die **Einwilligung des Gegners** oder Sachdienlichkeit. Dabei ist die Einwilligung auch dann gemäß § 267 ZPO anzunehmen, wenn der Gegner ohne schriftsätzliche Beanstandung in der mündlichen Verhandlung einen Antrag auf Abweisung stellt.[195] **Sachdienlichkeit** ist regelmäßig gegeben, wenn ein weiteres Verfahren vermieden wird, sofern nicht – bei Entscheidungsreife des bisherigen Verfahrens – das Gericht zur Beurteilung eines völlig neuen Streitstoffs genötigt wird.[196] Die Sachdienlichkeit der Antragsänderung steht außer Zweifel, wenn der Unterhaltsberechtigte nach erstinstanzlicher Abweisung des **Leistungsantrags** als unzulässig mit der Beschwerde sein Unterhaltsbegehren mit dem Abänderungsantrag weiterverfolgt. Es handelt sich weiterhin um ein und denselben materiellen Anspruch.[197] Dies dürfte auch anzunehmen sein, wenn der Antragsteller nach Abweisung des **Feststellungsantrags** in der Beschwerdeinstanz zum **Leistungsantrag** übergeht.

532 Die **Beteiligtenänderung** kommt einerseits als **Wechsel** (ein Beteiligter scheidet aus, der andere tritt ein), andererseits als **Erweiterung** (ein Beteiligter kommt hinzu),[198] auf der Antragsteller- und der Antragsgegnerseite vor. Beteiligtenwechsel und Beteiligtenerwei-

---

[191] BGH FamRZ 1988, 603.
[192] BGH FamRZ 2006, 402.
[193] BT-Drs. 16/6308, 224.
[194] OLG Celle FamRZ 2011, 1671.
[195] BGH NJW-RR 2005, 437.
[196] BGH NJW-RR 1987, 1196.
[197] BGH FamRZ 2001, 1140 (1141).
[198] OLG München MDR 2006, 1186.

terung sind nach hM auf der Antragstellerseite zulässig wie Antragsänderung,[199] auf der Antragsgegnerseite zulässig, wenn der neue Antragsgegner zustimmt oder die Verweigerung der Zustimmung rechtsmissbräuchlich wäre.[200] Ob der verfahrensführungsbefugte (richtige) Beteiligte Antragsteller oder Antragsgegner ist, ist als Verfahrensvoraussetzung von Amts wegen zu prüfen.[201] Hauptanwendungsfälle der Beteiligtenänderung sind der Wechsel von Mutter und Kind im Rahmen des § 1629 III BGB oder die Heranziehung auch des anderen Elternteils zum Kindesunterhalt während des Verfahrens. Ein weiterer Fall des gewillkürten Beteiligtenwechsels liegt vor, wenn das Kind nach Eintritt der Volljährigkeit und Wegfall der Verfahrensstandschaft selbst als Verfahrensbeteiligter seine Unterhaltsansprüche weiterverfolgt.[202] Zu den Einzelheiten, die auch für das Beschwerdeverfahren Geltung beanspruchen, → Rn. 49 bis 51.

9. Die Beschwerdeerwiderung

533 Im Gegensatz zu den strengen Formerfordernissen der Beschwerdebegründung ist für die Beschwerdeerwiderung ein Mindestmaß an Förmlichkeiten gesetzlich nicht vorgesehen. Für sie gibt es auch keine gesetzlichen Fristen. Vielmehr kann der Vorsitzende oder das Beschwerdegericht dem Beschwerdegegner eine Frist zur **schriftlichen Beschwerdeerwiderung** setzen, wobei § 277 ZPO (Mindestfrist von zwei Wochen) entsprechend gilt (§ 117 II FamFG iVm § 521 II ZPO). Die Anforderungen an die Einhaltung der Schriftform entsprechen denen der Beschwerde- und Beschwerdebegründungsschrift.

10. Der Gang des Beschwerdeverfahrens

534 Über die Beschwerde verhandelt und entscheidet der zuständige Senat für Familiensachen des Oberlandesgerichts in der durch die Geschäftsverteilung vorgesehenen Besetzung. Allerdings kann das Beschwerdegericht durch Beschluss einem seiner Mitglieder die Beschwerde zur Entscheidung übertragen. Dabei gelten die Regelungen in § 526 ZPO über den **fakultativen Einzelrichter** entsprechend. Zur alleinigen Entscheidung wird das Unterhaltsverfahren dem entscheidenden Richter dann übertragen, wenn die Sache keine besonderen Schwierigkeiten tatsächlicher oder rechtlicher Art aufweist, keine grundsätzliche Bedeutung hat und nicht bereits zur Hauptsache verhandelt worden ist. Eine Sache, die eine entscheidungserhebliche, klärungsbedürftige und klärungsfähige Rechtsfrage aufwirft, welche sich in einer unbestimmten Vielzahl von Fällen stellen kann, hat grundsätzliche Bedeutung.[203] Haben sich die Voraussetzungen iSv § 526 II ZPO 1 Nr. 1 geändert, kann der Einzelrichter das Verfahren dem Senat zur Übernahme vorlegen. Das Gleiche gilt, wenn die Beteiligten dies übereinstimmend beantragt haben. Auf eine erfolgte oder unterlassene Übertragung, Vorlage oder Übernahme kann ein Rechtsmittel nicht gestützt werden (§ 526 III ZPO). Seit dem 1.1.2013 kennt das Beschwerdeverfahren in Familienstreitsachen auch den **vorbereitenden Einzelrichter** (§ 117 II FamFG iVm § 527 ZPO).[204]

535 Auch wenn das Rechtsmittel der Beschwerde in den unterhaltsrechtlichen Streitsachen (§ 231 I FamFG) und den weiteren Familienstreitsachen sowie den Ehesachen durch die Regelungen in §§ 58 ff. FamFG aus dem zivilprozessualen Rechtsmittelkodex herausgelöst worden ist, stellen doch die weiteren Verweisungen auf entsprechend heranzuziehende Vorschriften (§§ 68 III 1, 113 I 2 FamFG und § 117 I und II FamFG) sicher, dass weitere Vorschriften der Zivilprozessordnung den Gang des Beschwerdeverfahrens bestimmen.[205]

---

[199] BGHZ 1965, 264 (268).
[200] Vgl. BGH FamRZ 1982, 587; im Einzelnen umstritten!
[201] BGH FamRZ 1982, 587.
[202] BGH FamRZ 2013, 1378 Rn. 8 und 9 = R 737a.
[203] BGH NJW 2002, 3029.
[204] BGBl. 2012 S. 2418.
[205] BT-Drs. 16/6308, 225.

536 Nach Eingang der Beschwerdebegründung hat nämlich das Beschwerdegericht gemäß § 117 I 4 FamFG iVm § 522 I 1 ZPO zunächst zu prüfen, ob das Rechtsmittel frist- und formgerecht eingelegt und entsprechend begründet worden ist. Fehlt es daran, ist das Rechtsmittel **nach Anhörung**[206] (Art. 103 I GG) ohne mündliche Verhandlung durch Beschluss (§ 116 I FamFG) als unzulässig zu verwerfen (§ 522 I 2 FamFG), der, da er mit der **zulassungsfreien Rechtsbeschwerde** (§§ 522 I 4, 574 ZPO) unter den weiteren Voraussetzungen von § 574 II ZPO angefochten werden kann,[207] mit einer Rechtsmittelbelehrung (§ 39 FamFG) zu versehen ist. Allerdings ist eine Verwerfung unzulässig, solange über ein Verfahrenskostenhilfegesuch des beschwerten Beteiligten nicht entschieden ist.[208]

537 Sind die Form- und Fristerfordernisse erfüllt, bestimmt § 68 III 1 FamFG, dass sich der weitere Gang des Beschwerdeverfahrens nach den Vorschriften über das Verfahren im ersten Rechtszug richtet. Den verfahrensrechtlichen Besonderheiten eines Streitverfahrens entspricht hierbei die Bestimmung in § 117 II FamFG mit einer selektiven Bezugnahme auf einzelne Vorschriften des zivilprozessualen Berufungsrechts.

Zunächst unterstreicht die weitere Verweisung in § 113 I 2 FamFG auf die Allgemeinen Vorschriften der ZPO und auf die Vorschriften der ZPO für das landgerichtliche Erkenntnisverfahren, dass weiterhin die bisher auch das unterhaltsrechtliche Streitigkeit prägenden **Verfahrensgrundsätze des Zivilprozesses** maßgebend bleiben.[209] Dies gilt zunächst für die **Dispositionsmaxime**, die besagt, dass allein die Beteiligten den Inhalt der streitigen Auseinandersetzung wie auch deren Beginn und Ende festlegen und hierüber verfügen.[210] Darüber hinaus bleibt es Sache der Beteiligten, den ihr jeweiliges Begehren stützenden Sachverhalt dem Gericht darzulegen und gegebenenfalls die hierfür notwendigen Beweismittel zu benennen. Der solchermaßen umschriebene zivilprozessuale **Verhandlungs- oder Beibringungsgrundsatz** unterliegt im Beschwerdeverfahren wiederum gewissen Einschränkungen durch die auch hier geltenden **verfahrensrechtlichen Auskunftspflichten** (§§ 235, 236 FamFG) der Beteiligten und Dritter.

538 Maßgebend ist weiterhin das **Prinzip der Mündlichkeit**,[211] wonach das Beschwerdegericht in der Regel nach dem Ergebnis einer mündlichen Verhandlung (§ 128 I ZPO) entscheidet. Mit Zustimmung der Beteiligten kann das Beschwerdegericht unter den weiteren Voraussetzungen von § 128 II ZPO von einer mündlichen Verhandlung absehen und **im schriftlichen Verfahren** entscheiden. Überdies kann das Gericht von einer **mündlichen Verhandlung** oder einzelnen Verfahrenshandlungen absehen, wenn diese bereits im ersten Rechtszug vorgenommen worden und von einer erneuten Vornahme **keine zusätzlichen Erkenntnisse** zu erwarten sind (§ 68 III 2 FamFG). Ist eine entsprechende Vorgehensweise beabsichtigt, hat das Beschwerdegericht, nicht der Vorsitzende, die Beteiligten zuvor darauf hinzuweisen (§ 117 III FamFG). Erforderlich ist ein **Hinweisbeschluss**, der allerdings nicht einstimmig ergehen muss. Die mit einer angemessenen Fristsetzung zu verbindende Entscheidung soll den Beschwerdeführer in den Stand versetzen, dem Beschwerdegericht weitere Gesichtspunkte zu unterbreiten, die eine erneute Durchführung der mündlichen Verhandlung oder der nicht für erforderlich erachteten Verfahrenshandlungen rechtfertigen.[212]

Das Absehen von einer mündlichen Verhandlung dürfte im Lichte von Art. 6 EMRK und Art. 19 IV, 101 S. 2 GG in streitigen Unterhaltssachen der Ausnahmefall bleiben. Die Entscheidung setzt die erstinstanzliche verfahrenskonforme[213] Vornahme von Verfahrenshandlungen voraus und die gemessen an dem Beschwerdevorbringen **negative Prognose** von zusätzlichen entscheidungserheblichen Erkenntnissen. Deshalb scheidet der Verzicht auf eine mündliche Verhandlung schon dann aus, wenn sich, wie häufig im **dynamischen Unter-**

---

[206] BGH FamRZ 2018, 449 Rn. 7; 2010, 882 Rn. 7.
[207] BGH FamRZ 2012, 962 Rn. 5; 2012, 106 Rn. 5; 2011, 1929 Rn. 7.
[208] BGH FamRZ 2013, 696 Rn. 11.
[209] BT-Drs. 16/6308, 225.
[210] Borth FamRZ 2007, 1925 (1934).
[211] Keidel/Weber FamFG § 113 Rn. 8; Hoppenz/Walter FamFG § 113 Rn. 2.
[212] BT-Drs. 16/6308, 225.
[213] BGH FamRZ 2011, 805 Rn. 14 und 15.

haltsgeschehen der Fall, die Sachlage geändert oder der persönliche Eindruck von einem Beteiligten entscheidungserhebliches Gewicht gewonnen hat. Eine weitere mündliche Verhandlung kann allerdings dann entbehrlich sein, wenn **lediglich Rechtsfragen** betroffen sind oder auch dann, wenn über Gang und Ergebnis der erstinstanzlichen Beweisaufnahme kein neuer Streit besteht. Dass das Beschwerdegericht eine Beweisaufnahme wiederholen muss, wenn es zu einer abweichenden Beurteilung der Zeugenaussage oder der Glaubwürdigkeit des Zeugen neigt, war schon nach bisherigem Recht anerkannter Grundsatz.[214]

Gemäß § 65 III FamFG kann der Beschwerdeführer auch in den streitigen Unterhaltssachen (§ 231 I FamFG), die ansonsten den zivilprozessualen Regelungen für das landgerichtliche Erkenntnisverfahren folgen (§ 113 I 2 FamFG), das Rechtsmittel auf **neue Tatsachen** und **Beweismittel** stützen. Das Beschwerdeverfahren ist im Unterschied zu dem Beschränkungen ausgesetzten Berufungsverfahren (vgl. zB §§ 513, 529 ZPO) eine **zweite vollwertige Tatsacheninstanz**.[215] Die Zurückweisung von Angriffs- und Verteidigungsmittel ist deshalb auch im Beschwerdeverfahren nur unter den engen Voraussetzungen von § 115 S. 1 FamFG möglich, wenn nicht rechtzeitig vorgebrachtes Vorbringen zu einer auch durch pflichtgemäßes Verhalten des Gerichts nicht vermeidbaren Verzögerung führen würde und das auf grobe Nachlässigkeit der Beteiligten zurückzuführen wäre. Weitergehende Verspätungsvorschriften finden keine Anwendung (§ 115 S. 2 FamFG). Damit scheidet ein Rückgriff auf die für das Berufungsverfahren bestehenden Regelungen in §§ 530, 531 ZPO aus. Um **Vollstreckungsschutz** kann der beschwerte Beteiligte im Verlauf des Beschwerdeverfahrens unter den Voraussetzungen von § 120 II FamFG nachsuchen, und zwar auch dann wenn er einen solchen Antrag erstinstanzlich nicht gestellt hatte (vgl. zu den weiteren Voraussetzungen → Rn. 85 bis 87). 539

Allerdings erfährt das Beschwerdeverfahren durch § 117 II 1 FamFG wiederum eine gewisse Annäherung an das Berufungsverfahren, wenn auch nur durch Verweis auf einzelne Vorschriften. 540

Da im erstinstanzlichen Streitverfahren die Vorschriften über die Voraussetzungen und die Folgen der Säumnis Anwendung finden (§ 113 I 2 FamFG iVm §§ 330 ff. ZPO), stellt § 117 II 1 FamFG iVm § 514 ZPO auch für das Rechtsbehelfssystem des FamFG klar, dass ein **erstinstanzlich** ergangener **Versäumnisbeschluss** nur mit dem Einspruch, ein so genannter **zweiter Versäumnisbeschluss** nur mit der Beschwerde angefochten werden kann, dies zudem nur mit der Begründung, es habe kein Fall der Säumnis vorgelegen. Der Verweis in § 117 II 1 FamFG auf § 528 ZPO, wonach nur die Berufungsanträge der Prüfung und Entscheidung durch das Berufungsgericht unterliegen, stellt eine Ergänzung zur Notwendigkeit von Sachanträgen für das Beschwerdeverfahren dar und beinhaltet zugleich das **Verbot der Schlechterstellung** (reformatio in peius). Das Beschwerdegericht darf die erstinstanzliche Entscheidung nur insoweit abändern, wie es im Rechtsmittelverfahren beantragt worden ist. Die Vorschrift stellt auch für das Beschwerdeverfahren sicher, dass der Beschwerdeführer über die ohnehin schon bestehende Beschwer durch die Beschwerdeentscheidung nicht weiter beschwert wird.[216] Dies setzt sich fort, wenn die Beschwerde zur Aufhebung der angefochtenen Entscheidung und zur Zurückverweisung an das Amtsgericht geführt hat, das bei einer neuen Entscheidung die durch § 528 ZPO gesetzten Grenzen jedenfalls im Ergebnis zu beachten hat.

Die durch § 117 II 1 FamFG iVm § 538 II ZPO dem Beschwerdegericht in Familienstreitsachen eingeräumte Befugnis, unter den in dieser Vorschrift im Einzelnen genannten alternativen Voraussetzung die Sache an das erstinstanzliche Gericht zurückzuverweisen, verdrängt die ansonsten für das Beschwerdeverfahren bestehende restriktivere Regelung, wonach eine **Zurückverweisung** nur möglich ist, wenn das erstinstanzliche Gericht in der Sache noch nicht entschieden hat (§ 69 I 2 FamFG) oder das erstinstanzliche Verfahren an einem wesentlichen Mangel leidet, zur Entscheidung eine umfangreiche oder aufwändige Beweisaufnahme notwendig wäre und ein Beteiligter die Zurückverweisung beantragt (§ 69 I 3 FamFG). 541

---

[214] BGH NJW-RR 2002, 1500.
[215] OLG Celle FamRZ 2011, 1671.
[216] BGH FamRZ 1983, 44.

§ 10　Verfahrensrecht

542　Das zum Kernbestand der zivilprozessualen Streitkultur gehörende **Säumnisverfahren** (§§ 330 ff. ZPO), das gemäß § 113 I 2 FamFG iVm §§ 330 ff. ZPO im erstinstanzlichen Familienstreitverfahren zur Anwendung kommt, schreibt § 117 II FamFG iVm § 539 ZPO – wegen der begrenzten Verweisung auf Vorschriften der ZPO-Berufung klarstellend[217] – auch für das **Beschwerdeverfahren** fort. Danach ist zu unterscheiden. Erscheint der Beschwerdeführer als Antragsteller oder Antragsgegner der ersten Instanz trotz ordnungsgemäßer Ladung nicht im Termin, ist seine Beschwerde auf Antrag des Gegners durch Versäumnisbeschluss zurückzuweisen (§ 539 I ZPO). Ist der Beschwerdegegner nicht erschienen und beantragt der Beschwerdeführer daraufhin eine Versäumnisentscheidung, so ist dessen tatsächliches Vorbringen als zugestanden anzusehen und, soweit dies den Beschwerdeantrag trägt, nach diesem durch Versäumnisbeschluss zu entscheiden (§ 539 II ZPO). Im Übrigen entspricht das Versäumnis- und Einspruchsverfahren den erstinstanzlichen Anforderungen (§ 539 III ZPO). Sieht das Beschwerdegericht aber gemäß § 117 III FamFG iVm § 68 III 2 FamFG von der Durchführung einer **mündlichen Verhandlung** ab, scheidet ein Versäumnisverfahren, auch wenn der Gegner keinen Gegenantrag stellt, von vornherein aus,[218] weil das zivilprozessuale Verfahren notwendig auf die Säumnis in einer mündlichen Verhandlung – abgesehen von dem auf ein erstinstanzliches Verfahren beschränkten Ausnahmefall in § 331 III ZPO – abstellt.

543　Hinweise auf **Aufrechnungserklärungen** oder das **Widerantragsverfahren,** die im Berufungsverfahren gewissen Einschränkungen unterliegen (§ 533 ZPO), enthält § 117 II FamFG nicht, so dass die entsprechenden Instrumente der Verfahrensführung erster Instanz auch im Beschwerdeverfahren zulässig sind und keinen weiteren Einschränkungen im Rechtsmittelverfahren unterliegen. Eine **Güteverhandlung** findet allerdings, wie im Berufungsverfahren (§ 525 S. 2 ZPO) bestimmt, nicht statt (§ 117 II 2 FamFG).

11. Die Beschwerdeentscheidung (§§ 116, 69, 38 FamFG)

544　Über das Rechtsmittel entscheidet das Beschwerdegericht durch **begründeten Beschluss** (§§ 69 II, 116 FamFG). Für ihn gelten nach **Inhalt** und **Form** im Übrigen die Vorschriften über den Beschluss im ersten Rechtszug (vgl. dazu auch die Erläuterungen → Rn. 76 und 77) entsprechend (§ 69 III FamFG). Das trifft zunächst zu auf die **formellen Mindestanforderungen** in § 38 II FamFG für die Beteiligten, das Gericht und die Beschlussformel. Letztere erfasst den Tenor zur Hauptsache wie auch die Kostenentscheidung nach § 243 FamFG oder im Verbundverfahren nach § 150 FamFG. Überdies ist zu beachten, dass Endentscheidungen in Familiensachen erst mit **Rechtskraft wirksam** und **vollstreckbar** werden (§§ 116 III 1, 120 II 1 FamFG). Hinzu kommt, dass eine gerichtliche Entscheidung nur dann mit ihrer Verkündung oder mit ihrer Zustellung oder sonstigen Bekanntgabe an die Beteiligten rechtskräftig wird, wenn ein Rechtsmittel gegen die Entscheidung schon an sich **nicht statthaft** ist.[219] Das ist in den streitigen Unterhaltssachen wie auch den anderen Familienstreitsachen mit der dem Beschwerdegericht eingeräumten Möglichkeit der Zulassung der Rechtsbeschwerde (§ 70 I FamFG) nicht der Fall, so dass die Entscheidung des Beschwerdegerichts nicht schon mit der sofortigen Bekanntgabe rechtskräftig wird. Rechtskraft tritt vielmehr ein erst nach Ablauf der Monatsfrist für die Einlegung der Rechtsbeschwerde (§ 71 I 1 FamFG). Soll gleichwohl eine sofortige Vollstreckung aus der Beschwerdeentscheidung möglich sein, muss das Beschwerdegericht, sofern und soweit der Beschluss eine Verpflichtung zur Leistung von Unterhalt enthält, die **sofortige Wirksamkeit** anordnen (§ 116 III 3 FamFG).

545　Die **allgemeine Begründungspflicht** übernimmt in streitigen Unterhaltssachen mit die Funktion des Tatbestandes (§ 314 ZPO).[220] Die Anforderungen werden überdies im **Einzelfall** auch in der Beschwerdeinstanz mit dadurch bestimmt, dass die Endentscheidun-

---

[217] BT-Drs. 16/6308, 225.
[218] BGH FamRZ 2014, 1992 Rn. 10.
[219] BGH FamRZ 2008, 2019 Rn. 6.
[220] Keidel/Meyer-Holz FamFG § 38 Rn. 59; Musielak/Borth FamFG § 38 Rn. 4.

gen der Anpassung (§ 238 FamFG) unterliegen, die Gründe mithin auch in der Beschwerdeentscheidung die Kriterien für ein später in Betracht kommendes **Abänderungsverfahren** aufzeigen müssen, die für die Unterhaltsbemessung maßgebend waren. Das schließt aber eine **Bezugnahme** auf Teile der erstinstanzlichen Entscheidung oder Akteninhalte (zB Protokolle über Beweisaufnahmen) nicht aus[221] und korrespondiert im Wesentlichen mit den an ein Berufungsurteil nach § 540 I 1 ZPO zu stellenden Anforderungen, wobei § 117 IV FamFG ausdrücklich die Erleichterungen für ein sogenanntes Stuhlurteil (§ 540 I 2 ZPO) bei der Abfassung der Endentscheidung im Beschwerdeverfahren übernimmt. Liegen die Voraussetzungen von § 38 IV FamFG in diesem Verfahrensabschnitt vor, bedürfen Endentscheidungen insbesondere bei Anerkenntnis, Säumnis oder Verzicht auch im Beschwerdeverfahren **keiner Begründung.** Berichtigungen und Ergänzungen bei den Beschwerdeentscheidungen richten sich nach § 113 I 2 FamFG iVm §§ 319 ff. ZPO.

Auf Grund der Verweisung auf die erstinstanzlichen Vorschriften zu Inhalt und Form der Endentscheidung (§ 69 III FamFG) muss die Belehrung über weitere Rechtsbehelfe (§ 39 FamFG) mit in die Beschwerdebegründung aufgenommen werden und von der richterlichen Unterschrift gedeckt sein. Dies hat allerdings nur dann zu gelten, wenn ein Rechtsmittel oder sonst ein in § 39 FamFG angeführter Rechtsbehelf im **konkreten Einzelfall** in Betracht kommt. Dies ist etwa der Fall, wenn die Beschwerde als unzulässig nach § 522 I 2 ZPO verworfen wird, weil hiergegen die zulassungsfreie Rechtsbeschwerde nach § 574 I Nr. 1 ZPO statthaft ist (vgl. hierzu → Rn. 536). Entscheidet das Beschwerdegericht in der Sache, bedarf es nur dann einer entsprechenden **Rechtsbehelfsbelehrung,** wenn das Rechtsmittel statthaft ist, und zwar in den streitigen Unterhaltssachen allein im Fall der Zulassung nach § 70 I FamFG. Im Übrigen bedarf die Entscheidung des Oberlandesgerichts gemäß § 39 FamFG keiner weiteren Rechtsbehelfsbelehrung, mithin auch keiner über einen außerordentlichen Rechtsbehelf[222] etwa bei der Anhörungsrüge (§ 113 I 2 FamFG iVm § 321a ZPO).

546 Entscheidet das Beschwerdegericht – im Regelfall – auf Grund mündlicher Verhandlung oder mit Zustimmung der Beteiligten nach einem schriftlichen Verfahren (§ 128 II ZPO), ist der Beschluss über die Endentscheidung, wie bei der erstinstanzlichen Entscheidung, entsprechend den **zivilprozessualen Verkündungsvorschriften** (§§ 69 III, 113 I 2 FamFG iVm §§ 310–312 ZPO) zu verlautbaren (→ Rn. 91) und unter Beachtung der zivilprozessualen Zustellvorschriften (§§ 166 ff. ZPO) zuzustellen.

Hat der Beschwerdeführer sein Rechtsmittel form- sowie fristgemäß eingelegt und begründet, so dass eine Verwerfung ausscheidet, hat das Beschwerdegericht nach § 69 I 1 FamFG grundsätzlich in der Sache selbst zu entscheiden. Eine Zurückweisung der Beschwerde durch **einstimmigen Beschluss,** wie sie § 522 II ZPO für das Berufungsverfahren vorsieht, scheidet aus. Weder den allgemeinen Bestimmungen über das Beschwerdeverfahren (§§ 58 ff. FamFG) noch den besonderen Verweisungsvorschriften für die Familienstreitsachen (§ 117 FamFG) lassen sich Anhaltspunkte dafür entnehmen, dass dieses Vorschaltverfahren zur schnellen Erledigung substanzloser Berufungen im Bereich des FamFG zur Anwendung gelangen soll. Es besteht insoweit auch **keine Regelungslücke,** da § 522 II ZPO Gegenstand der Erörterung im Gesetzgebungsverfahren war,[223] gleichwohl im Zuge der Übernahme einzelner Vorschriften des Berufungsverfahrens keinen Eingang in das Beschwerdeverfahren gefunden hat. Hierfür besteht im Übrigen auch kein Bedürfnis. Denn das Beschwerdegericht wird schon durch das Absehen von einer mündlichen Verhandlung (§§ 117 III, 68 III 1 FamFG) in den Stand versetzt, in einem dem Verfahren nach § 522 II ZPO nachgebildeten Verfahren offensichtlich substanzlose Beschwerden zu erledigen,[224] ohne dass es hierbei auf Einstimmigkeit bei der Beschlussfassung ankäme.

547 Unter den weiteren Voraussetzungen von § 117 II FamFG iVm § 538 II ZPO kommt statt eigener Entscheidung in der Sache auch im Ausnahmefall[225] die Zurückverweisung an

---

[221] Johannsen/Henrich/Althammer FamFG § 69 Rn. 10.
[222] BT-Drs. 16/6308, 196.
[223] BT-Drs. 16/6308, 372.
[224] BGH FamRZ 2014, 1992 Rn. 13.
[225] BGH FamRZ 2005, 882.

das erstinstanzliche Gericht in Betracht. Dazu muss einer der in der Vorschrift abschließend aufgezählten **Zurückverweisungsgründe** vorliegen und, abgesehen vom Fall eines unzulässigen Teilbeschlusses (§ 538 II Nr. 7 ZPO), ein **Zurückverweisungsantrag**. Allerdings scheidet eine Zurückverweisung von vornherein aus, wenn sich erst aus dem zweitinstanzlichen neuen Vorbringen (§ 65 III FamFG) die Notwendigkeit weiterer Aufklärung und Beweiserhebung ergibt, wie dies insbesondere im Fall des Widerantrags bei Abänderungsverfahren (§§ 238, 239 FamFG) abzeichnet. Die Zurückverweisung hat ferner zu unterbleiben, wenn die Sache ungeachtet der Mängel im erstinstanzlichen Verfahren entscheidungsreif ist.[226]

Der im Unterhaltsverfahren nicht seltene Fall eines **unzulässigen Teilbeschlusses** liegt zB vor, wenn ein Teilbeschluss über einen Sockelbetrag ergeht, ein der Höhe nach weitergehender Unterhalt aber noch von weiteren Tatsachen oder Beweismitteln abhängen soll, die auch den Sockelbetrag beeinflussen können **(horizontaler Teilbeschluss)**.[227] Nach § 301 ZPO ist der Erlass einer Teilendentscheidung nur zulässig, wenn sie über einen **aussonderbaren,** einer selbstständigen Entscheidung zugänglichen **Teil des Verfahrensgegenstandes** ergeht und der Ausspruch über diesen Teil unabhängig von demjenigen über den restlichen Verfahrensgegenstand getroffen werden kann, sodass die Gefahr einander widersprechender Entscheidungen ausgeschlossen ist. Dies ist nicht der Fall, wenn eine Teilentscheidung über den **Elementarunterhalt** ergeht, die Titulierung des Vorsorgeunterhalts aber erst in einer weiteren Entscheidung, weil die beiden Elemente des einheitlichen Unterhaltsanspruchs sich der Höhe nach beeinflussen können.

548 Ein Teilbeschluss ist unzulässig, wenn er bezogen auf denselben Unterhaltszeitraum zunächst nur den laufenden Unterhalt titulieren soll, der ebenfalls geltend gemachte Sonderbedarf aber einer weiteren Entscheidung vorbehalten bleiben soll.[228] Unzulässig ist die Erledigung eines **Leistungsantrags** durch Teilbeschluss, wenn ein gegenläufiger und **denselben Unterhaltszeitraum** betreffender **Widerantrag** noch nicht entscheidungsreif ist.[229] Hat das erstinstanzliche Gericht über den geltend gemachten Unterhalt getrennt nach Unterhaltszeiträumen, aber zur Höhe abschließend entschieden, handelt es sich um einen **vertikalen Teilbeschluss.** Hier besteht zwar nicht die Gefahr einander widersprechender Entscheidungen bezogen auf den einzelnen Unterhaltszeitraum. Gleichwohl ist der Erlass eines Teilbeschlusses im Einzelfall ausgeschlossen, wenn es zu Wertungswidersprüchen kommen kann, weil sich dieselbe Vorfrage bei Teil- und Schlussentscheidung stellt, wie dies etwa bei der Ermittlung des Einkommens eines Selbständigen[230] oder der Bewertung eines Wohnvorteils (ersparte oder erzielbare Miete) der Fall sein kann. Dabei ist der Erlass einer Teilentscheidung bereits dann unzulässig, wenn sich die **Gefahr von Wertungswidersprüchen** durch die abweichende Beurteilung eines Rechtsmittelgerichts im Instanzenzug ergeben kann.[231]

12. Die Rücknahme der Beschwerde/der Verzicht

549 **a) Rücknahme.** Über die Rücknahme der Beschwerde bestimmt § 67 IV FamFG lediglich, dass das Rechtsmittel bis zum Erlass der Beschwerdeentscheidung zurückgenommen werden kann. Die Vorschrift erschöpft sich inhaltlich in der Festlegung des **spätmöglichsten Zeitpunkts** und in der Rolle des **Empfängers.** Für die weiteren Anforderungen an eine wirksame Rücknahmeerklärung ist ein unmittelbarer Rückgriff auf § 516 ZPO nicht möglich, da für die Familienstreitsachen die erst durch Art. 8 des „Reparaturgesetzes" vom 30.7.2009[232] in § 117 II FamFG aufgenommene Verweisung auf die Regelung in § 516 III ZPO lediglich zur Klarstellung über die weitere Behandlung einer

---

[226] BGH FamRZ 2005, 882.
[227] BGH FamRZ 2007, 117 (118).
[228] OLG Brandenburg NJWE-FER 2000, 219.
[229] OLG Bremen FamRZ 2007, 2089.
[230] OLG Bremen FamRZ 2007, 2089 (2090).
[231] BGH FamRZ 2007, 117 (118).
[232] BGBl. I S. 2449.

4. Abschnitt: Rechtsmittel in Unterhaltssachen § 10

wirksamen Rücknahme erfolgt ist.[233] Auszugehen ist allerdings davon, dass es sich bei der Rücknahmeerklärung um eine das Verfahren bestimmende Handlung handelt, die der Beschwerdeführer in den Unterhaltssachen (§ 231 I FamFG) der Familienstreitsachen wirksam nur durch einen bevollmächtigten Rechtsanwalt (§ 114 I FamFG) vornehmen kann. Dieser hat die Beschwerderücknahme, wenn sie nicht in der **mündlichen Verhandlung** erklärt wird, durch Einreichung eines **Schriftsatzes** zu verlautbaren.[234] Sie ist nicht dem Gegner gegenüber, sondern gegenüber dem Gericht zu erklären (§ 67 IV FamFG). Die Zurücknahme hat den Verlust des eingelegten Rechtsmittels und an sich die Verpflichtung zur Folge, die durch das Rechtsmittel entstandenen Kosten zu tragen (§ 117 II FamFG iVm § 516 III 1 ZPO), wobei allerdings in Unterhaltssachen die durch § 243 FamFG vorgegebenen kostenrechtlichen Besonderheiten zu beachten sind. Von Amts wegen sind diese Wirkungen durch Beschluss auszusprechen (§ 516 III 2 ZPO). Der Beschluss bedarf keiner mündlichen Verhandlung. Er kann unter den Voraussetzungen des § 574 II ZPO mit der gemäß § 574 III ZPO zuzulassenden Rechtsbeschwerde angegriffen werden.

Die Rücknahme ist mit dem Eingang bei Gericht bis zum Erlass der Beschwerdeentscheidung möglich. Entscheidet das Beschwerdegericht auf Grund mündlicher Verhandlung oder mit Zustimmung der Beteiligten im schriftlichen Verfahren, ist die Rücknahme bis zur **Verkündung** des **Beschlusses** über die **Endentscheidung** möglich. Gemeint ist damit eine die Instanz beendende Entscheidung, so dass auch nach Verkündung eines **Versäumnisbeschlusses** die Beschwerde noch zurückgenommen werden kann, sofern der Einspruch zulässigerweise erklärt worden oder die Frist zur Einlegung des Einspruch noch nicht abgelaufen ist.[235] Legen zwei Verfahrensbevollmächtigte unabhängig voneinander jeweils Beschwerde ein, bewirkt die ohne Einschränkung erklärte Rücknahme gemäß § 516 III 1 ZPO den Verlust des Rechtsmittels.[236] Kommt es nicht zu einer mündlichen Verhandlung, weil die Beschwerde unzulässig ist (§ 522 I 1 ZPO), oder sieht das Beschwerdegericht gemäß §§ 117 III, 68 III 2 FamFG von einer mündlichen Verhandlung ab, ist die Beschwerdeentscheidung erlassen, sobald die vollständig abgefasste und von den erkennenden Richtern unterschriebene Beschluss an die **Geschäftsstelle** übergeben worden ist zum Zwecke der Bekanntgabe an die Beteiligten.[237] Nur bis zu diesem Zeitpunkt kann die Beschwerde noch wirksam zurückgenommen werden.

550

Einer **Einwilligung des Beschwerdegegners** bedarf es nicht mehr.[238] Soweit sie gleichwohl teilweise unter Hinweis auf § 113 I 2 FamFG iVm § 269 ZPO für erforderlich gehalten wird,[239] ist dem entgegenzuhalten, dass in § 67 IV FamFG die Beschwerderücknahme eigenständig und abschließend geregelt worden ist und neben dem Verweis auf § 516 III ZPO kein Anlass besteht für eine weitergehende Bezugnahme auf zivilprozessuale Vorschriften. Den **Aussagewert** einer Rücknahmeerklärung hat das Beschwerdegericht nach den anerkannten Auslegungsregeln unter Heranziehung der gesamten erkennbar geworden Umstände (Abgrenzung etwa zur Erledigungserklärung des Beschwerdeführers) zu bestimmen.[240] Die Rücknahme des Rechtsmittels ist nicht notwendig ausdrücklich, aber inhaltlich klar und unzweideutig zu erklären. Bleiben Zweifel, ist bei der Rechtsfolge von geringeren Folgen für den Rechtsmittelführer auszugehen.[241] In der bloßen Erklärung, die Beschwerde werde beschränkt, liegt nicht eine Rücknahme des weitergehenden Rechtsmittels.[242] Die Rücknahme ist **bedingungsfeindlich;** sie kann selbst von einer Bedingung innerhalb des Verfahrens nicht abhängig gemacht werden.[243] Sie unterliegt als Verfahrenshandlung abgesehen von dem Fall eines Restitutionsgrundes (§ 580 ZPO)

551

---

[233] BT-Drs. 16/12717, 60.
[234] Hoppenz/Gottwald Familiensachen FamFG § 67 Rn. 10.
[235] BGH FamRZ 2006, 858.
[236] BGH FamRZ 2007, 1313.
[237] BT-Drs. 16/6308, 195.
[238] Hüßtege in Thomas/Putzo FamFG § 117 Rn. 17.
[239] Musielak/Borth FamFG § 67 Rn. 4.
[240] BGH FamRZ 2008, 43 (44).
[241] BGH FamRZ 2019, 465 Rn. 8.
[242] BGH FamRZ 1989, 1064.
[243] BGH FamRZ 2008, 43 (44); 1990, 147.

grundsätzlich weder einem Widerruf noch einer Anfechtung.[244] Die Rechtsfolgen einer bei objektiver Betrachtung eindeutigen und damit wirksamen Rücknahme lassen sich auch nicht im Wege einer bei Verfahrenshandlungen möglichen **Umdeutung** beseitigen, da die Umdeutung an eine an sich unwirksame Verfahrenshandlung anknüpft.[245]

Widerspricht die Rücknahme durch den Verfahrensbevollmächtigten dem wirklichen Willen des Beteiligten und ist dies für Gericht und Gegner ganz offensichtlich, ist die Rücknahme wegen Verstoßes gegen Treu und Glauben wirkungslos.[246]

552 Mit – wirksamer – Beschwerderücknahme ist das Beschwerdeverfahren in der Hauptsache beendet, hindert den Beschwerdeführer indessen nicht, innerhalb einer noch laufenden Beschwerdefrist erneut Rechtsmittel einzulegen. Ist die Frist abgelaufen, tritt mit der Rücknahme **Rechtskraft** ein. Überdies werden, wie bei einem erstinstanzlichen Verfahrensantrag (§ 269 III 1 ZPO), noch nicht rechtskräftige Entscheidungen des Beschwerdegerichts (zB Versäumnisbeschlüsse) wirkungslos, ohne dass es einer Aufhebung bedarf. Wegen der **Kosten** ist kein eigener Antrag nötig (§ 516 III 2 ZPO). Er löst auch keine Gebühren mehr aus. Ohne gerichtlichen Ausspruch gemäß § 516 ZPO gibt es keine Kostenfestsetzung (§ 103 I ZPO). Die gesetzliche Regelung allein reicht nicht. Der Antrag, den Beschwerdeführer des eingelegten Rechtsmittels für verlustig zu erklären, ist praktisch nutzlos.

Die Kostentragungspflicht des § 516 III ZPO bei Rücknahme der Beschwerde wird in Unterhaltssachen überlagert durch die speziellere Vorschrift des **§ 243 FamFG,**[247] die für die Frage der Kostenverteilung ausnahmslos alle zivilprozessualen Kostenvorschriften verdrängt. Die von Amts wegen zu treffende Kostenentscheidung umfasst auch die Kosten einer **Anschlussbeschwerde,** die gemäß § 66 S. 2 FamFG durch die Rücknahme oder Verwerfung des Hauptrechtsmittels wirkungslos wird.

553 b) **Verzicht.** Nach dem eindeutigen Wortlaut in § 67 I FamFG ist die Beschwerde unzulässig, wenn der Beschwerdeführer hierauf **nach Bekanntgabe** des **Beschlusses** durch Erklärung gegenüber dem Gericht verzichtet hat. Damit ist die in der Gesetzesbegründung vertretene Auffassung,[248] wonach der Rechtsmittelverzicht vor und nach Erlass der Entscheidung möglich sein soll, nicht zu vereinbaren. Maßgebender Zeitpunkt, ab dem eine entsprechende Erklärung wirksam abgegeben werden kann, ist in Unterhaltssachen mithin nach der Gesetz gewordenen Regelung die erstinstanzliche **Verkündung** der Endentscheidung. **Empfänger** der Verzichtserklärung ist zunächst das Gericht, bei dem die Beschwerde einzulegen ist (§ 64 I FamFG). Hat das Eingangsgericht allerdings die Sache wegen eines eingelegten Rechtsmittels bereits an das Beschwerdegericht abgegeben (§ 68 I FamFG), wird eine Verzichtserklärung erst mit dem Eingang bei diesem Gericht wirksam. Die Erklärung bewirkt den Verlust eines bereits eingelegten Rechtsmittels.

554 Bei der Verzichtserklärung handelt es sich, wie bei der Rücknahme des Rechtsmittels, um eine einseitige das Verfahren bestimmende Handlung, die im Unterhaltsstreitverfahren nur durch einen Rechtsanwalt (§ 114 I FamFG) wirksam durch einen einzureichenden Schriftsatz oder zu Protokoll in der mündlichen Verhandlung abgegeben werden kann. Inhaltlich muss es sich um eine zwar nicht notwendig ausdrückliche, aber nach den anerkannten Auslegungsregeln eindeutige und endgültige Aufgabe des Rechts der Beteiligten, die Endentscheidung durch das Beschwerdegericht überprüfen zu lassen.[249] Inhalt und Tragweite eines gegenüber dem Gericht erklärten Rechtsmittelverzichts sind danach zu beurteilen, wie die Verzichtserklärung bei verständiger Sicht unter objektiver Berücksichtigung der Umstände und der Interessenlage aufgenommen werden darf.[250] Erfolgt die Verzichtserklärung zu Protokoll in der mündlichen Verhandlung, stehen Mängel in der Protokollierung der Wirksamkeit der Erklärung allerdings nicht entgegen, weil es sich bei

---

[244] BGH FamRZ 2007, 375.
[245] BGH FamRZ 2008, 43 (44).
[246] BGH FamRZ 2008, 43 (45); 1988, 496.
[247] Johannsen/Henrich/Althammer FamFG § 67 Rn. 6.
[248] BT-Drs. 16/6308, 456.
[249] Johannsen/Henrich/Althammer FamFG § 67 Rn. 3.
[250] OLG Hamm FamRZ 2015, 773; OLG Naumburg FamRZ 2015, 774.

4. Abschnitt: Rechtsmittel in Unterhaltssachen § 10

dem durch § 162 I ZPO vorgeschriebene Verfahren nicht um ein zwingendes Formerfordernis handelt. Die Protokollierung dient lediglich der Beweiskraft einer öffentlichen Urkunde, so dass der Nachweis des Rechtsmittelverzichts, sofern er hiernach streitig oder zweifelhaft bleibt, auch durch andere Beweismittel geführt werden kann.[251] Der wirksam erklärte Rechtsmittelverzicht unterliegt als Verfahrenshandlung keiner **Anfechtung** und, abgesehen von den Voraussetzungen für einen Wiederaufnahmegrund (§ 118 FamFG iVm § 580 ZPO) keinem **Widerruf**.[252]

Der Verzicht auf die **Anschlussbeschwerde** kann, wie aus § 67 II FamFG folgt, wirksam erst nach Einlegung des Hauptrechtsmittels erklärt werden. Unberührt hiervon bleibt die Befugnis, beim Scheidungsverbundverfahren nach Verkündung der Endentscheidung, aber schon vor Einlegung eines Rechtsmittels auf eine Anfechtung der Entscheidung im Weg der Anschließung zu verzichten (§ 144 FamFG). **555**

13. Verfahrenskostenhilfe im Beschwerdeverfahren

Bei bestehender Verfahrenskostenarmut ist der Beschwerdeführer regelmäßig daran **556** interessiert, im Kosteninteresse seine weitere Rechtsverfolgung frühzeitig von der erfolgreichen Bescheidung seines Verfahrenskostenhilfegesuchs abhängig zu machen. Dem gegenüber fordert das **Gebot der Rechtssicherheit** für den Beschwerdegegner Gewissheit über die jeweiligen verfahrensrechtlichen Folgen. Deshalb ist eine **Beschwerde,** deren Wirksamkeit von einer **Bedingung** abhängen soll, **unzulässig**.[253] So liegen die Dinge insbesondere dann, wenn die Beschwerde nur für den Fall der Bewilligung von Verfahrenskostenhilfe eingelegt sein soll (zB: „Die heutige Beschwerde gilt als eingelegt und das Verfahren wird durchgeführt, wenn dem Beschwerdegegner Verfahrenskostenhilfe bewilligt wird.").[254] Allerdings ist von einer unzulässig nur bedingten Beschwerde erst dann auszugehen, wenn sich dies aus den **gesamten Begleitumständen** mit einer jeden Zweifel ausschließenden Deutlichkeit ergibt.[255] An einer solchen Eindeutigkeit fehlt es, wenn, wie der BGH[256] wiederholt entschieden hat, der Beschwerdeführer nur die „Durchführung" des Rechtsmittels von der Bewilligung von Verfahrenskostenhilfe abhängig macht, weil unter diese Formulierung als Alternative auch die Rücknahme der Beschwerde fällt. Sind die weiteren Formerfordernisse erfüllt, ist hier von einer wirksam eingelegten Beschwerde auszugehen. Dessen ungeachtet kann der Beschwerdeführer eine etwaige Bedingung nach Bescheidung seines Verfahrenskostenhilfegesuchs innerhalb der Wiedereinsetzungsfrist zurücknehmen.[257] Werden Beschwerdeschrift und Verfahrenskostenhilfegesuch gleichzeitig eingereicht, hat der Beschwerdeführer alles zu vermeiden, was auf eine Abhängigkeit der Beschwerdeeinlegung von der Verfahrenskostenhilfebewilligung hindeutet und das Risiko in sich birgt, dass die Unbedingtheit der Rechtsmitteleinlegung verkannt wird.[258]

Wird eine Rechtsmittelschrift als Entwurf zusammen mit einem Verfahrenskostenhilfe- **557** gesuch übermittelt, fehlt es an der Einlegung eines Rechtsmittels; die Schrift dient vielmehr nur zur Darlegung der Erfolgsaussichten für die begehrte Verfahrenskostenhilfe.[259] Heißt es in einem Gesuch, dass um Verfahrenskostenhilfe zur Einlegung der in der Anlage beigefügten Beschwerde nachgesucht und die Beschwerde von der Bewilligung von Verfahrenskostenhilfe abhängig gemacht werde und dass nach deren Bewilligung ein Wiedereinsetzungsantrag wegen der dann möglicherweise schon abgelaufenen Beschwerdefrist

---

[251] BGH FamRZ 2007, 1631 Rn. 6.
[252] BGH FamRZ 1988, 1158.
[253] BGH NJW 1999, 2823; allgM.
[254] BGH FamRZ 2007, 895.
[255] BGH FamRZ 2005, 1537; 2004, 1553.
[256] BGH FamRZ 2007, 1726; 2004, 1553.
[257] BGH FamRZ 2007, 1726 (1728).
[258] BGH FamRZ 2006, 400.
[259] BGH FamRZ 2007, 801; 2001, 907.

beabsichtigt sei, ist noch keine Beschwerde eingelegt, auch nicht – unzulässigerweise – bedingt.[260]

Zulässig ist die Bitte, die (bereits eingelegte) Beschwerde erst „nach Bewilligung von Verfahrenskostenhilfe in den Geschäftsgang"[261] oder „zunächst zu den Akten" zu nehmen und erst über den Verfahrenskostenhilfeantrag zu entscheiden.[262] Wird einem Verfahrenskostenhilfegesuch ein mit Beschwerde bezeichneter Schriftsatz beigefügt, der den Erfordernissen einer Beschwerdeschrift (→ Rn. 511) genügt, ist die Beschwerde eingelegt. Selbst Hinweise auf „beabsichtigte Rechtsverfolgung/Rechtsverteidigung" und auf einen „anliegenden Klageentwurf" stören als formelhafte Erklärungen aus der 1. Instanz dann nicht, es sei denn aus den sonstigen Begleitumständen ergeben sich weitere Anhaltspunkte, die eine wirksam eingelegte Verfahrenserklärung ausschließen.[263] Angesichts zahlreicher sprachlicher Gestaltungsmöglichkeiten bei der Verknüpfung von Verfahrenskostenhilfegesuch und Beschwerdeeinlegung besteht die Gefahr von Missverständnissen, die zu ungünstigen Auslegungsergebnissen führen können und der beabsichtigten Rechtsverfolgung nicht entsprechen. Das für den Einzelfall bleibende Risiko lässt sich in der Rechtspraxis begrenzen (→ Rn. 512).

558 Der verfahrenskostenarme Beteiligte, der rechtzeitig um Verfahrenskostenhilfe nachsucht, ist **ohne Verschulden** verhindert, gesetzliche Fristen des Beschwerdeverfahrens einzuhalten, sofern er nach den jeweiligen Umständen mit der Versagung von Verfahrenskostenhilfe wegen mangelnder Bedürftigkeit nicht rechnen musste.[264] Hat der Beschwerdeführer allerdings neben dem Verfahrenskostenhilfegesuch eine unzulässige bedingte Beschwerde eingelegt, besteht für das Gericht keine Hinweispflicht. Unterlässt deshalb der Beteiligte nach Zustellung der Entscheidung über die Bewilligung von Verfahrenskostenhilfe innerhalb der Frist des § 234 I 1 ZPO eine formgerechte Beschwerdeeinlegung, kann für ein späteres Rechtsmittel Wiedereinsetzung in den vorigen Stand nicht bewilligt werden. Das Verkennen der Sach- und Rechtslage erscheint nicht unverschuldet (§ 85 II ZPO).[265]

Die Bewilligung von Verfahrenskostenhilfe für die Durchführung des Beschwerdeverfahrens setzt neben der Bedürftigkeit des beschwerten Beteiligten Erfolgsaussichten für die Rechtsverfolgung oder Rechtsverteidigung in dieser Instanz voraus. Hängen dabei die Erfolgsaussichten von der Klärung einer in der Rechtsprechung der Oberlandesgerichte umstrittenen und höchstrichterlich noch nicht entschiedenen Rechtsfrage ab, ist Verfahrenskostenhilfe selbst dann zu bewilligen, wenn nach der Rechtsmeinung des Beschwerdegerichts die Erfolgsaussichten zu verneinen wären.[266] Im Übrigen dient das nur einer summarischen Prüfung unterliegende Verfahrenskostenhilfeverfahren nicht dem Ziel, zweifelhafte Rechtsfragen außerhalb eines ordentlichen Rechtsmittelverfahrens abschließend zu entscheiden.[267]

14. Verfahrenskostenhilfe und Wiedereinsetzung in den vorigen Stand

559 Die Beschwerdefrist (§ 63 I FamFG) und die Beschwerdebegründungsfrist (§ 117 I 3 FamFG) laufen jeweils ab Zustellung der in vollständiger Form abgefassten Endentscheidung, und zwar auch gegenüber dem verfahrenskostenarmen Beteiligten. Muss dieser wegen der instanzbeschränkten Bewilligung (§ 119 S. 1 ZPO) erneut um die Gewährung von Verfahrenskostenhilfe für die Durchführung des Beschwerdeverfahrens nachsuchen, sind in der Regel bis zur Bekanntgabe einer das Gesuch erledigenden Entscheidung die relevanten Fristen bereits abgelaufen. Deshalb kommt beim Streitverfahren in Unterhalts-

---

[260] BGH FamRZ 1993, 1427.
[261] BGH BeckRS 1952, 31397930.
[262] BGH FamRZ 1988, 383.
[263] BGH FamRZ 1990, 995.
[264] BGH FamRZ 2015, 1103 Rn. 5; 2013, 1720 Rn. 16.
[265] BGH FamRZ 2007, 895 (896).
[266] BGH FamRZ 2014, 726 Rn. 14; 2013, 1214 Rn. 8.
[267] BGH FamRZ 2013, 369 Rn. 6.

sachen (§ 231 I FamFG) in der Beschwerdeinstanz hauptsächlich **die Wiedereinsetzung wegen Mittellosigkeit** (§§ 113 I 2, 117 V FamFG iVm §§ 233, 234 ZPO) in Betracht. Allerdings muss die Mittellosigkeit im jeweiligen Einzelfall die Ursache für die Fristversäumung sein. Hat der Beschwerdeführer durch einen Rechtsanwalt fristgerecht Beschwerde eingelegt und verbindet eine Gesuch um die Bewilligung von Verfahrenskostenhilfe mit einem „Entwurf" der Beschwerdebegründung, kann er den Nachweis der **Kausalität** seiner Mittellosigkeit für die Fristversäumung immer noch mit dem glaubhaft zu machenden Hinweis führen, der Rechtsanwalt sei nicht bereit gewesen, ohne vorherige Klärung der Bedürftigkeit die weitere Verfahrensführung zu übernehmen.[268]

In diesem Zusammenhang wird von dem Beteiligten, der sich wegen Mittellosigkeit ohne Mitwirkung eines Rechtsanwalts daran gehindert sieht (§ 114 I FamFG), fristgerecht die verfahrensnotwendige Beschwerdeschrift einzureichen, erwartet, dass er mit einem entsprechenden Verfahrenskostenhilfegesuch seine persönlichen und wirtschaftlichen Verhältnisse prüffähig darstellt.[269] Er erfüllt diese Voraussetzungen, indem er **innerhalb der Beschwerdefrist** ein **vollständiges und prüffähiges Verfahrenskostenhilfegesuch,** also grundsätzlich eine neue Erklärung auf dem amtlichen Vordruck nebst Belegen, bei Gericht einreicht (§ 117 II und IV ZPO).[270] Beschränkt sich der Bedürftige darauf, innerhalb der Beschwerdefrist lediglich einen Antrag auf Bewilligung von Verfahrenskostenhilfe zu stellen[271] oder legt er nur ein ausgefülltes Antragsformular vor, ohne die gebotenen Nachweise durch Beifügung der Belege zu führen, fehlt es bei Ablauf der Beschwerdefrist an einem prüffähigen Gesuch, so dass weder Verfahrenskostenhilfe noch eine Wiedereinsetzung in den vorigen Stand bei Versäumung der Beschwerdefrist bewilligt werden kann.[272]

Indessen dürfen die Anforderungen an die formularmäßige Erklärung des rechtsunkundigen Beteiligten in diesem Zusammenhang nicht überspannt werden.[273] So rechtfertigen einzelne **Lücken** bei der Ausfüllung des Vordrucks nach § 117 III ZPO nicht die Ablehnung des Antrags auf Gewährung von Verfahrenskostenhilfe und die Versagung der Wiedereinsetzung, wenn aus den Angaben und beigefügten Unterlagen nahe liegend hervorgeht, dass der Beteiligte über keine weiteren Einkünfte oder kein (weiteres) Vermögen verfügt.[274] Hat er in demselben Verfahren bereits wiederholt einen vollständig ausgefüllten Vordruck für ein entsprechendes Gesuch eingereicht, muss für den Nachweis der weiteren Mittellosigkeit die Erklärung genügen, die Verhältnisse hätten sich verschlechtert oder zumindest nicht verändert, und zwar auch dann, wenn der Beteiligte auf dem Vordruck die Fragen zu möglichen Einnahmen weder mit „ja" noch mit „nein" beantwortet hat.[275] Lücken im Vordruck für die Bewilligung von Verfahrenskostenhilfe sind auch dann unschädlich, wenn bereits in der Vorinstanz Verfahrenskostenhilfe bewillig worden ist und die Lücken im Kontext des weiteren Vorbringens nicht den Schluss auf Veränderungen in den für die Bedürftigkeit maßgebenden Verhältnissen zulassen.[276] Allerdings kann der bedürftige Beteiligte nicht darauf vertrauen, das für die Bewilligung von Verfahrenskostenhilfe Erforderliche getan zu haben, wenn er die Vermögensverluste aus einer Abfindung oder Lebensversicherung nicht „plausibel" darstellt.[277]

Den notwendigen Beleg seiner Mittellosigkeit kann der Beteiligte schließlich auch durch **ausdrückliche Bezugnahme** auf seine erstinstanzliche Erklärung und die dazu vorgelegten Unterlagen verbunden mit dem Hinweis auf etwaige Abweichungen führen. Generell ist zur Vermeidung einer **überflüssigen Förmelei** eine Bezugnahme auf frühere Erklä-

560

---

[268] BGH FamRZ 2018, 118 Rn. 17; 2018, 120 Rn. 14.
[269] BGH FamRZ 2005, 1901; 2005, 789.
[270] BGH FamRZ 2013, 1966 Rn. 10; 2006, 1028; 2006, 32.
[271] BGH FamRB 2014, 98; FamRZ 2012, 705 Rn. 11.
[272] BGH FamRZ 2013, 1966 Rn. 12.
[273] BGH FamRZ 2010, 283 Rn. 8.
[274] BGH FamRZ 2008, 1607 Rn. 25; 2005, 2062.
[275] BGH NJW-RR 2000, 1520.
[276] BGH FamRZ 2013, 1650 Rn. 13:
[277] BGH FamRZ 2008, 1607 Rn. 27.

§ 10 Verfahrensrecht

rungen zulässig und ausreichend, wenn unmissverständlich mitgeteilt wird, dass seither keine Änderungen eingetreten seien.[278] Unvollständig ist zB ein Verfahrenskostenhilfegesuch allerdings dann, wenn ein Gewerbetreibender statt des im Zeitpunkt der Antragstellung aktuellen Einkommens sein Einkommen von vier Jahren zuvor angibt oder die im amtlichen Vordruck gestellten Fragen nicht beantwortet.[279]

561 In diesem Zusammenhang hat sich mit dem Inkrafttreten des FamFG zunächst die Frage gestellt, gegenüber welchem Gericht der Beteiligte fristwahrend den Nachweis einer Verfahrenskostenarmut zu führen hat. Der Antrag auf Bewilligung von Verfahrenskostenhilfe für ein beabsichtigtes zivilgerichtliches Verfahren ist an sich gemäß § 113 I 2 FamFG iVm § 117 I 1 ZPO bei dem „**Verfahrensgericht**" zu stellen. Das ist im oder für ein in Aussicht genommenes Rechtsmittelverfahren das Rechtsmittelgericht, das hierfür auch zur Entscheidung berufen ist (§ 127 I 2 ZPO). Dem liegt allerdings das zivilprozessuale Rechtsmittelverständnis zugrunde, demzufolge ein Rechtsmittel bei dem Gericht einzulegen ist, das hierüber in der Sache auch zu entscheiden hat. Davon unterscheidet sich das Beschwerdeverfahren nach §§ 58, 117 FamFG allerdings schon dadurch, dass die Beschwerde bei dem Gericht einzulegen ist (§ 64 I FamFG), dessen Entscheidung angefochten werden soll (**Eingangsgericht**), während alle weiteren Entscheidungen im und bezogen auf das Rechtsmittelverfahren in Familiensachen (§ 68 I 2 FamFG) durch das **Beschwerdegericht** zu treffen sind.

Während daran anknüpfend die Instanzgerichte teilweise die Eingangszuständigeit auch für das Verfahrenskostenhilfegesuch zunächst bejaht hatten,[280] schloss sich der BGH[281] der Meinung[282] an, wonach das Gesuch unmittelbar an das Beschwerdegericht zu richten sei. Indessen hat sich dieser Meinungsstreit inzwischen erledigt, nachdem der Gesetzgeber mit Art. 6 Nr. 7 des Gesetzes vom 5.12.2012[283] mit Wirkung vom 1.1.2013 in § 64 I 2 FamFG klarstellend geregelt hat, dass Anträge auf Bewilligung von Verfahrenskostenhilfe für eine beabsichtigte Beschwerde bei dem einzureichen sind, dessen Beschluss angefochten werden soll. Damit hat er ersichtlich an der gesetzessystematischen Differenzierung zwischen Eingangs- und Beschwerdegericht festgehalten.

562–563 – *in dieser Auflage nicht belegt* –

564 Für sein Verfahrenskostenhilfegesuch kann der Beteiligte die **Beschwerdefrist voll ausschöpfen**.[284] Einer weiteren **sachlichen Begründung** des Begehrens bedarf es nicht.[285] Sieht er allerdings hiervon ab und vernachlässigt die Möglichkeiten, die ihm durch die Eröffnung einer zweiten Tatsacheninstanz gegeben sind (§ 65 II FamFG), beschränkt sich die Erfolgsprüfung lediglich auf eine Würdigung des erstinstanzlichen Vorbringens. Gelingt es dem verfahrenskostenarmen Beteiligten nicht, innerhalb der Beschwerdefrist den Nachweis seiner Bedürftigkeit zu führen, kann ihm gleichwohl auch dann noch Wiedereinsetzung in den vorigen Stand gegen die Versäumung der Beschwerdefrist zu bewilligen sein, wenn er ein vollständiges Verfahrenskostenhilfegesuch **innerhalb der Wiedereinsetzungsfrist** des § 234 I ZPO einreicht **und** die Fristversäumung **nicht auf einem Verschulden** beruht.[286]

565 Ungeachtet der inhaltlichen Anforderungen an das jeweilige Verfahrenskostenhilfegesuch muss der Beschwerdeführer fristgerecht (§ 234 I ZPO) die Wiedereinsetzung bei dem zuständigen Gericht **beantragen**. Dabei beginnt die **Wiedereinsetzungsfrist** an dem Tag, an dem das Hindernis behoben ist (§ 234 II ZPO) bzw. an dem der verantwortliche Anwalt mit der gebotenen Sorgfalt die eingetretene Säumnis erkennen kann. Ob der Beteiligte die versäumte Verfahrenshandlung an diesem Tag noch vornehmen konnte, ist

---

[278] BGH FamRZ 1997, 546.
[279] BGH NJW-RR 1991, 637.
[280] OLG Bamberg FamRZ 2012, 49.
[281] BGH FamRZ 2013, 1567 Rn. 8 bis 10.
[282] OLG Frankfurt FamRZ 2013, 146.
[283] BGBl. S. 2418.
[284] BGH FamRZ 2018, 120 Rn. 9.
[285] BGH FamRZ 2007, 1319 (1320); 2006, 1269.
[286] BGH FamRZ 2005, 1901.

irrelevant.[287] Hat der Antragsteller für eine beabsichtigte Beschwerde um die Bewilligung von Verfahrenskostenhilfe erfolgreich nachgesucht und hat das Beschwerdegericht die beantragte Beiordnung eines Rechtsanwalts erst in einem gesonderten Beschluss nachgeholt, beginnt die Wiedereinsetzungsfrist wegen der notwendigen Vertretung für das Beschwerdeverfahren durch einen Rechtsanwalt (§ 114 I FamFG) erst mit der Bekanntgabe der Beiordnung.[288] Für die Wiedereinsetzung gegen Versäumung der Wiedereinsetzungsfrist gilt eine selbstständige Wiedereinsetzungsfrist, die von der Frist für die Wiedereinsetzung wegen Versäumung der Rechtsmittelfrist zu unterscheiden ist.[289] Kein (neues) Gesuch ist nötig, Wiedereinsetzung ist vielmehr **von Amts wegen** zu gewähren (§ 236 II 2 ZPO), wenn – neben dem Vorliegen der versäumten Verfahrenshandlung – die Gründe für die unverschuldete Fristversäumung glaubhaft gemacht[290] oder sonst offensichtlich sind.[291] Behoben ist das Hindernis, sobald die bisherige Ursache der Verhinderung beseitigt oder sein Fortbestehen verschuldet ist.[292] Besteht das Hindernis in der Unkenntnis der Versäumung einer Frist, so gilt es von dem Zeitpunkt an als behoben, in dem diese Unkenntnis von dem Beteiligten oder seinem Verfahrensbevollmächtigten (§ 85 II ZPO) zu vertreten war.[293]

Hat der Beschwerdeführer die **Beschwerdefrist** versäumt, muss er innerhalb einer **566** **zweiwöchigen Frist** den Antrag auf **Wiedereinsetzung** stellen (§ 234 I 1 ZPO) und gemäß § 236 II 2 ZPO **Beschwerde** einlegen. Das Rechtsmittel ist bei dem gemäß § 64 I FamFG **zuständigen Amtsgericht** einzulegen. Damit drängt sich zugleich die Frage auf, welches Gericht für die Entgegennahme des Wiedereinsetzungsgesuchs zuständig ist. Gemäß § 238 I 1 ZPO ist das Verfahren über den Antrag auf Wiedereinsetzung mit dem Verfahren über die nachgeholte Verfahrenshandlung zu verbinden. Zudem bestimmt § 236 I ZPO, dass auch die Form des Antrags auf Wiedereinsetzung sich nach den Vorschriften richtet, die für die versäumte Verfahrenshandlung zu gelten haben. Die Parallelität der beiden Verfahren legt es nahe, dass der Wiedereinsetzungsantrag dort anzubringen ist, wo die nachzuholende Beschwerde nach § 64 I FamFG einzulegen ist. Indessen folgt der BGH[294] der Gegenmeinung,[295] die wesentlich darauf abstellt, dass gemäß § 237 ZPO das Beschwerdegericht über die nachgeholte Verfahrenshandlung zu entscheiden hat. Die auf die Entscheidungszuständigkeit abstellende Betrachtungsweise vermag allerdings nicht zu überzeugen, da das FamFG für das Beschwerdeverfahren zwischen **Eingangszuständigkeit** des Amtsgerichts und **Entscheidungszuständigkeit** des Beschwerdegerichts unterscheidet und nichts dafür ersichtlich ist, dass der Gesetzgeber die Verfahrensparallelität von versäumter Verfahrenshandlung und Wiedereinsetzung hätte aufgeben wollen. Vielmehr deutet die Regelung in § 64 I 2 FamFG einmal mehr darauf hin, dass er an der Differenzierung zwischen Eingangs- und Entscheidungsgericht schon bei der Vorbereitung des eigentlichen Beschwerdeverfahrens festhalten will.

Hat der Antragsteller nach Bewilligung von Verfahrenskostenhilfe für eine beabsichtigte Beschwerde das Rechtsmittel innerhalb der Frist des § 234 I 1 ZPO bei dem zuständigen Amtsgericht eingelegt und den Wiedereinsetzungsantrag nicht bei dem nach § 237 ZPO zur Entscheidung berufenen Beschwerdegericht angebracht, schließt dies nach OLG Celle[296] nicht notwendig die Bewilligung der Wiedereinsetzung aus, weil diese auch von Amts wegen bewilligt werden kann (§ 236 II 2 2. Halbs. ZPO), sofern der Wille des Beteiligten auf Fortsetzung des Verfahrens klar erkennbar wird, zumal die Gründe für ein fehlendes Verschulden der Fristversäumung in Ansehung der Bewilligung von Verfahrenskostenhilfe hinreichend aktenkundig sein dürften.

---

[287] BGH FamRZ 1997, 997; 813.
[288] BGH FamRZ 2014, 550 Rn. 12.
[289] BGH FamRZ 1999, 579.
[290] BGH FamRZ 2011, 30 Rn. 12.
[291] BGH FuR 2011, 151.
[292] BGH FamRZ 1988, 1257.
[293] Vgl. BGH FamRZ 1988, 154.
[294] BGH FamRZ 2013, 1385 Rn. 17; 2011, 1649 Rn. 15.
[295] FA-FamR/Feskorn Kap. 1 Rn. 683.
[296] OLG Celle JurBüro 2014, 210.

Für eine Eingangszuständigkeit des Beschwerdegerichts lassen sich schließlich auch keine Gründe zwingender Praktikabilität finden. Denn nach der Bescheidung des Antrags auf Bewilligung von Verfahrenskostenhilfe ist das Beschwerdegericht mit der Sache nicht weiter befasst, so dass die Akten dem Amtsgericht zur weiteren Behandlung (Kosten) wieder zur Verfügung stehen. Schließlich steht einer Wiedereinsetzung auch nicht in dem Fall entgegen, wenn der Beteiligte die versäumte Verfahrenshandlung (Beschwerde) nachgeholt hat und der Wiedereinsetzungsantrag zwar fehlt, die Gründe für die unverschuldete Fristversäumung aber offenkundig sind.[297] Die **Nachholung** der Rechtsmitteleinlegung ist nicht notwendig, wenn die Beschwerde schon früher, wenn auch verspätet eingelegt war. Sie ist allerdings erforderlich, wenn die **Beschwerde** bedingt und daher **unzulässig** war.[298]

567 Bestand das **Hindernis in der Mittellosigkeit,** hat der Beteiligte zur Wahrung der Wiedereinsetzungsfrist folgendes zu beachten:

Wird die nachgesuchte **Verfahrenskostenhilfe bewilligt,** entfällt das Hindernis mit der Bekanntgabe (nicht notwendig, aber zweckmäßig und in der Praxis üblich: Zustellung) des Beschlusses über die Bewilligung an den Beschwerdeführer, auch wenn Verfahrenskostenhilfe teilweise verweigert wird,[299] oder wenn der Beteiligte bei sorgfältigem Verhalten hätte Kenntnis erlangen können.[300] Daneben ist für eine **Überlegungsfrist** kein Raum. Auch die Erweiterung der Verfahrenskostenhilfe etwa auf eine **Gegenvorstellung** wirkt sich auf den Lauf der Frist nicht weiter aus. Sie setzt keine neue Frist in Lauf, weil bereits mit der ursprünglichen Bewilligung das Hindernis der Bedürftigkeit entfallen ist.[301] Hat ein Rechtsanwalt für den Beteiligten das Verfahren betrieben, muss die den Fristbeginn auslösende Bekanntmachung an diesen erfolgen, gegebenenfalls an den beigeordneten und bereits bevollmächtigten Rechtsanwalt. Ist versehentlich die Beiordnung des Rechtsanwalts unterblieben, entfällt das Hindernis erst mit Bekanntgabe des Beiordnungsbeschlusses.[302] Fehlt es an einer Bevollmächtigung, ist das Hindernis beseitigt, sobald der Beteiligte von der Beiordnung erfährt.

568 Wird die nachgesuchte **Verfahrenskostenhilfe versagt,** billigt der BGH in std. Rspr.[303] dem hiervon betroffenen Beteiligten nach Bekanntgabe der Entscheidung zunächst eine **Überlegungsfrist** von 3 bis 4 Werktagen zu, damit sich der Beteiligte darüber Klarheit verschaffen kann, ob er das Beschwerdeverfahren auch auf eigene Kosten betreiben will. Unerheblich soll hierfür sein, ob die Versagung mangels Erfolgsaussicht oder Bedürftigkeit erfolgt. Erst nach Ablauf der Überlegungsfrist wird das Hindernis im Sinne von § 234 II ZPO für die Stellung eines Wiedereinsetzungsantrags behoben und der Lauf der für die Beschwerdeeinlegung maßgeblichen Frist von zwei Wochen in Gang gesetzt. Bis zur Bekanntgabe der Versagung von Verfahrenskostenhilfe zuwarten darf der Beteiligte allerdings nur dann, wenn er vernünftigerweise nicht schon zu einem **früheren Zeitpunkt** mit der Ablehnung seines Verfahrenskostenhilfeantrags rechnen musste.[304] So sind die Voraussetzungen für ein weiteres Zuwarten durch den bedürftigen Beteiligten nicht mehr gegeben, wenn das Gericht bereits mit ausführlich begründeter Verfügung den Beteiligten darüber informiert hat, dass die wirtschaftlichen Voraussetzungen für die Gewährung von Verfahrenskostenhilfe (zB nach § 115 IV ZPO) nicht vorliegen. Nach Bekanntgabe darf der Beteiligte ungeachtet der endgültigen Entscheidung über die Verfahrenskostenhilfe mit den nach §§ 234, 236 II 2 ZPO gebotenen Verfahrenshandlungen nicht weiter zuwarten. Allerdings ist dem Beteiligten auch in diesem Fall die durch den BGH[305] in der Entscheidung vom 31.1.2007 nicht weiter erwähnte Überlegungsfrist von 3 bis 4 Werktagen zuzubilligen.

---

[297] BGH FamRZ 2007, 801 Rn. 10.
[298] BGH FamRZ 2007, 1726.
[299] BGH FamRZ 1993, 694.
[300] BGH FamRZ 1991, 425.
[301] OLG Zweibrücken FamRZ 2006, 496.
[302] BGH FamRZ 2014, 550 Rn. 12.
[303] BGH NJW-RR 2009, 789; FamRZ 1993, 1428.
[304] BGH FamRZ 2009, 217 Rn. 11.
[305] BGH FamRZ 2007, 801.

4. Abschnitt: Rechtsmittel in Unterhaltssachen § 10

Hat der Beschwerdeführer infolge form- und fristgemäß geltend gemachter Mittellosigkeit die Frist zur **Beschwerdebegründung** (§ 117 I 3 FamFG) versäumt, hat er gemäß § 117 V FamFG iVm § 234 I 2 ZPO innerhalb der **Frist von einem Monat** Wiedereinsetzung zu beantragen und die Beschwerdebegründung nachzuholen. Diese ist bei dem **Beschwerdegericht** einzureichen ist (§ 117 I 2 FamFG), mithin auch fristwahrend der darauf gerichtete Wiedereinsetzungsantrag (§§ 236, 237 ZPO). Da es sich um eine Wiedereinsetzungsfrist handelt, scheidet eine **Verlängerung** der **Beschwerdebegründungsfrist** aus. Die durch das 1. Justizmodernisierungsgesetz vom 24.8.2004 (BGBl. I S. 2198) in § 234 I ZPO eingefügte Bestimmung soll sicherstellen, dass einem Rechtsmittelführer, dem Verfahrenskostenhilfe nach Ablauf der Rechtsmittelbegründungsfrist gewährt worden ist, zumindest ein Monat Zeit für die Rechtsmittebegründung verbleibt, so dass er nicht schlechter gestellt wird als der vermögende Beteiligte.[306] 569

Hat der bedürftige Beteiligte zunächst eine **unbedingte Beschwerde** eingelegt und mit der Geltendmachung der Mittellosigkeit die Beschwerdebegründungsfrist versäumt, entfällt das entsprechende Hindernis im Sinne von § 234 II ZPO mit der Bekanntgabe der bewilligenden oder versagenden Verfahrenskostenhilfeentscheidung. Ab diesem Zeitpunkt verbleibt dem Beschwerdeführer ein Monat für die Begründung und den Antrag auf Wiedereinsetzung.[307]

Hat er allerdings schon die Einlegung der Beschwerde von der Bewilligung von Verfahrenskostenhilfe abhängig gemacht, müsste ein Abstellen auf die Bekanntgabe dieser Entscheidung zu einer im Vergleich mit dem vermögenden Beteiligten unangemessenen Benachteiligung bei der für die Beschwerdebegründung verfügbaren Zeit bestehen. Während der vermögende Beteiligte zunächst schon die zweimonatige Begründungsfrist des § 117 I 3 FamFG ausschöpfen und im nicht seltenen Bedarfsfall eine Verlängerung um einen weiteren Monat ohne Mitwirkung des Verfahrensgegners (§ 117 I 4 FamFG) erreichen kann, verbliebe dem bedürftigen Beteiligten nach Beiordnung eines Anwalts nur noch ein Monat ohne Möglichkeit einer Fristverlängerung. Auch wenn von Verfassungs wegen eine vollständige Gleichstellung zwischen bedürftigem und nicht bedürftigem Verfahrensbeteiligten nicht geboten erscheint,[308] ist doch zur Vermeidung unbilliger Nachteile dem Gesetzeszweck entsprechend die Regelung in § 234 I 2 BGB in dem Sinne zu verstehen, dass die Monatsfrist erst mit der **Bekanntgabe der Entscheidung** über die **Wiedereinsetzung** gegen die Versäumung der Beschwerdefrist zu laufen beginnt.[309] Diese Auslegung stellt zudem sicher, dass der Beteiligte erst eine eingelegte Beschwerde begründen muss. Maßgebend für die Fristberechnung ist die Zustellung an den beigeordneten Rechtsanwalt. Allerdings ist die Rechtsprechung des BGH zur Fristbestimmung bei der Rechtsmittelbegründung nicht einheitlich. So wird teilweise einschränkend angenommen,[310] dass die Rechtsauffassung, wonach erst die Bekanntgabe der Wiedereinsetzungsentscheidung bei der Beschwerde als Fristbeginn für den Wiedereinsetzungsantrag betreffend die Beschwerdebegründung anzusehen ist, nur zugunsten des Beschwerdeführers gelten kann, der sich **wegen seiner Mittellosigkeit** an der Einlegung und Begründung des Rechtsmittels gehindert sah.

Die den Antrag auf Wiedereinsetzung stützenden Tatsachen, die der Beteiligte innerhalb der Wiedereinsetzungsfrist – abgesehen von Erläuterungen ergänzungsbedürftiger Angaben – darzulegen hat,[311] sind glaubhaft zu machen (§§ 236 II 1, 294 ZPO). Insoweit ist die Fristwahrung allerdings nicht zwingend. Vielmehr kann die **Glaubhaftmachung** „im Verfahren über den Antrag" erfolgen,[312] mithin auch noch im Beschwerdeverfahren.[313] Bei der **Glaubhaftmachung,** mit der der Beteiligte nicht bis zu einer Aufforderung des 570

---

[306] BT-Drs. 15/1508, 17.
[307] BGH FamRZ 2006, 1271.
[308] BVerfG NJW 2003, 3190 (3191).
[309] BGH NJW-RR 2008, 1306 (1308); FamRZ 2007, 1640 (1641).
[310] BGH MDR 2010, 947 (948); kritisch auch: BGH NJW-RR 2008, 1313 (1314).
[311] BGH NJW 2004, 367.
[312] BGH FamRZ 1989, 373.
[313] BGH NJW 1996, 1682.

§ 10 Verfahrensrecht

Gerichts zuwarten darf, ist zu beachten, dass gängige Formulierungen für eine eidesstattliche Versicherung wie: „Die von meinem Rechtsanwalt im Schriftsatz vom ... aufgestellten Behauptungen sind richtig; es ist nichts Unwahres hinzugefügt oder Wesentliches weggelassen" ohne praktischen Wert sind, weil sie keine eigene Sachdarstellung des Versichernden enthalten.[314] Zur Glaubhaftmachung eines Versehens bedarf es nicht der Darlegung von Gründen, die das Versehen erklären könnten.[315] Auch mit Hilfe einer eidesstattlichen Versicherung seines Verfahrensbevollmächtigten kann der Beteiligte die **überwiegende Wahrscheinlichkeit** für die Richtigkeit seiner Angaben führen. Widersprüche oder Besonderheiten in den Gesamtumständen können einer entsprechenden Beweiskraft entgegenstehen.[316] Bleibt nach Würdigung der vorgelegten Beweise die Möglichkeit einer verschuldeten Fristversäumung offen, kann Wiedereinsetzung in den vorigen Stand nicht gewährt werden.[317] Der **Beweiskraft des Eingangsstempels** (§ 418 ZPO) kann der Antragsteller mit dem Freibeweis entgegentreten, wobei allein die eidesstattliche Versicherung in der Regel nicht geeignet ist, den Nachweis dafür zu erbringen, dass der jeweilige Schriftsatz schon zu einem früheren Zeitpunkt eingegangen sein muss.[318] Allerdings ist das Gericht in dieser Situation gehindert, vor einer angebotenen **Zeugenvernehmung**[319] oder einem entsprechenden Hinweis[320] die Wiedereinsetzung wegen fehlender Glaubhaftmachung zu versagen.

571 Die **Wiedereinsetzung ist gerechtfertigt,** wenn der Beteiligte vernünftigerweise nicht mit der Ablehnung seines Verfahrenskostenhilfegesuchs rechnen musste.[321] Das ist zB der Fall,
– wenn der Beteiligte bis zum Ablauf der Beschwerdefrist die für seine wirtschaftlichen Verhältnisse wesentlichen Angaben vollständig und übersichtlich dargestellt hat, regelmäßig durch fristgerechte Vorlage der Erklärung gemäß § 117 ZPO mit lückenlosen Angaben,[322]
– wenn ihm in erster Instanz Verfahrenskostenhilfe bewilligt wurde, er in der Beschwerdeinstanz entweder eine neue Verfahrenskostenhilfeerklärung mit Belegen vorgelegt oder auf die frühere nebst Belegen Bezug genommen hat unter Angabe etwaiger Änderungen und das Beschwerdegericht vor Ablehnung der Verfahrenskostenhilfe keine weiteren Belege angefordert hat,[323]
– wenn er bis zum Zeitpunkt der Entscheidung über das Wiedereinsetzungsgesuch glaubhaft macht, dass mit dem Verfahrenskostenhilfegesuch „in der Anlage" übersandte Belege usw ohne sein oder seines Anwalts Verschulden nicht innerhalb der Beschwerdefrist vorgelegt worden sind, zB wegen mangelhafter Sorgfalt der Kanzleiangestellten.[324]

Stützt der beschwerte Beteiligte sein Verfahrenskostenhilfegesuch für ein Beschwerdeverfahren im Wesentlichen mit Angaben, die erstinstanzlich trotz Lücken zur Bewilligung von Verfahrenskostenhilfe geführt haben, muss er nicht damit rechnen, dass das Beschwerdegericht strengere Anforderungen an den Nachweis der Bedürftigkeit stellt. Vielmehr darf er in diesem Fall auf einen entsprechenden Hinweis vertrauen, der ihm die weitere Nachweisführung ermöglicht.[325] Ein Rechtsmittelführer, der innerhalb der Rechtsmittelfrist Verfahrenskostenhilfe beantragt hat, ist bis zur Entscheidung über den Antrag so lange ohne sein Verschulden an der Einlegung des Rechtsmittels gehindert anzusehen, als er nach den gegebenen Umständen vernünftigerweise nicht mit der Ablehnung seines Antrags wegen fehlender Bedürftigkeit rechnen muss;[326] hinsichtlich der

---

[314] Vgl. BGH NJW 1988, 2045.
[315] BGH FamRZ 2005, 267.
[316] BGH FamRZ 2006, 201.
[317] BGH NJW-RR 2005, 143.
[318] BGH FamRZ 2005, 2065.
[319] BGH FamRZ 2010, 122 Rn. 9.
[320] BGH FamRZ 2010, 726 Rn. 10.
[321] BGH FamRZ 2010, 448 Rn. 5.
[322] BGH FamRZ 2006, 1028; 2006, 32.
[323] Vgl. BGH VersR 1985, 972.
[324] BGH FamRZ 2005, 1901; 1987, 925.
[325] BGH FamRZ 2013, 1650 Rn. 15.
[326] BGH FamRZ 2018120 Rn. 9.

Erfolgsaussichten bedarf es nicht einmal einer sachlichen Begründung im Verfahrenskostenhilfegesuch.[327] Legt ein bedürftiger Beteiligter eine durch die Gewährung von Verfahrenskostenhilfe bedingte und damit **unzulässige Beschwerde** ein, so ändert dies nichts an seinem Unvermögen, die Beschwerdefrist einzuhalten. Hat er nach Ablauf der Beschwerdefrist, aber vor der Bewilligung von Verfahrenskostenhilfe, nochmals unbedingt Beschwerde eingelegt, ist ihm von Amts wegen Wiedereinsetzung in den vorigen Stand zu gewähren.[328]

Keine Wiedereinsetzung gibt es, wenn bei Ablauf der Rechtsmittelfrist der Verfahrenskostenhilfeantrag unvollständig oder wegen fehlender Kostenarmut mit der Ablehnung von Verfahrenskostenhilfe zu rechnen war[329] oder bei inhaltlichen Mängeln der Beschwerdeschrift, zB falscher Adressierung des Gerichts, auch bei gemeinsamer Einlaufstelle,[330] oder ungenügender Bezeichnung der angefochtenen Entscheidung. Der Anwalt, der eine Beschwerdeschrift unterschreibt, muss selbst eigenverantwortlich die Ordnungsmäßigkeit der Rechtsmittelschrift prüfen.[331] Ausnahmsweise ist Wiedereinsetzung dann möglich, wenn das angegangene Gericht über Gebühr lange die Rechtsmittelschrift nicht weiterleitet[332] oder wenn auf der Rechtsmittelschrift lediglich Straße und Hausnummer des Rechtsmittelgerichts unrichtig angegeben sind.[333] Die Wiedereinsetzung gegen die Versäumung von Fristen ist nicht dazu bestimmt, bei an sich fristgerecht eingereichten Schriftsätzen inhaltliche Mängel zu beheben, wie dies auch dann der Fall ist, wenn sich aus der rechtzeitig eingereichten Beschwerdeschrift nicht erkennen lässt, für wen und gegen wen Beschwerde eingelegt werden soll.[334]

Das für die Bescheidung von Anträgen über die Wiedereinsetzung im Beschwerdeverfahren ausschließlich zuständige Beschwerdegericht (§ 237 ZPO) entscheidet in der Regel in einem **Vorabverfahren** (§ 238 I 2 ZPO) zunächst über die nachgesuchte Wiedereinsetzung gegen die Versäumung der Beschwerde- und ggf. der Beschwerdebegründungsfrist. Zuständig bleibt es im Regelfall auch dann, wenn es das Beschwerdeverfahren durch Verwerfung des Rechtsmittels bereits beendet hat.[335]

Dabei hat der jeweilige Antragsteller innerhalb der Wiedereinsetzungsfrist (§ 234 I ZPO) alle Tatsachen, die das Wiedereinsetzungsbegehren stützen sollen, vorzutragen und die versäumte Handlung nachzuholen. Er ist deshalb mit neuem Vorbringen nach Fristablauf ausgeschlossen.[336] Allerdings hat das Beschwerdegericht vor einer in Aussicht genommenen Versagung der Wiedereinsetzung auf erkennbare oder unklare Angaben im Wiedereinsetzungsgesuch (§ 139 ZPO) hinzuwirken.[337] Es verstößt ferner gegen das Recht auf ein **faires Verfahren,** wenn die Wiedereinsetzung bereits auf einen nur angekündigten Antrag versagt wird.[338] Für das Verfahren besteht Anwaltszwang (§ 114 I FamFG). Einer mündlichen Verhandlung bedarf es nicht (§ 128 IV ZPO). Der Beschluss, mit dem Wiedereinsetzung gewährt wird, ist unanfechtbar (§ 238 III ZPO). Wiedereinsetzung bindet; Gegenvorstellungen führen nicht zur gewünschten Prüfung.[339] In Betracht kommt auch eine **stillschweigende Wiedereinsetzung,** und zwar etwa dann, wenn das Beschwerdegericht nach Bewilligung von Verfahrenskostenhilfe auf die verfristete Beschwerdebegründung in der Sache entscheidet.[340]

---

[327] BGH FamRZ 2006, 1269; NJW-RR 2001, 570.
[328] BGH FamRZ 2001, 415.
[329] BGH NJW-RR 1991, 1532.
[330] BGH FamRZ 1990, 866.
[331] BGH FamRZ 1988, 830.
[332] Vgl. BGH FamRZ 1988, 829: 3 Wochen.
[333] BGH NJW-RR 1990, 1149.
[334] BGH FamRZ 2007, 903 (904).
[335] BGH FamRZ 2018, 449 Rn. 11.
[336] BGH FamRZ 2009, 1132 Rn. 23.
[337] BGH NJW 2014, 77; FamRZ 2007, 1458 Rn. 8.
[338] BGH FamRZ 2013, 1383 Rn. 8.
[339] BGH FamRZ 1993, 1191.
[340] BGH FamRZ 1990, 260.

Wird die Wiedereinsetzung versagt, ist gemäß § 238 II 1 ZPO iVm §§ 522 I 4, 574 ZPO die **Rechtsbeschwerde** das statthafte Rechtsmittel.[341] Geschieht dies gesondert von dem Beschluss über die Verwerfung durch das Beschwerdegericht, muss der Beteiligte zunächst gegen die Versagung der Wiedereinsetzung vorgehen, will er den Eintritt der Rechtskraft dieser Entscheidung verhindern.[342] Wird dem Antrag auf Wiedereinsetzung in der Rechtsbeschwerdeinstanz stattgegeben, ist der Verwerfungsbeschluss ohne weiteres gegenstandslos.[343] Hat das Beschwerdegericht die Beschwerde verworfen, ohne zuvor oder zumindest gleichzeitig über das Wiedereinsetzungsgesuch entschieden zu haben, kann auf die Rechtsbeschwerde hin der Verwerfungsbeschluss isoliert aufgehoben werden.[344]

573 **Zusammenfassung:**
Begehrt der bedürftige Beteiligte Verfahrenskostenhilfe für eine **beabsichtigte Beschwerde** gegen eine in einer Hauptsache ergangene Endentscheidung, muss er sein Verfahrenskostenhilfegesuch innerhalb der Beschwerdefrist bei dem **Amtsgericht** einreichen. Das Gesuch um die Bewilligung der Wiedereinsetzung in den vorigen Stand gegen die Versäumung der Beschwerdefrist ist – nach der Rechtsprechung des BGH[345] – bei dem Beschwerdegericht einzureichen.

Hat der Beteiligte das Rechtsmittel form- und fristgemäß eingelegt und macht die **Beschwerdebegründung** abhängig von der Bewilligung von Verfahrenskostenhilfe, hat er das Gesuch sowie, nach Entscheidung über die begehrte Verfahrenskostenhilfe, die Beschwerdebegründung mit dem Wiedereinsetzungsgesuch bei dem **Beschwerdegericht** einzureichen.

Hat der bedürftige Beteiligte in den nicht seltenen Fällen bis zur Bescheidung seines Verfahrenskostenhilfegesuchs **Beschwerde- und Beschwerdebegründungsfrist** versäumt, muss er innerhalb der Frist des § 234 I 1 ZPO gegenüber dem Amtsgericht Beschwerde einlegen, das darauf zu beziehende Gesuch um Wiedereinsetzung allerdings beim Beschwerdegericht einreichen.

Die Beschwerdebegründung ist bei dem Beschwerdegericht einzureichen innerhalb der Monatsfrist des § 234 I 2 ZPO. Maßgebend für den Beginn der Frist ist die Bekanntgabe der Entscheidung über die Wiedereinsetzung gegen die Versäumung der Beschwerdefrist.[346]

Allerdings beginnt die Frist für den Antrag auf Wiedereinsetzung in den vorigen Stand bereits dann, wenn dem Antragsteller ein gerichtlicher Hinweis zugeht, wonach die Voraussetzungen für die Bewilligung von Verfahrenskostenhilfe (zB wegen unzureichender Darstellung der Bedürftigkeit) nicht vorliegen.[347]

15. Neuere BGH-Rechtsprechung zur Wiedereinsetzung

574 Der erstinstanzliche Verfahrensbevollmächtigte hat den Zeitpunkt der Zustellung des anzufechtenden Beschlusses bei der Erteilung des Rechtsmittelauftrags an den Beschwerdeanwalt, der in der Regel schriftlich[348] und inhaltlich eindeutig zu erfolgen hat, eigenverantwortlich zu überprüfen.[349] Ein **Rechtsmittelauftrag** unter Hinweis auf den übersandten anzufechtenden Beschluss genügt den Sorgfaltsanforderungen nur dann, wenn dessen Formalien (zB Beteiligtenbezeichnung) zuvor als zutreffend festgestellt worden sind. Diese Aufgaben darf der Rechtsanwalt auch nicht seinem Büropersonal übertragen, ohne das Arbeitsergebnis selbst sorgfältig zu prüfen.[350] Auch muss der Verfahrensbevollmächtigte

---
[341] BGH FamRZ 2014, 550 Rn. 6; 2011, 881 Rn. 7.
[342] BGH NJW 2002, 2397.
[343] BGH FamRZ 2007, 275 (277); 2005, 791 (792).
[344] BGH FamRZ 2018, 449 Rn. 5; 2007, 1725 Rn. 4.
[345] BGH FamRZ 2013, 1567 Rn. 8 bis 10.
[346] BGH NJW-RR 2008, 1306 (1308); FamRZ 2007, 1640 (1641).
[347] BGH NJW-RR 2014, 1347.
[348] BGH FamRZ 2003, 1092.
[349] BGH FamRZ 1997, 673.
[350] BGH FamRZ 2004, 1020.

prüfen, ob der mit der Rechtsmitteleinlegung beauftragte Rechtsanwalt den Auftrag innerhalb der Rechtsmittelfrist bestätigt. Bleibt die Bestätigung aus, hat der Verfahrensbevollmächtigte die Sachlage rechtzeitig vor Fristablauf durch Rückfrage zu klären; die ordnungsgemäße weitere Ausführung des Mandats hat er indessen nicht zu verantworten.[351] Die gleichen Pflichten treffen den **Korrespondenzanwalt.** Die Überwachungspflicht entfällt nur bei einer allgemeinen Absprache, dass der Rechtsmittelanwalt Aufträge annehmen und ausführen wird.[352]

Seinen Sorgfaltspflichten im Zusammenhang mit der Behandlung von Fristensachen kommt der Rechtsanwalt ua nach mit der Einrichtung und Führung eines **Fristenkalenders** und durch begleitende organisatorische Maßnahmen. Dabei macht es für die Sorgfaltsanforderungen keinen Unterschied, wenn der Kalender in Abweichung von der herkömmlichen Form als **EDV-Kalender** geführt wird.[353] In diesem Fall ist die Fertigung eines Kontrollausdrucks geboten, um Eingabe- und Datenverarbeitungsfehler auszuschließen. Das Unterbleiben darauf zielender organisatorischer Anordnung hindert im Fall einer darauf zurückzuführender Fristversäumung wegen eines Organisationsverschuldens die Wiedereinsetzung in den vorigen Stand.[354]

Bei der Übermittlung fristgebundener Schriftsätze per **Telefax** darf die Frist im Kalender grundsätzlich erst gelöscht werden, wenn dem Absender ein Sendeprotokoll vorliegt, das die **ordnungsgemäße Übermittlung** belegt.[355] Die Ausgangskontrolle kann sich dabei nicht auf eine Abgleichung des Faxnummer mit dem Sendebericht und dem übermittelten Schriftsatz beschränken. Vielmehr muss zusätzlich eine **zuverlässige Quelle** außerhalb dieses Vorgangs herangezogen werden, die sicherstellt, dass schon die Ermittlung der Faxnummer nicht fehlerbehaftet sein kann.[356] Der Verfahrensbevollmächtigte darf sich aber grundsätzlich auf ein positives Sendeprotokoll verlassen. Kommt es beim elektronischen Übertragungsvorgang zu Fehlern, die aus dem Sendeprotokoll nicht hervorgehen, können diese dem Beteiligten nicht als schuldhaftes Verhalten zugerechnet werden.[357] Als ordnungsgemäße Ausgangskontrolle kann hierbei gelten, wenn das Sendeprotokoll den Vermerk „OK" ausweist, wobei dies aber nur dann angenommen werden kann, wenn es gleichzeitig die zutreffende Empfängernummer erkennen lässt, was bei einer im Faxgerät hinterlegten Kurzwahl nicht der Fall ist.[358] Die Übermittlung mit Telefax muss der Anwalt nicht persönlich vornehmen; er darf das Absenden der Telekopie einer zuverlässigen, hinreichend geschulten Bürokraft übertragen.[359] Dabei muss er nicht überprüfen, ob sie den Schriftsatz an die darauf korrekt angegebene Fax-Nummer übermittelt hat.[360] Entsprechendes gilt für die Übermittlung eines Rechtsmittelauftrags zur Beschwerdeeinlegung.[361] Der Anwalt genügt seiner Pflicht zur Fristenkontrolle, wenn er seine Angestellten anweist, nach jeder Faxübertragung die Übermittlung an den richtigen Empfänger anhand des Sendeprotokolls zu überprüfen.[362] Eine **Einzelanweisung,** einen Fristverlängerungsantrag per Telefax zu übermitteln, macht die Überprüfung der erfolgreichen Übermittlung anhand des Sendeprotokolls nicht entbehrlich.[363] Auch die allgemeine Weisung, die Frist erst nach telefonischer Rücksprache beim Empfänger und Fertigung eines entsprechenden Vermerks zu löschen, beseitigt nicht die Notwendigkeit einer Überprüfung unter Heran-

575

---

[351] BGH FamRZ 2007, 1007.
[352] BGH FamRZ 1998, 97.
[353] BGH FamRZ 2012, 1133 Rn. 7 und 8.
[354] BGH FamRZ 2012, 1133 Rn. 9.
[355] BGH FamRZ 2013, 1570 Rn. 6; NJW-RR 2010, 1648 Rn. 12; FamRZ 2008, 1515 Rn. 11; 2007, 1722 Rn. 6.
[356] BGH FamRZ 2018, 610 Rn. 10.
[357] BGH NJW 2006, 1518.
[358] BGH FamRZ 2014, 464 Rn. 7 und 8.
[359] BGH FamRZ 2010, 458 Rn. 9; FamRZ 2006, 542.
[360] BGH FamRZ 1999, 21.
[361] BGH FamRZ 1996, 1003.
[362] BGH FamRZ 2005, 1534.
[363] BGH FamRZ 2007, 720.

ziehung des Sendeprotokolls, um eine hinreichend verlässliche Ausgangskontrolle bei fristwahrenden Schriftsätzen zu gewährleisten.[364]

Eine auffällige Häufung von Mängeln bei der Wahrung einer Rechtsmittelbegründungsfrist rechtfertigt Bedenken gegen eine ordnungsgemäße Ausbildung und Überwachung des anwaltlichen Büropersonals oder lässt den Schluss auf unvollständige organisatorische Anweisungen des Anwalts zu.

576 Der **Rechtsanwalt** hat den **Fristablauf** anhand seiner Handakten **eigenverantwortlich zu überprüfen,** wenn ihm die Akte im Zusammenhang mit einer fristgebundenen Verfahrenshandlung oder zur Vorbereitung einer solchen vorgelegt wird.[365] Dabei bestehen entsprechende Prüfungspflichten unabhängig davon, ob er die Handakten noch in Papierform oder am Bildschirm elektronisch führt.[366] Allerdings darf sich der Anwalt bei der Prüfung von Fristbeginn und Fristende auf seine Handakten verlassen, sofern sich aus ihnen keine Anhaltspunkte für Unrichtigkeiten ergeben.[367] Ist die Fristeintragung im Fristenkalender in der Handakte als erledigt notiert, muss der Rechtsanwalt die Eintragung im Fristenkalender nicht noch persönlich überprüfen.[368] Werden dem Rechtsanwalt Verfahrensakten ohne Zusammenhang mit einer fristgebundenen Verfahrenshandlung vorgelegt, so ist er nicht verpflichtet, die Akten auf die Einhaltung von Fristen oder die Erledigung von Fristnotierungen zu überprüfen.[369] Zu dem Sonderfall einer Wiedereinsetzung in den vorigen Stand, wenn mit Einlegung der Beschwerde Akteneinsicht beantragt, diese aber trotz mehrfacher Erinnerung erst eine Woche vor der verlängerten Beschwerdebegründungsfrist gewährt wurde, vgl. BGH.[370]

Wird im Anwaltsbüro die Sache dem Verfahrensbevollmächtigten zur Fertigung der Beschwerdeschrift vorgelegt, so entsteht damit für diesen eine eigene Pflicht zur Prüfung des Fristablaufs, von der er sich auch nicht durch eine allgemeine Anweisung befreien kann, ihn täglich an unerledigte Fristsachen zu erinnern.[371] Der Rechtsanwalt, dem daher die Handakten zur Anfertigung der Beschwerdebegründung vorgelegt werden, hat eigenverantwortlich die Beschwerdebegründungsfrist zu prüfen.[372] Wenn ein Rechtsanwalt, der ein Empfangsbekenntnis über eine Beschlusszustellung unterzeichnet und zurückgegeben hat, ohne das Datum der Zustellung in den Handakten vermerkt zu haben, seine Bürokraft **nur mündlich anweist,** eine Rechtsmittelfrist einzutragen, genügt er seiner Sorgfaltspflicht nur dann, wenn in seiner Kanzlei ausreichende organisatorische Vorkehrungen dafür getroffen sind, dass eine korrekte Fristeintragung erfolgt.[373]

Auch der **Verkehrsanwalt** hat eigenverantwortlich zu prüfen, wann eine Entscheidung dem Beteiligten zugestellt worden ist; auf dessen Angaben darf er sich nicht verlassen.[374] Den Rechtsanwalt, der einen auswärtigen Anwalt mit der Einlegung der Beschwerde beauftragen muss, treffen erhöhte Sorgfaltspflichten zur Wahrung der Beschwerdefrist.[375]

577 Wird ein Antrag auf Wiedereinsetzung in den vorigen Stand darauf gestützt, dass die Beschwerdebegründungsfrist wegen fehlender Fristnotierung im Anwaltsbüro versäumt worden sei, bedarf es zur Darlegung, dass der Wiedereinsetzungsantrag innerhalb der Frist des § 234 ZPO gestellt worden ist, der Mitteilung, wann die Sache dem Verfahrensbevollmächtigten nach Ablauf der versäumten Frist erstmals vorgelegt worden ist. Von diesem Zeitpunkt an kann nämlich die Unkenntnis von der Fristversäumung nicht mehr als unverschuldet angesehen werden.[376]

---

[364] BGH FamRZ 2010, 2063 Rn. 12.
[365] BGH FamRZ 2014, 284 Rn. 7; 2012, 108 Rn. 11; 2012, 106 Rn. 9; 2007, 720; 2006, 694; NJW-RR 2006, 1501.
[366] BGH FamRZ 2014, 1624 Rn. 13 und 14.
[367] BGH FamRZ 2014, 284 Rn. 7; 2013, 1117 Rn. 11.
[368] BGH NJW 2006, 2778.
[369] BGH FamRZ 1999, 649.
[370] BGH NJW-RR 2000, 947.
[371] BGH NJW 1997, 1311.
[372] BGH FamRZ 2007, 720; 2003, 369.
[373] BGH FamRZ 2009, 1132 Rn. 19.
[374] BGH FamRZ 1998, 285.
[375] BGH FamRZ 1998, 96.
[376] BGH NJW 1997, 1079.

Der **Antrag auf Verlängerung der Beschwerdebegründungsfrist** ist nicht die nachzuholende Verfahrenshandlung beim Begehren auf Wiedereinsetzung wegen der Versäumung der Beschwerdebegründungsfrist.[377] Der Beschwerdeführer kann grundsätzlich nicht darauf vertrauen, dass ihm ohne **Einwilligung des Gegners** eine zweite Verlängerung der Beschwerdebegründungsfrist bewilligt wird.[378] Will der Vorsitzende mangels erheblicher Gründe bereits eine erste Fristverlängerung ablehnen, ist er nicht verpflichtet, den Antragsteller hierüber vorab per Telefon oder Telefax zu unterrichten.[379] Die Beschwerdebegründung wird auch nicht durch einen beigefügten, den inhaltlichen Erfordernissen einer Beschwerdebegründung entsprechenden Verfahrenskostenhilfeantrag ersetzt, wenn der Beteiligte klar zum Ausdruck bringt, dass dieser Antrag gerade nicht auch zur Beschwerdebegründung bestimmt ist.[380] Wird um die Verlängerung der Beschwerdebegründungsfrist nachgesucht, darf die neue Frist erst nach Bewilligung im Kalender notiert werden. Der Verfahrensbevollmächtigte hat die notwendigen Maßnahmen zu treffen, um sich rechtzeitig Gewissheit über den wirklichen Fristablauf zu verschaffen.[381]

Ein **Gericht,** bei dem das **Verfahren anhängig gewesen** ist, ist verpflichtet, fristgebundene Schriftsätze für das Rechtsmittelverfahren, die bei ihm eingereicht werden, an das zuständige Rechtsmittelgericht weiterzuleiten.[382] Ist ein solcher Schriftsatz so zeitig eingereicht worden, dass die fristgerechte Weiterleitung an das Rechtsmittelgericht im ordentlichen Geschäftsgang ohne weiteres erwartet werden kann, ist dem Beteiligten Wiedereinsetzung in den vorigen Stand zu gewähren, wenn der Schriftsatz nicht rechtzeitig an das Rechtsmittelgericht gelangt.[383] Verzögerungen im Geschäftsgang (zB 5 Arbeitstage bis zur Feststellung der fehlenden Zuständigkeit durch das LG und Weiterleitung an das OLG) gehen dabei nicht zu Lasten des Rechtsmittelführers.[384] Allerdings besteht keine **generelle Fürsorgepflicht** des für die Rechtsmitteleinlegung unzuständigen Gerichts, durch geeignete Maßnahmen eine Fristversäumung des Rechtsmittelführers zu verhindern.[385] Auch begründet der **Grundsatz des fairen Verfahrens** keine Pflicht für das Gericht, den Rechtsmittelführer telefonisch oder per Telefax innerhalb der Beschwerdefrist zu unterrichten,[386] dass die Beschwerde beim unzuständigen Gericht eingelegt wurde.[387]

Hatte der Beteiligte nach ordnungsgemäßer Ladung Kenntnis vom Verhandlungstermin, so muss er sich nach dessen Ergebnis erkundigen. Ein Fall, in dem die Beschwerdefrist nach § 63 III 2 FamFG nicht zu laufen beginnt, liegt dann nicht vor.[388] Nach Ablehnung eines Verfahrenskostenhilfegesuchs ist dem Beteiligten Wiedereinsetzung gegen die Versäumung einer Rechtsmittelfrist zu gewähren, wenn er vernünftigerweise nicht mit der Verweigerung der Verfahrenskostenhilfe wegen fehlender Bedürftigkeit rechnen musste.[389]

578

Der durch den Eingangsstempel erbrachte **Beweis für den Tag des Eingangs** (§ 418 ZPO) kann nicht durch die bloße Möglichkeit eines abweichenden Geschehensablaufs entkräftet werden.[390] Die Richtigkeit eines Eingangsstempels als öffentliche Urkunde unterliegt dem Gegenbeweis; dieser kann durch Freibeweis erfolgen und unterliegt uneingeschränkt der freien Beweiswürdigung.[391]

579

Wird ein Beschluss über die Bewilligung von Verfahrenskostenhilfe dem Verfahrensbevollmächtigten formlos gegen Empfangsbekenntnis übersandt, ist zu vermuten, dass

---

[377] BGH FamRZ 2006, 1754.
[378] BGH FamRZ 2004, 867.
[379] BGH FamRZ 2007, 1808.
[380] BGH FamRZ 1996, 300.
[381] BGH FamRZ 2010, 370 Rn. 8.
[382] BGH FamRZ 2018, 282 Rn. 5.
[383] BGH FamRZ 2014, 550 Rn. 13; 2007, 1640.
[384] BGH NJW 2006, 3499.
[385] BGH FamRZ 2018, 282 Rn. 6; 2009, 320 Rn. 7 und 8; NJW-RR 2004, 1655.
[386] BGH FamRZ 2014, 550 Rn. 15; 2013, 779 Rn. 12.
[387] BVerfG FamRZ 2001, 827.
[388] BGH FamRZ 1995, 800.
[389] BGH FamRZ 2005, 1901; 2005, 789.
[390] BGH FamRZ 1997, 488; vgl. auch 1997, 736.
[391] BGH FamRZ 1996, 1004.

dieser den Beschluss erst an dem Tag erhalten hat, an dem er das Empfangsbekenntnis unterzeichnet hat.[392] Bei der Zustellung gemäß § 174 ZPO ist die Entscheidung an dem Tag zugestellt, für den der Verfahrensbevollmächtigte den Empfang bescheinigt. Der Verfahrensbevollmächtigte hat dafür zu sorgen, dass dieser Zustellungszeitpunkt auf der Entscheidung oder in den Handakten deutlich vermerkt wird.[393]

Der Rechtsanwalt darf das Empfangsbekenntnis erst unterzeichnen und zurückgeben, wenn er den Zustellungszeitpunkt schriftlich festgehalten hat oder durch Einzelanordnung dafür Sorge getragen hat, dass das Zustelldatum festgehalten und ein entsprechender Vermerk im Fristenkalender vorgenommen wird.[394] Hat aber der Anwalt die erforderlichen Eintragungen durch Einzelweisung veranlasst, darf er das Empfangsbekenntnis auch vor Eintragung der Fristen in Handakte und Fristenkalender unterzeichnen.[395]

580 Wird der Antrag des Rechtsmittelführers auf Beiordnung eines Notanwalts nach Ablauf der Rechtsmittelfrist abgelehnt, so ist die Bekanntgabe dieser Entscheidung Anknüpfungspunkt des Fristbeginns für den Antrag auf Wiedereinsetzung gegen die Versäumung der Rechtsmittelfrist.[396]

Zugestellt ist ein Schriftstück an den Anwalt nach § 174 ZPO an dem Tag, an dem er die Zustellung mittels Empfangsbekenntnis bestätigen will. An den Nachweis, dass im Empfangsbekenntnis des Anwalts ein unrichtiges Datum vermerkt ist, sind strenge Anforderungen zu stellen.[397]

Wird der dem Anwalt zugestellte Beschluss an den Mandanten weitergegeben, ohne dass eine Ablichtung gefertigt wird, reicht es nicht aus, den Zustellungszeitpunkt ausschließlich auf der Beschlussausfertigung zu notieren. Es ist hier vielmehr erforderlich, den Zustellungszeitpunkt in geeigneter Weise zwecks Überprüfung der Beschwerdefrist anderweitig in der Handakte zu vermerken.[398]

581 Der Anwalt hat seinem Mandanten nicht nur eine Kopie des Beschlusses zu übersenden, sondern ihn stets über den Zeitpunkt der Beschlusszustellung und die Folgen einer nicht rechtzeitigen Einlegung des Rechtsmittels zu unterrichten.[399]

Bei Angaben über sog Rechtstatsachen, zu denen auch die Beschlusszustellung gehört, darf sich der Anwalt nicht ohne weiteres mit der Auskunft des Mandanten zufrieden geben, sondern muss ggf. durch Rückfragen eine eigene Klärung herbeiführen.[400]

Auch ein im Ausland lebender Beteiligter muss sich unverzüglich um die Einlegung eines Rechtsmittels kümmern, wenn er eine ihm bekannt gewordene (aber nicht zugestellte) Entscheidung nicht hinnehmen will.[401]

Die Übermittlung fristwahrender Schriftsätze per Telefax ist bei allen Gerichten uneingeschränkt zulässig. Erforderlich ist, dass der Rechtsanwalt die Kopiervorlage unterzeichnet hat und die Unterschrift auf der Fernkopie ersichtlich ist. Es genügt, dass der Rechtsanwalt die Kopiervorlage seiner eigenen Kanzlei durch Telefax übermittelt und sie von dort dem Gericht übermittelt wird.[402] Der Verfahrensbevollmächtigte muss nicht überprüfen, ob seine Büroangestellte den Schriftsatz an die darauf korrekt angegebene Fax-Nummer übermittelt.[403]

582 Es ist Sache der Justizbehörde, die **Funktionsfähigkeit der Telefaxanlage** auch nach Dienstschluss zu gewährleisten. Das Risiko technischer Störungen des Empfangsgerätes des Gerichts hat der Beteiligte nicht zu tragen.[404] Stellt sich heraus, dass eine Telefax-Ver-

---

[392] BGH FamRZ 1999, 579.
[393] BGH FamRZ 1999, 577.
[394] BGH FamRZ 2010, 550 Rn. 9; 2010, 635 Rn. 6; 2006, 856.
[395] BGH FamRZ 1997, 813.
[396] BGH FamRZ 1996, 1331.
[397] BGH FamRZ 1995, 799.
[398] BGH NJW-RR 1995, 1025.
[399] BGH FamRZ 1996, 1466.
[400] BGH NJW-RR 1995, 825.
[401] BGH FamRZ 1995, 1136.
[402] BGH FamRZ 1998, 425.
[403] BGH FamRZ 1999, 21.
[404] BGH FamRZ 1997, 414.

bindung infolge unvorhersehbaren, nicht zu vertretenden Ausfalls des Sendegeräts nicht zustande kommt, bleibt der Rechtsuchende verpflichtet, alle dann noch möglichen und zumutbaren Maßnahmen zu ergreifen, um die Frist einzuhalten.[405] Erkennt der Beteiligte einen Defekt seines Mobiltelefons, der ihn am Abhören der auf seiner Mailbox eingegangenen Nachrichten, stellt es ein Verschulden iSd § 233 ZPO dar, wenn er im Hinblick auf eine zu erwartende gerichtliche Entscheidung nicht von sich aus Kontakt zu seinem Verfahrensbevollmächtigten aufnimmt.[406] Erkennt der Bevollmächtigte eines Beteiligten, dass er einen Schriftsatz per Telefax nicht mehr fristgerecht an das zuständige Gericht übermitteln kann, steht es einer Wiedereinsetzung grundsätzlich nicht entgegen, dass er den Schriftsatz in anderer Weise noch rechtzeitig hätte übermitteln können, sofern die Unmöglichkeit der rechtzeitigen Übermittlung per Telefax ihren Grund in der Sphäre des Gerichts findet.[407]

Ein per Telefax übermittelter unterschriebener Schriftsatz ist dann rechtzeitig bei Gericht eingegangen, wenn das Telefax-Gerät vor Fristablauf die übermittelten Signale speichert. Der Ausdruck des Empfangsprotokolls ist nicht maßgebend.[408] Wird eine per Telefax übermittelte Beschwerdebegründung infolge eines Papierstaus im Empfangsgerät des Gerichts nur ohne die von dem Verfahrensbevollmächtigten unterschriebene Seite empfangen, ist die Beschwerdebegründungsfrist nicht gewahrt, erfüllt allerdings die Voraussetzungen für eine Wiedereinsetzung.[409] Die Fristversäumung ist verschuldet, wenn der Rechtsanwalt mit der Versendung eines Telefaxes erst wenige Minuten vor Fristablauf beginnt und die rechtzeitige Übermittlung an üblichen technischen Störungen (Papierstau, Belegtheit des Empfangsgeräts etc) scheitert.[410] Bei seinem Bemühen, die Einhaltung des Fristablaufs zu gewährleisten, hat er deshalb eine ausreichende **Zeitreserve** einzuplanen.[411] In der Rechtsprechung des BGH wird in diesem Zusammenhang ein „Sicherheitszuschlag" von etwa **20 Minuten** für erforderlich gehalten,[412] wobei im Einzelfall, wie dies bei mehreren umfangreichen Schriftsätzen denkbar erscheint, ein darüber hinausgehender Zeitahmen in Betracht kommt.

Ergibt sich aus dem Übersendungsprotokoll des Faxgeräts, dass der Schriftsatz in drei getrennten Übertragungen kurz vor und kurz nach 24 Uhr des Tages des Fristablaufs bei Gericht eingegangen ist, dann besteht bei Beachtung der erforderlichen Sorgfalt hinreichender Anlass, sich unverzüglich beim Gericht zu erkundigen, ob der Schriftsatz vielleicht dennoch rechtzeitig eingegangen ist. Die Wiedereinsetzungsfrist beginnt mit diesem Tag zu laufen.[413] Die fehlerhafte Eingabe einer Fax-Nummer durch den Verfahrensbevollmächtigten ist ebenso wie eine fehlende Adressierung durch ihn fahrlässig und schließt eine Wiedereinsetzung aus.[414] Nicht vorhersehbare und nicht vermeidbare technische Störungen einer EDV-Anlage rechtfertigen die Wiedereinsetzung, sofern sie das rechtzeitige Erstellen oder Versenden eines Schriftsatzes verhindern.[415]

Die Anforderungen an die anwaltlichen Pflichten **zur Auswahl und Überwachung von Büropersonal** richten sich nach der Art der übertragenen Tätigkeit und der Qualifikation der Bürokraft. Gegenüber juristisch geschulten Hilfskräften bestehen insoweit verminderte Belehrungspflichten.[416] Insbesondere mit der Notierung und Überwachung von Fristen darf der Rechtsanwalt nur voll ausgebildetes und sorgfältig überwachtes Personal betrauen, nicht aber noch auszubildende Kräfte.[417] Zudem muss er in diesem Zusammen- 583

---

[405] BVerfG NJW 2006, 829.
[406] BGH FamRZ 2003, 926.
[407] BGH FamRZ 2003, 925.
[408] BGH FamRZ 2018, 281 Rn. 13.
[409] BGH FamRZ 2005, 434.
[410] BGH FamRZ 2005, 266.
[411] BGH FamRZ 2018, 446 Rn. 14.
[412] BGH FamRZ 2019, 228 Rn. 10; 2018, 610 Rn. 10.
[413] BGH NJW-RR 2000, 1591.
[414] BGH FamRZ 2003, 667.
[415] BGH FamRZ 2018, 281 Rn. 23.
[416] BGH FamRZ 2006, 192.
[417] BGH FamRZ 2007, 2059.

hang durch geeignete **organisatorische Maßnahmen** sicherstellen, dass zumindest bei solchen Verfahrenshandlungen, deren Vornahme ihrer Art nach einen erheblichen Aufwand erfordern, wie dies bei der Rechtsmittelbegründung der Fall ist, zusätzlich neben dem Datum des Fristablaufs eine **Vorfrist** (etwa eine Woche)[418] notiert wird. Diese soll sicherstellen, dass dem Rechtsanwalt auch für den Fall von Unregelmäßigkeiten und Zwischenfällen noch hinreichend Zeit verbleibt, um das Rechtsmittel fristgerecht zu begründen oder eine Verlängerung der Begründungsfrist zu beantragen. Deshalb ist sie auch für die Beschwerdefrist entbehrlich.[419] Fehlt es an einer entsprechenden Anordnung, kann Wiedereinsetzung nicht gewährt werden, wenn der Rechtsanwalt zu einem späteren Zeitpunkt vor Ablauf der Begründungsfrist die fehlerhaft notierte Frist im Rahmen eigenständiger Prüfung nicht mehr feststellen und durch Begründung oder Fristverlängerungsantrag auch nicht mehr rechtzeitig reagieren kann.[420]

584 Im Übrigen darf sich der Anwalt für Verrichtungen einfachster Art auch nicht angestellter Personen bedienen, sofern diese ihm persönlich bekannt sind, ausreichend unterrichtet werden und sich in ähnlichen Fällen als zuverlässig erwiesen haben.[421]

Die **allgemeine Anweisung,** eine Rechtsmittelfrist nach Berechnung stets zuerst im Fristenkalender und erst dann in der Handakte zu notieren, genügt den Anforderungen an eine ordnungsgemäße Büroorganisation; ihre Befolgung braucht nicht im Einzelfall überprüft zu werden.[422] Auch die Befolgung einer **schriftlichen konkreten Einzelanweisung,** die er einer zuverlässigen Büroangestellten erteilt hat, muss der Rechtsanwalt ohne das Hinzutreten besonderer Umstände nicht überprüfen.[423] Hat er allerdings die konkrete Einzelanweisung, eine Rechtsmittelfrist zu notieren, **mündlich** erteilt, hat er zusätzlich organisatorische Sicherheitsvorkehrungen zu treffen, die ausschließen, dass die Befolgung der Anordnung in Vergessenheit gerät.[424] Es zählt zu den Aufgaben eines Verfahrensbevollmächtigten, dass fristgebundene Schriftsätze rechtzeitig gefertigt werden und innerhalb der Fristen bei dem zuständigen Gericht eingehen.[425] Der Verfahrensbevollmächtigte hat deshalb für fristwahrende Schriftsätze eine wirksame **Ausgangskontrolle** einzurichten.[426] Dies kann erfolgen über eine allgemeine Kanzleianweisung oder bezogen auf einen Einzelfall durch eine konkrete Einzelanweisung, die sicherstellt, dass solche Schriftsätze tatsächlich rechtzeitig herausgehen und Nachlässigkeiten vor Fristablauf rechtzeitig entdeckt werden.[427] Dies setzt eine zuverlässige Fristenkontrolle voraus, die gegeben ist, sofern eine Löschung der Frist erst erfolgt, wenn der Schriftsatz gefertigt und als ausgehende Post organisatorisch vorbereitet ist („im Postausgangsfach als letzter Station vor dem Briefkasten bei der Einlaufstelle bei Gericht").[428] Daneben ist zur weiteren Überwachung ein Postausgangsbuch nicht erforderlich.[429] Gleichwohl ist die Führung eines **Postausgangsbuchs** geeignet, die erforderliche Ausgangskontrolle zu gewährleisten, wenn Wiedereinsetzung mit dem Hinweis verlangt wird, der fristgebundene Schriftsatz sei nach der Aufgabe zur Post verloren gegangen. Dabei muss sich die Glaubhaftmachung auf eine vollständige Darstellung der konkreten Geschehensabläufe erstrecken, die erst mit der rechtzeitigen Aufgabe zur Post, dem letzten Teilstück der persönlichen Wahrnehmung, endet.[430]

Ein Organisationsmangel in der Anwaltskanzlei liegt vor, wenn die Fristen in Beschwerdeverfahren im Fristenkalender nicht deutlich als solche von gewöhnlichen Wiedervorlage-

---

[418] BGH NJW 1994, 2552.
[419] BGH FamRZ 2007, 275.
[420] BGH NJW 2002, 443 (444).
[421] BGH FamRZ 2003, 368.
[422] BGH FamRZ 1996, 1468.
[423] BGH FamRZ 2010, 1067 Rn. 12.
[424] BGH FamRZ 2012, 863 Rn. 11.
[425] BGH FamRZ 2013, 695 Rn. 6 stRspr.
[426] BGH FamRZ 2018, 447 Rn. 13.
[427] BGH FamRZ 2007, 2059 Rn. 13.
[428] BGH FamRZ 2011, 1727 Rn. 6.
[429] BGH FamRZ 2010, 727 Rn. 7.
[430] BGH FamRZ 2018, 447 Rn. 14.

fristen abgehoben sind.[431] Laufen in mehreren Verfahren derselben Beteiligten Rechtsmittelfristen hat der Rechtsanwalt, sofern er die Fristenkontrolle insgesamt einer Fachangestellten übertragen hat, durch organisatorische Maßnahmen mit dem Ziel einer eindeutigen Kennzeichnung der **Gefahr einer Verwechslung** vorzubeugen.[432] Die Übergabe eines fristgebundenen Schriftsatzes mit der auch schriftlich festgehaltenen Bitte „Frist! Heute noch an OLG…faxen" macht ausreichende Vorkehrungen zur Ausgangs- und Fristenkontrolle entweder durch allgemeine **Organisationsanweisungen** oder durch eine **Einzelanweisung** nicht entbehrlich.[433]

Sieht sich der beauftragte Rechtsanwalt wegen einer plötzlichen und unvorhergesehenen **Erkrankung** gehindert, die von ihm selbst zunächst beabsichtigte Versendung eines fristgebundenen Schriftsatzes per Fax durchzuführen, hat er gleichwohl zumutbare Maßnahmen zu ergreifen, um die Fristwahrung sicherzustellen. Deshalb kann von einer unverschuldeten Fristversäumung (§ 85 II ZPO) nur dann ausgegangen werden, wenn es ihm infolge der Erkrankung nicht gelingen konnte, selbst kurzfristig einen Vertreter zu finden oder selbst noch einen Fristverlängerungsantrag zu stellen, wobei die jeweiligen Angaben glaubhaft zu machen sind.[434] Dies gilt ferner im Fall einer erheblichen **Arbeitsüberlastung,** sofern diese plötzlich und unvorhersehbar eingetreten ist und den Rechtsanwalt in seiner Fähigkeit zu konzentriertem Arbeiten erheblich einschränkt.[435]

Auch beim Einwurf in den Fristenkasten einer gemeinsamen Briefannahme geht der an ein unzuständiges Gericht adressierte Schriftsatz erst beim zuständigen Gericht ein, wenn er nach Weiterleitung durch das zunächst angegangene Gericht in die Verfügungsgewalt des zuständigen Gerichts gelangt.[436] Dabei erbringt der Eingangsstempel des Gerichts zwar den Beweis für den Eingang; dies kann jedoch dahingehend widerlegt werden, dass der Vorgang im Tagesbriefkasten am Vortag nach Dienstschluss der Poststelle eingeworfen wurde.[437]

Die **Wiedereinsetzungsfrist beginnt** spätestens mit dem Zeitpunkt, in dem der verantwortliche Anwalt die eingetretene Säumnis hätte erkennen können und müssen. Sucht der Beteiligte um Verfahrenskostenhilfe nach, beginnt die Frist spätestens in dem Zeitpunkt, in dem ihm das Gericht spezifiziert darlegt, dass die Voraussetzungen für die Gewährung von Verfahrenskostenhilfe nicht vorliegen.[438] Sobald der Anwalt mit der Sache befasst wird, hat er selbstständig und eigenverantwortlich die anstehenden Fristen zu überprüfen.[439] Gegen eine Wiedereinsetzung in den vorigen Stand besteht keine Beschwerdemöglichkeit (§ 238 III ZPO), selbst bei Verletzung rechtlichen Gehörs[440] oder Zulassung der Rechtsbeschwerde.[441] Zur Anhörungsrüge (§ 321a ZPO) → Rn. 623.

585

Wiedereinsetzung in den vorigen Stand kann nicht zur Ergänzung einer innerhalb der Beschwerdebegründungsfrist wirksam eingereichten, jedoch inhaltlich (teilweise) unzureichenden Beschwerdebegründung gewährt werden.[442] Dies gilt ferner für eine rechtzeitig eingelegte Beschwerde, die nicht erkennen lässt, für wen und gegen wen sich das Rechtsmittel richten soll.[443] Innerhalb der Wiedereinsetzungsfrist hat der Beteiligte sämtliche Umstände darzulegen, die eine Wiedereinsetzung rechtfertigen sollen. Gleichwohl können **erkennbar unklare** oder **ergänzungsbedürftige Angaben** auch nach Fristablauf noch vervollständigt werden.[444] Bei entsprechenden Gegebenheiten besteht für das Gericht

---

[431] BGH NJW-RR 2001, 279.
[432] BGH FamRZ 2011, 29 Rn. 9.
[433] BGH FamRZ 2013, 695 Rn. 9.
[434] BGH FamRZ 2018, 447 (Ls); 2015, 135 Rn. 19; 2013, 1722 Rn. 10.
[435] BGH FamRZ 2012, 1219 Rn. 8.
[436] BGH NJW-RR 1996, 443.
[437] BGH NJW-RR 2001, 280.
[438] BGH FamRZ 2007, 801.
[439] BGH FamRZ 1996, 934.
[440] BGH NJW 1995, 2497.
[441] BGH NJW 2003, 211.
[442] BGH NJW 1997, 1309.
[443] BGH FamRZ 2007, 903.
[444] BGH FamRZ 2010, 458 Rn. 13.

wegen des Anspruchs auf Gewährung effektiven Rechtsschutzes vor Versagung der Wiedereinsetzung eine **Hinweispflicht,** die den Antragsteller in den Stand setzt, seine Angaben zu vervollständigen.[445] Mit vollständig neuem Sachvortrag ist der Antragsteller nach Fristablauf aber ausgeschlossen.[446]

Nach Ablauf eines Jahres ab Versäumung der Frist kann Wiedereinsetzung nicht mehr verlangt werden (§ 234 III ZPO). Es handelt sich um eine **Ausschlussfrist.** Ein später gestellter Wiedereinsetzungsantrag ist unzulässig. Eine Wiedereinsetzung hiergegen ist nicht möglich. Allerdings ist eine Fristüberschreitung dann unschädlich, wenn das Gericht den Ablauf der Jahresfrist „zu verantworten" hat, wie der BGH dies im Fall einer fehlerhaften, aber nicht offensichtlich fehlerhaften Auskunft der Geschäftsstelle, auf die der Beteiligte vertraut, angenommen hat.[447] Dem steht im Ergebnis der Fall gleich, in dem das Gericht über die Verfahrenskostenhilfe entschieden, den Beteiligten hierüber aber nicht in Kenntnis gesetzt hat und dies zur Überschreitung der Jahresfrist führt.[448]

586 Nach Versagung von Verfahrenskostenhilfe kann Wiedereinsetzung wegen Versäumung der Beschwerdefrist nur gewährt werden, wenn innerhalb der Rechtsmittelfrist ein **ordnungsgemäßer Verfahrenskostenhilfeantrag** gestellt wurde. Eine Bezugnahme auf ein früheres Verfahrenskostenhilfegesuch ist nur dann ausreichend, wenn unmissverständlich mitgeteilt wurde, dass keine Änderungen eingetreten sind.[449] Wiedereinsetzung gegen die Versäumung einer Rechtsmittel- oder Rechtsbehelfsfrist kann dem bedürftigen Beteiligten gewährt werden, wenn er mit der Gewährung von Verfahrenskostenhilfe rechnen konnte. Dies setzt voraus, dass er auch einen ordnungsgemäß ausgefüllten **Vordruck nach § 117 IV ZPO** eingereicht hat,[450] wobei im Einzelfall etwa Lücken im Erklärungsvordruck, in Verbindung mit den weiter erkennbaren Umständen, die den Nachweis der Verfahrenskostenarmut ermöglichen, der Wiedereinsetzung nicht entgegenstehen.[451] Die eine Wiedereinsetzung begründenden Tatsachen können durch die eigene eidesstattliche Versicherung des Antragstellers glaubhaft gemacht werden. Das Verschulden eines Rechtsanwalts, dem in der Sache kein Mandat erteilt war, braucht sich der Antragsteller nicht zurechnen zu lassen.[452]

587 Der Beteiligte haftet nur für Fehler, insbes. **Organisationsfehler seines Verfahrensbevollmächtigten,** nicht dagegen für unvorhersehbares Fehlverhalten einer Kanzleikraft.[453] Ein Organisationsverschulden des Verfahrensbevollmächtigten ist nicht ausgeräumt, wenn er nicht durch allgemeine oder konkrete Anweisung sicherstellt, dass nach der Übermittlung eines **Verfahrenskostenhilfeantrags** per Telefax anhand des Sendeprotokolls überprüft wird, ob sämtliche Seiten des Schriftsatzes mit allen Anlagen übermittelt wurden.[454] Ferner ist von einem Organisationsverschulden des Rechtsanwalts auszugehen, wenn er die Fristenkontrolle nicht ausschließlich einer bestimmten Fachkraft zuweist, wobei ein **Zuständigkeitswechsel** selbst im Verlauf eines Tages unschädlich ist, sofern die entsprechende Anordnung eine eindeutige zeitliche Abgrenzung der Verantwortlichkeit gewährleistet.[455] Den Verfahrensbevollmächtigten trifft kein Verschulden, wenn er eine **konkrete Einzelweisung** erteilt, bei deren Befolgung die Frist gewahrt worden wäre. Er darf darauf vertrauen, dass eine bisher zuverlässige Bürokraft eine Einzelweisung befolgt; er ist nicht verpflichtet, die Ausführung der Weisung zu überwachen.[456] Bei Einreichung einer nicht unterzeichneten Beschwerdeschrift kann Wiedereinsetzung in den vorigen Stand gewährt werden, wenn das Büropersonal des Bevollmächtigten angewiesen ist, aus-

---

[445] BGH FamRZ 2010, 636 Rn. 11.
[446] BGH FamRZ 2010, 879 Rn. 13.
[447] BGH FamRZ 2011, 362 Rn. 37.
[448] BGH FamRZ 2008, 978 Rn. 15.
[449] BGH NJW 1997, 1078.
[450] BGH FamRZ 2006, 1028; 2006, 32.
[451] BGH FamRZ 2010, 283 Rn. 8; 2005, 2062.
[452] BGH FamRZ 1996, 408.
[453] BGH FamRZ 1997, 488.
[454] BGH FamRZ 2007, 809.
[455] BGH FamRZ 2007, 547.
[456] BGH FamRZ 1997, 997.

gehende Schriftsätze vor der Absendung auf das Vorhandensein einer Unterschrift zu überprüfen.[457]

Der Beteiligte, der von der Rechtshängigkeit Kenntnis hat, muss dafür Sorge tragen, dass ihn Zustellungen im weiteren Verlauf des Verfahrens erreichen; verletzt er diese Pflicht, so ist die Unkenntnis von einer Beschlussverkündung verschuldet.[458]

588

Der Beteiligte hat den verzögerten Eingang einer falsch adressierten Rechtsmittelschrift zu vertreten. Dies gilt nicht, wenn mit einer rechtzeitigen **Weiterleitung im ordentlichen Geschäftsgang** ohne weiteres zu rechnen war, die rechtzeitig angeordnete Weiterleitung nicht ordnungsgemäß ausgeführt wird oder die Rechtsmittelschrift ohne jede Weiterleitungsverfügung fehlerhaft weitergeleitet wird.[459]

Beim falschen Gericht eingereichte Schriftsätze hat dieses im ordentlichen Geschäftsgang an das zuständige Gericht weiterzuleiten.[460] Erhält der neu beauftragte Rechtsanwalt antragsgemäß Akteneinsicht, so hat er bei der ersten Durchsicht der Sache zu prüfen, ob das Rechtsmittel beim zuständigen Gericht eingelegt ist und hat ggf. unverzüglich die erforderlichen Schritte zu unternehmen.[461] Ein Beteiligter hat auch für das Verschulden eines Nicht-Anwalts einzustehen, dem er überlassen hat, einen Rechtsanwalt mit der Führung des Verfahrens oder der Einlegung eines Rechtsmittels zu beauftragen. Ein Verschulden des Nicht-Anwalts kann aber unter besonderen Umständen zu verneinen sein.[462]

Hat ein Rechtsanwalt jahrelang unbeanstandet mit einer nach den Anforderungen der Rspr. ungenügenden, verkürzten Unterschrift (Paraphe) unterzeichnet, so ist ihm, wenn eine derartige Unterzeichnung der Rechtsmittelschrift erstmals auf Bedenken des Gerichts stößt, in der Regel Wiedereinsetzung in den vorigen Stand zu bewilligen.[463]

589

Eine innerhalb der Beschwerdefrist nicht wirksam eingelegte Beschwerde muss mit dem Antrag auf Wiedereinsetzung als Verfahrenshandlung nicht nachgeholt werden, wenn aus der vorliegenden Beschwerdebegründung klar ersichtlich ist, welcher Beschluss von welchem Beteiligten angefochten wird.[464] Sie muss allerdings nachgeholt werden, wenn sie zunächst unzulässigerweise unter einer Bedingung eingelegt und deshalb unwirksam war.[465]

Für die Wiedereinsetzung gegen die Versäumung der Wiedereinsetzungsfrist gilt eine selbstständige Wiedereinsetzungsfrist, die von der Frist für die Wiedereinsetzung wegen Versäumung der Rechtsmittelfrist zu unterscheiden ist.[466] Für den Vortrag der Gründe, die die Wiedereinsetzung wegen der Versäumung der Wiedereinsetzungsfrist betreffen, gilt eine eigene Zweiwochenfrist, die gem. § 234 II ZPO mit dem Tage beginnt, an dem das Hindernis behoben ist.[467]

II. Die Anschlussbeschwerde (§§ 66, 117 II FamFG)

Will sich ein Verfahrensbeteiligter nach einem Teilerfolg seines gerichtlich geltend gemachten Unterhaltsbegehrens mit dem erstinstanzlich erstrittenen Unterhaltsbeschluss abfinden, aber vor dem Hintergrund eines Rechtsmittels der Gegenseite sicherstellen, dass die Möglichkeit einer Abänderung auch zu seinen Gunsten gegebenenfalls nicht an dem Verschlechterungsverbot scheitert, ist die Anschlussbeschwerde die verfahrensrechtlich gebotene Vorgehensweise. Insoweit unterschied allerdings noch das bis zum Inkrafttreten des ZPO-RG vom 27.7.2001 (BGBl. I S. 1887) geltende Verfahrensrecht zwischen **selbstän-**

590

---
[457] BGH NJW-RR 2003, 277.
[458] BGH FamRZ 1997, 997.
[459] BGH FamRZ 1998, 285.
[460] BGH FamRZ 2013, 1384 Rn. 19.
[461] BGH FamRZ 1998, 98.
[462] BGH NJW-RR 2001, 527.
[463] BGH MDR 1999, 53.
[464] BGH NJW 2000, 3286.
[465] BGH FamRZ 2007, 1726.
[466] BGH FamRZ 1999, 579.
[467] BGH NJW-RR 1999, 34.

diger und **unselbständiger Anschlussberufung.** Schloss sich der Berufungsbeklagte der Berufung der Gegenseite innerhalb der für ihn laufenden Berufungsfrist an, hatte er eine selbständige Anschlussberufung erhoben. Um eine unselbständige Anschlussberufung handelte es sich erst dann, wenn die Anschließung nach Ablauf der eigenen Berufungsfrist erfolgte oder wenn sonstige Prozessvoraussetzungen nicht vorlagen. Diese Unterscheidung kennt auch das Rechtsmittelverfahren in Familienstreitsachen nicht mehr. Überdies besteht für eine entsprechende Differenzierung auch kein Bedürfnis, weil eine Beschwerde des Beschwerdegegners, sofern sie fristgerecht erklärt wird, stets als selbständiges Rechtsmittel (Beschwerde) anzusehen ist.

591 Die **Anschlussbeschwerde** (§ 66 FamFG), bei der es sich lediglich um eine Antragstellung im Rahmen des Rechtsmittels der Gegenseite handelt,[468] ist deshalb auch von einer Vielzahl von verfahrensrechtlichen Bedingungen befreit. So bedarf sie **keiner Beschwer** mit der Folge, dass der in erster Instanz voll obsiegende Beschwerdegegner seinen Verfahrensantrag erweitern oder einen Widerantrag stellen kann. Die **Wertgrenze** (§ 61 I FamFG) gilt wegen der Abhängigkeit von der Beschwerde (§ 58 FamFG) ebenso wenig wie die Zulassung durch das Gericht erster Instanz (§ 61 II FamFG). Der Verzicht auf die eigene Beschwerde oder das Verstreichenlassen der Beschwerdefrist stehen einer Anschließung nicht entgegen (§ 66 S. 1 FamFG). Selbst die Verwerfung der eigenen Beschwerde hindert die Anschließung nicht, wobei im Zweifel die **unzulässige Beschwerde** als Anschlussrechtsmittel zu behandeln sein dürfte, sofern insoweit die weiteren Formerfordernisse gewahrt sind.[469] Unzulässig ist die Anschlussbeschwerde, wenn der Beschwerdegegner hierauf wirksam verzichtet hat. Dies ist, abgesehen von dem Sonderfall des Verbundverfahrens (§ 144 FamFG), allerdings zeitlich erst möglich nach Einlegung des Hauptrechtsmittels und muss gegenüber dem Gericht erklärt werden (§ 67 II FamFG). Das ist nach der Abgabe (§ 68 I FamFG) das Beschwerdegericht. Der gegenüber dem anderen Beteiligten erklärte Verzicht auf eine Anschließung wird allerdings erst wirksam, wenn dieser sich darauf beruft (§ 67 III FamFG)

592 Mit der **Akzessorietät** gegenüber der Beschwerde unterliegt die Anschließung auch wiederum Beschränkungen. So verliert sie sowohl bei **Rücknahme** als auch bei **Verwerfung** des Hauptrechtsmittels durch Beschluss ihre Wirkungen (§ 66 S. 2 FamFG). Diese Regelung gilt entsprechend, bei **Antragsrücknahme,** Antragsverzicht, bei **Vergleich** oder bei übereinstimmender Erledigungserklärung, weil danach eine Entscheidung zur Sache im Hauptrechtsmittel nicht mehr möglich ist.[470] Im Hinblick auf die Akzessorietät ist eine Entscheidung über die Anschlussbeschwerde vorab durch **Teilbeschluss** unzulässig,[471] und zwar unabhängig davon, ob sie als unzulässig oder unbegründet zu bescheiden ist. Überdies kann die Anschlussbeschwerde sich nur gegen den **Beschwerdeführer** richten. Verfolgen der Ehegatte und die gemeinsamen Kinder als **Streitgenossen** ihre jeweiligen Unterhaltsansprüche, kommt eine Beschlusskorrektur im Wege der Anschließung nur gegenüber demjenigen in Betracht, der als Beschwerdeführer in Erscheinung tritt.[472] Wurde allerdings erstinstanzlich neben dem Trennungsunterhalt Kindesunterhalt in **Verfahrensstandschaft** (§ 1629 III 1 BGB) geltend gemacht, kann sich die Anschlussbeschwerde zulässigerweise auch gegen den Anspruch richten, der nicht Gegenstand der Beschwerde ist.[473] Hat das Amtsgericht berechtigterweise durch Teilbeschluss über ein Unterhaltsbegehren entschieden, ist eine Anschließung mit dem Ziel, den erstinstanzlich noch anhängigen Teil in der Beschwerdeinstanz mitentscheiden zu lassen, unzulässig.[474] Dies ist auch der Fall, wenn das Amtsgericht über den Verfahrensantrag hinaus (§ 308 I ZPO) Unterhalt zuerkannt hat[475] oder wenn im Verlauf des Beschwerdeverfahrens einem

---

[468] BGH FamRZ 2006, 619.
[469] BGH FamRZ 2007, 631.
[470] Reichold in Thomas/Putzo FamFG § 66 Rn. 11.
[471] BGH NJW 1994, 2236.
[472] OLG Hamm FamRZ 2000, 433.
[473] OLG Hamm FamRZ 1996, 1088.
[474] BGH FamRZ 1983, 459 (460).
[475] BGH FamRZ 1986, 661.

4. Abschnitt: Rechtsmittel in Unterhaltssachen § 10

weitergehenden Forderungsübergang (§§ 7 UVG, 33 SGB II) Rechnung zu tragen ist, weil die erforderlichen Korrekturen hier auch durch den Antrag auf Zurückweisung der Beschwerde ermöglicht werden. Im Unterschied zur Beschwerde kann die Anschließung unter einer **Bedingung** erfolgen, sofern es sich bei dieser um einen innerprozessualen Vorgang handelt (zB Anschließung für den Fall, dass der Antrag auf Zurückweisung der Beschwerde erfolglos bleibt). Im Unterschied zur Einlegung der Beschwerde kann die Anschlussbeschwerde unter der Bedingung der Bewilligung von **Verfahrenskostenhilfe** erhoben werden.

Die Zulässigkeit der Anschlussbeschwerde hängt ferner davon ab, ob die Anschließung etwaigen Form- und Fristerfordernissen Rechnung trägt. Insoweit bestimmt § 66 S. 1 FamFG sehr knapp, dass die Anschließung von der Einreichung einer **Beschwerdeanschlussschrift** abhängt. Damit ist allerdings lediglich klargestellt, dass eine Anschließung zu Protokoll der mündlichen Verhandlung ausscheidet. Über die inhaltlichen Anforderungen enthalten weder die allgemeinen Vorschriften über die Beschwerde (§ 58 FamFG) noch die besonderen Beschwerdevorschriften für die Familienstreitsachen (§ 117 FamFG) auf die Anschlussbeschwerde bezogene Regelungen. Die durch § 524 III ZPO für die zivilprozessuale Anschlussberufung geregelten Begründungsvorgaben können nicht unmittelbar herangezogen werden, da es an einer entsprechenden Bezugnahme in § 117 II FamFG fehlt, die nur die Vorschriften in § 524 II 2 und 3 ZPO für entsprechend anwendbar erklärt. Allerdings dürfte dem Gesetzgeber ein konturenloses Anschlussrechtsmittel als Reformziel nicht vorgeschwebt haben, bei dem der eine Beteiligte ohne Bezug zu einem Sachantrag und einem dargestellten Sachverhalt an einem Verfahren angreifend sollte mitwirken können. Dies würde im Übrigen in einem streitigen Unterhaltsverfahren unter Verstoß gegen den verfahrensrechtlichen **Grundsatz** der **Waffengleichheit** den Gegner des Anschlussrechtsmittels unangemessen benachteiligen, der seinerseits ohne Sachantrag und Begründung (§ 117 I 1 FamFG) die Voraussetzungen für die Zulässigkeit seines Rechtsmittels nicht schaffen kann. Letztlich sind beide Interessenlage insoweit vergleichbar. Ein sachlicher Grund dafür, allein dem Beschwerdegegner die Begründung seines Anschlussrechtsmittels zu erlassen, ist nicht ersichtlich. Die der Begründungspflicht zugrunde liegende Beteiligtenmaxime[476] trifft in Familienstreitsachen auch auf die Anschlussbeschwerde zu. Dem ist in der Weise Rechnung zu tragen dass sich die Anschlussschrift inhaltlich entsprechend den in § 117 I 1 FamFG aufgestellten Begründungsanforderungen zu verhalten hat.[477] Allerdings dürfen hierbei die formellen Anforderungen nicht überspannt werden. So muss es für die Zulässigkeit der Anschließung als ausreichend gelten, wenn sich der Beschwerdegegner zur Begründung auf seine entsprechenden Ausführungen in der Beschwerdeerwiderung beruft.[478]

Gemäß § 117 II 1 FamFG iVm § 524 II 2 ZPO kann eine Anschließung an sich nur bis zum Ablauf der dem Beschwerdegegner gesetzten Frist zur Beschwerdeerwiderung erfolgen. Die **Anschlussfrist** gilt indessen nicht, wenn die Anschließung eine Verpflichtung zu künftig fällig werdenden Leistungen zum Gegenstand hat (§ 117 II FamFG iVm § 524 II 3 ZPO). Diese Ausnahmeregelung betrifft die Unterhaltssachen (§ 231 I FamFG) der Familienstreitsachen. Die Streitfrage,[479] bis zu welcher zeitlichen Grenze Unterhaltsforderungen noch Gegenstand einer Anschlussbeschwerde werden können, hat der BGH dahin entschieden, dass die Anschließung an eine gegnerische Beschwerde bis zum **Schluss der letzten mündlichen Verhandlung** möglich ist, sie insbesondere nicht voraussetzt, dass die zur Begründung vorgetragenen Umstände erst nach der letzten mündlichen Verhandlung in erster Instanz entstanden sind.[480] Daraus folgt, dass mit der Anschließung uneingeschränkt auch **rückständiger Unterhalt** verlangt werden kann, obwohl, um nur den Wortlaut des Gesetzes sprechen zu lassen, die Anschließung auf künftig fällig werdende Unterhaltsleistungen gerichtet sein muss. Überzeugender dürfte die Einschränkung der

593

594

---

[476] BT-Drs. 16/6308, 225.
[477] Johannsen/Henrich/Althammer FamFG § 66 Rn. 6.
[478] BGH FamRZ 2009, 579 Rn. 31.
[479] BGH FamRZ 2009, 579 Rn. 23 und 24.
[480] BGH FamRZ 2009, 579 Rn. 28 und 29.

Befristung in § 524 II 2 ZPO im Kontext der seit dem 1.9.2009 anzuwendenden Verfahrensvorschriften in Familienstreitsachen dahin zu begründen sein, dass der Gesetzgeber mit dem FamFG über die Beschwerde eine vollwertige zweite Tatsacheninstanz geschaffen hat (→ Rn. 539).

595 Sofern der Beschwerdegegner eine ihm günstige Änderung in den für die erstinstanzliche Unterhaltsbemessung maßgebenden Verhältnisse im Wege eines **Abänderungsantrags** (§ 238 FamFG) geltend machen kann, muss er dem durch Antragserweiterung oder Abänderungswiderantrag im Rahmen einer Anschlussbeschwerde Rechnung tragen. Ansonsten ist er mit einem hierauf gestützten späteren Abänderungsantrag ausgeschlossen.[481] Wird bei entsprechender Geltendmachung die Anschlussbeschwerde infolge Beschwerderücknahme wirkungslos (§ 66 S. 2 FamFG), kann der Beschwerdegegner die ihm günstige Änderung in den unterhaltsrelevanten Verhältnissen im Wege eines Abänderungsantrags weiterverfolgen, wobei die Erhebung der Anschlussbeschwerde als **„Vorwirkung"** der Zeitschranke des § 238 III FamFG gleichsteht,[482] sofern das Verfahren in einem engen zeitlichen Zusammenhang eingeleitet wird. Indessen besteht die **Notwendigkeit** für eine entsprechende Rechtsverfolgung im Wege des Anschlussrechtsmittels dann nicht, wenn der Beschwerdegegner sich auf aus seiner Sicht wesentliche Veränderungen der tatsächlichen oder rechtlichen Verhältnisse (§ 238 I 2 FamFG) berufen kann und mit der gesonderten Rechtsverfolgung nicht in die **Rechtskraft** der dann abzuändernden Entscheidung eingreift,[483] wie dies bei „gegenläufigen Abänderungsverfahren" der Fall ist (vgl. näher auch → Rn. 174).

596 Verliert die Anschließung durch **Rücknahme der Beschwerde** ihre Wirkung, trägt der Beschwerdeführer gemäß § 516 III 1 ZPO in Familienstreitsachen an sich auch die **Kosten** der ohne Sachentscheidung hinfälligen Anschließung (§ 117 II FamFG iVm § 516 III ZPO).[484] Die entsprechende Ergänzung der Verweisungsnorm in § 117 II FamFG geht auf Art. 8 des Gesetzes zur Modernisierung von Verfahren im anwaltlichen und notariellen Berufsrecht zurück und soll sicherstellen, dass in den Familienstreitsachen die Erklärung über den Verlust des Rechtsmittel und die Pflicht zur Kostentragung – wie im Zivilprozess – erfolgt.[485] Allerdings wird, soweit die Kostentragung in Rede stehet, die Vorschrift in den unterhaltsrechtlichen Streitverfahren (§ 231 I FamFG) verdrängt durch die Sonderregelung in § 243 FamFG, die dem Gericht ein umfangreiches (billiges) Ermessen einräumt.[486] Selbst bei einer Beschwerderücknahme kann hiernach den Beschwerdegegner die Kostenlast ua dann treffen, wenn die Anschließung gegen Formbestimmungen verstößt, aus anderen Gründen unzulässig ist, erst nach Rücknahme des Rechtsmittels eingelegt oder ungeachtet der Wirkungen aus § 66 S. 2 FamFG weiterverfolgt wird. Nach Maßgabe von § 243 FamFG ist die Kostenentscheidung auch zu treffen, wenn über Beschwerde und Anschlussbeschwerde in der Sache entschieden wird oder zunächst der Beschwerdegegner seine Anschließung und sodann der Beschwerdeführer das Hauptrechtsmittel zurücknimmt.

III. Die sonstige befristete Beschwerde gegen Endentscheidungen (§ 58 FamFG)

597 Der Anfechtung in **streitigen Unterhaltsverfahren** (§ 231 I FamFG) durch das Rechtsmittel der Beschwerde (§ 58 FamFG) unterliegen Endentscheidungen (§ 38 I 1 FamFG) auch dann, wenn sie **nicht in einem Hauptsacheverfahren** ergangen sind (vgl. § 238 I FamFG) und deshalb einem zivilprozessualen Urteil nicht gleichstehen. Auf diese

---

[481] BGH FamRZ 1986, 43.
[482] BGH FamRZ 1988, 601.
[483] BGH FamRZ 2018, 914 Rn. 17; 2013,1215 Rn. 22.
[484] BGH FamRZ 2005, 513.
[485] BT-Drs. 16/12717, 60.
[486] Johannsen/Henrich/Althammer FamFG § 66 Rn. 7.

4. Abschnitt: Rechtsmittel in Unterhaltssachen § 10

Rechtsmittel sind die durch § 117 FamFG in Bezug genommenen Vorschriften des Berufungsrechts nicht entsprechend anzuwenden, obwohl es sich um Familienstreitsachen handelt. Maßgebend sind, soweit im Einzelnen keine Sonderregelungen davon abweichen, die allgemeinen Regelungen in §§ 58–69 FamFG.

Der entsprechende Rechtsbehelf findet statt im vereinfachten Verfahren über den Unterhalt Minderjähriger §§ 249–260 FamFG), soweit sich das Rechtsmittel gegen den **Festsetzungsbeschluss** (§ 253 FamFG) richtet.[487] Hierbei handelt es sich um eine das Verfahren erledigende Endentscheidung, für die die Vorbehaltsklausel in § 58 I FamFG keinen Verweis auf eine anderweitige Anfechtungsmöglichkeit vorsieht, so dass insbesondere die nach § 652 I ZPO aF noch statthafte sofortige Beschwerde (§§ 569–572 ZPO) nicht mehr gegeben ist. Soweit es in der Gesetzesbegründung zu § 256 FamFG heißt, die Vorschrift entspreche dem bisherigen § 652 ZPO,[488] lässt sich dieser Hinweis nur auf die Beschränkung der möglichen Einwendungen im Beschwerdeverfahren beziehen. Die Beschwerde ist binnen **Monatsfrist** (§ 63 I und III 1 FamFG) nach der schriftlichen Bekanntgabe des Beschlusses (§ 329 II 2 ZPO) bei dem Amtsgericht einzulegen. Scheitert die Bekanntgabe, richtet sich die Beschwerdefrist nach § 63 III 2 FamFG. Danach läuft die Frist von fünf Monaten ab Übergabe des Festsetzungsbeschluss an die Geschäftsstelle (§ 38 III FamFG).[489] Beschwert (§ 59 I FamFG) ist allein der Antragsgegner, sofern das Gericht den Festsetzungsbeschluss antragsgemäß erlassen hat. Handelt es sich um einen **Teilfestsetzungsbeschluss** (§ 253 I 2 FamFG) sind beide Beteiligte beschwert. Der Beschwerdewert bemisst sich nach § 61 I FamFG.

Die Beschwerde kann bei dem Gericht, dessen Entscheidung angefochten werden soll, durch eine Beschwerdeschrift, aber auch zur Niederschrift der Geschäftsstelle eingelegt werden (§ 64 I und II 1 FamFG). Allerdings ist in Familienstreitsachen die **Einlegung** der Beschwerde zur **Niederschrift** der **Geschäftsstelle** nach § 64 II 2 FamFG an sich ausgeschlossen. Gleichwohl kann der Meinung,[490] dies habe deshalb auch für die Beschwerde im vereinfachten Verfahren zu gelten, nicht gefolgt werden. Vielmehr ist zu bedenken, dass die besagte Regelung erst durch Art. 8 des Gesetzes zur Modernisierung von Verfahren im anwaltlichen und notariellen Berufsrecht vom 30.7.2009[491] nachträglich Eingang in das FamFG gefunden hat und dem Ziel dienen soll, in Verfahren, die in erster Instanz dem **Anwaltszwang** unterliegen (§ 114 I FamFG), die bis dahin bestehende Möglichkeit der Einlegung des Rechtsmittels ohne Mitwirkung eines Rechtsanwalts zu verhindern.[492] Indessen sieht §§ 257 S. 1, 114 IV Nr. 6 FamFG iVm § 78 III ZPO ausdrücklich vor, dass im vereinfachte Verfahren bereits erstinstanzlich ein Anwaltszwang nicht gegeben ist, mithin auch nicht – bezogen auf die Notwendigkeit anwaltlicher Mitwirkung – ein durch § 64 II 2 FamFG zu verhindernder Systemwiderspruch besteht. Es bedarf nach alledem auch bezogen auf den Regelungszweck der Norm für die Einlegung der Beschwerde weder einer anwaltlichen Mitwirkung noch der Schriftform.[493] Schließlich verweist § 68 III 1 FamFG für den Gang des Beschwerdeverfahrens allgemein auf die Vorschriften über das Verfahren im ersten Rechtszug, die in § 257 S. 1 FamFG Protokollerklärungen vor jedwedem Amtsgericht ermöglichen.

598

Gemäß § 65 I FamFG soll die Beschwerde begründet werden, an die dieselben Formanforderungen bestehen wie an die Einlegung der Beschwerde. Der durch § 117 FamFG vorgegebene **Begründungszwang** besteht nicht, da diese Verweisungsvorschrift im vereinfachten Verfahren keine Anwendung findet. Zwar ändert diese vereinfachte Verfahrensart nichts daran, dass die gerichtliche Durchsetzung von gesetzlichen Unterhaltsansprüchen den Familienstreitsachen zuzuordnen ist. Doch bestehen im Zuge der Überführung des

599

---

[487] Hüßtege in Thomas/Putzo FamFG § 256 Rn. 2; Musielak/Borth FamFG § 256 Rn. 1; Keidel/Giers FamFG § 256 Rn. 11.
[488] BT-Drs. 16/6308, 261.
[489] OLG Bamberg FamRZ 2018, 116.
[490] Johannsen/Henrich/Maier FamFG § 256 Rn. 5.
[491] BGBl. I S. 2449.
[492] BT-Drs. 16/12717, 59.
[493] OLG Brandenburg FamRZ 2014, 681.

§ 10   Verfahrensrecht

vereinfachten Verfahrens in das FamFG weder nach der gesetzlichen Neuregelung noch nach der Gesetzesbegründung Anhaltspunkte dafür, dass der Gesetzgeber nunmehr das Beschwerdeverfahren mit Vorschriften aus dem zivilprozessualen Berufungsrecht sollte belasten wollen(vgl. eingehend → Rn. 681).

Inhaltlich unterliegt die Rechtsverteidigung des Antragsgegners im Beschwerdeverfahren Beschränkungen, weil er nur mit den in § 256 FamFG abschließend aufgeführten Einwendungen gehört werden kann. Im Übrigen findet eine materiellrechtliche Prüfung nicht statt, die stattdessen im Korrekturverfahren (§ 240 FamFG) zu suchen ist (→ Rn. 124 bis 132).

600 Für den Gang des Beschwerdeverfahrens gibt § 68 I 2 FamFG weiter vor, dass das erstinstanzliche Gericht zu einer **Abhilfe** nicht befugt ist, sofern es sich um eine **Familiensache** handelt, weshalb der erstinstanzlich mit der Sache befasste Rechtspfleger (§ 25 Nr. 2c RPflG) auch im vereinfachten Verfahren das Rechtsmittel ohne Abhilfemöglichkeit dem Beschwerdegericht vorzulegen hat. Die Notwendigkeit einer mündlichen Verhandlung besteht, da in der Regel auch erstinstanzlich eine mündliche Verhandlung entfällt, im Rechtsmittelverfahren nicht. Ansonsten besteht die Befugnis des Gerichts, hiervon unter den Voraussetzungen von § 68 III 2 FamFG nach Anhörung der Beteiligten abzusehen. Das Beschwerdegericht entscheidet mit einem das Verfahren beendenden und zu begründenden Beschluss (§ 69 FamFG). Diese Entscheidung unterliegt der Anfechtung durch die Rechtsbeschwerde, wenn das Beschwerdegericht sie zulässt (§ 70 I FamFG). Allerdings besteht eine Bindung für das Rechtsbeschwerdegericht abweichend von § 70 II 2 FamFG nicht, wenn bereits die Beschwerde (§ 58 FamFG) unzulässig war.[494]

601 Der Rechtsbehelf der nach § 58 FamFG statthaften Beschwerde ist ferner gegeben bei Entscheidungen im Bereich der einstweiligen Anordnungen, soweit es sich um Endentscheidungen handelt. Allerdings sind Endentscheidungen, soweit sie in Unterhaltssachen ergehen (§§ 246–248 FamFG) von vornherein einer Anfechtung entzogen (§ 57 S. 1 FamFG). Ausgenommen hiervon sind gleichwohl Entscheidungen, die im Verfahren über das **Außerkrafttreten der einstweiligen Anordnungen** ergehen. Tritt eine einstweilige Anordnung bei Wirksamwerden einer anderweitigen Regelung (§ 56 I FamFG) oder aus anderen Gründen (§ 56 II FamFG außer Kraft, kann das Gericht des ersten Rechtszuges auf Antrag (§ 56 III 1 FamFG) die Wirkungen durch Beschluss (§§ 116, 38 I 1 FamFG) aussprechen. Hiergegen sieht § 56 III 2 FamFG die Beschwerde gemäß § 58 FamFG als statthaftes Rechtsmittel vor.[495] Dies trifft auch für Unterhaltsanordnungen zu, da die besondere Regelung in § 56 III FamFG in ihrem Anwendungsbereich die allgemeinen Regeln über die Anfechtung Endentscheidungen im einstweiligen Anordnungsverfahren verdrängen, mithin eine Beschwerde nach §§ 56, 58 FamFG auch dann gegeben ist, wenn die fragliche einstweilige Anordnung selbst unanfechtbar war.[496] Da es sich bei der nach § 56 III FamFG erstrebten deklaratorischen Feststellung um eine das Verfahren der einstweiligen Anordnung betreffende Endentscheidung handelt, unterliegt die Anfechtung gemäß § 63 II Nr. 1 FamFG der kurzen Beschwerdefrist (umstr.) von zwei Wochen (vgl. hierzu näher § → Rn. 458).

IV. Die sofortige Beschwerde (§§ 567–572 ZPO)

602 Als originären Rechtsbehelf sieht das FamFG neben der befristeten Beschwerde gegen Endentscheidungen (§ 58 FamFG) eine sofortige Beschwerde nicht vor, enthält aber zahlreiche **unmittelbare** und **mittelbare Verweisungen** auf die zivilprozessualen Vorschriften der §§ 567–572 ZPO, die eine entsprechende Anwendung gebieten.

Für die Unterhaltssachen im Sinne von § 231 I FamFG und die weiteren Familienstreitsachen folgt dies gemäß der Vorbehaltsklausel in § 58 I Hs. 2 FamFG zunächst aus

---

[494] BGH FamRZ 2008, 1433 Rn. 5.
[495] Hüßtege in Thomas/Putzo FamFG § 56 Rn. 10; Keidel/Giers FamFG § 56 Rn. 11.
[496] Prütting/Helms/Dürbeck FamFG § 56 Rn. 11; Johannsen/Henrich/Büte FamFG § 56 Rn. 15.

4. Abschnitt: Rechtsmittel in Unterhaltssachen § 10

§ 113 I 2 FamFG mit dem Verweis auf die Allgemeinen Vorschriften der Zivilprozessordnung und die Vorschriften der Zivilprozessordnung über das Verfahren vor den Landgerichten. Soweit hiernach für ein erstinstanzliches Verfahren die Zivilprozessordnung die Möglichkeit einer Anfechtung im Wege der **sofortigen Beschwerde** eröffnet, ist dies, soweit die Vorschriften einschlägig sind, auch in den ordentlichen Streitverfahren erster Instanz in Unterhaltssachen der Fall. Bei der Verweisung in § 113 I 2 FamFG handelt es sich um eine **umfassende Verweisung**, die einen Rückgriff auf einzelne Vorschriften des Beschwerdeverfahrens nach §§ 58–69 FamFG nicht zulässt. Erhebt ein Beteiligter statthafterweise die sofortige Beschwerde, ist deshalb das Rechtsmittel schon dann zulässig, wenn der Wert des Beschwerdegegenstandes nach § 567 II ZPO erreicht ist.[497] Der höhere Wert in § 61 FamFG (600 EUR) ist nicht maßgebend. In besonderen Fällen kommt es für die Zulässigkeit des Rechtsmittels zusätzlich auf den Streitwert der Hauptsache an (vgl. etwa §§ 91a, 99 II, 269 V ZPO)

Entsprechendes gilt für eine in Betracht kommende Anfechtung der Beschwerdeentscheidung. Die Voraussetzungen für die Statthaftigkeit und der Zulässigkeit der Rechtsbeschwerde richtet sich nach §§ 574 ff. ZPO, nicht nach §§ 70 ff. FamFG.[498]

In dem durch § 113 I 2 FamFG vorgegebenen Umfang ist in den streitigen Unterhaltsverfahren wie in den weiteren Familienstreitsachen in folgenden erstinstanzlichen Verfahrensabschnitten die sofortige Beschwerde das statthafte Rechtsmittel: **603**
- Entscheidung, mit der ein Ablehnungsgesuch für unbegründet erklärt wird (§ 46 II ZPO),
- Ablehnung der Beiordnung eines Notanwalts (§ 78b II ZPO),
- Anfechtung der isolierten Kostenentscheidung (§ 91a II ZPO) nach Erledigung der Hauptsache (→ Rn. 81),
- Anfechtung der Kostenentscheidung (§ 99 II ZPO) bei Anerkenntnisbeschluss (→ Rn. 80),
- Kostenfestsetzungsbeschluss (§ 104 III ZPO),
- Entscheidungen im Verfahren über Verfahrenskostenhilfe (§ 127 II und III ZPO),
- Ablehnung der Bewilligung der öffentlichen Zustellung (§§ 186, 567 I Nr. 2 ZPO),
- Versagung der Wiedereinsetzung bei Entscheidungen, die mit der sofortigen Beschwerde anzufechten sind (§ 238 II 1 ZPO),
- Entscheidungen über die Aussetzung des Verfahrens und deren Ablehnung (§ 252 ZPO),
- Anfechtung der Kostenentscheidung (§ 269 V 1 ZPO) nach Antragsrücknahme (→ Rn. 81),
- Berichtigungsbeschluss (§ 319 III ZPO),
- Zurückweisung des Antrags auf Erlass einer Versäumnisentscheidung (§ 338 I 1 ZPO),
- Verhängung von Ordnungsmitteln (§§ 380 III, 141 III ZPO),
- Entscheidungen über Zeugnisverweigerung (§§ 387 III, 390 III ZPO),
- Entscheidung, mit der ein Ablehnungsgesuch gegen einen Sachverständigen für unbegründet erklärt wird (§ 406 V ZPO),
- Verhängung von Ordnungsmitteln gegen einen Sachverständigen (§ 409 ZPO).

Auf Grund der speziellen Verweisung in § 119 II FamFG finden die zivilprozessualen **604** Vorschriften über das **Arrestverfahren** auch in Unterhaltsstreitsachen (§ 231 I FamFG) Anwendung. Demgemäß unterliegt die Entscheidung, mit dem ein Arrestgesuch durch das erstinstanzliche Gericht ohne mündliche Verhandlung zurückgewiesen wird, gemäß §§ 922 III, 567 I Nr. 2 ZPO der Anfechtung durch die sofortiger Beschwerde (umstr. – vgl. zum Streitstand näher → Rn. 495). Dies gilt ebenso gemäß § 120 I FamFG iVm § 793 ZPO für die im **Vollstreckungsverfahren** ohne mündliche Verhandlung ergehenden Entscheidungen.[499] Hat ein angerufenes Familiengericht den zu ihm beschrittenen **Rechtsweg** mit Beschluss gemäß § 17a II und III GVG für zulässig oder unzulässig erklärt, können die Beteiligten hiergegen mit der sofortigen Beschwerde[500] vorgehen (→ Rn. 20).[501]

---

[497] Hoppenz/Herr FamFG § 243 Rn. 6.
[498] BGH FamRZ 2011, 368.
[499] MüKoFamFG/Fischer § 120 Rn. 19.
[500] OLG Celle FamRZ 2014, 66; OLG Stuttgart FamRZ 2012, 1073.
[501] Keidel/Meyer-Holz FamFG § 58 Rn. 87.

605 In den besagten Verfahrenssituationen beruht die Statthaftigkeit der sofortigen Beschwerde gegen die im ersten Rechtszug ergangenen Entscheidungen entweder auf einer ausdrücklichen gesetzlichen Bestimmung (§ 567 I Nr. 1 ZPO) oder auf der Zurückweisung eines das Verfahren betreffenden Gesuchs (§ 567 I Nr. 2 ZPO). Richtet sich die sofortige Beschwerde gegen die Entscheidung über Kosten ist die Beschwerde überdies nur zulässig, wenn der Wert des Beschwerdegegenstandes 200 EUR übersteigt (§ 567 II ZPO) übersteigt. Auch wenn die Voraussetzungen von § 567 ZPO erfüllt sind, ist die sofortige Beschwerde nicht statthaft, wenn sie sich gegen eine **Nebenentscheidung** richtet und ein Rechtsmittel in der Hauptsache nicht gegeben ist.[502] Versagt das Amtsgericht die Verfahrenskostenhilfe wegen fehlender Erfolgsaussicht für eine einstweilige Unterhaltsanordnung (§ 246 FamFG), ist eine gegen die Versagung gerichtete sofortige Beschwerde unstatthaft, weil die Entscheidung zur Hauptsache der einstweiligen Anordnung **keiner Anfechtung** unterliegt (§ 57 S. 1 FamFG). Hat das erstinstanzliche Gericht im Anordnungsverfahren nach Erledigung des Verfahrensgegenstandes nur noch über die Kosten entschieden, ist eine sofortige Beschwerde trotz der Regelung in § 91a II ZPO wegen der Rechtsmittelbeschränkung in § 57 S. 1 FamFG ausgeschlossen. Dem liegt die Erwägung zugrunde, dass einer Nebenentscheidung kein Instanzenzug eröffnet werden kann, für den ein Rechtsbehelf in der Hauptsache nicht gegeben ist.

Der Beschwerdegegner kann sich der Beschwerde anschließen, selbst wenn er auf die Beschwerde verzichtet hat oder die Beschwerdefrist verstrichen ist. Allerdings ist diese **Anschlussbeschwerde** unselbständig. Gemäß § 567 III 2 ZPO verliert nämlich die Anschließung ihre Wirkung, wenn die Beschwerde zurückgenommen oder als unzulässig verworfen wird.

606 Gemäß § 569 I ZPO ist die sofortige Beschwerde, soweit keine andere Frist bestimmt ist, binnen einer **Notfrist** von **zwei Wochen** bei dem erstinstanzlichen oder beim Beschwerdegericht einzulegen. Die Notfrist beginnt mit der Zustellung der Entscheidung. Im Verfahren betreffend die **Verfahrenskostenhilfe** beträgt die Notfrist **einen Monat** (§ 127 II 3 ZPO). Die Einlegung des Rechtsmittels erfolgt durch Einreichung einer Beschwerdeschrift (§ 569 II 1 ZPO). Allerdings kann die Beschwerde auch ohne einen Rechtsanwalt durch Erklärung zu Protokoll der Geschäftsstelle eingelegt werden (§ 569 III ZPO), wenn das Verfahren im ersten Rechtszug nicht dem Anwaltszwang unterliegt, das Rechtsmittel die Verfahrenskostenhilfe betrifft oder das Rechtsmittel von einem Zeugen, Sachverständigen oder Dritten im Sinne von §§ 142, 144 ZPO eingelegt wird. Kommt es im Beschwerdeverfahren zur mündlichen Verhandlung und besteht hierbei Anwaltszwang, so können sich die Beteiligten im Beschwerdeverfahren durch einen Rechtsanwalt vertreten lassen, für den es nach dem Gesetz zur Stärkung der Selbstverwaltung der Rechtsanwaltschaft vom 26.3.2007[503] einer besonderen Zulassung nicht mehr bedarf. Die anwaltliche Mitwirkung ist entbehrlich, wenn das Gericht eine schriftliche Erklärung anordnet, die Beschwerde aber schon gemäß § 569 III ZPO zu Protokoll der Geschäftsstelle einlegen konnte, so dass der Beteiligte die erforderte Erklärung in derselben Art und Weise abgeben kann (§ 571 IV ZPO).

607 Gemäß § 570 I ZPO hat die Beschwerde **keine aufschiebende Wirkung,** es sei denn, es handelt sich bei ihr um die Festsetzung eines Ordnungs- oder Zwangsmittels mit Ausnahme der Maßnahmen nach §§ 888, 890 ZPO.[504] Die sofortige Beschwerde kann auf neue Tatsachen und **neue Angriffs- und Verteidigungsmittel** gestützt werden (§ 571 II ZPO). Sie ist damit eine „vollwertige Instanz". Mit ihr kann aber nicht geltend gemacht werden, dass das Gericht des ersten Rechtszugs seine Zuständigkeit zu Unrecht angenommen habe. Für das erstinstanzliche Gericht sieht § 572 I ZPO die Möglichkeit einer **Abhilfeentscheidung** vor, allerdings nur unter Wahrung der Bindungswirkungen (§ 318 ZPO). Demzufolge scheidet bei einer sofortigen Beschwerde gegen die Kostenentscheidung im Fall eines Anerkenntnisbeschlusses (§ 99 II ZPO) oder der sofortigen Beschwerde gegen eine Entscheidung über ein Zeugnisverweigerungsrecht (§ 387 III ZPO) eine Ab-

---

[502] BGH FamRZ 2005, 790.
[503] BGBl. I S. 358.
[504] OLG Köln FamRZ 2005, 223.

hilfe aus.⁵⁰⁵ Wird erstmalig im Beschwerdeverfahren ein **Hilfsantrag** gestellt, ist, da nicht Gegenstand des erstinstanzlichen Verfahrens, eine Abhilfeentscheidung unzulässig. Allein das Beschwerdegericht hat hierüber zu befinden.⁵⁰⁶

Sieht das Familiengericht für eine Abänderung seiner Entscheidung auch in Ansehung des Beschwerdevorbringens keinen Anlass, hat es das Rechtsmittel unverzüglich dem Beschwerdegericht vorzulegen, das vor der Entscheidung einstweilige Anordnungen erlassen oder auch die Vollziehung der erstinstanzlichen Entscheidung bis zur Entscheidung des Beschwerdegericht aussetzen kann (§ 570 III ZPO). Das Rechtsmittelgericht prüft dabei vorrangig von Amts wegen, ob die Beschwerde an sich statthaft und ob sie in der gesetzlichen Form und Frist eingelegt ist. Mangelt es an einem dieser Erfordernisse, ist die Beschwerde als **unzulässig** zu **verwerfen** (§ 572 II ZPO). Eine weitere Anfechtung dieser Entscheidung findet – abgesehen von einer Zulassung durch das Beschwerdegericht (§ 574 I Nr. 2 ZPO⁵⁰⁷ – nicht statt, da das Gesetz für diesen Fall im Unterschied zur Verwerfung nach § 522 I 4 ZPO ein Rechtsmittel nicht vorsieht (§ 574 II Nr. 1 ZPO).

Ansonsten entscheidet das Beschwerdegericht über das Rechtsmittel in der Sache durch eines seiner Mitglieder als Einzelrichter, da die angefochtene Entscheidung des Familiengerichts von einem Einzelrichter oder einem Rechtspfleger erlassen wurde. Dieser **originäre Einzelrichter** (§ 568 I ZPO) überträgt das Verfahren nur dann dem Beschwerdegericht zur Entscheidung, wenn die Sache **besondere Schwierigkeiten** tatsächlicher oder rechtlicher Art aufweist oder die Rechtssache **grundsätzliche Bedeutung** hat. Jedoch kann auf eine erfolgte oder unterlassene Übertragung ein Rechtsmittel nicht gestützt werden.

608

Ohne Übertragung des Verfahrens auf das Beschwerdegericht in der durch das GVG vorgeschriebenen Besetzung ist der Einzelrichter gehindert, die **Rechtsbeschwerde** zuzulassen, weil allein dieser Spruchkörper darüber befinden kann, ob eine Sache grundsätzliche Bedeutung (§ 574 II Nr. 2 ZPO) hat und deshalb die Rechtsbeschwerde zuzulassen ist.⁵⁰⁸ Dies gilt auch für die Frage, ob die Fortbildung des Rechts oder die Sicherung einer einheitlichen Rechtsprechung gemäß § 574 II Nr. 2 ZPO eine Zulassung erfordern.⁵⁰⁹ Entscheidet der Einzelrichter gleichwohl in einer Sache und lässt die Rechtsbeschwerde zu, ist die Zulassung wirksam, die Entscheidung unterliegt jedoch auf Rechtsbeschwerde wegen fehlerhafter Besetzung des Beschwerdegerichts der Aufhebung von Amts wegen.

Erachtet das Beschwerdegericht die sofortige Beschwerde für begründet, trifft es die erforderlichen Anordnungen (§ 572 III ZPO). Dies ermöglicht neben der eigenen **Sachentscheidung,** die ungeachtet schwerwiegender Verfahrensfehler jedenfalls dann geboten ist, wenn die Sache entscheidungsreif ist,⁵¹⁰ auch die **Zurückverweisung** an das erstinstanzliche Gericht, ohne dass hierfür einer der begrenzten Zurückverweisungsgründe im Sinne von § 538 II ZPO vorliegen muss. Ein solches Vorgehen drängt sich insbesondere dann auf, wenn das Amtsgericht die Versagung von Verfahrenskostenhilfe mit dem Hinweis auf das Fehlen von Erfolgsaussichten (§ 114 ZPO) versagt hat, ohne gleichzeitig die Verfahrenskostenarmut geprüft und festgestellt zu haben, das Beschwerdegericht aber das Begehren für aussichtsreich hält. Im Fall der Zurückverweisung ist das erstinstanzliche Gericht an die Rechtsauffassung des Beschwerdegerichts bei der Erledigung der getroffenen Anordnungen gebunden (§ 563 II ZPO analog). Das gilt für das Beschwerdegericht ungeachtet allerdings eines neuen Tatsachenvortrags (§ 571 II ZPO) gleichermaßen für den Fall einer erneuten Beschwerde.⁵¹¹

609

Das Beschwerdegericht entscheidet über das Rechtsmittel abschließend durch Beschluss (§ 572 IV ZPO), der zu begründen ist. Dies ist schon deshalb notwendig, um die

---

⁵⁰⁵ Musielak/Ball ZPO § 572 Rn. 10.
⁵⁰⁶ BGH NJW-RR 2007, 1275.
⁵⁰⁷ BGH FamRZ 2005, 790.
⁵⁰⁸ BGH FamRZ 2003, 669.
⁵⁰⁹ BGH NJW 2004, 448; FamRZ 2003, 1922.
⁵¹⁰ Musielak/Ball ZPO § 572 Rn. 16.
⁵¹¹ BGH NJW 2006, 1000 Rn. 9.

getroffenen Anordnungen für das weitere Vorgehen in erster Instanz transparent zu machen. Darüber hinaus werden die Begründungsanforderungen aber auch mitbestimmt durch eine Zulassung der Rechtsbeschwerde (§ 574 I Nr. 2 ZPO). Im Hinblick auf den begrenzten Prüfungsumfang im Rechtsbeschwerdeverfahren (§ 576 ZPO) müssen die Gründe den in tatsächlicher Hinsicht ausgestalteten Verfahrensgegenstand sowie die in den Instanzen gestellten Anträge erkennen lassen.[512]

V. Die Rechtsbeschwerden

1. Die Rechtsbeschwerde gegen Endentscheidungen (§§ 70–75 FamFG)

610 Die weitere Rechtsverfolgung in streitigen Unterhaltsverfahren in der Rechtsbeschwerdeeinstanz, für die der Bundesgerichtshof ausschließlich zuständig ist (§ 133 GVG), hat primär darauf abzustellen, welche Verfahrensordnung für das **vorangegangene Beschwerdeverfahren** maßgebend war. Hat das Beschwerdegericht im Verfahren nach §§ 58–69 FamFG den Verfahrensgegenstand mit einem Beschluss in der Sache erledigt (§§ 116, 38 I FamFG), richtet sich das weitere Rechtsmittelverfahren, soweit es an einer speziellen Verweisung (§ 117 I 4 FamFG) fehlt, nach den in §§ 70–75 FamFG normierten Regeln.

Gemäß § 70 I FamFG findet die **Rechtsbeschwerde** eines Beteiligten in Unterhaltssachen (§ 231 I FamFG) gegen die in der Beschwerdeinstanz ergangenen **Endentscheidungen** (§ 69 FamFG) statt. Allerdings ist die Rechtsbeschwerde in Familienstreitsachen ausnahmslos nur statthaft, wenn sie das Beschwerdegericht in der Entscheidung zugelassen hat, und zwar selbst bei einer unzulässigen und fehlerhaften Rechtsmittelbelehrung, die auf eine Anfechtung ohne Zulassung hinweist. Der Beschluss, mit dem das Beschwerdegericht das Rechtsmittel (§ 58 FamFG) als unzulässig verworfen hat (§ 117 I 4 FamFG iVm § 522 I 2 ZPO), unterliegt auf Grund der speziellen Verweisung auf zivilprozessuale Rechtsmittelvorschriften der Anfechtung mit der **zulassungsfreien Rechtsbeschwerde** (§ 522 I 4 ZO iVm § 574 I Nr. 1 ZPO).[513] Im Übrigen sieht das FamFG eine dem § 544 ZPO vergleichbare **Nichtzulassungsbeschwerde** nicht vor. Die Vorschrift in § 26 Nr. 9 EGZPO aF über den nur befristeten Ausschluss der Nichtzulassungsbeschwerde in Familiensachen ist ersatzlos aufgehoben.

611 Die Rechtsbeschwerde ist, der zivilprozessualen Revision vergleichbar (§ 543 II ZPO), zuzulassen, wenn die Rechtssache **grundsätzliche Bedeutung** hat (§ 70 II Nr. 1 FamFG) oder die **Fortbildung des Rechts** oder die **Sicherung einer einheitlichen Rechtsprechung** (§ 70 II Nr. 2 FamFG) eine Entscheidung des Rechtsbeschwerdegerichts erfordert, ohne dass sich diese einzelnen Alternativen letztlich klar voneinander abgrenzen ließen. Wegen der Nähe zu den Anforderungen und Voraussetzungen für die Zulassung der Revision in Zivilsachen kann an die entsprechenden Prüfkriterien für die Rechtsbeschwerde in Familienstreitsachen angeknüpft werden. Grundsätzliche Bedeutung hat eine Sache, wenn sie eine entscheidungserhebliche, klärungsbedürftige und klärungsfähige Rechtsfrage aufwirft, die sich in einer unbestimmten Vielzahl von Fällen stellen kann. Klärungsbedürftig ist eine Rechtsfrage insbesondere dann, wenn sie vom Bundesgerichtshof bisher nicht entschieden worden ist **und** von einigen Oberlandesgerichten unterschiedlich beantwortet wird, oder wenn dazu in der Literatur unterschiedliche Meinungen vertreten werden.[514]

Zur **Fortbildung des Rechts** ist die Rechtsbeschwerde zuzulassen, wenn der Einzelfall Veranlassung gibt, Leitsätze für die Auslegung von Gesetzesbestimmungen des materiellen oder des Verfahrensrechts aufzustellen oder Gesetzeslücken zu schließen.[515] Mit dem Zu-

---

[512] BGH NJW-RR 2008, 1455.
[513] BGH FamRZ 2012, 106 Rn. 5.
[514] BGH NZFam 2018, 951.
[515] BT-Drs. 14/4722, 104.

4. Abschnitt: Rechtsmittel in Unterhaltssachen § 10

lassungskriterium der **Sicherung einer einheitlichen Rechtsprechung** soll einer Rechtsentwicklung vorgebeugt werden, die zu schwer erträglichen Unterschieden in der Rechtsprechung führen oder diese beibehalten, wobei die Auswirkungen der anzufechtenden Entscheidung für die Rechtsprechung im Ganzen maßgeblich sind.[516]

Zur Sicherung einer einheitlichen Rechtsprechung besteht eine Zulassungspflicht insbesondere bei **Divergenz,** wenn sich das Beschwerdegericht mit seiner Endentscheidung in Widerspruch setzt zu einer Entscheidung eines höher- oder gleichrangigen Gerichts.[517] Allerdings liegt ein Fall der Divergenz noch nicht vor, wenn die nur im Ergebnis divergierenden Entscheidungen auf der unterschiedlichen Würdigung des jeweils vorgetragenen Sachverhalts in tatsächlicher Hinsicht beruhen. Von einer Divergenz ist erst dann auszugehen, wenn den Entscheidungen sich widersprechende abstrakte Rechtssätze zu Grunde liegen.[518] Für die Beurteilung einer Divergenz ist im Vergleich immer auf die zuletzt verlautbarte Rechtsprechung des jeweiligen Spruchkörpers abzustellen. Weicht das Beschwerdegericht objektiv von der ständigen höchstrichterlichen Rechtsprechung ab und besteht die Gefahr einer Wiederholung, ist der Zulassungsgrund „Sicherung einer einheitlichen Rechtsprechung" gegeben.[519] 612

Die Entscheidung über die Zulassung der Rechtsbeschwerde trifft das Beschwerdegericht nach pflichtgemäßer Prüfung der Voraussetzungen. Ein Ermessen („ist zuzulassen") steht ihm hierbei nicht zu. Die Zulassung ist ausdrücklich auszusprechen.[520] Fehlt es an Ausführungen hierzu in den Gründen der Endentscheidung, ist im Zweifel davon auszugehen, dass eine Zulassung nicht beabsichtigt war. Eine Ergänzung der Entscheidung um diese Erklärung (§ 321 ZPO) ist nicht möglich, wohl aber eine Berichtigung (§ 319 ZPO), wenn die Zulassung beabsichtigt war, aber versehentlich nicht Eingang in den Beschluss gefunden hatte.[521] Dabei muss es sich aber um eine für jeden Dritten offenbare Unrichtigkeit handeln, die nicht schon dann gegeben ist, wenn der ursprüngliche Beschluss mit einer Rechtsmittelbelehrung versehen war.[522] Im Fall einer erfolgreichen Anhörungsrüge (§ 321a ZPO) kommt eine Zulassung durch Ergänzung[523] der Beschwerdeentscheidung in Betracht. Die Zulassung ist beschränkbar, soweit der Verfahrensgegenstand teilbar ist und eine **Teilentscheidung** hätte ergehen können,[524] wie dies in Unterhaltssachen bei einer vertikalen Teilentscheidung in Betracht kommt, wenn die Beteiligten über eine Befristung (§ 1578b BGB) streiten.[525] 613

Das Rechtsbeschwerdegericht ist, auch wenn die Voraussetzungen von § 70 II 1 FamFG nicht erfüllt sind, an die Zulassung gebunden, kann aber nach Anhörung ohne mündliche Verhandlung durch einstimmigen Beschluss (§ 74a FamFG) die Rechtsbeschwerde zurückweisen, wenn es die Zulassungsgründe nicht für gegeben ansieht und das Rechtsmittel keine Aussicht auf Erfolg bietet. Die Zurückweisung nach § 74a FamFG kommt auch dann in Betracht, wenn die Zulassungsgründe nachträglich wegfallen.[526] Eine **Bindung** im Sinne von § 70 II 2 FamFG besteht allerdings dann nicht, wenn bereits die Beschwerde ausgeschlossen war. Dies folgt aus dem Grundsatz, dass für eine nach dem Gesetz unanfechtbare Entscheidung durch die Zulassung eine Rechtsmittelinstanz nicht eröffnet werden kann.[527] Eine Bindung besteht auch dann nicht, wenn das Beschwerdegericht die Zulassung ausgesprochen hatte, obwohl das Rechtsmittel ohne Zulassung statthaft war.[528] Geht allerdings die Beschwerdeinstanz bei der Zulassung davon aus, dass der Beschwerdewert 614

---

516 BT-Drs. 14/4722, 104 und 16/6308, 209.
517 BGH FamRZ 2010, 964 Rn. 15.
518 BGH NJW-RR 2007, 1676.
519 BGH FamRZ 2003, 372.
520 BGH NJOZ 2008, 3057 Rn. 6.
521 BGH FamRZ 2004, 530.
522 BGH FamRZ 2017, 1608 Rn. 14.
523 BGH NJW-RR 2007, 1654.
524 BGH FamRZ 2007, 117 (118).
525 BGH FamRZ 2009, 406 Rn. 11 und 12.
526 BGH FamRZ 2013, 121 Rn. 6.
527 BGH FamRZ 2008, 1433 Rn. 4 und 5.
528 BGH FamRZ 2003, 1009.

(zB bei Verpflichtung zur Auskunftserteilung) nicht erreicht war (§ 61 I FamFG), ohne die Zulassung nachzuholen, die das erstinstanzliche Gericht noch wegen der Annahme eines höheren Wertes nicht ausgesprochen hatte, bleibt das Rechtsmittelgericht an die Zulassung gebunden. Denn wegen der korrespondierenden Zulassungskriterien für das Beschwerde- und das Rechtsbeschwerdeverfahren (§ 61 III 1 Nr. 1 und § 70 II FamFG) kann angenommen werden, dass das Beschwerdegericht die Zulassungsvoraussetzungen auch für das Beschwerdeverfahren bejaht hat.[529]

615 Gemäß § 71 I 1 FamFG ist die zugelassene Rechtsbeschwerde binnen einer Frist von **einem Monat** nach schriftlicher Bekanntgabe (Zustellung) bei dem Rechtsbeschwerdegericht (§ 133 GVG) schriftlich einzulegen. Die von einem beim Bundesgerichtshof zugelassenen Rechtsanwalt (§ 114 II FamFG) zu unterzeichnende **Beschwerdeschrift** muss enthalten die Bezeichnung des Beschlusses, gegen den die Rechtsbeschwerde eingelegt wird, und die Erklärung, dass Rechtsbeschwerde eingelegt wird. Innerhalb derselben Frist ist das Rechtsmittel, sofern nicht schon mit der Beschwerdeschrift geschehen, unter Wahrung derselben Formvorschriften zu begründen, wobei die **Begründungsfrist** verlängert werden kann (§§ 71 III 3 FamFG, 551 II 5 und 6 ZPO). Inhaltlich muss sich die Begründung des Rechtsmittels verhalten über die **Rechtsbeschwerdeanträge** und die Rechtsbeschwerdegründe (§ 71 III FamFG). Die Rechtsbeschwerde kann nur darauf gestützt werden, dass die angefochtene Entscheidung auf einer Verletzung des Rechts beruht, wobei die Rüge, das Gericht des ersten Rechtszuges sei unzuständig gewesen, ausgeschlossen ist (§ 72 FamFG). Dies gilt indessen nicht für die internationale Zuständigkeit deutscher Gerichte.[530] Der Gegner der Rechtsbeschwerde kann sich dem Rechtsmittel anschließen. Allerdings ist die **Anschlussrechtsbeschwerde** entgegen der Anschlussbeschwerde in Unterhaltssachen fristgebunden und muss bis zum Ablauf einer Frist von einem Monat nach Bekanntgabe (Zustellung) der Begründungsschrift eingereicht werden (§ 73 FamFG). Sie verliert ihre Wirkung mit Rücknahme oder Verwerfung der Rechtsbeschwerde und auch dann, wenn das Rechtsbeschwerdegericht die Rechtsbeschwerde gemäß § 74a FamFG zurückweist (§ 73 S. 3 FamFG).

616 Das Rechtsbeschwerdegericht prüft von Amts wegen die Zulässigkeit der Rechtsbeschwerde. Sind die Voraussetzungen nicht gegeben, kommt es zur Verwerfung (§ 74 I 2 FamFG). Fehlen Zulassungsgründe und bietet das Rechtsmittel im Übrigen auch keine Erfolgsaussichten, besteht die dem § 522 II ZPO nachgebildete Möglichkeit der Zurückweisung nach Anhörung ohne mündliche Verhandlung durch **einstimmigen Beschluss** (§ 74a I FamFG). Andernfalls stellt die dem Revisionsverfahren nachgebildete (§ 555 ZPO)[531] Vorschrift des § 74 IV FamFG für den weiteren Verfahrensgang auf die im ersten Rechtszug einschlägigen Vorschriften ab. Demzufolge entscheidet das Rechtsbeschwerdegericht der Intention des Gesetzgebers folgend[532] im Regelfall in den Familienstreitsachen auf Grund einer mündlichen Verhandlung (§ 113 I 2 FamFG iVm § 128 ZPO). Daraus folgt weiter, dass ein Absehen von einer mündlichen Verhandlung und eine Entscheidung im schriftlichen Verfahren nur unter den weiteren Voraussetzungen von § 128 II ZPO in Betracht kommt. Ansonsten sieht das Gesetz die Möglichkeit für ein Absehen von einer mündlichen Verhandlung, wie dies § 68 III 2 FamFG für das Beschwerdeverfahren regelt, nicht vor. Eine vorläufige Einstellung der Zwangsvollstreckung (§ 120 II FamFG) kommt nur dann in Betracht, wenn der beschwerte Beteiligte bereits in der Beschwerdeinstanz einen ihm möglichen und zumutbaren Vollstreckungsschutzantrag gestellt hat. Dabei ist es ohne Belang, ob er mit einer Zulassung der Rechtsbeschwerde rechnen konnte.[533]

Hat das Rechtsmittel Erfolg, entscheidet das Rechtsbeschwerdegericht, sofern die Sache entscheidungsreif ist, selbst oder verweist unter Aufhebung der angefochtenen Entscheidung und des ihr zugrunde liegenden Verfahrens die Sache an die Beschwerdeinstanz (§ 74 V und VI FamFG).

---

[529] BGH NJW 2008, 218 Rn. 13.
[530] BGH FamRZ 2015, 479 Rn. 10; BGH NJW-RR 2010, 279.
[531] BT-Drs. 16/6308, 211.
[532] BT-Drs. 16/9733, 290.
[533] BGH FamRZ 2013, 1299 Rn. 4.

4. Abschnitt: Rechtsmittel in Unterhaltssachen § 10

Gemäß § 75 I FamFG findet gegen die im ersten Rechtszug erlassenen Endentscheidungen, die ohne Zulassung der Beschwerde unterliegen (§ 58 FamFG), auf Antrag unter Umgehung der Beschwerdeinstanz unmittelbar die **Sprungrechtsbeschwerde** statt, wenn der Gegner in die Übergehung der Beschwerdeinstanz eingewilligt hat und das Rechtsbeschwerdegericht die Sprungrechtsbeschwerde zulässt. Sie ist nur zuzulassen, wenn die Rechtssache **grundsätzliche Bedeutung** hat oder die **Fortbildung des Rechts** oder die **Einheitlichkeit der Rechtsprechung** eine Entscheidung des Rechtsbeschwerdegerichts erfordert. Die Sprungrechtsbeschwerde kann nicht auf einen Verfahrensmangel gestützt werden. Die Einwilligung des Gegners gilt hierbei als Verzicht auf das Rechtsmittel der Beschwerde, so dass das Verfahren nach Zulassung durch das Rechtsbeschwerdegerichts als Rechtsbeschwerde durchgeführt wird, im Falle der Nichtzulassung der erstinstanzliche Beschluss rechtskräftig wird (§ 566 VI ZPO). Denn der Antrag auf Zulassung der Sprungrechtsbeschwerde und die Einwilligungserklärung des Gegners gelten als Verzicht des Rechtsmittels der Beschwerde (§ 75 I 2 FamFG). 617

2. Die Rechtsbeschwerde gegen sonstige Entscheidungen (§§ 574–577 ZPO)

Hatte das Beschwerdegericht in Unterhaltsstreitsachen (§ 231 I FamFG) über eine sofortige Beschwerde nach Maßgabe der zivilprozessualen Vorschriften (§§ 567–572 ZPO) zu entscheiden, richtet sich die Rechtsbeschwerde nach den §§ 574–577 ZPO.[534] Dies ist ferner der Fall, wenn durch Gesetz auf diese Vorschriften für das Rechtsbeschwerdeverfahren verwiesen wird, wie dies durch § 117 I 4 FamFG mit dem Hinweis auf die einschlägigen zivilprozessualen Vorschriften geregelt ist. Hat nämlich das Beschwerdegericht die gegen eine Endentscheidung nach §§ 58, 117 FamFG eingelegte Beschwerde als unzulässig verworfen (§ 117 I 4 FamFG iVm § 522 I 2 ZPO), ist hiergegen die Rechtsbeschwerde gemäß § 522 I 4 ZPO iVm § 574 I Nr. 1 ZPO zulässig, ohne dass es einer Zulassung bedarf.[535] Das gilt entsprechend, wenn das Beschwerdegericht dem Beschwerdeführer Wiedereinsetzung in den vorigen Stand wegen Versäumung der Beschwerde- und/oder der Beschwerdebegründungsfrist versagt hat (§ 238 II 1 ZPO).[536] Teilweise wird eine zulassungsfreie Rechtsbeschwerde im Sinne von § 574 I Nr. 1 ZPO auch dann angenommen, wenn das Beschwerdegericht die Streitsache durch einen **zweiten Versäumnisbeschluss** entschieden hat.[537] Dies wird aus der revisionsrechtlichen Bestimmung in § 565 ZPO abgeleitet, wonach ein im Berufungsverfahren ergangenes zweites Versäumnisurteile ohne Rücksicht auf Beschwer und Zulassung mit der Revision angegriffen werden kann.[538] Dem dürfte allerdings entgegenstehen, dass der Gesetzgeber diese revisionsrechtliche Vorschrift für den auch sonst nur eingeschränkten Rechtsschutz in Familiensachen nicht übernommen hat und deshalb auch eine Regelungslücke für eine entsprechende Heranziehung der Vorschrift nicht ersichtlich ist. Auch wenn die Rechtsbeschwerde hiernach auf Grund gesetzlicher Bestimmungen ohne besondere Zulassung statthaft ist, muss ein **Zulassungsgrund** (§ 574 II Nr. 1 und 2 ZPO) vorliegen. Ansonsten ist das Rechtsmittel unzulässig.[539] 618

Im Übrigen kann das Beschwerdegericht die Rechtsbeschwerde gegen einen Beschluss zulassen (§ 574 I Nr. 2 ZPO). Die Zulassung erfolgt gleichlautend mit den Zulassungsgründen in § 70 II FamFG indessen nur, wenn die Rechtssache grundsätzliche Bedeutung hat oder die Rechtsfortbildung oder die Sicherung einer einheitlichen Rechtsprechung eine Entscheidung des Rechtsbeschwerdegerichts erfordern (§ 574 II Nr. 1 und 2 ZPO).[540] In diesem Fall ist das Rechtsbeschwerdegericht an die Zulassung gebunden (§ 574 III 2 ZPO). Das bedeutet, dass Fragen in Nebenverfahren oder auch Kostensachen durch das Rechtsbeschwerdegericht überprüft werden können. So kann die Rechts- 619

---

[534] BGH FamRZ 2011, 368.
[535] BGH FamRZ 2012, 863 Rn. 8.
[536] BGH NJW 2010, 1610 Rn. 3.
[537] Johannsen/Henrich/Althammer FamFG § 70 Rn. 11.
[538] BGH NJW-RR 2008, 876.
[539] BGH FamRZ 2014, 27 Rn. 4; 2012, 863 Rn. 8; 2009, 220 Rn. 7.
[540] BGH FamRZ 2013, 281 Rn. 7.

beschwerde im Verfahren über die Bewilligung von Verfahrenskostenhilfe wegen solcher Fragen zugelassen werden, die das Verfahren oder die persönlichen Voraussetzungen betreffen.[541] Hat die beabsichtigte Rechtsverfolgung oder Rechtsverteidigung grundsätzliche Bedeutung oder wirft sie Fragen auf, die einer Klärung durch höchstrichterliche Entscheidung bedürfen, so verspricht die Sache Aussicht auf Erfolg und es ist Verfahrenskostenhilfe zu gewähren.[542]

620 Die Zulassungsvoraussetzungen entsprechen im Übrigen den Anforderungen, die auch das Rechtsbeschwerdeverfahren nach § 70 II FamFG an die weitere Rechtsverfolgung stellen, so dass insoweit auf die Ausführungen zu → Rn. 611 und 612 verwiesen werden kann. Die Entscheidung über die Zulassung steht auch hier nicht im Ermessen des Beschwerdegerichts. Das Rechtsbeschwerdegericht ist an die Zulassung, auch wenn die Voraussetzungen nicht vorliegen, gebunden (§ 574 III 2 ZPO), allerdings nur soweit dem Beschwerdegericht die Entscheidungskompetenz über die Zulassung zusteht. Dies ist nicht der Fall, wenn das Beschwerdegericht bei der Zulassung übersehen hatte, dass die Beschwerdeentscheidung einer Zulassung nicht bedurfte (§ 574 I Nr. 1 ZPO),[543] oder wenn bereits die Beschwerde ausgeschlossen war.[544] Erfüllte schon das Ausgangsrechtsmittel nicht den notwendigen Wert des Beschwerdegegenstandes (§ 567 II ZPO), ist die Rechtsbeschwerde unzulässig, und zwar unabhängig von einer Zulassung.[545]

621 Gemäß § 575 ZPO ist die Rechtsbeschwerde binnen einer Frist von **einem Monat** nach schriftlicher Bekanntgabe (Zustellung) bei dem Rechtsbeschwerdegericht schriftlich einzulegen. Form und Inhalt sowie die Frist entsprechen auch im Übrigen den Kriterien für die nach § 70 FamFG statthafte Rechtsbeschwerde, so dass hierzu auf die Ausführungen zu → Rn. 615 verwiesen wird. Wendet sich der betroffene Beteiligte gegen eine Verwerfung der Beschwerde gemäß § 117 I 4 FamFG, hat er im Rahmen der Zulässigkeit der Rechtsbeschwerde nicht nur die Zulassungsgründe (§ 574 I Nr. 1, 574 II ZPO) zu benennen, sondern einzelfallbezogen mit substantiiertem Vortrag zu unterlegen (§ 575 III Nr. 2 ZPO).[546] Der Gegner der Rechtsbeschwerde kann sich dem Rechtsmittel innerhalb einer Notfrist von einem Monat nach Zustellung der Begründungsschrift anschließen (§ 575 IV ZPO). Die Rechtsbeschwerde kann nur auf die Verletzung des Bundesrechts oder einer Vorschrift, deren Geltungsbereich sich über den Bezirk eines Oberlandesgerichts hinaus erstreckt, gestützt werden (§ 576 ZPO). Auf die Rüge, das erstinstanzliche Gericht habe seine Zuständigkeit – mit Ausnahme der internationalen[547] – zu Unrecht angenommen, kann die Rechtsbeschwerde nicht gestützt werden (§ 576 II ZPO).

Das Rechtsbeschwerdegericht prüft von Amts wegen die Zulässigkeit der Rechtsbeschwerde und verwirft das Rechtsmittel, sofern die Voraussetzungen nicht erfüllt sind (§ 577 I ZPO). Die Möglichkeit der Zurückweisung nach Anhörung durch **einstimmigen Beschluss** (vgl. § 74a I FamFG) besteht in diesem Rechtsmittelverfahren nicht. Dringt die Rechtsbeschwerde in der Sache durch, entscheidet das Rechtsbeschwerdegericht bei Entscheidungsreife selbst, verweist ansonsten die Sache unter Aufhebung der angefochtenen Entscheidung zur erneuten Behandlung und Entscheidung an das Beschwerdegericht zurück (§ 577 IV und V ZPO).

622 Das Rechtsbeschwerdegericht kann abschließend nur in den Fällen des § 574 I ZPO angerufen werden. Ein **außerordentliches Rechtsmittel** der Rechtsbeschwerde ist auch dann nicht statthaft, wenn die Entscheidung ein Verfahrensgrundrecht des Beschwerdeführers verletzt oder aus sonstigen Gründen „greifbar gesetzwidrig" ist.[548] In einem solchen Fall ist die angefochtene Entscheidung durch das Gericht, das sie erlassen hat, im Anwendungsbereich des Rügeverfahrens (§ 321a ZPO) zu korrigieren. Wird ein Verfassungsver-

---

[541] BGH FamRZ 2014, 826 Rn. 4; 2013, 1390 Rn. 7.
[542] BGH FamRZ 2003, 671.
[543] BGH FamRZ 2003, 1009.
[544] BGH FamRZ 2008, 1433 Rn. 4 und 5.
[545] BGH NJW-RR 2011, 143 Rn. 3.
[546] BGH FamRZ 2019, 229 Rn. 13; 2017, 1764 Rn. 6.
[547] BGH NJW-RR 2010, 279.
[548] BGH FamRZ 2003, 1550.

stoß nicht beseitigt, kommt allein eine Verfassungsbeschwerde zum Bundesverfassungsgericht in Betracht.[549]

VI. Die Anhörungsrüge (§ 321a ZPO)

1. Verfahrensgegenstand

Gemäß § 113 I 2 FamFG iVm § 321a I ZPO ist auf die Rüge des durch eine Entscheidung in Unterhaltsstreitsachen beschwerten Beteiligten das Verfahren fortzusetzen, wenn ein Rechtsmittel oder ein anderer Rechtsbehelf gegen die Entscheidung nicht gegeben ist und das Gericht den Anspruch dieses Beteiligten auf **rechtliches Gehör** in entscheidungserheblicher Weise verletzt hat. Statthaft ist hiernach die Rügeverfahren gegenüber jedweder **Endentscheidung**, mit der die Gerichte in einem Hauptsacheverfahren über den gesetzlich geschuldeten Unterhalt entschieden haben. Dies gilt ferner für Entscheidungen, die in **Nebenverfahren** ergehen, wie dies zB für das Kostenfestsetzungsverfahren oder das Verfahren über die Bewilligung von Verfahrenskostenhilfe anzunehmen ist.[550] Allerdings schließt § 321a I 2 ZPO Entscheidungen, die einer Endentscheidung vorausgehen, von einer Korrektur im Rügeverfahren aus. Gleichwohl kann daraus bei Wahrung des mit Verfassungsrang ausgestatteten **effektiven Rechtsschutzes** (Art. 2 I, 19 IV GG) nicht jedwede einer Endentscheidung vorausgehende Zwischenentscheidung erfasst sein. Zu unterscheiden ist vielmehr danach, welche Auswirkungen der jeweiligen **Zwischenentscheidung** zukommen. Handelt es sich nämlich um eine Entscheidung, die für das weitere Verfahren bindend ist und auch im Rahmen der Endentscheidung keine Überprüfung mehr zulässt, steht sie im Ergebnis den Endentscheidungen gleich und muss einer Berichtigung im Rügeverfahren zugänglich sein. Solchermaßen ist die Anhörungsrüge statthaft, wenn über ein **Ablehnungsgesuch** abschlägig und rechtskräftig entschieden worden ist.[551] Gegenüber der nicht weiter anfechtbaren **Bewilligung der Wiedereinsetzung** (§ 238 III ZPO) steht dem jeweiligen Antragsgegner gleichfalls ein Rügerecht zu.[552]

623

Die Anhörungsrüge kann erhoben werden nur gegen im jeweiligen Einzelfall **unanfechtbare Entscheidungen**. Dazu zählen auch solche, bei denen der Beschwerdewert (§ 61 I FamFG) nicht erreicht oder die für eine weitere Anfechtung notwendige Zulassung (§ 70 I FamFG) nicht erfolgt ist. Sofern dies bezogen auf das Beschwerdeverfahren im Einzelfall sich nicht zweifelsfrei feststellen lässt, muss der beschwerte Beteiligte bei der Wahl des sicheren Weges sowohl die Beschwerde einlegen als auch die Anhörungsrüge erheben.[553] Beruht die Rechtskraft der Entscheidung allerdings darauf, dass der Beteiligte von dem statthaften Rechtsmittel keinen Gebrauch gemacht hat, um seine Rüge anzubringen, bleibt auch die Anhörungsrüge ausgeschlossen, die als **subsidiäres Instrument** der **gerichtlichen Selbstkontrolle** nur dann zur Anwendung kommt, wenn eine Überprüfung der Entscheidung im ordentlichen Rechtsmittelverfahren an objektiv gegebenen und außerhalb der Verantwortung der Beteiligten liegenden Kriterien scheitert.[554] Hat das Gericht im Wege **einstweiliger Anordnung** Regelungen zum gesetzlichen Unterhalt getroffen (§ 246 FamFG), handelt es sich um eine nach § 57 S. 1 FamFG unanfechtbare Endentscheidung. Gleichwohl kommt eine Anhörungsrüge erst dann in Betracht, wenn der Antragsgegner in Verfahren nach § 54 I und II FamFG seinen Anspruch auf Gehör nicht mehr anbringen kann.[555] Eine nach § 52 II FamFG bestehende Möglichkeit, den Gegner zur Einleitung eines Hauptsacheverfahrens zu zwingen, steht dem allerdings nicht

624

---

[549] BGH NJW 2002, 1577.
[550] OLG Naumburg FamRZ 2007, 917.
[551] BVerfG NJW 2009, 833.
[552] BGH FamRZ 2009, 685 Rn. 6.
[553] BGH NJW 2012, 2523 Rn. 10.
[554] Keidel/Meyer-Holz FamFG § 44 Rn. 4; a. A. Zöller/Vollkommer ZPO § 321a Rn. 5.
[555] Dose/Kraft, Einstweiliger Rechtsschutz in Familiensachen Rn. 345.

§ 10 Verfahrensrecht

625 entgegen, da ein solches Verfahren den Gehörverstoß im einstweiligen Rechtsschutz unberührt lässt.[556]

Der subsidiäre Charakter der Anhörungsrüge findet seinen weiteren Ausdruck darin, dass dieser Behelf auch dann unstatthaft bleibt, wenn lediglich der Gegner ein Rechtsmittel gegen die Entscheidung eingelegt hat. Hier ist derjenige Beteiligte, will er eine Anhörungsrüge anbringen, gehalten, sich vorrangig auf ein **Anschlussrechtsmittel** (§§ 66, 73 FamFG, §§ 567 IV, 574 IV ZPO) einzulassen. Erst wenn dieses durch Rücknahme des Rechtsmittels oder aus anderen Gründen gegenstandslos wird, ist sodann ein Rügeverfahren in der Vorinstanz durchzuführen.[557] Allerdings sollen nach teilweise vertretener Auffassung[558] die Rügewirkungen in diesem Fall bestehen bleiben. Wiederum andere gehen von einer Parallelität der beiden Verfahren aus, wobei sich das vorübergehend ausgesetzte Rügeverfahren bei sachlicher Bescheidung der Gehörsrüge im Rahmen der vorrangigen Anschließung erledigt.[559]

Statthaft ist die Anhörungsrüge im Übrigen nur, soweit der Beteiligte sich auf eine **Verletzung** seines **Anspruchs** auf **rechtliches Gehör** beruft. Mit anderen Verfahrensrügen ist er in diesem Verfahren nicht zu hören. Eine entsprechende Anwendung scheidet aus.[560] Auch eine schlichte Behauptung, in seinem Anspruch auf Gehör verletzt zu sein, genügt nicht. Vielmehr sind darzulegen die Tatsachen, aus denen sich die Verletzung ergeben soll, und substantiierter Vortrag zu den Voraussetzungen einer Gehörsverletzung.[561] Schließlich ist eine Anhörungsrüge unstatthaft, soweit sie lediglich dem Ziel dient, mit der weiteren Rechtsverfolgung die eigene Rechtsansicht an die Stelle der Rechtsansicht des Gerichts zu setzen.[562]

2. Zulässigkeit der Rüge

626 Die Anhörungsrüge ist durch den beschwerten (§ 59 II FamFG) und allein rügeberechtigten Beteiligten (§ 113 I 2 FamFG iVm § 321a II ZPO) innerhalb einer **Notfrist** von **zwei Wochen** nach Kenntnis von der Verletzung des rechtlichen Gehörs zu erheben. Eine Fristverlängerung ist ausgeschlossen (§ 224 II ZPO), die Wiedereinsetzung wegen Fristversäumung allerdings möglich (§ 233 ZPO).[563] Der Fristbeginn knüpft an die **positive Kenntnis** von der Verletzung des rechtlichen Gehörs. Dem steht ein **Kennen müssen** allenfalls dann gleich, wenn der Beteiligte eine Kenntnisnahme **bewusst vermeidet**.[564] Auf eine positive Kenntnis als Auslöser der Frist kommt es auch dann an, wenn die Entscheidung formlos unter der Bekanntmachungsfiktion des § 321a II 3 ZPO mitgeteilt worden ist.[565] Da es auf eine positive Kenntnis ankommt, entspricht der Fristbeginn nicht notwendig, wenn auch in der Regel,[566] der schriftlichen Bekanntgabe (Zustellung) und kann zu einem späteren Zeitpunkt einsetzen. Die insoweit erforderlichen Voraussetzungen sind glaubhaft zu machen (§ 321a I 1 Hs. 2 ZPO), wofür schon eine **anwaltliche Versicherung** ausreichen kann.[567] Die Kenntniserlangung durch den Verfahrensbevollmächtigten (§ 114 FamFG) steht der Kenntniserlangung durch den Beteiligten selbst gleich (§ 85 II ZPO).[568] Nach Ablauf eines Jahres seit Bekanntgabe der angegriffenen Entscheidung kann die Rüge nicht mehr erhoben werden (§ 321a II 2 ZPO). Es handelt sich um

---

[556] Keidel/Meyer-Holz FamFG § 44 Rn. 20.
[557] Reichold in Thomas/Putzo ZPO § 321a Rn. 2a.
[558] Zöller/Vollkommer ZPO § 321a Rn. 4.
[559] Keidel/Meyer-Holz FamFG § 44 Rn. 5.
[560] BGH NJW-RR 2009, 144.
[561] BGH NJW 2009, 1609 Rn. 9 und 10.
[562] BGH FamRZ 2013, 1029 Rn. 4.
[563] Keidel/Meyer-Holz FamFG § 44 Rn. 22.
[564] Musielak/Musielak ZPO § 321a Rn. 9a.
[565] BVerfG NJW 2007, 2242.
[566] BGH FamRZ 2006, 1029.
[567] BVerfG NJW 2007, 2242 (2244).
[568] BVerfG NJW 2014, 2635 Rn. 16.

eine **Ausschlussfrist.** Für deren Berechnung ist, soweit eine Zustellung nicht erfolgt ist, auf die gemäß § 321a II 3 ZPO erfolgte Bekanntgabe abzustellen. Eine Wiedereinsetzung ist nicht möglich.[569]

Die Erhebung der Anhörungsrüge erfolgt schriftlich (§ 321a II 4 ZPO) durch Einreichung eines bei Anwaltszwang (§ 114 I FamFG) von einem **Rechtsanwalt** zu unterzeichnenden **Schriftsatzes**[570] bei dem Gericht, dessen Entscheidung Verfahrensgegenstand einer Anhörungsrüge sein soll. Im Rahmen der gebotenen Begründung (§ 321a II 5 ZPO) müssen sich die Darlegungen erstrecken konkret auf die **Tatsachen,** die Grundlage der Rüge sein sollen, sowie auf eine eingehende Auseinandersetzung mit den **Voraussetzungen einer Gehörsverletzung.** Überdies müssen die Gründe Ausführungen zur **Entscheidungserheblichkeit** der Gehörsverletzung erkennen lassen.[571] Mit neuem Sachvortrag kann die Anhörungsrüge allerdings zulässigerweise nicht gestützt werden.[572] Auch ist ein Nachschieben von Gründen nach Ablauf der Frist (§ 321a II 1 ZPO) ausgeschlossen.[573]

3. Gang des Verfahrens

a) Nach Eingang der schriftlichen Anhörungsrüge prüft das zuständige Gericht im Abhilfeverfahren zunächst von Amts wegen, ob die Rüge statthaft und in der gesetzlichen Form und Frist erhoben ist. Fehlt es daran, ist die Rüge als unzulässig zu verwerfen (§ 321a IV 1 und 2 ZPO). Ansonsten hat es, soweit erforderlich, dem Gegner Gelegenheit zu einer Stellungnahme zu geben (§ 321a III ZPO). Die sich daran anschließende Prüfung der Begründetheit der Anhörungsrüge erstreckt sich auf die behauptete Gehörsverletzung und die ihm zugrunde liegenden Tatsachen sowie deren **Entscheidungserheblichkeit** (Kausalität). Kommt das Gericht nicht zu entsprechenden Feststellungen, ist die Anhörungsrüge als unbegründet zurückzuweisen. Auch dies geschieht durch einen kurz zu begründenden Beschluss, der keiner weiteren Anfechtung unterliegt (§ 321 IV 4 und 5 ZPO). Eine weitere hiergegen gerichtete Anhörungsrüge ist, selbst wenn die Begründung aus der vorangegangenen Entscheidung abgeleitet wird, unstatthaft.[574]

b) Das verfassungsrechtlich in Art. 103 I GG verankerte und überdies in verfahrensrechtlichen Vorschriften ausgeformte **rechtliche Gehör** korrespondiert mit zahlreichen Pflichten des Gerichts. Diese sollen gewährleisten, dass die Beteiligten Gelegenheit erhalten, sich zu sämtlichen **entscheidungserheblichen Gesichtspunkten** zu äußern. Das bedingt zugleich, dass die Entscheidung nur auf **Tatsachen** und **Beweisergebnisse** gestützt werden dürfen, von denen die Beteiligten zuvor **Kenntnis** erhalten haben und zu denen sie in angemessenem zeitlichen Rahmen haben **Stellung nehmen** können. Im Übrigen hat das Gericht die Anträge und das sie tragende **Vorbringen** für die Beteiligten erkennbar **zur Kenntnis zu nehmen** und zu **würdigen.**[575] Allerdings hängt es hierbei vom Einzelfall ab, ob und in welchem Umfang dies Eingang auch in die Entscheidungsgründe finden muss.[576] Das Gericht braucht auch im Lichte von Art. 103 I GG nicht jedes Vorbringen der Beteiligten in den Gründen seiner Entscheidung zu bescheiden.[577]

Kommt das Gericht seinen Pflichten nicht nach, ist von einer Gehörsverletzung auszugehen. Dabei ist ein **Verschulden** nicht relevant.[578] Maßgebend sind allein die **objektiven Verhältnisse,** so dass eine Gehörsverletzung auch dann gegeben sein kann, wenn der entscheidende Spruchkörper die Verletzung des Anspruchs auf rechtliches Gehör gar nicht beeinflussen konnte, wie dies etwa dann der Fall ist, wenn ein Schriftsatz bei Gericht

---
[569] MüKoFamFG/Ulrici § 44 Rn. 15.
[570] BGH FamRZ 2005, 1564.
[571] BGH NJW 2009, 1609 Rn. 11.
[572] BGH FamRZ 2007, 1463 Rn. 3.
[573] OLG Brandenburg FamRZ 2008, 2049.
[574] BGH FamRZ 2017, 1947 Rn. 2; KG FamRZ 2017, 2036; BayVerfGH NJW-RR 2011, 430.
[575] BVerfG NJW 1997, 2310 (2312).
[576] BGH NJW 2009, 1609 Rn. 8.
[577] BVerfG NJW 1997, 2310 (2312).
[578] BVerfG NJW 2013, 925 Rn. 12.

eingeht, aber die entscheidenden Richter nicht mehr rechtzeitig erreicht.[579] Vor dem Hintergrund zahlloser Fallkonstellationen möglicher Gehörsverletzungen haben sich in der Rechtspraxis Fallgruppen herausgebildet. Danach wird unterschieden zwischen so genannten **Pannen-, Präklusions-, Hinweis- und Unrichtigkeitsfällen.**[580] Während die Pannenfälle durch ein Versehen in den Abläufen des Gerichts gekennzeichnet sind,[581] liegt den – im Unterhaltsrecht eher seltenen (vgl. § 115 FamFG) – Präklusionsfällen eine fehlerhafte Handhabung der Präklusionsvorschriften zu Grunde, die das Gericht daran gehindert haben, erhebliches Vorbringen eines Beteiligten bei seiner Entscheidung zur Kenntnis zu nehmen und zu gewichten. Bei den Hinweisfällen sind gebotene Hinweise unterblieben. Dem stehen die Fälle gleich, in denen das Gericht Hinweise erteilt hat, an die es sich aber bei der Entscheidung nicht gehalten hat. Die Unrichtigkeitsfälle betreffen eine Gruppe von Gehörsverletzungen, bei denen das Gericht das Vorbringen der Beteiligten nicht verstanden oder grob missverstanden hat.[582]

631 Die Anhörungsrüge hat in der Sache allerdings erst dann Erfolg, wenn sich die Gehörsverletzung entscheidungserheblich ausgewirkt hat. An der **notwendigen Kausalität** fehlt es, wenn die Entscheidung auch bei verfahrenskonformer Gewährung rechtlichen Gehörs in der getroffenen Art und Weise ausgefallen wäre. Gleichwohl dürfen an den Kausalitätsnachweis keine überspannten Anforderungen gestellt werden. Demgemäß **beruht** die gerichtliche Entscheidung auf einer Gehörsverletzung schon dann, wenn nicht ausgeschlossen werden kann, dass das Gericht bei Wahrung des rechtlichen Gehörs zu einem anderen Ergebnis gekommen wäre.[583] Der Kausalitätsnachweis entspricht danach einer Schlüssigkeitsprüfung **(mögliche Kausalität).**[584]

4. Die Abhilfe

632 Erweist sich nach der angestellten Prüfung die Anhörungsrüge als begründet, hilft ihr das Gericht ab durch Fortsetzung des Verfahrens, das zu der Entscheidung geführt hat, soweit dies auf Grund der Rüge geboten ist (§ 321a V 1 ZPO). Die Anhörungsrüge hindert eine (weitere) Vollstreckung aus der beanstandeten Entscheidung nicht. Gleichwohl kann die Zwangsvollstreckung **auf Antrag** für die Dauer des Abhilfeverfahrens einstweilen eingestellt werden (§ 707 I ZPO).[585] Eine gesonderte (vorläufige) Abhilfeentscheidung (Zwischenfeststellung) sieht das Gesetz im Verfahren über die „Abhilfe bei Verletzung des Anspruchs auf rechtliches Gehör" allerdings nicht vor.[586] Vielmehr ist das **Ausgangsverfahren** bezogen auf den Zeitpunkt vor dem Schluss der mündlichen Verhandlung (§ 312a V 2 ZPO) in der jeweiligen Verfahrensart **fortzusetzen,** begrenzt allerdings durch den sich aus der Gehörverletzung ergebenden Umfang.[587] Hat zuvor ein schriftliches Verfahren stattgefunden, ist auf den Zeitpunkt abzustellen, bis zu dem Schriftsätze eingereicht werden konnten (§ 321a V 4 ZPO). Im weiteren Verfahren bestehen für das Gericht, soweit die Gehörsrüge wirkt, keine Bindungen. Das **Verbot der reformatio in peius** besteht, da die erfolgreiche Gehörsrüge zur Fortsetzung des beanstandeten Verfahrens führt, nicht.[588] Hat das Gericht im weiteren Verlauf des Verfahrens das rechtliche Gehör und (zB) eine zunächst unterbliebene Beweisaufnahme nachgeholt, entscheidet es gemäß §§ 321a V 3, 343 ZPO über den Fortbestand der Ausgangsentscheidung.[589] Soweit der weitere Gang des Verfahrens eine abweichende Beurteilung gebietet, ist in Abänderung der Ausgangsentschei-

---

[579] BGH NJOZ 2005, 2037.
[580] Musielak/Musielak ZPO § 321a Rn. 6a.
[581] Keidel/Meyer-Holz FamFG § 44 Rn. 38; BGH FamRZ 2010, 1728 Ls.
[582] BVerfG NJW 2009, 1585 Rn. 36.
[583] BGH NJW 2005, 2624 (2625).
[584] Keidel/Meyer-Holz FamFG § 44 Rn. 40.
[585] Reichold in Thomas/Putzo ZPO § 321a Rn. 17.
[586] Musielak/Musielak ZPO § 321a Rn. 11.
[587] OLG Koblenz FamRZ 2010, 2013.
[588] BGH NJW-RR 2012, 977 Rn. 14.
[589] Reichold in Thomas/Putzo ZPO § 321a Rn. 15.

dung anderweitig zu entscheiden. Im Übrigen bleibt sie aufrechterhalten. Die Zurückweisung der Anhörungsrüge nach § 321 IV 3 ZPO ist nicht gerechtfertigt, wenn eine Gehörsverletzung vorgelegen hat, der weitere Verfahrensgang aber nicht zu einer abweichenden Beurteilung in der Sache führt.

Im Verfahren der Anhörungsrüge fallen nunmehr auch in Unterhaltsstreitsachen (§ 231 I FamFG) nach Änderungen bei den kostenrechtlichen Bestimmungen **Gerichtskosten** an. Die Festgebühr (60 EUR) gemäß Nr. 1800 KV FamGKG ist bei Verwerfung oder Zurückweisung der Anhörungsrüge (§ 113 I 2 FamFG iVm § 321a ZPO) zu erheben. Die Vergütung anwaltlicher Tätigkeit erfolgt nach Nr. 3300, 3331 VV RVG nur dann, wenn der Anwalt ausschließlich im Rügeverfahren tätig wird. Ansonsten gehört die Tätigkeit zum Rechtszug (§ 19 I 2 Nr. 5 RVG). **633**

5. Abschnitt: Das vereinfachte Verfahren über den Unterhalt Minderjähriger (§§ 249–260 FamFG)

1. Allgemeines

Vorschriften über ein vereinfachtes Verfahren betreffend die gerichtliche Durchsetzung des Unterhalts Minderjähriger wurden erstmalig durch Art. 3 Nr. 9 Kindesunterhaltsgesetz (KindUG v. 6.4.1998, BGBl. I S. 666) in Gestalt der §§ 645–660 in die ZPO eingeführt und insoweit zuletzt durch Art. 3 des Gesetzes zur Änderung des Unterhaltsrechts vom 21.12.2007[1] geändert. Das zum 1.9.2009 in Kraft getretene FamFG hat das entsprechende Regelwerk in den §§ 249–260 FamFG mit nur geringfügigen Änderungen übernommen. Allein soweit in § 655 ZPO aF ein vereinfachtes Verfahren zur Anpassung von Vollstreckungstiteln bei Veränderung des **Kindergeldes** oder **kindbezogener Leistungen** (§ 1612b und 1612c BGB) sowie in § 656 ZPO aF eine **Korrekturklage** vorgesehen waren, hat der Gesetzgeber bei der Fortschreibung der jetzt geltenden Rechtslage ein Regelungsbedürfnis verneint. Vor dem Hintergrund einer zunehmenden Titulierung des Kindesunterhalts in dynamischer Form komme solchen Sonderregelungen allenfalls marginale Bedeutung zu. Überdies ergibt sich im Fall einer Erhöhung des Kindergeldes in der überwiegenden Zahl der Fälle eine Ermäßigung des zu zahlenden Unterhalts. Deshalb sei es dem Unterhaltspflichtigen zuzumuten, diesen Umstand bei Überschreitung der Wesentlichkeitsgrenze im Wege eines regulären Abänderungsverfahrens (§ 240 FamFG) geltend zu machen. Schließlich sprächen gegen eine Übernahme die Komplexität der bislang vorhandenen Abänderungsmöglichkeiten nach §§ 656, 323 V ZPO aF und der aufwendige Mechanismus von zwei gesonderten Verfahren.[2] Das bisher in § 653 ZPO aF erfasste **Annexverfahren** zur Titulierung von Unterhaltsansprüchen des minderjährigen Kindes im Zusammenhang mit einem Vaterschaftsfeststellungsverfahren hat der Gesetzgeber in § 237 FamFG verfahrensrechtlich zu einem **selbständigen Unterhaltsverfahren** aufgewertet.[3] Die Anpassung eines entsprechenden Unterhaltstitel im streitigen Korrekturverfahren erfolgt nunmehr gemäß § 240 FamFG (§ 654 ZPO aF). **634**

Die §§ 249–260 FamFG regeln in einem vereinfachten **formalisierten Verfahren** Unterhaltsansprüche minderjähriger **ehelicher wie nichtehelicher Kinder,** die mit dem in Anspruch genommenen Elternteil nicht in einem Haushalt leben. Dabei muss zwischen dem Kind und dem Antragsgegner ein **Eltern-Kind-Verhältnis** bestehen. Das ist stets bei der Mutter als Antragsgegnerin der Fall (§ 1591 BGB); zwischen dem Kind und dem Vater besteht ein derartiges Verhältnis, wenn die Voraussetzungen des § 1592 BGB (Vaterschaft) dargelegt bzw. nachgewiesen worden sind. Steht eine derartige Beziehung noch nicht **635**

---
[1] BGBl. S. 3189.
[2] BT-Drs. 16/6308, 261.
[3] BT-Drs. 16/6308, 257.

eindeutig fest, kann das Kind gemäß § 237 FamFG das Abstammungsverfahren mit einer Unterhaltsfestsetzung in Höhe des **Mindestunterhalts** in einem Hauptsacheverfahren verbinden (§ 179 I 2 FamFG) oder im vorläufigen Rechtsschutz eine einstweilige Anordnung nach § 248 FamFG beantragen. Aufgrund der Gleichstellung ehelicher und adoptierter Kinder (§ 1754 I BGB) ist eine Eltern-Kind-Beziehung iSd § 249 FamFG auch im Falle eines adoptierten Kindes begründet.

Der Höhe nach darf der Unterhaltsanspruch das 1,2-fache des Mindestunterhalts (§ 1612a I BGB), der mit dem Inkrafttreten des Gesetzes zur Änderung des Unterhaltsrechts vom 21.12.2007[4] an die Stelle des Regelbetrages nach der Regelbetragverordnung getreten ist, nicht übersteigen. Bezugsgröße für den Mindestunterhalt war nach dieser Gesetzesänderung nunmehr der einkommensteuerrechtliche Kinderfreibetrag (§ 32 VI 1 EStG), der in der Summe für beide Elternteile das steuerfrei zu stellende **sächliche Existenzminimum** eines Kindes ausdrückte. Die steuerrechtlich nicht vorgegebene Auffächerung des Mindestunterhalts in drei Altersgruppen beruhte weiterhin auf der Erfahrungstatsache, dass der Bedarf eines minderjährigen Kindes altersabhängig steigt. Durch die Anbindung des Mindestunterhalts an den einkommensteuerrechtlichen Kinderfreibetrag entfiel zugleich die mit der Regelbetragverordnung noch fortgeschriebene Differenzierung danach, ob das unterhaltsberechtigte Kind in den alten oder neuen Bundesländern lebte.

Allerdings hat sich die Anbindung des Mindestunterhalts an das sächliche Existenzminimum über eine **formale Anknüpfung an den Kinderfreibetrag** für die Rechtsanwendung als zu schwerfällig erwiesen und vorübergehend zu Divergenzen zwischen Kinderfreibetrag und Mindestunterhalt geführt.[5] Deshalb richtet sich der Mindestunterhalt nunmehr nach der Neuregelung des § 1612a I 2 BGB in der Fassung des Gesetzes zur Änderung des Unterhaltsrechts und des Unterhaltsverfahrensrechts vom 20.11.2015[6] **unmittelbar** nach dem steuerfrei zu stellenden sächlichen Existenzminimum des minderjährigen Kindes.

636 Mit dem Wegfall der Regelbetragverordnung erfolgte die Anpassung des Mindestunterhalts an veränderte Verhältnisse über die steuerrechtliche **Änderungen des Kinderfreibetrages** auf der Basis des jeweiligen Existenzminimumberichts, den die Bundesregierung alle zwei Jahre vorzulegen hatte. Durch die unmittelbare Anknüpfung an das einkommensteuerrechtliche Ergebnis entfiel eine zusätzliche Umsetzung der Änderungen durch das Unterhaltsrecht.

Durch die Ablösung des Kinderfreibetrages als Bezugsgröße nunmehr in § 1612a I 2 BGB scheidet das Steuerrecht auch als Instrument für die Anpassung des Mindestunterhalts aus. Dem trägt die Regelung in § 1612a IV BGB in einer Weise Rechnung, wonach das Bundesministerium für Justiz und für Verbraucherschutz den Mindestunterhalt alle zwei Jahre – erstmals zum 1. Januar 2016 – festlegt. Berechnungsgrundlage hierfür ist jeweils der Existenzminimumbericht der Bundesregierung.[7]

Für eine **Übergangszeit** hatte der Gesetzgeber den Mindestunterhalt mit Hilfe einer **übergangsrechtlichen Sonderregelung in § 36 Nr. 4 EGZPO**[8] zunächst abweichend von der Bezugsgröße des Kinderfreibetrages definiert. Diese stand vor dem Hintergrund des mit der gesetzlichen Neuregelung verfolgten Wechsels der Bezugsgröße vom Regelbetrag zum Mindestunterhalt, die jeweils unterschiedlichen Kriterien folgten. Die Vorschrift sollte ein vorübergehendes **Absinken des Unterhaltsniveaus** verhindern. Maßgebend blieb demzufolge vorerst der um das hälftige Kindergeld erhöhte Regelbetrag nach § 1 der Regelbetragverordnung in der Fassung der 5. Verordnung zur Änderung der Regelbetragverordnung vom 5.6.2007 (BGBl. I S. 1044) bis zu dem Zeitpunkt, in dem der nach § 1612a I 2 BGB ermittelte Mindestunterhalt den nach § 36 Nr. 4 EGZPO festgelegten Betrag übersteigen sollte. Bereits für den Unterhaltszeitraum ab dem 1.1.2009 bedarf es für die Unterhaltsbemessung eines Rückgriffs auf die Übergangsregelung nicht

---

[4] BGBl. S. 3189.
[5] BT-Drs. 18/5918,15.
[6] BGBl. S. 2018.
[7] BT-Drs. 18/5918,19.
[8] Wie hier: Klinkhammer FamRZ 2008, 193 (196).

5. Abschnitt: Das vereinfachte Verfahren über den Unterhalt Minderjähriger § 10

mehr. Infolge der Anhebung des Kinderfreibetrages durch das Kinderleistungsgesetz erhöhte sich bereits zu diesem Zeitpunkt der Mindestunterhalt in der 1. Altersstufe auf 281 EUR, in der 2. Altersstufe auf 322 EUR und in der 3. Altersstufe auf 377 EUR.

Die Ausgestaltung des Mindestunterhalts trägt dem durch das BVerfG[9] betonten Transparenzgebot im Beziehungsgeflecht zwischen Sozial-, Steuer- und Unterhaltsrecht Rechnung. Im Übrigen bietet das vereinfachte Verfahren auch nach der gesetzlichen Neuregelung dem unterhaltsbedürftigen Kind weiterhin die Möglichkeit, im Beschlusswege zeitnah einen Vollstreckungstitel zu erwirken, dem nach Form und Inhalt nur eine begrenzte Anzahl von Einwendungen des Unterhaltspflichtigen entgegensteht.

Mit dem zum 1.1.2017 in Kraft getretenen Gesetz zur Änderung des Unterhaltsrechts und des Unterhaltsverfahrensrechts vom 20.11.2015[10] hat der Gesetzgeber das vereinfachte Verfahren in den Vorschriften von §§ 251–256 FamFG geändert und hierbei insbesondere den Formularzwang für den Antragsgegner beseitigt. Allerdings sind auf Verfahren, die bis zum 31.12.2016 beantragt waren, die bis dahin geltenden Vorschriften weiter anzuwenden (§ 493 II FamFG).

2. Zulässigkeit des vereinfachten Verfahrens

Gemäß § 249 I FamFG wird der Unterhalt eines **Minderjährigen,** der mit dem in Anspruch genommenen Elternteil **nicht in einem Haushalt** lebt, auf Antrag im vereinfachten Verfahren festgesetzt, wenn der verlangte Unterhalt vor Berücksichtigung der Leistungen nach den §§ 1612b oder 1612c BGB das 1,2-fache des Mindestunterhalts (§ 1612a I BGB) nicht übersteigt. Er kann somit auch darunterliegen. Die **kindbezogenen Leistungen** iSv § 1612c BGB, die alternativ zum **Kindergeld** in Betracht kommen, werden abschließend durch § 65 I Nr. 1 bis 3 EStG erfasst, so dass andere Vergünstigungen, auch soweit sie einen Kindesbezug erkennen lassen, wie etwa beim Ortszuschlag, der Eigenheimzulage oder dem Arbeitslosengeld I, als Abzugsposten ausscheiden. Im Unterschied zum Antragsteller kann Antragsgegner **nur ein Elternteil** sein. Dritte, die etwa im Wege der Ersatzhaftung für den Unterhalt Minderjähriger einzustehen haben (§ 1607 BGB), scheiden danach als Antragsgegner für eine Inanspruchnahme im vereinfachten Verfahren aus. Durch die weitere Beschränkung auf denjenigen Elternteil, mit dem das Kind nicht in einem Haushalt lebt, knüpft das vereinfachte Verfahren überdies an die unterhaltsrechtliche Bestimmung an, wonach der betreuende Elternteil in der Regel nicht barunterhaltspflichtig ist (§ 1606 III 2 BGB). Demgemäß ist das vereinfachte Verfahren unzulässig, wenn die Eltern noch in einem Haushalt, aber getrennt im Sinne von § 1567 II BGB, leben, weil es verfahrensspezifisch eine Abgrenzung zwischen **Barunterhalt** und in Betracht kommenden **Naturalunterhaltsleistungen** nicht ermöglicht.[11] Das vereinfachte Verfahren soll nicht mit schwierigen Rechts- und Tatsachenfragen für die Unterhaltsfestsetzung belastet werden. Dieser Rechtsgedanke kommt deshalb auch zum Tragen, wenn der in Anspruch genommene Elternteil dem Antrag mit dem Hinweis entgegentritt, man lebe zwar getrennt (§ 1567 II BGB), wirtschafte aber noch in einem gemeinsamen Haushalt. Dabei handelt es sich um eine zulässige Einwendung, die aber, da dem Wesen und Zielsetzung des vereinfachten Verfahrens fremd, keiner weiteren Aufklärung im Beweisverfahren zugänglich ist und zur Abweisung des Antrags als **unzulässig** führt.[12] Allerdings vermag sich der Antragsgegner auf die Einwendung mit Erfolg nur durch hinreichend substantiierten Vortrag zu berufen, der dem Gericht eine plausible Darstellung der Lebenssituation vermittelt.[13] Will das unterhaltsberechtigte Kind in diesem Fall an seinem Unterhaltsbegehren festhalten, muss es, wenn es ihm auf die schnelle Schaffung eines Unterhaltstitels ankommt, sein Begehren im einstweiligen Rechtsschutz (§ 246

637

---

[9] BVerfG FamRZ 2003, 1370.
[10] BGBl. S. 2018.
[11] OLG Stuttgart FamRZ 2014, 1473 (1474).
[12] OLG Nürnberg FamRZ 2018, 697.
[13] OLG Nürnberg FamRZ 2018, 697; OLG Oldenburg FamRZ 2013, 563.

FamFG) weiterverfolgen. Einen Übergang in das streitige Verfahren sieht die gesetzliche Neuregelung in §§ 254, 255 FamFG nicht mehr vor.

638 Unzulässig ist das vereinfachte Verfahren auch bei einer Lebenssituation, in der sich das Kind im Rahmen eines **Wechselmodells** abwechselnd bei beiden Elternteilen aufhält.[14] Wechselt das Kind dauerhaft in den Haushalt des Antragsgegners, kann gegen ihn, sofern sich die Antragsberechtigung nicht ändert, der Mindestunterhalt für den Unterhaltszeitraum bis zum Wechsel im vereinfachten Verfahren festgesetzt werden.[15] Nach a. A.[16] soll das vereinfachte Verfahren allerdings insgesamt unzulässig werden. Dem ist nicht zu folgen. Nach § 249 I FamFG soll der **Barunterhaltsanspruch eines minderjährigen Kindes** tituliert werden. Schon vor dem Hintergrund des Wortlauts der Vorschrift, die mit dem „Unterhalt eines minderjährigen Kindes" allein auf den **Verfahrensgegenstand** abstellt, hat der BGH[17] betont, dass entgegen einer bis dahin verbreiteten Meinung der **Eintritt der Volljährigkeit** des Kindes die Zulässigkeit des Verfahrens nicht entfallen lässt. Dies gilt ebenso für den Aufenthalt des Kindes, der ersichtlich für die Differenzierung zwischen Betreuung und Barunterhalt maßgebend ist und damit auf die **Art des zu titulierenden Unterhaltsanspruchs** abstellt. Zuletzt in einer Entscheidung vom 1.3.2017 hat der BGH[18] erneut maßgebend auf die materiell-rechtlichen, die Barunterhaltsverpflichtung regelnden Normen abgestellt, um die Statthaftigkeit des vereinfachten Verfahrens für Unterhaltsansprüche aus der Zeit bis zum Obhutswechsel zu bejahen.

Durch die Anknüpfung an den Mindestunterhalt, wie er durch § 1612a I BGB definiert wird, scheidet das vereinfachte Verfahren schon nach dem Wortlaut des § 249 I FamFG aus, soweit der Unterhaltsanspruch nach **ausländischem Recht** zu beurteilen ist.[19] Das folgt bereits daraus, dass das Verfahren auf einen formalisierten Unterhaltstatbestand beschränkt sein soll. Deshalb ist auch nicht der Meinung[20] zu folgen, die jedenfalls dann das vereinfachte Verfahren für zulässig erachtet, wenn das unterhaltsberechtigte Kind den Mindestunterhalt in Höhe eines statischen Betrages verlangt. Denn auch in diesem Fall bleiben für Grund und Höhe des Mindestunterhalts die Vorgaben des steuerrechtlich freizustellenden sächlichen Existenzminimums maßgebend. Für die in der Bundesrepublik lebenden Ausländern ist damit allerdings kein Rechtsnachteil verbunden, weil nach dem Haager Übereinkommen über das auf Unterhaltspflichten anwendbare Recht vom 2.10.1973 (BGBl. II S. 825) und Art. 18 EGBGB aF (aufgehoben mit Wirkung vom 18.6.2011 durch das Gesetz zur Durchführung der VO Nr. 4/2009 und zur Neuordnung bestehender Aus- und Durchführungsbestimmungen auf dem Gebiet des internationalen Unterhaltsverfahrensrechts)[21] für das Unterhaltsstatut ohnehin der gewöhnliche Aufenthalt des Unterhaltsberechtigten maßgebend war. Überdies ermöglicht nunmehr das Haager Protokoll über das auf Unterhaltspflichten anzuwendende Recht vom 23.11.2007 (HUP 2007) für die ab dem 18.6.2011 einzuleitenden Unterhaltsverfahren[22] selbst nicht in der Bundesrepublik lebenden Ausländern in einem weitergehenden Maße die Berufung auf das deutsche Unterhaltsrecht zu (§ 4 HUP), mithin auch die Rechtsverfolgung im vereinfachten Verfahren nach § 249 FamFG. Hat allein der Antragsgegner seinen gewöhnlichen Aufenthalt im Ausland, steht dies der Statthaftigkeit des vereinfachten Verfahrens nicht entgegen. Eine im Gesetzgebungsverfahren vorgebrachte Beschränkung auf Inlandsfälle[23] hat keinen Eingang in die gesetzliche Neuregelung gefunden.

639 Das vereinfachte Verfahren zur Unterhaltsfestsetzung wird zumeist durch einen Elternteil gegen den anderen „im Namen" des unterhaltsberechtigten Kindes geführt.

---

[14] OLG Brandenburg FamRZ 2018, 592; OLG Stuttgart FamRZ 2014, 1473 (1474).
[15] KG FamRZ 2009, 1847.
[16] OLG Schleswig FamRZ 2017, 1243; OLG Celle FamRZ 2003, 1475.
[17] BGH FamRZ 2006, 402 (404).
[18] BGH FamRZ 2017, 816 Rn. 19.
[19] Johannsen/Henrich/Maier FamFG § 249 Rn. 16.
[20] OLG Karlsruhe FamRZ 2006, 1393.
[21] BGBl. S. 898, 917.
[22] OLG Celle FamRZ 2012, 1501.
[23] BT-Drs. 18/5918,19.

5. Abschnitt: Das vereinfachte Verfahren über den Unterhalt Minderjähriger § 10

Schwebt eine Ehesache zwischen beiden Eltern oder leben sie getrennt, kann der Elternteil, in dessen Obhut sich das minderjährige Kind befindet, den Antrag allerdings nur im eigenen Namen als **Verfahrensstandschafter** gemäß § 1629 III 1 BGB stellen.[24] Gleichwohl scheidet das vereinfachte Verfahren als Folgesache im Scheidungsverfahren aus (§ 137 II Nr. 2 FamFG). Liegen die Voraussetzungen einer Verfahrensstandschaft vor, müssen sich die Beteiligten hierauf aber nicht zwingend verweisen lassen. Vielmehr bleibt die Möglichkeit, auch in dieser Situation den Kindesunterhalt mit Hilfe einer Beistandschaft nach §§ 1712, 1713 I BGB im vereinfachten Verfahren titulieren zu lassen (zum Streitstand vgl. näher → Rn. 47).[25] Die Verfahrensstandschaft endet mit Eintritt der **Rechtskraft der Ehescheidung.** Gleichwohl bleibt der Elternteil, der zuvor berechtigterweise das vereinfachte Verfahren eingeleitet hat, befugt, das Verfahren im eigenen Namen bis zur Rechtskraft weiterzuverfolgen (→ Rn. 51), wenn nicht aus anderem Grund eine Änderung in den Vertretungsverhältnissen dieses Elternteils eintritt.

Endet die Verfahrensstandschaft durch **Eintritt der Volljährigkeit** des unterhaltsberechtigten Kindes, wurde in der Vergangenheit überwiegend[26] und auch in der älteren Rechtsprechung insbesondere des BGH[27] angenommen, dass die Beteiligtenstellung kraft Gesetzes auf das Kind überging. Den hiergegen vorgebrachten Bedenken hat der BGH[28] nunmehr Rechnung getragen. Danach lässt sich der durch Wegfall der Verfahrensstandschaft veränderten Situation interessengerecht nur durch einen **gewillkürten Antragstellerwechsel** Rechnung tragen. Das unterhaltsberechtigte Kind muss seinen Eintritt in das laufende Verfahren – gegebenenfalls auch im Rechtsmittelverfahren – erklären und dadurch die Übernahme der bisherigen Verfahrensführung genehmigen. Einer Zustimmung des Antragsgegners hierzu bedarf es nicht, da mit dem Wegfall der Verfahrensführungsbefugnis eine Änderung des Streitstoffs nicht verbunden ist.[29] Lehnt das Kind den Eintritt in das vereinfachte Verfahren ab, muss der Elternteil, dessen Verfahrensstandschaft endet, im Kosteninteresse den Verfahrensantrag für erledigt erklären. Dies gilt im Ergebnis ebenso für den Elternteil, dessen Verfahrensstandschaft durch Wegfall des Obhutsverhältnisses sowohl für den laufenden als auch einen möglichen Unterhaltsrückstand endet.[30]

Wird Unterhalt für ein nichteheliches Kind geltend gemacht, hinsichtlich dessen beide Eltern gemeinsam das Sorgerecht haben (§ 1626a I Nr. 1 BGB), hat der Elternteil, in dessen Obhut sich das Kind befindet, den Antrag als **gesetzlicher Vertreter des Kindes** gemäß § 1629 II 2 BGB zu stellen. Ist der Elternteil, bei dem sich das Kind befindet, allein sorgeberechtigt, wird er ebenfalls als gesetzlicher Vertreter des Kindes tätig; das minderjährige Kind ist also selbst aktivlegitimiert. Das ist der Fall, wenn das Sorgerecht auf diesen Elternteil nach §§ 1626, 1671 BGB allein übertragen wurde oder keine gemeinsame Sorgerechtserklärung hinsichtlich des nichtehelichen Kindes vorliegt (vgl. § 1626a II BGB). Hat der in Anspruch genommene Elternteil, der mit dem Kind nicht in einem Haushalt lebt, die **alleinige Personensorge**, ist das vereinfachte Verfahren unzulässig.[31]

Wurde dem Kind Unterhaltsvorschuss oder Sozialhilfe gewährt, kann der jeweilige **Rechtsnachfolger** als Antragsteller in Erscheinung treten (§ 250 I Nr. 11 und 12 FamFG),[32] und zwar bei Unterhaltsleistungen voraussichtlich auf längere Zeit auch für zukünftige Unterhaltszeiträume (§ 7 IV 1 UVG).[33] Hierbei ist darauf hinzuweisen, dass der Mindestunterhalt in der begehrten Höhe die Leistungen an oder für das Kind nicht übersteigt. Für die Antragsberechtigung kommt es nicht weiter darauf an, ob die Sozialleistungen zu Recht erbracht worden sind.[34] Soweit die Titulierung auch für zukünftig zu

639a

---

[24] OLG Karlsruhe FamRZ 2013, 1501 (1502).
[25] BGH FamRZ 2015, 130 Rn. 14–20.
[26] Gießler FamRZ 1994, 800 (802); Rogner NJW 1994, 3325; Palandt/Götz § 1629 Rn. 37.
[27] BGH FamRZ 1985, 471.
[28] BGH FamRZ 2013, 1378 Rn. 8 = R 737a.
[29] BGH FamRZ 2013, 1378 Rn. 11 = R 737a.
[30] OLG Köln FamRZ 2005, 1999.
[31] OLG Karlsruhe FamRZ 2001, 767.
[32] BGH FamRZ 2008, 1428 Rn. 1.
[33] OLG Zweibrücken FamRZ 2004, 1796.
[34] OLG Köln FamRZ 2006, 431.

erbringende Sozialleistungen begehrt wird, ist bei Antragstellung und Titulierung auch der Befristung den Sozialleistungen (vgl. § 1a I 1 UVG) Rechnung zu tragen[35] sowie dem Umstand, dass das volle Kindergeld Anrechnung findet (vgl. § 2 II UVG). Daneben bleibt das Kind berechtigt, die Differenz zwischen der Unterhaltvorschussleistung und seinem individuellen Kindesunterhalt gerichtlich zu verfolgen, bleibt dafür allerdings auf das **ordentliche Streitverfahren** angewiesen. Soweit gleichwohl die Auffassung[36] vertreten wird, das Kind könne die Unterhaltsdifferenz neben dem Träger der Sozialleistungen in einem weiteren vereinfachten Verfahren verfolgen, steht dem die Regelung des § 249 II FamFG entgegen, wonach das vereinfachte Verfahren nur für eine erstmalige Titulierung statthaft ist (→ Rn. 643).[37] Zur Vermeidung unerwünschter Parallelverfahren ist auch eine Rückabtretung zur gerichtlichen Geltendmachung (§ 33 III 2 SGB II; § 94 IV 2 SGB XII; § 7 IV 1 UVG) möglich. Leisten sonstige Dritte dem minderjährigen Kind Unterhalt mit der Folge des gesetzlichen Übergangs des Unterhaltsanspruchs, steht ihnen ebenfalls als Antragsteller das vereinfachte Verfahren offen.

Durch Art. 23 des Gesetzes vom 14.8.2017 zur Neuregelung des bundesstaatlichen Finanzausgleichssystems ab dem Jahr 2020 und zur Änderung haushaltsrechtlicher Vorschriften[38] hat das UVG weitreichende Anpassungen erfahren, die eine Erweiterung des Umfangs der auch unterhaltsrechtlich beachtlichen Leistungen betreffen. Die Regelung in § 3 UVG, wonach Unterhaltsleistungen längstens für insgesamt 72 Monate zu zahlen waren, ist mit Wirkung vom 1.7.2017 ersatzlos entfallen. Die Neuregelung in § 1a UVG sieht unter gewissen Voraussetzungen Unterhaltsleistungen nunmehr bis zum **Eintritt der Volljährigkeit** vor. Da das Land gemäß § 7 IV 1 UVG Unterhaltsansprüche des begünstigten Kindes auch für die Zukunft „in Höhe der bewilligen Unterhaltsleistungen" gerichtlich verfolgen und deshalb auch im vereinfachten Verfahren geltend machen kann, stellt sich die Frage nach einer entsprechenden Anpassung, soweit der jeweilige Festsetzungsbeschluss (§ 253 FamFG) am 1.7.2017 noch **Zukunftswirkungen** entfaltete. Die Neuregelung enthält keine Übergangsbestimmung für die Anpassung von Unterhaltstiteln. Einem „Abänderungs- oder Ergänzungsantrag" im vereinfachten Verfahren steht die Regelung in § 249 II FamFG entgegen, wonach nur die erstmalige Titulierung unter diesen Verfahrensvoraussetzungen erfolgen kann (vgl. → Rn. 643). Eine Abänderung nach § 238 FamFG scheidet ebenfalls aus. Zwar handelt es sich um wesentliche Veränderungen in rechtlichen Verhältnissen. Doch fehlt es an dem Erfordernis einer in der **Hauptsache** ergangenen Endentscheidung des Gerichts. Für die Anpassung der Zukunftswirkungen von im vereinfachten Verfahren erstellten Alttiteln bleibt es bei dem in § 240 FamFG geregelten „Korrekturverfahren" (vgl. → Rn. 124 bis 132 und 692 bis 696).

Unzulässig ist das vereinfachte Verfahren, wenn das **Kind** bei Antragseingang bereits **volljährig** war. Hier käme nur noch die Titulierung eines rückständigen Unterhalts in Betracht. Zwar besagen die Antragserfordernisse in § 250 I Nr. 4 und 5 FamFG, dass auch **Unterhaltsrückstände** neben dem laufenden Unterhalt in das vereinfachte Verfahren mit einbezogen werden können. Indessen soll diese Regelung nach der Intention des Gesetzgebers[39] lediglich aus verfahrensökonomischer Sicht die gesonderte Einleitung eines Hauptsacheverfahrens wegen der Unterhaltsrückstände vermeiden. Beschränkt sich die Rechtsverfolgung auf die Rückstände, scheidet das vereinfachte Verfahren insoweit aus.[40] Soweit das OLG Dresden[41] ein auf Unterhaltsrückstände beschränktes vereinfachtes Verfahren für statthaft hält, wird nicht hinreichend gewichtet, dass die vereinfachte Verfahrensgestaltung primär dem Ziel dient, für den **elementaren und akuten Unterhaltsbedarf** des Minderjährigen einen schnellen Unterhaltstitel zu schaffen und dies notwendig mit erheblichen Einschränkungen bei der Rechtsverteidigung für den Unterhaltspflichtigen

---

[35] OLG Zweibrücken FamRZ 2008, 289.
[36] OLG München FamRZ 2002, 547.
[37] MüKoFamFG/Macco § 249 Rn. 28.
[38] BGBl S. 3122.
[39] BT-Drs. 13/7338, 38.
[40] OLG Naumburg FamRZ 2002, 1048.
[41] OLG Dresden FamRZ 2017, 1244.

5. Abschnitt: Das vereinfachte Verfahren über den Unterhalt Minderjähriger § 10

verbunden ist (§§ 252, 256 FamFG). Ist der laufende Unterhalt gesichert, fehlt es an jeglicher verfahrensrechtlichen Rechtfertigung dafür, den Unterhaltspflichtigen weiterhin diesen Beschränkungen auszusetzen. Dafür spricht auch, dass der Gesetzgeber dem minderjährigen Kind zumutet, sein Unterhaltsbegehren, soweit es den Betrag von 120% des Mindestunterhalts übersteigt und damit nicht mehr das existentielle Minimum betrifft, in einem ordentlichen Streitverfahren ohne die verfahrensrechtlichen Privilegien des vereinfachten Verfahrens weiter zu verfolgen. Überdies erscheint eine Verfolgung von Unterhaltsrückständen im **Mahnverfahren** auch deshalb zumutbar, weil der Gesetzgeber in § 7 V UVG nunmehr für den Vollstreckungsbescheid[42] die Voraussetzungen der privilegierten Vollstreckung geschaffen hat.[43]

Der **Eintritt der Volljährigkeit** während des Verfahrens führt nicht zur Unzulässigkeit.[44] Beantragt das Jugendamt als Beistand die Unterhaltstitulierung im vereinfachten Verfahren und tritt die Volljährigkeit des Kindes vor Zustellung des Antrags ein, liegt keine wirksame Vertretung vor. Der Antrag ist daher als unzulässig zu verwerfen.[45] Da das Unterhalt begehrende Kind jedenfalls bei Antragseingang noch minderjährig sein muss, scheiden die sogenannten **privilegiert volljährigen Kinder** (§ 1603 II S. 2 BGB) aus dem Anwendungsbereich des vereinfachten Verfahrens von vornherein aus. Für eine entsprechende Anwendung der §§ 249 ff FamFG sind keine Anhaltspunkte ersichtlich, zumal nach dem Ergebnis einer Gesamtschau der Unterhaltsvorschriften der Gesetzgeber eine uneingeschränkte Gleichstellung erkennbar nicht angestrebt hat. Dem gegenüber bleibt dem **Minderjährigen** im Zuge einer **Eheschließung** das vereinfachte Verfahren uneingeschränkt erhalten,[46] auch wenn er durch die Änderung seines Personenstandes seinen unterhaltsrechtlichen Vorrang gegenüber dem privilegiert volljährigen Kind verliert (§ 1609 Nr. 4 BGB).

3. Abgrenzung zu anderen Verfahren

Das minderjährige Kind kann im vereinfachten Verfahren die Titulierung des ihm zustehenden Unterhalts entweder in Höhe eines **gleichbleibenden Monatsbetrages** anstreben oder aber, was für das Kind grundsätzlich vorteilhafter sein dürfte, veränderbar bis zur Höhe des 1,2-fachen (120%) des Mindestunterhalts. Denn mit der Festlegung auf einen **Prozentsatz des Mindestunterhalts,** der nach der zum 1.1.2016 in Kraft getretenen Mindestunterhaltsverordnung derzeit **(Stand: 1.1.2019)** für die Zeit bis zur Vollendung des 6. Lebensjahres (erste Altersstufe) monatlich 354 EUR, für die Zeit vom 7. bis zur Vollendung des 12. Lebensjahres (zweite Altersstufe) monatlich 406 EUR und für die Zeit ab dem 13. Lebensjahr (dritte Altersstufe) monatlich 476 EUR beträgt, nimmt das unterhaltsberechtigte Kind unmittelbar an einem **altersbedingt** gestiegenen Unterhaltsbedarf teil, ohne dass es einer entsprechenden Titeländerung bedarf. Das ist ferner der Fall bei der Entwicklung des sächlichen Existenzminimums, die über die regelmäßige Anpassung (§ 1612 IV BGB) der **Mindestunterhaltsverordnung** ohne weiteres zu einer Erhöhung des Mindestunterhalts im jeweiligen Einzelfall führt. 640

Übersteigt der Kindesunterhalt 120% des Mindestunterhalts vor Berücksichtigung des Kindergeldes oder vergleichbarer Leistungen, kann das Kind seinen Unterhalt bis zum Bruttogrenzbetrag von 120% im vereinfachten Verfahren festsetzen lassen und den darüber hinausgehenden Rest im streitigen Verfahren erstmalig weiterverfolgen. Dabei stehen ihm verfahrensrechtlich mehrere Möglichkeiten offen. Zum einen kann er den jeweiligen Differenzbetrag in einem ordentlichen Streitverfahren gesondert verlangen. Zum anderen kann er zuwarten bis zum Erlass des Festsetzungsbeschlusses und das Korrekturverfahren (§ 240 FamFG) mit einer entsprechenden Antragserweiterung betreiben. Schließlich kann 641

---

[42] LG Hannover FamRZ 2018, 615.
[43] BGBl. 2017 S. 3122.
[44] BGH FamRZ 2006, 402.
[45] OLG Naumburg FamRZ 2003, 160.
[46] MünchKommFamFG/Macco § 249 Rn. 13.

er bei Übergang in das streitige Verfahren gemäß §§ 254, 255 FamFG sein Unterhaltsbegehren auf den vollen Unterhalt aufstocken. Maßgebend für die Entscheidung dürften hier die Umstände des jeweiligen Einzelfalls sein.

Übersteigt der Kindesunterhalt den Grenzbetrag von 120% nicht, kann der Antragsteller (meistens die Mutter als gesetzliche Vertreterin bzw. in der Verfahrensstandschaft des § 1629 III BGB) nach seiner **Wahl** einen **Antrag** im **vereinfachten Verfahren** stellen oder die Titulierung des Unterhalt durch Leistungsantrag (§ 258 ZPO) im **ordentlichen Verfahren** verfolgen.[47] Diese Verfahrensmöglichkeit kann dem Kind deswegen nicht verwehrt werden, weil das vereinfachte Verfahren unter den Voraussetzungen von § 254 FamFG zum streitigen Verfahren (§ 255 FamFG) wird und damit zu keiner abschließenden Regelung im vereinfachten Verfahren führt. Allerdings bietet dieses Verfahren dem Kind wiederum den Vorteil, dass es den Unterhalt bis zur Höhe von 120% des Mindestunterhalts verlangen kann, ohne seinen Bedarf weiter begründen zu müssen. Konsequenterweise erstrecken sich die Antragsangaben nach § 250 FamFG nicht auf die Einkommens- und Vermögensverhältnisse des auf Barunterhalt in Anspruch genommenen Elternteils, aus denen sich die bemessungsrelevante Lebensstellung (§ 1610 I BGB) des Kindes ableitet. Im Unterschied dazu trifft das Kind bereits mit einem Leistungsantrag nach § 258 ZPO zu seinem Unterhaltsbedarf die **Darlegungs- und Beweislast,** wenn es sich nicht auf den Mindestunterhalt beschränken will.[48] Nach Überleitung in das streitige Verfahren gelten aber auch für das Kind wieder die allgemeinen Regeln. Deshalb sollte zur Vermeidung nachteiliger Kostenfolgen im streitigen Verfahren die Antragstellung den Bruttogrenzbetrag nur ausschöpfen, wenn zuvor bereits die unterhaltswirksamen Verhältnisse hinreichend aufgeklärt sind. Die Titulierung eines individuellen **Mehrbedarfs** oder eines **Sonderbedarfs**[49] scheidet im vereinfachten Verfahren aus.

642 Die Ausübung der **Wahlfreiheit**[50] kann im Zusammenhang mit der Bewilligung von **Verfahrenskostenhilfe** nicht eingeschränkt werden. Die aus Sicht der Staatskasse jeweils kostenintensivere Rechtsverfolgung erscheint deshalb auch nicht mutwillig (§ 113 FamFG iVm § 114 ZPO).[51] Soweit Mutwillen bei der Rechtsverfolgung in einem streitigen Verfahren bejaht wird, wenn das vereinfachte Verfahren zulässig und mit einem Übergang in ein streitiges Verfahren nicht zu rechnen sei, wird die Dynamik in den unterhaltsrechtlichen Beziehungen mit ihren vielfältigen Änderungen, die sich sofort und unmittelbar auf die rechtliche Tragweite auswirken, nicht hinreichend gewichtet. Sie steht prognostischen Erwägungen zur Rechtsverteidigung des Antragsgegners im Vorfeld einer Beurteilung der Verfahrenskostenhilfe für ein Unterhaltsbegehren des Antragstellers entgegen. Überdies hat es der Antragsgegner in der Hand, durch die kostenfreie Schaffung eines Unterhaltstitels für das minderjährige Kind das streitige Verfahren entbehrlich zu machen.

Haben die Beteiligten nach freigestellter mündlicher Verhandlung (§ 128 IV ZPO) oder schriftlich einen gerichtlichen Vergleichsvorschlag gemäß § 278 VI ZPO angenommen, ist die Titulierung eines höheren Kindesunterhaltes als 120% auf Grund **vertraglicher** Regelung möglich. Ist dem Kind die eingeschränkte Leistungsfähigkeit des Antragsgegners bekannt, kann es auch einen unter dem Mindestunterhalt liegenden Unterhalt geltend machen.[52]

4. Erstmalige Unterhaltsfestsetzung iSd § 249 II FamFG

643 Mit seiner den Anwendungsbereich des vereinfachten Verfahrens einschränkenden Regelung stellt § 249 II FamFG sicher, dass dieses Verfahren nur bei einer erstmaligen Unterhaltstitulierung herangezogen werden kann. Demzufolge scheidet das vereinfachte Verfahren von vornherein aus, wenn über den Unterhaltsanspruch des Kindes **ein Gericht**

---

[47] OLG Bremen FamRZ 2018, 1589; OLG Naumburg FamRZ 2001, 924.
[48] BGH FamRZ 2002, 536.
[49] MüKoFamFG/Macco § 249 Rn. 8.
[50] BT-Drs. 13/7338, 37.
[51] OLG Bremen FamRZ 2018, 1589.
[52] OLG Hamm FamRZ 2004, 1587.

bereits (auch zurückweisend) in der Sache **entschieden** hat, ein **gerichtliches Verfahren** derzeit anhängig ist oder ein **zur Zwangsvollstreckung geeigneter Schuldtitel** errichtet worden ist.[53] Unerheblich ist in diesem Zusammenhang, ob aus dem Schuldtitel noch weiter vollstreckt werden kann,[54] weil es nach dem Wortlaut der Vorschrift allein darauf ankommt, dass vor Einleitung des vereinfachten Verfahrens ein Schuldtitel „**errichtet worden ist**".

Als Schuldtitel kommen neben gerichtlichen Endentscheidungen insbesondere gerichtlich protokollierte Vergleiche (§ 794 I Nr. 1 ZPO), notarielle Urkunden (§ 794 I Nr. 5 ZPO) sowie Jugendamtsurkunden (§ 59 I Nr. 3 SGB VIII) in Betracht. Der Schuldtitel muss nur zur Zwangsvollstreckung geeignet sein. Eine mögliche Rechtskraft der Entscheidung ist nicht relevant. Mit dieser Einschränkung will der Gesetzgeber eine **Doppeltitulierung** über Kindesunterhaltsansprüche vermeiden. Um hier eine zeitliche Abgrenzung der konkurrierenden Verfahren zu ermöglichen, die sich aus der ursprünglichen Fassung des § 645 II ZPO aF nach der instanzgerichtlichen Rechtsprechung letztlich nicht ableiten ließ,[55] hatte der Gesetzgeber bereits durch eine präzisierende Fassung des § 645 II ZPO aF mit Wirkung vom 1.1.2002 klargestellt, dass das vereinfachte Verfahren dann nicht stattfindet, wenn „*zum Zeitpunkt der Zustellung des Antrags oder einer Mitteilung über seinen Inhalt an den Antragsgegner*" ein Gericht über den Unterhaltsanspruch des Kindes entschieden hat, ein gerichtliches Verfahren anhängig ist oder ein zur Zwangsvollstreckung geeigneter Schuldtitel errichtet worden ist.[56] Diese Regelung hat der Gesetzgeber in § 249 II FamFG übernommen.

Für die zeitliche Konkurrenz der anderweitigen Verfahrenshindernisse ist danach in erster Linie auf die Zustellung des Antrags im vereinfachten Verfahren abzustellen. Liegt zu diesem Zeitpunkt nur eine anderweitige **Teiltitulierung** vor, ist das vereinfachte Verfahren gleichwohl **unzulässig**. Ist nur ein Antrag im vereinfachten Verfahren nach § 250 II FamFG zurückgewiesen worden, kann der Antrag auf Durchführung des vereinfachten Verfahrens wiederholt werden. Auch ein bloßer **Auskunftsanspruch,** der gerichtlich anhängig war oder noch ist, bildet kein Hindernis für das vereinfachte Verfahren.[57] Nicht hinderlich ist auch ein als **unzulässig** verworfener **Unterhaltsantrag,** weil dem keine Sachentscheidung über den Kindesunterhalt zugrunde liegt. Hat der Antragsteller das Unterhaltsbegehren zunächst in einem **Mahnverfahren** verfolgt, bleibt er, nachdem der Antragsgegner **Widerspruch** gegen den Mahnbescheid eingelegt hat, durch § 249 II FamFG gehindert, die Titulierung des Kindesunterhalts nunmehr im vereinfachten Verfahren zu verfolgen. Dies ist selbst dann der Fall, wenn der Antragsteller erklärtermaßen von der weiteren Rechtsverfolgung im Mahnverfahren Abstand nimmt.[58] Maßgebend nach dem Wortlaut der Bestimmung ist der jeweilige **Zeitpunkt der Anhängigkeit,** der nicht zur nachträglichen Disposition des Antragstellers steht. Allein mit der Rücknahme des Mahnantrages kann er das Hindernis für einen dann neu zu stellenden Antrag im vereinfachten Verfahren beseitigen.

Wird nach Einleitung des vereinfachten Verfahrens ein anderes gerichtliches Unterhaltsverfahren anhängig, ändert dies nichts an der Zulässigkeit des vereinfachten Verfahrens (insoweit wirkt die perpetuatio fori des § 261 III Nr. 2 ZPO). Ein vom Antragsgegner erst **nach Einleitung** des vereinfachten Verfahrens beim Jugendamt errichteter Titel nach § 59 I Nr. 3 SGB VIII hat auf die Zulässigkeit keinen Einfluss.[59] Entspricht der titulierte Unterhalt dem Begehren, handelt es sich um eine **Erledigung der Hauptsache,** dem der Antragsteller durch entsprechende Erklärung Rechnung tragen muss. Ansonsten ist der Antrag als unzulässig abzuweisen. Bleibt der Unterhaltstitel hinter dem im vereinfachten Verfahren verfolgten Antrag zurück (Teiltitulierung), werden die Konsequenzen unter-

644

---

[53] OLG Naumburg FamRZ 2003, 160.
[54] OLG München FamRZ 2011, 48.
[55] OLG München FamRZ 2001, 1076; OLG Naumburg FamRZ 2002, 1045.
[56] OLG München FamRZ 2011, 48.
[57] Begründung zum Regierungsentwurf des KindUG BT-Drs. 13/7338, 38.
[58] OLG Dresden FamRZ 2019, 545.
[59] Gerhardt FuR 1998, 145; Schulz FuR 1998, 385.

schiedlich beurteilt. Nach Ansicht des OLG Naumburg[60] soll sich das vereinfachte Verfahren insgesamt erledigen (unzulässig werden). Für das OLG München[61] bleibt die Titulierung ohne Auswirkungen auf den Verlauf des vereinfachten Verfahrens mit der hinzunehmenden Gefahr einer Doppeltitulierung. Demgegenüber dürfte der Meinung zu folgen, die von einer **Teilerledigung** ausgeht.[62] Mit der in § 249 II FamFG übernommen Regelung soll der jeweilige Antragsgegner daran gehindert werden, sich dem vereinfachten Verfahren durch eine unzulängliche „Teiltitulierung" zu entziehen.[63] Dieses Ziel wird aber auch dann noch erreicht, wenn bei einer Teiltitulierung von einer Teilerledigung ausgegangen wird. Der jeweilige Antragsteller muss – den allgemeinen Regeln folgend – auf den entsprechenden Hinweis des zuständigen Rechtspflegers seinen Antrag lediglich der teilweisen Titulierung anpassen, um das vereinfachte Verfahren fortsetzen zu können. Eine Notwendigkeit, der Teiltitulierung jedwede erledigende Bedeutung für das vereinfachte Verfahren absprechen zu müssen mit der Gefahr einer mehrfachen Titulierung, besteht hiernach nicht.

645 Die Vorschrift des § 249 II FamFG steht der Zulässigkeit des vereinfachten Verfahrens nicht entgegen, wenn im Übrigen **gegen eine andere Person** als den nicht betreuenden Elternteil Kindesunterhalt geltend gemacht wird. Das vereinfachte Unterhaltsverfahren ist somit weiterhin möglich, wenn sich das streitige Unterhaltsverfahren des minderjährigen Kindes gegen den die Obhut ausübenden Elternteil richtet oder wenn Unterhalt gegen nachrangige Dritte (§ 1607 BGB) gefordert wird. Befindet sich das Kind bei keinem Elternteil, sondern bei einer dritten Person, kann es im vereinfachten Verfahren auch **gegen beide Eltern** seine Unterhaltsansprüche (anteilig entsprechend den jeweiligen Einkünften, § 1606 III 1 BGB) geltend machen.

Hat der in Anspruch genommene Elternteil die alleinige Personensorge, ist der Unterhaltsfestsetzungsantrag im vereinfachten Verfahren nach den §§ 249–260 FamFG gegen ihn unzulässig.[64] Bei gleichzeitiger Geltendmachung von Unterhaltsansprüchen eines minderjährigen und eines privilegierten volljährigen Kindes aus derselben Familie ist in analoger Anwendung von § 232 III Nr. 1 FamFG auch für die Ansprüche des volljährigen Kindes der Gerichtsstand des § 232 I Nr. 2 FamFG anzunehmen. Im Gegensatz zum minderjährigen Kind hat das volljährige Kind aber keinen Anspruch auf Titulierung im vereinfachten Verfahren.[65]

5. Einstweiliger Rechtsschutz und vereinfachtes Verfahren

646 Das vereinfachte Verfahren kennt keinen verfahrensspezifischen einstweiligen Rechtsschutz. Bis zum Inkrafttreten des FamFG war für den Erlass einer einstweiligen Anordnung (§ 644 ZPO aF) kein Raum, weil sie nur im Rahmen einer Unterhaltsklage oder in Verbindung mit einem darauf zielenden Prozesskostenhilfegesuch ergehen konnte. Eine entsprechende Abhängigkeit ist allerdings durch die Regelung in § 51 III 1 FamFG, wonach die einstweilige Anordnung nunmehr Gegenstand eines selbständigen Verfahrens ist, entfallen. Gleichwohl bestehen Einschränkungen fort, die sich im Kontext der Statthaftigkeit des vereinfachten Verfahrens auswirken. Sieht der Unterhaltsberechtigte etwa im Vorfeld der gerichtlichen Geltendmachung seines Unterhaltsbegehrens zunächst die Notwendigkeit für eine Regelung im Wege **einstweiliger Anordnung** (§§ 246, 50 ff. FamFG), stellt sich die Frage, ob ihm bei einem noch anhängigen Anordnungsverfahren oder bei einem bereits vorliegenden Anordnungsbeschluss die Einleitung eines vereinfachten Verfahrens durch § 249 II FamFG versagt bleibt. Der Wortlaut der Vorschrift lässt allerdings keinen Zweifel daran aufkommen, dass es sich bei dem Verfahren des einstweiligen Rechtsschutzes um ein gerichtliches Verfahren und bei der daraus hervorgehen-

---

[60] OLG Naumburg FamRZ 2002, 1045.
[61] OLG München FamRZ 2001, 1076 (1077).
[62] OLG Zweibrücken FamRZ 2000, 1160.
[63] BT-Drs. 14/7349, 24.
[64] OLG Karlsruhe FamRZ 2001, 767.
[65] OLG Stuttgart FamRZ 2002, 1045.

den Endentscheidung um einen zur Zwangsvollstreckung geeigneten Schuldtitel handelt.[66] Soweit gleichwohl die Meinung, das Anordnungsverfahren nach §§ 246 ff. FamFG stehe einem nachfolgenden vereinfachten Verfahren nicht entgegen, vertreten[67] und begründet[68] wird, soll es entscheidend darauf ankommen, dass die einstweilige Anordnung lediglich eine vorläufige Vollstreckungsmöglichkeit schaffe und nicht in Rechtskraft erwachse.

Indessen lassen sich diese Differenzierungskriterien aus dem Wortlaut der Vorschrift nicht ableiten. Zahlt der Unterhaltspflichtige Kindesunterhalt auf Grund eines Vergleichs oder auf Grund einer von ihm ohne Mitwirkung des Kindes einseitig errichteten vollstreckbaren Urkunde, handelt es sich um Unterhaltstitel, die nicht in Rechtskraft erwachsen können. Soweit auf die Vorläufigkeit einer Zwangsvollstreckung im Anordnungsverfahren abgestellt wird, findet nicht hinreichend Berücksichtigung, dass selbst der im vereinfachten Verfahren erlangte Festsetzungsbeschluss (§ 253 FamFG) mit einer Vorläufigkeit der Zwangsvollstreckung belastet bleibt, da er nach und trotz Rechtskraft einer uneingeschränkten Abänderung im Korrekturverfahren (§ 240 FamFG) ausgesetzt bleibt (→ Rn. 694). Überdies wären mit einer den Wortlaut von § 249 II FamFG einschränkenden Sichtweise unterschiedliche Konsequenzen verbunden, für die es nach Sinn und Zweck der Regelung (→ Rn. 643) an einer Rechtfertigung fehlt. So hat es der Unterhaltspflichtige etwa in der Hand, durch frühzeitige Titulierung nach seinem Willen eines geringen Unterhaltsbetrages durch eine vollstreckbare Urkunde das vereinfachte Verfahren zu vermeiden. Warum im Unterschied dazu die Sperrwirkung nicht eingreifen soll, wenn der Unterhaltspflichtige auf Grund einer einstweiligen Anordnung oder auf Grund eines in diesem Verfahren geschlossenen Vergleichs bereits Kindesunterhalt zu zahlen hat, ist nicht ersichtlich.

Mehr spricht deshalb für die dem Wortlaut von § 249 II FamFG verhaftete Betrachtungsweise, wonach auch bei Maßnahmen im einstweiligen Rechtsschutz dem Unterhaltsberechtigten der Rückgriff auf das vereinfachte Verfahren verwehrt bleibt, weil bereits eine erstmalige Titulierung von Unterhaltsansprüchen oder ein darauf zielendes Verfahren vorliegt. Mit der Beseitigung der Akzessorietät für das Anordnungsverfahren (§ 51 III S. 1 FamFG) durch das FGG-RG hat der Gesetzgeber den Anwendungsbereich des einstweiligen Rechtsschutzes erweitert (→ Rn. 394). Indessen lässt sich auch aus den Gesetzesmaterialien nichts dafür gewinnen, dass er eine entsprechende Notwendigkeit auch für das vereinfachte Verfahren gesehen hätte.[69]

Vor diesem Hintergrund muss der Unterhaltsberechtigte im Einzelfall abwägen, ob es ihm auf eine schnelle Entscheidung im einstweiligen Rechtsschutz ankommt oder ob er die Vorteile des vereinfachten Verfahrens ausnutzen will, die ihm insbesondere durch das formalisierte Verfahren Darlegungs- und Beweiserleichterungen beim Bedarf (120% des Mindestunterhalts, § 249 I FamFG) sowie durch die Auskunftsverpflichtung des Unterhaltspflichtigen im Rahmen der Einwendungen (§ 252 IV FamFG) weitergehende Informationen für eine effektive Rechtsverfolgung etwa im streitigen Verfahren nach § 255 FamFG bieten.

Davon zu unterscheiden ist der Fall, in dem sich erst im Verlauf des vereinfachten Verfahrens, etwa infolge von Verzögerungen, die sich erfahrungsgemäß einstellen und auf die der Antragsteller keinen Einfluss nehmen kann, die Notwendigkeit für eine einstweilige Regelung elementarer Unterhaltsbedürfnisse des Minderjährigen ergibt. Im Zuge des Inkrafttretens des FGG-RG wurde teilweise zunächst weiter angenommen, der Unterhaltsberechtigte könne durch Leistungsverfügung im Wege einstweiliger Verfügung zur Überbrückung bis zu einer endgültigen gerichtlichen Entscheidung seinen Unterhalt titulieren lassen.[70] Indessen ist dem jedenfalls nach der gesetzlichen Neuregelung nicht mehr zu folgen, weil der Gesetzgeber den einstweiligen Rechtsschutz durch das Institut der einstweiligen Anordnung in den §§ 49 ff. FamFG und weiteren Vorschriften des FamFG

647

---

[66] Bork/Jacoby/Schwab/Hütter FamFG § 249 Rn. 18.
[67] Keidel/Giers FamFG § 249 Rn. 14; Johannsen/Henrich/Maier § 249 Rn. 18.
[68] Prütting/Helms/Bömelburg FamFG § 249 Rn. 15a.
[69] BT-Drs. 16/6308, 261.
[70] Hüßtege in Thomas/Putzo FamFG § 249 Rn. 5 mwN.

umfassend und abschließend geregelt hat.[71] Deshalb ist ein Rückgriff auf Vorschriften der ZPO nur zulässig, soweit das FamFG hierauf, wie etwa in Güterrechtssachen und sonstigen Familienstreitsachen, ausdrücklich verweist (vgl. § 119 FamFG). Im Fall der hier in Rede stehenden Unterhaltsachen (§ 112 Nr. 1 FamFG) ist dies aber nicht der Fall, so dass auch ein ergänzender Rückgriff auf die §§ 935, 940 ZPO ausscheidet.[72] Richtigerweise wird der minderjährige Unterhaltsberechtigte im Wege einstweiliger Anordnung (§ 246 FamFG) seinen dringlich benötigten Unterhalt gerichtlich verfolgen können. Dem steht die Regelung in § 249 II FamFG nicht entgegen, insbesondere lässt dies die Statthaftigkeit des vereinfachten Verfahrens unberührt, weil lediglich zu dem in dieser Vorschrift vorgegebenen Zeitpunkt ein gerichtliches Verfahren nicht anhängig sein darf (→ Rn. 643).

6. Zuständigkeit, Formalien, Kosten, Verfahrenswert und VKH

648 Wie das Streitverfahren ist das vereinfachte Verfahren zur Festsetzung des Minderjährigenunterhalts nur auf Antrag (§ 249 I FamFG) durchzuführen. Einer anwaltlichen Mitwirkung bedarf es in diesem Verfahren nicht (§§ 257 S. 1, 114 IV Nr. 6 FamFG iVm § 78 III ZPO). Sachlich zuständig ist das Amtsgericht (§ 23a I Nr. 1 GVG iVm § 111 Nr. 8 FamFG), funktional dort der Rechtspfleger (§ 25 Nr. 2c RPflG). Die **örtliche Zuständigkeit** für das vereinfachte Verfahren knüpft, soweit die jeweilige Landesregierung von der Konzentrationsmöglichkeit nach § 260 FamFG keinen Gebrauch macht, an dem **gewöhnlichen Aufenthaltsort** an entweder des Kindes oder des Elternteils, der auf Seiten des minderjährigen Kindes zu handeln befugt ist. Eine vorrangige Zuständigkeit bei Anhängigkeit einer Ehesache (§ 232 I Nr. 1 FamFG) besteht nicht, zieht aber die amtswegige Abgabe (§ 233 FamFG) nach Übergang in das streitige Verfahren (§ 255 FamFG) nach sich.

649 Inhaltlich muss der Antrag im Rahmen des streng formalisierten Festsetzungsverfahrens den Anforderungen von § 250 I Nr. 1 bis 13 FamFG genügen. Allein die Kenntnis der darin geforderten Mindestangaben setzen den Rechtspfleger in den Stand, auf der Ebene einer Schlüssigkeitsprüfung ohne weitere Bewertungen schnell und tragfähig einen Vollstreckungstitel zu erstellen.[73] Die Angaben zur Person der Beteiligten, der gesetzlichen Vertreter und der Verfahrensbevollmächtigten (Nr. 1) stellen (wie wortgleich im Mahnverfahren, § 690 ZPO) sicher, dass es bei Zustellungen und anschließenden Vollstreckungen nicht zu Verwechslungen kommt.[74] Ein Antrag ohne Anschrift des Antragstellers ist unzulässig,[75] sofern schutzwürdige Geheimhaltungsinteressen nicht dargetan sind. Der Antragsteller muss das zuständige Gericht (Nr. 2) ausdrücklich bestimmen, zumal er den Antrag bei jedem Amtsgericht (§ 257 FamFG iVm § 129a ZPO) einreichen kann. Die Mitteilung des Geburtsdatums des begünstigten Kindes ist (Nr. 3) für die Zuordnung zu den Altersstufen im Sinne von § 1612a I 3 Nr. 1 bis 3 BGB erforderlich.

Im vereinfachten Verfahren kann der Antragsteller neben laufendem auch befristeten und rückständigen Unterhalt geltend machen. Dem dient die Anforderung der Angaben (Nr. 4), ab welchem Zeitpunkt Unterhalt verlangt wird, sowie der Erklärung (Nr. 5), wann die Voraussetzungen des § 1613 I oder II Nr. 2 BGB eingetreten sind. Diese Angaben sollen ua auch dem Antragsgegner die Prüfung ermöglichen, ob rückständiger Unterhalt zu Recht geltend gemacht wird (§ 252 II FamFG). Trotz des im Übrigen formalisierten Antragsverfahrens bedarf es hier hinreichend substantiierter Angaben, die eine Schlüssigkeitsprüfung ermöglichen, wie etwa der Hinweis, den Antragsgegner zu einem bestimmten Zeitpunkt zur Auskunftserteilung (§ 1613 I S. 1 BGB) aufgefordert zu haben. Schriftliche Nachweise mittels Vorlage von Schriftwechsel oder Mahnschreiben sind nicht geboten.[76]

---

[71] BT-Drs. 16/6308, 226.
[72] Dose/Kraft, Einstweiliger Rechtsschutz, Rn. 13.
[73] BGH FamRZ 2008, 1428 Rn. 20.
[74] MüKoFamFG/Macco § 250 Rn. 7 mwN.
[75] OLG Hamm FamRZ 2001, 107.
[76] MüKoFamFG/Macco § 250 Rn. 3.

5. Abschnitt: Das vereinfachte Verfahren über den Unterhalt Minderjähriger § 10

Im Kontext der Verfolgung **rückständigen Unterhalts** kann der jeweilige Antragsteller, auch wenn in § 250 I FamFG nicht ausdrücklich erwähnt, eine **Verzinsung** verlangen. Dabei gilt es allerdings zu bedenken, dass es nicht zu dem begrenzten Prüfungsauftrag des Rechtspflegers gehört, möglicherweise komplexe Sachverhalte auf den Eintritt eines Verzuges zu beurteilen.[77] Auszugehen ist vielmehr davon, dass die Verzugsfolgen auch ohne Mahnung durch die gerichtliche Geltendmachung (§ 286 I 2 BGB) etwa durch Klageerhebung eintreten können. Dem steht die Geltendmachung im vereinfachten Verfahren durch Zustellung des Festsetzungsantrages (§ 251 I FamFG) gleich,[78] so dass jedenfalls ab diesem Zeitpunkt im formalisierten Verfahren eine Verzinsung der bis dahin aufgelaufenen Rückstände verlangt werden kann. Für den davor liegenden Zeitraum muss sich der Antragsteller ebenso wie für etwaige Nebenforderungen (Mahnkosten) auf das streitige Verfahren oder ein Mahnverfahren (§ 688 ZPO) verweisen lassen. Eine Titulierung zukünftiger Verzugszinsen scheidet aus, weil sie nach ihrer Entstehung ungewiss sind und im Unterschied zu künftigen Unterhaltsraten keine wiederkehrenden Leistungen im Sinne von § 258 ZPO darstellen.[79]

650

Der Antragsteller muss ferner (Nr. 6) sein Unterhaltsbegehren der Höhe nach festlegen, wobei er, ohne dass sich dies aus der Regelung selbst ergibt, wahlweise den Unterhalt als **gleich bleibende Rente** (§ 1612 I BGB) oder als **Prozentsatz des Mindestunterhalts** (§ 1612a I BGB), begrenzt in jedem Fall aber durch das 1,2-fache des Mindestunterhalt, verlangen kann. Auch die Unterhaltsvorschusskasse kann bis zur Höhe der erbrachten oder zukünftig zu erbringenden Sozialleistungen die dynamische Titulierung des Mindestunterhalts verlangen, begrenzt allerdings durch das bereits feststehende Ende der von ihr zu erbringenden Leistungen.[80] Demgegenüber ist das minderjährige Kind nicht auf die Titulierung eines bis zum **Eintritt der Volljährigkeit** befristeten Unterhalts beschränkt, weil allein der Eintritt der Volljährigkeit keinen zulässigen Vollstreckungseinwand darstellt (§ 244 FamFG). Will der Unterhaltspflichtige geltend machen, nach Eintritt der Volljährigkeit seinem Kind keinen Unterhalt mehr in der titulierten Höhe zu schulden, muss er seinerseits im Korrekturverfahren (§ 240 FamFG) gegen den Festsetzungsbeschluss (§ 253 FamFG) vorgehen,

651

Erforderlich für die Zulässigkeit der Antragstellung (Nr. 7) sind zudem Angaben zum Kindergeld und anderen nach § 1612b oder § 1612c BGB anzurechnenden Leistungen, da ohne diese Bestandteile der letztlich geschuldete Unterhalt nicht festgesetzt werden kann. Dabei ist eine konkrete Bezifferung entbehrlich, die Angaben, wer das Kindergeld bezieht und ob es sich um Kindergeld für ein erstes oder weiteres Kind handelt, sind indessen notwendig.[81] Die erforderlichen Angaben zum Eltern-Kind-Verhältnis (Nr. 8) dienen der Klärung der Abstammung als Voraussetzung der Unterhaltsberechtigung. Ist das Kind nicht in der Ehe geboren, ist das Abstammungsverhältnis durch Angaben zur wirksamen Anerkennung oder rechtskräftigen Feststellung der Vaterschaft darzustellen. Die Erklärung zum Nichtbestehen einer Haushaltsgemeinschaft zwischen den Beteiligten (Nr. 9) berührt unmittelbar die Statthaftigkeit des vereinfachten Verfahrens (§ 249 I FamFG).

Angaben zur Höhe des Kindeseinkommens (Nr. 10) dienen, da im vereinfachten Verfahren die Bedürftigkeit des Kindes nicht zu prüfen ist, primär der Information des Antragsgegners. Sie erleichtert diesem die Entscheidung, ob er im Rahmen der Einwendungen nach § 252 FamFG dem Unterhaltsbegehren entgegentreten soll. Da es infolge von öffentlichen Leistungen an das Kind zu Forderungsübergängen kommen kann, hat sich der jeweilige Antragsteller auch zur Aktivlegitimation (Nr. 11) zu äußern. Verlangt das begünstigte Kind (Nr. 12 Alt. 1) Unterhalt, hat es sich ferner dahin zu erklären, dass Unterhalt nicht für die Zeiträume verlangt wird, in denen es infolge von Leistungen Dritter zu einem Forderungsübergang gekommen ist. Der nach Forderungsübergang als Antragsteller erscheinende Dritte (Nr. 12 Alt. 2) hat anzugeben, dass sein Begehren im verein-

---

[77] BGH FamRZ 2008, 1428 Rn. 23.
[78] BGH FamRZ 2008, 1428 Rn. 25.
[79] BGH FamRZ 2008, 1428 Rn. 19.
[80] OLG Hamm FamRZ 2011, 409.
[81] MüKoFamFG/Macco § 250 Rn. 9.

fachten Verfahren nicht über den Forderungsübergang hinausgeht. Die Versicherung (Nr. 13), dass die Festsetzung im vereinfachten Verfahren nicht nach § 249 II FamFG ausgeschlossen ist, soll dem Rechtspfleger gegenüber die Statthaftigkeit des Verfahrens nachweisen.

652 Das für die Einleitung des vereinfachten Verfahrens durch § 250 I FamFG inhaltlich formalisierte Unterhaltsbegehren wird durch einen **Formularzwang**, den § 1 I der Kindesunterhalt-Formularverordnung (KindUFV) in der Fassung vom 20.11.2015[82] iVm § 259 II FamFG auch für den Unterhaltszeitraum ab dem 1.1.2017 für den jeweiligen Antragsteller fortschreibt, verfahrensbezogen ergänzt. Den bis zum Inkrafttreten der Gesetzesänderung auch für den **Antragsgegner** bei der Geltendmachung von Einwendungen bestehenden Formularzwang (vgl. § 4 KindUFV) hat der Gesetzgeber für die Zukunft beseitigt. Anträge ohne Verwendung des vorgesehenen Vordrucks (Anlage zu § 1 I KindUFV – BGBl. I S. 2022–2024) sind, abgesehen von abschließend aufgezählten Abweichungen (§ 3 KindUFV), unzulässig. Ein Formularzwang besteht nicht, soweit die Unterhaltsvorschusskasse, Träger von Sozialhilfeleistungen oder auch sonstige Dritte (§ 1607 II und III BGB) aus übergegangenem Recht im vereinfachten Verfahren die Titulierung des Kindesunterhalts anstreben (§ 1 II KindUFV).[83] Der Antrag und seine Begründung müssen aber inhaltlich den Anforderungen von § 250 I FamFG genügen. Im Übrigen führt die Nichtbeachtung des Formularzwangs durch den Antragsteller zur Zurückweisung des Antrags (§ 250 II FamFG). Er kann allerdings erneut unter Einhaltung der Formvorschriften gestellt werden. Da keine Sachentscheidung vorausgegangen ist, steht dem § 249 II FamFG nicht entgegen (→ Rn. 643).

Kommt es zur Entscheidung über den Antrag, fällt eine **halbe Gerichtsgebühr** gemäß § 3 II FamGKG iVm KV Nr. 1210 an. Dies gilt nicht, wenn der Antrag vor der Entscheidung zurückgenommen oder hierüber ein Vergleich geschlossen wurde. Schließt sich das **streitige Verfahren** nach § 255 FamFG an, erwächst die **dreifache Verfahrensgebühr** gemäß § 3 II FamGKG iVm KV Nr. 1220. Hierauf ist allerdings die halbe Gebühr aus Nr. 1210 anzurechnen, da die Kosten des vereinfachten Verfahrens als Teil der Kosten des streitigen Verfahrens zu behandeln sind (§ 255 V FamFG). Führt das streitige Verfahren zur Aufhebung des Festsetzungsbeschlusses (§ 253 FamFG), scheidet eine Belastung des Antragsgegners auch mit den im vereinfachten Verfahren angefallen Kosten aus.

Für den Rechtsanwalt fällt eine **volle Rechtsanwaltsgebühr** nach Nr. 3100 VV RVG an. Kommt es abweichend vom Regelfall zu einer mündlichen Verhandlung, entsteht eine Terminsgebühr (Nr. 3104 VV RVG). Schließt sich das streitige Verfahren nach § 255 FamFG an, handelt es sich um eine eigene Angelegenheit im Sinne von § 17 Nr. 3 RVG. Gleichwohl wird die im vereinfachten Verfahren angefallene Gebühr auf die im streitigen Verfahren entstandene angerechnet (Nr. 3100 I VV RVG). Hier kann eine Terminsgebühr unter den Voraussetzungen von Vorbem. 3 III VV RVG auch dann anfallen, wenn die anwaltliche Tätigkeit sich auf die Mitwirkung an einer auf die Erledigung des Verfahrens gerichteten Besprechung beschränkt hat.[84] Kommt es zum Korrekturverfahren nach § 240 FamFG, scheidet eine Anrechnung aus.

653 Zum **Verfahrenswert** gilt Folgendes: Wird der Unterhalt nicht in der Form eines Prozentsatzes des Mindestunterhalts gemäß § 1612a BGB oder der in § 36 Nr. 4 EGZPO ausgewiesenen Beträge geltend gemacht, sondern nur ein statischer Monatsbetrag, ist der für die ersten 12 Monate nach Einreichung des Antrags geforderte Betrag maßgeblich. Dies entspricht § 51 I 1 FamGKG. Wird der Mindestunterhalt in Höhe eines **Prozentsatzes** nach §§ 1612a BGB, 30 Nr. 4 EGZPO geltend gemacht, ist der im Zeitpunkt der Einreichung des Antrags maßgebende Mindestunterhalt unter Berücksichtigung der dann geltenden Altersstufe zugrunde zu legen (§ 51 I 2 FamGKG). Nachträgliche Entwicklungen beim Prozentsatz und das Erreichen der nächsten Altersstufe bewirken keine Veränderung des Verfahrenswertes, und zwar auch dann nicht, wenn die Entwicklung bei Einreichung des Festsetzungsantrages bereits absehbar war. Die gemäß § 1612b BGB oder

---

[82] BGBl. I S. 2018.
[83] BGBl. I S. 2018.
[84] BGH FamRZ 2012, 110 Rn. 34.

5. Abschnitt: Das vereinfachte Verfahren über den Unterhalt Minderjähriger § 10

nach § 1612c BGB zu berücksichtigenden Kindergeldbeträge oder sonstigen Leistungen sind vom Gericht zu ermitteln[85] und wertmäßig abzuziehen. Beiden Beteiligten kommt es nämlich nicht darauf an, die Höhe des Ausgangsbetrages festzustellen; vielmehr interessiert sie – nach Berücksichtigung aller anzurechnenden Leistungen –, was letztendlich an Unterhalt konkret geschuldet ist bzw. verlangt werden kann. Somit kommt den Abzugspositionen der §§ 1612b, c BGB keine eigenständige Verfahrenswertfunktion zu. Die Regelung in § 51 I 2 FamGKG knüpft überdies ausdrücklich an den „Wert nach Satz 1" an und stellt lediglich klar, das sich altersbedingte Änderungen beim dynamisch geltend gemachten Kindesunterhalt wertmäßig nicht auswirken.[86]

Auch das vereinfachte Unterhaltsverfahren ist – für beide Beteiligte – der **Verfahrenskostenhilfe** zugänglich. Wird hierbei das minderjährige Kind von dem betreuenden Elternteil gesetzlich vertreten, ist die Bedürftigkeit des vertretenen Kindes maßgebend. Bei der **Verfahrensstandschaft gemäß § 1629 III BGB** sollte bisher nach teilweise in der instanzgerichtlichen Rechtsprechung vertretener Auffassung hinsichtlich der persönlichen und wirtschaftlichen Verhältnisse die Bedürftigkeit des Kindes maßgebend sein, da der Verfahrensstandschafter das Verfahren im Interesse des Kindes führe.[87] Eine andere Ansicht wollte, mehr dem Wortlaut des § 114 ZPO (Partei) entsprechend, die **Einkommenslage des jeweiligen Elternteils** zugrunde zu legen.[88] Diese Streitfrage hat der BGH in der Zwischenzeit entschieden.[89] Maßgebend sind danach die persönlichen und wirtschaftlichen Verhältnisse des das Verfahren führenden Beteiligten. Die Verfahrensstandschaft nach § 1629 III BGB bietet keinen Anlass, von diesem Grundsatz abzuweichen. Da im Übrigen das vereinfachte Verfahren ohnedies – was die Antragstellung anbelangt – auf die Minderjährigkeit des Kindes beschränkt ist, bedarf es nach Volljährigkeit des Kindes keiner erneuten Überprüfung der persönlichen und wirtschaftlichen Verhältnisse des nun im Unterhaltsverfahren allein aktiv legitimierten Kindes. Steht das vereinfachte Verfahren vor dem Hintergrund erbrachter Sozialleistungen und einer damit in Zusammenhang stehender Rückabtretung, muss sich das Kind als Antragsteller vorrangig auf einen Verfahrenskostenvorschuss (§ 94 V 2 SGB XII) durch den Sozialhilfeträger verweisen lassen.[90]

Die **Beiordnung eines Anwalts** wird vielfach für nicht erforderlich erachtet, weil man sich nach den „Allgemeinen Hinweisen" des Merkblatts auch nichtanwaltlicher Hilfe bei der Ausfüllung des Antragsformulars bedienen könne.[91] Wegen der Kompliziertheit des Unterhaltsrechts und der Unübersichtlichkeit der staatlichen Vordrucke wird teilweise eine anwaltliche Beratung in der Regel für notwendig erachtet.[92] Zudem stellt auch das zwingend zu verwendende Antragsformular (§ 259 FamFG) in seiner aktualisierten Fassung keine weiteren Anforderungen an den jeweiligen Antragsteller, die über „formularmäßige Anträge" auf Bewilligung von Verfahrenskostenhilfe und Beiordnung eines Rechtsanwalts hinausgehen. Schon deshalb soll nach OLG Brandenburg[93] eine Beiordnung geboten sein. Dies dürfte im Ergebnis auch für den Antragsgegner zu gelten haben. Zwar besteht für diesen seit dem 1.1.2017 bei seiner Rechtsverteidigung kein Formularzwang mehr. Gleichwohl erscheint er vor dem Hintergrund der durch § 252 FamFG für seine Einwendungen gesetzten Schranken weiterhin hilfebedürftig. Andererseits wird allerdings stringenter im Verfahren nach §§ 249 ff. FamFG die Beiordnung eines Rechtsanwalts in der Regel für nicht geboten erachtet.[94]

Wie in allen Beiordnungsfällen wird auch hier im Einzelfall[95] nach den konkreten Umständen und der individuellen Fallgestaltung nachzufragen sein, ob eine Beiordnung

---

[85] OLG Köln FamRZ 2008, 1645.
[86] Schneider, Familiengerichtskostengesetz 2010, § 51 Rn. 49 mwN.
[87] OLG Dresden FamRZ 1997, 1287.
[88] OLG Köln FamRZ 1993, 1472; OLG Karlsruhe FamRZ 1988, 636.
[89] BGH FamRZ 2006, 32; 2005, 1164.
[90] BGH FamRZ 2008, 1159 Rn. 13.
[91] KG FamRZ 2000, 762; OLG München FamRZ 1999, 1355.
[92] OLG Naumburg OLGR 2000, 451.
[93] OLG Brandenburg FamRZ 2002, 1199.
[94] KG FamRZ 2000, 762.
[95] BGH FamRZ 2004, 789.

wegen der Komplexität der Sach- und Rechtslage erforderlich ist, sofern nicht bereits Gründe der Waffengleichheit die Entscheidung anderweitig vorgeben.[96] Verfahrenskostenhilfeanträge im vereinfachten Verfahren werden deswegen relativ selten Aussicht auf Erfolg haben, weil die **Kosten der Verfahrensführung** des Beteiligten häufig vier Monatsraten und die aus dem Vermögen aufzubringenden Teilbeträge nicht übersteigen (§ 115 III und IV ZPO). Da für das vereinfachte Verfahren kein Gebührenvorschuss einzubezahlen ist, wird ein VKH-Verfahren nicht vorgeschaltet, sondern neben dem vereinfachten Verfahren geführt.[97]

7. Zurückweisung des Antrags

656   Entspricht der Antrag nicht den in § 250 I FamFG genannten Anforderungen und den in § 249 FamFG bezeichneten Voraussetzungen, hat ihn der Rechtspfleger – bei behebbaren Mängeln erst nach **Anhörung des Antragstellers** (§ 250 II 2 FamFG) – zurückzuweisen. Das gilt etwa dann, wenn der geforderte Unterhalt 120% des Mindestunterhalts übersteigt oder das Kind inzwischen im Haushalt des Antragsgegners lebt oder es sich bei der vom Kind geforderten Leistung um keine Unterhaltsrente, sondern um einen Zahlungsanspruch aus Schadensersatz oder Vertrag handelt.

Wird allerdings das Kind **im Laufe des vereinfachten Verfahrens** volljährig, bleibt dieses Verfahren weiterhin zulässig;[98] davon zu unterscheiden ist die Frage, ob über diesen Zeitpunkt hinaus noch eine unbefristete Titulierung im vereinfachten Verfahren erfolgen darf. Richtigerweise ist davon auszugehen, dass sich die Bemessung des Kindesunterhalts mit dem Eintritt der **Volljährigkeit** der schematisch-starren Regelung des § 1606 III 2 BGB, auf die das vereinfachte Verfahren abstellt, entzieht. Demgemäß muss das volljährige Kind seinen Antrag in diesem Verfahren entsprechend beschränken[99] und sich für den Unterhalt in der Folgezeit auf das streitige Unterhaltsverfahren verweisen lassen.[100] Dagegen spricht auch nicht die Vorschrift des § 244 FamFG über die Zwangsvollstreckung aus Unterhaltstiteln, die ersichtlich an eine zulässigerweise unbefristete Titulierung[101] **während der Minderjährigkeit** des Kindes, anknüpft. Sie erschöpft sich darin, dem Kind bei Eintritt der Volljährigkeit die Fortsetzung der Vollstreckung aus dem Titel zu ermöglichen bis es zu einem Korrekturverfahren (§ 240 FamFG) oder bei Wegfall der Unterhaltspflicht aus anderen Gründen, die nicht an den Eintritt der Volljährigkeit anknüpfen, zu einem Vollstreckungsabwehrverfahren (§ 767 ZPO) kommt.

657   Bei seiner Überprüfung (§ 250 II FamFG) hat der Rechtspfleger keine Ermittlungspflicht von Amts wegen, da auch im vereinfachten Verfahren die **Beteiligtenmaxime** mit dem **Beibringungsgrundsatz** gilt. Solange daher die Angaben des Kindes nicht widersprüchlich, offensichtlich unzutreffend oder bestritten sind, hat der Rechtspfleger diese Angaben als wahr zu unterstellen. Da viele Unterhaltspflichtige sich im vereinfachten Verfahren erfahrungsgemäß nicht melden oder nur ungenügende Erwiderungen vorlegen, liegt hierin ein besonderer Vorteil für das den Antrag stellende Kind, schnell und ungeschmälert einen Titel auf Kindesunterhalt zu erhalten.

658   Der **Zurückweisungsbeschluss** ist zu begründen, damit sich der Antragsteller mit der **Erinnerung** gegen die Zurückweisung wehren kann. Der Beschluss enthält keine Kostenentscheidung, weil kein Gegner vorhanden ist, dessen Kosten erstattet werden müssten. Im Falle der Zurückweisung des Antrags ist der (unzulässige) Antrag dem Antragsgegner nicht mehr zuzustellen. Der Zurückweisungsbeschluss ist wegen der befristeten Anfechtungsmöglichkeit dem Antragsteller förmlich zuzustellen (§ 329 II 2 ZPO). Gegen die Entscheidung des Rechtspflegers ist gemäß § 11 II 1 RPflG binnen der für die sofortige

---

[96] OLG Nürnberg FamRZ 2002, 891; OLG Hamm FamRZ 2002, 403; OLG Dresden FamRZ 2001, 634.
[97] Schulz FuR 1998, 385.
[98] BGH FamRZ 2006, 402 (404).
[99] OLG Köln FamRZ 2000, 678 (679).
[100] Johannsen/Henrich/Maier FamFG § 249 Rn. 2.
[101] OLG Stuttgart FamRZ 2000, 1161 (1163).

5. Abschnitt: Das vereinfachte Verfahren über den Unterhalt Minderjähriger § 10

Beschwerde geltenden Frist die Erinnerung zulässig. Dieser Erinnerung kann der Rechtspfleger gemäß § 11 II 2 RPflG abhelfen. Tut er dies nicht, ist die Erinnerung nach § 11 II 3 RPflG dem Richter vorzulegen, der über die sofortige Erinnerung abschließend entscheidet. Im Übrigen ist die Zurückweisung nicht anfechtbar (§ 250 II 3 FamFG). Eine Ausnahme bildet allerdings der Fall einer nur **teilweisen Zurückweisung.** Hier müsste über den der Zurückweisung unterliegenden Teil an sich das Amtsgericht abschließend entscheiden, während gegen den Festsetzungsbeschluss im Übrigen die Beschwerde (§§ 256, 58 FamFG) zum Oberlandesgericht eröffnet ist. Zur Vermeidung von einander widersprechenden Entscheidungen erscheint deshalb eine einheitliche Anfechtung durch die Beschwerde geboten.[102] Eine Überprüfung der angefochtenen Entscheidung kann der Antragsteller allerdings auch hier nur in dem für das Beschwerdeverfahren eng gesetzten Rahmen (§ 256 FamFG) erreichen.

Alternativ zur Erinnerung kann der Antragsteller aber auch einen neuen und verbesserten Antrag einreichen oder nunmehr Antrag im Streitverfahren stellen. Sein Antrag auf Verfahrenskostenhilfe für das vereinfachte Verfahren kann nicht mit dem Argument zurückgewiesen werden, es möge eine einstweilige Anordnung oder ein Verfahrenskostenhilfegesuch für ein beabsichtigtes Streitverfahren eingereicht werden. Ansonsten wäre die freie Rechtswahl (→ Rn. 641) des Unterhaltsberechtigten beeinträchtigt.[103] Wird der Festsetzungsantrag zurückgenommen, ist gemäß § 243 FamFG über die Kosten des Verfahrens zu entscheiden.[104] Dies ermöglicht, auch das Auskunftsverhalten des Antragsgegners im Vorfeld des gerichtlichen Verfahrens zu gewichten. Die Kostenentscheidung unterliegt der Anfechtung durch das Rechtsmittel der **sofortigen Beschwerde**, sofern der Beschwerdewert 200 EUR (§ 567 II ZPO) übersteigt.[105]

659

8. Verbindung mehrerer Verfahren

Machen **mehrere Kinder** eines Unterhaltspflichtigen (auch aus verschiedenen Verbindungen des Antragsgegners) ihren Unterhalt im vereinfachten Verfahren geltend, sind die einzelnen Verfahren unter den Voraussetzungen von § 250 III FamFG **zwingend** („hat zu verbinden") zu verbinden. Es handelt sich hierbei um den Fall einer **subjektiven Antragshäufung.** Ist die gebotene Verbindung unterblieben, hat das hierzu angerufene Gericht anzuordnen, dass die Mehrkosten, soweit sie durch die Nichtanwendung von § 250 III FamFG bei den Gerichtskosten anfallen, nicht zu erheben sind (§ 20 I S. 1 FamGKG).[106] Die zwingende Vorschrift des § 250 III FamFG, die eine Verbindung vorschreibt, wenn bei demselben Gericht „vereinfachte Verfahren anderer Kinder des Antragsgegners" anhängig sind, gilt auch für parallele vereinfachte Verfahren, in denen die Unterhaltsvorschusskasse übergegangene Unterhaltsansprüche von Geschwistern gegenüber dem nämlichen Elternteil verfolgt.[107] Eine gleichzeitige Entscheidung über alle Anträge ist nicht erforderlich. Eine **Verbindung mehrerer Verfahren** ist auch dann angezeigt, wenn die Unterhaltsberechtigten Unterhalt für unterschiedliche Zeiträume geltend machen, oder aber von einem Kind nur ein zeitlich begrenzter Unterhaltsrückstand geltend gemacht, vom anderen Kind der laufende, künftige Unterhalt gefordert wird. Die Verbindung dieser Verfahren ist schon deshalb erforderlich, um dem Unterhaltspflichtigen zu ermöglichen, seine mangelnde Leistungsfähigkeit auf Grund der Gesamtheit der gegen ihn erhobenen Unterhaltsansprüche geltend zu machen.

660

---

[102] BGH FamRZ 2008, 1428 Rn. 7.
[103] OLG Naumburg FamRZ 2001, 924.
[104] OLG Köln FamRZ 2017, 1598; FamRZ 2012, 1164.
[105] OLG Köln FamRZ 2017, 1598.
[106] OLG Celle JurBüro 2011, 431.
[107] OLG Celle FamRZ 2011, 1414.

§ 10 Verfahrensrecht

9. Mitteilung an Antragsgegner

661 Erscheint das vereinfachte Verfahren nach dem Vorbringen des Antragstellers zulässig, verfügt das Gericht die Zustellung des Antrags oder einer inhaltsgleichen Mitteilung an den Antragsgegner (§ 251 I 1 FamFG). Zugleich hat das Gericht dem Antragsgegner durch § 251 I 2 Nr. 1–4 FamFG näher spezifizierte Hinweise zu erteilen. Die Vorschrift dient der **Gewährung rechtlichen Gehörs** und informiert den Antragsgegner über die begrenzten Möglichkeiten und den Umfang einer **zulässigen Rechtsverteidigung**. Nach § 329 II 2 ZPO sind Antrag und Hinweis zuzustellen; ohne den Zustellungsnachweis kann eine Unterhaltsfestsetzung wegen eines schwer wiegenden Verfahrensfehlers, der zur Aufhebung des Beschlusses im Beschwerdeverfahren führen muss,[108] nicht erfolgen.

In § 251 I 2 Nr. 1a–c FamFG verhält sich der Hinweis über den in Betracht kommenden **Unterhaltszeitraum** und die **Höhe** des zu erwartenden **Unterhalts**, aufgegliedert nach den gesetzlich vorgegebenen Altersstufen der Kinder, im Fall des § 1612a BGB nach dem Prozentsatz des jeweiligen Mindestunterhalts sowie unter Angabe der nach § 1612b oder § 1612c BGB zu berücksichtigenden Leistungen.

Da nach § 250 I Nr. 10 FamFG im Antrag Angaben über die Höhe des Kindeseinkommens zu machen sind, erfolgt in § 251 I 2 Nr. 2 FamFG die Aufklärung für den Antragsgegner, dass das Gericht nicht geprüft hat, ob der verlangte Unterhalt das im Antrag angegebene **Kindeseinkommen** berücksichtigt.

Gemäß § 251 I 2 Nr. 3 FamFG zeigt das Gericht dem Antragsgegner den weiteren Verfahrensgang auf, der zum Erlass eines dem Antragsteller günstigen **Festsetzungsbeschlusses** (§ 253 FamFG) führen und aus dem unmittelbar die **Zwangsvollstreckung** betrieben werden kann (§ 120 II 1 FamFG), sofern der Antragsgegner nicht innerhalb eines Monats Einwendungen erhebt. Mit der Zustellung des Antrags beginnt der Lauf der **Monatsfrist**. Es handelt sich nicht um eine Ausschlussfrist (§ 252 V FamFG).[109] Eine **Fristverlängerung** scheidet ebenso aus wie eine **Wiedereinsetzung**[110] nach Ablauf der Monatsfrist und nach Erlass des Festsetzungsbeschlusses durch das Gericht. Zunächst zählt die Frist des § 251 I Nr. 3 FamFG nicht zu den in § 233 ZPO aufgeführten Fristen. Zudem besteht auch kein Anlass für eine entsprechende Anwendung, weil die Fristsetzung einen schnellen Ablauf des vereinfachten Verfahrens unterstützt und der Antragsgegner im Ergebnis auch nicht rechtlos gestellt wird. Gegenüber dem rechtskräftigen Festsetzungsbeschluss eröffnet ihm § 240 FamFG das Korrekturverfahren, in dem er sämtliche Einwendungen gegenüber dem Kindesunterhaltsbegehren vorbringen kann und in keiner Weise durch das vereinfachte Verfahren präkludiert ist.[111]

Für den Fall der **Auslandszustellung** bestimmt § 251 I 3 FamFG, dass das Gericht die Frist für die Geltendmachung von Einwendungen gesondert zu bestimmen hat. Das kann nur in der Weise verstanden werden, dass abweichend von der starren Frist des § 251 I 2 Nr. 3 FamFG dem Zeitverlust, der mit Zustellungen im Ausland verbunden sein kann, durch eine längere Frist, die auf den Einzelfall abstellt, Rechnung zu tragen ist. Die Zustellung erfolgt gemäß § 113 I 2 FamFG iVm §§ 183 ff., soweit nicht vorrangig Regelungen der Europäischen Union (EuZVO) oder internationale Abkommen (vgl. § 183 I 1 ZPO) dem entgegenstehen. Dabei kann das Gericht, sofern Zustellungen nach § 183 II bis V ZPO in Rede stehen, gemäß § 184 ZPO verfahren.[112]

Die Hinweise in § 251 I 2 Nr. 4 FamFG klären den Antragsgegner darüber auf, welche Einwendungen nach § 252 FamFG er mit Aussicht auf Erfolg überhaupt erheben kann, wobei dies im Fall **eingeschränkter oder fehlender Leistungsfähigkeit** zusätzlich davon abhängt, dass die **Auskunft** nach § 252 IV FamFG erteilt wird und **Belege** über die Einkünfte beigefügt werden. Einem besonderen Formzwang unterliegt der Antragsgegner im Unterschied zu § 251 I 2 Nr. 5 FamFG aF (gültig bis 31.12.2016) nicht mehr.

---

[108] OLG Bamberg FamRZ 2017, 818; OLG Celle FamRZ 2012, 141.
[109] OLG Köln FamRZ 2000, 680.
[110] OLG Frankfurt FamRZ 2018, 115.
[111] OLG Bremen FamRZ 2013, 560.
[112] BGH FamRZ 2011, 639.

5. Abschnitt: Das vereinfachte Verfahren über den Unterhalt Minderjähriger § 10

Gemäß § 251 II FamFG iVm § 167 ZPO wird die **Verjährung** des **Unterhaltsanspruchs** bereits durch die Einreichung des Festsetzungsantrags gehemmt, wenn dieser demnächst zugestellt wird. Dem steht die entsprechende Protokollerklärung (§ 257 FamFG) gleich. Ist aber der Festsetzungsantrag unvollständig und wird er erst nach entsprechendem Hinweis (§ 250 II FamFG) nachgebessert, erfolgt die Zustellung an den Gegner nicht mehr demnächst iSd des § 167 ZPO. Ab Zustellung kann der Antragsteller im vereinfachten Verfahren auch **Verzugszinsen** auf die bis dahin aufgelaufenen Unterhaltsrückstände geltend machen (→ Rn. 650).[113]

10. Einwendungen des Antragsgegners

Das auf die kurzfristige Schaffung eines Kindesunterhaltstitels gerichtete vereinfachte Verfahren wird neben der formalisierten Antragstellung durch eine **verkürzte Rechtsverteidigung** auf Seiten des Antragsgegners ergänzt, die ihm in § 252 FamFG nur einen begrenzten Raum für die Geltendmachung von Einwendungen lässt. Dem kann der Antragsgegner nicht durch einen Antrag auf Durchführung des streitigen Verfahrens (§ 255 I FamFG) ausweichen, weil einem solchen nur stattzugeben ist, nachdem der Antragsgegner zulässige Einwendungen im Sinne von § 252 II-IV FamFG erhoben hat (§ 254 FamFG). Die Vorschrift des § 252 FamFG unterscheidet zwei Arten von Einwendungen, die eine unterschiedliche Behandlung durch das Gericht erfahren. Durch § 252 I FamFG werden Einwendungen erfasst, mit denen sich der Antragsgegner gegen die **Zulässigkeit des vereinfachten Verfahrens** wenden kann. Erfolg mit seiner Rechtsverteidigung kann der Antragsgegner hierbei nur haben, wenn die Einwendungen **begründet** sind (§ 252 I 2 FamFG).

Andere Einwendungen, die nicht die Zulässigkeit des vereinfachten Verfahrens berühren und solche, die sich materiellrechtlich auswirken (§ 252 II FamFG), müssen lediglich unter den weiteren Voraussetzungen von § 252 II-IV FamFG **zulässig erhoben** werden, um zu einer erfolgreichen Rechtsverteidigung im vereinfachten Verfahren zu führen.

Als Angriffe auf die **Zulässigkeit des vereinfachten Verfahrens** lassen sich (zB) 663 folgende Einwendungen darstellen:
– das Fehlen der **allgemeinen Verfahrensvoraussetzungen**[114] oder das Fehlen der deutschen Gerichtsbarkeit (§§ 18 ff. GVG);[115] diese Voraussetzungen hat der Rechtspfleger ohnehin von Amts wegen zu prüfen, hindert den Antragsgegner aber nicht, sie als Einwendungen geltend zu machen;
– die Rüge, es fehle an einer **ordnungsgemäßen Vertretung des Kindes**, wie dies etwa beim Fehlen einer Verfahrensstandschaft (§ 1629 III BGB) trotz Anhängigkeit einer Ehesache der Fall ist;[116]
– der Hinweis, es liege bereits ein **Unterhaltstitel** vor, mit dem der Antragsgegner die Statthaftigkeit des vereinfachten Verfahrens (§ 249 II FamFG) in Abrede stellen kann; allerdings hängt der Erfolg dieser Einwendung davon ab, dass der Unterhaltstitel bereits bei Zustellung der Antragsschrift erstellt war; bei einer nachfolgenden Titulierung hat es der Antragsteller in der Hand, dem die weitere Rechtsverfolgung durch Erklärung einer – gegebenenfalls – Teilerledigung anzupassen (-> Rn. 644); bezieht das Kind entgegen § 250 I Nr. 12 FamFG die in der Vorschrift angeführten **Sozialleistungen**, ist das vereinfachte Verfahren unzulässig;[117]
– die Rüge, das Unterhalt begehrende Kind sei bereits **volljährig**; damit dringt der Antragsgegner aber nur dann durch, wenn dies bei Einleitung des vereinfachten Verfahrens der Fall war; tritt die Volljährigkeit während des Verfahrens ein, ändert das nichts an der Statthaftigkeit des vereinfachten Verfahrens; allerdings müssen die Beteiligten dem

---

[113] BGH FamRZ 2008, 1428 Rn. 29.
[114] OLG Karlsruhe FamRZ 2013, 1501.
[115] Keidel/Giers FamFG § 252 Rn. 3.
[116] OLG Karlsruhe FamRZ 2013, 1501; OLG Köln FamRZ 2000, 678.
[117] OLG Jena FamRZ 2013, 1412.

§ 10   Verfahrensrecht

insoweit Rechnung trägt, als das volljährige Kind im Wege eines gewillkürten Antragstellerwechsels an Stelle des gesetzlichen Vertreters in das Verfahren eintritt;[118]
— die Behauptung des Antragstellers, „er habe kein Kind mit diesem Geburtsdatum", stellt einen zulässigen Angriff auf die Antragsanforderungen in § 250 I Nr. 8 FamFG dar;[119] damit kann er in der Sache aber nicht durchdringen, solange die Voraussetzungen von §§ 1599 ff. BGB nicht vorliegen und die Vaterschaftsvermutung fortbesteht;[120] unzutreffend ist deshalb die Auffassung des OLG Bamberg,[121] das in diesem Vorbringen eine die Zulässigkeit des vereinfachten Verfahrens nicht berührende Einwendung im Sinne von § 252 II FamFG sehen will;
— mit der Einwendung, das Unterhalt begehrende Kind lebe mit ihm in **einem Haushalt**, stellt der Antragsgegner die Voraussetzungen von § 250 I Nr. 9 FamFG und damit die Statthaftigkeit des vereinfachten Verfahrens erfolgreich in Abrede;[122] treten die Voraussetzungen allerdings erst während des vereinfachten Verfahrens ein, bleibt die Statthaftigkeit des Verfahrens für den Unterhaltszeitraum bis zum Eintritt der veränderten Lebensumstände des Kindes unberührt.[123]

664 Sofern die nach § 252 I FamFG zulässigen Einwendungen nicht begründet sind, weist der Rechtspfleger sie mit dem Festsetzungsbeschluss gemäß §§ 252 I 3, 253 FamFG zurück. Nicht begründet sind die Einwendungen schon dann, wenn der Unterhaltspflichtige keine **Tatsachen behaupten** kann, die zur Unzulässigkeit des vereinfachten Verfahrens führen. Unbegründet sind die Einwendungen auch dann, wenn das tatsächliche Vorbringen **nicht schlüssig** ist.[124] Dies führt ohne weiteres zur abschließenden Zurückweisung (§ 252 I 3 FamFG) durch das Gericht, wobei zuvor nach den Umständen des Einzelfalls gemäß den Grundsätzen des fairen Verfahrens ein gerichtlicher Hinweis (§ 139 II ZPO) geboten sein kann.[125]

665 Allerdings kann sich das gerichtliche Verfahren, das zum Erlass eines Festsetzungsbeschlusses führen soll, nicht in einer reinen Schlüssigkeitsprüfung erschöpfen. Denn der Erfolg einer Rechtsverteidigung des Antragsgegners gegenüber den Einwendungen aus § 252 I FamFG soll davon abhängen, ob die Einwendungen **zulässig und „begründet"** sind. Nicht zu folgen ist deshalb der Rechtsauffassung, die sich für die Begründetheit auf Feststellung der Schlüssigkeit des Vorbringens beschränkt. Entgegen OLG Nürnberg[126] ist das vereinfachte Verfahren nicht schon dann unzulässig, wenn der Antragsgegner schlüssig (d. h. substantiiert) darlegt, dass das Kind im Rahmen eines Wechselmodells mit ihm in einem Haushalt lebe. Vielmehr eröffnet dieser Sachstand erst die weitere Sachverhaltsaufklärung. Gleichwohl ist nicht zu übersehen, dass sich aus § 252 I FamFG auch in seiner seit dem 1.1.2017 gültigen Fassung keine besonderen **verfahrensrechtlichen Vorgaben** für die Behandlung der Einwendungen gewinnen lassen, so dass es zunächst bei den allgemeinen Regeln einer Familienstreitsache (§§ 231 I Nr. 1, 112 Nr. 1, 113 I 2 FamFG) bleiben muss. Einvernehmen besteht aber darüber, dass der Rechtspfleger nach seinem Ermessen über den Antrag im vereinfachten Verfahren aufgrund mündlicher Verhandlung (§ 128 IV ZPO) befinden kann,[127] wozu es aber erfahrungsgemäß höchst selten kommt. Dass ändert aber nichts daran, dass der Rechtspfleger den Sachverhalt umfassend aufzuklären hat. Er muss im Ergebnis die **sichere Überzeugung** über den entscheidungsrelevanten Sachverhalt gewinnen. Die in § 252 I 3 FamFG aF noch vorgesehene Einschränkung, wonach eine Einwendung „nicht begründet erscheint", hat der Gesetzgeber nicht fortgeschrieben. Hat der Antragsgegner Einwendungen gegen die Zulässigkeit des einstweiligen Verfahrens

---
[118] BGH FamRZ 2013, 1378 Rn. 8 = R 737a.
[119] OLG Brandenburg FamRZ 2002, 1345.
[120] OLG Brandenburg FamRZ 2002, 545.
[121] OLG Bamberg FamRZ 2018, 116 (117).
[122] OLG Nürnberg NZFam 2018, 184.
[123] BGH FamRZ 2017, 816 Rn. 17.
[124] Vgl. BT-Drs. 13/7338, 40.
[125] OLG Karlsruhe FamRZ 2006, 1548.
[126] OLG Nürnberg FamRZ 2018, 697 (698).
[127] Johannsen/Henrich/Maier FamFG Vor § 253 Rn. 5; Prütting/Helms/Bömelburg FamFG § 252 Rn. 27.

schlüssig vorgebracht, wobei dies schriftlich oder zu Protokoll gegenüber dem Urkundsbeamten der Geschäftsstelle (§ 257 FamFG) eines jeden Amtsgerichts (§ 129a I ZPO) geschehen kann, ist das Vorbringen dem Antragsteller zur Stellungnahme zur Kenntnis zu bringen. Tritt dieser den Einwendungen nicht mehr entgegen oder vermag er sie mit konkretem Gegenvorbringen nicht zu entkräften, endet das Verfahren mit der Zurückweisung des Antrags (§ 252 I 2 FamFG). Hinweise nach § 254 FamFG sind nicht angezeigt, da diese Vorschrift nicht Einwendungen erfasst, die sich gegen die Zulässigkeit des vereinfachten Verfahrens richten.

Stellt der Antragsteller das Vorbringen des Antragsgegners in Abrede oder begegnet er den Einwendungen mit substantiiertem Gegenvorbringen, stellt sich die Frage nach Art und **Umfang** einer **Beweisaufnahme**, die der Rechtspfleger im Rahmen seiner Zuständigkeit (§ 4 RPflG) auch durchführen kann. Die Anforderungen an eine solche werden, da es an näheren gesetzlichen Vorgaben fehlt, unterschiedlich beurteilt. Teilweise wird die Auffassung vertreten,[128] maßgebend seien auch hier die **zivilprozessualen Regeln des Strengbeweises** (§ 286 ZPO). Andere Meinungen[129] gehen von einer umfassenden Prüfungspflicht des Rechtspflegers aus, fordern für die gegen die Zulässigkeit des vereinfachten Verfahrens gerichteten Einwendungen aber den **Freibeweis**. Eine weitere Auffassung sieht das Verfahren reduziert auf **präsente Beweismittel**, weshalb – ohne mündliche Verhandlung – auch die Vernehmung von Zeugen ausscheide.[130] Tritt der Antragsgegner dem Unterhaltsbegehren mit dem Hinweis entgegen, er sei abweichend von § 250 I Nr. 8 FamFG nicht Vater des Kindes, begnügt sich die Rechtsprechung etwa mit der Vorlage einer Abstammungsurkunde.[131] Den verschiedenen Betrachtungsweisen ist zuzugestehen, dass es sich auch beim vereinfachten Verfahren durchaus um ein Streitverfahren handelt, das sich schon deshalb nicht auf eine dem Verfahrenskostenhilfeverfahren vergleichbare summarische Schlüssigkeitsprüfung beschränken kann. Gleichwohl darf das Anliegen des Gesetzgebers, dem unterhaltsberechtigten Kind in einem beschleunigten und deshalb auch formalisierten Verfahren einen – gegebenenfalls nur vorläufigen – Unterhaltstitel zu verschaffen, nicht vernachlässigt werden. Damit wäre eine Beweisaufnahme auf dem Niveau eines ordentlichen Streitverfahrens unvereinbar.

Tritt etwa der Antragsgegner dem Unterhaltsbegehren des Kindes mit der hinreichend substantiierten und beweisgeeigneten Behauptung, das Kind lebe ungeachtet einer Trennung der Eltern noch mit ihm in einem Haushalt (§§ 250 I Nr. 9, 252 I FamFG), entgegen und benennt hierfür zahlreiche Zeugen, dem das Kind wiederum unter Benennung von Zeugen entgegentritt, müsste nach den Grundregeln des Strengbeweises eine umfangreiche und gemessen an einer Anzahl und Aufenthaltsort der Zeugen zeitaufwendige Zeugenbefragung stattfinden. Die Gefahr von Zeitverzögerungen bis zur rechtskräftigen Titulierung des Kindesunterhalts müsste sich dabei noch dadurch erhöhen, dass die Beweisaufnahme für das anschließende Streitverfahren (§ 255 FamFG) nicht bindend und gegebenenfalls zu wiederholen wäre. Will man demgegenüber an dem **Beschleunigungsgrundsatz** für das vereinfachte Verfahren festhalten, müssen damit notwendig Einschränkungen beim Strengbeweis einhergehen, insbesondere Zeugenvernehmungen ausscheiden.[132] Durch die Betonung verfahrensbeschleunigender Elemente weist das vereinfachte Verfahren Parallelen zum einstweiligen Anordnungsverfahren (§ 246 FamFG) auf. Hinzu kommt, dass auch der Bestand der in den beiden Verfahren erwirkten Titel nicht endgültig sein muss, sondern in einem ordentlichen Streitverfahren uneingeschränkt und ohne Präklusionen überprüft werden kann. Die Verfahrensbeteiligten im vereinfachten Verfahren werden deshalb auch nicht rechtlos gestellt, wenn der jeweilige Beweismaßstab wesentlich durch das Mittel der Glaubhaftmachung bestimmt wird (§§ 246, 51 I S. 2, II FamFG, § 294 ZPO). Indessen besteht auch in Ansehung des Beschleunigungsgrundsatzes keine Pflicht für den Rechtspfleger, von einer Beweisaufnahme abzusehen. Steht es ihm doch frei, insbesondere bei

---

[128] MüKoFamFG/Macco § 252 Rn. 10.
[129] Hüßtege in Thomas/Putzo FamFG § 252 Rn. 16.
[130] Prütting/Helms/Bömelburg FamFG § 252 Rn. 27.
[131] OLG Brandenburg FamRZ 2002, 545.
[132] Prütting/Helms/Bömelburg FamFG § 252 Rn. 27.

einfach gelagerten Fällen mit der Aussicht auf eine Einigung der Beteiligten eine mündliche Verhandlung anzuberaumen und dazu verfahrensleitend Zeugen zu laden, um entscheidungsrelevante Aufklärung für die umstrittene Zulässigkeit des Verfahrens zu erlangen.[133]

666 Mit anderen Einwendungen, die nicht die Zulässigkeit des vereinfachten Verfahrens betreffen (§ 252 I FamFG), kann eine Rechtsverteidigung des Antragsgegners nur unter den Voraussetzungen von § 252 II-IV FamFG Erfolg haben. Es handelt sich um **Einwendungen, die ihre Grundlagen im materiellen Recht** haben. Im Unterschied zu den Einwendungen aus § 252 I FamFG unterliegen sie einem „eingeschränkten" Prüfungsverfahren, weil es allein darauf ankommt, ob die Einwendungen **„zulässig erhoben"** sind (§ 252 II FamFG). Die Tätigkeit des Rechtspflegers erschöpft sich in einer Erheblichkeitsprüfung. Ohne Bedeutung für das vereinfachte Verfahren ist demgegenüber, ob die Einwendungen bei einer Sachentscheidung materiellrechtlich auch durchgreifen. Eine verfahrensrechtliche Besonderheit für sämtliche Einwendungen im eingeschränkten Prüfungsverfahren besteht überdies, als die Einwendungen nur zu beachten sind, wenn der Antragsgegner zugleich erklärt, inwieweit er zur **Unterhaltszahlungen bereit** ist und dass er sich insoweit zur Erfüllung des Unterhaltsanspruchs verpflichtet. Zulässig ist vor dem Hintergrund fehlender Leistungsfähigkeit auch die Erklärung, zu keinen Unterhaltszahlungen in der Lage zu sein. Selbst das **Fehlen einer ausdrücklichen Erklärung** dürfte aus Sicht des Antragsgegners unschädlich sein, sofern aus seinem sonstigen substantiierten und belegten Vorbringen ersichtlich ist, dass hiernach von einer fehlenden Leistungsfähigkeit ausgegangen werden kann.[134] Diese Einschätzung erscheint auch deshalb gerechtfertigt, weil mit dem Wegfall des Formularzwangs für den Antragsgegner auch die Vorteile einer Formularhilfe entfallen sind. Überdies soll der Antragsgegner durch die Obliegenheit zur Erklärung lediglich angehalten werden, sich über die Berechtigung des Unterhaltsbegehrens Klarheit zu verschaffen und sich gegebenenfalls rechtlich beraten zu lassen.[135] Wollte man dem nicht folgen, bestünde vor einer Zurückweisung zumindest Anlass für einen gerichtlichen Hinweis (§ 139 II ZPO).

Als in § 252 II FamFG nicht näher bezeichnete Einwendungen in Betracht kommen solche, die sich etwa zur Höhe des begehrten Unterhalts, Verzug (§ 1613 BGB),[136] Befristung wegen Volljährigkeit oder UVG – Leistungen, zur Anrechnung kindbezogener Leistungen[137] oder zur Aktivlegitimation[138] verhalten. Dies gilt gleichermaßen für substantiierte Hinweise auf eine fehlende Bedürftigkeit, einen unterhaltsrechtlichen Nachrang oder auch auf getroffene Unterhaltsvereinbarungen.[139] Zu den Einwendungen, die den Anforderungen von § 252 II FamFG entsprechen müssen zählen ferner der Einwand der **Erfüllung** sowie der Einwand **eingeschränkter** oder **fehlender Leistungsfähigkeit**. Für diese bestehen darüber hinaus weitere Zulässigkeitsvoraussetzungen. Eine in § 252 II 3 FamFG aF noch vorgesehene Auskunft über die persönlichen und wirtschaftlichen Verhältnisse im Übrigen hat der Gesetzgeber in der Neuregelung nicht übernommen.

Der Einwand der Erfüllung ist nur zulässig (§ 252 III FamFG), wenn der Antragsgegner zugleich erklärt, inwieweit er **geleistet hat** und dass er sich verpflichtet, einen darüber hinausgehenden **Unterhaltsrückstand** zu begleichen. Dabei hat der Antragsgegner im Einzelnen, gegliedert nach unterhaltsberechtigten Personen und Zeiträumen ein Zahlenwerk darzustellen, das dem Rechtspfleger allein mit Hilfe des mathematischen Kalküls ermöglicht, die Erfüllung nachzuvollziehen. Stellt der Antragsteller die behaupteten Zahlungen in Abrede, kommt es gleichwohl zu keiner Beweisaufnahme hierüber, weil es in diesem Verfahrensabschnitt allein darauf ankommt, ob der Antragsgegner die Einwendungen des § 252 II FamFG zulässigerweise (schlüssig dargetan) erhoben hat.[140] In diesem Fall

---

[133] Johannsen/Henrich/Maier FamFG Vor § 253 Rn. 6.
[134] OLG Hamburg BeckRS 2019, 7646; OLG Hamm FamRZ 2006, 211 (zum alten Recht).
[135] BT-Drs. 13/7338, 41.
[136] Hüßtege in Thomas/Putzo FamFG § 252 Rn. 5.
[137] Keidel/Giers FamFG § 252 Rn. 6.
[138] BGH FamRZ 2008, 1433 Rn. 13.
[139] Prütting/Helms/Bömelburg FamFG § 252 Rn. 18.
[140] BT-Drs. 13/7338, 40.

verfährt der Rechtspfleger weiter nach § 254 FamFG. Gelingt dem Antragsgegner die Darlegung zum Erfüllungseinwand nicht, kann er sein Vorbringen nach Verfügung des Festsetzungsbeschlusses (§ 252 V FamFG) nicht mehr ergänzen und ist hiermit auch im Rechtsmittelverfahren (§ 256 S. 2 FamFG) von vornherein ausgeschlossen.[141]

Den **Einwand eingeschränkter** oder **fehlender Leistungsfähigkeit** (§ 252 IV FamFG) kann der Antragsgegner schließlich nur erheben, wenn er über die Erklärung in § 252 II FamFG hinaus **Auskunft** über seine Einkünfte und sein Vermögen erteilt. Als Einkünfte (entgegen einer verbreiteten Lesart nicht: Einkommen) ist hier zu verstehen die Summe aller in Betracht kommenden Einkunftsarten (§ 2 I EStG). Da sich Einkünfte nur als Gewinn oder Überschuss der Einnahmen über die Werbungskosten darstellen lassen, erfasst die Auskunft auch die Einnahmen mindernde Positionen. Allerdings wird der Antragsgegner ohnehin bemüht sein, die seine Einkommensverhältnisse belastenden Ausgaben zum Nachweis fehlender Leistungsfähigkeit anzuführen. Der Hinweis auf die Eröffnung eines Verbraucherinsolvenzverfahrens genügt den durch § 252 IV FamFG gestellten Anforderungen nicht.[142]

Die **Auskunftspflicht** knüpft in ihrer Formulierung erkennbar an § 1605 BGB an, geht aber, will der Antragsgegner hier Rechtsnachteile vermeiden, in seiner Wirkung weit über den ansonsten materiellrechtlich geschuldeten Auskunftsanspruch hinaus. Hat etwa im Vorfeld der Verfolgung seiner Unterhaltsansprüche das Kind sich um eine Auskunft iSv § 1605 BGB bemüht, die der Antragsgegner auch erteilt hat, kommt dem entgegen § 1605 II BGB für das anschließende vereinfachte Verfahren – im Unterschied zu einem ordentlichen Streitverfahren – keine bindende Wirkung zu. Vielmehr muss der in Anspruch genommene Unterhaltspflichtige von sich aus und unaufgefordert im Rahmen seiner Einwendungen die Auskunft erneut erteilen. Weitere **zeitliche Vorgaben** für die zu erteilende Auskunft enthält § 252 IV FamFG im Gegensatz zur Belegpflicht nicht. Soll die Auskunft aber dem Ziel dienen, die fehlende Leistungsfähigkeit darzustellen und etwa dem Antragsteller das Absehen vom streitigen Verfahren (§ 255 FamFG) nachprüfbar zu machen, muss zwischen dem in Rede stehenden Unterhaltszeitraum und den Darstellungen einer fehlenden Leistungsfähigkeit **Kongruenz** bestehen. Damit erstreckt sich die Auskunftspflicht auch auf Zeiträume, für die Unterhaltsrückstände (§ 250 I Nr. 5 FamFG) geltend gemacht werden.

Mit der Pflicht zur Auskunft einher gehen eine durch § 252 IV FamFG erfasste **allgemeine Belegpflicht** sowie zwei „**Sonderfälle**". Die allgemein gehaltene Regelung in § 252 IV 1 FamFG verlangt vom Antragsgegner, für die „**letzten zwölf Monate**" seine Einkünfte zu belegen. Bezieht der Antragsgegner Leistungen zur Sicherung des Lebensunterhalts nach dem Zweiten Buch Sozialgesetzbuch oder dem Zwölften Buch Sozialgesetzbuch, hat er gemäß § 252 IV 2 FamFG den „**aktuellen Bewilligungsbescheid**" darüber vorzulegen. Bei Einkünften aus selbständiger Tätigkeit, Gewerbebetrieb sowie Land- und Forstwirtschaft (§ 2 I Nr. 1–3 EStG) erstreckt sich die Belegpflicht nach § 252 IV 3 FamFG auf den „**letzten Einkommensteuerbescheid**" sowie für das „**letzte Wirtschaftsjahr**" die Gewinn-und-Verlust-Rechnung oder die Einnahmenüberschussrechnung. Das Formular über die dem Antragsgegner gemäß § 251 FamFG zuzustellende Antragsschrift[143] erschöpft sich bei den Hinweisen für die mögliche Rechtsverteidigung in der Wiederholung des Gesetzestextes. Es offenbart damit nur die Probleme, die mit den **zeitlichen Vorgaben** der gesetzlichen Neuregelung verbunden sind. Sie belasten den Antragsgegner zusätzlich, ohne im Ergebnis das Anliegen des Gesetzgebers, ein streitiges Verfahren möglichst zu vermeiden oder – soweit dies nicht gelingt – in der Frage der Leistungsfähigkeit des Unterhaltspflichtigen den Streitstand vorzuklären,[144] entscheidungserheblich zu fördern. Die zeitliche Festlegung der letzten zwölf Monate lässt offen, an welchen **Einsatzzeitpunkt** die Belegpflicht anknüpft. Denkbar als Zeitpunkt erscheint der mitgeteilte Eingang des Antrags bei Gericht oder das Datum der Zustellung der

---

[141] OLG Saarbrücken FamRZ 2011, 49.
[142] OLG Koblenz FamRZ 2005, 915.
[143] BGBl. 2015 I S. 2024.
[144] BT-Drs. 18/5918, 21.

Antragsschrift. Macht der Antragsteller auch Unterhaltsrückstände geltend (§ 250 I Nr. 5 FamFG), dürfte sich aus Sicht einer erfolgsorientierten Rechtsverteidigung empfehlen, ungeachtet der „letzten" zwölf Monate vorsorglich auch bei den Belegen eine Kongruenz mit dem gesamten Unterhaltszeitraum herzustellen. Überdies sollten die vorgelegten Belege, jedenfalls soweit sie Arbeitnehmer betreffen, jeweils auch an den betroffenen **Kalenderjahren** ausgerichtet sein, weil die praktische Rechtsanwendung bei der Unterhaltsbemessung und damit auch bei der Leistungsfähigkeit üblicherweise auf diese aussagekräftigeren Belegzeiträume (vgl. → § 1 Rn. 1179) abstellt.

Soweit sich der Gesetzgeber darauf beschränkt, von Leistungsempfängern nach SGB II und SGB XII die Vorlage nur des aktuellen Bewilligungsbescheides (einschließlich des Berechnungsbogens)[145] zu verlangen, ist nicht ersichtlich, woraus sich gemessen am Gesetzeszweck die zeitliche Einschränkung im Unterschied zu § 252 IV 1 FamFG herleiten lassen soll. Der „letzte" **Einkommensteuerbescheid** betrifft gerade bei den in Rede stehenden selbständig Erwerbstätigen erfahrungsgemäß einen Veranlagungszeitraum, der einen zeitlichen Bezug zum streitgegenständlichen – laufenden – Unterhalt nicht mehr erkennen lässt, überdies ohne korrespondierende Einkommensteuererklärung unterhaltswirksam nicht aussagekräftig erscheint. Dies gilt im Ergebnis ebenso für die Unterlagen, die der Antragsgegner für das „letzte" **Wirtschaftsjahr** vorlegen soll, die eine unterhaltsrechtliche Relevanz nach ständiger Rechtsprechung aber erst aus einem **Mehrjahresvergleich**[146] gewinnen (→ § 1 Rn. 425, 1170). Die Beleganforderungen sind deshalb auch nicht geeignet, den Sachverhalt über eine eingeschränkte oder fehlende Leistungsfähigkeit des Unterhaltspflichtigen weiter aufzuklären und einen Übergang ins streitige Verfahren (§ 255 FamFG), was aber § 252 IV FamFG bewirken soll,[147] abzuwenden. Überdies stehen sie auch einem weiteren Auskunftsverfahren nach § 1605 BGB nicht entgegen.

Lebt der Antragsgegner im **Ausland,** können die Belege, sofern sie dort erstellt sind, auch in der jeweiligen Sprache vorgelegt werden. Sind keine den inländischen Belegen und Nachweisen vergleichbare Dokumente verfügbar, hat der Antragsgegner dies im Rahmen seiner Obliegenheiten aus § 252 IV FamFG dem Amtsgericht mitzuteilen, will er mit dem Einwand fehlender Leistungsfähigkeit nicht ausgeschlossen werden.[148]

668 Sind die **Einwendungen** des Antragsgegners **unvollständig** oder gibt er keine Erklärung dazu ab, in welchem Umfang er Unterhalt zahlen will, bleiben die Einwendungen des § 252 II – IV FamFG unberücksichtigt mit der Folge des alsbald ergehenden Festsetzungsbeschlusses (§ 253 I FamFG). Dazu kann es allerdings erst dann kommen, wenn das Gericht seine **Hinweispflichten** entsprechend § 139 II ZPO beachtet hat. Dies drängt sich insbesondere in Fällen auf, bei denen sich der Antragsgegner ersichtlich auf die erläuterungsbedürftigen Regelungen in § 252 IV FamFG beruft, sofern es an anwaltlicher Hilfe fehlt, zumal die formularmäßigen Hinweise des Gerichts sich nur in einer Wiederholung des Gesetzestextes erschöpfen (→ Rn. 667). Hier ist gerichtliche Hilfe angezeigt, wenn etwa der **Auskunftszeitraum** und der **Belegzeitraum** auseinanderfallen. Ein weiterer Fall für Maßnahmen nach § 139 II ZPO dürfte sich dann einstellen, wenn der Antragsgegner Erfüllung einwendet (§ 252 III FamFG) einwendet, die Zahlungen auch belegt, entgegen § 252 II FamFG aber die die kumulativ notwendige **Verpflichtungserklärung** nicht abgibt. Dem Antragsgegner bleibt schließlich freigestellt, im Wege des Korrekturverfahrens nach § 240 FamFG die im Rahmen des § 252 II-IV FamFG nicht berücksichtigten Einwendungen erneut geltend zu machen. Im weiteren Gang des vereinfachten Verfahren ist er damit allerdings ausgeschlossen (§ 256 S. 2 FamFG).

Beispiele für unzulässige Einwendungen:
– Der Antragsgegner trägt nur vor, er sei leistungsunfähig, ohne hierüber Auskünfte zu erteilen.
– Der Antragsgegner beruft sich auf eingeschränkte Leistungsfähigkeit, erteilt Auskunft und belegt diese, sieht aber von einer Verpflichtungserklärung ab.

---

[145] BT-Drs. 18/5918, 20.
[146] BGH FamRZ 2004, 1177, 1178.
[147] BT-Drs. 18/5918, 21.
[148] OLG München FamRZ 2005, 381.

5. Abschnitt: Das vereinfachte Verfahren über den Unterhalt Minderjähriger § 10

– Der Antragsgegner hat zwar über seine Einkünfte und sein Vermögen vollständig Auskunft erteilt, zu seinen Einkünften aber keine Belege vorgelegt.
– Der Antragsgegner erklärt, er sei nicht leistungsfähig, weshalb sofort das streitige Verfahren nach § 255 I FamFG durchzuführen sei; der Übergang in das streitige Verfahren setzt gemäß § 254 FamFG allerdings die Erhebung von Einwendungen voraus, die gemäß § 252 II-IV FamFG im vereinfachten Verfahren beachtlich sind.

Im Unterschied zu § 252 II 3 FamFG aF unterliegt der Antragsgegner auch bei der Geltendmachung von Einwendungen nach § 252 II FamFG **keinem Formularzwang** mehr. Er kann seine Einwendungen schriftlich oder mündlich zu Protokoll der Geschäftsstelle (§ 129a I ZPO iVm § 257 FamFG) bei einem Amtsgericht darlegen und dazu die notwendigen Unterlagen einreichen. Dem stehen gleich entsprechende Erklärungen gegenüber der **Urkundsperson** bei einem **Jugendamt** (§ 59 I 1 Nr. 9 SGB VIII), wobei die verfahrensrelevanten Wirkungen der Erklärung erst mit Eingang bei dem zuständigen Gericht eintreten. Über die weitere Behandlung der Einwendungen verhält sich das Gesetz im Übrigen nur insoweit, als die Prüfung nur darauf abzustellen hat, ob die Einwendungen **zulässig** sind. Nicht zu klären ist in diesem Verfahren deshalb, ob die Einwendungen im Ergebnis gegenüber dem Unterhaltsbegehren durchgreifen. Kommt der Rechtspfleger nach Prüfung zu der Einschätzung, dass es sich um erhebliches Vorbringen iSv § 252 II FamFG handelt, hat er dies dem Antragsteller zugänglich zu machen und Gelegenheit zu einer Stellungnahme zu gewähren. Dieser kann der Rechtsverteidigung bestreitend oder mit sonst erheblichem Vorbringen entgegentreten, so dass sich die Frage nach einer Beweisaufnahme stellt. Dies ist etwa dann der Fall, wenn der Antragsgegner dem Verlangen nach **rückständigem Unterhalt** entgegenhält, eine schriftliche Mahnung nicht erhalten zu haben. Einem etwa angebotenen Zeugenbeweis muss der Rechtspfleger allerdings nicht nachgehen (→ Rn. 665). Er kann sich, um dem **Grundsatz des Beschleunigungsgebots**, der das vereinfachte Verfahren bestimmt, Rechnung zu tragen, auf die Anforderung von Zustellungsnachweisen beschränken oder auch eidesstattliche Versicherungen akzeptieren[149] und zur Grundlage seiner Entscheidung machen, wie dies bei der Einstweiligen Anordnung für die Überzeugungsbildung gleichermaßen in Betracht kommt (→ Rn. 665).

Soweit der Antragsgegner dem im vereinfachten Verfahren verlangten Unterhalt nicht weiter entgegentritt, sich sofort zur Erfüllung der Unterhaltsansprüche verpflichtet und geltend macht, keinen Anlass zur Stellung des Antrags gegeben zu haben, handelt es sich im Unterschied zu § 252 I 2 FamFG aF nicht um eine Einwendungen iSv § 252 II FamFG.[150] Gleichwohl ist er nicht gehindert, im Kosteninteresse ein **Anerkenntnis** abzugeben, um eine ihm günstige Kostenfolge zu erzielen. Da der Antragsgegner in diesem Fall keine Einwendungen nach § 252 II-IV FamFG erhoben hat, entscheidet der Rechtspfleger im Rahmen der Unterhaltsfestsetzung auch darüber, ob dem Antragsgegner gemäß § 243 S. 1 FamFG, der auch im vereinfachten Verfahren Anwendung findet,[151] die bis dahin entstandenen Kosten aufzuerlegen sind (§ 253 I 4 FamFG) oder ob sie nach den Vorschriften der § 243 S. 2 Nr. 4 FamFG iVm § 93 ZPO vom Antragsteller zu tragen sind. Dabei handelt es sich um eine umfassende Ermessensprüfung, die über die in § 243 S. 2 FamFG konkretisierten Vorgaben hinaus Raum bietet für weitere Billigkeitserwägungen, die aus dem Unterhaltsverhältnis hervorgehen.[152] Den Antragsgegner trifft hierbei die entsprechende Darlegungs- und Beweislast.[153] **Anlass** für die Einleitung des vereinfachten Verfahrens bietet der Antragsgegner dann, wenn er einem Begehren nur durch Teilleistungen entspricht oder dem Verlangen nach einer kostenfreien Erstellung eines Vollstreckungstitels durch eine Jugendamtsurkunde nicht nachkommt.[154] Eine kostenbefreiende **sofortige Verpflichtung** durch den Antragsgegner scheidet aus, wenn er sich erst nach

669

670

---

[149] OLG Rostock FamRZ 2010, 1458 (1459).
[150] Keidel/Giers FamFG § 252 Rn. 7.
[151] BGH FamRZ 2017, 816 Rn. 24.
[152] BGH FamRZ 2017, 816 Rn. 24.
[153] OLG Brandenburg FamRZ 2000, 1159.
[154] KG FamRZ 2002, 546.

§ 10   Verfahrensrecht

671 Ablauf der Monatsfrist äußert oder erst nach erfolgloser Erhebung von Einwendungen seiner Verpflichtung nachkommen will.[155]

Die Einwendungen sind über die **Monatsfrist** des § 251 I 2 Nr. 3 FamFG hinaus zu berücksichtigen. Es handelt sich nicht um eine Ausschlussfrist. Für eine Wiedereinsetzung ist kein Raum (vgl. näher → Rn. 661). Die Frist für die erstinstanzliche Berücksichtigung der Einwendungen regelt § 252 V FamFG, wonach Einwendungen zu berücksichtigen sind, solange der Festsetzungsbeschluss (§ 253 I FamFG) „**nicht erlassen**" ist. Damit knüpft die Regelung nunmehr an § 38 III 3 FamFG an. Da im Regelfall eine mündliche Verhandlung nicht stattfindet, stellt die zeitliche Zäsur auf das Datum der **Übergabe** der vollständig abgefassten und durch den Rechtspfleger unterzeichneten Endentscheidung an die **Geschäftsstelle** ab.[156] Maßgebend ist ein darin zum Ausdruck kommender **Entäußerungswille** mit dem Ziel, den Beschluss an die Beteiligten zu verlautbaren. Soweit die Geschäftsstelle das Datum der Übergabe auf dem Beschluss zu vermerken hat, handelt es sich nicht um eine erst die Wirksamkeit des Erlasses bedingende Vorgabe.[157] Mit der gesetzlichen Neuregelung in § 252 V FamFG hat sich der zu § 252 III FamFG aF geführte Streit, ob für die Fristberechnung bereits auf die Abschlussverfügung des Rechtspflegers abzustellen sei, erledigt.

Bestimmend für die Rechtzeitigkeit der zu erhebenden Einwendungen ist der **Eingang bei Gericht**,[158] nicht etwa erst der Eingang auf der Geschäftsstelle oder die Aktenvorlage an den Rechtspfleger. Da Eingang bei Gericht und Eingang auf der Geschäftsstelle nicht „korrespondieren", ist die Möglichkeit nicht von der Hand zu weisen, dass der Festsetzungsbeschluss ergeht, obwohl noch Einwendungen bei Gericht eingegangen sind. Verzögerungen innerhalb der Gerichtsorganisation gehen nicht zu Lasten des Antragsgegners.[159] Allerdings trägt der Antragsgegner uneingeschränkt die Darlegungs- und Beweislast für seine Einwendungen, mithin auch die nachteiligen Rechtsfolgen dann, wenn Zweifel bleiben, ob die nach Ablauf der Frist eingegangenen Einwendungen noch vor Erlass des Festsetzungsbeschlusses bei Gericht eingegangen waren.[160]

Dies ist deswegen bedeutsam, weil auf Grund des § 256 S. 2 FamFG Einwendungen nach § 252 II – IV FamFG, die nicht erhoben waren, bevor der Festsetzungsbeschluss erlassen war, nicht mit der Beschwerde des § 256 FamFG erstmals geltend gemacht werden können.[161] Damit wird dem Antragsgegner die Möglichkeit genommen, über das Beschwerdeverfahren des § 256 FamFG seiner Auskunftspflicht im Rahmen des § 252 II-IV FamFG zu entgehen oder auf diese Art und Weise das Verfahren insgesamt zu verzögern. Eine Wiedereinsetzung in die Monatsfrist des § 251 I S. 2 Nr. 3 FamFG scheidet aus (→ Rn. 661).[162]

11. Folgen der Einwendungen

672 Sind die gemäß § 252 I FamFG erhobenen Einwendungen zur **Zulässigkeit** des vereinfachten Verfahrens zulässig und begründet oder gelangt der Rechtspfleger schon auf Grund der von Amts wegen zur Zulässigkeit zu führenden Ermittlungen zu dem Ergebnis, dass der Antrag unzulässig ist, wird der Antrag durch zu begründenden Beschluss zurückgewiesen (§§ 250 II, 249 FamFG). Sind die Einwendungen unbegründet, stehen sie dem Erlass eines Festsetzungsbeschlusses nicht entgegen. In ihm sind die für unbegründet erachteten Einwendungen ausdrücklich zurückzuweisen (§ 252 I 3 FamFG).

Andere Einwendungen nach **materiellem Recht** (§ 252 II-IV FamFG) stehen dem Festsetzungsbeschluss nicht entgegen, sofern sie **unzulässig erhoben** wurden, wenn etwa

---

[155] MüKoFamFG/Macco § 252 Rn. 2.
[156] OLG Frankfurt FamRZ 2018, 116, OLG Bamberg FamRZ 2018, 116.
[157] Keidel/Meyer-Holz FamFG § 38 Rn. 93.
[158] OLG Köln FamRZ 2001, 1464.
[159] OLG Köln FamRZ 2001, 1464.
[160] OLG Hamm FamRZ 2006, 44.
[161] OLG Saarbrücken FamRZ 2011, 49.
[162] OLG Bremen FamRZ 2013, 560.

der seine Leistungsfähigkeit verneinende Antragsgegner keine Auskunft erteilt hat. Zulässig erhobene Einwendungen führen nur zum Verfahren nach § 254 FamFG und damit je nach dem Umfang der Rechtsverteidigung zu einem Teilbeschluss. Eine Zurückweisung der Einwendungen sieht das Gesetz nicht vor.[163]

Der **Entscheidung des Rechtspflegers** ist – nach dessen Ermessen – eine mündliche 673 nicht öffentliche Verhandlung (§ 170 I 1 GVG) vorausgegangen, sofern keine Entscheidung im schriftlichen Verfahren erfolgte. Ähnlich wie bei § 118 I 3 ZPO wird der Rechtspfleger dann eine mündliche Verhandlung anberaumen, wenn eine **Vergleichsregelung** absehbar ist. Wird in der nicht öffentlichen Verhandlung ein Vergleich geschlossen, kann dieser auch den Höchstbetrag von 120% des Mindestunterhalts überschreiten, da insoweit die Beteiligten nicht gehindert sind, höheren Unterhalt zu vereinbaren als im Wege des vereinfachten Verfahrens festgesetzt werden kann. Anerkennt der Antragsgegner einen über 120% hinausgehenden Unterhaltsbetrag, ergeht **Anerkenntnisbeschluss,** der einen vergleichbaren Titel darstellt wie der ohne mündliche Verhandlung ergangene normale Festsetzungsbeschluss.

12. Der Festsetzungsbeschluss (§ 253 FamFG)

Sofern der Unterhaltsschuldner innerhalb der Monatsfrist keine oder bis zum Erlass des 674 Festsetzungsbeschlusses nur unzulässige Einwendungen aus dem Anwendungsbereich von § 252 II-IV FamFG erhebt, setzt der Rechtspfleger nach Fristablauf den verlangten Unterhalt, im Fall dynamisierter Titulierung beim Mangelfall gegebenenfalls auch in Höhe eines Prozentsatzes des Mindestunterhalts,[164] in vollem Umfang nebst den begehrten Verzugszinsen (→ Rn. 650) auf die Unterhaltsrückstände sowie die bis zu diesem Zeitpunkt entstandenen, erstattungsfähigen Verfahrenskosten durch Festsetzungsbeschluss nach § 253 FamFG fest. Eine Befristung des Unterhalts (etwa bis zur Volljährigkeit des Kindes) hat, sofern nicht ausdrücklich beantragt (§ 308 I ZPO), zu unterbleiben (→ Rn. 651).[165] Die zeitlichen Vorgaben für den Erlass der abschließenden Entscheidung in § 253 I 1 FamFG stellen die Einhaltung einer **Wartefrist** sicher. Erhebt der Antragsgegner nämlich unzulässige Einwendungen, darf der Rechtspfleger gleichwohl nicht vor Ablauf der in § 253 I 1 FamFG herangezogenen Monatsfrist entscheiden, da der Antragsgegner nicht gehindert ist, unter Ausnutzung der Monatsfrist weitere Einwendungen zu erheben oder sein bisheriges Vorbringen (zB Auskünfte oder Vorlage von Belegen) entscheidungsrelevant zu ergänzen. Geben dann zulässige Einwendungen des Antragsgegners dem Antragsteller Anlass, seinen ursprünglichen Antrag zu berichtigen, kann ein auf den berichtigten Antrag gestützter Festsetzungsbeschluss erst ergehen, wenn der Antragsteller seinen ursprünglichen Antrag zurückgenommen hat.

In dem Beschluss, der auch als **Anerkenntnisbeschluss** ergehen kann,[166] ist auszusprechen, dass der Antragsgegner den festgesetzten Unterhalt an den Unterhaltsberechtigten zu zahlen hat (§ 253 I 3 FamFG). Das gilt somit auch dann, wenn der betreuende Elternteil das vereinfachte Verfahren als **Verfahrensstandschafter** iSd § 1629 III BGB betrieben hat (→ Rn. 639). Unzulässig ist daher die Formulierung, dass der Antragsgegner „zu Händen der Antragstellerin für das gemeinsame minderjährige Kind Mindestunterhalt zu zahlen habe".[167] Diese Entscheidung, es handelt sich um eine Endentscheidung iSv §§ 38 I 1, 58 I FamFG, kann nach freigestellter mündlicher Verhandlung (§ 253 II FamFG iVm § 128 IV ZPO) ergehen (→ Rn. 673). Da der Antragsgegner, will er mit Einwendungen nach § 252 II-IV FamFG im vereinfachten Verfahren überhaupt Gehör finden, gemäß § 252 II FamFG erklären muss, inwieweit er zur Unterhaltsleistung bereit ist, und sich insoweit zur Erfüllung des Unterhaltsanspruchs verpflichtet, ergeht, sofern der Antragsgegner entsprechende

---

[163] OLG Nürnberg FamRZ 2015, 952.
[164] OLG Hamm FamRZ 2004, 1587.
[165] OLG Brandenburg FamRZ 2007, 484.
[166] OLG Brandenburg FamRZ 2007, 837.
[167] Vgl. OLG Hamm FamRZ 1990, 1375.

§ 10 Verfahrensrecht

Erklärungen abgibt, gemäß § 253 I 2 FamFG ein entsprechender **Teilanerkenntnisbeschluss**. Die Entscheidung ergeht **von Amts wegen**. Im Unterschied zu § 254 S. 2 FamFG aF bedarf es eines Antrags nicht mehr. Der Festsetzungsbeschluss ist zu begründen (§ 38 III 1 FamFG). In ihm hat der Rechtspfleger die für unbegründet erachteten Einwendungen gegen die Zulässigkeit des vereinfachten Verfahrens zurückzuweisen (§ 252 I 3 FamFG). Mit der Übergabe des Beschlusses an die Geschäftsstelle wird der Festsetzungsbeschluss erlassen (§ 38 III 3 FamFG).[168]

675 Die **Kostenentscheidung** beruht auf § 243 FamFG.[169] Sie ergeht von Amts wegen (§ 308 II ZPO). Es handelt sich um eine Billigkeitsentscheidung und ist das Ergebnis einer umfassenden Ermessensprüfung anhand aller kostenrechtlich relevanten Umstände.[170] Hat der Antragsgegner zur Einleitung des vereinfachten Verfahrens **keinen Anlass** gegeben, treffen nach § 243 S. 2 Nr. 4 FamFG die Kosten den Antragsteller. Davon ist auszugehen, wenn es der Antragsteller bis zum Erlass des Feststellungsbeschlusses unterlassen hat, den Antragsgegner zu einer freiwilligen Titelbeschaffung anzuhalten. Dies ist dann der Fall, wenn der Antragsteller es bisher bei einer bloßen Mahnung belassen hat, bei seiner Zahlungsaufforderung keinen konkreten und im Einzelnen bezifferten Unterhaltsbetrag genannt hat oder der Antragsgegner sich bereit erklärt hatte, beim Jugendamt einen kostenlosen Vollstreckungstitel nach §§ 59 ff. SGB VIII errichten zu lassen, und zwar in der gleichen Höhe des im vereinfachten Verfahren geforderten Unterhaltsbetrags. Hat der Antragsgegner bisher freiwillig bezahlt, sich aber einer Titulierung vor dem Jugendamt widersetzt, hat er hiermit Anlass für die Einleitung des vereinfachten Verfahrens gegeben. Er trägt im Übrigen die Darlegungs- und Beweislast für das Vorliegen der Voraussetzungen des § 243 S. 2 Nr. 4 FamFG.[171] Auch bei einer Antragsrücknahme etwa im Zuge der Sachverhaltsaufklärung im Verlauf des Verfahrens kann ein etwaiges Aufklärungsverschulden des Antragsgegners Berücksichtigung finden.[172] Eine auf die Kostenentscheidung begrenzte Anfechtung des Festsetzungsbeschlusses ist ausgeschlossen (§ 113 I FamFG iVm § 99 I ZPO).[173] Zur Berechnung der anfallenden Gerichtskosten und der Anwaltsgebühren sowie zum Verfahrenswert im Einzelnen → Rn. 652 und 653.

676 In dem Festsetzungsbeschluss, der den Beteiligten zuzustellen ist (§ 329 III ZPO), muss darauf hingewiesen werden (§ 253 II FamFG), welche Einwendungen mit der **Beschwerde** gemäß § 256 FamFG iVm § 58 FamFG geltend gemacht werden können und unter welchen Voraussetzungen eine Abänderung im Wege des **Korrekturverfahrens** nach § 240 FamFG verlangt werden kann. Dabei hat die Rechtsmittelbelehrung hinreichend spezifiziert zu erfolgen.[174] Dies ist bezogen auf die Beschwerdemöglichkeit nach § 256 FamFG nur dann der Fall, wenn hierbei konkret zwischen den Einwendungen nach § 252 I FamFG und der Zulässigkeit der Einwendungen nach § 252 II FamFG unterschieden und ausdrücklich auf die mögliche Rüge der Unrichtigkeit der Kostenentscheidung oder Kostenfestsetzung hingewiesen wird (vgl. § 99 II ZPO). Dies gilt ferner für die Präklusion des § 256 S. 2 FamFG. Dazu ist weiter erforderlich, abweichend von §§ 64 II 2, 117 FamFG auf die Möglichkeit der Einlegung der Beschwerde zu Protokoll der Geschäftsstelle des Amtsgerichts hinzuweisen (§ 257 FamFG). Ferner hinzu kommen muss der Hinweis, dass die Protokollerklärungen gegenüber jedem Amtsgericht (§ 129a ZPO) abgegeben werden kann, die Einhaltung der Frist aber vom Eingang bei dem zuständigen Amtsgericht abhängt. Der Hinweis auf das Korrekturverfahren muss sich auch auf die Fristbestimmung für den Herabsetzungsantrag nach § 240 II FamFG erstrecken.

677 Fehlt die Rechtsmittelbelehrung oder erscheint sie unvollständig, kommt bei Fristversäumung jedenfalls für den **rechtsunkundigen Beteiligten** die Wiedereinsetzung in den vorigen Stand in Betracht (§ 113 FamFG iVm § 233 ZPO). Zwar handelt es sich nicht um

---

[168] OLG Bamberg FamRZ 2018, 116.
[169] BGH FamRZ 2017, 816 Rn. 24.
[170] BGH FamRZ 2017, 816 Rn. 24; 2011, 1933 Rn. 30.
[171] OLG Brandenburg BeckRS 2000, 30405162.
[172] OLG Köln FamRZ 2017, 1598; 2012, 1164.
[173] BGH FamRZ 2011, 1933 Rn. 16.
[174] OLG Naumburg FamRZ 2001, 1464.

5. Abschnitt: Das vereinfachte Verfahren über den Unterhalt Minderjähriger § 10

eine Notfrist, steht dieser aber in ihren Wirkungen gleich.[175] Im Fall fehlerhafter **Rechtsmittelbelehrung** über die beschränkte Anfechtungsmöglichkeit nach § 256 FamFG kann nach OLG Naumburg[176] überdies wegen eines **wesentlichen Verfahrensmangels** die Aufhebung und Zurückverweisung der Sache an das Amtsgericht geboten sein, sofern die sich abzeichnende Erfolglosigkeit des Rechtsmittels auf der fehlerhaften Rechtsmittelbelehrung beruht. Nach a. A.[177] soll dies insgesamt folgenlos bleiben, sofern es nicht zu einer Fristüberschreitung kommt. Der Festsetzungsbeschuss, mit dem das Familiengericht die Verpflichtung des Antragsgegners zur Leistung von Unterhalt ausspricht, bedarf keiner besonderen Vollstreckbarerklärung. Es handelt sich auch hier definitionsgemäß (§ 38 I FamFG) um eine **Endentscheidung,** die mit Wirksamwerden vollstreckbar ist (§ 120 II 1 FamFG). Allerdings knüpft die Wirksamkeit bei der hier in Rede stehenden Familienstreitsache (§ 112 Nr. 1 FamFG) an die Rechtskraft der Entscheidung an (§ 116 III FamFG). Gleichwohl besteht für das Gericht die Möglichkeit und bei dem hier fraglichen Minderjährigenunterhalt zudem die Pflicht, die **sofortige Wirksamkeit** (§ 116 III 3 FamFG) anzuordnen, Hierauf sollte der jeweilige Antragsteller durch entsprechenden Hinweis bei der Antragstellung hinwirken, sofern nicht besondere Umstände, wie etwa die Verfolgung der Unterhaltsansprüche durch Rechtsnachfolger, einer Anordnung der sofortigen Wirksamkeit entgegenstehen.[178]

Der Festsetzungsbeschluss zählt zu den Vollstreckungstiteln des FamFG, aus denen gemäß § 120 I FamFG die Zwangsvollstreckung entsprechend den Vorschriften der Zivilprozessordnung über die Zwangsvollstreckung (Buch 8) stattfindet. Für den Antragsgegner verbleibt es bei den Möglichkeiten des **Vollstreckungsschutzes** gemäß § 120 II 2 und 3 FamFG.[179] Soll die Zwangsvollstreckung aus dem Festsetzungsbeschlusses im **Ausland** erfolgen, besteht für den Unterhaltsgläubiger in einem Antragsverfahren gemäß § 245 FamFG die Notwendigkeit und Möglichkeit, den dynamisierten Unterhaltstitel durch eine Bezifferung „auf dem Titel" ergänzen zu lassen, und zwar auch außerhalb des Anwendungsbereichs von § 72 AUG, der dies für den Anwendungsbereich dieses Gesetzes (§ 1 AUG) ausdrücklich vorsieht. Der Verweis auf die Vorschriften der ZPO auch für den Fall der Anfechtung der Entscheidung (§ 245 III FamFG) beinhaltet für den Unterhaltsgläubiger eines Titels iSv § 253 FamFG das **Rechtsmittel** der sofortigen Beschwerde (§ 11 II RPflG, § 567 ZPO), für den Unterhaltspflichtigen die Vollstreckungserinnerung (§ 732 ZPO).

13. Die Beschwerde im vereinfachten Verfahren (§ 256 FamFG)

Gemäß § 256 iVm §§ 58–69 FamFG steht beiden Verfahrensbeteiligten gegen den Festsetzungsbeschluss die Beschwerde zu, und zwar unabhängig davon, ob es sich um einen Festsetzungsbeschluss nach § 253 I 1 FamFG oder einen **Teilfestsetzungsbeschluss** nach § 253 I 2 FamFG handelt. Die Beschwerde ist auch dann als **einheitliches Rechtsmittel** eröffnet, wenn der Rechtspfleger dem Antrag auf Unterhaltsfestsetzung unter Zurückweisung des weitergehenden Antrages nur teilweise entsprochen hat.[180] Allerdings kann der voll obsiegende Antragsteller mit einem eigenen Rechtsmittel eine Antragserweiterung nicht verfolgen, weil es an der notwendigen **formellen Beschwer** fehlt.[181] Hat der Antragsteller erstinstanzlich davon abgesehen, Unterhaltsrückstände oder Verzugszinsen geltend zu machen, kann er allein darauf eine Beschwerde nicht stützen. Auch das Unterhaltsvorschuss gewährende, durch das Jugendamt vertretene Land ist beschwerdebefugt, soweit es aus übergegangenem Recht, nämlich wegen der Leistung von Unterhaltsvorschuss gemäß § 7 I UVG vorgeht.[182]

678

---

[175] Hüßtege in Thomas/Putzo FamFG § 253 Rn. 10.
[176] OLG Naumburg FamRZ 2001, 1464.
[177] Hüßtege in Thomas/Putzo FamFG § 253 Rn. 10.
[178] BT-Drs. 16/6308, 224.
[179] OLG Brandenburg FamRZ 2012, 1223.
[180] BGH FamRZ 2008, 1428 Rn. 7.
[181] OLG Brandenburg FamRZ 2002, 1263.
[182] OLG Brandenburg FamRZ 2002, 545.

Mit der Beschwerde können durch den **Antragsgegner** ausschließlich die in § 252 I FamFG genannten Einwendungen, die Zulässigkeit von Einwendungen nach § 252 II – IV FamFG sowie die Unrichtigkeit der Kostengrundentscheidung oder Kostenfestsetzung geltend gemacht werden. Erhebt der Beschwerdeführer Einwendungen, die zwar unterhaltsrechtlich beachtlich erscheinen, aber dem abschließenden Katalog des § 256 FamFG nicht entsprechen, ist das Rechtsmittel als **unzulässig** zu verwerfen. Ist dies nur bei einem Teil der Einwendungen der Fall, ist die Beschwerde teilweise unzulässig, im Übrigen unbegründet, worüber sich die Entscheidungsgründe bei der Bescheidung des Rechtsmittels verhalten müssen.

Auch wenn in § 256 FamFG nur von Einwendungen die Rede ist, die aus der Sichtweise des Antragsgegners nach § 252 FamFG hervorgehen, gelten die Beschränkungen des Beschwerdeverfahrens gleichermaßen für den jeweiligen **Antragsteller**.[183] Enthält der Festsetzungsbeschluss vom Antrag abweichende Bedingungen oder Befristungen, ist der insoweit beschwerte Antragsteller durch § 256 FamFG gehindert, hiergegen im Beschwerdeverfahren vorzugehen. Ihm bleibt das Erinnerungsverfahren gemäß § 11 II RPflG, in dem abschließend der Familienrichter entscheidet.[184] Die mit dem Numerus Clausus der Beschwerdegründe verbundenen Beschränkungen des Rechtsmittels dienen auch in diesem Verfahrensabschnitt dem Ziel, dem unterhaltsbedürftigen minderjährigen Kind in einem hinreichend rechtsstaatlichen Verfahren schnell zu einem Vollstreckungstitel zu verhelfen.

Zulässige Anfechtungsgründe für den Antragsgegner sind hiernach zB
- Der Rechtspfleger erlässt einen Festsetzungsbeschluss, obwohl der Antragsgegner einen vor Einleitung des vereinfachten Verfahrens erstellten Unterhaltstitel vorgelegt hat oder mit der Beschwerde vorlegt (§§ 252 I, 249 II FamFG).
- Der Antragsgegner rügt die Kostenentscheidung, weil der Rechtspfleger sein unverzügliches Anerkenntnis nicht berücksichtigt habe (§ 253 I 3 FamFG).
- Der Antragsgegner macht geltend, bereits bei Einleitung des Verfahrens sei das Kind volljährig gewesen (§ 252 I FamFG).
- Der Antragsgegner beruft sich auf eine Meldebescheinigung und behauptet, das Kind lebe nach wie vor mit ihm in einem Haushalt (§ 252 I FamFG).
- Der Antragsgegner behauptet, die Betreuung des Unterhalt begehrenden Kindes erfolge im Rahmen eines gewollten Wechselmodells (§ 252 I FamFG).[185]
- Der Antragsgegner rügt eine unzureichende Anrechnung von Kindergeld oder von kindbezogenen Leistungen.[186]
- Der Antragsgegner wendet ein, er „habe kein Kind mit diesem Geburtsdatum" (§§ 252 I, 250 I Nr. 8 FamFG).[187]

Allerdings muss sich die Rechtsverteidigung des Antragsgegners in der Beschwerdeinstanz nicht in einer Berufung auf die in § 256 FamFG abschließend aufgeführten Einwendungen erschöpfen. Denn es bleibt ihm unbenommen, unabhängig von dem abschließenden Einwendungskatalog des § 256 FamFG das erstinstanzliche Verfahren zu beanstanden, soweit es sich um **schwerwiegende Verfahrensmängel** handelt.[188] Erlässt der Rechtspfleger einen Teilfestsetzungsbeschluss (§ 253 I 2 FamFG) in der irrigen Annahme, der Antragsgegner habe insoweit seine Zahlungsverpflichtung anerkannt, ist der Antragsgegner befugt, dies im Rahmen der Beschwerde als schwerwiegenden Verfahrensmangel zu beanstanden.[189] Von einem vergleichbaren Mangel ist auszugehen, wenn entgegen § 251 I FamFG die Zustellung des Antrags im Vereinfachten Verfahren und/oder die Hinweise unterblieben ist.[190] **Zulässige Anfechtungsgründe für den Antragsteller** resultieren etwa daraus, dass der Rechtspfleger abweichend von der Antragstellung den Unterhalt zu

---

[183] BGH FamRZ 2008, 1428 Rn. 6.
[184] BGH FamRZ 2008, 1428 Rn. 10.
[185] OLG Karlsruhe FamRZ 2015, 423.
[186] OLG Brandenburg FamRZ 2002, 1263.
[187] OLG Brandenburg FamRZ 2002, 1345.
[188] OLG Celle FamRZ 2012, 141(142).
[189] Prütting/Helms/Bömelburg FamFG § 256 Rn. 19.
[190] OLG Celle FamRZ 2012, 141 (142).

niedrig[191] oder statt der begehrten Dynamisierung nur in statischer Höhe festsetzt.[192] Mit Erfolg kann der Antragsteller ferner rügen, der Rechtspfleger habe das volle Kindergeld vom Tabellenbetrag abgesetzt.[193] Schließlich kann der Antragsteller mit der Beschwerde geltend machen, der Rechtspfleger habe zu Unrecht den Erfüllungseinwand als zulässig behandelt,[194] und die Kostenentscheidung beanstanden (→ Rn. 682). Auch aus Sicht des Antragstellers können darüber hinaus **schwerwiegende** erstinstanzliche **Verfahrensmängel** zum Erfolg in der Beschwerdeinstanz führen. Macht der Antragsgegner den Einwand eingeschränkter Leistungsfähigkeit geltend und gibt der Rechtspfleger nach dem Umfang der Auskünfte und Belege den Beteiligten zunächst den Hinweis nach § 254 FamFG, um in der Folgezeit auf der Grundlage wechselseitigen Vorbringens der Beteiligten die Sachverhaltsaufklärung wieder aufzunehmen, hat er seine Entscheidungsfindung erneut durch einen nach § 254 FamFG gebotenen Hinweis den Beteiligten mitzuteilen und insbesondere von einer verfahrenswidrigen Zurückweisung des Festsetzungsantrags abzusehen.[195]

Die Beschwerde ist **binnen einer Frist von einem Monat** (§ 63 I FamFG) nach der gebotenen Zustellung des Festsetzungsbeschlusses (§ 329 III ZPO) beim Familiengericht einzulegen (§ 64 I FamFG). Ist die Zustellung unterblieben, fehlgeschlagen oder auf Grund von Zustellungsmängeln unwirksam, richtet sich der Lauf der Beschwerdefrist nach § 63 III 2 FamFG. Danach beginnt die Monatsfrist spätestens mit Ablauf von fünf Monaten nach Übergabe des Beschlusses an die Geschäftsstelle (§ 38 III 3 FamFG).[196] Die Einreichung einer Rechtsmittelschrift beim Beschwerdegericht wahrt die Frist im Unterschied zur sofortigen Beschwerde nach § 652 ZPO aF nicht mehr. Da die Einlegung der Beschwerde Bestandteil des vereinfachten Verfahrens ist und Anträge sowie Erklärungen in diesem Zusammenhang vor dem Urkundsbeamten der Geschäftsstelle abgegeben werden können, besteht für den Beschwerdeführer auch die Möglichkeit, das Rechtsmittel zu Protokoll der Geschäftsstelle zu erklären. Zwar bestimmt § 64 II 2 FamFG für den Bereich der Ehesachen und Familienstreitsachen, dass die Einlegung der Beschwerde zu Niederschrift der Geschäftsstelle ausgeschlossen sein soll. Doch wird diese Vorschrift im Anwendungsbereich des vereinfachten Verfahrens durch die speziellere Vorschrift des § 257 FamFG überlagert, so dass auch im Rechtsmittelverfahren eine anwaltliche Mitwirkung nicht geboten erscheint (§ 114 IV FamFG iVm § 78 III ZPO), und zwar ungeachtet der Tatsache, dass es sich in der Sache um eine Familienstreitsache handelt (zu weiteren Einzelheiten hierzu → Rn. 598).[197] **679**

Der für den Erlass des Festsetzungsbeschlusses zuständige Rechtspfleger (§ 25 Nr. 2c RPflG) darf dem Rechtsmittel nicht abhelfen (§ 68 I 2 FamFG), da es sich um die Endentscheidung in einer Familiensache handelt, und kann abweichend von § 570 II ZPO die Vollziehung auch nicht einstweilen aussetzen (§ 64 III FamFG). Die Beschwerde ist nur zulässig, sofern der Wert des Beschwerdegegenstandes 600 EUR übersteigt (§ 61 I FamFG). Soll sich das Rechtsmittel etwa gegen die Höhe der Unterhaltsfestsetzung richten, kommt es für die Wertberechnung (§ 113 I FamFG iVm § 9 S. 1 ZPO) auf das 3,5-fache des Jahreswertes an. Ist dies nicht der Fall, verbleibt es gemäß § 11 II RpflG bei der Erinnerung, der der Rechtspfleger abhelfen kann. Ansonsten entscheidet der Familienrichter endgültig. Dazu kann es auch kommen, wenn der Antragsgegner sich lediglich gegen den Zeitpunkt des Zahlungsbeginns wenden will mit der Folge eines zu geringen Beschwerdewertes. Hat ein Verfahrensbeteiligter die einmonatige Beschwerdefrist versäumt, kann ihm unter den Voraussetzungen von § 113 I FamFG iVm § 233 ZPO Wiedereinsetzung in den vorigen Stand gewährt werden, wobei zu vernachlässigen ist, dass es sich bei der Frist zur Einlegung der Beschwerde nicht um eine Notfrist handelt (→ Rn. 677).[198] Über die Beschwerde **680**

---

[191] BGH FamRZ 2008, 1428 Rn. 6.
[192] Prütting/Helms/Bömelburg FamFG § 256 Rn. 16.
[193] OLG Brandenburg FamRZ 2002, 1263.
[194] OLG Frankfurt FamRZ 2012, 1821.
[195] OLG Nürnberg FamRZ 2015, 952.
[196] OLG Bamberg FamRZ 2018, 116.
[197] OLG Brandenburg FamRZ 2014, 681.
[198] Hüßtege in Thomas/Putzo FamFG § 253 Rn. 10.

entscheidet das Oberlandesgericht durch einen Familiensenat (§ 119 I Nr. 1a GVG). Der **Ablauf des Beschwerdeverfahrens** folgt den Regelungen in § 68 FamFG. Dabei kann das Beschwerdegericht durch Beschluss die Beschwerde einem seiner Mitglieder zur Entscheidung als Einzelrichter übertragen (§ 68 IV 1 FamFG).

681 Bei der Rechtsverfolgung von Unterhaltsansprüchen des minderjährigen Kindes handelt es sich auch im vereinfachten Verfahren um eine **Familienstreitsache** (§§ 112 Nr. 1, 231 I Nr. 1 FamFG). Deshalb stellt sich die Frage, ob für die weiteren Anforderungen an das Rechtsmittelverfahren von § 117 FamFG auszugehen hat oder lediglich die allgemeinen Regeln für das Beschwerdeverfahren (§§ 65–69 FamFG) einschlägig sind. Stellungnahmen im Schrifttum stellen, soweit das Problem erörtert wird, formal auf die Einordnung als Familienstreitsache ab und folgern daraus, dass das Rechtsmittel nach den Regeln eines ordentlichen Streitverfahrens gemäß § 117 FamFG zu behandeln sei.[199] Teilweise wird einerseits an § 117 FamFG angeknüpft, gleichwohl aber auch auf die dem entgegenstehenden allgemeinen Vorschriften (§ 65 III FamFG) abgestellt.[200] In der veröffentlichten Rechtsprechung halten das OLG Brandenburg[201] und das OLG Jena[202] die Vorschrift des § 117 FamFG auch im vereinfachten Verfahren für einschlägig. Dieser Meinung zufolge hat der etwa beschwerte Antragsgegner ab Zustellung des Festsetzungsbeschlusses (§ 253 FamFG) **zwei Monate Zeit** für eine mit einem Sachantrag zu verbindende Rechtsmittelbegründung, wobei er durch – gegebenenfalls wiederholte – Fristverlängerungsanträge die Rechtsmittelbegründungsfrist im Vergleich zu den zeitlichen Möglichkeiten in erster Instanz (vgl. § 251 2 Nr. 3 FamFG) um ein Mehrfaches verlängern könnte. Damit müsste die Rechtsverfolgung in zweiter Instanz den Charakter eines „vereinfachten" Verfahrens verlieren, obwohl die insbesondere durch § 257 FamFG für den Gang des Verfahrens bestehenden Erleichterungen, die Protokollhilfe des Urkundsbeamten der Geschäftsstelle in Anspruch nehmen zu können, auch für das Beschwerdeverfahren gelten. Allein der zeitliche Umfang für ein Beschwerdeverfahren im Vergleich zum erstinstanzlichen Verfahren müsste das Anliegen des Gesetzgebers, dem minderjährigen Kind die Möglichkeit einzuräumen, auf „schnellem und verfahrensrechtlich vereinfachten Weg" Unterhalt zu erlangen,[203] konterkarieren. Bereits diese gesetzlichen Vorgaben lassen erkennen, dass allein die **Einordnung als Familienstreitsache** keine tragfähige Begründung für die Heranziehung von § 117 FamFG darstellt, wie der BGH zuletzt auch für die Beschwerde im vereinfachten Klauselerteilungsverfahren (§§ 36–48 AUG) entschieden hat.[204]

Die Notwendigkeit einen „Sachantrag" iSv § 117 I 1 FamFG zu stellen, ergibt sich weder aus § 257 FamFG noch aus § 256 FamFG, der dem Antragsgegner mit dem Ziel einer schnellen Beschaffung eines Unterhaltstitels ohnehin nur eine begrenzte Berufung auf einen „Numerus clausus" von Einwendungen gestattet. Danach muss der Antragsgegner als Beschwerdeführer zu Protokoll sich lediglich zu seinen Einwendungen substantiiert äußern. Überdies müsste auf Unverständnis stoßen, wenn der Gesetzgeber für Familienstreitsachen grundsätzlich eine **anwaltliche Hilfe** für **unverzichtbar** hielte (§ 114 I FamFG),[205] im Beschwerdeverfahren nach § 117 FamFG für das vereinfachte Verfahren aber, wie aus § 257 FamFG zu folgern wäre, darauf verzichten, ihn aber gleichwohl mit den Anforderungen von § 117 FamFG und den entsprechenden Sanktionen konfrontieren wollte.

Erschwerend kommt hinzu, dass die nach § 39 FamFG gebotene erstinstanzliche Rechtsmittelbelehrung sich nicht auf Form und Frist der Rechtsmittelbegründung erstrecken muss.[206] Dadurch müsste sich für den Naturalbeteiligten im vereinfachten Verfahren

---

[199] Prütting/Helms/Bömelburg FamFG § 256 Rn. 10; Hüßtege in Thomas/Putzo FamFG § 256 Rn. 5; Johannsen/Henrich/Maier FamFG § 256 Rn. 5.
[200] Keidel/Giers FamFG § 256 Rn. 11.
[201] OLG Brandenburg FamRZ 2017, 230; 2016, 1804.
[202] OLG Jena FamRZ 2015, 1513.
[203] BT-Drs. 13/7338.
[204] BGH FamRZ 2017, 1705 Rn. 11 und 12.
[205] BT-Drs. 16/6308, 223.
[206] BGH FamRZ 2011, 1389 Rn. 6.

ohne anwaltliche Hilfe die Gefahr erhöhen, mit seinem Rechtsmittel bereits an den Verfahrensanforderungen von § 117 I FamFG zu scheitern, wie dies bei den bereits zitierten Gerichtsentscheidungen auch ausnahmslos geschehen ist.

Durchgreifende Bedenken gegen die Auffassung, das Beschwerdeverfahren im vereinfachten Verfahren an den Strukturen eines durch **zivilprozessuale Berufungsvorschriften** geprägten Beschwerdeverfahrens nach § 117 FamFG auszurichten, resultieren aber auch aus der Vorschrift selbst und ihren Verweisungen. In § 117 II FamFG ist näher und abschließend geregelt, welche Vorschriften des zivilprozessualen Berufungsrechts im Beschwerdeverfahren auch bei den Familienstreitsachen Anwendung finden sollen. Im Vordergrund stehen dabei die durch das FamFG nicht eigenständig geregelten **Versäumnisvorschriften**. Gemäß § 117 II FamFG gilt § 514 ZPO im Beschwerdeverfahren entsprechend. Damit erfasst das Beschwerdeverfahren auch die zivilprozessuale Vorschrift über die Statthaftigkeit der Berufung gegen **erstinstanzliche Versäumnisurteile**. Der Gesetzgeber hat die Übernahme von § 514 ZPO erklärtermaßen für erforderlich gehalten, da ein Versäumnisverfahren auch in erstinstanzlichen Familienstreitsachen stattfindet, und abhängig davon auch im Beschwerdeverfahren ein Versäumnisverfahren, wie in § 117 II FamFG iVm § 539 ZPO geregelt, „zugelassen".[207] Damit wird hinreichend deutlich, dass der Gesetzgeber lediglich solche Familienstreitsachen im Kontext von § 117 FamFG geregelt wissen will, die sowohl in erster als auch zweiter Instanz im Regelfall an eine **notwendige mündliche Verhandlung** iSv § 128 I ZPO anknüpfen. Für die an §§ 249–260 FamFG zu messenden Familienstreitsachen ist dies allerdings ausgeschlossen.

Im vereinfachten Verfahren kann der zuständige **Rechtspfleger** zwar nach seinem Ermessen eine mündliche Verhandlung (§ 128 IV ZPO) anberaumen; doch kennen die Fälle der freigestellten mündlichen Verhandlung ein **Versäumnisverfahren** nicht.[208] Ein Anwendungsbereich von § 514 ZPO mit der Anfechtbarkeit eines erstinstanzlichen **2. Versäumnisbeschlusses** scheidet danach für den Tätigkeitsbereich des Rechtspflegers im vereinfachten Verfahren von vornherein aus. Da der Gesetzgeber für das Rechtsmittelverfahren nach § 117 II FamFG durch § 539 ZPO überdies die „Zulassung" eines zweitinstanzlichen Versäumnisverfahrens von einem gleichlautenden erstinstanzlichen Verfahren abhängig machen wollte, scheiden weitere zivilprozessuale Berufungsvorschriften, die den Anwendungsbereich von § 117 FamFG prägen, für ein Rechtsmittel im vereinfachten Verfahren ebenfalls aus. Der gleichwohl vertretenen Ansicht, die Zuständigkeit des Rechtspflegers (§ 25 Nr. 2c RPflG) sei mit den Form- und Fristvorschriften des § 117 FamFG „vereinbar",[209] kann jedenfalls bei voller Ausschöpfung des Wortlauts der Vorschrift und der Verweisungen ernsthaft nicht gefolgt werden. Soweit § 117 IV FamFG für das Beschwerdeverfahren Begründungserleichterungen vorsieht, scheidet auch diese Vorgabe im vereinfachten Verfahren von vornherein aus, weil die Regelung auf eine dem vereinfachten Verfahren fremde **notwendige mündliche Verhandlung** abstellt.

Schließlich bietet auch die Gesetzgebungsgeschichte keinen Anlass, die Anforderungen an das Rechtsmittel im vereinfachten Verfahren zusätzlich an den Voraussetzungen von § 117 FamFG zu messen. Das mit der Übernahme des vereinfachten Verfahrens in das FamFG verbundene Anliegen des zum Gesetz gewordenen Entwurfs bestand darin, die Regelungen in §§ 645 ff. ZPO aF „inhaltlich" zu übernehmen.[210] Dies hat der Gesetzgeber auch so umgesetzt. Allein die Vorschrift in § 652 I ZPO aF, die als Rechtsmittel noch die sofortige Beschwerde (§§ 567 ff. ZPO) vorsah, ist im Zuge der Vereinheitlichung der Rechtsmittel durch § 58 FamFG entfallen.[211] Daraus folgt indessen nicht, dass der Gesetzgeber die allgemeinen Vorschriften zum Beschwerdeverfahren (§§ 65–69 FamFG) auch im vereinfachten Verfahren durch Ausgestaltung eines „**Berufungsverfahrens**" iSv § 117 FamFG in ein ordentliches Streitverfahren hätte verdrängen wollen. Vielmehr veranschaulichen die durch § 117 II FamFG übernommenen zivilprozessualen Vorschriften

---

[207] BT-Drs. 16/6308, 225.
[208] Zöller/Herget ZPO vor § 330 Rn. 2; Seiler in Thomas/Putzo ZPO § 128 Rn. 17.
[209] OLG Brandenburg FamRZ 2017, 230.
[210] BT-Drs. 16/6308, 261.
[211] BT-Drs. 16/6308, 166.

hinreichend deutlich den Willen des Gesetzgebers, lediglich Familienstreitsachen außerhalb des durch § 25 Nr. 2c RPflG bestimmten Zuständigkeitsbereichs des Rechtspflegers in § 117 FamFG näher zu regeln. Zu folgen ist nach alledem der Meinung,[212] die für das vereinfachte Verfahren im Beschwerdeverfahren neben den §§ 256 und 257 FamFG lediglich auf die allgemeinen Vorschriften (§§ 65–69 FamFG) abstellt. Da die Frage allerdings noch nicht höchstrichterlich geklärt ist, dürfte es sich aus Sicht der Verfahrensbeteiligten, will man den „sicheren Weg" gehen, empfehlen, vorsorglich die Vorgaben in § 117 FamFG zu beachten.[213]

682 Nach § 256 S. 1 FamFG können die Beteiligten nicht nur die Unrichtigkeit der **Kostenfestsetzung** geltend machen, sondern jeder von ihnen auch die **Kostengrundentscheidung** angreifen, da die Grundlage der Kostenfestsetzung der Kostenausspruch ist. Allerdings sind die Einschränkungen bei der Anfechtbarkeit von Kostenentscheidungen nach den allgemeinen Grundsätzen (§§ 256, 113 I FamFG iVm §§ 91a, 99, 269 ZPO) zu beachten. Demgemäß kommt eine **isolierte Anfechtung** der Kostenentscheidung im Festsetzungsbeschluss nur unter den Voraussetzungen von § 113 I 2 FamFG iVm § 99 II ZPO in Betracht.[214] Der Gegenmeinung,[215] die auch eine isolierte Anfechtung für zulässig erachtet, sofern der Beschwerdewert gemäß § 61 I FamFG (600,01 EUR) erreicht wird, ist nicht zu folgen. Sie berücksichtigt nicht hinreichend, dass der Gesetzgeber die Einschränkungen bei der Anfechtung von Kostenentscheidungen durch die Bezugnahme auf die „allgemeinen Grundsätze", wie schon nach altem Recht (§ 652 II 1 ZPO aF) durch die Neuregelung in § 256 FamFG fortgeschrieben hat. Soweit der Antragsgegner gegenüber dem Festsetzungsbeschluss einwendet, er habe kein Anerkenntnis abgegeben, handelt es sich um eine Einwendung, die an sich dem abschließenden Katalog der Einwendungen im Sinne von § 252 FamFG nicht zuordnen lässt. Gleichwohl nimmt die Rechtsprechung in diesem Fall das Fehlen einer wesentlichen Verfahrensvoraussetzung für den Erlass eines Festsetzungsbeschlusses an und eröffnet damit den Beschwerdeweg.[216] Bei der **Anfechtung der Kostenfestsetzung** ist von § 113 I 2 FamFG iVm § 104 III ZPO auszugehen. Statthaftes Rechtsmittel ist die sofortige Beschwerde (§§ 567–572 ZPO).[217] Beträgt der Beschwerdegegenstand hier nicht mehr als 200 EUR (§ 567 II ZPO), bleibt es bei der sofortigen Erinnerung (§ 11 II RPflG).[218]

Gemäß § 256 S. 1 FamFG können im Beschwerdeverfahren Einwendungen iSv § 252 II–IV FamFG nur dahingehend geltend gemacht werden, diese seien vom erstinstanzlichen Gericht zu Unrecht als unzulässig angesehen oder, obwohl rechtzeitig vor Verfügung des Festsetzungsbeschlusses geltend gemacht (§ 252 V FamFG), nicht berücksichtigt worden.[219] Mit der **erstmaligen Geltendmachung** von Einwendungen nach § 252 II–IV FamFG im Beschwerdeverfahren ist der Antragsgegner überdies von vornherein präkludiert (§ 256 S. 2 FamFG).

683 Mit der Beschwerde können nur **formelle Fehler** des Rechtspflegers gerügt werden. Entsprechend formalisiert läuft das Beschwerdeverfahren ab. Eine **materielle Überprüfung** des Unterhalts findet über § 256 FamFG nicht statt. Hierfür ist das Korrekturverfahren nach § 240 FamFG vorgesehen.

Nimmt der unterhaltspflichtige Antragsgegner das minderjährige Kind im Verlauf des vereinfachten Verfahrens in **seinen Haushalt** auf, kann er dies mit der Beschwerde einwenden, weil es sich um einen Umstand handelt, der der Zulässigkeit des Verfahrens entgegensteht (§§ 252 I, 249 I FamFG). Dabei ist unerheblich, ob der Antragsgegner dies

---

[212] Margraf in Koch UnterhaltsR-HdB § 8 Rn. 380; Haußleiter/Eickelmann FamFG § 256 Rn. 4; Bumiller/Harders/Schwamb FamFG § 256 Rn. 1; Musielak/Borth FamFG § 256 Rn. 4; Meysen/Finke Praxiskommentar Familienverfahrensrecht § 256 FamFG Rn. 8.
[213] Fischer NZFam 2015, 519.
[214] Keidel/Giers FamFG § 256 Rn. 5; Haußleiter/Eickelmann FamFG § 256 Rn. 22.
[215] Hüßtege in Thomas/Putzo FamFG § 256 Rn. 12.
[216] OLG Brandenburg FamRZ 2007, 837; OLG Stuttgart FamRZ 2002, 329.
[217] Haußleiter/Eickelmann FamFG § 256 Rn. 23.
[218] Hoppenz/Herr Familienrecht FamFG § 256 Rn. 10.
[219] OLG Köln FamRZ 2001, 1464.

bereits erstinstanzlich hätte geltend machen können, da es sich um eine durch § 252 I FamFG erfasste Einwendung handelt und die Beschwerde zulässigerweise (§ 65 III FamFG) auf neue Tatsachen und Beweise gestützt werden kann.[220] Macht der Antragsgegner mit der Beschwerde geltend, er habe „kein Kind mit diesem Geburtsdatum", handelt es sich um eine das Verfahren betreffende Einwendung (§ 252 I FamFG),[221] die ebenfalls ungeachtet einer erstinstanzlichen Geltendmachung beachtlich ist, weil sie das Bestehen eines **Eltern-Kind-Verhältnisses** im Sinne von § 250 I Nr. 8 FamFG in Abrede stellt. Praktizieren die Eltern des Unterhalt begehrenden Kindes ein **„echtes Wechselmodell"**, ist der in Anspruch genommene Unterhaltspflichtige, da dieser Umstand der Zulässigkeit des vereinfachten Verfahrens entgegensteht (→ Rn. 638), nicht gehindert, diese Einwendung **erstmalig im Beschwerdeverfahren** zu erheben.[222]

Häufig will sich der Antragsgegner auf eine nur eingeschränkte oder **fehlende Leistungsfähigkeit** berufen. Da es sich hierbei um eine Einwendung nach § 252 II und IV FamFG handelt, verspricht das Rechtsmittel nur dann Erfolg, wenn er bereits gegenüber dem Rechtspfleger die erforderliche Erklärung nach § 252 II FamFG abgegeben sowie Auskünfte und Belege in dem durch § 252 IV FamFG vorgegebenen Umfang erteilt und vorgelegt hat.

Den **Erfüllungseinwand** kann der Antragsgegner ebenfalls nur dann mit der Beschwerde weiterverfolgen, wenn er die ihm abverlangte Erklärung (§ 252 II FamFG) bereits erstinstanzlich abgegeben hat.[223] Als **unzulässige Einwendungen** des **Antragsgegners** im Kontext von § 256 FamFG hat die Rechtsprechung angesehen den Hinweis des Beschwerdeführers, **684**
– er sei im Festsetzungsbeschluss nicht mit seiner zutreffenden Anschrift aufgeführt;[224]
– die Antragstellerin wohne bereits an einem anderen Ort als im Festsetzungsbeschluss angegeben, wobei ein Verstoß gegen das Meldegesetz vorliege;[225]
– man habe anderweitig eine außergerichtliche Unterhaltsvereinbarung getroffen;[226]
– die Titulierung des Unterhalts dürfe im Hinblick auf das Arbeitsplatzrisiko nicht in dynamischer Form erfolgen.[227]

Wendet sich der **Antragsteller** mit seinem Rechtsmittel gegen eine im Festsetzungsbeschluss durch den Rechtspfleger getroffene Befristung (Unterhalt bis zur Volljährigkeit[228] oder für die Dauer von UVG-Leistungen) handelt es sich nicht um zulässige Einwendung im Sinne von § 256 FamFG. Hier muss sich der Antragsteller auf das Erinnerungsverfahren (§ 11 II RPflG) verweisen lassen.[229]

Nach Anhörung der Beteiligten im Beschwerdeverfahren oder gegebenenfalls auch nach **685** Durchführung einer freigestellten mündlichen Verhandlung (§ 128 IV ZPO) schließt der berufene Senat oder der Einzelrichter (§ 68 IV FamFG) das Beschwerdeverfahren durch Endentscheidung ab. Ein **Versäumnisverfahren** findet auch im Beschwerdeverfahren, da es an einer notwendigen mündlichen Verhandlung iSv § 128 I ZPO fehlt,[230] nicht statt (→ Rn. 681). Hat der Beschwerdeführer die Frist des § 63 I FamFG versäumt, wird das Rechtsmittel als **unzulässig** verworfen (§ 68 II 2 FamFG). Da § 256 S. 2 FamFG eine **besondere Zulässigkeitsvoraussetzung** für das Beschwerdeverfahren enthält, wonach Einwendungen nach § 252 II – IV FamFG nur geltend gemacht werden können, sofern sie bereits erstinstanzlich bis zum Erlass des Festsetzungsbeschlusses in das Verfahren eingeführt worden sind (§ 252 V FamFG), ist das Rechtsmittel ebenfalls als unzulässig zu verwerfen, sofern und soweit die Einwendung erstmalig im Beschwerdeverfahren angeführt werden.[231]

---

[220] OLG Nürnberg NZFam 2018, 184; KG FamRZ 2009, 1847.
[221] OLG Brandenburg FamRZ 2002, 1345.
[222] OLG Brandenburg NZFam 2017, 1062.
[223] OLG Köln FamRZ 2002, 33.
[224] OLG Brandenburg FamRZ 2002, 1345.
[225] OLG Brandenburg FamRZ 2002, 1345.
[226] OLG Naumburg FamRZ 2000, 360.
[227] OLG Dresden FamRZ 2001, 362.
[228] OLG Stuttgart FamRZ 2000, 1161.
[229] BGH FamRZ 2008, 1433 Rn. 15.
[230] Zöller/Herget ZPO vor § 330 Rn. 2; Seiler in Thomas/Putzo ZPO § 128 Rn. 17.
[231] OLG Frankfurt FamRZ 2018, 115.

Allerdings wird in der Rechtsprechung in den Fällen, in denen die Beschwerde schon an der **Zulässigkeitsschranke** des § 256 S. 2 FamFG scheitert, vielfach angenommen, dass unter Aufhebung der Vorlageverfügung die Sache zur Entscheidung durch den Rechtspfleger im Erinnerungsverfahren nach § 11 II RPflG „zurückzuverweisen" sei.[232] Soweit diese Auffassung hierfür auf die höchstrichterliche Rechtsprechung abstellt, erscheint sie für die in Rede stehende Fallgestaltung indessen nicht einschlägig. Ausgehend vom Wortlaut der Vorschrift betont nämlich der BGH in seiner Entscheidung vom 28.5.2008, dass ein das Erinnerungsverfahren eröffnendes Rechtsmittel (hier: Beschwerde) im Sinne von § 11 II RPflG dann nicht gegeben ist, wenn ein solches nicht statthaft oder zwar statthaft, aber im Einzelfall unzulässig sei, woran etwa dann zu denken sei, wenn der Antragsteller keine Möglichkeit habe, die an sich statthafte Beschwerde gegen den Festsetzungsbeschluss in zulässiger Weise einzulegen, weil ihm mit seinen Einwänden kein Anfechtungsgrund nach § 652 II ZPO aF (jetzt: § 256 FamFG) zur Seite stehe.[233] Von solchen Voraussetzungen kann indessen nicht die Rede sein, wenn die Geltendmachung von Einwendungen iSv § 252 II – IV FamFG allein daran scheitert, dass der Antragsgegner, wie in den in Rede stehenden Fällen des OLG Köln[234] und des OLG Naumburg,[235] seine an sich zulässigen Einwendungen zur fehlenden Leistungsfähigkeit erst nach Ablauf der durch § 256 S. 2 FamFG gesetzten Zeitschranke vorgebracht hat. In diesen Fällen hat der jeweilige Antragsteller wie bei einer Verfristung des Rechtsmittels dessen Zulässigkeit zurechenbar durch ein von ihm steuerbares Verhalten, wie das OLG Bremen[236] zutreffend ausführt, verursacht, mithin die Unzulässigkeit seines Rechtsmittels selbst zu **„vertreten"**. Es spricht auch in Ansehung der verfassungsrechtlichen Rechtsschutzgarantie (Art. 19 IV GG) nichts dafür, die richterliche Kontrolle von Entscheidungen des Rechtspflegers über § 11 II RPflG auch für die Fälle zu garantieren, in denen der jeweils betroffene Verfahrensbeteiligte zuvor durch Nichtbeachtung von Verfahrensvorschriften eine richterliche Überprüfung in einem ordentlichen Rechtsmittelverfahren versäumt hat, zumal der Antragsgegner in dem möglichen Korrekturverfahren (§ 240 FamFG) seine Einwendungen uneingeschränkt weiterverfolgen kann.[237] Richtigerweise wird deshalb eine Eröffnung des Erinnerungsverfahrens nur dann in Betracht kommen, wenn der jeweilig Verfahrensbeteiligte aufgrund ausdrücklicher gesetzlicher **von ihm nicht beeinflussbarer Vorgaben** gehindert erscheint,[238] die Zulässigkeitsvoraussetzungen nach § 256 FamFG für ein Beschwerdeverfahren zu erfüllen. Typischerweise ist dies dann der Fall, wenn das beabsichtigte Rechtsmittel nicht den Wert des Beschwerdegegenstandes (§ 61 I FamFG) erreicht (→ Rn. 680). Wird dem Beschwerdegericht in einem solchen Fall auf „Rechtsmittel" eines Verfahrensbeteiligten die Sache zur Bescheidung vorgelegt, hat es nach Wertfestsetzung unter Aufhebung der Vorlageverfügung (§ 68 I FamFG) die Sache zur weiteren Behandlung im Erinnerungsverfahren an den Rechtspfleger zurückzugeben.

Die Beschwerde des Antragsgegners wird durch eine Entscheidung **in der Sache zurückgewiesen,** wenn auch das Beschwerdegericht Einwendungen iSv § 252 I FamFG **nicht für begründet** ansieht. Damit ist das vereinfachte Verfahren beendet. Will der Antragsgegner sich weiterhin gegen den erstellten Unterhaltstitel wenden, muss er die Korrekturklage nach § 240 FamFG erheben. Ebenso ist die Beschwerde zu bescheiden, sofern das Beschwerdegericht die erstinstanzlich rechtzeitig (§ 256 S. 2 FamFG) geltend gemachten Einwendung iSv § 252 II-IV FamFG nicht für verfahrenskonform erhoben erachtet. Hat der Rechtspfleger die in erster Instanz erhobenen Einwendungen zu Unrecht unberücksichtigt gelassen, führt die durch den Senat gemäß § 69 I 1 FamFG zu treffende Endentscheidung lediglich zur **Aufhebung** des angefochtenen **Festsetzungsbeschlusses.**

---

[232] OLG Naumburg FamRZ 2014, 59; OLG Köln FamRB 2012, 314; OLG Frankfurt FamRZ 2012, 465.
[233] BGH FamRZ 2008, 1433 Rn. 15.
[234] OLG Köln FamRB 2012, 314.
[235] OLG Naumburg FamRZ 2014, 59.
[236] OLG Bremen FamRZ 2013, 561 (562).
[237] OLG Frankfurt FamRZ 2018, 115 (116); OLG Dresden FamRZ 2017, 1244.
[238] OLG Bremen a. a. O.

5. Abschnitt: Das vereinfachte Verfahren über den Unterhalt Minderjähriger § 10

Damit endet das Beschwerdeverfahren. Die Rückgabe des Vorgangs an das Amtsgericht setzt den Rechtspfleger in den Stand, dem Verfahren durch die nach § 254 FamFG gebotenen Hinweise Fortgang zu geben.[239] Nach a. A.[240] soll das Beschwerdegericht berufen sein, mit der Beschwerdeentscheidung die Hinweise nach § 254 FamFG zu erteilen.

Greifen die Einwendungen des Antragsgegners gegen die **Zulässigkeit des vereinfachten Verfahrens** auf sein Rechtsmittel durch, bleibt es bei der Aufhebung des Festsetzungsbeschlusses verbunden mit einer Zurückweisung des Festsetzungsantrags. Eine Rückgabe an den Rechtspfleger scheidet aus, weil für Einwendungen iSv § 252 I FamFG eine Fortsetzung des erstinstanzlichen Verfahrens nach § 254 FamFG nicht stattfindet.[241] Maßgebend für die Kostenentscheidung im Beschwerdeverfahren bleibt § 243 FamFG. Im Verfahren über die Beschwerde nach § 256 FamFG fällt gemäß § 3 II FamGKG iVm KV Nr. 1211 **eine Gerichtsgebühr** an, die sich bei Beendigung des Verfahrens ohne Endentscheidung auf eine halbe Gebühr ermäßigt. In erster Linie schuldet die Gebühr der Entscheidungsschuldner (§ 24 Nr. 1 FamGKG), im Übrigen der jeweilige Beschwerdeführer (§ 21 I 1 Nr. 1 FamGKG). Dies bedeutet ferner, dass die Erinnerung gegen die Entscheidung des Rechtspflegers gebührenfrei ist. Der Rechtsanwalt erhält im Beschwerdeverfahren, da der Festsetzungsbeschluss die Instanz beendet, die **1,6-Verfahrensgebühr** nach Nr. 3200 VV RVG. Hinzukommen können im Fall der mündlichen Verhandlung die **1,2-Terminsgebühr** nach Nr. 3202 VV RVG und im weiteren Fall der Einigung die **1,3-Einigungsgebühr** nach Nr. 1000, 1004 VV RVG. Zum Verfahrenswert → Rn. 653.

Eine weitere Anfechtung der Beschwerdeentscheidung findet nur statt, wenn das Oberlandesgericht die **Rechtsbeschwerde** zulässt (§ 70 I FamFG). Sie scheidet allerdings dann aus, wenn bereits die Beschwerde nach § 256 FamFG unzulässig war. Dem steht die grundsätzliche Bindung an eine Zulassung (§ 70 II 2 FamFG) nicht entgegen, weil eine nach dem Gesetz unanfechtbare Entscheidung nicht durch den Ausspruch der Zulassung einer Anfechtung unterworfen werden kann.[242] Hat der Beschwerdeführer die Monatsfrist des § 63 I FamFG versäumt, ist auch eine zulassungsfreie Rechtsbeschwerde nach § 117 I FamFG iVm § 522 I 4 ZPO ausgeschlossen, weil im vereinfachten Verfahren die Rechtsmittelvorschriften aus § 117 FamFG nach zutreffender Meinung keine Anwendung finden. Zu den Einzelheiten vergleiche näher → Rn. 681.

14. Die Behandlung von zulässigen Einwendungen und der Erlass eines Teilbeschlusses

Erhebt der Antragsgegner Einwendungen gegen die Zulässigkeit des vereinfachten Verfahrens (§ 252 I 1 FamFG), die der Rechtspfleger nach Prüfung für begründet erachtet, endet das vereinfachte Verfahren mit Zurückweisung des Festsetzungsantrags (§ 252 I 2 FamFG). Hat der Antragsgegner Einwendungen erhoben, die nach § 252 II – IV FamFG zulässig sind (zB den **Einwand der Erfüllung,** der teilweisen oder gänzlichen **Leistungsunfähigkeit,** des **Vorranges eines anderen Unterhaltsschuldners,** des vertraglich vereinbarten **Unterhaltsverzichts** für die Vergangenheit oder der **rechtsmissbräuchlichen Geltendmachung**), informiert der Rechtspfleger den Antragsteller hierüber (§ 254 FamFG) unter Darlegung der einzelnen Gründe, die er für beachtlich hält. Damit verbunden ergeht der Hinweis an den Antragsteller, dass das Verfahren **nur auf Antrag eines Beteiligten** seinen Fortgang findet, der auf Durchführung des streitigen Verfahrens (§ 255 I 1 FamFG) zu richten ist. Auch wenn der Wortlaut in § 254 FamFG die gebotenen Informationen lediglich für den Antragsteller vorschreibt, ist der Antragsgegner in gleicher Weise zu benachrichtigen. Denn nur dann ist er in der Lage, von dem ihm durch § 255 I FamFG eingeräumten Recht, die Durchführung des streitigen Verfahrens zu erzwingen,

686

---

[239] OLG Karlsruhe FamRZ 2013, 562.
[240] OLG Hamburg BeckRS 2019, 7646; OLG Bamberg FamRZ 2017, 1414 (1415).
[241] OLG Nürnberg NZFam 2018, 184:
[242] BGH FamRZ 2008, 1433 Rn. 5.

Gebrauch zu machen. Allerdings bestehen weitere Optionen, die insbesondere der Antragsteller im wohlverstandenen Eigeninteresse zu beachten hat.

Hat der Antragsgegner umfassend über seine Einkommens- und Vermögensverhältnisse Auskunft erteilt und die erforderlichen Belege vorgelegt (§ 252 IV FamFG) und ist danach von einer **Leistungsunfähigkeit** des Unterhaltspflichtigen auszugehen, kann der Antragsteller davon absehen, das Verfahren weiter zu betreiben. In diesem Fall gewinnt die Vorschrift des § 255 VI FamFG an Bedeutung, Wird nämlich vor Ablauf von 6 Monaten (**Ausschlussfrist**) der Antrag auf Durchführung des streitigen Verfahrens nicht gestellt, gilt der Festsetzungsantrag als zurückgenommen. Ob deshalb die Hinweise und Mitteilungen des Gerichts (§ 254 FamFG) der Zustellung entsprechend § 329 II 2 ZPO bedürfen, ist umstritten,[243] dürfte sich aber schon deshalb zumindest empfehlen, um den exakten Fristablauf von Amts wegen feststellen zu können. Hat der Rechtspfleger den Hinweis nach § 254 FamFG erteilt, greift aber die Sachprüfung vor dem Hintergrund neuen Vorbringens wieder auf, hat er nach Abschluss dieser den Hinweis nach § 254 FamFG zu erteilen,[244] weil hiervon die Fristberechnung des § 255 VI FamFG abhängt.

687 Hat der Antragsgegner beachtliche Einwendungen erhoben, sich aber im Übrigen teilweise leistungsbereit erklärt, kann der Antragsteller nach Prüfung seinen **Festsetzungsantrag** den Einwendungen **anpassen.** Daraufhin wird der Rechtspfleger einen Festsetzungsbeschluss (§ 253 FamFG) erlassen. Im Rahmen der Kostenentscheidung ist, soweit Kosten angefallen sind, die **Teilrücknahme** zu berücksichtigen.

Will der Antragsteller sein Unterhaltsbegehren allerdings weiterverfolgen, kann er gemäß § 253 I 2 FamFG den Erlass eines **Teilbeschlusses** in dem Umfang „anstreben", in dem sich der Antragsgegner zur Leistung verpflichtet hat. Allerdings hängt der Erlass des Teilbeschlusses abweichend von § 254 S. 2 FamFG aF nicht mehr von einem **Antrag** ab und ergeht von Amts wegen. Der Gesetzgeber sieht darin eine verfahrensrechtliche Anpassung im Fall des **Anerkenntnisses.** Wenn sich der Antragsgegner zur Zahlung verpflichtet, soll ohne gesonderten Antrag des Antragstellers ein Teilfestsetzungsbeschluss erlassen werden können.[245] Einen Hinweis an den Antragsteller, einen Teilbeschluss erwirken zu können, sieht § 254 FamFG nicht mehr vor. Nach dem erklärten Ziel des Gesetzgebers handelt es sich bei der Neuregelung insoweit auch nicht um ein Versehen. Vor oder mit seinem Hinweis nach § 254 FamFG erlässt der Rechtspfleger demgemäß im Umfang der teilweisen Verpflichtung einen Teilbeschluss. Dies hat zur Folge, dass die dem Antragsteller nach der bis zum 31.12.2016 bestehenden Rechtslage eingeräumte Möglichkeit, von der Titulierung durch Teilbeschluss abzusehen und sofort ins streitige Verfahren überzugehen, seither nicht mehr gegeben ist.

Tritt der Antragsgegner dem Festsetzungsbegehren mit dem Hinweis entgegen, er habe nach Einleitung des vereinfachten Verfahrens den Kindesunterhalt anderweitig in einer von ihm „anerkannten" Höhe titulieren lassen, ist der Antragsteller nicht gehindert, dem Verfahren Fortgang zu geben. Zum einen steht dies den besonderen Zulässigkeitsvoraussetzungen von § 249 II FamFG nicht entgegen. Zum anderen kann und muss er der vorliegenden Teiltitulierung lediglich durch Anpassung seines Antrags im laufenden Verfahren Rechnung tragen (→ Rn. 644). Hierauf wird der Rechtspfleger den Festsetzungsbeschluss in dem Umfang des noch verbleibenden Verfahrensgegenstandes nach § 253 FamFG oder § 254 FamFG verfahren.

Da der Fortgang des Verfahrens nach den gebotenen Hinweisen (§ 254 FamFG) von der weiteren Antragstellung abhängt, kann der Antragsgegner die Fortsetzung des Verfahrens erzwingen, sofern er sich seiner Sache sicher ist. Bleibt er untätig, ist damit für ihn allerdings auch kein Rechtsnachteil verbunden. Denn sehen beide Verfahrensbeteiligte davon ab, dem Verfahren Fortgang zu geben, gilt der noch streitgegenständliche Festsetzungsantrag nach Ablauf von sechs Monaten als zurückgenommen (§ 255 VI FamFG). Wegen der Kostenfolge aus § 113 I FamFG iVm § 269 V ZPO kann der Antragsgegner einen entsprechenden **Kostenantrag** stellen.[246] Im Fall der Zurückweisung ist die **soforti-**

---

[243] Hüßtege in Thomas/Putzo FamFG § 254 Rn. 2; Zöller/Lorenz § 254 FamFG Rn. 8.
[244] OLG Nürnberg FamRZ 2015, 952.
[245] BT-Drs. 18/5918 S 21.
[246] OLG Oldenburg FamRZ 2013, 563 (564).

5. Abschnitt: Das vereinfachte Verfahren über den Unterhalt Minderjähriger § 10

ge Beschwerde (§§ 269 V 1, 567 ZPO) das zulässige Rechtsmittel.[247] Nehmen die Beteiligten die Einwendungen des Antragsgegners zum Anlass, die Hauptsache übereinstimmend für erledigt zu erklären, ist gemäß § 113 I FamFG iVm § 91a ZPO über die Kosten des vereinfachten Verfahrens zu entscheiden, wobei der durch § 243 FamFG vorgegebene Maßstab Berücksichtigung finden muss.

15. Der Übergang ins streitige Verfahren (§ 255 FamFG)

Ein Übergang des vereinfachten Verfahrens in ein ordentliches Streitverfahren findet erst und nur unter den Voraussetzungen von § 255 I FamFG statt. Die Vorschrift knüpft an die Mitteilung des Rechtspflegers nach § 254 FamFG an, wonach der Antragsgegner **zulässige Einwendungen** nach § 252 II–IV FamFG erhoben hat. Über den Wortlaut von § 255 I FamFG hinaus will das OLG Oldenburg[248] dem Antragsteller auch dann den Übergang in ein streitiges Verfahren eröffnen, wenn der Antragsgegner Einwendungen erhebt, die sich gegen die Zulässigkeit des vereinfachten Verfahrens richten und an und für sich die Bescheidung durch den Rechtspfleger gemäß § 250 II 1 FamFG nach sich ziehen. In das streitige Verfahren kann nur auf **Antrag** einer der beiden Beteiligten, nicht von Amts wegen, übergegangen werden. An diesem Erfordernis hat der Gesetzgeber auch im Rahmen der Reform festgehalten. Von einem automatischen Übergang in das streitige Verfahren hat er weiterhin abgesehen, um den Beteiligten Gelegenheit zu einer Einigung zu geben, aber auch, um dem Unterhaltsberechtigten zusätzliche Kosten zu ersparen, wenn er unter Berücksichtigung der erteilten Auskunft und der vorgelegten Belege, im Kosteninteresse von einer weiteren Verfolgung seines Unterhaltsbegehrens absehen will.[249] 688

Allerdings wird der Antragsgegner kaum einen entsprechenden Antrag stellen, weil er damit eine Unterhaltsfestsetzung gegen sich selbst beschleunigt. Verlangt der **Antragsgegner** die Durchführung des streitigen Verfahrens im Hinblick darauf, dass er leistungsunfähig sei, so ist diese Vorgehensweise nur zulässig, wenn er zuvor seine Auskunftspflicht nach § 252 IV FamFG erfüllt hat, weil das streitige Verfahren insgesamt nur unter den Voraussetzungen der in § 254 FamFG aufgeführten **zulässigen Einwendungen** statthaft ist. Ansonsten wäre dem säumigen Antragsgegner auf diese Weise die Möglichkeit eröffnet, seiner Auskunftspflicht zu entgehen. Demgemäß hat der Rechtspfleger unbegründete (§ 252 I FamFG) und unzulässige (§ 252 II–IV FamFG) Einwendungen in dem Festsetzungsbeschluss zurückzuweisen,[250] gegen den der Antragsgegner nur noch im Abänderungsverfahren nach § 240 FamFG vorgehen kann.

Beantragt ein Beteiligter die **Durchführung des streitigen Verfahrens,** so ist wie nach Eingang eines Antrages in einer Unterhaltssache (§ 231 I FamFG) zu verfahren (§ 255 II FamFG). Der Festsetzungsantrag der §§ 249, 250 FamFG wird automatisch zur **Antragsschrift,** dessen Zustellung nach § 251 FamFG bedeutet die Zustellung der Antragsschrift (§ 113 I 2 FamFG iVm § 253 II ZPO) mit **rückwirkender Rechtshängigkeit** (§ 255 III FamFG). Will der Antragsteller das streitige Verfahren zur Geltendmachung eines weitergehenden Unterhalts nutzen, tritt Rechtshängigkeit insoweit erst mit Zustellung des darauf zielenden Schriftsatzes ein. Von einer rückwirkenden Rechtshängigkeit kann allerdings nicht mehr ausgegangen werden, wenn der Antrag auf Durchführung des streitigen Verfahrens erst nach Ablauf von sechs Monaten nach Zugang der Mitteilung nach § 254 FamFG gestellt wird (§ 255 VI FamFG). Ein anderes gilt nur dann, wenn die Mitteilung unterblieben oder ihr Zugang sich nicht nachweisen lässt.[251] 689

Der Antrag auf Durchführung des streitigen Verfahrens kann **formlos** gestellt werden. Einer Zustellung an den Gegner bedarf er nicht (§ 270 S. 1 ZPO). Ein Formularzwang besteht jedenfalls derzeit nicht, da der Gesetzgeber ein entsprechendes Formular nicht

---

[247] BGH FamRZ 2011, 1933 Rn. 12 und 13.
[248] OLG Oldenburg FamRZ 2013, 563.
[249] BT-Drs. 18/5918 S. 21.
[250] Hüßtege in Thomas/Putzo FamFG § 252 Rn. 18; Prütting/Helms/Bömelburg FamFG § 252 Rn. 33.
[251] Prütting/Helms/Bömelburg FamFG § 255 Rn. 11.

§ 10 Verfahrensrecht

eingeführt hat. Eine **anwaltliche Mitwirkung** ist entbehrlich (vgl. § 257 FamFG), da der Antrag noch Teil des vereinfachten Verfahrens ist. Die Einwendungen des § 252 FamFG werden als Antragserwiderung iSd § 277 ZPO betrachtet; ein schriftliches Vorverfahren nach § 276 ZPO entfällt. Hat der Rechtspfleger nach Eingang des Antrags, in das streitige Verfahren überzugehen, das vereinfachte Verfahren an die zuständige richterliche Abteilung des Familiengerichts abgegeben, kann das Gericht, sofern das weitere Verfahren in einem Termin erledigt werden kann, einen **frühen ersten Termin** nach § 272 II ZPO anberaumen oder das Verfahren durch vorbereitende Maßnahmen nach §§ 139, 273 ZPO, §§ 235, 236 FamFG fördern. Hierbei sind die Besonderheiten des vereinfachten Verfahrens zu beachten, wie etwa die **Darlegungs- und Beweislasterleichterungen** für das minderjährige Kind, die Anlass für einen richterlichen Hinweis (§ 139 ZPO) geben können. Kann nämlich das Kind zunächst ohne weitere Darlegungen zu den Einkommensverhältnissen des unterhaltspflichtigen Elternteils bis zu 120% des Mindestunterhalts im vereinfachten Verfahren verlangen (§ 249 I FamFG), gelten nach Übergang in das streitige Verfahren wieder die allgemeinen Regeln, wonach das Unterhalt begehrende Kind seinen aus den Einkommens- und Vermögensverhältnissen des barunterhaltspflichtigen Elternteils abzuleitenden Bedarf (§ 1610 BGB) prüffähig darlegen muss, sofern es weiterhin mehr als den Mindestunterhalt verlangen will (→ Rn. 641).[252] Der Antragsteller kann den Übergang in das streitige Verfahren aber auch nutzen, um außerhalb der Beschränkungen dieses Verfahrens weitergehenden Unterhalt geltend zu machen, der 120% des Mindestunterhalts übersteigt.

690 Entsprechend § 696 IV ZPO kann der **Festsetzungsantrag** bis zum Beginn der mündlichen Verhandlung des Antragsgegners zur Hauptsache **zurückgenommen** werden. Mit der Zurücknahme ist die Streitsache als nicht rechtshängig geworden anzusehen (§ 696 IV 3 ZPO). Der Festsetzungsantrag kann somit jederzeit wiederholt werden oder auf einen anderen Zeitraum erstreckt werden. Wird der Antrag auf Durchführung des streitigen Verfahrens nicht vor Ablauf von **sechs Monaten** nach Zugang der Mitteilung nach § 254 FamFG gestellt, gilt der über den Teilfestsetzungsbeschluss (§ 253 I 2 FamFG) oder die Verpflichtungserklärung des Antragsgegners (§ 252 II FamFG) hinausgehende Festsetzungsantrag als zurückgenommen (§ 255 VI FamFG).

Der auskömmlich bemessenen Frist liegt das Anliegen des Gesetzgebers zugrunde, den Beteiligten Raum für eine möglichst außergerichtliche Einigung zu bieten.[253] Ein Lauf der Frist setzt allerdings nicht ein, wenn die Mitteilung nach § 254 FamFG unterblieben ist oder der Zugang der Mitteilung nicht nachzuweisen ist. In diesen Fällen greift die **Fiktion der Rücknahme** nicht, so dass auch zu einem späteren Zeitpunkt noch die Möglichkeit des Übergangs in das streitige Verfahren besteht. Die Rechtsfolgen des § 255 VI FamFG treten ferner schon nach dem Wortlaut der Vorschrift nicht ein, wenn weder ein Teilfestsetzungsbeschluss ergangen noch eine Verpflichtungserklärung des Antragsgegners iSv § 252 II FamFG erfolgt ist. Die Beteiligten können jederzeit mit einem Antrag dem Übergang des nach wie vor anhängigen Verfahrens in das streitige Verfahren Fortgang geben. Bleiben sie untätig, werden die Akten nach Ablauf von sechs Monaten (§ 7 AktO) weggelegt.

Knüpft das streitige Verfahren an einen Teilbeschluss (§ 253 I 2 FamFG) an, wird im streitigen Verfahren der Festsetzungsbeschluss aufgehoben und der zu titulierende Unterhalt in einem **Gesamtbetrag** bestimmt. Dadurch wird vermieden, dass für denselben Unterhaltsanspruch zwei Vollstreckungstitel in Form des Teilbeschlusses und eines darüber hinausgehenden Beschlusses aufgrund streitiger Entscheidung vorliegen. Abgewendet wird dadurch auch die Gefahr, die jeweiligen Beschlüsse nur unter voneinander abweichenden Verfahrensvoraussetzungen abändern zu können, und zwar gemäß § 240 FamFG für den Teilbeschluss und gemäß § 238 FamFG für die streitige Entscheidung nach § 255 FamFG.

Der **Gesamttitel** kann allerdings nur bei **Streitidentität** (gleicher Zeitraum des Unterhaltsanspruchs) ergehen. Ein einheitlicher Titel braucht somit dann nicht geschaffen zu werden, wenn der vorangegangene Festsetzungsbeschluss einen anderen Zeitabschnitt als die Entscheidung im streitigen Verfahren betrifft oder es sich hierbei um zeitlich klar

---

[252] BGH FamRZ 2002, 536.
[253] BT-Drs. 13/7338, 42.

5. Abschnitt: Das vereinfachte Verfahren über den Unterhalt Minderjähriger   § 10

abgegrenzte Unterhaltsrückstände handelt.²⁵⁴ Das Familiengericht entscheidet im Erkenntnisverfahren verfahrensabschließend durch Beschluss (§§ 116, 38 FamFG), der gemäß §§ 117, 58 FamFG nach den allgemeinen Regeln mit der Beschwerde (→ Rn. 501 ff.) angefochten werden kann.

Die durch das vorangegangene vereinfachte Verfahren entstandenen **Kosten** werden als 691
Teil der Kosten des streitigen Verfahrens behandelt (§ 255 V FamFG). Über die Kosten des vereinfachten Verfahrens darf daher nicht anders entschieden werden als über die des streitigen Verfahrens. **Kostenvereinbarungen** sind in beiden aber jederzeit möglich. Kommt es im streitigen Verfahren zu keiner Kostenentscheidung (wegen Rücknahme oder sonstiger Erledigung), muss im vereinfachten Verfahren doch eine **(isolierte) Kostenentscheidung** ergehen (→ Rn. 687).²⁵⁵ Eine **Gerichtsgebühr** fällt aber nicht an, wenn im vereinfachten Verfahren gar kein Unterhalt festgesetzt worden oder nur ein Teilbeschluss gemäß § 254 S. 2 FamFG ergangen ist (KV Nr. 1210). Wird das streitige Verfahren durchgeführt, fällt bei den Gerichtskosten die Gebühr nach KV Nr. 1220 an. Gemäß Nr. 3100 I VV RVG wird **die volle Gebühr** aus Nr. 3100 VV RVG (über einen Antrag auf Festsetzung des Unterhalts nach § 249 FamFG) auf die Verfahrensgebühr angerechnet, die der Rechtsanwalt in dem nachfolgenden Streitverfahren des § 255 FamFG erhält.

Im Beschluss (Endentscheidung) aufgrund streitiger Verhandlung nach § 255 FamFG selbst wird über die **Kosten** nach § 243 FamFG entschieden. Hat ein Unterhaltspflichtiger seiner Auskunftspflicht nicht hinreichend genügt und dadurch Anlass zur Einleitung des Unterhaltsverfahrens geboten, können ihm abweichend von den allgemeinen Vorschriften die Verfahrenskosten nach billigem Ermessen ganz oder teilweise auferlegt werden (§ 243 S. 2 FamFG). Im Übrigen gelten hinsichtlich der Verfahrensausgestaltung für das streitige Verfahren durch Verweisung (§ 113 I FamFG) die §§ 1–494a ZPO, denen die besonderen Regelungen der §§ 114–120 und 231 bis 236 FamFG vorgehen.

16. Die Abänderung ("Korrektur") von Endentscheidungen im vereinfachten Verfahren (§ 240 FamFG)

Der Titulierung des Unterhalts für minderjährige Kinder im vereinfachten Verfahren 692
durch den Festsetzungsbeschluss (§ 253 FamFG) liegt eine **pauschale** und an einer beschränkten Anzahl von Bemessungskriterien ausgerichtete **Unterhaltsberechnung** zugrunde, die mit dem Ziel der beschleunigten Beschaffung eines Unterhaltstitels die jeweils individuellen Besonderheiten des Unterhaltsverhältnisses im Einzelfall vernachlässigt. Insbesondere in Ansehung der nur begrenzt berücksichtigungsfähigen Einwendungen des Unterhaltspflichtigen (§ 252 FamFG) bedarf es eines **selbständigen Nachverfahrens,** in dem der Festsetzungsbeschluss an die jeweils individuellen wirklichen Unterhaltsverhältnisse angepasst werden kann, und zwar ohne Bindung an das vorangegangene Verfahren.²⁵⁶ Ein im Wesentlichen dem § 654 ZPO aF entsprechendes Abänderungsverfahren ist für den nach § 253 FamFG erlassenen Festsetzungsbeschluss nunmehr in § 240 FamFG geregelt.

Fraglich könnte sein, ob dies auch für einen nach § 253 I 2 FamFG ergangenen **Teil-** 693
festsetzungsbeschluss zu gelten hat, der durch den Wortlaut nicht ausdrücklich erfasst wird. Allerdings grenzt § 240 I FamFG den Anwendungsbereich für das Abänderungsverfahren insoweit ein, als es nicht statthaft ist, wenn bereits ein Antrag auf Durchführung des streitigen Verfahrens nach § 255 FamFG gestellt worden ist. Ein solcher Antrag kommt aber auch nach Erlass eines Teilbeschlusses (§§ 255 I, 254 FamFG) in Betracht, so dass der Gesetzgeber von der Zulässigkeit eines Korrekturverfahren nicht nur im Fall des § 253 FamFG, sondern auch bei einem nach § 253 I 2 FamFG ergangenen Teilbeschluss ausgeht.

Der in § 240 I FamFG begründete **Vorrang** für das **streitige Verfahren** besteht danach zunächst für die Fälle, in denen bereits ein Antrag nach § 255 FamFG gestellt ist. Erledigt

---

²⁵⁴ BT-Drs. 13/7338, 42.
²⁵⁵ BGH FamRZ 2011, 1933 Rn. 12 und 13.
²⁵⁶ Keidel/Meyer-Holz FamFG § 240 Rn. 2.

sich das streitige Verfahren durch Antragsrücknahme oder wird eine solche unter den Voraussetzungen von § 255 VI FamFG fingiert, kann die weitere Rechtsverfolgung über das Korrekturverfahren erfolgen, ein zunächst unzulässiger Weise (siehe: anderweitige Rechtshängigkeit gemäß § 255 III FamFG) nach § 240 I FamFG eingeleitetes Verfahren wird zulässig, setzt allerdings die Rechtskraft des Teilfestsetzungsbeschlusses voraus. Die im Verhältnis von § 240 FamFG und § 255 FamFG umgekehrte Fallkonstellation, die darin besteht, dass der Antrag auf Durchführung des streitigen Verfahrens erst nach Einleitung des Abänderungsverfahrens gestellt wird, erfasst der Wortlaut von § 240 I FamFG nicht. Nach Sinn und Zweck des **Vorbehalts zugunsten von § 255 FamFG** dürfte allerdings das gesetzgeberische Anliegen, dem streitigen Verfahren den Vorrang einzuräumen, auch für diesen Fall durchgreifen.[257] Das erscheint auch deshalb sinnvoll und geboten, weil etwa im Fall von Änderungen beim Wohnsitz und Aufenthalt des betroffenen Kindes nach Einleitung des Abänderungsverfahrens und im Verlauf der weiteren gerichtlichen Auseinandersetzung zwischen den beiden Verfahren durch die Fiktion der Rechtshängigkeit gemäß § 255 III FamFG verschiedene gerichtliche Zuständigkeiten (§ 232 I FamFG) gegeben sein können, wobei sich wiederum die Zuständigkeitsfiktion für das streitige Verfahren durchsetzt (§ 261 II Nr. 2 ZPO).

Soweit allerdings die Konkurrenz der Verfahren nach § 240 FamFG und § 255 FamFG nicht in Rede steht, sind die Beteiligten in ihrer **Wahl frei,** die weitere Rechtsverfolgung entweder im Abänderungsverfahren oder im streitigen Verfahren nach § 255 FamFG zu betreiben.[258] Das Korrekturverfahren nach § 240 FamFG ist ferner zu betreiben, um bestehende – rechtskräftige – Festsetzungsbeschlüsse an die mit den Neuregelungen in §§ 1a, 7 IV UVG mit Wirkung vom 1.7.2017 verbundenen Gesetzesänderungen[259] anzupassen (vgl. dazu näher → Rn. 639a).

694 Bei dem Verfahren zur Abänderung oder – eher der Funktion entsprechend – zur Korrektur eines Feststellungsbeschlusses (§ 253 FamFG) oder Teilfeststellungsbeschlusses (§ 253 I 2 FamFG) handelt es sich um ein sogenanntes **Erstverfahren**[260] (§ 113 I 2 FamFG iVm § 258 ZPO), mit dem der im vereinfachten Verfahren festgesetzte Kindesunterhalt an die individuellen Verhältnisse der Beteiligten angepasst wird. Es folgt den Verfahrensregeln eines **ordentlichen Streitverfahrens** in Unterhaltssachen, wobei der Feststellungsbeschluss als solcher lediglich eine **besondere Verfahrensvoraussetzung** darstellt. Im Übrigen besteht keine Bindung an die Verhältnisse, die zur Festsetzung geführt haben. Deshalb sind auch Darlegungen zu Änderungen in diesen Verhältnissen für die Zulässigkeit des Verfahrens und einen Erfolg in der Sache belanglos.[261] Das **Korrekturverfahren** verdrängt als spezielleres Verfahren das **Abänderungsverfahren** nach § 238 FamFG.[262] Erst die nach § 240 FamFG zu treffende Korrekturentscheidung unterliegt als Titel der entsprechenden Anpassung unter den besonderen Voraussetzungen von § 238 FamFG.[263]

Die Korrekturberechnung führt zu einer **vollständigen Neuberechnung** des Kindesunterhalts. Der Unterhaltspflichtige ist mit allen in Betracht kommenden Einwendungen zu hören, und zwar insbesondere mit den Einwendungen, auf die er sich im Festsetzungsverfahren nicht berufen konnte (§ 256 FamFG). Eine Präklusion besteht nicht. Allerdings kann es sich dabei auch um Einwendungen handeln, die der Unterhaltspflichtige an sich im Rahmen eines **Vollstreckungsabwehrverfahrens** (§ 767 ZPO) gegenüber dem Unterhaltstitel vorbringen kann. Gleichwohl kommt auch in diesem Zusammenhang dem Korrekturverfahren als dem spezielleren Verfahren der Vorrang zu,[264] wobei dies aber dann nicht mehr der Fall ist, wenn die Fristen für eine rück-

---

[257] Bork/Jacoby/Schwab/Hütter/Kodal FamFG § 240 Rn. 4.
[258] Prütting/Helms/Bömelburg FamFG § 240 Rn. 9a.
[259] BGBl. S. 3122.
[260] Musielak/Borth FamFG § 240 Rn. 1.
[261] OLG Hamm FamRZ 2004, 1588.
[262] OLG Celle FamRZ 2013, 1829 (1830); OLG Karlsruhe FamRZ 2003, 1672.
[263] OLG Naumburg FamRZ 2006, 611.
[264] Hüßtege in Thomas/Putzo FamFG § 240 Rn. 1.

5. Abschnitt: Das vereinfachte Verfahren über den Unterhalt Minderjähriger § 10

wirkende Korrektur (§ 240 II FamFG) abgelaufen sind.[265] Nach OLG Brandenburg[266] setzt die Korrekturmöglichkeit nach § 240 FamFG einem Vollstreckungsabwehrverfahren überhaupt keine Grenzen.

Das Korrekturverfahren (§ 240 I FamFG) knüpft mit dem Feststellungsbeschluss (§ 253 FamFG) an eine im vereinfachten Verfahren ergangene rechtskräftige **Endentscheidung** an. Damit ist ein in diesem Verfahren zulässigerweise geschlossener **Vergleich** aus dem Anwendungsbereich ausgeschlossen.[267] Wollen die Beteiligten insoweit eine Titelkorrektur durchsetzen, kommt nur eine Anpassung im Abänderungsverfahren nach § 239 FamFG in Betracht. **695**

Die rechtskräftige Endentscheidung (§ 253 FamFG) muss überdies, um Verfahrensgegenstand eines Korrekturverfahrens werden zu können, zumindest auch auf die Verpflichtung zu **künftig fällig werdenden** wiederkehrenden Leistungen gerichtet sein. Sind lediglich **Rückstände** tituliert, scheidet eine Korrektur in diesem Verfahren von vornherein aus.

Wegen der weiteren Voraussetzungen für das Korrekturverfahren, wegen der Verfahrensgrundsätze und zu den Zeitschranken einer Korrektur (§ 240 II FamFG) siehe weiter die Einzelheiten zu → Rn. 124 bis 132. **696**

---

[265] Johannsen/Henrich/Brudermüller, 5. Aufl. 2010, FamFG § 240 Rn. 4.
[266] OLG Brandenburg FamRZ 2012, 1223 (1224).
[267] OLG Naumburg FamRZ 2006, 211.

Anhang D

1. Düsseldorfer Tabelle[1][2]
(Stand: 1. Januar 2019)

A. Kindesunterhalt

	Nettoeinkommen des/der Barunterhaltspflichtigen (Anm. 3, 4)	Altersstufen in Jahren (§ 1612a Abs. 1 BGB)				Prozentsatz	Bedarfskontrollbetrag (Anm. 6)
		0–5	6–11	12–17	ab 18		
		Alle Beträge in Euro					
1.	bis 1900	354	406	476	527	100	880/ 1080
2.	1901–2300	372	427	500	554	105	1300
3.	2301–2700	390	447	524	580	110	1400
4.	2701–3100	408	467	548	607	115	1500
5.	3101–3500	425	488	572	633	120	1600
6.	3501–3900	454	520	610	675	128	1700
7.	3901–4300	482	553	648	717	136	1800
8.	4301–4700	510	585	686	759	144	1900
9.	4701–5100	539	618	724	802	152	2000
10.	5101–5500	567	650	762	844	160	2100
	ab 5501	nach den Umständen des Falles					

Anmerkungen:
1. Die Tabelle hat keine Gesetzeskraft, sondern stellt eine Richtlinie dar. Sie weist den monatlichen Unterhaltsbedarf aus, bezogen auf zwei Unterhaltsberechtigte, ohne Rücksicht auf den Rang. Der Bedarf ist nicht identisch mit dem Zahlbetrag; dieser ergibt sich unter Berücksichtigung der nachfolgenden Anmerkungen.

Bei einer größeren/geringeren Anzahl Unterhaltsberechtigter können <u>Ab- oder Zuschläge</u> durch Einstufung in niedrigere/höhere Gruppen angemessen sein. Anmerkung 6 ist zu beachten. Zur Deckung des notwendigen Mindestbedarfs aller Beteiligten – einschließlich des Ehegatten – ist gegebenenfalls eine Herabstufung bis in die unterste Tabellengruppe vorzunehmen. Reicht das verfügbare Einkommen auch dann nicht aus, setzt sich der Vorrang der Kinder im Sinne von Anm. 5 Abs. 1 durch. Gegebenenfalls

---

[1] [Amtl. Anm.:] Die neue Tabelle nebst Anmerkungen beruht auf Koordinierungsgesprächen, die unter Beteiligung aller Oberlandesgerichte und der Unterhaltskommission des Deutschen Familiengerichtstages e. V. stattgefunden haben.

[2] In der jeweils aktuellen Fassung kostenlos abrufbar unter http://www.olg-duesseldorf.nrw.de/ infos/Duesseldorfer_Tabelle/index.php.

Anhang D   1. Düsseldorfer Tabelle 2019

erfolgt zwischen den erstrangigen Unterhaltsberechtigten eine Mangelberechnung nach Abschnitt C.

2. Die Richtsätze der 1. Einkommensgruppe entsprechen dem Mindestbedarf gemäß der Ersten Verordnung zur Änderung der Mindestunterhaltsverordnung vom 28.9.2017 (BGBl. 2017 I 3525). Der Prozentsatz drückt die Steigerung des Richtsatzes der jeweiligen Einkommensgruppe gegenüber dem Mindestbedarf (= 1. Einkommensgruppe) aus. Die durch Multiplikation des gerundeten Mindestbedarfs mit dem Prozentsatz errechneten Beträge sind entsprechend § 1612a Absatz 2 Satz 2 BGB aufgerundet.

Die Bedarfssätze der vierten Altersstufe – ab 18 Jahren – entsprechen bis auf weiteres den für 2017 maßgeblichen Werten.

3. Berufsbedingte Aufwendungen, die sich von den privaten Lebenshaltungskosten nach objektiven Merkmalen eindeutig abgrenzen lassen, sind vom Einkommen abzuziehen, wobei bei entsprechenden Anhaltspunkten eine Pauschale von 5% des Nettoeinkommens – mindestens 50 EUR, bei geringfügiger Teilzeitarbeit auch weniger, und höchstens 150 EUR monatlich – geschätzt werden kann. Übersteigen die berufsbedingten Aufwendungen die Pauschale, sind sie insgesamt nachzuweisen.

4. Berücksichtigungsfähige Schulden sind in der Regel vom Einkommen abzuziehen.

5. Der notwendige Eigenbedarf (Selbstbehalt)
– gegenüber minderjährigen unverheirateten Kindern,
– gegenüber volljährigen unverheirateten Kindern bis zur Vollendung des 21. Lebensjahres, die im Haushalt der Eltern oder eines Elternteils leben und sich in der allgemeinen Schulausbildung befinden,
beträgt beim nicht erwerbstätigen Unterhaltspflichtigen monatlich 880 EUR, beim erwerbstätigen Unterhaltspflichtigen monatlich 1080 EUR. Hierin sind bis 380 EUR für Unterkunft einschließlich umlagefähiger Nebenkosten und Heizung (Warmmiete) enthalten. Der Selbstbehalt soll erhöht werden, wenn die Wohnkosten (Warmmiete) den ausgewiesenen Betrag überschreiten und nicht unangemessen sind.

Der angemessene Eigenbedarf, insbesondere gegenüber anderen volljährigen Kindern, beträgt in der Regel mindestens monatlich 1300 EUR. Darin ist eine Warmmiete bis 480 EUR enthalten.

6. Der Bedarfskontrollbetrag des Unterhaltspflichtigen ab Gruppe 2 ist nicht identisch mit dem Eigenbedarf. Er soll eine ausgewogene Verteilung des Einkommens zwischen dem Unterhaltspflichtigen und den unterhaltsberechtigten Kindern gewährleisten. Wird er unter Berücksichtigung anderer Unterhaltspflichten unterschritten, ist der Tabellenbetrag der nächst niedrigeren Gruppe, deren Bedarfskontrollbetrag nicht unterschritten wird, anzusetzen.

7. Bei volljährigen Kindern, die noch im Haushalt der Eltern oder eines Elternteils wohnen, bemisst sich der Unterhalt nach der 4. Altersstufe der Tabelle.

Der angemessene Gesamtunterhaltsbedarf eines Studierenden, der nicht bei seinen Eltern oder einem Elternteil wohnt, beträgt in der Regel monatlich **735** EUR. Hierin sind bis **300** EUR für Unterkunft einschließlich umlagefähiger Nebenkosten und Heizung (Warmmiete) enthalten. Dieser Bedarfssatz kann auch für ein Kind mit eigenem Haushalt angesetzt werden.

8. Die Ausbildungsvergütung eines in der Berufsausbildung stehenden Kindes, das im Haushalt der Eltern oder eines Elternteils wohnt, ist vor ihrer Anrechnung in der Regel um einen ausbildungsbedingten Mehrbedarf von monatlich 100 EUR zu kürzen.

9. In den Bedarfsbeträgen (Anmerkungen 1 und 7) sind Beiträge zur Kranken- und Pflegeversicherung sowie Studiengebühren nicht enthalten.

10. Das auf das jeweilige Kind entfallende Kindergeld ist nach § 1612b BGB auf den Tabellenunterhalt (Bedarf) anzurechnen.

B. Ehegattenunterhalt

I. Monatliche Unterhaltsrichtsätze des berechtigten Ehegatten ohne unterhaltsberechtigte Kinder (§§ 1361, 1569, 1578, 1581 BGB):

1. gegen einen <u>erwerbstätigen Unterhaltspflichtigen:</u>
   a) wenn der Berechtigte kein Einkommen hat: 3/7 des anrechenbaren Erwerbseinkommens zuzüglich 1/2 der anrechenbaren sonstigen Einkünfte des Pflichtigen, nach oben begrenzt durch den vollen Unterhalt, gemessen an den zu berücksichtigenden ehelichen Verhältnissen;
   b) wenn der Berechtigte ebenfalls Einkommen hat: 3/7 der Differenz zwischen den anrechenbaren Erwerbseinkommen der Ehegatten, insgesamt begrenzt durch den vollen ehelichen Bedarf; für sonstige anrechenbare Einkünfte gilt der Halbteilungsgrundsatz;
   c) wenn der Berechtigte erwerbstätig ist, obwohl ihn keine Erwerbsobliegenheit trifft: gemäß § 1577 Abs. 2 BGB;
2. gegen einen <u>nicht erwerbstätigen Unterhaltspflichtigen</u> (z. B. Rentner): wie zu 1a, b oder c, jedoch 50%.

II. Fortgeltung früheren Rechts:

1. Monatliche Unterhaltsrichtsätze des nach dem Ehegesetz berechtigten Ehegatten <u>ohne unterhaltsberechtigte Kinder:</u>
   a) §§ 58, 59 EheG: in der Regel wie I,
   b) § 60 EheG: in der Regel 1/2 des Unterhalts zu I,
   c) § 61 EheG: nach Billigkeit bis zu den Sätzen I.
2. Bei Ehegatten, die vor dem 3.10.1990 in der früheren DDR geschieden worden sind, ist das DDR-FGB in Verbindung mit dem Einigungsvertrag zu berücksichtigen (Art. 234 § 5 EGBGB).

III. Monatliche Unterhaltsrichtsätze des berechtigten Ehegatten, wenn die ehelichen Lebensverhältnisse durch Unterhaltspflichten gegenüber Kindern geprägt werden:

Wie zu I bzw. II 1, jedoch wird grundsätzlich der Kindesunterhalt (Zahlbetrag; vgl. Anm. C und Anhang) vorab vom Nettoeinkommen abgezogen.

IV. Monatlicher Eigenbedarf (Selbstbehalt) gegenüber dem getrennt lebenden und dem geschiedenen Berechtigten:

Unabhängig davon, ob erwerbstätig oder nicht erwerbstätig   1200 EUR

Hierin sind bis 430 EUR für Unterkunft einschließlich umlagefähiger Nebenkosten und Heizung (Warmmiete) enthalten.

Anhang D 1. Düsseldorfer Tabelle 2019

V. Existenzminimum des unterhaltsberechtigten Ehegatten einschließlich des trennungsbedingten Mehrbedarfs in der Regel:

1. falls erwerbstätig: 1080 EUR
2. falls nicht erwerbstätig: 880 EUR

VI. Monatlicher notwendiger Eigenbedarf von Ehegatten

1. Monatlicher notwendiger Eigenbedarf des von dem Unterhaltspflichtigen getrennt lebenden oder geschiedenen Ehegatten unabhängig davon, ob erwerbstätig oder nicht erwerbstätig:
   a) gegenüber einem nachrangigen geschiedenen Ehegatten 1200 EUR
   b) gegenüber nicht privilegierten volljährigen Kindern 1300 EUR
   c) gegenüber Eltern des Unterhaltspflichtigen 1800 EUR
2. Monatlicher notwendiger Eigenbedarf des Ehegatten, der in einem gemeinsamen Haushalt mit dem Unterhaltspflichtigen lebt, unabhängig davon, ob erwerbstätig oder nicht erwerbstätig:
   a) gegenüber einem nachrangigen geschiedenen Ehegatten 960 EUR
   b) gegenüber nicht privilegierten volljährigen Kindern 1040 EUR
   c) gegenüber Eltern des Unterhaltspflichtigen 1440 EUR
   (vergl. Anm. D I)

Anmerkung zu I–III:
Hinsichtlich berufsbedingter Aufwendungen und berücksichtigungsfähiger Schulden gelten Anmerkungen A. 3 und 4 – auch für den erwerbstätigen Unterhaltsberechtigten – entsprechend. Diejenigen berufsbedingten Aufwendungen, die sich nicht nach objektiven Merkmalen eindeutig von den privaten Lebenshaltungskosten abgrenzen lassen, sind pauschal im Erwerbstätigenbonus von 1/7 enthalten.

C. Mangelfälle

Reicht das Einkommen zur Deckung des Bedarfs des Unterhaltspflichtigen und der gleichrangigen Unterhaltsberechtigten nicht aus (sog. Mangelfälle), ist die nach Abzug des notwendigen Eigenbedarfs (Selbstbehalts) des Unterhaltspflichtigen verbleibende Verteilungsmasse auf die Unterhaltsberechtigten im Verhältnis ihrer jeweiligen Einsatzbeträge gleichmäßig zu verteilen.
Der Einsatzbetrag für den Kindesunterhalt entspricht dem Zahlbetrag des Unterhaltspflichtigen. Dies ist der nach Anrechnung des Kindergeldes oder von Einkünften auf den Unterhaltsbedarf verbleibende Restbedarf.
Beispiel: Bereinigtes Nettoeinkommen des Unterhaltspflichtigen (M): 1350 EUR. Unterhalt für drei unterhaltsberechtigte Kinder im Alter von 18 Jahren (K1), 7 Jahren (K2) und 5 Jahren (K3), Schüler, die bei der nicht unterhaltsberechtigten, den Kindern nicht barunterhaltspflichtigen Ehefrau und Mutter (F) leben. F bezieht das Kindergeld. Der Beispielsberechnung liegt das vom 1. Januar 2019 bis 30. Juni 2019 geltende Kindergeld zugrunde.

Notwendiger Eigenbedarf des M: 1080 EUR
Verteilungsmasse: 1350 EUR – 1080 EUR = 270 EUR

Anhang: Tabelle Zahlbeträge **Anhang D**

Summe der Einsatzbeträge der Unterhaltsberechtigten:
333 EUR (527–194) (K 1)
+ 309 EUR (406–97) (K 2)
+ 254 EUR (354–100) (K 3)   = 896 EUR
Unterhalt:
K 1:   333 × 270 : 896 =   100,35 EUR
K 2:   309 × 270 : 896 =   93,11 EUR
K 3:   254 × 270 : 896 =   76,54 EUR

D. Verwandtenunterhalt und Unterhalt nach § 1615l BGB

I. Angemessener Selbstbehalt gegenüber den Eltern: mindestens monatlich 1800 EUR (einschließlich 480 EUR Warmmiete) zuzüglich der Hälfte des darüber hinausgehenden Einkommens, bei Vorteilen des Zusammenlebens in der Regel 45% des darüber hinausgehenden Einkommens. Der angemessene Unterhalt des mit dem Unterhaltspflichtigen zusammenlebenden Ehegatten bemisst sich nach den ehelichen Lebensverhältnissen (Halbteilungsgrundsatz), beträgt jedoch mindestens 1440 EUR (einschließlich 380 EUR Warmmiete).

II. Bedarf der Mutter und des Vaters eines nichtehelichen Kindes (§ 1615l BGB): nach der Lebensstellung des betreuenden Elternteils, in der Regel mindestens 880 EUR.
Angemessener Selbstbehalt gegenüber der Mutter und dem Vater eines nichtehelichen Kindes (§§ 1615l, 1603 Abs. 1 BGB): unabhängig davon, ob erwerbstätig oder nicht erwerbstätig: 1200 EUR.
Hierin sind bis 430 EUR für Unterkunft einschließlich umlagefähiger Nebenkosten und Heizung (Warmmiete) enthalten.

E. Übergangsregelung

Umrechnung dynamischer Titel über Kindesunterhalt nach § 36 Nr. 3 EGZPO: Ist Kindesunterhalt als Prozentsatz des jeweiligen Regelbetrages zu leisten, bleibt der Titel bestehen. Eine Abänderung ist nicht erforderlich. An die Stelle des bisherigen Prozentsatzes vom Regelbetrag tritt ein neuer Prozentsatz vom Mindestunterhalt (Stand: 1.1.2008). Dieser ist für die jeweils maßgebliche Altersstufe gesondert zu bestimmen und auf eine Stelle nach dem Komma zu begrenzen (§ 36 Nr. 3 EGZPO). Der Prozentsatz wird auf der Grundlage der zum 1.1.2008 bestehenden Verhältnisse einmalig berechnet und bleibt auch bei späterem Wechsel in eine andere Altersstufe unverändert (BGH Urteil vom 18.4.12 – XII ZR 66/10 – FamRZ 2012, 1048). Der Bedarf ergibt sich aus der Multiplikation des neuen Prozentsatzes mit dem Mindestunterhalt der jeweiligen Altersstufe und ist auf volle Euro aufzurunden (§ 1612a Abs. 2 S. 2 BGB). Der Zahlbetrag ergibt sich aus dem um das jeweils anteilige Kindergeld verminderten bzw. erhöhten Bedarf.
Wegen der sich nach § 36 Nr. 3 EGZPO ergebenden vier Fallgestaltungen wird auf die Beispielsberechnungen der Düsseldorfer Tabelle Stand 1.1.2017 verwiesen.

Anhang: Tabelle Zahlbeträge

Die folgenden Tabellen enthalten die sich nach Abzug des jeweiligen Kindergeldanteils (hälftiges Kindergeld bei Minderjährigen, volles Kindergeld bei Volljährigen) ergebenden Zahlbeträge und zwar für die Zeit vom 1. Januar 2019 bis 30.6.2019 (nachstehend **I.**) und für die Zeit ab 1. Juli 2019 (nachstehend **II.**).

Anhang D

1. Düsseldorfer Tabelle 2019

I. 1. Januar 2019 bis 30. Juni 2019

Ab dem 1. Januar 2019 bis 30. Juni 2019 beträgt das Kindergeld für das erste und zweite Kind 194 EUR, für das dritte Kind 200 EUR und ab dem vierten Kind 225 EUR.

	1. und 2. Kind	0–5	6–11	12–17	ab 18	%
1.	bis 1900	257	309	379	333	100
2.	1901–2300	275	330	403	360	105
3.	2301–2700	293	350	427	386	110
4.	2701–3100	311	370	451	413	115
5.	3101–3500	328	391	475	439	120
6.	3501–3900	357	423	513	481	128
7.	3901–4300	385	456	551	523	136
8.	4301–4700	413	488	589	565	144
9.	4701–5100	442	521	627	608	152
10.	5101–5500	470	553	665	650	160

	3. Kind	0–5	6–11	12–17	ab 18	%
1.	bis 1900	254	306	376	327	100
2.	1901–2300	272	327	400	354	105
3.	2301–2700	290	347	424	380	110
4.	2701–3100	308	367	448	407	115
5.	3101–3500	325	388	472	433	120
6.	3501–3900	354	420	510	475	128
7.	3901–4300	382	453	548	517	136
8.	4301–4700	410	485	586	559	144
9.	4701–5100	439	518	624	602	152
10.	5101–5500	467	550	662	644	160

	Ab 4. Kind	0–5	6–11	12–17	ab 18	%
1.	bis 1900	241,50	293,50	363,50	302	100
2.	1901–2300	259,50	314,50	387,50	329	105
3.	2301–2700	277,50	334,50	411,50	355	110
4.	2701–3100	295,50	354,50	435,50	382	115
5.	3101–3500	312,50	375,50	459,50	408	120
6.	3501–3900	341,50	407,50	497,50	450	128
7.	3901–4300	369,50	440,50	535,50	492	136
8.	4301–4700	397,50	472,50	573,50	534	144
9.	4701–5100	426,50	505,50	611,50	577	152
10.	5101–5500	454,50	537,50	649,50	619	160

Anhang: Tabelle Zahlbeträge **Anhang D**

II. ab 1. Juli 2019

Ab dem 1. Juli 2019 beträgt das Kindergeld für das erste und zweite Kind 204 EUR, für das dritte Kind 210 EUR und ab dem vierten Kind 235 EUR.

	1. und 2. Kind	0–5	6–11	12–17	ab 18	%
1.	bis 1900	252	304	374	323	100
2.	1901–2300	270	325	398	350	105
3.	2301–2700	288	345	422	376	110
4.	2701–3100	306	365	446	403	115
5.	3101–3500	323	386	470	429	120
6.	3501–3900	352	418	508	471	128
7.	3901–4300	380	451	546	513	136
8.	4301–4700	408	483	584	555	144
9.	4701–5100	437	516	622	598	152
10.	5101–5500	465	548	660	640	160

	3. Kind	0–5	6–11	12–17	ab 18	%
1.	bis 1900	249	301	371	317	100
2.	1901–2300	267	322	395	344	105
3.	2301–2700	285	342	419	370	110
4.	2701–3100	303	362	443	397	115
5.	3101–3500	320	383	467	423	120
6.	3501–3900	349	415	505	465	128
7.	3901–4300	377	448	543	507	136
8.	4301–4700	405	480	581	549	144
9.	4701–5100	434	513	619	592	152
10.	5101–5500	462	545	657	634	160

	Ab 4. Kind	0–5	6–11	12–17	ab 18	%
1.	bis 1900	236,50	288,50	358,50	292	100
2.	1901–2300	254,50	309,50	382,50	319	105
3.	2301–2700	272,50	329,50	406,50	345	110
4.	2701–3100	290,50	349,50	430,50	372	115
5.	3101–3500	307,50	370,50	454,50	398	120
6.	3501–3900	336,50	402,50	492,50	440	128
7.	3901–4300	364,50	435,50	530,50	482	136
8.	4301–4700	392,50	467,50	568,50	524	144
9.	4701–5100	421,50	500,50	606,50	567	152
10.	5101–5500	449,50	532,50	644,50	609	160

2. Düsseldorfer Tabelle
(Stand 1.1.2018)

A. Kindesunterhalt

	Nettoeinkommen des Barunterhaltspflichtigen (Anm. 3, 4)	Altersstufen in Jahren (§ 1612a Abs. 1 BGB)				Prozent-satz	Bedarfs-kontroll-betrag (Anm. 6)
		0–5	6–11	12–17	ab 18		
		Alle Beträge in Euro					
1.	bis 1900	348	399	467	527	100	880/1080
2.	1901–2300	366	419	491	554	105	1300
3.	2301–2700	383	439	514	580	110	1400
4.	2701–3100	401	459	538	607	115	1500
5.	3101–3500	418	479	561	633	120	1600
6.	3501–3900	446	511	598	675	128	1700
7.	3901–4300	474	543	636	717	136	1800
8.	4301–4700	502	575	673	759	144	1900
9.	4701–5100	529	607	710	802	152	2000
10.	5101–5500	557	639	748	844	160	2100
	ab 5501	nach den Umständen des Falles					

3. Düsseldorfer Tabelle
(Stand 1.1.2017)

A. Kindesunterhalt

	Nettoeinkommen des Barunterhaltspflichtigen (Anm. 3, 4)	Altersstufen in Jahren (§ 1612a Abs. 1 BGB)				Prozent-satz	Bedarfs-kontroll-betrag (Anm. 6)
		0–5	6–11	12–17	ab 18		
		Alle Beträge in Euro					
1.	bis 1500	342	393	460	527	100	
2.	1501–1900	360	413	483	554	105	1180
3.	1901–2300	377	433	506	580	110	1280

	Nettoeinkommen des Barunterhaltspflichtigen (Anm. 3, 4)	Altersstufen in Jahren (§ 1612a Abs. 1 BGB)				Prozentsatz	Bedarfskontrollbetrag (Anm. 6)
		0–5	6–11	12–17	ab 18		
		Alle Beträge in Euro					
4.	2301–2700	394	452	529	607	115	1380
5.	2701–3100	411	472	552	633	120	1480
6.	3101–3500	438	504	589	675	128	1580
7.	3501–3900	466	535	626	717	136	1680
8.	3901–4300	493	566	663	759	144	1780
9.	4301–4700	520	598	700	802	152	1880
10.	4701–5100	548	629	736	844	160	1980
	ab 5101	nach den Umständen des Falles					

4. Düsseldorfer Tabelle (Stand 1.1.2016)

– Auszug –

A. Kindesunterhalt

	Nettoeinkommen des Barunterhaltspflichtigen (Anm. 3, 4)	Altersstufen in Jahren (§ 1612a Abs. 1 BGB)				Prozentsatz	Bedarfskontrollbetrag (Anm. 6)
		0–5	6–11	12–17	ab 18		
		Alle Beträge in Euro					
1.	bis 1500	335	384	450	516	100	880/ 1080
2.	1501–1900	352	404	473	542	105	1180
3.	1901–2300	369	423	495	568	110	1280
4.	2301–2700	386	442	518	594	115	1380
5.	2701–3100	402	461	540	620	120	1480
6.	3101–3500	429	492	576	661	128	1580
7.	3501–3900	456	523	612	702	136	1680
8.	3901–4300	483	553	648	744	144	1780
9.	4301–4700	510	584	684	785	152	1880
10.	4701–5100	536	615	720	826	160	1980

Anhang D 5. Tabelle zur Höhe des Kindergeldes

Nettoeinkommen des Barunterhaltspflichtigen (Anm. 3, 4)	Altersstufen in Jahren (§ 1612a Abs. 1 BGB)				Prozentsatz	Bedarfskontrollbetrag (Anm. 6)
	0–5	6–11	12–17	ab 18		
Alle Beträge in Euro						
ab 5101	nach den Umständen des Falles					

5. Tabelle zur Höhe des Kindergeldes
Höhe des Kindergeldes nach Anzahl der Kinder:

	1. Kind	2. Kind	3. Kind	Weitere Kinder	jährlicher Kinderfreibetrag
1997	220,00 DM	220,00 DM	300,00 DM	350,00 DM	6264,00 DM
1998	220,00 DM	220,00 DM	300,00 DM	350,00 DM	6912,00 DM
1999	250,00 DM	250,00 DM	300,00 DM	350,00 DM	6912,00 DM
2000	270,00 DM	270,00 DM	300,00 DM	350,00 DM	6912,00 DM
2001	270,00 DM	270,00 DM	300,00 DM	350,00 DM	6912,00 DM
2002	154,00 EURO	154,00 EURO	154,00 EURO	179,00 EURO	5808,00 EURO
2003 bis 2008	154,00 EURO	154,00 EURO	154,00 EURO	179,00 EURO	5808,00 EURO
2009	164,00 EURO	164,00 EURO	170,00 EURO	195,00 EURO	6024,00 EURO
2010 bis 2014	184,00 EURO	184,00 EURO	190,00 EURO	215,00 EURO	7008,00 EURO
2015	188,00 EURO	188,00 EURO	194,00 EURO	219,00 EURO	7152,00 EURO
2016	190,00 EURO	190,00 EURO	196,00 EURO	221,00 EURO	7248,00 EURO
2017	192,00 EURO	192,00 EURO	198,00 EURO	223,00 EURO	7356,00 EURO
2018 bis 30.6.2019	194,00 EURO	194,00 EURO	200,00 EURO	225,00 EURO	7428,00 EURO
ab 1.7.2019	204,00 EURO	204,00 EURO	210,00 EURO	235,00 EURO	7620,00 EURO

Anhang R. Rechtsprechung

Hinweis für die Benutzer: Nicht alle in der Vorauflage enthaltenen Texte wurden in die 10. Auflage übernommen. Daher sind in der fortlaufenden Zählung der chronologisch sortierten Dokumente wie auch innerhalb einer aufgeteilten und mit Zwischenüberschriften versehenen Entscheidung da und dort Lücken enthalten. Da es sich um Entscheidungsauszüge handelt, wurden geringfügige sprachliche Bearbeitungen vorgenommen. Die Zwischenüberschriften dienen der schnellen Orientierung über den Inhalt der Entscheidung; sie stammen von den Autoren.

BGH v. 15.12.1993 – XII ZR 172/92 – FamRZ 1994, 372 = NJW 1994, 1002

(Leistungsfähigkeit bei Umschulung) R473

b) Richtig ist auch der Ansatzpunkt, daß die für den Unterhaltsanspruch in § 1603 I BGB vorausgesetzte Leistungsfähigkeit des Unterhaltspflichtigen nicht allein durch sein tatsächlich vorhandenes Einkommen bestimmt wird, sondern auch durch seine Erwerbsfähigkeit. Reichen seine tatsächlichen Einkünfte nicht aus, so trifft ihn unterhaltsrechtlich die Obliegenheit, die ihm zumutbaren Einkünfte zu erzielen, insbesondere seine Arbeitsfähigkeit so gut wie möglich einzusetzen und eine ihm mögliche Erwerbstätigkeit auszuüben (*Senat,* NJW 1985, 732 = FamRZ 1985, 158 (159) mwN). Dabei legt ihm die sich aus § 1603 II BGB ergebende verstärkte Unterhaltspflicht gegenüber minderjährigen Kindern eine erhöhte Arbeitspflicht unter gesteigerter Ausnutzung seiner Arbeitskraft auf. Er ist unter Umständen auch verpflichtet, in zumutbaren Grenzen einen Orts- oder Berufswechsel vorzunehmen, wenn er nur auf diese Weise seine Unterhaltspflicht erfüllen kann (*Senat,* NJW 1980, 414 = FamRZ 1980, 1113 (1114)). Kommt er dieser Erwerbsobliegenheit nicht nach, muß er sich so behandeln lassen, als ob er ein Einkommen, das er bei gutem Willen erzielen könnte, auch tatsächlich hätte (*Senat,* NJW 1985, 732 = FamRZ 1985, 158 (159)).

Eine solche Erwerbsobliegenheit bestand aber nicht für den Monat August 1991, in dem der Bekl. unstreitig noch bis einschließlich 26.8.1991 arbeitsunfähig krankgeschrieben war. Daher scheidet hier die Anrechnung eines fiktiven Einkommens von vornherein aus. Nach dem unbestrittenen Vortrag des Bekl. betrug sein Krankengeld, welches als Lohnersatzleistung ebenfalls zum Unterhalt herangezogen werden kann (vgl. *Schwab/Borth,* 2. Aufl., IV Rn. 428), im Monat August für 23 Tage kalendertäglich 29,98 DM netto, somit insgesamt rund 690 DM. Zusammen mit seinem Arbeitslosengeld von wöchentlich 126,60 DM lag er damit in einem Einkommensbereich, der, selbst unter Berücksichtigung eines niedrigeren Selbstbehalts, als ihm die Sächsische Unterhaltstabelle, Stand bis 30.6.1992, mit 750 DM für erwerbslose Unterhaltspflichtige zubilligt (vgl. DtZ 1992, 117 = FamRZ 1992, 400), keine Unterhaltserhöhung für die Kl. zuläßt, ohne daß sein eigener notwendiger Unterhalt gefährdet wäre. Denn auch die gesteigerte Unterhaltspflicht nach § 1603 II 1 BGB findet dort ihre Grenze, wo dem Unterhaltspflichtigen nicht mehr die Mittel zur Bestreitung des unentbehrlichen Lebensbedarfs verbleiben (*Senat,* NJW 1991, 697 = FamRZ 1991, 182 (184 f.) mwN).

Soweit das BezG die Auffassung vertritt, der Bekl. könne sich schon deshalb nicht auf seine Leistungsunfähigkeit berufen, weil er sich nicht mittels einer Kündigungsschutzklage gegen seine betriebsbedingte Kündigung gewehrt habe, kann ihm ebenfalls nicht gefolgt werden. Wie der Senat bereits mehrfach ausgeführt hat (NJW 1985, 732 = FamRZ 1985, 158 (159); NJW-RR 1987, 706 = FamRZ 1987, 930 (993); NJW 1993, 1974 = FamRZ 1993, 1055 (1056); NJW 1994, 258), ist eine tatsächliche Leistungsunfähigkeit grundsätzlich sogar dann beachtlich, wenn der Unterhaltspflichtige sie selbst – auch schuldhaft – herbeigeführt hat. Nur schwerwiegende Gründe, die sich aus einem verantwortungslosen, zumindest aber leichtfertigen und unterhaltsbezogenen Verhalten des Unterhaltsschuldners ergeben, vermögen ihm nach Treu und Glauben die Berufung auf seine Leistungsunfähigkeit zu versagen. Diesem Maßstab wird das BezG nicht gerecht, wenn es dem Bekl. eine Berufung auf seine Leistungsunfähigkeit versagt, weil er sich gegen die betriebsbedingte Maßnahme seines Arbeitgebers nicht mit einer Kündigungsschutzklage zur Wehr gesetzt hat. Darin ist kein verantwortungsloses Verhalten zu erblicken, das es rechtfertigen könnte, den Bekl. trotz Verlustes des Arbeitsplatzes in gleicher Weise als leistungsfähig zu behandeln wie zuvor. Ob im Einzelfall ein unterlassener Rechts-

R473

behelf gegen eine offensichtlich unbegründete Kündigung leichtfertig wäre, kann dahinstehen, da ein solcher Fall nicht vorliegt.

    c) Auch die Beurteilung des Folgezeitraums nach der Gesundung des Bekl. bis zum Beginn seiner Umschulung im Februar 1992 ist nicht frei von Rechtsfehlern. Zwar ist das BezG zutreffend davon ausgegangen, daß es nicht ausreicht, sich beim Arbeitsamt als Arbeitsuchender zu melden. Der Arbeitslose muß sich vielmehr auch sonst auf dem Arbeitsmarkt intensiv um eine Anstellung bemühen, so durch Bewerbungen auf Stellenanzeigen, Vorsprache bei möglichen Arbeitgebern und Aufgabe von Stellengesuchen. Diese vom Senat bisher für den Unterhaltsbegehrenden aufgestellten Grundsätze (vgl. NJW 1982, 1873 = FamRZ 1982, 255 (257 unter 2. a); NJW 1986, 718 = FamRZ 1986, 244 (246) unter 2.) gelten in gleicher Weise für den Unterhaltsschuldner (vgl. Köhler, in: MünchKomm, § 1603 Rn. 4 und 33a; *Soergel/Häberle*, BGB, 12. Aufl., § 1603 Rn. 9; Staudinger/Kappe, BGB, 12. Aufl., § 1603 Rn. 118). Insbesondere im Rahmen der gesteigerten Erwerbsobliegenheit gegenüber minderjährigen Kindern ist dem Unterhaltspflichtigen auch zuzumuten, in Ermangelung anderer Arbeiten Gelegenheits- und Aushilfstätigkeiten zu suchen (vgl. OLG Hamburg, FamRZ 1984, 924).

    Das hat der Bekl. unstreitig nicht getan. Gleichwohl rechtfertigt das allein nicht, ihm ein fiktives Einkommen von 1400 DM anzurechnen. Der Senat hat im Rahmen des auf Arbeitslosigkeit gestützten Unterhaltsanspruchs des Ehegatten nach § 1573 I BGB ausgeführt, daß eine Unterhaltsklage nicht schon dann abgewiesen werden darf, wenn der Anspruchsteller die ihm subjektiv zuzumutenden Anstrengungen, eine angemessene Erwerbstätigkeit zu finden, nicht oder nicht ausreichend unternommen hat. Vielmehr muß feststehen oder zumindest nicht auszuschließen sein, daß bei genügenden Bemühungen eine reale Beschäftigungschance mit einem höheren erzielbaren Einkommen bestanden hätte. Dabei sind in erster Linie objektive Voraussetzungen, wie die Verhältnisse auf dem Arbeitsmarkt, persönliche Eigenschaften des Bewerbers wie Alter, Gesundheit, Ausbildung und Berufserfahrung, mit zu würdigen (*Senat*, NJW-RR 1987, 962 = FamRZ 1987, 912 (913) und NJW 1987, 898 = FamRZ 1987, 144 (145)). Entsprechende Grundsätze gelten auch für die Erwerbsobliegenheit eines auf Unterhalt in Anspruch Genommenen (vgl. auch Senat (160 f. unter II.)). Denn ebenso wie beim Unterhaltsberechtigten kann das Unterlassen von Bewerbungen dann nicht vorwerfbar sein, wenn auch zumutbare Anstrengungen aller Voraussicht nach nicht zum Erfolg geführt hätten.

    Das BezG hat lediglich ausgeführt, es verkenne nicht die derzeit angespannte Arbeitsmarktlage im Beitrittsgebiet; dennoch sei dem Bekl. entweder eine Aushilfstätigkeit oder ein Ortswechsel in die alten Bundesländer und die Aufnahme einer besserbezahlten Tätigkeit, gegebenenfalls auch Anlerntätigkeit möglich. Es hätte sich aber näher damit auseinandersetzen müssen, daß der Bekl. über keine abgeschlossene Berufsausbildung verfügt, was ihm auch die Arbeitsuche in den alten Bundesländern erschweren dürfte, und daß die vom Arbeitsamt vorgeschlagene Umschulungsmaßnahme zumindest ein Indiz dafür ist, daß der Bekl. jedenfalls vom Arbeitsamt nicht zu vermitteln ist. Angesichts dessen hätte es näherer Feststellungen dazu bedurft, welche realen Beschäftigungschancen für den Bekl. auf dem freien Arbeitsmarkt außerhalb der Vermittlung durch das Arbeitsamt bestanden, und ob er damit ein Einkommen von 1400 DM hätte erzielen können. Es ist auch nicht erkennbar, auf welche konkreten Umstände das BezG seine Einschätzung stützt, der Bekl. könne bei einem Wechsel in die alten Bundesländer eine entsprechend dotierte Arbeit finden. Andererseits kann der Senat mangels gegenteiliger Feststellungen nicht in der Sache selbst entscheiden und die Berufung der Kl., mit der sie ihren Erhöhungsantrag weiterverfolgt, für den Zeitraum bis zur Umschulung zurückweisen. Die Sache ist vielmehr insoweit zur erneuten tatrichterlichen Klärung, ob der Bekl. in diesem Umfang als leistungsfähig angesehen werden kann, zurückzuverweisen. In diesem Zusammenhang wird erneut zu prüfen sein, ob dem Bekl. bereits während seiner Erkrankung eine Arbeitsuche zuzumuten war. Eine solche Obliegenheit ist nicht von vornherein auszuschließen und hängt maßgeblich von Art und Schwere der Erkrankung ab. Es ist dabei Sache des Bekl., darzutun, daß aufgrund seiner Krankheit eine derartige Obliegenheit für ihn nicht bestand. Allerdings steht auch dies unter dem Vorbehalt, daß bei möglichen früheren Bemühungen um Arbeit eine reale Beschäftigungschance bestanden hätte.

(Vorrang der Erstausbildung vor Erwerbsobliegenheit)

d   Zu Recht greift die Revision auch die Erwägung des BezG an, der Bekl. müsse seine Umschulung zugunsten einer Anlerntätigkeit gegebenenfalls in den alten Bundesländern aufgeben. Zwar hat das Interesse eines unterhaltspflichtigen Elternteils, unter Zurückstellung bestehender Erwerbsmöglichkeiten eine Aus- oder Weiterbildung aufzunehmen, grundsätzlich hinter dem Unterhaltsinteresse seiner Kinder zurückzutreten. Das gilt vor allem dann, wenn der Unterhaltspflichtige bereits über eine

Berufsausbildung verfügt und ihm die Erwerbsmöglichkeiten in dem erlernten Beruf – wenn auch möglicherweise nach einem zumutbaren Ortswechsel – eine ausreichende Lebensgrundlage bieten. Anders kann es dagegen sein, wenn es nicht um die Aufgabe einer Berufstätigkeit zum Zwecke einer Zweitausbildung oder der Weiterbildung in dem erlernten Beruf, sondern darum geht, erstmals eine abgeschlossene Berufsausbildung zu erlangen. Einer solchen Erstausbildung ist unter Umständen Vorrang auch gegenüber der Obliegenheit zur Ausübung einer Erwerbstätigkeit zur Sicherstellung des Kindesunterhalts einzuräumen. Denn die Erlangung einer angemessenen Vorbildung zu einem Beruf gehört zum eigenen Lebensbedarf des Unterhaltspflichtigen, den dieser grundsätzlich vorrangig befriedigen darf (vgl. Palandt/Diederichsen, § 1603 Rn. 10; Staudinger/Kappe, § 1603 Rn. 121 mwN). Das mag anders sein, wenn der Unterhaltspflichtige sich in der Vergangenheit stets auf die Ausübung von ungelernten Tätigkeiten beschränkt hat und sich erst später zur Aufnahme einer Berufsausbildung entschließt, obwohl sich der Anlaß, seine Arbeits- und Verdienstchancen durch eine Ausbildung zu verbessern, für ihn nicht verändert hat. In derartigen Fällen wird zu prüfen sein, ob es dem Unterhaltspflichtigen nicht zuzumuten ist, die nunmehr angestrebte Ausbildung zu verschieben und ihre Aufnahme so lange zurückzustellen, bis die Kinder nicht mehr unterhaltsbedürftig sind oder mit einem etwaigen reduzierten Unterhalt, den der Unterhaltspflichtige auch während der Ausbildung zu leisten vermag, ihr Auskommen finden.

Um einen solchen Fall geht es hier nicht. Vielmehr ist die wirtschaftliche Situation des Bekl. dadurch gekennzeichnet, daß er unter den Verhältnissen der früheren DDR mit seiner Tätigkeit als „Zerspaner" eine dauerhafte Beschäftigung gefunden hatte, die ihm sein Auskommen auch in der Zukunft zu sichern schien. Das hat sich durch die wirtschaftliche Entwicklung im Gefolge des Beitritts der neuen Bundesländer grundlegend geändert. Diese Entwicklung hat dazu geführt, daß der Bekl. in seinem bisherigen Tätigkeitsbereich keine Beschäftigungschancen mehr hat und daß er vor die Notwendigkeit gestellt wurde, sich beruflich neu zu orientieren. Dabei ergab sich, daß seine Chancen als ungelernter Arbeiter in den Beitrittsländern, aber auf Dauer auch in den alten Bundesländern ungünstig sind. Wenn er unter diesen Umständen das Angebot der örtlichen Arbeitsverwaltung annahm, im Wege der Umschulung eine Ausbildung zum Einzelhandelskaufmann zu absolvieren und dadurch erstmals eine Berufsausbildung zu erlangen, so hat die Kl. das hinzunehmen und sich für die Dauer der Umschulung weiterhin mit dem bisher titulierten Betrag zu begnügen. Letztlich entspricht es auch ihrem Interesse, wenn der Bekl. durch die Berufsausbildung in die Lage versetzt wird, den Unterhalt später durch eine besser qualifizierte, dauerhafte Erwerbstätigkeit aufzubringen.

BGH v. 25.5.1994 – XII ZR 78/93 – FamRZ 1994, 1102 = NJW 1994, 2234

(Familienrechtlicher Ausgleichsanspruch)

2. In der Rechtsprechung des BGH ist ein familienrechtlicher Ausgleichsanspruch gegenüber dem anderen Elternteil für Fälle anerkannt, in denen ein Elternteil allein für den Unterhalt eines gemeinsamen ehelichen Kindes aufgekommen ist, obwohl auch der andere dem Kind unterhaltspflichtig war. Dieser Ausgleichsanspruch beruht auf der Unterhaltspflicht beider Eltern gegenüber ihrem Kind und ergibt sich aus der Notwendigkeit, die Unterhaltslast im Verhältnis zwischen ihnen entsprechend ihrem Leistungsvermögen gerecht zu verteilen (*Senat*, NJW 1989, 2816 = FamRZ 1989, 850 (851 re. Sp.) m. Nachw.). Der BGH hat den Anspruch jedoch an die Voraussetzung geknüpft, daß der den Unterhalt leistende Elternteil mit seiner Leistung eine im Innenverhältnis der Eheleute zueinander dem anderen Elternteil obliegende Verpflichtung gegenüber dem Kind erfüllt haben müsse. Der den Unterhalt anstelle des anderen leistende Elternteil muß mit seiner Leistung eine Verbindlichkeit erfüllt haben, die sich im Verhältnis zu dem Kind als Verpflichtung des anderen Elternteils darstellte (*Senat*, NJW 1981, 2578 = FamRZ 1981, 761 (762 li. Sp.)). Diese Voraussetzung ist vorliegend nicht gegeben. Es kann deshalb dahingestellt bleiben, ob der Vater seine Absicht, von der Mutter für seine Aufwendungen Ersatz zu verlangen, durch sein Schreiben vom 15.2.1990 deutlich gemacht hat (vgl. zu letzterem BGHZ 50, 266 ff. = NJW 1968, 1780).

a) Durch die von ihm geleistete Betreuung hat der Vater nicht eine der Mutter gegenüber der C obliegende Unterhaltsverpflichtung erfüllt. Zwar haben Kinder gegenüber ihren Eltern ein Recht auf Betreuung, jedoch beruht dieses Recht nicht auf ihrem Unterhaltsanspruch. Nach § 1612 I 1 BGB ist der Unterhalt durch Entrichtung einer Geldrente zu gewähren. Der Unterhaltsanspruch ist daher auf eine Geldleistung gerichtet. Das Gesetz geht in § 1606 III 2 BGB lediglich davon aus, daß der Elternteil, bei dem das minderjährige unverheiratete Kind lebt, seine Unterhaltsverpflichtung in der Regel durch die Pflege und Erziehung das Kindes erfüllt und deshalb grundsätzlich nicht zu Geldleistungen verpflichtet ist. Ein unterhaltsrechtlicher Anspruch des Kindes auf Betreuung ergibt sich aus dieser Bestimmung aber nicht. Die Vorschrift des § 1612 III 1 BGB, die den Eltern unverheirateter Kinder gestattet zu bestimmen, in welcher Art und für welche Zeit im voraus sie den Unterhalt gewähren wollen, gibt den Kindern nicht einmal ein Wahlrecht auf Naturalunterhalt (vgl. Köhler, in: Münch-Komm, 3. Aufl., § 1612 Rn. 6 mwN). Ein Elternteil, der einem gemeinsamen ehelichen Kind Betreuungs- und Barunterhalt erbracht hat, kann daher vom anderen Elternteil im Wege des familienrechtlichen Ausgleichsanspruchs grundsätzlich nur Erstattung geleisteten Barunterhalts, nicht dagegen Ersatz für geleistete Betreuung verlangen. Es bedarf deshalb keiner Entscheidung, ob der Auffassung des OLG gefolgt werden könnte, in Fällen der vorliegenden Art entspreche der Wert der Betreuung regelmäßig dem Wert des bereits ausgeurteilten Barunterhalts (vgl. dazu *Senat*, NJW 1991, 697 = FamRZ 1991, 182 (183 re. Sp.).

b) Allerdings kommt in Betracht, daß die Mutter während des Aufenthalts von C beim Vater verpflichtet war, einer Unterhaltspflicht gegenüber C durch Zahlung einer Geldrente nachzukommen, §§ 1601, 1612 I 1 BGB. Dennoch kann sich der Vater nicht darauf berufen, mit seinen Barleistungen an C eine etwa bestehende Verpflichtung der Mutter zur Leistung von Barunterhalt erfüllt zu haben. Denn er war selbst durch das Urteil des AG Essen-Borbeck vom 21.9.1989 verpflichtet, an C Barunterhalt zu leisten. Im Verhältnis zur unterhaltsberechtigten Tochter ist deshalb der Vater mit Barleistungen seiner eigenen rechtskräftig festgestellten Unterhaltspflicht nachgekommen und hat insoweit nicht – anstelle der Mutter – eine Unterhaltsverbindlichkeit erfüllt, die dieser gegenüber der Tochter obgelegen hätte (*Senat*, NJW 1981, 2348 = FamRZ 1981, 761 (762 li. Sp.); Köhler, in. MünchKomm, § 1606 Rn. 16; Johannsen/Henrich/Graba, EheR 2. Aufl., § 1606 Rn. 12; einschränkend *Schwab/Borth*, Hdb. d. ScheidungsR, 2. Aufl., Teil V Rn. 110).

3. Entgegen der Auffassung des OLG entspräche die Zubilligung eines familienrechtlichen Ausgleichsanspruchs im vorliegenden Fall auch nicht dem Sinn und Zweck, dem dieser Anspruch nach den Grundsätzen der Entscheidungen BGHZ 31, 329 ff. = NJW 1960, 957; BGHZ 50, 266 ff. = NJW 1968, 1780 dienen soll. Danach ist der Ausgleichsanspruch jedenfalls nicht dazu bestimmt, gerichtlich festgesetzte Unterhaltsverpflichtungen, die auf einer Abwägung der Leistungsfähigkeit beider Elternteile beruhen, durch „Ausgleich" von Unterhaltsanteilen im Verhältnis der Eltern zueinander abzuändern (*Senat*, NJW 1981, 2348 = LM § 1606 BGB Nr. 16 = FamRZ 1981, 761 (762 li. Sp.); NJW 1988, 2375 = FamRZ 1988, 834 (835 re. Sp.)). Eine derartige Änderung ist dem Verfahren nach § 323 ZPO vorzubehalten. Demgemäß ist auch hier die Frage der Barunterhaltspflicht, die bereits Gegenstand des Unterhaltsrechtsstreits zwischen C und dem Vater war, nur unter den Voraussetzungen und auf dem Wege des § 323 ZPO erneut zur Entscheidung zu stellen. Deshalb kann der Ansicht des OLG nicht gefolgt werden, die Sperrwirkung des Unterhaltsrechtsstreits zwischen C und dem Vater stehe der Zuerkennung eines Ausgleichsanspruchs deshalb nicht entgegen, weil durch das Überwechseln der Tochter in den Haushalt des Vaters eine Änderung der Verhältnisse iS des § 323 ZPO eingetreten sei und es nicht darauf ankomme, ob eine Abänderungsklage erhoben worden sei. Diese Auffassung ist mit dem Gesetz nicht vereinbar. Nach § 323 I ZPO ist bei einer Verurteilung zur Zahlung wiederkehrender Leistungen eine wesentliche Änderung der dem Titel zugrunde liegenden Verhältnisse im Wege der Klage geltend zu machen; die wesentliche Veränderung der Verhältnisse allein genügt nicht. Das Urteil darf auch nur für die Zeit nach Erhebung der Klage abgeändert werden, § 323 III ZPO. Diese Bestimmungen liefen leer, würde bereits eine wesentliche Änderung der Verhältnisse zur Bejahung eines familienrechtlichen Ausgleichsanspruchs des zu Barunterhaltsleistungen verurteilten Elternteils gegenüber dem anderen führen, obwohl über dessen Anteil an den Unterhaltsleistungen im Vorprozeß mitentschieden worden ist. Es hätte deshalb vorliegend zunächst einer Klage des Vaters auf Abänderung des Urteils des AG Essen-Borbeck bedurft, wenn der Vater von der Mutter Ersatz für von ihm über die Betreuung hinaus erbrachte Barleistungen verlangen wollte. Da dies nicht geschehen ist, steht ihm insoweit kein familienrechtlicher Ausgleichsanspruch zu.

4. Der geltend gemachte Anspruch läßt sich auch nicht auf die §§ 670, 683, 677 BGB oder die Bestimmungen über die Herausgabe eine ungerechtfertigten Bereicherung (§§ 812 ff. BGB) stützen. Regelt bereits ein Urteil, welcher der Elternteile zu Barunterhalt verpflichtet ist, und ist deshalb während des Bestands dieses Urteils ein familienrechtlicher Ausgleichsanspruch des barleistungspflichtigen Elternteils auf Erstattung seiner Leistungen gegenüber dem anderen Elternteil ausgeschlossen, kann ein Erstattungsanspruch auch nicht auf andere Rechtsgrundlagen gestützt werden. Es wäre widersinnig, wenn der Erstattunganspruch wegen der Wirkung des Urteils im Unterhaltsprozeß des Kindes gegen

den Vater zwar nicht mit einem familienrechtlichen Ausgleichsanspruch, wohl aber aus anderen Rechtsgründen geltend gemacht werden könnte. Das würde der Rechtswirkung, die dem Urteil des Vorprozesses zukommt und auf der Verneinung des familienrechtlichen Ausgleichsanspruchs beruht, widersprechen (BGHZ 50, 266 (270) = NJW 1968, 1780; vgl. auch *Senat*, NJW 1984, 2158 = FamRZ 1984, 775 (777); *Gernhuber/Coester-Waltjen*, Lehrb. d. FamR, 4. Aufl., § 46 II 7; *Johannsen/Henrich/Graba*, § 1606 Rn. 12; *Schwab/Borth*, Rn. 110). Die Urteile der Vorinstanzen können deshalb keinen Bestand haben, ohne daß es auf die von der Mutter erklärte Aufrechnung ankommt.

BGH v. 9.11.1994 – XII ZR 206/93 – FamRZ 1995, 215 = NJW 1995, 717

(Kosten des Umgangsrechts)

Zutreffend ist allerdings der Ausgangspunkt des OLG, daß eine Berücksichtigung von Umgangskosten zu Lasten des unterhaltsberechtigten Ehegatten auf eng begrenzte Ausnahmefälle beschränkt bleiben muß. Grundsätzlich hat der Umgangsberechtigte die üblichen Kosten, die ihm bei der Ausübung des Umgangsrechtes entstehen, wie Fahrt-, Übernachtungs-, Verpflegungskosten und ähnliches, selbst zu tragen und kann sie weder unmittelbar im Wege einer Erstattung noch mittelbar im Wege einer Einkommensminderung geltend machen. Das gilt grundsätzlich sowohl gegenüber dem unterhaltsberechtigten Kind als auch gegenüber dem unterhaltsberechtigten Ehegatten (vgl. *OLG Bamberg*, FamRZ 1987, 1295; *OLG Frankfurt/M. – 3. FamS –*, FamRZ 1987, 1033; *OLG Karlsruhe*, FamRZ 1992, 58 f.; *Johannsen/Henrich/Jaeger*, Eherecht, 2. Aufl., § 1634 BGB Rz. 31; *Rolland/ Nehlsen-v. Stryk*, FamK, § 1634 BGB Rz. 23; *Soergel/Strätz*, BGB, 12. Aufl., § 1634 Rz 30; *Staudinger/Peschel-Gutzeit*, BGB, § 1634 Rz. 325; *Kalthoener/Büttner*, Rechtsprechung zur Höhe des Unterhalts, 5. Aufl., Rz. 386, 994; ähnlich auch *Göppinger/Strohal*, Unterhaltsrecht, 6. Aufl., Rz. 271, 675; abweichend für den Ehegattenunterhalt *OLG Frankfurt/M. – 1. FamS –*, FamRZ 1984, 178; 1991, 78; ihm folgend *MünchKomm/Hinz*, BGB, 3. Aufl., § 1634 Rz. 34; *Palandt/Diederichsen*, BGB, 53. Aufl., § 1634 Rz. 41, und *Heiß/Heiß*, Unterhaltsrecht, I 3161; vgl. aber auch *Heiß/Deisenhofer*, aaO, 12.28). Denn die Wahrnehmung des persönlichen Kontaktes mit seinem Kind ist unmittelbar Ausfluß seiner elterl. Verantwortung gemäß §§ 1618a, 1626, 1631 BGB und seines höchstpersönlichen Rechtes aus § 1634 BGB. Die dabei anfallenden Belastungen sind Kosten, die er im eigenen und im Interesse des Kindes grundsätzlich selbst aufzubringen hat. Zur Entlastung dienen ihm dabei staatliche Vergünstigungen wie das Kindergeld, das ihm im Verhältnis zum anderen sorgeberechtigten Elternteil hälftig zusteht. (Bis einschließlich 1989 gab es ferner noch den vom zu versteuernden Einkommen absetzbaren sog. Besucherfreibetrag gemäß § 33a Ia EStG aF; vgl. *OLG Frankfurt/M. – 3. FamS –*, aaO, S. 1034; *Staudinger/Peschel-Gutzeit*, aaO, Rz. 327; *Schmidt/Glanegger*, EStG, 8. Aufl., § 33a Anm. 3.)

Die einkommensmindernde Berücksichtigung der Umgangskosten beim Unterhaltsverpflichteten würde demgegenüber zu einer teilweisen Verlagerung dieser Lasten auf den unterhaltsberechtigten Sorgerechtsinhaber führen, die mit dem Gesetz grundsätzlich nicht in Einklang steht. Sie würde letztlich möglicherweise auch die Lebenshaltung des Kindes beeinträchtigen, das mit dem sorgeberechtigten Elternteil in einem Haushalt lebt und vielfach tatsächlich an dessen Unterhalt teilnimmt. Eine Abweichung von diesen Grundsätzen hat sich daher in engen Grenzen zu halten und ist nur aus Billigkeitsgründen unter Abwägung aller Umstände des Einzelfalles zu rechtfertigen.

Die vom OLG herangezogenen Gesichtspunkte reichen hierfür nicht aus. Der Umstand, daß die Kl. mit dem Kind vom ehemaligen Ehewohnsitz in einen 160 km entfernten Ort verzogen ist, wo sie eine neue Lebensgemeinschaft begründet hat, berechtigt den Bekl. noch nicht zu einer Unterhaltskürzung. Grundsätzlich kann ein sorgeberechtigter Ehegatte seinen künftigen Wohnort und Lebenskreis selbst bestimmen und ist nicht gehalten, am ehemaligen Familienwohnsitz oder in dessen unmittelbarer Nähe zu bleiben, um dem anderen Ehegatten die Besuchskontakte mit den Kindern möglichst zu erleichtern. Erst wenn er in einer solchen Entfernung wohnt, daß angesichts ohnehin beengter wirtschaftlicher Verhältnisse die Kostenbelastung für den Umgangsberechtigten schlechthin unzumutbar ist und dazu führt, daß dieser sein Umgangsrecht nicht oder nur noch in erheblich eingeschränktem Umfang ausüben könnte, greifen Billigkeitserwägungen ein. In einem solchen Fall kann es dem unterhaltsberechtigten Ehegatten zuzumuten sein, sich in seiner eigenen Lebensführung einzuschränken, um dem unterhaltsverpflichteten Ehegatten zumindest die Mittel zu belassen, die zur Ausübung eines den wirtschaftlichen Verhältnissen angepaßten Umgangsrechts nötig sind. Dies entspricht auch der elterl. Verantwortung des sorgeberechtigten Ehegatten gegenüber dem Kind, dem der Kontakt mit dem anderen Elternteil erhalten bleiben muß.

R485A

Bei der dabei gebotenen Abwägung der wirtschaftlichen und persönlichen Verhältnisse der Parteien ist indes auf eine ausgewogene Lastenverteilung zu achten. Die Opfergrenze für den sorgeberechtigten Ehegatten wird dort überschritten, wo er – wie es hier der Fall ist – weniger als das Existenzminimum erhält, während der unterhaltsverpflichtete Ehegatte nach Vorwegabzug berufsbedingter Aufwendungen, berücksichtigungsfähiger Schuldentilgung für einen Pkw und weiterer Verpflichtungen über einen Selbstbehalt von monatlich 1100 DM bzw. 1300 DM verfügt. In diesem Falle muß es bei der Grundregel bleiben, daß der Unterhaltsverpflichtete die ihm entstehenden Umgangskosten trägt, ohne sie unterhaltsmindernd geltend machen zu können. Das ist hier um so mehr geboten, als die Entfernung vom Wohnort des Kindes nur 160 km beträgt und die Kosten einer Rückfahrkarte nach den Feststellungen des OLG bei nur 88 DM liegen, und sich dieser Betrag bei Inanspruchnahme von vergünstigten Angeboten der Bahn noch verringern läßt.

BGH v. 24.11.1994 – GSZ 1/94 – FamRZ 1995, 349 = NJW 1995, 664

R485A *(Beschwerdewert bei Verurteilung zur Auskunftserteilung)*

b) Für die bisherige std. Rspr. sprechen gewichtige Gründe.

Den Wert des Beschwerdegegenstandes, § 511 aI ZPO, hat das Gericht gemäß §§ 2, 3 ZPO nach seinem freien Ermessen festzusetzen, wenn – wie bei der Auskunftsklage – die §§ 4 bis 9 ZPO nicht eingreifen. Der Beschwerdegegenstand der Berufung wird durch den Berufungsantrag, § 519 II Nr. 1 ZPO, im Rahmen der Beschwer bestimmt (vgl. *MünchKomm/Lappe,* ZPO, § 3 Rz. 9). Maßgebend ist das wirtschaftliche Interesse des Rechtsmittelkl. an dem Erfolg seines Rechtsmittels (vgl. *BGH,* Beschluß v. 14.2.1973 – V ZR 179/72 –, NJW 1973, 654; *Hillach/Rohs,* Handbuch des Streitwerts in bürgerlichen Rechtsstreitigkeiten, 8. Aufl., S. 95).

Dabei ist grundsätzlich nur auf den unmittelbaren Gegenstand der Entscheidung abzustellen. Der tatsächliche oder rechtliche Einfluß der Entscheidung auf andere Rechtsverhältnisse bleibt außer Betracht (vgl. *Hillach/Rohs,* aaO, S. 98). Daraus folgt, daß der Wert des Beschwerdegegenstandes – auch bei unverändertem Streitgegenstand – niedriger, ggf. aber auch höher sein kann als der für den Kl. nach seinem Antrag im ersten Rechtszug festgesetzte Wert (vgl. als Beispiele für einen höheren Beschwerdewert *BGH,* Urteil v. 10.12.1993 – V ZR 168/92 –, NJW 1994, 735, und Beschluß v. 22.2.1990 – III ZR 1/90 –, NJW 1991, 824).

Der Anspruch auf Auskunft bezieht seinen wirtschaftlichen Wert typischerweise daraus, daß mit ihm die Durchsetzung eines Hauptanspruchs vorbereitet werden soll (vgl. *MünchKomm/Lappe,* aaO, § 3 Rz. 51). Der wirtschaftliche Zweck des Auskunftsverlangens besteht im allgemeinen darin, eine der Grundlagen zu schaffen, die für den Anspruch auf die Hauptleistung erforderlich sind. Diese enge Verknüpfung zwischen Auskunfts- und Hauptanspruch läßt es angebracht erscheinen, den Wert des Auskunftsanspruchs mit einem Bruchteil des Hauptanspruchs festzusetzen (std. Rspr. *BGH,* Urteil v. 31.3.1993 – XII ZR 67/92 –, FamRZ 1993, 1189, mwN). Damit orientiert sich die Wertfestsetzung am unmittelbaren Gegenstand der Auskunftsklage, nicht an anderen, über diesen Gegenstand hinausgehenden Interessen.

Demgegenüber ist Gegenstand des Rechtsmittels des im Auskunftsverfahren unterlegenen Bkl. das Ziel, keine Auskunft erteilen zu müssen. Hat sein dahingehender Antrag Erfolg, erspart er die Kosten, die mit dem Aufwand der Auskunftserteilung verbunden sind. Diese Kostenersparnis ist grundsätzlich maßgebend für die Festsetzung des Beschwerdewertes. Das etwa daneben bestehende Interesse des Bekl., die Durchsetzung des Hauptanspruchs zu verhindern, geht über den unmittelbaren Gegenstand der Entscheidung hinaus. Es hat deshalb bei der Festsetzung des Beschwerdewertes außer Betracht zu bleiben.

c) Das Ergebnis eines verschieden hohen Beschwerdewertes bei Kl. und Bekl. verletzt nicht den Gleichheitssatz des Art. 3 I GG. Insbesondere liegt kein Verstoß gegen das Gebot der Rechtsanwendungsgleichheit (vgl. *BVerfGE* 65, 76, 91) oder das auch im Zivilprozeß geltende Gebot der prozessualen Waffengleichheit (vgl. *BVerfGE* 74, 78, 92, 95) vor. Dem Bekl. wird freilich häufiger der Zugang zur Rechtsmittelinstanz versagt sein, weil der Betrag des mit der Auskunftserteilung verbundenen Aufwandes die Rechtsmittelsumme nicht erreicht, während der unterlegene Kl. wegen des höheren Beschwerdewertes ein Rechtsmittel einlegen kann. Damit wird aber nicht Gleiches ungleich behandelt. Für beide Parteien gilt der gleiche Ausgangspunkt: das wirtschaftliche, auf den unmittelbaren Gegenstand des Antrags bezogene Interesse an der Einlegung des Rechtsmittels. Die unterschiedlichen Auswirkungen auf die Zulässigkeit des Rechtsmittels rechtfertigen sich daraus, daß dieses

Anhang R. Rechtsprechung   R508

Interesse verschieden hoch zu bewerten ist, weil das Verfahrensergebnis sich für die Parteien unterschiedlich auswirkt. Da der Kl. mit der Auskunftsklage sich die Kenntnis über einen Teil des Anspruchsgrundes für den Hauptanspruch verschaffen will, bedeutet ein den Auskunftsanspruch rechtskräftig abweisendes Urteil, daß die Durchsetzung seines Hauptanspruchs aus tatsächlichen Gründen in Frage gestellt ist. Dagegen hat der im Auskunftsverfahren unterlegene Bekl. weiterhin Gelegenheit, sich gegen den Hauptanspruch zu wehren. Er kann im Verfahren über den Hauptanspruch sein Interesse, diesen abzuwehren, in vollem Umfang geltend machen. Wegen dieses Unterschieds, das Angriffs- und das Abwehrinteresse geltend machen zu können, hat der *BGH* verschiedentlich zum Ausdruck gebracht, der Kl. sei auf den Auskunftsanspruch angewiesen, während der Bekl. sich gegen den Hauptanspruch weiterhin wehren könne. Durch die Verurteilung zur Auskunft erwachse der Grund des Hauptanspruchs nicht in Rechtskraft (Urteil v. 19.10.1993 – XI ZR 73/93 –, NJW-RR 1994, 174).

BGH v. 13.11.1996 – XII ZR 125/95 – FamRZ 1997, 484 = NJW 1997, 731

(Naturalunterhalt durch Überlassung des Miteigentumsanteils der Ehewohnung; Neuregelung der Nutzung und **R508**
Verwaltung durch Berücksichtigung des mietfreien Wohnens beim Unterhalt mit der Verpflichtung, daß der andere Ehegatte wieder im Eigenheim wohnen darf; keine Nutzungsentschädigung, wenn mietfreies Wohnen bei Unterhaltsvereinbarung berücksichtigt wurde)

a) Das *OLG* hat dem Vergleich zutreffend entnommen, daß der Bekl. der Kl. seinen Miteigentumsanteil am Haus auch für die Zeit nach der Scheidung zur alleinigen Nutzung für sie und die gemeinsamen Kinder zur Verfügung zu stellen hatte, ohne hierfür ein Nutzungsentgelt zu verlangen. Der der Kl. zustehende Lebensbedarf, zu dem auch ihr Wohnbedarf gehört, sollte dadurch zum Teil in bar, zum Teil durch Naturalunterhalt gedeckt werden. Eine solche Art der Unterhaltsgewährung ist zulässig und in der Praxis auch nicht unüblich, insbesondere wenn es sich um eine Regelung für die Zeit zwischen Trennung und Scheidung handelt. Aber auch nach der Scheidung kann eine solche Bestimmung nach dem Willen der Parteien beibehalten werden. Zwar sieht das Gesetz grundsätzlich eine Unterhaltsgewährung in Geld vor (§ 1585 I 1 BGB). Die Parteien können aber jederzeit eine andere Art der Unterhaltsgewährung vereinbaren (§ 1585c BGB). Das gilt auch hinsichtlich der Nutzung eines den Ehegatten anteilig gehörenden und bisher gemeinsam genutzten Hauses, wenn einer von ihnen auszieht. Gem. § 745 II BGB kann jeder Teilhaber eine die Interessen beider berücksichtigende Neuregelung der Nutzung und Verwaltung verlangen; insbesondere kann der weichende Miteigentümer eine angemessene Nutzungsentschädigung für seinen Anteil beanspruchen (*BGH,* NJW 1982, 1753 = FamRZ 1982, 355 f.). Möglich sind aber auch andere Arten der Neuregelung, etwa dahin, daß der das Haus bewohnende Ehegatte die Finanzierungskosten des Hauses übernimmt (vgl. *Senat,* BGHZ 87, 265 [271 f.] = NJW 1983, 1845) oder daß das Nutzungsentgelt in die Unterhaltsregelung mit einbezogen wird (vgl. *Senat,* NJW 1986, 1340 = FamRZ 1986, 434 f. und NJW 1986, 1339 = FamRZ 1986, 436 f.). Dabei kommt auch eine Kompensation mit einem ansonsten höheren Barunterhaltsanspruch des das Haus allein bewohnenden unterhaltsberechtigten Ehegatten in Betracht. Das *OLG* geht zutreffend davon aus, daß hierin zugleich eine von der gesetzlichen Regelung der Mitbenutzung des gemeinsamen Gegenstandes (§ 743 BGB) abweichende Vereinbarung liegt.

Eine solche Regelung haben die Parteien hier getroffen, und zwar, wie sich aus dem Wortlaut von Nr. 2 S. 3 des Vergleichs ergibt, auch für die Zeit nach Rechtskraft der Scheidung. Aus dem Verfahren ... *(AG L.),* in dem der Trennungsunterhalt und zugleich der nacheheliche Unterhalt durch den Vergleich geregelt wurden, ergibt sich nämlich, daß ohne eine solche Kompensation der Barunterhalt der Kl. – in Form des Elementarunterhalts und des von ihr ebenfalls verlangten Altersvorsorgeunterhalts – entsprechend höher ausgefallen wäre. Daraus folgt zugleich, daß es sich bei der Absprache in Nr. 3 des Vergleichs nicht lediglich um das Festhalten eines faktischen Zustands als Vergleichsgrundlage, nämlich der alleinigen Nutzung des Hauses durch die Kl. und die Kinder handelt, sondern daß sie eine verbindliche Regelung über die Art der Unterhaltsgewährung enthält. Davon ging ersichtlich auch der Bekl. aus, wenn er im Klageerwiderungsschriftsatz vom 4.5.1994 und im Schriftsatz vom 17.8.1994 selbst ausführte, daß es sich um eine „Regelung" handele, wonach die Kl. mit den Kindern weiterhin im gemeinsamen Haus wohnen bleiben könne und er die Finanzierungskosten nach wie vor allein tragen werde. Die im Vergleich getroffene Kompensationsregelung diente im übrigen auch dem Gericht des Unterhaltsabänderungsverfahrens, das die Kl. angestrengt hatte, dazu, ihrem Erhöhungsbegehren ua mit dem Hinweis auf die entgeltfreie Nutzung des Hauses entgegenzutreten.

War somit zwischen den Parteien verbindlich vereinbart, daß der Bekl. der Kl. einen Teil des Unterhalts in Natur, nämlich durch die Überlassung seines Hausanteils zur alleinigen Nutzung, zu gewähren hatte, befreite ihn die Veräußerung nicht von der mit der Kl. getroffenen Vereinbarung. Daraus, daß der Vergleich seinerzeit nicht als Belastung gem. § 1010 I BGB im Grundbuch eingetragen wurde und damit gegenüber der neuen Miteigentümerin keine Wirkung entfaltete, kann der Bekl. für sich im Verhältnis zur Kl. nichts herleiten. Auch auf einen Wegfall der Geschäftsgrundlage kann er sich nicht berufen, und zwar schon deshalb nicht, weil der Umstand, daß er der Kl. den Hausanteil nicht mehr als Teil des geschuldeten Unterhalts zur Verfügung stellen kann, sondern diese sich den Nutzungsentgeltsansprüchen der neuen Miteigentümerin aus der Miteigentümergemeinschaft ausgesetzt sieht, auf eine Ursache zurückzuführen ist, die der Bekl. selbst gesetzt und zu vertreten hat (vgl. *Senat*, NJW 1995, 2031 [2032]). Er muß die Kl. daher unterhaltsrechtlich so stellen, als ob er ihr seinen Hausanteil weiterhin nutzungsentgeltfrei überlassen könnte. Demgemäß hat er die Kl. von den Nutzungsentgeltansprüchen der neuen Miteigentümerin freizustellen (vgl. *BGHZ* 40, 326 [331] = NJW 1964, 648).

BGH v. 21.1.1998 – XII ZR 85/96 – FamRZ 1998, 541 = NJW 1998, 1309

R520 *(Zur Konkurrenz von Trennungsunterhalt nach § 1361 BGB und Unterhalt nach § 1615l I 1 und II 2 BGB)*

c c) Da somit Unterhaltsansprüche der Kl. gegen den Vater ihres nichtehelichen Kindes sowohl nach § 1615l I als auch nach Abs. 2 Satz 2 BGB in Betracht kommen, die in die streitbefangene Zeit fallen und mit ihrem Anspruch auf Trennungsunterhalt gem. § 1361 BGB gegen ihren Ehemann konkurrieren, kommt es auf die Frage der Haftung des Vaters des nichtehelichen Kindes im Verhältnis zum Beklagten an. Das Gesetz hat diese Konstellation in § 1615l III BGB, in dem die Reihenfolge der Unterhaltsverpflichtungen zwischen dem Vater und den Verwandten der Mutter sowie das Rangverhältnis zwischen der Mutter und der Ehefrau und den minderjährigen Kindern des Vaters geregelt sind, nicht mit aufgegriffen. Während das ältere Schrifttum von einem grundsätzlichen Vorrang der Haftung des Ehemannes vor dem Vater ausging (*Brühl*, FamRZ 1967, 130 [133]; *Brüggemann*, FamRZ 1971, 140 [147]), was unter anderem aus dem allgemeinen Verweis des § 1615 III BGB auf die Vorschriften des Verwandtenunterhalts und dem dortigen § 1608 BGB mit der vorrangigen Haftung des Ehemannes vor den Verwandten gefolgert wurde, wird in der neueren Literatur und Rechtsprechung überwiegend die Auffassung vertreten, daß der Vater vor dem Ehemann haften soll. Dies wird aus einer analogen Anwendung des § 1615l III 2 BGB abgeleitet, wonach der Vater vor den Verwandten der Mutter zur Unterhaltszahlung heranzuziehen ist. Da das Gesetz darin zum Ausdruck bringe, den Vater vorrangig auf Unterhalt in Anspruch zu nehmen, der die Unterhaltsbedürftigkeit der Mutter zu verantworten habe, müsse der Ehemann ebenso wie die Verwandten der Mutter vor einer Inanspruchnahme geschützt werden, da für eine Ungleichbehandlung von Verwandten und Ehemann kein sachlicher Grund bestehe (*Köhler*, in: MünchKomm, § 1615l Rn. 9a; *Palandt-Diederichsen*, § 1615l Rn. 5 und Ergänzungsband, § 1615l Rn. 5; *Staudinger-Eichenhofer*, § 1615l Rn. 18 und 21; *Gernhuber/Coester-Waltjen*, § 59 III Anm. 3; *Odersky*, Anm. II 8c; OLG Celle, FamRZ 1979, 119; OLG Koblenz, FamRZ 1981, 92; *OLG Hamm*, NJW 1991, 1763 = FamRZ 1991, 979; FamRZ 1997, 632; *OLG Düsseldorf*, FamRZ 1995, 690; abl., soweit ersichtlich, nur *OLG München*, FamRZ 1994, 1108). Dabei wird allerdings zum Teil angenommen, daß der Vorrang der Haftung des Vaters nur so weit reiche, als durch die Schwangerschaft oder Mutterschaft ein Mehrbedarf verursacht wird, während für den ohne sie bestehenden Grundbedarf allein der Ehemann hafte (*Mutschler*, in: RGRK, § 1615l Rn. 11; *Göppinger-Maurer*, Rn. 981). Eine anteilige Haftung entsprechend § 1606 III 1 BGB wird dagegen überwiegend abgelehnt.

Der *Senat* hält demgegenüber in einem Fall wie dem vorliegenden eine Aufteilung der Verantwortlichkeiten zwischen dem Ehemann und dem Vater in entsprechender Anwendung des § 1606 III 1 BGB für geboten. § 1615l III 1 BGB verweist allgemein auf eine entsprechende Anwendung der für die Unterhaltspflicht zwischen Verwandten geltenden Vorschriften. Dabei kommt eine Heranziehung des § 1608 BGB mit der vorrangigen Haftung des Ehemannes vor den Verwandten der Mutter zur Lösung der vorliegenden Frage von vorneherein nicht Betracht, weil der Vater des nichtehelichen Kindes den Verwandten der Mutter nicht gleichgesetzt werden kann. Das folgt bereits aus der Sonderbestimmung des § 1615l III 2 BGB, nach der die Unterhaltsverpflichtung des Vaters vor derjenigen der Verwandten rangiert (vgl. *Köhler*, in: MünchKomm, § 1615l Rn. 9a). Diese Bestimmung geht als lex specialis dem § 1608 BGB vor.

Andererseits muß aber auch eine Gleichsetzung des Ehemannes mit den Verwandten der Mutter entsprechend § 1615l III 2 BGB ausscheiden. Denn die daraus abgeleitete undifferenzierte vorrangige Haftung des Vaters vor dem Ehemann trägt dem Umstand nicht Rechnung, daß die Mutter auch wegen der notwendigen Betreuung der ehelichen Kinder an einer Erwerbstätigkeit gehindert ist. Die insoweit dem Ehemann zuzuschreibende Verantwortung würde, folgt man der überwiegenden Meinung, außer acht gelassen und der Ehemann gegenüber dem Vater des nichtehelichen Kindes in ungerechtfertigter Weise privilegiert. Eine solche Bevorzugung läßt sich nicht daraus herleiten, daß der Unterhaltsanspruch aus § 1615l II BGB seit der Reform 1995 demjenigen aus § 1570 BGB angenähert wurde und, was die bisherige zeitliche Ausdehnung auf drei Jahre betrifft, mit der am 1.7.1998 in Kraft tretenden Kindschaftsrechtsreform weiter verlängerbar werden soll (vgl. § 1615l II 3 BGB idF des G. zur Reform des Kindschaftsrechts vom 16.12.1997, BGBl. I, 2942 f.). Auch die Regelung des § 1586a II BGB, die bei einer Konkurrenz von Unterhaltsansprüchen gegen Ehegatten aus zwei geschiedenen Ehen eine Primärhaftung des Ehegatten aus der später aufgelösten Ehe anordnet (krit. dazu *Richter,* in: MünchKomm § 1586a Rn. 8), kann mangels Vergleichbarkeit der Fallgestaltung nicht herangezogen werden.

Demgegenüber führt eine entsprechende Anwendung des von der Verweisung in § 1615l III 1 BGB ebenfalls erfaßten § 1606 III 1 BGB zu ausgewogeneren Ergebnissen, weil damit der jeweiligen Verantwortung des Vaters und des Ehemannes flexibel Rechnung getragen werden kann. Nach § 1606 III 2 BGB haften gleichnahe Verwandte anteilig, und zwar nach dem Maßstab ihrer jeweiligen Erwerbs- und Vermögensverhältnisse. Vergleichbar damit können auch die jeweiligen Väter ehelicher und nichtehelicher Kinder für den betreuungsbedingten Unterhaltsbedarf der Mutter anteilig herangezogen werden. Die Aufteilung nach den jeweiligen Einkommens- und Vermögensverhältnissen wird dabei in einer Vielzahl von Fällen zu angemessenen Lösungen führen. Allerdings ist die Anknüpfung an diesen eher schematischen Maßstab nicht in jedem Fall zwingend. Da § 1606 III 1 BGB nur entsprechend anzuwenden ist, läßt er auch Raum für die Berücksichtigung anderer Umstände, insbesondere der Anzahl, des Alters, der Entwicklung und der Betreuungsbedürftigkeit der jeweiligen Kinder. So kann im Einzelfall von Bedeutung sein, daß die Mutter durch die vermehrte Betreuungsbedürftigkeit eines jüngeren oder gar eines behinderten Kindes von jeglicher Erwerbstätigkeit abgehalten wird, obwohl ihr das fortgeschrittene Alter der anderen Kinder an sich eine Voll- oder zumindest Teilerwerbstätigkeit erlauben würde. In einem solchen Falle wäre die schematische Aufteilung der Haftungsquote nach den jeweiligen Erwerbs- und Vermögensverhältnissen des Ehemannes und des Vaters unbefriedigend. Vielmehr müßte der Erzeuger des vermehrt betreuungsbedürftigen Kindes entsprechend höher, gegebenenfalls auch allein zum Unterhalt für die Mutter herangezogen werden. Die entsprechende Anwendung des § 1606 III 1 BGB ermöglicht es, auch solchen Einzelfällen in flexibler Weise gerecht zu werden. Soweit der Unterhalt vom Vater des nichtehelichen Kindes nicht erlangt werden kann, kommt im übrigen eine entsprechende Anwendung des § 1607 II BGB in Betracht (vgl. *Odersky,* Anm. II 8c).

3. Das Maß des nach § 1615l I und II BGB zu gewährenden Unterhalts bestimmt sich nach der Lebensstellung des Bedürftigen (§ 1615l III 1 iV mit § 1610 I BGB). Diese ist hier geprägt durch die ehelichen Lebensverhältnisse der Kl. gem. § 1578 BGB, die daher auch den Maßstab für den Unterhaltsanspruch aus § 1615l BGB gegen den Vater des nichtehelichen Kindes bilden.

Für die Bemessung der auf den Vater und den Bekl. entfallenden jeweiligen Haftungsquoten kommt es nach vorstehendem in erster Linie auf die Leistungsfähigkeit des Vaters an. Diese hat das OLG – aus seiner Sicht folgerichtig – nicht ermittelt, so daß das Verfahren auch aus diesem Grunde zurückverwiesen werden muß.

BGH v. 19.7.2000 – XII ZR 161/98 – FamRZ 2000, 1492 = NJW 2000, 3140

(Zählkindvorteil ist kein Einkommen)

5. Das OLG hat das vom Ag. für sein drittes Kind bezogene Kindergeld in Höhe des auf ihn entfallenden so genannten Zählkindvorteils von 190 DM (300 DM Kindergeld für das dritte Kind abzgl. 110 DM Kindergeldanteil der Mutter, für die R als erstes Kind zählt) seinem Einkommen hinzugerechnet und daraus einen entsprechend erhöhten Unterhaltsbedarf der Ast. errechnet. Es hält es für unbillig, dass sich die Ast. die Unterhaltslast für das noch während der Trennungszeit geborene außereheliche Kind des Ag. als die ehelichen Lebensverhältnisse prägend bei der Berechnung ihres Unterhalts bedarfsmindernd entgegenhalten lassen müsse, aber von der zugleich gegebenen Erleichte-

rung der Unterhaltslast ausgeschlossen sei, während der Ag. die Kindesunterhaltslast durch seinen Kindergeldanteil ganz oder teilweise wieder ausgleichen könne. Das ließe sich auch mit dem Zweck des Kindergelds, die Unterhaltslast des Elternteils zu erleichtern, nicht rechtfertigen (vgl. auch *Graba*, FamRZ 1992, 541 [544]). Das OLG hat dementsprechend für die Zeit vom 10. 10. bis 31.12.1997 einen Unterhaltsbedarf von (3945 DM − 200 DM Kredit − 700 DM Kindesunterhalt für die gemeinsamen Kinder − 349 DM Unterhalt für das dritte Kind + 190 DM Zählkindvorteil = 2886 × $^3/_7$ =) 1237 DM ermittelt, und für die Zeit ab 1.1.1998 nach Wegfall der Kreditverpflichtung einen solchen von 1323 DM.

Dagegen wendet sich die Revision zu Recht. Die Berechnungsmethode des OLG läuft darauf hinaus, Kindergeld bzw. Teile hiervon zum unterhaltsrelevanten Einkommen des Unterhaltspflichtigen zu zählen und daraus den eheangemessenen Bedarf des Berechtigten zu ermitteln. Der *Senat* hat sich mit dieser Problematik in seiner Entscheidung vom 16.4.1997 (NJW 1997, 1919) bereits ausführlich befasst. Sie betraf einen ähnlich gelagerten Fall, in dem der Unterhaltspflichtige für ein während der Trennungszeit geborenes außereheliches Kind, dessen Unterhaltsanspruch sich die geschiedene Ehefrau entgegenhalten lassen musste, erhöhtes Kindergeld bezog. Der *Senat* hat entschieden, dass Kindergeld nicht wie sonstiges Einkommen zur Bedarfsberechnung nach § 1578 BGB herangezogen werden kann, da seine öffentlich-rechtliche Zweckbestimmung als eine entlastende Leistung nicht dadurch in ihr Gegenteil verkehrt werden darf, dass sie − im Wege der Zurechnung zum Einkommen des Unterhaltspflichtigen − zu einer Erhöhung des Unterhaltsbedarfs führt. Auch soweit einem Ehegatten bei einem weiteren nicht gemeinsamen Kind wegen der Berücksichtigung gemeinsamer Kinder ein so genannter Zählkindvorteil erwächst, ist dieser nicht als unterhaltsrelevantes Einkommen in die Bedarfsberechnung einzubeziehen, sondern kommt dem betreffenden Elternteil allein zugute. Darin liegt keine ungerechtfertigte Doppelbegünstigung dieses Ehegatten. Wie der *Senat* bereits in früheren Entscheidungen ausgeführt hat, entspricht es dem Regelungszweck des erhöhten Kindergelds, die Mehrbelastung aufzufangen, die dem unterhaltspflichtigen Elternteil dadurch erwächst, dass er nicht nur die gemeinsamen, sondern noch ein oder mehrere weitere Kinder zu unterhalten hat (stRspr, vgl. *Senat*, NJW 1981, 170 = FamRZ 1981, 26; *BGH*, FamRZ 1981, 650; NJW 1984, 2694 = FamRZ 1984, 1000). Nach der Berechnungsweise des OLG müsste sich im Übrigen folgerichtig bei einer Zurechnung des Zählkindvorteils zum unterhaltsrelevanten Einkommen des Unterhaltspflichtigen nicht nur der Unterhaltsbedarf des Ehegatten nach § 1578 BGB, sondern auch der der Kinder erhöhen. Eine Beschränkung nur auf den Unterhaltsbedarf des Ehegatten wäre nicht zu begründen. Das aber liefe der oben angesprochenen generellen Zwecksetzung des Kindergeldes zuwider. Angesichts der Bandbreite an Variationsmöglichkeiten, in denen sich für den einen oder anderen Ehegatten oder für beide ein Zählkindvorteil ergeben kann, hat der *Senat* auch aus Gründen der Praktikabilität am Grundsatz des Nichteinbezugs dieses Kindergeldes festgehalten (*Senat*, NJW 1997, 1919). Dass der unterhaltspflichtigen Elternteil im Ergebnis mehr verbleibt, liegt in der gesetzgeberischen Entscheidung begründet, Kindergeld für mehrere Kinder, gleichgültig, ob sie aus einer oder aus verschiedenen Verbindungen stammen, nicht in gleichbleibender, sondern in gestaffelter Höhe zu zahlen. Mit der durch Art. 1 Nr. 11 KindUG vom 6.4.1998 (BGBl. I, 666) eingeführten Neuregelung des § 1612b IV BGB für den Kindergeldausgleich zwischen den Eltern hat der Gesetzgeber im Übrigen unter Übernahme der vom *Senat* entwickelten Grundsätze bestimmt, dass Kindergeld, welches unter Berücksichtigung eines nicht gemeinsamen Kindes erhöht ist, im Umfang der Erhöhung nicht anzurechnen ist. Wenn es in der Begründung (BT-Drucks.13/7338, S. 30) heißt, der Zählkindvorteil wirke sich unterhaltsrechtlich generell nur noch insofern aus, als er das Einkommen des betreffenden Elternteils erhöhe, so erlaubt das noch keinen Rückschluss darauf, dass der Zählkindvorteil nach dem Willen des Gesetzgebers bedarfserhöhend in die Ermittlung des Unterhalts einfließen und damit letztlich doch zu einem Ausgleich zwischen den Ehegatten führen solle. Der *Senat* sieht daher auch insoweit keinen Anlass, von seiner Rechtsprechung abzuweichen.

BGB v. 18.10.2000 − XII ZR 191/98 − FamRZ 2001, 1065 = NJW-RR 2001, 361

R549 *(Sicherstellung des (notwendigen) Eigenbedarfs des „Hausmanns" durch den vom zweiten Ehegatten gewährten Familienunterhalts)*

a 2a) Nach der durch die Entscheidung BGHZ 75, 272 ff. = NJW 1980, 340 = FamRZ 1980, 43 begründeten und vom *Senat* fortgesetzten Rechtsprechung, die nach der Entscheidung des *BVerfG* in BVerfGE 68, 256 ff. = NJW 1985, 1211 = FamRZ 1985, 143 verfassungsrechtlich unbedenklich ist, trifft den wieder verheirateten Ehegatten ungeachtet seiner Pflichten aus der neuen Ehe die Obliegenheit, durch Aufnahme zumindest eines Nebenerwerbs zum Unterhalt von minderjährigen, unverheirateten Kindern aus früheren Ehen beizutragen. Der neue Ehepartner hat die Erfüllung dieser Obliegenheit nach dem Rechtsgedanken des § 1356 II BGB zu ermöglichen, zumal bei der Aufgabenverteilung in der neuen Ehe die beiderseits bekannte Unterhaltslast gegenüber Kindern aus früheren Ehen berücksichtigt werden muss (vgl. *Senat,* NJW 1986, 1869 = FamRZ 1986, 668; NJW 1996, 1815 = FamRZ 1996, 796 ff.). Die Leistungsfähigkeit des wieder verheirateten Elternteils wird insoweit – neben vorhandenen Einkünften – durch seine Erwerbsfähigkeit bestimmt (vgl. *Senat,* NJW 1985, 732 = FamRZ 1985, 158 [159]). Dabei richtet sich der Umfang der Erwerbsobliegenheit maßgeblich nach den bestehenden Unterhaltspflichten ohne Berücksichtigung des eigenen Unterhaltsbedarfs, da (und soweit) der Eigenbedarf des haushaltführenden Ehegatten durch den Unterhalt gesichert ist, den ihm sein Ehegatte nach Maßgabe der §§ 1360, 1360a BGB schuldet (vgl. auch *Wendl/Scholz,* § 2 Rn. 175). Wenn der wieder verheiratete Elternteil auch in der neuen Ehe die ihn hier treffende Verpflichtung, durch Arbeit zum Familienunterhalt beizutragen, grundsätzlich durch die Führung des Haushalts erfüllt (vgl. § 1360 S. 2 BGB), ist er doch gehalten, die häusliche Tätigkeit auf ein Maß zu beschränken, welches es ihm erlaubt, eine Nebentätigkeit aufzunehmen, um seiner Barunterhaltspflicht gegenüber den minderjährigen Kindern aus der früheren Ehe nachkommen zu können (vgl. *Senat,* NJW 1996, 1815 = FamRZ 1985, 796 [797]).

(Erwerbsobliegenheit bei kinderloser Ehe des „Hausmanns")

Sind aus der neuen Ehe, wie im vorliegenden Fall, keine betreuungsbedürftigen Kinder hervorgegangen, so kann sich der unterhaltspflichtige Elternteil gegenüber den minderjährigen Kindern aus der früheren Ehe regelmäßig nicht auf eine Einschränkung seiner Leistungsfähigkeit durch die Haushaltsführung berufen (vgl. BGHZ 75, 272 [274] = NJW 1980, 340 = FamRZ 1980, 43 mwN; *Kalthoener/Büttner/Niepmann,* Rn. 658; *Wendl/Scholz,* § 2 Rn. 180). Das hat zur Folge, dass er sich ggf. fiktive Einkünfte zurechnen lassen muss, aus denen die Unterhaltspflicht gegenüber dem unterhaltsberechtigten, minderjährigen Kind zu erfüllen ist. Allerdings können fiktive Einkünfte grundsätzlich nur insoweit zugerechnet werden, als der Unterhaltspflichtige sie bei einem Verhalten, das seinen unterhaltsrechtlichen Obliegenheiten entspricht, tatsächlich erzielen könnte (vgl. *Senat,* NJW 1986, 1869 = FamRZ 1996, 668). Der Unterhaltspflichtige muss also nach seinem Gesundheitszustand und unter Berücksichtigung der Lage auf dem Arbeitsmarkt im Stande sein, einer (Teil-)Erwerbstätigkeit nachzugehen und auch eine entsprechende Stellung zu finden (vgl. hierzu *Senat,* NJW 1986, 1869 = FamRZ 1996, 668 [669] unter 3).

(Umfang der (Neben-)Erwerbsobliegenheit des Hausmanns: Besser- oder Schlechterstellung durch Wiederverheiratung)

Die Senatsentscheidung vom 31.3.1982 (NJW 1982, 1590 = FamRZ 1982, 590 ff.) betraf einen Fall, in dem zu den minderjährigen Kindern aus der früheren Ehe des Bekl. ein weiteres minderjähriges Kind aus seiner zweiten Ehe hinzugekommen war, für das der Bekl. als „Hausmann" die Betreuung übernommen hatte. Bei der Bestimmung des Umfangs der Nebenerwerbsobliegenheit, die den Bekl. unter diesen Umständen im Hinblick auf seine Unterhaltspflichten gegenüber allen minderjährigen Kindern traf, hat sich der *Senat* ausdrücklich auf die Gleichrangigkeit der Kindesunterhaltsansprüche gestützt und die getroffene Entscheidung mit dem Grundgedanken der §§ 1603 I, 1609 BGB begründet (vgl. auch *Senat,* NJW 1987, 1549 = FamRZ 1987, 472). (Nur) In diesem Sinn hat der *Senat* dabei die obere Grenze der Nebenerwerbsobliegenheit des Unterhaltspflichtigen so bestimmt, dass die Kinder aus der früheren Ehe nicht schlechter gestellt werden dürften, als sie bei fortbestehender Erwerbstätigkeit des Verpflichteten stehen würden. In dem Urteil vom 13.3.1996 (NJW 1996, 1815 = FamRZ 1985, 796 [798] unter 3) hat der *Senat* den entsprechenden Gedanken dahin formuliert, dass sich der Unterhaltspflichtige durch die Übernahme der Rolle des Hausmanns nicht schlechter stellen dürfte, als wenn er erwerbstätig geblieben wäre. Das bedeutet zugleich, dass sich die minderjährigen, unterhaltsberechtigten Kinder aus der früheren Ehe unter den genannten Voraussetzungen nicht besser stehen dürften als bei einer Fortführung der Erwerbstätigkeit des Unterhaltspflichtigen. Die beiden unterschiedlichen Sichtweisen zeigen den Grundgedanken der getroffenen Regelung auf: Wie sich aus § 1609 BGB ergibt, ist der wiederverheiratete unterhaltspflichtige Elternteil bei Hinzutritt weiterer minderjähriger Kinder aus der neuen Ehe allen Kindern – gleichrangig – zum Unterhalt verpflichtet, und die Kinder aus der früheren Ehe sind ungeachtet der Rolle, die der Verpflichtete in seiner neuen

Ehe übernimmt, nicht vor einer sich aus dem Hinzutritt weiterer Unterhaltsberechtigter ergebenden Schmälerung ihres Barunterhalts geschützt (vgl. auch *Senat*, NJW 1987, 1549 = FamRZ 1987, 472 [474] mwN).

Diese ausschließlich aus § 1609 BGB abgeleitete Argumentation lässt sich nicht übertragen und lässt auch keine Rückschlüsse zu auf Fälle, in denen sich, wie hier, keine Gleichrangfragen stellen, weil keine minderjährigen Kinder aus der neuen Ehe des Unterhaltspflichtigen hervorgegangen sind. Soweit das BerGer. – im Vergleich mit der dargelegten Rechtsprechung des erkennenden *Senats* – für den hier zu entscheidenden Fall eine Rechtfertigung dafür vermisst, dass die minderjährigen erstehelichen Kinder durch die neue Eheschließung ihres unterhaltspflichtigen Elternteils „besser gestellt" würden, als wenn dieser keine neue Ehe eingegangen wäre, überträgt es ohne rechtfertigenden Grund die zu § 1609 BGB aufgestellten Grundsätze auf eine hiermit nicht vergleichbare Fallgestaltung.

Den erwähnten Senatsentscheidungen zu § 1609 BGB ist allerdings zu entnehmen, dass die Tatsache der Wiederverheiratung des unterhaltspflichtigen Elternteils unterhaltsrechtlich zu beachten ist. Ebenso wie die Wiederheirat dazu führen kann, dass sich das ersteheliche Kind eine Schmälerung seines Unterhaltsanspruchs als Folge des Hinzutritts weiterer minderjähriger Kinder aus der neuen Ehe des Unterhaltspflichtigen entgegenhalten lassen muss, kann sich die Wiederverheiratung auch, wie im vorliegenden Fall, zum Vorteil des erstehelichen Kindes auswirken. Da das Gesetz in § 1603 BGB auf die tatsächlichen Verhältnisse des Unterhaltsverpflichteten abstellt und seine Unterhaltspflicht danach bemisst, ob (und inwieweit) er imstande ist, den begehrten Unterhalt ohne Gefährdung seines eigenen angemessenen Unterhalts zu gewähren, ist hier die Sicherstellung des eigenen Unterhalts der Bekl. in der neuen Ehe als Folge ihrer Wiederheirat unterhaltsrechtlich zu berücksichtigen. Es besteht daher kein Anlass und auch kein rechtfertigender Grund, eine fortdauernde Erwerbstätigkeit der Bekl. zu unterstellen.

BGH v. 14.3.2001 – XII ZR 81/99 – FamRZ 2001, 757 = NJW 2001, 2170

R557 *(Gegenseitigkeitsprinzip, Orientierungsphase, Verzögerung der Ausbildung des Kindes)*

a 2a) Im Ansatz zutreffend ist das BerGer. allerdings davon ausgegangen, dass der aus § 1610 II BGB folgende Anspruch eines Kindes auf Finanzierung einer angemessenen, seiner Begabung, Neigung und seinem Leistungswillen entsprechenden Berufsausbildung vom Gegenseitigkeitsprinzip geprägt ist. Der Verpflichtung des Unterhaltsschuldners, eine Berufsausbildung zu ermöglichen, steht auf Seiten des Unterhaltsberechtigten die Obliegenheit gegenüber, sie mit Fleiß und der gebotenen Zielstrebigkeit in angemessener und üblicher Zeit zu beenden. Zwar muss der Verpflichtete nach Treu und Glauben (§ 242 BGB) Verzögerungen der Ausbildungszeit hinnehmen, die auf ein vorübergehendes leichteres Versagen des Kindes zurückzuführen sind. Verletzt dieses aber nachhaltig seine Obliegenheit, seine Ausbildung planvoll und zielstrebig aufzunehmen und durchzuführen, büßt es seinen Unterhaltsanspruch ein und muss sich darauf verweisen lassen, seinen Lebensunterhalt durch Erwerbstätigkeit selbst zu verdienen (stRspr des *Senats*, NJW 1984, 1961 = FamRZ 1984, 777; NJW 1987, 1557 = FamRZ 1987, 470 [471]; NJW 1993, 2238 = FamRZ 1993, 1057 [1059], und NJW 1998, 1555 = FamRZ 1998, 671 [672]). Aus dem Gegenseitigkeitsverhältnis folgt nicht nur die Obliegenheit des Kindes, die gewählte Ausbildung zügig durchzuführen. Die Rücksichtnahme auf die Belange der mit der Unterhaltszahlung belasteten Eltern erfordert es vielmehr auch, dass sich das Kind nach dem Abgang von der Schule innerhalb einer angemessenen Orientierungsphase für die Aufnahme einer seinen Fähigkeiten und Neigungen entsprechenden Ausbildung entscheidet (*Senat*, NJW 1998, 1555 = FamRZ 1998, 671 [672]).

b) Die Anwendung dieser Grundsätze führt indessen, wie die Revision zu Recht geltend macht, nach den bisher getroffenen Feststellungen nicht dazu, dass die Kl. keinen Ausbildungsunterhalt beanspruchen kann. Dass sie das Abitur erst mit 21 Jahren gemacht hat, ist im Wesentlichen auf ihre Auslandsaufenthalte zurückzuführen. Der einjährige Aufenthalt in den USA fand bereits ab Sommer 1986 statt und damit zu einer Zeit, als die Kl. noch minderjährig war. Den grundsätzlich sinnvollen Entschluss, ihr dieses Auslandsjahr zu ermöglichen, haben deshalb in erster Linie die Eltern zu verantworten. Bezüglich der weiteren Auslandsaufenthalte kann jedenfalls nicht ausgeschlossen werden, dass es sich hierbei auch um Reaktionen der Kl. auf die schwierigen häuslichen Verhältnisse handelte. Nach den bisher getroffenen Feststellungen kann ihr deshalb nicht angelastet werden, die Schulausbildung erst mit 21 Jahren beendet zu haben.

Wie die einem jungen Menschen zuzugestehende Orientierungsphase zu bemessen ist, muss von Fall zu Fall beurteilt werden. Maßgebende Kriterien sind dabei Alter, Entwicklungsstand und die gesamten Lebensumstände des Auszubildenden (*Senat,* NJW 1998, 1555 = FamRZ 1998, 671 [672]*).* Der Umstand, dass die Kl. sich nach dem Abitur nicht sogleich für eine Berufsausbildung entscheiden konnte, sondern zunächst in verschiedenen Bereichen arbeitete, um daraus Erkenntnisse für ihre Berufswahl zu gewinnen, steht einem Anspruch auf Ausbildungsunterhalt nicht entgegen. Die Orientierungsphase dient gerade dazu, einem in der Frage der Berufswahl unsicheren jungen Menschen die Entscheidung für einen Beruf zu erleichtern. Die hier etwa einjährige Dauer dieser Phase kann angesichts der gesamten Verhältnisse nicht als unangemessen lang angesehen werden, zumal nach dem Vorbringen der Kl. nicht ausgeschlossen werden kann, dass dies auch mit der Belastungssituation in ihrem Elternhaus zusammenhing, durch die sie in ihrer eigenen Lebensgestaltung verunsichert und in ihrer Entscheidungsfähigkeit beeinträchtigt gewesen sein kann, selbst wenn sie damals bereits in einer eigenen Wohnung lebte. Im August 1992 hat die Kl. sich dann zu einer Ausbildung als Heilpraktikerin entschlossen und ab November 1992 die Heilpraktiker-Schule in H. besucht. Nach ihrem Umzug nach Baden-Württemberg hat sie die Ausbildung an einer Heilpraktiker-Schule in M. trotz der bestehenden widrigen Umstände, insbesondere der unzureichenden Unterhaltsleistungen und der damit zusammenhängenden Notwendigkeit, zur Bestreitung ihres weiteren Lebensunterhalts und der aufzubringenden Studiengebühren zu arbeiten, sowie ihrer – mehrere Krankenhausaufenthalte erfordernden – gesundheitlichen Beeinträchtigungen, an den Wochenenden im Wesentlichen durchgehend fortgesetzt, wie die von der Schule ausgestellten Testate belegen.

c) Ende Mai 1994 hat die Kl. die Ausbildung als Heilpraktikerin allerdings abgebrochen. Nach Auffassung des BerGer. kann nicht festgestellt werden, dass dies im Hinblick auf ein beabsichtigtes Medizinstudium erfolgte. Diese Annahme lässt indessen, wie die Revision zu Recht rügt, Vorbringen der Kl. außer Betracht.

Das vorgenannte Vorbringen der Kl. spricht indessen dafür, dass sie ihre Zukunft gerade nicht als Verwaltungsangestellte gesehen hat, sondern die Aufnahme des Medizinstudiums anstrebte. Die weitere Annahme des BerGer., sie habe nicht dargelegt, dass sie nicht schon früher mit dem Studium habe beginnen können, wird von der Revision ebenfalls zu Recht beanstandet. Dem Vorbringen der Kl. zufolge ist die Entscheidung für das Studium erst im Frühjahr 1994 gefallen. Dafür spricht zum einen der ergebnislos verlaufene Verständigungsversuch hierüber mit dem Bekl., der die Kl. zunächst veranlasst hat, sich über andere Finanzierungsmöglichkeiten zu informieren, und zum anderen die Fortführung der Heilpraktiker-Ausbildung bis Ende Mai 1994. Die nächste Möglichkeit, an dem medizinischen Eignungstest teilzunehmen, der nur einmal im Jahr stattfand, war demzufolge im November 1994 gegeben. Bei dieser Sachlage kann der Kl. aber mangelnde Zielstrebigkeit in ihrem (geänderten) Ausbildungsverhalten nicht vorgeworfen werden. Diesem Ergebnis steht nicht entgegen, dass sie ihre Tätigkeit als Verwaltungsangestellte zunächst fortgesetzt hat. Denn auf das daraus erzielte Erwerbseinkommen war sie zur Bestreitung ihres Lebensunterhalts angewiesen.

(Wechsel der Ausbildung)

Entgegen der Auffassung des BerGer. geht es vorliegend nicht um die Frage einer Weiter- oder Zweitausbildung, sondern um die Erstausbildung der Kl., nachdem sie die Heilpraktiker-Ausbildung abgebrochen und ein Medizinstudium begonnen hat. Ein solcher Wechsel der Ausbildung ist unbedenklich, wenn er einerseits auf sachlichen Gründen beruht und andererseits unter Berücksichtigung der Gesamtumstände aus der Sicht des Unterhaltspflichtigen wirtschaftlich zumutbar ist. Für die Annahme eines hinreichenden Grundes kann etwa der Umstand sprechen, dass zwischen der abgebrochenen und der angestrebten Ausbildung ein sachlicher Zusammenhang besteht. Jedem jungen Menschen ist grundsätzlich zuzubilligen, dass er sich über seine Fähigkeiten irrt oder falsche Vorstellungen über den gewählten Beruf hat. Dabei wird ein Ausbildungswechsel um so eher zu akzeptieren sein, je früher er stattfindet. Dies folgt aus dem Gedanken, dass die schutzwürdigen Belange des Unterhaltspflichtigen es gebieten, sich möglichst frühzeitig darauf einrichten zu können, wie lange die Unterhaltslast dauern wird. Diese Belange erfordern es grundsätzlich auch, dass das Kind sich über seine geänderten Ausbildungspläne mit dem Unterhaltspflichtigen zu verständigen versucht (vgl. *Senat,* FamRZ 1981, 344 [346], und FamRZ 1981, 437 [439]; *Göppinger/Strohal,* 7. Aufl., Rn. 424; *Schwab/ Borth,* 4. Aufl., Kap. V, Rn. 85; *Wendl/Scholz,* 5. Aufl., § 2 Rn. 71). Falls das BerGer. im weiteren Verfahren zu dem Ergebnis gelangen sollte, dass die Kl. ihre Ausbildungsobliegenheit nicht nachhaltig verletzt hat, wird es in tatrichterlicher Verantwortung unter Berücksichtigung aller Umstände des Falls über die Frage zu befinden haben, ob der Ausbildungswechsel von dem Bekl. hinzunehmen ist. Dabei wird im Rahmen der Beurteilung der zur Rechtfertigung des Ausbildungswechsels von der Kl. geltend gemachten Gründe auch zu berücksichtigen sein, dass gestörte häusliche Verhältnisse sich nach der Lebenserfahrung vielfach nachteilig auf die schulische und sonstige Entwicklung eines Kindes auswirken (vgl. *Senat,* FamRZ 1981, 437 [439], und NJW-RR 2000, 593 = FamRZ 2000, 420 [421]) und im Einzelfall auch zu Verunsicherungen und mangelndem Selbstvertrauen führen können. Solche Auswirkungen könnten auch zu der Entscheidung der Kl., Heilpraktikerin zu werden anstatt sogleich das wesentlich anspruchsvollere Medizinstudium zu wählen, beigetragen haben.

BGH v. 23.5.2001 – XII ZR 148/99 – FamRZ 2001, 1601 = NJW-RR 2002, 1

R562 *(Abitur – Lehre – Studium; enger sachlicher und zeitlicher Zusammenhang)*

a 1a) Nach § 1610 II BGB umfasst der Unterhalt eines Kindes die Kosten einer angemessenen Ausbildung zu einem Beruf. Darunter ist eine Berufsausbildung zu verstehen, die der Begabung und den Fähigkeiten, dem Leistungswillen und den beachtenswerten Neigungen des Kindes am besten entspricht und die sich in den Grenzen der wirtschaftlichen Leistungsfähigkeit der Eltern hält. Haben Eltern ihrem Kind – wie hier der Bekl. der Kl. – eine angemessene Berufsausbildung in dem dargelegten Sinn zukommen lassen, so sind sie nach der ständigen Rechtsprechung des Senats nicht verpflichtet, die Kosten einer weiteren Ausbildung zu tragen. Ausnahmen von diesem Grundsatz sind nur unter besonderen Umständen angenommen worden – etwa wenn sich nachträglich herausstellt, dass die erste Ausbildung auf einer deutlichen Fehleinschätzung der Begabung des Kindes beruhte, wenn die weitere Ausbildung zweifelsfrei als eine bloße Weiterbildung anzusehen ist und die Weiterbildung von vornherein angestrebt b) Für die Fälle, in denen das Kind nach Erlangung der Hochschulreife zunächst eine praktische Ausbildung durchlaufen hat und es sodann darum geht, ob die Eltern ein sich hieran anschließendes Hochschulstudium zu finanzieren haben, hat der Senat diese Grundsätze modifiziert (*BGHZ* 107, 376 [379 ff.] = NJW 1989, 2253 = FamRZ 1989, 853 [854 ff.]; seither stRspr). In diesen „Abitur-Lehre-Studium-Fällen" umfasst der Unterhalt auch die Kosten eines Hochschulstudiums, wenn dieses mit den vorangegangenen Ausbildungsabschnitten in einem engen zeitlichen und sachlichen Zusammenhang steht und die Finanzierung des Ausbildungsgangs den Eltern wirtschaftlich zumutbar ist. Es kann dahinstehen, ob der Besuch des „FTO-Fachinstituts" eine der Lehre vergleichbare praktische Ausbildung darstellt. Jedenfalls fehlt es an dem erforderlichen Zusammenhang dieser Ausbildung mit dem von der Kl. später aufgenommenen Studium der Volkswirtschaftslehre.

Das OLG hat zwar das Vorliegen eines sachlichen Zusammenhangs zwischen der Ausbildung zur „Europa-Sekretärin" und dem anschließenden Studium mit Abschluss als Diplom-Volkswirtin bejaht. Wie sich aus den Ausbildungsplänen des „FTO-Fachinstituts" und des Studiums ergebe, griffen beide Lerngebiete ineinander über; beide seien wirtschaftlich und sprachlich orientiert. Mit dieser Begründung werden die Anforderungen an die Einheitlichkeit des Ausbildungsganges, die § 1610 II BGB in dem Merkmal der Vorbildung zu einem Beruf grundsätzlich voraussetzt, jedoch nur unzulänglich wiedergegeben. Zu fordern ist hierfür vielmehr ein enger sachlicher Zusammenhang. Praktische Ausbildung und Studium müssen, wenn sie – wie hier – nicht ohnehin derselben Berufssparte angehören, so aufeinander bezogen sein, dass das eine für das andere eine fachliche Ergänzung, Weiterführung oder Vertiefung bedeutet oder dass die praktische Ausbildung eine sinnvolle Vorbereitung auf das Studium darstellt (*BGHZ* 107, 376 [382] = NJW 1989, 2253 = FamRZ 1989, 853 [855]). Diese Voraussetzung ist vom OLG nicht festgestellt. Die von dem „FTO-Fachinstitut" vermittelten Fremdsprachenkenntnisse mögen für ein späteres Studium und den weiteren beruflichen Werdegang eines Auszubildenden hilfreich sein; sie reichen für sich genommen aber nicht aus, um einen engen Zusammenhang der die Fremdsprachenkenntnisse vermittelnden Ausbildung zu später aufgenommenen und nicht artverwandten Studiengängen zu begründen (vgl. *Senat,* NJW 1993, 2238 = FamRZ 1993, 1057 [1058]). Ebenso ist nicht ersichtlich, ob die in den Ausbildungsplänen dieses Instituts aufgeführten wirtschaftlich orientierten Lerngebiete, auf die das OLG abstellt, speziell auf das Berufsbild einer Sekretärin zugeschnitten sind und insoweit das schwerpunktmäßig auf Textverarbeitung zielende Unterrichtsprogramm abrunden, oder ob sie darüber hinaus nach Qualität, Umfang und Intensität der Wissensvermittlung als Grundlegung für ein späteres Studium der Volkswirtschaftslehre geeignet und – auch unter dem Gesichtspunkt der finanziellen Lasten, die eine dem Studium vorgeschaltete entgeltpflichtige Ausbildung an einer privaten Schule mit sich bringt – sinnvoll und dem Unterhaltspflichtigen als Vorstufe zum Studium zumutbar sind.

Anhang R. Rechtsprechung R563

Im Übrigen fehlt es auch an dem erforderlichen zeitlichen Zusammenhang zwischen der im September 1990 abgeschlossenen Ausbildung zur „Europa-Sekretärin" und dem erst im Oktober 1992 – nach rund zweijähriger Berufstätigkeit als Sekretärin – aufgenommenen Studium. Das OLG hat den Vortrag der Kl., eine rechtzeitige Bewerbung um einen Studienplatz sei ihr auf Grund des Scheidungsverfahrens der Eltern nicht möglich gewesen, insoweit zutreffend für nicht durchgreifend erachtet: Zwar ist der zeitliche Zusammenhang auch dann als gewahrt anzusehen, wenn die zwischen der praktisch-beruflichen Ausbildung und dem Studienbeginn des Kindes vergangene Zeit auf zwangsläufige, dem Kind nicht anzulastende Umstände zurückzuführen ist. Dabei kann beispielsweise von Bedeutung sein, ob die familiären Schwierigkeiten zu einer nachhaltigen Entwicklungsstörung bei dem Kind geführt haben und die Verzögerung bei der Aufnahme des Studiums als nicht vorwerfbar oder doch als nur leichteres Versagen erscheinen lassen (*Senat,* NJW-RR 1990, 327 = FamRZ 1989, 149 [150]). So liegen die Dinge hier jedoch nicht: Die bei der Trennung der Eltern 20-jährige Kl. hat keine Beeinträchtigung ihrer Persönlichkeitsentwicklung geltend gemacht, die für die spätere Herausbildung ihrer endgültigen Berufsvorstellungen ursächlich geworden ist. Sie hat auch nicht vorgetragen, wann welche ihrer beruflichen oder berufsvorbereitenden Entscheidungen in welcher Weise durch welche familiären Ereignisse beeinflusst, verhindert oder erschwert worden sind. Fest steht allerdings, dass die Kl. ihre Ausbildung zur „Europa-Sekretärin" rund eineinhalb Jahre nach der Trennung ihrer Eltern mit der Note „sehr gut" abgeschlossen und anschließend rund zwei Jahre in dem erlernten Beruf gearbeitet hat. Wie die Kl. in ihrem vom BerGer. in Bezug genommenen Schreiben vom 7.11.1992 verdeutlicht hat, haben erst diese beruflichen Erfahrungen mit einer von der Kl. als „erniedrigend" empfundenen Tätigkeit ihren Studienwunsch reifen lassen. Auch vor diesem Hintergrund ist nicht erkennbar, inwieweit der Streit ihrer Eltern um das gemeinsame Haus und Teile des Hausrats einen zügigen Studienbeginn nach Abschluss der „FTO"-Ausbildung gehindert haben könnte.

c) Das OLG hält den Bekl. gleichwohl – unter Hinweis auf § 1610 II iV mit § 242 BGB – für verpflichtet, der Kl. Ausbildungsunterhalt für ihr Studium zu bezahlen, weil er sich durch seine Erklärungen und seine jedenfalls bis September 1993 vorbehaltlosen Unterhaltszahlungen selbst gebunden habe.

BGH v. 13.6.2001 – XII ZR 343/99 – FamRZ 2001, 986 = NJW 2001, 2254

(Grundsätzliche Änderung der Rechtsprechung zu den ehelichen Lebensverhältnissen bei Haushaltsführung durch einen Ehegatten) R563

2. Gemäß § 1573 II BGB kann die Kl. nach der Scheidung einen so genannten Aufstockungsunterhalt in Höhe des Unterschiedsbetrags zwischen ihren eigenen Einkünften und dem vollen Unterhalt (§ 1578 BGB) verlangen, wenn ihre Einkünfte aus einer angemessenen Erwerbstätigkeit zum vollen Unterhalt nicht ausreichen. Das Gesetz knüpft dabei an den Unterhaltsmaßstab der ehelichen Lebensverhältnisse in § 1578 BGB an, ohne dort allerdings im Einzelnen zu definieren, welche Umstände diese Lebensverhältnisse bestimmen, und ohne den für die Beurteilung maßgeblichen Zeitpunkt festzulegen. Nach den bislang vom Senat zur Ausfüllung dieses Rechtsbegriffs entwickelten Grundsätzen werden die ehelichen Lebensverhältnisse im Wesentlichen durch die bis zur Scheidung nachhaltig erzielten tatsächlichen Einkünfte der Ehegatten bestimmt, soweit sie dazu vorgesehen waren, den laufenden Lebensunterhalt zu decken (vgl. grundlegend *Senat,* NJW 1981, 1609 = FamRZ 1981, 539 [541]; NJW 1982, 1873 = FamRZ 1982, 255 [257]; NJW 1983, 1483 = FamRZ 1983, 144 [146], und seither ständig; w. Nachw. bei Lohmann, Neue Rspr. des BGH z. FamilienR, 8. Aufl., Rn. 110 f.). Zwar hat der Senat die Haushaltsführung eines nicht erwerbstätigen Ehegatten einschließlich der Kinderbetreuung wirtschaftlich betrachtet der Erwerbstätigkeit und der durch diese ermöglichten Geldunterhaltsleistung des anderen Ehegatten als grundsätzlich gleichwertig angesehen. Er hat aber entscheidend darauf abgehoben, dass an Barmitteln, die zum Lebensunterhalt zur Verfügung stehen, nur die Einkünfte des erwerbstätigen Ehegatten vorhanden sind und daher die für die Unterhaltsbemessung maßgeblichen ehelichen Lebensverhältnisse grundsätzlich durch diese Einkünfte und nicht entscheidend durch den wirtschaftlichen Wert der von beiden Ehegatten erbrachten Leistungen geprägt werden (*Senat,* NJW 1985, 305 = FamRZ 1985, 161 [163]; NJW 1987, 58 = FamRZ 1986, 783 [785]). Da die Scheidung den Endpunkt für die Entwicklung der ehelichen Lebensverhältnisse setzt, können diese nach diesen Grundsätzen nicht mehr durch Einkünfte mitgeprägt werden, die erst durch eine spätere Arbeitsaufnahme oder Ausdehnung einer Teilzeittätigkeit hinzutreten. Hat der unterhaltsberechtigte Ehegatte während der Ehe (nur) den Haushalt geführt und gegebenenfalls Kinder betreut,

bestimmt sich daher das Maß seines eheangemessenen Unterhalts grundsätzlich nur nach einer Quote des tatsächlich erzielten und zum Lebensunterhalt zur Verfügung stehenden Einkommens des erwerbstätigen Ehegatten. Diese Quote erhöht sich gegebenenfalls um trennungsbedingten Mehrbedarf, den der unterhaltsberechtigte Ehegatte konkret darlegen muss (*Senat*, NJW 1982, 1873 = FamRZ 1982, 255 [257], und NJW 1984, 292 = FamRZ 1984, 149 [151]). Einkommen, das der unterhaltsberechtigte Ehegatte nach der Scheidung durch erstmalige Aufnahme (vgl. *Senat*, NJW 1981, 1609 = FamRZ 1981, 539 [541]; NJW 1982, 1873 = FamRZ 1982, 255 [257]) oder durch Erweiterung einer bereits innegehabten Teilzeitarbeit (vgl. *Senat*, NJW 1982, 1873 = FamRZ 1982, 255 [257]) erzielt, bleibt daher bei der Bemessung des Unterhaltsbedarfs nach den ehelichen Lebensverhältnissen außer Betracht. Vielmehr muss er sich dieses Einkommen nach dem Grundsatz wirtschaftlicher Eigenverantwortung auf die Quote bedarfsdeckend anrechnen lassen (§§ 1569, 1577 I BGB; so genannte Anrechnungsmethode, vgl. *Senat*, NJW 1981, 1609 = FamRZ 1981, 539 [541]; NJW 1985, 305 = FamRZ 1985, 161 [163]; NJW 1985, 305 = FamRZ 1985, 161 [163]). Hat der unterhaltsberechtigte Ehegatte demgegenüber seine Tätigkeit schon während der Ehe aufgenommen, fließt sein daraus erzieltes Einkommen als die ehelichen Lebensverhältnisse prägend (und damit letztlich unterhaltserhöhend) in die Bedarfsbemessung nach § 1578 BGB mit ein. Sein Unterhalt kann dann im Wege der so genannten Differenzmethode nach einer Quote der Differenz der beiderseits erzielten (bereinigten) Einkommen bemessen werden, ohne dass der so berechnete „Quotenunterhalt" allerdings die Gewähr bietet, den vollen, nach den ehelichen Lebensverhältnissen bemessenen Unterhaltsbedarf abzudecken (vgl. *Senat*, NJW 1984, 1237 = FamRZ 1984, 358 [360] mwN). Die Berechnung kann auch im Wege der so genannten Additionsmethode erfolgen, indem eine Quote aus den zusammengerechneten beiderseitigen (bereinigten) Einkommen gebildet wird und darauf sowohl die prägenden wie die nicht prägenden Einkünfte des unterhaltsberechtigten Ehegatten angerechnet werden. Differenz- und Additionsmethode führen danach – bei beiderseits bereinigtem Einkommen – rechnerisch zum selben Ergebnis, wobei die Differenzmethode lediglich eine Verkürzung darstellt (zu den verschiedenen Methoden vgl. *Wendl/Gerhardt*, 5. Aufl., § 4 Rn. 386 ff.; *Schwab/Borth*, 4. Aufl., IV Rn. 933 ff.).

Eine Ausnahme von diesen Grundsätzen zur Bestimmung der ehelichen Lebensverhältnisse hat der *Senat* unter anderem in einem Fall zugelassen, in dem die Ehefrau nach der Trennung ihre bisher in der Ehe ausgeübte Halbtagstätigkeit in eine Ganztagstätigkeit ausgeweitet hatte, nachdem das Kind 16 Jahre alt geworden war. Er hat dazu ausgeführt, dass das Heranwachsen eines Kindes in aller Regel dem betreuenden Elternteil die Möglichkeit eröffne, eine Vollzeitbeschäftigung aufzunehmen. Er hat in diesem Zusammenhang entscheidend darauf abgestellt, ob die Aufnahme oder Ausweitung der Erwerbstätigkeit bereits in der Ehe geplant und angelegt war und damit auch ohne die Trennung erfolgt wäre (*BGHZ* 89, 108 [113] = NJW 1984, 292 = FamRZ 1984, 149 [150]). In diesem Fall war das erhöhte Einkommen der Ehefrau bereits bei der Bemessung des Unterhaltsbedarfs zu berücksichtigen und in die Differenzrechnung einzustellen. Ebenso ist er in einem Fall verfahren, in dem die Ehefrau nach der Heirat ihren Beruf aufgab, den Haushalt und die Kinder betreute und den Ehemann in dessen Tierarztpraxis unterstützte, nach der Trennung – die Kinder waren inzwischen 17 und 18 Jahre alt – zunächst ihren erlernten Beruf als Medizinisch-Technische Assistentin im Rahmen einer Teilzeitbeschäftigung wiederaufnahm und diese noch vor der Scheidung zu einer Ganztagstätigkeit ausweitete. Der Senat hat ihren Einkünften prägenden Einfluss auf die ehelichen Lebensverhältnisse zugemessen, weil ihre Arbeitsaufnahme im Rahmen einer normalen Entwicklung lag (*Senat*, NJW 1982, 2439 = FamRZ 1982, 892 [893]). Erfolgte die Arbeitsaufnahme dagegen erst nach der Scheidung, erhöhte das daraus erzielte Einkommen nach den bisherigen Grundsätzen den Unterhaltsbedarf nach § 1578 BGB auch dann nicht, wenn ein entsprechender Lebensplan schon vor der Trennung bestanden hatte, so dass ein späteres Erwerbseinkommen im Wege der Anrechnungsmethode auf den Unterhaltsbedarf anzurechnen war und den Unterhalt beschränkte (*Senat*, NJW 1987, 58 = FamRZ 1986, 783 [785]).

4. Der Rechtsprechung des Senats, dass sich die ehelichen Lebensverhältnisse nur durch die vorhandenen Barmittel, nicht aber auch durch den wirtschaftlichen Wert der von dem haushaltsführenden Ehegatten erbrachten Leistungen bestimmen sollen, wird entgegengehalten, dass sie den Ehegatten benachteilige, der um der Familie und Kinder willen oder um dem anderen erwerbstätigen Ehegatten ein besseres berufliches Fortkommen zu ermöglichen, auf eine eigene Erwerbstätigkeit (und damit auch auf eine höhere Alterssicherung) verzichtet. Die Bemessungsweise nach der so genannten Anrechnungsmethode führe vollends zu Unbilligkeiten, wenn in der Ehe ein Teil des Erwerbseinkommens zur Vermögensbildung gespart worden sei und nicht zum allgemeinen Lebensbedarf zur Verfügung gestanden habe.

Das als ungerecht empfundene Ergebnis der Unterhaltsbemessung bei nachehelicher Aufnahme einer Erwerbstätigkeit wurde in der Literatur stets kritisch beurteilt (vgl. unter anderem *Büttner*, FamRZ 1984, 534 [536]; *Hampel*, FamRZ 1984, 621 [624 f.]; *Laier*, FamRZ 1993, 392; *Luthin*, FamRZ 1988, 1109 [1113]), ist aber nunmehr angesichts des Wandels der sozialen Wirklichkeit seit Einführung der Eherechtsreform verstärkt in das Blickfeld geraten (vgl. unter anderem *Johannsen/ Henrich/Büttner*, EheR, 3. Aufl., § 1573 Rn. 30; *Heiß/Heiß*, I Kap. 5.7, Rn. 21 ff., 26; *Kalthoener/ Büttner/Niepmann*, Rspr. zur Höhe des Unterhalts, 7. Aufl., Rn. 440, 445; *Schwab/Borth*, IV Rn. 853, 945; *Gerhardt/v. Heintschel-Heinegg/Klein*, Hdb. des Fachanwalts FamilienR, 3. Aufl., Kap. 6 Rn. 403a ff.; *Göppinger/Bäumel*, 7. Aufl., Rn. 1073; *Maurer*, in: MünchKomm, 4. Aufl., § 1578 Rn. 129; 59; *Palandt/Brudermüller*, BGB, 60. Aufl., § 1578 Rn. 31; *Born*, FamRZ 1999, 541 [547]; *ders.*, MDR 2000, 981; *Büttner*, FamRZ 1999, 893; *Borth*, FamRZ 2001, 193; *Gerhardt*, FamRZ 2000, 134; *Gerhardt/Gutdeutsch*, FuR 1999, 241; *Graba*, FamRZ 1999, 1115).

Als Hauptargumente werden angeführt: Die ehebedingte Beschränkung infolge des Verzichts auf eine eigene berufliche Tätigkeit könne auf dem Wege über die Anrechnungsmethode zu einer dauerhaften Beschränkung des Lebensstandards des unterhaltsberechtigten Ehegatten führen, die auch durch die Zubilligung eines trennungsbedingten Mehrbedarfs nur teilweise abgemildert werde. Dies laufe der vom Gesetzgeber gewollten Lebensstandardgarantie des geschiedenen Ehegatten in §§ 1573 II, 1578 I BGB, der in §§ 1356, 1360 S. 2, 1606 III 2 BGB vorgegebenen Gleichwertigkeit von Erwerbstätigkeit einerseits, Haushaltsführung und Kindesbetreuung andererseits, sowie dem Benachteiligungsverbot des Art. 6 I und II GG zuwider, der jede belastende Differenzierung verbiete, die eine Folge der Übernahme familiärer Pflichten sei (vgl. *BVerfGE* 99, 216 = NJW 1999, 557 = FamRZ 1999, 285 [288]). Denn die ehelichen Lebensverhältnisse würden nicht nur durch die vorhandenen Barmittel des erwerbstätigen Ehegatten, sondern auch durch den Einsatz des haushaltsführenden Ehegatten für die Familie mitbestimmt. Eine zuverlässige Feststellung, ob und gegebenenfalls in welchem Umfang eine später (wieder)aufgenommene oder erweiterte Erwerbstätigkeit bereits in der Ehe angelegt gewesen sei und (im Vorgriff) die ehelichen Lebensverhältnisse geprägt habe, so dass auch die aus der (späteren) Erwerbstätigkeit erzielten Mittel als prägendes Einkommen in die Unterhaltsbemessung nach der Differenzmethode einfließen könnten, sei selten möglich. Die Rechtsprechung führe daher zu Zufallsergebnissen, je nach dem, ob beispielsweise die Kinder zum Zeitpunkt der Trennung schon so alt seien, dass eine alsbaldige Rückkehr der Frau in den Beruf zu erwarten gewesen sei oder nicht. Mit dem Wandel der sozialen Verhältnisse in den letzten 20 Jahren, in denen das Ehebild der typischen Hausfrauenehe immer mehr durch dasjenige der Doppelverdienerehe ersetzt worden sei, bei der die Frau ihre Erwerbstätigkeit nur durch eine Kinderbetreuungsphase unterbreche, danach aber in aller Regel wiederaufnehme, sei dies nicht mehr zu vereinbaren.

5. Dem ist zuzugeben, dass die Anrechnungsmethode dem Verständnis von der Gleichwertigkeit von Kindesbetreuung und/oder Haushaltsführung nicht gerecht wird und auch dem gewandelten Ehebild in der Mehrzahl der Fälle nicht mehr angemessen Rechnung trägt. Ausgangspunkt ist die Wertentscheidung des Gesetzgebers, mit der er die Haushaltsführung des nicht erwerbstätigen Ehegatten der Erwerbstätigkeit des anderen Ehegatten gleichstellt. Nach § 1360 S. 1 BGB sind beide Ehegatten verpflichtet, durch ihre Arbeit und ihr Vermögen die Familie angemessen zu unterhalten. Nach heutigem Eheverständnis regeln die Ehegatten im gegenseitigen Einvernehmen und unter Rücksichtnahme auf die jeweiligen Belange des anderen und der Familie die Frage, wer von ihnen erwerbstätig sein und wer – ganz oder überwiegend – die Haushaltsführung übernehmen soll (§ 1356 BGB). Dies richtet sich nach den individuellen (familiären, wirtschaftlichen, beruflichen und sonstigen) Verhältnissen der Ehegatten. Dabei kann zum Beispiel mitbestimmend sein, wer von beiden die qualifiziertere Ausbildung hat, für wen die besseren Chancen am örtlichen Arbeitsmarkt bestehen, wo sich der Arbeitsplatz und das Familienheim befinden, ob gegebenenfalls Personen aus dem Familienverband (zum Beispiel Geschwister oder Eltern) oder nahe Freunde zur Kindesbetreuung zur Verfügung stehen oder ob den Ehegatten noch weitere Familienpflichten besonderer Art, beispielsweise die Pflege hilfsbedürftiger Eltern, obliegen. Geht die Entscheidung dahin, dass einer von ihnen die Haushaltsführung und gegebenenfalls Kindesbetreuung übernehmen soll, so bestimmt das Gesetz ausdrücklich, dass er hierdurch in der Regel seine Verpflichtung, durch Arbeit zum Unterhalt der Familie beizutragen, erfüllt (§ 1360 S. 2 BGB). In ähnlicher Weise setzt § 1606 III 2 BGB die Kindesbetreuung der Gewährung von Barunterhalt gleich. Der Gesetzgeber geht damit zugleich davon aus, dass die ehelichen Lebensverhältnisse nach § 1578 BGB nicht nur durch die Bareinkünfte des erwerbstätigen Ehegatten, sondern auch durch die Leistungen des anderen Ehegatten im Haushalt

mitbestimmt werden und hierdurch eine Verbesserung erfahren (vgl. BT-Drucks. 7/650, S. 129 [136]; BT-Drucks. 7/4361, S. 15). Dessen Tätigkeit ersetzt Dienst- und Fürsorgeleistungen und Besorgungen, die anderenfalls durch teure Fremdleistungen erkauft werden müssten und den finanziellen Status – auch einer Doppelverdienerehe – verschlechtern würden. Darüber hinaus enthält sie eine Vielzahl von anderen, nicht in Geld messbaren Hilfeleistungen, die den allgemeinen Lebenszuschnitt der Familie in vielfältiger Weise verbessern. Aus dieser Sicht ist es zu eng, die ehelichen Lebensverhältnisse als Maßstab des Unterhalts nur an den zum Zeitpunkt der Scheidung vorhandenen Barmitteln auszurichten. Zwar bildet das Erwerbseinkommen als finanzielle Grundlage der Familie den primären Faktor der Unterhaltsbemessung, jedoch werden die ehelichen Lebensverhältnisse durch die Gesamtheit aller wirtschaftlich relevanten beruflichen, gesundheitlichen, familiären und ähnlichen Faktoren mitbestimmt (vgl. *Gerhardt*, in: Hdb. FamilienR, Rn. 403d). Auch nach der gesetzgeberischen Intention soll es auf das Gesamtbild der ehelichen Lebensverhältnisse ankommen, wozu im Übrigen eine gewisse Dauer gehört und vorübergehende Änderungen irrelevant sein sollen (vgl. BT-Drucks. 7/650, S. 136). Die – auf den Scheidungszeitpunkt bezogenen – konkreten Barmittel können damit immer nur ein Kriterium, nicht aber der alleinige Maßstab sein. Vielmehr umfassen die ehelichen Lebensverhältnisse alles, was während der Ehe für den Lebenszuschnitt der Ehegatten nicht nur vorübergehend tatsächlich von Bedeutung ist (vgl. *Senat,* NJW 1999, 717 = FamRZ 1999, 367 [368]), mithin auch den durch die häusliche Mitarbeit des nicht erwerbstätigen Ehegatten erreichten sozialen Standard.

6. An dem in dieser Weise verbesserten ehelichen Lebensstandard soll der haushaltsführende Ehegatte auch nach der Scheidung teilhaben. Das Gesetz bringt dies an verschiedenen Stellen zum Ausdruck: So enthält § 1578 BGB nach dem Willen des Gesetzgebers eine Lebensstandardgarantie gerade auch zu Gunsten des haushaltsführenden Ehegatten (BT-Drucks. 10/2888, S. 18). Mit der Anknüpfung des Unterhalts an die ehelichen Lebensverhältnisse wollte der Gesetzgeber insbesondere den Fällen gerecht werden, in denen durch gemeinsame Leistung der Ehegatten ein höherer sozialer Standard erreicht worden ist, an dem auch der nicht erwerbstätige Ehegatte teilhaben soll (BT-Drucks. 7/650, S. 136). Es wurde als unbillig empfunden, den Wert der Leistungen unberücksichtigt zu lassen, die sich in der Haushaltsführung, der Erziehung der gemeinsamen Kinder oder in der Förderung des beruflichen Fortkommens und Ansehens des anderen Ehegatten niedergeschlagen haben (BT-Drucks. 7/4361, S. 15). Eine Ausprägung dieses Gedankens ist auch der Aufstockungsunterhalt nach § 1573 II BGB, mit dem der Gesetzgeber den sozialen Abstieg eines Ehegatten nach der Scheidung verhindern will, weil das erreichte Lebensniveau als gleichwertige Leistung auch desjenigen Ehegatten angesehen wird, der zu Gunsten von Ehe und Familie auf eine eigene Berufstätigkeit verzichtet hat. Die Regelung schränkt in verfassungskonformer Weise den Grundsatz der nachehelichen wirtschaftlichen Eigenverantwortung (§ 1569 BGB) zu Gunsten der nachwirkenden ehelichen Mitverantwortung ein (*BVerfG,* NJW 1981, 1771 = FamRZ 1981, 745 [750 ff.]; *Senat,* NJW 1983, 1733 = FamRZ 1983, 678 [679]; *Kalthoener/Büttner/Niepmann,* Rn. 439; *Born,* FamRZ 1999, 542). Schließlich soll durch § 1574 II BGB sichergestellt werden, dass Ehegatten, die ihr eigenes berufliches Fortkommen um der Familie willen hintangestellt und den wirtschaftlichen und sozialen Aufstieg des anderen Ehegatten gefördert haben, nicht nach der Scheidung eine Tätigkeit ausüben müssen, die unter dem ehelichen Lebensstandard liegt (BT-Drucks. 7/650, S. 129; BT-Drucks. 7/4361, S. 17). Die Teilhabequote orientiert sich an der Gleichwertigkeit der beiderseits erbrachten Leistungen, so dass beide Ehegatten hälftig an dem durch Erwerbseinkommen einerseits, Haushaltsführung andererseits geprägten ehelichen Lebensstandard teilhaben.

(Surrogats- und Bewertungslösung)

b 7. Zur Verwirklichung einer derartigen gleichmäßigen Teilhabe werden in der Literatur (vgl. die obigen Zitate, ferner Übersicht bei *Schwab/Borth,* Rn. 945) verschiedene Wege vorgeschlagen:

a) Eine verbreitete Meinung geht von der Tatsache aus, dass das Heiratsalter von Frauen in den letzten rund 25 Jahren stetig gestiegen ist (1975: 22,7 Jahre; 1996: 27,6 Jahre; 1998: 28 Jahre, vgl. Statistische Jahrbücher des Statistischen Bundesamtes 1977, 70; 1998, 70; 2000, 69) und schließt daraus, dass Frauen vor der Eheschließung in aller Regel einen Beruf erlernt und ausgeübt haben und ihn nach der Heirat erst aufgeben, wenn die Betreuung von Kindern, die man nicht Hilfspersonen überlassen will, dies erfordert. Daran wird die (widerlegliche) Vermutung geknüpft, dass die Ehegatten nach den heutigen Gepflogenheiten in aller Regel die Vorstellung haben, dass die Berufstätigkeit nur für die Phase der Kindesbetreuung unterbrochen werden soll und der betreuende Ehegatte danach in den Erwerbsprozess zurückkehrt, vorausgesetzt, seine Gesundheit, seine berufliche Qualifikation und die Arbeitsmarktlage lassen dies nach dem Zeitablauf zu. Dem ist einzuräumen, dass Ehen, in denen die Ehefrau den Haushalt führt und Kinder betreut, in der sozialen Wirklichkeit nicht mehr generell und auf Dauer dem Typ der Haushaltsführungsehe zugeordnet werden können, sondern in stark gestiegenem Maße nurmehr vorübergehend in dieser Form geführt werden und sich die Ehegatten nach ihren jeweiligen Bedürfnissen auch zur (Wieder-)Aufnahme einer Doppel- oder Zuverdienerehe entschließen. Auch ist es nicht mehr stets die Ehefrau, die die Haushaltsführung und Kinderbetreuung übernimmt, vielmehr kann diese Aufgabe, je nach Berufschancen und Arbeitsmarktlage, auch dem Ehemann zufallen oder von beiden gemeinsam übernommen werden. Den Ehegatten wird eine solche – gegebenenfalls phasenweise – Aufteilung der Übernahme von Erwerbs- und Familienpflichten nicht nur durch die Möglichkeit eines staatlichen Erziehungsgeldes erleichtert, sondern auch die Arbeitswelt enthält sowohl im öffentlichen Dienst als auch in privaten Arbeitsverhältnissen Beurlaubungs- oder Rückkehrmöglichkeiten (vgl. *Büttner,* FamRZ 1999, 894). Anreize zur Wiederaufnahme einer Erwerbstätigkeit ergeben sich schließlich auch aus dem Gedanken des Aufbaus einer eigenen Alterssicherung, zumal rentenrechtliche Vorschriften unter anderem den Bezug einer vorzeitigen Rente wegen Erwerbsminderung von Mindestpflichtversicherungszeiten in den letzten fünf Jahren vor Eintritt der Erwerbsminderung abhängig machen (vgl. §§ 43 I Nr. 2 und 44 I Nr. 2 SGB VI aF und § 43 I Nr. 2 SGB VI idF des Rentenreformgesetzes 1999 v. 16.12.1997 ab 1.1.2001, BGBl. I 1997, 2998, und BGBl. I 1999, 388; *Johannsen/Henrich/Hahne,* § 1587a Rn. 137, 138).

Auch wenn an diesen Wandel der sozialen Verhältnisse vielfach die Vermutung geknüpft werden kann, dass die Wiederaufnahme der Berufstätigkeit nach Abschluss der Kindesbetreuungsphase schon in der Ehe angelegt war und damit schon deshalb zur Berücksichtigung des Erwerbseinkommens im Rahmen der Anwendung der Differenzmethode führen kann, vermag diese Überlegung indes nicht die Fälle kinderloser Ehen zu lösen, in denen ein Ehegatte nur den Haushalt geführt und sein eigenes berufliches Fortkommen um der Ehe willen oder im Interesse des beruflichen Einsatzes und der Karriere des anderen Ehegatten – sei es bei Auslandsaufenthalten oder sonstigen Versetzungen – hintangestellt hat. Ein solcher Ehegatte verdient nicht weniger Schutz als ein kindesbetreuender Ehegatte. Auch zeigt sich in diesen Fällen, dass eine Abgrenzung danach, ob die Berufstätigkeit auch ohne die Trennung aufgenommen worden wäre, nicht weiterhilft. Die durch die Aufgabe der eigenen Berufstätigkeit entstandenen ehebedingten Nachteile wirken – bei Anwendung der Anrechnungsmethode – auch nachehezeitlich fort, wenn nach der Scheidung, wie nicht selten bei kinderlosen Ehen, eine Berufstätigkeit wieder aufgenommen, aber der Unterhaltsbedarf allein nach dem Einkommen des anderen Ehegatten bemessen wird.

b) Ein anderer Lösungsweg, den Familieneinsatz eines Ehegatten bei der Unterhaltsbemessung zu berücksichtigen, wird über eine „Monetarisierung" der Haushaltsführung und Kindesbetreuung gesucht, wobei zum Teil pauschale Festbeträge ohne Rücksicht auf den individuellen Umfang der familienbezogenen Leistungen vorgeschlagen werden (500 DM–1000 DM nach den Bayerischen Leitlinien Nr. 6, s. Buch 1, 3. Aufl., S. 75; vgl. *Gerhardt/*Gutdeutsch, FuR 1999, 243; *Graba,* FamRZ 1999, 1115 [1118, 1121]), zum Teil – in Anknüpfung an die Bewertung der Haushaltsführung in so genannten Konkubinatsfällen analog § 850h ZPO (vgl. unter anderem *Senat,* NJW 1984, 2358 = FamRZ 1984, 662) – allgemeine Erfahrungswerte, die zur Bemessung von Schadensersatzrenten bei Verletzung oder Tötung von Hausfrauen entwickelt wurden (vgl. *Born,* MDR 2000, 984; *Graba,* FamRZ 1999, 1121). Diskutiert wird in diesem Zusammenhang auch eine Verdoppelung der Bareinkünfte des erwerbstätigen Ehegatten, weil nach der Gleichwertigkeitsregel des § 1360 I 2 BGB die Haushaltsführung der Erwerbstätigkeit gleichzusetzen sei. Zu Recht wird jedoch diese Berechnungsweise mit dem Hinweis darauf verworfen, dass eine solche Verdoppelung nicht der Lebenswirklichkeit entspreche und die Haushaltsführung als eigenständiger Umstand zu beurteilen sei, der die ehelichen Lebensverhältnisse ebenso bestimme wie etwa ein Wohnvorteil im eigenen Heim (vgl. *Graba,* FamRZ 1999, 1121). Im Übrigen wird gegen die fiktive Monetarisierung eingewandt, dass sie wegen der Unterschiedlichkeit der Ehetypen nicht praktikabel sei und den jeweiligen individuellen Leistungen des Ehegatten für die Familie nicht angemessen Rechnung trage (vgl. *Gerhardt,* FamRZ 2000, 135 [136]; zweifelnd auch *Borth,* FamRZ 1999, 200; *Bienko,* FamRZ 2000, 13; *Söpper,* FamRZ 2000, 14). Auch könne sie die Mehrzahl derjenigen Fälle nicht befriedigend lösen, in denen der haushaltsführende Ehegatte nach der Scheidung etwa wegen Kindesbetreuung oder alters- oder krankheitsbedingt nicht arbeiten kann oder auf dem Arbeitsmarkt keine angemessene Tätigkeit mehr findet. Denn der unterhaltspflichtige Ehegatte werde ihm in solchen Fällen ohnehin nur den Quotenunterhalt nach dem fortgeschriebenen, real zur Verfügung stehenden Einkommen gewähren können. Ein Zugriff auf gegebenenfalls weitere, nicht in der Ehe angelegte Einkünfte des Unterhaltspflichtigen sei nach der Ausrichtung des § 1578 BGB nicht möglich. Der Grundsatz der Gleichwertigkeit der beiderseitigen Leistungen erfordere es nämlich andererseits nicht, die Haushaltsleistungen nachträglich durch die hälftige Beteiligung am verfügbaren Einkommen zu vergüten. Solange daher der haushaltsführende Ehegatte nach Trennung bzw. Scheidung zum Beispiel wegen Kindererziehung, Krankheit oder Alters keine eigenen Einkünfte beziehen könne, verbleibe es bei der Aufteilung des real zur Verfügung stehenden eheprägenden Einkommens. Denn da die lebensstandarderhöhende Haushaltstätigkeit mit der Scheidung weggefallen und kein an deren Stelle tretendes Ersatzeinkommen vorhanden sei, müssten beide Ehegatten in gleicher Weise die trennungsbedingte Verschlechterung ihrer ehelichen Lebensverhältnisse hinnehmen (vgl. *Borth*, FamRZ 2001, 200; *Graba*, FamRZ 1999, 1115 [1117 f.]).

(Aufnahme oder Auswirkung einer Erwerbstätigkeit durch eine Hausfrau als eheprägendes Surrogat auch bei Ansatz erzielbarer, fiktiver Einkünfte; Ausnahme bei Karrieresprung; Korrekturmöglichkeiten durch §§ 1573 V, 1578 I 2 BGB)

c   c) Einer abschließenden Entscheidung zur Frage der Notwendigkeit einer Monetarisierung der Haushaltstätigkeit bedarf es indessen nicht. Jedenfalls in den Fällen, in denen der unterhaltsberechtigte Ehegatte – wie hier – nach der Scheidung ein Einkommen erzielt oder erzielen kann, welches gleichsam als Surrogat des wirtschaftlichen Werts seiner bisherigen Tätigkeit angesehen werden kann, ist dieses Einkommen in die Unterhaltsberechnung nach der Differenzmethode einzubeziehen. Das knüpft an die Überlegung an, dass die während der Ehe erbrachte Familienarbeit den ehelichen Lebensstandard geprägt und auch wirtschaftlich verbessert hat und als eine der Erwerbstätigkeit gleichwertige Leistung anzusehen ist, und trägt dem Grundsatz Rechnung, dass der in dieser Weise von beiden Ehegatten erreichte Lebensstandard ihnen auch nach der Scheidung zu gleichen Teilen zustehen soll. Nimmt der haushaltsführende Ehegatte nach der Scheidung eine Erwerbstätigkeit auf oder erweitert er sie über den bisherigen Umfang hinaus, so kann sie als Surrogat für seine bisherige Familienarbeit angesehen werden. Der Wert seiner Haushaltsleistungen spiegelt sich dann in dem daraus erzielten oder erzielbaren Einkommen wider, von Ausnahmen einer ungewöhnlichen, vom Normalverlauf erheblich abweichenden Karriereentwicklung abgesehen. Insofern bildet § 1578 BGB – ebenso wie bei unerwarteten Einkommenssteigerungen des Unterhaltspflichtigen – auch eine Begrenzung für die Bedarfsbemessung. Aus dieser Sicht erscheint es gerechtfertigt, dieses Einkommen in die Bedarfsbemessung einzubeziehen und in die Differenzrechnung einzustellen. Damit ist gewährleistet, dass – ebenso wie früher die Familienarbeit beiden Ehegatten zu gleichen Teilen zugute kam – nunmehr das beiderseitige Einkommen zwischen ihnen nach dem Grundsatz der gleichmäßigen Teilhabe geteilt wird. Eine wirtschaftliche Benachteiligung des unterhaltspflichtigen gegenüber dem unterhaltsberechtigten Ehegatten tritt durch die Differenzmethode nicht ein, zumal eine Entlastung durch die zeitliche Begrenzung des Unterhalts gem. den §§ 1573 V und 1578 I 2 BGB möglich ist. Es wird lediglich vermieden, dass – wie es bei der Anrechnungsmethode der Fall wäre – zu Lasten des haushaltsführenden Ehegatten eine Berücksichtigung seines Einkommens bei der Bedarfsbemessung unterbleibt und nur der unterhaltspflichtige Ehegatte einseitig entlastet wird (*Borth*, FamRZ 2001, 200 [201]; ders., in: *Schwab/Borth*, IV Rn. 945; *Gerhardt*, in: Hdb. FamilienR, Rn. 403d; *Büttner*, FamRZ 1999, 896; ders., FamRZ 1984, 538; iErg ebenso *Graba*, FamRZ 1999, 1115 [1119]; *Laier*, FamRZ 1993, 393; *Born*, FamRZ 1999, 548).

(Additionsmethode als verständliche Berechnungsmethode gegenüber der verkürzenden Differenzmethode)

d   8. Die vom OLG gewählte Lösung, ein Ersatzeinkommen der Kl. in die Unterhaltsberechnung einzubeziehen, entspricht im Ergebnis diesem Ansatz. Dass es dabei statt der Differenz- die Additionsmethode gewählt hat, macht keinen Unterschied, da hier beide Berechnungsweisen zum selben Ergebnis führen. Die Additionsmethode hat lediglich den Vorzug der besseren Verständlichkeit gegenüber der verkürzenden Differenzmethode.

(Zinsen aus dem Verkaufserlös des Familienheimes als eheprägendes Surrogat des früheren Wohnwertes)

e   9. Dass das OLG auch die Zinseinkünfte der Kl. in Höhe von monatlich 407 DM als Ersatzeinkommen berücksichtigt hat, die sie aus dem nach Verkauf des Hauses und nach Ablösung von Schulden

Anhang R. Rechtsprechung   R564

und der Zugewinnausgleichszahlung an den Bekl. verbliebenen Restkapital erzielen kann, ist in der Sache zutreffend. Während der Ehe waren die ehelichen Lebensverhältnisse der Parteien geprägt durch das mietfreie Wohnen im Haus der Kl., so dass sich der eheangemessene Bedarf grundsätzlich auch durch die daraus gezogenen Nutzungsvorteile erhöhte. Mit dem Verkauf des Hauses nach der Scheidung sind diese Nutzungsvorteile jedoch für beide Ehegatten entfallen, so dass ein (fiktiver) Ansatz des Wohnvorteils nicht mehr in Betracht kommt. Diese Einbuße muss von beiden Ehegatten getragen werden (vgl. *Senat,* NJW 1990, 3274 = FamRZ 1990, 989 [991 f.]; *Graba,* FamRZ 1999, 1115 [1120]). Verblieben sind allerdings auf Seiten der Kl. die Zinsvorteile aus dem Verkaufserlös, die an die Stelle des Nutzungsvorteils getreten sind und daher mit in die Differenz- bzw. – nach der Berechnungsweise des *OLG* – in die Additionsmethode einzubeziehen sind (vgl. *Senat,* NJW 2001, 2259 [in diesem Heft]; vgl. auch 13. Deutscher Familiengerichtstag 1999, Beschlüsse Arbeitskreis 3 zu III, Brühler Schriften zum FamilienR).

BGH v. 27.6.2001 – XII ZR 135/99 – FamRZ 2001, 1291 = NJW 2001, 3260

(Zum Einsatzzeitpunkt der Scheidung beim Unterhalt wegen Krankheit)   R564

2. a) Die Voraussetzungen eines Unterhaltsanspruchs nach § 1572 Nr. 1 BGB hat das BerGer. – in **a** Übereinstimmung mit dem *AG* – nicht als erfüllt angesehen, weil nicht davon ausgegangen werden könne, dass von der Kl. vom Zeitpunkt der Scheidung am 28.11.1991 an wegen Krankheit eine Erwerbstätigkeit nicht mehr habe erwartet werden können. Hierzu hat es im Wesentlichen ausgeführt:

Es könne zwar nicht ausgeschlossen werden, dass eine krankheitsbedingte Erwerbsunfähigkeit bereits vor dem Jahre 1994, als die Erkrankung der Kl. als so genanntes Sjoegren-Syndrom diagnostiziert worden sei, vorgelegen habe. Vor Oktober 1993, als sie die Ausbildung zur Kinderkrankenschwester abgebrochen habe, könne eine Erwerbsunfähigkeit aber jedenfalls nicht festgestellt werden. Die Kl. habe selbst nicht geltend gemacht, ihre damals schon bestehende Krankheit habe sie bis dahin an einer Erwerbstätigkeit gehindert. Das werde durch ihre berufliche Entwicklung bestätigt. Die seit Februar 1991 ausgeübte Halbtagsbeschäftigung habe die Kl. im November 1991 auf 30 Wochenstunden ausgeweitet. Im April 1992 habe sie ihre – nicht durch Krankheit veranlasste – Umschulung begonnen. Es sei zwar anerkannt, dass der erforderliche zeitliche Zusammenhang zwischen dem Einsatzzeitpunkt und der Krankheit auch dann noch bestehen könne, wenn diese erst nach jenem Zeitpunkt ausgebrochen sei. Das gelte aber nur bei enger zeitlicher Abfolge, an der es bei einem zeitlichen Abstand von etwa 23 Monaten (vom 28.11.1991 bis Oktober 1993) fehle.

Diese Beurteilung hält der revisionsrechtlichen Überprüfung und den Angriffen der Revision stand.

b) Die Revision beanstandet die Annahme des BerGer., die Kl. habe nicht geltend gemacht, schon vor Oktober 1993 sei eine Erwerbstätigkeit von ihr nicht zu erwarten gewesen.

Die Kl. habe durch Antrag auf Einholung eines fachärztlichen Gutachtens den Beweis dafür angetreten, dass wegen ihrer rheumatischen Erkrankung, die 1994 als Sjoegren-Syndrom diagnostiziert worden sei, schon im Zeitpunkt der Scheidung, jedenfalls in nahem Zusammenhang mit ihr, eine Erwerbstätigkeit von ihr nicht habe erwartet werden können. Den Beweisantrag, der in Verbindung mit dem weiteren Vorbringen des betreffenden Schriftsatzes nicht anders verstanden werden könne, habe das BerGer. übergangen.

Diese Rüge bleibt ohne Erfolg. Das BerGer. brauchte dem Beweisantrag nicht nachzugehen, da das Vorbringen der Kl. nicht hinreichend substanziiert ist. Ein geschiedener Ehegatte kann nach § 1572 BGB Unterhalt verlangen, solange und soweit von ihm von dem jeweiligen Einsatzzeitpunkt an wegen Krankheit oder anderer Gebrechen oder Schwäche seiner körperlichen oder geistigen Kräfte eine Erwerbstätigkeit nicht erwartet werden kann. Der Unterhalt begehrende Ehegatte muss, um die Voraussetzungen der genannten Vorschrift darzutun, im Einzelnen die Krankheiten, an denen er leidet, angeben und vortragen, inwiefern sich diese auf seine Erwerbsfähigkeit auswirken. Er darf sich nicht generell auf eine Erwerbsunfähigkeit iS des § 1572 BGB berufen, sondern von ihm ist, insbesondere im Hinblick darauf, dass nur eine teilweise Erwerbsunfähigkeit vorliegen kann, zu verlangen, dass er Art und Umfang der gesundheitlichen Beeinträchtigungen oder Leiden darlegt. Darüber hinaus bezieht sich die Darlegungslast auf das Bestehen des Anspruchs zu dem maßgebenden Einsatzzeitpunkt (*Schwab/Borth,* 4. Aufl., Kap. IV Rn. 214; *Griesche,* in: FamGb, § 1572 Rn. 6; vgl. auch *Senat,* NJW 1988, 2369 = FamRZ 1988, 265 [266] [unter I 3]).

Den vorgenannten Anforderungen genügt das Vorbringen der Kl. nicht, soweit sie einen Unterhaltsanspruch nach § 1572 Nr. 1 BGB (Einsatzzeitpunkt der Scheidung) geltend macht.

c) Die Beurteilung des BerGer., der Unterhaltstatbestand des § 1572 Nr. 1 BGB liege nicht vor, ist nach den somit verfahrensfehlerfrei getroffenen Feststellungen auch rechtlich nicht zu beanstanden. Von einer krankheitsbedingten – vollen oder teilweisen – Erwerbsunfähigkeit unmittelbar vom Zeitpunkt der Scheidung an kann schon nach dem eigenen Vorbringen der Kl. nicht ausgegangen werden. Damit scheidet auch die Möglichkeit aus, den Eintritt der Erwerbsunfähigkeit deshalb noch dem Zeitpunkt der Scheidung zuzurechnen, weil sich ein zu dieser Zeit bereits vorhandenes, die Erwerbsfähigkeit minderndes Leiden verschlimmert und schließlich zur vollständigen Erwerbsunfähigkeit geführt hätte (vgl. Senat, NJW 1987, 2229 = FamRZ 1987, 684 [685]). Für die Entstehung eines Unterhaltsanspruchs nach § 1572 BGB wird es zwar ferner als ausreichend erachtet, wenn eine Krankheit zu einem der Einsatzzeitpunkte nur latent vorhanden war und in nahem zeitlichen Zusammenhang damit ausgebrochen ist und zur Erwerbsunfähigkeit geführt hat (*Maurer*, in: MünchKomm, BGB, 4. Aufl., § 1572 Rn. 11; *Griesche*, § 1572 Rn. 12; *OLG Stuttgart*, FamRZ 1983, 501 [503]; *OLG Karlsruhe*, FamRZ 1994, 104 [106]; das bloße Vorliegen einer latenten Erkrankung erachten demgegenüber als ausreichend: *Erman/Dieckmann*, BGB, 10. Aufl., § 1572 Rn. 6; *Soergel/Häberle*, BGB, 12. Aufl., § 1572 Rn. 6; *Rolland*, 1. EheRG, 2. Aufl., § 1572 Rn. 5; *Gernhuber/Coester-Waltjen*, FamilienR, 4. Aufl., § 30 IV 2, Fußn. 9; a. A. für den Fall, dass im Einsatzzeitpunkt selbst noch keine Erwerbsunfähigkeit vorlag: *Staudinger/Verschraegen*, BGB, 12. Bearb., § 1572 Rn. 22). Ob dieser Auffassung zu folgen ist oder ob damit die Anforderungen an die Einsatzzeitpunkte untergraben werden, bedarf im vorliegenden Fall jedoch keiner Entscheidung. Denn es fehlt an dem nach Auffassung des *Senats* jedenfalls erforderlichen nahen zeitlichen Zusammenhang zwischen der Scheidung und dem Eintritt der Erwerbsunfähigkeit. Letztere kann im Hinblick auf fehlenden substanziierten Sachvortrag der Kl. nicht vor dem aus gesundheitlichen Gründen erfolgten Abbruch der Ausbildung zur Kinderkrankenschwester im Oktober 1993 angesetzt werden, so dass seit der Scheidung ca. 23 Monate verstrichen waren. Unter diesen Umständen kann der Eintritt der Erwerbsunfähigkeit nicht mehr dem Zeitpunkt der Scheidung zugerechnet werden. Eine großzügigere Betrachtungsweise würde der gesetzgeberischen Intention zuwiderlaufen, schicksalsbedingte Ereignisse, die sich nach der Scheidung im Leben eines der geschiedenen Ehegatten einstellen, grundsätzlich nicht zu Lasten des anderen Ehegatten gehen zu lassen, weshalb Erkrankungen, die nach der Scheidung auftreten und ohne unmittelbaren Zusammenhang mit der Ehe stehen, nicht zu einem Unterhaltsanspruch nach § 1572 BGB führen sollten (BT-Drucks. 7/650, S. 124).

(Nachhaltige Unterhaltssicherung nach § 1573 BGB; Maß des Anschlussunterhalts)

d 4b) Das BerGer. hat angenommen, dass es der Kl. im Umfang ihres Erwerbseinkommens gelungen sei, ihren Unterhalt iS des § 1573 IV BGB nachhaltig zu sichern. Diese in tatrichterlicher Verantwortung erfolgte Beurteilung, der die nach der Rechtsprechung des *Senats* maßgebenden Kriterien zu Grunde gelegt worden sind (vgl. Senat, NJW 1986, 375 = FamRZ 1985, 1234 [1235]), ist rechtlich nicht zu beanstanden.

c) Bestand bei Beginn des Anschlussunterhalts nach § 1572 Nr. 4 BGB auf Grund eines weggefallenen früheren Anspruchsgrunds (§ 1573 I, II BGB) aber nur ein Anspruch auf einen Teil des vollen Bedarfs, so entsteht auch der Anspruch auf Anschlussunterhalt nur als solcher auf Teilunterhalt. Eine andere Auslegung des Wortlauts des § 1572 BGB, insbesondere des Wortes „soweit", stünde im Widerspruch zu dem Zweck der Einsatzzeitpunkte, die zu den Schutzvorschriften zu Gunsten des Unterhaltspflichtigen gehören (*Erman/Dieckmann*, § 1572 Rn. 8; *Gerhardt*, Hdb. des Fachanwalts FamilienR, 3. Aufl., 6. Kap., Rn. 350; *Göppinger/Bäumel*, 7. Aufl., Rn. 1013; *Johannsen/Henrich/Büttner*, EheR, 3. Aufl., § 1572 Rn. 4; *Maurer*, in: MünchKomm, § 1572 Rn. 16; *Palandt/Brudermüller*, BGB, 60. Aufl., § 1572 Rn. 11; *Rolland*, § 1571 Rn. 15; *Wendl/Pauling*, 5. Aufl., § 4 Rn. 50, jew. m. Nachw. aus der Rspr. der Oberlandesgerichte). Maßgebend für die Bemessung des Teilanschlussunterhalts ist die Quote des nach Maßgabe der ehelichen Lebensverhältnisse ungedeckten Bedarfs des Unterhaltsberechtigten in dem Zeitpunkt, in dem sein Unterhalt im Übrigen nachhaltig gesichert war. Der hier in Betracht kommende Anspruch auf Anschlussunterhalt nach § 1572 Nr. 4 BGB setzt weiterhin voraus, dass der Tatbestand eines Unterhaltsanspruchs nach § 1573 BGB bis zum Einsatzzeitpunkt durchgehend erfüllt war (*Johannsen/Henrich/Büttner*, § 1572 Rn. 4; *Gerhardt*, Rn. 350; *Wendl/Pauling*, § 4 Rn. 50; *Palandt/Brudermüller*, § 1572 Rn. 11). Auch Letzteres lässt sich bisher nicht beurteilen, da zu der Einkommensentwicklung der Kl. nach Aufnahme der Ausbildung sowie zu dem hierfür erforderlichen zeitlichen Einsatz keine Feststellungen getroffen worden sind.

Anhang R. Rechtsprechung **R570**

BGH v. 9.1.2002 – XII ZR 34/00 – FamRZ 2002, 815 = NJW 2002, 2026

(Besuch der Höheren Handelsschule als allgemeine Schulbildung im Sinne des § 1603 II 2 BGB) **R570**

2c) Nach diesen Grundsätzen begegnet die Annahme des BerGer., die Kl. habe sich in einer **a** allgemeinen Schulausbildung befunden, keinen rechtlichen Bedenken. Sie besuchte die zweijährige höhere Berufsfachschule für Wirtschaft und Verwaltung (Höhere Handelsschule), in die nach § 3 I der Verordnung über die Bildungsgänge und die Abschlussprüfungen in der zweijährigen höheren Berufsfachschule vom 17.6.1993 (GVBl NW, S. 427) aufgenommen wird, wer den Sekundarabschluss I – Fachoberschulreife – erworben hat. Nach § 1 I der Verordnung vermittelt die Schule berufliche Kenntnisse und den schulischen Teil der Fachhochschulreife; sie wird mit einer staatlichen Prüfung abgeschlossen. Schüler, die die Abschlussprüfung bestanden haben, erfüllen die schulischen Bedingungen für den Erwerb der Fachhochschulreife. Diese wird Schülern zuerkannt, die entweder an einem einjährigen einschlägigen Praktikum teilgenommen haben oder eine einschlägige abgeschlossene Berufsausbildung nachweisen, die mindestens zwei Jahre gedauert hat (§ 11 I und II der Verordnung).

Das Ziel des Besuchs der Höheren Handelsschule ist mithin der Erwerb der Fachhochschulreife, also eines allgemeinen Schulabschlusses, sowie die Vermittlung allgemeiner, nicht bereits auf ein konkretes Berufsbild bezogener, beruflicher Kenntnisse aus dem Bereich Wirtschaft und Verwaltung. Demgemäß hat der Besuch der Höheren Handelsschule in Nordrhein-Westfalen auch keine schulische Berufsqualifikation zur Folge. Dass die bestandene Abschlussprüfung nicht unmittelbar zum Erwerb der Fachhochschulreife führt, sondern dieser an weitere Voraussetzungen geknüpft ist, steht der Beurteilung des Schulbesuchs als allgemeine Schulausbildung nicht entgegen (ebenso *OLG Hamm*, FamRZ 1999, 1528 [1529]; *Wendl/Scholz*, 5. Aufl., § 2 Rn. 459; a. A. für den Besuch einer höheren Berufsfachschule, Fachrichtung Betriebswirtschaft, nach dem bei bestandener Abschlussprüfung die Berufsbezeichnung „staatlich geprüfter kaufmännischer Assistent für Betriebswirtschaft" geführt werden kann: *OLG Koblenz*, NJW-FER 2001, 176, und OLG-Report 1999, 284).

Nach den getroffenen Feststellungen stellt der Unterricht an der Höheren Handelsschule einen „vollzeitschulischen" Bildungsgang dar. Deshalb ist mit dem BerGer. davon auszugehen, dass der zeitliche Aufwand für den Schulbesuch einschließlich der erforderlichen Vor- und Nachbereitung die Arbeitskraft der Kl. jedenfalls überwiegend ausfüllt, so dass die Aufnahme einer Erwerbstätigkeit nicht erwartet werden kann. Ob an den berufsbildenden Schulen die Teilnahme an einem kontrollierten Unterricht gewährleistet ist, hat das *OLG* zwar nicht ausdrücklich festgestellt. Angesichts der Organisationsstruktur der Schule spricht indes eine tatsächliche Vermutung dafür, dass sie eine dem herkömmlichen Schulbesuch entsprechende stetige und regelmäßige Ausbildung gewährleistet.

(Barunterhaltspflicht beider Eltern gegenüber dem privilegiert volljährigen Kind)

3. Auch die weitere Annahme des BerGer., für den Barunterhalt der Kl. hätten beide Elternteile **b** anteilig nach ihren Erwerbs- und Vermögensverhältnissen aufzukommen, hält der rechtlichen Nachprüfung stand.

Mit dem Eintritt der Volljährigkeit endet die elterliche Sorge im Rechtssinne und – als Teil hiervon – die insbesondere die Pflicht zur Pflege und Erziehung des Kindes umfassende Personensorge (§§ 1626, 1631 BGB). Damit entfällt nach dem Gesetz die Grundlage für eine Gleichbewertung von Betreuungs- und Barunterhalt ohne Rücksicht darauf, ob im Einzelfall etwa ein volljähriger Schüler weiter im Haushalt eines Elternteils lebt und von diesem noch gewisse Betreuungsleistungen erhält. Vom Eintritt der Volljährigkeit an besteht nach dem Gesetz kein rechtfertigender Grund mehr, weiterhin nur den bisher allein barunterhaltspflichtigen Elternteil mit dem nunmehr insgesamt in Form einer Geldrente zu entrichtenden Unterhalt zu belasten, wenn auch der andere Elternteil über Einkünfte verfügt, die ihm die Zahlung von Unterhalt ermöglichen (*Senat*, NJW 1994, 1530 = FamRZ 1994, 696 [698 f.]).

An dieser gesetzlichen Wertung hat sich durch die Neufassung der §§ 1603 II und 1609 BGB durch das Kindesunterhaltsgesetz nichts geändert. Zwar erstreckt sich die gesteigerte Unterhaltspflicht von Eltern seit dem 1.7.1998 unter den in § 1603 II 2 BGB genannten Voraussetzungen auch auf volljährige Kinder. Diese stehen nach § 1609 BGB auch im Rang den minderjährigen Kindern und dem Ehegatten des Unterhaltspflichtigen gleich. Die in § 1606 III 2 BGB geregelte Gleichstellung von Bar- und Betreuungsunterhalt gilt jedoch weiterhin allein für minderjährige Kinder; nur diesen gegenüber erfüllt der betreuende Elternteil seine Unterhaltspflicht in der Regel durch die Erbringung von Pflege- und Erziehungsleistungen. Diese Differenzierung zwischen minderjährigen und privilegierten volljährigen Kindern hat der Gesetzgeber auch beabsichtigt. In der Gesetzesbegründung wird ausgeführt, die

2193

Änderungen der §§ 1603 II, 1609 BGB hätten auf die Vorschrift des § 1606 III 2 BGB keinen Einfluss; volljährige Kinder iS des § 1603 II 2 BGB bedürften typischerweise ebenso wenig (noch) der Pflege und Erziehung wie andere volljährige Kinder, so dass eine Gleichstellung auch im Rahmen des § 1606 III 2 BGB auf einer reinen Fiktion beruhen würde, für die aus rechtssystematischen Gründen kein Bedürfnis bestehe (BT-Drucks.13/7338, S. 22). Mit Rücksicht darauf ist mit der in Rechtsprechung und Schrifttum vertretenen herrschenden Meinung davon auszugehen, dass auch gegenüber privilegierten volljährigen Kindern grundsätzlich beide Elternteile barunterhaltspflichtig sind (ebenso *OLG Bremen*, OLG-Report 1999, 48, und FamRZ 1999, 1529; *OLG Dresden*, NJW 1999, 797 [798]; *OLG Düsseldorf*, FamRZ 1999, 1215 [1216]; *OLG Hamm*, NJW 1999, 798, und NJW 1999, 3274 [3275]; NJW-RR 2000, 217 = FamRZ 1999, 1018; *OLG Karlsruhe*, FamRZ 1999, 45 [46]; *OLG Nürnberg*, NJW-RR 2000, 598 = MDR 2000, 34; *Staudinger/Engler*, BGB, 13. Bearb. [2000], § 1606 BGB Rn. 25; *Erman/Holzhauer*, BGB, 10. Aufl., § 1606 BGB Rn. 10; *Häußermann*, in: FamRefK, § 1606 BGB Rn. 2; *Palandt/Diederichsen*, BGB, 61. Aufl., § 1606 BGB Rn. 9; *Schwab/Borth*, 3. Aufl., Kap. V Rn. 167; *Wendl/Scholz*, § 2 Rn. 467; *Kalthoener/Büttner/Niepmann*, 7. Aufl., Rn. 151; *Schumacher/Grün*, FamRZ 1998, 778 [786]; *Strauß*, FamRZ 1998, 993 [995]; *Krause*, FamRZ 2000, 660; *Wohlgemuth*, FamRZ 2001, 321 [328]; a. A. *OLG Naumburg*, FamRZ 2001, 371).

Soweit die Revision unter Bezugnahme auf *Graba (Johannsen/Henrich/Graba*, EheR., 3. Aufl., § 1606 Anm. 9) demgegenüber meint, die herrschende Meinung vernachlässige zu sehr, dass auch privilegierte volljährige Kinder nach ihrer Lebensstellung zwar nicht mehr der Erziehung, wohl aber noch der Pflege, etwa durch Zubereiten von Mahlzeiten, Instandhaltung der Wohnung und dergleichen bedürften, gibt dies zu einer abweichenden Beurteilung keinen Anlass. Es erscheint bereits wenig überzeugend, für die Beurteilung solcher Betreuungsleistungen entscheidend darauf abzustellen, ob sie für ein privilegiertes volljähriges Kind oder für einen volljährigen Schüler erbracht werden, der etwa eine Schulausbildung zum Zweck der beruflichen Qualifikation absolviert und deshalb die Voraussetzungen des § 1603 II 2 BGB nicht erfüllt, so dass die anteilige Haftung der Eltern für den Barunterhalt des Letzteren nicht in Frage steht. Jedenfalls scheitert eine vom Wortlaut des § 1606 III 2 BGB abweichende Behandlung von Betreuungsleistungen für ein privilegiertes volljähriges Kind aber an dem eindeutigen Willen des Gesetzgebers (so auch *Wendl/Scholz*, § 2 Rn. 467).

BGH v. 6.2.2002 – XII ZR 20/00 – FamRZ 2002, 536 = NJW 2002, 1269

R572

a   *(5%ige Pauschale für Fahrten zur Arbeitsstelle)*

1. Insoweit ist nicht zu beanstanden, dass das *OLG* für die Fahrten zur Arbeitsstelle nur die Pauschale von 5% und nicht die geltend gemachten konkreten Fahrtkosten von monatlich 583 DM vom Nettoeinkommen abgezogen hat. Da es sich bei Unterhaltsfällen um Massenerscheinungen handelt, ist aus Vereinfachungsgründen eine pauschalierende Berechnungsmethode notwendig (*Senat*, NJW 1997, 1919 = FamRZ 1997, 806 [807]). Dies schließt zwar die Berücksichtigung konkreter Aufwendungen nicht aus, soweit diese notwendig und angemessen sind. Es hält sich aber im Rahmen der revisionsrechtlich nur beschränkt überprüfbaren tatrichterlichen Bewertung, wenn das *OLG* es für zumutbar gehalten hat, dass der Bekl. mit öffentlichen Verkehrsmitteln zur Arbeitsstelle gelangt oder den Wohnsitz an den Dienstort verlegt. Rechtsfehler sind nicht ersichtlich und werden von der Revision auch nicht aufgezeigt. Die Bemessung der Aufwendungen mit 5% hält sich ebenfalls im Rahmen des tatrichterlichen Ermessens (*Senat*, NJW 2000, 3140 = FamRZ 2000, 1492 [1493]).

(Berücksichtigungsfähigkeit von Schulden, wenn der Mindestbedarf des minderjährigen Kindes nicht gedeckt ist)

g   Verbindlichkeiten können auf Grund einer umfassenden Interessenabwägung unter Berücksichtigung von Zweck, Art und Umfang der Verbindlichkeit sowie Zeitpunkt und Umständen ihrer Entstehung, teilweise oder vollständig bei der Bemessung des Unterhaltsbedarfs zu berücksichtigen sein. Auf Seiten der Kl. ist zu bedenken, dass minderjährige Kinder keine Möglichkeit haben, durch eigene Anstrengungen zur Deckung ihres Unterhaltsbedarfs beizutragen (*Senat*, NJW-RR 1996, 321 = FamRZ 1996, 160 [161]). Es hat ein angemessener Ausgleich zwischen den Interessen des Unterhaltsgläubigers, des Unterhaltsschuldners und der Drittgläubiger zu erfolgen, gegebenenfalls auch durch eine Streckung der Tilgung (*Senat*, NJW-RR 1986, 428 = FamRZ 1986, 254 [257]). Da für die Interessenabwägung von entscheidender Bedeutung ist, ob die Verbindlichkeiten ehebedingt sind oder – wie die Kl. behauptet – allein der Befriedigung der persönlichen Bedürfnisse des Bekl. dienen, hat das *OLG* zunächst diese Feststellungen zu treffen und sodann die erforderliche Abwägung vorzunehmen.

Anhang R. Rechtsprechung

BGH v. 20.3.2002 – XII ZR 216/00 – FamRZ 2002, 742 = NJW 2002, 1646

(Ermäßigung des angemessenen Selbstbehalts wegen gemeinsamer Haushaltsführung) R576

2. Entgegen der Auffassung der Revision ist revisionsrechtlich nicht zu beanstanden, dass das **b** BerGer. den der Bekl. gegenüber der Kl. zustehenden angemessenen Eigenbedarf mit diesen ihr verbleibenden Beträgen als gedeckt angesehen hat, auch wenn der angemessene Selbstbehalt des Unterhaltspflichtigen, insbesondere gegenüber volljährigen Kindern, nach Anmerkung 5 der Düsseldorfer Tabelle 1998 und 1999 in der Regel mit monatlich mindestens 1800 DM bemessen wird. Wie auch die Revision nicht verkennt, obliegt die Bestimmung des angemessenen Selbstbehalts dem Tatrichter und kann vom RevGer. nur eingeschränkt überprüft werden. Hier hat das BerGer. den angemessenen Selbstbehalt der Bekl. mit Rücksicht auf die Ersparnis durch die gemeinsame Haushaltsführung mit ihrem neuen Ehemann geringer bemessen. Dies erscheint sachgerecht und ist nicht zu beanstanden (vgl. *Senat*, NJW-RR 1998, 505 = FamRZ 1998, 286 [288]; *Wendl/Scholz*, Das UnterhaltsR in der familienrechtlichen Praxis, 5. Aufl., § 2 Rn. 428).

BGH v. 22.1.2003 – XII ZR 186/01 – FamRZ 2003, 518 = NJW 2003, 1181

(Abänderungszeitpunkt bei geänderter höchstrichterlicher Rechtsprechung) R585

b) Entsprechend der Auffassung der Revisionserwiderung ist die geänderte Rechtsprechung des **b** *Senats* im Rahmen des vorliegenden Abänderungsverfahrens nur für den Unterhaltszeitraum zu berücksichtigen, der der Verkündung des die bisherige Rechtsprechung aufgebenden Urteils des Senats folgt.

Für die Zeit davor verbleibt es hinsichtlich der Unterhaltsbemessung (unter Berücksichtigung der zwischenzeitlich eingetretenen Änderung der Einkommensverhältnisse der Parteien) bei der früheren Rechtslage, die die Parteien ihrem Vergleich zu Grunde gelegt haben (vgl. BGHZ 148, 368 [377, 379 f.] = NJW 2001, 3618 = FPR 2001, 426 mwN). Denn der (hier: weitere) Abänderungsgrund der geänderten höchstrichterlichen Rechtsprechung, der nunmehr zur Anwendung der so genannten Differenzmethode führt, trat erst mit Verkündung des Senatsurteils vom 13.6.2001 ein und kann daher – wie eine erst zu diesem Zeitpunkt in Kraft tretende Gesetzesänderung – erst für die darauf folgende Zeit berücksichtigt werden. Der in Übereinstimmung mit der bisherigen Rechtsprechung auf der Anwendung der so genannten Anrechnungsmethode beruhende Prozessvergleich stellt nämlich einen Vertrauenstatbestand für beide Parteien dar, in den die Änderung der höchstrichterlichen Rechtsprechung grundsätzlich nicht rückwirkend zu Lasten des Unterhaltspflichtigen eingreifen darf, zumal erst sie zu einer die Abänderung rechtfertigenden Äquivalenzstörung führt.

BGH v. 5.2.2003 – XII ZR 29/00 – FamRZ 2003, 848 = NJW 2003, 1796

(Einkommensreduzierung durch Ruhestand ist eheprägend) R588

a) Das *OLG* hat zu Recht den Unterhaltsbedarf der Bekl. nach dem mit dem Eintritt in den **a** Ruhestand verminderten Einkommen des Dr. F bemessen.

aa) Zwar hat der *Senat* in ständiger Rechtsprechung betont, dass für den nachehelichen Unterhaltsanspruch die ehelichen Verhältnisse im Zeitpunkt der Scheidung maßgebend sind (etwa *Senat*, NJW 1982, 1870 = FamRZ 1982, 576 [577]). Die Rechtskraft der Scheidung setzt gleichsam einen Endpunkt hinter eine gemeinsame wirtschaftliche Entwicklung der Ehegatten mit der Folge, dass die für den Unterhalt maßgebenden Lebensverhältnisse nur durch das bis dahin nachhaltig erreichte Einkommen der Ehegatten bestimmt werden (etwa *Senat*, NJW 1992, 2477 = FamRZ 1992, 1045 [1046], und NJW-RR 1993, 1283 = FamRZ 1993, 1304 [1305]). Diese grundsätzliche (zu den Ausnahmen vgl. *Senat*, BGHZ 89, 108 [112] = NJW 1984, 292, sowie NJW-RR 1986, 653 = FamRZ 1986, 439 [440], einerseits und NJW 1987, 1555 = FamRZ 1987, 459 [460], andererseits) Fixierung der ehelichen Lebensverhältnisse auf den Zeitpunkt der Scheidung ist, wie der *Senat* in seinem – nach dem Erlass der angefochtenen Entscheidung ergangenen – Urteil v. 29.1.2003, NJW 2003, 1518 = FPR 2003, 330 – klargestellt hat, aber nur für die Berücksichtigung von Einkommenssteigerungen von Bedeutung. Sie stellt – entsprechend dem mit § 1578 I 1 BGB verfolgten gesetzgeberischen Anliegen – eine Teilhabe des bedürftigen Ehegatten am Lebensstandard des unterhaltspflichtigen Ehegatten sicher, wenn und soweit er durch die gemeinsame Leistung der Ehegatten erreicht worden ist. Für eine nachteilige Veränderung in den wirtschaftlichen Verhältnissen des unterhaltspflichtigen Ehegatten lassen sich diese Überlegungen indes nicht nutzbar machen; denn insoweit geht es nicht um die Teilhabe an dem in der Ehe gemeinsam Erworbenen, sondern um die sachgerechte Verteilung einer durch Einkommensrückgang erzwungenen Schmälerung des Bedarfs. Die Anknüpfung der nach § 1578 I 1 BGB maßgebenden Umstände an den Zeitpunkt der Rechtskraft des Scheidungsurteils begründet schon nach ihrem Zweck für den unterhaltsberechtigten Ehegatten keine die früheren ehelichen Lebensverhältnisse unverändert fortschreibende Lebensstandardgarantie, deren Erfüllung nur in den Grenzen fehlender Leistungsfähigkeit des unterhaltsverpflichteten Ehegatten an dessen dauerhaft veränderte wirtschaftliche Verhältnisse angepasst und nur insoweit auch „nach unten korrigiert" werden kann. Für eine solche Absicherung böte das Recht des nachehelichen Unterhalts, das – jedenfalls im Grundsatz – nur die Risiken der mit der Scheidung fehlgeschlagenen Lebensplanung der Ehegatten und der von ihnen in der Ehe praktizierten Arbeitsteilung angemessen ausgleichen will, keine Rechtfertigung. Das Unterhaltsrecht will den bedürftigen Ehegatten nach der Scheidung wirtschaftlich im Grundsatz nicht besser stellen, als er sich ohne die Scheidung stünde. Bei fortbestehender Ehe hätte ein Ehegatte die negative Einkommensentwicklung des anderen wirtschaftlich mitzutragen; es ist nicht einzusehen, warum die Scheidung ihm das Risiko einer solchen – auch vom unterhaltspflichtigen Ehegatten hinzunehmenden – Entwicklung abnehmen soll, wenn sie dauerhaft und vom Schuldner nicht durch die in Erfüllung seiner Erwerbsobliegenheit gebotenen Anstrengungen vermeidbar ist (*Senat*, NJW 2003, 1518 = FPR 2003, 330; vgl. auch schon *Senat*, NJW 1988, 1722 = FamRZ 1988, 705 [706]). Das gilt auch im vorliegenden Fall. Auch hier muss es die Bekl. hinnehmen, dass der Bemessungsmaßstab der ehelichen Lebensverhältnisse, die im Zeitpunkt der Scheidung durch das Erwerbseinkommen und die Kapitaleinkünfte des *Dr. F* geprägt waren, mit dessen Eintritt in den Ruhestand abgesunken ist.

(Übergang von konkreter Bedarfsermittlung auf Quotenberechnung im Abänderungsverfahren wegen Einkommensreduzierung)

(Keine Teilhabe an einer unerwarteten Einkommensentwicklung nach Trennung/Scheidung)

c   Der Bedarf des unterhaltsberechtigten Ehegatten bestimmt sich nach den ehelichen Lebensverhältnissen (§ 1578 I 1 BGB). Dieser Ehebezug schließt zwar die Berücksichtigung nachehelicher Entwicklungen nicht generell aus. Einkommensverbesserungen, die erst nach der Scheidung beim unterhaltspflichtigen Ehegatten eintreten, können sich nach der Rechtsprechung des Senats aber nur dann bedarfssteigernd auswirken, wenn ihnen eine Entwicklung zu Grunde liegt, die aus der Sicht zum Zeitpunkt der Scheidung mit hoher Wahrscheinlichkeit zu erwarten war, und wenn diese Erwartung die ehelichen Lebensverhältnisse bereits geprägt hatte (vgl. etwa *Senat*, NJW 1987, 1555 = FamRZ 1987, 459 [460], mwN). Denn eine Teilhabe des bedürftigen Ehegatten am Lebensstandard des unterhaltspflichtigen Ehegatten ist nur gerechtfertigt, wenn und soweit er durch die gemeinsame Lebensleistung der Ehegatten erreicht worden ist (*Senat*, NJW 2003, 1518 = FPR 2003, 330). Daran fehlt es im vorliegenden Fall. Denn es war, worauf das *OLG* mit Recht hinweist, im Scheidungszeitpunkt völlig ungewiss, ob der damals 53 Jahre alte und bereits seit über drei Jahren getrennt lebende *Dr. F* erneut heiraten würde, ob und in welchem Umfang er in der neuen Ehe sparen und Vermögen bilden würde und wie lange er überhaupt berufstätig sein würde. Der Umstand, dass der Bekl. in der Vergangenheit keine quotenmäßige Beteiligung an den früher überdurchschnittlichen Einkünften des *Dr. F* zugebilligt, ihr vielmehr nur ein nach ihrem konkret dargelegten Bedarf bemessener Unterhalt zuerkannt worden ist, ändert an dieser Beurteilung nichts. *Dr. F* hat dadurch nämlich nicht, wie die Revision meint, auf Kosten der Bekl. Vermögen anlegen können, dessen Erträge er deshalb nunmehr auch zu Gunsten der Bekl. aufwenden müsste; ebenso ist der Bekl. auch nicht durch diese Bemessung die Möglichkeit zu eigener Vermögensbildung genommen worden. Der nacheheliche Unterhalt ist Folge der die Scheidung überdauernden Verantwortung der Ehegatten füreinander. Diese fortwirkende Verantwortung ist auf die Deckung des Lebensbedarfs beschränkt. Sie begründet jedoch keinen Anspruch auf Partizipation am künftigen, nicht mehr in der Ehe angelegten Vermögenserwerb des anderen Ehegatten oder an den daraus gezogenen Nutzungen; insoweit setzt sich der Grundsatz der wirtschaftlichen Eigenverantwortung der Ehegatten gegenüber der fortwirkenden Verantwortung füreinander durch (vgl. Eherechtskommission beim BMJ, Vorschläge zur Reform des Ehescheidungsrechts und des Unterhaltsrechts nach der Ehescheidung, 1970, S. 75 f., 92 f.).

Anhang R. Rechtsprechung **R597**

BGH v. 19.2.2003 – XII ZR 19/01 – FamRZ 2003, 741 = FPR 2003, 327

(Verpflichtung zur Aufgabe einer selbständigen Tätigkeit und Aufnahme einer unselbständigen Tätigkeit zur **R590**
Sicherung des Existenzminimums minderjähriger Kinder)

7. Das BerGer. wird weiter zu prüfen haben, ob dem Bekl. bei einer etwaigen, voraussichtlich auf **f**
unbestimmte Zeit fortdauernden Unfähigkeit, das Existenzminimum seiner Kinder sicherzustellen, auf
Grund seiner erweiterten Unterhaltspflicht gegenüber den minderjährigen Kindern nach § 1603 II
BGB anzusinnen ist, seine Baumschule aufzugeben und eine höhere Einkünfte versprechende anderweitige Erwerbstätigkeit aufzunehmen (vgl. *Senat,* NJWE-FER 1998, 64 = FamRZ 1998, 357 [359]).

BGH v. 25.6.2003 – XII ZR 63/00 – FamRZ 2004, 186 = FPR 2004, 148

(Übliche Überstunden kein überobligatorisches Einkommen) **R595**

Unstreitig ist ferner die Höhe des von dem Bekl. in dem hier maßgeblichen Zeitraum erzielten **a**
Einkommens. Insofern rügt die Revision jedoch, dass das BerGer. auch die von dem Bekl. bezogene
Überstundenvergütung als unterhaltsrelevantes Einkommen angesehen habe. Das OLG habe entgegen
seinen eigenen Leitlinien nicht festgestellt, dass die geleistete Mehrarbeit berufsüblich oder nur in
geringem Umfang angefallen sei. Es habe auch nicht erwogen, ob Einkünfte aus Mehrarbeit bei der
Berechnung des Elternunterhalts nach Zumutbarkeitsgesichtspunkten zu behandeln seien. Damit vermag die Revision nicht durchzudringen.

Nach der Rechtsprechung des Senats sind bei der Ermittlung der Leistungsfähigkeit des Unterhaltspflichtigen zur Feststellung seines Einkommens grundsätzlich alle Einkünfte heranzuziehen, die ihm
zufließen. Deshalb sind als Arbeitseinkommen regelmäßig alle Leistungen anzusehen, die ihm im
Hinblick auf das Arbeits- oder Dienstverhältnis gewährt werden, gleichgültig, aus welchem Anlass sie
im Einzelnen gezahlt werden. Was die Vergütung von Überstunden anbelangt, so ist diese grundsätzlich
gleichfalls – in voller Höhe – mit einzusetzen. Das gilt jedenfalls dann, wenn sie nur in geringem
Umfang anfällt oder wenn die Ableistung von Überstunden im fraglichen Ausmaß in dem vom
Unterhaltsschuldner ausgeübten Beruf üblich ist (*Senat,* NJW 1980, 2251 = FamRZ 1980, 984).

Da somit das auf Überstundenvergütung beruhende Einkommen des Unterhaltspflichtigen unterhaltsrechtlich grundsätzlich zu berücksichtigen ist, hat er die Umstände darzulegen, aus denen sich
ergibt, dass das betreffende Einkommen gleichwohl außer Betracht zu bleiben hat. Entsprechende
Feststellungen hat das BerGer. nicht getroffen. Die Revision rügt auch nicht, dass insofern Vorbringen
des Bekl. übergangen worden sei. Anhaltspunkte, die für eine nur eingeschränkte Berücksichtigung der
Überstundenvergütung sprechen würden, sind auch nicht ersichtlich. Nach den vorgelegten Verdienstbescheinigungen hat der Bekl. 1994 insgesamt 122 Überstunden geleistet und 1995 insgesamt 46. Für
das Jahr 1996 ist insofern aus der Verdienstbescheinigung nichts ersichtlich. Selbst im Jahr 1994 sind
mithin nur rund 10 Überstunden im Monatsdurchschnitt und damit deutlich weniger als 10% der
regulären Arbeitszeit geleistet worden. Bei einem solchen Anteil ist jedenfalls noch von einem geringen
Umfang der Überstunden auszugehen (vgl. auch OLG Köln, FamRZ 1984, 1108 [1109]), so dass
gegen die Berücksichtigung des hieraus resultierenden Einkommens keine rechtlichen Bedenken
bestehen. Auch bei der Inanspruchnahme auf Elternunterhalt gelten insofern keine anderen Maßstäbe.

BGH v. 17.9.2003 – XII ZR 184/01 – FamRZ 2003, 1734 = NJW 2003, 3481

(Subsidiarität von § 1576 BGB) **R597**

2. Diese Ausführungen halten nicht in allen Punkten der rechtlichen Nachprüfung stand. **a**
a) Ein Unterhaltsanspruch nach § 1576 BGB kommt nur insoweit in Betracht, als das Unterhaltsbegehren nicht auf die Bestimmung des § 1572 BGB gestützt werden kann. Denn § 1576 BGB ist
gegenüber § 1572 BGB subsidiär.

Die Frage, in welchem Verhältnis § 1576 BGB zu den Unterhaltstatbeständen der §§ 1570–1573
und § 1575 BGB steht, hat der *Senat* bisher nur für § 1570 BGB entschieden. Er hat die Auffassung
vertreten, dass insoweit eine Anspruchskonkurrenz ausgeschlossen sei, mithin Subsidiarität des Billigkeitsanspruchs gegenüber dem Anspruch wegen Kindesbetreuung besteht (*Senat,* NJW 1984, 1538 =
FamRZ 1984, 361 [362 f.]). Die hierzu angestellten Erwägungen, die sich insbesondere auf den Wortlaut des § 1576 BGB, dessen Stellung im Gesetz sowie die unterschiedlichen Tatbestandsstrukturen der
§§ 1570–1573 und § 1575 BGB einerseits und des § 1576 BGB andererseits stützen, gelten für

das Verhältnis von § 1576 BGB zu § 1572 BGB gleichermaßen. Zudem entspricht dem Verständnis des § 1576 BGB als eines subsidiären Unterhaltstatbestands auch der Gesetzeszweck: Die Vorschrift soll nach Art eines Auffangtatbestands Regelungslücken schließen und Härten vermeiden, die sich aus dem enumerativen Tatbestandskatalog der §§ 1570–1573 BGB und § 1575 BGB ergeben könnten. Deshalb ist § 1576 BGB auch gegenüber § 1572 BGB als subsidiär anzusehen (ebenso: *Soergel/Häberle*, BGB, 12. Aufl., § 1576 Rn. 11; *Staudinger/Verschraegen*, BGB, 12. Bearb., § 1576 Rn. 38; *Maurer*, in: MünchKomm, 4. Aufl., § 1576 Rn. 21; *Cuny*, in: RGRK, 12. Aufl., § 1576 Rn. 8; *Wendl/Gerhardt*, 5. Aufl., § 4 Rn. 165; *Schwab/Borth*, Kap. IV Rn. 380; *Göppinger/Bäumel*, 8. Aufl., Rn. 1007). Daher muss ein Unterhaltsanspruch nach § 1572 BGB zu verneinen sein, bevor ein solcher aus § 1576 BGB zum Tragen kommen kann.

(Nachhaltige Unterhaltssicherung bei § 1573 IV BGB durch fiktive Einkünfte; Beweislast)

b b) aa) Nach § 1573 IV BGB kann der geschiedene Ehegatte Unterhalt verlangen, wenn die Einkünfte aus einer angemessenen Erwerbstätigkeit wegfallen, weil es ihm trotz seiner Bemühungen nicht gelungen war, den Unterhalt durch die Erwerbstätigkeit nach der Scheidung nachhaltig zu sichern. Dieser Regelung liegt der Gedanke zu Grunde, dass derjenige Ehegatte, dessen Unterhalt durch eine Erwerbstätigkeit nachhaltig gesichert ist, auf eine nachwirkende eheliche Solidarität später nicht mehr zurückgreifen können, sondern alle Folgen der noch ungewissen künftigen Entwicklung allein tragen soll. Für die Beurteilung, ob der Unterhalt durch eine Erwerbstätigkeit nachhaltig gesichert erscheint, ist maßgebend, ob diese im Zeitpunkt ihrer Aufnahme nach objektiven Maßstäben und allgemeiner Lebenserfahrung mit einer gewissen Sicherheit als dauerhaft angesehen werden kann oder ob befürchtet werden muss, dass der Bedürftige sie durch außerhalb seiner Entschließungsfreiheit liegende Umstände in absehbarer Zeit wieder verliert. Dabei sind auch solche Umstände in die Beurteilung einzubeziehen, die zwar schon zu diesem Zeitpunkt bestehen, aber erst später zu Tage treten (*Senat*, NJW 1988, 2034 = FamRZ 1988, 701 [702]; NJW 1987, 3129 = FamRZ 1987, 689). Es obliegt dem Unterhalt begehrenden Ehegatten, darzulegen und notfalls zu beweisen, dass eine nachhaltige Sicherung seines Unterhalts nicht zu erreichen war (*Senat*, NJW 1986, 375 = FamRZ 1985, 1234). Entsprechendes gilt grundsätzlich auch dann, wenn dem Anspruchsteller lediglich fiktive Einkünfte zugerechnet werden. Auch solche können – fiktiv – zu einer nachhaltigen Sicherung iS des § 1573 IV BGB führen; andernfalls würde derjenige Unterhaltsberechtigte, der eine Erwerbsobliegenheit verletzt, in ungerechtfertigter Weise besser gestellt (*Kalthoener/Büttner/Niepmann*, 8. Aufl., Rn. 436).

(§ 1576 BGB: keine ehebedingte Bedürftigkeit; kein Einsatzzeitpunkt)

c 4c) Nach der Rechtsprechung des *Senats* ist der Anwendungsbereich der Vorschrift des § 1576 BGB entsprechend ihrer Ausgestaltung als allgemeine Härteklausel weder im Verhältnis zum Regelungsbereich der §§ 1570 ff. BGB auf gegenständlich andere als die dort genannten Gründe begrenzt noch sonst Beschränkungen auf bestimmte Unterhaltstatbestände unterworfen. Außerdem müssen die in § 1576 BGB vorausgesetzten schwerwiegenden Gründe für die Unzumutbarkeit der Erwerbstätigkeit und die daraus resultierende Bedürftigkeit nicht ehebedingt sein (*Senat*, FamRZ 1983, 800 [801]). Mit Rücksicht auf diese Erwägungen hat der *Senat* bereits in vergleichbaren Fallgestaltungen den Hinweis für geboten gehalten, die Voraussetzungen des § 1576 BGB seien zu prüfen, sofern die Zubilligung eines Unterhaltsanspruchs wegen Krankheit lediglich am Einsatzzeitpunkt scheitere (vgl. *Senat*, NJW 1990, 2752 = FamRZ 1990, 496 [499], und Urt. v. 23.3.1983 – IVb ZR 370/81, juris) und die zusätzliche Voraussetzung der groben Unbilligkeit erfüllt sei. Insofern dürfte es der Heranziehung der genannten Bestimmung nicht entgegenstehen, wenn eine krankheitsbedingte Erwerbsunfähigkeit nicht bereits zu einem der in § 1572 BGB genannten Einsatzzeitpunkte vorlag. Anders als andere Unterhaltstatbestände sieht § 1576 BGB Einsatzzeitpunkte nicht vor. Der *Senat* neigt allerdings mit einer verbreiteten Auffassung im Schrifttum dazu, dass es sachgerecht erscheint, den Umstand, dass ein nach der Scheidung mit einem Unterhaltsanspruch nicht belasteter Ehegatte mit fortschreitender Dauer immer weniger mit einer Inanspruchnahme auf Unterhalt zu rechnen braucht, bei der zu treffenden Billigkeitsentscheidung zu berücksichtigen (vgl. hierzu etwa *Schwab/Borth*, Kap. IV Rn. 368; *Johannsen/Henrich/Büttner*, EheR, 3. Aufl., § 1576 Rn. 5; *Soergel/Häberle*, § 1576 Rn. 7; *Maurer*, in: MünchKomm, § 1576 Rn. 17; *Göppinger/Bäumel*, Rn. 1008; a. A.: *Kalthoener/Büttner/Niepmann*, Rn. 455).

BGH v. 12.11.2003 – XII ZR 109/01 – FamRZ 2004, 612 = NJW 2004, 1324

(Verwirkung des Anspruchs nur für die Zukunft)

b) Nach Auffassung der Revision rechtfertigt die vom OLG festgestellte Täterschaft des Kl. nicht den Ausschluss von Unterhaltsansprüchen, die dem Kl. für die Zeit vor der Tat zustünden. Auch damit kann die Revision nicht durchdringen.

Zwar geht – wie der Senat bereits dargelegt hat – ein Unterhaltsgläubiger, der ein Verbrechen oder ein vorsätzliches schweres Vergehen gegen den Unterhaltsschuldner begeht, nach § 1579 Nr. 2 BGB seiner Unterhaltsansprüche grundsätzlich nur für die Zukunft verlustig. Das ergibt sich bereits aus der Entstehungsgeschichte dieser Härteklausel, die durch das 1. Eherechtsreformgesetz geschaffen worden und dem bis dahin geltenden § 66 EheG vergleichbar ist. Zu § 66 EheG war anerkannt, dass eine Verwirkung des Unterhaltsanspruchs nur für die Zukunft eintritt und bereits entstandene Unterhaltsansprüche unberührt lässt. In der Begründung des Entwurfs eines 1. Eherechtsreformgesetzes wird zudem auf die Rechtsähnlichkeit der neuen Härteklausel mit § 1611 BGB hingewiesen. Auch für diese Vorschrift, die einen Wegfall oder eine Beschränkung des Verwandtenunterhalts wegen schwerer Verfehlung gegenüber dem Unterhaltspflichtigen vorsieht, war schon bei der Schaffung des 1. Eherechtsreformgesetzes anerkannt, dass die Verwirkung des Unterhaltsanspruchs nicht rückwirkend eintritt. Beides rechtfertigt den Schluss, dass der Gesetzgeber bei der Schaffung des § 1579 Nr. 2 BGB für die zeitliche Reichweite der Verwirkung keine von den § 66 EheG, § 1611 BGB grundsätzlich abweichende Regelung treffen wollte (Senat, NJW 1984, 296 = FamRZ 1984, 334 mwN). Dieser gesetzgeberische Wille schließt es freilich nicht aus, in Ausnahmefällen auch bereits entstandene Unterhaltsansprüche als verwirkt anzusehen (offen gelassen in Senat, NJW 1984, 296 = FamRZ 1984, 334). Richtig ist zwar, dass der Zweck der Härteklausel es nicht zwingend erfordert, generell auch einen bereits fälligen, aber unerfüllt gebliebenen Unterhaltsanspruch rückwirkend zu vernichten. Auch erscheint es nicht gerechtfertigt, einen in Verzug geratenen Unterhaltsschuldner allein deshalb zu begünstigen, weil ein späteres Ereignis ihn von der Unterhaltspflicht befreit (Senat, NJW 1984, 296 = FamRZ 1984, 334).

(Verwirkung in Ausnahmefällen auch für die Vergangenheit)

Beide Gesichtspunkte hindern indes nicht, der Schwere der vom Unterhaltsgläubiger gegen den Unterhaltsschuldner verübten Straftat in besonders gravierenden Ausnahmefällen durch eine Verwirkung auch bereits entstandener Unterhaltsansprüche Rechnung zu tragen. § 1579 BGB knüpft die Versagung, Herabsetzung oder Begrenzung von Unterhaltsansprüchen an das Kriterium grober Unbilligkeit. Aus den genannten Gründen wird die Einforderung von Unterhaltsrückständen nicht immer schon dann als grob unbillig anzusehen sein, wenn die vom Täter begangene Straftat eine künftige unterhaltsrechtliche Inanspruchnahme des leistungsfähigen Opfers durch den bedürftigen Täter unzumutbar werden lässt. Dennoch können besondere Umstände der Tat jede weitere Erfüllung der sich aus der ehelichen oder nachehelichen Solidarität ergebenden Unterhaltspflicht für das Opfer unerträglich werden und mit Billigkeitsgesichtspunkten schlechthin unvereinbar erscheinen lassen, mag auch der Zeitraum, für den der Täter von seinem Opfer Unterhalt begehrt, vor der Tatausführung gelegen haben.

Die Beurteilung der Frage, ob die besonderen Voraussetzungen einer solchen, auch vor der Tat liegende Unterhaltszeiträume erfassenden Unzumutbarkeit weiterer Unterhaltsleistungen vorliegen, obliegt dem Tatrichter. Das OLG hat diese Voraussetzungen insbesondere deshalb bejaht, weil der Kl. die Tat gegen die Bekl. nicht im Affekt begangen, sondern von langer Hand geplant hat und sich dabei bewusst war, dass die gemeinsamen Kinder Zeugen der an ihrer Mutter begangenen Gewalttat würden. Es hat zusätzlich berücksichtigt, dass die Bekl. den Mietzins für das bis dahin als Ehewohnung genutzte Einfamilienhaus auch nach der Trennung der Parteien und über den Zeitpunkt der Tat des Kl. hinaus bis hin zu dessen Auszug (im Mai 1999) an die Vermieter entrichtet und damit den Unterhaltsanspruch des Kl. für die Zeit vor der Tat zumindest teilweise erfüllt hat. Diese tatrichterliche Würdigung lässt revisionsrechtlich bedeutsame Rechtsfehler nicht erkennen.

BGH v. 28.1.2004 – XII ZR 259/01 – FamRZ 2004, 614 = NJW 2004, 1326

(Eheähnliche Gemeinschaft als Verwirkungsgrund)

c) Ohne Rechtsfehler geht das BerGer. weiter davon aus, dass die Voraussetzungen eines Ausschlusses des Unterhaltsanspruchs der Bekl. nach § 1579 Nr. 7 BGB vorliegen. Nach ständiger Rechtsprechung des Senats (BGHZ 150, 209 [215] = NJW 2002, 1947 = FPR 2002, 294 mwN) kann ein länger dauerndes Verhältnis des Unterhaltsberechtigten zu einem anderen Partner dann zur Annahme eines Härtegrunds im Rahmen des Auffangtatbestands des § 1579 Nr. 7 BGB – mit der Folge der Unzumutbarkeit einer weiteren (uneingeschränkten) Unterhaltsbelastung für den Verpflichteten – führen, wenn sich die Beziehung in einem solchen Maße verfestigt hat, dass sie als eheähnliches Zusammenleben anzusehen und gleichsam an die Stelle einer Ehe getreten ist. Dabei setzt die Annahme einer derartigen Lebensgemeinschaft nicht einmal zwingend voraus, dass die Partner räumlich zusammenleben und einen gemeinsamen Haushalt führen, auch wenn eine solche Form des Zusammenlebens in der Regel ein typisches Anzeichen hierfür sein wird (*BGH*, NJW 2002, 217 = FPR 2002, 56 = FamRZ 2002, 23 [25]). Unter welchen Umständen – nach einer gewissen Mindestdauer, die im Allgemeinen kaum unter zwei bis drei Jahren liegen dürfte – auf ein eheähnliches Zusammenleben geschlossen werden kann, lässt sich nicht allgemein verbindlich festlegen. Letztlich obliegt es der verantwortlichen Beurteilung des Tatrichters, ob er den Tatbestand des eheähnlichen Zusammenlebens aus tatsächlichen Gründen für gegeben erachtet oder nicht. Es begegnet aus Rechtsgründen keinen Bedenken und wird auch von der Revision nicht angegriffen, dass das BerGer. im Rahmen der tatrichterlichen Würdigung der getroffenen Feststellungen zu dem Ergebnis gelangt ist, die Beziehung der Bekl. zu ihrem Lebensgefährten habe sich jedenfalls seit August 1999 so sehr verfestigt, dass sie in ihrer persönlichen und wirtschaftlichen Ausprägung und Intensität einem eheähnlichen Verhältnis gleichkommt. Beide leben schon seit 1995 in einer gemeinsamen Wohnung und führen einen gemeinsamen Haushalt. Auch in der Öffentlichkeit und bei Familienfeiern treten sie als Paar auf. Gesichtspunkte, die der Annahme eines solchen eheähnlichen Verhältnisses entgegenstehen könnten, sind weder vorgetragen noch sonst ersichtlich.

BGH v. 11.2.2004 – XII ZR 265/02 – FamRZ 2004, 601 = NJW 2004, 930

R608 *(Nachehelicher Unterhalt und Eingriff in den Kernbereich des Scheidungsfolgenrechts)*

a   III. 2. Die grundsätzliche Disponibilität der Scheidungsfolgen darf indes nicht dazu führen, dass der Schutzzweck der gesetzlichen Regelungen durch vertragliche Vereinbarungen beliebig unterlaufen werden kann. Das wäre der Fall, wenn dadurch eine evident einseitige und durch die individuelle Gestaltung der ehelichen Lebensverhältnisse nicht gerechtfertigte Lastenverteilung entstünde, die hinzunehmen für den belasteten Ehegatten – bei angemessener Berücksichtigung der Belange des anderen Ehegatten und seines Vertrauens in die Geltung der getroffenen Abrede – bei verständiger Würdigung des Wesens der Ehe unzumutbar erscheint. Die Belastungen des einen Ehegatten werden dabei umso schwerer wiegen und die Belange des anderen Ehegatten umso genauerer Prüfung bedürfen, je unmittelbarer die vertragliche Abbedingung gesetzlicher Regelungen in den Kernbereich des Scheidungsfolgenrechts eingreift.

a) Zu diesem Kernbereich gehört in erster Linie der Betreuungsunterhalt (§ 1570 BGB), der schon im Hinblick auf seine Ausrichtung am Kindesinteresse nicht der freien Disposition der Ehegatten unterliegt. Freilich ist auch er nicht jeglicher Modifikation entzogen. So lassen sich immerhin Fälle denken, in denen die Art des Berufs es der Mutter erlaubt, Kinderbetreuung und Erwerbstätigkeit miteinander zu vereinbaren, ohne dass das Kind Erziehungseinbußen erleidet. Auch erscheint eine ganztägige Betreuung durch die Mutter nicht als unabdingbare Voraussetzung für einen guten Erziehungserfolg, so dass sich Ehegatten auch darüber verständigen könnten, ab einem bestimmten Kindesalter Dritte zur Betreuung heranzuziehen, um einen möglichst frühen Wiedereintritt der Mutter in das Berufsleben zu ermöglichen.

Bei der Ausrichtung am Kernbereich der Scheidungsfolgen wird man im Übrigen für deren Disponibilität eine Rangabstufung vornehmen können, die sich in erster Linie danach bemisst, welche Bedeutung die einzelnen Scheidungsfolgenregelungen für den Berechtigten in seiner jeweiligen Lage haben. So ist die Absicherung des laufenden Unterhaltsbedarfs für den Berechtigten in der Regel wichtiger als etwa der Zugewinn- oder der spätere Versorgungsausgleich. Innerhalb der Unterhaltstatbestände wird – nach dem Betreuungsunterhalt (§ 1570 BGB) – dem Krankheitsunterhalt (§ 1572 BGB) und dem Unterhalt wegen Alters (§ 1571 BGB) Vorrang zukommen. Zwar knüpfen diese beiden letzteren Unterhaltstatbestände nicht an ehebedingte Nachteile an. Das bedeutet jedoch nicht, dass sie nicht zum Kernbereich der gesetzlichen Scheidungsfolgenregelung gehören und der uneingeschränkten Disposition der Ehegatten unterstehen. Gerade indem das Gesetz sich hier mit einem bloß zeitlichen Zusammenhang mit der Ehe begnügt, misst es diesen Einstandspflichten als Ausdruck nachehelicher Solidarität besondere Bedeutung bei – was freilich einen Verzicht nicht generell ausschließt, etwa wenn die Ehe erst nach Ausbruch der Krankheit oder im Alter geschlossen wird. Die Unterhaltspflicht wegen Erwerbslosigkeit (§ 1573 BGB) erscheint demgegenüber nachrangig, da das Gesetz das Arbeitsplatzrisiko ohnehin auf den Berechtigten verlagert, sobald dieser einen nachhaltig gesicherten Arbeitsplatz gefunden hat (§ 1573 IV; vgl. auch § 1573 V BGB). Ihr folgen Krankenvorsorge- und Altersvorsorgeunterhalt (§ 1578 II Alt. 1, III BGB). Am ehesten verzichtbar erscheinen Ansprüche auf Aufstockungs- und Ausbildungsunterhalt (§§ 1573 II, 1575 BGB), da diese Unterhaltspflichten vom Gesetz am schwächsten ausgestaltet und nicht nur der Höhe (vgl. § 1578 I 2 BGB), sondern auch dem Grunde nach zeitlich begrenzbar sind (§§ 1573 V, 1575 I 2 BGB).

(Richterliche Wirksamkeits- und Ausübungskontrolle)

3. Ob auf Grund einer vom gesetzlichen Scheidungsfolgenrecht abweichenden Vereinbarung eine **b** evident einseitige Lastenverteilung entsteht, die hinzunehmen für den belasteten Ehegatten unzumutbar erscheint, hat der Tatrichter zu prüfen. Diese Aufgabe wird nicht dadurch obsolet, dass der belastete Ehegatte durch einen Notar hinreichend über den Inhalt und die Konsequenzen des Vertrags belehrt wurde (a. A. Langenfeld, DNotZ 2001, 272), zumal eine solche Überprüfung und Belehrung ohnehin nur bei Vereinbarungen in notarieller Form stattfindet, wie sie von § 1408 I iV mit §§ 1410, 1587o II 1 BGB vorgeschrieben wird, nicht dagegen bei Unterhaltsvereinbarungen, die – was § 1585c BGB zulässt – privatschriftlich oder formlos getroffen werden.

a) Der Tatrichter hat dabei zunächst – im Rahmen einer Wirksamkeitskontrolle – zu prüfen, ob die Vereinbarung schon im Zeitpunkt ihres Zustandekommens offenkundig zu einer derart einseitigen Lastenverteilung für den Scheidungsfall führt, dass ihr – und zwar losgelöst von der künftigen Entwicklung der Ehegatten und ihrer Lebensverhältnisse – wegen Verstoßes gegen die guten Sitten die Anerkennung der Rechtsordnung ganz oder teilweise mit der Folge zu versagen ist, dass an ihre Stelle die gesetzlichen Regelungen treten (§ 138 I BGB). Erforderlich ist dabei eine Gesamtwürdigung, die auf die individuellen Verhältnisse beim Vertragsschluss abstellt, insbesondere also auf die Einkommens- und Vermögensverhältnisse, den geplanten oder bereits verwirklichten Zuschnitt der Ehe sowie auf die Auswirkungen auf die Ehegatten und auf die Kinder. Subjektiv sind die von den Ehegatten mit der Abrede verfolgten Zwecke sowie die sonstigen Beweggründe zu berücksichtigen, die den begünstigten Ehegatten zu seinem Verlangen nach der ehevertraglichen Gestaltung veranlasst und den benachteiligten Ehegatten bewogen haben, diesem Verlangen zu entsprechen. Das Verdikt der Sittenwidrigkeit wird dabei regelmäßig nur in Betracht kommen, wenn durch den Vertrag Regelungen aus dem Kernbereich des gesetzlichen Scheidungsfolgenrechts ganz oder jedenfalls zu erheblichen Teilen abbedungen werden, ohne dass dieser Nachteil für den anderen Ehegatten durch anderweitige Vorteile gemildert oder durch die besonderen Verhältnisse der Ehegatten, den von ihnen angestrebten oder gelebten Ehetyp oder durch sonstige gewichtige Belange des begünstigten Ehegatten gerechtfertigt wird.

b) Soweit ein Vertrag danach Bestand hat, muss der Richter sodann – im Rahmen der Ausübungskontrolle – prüfen, ob und inwieweit ein Ehegatte die ihm durch den Vertrag eingeräumte Rechtsmacht missbraucht, wenn er sich im Scheidungsfall gegenüber einer vom anderen Ehegatten begehrten gesetzlichen Scheidungsfolge darauf beruft, dass diese durch den Vertrag wirksam abbedungen sei (§ 242 BGB). Dafür sind nicht nur die Verhältnisse im Zeitpunkt des Vertragsschlusses maßgebend. Entscheidend ist vielmehr, ob sich nunmehr – im Zeitpunkt des Scheiterns der Lebensgemeinschaft – aus dem vereinbarten Ausschluss der Scheidungsfolge eine evident einseitige Lastenverteilung ergibt, die hinzunehmen für den belasteten Ehegatten auch bei angemessener Berücksichtigung der Belange des anderen Ehegatten und seines Vertrauens in die Geltung der getroffenen Abrede sowie bei verständiger Würdigung des Wesens der Ehe unzumutbar ist. Das kann insbesondere dann der Fall sein, wenn die tatsächliche einvernehmliche Gestaltung der ehelichen Lebensverhältnisse von der ursprünglichen, dem Vertrag zu Grunde liegenden Lebensplanung grundlegend abweicht. Nacheheliche Solidarität wird dabei ein Ehegatte regelmäßig nicht einfordern können, wenn er seinerseits die eheliche Solidarität verletzt hat; soweit ein angemessener Ausgleich ehebedingter Nachteile in Rede steht, werden dagegen Verschuldensgesichtspunkte eher zurücktreten. Insgesamt hat sich die gebotene Abwägung an der Rangordnung der Scheidungsfolgen zu orientieren: Je höherrangig die vertraglich ausgeschlossene und nunmehr dennoch geltend gemachte Scheidungsfolge ist, umso schwerwiegender müssen die Gründe sein, die – unter Berücksichtigung des inzwischen einvernehmlich verwirklichten tatsächlichen Ehezuschnitts – für ihren Ausschluss sprechen. Hält die Berufung eines Ehegatten auf den vertraglichen Ausschluss der Scheidungsfolge der richterlichen Rechtsausübungskontrolle nicht stand, so führt dies im Rahmen des § 242 BGB noch nicht zur Unwirksamkeit des vertraglich vereinbarten Ausschlusses. Auch wird dadurch nicht notwendig die vom Gesetz vorgesehene, aber vertraglich ausgeschlossene Scheidungsfolge in Vollzug gesetzt.

Der Richter hat vielmehr diejenige Rechtsfolge anzuordnen, die den berechtigten Belangen beider Parteien in der nunmehr eingetretenen Situation in ausgewogener Weise Rechnung trägt. Dabei wird er sich allerdings umso stärker an der vom Gesetz vorgesehenen Rechtsfolge zu orientieren haben, je zentraler diese Rechtsfolge im Kernbereich des gesetzlichen Scheidungsfolgenrechts angesiedelt ist.

BGH v. 21.4.2004 – XII ZR 251/01 – FamRZ 2004, 1097 = FPR 2004, 521

R610 *(Unbillige Härte im Sinne des § 91 II 2 BSHG (jetzt § 94 III 1 Nr. 2 SGB XII)*

2. a) Nach § 91 II 2 Halbs. 1 BSHG in der Fassung des Gesetzes zur Umsetzung des Föderalen Konsolidierungsprogramms vom 23.6.1993 (FKBG, BGBl. I, 944) bzw. nach § 91 II 2 BSHG in der seit dem 1.1.2002 geltenden Fassung ist der Übergang des Unterhaltsanspruchs gegen einen nach bürgerlichem Recht Unterhaltspflichtigen ausgeschlossen, wenn dies eine unbillige Härte bedeuten würde. Das genannte Beurteilungskriterium stellt einen unbestimmten Rechtsbegriff dar, dessen Anwendung der vollen Nachprüfung durch das RevGer. unterliegt (*Senat*, NJW-RR 2003, 1441 = FPR 2004, 28 = FamRZ 2003, 1468 [1470] mwN).

Was unter dem Begriff der unbilligen Härte zu verstehen ist, unterliegt den sich wandelnden Anschauungen in der Gesellschaft. Was in früheren Zeiten im Rahmen eines Familienverbands als selbstverständlicher Einsatz der Mitglieder der Familie ohne weiteres verlangt wurde, wird heute vielfach als Härte empfunden. Dabei kann diese Härte in materieller oder immaterieller Hinsicht bestehen und entweder in der Person des Unterhaltspflichtigen oder in derjenigen des Hilfeempfängers vorliegen. Bei der Auslegung der Härteklausel ist in erster Linie die Zielsetzung der Hilfe zu berücksichtigen, daneben sind auch die allgemeinen Grundsätze der Sozialhilfe zu beachten. Darüber hinaus ist auf die Belange und die Beziehungen in der Familie Rücksicht zu nehmen. Neben den wirtschaftlichen und persönlichen Verhältnissen der Beteiligten zueinander kommt es auf die soziale Lage an. Eine Härte liegt deshalb vor, wenn mit dem Anspruchsübergang soziale Belange vernachlässigt würden (*Senat*, NJW-RR 2003, 1441 = FPR 2004, 28 = FamRZ 2003, 1468 [1470]).

Nach der in Rechtsprechung und Schrifttum vertretenen Auffassung sowie den vom Deutschen Verein für öffentliche und private Fürsorge herausgegebenen Empfehlungen für die Heranziehung Unterhaltspflichtiger in der Sozialhilfe kann eine unbillige Härte, die sozialhilferechtlich zum Ausschluss des Anspruchsübergangs führt, insbesondere angenommen werden, wenn und soweit der Grundsatz der familiengerechten Hilfe (§ 7 BSHG) ein Absehen von der Heranziehung geboten erscheinen lässt, die laufende Heranziehung in Anbetracht der sozialen und wirtschaftlichen Lage des Unterhaltspflichtigen mit Rücksicht auf die Höhe und Dauer des Bedarfs zu einer nachhaltigen und unzumutbaren Beeinträchtigung des Unterhaltspflichtigen und der übrigen Familienmitglieder führen würde, die Zielsetzung der Hilfe im Frauenhaus in der Gewährung von Schutz und Zuflucht vor dem gewalttätigen Ehemann besteht und diese durch die Mitteilung der Hilfe an den Unterhaltspflichtigen gefährdet erscheint oder der Unterhaltspflichtige vor Eintreten der Sozialhilfe über das Maß seiner zumutbaren Unterhaltsverpflichtung hinaus den Hilfeempfänger betreut und gepflegt hat (vgl. BVerwGE 58, 209 [216]; *Schellhorn*, BSHG, 16. Aufl., § 91 Rn. 87 f.; *ders.*, FuR 1993, 261 [266]; *Schaefer/Wolf*, in: *Fichtner*, BSHG, 2. Aufl., § 91 Rn. 41 f.; *Mergler/Zink*, BSHG, 4. Aufl., § 91 Rn. 77; *Münder*, in: LPK-BSHG, 16. Aufl., § 91 Rn. 42). Der vorliegende Fall lässt sich, wie das BerGer. zu Recht angenommen hat, in keine dieser Fallgruppen einordnen.

Daraus folgt indessen nicht, dass keine unbillige Härte vorliegt. Denn eine solche ist auch in anderen Fallgestaltungen denkbar. Entscheidend ist insoweit, ob im Rahmen der umfassenden Prüfung der Gesamtsituation des Falles aus der Sicht des Sozialhilferechts durch den Anspruchsübergang soziale Belange berührt werden (BVerwGE 58, 209 [215 f.]). Das ist hier der Fall.

b) Zwar sind die Unterhaltsansprüche des Vaters der Bekl. dieser gegenüber nicht nach § 1611 I BGB verwirkt. Wie das BerGer. zutreffend ausgeführt hat, sind die Voraussetzungen, unter denen nach der vorgenannten Bestimmung ein Unterhaltsanspruch nur in eingeschränktem Umfang besteht oder eine Unterhaltsverpflichtung ganz entfällt, nicht erfüllt. Umstände, die bereits nach bürgerlichem Recht ganz oder teilweise der Geltendmachung eines Unterhaltsanspruchs entgegenstehen, kommen indessen ohnehin nicht als – den Anspruchsübergang auf den Träger der Sozialhilfe ausschließende – Härtegründe iS des § 91 II 2 Halbs. 1 BSHG in der Fassung vom 23.6.1993 bzw. § 91 II 2 BSHG in der seit dem 1.1.2002 geltenden Fassung in Betracht. Denn soweit ein Unterhaltsanspruch nicht besteht, kann er auch nicht auf den Träger der Sozialhilfe übergehen. Der vorliegende Fall ist nach den vom BerGer. getroffenen Feststellungen dadurch gekennzeichnet, dass die Bekl. nicht nur während der Kriegsteilnahme ihres Vaters dessen emotionale und materielle Zuwendung entbehren musste, sondern dass sie auch in der Folgezeit nicht die unter normalen Umständen zu erwartende väterliche Zuwendung erfahren hat, weil ihr Vater psychisch gestört aus dem Krieg zurückkehrte und der Familie keine Fürsorge zuteil werden lassen konnte. Er war von 1949 an fast 50 Jahre in einer psychiatrischen Klinik untergebracht und lebt seit 1998 in einem Alten- und Pflegeheim. Auf Grund dieser Umstände war die Bekl. bereits in den Jahren ihrer Kindheit in starkem Maße belastet. Im weiteren Verlauf, insbesondere nach der 1971 erfolgten Scheidung der Ehe der Eltern, haben zwischen der Bekl. und dem Vater offensichtlich keine Beziehungen mehr bestanden, so dass die Familienbande zumindest stark gelockert waren, falls insoweit nicht sogar eine völlige Entfremdung eingetreten ist. Wenn die Bekl. gleichwohl von dem Träger der Sozialhilfe auf Unterhalt für ihren Vater in Anspruch genommen werden könnte, würden dadurch soziale Belange vernachlässigt. Angesichts der Einbußen, die die Bekl. auf Grund der Kriegsfolgen, von denen ihr Vater betroffen war, zu tragen hatte und der weiteren Entwicklung der Beziehungen zu diesem kann von ihr nicht erwartet werden, im Hinblick auf dessen Unterhaltsanspruch von der öffentlichen Hand in die Pflicht genommen zu werden. Deshalb würde der Übergang des Unterhaltsanspruchs auf den Träger der Sozialhilfe eine unbillige Härte bedeuten (ebenso Schaefer/Wolf, in: Fichtner, § 91 Rn. 42; vgl. auch *Münder,* in: LPK-BSHG, § 91 Rn. 41; BVerwG, NDV 1973, 139 [140] für den Fall der Inanspruchnahme eines Großvaters für den Unterhalt eines Enkelkindes, zu dessen Mutter dieser jahrelang keine Verbindung mehr hatte).

BGH v. 5.5.2004 – XII ZR 10/03 – FamRZ 2004, 1170 = NJW 2004, 2303

(Versorgungsleistung für einen neuen Partner als prägendes Surrogat der Familienarbeit)

Diese Rechtsprechung hat der Senat auch auf die Behandlung des Werts von Versorgungsleistungen gegenüber einem neuen Lebenspartner erstreckt. Grundsätzlich sind auch solche geldwerten Versorgungsleistungen als Surrogat der früheren Haushaltstätigkeit in der Familie anzusehen. Denn sie sind insoweit nicht anders zu beurteilen, als wenn die Kl. eine bezahlte Tätigkeit als Haushälterin bei Dritten annähme. Auf die Frage, ob es sich dabei um Einkünfte aus einer Erwerbstätigkeit im eigentlichen Sinne handelt, kommt es wegen des Surrogatcharakters gegenüber der früheren Haushaltstätigkeit nicht an (*Senat,* NJW 2001, 3779 = FPR 2002, 6 = FamRZ 2001, 1693 [1694]).

Dem hat sich die überwiegende Auffassung in Rechtsprechung und Literatur angeschlossen (vgl. *Göppinger/Wax/Bäumel,* 8. Aufl. [2003], Rn. 1013; *Weinreich/Klein,* Kompaktkomm. FamilienR, 2002, § 1578 Rn. 32; *Kalthoener/Büttner/Niepmann,* 8. Aufl. [2002], Rn. 442 u. 488 ff.; *Bamberger/Roth,* BGB, 2003, § 1577 Rn. 10 ff.; zunächst auch noch *Gerhardt/v. Heintschel-Heinegg/Klein,* Hdb. des Fachanwalts FamilienR, 4. Aufl. [2002], Kap. 6 Rn. 259, 283b; *Born,* FamRZ 2002, 1603 [1607 ff.]; *Büttner,* FamRZ 2003, 641 [642 ff.]; *Borth,* FamRZ 2001, 1653 [1656]; *Schwolow,* FuR 2003, 118. Auch die Arbeitskreise 1 und 13 des 14. Deutschen Familiengerichtstags [DFGT] 2001 und der von *Büttner* geleitete Arbeitskreis 13 des 15. DFGT 2003 [vgl. insoweit FPR 2004, 10 = FamRZ 2003, 1906 [1907] haben sich für die Berücksichtigung von Versorgungsleistungen gegenüber einem neuen Lebenspartner im Wege der Differenzmethode ausgesprochen. Anderer Auffassung sind: *OLG München,* FuR 2003, 329; *Rauscher,* FuR 2002, 337; nunmehr auch *Gerhardt,* FamRZ 2003, 272 [274]; *Wendl/Gerhardt,* 6. Aufl. [2004], § 4 Rn. 231a, 260 a ff.; zweifelnd *Scholz,* FamRZ 2003, 265 [270]; *Wohlgemuth,* FamRZ 2003, 983, u. *Schnitzler,* FF 2003, 42).

2. Auch nach erneuter Prüfung hält der *Senat* an seiner Auffassung fest, dass Versorgungsleistungen gegenüber einem neuen Lebenspartner als Surrogat an die Stelle einer früheren Haushaltstätigkeit treten können. Die gegen die Anwendung der Differenzmethode auch auf Fälle wie den vorliegenden vorgebrachten Argumente beruhen auf einem unzutreffenden Verständnis der Rechtsprechung des *BVerfG* und des *BGH.*

a) Die Rechtsauffassung des BerGer. wird im Ergebnis den verfassungsrechtlichen Vorgaben nicht gerecht. Dem durch die Verfassung geschützten gleichen Recht und der gleichen Verantwortung der Ehegatten bei der Ausgestaltung des Ehe- und Familienlebens entspricht es, die Leistungen, die jeweils im Rahmen der gemeinsamen Arbeits- und Aufgabenzuweisung erbracht werden, als gleichwertig anzusehen. Sowohl die Kinderbetreuung als auch die Haushaltsführung haben für das gemeinsame Leben keinen geringeren Wert als die dem Haushalt zur Verfügung stehenden Einkünfte und prägen in gleicher Weise die ehelichen Lebensverhältnisse, indem sie zum Familienunterhalt beitragen. Allerdings bemisst sich die Gleichwertigkeit der jeweiligen Beiträge der Ehegatten nicht rechnerisch an der Höhe des Erwerbseinkommens oder am wirtschaftlichen Wert der Familienarbeit und ihrem Umfang. Vielmehr sind die von den Ehegatten für die eheliche Gemeinschaft jeweils erbrachten Leistungen unabhängig von ihrer ökonomischen Bewertung gleichgewichtig. Daraus folgt der Anspruch auf gleiche Teilhabe am gemeinsam Erwirtschafteten nicht nur während der Ehe, sondern auch nach Trennung und Scheidung (BVerfGE 105, 1 [11 f.] = NJW 2002, 1185 = FPR 2002, 180). Der verfassungsrechtliche Schutz setzt deswegen nicht an einem während der Ehezeit angelegten tatsächlichen Entgelt an, sondern er beruht auf der gleichgewichtigen Bewertung der Haushaltsführung und der Kinderbetreuung. Die Teilhabequote orientiert sich mithin an der Gleichwertigkeit der beiderseits erbrachten Leistungen, so dass beide Ehegatten hälftig an dem durch Erwerbseinkommen einerseits und Haushaltsführung andererseits geprägten ehelichen Lebensstandard teilhaben. Zweifelhaft ist deswegen nicht etwa, ob die Haushaltstätigkeit die ehelichen Lebensverhältnisse der Parteien geprägt hat, sondern lediglich, in welchem Umfang dieses geschehen ist. Spätere Einkünfte, sei es als Entgelt aus einer (fiktiven) Erwerbstätigkeit oder sei es aus Versorgungsleistungen in einer neuen Lebensgemeinschaft, dienen deshalb – von besonders gelagerten Ausnahmefällen abgesehen – lediglich als Richtwert für die Bemessung der Haushaltstätigkeit (und/oder der Kindererziehung) während der Ehezeit, indem sie als deren Surrogat an ihre Stelle treten (BGHZ 148, 105 [120] = NJW 2001, 2254). Der Einwand, die Versorgungsleistungen für den neuen Partner könnten die ehelichen Lebensverhältnisse nicht geprägt haben, geht daher ins Leere. Deshalb kommt es entgegen der Auffassung des BerGer. auch nicht darauf an, dass der Wechsel des Lebenspartners trennungsbedingt oder gar ehezerstörend ist, und ob solche Versorgungsleistungen untrennbar mit der persönlichen Beziehung verbunden sind.

Von unvorhergesehenen Entwicklungen abgesehen, führt die prägende Haushaltstätigkeit oder Kindererziehung deswegen dazu, dass neu zu berücksichtigende Einkünfte regelmäßig als Surrogat an deren Stelle treten und damit auch den Bedarf des Unterhaltsberechtigten erhöhen. Umgekehrt kommt eine Erhöhung des Unterhaltsbedarfs wegen Haushaltstätigkeit oder Kindererziehung in Betracht, wenn dem Unterhaltsberechtigten auch nach der Ehezeit keine eigenen Einkünfte zugerechnet werden können. Solange daher dem haushaltsführenden Ehegatten nach Trennung bzw. Scheidung zum Beispiel wegen Kindererziehung, Krankheit oder Alters keine eigenen Einkünfte zugerechnet werden können, verbleibt es bei der Aufteilung des real zur Verfügung stehenden eheprägenden Einkommens. Denn da die lebensstandarderhöhende Haushaltstätigkeit mit der Scheidung weggefallen und kein an deren Stelle tretendes Ersatzeinkommen vorhanden ist, müssen beide Ehegatten in gleicher Weise die trennungsbedingte Verschlechterung ihrer ehelichen Lebensverhältnisse hinnehmen. Erzielt hingegen der unterhaltsberechtigte Ehegatte nach der Scheidung ein Einkommen oder ist er in der Lage, ein solches zu erzielen, oder sind ihm sonst eigene Einkünfte zuzurechnen, die gleichsam als Surrogat des wirtschaftlichen Werts seiner bisherigen Tätigkeit angesehen werden können, ist dieses Einkommen nach der Differenzmethode in die Unterhaltsberechnung einzubeziehen. Für die Qualifizierung eines später zu berücksichtigenden Einkommens als Surrogat der während der Ehezeit übernommenen Haushaltstätigkeit kommt es nach der Rechtsprechung des *BVerfG* und des *BGH* nicht darauf an, ob der Unterhaltsberechtigte das Entgelt tatsächlich bezieht oder ob ihm sonst Einkünfte zuzurechnen sind.

Indem das BerGer. darauf hinweist, die Berücksichtigung der Versorgungsleistungen in neuer Lebensgemeinschaft beruhe ohnehin nur auf Billigkeit, wobei nicht einzusehen sei, dem unterhaltspflichtigen Ehegatten den Wegfall der erbrachten Leistungen während der Ehezeit nicht auch über einen trennungsbedingten Mehrbedarf zuzurechnen, übersieht es, dass gerade die Anwendung der Differenzmethode zu einem hälftigen Ausgleich der vom Unterhaltsberechtigten während der Ehezeit übernommenen Haushaltstätigkeit führt. Danach verbleibt auch dem Unterhaltspflichtigen neben dem ihm schon während der Ehezeit zur Verfügung stehenden Anteil des Bareinkommens zwar nicht der volle, aber doch ein Anteil an den hinzugekommenen Einkünften des Unterhaltsberechtigten. Gerade dann, wenn dem Unterhaltsberechtigten eigene Einkünfte zumutbar und zurechenbar sind, führt dieses mithin im Gegensatz zur Anrechnungsmethode zu dem verfassungsrechtlich gebotenen Ausgleich der durch die Trennung entfallenen Haushaltstätigkeit.

BGH v. 19.5.2004 – XII ZR 304/02 – FamRZ 2004, 1559 = NJW 2004, 3109

(Verwirkung nach § 1611 BGB, insb. beim Elternunterhalt)

2. a) Nach § 1611 I 1 BGB braucht der Unterhaltspflichtige nur einen Beitrag in der der Billigkeit entsprechenden Höhe zum Unterhalt des Berechtigten zu leisten, wenn dieser unter anderem seine eigene Unterhaltspflicht gegenüber dem Unterhaltspflichtigen gröblich vernachlässigt (Alt. 2) oder sich vorsätzlich einer schweren Verfehlung gegen den Unterhaltspflichtigen schuldig gemacht hat (Alt. 3). Die Verpflichtung fällt ganz weg, wenn die Inanspruchnahme des Verpflichteten grob unbillig wäre (§ 1611 I 2 BGB).

aa) Entgegen der Auffassung des BerGer. kann bereits nicht ausgeschlossen werden, dass die Voraussetzungen der Alt. 2 des § 1611 I 1 BGB erfüllt sein können. Das BerGer. hat insofern allein auf eine Verletzung der Barunterhaltspflicht abgestellt und eine solche mangels Leistungsfähigkeit der Mutter verneint. Eltern schulden ihren Kindern indessen entweder Bar- oder Naturalunterhalt (§ 1612 II BGB), zu dem – als Teil der Unterhaltspflicht – auch die Betreuung gehört (§ 1606 III 2 BGB). Eine Vernachlässigung der Betreuung ist grundsätzlich ebenfalls geeignet, die Rechtswirkungen des § 1611 I BGB auszulösen (ebenso Staudinger/Engler, BGB, 2000, § 1611 Rn. 18; Günther, in: Münchner Anwaltshdb., § 12 Rn. 111; a. A. Born, in: MünchKomm, 4. Aufl., § 1611 Rn. 14), auch wenn die Betreuung nicht in vollem Umfang persönlich erbracht werden muss. Für eine Beschränkung des § 1611 I 1 Alt. 2 BGB auf eine Verletzung der Barunterhaltspflicht sind dem Gesetz keine Anhaltspunkte zu entnehmen. Im vorliegenden Fall kommt eine Verletzung der Naturalunterhaltspflicht in der Zeit bis zur Übertragung der elterlichen Sorge für die Bekl. auf die Großeltern in Betracht. Zwar brauchte die Mutter die Betreuung nicht uneingeschränkt selbst zu übernehmen, sondern durfte sich hierbei auch der Mithilfe anderer bedienen. Das ändert aber nichts daran, dass die Verantwortung für das Kind in erster Linie bei den Eltern, und damit auch bei der Mutter, lag. Diese Aufgabe durfte sie nicht in vollem Umfang delegieren, indem sie die Betreuung ohne jedweden eigenen Einsatz allein den Großeltern überließ. Ob insoweit bereits von einer gröblichen Vernachlässigung der Unterhaltspflicht ausgegangen werden kann, bedarf indessen keiner Entscheidung. In jedem Fall hat das BerGer. nämlich die Voraussetzungen des § 1611 I 1 Alt. 3 BGB rechtsfehlerfrei bejaht.

bb) Eine schwere Verfehlung im Sinne der vorgenannten Bestimmung kann regelmäßig nur bei einer tief greifenden Beeinträchtigung schutzwürdiger wirtschaftlicher Interessen oder persönlicher Belange des Pflichtigen angenommen werden (*Born,* in: MünchKomm, § 1611 Rn. 23; *Luthin/Schumacher,* 9. Aufl., Rn. 3234; OLG Celle, NJW-RR 1994, 324 = FamRZ 1993, 1235 [1236]; OLG München, FamRZ 1992, 595 [597]). Als Begehungsformen kommen aktives Tun und Unterlassen in Betracht, Letzteres allerdings nur, wenn der Berechtigte dadurch eine Rechtspflicht zum Handeln verletzt (*Born,* in: MünchKomm, § 1611 Rn. 23). Mit Rücksicht darauf kann sich auch eine Verletzung elterlicher Pflichten durch Unterlassen als Verfehlung gegen das Kind darstellen. Das gilt nicht nur für die besonders geregelte Vernachlässigung der Unterhaltspflicht, sondern etwa auch für die dauernde grobe Vernachlässigung und Verletzung der Aufsichtspflicht und für die Verletzung der Pflicht zu Beistand und Rücksicht, die in der durch das Sorgerechtsgesetz von 1979 eingefügten Vorschrift des § 1618a BGB auch zum Ausdruck gebracht worden ist (*Staudinger/Engler,* § 1611 Rn. 29). Hierbei handelt es sich um das Eltern-Kind-Verhältnis prägende Rechtspflichten, deren Verletzung unter den Voraussetzungen des § 1611 I 1 Alt. 3 BGB Bedeutung zukommen kann.

cc) Danach hat sich die Mutter nach den getroffenen Feststellungen auch nach Auffassung des *Senats* einer schweren Verfehlung gegen die Bekl. schuldig gemacht. Dies ergibt die gebotene umfassende Abwägung aller maßgeblichen Umstände (vgl. hierzu *Senat,* NJW 1995, 1215 = FamRZ 1995, 475 [476]). Auch wenn ihr die elterliche Sorge nicht mehr zustand und ihr deshalb nicht mehr die Pflege und Erziehung der Bekl. oblag, gehörte es zu den Pflichten der Mutter, sich weiterhin um ihr Kind zu kümmern, Anteil an seinem Leben und seiner Entwicklung zu nehmen, ihm bei auftretenden Problemen und Schwierigkeiten zur Seite zu stehen und ihm insgesamt die Gewissheit zu vermitteln, dass ein ihm in Liebe und Zuneigung verbundener Elternteil für es da ist. Daran hat es die Mutter jedenfalls von der Zeit an, in der sie Bekl. im Alter von einem bis eineinhalb Jahren in der Obhut der Großeltern zurückgelassen hat, fast durchgehend fehlen lassen.

R620   Anhang R. Rechtsprechung

BGH v. 9.6.2004 – XII ZR 308/01 – FamRZ 2004, 1357 = NJW 2004, 3106

R617 *(Trennungsbedingter Mehrbedarf ist nicht in den ehel. Lebensverhältnissen angelegt; nach Abkehr von der Anrechnungsmethode erfasst der Quotenbedarf regelmäßig das gesamte Einkommen; daneben kann trennungsbedingter Mehrbedarf nicht mehr geltend gemacht werden, weil er gegen den Halbteilungsgrundsatz verstieße)*

a   Ein weiterer trennungsbedingter Mehrbedarf, wie bei der Bekl. mit 150 DM berücksichtigt, ist dem allerdings nicht hinzuzurechnen.

Schon nach der bisherigen Rechtsprechung des *Senats* durfte der Tatrichter zwar die Höhe eines trennungsbedingten Mehrbedarfs schätzen, was aber stets einen konkreten Vortrag des betreffenden Ehegatten zu solchen Mehrkosten voraussetzt, der hier fehlt (vgl. *Senat*, NJW-RR 1990, 578 = FamRZ 1990, 979 [981], und NJW 1995, 963 = FamRZ 1995, 346 [347]).

Nach der neueren Rechtsprechung des *Senats* (BGHZ 148, 105 = NJW 2001, 2254) ist schon der Quotenbedarf regelmäßig nach dem gesamten verfügbaren Einkommen zu bemessen, weil auch die Haushaltstätigkeit und Kindererziehung die ehelichen Lebensverhältnisse in einem Umfang geprägt haben, wie er sich aus dem als Surrogat an ihre Stelle getretenen Einkommen ergibt. Neben dem deswegen im Wege der Differenzmethode zu ermittelnden (höheren) Unterhaltsbedarf würde ein konkret zu bemessender zusätzlicher Bedarf eines Ehegatten stets zu einem Verstoß gegen den Halbteilungsgrundsatz führen. Weil ein trennungsbedingter Mehrbedarf regelmäßig auch nicht in den ehelichen Lebensverhältnissen angelegt ist, kann er deshalb in der Regel nicht neben dem nach der Differenzmethode ermittelten Quotenbedarf berücksichtigt werden (vgl. *Graba*, FamRZ 2002, 857 [859]; *Wendl/Gutdeutsch*, 6. Aufl., § 4 Rn. 432a; *Johannsen/Henrich/Büttner*, EheR, 4. Aufl., § 1578 BGB Rn. 25 ff.). Zugleich ist damit wegen der geänderten Rechtsprechung des *Senats* auch die auf der Grundlage der Anrechnungsmethode vereinbarte Vergleichsgrundlage insofern entfallen.

BGH v. 3.11.2004 – XII ZR 120/02 – FamRZ 2005, 101 = NJW 2005, 142

R620 *(Abgrenzung Leistungsklage/Abänderungsklage nach Verurteilung nur zu Unterhaltsrückständen bei einem neuen Unterhaltsbegehren)*

1. Der Senat hat bereits wiederholt ausgesprochen, dass ein Unterhaltsverlangen, das wegen fehlender Bedürftigkeit des Kl. rechtskräftig abgewiesen worden ist, nach Eintritt der vormals fehlenden Anspruchsvoraussetzungen im Wege einer neuen Leistungsklage, die nicht an die Voraussetzungen des § 323 ZPO gebunden ist, geltend zu machen ist (*Senat*, FamRZ 1985, 376 [377], u. FamRZ 1990, 863 [864]). Denn die Abänderung eines Urteils nach § 323 ZPO setzt schon nach dem Wortlaut eine Verurteilung zu künftig fällig werdenden wiederkehrenden Leistungen voraus. Nur ein der Unterhaltsklage für die Zukunft wenigstens teilweise stattgebendes Urteil wirkt über den Zeitpunkt der Entscheidung hinaus, indem seine Rechtskraft auch die erst künftig zu entrichtenden Unterhaltsleistungen erfasst, deren Festsetzung auf einer Prognose der künftigen Entwicklung beruht. Weicht die tatsächliche Entwicklung von dieser Prognose ab, handelt es sich deswegen nicht um eine neue Tatsachenlage, sondern um einen Angriff gegen die Richtigkeit des früheren Urteils, das mit Hilfe von § 323 ZPO unter Durchbrechung seiner Rechtskraft den veränderten Urteilsgrundlagen angepasst werden kann.

Ist die Klage hingegen abgewiesen worden, weil der geltend gemachte Unterhaltsanspruch nicht bestand, so liegt der Abweisung für die Zukunft keine sachliche Beurteilung nach den voraussichtlich in der Zukunft bestehenden Verhältnissen zu Grunde. Deswegen kommt einem solchen klageabweisenden Urteil auch keine in die Zukunft reichende Rechtskraftwirkung zu, für deren Durchbrechung es der Vorschrift des § 323 ZPO bedürfte. Tritt in diesen Fällen die vormals fehlende Anspruchsvoraussetzung später ein, steht die Rechtskraft des klageabweisenden Urteils einer neuen Leistungsklage ebenso wenig im Wege wie in sonstigen Klageabweisungsfällen, in denen eine neue Tatsache eintritt, die einen anderen, vom rechtskräftigen Urteil nicht erfassten Lebensvorgang schafft (*Senat*, NJW 1985, 1345 = FamRZ 1985, 376 [377]; so auch *Wendl/Thalmann*, 6. Aufl., § 8 Rn. 142a ff.; *Graba*, Die Abänderung von Unterhaltstiteln, 3. Aufl., Rn. 78; *Eschenbruch/Klinkhammer*, 3. Aufl., Rn. 5316; *Thomas/Putzo*, 23. Aufl., § 323 Rn. 42).

Die gegen diese Rechtsprechung angeführten Argumente (vgl. *Göppinger/Vogel*, 8. Aufl., Rn. 2386 mwN) überzeugen nicht. Zwar ist der Ausgang des Vorprozesses letztlich ausschlaggebend dafür, ob eine neue Forderung im Wege der Abänderungsklage oder der Leistungsklage geltend zu machen ist. Das ist jedoch zwingend durch den Umfang der Rechtskraft der abzuändernden Entscheidung vorgegeben. Einer Urteilsabänderung nach § 323 ZPO als Durchbrechung der materiellen Rechtskraft bedarf es nur, wenn die frühere Entscheidung tatsächlich eine der Rechtskraft fähige Entscheidung für die Zukunft enthält. Umgekehrt steht die frühere Entscheidung einer neuen Leistungsklage nicht entgegen, wenn ihre Rechtskraft sich auf die Vergangenheit beschränkt. Ob dieses der Fall ist, kann sich nur aus dem Inhalt der Entscheidung ergeben, nämlich daraus, ob sich die frühere Entscheidung im Wege einer Prognose der künftigen Verhältnisse mit den Voraussetzungen des künftigen Unterhaltsanspruchs befasst hat. Das ist bei Abweisung der Klage schon auf der Grundlage der gegenwärtigen Verhältnisse nicht der Fall.

Die Rechtsprechung des Senats führt auch nicht zu der Konsequenz, dass im Falle eines der Klage auf laufenden Unterhalt nur teilweise stattgebenden Ersturteils hinsichtlich des abgewiesenen Teils eine neue Klage und im Übrigen eine Abänderungsklage zulässig ist (so aber Göppinger/Vogel, 8. Aufl., Rn. 2386, unter Hinw. auf Wax, FamRZ 1982, 347 [348]). Solche Ausgangsurteile beruhen, auch wenn sie der Klage nur teilweise stattgegeben haben, stets auf einer Prognose für die Zukunft und erwachsen damit auch für diese Zeit in Rechtskraft. Auch sie können deswegen insgesamt nur unter Durchbrechung dieser Rechtskraft nach § 323 ZPO abgeändert werden. Diese Auffassung steht auch im Einklang mit dem Senatsurteil vom 30.1.1985 (NJW 1985, 1348 = FamRZ 1985, 376 [377]), in dem der Senat eine Abänderungsklage gegen ein klagabweisendes Urteil für zulässig erachtet hat. Das abzuändernde Urteil beruhte dort nämlich trotz der Klagabweisung auf einer Zukunftsprognose, weil es seinerseits ein früheres (stattgebendes) Urteil auf künftige Unterhaltszahlungen abgeändert hatte.

2. Auf der Grundlage dieser Rechtsprechung ist das Begehren der Kl. nicht als Abänderungsklage, sondern als neue Leistungsklage zulässig.

Das AG hatte den Bekl. am 13.3.2001 zu (rückständigem) nachehelichem Ehegattenunterhalt für die Zeit vom 1. 7. bis zum 21.12.2000 verurteilt und die Klage für die Folgezeit abgewiesen, weil der Unterhaltsbedarf gedeckt war. Schon im Zeitpunkt der gerichtlichen Entscheidung bestand deswegen auf der Grundlage der tatsächlichen Verhältnisse kein Unterhaltsanspruch mehr. Die Klageabweisung für die Zukunft beruhte deswegen nicht auf einer Prognose der künftigen Entwicklung für die Zeit ab der letzten mündlichen Verhandlung, sondern auf den Verhältnissen im Zeitpunkt der Entscheidung. Die Rechtskraft dieses Urteils erstreckt sich deswegen auch nicht auf künftige Unterhaltsansprüche der Kl. Darin unterscheidet sich der vorliegende Fall von dem Sachverhalt im Senatsurteil vom 26.1.1983 (FamRZ 1984, 353). Dort hatte das Ausgangsgericht einen Unterhalt über den Entscheidungszeitpunkt hinaus zugesprochen, der erst in der Zukunft entfallen sollte. Jene Entscheidung beruhte deswegen auf einer Zukunftsprognose, ist somit auch insoweit in Rechtskraft erwachsen und konnte nur unter Durchbrechung der Rechtskraft nach § 323 ZPO abgeändert werden. Die Rechtskraft des hier vorliegenden Urteils vom 13.3.2001 erfasst hingegen künftige Unterhaltsansprüche nicht und steht deswegen einer neuen Leistungsklage auch nicht entgegen. Das Urteil kann somit mangels Rechtskraft für die Zukunft auch nicht im Wege des § 323 ZPO abgeändert werden. Weil die Kl. ihr Begehren allerdings hilfsweise auch im Wege der Leistungsklage verfolgt hat, kann der Senat den Entscheidungstenor auf der Grundlage des feststehenden Sachverhalts ändern.

BGH v. 1.12.2004 – XII ZR 75/02 – FamRZ 2005, 1159 = NJW 2005, 2077

(Fiktive Steuerberechnung bei unterhaltsrechtlich nicht berücksichtigungswürdigen steuerlichen Ausgabenpositionen; keine AfA bei Gebäuden; Instandhaltungskosten)

c) Im Ausgangspunkt zutreffend geht die Revision allerdings davon aus, dass eine fiktive Steuerlast nur dann in Ansatz zu bringen ist, wenn steuermindernde tatsächliche Aufwendungen vorliegen, die unterhaltsrechtlich nicht zu berücksichtigen sind. Diese Voraussetzungen sind indessen nach dem eigenen Vorbringen der Ag. erfüllt. Sie hat, wie das BerGer. in dem von der Revision in Bezug genommenen streitigen Teil des Tatbestands des angefochtenen Urteils ausgeführt hat, nicht nur geltend gemacht, die negativen Einkünfte beruhten allein auf steuerlich erheblichen Abschreibungen, sie hat vielmehr auch vorgetragen, die Tilgungsleistungen des Ast. seien nicht zu berücksichtigen, weil er anderenfalls zu ihren Lasten Vermögen bilden könne. Daraus wird ersichtlich, dass selbst nach Auffassung der Ag. tatsächliche Aufwendungen erfolgt sind, die zu den Verlusten beigetragen haben. Denn Tilgungsleistungen bedingen regelmäßig, dass für in Anspruch genommene Fremdmittel Zinsen zu entrichten sind, die auch steuerlich als Kostenposition zu veranschlagen sind. Dieser Auffassung der Ag. entspricht im Übrigen, dass sie selbst nicht darauf abgehoben hat, unterhaltsrechtlich seien – an Stelle der Verluste – positive Einkünfte aus Vermietung und Verpachtung und Land- und Forstwirtschaft anzusetzen. Dem liegt ersichtlich die Annahme zu Grunde, dass sich – selbst wenn unterhaltsrechtlich Abzugspositionen außer Betracht zu bleiben hätten – noch keine positiven Einkünfte errechnen.

Für die Frage, in welcher Höhe unterhaltsrechtlich Abzugsposten zu berücksichtigen sind, kommt es unter anderem darauf an, ob etwa in Anspruch genommene steuerliche Absetzungs- und Abschreibungsmöglichkeiten auch unterhaltsrechtlich einkommensmindernd anzuerkennen sind. Nach der Rechtsprechung des Senats berühren Abschreibungen für die Abnutzung von Gebäuden das unterhaltsrechtlich maßgebende Einkommen nicht, weil ihnen lediglich ein Verschleiß von Gegenständen des Vermögens zu Grunde liegt und die zulässigen steuerlichen Pauschalen vielfach über das tatsächliche Ausmaß der Wertminderung hinausgehen. Darüber hinaus ist zu beachten, dass sie durch eine günstige Entwicklung des Immobilienmarkts ausgeglichen werden können. Instandsetzungskosten können unterhaltsrechtlich nur insoweit einkommensmindernd berücksichtigt werden, als es sich um notwendigen Erhaltungsaufwand handelt und nicht um solchen für Ausbauten und wertsteigernde Verbesserungen, die der Vermögensbildung dienen (*Senat,* NJW 1984, 303 = FamRZ 1984, 39 [41]; NJW-RR 1986, 66 = FamRZ 1986, 48 [49], u. NJW 1997, 735 = FamRZ 1997, 281 [283]). Inwieweit insbesondere an dieser Beurteilung der Abschreibung bei Gebäuden festzuhalten ist (vgl. zu für erforderlich gehaltene Einschränkungen etwa *Schwab/Borth,* 5. Aufl., Kap. IV Rn. 756, u. zur Behandlung der AfA bei kurzlebigen Wirtschaftsgütern *Senat,* NJW 2003, 1734 = FPR 2003, 327 = FamRZ 2003, 741 [743] m. krit. Anm. *Gerken,* u. im Wesentlichen zust. Anm. *Weychardt,* FamRZ 2003, 1001), bedarf im vorliegenden Fall indessen keiner Entscheidung.

Die Beurteilung, ob und gegebenenfalls inwieweit etwa die steuerlich zu Grunde gelegten Abschreibungen auch unterhaltsrechtlich anzuerkennen sind, hat nur Bedeutung dafür, ob die Verluste mehr oder weniger hoch anzusetzen sind. Letzteres vermag aber nichts an dem Umstand zu ändern, dass die Verluste auch auf tatsächlichen Aufwendungen, nämlich jedenfalls auf Zinsleistungen für bestehende Darlehensverbindlichkeiten, beruhen, die in die einheitliche Feststellung der Einkünfte aus Vermietung und Verpachtung bzw. Land- und Forstwirtschaft einfließen und nicht von den Abschreibungen isoliert betrachtet werden können. Denn ohne den mit tatsächlichen Aufwendungen verbundenen Grundbesitz gäbe es auch die Möglichkeit von Abschreibungen nicht.

Auf die Zinszahlungen kann der Ast. sich der Ag. gegenüber indessen nicht berufen. Denn der Unterhaltsverpflichtete ist nicht berechtigt, auf Kosten des Unterhaltsberechtigten Vermögen zu bilden; diesem Zweck dient aber die Darlehenstilgung, und damit mittelbar auch die für die Darlehensgewährung erforderliche Zinszahlung. Da andererseits dem Unterhaltspflichtigen aber die Vermögensbildung nicht verwehrt sein kann, solange die Belange des Unterhaltsberechtigten nicht berührt werden, kann Letzterer nur verlangen, so gestellt zu werden, als ob die vermögensbildenden Aufwendungen nicht stattfänden.

Für den vorliegenden Fall bedeutet dies, dass zwar zum einen die erzielten Verluste nicht einkommensmindernd berücksichtigt werden können, dass aber zum anderen auch die dadurch erzielte Steuerersparnis außer Betracht zu bleiben hat, weil sie ohne die Übernahme des Grundbesitzes nicht eingetreten wäre. Bei einer solchen Fallgestaltung ist – in Abweichung von dem Grundsatz, dass zur Feststellung des unterhaltsrelevanten Einkommens die tatsächlich entrichtete Steuer in Abzug zu bringen ist – eine fiktive Steuerberechnung vorzunehmen, nämlich zu ermitteln, in welcher Höhe Steuern auf das nicht durch die Verluste reduzierte übrige Einkommen des Unterhaltspflichtigen zu entrichten wären (vgl. *Senat,* NJW-RR 1987, 194 = FamRZ 1987, 36 [37], zur Berücksichtigung von Steuerersparnissen durch die Beteiligung an einem Bauherrenmodell, u. NJW-RR 2004, 1227 = FPR 2004, 498 = FamRZ 2004, 1177 [1179], zur Berücksichtigung von Steuerersparnissen durch später aufgelöste Ansparabschreibungen). Hierfür ist die Höhe der Verluste ohne Bedeutung; diese beeinflusst allein die tatsächliche Steuerschuld.

(Wohnwert als Nutzungsvorteil Einkommen; Zinsen als Surrogat bei Veräußerung)

b Die ehelichen Lebensverhältnisse der Parteien waren dadurch geprägt, dass sie gemeinsam Eigentümer eines Hauses waren, in dem sie mietfrei wohnten. Der eheangemessene Bedarf erhöhte sich deshalb durch die gezogenen Nutzungsvorteile (stRspr des *Senats;* vgl. etwa *Senat,* NJW 1998, 753 = FamRZ 1998, 87 [88]). Diese Nutzungsvorteile entfallen, wenn das gemeinsam genutzte Haus im Zusammenhang mit der Scheidung veräußert wird. An ihre Stelle treten allerdings die Vorteile, die die Ehegatten in Form von Zinseinkünften aus dem Erlös ihrer Miteigentumsanteile ziehen oder ziehen könnten (*Senat,* NJW 2001, 2259 = FamRZ 2001, 1140 [1143], u. NJW 2002, 436 = FPR 2002, 59 = FamRZ 2002, 88 [92]).

Anhang R. Rechtsprechung   **R623**

(Veräußerung Haushälfte an Ehepartner)

Das gilt auch dann, wenn das gemeinsame Haus nicht an einen Dritten veräußert wird, sondern   **c**
wenn ein Ehegatte seinen Miteigentumsanteil auf den anderen überträgt. In diesem Fall tritt für den
veräußernden Ehegatten der Erlös als Surrogat an die Stelle der Nutzungsvorteile seines Miteigentumsanteils. Für den übernehmenden Ehegatten verbleibt es grundsätzlich bei einem Wohnvorteil, und zwar
nunmehr in Höhe des vollen Werts, gemindert um die schon bestehenden Kosten und Lasten sowie
um die Zinsbelastungen, die durch den Erwerb der anderen Hälfte anfallen.

c) Entgegen der Auffassung des BerGer. dürfen die beiderseitigen Vorteile unterhaltsrechtlich nicht
außer Betracht bleiben und die Ehegatten so behandelt werden, als hätten sie das Haus an einen Dritten
verkauft, den Erlös geteilt und dadurch für beide gleiche – sich deshalb nivellierende – Verhältnisse
geschaffen. Der Auffassung des BerGer. liegt ersichtlich die Erwägung zu Grunde, dass auf Seiten des
veräußernden Ehegatten häufig Kapitalerträge aus dem erhaltenen Erlös zu berücksichtigen sind, die
den dem erwerbenden Ehegatten zuzurechnenden Wohnvorteil übersteigen, die Höhe des Unterhalts
mithin etwa davon abhängen kann, welchem Ehegatten es gelingt, das ehemals gemeinsame Haus zu
übernehmen. Mit Rücksicht darauf wird auch in der Rechtsprechung anderer Oberlandesgerichte und
im Schrifttum die Ansicht vertreten, der Veräußernde dürfe nicht schlechter gestellt werden, als wenn
das Familienheim an einen Dritten verkauft worden wäre (vgl. OLG Hamm, NJW-RR 2003, 510;
OLG Karlsruhe, NJW 2004, 859 [860]; *Gerhardt,* FamRZ 2003, 414 [415]; ähnl. *Büttner,* FF 2002, 31).

Diese Erwägungen vermögen es indessen nicht zu rechtfertigen, demjenigen Ehegatten, der den
Miteigentumsanteil des anderen erwirbt, grundsätzlich fiktive Zinseinkünfte aus einem erzielbaren
Veräußerungserlös zuzurechen, obwohl er das Familienheim übernommen hat und bewohnt. Vielmehr
ist auf Seiten des Ast. der volle Wohnvorteil in die Unterhaltsberechnung einzustellen. Hiervon sind die
Hauslasten in Abzug zu bringen, insbesondere die Zins- und Tilgungsleistungen auf die bereits vor der
Veräußerung des Miteigentumsanteils bestehenden Kreditverbindlichkeiten, durch die bereits die ehe-
lichen Lebensverhältnisse geprägt worden sind. Zahlungen, die für den Erwerb des Miteigentumsanteils
der Ag. zu erbringen sind, mindern den Wohnvorteil dagegen nur hinsichtlich des Zinsaufwands. Um
Tilgungsleistungen, die der Rückführung eines entsprechenden – nicht die ehelichen Lebensverhält-
nisse prägenden – Darlehens dienen, ist der Wohnvorteil dagegen nicht zu kürzen, weil anderenfalls
dem Ast. zu Lasten der Ag. eine Vermögensbildung gestattet würde (vgl. *Senat,* NJW 2000, 2349 =
FamRZ 2000, 950 [951 f.]). Diese Vorgehensweise hat nicht zur Folge, dass der die ehelichen Lebensverhältnisse prägende Nutzungsvorteil des Hauses mit einem insgesamt zu hohen Wert angesetzt wird.
Denn der Wohnvorteil mindert sich nunmehr durch die zusätzlichen Zinsverbindlichkeiten für den
Betrag, den die Ag. erhalten hat.

(Obliegenheit zur Vermögensumschichtung)

Nach der Rechtsprechung des Senats kann zwar auch bei derartigen Fallgestaltungen eine Obliegen-   **d**
heit zur Vermögensumschichtung und dabei im Einzelfall auch zur Veräußerung des Hauses bestehen,
etwa wenn anderenfalls keine wirtschaftlich angemessene Nutzung des nach dem neuen Lebenszuschnitt des Erwerbenden zu großen und seine wirtschaftlichen Verhältnisse übersteigenden Hauses zu
verwirklichen ist (*Senat,* NJW 2000, 2349 = FamRZ 2000, 950 [951] mwN). Davon kann aber nicht
bereits dann ausgegangen werden, wenn der zuzurechnende Wohnvorteil nicht den Ertrag erreicht,
den der veräußernde Ehegatte aus dem erhaltenen Erlös erzielt bzw. erzielen könnte. Vielmehr muss
sich die tatsächliche Anlage des Vermögens – unter Berücksichtigung der Umstände des Einzelfalls – als
eindeutig unwirtschaftlich darstellen, bevor der erwerbende Ehegatte auf eine andere Anlageform und
daraus erzielbare Erträge verwiesen werden kann (vgl. für den Unterhaltsberechtigten *Senat,* NJW
2001, 2259 = FamRZ 2001, 1140 [1143] mwN). Feststellungen, die eine solche Beurteilung zuließen,
hat das BerGer. indessen nicht getroffen. Nach dem Vorbringen der Ag. ist der Wohnwert des – über
eine Wohnfläche von etwa 200m^2 verfügenden – Hauses mit monatlich 2000 DM und nach Abzug der
unterhaltsrechtlich zu berücksichtigenden Belastungen mit mindestens 1000 DM monatlich zu bemessen. Entsprechende Aufwendungen stünden auch zu den Einkünften des Ast. nicht von vornherein
außer Verhältnis. Im Hinblick darauf besteht aber kein Anlass, für die Unterhaltsbemessung von
anderen als den tatsächlich bei dem Ast. vorliegenden Verhältnissen auszugehen. Dann kann der – vom
BerGer. nicht festgestellte – Wohnwert des Hauses nicht unbeachtet bleiben.

d) Das Berufungsurteil kann aus einem weiteren Grund mit der gegebenen Begründung keinen
Bestand haben. Auf Seiten der Ag. ist der Erlös aus der Veräußerung ihres Miteigentumsanteils als

2209

Surrogat an die Stelle des früheren Nutzungsvorteils getreten. Welcher Ertrag ihr hieraus zuzurechnen ist, hat das BerGer. ebenfalls nicht festgestellt.

(Verbrauch des Verkaufserlös; Ansatz fiktiver Zinseinkünfte)

e   Die Ag. hat den Erlös in Höhe von 90 000 DM unstreitig in einem Rentenfonds angelegt. Sie hat hierzu, wie die Revision zu Recht geltend macht, vorgetragen, für sie ergäben sich, bezogen auf Juli 2001, Rentenanwartschaften in der gesetzlichen Rentenversicherung von monatlich 887,40 DM, weshalb sie – anders als der über Vermögen verfügende Ast. – verstärkt für ihr Alter vorsorgen müsse. Mit Rücksicht auf die Versorgungslage der Ag. hat das AG den Versorgungsausgleich, der zu Gunsten des Ast. durchzuführen gewesen wäre, nach § 1587c Nr. 1 BGB ausgeschlossen. Zur Begründung hat es unter anderem ausgeführt, auch unter Hinzurechnung der Anrechte, die die Ag. aus dem Rentenfonds erwerben werde, besitze sie, gemessen an den ehelichen Lebensverhältnissen, nur eine unzureichende Altersversorgung.

Ob und gegebenenfalls in welcher Höhe trotz dieses Vorbringens weitere (fiktive) Kapitalerträge zu berücksichtigen sind, hängt davon ab, ob die Ag. nach § 1577 I BGB die Obliegenheit trifft, durch eine verzinsliche Anlage des Kapitals höhere laufende Einnahmen zu erwirtschaften. Dies setzt eine Zumutbarkeitsprüfung voraus und ist, wie bereits ausgeführt wurde, nur dann zu bejahen, wenn die tatsächliche Anlage des Vermögens sich als eindeutig unwirtschaftlich erweist.

BGH v. 1.12.2004 – XII ZR 3/03 – FamRZ 2005, 354 = NJW 2005, 500

R624   *(Selbstbehalt des Pflichtigen bei § 1615l II BGB)*

3. b) Umgekehrt kann der gegenüber dem Unterhaltsanspruch volljähriger Kinder stärker ausgestaltete Charakter des Anspruchs auf Unterhalt aus Anlass der Geburt auch zu einer stärkeren Haftung und damit zu einem geringeren Selbstbehalt führen, als dieses auf der Grundlage des § 1603 I BGB für den Unterhaltsanspruch volljähriger Kinder der Fall ist. Dabei ist allerdings weniger auf den Rang eines Unterhaltsanspruchs als vielmehr auf seinen Grund und Charakter abzustellen. Denn obwohl der Unterhaltsanspruch geschiedener Ehegatten nach § 1609 II BGB im Rang demjenigen minderjähriger Kinder gleichsteht, betrifft die verschärfte Haftung nach § 1603 II BGB und die daraus hergeleitete höhere Opfergrenze allein die Unterhaltsansprüche minderjähriger (und ihnen gleichgestellter) Kinder. Dieser Gedanke ist auch auf den Unterhaltsanspruch der Mutter aus Anlass der Geburt übertragbar. Schon im Rang geht dieser Anspruch nach § 1615l III 3 BGB zwar den Unterhaltsansprüchen minderjähriger Kinder oder einer Ehefrau nach, den Unterhaltsansprüchen sonstiger Verwandter des Unterhaltspflichtigen geht er aber vor. Insoweit unterscheidet sich der Unterhaltsanspruch nicht von demjenigen einer geschiedenen Ehefrau des Unterhaltsschuldners. Hinzu kommt, wie schon ausgeführt, der gemeinsame Schutzzweck der Unterhaltsansprüche nach § 1615l II BGB und § 1570 BGB, nämlich der Mutter jedenfalls während der ersten drei Lebensjahre des Kindes die Pflege und Erziehung des Kindes zu ermöglichen. Aus Rechtsgründen ist es deswegen nicht hinnehmbar, wenn das BerGer. den Selbstbehalt im Rahmen eines Unterhaltsanspruchs nach § 1615l BGB grundsätzlich abweichend von demjenigen eines Unterhaltsanspruchs nach § 1570 BGB bemisst.

4. Auch bei der Bemessung der Leistungsfähigkeit des Unterhaltsschuldners ist somit entscheidend auf den Zweck des Unterhaltsanspruchs abzustellen.

Insoweit überzeugt die Begründung des BerGer. für die Annahme eines gleichermaßen für den Unterhaltsanspruch gegenüber volljährigen Kindern geltenden einheitlichen „großen Selbstbehalts" gem. § 1603 I BGB nicht. Der Senat hat schon darauf hingewiesen, dass sich der Unterhaltsanspruch der Mutter aus Anlass der Geburt nach § 1615l II BGB nicht unerheblich von sonstigen Ansprüchen auf Verwandtenunterhalt unterscheidet (vgl. *Senat*, NJW 1998, 1309 = FamRZ 1998, 541 [543 f.]). Trotz der grundsätzlichen Verweisung in § 1615l III 1 BGB auf die Vorschriften über die Unterhaltspflicht zwischen Verwandten geht der Unterhaltsanspruch der nicht verheirateten Mutter – wie ausgeführt – nach § 1615l III 3 Halbs. 2 BGB den Ansprüchen der übrigen Verwandten des Vaters vor. Auch erlischt der Unterhaltsanspruch der Mutter entgegen § 1615 I BGB nicht mit dem Tod des unterhaltspflichtigen Vaters (§ 1615l III 5 BGB). Deswegen und wegen der auch sonst weitgehenden Angleichung des Anspruchs an den Unterhaltsanspruch nach § 1570 BGB ist die Unterhaltspflicht des Vaters gegenüber der Mutter nach § 1615l BGB eher mit dem Unterhaltsanspruch der geschiedenen Ehefrau als mit dem Anspruch auf Verwandtenunterhalt vergleichbar (vgl. auch *Senat*, NJW 2005, 503 und NJW 1998, 1309 = FamRZ 1998, 541 [543]).

Anhang R. Rechtsprechung   R625

Bei der Ausgestaltung des Unterhaltsanspruchs der Mutter gem. § 1615l II BGB ist deswegen entscheidend auf den Grund dieses Anspruchs abzustellen, nämlich der Mutter während der ersten drei Lebensjahre die Pflege und Erziehung des Kindes zu ermöglichen, ohne auf eine Erwerbstätigkeit angewiesen zu sein. Dieser gesetzlich verfolgte Zweck, der neben der fortgeltenden ehelichen Solidarität auch dem Unterhaltsanspruch nach § 1570 BGB zu Grunde liegt, kann im Gegensatz zur Rechtsauffassung des BerGer. nur durch einen zur Höhe ausreichenden Unterhaltsanspruch der Mutter sichergestellt werden. Insbesondere wenn die Mutter – wie hier – ohnehin in beengten finanziellen Verhältnissen nicht einmal den für ihre Lebensführung zwingend notwendigen Bedarf erhielte, verbliebe ihr nicht die Möglichkeit, die Betreuung des Kindes zu Lasten des eigenen Unterhaltsbedarfs sicherzustellen. Die Mutter wäre dann entgegen dem ausdrücklichen Zweck der Unterhaltsvorschrift des § 1615l II BGB gehalten, zu Lasten der Betreuung des Kindes eine eigene Erwerbstätigkeit aufzunehmen. Insoweit unterscheidet sich der Unterhaltsanspruch nach § 1615l II BGB gerade nicht von dem Anspruch der geschiedenen Ehefrau wegen der Pflege oder Erziehung ehelicher Kinder gem. § 1570 BGB.

5. Nur in dieser Auslegung genügt der Unterhaltsanspruch nach § 1615l II BGB auch den Anforderungen des Art. 6 IV und V GG, der einen Anspruch jeder Mutter „auf den Schutz und die Fürsorge der Gemeinschaft" sicherstellt und es gebietet, den nichtehelichen Kindern „die gleichen Bedingungen für ihre leibliche und seelische Entwicklung und ihre Stellung in der Gesellschaft zu schaffen wie den ehelichen Kindern". Danach muss auch einer nicht verheirateten Mutter die Wahl bleiben, bis zum Beginn des Kindergartenalters selbst für die Pflege und Erziehung des Kindes zu sorgen, ohne für ihren Lebensunterhalt auf eine eigene Erwerbstätigkeit angewiesen zu sein. Auch von Verfassungs wegen ist deswegen hinsichtlich des dem Unterhaltsschuldner zu belassenden Selbstbehalts eine Gleichbehandlung von Ansprüchen aus § 1615l II BGB mit solchen nach § 1570 BGB geboten. Das hat das BerGer. nicht berücksichtigt.

III. Danach kann das Berufungsurteil nicht bestehen bleiben. Eine eigene Entscheidung in der Sache ist dem *Senat* indes verwehrt. Das *OLG* wird vielmehr in eigener tatrichterlicher Verantwortung als Selbstbehalt einen Betrag festzulegen haben, der nicht unter dem notwendigen, aber auch nicht über dem angemessenen Selbstbehalt liegt. Dabei wird es nicht zu beanstanden sein, wenn der Tatrichter im Regelfall von einem etwa hälftig zwischen diesen beiden Beträgen liegenden Betrag ausgeht.

BGH v. 15.12.2004 – XII ZR 212/03 – FamRZ 2005, 442 = NJW 2005, 818

(Unterhaltsbedarf bei Unterhalt nach § 1615l II BGB)   R625

II. a) Das Maß des der Kl. zu gewährenden Unterhalts bestimmt sich nach ihrer Lebensstellung. **a** Denn nach § 1615l III 1 BGB sind auf den Unterhaltsanspruch der nicht verheirateten Mutter die Vorschriften über die Unterhaltspflicht zwischen Verwandten und somit auch § 1610 I BGB entsprechend anwendbar. In Rechtsprechung und Literatur wird deswegen regelmäßig auf das Einkommen der Mutter abgestellt, das sie ohne die Geburt des Kindes zur Verfügung hätte (OLG Celle, OLG-Report 2002, 19; OLG Köln, NJW-RR 2001, 364 = FamRZ 2001, 1322; OLG Koblenz, OLG-Report 2001, 87; OLG Hamm, FF 2000, 137, und OLG Zweibrücken, OLG-Report 2000, 392, sowie *Wendl/Pauling*, 6. Aufl., § 6 Rn. 364; *Göppinger/Wax/Maurer*, 8. Aufl., Rn. 1255; *Luthin/Seidel*, 10. Aufl., Rn. 4219; *Kalthoener/Büttner/Niepmann*, 9. Aufl., Rn. 185; *Eschenbruch*, 3. Aufl., Rn. 4015; *Gerhardt*, in: FA-FamR, 4. Aufl., Rn. 210; *Weinreich/Klein/Schwolow*, Kompaktkomm. FamilienR, § 1615l BGB Rn. 10, und *Scholz/Stein/Erdrich*, Praxishdb. FamilienR, K Rn. 248). Das ist nicht zu beanstanden, wenn der unterhaltsberechtigten Mutter aus eigenen Einkünften und Unterhaltszahlungen jedenfalls nicht mehr zur Verfügung steht, als dem unterhaltspflichtigen Vater verbleibt.

(Bedarfsbegrenzung durch den Halbteilungsgrundsatz bei Unterhalt nach § 1615l II BGB)

b) In anderen Fällen ist der Unterhaltsbedarf der nicht verheirateten Mutter zusätzlich durch den **b** auch hier anwendbaren Grundsatz der Halbteilung begrenzt. Das folgt aus der weitgehenden Angleichung der Unterhaltsansprüche aus § 1615l II 2 BGB mit denen auf nachehelichen Betreuungsunterhalt gem. § 1570 BGB.

aa) Beim nachehelichen Betreuungsunterhalt bestimmt sich das Maß gem. § 1578 I BGB nach den ehelichen Lebensverhältnissen. Damit erhält die geschiedene Mutter – vorbehaltlich eines dem Unterhaltspflichtigen zu belassenden Erwerbstätigenbonus – grundsätzlich die Hälfte des unterhaltsrechtlich bereinigten (ggf. beiderseitigen) Einkommens. Beiden geschiedenen Ehegatten verbleibt somit in gleichem Maße die zuvor erreichte oder eine durch spätere Veränderungen abgewandelte (vgl. insoweit *Senat,* NJW 2003, 1518 = FamRZ 2003, 590 [592]) Lebensstellung. In gleicher Weise wirkt es sich aus, wenn die nicht verheiratete und nicht berufstätige Mutter zuvor mit dem Vater ihres Kindes zusammengelebt hat. Denn wenn sich ihre Lebensstellung iS des § 1610 BGB allein nach dem (hälftigen) früheren Einkommen richtet, steht auch ihr Unterhalt nur bis zur Grenze der Halbteilung zu (vgl. *Büttner,* FamRZ 2000, 781 [783]).

bb) Aber auch wenn die Mutter des Kindes zuvor nicht mit dem Vater zusammengelebt hat, begrenzt der so genannte Halbteilungsgrundsatz ihren Unterhaltsbedarf. In solchen Fällen führt der Unterhaltsanspruch nach § 1615l II BGB zwar dazu, dass das um den Kindesunterhalt geschmälerte Einkommen des Vaters auch dazu dient, den zuvor erreichten Lebensstandard der Mutter aufrechtzuerhalten. Dadurch nähern sich die verfügbaren Einkünfte beider Eltern einander an. Dieses findet seinen Grund in der besonderen Verantwortung des Vaters für die Pflege und Erziehung des gemeinsamen Kindes. Der *Senat* hat in jüngster Zeit wiederholt darauf hingewiesen, dass der Unterhaltsanspruch einer nicht verheirateten Mutter nach § 1615l II BGB dem Anspruch auf nacheheliche Betreuungsunterhalt gem. § 1570 BGB weitgehend angeglichen worden ist (vgl. *Senat,* NJW 2005, 503 mwN, und NJW 2005, 500). In beiden Fällen soll es der Mutter jedenfalls während der ersten drei Lebensjahre möglich sein, das Kind zu pflegen und zu erziehen, ohne auf eine Erwerbstätigkeit angewiesen zu sein. Insoweit unterscheidet sich der Unterhaltsanspruch nach § 1615l II BGB in keiner Weise von dem Anspruch nach § 1570 BGB. Dieser Zweck rechtfertigt auch ohne nacheheliche Solidarität die unterhaltsbedingte Reduzierung der verfügbaren Einkünfte des Vaters bei gleichzeitiger Aufrechterhaltung des Lebensstandards der Mutter. Denn die Pflege und Erziehung des Kindes ist regelmäßig nur dann sichergestellt, wenn die Mutter nicht auf eine eigene Erwerbstätigkeit angewiesen ist, weil die Unterhaltsleistungen ihren Lebensstandard aufrechterhalten.

Der Unterhaltsbedarf der nicht verheirateten Mutter ist aber stets auf den Betrag begrenzt, der dem unterhaltspflichtigen Vater selbst verbleibt. Denn der Zweck des Unterhaltsanspruchs nach § 1615l II BGB trägt den Anspruch schon nicht in gleichem Maße, wenn die Mutter wegen ihrer besonders hohen Einkünfte in der Vergangenheit eine höhere Lebensstellung als der Vater erreicht hatte. Dann ist es auch ihr – wie dem Vater – zuzumuten, Abstriche von dem erreichten Lebensstandard in Kauf zu nehmen, ohne sogleich auf eine eigene Erwerbstätigkeit angewiesen zu sein. Wie bei dem Unterhaltsbedarf nach den wandelbaren ehelichen Lebensverhältnissen (vgl. *Senat,* NJW 2003, 1518 = FamRZ 2003, 590 [592]) beeinflusst die Geburt des Kindes dann auch die Lebensstellung der unterhaltsbedürftigen nicht verheirateten Mutter. Eine durch ein höheres Einkommen der Mutter erreichte höhere Lebensstellung kann deswegen nicht stets im Sinne einer unverändert fortzuschreibenden Lebensstandardgarantie aufrechterhalten bleiben. Das Maß des Unterhalts wird vielmehr zusätzlich durch die Lebensstellung des unterhaltspflichtigen Vaters begrenzt, der zunächst vorrangig dem Kind unterhaltspflichtig ist und dem auch aus verfassungsrechtlichen Gründen jedenfalls ein Anteil seines Einkommens verbleiben muss, der die eigenen Einkünfte der Unterhaltsberechtigten zuzüglich des gezahlten Unterhalts nicht unterschreitet.

Für die Begrenzung des Unterhaltsbedarfs im Wege der Halbteilung spricht aber insbesondere eine – mit Blick auf Art. 6 I GG gebotene – vergleichende Betrachtung des Unterhaltsanspruchs aus § 1615l II BGB mit dem Anspruch auf nachehelichen Betreuungsunterhalt aus § 1570 BGB. Während der nacheheliche Betreuungsunterhalt mit seinem zusätzlichen, auf der fortwirkenden ehelichen Solidarität beruhenden Zweck Unterhaltsleistungen auf der Grundlage der ehelichen Lebensverhältnisse erfasst und damit zugleich die Halbteilung des verfügbaren Einkommens sicherstellt, bezweckt der Unterhaltsanspruch der nicht verheirateten Mutter zunächst eine Sicherung ihrer erreichten Lebensstellung. Dieser grundsätzliche Unterschied entfällt aber, wenn das verfügbare Einkommen des nach § 1615l II BGB unterhaltspflichtigen Vaters so weit reduziert ist, dass ihm nur so viel verbleibt, wie die unterhaltsberechtigte Mutter selbst zu Verfügung hat. Dann ist der Anspruch auch der Höhe nach mit dem Unterhaltsanspruch nach § 1570 BGB vergleichbar. Weil auch Letzterer die Pflege und Erziehung des gemeinsamen Kindes sicherstellen soll und nur zusätzlich auf einer nachehelichen Solidarität beruht, wäre es nicht nachvollziehbar, der nicht verheirateten Mutter einen höheren Anspruch zuzusprechen, als der geschiedenen Mutter auf der Grundlage des Halbteilungsgrundsatzes zusteht. Wenn also selbst der stärker ausgestaltete nacheheliche Betreuungsunterhalt stets durch den Halbteilungsgrundsatz begrenzt ist, muss dieses erst recht für den Unterhaltsanspruch der nicht verheirateten Mutter gelten. Denn die bloße Wahrung des dem Vater stets zu belassenden Selbstbehalts, der regelmäßig etwa hälftig zwischen dem notwendigen und dem angemessenen Selbstbehalt liegt (vgl. *Senat,* NJW 2005, 500), kann die Lebensstellung des Vaters nicht in gleichem Maße sichern, wie es ein durch Halbteilung begrenzter Unterhaltsbedarf vermag.

(Überobligationsmäßig erzieltes Einkommen der nach § 1615l II BGB unterhaltsberechtigten Mutter)

2.b) Ob und in welchem Umfang sich die Mutter Einkünfte aus einer Erwerbstätigkeit anrechnen c
lassen muss, die sie gleichwohl neben der Kindesbetreuung ausübt, lässt sich nicht unmittelbar aus der gesetzlichen Regelung des § 1615l BGB entnehmen. Dabei handelt es sich allerdings nicht um eine bewusste Regelungslücke des Gesetzgebers, weil der besondere Schutz der Ehe und Familie in Art. 6 I GG eine Schlechterstellung der geschiedenen Mutter nicht zulässt und umgekehrt nach Art. 6 IV und V GG auch die nicht verheiratete Mutter jedenfalls insoweit gleichzustellen ist. Deswegen und wegen der weitgehenden Angleichung des Unterhaltsanspruchs der nicht verheirateten Mutter an den nachehelichen Betreuungsunterhalt (vgl. *Senat*, NJW 2005, 503, zur Veröff. in BGHZ vorgesehen) ist auf den Unterhaltsanspruch nach § 1615l BGB die für den Ehegattenunterhalt geltende Vorschrift des § 1577 II BGB entsprechend anwendbar (so auch *Wever/Schilling*, FamRZ 2002, 581 [586 f.] mwN; *Büttner*, FamRZ 2000, 781 [783] mwN). Entsprechend hat der *Senat* den Rechtsgedanken des § 1577 II BGB auch schon beim Verwandtenunterhalt, auf den § 1615l III 1 BGB verweist, herangezogen (*Senat*, NJW 1995, 1215 = FamRZ 1995, 475 [477 f.]).

c) Ob ein eigenes Einkommen des unterhaltsbedürftigen Elternteils, das dieser neben der Kindeserziehung erzielt, nach § 1577 II BGB bei der Unterhaltsberechnung zu berücksichtigen ist, lässt sich nach der Rechtsprechung des *Senats* aber nicht pauschal im Sinne der Zulassungsfrage des OLG beantworten, sondern ist stets von den besonderen Umständen des Einzelfalls abhängig (vgl. *Wendl/Gerhardt*, § 1 Rn. 545 ff. mwN). Eine solche Abwägung lässt das angefochtene Urteil vermissen. Das BerGer. hat sich lediglich pauschal darauf gestützt, dass die Kl. ihr Kind neben der Berufstätigkeit betreut. Wie die Betreuung während dieser Zeit konkret geregelt ist, welche Hilfen ihr dabei zur Verfügung stehen und ob der Kl. dafür gegebenenfalls zusätzliche Betreuungskosten entstehen, hat das BerGer. nicht festgestellt. Die Bemessung eines anrechnungsfrei zu belassenden Teils des Einkommens, die sich auch nach den Leitlinien des BerGer. (vgl. Nr. 7 der Süddeutschen Leitlinien) einer schematischen Beurteilung entzieht, wird im Einzelfall aber davon abhängen, wie etwa die Kindesbetreuung mit den konkreten Arbeitszeiten unter Berücksichtigung erforderlicher Fahrzeiten zu vereinbaren ist und ob und gegebenenfalls zu welchen Zeiten das Kind anderweit beaufsichtigt wird und insofern zeitweise nicht der Betreuung durch die Kl. bedarf (vgl. *Senat*, NJW 2001, 973 = FamRZ 2001, 350 [352]). Nicht ohne Bedeutung ist in diesem Zusammenhang, ob die Kl. seit der Geburt ihrer Tochter aus freien Stücken weiter erwerbstätig ist oder ob die Arbeitsaufnahme durch eine wirtschaftliche Notlage veranlasst war (vgl. zum nachehelichen Betreuungsunterhalt *Senat*, NJW-RR 1998, 721 = FamRZ 1998, 1501 [1502]). Denn die freiwillige Ausübung einer Berufstätigkeit kann ein maßgebendes Indiz für eine vorhandene tatsächliche Arbeitsfähigkeit im konkreten Einzelfall sein (*Senat*, NJW 1981, 2804 = FamRZ 1981, 1159 [1161]). Wegen der weitgehenden Angleichung des Unterhaltsanspruchs der nicht verheirateten Mutter nach § 1615l II BGB mit dem Anspruch auf nachehelichen Betreuungsunterhalt nach § 1570 BGB ist auch insoweit eine Gleichbehandlung geboten und deswegen konkret auf die Umstände des Einzelfalls abzustellen. Mit der gegebenen Begründung kann daher das Berufungsurteil nicht bestehen bleiben. Das Urteil war insoweit aufzuheben und die Sache zur Nachholung der erforderlichen Feststellungen und zur erneuten Abwägung an das OLG zurückzuverweisen.

III. Im Rahmen der erneuten Verhandlung wird das *OLG* im Übrigen die Bedürftigkeit der Kl. für die Zeit ihres Mutterschutzes unter Berücksichtigung der §§ 3 II, 6 I, 13 MuSchG prüfen müssen. Sollte die Kl. nach den dort in Bezug genommenen Vorschriften der Rechtsverordnung ihr zuvor erzieltes volles Arbeitsentgelt während der letzten sechs Wochen vor und bis zum Ablauf von acht Wochen nach der Entbindung weiter erhalten haben, wäre dieses im Rahmen der Unterhaltsberechnung zu berücksichtigen und würde ihre Bedürftigkeit entfallen lassen (vgl. *Wendl/Pauling*, § 6 Rn. 759; *Göppinger/Wax/Maurer*, Rn. 1257).

BGH v. 23.2.2005 – XII ZR 56/02 – FamRZ 2005, 706 = NJW 2005, 1493

(Umgangskosten als Abzugsposten, soweit durch Kindergeld nicht gedeckt sind)   R626

An dieser Rechtsprechung kann im Hinblick auf die zwischenzeitlich veränderte Rechtslage nicht mehr uneingeschränkt festgehalten werden. Nach § 1684 BGB, der inzwischen an Stelle des weggefal-

R627

lenen § 1634 BGB den Umgang des Kindes mit den Eltern regelt, hat einerseits das Kind das Recht auf Umgang mit jedem Elternteil; andererseits ist aber auch jeder Elternteil zum Umgang mit dem Kind berechtigt und verpflichtet (§ 1684 I BGB). Beides ist Ausfluss seiner Verantwortung für dessen Wohl (§§ 1618a, 1626, 1631 BGB). Die in § 1684 I BGB geregelten Rechte und Pflichten stehen ebenso wie die elterliche Sorge des anderen Elternteils unter dem Schutz von Art. 6 II 1 GG (BVerfG, NJW 2002, 1863 = FamRZ 2002, 809).

§ 1612b V BGB greift in dieses Recht zwar nicht unmittelbar ein. Seine Anwendung hat allerdings zur Folge, dass dem barunterhaltspflichtigen Elternteil das anteilige Kindergeld ganz oder teilweise nicht mehr zugute kommt, er hierdurch mithin auch keine finanzielle Entlastung hinsichtlich der durch die Ausübung des Umgangsrechts entstehenden Kosten zu erlangen vermag. Er muss deshalb die Umgangskosten mit seinem nach Abzug des Unterhalts verbleibenden Einkommen bestreiten. Wenn und soweit die über den notwendigen Selbstbehalt hinaus noch vorhandenen Mittel hierfür aber nicht ausreichen, kann dies einen Elternteil zu einer Einschränkung der Umgangskontakte veranlassen und damit auch den Interessen des Kindes zuwiderlaufen.

Mit Rücksicht auf diese Konstellation hat der Senat bereits in seinem Urteil vom 29.1.2003 (NJW 2003, 1177 = FamRZ 2003, 445 [449]) darauf hingewiesen, dass zu erwägen sein wird, ob und in welchem Umfang Umgangskosten eines Barunterhaltspflichtigen, dem sein Kindergeldanteil infolge der Vorschrift des § 1612b V BGB (teilweise) nicht zugute kommt, mit Blick auf die Neuregelung zu einer angemessenen Minderung des unterhaltsrechtlich relevanten Einkommens oder einer angemessenen Erhöhung des Selbstbehalts des Unterhaltsverpflichteten führen können. Auch das BVerfG hält die vorgenannten unterhaltsrechtlichen Möglichkeiten für das geeignete Mittel, um sicherzustellen, dass Umgangskontakte zwischen dem Kind und dem Unterhaltspflichtigen nicht an den Kosten scheitern, nachdem dieser insoweit nicht mehr bzw. nicht mehr uneingeschränkt auf den Einsatz des Kindergelds verwiesen werden kann (BVerfG, NJW 2003, 2733 = FamRZ 2003, 1370 [1377]).

Da das Unterhaltsrecht dem Unterhaltspflichtigen nicht die Möglichkeit nehmen darf, sein Umgangsrecht zur Erhaltung der Eltern-Kind-Beziehung auszuüben, sind die damit verbundenen Kosten konsequenterweise unterhaltsrechtlich zu berücksichtigen, wenn und soweit sie nicht anderweitig, insbesondere nicht aus dem anteiligen Kindergeld, bestritten werden können (ebenso *Wendl/Scholz*, 6. Aufl., § 2 Rn. 169; *Luthin/Margraf*, 10. Aufl., Rn. 1341a; vgl. auch OLG Frankfurt a.M., FPR 2004, 398 [399]). Anderenfalls müsste der Unterhaltspflichtige wegen der betreffenden Kosten Leistungen der Sozialhilfe in Anspruch nehmen (vgl. zu dieser Möglichkeit nach der bis zum 31.12.2004 geltenden Rechtslage: BVerfG, NJW 1995, 1342 = FamRZ 1995, 86 [87]; BVerwG, NJW 1996, 1838 = FamRZ 1996, 105 [106]; zur Rechtslage seit dem 1.1.2005: vgl. *Müller*, KindPrax 2005, 3 [4]); er darf aber durch die Gewährung von Unterhalt nicht selbst sozialhilfebedürftig werden (*Senat*, NJW 1996, 2793 = FamRZ 1996, 1272 [1273]). Der dem Bekl. zu belassende Selbstbehalt wird deshalb so zu bemessen sein, dass er in die Lage versetzt wird, hiervon neben seinem eigenen notwendigen Bedarf auch die Kosten des Umgangs mit seinen Kindern zu bestreiten.

Welcher Umgang mit dem Kind angemessen ist und welche Kosten demgemäß zu berücksichtigen sind, richtet sich maßgeblich nach dessen Wohl (§ 1626 III 1 BGB). Wegen der betreffenden Kosten, die in der Regel das anteilige Kindergeld nicht übersteigen dürften, wird in den Fällen, in denen § 1612b V BGB eingreift, in erster Linie eine maßvolle Erhöhung des notwendigen Selbstbehalts des Unterhaltspflichtigen in Betracht kommen, soweit er diese Kosten anderenfalls nur unter Gefährdung seines Selbstbehalts aufbringen könnte.

BGH v. 23.2.2005 – XII ZR 114/03 – FamRZ 2005, 608 = NJW 2005, 1279

R627 *(Obliegenheit zur Einleitung eines Insolvenzverfahrens beim Kindesunterhalt)*

a 1. Der Bekl. ist wegen seiner gesteigerten Unterhaltspflicht gegenüber dem minderjährigen Kl. (§ 1603 II BGB) gehalten, alle zumutbaren Möglichkeiten auszunutzen, um dessen Unterhaltsbedarf sicherzustellen. Dazu zählt grundsätzlich auch die Einleitung eines Insolvenzverfahrens, um den laufenden Unterhaltsverpflichtungen Vorrang vor den Darlehensverbindlichkeiten zu verschaffen.

a) Zwar schränkt schon eine gerichtlich angeordnete Unterhaltsleistung den Unterhaltspflichtigen in seiner durch Art. 2 I GG geschützten Handlungsfreiheit ein. Dieses ist im Rahmen der verfassungsgemäßen Ordnung, zu der auch das Unterhaltsrecht gehört, nur insoweit zulässig, als es mit Art. 6 I GG im Einklang steht. Der ausgeurteilte Unterhalt darf deswegen nicht zu einer unverhältnismäßigen Belastung des Unterhaltspflichtigen führen. Wird bei der Bemessung des Unterhaltsanspruchs hingegen die Grenze des Zumutbaren überschritten, ist die damit verbundene Beschränkung der finanziellen Dispositionsfreiheit des Verpflichteten nicht mehr Bestandteil der verfassungsmäßigen Ordnung und kann vor dem Grundrecht des Art. 2 I GG nicht bestehen (BVerfGE 57, 361 [381] = NJW 1981, 1771; *BVerfG*, NJW-RR 2002, 73 = FPR 2002, 13 = FamRZ 2001, 1685). Eine Ausprägung des Grundsatzes der Verhältnismäßigkeit im Unterhaltsrecht ist die Vorschrift des § 1603 I BGB, nach der nicht unterhaltspflichtig ist, wer bei Berücksichtigung seiner sonstigen Verpflichtungen außer Stande ist, ohne Gefährdung seines eigenen angemessenen Unterhalts anderen Personen Unterhalt zu gewähren. Dieser Grundsatz ist allerdings insoweit eingeschränkt, als Eltern gem. § 1603 II BGB ihren minderjährigen unverheirateten (und denen gleichgestellten) Kindern gegenüber verpflichtet sind, alle verfügbaren Mittel zu ihrem und der Kinder Unterhalt gleichmäßig zu verwenden. Grundvoraussetzung auch dieses Unterhaltsanspruchs bleibt allerdings die Leistungsfähigkeit des Unterhaltsverpflichteten. Die Gerichte haben deswegen im Einzelfall zu prüfen, ob der Unterhaltspflichtige in der Lage ist, den beanspruchten Unterhalt zu zahlen oder ob dieser unbeschadet der Zulässigkeit der Zurechnung fiktiven Einkommens die finanzielle Leistungsfähigkeit des Unterhaltspflichtigen übersteigt (*BVerfG*, NJW-RR 2002, 73 = FPR 2002, 13 = FamRZ 2001, 1685).

b) Allerdings hat es der Senat bislang stets abgelehnt, den Ansprüchen Unterhaltsberechtigter einen allgemeinen Vorrang vor anderen Verbindlichkeiten des Unterhaltspflichtigen einzuräumen (*Senat*, NJW 1984, 2351 = FamRZ 1984, 657 [658 f.]). Auch aus verfassungsrechtlichen Gründen wäre es dem Unterhaltsschuldner nicht zumutbar, durch seine Unterhaltszahlungen immer tiefer in Schulden zu geraten (BVerfG, NJW-RR 2002, 73 = FamRZ 2001, 1685 [1686]; NJW 2002, 2701 = FamRZ 2002, 1397 [1399]; vgl. auch *Senat*, NJW 1989, 523 = FamRZ 1989, 272). Nachdem der Gesetzgeber mit den §§ 304 ff. InsO die Möglichkeit einer Verbraucherinsolvenz mit Restschuldbefreiung geschaffen hat, kann an dieser Rechtsprechung nicht mehr uneingeschränkt festgehalten werden. Denn nun ist es dem Unterhaltsschuldner möglich, den ohne Berücksichtigung von Drittschulden bemessenen laufenden Unterhalt zu zahlen und nach Ablauf von sechs Jahren seit Eröffnung des Insolvenzverfahrens Befreiung von seinen Schulden zu erlangen (§§ 286 ff. InsO). Aus den Vorschriften über die Insolvenzmasse (§§ 35 ff., 40 InsO) und dem Vollstreckungsverbot des § 89 I und II InsO folgt nämlich, dass dem Schuldner während der Dauer des Insolvenzverfahrens der nach § 850c ZPO pfändungsfreie Teil seines Einkommens verbleibt (vgl. *Wendl/Gutdeutsch*, § 5 Rn. 122a ff.; *Luthin/Margraf*, 10. Aufl., Rn. 1327 ff.; *Kalthoener/Büttner/Niepmann*, 9. Aufl., Rn. 113b ff., 113d; *Weisbrodt*, FamRZ 2003, 1240 [1241]; *Melchers*, FamRZ 2001, 1509; OLG Celle, FamRZ 2003, 1116; krit. *Wohlgemuth*, FF 2004, 9 [12]). Unterhaltsrückstände können ab Eröffnung des Insolvenzverfahrens hingegen nicht mehr im Wege der Zwangsvollstreckung beigetrieben werden und erlöschen im Falle einer späteren Restschuldbefreiung (§ 287 InsO; vgl. auch OLG Naumburg, ZInsO 2003, 1002, und OLG Koblenz, FamRZ 2002, 31). Auf dieser gesetzlichen Grundlage ist dem Unterhaltsschuldner jetzt zumutbar, den Unterhaltsansprüchen seiner minderjährigen Kinder Vorrang vor sonstigen Verbindlichkeiten einzuräumen. Ob es ihm in Anbetracht der gesteigerten Unterhaltspflicht nach § 1603 II BGB obliegt, Verbraucherinsolvenz zu beantragen, kann sich nur aus einer umfassenden Würdigung aller vom Unterhaltsschuldner darzulegenden Umstände, zu denen auch die eigenen und die Interessen der Unterhaltsgläubiger zählen, ergeben.

(Voraussetzungen eines Insolvenzverfahrens)

2. Zu Recht hat das BerGer. zunächst die Voraussetzungen für eine Verbraucherinsolvenz mit **b** Restschuldbefreiungsmöglichkeit bejaht. Nach §§ 16 ff. InsO setzt die Eröffnung des Insolvenzverfahrens einen Eröffnungsgrund voraus, der in einer Zahlungsunfähigkeit, einer drohenden Zahlungsunfähigkeit oder einer Überschuldung liegen kann. Im Falle einer nur drohenden Zahlungsunfähigkeit muss der allein antragsberechtigte Schuldner (§ 18 I InsO) eine längerfristige Liquiditätslücke belegen und dazu einerseits seine Verbindlichkeiten und andererseits sein Vermögen und seine Einkünfte in den nächsten ein bis zwei Jahren darlegen (vgl. Kirchhof, in: Heidelberger Komm. z. InsO, 3. Aufl., § 18 Rn. 8 f.). Hier ist nach den von der Revision nicht angegriffenen tatsächlichen Feststellungen des BerGer. hingegen nicht nur eine drohende, sondern bereits eine endgültige Zahlungsunfähigkeit iS des § 17 InsO eingetreten. Der Bekl. schuldet dem Kl. und dessen Bruder nach dem rechtskräftigen Urteil des AG monatlichen Kindesunterhalt in Höhe von 272,52 EUR (= 533 DM). Davon konnten in der Vergangenheit lediglich 116 EUR monatlich gepfändet werden (§§ 850a ff., 850d ZPO). Wegen der noch ausstehenden Unterhaltsschulden hat der Bekl. inzwischen die eidesstattliche Versicherung abgegeben (§§ 899 ff. ZPO). Er ist somit nicht in der Lage, seine fälligen Unterhaltspflichten zu erfüllen,

R 627   Anhang R. Rechtsprechung

was für eine Zahlungsunfähigkeit iS von § 17 II 1 InsO ausreicht (vgl. Melchers/Hauß, Unterhalt u. Verbraucherinsolvenz, Rn. 130; a. A. noch OLG Stuttgart, FamRZ 2002, 982, das seine gegenteilige Rspr. in dem Berufungsurteil aber ausdrücklich aufgegeben hat).

Nach dem Vortrag der Parteien sind gegenwärtig auch keine durchgreifenden Gründe gegen eine spätere Restschuldbefreiung nach Maßgabe der §§ 286 ff. InsO ersichtlich. Über eine Versagung der Restschuldbefreiung wird letztlich erst nach Ablauf der Wohlverhaltensperiode von sechs Jahren entschieden (vgl. Pape, ZInsO 2004, 647 [649 f.]). Für die Stundung der Verfahrenskosten verlangt § 4a InsO deswegen zunächst nur eine summarische Prüfung, ob Versagungsgründe der beantragten Restschuldbefreiung entgegenstehen (BGH, NZI 2005, 232). Nichts anderes kann für die Obliegenheit zur Durchführung der Verbraucherinsolvenz gelten. Solche durchgreifenden Gründe, die gegen eine Restschuldbefreiung sprechen könnten, ergeben sich aus den Feststellungen des angefochtenen Urteils nicht.

(Gründe für eine Unzumutbarkeit, ein Verbraucherinsolvenzverfahren einzuleiten)

c   3. Erscheint danach ein Verbraucherinsolvenzverfahren zulässig und geeignet, den Unterhaltsansprüchen minderjähriger oder ihnen gleichgestellter Kinder nach § 1603 II BGB Vorrang vor sonstigen Verbindlichkeiten des Unterhaltsschuldners einzuräumen, trifft den Unterhaltsschuldner eine Obliegenheit zur Einleitung dieses Verfahrens, wenn er nicht Umstände vorträgt, die eine Antragspflicht im konkreten Einzelfall als unzumutbar darstellen (so auch OLG Hamm, NJW-RR 2001, 220 = FamRZ 2001, 441; OLG Dresden, FamRZ 2003, 1028; OLG Karlsruhe, FamRZ 2004, 656; a. A. OLG Naumburg, NZI 2003, 615 = FamRZ 2003, 1215; OLG Düsseldorf, OLG-Report 2003, 30). Solche besonderen Umstände sind hier weder vorgetragen noch ersichtlich.

a) Durch die Einleitung des Insolvenzverfahrens wird der Bekl. als Unterhaltsschuldner zwar mit weiteren Kosten belastet. Nachdem der BGH die Beschränkung auf die regelmäßige Mindestvergütung in masselosen Insolvenzverfahren für verfassungswidrig erklärt hat (vgl. BGHZ 157, 282 = NJW 2004, 941, und NJW-RR 2004, 551), ist insoweit mit Kosten zu rechnen, die sich auf circa 3000 EUR belaufen können (zur Vergütung des Insolvenzverwalters vgl. auch BGH, NZI 2004, 626; NZI 2004, 589; NZI 2005, 161). Wegen dieser zusätzlichen Kosten kann dem Schuldner trotz seiner Zahlungsunfähigkeit oder Überschuldung auch keine Prozesskostenhilfe bewilligt werden, weil § 4a InsO eine Stundung der Kosten des Insolvenzverfahrens vorsieht. Allerdings ist der Schuldner nach Abschluss des Insolvenzverfahrens und Erteilung der Restschuldbefreiung nur im Rahmen des § 115 I, II ZPO zur Rückzahlung dieser Kosten verpflichtet (§ 4b InsO). Die durch das Verbraucherinsolvenzverfahren entstehenden Kosten belasten den Unterhaltsschuldner deswegen nicht unangemessen und sind für sich allein genommen noch nicht geeignet, das Verfahren für den Unterhaltsschuldner als unzumutbar darzustellen.

b) Durch die Bestellung eines Treuhänders im Insolvenzverfahren gem. §§ 313 I, 292 InsO wird der Unterhaltsschuldner in seiner wirtschaftlichen Selbstständigkeit nicht unerheblich eingeschränkt (vgl. Melchers/Hauß, Rn. 131 ff.). Wie gegenüber einem Insolvenzverwalter bestehen nach §§ 97 f. InsO auch gegenüber dem Treuhänder weitgehende Auskunfts- und Mitwirkungspflichten (vgl. auch § 305 I, II InsO). Durch die Eröffnung des Insolvenzverfahrens geht insbesondere das Recht des Schuldners, das zur Insolvenzmasse gehörende Vermögen zu verwalten und darüber zu verfügen, auf den Insolvenzverwalter bzw. den Treuhänder über (§§ 21 II, 80–82, 313 I InsO). Die begehrte Restschuldbefreiung setzt nach § 287 II InsO voraus, dass der Schuldner seine pfändbaren Forderungen auf Bezüge aus einem Dienstverhältnis für die Dauer des Insolvenzverfahrens an den Treuhänder abtritt. Diese besonderen Bindungen des Schuldners schränken ihn während der sechsjährigen Wohlverhaltensperiode gem. §§ 287 II, 292 I InsO (vgl. Art. 107 EGInsO) und zusätzlich während des circa sechsmonatigen vorbereitenden Verfahrens durch die Beratungsstelle (§ 305 I Nr. 1 InsO) ein. Gleichwohl überwiegen die Belastungen, die ein Insolvenzverfahren zwangsläufig für den Unterhaltsschuldner mit sich bringt, die Interessen seiner minderjährigen Kinder auf möglichst ungeschmälerte Unterhaltszahlungen regelmäßig nicht.

c) Betrachtet man im vorliegenden Fall die Dauer des Insolvenzverfahrens im Vergleich zu derjenigen der voraussichtlichen Unterhaltspflicht des Bekl. gegenüber dem noch bis Mai 2008 minderjährigen Kl., ergibt sich keine für ihn unzumutbar lange Bindung. Hätte der Bekl., wie ihm von den Vorinstanzen angesonnen wurde, am 1.1.2003 ein Verbraucherinsolvenzverfahren zur Eröffnung gebracht, wäre dieses Ende 2008 und somit nur wenige Monate nach Erreichen der Volljährigkeit des Kl. beendet gewesen. Die gesteigerte Unterhaltspflicht des Bekl. dauert nach § 1603 II 2 BGB sogar über die Volljährigkeit bis zur Vollendung des 21. Lebensjahrs des unterhaltsbedürftigen Kindes fort, wenn

2216

es noch im Haushalt eines Elternteils lebt und sich in der allgemeinen Schulausbildung befindet. Auch im Vergleich zu der Laufzeit des vom Bekl. geschuldeten Darlehens ergibt sich hier keine unzumutbar lange Bindungsfrist für den Bekl. Nach den von der Revision nicht angegriffenen Feststellungen des BerGer. müsste der Bekl. die geschuldeten Darlehensraten mindestens noch bis Ende 2006 zahlen, was seine Leistungsfähigkeit einschränken würde, bis der Kl. fast 17 Jahre alt und der gesteigerten Unterhaltsberechtigung alsbald entwachsen ist. Der Kl. hat ein berechtigtes Interesse, seinen Unterhaltsansprüchen Vorrang vor sonstigen Schulden zu verschaffen.

d) Mit der Einleitung des Insolvenzverfahrens sind zwar auch erhebliche Einschnitte in die Rechte anderer Gläubiger verbunden. Insbesondere können einzelne Insolvenzgläubiger, auch die Träger öffentlicher Leistungen wegen der auf sie übergegangenen Ansprüche, während der Dauer des Insolvenzverfahrens weder in die Insolvenzmasse noch in das sonstige Vermögen des Schuldners vollstrecken (§ 89 I InsO). Vorbehaltlich vorrangiger Rechte auf Absonderung (§§ 165 ff. InsO) sind sie auf eine quotenmäßige Befriedigung durch die Insolvenzmasse verwiesen (§§ 187 ff. InsO) und verlieren ihre Forderung im Fall der Restschuldbefreiung endgültig (§§ 286 ff. InsO). Das aber ist Folge der vom Gesetzgeber geschaffenen Verbraucherinsolvenz, die deswegen grundsätzlich nicht zu einer Unzumutbarkeit des Verfahrens für den Schuldner führen kann. Dem Bekl. wäre es auch ohne unterhaltsrechtliche Obliegenheit möglich, sich durch einen eigenen Antrag auf Einleitung eines Insolvenzverfahrens der bereits aufgelaufenen Unterhaltsrückstände zu entledigen.

(Unterhaltsrückstände bei Insolvenzverfahren)

Allerdings zählen zu diesen Insolvenzforderungen auch die bei Eröffnung des Insolvenzverfahrens **d** schon fälligen Unterhaltsrückstände, weil auch diese ab Eröffnung der Verbraucherinsolvenz nicht mehr im Wege der Einzelzwangsvollstreckung durchgesetzt werden können (vgl. *Melchers/Hauß*, Rn. 142 ff.). Neben dem Kl. erhalten im Falle der Eröffnung des Insolvenzverfahrens also auch sein inzwischen volljähriger Bruder und seine Mutter wegen des Vollstreckungsverbots nach § 89 InsO Unterhaltsrückstände allenfalls durch eine Verteilung im Insolvenzverfahren und auch nur insoweit, als der Unterhaltsschuldner Einkünfte erzielt, die die Pfändungsfreigrenzen des § 850c I 1 ZPO in Verbindung mit den Erhöhungsbeträgen nach Satz 2 übersteigen. Solche Einkünfte, die die Pfändungsgrenze nach § 850c I ZPO von gegenwärtig 1475 EUR bei einer laufenden Unterhaltspflicht gegenüber zwei Kindern (930 EUR + 350 EUR + 195 Euro) übersteigen, erzielt der Bekl. aber nicht. Allerdings begehrt der Kl. selbst, vertreten durch seine Mutter, die Einleitung des Insolvenzverfahrens, um somit wenigstens seinen laufenden Unterhalt zu sichern. Umstände, die aus Sicht des ebenfalls unterhaltsberechtigten Bruders zur Unzumutbarkeit der Einleitung eines Insolvenzverfahrens führen könnten, sind vom BerGer. – von der Revision unangefochten – nicht festgestellt.

(Pfändungsfreie Unterhaltsbeträge bei Insolvenz)

e) Die stets gebotene Abwägung der unmittelbaren Vorteile einer Einleitung des Insolvenzverfahrens **e** mit dessen Nachteilen (vgl. insoweit Weisbrodt, FamRZ 2003, 1240 [1244]) führt hier zu einer Obliegenheit des Bekl. zur Durchführung der Verbraucherinsolvenz. Denn gegenwärtig sind von dem erzielten Arbeitseinkommen des Bekl. nur sehr geringe monatliche Beträge pfändbar, die noch nicht einmal den ursprünglich titulierten Unterhalt des Kl. decken.

Unter Berücksichtigung der Rechtsprechung des BGH, nach der der einem Unterhaltsschuldner im Rahmen der Zwangsvollstreckung gem. § 850d I 2 ZPO nur verbleibende notwendige eigene Unterhalt dem notwendigen Lebensbedarf im Sinne der Abschnitte 2 und 4 des BSHG (jetzt: SGB XII Kap. 3 u. 11) entspricht (NJW 2003, 2918 = FamRZ 2003, 1466; Zöller/Stöber, 25. Aufl., § 850d Rn. 7), ergibt sich mit Einleitung des Insolvenzverfahrens neben der erhöhten Unterhaltspflicht auch eine ungeschmälerte Vollstreckbarkeit. Denn Unterhaltsgläubiger können fortan wegen des Verbots der Einzelzwangsvollstreckung für andere Gläubiger hinsichtlich ihrer laufenden Unterhaltsansprüche auf den Differenzbetrag zwischen den Pfändungsfreigrenzen des § 850c ZPO und dem Schuldner zu belassenden Unterhalt iS von § 850d I 2 ZPO zugreifen (*OLG Celle*, FamRZ 2003, 1116). Während der Kl. gegenwärtig monatlich nur 58 EUR (116 Euro: 2) beitreiben kann, was für die Zeit von Januar 2003 bis Mai 2008 insgesamt 3770 EUR ausmacht, wäre ab Einleitung des Insolvenzverfahrens jedenfalls der vom BerGer. für die Zeit ab Januar 2003 zugesprochene monatliche Unterhalt in Höhe von 222,50 EUR beitreibbar. Die Differenz beläuft sich mithin auf 164,50 EUR (222,50 EUR – 58 Euro) monatlich, was selbst bei einer Unterhaltspflicht von nur noch circa drei Jahren zu einem Mehrbetrag in Höhe von 5922 EUR (164,50 EUR × 36) führt.

BGH v. 23.3.2005 – XII ZB 13/05 – FamRZ 2005, 883 = NJW 2005, 1722

R628 *(Anspruch des volljährigen Kindes auf Prozesskostenvorschuss)*

a Auch dem volljährigen Kind steht ein Anspruch auf Zahlung eines Prozesskostenvorschusses gegen seine Eltern zu, wenn es sich noch in der Ausbildung befindet und noch keine selbstständige Lebensstellung erreicht hat.

Allerdings folgt dieser Anspruch auf Zahlung eines Prozesskostenvorschusses nicht schon aus § 1610 II BGB, der den Anspruch auf Verwandtenunterhalt nach dem gesamten Lebensbedarf bemisst. Denn auch das Maß des Anspruchs auf nachehelichen Ehegattenunterhalt nach § 1578 BGB umfasst grundsätzlich den gesamten Lebensbedarf. Gleichwohl schuldet ein geschiedener Ehegatte nach der Rechtsprechung des Senats seinem früheren Ehegatten keinen Prozesskostenvorschuss (*Senat,* NJW 1984, 291). Obwohl auch der Anspruch auf Familienunterhalt nach § 1360a I BGB den gesamten Lebensbedarf umfasst, ist dem Ehegatten in § 1360a IV BGB ausdrücklich ein über diesen allgemeinen Lebensbedarf hinausgehender Anspruch auf Zahlung eines Prozesskostenhilfevorschusses zugebilligt worden. Nach dem Gesetzeswortlaut ist diese Regelung allerdings auf den Familienunterhalt (und durch die Bezugnahme in § 1361 IV 4 BGB auf den Trennungsunterhalt) beschränkt. Für den nachehelichen Unterhalt ist § 1360a IV BGB auch nicht entsprechend anwendbar, weil diese unterhaltsrechtliche Beziehung nicht in gleichem Umfang Ausdruck einer besonderen Verantwortung des Verpflichteten für den Berechtigten ist, die derjenigen von Ehegatten vergleichbar ist (*Senat,* BGHZ 89, 33 [39 f.] = NJW 1984, 291).

Dass im Verwandtenunterhalt eine Regelung zur Zahlung eines Prozesskostenvorschusses fehlt, schließt allerdings eine entsprechende Anwendung des § 1360a IV BGB für solche Fälle nicht aus, die der besonderen Unterhaltspflicht zwischen Ehegatten vergleichbar ist (*Senat,* NJW 1984, 291). Das ist nach inzwischen einhelliger Auffassung für die Unterhaltspflicht der Eltern gegenüber ihren minderjährigen unverheirateten Kindern der Fall (vgl. *Senat,* NJW-RR 2004, 1662 = FamRZ 2004, 1633 [1634]; mAnm Viefhues, FamRZ 2004, 1635). Die dem gesetzlichen Zweck vergleichbare Situation ist jedoch nicht auf den Unterhaltsanspruch minderjähriger Kinder beschränkt, sondern im Wesentlichen darauf zurückzuführen, dass die Kinder wegen ihres Alters und Ausbildungsbedarfs noch keine eigene Lebensstellung erreicht haben und sich deswegen noch nicht selbst unterhalten können. Das allerdings gilt für volljährige Kinder vor Erreichen einer eigenen Lebensstellung entsprechend, zumal ihr Unterhaltsanspruch mit dem Anspruch auf Minderjährigenunterhalt identisch ist (*Senat,* FamRZ 1983, 582; Wendl/Scholz, § 3 Rn. 17 u. 339).

Zwar sind durch die zum 1.7.1998 in Kraft getretene Neuregelung des § 1603 II 2 BGB nur solche volljährigen unverheirateten Kinder bis zur Vollendung des 21. Lebensjahrs den minderjährigen Kindern völlig gleichgestellt worden, die noch im Haushalt eines Elternteils leben und sich in der allgemeinen Schulausbildung befinden. Das kann eine Beschränkung des Anspruchs auf Prozesskostenvorschuss auf diese privilegierten Volljährigen aber nicht rechtfertigen. Denn § 1603 BGB verhält sich nicht zum Unterhaltsbedarf, sondern betrifft die Leistungsfähigkeit des Unterhaltspflichtigen und kommt somit erst im Mangelfall zum Tragen (Eschenbruch/Klinkhammer, Rn. 5172).

Das Gesetz enthält deswegen mit der unvollständigen Regelung des § 1610 BGB eine unbewusste Regelungslücke, die durch entsprechende Anwendung des § 1360a IV BGB geschlossen werden kann, wenn die Situation des bedürftigen volljährigen Kindes derjenigen eines unterhaltsberechtigten Ehegatten vergleichbar ist. Das ist hinsichtlich des Unterhaltsanspruchs volljähriger Kinder dann der Fall, wenn sie wegen der Fortdauer ihrer Ausbildung noch keine eigene Lebensstellung erworben haben und deswegen übergangsweise wie minderjährige Kinder der Unterstützung durch ihre Eltern bedürfen. Das BerGer. hat die noch in Berufsausbildung befindliche volljährige Kl. somit zu Recht auf einen Anspruch auf Prozesskostenvorschuss gegen ihre Eltern verwiesen.

(Kindesunterhalt ist eine persönliche Angelegenheit)

b Zwar besteht der Anspruch auf Zahlung eines Prozesskostenvorschusses, der die Bedürftigkeit der Kl. entfallen lässt, nur für solche Rechtsstreitigkeiten, die persönliche Angelegenheiten des Unterhaltsberechtigten betreffen (vgl. insoweit Dose, Rn. 110 f.). Um eine solche Angelegenheit handelt es sich allerdings bei der hier beabsichtigten Klage auf Kindesunterhalt (vgl. BGH NJW 1960, 765 = FamRZ 1960, 130).

Anhang R. Rechtsprechung **R630**

BGH v. 13.4.2005 – XII ZR 273/02 – FamRZ 2005, 1154 = NJW 2005, 2145

(Überobligatorisches Einkommen; anrechnungsfreier Betrag wegen konkreter Betreuungskosten und Betreuungs- **R630**
bonus)

aa) Ob und in welchem Umfang ein eigenes Einkommen des unterhaltsbedürftigen geschiedenen **c**
Ehegatten, das dieser neben der Kindeserziehung erzielt, nach § 1577 II BGB bei der Unterhaltsberechnung zu berücksichtigen ist, lässt sich nach der Rechtsprechung des Senats nicht pauschal beantworten, sondern ist stets von den besonderen Umständen des Einzelfalls abhängig (vgl. zuletzt *Senat,* NJW 2005, 818 = FamRZ 2005, 442 [444] mwN). Dabei kann die freiwillige Ausübung einer Berufstätigkeit ein maßgebendes Indiz für eine Vereinbarkeit von Kindererziehung und Arbeitsmöglichkeit im konkreten Einzelfall sein (*Senat,* NJW 1981, 2804 = FamRZ 1981, 1159 [1161]). Ein überobligatorisch erzieltes Einkommen ist bei der Unterhaltsbemessung deswegen nicht von vornherein unberücksichtigt zu lassen. Über die Anrechnung ist vielmehr nach Treu und Glauben unter Berücksichtigung der Umstände des Einzelfalls zu entscheiden. Dabei ist nicht zu beanstanden, wenn jedenfalls der Betrag abgesetzt wird, der für die infolge dieser Berufstätigkeit notwendig gewordene anderweitige Betreuung des Kindes aufgewendet werden muss (sog. konkreter Betreuungsaufwand; Schürmann, in: AnwK-BGB, § 1577 Rn. 64 mwN; zum Unterhaltspflichtigen vgl. *Senat,* NJW 1982, 2664 = FamRZ 1982, 779 [780]; NJW 1983, 1548 = FamRZ 1983, 569 [570], u. NJW 2001, 973 = FamRZ 2001, 350 [352]). Die Berücksichtigung eines anrechnungsfreien Betrags des auf einer überobligationsmäßigen Tätigkeit beruhenden Mehreinkommens hat der Senat aber auch dann für gerechtfertigt gehalten, wenn keine konkreten Betreuungskosten anfallen, etwa weil die zweite Ehefrau des Unterhaltsverpflichteten das Kind aus dessen Ehe mitbetreut (vgl. *Senat,* NJW 2001, 973 = FamRZ 2001, 350 [352]).

(Keine pauschale Kürzung des überobligatorischen Einkommens)

bb) In welchem Umfang ein überobligatorisch erzieltes Einkommen nach diesen Grundsätzen **d**
unberücksichtigt bleiben kann, muss zwar grundsätzlich der tatrichterlichen Entscheidung überlassen bleiben. Der Senat hat einen Abzug von monatlich 300 DM in einem Fall, in dem die zweite Ehefrau des Unterhaltsverpflichteten dessen 13 und 14 Jahre alte Kinder aus erster Ehe mitbetreute, nicht beanstandet (*Senat,* NJW 1986, 2054 = FamRZ 1986, 790 [791]). Dabei entzieht sich die Bemessung des nach § 1577 II BGB anrechnungsfrei zu belassenden Teils des Einkommens allerdings nach ständiger Rechtsprechung des Senats einer schematischen Beurteilung und hängt im Einzelfall davon ab, wie etwa die Kindesbetreuung mit den konkreten Arbeitszeiten unter Berücksichtigung erforderlicher Fahrzeiten zu vereinbaren ist und ob und gegebenenfalls zu welchen Zeiten die Kinder infolge eines Kindergarten- oder Schulbesuchs zeitweise der Betreuung ohnehin nicht bedürfen (*Senat,* NJW 2001, 973 = FamRZ 2001, 350 [352]).

Der vom BerGer. lediglich pauschal bemessene hälftige Ansatz der von der Mutter der Kl. erzielten Einkünfte hält diesen Anforderungen nicht stand. Konkrete Betreuungskosten haben die Kl. insoweit nicht vorgetragen. Bei der Bemessung eines anrechnungsfreien Betrags ist zu berücksichtigen, dass die Kl. im Zeitpunkt der Berufungsentscheidung 13 bzw. zehn Jahre alt waren und ihre Mutter einen Teil ihrer Tätigkeit während einer Zeit ausüben kann, in der die Kl. die Schule besuchen. Letztlich ist im Rahmen der Ermessensausübung auch zu berücksichtigen, dass die Mutter der Kl. durch ihre Teilzeittätigkeit immerhin ein monatliches Nettoeinkommen in Höhe von 2700 DM erzielt, während der Bekl. bei einem Monatseinkommen von circa 3400 DM neben den Kl. jedenfalls auch seinem weiteren Kind aus zweiter Ehe und seiner zweiten Ehefrau unterhaltspflichtig ist.

(Einkommen aus überobligatorischer Tätigkeit eheprägend nach Abzug anrechnungsfreier Betrag)

b) Zu Recht hat das BerGer. ein der Mutter der Kl.gem. § 1577 II BGB nach Billigkeit zuzurech- **e**
nendes eigenes Einkommen allerdings im Wege der Differenzmethode berücksichtigt.

aa) Der BGH hat im Jahre 2001 – unter Aufgabe der früheren Rechtsprechung – entschieden, dass die ehelichen Lebensverhältnisse nach § 1578 BGB nicht nur durch die Bareinkünfte des erwerbstätigen Ehegatten, sondern auch durch die Leistungen des anderen Ehegatten im Haushalt mitbestimmt werden und hierdurch eine Verbesserung erfahren. Denn die ehelichen Lebensverhältnisse umfassen alles, was während der Ehe für den Lebenszuschnitt der Ehegatten nicht nur vorübergehend tatsächlich von Bedeutung ist, mithin auch den durch die häusliche Mitarbeit des nicht erwerbstätigen Ehegatten erreichten sozialen Standard (*Senat* NJW 2001, 2254 = FamRZ 2001, 986 [989]). Entsprechend

2219

orientiert sich auch die Teilhabequote an der Gleichwertigkeit der beiderseits erbrachten Leistungen, so dass beide Ehegatten hälftig an dem durch Erwerbseinkommen einerseits, Haushaltsführung andererseits geprägten ehelichen Lebensstandard teilhaben. Nimmt der haushaltsführende Ehegatte nach der Scheidung eine Erwerbstätigkeit auf oder erweitert er sie über den bisherigen Umfang hinaus, so kann sie als Surrogat für seine bisherige Familienarbeit angesehen werden, weil sich der Wert seiner Haushaltstätigkeit dann, von Ausnahmen einer ungewöhnlichen, vom Normalverlauf erheblich abweichenden Karriereentwicklung abgesehen, in dem daraus erzielten oder erzielbaren Einkommen widerspiegelt. Wenn der unterhaltsberechtigte Ehegatte nach der Scheidung solche Einkünfte erzielt oder erzielen kann, die gleichsam als Surrogat des wirtschaftlichen Werts seiner bisherigen Tätigkeit angesehen werden können, ist dieses Einkommen nach der Differenzmethode in die Unterhaltsberechnung einzubeziehen (*Senat*, BGHZ 148, 105 [120 f.] = NJW 2001, 2254). Diese Rechtsprechung hat das BVerfG ausdrücklich gebilligt. Danach entspricht es dem gleichen Recht und der gleichen Verantwortung bei der Ausgestaltung des Ehe- und Familienlebens, auch die Leistungen, die jeweils im Rahmen der gemeinsamen Arbeits- und Aufgabenzuweisung erbracht werden, als gleichwertig anzusehen. Deshalb sind die von den Ehegatten für die eheliche Gemeinschaft jeweils erbrachten Leistungen unabhängig von ihrer ökonomischen Bewertung gleichgewichtig. Auch der zeitweilige Verzicht eines Ehegatten auf Erwerbstätigkeit, um die Haushaltsführung oder die Kindererziehung zu übernehmen, wie die vorher ausgeübte Berufstätigkeit, prägt also die ehelichen Verhältnisse, wie die vorher ausgeübte Berufstätigkeit, und die danach wieder aufgenommene oder angestrebte Erwerbstätigkeit (BVerfGE 105, 1 [11 f.] = NJW 2002, 1185 = FamRZ 2002, 527 [529]; vgl. auch *Senat*, NJW 2004, 2303 = FamRZ 2004, 1170, u. NJW 2004, 2305 = FamRZ 2004, 1173).

bb) Ebenso hat der Senat bereits entschieden, dass bei der Berechnung des eheangemessenen Unterhaltsbedarfs gem. § 1578 BGB der sich im Surrogat fortsetzende Wert der Haushaltstätigkeit auch in den Fällen im Wege der Additions- oder Differenzmethode in die Unterhaltsberechnung einzubeziehen ist, „in denen ein Erwerbseinkommen des unterhaltsberechtigten Ehegatten bisher nicht als eheprägend in die Bedarfsbemessung einbezogen wurde, weil es durch eine unzumutbare und die ehelichen Lebensverhältnisse deshalb nicht nachhaltig prägende Erwerbstätigkeit erzielt wurde" (*Senat*, BGHZ 148, 368 [381] = NJW 2001, 3618 = FamRZ 2001, 1687 [1691]). Schon damit hatte der Senat seine frühere Rechtsprechung (vgl. *Senat*, NJW-RR 1998, 721 = FamRZ 1998, 1501 mwN) aufgegeben, wonach Einkünfte aus unzumutbarer Tätigkeit die ehelichen Lebensverhältnisse grundsätzlich nicht nachhaltig prägen können, weil der Unterhaltsberechtigte diese Tätigkeit jederzeit wieder aufgeben kann (zur Kritik an der früheren Rspr. vgl. *Scholz*, FamRZ 2002, 733 [734]).

Den Umfang des somit zu berücksichtigenden Einkommens hat der Senat bislang lediglich negativ dahin abgegrenzt, dass „bei der Berechnung des eheangemessenen Unterhaltsbedarfs gem. 1578 BGB nach der so genannten Additions- bzw. Differenzmethode ... ein vom Unterhaltsberechtigten überobligationsmäßig erzielter Einkommensanteil nicht einzubeziehen" ist (*Senat*, NJW 2003, 1181 = FamRZ 2003, 518 [520] mAnm *Büttner*). Denn auch als Surrogat kann nur der zu berücksichtigende Anteil eines überobligatorisch erzielten Einkommens an die Stelle der eheprägenden früheren Haushaltstätigkeit oder Kindererziehung treten. Zu Recht hat das BerGer. deswegen den nach den §§ 1577 II, 242 BGB zu bemessenden Anteil der überobligationsmäßigen Einkünfte (im Folgenden: unterhaltsrelevanter Anteil) der Mutter der Kl. in die Differenzmethode einbezogen.

Soweit teilweise aus dieser Rechtsprechung des Senats hergeleitet wird, ein nicht unterhaltsrelevanter überobligationsmäßig erzielter Einkommensanteil sei im Wege der Anrechnungsmethode in die Unterhaltsberechnung einzubeziehen (Büttner, Anm. zu *Senat*, NJW 2003, 1181 = FamRZ 2003, 518), verkennt dieses die Rechtsprechung des Senats. Mit Urteil vom 22.1.2003 (NJW 2003, 1181 = FamRZ 2003, 518 [522]) hat der Senat lediglich ausgeführt, dass bei der Berechnung des eheangemessenen Unterhaltsbedarfs gem. § 1578 BGB der nicht unterhaltsrelevante Teil eines vom Unterhaltsberechtigten überobligationsmäßig erzielten Einkommensanteils nicht in die so genannte Additions- bzw. Differenzmethode einzubeziehen ist. Damit hat der Senat seinen schon zuvor angelegten Wechsel der Rechtsprechung fortgeführt und entschieden, dass nur der unterhaltsrelevante Anteil eines überobligatorisch erzielten Einkommens die ehelichen Lebensverhältnisse prägen kann und deswegen bei der Bedarfsbemessung nach den ehelichen Lebensverhältnissen zu berücksichtigen ist. Umgekehrt prägt der in Anwendung der §§ 1577 II, 242 BGB nicht unterhaltsrelevante Anteil der überobligationsmäßig erzielten Einkünfte die ehelichen Lebensverhältnisse nicht. Das gilt allerdings in gleicher Weise auch für die Stufe der Bedarfsdeckung; auch insoweit ist nur der unterhaltsrelevante Anteil der überobligationsmäßig erzielten Einkünfte einzubeziehen. Der nicht unterhaltsrelevante Anteil der überobligationsmäßig erzielten Einkünfte bleibt bei der Unterhaltsermittlung also vollständig unberücksichtigt.

Denn eine Einbeziehung des nicht unterhaltsrelevanten Anteils der überobligationsmäßig erzielten Einkünfte würde stets zu Ergebnissen führen, die mit der Rechtsprechung des Senats nicht vereinbar sind. Würde dieser Einkommensanteil im Wege der Anrechnungsmethode berücksichtigt, widerspräche das schon allgemein der Surrogatrechtsprechung des Senats zur Bemessung des Umfangs der eheprägenden Haushaltstätigkeit bzw. Kindererziehung. Danach ist – von Ausnahmen einer ungewöhnlichen, vom Normalverlauf erheblich abweichenden Karriereentwicklung abgesehen – ein später erzieltes Einkommen regelmäßig mit dem gleichen Betrag sowohl als eheprägend und damit als bedarfsbegründend, als auch als bedarfsdeckend zu berücksichtigen, was der Anwendung der Additions- bzw. Differenzmethode entspricht. Zudem würde eine Berücksichtigung dieses Anteils stets zu untragbaren Ergebnissen führen. Denn würde auch dieser Einkommensanteil im Wege der Additions- oder Differenzmethode berücksichtigt, stünde der Unterhaltsberechtigte so wie ein Unterhaltsberechtigter, dem ein in gleicher Höhe erzieltes Einkommen in vollem Umfang zurechenbar ist und das deswegen insgesamt im Wege der Additions- bzw. Differenzmethode Berücksichtigung findet. Würde man den nicht unterhaltsrelevanten Anteil der überobligationsmäßig erzielten Einkünfte hingegen im Wege der Anrechnungsmethode berücksichtigen, stünde der Unterhaltsberechtigte mit überobligationsmäßig erzielten Einkünften sogar schlechter als ein Unterhaltsberechtigter, dem ein in gleicher Höhe erzieltes Einkommen in vollem Umfang zurechenbar ist.

Zu Recht und im Einklang mit dieser Surrogatrechtsprechung des Senats hat das BerGer. deswegen dem unterhaltsrelevanten und somit eheprägenden Teil der überobligationsmäßig erzielten Einkünfte der geschiedenen Ehefrau des Bekl. auch im Rahmen der Bedarfsdeckung nur Einkünfte in diesem Umfang gegengerechnet.

BGH v. 11.5.2005 – XII ZR 108/02 – FamRZ 2005, 1162 = NJW 2005, 2223

(Voraussetzungen § 1585b III BGB)

§ 1585b III BGB schränkt die Forderung von Unterhalt für eine mehr als ein Jahr zurückliegende Zeit sowie von entsprechenden Erfüllungssurrogaten ein, weil die Unterhaltsverpflichtung grundsätzlich darauf gerichtet ist, die Mittel für den laufenden Lebensbedarf des Berechtigten zur Verfügung zu stellen. Auch soll der Schuldner vor Härten geschützt werden, die sich aus der Inanspruchnahme für eine Zeit ergeben, in der er sich auf eine Unterhaltsverpflichtung nicht einzurichten brauchte.

(§ 1585b III BGB gilt nicht für Ausgleichsansprüche nach dem Realsplitting)

2. Der Einschränkung des § 1585b III BGB für die Durchsetzung von Unterhaltsforderungen, die länger als ein Jahr vor der Rechtshängigkeit fällig wurden, liegen Rechtsgedanken zu Grunde, die sich auf das Unterhaltsrecht beschränken. Das Gesetz will eine dergestalt verspätete Geltendmachung des Unterhaltsanspruchs dadurch sanktionieren, dass sie nur unter einer erschwerenden Voraussetzung durchgreifen kann. Dem Wesen nach handelt es sich um eine Ausformung des Rechtsinstituts der Verwirkung, die an eine „illoyal verspätete Geltendmachung" des Rechts nachteilige Folgen für den Rechtsinhaber knüpft (vgl. dazu auch BGHZ 84, 280 [283] = NJW 1982, 1999, u. *Senat*, NJW 1988, 1137 = FamRZ 1988, 370 [372 f.]). Der Gläubiger soll dadurch veranlasst werden, seinen Unterhaltsanspruch zeitnah zu verwirklichen, auch damit nicht beim Schuldner eine übergroße Schuldenlast anwächst (vgl. dazu auch *Senat*, NJW-RR 1987, 1220 = FamRZ 1987, 1014 [1015]). Das Gesetz bringt auch in weiteren Regelungen zum Ausdruck, dass Unterhaltsforderungen für eine mehr als ein Jahr zurückliegende Zeit mit einer besonderen Schwäche behaftet sind (*Senat*, NJW 1989, 526 = FamRZ 1989, 150 [152 f.], unter Hinw. auf die Vorschriften der § 1613 II Nr. 1 BGB u. § 850d I 4 ZPO). Auch § 1585b II BGB, wonach Unterhalt für die Vergangenheit erst von der Zeit an gefordert werden kann, in der der Unterhaltspflichtige in Verzug gekommen oder der Unterhaltsanspruch rechtshängig geworden ist, beruht auf dem Gedanken, dass Unterhalt seinem Wesen nach zur Bestreitung des laufenden Lebensbedarfs dient und die Befriedigung der Bedürfnisse einer zurückliegenden Zeit an sich nicht möglich ist, so dass grundsätzlich keine Notwendigkeit besteht, darauf beruhende Ansprüche fortdauern zu lassen. Zugleich soll der Unterhaltspflichtige durch diese Vorschrift vor Härten geschützt werden, die sich aus einer Inanspruchnahme für eine Zeit ergeben können, in der er noch nicht mit dem Unterhaltsanspruch rechnen musste (*Senat*, NJW 1992, 1956 = FamRZ 1992, 920 [921]). Um einen

solchermaßen begrenzten Unterhaltsanspruch handelt es sich bei dem Anspruch des Unterhaltsberechtigten auf Ausgleich des Steuernachteils infolge seiner Zustimmung zum begrenzten Realsplitting hingegen nicht.

Zwar hat der Senat inzwischen entschieden, dass gegenüber dem Anspruch eines unterhaltsberechtigten geschiedenen Ehegatten auf Erstattung der ihm als Folge des begrenzten steuerlichen Realsplittings erwachsenden steuerlichen Nachteile grundsätzlich nicht mit Gegenforderungen aufgerechnet werden kann (*Senat*, NJW 1997, 1441 = FamRZ 1997, 544 [545 f.]). Dabei hat sich der Senat allerdings entscheidend auf den Zweck des § 850b I Nr. 2 ZPO und die Entwicklung dieser Vorschrift gestützt. Danach erfasst die Regelung entgegen dem Wortlaut (Unterhalts-"Renten") generell Unterhalts-"Forderungen", die im Rahmen oder auf Grund einer gesetzlichen Unterhaltsverpflichtung geschuldet werden, und damit auch einmalig zu zahlende Unterhaltsbeträge. Denn auch diese sind dazu bestimmt, dem Berechtigten die zu seinem Lebensunterhalt bestimmten Mittel – unverkürzt und rechtzeitig – zukommen zu lassen.

Der Senat hat insoweit für den Ausgleichsanspruch aus dem begrenzten Realsplitting auf dessen (auch) unterhaltsrechtlichen Charakter abgestellt. Denn die Ausgleichsverpflichtung dient dem Zweck, dem Unterhaltsberechtigten durch die Ausgleichung der mit dem begrenzten Realsplitting für ihn verbundenen Belastung den ihm zustehenden Nettounterhalt im Ergebnis ungeschmälert zu sichern. Wegen der damit erzielten Sicherung des Unterhalts ist der Anspruch des Unterhaltsberechtigten auf Erstattung der infolge des begrenzten Realsplittings entstehenden Steuerlast von dem weiten Geltungsbereich des § 850b I Nr. 2 ZPO umfasst (*Senat*, NJW 1997, 1441 = FamRZ 1997, 544 [545 f.]). Der Ausgleichsanspruch sichert also den Unterhaltsanspruch des Berechtigten und genießt den gleichen Schutz wie dieser, ohne indessen selbst ein Unterhaltsanspruch zu sein. Deswegen hat der Senat daran festgehalten, dass die Verpflichtung des ausgleichsberechtigten Ehegatten zur Zustimmung zum begrenzten Realsplitting gegen Ausgleich der ihm hierdurch gegebenenfalls erwachsenden steuerlichen Nachteile „auf einer Ausprägung des Grundsatzes von Treu und Glauben im Rahmen des zwischen geschiedenen Ehegatten bestehenden gesetzlichen Unterhaltsrechtsverhältnisses" beruht (*Senat*, NJW 1986, 254 = FamRZ 1985, 1232 [1233]; NJW 1997, 1441 = FamRZ 1997, 544 [546], u. NJW-RR 1998, 1153 = FamRZ 1998, 953 [954]). Der Ausgleichsanspruch dient nicht der Befriedigung des laufenden Lebensunterhalts, denn dieser ist bereits gezahlt, sondern gleicht lediglich aus Gründen von Treu und Glauben einen konkret entstehenden Nachteil des Unterhaltsberechtigten im Hinblick auf den mindestens gleich hohen Vorteil beim Unterhaltspflichtigen aus. Auf diesen Anspruch ist § 1585b III BGB deswegen nicht unmittelbar anwendbar.

3. Entgegen anderen Stimmen in Rechtsprechung und Literatur (OLG Hamburg, FamRZ 2000, 888 [889]; *Heiß/Born/Linderer*, Stand: Juli 2004, Kap. 43 Rn. 25a; *Johannsen/Henrich/Büttner*, EheR, 4. Aufl., § 1585b Rn. 4; FA-FamR/*Gerhardt*, 5. Aufl., Kap. 6 Rn. 71) ist § 1585b III BGB auf diesen Ausgleichsanspruch auch nicht analog anwendbar. Die Vorschrift des § 1585b III BGB beinhaltet nach einhelliger Auffassung eine spezielle Ausformung des allgemeinen Verwirkungsgrundsatzes (*Senat*, BGHZ 105, 250 = NJW 1989, 526 = FamRZ 1989, 150 [152 f.]). Liegen die Voraussetzungen dieses besonderen Anwendungsbereichs der Verwirkung nicht vor, verbleibt es deswegen bei der Anwendbarkeit des aus den Grundsätzen von Treu und Glauben (§ 242 BGB) folgenden allgemeinen Verwirkungsgrundsatzes als Unterfall der unzulässigen Rechtsausübung (*Senat*, NJW 1982, 1999; BGHZ 105, 290 [298] = NJW 1989, 836). Damit fehlt es auch an einer Regelungslücke für eine analoge Anwendung des § 1585b III BGB (so i. E. auch *Göppinger/Wax/Kodal*, Rn. 1139; *Weinreich/Klein*, § 1585b Rn. 15).

BGH v. 11.5.2005 – XII ZR 211/02 – FamRZ 2005, 1817 = NJW 2005, 3277

R632 *(Scheidung Einsatzzeit bei Ansprüchen nach § 1573 BGB)*

a II. 1. Zutreffend ist das BerGer. allerdings davon ausgegangen, dass Aufstockungsunterhalt gem. § 1573 II BGB geschuldet wird, wenn die Anspruchsvoraussetzungen zur Zeit der Scheidung vorgelegen haben. Die in § 1573 III und IV BGB enthaltenen Regelungen wären nicht verständlich, wenn für den Anspruch nach § 1573 II BGB nicht die Zeit der Scheidung als Einsatzzeit gelten würde (vgl. *Senat*, NJW 1983, 2321 = FamRZ 1983, 886; Wendl/Pauling, 6. Aufl., § 4 Rn. 126; Schwab/Borth, 5. Aufl., Kap. IV Rn. 285; *Kalthoener/Büttner/Niepmann*, 9. Aufl., Rn. 439). Dass der Unterhaltsberechtigte den Anspruch erst zu einem späteren Zeitpunkt geltend macht, ist ohne Bedeutung.

Anhang R. Rechtsprechung **R632**

(Splittingvorteil bei Wiederverheiratung und Vorrang des ersten Ehegatten nur für neue Ehe)

Hinsichtlich des Einkommens des Bekl. hat das BerGer. die Auffassung vertreten, dass – abgesehen **b**
von der gebotenen Außerachtlassung des Kinderfreibetrags für den Stiefsohn – auf die reale steuerliche Belastung abzustellen sei mit der Folge, dass der Splittingvorteil, der dem Bekl. zugute komme, sich auch zu Gunsten der Kl. auswirke. Das steht mit der früheren Rechtsprechung des Senats in Einklang. Mit Beschluss vom 7.10.2003 hat das BVerfG allerdings entschieden, dass der Gesetzgeber den Vorteil, der aus dem Steuersplitting folgen könne, der bestehenden Ehe von gemeinsam steuerlich veranlagten und zusammenlebenden Ehegatten zugewiesen habe. Der Splittingtarif falle deshalb weg, wenn die Eheleute dauerhaft getrennt lebten oder sich scheiden ließen. Um eine gleichzeitig mit dem Wegfall des Splittingvorteils durch einen Unterhaltsanspruch des getrennt lebenden oder geschiedenen Ehegatten eintretende Belastung des Unterhaltspflichtigen steuerlich aufzufangen, habe der Gesetzgeber geschiedenen Ehegatten die Möglichkeit des Realsplittings eingeräumt, die so lange eröffnet sei, wie die Unterhaltsverpflichtung bestehe. Gehe der Unterhaltspflichtige aber eine neue Ehe ein, sei dies bei Zusammenveranlagung der Ehegatten anspruchsbegründender Tatbestand für den Eintritt eines möglichen Splittingvorteils. Dabei handele es sich nicht um ein Wiederaufleben des steuerlichen Splittingvorteils, in dessen Genuss die geschiedenen Ehegatten bei Bestehen ihrer Ehe gekommen seien oder hätten kommen können. Vielmehr entstehe mit der neuen Ehe eine neue Einkommenskonstellation zwischen den nunmehr miteinander verbundenen Ehegatten, die maßgeblich dafür sei, ob und inwieweit ihre Ehe durch das Splittingverfahren steuerliche Vorteile erfahre. Der neuen Ehe und nicht der geschiedenen Ehe des wiederverheirateten Unterhaltspflichtigen solle also eine steuerliche Entlastung zuteil werden. Eine andere Interpretation von § 1578 I 1 BGB würde der neuen Ehe den Schutz nach Art. 6 I GG entziehen, der auch ihr in Ausformung des grundgesetzlichen Auftrags durch den Gesetzgeber zukomme, und sei deshalb mit dem Grundgesetz nicht vereinbar (BVerfGE 108, 351 [363 ff.] = NJW 2003, 3466).

Mit Rücksicht auf diese Entscheidung kann die bisherige Rechtsprechung des Senats zur Behandlung des Splittingvorteils bei der Bemessung des Ehegattenunterhalts nicht aufrechterhalten werden. Da eine hierauf beruhende steuerliche Entlastung von Verfassungs wegen der neuen Ehe zugewiesen ist, hat der betreffende Gesichtspunkt als ein die Lebensverhältnisse der geschiedenen Ehe prägender Umstand außer Betracht zu bleiben. Für die Ermittlung des unterhaltsrelevanten Einkommens des Unterhaltspflichtigen ist deshalb ein gegebenenfalls vorhandener Splittingvorteil zu eliminieren und eine fiktive Steuerberechnung anhand der Grundtabelle vorzunehmen, soweit es um die Inanspruchnahme auf Zahlung von Ehegattenunterhalt geht.

(Splittingvorteil bei Wiederverheiratung für alle Kinder)

Demgegenüber kommt Kindern aus einer früheren Ehe des Unterhaltspflichtigen der mit der **c**
Wiederheirat verbundene Steuervorteil zugute, da es im Verwandtenunterhalt grundsätzlich auf das tatsächlich vorhandene Einkommen, mithin auch auf die reale Steuerbelastung ankommt.

(Fiktive Steuerberechnung bei Wiederverheiratung Pflichtiger nach Grundtabelle mit Realsplittingvorteil)

Für die Berechnung des der Kl. zustehenden Unterhalts kann danach – im Gegensatz zum Kindes- **d**
unterhalt, vgl. dazu III 2 – nicht von dem vom BerGer. festgestellten Einkommen des Bekl. ausgegangen werden, denn von dessen Bruttoerwerbseinkommen ist Lohnsteuer nach Steuerklasse III abgeführt worden. Erforderlich ist deshalb die Feststellung, welche steuerliche Belastung sich für den Bekl. in seiner konkreten steuerrechtlichen Situation bei Anwendung der Grundtabelle – gegebenenfalls aber unter Berücksichtigung eines Steuervorteils aus dem begrenzten Realsplitting bezüglich des in Höhe von monatlich 1000 DM freiwillig gezahlten Ehegattenunterhalts – ergeben würde.

(Kein Abzug Kindesunterhalt von Stiefkindern)

Das BerGer. ist weiter davon ausgegangen, die für den Stiefsohn eingegangene Zahlungsverpflich- **e**
tung des Bekl. müsse unterhaltsrechtlich außer Betracht bleiben. Demgegenüber macht die Revision geltend, insoweit bestehe nicht nur eine sittliche Pflicht, sondern eine Rechtspflicht, die der Bekl. habe übernehmen müssen, um eine Familienzusammenführung zu ermöglichen. Dessen neue Familie, der auch der Stiefsohn angehöre, stehe unter dem Schutz von Art. 6 I GG, weshalb die mit der Familienzusammenführung verbundenen Kosten unterhaltsrechtlich zu berücksichtigen seien.

Dem vermag der Senat nicht zu folgen.

a) Es ist zwar zutreffend, dass unter der Familie iS des Art. 6 I GG jedenfalls die aus Eltern und Kindern bestehende Gemeinschaft zu verstehen ist, zu den Kindern aber auch Stief-, Adoptiv- und Pflegekinder sowie (im Verhältnis zur Mutter) nichteheliche Kinder gehören (BVerfGE 18, 97 [105 f.] = NJW 1964, 1536; BVerfGE 68, 176 [187] = NJW 1985, 423; Badura, in: Maunz/Dürig, GG, Art. 6 Rn. 60). Richtig ist auch, dass der besondere Schutz der staatlichen Ordnung, den die Familie mit ausländischen Angehörigen beanspruchen kann, hauptsächlich in den Regelungen des Ausländerrechts über das familiäre Zusammenleben (Aufenthaltsrecht, Familiennachzug, Schutz gegen aufenthaltsbeendende Maßnahmen) zur Geltung kommt (Badura, in: Maunz/Dürig, Art. 6 Rn. 63). Der Schutz des Art. 6 I GG gilt jedoch unterschiedslos jeder Ehe. Nicht nur die bestehende Ehe, sondern auch die Folgewirkungen einer geschiedenen Ehe werden durch Art. 6 I GG geschützt (vgl. BVerfGE 53, 257 [296] = NJW 1980, 692; BVerfGE 108, 351 [364] = NJW 2003, 3466). Damit erstreckt sich der Schutz auch auf die nach der Scheidung bestehenden Unterhaltsansprüche, die als Folgewirkung der personalen Verantwortung der Ehegatten füreinander anzusehen sind. Deshalb ist es verfassungsrechtlich nicht zu beanstanden, dass der Gesetzgeber beim Aufeinandertreffen von Unterhaltsansprüchen aus der geschiedenen und aus der neuen Ehe des Unterhaltspflichtigen dem geschiedenen Unterhaltsberechtigten durch § 1582 BGB einen Vorrang eingeräumt hat (vgl. auch *Senat*, NJW 2005, 2145 = FamRZ 2005, 1154 [1155 f.]). Er hat damit dem Umstand Rechnung getragen, dass der Anspruch des geschiedenen Ehegatten schon bestanden hat, bevor die neue Ehe eingegangen worden ist, beide Ehegatten von dieser wirtschaftlichen Last aus der ersten Ehe gewusst haben und sich insoweit darauf haben einrichten können (BVerfGE 66, 84 [98] = NJW 1984, 1523). Das sind nach wie vor hinreichende Gründe, die die unterschiedliche unterhaltsrechtliche Behandlung von geschiedenen und verheirateten Unterhaltsberechtigten rechtfertigen (BVerfGE 108, 351 [365] = NJW 2003, 3466). Der neuen Ehe werden demgegenüber die steuerlichen Vorteile eingeräumt, deren Entstehen vom Eheschluss ausgelöst wird und die das Zusammenleben der Ehegatten voraussetzen.

Differenziert der Gesetzgeber in Erfüllung und Ausgestaltung seiner Verpflichtung aus Art. 6 I GG zwischen geschiedenen und bestehenden Ehen und gewährt er ihnen unterschiedliche Vorteile, mit denen er ihrer jeweiligen Bedarfslage gerecht werden will, haben die Gerichte dies bei ihren Entscheidungen zu beachten. Das folgt aus dem Gebot des Art. 6 I GG, jeder Ehe den Schutz zukommen zu lassen, der in der jeweiligen gesetzlichen Ausformung seine Konkretisierung findet (BVerfGE 108, 351 [365] = NJW 2003, 3466).

In das dem Ausgleich der jeweiligen Interessen dienende Gefüge würde aber eingegriffen, wenn die für ein Mitglied der neuen Familie aufzubringenden Lebenshaltungskosten bei der Bemessung der Unterhaltsansprüche der Mitglieder der Erstfamilie berücksichtigt würden. Das wird im vorliegenden Fall auch aus folgender Erwägung deutlich: Die zweite Ehefrau des Unterhaltspflichtigen geht der geschiedenen Ehefrau im Rang nach, obwohl ihr ebenfalls ein Unterhaltsanspruch, nämlich ein solcher auf Familienunterhalt, zusteht. Dann muss das Kind der neuen Ehefrau, für das keine gesetzliche Unterhaltspflicht des Ehemannes besteht, bei der Bemessung des der geschiedenen Ehefrau zustehenden Unterhalts erst recht außer Betracht bleiben. Das gilt entsprechend gegenüber dem Unterhaltsanspruch des erstehelichen Kindes. Dessen Unterhaltsanspruch kann nicht dadurch geschmälert werden, dass der Ehemann für den Sohn seiner zweiten Ehefrau aufkommen muss. Das ergibt sich bereits aus folgender Überlegung: Ist das ersteheliche Kind minderjährig, so steht es seiner Mutter, der geschiedenen Ehefrau, im Rang gleich, geht also ebenso wie diese der neuen Ehefrau vor. Ist das Kind volljährig, so geht es der neuen Ehefrau zwar im Rang nach. Durch den diesem Kind geschuldeten Unterhalt wurden aber die ehelichen Lebensverhältnisse der jetzt bestehenden Ehe geprägt, so dass auch der Unterhalt des volljährigen Kindes bei der Bedarfsbemessung vorweg zu berücksichtigen ist. Ein Stiefkind kann aber auch insoweit nicht besser stehen als seine Mutter. Das muss erst recht gelten, wenn die finanziellen Verhältnisse des Unterhaltspflichtigen es diesem – wie im vorliegenden Fall – erlauben, auch für den Lebensunterhalt der neuen Familie aufzukommen.

b) Das BerGer. hat weiter zu Recht angenommen, dass die gegenüber der Ausländerbehörde begründete Zahlungsverpflichtung nicht als sonstige Verbindlichkeit zu berücksichtigen ist. Ob vom Unterhaltspflichtigen eingegangene Schulden unterhaltsrechtlich zu beachten sind, ist unter umfassender Interessenabwägung zu beurteilen, wobei es insbesondere auf den Zweck der Verbindlichkeiten, den Zeitpunkt und die Art ihrer Entstehung, die Kenntnis des Unterhaltspflichtigen von Grund und Höhe der Unterhaltsschuld und andere Umstände ankommt (*Senat*, NJW 1992, 1624 = FamRZ 1992, 797 [798]).

Danach ist hier von Bedeutung, dass es sich nicht um eine – in Bezug auf die erste Ehe des Unterhaltspflichtigen – ehebedingte Verbindlichkeit handelt. Vielmehr hat er die Verpflichtungserklärung in Kenntnis seiner Unterhaltspflicht für die Kl. im Interesse der Beziehung zu seiner späteren Ehefrau abgegeben. Ein Vorwegabzug kommt auf der Stufe der Bedarfsbemessung aber nur in Betracht, wenn und soweit es sich um ehebedingte Verbindlichkeiten handelt, weil die entsprechenden Einkommensteile auch bei weiterem Zusammenleben der Ehegatten nicht zur Deckung des laufenden Bedarfs zur Verfügung gestanden hätten (vgl. *Senat,* NJW 1997, 1919 = FamRZ 1997, 806 [807]). Für die Bemessung des Unterhaltsbedarfs der Kl. hat die Verpflichtungserklärung deshalb unberücksichtigt zu bleiben.

(Keine Berücksichtigung von Kinderfreibeträgen für Stiefkinder bei Steuerlast)

c) Mit Rücksicht darauf ist es rechtlich nicht zu beanstanden, dass das BerGer. andererseits auch den steuerlichen Vorteil, der dem Beklagten durch den Kinderfreibetrag für den Stiefsohn zukommt, außer Betracht gelassen hat. Eine fiktive Steuerlast ist dann in Ansatz zu bringen, wenn steuermindernde tatsächliche Aufwendungen vorliegen, die unterhaltsrechtlich nicht anzuerkennen sind (*Senat,* NJW 2005, 2077 = FamRZ 2005, 1159 [1161]). Das ist hier der Fall.

(Direktversicherung und Gehaltsumwandlung; Altervorsorge)

Von dem deshalb schon für die Bedarfsbemessung zu berücksichtigenden Einkommen der Kl. hat das BerGer. die Aufwendungen für die Direktversicherung abgezogen, die der Arbeitgeber der Kl. zu deren Gunsten abgeschlossen hat. Nach den getroffenen Feststellungen handelt es sich um eine betriebliche Altersversorgung. Wegen des Jahresbeitrags von 3408 DM findet eine Gehaltsumwandlung statt, der Betrag wird vom Gehalt der Kl. abgezogen und vom Arbeitgeber an die Versicherung abgeführt.

(Zusätzliche Altersvorsorge bei Elternunterhalt von 5%, bei Ehegattenunterhalt von 4% als 2. Säule)

a) Der Prämisse, durch die aus dem Erwerbseinkommen abzuführenden Beiträge zur gesetzlichen Rentenversicherung sowie die Durchführung des Versorgungsausgleichs werde eine angemessene Altersversorgung erreicht, kann im Hinblick auf die Entwicklung der gesetzlichen Rentenversicherung nicht mehr zugestimmt werden. Vielmehr hat sich zunehmend die Erkenntnis durchgesetzt, dass der Lebensstandard im Alter nur dann zu sichern ist, wenn neben der primären Vorsorge – unter anderem durch die gesetzliche Rentenversicherung – private Leistungen für eine zusätzliche Altersversorgung erbracht werden (vgl. Art. 6 des Altersvermögensgesetzes v. 26.6.2001, BGBl. I, 1330 [1335]). Die zusätzliche, auf Freiwilligkeit und Eigeninitiative beruhende Altersversorgung wird vom Staat mit Zulagen und Steuererleichterungen, unter anderem durch die im Einkommensteuerrecht geregelte so genannte „Riester-Rente", gefördert. Dabei kann der Berechtigte zwischen einer privaten oder betrieblichen Altersvorsorgeart wählen. Eine Art der betrieblichen Altersversorgung stellt die so genannte Direktversicherung dar, bei der der Arbeitgeber als Versicherungsnehmer mit einer Versicherungsgesellschaft eine Lebensversicherung auf das Leben des Arbeitnehmers abschließt, aus der dieser und gegebenenfalls seine Hinterbliebenen bezugsberechtigt sind. Die Beitragszahlung erfolgt im Rahmen einer Gehaltsumwandlung. Leistungen an eine Direktversicherung sind pauschal mit 20% zu versteuern (§ 40b EStG); sozialversicherungsrechtlich gelten sie bis zum 31.12.2008 nicht als Arbeitsentgelt (vgl. *Strohal,* FamRZ 2002, 277 [280]).

b) Mit Rücksicht auf diese Entwicklung hat der Senat bei der Inanspruchnahme auf Zahlung von Elternunterhalt Leistungen des Unterhaltspflichtigen für eine zusätzliche Altersversorgung als vom Einkommen abzugsfähig anerkannt, soweit sich diese in einem angemessenen Rahmen halten. Dabei ist er davon ausgegangen, dass in dem rechtlich schwächer ausgestalteten Unterhaltsrechtsverhältnis zwischen erwachsenen Kindern und ihren unterhaltsbedürftigen Eltern ein um etwa 25% über der gesetzlichen Rentenversicherung liegender Betrag als angemessen angesehen, also etwa in Höhe weiterer 5% des Bruttoeinkommens zusätzliche Altersvorsorge betrieben werden kann (*Senat,* NJW-RR 2004, 793 = FPR 2004, 408 = FamRZ 2004, 792 [793]).

c) Die unterhaltsrechtliche Berücksichtigungsfähigkeit von Leistungen für eine zusätzliche Altersversorgung kann indessen nicht auf die Unterhaltspflicht gegenüber Eltern beschränkt werden. Die Notwendigkeit, für das Alter zusätzlich Vorsorge zu treffen, stellt sich letztlich für jeden. Im Verhältnis zwischen geschiedenen Ehegatten sieht das Gesetz vor, dass zum Lebensbedarf auch die Kosten einer angemessenen Versicherung für den Fall des Alters gehören (§ 1578 III BGB). Da eine solche allein

2225

R633

durch die gesetzliche Rentenversicherung nicht mehr gewährleistet werden kann, muss dem Unterhaltsberechtigten und gleichermaßen dem Unterhaltspflichtigen zugebilligt werden, in angemessenem Umfang zusätzlichen Vorsorgeaufwand zu betreiben, und beiden die Möglichkeit eröffnet sein, diesen Umstand in die Unterhaltsbemessung einfließen zu lassen (ebenso *Kalthoener/Büttner/Niepmann*, Rn. 988a; *Wendl/Gerhardt*, § 1 Rn. 597a; *Bergschneider*, FamRZ 2003, 1609 [1615]; *Strohal*, FamRZ 2002, 277 [281]). Ob ein Ehegatte sich zum Zweck der ergänzenden Altersvorsorge für die „Riester-Rente" entscheidet oder ein nicht zertifiziertes Produkt wählt, das ihm besser geeignet erscheint, obwohl es steuerlich nicht privilegiert wird, muss grundsätzlich seiner eigenen Überlegung vorbehalten bleiben.

d) Mit Rücksicht darauf bestehen dem Grunde nach keine rechtlichen Bedenken, Aufwendungen der zusätzlichen Altersversorgung unterhaltsrechtlich anzuerkennen und durch einen Abzug vom unterhaltsrelevanten Einkommen zu berücksichtigen. Im Übrigen erbringt nicht nur die Kl. – im Wege des Direktabzugs vom Lohn – durch die von ihrem Arbeitgeber abgeschlossene Direktversicherung Leistungen für eine zusätzliche Altersversorgung. Auch der Bekl. sorgt in zusätzlicher Weise für sein Alter, da er das frühere Familienheim erworben hat und erhebliche Wohnkosten sparen wird, wenn er die Kreditverpflichtungen (und zwar sowohl Zins- als auch Tilgungsanteile) zurückgeführt haben wird. Das kommt ihm auch im Alter zugute.

Danach kann es dem Grunde nach jedenfalls nicht beanstandet werden, dass das BerGer. die Aufwendungen für die Direktversicherung vom Einkommen der Kl. in Abzug gebracht hat.

Was die Höhe der Aufwendungen anbelangt, erscheint es nach Auffassung des Senats gerechtfertigt, in Anlehnung an den Höchstförderungssatz der so genannten „Riester-Rente" einen Betrag von bis zu 4% des Gesamtbruttoeinkommens des Vorjahres als angemessene zusätzliche Altersversorgung anzusehen. Darüber hinausgehende Leistungen müssen unterhaltsrechtlich außer Betracht bleiben. Im Übrigen hängt die Berücksichtigungsfähigkeit davon ab, ob der als vorrangig anzusehende Elementarunterhalt und der der primären Altersversorgung dienende Altersvorsorgeunterhalt aufgebracht werden können. Außerdem obliegt die Bemessung des auf der vorgenannten Grundlage ermittelten Unterhalts einer abschließenden Angemessenheitsprüfung.

e) Nach diesen Grundsätzen scheidet im vorliegenden Fall allerdings ein voller Abzug der Aufwendungen für die Direktversicherung der Kl. in Höhe von 3408 DM aus. Denn nach den vom BerGer. in Bezug genommenen Verdienstbescheinigungen überschreiten die Aufwendungen der Kl. für ihre zusätzliche Altersversorgung 4% ihres jährlichen Gesamtbruttoeinkommens. Ob eine (eingeschränkte) Berücksichtigung der Leistungen letztlich zu einem angemessenen Ergebnis führt, lässt sich im Übrigen erst beurteilen, wenn das Einkommen des Bekl. unter Außerachtlassung des Splittingvorteils einerseits und unter Hinzurechnung eines eventuellen Wohnvorteils andererseits festgestellt worden ist.

BGH v. 25.5.2005 – XII ZR 296/01 – FamRZ 2005, 1444 = NJW 2005, 2386

R633 *(Teilnichtigkeit des Ehevertrages führt nach § 139 BGB regelmäßig zur Vollnichtigkeit)*

a 1. Das Senatsurteil vom 11.2.2004 wird verkannt, soweit aus ihm entnommen wird, der *Senat* erwäge bei Eheverträgen entgegen § 139 BGB generell nur eine Teilnichtigkeit oder eine geltungserhaltende Reduktion. Ergibt die Wirksamkeitskontrolle, dass einzelne Klauseln eines Ehevertrags schon im Zeitpunkt seines Zustandekommens nach § 138 I BGB nichtig sind, so ist nach § 139 BGB in der Regel der gesamte Ehevertrag nichtig, wenn nicht anzunehmen ist, dass er auch ohne die nichtigen Klauseln geschlossen sein würde, was sich insbesondere aus anderweitigen Parteivereinbarungen, zum Beispiel salvatorischen Klauseln, ergeben kann.

(Kein unverzichtbarer Mindeststandard an Scheidungsfolgen)

b 2. Aus den gesetzlichen Regelungen über nachehelichen Unterhalt, Zugewinn- und Versorgungsausgleich lässt sich kein unverzichtbarer Mindeststandard an Scheidungsfolgen herauslesen (vgl. §§ 1585c, 1408 II, 1587o, 1408 I, 1414 BGB). Diese Regelungen legen als gesetzliches Leitbild eine Ehe zu Grunde, in der nur ein Ehegatte ein Erwerbseinkommen erzielt, während der andere unter Aufgabe eigener Erwerbstätigkeit die Familienarbeit übernimmt. Indessen können sich wegen der weitgehenden Autonomie der Ehegatten, ihr Verhältnis einvernehmlich zu gestalten, hiervon Abweichungen in mehrfacher Hinsicht ergeben. Die Ehegatten können, auch wenn die Ehe dem gesetzlichen Leitbild entspricht, den wirtschaftlichen Wert von Erwerbseinkünften und Familienarbeit unterschiedlich gewichten. Sie können aber auch die Ehe, abweichend vom gesetzlichen Leitbild, so ausgestalten, dass sich von vornherein für keinen von ihnen berufliche Nachteile ergeben, etwa in einer Doppelverdienerehe, in der die Kinder durch Dritte betreut werden. Korrespondierend zur Autonomie der Ehegatten bei der Ausgestaltung ihrer Lebensverhältnisse unterliegen die Scheidungsfolgen daher grundsätzlich der vertraglichen Disposition der Ehegatten. Andererseits liegt dem gesetzlichen Scheidungsfolgensystem der Gedanke zu Grunde, dass ehebedingte Nachteile, die ein Ehegatte um der Ehe oder der Kindererziehung willen in seinem eigenen beruflichen Fortkommen und dem Aufbau einer entsprechenden Altersversorgung oder eines entsprechenden Vermögens auf sich genommen hat, nach der Scheidung ausgeglichen werden sollen, wobei Erwerbstätigkeit und Familienarbeit – wenn die Parteien nichts anderes vereinbart haben – grundsätzlich als gleichwertig behandelt werden. Ob eine ehevertragliche Scheidungsfolgenregelung mit diesem Grundgedanken vereinbar ist, ist, wie dargelegt, in jedem Einzelfall nach den Grundlagen der Vereinbarung und den Vorstellungen der Ehegatten bei ihrem Abschluss sowie der verwirklichten Gestaltung des ehelichen Lebens konkret zu prüfen.

(Ungleiche Verhandlungsposition einer Schwangeren)

3. Hinsichtlich der subjektiven Unterlegenheit im Rahmen des § 138 BGB geht der *Senat* davon aus, dass eine Schwangerschaft der Frau bei Abschluss des Ehevertrags für sich allein zwar noch keine Sittenwidrigkeit des Ehevertrags zu begründen vermag. Sie indiziert aber eine ungleiche Verhandlungsposition und damit eine Disparität bei Vertragsabschluss.

(Stufenweiser Ausschluss des Betreuungsunterhalts nach Kindesalter und Unterhaltshöhe)

b) Zutreffend hat das *OLG* den Ehevertrag nicht schon deshalb für sittenwidrig erachtet, weil die Ehegatten den Betreuungsunterhalt abweichend von den gesetzlichen Vorschriften geregelt haben.

Zwar gehört der Betreuungsunterhalt zum Kernbereich der Scheidungsfolgen. Es ist jedoch nicht ersichtlich, dass die von den Ehegatten insoweit getroffene eigenständige Regelung die Ag. – gemessen an den Verhältnissen im Zeitpunkt des Vertragsschlusses – in sittenwidriger Weise benachteiligt. In zeitlicher Hinsicht ist eine solche Benachteiligung der Ag. zwar nicht schon deshalb ausgeschlossen, weil das Gesetz für den Unterhaltsanspruch der mit dem Vater nicht verheirateten Mutter einen ungleich engeren Zeitrahmen vorgibt. Andererseits ist die Regelung der Parteien nicht schon deshalb als sittenwidrig zu missbilligen, weil die Parteien die Betreuungsbedürftigkeit ihres erwarteten Kindes an niedrigere Altersgrenzen gebunden haben, als sie von der bisherigen Rechtsprechung für angemessen erachtet worden sind.

Die Parteien haben in ihrem Ehevertrag allerdings auch die Höhe des Betreuungsunterhalts abweichend von den gesetzlichen Vorgaben geregelt und auf einen Betrag von zunächst 2000 DM, für die Zeit ab Vollendung des sechsten Lebensjahres des Kindes auf 1000 DM festgeschrieben. Eine solche Fixierung der Unterhaltshöhe ist zwar nicht schon deshalb unproblematisch, weil der vorgesehene Unterhaltsbetrag den Betrag, der von der Rechtsprechung als Existenzminimum angesehen wird, übersteigt. Sie rechtfertigt das Verdikt der Sittenwidrigkeit aber nicht schon dann, wenn der eheangemessene Unterhalt (§ 1578 BGB) – nach den im Zeitpunkt des Vertragsschlusses bestehenden oder vorhersehbaren Einkommensverhältnissen – nicht erreicht ist, sondern allenfalls dann, wenn die vertraglich vorgesehene Unterhaltshöhe nicht annähernd geeignet ist, die ehebedingten Nachteile der Ag. auszugleichen. Das ist hier weder vorgetragen noch sonst ersichtlich. Auf einen Vergleich mit den (hier: späteren) ehelichen Lebensverhältnissen kommt es, wie dargelegt, nicht an, weil es insoweit nur um den Ausgleich ehebedingter Nachteile gehen kann.

BGH v. 25.5.2005 – XII ZR 221/02 – FamRZ 2005, 1449 = NJW 2005, 2391

(Unterhaltsverzicht zwischen berufstätigen Verlobten bei geplanter Fortsetzung der Berufstätigkeit)

1.b) aa) Das *OLG* geht zu Recht davon aus, dass Umstände, die eine Zwangslage der Ag. begründet oder sie gehindert hätten, auf Abschluss oder Inhalt des Ehevertrags Einfluss zu nehmen, weder von ihr vorgetragen noch sonst ersichtlich sind.

bb) Auch der Inhalt der von den Parteien getroffenen Vereinbarung vermag den Vorwurf eines Verstoßes gegen die guten Sitten nicht zu begründen. Wie der *Senat* dargelegt hat, ist bei der gebotenen Ausrichtung am Kernbereich der Scheidungsfolgen für deren Disponibilität eine Rangabstufung zu beachten, die sich in erster Linie danach bemisst, welche Bedeutung die einzelnen Scheidungsfolgen für den Berechtigten in seiner jeweiligen Lage haben.

Zum Kernbereich der Scheidungsfolgen gehört vorrangig der Betreuungsunterhalt (§ 1570 BGB). Dessen vertraglicher Ausschluss kann hier jedoch unberücksichtigt bleiben, da beide Parteien im – für die Wirksamkeitskontrolle maßgebenden – Zeitpunkt des Vertragsschlusses keine Kinder wollten. Dem Unterhalt wegen Alters oder Krankheit (§§ 1571, 1572 BGB), den die Parteien hier ebenfalls ausgeschlossen haben, misst das Gesetz zwar als Ausdruck nachehelicher Solidarität besondere Bedeutung bei. Das schließt, wie der *Senat* ausgeführt hat (*Senat*, NJW 2004, 930 = FamRZ 2004, 601 [605 f.]), eine vertragliche Disposition über diese Unterhaltsansprüche jedoch nicht schlechthin aus. Da die Parteien im Zeitpunkt der Eheschließung berufstätig und damit auch gegen die Risiken von Alter oder Krankheit abgesichert waren und jeder von ihnen auch erwerbstätig bleiben wollte, war es jedenfalls nicht sittenwidrig, die wechselseitige unterhaltsrechtliche Einstandspflicht hierfür abzubedingen (vgl. auch *Senat*, NJW 2004, 930 = FamRZ 2004, 601 [607]). Insoweit ist auch der Verzicht auf Kranken- und Altersvorsorgeunterhalt als Bestandteile des Lebensbedarfs (§ 1578 II, III BGB) im Rahmen der Prüfung nach § 138 BGB unbedenklich. Der von den Parteien vereinbarte Verzicht auf Unterhalt für den Fall der Arbeitslosigkeit, auf Aufstockungsunterhalt und auf Billigkeitsunterhalt (§§ 1573 II, 1576 BGB) rechtfertigt, wie der *Senat* dargelegt hat, schon nach der Bedeutung dieser Unterhaltstatbestände im System des Scheidungsfolgenrechts das Verdikt der Sittenwidrigkeit regelmäßig nicht (*Senat*, NJW 2004, 930 = FamRZ 2004, 601 [607]). Für den Ausschluss des gesetzlichen Güterstands gilt nichts anderes (*Senat*, NJW 2004, 930 = FamRZ 2004, 601 [607]).

(Altersvorsorgeunterhalt als Bestandteil des Betreuungsunterhalts und Kernbereich der Scheidungsfolgen)

b 2. a) bb) Der Betreuungsunterhalt gehört, wie dargelegt, zum Kernbereich der Scheidungsfolgen. Dieser besondere Rang kommt dabei nicht nur dem Teil des Betreuungsunterhalts zu, der als Elementarunterhalt geschuldet wird; er gilt auch für die Bestandteile des Betreuungsunterhalts, die den betreuenden Elternteil gegen die Risiken von Krankheit oder Alter sichern sollen. Der *Senat* hat zwar in seiner Entscheidung vom 11.2.2004 (NJW 2004, 930 = FamRZ 2004, 601 [605]) in der Rangabstufung der Unterhaltstatbestände dem Krankenvorsorge- und Altersvorsorgeunterhalt eine eher nachrangige Bedeutung zugemessen. Dieser Nachrang kann aber dort nicht zum Zuge kommen, wo die Unterhaltspflicht ehebedingte Nachteile ausgleichen soll. Das Unterhaltsrecht will in solchen Fällen die Risiken, die ein Ehegatte im Rahmen der gemeinsamen Lebensplanung auf sich genommen hat und die sich mit der Trennung und Scheidung der Ehegatten verwirklichen, gleichmäßig unter den Ehegatten verteilen. Eine solche gleichmäßige Lastenverteilung kann sich nicht auf den Elementarunterhalt beschränken und den Krankheits- und Altersvorsorgeunterhalt aussparen.

So liegen die Dinge auch hier:

Der Betreuungsunterhalt wird dem betreuenden Elternteil nicht nur um seiner selbst, sondern auch um der gemeinsamen Kinder willen geschuldet, deren Betreuung dem Elternteil durch den Unterhalt ermöglicht werden soll. Damit stellt sich der Betreuungsunterhalt zugleich als der typische Fall des Ausgleichs ehebedingter Nachteile dar: Die Pflege und Erziehung der gemeinsamen Kinder ist die gemeinsame Aufgabe der Ehegatten; wird diese Aufgabe nur noch von einem Ehegatten wahrgenommen, muss dieser wirtschaftlich so gestellt werden, dass ihm aus der Übernahme dieser Aufgabe keine Nachteile entstehen. Dies wird zum einen dadurch bewirkt, dass der Lebensunterhalt des Ehegatten, soweit er auf Grund der Betreuung zu eigener Berufstätigkeit nicht in der Lage ist, vom anderen, berufstätigen Ehegatten im Wege des geschuldeten Elementarunterhalts bestritten wird. Zum anderen wird durch den Kranken- und Altersvorsorgeunterhalt sichergestellt, dass der die Kinder betreuende Ehegatte auch während der Zeit der Kinderbetreuung seine Krankenversorgung aufrechterhalten und seine Altersversorgung weiter auf- oder ausbauen kann. Beide Teile des Betreuungsunterhalts – Elementar- wie Vorsorgeunterhalt – dienen dabei gleichermaßen dem Ausgleich ehebedingter Nachteile; beide teilen deshalb auch den besonderen Vorrang, der dem Betreuungsunterhalt in der Rangordnung der Scheidungsfolgen zukommt.

(Angemessener Ausgleich bei Verzicht auf Altersvorsorgeunterhalt)

c b) Der angemessene Ausgleich des ehebedingten Nachteils, dem sich der Ast. somit nach § 242 BGB nicht entziehen darf, besteht indes nicht in einem Altersvorsorgeunterhalt, dessen Höhe sich an den ehelichen Lebensverhältnissen orientiert.

Treu und Glauben entspricht vielmehr eine Unterhaltsbemessung, die sich auf den Ausgleich des konkreten Nachteils beschränkt, den der betreuende Elternteil als Folge seines zeitweiligen Verzichts auf eine eigene Berufstätigkeit zu tragen hat. Eine solche Handhabung, die den betreuenden Ehegatten wirtschaftlich nicht besser stellt als er sich bei Weiterführung seiner Erwerbstätigkeit ohne die Kinderbetreuung gestanden hätte, passt den Ehevertrag an den mutmaßlichen, den geänderten Umständen Rechnung tragenden Parteiwillen an. Mit einem wechselseitigen ehevertraglichen Unterhaltsverzicht geben die Eheleute regelmäßig zu erkennen, dass sie keine Teilhabe an dem vom jeweils anderen Ehegatten erwirtschafteten Erfolg beanspruchen wollen; jeder Ehegatte soll vielmehr – auch im Falle der Scheidung – das Einkommen behalten, das ihm auf Grund seiner eigenen beruflichen Qualifikation und Tüchtigkeit zufließt (vgl. auch *Senat,* NJW 2005, 139 = FamRZ 2005, 185 [187], betr. Ausschluss des Versorgungsausgleichs). Diesem mit dem Ehevertrag verfolgten Anliegen ist bei der Vertragsanpassung jedenfalls insoweit weiterhin Rechnung zu tragen, als die veränderten Umstände dem nicht entgegenstehen.

BVerfG v. 7.6.2005 – 1 BvR 1508/96 – FamRZ 2005, 1051 = NJW 2005, 1927

(Keine Herstellung der Leistungsfähigkeit durch Grundstücksbelastung; Gleichzeitigkeit von Bedürftigkeit und Leistungsfähigkeit als Unterhaltsvoraussetzung) **R635**

B. 3. a) Das *LG* hat die Leistungsfähigkeit der Bf. allein darauf gestützt, diese sei zum Einsatz ihres Vermögens durch Belastung ihres Miteigentumsanteils mit einer Grundschuld zur Sicherung des ihr vom Sozialhilfeträger angebotenen zinslosen Darlehens verpflichtet. Dieses Angebot müsse sie annehmen, um damit ohne Gefährdung ihres Unterhalts oder ihrer Altersvorsorge der Unterhaltspflicht ihrer Mutter gegenüber nachzukommen. Da das Darlehensangebot der Bf. nach dem Vergleichsvorschlag des *LG* unterbreitet worden ist, ist die vom Gericht angenommene Leistungsfähigkeit der Bf. erst zu diesem Zeitpunkt entstanden, also nach dem Tod der Mutter der Bf. Das Gericht hat damit einen Unterhaltsanspruch für einen vergangenen Zeitraum mit einer Leistungsfähigkeit der Bf. begründet, die eingetreten ist, nachdem mit dem Tod die Bedürftigkeit der Mutter schon zum Wegfall gekommen war.

Eine solche Rückbewirkung eintretender Leistungsfähigkeit auf davor liegende Zeiträume eines Unterhaltsbedarfs zur Begründung von Unterhaltsansprüchen für diese Zeiträume widerspricht schon in Wortlaut und Systematik den hier maßgeblichen unterhalts- und sozialhilferechtlichen Regelungen.

aa) Zwar enthalten §§ 1602 I und 1603 I BGB keine ausdrückliche Aussage über das zeitliche Verhältnis von Bedürftigkeit beim Unterhaltsberechtigten und Leistungsfähigkeit beim Unterhaltspflichtigen als Voraussetzung für das Bestehen eines Unterhaltsanspruchs. Wenn § 1603 I BGB formuliert, dass nicht unterhaltspflichtig ist, wer bei Berücksichtigung seiner sonstigen Verpflichtungen außer Stande ist, ohne Gefährdung seines angemessenen Unterhalts den Unterhalt zu gewähren, dann kommt damit jedoch zum Ausdruck, dass für die Dauer der Leistungsunfähigkeit ein Unterhaltsanspruch nicht entstehen kann. Dies wurde schon in den Motiven zum Bürgerlichen Gesetzbuch (Mot. z. Entw. eines Bürgerlichen Gesetzbuchs für das Deutsche Reich, Bd. IV, 2. Aufl. [1896], S. 687 f.) hervorgehoben. Da aber nach § 1602 I BGB wiederum ein Unterhaltsanspruch nur bei Bedürftigkeit des Berechtigten besteht, kann ein Unterhaltsanspruch nach § 1601 BGB allein gegeben sein, wenn beide Voraussetzungen zeitgleich vorliegen.

bb) § 90 I BSHG aF und § 91 I BSHG nF gingen nach Wortlaut und normativem Kontext bei der Überleitung von Unterhaltsansprüchen ebenfalls von einer zeitlichen Kongruenz zwischen Bedürftigkeit und Leistungsfähigkeit aus. Sie ermöglichen die Überleitung von Unterhaltsansprüchen, die dem Hilfeempfänger für die Zeit zustehen, für die Hilfe gewährt wird. Damit kommt zum Ausdruck, dass der Unterhaltsanspruch während des Zeitraums der Hilfegewährung bestehen muss, was voraussetzt, dass in diesem Zeitraum Leistungsfähigkeit beim Unterhaltspflichtigen vorliegt.

BGH v. 8.6.2005 – XII ZR 294/02 – FamRZ 2005, 1479 = NJW 2005, 2313

(Abänderungsklage bei nachträglichem Rentenbezug des Unterhaltsgläubigers; Rentenbezug prägend) **R636**

II. 1. Für die Abgrenzung zwischen der Rechtsschutzmöglichkeit einer Abänderungsklage nach **a** § 323 ZPO und einer Vollstreckungsabwehrklage nach § 767 ZPO ist grundsätzlich auf den Zweck und die Auswirkungen der jeweiligen Vorschrift abzustellen.

Die Abänderungsklage ist eine Gestaltungsklage, die sowohl vom Unterhaltsschuldner als auch vom Unterhaltsgläubiger erhoben werden kann und den Unterhaltstitel selbst – unter Durchbrechung seiner materiellen Rechtskraft – an die stets wandelbaren wirtschaftlichen Verhältnisse anpassen soll (vgl. *Senat,* NJW 2005, 142 = FamRZ 2005, 101 [102 f.]). Demgegenüber beschränkt sich der Streitgegenstand einer Vollstreckungsgegenklage auf die Beseitigung der Vollstreckbarkeit eines früheren Titels. Dabei geht es also nicht um die Anpassung des Unterhaltstitels an geänderte wirtschaftliche Verhältnisse, sondern allein um die Frage, ob die Zwangsvollstreckung aus dem Titel wegen der nunmehr vorgebrachten materiell-rechtlichen Einwendungen unzulässig (geworden) ist (*Wendl/Thalmann*, 6. Aufl., § 8 Rn. 145; *Johannsen/Henrich/Brudermüller*, 4. Aufl., § 323 ZPO Rn. 6; *Göppinger/Vogel*, 8. Aufl., Rn. 2440 u. 2450; *Gerhardt* in: Hdb. d. Fachanwalts f. FamilienR, 5. Aufl., Kap. VI Rn. 619; *Eschenbruch/Klinkhammer*, 3. Aufl., Rn. 5323).

Wegen dieser unterschiedlichen Zielrichtung schließen sich die Vollstreckungsgegenklage und die Abänderungsklage für den gleichen Streitgegenstand grundsätzlich gegenseitig aus (*Wendl/Thalmann*, § 8 Rn. 146; *Johannsen/Henrich/Brudermüller*, § 323 ZPO Rn. 13; *Göppinger/Vogel*, Rn. 2447; *Graba*, Die Abänderung von Unterhaltstiteln, 3. Aufl., Rn. 481). Deswegen hat der Unterhaltsschuldner hinsichtlich konkreter Unterhaltsforderungen keine Wahlmöglichkeit zwischen der Vollstreckungsgegen- und der Abänderungsklage, sondern muss sein Rechtsschutzbegehren auf die Klageart stützen, die dem Ziel seines Begehrens für den entsprechenden Unterhaltszeitraum am besten entspricht (BGH, FamRZ 1977, 461 [462]; FamRZ 1988, 1156 [1157 f.]).

2. In welcher Form ein – wie hier – nach der Unterhaltstitulierung einsetzender Rentenbezug des Unterhaltsberechtigten prozessrechtlich zu berücksichtigen ist, hat der Senat in der Vergangenheit allerdings nicht einheitlich beantwortet.

a) Ursprünglich ist die Rechtsprechung des BGH davon ausgegangen, dass der Rentenanspruch, den ein unterhaltsberechtigter geschiedener Ehegatte auf Grund des mit der Scheidung durchgeführten Versorgungsausgleichs später erlangt, in entsprechendem Umfang zum Wegfall des rechtskräftig zuerkannten Unterhaltsanspruchs führt, und dass dieser Wegfall mit der Vollstreckungsabwehrklage gegen das Unterhaltsurteil geltend gemacht werden kann. Dabei hat der Senat die abweichende Auffassung in Rechtsprechung und Literatur, wonach solche Änderungen nur mit der Abänderungsklage geltend gemacht werden können (vgl. ua *Hoppenz*, FamRZ 1987, 1097; OLG Karlsruhe, FamRZ 1988, 195 [197]), ausdrücklich abgelehnt (*Senat*, FamRZ 1988, 1156 [1157]).

Allerdings hatte der Senat zunächst offen gelassen, ob die Umstände, die an sich eine Einwendung iS von § 767 ZPO begründen können, daneben nicht nur zur Rechtsverteidigung gegen eine Abänderungsklage des Unterhaltsgläubigers (so schon *Senat*, BGHZ 98, 353 = NJW 1987, 1201 = FamRZ 1987, 259 [261]), sondern – im Sinne einer Wahlmöglichkeit – auch zur Begründung einer eigenen Abänderungsklage dienen können. Für die Rechtsschutzmöglichkeit nach § 767 ZPO habe das allerdings keine Auswirkungen, wenn der zu beurteilende Sachverhalt in der Vergangenheit liege. Dann scheide eine Abänderung wegen der Zeitschranke des § 323 III ZPO von vornherein aus. Auch sei § 323 ZPO nach seinem Sinn und Zweck für eine derartige Beurteilung, für die es keiner Prognose bedürfe, nicht bestimmt (*Senat*, FamRZ 1988, 1156).

b) In der Folgezeit hat der Senat entschieden, dass es dem Unterhaltsschuldner nicht verwehrt sein kann, die durch den Rentenbezug des Unterhaltsgläubigers eingetretenen Veränderungen im Wege einer eigenen Abänderungsklage nach § 323 ZPO geltend zu machen, wenn der Schuldner ausschließlich die Abänderung künftigen Unterhalts begehrt (*Senat*, NJW-RR 1989, 322 = FamRZ 1989, 159). Ein erst nach der Unterhaltstitulierung einsetzender Rentenbezug des Unterhaltsberechtigten, der auf der Übertragung von Versorgungsanwartschaften beim Versorgungsausgleich beruht, lasse sich nicht nur entweder dem Anwendungsbereich des § 323 ZPO oder demjenigen des § 767 ZPO zuordnen. Er habe vielmehr eine doppelte Bedeutung. Einerseits beziehe der Berechtigte eine Rente auf Grund eigenen Rechts, das vom Versorgungsschicksal seines geschiedenen Ehegatten losgelöst ist. Wie jedes andere Einkommen, das der Berechtigte erzielt, mindere der Rentenbezug unterhaltsrechtlich seine Bedürftigkeit. Damit liege eine Änderung in den wirtschaftlichen Verhältnissen vor, die dem Anwendungsbereich des § 323 ZPO zuzuordnen sei. Andererseits sei nicht zu verkennen, dass in den Fällen, in denen der Unterhaltsverpflichtete selbst schon Rente beziehe, die nunmehr infolge des Versorgungsausgleichs gekürzt werde, durch die etwa gleich hohen Rentenzahlungen an den Unterhaltsberechtigten ein der Erfüllung wirtschaftlich gleichkommender Vorgang einsetze (so auch schon *Senat*, FamRZ 1988, 1156). Die sich hieraus ergebende Einwendung müsse der Schuldner dem Gläubiger stets entgegensetzen können, und zwar, soweit eine Abänderung gem. § 323 ZPO wegen der Zeitschranke des Absatzes 3 nicht mehr möglich sei, jedenfalls gem. § 767 ZPO. Soweit sich aus der Ambivalenz des Rentenbezugs Überschneidungen zwischen Abänderungsklage und Vollstreckungsabwehrklage ergeben, seien diese hinzunehmen (vgl. auch *Senat*, NJW-RR 1990, 1410 = FamRZ 1990, 1095; zur Kritik an dieser Rspr. vgl. *Johannsen/Henrich/Brudermüller*, § 323 ZPO Rn. 11).

3. Diese Auffassung hält der Senat nicht mehr aufrecht. Bei geänderten wirtschaftlichen Verhältnissen führt die Vollstreckungsgegenklage nach § 767 ZPO – auch für Ansprüche aus der Vergangenheit – immer dann zu unbilligen Ergebnissen, wenn die Änderung zugleich auch Auswirkungen auf den Bedarf des Unterhaltsberechtigten hat. Denn § 767 ZPO erlaubt dem Gericht lediglich, die Vollstreckung auf der Grundlage des im Ausgangsurteil rechtskräftig festgestellten Unterhaltsbedarfs für unzulässig zu erklären. Erhöhen die vom Unterhaltsschuldner vorgebrachten Gründe aber – im Gegenzug – auch den Unterhaltsbedarf des Berechtigten, wie dieses insbesondere nach der neueren Rechtsprechung des Senats zur Differenz- bzw. Additionsmethode regelmäßig der Fall ist, trägt die bloße Anrechnung der eingetretenen Änderungen der materiellen Rechtslage nicht hinreichend Rechnung. Dann bedarf es einer vollständigen Neuberechnung des Unterhaltsanspruchs, die – unter Durchbrechung der Rechtskraft des früheren Urteils – nur im Wege der Abänderungsklage möglich ist.

a) Das gilt jedenfalls für den Wegfall des Anspruchs auf Altersvorsorgeunterhalt durch den eigenen Rentenbezug des Unterhaltsberechtigten. Denn der Vorsorgeunterhalt ist nur ein unselbstständiger Bestandteil des einheitlichen Lebensbedarfs (vgl. *Senat,* NJW 1983, 1547 = FamRZ 1982, 1187), der sich wegen des Halbteilungsgrundsatzes auch zur Höhe auf die Bemessung des geschuldeten Elementarunterhalts auswirkt (vgl. Wendl/Gutdeutsch, § 4 Rn. 477 ff. mwN). Fällt also der Anspruch auf Altersvorsorgeunterhalt wegen des Rentenbeginns weg, erhöht sich dadurch der Anspruch auf Elementarunterhalt, was nur im Wege der Abänderungsklage und nicht mittels einer Vollstreckungsgegenklage erreicht werden kann.

b) Gleiches gilt aber auch für die weiteren Auswirkungen durch den Rentenbezug des Unterhaltsberechtigten. Wie der Senat inzwischen entschieden hat, prägt die von einem Ehegatten bezogene Rente die ehelichen Lebensverhältnisse selbst dann, wenn sie auf einer vor der Ehe ausgeübten Erwerbstätigkeit beruht und erst nach der Scheidung angefallen ist. Die Rente ist auch insoweit als ein Surrogat für den wirtschaftlichen Nutzen anzusehen, den der rentenberechtigte Ehegatte vor Eintritt des Rentenfalls aus seiner Arbeitskraft ziehen konnte. Hat ein Ehegatte während der Ehe seine Arbeitskraft auf die Führung des gemeinsamen Haushalts verwandt, so hat der Wert seiner Arbeitskraft, und zwar nunmehr in der Form der Familienarbeit, die ehelichen Lebensverhältnisse mitgeprägt. Da der Wert der Arbeitskraft in der von diesem Ehegatten später bezogenen Rente eine Entsprechung findet, ergibt sich, dass auch diese Rente bei der Bemessung der ehelichen Lebensverhältnisse zu berücksichtigen ist, und zwar auch dann, wenn diese Rente durch eine Erwerbstätigkeit vor oder nach der Ehe erworben ist. Mit der gleichen Begründung ist die Rente auch hinsichtlich des im Versorgungsausgleich erworbenen Anteils nicht mehr im Wege der so genannten Anrechnungsmethode in Abzug zu bringen, sondern nach der so genannten Additions- oder Differenzmethode schon bei der Bemessung des Unterhaltsbedarfs nach den ehelichen Lebensverhältnissen (§ 1578 I BGB) zu berücksichtigen (*Senat,* NJW 2002, 436 = FamRZ 2002, 88 [91]; u. NJW 2003, 1796 = FamRZ 2003, 848 [851]).

Mit Beginn des Rentenanspruchs des Unterhaltsberechtigten ergibt sich mithin eine vollständig neue Bedarfs- und Unterhaltsberechnung, die einer Anpassung des laufenden Unterhaltstitels an geänderte wirtschaftliche Verhältnisse entspricht. Eine bloße Anrechnung von Rentenleistungen auf den zuvor ermittelten Unterhaltsbedarf würde dem nicht gerecht. Der Rentenbeginn wirkt sich deswegen nicht lediglich als ein der Erfüllung wirtschaftlich gleichkommender Vorgang aus und kann deswegen eine Anrechnung im Wege der Vollstreckungsgegenklage nicht mehr rechtfertigen (so auch *Graba,* Rn. 156 ff., 482 f.; *Gerhardt,* in: FA-FamR, Kap. VI Rn. 625a; *Johannsen/Henrich/Brudermüller,* § 323 ZPO Rn. 11). Die durch den Rentenbezug der Unterhaltsberechtigten gebotene Anpassung des Unterhaltsanspruchs an die geänderten wirtschaftlichen Verhältnisse hat somit nach dem Zweck der gesetzlichen Vorschrift stets im Wege der Unterhaltsabänderung gem. § 323 ZPO zu erfolgen.

(Zur Berechnung des Erstattungsanspruch (§ 242 BGB) nach Überzahlung bei Abänderungsklage)

4. Die Beschränkung des Rechtsschutzes in solchen Fällen auf die Möglichkeit einer Abänderungsklage nach § 323 ZPO führt auch dann nicht zu untragbaren Ergebnissen, wenn der Unterhaltsberechtigte (etwa wegen einer verzögerten Rentenberechnung) Rentennachzahlungen für Zeiträume erhält, in denen er nur den ungekürzten Unterhalt bezogen hat. Denn dann ist der unterhaltsberechtigte geschiedene Ehegatte dem Unterhaltspflichtigen zum Ausgleich der nachträglich bewilligten Rente verpflichtet, soweit sie die Unterhaltsschuld mindert (*Senat,* NJW 1990, 709 = FamRZ 1990, 269 [272 f.]). Allerdings handelt es sich dabei regelmäßig nicht um einen Bereicherungsanspruch hinsichtlich des auf der Grundlage der ursprünglichen gerichtlichen Entscheidung gezahlten Unterhalts

(vgl. dazu *Senat,* NJW 1998, 2433 = FamRZ 1998, 951). Darauf, ob der frühere Unterhaltstitel als Rechtsgrund für die Unterhaltszahlungen durch eine Vollstreckungsabwehrklage nach § 767 ZPO überhaupt entfallen kann, kommt es mithin nicht an. Soweit Unterhalt für eine Zeit geleistet worden ist, für die dem Unterhaltsberechtigten nachträglich eine Rentenleistung bewilligt wird, kommt nach der Rechtsprechung des Senats vielmehr ein auf Treu und Glauben (§ 242 BGB) beruhender Erstattungsanspruch in Betracht, dessen Höhe sich danach bemisst, inwieweit sich der Unterhaltsanspruch ermäßigt hätte, wenn die Rente schon während des fraglichen Zeitraums gezahlt worden wäre (*Senat,* NJW 1983, 1481 = FamRZ 1983, 574 [575], u. NJW 1989, 1990 = FamRZ 1989, 718 [719 f.]). Das gilt erst recht, wenn der Unterhaltsgläubiger schon Rente bezieht und in Kenntnis dessen weiterhin die ungeschmälerten titulierten Unterhaltsleistungen entgegennimmt.

Dies steht nicht in Widerspruch zu der wegen § 323 III ZPO zunächst fortdauernden Rechtskraft des früheren Unterhaltstitels; denn es geht dabei nicht um eine Abänderung der früheren Entscheidung als Rechtsgrund für die Unterhaltszahlungen. Vielmehr ist allein der Anspruch auf einen Teil der Rentennachzahlung betroffen. Für den Rückzahlungsanspruch kommt es also nicht darauf an, ob der Bezug der Rente und die Nachzahlung für den entsprechenden Unterhaltszeitraum einen Abänderungsgrund darstellen und dieser nach § 323 II und III ZPO geltend gemacht werden könnte. Dass es bei der Beurteilung des Anspruchs auf Erstattung der Rentennachzahlung im Rahmen der Gesamtbetrachtung zur Prüfung der Frage kommt, welcher Unterhaltsanspruch dem Bekl. bei Berücksichtigung des Rentenbezugs von Anfang an zugestanden hätte, ist hier mit Blick auf § 323 ZPO ebenso wenig bedenklich wie in anderen Fällen, in denen – etwa im Deliktsrecht – im Rahmen sonstiger Rechtsbeziehungen die Höhe eines Unterhaltsanspruchs unter Berücksichtigung bestimmter hinzutretender Umstände fiktiv zu beurteilen ist (*Senat,* NJW 1990, 709 = FamRZ 1990, 269 [272 f.]).

BGH v. 8.6.2005 – XII ZR 75/04 – FamRZ 2006, 26 = NJW 2006, 142

R637 *(Selbstbehalt des vom Enkel auf Unterhalt in Anspruch genommenen Großelternteils)*

a [21] b) Das BerGer. ist zutreffend davon ausgegangen, dass den in den Unterhaltstabellen angesetzten Selbstbehaltsbeträgen, die ein Unterhaltsverpflichteter gegenüber einem minderjährigen oder einem volljährigen Kind verteidigen kann, andere Lebensverhältnisse zu Grunde liegen, als im vorliegenden Fall zu beurteilen sind. Eltern müssen regelmäßig damit rechnen, ihren Kindern auch über die Vollendung des 18. Lebensjahres hinaus zu Unterhaltsleistungen verpflichtet zu sein, bis diese ihre Berufsausbildung abgeschlossen haben und wirtschaftlich selbstständig sind. Mit einer solchen, der natürlichen Generationenfolge entsprechenden Entwicklung kann indessen weder die Inanspruchnahme auf Elternunterhalt noch der Fall gleichgestellt werden, dass Enkel von ihren Großeltern Unterhalt verlangen, weil die – gem. § 1606 II BGB vorrangig haftenden – Eltern mangels Leistungsfähigkeit oder deswegen ausfallen, weil die Rechtsverfolgung gegen sie im Inland ausgeschlossen oder wesentlich erschwert ist (§ 1607 I und II BGB). Der Senat hat deshalb die Auffassung gebilligt, dass der angemessene Selbstbehalt, der einem Verpflichteten bei durchschnittlichen Einkommensverhältnissen gegenüber dem Unterhaltsbegehren eines volljährigen Kindes als Mindestbetrag gewährt wird, um einen maßvollen Zuschlag erhöht wird, wenn das Unterhaltsbegehren anderer Verwandter zu beurteilen ist (*Senat,* NJW 1992, 1393 = FamRZ 1992, 795 [797]).

[22] Wie der Senat zum Elternunterhalt entschieden hat, braucht der Unterhaltspflichtige eine spürbare und dauerhafte Senkung seines berufs- und einkommenstypischen Unterhaltsniveaus jedenfalls insoweit nicht hinzunehmen, als er nicht einen nach den Verhältnissen unangemessenen Aufwand betreibt. Mit Rücksicht darauf ist es gerechtfertigt, dass der Selbstbehalt des Unterhaltspflichtigen gegenüber seinen unterhaltsbedürftigen Eltern mit einem erhöhten Betrag, wie er in den Tabellen und Leitlinien insoweit als Mindestbetrag vorgesehen ist, angesetzt und gegebenenfalls noch dadurch erhöht wird, dass dem Unterhaltspflichtigen ein etwa hälftiger Anteil seines für den Elternunterhalt einsetzbaren bereinigten Einkommens zusätzlich verbleibt (*Senat,* NJW 2003, 128 = FPR 2003, 149 = FamRZ 2002, 1698 [1700 ff.]).

[23] c) Diese Erwägungen können auf das Unterhaltsrechtsverhältnis zwischen Großeltern und Enkeln übertragen werden. Auch insofern gilt, dass eine Inanspruchnahme in der Regel erst stattfindet, wenn der Unterhaltsverpflichtete sich selbst bereits in einem höheren Lebensalter befindet, seine Lebensverhältnisse demzufolge bereits längerfristig seinem Einkommensniveau angepasst hat, Vorsorge für sein eigenes Alter treffen möchte oder sogar bereits Rente bezieht und sich dann einer Unterhaltsforderung ausgesetzt sieht, für die nach der natürlichen Generationenfolge die Eltern aufzukommen

haben und für die er deshalb nur nachrangig haftet. Den Enkeln des Unterhaltspflichtigen gehen im Übrigen sein Ehegatte oder geschiedener Ehegatte, die nach § 1615l BGB Unterhaltsberechtigten und seine Kinder im Rang vor (§§ 1609 I und II, 1605l III 3 Halbs. 2 BGB).

[24] In tatsächlicher Hinsicht würde die Notwendigkeit, nicht unerhebliche Abstriche von dem derzeitigen Lebensstandard hinzunehmen, auf eine übermäßige Belastung des Unterhaltspflichtigen hinauslaufen. Er ist gehalten, soweit noch möglich, Vorsorge für seine weiteren Lebensjahre, auch unter Berücksichtigung einer eventuell eintretenden Pflegebedürftigkeit, zu treffen. Das gilt insbesondere, wenn er seinen Abkömmling im Fall der Bedürftigkeit nicht seinerseits auf Zahlung von Elternunterhalt wird in Anspruch nehmen können, weil dieser schon keinen Kindesunterhalt gezahlt hat.

[25] Hinzu kommt ein weiterer Gesichtspunkt: Wenn Eltern außer Stande sind, ohne Gefährdung ihres eigenen angemessenen Bedarfs Unterhalt für ein Kind zu leisten, kommt gem. § 1603 II 3 BGB die Haftung eines anderen unterhaltspflichtigen Verwandten in Betracht. Das kann auch ein Großelternteil sein (ebenso Luthin, in: MünchKomm, 4. Aufl., § 1603 Rn. 81). Eine unterschiedslose Festsetzung des angemessenen Selbstbehalts der Eltern und der Großeltern würde aber dazu führen, dass ein minderjähriges Kind seinen leistungsfähigen Großvater schon dann in Anspruch nehmen könnte, wenn seinem Vater infolge der Unterhaltsleistung weniger als – derzeit – 1000 EUR verblieben und die Mutter nicht leistungsfähig ist. Wegen ihrer nur nachrangigen Verpflichtung müssen sich Großeltern indessen finanziell nicht in demselben Maße einschränken wie Eltern, zumal sie – anders als diese gem. § 1603 II 1 BGB – nicht gesteigert unterhaltspflichtig sind. Unbillige Ergebnisse können dadurch vermieden werden, dass der Selbstbehalt anderer unterhaltspflichtiger Verwandter als der Eltern, insbesondere der Großeltern, mit einem gegenüber dem angemessenen Selbstbehalt erhöhten Betrag angesetzt wird (so auch *Wendl/Scholz*, 6. Aufl., § 6 Rn. 273; *Luthin/Seidel*, 10. Aufl., Rn. 5042; Luthin, FamRB 2004, 177 [178]).

[26] Der Umstand, dass der unterhaltsrechtlichen Verantwortung von Großeltern ein geringeres Gewicht zukommt, wird auch durch den ihnen sozialhilferechtlich zugebilligten Schutz deutlich: Ein gesetzlicher Forderungsübergang von Unterhaltsansprüchen gegen Großeltern findet nach § 91 I 2 BSHG bzw. § 94 I 3 SGB XII nicht statt.

[27] d) Bei dieser Sach- und Rechtslage ist es rechtlich nicht zu beanstanden, wenn Großeltern im Fall der Inanspruchnahme auf Unterhalt für ihre Enkel zumindest die höheren Selbstbehaltsbeträge zugebilligt werden, die auch erwachsene Kinder gegenüber ihren unterhaltsbedürftigen Eltern verteidigen können (ebenso OLG Koblenz, OLG-Report 2005, 22 [23 f.]; OLG Schleswig, NJOZ 2005, 444 = FamRZ 2004, 1058 [1060] mAnm Luthin, und OLG-Report 2004, 429; OLG Hamm, FamRZ 2005, 57 [58]; *Wendl/Scholz*, § 2 Rn. 273; *Schwab*, in: *Schwab/Henrich*, Familiäre Solidarität, S. 55 und 53 f.; *Lipp*, NJW 2002, 2201 [2204 f.]; vgl. auch *Luthin*, FamRB 2005, 19 [21]; gegenüber volljährigen Enkeln: *Wendl/Pauling*, § 6 Rn. 20; *Luthin/Seidel*, Rn. 5041; *Gerhardt*, Hdb. des Fachanwalts FamilienR, 5. Aufl., 6. Kap. Rn. 208b; für eine großzügige Bemessung des Selbstbehalts: OLG Oldenburg, NJW-RR 2000, 2516). Das gilt auch gegenüber minderjährigen Enkeln. Zwar sind diese in der Regel nicht in der Lage, ihren Lebensbedarf selbst zu decken. Deshalb ordnet das Gesetz in § 1603 II 1 BGB an, dass ihnen gegenüber eine gesteigerte Unterhaltspflicht besteht. Die vorgenannte Bestimmung gilt aber nur im Verhältnis zwischen Kindern und ihren Eltern. Für Großeltern besteht dagegen keine gesteigerte Unterhaltspflicht, sondern sie haften allein unter Berücksichtigung ihres angemessenen Eigenbedarfs, und zwar nachrangig. Das rechtfertigt es, ihnen generell die erhöhten Selbstbehaltsbeträge zuzubilligen. Auf die Frage, ob Großeltern das nach Abzug des Selbstbehalts verbleibende bereinigte Einkommen grundsätzlich nur zur Hälfte für den Unterhalt von Enkeln einzusetzen haben oder ob dies nur im Verhältnis zu volljährigen Enkeln gilt (so OLG Koblenz, OLG-Report 2005, 22 [23 f.]), kommt es im vorliegenden Fall nicht an.

(Wohnwert beim Großelternunterhalt)

[28] 2. Die Ermittlung des unterhaltsrelevanten Einkommens des Bekl. ist rechtlich ebenfalls nicht zu beanstanden. Das gilt insbesondere hinsichtlich der Berücksichtigung des bis 31.7.2000 bestehenden Wohnvorteils, den das BerGer. durch Abzug der Darlehensraten von dem als unstreitig festgestellten Wohnwert von monatlich 585 DM ermittelt hat. Dass ein zu geringer Wohnwert des ehemals im Miteigentum der Großeltern stehenden Hauses zu Grunde gelegt worden sei, macht die Revision nicht geltend. Den Abzug der vollständigen Darlehensraten, also sowohl des Zins- als auch des Tilgungsanteils, hat der *Senat* bei der Inanspruchnahme eines Unterhaltspflichtigen auf Zahlung von Elternunterhalt jedenfalls dann für rechtsbedenkenfrei gehalten, wenn und soweit sich die Verbindlichkeiten

und die hieraus resultierenden Annuitäten in einer im Verhältnis zu den vorhandenen Einkünften angemessenen Höhe halten und die Verpflichtungen bereits zu einer Zeit eingegangen wurden, als der Unterhaltspflichtige noch nicht damit zu rechnen brauchte, für den Unterhalt seiner Eltern aufkommen zu müssen (*Senat*, NJW 2003, 2306 = FamRZ 2003, 1179 [1180 ff.]). Maßgebend dafür war die Erwägung, dass der Unterhaltspflichtige anderenfalls gezwungen sein könnte, das Familienheim zu verwerten, was ihm im Verhältnis zu seinen Eltern nicht obliegt.

(Enkelunterhalt; vorrangiger Familienunterhalt; latente Unterhaltslast; Mindestbedarf des Ehegatten)

c   [30] 3. a) Zu den nach § 1603 I BGB zu berücksichtigenden sonstigen Verbindlichkeiten des Bekl. gehört, wie das BerGer. nicht verkannt hat, die Unterhaltspflicht gegenüber der Ehefrau, soweit diese nicht über ausreichendes eigenes Einkommen verfügt. Der Bekl. schuldet ihr insoweit gem. §§ 1360, 1360a BGB Familienunterhalt. Dieser Unterhaltsanspruch lässt sich zwar nicht ohne weiteres nach den zum Ehegattenunterhalt nach Trennung oder Scheidung entwickelten Grundsätzen bemessen. Denn er ist nach seiner Ausgestaltung nicht auf die Gewährung einer – frei verfügbaren – laufenden Geldrente für den jeweils anderen Ehegatten, sondern vielmehr als gegenseitiger Anspruch der Ehegatten darauf gerichtet, dass jeder von ihnen seinen Beitrag zum Familienunterhalt entsprechend seiner nach dem individuellen Ehebild übernommenen Funktion leistet. Seinem Umfang nach umfasst der Anspruch auf Familienunterhalt gem. § 1360a BGB alles, was für die Haushaltsführung und die Deckung der persönlichen Bedürfnisse der Ehegatten und eventueller Kinder erforderlich ist. Sein Maß bestimmt sich aber nach den ehelichen Lebensverhältnissen, so dass § 1578 BGB als Orientierungshilfe herangezogen werden kann (*Senat*, NJW 1995, 1486 = FamRZ 1995, 537; NJW 2003, 1112 = FamRZ 2003, 363 mAnm Scholz, FamRZ 2003, 514). Es begegnet deshalb keinen Bedenken, den – hier maßgeblichen – Anspruch auf Familienunterhalt im Fall der Konkurrenz mit anderen Unterhaltsansprüchen auf die einzelnen Familienmitglieder aufzuteilen und in Geldbeträgen zu veranschlagen (vgl. *Senat*, NJW 2003, 1660 = FamRZ 2003, 860 [864] mwN).

(Auch Abzug nachrangiger Unterhaltslasten prägend; latente Unterhaltslasten)

d   [32] Bei der Bemessung des Unterhaltsanspruchs der Ehefrau nach den ehelichen Lebensverhältnissen stellt sich allerdings die Frage, ob diese bereits durch Unterhaltsleistungen für einen Elternteil geprägt waren. Denn der Unterhaltsanspruch eines Ehegatten kann auch durch Unterhaltsansprüche nachrangig Berechtigter eingeschränkt werden, soweit die sich aus einem entsprechenden Vorwegabzug ergebende Verteilung der zum Unterhalt zur Verfügung stehenden Mittel nicht zu einem Missverhältnis hinsichtlich des wechselnden Bedarfs der Beteiligten führt. Dabei kann auch schon die latente Unterhaltslast für einen Elternteil die ehelichen Lebensverhältnisse mitbestimmen (*Senat*, NJW 2003, 1660 = FamRZ 2003, 860 [865]; NJW-RR 2004, 217 = FamRZ 2004, 186 [187 f.]).

(Anspruch des Ehegatten des in Anspruch genommenen Großelternteils auf Familienunterhalt)

e   [33] c) Die vorliegende Fallgestaltung unterscheidet sich von einer solchen auf Inanspruchnahme auf Elternunterhalt dadurch, dass auch der nicht in Anspruch genommene Großelternteil mit dem Enkel – anders als die Ehefrau mit der Schwiegermutter – verwandt ist und ihm – Leistungsfähigkeit unterstellt – deshalb ebenfalls unterhaltspflichtig sein kann. Mit Rücksicht hierauf kann für beide Großelternteile bei absehbarem Ausfall eines vorrangig Unterhaltspflichtigen Anlass bestehen, sich darauf einzustellen, für den Unterhalt eines Enkels in Anspruch genommen zu werden (ebenso *Wendl/Scholz*, § 2 Rn. 273; vgl. auch *Luthin*, FamRB 2005, 19 [21 f.]; a. A. *Gerhardt*, 6. Kap. Rn. 208b).

[34] Durch eine solche latent bestehende Unterhaltspflicht sind die ehelichen Lebensverhältnisse der Großeltern nach den getroffenen Feststellungen geprägt gewesen. Denn ihr Sohn hat seit Erlass des Versäumnisurteils am 9.7.1999 keinen Unterhalt gezahlt und war offensichtlich schon zuvor arbeitslos. Das hat zur Folge, dass – entgegen der Auffassung des BerGer. – der der Ehefrau des Bekl. zustehende Familienunterhalt nicht als Quote von $^1/_2$ der Differenz der beiderseitigen Einkünfte, sondern nur mit einem Mindestbedarfsatz in Ansatz zu bringen ist, von dem ihr Einkommen abzusetzen ist.

[35] d) Dieser Mindestbedarfsatz ist indessen nicht mit dem notwendigen Eigenbedarf anzusetzen, wie er in den Unterhaltstabellen für einen Ehegatten vorgesehen ist, der mit dem Unterhaltspflichtigen in einem gemeinsamen Haushalt lebt (vgl. etwa B VI der Düsseldorfer Tabelle, Stand: 1.7.1999, die für den nicht erwerbstätigen Ehegatten einen notwendigen Eigenbedarf von 950 DM vorsieht). Vielmehr kann die Ehefrau des Bekl. verlangen, dass auch für sie der angemessene Eigenbedarf veranschlagt wird. Dieser ist in der Düsseldorfer Tabelle – unter Berücksichtigung der durch das Zusammenleben mit dem

Unterhaltspflichtigen eintretenden Haushaltsersparnis – im Rahmen des Elternunterhalts mit mindestens 1750 DM (unter B I) vorgesehen.

(Darlegung der Voraussetzung für eine Ersatzhaftung des Großvaters; Ausschluss oder erhebliche Erschwerung der Rechtsverfolgung)

[37] 5. Gleichwohl ist das Berufungsurteil im Ergebnis zutreffend. Das BerGer. ist nämlich zu Recht **f** davon ausgegangen, dass die Kl. zu den Voraussetzungen einer Ersatzhaftung des Bekl. nicht hinreichend substanziiert vorgetragen hat, auch wenn es seine Entscheidung letztlich nicht auf diesen Gesichtspunkt gestützt hat.

[38] § 1607 II 1 BGB begründet eine Unterhaltspflicht des nachrangig haftenden Verwandten, wenn die Rechtsverfolgung gegen den vorrangig Haftenden im Inland ausgeschlossen oder erheblich erschwert ist. Voraussetzung ist mithin zunächst, dass der nähere Verwandte an sich leistungsfähig ist, was im vorliegenden Fall jedenfalls in Höhe einer möglichen Inanspruchnahme des Bekl. zu bejahen ist. Denn der Vater der Kl. hat nach dem ihm gegenüber ergangenen Versäumnisurteil monatlichen Kindesunterhalt von 341 DM zu zahlen.

[39] Ausgeschlossen oder zumindest erheblich erschwert ist die Rechtsverfolgung etwa, wenn der Unterhaltsberechtigte mit einem – auf der Zurechnung fiktiven Einkommens beruhenden – Vollstreckungstitel keinen Unterhalt erlangen kann, weil der Unterhaltspflichtige kein vollstreckungsfähiges Vermögen besitzt oder von dem Berechtigten nicht erwartet werden kann, die Zwangsvollstreckung in auch ihm dienende Vermögenswerte (etwa ein von ihm mitbewohntes Haus) zu betreiben (vgl. OLG *Hamm*, FamRZ 2005, 57; OLG *Karlsruhe*, FamRZ 1991, 971 [973]; *Luthin*, in: MünchKommBGB, § 1607 Rn. 5; *Staudinger/Engler*, BGB, Neubearb. 2000, § 1407 Rn. 21; *Erman/Hammermann*, 11. Aufl., § 1607 Rn. 10; *Palandt/Diederichsen*, 64. Aufl., § 1607 Rn. 11).

[40] Dass Vollstreckungsversuche gegen ihren Vater erfolglos waren, hat die Kl. nach den getroffenen Feststellungen nicht vorgetragen. Sie hat auch nicht dargetan, dass ihr Vater kein vollstreckungsfähiges Vermögen besitze, sondern sich auf die Angabe beschränkt, die Zwangsvollstreckung sei gegen ihn nicht erfolgversprechend, weil sein Einkommen unter der Pfändungsfreigrenze der §§ 850c, 850d ZPO liege. Das genügte zur Darlegung einer Ersatzhaftung des Bekl. gem. § 1607 II BGB nicht.

BGH v. 6.7.2005 – XII ZR 145/03 – FamRZ 2005, 1897 = NJW-RR 2005, 1450

(§ 1572 BGB: Beweislast des Berechtigten; Darlegungslast des Pflichtigen bei behaupteter Genesung) **R638**

II. 1. Zu Recht geht das BerGer. zwar von einer Darlegungs- und Beweislast der Ag. für ihre **a** krankheitsbedingte Erwerbsunfähigkeit aus (*Senat*, NJW 1990, 2752 = FamRZ 1990, 496 [497] und NJW-RR 1993, 898 = FamRZ 1993, 789 [791]). Wie der Senat schon wiederholt ausgeführt hat, dürfen aber die Anforderungen, die insoweit zu stellen sind, nicht überspannt werden, sondern müssen den Umständen des Falls entsprechen (*Senat*, NJW 1987, 898 = FamRZ 1987, 144 [145]). Auf dieser Grundlage hat das BerGer. die Voraussetzung eines Unterhaltsanspruchs nach § 1572 BGB ohne Verfahrensfehler schon anhand des unstreitigen Sachverhalts festgestellt. Der dagegen gerichteten Revision bleibt der Erfolg versagt, weil das BerGer. weder einen substanziierten Beweisantrag des Ast. übergangen hat noch gehalten war, die fortbestehende Erwerbsunfähigkeit der Ag. durch Einholung eines Sachverständigengutachtens zu klären.

a) Die Revision meint, die ärztlichen Untersuchungsberichte aus der Vergangenheit seien keine ausreichende Grundlage für die Feststellung einer fortdauernden Erwerbsunfähigkeit. Das BerGer. habe zudem keine hinreichende Sachkenntnis dargelegt, die eine Beweisaufnahme durch ein aktuelles Sachverständigengutachten entbehrlich mache. Das überzeugt nicht.

b) Das BerGer. hat sich zum Nachweis der Erkrankung der Ag. seit 1990 auf den unstreitigen Sachverhalt und die vorliegenden Sachverständigengutachten gestützt. Die Fortdauer der Erkrankung hat es aus der schon seinerzeit diagnostizierten Chronifizierung der Schizophrenie und dem Umstand hergeleitet, dass sich die Ag. auch in der Folgezeit nicht medikamentös hat behandeln lassen. Zudem hat das OLG während der Anhörung der Ag. die gleichen Symptome festgestellt, die in den ärztlichen Berichten von 1996 und 1998 festgestellt worden waren. Auch die festgestellte Schwerbehinderung und die Bewilligung einer dauerhaften Erwerbsunfähigkeitsrente hat es als entscheidendes Indiz für die Fortdauer der Erkrankung angesehen. Dem hat der Ast. im entscheidenden Punkt, nämlich in der Frage, ob die Ag. noch immer an Schizophrenie erkrankt ist, nur pauschal und unsubstanziiert widersprochen.

Nach der Rechtsprechung des BGH ist die Ablehnung eines für eine beweiserhebliche Tatsache angetretenen Beweises zulässig, wenn die unter Beweis gestellten Tatsachen so ungenau bezeichnet sind, dass ihre Erheblichkeit nicht beurteilt werden kann, oder wenn sie zwar in das Gewand einer bestimmt aufgestellten Behauptung gekleidet, aber aufs Geratewohl gemacht, gleichsam „ins Blaue hinein" aufgestellt, mit anderen Worten, aus der Luft gegriffen sind und sich deshalb als Rechtsmissbrauch darstellen. Zu einer näheren Darstellung kann eine Partei insbesondere dann gezwungen sein, wenn die Gegenpartei besonders substanziiert vorträgt. Denn der Umfang der jeweils erforderlichen Substanziierung des Sachvortrags bestimmt sich aus dem Wechselspiel von Vortrag und Gegenvortrag, wobei die Ergänzung und Aufgliederung des Sachvortrags bei hinreichendem Gegenvortrag immer zunächst Sache der darlegungs- und beweisbelasteten Partei ist (BGH, NJW 1999, 1859 [1860]).

Diesen Anforderungen an einen erheblichen Sachvortrag genügt der Vortrag des Ast. zu der von ihm behaupteten Genesung der Ag. nicht. Soweit der Ast., anknüpfend an den Umstand, dass die Ag. sich keiner weiteren Begutachtung unterziehen will, die Diagnose einer Schizophrenie bestreitet, ist dies mit keinen relevanten Tatsachen belegt und offensichtlich „ins Blaue hinein" erfolgt. Allein die Verweigerung der weiteren Begutachtung kann diese Behauptung nicht stützen, sondern findet eine plausible Erklärung in der schon früher diagnostizierten fehlenden Krankheitseinsicht. Der Ast. verkennt auch, dass die diagnostizierte Erkrankung einer Schizophrenie regelmäßig schubweise verläuft und eine etwaige Einsichtsfähigkeit zwischen solchen Phasen nichts über eine dauerhafte Erwerbsmöglichkeit aussagt. Entgegen der Rechtsauffassung der Revision spricht deswegen auch die vom BerGer. festgestellte Prozessfähigkeit der Ag. nicht denknotwendig gegen den Fortbestand ihrer Erkrankung. Wegen der in der Vergangenheit mehrfach diagnostizierten chronischen Erkrankung und der dauerhaft bewilligten Erwerbsunfähigkeitsrente hätte der Ast. vielmehr konkreter vortragen müssen, aus welchen Umständen er auf eine dauerhafte Genesung schließen will.

Auf der Grundlage dieser unsubstanziierten Angriffe des Ast. ist das OLG deswegen zu Recht vom Fortbestand der Erkrankung der Ag. ausgegangen. Danach hatte die Ag. ohnehin keine reale Beschäftigungschance, was als weiteres objektives Merkmal für eine Zurechnung eigener Einkünfte stets erforderlich ist (*Senat*, NJW 1987, 898 = FamRZ 1987, 144).

(Keine Verwirkung nach § 1579 Nr. 4 BGB bei fehlender Krankheitseinsicht)

b 2. Ebenfalls zu Recht hat das BerGer. die Voraussetzungen einer Verwirkung des Unterhaltsanspruchs nach § 1579 Nr. 3 BGB abgelehnt, weil die Ag. ihre Bedürftigkeit nicht mutwillig herbeigeführt hat. Die Ag. hatte schon während der Ehezeit keine kontinuierliche Behandlung der diagnostizierten Schizophrenie zugelassen, weil ihr die erforderliche Krankheitseinsicht fehlte. Entsprechend wurde schon 1996 im Zusammenhang mit der Verrentung eine Chronifizierung des Leidens festgestellt. Die unterlassene Behandlung beruht deswegen nicht auf einem mutwilligen Verhalten der Ag. iS von § 1579 Nr. 3 BGB, sondern auf der diagnostizierten Krankheit selbst. Die fehlende Krankheitseinsicht hat das BerGer. auch nicht aus eigener Sachkunde festgestellt, sondern es hat sich dabei auf die schon im Jahre 1996 erhobene und 1998 bestätigte Diagnose gestützt. Auch dem hat der Ast. nicht hinreichend substanziiert widersprochen.

BGH v. 10.8.2005 – XII ZR 73/05 – FamRZ 2005, 1662 = NJW 2005, 3282

R639 *(Keine Abänderung einer vereinbarten Abfindung – Unterschied zur Kapitalisierung einer Vorauszahlung; Bedeutung von Ratenzahlungen)*

a) Wenn die Parteien eines Unterhaltsvergleichs mit der Vereinbarung eines Abfindungsbetrags eine restlose und endgültige Regelung wollten, liegt darin regelmäßig auch ein Ausschluss weiterer Ansprüche für nicht vorhersehbare Veränderungen (BGHZ 2, 379 [385 f.] = NJW 1951, 759). Die abschließende Wirkung auf der Grundlage einer bloßen Prognose ist dann wesentlicher Inhalt der vertraglichen Vereinbarung und nicht bloß dessen Geschäftsgrundlage. Gleiches gilt dann auch umgekehrt für die Nachforderung noch ausstehender Abfindungsansprüche und für die Rückzahlung schon geleisteter Beträge.

Eine andere rechtliche Beurteilung ist allenfalls für solche Fälle denkbar, in denen der Kapitalbetrag keine Abfindung, sondern eine bloße Vorauszahlung, also eine bloße Kapitalisierung, sein soll. Dann wird durch die Unterhaltsvereinbarung lediglich der gesetzliche Unterhaltsanspruch konkretisiert (vgl. insoweit *Senat*, NJW 1985, 2706 = FamRZ 1985, 263), während im Falle einer endgültigen, abschließenden Regelung an die Stelle des durch den Unterhaltsverzicht abbedungenen gesetzlichen Unterhalts eine eigenständige vertragliche Unterhaltsvereinbarung tritt (BGH NJW 1951, 759).

Anhang R. Rechtsprechung **R640**

Es liegt im Wesen einer Abfindung, dass sie Elemente eines Vergleichs enthält. Wer statt laufender Unterhaltsbeträge einen festen Abfindungsbetrag wählt, nimmt das Risiko in Kauf, dass die für die Berechnung maßgebenden Faktoren auf Schätzungen und unsicheren Prognosen beruhen. Deswegen gewährt das Gesetz dem Unterhaltsberechtigten regelmäßig Unterhalt in Form einer monatlich im Voraus zu entrichtenden Geldrente (§ 1585 I BGB) und räumt ihm nur unter besonderen Voraussetzungen ausnahmsweise einen Anspruch auf Abfindung in Kapital ein (§ 1585 II BGB). Entscheidet sich der Unterhaltsberechtigte gleichwohl für eine Abfindung, dann deshalb, weil ihm dies, aus welchen Gründen auch immer, bei Abwägung solcher Risiken vorteilhafter erscheint. Darin liegt auch sein Verzicht darauf, dass ihm günstige zukünftige Entwicklungen der persönlichen und wirtschaftlichen Verhältnisse berücksichtigt werden. Der Unterhaltspflichtige will und darf sich, wenn er auf Grund einer wirksamen Vereinbarung eine Kapitalabfindung leisten muss, andererseits darauf verlassen, dass mit der Erfüllung der Unterhaltsanspruch ein für allemal erledigt ist. Auch für ihn bestehende Unsicherheiten der künftigen Entwicklung sind regelmäßig in die Berechnung der Abfindungssumme eingeflossen (vgl. BGH NJW 1981, 818 [820]).

Entsprechend geht auch die weit überwiegende Auffassung in der Literatur davon aus, dass bei einer Abfindungsvereinbarung eine Anpassung an veränderte Umstände, zum Beispiel an eine Wiederverheiratung der Unterhaltsberechtigten, ausscheidet (*Wendl/Pauling*, 6. Aufl., § 6 Rn. 614; *Göppinger/Wax/Hoffmann*, 8. Aufl., Rn. 1378 f.; *Johannsen/Henrich/Büttner*, EheR, 4. Aufl., § 1585 Rn. 12; *Luthin*, 10. Aufl., Rn. 2264; *Maurer*, in: MünchKommBGB, 4. Aufl., § 1586 Rn. 7; FA-FamR/*Gerhardt*, 5. Aufl., Kap. 6 Rn. 470; vgl. auch OLG Koblenz, NJW-RR 2002, 797 = FamRZ 2002, 1040). Soweit das OLG Hamburg in dem vom BerGer. zitierten Urteil (FamRZ 2002, 234) zu dem abweichenden Ergebnis gelangt ist, dass ein beim Tode des Unterhaltsberechtigten noch nicht erfüllter Anspruch auf Abfindung für künftigen Unterhalt erloschen und daher auch nicht vererbbar ist, beruht dies auf einer Auslegung des dortigen Einzelfalls, der neben dem nachehelichen Ehegattenunterhalt auch Ansprüche auf Trennungsunterhalt umfasste, auf die gem. §§ 1360a III, 1614 I BGB ohnehin nicht endgültig verzichtet werden konnte. Dieser Gesichtspunkt ist jedenfalls nicht auf Vergleiche übertragbar, die – wie hier – einen wirksamen Verzicht auf den gesetzlich geschuldeten Unterhaltsanspruch beinhalten.

b) Nach der Auffassung des BerGer. wollten die Parteien den Anspruch der Bekl. auf nachehelichen Ehegattenunterhalt durch einen Kapitalbetrag endgültig abfinden. Diese Auslegung der Vergleiche liegt schon deswegen nahe, weil die vom Kl. zu leistenden Beträge als „Abfindungsbeträge" bezeichnet wurden. Außerdem haben die Parteien in dem Vergleich vom 7.1.2003 ausdrücklich wechselseitig auf nachehelichen Ehegattenunterhalt verzichtet und erklärt, dass mit den vereinbarten Zahlungen der Gesamtanspruch der Bekl. auf nachehelichen Unterhalt abgegolten sein sollte. Das wurde durch den späteren Wegfall des Abfindungsbetrags für 2005 und die neue Fälligkeitsregelung für die Abfindungsbeträge für 2004 auch nicht abgeändert.

Gegen den Charakter einer endgültigen Abfindung des nachehelichen Ehegattenunterhalts kann der Kl. auch nicht einwenden, dass die Parteien eine Ratenzahlung der Abfindungsbeträge vereinbart haben. Die Bewilligung von Ratenzahlung erfolgt regelmäßig im Interesse des Unterhaltsschuldners, weil sie ihm die Zeit einräumt, sich auf die erst künftig fällig werdenden Teilbeträge einzustellen. Zu Recht hat das BerGer. hier in der Möglichkeit des steuerlichen Realsplittings einen weiteren Grund gesehen, wonach die ratenweise Aufteilung des Abfindungsbetrags allein im Interesse des Kl. liegt. Denn sie ermöglicht es ihm, den gesamten Abfindungsbetrag – verteilt auf mehrere Jahre – als Sonderausgabe steuerlich abzusetzen, weil die jährlichen Abfindungsbeträge in Höhe von 13 500 EUR knapp unterhalb des Höchstbetrags liegen, der im Wege des steuerlichen Realsplittings nach § 10 EStG mit jährlich bis zu 13 805 EUR berücksichtigt werden kann. Nach den zutreffenden Feststellungen des BerGer. erfolgte die Hinausschiebung der Fälligkeit von Teilen des Abfindungsbetrags deswegen allein im Interesse des Kl. Umstände, die gegen eine endgültige und abschließende Unterhaltsvereinbarung sprechen, lassen sich deswegen daraus nicht gewinnen.

BGH v. 7.9.2005 – XII ZR 311/02 – FamRZ 2005, 1979 = NJW 2005, 3639

(Keine kurze Ehedauer nach § 1579 Nr. 1 BGB bei Kinderbetreuung) **R640**

Die fehlende Umsetzung eines gemeinsamen Lebensplans ist hingegen Voraussetzung des Verwirkungstatbestands des § 1579 Nr. 1 BGB, wonach ein Unterhaltsanspruch versagt, herabgesetzt oder zeitlich begrenzt werden kann, wenn die Ehe von kurzer Dauer war. Allerdings steht nach § 1579

Nr. 1 BGB der Ehedauer die Zeit gleich, in welcher der Berechtigte wegen der Pflege oder Erziehung eines gemeinschaftlichen Kindes nach § 1570 BGB Unterhalt verlangen kann. Bei der Prüfung des Verwirkungstatbestands ist zur Vermeidung verfassungswidriger Ergebnisse jedoch zunächst von der tatsächlichen Ehezeit auszugehen und erst anschließend die zur Wahrung der Belange des Kindes gesetzlich vorgesehene Abwägung vorzunehmen (BVerfG, NJW 1989, 2807 = FamRZ 1989, 941 [943 f.]; *Senat,* FamRZ 1990, 492 [494 ff.]).

Ausgehend hiervon hat das BerGer. zu Recht eine weitere Herabsetzung oder Begrenzung des Unterhaltsanspruchs der Bekl. abgelehnt. Soweit das BerGer. trotz der nur sehr kurzen Ehedauer entscheidend auf die Belange der gemeinsamen Tochter abgestellt und eine weitere Kürzung des Unterhaltsanspruchs der Bekl. abgelehnt hat, weil sogar die Summe aus eigenem Einkommen und Unterhalt unter dem notwendigen Bedarf der Bekl. liege, bestehen dagegen keine rechtlichen Bedenken. Das Argument der Revision, die Betreuungsleistungen der Bekl. für das gemeinsame Kind seien schon durch den Kindesunterhalt abgegolten, überzeugt nicht. Denn der Barunterhalt des Kl. für das gemeinsame minderjährige Kind sichert lediglich dessen finanziellen Unterhaltsbedarf, während die Bekl. daneben für die Betreuung und Erziehung des gemeinsamen Kindes haftet, wovon auch § 1606 III 2 BGB ausgeht. Der Unterhaltsanspruch nach § 1570 BGB ermöglicht der Bekl. erst diese Betreuungsleistung und ist deswegen jedenfalls nicht durch den Barunterhalt für das Kind abgegolten.

(Fiktives Einkommen wegen Verstoß gegen Erwerbsobliegenheit eheprägend)

b a) Der BGH hat im Jahre 2001 – unter Aufgabe der früheren Rechtsprechung – entschieden, dass die ehelichen Lebensverhältnisse nach § 1578 BGB nicht nur durch die Bareinkünfte eines erwerbstätigen Ehegatten, sondern auch durch die Leistungen des anderen Ehegatten im Haushalt oder bei der Kindeserziehung mitbestimmt werden und hierdurch eine Verbesserung erfahren. Denn die ehelichen Lebensverhältnisse umfassen alles, was während der Ehe für den Lebenszuschnitt der Ehegatten nicht nur vorübergehend tatsächlich von Bedeutung ist, mithin auch den durch die häusliche Mitarbeit und die Kindesbetreuung des nicht erwerbstätigen Ehegatten erreichten sozialen Standard (*Senat,* NJW 2001, 2254 = FamRZ 2001, 986 [987]). Entsprechend orientiert sich auch die Teilhabequote an der Gleichwertigkeit der beiderseits erbrachten Leistungen, so dass beide Ehegatten hälftig an dem durch Erwerbseinkommen einerseits, Haushaltsführung oder Kindeserziehung andererseits geprägten ehelichen Lebensstandard teilhaben. Nimmt der nicht erwerbstätige Ehegatte nach der Scheidung eine Erwerbstätigkeit auf oder erweitert er sie über den bisherigen Umfang hinaus, so kann sie als Surrogat für seine bisherige Familienarbeit angesehen werden, weil sich der Wert seiner Haushaltstätigkeit oder der Kindeserziehung dann, von Ausnahmen einer ungewöhnlichen, vom Normalverlauf erheblich abweichenden Karriereentwicklung abgesehen, in dem daraus erzielten oder erzielbaren Einkommen widerspiegelt. Wenn also der unterhaltsberechtigte Ehegatte nach der Scheidung solche Einkünfte erzielt oder erzielen kann, die gleichsam als Surrogat des wirtschaftlichen Wertes seiner bisherigen Tätigkeit angesehen werden können, ist dieses Einkommen nach der Differenzmethode in die Unterhaltsberechnung einzubeziehen (*Senat,* NJW 2001, 2254 = FamRZ 2001, 986). Diese Rechtsprechung hat das BVerfG ausdrücklich gebilligt. Danach entspricht es dem gleichen Recht und der gleichen Verantwortung bei der Ausgestaltung des Ehe- und Familienlebens, auch die Leistungen, die jeweils im Rahmen der gemeinsamen Arbeits- und Aufgabenzuweisung erbracht werden, als gleichwertig anzusehen. Deshalb sind die von den Ehegatten für die eheliche Gemeinschaft jeweils erbrachten Leistungen unabhängig von ihrer ökonomischen Bewertung gleichgewichtig. Auch der zeitweilige Verzicht eines Ehegatten auf Erwerbstätigkeit, um die Haushaltsführung oder die Kindererziehung zu übernehmen, prägt ebenso die ehelichen Verhältnisse, wie die vorher ausgeübte und die danach wieder aufgenommene oder angestrebte Erwerbstätigkeit (BVerfGE 105, 1 [11 f.] = NJW 2002, 1185 = FamRZ 2002, 527 [529]).

(Für Surrogat der Familienarbeit weder Zeitpunkt Arbeitsaufnahme noch Lebensplan maßgebend)

c Maßgeblich für die Bemessung der ehelichen Lebensverhältnisse ist nach der Rechtsprechung des Senats deswegen nicht mehr, ob eine spätere Tätigkeit noch vor der Trennung der Parteien aufgenommen wurde oder ob eine spätere Arbeitsaufnahme einem ehelichen Lebensplan entsprach, sondern allein, dass es sich bei der Aufnahme bzw. Ausweitung der Tätigkeit nach der Scheidung um ein Surrogat der früheren Haushaltsführung handelt (vgl. auch *Wendl/Gerhardt,* § 4 Rn. 184a).

Anhang R. Rechtsprechung   R641

(Auch fiktives Erwerbseinkommen Surrogat der Familienarbeit)

b) Der Berücksichtigung im Wege der Differenzmethode steht auch nicht entgegen, dass die d
Bekl. tatsächlich kein Einkommen bezieht und ihr ein solches lediglich fiktiv zugerechnet wird.
Denn auch das Einkommen, das die Bekl. zu erzielen in der Lage ist, ist als Surrogat des wirtschaftlichen Wertes ihrer bisherigen Erziehung des gemeinsamen minderjährigen Kindes anzusehen, die die ehelichen Lebensverhältnisse der Parteien geprägt hat (vgl. *Senat,* FPR 2003, 245 = FamRZ 2003, 434 [435]).

BGH v. 26.10.2005 – XII ZR 34/03 – FamRZ 2006, 99 = NJW 2006, 57

(Identität von Minderjährigen- und Volljährigenunterhalt)   R641

Der Kl. ist durch eine einstweilige Anordnung im Scheidungsverbund nach § 620 Nr. 2 ZPO zu a
Unterhaltsleistungen an die Bekl. verurteilt worden, die wegen der Identität des Unterhaltsanspruchs volljähriger Kinder mit dem Minderjährigenunterhalt (vgl. *Senat,* NJW 1984, 1613 = FamRZ 1984, 682) fortgilt.

(Pauschalierung des ausbildungsbedingten Mehrbedarfs)

[15] 2. Auch soweit das BerGer. die Ausbildungsvergütung der Bekl. um die zusätzlich gezahlten b
Fahrtkosten erhöht und davon den – höheren – pauschalen ausbildungsbedingten Mehrbedarf abgesetzt hat (vgl. Anm. 8 zur Düsseldorfer Tabelle), bestehen dagegen aus revisionsrechtlicher Sicht keine Bedenken. Daraus ergibt sich ein unterhaltsrelevanter Anteil der Ausbildungsvergütung für die Zeit bis Dezember 2001 in Höhe von 433,50 DM (550 DM Ausbildungsvergütung + 43,50 DM Fahrtkosten – 160 DM ausbildungsbedingter Mehrbedarf) und für die Zeit ab Januar 2002 in Höhe von 218,45 EUR (281,20 EUR Ausbildungsvergütung + 22,25 EUR Fahrtkosten – 85 EUR ausbildungsbedingter Mehrbedarf).

(Ausbildungsvergütung ist in voller Höhe auf den Volljährigenunterhalt anzurechnen)

[17] Die Ausbildungsvergütung, die ein volljähriges Kind erhält, ist als Einkommen zu berück- c
sichtigen und deswegen – nach Abzug berufsbedingten Mehrbedarfs – in voller Höhe bedarfsmindernd anzurechnen (*Senat,* NJW 1981, 2462 = FamRZ 1981, 541 [542 f.]). Damit verringert die Ausbildungsvergütung die Bedürftigkeit des mit Volljährigkeit nur noch barunterhaltsberechtigten Kindes in vollem Umfang.

(„Betreuung" des Volljährigen ist freiwillige Leistung; Tabellenunterhalt schließt Wohnbedarf ein)

[18] Entgegen der Rechtsauffassung des BerGer. ist ab Eintritt der Volljährigkeit auch kein Grund d
dafür ersichtlich, zu Lasten des allein barunterhaltspflichtigen Kl. der nicht leistungsfähigen Mutter der Bekl. Anteile der Ausbildungsvergütung zuzurechnen. Seit der Volljährigkeit der Bekl. schuldet die Mutter ihr auch keinen Betreuungsunterhalt mehr. Soweit sie ihr gleichwohl Betreuungsleistungen erbringt, stellen diese sich als freiwillige Leistungen dar, die unterhaltsrechtlich unberücksichtigt bleiben müssen. Die Bekl. kann mit ihrem eigenen Einkommen und mit dem vom Kl. geschuldeten Barunterhalt ihren gesamten Unterhaltsbedarf einschließlich des Wohnungsbedarfs abdecken. Denn die von ihm geschuldeten Unterhaltsbeträge nach der Düsseldorfer Tabelle schließen nach ständiger Rechtsprechung des Senats auch den Wohnbedarf des Kindes mit ein (*Senat,* NJW 1992, 1044 = FamRZ 1992, 423 [424] [unter 4a], und NJW 1989, 2809 = FamRZ 1989, 1160 [1163]; *Wendl/Scholz,* 6. Aufl., § 2 Rn. 214). Zusammen mit den Unterhaltsleistungen des Kl. in Höhe des ungedeckten Barbedarfs nach der vierten Altersstufe der Düsseldorfer Tabelle ist die Beklagte deswegen in der Lage, ihrer Mutter Ersatz für eventuelle Naturalleistungen durch Wohnungsgewährung oder Verköstigung zu leisten.

(Kindergeld bei Volljährigen in voller Höhe bedarfsdeckend)

[19] 3. Auch die hälftige Teilung des Kindergeldes zwischen dem barunterhaltspflichtigen Kl. und e
der nicht leistungsfähigen Mutter der Bekl. hält der rechtlichen Nachprüfung nicht stand. Allerdings ist die Frage, in welchem Umfang das an die nicht leistungsfähige Mutter eines volljährigen Kindes gezahlte Kindergeld auf den Barunterhalt anzurechnen ist, in Rechtsprechung und Literatur seit langem umstritten.

[20] a) Teilweise wird die Auffassung vertreten, das Kindergeld sei in Anwendung des § 1612b I und II BGB zwischen den Eltern hälftig aufzuteilen, auch wenn nur ein Elternteil Barunterhalt schulde, während der andere Elternteil, bei dem das volljährige Kind wohne, nicht leistungsfähig sei. In solchen Fällen würden dem Kind in aller Regel Naturalleistungen durch die gemeinsame Haushaltsführung erbracht, auch wenn sie nicht geschuldet seien. Die Vorschrift des § 1612b III BGB sei auf solche Fälle nicht anwendbar, weil nicht nur der barunterhaltspflichtige Elternteil, sondern auch der Elternteil, bei dem das Kind wohne, Anspruch auf Kindergeld habe (OLG Celle [21. Zivilsenat] FamRZ 2003, 1408; OLG Celle [17. Zivilsenat], FamRZ 2001, 47 [48]; OLG Nürnberg, NJW-RR 2000, 598 = FamRZ 2000, 687 [688]; OLG Düsseldorf, FamRZ 1997, 1106 [differenzierend]; Soyka, FuR 2005, 97 [99 ff.]; *Wendl/Scholz* § 2 Rn. 515; *Luthin/Schumacher*, 10. Aufl., Rn. 3251; *Eschenbruch/Wohlgemuth*, Der Unterhaltsprozess, 3. Aufl., Rn. 3388; *Saathoff*, in: AnwKomm-BGB, § 1612b Rn. 10; FA-FamR/*Gerhardt*, 5. Aufl., Kap. VI Rn. 157a).

[21] b) Überwiegend wird in Rechtsprechung und Literatur allerdings die Auffassung vertreten, dass § 1612b III BGB entsprechend anwendbar sei, wenn nur ein Elternteil Barunterhalt zu leisten in der Lage sei, während der andere Elternteil das Kindergeld ausgezahlt erhalte, weil das volljährige Kind noch bei ihm wohne. Die hälftige Aufteilung des Kindergeldes nach § 1612b I und II BGB beruhe auf dem Grundgedanken, dass beide Eltern für ein minderjähriges Kind in gleichem Umfang Unterhalt erbringen, der eine in Form des Naturalunterhalts, der andere in Form von Barunterhalt (§ 1606 III 2 BGB). Weil es in solchen Fällen nach dem Halbteilungsgrundsatz geboten sei, das Kindergeld je zur Hälfte auf die beiden Eltern aufzuteilen, ermögliche § 1612b I BGB eine entsprechende Verrechnung auf den geschuldeten Unterhalt. Weil aber dem volljährigen Kind kein – grundsätzlich gleichwertiger – Betreuungsunterhalt mehr geschuldet sei, passe die Regelung des § 1612b I BGB nicht als Verrechnungsanordnung. Die Argumentation der Gegenmeinung, die darauf abstelle, dass der nicht barleistungsfähige Elternteil dem Kind gleichwohl noch Naturalleistungen erbringe, berücksichtige nicht, dass solche Leistungen dem volljährigen Kind nicht mehr geschuldet seien. Eine zusätzliche Naturalleistung mindere einerseits den Bedarf des Kindes, werde andererseits aber nicht zur Entlastung des barunterhaltspflichtigen Elternteils erbracht, weshalb dieser gleichwohl den vollen Barunterhalt schulde. Damit erhalte das volljährige Kind mehr, als ihm nach den unterhaltsrechtlichen Leitlinien als voller Unterhaltsbedarf zustehe (OLG Koblenz, NJW-RR 2005, 586 [587 f.]; FamRZ 2004, 562 [563]; OLG Stuttgart, FamRZ 2004, 219; OLG Celle [15. Zivilsenat], NJW-RR 2004, 438 = FamRZ 2004, 218; OLG Brandenburg, FamRZ 2003, 553; OLG Braunschweig, FamRZ 2000, 1246; OLG Schleswig [5. Familiensenat], NJW-RR 2000, 598 = FamRZ 2000, 1245; OLG Schleswig [14. Familiensenat], FamRZ 2000, 1245; *Schwonberg*, Das Jugendamt [JAmt] 2001, 310 [311]; *Palandt/Diederichsen*, 64. Aufl., § 1612b Rn. 6; *Born*, in: MünchKomm, 4. Aufl., § 1612b Rn. 53, 57; *Schwab/Borth*, 5. Aufl., Teil V Rn. 188 [für Unterhalt über dem Existenzminimum]; *Göppinger/Wax/Häußermann*, 8. Aufl., Rn. 789; *Kalthoener/Büttner/Niepmann*, 9. Aufl., Rn. 831; *Viefhues*, in: JurisPK-BGB, § 1612b Rn. 12; *Hoppenz/Hülsmann*, Familiensachen, 8. Aufl., § 1612b Rn. 8; *Weinreich/Klein*, FamilienR, 2. Aufl., § 1612b Rn. 34).

[22] c) Der Senat schließt sich der zuletzt genannten Auffassung an.

[23] aa) Das staatliche Kindergeld nach den Vorschriften des Bundeskindergeldgesetzes und den §§ 62 ff. EStG dient dem allgemeinen Familienlastenausgleich. Es ist eine öffentliche Sozialleistung, die den Eltern gewährt wird, um ihnen die Unterhaltslast gegenüber den Kindern zu erleichtern. Nach dem Grundgedanken der gleichen Beteiligung beider Eltern an der Unterhaltspflicht gegenüber minderjährigen Kindern (§ 1606 III 2 BGB) steht grundsätzlich auch das Kindergeld beiden Eltern zu gleichen Teilen zu. Lediglich aus Gründen der Verwaltungsvereinfachung wird das Kindergeld gem. § 64 I EStG nur an einen Berechtigten ausgezahlt. Den internen Ausgleich unter den Eltern hat die Praxis stets im Rahmen des Kindesunterhalts oder, sofern ein solcher nicht geschuldet ist, mittels eines familienrechtlichen Ausgleichsanspruchs durchgeführt (*Senat*, BGHZ 161, 124 [135 f.] = NJW 2005, 503 = FamRZ 2005, 347 [350]).

[24] Da mit dem Kindergeld die Unterhaltslast im Ganzen, also die Unterhaltslast aller Unterhaltspflichtigen erleichtert werden soll, muss das Kindergeld unterhaltsrechtlich, wenn mehrere Personen zu Unterhaltsleistungen verpflichtet sind, ohne Rücksicht darauf, wer öffentlich-rechtlich als Empfangsberechtigter bestimmt ist und wem das Kindergeld ausbezahlt wird, allen Unterhaltspflichtigen zugute kommen. Deswegen musste schon nach der bis zum 30.6.1998 geltenden Rechtslage, wenn das Kindergeld an einen von mehreren Berechtigten gezahlt wird, unter mehreren Unterhaltspflichtigen ein Ausgleich stattfinden, wobei es der Senat im Allgemeinen für angemessen erachtet hat, den

Ausgleich entsprechend den Anteilen der Unterhaltspflichtigen an der Erfüllung der Unterhaltspflicht vorzunehmen (BGHZ 70, 151 [154] = NJW 1978, 753 = FamRZ 1978, 177 [178 f.]; *Senat,* NJW 1981, 170 = FamRZ 1981, 26; NJW 1982, 1983 = FamRZ 1982, 887 [889], und NJW 1988, 1720 = FamRZ 1988, 607 [609]).

[25] Wenn ein minderjähriges unverheiratetes Kind von seinen Eltern in der Weise unterhalten wird, dass der eine Elternteil das Kind pflegt und erzieht und der andere für den Barunterhalt aufkommt, so ist darin regelmäßig eine Unterhaltsleistung der Eltern zu gleichen Anteilen zu erblicken (§ 1606 III 2 BGB) mit der Folge, dass ihnen das Kindergeld je zur Hälfte zusteht. Entsprechend sieht § 1612b I und II BGB für solche Fälle jetzt auch ausdrücklich einen hälftigen Ausgleich des Kindergeldes vor.

[26] Ist hingegen nur ein Elternteil einem volljährigen Kind (bar-)unterhaltspflichtig, widerspräche es dem Zweck des Kindergeldes als einer Erleichterung der Unterhaltslast im Ganzen, wenn das Kindergeld ihm – jedenfalls bis zur Höhe seiner Unterhaltsleistungen – nicht allein zugerechnet würde. Denn er haftet mit Eintritt der Volljährigkeit für den erhöhten Barunterhalt allein, während der Anspruch auf Betreuungsunterhalt gegen den anderen Elternteil entfallen ist (*Senat,* NJW 1994, 1930 = FamRZ 1994, 696 [698]). Eine Aufteilung des Kindergeldes kommt nach dessen Zweck dann nur noch insoweit in Betracht, als die Eltern den noch geschuldeten Barunterhalt anteilig erbringen. Eine solche Aufteilung lässt sich am einfachsten dadurch erreichen, dass das Kindergeld bedarfsdeckend auf den Unterhaltsbedarf des volljährigen Kindes angerechnet wird und damit beide Elternteile entsprechend der jeweils geschuldeten Quote vom Barunterhalt entlastet. Dabei ist unerheblich, welcher Elternteil hinsichtlich des Kindergeldes bezugsberechtigt ist, weil das volljährige Kind gegen diesen – vorbehaltlich eines eigenen Bezugsrechts nach § 74 I 3 EStG – im Innenverhältnis einen Anspruch auf Auskehr oder Verrechnung mit erbrachten Naturalleistungen hat.

[27] bb) Daran hat sich durch die zum 1.7.1998 neu geschaffene Vorschrift des § 1612b BGB nichts geändert. Denn diese Vorschrift regelt den häufig vorkommenden Fall nicht, dass ein Elternteil, bei dem das volljährige Kind wohnt und der deswegen das Kindergeld bezieht, nicht leistungsfähig und daher nicht barunterhaltspflichtig ist (vgl. insoweit auch *Wendl/Scholz,* § 2 Rn. 515; *Soyka,* FuR 2005, 97 [100]).

[28] § 1612b I BGB, der nur eine Anrechnung des hälftigen Kindergeldes vorsieht, wenn das Kindergeld nicht an den barunterhaltspflichtigen Elternteil ausbezahlt wird, knüpft an die Gleichwertigkeit des Barunterhalts mit dem Betreuungsunterhalt für minderjährige Kinder nach § 1606 III 2 BGB an. In solchen Fällen entspricht es dem Sinn des Kindergeldes als Familienlastenausgleich und der gleichen Beteiligung beider Eltern an der Unterhaltspflicht, wenn zur Entlastung auch das Kindergeld hälftig zwischen ihnen aufgeteilt wird. Eine solche Verrechnung ist aber dann nicht mehr gerechtfertigt, wenn nur ein Elternteil Unterhaltsleistungen für das gemeinsame Kind erbringt, während der andere dazu nicht in der Lage ist. Zwar sieht § 1612b II BGB auch für den Fall einer Barunterhaltspflicht beider Elternteile grundsätzlich einen hälftigen Ausgleich des Kindergeldes vor. Voraussetzung dafür ist aber, dass beide Eltern überhaupt unterhaltspflichtig sind und Unterhaltsleistungen erbringen. Außerdem ist der hälftige Ausgleich bei einer Unterhaltspflicht gegenüber – eventuell fremd untergebrachten – minderjährigen Kindern auch deshalb geboten, weil von beiden Elternteilen neben dem Barunterhalt in gewissem Umfang Betreuungsunterhalt geschuldet wird. Erbringt hingegen nur ein Elternteil Unterhaltsleistungen, während der andere dazu nicht in der Lage ist, handelt es sich schon nicht um einen Fall eines gebotenen Ausgleichs. In solchen Fällen ist nach dem Zweck des Kindergeldes als Familienlastenausgleich dem allein Unterhaltspflichtigen auch die volle Entlastung zuzubilligen. Umgekehrt wäre es nicht verständlich, einem Elternteil die Hälfte des Kindergelds zu belassen, obwohl er dem Kind keinerlei Unterhaltsleistungen schuldet.

[29] Soweit die Gegenmeinung darauf abstellt, dass auch volljährige Kinder durch das Zusammenleben mit dem nicht barunterhaltspflichtigen Elternteil Naturalleistungen erhielten, überzeugt dieses nicht. Denn jedenfalls wenn mit der Unterhaltsleistung eines Elternteils der gesamte Unterhaltsbedarf des Kindes gedeckt ist, bleibt für weitere Unterhaltsansprüche des Kindes kein Raum. Vielmehr ist es ihm zumutbar, an den nicht leistungsfähigen Elternteil für dessen Naturalleistungen wie Gewährung der Wohnung, Verpflegung und Ähnliches Anteile des vom anderen Ehegatten erhaltenen vollen Barunterhalts abzuführen. Dann handelt es sich bei den Leistungen des die Wohnung gewährenden Ehegatten um entgeltliche Leistungen und nicht um Unterhaltsleistungen. Gewährt der nicht leistungsfähige Elternteil solche Naturalleistungen hingegen unentgeltlich, handelt es sich dabei um freiwillige Leistungen, die den barunterhaltspflichtigen Ehegatten nicht entlasten und für die ein Ausgleich durch das Kindergeld deshalb nicht vorgesehen ist.

R643 Anhang R. Rechtsprechung

[30] Somit macht es auch keinen Unterschied, ob ein volljähriges unverheiratetes Kind bis zum 21. Lebensjahr noch eine allgemeine Schulausbildung absolviert und deswegen nach § 1603 II 2 BGB privilegiert ist, oder ob ein volljähriges unterhaltsberechtigtes Kind während der Ausbildung eine eigene Wohnung unterhält. Denn auch in diesen Fällen soll das Kindergeld nur den allein barunterhaltspflichtigen Elternteil entlasten.

BGH v. 9.11.2005 – XII ZR 31/03 – FamRZ 2006, 108 = NJW 2006, 369

R642 *(5% berufsbedingte Aufwendungen übersteigende Fahrtkosten bei Leiharbeitsverhältnissen berücksichtigungsfähig)*

a Der Bekl. ist Leiharbeitnehmer und wird auf kurzfristigen Abruf auf Großbaustellen im gesamten Bundesgebiet eingesetzt. Angesichts der hierfür erforderlichen Mobilität wird er nicht auf die Benutzung öffentlicher Verkehrsmittel verwiesen werden können. Zu Recht weist die Revision darauf hin, dass eine Pauschale von 5% des Einkommens dem Aufwand für Fahrtkosten in einem solchen Fall jedenfalls dann ersichtlich nicht gerecht wird, wenn – wie hier – der Unterhaltspflichtige unter Bezeichnung der wechselnden Arbeitsstellen nachvollziehbar darlegt, von Mai 2001 bis April 2002 rund 23 400 km, monatlich also fast 2000 km, für Fahrten zwischen seinem Wohnort bzw. dem Ort seiner auswärtigen Unterbringung und der jeweiligen Arbeitsstelle zurückgelegt zu haben, und der Arbeitgeber ihm diese Kosten nicht ersetzt.

[26] Angesichts der detaillierten und übersichtlichen Zusammenstellung in Form von Monatstabellen, in denen für jeden Arbeitstag der Einsatzort und die zurückgelegte Entfernung aufgeführt sowie angegeben wird, ob eine Heimfahrt oder eine Übernachtung am Einsatzort stattfand, hätte die Kl. sich nicht auf ein pauschales Bestreiten dieser Angaben beschränken dürfen. Zumindest hätten diese für eine nach § 287 ZPO vorzunehmende Schätzung ausgereicht.

(Steuerliche Berücksichtigung von Fahrtkosten als Werbungskosten oder Aufwendungen für doppelte Haushaltskosten)

b [27] Auch soweit der Bekl. für einzelne Monate, teilweise unter Vorlage von Gehaltsabrechnungen, Fahrtkostenerstattungen seines Arbeitgebers angegeben hat, waren diese nicht geeignet, den behaupteten Aufwand insgesamt in Frage zu stellen, sondern hätten davon abgezogen werden können.

[28] Entgegen der Auffassung des BerGer. dürfte auch der Umstand, dass der Bekl. ausweislich des Einkommensteuerbescheids für 2000 keine Fahrtkosten als Werbungskosten geltend gemacht hat, nicht geeignet sein, seine Darlegungen insgesamt in Zweifel zu ziehen. Denn immerhin wurden darin 4818 DM als Aufwendungen für doppelte Haushaltsführung anerkannt. Dem Arbeitnehmer stand nämlich bei Einsatzwechseltätigkeit ein Wahlrecht zu, Heimfahrten entweder als Fahrtkosten von und zum Arbeitsort und damit als Werbungskosten oder aber als Mehraufwand im Rahmen doppelter Haushaltsführung geltend zu machen (vgl. BFH, BB 1995, 179; Änderung dieser Rspr. erst durch BFH, NJW 2005, 2941 = BB 2005, 1826).

BGH v. 23.11.2005 – XII ZR 51/03 – FamRZ 2006, 387 = NJW 2006, 1794

R643 *(Prägung ehelicher Lebensverhältnisse nicht nur durch in der Ehe angelegte Einkommenssteigerungen sondern auch durch nicht unterhaltsbezogen leichtfertige Einkommenminderung, zB krankheitsbedingter Umsatzrückgang)*

a [14] b) Im Ansatz zutreffend hat das BerGer. allerdings angenommen, dass dem krankheitsbedingten Rückgang des Einkommens des Bekl. aus seiner Anwaltskanzlei unterhaltsrechtlich Bedeutung zukommt. Auch wenn sich der Bedarf des unterhaltsberechtigten Ehegatten nach den ehelichen Lebensverhältnissen bestimmt, schließt dieser Bezug die Berücksichtigung nachehelicher Entwicklungen nicht aus. So können sich Einkommensverbesserungen, die erst nach der Scheidung beim unterhaltspflichtigen Ehegatten eintreten, bedarfssteigernd auswirken, wenn ihnen eine Entwicklung zu Grunde liegt, die aus der Sicht zum Zeitpunkt der Scheidung mit hoher Wahrscheinlichkeit zu erwarten war und wenn diese Erwartung die ehelichen Lebensverhältnisse bereits geprägt hatte. Umgekehrt können auch nach der Scheidung eintretende Einkommensminderungen für die Bedarfsbemessung nicht grundsätzlich unberücksichtigt bleiben, sofern sie nicht auf einer Verletzung der Erwerbsobliegenheit des Unterhaltspflichtigen beruhen oder durch dessen freiwillige berufliche oder wirtschaftliche Dispositionen veranlasst sind und von ihm durch zumutbare Vorsorge hätten aufgefangen werden können. Auch die dauerhafte Absenkung der Erwerbseinkünfte des Unterhaltspflichtigen nach der Scheidung beeinflusst nicht erst dessen Leistungsfähigkeit, sondern bereits die ehelichen Lebensverhältnisse. Denn die Anknüpfung der nach § 1578 I BGB maßgebenden Umstände an den Zeitpunkt der Rechtskraft des Scheidungsurteils begründet für den unterhaltsberechtigten Ehegatten keine die früheren ehelichen Lebensverhältnisse unverändert fortschreibende Lebensstandardgarantie. Das Unterhaltsrecht will den bedürftigen Ehegatten nach der Scheidung im Grundsatz nicht besser stellen, als er ohne die Scheidung stünde. Bei Fortbestehen der Ehe hätte ein Ehegatte die – etwa krankheitsbedingte – negative Einkommensentwicklung des anderen Ehegatten aber wirtschaftlich mit zu tragen. Die Scheidung soll ihm dieses Risiko nicht abnehmen (*Senat,* BGHZ 153, 358 = NJW 2003, 1518 = FPR 2003, 330 = FamRZ 2003, 590 [591 f.], mAnm *Büttner,* FamRZ 2003, 594, und *Graba,* FamRZ 2003746, und BGHZ 153, 372 = NJW 2003, 1796 = FPR 2003, 361 = FamRZ 2003, 848 [849 f.]).

[15] Das gilt auch im vorliegenden Fall. Auch unter den hier gegebenen Umständen muss die Kl. es hinnehmen, dass der Bemessungsmaßstab der ehelichen Lebensverhältnisse nach Eintritt der die Erwerbsfähigkeit des Bekl. einschränkenden Erkrankung abgesunken ist. Demnach ist im Grundsatz von den niedriger gewordenen Erwerbseinkünften des Bekl. auszugehen.

(24% des Gewinns Altersvorsorge bei Selbstständigen)

[19] Zwar können Lebensversicherungen notwendige Vorsorgemaßnahmen von Personen darstellen, **b** die der gesetzlichen Versicherungspflicht nicht unterliegen. Wenn diese nicht anderweitig Vorsorge für ihr Alter getroffen haben, können die Versicherungsprämien in angemessener Höhe von dem Einkommen des Unterhaltspflichtigen abgezogen werden *(Kalthoener/Büttner/Niepmann,* 9. Aufl., Rn. 987). Angemessen ist dabei regelmäßig der Betrag, den ein Nichtselbstständiger für seine Altersversorgung entrichtet, in der Regel circa 20% des Bruttoeinkommens (vgl. *Senat,* NJW 2003, 1660 = FPR 2003, 378 = FamRZ 2003, 860 [863] für den Elternunterhalt). Darüber hinaus ist einem Ehegatten grundsätzlich zuzubilligen, einen Betrag von bis zu 4% des Gesamtbruttoeinkommens des Vorjahres für eine – über die primäre Altersversorgung hinausgehende – zusätzliche Altersversorgung einzusetzen *(Senat,* NJW 2005, 3277 = FamRZ 2005, 1817 [1821 f.]).

(Keine zusätzliche Altersvorsorge, wenn bereits anderweitig abgesichert ist)

Ist die Altersversorgung des Unterhaltspflichtigen allerdings schon auf andere Weise gesichert, **c** dienen Lebensversicherungen der Vermögensbildung und haben deshalb bei der Unterhaltsbemessung unberücksichtigt zu bleiben, es sei denn, die ehelichen Lebensverhältnisse wären hiervon bereits geprägt gewesen (vgl. *Senat,* NJW 1992, 1044 = FamRZ 1992, 423 [424]).

[20] Nach den vom BerGer. in anderem Zusammenhang getroffenen Feststellungen ist der Bekl. während des gesamten Zeitraums seiner vollen Berufstätigkeit davon ausgegangen, dass ihm eines Tages die Mieten aus dem Grundeigentum seiner Mutter zustehen würden und er damit ausreichend für das Alter versorgt sei. Auch der Bekl. hat mit der Revision geltend gemacht, dass er seine Altersversorgung jedenfalls bis zum Abschluss der streitigen Lebensversicherung als auf andere Weise hinreichend gesichert angesehen habe, nämlich zum einen durch seine fortdauernde Berufstätigkeit und zum anderen durch das frühere Familienheim in T., dessen Belastungen er – unter anderem durch eine 1995 fällig gewordene Lebensversicherung – abgetragen habe, sowie durch eine Rente der gesetzlichen Rentenversicherung in Höhe von monatlich rund 500 DM.

[21] Bei dieser Sachlage begegnet der Abzug der Lebensversicherungsprämien durchgreifenden rechtlichen Bedenken. Die ehelichen Lebensverhältnisse waren zur Zeit der Scheidung nicht davon geprägt, dass der Bekl. in dieser Form Altersvorsorge betrieben hat. Entsprechende Maßnahmen hat er nicht für notwendig erachtet, weil er seine Altersversicherung als auf andere Weise abgedeckt angesehen hat. Das war, wie insbesondere das nach dem Tod der Mutter des Bekl. angetretene Erbe zeigt, auch nicht unrealistisch.

(Prägung eheliche Lebensverhältnisse durch Erbschaft, wenn Mittel für Unterhalt der Familie zur Verfügung standen)

[25] b) Nach der ständigen Rechtsprechung des Senats werden die ehelichen Lebensverhältnisse **d** nicht nur durch Erwerbseinkünfte geprägt, sondern ebenso durch Kapital- und andere Vermögenserträge sowie sonstige wirtschaftliche Nutzungen, soweit diese den Eheleuten zur Verfügung standen (vgl. etwa *Senat,* NJW-RR 1995, 835 = FamRZ 1995, 869 [870]). Davon können auch Erträge aus einem durch Erbfall erworbenen Vermögen eines Ehegatten nicht ausgenommen werden, soweit sie zum Unterhalt der Familie zur Verfügung standen (*Senat,* NJW-RR 1988, 1282 = FamRZ 1988,

1145 [1146], und NJW 1982, 2732 = FamRZ 1982, 996 [997], bezüglich Einkünften aus einem Pflichtteil).

(Prägende Altersvorsorge durch nach der Scheidung erfolgte Erbschaft)

e [26] Vorliegend ist der Erbfall, auf Grund dessen der Bekl. über Mieteinkünfte verfügt, allerdings erst im Jahr 2000 eingetreten, während die Ehe der Parteien bereits 1996 geschieden wurde. Das schließt eine Berücksichtigung der Einkünfte aber nicht von vornherein aus. Auch wenn sich der Bedarf nach den ehelichen Lebensverhältnissen (§ 1578 I BGB) bestimmt, bedeutet dieser Bezug, wie bereits ausgeführt, nicht, dass nacheheliche Entwicklungen in jedem Fall außer Betracht zu bleiben hätten. Sie können sich vielmehr unter bestimmten Voraussetzungen bedarfssteigernd auswirken. Denn Ehegatten pflegen sich auf hinreichend sichere Einkommensverbesserungen schon im Vorhinein bei der Gestaltung ihrer Verhältnisse einzustellen und sie in ihre Entscheidungen einzubeziehen. In dieser Weise können voraussehbare Einkommensverbesserungen – bereits bevor sie eingetreten sind – eine die eheliche Lebensverhältnisse prägende Wirkung entfalten. Für diese Beurteilung ist der Gesichtspunkt maßgebend, dass die ehelichen Lebensverhältnisse mehr sind als die aktuellen Einkommensverhältnisse. Sie umfassen alles, was für den Lebenszuschnitt der Ehegatten tatsächlich eine Rolle spielt. Dazu gehört aber auch die begründete Aussicht, dass sich die Lebensumstände in kalkulierbarer Weise künftig günstiger gestalten werden. Bei der Einbeziehung künftiger Entwicklungen in die ehelichen Lebensverhältnisse ist indessen Zurückhaltung angezeigt. Eine Einkommensentwicklung, die zur Zeit der Scheidung noch im Ungewissen lag, muss daher außer Betracht bleiben. Entscheidend ist, ob sie bei Scheidung derart wahrscheinlich war, dass die Ehegatten ihren Lebenszuschnitt vernünftigerweise schon darauf einstellen konnten (*Senat*, NJW 1987, 1555 = FamRZ 1987, 459 [461], und NJW 2003, 1518 = FPR 2003, 330 = FamRZ 2003, 590 [591 f.]).

[27] Die zuletzt genannte Voraussetzung ist nach den getroffenen Feststellungen als erfüllt anzusehen. Der Bekl. war in dem von seinen Eltern errichteten Berliner Testament als (einziger) Schlusserbe eingesetzt und sein Vater bereits verstorben, als die Parteien noch nicht getrennt lebten. Damit bestand die Testierfreiheit der Mutter gem. § 2271 II BGB nicht mehr, allerdings war sie an lebzeitigen Verfügungen nicht gehindert. Dass konkreter Anlass bestanden hätte, mit Rücksicht darauf eine erhebliche Schmälerung des beträchtlichen Erbes in Rechnung zu stellen, hat das BerGer. insoweit, von der Revision unbeanstandet, aber nicht festgestellt. Auch für den Fall längerer Pflegebedürftigkeit der Mutter hätte sie ihr Vermögen nicht verbrauchen können. Als hinreichend voraussehbar kann danach bereits zur Zeit der Scheidung angesehen werden, dass die Mutter des Bekl. ihm ein nicht unerhebliches Vermögen hinterlassen würde. Offen war allein die Frage, wann der Erbfall eintreten würde und ob der 1935 geborene Bekl. seine 1910 geborene Mutter überleben würde. Insofern kann allerdings nach der allgemeinen Lebenserfahrung davon ausgegangen werden, dass Kinder in der Regel ihre Eltern überleben. Allein mit Rücksicht auf die Möglichkeit des Vorversterbens eines Kindes den Eintritt der Erbschaft nach seinen Eltern als derart im Ungewissen liegend zu bezeichnen, dass eine diese einbeziehende Lebensplanung als unvernünftig angesehen werden müsste, erscheint jedenfalls nicht gerechtfertigt. Dass der Bekl. eines Tages das Erbe nach seiner Mutter antreten würde, kann deshalb als bereits zum Zeitpunkt der Scheidung sich abzeichnende Entwicklung angesehen werden.

[28] c) Daraus folgt indessen – entgegen der Annahme des BerGer. – nicht, dass die Mieteinnahmen des Bekl. in voller Höhe seinem bedarfsprägenden Einkommen hinzuzurechnen wären. Nach Auffassung des BerGer. hat die Erwartung des Erbes dazu geführt, dass der Bekl. keine weitergehende Vorsorge für sein Alter getroffen hat. Soweit die Revision diese Annahme angreift, bleibt sie ohne Erfolg. Es ist nach den getroffenen Feststellungen, insbesondere angesichts der günstigen Einkommensverhältnisse des Bekl. in der Zeit vor seiner Erkrankung, nicht nachvollziehbar, dass er seinen Lebensbedarf im Alter maßgeblich durch seine fortdauernde Berufstätigkeit sichern wollte, ohne eine mögliche krankheitsbedingte Einschränkung seiner Erwerbsfähigkeit in Rechnung zu stellen. Das Familienheim hätte ihm – nach Ablösung der Belastungen, für die dem Vortrag des Bekl. zufolge auch die 1995 ausgezahlte Lebensversicherung bei der A eingesetzt wurde – lediglich mietfreies Wohnen ermöglicht, daneben war nur eine geringe Rente aus der gesetzlichen Rentenversicherung vorhanden.

[29] Danach ist allerdings allein die Schlussfolgerung gerechtfertigt, dass der Bekl. im Hinblick auf das Erbe von weitergehenden Aufwendungen für seine Altersversicherung abgesehen hat und die dafür an sich in angemessener Weise aufzuwendenden Mittel den ehelichen Lebensstandard erhöht, mithin die ehelichen Lebensverhältnisse geprägt haben. Diese Ersparnis ist aber, worauf die Revision zu Recht

hinweist, nicht mit den Erträgen aus dem Nachlass identisch. Insofern besteht hinsichtlich der Höhe auch weder ein kausaler noch ein sonstiger Zusammenhang. Deshalb kann als eheprägend nur ein Teil der Einkünfte angesehen werden, nämlich derjenige, den der Bekl. – über die tatsächlich betriebene Altersvorsorge hinaus – für eine angemessene Altersversicherung hätte aufwenden müssen. Ausgehend davon, dass als angemessene (primäre) Altersvorsorge regelmäßig der Betrag anzusehen ist, den ein Nichtselbstständiger für seine Altersversicherung entrichtet, in der Regel also circa 20% des Bruttoeinkommens, und für eine zusätzliche Altersvorsorge bis zu 4% des Gesamtbruttoeinkommens des Vorjahres eingesetzt werden können (vgl. o. II 2d), ist die (eheprägende) Ersparnis – bezogen auf die Zeit bis zur Rechtskraft der Scheidung – unter Berücksichtigung der tatsächlich erfolgten Aufwendungen zur Altersversicherung zu ermitteln. Zu diesen gehören allerdings auch die Tilgungsraten, die mit der Finanzierung des Erwerbs und des Ausbaus des Familienheims verbunden waren (vgl. *Senat,* NJW 2005, 3277 = FamRZ 2005, 423 [424]). Mit Rücksicht darauf bedarf die von der Revision aufgeworfene Frage, ob das BerGer. die Mieteinnahmen zu Recht um die steuerrechtlich vorgenommenen Absetzungen für Abschreibung erhöht hat, auch im vorliegenden Fall keiner Entscheidung (vgl. hierzu zuletzt *Senat,* NJW 2005, 2077 = FamRZ 2005, 1159 [1160]). Denn angesichts der beträchtlichen Höhe der Mieteinnahmen verbleiben auch ohne einen Aufschlag wegen der Abschreibungen jedenfalls Einkünfte in einer Höhe, die den Betrag übersteigt, der für eine – über die tatsächlich, auch in Form der Tilgungsleistungen, betriebene Altersversorgung hinaus – angemessene Alterssicherung erforderlich gewesen wäre.

(Bei Veräußerung des Familienheims Zinsen aus Erlös oder neuer Wohnwert eheprägendes Surrogat)

[38] Nicht zu beanstanden ist dabei der gewählte Ausgangspunkt. Die ehelichen Lebensverhältnisse f der Parteien waren dadurch geprägt, dass sie gemeinsam Eigentümer eines Hauses waren, in dem sie zunächst zusammen mietfrei wohnten und das die Kl. seit der Trennung von dem Bekl. im Einvernehmen mit diesem mit den gemeinsamen Kindern nutzte. Der eheangemessene Bedarf erhöhte sich deshalb durch die gezogenen Nutzungsvorteile (stRspr des Senats, vgl. etwa *Senat,* NJW 1998, 753 = FamRZ 1998, 87 [88]). Diese Nutzungsvorteile entfallen, wenn das gemeinsam genutzte Haus im Zusammenhang mit der Scheidung – oder wie hier nach dem Auszug der Kinder, die das Haus bis dahin mitbewohnen konnten – veräußert wird. An ihre Stelle treten die Vorteile, die die Ehegatten aus dem Erlös ihrer Miteigentumsanteile ziehen oder ziehen könnten. Das können entweder Zinseinkünfte sein oder, soweit mit dem Erlös ein neues Eigenheim finanziert worden ist, der Vorteil, der in dem mietfreien Wohnen in diesem besteht (*Senat,* NJW 2001, 2259 = FamRZ 2001, 1140 [1143]; NJW 2002, 436 = FPR 2002, 59 = FamRZ 2002, 88 [92], und NJW 2001, 2254 = FamRZ 2001, 986 [991]). Nach der Rechtsprechung des Senats kann zwar auch in solchen Fällen eine Obliegenheit zur Vermögensumschichtung bestehen, etwa wenn anderenfalls keine wirtschaftlich angemessene Nutzung des Verkaufserlöses verwirklicht worden ist. Davon kann aber nicht schon dann ausgegangen werden, wenn der nunmehr zuzurechnende Wohnvorteil nicht den Ertrag erreicht, den der Ehegatte aus dem erhaltenen Erlös hätte erzielen können. Vielmehr muss sich die tatsächliche Anlage des Vermögens – unter Berücksichtigung der Umstände des Einzelfalls – als eindeutig unwirtschaftlich darstellen, bevor der ein neues Eigenheim erwerbende Ehegatte auf eine andere Anlageform und daraus erzielbare Erträge verwiesen werden kann (vgl. *Senat,* NJW 2005, 2077 = FamRZ 2005, 1159 [1162], und FamRZ 2001, 1140 [1143]).

(Kein Erwerbsbonus bei Kapitaleinkünften, Renten und Mieteinkünften)

[42] Eine solche Begründung hat das BerGer. nicht gegeben, soweit es dem Bekl. einen Bonus auch g hinsichtlich der Einkünfte aus Kapitalvermögen und aus seiner Rente zugebilligt hat. Hierfür ist auch eine Rechtfertigung nicht ersichtlich. Bezüglich des Einkommens aus Vermietung und Verpachtung hat das BerGer. für seine Vorgehensweise maßgeblich darauf abgestellt, der Umfang der Vermietungen komme einer entsprechenden beruflichen Betätigung nahe. Dies vermag den Abzug eines Bonus im vorliegenden Fall nicht zu tragen. Denn die Einkünfte aus Vermietung und Verpachtung haben, wie bereits ausgeführt, die ehelichen Lebensverhältnisse der Parteien nicht insgesamt geprägt, sondern nur in Höhe eines Teilbetrags, den der Bekl. – über die tatsächlich betriebene Altersvorsorge hinaus – für eine angemessene Altersversorgung hätte aufwenden müssen. Dann ist der entsprechende Teilbetrag aber in voller Höhe als bedarfsprägend zu berücksichtigen. Abgesehen davon würde wegen dieses Teilbetrags auch die vom BerGer. angeführte Begründung die Einräumung eines Bonus nicht rechtfertigen.

BGH v. 23.11.2005 – XII ZR 155/03 – FamRZ 2006, 935 = NJW 2006, 2037

R644 *(Vermögenseinsatz des nicht minderjährigen Unterhaltsberechtigten)*

[26] Ein – nicht minderjähriger – Unterhaltsberechtigter ist im Verhältnis zu dem Unterhaltspflichtigen grundsätzlich gehalten, vorhandenes Vermögen zu verwerten, soweit ihm dies – auch unter Wirtschaftlichkeitsgesichtspunkten – zumutbar ist. Das schließt es indessen nicht aus, dem Unterhaltsberechtigten eine gewisse Vermögensreserve als so genannten Notgroschen für Fälle plötzlich auftretenden (Sonder-)Bedarfs zu belassen. Auch betagte Eltern können noch Notfallreserven benötigen, deren Auflösung ihnen deshalb nicht angesonnen werden kann. Was die Höhe des so genannten Notgroschens anbelangt, ist nach Auffassung des Senats regelmäßig zumindest der sozialhilferechtliche Schonbetrag anzusetzen (NJW 2004, 677 = FamRZ 2004, 370 [371]).

[27] Als Form der Vermögensverwertung kam im vorliegenden Fall jedenfalls die Nutzung des Erbauseinandersetzungsanspruchs als Kreditunterlage in Betracht, wie sie seitens der Mutter auch tatsächlich erfolgt ist. Sie hat sich nämlich die für sie vorgelegten Kosten und das für die erbrachten Pflegeleistungen geschuldete Entgelt stunden und damit kreditieren lassen. Da die Stundungsabrede bis zur letzten mündlichen Verhandlung vor dem BerGer. nicht aufgehoben worden ist, war das Vermögen der Mutter jedenfalls geeignet, bis dahin als Kreditunterlage zu dienen. Ein Unterhaltsanspruch bestand deshalb nicht.

BGH v. 7.12.2005 – XII ZR 94/03 – FamRZ 2006, 261 = NJW 2006, 695

R645 *(Rüge der fehlenden Vollstreckungsfähigkeit durch prozessuale Gestaltungsklage analog § 767 ZPO; zur Anrechnungsklausel „unter Anrechnung bereits gezahlter Beträge")*

[18] a) Soweit das BerGer. den Antrag des Kl., die Zwangsvollstreckung aus dem Anwaltsvergleich bzw. dem ihn für vollstreckbar erklärenden Beschluss des AG S. unter Abänderung der erstinstanzlichen Entscheidung „ab Rechtshängigkeit für unzulässig zu erklären", als prozessuale Gestaltungsklage analog § 767 ZPO aufgefasst hat, ist dies aus Rechtsgründen nicht zu beanstanden.

[19] Zwar mag die Einschränkung des Kl., die Unzulässigkeit der Zwangsvollstreckung erst ab Rechtshängigkeit der vorliegenden Klage festzustellen, darauf schließen lassen, dass der Kl. vorrangig nach wie vor eine Sachentscheidung über den Bestand und hilfsweise die Höhe seiner Unterhaltsverpflichtung erstrebte, wie er sie zunächst mit seiner Abänderungsklage nach § 323 ZPO begehrt hatte. Denn dieser Einschränkung hätte es bei einer prozessualen Gestaltungsklage nach § 767 ZPO analog, mit der die (von Anfang an) fehlende Vollstreckungsfähigkeit wegen mangelnder Bestimmtheit des Titels geltend gemacht wird, nicht bedurft.

[20] Gleichwohl war es zulässig und geboten, den Antrag des Kl. in diesem Sinne auszulegen oder gegebenenfalls umzudeuten, weil die Klage anderenfalls – sowohl als Abänderungsklage nach § 323 ZPO wegen veränderter Verhältnisse als auch als Vollstreckungsabwehrklage aus § 767 ZPO wegen materieller Einwendungen gegen den titulierten Anspruch – bei fehlender Vollstreckbarkeit des Titels als unzulässig hätte zurückgewiesen werden müssen (vgl. BGHZ 22, 54 [64] = NJW 1957, 23 und BGHZ 124, 164 [169] = NJW 1994, 460; BGH, NJW-RR 2004, 1135).

[21] Hingegen kann die fehlende Vollstreckungsfähigkeit nach der neueren Rechtsprechung des BGH mit der prozessualen Gestaltungsklage analog § 767 ZPO geltend gemacht werden, ohne dass ein Rechtsschutzinteresse wegen der Möglichkeit, dies mit der Klauselerinnerung nach §§ 732, 797 III ZPO geltend zu machen, zu verneinen wäre (vgl. BGHZ 118, 230 [234] = NJW 1992, 2160; BGH, NJW-RR 2004, 472 = NZG 2004, 227 = ZIP 2004, 356 [358]).

[22] Die Auslegung seines Antrags im Sinne einer solchen Klage lag auch im Interesse des Kl., da sein Begehren, keinen Unterhalt mehr zahlen zu müssen, auch das Interesse umfasste, jedenfalls aus dem vorliegenden Titel nicht mehr im Wege der Zwangsvollstreckung auf Unterhalt in Anspruch genommen werden zu können.

[23] b) Zu Recht hat das BerGer. den Beschluss des AG vom 21.3.1996 wegen der darin enthaltenen Anrechnungsklausel als unbestimmt und daher nicht vollstreckungsfähig angesehen.

[24] Das Bestimmtheitserfordernis gilt (nur) für den Titel, aus dem die Zwangsvollstreckung betrieben werden soll. Das ist hier gem. § 794 I Nr. 4a ZPO aF (jetzt § 794 I Nr. 4b) nicht der Anwaltsvergleich nach § 1044b ZPO aF (jetzt: § 796a ZPO), sondern die gerichtliche Entscheidung nach § 1044b II 2 iV mit § 1044a ZPO aF (jetzt § 796b ZPO), mit der dieser für vollstreckbar erklärt wurde (vgl. *Zöller/Geimer,* § 796a Rn. 25).

[25] Ein Titel ist nur dann bestimmt genug und zur Zwangsvollstreckung geeignet, wenn er den Anspruch des Gläubigers ausweist und Inhalt und Umfang der Leistungspflicht bezeichnet. Bei einem Zahlungstitel muss der zu vollstreckende Zahlungsanspruch betragsmäßig festgelegt sein (BGHZ 22, 54 [57] = NJW 1957, 23) oder sich zumindest aus dem Titel ohne weiteres errechnen lassen (BGHZ 88, 62 [65] = NJW 1983, 2262). Notfalls hat das Vollstreckungsorgan den Inhalt des Titels durch Auslegung festzustellen. Dabei muss der Titel jedoch aus sich heraus für eine Auslegung genügend bestimmt sein oder jedenfalls sämtliche Kriterien für seine Bestimmbarkeit eindeutig festlegen. Es genügt nicht, wenn auf Urkunden Bezug genommen wird, die nicht Bestandteil des Titels sind, oder wenn sonst die Leistung nur aus dem Inhalt anderer Schriftstücke ermittelt werden kann (*Senat*, NJW 1986, 1440 = FamRZ 1986, 45 [46] mwN).

[26] Diesen Anforderungen genügt der Beschluss des AG vom 21.3.1996 nicht, weil der Anrechnungsklausel „unter Anrechnung bereits gezahlter Beträge" mangels Konkretisierung und Bezifferung nicht zu entnehmen ist, unter Abzug welcher Beträge der Unterhaltsanspruch von monatlich 800 DM jeweils zu vollstrecken ist. Dieser Anrechnungsklausel ist nicht einmal mit hinreichender Sicherheit zu entnehmen, ob unter „bereits" gezahlten Beträgen nur solche zu verstehen sind, die vor der Titulierung gezahlt wurden, oder auch solche, die jedenfalls vor der jeweiligen Vollstreckung gezahlt worden sind (zur Unbestimmtheit einer Klausel „abzüglich bereits geleisteter Zahlungen" vgl. auch LAG Köln, Urt. v. 26.3.2004 – 4 Sa 1393/03, BeckRS 2004, 41344; OLG Zweibrücken [6. Zivilsenat], MDR 2002, 541; a. A. OLG Zweibrücken [2. Zivilsenat], NJOZ 2003, 3095 = FamRZ 2003, 691).

[28] bb) Zutreffend hat das BerGer. auch berücksichtigt, dass grundsätzlich keine Bedenken bestehen, den in einer Unterwerfungserklärung vollstreckbar gestellten Anspruch von vornherein weiter zu fassen als die zu Grunde liegende materielle Forderung, namentlich, wenn deren endgültige Höhe noch nicht feststeht. Dies gilt aber nur dann, wenn jedenfalls die Auslegung des Vollstreckungstitels ergibt, dass sich der Schuldner der Zwangsvollstreckung in der bezifferten Höhe unterwirft und ein Zurückbleiben des materiellrechtlich geschuldeten hinter dem titulierten Betrag als materiell-rechtliche Einwendung deshalb nur im Verfahren der Vollstreckungsabwehrklage geltend zu machen wäre (vgl. BGH, NJW 1997, 2887, und NJW 1996, 2165 [2166]).

[29] Allerdings ist bereits zweifelhaft, ob diese Rechtsprechung, der jeweils titulierte Kaufpreisansprüche zu Grunde lagen, ohne weiteres auch auf Titel über laufende Unterhaltsansprüche übertragen werden kann. Dies bedarf jedoch ebenso wenig einer Entscheidung wie die Frage, ob die Auffassung des BerGer. zutrifft, es könne dem Vollstreckungsorgan nicht überlassen bleiben, durch Auslegung des Vollstreckungstitels zu ermitteln, ob die darin enthaltene Anrechnungsklausel lediglich materiell-rechtliche Wirkung entfalten oder auch die Vollstreckbarkeit des titulierten Anspruchs beschränken soll.

[30] Die Auffassung des BerGer., der Beschluss des AG S. sei wegen der unbestimmten Anrechnungsklausel nicht vollstreckbar, hält der rechtlichen Prüfung nämlich im Ergebnis schon deshalb stand, weil auch eine Auslegung dieses Titels nicht mit der für eine Vollstreckung erforderlichen Gewissheit ergibt, dass sich der Kl. der Vollstreckung in Höhe von monatlich 800 DM unterworfen hat und der Anrechnungsklausel nur materiell-rechtliche Wirkung zukommen sollte.

[31] Dagegen spricht zum einen, dass die Anrechnungsklausel überflüssig wäre, wenn sie nur materiell-rechtliche Wirkung entfalten sollte, da der Kl. Zahlungen auf die titulierte Forderung auch ohne eine solche Klausel im Wege der Vollstreckungsgegenklage geltend machen kann. Ob dies auch für Zahlungen gilt, die vor dem Abschluss des Anwaltsvergleichs oder seiner Vollstreckbarerklärung erfolgten, oder ob insoweit die Präklusionsvorschrift des § 767 ZPO anwendbar ist (zum Meinungsstreit vgl. OLG Köln, NJW 1997, 1450 [1451]; LG Halle, NJW 1999, 3567; *Musielak/Voit*, ZPO, 4. Aufl., § 796a Rn. 10; vgl. auch *Baumbach/Albers*, ZPO, 50. Aufl., § 1044b Rn. 3 A c), ist insoweit belanglos, da eine unbestimmte Anrechnungsklausel jedenfalls nicht geeignet wäre, eine Präklusion zu verhindern.

[32] Zum anderen spricht gegen eine nur materiell-rechtlich gewollte Bedeutung der Anrechnungsklausel, dass der Schuldner materiell zu Unrecht beigetriebenen laufenden Unterhalt in der Praxis regelmäßig schon deshalb nicht mit Erfolg zurückfordern kann, weil dieser vom Unterhaltsgläubiger sogleich verbraucht wurde. Bei der Auslegung einer solchen Anrechnungsklausel kann daher ohne entsprechende Anhaltspunkte nicht davon ausgegangen werden, dass der Schuldner sich durch uneingeschränkte Unterwerfung unter die Zwangsvollstreckung diesem Risiko aussetzen wollte. Solche Anhaltspunkte sind hier nicht ersichtlich und auch nicht vorgetragen.

[33] Etwas anderes ergibt sich auch nicht aus dem Argument der Revision, die Parteien seien schließlich übereingekommen, einen vollstreckbaren Titel zu schaffen, so dass im Zweifel die zur Vollstreckbarkeit des Vergleichs führende Auslegung geboten sei. Wollte der Kl. sich nur in Höhe der jeweils materiell-rechtlich geschuldeten Beträge der Zwangsvollstreckung unterwerfen, ist vielmehr davon auszugehen, dass er, wenn er die Problematik erkannt hätte, eher die fehlende Vollstreckbarkeit des Titels insgesamt in Kauf zu nehmen bereit gewesen wäre als einem Titel ausgesetzt zu sein, der eine Vollstreckung über den materiell geschuldeten Unterhalt hinaus erlaubt. Von einer gemeinsamen Interessenlage der Parteien, einen unabhängig von erbrachten Zahlungen in Höhe von jeweils 800 DM monatlich vollstreckbaren Titel zu schaffen, kann daher nicht ausgegangen werden.

BGH v. 21.12.2005 – XII ZR 126/03 – FamRZ 2006, 1015 = NJW 2006, 2258

R646 *(Tragweite des Obhutsverhältnisses für die gesetzliche Vertretung Minderjähriger (§ 1629 II 2 BGB) beim sog. Wechselmodell)*

a [7] 1. Das OLG hat die Zulässigkeit der von dem Kl., gesetzlich vertreten durch seine Mutter, erhobenen Klage ohne nähere Ausführungen bejaht. Das ist im Ergebnis nicht zu beanstanden.

[8] Nach § 1629 II 2 BGB kann bei gemeinsamer elterlicher Sorge der geschiedene Elternteil, in dessen Obhut sich das Kind befindet, dieses bei der Geltendmachung seiner Unterhaltsansprüche gesetzlich vertreten. Der Begriff der Obhut stellt auf die tatsächlichen Betreuungsverhältnisse ab. Ein Kind befindet sich in der Obhut desjenigen Elternteils, bei dem der Schwerpunkt der tatsächlichen Fürsorge und Betreuung liegt, der sich also vorrangig um die Befriedigung der elementaren Bedürfnisse des Kindes kümmert (*Huber,* in: MünchKomm, 4. Aufl., § 1629 Rn. 87; *Johannsen/Henrich/Jaeger,* EheR, 4. Aufl., § 1629 Rn. 6; *Staudinger/Peschel-Gutzeit,* BGB, 2002, § 1629 Rn. 335; *Palandt/Diederichsen,* BGB, 65. Aufl., § 1629 Rn. 31; *Erman/Michalski,* BGB, 11. Aufl., § 1629 Rn. 20; *Weinreich/Ziegler,* FamilienR, 3. Aufl., § 1629 Rn. 17; *Büttner,* FamRZ 1998, 585 [593]; *Roth,* JZ 2002, 651 [655]; OLG Frankfurt a. M., FamRZ 1992, 575; OLG Stuttgart, NJW-RR 1996, 67). Leben die Eltern in verschiedenen Wohnungen und regeln sie den gewöhnlichen Aufenthalt des Kindes in der Weise, dass es vorwiegend in der Wohnung eines Elternteils – unterbrochen durch regelmäßige Besuche in der Wohnung des anderen Elternteils – lebt, so ist die Obhut iS des § 1629 II 2 BGB deshalb dem erstgenannten Elternteil zuzuordnen.

[9] An einer solchen eindeutigen Zuordnungsmöglichkeit fehlt es nicht bereits dann, wenn die Eltern die Betreuung eines Kindes dergestalt aufteilen, dass es sich zu $^2/_3$ der Zeit bei einem Elternteil und zu $^1/_3$ der Zeit bei dem anderen Elternteil aufhält. Denn auch in einem derartigen Fall liegt der Schwerpunkt der tatsächlichen Betreuung regelmäßig bei dem Elternteil, der sich überwiegend um die Versorgung und die sonstigen Belange des Kindes kümmert (a. A. KG, FamRZ 2003, 53). Betreuen die Eltern ihr Kind dagegen in der Weise, dass es in etwa gleich langen Phasen abwechselnd jeweils bei dem einen und dem anderen Elternteil lebt (sog. Wechselmodell), so lässt sich ein Schwerpunkt der Betreuung nicht ermitteln. Das hat zur Folge, dass kein Elternteil die Obhut iS des § 1629 II 2 BGB innehat. Dann muss der Elternteil, der den anderen für barunterhaltspflichtig hält, entweder die Bestellung eines Pflegers für das Kind herbeiführen, der dieses bei der Geltendmachung seines Unterhaltsanspruchs vertritt, oder der Elternteil muss beim Familiengericht beantragen, ihm gem. § 1628 BGB die Entscheidung zur Geltendmachung von Kindesunterhalt allein zu übertragen (*Huber,* in: MünchKomm, § 1629 Rn. 88; *Johannsen/Henrich/Jaeger,* § 1629 Rn. 6; *Weinreich/Ziegler,* § 1629 Rn. 17; vgl. auch *Staudinger/Peschel-Gutzeit,* § 1629 Rn. 336).

[10] Im vorliegenden Fall ist nach der Auffassung der Revision davon auszugehen, dass der Kl. zu $^1/_3$ durch den Bekl. mitbetreut wird. Liegt die Betreuung demzufolge aber zu $^2/_3$ bei der Mutter, so befindet sich der Kl. in ihrer Obhut, weil das Schwergewicht der tatsächlichen Betreuung bei ihr liegt. Daher ist sie auch berechtigt, den Kl. im Rahmen des vorliegenden Rechtsstreits gesetzlich zu vertreten.

(Barunterhaltspflicht nur einen Elternteils bei umfangreicher Beteiligung an der Betreuung)

b [15] Das ist – in Fällen der vorliegenden Art – so lange nicht in Frage zu stellen, wie das deutliche Schwergewicht der Betreuung bei einem Elternteil liegt. So lange ist es gerechtfertigt, davon auszugehen, dass dieser Elternteil die Hauptverantwortung für das Kind trägt und dadurch den Betreuungsunterhalt leistet, während der andere Elternteil zum Barunterhalt – auf der Grundlage nur seiner eigenen wirtschaftlichen Verhältnisse – verpflichtet ist. Deshalb ändert sich an der aus dem Schwergewicht der Betreuung durch einen Elternteil folgenden Aufteilung zwischen Bar- und Betreuungsunterhalt nichts, wenn der barunterhaltspflichtige Elternteil seinerseits Betreuungs- und Versorgungsleistungen erbringt, sei es im Rahmen eines Aufenthalts des Kindes bei ihm entsprechend einem nach den weitgehend üblichen Maßstäben gestalteten Umgangsrecht (zB bei einem oder zwei Wochenendbesuchen im Monat), sei es aber auch im Rahmen eines Aufenthalts entsprechend einem großzügiger gehandhabten Umgangsrecht, dessen Ausgestaltung sich bereits einer Mitbetreuung annähert. Wenn und soweit der andere Elternteil gleichwohl die Hauptverantwortung für ein Kind trägt, wofür der zeitlichen Komponente der Betreuung indizielle Bedeutung zukommen wird, ohne dass die Beurteilung sich allein hierauf zu beschränken braucht, muss es dabei bleiben, dass dieser Elternteil seine Unterhaltspflicht iS des § 1603 III 2 BGB durch die Pflege und Erziehung des Kindes erfüllt (ebenso *Wendl/Scholz*, 6. Aufl., § 2 Rn. 316b).

[16] Anders wird es allerdings zu beurteilen sein, wenn die Eltern sich in der Betreuung eines Kindes abwechseln, so dass jeder von ihnen etwa die Hälfte der Versorgungs- und Erziehungsaufgaben wahrnimmt. In solchen Fällen wird eine anteilige Barunterhaltspflicht der Eltern in Betracht kommen, weil sie auch für den Betreuungsunterhalt nur anteilig aufkommen (*OLG Düsseldorf*, NJW-RR 2000, 74 [75] und NJW 2001, 3344 [3345]; *Wendl/Scholz*, § 2 Rn. 226 und 316b; *Luthin*, in: MünchKomm, § 1606 Rn. 34; *Büttner*, NJW 1999, 2315 [2322 f.]; *Luthin/Schumacher*, 10. Aufl., Rn. 3174; *Kalthoener/Büttner/Niepmann*, Die Rechtsprechung zur Höhe des Unterhalts, 9. Aufl., Rn. 148; *Scholz/Stein/Erdrich*, FamilienR, Teil I Rn. 155; *Eschenbruch/Wohlgemuth*, Der Unterhaltsprozess, 3. Aufl., Rn. 3135; *Gerhardt*, in: Hdb. des Fachanwalts FamilienR, 5. Aufl., 6. Kap. Rn. 154; *Weinreich/Klein*, § 1606 Rn. 42; *Hoppenz/Hülsmann*, Familiensachen, 8. Aufl., § 1606 Rn. 15; *Schwab/Borth*, 5. Aufl., Kap. V Rn. 58; *Erman/Hammermann*, § 1606 Rn. 11).

(Bei Wechselmodell anteiliger Kindesunterhalt Abzugsposten)

[17] Ein solcherart von den Eltern praktiziertes Wechselmodell bleibt allerdings auch auf die Bedarfsbemessung nicht ohne Einfluss. Wenn beide Elternteile über Einkommen verfügen, ist der Unterhaltsbedarf des Kindes an den beiderseitigen – zusammengerechneten – Einkünften auszurichten. Hinzuzurechnen sind die Mehrkosten (zB Wohn- und Fahrtkosten), die dadurch entstehen, dass das Kind nicht nur in einer Wohnung, sondern in getrennten Haushalten versorgt wird. Für den so ermittelten Bedarf haben die Eltern anteilig nach ihren Einkommensverhältnissen und unter Berücksichtigung der erbrachten Naturalunterhaltsleistungen aufzukommen (vgl. zur Berechnung etwa *OLG Düsseldorf*, NJW-RR 2000, 74 und NJW 2001, 3344; *Eschenbruch/Wohlgemuth*, Rn. 3135).

(Teilweise Deckung des Barunterhalts bei umfangreichem Umgangsrecht)

[19] 5. Demgemäß hat das BerGer. den Bedarf des Kl. zu Recht allein auf der Grundlage des Einkommens des Bekl. anhand der Düsseldorfer Tabelle ermittelt. Allerdings kann auch der auf diesem Weg bestimmte Bedarf eines unterhaltsberechtigten Kindes gemindert sein, wenn er zu einem Teil anderweitig gedeckt wird. Dies führt im Grundsatz zu einer entsprechenden Verringerung seines Unterhaltsanspruchs (§ 1602 I BGB). Wird mithin das Unterhaltsbedürfnis des Kindes, etwa durch Gewährung von Bekleidung und Verpflegung, unentgeltlich erfüllt, so kann das die Höhe des Barunterhaltsanspruchs verringern. Diese Folge kann auch dann eintreten, wenn es der barunterhaltspflichtige Elternteil selbst ist, der den Unterhalt des minderjährigen Kindes zu einem Teil in anderer Weise als durch die Zahlung einer Geldrente nach § 1612 I 1 BGB befriedigt (vgl. *Senat*, NJW 1984, 1544 = FamRZ 1984, 470 [472]).

[20] Von einer teilweisen Bedarfsdeckung kann im vorliegenden Fall indessen ebenfalls nicht ausgegangen werden. Dass der Bekl. seinerseits den Wohnbedarf des Kindes in der Zeit, in der es sich bei ihm aufhält, bestreitet, mindert dessen – ohne Berücksichtigung dieser Mehrkosten ermittelten – Bedarf nicht. Denn in den Tabellensätzen sind nur die bei einem Elternteil anfallenden Wohnkosten enthalten. Von einer – unterhaltsrechtlich erheblichen – teilweisen Bedarfsdeckung durch die Verpflegung des Kl. seitens des Bekl. kann ebenso wenig ausgegangen werden. Da die im Rahmen üblicher Umgangskontakte von etwa fünf bis sechs Tagen monatlich gewährte Verpflegung nicht zu Erstattungsansprüchen des besuchten Elternteils führt, sondern dieser die üblichen Kosten, die ihm bei der Ausübung des Umgangsrechts entstehen, grundsätzlich selbst zu tragen hat (vgl. *Senat*, NJW 2005, 1493 = FamRZ 2005, 706 [707 f.] mwN), führt die Verpflegung während weiterer vier bis fünf Tage nicht zu nennenswerten Ersparnissen des anderen Elternteils (vgl. *Wendl/Scholz*, § 2 Rn. 316b). Sonstige den Bedarf des Kl. teilweise deckenden konkreten Aufwendungen des Bekl. hat dieser nicht vorgetragen.

BGH v. 15.2.2006 – XII ZR 4/04 – FamRZ 2006, 612 = NJW 2006, 1509

R647 *(Abgrenzung Regelbedarf, Mehrbedarf, Sonderbedarf)*

a Der nach Einkommensgruppen gestaffelte monatliche Tabellenunterhalt umfasst regelmäßig den gesamten absehbaren Lebensbedarf (§ 1610 II BGB). Hat das unterhaltsbedürftige Kind neben dem allgemeinen Lebensbedarf über einen längeren Zeitraum einen zusätzlichen Bedarf, zum Beispiel für krankheitsbedingte Kosten oder den Besuch einer Privatschule, ist dieser als regelmäßiger Mehrbedarf schon bei der Bemessung des laufenden Unterhalts zu berücksichtigen (*Senat*, NJWE-FER 2001, 253 = FamRZ 2001, 1603 [1604 f.]; *Wendl/Scholz*, 6. Aufl., § 2 Rn. 133 ff.).

[10] 2. Ausnahmsweise kann der Unterhaltsberechtigte neben dem laufenden Barunterhalt – auch für die Vergangenheit – weiteren Unterhalt wegen eines unregelmäßigen außergewöhnlich hohen Bedarfs (Sonderbedarf) verlangen (§ 1613 II Nr. 1 BGB). Nach der Rechtsprechung des *Senats* muss es sich dabei um einen Bedarf handeln, der überraschend und der Höhe nach nicht abschätzbar auftritt. Unregelmäßig iS von § 1613 II Nr. 1 BGB ist also nur der Bedarf, der nicht mit Wahrscheinlichkeit vorauszusehen war und deswegen bei der Bemessung der laufenden Unterhaltsrente nicht berücksichtigt werden konnte. Wann ein in diesem Sinne unregelmäßiger Bedarf zugleich außergewöhnlich hoch ist, lässt sich hingegen nicht nach allgemein gültigen Maßstäben festlegen; vielmehr kommt es insoweit auf die Umstände des Einzelfalls an, insbesondere auf die Höhe der laufenden Unterhaltsrente und die sonstigen Einkünfte des Berechtigten, auf den Lebenszuschnitt der Beteiligten sowie auf den Anlass und den Umfang der besonderen Aufwendungen. Letztlich richtet sich die Frage, ob ein Bedarf außergewöhnlich hoch ist, danach, ob und inwieweit dem Berechtigten, wenn der Verpflichtete an sich leistungsfähig ist, bei einer Gesamtbetrachtung zugemutet werden kann, den Bedarf selbst zu bestreiten (*Senat*, NJWE-FER 2001, 253 = FamRZ 2001, 1603 [1605 a. E.]; NJW 1984, 2826 = FamRZ 1984, 470 [472] unter II 2b bb; NJW 1983, 224 = FamRZ 1983, 29 [30] und NJW 1982, 328 = FamRZ 1982, 145 [146 f.]).

(Vorhersehbarkeit der Zusatzausgaben, Kosten der Konfirmation)

b [18] Der gesetzlich nur unter engen Voraussetzungen geschuldete Sonderbedarf kann von dem regelmäßig geschuldeten Barbedarf, einschließlich eines eventuellen Mehrbedarfs, auch nicht nach den Einkommensverhältnissen im Einzelfall abgegrenzt werden. Soweit die Gegenmeinung auch einen langfristig absehbaren zusätzlichen Bedarf als Sonderbedarf einstuft, sofern der Unterhaltsgläubiger nicht in der Lage ist, die betreffenden Kosten von seinen laufenden Einkünften abzudecken, überzeugt dieses nicht. Denn neben dem monatlich geschuldeten Barunterhalt (§ 1612 I und III BGB), der regelmäßig den gesamten Lebensbedarf umfasst (§ 1610 II BGB), steht dem Unterhaltsgläubiger nur ausnahmsweise ein weitergehender Anspruch wegen eines unregelmäßigen und nicht mit Wahrscheinlichkeit vorauszusehenden außergewöhnlich hohen Bedarfs (Sonderbedarf) zu (*Weinreich/Klein*, § 1613 Rn. 52). Das ergibt sich aus dem Sinn der gesetzlichen Regelung, die sich darauf beschränkt, eine rückwirkende Geltendmachung eines überraschend entstandenen außergewöhnlich hohen Bedarfs zu ermöglichen. Selbst ein außergewöhnlich hoher Bedarf steht dem Unterhaltsgläubiger deswegen neben dem laufenden Unterhalt dann nicht als Sonderbedarf zu, wenn er mit Wahrscheinlichkeit vorausehbar war und der Gläubiger sich deswegen darauf einstellen konnte (*Senat*, NJW 1982, 328 = FamRZ 1982, 145 [146]). Das ist dem Unterhaltsgläubiger bei einem voraussehbaren Bedarf aber stets möglich.

[19] Handelt es sich nicht um außergewöhnlich hohe Kosten, scheidet ein zusätzlich geschuldeter Sonderbedarf schon deswegen aus. Übersteigt der zusätzliche Bedarf hingegen diese Grenze, ist der Unterhaltsgläubiger zunächst gehalten, diesen durch Bildung von Rücklagen aus seinem laufenden Unterhalt zu decken. Selbst wenn die laufenden Unterhaltsleistungen eine solche Rücklage ausnahmsweise nicht ermöglichen, etwa weil sie nur den notwendigen Lebensbedarf abdecken, kann dieses den Charakter des zusätzlich aufgetretenen Bedarfs als langfristig absehbarer Unterhaltsbedarf nicht ändern. Auch in solchen Fällen kann der Unterhaltsberechtigte den mit Wahrscheinlichkeit vorausehbaren zusätzlichen Bedarf also nicht als Sonderbedarf verlangen (*Senat*, NJWE-FER 2001, 253 = FamRZ 2001, 1603 [1604 f.]; vgl. auch *Wendl/Scholz*, § 2 Rn. 133 ff., 317 ff.).

[20] 4. Die Kosten des Kl. zu 1 für seine Konfirmation im Jahre 2000 und die Kosten des Kl. zu 2 für dessen Konfirmandenfahrt im Jahre 2001 bilden deswegen jedenfalls keinen Sonderbedarf nach § 1613 II Nr. 1 BGB. Diese Kosten sind nicht überraschend entstanden, sondern waren spätestens mit dem Beginn des Konfirmandenunterrichts absehbar.

Anhang R. Rechtsprechung **R648**

BGH v. 1.3.2006 – XII ZR 157/03 – FamRZ 2006, 846 = NJW 2006, 2182

(Ansatz der konkreten Fahrtkosten als Abzugsposten; in Kilometerpauschale auch Kosten Abnutzung und **R648**
Finanzierungsaufwand enthalten)

Wenn ein Gericht insoweit die in seinem Bezirk gebräuchlichen unterhaltsrechtlichen Leitlinien zu **a**
Grunde legt bzw. sich hieran anlehnt, so unterliegt das aus Rechtsgründen keinen Bedenken. Der *Senat* hat es in ständiger Rechtsprechung mangels sonstiger konkreter Anhaltspunkte für angemessen gehalten, die Kilometerpauschale nach § 9 III 1 des bis zum 30.6.2004 geltenden Gesetzes über die Entschädigung von Zeugen und Sachverständigen heranzuziehen (NJW-RR 1998, 721 = FamRZ 1998, 1501 [1502] mwN). Hiervon gehen auch die vom BerGer. angewandten Süddeutschen Leitlinien (Stand: 1.1.2002, Nr. 10c) aus. Dass an Stelle des Betrags von 0,27 EUR nur ein solcher von 0,26 EUR zu Grunde gelegt worden ist, ist nicht zu beanstanden, zumal der Bekl. selbst keinen höheren Betrag in Ansatz gebracht hat. In der Kilometerpauschale sind aber regelmäßig sämtliche Pkw-Kosten einschließlich derjenigen für Abnutzung und Finanzierungsaufwand enthalten (*Kalthoener/Büttner/Niepmann*, 9. Aufl., Rn. 936; *OLG Hamm*, FamRZ 2000, 1367 und FamRZ 1998, 561; Süddeutsche Leitlinien Nr. 10c). Letzterer kann deshalb nicht zusätzlich als abzugsfähig anerkannt werden. Dass ausnahmsweise eine andere Beurteilung geboten wäre, hat der Bekl. nicht dargetan.

(Bei Erwerbsobliegenheit bei Kinderbetreuung überdurchschnittlich hoher Betreuungsbedarf zu berücksichtigen)

[24] Entgegen der Auffassung der Revision lässt sich hieraus indessen kein für eine Erwerbsobliegen- **c**
heit sprechender Grundsatz herleiten; vielmehr gilt es allein, die mögliche indizielle Bedeutung einer tatsächlich ausgeübten Erwerbstätigkeit zu beachten. Ob diese mit Rücksicht auf die Betreuungsbedürftigkeit eines Kindes zumutbar ist oder entsprechend dem Grundsatz, dass etwa bei Betreuung eines – wie hier zur Zeit der letzten mündlichen Verhandlung vor dem BerGer. – noch nicht acht Jahre alten Kindes regelmäßig keine Erwerbsobliegenheit besteht, als überobligationsmäßig zu bewerten ist, muss aber nach der konkreten Situation, in der sich ein Ehegatte nach der Trennung oder Scheidung befindet, beurteilt werden. Es ist deshalb auch zu berücksichtigen, dass mit der Trennung die Mehrbelastung des ein Kind betreuenden Ehegatten nicht wie früher durch den anderen Ehegatten aufgefangen werden kann, sondern der betreuende Ehegatte nunmehr grundsätzlich auf sich allein angewiesen ist, was die Fortsetzung der bisherigen Erwerbstätigkeit unzumutbar erscheinen lassen kann (vgl. *Senat,* NJW-RR 1988, 145 = FamRZ 1988, 145 [148 f.]; *Göppinger/Bäumel,* 8. Aufl., Rn. 957; *Wendl/Pauling,* § 4 Rn. 28; *Kleffmann,* in: *Scholz/Stein,* Teil H Rn. 67; *Johannsen/Henrich/Büttner,* EheR, 4. Aufl., § 1570 Rn. 24; *Schwab/Borth,* Kap. IV Rn. 172; *Gerhardt,* in: FA-FamR, 5. Aufl., 6. Kap. Rn. 264; *Luthin,* 10. Aufl., Rn. 2108; *Weinreich/Klein,* FamilienR, 2. Aufl., § 1570 Rn. 8; vgl. auch *Born,* FamRZ 1997, 129 [132]).

[25] Die vom BerGer. getroffenen Feststellungen tragen die tatrichterliche Würdigung, dass die Kl. überobligationsmäßig gearbeitet hat. Das BerGer. hat entscheidend darauf abgestellt, dass das zur Zeit der letzten mündlichen Verhandlung in der Berufungsinstanz sieben Jahre alte Kind auf Grund seiner Schwerbehinderung auf der Entwicklungsstufe eines Kleinkindes steht, weshalb die Mutter – bevor M morgens zum Kindergarten abgeholt wird sowie nach seiner Rückkehr bis zum Beginn der Tätigkeit der für die nächtliche Überwachung erforderlichen Hilfskräfte – ungleich mehr an Betreuungsleistungen für ihn zu erbringen hat als für ein gesundes Kindergartenkind. Auf den gesamten Tagesablauf bezogen ergibt sich deshalb durch den Besuch des Kindergartens keine nennenswerte Entlastung der Kl. gegenüber der Betreuungssituation für ein gesundes Kindergartenkind. Vielmehr war die Kl. darauf angewiesen, in der Zeit, während der sich M im Kindergarten aufhielt, die notwendige Hausarbeit zu verrichten, um sich dem Kind nach seiner Rückkehr (nach 15 Uhr) wieder uneingeschränkt widmen und es beaufsichtigen zu können. Die daneben ausgeübte Erwerbstätigkeit stellt deshalb, auch wenn sie im Wesentlichen von einem häuslichen Telearbeitsplatz aus verrichtet werden konnte, eine überobligationsmäßige Tätigkeit der Kl. dar, die von ihr nicht verlangt werden kann.

[26] e) Dieser Beurteilung steht nicht entgegen, dass die Kl. für ihre Betreuungsleistungen Pflegegeld in Höhe von monatlich 1300 DM bzw. 665 EUR erhält. Das nach § 37 I SGB XI gewährte Pflegegeld bleibt, wenn es an eine Pflegeperson weitergeleitet wird, bei der Ermittlung von Unterhaltsansprüchen der Pflegeperson grundsätzlich unberücksichtigt (§ 13 VI 1 SGB XI). Mit dieser Regelung soll erreicht werden, dass das Pflegegeld nicht nur dem Pflegebedürftigen selbst, sondern auch der Pflegeperson, die häusliche Pflege unentgeltlich übernommen hat, möglichst ungeschmälert erhalten bleibt. In dem Entwurf eines 4. Gesetzes zur Änderung des SGB XI wird hierzu ausgeführt: Ohne eine gesetzliche

Regelung würde die unterhaltsrechtliche Berücksichtigung des Pflegegelds weiterhin allein durch richterliche Entscheidung bestimmt. Dabei ist davon auszugehen, dass auf der Basis der bisherigen zivilrechtlichen Rechtsprechung zum BSHG- und SGB V-Pflegegeld das vom Pflegebedürftigen an die Pflegeperson weitergeleitete Pflegegeld zu einem erheblichen Teil als „Vergütungsanteil" der Pflegeperson bewertet und demzufolge unterhaltsrechtlich als Einkommen der Pflegeperson berücksichtigt wird (so auch noch *Senat,* FamRZ 1996, 933 L = NJWE-FER 1996, 64). Dies ist mit dem sozialpolitischen Anliegen, die häusliche Pflege zu fördern und die Pflegebereitschaft und -fähigkeit im häuslichen Bereich zu stärken, nicht vereinbar. Mit der Neuregelung wird erreicht, dass zum Beispiel bei einer geschiedenen Ehefrau nicht mehr der Unterhaltsanspruch gegenüber dem geschiedenen Ehemann gemindert wird, wenn sie für die Pflege des gemeinsamen behinderten pflegebedürftigen Kindes Pflegegeld erhält (BT-Drucks.14/580, S. 5).

[27] Der Senat hält mit Blick auf die zum 1.8.1999 in Kraft getretene Neufassung des § 13 VI SGB XI an seiner früheren Auffassung nicht mehr fest. Da einer der in § 13 VI 2 SGB XI geregelten Ausnahmefälle nicht vorliegt, verbietet sich mithin eine unterhaltsrechtliche Berücksichtigung des Pflegegelds, die zu einer Verkürzung des der Kl. zustehenden Unterhaltsanspruchs führen würde (vgl. auch *Trenk-Hinterberger,* in: Wannagat, SGB XI, § 13 Rn. 172a).

(Überobligatorische Tätigkeit kann jederzeit beendet werden)

d [28] 4. Die Bewertung der Erwerbstätigkeit der Kl. als überobligatorisch hat – wie das BerGer. zutreffend angenommen hat – zugleich zur Folge, dass sie diese Beschäftigung jederzeit aufgeben konnte. Das gilt vorliegend in besonderem Maße, da die Kl., wie sie in der mündlichen Verhandlung vor dem BerGer. dargelegt hat, keine Telearbeit mehr hätte verrichten können, sondern darauf angewiesen gewesen wäre, in der Behörde zu arbeiten. Diesem Vorbringen ist der Bekl. nicht mehr entgegengetreten.

(Überobligatorische Tätigkeit des Bedürftigen und Ausnahme des anrechnungsfreien Teils des Einkommens eheprägend)

e [30] a) Nach der Rechtsprechung des *Senats* ist bei der Ermittlung des angemessenen Unterhaltsbedarfs nur der unterhaltsrelevante Anteil eines überobligatorisch erzielten Einkommens als eheprägend zu berücksichtigen. Der nicht unterhaltsrelevante Anteil der überobligationsmäßig erzielten Einkünfte prägt die ehelichen Lebensverhältnisse dagegen nicht (*Senat,* NJW 2005, 2145 = FamRZ 2005, 1154 [1157 f.]). Damit steht nicht in Einklang, dass das BerGer. das volle Einkommen der Kl. in die Bedarfsbemessung einbezogen hat.

(Keine Pauschalierung des nach § 1577 II BGB anrechnungsfreien Betrages)

BGH v. 12.4.2006 – XII ZR 31/04 – FamRZ 2006, 1010 = NJW 2006, 2404

R650 *(Schuldner darf durch Unterhalt nicht selbst sozialhilfebedürftig werden)*

a [19] Denn nach ständiger Rechtsprechung des *Senats* entfällt eine Unterhaltspflicht, soweit der Unterhaltsschuldner infolge seiner Unterhaltsleistungen selbst sozialhilfebedürftig würde. Schon aus verfassungsrechtlichen Gründen muss dem Unterhaltspflichtigen jedenfalls der Betrag verbleiben, der seinen eigenen Lebensbedarf nach sozialhilferechtlichen Grundsätzen sicherstellt. Die finanzielle Leistungsfähigkeit endet dort, wo der Unterhaltspflichtige nicht mehr in der Lage ist, seine eigene Existenz zu sichern (vgl. zuletzt *Senat,* NJW 2006, 1654 mwN). Diese Grenze der Leistungsfähigkeit des Unterhaltspflichtigen ist stets zu beachten, und zwar unabhängig davon, woraus die eigenen Einkünfte des Unterhaltspflichtigen herrühren.

[20] Bei der Bemessung dieses – auch verfassungsrechtlich zu beachtenden – Mindestselbstbehalts ist es dem Tatrichter nicht verwehrt, sich an Erfahrungs- und Richtwerte anzulehnen, sofern nicht im Einzelfall besondere Umstände eine Abweichung gebieten. Dabei haben die Gerichte allerdings die gesetzlichen Vorgaben zu beachten, die sich insbesondere aus dem Wesen der Unterhaltspflicht und der Rangfolge des Anspruchs im Verhältnis zu anderen Unterhaltsberechtigten ergeben (*Senat,* NJW 1989, 523 = FamRZ 1989, 272). Deswegen ist es nicht zu beanstanden, wenn die Gerichte dem gegenüber minderjährigen Kindern unterhaltspflichtigen Elternteil im Hinblick auf den Vorrang nach § 1609 I BGB und die gesteigerte Unterhaltspflicht nach § 1603 II BGB lediglich einen notwendigen Selbstbehalt belassen, der für den Regelfall nur wenig oberhalb des eigenen Existenzminimums liegt. Dieser

– unterste – Selbstbehalt muss dem Unterhaltspflichtigen allerdings auf jeden Fall verbleiben (vgl. *BVerfG*, NJWE-FER 2001, 147 = FamRZ 2001, 541).

(Wechselseitige Beiträge zum Familienunterhalt)

[36] c) Der Revision ist zwar einzuräumen, dass bei bestehender Ehe beiden Ehegatten gleichermaßen die Verpflichtung obliegt, durch ihre Arbeit und mit ihrem Vermögen die Familie angemessen zu unterhalten (§ 1360 S. 1 BGB). Die Unterhaltspflicht der Ehegatten ist mithin eine wechselseitige; jeder Ehegatte ist gegenüber dem anderen zugleich Unterhaltsberechtigter und Unterhaltsverpflichteter. Dem Grundgedanken des § 1360 BGB entspricht es deswegen, dass die Last des Familienunterhalts von den Ehegatten gemeinsam getragen wird. Dabei kann der Verpflichtete im Verhältnis zu seinem Partner seinen Beitrag zum Familienunterhalt nicht unter Hinweis darauf verweigern, er sei ohne Gefährdung seines Eigenbedarfs zur Unterhaltsleistung nicht in der Lage. Ein solches Verhalten wäre dem ehegemeinschaftlichen Prinzip fremd und widerspräche der familienrechtlichen Unterhaltsregelung (*BVerfG*, NJW 1984, 1523 = FamRZ 1984, 346 [350]).

(Keine Erwerbsobliegenheit für Zahlung von Kindesunterhalt während des Bezugs von Erziehungsgeld)

[40] Während der ersten zwei Jahre seit der Geburt des Kindes R, in denen die Bekl. Erziehungsgeld erhielt, war sie nicht verpflichtet, neben der Betreuung des Kleinkindes aus der neuen Ehe eine Nebenerwerbstätigkeit auszuüben. Dem steht schon entgegen, dass minderjährige Kinder bis zum Alter von jedenfalls zwei Jahren regelmäßig ständiger Aufsicht und Betreuung bedürfen, die auch der neue Ehegatte unter Berücksichtigung seiner eigenen Erwerbstätigkeit nicht in dem erforderlichen Umfang sicherstellen kann. Dem Gleichrang der Unterhaltsansprüche aller Kinder aus verschiedenen Beziehungen trägt für diesen Zeitraum schon § 9 S. 2 BErzGG Rechnung. Denn während das Erziehungsgeld grundsätzlich bei der Bemessung von Unterhaltsverpflichtungen unberücksichtigt bleibt, ist es wegen der gesteigerten Unterhaltsverpflichtung gegenüber den minderjährigen Kindern aus erster Ehe als Einkommen zu berücksichtigen. Für die Zeit seines Bezugs ersetzt das Erziehungsgeld somit im Interesse der Betreuung des neugeborenen Kindes die sonst gegebenenfalls bestehende Erwerbspflicht des barunterhaltspflichtigen Ehegatten (vgl. auch *Wendl/Scholz*, § 2 Rn. 177, 181).

BGH v. 3.5.2006 – XII ZR 35/04 – FamRZ 2006, 1099 = NJOZ 2006, 2646

(Selbstbehalt gegenüber Enkeln nicht geringer als Selbstbehalt gegenüber Eltern)

[10] a) Wie der *Senat* nach Erlass des angefochtenen Urteils entschieden hat, ist es rechtlich nicht zu beanstanden, wenn Großeltern im Fall der Inanspruchnahme auf Unterhalt für ihre Enkel zumindest die höheren Selbstbehaltsbeträge zugebilligt werden, die auch erwachsene Kinder gegenüber ihren unterhaltsbedürftigen Eltern verteidigen können. Das gilt auch gegenüber minderjährigen Enkeln. Zwar sind diese in der Regel nicht in der Lage, ihren Lebensbedarf selbst zu decken. Deshalb ordnet das Gesetz in § 1603 II 1 BGB an, dass ihnen gegenüber eine gesteigerte Unterhaltspflicht besteht. Die vorgenannte Bestimmung gilt aber nur im Verhältnis zwischen Kindern und ihren Eltern. Für Großeltern besteht dagegen keine gesteigerte Unterhaltspflicht, sondern sie haften allein unter Berücksichtigung ihres angemessenen Eigenbedarfs, und zwar nachrangig. Das rechtfertigt es, ihnen generell die erhöhten Selbstbehaltsbeträge, wie sie auch im Rahmen des Elternunterhalts gelten, zuzubilligen (*Senat*, NJW 2006, 142 = FamRZ 2006, 26 [28] mAnm *Duderstadt*, FamRZ 2006, 30 und *Luthin*, FamRZ 2006, 4 und FF 2006, 54).

BGH v. 17.5.2006 – XII ZB 250/03 – FamRZ 2006, 1097 = NJW 2006, 2331

(Schwächere Verhandlungsposition als Prüfungspunkt bei der Wirksamkeitskontrolle)

[14] Das *OLG* weist zu Recht darauf hin, dass sich die Ag., die beim Vertragsschluss erst 23 Jahre alt, in Deutschland fremd und der deutschen Sprache nicht mächtig war, die über keine Ausbildung verfügt hat und ohne die Eheschließung weder eine Aufenthalts- noch eine Arbeitserlaubnis erhalten hätte, sich gegenüber dem Ast., der elf Jahre älter, in Deutschland beheimatet und im öffentlichen Dienst wirtschaftlich abgesichert war, in einer sehr viel schwächeren Verhandlungsposition befunden hat. Diese Disparität stellt, wie das *OLG* ebenfalls nicht verkennt, eine evident einseitige Lastenverteilung zum Nachteil der Ag.dar. Denn die getroffenen Abreden würden, wären sie wirksam, dazu führen, dass die Ag. ohne jeden nachehelichen Schutz dastünde, und zwar auch dann, wenn sie – wie geschehen –

gemeinsame Kinder betreut. Die Ag. hätte mithin die ehebedingten Nachteile, die sich – nach der Geburt ihrer Kinder – aus ihrem mit der Tätigkeit als Hausfrau und Mutter einhergehenden Verzicht auf eine eigene Erwerbstätigkeit ergeben, allein zu tragen – ein Ergebnis, das mit dem Gebot ehelicher Solidarität schlechthin unvereinbar wäre. Diese Schutzlosigkeit der Ag. war – als mögliche Folge einer Scheidung – auch schon bei Abschluss des Ehevertrags vorhersehbar; denn die Parteien sind, wie das *OLG* aus den getroffenen Abreden zutreffend gefolgert hat, bereits damals von der Möglichkeit ausgegangen, dass aus ihrer Ehe Kinder hervorgehen würden. Schließen Parteien unter solchen Voraussetzungen gleichwohl alle vermögensrechtlichen Scheidungsfolgen aus, so muss die Rechtsordnung einer solchen Abrede schon nach § 138 BGB die Anerkennung versagen.

(Gesamtnichtigkeit eines ausnahmslos benachteiligenden Ehevertrages)

b [15] Diese Missbilligung gilt nicht nur für den Ausschluss jeglichen nachehelichen Unterhalts, sondern in gleicher Weise auch für den Ausschluss des Versorgungsausgleichs. Die von den Parteien vereinbarte salvatorische Klausel ändert daran – entgegen der Auffassung des *OLG* – nichts. Ergibt sich, wie hier, die Sittenwidrigkeit der getroffenen Abreden bereits aus der Gesamtwürdigung eines Vertrags, dessen Inhalt für eine Partei – wie hier für die Ag. – ausnahmslos nachteilig ist und dessen Einzelregelungen durch keine berechtigten Belange der anderen Partei gerechtfertigt werden, so erfasst die Nichtigkeitsfolge notwendig den gesamten Vertrag, hier also auch den für die Ag. nachteiligen Ausschluss des Versorgungsausgleichs. Für eine Teilnichtigkeit bleibt in solchem Fall kein Raum (vgl. etwa Brambring, FPR 2005, 130 [133]). Insbesondere lässt sich die Nichtigkeit des Ausschlusses des Versorgungsausgleichs nicht, wie das *OLG* meint, deshalb verneinen, weil bereits der Ausschluss des nachehelichen Unterhalts seinerseits nichtig sei und die Ag. deshalb mit Hilfe des Altersvorsorgeunterhalts eine eigene Altersvorsorge aufbauen könne. Eine solche Argumentation würde nicht nur zu einer beliebigen Austauschbarkeit der Nichtigkeit einzelner Vertragsteile führen; sie verkennt auch, dass der Versorgungsausgleich sich zwar seiner Zielrichtung nach als ein vorweggenommener Altersvorsorgeunterhalt verstehen lässt (*Senat* NJW 2004, 930 = FamRZ 2004, 601 [604]), dass der Altersvorsorgeunterhalt den Versorgungsausgleich aber nicht ersetzen kann, weil der eine für den zukünftigen Versorgungsaufbau bestimmt ist, während der andere den Versorgungsaufbau für die Vergangenheit ausgleichen soll.

BGH v. 17.5.2006 – XII ZR 54/04 – FamRZ 2006, 1100 = NJW 2006, 2984

R654 *(Eltern schulden dem Kind grundsätzlich nur eine angemessene Ausbildung)*

a [14] a) Nach § 1610 II BGB umfasst der Unterhalt eines Kindes die Kosten einer angemessenen Vorbildung zu einem Beruf. Geschuldet wird danach eine Berufsausbildung, die der Begabung und den Fähigkeiten, dem Leistungswillen und den beachtenswerten Neigungen des Kindes am besten entspricht und sich in den Grenzen der wirtschaftlichen Leistungsfähigkeit der Eltern hält. Eltern, die ihrem Kind eine solche Berufsausbildung gewährt haben, sind daher nicht mehr verpflichtet, Kosten einer weiteren Ausbildung zu tragen.

[15] Ausnahmen hat der *Senat* nur unter besonderen Umständen angenommen, etwa wenn der Beruf aus gesundheitlichen oder sonstigen, bei Ausbildungsbeginn nicht vorhersehbaren Gründen nicht ausgeübt werden kann. Ferner kommt eine fortdauernde Unterhaltspflicht in Betracht, wenn die weitere Ausbildung zweifelsfrei als eine bloße in engem sachlichen und zeitlichen Zusammenhang stehende Weiterbildung zu dem bisherigen Ausbildungsweg anzusehen ist und von vornherein angestrebt war, oder während der ersten Ausbildung eine besondere, die Weiterbildung erfordernde Begabung deutlich wurde (NJW 1995, 718 = FamRZ 1995, 416 mwN; BGHZ 69, 190 [194] = NJW 1977, 1917 = FamRZ 1977, 629).

(Abitur – Lehre – Studium)

b [16] b) Diese Grundsätze hat der *Senat* für die Fälle modifiziert, in denen ein Kind nach Erlangung der Hochschulreife auf dem herkömmlichen schulischen Weg (Abitur) eine praktische Ausbildung (Lehre) absolviert hat und sich erst danach zu einem Studium entschließt (sog. Abitur-Lehre-Studium-Fälle). Grund für die Modifizierung war das zunehmend geänderte Ausbildungsverhalten der Studienberechtigten, die sich durch eine praktische Berufsausbildung eine sichere Lebensgrundlage schaffen, ein anschließendes Studium aber nicht von vornherein ausschließen wollen. Dabei hat der Senat allerdings wegen des aus § 1610 II BGB abzuleitenden Merkmals der Einheitlichkeit des Ausbildungsgangs daran festgehalten, dass die einzelnen Ausbildungsabschnitte in engem zeitlichen und sachlichen

Zusammenhang stehen und die praktische Ausbildung und das Studium sich jedenfalls sinnvoll ergänzen müssen. Er hat es jedoch genügen lassen, dass der Studienabschluss nicht von vornherein, sondern erst nach Beendigung der Lehre gefasst wird, weil es gerade der Eigenart des vom herkömmlichen Bild abweichenden Ausbildungsverhaltens entspricht, dass sich der Abiturient bei Aufnahme der praktischen Ausbildung vielfach noch nicht über ein anschließendes Studium schlüssig ist (*Senat,* BGHZ 107, 376 [381 ff.] = NJW 1989, 2253 = FamRZ 1989, 853 [854 f.], und NJW-RR 2002, 1 = FamRZ 2001, 1601).

(Realschule, Lehre, Fachoberschule, Fachhochschulstudium)

[17] c) Eine Übertragung dieser für die so genannten Abitur-Lehre-Studium-Fälle entwickelten Grundsätze auf Ausbildungsabläufe, in denen nach einem Realschulabschluss zunächst eine Lehre, dann die Fachoberschule und später die Fachhochschule absolviert wird, hat der Senat stets abgelehnt. In solchen Fällen hat er die einzelnen Ausbildungsabschnitte nur dann als einheitliche, von den Eltern zu finanzierende Berufsausbildung angesehen, wenn schon bei Beginn der praktischen Ausbildung erkennbar eine Weiterbildung einschließlich des späteren Studiums angestrebt wurde (*Senat,* NJW-RR 1991, 195 = FamRZ 1991, 320 [321]). Denn auch insoweit können die Eltern nicht für die Kosten einer zweiten oder weiteren Ausbildung herangezogen werden, wenn sie ihre Unterhaltspflicht durch Finanzierung einer begabungsgerechten abgeschlossenen Berufsausbildung in rechter Weise erfüllt haben. Dahinter steht der Gedanke, dass die Unterhaltspflicht der Eltern von der Frage mitbestimmt wird, inwieweit sie damit rechnen müssen, dass ihr Kind nach einem Schulabschluss und einer zu Ende geführten, in sich geschlossenen Berufsausbildung noch eine berufsqualifizierende Ausbildung – gegebenenfalls über weitere Ausbildungsstufen hinweg – anstrebt. Denn die Belange der Unterhaltspflichtigen dürfen insoweit nicht unberücksichtigt bleiben. Die Eltern müssen sich in ihrer eigenen Lebensplanung in etwa darauf einstellen können, wie lange sie mit einer Unterhaltslast zu rechnen haben. Das Ausbildungsunterhaltsverhältnis zwischen Eltern und Kindern ist auch insoweit von gegenseitiger Rücksichtnahme geprägt, als einerseits die Eltern leichtere Verzögerungen oder ein zeitweiliges Versagen hinnehmen müssen, andererseits das Kind seine Ausbildung mit Fleiß und Zielstrebigkeit anzugehen hat.

[18] Vor diesem Hintergrund ergeben sich wesentliche Unterschiede zwischen den beiden Ausbildungsvarianten nach Abschluss des Abiturs einerseits oder der Realschule andererseits, die es rechtfertigen, jeweils auf andere Kriterien abzustellen. Während der Abiturient insbesondere in der Oberstufe mehr an das theoretische Denken herangeführt und damit auf das Hochschulstudium vorbereitet wird, gewährt der Realschulabschluss dem Absolventen eine Vorbildung, die Grundlage für eine praxisorientierte Berufsausbildung sein soll. Hat ein Kind auf dem herkömmlichen schulischen Weg das Abitur und damit die allgemeine Zugangsberechtigung zum Studium erlangt, müssen die Eltern regelmäßig von vornherein mit einer Hochschulausbildung rechnen. Auf Grund der allgemeinen Entwicklung des Ausbildungsverhaltens von Abiturienten müssen sie dabei allerdings gewärtigen, dass eine praktische Ausbildung vorgeschaltet und der Entschluss zu dem fachlich darauf aufbauenden Studium erst anschließend gefasst wird. Eine solche Vorhersehbarkeit ergibt sich demgegenüber nicht ohne weiteres in den Fällen, in denen ein Kind, nachdem es auf Grund seiner Fähigkeiten und seines Leistungswillens einen Haupt- oder Realschulabschluss erreicht hat, im Anschluss an eine Lehre zunächst durch Wiederaufnahme der schulischen Ausbildung die Fachhochschulreife zu erlangen sucht, um sodann ein Fachhochschulstudium anzuschließen (*Senat,* NJW 1995, 718 = FamRZ 1995, 416 [417 f.] mwN).

[19] Das spricht dafür, in den letztgenannten Fällen die Einheitlichkeit der Ausbildung jedenfalls dann zu verneinen, wenn das Kind nicht von vornherein die Absicht geäußert hatte, nach der Lehre die Fachoberschule zu besuchen und anschließend zu studieren und die Eltern mit einem derartigen beruflichen Werdegang des Kindes auch nicht auf Grund sonstiger besonderer Anhaltspunkte zu rechnen brauchten. Solche Anhaltspunkte können sich etwa aus der bisherigen schulischen Entwicklung ergeben oder auch in der anschließenden Lehre zeigen, indem sie eine deutliche Begabung, insbesondere in theoretischer Hinsicht, für einen Fachbereich und für eine Weiterbildung auf diesem Gebiet erkennen lassen. Auch wenn sich ein allgemein geändertes Ausbildungsverhalten feststellen ließe, wonach Kinder mit Realschulabschluss in zunehmendem Maße nach einer praktischen Ausbildung die Fachoberschule besuchen und alsdann studieren, kann nichts anderes gelten. Denn wenn sich die schulische Ausbildung (zunächst) auf den Realschulabschluss beschränkt und beim Eintritt in die praktische Ausbildung weder die Absicht besteht, nach deren Abschluss die Fachoberschule zu

besuchen und zu studieren, noch sonst nach der erkennbar gewordenen Begabung oder nach der Leistungsbereitschaft und dem Leistungsverhalten des Kindes eine entsprechende Weiterbildung nach Abschluss der Lehre zu erwarten ist, braucht der Unterhaltspflichtige nicht damit zu rechnen, nach dem Abschluss der berufsqualifizierenden praktischen Ausbildung des Kindes zu weiteren Unterhaltsleistungen herangezogen zu werden (*Senat*, NJW 1995, 718 = FamRZ 1995, 416 [418]).

(ausnahmsweise Finanzierung einer weiteren Ausbildung)

d [20] 3. Auch in anderen Fällen als einer gestuften Ausbildung hat der Senat stets betont, dass die Eltern ihrem Kind jedenfalls Unterhalt für eine Berufsausbildung schulden, die der Begabung und den Fähigkeiten, dem Leistungswillen und den beachtenswerten Neigungen des Kindes am besten entspricht und sich dabei in den Grenzen ihrer wirtschaftlichen Leistungsfähigkeit hält (*Senat*, NJW-RR 2002, 1 = FamRZ 2001, 1601).

[21] a) Der Senat hat insoweit ausgeführt, dass die Eltern ihrem Kind ausnahmsweise auch eine zweite Ausbildung finanzieren müssen, wenn sie es in einen unbefriedigenden, seinen Begabungen nicht hinreichend Rechnung tragenden Beruf gedrängt haben (*Senat*, NJW-RR 1991, 194 = FamRZ 1991, 322 und FamRZ 1980, 1115). Dem hat der *Senat* Fälle gleichgestellt, in denen dem Kind eine angemessene Ausbildung verweigert worden ist und es sich aus diesem Grund zunächst für einen Beruf entschieden hat, der seiner Begabung und seinen Neigungen nicht entspricht. Dabei hat der Senat ausdrücklich ausgeführt, dass die in der bisherigen Rechtsprechung entwickelten Ausnahmen von dem Grundsatz der Verpflichtung zur Finanzierung nur einer Ausbildung keineswegs als abschließender, andere Fallgruppen ausschließender Katalog verstanden werden können (*Senat*, NJW-RR 1991, 194 = FamRZ 1991, 322 [323]).

[22] Eine fortdauernde Unterhaltspflicht der Eltern hat der Senat deswegen auch für die Fälle angenommen, in denen die erste Ausbildung auf einer deutlichen Fehleinschätzung der Begabung des Kindes beruht. Auch in solchen Fällen haben die Eltern ihre Verpflichtung zur Finanzierung einer angemessenen Berufsausbildung noch nicht in rechter Weise erfüllt und sind im Einzelfall verpflichtet, dem Kind ausnahmsweise eine angemessene zweite Ausbildung zu finanzieren (*Senat*, NJW-RR 2000, 593 = FamRZ 2000, 420, und NJW 1993, 2238 = FamRZ 1993, 1057 [1058 f.]).

[23] b) Dabei begegnet es nach ständiger Rechtsprechung des Senats keinen rechtlichen Bedenken, wenn die Frage, ob der Erstausbildung des Kindes eine Fehleinschätzung seiner Begabung zu Grunde lag, nach den Verhältnissen beurteilt wird, die sich erst nach Beendigung dieser Ausbildung ergeben haben. Zwar ist die Frage der beruflichen Eignung eines Kindes grundsätzlich aus der Sicht bei Beginn der Ausbildung und den zu dieser Zeit zu Tage getretenen persönlichen Anlagen und Neigungen zu beantworten (*Senat*, FamRZ 1981, 437 [438]). Um eine unangemessene Benachteiligung von so genannten Spätentwicklern zu vermeiden, gilt dies aber schon dann nicht, wenn sich später herausgestellt hat, dass die zunächst getroffene Entscheidung auf einer deutlichen Fehleinschätzung der Begabung des Kindes beruht (*Senat*, NJW-RR 1991, 194 = FamRZ 1991, 322 [323], und NJW-RR 2000, 593 = FamRZ 2000, 420). Nur auf diese Weise lässt sich eine unangemessene Benachteiligung des im Rahmen der späteren Ausbildung besonders erfolgreichen Kindes vermeiden.

(Obliegenheiten des Kindes)

e [24] c) Der Verpflichtung des Unterhaltsschuldners, dem Unterhaltsberechtigten eine Berufsausbildung zu ermöglichen, steht zwar dessen Obliegenheit gegenüber, die Ausbildung mit Fleiß und der gebotenen Zielstrebigkeit in angemessener und üblicher Zeit zu absolvieren. Nach Treu und Glauben (§ 242 BGB) kann der Unterhaltsschuldner jedoch Verzögerungen in der Ausbildung des Kindes hinnehmen müssen, die auf ein leichteres, nur vorübergehendes Versagen des Kindes zurückzuführen sind (*Senat*, NJW 1993, 2238 = FamRZ 1993, 1057 [1055], und NJW-RR 2000, 593 = FamRZ 2000, 420 [421]). Deswegen steht der Verpflichtung der Eltern zur Zahlung von Ausbildungsunterhalt nicht entgegen, dass ein Kind die später zu finanzierende Ausbildung ohne gewichtiges Verschulden nicht sogleich nach Abschluss des vorangegangenen Ausbildungsabschnitts begonnen und zielstrebig fortgeführt hat. In solchen Fällen hat eine Obliegenheitsverletzung des Kindes jedenfalls kein solches Gewicht, dass sie die schwerwiegende Folge eines Verlustes des Unterhaltsanspruchs nach sich ziehen muss.

(fortgeschrittenes Alter des Kindes, besonders lange Verzögerung der Ausbildung)

f [26] Je älter ein Kind bei Aufnahme einer Ausbildung ist und je eigenständiger es seine Lebensverhältnisse gestaltet, desto mehr tritt die Elternverantwortung für seinen Berufs- und Lebensweg zurück. Die hinsichtlich der Angemessenheit der weiteren Ausbildung zu stellenden Anforderungen bedürfen deshalb mit zunehmendem Alter des Kindes der besonders sorgfältigen Prüfung (*Senat*, NJW-RR 2000, 593 = FamRZ 2000, 420 [421 f.]).

[27] Auch wenn das Kind noch keine oder keine angemessene Berufsausbildung erfahren hat, kann eine besonders lange Verzögerung dazu führen, dass sein Ausbildungsanspruch entfällt und es sich daher seinen Lebensunterhalt mit ungelernten Tätigkeiten oder auf Grund sonstiger Begabungen und Fertigkeiten verdienen muss (*Senat*, NJW 1998, 1555 = FamRZ 1998, 671 [672]).

(Wechsel und Verzögerung der Ausbildung sind nicht ohne Weiteres vorwerfbar)

[32] c) Einer Fortdauer der Unterhaltspflicht des Bekl. steht auch nicht entgegen, dass der Kl. vor Beginn des Studiums für mehr als zwei Jahre im gehobenen Polizeidienst tätig war, bevor er diesen Berufsweg nach den nicht bestandenen Zwischenprüfungen beendete. Wie schon ausgeführt, steht der Verpflichtung des Unterhaltsschuldners zur Ermöglichung einer Berufsausbildung auf Seiten des Unterhaltsberechtigten zwar die Obliegenheit gegenüber, die Ausbildung mit Fleiß und der gebotenen Zielstrebigkeit in angemessener und üblicher Zeit zu absolvieren. Abhängig von Alter und Einsichtsfähigkeit des Unterhaltsberechtigten muss der Unterhaltspflichtige aber Verzögerungen der Ausbildung hinnehmen, die nur auf einem vorübergehenden leichten Versagen des Kindes beruhen. So liegt der Fall hier:

[33] Der Kl., der im Alter von 16 Jahren nach dem Realschulabschluss zunächst eine Maurerlehre durchgeführt hatte, sah nach Erreichen der Fachhochschulreife den gehobenen Polizeidienst als den seinen Neigungen am besten entsprechenden Ausbildungsgang an. Wenn er sich dabei mangels hinreichender Kenntnisse von diesem Berufsbild geirrt hat, liegt darin kein so gravierendes Verschulden, dass es den vollständigen Wegfall seines Anspruchs auf Ausbildungsunterhalt rechtfertigen könnte. Insbesondere ist dem Kl. unterhaltsrechtlich nicht vorwerfbar, dass er den Dienst nicht früher abgebrochen, sondern erst nach den nicht bestandenen Zwischenprüfungen beendet hat (vgl. auch *Senat*, NJW 1994, 2362 [2363]). Bei der Bewertung dieser Fehleinschätzung seiner Neigungen kann auch nicht unberücksichtigt bleiben, dass der Kl. sich nach den Feststellungen des BerGer. in der Vergangenheit stets bemüht hatte, den Bekl. nicht übermäßig finanziell zu belasten. Der Kl. hat lediglich im ersten Jahr seiner Maurerlehre bei dem Bekl. gewohnt und ihn in der Folgezeit bis zum Beginn des Studiums nicht mehr auf Unterhalt in Anspruch genommen. Zwar kann ein Kind, das eine seinen Anlagen entsprechende Ausbildung erhalten hatte, von seinen Eltern nicht deswegen die Kosten für eine weitere, bessere Ausbildung beanspruchen, weil die Eltern für die erste Ausbildung keine finanziellen Beiträge geleistet haben (*Senat*, FamRZ 1981, 437 [438]). Die Verpflichtung zur Gewährung von Ausbildungsunterhalt ist deshalb grundsätzlich unabhängig von der Höhe der Kosten einer vorangegangenen Ausbildung oder eines vorangegangenen Ausbildungsabschnitts. Die fehlende Unterhaltsbedürftigkeit in der Vergangenheit spricht aber gegen ein grobes Verschulden des Kl. im Rahmen seiner Fehleinschätzung beim Eintritt in den gehobenen Polizeidienst.

(Kindergeld bei Volljährigen bedarfsdeckend)

[39] b) Auf diesen Unterhaltsbedarf des volljährigen Kindes ist nach der neueren Rechtsprechung des *Senats* das staatliche Kindergeld allerdings in voller Höhe anzurechnen (NJW 2006, 57 = FamRZ 2006, 99 [101 ff.]). Das Kindergeld entlastet damit den unterhaltspflichtigen Bekl. nicht lediglich hälftig, sondern entsprechend seines sich aus den Einkommens- und Vermögensverhältnissen beider Eltern ergebenden Anteils an der Unterhaltslast. Der ungedeckte Unterhaltsbedarf des Kl., für den der Bekl. und die Mutter des Kl. nach ihren Einkommensverhältnissen anteilig haften, betrug während der Zeit des Bezugs von Kindergeld bis zur Vollendung des 27. Lebensjahrs (§ 2 II BKGG) mithin nur noch 446 EUR monatlich (600 EUR − 154 Euro).

BGH v. 23.8.2006 − XII ZR 26/04 − FamRZ 2006, 1664 = NJW 2006, 3561

(Anspruchsübergang nach §§ 7 III 2 UVG, 1604 BGB darf Berechtigten nicht benachteiligen)

[11] 3. Nach § 7 III 2 UVG kann der Übergang eines Unterhaltsanspruchs nicht zum Nachteil des Unterhaltsberechtigten geltend gemacht werden, soweit dieser für eine spätere Zeit, für die er keine Unterhaltsleistung nach dem Unterhaltsvorschussgesetz erhalten hat oder erhält, Unterhalt von dem Unterhaltspflichtigen verlangt. Damit enthält das Gesetz eine ausdrückliche Regelung der widerstreitenden Interessen des Kindes einerseits und des Trägers der Unterhaltsvorschusskasse andererseits für

den Fall, dass nach der Beendigung der Unterhaltsvorschussleistungen die Regressansprüche der öffentlichen Hand mit den dann bestehenden laufenden Unterhaltsansprüchen des Kindes konkurrieren. Eine vergleichbare Regelung findet sich zum Beispiel auch in § 1607 IV BGB. In beiden Fällen würde der Unterhaltsberechtigte benachteiligt, wenn der übergegangene Anspruch neben einem eigenen Anspruch besteht und der Unterhaltsschuldner nicht in der Lage ist, beide Ansprüche zu erfüllen. In diesem Fall hat – unter den in § 7 III 2 UVG genannten weiteren Voraussetzungen – der Anspruch des Unterhaltsberechtigten Vorrang gegenüber dem übergegangenen Anspruch.

(Berücksichtigung des Benachteiligungsverbots im Erkenntnisverfahren)

b [12] Dieses Verbot, den Unterhaltsberechtigten zu benachteiligen, ist sowohl im Verhältnis zwischen dem Unterhaltsberechtigten und dem Unterhaltspflichtigen als auch im Verhältnis zwischen dem Legalzessionar und dem Unterhaltsschuldner zu berücksichtigen. Fraglich ist allerdings, ob dies erst im Rahmen der Zwangsvollstreckung zu geschehen hat oder ob das Benachteiligungsverbot bereits der Geltendmachung der übergegangenen Ansprüche im Wege der Klage entgegenstehen kann.

[13] Wie das BerGer. zu Recht ausgeführt hat, lässt die in § 7 III 2 UVG verwandte Formulierung „Geltendmachen" nicht darauf schließen, dass die Bestimmung ein reines Vollstreckungsverbot beinhaltet. „Geltendmachen" bedeutet im juristischen Sprachgebrauch nicht nur das Betreiben der Zwangsvollstreckung, sondern auch bereits die Inanspruchnahme des Schuldners im Wege der Klage. Andererseits ist von Bedeutung, dass der Unterhaltsberechtigte erst benachteiligt wird, wenn die Leistungsfähigkeit des Schuldners durch Zugriff auf seine Einkünfte oder sein Vermögen gemindert wird. Allein auf Grund der Prozessführung ist dies noch nicht der Fall. Es darf zwar nicht verkannt werden, dass durch ein der Klage stattgebendes Urteil die Gefahr der Vollstreckung hieraus begründet wird, ohne dass das Vollstreckungsorgan von der bevorrechtigten Forderung des Unterhaltsgläubigers Kenntnis erlangt. Dem Schutz des Unterhaltsberechtigten wird aber bereits dadurch genügt, dass diese Gefahr durch entsprechenden Hinweis im Urteil, gegebenenfalls bereits im Tenor (vgl. dazu unter 4.), vermieden wird.

[14] Soweit demgegenüber die Auffassung vertreten wird, die Klage des Legalzessionars sei in voller Höhe abzuweisen, wenn feststehe, dass der Bekl. bei einer Befriedigung des Kl. nicht mehr in der Lage sei, den Anspruch des Unterhaltsgläubigers zu erfüllen (so OLG Koblenz, FamRZ 1977, 68 [69]; KG, FamRZ 2000, 441 [442]), vermag der Senat dem nicht zu folgen. Durch eine solche Handhabung des Benachteiligungsverbots würden die berechtigten Interessen des Legalzessionars in einer Weise beeinträchtigt, die der Schutz des Unterhaltsberechtigten nicht gebietet. Der Träger der Unterhaltsvorschusskasse müsste nach Beendigung der Unterhaltsverpflichtung seine Ansprüche erneut gerichtlich geltend machen und würde Gefahr laufen, dass inzwischen Verjährung eingetreten ist. Der Gefahr des Verjährungseintritts kann entgegen der Auffassung des BerGer. nicht dadurch begegnet werden, dass die übergegangenen Ansprüche früher geltend gemacht werden bzw. gem. § 7 IV 1 UVG auf künftige Leistung geklagt wird. Eine frühzeitigere Klage vermag nicht zu gewährleisten, dass ein Unterhaltsrückstand bis zum Auslaufen der Unterhaltsvorschussleistungen beglichen werden kann.

(Hinweis in der Urteilsformel auf das Benachteiligungsverbot)

c [15] 4. Der Legalzessionar darf den auf ihn übergegangenen Anspruch aber nur in einer Weise verfolgen, die dem Benachteiligungsverbot des Unterhaltsberechtigten Rechnung trägt. Zwar hat das Vollstreckungsorgan den Vorrang der Gläubigerforderung vor der des Legalzessionars nach den §§ 850c I 2, 850d I 2 ZPO von Amts wegen zu berücksichtigen. Es empfiehlt sich aber sicherzustellen, dass der Bestand einer solchen bevorrechtigten Forderung bekannt wird, und zwar auch für den Fall, dass der Zwangsvollstreckung eine abgekürzte Urteilsausfertigung (vgl. § 317 II 2 ZPO) oder ein Versäumnisurteil zu Grunde liegt. Dazu reicht es aus, wenn die Verurteilung – ähnlich wie bei dem Vorbehalt der beschränkten Erbenhaftung – mit der Einschränkung erfolgt, dass das Urteil nur vollstreckt werden darf, wenn und soweit der Unterhaltsgläubiger bei der Durchsetzung seiner Unterhaltsforderung nicht benachteiligt wird (*Herpers*, AcP 166 (1966), 454 [460 f.]; vgl. auch *Staudinger/Engler*, BGB, Neubearb. 2000, § 1607 Rn. 52).

(Die Hemmung der Verjährung nach § 207 S. 2 Nr. 2 BGB gilt nicht bei übergegangenen Unterhaltsansprüchen)

d Titulierte regelmäßig wiederkehrende, künftig fällig werdende Ansprüche auf Unterhalt unterfallen im Übrigen der dreijährigen Verjährungsfrist, während titulierte Unerhaltsrückstände erst in 30 Jahren

Anhang R. Rechtsprechung   R658

verjähren (§§ 197 I Nr. 3, II, 195 BGB; vgl. im Einzelnen Bergjan/Wermes, FamRZ 2004, 1087 [1088 f.]). Der Lauf der dreijährigen Verjährungsfrist ist nicht nach § 207 S. 2 Nr. 2 BGB gehemmt. Die der Wahrung des Familienfriedens dienende Bestimmung (vgl. BGHZ 76, 293 [295] = NJW 1980, 1517) greift nicht mehr ein, wenn die in Frage stehenden Ansprüche auf einen Dritten – etwa wie hier auf das kl. Land – übergegangen sind (OLG Düsseldorf, FamRZ 1981, 308; OLG Brandenburg, NJW-RR 2002, 362 [363]; *Grothe*, in: MünchKomm, 4. Aufl., § 204 Rn. 1).

(Keine Herabsetzung notwendiger Selbstbehalt wegen unter den im Selbstbehalt angesetzten Wohnkosten niedrigeren Miete)

[22] Das BerGer. hat es hier letztlich offen gelassen, ob der Selbstbehalt des Bekl. mit Rücksicht auf   e
die geringe Höhe der ihm entstehenden Wohnkosten herabzusetzen ist (für eine Herabsetzung allerdings in NJW-RR 1999, 1164 = FamRZ 1999, 1522). Eine solche Herabsetzung dürfte indessen rechtlichen Bedenken begegnen. Es unterliegt grundsätzlich der freien Disposition des Unterhaltspflichtigen, wie er die ihm zu belassenden, ohnehin knappen Mittel nutzt. Ihm ist es deshalb nicht verwehrt, seine Bedürfnisse anders als in den Unterhaltstabellen vorgesehen zu gewichten und sich zum Beispiel mit einer preiswerteren Wohnung zu begnügen, um zusätzliche Mittel für andere Zwecke, etwa für Bekleidung, Urlaubsreisen oder kulturelle Interessen, einsetzen zu können (*Senat*, NJW-RR 2004, 217 = FamRZ 2004, 186 [189] mwN). Diese Lebensgestaltungsautonomie kann dem Unterhaltsschuldner auch gegenüber Unterhaltsansprüchen für ein minderjähriges Kind nicht verwehrt werden. Denn auch insoweit ist ihm der notwendige Selbstbehalt zu belassen, über den er unter Berücksichtigung seiner eigenen Belange verfügen kann.

BGH v. 30.8.2006 – XII ZR 98/04 – FamRZ 2006, 1511 = NJW 2006, 3344

(Gleichzeitigkeit von Bedürftigkeit und Leistungsfähigkeit beim Unterhalt)   R658

[17] Ein Unterhaltsanspruch nach § 1601 BGB besteht nur dann, wenn der Unterhaltsberechtigte   a
bedürftig und der Unterhaltspflichtige leistungsfähig ist, und zwar nach einhelliger Auffassung in Rechtsprechung und Literatur während der gleichen Zeit (*Senat*, NJW 2004, 769 = FamRZ 2004, 443 [444 f.]; *Wendl/Pauling*, 6. Aufl., § 2 Rn. 638 ff.; vgl. auch *BVerfG*, NJW 2005, 1927 = FamRZ 2005, 1051 [1053] mwN).

(Selbstbehalt des Pflichtigen nach § 1603 I BGB im Verwandtenunterhalt)

[19] a) Die Verpflichtung zur Zahlung von Verwandtenunterhalt findet nach § 1603 I BGB dort ihre   b
Grenze, wo der Unterhaltspflichtige bei Berücksichtigung seiner sonstigen Verpflichtungen außer Stande ist, ohne Gefährdung seines angemessenen Unterhalts den Unterhalt des Berechtigten zu gewähren. § 1603 I BGB gewährt damit jedem Unterhaltspflichtigen vorrangig die Sicherung seines eigenen angemessenen Unterhalts; ihm sollen grundsätzlich die Mittel verbleiben, die er zur angemessenen Deckung des seiner Lebensstellung entsprechenden allgemeinen Bedarfs benötigt. In welcher Höhe dieser Bedarf des Verpflichteten zu bemessen ist, obliegt der tatrichterlichen Beurteilung des Einzelfalls. Das dabei gewonnene Ergebnis ist revisionsrechtlich jedoch darauf zu überprüfen, ob es den anzuwendenden Rechtsgrundsätzen Rechnung trägt und angemessen ist (*Senat*, NJW 2003, 128 = FamRZ 2002, 1698 [1700]).

(Einsatz des Vermögensstamms durch Pflichtigen im Verwandtenunterhalt)

[26] a) Nach ständiger Rechtsprechung des *Senats* muss ein Unterhaltspflichtiger zwar grundsätzlich   c
auch den Stamm seines Vermögens zur Bestreitung des Unterhalts einsetzen (vgl. Wendl/Dose, § 1 Rn. 410 ff.). Eine allgemeine Billigkeitsgrenze, wie sie § 1577 III BGB und § 1581 S. 2 BGB für den nachehelichen Ehegattenunterhalt vorsehen, enthält das Gesetz im Bereich des Verwandtenunterhalts nicht. Deshalb ist auch hinsichtlich des einsetzbaren Vermögens allein auf § 1603 I BGB abzustellen, wonach nicht unterhaltspflichtig ist, wer bei Berücksichtigung seiner sonstigen Verpflichtungen außer Stande ist, ohne Gefährdung seines eigenen angemessenen Unterhalts den Unterhalt zu gewähren. Hierzu außer Stande ist jedoch nicht, wer über verwertbares Vermögen verfügt (*Senat*, NJW 1998, 978 = FamRZ 1998, 367 [369]).

[27] Einschränkungen der Obliegenheit zum Einsatz des Vermögensstamms ergeben sich aber daraus, dass nach dem Gesetz auch die sonstigen Verpflichtungen des Unterhaltsschuldners zu berücksichtigen sind und er seinen eigenen angemessenen Unterhalt nicht zu gefährden braucht. Daraus folgt,

2259

dass eine Verwertung des Vermögensstamms nicht verlangt werden kann, wenn sie den Unterhaltsschuldner von fortlaufenden Einkünften abschneiden würde, die er zur Erfüllung weiterer Unterhaltsansprüche oder anderer berücksichtigungswürdiger Verbindlichkeiten oder zur Bestreitung seines eigenen Unterhalts benötigt (*Senat*, NJW 1989, 524 = FamRZ 1989, 170 [171]; vgl. auch *Büttner/Niepmann*, NJW 2003, 2492 [2498]). Auch die Verwertung eines angemessenen selbst genutzten Immobilienbesitzes kann regelmäßig nicht gefordert werden (Brudermüller, NJW 2004, 633 [637] mwN). Allgemein braucht der Unterhaltsschuldner den Stamm seines Vermögens auch dann nicht zu verwerten, wenn dies für ihn mit einem wirtschaftlich nicht mehr vertretbaren Nachteil verbunden wäre (vgl. zum nachehelichen Unterhalt § 1577 III BGB); denn auch das wäre mit der nach dem Gesetz gebotenen Berücksichtigung der ansonsten zu erfüllenden Verbindlichkeiten nicht zu vereinbaren und müsste letztlich den eigenen angemessenen Unterhaltsbedarf des Verpflichteten in Mitleidenschaft ziehen (*Senat*, NJW-RR 1986, 66 = FamRZ 1986, 48 [50]). Diese für den Deszendentenunterhalt entwickelten Grundsätze müssen jedenfalls auch dann herangezogen werden, wenn ein Anspruch auf Zahlung von Elternunterhalt zu beurteilen ist. Denn in dem rechtlich sogar schwächer ausgestalteten Unterhaltsrechtsverhältnis zwischen unterhaltsberechtigten Eltern und ihren unterhaltspflichtigen Kindern können keine strengeren Maßstäbe gelten (*Senat*, NJW 2004, 2306 = FamRZ 2004, 1184 [1185]; mit Anm. *Born*, BGH-Report 2004, 1225 [1226]).

(Die Art der Altersvorsorge steht dem Unterhaltspflichtigen frei)

d [30] Dem Unterhaltspflichtigen ist deshalb die Möglichkeit eröffnet, geeignete Vorkehrungen dafür zu treffen, dass er nicht seinerseits im Alter auf Unterhaltsansprüche oder sonstige staatliche Förderung angewiesen ist. Vor diesem Hintergrund hat der *Senat* auch die der zusätzlichen Altersversorgung dienenden Aufwendungen bis zu 5% des Bruttoeinkommens als abzugsfähig anerkannt (*Senat*, NJW-RR 2004, 793 = FamRZ 2004, 792). Auf diese Weise kann in dem rechtlich schwächer ausgestalteten Unterhaltsrechtsverhältnis zwischen erwachsenen Kindern und ihren unterhaltsbedürftigen Eltern der notwendige Handlungsspielraum gewahrt werden, der es dem Unterhaltspflichtigen erlaubt, sich selbst für das Alter angemessen abzusichern.

[31] c) Ist es dem Schuldner des Anspruchs auf Elternunterhalt aber gestattet, die zur eigenen Alterssicherung notwendigen Beträge zusätzlich zurückzulegen, dann müssen auch die so geschaffenen Vermögenswerte als Alterssicherung dem Zugriff des Unterhaltsgläubigers entzogen bleiben, um den Zweck der Alterssicherung erreichen zu können. Zwar stellt sich dabei die Frage, ob vermögensbildende Aufwendungen, wie sie etwa auch der Erwerb von Immobilien, Wertpapieren oder Fondsbeteiligungen darstellen, ebenfalls als angemessene Art der Altersvorsorge anerkennen sind. Nach ständiger Rechtsprechung des *Senats* steht es dem Unterhaltspflichtigen aber grundsätzlich frei, in welcher Weise er – jenseits der gesetzlichen Rentenversicherung – Vorsorge für sein Alter trifft. Wenn er sich angesichts der unsicheren Entwicklung der herkömmlichen Altersversorgungen für den Abschluss von Lebensversicherungen entscheidet, muss dieser Entschluss unterhaltsrechtlich im Allgemeinen akzeptiert werden. Allerdings kann der Abschluss von Lebensversicherungen nicht die einzige Alternative für eine private Altersversorgung sein. Vielmehr müssen grundsätzlich auch sonstige vermögensbildende Investitionen als angemessene Art der Altersversorgung gebilligt werden, soweit sie geeignet erscheinen, diesen Zweck zu erreichen. Da insoweit der Erwerb etwa von Wertpapieren oder Fondsbeteiligungen wegen der damit teilweise verbundenen Risiken unter Umständen nicht seinem Sicherheitsbedürfnis entspricht, kann im Einzelfall auch die Anlage eines bloßen Sparvermögens als anzuerkennende Art der Altersvorsorge bewertet werden (*Senat*, NJW 2003, 1660 = FamRZ 2003, 860 [863]).

(Beim Elternunterhalt ist auch das Vermögen einzusetzen; das Schonvermögen für die Altersvorsorge ist nicht nach festen Beträgen, sondern individuell zu bestimmen)

e [32] 3. In welchem Umfang vorhandenes Vermögen im konkreten Einzelfall dem eigenen angemessenen Unterhalt einschließlich der eigenen Altersvorsorge dient und deswegen dem Zugriff der Unterhaltsgläubiger entzogen ist, kann wegen der besonderen Ausgestaltung des Elternunterhalts nur individuell beantwortet werden. Insoweit ergibt sich kein Unterschied zwischen dem anrechnungsfrei zu belassenden eigenen Einkommen und einem Schonvermögen des Unterhaltsschuldners. Hat er seine Lebensstellung auf bestimmte regelmäßige Einkünfte oder ein vorhandenes Vermögen eingestellt, ohne dabei unangemessenen Aufwand zu betreiben oder ein Leben in Luxus zu führen (vgl. *Senat*, NJW 2003, 128 = FamRZ 2002, 1698), oder ist das Vermögen erforderlich, um seine Lebensstellung im

Alter auf Dauer aufrechtzuerhalten, bleiben solche Vermögenspositionen nach § 1603 I BGB dem Zugriff der Unterhaltsgläubiger entzogen, wobei der Unterhaltsbedarf während der gesamten voraussichtlichen Lebensdauer des Unterhaltspflichtigen zu berücksichtigen ist (*Senat*, NJW 1989, 524 = FamRZ 1989, 170).

[33] a) Die notwendige individuelle Bemessung des dem Unterhaltsschuldner zu belassenden Vermögens wäre nicht gewährleistet, wenn im Rahmen der Billigkeit nach § 1603 I BGB auf feste Vermögensgrenzen, zum Beispiel aus § 88 BSHG (jetzt: § 90 SGB XII) zurückgegriffen würde (so *Herr*, FamRZ 2005, 1021 [1022 f.]). Denn diese Vorschriften, die das einzusetzende Vermögen des Sozialhilfeberechtigten regeln, nehmen keinerlei Rücksicht auf die individuellen Verhältnisse und die Lebensstellung des Unterhaltspflichtigen. Auch im Rahmen des Anspruchsübergangs nach § 91 II BSHG (jetzt: § 94 III Nr. 1 SGB XII) ist eine sozialhilferechtliche Vergleichsberechnung in solchen Fällen nur geboten, wenn die sozialhilferechtlichen Schonbeträge den dem Unterhaltsschuldner nach Unterhaltsrecht zu belassenden Betrag übersteigen (vgl. *Schibel*, NJW 1998, 3449 [3450]).

[34] Zu Recht hat es das BerGer. auch abgelehnt, das anrechnungsfreie Vermögen des Unterhaltsschuldners – wie bei der Berechnung des ihm monatlich zu belassenden angemessenen Eigenbedarfs – auf der Grundlage eines Festbetrags (hier der Vermögensfreigrenzen nach § 88 II Nr. 8 BSHG bzw. jetzt: § 90 II Nr. 9 SGB XII) zu ermitteln und von dem überschießenden Vermögen lediglich 50% heranzuziehen. Denn dies würde, anders als bei dem Selbstbehalt hinsichtlich laufender Einkünfte, nicht die individuellen Verhältnisse des Unterhaltsschuldners berücksichtigen. Bei laufenden Unterhaltsansprüchen würde der die feste Vermögensfreigrenze übersteigende Betrag vielmehr für jeden künftigen Unterhaltsabschnitt erneut berechnet und bis zur Hälfte herangezogen, so dass sich das anrechnungsfreie Schonvermögen der festen Vermögensfreigrenze immer weiter annähern würde.

[35] b) Bei der Bemessung einer individuellen Vermögensfreigrenze sind deswegen die Besonderheiten des jeweiligen Einzelfalls zu berücksichtigen, ohne dass dies einer Pauschalierung für den Regelfall entgegenstehen müsste.

(Grundsicherung als eigenständige soziale Sicherung; eingeschränkte Regressmöglichkeit)

[40] Die Grundsicherung soll dem Berechtigten eine eigenständige soziale Sicherung einräumen, die den grundlegenden Bedarf für den Lebensunterhalt sicherstellt. Durch diese Leistung soll im Regelfall die Notwendigkeit der Gewährung von Sozialhilfe vermieden werden, zumal gerade ältere Menschen aus Furcht vor dem Unterhaltsrückgriff auf ihre Kinder oft vom Gang zum Sozialamt Abstand genommen haben. Eine dem sozialen Gedanken verpflichtete Lösung muss hier einen gesamtgesellschaftlichen Ansatz wählen, der eine würdige und unabhängige Existenz sichert (vgl. Bericht des Ausschusses für Arbeit und Sozialordnung, BT-Drucks. 14/5150, S. 48, sowie BR-Drucks. 764/00, S. 168 f.). Aus diesen Gesetzesmotiven wird deutlich, dass – von besonders günstigen wirtschaftlichen Verhältnissen der Unterhaltsverpflichteten abgesehen – zu Lasten öffentlicher Mittel auf einen Unterhaltsregress verzichtet werden soll, weil dieser von älteren Menschen vielfach als unangemessen und unzumutbar empfunden wird und dieser Umstand Berücksichtigung finden soll (*Senat*, NJW 2003, 128 = FamRZ 2002, 1698 [1701]). Bei der Bedarfsermittlung bleiben deswegen Unterhaltsansprüche des Antragsberechtigten gegenüber seinen Kindern und Eltern unberücksichtigt, soweit deren jährliches Gesamteinkommen iS des § 16 SGB IV unter einem Betrag von 100 000 EUR liegt (§ 2 I 3 GSiG und so unverändert in § 43 II SGB XII übernommen). Zudem gilt die gesetzliche Vermutung, dass das Einkommen des unterhaltspflichtigen Kindes diese Grenze nicht überschreitet. Weil insoweit lediglich vom Gesamteinkommen des Unterhaltspflichtigen, nicht aber von dessen Vermögen die Rede ist, hat sich die Auffassung durchgesetzt, dass Grundsicherung im Alter und bei Erwerbsminderung unabhängig von dem Vermögen eines dem Grunde nach unterhaltspflichtigen Kindes zu bewilligen ist (Klinkhammer, FamRZ 2002, 997 [1000]).

(Beim Elternunterhalt Abzug von insgesamt 25% des Bruttoeinkommens für Altersvorsorge)

[42] Bei der Beurteilung, ob und in welchem Umfang das Vermögen des unterhaltspflichtigen Kindes zur Sicherung des eigenen angemessenen Unterhalts einschließlich der Altersvorsorge benötigt wird, sind allerdings alle Vermögenswerte zu berücksichtigen, die für diesen Zweck zur Verfügung stehen. Verfügt der Unterhaltspflichtige etwa über Grundeigentum, ist zumindest zu berücksichtigen, dass er im Alter keine Mietkosten aufwenden muss und seinen Lebensstandard deswegen mit geringeren Einkünften aus Einkommen und Vermögen sichern kann. Solches ist hier aber nicht der Fall. Neben der – geringen – gesetzlichen Rente hatte der Bekl. Anspruch auf Auszahlung zweier Lebens-

versicherungen mit Rückkaufswerten von 13 933 DM und weiteren 23 100 DM. Auch damit wird er sein geringes Renteneinkommen aber nicht entscheidend aufstocken können, was die Sicherung der gegenwärtigen Lebensumstände ohne weitere Rücklagen für sonstige Unwägbarkeiten ausschließt.

[43] Die Höhe des dem Bekl. insbesondere für seine Altersversorgung zu belassenden Schonvermögens lässt sich nämlich konkret auf der Grundlage der Rechtsprechung des *Senats* zum Umfang unterhaltsrechtlich zuzubilligender ergänzender Altersversorgung ermitteln (*Senat*, NJW-RR 2004, 793 = FamRZ 2004, 792). Danach ist der Unterhaltsschuldner berechtigt, neben den Beiträgen zur gesetzlichen Rente bis zu 5% seines Bruttoeinkommens für eine zusätzliche private Altersversorgung aufzuwenden. Dann muss das aus diesen Beiträgen gewonnene Kapital aber auch für die Alterssicherung des Unterhaltspflichtigen zur Verfügung stehen und ist damit dem Elternunterhalt nach § 1603 I BGB entzogen. Das Bruttoeinkommen des ledigen Bekl. beläuft sich ausweislich der vorgelegten Lohn- und Gehaltsabrechnung auf monatlich 2143,85 Euro; für die private Altersvorsorge durfte er davon nach der Rechtsprechung des *Senats* also monatlich 107,19 EUR (= 5%) zurücklegen. Eine monatliche Sparrate in dieser Höhe erbringt während eines Berufslebens von 35 Jahren bei einer Rendite von 4% aber schon ein Kapital von annähernd 100 000 Euro. Jedenfalls in diesem Umfang ist dem Bekl. als Unterhaltsschuldner neben der gesetzlichen Rente eine zusätzliche Altersvorsorge zu belassen, wobei zu berücksichtigen ist, dass außer den Lebensversicherungen keine weitere Altersvorsorge, insbesondere kein Immobilieneigentum vorhanden war.

BGH v. 30.8.2006 – XII ZR 138/04 – FamRZ 2006, 1597 = NJW 2006, 3421

R659 *(Monetarisierung des Betreuungsunterhalts wg. Gleichwertigkeit mit Barunterhalt; Verdoppelung des Tabellenunterhalts bei Fremdbetreuung)*

a [15] c) Der Senat schließt sich der zuerst genannten Auffassung an, denn nur diese trägt der vom Gesetz vorgegebenen Gleichwertigkeit des Barunterhalts mit dem Betreuungsunterhalt Rechnung.

[16] aa) Nach § 1606 III 2 BGB erfüllt der Elternteil eines minderjährigen unverheirateten Kindes, bei dem dieses lebt, seine Unterhaltsverpflichtung in der Regel durch dessen Pflege und Erziehung. Die Vorschrift stellt klar, dass diese Betreuungsleistungen und die Barleistungen des anderen Elternteils grundsätzlich gleichwertig sind. Damit wird das Gesetz nicht nur der gerade für das Unterhaltsrecht unabweisbaren Notwendigkeit gerecht, die Bemessung der anteilig zu erbringenden Leistungen zu erleichtern. Es trägt auch der Tatsache Rechnung, dass eine auf den Einzelfall abstellende rechnerische Bewertung des Betreuungsaufwands zumindest unzulänglich bliebe. Insbesondere bestehen Bedenken, den Geldwert der Betreuung, ähnlich wie im Schadensersatzrecht beim Ausfall von Leistungen der Hausfrau und Mutter, durch den Ansatz der Aufwendungen, die für die Besorgung vergleichbarer Dienste durch Hilfskräfte erforderlich sind, oder durch ähnlichen Schätzungen zu ermitteln (vgl. *Senat*, NJW 1988, 2371 = FamRZ 1988, 159 [161]).

Denn gerade im Unterhaltsrecht ist eine Pauschalierung dringender erforderlich als im Schadensersatzrecht, weil es sich hier um ein Massenphänomen handelt und deswegen schon aus Gründen der Praktikabilität erleichterte Berechnungsregeln für die gerichtliche Praxis notwendig sind. Die aus § 1606 III 2 BGB abgeleitete Regel der Gleichwertigkeit von Bar- und Betreuungsunterhalt gilt dabei für jedes Kindesalter bis hin zum Erreichen der Volljährigkeit.

(Volle Anrechnung von Kindeseinkommen und Kindergeld auf Unterhaltsbedarf)

b [21] 3. Auf den gesamten Unterhaltsbedarf der Kl. sind ihre Halbwaisenrente und das Kindergeld in vollem Umfang anzurechnen.

[22] a) Der Anspruch auf Verwandtenunterhalt setzt nach § 1602 I BGB die Unterhaltsbedürftigkeit des Berechtigten voraus. Dieser Grundsatz ist für minderjährige unverheiratete Kinder durch § 1602 II BGB dahin eingeschränkt, dass sie den Stamm ihres Vermögens nicht anzugreifen brauchen. Eigenes Einkommen des Kindes mindert jedoch dessen Unterhaltsbedürftigkeit und damit auch seinen Unterhaltsanspruch. Das gilt grundsätzlich für Einkommen jeder Art, einschließlich der nicht subsidiären Sozialleistungen. Entsprechend ist auch die der Kl. zustehende Halbwaisenrente in vollem Umfang auf ihren gesamten Unterhaltsbedarf anzurechnen (*Senat*, NJW 1981, 168 = FamRZ 1980, 1109 [1111]; *Wendl/Dose*, § 1 Rn. 440).

[23] b) Daneben ist auf den vollen Unterhaltsbedarf der Kl. auch ihr gesamtes Kindergeld anrechenbar. Denn das Kindergeld wird als öffentliche Sozialleistung gewährt, um den Eltern die Unterhaltslast gegenüber ihren Kindern zu erleichtern. Ist nach dem Tode eines Elternteils der andere in vollem

Anhang R. Rechtsprechung   **R660**

Umfang unterhaltspflichtig, dient das Kindergeld folglich allein seiner Entlastung, so dass es dann grundsätzlich in vollem Umfang auf den geschuldeten gesamten Unterhaltsbedarf anzurechnen ist.

(kein Betreuungsbonus beim Kindesunterhalt)

[26] a) Von diesem verteilungsfähigen Einkommen sind im Rahmen des hier geschuldeten Kindes-   c
unterhalts neben den gleichrangigen Ansprüchen auf Barunterhalt nur die Beträge abzuziehen, die der Bekl. zusätzlich in monetärer Form schuldet. Das gilt allein für den Betreuungsunterhalt der Kl., den der Bekl. — wie ausgeführt — neben dem Barunterhalt und in gleicher Höhe schuldet. Die persönliche Betreuung der Tochter J wirkt sich auf die Berechnung des Kindesunterhalts hingegen nicht aus, weil sie nicht in monetärer Form geschuldet ist. Insoweit wäre auch der Ansatz eines Betreuungsbonus verfehlt, zumal der Bekl. im Rahmen der gesteigerten Unterhaltspflicht nach § 1603 II 1 BGB verpflichtet ist, alle verfügbaren Mittel zu seinem und der Kinder Unterhalt gleichmäßig zu verwenden. Soweit einem Unterhaltspflichtigen nach der Rechtsprechung des *Senats* wegen einer überobligationsmäßigen Erwerbstätigkeit neben der Kindeserziehung zusätzlich zu seinem Selbstbehalt ein bestimmter Bonus belassen werden kann (*Senat,* NJW 2005, 2145 = FamRZ 2005, 1154 [1156]), beschränkt sich dieses auf die Bemessung des Ehegattenunterhalts.

BGH v. 5.10.2006 – XII ZR 197/02 – FamRZ 2006, 1827 = NJW 2007, 139

(Hausmannrechtsprechung; keine Begrenzung durch fiktives Einkommen bei Erwerbstätigkeit des Hausmanns)   **R660**

[12] Minderjährigen unverheirateten Kindern aus einer früheren Ehe, die nicht innerhalb der neuen   a
Familie leben, kommt die Haushaltsführung in dieser Familie weder unmittelbar noch mittelbar zugute. Da diese Kinder den Mitgliedern der neuen Familie unterhaltsrechtlich nicht nachstehen (§ 1609 I BGB), darf sich der unterhaltspflichtige Ehegatte nicht ohne Weiteres auf die Sorge für die Mitglieder seiner neuen Familie beschränken. Auch dass die vom Bekl. betreuten jüngsten Kinder in der neuen Ehe geboren sind, ändert nichts daran, dass die Unterhaltsansprüche aller minderjährigen unverheirateten Kinder aus den verschiedenen Ehen gleichrangig sind und der Unterhaltspflichtige seine Arbeitskraft zum Unterhalt aller Kinder einsetzen muss. (...)

[14] Die Kinder aus erster Ehe müssen eine Einbuße ihrer Unterhaltsansprüche also nur dann hinnehmen, wenn das Interesse des Unterhaltspflichtigen und seiner neuen Familie an der Aufgabenverteilung ihr eigenes Interesse an der Beibehaltung der bisherigen Unterhaltssicherung deutlich überwiegt (*Senat,* NJW 1996, 1815 = FamRZ 1996, 796 [797]). Nur in solchen Fällen ist auch der neue Ehegatte nicht verpflichtet, insoweit auf die Unterhaltspflicht seines Partners außerhalb der Ehe Rücksicht zu nehmen, zum Nachteil seiner Familie auf eine eigene Erwerbstätigkeit zu verzichten und stattdessen die Kinderbetreuung zu übernehmen (*Senat,* NJW 2006, 2404 [2406] = FamRZ 2006, 1010 [1012] mwN). (...)

(Einsatz des fiktiven Einkommens aus Nebentätigkeit für den Kindesunterhalt; kein Festhalten des BGH an der Kontrollberechnung)

[19] Das Einkommen aus seiner Nebentätigkeit kann der Unterhaltsschuldner in vollem Umfang für   b
den Unterhaltsanspruch der minderjährigen Kinder aus erster Ehe verwenden, wenn und soweit sein eigener Selbstbehalt durch seinen Anspruch auf Familienunterhalt in der neuen Ehe abgesichert ist. Nur wenn bei unterhaltsrechtlich hinzunehmender Rollenwahl der neue Ehegatte den Selbstbehalt des Unterhaltspflichtigen durch sein Einkommen nicht vollständig sicherstellen kann, darf der Unterhaltspflichtige seine Einkünfte aus der Nebentätigkeit zunächst zur Sicherung des eigenen notwendigen Selbstbehalts verwenden (*Senat,* NJW 2006, 2404 [2407] = FamRZ 2006, 1010 [1014]). (...)

[24] Der Senat hatte seine Rechtsprechung zur Kontrollberechnung schon bislang auf Fälle beschränkt, in denen der unterhaltspflichtige Elternteil die Hausmanntätigkeit in zweiter Ehe durch einen Rollentausch übernommen hatte. Müsse der Unterhaltsberechtigte aus der geschiedenen Ehe den Rollentausch nicht hinnehmen, sei dem Hausmann sein früheres Einkommen stets fiktiv zuzurechnen. Sei der Rollenwechsel hingegen gegenüber der früheren Familie gerechtfertigt, sei die regelmäßig vorliegende Obliegenheit zur Aufnahme einer Nebenerwerbstätigkeit entsprechend begrenzt. Eine Begrenzung ist aber dann nicht angebracht, wenn es nicht zu einem Rollentausch gekommen ist, der Unterhaltspflichtige also in der alten wie in der neuen Familie die Haushaltsführung und Kindesbetreuung übernommen hat. Denn die Leistungsfähigkeit des Unterhaltspflichtigen richtet sich nach den tatsächlichen Verhältnissen und nicht nach einer hypothetischen Situation, zu deren Herbeiführung

den Unterhaltspflichtigen keine Obliegenheit trifft. Deswegen ist die Tatsache der Wiederverheiratung des unterhaltspflichtigen Elternteils unterhaltsrechtlich zu beachten. Ebenso wie die neue Ehe des Unterhaltspflichtigen wegen des Hinzutretens weiterer gleichrangiger Kinder zu einer Schmälerung des Unterhaltsanspruchs der minderjährigen Kinder aus erster Ehe führen kann, kann sich die Wiederverheiratung auch zum Vorteil der erstehelichen Kinder auswirken (*Senat,* NJW 2004, 1160 = FamRZ 2004, 364).

[25] Die zuletzt genannten Erwägungen sind aber nicht auf Fälle zu beschränken, in denen schon in erster Ehe eine Hausmanntätigkeit ausgeübt wurde und somit kein Rollentausch vorliegt; sie gelten vielmehr allgemein für Fälle, in denen der barunterhaltspflichtige Elternteil in einer neuen Ehe die Rolle des Hausmannes (oder der Hausfrau) übernommen hat. Nach ständiger Rechtsprechung wirkt sich eine Verbesserung der Einkommensverhältnisse des Unterhaltspflichtigen schon deswegen auf die Höhe des Unterhaltsanspruchs minderjähriger Kinder aus, weil sich deren Unterhaltsbedarf nach den Einkommensverhältnissen des barunterhaltspflichtigen Elternteils richtet, sie also an dessen verbesserten Verhältnissen teilhaben. Auch die Leistungsfähigkeit des unterhaltspflichtigen Ehegatten nach § 1603 I BGB ist stets mindestens nach den tatsächlichen Verhältnissen zu bemessen. Wenn der unterhaltspflichtige Elternteil in der neuen Ehe die Hausmannrolle tatsächlich übernommen hat, schuldet er seinen unterhaltsberechtigten Kindern aus erster Ehe deswegen stets mindestens den Unterhalt, der sich in dieser Konstellation aus seiner Obliegenheit zur Aufnahme einer Nebenerwerbstätigkeit ergibt.

[26] Weil der Unterhaltspflichtige wegen der gesteigerten Unterhaltspflicht aus § 1603 II 1 BGB zudem gehalten ist, wenigstens den notwendigen Bedarf minderjähriger Kinder sicherzustellen, wirkt sich eine Verbesserung seiner persönlichen Verhältnisse stets auch zu Gunsten der unterhaltsberechtigten Kinder aus erster Ehe aus. Deswegen ist der Umstand der Wiederverheiratung des barunterhaltspflichtigen Elternteils grundsätzlich unterhaltsrechtlich beachtlich (*Senat,* NJW 2002, 2404 [2407] = FamRZ 2006, 1010 [1014]; NJW 2004, 1160 = FamRZ 2004, 364 und FPR 2002, 266 = FamRZ 2002, 742).

[27] Insbesondere der Gleichrang der Unterhaltsansprüche aller minderjährigen Kinder aus den verschiedenen Ehen des Unterhaltspflichtigen, der die Grundlage der Hausmann-Rechtsprechung des Senats bildet, spricht deswegen gegen eine Begrenzung des Unterhalts in Fällen eines berechtigten Rollenwechsels. Durch das Hinzutreten weiterer Unterhaltsberechtigter in der neuen Ehe ist die gesamte Unterhaltslast angestiegen, was dem Unterhaltspflichtigen erhöhte Anstrengungen abverlangt. Wenn er sich einerseits überwiegend der Haushaltstätigkeit und der Kindererziehung in der neuen Ehe widmet, kann er sich andererseits gegenüber den Kindern aus erster Ehe nicht auf eine frühere – für die Kinder ungünstigere – Einkommenssituation zurückziehen. Geeignetes Kriterium für den Umfang der von ihm zu übernehmenden Nebentätigkeit kann deswegen nicht eine fiktive Einkommenssituation ohne Rollenwechsel, sondern nur die tatsächliche Leistungsfähigkeit nach den individuellen Verhältnissen in der neuen Ehe sein. Soweit der Senat in seiner früheren Rechtsprechung ausgeführt hat, dass der Unterhaltspflichtige durch die Übernahme der Rolle des Hausmannes nicht schlechter gestellt sein dürfe, als wenn er erwerbstätig geblieben wäre, hält er an diesem Kriterium nicht mehr fest. (...)

[29] Der Senat hat deswegen in jüngster Zeit allgemein darauf hingewiesen, dass die Wiederverheiratung, ebenso wie sie zur Schmälerung des Unterhaltsanspruchs als Folge des Hinzutretens weiterer minderjähriger Kinder aus der neuen Ehe führen kann, sich auch zum Vorteil der erstehelichen Kinder auswirken kann (*Senat,* NJW 2006, 2404 [2407] = FamRZ 2006, 1010 [1014]; NJW 2004, 1160 = FamRZ 2004, 364 und FPR 2002, 266 = FamRZ 2002, 742). Das kann dann der Fall sein, wenn der unterhaltspflichtige Elternteil, der die Hausmannrolle in seiner zweiten Ehe übernimmt, durch das Einkommen seiner Ehefrau bis zur Höhe des notwendigen Selbstbehalts abgesichert ist und deswegen eigenes Einkommen voll für den Unterhalt der Kinder aus erster Ehe verwenden kann. Solches Einkommen aus einer zumutbaren Nebentätigkeit und seinem Taschengeldanspruch in der neuen Ehe kann deswegen zu einem höheren Unterhaltsanspruch führen, als dies auf der Grundlage einer eigenen Vollzeiterwerbstätigkeit mit den sich daraus ergebenden weiteren Unterhaltspflichten der Fall wäre.

BGH v. 25.10.2006 – XII ZR 141/04 – FamRZ 2007, 117 = NJW 2007, 144

R662   *(Altersvorsorgeunterhalt und Elementarunterhalt; einheitlicher Anspruch; kein Teilurteil; zweistufige Berechnung zu Sicherung der Halbteilung beim Elementarunterhalt)*

a   [9] Insbesondere bei Unterhaltsansprüchen, die den laufenden Bedarf für denselben Zeitraum betreffen, sind Teilurteile deswegen ausgeschlossen, wenn die Entscheidung über den weitergehenden

Antrag von Umständen abhängt, die auch für den bereits ausgeurteilten Teil maßgeblich sind und die einer abweichenden Beurteilung, gegebenenfalls in der Rechtsmittelinstanz, unterliegen können (sog. horizontales Teilurteil, vgl. *Senat,* NJW 1999, 1718 = FamRZ 1999, 992 [993]).

[10] Solches gilt auch für Fälle, in denen der Unterhaltsgläubiger für den gleichen Unterhaltszeitraum neben dem Elementarunterhalt Altervorsorgeunterhalt begehrt (so auch Eschenbruch/Klinkhammer/Schürmann, Der Unterhaltsprozess, 4. Aufl., Rn. 1411). Denn bei dem Anspruch auf Vorsorgeunterhalt handelt es sich nicht um einen eigenständigen Anspruch, sondern um einen unselbstständigen Teil des einheitlichen, den gesamten Lebensbedarf betreffenden Unterhaltsanspruchs (*Senat,* NJW 1982, 1873 = FamRZ 1982, 255). Zudem wirkt sich die Höhe des Vorsorgeunterhalts regelmäßig auf den geschuldeten Elementarunterhalt aus, weil der Elementarunterhalt nach ständiger Rechtsprechung des Senats zur Wahrung des Halbteilungsgrundsatzes regelmäßig in einer zweistufigen Berechnung zu ermitteln ist. Nachdem aus dem vorläufigen Elementarunterhalt und dem daraus entsprechend § 14 SGB IV ermittelten fiktiven Bruttoeinkommen der zusätzlich geschuldete Altersvorsorgeunterhalt in Höhe der Beiträge zur gesetzlichen Rentenversicherung errechnet wurde, ist in einer zweiten Stufe nach Abzug der Beträge des Vorsorgeunterhalts vom Einkommen des Unterhaltspflichtigen der endgültige Elementarunterhalt zu ermitteln (*Senat,* NJW 1981, 1556 = FamRZ 1981, 442 [445]). Zwar ist der Unterhaltsgläubiger nicht gehindert, Elementarunterhalt oder Altersvorsorgeunterhalt separat geltend zu machen. Ist allerdings sowohl der Elementarunterhalt als auch der Altersvorsorgeunterhalt rechtshängig geworden und betreffen beide Verfahren – wenigstens teilweise – denselben Zeitraum, sind solche Verfahren stets miteinander zu verbinden, weil sie einen einheitlichen Unterhaltsanspruch und somit denselben Streitgegenstand betreffen. Soweit dem Urteil vom 6.10.1982 (NJW 1983, 1547 = FamRZ 1982, 1187) anderes entnommen werden könnte, hält der Senat daran nicht fest.

(Keine zweistufige Berechnung im Falle konkreter Bedarfsermittlung wegen besonders günstiger Einkommensverhältnisse; dann Teilentscheidung möglich)

[11] 2. Gleichwohl sind die eingeschränkte Revisionszulassung und die entsprechend auf die Höhe des Altersvorsorgeunterhalts begrenzte Revision hier ausnahmsweise zulässig.

[12] Denn der Unterhaltsbedarf der Kl. wurde wegen der besonders günstigen Einkommensverhältnisse des Bekl. konkret ermittelt, weswegen sich eine zweistufige Berechnung des Elementarunterhalts aus Gründen der Halbteilung erübrigt. Der Senat hat bereits entschieden, dass in Fällen besonders günstiger wirtschaftlicher Verhältnisse die sonst übliche zweistufige Berechnung des Elementarunterhalts nicht erforderlich ist (NJW 1983, 1547 = FamRZ 1982, 1187 [1188]), zumal diese (nur) sicherstellen soll, dass nicht zu Lasten des Unterhaltsverpflichteten über den Grundsatz der gleichmäßigen Teilhabe der Ehegatten am ehelichen Lebensstandard hinausgegangen wird. Sind die wirtschaftlichen Verhältnisse in einer Ehe aber so günstig, dass der Vorsorgebedarf neben dem laufenden Unterhaltsbedarf befriedigt werden kann, besteht keine Notwendigkeit für die zweistufige Berechnungsweise (*Senat,* NJW-RR 1988, 1282 [1285]).

(Anknüpfung des Vorsorgeunterhalts an den Elementarbedarf durch Hochrechnung auf ein Brutto mit Lohnsteuer, GRV-Beiträgen und ALV-Beiträgen; Auffüllung von Lücken der sozialen Biografie)

[19] ... Nach dem Zweck der gesetzlichen Regelungen über den Vorsorgeunterhalt soll dem Ehegatten, der nach Trennung und Scheidung aus den im Gesetz aufgeführten Gründen gehindert ist, einer Erwerbstätigkeit nachzugehen und so auf den ihm durch den Versorgungsausgleich übertragenen Versorgungsanrechten aufzubauen, die Möglichkeit verschafft werden, seine Versorgung im Wege der freiwilligen Weiterversicherung zu erhöhen, um damit die ansonsten entstehende Lücke in seiner „sozialen Biografie" zu schließen. Danach sollen mit unterhaltsrechtlichen Mitteln die Nachteile ausgeglichen werden, die dem Berechtigten aus der ehebedingten Behinderung seiner Erwerbstätigkeit erwachsen. ....

[21] Entsprechend hat das BerGer. den als Elementarunterhalt rechtskräftig zugesprochenen Betrag dem Nettoarbeitsentgelt gleichgestellt und dieses zur Ermittlung der darauf entfallenden Vorsorgebeiträge in ein fiktives Bruttoeinkommen umgerechnet. Zu diesem Zweck hat es den Bruttobetrag errechnet, der, vermindert um die Lohnsteuer sowie den der Arbeitnehmeranteil entsprechenden Beiträge zur Sozialversicherung und die Beiträge zur Bundesanstalt für Arbeit, den Nettobetrag des Elementarunterhalts ergibt. Das entspricht der ständigen Rechtsprechung des Senats und der Regelung des § 14 II SGB IV, nach der in den Fällen von so genannten Nettolohnvereinbarungen das Netto-

arbeitsentgelt zum sozialversicherungsrechtlichen Bruttolohn hochzurechnen ist (vgl. NJW 1981, 1556 = FamRZ 1981, 44 [444]). ...

(keine Begrenzung des Vorsorgeunterhalts durch Beitragsbemessungsgrenzen der GRV)

d [22] 2. Ebenfalls zu Recht ist das BerGer. davon ausgegangen, dass der vom Bekl. zur Wahrung der ehelichen Lebensverhältnisse im Alter geschuldete Vorsorgeunterhalt nicht durch die Beitragsbemessungsgrenze der gesetzlichen Rentensicherung (§ 159 SGB VI; vgl. insoweit die Verordnung über die maßgeblichen Rechengrößen der Sozialversicherung für 2006, DStR 2005, 2195 = FamRZ 2006, 170) begrenzt ist.

[23] Eine die ehelichen Lebensverhältnisse wahrende Altersversorgung kann die Kl. nur aufbauen, wenn sie bis zum Rentenbeginn Versicherungsbeiträge abführt, die mindestens dem Beitragssatz zur gesetzlichen Rentenversicherung auf der Grundlage ihres gesamten Unterhaltsbedarfs entsprechen (zur zusätzlichen privaten Altersversorgung durch den Unterhaltspflichtigen vgl. *Senat*, NJW 2005, 3277 = FamRZ 2005, 1817 [1821 f.]).

(Keine Begrenzung Altersvorsorge durch Beitragsbemessungsgrenze der Rentenversicherung)

e [24] Weil es dem Unterhaltsberechtigten frei steht, den Altersvorsorgeunterhalt als freiwillige Leistung in die gesetzliche Rentenversicherung einzuzahlen oder ihn ganz oder teilweise für eine private Altersvorsorge zu verwenden, kann der Beitragsbemessungsgrenze der gesetzlichen Rentenversicherung – die gegenwärtig monatlich 5250 EUR brutto beträgt (DStR 2005, 2195 = FamRZ 2006, 170) – kein geeignetes Kriterium für die Begrenzung des individuell geschuldeten Vorsorgeunterhalts entnommen werden (so auch *Weinreich/Klein*, FamilienR, 2. Aufl., § 1578 BGB Rn. 88; *Schwab/Borth*, 5. Aufl., Teil IV Rn. 971 ff.; *Wendl/Gutdeutsch*, 6. Aufl., § 4 Rn. 455; *Göppinger/Wax/Bäumel*, 8. Aufl., Rn. 1031; *Kalthoener/Büttner/Niepmann*, 9. Aufl., Rn. 356; *Kaiser/Schnitzler/Friederici/Schürmann*, AnwKomm-BGB, Bd. 4, § 1578 Rn. 129; *Hoppenz/Hülsmann*, Familiensachen, 8. Aufl., § 1578 BGB Rn. 63 ff.; *Johannsen/Henrich/Büttner*, EheR, 4. Aufl., § 1578 BGB Rn. 42; *Bäumel/Büte/Poppen*, § 1578 BGB Rn. 35). Denn der Unterhaltsberechtigte ist nach ständiger Rechtsprechung des Senats nicht verpflichtet, den Altersvorsorgeunterhalt zur Aufstockung seiner Rentenanwartschaft aus dem Versorgungsausgleich in die gesetzliche Rentenversicherung einzuzahlen. Zwar mag die Entrichtung freiwilliger Beiträge an die BfA in gewissen Fällen wirtschaftlich sinnvoll sein. Gleichwohl ist dem Unterhaltsberechtigten diese Art seiner Altersversorgung nicht zwingend vorgeschrieben. Vielmehr kommt daneben oder an deren Stelle auch der Abschluss einer privaten Rentenversicherung in Betracht; dies würde nicht außerhalb der unterhaltsrechtlichen Zweckbindung liegen (*Senat*, NJW 1987, 2229 = FamRZ 1987, 684 [686]). Der unterhaltsberechtigte Ehegatte ist deswegen auch nicht verpflichtet, bei der Geltendmachung des Anspruchs auf Vorsorgeunterhalt eine bestimmte Form der Vorsorgeversicherung und die hiermit verbundenen konkret anfallenden Vorsorgeaufwendungen anzugeben (*Senat*, NJW 1982, 1983 = FamRZ 1982, 887 [889 f.], und NJW 1982, 1986 = FamRZ 1983, 152 [154]). Entsprechend begründet auch die Tatsache, dass der Unterhaltsberechtigte darauf besteht, die Art und Weise seiner Altersvorsorge selbst zu bestimmen, nicht die Besorgnis, er werde sie zweckwidrig verwenden (*Senat*, NJW 1983, 1547 = FamRZ 1982, 1187 [1189]).

[25] Der auf der Grundlage des gesamten Elementarunterhalts und des daraus errechneten fiktiven Bruttoeinkommens nach dem Beitragssatz der gesetzlichen Rentenversicherung (§ 158 SGB VI) errechnete Altersvorsorgeunterhalt ist nach ständiger Rechtsprechung des *Senats* deswegen nur dann zur Höhe begrenzt, wenn anderenfalls für den Unterhaltsberechtigten eine Altersversorgung zu erwarten steht, die diejenige des Unterhaltsverpflichteten übersteigt (*Senat*, NJW-RR 1988, 1282 = FamRZ 1988, 1145 [1147 f.]; vgl. auch Schwab/Borth, Rn. 973). Daneben ist regelmäßig auch der Halbteilungsgrundsatz zu beachten. In beiderlei Hinsicht gibt der vorliegende Fall aber keinen Anlass zu Bedenken.

BGH v. 25.10.2006 – XII ZR 144/04 = FamRZ 2007, 197 = NJW 2007, 904

R663 *(Sittenwidrigkeit eines Verzichts auf nachehelichen Unterhalt zum Nachteil eines Sozialhilfeträgers)*

[18] 3. Entgegen der Auffassung des *OLG* ist der Unterhaltsverzicht auch nicht deshalb sittenwidrig und nichtig (§ 138 BGB), weil er den Träger der Sozialhilfe belastet.

[19] Nach der Rechtsprechung des Senats kann eine Vereinbarung, durch die Verlobte oder Eheleute für den Fall ihrer Scheidung auf nachehelichen Unterhalt verzichten, nach deren von Inhalt,

Beweggrund und Zweck bestimmten Gesamtcharakter gegen die guten Sitten verstoßen, falls die Vertragsschließenden dadurch bewusst eine Unterstützungsbedürftigkeit zu Lasten der Sozialhilfe herbeiführen, auch wenn sie eine Schädigung des Trägers der Sozialhilfe nicht beabsichtigen (vgl. etwa *Senat,* BGHZ 86, 82 [88] = NJW 1983, 1891 = FamRZ 1983, 137, und NJW 1983, 1833 = FamRZ 1985, 788 [790]). Durch einen Unterhaltsverzicht werde eine Unterstützungsbedürftigkeit eines Ehegatten zu Lasten der Sozialhilfe allerdings dann nicht herbeigeführt, wenn die Ehegatten bei Abschluss des Ehevertrags noch nicht verheiratet gewesen seien, die Eheschließung aber vom vorherigen Unterhaltsverzicht abhängig gemacht hätten. Denn in einem solchen Fall habe der später bedürftige Ehegatte von vornherein keine Aussicht gehabt, einen Anspruch auf nachehelichen Unterhalt zu erwerben. Der Unterhaltsverzicht habe daher die Bedürftigkeit dieses Ehegatten und damit dessen Risiko, zur Bestreitung seines Lebensunterhalts auf Leistungen der Sozialhilfe angewiesen zu sein, nicht erhöht (*Senat,* NJW 1992, 3164 = FamRZ 1992, 1403).

[20] Diese Rechtsprechung zur Nichtigkeit von Unterhaltsvereinbarungen, die zu Lasten der Sozialhilfe abgeschlossen werden, ist durch die unter II 2 dargestellten Grundsätze, die der Senat zur Inhaltskontrolle von Eheverträgen entwickelt hat, nicht gegenstandslos geworden. Sie bedarf allerdings der Eingrenzung und Präzisierung: Wie der Senat ausgesprochen hat, gehört es zum grundgesetzlich verbürgten Recht der Ehegatten, ihre eheliche Lebensgemeinschaft eigenverantwortlich und frei von gesetzlichen Vorgaben entsprechend ihren individuellen Vorstellungen und Bedürfnissen zu gestalten. Die auf die Scheidungsfolgen bezogene Vertragsfreiheit entspringt insoweit dem legitimen Bedürfnis, Abweichungen von den gesetzlich geregelten Scheidungsfolgen zu vereinbaren, die zu dem individuellen Ehebild der Ehegatten besser passen. So können etwa Lebensrisiken eines Partners, wie sie zum Beispiel in einer bereits vor der Ehe zu Tage getretenen Krankheit oder in einer Ausbildung angelegt sind, die offenkundig keine Erwerbsgrundlage verspricht, von vornherein aus der gemeinsamen Verantwortung der Ehegatten füreinander herausgenommen werden. Entsprechendes gilt auch für andere nicht ehebedingte Risiken. Aus dem Gedanken der nicht allein auf die Ehezeit beschränkten Solidarität ergibt sich nichts Gegenteiliges: Dieser Gedanke ist weder dazu bestimmt noch geeignet, unterhaltsrechtliche Pflichten, in denen sich die nacheheliche Solidarität konkretisiert, als zwingendes, der Disposition der Parteien entzogenes Recht zu statuieren (*Senat,* BGHZ 158, 81 [95] = NJW 2004, 930 = FamRZ 2004, 601 [604]).

[21] Daraus folgt, dass ein ehevertraglicher Unterhaltsverzicht nicht schon deshalb sittenwidrig ist, weil er bewirkt, dass ein Ehegatte im Scheidungsfall auf Sozialhilfe angewiesen bleibt, während er ohne den Unterhaltsverzicht von seinem geschiedenen Ehegatten Unterhalt beanspruchen und deshalb Sozialhilfe nicht mehr in Anspruch nehmen könnte. Denn die berechtigten Belange des Sozialhilfeträgers gebieten es Ehegatten nicht, mit Rücksicht auf ihn Regelungen zu unterlassen, die von den gesetzlichen Scheidungsfolgen abweichen, ihrem individuellen Ehebild aber besser gerecht werden als die gesetzliche Regelung. Eine Pflicht von Eheschließenden zur Begünstigung des Sozialhilfeträgers für den Scheidungsfall kennt das geltende Recht nicht. Dies gilt unabhängig davon, ob der Ehevertrag vor oder nach der Eheschließung vereinbart worden ist und ob die Ehegatten im ersten Fall die spätere Eheschließung vom Abschluss des Ehevertrags abhängig gemacht haben.

[22] Allerdings kann eine Unterhaltsabrede dann sittenwidrig sein, wenn die Ehegatten damit auf der Ehe beruhende Familienlasten objektiv zum Nachteil der Sozialhilfe geregelt haben (*Senat,* NJW 1985, 1833 = FamRZ 1985, 788 [790]). Das ist namentlich dann der Fall, wenn sich aus der Gestaltung der ehelichen Lebensverhältnisse, insbesondere aus der Verteilung von Erwerbs- und Familienarbeit, im Scheidungsfall Nachteile für einen Ehegatten ergeben, die an sich durch den nachehelichen Unterhalt ausgeglichen würden, deren Ausgleich die Ehegatten aber vertraglich ausgeschlossen haben. Das gilt auch dann, wenn ein von den Ehegatten vereinbarter Unterhaltsverzicht einer auf das Verhältnis der Ehegatten zueinander bezogenen Inhaltskontrolle standhält – etwa weil dieser Verzicht durch anderweitige Vorteile (zB durch Zuwendung eines Wohnrechts) des verzichtenden Ehegatten kompensiert wird, ohne dessen sozialhilferechtliche Bedürftigkeit entfallen zu lassen. Auch in einem solchen Fall können die Ehegatten ehebedingte Nachteile, die das Recht des nachehelichen Unterhalts angemessen zwischen ihnen ausgleichen will, nicht durch einen Unterhaltsverzicht auf den Träger der Sozialhilfe verlagern und damit die wirtschaftlichen Risiken ihrer individuellen Ehegestaltung gleichsam „sozialisieren". Ein solcher Fall liegt hier indes nicht vor, da nach der konkreten Fallgestaltung bei keinem der Ehegatten ehebedingte Nachteile zu befürchten waren, auf deren Ausgleich sie zu Lasten des Sozialhilfeträgers verzichten wollten. Die Ast. war bereits bei Vertragsschluss nicht in der Lage, für ihren Lebensunterhalt aufzukommen, und bezog deshalb Sozialhilfe. Selbst wenn die spätere Hirnblutung

ihre Bedürftigkeit gesteigert hätte, wäre dies kein Nachteil, der durch die Gestaltung der ehelichen Lebensverhältnisse bedingt wäre. Auch in der Person des Ag., der bei Vertragsschluss keine Arbeitserlaubnis besaß und in dem auf die Eheschließung folgenden Monat Sozialhilfe beantragt und erhalten hat, sind ehebedingte Nachteile, die durch seinen Unterhaltsverzicht auf die Sozialhilfe übergeleitet würden, nicht erkennbar.

[23] Fraglich ist, ob ein Unterhaltsverzicht sich darüber hinaus auch in anderen Fällen als sittenwidrig erweisen kann, in denen auf Grund der Eheschließung eine Belastung des Sozialhilfeträgers eintritt, indem dieser für einen Ehegatten dauerhaft oder doch längerfristig aufkommen muss, weil die Ehegatten für den Scheidungsfall eine Unterhaltspflicht des anderen Ehegatten ausgeschlossen haben. Zu denken ist etwa an Fälle, in denen – wie hier von der Ast. geltend gemacht – ein mittelloser ausländischer Staatsangehöriger durch die Eheschließung mit einer deutschen Staatsangehörigen ausländerrechtliche Vorteile erstrebt, die zu einer dauerhaften oder doch langfristigen Inanspruchnahme des Sozialhilfeträgers führen würden, wenn der von den Ehegatten vereinbarte Unterhaltsverzicht wirksam wäre. Die Frage kann hier dahinstehen.

BGH v. 22.10.2006 – XII ZR 24/04 – FamRZ 2007, 193 = NJW 2007, 511

R664 *(Kein pauschaler Abzug berufsbedingter Aufwendungen bei geringere Kosten wie Kleider- und Hausreinigung; geringere Kosten sind im Erwerbsbonus enthalten)*

a [14] Zwar kann berufsbedingter Aufwand unter Berücksichtigung eventueller Eigenersparnisse vorab vom Einkommen abgezogen werden. Das setzt aber voraus, dass der Aufwand notwendigerweise mit der Ausübung einer Erwerbstätigkeit verbunden ist und sich eindeutig von den Kosten der privaten Lebenshaltung abgrenzen lässt. Letzteres ist, wie das *OLG* zu Recht angenommen hat, bezüglich der geltend gemachten Kosten nicht der Fall. Sowohl Kosten der Kleider- und Hemdenreinigung als auch Telefonkosten fallen allgemein an. Ein aus beruflichen Gründen entstehender Mehraufwand dieser Art lässt sich ohne konkrete Angaben hierzu grundsätzlich nicht mit der erforderlichen Zuverlässigkeit schätzen. Im Übrigen wird dem mit der Erwerbstätigkeit verbundenen erhöhten Aufwand bei der Bemessung des Ehegattenunterhalts auch dadurch Rechnung getragen, dass dem Unterhaltspflichtigen ein so genannter Erwerbstätigenbonus (hier: $1/5$ bzw. $1/7$) zugebilligt wird (vgl. *Senat*, NJW 1997, 1919 = FamRZ 1997, 806 [807]).

(Kein Abzug einer fiktiven Altersvorsorge)

b [17] Die Revision räumt ein, dass der Bekl. bisher keine Aufwendungen für eine zusätzliche Altersversorgung macht, sondern eine solche nur dann betreiben will, wenn dies unterhaltsrechtlich anerkannt wird. Voraussetzung für eine Absetzbarkeit von Vorsorgeaufwendungen ist indessen, dass derartige Aufwendungen tatsächlich geleistet werden. Fiktive Abzüge kommen insoweit nicht in Betracht (*Senat*, NJW 2003, 1660 = FamRZ 2003, 860 [863]). Um Risiken hinsichtlich der unterhaltsrechtlichen Anerkennung vorzubeugen, hätte der Bekl. – zum Beispiel auf einem Sparkonto – entsprechende Rücklagen bilden können, was hätte anerkannt werden können (vgl. *Senat*, NJW 2003, 1660 = FamRZ 2003, 860 [863]). Falls der Aufwand als nicht gerechtfertigt angesehen worden wäre, hätte der Bekl. über die zurückgelegten Mittel wieder verfügen können, ohne sich im Rahmen der „Riester-Rente" gebunden zu haben.

(Umgangskosten Abzugsposten, soweit sie durch das Kindergeld nicht gedeckt sind)

c [20] Der Senat hält allerdings, wie er inzwischen entschieden hat, an seiner früheren Rechtsprechung, nach der der Umgangsberechtigte die üblichen Kosten, die ihm bei der Ausübung des Umgangsrechts entstehen, grundsätzlich selbst zu tragen hat, im Hinblick auf die durch das Inkrafttreten des Kindschaftsrechtsreformgesetzes zum 1.7.1998 veränderten Rechtslage nicht mehr uneingeschränkt fest. Nach § 1684 BGB, der inzwischen – an Stelle des weggefallenen § 1634 BGB – den Umgang des Kindes mit den Eltern regelt, hat einerseits das Kind das Recht auf Umgang mit jedem Elternteil; andererseits ist aber auch jeder Elternteil zum Umgang mit dem Kind berechtigt und verpflichtet (§ 1684 I BGB). Beides ist Ausfluss seiner Verantwortung für dessen Wohl (§§ 1618a, 1626, 1631 BGB). Die in § 1684 I BGB geregelten Rechte und Pflichten stehen – ebenso wie die elterliche Sorge des anderen Elternteils – unter dem Schutz von Art. 6 II 1 GG (BVerfG, NJW 2002, 1863 = FamRZ 2002, 809).

[21] Andererseits kann die Regelung des § 1612b V BGB über die Anrechnung des Kindergeldes zur Folge haben, dass dem barunterhaltspflichtigen Elternteil das anteilige Kindergeld ganz oder teil-

weise nicht mehr zugute kommt, er hierdurch mithin auch keine finanzielle Entlastung hinsichtlich der durch die Ausübung des Umgangsrechts entstehenden Kosten zu erlangen vermag. Er muss deshalb die Umgangskosten aus seinem nach Abzug des Unterhalts verbleibenden Einkommen bestreiten. Wenn und soweit das über den notwendigen Selbstbehalt hinaus noch vorhandene Einkommen hierfür nicht ausreicht, kann dies einen Elternteil zu einer Einschränkung der Umgangskontakte veranlassen und damit auch den Interessen des Kindes zuwiderlaufen.

[22] Da das Unterhaltsrecht dem Unterhaltspflichtigen nicht die Möglichkeit nehmen darf, sein Umgangsrecht zur Erhaltung der Eltern-Kind-Beziehung auszuüben, sind die damit verbundenen Kosten konsequenterweise unterhaltsrechtlich zu berücksichtigen, wenn und soweit sie nicht anderweitig, insbesondere nicht aus dem anteiligen Kindergeld, bestritten werden können (*Senat*, NJW 2005, 1493 = FamRZ 2005, 706 [708]).

(Keine Verwirkung durch Mitteilung an Finanzamt bei Wahrnnehmung berechtigter Interessen)

[33] cc) Was die behauptete Anschwärzung des Bekl. beim Finanzamt anbelangt, trifft es nicht zu, dass die Kl. diesen Vorwurf eingeräumt hätte. Ihre Ausführungen legen vielmehr die Annahme nahe, dass sie von einem Bediensteten des Finanzamts angerufen und aufgefordert wurde, die Anlage U zur Einkommensteuererklärung zu unterzeichnen, und sich bei diesem Telefonat herausstellte, dass der Bekl. eine Anlage U mit einem darin angegebenen Betrag von 27 000 DM eingereicht hatte. Unzutreffende Angaben insofern brauchte die Kl. aber nicht hinzunehmen, zumal sie auf die im Rahmen des begrenzten Realsplittings steuerlich geltend gemachten Unterhaltszahlungen ihrerseits Steuern zu entrichten hat.

(Geltendmachung von Altervorsorge rückwirkend ab Auskunftsbegehren)

[42] 2. Nach § 1613 I 1 BGB, der gem. § 1360a III BGB auch für den Trennungsunterhalt gilt, kann für die Vergangenheit Erfüllung unter anderem von dem Zeitpunkt an gefordert werden, zu welchem der Verpflichtete zum Zwecke der Geltendmachung des Unterhaltsanspruchs aufgefordert worden ist, über seine Einkünfte und sein Vermögen Auskunft zu erteilen. Von dem Zeitpunkt des Zugangs dieses Begehrens an wird der Unterhaltspflichtige vom Gesetzgeber nicht mehr als schutzwürdig angesehen, weil er seine Einkommensverhältnisse kennt und gegebenenfalls Rücklagen bilden muss (Born, in: MünchKomm, 4. Aufl., § 1613 Rn. 5; vgl. auch BT-Drucks. 13/7338, S. 31). Die Schutzfunktion, die der früher erforderlichen Mahnung zukam (vgl. insoweit zum Altersvorsorgeunterhalt *Senat,* NJW 1982, 1983 = FamRZ 1982, 887 [890]), ist also bewusst abgeschwächt worden.

[43] Der Altersvorsorgeunterhalt gehört ab Beginn des Monats, in dem die Scheidungsklage rechtshängig wird (hier: April 1999), gem. § 1361 I 2 BGB zum Lebensbedarf im Rahmen des Trennungsunterhalts. Das Gesetz sorgt auf diese Weise für eine lückenlose „soziale Biografie", da der Versorgungsausgleich gem. § 1587 II BGB nur die Zeit bis zum Ende des Monats umfasst, der der Rechtshängigkeit der Scheidungsklage vorangeht, und § 1578 III BGB erst ab dem Tag der Rechtskraft der Scheidung eingreift. Dabei sind Elementar- und Altersvorsorgeunterhalt nicht Gegenstand eigenständiger Ansprüche, sondern lediglich Teile des einheitlichen, den gesamten Lebensbedarf umfassenden Unterhaltsanspruchs (stRspr, vgl. etwa *Senat,* NJW 1982, 1875 = FamRZ 1982, 465, und NJW 2007, 144; *Johannsen/Henrich/Büttner,* EheR, 4. Aufl., § 1361 Rn. 116; *Schwab/Borth,* 5. Aufl., IV 970).

[44] Mit Rücksicht darauf reicht es für eine Inanspruchnahme des Unterhaltspflichtigen für die Vergangenheit aus, wenn von diesem Auskunft mit dem Ziel der Geltendmachung eines Unterhaltsanspruchs begehrt worden ist. Eines gesonderten Hinweises, es werde auch Altersvorsorgeunterhalt verlangt, bedarf es nicht. Ob der Unterhaltsberechtigte letztlich auch Altersvorsorgeunterhalt beanspruchen kann, wird maßgeblich durch die Leistungsfähigkeit des Unterhaltspflichtigen bestimmt, die dieser selbst beurteilen kann (so i. E. für die sog. Stufenmahnung auch *Schwab/Borth,* IV 981).

BGH v. 22.11.2006 – XII ZR 152/04 – FamRZ 2007, 453 = NJW 2007, 1273

(Verwirkung eines Unterhaltsrückstandes; Zeit- und Umstandsmoment)

[21] Eine Verwirkung kommt nach allgemeinen Grundsätzen in Betracht, wenn der Berechtigte ein Recht längere Zeit nicht geltend macht, obwohl er dazu in der Lage wäre, und der Verpflichtete sich mit Rücksicht auf das gesamte Verhalten des Berechtigten darauf einrichten durfte und eingerichtet hat, dass dieser sein Recht auch in Zukunft nicht geltend machen werde. Insoweit gilt für Unterhaltsrückstände, die hier allein Gegenstand der Revision sind, nichts anderes als für andere in der Ver-

gangenheit fällig gewordene Ansprüche, wenngleich die kurze Verjährungsfrist von drei Jahren (§§ 195, 197 II BGB) dem Anwendungsbereich der Verwirkung enge Grenzen setzt (vgl. *Senat,* BGHZ 84, 280 [282] = NJW 1982, 1999 = FamRZ 1982, 898).

[22] Gerade bei Unterhaltsansprüchen spricht andererseits aber vieles dafür, an das so genannte Zeitmoment der Verwirkung keine strengen Anforderungen zu stellen. Nach § 1585b II BGB kann Unterhalt für die Vergangenheit ohnehin nur ausnahmsweise gefordert werden. Von einem Unterhaltsgläubiger, der auf laufende Unterhaltsleistungen angewiesen ist, muss eher als von einem Gläubiger anderer Forderungen erwartet werden, dass er sich zeitnah um die Durchsetzung des Anspruchs bemüht. Anderenfalls können Unterhaltsrückstände zu einer erdrückenden Schuldenlast anwachsen. Abgesehen davon sind im Unterhaltsrechtsstreit die für die Bemessung des Unterhalts maßgeblichen Einkommensverhältnisse der Parteien nach längerer Zeit oft nur schwer aufklärbar. Diese Gründe, die eine möglichst zeitnahe Geltendmachung des Unterhalts nahelegen, sind so gewichtig, dass das Zeitmoment der Verwirkung auch schon dann erfüllt sein kann, sobald die Rückstände Zeitabschnitte betreffen, die ein Jahr oder länger zurückliegen. Denn nach den gesetzlichen Bestimmungen der §§ 1585h III, 1613 II Nr. 1 iV mit §§ 1360a III, 1361 IV 4 BGB verdient der Gesichtspunkt des Schuldnerschutzes bei mindestens ein Jahr zurückliegenden Unterhaltsrückständen besondere Beachtung. Diesem Rechtsgedanken kann im Rahmen der Bemessung des Zeitmoments in der Weise Rechnung getragen werden, dass das Verstreichenlassen einer Frist von mehr als einem Jahr für die Verwirkung früherer Unterhaltsansprüche ausreichen kann (*Senat,* BGHZ 103, 62 [69] = NJW 1988, 1137 [1138] = FamRZ 1988, 370 [372 f.], und BGHZ 152, 217 [220 f.] = NJW 2003, 128 = FamRZ 2002, 1698).

[23] Neben dem Zeitmoment kommt es für die Verwirkung auf das so genannte Umstandsmoment an. Beide Voraussetzungen hat das BerGer. in revisionsrechtlich nicht zu beanstandender Weise festgestellt. Dabei hat es zu Recht darauf abgestellt, dass die Ag. ihren Anspruch auf nachehelichen Ehegattenunterhalt erst mehr als drei Jahre nach der letzten Auskunft des Ast. zu seinen Einkommens- und Vermögensverhältnissen beziffert hat. Die Auskunft war bereits im Dezember 1998 erteilt und die Parteien wurden sodann im März 1999 rechtskräftig geschieden. Die Ag. war deswegen von diesem Zeitpunkt an auf nachehelichen Ehegattenunterhalt angewiesen. Gleichwohl verfolgte sie ihren Anspruch trotz mehrerer Anfragen des Gerichts über mehr als drei Jahre bis zum Mai 2002 nicht weiter. Weil die Parteien zudem über die Verpflichtung der Ag. zur Aufnahme einer eigenen Erwerbstätigkeit gestritten hatten, durfte der Ast. die Untätigkeit der Ag. so verstehen, dass sie keinen nachehelichen Ehegattenunterhalt mehr geltend machen werde. Erfahrungsgemäß pflegt ein Unterhaltsverpflichteter, der in ähnlichen wirtschaftlichen Verhältnissen wie der Ast. lebt, seine Lebensführung an die ihm zur Verfügung stehenden Einkünfte anzupassen, so dass er bei unerwarteten Unterhaltsnachforderungen nicht auf Rücklagen zurückgreifen kann und dadurch regelmäßig in Bedrängnis gerät (BGHZ 103, 62 [71] = NJW 1988, 1137 [1138] und BGHZ 152, 217 [223] = NJW 2003, 128 = FamRZ 2002, 1698]).

[24] Der Verwirkung rückständiger Unterhaltsansprüche steht auch nicht entgegen, dass diese seit dem im Scheidungsverbund eingereichten Stufenantrag rechtshängig waren. Denn weil die Ag. das Verfahren trotz mehrfacher Anfragen des Gerichts nicht betrieben hat, wäre nach § 204 II 2 BGB (in § 211 II BGB aF noch im Rahmen der Unterbrechung geregelt) sogar die die verjährungshemmende Wirkung der Rechtshängigkeit beendet gewesen.

(Keine Beseitigung der Vorzugsfolgen durch Verwirkung)

b [25] c) Das BerGer. (ebenso wie im Ergebnis KG, NJW-RR 2005, 1308) verkennt aber, dass durch die Nichtgeltendmachung nur der jeweilige, für einen bestimmten Zeitraum entstandene Unterhaltsanspruch als solcher verwirkt werden kann, nicht aber ein einzelnes, diesen Anspruch qualifizierendes Merkmal wie etwa der Umstand, dass insoweit Schuldnerverzug vorliegt.

[26] Der Schuldnerverzug (§ 286 BGB) ist ein Unterfall der Verletzung der Leistungspflicht, nämlich die rechtswidrige Verzögerung der geschuldeten Leistung aus einem vom Schuldner zu vertretenden Grund, und damit zugleich die gesetzlich definierte Voraussetzung unterschiedlicher Rechtsfolgen, also lediglich „Vorfrage" für deren Beurteilung. Ein gegenüber dem ursprünglichen Schuldverhältnis eigenständiges „Verzugsverhältnis" ist das Gesetz hingegen nicht. Dass der nicht leistende Schuldner in Verzug ist, bedeutet nämlich nur, dass er – vom Sonderfall des § 286 II BGB abgesehen – zur Erfüllung der fälligen Forderung gemahnt wurde und das weitere Unterbleiben der Leistung zu vertreten hat (vgl. insoweit *Senat,* NJW 2000, 2280 [2281], und NJW 2000, 2663 [2664]). Deswegen kann nicht der Schuldnerverzug als solcher verwirkt werden, sondern nur die jeweils rückständige Forderung, hinsichtlich derer er besteht.

Anhang R. Rechtsprechung   **R666**

[27] Anderes ergibt sich auch nicht aus der vom BerGer. zitierten früheren Senatsrechtsprechung. Mit Urteil vom 17.9.1986 (NJW 1987, 1546 = FamRZ 1987, 40 [41 f.]) hat der Senat ausgesprochen, dass die durch eine Mahnung ausgelösten Rechtsfolgen nicht dadurch rückwirkend beseitigt werden, dass der Unterhaltsgläubiger die Mahnung einseitig zurücknimmt. Die eingetretenen Rechtsfolgen einer Mahnung können vielmehr nur durch eine Vereinbarung rückgängig gemacht werden, die auf einen Erlass des Unterhaltsanspruchs für die fragliche Zeit hinausläuft. Soweit der Senat daneben in Betracht gezogen hat, dass der Gläubiger sich aus besonderen Gründen nach Treu und Glauben (§ 242 BGB) – insbesondere unter dem Gesichtspunkt der Verwirkung – nicht auf die Rechtsfolgen einer Mahnung berufen kann (*Senat*, NJW 1987, 1546 = FamRZ 1987, 40 [41 f.] und FamRZ 1988, 478 [479]), sagt das noch nichts dazu aus, welche in der Vergangenheit liegenden Zeitabschnitte von der Verwirkung erfasst werden.

(Verwirkung nur für vor dem Zeitmoment liegende Unterhaltsrückstände)

[28] Auch weil ein Unterhaltsanspruch nicht verwirkt sein kann, bevor er überhaupt fällig geworden   c
ist, müssen die in Rede stehenden Zeitabschnitte gesondert betrachtet werden. Dabei ergibt sich, dass im Zeitpunkt der Weiterverfolgung des nachehelichen Ehegattenunterhalts durch den Eingang des bezifferten Zahlungsantrags Mitte Mai 2002 nur der Unterhaltsanspruch der Ag. bis Mai 2001 mehr als ein Jahr zurücklag und damit die an das Zeitmoment der Verwirkung zu stellenden Anforderungen erfüllte (vgl. *Senat*, BGHZ 152, 217 [221] = NJW 2003, 128 = FamRZ 2002, 1698; BGHZ 103, 62 [69] = NJW 1988, 1137 [1138] = FamRZ 1988, 370 [372 f.]). Der Unterhaltsanspruch der Ag. für die Zeit ab Juni 2001 war deswegen – ebenso wie der laufende Unterhaltsanspruch ab Eingang des bezifferten Zahlungsantrags – noch nicht verwirkt. Insoweit hat das BerGer. die Klage deswegen zu Unrecht abgewiesen.

BGH v. 6.12.2006 – XII ZR 197/04 – FamRZ 2007, 377 = NJW-RR 2007, 505

(Bar- und Betreuungsunterhalt auswärts untergebrachter Kinder)   **R666**

[14] a) Der Unterhaltsbedarf der Kl. bemisst sich allerdings nach den konkreten Kosten für ihre   b
Heimunterbringung. Zwar schulden die Eltern einem auswärts untergebrachten minderjährigen Kind neben dem Barunterhalt auch Betreuungsunterhalt, der sich regelmäßig pauschal nach der Höhe des Barunterhalts richtet (*Senat*, NJW 2006, 3421 = FamRZ 2006, 1597 [1598 f.] mit Anm. *Born*). Sind die Kinder allerdings in einem Heim untergebracht, richtet sich ihr Unterhaltsbedarf nach den durch die Heimunterbringung veranlassten und konkret feststehenden Kosten. Der einer Heimunterbringung entgegenstehende Wille der Bekl. ist insoweit unerheblich, weil ihnen nach § 1666 BGB die elterliche Sorge entzogen wurde und das Recht zur Bestimmung der Art und Weise der Unterhaltsgewährung nach § 1612 II BGB somit auf das Jugendamt als Vormund übergegangen ist.

(Unterhaltsbedarf bei Leistungen der Kinder- und Jugendhilfe nach SGB VIII aF)

[15] b) Dieser Unterhaltsbedarf der Kl. war allerdings durch die Leistungen der Kinder- und Jugend-   c
hilfe in vollem Umfang gedeckt. Die nach den Vorschriften des SGB VIII in der bis zum 30.9.2005 geltenden Fassung (SGB VIII aF) gewährten Leistungen waren zwar grundsätzlich gegenüber Unterhaltsansprüchen subsidiär, zumal durch sie Verpflichtungen anderer, insbesondere Unterhaltspflichtiger ausdrücklich nicht berührt werden sollten (§ 10 I 1 SGB VIII aF; Wiesner, SGB VIII, Kinder- und Jugendhilfe, 2. Aufl., vor § 90 Rn. 2 f.). Allerdings wurde diese grundsätzliche Subsidiarität schon nach früherem Recht durch diverse Vorschriften eingeschränkt und speziell ausgestaltet (Wiesner, § 10 Rn. 22; Schellhorn, SGB VIII, § 10 Rn. 13 f. m. w. N.; Wendl/Scholz, 6. Aufl., § 2 Rn. 327a und OLG Schleswig, OLG-Report 2001, 322).

[16] aa) Danach waren Kinder, Jugendliche oder deren Eltern teilweise individuell durch Erhebung eines Kostenbeitrags, der durch Leistungsbescheid festzusetzen war, zu den Kosten der Hilfe zur Erziehung in einem Heim heranzuziehen (§ 92 II iV mit § 91 I Nr. 4 SGB VIII aF). Teilweise ging der Unterhaltsanspruch des Kindes auf den Träger der öffentlichen Jugendhilfe über (§ 94 III 2 SGB VIII aF; OLG Karlsruhe, OLG-Report 1999, 276). Im Übrigen konnte der Träger der öffentlichen Jugendhilfe den Anspruch gegen einen nach bürgerlichem Recht Unterhaltspflichtigen bei Leistungen an einen jungen Volljährigen auf sich überleiten (§ 96 SGB VIII aF; *Münder,* Frankfurter Komm. z. SGB VIII, Kinder- und Jugendhilfe, 4. Aufl., § 96 Rn. 1). Für die Art der Heranziehung der Eltern des unterhaltsbedürftigen Kindes oder Jugendlichen unterschied die Sonderregelung in § 94 SGB VIII aF danach, ob

sie vor Beginn der Hilfe mit dem Kind oder dem Jugendlichen zusammengelebt, ihm also im Wesentlichen Naturalunterhalt geleistet hatten (so § 94 II SGB VIII aF), oder ob die Eltern schon in diesem Zeitpunkt nicht mit dem Kind oder Jugendlichen zusammengelebt hatten, ihm also schon zuvor Barunterhalt schuldeten (§ 94 III SGB VIII aF). In beiden Fällen sollte die finanzielle Belastung der Eltern durch die Maßnahmen der Kinder- und Jugendhilfe nicht verändert werden, also gegenüber der vorher bestehenden Situation weder sinken noch steigen (*Wiesner*, § 94 Rn. 2).

[17] Nur wenn die Kinder schon zuvor von ihren Eltern getrennt lebten, war von diesen kein Kostenbeitrag zu erheben, da der (laufende) Unterhaltsanspruch des Kindes oder des Jugendlichen in Höhe des Betrags, der zu zahlen wäre, wenn die Leistungen der Jugendhilfe und der sie veranlassende besondere Bedarf außer Betracht bleibt, auf den Träger der öffentlichen Jugendhilfe überging. In solchen Fällen war der Unterhaltsbedarf der Kinder wegen der Subsidiarität der Kinder- und Jugendhilfe nicht gedeckt, was einen Übergang ihrer Forderungen auf den Träger der Jugendhilfe ermöglichte. Nur über diese Ansprüche, die der Träger der öffentlichen Jugendhilfe – wie hier geschehen – auf das Kind oder den Jugendlichen zurückübertragen kann (*Münder*, § 94 Rn. 7 ff.; *Wiesner*, § 94 Rn. 19 ff.), ist im Zivilrechtsweg zu entscheiden (§ 94 III 2 und IV SGB VIII aF; *Wiesner*, § 94 Rn. 2).

[18] Demgegenüber erfolgte die Heranziehung der Eltern, die bis zum Beginn der Jugendhilfe mit den Kindern oder Jugendlichen zusammenlebten, allein durch öffentlich-rechtlichen Leistungsbescheid. Um eine doppelte Inanspruchnahme der Eltern sowohl durch Leistungsbescheid als auch auf Grund des familienrechtlichen Unterhaltsanspruchs zu vermeiden, sah das Gesetz für diese Fälle keinen Übergang des Unterhaltsanspruchs vor. Diese gesetzliche Regelung sprach dafür, dass der Unterhaltsbedarf des Kindes oder Jugendlichen in solchen Fällen durch die Leistungen der öffentlichen Jugendhilfe voll abgedeckt und ein Rückgriff gegen die Eltern auf den öffentlich-rechtlichen Kostenbeitrag beschränkt sein sollte (vgl. *Münder*, § 94 Rn. 1, 3 ff. und *Wiesner*, § 94 Rn. 5, 12 ff.; zur Berechnung des Kostenbeitrags nach altem Recht vgl. BVerwGE 108, 222 [226 ff.] = NJW 1999, 2383).

[19] Aus diesen gesetzlichen Regelungen ergibt sich, dass die Leistungen der Kinder- und Jugendhilfe in Fällen, in denen die Eltern vor Beginn der Hilfe mit dem Kind oder dem Jugendlichen zusammenlebten, ausnahmsweise bedarfsdeckend auf den zivilrechtlichen Unterhaltsanspruch anzurechnen waren. Dafür spricht, dass die Eltern stets nur den Unterhalt schuldeten, der zu zahlen wäre, wenn die Leistungen der Jugendhilfe und der sie veranlassende besondere Bedarf außer Betracht blieb (§ 94 II 1, III 2 SGB VIII aF) und dieser Betrag in solchen Fällen als Kostenbeitrag zu erheben war (§§ 91 I Nr. 4c u. V, 92 II SGB VIII aF). Wegen der Gefahr einer doppelten Inanspruchnahme konnte der zivilrechtliche Unterhaltsanspruch in solchen Fällen daneben nicht fortbestehen. Im Einklang damit sah das Gesetz für diese Fälle weder einen Anspruchsübergang noch eine Überleitungsmöglichkeit vor (§ 94 III 2, IV SGB VIII aF) und verwies zur Durchsetzung auch nicht auf den Zivilrechtsweg (§ 94 III 4 SGB VIII aF).

[20] bb) Zu Recht ist das OLG auch davon ausgegangen, dass die Bekl. bis zum Beginn der Leistungen öffentlicher Jugendhilfe mit der Kl. zusammengelebt haben und nach § 94 II SGB VIII deswegen nur eine Heranziehung zu öffentlich-rechtlichen Unterhaltsbeiträgen in Betracht kommt.

[21] Eltern oder Elternteile lebten mit dem Kind oder dem Jugendlichen iS des § 94 II SGB VIII aF zusammen, wenn mit ihm eine Wirtschafts- und Lebensgemeinschaft bestand. Nach dem Sinn der Regelung war eine nur vorübergehende Unterbrechung der Wirtschafts- und Lebensgemeinschaft, etwa durch eine auswärtige Unterbringung, unschädlich (*Wiesner*, § 94 Rn. 5; BVerwGE 68, 299 [301] = NVwZ 1984, 516). Denn die unterschiedlichen Rechtsfolgen des § 94 II SGB VIII aF einerseits und des § 94 III SGB VIII aF andererseits fanden ihren Grund in dem Rechtsverhältnis zwischen Eltern und Kind bei Beginn der öffentlichen Jugendhilfe. Wurde diese in unmittelbarem Zusammenhang mit der Trennung der Kinder von ihren Eltern geleistet, war deren Kostenbeteiligung im Wege des öffentlich-rechtlichen Kostenbeitrags durchzusetzen.

[22] So lag der Fall hier. Grund für die Heimunterbringung der Kl. und somit für die öffentlich-rechtlichen Fürsorgeleistungen war die Entziehung des Sorgerechts nach § 1666 BGB und die Herausnahme der Kl. aus der Wirtschafts- und Lebensgemeinschaft mit den Bekl. Die Leistungen der Jugendhilfe waren mithin unmittelbare Folge der Herausnahme der Kl. aus der Familie der Bekl. Darauf, dass die Kl. schon im November 1999 vom Jugendamt in Obhut genommen worden waren, während sie nach den Feststellungen des BerGer. möglicherweise erst ab Dezember 1999 Hilfe zur Erziehung nach den Vorschriften des SGB VIII erhielten, kommt es nicht an. Die bei Beginn der Leistungen bestehende kurzfristige Unterbrechung der Wirtschafts- und Lebensgemeinschaft mit den Adoptiveltern ist für die Anwendbarkeit des § 94 II SGB VIII aF deswegen unerheblich.

[23] cc) Das BerGer. hat Unterhaltsansprüche der Kl. für die Zeit bis März 2006 deswegen zu Recht abgewiesen, weil ihr voller Unterhaltsbedarf durch die Leistungen der öffentlichen Jugendhilfe gedeckt war. Damit geht einher, dass solche Unterhaltsansprüche auch nicht mehr auf den Träger der öffentlichen Jugendhilfe übergehen konnten und dieser auf einen öffentlich-rechtlichen Kostenbeitrag der Eltern nach §§ 91 ff., 94 II SGB VIII aF verwiesen war. Ebenso schied eine Überleitung von Ansprüchen gegen einen nach bürgerlichem Recht Unterhaltspflichtigen aus, weil solches nach § 96 SGB VIII aF nur bei Unterhaltsansprüchen junger Volljähriger in Betracht kam und beide Kl. in der hier relevanten Zeit bis März 2006 noch minderjährig waren.

(Bedarfsdeckung und öff.-rechtl. Kostenbeitrag bei Leistungen der Kinder- und Jugendhilfe nach SGB VIII ab April 2006)

[24] 2. Unterhaltsansprüche der Kl. gegen die Bekl. scheiden erst recht auf der Grundlage der zum 1.10.2005 in Kraft getretenen Änderungen des Kinder- und Jugendhilferechts (SGB VIII) für die Zeit ab April 2006 aus.

[25] a) Zwar werden nach § 10 I SGB VIII Verpflichtungen anderer durch die Leistungen der Kinder- und Jugendhilfe weiterhin nicht berührt. Zugleich hat der Gesetzgeber in § 10 II SGB VIII aber die Inanspruchnahme unterhaltspflichtiger Personen dahin konkretisiert, dass diese nach den §§ 90 bis 97b SGB VIII an den Kosten für Leistungen und vorläufige Maßnahmen zu beteiligen sind. Damit wollte der Gesetzgeber insbesondere die Eltern nicht aus ihrer Verantwortung zur Pflege und Erziehung und damit zur Sicherstellung des materiellen Wohls ihrer Kinder entlassen. Einen rechtlichen Nachrang der Leistungen der Kinder- und Jugendhilfe gegenüber der Elternverantwortung hat das Gesetz aber nur insoweit konkretisiert, als der Träger der Kinder- und Jugendhilfe öffentlich-rechtliche Kostenbeiträge erheben kann (*Münder*, 5. Aufl., § 10 Rn. 28; *Wiesner*, 3. Aufl., § 10 Rn. 28; *Jans/Happe/Saurbier/Maas*, Kinder- und JugendhilfeR, 3. Aufl. [Stand: Januar 2006], B II Art. 1 § 10 Rn. 23).

[26] aa) Unterhaltspflichten sind somit gegenüber Leistungen nach dem SGB VIII anders als gegenüber den meisten Leistungen nach dem SGB grundsätzlich nicht vorrangig. Im Recht der Kinder- und Jugendhilfe ist dies schon deswegen geboten, weil die Leistungsgewährung nicht wegen des Ausbleibens der Unterhaltszahlungen erfolgt, sondern unabhängig davon erzieherischen, behinderungsbedingten oder anderen Förderbedarf voraussetzt. Die Sicherung des notwendigen Lebensunterhalts durch den Jugendhilfeträger nach § 39 SGB VIII wirkt sich deswegen auch auf den zivilrechtlichen Unterhaltsbedarf des Kindes aus.

[27] Entsprechend ordnet § 10 II 2 SGB VIII nunmehr ausdrücklich an, dass der Bedarf des jungen Menschen durch Leistungen und vorläufige Maßnahmen nach dem SGB VIII gedeckt ist und dies bei der Berechnung des Unterhalts berücksichtigt werden muss. Zwar entfällt der zivilrechtliche Unterhaltsanspruch dadurch nicht dem Grunde nach. Die mit den Leistungen des Kinder- und Jugendhilferechts verbundene Bedarfsdeckung kann aber die Höhe des Unterhaltsanspruchs reduzieren oder zu seinem vollständigen Wegfall führen. Soweit der Unterhalt im Rahmen der Leistungsgewährung nach dem SGB VIII sichergestellt ist, ist auch der unterhaltsrechtliche Bedarf des Leistungsempfängers in aller Regel gedeckt (*Münder*, § 10 Rn. 29 f.; BT-Drucks. 15/3676, S. 31). Dadurch wird der Unterhaltspflichtige seiner materiellen Verantwortung gegenüber dem jungen Menschen zwar nicht enthoben, weil er durch die Erhebung eines Kostenbeitrags in die Pflicht genommen werden kann. Eine doppelte Inanspruchnahme des Unterhaltspflichtigen mittels Kostenbeitrags einerseits und Unterhaltsanspruchs andererseits ist aber ausgeschlossen.

[28] bb) Im Einklang damit regelt § 92 II SGB VIII, dass die Heranziehung durch Erhebung eines Kostenbeitrags erfolgt. Zum Umfang der Heranziehung enthält § 94 V SGB VIII nunmehr eine Verordnungsermächtigung, von der durch die Verordnung zur Festsetzung der Kostenbeiträge für Leistungen und vorläufige Maßnahmen in der Kinder- und Jugendhilfe (KostenbeitragsVO) vom 1.10.2005 (BGBl. I, 2907; vgl. auch *Wiesner*, § 94 und *Münder*, Anh. zu § 94) Gebrauch gemacht wurde.

[29] Weil die Inanspruchnahme der Eltern nunmehr stets auf einen öffentlich-rechtlichen Kostenbeitrag beschränkt ist, hat der Gesetzgeber durch das Kinder- und Jugendhilfeweiterentwicklungsgesetz 2005 die frühere Vorschrift zur Überleitung von Ansprüchen gegen einen nach bürgerlichem Recht Unterhaltspflichtigen aufgehoben. Denn die Konzentration der Heranziehung auf einen öffentlich-rechtlichen Kostenbeitrag macht weitere Regelungen über die Überleitung von Ansprüchen gegen eine nach bürgerlichem Recht unterhaltspflichtige Person entbehrlich (BT-Drucks. 15/3676, S. 42; *Münder*, Anm. zu § 96).

[30] b) Für die Zeit ab April 2006 ist der zivilrechtliche Unterhaltsanspruch der Kl. dem Grunde nach zwar nicht entfallen, der Unterhaltsbedarf aber durch die Leistungen der Kinder- und Jugendhilfe vollständig gedeckt. Ein Unterhaltsanspruch der Kl. besteht somit auch für diese Zeit nicht mehr. Der Rückgriff gegen die dem Grunde nach unterhaltspflichtigen Eltern ist deswegen lediglich in Form der pauschalierten Kostenbeteiligung nach §§ 90 ff. SGB VIII im Wege des Verwaltungsverfahrens zulässig. Der Träger der Kinder- und Jugendhilfe muss sich deswegen auf das schon anhängige Verwaltungsverfahren verweisen lassen.

BGH v. 20.12.2006 – XII ZR 84/04 – FamRZ 2007, 1158 = NJW-RR 2007, 1513

R667 *(Leistungen der Grundsicherung im Alter und bei Erwerbsminderung sind im Verhältnis zw. Eltern + Kindern grunds. unterhaltspflichtiges Einkommen)*

a [14] b) Nach § 1602 I BGB ist unterhaltsberechtigt nur, wer außer Stande ist, sich selbst zu unterhalten. Zum unterhaltsrechtlich maßgeblichen Einkommen zählen grundsätzlich sämtliche Einkünfte, wenn sie geeignet sind, den gegenwärtigen Lebensbedarf des Einkommensbeziehers sicherzustellen. Dazu können auch dem Unterhaltsgläubiger zu gewährende Grundsicherungsleistungen gehören, wenn sie – anders als etwa Sozialhilfe- und Unterhaltsvorschussleistungen – nicht subsidiär sind. Nach § 43 II 1 SGB XII, der der bis zum 31.12.2004 geltenden, inhaltlich übereinstimmenden Vorschrift des § 2 I 3 GSiG entspricht, bleiben Unterhaltsansprüche der Leistungsberechtigten gegenüber ihren Kindern und Eltern unberücksichtigt, sofern deren jährliches Gesamteinkommen iS des § 16 des Vierten Buches unter einem Betrag von 100 000 EUR liegt. Sind diese Voraussetzungen erfüllt, erfolgen die Grundsicherungsleistungen nicht nachrangig. Sie sind mithin als Einkommen anzusehen und reduzieren den unterhaltsrechtlichen Bedarf des Leistungsempfängers, ohne dass es darauf ankommt, ob sie zu Recht oder zu Unrecht bewilligt worden sind (*Klinkhammer*, FamRZ 2002, 997 [1001]; Günther, FF 2003, 10 [14]; OLG Hamm, FamRZ 2004, 1061; vgl. auch *Senat*, NJW 2003, 128 = FamRZ 2002, 1698 [1701]).

[15] In Höhe der ihr ab 3.11.2003 gewährten Grundsicherungsleistungen ist die Bekl. mithin nicht mehr unterhaltsbedürftig. Dass die Leistungen zum 31.12.2004 tatsächlich eingestellt worden sind, wie die Revision unter Bezugnahme auf einen Bescheid vom 18.11.2004 darlegt, kann im Revisionsverfahren nicht berücksichtigt werden. Nach dem vorgenannten Bescheid beruht die Einstellung der Leistungen darauf, dass die Bekl. ab 15.12.2004 mit ihrem Lebensgefährten zusammenleben und dieser über Arbeitslosengeld verfügen werde. Ob diese Voraussetzungen tatsächlich und dauerhaft eingetreten sind, insbesondere wie sich die finanziellen Verhältnisse des Lebensgefährten längerfristig darstellen, und ob die Grundsicherungsleistungen weggefallen sind, wird im weiteren Verfahren zu prüfen sein.

[16] 4. Eine über den Umfang ihrer tatsächlichen Gewährung hinausgehende Anrechnung von Grundsicherungsleistungen kommt allerdings nicht in Betracht. Deshalb liegt für die Zeit vor dem 3.11.2003 keine zur Abänderung des Unterhaltstitels führende Veränderung der Verhältnisse vor.

(Tatsächlich geleisteter Unterhalt ist Einkommen iSd § 82 SGB XII)

b [17] a) Nach den von der Revision nicht angegriffenen Feststellungen des BerGer. wären die Leistungen der Grundsicherung geringer gewesen als der vom Kl. zu zahlende Unterhalt. Grundsicherung ist aber nur zu gewähren, soweit Leistungsberechtigte ihren Lebensunterhalt nicht aus ihrem Einkommen und Vermögen gem. §§ 82 bis 84 und 90 SGB XII beschaffen können (§ 41 II SGB XII). Nach § 82 SGB XII gehören zum Einkommen alle Einkünfte in Geld oder Geldeswert mit Ausnahme der Leistungen nach diesem Buch, der Grundrente nach dem Bundesversorgungsgesetz und der Renten oder Beihilfen, die nach dem Bundesentschädigungsgesetz für Schäden an Leben sowie an Körper oder Gesundheit gewährt werden, bis zur Höhe der vergleichbaren Grundrente nach dem Bundesversorgungsgesetz. Der Begriff des Einkommens wird näher definiert in § 1 der Verordnung zu § 82 SGB XII. Hiernach sind bei der Berechnung der Einkünfte in Geld oder Geldeswert alle Einnahmen ohne Rücksicht auf ihre Herkunft und Rechtsnatur sowie ohne Rücksicht darauf, ob sie zu den Einkunftsarten im Sinne des Einkommensteuergesetzes gehören und ob sie der Steuerpflicht unterliegen, zu Grunde zu legen.

[18] Als solche Einkünfte sind auch Unterhaltsleistungen zu berücksichtigen. Entgegen der Auffassung der Revision ergibt sich aus der Regelung des § 2 I 3 GSiG, die dem § 43 II 1 SGB XII entspricht, kein anderes Ergebnis. Die Vorschriften stehen nur der Anrechnung von Unterhaltsansprüchen, nicht jedoch der Berücksichtigung von tatsächlich geleisteten Unterhaltszahlungen entgegen.

Dies ergibt sich sowohl aus dem Wortlaut der Regelung, der ausdrücklich nur Unterhaltsansprüche erfasst, als auch aus Sinn und Zweck der Vorschrift. In dem Bericht des Ausschusses für Arbeit und Sozialordnung wird hierzu ausgeführt, der Zweck des Gesetzes bestehe darin, für alte Menschen bzw. in Fällen voller Erwerbsminderung eine eigenständige soziale Leistung vorzusehen, die den grundlegenden Bedarf für den Lebensunterhalt sicherstelle; durch diese Leistung solle im Regelfall die Notwendigkeit der Gewährung von Sozialhilfe vermieden werden; außerdem habe vor allem ältere Menschen die Furcht vor dem Unterhaltsrückgriff auf ihre Kinder oftmals von dem Gang zum Sozialamt abgehalten; eine dem sozialen Gedanken verpflichtete Lösung müsse hier einen gesamtgesellschaftlichen Ansatz wählen, der eine würdige und unabhängige Existenz sichere (BT-Drucks. 14/5150, S. 48). Eine Privilegierung der Unterhaltsverpflichteten ist dagegen nicht bezweckt worden. Zum Einkommen des Grundsicherungsberechtigten gehören deshalb tatsächlich an ihn erbrachte Unterhaltszahlungen, selbst wenn das Einkommen des Unterhaltsverpflichteten die Einkommensgrenze des § 43 II 1 SGB XII unterschreitet (*Günther*, FF 2003, 10 [11]; *Klinkhammer*, FamRZ 2002, 997 [999 f.]; *Münder*, NJW 2002, 3661 [3663]; *Schoch*, ZfF 2003, 1 [9]; *Veldtrup/Schwabe*, ZfF 2003, 265 [267 f.]; *Grube/Warendorf*, SGB XII, § 43 Rn. 9; *Schellhorn/Schellhorn/Hohm*, SGB XII, § 43 Rn. 17; *Fichtner/Wenzel*, BSHG, 2. Aufl., § 2 GSiG Rn. 7; *VGH München*, FEVS 55, 557 [562]; *VGH Mannheim*, NDV-RD 2006, 21; *LSG Nordrhein-Westfalen*, FamRZ 2006, 1566 = BeckRS 2006, 44521; *VG Karlsruhe*, Urt. v. 15.3.2005 – 5 K 4713/03, juris, BeckRS 2005, 24999; *VG Ansbach*, Urt. v. 20.1.2005 – AN 14 K 04 02456, juris; *VG Aachen*, ZFSH/SGB 2005, 169 [170 f.]; *VG Arnsberg*, ZFSH/SGB 2004, 492 [493 f.]).

[19] b) Der Auffassung der Revision, die Regelung verstoße gegen Art. 3 I GG, weil die Gewährung von Leistungen der Grundsicherung letztlich davon abhänge, ob der Unterhaltspflichtige oder der Träger der Grundsicherung zuerst zahle, ist nicht zu folgen. Art. 3 I GG gebietet, alle Menschen vor dem Gesetz gleich zu behandeln. Dem Gesetzgeber ist damit zwar nicht jede Differenzierung verwehrt. Er verletzt aber das Grundrecht, wenn er eine Gruppe im Vergleich zu einer anderen Gruppe anders behandelt, obwohl zwischen beiden Gruppen keine Unterschiede von solcher Art und solchem Gewicht bestehen, dass sie die ungleiche Behandlung rechtfertigen können (stRspr BVerfGE 112, 368 [401] = NJW 2005, 2213 = NVwZ 2005, 1302 L).

[20] Der Ungleichbehandlung, die darin zu sehen ist, dass Unterhaltsansprüche nicht berücksichtigt, Unterhaltsleistungen dagegen als Einkommen behandelt werden, liegt ein die Differenzierung rechtfertigender Umstand zu Grunde. Durch die Einführung der Grundsicherungsleistungen soll, wie schon ausgeführt wurde, die verschämte Armut im Alter und in Fällen voller Erwerbsminderung verhindert werden. Einer solchen Hilfeleistung bedarf es nicht, wenn und soweit der Lebensbedarf durch Unterhaltsleistungen sichergestellt wird. Dem Gesetzgeber war es deshalb jedenfalls von Verfassungs wegen nicht verwehrt, diesen Personenkreis von der Leistungsgewährung ganz oder teilweise auszunehmen und nur diejenigen zu unterstützen, die der Hilfeleistung bedürfen. Dass dadurch zugleich derjenige Unterhaltspflichtige begünstigt wird, der keine Unterhaltszahlungen erbringt mit der Folge, dass der Berechtigte insoweit nicht über anzurechnendes Einkommen verfügt, mag man zwar im Ergebnis für eine befremdliche Konsequenz halten. Dies begründet für den zahlungswilligen Unterhaltspflichtigen aber noch keinen Anspruch auf Gleichbehandlung. Dem Gesetzgeber obliegt es nicht, jedwede Missbrauchsmöglichkeit zu vermeiden. Der zahlungswillige Unterhaltspflichtige kann deshalb nicht etwa verlangen, dass auch dem zahlungsunwilligen Schuldner die Möglichkeit entzogen wird, den Unterhaltsberechtigten auf Grundsicherungsleistungen zu verweisen.

BGH v. 17.1.2007 – XII ZR 104/03 – FamRZ 2007, 1303 = NJW 2007, 2409

(Bedarfsbestimmende eheliche Lebensverhältnisse unter Existenzminimum für nichteheliche Kindesmutter)

[24] 5. a) Hinsichtlich der Aufteilung des Unterhaltsbedarfs in entsprechender Anwendung des § 1606 III 1 BGB führt es in einer Vielzahl von Fällen zu angemessenen Lösungen, wenn als Maßstab die jeweiligen Einkommens- und Vermögensverhältnisse zu Grunde gelegt werden. Allerdings ist die Anknüpfung an diesen eher schematischen Maßstab nicht in jedem Fall zwingend. Da § 1606 III 1 BGB nur entsprechend anzuwenden ist, lässt er auch Raum für die Berücksichtigung anderer Umstände, insbesondere der Anzahl, des Alters, der Entwicklung und der Betreuungsbedürftigkeit der jeweiligen Kinder. So kann im Einzelfall von Bedeutung sein, dass die Mutter durch die vermehrte Betreuungsbedürftigkeit eines jüngeren Kindes von jeglicher Erwerbstätigkeit abgehalten wird, obwohl ihr das fortgeschrittene Alter eines anderen Kindes an sich eine Voll- oder zumindest Teilzeiterwerbstätigkeit

erlauben würde. In einem solchen Falle wäre die schematische Aufteilung der Haftungsquote nach den jeweiligen Erwerbs- und Vermögensverhältnissen des Ehemannes und des Vaters unbefriedigend. Vielmehr muss der Erzeuger des vermehrt betreuungsbedürftigen Kindes entsprechend höher, gegebenenfalls auch allein zum Unterhalt für die Mutter herangezogen werden (*Senat,* NJW 1998, 1309 = FamRZ 1998, 541 [544]).

[25] Für die Ermittlung der Haftungsquoten sind danach zunächst die Einkommens- und Vermögensverhältnisse zu berücksichtigen. Im Anschluss daran kann – je nach den Umständen des Einzelfalls – der Haftungsanteil des Verpflichteten nach oben oder nach unten korrigiert werden (vgl. hierzu auch OLG Bremen, NJW-RR 2006, 723 = FamRZ 2006, 1207 [1208]).

(Keine Verwirkung nach § 1579 Nr. 2 BGB trotz Zusammenleben und Geburt eines Kindes, wenn Beziehung von Anfang an problematisch war und auseinanderging)

d   [30] Nach der Rechtsprechung des Senats kann das Zusammenleben des Unterhaltsberechtigten mit einem neuen Partner dann zur Annahme eines Härtegrunds iS von § 1579 Nr. 7 BGB – mit der Folge der Unzumutbarkeit einer weiteren (uneingeschränkten) Unterhaltsbelastung für den Verpflichteten – führen, wenn sich diese Beziehung in einem solchen Maße verfestigt, dass damit gleichsam ein nichteheliches Zusammenleben an die Stelle einer Ehe getreten ist. Nach welchem Zeitablauf – und unter welchen weiteren Umständen – dies angenommen werden kann, lässt sich nicht allgemein verbindlich festlegen. Vor Ablauf einer gewissen Mindestdauer, die im Einzelfall kaum unter zwei bis drei Jahren liegen dürfte, wird sich in der Regel nicht verlässlich beurteilen lassen, ob die Partner nur „probeweise" zusammenleben oder ob sie auf Dauer in einer gefestigten Gemeinschaft leben (*Senat,* NJW 1997, 1851 = FamRZ 1997, 671 [672]). Dabei obliegt es letztlich der verantwortlichen Beurteilung des Tatrichters, ob er den Tatbestand des nichtehelichen Zusammenlebens aus tatsächlichen Gründen für gegeben erachtet oder nicht (*Senat,* NJW-RR 1994, 1154 = FamRZ 1995, 540 [543]).

[31] Die tatrichterliche Beurteilung, das Zusammenleben habe – auf Grund der erheblichen Differenzen zwischen der Kl. und S – weder von der Qualität der Beziehung noch – auf Grund der erheblichen Zeiten des Getrenntlebens – von deren Dauer her den Charakter einer verfestigten Beziehung in dem vorgenannten Sinne, ist aus Rechtsgründen nicht zu beanstanden.

BGH v. 28.2.2007 – XII ZR 161/04 – FamRZ 2007, 707 = NJW 2007, 1882

R672   *(Vertretungsbefugnis und Unterhalt beim sog. Wechselmodell)*

a   [16] (Die alleinige Barunterhaltspflicht eines Elternteils ist – in Fällen der vorliegenden Art – so lange nicht in Frage zu stellen, wie das deutliche Schwergewicht der Betreuung bei einem Elternteil liegt. Solange ist es gerechtfertigt, davon auszugehen, dass dieser Elternteil die Hauptverantwortung für das Kind trägt und dadurch den Betreuungsunterhalt leistet, während der andere Elternteil – auf der Grundlage nur seiner eigenen wirtschaftlichen Verhältnisse – zum Barunterhalt verpflichtet ist. Deshalb ändert sich an der aus dem Schwergewicht der Betreuung durch einen Elternteil folgenden Aufteilung zwischen Bar- und Betreuungsunterhalt nichts, wenn der barunterhaltspflichtige Elternteil seinerseits Betreuungs- und Versorgungsleistungen erbringt, selbst wenn dies im Rahmen eines über das übliche Maß hinaus wahrgenommenen Umgangsrechts erfolgt, dessen Ausgestaltung sich bereits einer Mitbetreuung annähert. Wenn und soweit der andere Elternteil gleichwohl die Hauptverantwortung für ein Kind trägt, muss es dabei bleiben, dass dieser Elternteil seine Unterhaltspflicht iS des § 1606 III 2 BGB durch die Pflege und Erziehung des Kindes erfüllt. Zur Beantwortung der Frage, ob ein Elternteil die Hauptverantwortung für ein Kind trägt, kommt der zeitlichen Komponente der von ihm übernommenen Betreuung indizielle Bedeutung zu, ohne dass die Beurteilung sich allein hierauf zu beschränken braucht (*Senat,* NJW 2006, 2258 = FamRZ 2006, 1015 [1016 f.]).

(Hälftige Aufteilung der Erziehungs- und Betreuungsaufgaben ist Voraussetzung für Wechselmodell)

b   [17] c) Im vorliegenden Fall hat der Bekl. in dem hier maßgeblichen Zeitraum nach den von der Revision nicht angegriffenen Feststellungen des BerGer. im Durchschnitt die Betreuung an fünf von 14 Tagen übernommen, und zwar dergestalt, dass sich die Kinder von mittwochs abends bis montags morgens beim Vater aufhalten und sodann nach der Schule in den Haushalt der Mutter wechseln, wo sie bis zum Mittwochabend der folgenden Woche bleiben. Damit entfällt auf den Bekl. ein Betreuungsanteil von etwas mehr als $1/3$ (gerundet 36%). Auch wenn er – über den zeitlichen Einsatz hinaus – den entsprechenden Anteil der insgesamt anfallenden Betreuungsleistungen wahrgenommen haben sollte,

Anhang R. Rechtsprechung   R673

was sich aus den getroffenen Feststellungen nicht zweifelsfrei ergibt, reicht das nicht aus, um von einer etwa hälftigen Aufteilung der Erziehungs- und Betreuungsaufgaben auszugehen. Vielmehr läge das Schwergewicht der Betreuung auch dann eindeutig bei der Mutter. Die Eltern praktizieren somit keine Betreuung in einem Wechselmodell mit im Wesentlichen gleichen Anteilen (vgl. hierzu Senat, NJW 2006, 2258 = FamRZ 2006, 1015 [1017]). Deshalb kommt die Mutter ihrer Unterhaltspflicht gegenüber den Kl. gem. § 1606 III 2 BGB durch deren Betreuung nach. Eine anteilige Barunterhaltspflicht besteht für sie entgegen der Auffassung des BerGer. nicht

(Konkrete Darlegung von Aufwendungen und Ersparnis des anderen Elternteils bei Bedarfsdeckung durch Leistungen des Barunterhaltspflichtigen)

[25] c) Von einer teilweisen Bedarfsdeckung kann im vorliegenden Fall indessen nicht ausgegangen   c
werden. Dass der Bekl. seinerseits den Wohnbedarf der Kinder in der Zeit, in der diese sich bei ihm aufhalten, bestreitet, mindert deren – ohne Berücksichtigung dieser Mehrkosten ermittelten – Bedarf nicht. Denn in den Tabellensätzen sind nur die bei einem Elternteil anfallenden Wohnkosten enthalten. Eine – unterhaltsrechtlich erhebliche – teilweise Bedarfsdeckung durch die Verpflegung der Kl. durch den Bekl. kann ebenso wenig angenommen werden. Die im Rahmen üblicher Umgangskontakte von etwa fünf bis sechs Tagen monatlich gewährte Verpflegung führt nicht zu Erstattungsansprüchen des besuchten Elternteils, vielmehr hat dieser die üblichen Kosten, die ihm bei der Ausübung des Umgangsrechts entstehen, grundsätzlich selbst zu tragen (vgl. Senat, NJW 2005, 1493 = FamRZ 2005, 706 [707 f.]). Die Verpflegung während weiterer vier bis fünf Tage führt aber nicht zu nennenswerten Ersparnissen des anderen Elternteils. Sonstige den Bedarf der Kl. teilweise deckende konkrete Aufwendungen des Bekl. hat das BerGer. – von der Revision unangefochten – nicht festgestellt.

BGH v. 28.2.2007 – XII ZR 165/04 – FamRZ 2007, 974 = NJW 2007, 2848

(Keine Vertragsanpassung wegen außergewöhnlicher Einkommenssteigerung bei vertraglich limitiertem nachehe-   R673
lichen Unterhalt)

[22] aa) Eine die Vertragsanpassung rechtfertigende erhebliche Abweichung der tatsächlichen Ver-   a
hältnisse in der Ehe von der ursprünglichen Lebensplanung der Ehegatten kann – entgegen der Auffassung des OLG – nicht in dem Umstand gefunden werden, dass der Ehemann nach Abschluss des Ehevertrags eine außergewöhnliche Steigerung seines Einkommens erzielt hat. Denn mit der im Ehevertrag vorgesehenen Limitierung des nachehelichen Unterhalts haben die Parteien festgelegt, dass sich die Unterhaltshöhe gerade nicht nach den jeweiligen ehelichen Lebensverhältnissen bemessen, sondern sich nach der dort genannten Gruppe der Beamtenbesoldung als einer dynamischen Bezugsgröße bestimmen soll. Da der Ehevertrag wirksam ist, ist die von den Parteien gewollte Abkoppelung des nachehelichen Unterhalts von der späteren Einkommensentwicklung der Parteien bindend.

(Grenzen der richterlichen Vertragsanpassung bei der Ausübungskontrolle)

[28] d) Durch richterliche Anpassung von Eheverträgen sollen ehebedingte Nachteile ausgeglichen   b
werden. Solche Nachteile liegen vor, wenn ein Ehegatte um der gemeinsamen Lebensplanung willen für sein berufliches Fortkommen Risiken auf sich genommen hat, und wenn diese Risiken sich auf Grund von Abweichungen der bei Vertragsschluss vorgestellten Lebenssituation von der späteren tatsächlichen Lebenslage im Scheidungsfall als Nachteil konkretisieren. Denn es geht nicht an, dass das Risiko des Fehlschlagens eines gemeinsamen Lebensplans einseitig nur einen Partner belastet. Daraus folgt allerdings zugleich, dass ein durch einen wirksamen Ehevertrag benachteiligter Ehegatte im Rahmen der Ausübungskontrolle auch nicht besser gestellt werden darf, als er sich ohne die Übernahme dieser Risiken – also insbesondere bei kontinuierlicher Fortsetzung seines vorehelichen Berufswegs – stünde.
[29] Auch wenn im vorliegenden Fall – unter Berücksichtigung der unter II 3b und II 3c dargestellten Gesichtspunkte – eine Vertragsanpassung zu Gunsten der Ehefrau in Betracht käme, so könnte ein ihr zuzubilligender Unterhaltsbetrag deshalb jedenfalls den Verdienst nicht überschreiben, den sie erzielt hätte, wenn sie nach ihrer ersten Ehe nicht den Ast. geheiratet und in der mit ihm geführten Ehe auf eine Erwerbstätigkeit verzichtet hätte. Darüber hinaus ist im vorliegenden Fall auch zu bedenken, dass Nachteile, die sich für die „Berufsbiografie" der Ehefrau ergeben, weil diese bereits während und nach ihrer ersten Ehe, aus der ebenfalls ein Kind hervorgegangen ist, nur teilweise erwerbstätig war, nicht – als Ausgleichung ehebedingter Nachteile – auf den Ehemann der zweiten Ehe verlagert werden können. Ob die Ehefrau – sofern die übrigen Voraussetzungen einer richterlichen

2277

Vertragsanpassung vorliegen – bei Anwendung dieser Grundsätze das Zweifache der im Ehevertrag in Bezug genommenen Beamtenbesoldung als Unterhalt beanspruchen könnte, erscheint nach den vorliegenden Daten ihrer Erwerbsbiografie zweifelhaft und bedarf tatrichterlicher Klärung.

BGH v. 28.2.2007 – XII ZR 37/05 – FamRZ 2007, 793 = NJW 2007, 1961

R674 *(Nach Scheidung neu entstandene Kirchensteuer prägender Abzugsposten; Abzugsposten berücksichtigungswürdig, wenn nicht vorwerfbar neu entstanden ist; keine Lebensstandardgarantie)*

b [23] 2. Ebenfalls zu Recht hat das BerGer. für die Zeit ab November 2003 von dem Einkommen des Bekl. die von ihm gezahlte Kirchensteuer abgesetzt. Dabei kommt es nach der zitierten Rechtsprechung des Senats zu den wandelbaren ehelichen Lebensverhältnissen nicht entscheidend darauf an, ob der Bekl. bei Rechtskraft der Ehescheidung Kirchensteuer entrichten musste oder ob in diesem Zeitpunkt ein späterer Kircheneintritt zu erwarten war.

[24] Die Anknüpfung der nach § 1578 I 1 BGB maßgebenden Umstände an den Zeitpunkt der Rechtskraft des Scheidungsurteils begründet schon nach ihrem Zweck für den unterhaltsberechtigten Ehegatten keine die früheren ehelichen Lebensverhältnisse unverändert fortschreibende Lebensstandardgarantie, deren Erfüllung nur in den Grenzen fehlender Leistungsfähigkeit des unterhaltsverpflichteten Ehegatten an dessen dauerhaft veränderte wirtschaftliche Verhältnisse angepasst und nur insoweit auch „nach unten korrigiert" werden könnten. Für eine solche Absicherung böte das Recht des nachehelichen Unterhalts, das – jedenfalls im Prinzip – nur die Risiken der mit der Scheidung fehlgeschlagenen Lebensplanung der Ehegatten und der von ihnen in der Ehe praktizierten Arbeitsteilung angemessen ausgleichen will, keine Rechtfertigung. Das Unterhaltsrecht will den bedürftigen Ehegatten nach der Scheidung wirtschaftlich im Grundsatz nicht besser stellen, als er sich ohne die Scheidung stünde (*Senat*, BGHZ 166, 351 = NJW 2006, 1654 = FamRZ 2006, 683 [685f.], und BGHZ 153, 358 [364 f.] = NJW 2003, 1518 = FamRZ 2003, 590 [591]).

[25] Bei fortbestehender Ehe hätte die Kl. den Kircheneintritt des Bekl. aber akzeptieren und die Verringerung des verfügbaren Nettoeinkommens mit tragen müssen. Dann kann auch die Scheidung ihr das Risiko einer solchen – auch den unterhaltspflichtigen Bekl. treffenden – Verringerung des verfügbaren Einkommens nicht abnehmen.

(Zusätzliche Altersvorsorge von 5% beim Elternunterhalt und 4% im übrigen; nur soweit tatsächlich erbracht wird)

c [27] Dabei kommt es allerdings nicht darauf an, dass im Rahmen der früheren Unterhaltsvergleiche und der gerichtlichen Abänderung solche Beträge nicht abgesetzt worden sind. Denn insoweit weist die Anschlussrevision des Bekl. zutreffend darauf hin, dass nach der – nach Erlass des abzuändernden Urteils aus dem Jahre 1997 geänderten – Rechtsprechung des Senats grundsätzlich eine zusätzliche Altersversorgung betrieben werden darf, die unterhaltsrechtlich beim Elternunterhalt bis zu 5% des Bruttoeinkommens (*Senat,* NJW 2004, 769 = FamRZ 2004, 792 [793], und NJW 2006, 3344 = FamRZ 2006, 1511 [1514]) und im Übrigen bis zu 4% des Bruttoeinkommens (BGHZ 163, 84 [97 ff.] = NJW 2005, 3277 = FamRZ 2005, 1817 [1821 f.]) betragen kann. Das setzt aber stets voraus, dass solche Aufwendungen für die eigene Altersvorsorge tatsächlich geleistet werden. Hat der Unterhaltsschuldner solches nicht dargelegt, kommt ein fiktiver Abzug für eine zusätzliche Altersversorgung nicht in Betracht (*Senat,* NJW 2007, 511 = FamRZ 2007, 193).

(Abänderungsklage bei Änderung der höchstrichterlichen Rechtsprechung; Einsatzzeitpunkt; Präklusion auch für den Beklagten)

e [32] 5. Zu Recht weist die Revision allerdings darauf hin, dass das BerGer. nicht schon für die Zeit von April 2002 bis Oktober 2003 von einem fiktiven Einkommen des Bekl. nach der Steuerklasse I ausgehen durfte, zumal die abzuändernde Entscheidung den Splittingvorteil des Bekl. aus seiner zweiten Ehe – im Einklang mit der früheren Rechtsprechung des Senats – bei der Bemessung des Unterhaltsanspruchs der Kl. berücksichtigt hatte.

[33] a) Zwar hat das BVerfG mit Beschluss vom 7.10.2003 entschieden, dass steuerliche Vorteile, die der neuen Ehe eines geschiedenen Unterhaltspflichtigen durch das Ehegattensplitting erwachsen, von Verfassungs wegen nicht schon in der früheren Ehe angelegt sind und deswegen die Lebensverhältnisse dieser Ehe auch nicht bestimmt haben. Denn diese steuerlichen Vorteile, die in Konkretisierung des Schutzauftrags aus Art. 6 I GG durch das Gesetz allein der bestehenden Ehe eingeräumt sind, dürfen

Anhang R. Rechtsprechung   **R674**

ihr durch die Gerichte nicht wieder entzogen und an die geschiedene Ehe weitergegeben werden (BVerfGE 108, 351 = NJW 2003, 3466 = FamRZ 2003, 1821 [1823]). Dem hat sich der Senat inzwischen angeschlossen. Danach ist für den Ehegattenunterhalt bei der Bemessung des unterhaltsrelevanten Einkommens eines wiederverheirateten Unterhaltspflichtigen ein gegebenenfalls vorhandener Splittingvorteil außer Betracht zu lassen und eine fiktive Steuerberechnung anhand der Grundtabelle vorzunehmen (*Senat,* BGHZ 163, 84 [90 f.] = NJW 2005, 3277 = FamRZ 2005, 1817 [1819]).

[34] b) Wegen der Rechtskraft des abzuändernden Urteils gilt dies im Rahmen der – hier gebotenen – Abänderung nach § 323 ZPO aber erst für die Zeit ab Änderung der höchstrichterlichen Rechtsprechung durch den Beschluss des BVerfG vom 7.10.2003.

[35] Die Abänderung des bestehenden Unterhaltstitels richtet sich hier entgegen der Rechtsauffassung des BerGer. auch materiell-rechtlich nach § 323 ZPO und nicht – wie bei der Abänderung von Prozessvergleichen – nach den Grundsätzen über die Änderung oder den Wegfall der Geschäftsgrundlage. Denn die Unterhaltspflicht des Bekl. ergab sich aus der materiellen Rechtskraft des Urteils des OLG Hamm vom 19.9.1997. Auch wenn dieses Urteil einen früheren Prozessvergleich der Parteien abgeändert hatte, ist eine Durchbrechung seiner Rechtskraft nur nach Maßgabe der materiellen Voraussetzungen einer Abänderungsklage in § 323 ZPO möglich.

[36] Dabei ergeben sich aus der Zielsetzung des § 323 I ZPO, nämlich nur unvorhersehbare Veränderungen der maßgebenden tatsächlichen Verhältnisse nachträglich berücksichtigen zu können, zugleich die Grenzen für die Durchbrechung der bestehenden Rechtskraft. Die sich aus der Rechtskraft ergebende Bindungswirkung des Ersturteils darf deswegen auf Abänderungsklage nur insoweit beseitigt werden, als das Ersturteil auf Verhältnissen beruht, die sich nachträglich geändert haben. Bereits seit längerem ist anerkannt, dass sich eine wesentliche Veränderung der maßgeblichen Verhältnisse nicht nur aus einer Änderung der Gesetzeslage, sondern auch aus einer ihr gleichkommenden verfassungskonformen Auslegung einer Norm durch das BVerfG ergeben kann (*Senat,* NJW 1990, 3020 = FamRZ 1990, 1091 [1094]). Außerdem hat der Senat inzwischen entschieden, dass dies auch für die Änderung der höchstrichterlichen Rechtsprechung durch den BGH gilt (BGHZ 148, 368 [377 f.] = NJW 2001, 3618 = FamRZ 2001, 1687 [1690] für die Abänderung von Vergleichen sowie BGHZ 153, 372 [383 f.] = NJW 2003, 1518 = FamRZ 2003, 848 [851 f.] für die Abänderung von Urteilen). In beiden Fällen kommt eine Abänderung des Unterhaltstitels wegen Änderung der Rechtsprechung aber erst ab Verkündung der maßgeblichen Urteils des BVerfG oder des BGH in Betracht. Auf diese Rechtsprechung des BGH hat das BVerfG in seiner Entscheidung zur Berücksichtigung des Splittingvorteils aus zweiter Ehe für weitere Verfahren, die nicht Gegenstand der Verfassungsbeschwerde waren, ausdrücklich hingewiesen (BVerfGE 108, 351 = NJW 2003, 3466 = FamRZ 2003, 1821 [1825]).

[37] c) Eine entsprechende zeitliche Schranke gilt im Rahmen der hier vorliegenden Abänderungsklage auch für den Bekl., so dass er sich auch im Rahmen der Verteidigung gegen die Abänderungsklage der Kl. erst für die Zeit ab der Rechtsprechung des BVerfG zum Splittingvorteil darauf berufen kann.

[38] Zwar gilt die in § 323 II ZPO für den Kl. eines Abänderungsverfahrens angeordnete Präklusion von Abänderungsgründen nicht uneingeschränkt auch für den Bekl. dieses Verfahrens. Vielmehr kann der Bekl. zur Verteidigung des Ersturteils gegen das Abänderungsbegehren des Kl. auch solche Tatsachen in den Prozess einführen, die bereits während des Erstprozesses vorgelegen haben, dort aber nicht vorgetragen wurden und infolgedessen unberücksichtigt geblieben sind (*Senat,* NJW-RR 2001, 937 = FamRZ 2001, 1364 [1365]). Diese Rechtsprechung des Senats beschränkt sich allerdings nach § 323 II ZPO auf die Präklusion solcher Tatsachen, die schon früher vorhanden und lediglich nicht geltend gemacht waren. Sie ist auf die nach § 323 I ZPO relevante Frage, ob und ab wann überhaupt wesentliche Änderungen der früher zu Grunde gelegten Verhältnisse eingetreten sind, nicht in gleicher Weise übertragbar. Hier ist eine solche Änderung erst durch die Änderung der Rechtsprechung zum Splittingvorteil mit Beschluss des BVerfG vom 7.10.2003 eingetreten (BVerfGE 108, 351 = NJW 2003, 3466 = FamRZ 2003, 1821 [1823]); früher konnte und kann auch der Bekl. diese nicht für sich in Anspruch nehmen. Das hat das BerGer. verkannt.

(Im Regelfall tatsächliche Steuerlast einzusehen, auch bei Wechsel Steuerklasse; fiktive Steuerberechnung bei nichtprägenden Einkünften steuerlichen Vergünstigungen durch Wiederverhinderung oder Verletzung Obliegenheit, Freibeträge wahrzunehmen)

[40] a) Nach ständiger Rechtsprechung des Senats ist bei der Ermittlung der ehelichen Lebens- **f** verhältnisse gem. § 1578 I 1 BGB grundsätzlich von den tatsächlich erzielten Einkünften auszugehen.

Im Regelfall ist deswegen auch die Steuerlast in ihrer jeweils realen Höhe maßgebend, unabhängig davon, ob sie im konkreten Fall seit der Trennung gestiegen oder gesunken ist und ob das auf einem gesetzlich vorgeschriebenen Wechsel der Steuerklasse oder auf einer Änderung des Steuertarifs beruht. Berichtigungen der tatsächlichen, durch Steuerbescheid oder Lohnabrechnung nachgewiesenen Nettoeinkünfte sind nur in besonders liegenden Fällen vorzunehmen, etwa dann, wenn nicht prägende Einkünfte eingeflossen sind, steuerliche Vergünstigungen vorliegen, die – wie zum Beispiel das Ehegattensplitting – dem Unterhaltsberechtigten nicht zugute kommen dürfen oder wenn erreichbare Steuervorteile entgegen einer insoweit bestehenden Obliegenheit nicht in Anspruch genommen worden sind (*Senat*, NJW-RR 1990, 514 = FamRZ 1990, 503 [504]). Entsprechend trifft den Unterhaltspflichtigen grundsätzlich auch eine Obliegenheit, mögliche Steuervorteile im Wege des Realsplittings nach § 10 I Nr. 1 EStG zu realisieren, soweit dadurch nicht eigene Interessen verletzt werden (*Senat*, NJW-RR 1998, 1153 = FamRZ 1998, 953 [954]).

(Eintragung Freibetrag Realsplitting nur bei Anerkenntnis, freiwilliger Zahlung oder Verurteilung)

g [41] Die Verpflichtung des Unterhaltsschuldners zur Inanspruchnahme steuerlicher Vorteile aus dem Realsplitting geht allerdings nur so weit, wie seine Unterhaltspflicht aus einem Anerkenntnis oder einer rechtskräftigen Verurteilung folgt oder freiwillig erfüllt wird. Denn die steuerlichen Voraussetzungen des Realsplittings erfordern eine tatsächliche Unterhaltszahlung in dem jeweiligen Steuerjahr (zur Steuerpflicht des Unterhaltsberechtigten vgl. BFH, HFR 2006, 568). Auch das hat das BerGer. verkannt, indem es bei der Ermittlung des unterhaltsrelevanten Einkommens des Bekl. einen Realsplittingvorteil auf der Grundlage der erst jetzt neu berechneten Unterhaltspflicht berücksichtigt hat.

[42] b) Nach dem Inhalt des abzuändernden Urteils vom 19.9.1997 war der Bekl. zu monatlichem Unterhalt in Höhe von 824,87 DM (= 421,75 Euro) verpflichtet. Nur diesen Betrag musste er deswegen im Rahmen seiner Obliegenheit zur bestmöglichen Ausschöpfung seiner Einkommensmöglichkeiten im Wege des Realsplittings von seinem steuerlich relevanten Einkommen absetzen. Hinzu kommt, dass der Bekl. mit seiner Abänderungswiderklage vom 12.11.2003 eine Herabsetzung des geschuldeten Unterhalts auf 121 EUR monatlich beantragt hatte. Wegen des ungewissen Ausgangs des Rechtsstreits war er ab diesem Zeitpunkt nicht mehr verpflichtet, das Realsplitting in einem höheren Umfang geltend zu machen. Sonst hätte er bei Erfolg seiner Abänderungswiderklage eine nicht unerhebliche Steuernachzahlung leisten müssen. Eine unterhaltsrechtliche Obliegenheit, das steuerliche Realsplitting in Anspruch zu nehmen, bestand deswegen nur in Höhe der jeweils rechtskräftig feststehenden Unterhaltsschuld und hätte vom BerGer. auch nur in diesem Umfang der Einkommensermittlung zu Grunde gelegt werden dürfen.

[43] Andererseits hat das BerGer. zu Unrecht für die Zeit von November 2003 bis Dezember 2004 jegliches Realsplitting abgelehnt. Denn mit dem Antrag seiner Abänderungswiderklage hat der Bekl. einen monatlichen Unterhalt in Höhe von 121 EUR unangegriffen gelassen, so dass ihn wegen der Rechtskraft der abzuändernden Entscheidung insoweit auch weiterhin eine Obliegenheit zur Durchführung des Realsplittings trifft. Das wird das BerGer. im Rahmen seiner neuen Entscheidung zu berücksichtigen haben (vgl. insoweit *Wendl/Gerhardt*, § 1 Rn. 592b, 593).

(Bei Vorrang erster Ehegatte Familienzuschlag bei Wiederverheiratung je zur Hälfte für erste und zweite Ehe prägend)

h [46] b) Einen Familienzuschlag der Stufe 1 nach § 40 I BBesG erhalten Beamte, Richter oder Soldaten unter anderem, wenn sie verheiratet sind oder wenn sie geschieden und aus der geschiedenen Ehe mindestens in Höhe des Familienzuschlags zum Unterhalt verpflichtet sind (zum Ortszuschlag nach früherem Recht vgl. BVerwG, NJW 1992, 1251 = FamRZ 1992, 176 [177]; *Millack/Engelking/Laatermann/Henkel*, BesoldungsR des Bundes und der Länder [Stand Sept. 1998], § 40 BBesG Nr. 3 S. 19). Ist ein Ehegatte – wie hier – seinem geschiedenen Ehegatten nach § 1582 I BGB gegenüber vorrangig unterhaltspflichtig (§ 1582 I BGB) und ist er nach der Scheidung eine zweite Ehe eingegangen, beruht die Zahlung des Familienzuschlags somit auf zwei alternativen Rechtsgründen (§ 40 I Nr. 1 und Nr. 3 BBesG). Der Familienzuschlag ist deswegen – anders als der Splittingvorteil in der neuen Ehe – nicht stets der neuen Ehe vorbehalten und soll auch nicht nur deren Belastungen mildern. Nach § 40 I Nr. 3 BBesG wird er vielmehr auch bewilligt, um die Unterhaltslasten aus einer geschiedenen Ehe abzumildern. In solchen Fällen entsteht durch die neue Ehe des Unterhaltspflichtigen keine finanzielle Veränderung. Der Familienzuschlag wird dann nicht erst durch die neue Ehe ausgelöst, weil er schon zuvor wegen der fortdauernden Unterhaltspflicht aus erster Ehe gewährt wurde. Einem vorrangig unterhaltsberechtigten ersten Ehegatten kann der Anteil des Familienzuschlags deswegen nicht nachträglich durch Eingehung einer zweiten Ehe vollständig entzogen werden (OLG Celle, NJW 2005, 1516 = FamRZ 2005, 716 [717 f.]; OLG Oldenburg, NJW 2006, 2419 = FamRZ 2006, 1127).

[47] Andererseits ergibt sich aus der Begründung des Gesetzes zur Reform des öffentlichen Dienstrechts, mit dem der bis Juni 1997 geltende Ortszuschlag durch den neuen Familienzuschlag ersetzt wurde, dass damit die Funktion des „familienbezogenen Bezahlungsbestandteils" verdeutlicht werden sollte (BT-Drucks.13/3994, S. 29, 42). Sinn und Zweck des Familienzuschlags ist es danach, den unterschiedlichen Belastungen des Familienstands Rechnung zu tragen. Weil der Familienzuschlag somit auch die zusätzlichen Belastungen in der neuen Familie abmildern will, ist es auch nicht gerechtfertigt, ihn weiterhin in vollem Umfang für einen – gegenüber dem neuen Ehegatten vorrangigen – Unterhaltsanspruch des geschiedenen Ehegatten zu verwenden (OLG Celle, NJW-RR 2006, 721 = FamRZ 2006, 1126). Das wäre aber der Fall, wenn der Familienzuschlag stets voll als Einkommen berücksichtigt würde und deswegen der jeweils nach § 1582 I BGB bevorrechtigte Unterhaltsberechtigte davon profitieren könnte. Wird der Familienzuschlag also wegen der bestehenden (zweiten) Ehe und zugleich nach § 40 I Nr. 3 BBesG wegen einer fortdauernden Unterhaltspflicht aus einer früheren Ehe gezahlt, ist er nach seinem Sinn und Zweck auf beide Ansprüche aufzuteilen und deswegen bei der Bemessung des Unterhaltsanspruchs der geschiedenen Ehefrau nur hälftig zu berücksichtigen. Das hat das BerGer. richtig erkannt (a. A. OLG Oldenburg, NJW 2006, 2419 = FamRZ 2006, 1127).

(Familienzuschlag für Stiefkind in 2. Ehe für erste Ehe nichtprägend)

[49] 8. Gleiches gilt für die Beurteilung des Familienzuschlags des Bekl., soweit er für den in häuslicher Gemeinschaft mit ihm lebenden Sohn seiner zweiten Ehefrau gewährt wird (§ 40 II BBesG).

[50] Auch insoweit entsprach es der früheren Rechtsprechung des Senats, kinderbezogene Steigerungsbeträge zum Ortszuschlag als Einkommen für die Bemessung des Unterhaltsanspruchs eines geschiedenen Ehegatten zu berücksichtigen, soweit der einem früheren Ehegatten unterhaltspflichtige Beamte das zu Grunde liegende Kindergeld für das Stiefkind bezog, auch wenn er dem Kind nicht unterhaltspflichtig war (*Senat*, NJW 1989, 1033 = FamRZ 1989, 172 [173]).

[51] An dieser Rechtsprechung kann nach der Entscheidung des BVerfG vom 7.10.2003 zum Ehegattensplitting nicht mehr festgehalten werden, weil der Familienzuschlag für das Stiefkind allein der bestehenden Ehe, in der das Kind lebt, eingeräumt wird und deswegen den Unterhaltsanspruch eines geschiedenen Ehegatten nicht erhöhen kann (vgl. schon *Schürmann*, FamRZ 2003, 1825 [1826]).

(nachträgliche Befristung des Unterhalts als Abänderungsgrund; Grenzen der Präklusion)

[55] b) Obwohl sich der Unterhaltsanspruch der Kl. seit Abschluss des Vergleichs vom 27.7.1990 teilweise und seit Erlass des abzuändernden Urteils vom 19.9.1997 in vollem Umfang aus § 1573 II und III BGB ergab und seinerzeit nicht befristet worden ist, ist der Bekl. mit seinem Befristungsbegehren nicht gem. § 323 II ZPO präkludiert.

[56] aa) Das ergibt sich hier schon daraus, dass die früheren Unterhaltstitel aus einer Zeit stammen, als die Frage der Befristung des Aufstockungsunterhalts noch nicht den Stellenwert hatte, den sie nunmehr nach der grundlegend geänderten Rechtsprechung des Senats zur Berücksichtigung der Haushaltstätigkeit und Kindererziehung bei der Bemessung der ehelichen Lebensverhältnisse nach § 1578 BGB hat (*Senat*, BGHZ 148, 105 = NJW 2001, 2254 = FamRZ 2001, 986). Die den abzuändernden Titeln zu Grunde liegende frühere Rechtslage ging nämlich davon aus, dass ein späteres Einkommen des Unterhaltsberechtigten voll auf einen Unterhaltsbedarf nach den ehelichen Lebensverhältnissen anzurechnen sei, der sich allein nach dem tatsächlich erzielten Einkommen während der Ehezeit ergab (Anrechnungsmethode). Wie die früheren Unterhaltsabänderungen zeigen, führte diese Methode mit zunehmendem Einkommen des Unterhaltsberechtigten zu einer entsprechend zunehmenden Deckung dieses Unterhaltsbedarfs. Sie führte schon dann zu einer vollständigen Bedarfsdeckung, wenn der Unterhaltsberechtigte ein Einkommen bezog, das den ursprünglichen Unterhaltsbedarf, regelmäßig also weniger als die Hälfte des eheprägenden Einkommens des Unterhaltspflichtigen, erreichte.

[57] Das gilt nicht mehr in gleicher Weise, seit der Senat in seiner (zitierten) neueren Rechtsprechung bei der Bedarfsbemessung auch ein vom Unterhaltsberechtigten erst nachehelich erzieltes Einkommen als Surrogat der früheren Haushaltstätigkeit und Kindererziehung berücksichtigt und dieses Einkommen deswegen im Wege der Differenzmethode in die Unterhaltsberechnung einbezieht. Dadurch erhöhen absehbare Steigerungen des Einkommens des Unterhaltsberechtigten regelmäßig

auch dessen Unterhaltsbedarf, so dass es erst viel später zu einer vollständigen Bedarfsdeckung kommt, nämlich dann, wenn der Unterhaltsberechtigte mindestens das gleiche Einkommen erzielt wie der Unterhaltspflichtige. Auch deswegen hat der Senat dem Umstand der zeitlichen Befristung des Aufstockungsunterhalts in seiner neueren Rechtsprechung eine größere Bedeutung beigemessen (vgl. insoweit *Senat,* NJW 2006, 2401 = FamRZ 2006, 1006 [1007 f.]; NJW 2007, 839 = FamRZ 2007, 200 [203 f.] und schon BGHZ 148, 105 [121] = NJW 2001, 2254 = FamRZ 2001, 986 [991]).

[58] Die neuere Rechtsprechung des Senats zur Bewertung der Kindererziehung und Haushaltsführung während der Ehe wirkt sich deswegen unmittelbar auf die Höhe des geschuldeten Unterhalts und damit zugleich auf die Umstände aus, die der Gesamtwürdigung im Rahmen der Befristung des Aufstockungsunterhalts zu Grunde zu legen sind. Auch insoweit kommt die neuere Rechtsprechung des Senats deswegen einer wesentlichen Änderung der den früheren Unterhaltstiteln zu Grunde liegenden Verhältnisse gleich (vgl. insoweit BGHZ 153, 372 [383 f.] = NJW 2003, 1518 = FamRZ 2003, 848 [851 f.]), die einer Präklusion entgegensteht. Soweit der Senat dies nach der Änderung seiner Rechtsprechung zur Anrechnungs- und Differenzmethode zunächst abweichend beurteilt hat (*Senat,* NJW 2004, 1518 = FamRZ 2004, 1357 [1359 f.]), hält er daran nicht mehr fest.

[59] bb) Hinzu kommt, dass sich im vorliegenden Fall seit Verkündung des abzuändernden Urteils des OLG vom 19.9.1997 auch tatsächliche Änderungen ergeben haben, die inzwischen sicher beurteilt werden können und eine Befristung rechtfertigen.

[60] Zwar setzt die Billigkeitsentscheidung nach § 1573 V BGB über eine Befristung des Aufstockungsunterhalts ab einem bestimmten Zeitpunkt nicht voraus, dass dieser Zeitpunkt bereits erreicht ist. Wenn sämtliche relevanten Umstände eingetreten oder zuverlässig voraussehbar sind, ist die Befristung vielmehr schon im Ausgangsverfahren auszusprechen und nicht einem späteren Abänderungsverfahren zu überlassen (*Senat,* NJW 2000, 3789 = FamRZ 2000, 1499 [1501] und FamRZ 2001, 905 [906]). Zuverlässig voraussehbar sind solche relevanten Umstände aber nur, wenn sie – etwa wie das Alter der Kinder – vom bloßen Zeitablauf abhängen. Konnte im Zeitpunkt der abzuändernden Entscheidung hingegen noch nicht abschließend beurteilt werden, ob das Einkommen aus einer neu aufgenommenen Vollzeittätigkeit die ehebedingten Nachteile vollständig und nachhaltig ausgleicht (vgl. insoweit *Senat,* NJW 2007, 839 = FamRZ 2007, 200 [204]), waren die Voraussetzungen einer Befristung nach § 1573 V BGB noch nicht erfüllt, was eine Präklusion mit solchen Umständen ausschließt.

(Umfassende Billigkeitsprüfung mit Abwägung aller Gesichtspunkte bei Unterhaltsbegrenzung)

k [66] Das Gesetz legt in § 1573 V BGB, ebenso wie in § 1578 I 2 BGB, keine bestimmte Ehedauer fest, von der ab eine zeitliche Begrenzung des Unterhaltsanspruchs nicht mehr in Betracht kommt. Wie der *Senat* mehrfach ausgeführt hat, widerspräche es auch dem Sinn und Zweck des § 1573 V BGB, den Billigkeitsgesichtspunkt „Dauer der Ehe" im Sinne einer festen Zeitgrenze zu bestimmen, von der ab der Unterhaltsanspruch grundsätzlich keiner zeitlichen Begrenzung mehr zugänglich sein kann. Vielmehr stellt das Gesetz die Ehedauer als Billigkeitsgesichtspunkt gleichrangig neben die „Gestaltung von Haushaltsführung und Erwerbstätigkeit". Bei der Billigkeitsabwägung sind zudem die Arbeitsteilung der Ehegatten und die Ehedauer lediglich zu „berücksichtigen"; jeder einzelne Umstand lässt sich also nicht zwingend für oder gegen eine Befristung ins Feld führen. Zudem beanspruchen beide Aspekte, wie das Wort „insbesondere" verdeutlicht, für die Billigkeitsprüfung keine Ausschließlichkeit. Die Abwägung aller danach in Betracht kommenden Gesichtspunkte ist Aufgabe des Tatrichters. Sie kann vom RevGer. nur daraufhin überprüft werden, ob der Tatrichter die im Rahmen der Billigkeitsprüfung maßgebenden Rechtsbegriffe nicht verkannt und alle für die Einordnung unter diese Begriffe wesentlichen Umstände berücksichtigt hat (*Senat,* NJW 2006, 2401 = FamRZ 2006, 1006 [1007] und NJW 2006, 839 = FamRZ 2007, 200 [203]).

BGH v. 28.3.2007 – XII ZR 163/04 – FamRZ 2007, 983 = NJW 2007, 2249

R676 *(Abgrenzung Leistungsklage/Abänderungsklage für ein neues Unterhaltsbegehren nach zeitlich bestimmten Vergleich; Wegfall der Bedürftigkeit als Vergleichsgrundlage)*

a [17] II. 1. Zu Recht hat das BerGer. allerdings die von der Kl. erhobene Leistungsklage für zulässig gehalten.

Die Revision wendet insoweit ein, die Kl. begehre die Abänderung eines Prozessvergleichs, mache aber keine wesentliche Änderung der wirtschaftlichen Verhältnisse der Parteien geltend. Die Vorinstanzen hätten eine solche Änderung auch nicht festgestellt. Die Kl. berufe sich allein auf die durch

Senatsurteil vom 13.6.2001 (BGHZ 148, 105 = NJW 2001, 2254) erfolgte Rechtsprechungsänderung, nach der im Falle der Aufnahme einer nachehelichen Erwerbstätigkeit durch den Unterhaltsberechtigten das dadurch erzielte Einkommen bei der Berechnung seines nachehelichen Unterhalts nicht im Wege der Anrechnungs-, sondern im Wege der Differenzmethode zu berücksichtigen sei. Eine solche Rechtsprechungsänderung könne zwar ein Begehren auf Abänderung eines Prozessvergleichs im Grundsatz rechtfertigen. Damit sei indessen die entscheidende Frage, ob und in welcher Weise der Prozessvergleich an die geänderte Rechtslage anzupassen sei, nicht entschieden. Insofern bedürfe es vielmehr einer sorgfältigen Prüfung unter Berücksichtigung der Interessen beider Parteien. Es genüge nicht, dass ein weiteres Festhalten an dem Vereinbarten nur für eine Partei unzumutbar erscheine; vielmehr müsse hinzukommen, dass das Abgehen von dem Vergleich der anderen Partei auch zumutbar sei. Dabei sei zu beachten, ob die im Vergleich insgesamt getroffenen Regelungen noch in einem ausgewogenen Verhältnis zueinander stünden. Das gelte insbesondere für Scheidungsfolgenvereinbarungen, die unterschiedliche Regelungen enthielten. Diese Grundsätze hätten die Vorinstanzen nicht beachtet.

[18] Hiermit vermag die Revision nicht durchzudringen.

[19] 2. a) Nach der Rechtsprechung des Senats kommt § 323 ZPO zwar auch dann zur Anwendung, wenn ein Unterhaltsgläubiger, der einen Titel über seinen Unterhalt erlangt hatte, dessen Unterhaltsrente jedoch später im Wege der Abänderungsklage aberkannt worden ist, in der Folgezeit erneut Unterhalt verlangt. Kommt es zu einer Entscheidung nach § 323 ZPO, so hat das Gericht – im Zuge der Korrektur der ursprünglichen Prognose – seinerseits die künftige Entwicklung der Verhältnisse vorausschauend zu berücksichtigen. Demgemäß beruht das abändernde Urteil sowohl im Falle der Reduzierung als auch bei völliger Streichung der Unterhaltsrente weiterhin auf einer Prognose der zukünftigen Entwicklung und stellt den Rechtszustand auch für die Zukunft fest. Eine spätere Klage auf Wiedergewährung oder Erhöhung der Unterhaltsrente stellt daher abermals die Geltendmachung einer von der Prognose abweichenden tatsächlichen Entwicklung der Verhältnisse dar, für die das Gesetz die Abänderungsklage vorsieht, um die (erneute) Anpassung der Entscheidung an die veränderten Urteilsgrundlagen zu ermöglichen. Insoweit gilt nichts anderes als im Falle eines Urteils, durch das der Unterhaltsanspruch für eine bestimmte Zeit zugesprochen und – etwa wegen der Annahme künftigen Wegfalls der Bedürftigkeit – ab einem in der Zukunft liegenden Zeitpunkt aberkannt worden ist. Hier beruht die Aberkennung auf der richterlichen Prognose, dass die zukünftige Entwicklung zu einem Wegfall des Anspruchs führen werde. Demgemäß hat der Senat entschieden, dass bei einer von dieser Prognose abweichenden tatsächlichen Entwicklung die Abänderung des Urteils nach § 323 ZPO in Frage kommt. Ebenso kommt § 323 ZPO auch dann zur Anwendung, wenn ein Unterhaltsgläubiger, der seinen Unterhalt erfolgreich eingeklagt hatte, dessen Unterhaltsrente jedoch später – etwa wegen Wegfalls der Bedürftigkeit – im Wege der Abänderung aberkannt worden ist, in der Folge erneut Unterhalt verlangt, weil sein Unterhaltsbedarf nicht mehr gedeckt sei (*Senat*, NJW 1985, 1345 = FamRZ 1985, 376 [377], und NJW 2005, 142 = FamRZ 2005, 101 [102 f.]).

[20] b) Diese Rechtsprechung ist jedoch auf den Fall des durch Prozessvergleich titulierten Unterhalts, der nur für einen bestimmten Zeitraum vereinbart wird, für die Zukunft indessen nach der Auffassung der Prozessparteien mangels Bedürftigkeit nicht besteht, nicht übertragbar. Nach § 323 IV ZPO sind die Absätze 1 bis 3 der Bestimmung auf die Schuldtitel des § 794 I Nrn. 1, 2a und 5 ZPO nur entsprechend anzuwenden, soweit darin Leistungen der in Absatz 1 bezeichneten Art übernommen oder festgesetzt worden sind. § 323 IV ZPO erfasst mithin nicht die Fälle, in denen für die Zukunft keine Leistungspflicht festgelegt worden ist. Eine analoge Anwendung über den Wortlaut des Absatz 4 hinaus kommt nicht in Betracht. Denn die prozessuale Situation nach Erlass eines rechtskräftigen Urteils ist mit derjenigen nach Abschluss eines Prozessvergleichs nicht vergleichbar. Die Rechtskraft des Urteils erstreckt sich im Falle eines der Klage auf Unterhalt nur teilweise stattgebenden Ersturteils auch auf die künftigen (aberkannten) Unterhaltsansprüche, so dass bei einer Veränderung der Verhältnisse Abänderungsklage zu erheben ist (*Senat*, NJW 2005, 142 = FamRZ 2005, 101 [102 f.]). Bei einem Vergleich stellt sich das Problem der Durchbrechung der Rechtskraft hingegen nicht. Auch wenn die Prozessparteien mit der getroffenen Regelung zum Ausdruck bringen wollten, dass für die Zukunft kein Unterhaltsanspruch mehr besteht, beschränkt sich die Vereinbarung auf den materiellen Anspruch; sein Nichtbestehen ist nicht rechtskräftig festgestellt (vgl. OLG Hamm, NJWE-FER 2000, 129; *Göppinger/Vogel*, 8. Aufl., Rn. 2425).

[21] c) Im vorliegenden Fall war in dem von den Parteien geschlossenen Prozessvergleich ein Anspruch der Kl. auf nachehelichen Unterhalt nur für die Zeit bis einschließlich Juli 1997 festgelegt

worden. Für die Zeit danach entfiel auf der Basis der damaligen Einkommensverhältnisse und unter Berücksichtigung des Umstands, dass die Hauslasten dann voraussichtlich weitgehend abgetragen sein würden, rechnerisch ein Unterhaltsanspruch. Das BerGer. hat diese Regelung nicht ausgelegt. Da weitere Feststellungen hierzu nicht zu erwarten sind, kann der Senat den Prozessvergleich insoweit selbst auslegen. Nach dem zum Ausdruck gekommenen Willen der Parteien waren sie darüber einig, dass ab August 1997 unter den genannten Voraussetzungen ein Unterhaltsanspruch der Kl. nicht mehr bestehen werde. Dabei sind sie rechnerisch von der so genannten „Mischmethode" ausgegangen, nach der ein Teil des von der Kl. erzielten Einkommens im Wege der Differenzmethode und ihr weiteres Einkommen im Wege der Anrechnungsmethode berücksichtigt wurde, so dass kein offener Unterhaltsbedarf verblieb. Für die Zukunft ist deshalb keine Leistungspflicht festgelegt worden. Das hat zur Folge, dass ein Unterhaltsanspruch der Kl. nunmehr durch Leistungsklage (§ 258 ZPO) geltend zu machen ist.

(Bei Wiederverheiratung Pflichtiger und Vorrang erster Ehegatte fiktive Steuerberechnung nach Grundtabelle unter Berücksichtigung Realsplittingvorteil; zu berücksichtigende Freibeträge bei fiktiver Steuerberechnung)

b [30] 4. Zur Ermittlung des Ehegattenunterhalts ist eine fiktive Steuerberechnung vorzunehmen. Dabei ist neben dem Splittingvorteil auch der der zweiten Ehefrau des Bekl. bei der Veranlagung zur Einkommensteuer nach § 32 VI 2 EStG gewährte Freibetrag von 1824 EUR für das sächliche Existenzminimum des Kindes (Kinderfreibetrag) sowie ein weiterer Freibetrag von 1080 EUR für den Betreuungs- und Erziehungs- oder Ausbildungsbedarf des Kindes außer Betracht zu lassen. Denn dieser setzt das Bestehen einer Ehe sowie das nicht dauernde Getrenntleben der Ehegatten voraus und muss deshalb der bestehenden und nicht der geschiedenen Ehe zugute kommen. Demgegenüber ist der dem Bekl. selbst nach § 32 VI 1 EStG zukommende Kinderfreibetrag bei der Ermittlung des zu versteuernden Einkommens einzubeziehen. Die Freibeträge werden nämlich für jedes zu berücksichtigende Kind des Unterhalts- und Steuerpflichtigen gewährt. Die Berücksichtigung eines Kindes für einen Kinderfreibetrag setzt – außer bei Pflegekindern – grundsätzlich auch nicht voraus, dass der Steuerpflichtige das Kind in seinen Haushalt aufgenommen oder unterhalten hat (Schmidt, EStG, 25. Aufl., § 32 Rn. 4). Da diese Freibeträge mithin unabhängig von einer Ehe der Eltern und sogar unabhängig von deren Zusammenleben eingeräumt werden, brauchen sie nicht der bestehenden Ehe vorbehalten zu werden (*Senat*, NJW 2007, 1969).

[31] Den auf § 10e EStG beruhenden Steuervorteil des Bekl. hat das BerGer. ebenfalls zu Recht unberücksichtigt gelassen, da es auch den mit dem Eigenheim des Bekl. verbundenen finanziellen Aufwand zutreffend unbeachtet gelassen hat. Eine fiktive Steuerlast ist nach der Rechtsprechung des Senats dann in Ansatz zu bringen, wenn steuermindernde tatsächliche Aufwendungen vorliegen, die unterhaltsrechtlich nicht anzuerkennen sind (*Senat*, NJW 2005, 2077 = FamRZ 2005, 1159 [1161], und BGHZ 163, 84 [94] = NJW 2005, 3277).

(Erhöhung Arbeitslosengeld durch Wiederverheiratung gegenüber ersten Ehegatten nichtprägend; Erhöhung wegen Kindern prägend)

c [34] 7. Für die Zeit nach dem Ausscheiden des 1944 geborenen Bekl. aus dem Erwerbsleben hat das BerGer. zum einen das von diesem bezogene Arbeitslosengeld und zum anderen die Abfindung berücksichtigt, die er von seinem Arbeitgeber erhalten hat. Hinsichtlich des Arbeitslosengeldes hat es den Teil, der dem Bekl. auf Grund seiner Wiederverheiratung zukommt, nicht als unterhaltsrelevant angesehen. Das begegnet keinen rechtlichen Bedenken und wird auch von der Revision als ihr günstig nicht angegriffen.

[35] Zu Recht ist das BerGer. weiter davon ausgegangen, dass die wegen des Kindes M erfolgende Erhöhung des Arbeitslosengeldes nicht außer Betracht zu bleiben hat. Nach § 129 SGB III beträgt das Arbeitslosengeld für Arbeitslose, die mindestens ein Kind iS des § 32 I 3 bis 5 EStG haben, 67% (erhöhter Leistungssatz), während es sich für die übrigen Arbeitslosen auf 60% (allgemeiner Leistungssatz) des pauschalierten Nettoentgelts beläuft. Für den Kindesbegriff verweist die Vorschrift auf § 32 I EStG. Danach ist es unerheblich, ob es sich um eheliche Kinder oder um nichteheliche Kinder oder um für ehelich erklärte Kinder handelt (Hauck/Noftz/Valgolio, SGB III, § 129 Rn. 18). Der erhöhte Leistungssatz wird dem Bekl. mithin nicht gewährt, weil er verheiratet ist, sondern weil er ein Kind hat. Die Erhöhung beruht also nicht auf der bestehenden Ehe; ihr Bezug setzt auch nicht voraus, dass die Eltern eines Kindes zusammenleben. Anders verhält es sich nur dann, wenn es um den erhöhten Leistungssatz für ein Stiefkind geht (*Hauck/Noftz/Valgolio*, § 129 Rn. 22). Der Mehrbetrag ist im Falle

Anhang R. Rechtsprechung

eines leiblichen Kindes deshalb auch im Fall der Wiederverheiratung Bestandteil des unterhaltsrelevanten Einkommens (vgl. auch *Senat,* NJW 2007, 1961, zum Familienzuschlag nach § 40 I BBesG für ein Stiefkind des Unterhaltspflichtigen, und NJW 2007, 1969, zu einem vom Arbeitgeber gezahlten Kinderzuschlag).

(Abfindung Lohnersatzfunktion)

[36] 8. Der Abfindung, die dem Bekl. aus Anlass der Auflösung seines Beschäftigungsverhältnisses im Alter von 59 Jahren gezahlt worden ist, hat das BerGer. unter den hier vorliegenden Umständen zutreffend Lohnersatzfunktion zugebilligt und den Betrag auf die Zeit bis zum Rentenbeginn des Bekl. verteilt. Die Abfindung dient als Ersatz des fortgefallenen Arbeitseinkommens in solchen Fällen dazu, die bisherigen wirtschaftlichen Verhältnisse bis zum Eintritt in das Rentenalter aufrechterhalten zu können (vgl. *Senat,* NJW 1987, 1554 = FamRZ 1987, 359 [360]; Wendl/Dose, 6. Aufl., § 1 Rn. 16 f., 71). Sie ist deshalb mit ihrem unter Außerachtlassung des Splittingvorteils zu ermittelnden Nettobetrag in das unterhaltsrelevante Einkommen einzubeziehen.

(Kein Abzug Erwerbsbonus von Arbeitslosengeld und Abfindung)

[37] 9. Sowohl von dem Arbeitslosengeld als auch von der auf 66 Monate umgelegten Abfindung hat das BerGer. keinen Erwerbstätigenbonus in Abzug gebracht. Das steht mit der Rechtsprechung des Senats in Einklang.

[38] Hiernach widerspricht es dem Halbteilungsgrundsatz zwar nicht, zu Gunsten des erwerbstätigen Unterhaltspflichtigen von einer strikt hälftigen Aufteilung in maßvoller Weise abzuweichen, um dem mit einer Berufsausübung verbundenen höheren Aufwand Rechnung zu tragen und zugleich einen Anreiz zur Erwerbstätigkeit zu schaffen. Soweit Einkünfte nicht aus einer Erwerbstätigkeit herrühren, bedarf eine Abweichung vom Grundsatz der gleichmäßigen Teilhabe der Ehegatten am ehelichen Lebensstandard aber einer besonderen Begründung (*Senat,* NJW 2006, 1794 = FamRZ 2006, 387 [392]; vgl. ua zum Arbeitslosengeld auch *Palandt/Brudermüller,* BGB, 66. Aufl., § 1578 Rn. 48). Besondere Gründe hat das BerGer. indessen nicht festgestellt.

BGH v. 23.5.2007 – XII ZR 245/04 – FamRZ 2007, 1232 = NJW 2007, 2628

(Aufstieg vom leitenden Oberarzt zum Chefarzt Karrieresprung; Mehreinkommen nichtprägend)

[12] a) Zutreffend hat das BerGer. dem Unterhaltsanspruch der Kl. ein Einkommen des Bekl. aus seiner früheren Tätigkeit als leitender Oberarzt und ständiger Chefarztvertreter sowie weitere Einkünfte von jährlich 25 000 DM aus Gutachtertätigkeit zu Grunde gelegt.

[13] Nach ständiger Rechtsprechung des Senats wirkt sich eine nacheheliche Einkommenssteigerung, wie hier die Übernahme der Chefarzttätigkeit durch den Bekl., nur dann bedarfssteigernd aus, wenn ihr eine Entwicklung zu Grunde liegt, die schon aus der Sicht zum Zeitpunkt der Scheidung mit hoher Wahrscheinlichkeit zu erwarten war (vgl. zuletzt *Senat,* NJW 2007, 1961 = FamRZ 2007, 793 [795]). Entsprechend hatten die Parteien in dem früheren Unterhaltsvergleich vom 14.12.1995 vereinbart, einen für die Zeit ab September 2001 gegebenenfalls neu festzusetzenden Unterhalt auf der Grundlage der seinerzeit ausgeübten Tätigkeit des Bekl. zu bemessen.

(Eintragung Freibetrag Realsplitting nur bei Anerkenntnis, Verurteilung oder freiwilliger Zahlung)

[19] Die Verpflichtung des Unterhaltsschuldners zur Inanspruchnahme steuerlicher Vorteile aus dem Realsplitting geht allerdings nur so weit, wie seine Unterhaltspflicht aus einem Anerkenntnis oder einer rechtskräftigen Verurteilung folgt oder freiwillig erfüllt wird. Denn wenn diese Voraussetzungen nicht vorliegen, wäre nicht gewährleistet, dass der Unterhaltsschuldner in entsprechendem Umfang von der Möglichkeit des Realsplittings Gebrauch machen könnte. Der geleistete nacheheliche Unterhalt kann nämlich nur für den Zeitraum abgesetzt werden, in dem er tatsächlich gezahlt wurde (§ 11 II 1 EStG), und nicht für den Zeitraum, für den die Leistung geschuldet war (BFHE 193, 383 = NJWE-FER 2001, 221; BFHE 167, 58 = BeckRS 1992, 22010162 und BFHE 145, 507 = BeckRS 1985, 22007386). Auf der Grundlage seiner Obliegenheit zur Realisierung aller möglicher Steuervorteile können deswegen nur entweder tatsächlich geleistete Zahlungen oder – auf der Grundlage fiktiver Zurechnung – schuldhaft unterlassene Zahlungen, die auf Grund Verurteilung oder Anerkenntnis hätten erbracht werden müssen, berücksichtigt werden (*Senat,* NJW 2007, 1961 = FamRZ 2007, 793 [797], und NJW 2007, 1969).

[20] Hier hat der Bekl. nach den Feststellungen des BerGer. im Jahre 2004 insgesamt 9366 EUR Ehegattenunterhalt an die Kl. gezahlt. Nach der Rechtsprechung des Senats traf ihn deswegen die Obliegenheit, für diesen zunächst freiwillig gezahlten Unterhalt einen Freibetrag eintragen zu lassen, um damit die möglichen Steuervorteile voll auszuschöpfen.

(Bei Wiederverheiratung und fiktiver Steuerberechnung gegenüber erstem Ehegatten Realsplittingvorteil aus Grundtabelle)

d [23] (1) Wie der steuerliche Vorteil des begrenzten Realsplittings in solchen Fällen der Höhe nach zu bemessen ist, ist in Rechtsprechung und Literatur umstritten. Teilweise wird vertreten, dass ein Realsplittingvorteil im Falle einer neuen Ehe des Unterhaltspflichtigen lediglich auf der Grundlage der tatsächlichen Steuerlast aus der Splittingtabelle entstehen könne. Sonst werde dem neuen Ehegatten im Ergebnis ein Teil seines Splittingvorteils entzogen, was nach der höchstrichterlichen Rechtsprechung nicht zulässig sei (FA-FamR/*Gerhardt*, 5. Aufl., Kap. 6, Rn. 69; *Borth*, FamRB 2004, 18). Nach anderer Auffassung ist der Realsplittingvorteil wegen des gezahlten nachehelichen Unterhalts als Surrogat des Splittingvorteils der alten Ehe aufzufassen. Dieser Vorteil könne sich nicht dadurch vermindern, dass der Unterhaltspflichtige neu heirate. Denn die neue Ehe führe nicht zu einer Einkommensminderung, sondern zu einem höheren verfügbaren Nettoeinkommen, und nur diese Erhöhung sei der neuen Ehe vorbehalten. Die Gegenmeinung habe zur Konsequenz, dass der unter Berücksichtigung eines Realsplittingvorteils bemessene nacheheliche Unterhalt absinken würde, wenn der Unterhaltsschuldner neu heirate, obwohl sich das Einkommen des Unterhaltspflichtigen durch die neue Ehe und den Splittingvorteil erhöhe. Das sei weder mit § 1582 BGB vereinbar noch nach der Rechtsprechung des BVerfG erforderlich (wie das BerGer. *Gutdeutsch*, FamRZ 2004, 501, und i. E. auch *Wendl/Gerhardt*, 6. Aufl., § 1 Rn. 591b).

[24] (2) Der Senat schließt sich der zuletzt genannten Auffassung an. Nach der Rechtsprechung des BVerfG muss der neuen Ehe lediglich der Vorteil eines Ehegattensplittings verbleiben. Welche Höhe dieser Vorteil erreicht, hängt im Wesentlichen von dem zu versteuernden Einkommen des Unterhaltspflichtigen ab. Bei geringerem Einkommen des Unterhaltspflichtigen ist die Differenz des Nettoeinkommens nach der Grundtabelle und der Splittingtabelle nicht so hoch wie im Falle eines höheren Einkommens. Entsprechend geringer ist der Vorteil des Ehegattensplittings dann, wenn von dem zu versteuernden Einkommen des Unterhaltspflichtigen zunächst der Unterhalt für seine frühere Ehefrau abgezogen wird. Aber auch dann bleibt der neuen Ehe der – lediglich auf der Grundlage eines geringeren steuerpflichtigen Einkommens errechnete – volle Vorteil des Ehegattensplittings. Umgekehrt schuldete der Unterhaltspflichtige nach seiner Scheidung zunächst nachehelichen Unterhalt nach der Grundtabelle und kann seine Steuerschuld durch die Möglichkeit des begrenzten Realsplittings auch auf dieser Grundlage reduzieren. Dann ist der Vorteil des begrenzten Realsplittings zweifelsfrei auf der Grundlage der tatsächlich geschuldeten Steuer nach der Grundtabelle zu berechnen. Geht der Unterhaltspflichtige nun eine neue Ehe ein, kommt ihm künftig zwar das Ehegattensplitting zugute, was aber lediglich dazu führt, dass sein verbleibendes und zu versteuerndes Einkommen statt nach der Grundtabelle nunmehr nach der Splittingtabelle versteuert werden muss. Nur dieser Vorteil hat dem neu verheirateten Unterhaltspflichtigen folglich als Vorteil des Ehegattensplittings für seine neue Ehe zu verbleiben.

[25] Nach der zitierten Rechtsprechung des BVerfG und des Senats muss der Splittingvorteil aus der neuen Ehe grundsätzlich auch dieser Ehe vorbehalten bleiben. Die geschiedene unterhaltsberechtigte Ehefrau darf also nicht davon profitieren, dass ihr unterhaltspflichtiger früherer Ehemann wieder verheiratet ist und wegen der dadurch bedingten geringeren Steuerlast ein höheres Nettoeinkommen zur Verfügung hat. Umgekehrt darf die nach § 1582 I BGB gegenüber der neuen Ehefrau vorrangige geschiedene Ehefrau durch die neue Ehe des Unterhaltspflichtigen aber auch nicht schlechter gestellt werden. Deswegen muss sowohl der Unterhaltsanspruch der geschiedenen Ehefrau als auch der Steuervorteil aus dem begrenzten Realsplitting nach den Verhältnissen ohne Berücksichtigung der zweiten Ehe des Unterhaltspflichtigen bemessen werden. Wie das unterhaltsrelevante Einkommen des Unterhaltspflichtigen ist somit auch dessen Realsplittingvorteil nach der Grundtabelle zu bemessen.

[26] Soweit sich die Vertreter der abweichenden Auffassung auf Probleme bei der praktischen Umsetzung berufen, steht dies der Auffassung des Senats nicht entgegen. Die Einkünfte des wieder verheirateten Unterhaltspflichtigen müssen wegen des nicht zu berücksichtigenden Ehegattensplittings ohnehin fiktiv nach der Grundtabelle berechnet werden. Im Rahmen dieser Berechnung lässt sich problemlos ein weiterer Realsplittingvorteil berücksichtigen. Wäre der Realsplittingvorteil hingegen

auf der Grundlage der tatsächlich nach der Grundtabelle zu zahlenden Steuern zu ermitteln, könnte dieser regelmäßig nicht unmittelbar aus den vorliegenden Einkommens- und Steuernachweisen entnommen werden, weil darin nicht zwischen der Steuerlast mit und ohne Realsplittingvorteil unterschieden wird. Erst recht gilt dies, wenn tatsächlich kein Freibetrag eingetragen war. Traf den Unterhaltspflichtigen – wie hier – also eine Obliegenheit zur Eintragung eines Freibetrags und war er dem nicht nachgekommen, müsste nach der Gegenmeinung eine weitere fiktive Berechnung auf der Grundlage der Splittingtabelle durchgeführt werden. Gerade das wäre kaum praktikabel. Dabei ist zu berücksichtigen, dass Unterhaltsrechtsfälle ein Massenphänomen sind und deswegen gerade in diesem Bereich der Rechtsprechung praktikable und nicht übermäßig aufwendige Berechnungsweisen notwendig sind.

(Abzug Kindesunterhalt beim Ehegattenunterhalt nur in Höhe des unterhaltsrelevanten Einkommens)

[28] Zwar weist die Revision zu Recht darauf hin, dass der Bekl. den beiden gemeinsamen Kindern Barunterhalt auf der Grundlage seiner tatsächlich erzielten Einkünfte als Chefarzt schuldet. Denn das Maß des den Kindern geschuldeten Unterhalts richtet sich gem. § 1610 BGB nicht nach den ehelichen Lebensverhältnissen der Parteien, sondern nach der Lebensstellung der Unterhaltsbedürftigen. Diese Lebensstellung leiten die Kinder regelmäßig aus der gegenwärtigen Lebensstellung des barunterhaltspflichtigen Elternteils ab (*Senat*, NJW 2006, 1509 = FamRZ 2006, 612). Nur wenn das Kind – wie hier der ab Oktober 2004 studierende Sohn mit eigener Wohnung – schon eine eigene Lebensstellung hat, bemisst sich sein Unterhaltsbedarf danach, was einen festen Unterhaltsbedarf für studierende Kinder rechtfertigen kann (*Senat*, NJW 2006, 2984 = FamRZ 2006, 1100 [1103]). Im Rahmen einer Klage auf Kindesunterhalt hätte das BerGer. den Unterhaltsanspruch deswegen grundsätzlich nach den tatsächlichen Einkommens- und Vermögensverhältnissen des Bekl. bemessen müssen. Dieser – höhere – Unterhaltsanspruch der Kinder ist dann aber auch von dem höheren tatsächlich erzielten Einkommen des Bekl. abzusetzen.

[29] Demgegenüber darf der nacheheliche Unterhalt der Kl., der auf der Grundlage eines – ohne den Splittingvorteil aus der neuen Ehe geringeren – fiktiven Einkommens ermittelt wird, nicht zusätzlich durch die Berücksichtigung des höheren Kindesunterhalts reduziert werden. Denn schon die ehelichen Lebensverhältnisse sind regelmäßig dadurch geprägt, dass ein vorhandenes Einkommen in ausgewogenem Verhältnis für die Bedürfnisse aller Familienmitglieder verwendet wird (*Senat*, NJW 2003, 1112 = FPR 2003, 252 = FamRZ 2003, 363 [366], zu den Einsatzbeträgen im Mangelfall). Wenn das BerGer. im Interesse dieses ausgewogenen Verhältnisses der Unterhaltsansprüche von Kindern und geschiedenen Ehegatten nur einen Kindesunterhalt als eheprägend berücksichtigt hat, der sich ohne die nacheheliche Einkommenssteigerung durch Beförderung des Bekl. zum Chefarzt errechnet, ist dagegen aus Rechtsgründen nichts zu erinnern (*Senat*, NJW 2000, 3140 = FamRZ 2000, 1492 [1493], zur Reduzierung des Kindesunterhalts nach Bedarfskontrollbeträgen). Der auf der Grundlage des tatsächlichen Einkommens geschuldete höhere Kindesunterhalt kann deswegen nur von dem – höheren – verfügbaren Einkommen abgesetzt werden und nicht das für die Bemessung des Ehegattenunterhalts maßgebliche Einkommen nach den ehelichen Lebensverhältnissen beeinflussen (so auch *Gutdeutsch*, FamRZ 2004, 501, und *Borth*, FamRB 2004, 18).

[30] Soweit das unterhaltsrelevante Einkommen – wie hier – durch eine Vereinbarung der Ehegatten auf eine bestimmte berufliche Position festgeschrieben oder – allgemein – ein Einkommenssprung als nicht in den ehelichen Lebensverhältnissen angelegt unberücksichtigt zu lassen ist, ist dies folglich bei der gesamten Bemessung des nachehelichen Unterhalts zu beachten. Anderenfalls wäre im Falle einer Einkommenssteigerung beim Unterhaltspflichtigen von seinem nach den ehelichen Lebensverhältnissen festgeschriebenen Einkommen ein höherer – nach den tatsächlichen Verhältnissen geschuldeter – Kindesunterhalt abzuziehen. Jede Einkommenssteigerung würde dann sogar zu einer Verringerung des durch den Kindesunterhalt geprägten nachehelichen Einkommens führen. Bei der Berechnung des Ehegattenunterhalts kann deswegen nur ein Kindesunterhalt nach den festgeschriebenen Verhältnissen als eheprägend abgesetzt werden. Eine spätere Einkommenssteigerung kann dann zwar zu einem tatsächlich höheren Kindesunterhalt führen; das muss aber bei der Bemessung des Ehegattenunterhalts unberücksichtigt bleiben.

(Auch erst nach Scheidung erfolgte zulässige Altersvorsorge ist eheprägend)

[33] Nach der neueren Rechtsprechung des Senats zu den wandelbaren ehelichen Lebensverhältnissen (BGHZ 166, 351 = NJW 2006, 1654 = FamRZ 2006, 683 [685], und BGHZ 153, 358 [364 f.] = NJW

2003, 1518 = FPR 2003, 330 = FamRZ 2003, 590 [591]) sind Minderungen des unterhaltsrelevanten Einkommens bei der Bedarfsbemessung grundsätzlich zu berücksichtigen, sofern sie nicht auf einer Verletzung der Erwerbsobliegenheit des Unterhaltsverpflichteten beruhen oder durch freiwillige berufliche oder wirtschaftliche Dispositionen des Unterhaltsverpflichteten veranlasst sind und von diesem durch zumutbare Vorsorge aufgefangen werden können. Danach kommt es nicht entscheidend darauf an, ob die Kl. die Beiträge für ihre Lebensversicherung schon bei Rechtskraft der Ehescheidung gezahlt hat. Denn bei fortbestehender Ehe hätte der Bekl. die zusätzliche Altersvorsorge ebenfalls akzeptieren und mittragen müssen. Dann kann auch die Scheidung ihm das Risiko einer solchen Verringerung des verfügbaren Einkommens nicht abnehmen (vgl. auch *Senat*, NJW 2007, 1961 = FamRZ 2007, 793 [795 f.]).

[34] Einer Berücksichtigung steht auch nicht entgegen, dass die monatlichen Beiträge nach der nicht widerlegten Behauptung des Bekl. allein der Kapitalbildung dienen. Denn nach ständiger Rechtsprechung des Senats steht es sowohl dem Unterhaltsschuldner als auch dem Unterhaltsberechtigten grundsätzlich frei, in welcher Weise er von seinen eigenen erzielten Einkünften neben der gesetzlichen Rentenversicherung Vorsorge für sein Alter trifft (BGHZ 169, 59 = NJW 2006, 3344 = FamRZ 2006, 1511 [1514]). Das BerGer. hätte die monatlichen Beiträge der Kl. für ihre Lebensversicherung deswegen in Höhe von 4% ihres eigenen Bruttoeinkommens als zulässige zusätzliche Altersvorsorge berücksichtigen müssen (*Senat*, NJW 2005, 3277 = FamRZ 2005, 1817 [1821 f.]).

BGH v. 4.7.2007 – XII ZR 251/04 – FamRZ 2007, 1459 = NJW 2007, 2921

R680 *(Zur Abänderungsklage beim Anerkenntnisurteil; materielle Rechtskraft und Bindungswirkungen; Beurteilung der maßgeblichen Verhältnisse)*

[4] Durch Anerkenntnisurteil vom 12.3.1999 ist der Kl. unter anderem verurteilt worden, an das Kind S. vom 1.6.2001 bis 30.6.2007 und an das Kind R. vom 1.4.2004 bis 31.5.2008 jeweils 100% des Regelbetrags der 3. Altersstufe abzüglich des hälftigen Kindergeldes von 125 DM zu zahlen.

[5] Mit der Abänderungsklage hat der Kl. den Wegfall dieser Unterhaltsverpflichtung geltend gemacht. Er hat vorgetragen, dass sich sein Gesundheitszustand erheblich verschlechtert habe, weshalb er in seinem erlernten Beruf keine Arbeit mehr finden könne. Wegen seines geringen Ausbildungsstandes sei ihm auch keine andere Tätigkeit möglich.

[6] Das AG hat der Klage teilweise stattgegeben und den Kindesunterhalt für die Zeit ab 6.5.2002 auf monatlich 67 EUR (Zahlbetrag) pro Kind herabgesetzt. Auf die Berufung der Bekl. hat das OLG das Anerkenntnisurteil dahin abgeändert, dass der Kl. an jedes der Kinder den folgenden Unterhalt zu zahlen hat: vom 6.5.2002 bis 6.8.2003 monatlich 124,50 EUR, vom 7.8.2003 bis 30.6.2005 monatlich 92 EUR und ab 1.7.2005 monatlich 35,1% des Regelbetrags der 3. Altersstufe gem. § 2 Regelbetrag-Verordnung. Mit ihrer – zugelassenen – Revision verfolgen die Bekl. ihr Klageabweisungsbegehren weiter. Entscheidungsgründe:

[11] 2. Zu Recht hat das BerGer. die Abänderungsklage allerdings für zulässig gehalten. Die Zulässigkeit setzt voraus, dass die klagende Partei Tatsachen vorträgt, aus denen sich – ihr Vorliegen unterstellt – eine wesentliche Veränderung derjenigen Verhältnisse ergibt, die für die Höhe oder Dauer der ausgeurteilten Unterhaltsleistung maßgebend waren.

[12] Der Kl. hat – gestützt auf seinen angeblich verschlechterten Gesundheitszustand und die deshalb nicht mehr bestehende Vermittelbarkeit in seinem erlernten Beruf – Umstände geltend gemacht, aus denen sich – ihre Richtigkeit unterstellt – eine wesentliche Veränderung der für die Verurteilung zur Zahlung von Kindesunterhalt maßgeblichen Verhältnisse ergibt. Denn angesichts seines niedrigen Ausbildungsstandes ist es ihm seinem weiteren Vortrag zufolge nicht möglich, eine andere Erwerbstätigkeit zu finden. Die von ihm bezogene Arbeitslosenunterstützung erreicht indessen den unterhaltsrechtlichen Selbstbehalt nicht. Damit hat der Kl. auch ohne Darlegung weiterer Umstände hinreichend geltend gemacht, dass die nachgesuchte Abänderung geboten ist.

[13] 3. Die Abänderungsklage ist begründet, wenn sich das Klagevorbringen als zutreffend erweist, im vorliegenden Fall also, wenn sich eine Veränderung der finanziellen Leistungsfähigkeit des Kl. ergibt.

[14] a) An dem Erfordernis einer Veränderung der maßgeblichen Verhältnisse ist ungeachtet des Umstandes, dass es sich bei der abzuändernden Entscheidung nicht um ein kontradiktorisches Urteil mit entsprechenden Tatsachenfeststellungen, sondern um ein Anerkenntnisurteil handelt, festzuhalten. Denn auch die materielle Rechtskraft eines Anerkenntnisurteils führt grundsätzlich zur Bindungswirkung und erlaubt deshalb weder eine freie, von der bisherigen Höhe unabhängige Neufestsetzung des Unterhalts noch eine abweichende Beurteilung derjenigen Verhältnisse, die bereits im voraus-

gegangenen Rechtsstreit eine Bewertung erfahren haben (*Johannsen/Henrich/Brudermüller* Eherecht 4. Aufl. § 323 ZPO Rn. 81; *Luthin/Margraf* Handbuch des Unterhaltsrechts 10. Aufl. Rn. 7292; OLG Hamm FamRZ 1992, 1201 und FamRZ 1997, 890; OLG Karlsruhe FamRZ 1994, 637, 638; OLG Köln NJW-RR 1987, 834; OLG Düsseldorf FamRZ 1981, 587, 588; vgl. auch Senatsurteil vom 31.10.2001 – XII ZR 292/99 – FamRZ 2002, 88, 90; einschränkend – jedenfalls bei Feststellbarkeit der einverständlich zugrunde gelegten Lebensverhältnisse -OLG Bamberg FamRZ 2001, 556; a. A. OLG Bamberg FamRZ 1986, 702, 703; Hk-ZPO/*Saenger* 2. Aufl., § 323 Rn. 57; Christian DAVorm 1988, 343, 347). Insofern ist die Rechtslage ähnlich zu beurteilen wie bei einem Versäumnisurteil, bei dem die Bindungswirkung nicht zweifelhaft sein kann. Für das ebenfalls regelmäßig (Ausnahme: § 313b III ZPO) einer richterlichen Tatsachenfeststellung entbehrende Anerkenntnisurteil muss das erst recht gelten, da es nicht auf einer (passiven) Säumnis des Unterhaltsschuldners, sondern auf dessen aktivem Mitwirken beruht. Deshalb besteht kein Anlass, diesen hinsichtlich der Abänderbarkeit eines Anerkenntnisurteils besser zu stellen als bei einem Versäumnisurteil. Würde man dies anders sehen, könnte der Unterhaltsschuldner bei für ihn absehbarem ungünstigen Prozessverlauf den Klageanspruch anerkennen und sich dadurch eine freie Abänderbarkeit offen halten.

[15] b) Es stellt sich allerdings die Frage, auf welche Verhältnisse es für die Beurteilung einer Veränderung ankommt. Diese können im Fall eines Anerkenntnisurteils nicht ohne weiteres dem Klagevorbringen entnommen werden, denn die Erwägungen, die den Unterhaltsschuldner zu dem Anerkenntnis bewogen haben, können hiervon abweichen. Er hat sich letztlich nur dem geltend gemachten Anspruch gebeugt, woraus aber nicht darauf geschlossen werden kann, dass er auch der Beurteilung der zur Begründung vorgetragenen Tatsachen folgt. Welche Beweggründe den Unterhaltsschuldner zu dem Anerkenntnis veranlasst haben, wird häufig nicht ersichtlich sein. Wenn es für die Frage, ob eine Änderung der maßgeblichen Verhältnisse vorliegt, gleichwohl hierauf ankäme, könnte der Unterhaltsschuldner unschwer mit einem Abänderungsbegehren durchdringen, ohne dass der Unterhaltsgläubiger dem Erhebliches entgegenhalten könnte. Deshalb können nur die dem Anerkenntnisurteil zugrunde liegenden tatsächlichen Umstände dafür maßgebend sein, ob sich nachträglich eine Veränderung ergeben hat (ebenso *Johannsen/Henrich/Brudermüller* aaO § 323 ZPO Rn. 64; *Soyka* Die Abänderungsklage im Unterhaltsrecht Rn. 65; *Luthin/Margraf* aaO Rn. 7292; a. A. *Graba* Die Abänderung von Unterhaltstiteln 3. Aufl. Rn. 270 und FamRZ 2002, 6, 8, der die vom Unterhaltsschuldner – subjektiv – zugrunde gelegten Verhältnisse für maßgebend hält). Lässt sich die Berechnung des titulierten Unterhalts unter Zugrundelegung der verschiedenen Faktoren nicht nachvollziehen und ist deshalb eine Anpassung des Anerkenntnisurteils an zwischenzeitlich geänderte Verhältnisse nicht möglich, so ist der geschuldete Unterhalt nach den gesetzlichen Vorschriften neu zu berechnen (so für einen Vergleich Senatsurteil vom 3.5.2001 – XII ZR 62/99 – FamRZ 2001, 1140, 1142).

[16] c) Eine Veränderung der objektiven Sachlage hat das BerGer. hinsichtlich der Erwerbsfähigkeit des Kl. nicht festgestellt. Es ist vielmehr zu dem Ergebnis gelangt, dass er eine wesentliche Verschlechterung seines Gesundheitszustandes nicht nachgewiesen habe. Es hat daraus gefolgert, dass der Kl., der auch hinreichende Erwerbsbemühungen nicht dargetan habe, sich an dem Einkommen festhalten lassen müsse, das dem Anerkenntnisurteil zugrunde liege.

[17] d) Das BerGer. hat sich, wie die Revision zu Recht rügt, allerdings nicht mit dem Vortrag der Bekl. auseinandergesetzt, der Kl. könne inzwischen ein höheres Einkommen, nämlich 1400 EUR netto monatlich, erzielen, wenn er entsprechend seiner unterhaltsrechtlichen Obliegenheit einer Erwerbstätigkeit nachginge. Dieser Vortrag ist nicht „ins Blaue hinein" erfolgt. Er kann sich vielmehr darauf stützen, dass das Lohnniveau seit dem Jahr 1999 allgemein gestiegen ist, was auch in den angehobenen Bedarfssätzen und Selbstbehaltsbeträgen der Unterhaltstabellen zum Ausdruck kommt, und dass der Kl. nach Bayern verzogen ist und dort generell günstigere Erwerbsmöglichkeiten bestehen dürften. Ein Anstieg des Nettoeinkommens kann im Übrigen auch mit einer möglicherweise gesunkenen steuerlichen Belastung verbunden sein. Das BerGer. hätte deshalb den Beklagtenvortrag nicht übergehen, sondern in die Beurteilung einbeziehen müssen,

BGH v. 31.10.2007 – XII ZR 112/05 – FamRZ 2008, 137 = NJW 2008, 227

(Kein genereller Vorrang des Kindesunterhalts vor Schulden) R684

[22] Die erheblichen Verbindlichkeiten des Kl. hatten zu seiner Zahlungsunfähigkeit und somit zu einer gravierenden Beeinträchtigung seiner eigenen Lebensstellung geführt. Sie wären deswegen – auch ohne Insolvenzverfahren – bei der Bemessung des Unterhaltsanspruchs seines volljährigen Sohnes zu

a

berücksichtigen. Denn nach ständiger Rechtsprechung des Senats ist es dem Unterhaltsschuldner schon aus verfassungsrechtlichen Gründen nicht zumutbar, durch seine Unterhaltszahlungen immer tiefer in Schulden zu geraten. Der Senat hatte es deswegen stets abgelehnt, den Ansprüchen Unterhaltsberechtigter schon bei der Unterhaltsbemessung einen allgemeinen Vorrang vor anderen Verbindlichkeiten des Unterhaltsschuldners einzuräumen (*Senat,* NJW-RR 1996, 321 = FamRZ 1996, 160 [161 f.]).

(Bei Verbraucherinsolvenzverfahren nur noch verbleibende Beträge für Unterhaltsbemessung maßgebend)

b [23] Nachdem der Gesetzgeber mit den §§ 286 ff., 304 ff. InsO die Möglichkeit einer Verbraucherinsolvenz mit Restschuldbefreiung geschaffen hat, ist dieser Rechtsprechung, soweit eine Restschuldbefreiung in Betracht kommt, der Boden entzogen. Weil die sonstigen Verbindlichkeiten – einschließlich des rückständigen Unterhalts – als Insolvenzforderungen der Restschuldbefreiung unterliegen, sind sie im Insolvenzverfahren bei der Bemessung des laufenden Unterhalts, der nach § 36 I InsO iV mit den §§ 850c, 850i ZPO sichergestellt ist, nicht mehr zu berücksichtigen. Um dem Unterhaltsberechtigten trotz einer erheblichen Verschuldung des Unterhaltspflichtigen überhaupt einen Unterhaltsanspruch zu erhalten, kann den nach § 1603 II 1 und 2 BGB gesteigert Unterhaltspflichtigen sogar eine Obliegenheit zur Einleitung der Verbraucherinsolvenz treffen (*Senat,* BGHZ 162, 234 [242 ff.] = NJW 2005, 1279 = FamRZ 2005, 608 [610 f.]). Nach der zuvor eingetretenen Zahlungsunfähigkeit ist der Kl. erst durch die Eröffnung des Insolvenzverfahrens wieder leistungsfähig geworden, so dass dessen Folgen zwangsläufig bei der Unterhaltsbemessung berücksichtigt werden müssen.

[24] b) Als Folge der Einleitung des Insolvenzverfahrens sind unterhaltsrechtlich nicht mehr die – mit den erheblichen Verbindlichkeiten belasteten – vollen Erwerbseinkünfte des Unterhaltsschuldners zu berücksichtigen, sondern nur noch die ihm in der Insolvenz für den eigenen Unterhalt und für die Ansprüche anderer Unterhaltsberechtigter nach Ermessen der Gläubigerversammlung bzw. des Insolvenzverwalters (vgl. BT-Drucks.12/7302, S. 167 zu § 114) gewährten Beträge (§ 100 InsO).

(Unpfändbare Beträge bei nichtselbständiger Tätigkeit)

c [25] Bezieht der Unterhaltsschuldner ein Arbeitseinkommen aus abhängiger Beschäftigung, ergibt sich der unpfändbare und somit nach § 36 I InsO nicht in die Insolvenzmasse fallende Teil seines Einkommens aus § 850c ZPO. Werden Unterhaltsansprüche vollstreckt, ist zudem die Einschränkung in § 850d ZPO zu beachten, die dem Schuldner nur seinen eigenen notwendigen Unterhalt und den Unterhalt vorrangiger Unterhaltsberechtigter belässt. Aus der zu § 850c ZPO erlassenen Pfändungsfreigrenzenbekanntmachung vom 25.2.2005 (BGBl. I, 493) ergibt sich gegenwärtig bei einer Unterhaltspflicht für – wie hier – fünf oder mehr Unterhaltsberechtigte und einem Einkommen von bis zu 3020,06 EUR ein pfändbarer Betrag in Höhe von 83,79 Euro. Unpfändbar und somit außerhalb der Insolvenzmasse wären derzeit jedenfalls (3020,06 EUR − 83,79 EUR =) 2936,27 Euro.

(Unpfändbares Einkommen bei Selbständigen)

d [26] Für die Bemessung des unterhaltsrelevanten Einkommens des Kl. gilt dies hingegen nicht, weil er selbstständig tätig ist, seine Honoraransprüche als Arzt in vollem Umfang und ohne Abzüge in die Insolvenzmasse fallen und sie ihm deswegen als verfügbares Einkommen entzogen sind (vgl. BGHZ 141, 173 [175 ff.] = NJW 1999, 1544, und BGH, NJW 2003, 2167). Weil die Honoraransprüche somit „nicht wiederkehrend zahlbare Vergütungen für persönlich geleistete Arbeiten oder Dienste" iS des § 850i ZPO sind, kann der Kl. als Gemeinschuldner allenfalls beantragen, ihm von den pfändbaren Honoraransprüchen so viel als Einkommen zu belassen, wie er für den eigenen notwendigen Unterhalt und den Unterhalt seiner Unterhaltsberechtigten benötigt, höchstens aber so viel, wie ihm verbleiben würde, wenn sein Einkommen aus laufenden Arbeits- oder Dienstlohn bestände (§ 36 I InsO iV mit § 850i ZPO). Wird ein solcher Antrag gestellt, obliegt es nach allgemeinen Grundsätzen dem Schuldner, die Voraussetzungen für die Gewährung des geltend gemachten pfändungsfreien Anteils darzulegen. Kommt er seiner Darlegungslast nicht nach, hat dies zur Folge, dass eine Verringerung der zur Insolvenzmasse gehörenden Einkünfte gem. § 36 I 2 InsO iV mit § 850i ZPO unterbleibt (BGH, NJW 2003, 2167) und ihm deswegen weniger für den eigenen Unterhalt und die Erfüllung seiner Unterhaltspflichten zur Verfügung steht.

[27] c) Seit der Eröffnung des Insolvenzverfahrens hat der Kl. deswegen nur noch Zugriff auf den ihm nach § 850i I ZPO belassenen Anteil seiner Honoraransprüche.

[28] Allerdings kann der Schuldner vor dem Vollstreckungsgericht beantragen, ihm von dem nach § 850i ZPO pfändbaren Teil seiner Honoraransprüche einen weiteren Teil zu belassen, der für seinen

notwendigen Lebensunterhalt neben den geschuldeten Unterhaltsleistungen und für besondere Bedürfnisse aus persönlichen und beruflichen Gründen erforderlich ist (§ 850f I lit. a und b ZPO). Das BerGer. hat den Kl. deswegen zu Recht für verpflichtet gehalten, eine Erhöhung der ihm zu belassenden Honoraransprüche nach §§ 850f I, 850i I ZPO zu beantragen.

[29] Der dem Kl. für den Unterhalt seiner getrennt lebenden Ehefrau und der bei ihr lebenden Kinder zu belassende Unterhalt ist aber auch aus einem anderen Grunde begrenzt. Wegen der hohen Zahl der Unterhaltsberechtigten wäre ein Einkommen aus abhängiger Erwerbstätigkeit – wie ausgeführt – nach § 850c ZPO bis zur Höhe von derzeit 2936,27 EUR monatlich unpfändbar und damit der Insolvenzmasse entzogen. Wegen der Pauschalierung in § 850c ZPO kommt es insoweit nicht darauf an, dass der Kl. seiner getrennt lebenden Ehefrau und den bei ihr lebenden vier Kindern nach dem Inhalt des Teilurteils vom 30.6.2004 lediglich Unterhalt in Höhe von insgesamt monatlich 790,05 EUR schuldet (BGH, NJW-RR 2007, 938 = FamRZ 2007, 1008).

[30] Zwar kann dieser pauschalierende Gesichtspunkt auf den Pfändungsschutz nach § 850i I ZPO, der dem Schuldner lediglich solche Einkünfte aus seiner selbstständigen Erwerbstätigkeit belässt, die er für seinen eigenen notwendigen Unterhalt und den seiner Unterhaltsberechtigten benötigt, nicht übertragen werden. Wegen der gebotenen Gleichbehandlung von unselbstständigen und selbstständigen Erwerbstätigen scheint es aber geboten, auch insoweit die vollständige materielle Unterhaltsschuld zu berücksichtigen. Allerdings bemisst sich der dem Schuldner nach § 850f ZPO vom Vollstreckungsgericht für Unterhaltszwecke zu belassende Betrag nach ständiger Rechtsprechung des BGH nicht nach unterhaltsrechtlichen Maßstäben, sondern ausschließlich nach den Vorschriften des Sozialhilferechts (BGH, NJW-RR 2004, 506 = FamRZ 2004, 620 [621 mwN]). Nur die sich daraus ergebenden Sätze, höchstens aber die nach § 850c ZPO, sind dem Kl. somit zu belassen.

(Keine Berücksichtigung von Altervorsorge und Fahrtkosten)

[31] d) Von diesen unterhaltsrechtlich zu berücksichtigenden Einkünften des Kl. sind – entgegen der Auffassung des BerGer. – allerdings keine weiteren Vorsorgeaufwendungen und auch keine Fahrtkosten abzusetzen.

[32] Zwar erstreckt sich der einem Selbstständigen nach § 850i I ZPO zu belassende notwendige Unterhalt grundsätzlich auch auf dessen Vorsorgeaufwendungen. Denn diese werden im Insolvenzverfahren eines Selbstständigen nicht vorab durch den Insolvenzverwalter beglichen. Darin liegt ein wesentlicher Unterschied zu den Einkünften aus einer abhängigen Beschäftigung, die – nach Abzug der Vorsorgeaufwendungen – als Nettobetrag ausgezahlt werden. Die Pfändungsfreigrenzen des § 850c ZPO sind deswegen nach § 850e ZPO auch nur auf der Grundlage dieser Nettobeträge bemessen. Für Selbstständige sieht § 850i ZPO demgegenüber eine individuellere Regelung vor, wie sich auch aus § 850f I lit. a und b ZPO ergibt. Insoweit obliegt es dem Schuldner, die Voraussetzungen für die Gewährung weiterer pfändungsfreier Anteile seiner Honoraransprüche darzulegen.

[33] Hier hat der Insolvenzverwalter dem Kl. aber lediglich ein pfändungsfreies Arbeitseinkommen iS von § 850c ZPO belassen, was dafür spricht, dass die monatlich verfügbaren Einkünfte lediglich dem unmittelbaren Lebensbedarf des Kl. und seiner Unterhaltsberechtigten dienen sollen. Dass dieser Betrag auch Vorsorgeaufwendungen des Kl. umfassen soll, ist durch nichts belegt. Dann können solche Aufwendungen von dem für reine Unterhaltszwecke belassenen Betrag auch nicht zusätzlich abgesetzt werden. Deswegen ist unterhaltsrechtlich davon auszugehen, dass dem Kl. das zu berücksichtigende Einkommen in voller Höhe verbleibt, von dem er neben dem eigenen notwendigen Unterhalt auch den Unterhalt seiner getrennt lebenden zweiten Ehefrau und der bei ihr wohnenden Kindern sowie die Unterhaltsansprüche des bei ihm wohnenden Sohnes und des Bekl. sicherstellen muss. Das insgesamt verfügbare Einkommen liegt somit deutlich über dem angemessenen Selbstbehalt, weswegen der Unterhaltsanspruch des Bekl. jedenfalls nicht vollständig entfallen kann.

(Auch bei Insolvenzverfahren gelten für die dem Pflichtigen zu belassenden Mittel die jeweiligen Selbstbehaltssätze)

[36] a) Gegenüber den minderjährigen Kindern aus zweiter Ehe kann der Kl. sich wegen seiner gesteigerten Unterhaltspflicht aus § 1603 II 1 BGB lediglich auf den notwendigen Selbstbehalt berufen. Das gilt auch gegenüber dem Unterhaltsanspruch des zunächst noch nach § 1603 II 2 BGB privilegierten Bekl. (so auch Nr. 21.2 der Leitlinien des BerGer., Beil. zu NJW H. 32/2003 und FPR H. 8/2003, S. 30 = FamRZ 2003, 1357 [1359]; Beil. zu NJW H. 30/2005 und FPR H. 7/2005, S. 28 = FamRZ 2005, 1321 [1323], und Beil. zu NJW H. 32/2007 und FPR H. 7–8/2007, S. 35 = FamRZ 2007,

1384 [1387]) und für den im Januar 2007 volljährig gewordenen und im Haushalt des Kl. wohnenden Sohn aus zweiter Ehe, falls dieser sich noch in der allgemeinen Schulausbildung befinden sollte. Erst für die Zeit ab Juli 2006 ist die gesteigerte Unterhaltspflicht des Kl. gegenüber dem Bekl. mit Erreichen des 21. Lebensjahres entfallen, so dass seitdem diesem gegenüber der angemessene Selbstbehalt des Kl. gewahrt bleiben muss (§ 1603 I BGB). Gegenüber dem Unterhaltsanspruch seiner zweiten Ehefrau kann sich der Kl. nach neuerer Rechtsprechung des Senats, die das BerGer. noch nicht berücksichtigen konnte, lediglich auf den Ehegattenselbstbehalt berufen (*Senat*, NJW 2006, 1654 = FamRZ 2006, 683 [684 f.]).

[37] Die dem Kl. im Insolvenzverfahren nach §§ 850i, 850f ZPO zu belassenden Beträge übersteigen selbst den eheangemessenen Unterhalt des Kl., der nach den Leitlinien des BerGer. (Beil. zu NJW H. 32/2003 und FPR H. 8/2003, S. 30 = FamRZ 2003, 1357 [1359] für die Zeit ab Juli 2003; Beil. zu NJW H. 30/2005 und FPR H. 7/2005, S. 28 = FamRZ 2005, 1321 [1324] für die Zeit ab Juli 2005, und Beil. zu NJW H. 32/2007 und FPR H. 7–8/2007, S. 35 = FamRZ 2007, 1384 [1387] für die Zeit ab Juli 2007) ursprünglich 825 EUR betrug und seit Juli 2005 915 EUR beträgt, bei Weitem. Von der Differenz als verteilungsfähigem Einkommen haftete der Kl. deswegen allen gleichrangigen Unterhaltsberechtigten anteilig.

(Ersatzhaftung des betreuenden Elternteils nach § 1603 II 3 BGB)

g [39] Die gesteigerte Unterhaltspflicht gegenüber minderjährigen und privilegierten volljährigen Kindern entfällt nach § 1603 II 3 BGB zwar dann, wenn ein anderer leistungsfähiger Verwandter vorhanden ist. Im Gegensatz zur Rechtsauffassung des BerGer. erfasst dies aber nicht die gesamte Unterhaltspflicht, sondern lediglich die gesteigerte Unterhaltspflicht nach § 1603 II 1 und 2 BGB. Ist also ein anderer leistungsfähiger Verwandter iS des § 1603 II 3 BGB vorhanden, entfällt die Unterhaltspflicht nur insoweit, als der Unterhaltspflichtige nicht in der Lage ist, den Unterhalt zu leisten, ohne seinen eigenen angemessenen Unterhalt zu gefährden (§ 1603 I BGB). Die Haftung mit Einkünften, die den eigenen angemessenen Unterhalt übersteigen, bleibt davon unberührt.

[41] aa) Zwar kann ein anderer unterhaltspflichtiger Verwandter im Sinne dieser Vorschrift auch der andere Elternteil des Kindes sein. Dem steht die Vorschrift des § (1606) III 2 BGB nicht entgegen, wenn die Inanspruchnahme des grundsätzlich barunterhaltspflichtigen Elternteils zu einem erheblichen finanziellen Ungleichgewicht zwischen den Eltern führen würde, weil er wesentlich geringere Einkünfte hat als der betreuende Elternteil, der in deutlich günstigeren wirtschaftlichen Verhältnissen lebt. Die Inanspruchnahme des nicht betreuenden Elternteils zum Barunterhalt darf also nicht zu einem erheblichen finanziellen Ungleichgewicht zwischen den Eltern führen (stRspr vgl. *Senat*, NJW-RR 1998, 505 = FamRZ 1998, 286 [287 f.]; vgl. auch *Wendl/Scholz*, 6. Aufl., § 2 Rn. 274).

[42] Ob das hier der Fall ist, kann schon zweifelhaft sein, weil sich das Einkommen der Mutter des Bekl. – nach den von der Revision nicht angegriffenen Feststellungen des BerGer. – auf lediglich 1595,76 EUR monatlich beläuft. Allein diese Differenz des verfügbaren Einkommens kann es – auch unter Berücksichtigung der weiteren Unterhaltspflicht des Kl. gegenüber seinem bei ihm wohnenden Sohn aus zweiter Ehe – kaum rechtfertigen, die Unterhaltspflicht gegenüber dem Bekl. vollständig entfallen zu lassen.

(Die Ersatzhaftung des anderen Elternteils nach § 1603 III 2 BGB betrifft nicht den Fall der gemeinsamen Barunterhaltungspflicht, weil in diesem Fall die Mithaftung bereits durch die Verteilung berücksichtigt ist.)

h [43] bb) Hinzu kommt, dass sich diese – auf den Unterhaltsanspruch minderjähriger Kinder abzielende – Rechtsprechung nicht in gleicher Weise auf den Unterhaltsanspruch privilegierter volljähriger Kinder übertragen lässt. Für volljährige Kinder haften die Eltern nach ständiger Rechtsprechung des *Senats* nicht mehr gem. § 1606 III 2 BGB für Pflege- und Erziehung einerseits bzw. den Barunterhalt andererseits, sondern gem. § 1606 III 1 BGB anteilig nach ihren Erwerbs- und Vermögensverhältnissen. Der Umfang der anteiligen Unterhaltspflicht beider Eltern ist deswegen schon von Gesetzes wegen nach ihren finanziellen Möglichkeiten zu bemessen. Übersteigt das unterhaltsrelevante Einkommen eines Elternteils dasjenige des anderen erheblich, wirkt sich das zwangsläufig auf die Quote des geschuldeten Unterhalts aus. Einer weiteren Einschränkung – wie sie bei minderjährigen Kindern wegen der Barunterhaltungspflicht nur eines Elternteils (§ 1606 III 2 BGB) notwendig sein kann – bedarf es hier also nicht. Dem privilegiert volljährigen Kind schuldet der Kl. deswegen nach § 1603 II 1 und 2 BGB regelmäßig jedenfalls Unterhalt bis zur Grenze seines notwendigen Selbstbehalts.

BGH v. 12.12.2007 – XII ZR 23/06 – FamRZ 2008, 497 = NJW 2008, 851

(Keine Obliegenheit zur Einleitung Verbraucherinsolvenzverfahren beim Trennungsunterhalt; Obliegenheit nur beim Unterhalt minderjähriger Kinder)

[10] 2. Entgegen der Auffassung des BerGer. obliegt es dem Bekl. im Rahmen des hier geschuldeten Trennungsunterhalts aber nicht, ein Verfahren der Verbraucherinsolvenz einzuleiten, um den Unterhaltsansprüchen der Kl. Vorrang vor den – die ehelichen Lebensverhältnisse prägenden – Kreditverbindlichkeiten zu verschaffen.

[11] a) Zwar hat der Senat eine Obliegenheit zur Einleitung der Verbraucherinsolvenz angenommen, wenn dieses Verfahren geeignet ist, den laufenden Unterhalt minderjähriger Kinder dadurch sicherzustellen, dass ihm Vorrang vor sonstigen, einer möglichen Restschuldbefreiung unterfallenden, Verbindlichkeiten eingeräumt wird. Das gilt nur dann nicht, wenn der Unterhaltsschuldner Umstände vorträgt und gegebenenfalls beweist, die eine solche Obliegenheit im Einzelfall als unzumutbar darstellen (BGHZ 162, 234 [240 ff.] = NJW 2005, 1279 = FamRZ 2005, 608 [609 ff.]). Diese Rechtsprechung hat der Senat mit der gesteigerten Unterhaltspflicht der Eltern gegenüber ihren minderjährigen und privilegierten volljährigen Kindern (§ 1603 II 1 und 2 BGB) begründet. Hinsichtlich dieser Ansprüche sind den Eltern stärkere Anstrengungen zumutbar, als es bei anderen Unterhaltstatbeständen der Fall ist, was den Eingriff in ihre durch Art. 2 I GG geschützte Handlungsfreiheit rechtfertigen kann.

[12] aa) Die Einleitung der Verbraucherinsolvenz mit der Möglichkeit der Restschuldbefreiung führt stets zu einem Vorrang der laufenden Unterhaltsansprüche gegenüber den Insolvenzforderungen, einschließlich des rückständigen Unterhalts (vgl. insoweit BGH, NJW-RR 2008, 294 = NZI 2008, 50). Denn nach § 36 I InsO gehören Einkünfte nicht zur Insolvenzmasse, soweit sie nicht der Zwangsvollstreckung unterliegen. Das gilt nach den §§ 850 II, 850c ZPO auch für pfändungsfreies laufendes Arbeitseinkommen, soweit es für den eigenen Unterhalt oder zur Erfüllung gesetzlicher Unterhaltsansprüche privilegiert ist (vgl. *Senat,* NJW 2008, 227 = NZI 2008, 114).

[13] bb) Auch die Möglichkeit, sich auf die Pfändungsgrenzen der ZPO zu berufen, lässt die Obliegenheit zur Einleitung einer Verbraucherinsolvenz nicht entfallen, weil eine Unterhaltspflicht in Fällen der Zahlungsunfähigkeit nach ständiger Rechtsprechung des Senats nur auf der Grundlage der im Insolvenzverfahren möglichen Restschuldbefreiung in Betracht kommt. Die Pfändungsgrenzen des § 850c ZPO allein lassen die weiteren Verbindlichkeiten des Unterhaltsschuldners nicht entfallen, sondern führen im Gegenteil zu einer fortschreitenden Verschuldung, was dem Unterhaltspflichtigen nach ständiger Rechtsprechung des Senats nicht zugemutet werden kann und deswegen schon einer Titulierung des Unterhalts entgegensteht (BGHZ 162, 234 [240] = NJW 2005, 1279 = FamRZ 2005, 608 [609]). Erst angesichts der Verbraucherinsolvenz mit der Möglichkeit einer Restschuldbefreiung ist es vertretbar, eine nicht beizutreibende Forderung schon im Rahmen der Unterhaltsbemessung unberücksichtigt zu lassen (vgl. Wohlgemuth, FamRZ 2006, 308; a. A. Hauß, FamRZ 2006, 306, und Melchers/Hauß, Unterhalt und Verbraucherinsolvenz, Rn. 106 ff.). Der Senat hält deswegen daran fest, dass den Unterhaltsschuldner auf der Grundlage seiner gesteigerten Unterhaltspflicht für minderjährige und privilegierte volljährige Kinder eine Obliegenheit zur Einleitung der Verbraucherinsolvenz treffen kann. Eine Obliegenheit, sich auf die Pfändungsfreigrenzen der §§ 850a ff. ZPO zu berufen, kann diese Obliegenheit zur Einleitung einer Verbraucherinsolvenz nicht ersetzen.

[14] cc) Eines eigenen Antrags des Unterhaltsschuldners auf Einleitung der Verbraucherinsolvenz bedarf es auch deswegen, weil nur dann ein Vorrang des laufenden Unterhalts vor sonstigen Insolvenzforderungen gesichert ist. Zwar kann ein Insolvenzantrag nach § 13 I 2 InsO grundsätzlich sowohl vom Schuldner als auch von dessen Gläubigern gestellt werden. Die für die Nichtberücksichtigung der Kreditverpflichtungen ausschlaggebende Restschuldbefreiung setzt aber nach den §§ 305 I, 306 III InsO zwingend einen eigenen Antrag des Schuldners auf Eröffnung des Insolvenzverfahrens voraus (BGHZ 162, 181 [183] = NJW 2005, 1433 = FamRZ 2005, 703). Nur wenn der Unterhaltsschuldner auf Grund seiner unterhaltsrechtlichen Obliegenheit selbst die Verbraucherinsolvenz beantragt, ist eine Restschuldbefreiung möglich und es kann damit zumutbar sein, die laufende Unterhaltspflicht vor allen anderen Verbindlichkeiten zu erfüllen. Die Eröffnung des Insolvenzverfahrens führt dann dazu, dass der Unterhaltspflichtige in Höhe der Differenz aus dem nicht zur Insolvenzmasse gehörenden Einkommen (§ 36 I InsO, §§ 850 ff. ZPO) und dem ihm gegenüber dem jeweiligen Unterhaltsanspruch zu belassenden Selbstbehalt leistungsfähig ist (vgl. insoweit *Senat,* NJW 2008, 227 = NZI 2008, 114).

[15] b) Umstritten ist allerdings, ob der Unterhaltsschuldner auch dann auf eine Obliegenheit zur Einleitung der Verbraucherinsolvenz verwiesen werden kann, wenn er nicht im Rahmen seiner gesteigerten Unterhaltspflicht Kindesunterhalt, sondern Unterhalt für einen getrennt lebenden oder geschiedenen Ehegatten schuldet.

[16] aa) Teilweise wird dem Unterhaltsschuldner die Einleitung der Verbraucherinsolvenz generell schon dann zugemutet, wenn eine nachhaltige Überschuldung vorliegt, die Verbindlichkeiten also im Verhältnis zum Einkommen unangemessen hoch sind und sich über einen langen Zeitraum erstrecken (so OLG Koblenz, NJW 2004, 1256 = FamRZ 2004, 823 [824]; vgl. auch Melchers/Hauß, Rn. 260 ff.). Wenn dem Schuldner nach diesem Maßstab die Einleitung eines Verbraucherinsolvenzverfahrens mit Restschuldbefreiung zumutbar sei, habe dies zur Konsequenz, dass er sich auch unterhaltsrechtlich nicht auf die bestehenden Verbindlichkeiten berufen könne. Diese Auffassung stellt somit vorrangig auf die unterhaltsrechtlichen Folgen der Obliegenheit zur Verbraucherinsolvenz mit Restschuldbefreiung ab, die grundsätzlich auch den Schuldner des Ehegattenunterhalts treffe. Die verfassungsrechtlich durch Art. 2 I GG geschützte allgemeine Handlungsfreiheit des Unterhaltsschuldners berücksichtigt sie erst im Rahmen der allgemeinen Zumutbarkeitsabwägung.

[17] bb) Demgegenüber wird überwiegend vertreten, eine Obliegenheit des Unterhaltsschuldners zur Einleitung der Verbraucherinsolvenz lasse sich allein durch die gesteigerte Unterhaltspflicht gegenüber minderjährigen und privilegierten volljährigen Kindern nach § 1603 II 1 und 2 BGB rechtfertigen. Insbesondere beim Anspruch auf Trennungsunterhalt scheide eine dem Unterhaltsanspruch minderjähriger Kinder vergleichbare Situation aus, weil es sich dabei regelmäßig um eine in den ehelichen Lebensverhältnissen angelegte Verschuldung handele, die der unterhaltsberechtigte Ehegatte mittragen müsse (OLG Celle, FamRZ 2006, 1536; OLG Koblenz, NJW-RR 2005, 1457 = NZI 2005, 637 [für einen Anspruch aus § 1615 l 1 und 2 BGB]).

[18] cc) Der Senat schließt sich im Grundsatz der zuletzt genannten Auffassung an. Die Gegenmeinung verkennt die Tragweite der verfassungsrechtlich geschützten allgemeinen Handlungsfreiheit des Unterhaltsschuldners. Eine Obliegenheit zur Einleitung der Verbraucherinsolvenz lässt sich deswegen nur aus besonders gewichtigen Gründen rechtfertigen, hinter denen die wirtschaftliche Selbstbestimmung des Unterhaltsschuldners zurücktreten muss.

[19] Solche Umstände sind regelmäßig in der gesteigerten Unterhaltspflicht gegenüber minderjährigen und privilegierten volljährigen Kindern nach § 1603 II BGB zu erblicken. Denn diese Unterhaltspflicht beruht auf dem verfassungsrechtlichen Gebot zur Pflege und Erziehung der Kinder aus Art. 6 II und V GG und überwiegt deswegen grundsätzlich die nur im Rahmen der allgemeinen Gesetze durch Art. 2 I GG gewährleistete allgemeine Handlungsfreiheit des Unterhaltsschuldners. Hinzu kommt, dass minderjährige und privilegierte volljährige Kinder in der Regel keine Möglichkeit haben, selbst für ihren Unterhalt zu sorgen. Der Senat hat deswegen in Fällen einer gesteigerten Unterhaltspflicht auch sonst stärkere Anstrengungen des Unterhaltsschuldners für zumutbar gehalten (BGHZ 162, 234 [239 f.] = NJW 2005, 1279 = NZI 2005, 342 = FamRZ 2005, 608 [609]).

[20] Diese Begründung ist auf den Unterhaltsanspruch getrennt lebender oder geschiedener Ehegatten nicht in gleicher Weise übertragbar. Wegen der grundsätzlichen Möglichkeit getrennt lebender oder geschiedener Ehegatten, den eigenen Unterhalt selbst sicherzustellen, hat der Gesetzgeber die gesteigerte Unterhaltspflicht nicht – wie in § 1603 II BGB – auf den Ehegattenunterhalt erstreckt. Hinzu kommt, dass mit dem vom Bundestag und vom Bundesrat bereits beschlossenen Gesetz zur Änderung des Unterhaltsrechts vom 15.6.2006 (BT-Drucks.16/830) auch der Rang des Ehegattenunterhalts gegenüber dem Unterhaltsanspruch minderjähriger und ihnen gleichgestellter Kinder geändert worden ist. § 1609 BGB weist jetzt nur noch Unterhaltsansprüchen minderjähriger und privilegierter volljähriger Kinder den ersten Rang zu. Erst mit einem späteren Rang folgen die Unterhaltsansprüche Kinder erziehender Eltern und sonstiger (früherer) Ehegatten.

[21] Im Gegensatz zur Rechtsauffassung des BerGer. kommt es nicht entscheidend darauf an, dass auch die Kl. in dem hier zu entscheidenden Einzelfall nicht in der Lage sein dürfte, ausreichend für ihren eigenen Unterhalt zu sorgen. Denn der Gesetzgeber hat im Rahmen des Ehegattenunterhalts selbst den notwendigen Unterhaltsbedarf nicht dem Kindesunterhalt gleichgestellt. Entsprechend hat der Senat in ständiger Rechtsprechung einen Mindestbedarf des getrennt lebenden oder geschiedenen Ehegatten abgelehnt (*Senat*, NJW 2003, 1112 = FamRZ 2003, 363 [364]). Im Gegensatz dazu sieht das vom Bundestag und vom Bundesrat bereits beschlossene Gesetz zur Änderung des Unterhaltsrechts vom 15.6.2006 in § 1612a BGB für minderjährige Kinder einen Mindestunterhalt vor, der sich nach dem doppelten Freibetrag für das sächliche Existenzminimum eines Kindes (Kinderfreibetrag) nach

§ 32 VI 1 EStG richtet. Auch ein Verzicht auf Unterhaltsansprüche für die Zukunft ist nach § 1614 I BGB beim Verwandtenunterhalt nicht zulässig, während § 1585c BGB eine Vereinbarung über den Unterhalt für die Zeit nach der Ehescheidung ausdrücklich zulässt. Die Ausgestaltung des Ehegattenunterhalts ist deswegen mit dem besonders stark ausgestalteten Unterhaltsanspruch minderjähriger und privilegierter volljähriger Kinder nicht vergleichbar.

[22] Den Schuldner des Trennungsunterhalts oder des nachehelichen Unterhalts trifft im Hinblick auf seine verfassungsrechtlich geschützte allgemeine Handlungsfreiheit deswegen regelmäßig keine Obliegenheit zur Einleitung der Verbraucherinsolvenz. Denn die Kreditbelastungen hatten regelmäßig bereits die ehelichen Lebensverhältnisse geprägt und auch der unterhaltsberechtigte Ehegatte hatte seine Lebensverhältnisse auf diese Ausgaben eingestellt. Daran ändert sich auch nichts dadurch, dass die Ehegatten seit ihrer Trennung nicht mehr nach § 1360a BGB zum Familienunterhalt verpflichtet sind, der ihnen die gleichmäßige Teilhabe an den für den Unterhalt der Familie zur Verfügung stehenden Mitteln sichert. Die Verpflichtung zum Trennungsunterhalt und zum nachehelichen Unterhalt setzt demgegenüber die Leistungsfähigkeit des unterhaltspflichtigen Ehegatten voraus, die nur vorliegt, wenn sein Ehegattenselbstbehalt gewahrt ist (*Senat,* BGHZ 166, 351 = NJW 2006, 1654 = FamRZ 2006, 683). Mit der Trennung der Parteien ist die Kreditbelastung deswegen nicht nur bei der Bemessung des Unterhaltsbedarfs nach den ehelichen Lebensverhältnissen, sondern auch im Rahmen der Leistungsfähigkeit zu berücksichtigen, was das BerGer. verkannt hat.

[23] c) Nach diesen Grundsätzen oblag es dem Bekl. im Rahmen seiner gesetzlichen Unterhaltspflicht gegenüber der getrennt lebenden Kl. nicht, wegen der ehebedingten Kreditverbindlichkeiten von monatlich 408 EUR ein Verfahren der Verbraucherinsolvenz einzuleiten.

[24] Ein solches Verfahren wäre für den Bekl., der ohnehin lediglich Erwerbsunfähigkeitsrente erzielt, mit erheblichen Einschnitten verbunden. Denn durch die Bestellung eines Treuhänders im Insolvenzverfahren nach den §§ 313 I, 292 InsO würde der Bekl. in seiner wirtschaftlichen Selbstständigkeit stark eingeschränkt. Wie gegenüber einem Insolvenzverwalter bestehen nach den §§ 97 f. InsO auch gegenüber einem Treuhänder weitgehende Auskunfts- und Mitwirkungspflichten (vgl. auch § 305 I und II InsO). Die Eröffnung eines Insolvenzverfahrens wäre für den Bekl. auch deswegen besonders belastend, weil damit sein Recht, das zur Insolvenzmasse gehörende Vermögen zu verwalten und darüber zu verfügen, auf den Insolvenzverwalter bzw. den Treuhänder übergeht (§§ 21 II, 80 bis 82, 313 I InsO). Zudem setzt die mögliche Restschuldbefreiung nach § 287 II InsO voraus, dass der Schuldner seine pfändbaren Forderungen auf Bezüge aus einem Dienstverhältnis für die Dauer des Insolvenzverfahrens an den Treuhänder abtritt. Das würde den Bekl. als Insolvenzschuldner nicht nur während des circa sechsmonatigen vorbereitenden Verfahrens durch die Beratungsstelle (§ 305 I Nr. 1 InsO), sondern auch während der folgenden sechsjährigen Wohlverhaltensperiode gem. §§ 287 II, 299 I InsO in seiner Verfügungsmöglichkeit einschränken. Hinzu kommt, dass infolge der Einleitung einer Verbraucherinsolvenz auch die allgemeine Kreditwürdigkeit des Unterhaltsschuldners leiden würde.

[25] Dem steht ein Anspruch der Kl. auf Trennungsunterhalt gegenüber, der schon von Gesetzes wegen nicht so stark ausgestaltet ist, wie es wegen der gesteigerten Unterhaltspflicht nach § 1603 II BGB für den Anspruch minderjähriger und privilegierter volljähriger Kinder der Fall ist.

BGH v. 9.1.2008 – XII ZR 170/05 – FamRZ 2008, 594 = FPR 2008, 172

(Selbstbehalt und Existenzminimum nach Sozialhilferecht; höherer notwendiger Selbstbehalt des Erwerbstätigen)

[25] Nach ständiger Rechtsprechung des Senats muss dem Unterhaltspflichtigen jedenfalls der Betrag verbleiben, der seinen eigenen Lebensbedarf nach sozialhilferechtlichen Grundsätzen sicherstellt. Eine Unterhaltspflicht besteht also nicht, soweit der Unterhaltsschuldner infolge einer Unterhaltsleistung selbst sozialhilfebedürftig würde. Die finanzielle Leistungsfähigkeit endet spätestens dort, wo der Unterhaltspflichtige nicht mehr in der Lage ist, seine eigene Existenz zu sichern (BGHZ 166, 351 [356] = NJW 2006, 1654 = FamRZ 2006, 683 [684]; vgl. dazu auch den Sechsten Existenzminimumbericht der Bundesregierung, BT-Drucks.16/3265). Ob und in welchem Umfang der dem Unterhaltsschuldner zu belassende Selbstbehalt über den jeweils regional maßgeblichen sozialhilferechtlichen Mindestbedarf hinausgehen kann, haben die Gerichte unter Berücksichtigung der gesetzlichen Vorgaben zu bestimmen, die sich insbesondere aus der Bedeutung und Ausgestaltung des jeweiligen Unterhaltsanspruchs und seiner Rangfolge im Verhältnis zu anderen Unterhaltsansprüchen ergeben. Bei dem Unterhaltsanspruch minderjähriger Kinder ist somit die gesteigerte Unterhaltspflicht (§ 1603 II BGB)

zu berücksichtigen. Hinzu kommt für die Zeit ab dem 1.1.2008 der durch das Gesetz zur Änderung des Unterhaltsrechts (vom 21.12.2007, BGBl. I, 3189) geschaffene Vorrang dieses Unterhalts gegenüber allen übrigen Unterhaltsansprüchen (§ 1609 BGB). Dies gebietet es, den notwendigen Selbstbehalt gegenüber den Unterhaltsansprüchen minderjähriger oder privilegierter volljähriger Kinder mit Beträgen zu bemessen, die dem sozialhilferechtlichen Bedarf entsprechen oder allenfalls geringfügig darüber hinausgehen.

[26] Zu Recht gehen die Leitlinien der Oberlandesgerichte (Beil. zu NJW H. 32/2007 und FPR H. 7–8/2007 = FamRZ 2007, 1373, jew. unter Nr. 21.2) weiter davon aus, dass zusätzlich zwischen dem notwendigen Selbstbehalt eines erwerbstätigen Unterhaltsschuldners und demjenigen eines nicht erwerbstätigen Unterhaltsschuldners zu differenzieren ist. Insoweit weist die Revision zutreffend darauf hin, dass ein nicht erwerbstätiger Unterhaltsschuldner regelmäßig mehr Zeit zur Verfügung hat, seine Ausgaben durch sparsame Lebensführung zu reduzieren. Daneben dient ein so differenzierter Selbstbehalt auch dem gebotenen Erwerbsanreiz für den Unterhaltsschuldner, wie es beim Ehegattenunterhalt schon bei der Bemessung des Unterhaltsbedarfs durch Berücksichtigung eines Erwerbstätigenbonus der Fall ist (vgl. Klinkhammer, FamRZ 2007, 85 [92]).

(Ersparnis durch Zusammenleben des Pflichtigen mit neuem Partner)

b [31] Allerdings ist in Rechtsprechung und Literatur umstritten, ob der dem Unterhaltspflichtigen zu belassende notwendige Selbstbehalt wegen eines Zusammenlebens mit einem neuen Partner weiter reduziert werden kann.

[32] aa) Mit dem BerGer. sind die OLGe Oldenburg (NJW-RR 2000, 1458 = FamRZ 2000, 1177, und FamRZ 2004, 1669 = BeckRS 2004, 12635) und Hamm (FamRZ 2003, 1214) der Auffassung, das Zusammenleben mit einem neuen Lebensgefährten könne nicht zu einer Reduzierung des Selbstbehalts führen, wenn keine neue Ehe geschlossen sei. Nur wenn der Unterhaltsschuldner mit dem neuen Partner verheiratet sei, könne sein Selbstbehalt durch dessen Beitrag zum Familienunterhalt ganz oder teilweise gedeckt sein. Ein Anspruch auf Familienunterhalt scheide hingegen aus, wenn der Unterhaltspflichtige nicht mit dem neuen Lebenspartner verheiratet sei. Auch wegen ersparter Aufwendungen komme eine Reduzierung des Selbstbehalts dann nicht in Betracht, denn es unterliege grundsätzlich der freien Disposition des Unterhaltspflichtigen, wie er die ihm belassenen Mittel nutze. Zwar sei der Unterhaltsschuldner einem Minderjährigen oder privilegiert volljährigen Kind gesteigert unterhaltspflichtig und müsse alle verfügbaren Mittel mit ihm gleichmäßig teilen. Die Grenze dieser Pflicht sei aber erreicht, wenn das Existenzminimum des Unterhaltspflichtigen gefährdet sei. Zu einem Konsumverzicht sei der Unterhaltsschuldner im Rahmen dieses Existenzminimums nicht verpflichtet. Einen solchen betreibe er indessen, wenn sich durch die Wahl eines besonders bescheidenen Wohnraums oder den Eintritt in eine Wohngemeinschaft in der Befriedigung seines Wohnbedarfs beschränke. Soweit durch das Zusammenleben eine Kostenersparnis oder ein Synergieeffekt eintrete, sei nicht ersichtlich, warum ein solcher Vorteil nicht dem Unterhaltsschuldner verbleibe. Von einem Vorteil könne auch nur dann die Rede sein, wenn der neue Partner über ausreichende eigene Einkünfte verfüge, was Feststellungen des Gerichts zu dem Beitrag des neuen Partners für die gemeinsame Haushaltsführung voraussetzen würde. Schließlich beruhe ein Vorteil durch die neue Wirtschaftsgemeinschaft auf einem freiwilligen Verhalten des Dritten, der regelmäßig nicht den Unterhaltsberechtigten begünstigen wolle.

[33] bb) Demgegenüber wird in Rechtsprechung und Literatur überwiegend vertreten, dass eine Herabsetzung des notwendigen Selbstbehalts im Einzelfall in Betracht komme, wenn der Unterhaltspflichtige im Rahmen einer neuen Lebensgemeinschaft Lebenshaltungskosten erspare (OLG Hamm [8. Senat für Familiensachen], NJW 2003, 223 = FamRZ 2002, 1708 und FamRZ 2003, 1210, und [11. Senat für Familiensachen], FamRZ 2005, 53; OLG Nürnberg, NJW 2003, 3138 = FamRZ 2004, 300; OLG München, FamRZ 2004, 485; OLG Stuttgart, NJW-RR 2004, 1515 = FamRZ 2005, 54, und OLG Köln, OLG-Report 2004, 330; vgl. auch Wendl/Scholz, § 2 Rn. 270). Auch der Senat hat bereits in seiner früheren Rechtsprechung wiederholt darauf hingewiesen, dass sich durch die gemeinsame Haushaltsführung mit einem neuen Partner eine Ersparnis ergeben kann, die eine Herabsetzung des Selbstbehalts rechtfertigt (vgl. *Senat,* NJW-RR 1998, 505 = FamRZ 1998, 286 [288]; NJW 2002, 1646 = FPR 2002, 266 = FamRZ 2002, 742, und NJW 2003, 3770 = FPR 2004, 27 = FamRZ 2004, 24).

[34] cc) Der Senat hält an seiner Rechtsprechung fest, wonach eine Herabsetzung des notwendigen Selbstbehalts bis auf den notwendigen Lebensbedarf nach sozialhilferechtlichen Grundsätzen in Be-

tracht kommt, wenn der Unterhaltspflichtige in einer neuen Lebensgemeinschaft wohnt, dadurch Kosten für die Wohnung oder die allgemeine Lebensführung erspart und sich deswegen auch sozialhilferechtlich auf einen – im Rahmen seiner Bedarfsgemeinschaft – geringeren Bedarf verweisen lassen muss.

[35] Dabei hat das BerGer. allerdings zu Recht danach differenziert, ob der Unterhaltsschuldner mit dem Partner verheiratet ist oder mit ihm in nichtehelicher Lebensgemeinschaft wohnt.

[36] Ist der Unterhaltsschuldner verheiratet, stellt sich zwar auch die Frage, ob seine Kosten für die Wohnung oder die allgemeine Lebenshaltung durch die gemeinsame Haushaltsführung reduziert werden. In solchen Fällen ist allerdings entscheidend darauf abzustellen, dass der Unterhaltsschuldner gegen seinen neuen Ehegatten nach § 1360a BGB einen Anspruch auf Familienunterhalt hat, der – im Falle der Leistungsfähigkeit des neuen Ehegatten – seinen Selbstbehalt ganz oder teilweise deckt. Darauf hat der Senat insbesondere im Rahmen seiner Hausmannrechtsprechung (*Senat,* NJW 2006, 2404 = FamRZ 2006, 1010 [1013 f.], und BGHZ 169, 200 [206] = NJW 2007, 139 = FamRZ 2006, 1827 [1828]) und seiner Rechtsprechung zum Elternunterhalt (*Senat,* NJW 2004, 677 = FPR 2004, 157 = FamRZ 2004, 370 [372]) abgestellt. Weil der Bekl. nicht wieder verheiratet ist, kommt ein solcher Anspruch auf Familienunterhalt hier nicht in Betracht.

[37] Steht dem Unterhaltspflichtigen weder ein Anspruch auf Familienunterhalt noch ein Anspruch für Versorgungsleistungen zu, schließt dies eine Herabsetzung des ihm zu belassenden notwendigen Selbstbehalts wegen ersparter Kosten durch die gemeinsame Haushaltsführung aber nicht aus. Das gilt in gleichem Maße für die Kosten der Wohnung wie für die allgemeinen Lebenshaltungskosten. Denn eine gemeinsame Haushaltsführung führt regelmäßig zu einer Kostenersparnis oder zu Synergieeffekten, die jeden Lebenspartner hälftig entlasten (vgl. *Senat,* NJW-RR 1998, 505 = FamRZ 1998, 286 [288]; NJW 2002, 1646 = FPR 2002, 266 = FamRZ 2002, 742, und NJW 2003, 3770 = FPR 2004, 27 = FamRZ 2004, 24). Exemplarisch ist insoweit auf Heizkosten hinzuweisen, die sich nicht dadurch erhöhen, dass sich mehrere Personen in einem Raum befinden. Selbst wenn der Raumbedarf durch die Anzahl der dort lebenden Personen regelmäßig steigt, erreichen die Wohnkosten der Gemeinschaft jedenfalls nicht die Summe der Wohnkosten mehrerer Einzelhaushalte.

[38] Soweit das BerGer. eine Rechtfertigung dafür vermisst, warum ein solcher Vorteil nicht dem Unterhaltsschuldner verbleibe, sondern er diesen an den Unterhaltsgläubiger weiterreichen müsse, verkennt es den Zweck des Selbstbehalts. Grundsätzlich ist der Unterhaltspflichtige nach § 1603 II BGB gehalten, alle verfügbaren Mittel zu seinem und der minderjährigen Kinder Unterhalt gleichmäßig zu verwenden. Der notwendige Selbstbehalt dient lediglich dazu, ihm einen Anteil seines Einkommens zu belassen, der jedenfalls den eigenen sozialhilferechtlich benötigten Bedarf sicherstellt und auf der Grundlage des jeweiligen Unterhaltsanspruchs und unter Berücksichtigung der Umstände des Einzelfalls angemessen darüber hinausgeht. Kann der Unterhaltspflichtige also nicht den vollen Unterhaltsbedarf des Berechtigten erfüllen, ist keine Rechtfertigung dafür ersichtlich, ihm mehr zu belassen, als er in seiner konkreten Situation für den notwendigen eigenen Bedarf benötigt.

(Ersparnis durch Zusammenleben keine freiwillige Leistung)

[39] Zwar weist das BerGer. zutreffend darauf hin, dass eine gemeinsame Haushaltsführung dem Unterhaltspflichtigen nur dann Kosten ersparen kann, wenn auch der Lebensgefährte über ausreichende Einkünfte, und sei es nur aus eigenem Sozialhilfebezug, verfügt, um sich an den Kosten der Lebensführung zu beteiligen. Das steht einer Berücksichtigung dieser Einsparung aber nicht generell entgegen. Da die Darlegungs- und Beweislast für seine Leistungsunfähigkeit ohnehin den Unterhaltspflichtigen trifft, dürfte es ihm regelmäßig möglich und zumutbar sein, substanziiert vorzutragen, dass sein neuer Lebensgefährte sich nicht ausreichend an den Kosten der gemeinsamen Lebensführung beteiligen kann.

[40] Im Gegensatz zur Rechtsauffassung des BerGer. tritt die Ersparnis durch gemeinsame Haushaltsführung auch nicht infolge einer freiwilligen Leistung des neuen Lebensgefährten ein. Denn sie beruht darauf, dass die Ausgaben infolge eines Synergieeffekts regelmäßig geringer sind, als sie es wären, wenn jeder Partner der Lebensgemeinschaft einen eigenen Haushalt führen würde. Deswegen werden beide Partner der Lebensgemeinschaft durch die gemeinsame Haushaltsführung entlastet, ohne dafür eine eigene Leistung erbringen zu müssen. Darauf, dass freiwillige Leistungen Dritter grundsätzlich bei der Unterhaltsbemessung unberücksichtigt bleiben, weil sie dem Unterhaltsberechtigten lediglich zu dessen eigener Entlastung und nicht zur Erweiterung seiner unterhaltsrechtlichen Leistungsfähigkeit gewährt werden (*Senat,* BGHZ 162, 384 [391] = NJW 2005, 2145 = FamRZ 2005, 1154 [1156]), kommt es mithin nicht an.

R689 Anhang R. Rechtsprechung

[41] Einer Berücksichtigung der Kostenersparnis in einer neuen Lebensgemeinschaft steht auch nicht entgegen, dass der Senat dem Unterhaltsschuldner die freie Disposition eingeräumt hat, wie er einen ihm zu belassenden Selbsthalt im Einzelfall verwendet. Danach ist es dem Unterhaltsschuldner nicht verwehrt, seine Bedürfnisse anders als in den Unterhaltstabellen vorgesehen zu gewichten und sich zB mit einer preiswerteren Wohnung zu begnügen, um zusätzliche Mittel für andere Zwecke, etwa für Bekleidung, Urlaubsreisen oder kulturelle Interessen einsetzen zu können (*Senat*, NJW 2006, 3561 = FamRZ 2006, 1664 [1666], und NJW-RR 2004, 217 = FamRZ 2004, 186 [189]). Denn bei der Herabsetzung des Selbstbehalts wegen Aufnahme einer neuen Lebensgemeinschaft geht es entgegen der Auffassung des BerGer. nicht um die Frage, ob dem Unterhaltsschuldner ein nur geringerer Selbstbehalt belassen werden darf, weil er sich in seinen Bedürfnissen teilweise (zB beim Wohnbedarf) bescheidet und dagegen auf andere Bedürfnisse mehr Wert legt. Entscheidend ist vielmehr, ob der Unterhaltsschuldner wegen des Synergieeffekts ohne Einbußen günstiger lebt und seinen Lebensstandard mit geringeren Mitteln aufrechterhalten kann als ein allein lebender Unterhaltsschuldner.

(Umzugskosten Abzugsposten)

d [46] 2. Soweit das BerGer. schließlich eine – gegenläufige – Erhöhung des notwendigen Selbstbehalts wegen der vom Bekl. behaupteten Kosten des Umgangs mit dem Kl. abgelehnt hat, wird auch dies durch die Gründe der angefochtenen Entscheidung nicht getragen. Denn auch nach dem vom BerGer. zu Grunde gelegten Sachverhalt beschränken sich die Umgangskosten nicht auf die vom OLG berücksichtigten 15 EUR monatlich. Der Bekl. muss bei der Ausübung des 14-tätigen Umgangsrechts nicht nur die vom BerGer. berücksichtigten Kosten öffentlicher Verkehrsmittel aufwenden. Vielmehr entstehen jedenfalls zusätzliche Kosten durch die Benutzung des Fahrzeugs seiner Lebensgefährtin, mit dem er von dort zu dem ca. 15 km entfernten Wohnort der Kinder weiterfährt. Auch wenn der Bekl. für die Nutzung des Fahrzeugs kein Entgelt an seine Lebensgefährtin zahlen muss, durfte das BerGer. nicht davon ausgehen, dass auch keine Betriebskosten entstehen, für die der Bekl. aufkommen muss. Selbst wenn seine Lebensgefährtin diese Kosten trüge, lägen darin freiwillige Leistungen eines Dritten, die dem Kl. nicht zugute kommen sollen. Das BerGer. wird deswegen erneut prüfen müssen, ob es auch angesichts höherer Umgangskosten eine Anpassung des dem Bekl. zu belassenden notwendigen Selbstbehalts ablehnt. Dabei wird es auch zu berücksichtigen haben, dass dem Bekl. hier kein Anteil des Kindergeldes anrechnungsfrei verblieb, mit dem er die Kosten der Ausübung seines Umgangsrechts finanzieren könnte. Der Senat hat bereits entschieden, dass dann bei nicht unerheblichen Umgangskosten, die der Unterhaltsschuldner nicht aus den Mitteln bestreiten kann, die ihm über den notwendigen Selbstbehalt hinaus verbleiben, eine maßvolle Erhöhung des Selbstbehalts in Betracht kommt (*Senat*, NJW 2005, 1493 = FamRZ 2005, 706 [708]).

BGH v. 6.2.2008 – XII ZR 14/06 – FamRZ 2008, 968 = NJW 2008, 1663

R689 *(Darlegungs- und Beweislast für Verlängerung des Betreuungsunterhalts)*

a [30] cc) Für die Zeit ab dem 1. Januar 2008 wird das Berufungsgericht allerdings die Änderung des § 1570 BGB durch das Gesetz zur Änderung des Unterhaltsrechts vom 21. Dezember 2007 (BGBl. 2007 I S. 3189; vgl. insoweit *Borth* FamRZ 2008 2, 5 ff.; *Meier* FamRZ 2008, 101, 102 ff.; *Weinreich/Klein*, Familienrecht 3. Aufl. § 1570 Rn. 8 ff.; *Borth* Unterhaltsrechtsänderungsgesetz Rn. 57 ff.; *Klein*, Das neue Unterhaltsrecht, 2008, S. 45 ff.) zu berücksichtigen haben. Danach kann der geschiedene Ehegatte Betreuungsunterhalt ohne weitere Begründung nur für die Dauer von drei Jahren nach der Geburt des Kindes beanspruchen (§ 1570 Abs. 1 Satz 1 BGB). Zwar kann der Anspruch auf Betreuungsunterhalt im Einzelfall aus kindbezogenen (§ 1570 Abs. 1 Satz 2 und 3 BGB) oder aus elternbezogenen (§ 1570 Abs. 2 BGB) Gründen verlängert werden (zum Unterhaltsanspruch nach § 1615l Abs. 2 BGB vgl. Senatsurteil FamRZ 2006, 1362, 1366 f.). Für die Umstände, die eine solche Verlängerung rechtfertigen können, ist allerdings die Beklagte zu 1 darlegungs- und beweispflichtig.

(Splittingvorteil bei Wiederverheiratung und Vorrang erster Ehegatte hat neuer Ehe zu verbleiben; fiktive Steuerberechnung)

b [32] a) Das für die ehelichen Lebensverhältnisse relevante Einkommen des Klägers hat das Berufungsgericht zutreffend ohne Berücksichtigung des Splittingvorteils aus seiner neuen Ehe ermittelt.

Anhang R. Rechtsprechung   **R689**

[33] aa) Mit Beschluss vom 7. Oktober 2003 hat das Bundesverfassungsgericht entschieden, dass steuerliche Vorteile, die der neuen Ehe eines geschiedenen Unterhaltspflichtigen durch das Ehegattensplitting erwachsen, nicht schon in der früheren Ehe angelegt sind und deswegen die Lebensverhältnisse dieser Ehe auch nicht bestimmt haben. Denn diese steuerlichen Vorteile, die in Konkretisierung des Schutzauftrags aus Art. 6 Abs. 1 GG durch das Gesetz allein der bestehenden Ehe eingeräumt sind, dürfen ihr von Verfassungs wegen durch die Gerichte nicht wieder entzogen und an die geschiedene Ehe weitergeleitet werden (BVerfGE 108, 351 = FamRZ 2003, 1821, 1823 = NJW 2003, 3466). Dem hat der Senat inzwischen Rechnung getragen. Danach sind bei der Bemessung des Unterhaltsanspruchs eines früheren Ehegatten der Splittingvorteil eines wiederverheirateten Unterhaltspflichtigen außer Betracht zu lassen und sein unterhaltsrelevantes Einkommen anhand einer fiktiven Steuerberechnung nach der Grundtabelle zu ermitteln (Senatsurteil FamRZ 2005, 1817, 1819 = NJW 2005, 3277).

(Splittingvorteil bei Wiederverheiratung beim Kindesunterhalt zu berücksichtigen)

[34] bb) Bei der Bemessung der Unterhaltsansprüche der Beklagten zu 2 und 3 hat das Berufungsgericht den Splittingvorteil allerdings zu Recht berücksichtigt. Dieser steuerliche Vorteil aus der neuen Ehe ist schon deswegen bei der Bemessung des Kindesunterhalts zu berücksichtigen, weil das höhere Nettoeinkommen auch dem Kind des Klägers aus seiner zweiten Ehe zugute kommt und die Unterhaltsansprüche der leiblichen Kinder aus verschiedenen Ehen nicht auf unterschiedlichen Einkommensverhältnissen beruhen können (vgl. Senatsurteile FamRZ 2005, 1817, 1820 = NJW 2005, 3277, FamRZ 2007, 882, 885 = NJW 2007, 1969 und FamRZ 2007, 1081, 1082 = NJW 2007, 2412). c

(Für eheliche Lebensverhältnisse tatsächlich erzielte Einkünfte maßgebend. Fiktive Steuerberechnung nur bei nichtprägenden Einkommen, steuerlichen Vergünstigungen oder Verletzung der Obliegenheit, Freibeträge einzutragen)

[37] aa) Nach ständiger Rechtsprechung des Senats ist bei der Ermittlung der ehelichen Lebensverhältnisse gemäß § 1578 Abs. 1 Satz 1 BGB grundsätzlich von den tatsächlich erzielten Einkünften auszugehen. Im Regelfall ist deswegen auch die Steuerlast in ihrer jeweils realen Höhe maßgebend, unabhängig davon, ob sie im konkreten Fall seit der Trennung gestiegen oder gesunken ist und ob das auf einem gesetzlich vorgeschriebenen Wechsel der Steuerklasse oder auf einer Änderung des Steuertarifs beruht. Berichtigungen der tatsächlichen, durch Steuerbescheide oder Lohnabrechnungen nachgewiesenen Nettoeinkünfte sind nur in besonders gelagerten Fällen vorzunehmen, etwa dann, wenn nicht prägende Einkünfte eingeflossen sind, steuerliche Vergünstigungen vorliegen, die – wie zB das Ehegattensplitting – dem Unterhaltsberechtigten nicht zugute kommen dürfen oder wenn erreichbare Steuervorteile entgegen einer insoweit bestehenden Obliegenheit nicht in Anspruch genommen worden sind. Entsprechend trifft den Unterhaltspflichtigen grundsätzlich eine Obliegenheit, mögliche Steuervorteile im Wege des Realsplittings nach § 10 Abs. 1 Nr. 1 EStG zu realisieren, soweit dadurch nicht eigene Interessen verletzt werden. d

(Eintragung Freibetrag Realsplitting nur bei Anerkenntnis, freiwilliger Zahlung des Unterhalts oder Verurteilung)

[38] Die Verpflichtung des Unterhaltsschuldners zur Inanspruchnahme steuerlicher Vorteile aus dem Realsplitting geht allerdings nur so weit, wie seine Unterhaltspflicht einem Anerkenntnis oder einer rechtskräftigen Verurteilung folgt oder freiwillig erfüllt wird. Denn die steuerlichen Voraussetzungen des Realsplittings erfordern eine tatsächliche Unterhaltszahlung in dem jeweiligen Steuerjahr. Hat der Unterhaltsschuldner nachehelichen Ehegattenunterhalt auf eine feststehende Unterhaltspflicht in dem betreffenden Jahr geleistet, konnte und musste er den steuerlichen Vorteil des Realsplittings in Anspruch nehmen. Stand seine Unterhaltspflicht aufgrund eines Anerkenntnisses oder eines Unterhaltstitels fest, hätte er bei Erfüllung dieser Unterhaltspflicht ebenfalls den steuerlichen Vorteil des Realsplittings in Anspruch nehmen können, was zur fiktiven Zurechnung dieses Steuervorteils führt (vgl. Senatsurteil FamRZ 2007, 793, 797). e

(Bei Wiederverheiratung Pflichtiger und fiktiver Steuerberechnung erster Ehegatte Realsplittingvorteil aus Grundtabelle)

[40] cc) Auch soweit das Berufungsgericht den steuerlichen Vorteil des Realsplittings für die Zeit bis einschließlich Juli 2004 auf der Grundlage des Einkommens des Klägers nach der Grundtabelle (Steuerklasse I) errechnet hat, entspricht dies der Rechtsprechung des Senats. Wie ausgeführt, muss der f

Splittingvorteil aus der neuen Ehe zwar grundsätzlich dieser Ehe vorbehalten bleiben. Die geschiedene unterhaltsberechtigte Ehefrau darf also nicht davon profitieren, dass ihr unterhaltspflichtiger früherer Ehemann wieder verheiratet ist und wegen der dadurch bedingten geringeren Steuerlast ein höheres Nettoeinkommen zur Verfügung hat. Umgekehrt darf die geschiedene Ehefrau durch die neue Ehe des Unterhaltspflichtigen aber auch nicht schlechter gestellt werden. Deswegen muss sowohl der Unterhaltsanspruch der geschiedenen Ehefrau als auch der Steuervorteil aus dem begrenzten Realsplitting nach den Verhältnissen ohne Berücksichtigung der zweiten Ehe des Unterhaltspflichtigen bemessen werden. Wie das unterhaltsrelevante Einkommen des Klägers ist somit auch dessen Realsplittingvorteil wegen der Unterhaltszahlungen an die Beklagte zu 1 fiktiv nach der Grundtabelle zu bemessen (Senatsurteil FamRZ 2007, 1232, 1234 f.).

(Zur Wandelbarkeit der unterhaltsbestimmenden ehelichen Lebensverhältnisse)

h bb) Bei der Bemessung des Unterhaltsbedarfs nach den ehelichen Lebensverhältnissen hat das Berufungsgericht wiederum zu Recht den vollen Unterhaltsbedarf der Kinder des Klägers berücksichtigt. Daran hat sich auch durch das zum 1. Januar 2008 in Kraft getretene Gesetz zur Änderung des Unterhaltsrechts vom 21. Dezember 2007 nichts geändert. Denn mit dem nunmehr in § 1609 BGB geschaffenen Vorrang des Unterhalts minderjähriger und privilegierter volljähriger Kinder ist insoweit keine Änderung der früheren Rechtslage verbunden. Die Vorschrift des § 1609 BGB beschränkt sich auf die Regelung der Rangfolgen mehrerer Unterhaltsberechtigter, betrifft also die Leistungsfähigkeit. Auf die Höhe des Unterhaltsbedarfs hat diese Vorschrift hingegen keine Auswirkung. Soweit der Unterhaltsanspruch von Kindern ohne eigene Lebensstellung mit Ansprüchen anderer Unterhaltsberechtigter, wie Unterhaltsansprüchen getrennt lebender oder geschiedener Ehegatten oder Ansprüchen nach § 1615l BGB, konkurriert, kann eine ausgewogene Verteilung des Einkommens etwa mit Hilfe der Bedarfskontrollbeträge der Düsseldorfer Tabelle hergestellt werden (vgl. insoweit Klinkhammer FamRZ 2008, 193, 197 f.). Mit dem Vorrang des Unterhaltsanspruchs minderjähriger und privilegierter volljähriger Kinder haben derartige Korrekturen für die Bemessung eines ausgewogenen Unterhaltsbedarfs aller Berechtigten allerdings eine noch größere Bedeutung gewonnen.

(Bei Wiederverheiratung Pflichtiger wegen Ersparnis durch Zusammenleben Selbstbehalt herunterzusetzen; Höhe Selbstbehalt)

i [52] 4. Im Ergebnis zu Recht hat das Berufungsgericht den dem Kläger zu belassenden Selbstbehalt wegen des Zusammenlebens mit seinem neuen Ehegatten herabgesetzt. Die Bemessung des dem Unterhaltspflichtigen zu belassenden Selbstbehalts ist nach ständiger Rechtsprechung des Senats Aufgabe des Tatrichters. Dabei ist es ihm nicht verwehrt, sich an Erfahrungs- und Richtwerte anzulehnen, sofern nicht im Einzelfall besondere Umstände eine Abweichung gebieten (Senatsurteil FamRZ 2006, 683, 684). Der Tatrichter muss aber die gesetzlichen Wertungen und die Bedeutung des jeweiligen Unterhaltsanspruchs berücksichtigen.

[53] a) Nach ständiger Rechtsprechung des Senats muss dem Unterhaltspflichtigen jedenfalls der Betrag verbleiben, der seinen eigenen Lebensbedarf nach sozialhilferechtlichen Grundsätzen in der jeweiligen Lebenssituation sicherstellt. Eine Unterhaltspflicht besteht also nicht, soweit der Unterhaltsschuldner in Folge einer Unterhaltsleistung selbst sozialhilfebedürftig würde. Die finanzielle Leistungsfähigkeit endet spätestens dort, wo der Unterhaltspflichtige nicht mehr in der Lage ist, seine eigene Existenz zu sichern (BGH FamRZ 2006, 683, 684; vgl. dazu auch den 6. Existenzminimumbericht der Bundesregierung BT-Drucks. 16/3265).

[54] Ob und in welchem Umfang der dem Unterhaltsschuldner zu belassende Selbstbehalt über den jeweils regional maßgeblichen sozialhilferechtlichen Mindestbedarf hinausgehen kann, haben die Gerichte unter Berücksichtigung der gesetzlichen Vorgaben zu bestimmen, die sich insbesondere aus der Bedeutung und Ausgestaltung des jeweiligen Unterhaltsanspruchs und seiner Rangfolge im Verhältnis zu anderen Unterhaltsansprüchen ergeben. Für den Unterhaltsanspruch minderjähriger – wie der Beklagten zu 2 oder des weiteren Kindes des Klägers – oder privilegierter volljähriger Kinder ist nach ständiger Rechtsprechung deswegen von einem nur wenig über dem Sozialhilfebedarf der Beklagten zu 1 auf nachehelichen Ehegattenunterhalt der Ehegattenselbstbehalt (BGH FamRZ 2006, 683, 684) zu beachten ist.

[55] b) Der notwendige Selbstbehalt gegenüber den Unterhaltsansprüchen minderjähriger und privilegierter volljähriger Kinder kann entgegen der Auffassung des Berufungsgerichts allerdings schon dann bis auf den jeweils konkret maßgeblichen Sozialhilfesatz herabgesetzt werden, wenn der Unter-

haltsschuldner in einer neuen Lebensgemeinschaft wohnt und dadurch Kosten der gemeinsamen Haushaltsführung erspart (Senatsurteil vom 9. Januar 2008 – XII ZR 170/05 – NJW 2008, 1373). Ist der Unterhaltsschuldner – wie hier – verheiratet, muss zusätzlich berücksichtigt werden, dass der Unterhaltsschuldner und der neue Ehegatte nach § 1360a BGB einander zum Familienunterhalt verpflichtet sind. Wechselseitig erbrachte Leistungen erfolgen deswegen auf dieser rechtlichen Grundlage und nicht als freiwillige Leistungen Dritter.

[56] Zu Recht sehen die Leitlinien des Berufungsgerichts deswegen vor, dass der jeweilige Selbstbehalt beim Verwandtenunterhalt unterschritten werden kann, wenn der eigene Unterhalt des Pflichtigen ganz oder teilweise durch seinen Ehegatten gedeckt ist (FamRZ 2008, 231, 234 Ziff. 21.5.1) und dass der Bedarf des neuen Ehegatten bei Unterhaltsansprüchen nachrangiger geschiedener Ehegatten oder nachrangiger volljähriger Kinder lediglich mindestens 800 EUR beträgt und damit unter dem Ehegattenselbstbehalt liegt (FamRZ 2008, 231, 234 Ziff. 22.1). Das Berufungsgericht wird deswegen zu klären haben, ob das Einkommen der neuen Ehefrau des Klägers in ihrer Bedarfsgemeinschaft eine Höhe erreicht, die eine Ersparnis für den Kläger durch das gemeinsame Wirtschaften rechtfertigt.

(Mietfreies Wohnen im Haus des neuen Ehepartners beim Bedarf und bei der Leistungsfähigkeit zu berücksichtigen)

[57] c) Zu diesen allgemeinen Ersparnissen kommt hinzu, dass der Kläger mit seiner Familie in dem Haus seiner neuen Ehefrau wohnt und diese ihm den Wohnvorteil nicht als freiwillige Leistung Dritter, sondern im Rahmen ihrer Pflicht zum Familienunterhalt nach § 1360a BGB gewährt. Die Selbstbehaltsätze der Leitlinien des Berufungsgerichts enthalten Kosten für Unterkunft und Heizung, die sich nach dem gegenwärtigen Stand beim notwendigen Selbstbehalt auf monatlich 360 EUR und beim Ehegattenselbstbehalt auf 400 EUR belaufen (vgl. die Leitlinien des Berufungsgerichts FamRZ 2008, 231, 233 Ziff. 21.2 und 21.4). Im Gegensatz dazu wohnt der Kläger mietfrei, was auch im Rahmen des Selbstbehalts unterhaltsrechtlich zu berücksichtigen ist.

Zwar sind die ersparten Mietkosten nach ständiger Rechtsprechung des Senats auch schon bei der Bemessung des Unterhaltsbedarfs zu berücksichtigen (vgl. zuletzt Senat FamRZ 2007, 879, 880 f.). Denn es handelt sich dabei um Gebrauchsvorteile im Sinne des § 100 BGB, die schon das verfügbare Einkommen entsprechend erhöhen. Dieser Umstand steht einer weiteren Berücksichtigung im Rahmen der Leistungsfähigkeit aber nicht entgegen.

(Keine grobe Unbilligkeit bei verspäteter Mitteilung einer Einkommensveränderung in der 1. Instanz durch Offenbarung in der Berufungsbegründung)

[59] 5. Soweit das Berufungsgericht eine Verwirkung des Unterhaltsanspruchs der Beklagten zu 1 verneint hat, ist dies aus revisionsrechtlicher Sicht nicht zu beanstanden. Nach ständiger Rechtsprechung des Senats setzt die Verwirkung eines Unterhaltsanspruchs nach § 1579 BGB neben der Feststellung eines Härtegrundes aus Ziff. 1 bis 8 dieser Vorschrift stets eine grobe Unbilligkeit der Inanspruchnahme des Unterhaltspflichtigen voraus (Senatsurteil FamRZ 2004, 612, 614). Das hat das Oberlandesgericht in seiner tatrichterlichen Verantwortung in revisionsrechtlich unbedenklicher Weise verneint.

Zwar war die Beklagte zu 1 im letzten Verhandlungstermin vor dem Amtsgericht am 2. März 2005 auch persönlich erschienen und hatte die Aufnahme ihrer Berufstätigkeit ab März 2005 nicht offenbart. Deswegen hat das Amtsgericht ihr auch nicht die damals tatsächlich erzielten 630 EUR monatlich zurechnen können, sondern lediglich ein fiktiv erzielbares Nettoeinkommen von 564 EUR. Schon in der Berufungsbegründung hat die Beklagte zu 1 dieses Versäumnis aber unaufgefordert klargestellt, was einen Schaden des Klägers verhindert hat. Unter Berücksichtigung der sehr engen finanziellen Verhältnisse der Beklagten zu 1 hat das Berufungsgericht deswegen zu Recht eine „grobe" Unbilligkeit verneint.

(Rückzahlung überzahlten Unterhalts; Entreicherung)

[61] 6. Im Grundsatz zu Recht hat das Berufungsgericht nur die Beklagte zu 1 zur Rückzahlung überzahlten Unterhalts verurteilt. Zutreffend hat es auch keine Bedenken dagegen erhoben, dass der Kläger seine Anträge auf Abänderung des Unterhaltsvergleichs und der Jugendamtsurkunden im Wege der Klagehäufung mit einer Klage auf Rückforderung überzahlten Unterhalts verbunden hat (vgl. Wendl/Gerhardt 6. Aufl. § 6 Rn. 221).

[62] a) Zu Recht hat das Berufungsgericht eine Rückzahlung der vor Rechtshängigkeit der Klage geleisteten Unterhaltszahlungen abgelehnt. Denn insoweit können die Beklagten als Unterhaltsgläubiger sich gegenüber dem bereicherungsrechtlichen Anspruch nach § 818 Abs. 3 BGB auf den Wegfall der Bereicherung berufen. Diese Vorschrift dient dem Schutz des gutgläubig Bereicherten, der das rechtsgrundlos Empfangene im Vertrauen auf das Fortbestehen des Rechtsgrundes verbraucht hat und daher nicht über den Betrag der bestehen gebliebenen Bereicherung hinaus zur Herausgabe oder zum Wertersatz verpflichtet werden soll. Bei der Überzahlung von Unterhalt kommt es daher darauf an, ob der Empfänger die Beträge restlos für seinen Lebensbedarf verbraucht oder sich noch in seinem Vermögen vorhandene Werte – auch in Form anderweitiger Ersparnisse, Anschaffungen oder Tilgung eigener Schulden – verschafft hat (Senatsurteile FamRZ 1992, 1152, 1153 f. und FamRZ 2000, 751).

(Verschärfte Haftung nach § 818 IV BGB)

m [63] b) Vom Eintritt der Rechtshängigkeit der Rückforderungsklage an kann sich der Empfänger einer rechtsgrundlos erbrachten Leistung nach § 818 Abs. 4 BGB allerdings nicht mehr auf den Wegfall der Bereicherung berufen, sondern haftet nach allgemeinen Vorschriften (Senatsurteile FamRZ 1992, 1152, 1154 und FamRZ 1998, 951).

BGH v. 20.2.2008 – XII ZR 101/05 – FamRZ 2008, 872 = NJW 2008, 1525

(Abänderungsklage des Unterhaltsschuldners nach Verurteilung zu Unterhaltszahlungen auf der Grundlage fiktiver Verhältnisse)

a 1. Zutreffend ist das Berufungsgericht allerdings davon ausgegangen, dass das Abänderungsbegehren des Klägers gegen das Urteil des Amtsgerichts vom 13. März 2001 zu richten ist. Nach der Rechtsprechung des Senats kann § 323 ZPO auch bei klageabweisenden Urteilen zur Anwendung kommen, wenn diese – im Rahmen der Überprüfung der ursprünglichen Prognose – die künftige Entwicklung der Verhältnisse vorausschauend berücksichtigen. Eine spätere Abänderungsklage stellt dann abermals die Geltendmachung einer von der (letzten) Prognose abweichenden Entwicklung der Verhältnisse dar, für die das Gesetz die Abänderungsklage vorsieht, um die (erneute) Anpassung an die veränderten Urteilsgrundlagen zu ermöglichen (vgl. Senatsurteil vom 28. März 2007 – XII ZR 163/04 – FamRZ 2007, 983, 984).

Das Urteil des Amtsgerichts vom 13. März 2001 geht davon aus, der Kläger sei weiterhin im Umfang des vereinbarten Kindesunterhalts unterhaltspflichtig, weil er sich sein früheres Einkommen nunmehr fiktiv zurechnen lassen müsse. Es beruht damit auf einer Prognose der künftigen Entwicklung und stellt den Rechtszustand auch für die Zukunft fest. Da der Kläger die Korrektur dieser Prognose begehrt, steht die Abänderung der Entscheidung vom 13. März 2001 in Frage.

(Zulässigkeit der Abänderungsklage nur bei prognosebezogenen Darlegungen zu den jeweiligen fiktiven Verhältnissen)

b 2. Nach § 323 Abs. 1 ZPO kommt es hierfür auf die Änderung derjenigen Verhältnisse an, die für die Verurteilung zur Entrichtung der Leistung sowie für ihre Höhe und Dauer maßgebend waren. Nach § 323 Abs. 2 ZPO ist die Klage nur insoweit zulässig, als die Gründe, auf die sie gestützt wird, erst nach dem Schluss der letzten mündlichen Verhandlung in dem vorausgegangenen Verfahren entstanden sind.

Für die Zulässigkeit der Abänderungsklage ist es erforderlich, dass der Kläger Tatsachen behauptet, die eine derartige Änderung ergeben.

a) Der Kläger hat nach den vom Berufungsgericht getroffenen Feststellungen geltend gemacht, seit März 2002 wieder einer Erwerbstätigkeit nachzugehen, jedoch nur ein monatliches Nettoeinkommen von 1499 EUR zu erzielen. Eine besser bezahlte Arbeitsstelle habe er trotz seiner Bemühungen, die er auch nach dem Beginn der Beschäftigung fortgesetzt habe, nicht zu finden vermocht. Es stellt sich deshalb die Frage, ob ihm die Abänderungsklage mit diesem Vorbringen eröffnet ist.

b) In Rechtsprechung und Schrifttum wird die Behandlung der Fälle, in denen fiktive Verhältnisse Grundlage der Abänderung sind, nicht einheitlich beantwortet. Insbesondere bereitet der Fall der fortdauernden Arbeitslosigkeit desjenigen Unterhaltsschuldners Probleme, dessen Leistungsfähigkeit fingiert wurde, indem ihm tatsächlich nicht erzielte Einkünfte wegen Verletzung seiner Erwerbsobliegenheit zugerechnet wurden. Hat er sich anschließend hinreichend, aber erfolglos um eine neue Beschäftigung bemüht, so steht ihm nach allgemeiner Meinung die Abänderungsklage offen (OLG

Karlsruhe FamRZ 1983, 931, 932; KG FamRZ 1984, 1245 f.; OLG Hamm FamRZ 1995, 1217; *Soyka*, Die Abänderungsklage im Unterhaltsrecht Rn. 83; *Wendl/Thalmann*, 6. Aufl. § 8 Rn. 158c; *Göppinger/Vogel* Unterhaltsrecht 8. Aufl. Rn. 2404; *Kalthoener/Büttner/Niepmann*, 10. Aufl. Rn. 729 ff.; *Gerhardt* in: Handbuch des Fachanwalts für Familienrecht 6. Aufl. 6. Kap. Rn. 651; differenzierend *Johannsen/Henrich/Brudermüller*, Eherecht 4. Aufl. § 323 ZPO Rn. 71; *Graba* FamRZ 2002, 6, 10 f.; *Schwab/Maurer/Borth* Handbuch des Scheidungsrechts 5. Aufl. Kap. I Rn. 1031; MünchKommZPO/ *Gottwald* 3. Aufl. § 323 Rn. 81). Insoweit wird ausgeführt, bei einer fingierten Leistungsfähigkeit, die darauf beruhe, dass der Unterhaltspflichtige einer Erwerbsobliegenheit nicht nachkomme oder seine Arbeitsstelle mutwillig aufgebe und dadurch arbeitslos werde, könne seine zeitlich unbegrenzte Leistungsfähigkeit nicht unterstellt werden. Er könne nicht wegen eines einmal begangenen Fehlers für alle Zeit als leistungsfähig gelten. Denn es müsse immer mit gewissen Veränderungen im Arbeitsleben gerechnet werden, die dazu führen könnten, dass der Arbeitnehmer seinen Arbeitsplatz verliere, oder Gründe einträten, die ihn im Verhältnis zu dem Unterhaltsgläubiger zur Aufgabe der Arbeitsstelle berechtigten. Einem Unterhaltspflichtigen müsse daher nach einer gewissen Übergangszeit die Möglichkeit eingeräumt werden, darzutun und zu beweisen, dass er sich nach Kräften um eine angemessene Arbeitsstelle bemüht, seinen Fehler also wieder gutzumachen versucht habe, seine Bemühungen aber trotz aller Anstrengungen erfolglos geblieben seien.

Hinsichtlich der dogmatischen Behandlung dieser Fälle werden unterschiedliche Auffassungen vertreten. Teilweise wird nur eine Annexkorrektur im Rahmen einer aus anderen Gründen eröffneten Abänderungsklage für zulässig gehalten, teilweise wird § 323 Abs. 2 ZPO einschränkend angewandt, um die Prognose entsprechend den aktuellen Verhältnissen zu korrigieren (vgl. hierzu im Einzelnen *Johannsen/Henrich/Brudermüller* Eherecht 4. Aufl. § 323 ZPO Rn. 71; *Graba*, FamRZ 2002, 6, 11).

c) Der Senat ist der Auffassung, dass die unterschiedlichen Fallgestaltungen der fingierten Leistungsfähigkeit eines Unterhaltsschuldners aufgrund einer Verletzung seiner Erwerbsobliegenheit einer differenzierten Beurteilung bedürfen. Denn es besteht ein entscheider Unterschied zwischen dem Fall, in dem der Unterhaltspflichtige zunächst schuldlos seine Arbeitsstelle verliert und sich danach nicht in ausreichendem Maß um eine neue Arbeit bemüht, so dass ihm nunmehr fiktiv ein erzielbares Einkommen – gegebenenfalls entsprechend jetzt schlechterer Verhältnisse auf dem Arbeitsmarkt – zugerechnet wird, und jenem Fall, in dem er – wie hier – mutwillig einen gut bezahlten sicheren Arbeitsplatz aufgibt und deshalb fiktiv so behandelt wird, als ob er noch die frühere Arbeitsstelle mit dem dabei erzielten Einkommen habe. In dem letzteren Fall ist eine Abänderung des auf fiktiver Grundlage ergangenen Urteils nur dann zulässig, wenn er geltend macht, dass er die frühere Arbeitsstelle in der Zwischenzeit ohnehin verloren hätte, etwa weil er den Anforderungen aus gesundheitlichen Gründen nicht mehr gewachsen gewesen oder Personal abgebaut worden und er hiervon betroffen gewesen wäre (vgl. auch *Graba* FamRZ 2002, 6, 10). Es reicht dagegen nicht aus, wenn er vorträgt, inzwischen wieder einer Erwerbstätigkeit nachzugehen, mit ihr aber das frühere Einkommen nicht erzielen zu können. Denn er muss darlegen, dass die der Verurteilung zugrunde liegende Prognose aufgrund einer Veränderung der Verhältnisse nicht mehr gerechtfertigt ist. Die Prognose geht in Fällen der mutwilligen Aufgabe des Arbeitsplatzes aber regelmäßig dahin, dass der Unterhaltsschuldner ohne das ihm vorzuwerfende Verhalten weiterhin über seinen früheren Arbeitsplatz und das frühere Einkommen verfügen würde. Eine zeitliche Komponente derart, dass eine solche Prognose nur für einen bestimmten Zeitraum Geltung beansprucht, wie es das Oberlandesgericht meint, ist einer Verurteilung auf fiktiver Grundlage nicht immanent, es sei denn, das Gericht hätte eine ausdrückliche Einschränkung dieser Art gemacht.

(Verfassungsrechtliche Grenzen der Fortschreibung fiktiver Verhältnisse)

d) An dieser Betrachtungsweise sieht sich der Senat nicht aus verfassungsrechtlichen Gründen gehindert. Ausprägung des Grundsatzes der Verhältnismäßigkeit im Recht des Verwandtenunterhalts ist § 1603 Abs. 1 BGB, nach dem nicht unterhaltspflichtig ist, wer bei Berücksichtigung seiner sonstigen Verpflichtungen außerstande ist, ohne Gefährdung seines angemessenen Unterhalts den Unterhalt zu gewähren. Eltern, die sich in dieser Lage befinden, sind gemäß § 1603 Abs. 2 BGB ihren minderjährigen und privilegierten volljährigen unverheirateten Kindern gegenüber aber verpflichtet, alle verfügbaren Mittel zu ihrem und der Kinder Unterhalt gleichmäßig zu verwenden. Hieraus sowie aus Art. 6 Abs. 2 GG folgt auch die Verpflichtung der Eltern zum Einsatz der eigenen Arbeitskraft. Daher ist es verfassungsrechtlich nicht zu beanstanden, dass nicht nur die tatsächlichen, sondern auch die fiktiv erzielbaren Einkünfte berücksichtigt werden, wenn der Unterhaltsverpflichtete eine ihm mögliche und

c

zumutbare Erwerbstätigkeit unterlässt, obwohl er diese bei gutem Willen ausüben könnte. Grundvoraussetzung eines jeden Unterhaltsanspruchs bleibt allerdings die Leistungsfähigkeit des Unterhaltsverpflichteten. Überschreitet der ausgeurteilte Unterhalt die Grenze des Zumutbaren, ist die Beschränkung der Dispositionsfreiheit des Verpflichteten im finanziellen Bereich als Folge der Unterhaltsansprüche des Bedürftigen nicht mehr Bestandteil der verfassungsmäßigen Ordnung und kann vor dem Grundrecht des Art. 2 Abs. 1 GG nicht bestehen (vgl. BVerfG FamRZ 2007, 273, 274). Ob dies uneingeschränkt auch für den Fall mutwilliger Arbeitsplatzaufgabe gilt, kann hier dahinstehen.

In einem Fall wie dem vorliegenden wird jedenfalls die Grenze des Zumutbaren schon deswegen nicht überschritten, weil ein Abänderungsbegehren nur nach den vorstehend aufgezeigten Maßgaben für zulässig erachtet wird. Das dem Unterhaltsschuldner fiktiv zugerechnete Einkommen war für ihn erzielbar und hätte – unveränderte Umstände unterstellt – ohne sein vorwerfbares Verhalten auch weiterhin erzielt werden können. Bei dieser Fallgestaltung gebietet es der Schutz der Unterhaltsberechtigten, den Unterhaltsschuldner an den fortwirkenden Folgen seines mutwilligen Verhaltens festzuhalten. Im Übrigen bleibt der Schutz des Unterhaltspflichtigen auch bei Berücksichtigung fiktiver Einkünfte durch seinen notwendigen Selbstbehalt gewährleistet der den eigenen Sozialhilfebedarf nicht unterschreiten darf (Senatsurteile BGHZ 166, 351, 356 = FamRZ 2006, 683, 684 und vom 9. Januar 2008 – XII ZR 170/05 – zur Veröffentlichung bestimmt). Einen weiteren Schutz gegenüber überzogenen Unterhaltsforderungen genießt der Unterhaltsschuldner auch durch die Pfändungsfreigrenzen des § 850d ZPO. Der Beschränkung seiner Dispositionsfreiheit im finanziellen Bereich kann er schließlich durch die Einleitung eines Verbraucherinsolvenzverfahrens bezüglich der Unterhaltsrückstände entgegenwirken, wozu ihn nach der Rechtsprechung des Senats wegen seiner gesteigerten Unterhaltspflicht gegenüber minderjährigen und privilegierten volljährigen Kindern sogar eine Obliegenheit treffen kann (vgl. hierzu Senatsurteile BGHZ 162, 234 ff. = FamRZ 2005, 605 ff., vom 31. Oktober 2007 – XII ZR 112/05 – FamRZ 2008, 137 und vom 12. Dezember 2007 – XII ZR 23/06 – zur Veröffentlichung vorgesehen).

(Einkommensfiktion bei mutwilliger Arbeitsaufgabe; Hinweis auf Kurzarbeit oder Verschlechterung des Gesundheitszustandes zulässiger Abänderungsgrund)

d 3. Der Vortrag, den das Berufungsgericht seiner Entscheidung zugrunde gelegt hat, genügt danach nicht, um dem Kläger die Abänderungsklage zu eröffnen. Das Urteil des Amtsgerichts vom 13. März 2001 ist ausdrücklich darauf gestützt worden, dass er seinen Arbeitsplatz aufgegeben habe, um sich der Unterhaltspflicht zu entziehen; wenn er in Kenntnis seiner Unterhaltspflicht und angesichts der bekannt schwierigen Situation auf dem Arbeitsmarkt mutwillig seine Arbeitsstelle aufgebe, müsse er im bisherigen Umfang als leistungsfähig angesehen werden. Dieser Fiktion liegt die Prognose zugrunde, dass der Unterhaltspflichtige ohne die unterhaltsrechtlich vorwerfbare Aufgabe seiner Arbeitsstelle weiter zu gleichen Bedingungen beschäftigt wäre. Mit Rücksicht auf diese Prognose ist eine Abänderungsklage nur dann zulässig, wenn der Kläger geltend macht, dass er die frühere Arbeitsstelle ohnehin verloren hätte, oder sein Einkommen daraus aus anderen Gründen (zB Kurzarbeit) zurückgegangen wäre, er mithin einen von dieser Prognose abweichenden Verlauf behauptet (vgl. Senatsurteil vom 18. März 1992 – XII ZR 24/91 – NJW-RR 1992, 1091, 1092).

4. Nach dem im Berufungsurteil in Bezug genommenen Klagevorbringen hat der Kläger allerdings auch behauptet, aufgrund der seit der vorausgegangenen Entscheidung fortschreitenden Verschlechterung seines Gesundheitszustands zu der früheren, in drei Schichten zu verrichtenden Tätigkeit nicht mehr in der Lage zu sein. Die bereits früher diagnostizierte Coxarthrose, an der er unter anderem leide, habe sich wesentlich verschlimmert, weshalb ihm ein Grad der Behinderung von 50% zuerkannt worden sei.

Damit stützt der Kläger sich auf eine nach Schluss der mündlichen Verhandlung in dem vorausgegangenen Rechtsstreit eingetretene Änderung der Verhältnisse, die – ihre Richtigkeit unterstellt – zu einer Korrektur der damaligen Prognose veranlassen und zu einer Anpassung des Unterhalts an die veränderten Verhältnisse führen würde. Mit dieser Begründung ist dem Kläger die Abänderungsklage deshalb eröffnet.

BGH v. 5.3.2008 – XII ZR 22/06 – FamRZ 2008, 963 = NJW 2008, 1946

(Übertragung Hälfteanteil Familienheim an Ehepartner)

a [12] a) Zutreffend und im Einklang mit der Rechtsprechung des Senats hat das Berufungsgericht auf Seiten des Beklagten den Wohnwert des gesamten Reihenhauses berücksichtigt, weil er bereits zu Beginn der Trennungszeit den ideellen Miteigentumsanteil der Klägerin erworben hatte.

[13] Zwar entfallen die Vorteile der mietfreien Nutzung der Ehewohnung, wenn diese im Zusammenhang mit der Scheidung veräußert wird. An ihre Stelle treten aber die Vorteile, die die Ehegatten in Form von Zinseinkünften aus dem Erlös ihrer Miteigentumsanteile ziehen oder ziehen könnten. Das gilt im Grundsatz auch dann, wenn die Ehewohnung nicht an Dritte veräußert wird, sondern ein Ehegatte seinen Miteigentumsanteil auf den anderen überträgt. Auch in einem solchen Fall tritt für den veräußernden Ehegatten der Zins aus dem Erlös als Surrogat an die Stelle der früheren Nutzungsvorteile seines Miteigentumsanteils. Für den übernehmenden Ehegatten verbleibt es hingegen grundsätzlich bei einem Wohnvorteil, und zwar nunmehr in Höhe des Wertes der gesamten Wohnung, gemindert um die unterhaltsrechtlich zu berücksichtigenden Belastungen, einschließlich der Belastungen durch den Erwerb des Miteigentumsanteils des anderen Ehegatten (Senatsurteile vom 1. Dezember 2004 – XII ZR 75/02 – FamRZ 2005, 1159, 1161 und vom 11. Mai 2005 – XII ZR 211/02 – FamRZ 2005, 1817, 1820 f.).

(Angemessener Wohnwert in Trennungszeit nur, solange noch mit Wiederherstellung der ehelichen Lebensgemeinschaft gerechnet werden kann; ab endgültigem Scheitern der Ehe durch Zustellung Scheidungsantrag objektive Marktmiete als Wohnwert)

[15] Zwar kommt der Wohnwert nach dem Auszug eines Ehegatten zunächst nicht mehr in vollem Umfang zum Tragen. Weil der in der Wohnung verbleibende Ehegatte nach ständiger Rechtsprechung des Senats noch nicht gehalten ist, die Wohnung sofort anderweit zu verwerten, ist der Wohnwert in dieser Zeit nur noch in einer Höhe in Rechnung zu stellen, wie er sich als angemessene Wohnungsnutzung des in der Ehewohnung allein verbliebenen Ehegatten darstellt. Der Gebrauchswert der – für den die Wohnung weiter nutzenden Ehegatten an sich zu großen – Wohnung ist deswegen regelmäßig danach zu bestimmen, welchen Mietzins er auf dem örtlichen Wohnungsmarkt für eine dem ehelichen Lebensstandard entsprechende angemessene kleinere Wohnung zahlen müsste (Senatsurteil vom 28. März 2007 – XII ZR 21/05 – FamRZ 2007, 879, 880 f.). Der volle Wohnwert kommt deswegen regelmäßig erst dann zum Tragen, wenn nicht mehr mit einer Wiederherstellung der ehelichen Lebensgemeinschaft zu rechnen ist und auch dem in der Wohnung verbliebenen Ehegatten eine Verwertung zugemutet werden kann, etwa mit Zustellung des Scheidungsantrags.

(Endgültiges Scheitern der Ehe auch, wenn in Trennungszeit Ehevertrag mit Übertragung Haushälfte geschlossen wird)

[16] In revisionsrechtlich nicht zu beanstandender Weise ist das Berufungsgericht allerdings davon ausgegangen, dass im vorliegenden Fall die Berücksichtigung des vollen Wohnwerts schon seit der Trennung der Parteien gerechtfertigt ist. Die Parteien streiten noch um Trennungsunterhalt für die Zeit ab April 2005. Schon zuvor hatten sie mit der Trennung im Dezember 2004 einen notariellen Ehevertrag geschlossen und darin ihre vermögensrechtlichen Ansprüche einschließlich der Auseinandersetzung des Miteigentums und der Ausgleichsansprüche abschließend geregelt. In einem solchen Fall steht der Gesichtspunkt der Wiederherstellung der ehelichen Lebensgemeinschaft einer Berücksichtigung des vollen Wohnwerts nicht mehr entgegen. Das Berufungsgericht durfte dem Beklagten, der das Alleineigentum an dem Reihenhaus erworben hat, deswegen den sich daraus ergebenden vollen Wohnwert zurechnen.

(Abzug Tilgung zur einseitigen Vermögensbildung, wenn es sich um zulässige Altervorsorge handelt)

[21] d) Abweichend von der Rechtsprechung des Senats und ohne nähere Begründung hat das Berufungsgericht den Tilgungsanteil der Kredite allerdings auch unter dem Gesichtspunkt der zusätzlichen Altersvorsorge unberücksichtigt gelassen.

[22] Der Senat geht in seiner neueren Rechtsprechung davon aus, dass der Lebensstandard im Alter nur dann zu sichern ist, wenn neben der primären Vorsorge – ua durch die gesetzliche Rentenversicherung – private Leistungen für eine zusätzliche Altersversorgung erbracht werden. Diese Notwendigkeit, für das Alter zusätzlich Vorsorge zu treffen, stellt sich letztlich für jeden, auch für den getrennt lebenden Ehegatten. Da eine angemessene Altersvorsorge nicht mehr allein durch die gesetzliche Rentenversicherung gewährleistet werden kann, muss dem Unterhaltsberechtigten und gleichermaßen dem Unterhaltspflichtigen zugebilligt werden, in angemessenem Umfang zusätzlich Vorsorgeaufwand zu betreiben und beiden die Möglichkeit eröffnet sein, diesen Umstand in die Unterhaltsbemessung einfließen zu lassen. Dabei ist es unterhaltsrechtlich unerheblich, ob sich der Erwerbstätige für eine Direktversicherung oder eine anderweitige Altersvorsorge entscheidet. Auch wenn er durch

die Entschuldung des Familienheims weiteres Vermögen mit dem Ziel einer später miet- und belastungsfreien Wohnungsnutzung schafft, ist dies als besondere Form der zusätzlichen Altersvorsorge berücksichtigungsfähig (Senatsurteil BGHZ 163, 84, 97 ff. = FamRZ 2005, 1817, 1821).

[23] Zur Höhe hat der Senat in Anlehnung an den Höchstfördersatz der sog. „Riester-Rente" einen Betrag von bis zu 4% des Gesamtbruttoeinkommens des Vorjahres als angemessene zusätzliche Altersvorsorge angesehen (5% beim Elternunterhalt). Nur soweit tatsächlich erbrachte Leistungen der Altersvorsorge darüber hinausgehen, müssen sie als einseitige Vermögensbildung zu Lasten des Unterhaltsberechtigten unberücksichtigt bleiben.

(Bedarfsdeckung durch Kindergeld; Abzug Zahlbetrag Kindesunterhalt sowohl beim Volljährigen als auch beim Minderjährigen)

g [36] Das Kindergeld nach den Vorschriften des BKGG und den §§ 62 ff. EStG dient dem allgemeinen Familienleistungsausgleich und will die Unterhaltslast im Ganzen, also die Unterhaltslast aller Unterhaltspflichtigen erleichtern. Wenn es deswegen in voller Höhe auf den Barbedarf des volljährigen Kindes anzurechnen ist (vgl. insoweit § 1612b Abs. 1 Nr. 2 BGB in der seit 1. Januar 2008 geltenden Fassung), mindert es insoweit die sich aus den jeweiligen Einkommensverhältnissen ergebende anteilige Barunterhaltspflicht beider Eltern. Dieser Vorteil fließt nach der neueren Rechtsprechung des Senats auf die Weise in die Berechnung des Ehegattenunterhalts ein, dass nur noch der tatsächlich geleistete Zahlbetrag – und nicht ein um das (anteilige) Kindergeld erhöhter Tabellenbetrag – abgesetzt werden kann. Auch unter Berücksichtigung des sich dann ergebenden Ehegattenunterhalts verbleibt dem barunterhaltspflichtigen Elternteil jedenfalls die um seinen Erwerbstätigenbonus erhöhte Hälfte des Kindergeldes, während der andere Elternteil über den Ehegattenunterhalt nur in geringem Umfang von der Entlastung durch das Kindergeld profitiert. Auch wenn die Eltern anteilig für den Barunterhalt ihres volljährigen Kindes haften, führt die Berücksichtigung des Zahlbetrages im Rahmen des Ehegattenunterhalts nur zu einem hälftigen Ausgleich der Entlastung. Denn mit dem Ehegattenunterhalt wird dann nur die Differenz der unmittelbaren Entlastung beider barunterhaltspflichtigen Elternteile hälftig ausgeglichen (zur Berücksichtigung des Zahlbetrages bei dem um das hälftige Kindergeld geminderten Barunterhalt an minderjährige Kinder vgl. *Klinkhammer* FamRZ 2008, 193, 199; *Scholz* FamRZ 2007, 2221, 2224; *Dose* FamRZ 2007, 1289, 1292 f.; *Gerhard* FamRZ 2007, 945, 948).

(Zinsen aus Zugewinnausgleich eheprägendes Surrogat)

h [37] 2. Schließlich hat das Berufungsgericht die dem Einkommen der Klägerin hinzuzurechnenden Zinserträge unzutreffend ermittelt. Denn es hat den von der Klägerin als Gegenleistung aus dem notariellen Ehevertrag erhaltenen Geldbetrag in Höhe von 75 000 EUR in einen als Surrogat des früheren Miteigentums eheprägenden und einen als Zugewinnausgleich nicht eheprägenden Anteil aufgegliedert. Auch das hält der revisionsrechtlichen Prüfung nicht stand.

[38] Denn der Senat hat inzwischen entschieden, dass auch die Erträge aus einem im Zugewinnausgleich erworbenen Vermögen bei der Bemessung des Unterhaltsbedarfs nach den ehelichen Lebensverhältnissen zu berücksichtigen sind, wenn sie zuvor als Erträge des ausgleichspflichtigen Ehegatten die Lebensverhältnisse der Parteien bestimmt haben (Senatsurteil vom 4. Juli 2007 – XII ZR 141/05 – FamRZ 2007, 1532, 1536).

BGH v. 16.4.2008 – XII ZR 7/05 – FamRZ 2008, 1414 = NJW 2008, 2779

R693 *(Verwirkung nach § 1579 Nr. 7 BGB)*

[22] 2. Im Ansatz zutreffend ist das BerGer. davon ausgegangen, dass der Tatbestand des § 1579 Nr. 7 BGB in der Fassung des Unterhaltsrechtsänderungsgesetzes (§ 1579 Nr. 6 BGB aF), der ein offensichtlich schwerwiegendes, eindeutig bei dem Berechtigten liegendes Fehlverhalten gegen den Verpflichteten voraussetzt, erfüllt sein kann, wenn der Berechtigte gegen den Willen des anderen Ehegatten eine eheähnliche Gemeinschaft begründet oder ein nachhaltiges, auf längere Dauer angelegtes intimes Verhältnis zu einem anderen Partner aufnimmt. Darin ist eine so schwerwiegende Abkehr von den ehelichen Bindungen zu sehen, dass nach dem Grundsatz der Gegenseitigkeit, der dem ehelichen Unterhaltsrecht zu Grunde liegt, die Inanspruchnahme des anderen Ehegatten auf Unterhalt grob unbillig erscheint (*Senat*, NJW 1990, 253 = FamRZ 1989, 1279 [1280]; NJW 1983, 1548 = FamRZ 1983, 569 [571]; NJW 1982, 1461 = FamRZ 1982, 463 [464]; NJW 1981, 1214 = FamRZ 1981, 439 [440 f.]).

[23] Das BerGer. hat offengelassen, ob ein Fehlverhalten vorliegt, das eindeutig der Kl. zuzurechnen ist, oder ob die Ehe zur Zeit der Trennung bereits gescheitert war. Für das Revisionsverfahren ist deshalb zu Gunsten des Bekl. zu unterstellen, dass die Ehe der Parteien im Februar 2000 noch intakt war.

[24] 3. Für die Annahme, ein Härtegrund iS des § 1579 Nr. 7 BGB liege unabhängig von der Frage der Einseitigkeit eines Fehlverhaltens nicht vor, hat das BerGer. maßgebend darauf abgestellt, dass es der Kl. wegen ihrer sexuellen Umorientierung und Entwicklung gleichgeschlechtlicher Neigungen nicht habe verwehrt werden können, sich aus der ehelichen Gemeinschaft zu lösen. Dabei hat es verkannt, dass allein dieser Schritt der Kl. ohnehin nicht vorgeworfen werden kann.

[25] Nach der Neufassung des § 1361 BGB durch das 1. EheRG richtet sich der Anspruch auf Trennungsunterhalt allein nach den Lebens-, Erwerbs- und Vermögensverhältnissen der Ehegatten, ohne dass es auf die Gründe der Trennung ankommt. Das Verhalten des Unterhalt begehrenden Ehegatten, der die Trennung herbeigeführt hat, kann nur nach Maßgabe der Härteregelung des § 1579 BGB berücksichtigt werden. Dem liegt die gesetzgeberische Wertung zu Grunde, dass die Trennung als solche keine unterhaltsrechtlichen Sanktionen zur Folge haben soll. Wenn ein Ehegatte seinen Entschluss zur Aufhebung der ehelichen Lebensgemeinschaft verwirklicht, begibt er sich notwendigerweise der Möglichkeit, seinen weiteren Unterhalt in Form des Familienunterhalts (§ 1360a BGB) zu erhalten. Würde ihm schon diese mit der Trennung verbundene Folge nach der Härteregelung entgegengehalten werden können, würde ein mittelbarer Zwang zur Aufrechterhaltung der ehelichen Gemeinschaft ausgeübt. Infolgedessen müsste – wie nach dem Rechtszustand vor Inkrafttreten des 1. EheRG – im Einzelfall ermittelt werden, ob der Ehegatte zur Trennung „berechtigt" war. Nach geltendem Recht soll der bedürftige getrennt lebende Ehegatte aber grundsätzlich ohne Rücksicht auf die Gründe der Trennung angemessenen Unterhalt in Form einer Geldrente (§ 1361 IV 1 BGB) beanspruchen können (*Senat*, NJW 1986, 1340 = FamRZ 1986, 434 [435 f.]; NJW 1979, 1348 = FamRZ 1979, 569 [570]). Es kommt deshalb in diesem Zusammenhang nicht darauf an, auf Grund welcher Umstände die eheliche Lebensgemeinschaft aufgehoben worden ist und ob diese aus der Sicht des die Trennung herbeiführenden Ehegatten mehr oder weniger naheliegend oder gar zwingend waren.

[26] 4. Der entscheidende Gesichtspunkt für die Annahme eines Härtegrundes gem. § 1579 Nr. 7 BGB ist danach nicht in der Trennung als solcher zu sehen, sondern in der Widersprüchlichkeit des Verhaltens des Unterhaltsberechtigten, der sich zum einen aus der ehelichen Bindung löst, zum anderen aber die eheliche Solidarität durch ein Unterhaltsbegehren einfordert, ohne seinerseits das Prinzip der Gegenseitigkeit zu wahren. Dieses Prinzip wird verletzt, wenn der Berechtigte sich gegen den Willen seines Ehegatten einem anderen Partner zuwendet und jenem die dem Ehegatten geschuldete Hilfe und Fürsorge zuteil werden lässt. Eine in dieser Weise erfolgte Abkehr von der Ehe, die vor allem in der Begründung einer eheähnlichen Gemeinschaft oder der Aufnahme eines nachhaltigen, auf längere Dauer angelegten intimen Verhältnisses liegen kann, führt dazu, dass die Inanspruchnahme des anderen Ehegatten auf Unterhalt grob unbillig erscheint (*Senat*, NJW 1980, 1686 = FamRZ 1980, 665 [666 f.]; NJW 1983, 1548 = FamRZ 1983, 569 [572]; NJW 1990, 253 = FamRZ 1989, 1279 [1280]). Dabei ist es, wie das BerGer. zutreffend ausgeführt hat, regelmäßig nicht von Bedeutung, ob der Berechtigte sich im unmittelbaren Anschluss an die Trennung einem anderen Partner in der vorgenannten Art zuwendet oder ob dies erst zu einem späteren Zeitpunkt des Getrenntlebens geschieht (vgl. *Senat*, NJW 1990, 253 = FamRZ 1989, 1279 [1280]). Wesentlich ist vielmehr, ob das Verhalten des Berechtigten für das Scheitern der Ehe ursächlich war. Das wäre etwa dann nicht der Fall, wenn die Aufnahme der Beziehung erst zu einem Zeitpunkt erfolgte, als der Verpflichtete sich seinerseits bereits von seinem Ehegatten abgewandt hatte (so etwa auch *Schwab/Borth*, Hdb. d. ScheidungsR, 5. Aufl., IV Rn. 487).

BGH v. 16.4.2008 – XII ZR 107/06 – FamRZ 2008, 1325 = NJW 2008, 2581

(Verwirkung nach § 1579 Nr. 5 BGB)

[24] b) Nach § 1579 Nr. 5 BGB (§ 1579 Nr. 4 BGB aF) ist ein Unterhaltsanspruch zu versagen, herabzusetzen oder zeitlich zu begrenzen, soweit die Inanspruchnahme des Verpflichteten auch unter Wahrung der Belange eines dem Berechtigten zur Pflege und Erziehung anvertrauten gemeinschaftlichen Kindes grob unbillig wäre, weil der Berechtigte sich über schwerwiegende Vermögensinteressen des Verpflichteten mutwillig hinweggesetzt hat.

[25] aa) Die Begrenzung des Unterhalts verlangt somit neben dem Härtegrund der Verletzung schwerwiegender Vermögensinteressen stets auch eine grobe Unbilligkeit für den Unterhaltspflichtigen

unter Wahrung der Belange des Unterhaltsberechtigten (*Senat*, BGHZ 146, 391 [399] = NJW 2001, 1789 = FamRZ 2001, 541 [543 f.]). Je schwerer ein Härtegrund wiegt, umso mehr ist es dem Unterhaltsberechtigten zuzumuten, die unterhaltsrechtlichen Folgen seines Verhaltens weitgehend selbst zu tragen und entsprechende Einschränkungen auf sich zu nehmen, soweit nicht das Kindeswohl eine andere Beurteilung erfordert (vgl. auch *Wendl/Gerhardt*, Das UnterhaltsR in der familienrichterlichen Praxis, 6. Aufl., § 4 Rn. 615, 618).

[26] bb) Entgegen der Rechtsauffassung der Ast. hat das BerGer. zu Recht eine mutwillige Verletzung schwerwiegender Vermögensinteressen des Ag. angenommen.

[27] Zwar setzt der Härtegrund des § 1579 Nr. 5 BGB objektiv ein gravierendes Verhalten des Unterhaltsberechtigten voraus, was sich aus der Wortwahl „schwerwiegende" und „hinwegsetzen" ergibt. Damit stellt die Vorschrift nicht allein auf den Umfang der Vermögensgefährdung ab, sondern auch auf die Intensität der Pflichtverletzung. Nicht erforderlich ist es, dass dem Unterhaltspflichtigen tatsächlich ein Vermögensschaden entsteht. Es genügt eine schwerwiegende Gefährdung seiner Vermögensinteressen, die – wie hier – dadurch entstehen kann, dass der Unterhaltsschuldner bereits geleisteten Unterhalt trotz angestiegenen Einkommens des Unterhaltsberechtigten später nicht zurückfordern kann (vgl. insoweit *Senat*, NJW 1998, 2433 = FamRZ 1998, 951).

[28] Diese objektive Voraussetzung der Verwirkung hat das BerGer. zu Recht als erfüllt angesehen, weil die Ast. die erhebliche Steigerung ihres unterhaltsrelevanten Einkommens seit dem Abschluss des Vergleichs dem Ag. nicht mitgeteilt hat. Damit hat sie gegen ihre Obliegenheit zur ungefragten Information über spätere Einkommensänderungen verstoßen. Nach der Rechtsprechung des *Senats* sind jedenfalls die Parteien eines Unterhaltsvergleichs verpflichtet, sich gegenseitig ungefragt zu informieren, wenn ihr Verdienst das für die Bemessung des Unterhalts berücksichtigte Einkommen deutlich übersteigt (*Senat*, NJW 1997, 1439 = FamRZ 1997, 483 [484]; NJW 1986, 1751 = FamRZ 1986, 450 [453]). Weil sich die Parteien hier im Rahmen eines gerichtlichen Vergleichs über den Trennungsunterhalt geeinigt hatten, kommt es nicht darauf an, ob sich diese Verpflichtung zur ungefragten Information nur aus der vertraglichen Treuepflicht nach Abschluss eines gerichtlichen Vergleichs oder unabhängig von der Art des Unterhaltstitels schon aus dem unterhaltsrechtlichen Treueverhältnis ergibt (so *Büttner*, FF 2008, 15; vgl. auch *Hoppenz*, FamRZ 1989, 337 [338 f.]; *Wendl/Dose*, § 1 Rn. 696 ff.).

[29] Subjektiv erfordert der Härtegrund des § 1579 Nr. 5 BGB ein mutwilliges Handeln, das zumindest leichtfertiges Verhalten des Unterhaltsberechtigten voraussetzt (*Senat*, BGHZ 146, 391 [399 f.] = NJW 2001, 1789 = FamRZ 2001, 541 [544]; NJW-RR 1988, 1093 = FamRZ 1988, 1031 [1033]; *Gerhardt/v. Heintschel-Heinegg/Klein*, Hdb. d. Fachanwalts FamilienR, 6. Aufl., Kap. 6 Rn. 458). Auch dies hat das BerGer. in revisionsrechtlich nicht zu beanstandender Weise angenommen.

[30] Der Auffassung der Ast., ihr könne allenfalls Fahrlässigkeit vorgeworfen werden, weil sie die Erhöhung ihrer Einkünfte nicht bewusst verschwiegen, sondern nicht daran gedacht habe, folgt der *Senat* nicht. Der festgestellte Sachverhalt rechtfertigt vielmehr den Schluss des *OLG*, dass die Bekl. zumindest mit bedingtem Vorsatz handelte, wenn es ihr nicht sogar darauf ankam, sich durch das Verschweigen der Höhe ihres Verdienstes Vermögensvorteile zu verschaffen. Denn im Zeitpunkt des Vergleichsschlusses über den Trennungsunterhalt war das Scheidungsverfahren der Parteien bereits anhängig und die Parteien verhandelten außergerichtlich über die Höhe des nachehelichen Unterhalts. Mit dem außergerichtlichen Schreiben vom 9.12.2004 wurde dem Ag. die Verdienstabrechnung für den Zeitraum von Dezember 2003 bis November 2004 „wunschgemäß" überreicht. Erst im Anschluss daran hat die Ast. mit Schriftsatz vom 11.1.2005 ihren Unterhaltsantrag im Verbundverfahren eingereicht.

[31] cc) Das BerGer. hat die Voraussetzungen der Verwirkung nach § 1579 Nr. 5 BGB auch unter Berücksichtigung des strengen Maßstabs der groben Unbilligkeit hier zu Recht angenommen. Denn die Ast. hat über die Dauer eines Jahres Unterhalt auf der Grundlage deutlich geringerer eigener Einkünfte bezogen, obwohl ihr Einkommen aus Teilzeit- und Nebentätigkeit um annähernd 400 EUR monatlich angestiegen war. Zwar hat der Ag. im März 2004 eine Steuererstattung erhalten, die jedenfalls teilweise unterhaltsrechtlich zu berücksichtigen ist. Dies schließt eine grobe Unbilligkeit als Folge der verschwiegenen höheren Einkünfte der Ast. allerdings nicht aus, weil es auch in Anbetracht dieser Steuererstattung dabei bleibt, dass die Ast. in der Zeit von Dezember 2003 bis März 2004 deutlich höheren Trennungsunterhalt bezogen hat, als ihr nach den höheren eigenen Einkünften zustand. Das Verschweigen der Steuererstattung durch den Ag. kann das Verschweigen der deutlichen Einkommenserhöhung durch die Ast. nicht ungeschehen machen und das unterhaltsbezogen vorwerf-

bare Verhalten deswegen nicht wieder aufheben. Zu Recht hat das BerGer. das Verhalten des Ag. hier deswegen erst bei der Bemessung der Rechtsfolge des § 1579 BGB berücksichtigt. Wenn das BerGer. den Unterhaltsanspruch der Ast. lediglich maßvoll um 100 EUR monatlich und auch nur befristet auf ein Jahr herabgesetzt hat, ist auch dagegen aus revisionsrechtlicher Sicht nichts zu erinnern.

BGH v. 30.7.2008 – XII ZR 126/06 – FamRZ 2008, 2104 = NJW 2008, 3635

(Voraussetzungen eines Unterhaltsanspruchs wegen Erwerbslosigkeit)

[18] Nach der Rechtsprechung des *Senats* ist Voraussetzung des Anspruchs aus § 1573 I BGB, dass sich der Ehegatte unter Einsatz aller zumutbaren und möglichen Mittel nachhaltig bemüht haben muss, eine angemessene Tätigkeit zu finden, wozu die bloße Meldung beim Arbeitsamt nicht genügt. Er trägt im Verfahren zudem die uneingeschränkte Darlegungs- und Beweislast für seine Bemühungen und muss in nachprüfbarer Weise vortragen, welche Schritte und in welchem zeitlichen Abstand er im Einzelnen in dieser Richtung unternommen hat. Die Beweiserleichterung nach § 287 II ZPO kommt ihm nicht zugute (*Senat*, NJW-RR 1993, 898 = FamRZ 1993, 789 [791]).

[19] Den von der Bekl. vorgetragenen und belegten Bewerbungsbemühungen fehlt es bereits an der nötigen Nachhaltigkeit. Die im Berufungsurteil angeführten Bewerbungen aus der Zeit von 1999 bis 2006 sind von ihrer Zahl her unzureichend und weisen zeitliche Lücken auf. Es ist auch nicht ersichtlich, welche Eigeninitiative die Bekl. außer ihrer Arbeitslosmeldung und den vorgelegten Anschreiben an Arbeitgeber in den mehr als acht Jahren seit der Scheidung entwickelt hat. Das BerGer. hat dementsprechend mit zwar knapper, aber zutreffender Begründung gefordert, die Bewerbungsintensität hätte gesteigert werden müssen, und damit zu erkennen gegeben, dass die vorgetragenen Bewerbungen den Anforderungen nicht genügen. Darüber hinaus hat es auch Zweifel an der Ernsthaftigkeit der Bewerbungen angemeldet und diese aus dem Inhalt der Bewerbungsschreiben hergeleitet. Auch dagegen ist revisionsrechtlich nichts zu erinnern. Die Revision führt hier anderweitige Erklärungsmöglichkeiten an, die allenfalls auf eine unzulässige Ersetzung der Würdigung des BerGer. durch die der Revision hinauslaufen.

[20] Die Beweiswürdigung des BerGer. unterliegt nach § 559 II ZPO grundsätzlich nicht der revisionsrechtlichen Kontrolle. Die Voraussetzungen einer ausnahmsweisen Korrektur durch das RevGer., etwa weil die Feststellungen auf einer Gesetzesverletzung beruhen, dem BerGer. ein Verstoß gegen die Denkgesetze unterlaufen ist oder Erfahrungssätze nicht beachtet wurden (vgl. *Musielak/Ball*, ZPO, 6. Aufl., § 559 Rn. 22), liegen nicht vor.

[21] Die Auffassung der Revision, dass eine nennenswerte Anzahl von Stellen, für welche die Bekl. von ihrem wissenschaftlichen Anforderungsprofil in Frage komme, nicht existiere, stellt die Feststellung unzureichender Erwerbsbemühungen durch das BerGer. nicht in Frage. Die Bekl. hätte sich nicht nur auf Stellen im Bereich der Wissenschaft bewerben können und müssen, sondern ihr stand auf Grund ihrer Ausbildung einschließlich der Zusatzqualifikation als Heilpraktikerin wie auch der wenigstens zeitweilig ausgeübten Praxis im psychosozialen Bereich ein wesentlich weiteres Berufsfeld offen.

[22] bb) Die unzureichende Arbeitssuche führt indessen noch nicht notwendig zur Versagung des Anspruchs aus § 1573 I BGB. Die mangelhafte Arbeitssuche muss vielmehr für die Arbeitslosigkeit auch ursächlich sein. Eine Ursächlichkeit besteht nicht, wenn nach den tatsächlichen Gegebenheiten des Arbeitsmarktes sowie den persönlichen Eigenschaften und Fähigkeiten des Unterhalt begehrenden Ehegatten für ihn keine reale Beschäftigungschance bestanden hat (*Senat*, NJW-RR 1993, 898 = FamRZ 1993, 789 [791]).

[23] Für das Bestehen einer realen Beschäftigungschance ist im vorliegenden Fall allerdings nicht erst auf den Beginn des streitbefangenen Zeitraums im Juni 2005 abzustellen, als die Bekl. schon 56 Jahre alt war. Die Besonderheit des vorliegenden Falls besteht darin, dass die Bekl. schon längere Zeit zuvor zu einer Erwerbstätigkeit verpflichtet war. Die Parteien gingen bereits anlässlich der Scheidung im Jahr 1998 übereinstimmend davon aus, dass die Bekl. zu einer Teilzeiterwerbstätigkeit verpflichtet war. Dementsprechend hat die Bekl. sich in den beiden ersten von den Parteien abgeschlossenen Vergleichen vom 9.2.1998 und 23.8.1999 jeweils ein fiktives Einkommen von 500 DM und zuletzt im Vergleich vom 28.1.2002 ein fiktives Einkommen von 818 EUR aus dann halbschichtiger Tätigkeit zurechnen lassen. Die Bekl. kann demnach nicht so behandelt werden, als hätte ihre Erwerbsobliegenheit erstmals im Jahr 2005 eingesetzt. Dass sie durch ihre unzureichende Eigeninitiative die Chance einer stufenweisen beruflichen Eingliederung hat verstreichen lassen, darf sich nicht zu Lasten des unterhaltspflichtigen Kl. auswirken. Vielmehr ist für die Frage der realen Beschäftigungschance darauf

abzustellen, ob eine solche bestanden hätte, wenn die Bekl. von Anfang an ihrer Erwerbsobliegenheit genügt hätte (vgl. auch *Senat*, NJW 2008, 1525 mAnm *Born* = FPR 2008, 244 mAnm *Stollenwerk* = FamRZ 2008, 872 [873 f.] mAnm *Hoppenz*). Dabei ist vor allem einzubeziehen, dass die Bekl., wie das *FamG* und das BerGer. übereinstimmend festgestellt haben, bei einer zunächst in Teilzeit ausgeübten Tätigkeit trotz ihres Alters die Chance einer späteren – sukzessiven – Aufstockung zu einer Vollzeitstelle deutlich verbessert haben könnte. Das BerGer. hat die auf Seiten der Bekl. bestehenden Schwierigkeiten, ihr Alter, ihre kaum entwickelte berufliche Praxis und die lange Zeit des beruflichen Ausstiegs in die Betrachtung mit einbezogen. Auch wenn sich diese Faktoren im Ergebnis lediglich bei der Höhe des erzielbaren Einkommens niedergeschlagen haben, hat das BerGer. sie ersichtlich gewürdigt. Wenn es in Anbetracht der bereits seit 1998 von den Parteien angenommenen (Teilzeit-)Erwerbsobliegenheit unter Einbeziehung von Fortbildungsmöglichkeiten dennoch eine bestehende reale Beschäftigungschance („im abhängigen oder selbstständigen Bereich") gesehen hat, ist dies als Ergebnis tatrichterlicher Würdigung nicht zu beanstanden. In Anbetracht des vorhandenen beruflichen Spektrums brauchte das BerGer. in den Entscheidungsgründen auch keine konkrete Tätigkeit zu benennen. Eine Tätigkeit als Putz- oder Verkaufshilfe hat das BerGer. der Bekl. ferner nicht unterstellt. Das für erzielbar erklärte Nettoeinkommen von 1300 EUR bewegt sich vielmehr im selben Rahmen wie das von der Bekl. im Vergleich vom 28.1.2002 akzeptierte Einkommen von 818 EUR für eine Halbtagstätigkeit und ist schon deswegen im Zweifel noch angemessen iS von § 1574 BGB (alter und neuer Fassung).

[24] Auch wenn schließlich eine sichere rückblickende Einschätzung nicht mehr möglich war und ist, gehen verbleibende Zweifel hinsichtlich einer fehlenden realen Beschäftigungschance zu Lasten der beweisbelasteten Bekl. (*Senat*, NJW-RR 1993, 898 = FamRZ 1993, 789 [791]). Dass es sich bei der realen Beschäftigungschance um eine objektive Voraussetzung handelt (vgl. *BVerfG*, NJW-RR 2008, 1025 = FamRZ 2008, 1145 [1146] – betreffend den Unterhaltsschuldner), ändert an der Beweislastverteilung nichts. Der vom BerGer. im angefochtenen Urteil darüber hinausgehend zum Ausdruck gebrachten Überzeugung von einer realen Beschäftigungschance der Bekl. bedurfte es wegen der die Bekl. treffenden Beweislast demnach nicht.

(Ehegattenunterhalt und anteilige Haftung für volljähriges Kind)

b [31] c) Bei der Bemessung des Ehegattenunterhalts hat das BerGer. den Unterhalt der volljährigen Kinder zutreffend vorweg abgezogen. Der Unterhaltsbedarf volljähriger Kinder bemisst sich, soweit er der Altersstufe 4 der Düsseldorfer Tabelle entnommen wird, nach dem zusammengerechneten Einkommen der Eltern. Nach ständiger Rechtsprechung schuldet ein Elternteil allerdings höchstens den Unterhalt, der sich allein auf der Grundlage seines Einkommens aus der 4. Altersstufe der Düsseldorfer Tabelle ergibt (*Senat*, BGHZ 164, 375 [378] = NJW 2006, 57 = FamRZ 2006, 99 [100]). Die Berechnung kann abgekürzt werden, wenn nur ein Elternteil Einkommen oberhalb des eigenen angemessenen Unterhalts iS von § 1603 I BGB (angemessener Selbstbehalt; nach den Leitlinien des BerGer. – Nr. 21.3.1 – sowie der Anmerkung A. 5 zur Düsseldorfer Tabelle ab 1.7.2005: 1100 Euro; bis Juni 2005: 1000 Euro) erzielt und der andere Elternteil nicht leistungsfähig ist. In diesem Fall kann der Kindesunterhalt zur Vereinfachung sogleich allein nach dem Einkommen des allein leistungsfähigen Elternteils bestimmt werden.

[32] aa) Das BerGer. hat den Unterhalt der beiden volljährigen Töchter allein nach dem Einkommen des Kl. bestimmt und das der Bekl. zugerechnete Einkommen als bloß fiktives Einkommen außer Acht gelassen. Die Revision bringt dagegen im Ausgangspunkt allerdings zu Recht vor, dass die Anrechnung eines fiktiven Einkommens auch die Beteiligung der Bekl. am Unterhalt der volljährigen Kinder zur Folge hat (§ 1606 III 1 BGB), soweit sich insgesamt ein den angemessenen Selbstbehalt nach § 1603 I BGB übersteigendes Einkommen ergibt. Allein auf Grund des Umstands, dass es sich um fiktives Einkommen handelt, folgt auch im Rahmen der anteiligen Unterhaltspflicht nach § 1606 III 1 BGB noch nicht, dass eine Mithaftung entfällt. Anderenfalls hätte der Elternteil die Möglichkeit, durch seine Pflichtverletzung den Wegfall seiner Unterhaltspflicht herbeizuführen. Das Gleiche muss jedenfalls grundsätzlich gelten, wenn es nicht primär um die Feststellung des Volljährigenunterhalts geht, sondern der Volljährigenunterhalt nur eine Vorfrage bei der Bemessung des Ehegattenunterhalts ist.

[33] Das BerGer. hat jedoch des Weiteren – wie auch die Revision – nicht beachtet, dass die Zurechnung eines fiktiven Einkommens beim Kindesunterhalt unter anderen Voraussetzungen steht als beim Ehegattenunterhalt. Die Zurechnung fiktiven Einkommens ist für jedes Unterhaltsverhältnis gesondert zu beurteilen und setzt voraus, dass der Unterhaltspflichtige im jeweiligen Unterhaltsverhältnis gegen seine unterhaltsrechtliche Erwerbsobliegenheit verstoßen hat. Die Erwerbsobliegenheiten

Anhang R. Rechtsprechung   R697

beim Ehegattenunterhalt und beim Kindesunterhalt sind unterschiedlich ausgestaltet. Sie unterscheiden sich nicht zuletzt auch danach, ob sie den Unterhaltsberechtigten oder den Unterhaltspflichtigen betreffen, wie der vorliegende Fall deutlich macht. Während die Bekl. im Rahmen des Ehegattenunterhalts schon seit 1998 unterhaltsrechtlich zu einer Erwerbstätigkeit verpflichtet war, erfüllte sie ihre Unterhaltspflicht gegenüber den Kindern, solange diese noch minderjährig waren, allein durch deren Pflege und Erziehung (§ 1606 III 2 BGB). Da der Barunterhalt der Kinder gesichert war (§ 1603 II 3 BGB) und auch ansonsten kein Ausnahmefall von der Regel des § 1606 III 2 BGB in Betracht kommt, war die Bekl. gegenüber ihren Kindern somit erst seit deren im Mai 2005 eingetretenen Volljährigkeit zu einer Erwerbstätigkeit verpflichtet. Zu diesem Zeitpunkt hatten sich die Erwerbschancen der Bekl. allerdings gegenüber der Betrachtung beim Ehegattenunterhalt bereits deutlich verschlechtert. Dass die Bekl. seitdem noch in der Lage sein sollte, eine Vollzeitstelle zu erlangen, erscheint schon auf Grund ihres Alters von nunmehr 56 Jahren und ihrer noch deutlich längeren beruflichen Abstinenz zweifelhaft. Auf Grund der fehlerhaften Gleichstellung der Erwerbsobliegenheit der Bekl. einerseits als Gläubigerin des Ehegattenunterhalts und andererseits als Schuldnerin des Kindesunterhalts hat das BerGer. hier die notwendigen Feststellungen unterlassen.

[34] Allerdings kann sich das vom BerGer. erzielte Ergebnis auch dann als richtig erweisen, wenn und soweit die Bekl. nicht nur wegen eingeschränkter Vollstreckungsmöglichkeiten, sondern rechtlich gesichert vom Kindesunterhalt befreit ist. Der hierfür in Frage kommende Grund könnte in einer Freistellung der Bekl. durch den Kl. liegen. Soweit der Kl. – wie es offenbar der Fall ist – den Kindesunterhalt seit Eintritt der Volljährigkeit der gemeinsamen Kinder geleistet hat, ohne die Bekl. in Rückgriff nehmen zu wollen, dürfte eine zumindest stillschweigende Freistellungsabrede der Parteien vorliegen. Dass die Bekl. den Naturalunterhalt der Kinder sicherstellt, steht dem nicht notwendig entgegen, weil dieser aus dem Barunterhalt, der insbesondere auch den Wohnbedarf umfasst, zu finanzieren ist (*Senat*, BGHZ 164, 375 [385] = NJW 2006, 57 = FamRZ 2006, 99 [102]). Auch wenn die Kinder durch eine solche Abrede grundsätzlich nicht gehindert sind, die Bekl. auf ihren Unterhaltsanteil in Anspruch zu nehmen, wird eine rückwirkende Inanspruchnahme regelmäßig ausscheiden, weil es an den Voraussetzungen des § 1613 BGB fehlt. Sind sowohl ein Rückgriff des Kl. als auch eine rückwirkende Inanspruchnahme durch die Kinder aber zuverlässig ausgeschlossen, kann dem in der Tat dadurch Rechnung getragen werden, dass der Unterhalt allein vom Einkommen des zugleich dem Ehegatten und den Kindern zum Unterhalt Verpflichteten abgezogen wird (vgl. *Wendl/Klinkhammer*, Das UnterhaltsR in der familienrichterlichen Praxis, 7. Aufl., § 2 Rn. 151). Auch für den künftigen Unterhalt kann es sich ähnlich verhalten, wenn der Kl. auch insoweit der offenbar durchgehenden bisherigen Praxis entsprechend anbietet, den Kindesunterhalt im Verhältnis der Parteien weiter allein aufzubringen. Die Bekl. verstieße dann gegen Treu und Glauben, wenn sie das Freistellungsangebot des Kl. nicht annehmen würde. Etwas anderes kann sich nur ergeben, wenn die Kinder die Bekl. direkt auf Unterhalt in Anspruch nehmen sollten. Dieser Umstand lässt sich anhand der Anforderungen gem. § 1613 BGB verlässlich feststellen und würde gegebenenfalls eine Abänderung des Ehegattenunterhalts begründen.

BGH v. 17.9.2008 – XII ZR 72/06 – FamRZ 2008, 2189 = NJW 2008, 3562

(Splittingvorteil beim Kindesunterhalt)   R697

[14] 2. Die Auffassung des BerGer. zur (Nicht-)Berücksichtigung des Splittingvorteils bei der Bemessung des Kindesunterhalts (ebenso *OLG Oldenburg*, NJW 2006, 2419 = FamRZ 2006, 1127; *Schürmann*, FamRZ 2008, 313 [322]; *Palandt/Brudermüller*, BGB, 67. Aufl., § 1581 Rn. 9) widerspricht der ständigen Rechtsprechung des *Senats*.

[15] a) Der *Senat* hat anders als bei konkurrierenden Ansprüchen auf Ehegattenunterhalt (vgl. allerdings nunmehr zum Ehegattenunterhalt *Senat*, NJW 2008, 3213 = FPR 2008, 566) den aus der neuen Ehe herrührenden Splittingvorteil gem. §§ 26, 26b, 32a V EStG bei der Bemessung des Kindesunterhalts mit herangezogen (*Senat*, BGHZ 175, 182 = NJW 2008, 1663 = FPR 2008, 303 = FamRZ 2008, 968 [973]; BGHZ 163, 84 [91, 101] = NJW 2005, 3277 = FamRZ 2005, 1817 [1822]; NJW 2007, 1969 = FamRZ 2007, 882 [885]). Daran ist entgegen der Auffassung des BerGer. und der in der Literatur vereinzelt geäußerten Kritik (*Schürmann*, FamRZ 2008, 313 [322]; *ders.*, FamRZ 2007, 987 [988]; *Palandt/Brudermüller*, § 1581 Rn. 9) festzuhalten.

[16] Sowohl bei der Bedarfsermittlung nach § 1610 BGB als auch im Rahmen der Leistungsfähigkeit des Unterhaltspflichtigen gem. § 1603 I, II BGB ist der sich aus der neuen Eheschließung ergebende Splittingvorteil als Einkommensbestandteil einzubeziehen. An Stelle einer fiktiven Steuerberechnung

nach der Grundtabelle ist vom tatsächlich erzielten Nettoeinkommen des Unterhaltspflichtigen auszugehen.

[17] b) Der Unterhaltsbedarf richtet sich beim Verwandtenunterhalt gem. § 1610 I BGB nach der Lebensstellung des Bedürftigen (angemessener Unterhalt). Das minderjährige Kind leitet seine Lebensstellung von seinen Eltern ab (vgl. *Senat*, BGHZ 175, 182 = NJW 2008, 1663 = FPR 2008, 303 = FamRZ 2008, 968 [973]). Die für die Höhe des Unterhalts maßgebende Lebensstellung der Eltern wird in der Praxis vorzugsweise nach dem verfügbaren Einkommen bestimmt, woran sich auch die Düsseldorfer Tabelle orientiert. Anders als beim Ehegattenunterhalt ist der Lebensstandard der Kinder nicht auf die zum Zeitpunkt der Ehescheidung vorhandenen Einkommensquellen begrenzt. Vielmehr sind auch erst nach der Scheidung beim Unterhaltspflichtigen entstandene Vorteile zu berücksichtigen und fließen damit in den Lebensbedarf des Kindes ein.

[18] Der vom BerGer. angeführte Nachrang des neuen Ehegatten ist im Rahmen der Bedarfsermittlung grundsätzlich unbeachtlich. Der Nachrang wirkt sich erst bei unzureichender Leistungsfähigkeit des Unterhaltspflichtigen aus. Im Rahmen der Ermittlung des angemessenen Lebensbedarfs der Kinder können auch nachrangige Unterhaltsberechtigte berücksichtigt werden. Denn bei der Ermittlung des angemessenen Unterhalts iS von § 1610 I BGB beeinflussen weitere Unterhaltspflichten die Lebensstellung des Elternteils und folglich auch diejenige der von ihm zu versorgenden Kinder.

[19] Das findet in der Praxis etwa seinen Ausdruck darin, dass die Einstufung des Kindesunterhalts auf Grund des Einkommens des Unterhaltspflichtigen nach der Düsseldorfer Tabelle je nach Anzahl der Unterhaltsberechtigten durch Höher- oder Herabstufung zu korrigieren ist, ohne dass es dabei auf den Rang der weiteren Unterhaltsberechtigten ankommt (vgl. Anm. A. 1 zur Düsseldorfer Tabelle, Stand: 1.1.2008). Die Einstufung nach der Düsseldorfer Tabelle (Anm. A. 1) geht, wie auch die Leitlinien der Oberlandesgerichte (jeweils Nr. 11), im Regelfall von drei Unterhaltsberechtigten aus (anders nur die Leitlinien des BerGer., Beil. zu NJW H. 10/2008 = Beil. zu FPR H. 3/2008 = FamRZ 2008, 365 [367], Nr. 11. 2: zwei Kinder).

[20] Überdies ist insbesondere bei mehreren Unterhaltsberechtigten eine Angemessenheitsbetrachtung anzustellen, welche etwa – wiederum ohne Rücksicht auf den Rang – mit Hilfe der Bedarfskontrollbeträge nach Anmerkung A. 6 zur Düsseldorfer Tabelle vorgenommen werden kann (*Senat*, BGHZ 175, 182 = NJW 2008, 1663 = FPR 2008, 303 = FamRZ 2008, 968 [973]; *Scholz*, FamRZ 1993, 125 [133]; *Wendl/Klinkhammer*, Das UnterhaltsR in der familienrichterlichen Praxis, 7. Aufl., § 2 Rn. 231 ff.). Der Nachrang des Ehegattenunterhalts nach Wiederverheiratung des Unterhaltspflichtigen ist demzufolge bei der Ermittlung des angemessenen Lebensbedarfs des Kindes unbeachtlich und steht damit wiederum auch einer Bemessung des Kindesunterhalts nach dem tatsächlich erzielten Nettoeinkommen des Unterhaltspflichtigen nicht im Wege.

[21] Es genügt vielmehr im Rahmen der Bedarfsermittlung gem. § 1610 BGB, dass sich das Nettoeinkommen als alleiniges Einkommen des Unterhaltspflichtigen darstellt, was bei der Alleinverdienerehe, von der das BerGer. hier offensichtlich ausgegangen ist, regelmäßig der Fall ist (zur Aufteilung der Steuerlast bei beiderseitigem Einkommen der Ehegatten s. *Senat*, NJW 2006, 2623 = FamRZ 2006, 1178 [1180] mAnm *Wever*).

[22] c) Auch bei der Beurteilung der Leistungsfähigkeit (§ 1603 I, II BGB) ist vom tatsächlichen Einkommen des Unterhaltspflichtigen auszugehen. Reicht die Leistungsfähigkeit des Unterhaltspflichtigen für den Unterhalt sämtlicher (auch nachrangiger) Berechtigter nicht aus, so führt die Angemessenheitsbetrachtung beim Unterhaltsbedarf gem. § 1610 BGB regelmäßig dazu, dass der Kindesunterhalt nur in Höhe des Existenzminimums zu veranschlagen ist. Das Existenzminimum minderjähriger Kinder ist inzwischen auf Grund des Unterhaltsrechtsänderungsgesetzes vom 27.12.2007 (BGBl. I, 3189) mit Wirkung ab dem 1.1.2008 in § 1612a BGB als Mindestunterhalt festgelegt (zur vorausgegangenen Rechtslage s. *Senat*, NJW 2003, 1112 = FPR 2003, 211 = FamRZ 2003, 363) und entspricht den Unterhaltssätzen nach Einkommensgruppe 1 der Düsseldorfer Tabelle.

[23] Handelt es sich um einen Mangelfall und steht das Existenzminimum des Kindes in Frage, so bestimmt das Gesetz in § 1603 II BGB, dass unterhaltspflichtige Eltern „alle verfügbaren Mittel zu ihrem und der Kinder Unterhalt gleichmäßig zu verwenden" haben (sog. gesteigerte Unterhaltspflicht). Der Einsatz aller verfügbaren Mittel schließt auch den Splittingvorteil auf Grund der neuen Ehe ein, soweit dieser auf dem alleinigen Einkommen des Unterhaltspflichtigen beruht.

[24] d) Ein dem entgegenstehendes Verbot der Anrechnung beim Kindesunterhalt folgt weder aus gesetzlichen Bestimmungen noch aus verfassungsrechtlichen Gesichtspunkten. Es ergibt sich auch nicht aus der Natur der Sache.

[25] aa) Eine gesetzliche Bestimmung, die für die Belange des Unterhaltsrechts eine Anrechnung des mit der Wiederverheiratung des unterhaltspflichtigen Elternteils verbundenen Splittingvorteils beim Unterhalt der Kinder abweichend von § 1603 II BGB verbietet, existiert nicht. Beim Einkommen des Unterhaltspflichtigen handelt es sich vielmehr in vollem Umfang um verfügbare Mittel im Sinne der gesetzlichen Regelung, deren Heranziehung allerdings nach ständiger Rechtsprechung zur Wahrung des Existenzminimums des Unterhaltspflichtigen durch den ihm zu belassenden Selbstbehalt begrenzt wird (*Senat*, BGHZ 175, 182 = NJW 2008, 1663 = FPR 2008, 303 = FamRZ 2008, 968 [973] mwN; nach Anm. A. 5 der Düsseldorfer Tabelle, Stand: 1.1.2008, derzeit – seit 1.7.2007 – 900 Euro; bis Juni 2005 – Stand: 1.7.2003 – 840 Euro; von Juli 2005 bis Juni 2007 – Stand: 1.7.2005 – 890 Euro).

[26] Für die gegenteilige Auffassung des BerGer. kann nicht auf die Rechtsprechung des *Senats* zum Erziehungsgeld verwiesen werden (so aber *Schürmann*, FamRZ 2008, 313 [322]). Soweit der *Senat* das Erziehungsgeld im Rahmen des Kindesunterhalts für nicht einsetzbar erklärt hat (*Senat*, NJW-RR 2006, 1225 = FamRZ 2006, 1182 [1183 ff.] mAnm *Luthin*), war das Erziehungsgeld kein Einkommen des Unterhaltspflichtigen, sondern das seines Ehegatten. Handelt es sich dagegen um Einkommen des Unterhaltspflichtigen, so bestimmt das Gesetz im Hinblick auf die gesteigerte Unterhaltspflicht nach § 1603 II BGB sogar ausdrücklich die Berücksichtigung der Sozialleistung als Einkommen, auch wenn diese anderen Zwecken dienen soll als der Bestreitung des Unterhalts weiterer Kinder (§ 9 S. 2 BErzGG – Erziehungsgeld – und entsprechend § 11 S. 4 BEEG – Elterngeld). Ähnlich ist die gesetzliche Regelung bei einem an die Pflegeperson weitergeleiteten Pflegegeld ausgestaltet (§ 13 VI 2 Nr. 1 SGB XI), die von dem grundsätzlichen Anrechnungsgebot in den Fällen des § 1603 II BGB ebenfalls eine Ausnahme macht. Diese Beispiele zeigen, dass das Gesetz selbst bei ausdrücklichen Anrechnungsverboten der gesteigerten Unterhaltspflicht gegenüber minderjährigen Kindern höheres Gewicht beimisst als dem Förderungszweck des Gesetzes und es im Mangelfall bei der Einsetzbarkeit des gesamten Einkommens für den Unterhalt Minderjähriger belässt.

[27] bb) Auch der verfassungsrechtliche Schutz der Ehe (Art. 6 I GG) gebietet es nicht, den Splittingvorteil als zweckgebundenen Einkommensbestandteil bei der Ermittlung der Leistungsfähigkeit für den Kindesunterhalt außer Betracht zu lassen. Die Rechtsprechung des *BVerfG* zur verfassungsrechtlich gebotenen Außerachtlassung des Splittingvorteils aus der neuen Ehe beim Unterhaltsbedarf des geschiedenen Ehegatten (*BVerfG*, NJW 2003, 3466 = FPR 2004, 41 = FamRZ 2003, 1821) steht dem nicht entgegen. Sie betrifft die Bedarfsermittlung beim Ehegattenunterhalt gem. § 1578 I 1 BGB und die damit verbundene (verfassungsrechtliche) Gleichwertigkeit und Gleichrangigkeit einer geschiedenen mit einer neuen Ehe. Das *BVerfG* hat sich dabei auf die Auslegung des § 1578 I 1 BGB bezogen und es zur Wahrung der verfassungsrechtlichen Gleichrangigkeit beider Ehen für geboten erklärt, der bestehenden Ehe allein eingeräumte steuerliche Vorteile nicht dadurch zu entziehen, dass sie der geschiedenen Ehe zugeordnet werden und auch den Unterhalt des geschiedenen Ehegatten erhöhen (*BVerfG*, NJW 2003, 3466 = FPR 2004, 41 = FamRZ 2003, 1821 [1823]).

[28] Abgesehen davon, dass die Rechtsprechung des *BVerfG* vor dem Hintergrund der früher praktizierten Bedarfsbemessung ergangen ist (zur neuen Rechtsprechung des *Senats* s. NJW 2008, 3213 = FPR 2008, 566), ließen sich daraus für den Kindesunterhalt von vornherein keine vergleichbaren Folgerungen ziehen.

[29] Der Lebensbedarf eines Kindes ist – wie oben unter II 2b ausgeführt – anders als der Unterhaltsbedarf eines geschiedenen Ehegatten nicht durch die ehelichen Lebensverhältnisse begrenzt. Das Kind nimmt im Unterschied zum geschiedenen Ehegatten an Einkommensverbesserungen nach Scheidung der Ehe regelmäßig teil. Im Mangelfall führt überdies – wie der vorliegende Fall zeigt – auch die Einbeziehung des Splittingvorteils aus der neuen Ehe regelmäßig nicht dazu, dass der Unterhalt des Kindes über dem Existenzminimum liegt. Selbst wenn wegen des Vorrangs nach § 1609 Nr. 1 BGB eine Leistungsfähigkeit für den Kindesunterhalt noch gegeben ist, wird der angemessene Bedarf des Kindes regelmäßig nicht höher als nach Einkommensgruppe 1 der Düsseldorfer Tabelle zu veranschlagen sein, der (seit dem 1.1.2008) dem Existenzminimum entspricht.

[30] Eine konsequente Reservierung des Splittingvorteils für den neuen Ehegatten müsste sich dagegen auch zu Lasten der Kinder auswirken, die aus der neuen Ehe hervorgegangen sind, denn diesen gegenüber wäre der Zweck der Steuerbegünstigung kein anderer als gegenüber den Kindern aus der geschiedenen Ehe. Daran wird indessen deutlich, dass eine isolierte Betrachtung des Splittingvorteils von einem Interessengegensatz von Ehe einerseits und Familie andererseits ausgeht und schon von daher sachwidrig ist. Eine Ungleichbehandlung von Kindern aus der geschiedenen Ehe und einer neu geschlossenen Ehe wäre nicht zu rechtfertigen, wie die Revision zu Recht hervorhebt.

[31] Wie das verfügbare Einkommen im Mangelfall zu verteilen ist, ergibt sich somit allein aus der gesetzlichen Rangfolge gem. §§ 1609, 1582 BGB. Wenn der Gesetzgeber im Gegensatz zur bis zum 31.12.2007 bestehenden Rechtslage den Kindesunterhalt seit dem 1.1.2008 als vorrangig ausgestaltet und damit den Ehegatten auf andere Möglichkeiten der Existenzsicherung verwiesen hat, beruht dies auf dem erhöhten Grad der Bedürftigkeit minderjähriger Kinder (vgl. *Klinkhammer,* FamRZ 2007, 1205) und erscheint deswegen auch verfassungsrechtlich unbedenklich. Einzuräumen ist, dass sich der Splittingvorteil bei eigenem Einkommen des Ehegatten, auf das er wegen seiner Nachrangigkeit angewiesen ist, in der Regel verringert, was sich dann auch zu Lasten des für den Kindesunterhalt verfügbaren Einkommens auswirkt. Würde man den Splittingvorteil dagegen isoliert betrachten, könnten dem Ehegatten trotz seines unterhaltsrechtlichen Nachrangs mehr Mittel zur Verfügung stehen als den vorrangigen Kindern, wie der vorliegende Fall verdeutlicht.

BGH v. 5.11.2008 – XII ZR 157/06 – FamRZ 2008, 198 = NJW 2009, 842

R698 *(Sittenwidrigkeit eines Ehevertrags für den Unterhaltspflichtigen)*

[19] 4. Die Grundsätze, die der *Senat* für die Inhaltskontrolle von Eheverträgen aufgestellt hat und die einer evident einseitigen, durch die individuelle Gestaltung der ehelichen Lebensverhältnisse nicht gerechtfertigten und für den belasteten Ehegatten unzumutbaren Lastenverteilung begegnen sollen (grundlegend: *Senat,* BGHZ 158, 81 = NJW 2004, 930 = FPR 2004, 209 = FamRZ 2004, 601), gelten, wie auch das *OLG* angenommen hat, nicht nur für den unterhaltbegehrenden Ehegatten, sondern im Grundsatz auch für den auf Unterhalt in Anspruch Genommenen. Auch auf dessen Seite kann eine erhebliche Unterlegenheitsposition vorliegen, die zu einer offensichtlich einseitigen Aufbürdung vertraglicher Lasten führt. Den Gerichten obliegt es insofern, den verfassungsrechtlichen Schutz vor einer mit dem Gedanken der ehelichen Solidarität nicht in Einklang zu bringenden unangemessenen Benachteiligung der im Einzelfall benachteiligten Partei zu gewähren (ebenso *OLG Celle,* NJW-RR 2004, 1585 = FamRZ 2004, 1969 m. zust. Anm. *Bergschneider*).

[22] a) Nach der Rechtsprechung des *Senats* unterliegen unter anderem die gesetzlichen Regelungen über den nachehelichen Unterhalt grundsätzlich der vertraglichen Disposition der Ehegatten. Die auf die Scheidungsfolgen bezogene Vertragsfreiheit stellt sich dabei als notwendige Ergänzung des aus den §§ 1353, 1356 BGB folgenden Rechts der Ehegatten dar, ihre ehelichen Lebensverhältnisse eigenverantwortlich entsprechend ihren individuellen Vorstellungen und Bedürfnissen zu gestalten; die Vertragsfreiheit entspringt insoweit dem legitimen Interesse der Ehegatten, Abweichungen von den gesetzlichen Scheidungsfolgen zu vereinbaren, die zu dem individuellen Ehebild besser passen. So ist es den Ehegatten etwa unbenommen, bestimmte Lebensrisiken eines Partners (zB eine bereits vor der Ehe aufgetretene Krankheit) aus der wechselseitigen Verantwortung füreinander auszunehmen (*Senat,* BGHZ 158, 81 [94 f.] = NJW 2004, 930 = FPR 2004, 209). Die Ehegatten sind aber im Grundsatz auch frei zu bestimmen, in welcher Weise sie die Verteilung der die ehelichen Lebensverhältnisse prägenden Einkünfte für ihren jeweiligen nachehelichen Lebensbedarf vorsehen. Falls einer der Ehegatten sich insofern zu besonderer Großzügigkeit veranlasst sieht – etwa in Anerkennung besonderer während der Ehe erbrachter Leistungen des anderen Ehegatten –, ist dies (zunächst) seine privatautonome, von ihm selbst zu verantwortende Entscheidung (so auch *Palandt/Heinrichs,* § 138 Rn. 36; vgl. auch *OLG Brandenburg,* NJW-RR 2002, 578 [579]; *OLG Stuttgart,* FPR 2000, 280 = FamRZ 1998, 1296 [1297]). Mit Rücksicht darauf ist der vom BerGer. herangezogene Grundsatz der Halbteilung für sich betrachtet jedenfalls kein geeigneter Maßstab, um eine evident einseitige Lastenverteilung festzustellen, der – bei Vorliegen auch der erforderlichen subjektiven Voraussetzungen – wegen Verstoßes gegen die guten Sitten die Anerkennung durch die Rechtsordnung zu versagen ist.

[23] b) aa) Anders verhält es sich indes mit der vom BerGer. zur Begründung seiner Beurteilung weiterhin genannten Begrenzung des Unterhaltsanspruchs durch die finanzielle Leistungsfähigkeit des Unterhaltspflichtigen. Die Notwendigkeit der Erbringung von Unterhaltsleistungen schränkt den Verpflichteten in seiner durch Art. 2 I GG geschützten Handlungsfreiheit ein. Diese ist allerdings nur im Rahmen der verfassungsmäßigen Ordnung gewährleistet, zu der auch das Unterhaltsrecht gehört, soweit es mit Art. 6 I GG in Einklang steht. Da die Anwendung unterhaltsrechtlicher Normen nicht zu verfassungswidrigen Ergebnissen führen darf, ist darauf Bedacht zu nehmen, dass der zu leistende Unterhalt nicht zu einer unverhältnismäßigen Belastung des Unterhaltspflichtigen führt. Wird die Grenze des Zumutbaren eines Unterhaltsanspruchs überschritten, ist die Beschränkung der Dispositionsfreiheit des Verpflichteten im finanziellen Bereich als Folge der Unterhaltsansprüche nicht mehr

Bestandteil der verfassungsgemäßen Ordnung und kann vor dem Grundrecht des Art. 2 I GG nicht bestehen. Grundvoraussetzung eines jeden Unterhaltsanspruchs ist damit die Leistungsfähigkeit des Unterhaltspflichtigen. Diese endet dort, wo er nicht mehr in der Lage ist, seine eigene Existenz zu sichern (*BVerfG*, NJW-RR 2002, 73 = FPR 2002, 13 = FamRZ 2001, 1685; NJW 2002, 2701 = FPR 2002, 525 = FamRZ 2002, 1397 [1398 f.]).

[24] bb) Im Privatrechtsverkehr entfalten die Grundrechte ihre Wirkung als verfassungsrechtliche Wertentscheidungen vor allem durch die zivilrechtlichen Generalklauseln der §§ 138, 242 BGB. Es ist Aufgabe der Gerichte, den verfassungsrechtlich gebotenen Schutz zu gewährleisten, um zu verhindern, dass sich die durch Art. 2 I GG ebenfalls geschützte Privatautonomie in eine Fremdbestimmung verkehrt (BVerfGE 103, 89 = NJW 2001, 957 = FamRZ 2001, 343 [345]).

[25] cc) Da die Parteien einen etwaigen nachehelichen Unterhaltsanspruch der Bekl. nach Nr. 7 des Ehevertrags ausdrücklich durch die Leibrente geregelt haben, kommt es für die Frage, ob durch die Leibrentenverpflichtung für den Kl. eine evident einseitige, seine Interessen nicht angemessen berücksichtigende Lastenverteilung begründet worden ist, ebenso wie bei einer unmittelbar unterhaltsrechtlichen Regelung auf die Voraussetzung der Leistungsfähigkeit an. Das BerGer. hat hierzu festgestellt, dem Kl. seien nach den für die Wirksamkeitskontrolle maßgeblichen Einkommensverhältnissen zum Zeitpunkt des Abschlusses des Ehevertrags unter Berücksichtigung der Leibrente monatlich allenfalls 810 DM von seinem bereinigten Nettoeinkommen für den eigenen Bedarf verblieben. Dies sei weniger als $^2/_3$ des notwendigen Selbstbehalts (von 1500 DM) der damals geltenden Düsseldorfer Tabelle. Dabei seien etwaige Unterhaltsverpflichtungen gegenüber den in der Türkei lebenden Kindern des Kl. noch nicht einmal berücksichtigt.

[28] ee) Bei einem verbleibenden Einkommen von allenfalls 810 DM monatlich wäre der Kl. aber nicht mehr in der Lage gewesen, seine eigene Existenz zu sichern. Das ergibt sich zwar nicht unmittelbar aus dem Betrag des notwendigen Selbstbehalts, da die betreffenden Sätze in der Regel geringfügig über dem nach sozialhilferechtlichen Grundsätzen ermittelten Existenzminimum liegen. Angesichts des Umstands, dass der dem Kl. verbleibende Teil seines Einkommens aber deutlich unter dem notwendigen Selbstbehalt liegt, ist von einem nicht mehr gewährleisteten Existenzminimum auszugehen. Das wird durch den doppelten Eckregelsatz der Sozialhilfe (vgl. zu diesem früheren Maßstab *Senat*, NJW 1989, 523 = FamRZ 1989, 272 [273]; BVerfGE, NJW-RR 2002, 73 = FamRZ 2001, 1685) bestätigt, der zum 1.7.1999 für Alleinstehende in Baden-Württemberg monatlich 1096 DM (548 DM × 2) betrug. Nach den Feststellungen des BerGer. war mit einer erheblichen Einkommensverbesserung auf Seiten des Kl. auch nicht zu rechnen, erst recht nicht mit einer solchen, bei der sich die vereinbarten 1300 DM monatlich als Beschränkung des gesetzlichen Unterhalts dargestellt hätten (vgl. zu diesem Gesichtspunkt BGHZ 120, 272 [275 f.] = NJW 1993, 322). Mit Rücksicht auf die Beeinträchtigung des Existenzminimums des Kl. begründet die vereinbarte Leibrente für diesen objektiv eine einseitige, durch die ehelichen Lebensverhältnisse nicht gerechtfertigte Lastenverteilung.

[29] 6. Die Beurteilung, ob ein Ehevertrag wegen einer derartigen Lastenverteilung sittenwidrig und deshalb nach § 138 I BGB nichtig ist, erfordert indes zusätzlich eine Gesamtwürdigung, die neben den objektiv vorliegenden individuellen Verhältnissen beim Vertragsschluss die subjektiv von den Ehegatten mit der Abrede verfolgten Zwecke sowie die sonstigen Beweggründe zu berücksichtigen hat, die den begünstigten Ehegatten zu seinem Verlangen nach der ehevertraglichen Gestaltung veranlasst und den benachteiligten Ehegatten bewogen haben, diesem Verlangen zu entsprechen (*Senat*, BGHZ 158, 81 [100] = NJW 2004, 930 = FPR 2004, 209). In diese Würdigung ist einzubeziehen, ob der Vertrag eine auf ungleichen Verhandlungspositionen basierende einseitige Dominanz eines Ehegatten widerspiegelt (*BVerfG*, NJW-RR 2000, 951 = FamRZ 2001, 243 [247]; *Senat*, BGHZ 170, 77 [83] = NJW 2007, 907). In solchen Fällen gestörter Vertragsparität ist dem Ehevertrag die Wirksamkeit zu versagen.

[30] a) Das BerGer. hat zu den mit Nr. 7 des Ehevertrags beabsichtigten Zwecken und den sonstigen Beweggründen für die Regelung keine Feststellungen getroffen. Es hat auch konkrete Umstände, die eine erheblich ungleiche Verhandlungsposition erkennen lassen, nicht ausmachen können. Entsprechende Feststellungen hat das BerGer. allerdings für entbehrlich gehalten, weil angesichts des Umstands, dass die Parteien ohne nachvollziehbaren Grund eine evident einseitige, belastende Regelung getroffen hätten, eine tatsächliche Vermutung für eine Störung der subjektiven Verhandlungsparität spreche. Dabei sei für die Bekl. zumindest erkennbar gewesen, dass der Kl. nicht im Stande gewesen sei, seine berechtigten Interessen angemessen zu vertreten. Dieser Auffassung vermag der *Senat* nicht zu folgen.

[31] b) Der Kl., der sich auf die Sittenwidrigkeit der Leibrentenverpflichtung beruft, muss die hierfür notwendigen Voraussetzungen darlegen und erforderlichenfalls beweisen. Nach der Rechtsprechung

R699

des *Senats* kann entsprechender Vortrag nicht deshalb für verzichtbar gehalten werden, weil die objektiven Gegebenheiten einen Rückschluss auf die subjektive Einstellung zuließen. Das kann für familienrechtliche Vereinbarungen nicht angenommen werden (*Senat*, NJW 1985, 1833 = FamRZ 1985, 788 [789]; NJW 1992, 3164 = FamRZ 1992, 1403 [1404]). An dieser Auffassung hält der *Senat* fest.

[32] aa) Richtig ist zwar, dass es Fälle gibt, in denen bereits ein grobes Missverhältnis zwischen Leistung und Gegenleistung die Annahme zwingend nahe legt, dass der dadurch begünstigte Vertragspartner eine überlegene Verhandlungsposition bewusst oder grob fahrlässig zum Nachteil des anderen ausgenutzt hat. Die hierzu entwickelten Rechtsgrundsätze, die auf Austausch von Leistungen oder Gütern gerichtete Verträge betreffen, lassen sich auf familienrechtliche Verträge indessen nicht übertragen (a. A. für Fälle einer krassen objektiven Benachteiligung: *Schwab*, DNotZ-Sonderheft 2001, 9 [15]). So wurde etwa für die Frage, ob und in welcher Weise neben den objektiven Voraussetzungen der Sittenwidrigkeit von Finanzierungs-Leasingverträgen über bewegliche Sachen das subjektive Erfordernis einer verwerflichen Gesinnung des Leasinggebers hervorgetreten ist, nach damaliger Rechtslage unterschieden, ob es sich bei dem Leasingnehmer um einen privaten Endverbraucher, einen vollkaufmännischen oder minderkaufmännischen Leasingnehmer oder Freiberufler handelt. Nur im ersten Fall wurde eine verwerfliche Gesinnung vermutet, wenn der objektive Tatbestand des § 138 I BGB vorlag. Beim vollkaufmännischen Leasingnehmer war dagegen umgekehrt zu vermuten, dass die persönlichen Voraussetzungen der Sittenwidrigkeit beim Leasinggeber nicht erfüllt waren. Bei Geschäften mit minderkaufmännischen Leasingnehmern oder Freiberuflern blieb es dagegen bei der allgemeinen Beweislastregel, dass derjenige, der sich auf die Nichtigkeit des Geschäfts beruft, die subjektiven Voraussetzungen der Sittenwidrigkeit darzulegen und zu beweisen hat (BGHZ 128, 255 [267 f.] = NJW 1995, 1019). Vergleichbares gilt zB auch für die Sittenwidrigkeit von Ratenkreditverträgen (vgl. BGHZ 98, 174 [178] = NJW 1986, 2564; BGHZ 104, 102 [107] = NJW 1988, 1659).

[33] bb) Daraus ergibt sich, dass bei Vorliegen der objektiven Sittenwidrigkeit nur dann eine verwerfliche Gesinnung vermutet werden kann, wenn einem der Vertragspartner auf Grund außerhalb des konkreten Vertragsinhalts vorliegender Umstände eine überlegene Verhandlungsposition zukommt. Davon kann im Verhältnis von Ehegatten zueinander indessen nicht ohne Weiteres ausgegangen werden. Selbst eine Schwangerschaft bei Abschluss des Ehevertrags ist nur ein Indiz für eine vertragliche Disparität, das Anlass gibt, den Vertrag einer verstärkten richterlichen Kontrolle zu unterziehen (*Senat*, NJW 2005, 2386 = FamRZ 2005, 1444 [1447]; NJW 2006, 3142 = FamRZ 2006, 1359 [1361]). Deshalb kann für die Beurteilung, ob die subjektiven Elemente der geltend gemachten Sittenwidrigkeit eines Ehevertrags vorliegen, auf konkrete Feststellungen hierzu jedenfalls für solche Fälle nicht verzichtet werden, in denen ein Ehegatte dem anderen Leistungen verspricht, für die es keine gesetzliche Grundlage gibt.

BGH v. 19.11.2008 – XII ZR 129/06 – FamRZ 2009, 307 = NJW-RR 2009, 289

R699 *(Krankengeld als Einkommen)*

a [12] 2. Zu Recht geht das BerGer. auch davon aus, dass auf Seiten des Bekl. für die hier relevante Zeit ab dem 19.1.2006 von dessen Krankengeld auszugehen ist. Das Krankengeld, das sich auf (täglich 32,11 EUR x 30 Tage =) monatlich 963,30 EUR beläuft, hat Lohnersatzfunktion und ist deswegen bei dem unterhaltspflichtigen Bekl. als Einkommen zu berücksichtigen (*Senat*, NJW-RR 1987, 194 = FamRZ 1987, 36 [38]; vgl. auch *Wendl/Dose*, Das UnterhaltsR in der familienrichterlichen Praxis, 7. Aufl., § 1 Rn. 84; *Göppinger/Wax/Strohal*, UnterhaltsR, 8. Aufl., Rn. 554). Weitere Einkünfte aus selbstständiger Tätigkeit hat das BerGer. für diese Zeit nicht mehr festgestellt.

[13] a) Von den Einkünften des Bekl. aus Krankengeld hat das *OLG* zu Recht keine pauschalen berufsbedingten Aufwendungen abgesetzt. Denn eine Pauschalierung solcher Aufwendungen setzt voraus, dass überhaupt berufsbedingte Aufwendungen entstehen, was hier nicht festgestellt ist und beim längerfristigen Bezug von Krankengeld auch fern liegt (vgl. *Senat*, NJW 1982, 1594 = FamRZ 1982, 579 [581] [zur Erwerbsunfähigkeitsrente]).

[14] Zwar ist von dem Krankengeld grundsätzlich derjenige Teil abzusetzen, der für krankheitsbedingte Mehrkosten benötigt wird (*Senat*, NJW-RR 1987, 194 = FamRZ 1987, 36 [38]). Solche Kosten sind allerdings stets konkret nachzuweisen, was nach den Feststellungen des BerGer. hier nicht der Fall ist. Die Vermutung des § 1610a BGB, wonach die Kosten der Aufwendungen regelmäßig nicht geringer sind als die Sozialleistungen in Folge eines Körper- oder Gesundheitsschadens, gilt für das

Anhang R. Rechtsprechung **R699**

nach § 47 SGB V am früheren Einkommen orientierte Krankengeld nicht (*Wendl/Dose*, § 1 Rn. 84 mwN).

[15] b) Ebenso zutreffend hat das BerGer. von dem Krankengeld des Bekl. keinen Erwerbstätigenbonus abgesetzt. Nach ständiger Rechtsprechung des *Senats* trägt der Erwerbstätigenbonus – neben den pauschalierbaren berufsbedingten Aufwendungen – im Wesentlichen dazu bei, den Anreiz für eine Erwerbstätigkeit zu erhalten. Ist der Unterhaltspflichtige jedoch nicht erwerbstätig, entfällt dieser Gesichtspunkt als Rechtfertigung für die Minderung der Unterhaltsquote des Berechtigten (*Senat*, NJW 1982, 2442 = FamRZ 1982, 894 [895]; vgl. auch *Wendl/Dose*, § 1 Rn. 94a und 438). Nichts anderes gilt, wenn der Bekl. – wie hier – auf längere Zeit aus dem Erwerbsleben ausgeschieden ist und Krankengeld bezieht.

(Arbeitslosengeld II nach dem SGB II nicht bedarfsdeckend)

[19] 3. Die Einkünfte der Kl. aus Arbeitslosengeld II hat das BerGer. zutreffend als nicht bedarfsdeckend, sondern als subsidiäre Sozialleistung behandelt.

[20] Im Gegensatz zu dem nach § 129 SGB III von der Höhe des früheren Einkommens abhängigen Arbeitslosengeld I ist das einem Unterhaltsberechtigten nach § 7 SGB II gewährte Arbeitslosengeld II grundsätzlich nicht als Einkommen zu berücksichtigen. Nur dies ist mit dem in § 33 SGB II geregelten gesetzlichen Forderungsübergang vereinbar. Denn wenn das Arbeitslosengeld II – wie das Arbeitslosengeld I – als Einkommensersatz bedarfsdeckend zu berücksichtigen wäre, entfiele damit die Bedürftigkeit, und der Unterhaltsanspruch könnte nicht mehr auf den Träger der Leistung übergehen. Hinzu kommt, dass das Arbeitslosengeld II eine Bedürftigkeit des Berechtigten voraussetzt und deswegen – wie die Sozialhilfe – lediglich eine subsidiäre Sozialleistung bildet (vgl. auch *Wendl/Scholz*, § 8 Rn. 7, 225 ff.).

(Selbstbehalt eines Erwerbslosen beim Ehegattenunterhalt)

[23] b) Die Leistungsfähigkeit des Bekl. ergibt sich aus dessen Einkünften in Höhe von 963,30 EUR abzüglich eines ihm zu belassenden Selbstbehalts. Eine Unterhaltspflicht besteht jedenfalls dann nicht, wenn der Unterhaltsschuldner in Folge einer solchen Pflicht selbst sozialhilfebedürftig würde. Denn dem Unterhaltspflichtigen muss schon aus verfassungsrechtlichen Gründen jedenfalls der Betrag verbleiben, der seinen eigenen Lebensbedarf nach sozialhilferechtlichen Grundsätzen sicherstellt. Die finanzielle Leistungsfähigkeit endet deswegen jedenfalls dort, wo der Unterhaltspflichtige nicht mehr in der Lage ist, seine eigene Existenz zu sichern. Bei der Bemessung des Selbstbehalts, die nach ständiger Rechtsprechung des *Senats* grundsätzlich Aufgabe des Tatrichters ist, sind zusätzlich die gesetzlichen Vorgaben zu beachten, die sich insbesondere aus dem Wesen der Unterhaltspflicht und der Rangfolge des Anspruchs im Verhältnis zu anderen Unterhaltsberechtigten ergeben (vgl. *Senat*, BGHZ 166, 351 [356 f.] = NJW 2006, 1654 = FamRZ 2006, 683 [684]).

[24] aa) Zutreffend ist das BerGer. zwar davon ausgegangen, dass dem Bekl. während des Bezugs von Krankengeld lediglich der Selbstbehalt eines Nichterwerbstätigen zu verbleiben hat. Wie der Erwerbstätigenbonus im Rahmen der Bedarfsbemessung schafft der erhöhte Selbstbehalt des Erwerbstätigen im Rahmen der Leistungsfähigkeit einen Anreiz, seine Erwerbstätigkeit nicht aufzugeben (vgl. *Senat*, NJW 2008, 1373 = FamRZ 2008, 594 [597]; vgl. auch *Wendl/Klinkhammer*, § 2 Rn. 267). Ist der Unterhaltspflichtige allerdings nicht erwerbstätig, entfällt diese Rechtfertigung. Das gilt auch, wenn der Unterhaltspflichtige – wie hier – auf längere Zeit aus dem Erwerbsleben ausgeschieden ist, weil er Krankengeld bezieht.

[25] Dass das Krankengeld nach § 48 I SGB V wegen derselben Krankheit nur zeitlich beschränkt und nach § 50 I Nr. 1 SGB V ohnehin nur bis zu einer krankheitsbedingten Verrentung gezahlt wird, steht dem ebenso wenig entgegen wie der Umstand, dass sich die Höhe des Krankengeldes gem. § 47 I SGB V an dem früher erzielten Einkommen orientiert und es damit Lohnersatzfunktion bekommt. Denn gleiches ist beim Arbeitslosengeld I der Fall, das der Berechtigte nach §§ 3 I Nr. 8, 118 I Nr. 1, 119 I SGB III ebenfalls nur beziehen kann, wenn er dem Arbeitsmarkt weiterhin zur Verfügung steht, und das nach §§ 129, 131 SGB III auch von der Höhe des zuvor erzielten Einkommens abhängt. Auch bei dieser Lohnersatzleistung ist nach ständiger Rechtsprechung des *Senats* kein Erwerbstätigenbonus vorweg abzuziehen, weil sie nicht für eine fortwährende Arbeitsleistung gezahlt wird (*Senat*, BGHZ 172, 22 [36] = NJW 2007, 2249 = FamRZ 2007, 983 [987]).

[26] bb) Im Gegensatz zur Rechtsauffassung des *OLG* kann der Selbstbehalt gegenüber einem Anspruch auf Trennungsunterhalt oder nachehelichen Ehegattenunterhalt (Ehegattenselbstbehalt) aber

nicht generell mit dem Betrag bemessen werden, der als notwendiger Selbstbehalt gegenüber Unterhaltsansprüchen Minderjähriger oder ihnen nach § 1603 II 2 BGB gleichgestellter Kinder im Rahmen des Verwandtenunterhalts gilt. Nach der Rechtsprechung des *Senats* ist es nicht vertretbar, einem unterhaltspflichtigen geschiedenen Ehegatten regelmäßig nur den notwendigen Selbstbehalt zu belassen. Eine darin zum Ausdruck kommende Gleichbehandlung des Unterhaltsanspruchs von Ehegatten mit dem Anspruch minderjähriger Kinder, wie sie für das Rangverhältnis in § 1609 II 1 BGB aF für die Zeit bis Ende 2007 angeordnet war, würde die gesteigerte Unterhaltspflicht nach § 1603 II BGB außer Betracht lassen. Der Regelungshintergrund dieser Vorschrift ist darin zu sehen, dass minderjährigen Kindern wegen ihres Alters von vornherein die Möglichkeit verschlossen ist, durch eigene Anstrengungen zur Deckung ihres notwendigen Lebensbedarfs beizutragen (vgl. *Senat*, BGHZ 166, 351 [356 ff.] = NJW 2006, 1654 = FamRZ 2006, 683 [684]). Das gilt für geschiedene oder getrennt lebende Ehegatten nicht in gleichem Maße, auch nicht wenn es sich um Betreuungsunterhalt handelt. Diesen stärkeren Schutz des Unterhaltsanspruchs minderjähriger Kinder hat der Gesetzgeber inzwischen durch das zum 1.1.2008 in Kraft getretene Unterhaltsrechtsänderungsgesetz betont, indem er in § 1609 Nr. 1 BGB den Unterhalt minderjähriger und privilegierter volljähriger Kinder als gegenüber anderen Unterhaltsansprüchen, auch gegenüber dem Betreuungsunterhalt nach den §§ 1570, 1615l II BGB (vgl. § 1609 Nr. 2 BGB), vorrangig ausgestaltet hat.

[27] Gegenüber dem Anspruch der Kl. auf Trennungsunterhalt muss dem Bekl. deswegen ein Selbstbehalt verbleiben, der den notwendigen Selbstbehalt gegenüber dem Unterhaltsanspruch des gemeinsamen minderjährigen Kindes nicht unerheblich übersteigt. Er ist in der Regel mit einem Betrag zu bemessen, der zwischen dem angemessenen Selbstbehalt (§ 1603 I BGB) und dem notwendigen Selbstbehalt (§ 1603 II BGB) liegt (*Senat*, BGHZ 166, 351 [356 ff.] = NJW 2006, 1654 = FamRZ 2006, 683 [684]). Es ist deswegen nicht zu beanstanden, wenn die Süddeutschen Leitlinien, denen auch das BerGer. folgt, in solchen Fällen mangels anderer Anhaltspunkte regelmäßig von einem Selbstbehalt des Unterhaltspflichtigen ausgehen, der hälftig zwischen dem notwendigen Selbstbehalt (für Nichterwerbstätige derzeit 770 Euro) und dem angemessenen Selbstbehalt (derzeit 1100 Euro) liegt und somit 935 EUR beträgt (vgl. Nrn. 21.2 und 21.3.1 der Süddeutschen Leitlinien; Beil. zu NJW H. 30/2005 und FPR H. 7/2005, S. 9 = FamRZ 2005, 1376 [1379]; Beil. zu NJW 2008, H. 10 = Beil. zu FPR 2008, H. 3, S. 13 = FamRZ 2008, 231 [233]).

BGH v. 26.11.2008 – XII ZR 65/07 – FamRZ 2009, 962 = NJW 2009, 1816

R700 *(Kindergartenbeiträge als Sonderbedarf des Kindes)*

[14] 3. a) Zutreffend ist der rechtliche Ausgangspunkt des BerGer. Der *Senat* hat – nach Erlass des Berufungsurteils – entschieden, dass die für den Kindergartenbesuch anfallenden Kosten zum Bedarf eines Kindes zu rechnen seien, und zwar unabhängig davon, ob die Einrichtung halb- oder ganztags besucht werde. Da der Unterhaltsbedarf eines Kindes dessen gesamten Lebensbedarf einschließlich der Kosten der Erziehung umfasse (§ 1610 II BGB), bestimmten Aufwendungen, die in erster Linie erzieherischen Zwecken dienten, jedenfalls den Bedarf des Kindes und nicht denjenigen des betreuenden Elternteils. Um solche Aufwendungen handele es sich bei den für den Kindergartenbesuch anfallenden Kosten. Denn der Kindergarten biete zum einen fürsorgende Betreuung mit dem Ziel einer Förderung sozialer Verhaltensweisen und stelle zum anderen eine Bildungseinrichtung im elementaren Bereich dar. Mit der Schaffung von Kindergärten werde Chancengleichheit in Bezug auf die Lebens- und Bildungsmöglichkeiten von Kindern gewährleistet und zugleich sozialstaatlichen Belangen Rechnung getragen. Darüber hinaus werde in der aktuellen gesellschaftspolitischen Diskussion unter Hinweis auf das Wächteramt des Staates zum Schutze des Kindeswohls gefordert, dass Kinder Kindergärten oder vergleichbare Einrichtungen besuchten, damit sie selbst sowie das Erziehungsverhalten der Eltern einer Kontrolle unterlägen. Deshalb könne nicht zweifelhaft sein, dass der Kindergartenbesuch dem Kindeswohl in maßgeblicher Weise diene. Mit Rücksicht auf die im Vordergrund stehenden erzieherischen Aufgaben einer solchen Einrichtung komme dem Gesichtspunkt der Ermöglichung einer Erwerbstätigkeit des betreuenden Elternteils nur untergeordnete Bedeutung zu. Die Kosten, die für den Besuch eines Kindergartens anfielen, seien daher dem Bedarf des Kindes zuzurechnen, zumal nur bei dieser Beurteilung gewährleistet werden könne, dass der betreuende Elternteil für einen hieraus folgenden Mehrbedarf nicht allein aufzukommen brauche, weil er je nach Lage des Einzelfalls keinen eigenen Unterhaltsanspruch habe (*Senat*, NJW 2008, 2337 = FPR 2008, 299 = FamRZ 2008, 1152 [1153 f.]). An dieser Beurteilung hält der *Senat* fest.

[15] b) Mit Rücksicht darauf hat das BerGer. zutreffend angenommen, dass die Kosten, die im vorliegenden Fall durch den Besuch der Kindertagesstätte anfallen, als Bedarf des Kl. zu qualifizieren sind. Entgegen der Auffassung der Revision erfolgt die dortige Betreuung des Kindes nicht in erster Linie zu dem Zweck, der Mutter eine – eingeschränkte – Erwerbstätigkeit zu ermöglichen. Aus den von der Revision in Bezug genommenen Unterlagen, die der Bekl. im ersten Rechtszug beigebracht hat, ergibt sich vielmehr, dass hierfür erzieherische Gesichtspunkte im Vordergrund stehen. Nach dem Konzept der in Rede stehenden Kinderkrippe besteht das Erziehungsziel der Einrichtung darin, die Kinder zu Beziehungsfähigkeit und Eigenverantwortung anzuleiten und sie dabei zu unterstützen, ein Selbstwertgefühl im Sinne der christlichen Grundwerte zu entwickeln. Durch Ausgewogenheit zwischen Freiraum und definiertem Rahmen soll die Persönlichkeitsentwicklung der Kinder gefördert werden, indem ihnen einerseits Raum zur Entfaltung gegeben wird, andererseits aber auch Grenzen gesetzt werden. Diesem Zweck soll auch die ihnen zu vermittelnde positive Lebenshaltung, die das Aufbringen von Ausdauer und Geduld bei auftretenden Schwierigkeiten einschließt, dienen. Um diesen Vorgaben entsprechen zu können, wird Wert auf einen regelmäßigen, länger dauernden Besuch gelegt, damit eine stabile Beziehung zu jedem Kind aufgebaut werden kann. Darüber hinaus wird der Kontakt zu den Eltern für wesentlich gehalten, ferner wird die Beschäftigung qualifizierten Personals betont. Die Kinderkrippe ist dem Schweizerischen Krippenverband angeschlossen und wird regelmäßig (mindestens alle fünf Jahre) auf die Einhaltung von dessen Richtlinien überprüft. Diese Richtlinien sehen unter anderem vor, dass das verantwortliche Personal eine anerkannte pädagogische Ausbildung besitzt und die Führung der Einrichtung nach einem sozialpädagogische Grundsätze umfassenden Konzept erfolgt. Die im Jahre 2002 vorgenommene, während des Berufungsverfahrens letzte Überprüfung der Kinderkrippe hat zu keinen Beanstandungen geführt.

[16] Danach kann mit dem BerGer. nicht bezweifelt werden, dass der Besuch der Kindertagesstätte durch den Kl. in erster Linie aus erzieherischen Gründen erfolgt. Der Kl. erfährt dort neben fürsorgender Betreuung eine Förderung sozialer Verhaltensweisen und gezielte Unterstützung bei der Entwicklung seiner Persönlichkeit. Darüber hinaus wird ihm durch das tägliche Zusammensein mit anderen Kindern die Integration in seiner jetzigen Umgebung erleichtert. Das gilt vor allem auch deshalb, weil für ihn eine bestimmte Kleinkindzieherin als Bezugsperson festgelegt worden ist, die ihn zudem im sprachlichen Bereich unterstützt und mit der ihn behandelnden Logopädin in Kontakt steht. Die Kinderkrippe ist nach ihrer organisatorischen Gestaltung auch in der Lage, die gedeihliche Entwicklung eines Kindes zu beobachten, eventuelle Defizite festzustellen und sich hierüber zunächst mit den Eltern zu verständigen. Diese Funktion ist ebenso wenig wie die Übernahme erzieherischer Aufgaben davon abhängig, ob die betreffende Kindertageseinrichtung öffentlich-rechtlich oder privatrechtlich organisiert ist.

[17] 4. Das BerGer. hat ferner zutreffend angenommen, dass es sich bei dem in Rede stehenden Bedarf des Kl. um unterhaltsrechtlichen Mehrbedarf handelt.

[18] a) Kindergartenbeiträge können, schon da sie regelmäßig anfallen, keinen Sonderbedarf (§ 1613 II Nr. 1 BGB) begründen. Als Mehrbedarf ist der Teil des Lebensbedarfs anzusehen, der regelmäßig während eines längeren Zeitraums anfällt und das Übliche derart übersteigt, dass er mit den Regelsätzen nicht zu erfassen, andererseits aber kalkulierbar ist und deshalb bei der Bemessung des laufenden Unterhalts berücksichtigt werden kann (*Wendl/Klinkhammer*, Das UnterhaltsR in der familienrichterlichen Praxis, 7. Aufl., § 2 Rn. 133; *Maurer*, FamRZ 2006, 663 [667]).

[19] b) Der *Senat* ist bisher allerdings davon ausgegangen, dass der Beitrag für den halbtägigen Kindergartenbesuch grundsätzlich keinen Mehrbedarf eines Kindes begründet. Der halbtägige Besuch eines Kindergartens sei heutzutage die Regel, so dass es sich bei dem hierfür zu zahlenden Beitrag um Kosten handele, die üblicherweise ab Vollendung des dritten Lebensjahres eines Kindes anfielen. Diese Kosten seien durch die Sätze der Düsseldorfer Tabelle jedenfalls bis Dezember 2007 gedeckt, bei denen es sich um Pauschalen handele, mit denen die durchschnittlichen, über einen längeren Zeitraum anfallenden Lebenshaltungskosten eines Kindes der betreffenden Altersstufe bestritten werden könnten. Der Tabellenbetrag der Gruppe 6 der Düsseldorfer Tabelle, bei dem das Existenzminimum eines Kindes als gesichert anzusehen sei, habe den Aufwand für den üblichen Kindergartenbesuch jedenfalls eingeschlossen. In den niedrigeren Einkommensgruppen habe die bis zum 31.12.2007 unterbleibende Anrechnung des Kindergeldanteils gem. § 1612b V BGB aF bewirkt, dass die Lücken beim Kindesunterhalt geschlossen worden seien, weshalb auch in solchen Fällen faktisch der gleiche Betrag wie in der Gruppe 6 für das Kind zur Verfügung gestanden habe (*Senat*, NJW 2007, 1969 = FamRZ 2007, 882 [886]). Die Beurteilung hat der *Senat* auf sozialverträglich gestaltete Kindergartenbeiträge bis zu

einer Höhe von etwa 50 EUR monatlich bezogen (*Senat*, NJW 2008, 2337 = FPR 2008, 299 = FamRZ 2008, 1152 [1154]).

[20] c) An dieser Auffassung hält der *Senat* nicht fest.

[21] aa) Durch das Unterhaltsänderungsgesetz vom 21.12.2007 (BGBl. I, 3189) ist der bisherige § 1612a BGB vollständig neu gefasst worden. § 1612a I BGB nF bestimmt den Unterhalt, den ein minderjähriges Kind von einem Elternteil verlangen kann, mit dem es nicht in einem Haushalt lebt, als Prozentsatz des jeweiligen Mindestunterhalts. Letzterer richtet sich nach dem doppelten Freibetrag für das sächliche Existenzminimum eines Kindes (Kinderfreibetrag) gem. § 32 VI 1 EStG. Anknüpfungspunkt für den Unterhalt ist damit nicht mehr die Regelbetrag-Verordnung, sondern das Steuerrecht und die dort enthaltene Bezugnahme auf den existenznotwendigen Bedarf von Kindern, der nach der Rechtsprechung des *BVerfG* (BVerfGE 99, 216 = NJW 1999, 557 = FamRZ 1999, 285) von der Einkommensteuer verschont bleiben muss. Dieses Existenzminimum wird von der Bundesregierung alle zwei Jahre in einem Existenzminimumbericht auf der Grundlage der durchschnittlichen sozialhilferechtlichen Regelsätze der Bundesländer und statistischer Berechnungen der durchschnittlichen Aufwendungen für Wohn- und Heizkosten ermittelt (vgl. zuletzt Siebenter Existenzminimumbericht v. 21.11.2008, BT-Drucks.16/11065); es bildet die Orientierungsgröße für die Höhe des einkommensteuerlichen sächlichen Existenzminimums. Auf dieser Grundlage gewährt das Steuerrecht nach § 32 VI 1 EStG jedem Elternteil für ein zu berücksichtigendes Kind einen entsprechenden Kinderfreibetrag, der sich bis zum 31.12.2008 auf 1824 EUR belief und seit 1.1.2009 1932 EUR beträgt. Mit der Anknüpfung an den doppelten Kinderfreibetrag soll der Mindestunterhalt das Existenzminimum eines Kindes gewährleisten (BT-Drucks.16/1830, S. 26 ff.; vgl. auch *Klinkhammer*, FamRZ 2008, 193).

[22] bb) Die Frage, welche Aufwendungen der dem sächlichen Existenzminimum entsprechende Mindestbedarf abdeckt, ist danach unter Heranziehung der §§ 27 ff. SGB XII sowie der Verordnung zur Durchführung des § 28 SGB XII (Regelsatzverordnung – RSV) zu beantworten. Nach § 27 I SGB XII umfasst der notwendige Lebensbedarf insbesondere Ernährung, Unterkunft, Kleidung, Körperpflege, Hausrat, Heizung und persönliche Bedürfnisse des täglichen Lebens. Zu Letzteren gehören in vertretbarem Umfang auch Beziehungen zur Umwelt und eine Teilnahme am kulturellen Leben. Nach Absatz 2 umfasst der notwendige Lebensunterhalt bei Kindern und Jugendlichen auch den besonderen, insbesondere den durch ihre Entwicklung und ihr Heranwachsen bedingten Bedarf. Bei dieser Quantifizierung des Bedarfs sind jedoch die allgemeinen Kosten nicht hinreichend berücksichtigt, die Eltern aufzubringen haben, um dem Kind eine Entwicklung zu ermöglichen, die es zu einem verantwortlichen Leben in der Gesellschaft befähigt. Hierzu gehört etwa die Mitgliedschaft in Vereinen sowie sonstige Formen der Begegnung mit anderen Kindern oder Jugendlichen außerhalb des häuslichen Bereichs und die verantwortliche Nutzung der Freizeit und die Gestaltung der Ferien (BVerfGE 99, 216 = NJW 1999, 557 = FamRZ 1999, 285 [290]).

[23] Dass das genannte Leistungsspektrum den Kindergartenbeitrag bzw. vergleichbare Aufwendungen für die Betreuung eines Kindes in einer kindgerechten Einrichtung einschließt, kann danach nicht festgestellt werden. Das ergibt sich zunächst aus der Regelsatzverordnung, die Inhalt, Bemessung und Aufbau der Regelsätze bestimmt. Nach § 2 I 1 RSV ist Grundlage der Bemessung der Regelsätze der aus der Einkommens- und Verbrauchsstichprobe abzuleitende Eckregelsatz. Dieser setzt sich aus der Summe bestimmter, in § 2 II RSV aufgeführter Verbrauchsausgaben zusammen. Die betreffende Auflistung enthält indes keine Position, unter die der Kindergartenbeitrag gefasst werden könnte. Zwar erstreckt sich die Einkommens- und Verbrauchsstichprobe unter anderem auch auf Dienstleistungen der Kindergärten, Kinderhorte, Krippen, Spielgruppen und andere Kinderbetreuungseinrichtungen (vgl. Gliederungspunkt U/03 der Hinweise des Statistischen Bundesamts zur Einkommens- und Verbrauchsstichprobe). Die Auswertung der Einkommens- und Verbrauchsstichprobe, die § 2 RSV vorschreibt, bezieht sich aber nur auf die regelsatzrelevanten Erhebungen. Hierzu gehören Kindergartenbeiträge nicht, das Sozialrecht sieht insofern vielmehr eine anderweitige Regelung vor.

[24] Nach § 90 SGB VIII können für die Inanspruchnahme von Angeboten der Förderung von Kindern in Tageseinrichtungen und Kindertagespflege nach den §§ 22 bis 24 SGB VIII Kostenbeiträge festgesetzt werden (Abs. 1 S. 1 Nr. 3), die – unter anderem einkommensabhängig – gestaffelt werden können (Abs. 1 S. 2 und 3). Der Kostenbeitrag soll auf Antrag ganz oder teilweise erlassen oder ein Teilnahmebeitrag auf Antrag ganz oder teilweise vom Träger der öffentlichen Jugendhilfe übernommen werden, wenn die Belastung den Eltern bzw. einem Elternteil und dem Kind nicht zuzumuten ist (Abs. 3). Für die Feststellung der zumutbaren Belastung gelten die §§ 82 bis 85, 87, 88 und 92a SGB XII, also die Bestimmungen, die für die Beurteilung der Sozialhilfebedürftigkeit maßgebend sind,

Anhang R. Rechtsprechung   **R701**

entsprechend, soweit nicht Landesrecht eine andere Regelung trifft (Abs. 4). Daraus folgt, dass Empfänger von Leistungen der Hilfe zum Lebensunterhalt regelmäßig keine Kosten für die Betreuung eines Kindes in einem Kindergarten aufzubringen haben, solche Kosten demnach weder Teil der Regelleistungen zu sein brauchen noch in Form ergänzender Leistungen erfolgen müssen, um einen zusätzlichen Bedarf zu decken.

[25] cc) Das sächliche Existenzminimum und dem folgend der Mindestbedarf eines Kindes beinhalten deshalb nicht die für den Kindergartenbesuch aufzubringenden Kosten. Für den Betreuungs- und Erziehungsbedarf des Kindes, der über den existenziellen Sachbedarf hinaus notwendiger Bestandteil des familiären Existenzminimums ist (BVerfGE 99, 216 = NJW 1999, 557 = FamRZ 1999, 285 [287 f., 290]), sind vielmehr zusätzliche Mittel zu veranschlagen. Die dem System der Bedarfsfestlegung immanente Abgrenzung dieses Bedarfs von demjenigen des sächlichen Bedarfs betrifft nicht nur den für ein Kind aufzubringenden Mindestunterhalt, sondern auch den bei günstigeren Einkommensverhältnissen des Barunterhaltspflichtigen geschuldeten höheren Unterhalt. Auch den Mindestunterhalt übersteigende Unterhaltsbeträge decken grundsätzlich keinen wesensverschiedenen Aufwand ab, sondern zielen auf Grund der abgeleiteten Lebensstellung des Kindes auf eine Bedarfsdeckung auf höherem Niveau. Danach ist die Annahme aber nicht gerechtfertigt, in höheren Unterhaltsbeträgen seien Kosten für den Besuch eines Kindergartens teilweise enthalten (vgl. *Wendl/Klinkhammer*, § 2 Rn. 275; a. A. *OLG Frankfurt a. M.*, NJW-RR 2006, 1303; *Reinken*, FPR 2008, 90 [92]; *Scholz*, FamRZ 2006, 737 [740]; *Maurer*, FamRZ 2006, 663 [669]).

[26] Insofern führt auch die durch die Übergangsvorschrift des § 36 Nr. 4 EGZPO erfolgte Festlegung eines gegenüber § 1612a BGB nF in der ersten Altersstufe um 15 EUR höheren Mindestunterhalts (Betrag gem. § 36 Nr. 4 lit. a EGZPO: 279 Euro; Mindestunterhalt gem. § 1612a I 2 und 3 Nr. 1 BGB: 3648 EUR : 12 = 304 EUR × 87% = gerundet 264 Euro) nicht zu einer anderen Beurteilung. Denn diese Regelung ist erfolgt, um zu vermeiden, dass sich ab 1.1.2008 niedrigere Zahlbeträge (West) ergeben als für die Zeit zuvor. Sie kommt in ihren unterhaltsrechtlichen Auswirkungen einer vorgezogenen – zum 1.1.2009 auch in Kraft getretenen – Erhöhung des seit 2002 unveränderten Kinderfreibetrags gleich (vgl. *Klinkhammer*, FamRZ 2008, 193 [195]) und vermag schon vom System her nicht die Annahme zu tragen, damit solle auch Erziehungs- und Betreuungsbedarf abgedeckt werden.

[27] dd) Auch für die Zeit bis zum 31.12.2007 ist eine andere Betrachtungsweise nicht gerechtfertigt. Die Regelbeträge, die bis dahin nach § 1612a BGB aF und der Regelbetrag-Verordnung dem Kindesunterhalt zu Grunde lagen, deckten das Existenzminimum eines Kindes nicht ab. Durch die Novellierung von § 1612b V BGB aF durch das Gesetz zur Ächtung der Gewalt in der Erziehung und zur Änderung des Kindesunterhaltsrechts vom 2.11.2000 (BGBl. I, 1479), der bestimmte, dass die Anrechnung des Kindergeldes auf den Unterhalt unterbleibt, soweit der Unterhaltspflichtige außer Stande ist, Unterhalt in Höhe von 135% des jeweiligen Regelbetrags nach der Regelbetrag-Verordnung zu leisten, sollte der unzureichende Barunterhalt auf das sächliche Existenzminimum aufgestockt werden (BT-Drucks. 14/3781, S. 8). Die Bezugsgröße, an die dabei angeknüpft worden war, stellte das Existenzminimum nach dem Existenzminimumbericht der Bundesregierung dar. Da dieser sich aber – wie ausgeführt – an den sozialhilferechtlichen Regelsätzen orientierte, war nur eine Abdeckung des sächlichen Existenzminimums gewährleistet, nicht dagegen die des darüber hinausgehenden Erziehungs- und Betreuungsbedarfs. Das hat sich auch dadurch nicht wesentlich geändert, dass der an die Regelbeträge als Sockel anknüpfende Betrag von 135% auf Grund seiner Abhängigkeit von der Entwicklung des durchschnittlichen verfügbaren Arbeitsentgelts (vgl. § 1612a IV BGB aF) letztlich das Existenzminimum überstieg (vgl. hierzu BT-Drucks. 16/1830, S. 27). Denn der Differenzbetrag macht in der ersten Altersstufe nur 9 EUR aus und kann angesichts dieser Größenordnung vernachlässigt werden (273 EUR gegenüber 264 EUR, nämlich 3648 Euro: 12 × 87%).

BGH v. 3.12.2008 – XII ZR 182/06 – FamRZ 2009, 314 = NJW 2009, 1410

(Fiktives Erwerbseinkommen beim Kindesunterhalt)   **R701**

[19] b) Soweit das BerGer. dem Bekl. weitere fiktive Nettoeinkünfte in Höhe von 150 EUR monatlich zugerechnet hat, trägt die Begründung diese Entscheidung nicht.

[20] aa) Nach § 1603 I BGB ist nicht unterhaltspflichtig, wer bei Berücksichtigung seiner sonstigen Verpflichtungen außer Stande ist, ohne Gefährdung seines eigenen angemessenen Unterhalts den Unterhalt zu gewähren. Eltern, die sich in dieser Lage befinden, sind gem. § 1603 II 1 BGB ihren minderjährigen unverheirateten Kindern gegenüber verpflichtet, alle verfügbaren Mittel zu ihrem und

2321

der Kinder Unterhalt gleichmäßig zu verwenden (sog. gesteigerte Unterhaltspflicht). Darin liegt eine Ausprägung des Grundsatzes der Verhältnismäßigkeit im Unterhaltsrecht. Aus diesen Vorschriften und aus Art. 6 II GG folgt auch die Verpflichtung der Eltern zum Einsatz der eigenen Arbeitskraft. Wenn der Unterhaltsverpflichtete eine ihm mögliche und zumutbare Erwerbstätigkeit unterlässt, obwohl er diese bei gutem Willen ausüben könnte, können deswegen nach ständiger Rechtsprechung des *Senats* nicht nur die tatsächlichen, sondern auch fiktiv erzielbare Einkünfte berücksichtigt werden. Trotz der nach § 1603 II 1 BGB gesteigerten Unterhaltspflicht gegenüber minderjährigen Kindern muss die Anrechnung fiktiver Einkünfte aber stets die Grenze des Zumutbaren beachten. Übersteigt die Gesamtbelastung des Unterhaltsschuldners diese Grenze, ist die Beschränkung seiner Dispositionsfreiheit als Folge der Unterhaltsansprüche des Bedürftigen nicht mehr Bestandteil der verfassungsgemäßen Ordnung und kann vor dem Grundrecht des Art. 2 I GG nicht bestehen (*BVerfG*, NJW-RR 2007, 649 = FamRZ 2007, 273; NJW 2006, 2317 = FamRZ 2006, 469; FPR 2003, 479 = FamRZ 2003, 661).

[21] bb) Voraussetzung einer Zurechnung fiktiver Einkünfte ist mithin, dass der Unterhaltspflichtige die ihm zumutbaren Anstrengungen, eine angemessene Erwerbstätigkeit zu finden, nicht oder nicht ausreichend unternommen hat und dass bei genügenden Bemühungen eine reale Beschäftigungschance bestanden hätte.

[22] (1) Im Rahmen der Zumutbarkeit einer Nebentätigkeit sind zunächst die objektiven Grenzen einer Erwerbstätigkeit unter Berücksichtigung des Umfangs der schon ausgeübten Vollzeittätigkeit zu berücksichtigen. Übt der Unterhaltspflichtige eine Berufstätigkeit aus, die 40 Stunden wöchentlich unterschreitet, kann grundsätzlich eine Nebentätigkeit von ihm verlangt werden. Denn wegen der gesteigerten Unterhaltspflicht nach § 1603 II 2 BGB muss der Unterhaltspflichtige sich mindestens an der Höchstgrenze der regelmäßigen Erwerbstätigkeit orientieren, die gegenwärtig noch 40 Stunden wöchentlich beträgt. Allerdings sind im Rahmen der objektiven Zumutbarkeit auch die Grenzen des Arbeitszeitgesetzes zu beachten. Nach § 3 ArbZG darf die werktägliche Arbeitszeit der Arbeitnehmer acht Stunden nicht überschreiten. Ausnahmen kommen nur in engen Grenzen in Betracht. Nach § 9 I ArbZG dürfen Arbeitnehmer an Sonn- und gesetzlichen Feiertagen grundsätzlich nicht beschäftigt werden. Damit ist die wöchentliche Arbeitszeit regelmäßig auf (6 Tage × 8 Stunden =) 48 Stunden begrenzt, wobei nach § 2 ArbZG die Arbeitszeiten bei verschiedenen Arbeitgebern zusammenzurechnen sind. Lediglich in mehrschichtigen Betrieben kann der Beginn und das Ende der Sonn- und Feiertagsruhe verschoben werden. Darüber hinaus sieht § 10 ArbZG Ausnahmen für bestimmte Arbeiten vor, die nicht an Werktagen vorgenommen werden können. Mit diesen Vorschriften ist aus objektiver Sicht die Obergrenze der zumutbaren Erwerbstätigkeit auch für die Fälle vorgegeben, in denen der Unterhaltspflichtige nach § 1603 II 1 und 2 BGB gesteigert unterhaltspflichtig ist (vgl. *Senat*, NJW 2008, 1525 = FPR 2008, 244 = FamRZ 2008, 872 [875]; *BVerfG*, FPR 2003, 479 = FamRZ 2003, 661 [662]).

[23] Das BerGer. hat schon nicht hinreichend festgestellt, ob und in welchem Umfang die Vollzeittätigkeit des Bekl. die regelmäßige Arbeitszeit von 40 Wochenstunden erreicht oder gar übersteigt. Die vorliegenden Monatsjournale für die Zeit von Januar bis Mai 2006 legen die Annahme nahe, dass die regelmäßige Arbeitszeit des Bekl. 40 Wochenstunden beträgt. Das unterhaltsrelevante Einkommen haben die Instanzgerichte aber auf der Grundlage der Einkommensnachweise für die Zeit von Juli 2004 bis Juni 2005 ermittelt, die neben dem Festgehalt und sonstigen Zulagen sogar Vergütungen für insgesamt 135 Überstunden enthalten.

[24] (2) Im Rahmen der Zurechnung fiktiver Nebenverdienste ist weiterhin zu prüfen, ob und in welchem Umfang es dem Unterhaltspflichtigen unter Abwägung seiner von ihm darzulegenden besonderen Lebens- und Arbeitssituation einerseits und der Bedarfslage des Unterhaltsberechtigten andererseits zugemutet werden kann, eine Nebentätigkeit auszuüben (vgl. *BVerfG*, FPR 2003, 479 = FamRZ 2003, 661 [662]). Auch die insoweit relevanten weiteren subjektiven und objektiven Voraussetzungen der Zurechnung fiktiver Einkünfte hat das *OLG* nicht hinreichend gewürdigt.

[25] Zwar hat es in zutreffender Weise in seine Entscheidung einbezogen, dass der Bekl. an den Wochenenden nicht berufstätig und deswegen grundsätzlich samstags nicht an einer Nebentätigkeit gehindert ist. Soweit es weiter darauf abstellt, dass sich der Arbeitsplatz des Bekl. an seinem Wohnort befindet, spricht auch dieser Umstand gegen eine übermäßige Belastung durch die in Vollzeit ausgeübte Berufstätigkeit. Für die Zumutbarkeit einer Nebentätigkeit sagt dies allerdings noch nichts aus, solange ungeklärt ist, ob auch die Nebentätigkeit am Wohnort des Bekl. möglich wäre. Völlig unberücksichtigt hat das BerGer. gelassen, dass der Bekl. der Vater des Kl. und eines weiteren Kindes ist und Art. 6 II GG ihm nicht nur das Recht zum Umgang einräumt, sondern auch eine entsprechende Pflicht

auferlegt (vgl. *BVerfG*, NJW 2008, 1287 = FPR 2008, 238 = FamRZ 2008, 845 [847 ff.]; *BGH*, NJW 2008, 2586 = FamRZ 2008, 1334). Schließlich ist zu berücksichtigen, dass der Bekl. seit dem 15.11.2005 wieder allein lebt und auch seinen Haushalt allein führen muss, was zwischen den Parteien unstreitig ist.

[26] Das *OLG* hat deswegen nicht unter Würdigung aller maßgeblichen Umstände geprüft, ob dem Bekl. neben seiner vollschichtigen Erwerbstätigkeit, eventuellen Überstunden, der Kontaktpflege mit seinen Kindern und der Belastung durch die Haushaltsführung überhaupt genügend Zeit für eine Nebentätigkeit an Samstagen verbleibt.

[27] (3) Schließlich halten auch die Feststellungen des BerGer., wonach der Bekl. eine zumutbare Nebentätigkeit finden und daraus monatlich 150 EUR netto erzielen könnte, den Angriffen der Revision nicht stand.

[28] Die Zurechnung fiktiver Einkünfte setzt neben den nicht ausreichenden Erwerbsbemühungen eine reale Beschäftigungschance voraus. Die Gerichte müssen deswegen prüfen, ob es Nebentätigkeiten entsprechender Art für den Unterhaltspflichtigen überhaupt gibt und der Aufnahme einer solchen Tätigkeit keine rechtlichen Hindernisse entgegenstehen, für die der Unterhaltspflichtige darlegungs- und beweispflichtig ist (*Senat*, NJWE-FER 1998, 64 = FamRZ 1998, 357 [359]; BVerfGE 68, 256 [270] = NJW 1985, 1211 = FamRZ 1985, 143 [146]).

[29] Auch die Höhe der fiktiv berücksichtigten Einkünfte hält einer rechtlichen Kontrolle nicht stand. Denn das *OLG* hat dem Bekl. Nettoeinkünfte in Höhe von 150 EUR monatlich angerechnet, ohne im Einzelnen darzulegen, wie diese sich errechnen. Weil das BerGer. weder den vom Bekl. durch eine Nebentätigkeit erzielbaren Stundensatz noch den Umfang der ihm zugemuteten Nebenerwerbstätigkeit genau bemessen hat, kann die Entscheidung nach dem auch verfassungsrechtlich gebotenen Maßstab der Zumutbarkeit nicht überprüft werden. Die Begründung des *OLG* trägt deswegen die Zurechnung der angesetzten fiktiven Einkünfte nicht.

BGH v. 21.1.2009 – XII ZR 54/06 – FamRZ 2009, 762 = NJW 2009, 1742

(Verhältnis des Unterhalts für volljährige Kinder zum Familienunterhalt) R703

[43] 5. Die Revision rügt allerdings, dass das BerGer. auch den Anspruch auf Familienunterhalt, der der Ehefrau des Bekl. gegen diesen zusteht, vorweg abgezogen hat. Damit hat die Revision ebenfalls Erfolg.

[44] a) Der Bekl. schuldet seiner Ehefrau nach den §§ 1360, 1360a BGB Familienunterhalt, da sie nicht über ausreichendes eigenes Einkommen verfügt. Dieser Unterhaltsanspruch lässt sich zwar nicht ohne Weiteres nach den zum Ehegattenunterhalt nach Trennung oder Scheidung entwickelten Grundsätzen bemessen. Denn er ist nach seiner Ausgestaltung nicht auf die Gewährung einer – frei verfügbaren – laufenden Geldrente für den jeweils anderen Ehegatten, sondern vielmehr als gegenseitiger Anspruch der Ehegatten darauf gerichtet, dass jeder von ihnen seinen Beitrag zum Familienunterhalt entsprechend seiner nach dem individuellen Ehebild übernommenen Funktion leistet. Seinem Umfang nach umfasst der Anspruch auf Familienunterhalt gem. § 1360a BGB alles, was für die Haushaltsführung und die Deckung der persönlichen Bedürfnisse der Ehegatten und eventueller Kinder erforderlich ist. Sein Maß bestimmt sich aber nach den ehelichen Lebensverhältnissen, so dass § 1578 BGB als Orientierungshilfe herangezogen werden kann. Es begegnet deshalb keinen Bedenken, den Anspruch auf Familienunterhalt im Fall der Konkurrenz mit anderen Unterhaltsansprüchen auf die einzelnen Familienmitglieder aufzuteilen und in Geldbeträgen zu veranschlagen (*Senat*, NJW 2008, 3213 = FPR 2008, 566 = FamRZ 2008, 1911 [1914]; NJW 2007, 2412 = FamRZ 2007, 1081 [1083]; NJW 2003, 1660 = FPR 2003, 378 = FamRZ 2003, 860 [864]).

[45] b) Der Anspruch ist nach den ehelichen Lebensverhältnissen zu bestimmen, die aber ihrerseits durch anderweitige, auch nachrangige Unterhaltspflichten eingeschränkt sein können. Von einer solchen Bestimmung der ehelichen Lebensverhältnisse durch anderweitige Unterhaltspflichten ist auch in dem Verhältnis zwischen Eltern und volljährigen Kindern auszugehen (*Senat*, NJW 2003, 1660 = FPR 2003, 378 = FamRZ 2003, 860 [865]). Nach diesem methodischen Ansatz ist bei der Bemessung des Unterhalts der zweiten Ehefrau grundsätzlich der auf den Bekl. entfallende Anteil des Unterhalts für die (volljährige) Kl. vorweg vom Einkommen des Bekl. abzuziehen.

[46] Bei der hier vorzunehmenden Anteilsberechnung nach § 1606 III 1 BGB besteht allerdings die Besonderheit, dass ein bestimmter Kindesunterhalt der Kl., der vorweg abgezogen werden könnte, noch nicht feststeht. Er soll durch die Anteilsberechnung erst ermittelt werden. Weder der Abzug des

R704

vollen noch des hälftigen oder eines anderen Anteils des Bedarfs könnte für sich in Anspruch nehmen, exakt das widerzuspiegeln, was die Ehefrau sich bei ausreichender finanzieller Leistungsfähigkeit des Bekl. als ihren Unterhaltsanspruch einschränkend vorgehen lassen müsste. Andererseits wäre es auch nicht angemessen, für die Ehefrau von vornherein nur einen Mindestbedarf anzusetzen, denn ihr Anspruch kann auch darüber hinausgehen und würde dann zu Gunsten des anderen Elternteils geschmälert.

[47] c) Bei dieser Sachlage erscheint es gerechtfertigt, zur Bestimmung des Anspruchs auf Familienunterhalt den durch Vergleich titulierten und vom Bekl. auch gezahlten Unterhalt von monatlich 211,67 EUR heranzuziehen, zumal diese Mittel für den Lebensunterhalt des Bekl. und seiner Ehefrau tatsächlich nicht zur Verfügung standen, ihre Verhältnisse also durch einen entsprechenden Mittelabfluss geprägt waren. Hinsichtlich anderer, tatrichterlich ebenfalls in Betracht kommender Berechnungsmöglichkeiten ist danach zu unterscheiden, ob sich der Bedarf des volljährigen Kindes abhängig oder unabhängig vom Einkommen der Eltern bemisst. Wird für ein volljähriges Kind der dem Einkommen entsprechende Tabellenunterhalt geschuldet, so ist dieser zunächst allein nach dem Einkommen desjenigen Elternteils zu bemessen, der zugleich Familienunterhalt aufzubringen hat. Der sich ergebende Tabellenbetrag ist – nach Abzug des vollen Kindergeldes – vom Einkommen dieses Elternteils abzuziehen und sodann der Anspruch des Ehegatten auf Familienunterhalt zu ermitteln. Ist dagegen von einem festen Bedarf auszugehen, kommt – jeweils wiederum nach Abzug des Kindergeldes – eine Berechnung mit dem hälftigen Anteil oder einem anderen Näherungswert in Betracht, der bei unterschiedlichen Einkommensverhältnissen der Eltern realistisch erscheint.

[48] Das gewonnene Ergebnis ist darauf zu überprüfen, ob sich ein Missverhältnis hinsichtlich des wechselseitigen Bedarfs ergibt. Das ist dann anzunehmen, wenn der der jeweiligen Lebenssituation entsprechende angemessene Eigenbedarf der Ehefrau – unter Berücksichtigung der durch das Zusammenleben der Ehegatten eintretenden häuslichen Ersparnis (vgl. unter B III 7 [Rn. 53]) – durch die verbleibenden Mittel nicht gewährleistet werden kann (*Senat*, NJW 2003, 1660 = FPR 2003, 378 = FamRZ 2003, 860 [865]; so auch *Wendl/Scholz*, § 3 Rn. 79). In diesem Fall haben dem unterhaltspflichtigen Elternteil vorweg diejenigen Mittel zu verbleiben, die er zur Deckung des angemessenen Bedarfs seines Ehegatten benötigt. Deshalb ist insoweit – vor der Anteilsberechnung nach § 1606 III 1 BGB – der Fehlbetrag (dh der um die häusliche Ersparnis reduzierte angemessene Eigenbedarf abzüglich eines eventuellen eigenen Einkommens des Ehegatten) von dem Einkommen des unterhaltspflichtigen Elternteils in Abzug zu bringen.

[49] d) Dem entspricht die Berechnung des BerGer. nicht, da es unabhängig von den vorstehenden Erwägungen den Anspruch der Ehefrau auf Familienunterhalt vorweg vom Einkommen des Bekl. abgezogen hat und damit nicht berücksichtigt hat, dass die Lebensverhältnisse des Bekl. und seiner Ehefrau durch die Unterhaltspflicht für die Kl. mitbestimmt worden sind.

BGH v. 18.3.2009 – XII ZR 74/08 – FamRZ 2009, 770 = NJW 2009, 1876

R704 *(Dauer des Betreuungsunterhalts nach § 1570 BGB)*

a [18] Soweit die Revision zulässig ist, richtet sich der Anspruch der Kl. auf Betreuungsunterhalt nach neuem Unterhaltsrecht, also nach § 1570 BGB in der seit dem 1.1.2008 geltenden Fassung (BGBl. I 2007, 3189). Danach kann ein geschiedener Ehegatte von dem anderen wegen der Pflege und Erziehung eines gemeinschaftlichen Kindes für mindestens drei Jahre nach der Geburt Unterhalt verlangen. Die Dauer des Unterhaltsanspruchs verlängert sich, solange und soweit dies der Billigkeit entspricht. Dabei sind die Belange des Kindes und die bestehenden Möglichkeiten der Kinderbetreuung zu berücksichtigen (§ 1570 I 2 und 3 BGB). Die Dauer des Anspruchs auf Betreuungsunterhalt verlängert sich darüber hinaus, wenn dies unter Berücksichtigung der Gestaltung von Kinderbetreuung und Erwerbstätigkeit in der Ehe sowie der Dauer der Ehe der Billigkeit entspricht (§ 1570 II BGB).

[19] 1. Mit dieser Neuregelung hat der Gesetzgeber den nachehelichen Betreuungsunterhalt grundlegend umgestaltet. Er hat einen auf drei Jahre befristeten Basisunterhalt eingeführt, der aus Gründen der Billigkeit verlängert werden kann (BT-Drucks.16/6980, S. 8 f.). Im Rahmen dieser Billigkeitsentscheidung sind nach dem Willen des Gesetzgebers kind- und elternbezogene Verlängerungsgründe zu berücksichtigen (vgl. *Senat*, NJW 2008, 3125 = FPR 2008, 509 = FamRZ 2008, 1739 [1746 ff.]). Obwohl der Betreuungsunterhalt nach § 1570 BGB als Unterhaltsanspruch des geschiedenen Ehegatten ausgestaltet ist, wird er vor allen Dingen im Interesse des Kindes gewährt, um dessen Betreuung und Erziehung sicherzustellen (BT-Drucks.16/6980, S. 9).

[20] a) Mit der Einführung des Basisunterhalts bis zur Vollendung des dritten Lebensjahres hat der Gesetzgeber die Regelung übernommen, die er mit dem Schwangeren- und Familienhilfeänderungsgesetz vom 21.8.1995 (BGBl. I, 2942) für den Unterhaltsanspruch bei Betreuung eines nichtehelich geborenen Kindes in § 1615l II BGB eingeführt hatte. Der betreuende Elternteil kann danach frei entscheiden, ob er das Kind in dessen ersten drei Lebensjahren selbst erziehen oder eine andere Betreuungsmöglichkeit in Anspruch nehmen will (vgl. *Dose*, JAmt 2009, 1).

[21] Ein gleichwohl während der ersten drei Lebensjahre erzieltes Einkommen ist damit stets überobligatorisch. Der betreuende Elternteil kann deswegen in dieser Zeit auch eine schon bestehende Erwerbstätigkeit wieder aufgeben und sich voll der Erziehung und Betreuung des Kindes widmen. Erzielt er allerdings eigene Einkünfte, weil das Kind auf andere Weise betreut wird, ist das überobligatorisch erzielte Einkommen nicht völlig unberücksichtigt zu lassen, sondern nach den Umständen des Einzelfalls anteilig zu berücksichtigen (*Senat*, NJW 2005, 2145 = FamRZ 2005, 1154 [1156 f.]).

[22] b) Für die Zeit ab Vollendung des dritten Lebensjahres steht dem betreuenden Elternteil nach der gesetzlichen Neuregelung nur noch dann ein fortdauernder Anspruch auf Betreuungsunterhalt zu, wenn dies der Billigkeit entspricht (§ 1570 I 2 BGB). Damit verlangt die Neuregelung allerdings regelmäßig keinen abrupten Wechsel von der elterlichen Betreuung zu einer Vollzeiterwerbstätigkeit (BT-Drucks.16/6980, S. 9). Nach Maßgabe der im Gesetz genannten kindbezogenen (§ 1570 I 3 BGB) und elternbezogenen (§ 1570 II BGB) Gründe ist auch nach dem neuen Unterhaltsrecht ein gestufter Übergang bis hin zu einer Vollzeiterwerbstätigkeit möglich (*Senat*, NJW 2008, 3125 = FPR 2008, 509 = FamRZ 2008, 1739 [1748]).

[23] Zugleich hat der Gesetzgeber mit der gesetzlichen Neuregelung des § 1570 BGB dem unterhaltsberechtigten Elternteil die Darlegungs- und Beweislast für die Voraussetzungen einer Verlängerung des Betreuungsunterhalts über die Dauer von drei Jahren hinaus auferlegt (*Senat*, NJW 2008, 3125 = FPR 2008, 509 = FamRZ 2008, 1739 [1748]). Kind- oder elternbezogene Gründe, die zu einer Verlängerung des Betreuungsunterhalts über die Vollendung des dritten Lebensjahres hinaus aus Gründen der Billigkeit führen könnten, sind deswegen vom Unterhaltsberechtigten darzulegen und gegebenenfalls zu beweisen.

[24] 2. Die im Rahmen der Billigkeitsentscheidung zu berücksichtigenden kindbezogenen Verlängerungsgründe finden ihre verfassungsrechtliche Grundlage in Art. 6 II GG, wonach die Pflege und Erziehung der Kinder das natürliche Recht der Eltern und die zuförderst ihnen obliegende Pflicht ist. Da den nichtehelich geborenen Kindern nach Art. 6 V GG durch die Gesetzgebung die gleichen Bedingungen für ihre leibliche und seelische Entwicklung und ihre Stellung in der Gesellschaft zu schaffen sind wie den ehelichen Kindern, sind kindbezogene Verlängerungsgründe bei den Ansprüchen auf nachehelichen Betreuungsunterhalt gem. § 1570 BGB und auf Unterhalt bei Betreuung eines nichtehelich geborenen Kindes gem. § 1615l II BGB gleich zu behandeln. Der Gesetzgeber hat die kindbezogenen Gründe für eine Verlängerung des Betreuungsunterhalts aus Billigkeitsgründen in § 1570 I 3 und § 1615l II 5 BGB deswegen auch wortgleich ausgestaltet. Wegen des verfassungsrechtlich gewährleisteten Schutzes der Kinder sind diese Verlängerungsgründe stets vorrangig zu prüfen und entfalten im Rahmen der Billigkeitsentscheidung das stärkste Gewicht (BT-Drucks.16/6980, S. 9; vgl. auch *Dose*, JAmt 2009, 1 [3]).

[25] a) Allerdings hat der Gesetzgeber mit der Neugestaltung des nachehelichen Betreuungsunterhalts in § 1570 BGB für Kinder ab Vollendung des dritten Lebensjahres den Vorrang der persönlichen Betreuung gegenüber anderen kindgerechten Betreuungsmöglichkeiten aufgegeben. Dies ist im Regelfall mit dem Grundrecht aus Art. 6 II GG und dem Kindeswohl vereinbar (*BVerfG*, NJW 2007, 1735 = FamRZ 2007, 965 [969 ff.]; BT-Drucks. 16/6980, S. 8; *Puls*, FamRZ 1998, 865 [870 f.]; vgl. auch § 10 I Nr. 3 SGB II und § 11 IV 2 bis 4 SGB XII). Dabei hat der Gesetzgeber an die zahlreichen sozialstaatlichen Leistungen und Regelungen angeknüpft, insbesondere an den Anspruch des Kindes auf den Besuch einer Tageseinrichtung (§ 24 I SGB VIII), die den Eltern auch dabei behilflich sein sollen, Erwerbstätigkeit und Kindererziehung besser miteinander vereinbaren zu können (§ 22 II Nr. 3 SGB VIII; BT-Drucks. 16/6980, S. 8; zur früheren Regelung in § 1615l II BGB vgl. schon *Senat*, NJW 2006, 2687 = FamRZ 2006, 1362 [1365]).

[26] Die Obliegenheit zur Inanspruchnahme einer kindgerechten Betreuungsmöglichkeit findet erst dort ihre Grenzen, wo die Betreuung nicht mehr mit dem Kindeswohl vereinbar ist, was jedenfalls bei öffentlichen Betreuungseinrichtungen wie Kindergärten, Kindertagesstätten oder Kinderhorten regelmäßig nicht der Fall ist.

[27] b) In dem Umfang, in dem das Kind nach Vollendung des dritten Lebensjahres eine solche Einrichtung besucht oder unter Berücksichtigung der individuellen Verhältnisse besuchen könnte, kann sich der betreuende Elternteil also nicht mehr auf die Notwendigkeit einer persönlichen Betreuung des Kindes berufen. Im Rahmen der Billigkeitsentscheidung über eine Verlängerung des Betreuungsunterhalts ist deswegen stets zunächst der individuelle Umstand zu prüfen, ob und in welchem Umfang die Kindesbetreuung auf andere Weise gesichert ist oder in kindgerechten Einrichtungen gesichert werden könnte (*BVerfG*, NJW 2007, 1735 = FamRZ 2007, 965 [968]; *OLG Celle*, NJW 2008, 1456 = FPR 2008, 318 = FamRZ 2008, 997 [998]; *OLG München*, FamRZ 2008, 1945 = BeckRS 2008, 12076; vgl. auch *Wendl/Pauling*, Das UnterhaltsR in der familienrichterlichen Praxis, 7. Aufl., § 4 Rn. 67; *Viefhues*, ZFE 2008, 44 [45]; *Wever*, FamRZ 2008, 553 [555 f.]; *Graba*, FamRZ 2008, 1217 [1221 f.]; *Zimmermann*, FPR 2009, 97 [98]). Auf die Betreuungsbedürftigkeit des Kindes kommt es erst dann nicht mehr an, wenn das Kind ein Alter erreicht hat, in dem es zeitweise sich selbst überlassen werden kann und deswegen auch keiner durchgehenden persönlichen Betreuung durch einen Elternteil bedarf (vgl. *Meier*, FamRZ 2008, 101 [104]).

[28] Soweit demgegenüber in Rechtsprechung und Literatur zu der seit dem 1.1.2008 geltenden Fassung des § 1570 BGB abweichende Auffassungen vertreten werden, die an das frühere Altersphasenmodell anknüpfen und eine Verlängerung des Betreuungsunterhalts allein vom Kindesalter abhängig machen (*OLG Köln*, NJW 2008, 2659 = FPR 2008, 455 = FamRZ 2008, 2119 [2129]; *OLG Celle*, FF 2009, 81 [82] = BeckRS 2009, 6833; wohl auch *OLG Jena*, NJW 2008, 3224 = FamRZ 2008, 2203 [2205]; *Wellenhofer*, FamRZ 2007, 1282 [1283]; *Büttner*, FPR 2009, 92 [94]; Leitlinien des *OLG Hamm* unter Nr. 17.1.1 = Beil. zu NJW H. 10/2008 = Beil. zu FPR H. 3/2008, S. 50; vgl. dazu *Born*, FF 2009, 92 [94 ff.]; *Borth*, FamRZ 2008, 1 [6]), sind diese im Hinblick auf den eindeutigen Willen des Gesetzgebers nicht haltbar.

[29] c) Neben der grundsätzlichen Betreuungsbedürftigkeit minderjähriger Kinder können allerdings auch sonstige kindbezogene Gründe, wie zum Beispiel schwere Krankheiten, die im Rahmen einer Betreuung in kindgerechten Einrichtungen nicht aufgefangen werden können, für eine eingeschränkte Erwerbspflicht und damit für eine Verlängerung des Betreuungsunterhalts sprechen. Auch insoweit sind die individuellen Umstände des jeweiligen Falls zu beachten.

[30] Aus kindbezogenen Gründen ist dem betreuenden Elternteil deswegen eine Erwerbstätigkeit nicht zumutbar, soweit die Betreuung des Kindes unter Berücksichtigung aller Umstände des Einzelfalls nicht hinreichend gesichert ist und auch nicht in kindgerechten Einrichtungen sichergestellt werden könnte und wenn das Kind im Hinblick auf sein Alter auch noch nicht sich selbst überlassen bleiben kann.

[31] 3. Soweit die Betreuung des Kindes auf andere Weise sichergestellt oder in einer kindgerechten Einrichtung möglich ist, können einer Erwerbsobliegenheit des betreuenden Elternteils auch elternbezogene Gründe entgegenstehen (*Senat*, NJW 2008, 3125 = FPR 2008, 509 = FamRZ 2008, 1739 [1748 f.]). Wie sich schon aus der Systematik des § 1570 BGB ergibt, sind elternbezogene Verlängerungsgründe iS des § 1570 II BGB allerdings erst nachrangig zu prüfen, soweit nicht schon kindbezogene Gründe einer Erwerbstätigkeit entgegenstehen.

[32] Diese Gründe für eine Verlängerung des Betreuungsunterhalts beruhen auf einer nachehelichen Solidarität. Maßgeblich ist dabei das in der Ehe gewachsene Vertrauen in die vereinbarte oder praktizierte Rollenverteilung und die gemeinsame Ausgestaltung der Kinderbetreuung (BT-Drucks.16/6980, S. 9). Die Umstände gewinnen durch das Vertrauen des unterhaltsberechtigten Ehegatten bei längerer Ehedauer oder bei Aufgabe der Erwerbstätigkeit zur Erziehung des gemeinsamen Kindes weiter an Bedeutung. Insoweit hat der *Senat* bereits ausgeführt, dass die ausgeübte oder verlangte Erwerbstätigkeit neben dem nach der Erziehung und Betreuung in Tageseinrichtungen verbleibenden Anteil an der Betreuung nicht zu einer überobligationsmäßigen Belastung des betreuenden Elternteils führen darf (*Senat*, NJW 2008, 3125 = FPR 2008, 509 = FamRZ 2008, 1739 [1748 f.]), die ihrerseits wiederum negative Auswirkungen auf das Kindeswohl entfalten könnte. Denn selbst wenn ein Kind ganztags in einer kindgerechten Einrichtung betreut und erzogen wird, was dem betreuenden Elternteil grundsätzlich die Möglichkeit zu einer Vollzeittätigkeit einräumen würde, kann sich bei Rückkehr in die Familienwohnung ein weiterer Betreuungsbedarf ergeben, dessen Umfang im Einzelfall unterschiedlich sein kann (vgl. *KG*, NJW 2008, 3793 = FamRZ 2009, 336 [337]). Dann ist eine Prüfung geboten, ob und in welchem Umfang die Erwerbsobliegenheit des unterhaltsberechtigten Elternteils trotz der Vollzeitbetreuung des Kindes noch eingeschränkt ist.

[33] 4. Diesen Vorgaben des neuen Unterhaltsrechts trägt die angefochtene Entscheidung nicht hinreichend Rechnung.

[34] a) Das BerGer. hat bei der Bemessung der Erwerbspflicht der Kl. vorrangig auf das Alter des gemeinsamen Kindes abgestellt und nicht hinreichend berücksichtigt, dass das Kind nach Beendigung der Schulzeit bis 16 Uhr einen Hort aufsucht. Die Beaufsichtigung und Betreuung des Kindes ist deswegen werktäglich bis 16 Uhr sichergestellt. Weil das BerGer. über die pauschale Angabe, das Kind leide unter chronischem Asthma, hinaus keine konkreten Auswirkungen festgestellt hat, sind auch keine Umstände ersichtlich, die zusätzliche Betreuungsleistungen der Kl. in der Zeit bis 16 Uhr erfordern könnten. Andererseits hat das BerGer. auch nicht festgestellt, dass die Kl. als Lehrerin im Falle einer vollschichtigen Erwerbstätigkeit (26 Wochenstunden) über 16 Uhr hinaus berufstätig sein müsste. Kindbezogene Gründe für eine eingeschränkte Erwerbsobliegenheit und somit für eine Verlängerung des Anspruchs auf Betreuungsunterhalt über die Vollendung des dritten Lebensjahres hinaus hat das BerGer. damit nicht festgestellt.

[35] Auch die Billigkeitsabwägung, ob elternbezogene Gründe, insbesondere der Aspekt einer überobligationsmäßigen Beanspruchung durch Erwerbstätigkeit und Kindesbetreuung, zu einer eingeschränkten Erwerbsobliegenheit führen, obliegt grundsätzlich dem Tatrichter und kann vom *Senat* nur auf Rechtsfehler überprüft werden. Zwar mag die Entscheidung des *KG* im Ergebnis gerechtfertigt sein. An den hierzu erforderlichen Feststellungen fehlt es indessen. Denn das BerGer. hat im Rahmen der kindbezogenen Gründe vorrangig auf das Alter des Kindes abgestellt und deswegen schon kindbezogene Verlängerungsgründe angenommen. Mangels tatrichterlicher Feststellungen zum Umfang der zeitlichen Arbeitsbelastung im Rahmen einer Vollzeittätigkeit oder zum Umfang der zusätzlichen Beanspruchung durch die Betreuung des gemeinsamen Kindes nach Beendigung der Hortbetreuung kann der *Senat* nicht abschließend entscheiden. Das angefochtene Urteil ist aufzuheben und der Rechtsstreit ist an das BerGer. zurückzuverweisen (§ 563 I ZPO).

(Befristung und Begrenzung des Betreuungsunterhalts)

[40] 2. Eine Begrenzung des Unterhaltsanspruchs der Kl. hat das BerGer. gegenwärtig noch zu Recht abgelehnt.

[41] a) Eine Befristung des Betreuungsunterhalts ist jedenfalls nicht schon nach der Systematik des § 1570 BGB geboten. Danach steht dem betreuenden Elternteil ein Anspruch auf Betreuungsunterhalt für mindestens drei Jahre nach der Geburt mit Verlängerungsmöglichkeit aus kind- und elternbezogenen Gründen zu. Der Betreuungsunterhalt während der ersten drei Lebensjahre des Kindes und ein daran anschließender weiterer Betreuungsunterhalt bilden somit einen einheitlichen Unterhaltsanspruch (BT-Drucks. 16/6980, S. 9; vgl. auch *Dose*, JAmt 2009, 1 [4 f.]). Nur dann, wenn im Zeitpunkt der Entscheidung für die Zeit nach Vollendung des dritten Lebensjahres absehbar keine kind- oder elternbezogenen Verlängerungsgründe mehr vorliegen, ist ein künftiger Betreuungsunterhalt abzuweisen (*Borth*, UÄndG, 2008, Rn. 83).

[42] b) Eine Befristung des Betreuungsunterhalts nach § 1578b BGB scheidet schon deswegen aus, weil § 1570 BGB in der seit dem 1.1.2008 geltenden Fassung insoweit eine Sonderregelung für die Billigkeitsabwägung enthält. Nach Vollendung des dritten Lebensjahres steht dem betreuenden Elternteil nur noch Betreuungsunterhalt nach Billigkeit zu (§ 1570 I 2 BGB). Im Rahmen dieser Billigkeitsabwägung sind aber bereits alle kind- und elternbezogenen Umstände des Einzelfalls zu berücksichtigen. Wenn sie zu dem Ergebnis führt, dass der Betreuungsunterhalt über die Vollendung des dritten Lebensjahres hinaus wenigstens teilweise fortdauert, können dieselben Gründe nicht zu einer Befristung im Rahmen der Billigkeit nach § 1578b BGB führen (*Schwab*, FamRZ 2005, 1417 [1419]; *Borth*, Rn. 155; *Peschel-Gutzeit*, UnterhaltsR aktuell, 2008, Rn. 57; *Vießhues/Mleczko*, Das neue UnterhaltsR, 2008, Rn. 335; Palandt/Brudermüller, BGB, 68. Aufl., § 1578b Rn. 5).

[43] c) Soweit nach bisheriger Rechtsprechung des *Senats* hier neben einem Anspruch der Kl. auf Betreuungsunterhalt noch ein Anspruch auf Aufstockungsunterhalt in Betracht kommen sollte (vgl. insoweit *Senat*, NJW 2009, 989 = FPR 2009, 128 = FamRZ 2009, 406 [407 f.] [zu § 1572 BGB]; NJW 1999, 1547 = FamRZ 1999, 708 [709] [zu § 1571 BGB]; NJW 1990, 1847 = FamRZ 1990, 492 [493 f.] [zu § 1570 BGB]; so auch *Eschenbruch/Klinkhammer*, Der Unterhaltsprozess, 5. Aufl., Kap. 1 Rn. 423 ff.; a. A. für das seit dem 1.1.2008 geltende Unterhaltsrecht *Wendl/Pauling*, § 4 Rn. 76 und *Gerhardt*, in: Hdb. des Fachanwalts FamilienR, 6. Aufl., 6. Kap. Rn. 355; vgl. auch *OLG Celle*, NJW 2008, 3575 = FamRZ 2008, 1449 [1450]), scheidet eine Befristung schon mangels hinreichend klarer Prognose über den Umfang einer künftigen Erwerbsobliegenheit aus. Einer Befristung dieses An-

spruchs steht aber auch entgegen, dass nach den Feststellungen des BerGer. gegenwärtig nicht hinreichend sicher absehbar ist, ob die Kl. infolge der Kindererziehung ehebedingte Nachteile erlitten hat oder noch erleiden wird.

[44] d) Zu Recht hat das BerGer. hier auch noch eine Begrenzung des Unterhaltsanspruchs der Kl. der Höhe nach – vom eheangemessenen Unterhalt nach § 1578 I BGB auf einen angemessenen Unterhalt nach ihrer eigenen Lebensstellung – abgelehnt. Zwar kommt eine solche Begrenzung grundsätzlich auch dann in Betracht, wenn wegen der noch fortdauernden Kindesbetreuung eine Befristung des Betreuungsunterhalts entfällt (*Graba*, FamRZ 2008, 1217 [1222]). Besonders in Fällen, in denen der Unterhaltsbedarf nach den ehelichen Lebensverhältnissen gem. § 1578 I BGB erheblich über den angemessenen Unterhalt nach der eigenen Lebensstellung des Unterhaltsberechtigten hinausgeht, kommt eine Kürzung bis auf den eigenen angemessenen Unterhalt in Betracht. Das setzt allerdings voraus, dass die notwendige Erziehung und Betreuung des gemeinsamen Kindes trotz des abgesenkten Unterhaltsbedarfs sichergestellt und das Kindeswohl auch sonst nicht beeinträchtigt ist, während eine fortdauernde Teilhabe des betreuenden Elternteils an den abgeleiteten Lebensverhältnissen während der Ehe unbillig erscheint (vgl. *KG*, NJW 2008, 3793 = FamRZ 2009, 336 [337]). Soweit das BerGer. hier eine Beschränkung des Unterhaltsanspruchs der Kl. aus Billigkeitsgründen abgelehnt hat, weil der Umfang eventueller ehebedingter Nachteile noch nicht hinreichend feststehe, ist dagegen aus revisionsrechtlicher Sicht nichts zu erinnern.

BGH v. 27.5.2009 – XII ZR 78/08 – FamRZ 2009, 1300 = NJW 2009, 2523

R705 *(Wohnvorteil bei zwei Wohnungen)*

a [22] b) Die Einkommensermittlung zu den dem Ast. zugerechneten Wohnvorteilen bedarf im Hinblick auf die Ermittlung des Wohnwerts der Korrektur, während die vom BerGer. vorgenommene rechtliche Einordnung der verbrauchsunabhängigen Kosten nicht zu beanstanden ist.

[23] aa) Das BerGer. hat dem Ast. Wohnvorteile für das von ihm genutzte Familienheim (875 Euro) und auch für die Eigentumswohnung in B. (450 Euro) zugerechnet, die sich insgesamt auf monatlich 1325 EUR belaufen. Dagegen beruft sich die Revision darauf, dass die Parteien sich hinsichtlich des Familienheims auf eine Veräußerung geeinigt hätten. Der Ast. habe nun seinen Wohnschwerpunkt nach B. verlegt und betreue und versorge das Haus in N. lediglich weiter. Es sei nicht sachgerecht, einen entsprechenden Wohnvorteil weiterhin in Ansatz zu bringen. Im Hinblick auf die von den Parteien abgesprochene Veräußerung komme auch eine Erzielung von Mieteinkünften nicht in Betracht. Diese Rüge hat im Ergebnis Erfolg.

[24] Mit dem BerGer. ist allerdings davon auszugehen, dass der Vorteil des mietfreien Wohnens als Vermögensertrag unterhaltsrechtlich zu berücksichtigen ist und dies jedenfalls im Grundsatz auch dann zu gelten hat, wenn im Eigentum des Unterhaltsschuldners zwei Wohnungen vorhanden sind. Denn auch in diesem Fall zieht der Unterhaltsschuldner entsprechende Nutzungen. Für die Nutzungen kommt es auf den konkreten (auch zeitlichen) Umfang des persönlichen Gebrauchs nicht entscheidend an. Die Zurechnung von Nutzungen scheitert also nicht schon daran, dass dem Unterhaltsschuldner als alleinigem Nutzer des Familienheims auch noch eine andere Wohnung zur Verfügung steht, selbst wenn er sich dort überwiegend aufhält.

[25] Allerdings kann hier entgegen der Auffassung des BerGer. nicht der volle Wohnwert veranschlagt werden. Nach der Rechtsprechung des *Senats* ist von der Berücksichtigung des vollen Wohnwerts dann abzusehen, wenn die Wohnung gemessen an den Einkommensverhältnissen der Eheleute zu groß ist und eine Pflicht zur Verwertung des Wohneigentums (noch) nicht besteht (*Senat*, NJW 2008, 1946 = FPR 2008, 384 = FamRZ 2008, 963 [965]; BGHZ 154, 247 [254] = NJW 2003, 2306 = FPR 2003, 499 = FamRZ 2003, 1179 [1182] mwN; *Hahne*, FF 1999, 99 [100]). Das muss aber auch dann gelten, wenn – wie im vorliegenden Fall – ein Ehegatte (Mit-)Eigentümer mehrerer Objekte ist und ihm die anderweitige Verwertung eines Objekts (noch) nicht möglich oder nicht zumutbar ist. Auch dann kommt der Wohnwert zunächst noch nicht in vollem Umfang zum Tragen. Die Zurechnung des vollen Wohnwerts setzt dann voraus, dass von dem die Wohnung nutzenden Ehegatten verlangt werden kann, dass er die Wohnung durch (teilweise) Vermietung oder Veräußerung anderweitig verwertet.

[26] Unter den Umständen des vorliegenden Falls ist die Zurechnung des vollen Wohnwerts im Hinblick auf das Einfamilienhaus in N. nicht gerechtfertigt. Der Ast. nutzt das Haus in Anbetracht seiner beruflichen Tätigkeit in B. und der dort zusätzlich zur Verfügung stehenden (und unterhaltsrechtlich berücksichtigten) Eigentumswohnung nur eingeschränkt. Das Einfamilienhaus ist daher für

ihn ebenso wie eine einzelne, aber gemessen an den sonstigen Verhältnissen zu große Wohnung teilweise „totes Kapital".

[27] Auch dass das Einfamilienhaus bislang nicht veräußert worden ist, rechtfertigt die Zurechnung des vollen Wohnvorteils nicht. Denn das Hausgrundstück steht im Miteigentum beider Parteien. Auch nach der Scheidung fällt also die Verwertung der Immobilie in ihre gemeinschaftliche Rechtszuständigkeit. Dementsprechend haben sie eine Einigung erzielt, das Hausgrundstück zu veräußern. Dass die bislang unterbliebene Veräußerung etwa auf dem (alleinigen) Verschulden des Ast. beruht, ist vom BerGer. nicht festgestellt worden. Die Revision macht vor diesem Hintergrund zu Recht geltend, dass dem Ast. – abgesehen von der notwendigen Mitwirkung der Ag. – auch eine zwischenzeitliche Vermietung des Hausgrundstücks nicht zumutbar ist.

[28] Das hat zur Folge, dass dem Ast. – neben dem Wohnwert seiner Eigentumswohnung in B. – im Hinblick auf das Einfamilienhaus in N. an Stelle des vollen Wohnwerts nur ein angemessener Wohnwert zuzurechnen ist. Dieser bemisst sich nach dem Mietzins, den er für eine seinen persönlichen Verhältnissen entsprechende kleinere zusätzliche Wohnung in N. zahlen müsste (vgl. *Dose*, JAmt 2009, 57 [59]; *Finke*, FPR 2008, 94 [95]). Hierzu fehlt es an den erforderlichen Feststellungen des BerGer.

(Reduzierung des Wohnvorteils um nicht umlagefähige Nebenkosten)

[29] bb) Das BerGer. hat die vom Ast. als Abzugsposten geltend gemachten verbrauchsunabhängigen Nebenkosten (Grundsteuer und Gebäudeversicherungsbeiträge) nicht anerkannt. In Abzug zu bringen seien nur die nicht nach § 27 I der 2. Berechnungsverordnung umlagefähigen Kosten, also solche Kosten, mit denen ein Mieter üblicherweise nicht belastet werde. Grundsteuer und Gebäudeversicherungsbeiträge zählten dagegen zu den Kosten, die üblicherweise auf Mieter umgelegt würden.

[30] Das ist revisionsrechtlich nicht zu beanstanden. Der Wert der in dem Wohnvorteil liegenden Nutzungen nach § 100 BGB ist nach ständiger Rechtsprechung des *Senats* nach dem ortsüblichen Mietwert zu bemessen und entspricht – abgesehen von Korrekturen im Rahmen der Angemessenheitsbetrachtung – den Kosten, die der Eigentümer gegenüber einem Mieter erspart (*Senat*, NJW 2008, 1946 = FPR 2008, 384 = FamRZ 2008, 963 [965]; stRspr seit *Senat*, FamRZ 1985, 354 [356]; *Dose*, JAmt 2009, 57 [58]). Demzufolge bleiben alle Kosten, die ein Mieter neben der Grundmiete gesondert zu tragen hat, bei der Ermittlung des nach der Grundmiete bemessenen Wohnwerts außer Betracht.

[31] Allerdings hat der *Senat* in seiner bisherigen Rechtsprechung regelmäßig verbrauchsunabhängige Kosten im Gegensatz zu verbrauchsabhängigen Kosten als in diesem Sinne abzugsfähig aufgeführt (*Senat*, NJW 2000, 284 = FamRZ 2000, 351 [354] mAnm *Quack*, FamRZ 2000, 665; NJW 1998, 2821 = FamRZ 1998, 899 [901]; NJW 2008, 1946 = FPR 2008, 384 = FamRZ 2008, 963 [965]; NJW 2007, 1974 = FamRZ 2007, 879 [880] mwN).

[32] Diese Unterscheidung ist in Rechtsprechung und Literatur angezweifelt worden (*OLG Hamm*, FamRZ 2003, 460 L; *OLG Düsseldorf*, NJW-RR 2008, 672 = FamRZ 2008, 895; Leitlinien des *OLG Düsseldorf* unter Nr. 5 und des *OLG Hamm* unter Nr. 5.2; *Wendl/Gerhardt*, Das UnterhaltsR in der familienrichterlichen Praxis, 7. Aufl., § 1 Rn. 337; *Quack*, FamRZ 2000, 665; differenzierend *Wohlgemuth*, in: *Eschenbruch/Klinkhammer*, Der Unterhaltsprozess, 5. Aufl., Kap. 6. Rn. 258; vgl. auch *Finke*, FPR 2008, 94 [95]).

[33] Der *Senat* hält an der generellen Unterscheidung nach der Verbrauchsabhängigkeit der Kosten nicht fest. Denn diese Abgrenzung kann nicht länger als übliche mietvertragliche Praxis angenommen werden (vgl. auch *Senat*, BGHZ 178, 16 [32] = NJW 2009, 1266). Sie folgt auch nicht aus der mietrechtlichen Rechtslage. Ob mit dem Eigentum verbundene Kosten allein von einem Eigentümer und nicht von einem Mieter getragen werden, lässt sich stattdessen verlässlicher danach beurteilen, ob die Kosten auf einen Mieter umgelegt werden können.

[34] Nach § 556 I 1 BGB können die Parteien vereinbaren, dass der Mieter Betriebskosten trägt. Betriebskosten sind die Kosten, die dem Eigentümer durch das Eigentum am Grundstück oder durch den bestimmungsmäßigen Gebrauch des Gebäudes, der Nebengebäude, Anlagen, Einrichtungen und des Grundstücks laufend entstehen (§ 556 I 2 BGB). Für die Aufstellung der Betriebskosten gilt (seit dem 1.1.2004) die Betriebskostenverordnung (BetrKV) vom 25.11.2003 (§ 556 I 3 BGB). Nicht umlagefähig sind danach etwa Kosten der Verwaltung und Instandhaltungskosten (§ 1 II BetrKV), während die Grundsteuer (§ 2 I Nr. 1 BetrKV) und die Kosten der Sach- und Haftpflichtversicherung (§ 2 I Nr. 13 BetrKV) umlagefähig sind.

[35] Die Feststellung, ob bestimmte umlagefähige Kosten üblicherweise auf den Mieter umgelegt werden, ist Aufgabe der Tatsacheninstanzen und hängt von den örtlichen Gepflogenheiten ab. Dabei

begegnet es allerdings keinen Bedenken, wenn von dem Regelfall ausgegangen wird, dass die Vermieter die gesetzlichen Möglichkeiten ausschöpfen und die nach §§ 1, 2 BetrKV umlagefähigen Kosten in der Praxis auf die Mieter umgelegt werden. Zu prüfen ist dann nur noch, ob die fraglichen Kosten etwa schon in die ortsübliche Grundmiete eingerechnet sind (vgl. *Finke,* FPR 2008, 94 [95]). Das ist allerdings bei der so genannten Netto-Kaltmiete (oder Nettomiete), die regelmäßig den örtlichen Mietspiegeln nach §§ 558c, 558 II BGB zu Grunde liegt, nicht der Fall. Denn diese versteht sich im Gegensatz zur (Teil-)Inklusivmiete als Miete ohne alle Betriebskosten nach § 556 I BGB (vgl. *BGH,* NJW 2008, 848).

[36] Daran gemessen ist es nicht zu beanstanden, wenn das BerGer. – übereinstimmend mit dem *AG* – davon ausgegangen ist, dass die Grundsteuer und die Versicherungsbeiträge üblicherweise auf Mieter umgelegt werden. Allerdings können sich die Kosten im Einzelfall als teilweise überflüssig erweisen, wenn und soweit ihnen – wie im vorliegenden Fall – kein adäquater Wohnwert gegenüber steht. Insbesondere wenn der Ehegatte die Kosten dann auch im Interesse des anderen Ehegatten weiter aufbringt, kann ein teilweiser Abzug gerechtfertigt sein.

(Abzug des Zahlbetrags auf den Kindesunterhalt)

c [45] b) Das BerGer. hat ferner den Kindesunterhalt für die drei Kinder jeweils mit dem Zahlbetrag in Abzug gebracht. Auch das ist nicht zu beanstanden.

[46] aa) Die Frage, mit welchem Betrag der Vorabzug des Kindesunterhalts bei der Ermittlung des Ehegattenunterhalts nach Einkommensquoten durchzuführen ist, entweder mit dem Bedarfsbetrag nach der Düsseldorfer Tabelle (Tabellenbetrag) oder mit dem um das (anteilige) Kindergeld nach § 1612b BGB bereinigten Betrag (Zahlbetrag), ist allerdings umstritten. Der *Senat* hat zum Volljährigenunterhalt mehrfach im zuletzt genannten Sinne entschieden (*Senat,* BGHZ 164, 375 [382 f.] = NJW 2006, 57 = FamRZ 2006, 99 [101 f.]; NJW 2008, 1946 = FPR 2008, 384 = FamRZ 2008, 963; NJW 2008, 3635 = FPR 2008, 634 = FamRZ 2008, 2104 [2107]).

[47] Für den Minderjährigenunterhalt wird dagegen von Teilen der Rechtsprechung und Literatur die Ansicht vertreten, es müsse der Tabellenbetrag abgezogen werden (*OLG Düsseldorf* [7. *FamS*], FamRZ 2009, 338 = BeckRS 2008, 21320; *Schürmann,* FamRZ 2008, 313 [324]; *Maurer,* FamRZ 2008, 1985 [1991]; *ders.,* FamRZ 2008, 2157 [2161], jew. mwN; vgl. auch *OLG Frankfurt a. M.,* NJW-RR 2009, 2), während die überwiegende Auffassung davon ausgeht, dass auch hier der Zahlbetrag abzuziehen ist (*OLG Düsseldorf* [2. *FamS*], FamRZ 2008, 1254, Rn. 98; *OLG Düsseldorf* [6. *FamS*], BeckRS 2008, 17153; *OLG Hamm* [2. *FamS*], NJW-RR 2008, 882 = FamRZ 2008, 893; *OLG Hamm* [8. *FamS*], FamRZ 2008, 1446 [1448] = BeckRS 2008, 16251; *OLG Celle,* NJW 2008, 1456 = FPR 2008, 318 = FamRZ 2008, 997; *OLG Bremen,* NJW 2009, 925 = FPR 2009, 181; *Scholz,* FamRZ 2007, 2021 [2028]; *ders.,* in: *Wendl/Staudigl,* § 2 Rn. 510; *Büttner,* FamRZ 2008, 967; *Borth,* UÄndG, 2008, Rn. 341 [mit verfassungsrechtlichen Bedenken]; *Dose,* FamRZ 2007, 1289 [1292 f.]; *Gerhardt,* FamRZ 2007, 945 [948]; *Klinkhammer,* FamRZ 2008, 193 [199]; Düsseldorfer Tabelle Anm. B.III).

[48] bb) Die Streitfrage ist im Sinne der überwiegenden Auffassung zu entscheiden. Dafür ist ausschlaggebend, dass sich seit dem 1.1.2008 die Methode der Kindergeldanrechnung gem. § 1612b I BGB geändert hat, was sich auch auf die Bedarfsermittlung nach § 1578 I BGB niederschlägt.

[49] Bei der Ermittlung des Bedarfs nach § 1578 I 1 BGB kommt es auf die wirtschaftlichen Verhältnisse der – geschiedenen – Ehegatten an. Diese werden durch bestehende Unterhaltspflichten gegenüber Kindern beeinflusst, weil diese das für die Lebensführung der Ehegatten verfügbare Einkommen schmälern.

[50] Die Bezifferung des Kindesunterhalts ist somit eine Vorfrage der Bedarfsermittlung nach § 1578 I BGB, die nach §§ 1601 ff. BGB zu beurteilen ist. Aus § 1612b BGB ergibt sich, in welcher Weise das Kindergeld zu berücksichtigen ist. Nach § 1612b I 1 BGB in der seit dem 1.1.2008 durch das Unterhaltsrechtsänderungsgesetz (UÄndG) vom 21.12.2007 (BGBl. I, 3189) geänderten Gesetzesfassung ist das auf das Kind entfallende Kindergeld zur Deckung seines Barbedarfs zu verwenden, und zwar nach § 1612b I 1 Nr. 1 BGB zur Hälfte, wenn ein Elternteil seine Unterhaltspflicht durch Betreuung des Kindes erfüllt (§ 1606 III 2 BGB). In diesem Umfang mindert es den Barbedarf des Kindes (§ 1612b I 2 BGB). Die bedarfsmindernde Wirkung stellt das (anteilige) Kindergeld damit im Gegensatz zur vorausgegangenen Rechtslage, nach der das Kindergeld „anzurechnen" war (§ 1612b I BGB aF), eigenem Einkommen des Kindes gleich (*Wendl/Scholz,* § 2 Rn. 510). Notwendige Folge dieser Gleichstellung ist, dass auch bei der Bemessung des Ehegattenunterhalts nur der nach bedarfsdeckender Anrechnung des Kindergeldes verbleibende Unterhaltsanspruch, also der Zahlbetrag, vom

Einkommen des Unterhaltspflichtigen abzuziehen ist. Denn nur insoweit wird das für den Ehegattenunterhalt verfügbare Einkommen des Unterhaltspflichtigen geschmälert.

[51] Der Vorwegabzug des Zahlbetrags entspricht nach dem Regierungsentwurf zum Unterhaltsrechtsänderungsgesetz, der im parlamentarischen Verfahren insoweit nicht in Frage gestellt worden ist, der Absicht des Gesetzgebers. Nach der Begründung des Gesetzentwurfs sollte der bisherige § 1612b BGB durch eine Neukonzeption der Vorschrift ersetzt werden. An die Stelle der bisherigen Anrechnung des Kindergelds auf den Barunterhaltsanspruch des Kindes sollte der bedarfsmindernde Vorwegabzug des Kindergelds treten (BT-Drucks.16/1830, S. 28). Die Entwurfsbegründung weist darauf hin, dass nach § 1612b I BGB nF von der zur Verteilung anstehenden Masse ein geringerer Anteil für den Kindesunterhalt erforderlich ist und ein entsprechend höherer Anteil für die nachrangigen Unterhaltsberechtigten, etwa für den betreuenden Elternteil zur Verfügung steht (BT-Drucks.16/1830, S. 29). Dass sich die Gesetzesbegründung vorwiegend auf den (Mangel-)Fall bezieht, dass die Leistungsfähigkeit des Unterhaltspflichtigen zwar für den vorrangigen Kindesunterhalt, nicht aber für den Ehegattenunterhalt ausreicht, ist nicht ausschlaggebend. Denn auch die Bedarfsermittlung beim Ehegattenunterhalt orientiert sich an der wirtschaftlichen Leistungsfähigkeit der Ehegatten, und die Unterhaltsberechnung nach Quoten geht davon aus, dass das gesamte Einkommen der Ehegatten für den Unterhalt zu verwenden ist. Eine gesteigerte Unterhaltspflicht, die wie nach § 1603 II BGB ansonsten eine unterschiedliche Heranziehung des Einkommens im Mangelfall begründen könnte, besteht beim Ehegattenunterhalt nicht.

[52] Gegenüber der früheren Rechtslage (dazu *Senat*, NJW 1997, 1919 = FamRZ 1997, 806 [807]; NJW 2000, 3140 = FamRZ 2000, 1492 [1494]; NJW 1987, 58 = FamRZ 1986, 783 [786]) hat sich demnach die Art und Weise der Kindergeldanrechnung grundlegend verändert. Da der Abzug des Zahlbetrags statt des Tabellenbetrags danach sowohl vom Wortlaut des Gesetzes als auch von der ausdrücklichen Absicht des Gesetzgebers gefordert wird, sind die Gerichte daran gebunden (zutreffend *Wendl/Scholz*, § 2 Rn. 510). Die Gerichte sind also auch nicht befugt, an die Stelle des verbindlichen Gesetzesrechts ihre eigenen Vorstellungen von einer gerechten Aufteilung des Kindergeldes zu setzen.

[53] Es kann daher insbesondere nicht damit argumentiert werden, durch den Abzug des Zahlbetrags werde der (steuer- und sozialrechtliche) Kindergeldausgleich gem. § 1612b BGB verfälscht, weil der Barunterhaltspflichtige einen Anteil der ihm zustehenden Kindergeldhälfte als Ehegattenunterhalt auskehren müsse (so aber *OLG Düsseldorf* [7. *FamS*], FamRZ 2009, 338 = BeckRS 2008, 21320). Der vorliegende Fall verdeutlicht überdies, dass diese Auffassung zu Differenzierungen zwingen würde, die dem vom UÄndG verfolgten Vereinfachungsgedanken zuwiderliefen. Denn beim Unterhalt für den nicht aus der Ehe der Parteien stammenden Sohn *F* wäre im Verhältnis der Parteien der Kindergeldausgleich nicht berührt. Die Folge wäre, dass bei den Kindern aus der Ehe der Parteien mit dem Tabellenbetrag, beim Sohn *F* dagegen mit dem Zahlbetrag gerechnet werden müsste, wie es schon für die frühere Rechtslage vereinzelt vertreten wurde (*Soyka*, Die Berechnung des Ehegattenunterhalts, 2. Aufl., Rn. 165). Die dagegen nach früherem Recht auch in diesem Fall konsequent praktizierte Berechnung mit dem Tabellenunterhalt (*Senat*, NJW 2000, 3140 = FamRZ 2000, 1492 [1494]) entspräche wiederum nicht mehr der vom UÄndG ausdrücklich verfolgten Zielsetzung. Danach soll das in Folge der nunmehr bedarfsdeckenden Anrechnung des Kindergelds freiwerdende Einkommen auch im Verhältnis von Erst- und Zweitfamilie für den Unterhalt nachrangig Berechtigter zur Verfügung stehen (BT-Drucks.16/1830, S. 29). Somit kann auch abgesehen von der Kindergeldverteilung zwischen den Eltern nicht (mehr) allein aus dem mit dem Kindergeld verfolgten Zweck der Unterhaltsentlastung gefolgert werden, dass das durch die Kindergeldanrechnung freiwerdende Einkommen dem Unterhaltspflichtigen im Rahmen des Ehegattenunterhalts ungekürzt verbleiben müsse.

[54] cc) Die gesetzliche Regelung ist nicht wegen Verstoßes gegen Art. 3 I GG verfassungswidrig. Bereits nach der bis zum 31.12.2007 geltenden Regelung in § 1612b V BGB (aF) wurde der Kindergeldanteil des barunterhaltspflichtigen Elternteils zur Deckung des Existenzminimums des Kindes herangezogen, während der Anteil des betreuenden Elternteils davon verschont blieb. Das *BVerfG* hat diese ungleiche Heranziehung der Kindergeldanteile in seinem Beschluss vom 9.4.2003 (BVerfGE 108, 52 = NJW 2003, 2733 = FamRZ 2003, 1370 [1375 f.]) als sachlich gerechtfertigt gebilligt und einen Verstoß gegen Art. 3 I GG verneint. Zwar hatte sich das *BVerfG* nur mit der Vorschrift des § 1612b V BGB (aF) zu befassen, deren Aufgabe (nur) die Sicherung des Existenzminimums war, während die Neuregelung des § 1612b I BGB im Ergebnis zu einer weitergehenden Heranziehung des Kindergelds über den Ehegattenunterhalt führt. Aber auch die Anwendung des § 1612b V BGB (aF) konnte schon zu dem Ergebnis führen, dass durch die Heranziehung des dem barunterhaltspflichtigen Elternteil zustehenden Kindergeldanteils das Existenzminimum des Kindes gesichert war, während dem betreu-

enden Elternteil sein ungekürzter Kindergeldanteil verblieb. Demnach stand es dem Gesetzgeber nach der Verfassung aber ebenfalls frei, das zu berücksichtigende Kindergeld generell als Einkommen des Kindes anzusehen und es zur Deckung des Unterhaltsbedarfs des Kindes heranzuziehen. Dass damit der nunmehr nachrangige Ehegattenunterhalt – als teilweise Kompensation des Nachrangs (vgl. BT-Drucks. 16/1830, S. 29) – teilweise erhöht worden ist, ist nicht sachwidrig.

[55] Bei der verfassungsrechtlichen Bewertung der bewussten gesetzgeberischen Entscheidung kann schon nicht als Regelfall unterstellt werden, dass der betreuende Elternteil seinen Kindergeldanteil etwa vollständig für eigene Zwecke verbraucht. Die alltägliche Kindesbetreuung stellt bekanntlich vielfältige Anforderungen, die auch mit diversen Kosten verbunden sind (zB Eintrittsgelder, Fahrten zu Kindergarten, Schule und Sportveranstaltungen, gelegentlicher Reitunterricht, Karussell auf der Kirmes etc.), welche nicht – wie etwa Kindergartenkosten – als Mehr- oder Sonderbedarf des Kindes unterhaltsrechtlich geltend gemacht werden können. Für die Beurteilung, ob die gesetzliche Differenzierung sachgemäß ist, kann demnach jedenfalls nicht die praktische Erfahrung außer Acht gelassen werden, dass auch der betreuende Elternteil seinen Kindergeldanteil ganz oder teilweise zu Gunsten seines Kindes verwendet, wobei eine dies etwa verbindlich anordnende gesetzliche Regelung schon wegen der Verschiedenartigkeit von Bar- und Betreuungsbedarf nicht in Frage gekommen wäre.

[56] Dass das Unterhaltsrecht insoweit das Kindergeld nicht in dem gleichen Umfang heranzieht wie das Sozialrecht (so zutreffend *Schürmann*, FamRZ 2008, 313 [324]), macht die gesetzliche Regelung noch nicht verfassungswidrig. Auch das Steuerrecht trifft schließlich nur eine Entscheidung darüber, wie das Einkommen zu besteuern ist und dass das Kindergeld den Eltern als Steuervergütung (oder Sozialleistung) hälftig zugute kommen muss, wobei sich schon die Freibeträge nach § 32 VI EStG und die hälftige Kindergeldverteilung nicht entsprechen. Darüber hinaus regelt es ebenso wie der Einkommensentlastung durch die Freibeträge nach § 32 VI EStG aber nicht die Verwendung des dadurch freigewordenen Einkommens (vgl. *Borth*, Rn. 341), so dass es dem Unterhaltsgesetzgeber unbenommen war, das freigewordene Einkommen als für den Ehegattenunterhalt einsetzbar zu erklären und dies durch die bedarfsdeckende Verwendung des Kindergelds in § 1612b I BGB zum Ausdruck zu bringen.

[57] Dass dem barunterhaltspflichtigen Elternteil infolge des teilweisen Verbrauchs des Kindergelds weniger Spielraum, etwa für Umgangskosten, verbleibt, ist anderweitig zu berücksichtigen, etwa durch einen – teilweisen – Abzug der Umgangskosten vom Einkommen oder eine Erhöhung des (Ehegatten-)Selbstbehalts (vgl. *Senat*, NJW 2005, 1493 = FamRZ 2005, 706 [708]; NJW 2008, 1373 = FPR 2008, 172 = FamRZ 2008, 594 [599]; *Wendl/Klinkhammer*, § 2 Rn. 169).

BGH v. 17.6.2009 – XII ZR 102/08 – FamRZ 2009, 1391 = NJW 2009, 2592

R706   *(Zusätzliche Altersvorsorge eines Beamten)*

a   [38] bb) Im Ansatz zutreffend hat das BerGer. weiter berücksichtigt, dass nach der Rechtsprechung des *Senats* auch der Unterhaltspflichtige als Beamter neben der gesetzlichen Altersvorsorge eine zusätzliche Altersvorsorge betreiben darf. Für die Berücksichtigung der zusätzlichen Altersvorsorge kommt es nicht darauf an, ob eine solche bereits während der Ehezeit betrieben wurde; entscheidend ist allein, dass Beiträge für eine zusätzliche Altersvorsorge in dem unterhaltsrelevanten Zeitraum geleistet werden (*Senat*, NJW 2009, 2450).

[39] Um eine unangemessene Vermögensbildung zu Lasten der Unterhaltsansprüche des Berechtigten zu verhindern, ist die zusätzliche Altersvorsorge aus unterhaltsrechtlicher Sicht allerdings auf 4% des Bruttoeinkommens begrenzt (*Senat*, BGHZ 163, 84 [97] ff. = NJW 2005, 3277 = FamRZ 2005, 1817 [1821 f.]; und BGHZ 171, 206 [216] = NJW 2007, 1961 = FamRZ 2007, 793 [795]). Dies hat das BerGer. zwar erkannt, aber nicht auf den Fall umgesetzt. Denn es hat mit den Beiträgen des Ast. auf seine Lebensversicherungen einen Betrag in Höhe von insgesamt (166,67 EUR + 55,20 EUR =) 221,87 EUR monatlich abgesetzt. Der Höchstbetrag von 4% beläuft sich bei dem vom BerGer. festgestellten Bruttoeinkommen des Ast. von 48578,37 EUR allerdings auf lediglich 162 EUR monatlich. Nur diesen Betrag hätte das *OLG* zusätzlich vom Einkommen des Ast. abziehen dürfen.

(Kosten der Ausübung des Umgangsrechts)

b   [40] cc) Soweit das *OLG* vom Einkommen des unterhaltspflichtigen Ast. Kosten für die Ausübung des Umgangsrechts mit dem gemeinsamen Kind in Höhe von monatlich 30 EUR abgesetzt hat, ist dies aus revisionsrechtlicher Sicht nicht zu beanstanden.

Anhang R. Rechtsprechung **R708**

[41] Seit dem Inkrafttreten der gesetzlichen Neuregelung in § 1612b BGB zum 1.1.2008 mindert das hälftige Kindergeld den Barbedarf des minderjährigen Kindes und entlastet in diesem Umfang den barunterhaltspflichtigen Elternteil (§ 1612b I 2 BGB). Diese Entlastung ist bei einer anschließenden Bemessung des nachehelichen Unterhalts auf die Weise zu berücksichtigen, dass als Kindesunterhalt nur noch der Zahlbetrag abgesetzt werden kann (vgl. *Senat*, NJW 2009, 2523 mit Anm. *Born*). Die Entlastung der Barunterhaltspflicht gegenüber minderjährigen Kindern durch das hälftige Kindergeld (§ 1612b I 1 Nr. 1 BGB) kann sich deswegen im Rahmen eines Anspruchs auf Ehegattenunterhalt auf bis zu (164 : 2 × 55% =) 45,10 EUR vermindern. Kosten der Ausübung des Umgangsrechts, die deutlich über den verbleibenden Anteil hinausgehen, können nach der Rspr. des *Senats* durch einen – teilweisen – Abzug vom Einkommen oder eine Erhöhung des Ehegattenselbstbehalts berücksichtigt werden (vgl. *Senat*, NJW 2005, 1493 = FamRZ 2005, 706 [708]; und NJW 2008, 1373 = FamRZ 2008, 594 [599], sowie *Wendl/Klinkhammer*, Das UnterhaltsR in der familienrichterlichen Praxis, 7. Aufl., § 2 Rn. 169).

[42] Hier hat das OLG zu Recht berücksichtigt, dass die Ag. nach der Trennung mit dem Kind nach M. verzogen ist und der Ast. deswegen zur Ausübung seines 14-tägigen Umgangsrechts mehrere Hundert Kilometer fahren muss. Wenn das BerGer. auf der Grundlage dieses Sachverhalts einen Teil der Umgangskosten von 30 EUR monatlich vom Einkommen des Ast. abgesetzt hat, hält sich dies im Rahmen der Rspr. des *Senats*.

BGH v. 25.11.2009 – XII ZR 8/08 – FamRZ 2010, 192 = NJW 2010, 440

(Abänderung eines Unterhaltsvergleichs) **R708**

[13] 1. Zu Recht geht das BerGer. allerdings davon aus, dass die Abänderung des vereinbarten a laufenden nachehelichen Unterhalts nach § 323 IV iV mit § 794 I Nr. 1 ZPO im Wege der Abänderungsklage erfolgt, weil mit dem gerichtlichen Vergleich bereits ein vollstreckbarer Titel über den nachehelichen Unterhalt vorliegt. Wegen der fehlenden materiellen Rechtskraft des Prozessvergleichs richtet sich die Abänderung in der Sache – wie das OLG ebenfalls zutreffend ausführt – nicht nach § 323 I bis III ZPO, sondern gem. § 313 BGB nach den Grundsätzen über eine Veränderung oder den Wegfall der Geschäftsgrundlage (*Senat*, NJW 2009, 1410 = FamRZ 2009, 314 [315]; NJW-RR 2003, 433 = FamRZ 2003, 304 [306]). Dabei ist zunächst im Wege der Auslegung des Parteiwillens eine Geschäftsgrundlage des Vergleichs zu ermitteln (vgl. *Graba*, Die Abänderung von Unterhaltstiteln, 3. Aufl., Rn. 62; *Wendl/Schmitz*, Das UnterhaltsR in der familienrichterlichen Praxis, 7. Aufl., § 19 Rn. 169). Ist in den danach maßgeblichen Verhältnissen seit Abschluss des Vergleichs eine Änderung eingetreten, muss die gebotene Anpassung der getroffenen Unterhaltsregelung an die veränderten Verhältnisse nach Möglichkeit unter Wahrung des Parteiwillens und der ihm entsprechenden Grundlagen erfolgen.

[14] Lässt sich dem Vergleich und dem ihm zu Grunde liegenden Parteiwillen kein hinreichender Ansatz für eine Anpassung an veränderte Umstände entnehmen, kann es geboten sein, die Abänderung ohne fortwirkende Bindung an die Grundlage des abzuändernden Vergleichs vorzunehmen. Der Unterhalt ist dann wie bei einer Erstfestsetzung nach den gesetzlichen Vorschriften zu bemessen (*Senat*, NJW 2001, 2259 = FamRZ 2001, 1140 [1142] mwN; NJW-RR 1987, 516 = FamRZ 1987, 257 [259]).

[15] Das gilt allerdings nicht, soweit die Parteien in dem Unterhaltsvergleich bewusst eine restlose und endgültige Regelung getroffen und damit eine spätere Abänderung wegen nicht vorhersehbarer Veränderungen der maßgeblichen Verhältnisse ausdrücklich ausgeschlossen haben. Die abschließende Einigung auf der Grundlage einer bloßen Prognose ist dann Vertragsinhalt und nicht nur dessen Geschäftsgrundlage. Das kann etwa der Fall sein, wenn die Parteien mit der Vereinbarung eines Abfindungsbetrags eine abschließende Regelung ihres Unterhaltsrechtsverhältnisses herbeiführen wollen, auch wenn der Betrag in künftigen Raten zu zahlen ist (*Senat*, NJW 2005, 3282 = FamRZ 2005, 1662).

(Interessengerechte Auslegung des abzuändernden Vergleichs)

[16] 2. Im Ansatz zutreffend hat das OLG für die Abänderbarkeit des Unterhaltsvergleichs der b Parteien deswegen auf den Inhalt des Vergleichs abgestellt, der im Wege einer für beide Parteien interessengerechten Auslegung zu ermitteln ist (vgl. *Senat*, NJW 2009, 1667 = FamRZ 2009, 768 [770]; NJW-RR 2004, 1452 [1453] = NZM 2004, 785). Soweit das OLG dabei allerdings zu einem

vollständigen Ausschluss der Abänderbarkeit gelangt ist, hält dies der revisionsrechtlichen Nachprüfung nicht stand.

[17] Nach ständiger Rechtsprechung des *BGH* ist die Ermittlung des Inhalts und der Bedeutung von Individualvereinbarungen grundsätzlich dem Tatrichter vorbehalten. Die Auslegung durch den Tatrichter kann deshalb vom RevGer. grundsätzlich nur darauf geprüft werden, ob der Auslegungsstoff vollständig berücksichtigt worden ist, ob gesetzliche oder allgemein anerkannte Auslegungsregeln, die Denkgesetze oder allgemeine Erfahrungssätze verletzt sind oder ob die Auslegung auf im Revisionsverfahren gerügten Verfahrensfehlern beruht (BGHZ 150, 32 [37] = NJW 2002, 3248 [3249]; *Senat*, NJW-RR 2004, 1452 [1453] = NZM 2004, 785).

[18] a) Aus revisionsrechtlicher Sicht nicht zu beanstanden ist allerdings die Auffassung des *OLG*, dass die Parteien eine spätere Korrektur ihres Vergleichs nach Maßgabe der tatsächlichen Verhältnisse bei Vergleichsschluss ausgeschlossen haben. Auch wenn die tatsächlichen Verhältnisse bei Vergleichsschluss, die von den Parteien bewusst nicht zu Grunde gelegt wurden, zu einem anderen gesetzlichen Unterhalt geführt hätten, kann dies allein also nicht zu einer Anpassung ihres Unterhaltsvergleichs führen.

[19] Die Revision weist zwar zutreffend darauf hin, dass allein aus der fehlenden Geschäftsgrundlage in dem gerichtlichen Vergleich noch nicht darauf geschlossen werden kann, der Vergleich sei unter keinen Umständen abänderbar. Denn nach ständiger Rechtsprechung des *Senats* ist ein Unterhaltsvergleich grundsätzlich auch dann abänderbar, wenn sich die tatsächlichen Verhältnisse geändert haben, die dem Vergleich zu Grunde liegenden Umstände aber nicht mehr nachvollziehbar sind. Der nach den geänderten Umständen geschuldete Unterhalt ist dann unabhängig von der früheren Vereinbarung allein nach den gesetzlichen Vorschriften zu berechnen (*Senat*, NJW 2001, 2259 = FamRZ 2001, 1140 [1142]; NJW-RR 1987, 516 = FamRZ 1987, 257 [259]).

[20] Das *OLG* hat im Rahmen seiner Auslegung des Parteiwillens allerdings weitere Umstände berücksichtigt, die hier einen Ausschluss der Abänderbarkeit allein wegen der fehlenden Vergleichsgrundlage nahe legen. Danach hatten die Parteien die Höhe des Unterhalts unabhängig von den genauen tatsächlichen Umständen und ohne konkrete Berechnung pauschal auf der Grundlage eines Angebots des Kl. vereinbart, um eine abschließende Regelung zu erreichen. Die gewünschte Bindung an diese pauschale Vereinbarung wäre aber in Frage gestellt, wenn die Parteien wegen der fehlenden Geschäftsgrundlage jederzeit eine Abänderung verlangen könnten, ohne dass sich die tatsächlichen Verhältnisse seit Vergleichsschluss geändert haben. An diese Auslegung des Prozessvergleichs durch das BerGer. ist der *Senat* revisionsrechtlich gebunden.

(Vereinbarung einer Unabänderbarkeit)

c [21] b) Soweit das BerGer. den Prozessvergleich allerdings so ausgelegt hat, dass eine Abänderung auch bei einer späteren wesentlichen Änderung der tatsächlichen Verhältnisse der Parteien ausscheidet, trägt die hierzu gegebene Begründung dies nicht.

[22] Wenn die Parteien sich im Zeitpunkt des Vergleichs verbindlich verpflichten wollten, spricht dies zwar dafür, dass sie eine Abänderung für den Fall ausgeschlossen haben, dass die tatsächlichen Verhältnisse im Zeitpunkt des Vertragsschlusses einen anderen Unterhaltsbetrag ergeben, als von ihnen pauschal vereinbart wurde. Für den Fall einer späteren Änderung der tatsächlichen Verhältnisse sagt dies aber nichts aus. Auch dann bleibt es vielmehr bei der grundsätzlichen Abänderbarkeit des Prozessvergleichs nach § 313 BGB, wobei den Abänderungskl. allerdings die Darlegungs- und Beweislast dafür trifft, dass sich die maßgeblichen Verhältnisse seit dem Vergleichsschluss überhaupt wesentlich geändert haben.

[23] Für eine solche weitgehende Vereinbarung der Parteien wie den Ausschluss der Abänderbarkeit bei späteren Änderungen der tatsächlichen Verhältnisse hat das BerGer. keine Feststellungen getroffen. Der Ausschluss der Abänderbarkeit wäre insoweit Teil der Vereinbarung und nicht bloß dessen Geschäftsgrundlage. Dafür, dass die Parteien in ihrem Vergleich ausdrücklich auch eine Abänderbarkeit für den Fall einer späteren Änderung der tatsächlichen Verhältnisse ausgeschlossen haben, trägt die Bekl. die Darlegungs- und Beweislast, die sich auf einen solchen Ausschluss beruft.

[24] c) Soweit das BerGer. die Vereinbarung der Parteien dahin ausgelegt hat, dass durch sie eine Abänderbarkeit wegen späterer Verwirkung des Unterhaltsanspruchs ausgeschlossen ist, hält auch dies der revisionsrechtlichen Nachprüfung nicht stand.

[25] Unstreitig lebte die Bekl. seit Januar 2005 mit dem Zeugen G zusammen und unterhielt mit diesem auch eine gemeinsame Wohnung. Zwar weist das BerGer. zu Recht darauf hin, dass der Ver-

wirkungstatbestand des § 1579 Nr. 2 BGB, der durch das Unterhaltsrechtsänderungsgesetz zum 1.1.2008 aus dem allgemeinen Verwirkungstatbestand des § 1579 Nr. 7 BGB aF hervorgegangen ist, im Zeitpunkt des Vergleichsschlusses noch nicht erfüllt war (vgl. *Senat*, BGHZ 150, 209 [215] = NJW 2002, 1947 = FamRZ 2002, 810 [811]; BT-Drucks. 16/1830, S. 21). Weil seinerzeit also noch nicht endgültig feststand, ob sich die neue Lebensgemeinschaft der Bekl. iS des § 1579 Nr. 2 BGB endgültig verfestigen würde, musste der Kl. sich diesen Einwand auch nicht ausdrücklich vorbehalten. Nach dem streitigen und in der Revisionsinstanz zu unterstellenden Vortrag des Kl. hat sich die Lebensgemeinschaft seitdem weiter verfestigt, was jetzt zu einer Verwirkung des nachehelichen Unterhalts führen kann.

[26] Die Argumente des BerGer. im Rahmen der Auslegung des Unterhaltsvergleichs tragen einen Ausschluss der Abänderbarkeit wegen nachträglichen Eintritts eines Verwirkungstatbestands nicht.

[27] d) Schließlich kann die angefochtene Entscheidung auch deswegen keinen Bestand haben, weil sich die für die Unterhaltsberechnung relevanten gesetzlichen Grundlagen und die höchstrichterliche Rechtsprechung nach Abschluss des Vergleichs grundlegend geändert haben und das BerGer. einen Ausschluss der daraus grundsätzlich folgenden Abänderbarkeit nicht geprüft hat.

[28] aa) Für Prozessvergleiche über Dauerschuldverhältnisse hat der *Senat* bereits mehrfach entschieden, dass eine Änderung einer gefestigten höchstrichterlichen Rechtsprechung zu Störungen vertraglicher Vereinbarungen führen kann, die nach den Grundsätzen über den Wegfall der Geschäftsgrundlage im Wege der Anpassung zu bereinigen sind. In solchen Fällen kann eine beiderseitige irrtümliche Vorstellung über die künftige Rechtslage eine Anpassung nach den Grundsätzen über die Änderung oder den Wegfall der Geschäftsgrundlage rechtfertigen, wenn die Vereinbarung ohne diesen Rechtsirrtum und in Kenntnis der künftigen Rechtsprechung nicht oder nicht mit diesem Inhalt geschlossen worden wäre. Das gilt ebenso, wenn der Geschäftswille der Parteien auf der gemeinschaftlichen Erwartung vom Fortbestand einer bestimmten Rechtslage aufgebaut war, was regelmäßig der Fall ist. Auch dann ist im Wege der Auslegung zu ermitteln, welche Verhältnisse die Parteien zur Grundlage ihrer Einigung gemacht haben und von welcher Rechtslage sie ausgegangen sind. Ob und in welcher Weise sodann eine Anpassung an die veränderte Rechtslage erfolgen kann, bedarf einer sorgfältigen Prüfung unter Berücksichtigung der Interessen beider Parteien. Es genügt nicht, dass ein weiteres Festhalten am Vereinbarten nur für eine Partei unzumutbar erscheint, vielmehr muss hinzukommen, dass das Abgehen vom Vereinbarten der anderen Partei auch zumutbar ist. Dabei ist auch zu beachten, ob die im Vergleich insgesamt getroffenen Regelungen noch in einem ausgewogenen Verhältnis zueinander stehen (*Senat*, NJW 2004, 3106 = FamRZ 2004, 1357 [1358]; BGHZ 148, 368 [377 f.] = NJW 2001, 3618 = FamRZ 2001, 1687 [1690]).

[29] Der Ausschluss der Abänderbarkeit eines Unterhaltsvergleichs wegen nachträglicher Änderung der gesetzlichen Grundlagen oder der höchstrichterlichen Rechtsprechung kann deswegen nur auf einer ausdrücklichen vertraglichen Vereinbarung beruhen, für die derjenige die Darlegungs- und Beweislast trägt, der sich darauf beruft. Die Darlegungs- und Beweislast für einen solchen Ausschluss der Abänderbarkeit trotz geänderter höchstrichterlicher Rechtsprechung trifft hier also die Bekl. Solche Umstände hat das BerGer. aber weder festgestellt, noch sind diese sonst ersichtlich. Vielmehr liegt es hier nahe, dass jedenfalls nachträgliche gesetzliche Änderungen oder Änderungen der höchstrichterlichen Rechtsprechung, die sich unmittelbar auf den geschuldeten Unterhalt auswirken, Berücksichtigung finden müssen.

[30] bb) Solche Änderungen der höchstrichterlichen Rechtsprechung sind hier in zweierlei Hinsicht von Bedeutung.

[31] (1) Der Kl. ist als Unterhaltsschuldner inzwischen neu verheiratet. Dies wirkt sich nach der neueren Rechtsprechung des *Senats* bereits auf die Bemessung des Unterhaltsbedarfs der Bekl. aus. Der *Senat* hat in seiner neueren Rechtsprechung, auch auf der Grundlage der zum 1.1.2008 durch § 1609 BGB geänderten Rangfolge, neu hinzutretende Unterhaltspflichten bei der Bemessung des Unterhaltsbedarfs nach den ehelichen Lebensverhältnissen gem. § 1578 I 1 BGB mit berücksichtigt. Dadurch gelangt er im Ergebnis zu einer Dreiteilung des verfügbaren Einkommens in Fällen, in denen wie hier ein geschiedener Ehegatte mit einem neuen Ehegatten konkurriert (*Senat*, NJW 2009, 1271 = FamRZ 2009, 579 [583]; BGHZ 179, 196 [205 f.] = NJW 2009, 588 = FamRZ 2009, 411 [414]; NJW 2009, 145 = FamRZ 2009, 23 [24]; BGHZ 177, 356 [367 f.] = NJW 2008, 3213 = FamRZ 2008, 1911 [1913 f.]; NJW 2008, 1663 = FamRZ 2008, 968 [971 f.]). Diese Rechtsprechung ist auch dadurch bedingt, dass der Halbteilungsgrundsatz bereits im Rahmen der Bedarfsbemessung nach den ehelichen Lebensverhältnissen gem. § 1578 I 1 BGB im Wege der Quotenmethode Berücksichtigung findet (*Senat*, NJW 2010, 365).

[32] Diese neuere Rechtsprechung konnten die Parteien bei Abschluss ihres Vergleichs am 11.7.2006 noch nicht berücksichtigen. Auch insoweit kommt eine Abänderung nach den Grundsätzen über den Wegfall der Geschäftsgrundlage in Betracht, soweit für die neue Ehefrau des Kl. auf der Grundlage der Maßstäbe des Unterhaltsanspruchs eines geschiedenen Ehegatten ein konkurrierender Unterhaltsanspruch besteht.

[33] (2) Hinzu kommt die neue Rechtsprechung des *Senats* zur Begrenzung und Befristung des nachehelichen Unterhalts. Der *Senat* hatte bereits infolge der Änderung seiner früheren Rechtsprechung zur Bewertung von Kindererziehung und Haushaltstätigkeit während der bestehenden Ehe (Übergang von der Anrechnungsmethode zur Differenzmethode, NJW 2001, 2254 = FamRZ 2001, 986 [987 ff.]) darauf hingewiesen, dass damit die Vorschriften zur Begrenzung und Befristung des nachehelichen Unterhalts erheblich an Bedeutung gewinnen werden. In der Folgezeit hat der *Senat* seine Rechtsprechung durch eine nach Abschluss des hier relevanten Unterhaltsvergleichs veröffentlichte Entscheidung grundlegend geändert und nicht mehr entscheidend auf die – hier besonders lange – Dauer der Ehe, sondern vorgreiflich auf das Vorliegen ehebedingter Nachteile abgestellt (*Senat*, NJW 2006, 2401 = FamRZ 2006, 1006 [1007 f.]). Diese Rechtsprechung hat der *Senat* in der Folgezeit kontinuierlich fortentwickelt (*Senat*, NJW 2008, 151 = FamRZ 2008, 134 [135]; NJW 2008, 2581 = FamRZ 2008, 1325 [1328]; NJW 2008, 2644 = FamRZ 2008, 1508 [1510]; NJW 2009, 2450 = FamRZ 2009, 1207 [1210]; BGHZ 179, 43 [51 ff.] = NJW 2009, 989 = FamRZ 2009, 406 [408 f.]).

[34] Durch die geänderte gesetzliche Grundlage und die neue höchstrichterliche Rechtsprechung ist die Geschäftsgrundlage des Vergleichs, die im Zweifel auf den Fortbestand der höchstrichterlichen Rechtsprechung zur überragenden Bedeutung der Ehedauer bei der Begrenzung und Befristung des nachehelichen Unterhalts nach den ehelichen Lebensverhältnissen abstellte, entfallen, was ebenfalls zu einer Anpassung des Unterhaltstitels führen kann.

BGH v. 16.12.2009 – XII ZR 50/08 – FamRZ 2010, 357 = NJW 2010, 937

(Maß des nach § 1615l Abs. 2 BGB geschuldeten Unterhalts)

a [14] 1. Im Ansatz zutreffend ist das *OLG* bei der Bemessung des Unterhaltsbedarfs der Kl. von einem Bedarf in Höhe des notwendigen Selbstbehalts ausgegangen.

[15] Das Maß des nach § 1615l II BGB zu gewährenden Unterhalts bestimmt sich nach der Lebensstellung des Anspruchsberechtigten. Denn nach § 1615l III 1 BGB sind auf den Unterhaltsanspruch des betreuenden Elternteils eines nichtehelich geborenen Kindes die Vorschriften über die Unterhaltspflicht zwischen Verwandten und somit auch § 1610 I BGB entsprechend anzuwenden. Anders als beim Trennungsunterhalt oder beim nachehelichen Unterhalt, bei denen der Bedarf von den ehelichen Lebensverhältnissen bestimmt wird (§§ 1361 I, 1578 I BGB), sind daher die wirtschaftlichen Verhältnisse des unterhaltspflichtigen Elternteils für die Bedarfsbemessung grundsätzlich nicht maßgebend. Ausschlaggebend ist vielmehr, wie sich die wirtschaftlichen Verhältnisse des unterhaltsberechtigten Elternteils bis zur Geburt des gemeinsamen Kindes entwickelt hatten.

[16] Im Unterhaltsrecht hat grundsätzlich der Unterhaltsberechtigte neben den übrigen Voraussetzungen des Unterhaltsanspruchs auch seinen Unterhaltsbedarf und seine Bedürftigkeit darzulegen und zu beweisen, während der Unterhaltspflichtige eine eventuelle Leistungsunfähigkeit, auf die er sich beruft, beweisen muss (vgl. *Wendl/Dose*, Das UnterhaltsR in der familienrichterlichen Praxis, 7. Aufl., § 6 Rn. 700 ff.). Dies folgt aus dem Grundsatz, dass jede Partei die Voraussetzungen der für sie günstigen Normen darzulegen und zu beweisen hat, sofern das Gesetz keine andere Beweislastverteilung regelt.

[17] a) War der betreuende Elternteil bis zur Geburt des Kindes erwerbstätig, bemisst sich seine Lebensstellung nach seinem bis dahin nachhaltig erzielten Einkommen. Der Unterhaltsbedarf ist deswegen an diesem Einkommensniveau auszurichten, soweit dies nicht dazu führt, dass dem Unterhaltsberechtigten aus eigenen Einkünften und Unterhaltszahlungen insgesamt mehr zur Verfügung steht, als dem Unterhaltspflichtigen verbleibt (vgl. *Senat*, NJW 2005, 818 = FamRZ 2005, 442 [443 f.]).

[18] Eine solche Lebensstellung hat das BerGer. hier nicht festgestellt. Die Kl. hatte, bevor sie mit dem Bekl. zusammenzog und ihr erstes Kind sowie später das gemeinsame Kind geboren hat, lediglich an einigen Projekten mitgearbeitet. Die daraus resultierenden Einkünfte hat die insoweit darlegungspflichtige Kl. nicht vorgetragen.

[19] b) Eine nachhaltig gesicherte Lebensstellung iS der §§ 1615l III 1, 1610 I BGB kann sich zwar auch aus einem Unterhaltsanspruch gegen einen früheren Ehegatten ergeben, wenn dieser Anspruch den Lebensbedarf des Unterhaltsberechtigten bis zur Geburt des gemeinsamen Kindes nachhaltig gesichert hat (*Senat*, NJW 2005, 818 = FamRZ 2005, 442 [443 f.]). Auch einen solchen Unterhaltsbedarf hat die Kl. hier aber nicht dargelegt.

[20] c) Entgegen der Rechtsauffassung der Kl. bestimmen sich ihre Lebensstellung und damit ihr Unterhaltsbedarf auch nicht als Quotenunterhalt nach den Einkommens- und Vermögensverhältnissen des Bekl. innerhalb ihrer nichtehelichen Lebensgemeinschaft.

[21] Der *Senat* hat bereits entschieden, dass sich die Lebensstellung des Unterhaltsberechtigten iS der §§ 1615l II 2, III 1, 1610 I BGB nicht allein aus den tatsächlichen Umständen ergibt, sondern stets eine nachhaltig gesicherte Rechtsposition voraussetzt. Wenn die Eltern – wie hier – vor der Geburt ihres gemeinsamen Kindes in nichtehelicher Gemeinschaft zusammengelebt haben, beruhte ein gemeinsamer Lebensstandard regelmäßig auf freiwilligen Leistungen des besser verdienenden Partners. Denn ein Unterhaltsrechtsverhältnis entsteht nicht schon mit der Aufnahme einer nichtehelichen Lebensgemeinschaft, sondern gem. § 1615l BGB erst aus Anlass der Geburt eines gemeinsamen Kindes. Weil der Partner seine Leistungen vor Beginn des Mutterschutzes deswegen jederzeit einstellen kann und das Gesetz außerhalb von Verwandtschaft und Ehe lediglich den Unterhaltsanspruch nach § 1615l BGB vorsieht, ist der in einer nichtehelichen Lebensgemeinschaft ohne gemeinsames Kind erreichte tatsächliche Lebensstandard nicht geeignet, eine Lebensstellung für den späteren Unterhaltsanspruch zu begründen (*Senat*, BGHZ 177, 272 [284 ff.] = NJW 2008, 3125 = FamRZ 2008, 1739 [1742]; *OLG Zweibrücken*, FuR 2000, 286 Rn. 28). Dafür spricht auch, dass sich der Unterhalt nach § 1615l II BGB nicht – wie der nacheheliche Unterhalt gem. § 1578 I 1 BGB nach den ehelichen Lebensverhältnissen – nach den Lebensverhältnissen in der nichtehelichen Gemeinschaft, sondern allein nach der Lebensstellung des Unterhaltsberechtigten bemisst. Im Gegensatz zum nachehelichen Unterhalt (§ 1573 II BGB) sieht der Betreuungsunterhalt nach § 1615l BGB deswegen auch keinen Aufstockungsunterhalt vor, der den Bedarf nach den eigenen Verhältnissen des Unterhaltsberechtigten nach Maßgabe eines von einem höheren Einkommen des Unterhaltspflichtigen abgeleiteten Unterhaltsbedarfs erhöht.

[22] Anderes gilt auch dann nicht, wenn aus der nichtehelichen Lebensgemeinschaft mehrere gemeinsame Kinder hervorgegangen sind. Auch dann sind für einen späteren Unterhaltsanspruch nach § 1615l II 2 BGB die Verhältnisse bei Geburt des ersten Kindes maßgeblich. Denn diese Verhältnisse bestimmen zunächst – unabhängig von darüber hinaus gehenden freiwilligen Leistungen – als Lebensstellung des Unterhaltsberechtigten die Höhe des Unterhaltsbedarfs während der Erziehung und Betreuung des ersten Kindes. Dieser Unterhaltsbedarf wiederum bestimmt als Lebensstellung des Unterhaltsberechtigten regelmäßig auch den Unterhaltsbedarf nach der Geburt des weiteren Kindes. Der Betreuungsunterhalt aus Anlass der Betreuung und Erziehung eines weiteren Kindes kann allenfalls dann auf einen höheren Unterhaltsbedarf gerichtet sein, wenn der betreuende Elternteil zwischenzeitlich, zB durch ein nachhaltig gesichertes höheres Einkommen, eine höhere Lebensstellung erworben hatte (*Senat*, BGHZ 177, 272 [284 ff.] = NJW 2008, 3125 = FamRZ 2008, 1739 [1742]).

[23] Die tatsächlichen Verhältnisse während des nichtehelichen Zusammenlebens vor der Geburt des gemeinsamen Kindes konnten deswegen keine Lebensstellung iS der §§ 1615l I 2, III 1, 1610 I BGB begründen.

(Mindestbedarf bei § 1615l Abs. 2 BGB)

[24] d) Mangels eines konkret feststellbaren höheren Lebensbedarfs ist das BerGer. schließlich zu **b** Recht von einem Mindestbedarf der Kl. ausgegangen.

[25] aa) Die Frage, ob für einen Unterhaltsanspruch nach § 1615l BGB generell von einem Mindestbedarf ausgegangen werden kann, ist in Rechtsprechung und Literatur streitig.

[26] Teilweise wird ein Mindestbedarf mit der Begründung abgelehnt, die Mutter eines nichtehelich geborenen Kindes sei sonst besser gestellt als die Mutter eines ehelich geborenen Kindes, die nach der Rechtsprechung des *Senats* keinen pauschalen Mindestbedarf verlangen könne (*OLG Köln*, NJW-RR 2001, 364 = FamRZ 2001, 1322; *OLG Zweibrücken*, FuR 2000, 286 [288]; *Puls*, FamRZ 1998, 865 [873]).

[27] Überwiegend wird hingegen die Auffassung vertreten, für den Unterhaltsanspruch nach § 1615l II 2 BGB müsse ein Mindestbedarf gelten, da der angemessene Unterhalt iS des § 1610 I BGB das Existenzminimum nicht unterschreiten könne (*OLG Karlsruhe*, NJW 2004, 523; *OLG Hamm*, FF 2000, 137; Palandt/Diederichsen, BGB, 69. Aufl., § 1615l Rn. 24 f.; *Scholz*, in: *Scholz/Stein*, Pra-

xishdb. FamilienR, Teil K, Rn. 818d; *Büttner/Niepmann*, NJW 2001, 2218; *Schilling*, in: AnwKomm-BGB, 2005, § 1615l Rn. 16; *Wendl/Pauling*, § 7 Rn. 27; *Göppinger/Wax/Maurer*, UnterhaltsR, 9. Aufl., Rn. 1328; *Hoppenz/Hülsmann*, Familiensachen, 8. Aufl., § 1615l BGB Rn. 9; *Schnitzler/Wever*, Münchner Anwaltshdb. FamilienR, 2. Aufl., § 10 Rn. 50 und 59; *Eschenbruch/Klinkhammer/Menne*, Der Unterhaltsprozess, 5. Aufl., Teil 4 Rn. 44; *Kalthoener/Büttner/Niepmann*, Die Rechtsprechung zur Höhe des Unterhalts, 10. Aufl., Rn. 215; *Büte/Poppen/Menne*, UnterhaltsR, 2. Aufl., § 1615l BGB Rn. 34; *Hamm*, Strategien im UnterhaltsR, 2. Aufl., Rn. 40; *Gerhardt*, in: FA-FamR, 7. Aufl., 6. Kap. Rn. 396 und 731; *Maier*, in: FA-FamR, 6. Kap. Rn. 542; *Borth*, Unterhaltsrechtsänderungs G, Rn. 370; *Ehinger/Griesche/Rasch*, Hdb. UnterhaltsR, 5. Aufl., Rn. 311 f.; *Heiß*, in: *Heiß/Born*, UnterhaltsR, 14. Kap. Rn. 56; vgl. auch Nr. 18 der Leitlinien der Oberlandesgerichte).

[28] bb) Der *Senat* konnte diese Rechtsfrage bislang dahinstehen lassen (*Senat*, BGHZ 177, 272 [287] = NJW 2008, 3125 = FamRZ 2008, 1739 [1743]). Lediglich für Fälle, in denen sich der Unterhaltsbedarf nach der Lebensstellung im Zeitpunkt der Geburt aus einem Unterhaltsanspruch gegen einen früheren Ehegatten ableitet und dieser Bedarf geringer ist als der Mindestbedarf, hat er – wie bislang beim Ehegattenunterhalt – einen Mindestbedarf abgelehnt (*Senat*, NJW 2007, 2409 = FamRZ 2007, 1303 [1304 f.]; NJW 1997, 1919 = FamRZ 1997, 806 [808]). Daran hält der *Senat* nicht mehr fest.

[29] (1) Der Unterhaltsanspruch nach § 1615l II BGB soll dem Berechtigten – wie auch der nacheheliche Betreuungsunterhalt nach § 1570 BGB – eine aus kind- und elternbezogenen Gründen notwendige persönliche Betreuung und Erziehung des gemeinsamen Kindes in den ersten Lebensjahren ermöglichen. Damit der betreuende Elternteil daran nicht durch eine Erwerbstätigkeit gehindert ist, darf sein Unterhaltsbedarf nicht unterhalb des Existenzminimums liegen, zumal er sonst in weiterem Umfang, als es nach den kind- und elternbezogenen Gründen angemessen ist, erwerbstätig sein müsste. Ein Unterhaltsbedarf unterhalb des Existenzminimums würde die im Einzelfall notwendige persönliche Betreuung nicht sicherstellen.

[30] (2) In Fällen, in denen der unterhaltsberechtigte Elternteil vor der Geburt des Kindes von Sozialleistungen gelebt hat, kann dessen Lebensstellung nicht mit Null angesetzt werden, weil sonst für diesen Elternteil ein Unterhaltsanspruch nach § 1615l II BGB von vornherein ausgeschlossen wäre. In solchen Fällen ergibt sich die Lebensstellung vielmehr aus der Höhe der gezahlten Sozialleistung, weil Einkünfte in dieser Höhe nach den §§ 8 ff. SGB XII gesetzlich garantiert sind. Entsprechend ist auch Unterhaltsberechtigten mit geringeren Einkünften ein solcher Mindestbedarf in Höhe des Existenzminimums zuzubilligen, weil ihr Bedarf nicht geringer sein kann, als der Bedarf eines Unterhaltsberechtigten ohne eigene Einkünfte. Auch diese Unterhaltsberechtigten haben eine gesicherte Lebensstellung in Höhe des Existenzminimums, weil sie neben ihren geringen Einkünften aufstockende Sozialhilfe beantragen können.

[31] (3) Frühere Erwägungen des *Senats*, die zur Sicherung des seinerzeit noch gleichrangigen Kindesunterhalts einem Mindestunterhalt des betreuenden Elternteils entgegenstanden (*Senat*, NJW 2007, 2409 = FamRZ 2007, 1303 [1304 f.]; NJW 1997, 1919 = FamRZ 1997, 806 [808]), gelten heute nicht mehr. Schon zum früheren Unterhaltsrecht hatte der *Senat* im Rahmen der wegen des Gleichrangs des Unterhalts minderjähriger Kinder und des nachehelichen Unterhalts gebotenen Mangelfallberechnung Einsatzbeträge gewählt, die eine gleichmäßige Aufteilung des für Unterhaltszwecke zur Verfügung stehenden Einkommens ermöglichten (*Senat*, NJW 2003, 1112 = FamRZ 2003, 363 [365 f.]). Inzwischen hat der Gesetzgeber durch das Unterhaltsrechtsänderungsgesetz vom 21.12.2007 in § 1612a BGB einen Mindestunterhalt für minderjährige Kinder eingeführt, der sich am steuerlichen Kinderfreibetrag orientiert. Entscheidend ist aber, dass der Unterhaltsanspruch minderjähriger und privilegiert volljähriger Kinder jetzt nach § 1609 Nr. 1 BGB allen anderen Unterhaltsansprüchen vorgeht. Die Höhe des Bedarfs nachrangiger Unterhaltsberechtigter hat deswegen auf die Leistungsfähigkeit für den Unterhalt minderjähriger Kinder keine Auswirkungen mehr (zur Bedarfsbemessung vgl. *Senat*, BGHZ 178, 79 [83 f.] = NJW 2008, 3562 = FamRZ 2008, 2189 [2190]).

[32] (4) Auch der Grundsatz der Halbteilung steht einem Mindestbedarf beim Betreuungsunterhalt nicht entgegen. Denn nach der Rechtsprechung des *Senats* bleibt dem Unterhaltspflichtigen regelmäßig ein Selbstbehalt von seinen eigenen Einkünften, dessen Höhe zwar von der Art seiner Unterhaltspflicht abhängig ist, der den nur geringfügig über dem Existenzminimum pauschalierten Mindestbedarf aber keinesfalls unterschreitet (*Senat*, NJW 2008, 1373 = FamRZ 2008, 594 [596 f.]). Gegenüber dem nachehelichen Unterhalt und dem Unterhalt wegen Betreuung eines nichtehelich geborenen Kindes

nach § 1615l BGB beträgt der Selbstbehalt regelmäßig 1000 EUR (BGHZ 166, 351 [356] = NJW 2006, 1654 = FamRZ 2006, 683 [684]). Damit verbleibt dem Unterhaltspflichtigen von seinen eigenen Einkünften jedenfalls mehr, als dem Unterhaltsberechtigten – orientiert am Existenzminimum – als Mindestbedarf zusteht.

[33] (5) Soweit ein Mindestbedarf im Rahmen des Betreuungsunterhalts nach § 1615l II BGB mit der Erwägung abgelehnt wird, dem Elternteil eines nichtehelich geborenen Kindes könne kein höherer Bedarf zustehen als einem geschiedenen Ehegatten, der ein gemeinsames Kind betreut, überzeugt auch dies nicht. Dieses Argument betrifft das Verhältnis zwischen dem Betreuungsunterhalt nach § 1615l II BGB und dem nachehelichen Unterhalt. Die Gründe, die im Rahmen des Betreuungsunterhalts für einen am Existenzminimum orientierten Mindestbedarf sprechen, gelten in gleicher Weise auch für den gesamten Ehegattenunterhalt. Auch insoweit kann der Bedarf das Existenzminimum nicht unterschreiten. Soweit der *Senat* darauf abgestellt hat, dass ein pauschalierter Mindestbedarf den nach den ehelichen Lebensverhältnissen zu bemessenden individuellen Bedarf nicht übersteigen dürfe (*Senat*, NJW 1997, 1919 = FamRZ 1997, 806), ist zu berücksichtigen, dass die Ehegatten auch in ihrer Ehezeit jedenfalls einen Mindestlebensstandard in Höhe des Existenzminimums hatten.

[34] cc) Da der Mindestbedarf nach dem Zweck einer Sicherung des notwendigen Bedarfs am Existenzminimum ausgerichtet ist, erfordert dies unterhaltsrechtlich eine Pauschalierung, die der *Senat* auch in anderem Zusammenhang nach Maßgabe des notwendigen Selbstbehalts vorgenommen hat (vgl. BGHZ 166, 351 [356] = NJW 2006, 1654 = FamRZ 2006, 683 [684] zum Selbstbehalt).

[35] (1) Soweit in der Literatur sogar ein Mindestbedarf in Höhe des angemessenen Bedarfs von zurzeit 1000 EUR monatlich befürwortet wird (*Gerhardt*, in: FA-FamR, Kap. 6 Rn. 396 und 731), überzeugt dies nicht.

[36] Der Bedarf eines Unterhaltsberechtigten kann nicht mit dem entsprechenden Selbstbehalt eines Unterhaltspflichtigen gleichgesetzt werden (vgl. insoweit *Senat*, NJW 2010, 365; BGHZ 179, 196 [206 f.] = NJW 2009, 588 = FamRZ 2009, 411 [414] Rn. 30 f.).

[37] Soweit außerdem vertreten wird, der angemessene Unterhalt nach § 1610 I BGB könne nicht auf das Existenzminimum beschränkt bleiben, verkennt diese Meinung, dass es hier lediglich um einen Mindestbedarf geht, der die unterste Schwelle des Unterhalts nach der Lebensstellung des Bedürftigen bildet.

[38] (2) Im Rahmen der gebotenen Pauschalierung ist für einen Mindestbedarf in Höhe des Existenzminimums nicht auf den Selbstbehalt eines erwerbstätigen Unterhaltspflichtigen abzustellen. Der am Existenzminimum orientierte Mindestbedarf kann sich lediglich nach dem Betrag richten, der einem nicht erwerbstätigen Unterhaltspflichtigen als notwendiger Selbstbehalt zur Verfügung steht und gegenwärtig nach der Düsseldorfer Tabelle und den unterhaltsrechtlichen Leitlinien der Oberlandesgerichte 770 EUR beträgt. Der darüber hinausgehende Selbstbehalt des Erwerbstätigen (900 Euro) schließt einen Erwerbsanreiz ein (*Wendl/Klinkhammer*, § 2 Rn. 260 ff., 267), der auf Seiten des Unterhaltspflichtigen seine Berechtigung hat, aber nicht in gleicher Weise auf den Unterhaltsberechtigten übertragen werden kann. Denn dieser ist ohnehin gehalten, im Rahmen seiner Möglichkeiten den eigenen Lebensbedarf sicherzustellen. Die in dem Differenzbetrag zwischen dem notwendigen Selbstbehalt eines Erwerbstätigen und demjenigen eines nicht Erwerbstätigen ebenfalls enthaltenen gemischten Aufwendungen haben zunehmend an Bedeutung verloren (vgl. *Klinkhammer*, FamRZ 2007, 85 [87 ff.]). Weil der pauschalierte notwendige Selbstbehalt eines nicht Erwerbstätigen über das Existenzminimum hinausgeht, sind diese Aufwendungen bereits darin enthalten. Soweit der Unterhaltsberechtigte eigene Einkünfte erzielt, können die damit verbundenen erwerbsbedingten Aufwendungen wie beim Pflichtigen abgesetzt werden (vgl. *Wendl/Dose*, § 1 Rn. 87 ff.).

(Dauer des Unterhaltsanspruchs nach § 1615l Abs. 2 BGB)

[45] b) Auch auf der Grundlage der Neufassung des § 1615l II BGB für Unterhaltsansprüche ab dem 1.1.2008 steht der Kl. kein über den zugesprochenen Unterhalt hinausgehender Anspruch zu, weil das *OLG* ihr zu Recht ein fiktiv erzielbares Einkommen angerechnet hat.

[46] aa) Nach § 1615l II 2 BGB steht der Mutter eines nichtehelich geborenen Kindes über die Dauer des Mutterschutzes hinaus ein Unterhaltsanspruch gegen den Vater zu, wenn von ihr wegen der Pflege und Erziehung eines Kindes eine Erwerbstätigkeit nicht erwartet werden kann. Nach § 1615l II 3 BGB besteht die Unterhaltspflicht des betreuenden Elternteils für mindestens drei Jahre nach der Geburt des Kindes. Sie verlängert sich, so lange und soweit dies der Billigkeit entspricht. Dabei sind insbesondere die Belange des Kindes und die bestehenden Möglichkeiten der Kinderbetreuung zu

berücksichtigen. Insoweit hat der Gesetzgeber die Vorschrift des § 1615l II BGB und den nachehelichen Betreuungsunterhalt nach § 1570 BGB weitgehend einander angeglichen (vgl. *Senat,* NJW 2009, 2592 = FamRZ 2009, 1391 [1393], zum nachehelichen Betreuungsunterhalt, sowie BT-Drucks.16/6980, S. 8 ff.).

[47] bb) Mit der Einführung des Basisunterhalts bis zur Vollendung des dritten Lebensjahres hat der Gesetzgeber dem betreuenden Elternteil die freie Entscheidung eingeräumt, ob er das Kind in dessen ersten drei Lebensjahren in vollem Umfang selbst betreuen oder andere Betreuungsmöglichkeiten in Anspruch nehmen will. Ein während dieser Zeit erzieltes Einkommen ist somit stets überobligatorisch und der betreuende Elternteil kann eine bestehende Erwerbstätigkeit jederzeit wieder aufgeben und sich voll der Erziehung und Betreuung des Kindes widmen. Insoweit unterscheiden sich der nacheheliche Betreuungsunterhalt und der Unterhaltsanspruch wegen Betreuung eines nichtehelich geborenen Kindes nicht, weil der Anspruch auf dem verfassungsrechtlich durch Art. 6 II GG geschützten Recht der Kinder auf Pflege und Erziehung beruht. Entscheidet sich der betreuende Elternteil allerdings dafür, das Kind auf andere Weise betreuen zu lassen und erzielt er eigene Einkünfte, ist das überobligatorisch erzielte Einkommen nach den Umständen des Einzelfalles anteilig zu berücksichtigen (*Senat,* NJW 2009, 2592 = FamRZ 2009, 1391 [1393] mwN; NJW 2005, 2145 = FamRZ 2005, 1154 [1156 f.]).

[48] cc) Für die – hier relevante – Zeit ab Vollendung des dritten Lebensjahres steht dem betreuenden Elternteil nach der gesetzlichen Neuregelung nur noch dann ein fortdauernder Anspruch auf Betreuungsunterhalt zu, wenn dies der Billigkeit entspricht (§ 1615l II 4 BGB). Damit verlangt die Neuregelung allerdings keinen abrupten Wechsel von der elterlichen Betreuung zu einer Vollzeiterwerbstätigkeit (BT-Drucks.16/6980, S. 9). Insbesondere nach Maßgabe der im Gesetz ausdrücklich genannten kindbezogenen Gründe ist unter Berücksichtigung der bestehenden Möglichkeiten der Kinderbetreuung (§ 1615l II 5 BGB) ein gestufter Übergang bis hin zu einer Vollzeiterwerbstätigkeit möglich (zum nachehelichen Betreuungsunterhalt vgl. *Senat,* NJW 2009, 2592 = FamRZ 2009, 1391 [1393 f.] mwN). Neben den vorrangig zu berücksichtigenden kindbezogenen Gründen sieht § 1570 II BGB für den nachehelichen Betreuungsunterhalt eine weitere Verlängerungsmöglichkeit aus elternbezogenen Gründen vor. Danach verlängert sich der nacheheliche Betreuungsunterhalt über die Verlängerung aus kindbezogenen Gründen hinaus, wenn dies unter Berücksichtigung der Gestaltung von Kinderbetreuung und Erwerbstätigkeit in der Ehe sowie deren Dauer der Billigkeit entspricht. Insoweit ist also ausdrücklich auch ein Vertrauenstatbestand zu berücksichtigen, der sich aus den Nachwirkungen der Ehe ergeben kann. Im Rahmen des – hier relevanten – Anspruchs wegen Betreuung eines nichtehelich geborenen Kindes ist diese Regelung zwar nicht ausdrücklich übernommen worden. Weil § 1615l II 5 BGB jedoch eine Verlängerung des Unterhaltsanspruchs „insbesondere" aus kindbezogenen Gründen zulässt, kommen auch elternbezogene Umstände für eine Verlängerung des Betreuungsunterhalts in Betracht. Das gilt insbesondere dann, wenn die Eltern – wie hier – mit ihrem gemeinsamen Kind zusammengelebt haben und deswegen auch ein eventueller Vertrauenstatbestand als Nachwirkung dieser Familie zu berücksichtigen ist (BT-Drucks.16/6980, S. 10). Dabei ist allerdings stets zu beachten, dass die gesetzliche Regel, wonach der Betreuungsunterhalt grundsätzlich nur für drei Jahre geschuldet ist und eine Verlängerung über diesen Zeitraum hinaus ausdrücklich begründet werden muss, nicht in ihr Gegenteil verkehrt werden darf (*Senat,* BGHZ 177, 272 [305 f.] = NJW 2008, 3125 = FamRZ 2008, 1739 [1748] mwN).

(Darlegungs- und Beweislast)

d [49] Der Unterhaltsberechtigte trägt allerdings die Darlegungs- und Beweislast für die Voraussetzungen einer Verlängerung des Betreuungsunterhalts über die Dauer von drei Jahren hinaus. Er hat also zunächst darzulegen und zu beweisen, dass keine kindgerechte Einrichtung für die Betreuung des gemeinsamen Kindes zur Verfügung steht oder dass aus besonderen Gründen eine persönliche Betreuung erforderlich ist. Auch Umstände, die aus elternbezogenen Gründen zu einer eingeschränkten Erwerbspflicht und damit zur Verlängerung des Betreuungsunterhalts führen können, hat der Unterhaltsberechtigte darzulegen und zu beweisen (*Senat,* NJW 2009, 2592 = FamRZ 2009, 1391 [1393] mwN; BGHZ 177, 272 [304] = NJW 2008, 3125 = FamRZ 2008, 1739 [1748]).

[50] Kindbezogene wie elternbezogene Gründe für eine Verlängerung des Betreuungsunterhalts über die Vollendung des dritten Lebensjahres des Kindes hinaus hat die Kl. hier auch auf ausdrücklichen Hinweis des BerGer. nicht vorgetragen. Sie können deswegen nur insoweit berücksichtigt werden, als sie auf der Grundlage des festgestellten Sachverhalts auf der Hand liegen.

Anhang R. Rechtsprechung **R710**

BGH v. 17.2.2010 – XII ZR 140/08 – FamRZ 2010, 629 = NJW 2010, 1598

(Begrenzung und Befristung des Krankheitsunterhalts) **R710**

[22] 2. Ein Anspruch auf nachehelichen Unterhalt ist nach § 1578b I 1 BGB herabzusetzen, wenn **a** eine an den ehelichen Lebensverhältnissen orientierte Bemessung des Unterhaltsanspruchs auch unter Wahrung der Belange eines dem Berechtigten zur Pflege und Erziehung anvertrauten gemeinschaftlichen Kindes unbillig wäre.

[23] a) Dabei ist insbesondere zu berücksichtigen, inwieweit durch die Ehe Nachteile im Hinblick auf die Möglichkeit eingetreten sind, für den eigenen Unterhalt zu sorgen (§ 1578b I 2 BGB). Wie schon nach der Rechtsprechung des *Senats* zu § 1573 V BGB aF (*Senat*, NJW 2006, 2401 = FamRZ 2006, 1006 [1007]) schränken solche ehebedingten Nachteile regelmäßig auch nach der Neufassung des § 1578b BGB (vgl. BT-Drucks. 16/1830, S. 19) die Möglichkeit einer Befristung und Begrenzung des nachehelichen Unterhalts ein (*Senat*, NJW 2009, 2450 = FamRZ 2009, 1207 Rn. 35; NJW 2008, 2581 = FamRZ 2008, 1325 Rn. 35 f.). Solche Nachteile können sich nach § 1578b I 3 BGB vor allem aus der Dauer der Pflege oder Erziehung eines gemeinschaftlichen Kindes, aus der Gestaltung von Haushaltsführung und Erwerbstätigkeit während der Ehe sowie aus der Dauer der Ehe ergeben. So führt etwa im Rahmen des Betreuungsunterhalts nach § 1570 BGB eine fehlende oder eingeschränkte Erwerbsmöglichkeit wegen Betreuung eines gemeinsamen Kindes (vgl. insoweit *Senat*, BGHZ 180, 170 = NJW 2009, 1876 = FamRZ 2009, 770 Rn. 19 ff.) zu einem ehebedingten Nachteil, der regelmäßig unterhaltsrechtlich auszugleichen ist.

[24] b) Beim Krankheitsunterhalt nach § 1572 BGB, bei dem die Krankheit selbst regelmäßig nicht ehebedingt ist, kann sich ein ehebedingter Nachteil nur daraus ergeben, dass ein Unterhaltsberechtigter auf Grund der Rollenverteilung in der Ehe nicht ausreichend für den Fall der krankheitsbedingten Erwerbsminderung vorgesorgt hat und seine Erwerbsunfähigkeitsrente infolge der Ehe oder Kindererziehung geringer ist, als sie ohne die Ehe wäre (*Senat*, BGHZ 179, 43 = NJW 2009, 989 = FamRZ 2009, 406 Rn. 34; NJW 2009, 2450 = FamRZ 2009, 1207 Rn. 36). Insoweit entsprechen sich der Krankheitsunterhalt nach § 1572 BGB und der Altersunterhalt nach § 1571 BGB. In beiden Fällen ist allerdings zu berücksichtigen, dass der Ausgleich unterschiedlicher Vorsorgebeiträge vornehmlich Aufgabe des Versorgungsausgleichs ist, durch den die Interessen des Unterhaltsberechtigten regelmäßig ausreichend gewahrt werden. Ehebedingte Nachteile iS von § 1578b BGB können also nicht mit den durch die Unterbrechung der Erwerbstätigkeit während der Ehe bedingten geringeren Rentenanwartschaften begründet werden, wenn für diese Zeit ein Versorgungsausgleich stattgefunden hat. Nachteile in der Versorgungsbilanz sind dann in gleichem Umfang von beiden Ehegatten zu tragen und somit vollständig ausgeglichen (*Senat*, NJW 2008, 2581 = FamRZ 2008, 1325 Rn. 43; NJW 2008, 2644 = FamRZ 2008, 1508 Rn. 25).

[25] § 1578b BGB beschränkt sich nach dem Willen des Gesetzgebers allerdings nicht auf die Kompensation ehebedingter Nachteile, sondern berücksichtigt auch eine darüber hinausgehende nacheheliche Solidarität (BT-Drucks.16/1830, S. 19). Denn indem § 1578b I 2 BGB „insbesondere" auf das Vorliegen ehebedingter Nachteile abstellt, schließt es eine Berücksichtigung anderer Gesichtspunkte bei der Billigkeitsabwägung nicht aus. Dieser Umstand gewinnt besonders beim nachehelichen Unterhalt gem. § 1572 BGB wegen einer Krankheit, die regelmäßig nicht ehebedingt ist, an Bedeutung (*Senat*, BGHZ 179, 43 = NJW 2009, 989 = FamRZ 2009, 406 Rn. 37; NJW 2009, 2450 = FamRZ 2009, 1207 Rn. 37).

[26] Bei einer schweren Krankheit und der durch sie bedingten Erwerbsunfähigkeit handelt es sich in der Regel allerdings um eine schicksalhafte Entwicklung. Eine dauerhafte Unterhaltsverantwortung des geschiedenen Ehegatten für das allein im zeitlichen Zusammenhang mit der Ehe stehende Krankheitsrisiko ist deswegen nicht ohne Weiteres gerechtfertigt.

[27] Andererseits hat der Gesetzgeber mit der Schaffung des Unterhaltsanspruchs wegen Krankheit oder Gebrechen in § 1572 BGB ein besonderes Maß an nachehelicher Solidarität festgeschrieben, das auch im Rahmen der Begrenzung und Befristung dieses nachehelichen Unterhalts nicht unberücksichtigt bleiben kann. Auch in solchen Fällen, in denen die fortwirkende eheliche Solidarität das wesentliche Billigkeitsargument bildet, fällt den in § 1578b I 3 BGB genannten einzelnen Umständen besondere Bedeutung zu (BT-Drucks.16/1830, S. 19). Auf deren Grundlage, insbesondere der Dauer der Pflege oder Erziehung gemeinschaftlicher Kinder, der Gestaltung von Haushaltsführung und Erwerbstätigkeit während der Ehe sowie der Dauer der Ehe ist auch der Umfang einer geschuldeten nachehelichen Solidarität zu bemessen (*Senat*, NJW 2009, 2450 = FamRZ 2009, 1207 Rn. 38 f.).

(Angemessener Lebensbedarf iS von § 1578b BGB)

b [28] c) Der Maßstab des angemessenen Lebensbedarfs, der nach § 1578b BGB regelmäßig die Grenze für die Herabsetzung des nachehelichen Unterhalts bildet, bemisst sich nach dem Einkommen, das der unterhaltsberechtigte Ehegatte ohne die Ehe und Kindererziehung aus eigenen Einkünften zur Verfügung hätte. Dabei ist auch auf die konkrete Lebenssituation des Unterhaltsberechtigten abzustellen.

[29] Ist der Unterhaltsberechtigte erwerbsfähig, ist auf das Einkommen abzustellen, das er ohne die Unterbrechung der Erwerbstätigkeit durch die Ehe oder die Kindererziehung erzielen könnte (*Senat*, NJW 2009, 3783 = FamRZ 2009, 1990 [1991] Rn. 14). Ist der Unterhaltsberechtigte hingegen bereits Rentner, kann lediglich auf das Renteneinkommen aus einer solchen Erwerbstätigkeit abgestellt werden, wobei von der tatsächlichen Rente nach durchgeführtem Versorgungsausgleich auszugehen ist. Beim Krankheitsunterhalt kann hingegen nur auf das Einkommen abgestellt werden, das der kranke Unterhaltsberechtigte ohne die Ehe und Kindererziehung zur Verfügung hätte. Denn wenn er auch ohne die Ehe zu keiner Erwerbstätigkeit in der Lage wäre, kann nicht auf ein fiktives Einkommen abgestellt werden, das ein gesunder Unterhaltsberechtigter erzielen könnte. Falls die Krankheit – wie regelmäßig – nicht ehebedingt ist, ergibt sich der angemessene Lebensbedarf iS von § 1578b I 1 BGB bei vollständiger Erwerbsunfähigkeit also aus der Höhe der Erwerbsunfähigkeitsrente, wobei auch hier von der tatsächlichen Rente nach Durchführung des Versorgungsausgleichs auszugehen ist. Nur wenn der Unterhaltsberechtigte noch teilweise erwerbsfähig ist, kann daneben auf Erwerbseinbußen als ehebedingten Nachteil abgestellt werden. Aus dem Begriff der Angemessenheit folgt aber zugleich, dass der nach § 1578b BGB herabgesetzte Unterhaltsbedarf jedenfalls das Existenzminimum des Unterhaltsberechtigten erreichen muss (*Senat*, NJW 2009, 3783 = FamRZ 2009, 1990 [1991] Rn. 14).

[30] Erzielt der Unterhaltsberechtigte eigene Einkünfte, die diesen angemessenen Unterhaltsbedarf erreichen, oder könnte er solche Einkünfte erzielen, kann dies im Rahmen der Billigkeitsabwägung nach einer Übergangszeit, in der er sich nach gescheiterter Ehe von den ehelichen Lebensverhältnissen auf den Lebensbedarf nach den eigenen Einkünften umstellen kann, zum vollständigen Wegfall des nachehelichen Unterhalts in Form einer Befristung führen (*Senat*, NJW 2009, 3783 = FamRZ 2009, 1990 [1991] Rn. 15 mwN; NJW 2006, 2401 = FamRZ 2006, 1006 [1007 f.]). Erzielt der Unterhaltsberechtigte nach einer ehebedingten Einschränkung seiner Erwerbstätigkeit hingegen lediglich Einkünfte, die den eigenen angemessenen Unterhaltsbedarf nach § 1578b I 1 BGB nicht erreichen, scheidet eine Befristung des Unterhaltsanspruchs nach § 1578b II BGB regelmäßig aus. Auch dann kann der Unterhaltsanspruch nach einer Übergangszeit aber bis auf die Differenz zwischen dem angemessenen Unterhaltsbedarf und dem erzielten oder erzielbaren eigenen Einkommen herabgesetzt werden (*Senat*, NJW 2009, 3783 = FamRZ 2009, 1990 Rn. 16).

[31] d) Der angemessene Lebensbedarf, der nach § 1578b I 1 BGB regelmäßig die Grenze für die Herabsetzung des nachehelichen Unterhalts bildet, bemisst sich beim Unterhaltsanspruch wegen vollständiger Erwerbslosigkeit wegen Krankheit oder Gebrechen nach § 1572 BGB also grundsätzlich nach den eigenen Renteneinkünften des kranken Unterhaltsberechtigten. Nur wenn die eigenen Einkünfte darunter liegen, bildet das Existenzminimum die unterste Grenze des angemessenen Lebensbedarfs.

(Mindestbedarf beim Ehegattenunterhalt)

c [32] Der Unterhaltsanspruch wegen Krankheit oder Gebrechen nach § 1572 BGB kann mithin nach § 1578b BGB bei geringeren Einkünften auf den Mindestbedarf herabgesetzt werden, der sich am Existenzminimum orientiert und nach der Rechtsprechung des *Senats* die unterste Grenze des Unterhaltsbedarfs beim nachehelichen Unterhalt und beim Betreuungsunterhalt nach § 1615l BGB bildet. Dabei darf die Höhe des stets zu wahrenden Existenzminimums mit dem notwendigen Selbstbehalt eines nicht erwerbstätigen Unterhaltspflichtigen pauschaliert werden (*Senat*, NJW 2010, 937; NJW 2010, 1138). Dass der Selbstbehalt eines Unterhaltspflichtigen darüber hinausgeht und gegenüber dem nachehelichen Unterhalt sowie dem Unterhaltsanspruch nach § 1615l BGB regelmäßig mit zurzeit 1000 EUR monatlich angesetzt wird (vgl. Düsseldorfer Tabelle, Stand: 1.1.2010, B IV, Sonderbeil. zu NJW H. 12/2010, S. 3 = FamRZ 2010, 173 [174]; Nr. 21.4 der Leitlinien der OLG), steht dem nicht entgegen, weil der Bedarf eines Unterhaltsberechtigten nicht mit dem entsprechenden Selbstbehalt eines Unterhaltspflichtigen gleichgesetzt werden darf (vgl. insoweit *Senat*, NJW 2010, 937; BGHZ 179, 196 = NJW 2009, 588 = FamRZ 2009, 411 Rn. 30 f.).

[33] Der am Existenzminimum orientierte Mindestbedarf bemisst sich nach dem Betrag, der einem nicht erwerbstätigen Unterhaltspflichtigen als notwendiger Selbstbehalt zur Verfügung steht und gegenwärtig nach der Düsseldorfer Tabelle und den unterhaltsrechtlichen Leitlinien der OLG 770 EUR beträgt. Soweit der notwendige Selbstbehalt eines Erwerbstätigen mit gegenwärtig 900 EUR darüber hinausgeht, schließt er einen Erwerbsanreiz ein, der auf Seiten des Unterhaltspflichtigen seine Berechtigung hat, aber nicht in gleicher Weise auf den Unterhaltsberechtigten übertragen werden kann (*Senat*, NJW 2010, 937; NJW 2010, 1138).

(Billigkeitsprüfung nach § 1578b BGB)

[34] 3. Auf der Grundlage dieser Rechtsprechung des *Senats* hält die angefochtene Entscheidung **d** den Angriffen der Revisionen nicht stand.

[35] a) Im Ansatz zutreffend ist das BerGer. allerdings davon ausgegangen, dass nach der Rechtsprechung des *Senats* auch hinsichtlich des Krankheitsunterhalts eine Begrenzung und Befristung nach § 1578b BGB in Betracht kommt und dabei eine umfassende Billigkeitsprüfung erforderlich ist. Soweit das BerGer. hier ehebedingte Nachteile abgelehnt hat, ist dies ebenfalls nicht zu beanstanden. Die Behauptung der Ast., ihre Krebserkrankung stehe im Zusammenhang mit der erheblichen Belastung durch die Betreuung des inzwischen verstorbenen behinderten Kindes, ist zu pauschal und unsubstanziiert, als dass der Ag. sich darauf einlassen könnte. Dass die Ast. keine Festanstellung als Lehrerin erhalten hat, ist nicht auf die Rollenverteilung in der Ehe, sondern auf ihre Erkrankung während ihrer späteren Lehrertätigkeit zurückzuführen.

[36] b) Im Rahmen der gebotenen Billigkeitsprüfung hat das BerGer. zu Recht die relativ lange Ehedauer berücksichtigt, die bis zur Zustellung des Scheidungsantrags 20 Jahre betrug. Dabei ist nach der Rechtsprechung des *Senats* grundsätzlich auf die Zeit von der Eheschließung (hier Juni 1981) bis zur Zustellung des Scheidungsantrags (hier Juni 2001) abzustellen (*Senat*, BGHZ 179, 43 = NJW 2009, 989 = FamRZ 2009, 406 Rn. 35; NJW 1986, 2832 = FamRZ 1986, 886 [888]). Allerdings stellt das Merkmal der Ehedauer im Regelungszusammenhang des § 1578b I 3 BGB nur ein Indiz für die zunehmende Verflechtung der beiderseitigen Verhältnisse dar. Zutreffend hat das BerGer. deswegen weiter darauf abgestellt, dass die Ast. die gemeinsame Tochter und bis zu dessen Tod auch den gemeinsamen Sohn betreut und erzogen hat, wobei in die Betreuung des schwerbehinderten Sohnes nach den Feststellungen des BerGer. aber auch der Ag. eingebunden war. Ebenfalls zu Recht hat das BerGer. berücksichtigt, dass die Ast. wegen der Betreuung der gemeinsamen Kinder zunächst keine Erwerbstätigkeit ausgeübt hatte und sie nach dem Tod des gemeinsamen Sohnes und der Internatsunterbringung der Tochter allerdings eine Zweitausbildung zur Drehbuchautorin durchgeführt hat, in deren Folge sie in diesem Beruf sehr erfolgreich war.

[37] c) Gleichwohl kann die Entscheidung des BerGer. zur Begrenzung des Anspruchs auf nachehelichen Krankheitsunterhalt keinen Bestand haben. Zwar ist die Abwägung aller für die Billigkeitsentscheidung nach § 1578b BGB in Betracht kommenden Gesichtspunkte Aufgabe des Tatrichters (*Senat*, NJW 2009, 3783 = FamRZ 2009, 1990 Rn. 19). Sie ist vom RevGer. aber daraufhin zu überprüfen, ob der Tatrichter die im Rahmen der Billigkeitsprüfung maßgebenden Rechtsbegriffe verkannt oder für die Einordnung unter diese Begriffe wesentliche Umstände unberücksichtigt gelassen hat. Der revisionsrechtlichen Überprüfung unterliegt insbesondere, ob der Tatrichter sich mit dem Prozessstoff und den Beweisergebnissen umfassend und widerspruchsfrei auseinander gesetzt hat, seine Würdigung also vollständig und rechtlich möglich ist und nicht gegen Denkgesetze oder Erfahrungssätze verstößt. Das ist hier nicht der Fall.

[38] aa) Bei der Bemessung der Übergangszeit ist das BerGer. zu Lasten der Ast. davon ausgegangen, dass bis zur Herabsetzung auf den angemessenen Lebensbedarf nach § 1578b BGB seit der Trennung der Parteien zehn Jahre und der rechtskräftigen Scheidung etwa sechs Jahre vergangen sind. Der Entscheidung ist aber nicht zu entnehmen, ob sich das BerGer. des Umstands bewusst war, dass diese Frist überwiegend in eine Zeit vor Geltung des § 1578b BGB fällt (vgl. *Senat*, BGHZ 179, 43 = NJW 2009, 989 = FamRZ 2009, 406 Rn. 41). Denn vor der Gesetzesänderung zum 1.1.2008 konnte der Krankheitsunterhalt lediglich auf den angemessenen Lebensbedarf herabgesetzt werden (§ 1578 I 2 BGB aF). Auf der Grundlage jener gesetzlichen Regelung hatte die Begrenzung und Befristung des nachehelichen Unterhalts erst durch das Senatsurteil vom 12.4.2006 (NJW 2006, 2401 = FamRZ 2006, 1006) an Bedeutung gewonnen. Das BerGer. wird deswegen erneut zu prüfen haben, ob eine ab diesem Zeitpunkt laufende Übergangsfrist von viereinhalb Jahren bis zum 1.10.2010 im vorliegenden Fall der Billigkeit entspricht.

[41] dd) Schließlich hätte das BerGer. im Rahmen der Billigkeitsprüfung nach § 1578b BGB für eine Herabsetzung des Krankheitsunterhalts auch die Einkommens- und Vermögensverhältnisse beider Parteien berücksichtigen müssen (*Senat*, BGHZ 179, 43 = NJW 2009, 989 = FamRZ 2009, 406 Rn. 39; NJW 2009, 2450 = FamRZ 2009, 1207 Rn. 43). Das war hier aber schon deswegen nicht möglich, weil es lediglich über eine Teilklage der Ast. entschieden und den Ag. zugleich zur weiteren Auskunft verurteilt hat. Ohne genaue Kenntnis der Einkommensverhältnisse des Ag. war dem BerGer. deswegen eine abschließende Entscheidung über eine Begrenzung des nachehelichen Krankheitsunterhalts verwehrt. Solange der Ag. eine Auskunft zu seinen weiteren Einkünften verweigerte, konnte das BerGer. der Ast. auch keinen unzureichenden Vortrag vorwerfen. Es hätte deswegen entweder zunächst durch Teilurteil über den Auskunftsantrag entscheiden oder in der gleichzeitigen Entscheidung über die Teilklage auf Unterhalt eine Entscheidung nach § 1578b BGB ablehnen müssen.

[42] d) Nicht zu beanstanden ist allerdings, dass das *OLG* im vorliegenden Fall eine Befristung des Krankheitsunterhalts abgelehnt hat. Die nacheheliche Solidarität hat durch die Rollenverteilung in der mehr als 20 Jahre andauernden Ehe ein erhebliches Gewicht erhalten. Wenn das *OLG* deswegen und unter Berücksichtigung des geringen Renteneinkommens der Ast. sowie des deutlich höheren Erwerbseinkommens des Ag. eine Befristung nach § 1578b II BGB aus Billigkeitsgründen abgelehnt hat, ist dagegen nichts zu erinnern.

BGH v. 24.3.2010 – XII ZR 175/08 – FamRZ 2010, 875 = NJW 2010, 1813

(Darlegungs- und Beweislast für Begrenzung und Befristung des nachehelichen Unterhalts)

[18] b) Zutreffend ist der rechtliche Ausgangspunkt des BerGer., dass der Bekl. als Unterhaltsschuldner, der sich mit der Befristung auf eine prozessuale Einwendung beruft, die Darlegungs- und Beweislast hinsichtlich der für eine Befristung sprechenden Tatsachen trägt (*Senat*, NJW 2008, 151 = FamRZ 2008, 134 Rn. 22; NJW 2008, 2581 = FamRZ 2008, 1325 Rn. 41). In die Darlegungs- und Beweislast des Unterhaltspflichtigen fällt grundsätzlich auch der Umstand, dass der Kl. keine ehebedingten Nachteile iS von § 1578b BGB entstanden sind.

[19] Die dem Unterhaltspflichtigen obliegende Darlegungs- und Beweislast erfährt jedoch Erleichterungen nach den von der Rechtsprechung zum Beweis negativer Tatsachen entwickelten Grundsätzen.

[20] aa) Nach der ständigen Rechtsprechung des *BGH* trifft den Prozessgegner der für eine negative Tatsache beweisbelasteten Partei eine so genannte sekundäre Darlegungslast (*Senat*, BGHZ 171, 232 = NJW-RR 2007, 1448 = FamRZ 2007, 896 Rn. 20 f.; BGHZ 128, 167 [171] = NJW 1995, 662 [663]; BGHZ 154, 5 [9] = NJW 2003, 1449 [1450]; *BGH*, NJW 2003, 1039; NJW 2005, 2395 [2397]; NJW 2009, 3429 = ZIP 2009, 1654 Rn. 38; NJW 1958, 1188; NJW 2010, 1364 Rn. 81; zum Unterhaltsrecht vgl. *Wendl/Dose*, Das UnterhaltsR in der familienrichterlichen Praxis, 7. Aufl., § 6 Rn. 721 ff.; vgl. auch Empfehlungen des Arbeitskreises 15 des 18. Deutschen Familiengerichtstags). Dadurch soll eine unbillige Belastung der beweispflichtigen Partei vermieden werden. Der Umfang der sekundären Darlegungslast richtet sich nach den Umständen des Einzelfalls. Die Darlegungen müssen so konkret sein, dass der beweisbelasteten Partei eine Widerlegung möglich ist.

[21] bb) Diese Grundsätze sind auf die Darlegung ehebedingter Nachteile iS von § 1578b BGB ebenfalls anzuwenden. Würde den Unterhaltspflichtigen die uneingeschränkte Darlegungs- und Beweislast treffen, so müsste er sämtliche auch nur theoretisch denkbaren und nicht näher bestimmten Nachteile widerlegen, die auf Grund der Rollenverteilung innerhalb der Ehe möglicherweise entstanden sind. Das würde in Anbetracht dessen, dass die Tatsachen zur hypothetischen beruflichen Entwicklung den persönlichen Bereich des Unterhaltsberechtigten betreffen, zu einer unbilligen Belastung des Unterhaltspflichtigen führen.

[22] Soweit der *Senat* in der Vergangenheit für den Fall, dass der Unterhaltsberechtigte eine ehebedingt unterbrochene Erwerbstätigkeit nach der Scheidung wieder aufnehmen konnte, erwähnt hat, dass den Unterhaltsberechtigten dafür, dass ihm dennoch ehebedingte Nachteile entstanden seien, neben der Darlegungslast auch die Beweislast treffe (*Senat*, NJW 2008, 151 = FamRZ 2008, 134 Rn. 22; NJW 2008, 2581 = FamRZ 2008, 1325 Rn. 41; NJW 2009, 3783 = FamRZ 2009, 1990 Rn. 18), hält er daran nicht fest. In den beiden erstgenannten Fällen fehlte es bereits an hinreichenden Darlegungen des Unterhaltsberechtigten zu fortbestehenden ehebedingten Nachteilen und ist der *Senat* in der Sache bereits nach den oben genannten Grundsätzen verfahren (ähnlich auch *Senat*, NJW 1990, 2810 = FamRZ 1990, 857 [859 f.]). Für eine mit weiterreichenden Folgen verbundene Beweislastumkehr fehlt es nach der geltenden Gesetzeslage und dem Regel-Ausnahme-Verhältnis von Unterhaltspflicht und

Unterhaltsbegrenzung, das auch durch das Unterhaltsrechtsänderungsgesetz vom 21.12.2007 nicht verändert worden ist, an einer hinreichenden Rechtfertigung, zumal den Beweisschwierigkeiten des Unterhaltspflichtigen bereits durch die sekundäre Darlegungslast des Unterhaltsberechtigten wirksam zu begegnen ist.

[23] Die sekundäre Darlegungslast hat im Rahmen von § 1578b BGB zum Inhalt, dass der Unterhaltsberechtigte die Behauptung, es seien keine ehebedingten Nachteile entstanden, substanziiert bestreiten und seinerseits darlegen muss, welche konkreten ehebedingten Nachteile entstanden sein sollen. Erst wenn das Vorbringen des Unterhaltsberechtigten diesen Anforderungen genügt, müssen die vorgetragenen ehebedingten Nachteile vom Unterhaltspflichtigen widerlegt werden.

BGH v. 14.4.2010 – XII ZR 89/08 – FamRZ 2010, 869 = NJW 2010, 2056

(Konkurrenz des Aufstockungsunterhalts zu anderen Tatbeständen des nachehelichen Unterhalts) **R712**

[13] 1. Im Ausgangspunkt zu Recht ist das *OLG* von einem Anspruch der Kl. auf nachehelichen **a** Unterhalt ausgegangen. Soweit es diesen Anspruch allerdings lediglich auf § 1570 BGB aF und § 1573 II BGB stützt, widerspricht dies auf der Grundlage der festgestellten Tatsachen der Rechtsprechung des *Senats*.

[14] a) Der *Senat* unterscheidet in ständiger Rechtsprechung bei der Abgrenzung des nachehelichen Unterhalts wegen eines Erwerbshindernisses nach den §§ 1570 bis 1572 BGB und des Aufstockungsunterhalts nach § 1573 II BGB danach, ob wegen des Hindernisses eine Erwerbstätigkeit vollständig oder nur zum Teil ausgeschlossen ist.

[15] Wenn der Unterhaltsberechtigte vollständig an einer Erwerbstätigkeit gehindert ist, ergibt sich der Unterhaltsanspruch allein aus den §§ 1570 bis 1572 BGB, und zwar auch für den Teil des Unterhaltsbedarfs, der nicht auf dem Erwerbshindernis, sondern auf dem den angemessenen Lebensbedarf übersteigenden Bedarf nach den ehelichen Lebensverhältnissen gem. § 1578 I 1 BGB beruht. Ist der Unterhaltsberechtigte hingegen nur teilweise an einer Erwerbstätigkeit gehindert, ergibt sich der Unterhaltsanspruch wegen des allein durch die Erwerbshinderung verursachten Einkommensausfalls aus den §§ 1570 bis 1572 BGB und im Übrigen als Aufstockungsunterhalt aus § 1573 II BGB. Das gilt auch für die Abgrenzung von Krankheitsunterhalt nach § 1572 BGB und Aufstockungsunterhalt nach § 1573 II BGB (*Senat*, BGHZ 179, 43 = NJW 2009, 989 = FamRZ 2009, 406 Rn. 20 ff.). Ist der Unterhaltsberechtigte also aus gesundheitlichen Gründen an einer vollschichtigen Erwerbstätigkeit gehindert und ist der Einsatzzeitpunkt des § 1572 BGB gewahrt, beruht der Anspruch auf nachehelichen Unterhalt entgegen der Rechtsauffassung des BerGer. nicht allein auf § 1573 II BGB.

[16] b) Das *OLG* hat für die – hier nicht mehr relevante – Zeit bis Ende 2007 im Hinblick auf das Alter der im Juli 1995 geborenen jüngsten gemeinsamen Tochter einen fortdauernden Anspruch auf Betreuungsunterhalt nach § 1570 BGB aF angenommen. Dagegen bestehen auf der Grundlage des früheren Rechts und des dazu seinerzeit allgemein anerkannten Altersphasenmodells für den Unterhaltsanspruch bis Ende 2007 keine Bedenken.

[17] Soweit das *OLG* der Kl. für die Zeit von Januar bis März 2008 eine Karenzzeit von drei Monaten für die Ausweitung ihrer Erwerbstätigkeit eingeräumt hat, stützt sich der Unterhaltsanspruch auf § 1570 BGB in der seit dem 1.1.2008 geltenden Fassung. Wenn das *OLG* dem Vertrauen der Kl. in das nach früherem Recht geltende Altersphasenmodell besonderes Gewicht eingeräumt und eine Ausweitung ihrer Erwerbstätigkeit erst nach Ablauf von drei Monaten seit Inkrafttreten der gesetzlichen Neuregelung für zumutbar erachtet hat, bestehen auch dagegen aus revisionsrechtlicher Sicht keine Bedenken.

[18] Für die Zeit ab April 2008 ist das BerGer. allerdings nicht mehr von einer nach § 1570 BGB aus kind- oder elternbezogenen Gründen eingeschränkten Erwerbsfähigkeit der Kl. ausgegangen. Auch Umstände, die für eine überobligatorische Belastung der Kl. durch eine vollschichtige Erwerbstätigkeit neben der noch fortdauernden Betreuung der im Juli 1995 geborenen jüngsten gemeinsamen Tochter sprechen könnten, hat das *OLG* nicht festgestellt (vgl. insoweit *Senat*, BGHZ 177, 272 = NJW 2008, 3125 = FamRZ 2008, 1739 Rn. 103). Die Erwerbsfähigkeit der Kl. sei ab dann auf eine „nach ihrem Gesundheitszustand mögliche sechsstündige Tätigkeit" begrenzt. Dabei ist es von dem Ergebnis des Sachverständigengutachtens ausgegangen, das der Kl. im Hinblick auf ihre psychosomatischen Beschwerden gegenwärtig nur eine Erwerbstätigkeit in diesem Umfang zumutet.

[19] c) Nach den Feststellungen des BerGer. standen der Kl. während der Zeit von Januar bis März 2008 also noch ein Anspruch auf Betreuungsunterhalt gem. § 1570 BGB und ein Anspruch auf

R713

Aufstockungsunterhalt nach § 1573 II BGB zu. Für die Zeit ab April 2008 ergibt sich der Unterhaltsanspruch der Kl. nach den Feststellungen aus § 1572 Nr. 2 und aus § 1573 II BGB.

(Darlegungs- und Beweislast im Rahmen der Dreiteilung)

b [35] (1) Das BerGer. hat schon deswegen nicht gegen seine Hinweispflicht aus § 139 ZPO verstoßen, weil der Bekl. im Rahmen der gebotenen Dreiteilung ohnehin zur Darlegung der Unterhaltbedürftigkeit seiner neuen Ehefrau verpflichtet war.

[36] Zwar trägt nach § 1577 BGB grundsätzlich der Unterhaltsberechtigte die Darlegungs- und Beweislast für die Höhe seines Unterhaltsbedarfs und für seine Bedürftigkeit (*Wendl/Dose*, Das UnterhaltsR in der familienrichterlichen Praxis, 7. Aufl., § 6 Rn. 703 ff.). Im Rahmen der gebotenen Dreiteilung trifft den Unterhaltspflichtigen allerdings die Darlegungs- und Beweislast für die Umstände, die die Unterhaltsbedürftigkeit seiner neuen Ehefrau begründen, weil es sich dabei um eine das Einkommen mindernde Verbindlichkeit handelt (zur Leistungsfähigkeit vgl. *Senat*, NJW-RR 1988, 834 = FamRZ 1988, 930 [931]; vgl. auch *Schilling*, FF 2008, 279 [292], und *Wendl/Dose*, § 6 Rn. 712). Dazu zählen auch die Erwerbsfähigkeit der neuen Ehefrau und das von ihr erzielbare Einkommen (vgl. *Senat*, NJW 2010, 365 = FamRZ 2010, 111 Rn. 46 ff.).

BGH v. 12.5.2010 – XII ZR 98/08 – FamRZ 2010, 1150 = NJW 2010, 2437

R713 *(Abänderung eines Versäumnisurteils)*

[10] 1. Nach der hier noch anwendbaren Vorschrift des § 323 ZPO aF (vgl. jetzt § 238 FamFG) kann von jeder Partei die Abänderung eines Urteils über künftig fällig werdende wiederkehrende Leistungen beantragt werden, wenn die Partei Tatsachen vorträgt, aus denen sich eine wesentliche Veränderung der der Entscheidung zu Grunde liegenden tatsächlichen oder rechtlichen Verhältnisse ergibt. Damit ermöglicht § 323 ZPO eine Durchbrechung der Rechtskraft, die geboten ist, wenn sich die Prognose der Umstände, auf denen das Urteil auf künftig fällig werdende wiederkehrende Leistungen beruht, nachträglich als unzutreffend erweist. Aus der Zielsetzung des § 323 I ZPO, nämlich nur unvorhersehbare Veränderungen der maßgebenden tatsächlichen Verhältnisse nachträglich berücksichtigen zu können, ergeben sich zugleich die Grenzen für die Durchbrechung der bestehenden Rechtskraft. Die sich aus der Rechtskraft ergebende Bindungswirkung des Ersturteils darf deswegen auf eine Abänderungsklage hin nur insoweit beseitigt werden, als das Ersturteil auf Verhältnissen beruht, die sich nachträglich geändert haben (*Senat*, BGHZ 171, 206 = NJW 2007, 1961 = FamRZ 2007, 793 Rn. 36).

[11] Die Abänderungsklage kann deswegen nach § 323 II ZPO auch nur auf Gründe gestützt werden, die nach Schluss der Tatsachenverhandlung des vorausgegangenen Verfahrens entstanden sind und deren Geltendmachung durch Einspruch nicht mehr möglich ist oder war. Für eine Tatsachenpräklusion nach § 323 II ZPO kommt es also in erster Linie darauf an, ob die geltend gemachten Abänderungsgründe nach der letzten Tatsachenverhandlung entstanden sind. Auch wenn eine wesentliche Veränderung der tatsächlichen oder rechtlichen Verhältnisse vorliegt, ist die Entscheidung unter Wahrung ihrer Grundlagen anzupassen (stRspr; vgl. *Senat*, NJW 1996, 517 = FamRZ 1996, 345; vgl. jetzt auch § 323 IV ZPO).

[12] Ist das abzuändernde Urteil ein Versäumnisurteil, scheidet eine Abänderung nach § 323 II ZPO schon dann aus, wenn die Gründe noch durch Einspruch gegen das Versäumnisurteil geltend gemacht werden konnten. Die Abänderungsgründe müssen also nicht nur nach der mündlichen Verhandlung entstanden sein, in der das Versäumnisurteil ergangen ist, sondern sogar nach dem Ablauf der Einspruchsfrist (vgl. schon RGZ 104, 228 [229 f.]). Der durch ein Versäumnisurteil Beschwerte ist danach gehalten, alle vor Ablauf der Einspruchsfrist entstandenen Abänderungstatsachen schon mit einem Einspruch geltend zu machen (*Senat*, NJW 1982, 1812 = FamRZ 1982, 792 [793]).

[13] 2. Für die Frage der Zulässigkeit einer Abänderungsklage kommt es nach § 323 ZPO aF darauf an, welche tatsächlichen oder rechtlichen Verhältnisse der Entscheidung zu Grunde liegen und ob insoweit eine wesentliche Veränderung vorgetragen ist (*Senat*, BGHZ 98, 353 [355] = NJW 1987, 1201 = FamRZ 1987, 259 [261]; vgl. jetzt § 323 I 2 ZPO).

[14] a) Die Frage, welche tatsächlichen Verhältnisse einem Versäumnisurteil zu Grunde liegen, ist in Rechtsprechung und Literatur umstritten (zum Streitstand vgl. *Graba*, Die Abänderung von Unterhaltstiteln, 3. Aufl., Rn. 269; *Johannsen/Henrich/Brudermüller*, FamilienR, 5. Aufl., § 238 FamFG Rn. 99; Zöller/Vollkommer, ZPO, 28. Aufl., § 323 Rn. 31). Der *Senat* hat diese Frage bislang offen gelassen (*Senat*, NJW 1996, 517 = FamRZ 1996, 345 [347]).

[15] Teilweise wird vertreten, für die Abänderung eines Versäumnisurteils sei nicht von den tatsächlichen Verhältnissen bei Erlass des Urteils, sondern von den fingierten Verhältnissen auszugehen. Das Versäumnisurteil beruhe allein auf dem schlüssigen Klägervortrag und nur dieser liege wegen der Geständnisfiktion des § 331 I 1 ZPO dem abzuändernden Versäumnisurteil zu Grunde (*OLG Köln*, NJW-RR 2002, 438 = FamRZ 2002, 471; *OLG Karlsruhe*, FamRZ 2000, 907; *OLG Zweibrücken*, FamRZ 1983, 291 = BeckRS 2010, 6043; *OLG Stuttgart*, FamRZ 1982, 91 [92]; *Kalthoener/Büttner*, NJW 1990, 1640 [1648]; *Christian*, DAVorm 1988, 343 [347]; Zöller/Vollkommer, § 323 Rn. 31; *Gottwald*, in: MünchKomm-ZPO, 3. Aufl. [2005], § 323 Rn. 77; Thomas/Putzo/Hüßtege, ZPO, 30. Aufl., § 323 Rn. 21; *Göppinger/Wax/Vogel*, UnterhaltsR, 9. Aufl., Rn. 2405 f.; differenzierend *Maurer*, FamRZ 1989, 448).

[16] Nach anderer Auffassung ist auch für die Abänderung eines Versäumnisurteils auf eine Änderung der tatsächlichen Umstände abzustellen. Nur eine Abänderung der tatsächlichen Verhältnisse könne eine Abänderung des Versäumnisurteils unter Wahrung seiner Grundlagen nach § 323 IV ZPO rechtfertigen und dabei zugleich die Rechtskraft der abzuändernden Entscheidung wahren (*OLG Frankfurt a. M.*, FamRZ 1995, 735; *OLG Hamm*, FamRZ 1990, 772 [773]; *OLG Oldenburg*, NJW-RR 1990, 1095 = FamRZ 1990, 188; *OLG Hamm*, FamRZ 1984, 1123 [1125] = BeckRS 2010, 100; *OLG Karlsruhe*, FamRZ 1983, 624 [625] = BeckRS 2010, 7094; *Spangenberg*, DAVorm 1984, 797 [798]; *Johannsen/Henrich/Brudermüller*, § 238 FamFG Rn. 99; differenzierend *Graba*, FamRZ 2002, 6 [8 f.]).

[17] b) Der *Senat* schließt sich für eine Änderung der Einkommensverhältnisse der zuletzt genannten Auffassung an. Nur diese wahrt bei der Abänderung eines Versäumnisurteils wegen veränderter Einkommensverhältnisse die Rechtskraft des abzuändernden Versäumnisurteils (offen gelassen noch im *Senat*, NJW 1996, 517 = FamRZ 1996, 345 [347]).

[18] aa) Zwar beruht ein Versäumnisurteil gegen den Bekl. nach § 331 ZPO auf dem Tatsachenvortrag des Kl., der vom Gericht lediglich auf seine Schlüssigkeit nachgeprüft wird. Denn nach § 331 I 1 ZPO ist das tatsächliche mündliche Vorbringen des Kl. als zugestanden anzunehmen (vgl. § 288 ZPO). Dies könnte dafür sprechen, dass es sich bei den nach § 323 I ZPO aF für die Bestimmung der Höhe der Leistung maßgebenden Verhältnisse (vgl. jetzt § 323 I 2 ZPO: „... der Entscheidung zu Grunde liegenden tatsächlichen oder rechtlichen Verhältnissen") um die Verhältnisse nach dem Tatsachenvortrag des Kl., also um fingierte Verhältnisse, handelt.

[19] bb) Indem die Gegenmeinung im Rahmen einer anderweitig zulässigen Abänderungsklage auf die durch den Klägervortrag fingierten Verhältnisse abstellt, läuft sie allerdings auf eine Totalrevision und damit auf eine Korrektur von Fehlern in dem rechtskräftigen Versäumnisurteil hinaus. Dies hat der *Senat* für streitige Urteile wegen der zu wahrenden Rechtskraft aber stets abgelehnt (stRspr; vgl. *Senat*, NJW 1996, 517 = FamRZ 1996, 345). Es ist auch kein Grund dafür ersichtlich, die Rechtskraft eines Versäumnisurteils anders zu bewerten als die Rechtskraft eines streitigen Urteils (vgl. *Graba*, FamRZ 2002, 6 [8 f.]; zum Anerkenntnisurteil vgl. *Senat*, BGHZ 173, 210 = NJW 2007, 2921 = FamRZ 2007, 1459 Rn. 14 f.).

[20] Für die vom *Senat* vertretene Auffassung spricht zudem, dass die Zulässigkeit der Abänderungsklage in untrennbarem Zusammenhang zur Präklusion nach § 323 II ZPO steht. Weil die Abänderungsklage nur auf Gründe gestützt werden kann, die nicht mehr durch einen Einspruch gegen das Versäumnisurteil geltend gemacht werden können, können andere Gründe auch keine Zulässigkeit der Abänderungsklage rechtfertigen. Diese Konsequenz, die im Ansatz auch von der Gegenmeinung geteilt wird, beruht auf dem Gedanken der Rechtskraft und der daraus folgenden Präklusion nicht rechtzeitig vorgetragener Umstände. Wie bei einem streitigen Urteil können Versäumnisse in dem Ausgangsverfahren auch im Falle eines Versäumnisurteils nicht später im Wege der Abänderung korrigiert werden.

[21] Um die Rechtskraft des Versäumnisurteils zu wahren, kann es sich bei den tatsächlichen Verhältnissen, die ihm iS des § 323 I ZPO zu Grunde liegen, also nicht um die vom Kl. vorgetragenen Umstände, sondern nur um die seinerzeit tatsächlich vorliegenden Umstände handeln. Nur in dem Umfang, in dem sich die tatsächlichen Verhältnisse bei Ablauf der Einspruchsfrist inzwischen geändert haben, ist eine Abänderung des rechtskräftigen Versäumnisurteils zulässig. Eine Korrektur der dem abzuändernden Urteil vorausgegangenen Fehler, die nach ständiger Rechtsprechung des Senats im Abänderungsverfahren nicht möglich ist (vgl. *Senat*, NJW 2008, 1525 = FamRZ 2008, 872 Rn. 14 ff.), kann nur so ausgeschlossen werden.

BGH v. 28.7.2010 – XII ZR 140/07 – FamRZ 2010, 1535 = NJW 2010, 3161

R714 *(Bedarf beim Elternunterhalt)*

a [13] 3. Die Unterhaltspflicht des Bekl. gegenüber seiner Mutter nach § 1601 BGB steht dem Grunde nach zwischen den Parteien nicht im Streit. Der Bedarf der Mutter wird durch ihre Unterbringung in einem Heim bestimmt und entspricht den dort anfallenden, nicht durch eigenes Einkommen gedeckten Kosten (vgl. *Senat,* NJW-RR 2004, 1300 = FamRZ 2004, 1370 [1371]). Letztere hat das BerGer. entsprechend den von der Kl. beigebrachten Aufstellungen zu Grunde gelegt. Einwendungen hiergegen hat der Bekl. nicht erhoben.

[14] Neben den Heimkosten umfasst die der Mutter gewährte Hilfe einen Bar- und Zusatzbarbetrag von monatlich 115,06 EUR bis Dezember 2004 und von monatlich 109,06 EUR bis September 2006. Auch insoweit ist das BerGer. zutreffend von einem entsprechenden unterhaltsrechtlichen Bedarf der Mutter ausgegangen.

[15] a) Nach § 21 III 1 BSHG umfasste die Hilfe zum Lebensunterhalt in einem Heim oder einer gleichartigen Einrichtung grundsätzlich auch einen angemessenen Barbetrag zur persönlichen Verfügung. Falls der Hilfeempfänger einen Teil der Kosten des Heimaufenthalts selbst trug, erhielt er einen zusätzlichen Barbetrag in im Einzelnen festgelegter Höhe nach § 21 III 4 BSHG. § 35 II 1 SGB XII sieht ebenfalls im Rahmen des notwendigen Lebensunterhalts einen angemessenen Barbetrag vor. Darüber hinaus wird auf Grund der Besitzstandsregelung des § 133a SGB XII für Personen, die am 31.12.2004 Anspruch auf einen zusätzlichen Barbetrag nach § 21 III 4 BSHG hatten, diese Leistung in der für den vollen Kalendermonat Dezember 2004 festgestellten Höhe weiter erbracht. Hierdurch sollen Härten für bisherige Leistungsempfänger aufgefangen werden, da die Regelung über den Zusatzbarbetrag nicht in das SGB XII aufgenommen worden ist (*Hohm,* in: Schellhorn/Schellhorn/Hohm, SGB XII, 17. Aufl., § 133 Rn. 1). Der Barbetrag dient in erster Linie der Befriedigung persönlicher Bedürfnisse des täglichen Lebens, die nicht von der Einrichtung gedeckt werden (*W. Schellhorn,* in: Schellhorn/Schellhorn/Hohm, § 35 Rn. 15; *Grube,* in: Grube/Wahrendorf, SGB XII, 2. Aufl., § 35 Rn. 6). Durch den Zusatzbarbetrag werden letztlich die Personen etwas besser gestellt, die aus ihren Einkünften zu den Kosten des Aufenthalts in der Einrichtung beitragen können.

[16] b) In Höhe des Barbetrags und des Zusatzbarbetrags ist auch unterhaltsrechtlich ein Bedarf anzuerkennen. Der in einem Heim lebende Unterhaltsberechtigte ist darauf angewiesen, für seine persönlichen, von den Leistungen der Einrichtung nicht umfassten Bedürfnisse über bare Mittel verfügen zu können. Anderenfalls wäre er nicht in der Lage, etwa Aufwendungen für Körper- und Kleiderpflege, Zeitschriften und Schreibmaterial zu bestreiten und sonstige Kleinigkeiten des täglichen Lebens zu finanzieren (*Senat,* NJW-RR 2004, 1300 = FamRZ 2004, 1370 [1371 f.]; NJW 2004, 674 = FamRZ 2004, 366 [369] mwN).

[17] In Höhe des Zusatzbarbetrags hat das BerGer. einen Bedarf mit der Begründung bejaht, ein Leistungsempfänger, der die Heimkosten teilweise selbst aufbringen könne, habe bereits in der Vergangenheit regelmäßig über ein Einkommen verfügt, das ihm einen gehobeneren Lebensstandard ermöglicht habe. Von den bisherigen Lebensverhältnissen werde auch der Bedarf im Heim geprägt. Diese tatrichterliche Beurteilung ist aus Rechtsgründen nicht zu beanstanden.

[18] Das Maß des einem Elternteil geschuldeten Unterhalts richtet sich gem. § 1610 I BGB nach dessen Lebensstellung, die sich in erster Linie von den Einkommens- und Vermögensverhältnissen ableitet. Nachteilige Veränderungen der Einkommensverhältnisse, wie sie in der Regel mit dem Eintritt in den Ruhestand verbunden sind, haben – eventuell nach einer Übergangszeit – deshalb auch eine Änderung der Lebensstellung zur Folge (*Senat,* NJW 2003, 1660 = FamRZ 2003, 860 [861]). Um die Anpassung des Bedarfs an eine derartige Veränderung geht es hier indessen nicht. Die Mutter des Bekl. bezog bereits seit vielen Jahren Renteneinkünfte, als sie im Jahr 2000 in das Seniorenzentrum aufgenommen wurde. Der Lebensstandard, den sie zuvor aus ihren Einkünften bestreiten konnte, ist ihr auch im Altenheim zuzubilligen. Dass sie daher über ein etwas großzügiger bemessenes „Taschengeld" verfügte, konnte als bedarfsgerecht zu Grunde gelegt werden.

(Leistungsfähigkeit beim Elternunterhalt und Verhältnis zum Familienunterhalt)

b [19] 4. Unterhaltspflichtig ist der Bekl. allerdings nur insoweit, als er bei Berücksichtigung seiner sonstigen Verpflichtungen imstande ist, ohne Gefährdung seines eigenen angemessenen Unterhalts den Unterhalt zu gewähren (§ 1603 I BGB).

[30] 6. a) Zu den zu berücksichtigenden sonstigen Verpflichtungen des Bekl. gehört auch die Unterhaltspflicht gegenüber seiner Ehefrau, da diese kein ihren Unterhaltsbedarf deckendes Einkommen erzielt. Der Bekl. schuldet ihr deshalb Familienunterhalt nach den §§ 1360, 1360a BGB. Auch wenn dieser Unterhaltsanspruch nicht ohne Weiteres nach den bei Trennung und Scheidung entwickelten Grundsätzen bemessen werden kann, weil er nicht auf die Gewährung einer frei verfügbaren Geldrente, sondern darauf gerichtet ist, dass jeder Ehegatte seinen Beitrag zum Familienunterhalt entsprechend der in der Ehe übernommenen Funktion leistet, ist es rechtlich unbedenklich, den Anspruch im Fall der Konkurrenz mit anderen Ansprüchen auf die einzelnen Familienmitglieder aufzuteilen und in Geld zu veranschlagen. Denn das Maß des Familienunterhalts bestimmt sich nach den ehelichen Lebensverhältnissen, so dass § 1578 BGB als Orientierungshilfe herangezogen und der anzusetzende Betrag insoweit in gleicher Weise wie der Unterhaltsbedarf eines getrennt lebenden oder geschiedenen Ehegatten ermittelt werden kann (*Senat,* NJW 2003, 1660 = FamRZ 2003, 860 [864]; NJW 2003, 1112 = FamRZ 2003, 363 [366 f.]; NJW 2002, 1646 = FamRZ 2002, 742; NJW-RR 2001, 361 = FamRZ 2001, 1065 [1066]; NJW-RR 2004, 217 = FamRZ 2004, 186 [187]). Die Berechnung darf sich dabei nicht auf einen bestimmten Mindestbedarf beschränken, sondern hat von den individuell ermittelten Lebens-, Einkommens- und Vermögensverhältnissen auszugehen. Auf die – Veränderungen unterliegenden – Lebensverhältnisse können sich auch Unterhaltsansprüche nachrangig Berechtigter auswirken und zu einer Einschränkung des Bedarfs der Ehegatten führen. Insofern wird allerdings zu Recht darauf hingewiesen, dass ein Vorwegabzug des Elternunterhalts in unteren und mittleren Einkommensbereichen des Unterhaltspflichtigen, bei denen eine Quotenberechnung in Betracht kommt, unterbleiben kann, denn anderenfalls kann das vorrangige Ziel, den angemessenen Unterhalt des Ehegatten zu gewährleisten, nicht erreicht werden (*Eschenbruch/Klinkhammer,* Kap. 2 Rn. 82 a. E.).

[31] Bei der Unterhaltsbemessung ist die durch die gemeinsame Haushaltsführung der Ehegatten eintretende Ersparnis zu berücksichtigen, die mit wachsendem Lebensstandard in der Regel steigt (vgl. *Senat,* NJW-RR 2004, 793 = FamRZ 2004, 792 [793]).

[39] a) Der *Senat* hält es in der Regel für angemessen und sachgerecht, bei der Fallgestaltung, in der der Unterhaltspflichtige über höhere Einkünfte verfügt als sein Ehegatte, die Leistungsfähigkeit wie folgt zu ermitteln:

[40] Von dem zusammengerechneten Einkommen der Ehegatten (Familieneinkommen) wird der Familienselbstbehalt in Abzug gebracht. Das verbleibende Einkommen wird zur Ermittlung des für den individuellen Familienbedarf benötigten Betrags um eine in der Regel mit 10% zu bemessende Haushaltsersparnis vermindert (s. dazu unten 7b bb). Die Hälfte des sich ergebenden Betrags kommt zuzüglich des Familienselbstbehalts dem Familienunterhalt zugute. Zu dem so bemessenen individuellen Familienbedarf hat der Unterhaltspflichtige entsprechend dem Verhältnis der Einkünfte der Ehegatten beizutragen. Für den Elternunterhalt kann der Unterhaltspflichtige die Differenz zwischen seinem Einkommen und seinem Anteil am Familienunterhalt einsetzen.

[41] An einem Beispiel verdeutlicht ergibt sich folgende Berechnung:

Einkommen des Unterhaltspflichtigen	3000,00 Euro
+ Einkommen der unterhaltsberechtigten Ehefrau	1000,00 Euro
Familieneinkommen	4000,00 Euro
abzüglich Familienselbstbehalt	2450,00 Euro
	1550,00 Euro
abzüglich 10% Haushaltsersparnis	155,00 Euro
	1395,00 Euro
davon ¹/₂	697,50 Euro
+ Familienselbstbehalt	2450,00 Euro
individueller Familienbedarf	3147,50 Euro
Anteil des Unterhaltspflichtigen (75%)	2360,63 Euro
Einkommen des Unterhaltspflichtigen	3000 Euro
abzüglich	2360,63 Euro
für den Elternunterhalt einsetzbar	639,37 Euro

[42] Vereinfachend kann der individuelle Familienbedarf auch durch Addition des Familienselbstbehalts (im Beispiel: 2450 Euro) und eines Betrags in Höhe von 45% des um den Familienselbstbehalt bereinigten Gesamteinkommens der Ehegatten (im obigen Beispiel: 45% von 1550 EUR = 697,50 EUR) errechnet werden.

(Haushaltsersparnis beim Familienunterhalt)

c [43] b) aa) Durch die Ermittlung der Haushaltsersparnis bezogen auf das den Familienselbstbehalt übersteigende Einkommen der Ehegatten kann gewährleistet werden, dass die mit zunehmenden Einkünften ansteigende Ersparnis bei der Unterhaltsberechnung erfasst wird. In Höhe des Teilbetrags des Familieneinkommens, der dem Familienselbstbehalt entspricht, wird der Haushaltsersparnis bereits durch die unterschiedlichen Selbstbehaltssätze der Ehegatten (bis zum 30.6.2005: 1250 EUR und 950 Euro; Differenz: 300 Euro; ab 1.7.2005: 1400 EUR und 1050 Euro; Differenz 350 Euro; jew. gemäß Düsseldorfer Tabelle) Rechnung getragen. Die Berücksichtigung einer Haushaltsersparnis, die die Differenz zwischen den Selbstbehaltsbeträgen übersteigt, von der konkreten Darlegung im Einzelfall abhängig zu machen (so *OLG Hamm*, FamRZ 2008, 1650 [1651] = BeckRS 2008, 4462), hält der Senat für wenig praktikabel (ebenso *Eschenbruch/Klinkhammer*, Kap. 2 Rn. 86), zumal die Lebenserfahrung für eine mit steigendem Einkommen wachsende Haushaltsersparnis spricht.

[44] bb) Die Bemessung der Haushaltsersparnis leitet der Senat nicht aus dem Verhältnis der unterschiedlichen Selbstbehaltsbeträge ab. Dieses Verhältnis kann zum einen Veränderungen unterliegen; zum anderen erscheint es in seiner Aussagekraft hinsichtlich des Umfangs der Haushaltsersparnis, die wegen des den Familienselbstbehalt übersteigenden Einkommens eintritt, nicht zwingend. Naheliegend ist es vielmehr, in Anlehnung an die Regelungen im Sozialrecht auf eine Haushaltsersparnis von 10% abzustellen.

[45] Nach § 20 III SGB II (idF des Gesetzes zur Änderung des Zweiten Buches Sozialgesetzbuch und anderer Gesetze vom 24.3.2006, BGBl. I, 558) beträgt die Regelleistung zur Sicherung des Lebensunterhalts bei zwei Partnern einer Bedarfsgemeinschaft, die das 18. Lebensjahr vollendet haben, jeweils 90% der monatlichen Regelleistung nach Absatz 2. § 3 III der Verordnung zur Durchführung des § 28 SGB XII – Regelsatzverordnung – (idF der 1. Verordnung zur Änderung der Regelsatzverordnung v. 20.11.2006, BGBl. I, 2657) sieht vor, dass der Regelsatz jeweils 90% des Eckregelsatzes beträgt, wenn Ehegatten oder Lebenspartner zusammenleben (zu III Gesamtleistung von 180% bei gemischten Bedarfsgemeinschaften auch vor Änderung von § 3 III Regelsatzverordnung: BSGE 99, 131 = NZS 2008, 606 Rn. 19 f.). Der vom *BVerfG* nicht beanstandeten (*BVerfG*, NJW 2010, 505 = FamRZ 2010, 429 [435]) Reduzierung der Bedarfssätze liegt offensichtlich die Auffassung zu Grunde, dass durch das gemeinsame Wirtschaften Aufwendungen erspart werden, die mit jeweils 10% veranschlagt werden können.

BGH v. 11.8.2010 – XII ZR 102/09 – FamRZ 2010, 1637 = NJW 2010, 3372

R715 *(Konkrete Bedarfsbemessung beim nachehelichen Unterhalt)*

a [26] 2. Soweit das Berufungsgericht den Unterhaltsbedarf der Antragsgegnerin auf der Grundlage ihrer konkreten Darlegungen bemessen und dabei auch die Kosten für den Unterhalt eines Reitpferdes einbezogen hat, ist dagegen aus revisionsrechtlicher Sicht nichts zu erinnern.

[27] a) Der nacheheliche Unterhaltsbedarf ergibt sich nach § 1578 Abs. 1 Satz 1 BGB grundsätzlich aus den ehelichen Lebensverhältnissen. Zwar wird dieser vom Einkommen des besser verdienenden Ehegatten abgeleitete Unterhaltsbedarf regelmäßig als Quotenunterhalt nach Abzug eines Erwerbstätigenbonus im Wege der Halbteilung ermittelt. Diese Bedarfsberechnung beruht allerdings auf der Annahme, dass das gesamte vorhandene Einkommen für den Lebensunterhalt der Ehegatten verwendet wurde und wird. Bei besonders günstigen Einkommensverhältnissen liegt hingegen die Vermutung nahe, dass nicht sämtliche Einnahmen für den Lebensunterhalt verbraucht werden, sondern ein Teil von ihnen auch der Vermögensbildung zufließt. Wenn in Rechtsprechung und Literatur deswegen für solche Fälle eine konkrete Bedarfsbemessung verlangt wird (vgl. Ziff. 15.3 der Leitlinien der Oberlandesgerichte und Wendl/Gerhardt Das Unterhaltsrecht in der familienrichterlichen Praxis 7. Aufl. § 4 Rn. 366 ff.), ist dagegen aus revisionsrechtlicher Sicht nichts zu erinnern (vgl. bereits Senatsurteile vom 5. Juni 2004 – XII ZR 277/02 – FamRZ 2005, 97, 98; BGHZ 153, 372, 380 f. = FamRZ 2003, 848, 851; vom 15. November 1989 – IVb ZR 95/88 – FamRZ 1990, 280, 281; vom 1. April 1987 – IVb ZR 33/86 – FamRZ 1987, 691, 693; vom 16. Januar 1985 – IVb ZR 62/83 -FamRZ 1985, 582, 583 und vom 6. Oktober 1982 – IVb ZR 311/81 – FamRZ 1982, 1187, 1188). [28] Wenn das Berufungsgericht eine solche konkrete Bemessung des nachehelichen Unterhaltsbedarfs verlangt, sofern dieser den Bedarf auf der Grundlage des Einkommens nach der höchsten Stufe der Düsseldorfer Tabelle übersteigt, lässt dies keine Rechtsfehler erkennen. Zwar wird eine absolute Sättigungsgrenze für den

nachehelichen Unterhalt durchweg abgelehnt. Das Einkommen von gegenwärtig 5100 EUR bildet aber nur die Höchstgrenze des vom Einkommen des besser verdienenden Ehegatten abgeleiteten Quotenunterhalts (vgl. auch Wendl/Gerhardt aaO § 4 Rn. 368a; Kalthoener/Büttner/Niepmann Die Rechtsprechung zur Höhe des Unterhalts 10. Aufl. Rn. 42 f.). Die konkrete Darlegung eines höheren Unterhaltsbedarfs nach den ehelichen Lebensverhältnissen ist dadurch nicht ausgeschlossen.

(Anrechnung eigener Einkünfte auf konkret ermittelten Unterhaltsbedarf)

[30] 3. Zu Recht hat das Berufungsgericht auf den konkret ermittelten Unterhaltsbedarf der Antragsgegnerin die von ihr erzielten Einkünfte angerechnet.

[31] a) Zutreffend und von der Revision nicht angegriffen ist es dabei von den gegenwärtig erzielten Einkünften der Antragsgegnerin ausgegangen und hat diese um berufsbedingte Kosten und einen Erwerbstätigenbonus auf monatlich 1010,01 EUR bereinigt. Ebenso zutreffend hat das Berufungsgericht auf den konkret ermittelten Unterhaltsbedarf in Höhe von 3195 EUR monatlich die Zinseinkünfte der Antragsgegnerin in Höhe von monatlich 215 EUR angerechnet. Die Bemessung des restlichen monatlichen Unterhaltsbedarfs nach den ehelichen Lebensverhältnissen in Höhe von rund 1970 EUR lässt somit keine Rechtsfehler erkennen; auch die Revision greift dies nicht an.

(Altersvorsorgeunterhalt bei konkret ermitteltem Unterhaltsbedarf)

[34] 4. Ebenfalls zu Recht hat das Berufungsgericht der Antragsgegnerin neben dem Elementarunterhalt weiteren Altersvorsorgeunterhalt zugesprochen. Der nacheheliche Unterhalt umfasst gemäß § 1578 Abs. 1 Satz 2 BGB den gesamten Lebensbedarf. Im Rahmen eines Unterhaltsanspruchs nach den §§ 1570 bis 1573 oder § 1576 BGB gehören nach § 1578 Abs. 3 BGB zum Lebensbedarf auch die Kosten einer angemessenen Versicherung für den Fall des Alters sowie der verminderten Erwerbsfähigkeit.

[35] a) Der nach § 1578 Abs. 3 BGB geschuldete Vorsorgeunterhalt ist dazu bestimmt, als Teil des einheitlichen, den gesamten Lebensbedarf des Berechtigten umfassenden Unterhaltsanspruchs den Aufbau einer Altersvorsorge zu ermöglichen, die den Einkünften vor Renteneintritt entspricht. Im Rahmen des Aufstockungsunterhalts nach § 1573 Abs. 2 BGB soll der Unterhaltsberechtigte seine weitere Altersvorsorge nicht lediglich aus den erzielten eigenen Einkünften, sondern auch auf der Grundlage des Aufstockungsunterhalts aufbauen können.

[36] Dabei hat es der Senat stets abgelehnt, den Vorsorgeunterhalt an der Höhe einer später zu erwartenden, den Lebensbedarf des Berechtigten sodann in angemessener Weise deckenden Versorgungsleistung auszurichten und zu bemessen, zumal es in der Regel mit erheblichen Schwierigkeiten verbunden sein dürfte, den angemessenen Lebensbedarf für den Zeitpunkt des Versicherungsfalls zu beurteilen (Senatsurteil vom 25. Februar 1981 – IVb ZR 543/80 – FamRZ 1981, 442, 444). Im Hinblick auf die Zielsetzung des Versorgungsausgleichs hat er es stattdessen für gerechtfertigt gehalten, den Elementarunterhalt zu dem Entgelt aus einer Erwerbstätigkeit und den Vorsorgeunterhalt zu den Versicherungsbeiträgen in Beziehung zu setzen, die im Hinblick auf ein derartiges Erwerbseinkommen zu erreichen wären, und damit den Berechtigten hinsichtlich der Altersvorsorge so zu behandeln, wie wenn er aus einer versicherungspflichtigen Erwerbstätigkeit Einkünfte in Höhe des ihm an sich zustehenden Elementarunterhalts hätte (Senatsurteil vom 25. November 1998 – XII ZR 33/97 – FamRZ 1990, 372, 373 f.). Entsprechend hat das Berufungsgericht den als Elementarunterhalt zugesprochenen Betrag dem Nettoarbeitsentgelt gleichgestellt und dieses zur Ermittlung der darauf entfallenden Vorsorgebeiträge in ein fiktives Bruttoeinkommen umgerechnet (vgl. insoweit Bremer Tabelle FamRZ 2010, 260 ff.). Nach der Rechtsprechung des Senats ist der Altersvorsorgeunterhalt auch nicht durch die Beitragsbemessungsgrenze der gesetzlichen Rentenversicherung zur Höhe begrenzt (Senatsurteil vom 25. Oktober 2006 – XII ZR 141/04 – FamRZ 2007, 117 Tz. 22 ff.).

[37] b) Zutreffend hat das Berufungsgericht der Antragsgegnerin hier einen Altersvorsorgeunterhalt zusätzlich zu dem vollen Elementarunterhalt zugesprochen. Zwar führt die Minderung der Einkünfte des Unterhaltspflichtigen durch den Anspruch auf Altersvorsorgeunterhalt im Wege der Halbteilung regelmäßig zu einem geringeren Elementarunterhalt des Unterhaltsberechtigten. In Fällen besonders günstiger wirtschaftlicher Verhältnisse ist eine solche zweistufige Berechnung des Elementarunterhalts allerdings nicht erforderlich, zumal diese lediglich sicherstellen soll, dass nicht zu Lasten des Unterhaltsverpflichteten über den Grundsatz der gleichmäßigen Teilhabe der Ehegatten an den ehelichen Lebensverhältnissen hinausgegangen wird. Sind die wirtschaftlichen Verhältnisse hingegen so günstig, dass der Vorsorgebedarf neben dem laufenden Unterhaltsbedarf befriedigt werden kann, besteht keine Notwen-

digkeit für diezweistufige Berechnungsweise. Der Vorsorgeunterhalt kann dem Unterhaltsberechtigten dann neben dem konkret ermittelten ungekürzten Elementarunterhalt zugesprochen werden (Senatsurteil vom 25. Oktober 2006 – XII ZR 141/04 – FamRZ 2007, 117 Tz. 11 ff.).

(Billigkeitsabwägungen des Tatrichters zur Begrenzung und Befristung)

d [47] c) Auch die Billigkeitsabwägung im Rahmen des § 1578b BGB obliegt grundsätzlich dem Tatrichter. Diese kann vom Revisionsgericht lediglich auf Rechtsfehler überprüft werden, insbesondere darauf, ob das Berufungsgericht im Rahmen der Billigkeitsprüfung maßgebenden Rechtsbegriffe verkannt oder für die Einordnung unter diese Begriffe wesentliche Umstände unberücksichtigt gelassen hat. Das ist hier nicht der Fall.

[48] aa) Das Berufungsgericht hat neben den ehebedingten Nachteilen der Antragsgegnerin auch die Dauer der Ehe von 30 Jahren berücksichtigt. Die Ehedauer gewinnt durch die wirtschaftliche Verflechtung, die insbesondere durch Aufgabe einer eigenen Erwerbstätigkeit wegen der Betreuung gemeinsamer Kinder oder der Haushaltsführung eintritt, besonderes Gewicht. Entsprechend ist die Antragsgegnerin auch hier nach dem gemeinsamen Lebensplan der Parteien frühzeitig aus dem Berufsleben ausgeschieden, hat nur eine unwesentliche eigene Altersvorsorge aufgebaut und sich auf die Versorgung durch die Vermögenseinkünfte des Antragstellers eingerichtet. Auch soweit das Berufungsgericht im Rahmen der Billigkeitsabwägung die besonders günstige Vermögens- und Einkommenssituation beim Antragsteller berücksichtigt hat, ist dagegen nichts zu erinnern.

[49] Aus revisionsrechtlicher Sicht ist deswegen nicht zu beanstanden, dass das Berufungsgericht im Rahmen seines tatrichterlichen Ermessens wegen des fortdauernden ehebedingten Nachteils der Antragsgegnerin eine Befristung des Unterhalts abgelehnt und den Unterhaltsanspruch lediglich auf den eigenen angemessenen Lebensbedarf der Antragsgegnerin herabgesetzt hat. Auch die vom Berufungsgericht gewählte Übergangsfrist bis zur Herabsetzung des Unterhalts nach den ehelichen Lebensverhältnissen auf den eigenen angemessenen Unterhalt von fünf Jahren ab Rechtskraft der Ehescheidung begegnet keinen Bedenken. Das Berufungsgericht hat dabei alle maßgeblichen Umstände berücksichtigt.

[50] bb) Zu Recht hat das Berufungsgericht die Entscheidung über eine weiter gehende Begrenzung oder Befristung des nachehelichen Unterhalts ab Erreichen des Rentenalters der Antragsgegnerin zurückgestellt.

[51] Zwar setzt nach ständiger Rechtsprechung des Senats die Begrenzung und Befristung des nachehelichen Unterhalts aus Billigkeitsgründen nach § 1578b BGB nicht zwingend voraus, dass der Zeitpunkt, ab dem der Unterhaltsanspruch entfällt, bereits erreicht ist. Wenn die dafür ausschlaggebenden Umstände im Zeitpunkt der Entscheidung bereits eingetreten oder zuverlässig voraussehbar sind, ist eine Begrenzung nicht einer späteren Abänderung nach § 323 Abs. 2 ZPO (jetzt §§ 238 f. FamFG) vorzubehalten, sondern schon im Ausgangsverfahren auszusprechen. Ob die für die Begrenzung ausschlaggebenden Umstände allerdings bereits im Ausgangsverfahren zuverlässig vorhersehbar sind, lässt sich nur unter Berücksichtigung aller Umstände des Einzelfalles beantworten (Senatsurteile vom 16. April 2008 – XII ZR 107/06 – FamRZ 2008, 1325 Tz. 37 und vom 14. Oktober 2009 – XII ZR 146/08 – FamRZ 2009, 1990 Tz. 17).

[52] Das Berufungsgericht hat hier alle bereits sicher vorhersehbaren Umstände berücksichtigt. Zutreffend hat es allerdings darauf hingewiesen, dass die eigene Einkommenssituation der Antragsgegnerin bei Rentenbeginn noch ungeklärt ist, zumal sich ihre weitere Erwerbstätigkeit und der für die Altersvorsorge zu verwendende Altersvorsorgeunterhalt in noch ungewisser Weise auf die eigene Altersvorsorge auswirken werden. Wenn es im Hinblick darauf gegenwärtig von einer abschließenden Entscheidung nach § 1578b BGB auch für die Zeit nach Rentenbeginn abgesehen hat, ist dies aus revisionsrechtlicher Sicht nicht zu beanstanden.

BGH v. 15.9.2010 – XII ZR 20/09 – FamRZ 2010, 1880 = NJW 2010, 3369

R716 *(Dauer des Betreuungsunterhalts nach § 1570 BGB)*

a [18] 1. Wie das Berufungsgericht im Ansatz zutreffend erkennt, hat der Gesetzgeber mit der Neuregelung des § 1570 BGB den nachehelichen Betreuungsunterhalt grundlegend umgestaltet. Er hat einen auf drei Jahre befristeten Basisunterhalt eingeführt, der aus Gründen der Billigkeit verlängert werden kann (BT-Drucks. 16/6980 S. 8 f.). Im Rahmen dieser Billigkeitsentscheidungen sind nach dem Willen des Gesetzgebers kind- und elternbezogene Verlängerungsgründe zu berücksichtigen (vgl.

schon Senatsurteil BGHZ 177, 272, 304 ff. = FamRZ 2008, 1739, 1748 f.). Obwohl der Betreuungsunterhalt nach § 1570 BGB als Unterhaltsanspruch des geschiedenen Ehegatten ausgestaltet ist, wird er vor allen Dingen im Interesse des Kindes gewährt, um dessen Betreuung und Erziehung sicherzustellen (BT-Drucks. 16/6980 S. 9; Senatsurteil BGHZ 180, 170 = FamRZ 2009, 770 Rn. 19).

[19] a) In den ersten drei Lebensjahren des Kindes kann der betreuende Elternteil frei entscheiden, ob er das Kind selbst erziehen oder eine andere Betreuungsmöglichkeit in Anspruch nehmen will. Er kann in dieser Zeit auch eine bereits begonnene Erwerbstätigkeit jederzeit wieder aufgeben. Erzielt er in dieser Zeit allerdings eigene Einkünfte, bleiben diese nicht als überobligatorisch völlig unberücksichtigt, sondern sind nach den Umständen des Einzelfalles anteilig zu berücksichtigen (Senatsurteile BGHZ 180, 170 = FamRZ 2009, 770 Rn. 20 f. und vom 13. April 2005 – XII ZR 273/02 – FamRZ 2005, 1154, 1156 f.).

[20] b) Für die Zeit ab Vollendung des dritten Lebensjahres steht dem betreuenden Elternteil nach der gesetzlichen Neuregelung nur noch dann ein fortdauernder Anspruch auf Betreuungsunterhalt zu, wenn dies der Billigkeit entspricht (§ 1570 Abs. 1 Satz 2 BGB). Damit verlangt die Neuregelung allerdings regelmäßig keinen abrupten Wechsel von der elterlichen Betreuung zu einer Vollzeiterwerbstätigkeit (BT-Drucks. 16/6980 S. 9). Nach Maßgabe der im Gesetz genannten kindbezogenen (§ 1570 Abs. 1 Satz 3 BGB) und elternbezogenen (§ 1570 Abs. 2 BGB) Gründe ist auch nach dem neuen Unterhaltsrecht ein gestufter Übergang bis hin zu einer Vollzeiterwerbstätigkeit möglich (Senatsurteile BGHZ 180, 170 = FamRZ 2009, 770 Rn. 22; vom 6. Mai 2009 – XII ZR 114/08 – FamRZ 2009, 1124 Rn. 26 und vom 17. Juni 2009 – XII ZR 102/08 – FamRZ 2009, 1391 Rn. 19).

[21] Zugleich hat der Gesetzgeber mit der gesetzlichen Neuregelung des § 1570 BGB dem unterhaltsberechtigten Elternteil die Darlegungs- und Beweislast für die Voraussetzungen einer Verlängerung des Betreuungsunterhalts über die Dauer von drei Jahren hinaus auferlegt. Kind- oder elternbezogene Gründe, die zu einer Verlängerung des Betreuungsunterhalts über die Vollendung des dritten Lebensjahres hinaus aus Gründen der Billigkeit führen könnten, sind deswegen vom Unterhaltsberechtigten darzulegen und gegebenenfalls zu beweisen (Senatsurteile BGHZ 180, 170 = FamRZ 2009, 770 Rn. 23 und BGHZ 177 = FamRZ 2008, 1739 Rn. 97).

[22] Soweit in Rechtsprechung und Literatur auch zu der seit dem 1. Januar 2008 geltenden Fassung des § 1570 BGB abweichende Auffassungen vertreten wurden, die an das frühere Altersphasenmodell anknüpften und eine Verlängerung des Betreuungsunterhalts allein vom Kindesalter abhängig machten, sind diese im Hinblick auf den eindeutigen Willen des Gesetzgebers nicht haltbar (Senatsurteil BGHZ 180, 170 = FamRZ 2009, 770 Rn. 28). Die Betreuungsbedürftigkeit ist vielmehr nach den individuellen Verhältnissen zu ermitteln. Nur wenn das betroffene Kind einen Entwicklungsstand erreicht hat, in dem es unter Berücksichtigung aller Umstände des Einzelfalles zeitweise sich selbst überlassen bleiben kann, kommt es aus kindbezogenen Gründen insoweit nicht mehr auf eine vorrangig zu prüfende Betreuungsmöglichkeit in einer kindgerechten Einrichtung an (Senatsurteil vom 6. Mai 2009 – XII ZR 114/08 – FamRZ 2009, 1124 Rn. 33).

[23] (1) Kindbezogene Gründe für eine Verlängerung des Betreuungsunterhalts nach Billigkeit, die ihre verfassungsrechtliche Grundlage in Art. 6 Abs. 2 und 5 GG finden, entfalten im Rahmen der Billigkeitsentscheidung das stärkste Gewicht und sind deswegen stets vorrangig zu prüfen (BT-Drucks. 16/6980 S. 9; Senatsurteile vom 6. Mai 2009 – XII ZR 114/08 – FamRZ 2009, 1124 Rn. 28 und BGHZ 180, 170 = FamRZ 2009, 770 Rn. 24).

[24] Allerdings hat der Gesetzgeber mit der Neuregelung des Betreuungsunterhalts zum 1. Januar 2008 – was das Berufungsgericht verkennt – für Kinder ab Vollendung des dritten Lebensjahres grundsätzlich den Vorrang der persönlichen Betreuung gegenüber anderen kindgerechten Betreuungsmöglichkeiten aufgegeben. In dem Umfang, in dem das Kind nach Vollendung des dritten Lebensjahres eine kindgerechte Einrichtung besucht oder unter Berücksichtigung der individuellen Verhältnisse besuchen könnte, kann sich der betreuende Elternteil also nicht mehr auf die Notwendigkeit einer persönlichen Betreuung des Kindes und somit nicht mehr auf kindbezogene Verlängerungsgründe im Sinne von § 1570 Abs. 1 Satz 3 BGB berufen. Das gilt sowohl für den rein zeitlichen Aspekt der Betreuung als auch für den sachlichen Umfang der Betreuung in einer kindgerechten Einrichtung (Senatsurteile vom 17. Juni 2009 – XII ZR 102/08 – FamRZ 2009, 1391 Rn. 22 f. und BGHZ 180, 170 = FamRZ 2009, 770 Rn. 25; abweichend OLG Frankfurt FamRZ 2010, 1449).

[25] (2) Die Berücksichtigung elternbezogener Gründe für eine Verlängerung des Betreuungsunterhalts ist Ausdruck der nachehelichen Solidarität. Maßgeblich ist dabei das in der Ehe gewachsene Vertrauen in die vereinbarte und praktizierte Rollenverteilung und die gemeinsame Ausgestaltung der

Betreuung (BT-Drucks. 16/6980 S. 9). Die Umstände gewinnen durch das Vertrauen des unterhaltsberechtigten Ehegatten bei längerer Ehedauer oder bei Aufgabe der Erwerbstätigkeit zur Erziehung gemeinsamer Kinder weiter an Bedeutung (§ 1570 Abs. 2 BGB). Insoweit hat der Senat bereits ausgeführt, dass die ausgeübte oder verlangte Erwerbstätigkeit neben dem nach der Erziehung und Betreuung in einer Tageseinrichtung verbleibenden Anteil an der Betreuung nicht zu einer überobligatorischen Belastung des betreuenden Elternteils führen darf (Senatsurteile vom 17. Juni 2009 – XII ZR 102/08 – FamRZ 2009, 1391 Rn. 32 und BGHZ 177, 272 = FamRZ 2009, 1739 Rn. 103). Unter Berücksichtigung des konkreten Betreuungsbedarfs ist dann eine Prüfung geboten, ob und in welchem Umfang die Erwerbsobliegenheit des unterhaltsberechtigten Elternteils über den Umfang der Betreuung des Kindes in einer kindgerechten Einrichtung hinaus noch eingeschränkt ist (Senatsurteile vom 17. Juni 2009 – XII ZR 102/08 – FamRZ 2009, 1391 Rn. 32; vom 6. Mai 2009 – XII ZR 114/08 – FamRZ 2009, 1124 Rn. 37 und BGHZ 180, 170 = FamRZ 2009, 770 Rn. 32).

(Befristung und Herabsetzung des Betreuungsunterhalts)

b [33] 4. Zutreffend und im Einklang mit der Rechtsprechung des Senats hat das Kammergericht eine Befristung des Unterhaltsanspruchs abgelehnt. Eine Befristung des nachehelichen Betreuungsunterhalts nach § 1578b Abs. 2 BGB scheidet schon deswegen aus, weil § 1570 BGB in der seit dem 1. Januar 2008 geltenden Fassung insoweit eine Sonderregelung für die Billigkeitsabwägung enthält. Nach Vollendung des dritten Lebensjahres steht dem betreuenden Elternteil nur noch Betreuungsunterhalt nach Billigkeit zu (§ 1570 Abs. 1 Satz 2 BGB). Im Rahmen dieser Billigkeitsabwägung sind bereits alle kind- und elternbezogenen Umstände des Einzelfalles zu berücksichtigen. Wenn sie zu dem Ergebnis führt, dass der Betreuungsunterhalt über die Vollendung des dritten Lebensjahres hinaus wenigstens teilweise fortdauert, können dieselben Gründe nicht zu einer Befristung im Rahmen der Billigkeit nach § 1578b BGB führen (Senatsurteile vom 6. Mai 2009 – XII ZR 114/08 – FamRZ 2009, 1124 Rn. 55 und BGHZ 180, 170 = FamRZ 2009, 770 Rn. 42 mwN).

[34] Auch eine Begrenzung des Betreuungsunterhalts der Antragstellerin nach § 1578b Abs. 1 BGB scheidet hier aus. Zwar ist eine solche Begrenzung grundsätzlich auch dann möglich, wenn wegen der noch fortdauernden Kindesbetreuung eine Befristung des Betreuungsunterhalts entfällt. Insbesondere in Fällen, in denen der Unterhaltsbedarf nach den ehelichen Lebensverhältnissen gemäß § 1578 Abs. 1 Satz 1 BGB erheblich über den angemessenen Unterhalt nach der eigenen Lebensstellung des Unterhaltsberechtigten hinausgeht, kommt eine Kürzung auf den eigenen angemessenen Unterhalt in Betracht (Senatsurteile vom 6. Mai 2009 – XII ZR 114/08 – FamRZ 2009, 1124 Rn. 57 und BGHZ 180, 170 = FamRZ 2009, 770 Rn. 44 mwN). Diese Voraussetzungen liegen hier nicht vor, weil die Parteien bei vollzeitiger Erwerbstätigkeit etwa gleich hohe Einkommen erzielen, so dass der eigene angemessene Lebensbedarf der Antragstellerin ihrem Lebensbedarf nach den ehelichen Lebensverhältnissen gemäß § 1578 Abs. 1 Satz 1 BGB annähernd entspricht.

BGH v. 15.9.2010 – XII ZR 148/09 – FamRZ 2010, 1888 = NJW 2010, 3714

R717 *(Verwirkung des Elternunterhalts nach § 242 BGB)*

a [22] b) Ebenso wenig sind die Ausführungen des Berufungsgerichts zu beanstanden, wonach der rückständige Unterhaltsanspruch der Klägerin nicht nach den Grundsätzen von Treu und Glauben gemäß § 242 BGB verwirkt ist.

[23] aa) Eine Verwirkung kommt nach allgemeinen Grundsätzen in Betracht, wenn der Berechtigte ein Recht längere Zeit nicht geltend macht, obwohl er dazu in der Lage wäre, und der Verpflichtete sich mit Rücksicht auf das gesamte Verhalten des Berechtigten darauf einrichten durfte und eingerichtet hat, dass dieser sein Recht auch in Zukunft nicht geltend machen werde (Senatsurteile vom 23. Oktober 2002 – XII ZR 266/99 – FamRZ 2002, 1698; vom 22. November 2006 – XII ZR 152/04 – FamRZ 2007, 453, 455 und vom 10. Dezember 2003 – XII ZR 155/01 – FamRZ 2004, 531, 532). Für Unterhaltsansprüche sind an das Zeitmoment der Verwirkung keine strengen Anforderungen zu stellen. Von einem Unterhaltsgläubiger, der lebensnotwendig auf Unterhaltsleistungen angewiesen ist, muss eher als von einem Gläubiger anderer Forderungen erwartet werden, dass er sich zeitnah um die Durchsetzung des Anspruchs bemüht. Anderenfalls können Unterhaltsrückstände zu einer erdrückenden Schuldenlast anwachsen. Abgesehen davon sind im Unterhaltsrechtsstreit die für die Bemessung des Unterhalts maßgeblichen Einkommensverhältnisse der Parteien nach längerer Zeit oft nur schwer aufklärbar. Diese Gründe, die eine möglichst zeitnahe Geltendmachung von Unterhalt nahe

legen, sind so gewichtig, dass das Zeitmoment der Verwirkung auch dann erfüllt sein kann, wenn die Rückstände Zeitabschnitte betreffen, die etwas mehr als ein Jahr zurückliegen (Senatsurteil vom 23. Oktober 2002 – XII ZR 266/99 – FamRZ 2002, 1698, 1699). Dieselben Anforderungen gelten, wenn die aus übergegangenem Recht klagende Behörde tätig wird. Zwar ist diese – anders als der ursprüngliche Unterhaltsgläubiger – nicht lebensnotwendig auf die Realisierung der Forderungen angewiesen. Jedoch ist die Behörde aufgrund der Natur, des Inhalts und des Umfangs des Unterhaltsanspruchs, der sich durch den Übergang nicht verändert, gehalten, sich um dessen zeitnahe Durchsetzung zu bemühen (Senatsurteil vom 23. Oktober 2002 – XII ZR 266/99 – FamRZ 2002, 1698, 1699).

[24] Neben dem Zeitmoment kommt es für die Verwirkung auf das Umstandsmoment an, dh es müssen besondere Umstände hinzutreten, aufgrund derer der Unterhaltsverpflichtete sich nach Treu und Glauben darauf einrichten durfte und eingerichtet hat, dass der Unterhaltsberechtigte sein Recht nicht mehr geltend machen werde. Dabei kommt es jedoch nicht auf konkrete Vertrauensinvestitionen des Unterhaltsschuldners bzw. auf das Entstehen besonderer Nachteile durch die späte Inanspruchnahme an (Senatsurteil vom 23. Oktober 2002 – XII ZR 266/99 – FamRZ 2002, 1698, 1699).

(Verwirkung des Elternunterhalts nach § 1611 BGB)

[31] c) Ebenso wenig ist zu beanstanden, dass das Berufungsgericht eine Verwirkung des auf die Klägerin übergegangenen Unterhaltsanspruchs gemäß § 1611 BGB abgelehnt hat.

[32] aa) Nach § 1611 Abs. 1 Satz 1 BGB braucht der Verpflichtete nur einen Beitrag zum Unterhalt in der Höhe zu leisten, die der Billigkeit entspricht, wenn der Unterhaltsberechtigte ua seine eigene Unterhaltspflicht gegenüber dem Unterhaltspflichtigen gröblich vernachlässigt oder sich vorsätzlich einer schweren Verfehlung gegen den Unterhaltspflichtigen schuldig gemacht hat. Die Unterhaltspflicht entfällt vollständig, wenn die Inanspruchnahme des Verpflichteten im Hinblick darauf grob unbillig wäre, § 1611 Abs. 1 Satz 2 BGB. Dabei kann sich eine gröbliche Vernachlässigung der eigenen Unterhaltspflicht iS v. § 1611 Abs. 1 Satz 1 Alt. 2 BGB auch auf die Gewährung von Naturalunterhalt beziehen (Senatsurteil vom 19. Mai 2004 – XII ZR 304/02 – FamRZ 2004, 1559, 1560). Eine schwere Verfehlung gemäß § 1611 Abs. 1 Satz 1 Alt. 3 BGB kann regelmäßig nur bei einer tief greifenden Beeinträchtigung schutzwürdiger wirtschaftlicher Interessen oder persönlicher Belange des Pflichtigen angenommen werden. Dabei kann sich auch eine – durch Unterlassen herbeigeführte – Verletzung elterlicher Pflichten wie etwa der Aufsichtspflicht oder der Pflicht zu Beistand und Rücksicht iS v. § 1618a BGB als Verfehlung gegen das Kind darstellen (Senatsurteil vom 19. Mai 2004 – XII ZR 304/02 – FamRZ 2004, 1559, 1560).

[33] bb) Dass das Berufungsgericht diese Voraussetzungen aufgrund der von ihm getroffenen Feststellungen nicht als gegeben angesehen hat, ist revisionsrechtlich nicht zu beanstanden.

[34] (1) Das Berufungsgericht hat das Vorliegen einer gröblichen Vernachlässigung der Unterhaltspflicht seitens Frau M. verneint. Nach seinen Feststellungen ist davon auszugehen, dass Frau M. ab dem neunten bzw. zehnten Lebensjahr des Beklagten krankheitsbedingt nicht mehr in der Lage war, die Kindesbetreuung sicherzustellen. Eine Verpflichtung der Mutter des Beklagten zur Betreuung und Pflege ihrer Kinder habe nur bis zu der Trennung der Eltern im Jahre 1972 bzw. 1973 und dem anschließenden Aufenthalt des Beklagten beim Vater bestanden.

[35] Dass das Berufungsgericht auf Grundlage dieser – von der Revision nicht angegriffenen – Feststellungen eine gröbliche Vernachlässigung der Unterhaltspflicht verneint hat, ist vor dem Hintergrund der Erkrankung von Frau M., wegen derer sie sich ab 1971 mehrfach in längerfristige stationäre Behandlung begeben musste, nicht zu beanstanden. Denn da die Mutter krankheitsbedingt nicht in der Lage war, den Beklagten angemessen zu betreuen, war sie wegen dieser Einschränkungen – wie ein Barunterhalt schuldender Elternteil bei wirtschaftlicher Leistungsunfähigkeit – nicht zum Unterhalt verpflichtet; entsprechendes gilt für die nach der Trennung der Eltern eingetretene Barunterhaltspflicht. Damit kann nicht von einer gröblichen Vernachlässigung der Unterhaltspflicht ausgegangen werden.

[36] (2) Zu Recht hat das Berufungsgericht zudem entschieden, dass sich Frau M. nicht vorsätzlich einer schweren Verfehlung gegen den Beklagten schuldig gemacht habe.

[37] (a) Das Berufungsgericht hat bereits den objektiven Tatbestand als nicht erfüllt angesehen. Zutreffend hat es darauf hingewiesen, dass § 1611 BGB eine eng auszulegende Ausnahmevorschrift ist. Wenn das Berufungsgericht unter dieser Prämisse das einmalige Zerschneiden der Kleidung der Kinder, die Verursachung des Waschzwangs beim Beklagten und das mehrfache Aussperren der Kinder aus der Wohnung ohne Hinzutreten besonderer Umstände vor dem Hintergrund der psychischen Erkrankung

der Mutter nicht als schwere Verfehlung qualifiziert, ist diese tatrichterliche Würdigung als vertretbar zu erachten.

[38] Soweit der Beklagte seiner Mutter vorwirft, sie habe den Kontakt zu ihm nach der Trennung abgebrochen und dabei jedes Maß an emotionaler Zuneigung missen lassen, weist das Berufungsgericht zu Recht auf die Widersprüchlichkeit dieses Vortrages hin. Denn nach den Feststellungen des Berufungsgerichts hat seine Mutter im Jahr 1975 einen Antrag auf Regelung der Umgangskontakte gestellt. Zutreffend verweist es zudem darauf, dass der Antrag letztendlich am Willen des Beklagten gescheitert sei. Auch wenn der Grund für die Ablehnung der Umgangskontakte durch den Beklagten letztlich das damalige Verhalten seiner Mutter gewesen sein dürfte, ändert dies nichts an der Tatsache, dass sich seine Mutter im Rahmen ihrer Möglichkeiten um eine Fortführung des Mutter-Kind-Verhältnisses bemüht hat. Von einer schweren vorsätzlichen Verfehlung kann daher nicht gesprochen werden.

[39] (b) Im Übrigen träfe die Mutter des Beklagten an einer schweren Verfehlung – was auch die Revision einräumt – kein Verschulden.

[40] Nach dem eindeutigen Wortlaut des § 1611 Abs. 1 Satz 1 Alt. 3 BGB setzt die Verwirkung voraus, dass der Unterhaltsberechtigte sich vorsätzlich einer schweren Verfehlung gegen den Unterhaltspflichtigen schuldig gemacht hat. Deshalb setzt die Anwendung von § 1611 BGB insoweit – worauf die Revision zutreffend hinweist – ein Verschulden voraus (MünchKommBGB/Born 5. Aufl. § 1611 Rn. 27; Staudinger/Engler BGB Neubearb. 2000 § 1611 Rn. 25).

[41] Soweit die Revision in Anlehnung an das Pflichtteilsrecht und unter Bezugnahme auf eine Entscheidung des Bundesverfassungsgerichts aus dem Jahre 2005 zu § 2333 Abs. 1 Nr. 1 BGB (FamRZ 2005, 872, 877) meint, ein Verschulden im rechtstechnischen Sinne sei nicht erforderlich, vielmehr genüge es, wenn der Unterhaltsberechtigte in einem natürlichen Sinne vorsätzlich handle, verkennt sie, dass in § 2333 Abs. 1 Nr. 1 BGB – anders als in § 1611 Abs. 1 BGB – ein schuldhaftes Verhalten als Tatbestandsmerkmal nicht aufgenommen worden ist; hierauf hat das Bundesverfassungsgericht ausdrücklich abgestellt (BVerfG FamRZ 2005, 872, 877). Zwar hatte § 1611 Abs. 2 BGB in seiner bis zum 1. Juli 1970 geltenden Fassung für die Verwirkung ua auch auf die Pflichtteilsentziehungstatbestände verwiesen (vgl. Palandt/Lauterbach BGB 26. Aufl. § 1611 BGB). Jedoch war damals schon Voraussetzung für eine Verwirkung, dass sich der Unterhaltsberechtigte einer Verfehlung „schuldig" gemacht hatte, die den Unterhaltspflichtigen berechtigte, ihm den Pflichtteil zu entziehen. Im Übrigen hat der Gesetzgeber bei der Änderung des § 1611 BGB zum 1. Juli 1970, mit der er das Tatbestandsmerkmal des sittlichen Verschuldens um die weiteren – hier zu prüfenden – Verwirkungsgründe ergänzt hat, erläutert, dass auf die Pflichtteilsentziehungsgründe nicht mehr abgestellt werden solle, weil die Voraussetzungen für die Entziehung des Pflichtteils einerseits und für eine Beschränkung des Unterhalts andererseits nicht übereinzustimmen bräuchten (BT-Drucks. V/2370, S. 41).

(Grenzen des Anspruchsübergangs nach § 94 Abs. 3 Satz 1 Nr. 2 SGB XII)

c [42] d) Schließlich hat das Berufungsgericht zu Recht und mit zutreffender Begründung entschieden, dass § 94 Abs. 3 Satz 1 Nr. 2 SGB XII einem Anspruchsübergang auf die Klägerin nicht entgegensteht.

[43] aa) Nach § 94 Abs. 1 Satz 1 SGB XII geht der zivilrechtliche Unterhaltsanspruch eines Sozialhilfeberechtigten bis zur Höhe der geleisteten Aufwendungen mit dem unterhaltsrechtlichen Auskunftsanspruch auf den Träger der Sozialhilfe über. Gemäß § 94 Abs. 3 Satz 1 Nr. 2 SGB XII geht der Anspruch nicht über, soweit dies eine unbillige Härte bedeuten würde. Es handelt sich hierbei um einen unbestimmten Rechtsbegriff, dessen Anwendung der vollen Nachprüfung durch das Revisionsgericht unterliegt (Senatsurteile vom 23. Juni 2010 – XII ZR 170/08 – FamRZ 2010, 1418 Rn. 32 und vom 21. April 2004 – XII ZR 251/01 – FamRZ 2004, 1097, 1098 zu der entsprechenden Vorgängervorschrift des § 91 Abs. 2 Satz 2 BSHG).

[44] Während die Frage, ob der Unterhaltsanspruch nach § 1611 BGB verwirkt ist, rein zivilrechtlicher Natur ist, richtet sich die Frage des Anspruchsübergangs nach § 94 SGB XII nach öffentlichem Recht. Deshalb genügt eine zivilrechtlich einzuordnende Störung familiärer Beziehungen im Sinne des § 1611 BGB grundsätzlich nicht, um eine unbillige Härte im Sinne des § 94 Abs. 3 Satz 1 Nr. 2 SGB XII zu begründen und damit einen Anspruchsübergang auf den Träger der Sozialhilfe auszuschließen (vgl. BVerwGE 58, 209, 214 zu § 91 Abs. 3 BSHG aF; Oestreicher/Decker SGB XII/SGB II Stand Dezember 2005 § 94 SGB XII Rn. 170; s. auch Klinkhammer FamRZ 2004, 1283). Vielmehr umfasst § 1611 BGB für die Prüfung einer etwaigen Verwirkung nur die für das zivilrechtlich zu beurteilende Familienverhältnis in Frage kommenden Tatbestandsmerkmale. Sind die Voraussetzungen

für eine Verwirkung erfüllt, kommt § 94 SGB XII ohnehin nicht zum Tragen, weil es an einem Unterhaltsanspruch fehlt, der auf den Träger der Sozialhilfe übergehen könnte (Senatsurteile vom 23. Juni 2010 – XII ZR 170/08 – FamRZ 2010, 1418 Rn. 32 und vom 21. April 2004 – XII ZR 251/01 – FamRZ 2004, 1097, 1098). Aber auch eine an sich unter § 1611 Abs. 1 BGB fallende Sachverhaltskonstellation, die jedoch nicht alle Tatbestandsmerkmale dieser Norm – wie etwa das Verschulden – erfüllt und deshalb nicht zu einer Verwirkung des Unterhaltsanspruchs führt, ist grundsätzlich nicht unter § 94 SGB XII zu subsumieren.

[45] Etwas anderes gilt nur dann, wenn der nach § 1611 BGB zu beurteilende Lebenssachverhalt aus Sicht des Sozialhilferechts auch soziale Belange erfasst, die einen Übergang des Anspruches nach öffentlich-rechtlichen Kriterien ausschließen (vgl. BVerwGE 58, 209, 215 f.). Das Berufungsgericht hat dies zutreffend damit umschrieben, dass ein erkennbarer Bezug zum Sozialhilferecht, insbesondere ein kausaler Zusammenhang zu einem Handeln des Staates oder seiner Organe, vorliegen müsse. Dies zeichnet etwa den vom Senat im Jahr 2004 entschiedenen Fall aus (Senatsurteil vom 21. April 2004 – XII ZR 251/01 – FamRZ 2004, 1097). Zwar reichte dort das krankheitsbedingte Fehlverhalten des Unterhaltsberechtigten, das die Lockerung der Familienbande zur Folge hatte – ebenso wie hier – nicht dafür aus, den Anspruch gemäß § 1611 BGB als verwirkt anzusehen. Die der Vernachlässigung zugrunde liegende psychische Erkrankung war jedoch durch den – dem Staat zuzurechnenden – Kriegsdienst des Vaters verursacht worden.

[46] Entscheidend ist nach alledem, ob aus der Sicht des Sozialhilferechts durch den Anspruchsübergang soziale Belange berührt werden. Die Härte kann in materieller oder immaterieller Hinsicht bestehen und entweder in der Person des Unterhaltspflichtigen oder in derjenigen des Hilfeempfängers vorliegen. Bei der Auslegung der Härteklausel ist in erster Linie die Zielsetzung der Hilfe zu berücksichtigen, daneben sind die allgemeinen Grundsätze der Sozialhilfe zu beachten (Senatsurteile vom 21. April 2004 – XII ZR 251/01 – FamRZ 2004, 1097, 1098 und vom 23. Juni 2010 – XII ZR 170/08 – FamRZ 2010, 1418 Rn. 33). Eine unbillige Härte liegt danach insbesondere vor, wenn und soweit der – öffentlich-rechtliche – Grundsatz der familiengerechten Hilfe, nach dem ua auf die Belange und Beziehungen in der Familie Rücksicht zu nehmen ist (vgl. § 16 SGB XII), einer Heranziehung entgegensteht. Weitere Gründe sind, dass die laufende Heranziehung in Anbetracht der sozialen und wirtschaftlichen Lage des Unterhaltspflichtigen mit Rücksicht auf die Höhe und Dauer des Bedarfs zu einer nachhaltigen und unzumutbaren Beeinträchtigung des Unterhaltspflichtigen und der übrigen Familienmitglieder führen würde, wenn die Zielsetzung der Hilfe infolge des Übergangs gefährdet erscheint oder wenn der Unterhaltspflichtige den Sozialhilfeempfänger bereits vor Eintritt der Sozialhilfe über das Maß einer zumutbaren Unterhaltsverpflichtung hinaus betreut oder gepflegt hat (Senatsurteile vom 21. April 2004 – XII ZR 251/01 – FamRZ 2004, 1097, 1098 und vom 23. Juni 2010 – XII ZR 170/08 – FamRZ 2010, 1418 Rn. 34 mwN).

[47] Soweit die Revision darauf hinweist, dass der Gesetzgeber in § 94 Abs. 2 SGB XII eine Sonderbehandlung von Eltern behinderter volljähriger Kinder dergestalt vorsieht, dass der Rückgriff auf bestimmte Höchstbeträge begrenzt ist (vgl. Senatsurteil vom 23. Juni 2010 – XII ZR 170/08 – FamRZ 2010, 1418 Rn. 22 ff.), beruht dies auf anderen gesetzgeberischen Erwägungen, die auf den Elternunterhalt nicht übertragbar sind.

BGH v. 29.9.2010 – XII ZR 205/08 – FamRZ 2010, 1884 = NJW 2010, 3582

(Präklusion des Herabsetzungs- und Befristungseinwands)

[15] Die Abänderung einer rechtskräftigen Entscheidung über den Unterhalt setzt nach § 323 Abs. 1 ZPO aF voraus, dass sich die für die Bestimmung der Höhe und Dauer der Leistungen maßgebenden Verhältnisse wesentlich geändert haben. Dabei ist zu beachten, dass die Grundlagen der Ausgangsentscheidung im Abänderungsverfahren zu wahren sind und eine Fehlerkorrektur wegen der Rechtskraft des Ausgangsurteils nicht zulässig ist (Senatsurteile vom 12. Mai 2010 – XII ZR 98/08 – FamRZ 2010, 1150 Rn. 19 mwN und vom 2. Juni 2010 – XII ZR 160/08 – FamRZ 2010, 1318 Rn. 38).

[16] Die Abänderung hängt davon ab, ob eine – vom Kläger allein geltend gemachte – wesentliche Änderung der rechtlichen Verhältnisse eingetreten ist. Dass sowohl eine Gesetzesänderung als auch eine Änderung der gefestigten höchstrichterlichen Rechtsprechung ebenso wie Veränderungen der Tatsachenlage zur Abänderung einer rechtskräftigen Unterhaltsentscheidung berechtigen, ist in der Rechtsprechung anerkannt (vgl. Senatsurteile vom 12. Juli 1990 XII ZR 85/89 – FamRZ 1990, 1091, 1094 und vom 5. September 2001 XII ZR 108/00 – FamRZ 2001, 1687, 1689 – Gesetzesänderung – und

vom 5. Februar 2003 – XII ZR 29/00 – FamRZ 2003, 848 – Rechtsprechungsänderung) und nunmehr in § 238 Abs. 1 Satz 2 FamFG, § 323 Abs. 1 Satz 2 ZPO nF auch gesetzlich klargestellt worden (BR-Drucks. 309/07 S. 575).

[17] Im vorliegenden Fall ist indessen eine Rechtsänderung, die den Kläger berechtigen könnte, eine Abänderung des Ausgangsurteils zu verlangen, nicht eingetreten. Die vom Kläger angeführten Umstände, namentlich die Einführung des § 1578b BGB durch das Unterhaltsrechtsänderungsgesetz vom 21. Dezember 2007 (BGBl. I S. 3189) und die seit der mündlichen Verhandlung im Ausgangsverfahren veröffentlichte Rechtsprechung des erkennenden Senats haben hinsichtlich des in Rede stehenden Aufstockungsunterhalts nach § 1573 Abs. 2 BGB die Rechtslage seit dem Vorprozess nicht entscheidend geändert.

(Rechtsprechungsänderung)

b [18] a) Die maßgebliche Änderung seiner Rechtsprechung hat der Senat hinsichtlich der Gewichtung von Ehedauer und ehebedingten Nachteilen im Rahmen der Befristung (§ 1573 Abs. 5 BGB aF) bereits durch sein Urteil vom 12. April 2006 (XII ZR 240/03 – FamRZ 2006, 1006) vollzogen (Senatsurteile BGHZ 177, 356 = FamRZ 2008, 1911 Rn. 62; BGHZ 183, 197 = FamRZ 2010, 111 Rn. 60 und vom 27. Januar 2010 – XII ZR 100/08 – FamRZ 2010, 538 Rn. 22; ebenso OLG Dresden FamRZ 2008, 2135; OLG Bremen NJW 2008, 3074; OLG München FamRZ 2009, 1154; OLG Hamm FPR 2009, 374; OLG Stuttgart FamRZ 2009, 788; OLG Karlsruhe FamRZ 2009, 1160). Eine differenzierte Betrachtung der Rechtsprechungsentwicklung, je nachdem, ob die geschiedene Ehe kinderlos war oder ob aus ihr Kinder hervorgegangen sind, ist nicht angezeigt.

[19] aa) In seiner nach dem Unterhaltsrechtsänderungsgesetz vom 20. Februar 1986 (BGBl. I S. 301), durch das die Begrenzungsvorschriften der §§ 1573 Abs. 5, 1578 Abs. 1 Satz 2 BGB eingeführt wurden, zunächst ergangenen Rechtsprechung hatte der Senat dem Merkmal der Ehedauer insofern eine ausschlaggebende Bedeutung beigemessen, als eine Befristung ab einer bestimmten Dauer der Ehe regelmäßig ausgeschlossen und allenfalls unter außergewöhnlichen Umständen zulässig sei (vgl. etwa Senatsurteile vom 10. Oktober 1990 – XII ZR 99/89 – FamRZ 1991, 307, 310; vom 28. März 1990 – XII ZR 64/89 – FamRZ 1990, 857, 859 und vom 9. Juni 2004 – XII ZR 308/01 – FamRZ 2004, 1357, 1360; zur Entwicklung der Rechtsprechung vgl. Dose FamRZ 2007, 1289, 1294). Zeiten der Kinderbetreuung hat er dabei entsprechend der von § 1573 Abs. 5 Satz 2 BGB aF (§ 1578 Abs. 1 Satz 3 BGB aF) getroffenen Anordnung der Ehedauer gleichgestellt (Senatsurteil vom 10. Oktober 1990 – XII ZR 99/89 – FamRZ 1991, 307, 310), ohne dass allerdings durch die – frühere – Kinderbetreuung eine solche Unterhaltsbefristung oder -herabsetzung ausgeschlossen worden wäre.

[20] bb) Von der aufgeführten Rechtsprechung ist der Senat in seinem Urteil vom 12. April 2006 (XII ZR 240/03 – FamRZ 2006, 1006) in Bezug auf die grundsätzliche Gewichtung des Merkmals der Ehedauer abgerückt. In dieser Entscheidung hat er im Gegensatz zu seiner vorausgegangenen Rechtsprechung die Ehedauer in ihrer Bedeutung nicht mehr anderen Billigkeitskriterien vorangestellt. Er hat für die Entscheidung über die Befristung nach § 1573 Abs. 5 BGB (aF) statt dessen das hauptsächliche Gewicht auf die mit der Ehe verbundenen (Erwerbs-)Nachteile für den Unterhaltsberechtigten gelegt. Während diese eine Befristung in der Regel auch bei kurzer Ehedauer hindern würden, stehe ohne ehebedingte Nachteile selbst eine lange Ehedauer der Befristung nicht schon für sich genommen entgegen.

[21] Entgegen der von der Revision vertretenen Auffassung (ebenso OLG Koblenz FamRZ 2010, 318; OLG Düsseldorf FamRZ 2010, 1084; Finke FamFR 2010, 90) beschränkt sich die mit der Entscheidung vom 12. April 2006 vollzogene Rechtsprechungsänderung mit ihren tragenden Gründen nicht auf kinderlose Ehen. Wenn der Senat in seiner dortigen Begründung unter anderem auf die Motive des Unterhaltsrechtsänderungsgesetzes vom 20. Februar 1986 Bezug genommen und in diesem Zusammenhang die Kinderbetreuung als Hinderungsgrund für eine Befristung genannt hat (aaO S. 1007 – juris Rn. 13), lässt sich daraus eine Differenzierung zwischen kinderlosen Ehen und Ehen mit Kindern nicht herleiten. Denn unter den eine Befristung hindernden Gründen ist dort neben der Kinderbetreuung auch die lange Ehedauer aufgeführt. Selbst einer langen Ehedauer sollte aber nach dem Urteil gerade keine ausschlaggebende Bedeutung mehr zukommen, wie sich aus den folgenden – durch den Leitsatz verdeutlichten – Ausführungen ergibt. Demnach lautete die an die Tatsacheninstanzen gerichtete Maßgabe des Urteils, dass bei einer die Zweckrichtung des Gesetzes berücksichtigenden Gesetzesanwendung vorrangig zu prüfen sei, ob sich die Einkommensdivergenz der Ehegatten als ehebedingter Nachteil darstelle, der einen dauerhaften unterhaltsrechtlichen Ausgleich

[22] Für eine Differenzierung zwischen kinderlosen Ehen und Ehen mit Kindern bestand überdies auch keine Veranlassung, weil – wie oben ausgeführt – bereits nach der vorausgegangenen Rechtsprechung eine Kinderbetreuung der Befristung nicht entgegenstand, sondern – nur – in der Weise in die Billigkeitsabwägung einfloss, dass die Zeiten der Kinderbetreuung der Ehedauer nach §§ 1573 Abs. 5, 1578 Abs. 1 Satz 3 BGB aF gleichgestellt wurden, wie es im Übrigen auch der aktuellen Gesetzeslage entspricht (§ 1578b Abs. 1 Satz 3 BGB). Dass die Befristung seinerzeit vor allem bei kinderlosen Ehen für bedeutsam gehalten wurde (vgl. etwa MünchKomm/Richter BGB 3. Aufl. § 1573 Rn. 34), hängt damit zusammen, dass im häufigsten Fall der Kinderbetreuung durch den unterhaltsberechtigten Ehegatten nach dem seinerzeit praktizierten Altersphasenmodell die Gesamtdauer von Ehe und Kinderbetreuung bei über fünfzehn Jahren lag. In diesem Fall kam eine Befristung nicht in Betracht, weil der Senat in seiner früheren Rechtsprechung jedenfalls bei einer Ehedauer von über fünfzehn Jahren eine Befristung nur unter außergewöhnlichen Umständen für zulässig gehalten hatte (Senatsurteile vom 28. März 1990 – XII ZR 64/89 – FamRZ 1990, 857, 859; vom 10. Oktober 1990 – XII ZR 99/89 – FamRZ 1991, 307, 310 und vom 9. Juni 2004 – XII ZR 308/01 – FamRZ 2004, 1357, 1360).

[23] Demnach betraf die durch das Senatsurteil vom 12. April 2006 vollzogene Rechtsprechungsänderung sämtliche Fälle des Aufstockungsunterhalts, in denen statt des Kriteriums der Ehedauer nunmehr vorrangig auf das Vorliegen ehebedingter Nachteile abzustellen war. Dass das Senatsurteil nicht ausdrücklich als Rechtsprechungsänderung ausgewiesen ist, spielt für die materielle Bewertung der Entscheidung keine Rolle (a. A. OLG Koblenz FamRZ 2010, 318, 321; Finke FamFR 2010, 90) und hindert es insbesondere nicht, dass vor der Entscheidung ergangene Unterhaltsentscheidungen wegen einer wesentlichen Änderung der Verhältnisse abgeändert werden können (Senatsurteil BGHZ 177, 356 = FamRZ 2008, 1911 Rn. 62). Dass nach der Senatsentscheidung vom 12. April 2006 vor allem bei Verfahren über den Aufstockungsunterhalt eine Überprüfung des Befristungseinwands auch bei langer Ehedauer regelmäßig geboten war, macht nicht zuletzt der veröffentlichte Leitsatz der Entscheidung hinreichend deutlich.

[24] Die von der Revision angeführte Entscheidung des Senats vom 28. Februar 2007 (BGHZ 171, 206 = FamRZ 2007, 793) betraf demnach zwar erstmals den Fall einer Ehe mit Kindern, beinhaltete aber keine weitergehende Rechtsprechungsänderung, sondern konnte sich auf die durch die Entscheidung vom 12. April 2006 geänderten Grundsätze stützen. Deren Anwendung auf eine Ehe mit Kindern bewegte sich im Rahmen der bereits vor der Entscheidung vom 12. April 2006 vom Senat praktizierten Gleichstellung der Dauer einer Kinderbetreuung mit der Ehedauer. Nichts anderes gilt schließlich für die Senatsurteile vom 23. Mai 2007 (XII ZR 245/04 – FamRZ 2007, 1232) und vom 26. September 2007 (XII ZR 11/05 – FamRZ 2007, 2049 und XII ZR 15/05 – FamRZ 2007, 2052). Auch diese Entscheidungen beruhen auf den durch die Entscheidung vom 12. April 2006 neu festgelegten Grundsätzen.

[25] cc) Nach den Grundsätzen der Senatsentscheidung vom 12. April 2006 hätte der Kläger die Befristung und Herabsetzung des Unterhalts bereits im Vorprozess geltend machen können und müssen. Dass die Ehe der Parteien mit einer Dauer von annähernd fünfzehn Jahren zuzüglich der Zeiten der nachehelichen Kinderbetreuung als Ehe von langer Dauer anzusehen war, hätte die Befristung nicht (mehr) ausgeschlossen. Statt dessen wäre es schon nach dem Stand der Rechtsprechung zum Zeitpunkt der abschließenden mündlichen Verhandlung vor dem Oberlandesgericht am 1. März 2007 vorwiegend auf die Frage angekommen, ob der Beklagten nach der Scheidung ehebedingte Nachteile verblieben sind. Diese Frage war wegen der unveränderten Tatsachenlage bereits im Vorprozess zu beantworten und nicht erst im vorliegenden Verfahren.

[26] Da die Befristung und Herabsetzung des Unterhalts nach §§ 1573 Abs. 5, 1578 Abs. 1 Satz 2 BGB aF nicht lediglich auf eine Einrede des Unterhaltspflichtigen, sondern bei entsprechendem Sachvortrag von Amts wegen zu überprüfen waren, schließt die Rechtskraft des Ausgangsurteils jedenfalls bei unveränderter Tatsachenlage eine künftige Befristung und Herabsetzung des Unterhalts aus. Im Unterschied zu einem von den Ehegatten geschlossenen Unterhaltsvergleich (dazu Senatsurteil vom 26. Mai 2010 – XII ZR 143/08 – FamRZ 2010, 1238 Rn. 23) ist hier auch nicht auf die Vorstellungen der Parteien abzustellen, die jedenfalls bei einem im Zusammenhang mit der Scheidung abgeschlossenen Unterhaltsvergleich im Zweifel noch keinen späteren Ausschluss einer Unterhaltsbegrenzung vereinbaren wollen. Da das Gericht die Frage der Befristung aber von Amts wegen zu prüfen hat und

jedenfalls bei einer abgeschlossenen Entflechtung der wirtschaftlichen Verhältnisse der Ehegatten auch nicht offen lassen darf (vgl. Senatsurteil vom 14. April 2010 – XII ZR 89/08 – FamRZ 2010, 869 Rn. 51, 52), erfasst die Rechtskraft des Urteils im Zweifel auch die künftige Befristung, die damit bei unveränderter Tatsachenlage ausgeschlossen ist (Senatsurteil vom 26. Mai 2010 – XII ZR 143/08 – FamRZ 2010, 1238 Rn. 25).

[27] Etwas anderes gilt dann, wenn das Gericht in den Entscheidungsgründen die künftige Befristung etwa wegen einer noch nicht zuverlässig absehbaren Entwicklung der Verhältnisse ausdrücklich offenlässt. In diesem Fall ist die Rechtskraft der Entscheidung entsprechend eingeschränkt. Sie steht einer späteren Geltendmachung des Befristungseinwands durch den Unterhaltspflichtigen selbst dann nicht entgegen, wenn über eine Befristung richtigerweise bereits im Ausgangsverfahren hätte entschieden werden müssen (vgl. Senatsurteil vom 26. Mai 2010 – XII ZR 143/08 – FamRZ 2010, 1238 Rn. 13, 23 mwN). Eine derartige Einschränkung ist in dem Ausgangsurteil aber nicht enthalten, so dass das Urteil eine umfassende Rechtskraft entfaltet.

(Gesetzesänderung)

c [28] b) Das Berufungsgericht ist ferner davon ausgegangen, dass der Kläger seine Abänderungsklage auch nicht auf eine Gesetzesänderung stützen kann. Dies entspricht der Rechtsprechung des Senats und hält den Angriffen der Revision ebenfalls stand.

[29] Durch das Unterhaltsrechtsänderungsgesetz vom 21. Dezember 2007 hat sich die Rechtslage für die vorliegende Fallkonstellation nicht geändert. Denn eine wesentliche Änderung der Verhältnisse nach § 323 Abs. 1 ZPO aF (§ 238 Abs. 1 Satz 2 FamFG; § 323 Abs. 1 Satz 2 ZPO nF) liegt nur vor, wenn die Gesetzesänderung für den konkreten Einzelfall erheblich ist. Das ist hier nicht der Fall.

[30] Für den Fall, dass der Unterhaltsanspruch allein auf § 1573 Abs. 2 BGB (Aufstockungsunterhalt) beruht und zuletzt im Jahr 2007 durch Urteil festgelegt wurde, hat der Senat bereits entschieden, dass sich aus dem Inkrafttreten des § 1578b BGB am 1. Januar 2008 für sich genommen noch keine Änderung der wesentlichen Verhältnisse ergibt (Senatsurteile BGHZ 183, 197 = FamRZ 2010, 111 Rn. 60, 62 f. und vom 27. Januar 2010 – XII ZR 100/08 – FamRZ 2010, 538 Rn. 34; a. A. OLG Stuttgart FamRZ 2009, 53, 55; OLG Celle FamRZ 2009, 2105; Graba FPR 2008, 100, 103; unrichtig insoweit Hamm Strategien im Unterhaltsrecht 2. Aufl. § 7 Rn. 64). Daran ist auch in der vorliegenden Fallkonstellation einer Ehe mit Kindern festzuhalten.

[31] Zwar ist im Fall, dass der unterhaltsberechtigte Ehegatte gemeinsame Kinder betreut hat, der Gesetzeswortlaut geändert worden, indem die in § 1573 Abs. 5 Satz 2 Halbsatz 2, § 1578 Abs. 1 Satz 2 Halbsatz 2 BGB aF noch enthaltene Regelung, dass eine fortlaufende und ungeminderte Unterhaltszahlung in der Regel nicht unbillig ist, wenn der Unterhaltsberechtigte nicht nur vorübergehend ein gemeinschaftliches Kind allein oder überwiegend betreut hat oder betreut, nicht in § 1578b BGB übernommen worden ist. Damit war aber eine materielle Rechtsänderung nicht verbunden. Denn die Kinderbetreuung stand schon nach der bis 2007 geltenden Rechtslage einer Befristung oder Herabsetzung des Unterhalts nicht generell entgegen, sondern entsprechend §§ 1573 Abs. 5 Satz 2, 1578 Abs. 1 Satz 3 BGB aF nur in Abhängigkeit von ihrer Dauer.

Dem stehen die von der Revision zitierten Gesetzesmotive des Unterhaltsrechtsänderungsgesetzes vom 20. Februar 1986 schon deswegen nicht entgegen, weil die gesetzliche Regelung letztlich zu einer Gleichsetzung von Zeiten der Kinderbetreuung mit der Ehedauer geführt haben und diese von der Rechtsprechung des Senats auch angewandt worden ist.

[32] Der Gesetzgeber ist schließlich mit dem Unterhaltsrechtsänderungsgesetz vom 21. Dezember 2007 auch insoweit von der bestehenden Rechtsprechung des Senats ausgegangen, die gerade im Jahr 2007 mehrfach auch in Fällen mit Kinderbetreuung ergangen war. Er hat durch die Streichung der einschränkenden Formulierung demnach keine sachliche Änderung vorgenommen, sondern das Gesetz lediglich entsprechend klargestellt (vgl. Senatsurteile BGHZ 183, 197 = FamRZ 2010, 111 Rn. 60 und vom 27. Januar 2010 – XII ZR 100/08 – FamRZ 2010, 538 Rn. 34; BT-Drucks. 16/1830 S. 18 ff.).

(Übergangsregelung)

d [33] c) Auch auf § 36 Nr. 1 EGZPO lässt sich eine Abänderung des Ausgangsurteils nicht stützen.

[34] Wie der Senat bereits entschieden hat (BGHZ 183, 197 = FamRZ 2010, 111 – Rn. 62, 63), eröffnet § 36 Nr. 1 EGZPO keine eigenständige Abänderungsmöglichkeit, sondern stellt lediglich klar, dass die Gesetzesänderung ein Anwendungsfall des § 323 Abs. 1 ZPO (aF) ist. Denn nach der Gesetzes-

begründung handelt es sich hierbei nicht um einen eigenen, neu geschaffenen Abänderungsrechtsbehelf. In der Sache ist eine Anpassung von bestehenden Titeln und Unterhaltsvereinbarungen danach nur möglich, wenn eine wesentliche Änderung der Unterhaltsverpflichtung eintritt (vgl. BT-Drucks. 16/1830 S. 32 f.). Die Wesentlichkeitsschwelle ist im Sinne von § 323 Abs. 1 ZPO zu verstehen. In einer Gesamtschau aller Umstände – ggf. auch von der Reform unabhängiger Umstände – ist zu prüfen, in welchem Umfang sich die für Unterhaltsverpflichtung und -bemessung maßgeblichen Verhältnisse geändert haben (vgl. BT-Drucks. 16/1830 S. 33).

[35] Dadurch wird zugleich bestätigt, dass das neue Unterhaltsrecht nur dann zur Abänderung bestehender Titel berechtigt, wenn bestimmte Umstände erst durch die Gesetzesänderung erheblich geworden sind und diese gegenüber der bisherigen Rechtslage zu einer wesentlichen Änderung führt. Auch durch § 36 Nr. 2 EGZPO soll – nur – sichergestellt werden, dass Umstände, die erst durch das neue Recht erheblich geworden sind, in das Verfahren eingeführt werden können (BT-Drucks. 16/1830 S. 33).

BGH v. 6.10.2010 – XII ZR 202/08 – FamRZ 2010, 1971 = NJW 2011, 147

(Herabsetzung und Befristung des Aufstockungsunterhalts)

[17] a) Nachehelicher Aufstockungsunterhalt ist nach § 1573 Abs. 2 BGB – vorbehaltlich der im Gesetz vorgesehenen Begrenzungs- und Befristungsmöglichkeit – grundsätzlich zeitlich unbefristet geschuldet. Das Maß des nachehelichen Unterhalts bestimmt sich gemäß § 1578 Abs. 1 Satz 1 BGB regelmäßig nach den ehelichen Lebensverhältnissen. Damit unterscheidet sich der nacheheliche Unterhalt grundlegend von dem Verwandtenunterhalt und dem Unterhaltsanspruch nach § 1615l BGB, bei denen sich das Maß des Unterhalts gemäß § 1610 Abs. 1 BGB nach der Lebensstellung des Bedürftigen (angemessener Unterhalt) bestimmt. Der vom Einkommen des besser verdienenden Ehegatten abgeleitete Unterhaltsanspruch nach den ehelichen Lebensverhältnissen bietet dem geschiedenen Ehegatten jedoch keine Lebensstandardgarantie. Denn nachdem das Gesetz mit § 1573 Abs. 5 BGB aF und § 1578 Abs. 1 Satz 2 BGB aF bereits seit 1986 Möglichkeiten zur Begrenzung und Befristung vorsah, regelt § 1578b BGB in der seit dem 1. Januar 2008 geltenden Fassung nunmehr generell die Möglichkeit einer Herabsetzung und zeitlichen Begrenzung des nachehelichen Unterhalts.

[18] Ein Anspruch auf nachehelichen Unterhalt ist nach § 1578b Abs. 1 Satz 1 BGB auf den angemessenen Lebensbedarf herabzusetzen, wenn eine an den ehelichen Lebensverhältnissen orientierte Bemessung des Unterhaltsanspruchs auch unter Wahrung der Belange eines dem Berechtigten zur Pflege oder Erziehung anvertrauten gemeinschaftlichen Kindes unbillig wäre. Nach § 1578b Abs. 2 Satz 1 BGB ist ein Anspruch auf nachehelichen Unterhalt zeitlich zu begrenzen, wenn ein zeitlich unbegrenzter Unterhaltsanspruch unbillig wäre. Die Kriterien für die Billigkeitsabwägung ergeben sich aus § 1578b Abs. 1 Satz 2 und 3 BGB. Danach ist bei der Billigkeitsabwägung vorrangig zu berücksichtigen, inwieweit durch die Ehe Nachteile im Hinblick auf die Möglichkeit eingetreten sind, für den eigenen Unterhalt zu sorgen. Solche Nachteile können sich vor allem aus der Dauer der Pflege oder Erziehung eines gemeinschaftlichen Kindes, aus der Gestaltung von Haushaltsführung oder Erwerbstätigkeit während der Ehe sowie aus der Dauer der Ehe ergeben.

[19] aa) Nach § 1578b Abs. 2 Satz 2 iVm Abs. 1 Satz 2 BGB ist somit vorrangig zu berücksichtigen, ob ehebedingte Nachteile eingetreten sind, die schon deswegen regelmäßig einer Begrenzung oder Befristung des nachehelichen Unterhalts entgegenstehen, weil der Unterhaltsberechtigte dann seinen eigenen angemessenen Unterhalt nicht selbst decken kann. Denn ein ehebedingter Nachteil ergibt sich in der Regel daraus, dass der unterhaltsberechtigte Ehegatte nachehelich nicht die Einkünfte erzielt, die er ohne die Ehe und Kinderbetreuung erzielen würde. § 1578 Abs. 1 Satz 1 BGB sieht deswegen eine Herabsetzung des nachehelichen Unterhalts auch lediglich bis auf den angemessenen Lebensbedarf vor, der nach der Rechtsprechung des Senats durch die eigene Lebensstellung ohne Ehe und Kindererziehung definiert ist (Senatsurteil vom 17. Februar 2010 – XII ZR 140/08 – FamRZ 2010, 629 Rn. 28 ff.).

[20] Weil dem Unterhaltsberechtigten regelmäßig der angemessene Lebensbedarf nach den ohne Ehe und Kindererziehung erzielbaren Einkünften zu belassen ist, sind ihm ehebedingte Nachteile grundsätzlich auszugleichen. Eine Befristung des nachehelichen Unterhalts nach § 1578b Abs. 2 BGB kommt deswegen regelmäßig nur dann in Betracht, wenn der Unterhaltsberechtigte Einkünfte erzielt, die diesem angemessenen Lebensbedarf entsprechen, wenn also keine ehebedingten Nachteile (mehr) vorliegen.

[21] bb) Ob eine Herabsetzung des Unterhaltsbedarfs nach den ehelichen Lebensverhältnissen (§ 1578 Abs. 1 Satz 1 BGB) auf den angemessenen Lebensbedarf (§ 1578b Abs. 1 Satz 1 BGB) in Betracht kommt, ist gemäß § 1578b BGB im Wege einer umfassenden Billigkeitsabwägung zu bestimmen, die dem Tatrichter obliegt (Senatsurteil vom 11. August 2010 – XII ZR 102/09 – FamRZ 2010, 1637 Rn. 47). Entsprechend hat der Senat bereits wiederholt entschieden, dass sich § 1578b BGB nicht auf die Kompensation ehebedingter Nachteile beschränkt, sondern auch eine darüber hinausgehende nacheheliche Solidarität berücksichtigt (Senatsurteil vom 17. Februar 2010 – XII ZR 140/08 – FamRZ 2010, 629 Rn. 25 mwN). Auch im Rahmen der insoweit gebotenen Billigkeitsprüfung sind nach § 1578b Abs. 1 Satz 3 BGB neben weiteren relevanten Umständen im Einzelfall die Dauer der Pflege oder Erziehung eines gemeinschaftlichen Kindes, die Gestaltung von Haushaltsführung und Erwerbstätigkeit während der Ehe sowie die Dauer der Ehe zu berücksichtigen. Dabei ist die Dauer der Ehe allein kein entscheidendes Kriterium, wenn beide Ehegatten während der Ehe vollschichtig berufstätig waren und die Einkommensdifferenz lediglich auf ein unterschiedliches Qualifikationsniveau zurückzuführen ist, das bereits zu Beginn der Ehe vorlag (vgl. Senatsurteil vom 26. September 2007 – XII ZR 11/05 – FamRZ 2007, 2049 Rn. 20 ff.). Die Ehedauer gewinnt aber durch eine wirtschaftliche Verflechtung an Gewicht, die insbesondere durch Aufgabe einer eigenen Erwerbstätigkeit wegen der Betreuung gemeinsamer Kinder oder der Haushaltsführung eintritt. Dieser Gesichtspunkt kann in Fällen, in denen keine ehebedingten Nachteile vorliegen, aus Billigkeitsgründen gegen eine Herabsetzung oder zeitliche Begrenzung des nachehelichen Unterhalts auf den eigenen angemessenen Lebensbedarf sprechen (vgl. Senatsurteil vom 11. August 2010 – XII ZR 102/09 – FamRZ 2010, 1637 Rn. 48).

(Nacheheliche Solidarität)

b [29] c) Nicht hinreichend berücksichtigt hat das Berufungsgericht allerdings, dass § 1578b BGB nicht auf die Kompensation ehebedingter Nachteile beschränkt ist, sondern auch eine darüber hinausgehende nacheheliche Solidarität erfasst, die einer vollständigen Herabsetzung des Lebensniveaus des Unterhaltsberechtigten auf den eigenen angemessenen Lebensbedarf aus Billigkeitsgründen entgegenstehen kann.

[30] aa) Die Feststellung aller für die Billigkeitsentscheidung nach § 1578b BGB in Betracht kommenden Gesichtspunkte und die Billigkeitsabwägung selbst ist Aufgabe des Tatrichters. Sie kann vom Revisionsgericht nur darauf hin überprüft werden, ob dieser wesentliche Umstände unberücksichtigt gelassen oder Beweisregeln verkannt hat. Der revisionsrechtlichen Überprüfung unterliegt insbesondere, ob der Tatrichter sich mit dem Prozessstoff und den Beweisergebnissen umfassend und widerspruchsfrei auseinandergesetzt hat, seine Würdigung also vollständig und rechtlich möglich ist und nicht gegen Denkgesetze oder Erfahrungssätze verstößt. Das setzt voraus, dass in dem Urteil die wesentlichen Gründe aufgeführt sind, die für die richterliche Überzeugungsbildung leitend waren (Senatsurteil vom 11. August 2010 – XII ZR 102/09 – FamRZ 2010, 1637 Rn. 42).

[31] Die angefochtene Entscheidung trägt dem nicht hinreichend Rechnung, weil sie nicht alle wesentlichen Umstände berücksichtigt und teilweise auf Umständen beruht, die eine Befristung des nachehelichen Unterhalts nicht zu begründen vermögen.

[32] bb) Die Parteien hatten im November 1980 geheiratet und waren bis zur Zustellung des Scheidungsantrags im November 2003, also 23 Jahre, verheiratet. Soweit das Berufungsgericht darauf abstellt, dass es bereits 1998 in der Ehe der Partei „gekriselt" habe und der Antragsgegner mit Kenntnis der Antragstellerin im Jahre 2000 ein außereheliches Verhältnis aufgenommen habe, steht dies dem Vertrauen in den Bestand der Ehe nicht entgegen. Nach ständiger Rechtsprechung des Senats ist bei der Bemessung der Ehedauer auf die Zeit von der Eheschließung bis zur Zustellung des Scheidungsantrags abzustellen (Senatsurteile vom 17. Februar 2010 – XII ZR 140/08 – FamRZ 2010, 629 Rn. 36 und BGHZ 179, 43 = FamRZ 2009, 406 Rn. 35). Dies hat das Berufungsgericht verkannt.

[33] Wie der Senat bereits ausgeführt hat, gewinnt die Ehedauer durch eine wirtschaftliche Verflechtung an Gewicht, die insbesondere durch Aufgabe einer eigenen Erwerbstätigkeit wegen der Betreuung gemeinsamer Kinder oder der Haushaltsführung eintritt. Dieser Gesichtspunkt kann in Fällen, in denen – wie hier – keine ehebedingten Nachteile vorliegen, aus Billigkeitsgründen gegen eine Herabsetzung oder zeitliche Begrenzung des nachehelichen Unterhalts auf den eigenen angemessenen Lebensbedarf sprechen (vgl. Senatsurteil vom 11. August 2010 – XII ZR 102/09 – FamRZ 2010, 1637 Rn. 48). Entsprechend erlangt die Ehedauer hier ein besonderes Gewicht, weil die Antrag-

stellerin den gemeinsamen Sohn überwiegend allein erzogen und den Haushalt der Ehegatten geführt hat. Denn sie hat wegen der Kindererziehung für rund fünfeinhalb Jahre auf ihre Erwerbstätigkeit als Motopädin verzichtet und wegen der Haushaltsführung während der gesamten Ehezeit nur mit deutlich reduzierter Stundenzahl gearbeitet.

[34] Hinzu kommt, dass die eigene angemessene Lebensstellung der Antragstellerin nur wenig über dem Mindestbedarf liegt, während der Antragsgegner im Rahmen seiner selbständigen Erwerbstätigkeit ein deutlich höheres Einkommen erzielt, das rechnerisch einen Unterhaltsanspruch nach den ehelichen Lebensverhältnissen in Höhe von 1272 EUR monatlich begründen würde. Auch die Altersversorgung der Antragstellerin ist, wenngleich sie für die Ehezeit vollständig zwischen den Parteien ausgeglichen wurde, nur sehr begrenzt. In der langen Ehe hat sie lediglich eigene gesetzliche Rentenanwartschaften in Höhe von rund 160 EUR erworben, die durch den Versorgungsausgleich um gut 50 EUR aufgestockt worden sind. Auch unter Berücksichtigung der weiteren vorehelich erworbenen Anwartschaften und des im Zugewinnausgleich erhaltenen Vermögens von gut 30 000 EUR, von dem nach der Einschätzung des Berufungsgerichts nur rund 23 000 EUR verblieben sind, ergibt sich keine ausreichende Grundlage für eine dauerhafte Altersvorsorge. Die Antragstellerin ist deswegen darauf angewiesen, bis zum Rentenbeginn noch eine adäquate weitere Altersvorsorge aufzubauen.

BGH v. 20.10.2010 – XII ZR 53/09 – FamRZ 2010, 2059 = NJW 2010, 3653

(Herabsetzung und Befristung des nachehelichen Unterhalts)

[21] a) Ein Anspruch auf nachehelichen Unterhalt ist nach § 1578b Abs. 1 Satz 1 BGB auf den angemessenen Lebensbedarf herabzusetzen, wenn eine an den ehelichen Lebensverhältnissen orientierte Bemessung des Unterhaltsanspruchs auch unter Wahrung der Belange eines dem Berechtigten zur Pflege oder Erziehung anvertrauten gemeinschaftlichen Kindes unbillig wäre. Nach § 1578b Abs. 2 Satz 1 BGB ist ein Anspruch auf nachehelichen Unterhalt zeitlich zu begrenzen, wenn ein zeitlich unbegrenzter Unterhaltsanspruch unbillig wäre. Die Kriterien für die Billigkeitsabwägung ergeben sich aus § 1578b Abs. 1 Satz 2 und 3 BGB. Danach ist bei der Billigkeitsabwägung vorrangig zu berücksichtigen, inwieweit durch die Ehe Nachteile im Hinblick auf die Möglichkeit eingetreten sind, für den eigenen Unterhalt zu sorgen. Solche Nachteile können sich vor allem aus der Dauer der Pflege oder Erziehung eines gemeinschaftlichen Kindes, aus der Gestaltung von Haushaltsführung oder Erwerbstätigkeit während der Ehe sowie aus der Ehe ergeben.

(Angemessener Lebensbedarf als regelmäßige Grenze der Herabsetzung)

[22] aa) Der Maßstab des angemessenen Lebensbedarfs, der nach § 1578b Abs. 1 BGB die Grenze für die Herabsetzung des nachehelichen Unterhalts bildet, bemisst sich dabei nach dem Einkommen, das der unterhaltsberechtigte Ehegatte ohne die Ehe und Kindererziehung aus eigenen Einkünften zur Verfügung hätte. Erzielt der Unterhaltsberechtigte eigene Einkünfte, die diesen angemessenen Unterhaltsbedarf erreichen, oder könnte er solche Einkünfte erzielen, kann dies im Rahmen der Billigkeitsabwägung nach einer Übergangszeit, in der er sich nach gescheiterter Ehe von den ehelichen Lebensverhältnissen auf den Lebensbedarf nach den eigenen Einkünften umstellen kann, zum vollständigen Wegfall des nachehelichen Unterhalts in Form einer Befristung führen (Senatsurteil vom 14. Oktober 2009 – XII ZR 146/08 – FamRZ 2009, 1990 Rn. 14 f.). Erzielt der Unterhaltsberechtigte nach einer ehebedingten Einschränkung seiner Erwerbstätigkeit hingegen lediglich Einkünfte, die den eigenen angemessenen Unterhaltsbedarf nach § 1578b nicht erreichen, scheidet eine Befristung des Unterhaltsanspruchs regelmäßig aus. Auch dann kann der Unterhalt nach einer Übergangszeit aber bis auf den ehebedingten Nachteil herabgesetzt werden, der sich aus der Differenz des angemessenen Unterhaltsbedarfs mit dem erzielten oder erzielbaren eigenen Einkommen ergibt (Senatsurteil vom 14. Oktober 2009 – XII ZR 146/08 – FamRZ 2009, 1990 Rn. 16), was freilich voraussetzt, dass der eheangemessene Bedarf den angemessenen Lebensbedarf übersteigt.

[23] Um den ehebedingten Nachteil der Höhe nach bemessen zu können, muss der Tatrichter Feststellungen zum angemessenen Lebensbedarf des Unterhaltsberechtigten im Sinne des § 1578b Abs. 1 Satz 1 BGB und zum Einkommen treffen, das der Unterhaltsberechtigte tatsächlich erzielt bzw. gemäß §§ 1574, 1577 BGB erzielen könnte. Die Differenz aus den beiden Positionen ergibt den ehebedingten Nachteil.

(Darlegung ehebedingter Nachteile)

c   [24] bb) Der Umstand, dass der Unterhaltsberechtigte eine vollschichtige Tätigkeit in seinem erlernten Beruf ausübt, ist ein Indiz gegen fortdauernde ehebedingte Nachteile (vgl. Senatsurteil vom 16. April 2008 – XII ZR 107/06 -FamRZ 2008, 1325 Rn. 41). Hat der Unterhaltsschuldner, der die Darlegungs und Beweislast hinsichtlich der für eine Begrenzung sprechenden Tatsachen trägt, eine solche Beschäftigung behauptet, trifft daher den Unterhaltsberechtigten die so genannte sekundäre Darlegungslast. Er muss die Behauptung, es seien keine ehebedingten Nachteile entstanden, substantiiert bestreiten und seinerseits darlegen, welche konkreten ehebedingten Nachteile entstanden sein sollen (Senatsurteil vom 24. März 2010 – XII ZR 175/08 – FamRZ 2010, 875 Rn. 23). Erst wenn das Vorbringen des Unterhaltsberechtigten diesen Anforderungen genügt, müssen die vorgetragenen ehebedingten Nachteile vom Unterhaltspflichtigen widerlegt werden (Senatsurteil vom 24. März 2010 – XII ZR 175/08 – FamRZ 2010, 875 Rn. 23).

[25] cc) Die Feststellung aller für die Billigkeitsentscheidung nach § 1578b BGB in Betracht kommenden Gesichtspunkte ist – ebenso wie die entsprechende Billigkeitsabwägung – Aufgabe des Tatrichters. Sie kann vom Revisionsgericht nur daraufhin überprüft werden, ob dieser wesentliche Umstände unberücksichtigt gelassen oder Beweisregeln verkannt hat. Der revisionsrechtlichen Überprüfung unterliegt insbesondere, ob der Tatrichter sich mit dem Prozessstoff und den Beweisergebnissen umfassend und widerspruchsfrei auseinandergesetzt hat, seine Würdigung also vollständig und rechtlich möglich ist und nicht gegen Denkgesetze oder Erfahrungsgesetze verstößt (Senatsurteil vom 11. August 2010 – XII ZR 102/09 – juris Rn. 42 u. 47).

[26] b) Diesen Maßstäben wird das Berufungsurteil nicht gerecht.

[31] (2) Ferner hat das Berufungsgericht einen ehebedingten Nachteil darin gesehen, dass der berufliche Werdegang der Beklagten anders verlaufen wäre, wenn sie ihre Berufstätigkeit nicht über mehrere Jahrzehnte unterbrochen hätte. Zwar erscheint es vor dem Hintergrund der vom Berufungsgericht vorgenommenen Würdigung der Persönlichkeit und des Lebenslaufs der Beklagten durchaus möglich, dass die Beklagte heute ein – über ihren tatsächlich erzielten Lohn hinausgehendes – Einkommen bezöge, wenn sie keine Berufspause eingelegt hätte. Jedoch sind die Feststellungen des Berufungsgerichts zur Bemessung des ehebedingten Nachteils nicht hinreichend konkret, obgleich die Beklagte – wie die Revisionserwiderung zu Recht geltend gemacht hat – zu ihren möglichen Aufstiegschancen und der damit einhergehenden Bezahlung unter Vorlage entsprechender Entgelttabellen im Einzelnen vorgetragen hat.

[32] Dem Berufungsgericht ist zwar dahin Recht zu geben, dass bei einer Fallgestaltung wie der vorliegenden Art keine überspannten Anforderungen an die Darlegungslast des Unterhaltsberechtigten gestellt werden dürfen. Deshalb kann der Unterhaltsberechtigte im Einzelfall seiner – sekundären – Darlegungslast genügen, wenn er vorträgt, dass in dem von ihm erlernten Beruf Gehaltssteigerungen in einer bestimmten Höhe mit zunehmender Berufserfahrung bzw. Betriebszugehörigkeit üblich sind.

[33] Anders verhält es sich indes bei einem behaupteten beruflichen Aufstieg. Hier muss der Unterhaltsberechtigte darlegen, aufgrund welcher Umstände (wie etwa Fortbildungsbereitschaft, bestimmte Befähigungen, Neigungen Talente etc.) er eine entsprechende Karriere gemacht hätte. Im Übrigen hat der Senat bereits ausgeführt, dass bei feststehenden Nachteilen eine exakte Feststellung zum hypothetisch erzielbaren Einkommen des Unterhaltsberechtigten nicht notwendig ist; die Tatsachengerichte können sich vielmehr insoweit bei geeigneter Grundlage einer Schätzung entsprechend § 287 ZPO bedienen. Für die Billigkeitsbetrachtung wird es dann in der Regel genügen, wenn das ungefähre Ausmaß der Einbuße feststeht (Senatsurteil vom 4. August 2010 – XII ZR 7/09 – FamRZ 2010, 1633 Rn. 39). Dies entbindet das Gericht indes nicht davon, in seiner Entscheidung die tatsächlichen Grundlagen seiner Schätzung und ihre Auswertung in objektiv nachprüfbarer Weise anzugeben (BGHZ 6, 62, 63; Senatsurteil vom 26. März 2003 – XII ZR 167/01 – NJW-RR 2003, 873, 874; Laumen in Prütting/Gehrlein ZPO § 287 Rn. 21).

BGH v. 12.1.2011 – XII ZR 83/08 – FamRZ 2011, 454 = NJW 2011, 670

R721   *(Unterhaltsbedarf nach § 1578 Abs. 1 Satz 1 BGB bei Einkünften des Unterhaltspflichtigen aus Rente und Erwerbstätigkeit)*

a   [14] 2. Den Unterhaltsbedarf nach § 1578 Abs. 1 Satz 1 BGB hat das Berufungsgericht im Ausgangspunkt zutreffend ausgehend von den beiderseits erzielten Einkünften und zusätzlich (ab Januar

2006) aufgrund des von der Klägerin erzielbaren Einkommens bemessen. Das ist hinsichtlich der Rente des Beklagten nicht zu beanstanden, wohl aber hinsichtlich seines berücksichtigungsfähigen Erwerbseinkommens.

[15] a) Die ungeschmälerte Berücksichtigung sowohl des Erwerbseinkommens als auch des Renteneinkommens ab Januar 2005 ist nicht rechtens. Die vollständige Heranziehung des vom Beklagten erzielten Erwerbseinkommens beachtet nicht hinreichend, dass dieses nach dem Erreichen der Regelaltersgrenze auf überobligatorischer Tätigkeit beruht.

[16] aa) Allerdings hat das Berufungsgericht im Ausgangspunkt das vom Beklagten erzielte Erwerbseinkommen dem Grunde nach zu Recht berücksichtigt, obgleich es – wovon das Berufungsgericht zutreffend ausgeht – auf überobligatorischer Tätigkeit des Beklagten beruht.

(Überobligatorische Erwerbstätigkeit des Unterhaltspflichtigen ab Rentenbeginn)

[17] (1) Auf Seiten des Unterhaltspflichtigen fehlt es an einer § 1577 Abs. 2 Satz 2 BGB entsprechenden gesetzlichen Regelung, ob und inwiefern ein aus überobligatorischer (unzumutbarer) Erwerbstätigkeit erzieltes Einkommen für den Unterhalt einzusetzen ist. Es entspricht hingegen allgemeiner Auffassung, dass auf das Unterhaltsverhältnis als gesetzliches Schuldverhältnis die Grundsätze von Treu und Glauben (§ 242 BGB) Anwendung finden und daran die Heranziehung des vom Unterhaltspflichtigen aus überobligatorischer Tätigkeit erzielten Einkommens zu messen ist. Erweist sich demnach eine Einkommenskorrektur nach Billigkeitskriterien als geboten, so ist diese – entsprechend der Betrachtungsweise für den Unterhaltsberechtigten (Senatsurteile BGHZ 162, 384, 393 ff. = FamRZ 2005, 1154, 1157; BGHZ 166, 351, 355 f. = FamRZ 2006, 683, 684 und vom 14. März 2007 – XII ZR 158/04 – FamRZ 2007, 882, 887) – bereits bei der Bemessung des Unterhaltsbedarfs nach § 1578 Abs. 1 Satz 1 BGB vorzunehmen, wenn dieser wie im vorliegenden Fall als Quote aufgrund des beiderseitigen Einkommens der Ehegatten ermittelt wird (Senatsurteile vom 29. November 2000 – XII ZR 212/98 – FamRZ 2001, 350, 352 und vom 19. Mai 1982 – IVb ZR 702/80 – FamRZ 1982, 779, 780). b

[18] Die vom Beklagten nach Erreichen der Regelaltersgrenze gemäß den auf ihn noch anwendbaren Vorschriften der §§ 35 SGB VI aF, 41 Abs. 1 BBG aF fortgesetzte gewerbliche Tätigkeit als Apotheker ist im Hinblick auf den Ehegattenunterhalt überobligatorisch. Denn der Beklagte ist aufgrund seines Alters nicht mehr zur Fortsetzung der Erwerbstätigkeit verpflichtet und wäre demzufolge nicht daran gehindert, die Tätigkeit einzustellen.

[19] Es entspricht der ständigen Rechtsprechung des Senats, dass beim Unterhaltsberechtigten die Erwerbsobliegenheit mit Erreichen der Regelaltersgrenze nach § 35 SGB VI, § 41 Abs. 1 BBG aF (nunmehr § 51 BBG; vgl. auch § 25 BeamtStG) endet. Die zeitliche Begrenztheit der Erwerbsobliegenheit folgt bereits daraus, dass das Gesetz mit § 1571 BGB einen Unterhaltsanspruch wegen Alters anerkennt. Auch wenn in § 1571 BGB eine konkrete Altersgrenze nicht genannt ist, kann nach dem Erreichen der Regelaltersgrenze die Ausübung einer Erwerbstätigkeit grundsätzlich nicht mehr erwartet werden (vgl. Senatsurteile vom 3. Februar 1999 – XII ZR 146/97 – FamRZ 1999, 708 und BGHZ 166, 351, 355 f. = FamRZ 2006, 683, 684). Dem entsprechen auch sozialgesetzliche Regelungen, die ab dieser Altersgrenze eine generelle Bedürftigkeit anerkennen (§ 41 SGB XII; vgl. §§ 7 Abs. 1 Satz 1 Nr. 1, 7a SGB II). Die Festlegung der Altersgrenze beruht zum einen auf der allgemeinen Lebenserfahrung, dass die meisten Menschen, die die Altersgrenze überschritten haben, nicht mehr voll arbeitsfähig sind, weil ihre körperlichen und geistigen Kräfte nachlassen (vgl. RGZ 104, 58, 62 f.; Staudinger/Engler/Kaiser BGB [2000] § 1603 Rn. 171). Daneben fließen in die Festlegung der Altersgrenze aber auch weitere Gesichtspunkte ein, die nicht unmittelbar mit der körperlichen und geistigen Leistungsfähigkeit zusammenhängen. So beruht die zuletzt erfolgte Anhebung der Regelaltersgrenze durch das RV-Altersgrenzenanpassungsgesetz vom 20. April 2007 (BGBl. I S. 554) und das Dienstrechtsneuordnungsgesetz vom 5. Februar 2009 (BGBl. I S. 160) im Wesentlichen auf dem volkswirtschaftlichen Problem der durch den demografischen Wandel und die gestiegene durchschnittliche Rentenbezugsdauer gefährdeten Finanzierung der Altersversorgungssysteme. Diese haben die Aufmerksamkeit des Gesetzgebers auf die Erfahrung und das Wissen älterer Arbeitnehmer gelenkt und ihm dazu Anlass gegeben, die Festlegung der Regelaltersgrenze als Steuerungsinstrument zur Begrenzung der Renten- und Pensionslasten zu gebrauchen (vgl. BT-Drucks. 16/4583 S. 2, 20 ff. zum RV-Altersgrenzenanpassungsgesetz und BR-Drucks. 720/07 S. 171, 180 f. zum Dienstrechtsneuordnungsgesetz).

[20] Durch die aufgeführten gesetzlichen Bestimmungen legt die Rechtsordnung den Rahmen für die Erwerbsbiografie des Einzelnen fest. Solange die gesetzlichen Regelungen dabei nicht offensichtlich

auf berufsbezogenen Besonderheiten beruhen (vgl. etwa Senatsurteil vom 15. Oktober 2003 – XII ZR 65/01 – FamRZ 2004, 254: Strahlflugzeugführer) oder ansonsten von der wirklichen Erwerbsfähigkeit des Einzelnen abweichen (vgl. Senatsurteil vom 3. Februar 1999 – XII ZR 146/97 – FamRZ 1999, 708, 710: Vorgezogene Altersrente für Frauen), können sie als Maßstab auch für das Unterhaltsrecht herangezogen werden.

[21] Der Maßstab der gesetzlichen Regelaltersgrenze gilt nicht nur für den Unterhaltsberechtigten, sondern auch für den Unterhaltspflichtigen. Eine § 1603 Abs. 2 BGB vergleichbare gesteigerte Unterhaltspflicht sieht das Gesetz für den zum Ehegattenunterhalt Verpflichteten nicht vor. Die auf der nachehelichen Solidarität beruhende Erwerbsobliegenheit des Unterhaltspflichtigen kann vielmehr nicht weiter reichen als die Eigenverantwortung des Unterhaltsberechtigten, so dass sich die nach § 1571 BGB für den Unterhaltsberechtigten und nach § 242 BGB für den Unterhaltspflichtigen anzuwendenden Maßstäbe betreffend die zeitlichen Grenzen der Erwerbsobliegenheit entsprechen.

[22] (2) Grundsätzlich macht es zudem keinen Unterschied, ob der Unterhaltspflichtige in einem abhängigen Arbeits- oder Dienstverhältnis steht oder ob er gewerblich oder freiberuflich tätig ist (Wendl/Dose Das Unterhaltsrecht in der familienrichterlichen Praxis 7. Aufl. § 1 Rn. 447; Luthin/Koch/Margraf Handbuch des Unterhaltsrechts 11. Aufl. Rn. 1036; Staudinger/Engler/Kaiser BGB [2000] § 1603 Rn. 172). Denn das Ausmaß der unterhaltsrechtlichen Obliegenheiten kann nicht davon abhängen, in welcher konkreten Form die Berufstätigkeit im Einzelfall ausgeübt wird. Demnach kann es für die Beurteilung des vorliegenden Falls insbesondere nicht ausschlaggebend sein, ob der Beklagte innerhalb seines Berufsfelds als Apotheker angestellt oder selbständig tätig ist. Für die Abgrenzung der zumutbaren von der unzumutbaren (überobligatorischen) Erwerbstätigkeit kommt es nicht darauf an, ob die Erwerbstätigkeit im Rentenalter sich als berufstypisch darstellt oder von den Ehegatten während des Zusammenlebens geplant war. Ob eine nach Überschreiten der Altersgrenze fortgesetzte Erwerbstätigkeit berufstypisch ist und der Lebensplanung der Ehegatten während des Zusammenlebens entspricht, findet erst Eingang bei der gesondert zu beantwortenden Frage, in welchem konkreten Umfang das aus überobligatorischer Erwerbstätigkeit erzielte Einkommen nach Billigkeitskriterien für den Unterhalt einzusetzen ist.

(Behandlung des Einkommens aus überobligatorischer Tätigkeit)

c [23] (3) Aus der grundsätzlichen Überobligationsmäßigkeit (Unzumutbarkeit) der Erwerbstätigkeit folgt noch nicht, dass das daraus erzielte Einkommen für die Unterhaltsbemessung außer Betracht zu lassen ist. In welchem Umfang das Einkommen aus überobligatorischer Tätigkeit für den Unterhalt heranzuziehen ist, ist vielmehr nach den Grundsätzen von Treu und Glauben aufgrund der konkreten Umstände des Einzelfalls zu beurteilen. Dabei können als Einzelfallumstände vor allem das Alter und die mit der fortgesetzten Erwerbstätigkeit zunehmende körperliche und geistige Belastung, ergänzend auch die ursprüngliche Planung der Eheleute und die beiderseitigen wirtschaftlichen Verhältnisse herangezogen werden. Würde der Unterhalt etwa durch eine unzureichende Altersvorsorge des Unterhaltspflichtigen deutlich mehr geschmälert, als es bei dessen Eintritt in den Ruhestand üblicherweise der Fall wäre, kann dies für eine erweiterte Heranziehung des Erwerbseinkommens sprechen (vgl. auch Senatsurteil vom 23. November 2005 – XII ZR 51/03 – FamRZ 2006, 387). Ist hingegen im Rahmen des Versorgungsausgleichs dem Unterhaltsberechtigten bereits ein beträchtlicher Teil der Versorgungsanwartschaften des Unterhaltspflichtigen übertragen worden, kann dies – ebenso wie die Aufteilung sonstigen für die Altersvorsorge gedachten Vermögens im Wege des Zugewinnausgleichs – für eine nur eingeschränkte Anrechnung sprechen, wenn etwa die Fortsetzung der Erwerbstätigkeit vorwiegend dem Zweck dient, die beim Unterhaltspflichtigen entstandene Versorgungslücke durch besondere Erwerbsanstrengungen wieder aufzufüllen. Im Einzelfall kann – etwa bei fortgeschrittenem Alter des Unterhaltspflichtigen – eine Anrechnung auch gänzlich ausscheiden (vgl. Senatsurteil BGHZ 153, 372, 381 = FamRZ 2003, 848, 851).

[24] Erforderlich ist demnach – vergleichbar mit § 1577 Abs. 2 Satz 2 BGB – eine umfassende Würdigung der Einzelfallumstände, die der Überobligationsmäßigkeit der Tätigkeit angemessen Rechnung trägt. Nicht zulässig ist es indessen, aus der in bestimmten Berufen bestehenden Üblichkeit einer Fortsetzung der Tätigkeit über die gesetzliche Regelaltersgrenze hinaus zu folgern, dass das Einkommen stets oder auch nur im Zweifel vollständig anzurechnen sei (so aber OLG Hamburg FamRZ 1985, 394, 396; Palandt/Brudermüller BGB 71. Aufl. § 1581 Rn. 10 im Anschluss an das Berufungsurteil; kritisch dagegen mit Recht Roessink FamRB 2008, 296, 297). Denn dadurch würde die Überobligationsmäßigkeit der Erwerbstätigkeit vollständig vernachlässigt und das Einkommen im Ergebnis in unzulässiger Weise einem solchen aus einer rechtlich gebotenen Tätigkeit gleichgestellt.

[25] Die Abwägung aller für die Billigkeitsentscheidung in Betracht kommenden Gesichtspunkte ist Aufgabe des Tatrichters. Sie kann vom Revisionsgericht nur daraufhin überprüft werden, ob dieser die im Rahmen der Billigkeitsprüfung maßgebenden Rechtsbegriffe verkannt oder für die Einordnung unter diese Begriffe wesentliche Umstände unberücksichtigt gelassen hat. Der revisionsrechtlichen Überprüfung unterliegt insbesondere, ob der Tatrichter sich mit dem Prozessstoff und den Beweisergebnissen umfassend und widerspruchsfrei auseinandergesetzt hat, seine Würdigung also vollständig und rechtlich möglich ist und nicht gegen Denkgesetze oder Erfahrungssätze verstößt (Senatsurteile vom 14. Oktober 2009 – XII ZR 146/08 – FamRZ 2009, 1990 Rn. 19 und vom 14. April 2010 – XII ZR 89/08 – FamRZ 2010, 869 Rn. 48).

(Haftungsanteile der Eltern beim Unterhalt privilegierter Volljähriger)

[32] c) Bei der Berechnung des Ehegattenunterhalts hat das Berufungsgericht den Kindesunterhalt **d** vorweg abgezogen und hierbei bis 2007 auf den jeweiligen sogenannten Tabellenbetrag abgestellt, ab dem 1. Januar 2008 auf den Zahlbetrag. Das stimmt mit der Rechtsprechung des Senats überein (vgl. Senatsurteile vom 27. Mai 2009 – XII ZR 78/08 – FamRZ 2009, 1300 und vom 14. April 2010 – XII ZR 89/08 – FamRZ 2010, 869 Rn. 27 mwN).

[33] Den ab der Volljährigkeit des Klägers zu leistenden Unterhalt hat das Berufungsgericht aufgrund des beiderseitigen Einkommens bemessen. Hierbei hat es die Haftungsanteile der Eltern aufgrund des jeweiligen verteilungsfähigen Einkommens berechnet und den Ehegattenunterhalt unberücksichtigt gelassen. Das jeweilige verteilungsfähige Einkommen hat es durch Abzug des notwendigen Selbstbehalts (nach den Leitlinien des Berufungsgerichts bis 2007820 EUR) errechnet und dies damit begründet, dass der Kläger noch die allgemeinbildende Schule besuche. Das Berufungsgericht ist auf diese Weise zu einer vorübergehenden monatlichen Beteiligung der Klägerin am Kindesunterhalt in Höhe von monatlich 10 EUR gelangt und hat diese erst nach Anhebung des notwendigen Selbstbehalts auf monatlich 900 EUR seit Januar 2008 entfallen lassen. Dieser Berechnungsweise kann für den Zeitraum vom 27. September 2007 (Eintritt der Volljährigkeit) bis Dezember 2007 (Erhöhung des notwendigen Selbstbehalts nach den Leitlinien des Berufungsgerichts) nicht gefolgt werden.

[34] aa) Nach § 1606 Abs. 3 Satz 1 BGB haften mehrere gleich nahe Verwandte anteilig nach ihren Erwerbs- und Vermögensverhältnissen, was auch für sogenannte privilegierte Volljährige nach § 1603 Abs. 2 Satz 2 BGB (achtzehn- bis zwanzigjährige Schüler allgemeinbildender Schulen, die bei einem Elternteil wohnen) gilt (Senatsurteil vom 31. Oktober 2007 – XII ZR 112/05 – FamRZ 2008, 137 Rn. 19, 43; a.A. Johannsen/Henrich/Graba Familienrecht 5. Aufl. § 1606 Rn. 9). Die Haftungsanteile werden von der Unterhaltspraxis in Durchschnittsfällen als Quote anhand des verteilungsfähigen Einkommens berechnet, welches dem oberhalb des dem Unterhaltspflichtigen zu belassenden Selbstbehalts (Sockelbetrag) verfügbaren Einkommen entspricht.

[35] Die Frage, ob beim Unterhalt von sogenannten privilegierten Volljährigen im Sinne von § 1603 Abs. 2 Satz 2 BGB vom angemessenen oder notwendigen Selbstbehalt als Sockelbetrag auszugehen ist, ist allerdings umstritten (vgl. etwa Schwab/Borth Handbuch des Scheidungsrechts 6. Aufl. V Rn. 176 ff. mwN; Wohlgemuth in Eschenbruch/Klinkhammer Der Unterhaltsprozess 5. Aufl. Kap. 3 Rn. 371, 384; FA-FamR/Gerhardt 7. Aufl. Kap. 6 Rn. 302; Wendl/Klinkhammer Das Unterhaltsrecht in der familienrichterlichen Praxis 7. Aufl. § 2 Rn. 468 ff., 295 ff. mwN). Der Senat hat vereinzelt auf den notwendigen Selbstbehalt abgestellt (Senatsurteil vom 17. Januar 2007 – XII ZR 166/04 – FamRZ 2007, 542 Rn. 31), während er in einem die Haftungsquoten beim Minderjährigenunterhalt betreffenden Fall auf den angemessenen Selbstbehalt abgehoben hat (Senatsurteil vom 26. November 2008 – XII ZR 65/07 – FamRZ 2009, 962 Rn. 32).

[36] Jedenfalls unter den Umständen des vorliegenden Falls muss auf den angemessenen Selbstbehalt abgestellt werden. Nach § 1603 Abs. 1 BGB ist nicht unterhaltspflichtig, wer bei Berücksichtigung seiner sonstigen Verpflichtungen außerstande ist, ohne Gefährdung seines angemessenen Unterhalts den Unterhalt zu gewähren. Daraus folgt, dass der in den Leitlinien der Oberlandesgerichte hierfür vorgesehene sogenannte angemessene Selbstbehalt grundsätzlich nicht angegriffen werden muss, um Unterhalt zahlen zu können. Etwas anderes gilt nach § 1603 Abs. 2 Satz 1 BGB, wenn Eltern nach dem Maßstab des § 1603 Abs. 1 BGB leistungsunfähig sind (Mangelfall). Nach § 1603 Abs. 2 Satz 3 BGB tritt diese Verpflichtung jedoch nicht ein, wenn ein anderer unterhaltspflichtiger Verwandter vorhanden ist, wovon der andere Elternteil nicht ausgenommen ist (Senatsurteil vom 7. November 1990 – XII ZR 123/89 – FamRZ 1991, 182, 183 mwN). Das bedeutet im Fall der Leistungsfähigkeit eines Elternteils, dass bei dem anderen Elternteil die Opfergrenze für den Unterhalt unverändert beim

angemessenen Selbstbehalt nach § 1603 Abs. 1 BGB verbleibt und eine weitergehende Unterhaltspflicht nicht besteht (vgl. Senatsurteil vom 31. Oktober 2007 – XII ZR 112/05 – FamRZ 2008, 137 Rn. 39; vgl. auch Götz in Schnitzler Münchener Anwaltshandbuch Familienrecht 3. Aufl. § 7 Rn. 131).

[37] Etwas anderes folgt auch nicht aus der grundsätzlich bestehenden gesteigerten Unterhaltspflicht beider Eltern. Denn diese greift nur im Mangelfall ein, der wiederum nur vorliegt, wenn auch der angemessene Selbstbehalt des anderen Elternteils nicht gewahrt ist. In diesem Sinne hat der Senat bereits für den zusätzlich zum Regelbedarf entstehenden Mehrbedarf wegen Kindergartenkosten entschieden (Senatsurteil vom 26. November 2008 – XII ZR 65/07 – FamRZ 2009, 962 Rn. 32). Die Lage ist mit dem vorliegenden Fall vergleichbar, weil es in beiden Fällen um die anteilige Haftung der Eltern nach § 1606 Abs. 3 BGB geht und im Mangelfall aufgrund von § 1603 Abs. 2 BGB vom notwendigen Selbstbehalt auszugehen ist. Der praktische Vorteil, dass ein Abstellen auf den notwendigen Selbstbehalt eine einstufige und damit einfachere Berechnung der Haftungsquoten ermöglicht, rechtfertigt es nicht, den angemessenen Selbstbehalt eines Elternteils entgegen den eindeutigen gesetzlichen Wertungen auch dann für den Unterhalt heranzuziehen, wenn kein Mangelfall vorliegt.

[38] Der Berechnungsweise des Berufungsgerichts kann demnach schon deswegen nicht gefolgt werden, weil es das verteilungsfähige Einkommen der beiden Elternteile durch Abzug des notwendigen Selbstbehalts ermittelt hat. Bei Heranziehung des angemessenen Selbstbehalts wäre die Klägerin nach der vom Berufungsgericht angewandten Berechnungsmethode nicht leistungsfähig.

(Wechselseitige Abhängigkeit des Volljährigenunterhalts und des Ehegattenunterhalts)

e [39] bb) Im Ergebnis nicht zu beanstanden ist es hingegen, dass das Berufungsgericht den Ehegattenunterhalt bei der Ermittlung des für die Quotierung heranzuziehenden Einkommens außer Acht gelassen hat. Zwar ist der Ehegattenunterhalt grundsätzlich berücksichtigungsfähiges Einkommen, das die Leistungsfähigkeit für den Kindesunterhalt erhöht (vgl. auch Gutdeutsch NJW 2009, 945), was insbesondere deutlich wird, wenn der Unterhaltsberechtigte gegenüber einem nicht gemeinschaftlichen Kind unterhaltspflichtig ist. Handelt es sich hingegen um ein gemeinschaftliches Kind, so sind die Ansprüche auf Ehegatten- und Kindesunterhalt der Höhe nach wechselseitig voneinander abhängig (kritisch dazu Gutdeutsch FamRZ 2009, 1022 mwN). Der Senat hat es für diese Fallgestaltung indessen gebilligt, wenn der Ehegattenunterhalt entsprechend der einvernehmlich geübten Praxis der Ehegatten so berechnet wird, dass nur der Ehegatte mit dem höheren Einkommen den Kindesunterhalt zahlt und sich der Ehegattenunterhalt dadurch entsprechend verringert (Senatsurteil vom 27. Mai 2009 – XII ZR 78/08 – FamRZ 2009, 1300 Rn. 44). Dem entspricht im Ergebnis auch die Handhabung des Berufungsgerichts.

(Möglichkeit einer Herabsetzung auch vor der Entscheidung zur Befristung)

f [43] Daraus, dass eine abschließende Entscheidung über die Folgen des § 1578b BGB noch nicht möglich ist, folgt aber nicht, dass eine Entscheidung darüber vollständig zurückgestellt werden darf. Vielmehr muss das Gericht insoweit entscheiden, als eine Entscheidung aufgrund der gegebenen Sachlage und der zuverlässig voraussehbaren Umstände möglich ist (vgl. Senatsurteil vom 14. April 2010 – XII ZR 89/08 – FamRZ 2010, 869 Rn. 38 ff.). Das gilt insbesondere für eine bereits mögliche Entscheidung über die Herabsetzung nach § 1578b Abs. 1 BGB (bzw. – für die Zeit bis 2007 – gemäß § 1578 Abs. 1 Satz 2 BGB aF). Die materielle Rechtskraft einer solchen Entscheidung und die mit ihr verbundenen Präklusionsfolgen gehen dann nur so weit, als die Entscheidung eine abschließende Beurteilung der gegenwärtigen Sachlage und der zuverlässig voraussehbaren Umstände enthält. Ein auf dieser Grundlage ergangenes Urteil schließt eine spätere Abänderung insbesondere dann nicht aus, wenn zunächst bestehende ehebedingte Nachteile später ganz oder teilweise entfallen sollten, wie es vom Berufungsgericht im vorliegenden Fall für möglich gehalten worden ist.

[44] b) Das Berufungsgericht ist vom Bestehen ehebedingter Nachteile ausgegangen, weil die Klägerin an das Einkommen einer Sekretärin, das sie als Angestellte des Beklagten in Höhe von 1306 EUR netto bezog, nicht mehr anknüpfen könne und nur noch ein solches von 900 EUR erzielen könne.

[45] Die dagegen gerichteten Angriffe der Revision, die sich auf die Höhe des erzielbaren Einkommens und den sich daraus ergebenden ehebedingten Nachteil beziehen, können im Zusammenhang mit § 1578b BGB nicht durchgreifen. Denn die diesbezüglichen Fragen sind – worauf die Revisionserwiderung zutreffend hinweist – bereits vorgreiflich im Rahmen der Bedürftigkeit beant-

wortet worden (Senatsurteile vom 27. Mai 2009 – XII ZR 78/08 – FamRZ 2009, 1300 Rn. 62 und vom 27. Januar 2010 – XII ZR 100/08 – FamRZ 2010, 538 Rn. 41). Auch für den Ausnahmefall einer Befristung trotz fortbestehender ehebedingter Nachteile ist nach den vom Berufungsgericht getroffenen Feststellungen kein Raum, so dass das Berufungsgericht eine Befristung nach § 1578b Abs. 2 BGB (§ 1573 Abs. 5 BGB aF) unter den gegebenen und zuverlässig voraussehbaren Umständen zutreffend verneint hat.

[46] Etwas anderes gilt hingegen für die Herabsetzung nach § 1578b Abs. 1 BGB (§ 1578 Abs. 1 Satz 2 BGB aF). Insoweit durfte das Berufungsgericht die Entscheidung nicht einem späteren Abänderungsverfahren überlassen. Dass der auf Seiten der Klägerin entstandene ehebedingte Erwerbsnachteil im späteren Verlauf wieder ausgeglichen oder verringert werden kann, ist kein Grund, von einer Herabsetzung des Unterhalts abzusehen. Vielmehr besteht darin sogar der Hauptanwendungsfall der Herabsetzung des Unterhalts nach § 1578b Abs. 1 BGB bis auf den angemessenen Lebensbedarf. Der angemessene Lebensbedarf des Unterhaltsberechtigten entspricht nach der Rechtsprechung des Senats dem Lebensstandard, den er ohne die Eheschließung und die mit der ehelichen Rollenverteilung verbundenen Erwerbsnachteile erreicht hätte (vgl. Senatsurteile vom 20. Oktober 2010 – XII ZR 53/09 – FamRZ 2010, 2059 Rn. 22 ff. mwN und vom 10. November 2010 – XII ZR 197/08 – Rn. 35 ff. zur Veröffentlichung bestimmt). Es wäre hingegen widersprüchlich, dem Unterhaltspflichtigen eine Entscheidung über die Herabsetzung zu versagen, nur weil sich die Sachlage noch zu seinen Gunsten verändern kann.

[47] Entgegen der Auffassung des Berufungsgerichts durfte von der Entscheidung über die Herabsetzung auch nicht deshalb abgesehen werden, weil der Zugewinnausgleich noch nicht durchgeführt ist. Auch wenn sich aus dem von der Klägerin geltend gemachten Zugewinnausgleich noch Verschiebungen hinsichtlich der beiderseitigen wirtschaftlichen Verhältnisse ergeben können, hindert dieser Umstand eine Entscheidung über die Herabsetzung nicht. Diese hat vielmehr bei Unklarheit über den Bestand und die Höhe einer Zugewinnausgleichsforderung von dem bestehenden Sachstand auszugehen und auf dieser Grundlage die erforderliche Billigkeitsabwägung anzustellen. Ergeben sich aus einer späteren Durchführung des Zugewinnausgleichs Änderungen der wesentlichen Verhältnisse, so wird eine Abänderung des Unterhaltsurteils durch die Erstentscheidung nicht ausgeschlossen.

BGH v. 16.2.2011 – XII ZR 108/09 – FamRZ 2011, 628 = NJW 2011, 1066

(Ehebedingter Nachteil durch nicht einvernehmliche Aufgabe der Erwerbstätigkeit) R723

[17] a) Der Unterhalt ist vom Familiengericht zu befristen, wenn ein zeitlich unbegrenzter Unterhaltsanspruch auch unter Wahrung der Belange eines dem Berechtigten zur Pflege oder Erziehung anvertrauten gemeinschaftlichen Kindes unbillig wäre. Dabei ist insbesondere zu berücksichtigen, inwieweit durch die Ehe Nachteile im Hinblick auf die Möglichkeit eingetreten sind, für den eigenen Unterhalt zu sorgen. Solche Nachteile können sich vor allem aus der Dauer der Pflege oder Erziehung eines gemeinschaftlichen Kindes, aus der Gestaltung von Haushaltsführung und Erwerbstätigkeit während der Ehe sowie aus der Dauer der Ehe ergeben (§ 1578b Abs. 2 Satz 2, Abs. 1 BGB).

[18] aa) Ehebedingte Nachteile sind vor allem Erwerbsnachteile, die durch die von den Ehegatten praktizierte Rollenverteilung während der Ehe entstanden sind. Dazu genügt es, wenn ein Ehegatte sich entschließt, seinen Arbeitsplatz aufzugeben, um die Haushaltsführung und Kinderbetreuung zu übernehmen. Ab welchem Zeitpunkt die Rollenverteilung praktiziert wird, ist nicht von Bedeutung. Es kommt insbesondere nicht darauf an, ob die Ehegatten die Rollenverteilung zu Beginn der Ehe, bei Geburt eines Kindes oder erst später planten oder praktizierten. Einem ehebedingten Nachteil steht demnach nicht entgegen, dass die Antragsgegnerin den Entschluss zur Aufgabe ihres Arbeitsplatzes erst traf, als der gemeinsame Sohn bereits vier oder fünf Jahre alt war. Da die Antragsgegnerin anschließend – nach den Feststellungen des Berufungsgerichts – trotz diverser Nebentätigkeiten die überwiegende Betreuung des Sohnes und des Haushalts übernahm, ist das Berufungsgericht mit Recht von einem auf der praktizierten Rollenverteilung beruhenden Erwerbsnachteil der Antragsgegnerin ausgegangen.

[19] Ob die Aufgabe des Arbeitsplatzes gegen den Willen des Antragstellers erfolgte, ist jedenfalls im vorliegenden Fall nicht von Bedeutung. Das Berufungsgericht hat es offen gelassen, ob der Entschluss der Antragsgegnerin, das Arbeitsverhältnis bei der VW-AG aufzugeben, im Einverständnis des Antragstellers oder aber gegen dessen Willen umgesetzt wurde. Demnach ist für die Revisionsinstanz zu unterstellen, dass der Antragsteller mit der Arbeitsplatzaufgabe nicht einverstanden war.

[20] Nach der Gesetzesformulierung kommt es darauf an, ob sich die Nachteile (vor allem) aus der Dauer der Pflege oder Erziehung eines gemeinschaftlichen Kindes oder aus der Gestaltung von Haushaltsführung und Erwerbstätigkeit während der Ehe ergeben (§ 1578b Abs. 1 Satz 3 BGB). Wie sich aus dem Wortlaut des Gesetzes ergibt, ist somit auf die tatsächliche Gestaltung von Kinderbetreuung und Haushaltsführung abzustellen. Bei den in § 1578b BGB aufgeführten Kriterien handelt es sich zudem um objektive Umstände, denen kein Unwerturteil und keine subjektive Vorwerfbarkeit anhaften, weshalb im Rahmen der Abwägung nach § 1578b BGB nicht etwa eine Aufarbeitung ehelichen Fehlverhaltens stattfindet (Senatsurteil vom 20. Oktober 2010 – XII ZR 53/09 – FamRZ 2010, 2059 Rn. 27 mwN). Daher kann der unterhaltspflichtige Ehegatte nicht einwenden, dass er den Unterhaltsberechtigten während der Ehe zur Berufstätigkeit angehalten habe (Senatsurteil vom 20. Oktober 2010 – XII ZR 53/09 – FamRZ 2010, 2059 Rn. 27).

[21] Ähnlich verhält es sich im vorliegenden Fall, denn die Arbeitsplatzaufgabe ist der unterlassenen Erwerbstätigkeit vergleichbar. Auch die Arbeitsplatzaufgabe erfolgte im Zusammenhang mit der Ehegestaltung. Selbst wenn man im Rahmen des § 1578b Abs. 1 Satz 3 BGB – darüber hinausgehend – eine einvernehmliche Regelung der Haushaltsführung und Erwerbstätigkeit entsprechend § 1356 BGB verlangen wollte, so würde dies im vorliegenden Fall zu keinem anderen Ergebnis führen. Denn das Berufungsgericht hat zutreffend darauf hingewiesen, dass die Ehe der Parteien nach der Arbeitsplatzaufgabe durch die Klägerin über dreizehn Jahre fortgesetzt wurde. Außerdem investierten die Ehegatten die für die Arbeitsplatzaufgabe erhaltene Abfindung in das gemeinsame Einfamilienhaus. Schon aus diesem Grund kann der Argumentation der Revision nicht gefolgt werden, dass der Erwerbsnachteil der Antragsgegnerin durch die Abfindung ausgeglichen worden sei.

[22] Ein ehebedingter Nachteil liegt bei einer solchen Fallgestaltung nur dann nicht vor, wenn die Ehegestaltung für den Erwerbsnachteil nicht ursächlich geworden ist. Das wäre der Fall, wenn die Antragsgegnerin ihren Arbeitsplatz ausschließlich aus Gründen aufgegeben oder verloren hätte, die außerhalb der Ehegestaltung liegen, so etwa aufgrund einer von ihr persönlich beschlossenen beruflichen Neuorientierung oder wegen einer betriebs- oder krankheitsbedingten Kündigung seitens des Arbeitgebers. In diesem Fall würde es an einem ehebedingten Nachteil fehlen, wenn der Erwerbsnachteil auch ohne die Ehe und die mit ihr verbundene Rollenverteilung eingetreten wäre.

BGH v. 2.3.2011 – XII ZR 44/09 – FamRZ 2011, 713 = NJW 2011, 1284

R724 *(Herabsetzung und zeitliche Begrenzung des nachehelichen Unterhalts)*

a [13] Nach § 1578b BGB ist ein Anspruch auf nachehelichen Unterhalt auf den angemessenen Lebensbedarf herabzusetzen oder zeitlich zu begrenzen, wenn eine an den ehelichen Lebensverhältnissen orientierte Bemessung des Unterhaltsanspruchs auch unter Wahrung der Belange eines dem Berechtigten zur Pflege und Erziehung anvertrauten gemeinschaftlichen Kindes unbillig wäre.

[14] Die Abwägung aller für die Billigkeitsentscheidung nach § 1578b BGB in Betracht kommenden Gesichtspunkte ist Aufgabe des Tatrichters. Sie ist vom Revisionsgericht aber daraufhin zu überprüfen, ob der Tatrichter die im Rahmen der Billigkeitsprüfung maßgebenden Rechtsbegriffe verkannt oder für die Einordnung unter diese Begriffe wesentliche Umstände unberücksichtigt gelassen hat. Der revisionsrechtlichen Überprüfung unterliegt insbesondere, ob der Tatrichter sich mit dem Prozessstoff und den Beweisergebnissen umfassend und widerspruchsfrei auseinandergesetzt hat, seine Würdigung also vollständig und rechtlich möglich ist und nicht gegen Denkgesetze oder Erfahrungssätze verstößt (Senatsurteile vom 17. Februar 2010 – XII ZR 140/08 – FamRZ 2010, 629 Rn. 37 und vom 14. Oktober 2009 – XII ZR 146/08 – FamRZ 2009, 1990 Rn. 19).

(Angemessener Lebensbedarf iSd § 1573b I 1 BGB)

b [15] a) Der Maßstab des angemessenen Lebensbedarfs, der nach § 1578b I 1 BGB regelmäßig die Grenze für die Herabsetzung des nachehelichen Unterhalts bildet, bemisst sich nach dem Einkommen, das der unterhaltsberechtigte Ehegatte ohne die Ehe und Kindererziehung aus eigenen Einkünften zur Verfügung hätte. Dabei ist auf die konkrete Lebenssituation des Unterhaltsberechtigten abzustellen.

[16] Ist der Unterhaltsberechtigte erwerbsfähig, ist auf das Einkommen abzustellen, das er ohne die Unterbrechung der Erwerbstätigkeit durch die Ehe oder die Kindererziehung erzielen könnte (Senatsurteil vom 14. Oktober 2009 – XII ZR 146/08 – FamRZ 2009, 1990 Rn. 14). Ist der Unterhaltsberechtigte hingegen bereits Rentner, kann lediglich auf das Renteneinkommen aus einer solchen Erwerbstätigkeit abgestellt werden, wobei von der tatsächlichen Rente nach durchgeführtem Ver-

sorgungsausgleich auszugehen ist. Beim Krankheitsunterhalt kann hingegen nur auf das Einkommen abgestellt werden, das der kranke Unterhaltsberechtigte ohne die Ehe und Kindererziehung zur Verfügung hätte. Denn wenn er auch ohne die Ehe zu keiner Erwerbstätigkeit in der Lage wäre, kann nicht auf ein fiktives Einkommen abgestellt werden, das ein gesunder Unterhaltsberechtigter erzielen könnte. Wenn die Krankheit nicht ehebedingt ist, ergibt sich der angemessene Lebensbedarf im Sinne von § 1578b I 1 BGB bei vollständiger Erwerbsunfähigkeit also aus der Höhe der Erwerbsunfähigkeitsrente, wobei auch hier von der tatsächlichen Rente nach Durchführung des Versorgungsausgleichs auszugehen ist. Nur wenn der Unterhaltsberechtigte noch teilweise erwerbsfähig ist, kann daneben auf Erwerbseinbußen als ehebedingter Nachteil abgestellt werden (Senatsurteil vom 17. Februar 2010 – XII ZR 140/08 – FamRZ 2010, 926 Rn. 29). Aus dem Begriff der Angemessenheit folgt aber zugleich, dass der nach § 1578b I BGB herabgesetzte Unterhaltsbedarf jedenfalls das Existenzminimum des Unterhaltsberechtigten erreichen muss (Senatsurteil vom 14. Oktober 2009 – XII ZR 146/08 – FamRZ 2009, 1990 Rn. 14).

[17] Erzielt der Unterhaltsberechtigte eigene Einkünfte, die diesen angemessenen Unterhaltsbedarf erreichen, oder könnte er solche Einkünfte erzielen, kann dies im Rahmen der Billigkeitsabwägung nach einer Übergangszeit, in der er sich nach gescheiterter Ehe von den ehelichen Lebensverhältnissen auf den Lebensbedarf nach den eigenen Einkünften umstellen kann, zum vollständigen Wegfall des nachehelichen Unterhalts in Form einer Befristung führen (Senatsurteile vom 14. Oktober 2009 – XII ZR 146/08 – FamRZ 2009, 1990 Rn. 15 mwN und vom 12. April 2006 – XII ZR 240/03 – FamRZ 2006, 1006, 1007 f.). Erzielt der Unterhaltsberechtigte nach einer ehebedingten Einschränkung seiner Erwerbstätigkeit hingegen lediglich Einkünfte, die den eigenen angemessenen Unterhaltsbedarf nach § 1578b I 1 BGB nicht erreichen, scheideteine Befristung des Unterhaltsanspruchs nach § 1578b II BGB regelmäßig aus. Auch dann kann der Unterhaltsanspruch nach einer Übergangszeit aber bis auf die Differenz zwischen dem angemessenen Unterhaltsbedarf und dem erzielten oder erzielbaren eigenen Einkommen herabgesetzt werden (Senatsurteile vom 20. Oktober 2010 – XII ZR 53/09 – FamRZ 2010, 2059 Rn. 23 ff.; vom 17. Februar 2010 – XII ZR 140/08 – FamRZ 2010, 629 Rn. 30 und vom 14. Oktober 2009 – XII ZR 146/08 – FamRZ 2009, 1990 Rn. 16).

(Ehebedingte Nachteile beim Krankheitsunterhalt durch Verlust der EU-Rente)

[18] b) Die nach § 1578b I 2 BGB im Rahmen der Billigkeitsentscheidung über eine Herabsetzung oder zeitliche Begrenzung des nachehelichen Unterhalts insbesondere zu berücksichtigenden ehebedingten Nachteile können sich nach § 1578b I 3 BGB vor allem aus der Dauer der Pflege oder Erziehung eines gemeinschaftlichen Kindes, aus der Gestaltung von Haushaltsführung und Erwerbstätigkeit während der Ehe sowie aus der Dauer der Ehe ergeben.

[19] Beim Krankheitsunterhalt nach § 1572 BGB, bei dem die Krankheit selbst regelmäßig nicht ehebedingt ist, ist ein ehebedingter Nachteil denkbar, wenn ein Unterhaltsberechtigter aufgrund der Rollenverteilung in der Ehe nicht ausreichend für den Fall der krankheitsbedingten Erwerbsminderung vorgesorgt hat und seine Erwerbsunfähigkeitsrente infolge der Ehe- oder Kindererziehung geringer ist als sie ohne die Ehe wäre oder sie vollständig entfällt (Senatsurteile BGHZ 179, 43 = FamRZ 2009, 406 Rn. 34 und vom 27. Mai 2009 – XII ZR 111/08 – FamRZ 2009, 1207 Rn. 36). Insoweit entsprechen sich der Krankheitsunterhalt nach § 1572 BGB und der Altersunterhalt nach § 1571 BGB. In beiden Fällen ist jedoch zu berücksichtigen, dass der Ausgleich unterschiedlicher Vorsorgebeiträge vornehmlich Aufgabe des Versorgungsausgleichs ist, durch den die Interessen des Unterhaltsberechtigten regelmäßig ausreichend gewahrt werden. Ehebedingte Nachteile im Sinne des § 1578b I 2 BGB können also nicht mit den durch die Unterbrechung der Erwerbstätigkeit während der Ehe verursachten geringeren Rentenanwartschaften begründet werden, wenn für diese Zeit ein Versorgungsausgleich stattgefunden hat. Nachteile in der Versorgungsbilanz sind dann in gleichem Umfang von beiden Ehegatten zu tragen und somit vollständig ausgeglichen (Senatsurteile vom 16. April 2008 – XII ZR 107/06 – FamRZ 2008, 1325 Rn. 43 und vom 25. Juni 2008 – XII ZR 109/07 – FamRZ 2008, 1508 Rn. 25).

[20] Ein ehebedingter Nachteil wegen Aufgabe der Erwerbstätigkeit infolge der Kindererziehung und der Haushaltstätigkeit kann sich allerdings dann ergeben, wenn deswegen die Voraussetzungen für eine Rente wegen voller Erwerbsminderung nicht erfüllt sind. Nach § 43 II Nr. 2 SGB VI haben Versicherte bis zum Erreichen der Regelaltersgrenze nur dann Anspruch auf Rente wegen voller Erwerbsminderung, wenn sie in den letzten fünf Jahren vor Eintritt der Erwerbsminderung drei Jahre Pflichtbeiträge für eine versicherte Beschäftigung oder Tätigkeit gezahlt haben. Der Zeitraum von fünf

Jahren vor Eintritt der Erwerbsminderung verlängert sich nach § 43 IV SGB VI nur durch besondere Anrechnungs- und Berücksichtigungszeiten. Hat der unterhaltsberechtigte Ehegatte wegen der Kindererziehung und Haushaltstätigkeit in der relevanten Zeit nicht genügend Pflichtbeiträge gezahlt, kann die Erwerbsunfähigkeitsrente für eine alsbald anschließende Erwerbsunfähigkeit vollständig ausscheiden. Diese Lücke durch eine ehebedingte Erwerbslosigkeit wird auch durch den durchgeführten Versorgungsausgleich nicht kompensiert. In solchen Fällen besteht der Nachteil im Verlust der ohne Ehe und Kindererziehung erzielbaren Erwerbsunfähigkeitsrente und ist auf die Gestaltung von Haushaltsführung und Erwerbstätigkeit während der Ehe zurückzuführen, ist somit ehebedingt. Darauf, ob die Gestaltung der Kinderbetreuung und Haushaltsführung während der Ehe einvernehmlich erfolgt ist, kommt es nicht an (Senatsurteil vom 16. Februar 2011 – XII ZR 108/09 – zur Veröffentlichung bestimmt). Der sich daraus ergebende ehebedingte Nachteil entfällt allerdings mit dem Beginn der Altersrente, weil für diese nach den §§ 35 ff. SGB VI neben der Erfüllung der Wartezeit und der Altersvoraussetzung keine Mindestzahl von Pflichtbeiträgen erforderlich ist.

(Nacheheliche Solidarität)

d [21] c) § 1578b BGB beschränkt sich nach dem Willen des Gesetzgebers nicht auf die Kompensation ehebedingter Nachteile, sondern berücksichtigt auch eine darüber hinausgehende nacheheliche Solidarität (BT-Drucks. 16/1830 S. 19). Indem § 1578b I 2 BGB „insbesondere" auf das Vorliegen ehebedingter Nachteile abstellt, schließt er andere Gesichtspunkte für die Billigkeitsabwägung nicht aus. Diese Umstände gewinnen beim nachehelichen Krankheitsunterhalt gemäß § 1572 BGB, der regelmäßig nicht mit ehebedingten Nachteilen einhergeht, an Bedeutung (Senatsurteile BGHZ 179, 43 = FamRZ 2009, 406 Rn. 36 ff.; vom 27. Mai 2009 – XII ZR 111/08 – FamRZ 2009, 1207 Rn. 37 und vom 17. Februar 2010 – XII ZR 140/08 – FamRZ 2010, 629 Rn. 25).

[22] aa) Auch wenn keine ehebedingten Nachteile vorliegen, ist eine Herabsetzung oder zeitliche Begrenzung des nachehelichen Unterhalts nur bei Unbilligkeit eines fortdauernden Unterhaltsanspruchs nach den ehelichen Lebensverhältnissen begründet. Bei der insoweit gebotenen Billigkeitsabwägung hat das Familiengericht das im Einzelfall gebotene Maß der nachehelichen Solidarität festzulegen, wobei vor allem die in § 1578b Abs. 1 Satz 3 BGB aufgeführten Gesichtspunkte zu berücksichtigen sind (Senatsurteil vom 28. April 2010 – XII ZR 141/08 – FamRZ 2010, 1057 Rn. 17). Auch in solchen Fällen, in denen die fortwirkende eheliche Solidarität den wesentlichen Billigkeitsmaßstab bildet, fällt den in § 1578b I 3 BGB genannten Umständen also besondere Bedeutung zu (BT-Drucks. 16/1830 S. 19). Auf deren Grundlage, insbesondere der Dauer der Pflege oder Erziehung gemeinschaftlicher Kinder, der Gestaltung von Haushaltsführung und Erwerbstätigkeit während der Ehe sowie der Dauer der Ehe ist auch der Umfang einer geschuldeten nachehelichen Solidarität zu bemessen (Senatsurteile vom 30. Juni 2010 – XII ZR 9/09 – FamRZ 2010, 1414 Rn. 21; vom 27. Mai 2009 – XII ZR 111/08 – FamRZ 2009, 1207 Rn. 39 und vom 28. April 2010 – XII ZR 141/08 – FamRZ 2010, 1057 Rn. 17).

[23] Die Ehedauer gewinnt im Rahmen dieser Billigkeitsabwägung durch eine wirtschaftliche Verflechtung an Gewicht, die insbesondere durch Aufgabe einer eigenen Erwerbstätigkeit wegen der Betreuung gemeinsamer Kinder oder der Haushaltsführung eintritt (Senatsurteile vom 6. Oktober 2010 – XII ZR 202/08 – FamRZ 2010, 1971 Rn. 2 und vom 11. August 2010 – XII ZR 102/09 – FamRZ 2010, 1637 Rn. 21).

[24] bb) Im Rahmen der Billigkeitsabwägung sind allerdings auch alle weiteren Umstände des konkreten Einzelfalles zu berücksichtigen. Insbesondere hat der Tatrichter zu ermitteln, wie dringend der Unterhaltsberechtigte, gegebenenfalls neben eigenen Einkünften aus Erwerbsunfähigkeitsrente, auf den Unterhalt angewiesen ist und in welchem Maße der Unterhaltspflichtige durch den Unterhalt nach den ehelichen Lebensverhältnissen oder den angemessenen Unterhalt belastet wird. Auch die Unterhaltspflichten gegenüber gemeinsamen Kindern sind im Rahmen der Billigkeitsabwägung zu berücksichtigen, selbst wenn diese nach § 1609 Nr. 4 BGB gegenüber dem Unterhaltsanspruch des geschiedenen Ehegatten nachrangig sind.

[25] Im Rahmen der Billigkeit kann auch nicht unberücksichtigt bleiben, wenn der Unterhaltspflichtige neben seiner Erwerbstätigkeit weitere Betreuungsleistungen erbringt, zu denen der Unterhaltsberechtigte wegen seiner Erkrankung ebenfalls nicht in der Lage ist (Senatsurteil vom 28. April 2010 – XII ZR 141/08 – FamRZ 2010, 1057 Rn. 23).

[26] cc) Dass der Unterhaltsberechtigte auch ohne eine Befristung Sozialhilfe beziehen müsste, weil der Unterhalt ohnehin nicht sein Existenzminimum abdeckt, ist hingegen kein Grund für eine

Anhang R. Rechtsprechung   **R725**

Befristung. Zwar sind die jeweiligen Belastungen, die mit der Zahlungspflicht für den Unterhaltspflichtigen einerseits bzw. mit einer Herabsetzung oder zeitlichen Begrenzung für den Unterhaltsberechtigten andererseits verbunden sind, im Rahmen der Billigkeitsabwägung zu berücksichtigen (Senatsurteil BGHZ 179, 43 = FamRZ 2009, 406 Rn. 39). Dabei darf allerdings nicht auf einen Vergleich mit der Versorgungslage des Unterhaltsberechtigten unter Einbeziehung von Sozialleistungen abgestellt werden. Denn dies liefe darauf hinaus, dass ein Unterhaltsanspruch eher zu befristen wäre, wenn er das Sozialhilfeniveau nicht erreicht. Das widerspräche aber der gesetzlichen Grundentscheidung, wonach Sozialhilfe gegenüber dem Unterhalt nachrangig ist (§§ 2, 94 SGB XII; Senatsurteil vom 28. April 2010 – XII ZR 141/08 – FamRZ 2010, 1057 Rn. 20). Umgekehrt steht einer Begrenzung oder Befristung des nachehelichen Unterhalts aber auch nicht zwingend entgegen, dass der Unterhaltsberechtigte dadurch sozialhilfebedürftig würde (Senatsurteile vom 30. Juni 2010 – XII ZR 9/09 – FamRZ 2010, 1414 Rn. 36 und vom 28. April 2010 – XII ZR 141/08 – FamRZ 2010, 1057 Rn. 18).

BGH v. 4.5.2011 – XII ZR 70/09 – FamRZ 2011, 1041 = NJW 2011, 1874

(Abänderung einer Jugendamtsurkunde über Kindesunterhalt)   R 725

[19] 1. Zu Recht ist das Oberlandesgericht von einer Zulässigkeit der Abänderungsklage ausgegangen. **a**
[20] a) Zutreffend hat das Oberlandesgericht für die Abänderung einer Jugendamtsurkunde nach §§ 323 IV, 794 I Nr. 5 ZPO iVm §§ 59 I 1 Nr. 3, 60 SGB VIII die Abänderungsklage als zulässige Klageart angesehen. Dies gilt auch für die Abänderung einseitig erstellter Jugendamtsurkunden, weil § 323 IV ZPO nicht voraussetzt, dass der darin niedergelegte Unterhaltsbetrag auf einer Vereinbarung der Parteien beruht (Senatsurteile vom 29. Oktober 2003 – XII ZR 115/01 – FamRZ 2004, 24 Rn. 6 und vom 27. Juni 1984 – IVb ZR 21/83 – FamRZ 1984, 997).
[21] Wenn das Begehren, wie hier, auf eine Herabsetzung der Unterhaltspflicht aus der Jugendamtsurkunde gerichtet ist, bedarf es schon deswegen einer Abänderungsklage, weil der vorliegende Unterhaltstitel eingeschränkt werden soll, was nur im Wege einer Abänderungsklage möglich ist und eine andere Klageart ausschließt.

(Voraussetzungen der Abänderung einer Jugendamtsurkunde)

[22] b) Zu Recht hat das Berufungsgericht die Abänderungsklage auch im Übrigen für zulässig **b**
erachtet. Zwar kann die Klägerin keine freie Abänderung der von ihr einseitig errichteten Jugendamtsurkunde ohne Berücksichtigung der Bindungswirkung verlangen. Die Voraussetzungen für eine Abänderung liegen hier aber vor.
[23] aa) Nach §§ 59 I Nr. 3, 60 SGB VIII errichtete Jugendamtsurkunden begründen als Vollstreckungstitel im Sinne des § 323 IV ZPO keine materielle Rechtskraft. Sie unterliegen deswegen auch nicht den Beschränkungen des § 323 II und 3 ZPO (vgl. jetzt § 238 II und 3 FamFG), die auf der Rechtskraft eines abzuändernden Unterhaltstitels beruhen. Der Umfang der Abänderung einer Vereinbarung oder einer Urkunde im Sinne des § 323 IV ZPO richtet sich vielmehr allein nach materiellem Recht (vgl. jetzt § 239 II FamFG). Unterhaltsvereinbarungen oder Jugendamtsurkunden, denen eine Vereinbarung der Parteien zugrunde liegt, sind auch danach nicht frei abänderbar. Im Rahmen der Abänderung ist vielmehr stets der Inhalt der Vereinbarung der Parteien zu wahren. Eine Abänderung kommt nur dann in Betracht, wenn diese wegen nachträglicher Veränderungen nach den Grundsätzen über den Wegfall oder die Änderung der Geschäftsgrundlage (§ 313 BGB) geboten ist (Senatsurteile BGHZ 175, 182 = FamRZ 2008, 968 Rn. 26 und vom 2. Oktober 2002 – XII ZR 346/00 – FamRZ 2003, 304, 306).
[24] bb) Fehlt es hingegen an einer solchen Vereinbarung, weil die Jugendamtsurkunde einseitig erstellt wurde, kommt eine materiell-rechtliche Bindung an eine Geschäftsgrundlage nicht in Betracht.
[25] Für Beteiligte, die an der Erstellung der Jugendamtsurkunde nicht mitgewirkt haben, wie hier die Beklagten als unterhaltsberechtigte Kinder, scheidet auch eine sonstige Bindung aus. Sie können im Wege der Abänderungsklage folglich ohne Bindung an die vorliegende Urkunde einen höheren Unterhalt verlangen (Senatsurteil vom 3. Dezember 2008 – XII ZR 182/06 – FamRZ 2009, 314 Rn. 14).
[26] Anderes gilt hingegen, wenn der Unterhaltsschuldner, der einseitig die Jugendamtsurkunde erstellt hat, im Wege der Abänderungsklage eine Herabsetzung seiner Unterhaltsschuld begehrt. Auch dann liegt der Urkunde keine Geschäftsgrundlage zugrunde, deren Wegfall oder Änderung dargelegt

2373

werden müsste. Weil die einseitig erstellte Jugendamtsurkunde regelmäßig zugleich zu einem Schuldanerkenntnis nach § 781 BGB führt, muss eine spätere Herabsetzung der Unterhaltspflicht die Bindungswirkung dieses Schuldanerkenntnisses beachten (vgl. Senatsbeschluss vom 14. Februar 2007 – XII ZB 171/06 – FamRZ 2007, 715 Rn. 11 und Wendl/Schmitz Das Unterhaltsrecht in der familienrichterlichen Praxis 7. Aufl. § 10 Rn. 169; zum neuen Recht in § 239 FamFG vgl. BT-Drucks. 16/6308 S. 258 und Wendl/Schmitz Das Unterhaltsrecht in der familienrichterlichen Praxis 8. Aufl. § 10 Rn. 280). Der Unterhaltspflichtige kann sich von dem einseitigen Anerkenntnis seiner laufenden Unterhaltspflicht also nur dann lösen, wenn sich eine nachträgliche Änderung der tatsächlichen Umstände, des Gesetzes oder der höchstrichterlichen Rechtsprechung auf die Höhe seiner Unterhaltspflicht auswirken.

[27] cc) Diese Voraussetzungen für eine Abänderung der einseitig anerkannten Unterhaltspflicht durch die Klägerin hat das Oberlandesgericht hier allerdings in revisionsrechtlich nicht zu beanstandender Weise festgestellt.

(Umfang der Erwerbspflicht beim Kindesunterhalt)

c [28] 2. Soweit das Berufungsgericht der Klägerin für die Zeit von Februar bis September 2008 neben ihrem Einkommen aus vollschichtiger Erwerbstätigkeit kein weiteres fiktives Einkommen zugerechnet hat, ist auch dies aus revisionsrechtlicher Sicht nicht zu beanstanden.

[29] a) Nach § 1603 I BGB ist nicht unterhaltspflichtig, wer bei Berücksichtigung seiner sonstigen Verpflichtungen außerstande ist, ohne Gefährdung seines eigenen angemessenen Unterhalts den Unterhalt zu gewähren. Eltern, die sich in dieser Lage befinden, sind gemäß § 1603 II 1 BGB ihren minderjährigen unverheirateten Kindern gegenüber verpflichtet, alle verfügbaren Mittel zu ihrem und der Kinder Unterhalt gleichmäßig zu verwenden (so genannte gesteigerte Unterhaltspflicht). Darin liegt eine Ausprägung des Grundsatzes der Verhältnismäßigkeit im Unterhaltsrecht. Aus diesen Vorschriften und aus Art. 6 II GG folgt auch die Verpflichtung der Eltern zum Einsatz der eigenen Arbeitskraft. Wenn der Unterhaltspflichtige eine ihm mögliche und zumutbare Erwerbstätigkeit unterlässt, obwohl er diese bei gutem Willen ausüben könnte, können deswegen nach ständiger Rechtsprechung des Senats nicht nur die tatsächlichen, sondern auch fiktiv erzielbare Einkünfte berücksichtigt werden (Senatsurteil vom 3. Dezember 2008 – XII ZR 182/06 – FamRZ 2009, 314 Rn. 20). Trotz der nach § 1603 II 1 BGB gesteigerten Unterhaltspflicht gegenüber minderjährigen Kindern muss die Anrechnung fiktiver Einkünfte aber stets die Grenze des Zumutbaren beachten. Übersteigt die Gesamtbelastung des Unterhaltsschuldners diese Grenze, ist die Beschränkung seiner Dispositionsfreiheit als Folge der Unterhaltsansprüche des Bedürftigen nicht mehr Bestandteil der verfassungsgemäßen Ordnung und kann vor dem Grundrecht des Art. 2 I GG nicht bestehen (BVerfG 2007, 273 f., 2006, 469 f. und 2003, 661 f.).

[30] b) Voraussetzung einer Zurechnung fiktiver Einkünfte ist mithin, dass der Unterhaltspflichtige die ihm zumutbaren Anstrengungen, eine angemessene Erwerbstätigkeit zu finden, nicht oder nicht ausreichend unternommen hat und dass bei genügenden Bemühungen eine reale Beschäftigungschance bestanden hätte. Das gilt sowohl für die Aufnahme einer Erwerbstätigkeit bei vollständiger Erwerbslosigkeit als auch für die Aufnahme einer Nebentätigkeit in Ergänzung einer bestehenden Erwerbstätigkeit. Im Rahmen der Zumutbarkeit einer Nebentätigkeit sind allerdings die objektiven Grenzen für eine Erwerbstätigkeit zu berücksichtigen. Übt der Unterhaltspflichtige eine Berufstätigkeit aus, die vierzig Stunden wöchentlich unterschreitet, kann grundsätzlich eine Nebentätigkeit von ihm verlangt werden. Denn wegen der gesteigerten Unterhaltspflicht nach § 1603 II 1 und 2 BGB muss der Unterhaltspflichtige sich mindestens an der Höchstgrenze der regelmäßigen Erwerbstätigkeit orientieren, die gegenwärtig noch vierzig Stunden wöchentlich beträgt. Allerdings sind im Rahmen der objektiven Zumutbarkeit auch die Grenzen des Arbeitszeitgesetzes zu beachten. Nach § 3 ArbZG darf die werktägige Arbeitszeit der Arbeitnehmer grundsätzlich acht Stunden nicht überschreiten. Nach § 9 I ArbZG dürfen Arbeitnehmer an Sonn- und gesetzlichen Feiertagen grundsätzlich nicht beschäftigt werden. Damit ist die wöchentliche Arbeitszeit regelmäßig auf (sechs Tage mal acht Stunden =) 48 Stunden begrenzt, wobei nach § 2 ArbZG die Arbeitszeiten bei verschiedenen Arbeitgebern zusammenzurechnen sind. Mit diesen Vorschriften ist aus objektiver Sicht die Obergrenze der zumutbaren Erwerbstätigkeit auch für die Fälle vorgegeben, in denen der Unterhaltspflichtige nach § 1603 II 1 und 2 BGB gesteigert unterhaltspflichtig ist (Senatsurteile vom 3. Dezember 2008 – XII ZR 182/06 – FamRZ 2009, 314 Rn. 22 und vom 20. Februar 2008 – XII ZR 101/05 – FamRZ 2008, 872, 875; BVerfG FamRZ 2003, 661, 662).

Anhang R. Rechtsprechung   R725

[31] Im Rahmen der Zurechnung fiktiver Nebenverdienste ist weiter zu prüfen, ob und in welchem Umfang es dem Unterhaltspflichtigen unter Abwägung seiner von ihm darzulegenden besonderen Lebens- und Arbeitssituation einerseits und der Bedarfslage des Unterhaltsberechtigten andererseits zugemutet werden kann, eine Nebentätigkeit auszuüben (Senatsurteil vom 3. Dezember 2008 – XII ZR 182/06 – FamRZ 2009, 314 Rn. 24; BVerfG FamRZ 2003, 661, 662).

(Erstausbildung des Unterhaltspflichtigen beim Kindesunterhalt)

[36] a) Gegenüber der gesteigerten Unterhaltspflicht nach § 1603 II 1 BGB muss sich der Unterhaltspflichtige grundsätzlich auf seine Erwerbsfähigkeit verweisen lassen. Eine Hinzurechnung fiktiver Erwerbseinkünfte kommt in Betracht, wenn dem Unterhaltspflichtigen im Hinblick auf seine Leistungsunfähigkeit ein unterhaltsbezogen leichtfertiges Verhalten vorgeworfen werden kann (vgl. Wendl/Dose Das Unterhaltsrecht in der familienrechtlichen Praxis 7. Aufl. § 1 Rn. 495 ff.). Dabei tritt das Interesse eines unterhaltspflichtigen Elternteils, unter Zurückstellung bestehender Erwerbsmöglichkeiten eine Aus- oder Weiterbildung aufzunehmen, grundsätzlich hinter dem Unterhaltsinteresse seiner Kinder zurück. Das gilt vor allem dann, wenn der Unterhaltspflichtige bereits über eine Berufsausbildung verfügt und ihm die Erwerbsmöglichkeit in dem erlernten Beruf unter Berücksichtigung eines zumutbaren Ortswechsels eine ausreichende Lebensgrundlage bietet. Anders kann es hingegen sein, wenn der Unterhaltspflichtige seine Erwerbstätigkeit nicht zum Zwecke einer Zweitausbildung oder der Weiterbildung in dem erlernten Beruf, sondern zugunsten einer erstmaligen Berufsausbildung aufgegeben hat. Einer solchen Erstausbildung ist regelmäßig auch gegenüber der gesteigerten Unterhaltspflicht aus § 1603 II 1 BGB der Vorrang einzuräumen. Denn die Erlangung einer angemessenen Vorbildung zu einem Beruf gehört zum eigenen Lebensbedarf des Unterhaltspflichtigen, den dieser grundsätzlich vorrangig befriedigen darf (Senatsurteil vom 15. Dezember 1993 – XII ZR 172/92 – FamRZ 1994, 372 Rn. 19). Insoweit sind allerdings alle Umstände des Einzelfalles zu berücksichtigen, insbesondere die Tatsache, warum der Unterhaltspflichtige gerade jetzt seine Erstausbildung durchführt und wie sich dies langfristig auf seine Leistungsfähigkeit für den Kindesunterhalt auswirkt.

[37] b) Auf dieser rechtlichen Grundlage ist die Entscheidung des Berufungsgerichts, das die Aufnahme der Ausbildung zur Einzelhandelskauffrau nicht als unterhaltsrechtlich leichtfertig eingestuft und der Klägerin deswegen kein fiktives Einkommen angerechnet hat, aus revisionsrechtlicher Sicht nicht zu beanstanden. Insbesondere hat das Oberlandesgericht berücksichtigt, dass die Klägerin die beiden gemeinsamen Kinder bereits im Alter von 16 bzw. 18 Jahren geboren hat. Ihren Hauptschulabschluss konnte sie erst nach der Geburt des ersten Kindes erwerben. Zutreffend hat das Berufungsgericht weiter ausgeführt, dass die Klägerin nach ihrer bisherigen Erwerbsbiografie ohne Berufsausbildung nur sehr eingeschränkt leistungsfähig ist. Die erstmalige Berufsausbildung zur Einzelhandelskauffrau wird die Erwerbsaussichten der Klägerin nicht unerheblich verbessern und dem jetzt 14 Jahre alten Beklagten zu 1 letztlich eine sicherere Grundlage für seinen Kindesunterhalt verschaffen. Der Zeitpunkt der Berufsausbildung ist nicht zu beanstanden, nachdem die Klägerin sich seit Beginn der Betreuung der Kinder durch den Vater über mehrere Jahre erfolglos um eine höher vergütete Erwerbstätigkeit bemüht hat. Auch das Alter der Klägerin von jetzt 30 Jahren kann eine unterhaltsbezogene Leichtfertigkeit nicht begründen.

(Selbstbehalt bei anderen leistungsfähigen Verwandten)

[38] 5. Schließlich ist aus revisionsrechtlicher Sicht auch nicht zu beanstanden, dass das Oberlandesgericht der Klägerin ihren – zeitweise gekürzten – angemessenen Selbstbehalt belassen hat.

[39] a) Zwar sind die Eltern ihren minderjährigen Kindern gegenüber nach § 1603 II 1 BGB gesteigert unterhaltspflichtig, was es rechtfertigt, ihnen insoweit grundsätzlich lediglich den notwendigen Selbstbehalt zu belassen. Diese gesteigerte Unterhaltspflicht gegenüber Minderjährigen und privilegiert volljährigen Kindern entfällt nach § 1603 II 3 BGB aber dann, wenn ein anderer leistungsfähiger Verwandter vorhanden ist. In solchen Fällen ist zunächst lediglich eine Leistungsfähigkeit unter Berücksichtigung des angemessenen Selbstbehalts nach § 1603 I BGB zu berücksichtigen.

[40] Dies gilt immer dann, wenn beide Elternteile barunterhaltspflichtig sind, insbesondere also gegenüber privilegiert volljährigen Kindern nach § 1603 II 2 BGB (Senatsurteil vom 12. Januar 2011 – XII ZR 83/08 – FamRZ 2011, 454 Rn. 33 ff.), aber auch dann, wenn beide Eltern ihren minderjährigen Kindern Barunterhalt schulden, wie dies beim echten Wechselmodell (Senatsurteil vom 21. Dezember 2005 – XII ZR 126/03 – FamRZ 2006, 1015 Rn. 14 ff.) oder dann der Fall ist, wenn beide

2375

Eltern für einen Mehrbedarf des Kindes, etwa den Kindergartenbeitrag, haften (Senatsurteil vom 26. November 2008 – XII ZR 65/07 – FamRZ 2009, 962 Rn. 32).

[41] Auch ein sonst grundsätzlich nach § 1606 III 2 BGB nicht barunterhaltspflichtiger Elternteil kommt als anderer leistungsfähiger Verwandter im Sinne des § 1603 II 3 BGB in Betracht. Denn der Grundsatz der Gleichwertigkeit von Barunterhalt und Betreuung gilt nicht uneingeschränkt, insbesondere dann nicht, wenn die Vermögens- und Einkommensverhältnisse des betreuenden Elternteils deutlich günstiger sind als die des anderen Elternteils. Die Barunterhaltspflicht des nicht betreuenden Elternteils kann entfallen oder sich ermäßigen, wenn er zur Unterhaltszahlung nicht ohne Beeinträchtigung seines eigenen angemessenen Unterhalts in der Lage wäre, während der andere Elternteil neben der Betreuung des Kindes auch den Barunterhalt leisten könnte, ohne dass dadurch sein eigener angemessener Unterhalt gefährdet würde. In solchen Fällen entfällt aber lediglich die gesteigerte Unterhaltspflicht nach § 1603 II 1 und 2 BGB, also die Beschränkung auf den notwendigen Selbstbehalt. Die Unterhaltspflicht mit dem Einkommen, das den angemessenen Selbstbehalt übersteigt, wird davon nicht berührt (Senatsurteile vom 31. Oktober 2007 – XII ZR 112/05 – FamRZ 2008, 137 Rn. 41 ff.; vom 19. November 1997 – XII ZR 1/96 – FamRZ 1998, 286, 288 und vom 7. November 1990 – XII ZR 123/89 – FamRZ 1991, 182, 183 f.; Wendl/Klinkhammer Das Unterhaltsrecht in der familienrichterlichen Praxis 7. Aufl. § 2 Rn. 274a).

BGH v. 8.6.2011 – XII ZR 17/09 – FamRZ 2011, 1381 = NJW 2011, 2512

R 726 *(Abänderung eines Urteils über nachehelichen Unterhalt)*

a [17] 2. Die Abänderung einer rechtskräftigen Entscheidung über den Unterhalt setzt nach § 323 I ZPO aF voraus, dass sich die für die Bestimmung der Höhe und Dauer der Leistungen maßgebenden Verhältnisse wesentlich geändert haben. Dabei ist zu beachten, dass die Grundlagen der Ausgangsentscheidung im Abänderungsverfahren zu wahren sind und eine Fehlerkorrektur wegen der Rechtskraft des Ausgangsurteils nicht zulässig ist (Senatsurteile vom 12. Mai 2010 – XII ZR 98/08 – FamRZ 2010, 1150 Rn. 19 mwN, vom 2. Juni 2010 – XII ZR 160/08 – FamRZ 2010, 1318 Rn. 38 und vom 29. September 2010 – XII ZR 205/08 – FamRZ 2010, 1884 Rn. 15).

[18] Die Abänderung wegen wesentlicher Änderung der rechtlichen Verhältnisse kann sowohl auf eine Gesetzesänderung als auch auf eine Änderung der gefestigten höchstrichterlichen Rechtsprechung gestützt werden, was nunmehr in § 238 I 2 FamFG, § 323 I 2 ZPO nF klargestellt worden ist (vgl. Senatsurteil vom 29. September 2010 – XII ZR 205/08 – FamRZ 2010, 1884 Rn. 16 mwN). Im Fall des Aufstockungsunterhalts ist zudem anerkannt, dass eine Abänderung auf die durch das Senatsurteil vom 12. April 2006 (XII ZR 240/03 – FamRZ 2006, 1006) geänderte Senatsrechtsprechung zur Bedeutung der Ehedauer im Rahmen der Befristung und Herabsetzung des Unterhalts gestützt werden kann und dies unabhängig davon gilt, ob aus der Ehe – wie hier – Kinder hervorgegangen sind oder nicht (Senatsurteil vom 29. September 2010 – XII ZR 205/08 – FamRZ 2010, 1884 Rn. 16 mwN).

(Vertrauensschutz nach § 36 Nr. 1 EGZPO)

b [21] Nach § 36 Nr. 1 EGZPO sind bei vor dem 1. Januar 2008 erlassenen rechtskräftigen Entscheidungen Umstände, die vor diesem Tag entstanden und durch das Gesetz zur Änderung des Unterhaltsrechts vom 21. Dezember 2007 erheblich geworden sind, nur zu berücksichtigen, soweit eine wesentliche Änderung der Unterhaltsverpflichtung eintritt und die Änderung dem anderen Teil unter Berücksichtigung seines Vertrauens in die getroffene Regelung zumutbar ist. Voraussetzung ist demnach, dass die für die Abänderung angeführten Umstände erst durch das Unterhaltsrechtsänderungsgesetz vom 21. Dezember 2007 erheblich geworden sind. Das ist hier nicht der Fall. Das aus dem abzuändernde Urteil verhält sich, wie das Berufungsgericht zutreffend hervorgehoben hat, über Aufstockungsunterhalt. Dieser ließ indessen schon vor dem 1. Januar 2008 unter denselben Voraussetzungen sowohl eine Befristung (§ 1573 V BGB aF) als auch eine Herabsetzung (§ 1578 I 2 BGB aF) zu.

[22] Dementsprechend hat der Senat – nach Erlass des Berufungsurteils – entschieden, dass § 36 Nr. 1 EGZPO nur auf die Abänderung solcher Unterhaltstitel und -vereinbarungen anwendbar ist, deren Grundlagen sich durch das Unterhaltsrechtsänderungsgesetz vom 21. Dezember 2007 geändert haben. Bei der Abänderung eines vor dem 1. Januar 2008 erlassenen Urteils oder einer zuvor geschlossenen Vereinbarung zum Aufstockungsunterhalt ist das nicht der Fall (Senatsurteile BGHZ 183, 197 =

FamRZ 2010, 111 Rn. 16, 62 f.; BGHZ 186, 1 = FamRZ 2010, 1238 Rn. 41 und vom 27. Januar 2010 – XII ZR 100/08 – FamRZ 2010, 538 Rn. 22).

(Ehebedingte Nachteile in der Altersversorgung)

[29] 1. a) Das Berufungsgericht hat bislang keine ausreichenden Feststellungen zum Fehlen ehebedingter Nachteile im Sinne von § 1578b I BGB getroffen, welchen nach ständiger Rechtsprechung des Senats (Senatsurteil vom 17. Februar 2010 – XII ZR 140/08 – FamRZ 2010, 629 Rn. 23 mwN) vorrangige Bedeutung zukommt.

[30] aa) Im Hinblick auf die aufgrund der Rollenverteilung während des ehelichen Zusammenlebens entstandenen Nachteile in der Altersvorsorge ist der Ausgleich unterschiedlicher Vorsorgebeiträge nach ständiger Senatsrechtsprechung vornehmlich Aufgabe des Versorgungsausgleichs, durch den die Interessen des Unterhaltsberechtigten regelmäßig ausreichend gewahrt werden (Senatsurteile vom 16. April 2008 – XII ZR 107/06 – FamRZ 2008, 1325 und vom 25. Juni 2008 – XII ZR 109/07 – FamRZ 2008, 1508).

[31] Ob hier eine Ausnahme angezeigt ist, die der Senat in mehreren Fallgestaltungen zugelassen hat, lässt sich aufgrund der Feststellungen des Berufungsgerichts nicht abschließend beurteilen. Der Senat hat eine Ausnahme dann angenommen, wenn die vom Unterhaltsberechtigten aufgrund der ehelichen Rollenverteilung erlittene Einbuße bei seiner Altersvorsorge durch den Versorgungsausgleich nicht vollständig erfasst wird, weil der Unterhaltspflichtige nur für einen geringen Teil der Ehezeit Rentenanwartschaften erworben hat (Senatsurteil vom 4. August 2010 – XII ZR 7/09 – FamRZ 2010, 1633 Rn. 25). Eine weitere Ausnahme gilt für den Fall, dass der Berechtigte allein aufgrund des Versorgungsausgleichs noch nicht die Voraussetzungen für eine Rente wegen Erwerbsminderung erfüllte, während dies ohne die Berufspause der Fall gewesen wäre (Senatsurteil vom 2. März 2011 – XII ZR 44/09 – FamRZ 2011, 713 Rn. 20).

[32] Im vorliegenden Fall kommt die erstgenannte Ausnahme in Betracht. Hierzu hat das Berufungsgericht im Ausgangspunkt zu Recht darauf hingewiesen, dass der Kläger seit 1980 bis zum Ende der Ehezeit keine Rentenanwartschaften erworben habe, was einen vom Versorgungsausgleich nicht erfassten ehebedingten Nachteil nahelegt. Ob der Beklagten im Ergebnis ein ehebedingter Nachteil verblieben ist, ist demnach unter Berücksichtigung der ihr seit 1980 durch die eheliche Rollenverteilung entgangenen eigenen Rentenanwartschaften zu beurteilen. Dass ein – unterstellter – Nachteil die Beklagte derzeit noch nicht belastet, sondern sich erst auswirken wird, wenn die Beklagte zum Bezug einer Rente berechtigt sein wird, steht einer Berücksichtigung im Rahmen von § 1578b BGB nicht entgegen. Dies steht im Einklang mit der Senatsrechtsprechung, dass es nicht zulässig ist, von einer Unterhaltsbefristung nur deswegen abzusehen, um den Einsatzzeitpunkt für den Altersunterhalt zu wahren (Senatsurteil vom 25. Juni 2008 – XII ZR 109/07 – FamRZ 2008, 1508). Denn im vorliegenden Fall greift der Versorgungsausgleich als das speziellere Ausgleichsinstrument nicht – vollständig – ein.

(Begrenzung des nachehelichen Unterhalts und nacheheliche Solidarität)

[35] b) Die bei der Befristung und Herabsetzung des Unterhalts anzustellende Billigkeitsabwägung beschränkt sich allerdings nicht auf den Ausgleich ehebedingter Nachteile, sondern hat darüber hinaus die vom Gesetz geforderte nacheheliche Solidarität zu berücksichtigen. Das gilt nicht nur für die Unterhaltstatbestände, die – wie der Alters- oder Krankheitsunterhalt nach §§ 1571, 1572 BGB – bereits ihre Begründung in der nachehelichen Solidarität finden, sondern auch für den Aufstockungsunterhalt nach § 1573 II BGB.

[36] Als Aspekte kommen im vorliegenden Fall die lange Dauer der Ehe und die guten Vermögensverhältnisse des Klägers in Betracht. Diese Gesichtspunkte rechtfertigen für sich genommen aber noch keine lebenslange Lebensstandardgarantie, wie sie sich als Konsequenz des Berufungsurteils in der Sache ergeben hätte. Vielmehr ist auch die zunehmende Entflechtung der wirtschaftlichen und persönlichen Verhältnisse der geschiedenen Ehegatten zu beachten, die um so gewichtiger wird, je weiter die Scheidung zurückliegt, und dementsprechend das Maß der geschuldeten nachehelichen Solidarität begrenzt. Die zunehmende Distanz zu den ehelichen Lebensverhältnissen wird im vorliegenden Fall auch dadurch verdeutlicht, dass die Beklagte schon seit vielen Jahren ein intimes Verhältnis zu G. H. unterhält, sodass eine weitere Gewährleistung des unveränderten Lebensstandards durch den geschiedenen Ehegatten ungeachtet dessen guter Vermögensverhältnisse nicht mehr ohne weiteres der Billigkeit entspricht.

[37] Die vom Berufungsgericht herangezogene Dauer der Unterhaltsleistungen dürfte hingegen für eine Fortdauer des Unterhalts nicht angeführt werden können. Allerdings kann sich unter Umständen aus der Fortzahlung des Unterhalts ein Vertrauenstatbestand für den Unterhaltsberechtigten insoweit ergeben, als er im berechtigten Vertrauen darauf Dispositionen getroffen hat, die rückgängig zu machen ihm nicht oder nicht sogleich möglich oder zumutbar ist. So kann etwa die vom Unterhaltspflichtigen hingenommene eingeschränkte Erwerbstätigkeit des Unterhaltsberechtigten einen Vertrauenstatbestand bilden, der gegen eine Begrenzung des Unterhalts angeführt werden kann (vgl. Senatsurteil vom 10. November 2010 – XII ZR 197/08 – FamRZ 2011, 192 Rn. 37). Vergleichbare Dispositionen der Beklagten aufgrund berechtigten Vertrauens hat das Berufungsgericht hier indessen nicht festgestellt.

BGH v. 15.6.2011 – XII ZR 94/09 – FamRZ 2011, 1375 = NJW 2011, 2646

R 727 *(Verlängerung des nachehelichen Betreuungsunterhalts aus kindbezogenen Gründen)*

a [14] 1. Zutreffend ist das Berufungsgericht davon ausgegangen, dass mit Vollendung des dritten Lebensjahres des gemeinsamen Kindes grundsätzlich eine Erwerbsobliegenheit des betreuenden Elternteils einsetzt. Mit der Neuregelung des Betreuungsunterhalts durch das Gesetz zur Änderung des Unterhaltsrechts vom 21. Dezember 2007 (BGBl. I S. 3189) hat der Gesetzgeber einen auf drei Jahre befristeten Basisunterhalt eingeführt, der aus Gründen der Billigkeit verlängert werden kann (BT-Drucks. 16/6980 S. 8 f.). Im Rahmen dieser Billigkeitsentscheidung sind nach dem Willen des Gesetzgebers kind- und elternbezogene Verlängerungsgründe zu berücksichtigen. Dabei wird der Betreuungsunterhalt vor allem im Interesse des Kindes gewährt, um dessen Betreuung und Erziehung sicherzustellen (BT-Drucks. 16/6980 S. 9; Senatsurteil vom 30. März 2011 – XII ZR 3/09 – FamRZ 2011, 791 Rn. 18 mwN).

[15] Zugleich hat der Gesetzgeber mit der Neuregelung des § 1570 BGB dem unterhaltsberechtigten Elternteil die Darlegungs- und Beweislast für die Voraussetzungen einer Verlängerung des Betreuungsunterhalts über die Dauer von drei Jahren hinaus auferlegt. Kind- und elternbezogene Umstände, die aus Gründen der Billigkeit zu einer Verlängerung des Betreuungsunterhalts über die Vollendung des dritten Lebensjahres hinaus führen können, sind deswegen vom Unterhaltsberechtigten darzulegen und gegebenenfalls zu beweisen (Senatsurteile BGHZ 180, 170 = FamRZ 2009, 770 Rn. 23 und BGHZ 177, 272 = FamRZ 2008, 1739 Rn. 97).

[16] Wie der Senat bereits wiederholt ausgesprochen hat, verlangt die gesetzliche Neuregelung zwar keinen abrupten Wechsel von der elterlichen Betreuung zu einer Vollzeiterwerbstätigkeit (vgl. auch BT-Drucks. 16/6980 S. 9). Nach Maßgabe der im Gesetz genannten kindbezogenen (§ 1570 I 3 BGB) und elternbezogenen (§ 1570 II BGB) Gründe ist auch nach dem neuen Unterhaltsrecht ein gestufter Übergang bis hin zu einer Vollzeiterwerbstätigkeit möglich (Senatsurteil vom 30. März 2011 – XII ZR 3/09 – FamRZ 2011, 791 Rn. 20 mwN). Ein solcher gestufter Übergang setzt aber nach dem Willen des Gesetzgebers voraus, dass der unterhaltsberechtigte Elternteil kind- und/oder elternbezogene Gründe vorträgt, die einer vollschichtigen Erwerbstätigkeit des betreuenden Elternteils mit Vollendung des dritten Lebensjahres entgegenstehen (Senatsurteil vom 1. Juni 2011 – XII ZR 45/09 – zur Veröffentlichung bestimmt). Nur an solchen individuellen Gründen kann sich der gestufte Übergang im Einzelfall orientieren.

(Unzulässiges Altersphasenmodell)

b [17] Soweit in Rechtsprechung und Literatur auch zu der seit dem 1. Januar 2008 geltenden Rechtslage abweichende Auffassungen vertreten werden, die an das frühere Altersphasenmodell anknüpfen und eine Verlängerung des Betreuungsunterhalts allein oder überwiegend vom Kindesalter abhängig machen, sind diese im Hinblick auf den eindeutigen Willen des Gesetzgebers nicht haltbar (Senatsurteil BGHZ 180, 170 = FamRZ 2009, 770 Rn. 28). Die kindbezogenen Verlängerungsgründe, insbesondere die Betreuungsbedürftigkeit, und die elternbezogenen Verlängerungsgründe als Ausdruck der nachehelichen Solidarität sind vielmehr nach den individuellen Verhältnissen zu ermitteln (Senatsurteil vom 1. Juni 2011 – XII ZR 45/09 – zur Veröffentlichung bestimmt).

[18] 2. Diesen gesetzlichen Vorgaben trägt das Berufungsurteil nicht hinreichend Rechnung. Die zur Begründung angeführten Umstände können weder als individuelle kindbezogene noch als individuelle elternbezogene Gründe eine Fortdauer des Betreuungsunterhalts über die Vollendung des dritten Lebensjahres hinaus rechtfertigen.

[22] c) Zutreffend rügt die Revision deswegen, dass das Oberlandesgericht bei seiner Beurteilung der Erwerbsobliegenheit der Beklagten jedenfalls überwiegend von dem dargelegten Altersphasenmodell ausgegangen ist. Selbst wenn das Oberlandesgericht hier nicht allein auf das Alter des Kindes abgestellt, sondern die von ihm dargelegten Altersphasen nur als Regelfall bewertet hat, innerhalb dessen die Umstände des Einzelfalles zu berücksichtigen sind, entspricht dies nicht der Rechtsprechung des Senats. Denn indem das Oberlandesgericht keine durchgreifenden individuellen Einzelumstände anführt, stellt es letztlich überwiegend auf den allein am Alter des gemeinsamen Kindes orientierten Regelfall ab. Dies widerspricht der gesetzlichen Neuregelung, wie der Senat bereits wiederholt ausgeführt hat (vgl. Senatsurteil BGHZ 180, 170 = FamRZ 2009, 770 Rn. 28).

BGH v. 13.7.2011 – XII ZR 84/09 – FamRZ 2011, 1498 = NJW 2011, 3089

(Vorabzahlung des Kindesunterhalts)

[22] Soweit das Oberlandesgericht vom Einkommen des Klägers neben den Zahlbeträgen auf den Kindesunterhalt zusätzlich das hälftige Kindergeld abgesetzt hat, entspricht dies ebenfalls nicht der nach Erlass des Berufungsurteils ergangenen Rechtsprechung des Senats. Danach kann bei der Bemessung des Ehegattenunterhalts vom unterhaltsrelevanten Einkommen sowohl im Rahmen der Bedarfsbemessung (Senatsurteil vom 27. Mai 2009 – XII ZR 78/08 – FamRZ 2009, 1300 Rn. 45 ff.) als auch im Rahmen der Leistungsfähigkeit (Senatsurteil vom 24. Juni 2009 – XII ZR 161/08 – FamRZ 2009, 1477 Rn. 21 ff.) nur der Zahlbetrag auf den Kindesunterhalt abgesetzt werden. Auch dies wird das Berufungsgericht zu berücksichtigen haben.

(Verfestigte Lebensgemeinschaft des Unterhaltsberechtigten)

[24] 4. Soweit das Berufungsgericht der Beklagten für die hier noch relevante Zeit ab Dezember 2008 den vollen rechnerisch ermittelten Aufstockungsunterhalt zugesprochen und eine weitere Begrenzung nach § 1579 Nr. 2 BGB abgelehnt hat, hält dies den Angriffen der Revision nicht stand.
[25] a) Zutreffend ist das Oberlandesgericht allerdings davon ausgegangen, dass der Unterhaltsanspruch der Beklagten wegen ihrer verfestigten Lebensgemeinschaft in der Zeit von Januar bis November 2008 überwiegend entfallen war. Dies hält auch den Gegenrügen der Beklagten stand.
[26] Schon nach ständiger Rechtsprechung des Senats zum früheren Recht konnte ein länger dauerndes Verhältnis des Unterhaltsberechtigten zu einem anderen Partner zur Annahme eines Härtegrundes im Rahmen des § 1579 Nr. 7 BGB aF – mit der Folge der Unzumutbarkeit einer weiteren uneingeschränkten Unterhaltsbelastung für den Unterhaltspflichtigen – führen, wenn sich die Beziehung in einem solchen Maße verfestigt hatte, dass sie als eheähnliches Zusammenleben anzusehen und gleichsam an die Stelle einer Ehe getreten war. Dabei setzte die Annahme einer verfestigten Lebensgemeinschaft nicht zwingend voraus, dass die Partner räumlich zusammenlebten und einen gemeinsamen Haushalt führten, auch wenn eine solche Form des Zusammenlebens in der Regel als ein typisches Anzeichen hierfür angesehen wurde. Unter welchen Umständen – nach einer gewissen Dauer, die im Allgemeinen zwischen zwei und drei Jahren lag – auf ein eheähnliches Zusammenleben geschlossen werden konnte, ließ sich nicht allgemein verbindlich festlegen. Letztlich oblag es der verantwortlichen Beurteilung des Tatrichters, ob er den Tatbestand des eheähnlichen Zusammenlebens aus tatsächlichen Gründen für gegeben erachtete oder nicht (Senatsurteile BGHZ 176, 150 = FamRZ 2008, 1414 Rn. 26; BGHZ 157, 395 = FamRZ 2004, 614, 616 und BGHZ 150, 209 = FamRZ 2002, 810, 811).
[27] Mit der zum 1. Januar 2008 in Kraft getretenen Neuregelung des § 1579 Nr. 2 BGB ist die verfestigte Lebensgemeinschaft als eigenständiger Härtegrund in das Gesetz übernommen worden. Auch damit wird kein vorwerfbares Fehlverhalten des Unterhaltsberechtigten sanktioniert. Zweck der Vorschrift ist es vielmehr, rein objektive Gegebenheiten bzw. Veränderungen in den Lebensverhältnissen des bedürftigen Ehegatten zu erfassen, die eine dauerhafte Unterhaltsleistung unzumutbar erscheinen lassen. Auch die gesetzliche Neuregelung hat nicht festgelegt, ab wann von einer verfestigten Lebensgemeinschaft auszugehen ist, sondern ausdrücklich auf die hierzu ergangene Rechtsprechung Bezug genommen. Eine verfestigte Lebensgemeinschaft kann danach insbesondere angenommen werden, wenn objektive, nach außen tretende Umstände wie etwa ein über einen längeren Zeitraum hinweg geführter gemeinsamer Haushalt, das Erscheinungsbild in der Öffentlichkeit, größere gemeinsame Investitionen wie der Erwerb eines gemeinsamen Familienheims oder die Dauer der Verbindung den Schluss auf eine verfestigte Lebensgemeinschaft nahelegen. Entscheidend ist darauf

abzustellen, dass der unterhaltsberechtigte frühere Ehegatte eine verfestigte neue Lebensgemeinschaft eingegangen ist, sich damit endgültig aus der ehelichen Solidarität herauslöst und zu erkennen gibt, dass er diese nicht mehr benötigt (BT-Drucks. 16/1830 S. 21; vgl. auch Senatsurteil vom 30. März 2011 – XII ZR 3/09 – FamRZ 2011, 791 Rn. 39). Kriterien wie die Leistungsfähigkeit des neuen Partners spielen hingegen keine Rolle. Die verfestigte Lebensgemeinschaft ist damit als Anwendungsfall der Unbilligkeit nach § 1579 BGB zu begreifen und nicht als Fall der bloßen Bedarfsdeckung im Sinne von § 1577 I BGB. Die Belange eines gemeinsamen Kindes sind allerdings im Rahmen der Kinderschutzklausel im Einleitungssatz des § 1579 BGB zu beachten.

[28] Auf dieser rechtlichen Grundlage ist die Annahme einer verfestigten Lebensgemeinschaft durch das Oberlandesgericht aus revisionsrechtlicher Sicht nicht zu beanstanden. Zu Recht hat es dabei auch auf das Erscheinungsbild der neuen Lebensgemeinschaft der Beklagten in der Öffentlichkeit abgestellt. Dem Umstand, dass die Beklagte keinen gemeinsamen Haushalt mit ihrem Lebensgefährten unterhielt, hat es dadurch Rechnung getragen, dass es eine verfestigte Lebensgemeinschaft erst ab Januar 2008, also nach 3 3/4 Jahren seit Aufnahme der neuen Partnerschaft, angenommen hat. Entgegen der Auffassung der Revisionserwiderung liegt darin jedenfalls keine rechtswidrige Belastung der Beklagten.

(Wiederaufleben des nachehelichen Unterhalts)

c [29] b) Das Wiedererstarken des Anspruchs auf Aufstockungsunterhalt für die Zeit ab Dezember 2008 hat das Oberlandesgericht hingegen nicht rechtsfehlerfrei begründet.

[30] aa) Zutreffend ist allerdings der Ansatz des Oberlandesgerichts, wonach ein nach § 1579 BGB beschränkter oder versagter Unterhaltsanspruch bei Wegfall des Härtegrundes grundsätzlich wieder aufleben kann. Insoweit unterscheidet sich die Vorschrift von der früheren Regelung in § 66 EheG, die eine Verwirkung des Unterhaltsanspruchs vorsah. Ändern sich später die Gegebenheiten, die die Unzumutbarkeit der Inanspruchnahme des früheren Ehegatten auf Unterhalt begründet haben, bleiben diese Änderungen weder unberücksichtigt noch führen sie ohne Weiteres zur Wiederherstellung der unterhaltsrechtlichen Lage, die vor dem Eintritt der die Unzumutbarkeit begründenden Umstände bestanden hat. Erforderlich ist nach ständiger Rechtsprechung des Senats vielmehr eine neue umfassende Prüfung, ob die aus einer wiederauflebenden Unterhaltspflicht erwachsenden Belastungen für den Unterhaltspflichtigen weiterhin die Zumutbarkeitsgrenze überschreiten (Senatsurteile vom 6. Mai 1987 – IVb ZR 61/86 – FamRZ 1987, 689, 690 und vom 25. September 1985 – IVb ZR 49/84 – FamRZ 1986, 443, 444). In diese Prüfung sind grundsätzlich alle Umstände einzubeziehen, die die gebotene Billigkeitsabwägung beeinflussen können. Erhebliche Bedeutung kommt dabei zunächst dem Maß der nachehelichen Solidarität zu. Insbesondere in Fällen, in denen der unterhaltsberechtigte Ehegatte während der Ehezeit seine Erwerbstätigkeit aufgegeben hatte, um den gemeinsamen Haushalt zu führen oder die gemeinsamen Kinder zu betreuen, gewinnt auch die Ehedauer an Bedeutung (vgl. Senatsurteil vom 6. Oktober 2010 – XII ZR 202/08 – FamRZ 2010, 1971 Rn. 21 und vom 11. August 2010 – XII ZR 102/09 – FamRZ 2010, 1637 Rn. 48). Auf der anderen Seite ist auch zu berücksichtigen, wie lange die Verhältnisse gedauert haben, die eine Unterhaltsgewährung als objektiv unzumutbar erscheinen ließen (OLG Celle FamRZ 2008, 1627 Rn. 42). Entsprechend wird in der Literatur einhellig die Auffassung vertreten, dass ein nach § 1579 Nr. 2 BGB beschränkter oder versagter nachehelicher Unterhaltsanspruch grundsätzlich wiedererstarken kann, wobei es einer umfassenden Zumutbarkeitsprüfung unter Berücksichtigung aller Umstände bedarf (Wendl/Gerhardt Das Unterhaltsrecht in der familienrichterlichen Praxis 8. Aufl. Rn. 1384; Scholz/Kleffmann/Motzer Praxishandbuch Familienrecht Stand: März 2011 Teil H Rn. 280; Johannsen/Henrich/Büttner Familienrecht 5. Aufl. § 1579 BGB Rn. 68 ff.; Hoppenz/Hülsmann Familiensachen 9. Aufl. § 1579 BGB Rn. 54 ff.; Borth Praxis des Unterhaltsrechts 2. Aufl. Rn. 414 und 476; Luthin/Koch Handbuch des Unterhaltsrechts 11. Aufl. Rn. 2244; Büttner/Niepmann/Schwamb Die Rechtsprechung zur Höhe des Unterhalts 11. Aufl. Rn. 1190; Ehinger/Griesche/Rasch Handbuch Unterhaltsrecht 6. Aufl. Rn. 535d; Büte/Poppen/Menne Unterhaltsrecht 2. Aufl. § 1579 Rn. 50 und Weinreich/Klein Fachanwaltskommentar Familienrecht 4. Aufl. § 1579 Rn. 166 f.).

[31] bb) Im Rahmen dieser notwendigen umfassenden Zumutbarkeitsprüfung sind auch solche Umstände zu berücksichtigen, die erst nach der Scheidung hinzugetreten sind. Zum einen ist deswegen die Kinderschutzklausel zu beachten, die im Einklang mit der Rechtsprechung des Bundesverfassungsgerichts (BVerfGE 57, 361 = FamRZ 1981, 745, 749 f.) durch das Unterhaltsrechtsänderungsgesetz vom 20. Februar 1986 (BGBl. I S. 301) Eingang in den Einleitungssatz des § 1579 BGB gefunden hat. Andererseits ist zu berücksichtigen, dass sich der Unterhaltsberechtigte durch die Aufnahme einer

verfestigten neuen Lebensgemeinschaft aus der nachehelichen Solidarität der Ehegatten herausgelöst und zu erkennen gegeben hatte, dass er diese nicht mehr benötigt (vgl. BT-Drucks. 16/1830 S. 21). Insoweit unterscheidet sich die Rechtslage nur unwesentlich von der Regelung des § 1586a I BGB, wonach bei Auflösung einer Zweitehe gegenüber dem geschiedenen ersten Ehegatten lediglich der Betreuungsunterhalt wieder auflebt. Denn eine neue Ehe des Unterhaltsberechtigten führt stets zur endgültigen Auflösung der nachehelichen Solidarität, so dass es für ein Wiederaufleben anderer Tatbestände an einer Legitimation fehlt, während ein Wiederaufleben des Betreuungsunterhalts auf das schutzwürdige Interesse der gemeinsamen Kinder zurückzuführen ist (vgl. BT-Drucks. 16/1830 S. 22).

[32] Das Oberlandesgericht weist zwar zutreffend darauf hin, dass die Eingehung einer verfestigten Lebensgemeinschaft nicht notwendig eine gleiche endgültige Wirkung beinhaltet wie die Eingehung einer neuen Ehe. Auch der Vorschrift des § 1579 Nr. 2 BGB liegt allerdings die Überlegung zugrunde, dass ein widersprüchliches Verhalten des Unterhaltsberechtigten vorliegt, wenn er sich in eine neue verfestigte Lebensgemeinschaft begibt, aber gleichzeitig die nacheheliche Solidarität aus der geschiedenen Ehe einfordert.

[33] Nach diesen rechtlichen Maßstäben lebt auch ein nach § 1579 Nr. 2 BGB versagter Unterhaltsanspruch regelmäßig nur im Interesse gemeinsamer Kinder als Betreuungsunterhalt wieder auf. Für andere Unterhaltstatbestände gilt dies nur ausnahmsweise, wenn trotz der für eine gewisse Zeit verfestigten neuen Lebensgemeinschaft noch ein Maß an nachehelicher Solidarität gefordert werden kann, das eine fortdauernde nacheheliche Unterhaltspflicht rechtfertigen kann (so im Ergebnis auch Wendl/Gerhardt aaO Rn. 1384; Scholz/Kleffmann/Motzer/Kühner aaO Rn. 280; Luthin/Koch aaO Rn. 2244).

BGH v. 3.8.2011 – XII ZB 187/10 – FamRZ 2011, 1568 = NJW 2011, 3103

(Vollstreckbarkeit einer Unterhaltspflicht aus dem Urteil eines polnischen Amtsgerichts) R 729

[6] 1. Zutreffend sind die Instanzgerichte davon ausgegangen, dass sich die Vollstreckbarkeit des polnischen Unterhaltstitels in der Bundesrepublik Deutschland nach den Vorschriften der EuGVVO richtet. Die Verordnung ist für die Bundesrepublik Deutschland am 1. März 2002 in Kraft getreten und gilt für Polen seit dem 1. Mai 2004. Die neue Verordnung (EG) Nr. 4/2009 des Rates über die Zuständigkeit, das anwendbare Recht, die Anerkennung und Vollstreckung von Entscheidungen und die Zusammenarbeit in Unterhaltssachen vom 18. Dezember 2008 (EuUnthVO) und das zur Ausführung erlassene Gesetz zur Geltendmachung von Unterhaltsansprüchen im Verkehr mit ausländischen Staaten (Auslandsunterhaltsgesetz – AUG) sind erst zum 18. Juni 2011 in Kraft getreten (Art. 76 EuUnthVO und Art. 20 des Gesetzes zur Durchführung der Verordnung vom 23. Mai 2011 BGBl. I 898, 919) und gelten nicht für die bei ihrem Inkrafttreten bereits eingeleiteten Vollstreckbarkeitsverfahren (Art. 75 I EuUnthVO und § 77 Nr. 1 AUG; vgl. insoweit Heger/Selg FamRZ 2011, 1101 ff. und Wendl/Dose Das Unterhaltsrecht in der familienrichterlichen Praxis 8. Aufl. § 9 Rn. 675 ff.).

[7] 2. Ebenfalls zu Recht hat das Oberlandesgericht die inländische Vollstreckbarkeit nicht nach Art. 45 I iVm Art. 34 Nr. 2 EuGVVO versagt.

(Zustellung der Klageschrift)

[8] a) Soweit der Antragsgegner einwendet, der Antrag in dem polnischen Ausgangsverfahren sei ihm nicht so rechtzeitig zugestellt worden, dass er sich gegen die Klage verteidigen konnte, hat das Oberlandesgericht dies mit zutreffender Begründung zurückgewiesen.

[9] aa) Die Zustellung der Klageschrift in dem polnischen Ausgangsverfahren erfolgte am 7. Dezember 2007 nach den Vorschriften der EuZVO 2000. Die neue Verordnung (EG) Nr. 1393/2007 des Europäischen Parlaments und des Rates über die Zustellung gerichtlicher und außergerichtlicher Schriftstücke in Zivil- oder Handelssachen in den Mitgliedstaaten („Zustellung von Schriftstücken") und zur Aufhebung der Verordnung (EG) Nr. 1348/2000 des Rates, vom 13. November 2007 (EuZVO 2007), ist nach ihrem Art. 26 erst zum 13. November 2008 in Kraft getreten und galt deswegen bei den hier relevanten Zustellungen noch nicht.

(Einlassung zur Sache)

[18] cc) Der Antragsgegner, der die Annahme der Klageschrift im polnischen Ausgangsverfahren nicht wegen fehlender Übersetzung verweigert hatte, hat sich stattdessen in jenem Verfahren zur Sache eingelassen. Auch dies steht nach Art. 45 I, 34 Nr. 2 EuGVVO einem Vollstreckungshindernis ent-

gegen. Denn der Schutz des § 34 Nr. 2 EuGVVO beschränkt sich ausdrücklich auf solche Beklagte, die sich auf das Verfahren nicht eingelassen haben.

[19] Der Begriff der Einlassung ist dabei unionsrechtlich autonom zu bestimmen. Im Hinblick auf den Zweck der Vorschrift, das rechtliche Gehör des Beklagten zu gewährleisten, gilt als Einlassung im Sinne der Vorschrift jedes Verhandeln, aus dem sich ergibt, dass der Beklagte von dem gegen ihn eingeleiteten Verfahren Kenntnis erlangt und die Möglichkeit der Verteidigung gegen den Angriff des Klägers erhalten hat, es sei denn, sein Vorbringen beschränkt sich darauf, den Fortgang des Verfahrens zu rügen, weil das Gericht unzuständig sei oder weil die Zustellung nicht so erfolgt sei, dass er sich verteidigen könne (Kropholler/von Hein Europäisches Zivilprozessrecht 9. Aufl. Art. 34 EuGVO Rn. 27; Geimer/Schütze Europäisches Zivilverfahrensrecht 3. Aufl. Art. 34 EuGVVO Rn. 109 ff.; Schlosser EU-Zivilprozessrecht 3. Aufl. Art. 34–36 EuGVVO Rn. 20). Entsprechend hatte der Europäische Gerichtshof bereits zur Vorgängerregelung des Art. 27 Nr. 2 EuGVÜ entschieden, dass sich ein Beklagter, der sich auf das Verfahren eingelassen hat, zumindest dann nicht mehr auf das Vollstreckungshindernis berufen kann, wenn er Gelegenheit zur Verteidigung erhalten hat (EuGH NJW 1993, 2091 Rn. 36 ff.).

[20] Auf die Rechtsfrage, ob eine das Vollstreckungshindernis des Art. 34 Nr. 2 EuGVVO ausschließende Einlassung auch dann vorliegt, wenn die Einlassung zur Sache neben der Rüge einer unwirksamen Zustellung oder der Unzuständigkeit des Gerichts erfolgt, kommt es hier nicht an (zum Streit vgl. EuGH Slg. 1981, 1671 Rn. 14, EuGH Slg. 1981, 2431 und OGH Wien ZfRV 2000, 112). Denn der Antragsgegner hat im Ausgangsverfahren nicht eine fehlende Übersetzung der Klageschrift gerügt, sondern sich darauf beschränkt, in der Sache vorzutragen. Seine Einlassung, er kenne weder das Kind noch die Mutter und sei nicht als Beklagter gemeint, zielt auf eine fehlende Passivlegitimation und richtet sich somit gegen die Begründetheit der Klage (vgl. Zöller/Greger ZPO 28. Aufl. vor § 253 Rn. 25).

[21] Auch die weitere Frage, ob eine Einlassung des Beklagten im Sinne des Art. 34 Nr. 2 EuGVVO darin zu erblicken ist, dass er durch Abgabe einer Blutprobe an der vom Gericht angeordneten Beweisaufnahme durch Einholung eines DNA-Gutachtens mitgewirkt hat, kann hier dahinstehen. Denn der Antragsgegner hatte sich bereits zuvor entschieden, nicht die unterbliebene Übersetzung nach Art. 8 EuZVO 2000 zu rügen, sondern sich in der Sache selbst einzulassen.

(Kein Rechtsmittel im Hauptsacheverfahren)

d [22] b) Schließlich entfällt ein Vollstreckungshindernis nach Art. 45 I, 34 Nr. 2 EuGVVO auch deswegen, weil der Antragsgegner gegen das Ausgangsurteil des polnischen Amtsgerichts kein Rechtsmittel eingelegt hat, obwohl ihm dies möglich gewesen wäre.

[23] Grundsätzlich ist die Rüge eines Verstoßes gegen den verfahrensrechtlichen ordre public dann ausgeschlossen, wenn der Antragsgegner des Vollstreckbarkeitsverfahrens im Erkenntnisverfahren nicht alle nach dem Recht des Ursprungsstaates statthaften, zulässigen und zumutbaren Rechtsmittel ausgeschöpft hat (Senatsbeschluss BGHZ 182, 188 = FamRZ 2009, 1816 Rn. 40 mwN). Für die Rüge einer nicht rechtzeitigen Zustellung des verfahrenseinleitenden Schriftstücks ist dies in § 34 Nr. 2 EuGVVO ausdrücklich geregelt. Diese Regelung lässt sich damit rechtfertigen, dass über Verfahrensfehler möglichst sachnah im Ursprungsstaat entschieden werden soll. Zudem ist die prozessuale Lage, auf der das Vollstreckungshindernis des Art. 34 Nr. 2 EuGVVO beruht, wenn der Beklagte das verfahrenseinleitende Schriftstück zwar nicht rechtzeitig erhalten, von der anhängigen Klage aber in einem späteren Stadium, z. B. durch Zustellung des Urteils, erfahren hat, durch die weitere Entwicklung überholt. Dadurch wird die Rechtsposition des Beklagten allerdings nicht unerheblich eingeschränkt. Erforderlich ist deshalb, dass der Beklagte nicht nur von der Existenz eines Urteils, sondern auch von dessen genauem Inhalt Kenntnis erlangt (Kropholler/von Hein Europäisches Zivilprozessrecht 9. Aufl. Art. 34 EuGVO Rn. 42; Geimer in Geimer/Schütze Europäisches Zivilverfahrensrecht 3. Aufl. Art. 34 EuGVVO Rn. 94 ff.; Schlosser EU-Zivilprozessrecht 3. Aufl. Art. 34–36 EuGVVO Rn. 19). Selbst wenn der Beklagte erst im Vollstreckbarerklärungsverfahren nach Art. 42 II EuGVVO vom Inhalt der Entscheidung Kenntnis erlangt, ist er verpflichtet, die ihm zur Verfügung stehenden Rechtsbehelfe gegen die Entscheidung im Ausgangsstaat einzulegen (vgl. BGH Beschlüsse vom 17. Dezember 2009 – IX ZB 124/08 – NJW-RR 2010, 571 und vom 21. Januar 2010 – IX ZB 193/07 – NJW-RR 2010, 1001).

[24] Gegen das Urteil des polnischen Amtsgerichts war nach Art. 367 des polnischen Zivilverfahrensgesetzbuches (ZVGB) eine Berufung zulässig. Nach dem Inhalt der Entscheidung und der aus-

Anhang R. Rechtsprechung   **R731**

drücklichen Stellungnahme des Bezirksgerichts im Vollstreckbarkeitsverfahren hatte das Amtsgericht berücksichtigt, dass der Antragsgegner auf die Zustellung der Klageschrift in der Sache geantwortet hatte und deswegen nicht in Form eines Versäumnisurteils entschieden. Anhaltspunkte dafür, dass dem Antragsgegner nach Art. 1135 § 1 und 2 ZVGB keine weiteren Zustellungen zugegangen sind und ihm auch das Urteil des Amtsgerichts nicht zugestellt wurde, liegen nicht vor (vgl. insoweit Senatsbeschluss BGHZ 182, 188 = FamRZ 2009, 1816 Rn. 41 ff.). Zwar sind die Versagungsgründe des § 34 EuGVVO im Vollstreckbarkeitsverfahren von Amts wegen auch ohne eine entsprechende Rüge des Beklagten zu prüfen. Dabei besteht allerdings keine Verpflichtung des Beschwerdegerichts, die für die Entscheidung erheblichen Tatsachen von Amts wegen zu ermitteln (Senatsbeschluss vom 12. Dezember 2007 – XII ZB 240/05 – FamRZ 2008, 586 Rn. 22 ff.). Eine fehlende Zustellung des polnischen Ausgangsurteils hat der Antragsgegner im Vollstreckbarkeitsverfahren nicht behauptet.

BGH v. 9.11.2011 – XII ZR 136/09 – FamRZ 2012, 200 = NJW 2012, 450

(Unterhaltsregress des Scheinvaters nach Vaterschaftsanfechtung)   R 730

[13] 2. Zu Recht ist das Oberlandesgericht davon ausgegangen, dass der frühere rechtliche Vater **a** nach erfolgreicher Vaterschaftsanfechtung von dem leiblichen Vater Regress wegen seiner Leistungen auf Kindes- und Betreuungsunterhalt verlangen kann.

[14] Nach § 1607 III 2 BGB geht der Unterhaltsanspruch eines Kindes gegen einen Elternteil auf einen Dritten über, der als Vater Unterhalt geleistet hat. Entsprechendes gilt für den Anspruch auf Betreuungsunterhalt nach § 1615l III 1 iVm § 1607 III 2 BGB. Unstreitig hat der Kläger nach seinem Vaterschaftsanerkenntnis sowohl Kindes- als auch Betreuungsunterhalt gezahlt. Nach erfolgreicher Anfechtung seiner Vaterschaft steht rechtskräftig fest, dass er solchen Unterhalt nicht schuldete und somit als Dritter im Sinne von § 1607 III 2 BGB geleistet hat. Der Unterhaltsanspruch des Kindes und der Beklagten gegen den leiblichen Vater des Kindes ist somit auf den Kläger übergegangen.

(Inzidente Vaterschaftsfeststellung als Vorfrage)

[15] Dem Regressanspruch steht nach ständiger Rechtsprechung des Senats auch nicht entgegen, **b** dass nach erfolgreicher Vaterschaftsanfechtung durch den Kläger noch keine neue Vaterschaft festgestellt worden ist. Die Rechtsausübungssperre des § 1600d IV BGB, wonach die Rechtswirkungen der Vaterschaft grundsätzlich erst vom Zeitpunkt ihrer Feststellung an geltend gemacht werden können, kann im Regressprozess des Scheinvaters gegen den mutmaßlichen Erzeuger des Kindes in besonders gelagerten Einzelfällen auf die Weise durchbrochen werden, dass die Vaterschaft inzident festgestellt wird (Senatsurteile BGHZ 176, 327 = FamRZ 2008, 1424 Rn. 17 ff. und vom 22. Oktober 2008 – XII ZR 46/07 – FamRZ 2009, 32 Rn. 11 ff.; vgl. auch Eschenbruch/Klinkhammer/Wohlgemuth Der Unterhaltsprozess 5. Aufl. Kap. 4 Rn. 152). Eine solche Ausnahme kommt insbesondere dann in Betracht, wenn davon auszugehen ist, dass ein Vaterschaftsfeststellungsverfahren auf längere Zeit nicht stattfinden wird, weil die zur Erhebung einer solchen Klage Befugten dies ausdrücklich ablehnen oder von einer solchen Möglichkeit seit längerer Zeit keinen Gebrauch gemacht haben (Senatsurteile BGHZ 176, 327 = FamRZ 2008, 1424 Rn. 28 ff. und vom 22. Oktober 2008 – XII ZR 46/07 – FamRZ 2009, 32 Rn. 12).

[16] Diese Voraussetzung für eine Durchbrechung der Rechtsausübungssperre des § 1600d IV BGB ist hier erfüllt, weil sich die Beklagte weigert, die Person des mutmaßlich leiblichen Vaters zu benennen, obwohl sie ihr wegen der laufenden Unterhaltsleistungen für das Kind positiv bekannt ist. Auch nachdem die Vaterschaft des Klägers für das im Januar 2007 geborene Kind wirksam angefochten wurde, beabsichtigen die Berechtigten nicht die vom Gesetz vorgesehene Klärung der leiblichen Abstammung des Kindes. Einem Regressanspruch gegen den mutmaßlichen Vater mit inzidenter Feststellung der Vaterschaft für das 2007 geborene Kind der Beklagten kann der Erfolg deswegen nicht von vornherein versagt werden.

BGH v. 7.12.2011 – XII ZR 151/09 – FamRZ 2012, 281 = NJW 2012, 384

(Nachehelicher Unterhalt nach den ehelichen Verhältnissen)   R 731

[16] 2. Im Ansatz zutreffend hat das Berufungsgericht den Unterhaltsbedarf der Beklagten gemäß **a** § 1578 I 1 BGB nach den ehelichen Lebensverhältnissen bemessen. Dabei ist es allerdings der Rechtsprechung des Senats gefolgt und hat den Unterhaltsbedarf unter Berücksichtigung aller nachehelich

eingetretenen tatsächlichen Umstände bestimmt. Diese auf dem Wegfall des Stichtagsprinzips basierende Rechtsprechung hat das Bundesverfassungsgericht für nicht mit dem geltenden Recht vereinbar erklärt (BVerfG FamRZ 2011, 437, 441 ff.). Im Anschluss an diese Entscheidung gibt der Senat diese Rechtsprechung zur Bemessung des Unterhaltsbedarfs nach den ehelichen Lebensverhältnissen (vgl. Senatsurteile BGHZ 175, 182 = FamRZ 2008, 968 Rn. 42 ff. und BGHZ 177, 356 = FamRZ 2008, 1911 Rn. 30 ff.) auf und kehrt für die Bedarfsbemessung nach den ehelichen Lebensverhältnissen zu dem seiner früheren Rechtsprechung zugrunde liegenden Stichtagsprinzip zurück.

(Stichtagsprinzip)

b [17] a) Danach werden die ehelichen Lebensverhältnisse im Sinne von § 1578 I 1 BGB grundsätzlich jedenfalls durch die Umstände bestimmt, die bis zur Rechtskraft der Ehescheidung eintreten (vgl. BT-Drucks. 7/650 S. 136; BVerfGE 108, 351, 366 = FamRZ 2003, 1821, 1823 f.; BVerfG FamRZ 2011, 437 Rn. 69; Senatsurteile BGHZ 148, 105 = FamRZ 2001, 986, 989 ff.; vom 19. Juli 2000 – XII ZR 161/98 – FamRZ 2000, 1492, 1493; vom 25. November 1998 – XII ZR 98/97 – FamRZ 1999, 367, 368 f.; vom 20. Oktober 1993 – XII ZR 89/92 – FamRZ 1994, 87, 88 f.; vom 18. März 1992 – XII ZR 23/91 – FamRZ 1992, 1045, 1056; vom 13. Juli 1988 – IVb ZR 39/87 – FamRZ 1988, 1031, 1032; vom 11. Mai 1988 – IVb ZR 42/87 – FamRZ 1988, 817, 818 und vom 25. Februar 1987 – IVb ZR 36/86 – FamRZ 1987, 456, 458 f.; vgl. auch Wendl/Gerhardt Das Unterhaltsrecht in der familienrichterlichen Praxis 8. Aufl. § 8 Rn. 426 ff.).

[18] Bei der Bemessung des Unterhaltsbedarfs nach den ehelichen Lebensverhältnissen sind somit grundsätzlich die Umstände zu berücksichtigen, die das für Unterhaltszwecke verfügbare Einkommen auch schon vor Rechtskraft der Ehescheidung beeinflusst haben (Senatsurteil vom 10. Dezember 1980 – IVb ZR 534/80 – FamRZ 1981, 241 f.). Ebenso ist grundsätzlich auch das Hinzutreten weiterer Unterhaltsberechtigter bis zur rechtskräftigen Ehescheidung zu berücksichtigen. Denn die Unterhaltspflicht gegenüber solchen, vor Rechtskraft der Ehescheidung geborenen weiteren Unterhaltsberechtigten beeinflusst in gleicher Weise die ehelichen Lebensverhältnisse, weil sie auch schon während der später geschiedenen Ehe bestand (vgl. BVerfG FamRZ 2011, 437 Rn. 69).

[19] aa) Das gilt nach ständiger Rechtsprechung des Senats sowohl für gemeinsame Kinder als auch für Kinder des Unterhaltspflichtigen aus einer neuen Beziehung, die bereits vor Rechtskraft der Ehescheidung geboren sind (Senatsurteile vom 19. Juli 2000 – XII ZR 161/98 – FamRZ 2000, 1492, 1493; vom 25. November 1998 – XII ZR 98/97 – FamRZ 1999, 367, 368 f.; vom 20. Oktober 1993 – XII ZR 89/92 – FamRZ 1994, 87, 88 f.; vom 13. Juli 1988 – IVb ZR 39/87 – FamRZ 1988, 1031, 1032; vom 11. Mai 1988 – IVb ZR 42/87 – FamRZ 1988, 817, 818 und vom 25. Februar 1987 – IVb ZR 36/86 – FamRZ 1987, 456, 458 f.). Dies gilt selbst dann, wenn die Kinder inzwischen volljährig und nach § 1609 Nr. 4 BGB gegenüber dem geschiedenen Ehegatten nachrangig sind (Senatsurteil vom 25. Februar 1987 – IVb ZR 36/86 – FamRZ 1987, 456, 458 f.). Ihr Nachrang wirkt sich dann erst bei Vorliegen eines absoluten Mangelfalles im Rahmen der Leistungsfähigkeit aus (zum Begriff des Mangelfalls vgl. Wendl/Gutdeutsch Das Unterhaltsrecht in der familienrichterlichen Praxis 8. Aufl. § 5 Rn. 1). Die Auswirkungen auf den Unterhaltsanspruch des geschiedenen Ehegatten nach den ehelichen Lebensverhältnissen entfallen erst dann, wenn das Kind selbst nicht mehr unterhaltsberechtigt ist (Senatsurteil vom 20. Juli 1990 – XII ZR 73/89 – FamRZ 1990, 1085, 1087 f.).

[20] bb) Nichts anderes gilt für den Anspruch auf Betreuungsunterhalt nach § 1615l BGB, den die Mutter eines vor Rechtskraft der Ehescheidung geborenen nichtehelichen Kindes schon während der Ehezeit von dem unterhaltspflichtigen geschiedenen Ehegatten verlangen kann (so auch Gutdeutsch FamRZ 2011, 523, 524; Maier FuR 2011, 182, 184). Auch diese Unterhaltspflicht hat die ehelichen Lebensverhältnisse der Ehegatten bereits beeinflusst. Weil der geschiedene Ehegatte nach § 1578 I 1 BGB Anspruch auf einen den ehelichen Lebensverhältnissen entsprechenden Unterhalt hat, ist es in solchen Fällen gerechtfertigt und sogar geboten, bei der Unterhaltsbemessung den Unterhaltsanspruch nach § 1615l BGB in der geschuldeten Höhe vom Einkommen des Unterhaltspflichtigen vorab abzuziehen (vgl. Senatsurteile vom 20. Oktober 1993 – XII ZR 89/92 – FamRZ 1994, 87, 88 f. und vom 25. Februar 1987 – IVb ZR 36/86 – FamRZ 1987, 456, 458 f.). Der abweichenden Auffassung (Götz/Brudermüller NJW 2011, 2609, 2610; Maurer FamRZ 2011, 849, 856), wonach Unterhaltsansprüche nach § 1615l BGB die ehelichen Lebensverhältnisse nicht beeinflussen, auch wenn sie bereits vor Rechtskraft der Ehescheidung entstanden sind, vermag der Senat nicht zu folgen. Soweit Maurer darauf hinweist, dass der Unterhaltsberechtigte von den erst während der Ehe hinzugekommenen Unterhaltspflichten seines Ehegatten im Zeitpunkt der Heirat noch nichts wusste, während er über die

Unterhaltspflicht gegenüber vorehelich geborenen Kindern grundsätzlich informiert sei, überzeugt dies nicht. Nach dem genannten Verständnis des Begriffs der ehelichen Lebensverhältnisse in § 1578 I 1 BGB, das auch der Entscheidung des Bundesverfassungsgerichts (BVerfG FamRZ 2011, 437 Rn. 69 f.) zugrunde liegt, kommt es nicht auf die Kenntnis des unterhaltsberechtigten Ehegatten im Zeitpunkt der Heirat, sondern nur darauf an, dass die Unterhaltspflicht noch während der Ehe entstanden ist und somit das in dieser Zeit für den Lebensbedarf der Ehegatten verfügbare Einkommen beeinflusst hat. Auch das weitere Gegenargument, welches darauf abstellt, dass sich der Bedarf der Mutter eines während der Ehezeit nichtehelich geborenen Kindes gemäß §§ 1615l III 1, 1610 I BGB nach ihrer eigenen Lebensstellung richtet und somit den Bedarf der geschiedenen Ehefrau nach den ehelichen Lebensverhältnissen übersteigen könne, überzeugt nicht. Denn ob die Mutter eines nichtehelich geborenen Kindes tatsächlich höheren Unterhalt als die geschiedene Ehefrau bekommt, lässt sich erst unter Berücksichtigung des Halbteilungsgrundsatzes beantworten, der nach der bisherigen Rechtsprechung des Senats bereits im Rahmen der Bemessung ihres Unterhaltsbedarfs zu berücksichtigen ist (Senatsurteil vom 15. Dezember 2004 – XII ZR 121/03 – FamRZ 2005, 442 Rn. 13 ff.). Selbst wenn die Wahrung der Halbteilung auch insoweit erst ein Umstand der Leistungsfähigkeit nach § 1603 I BGB wäre, könnten unbillige Ergebnisse auf dieser Stufe vermieden werden.

[21] cc) Danach hatte die noch fortbestehende Unterhaltspflicht des Klägers gegenüber dem ehegemeinsamen Kind bereits die ehelichen Lebensverhältnisse der Parteien bestimmt. Das Oberlandesgericht hat den insoweit nach § 1610 I BGB angemessenen Unterhalt deswegen zu Recht vorab vom Einkommen des Klägers abgezogen, bevor es den Unterhaltsbedarf der Beklagten ermittelt hat.

(Sonstiger Bezug zu den ehelichen Lebensverhältnissen)

[22] b) Die ehelichen Lebensverhältnisse im Sinne von § 1578 I 1 BGB können aber auch durch solche Umstände beeinflusst werden, die erst nach Rechtskraft der Ehescheidung entstanden sind und mit der Ehe in Zusammenhang stehen.

[23] aa) Dies setzt nach der Rechtsprechung des Bundesverfassungsgerichts zumindest einen gewissen Bezug zu den ehelichen Lebensverhältnissen voraus, damit die Auslegung noch vom Wortlaut des § 1578 I 1 BGB gedeckt ist (BVerfG FamRZ 2011, 437 Rn. 70). Solches ist bei Entwicklungen der Fall, die einen Anknüpfungspunkt in der Ehe finden, also gleichsam in ihr angelegt waren, oder die bei Fortbestand der Ehe auch deren Verhältnisse geprägt hätten (BVerfG FamRZ 2011, 437 Rn. 70; Senatsurteile BGHZ 153, 358 = FamRZ 2003, 590, 591 f.; vom 18. März 1992 – XII ZR 23/91 – FamRZ 1992 – 1045, 1046 f. und vom 16. März 1988 – IVb ZR 40/87 – FamRZ 1988, 701, 703). An dieser Rechtsprechung zur Berücksichtigung der bereits in der Ehe angelegten nachehelichen Veränderungen bei der Bemessung der ehelichen Lebensverhältnisse nach § 1578 I 1 hält der Senat fest (vgl. auch Borth FamRZ 2011, 445, 446; Graba FF 2011, 102, 103 und Born FF 2011, 136, 138 f., 142).

[24] bb) Einfluss auf die Unterhaltsbemessung nach den ehelichen Lebensverhältnissen können nach Rechtskraft der Ehescheidung eingetretene Umstände also insbesondere dann haben, wenn sie auch bei fortbestehender Ehe eingetreten wären (BVerfG FamRZ 2011, 437 Rn. 64, 70; Senatsurteil vom 27. November 1985 – IVb ZR 87/84 – FamRZ 1986, 148, 149). Gleiches gilt, wenn die späteren Umstände bereits in anderer Weise in der Ehe angelegt und mit hoher Wahrscheinlichkeit zu erwarten waren (Senatsurteil vom 16. März 1988 – IVb ZR 40/87 – FamRZ 1988, 701, 703). Nacheheliche Einkommensänderungen bestimmen somit insbesondere dann die ehelichen Lebensverhältnisse, wenn es sich um bereits während der Ehezeit absehbare Entwicklungen handelt. Das gilt sowohl für einen nicht vorwerfbaren nachehelichen Einkommensrückgang (Senatsurteil BGHZ 153, 358 = FamRZ 2003, 590, 591 f.) als auch für eine nicht vorwerfbare nacheheliche Arbeitslosigkeit oder den Beginn der Regelaltersrente (Senatsurteil BGHZ 163, 187 = FamRZ 2005, 1479, 1480). Auch nacheheliche Veränderungen im Ausgabenbereich sind dann bei der Bemessung des Unterhalts nach den ehelichen Lebensverhältnissen zu berücksichtigen, wenn dies auch bei fortbestehender Ehe zu erwarten war, wie etwa der umzugsbedingte Wegfall von Fahrtkosten (Senatsurteil vom 31. März 1982 – IVb ZR 652/80 – FamRZ 1982, 575, 576). Dass die spätere Entwicklung dem Unterhaltspflichtigen nicht vorwerfbar sein darf (vgl. BVerfG FamRZ 2011, 437 Rn. 70 und Maurer FamRZ 2011, 849, 854), ergibt sich schon daraus, dass eine dem Unterhaltspflichtigen vorwerfbare Einkommensverringerung zum Ansatz fiktiver Einkünfte führen würde und deswegen letztlich unberücksichtigt bliebe (Senatsurteil vom 18. März 1992 – XII ZR 23/91 – FamRZ 1992 – 1045, 1046 f.).

(Surrogat der ehelichen Lebensverhältnisse)

d [25] Die Einkünfte aus einer nachehelich aufgenommenen Erwerbstätigkeit des Unterhaltsberechtigten sind als Surrogat der Haushaltstätigkeit und Kindererziehung während der Ehe zu behandeln und somit ebenfalls bei der Bemessung des Unterhaltsbedarfs nach den ehelichen Lebensverhältnissen zu berücksichtigen (Senatsurteil BGHZ 148, 105 = FamRZ 2001, 986, 988 ff.; BVerfGE 105, 1 = FamRZ 2002, 527). Ein hinreichender Bezug zur Ehe ist in dem erst nachehelich erzielten Erwerbseinkommen deswegen zu erblicken, weil die Erwerbstätigkeit mit zunehmendem Alter der gemeinsamen Kinder auch bei fortbestehender Ehe zu erwarten gewesen wäre.

(Nacheheliche Entwicklungen)

e [26] c) Ohne Auswirkung auf den Unterhaltsbedarf nach den ehelichen Lebensverhältnissen bleibt hingegen eine nacheheliche Entwicklung, die keinen Anknüpfungspunkt in der Ehe findet. Dies gilt nach der Rechtsprechung des Bundesverfassungsgerichts insbesondere für die Unterhaltspflicht gegenüber einem neuen Ehegatten, die erst durch die Scheidung der ersten Ehe eintreten kann (BVerfG FamRZ 2011, 437 Rn. 70). Gleiches gilt für die aus der neuen Ehe hervorgehenden finanziellen Vorteile, wie den Splittingvorteil (BVerfGE 108, 351 = FamRZ 2003, 1821, 823 f. und Senatsurteile BGHZ 163, 84 = FamRZ 2005, 1817, 1819 und vom 23. Mai 2007 – XII ZR 245/04 – FamRZ 2007, 1232 Rn. 15 ff.) oder sonstige, von der neuen Ehe abhängige Einkommenszuschläge (Senatsurteil BGHZ 171, 206 = FamRZ 2007, 793 Rn. 44 ff.). Der Splittingvorteil des geschiedenen Ehegatten aus seiner neuen Ehe muss bei der Bemessung des Unterhaltsbedarfs der geschiedenen Unterhaltsberechtigten unberücksichtigt bleiben, weil dieser auf seiner neuen Ehe beruht und nach der Rechtsprechung des Bundesverfassungsgerichts dieser neuen Ehe verbleiben muss (BVerfGE 108, 351 = FamRZ 2003, 1821, 1823 f.; Senatsbeschluss BGHZ 163, 84 = FamRZ 2005, 1817, 1819). Auch der Vorteil des Zusammenlebens des Klägers in seiner neuen Ehe kann sich nur im Rahmen der Konkurrenz des Unterhaltsanspruchs seiner neuen Ehefrau mit dem Unterhaltsanspruch der Beklagten im Rahmen der Leistungsfähigkeit auswirken, nicht hingegen auf die gebotene Bedarfsbemessung im Wege der Halbteilung der ehelichen Lebensverhältnisse (Schwamb FamRB 2011, 120, 122; a. A. wohl Maurer FamRZ 2011, 849, 860).

[27] Auch die Unterhaltspflicht für ein nachehelich geborenes Kind und der Betreuungsunterhalt für dessen nicht mit dem Vater verheiratete Mutter nach § 1615l BGB sind bei der Bemessung des Unterhaltsbedarfs eines geschiedenen Ehegatten nach § 1578 I 1 BGB nicht zu berücksichtigen. Insoweit fehlt es für die erst nachehelich entstandenen Umstände an der erforderlichen Anknüpfung an die geschiedene Ehe. Solche Unterhaltsansprüche sind weder in der Ehe angelegt noch bei fortbestehender Ehe mit hoher Wahrscheinlichkeit zu erwarten (so auch Götz/Brudermüller NJW 2011, 801, 805; Borth FamRZ 2011, 445, 446 f.; Maurer FamRZ 2011, 849, 855; Born FF 2011, 136, 142 und Maier FuR 2011, 182, 184). Der abweichenden Auffassung von Gutdeutsch (FamRZ 2011, 523, 524 und Gerhardt/Gutdeutsch FamRZ 2011, 597) vermag sich der Senat nicht anzuschließen. Soweit darauf abgestellt wird, dass solche von einer Wiederheirat unabhängige Unterhaltspflichten auch bei fortbestehender Ehe möglich sind, überzeugt dies nicht. Denn bei fortbestehender Ehe besteht jedenfalls nicht die vom Bundesverfassungsgericht (FamRZ 2011, 437 Rn. 64) geforderte hohe Wahrscheinlichkeit der Geburt weiterer Kinder aus einer anderen Verbindung. Das Gebot der Gleichbehandlung aller ehelich oder nachehelich geborenen minderjährigen Kinder (Art. 6 V GG) kann eine Berücksichtigung nachehelich geborener Kinder bei der Bemessung des Unterhaltsbedarfs nach den ehelichen Lebensverhältnissen ebenfalls nicht begründen. Denn nach § 1609 Nr. 1 BGB stehen die Unterhaltsansprüche minderjähriger und privilegiert volljähriger Kinder ohnehin stets im ersten Rang. Unabhängig davon, ob sie den Unterhaltsbedarf eines geschiedenen Ehegatten beeinflussen oder nicht, sind ihre Ansprüche im Rahmen der Leistungsfähigkeit stets vorab zu befriedigen, was die von der Verfassung gebotene Gleichbehandlung sicherstellt (vgl. auch Maurer FamRZ 2011, 849, 856).

(Halbteilungsgrundsatz und Quotenmethode)

f [28] d) Soweit die Umstände der geschiedenen Ehegatten bei der Bemessung des Unterhaltsbedarfs nach den ehelichen Lebensverhältnissen zu berücksichtigen sind, ist schon insoweit der Halbteilungsgrundsatz zu beachten. Der Senat hat in ständiger Rechtsprechung darauf hingewiesen, dass Unterschiede im Einkommen der geschiedenen Ehegatten nicht zu einer unterschiedlichen Beurteilung ihrer ehelichen Lebensverhältnisse führen. Es ist vielmehr davon auszugehen, dass die von beiden erwerbstätigen Ehegatten erzielten Einkünfte ihnen gleichmäßig zugute kommen, soweit nicht jedem für

Anhang R. Rechtsprechung **R731**

erhöhte berufsbedingte Aufwendungen ein Anteil seines Einkommens vorab allein zugerechnet wird (Senatsurteile vom 31. März 1982 – IVb ZR 652/80 – FamRZ 1982, 575 f. und vom 10. Dezember 1980 – IVb ZR 534/80 – FamRZ 1981, 241). Entsprechend ist den geschiedenen Ehegatten bei der Unterhaltsbemessung nach den ehelichen Lebensverhältnissen das Einkommen, das den Lebensstandard ihrer Ehe geprägt hat, grundsätzlich hälftig zuzuordnen, unabhängig davon, ob es nur von einem oder von beiden Ehegatten erzielt wird (BVerfG FamRZ 2011,437 Rn. 46; BVerfGE 105, 1, 12 = FamRZ 2002, 527 und BVerfGE 63, 88, 109 = FamRZ 1983, 342; so auch Gerhardt/Gutdeutsch FamRZ 2011, 597 und Graba FF 2011, 102, 105).

[29] Ausnahmen von dieser Halbteilung im Rahmen der Bedarfsbemessung sind nur dann geboten, wenn im Einzelfall nach der Rechtsprechung des Senats ein Mindestbedarf geschuldet ist (Senatsurteile BGHZ 184, 13 = FamRZ 2010, 357 Rn. 25 ff. und vom 17. Februar 2010 – XII ZR 140/08 – FamRZ 2010, 629 Rn. 32 f.) oder wegen besonders hoher Einkünfte bei nur eingeschränkter Verwendung für den Lebensunterhalt eine konkrete Bedarfsbemessung erforderlich ist (vgl. Senatsurteile vom 10. November 2010 – XII ZR 197/08 – FamRZ 2011, 192 Rn. 21 ff. und vom 11. August 2010 – XII ZR 102/09 – FamRZ 2010, 1637 Rn. 26 ff.). In allen anderen Fällen wird durch die pauschale Bedarfsbemessung im Wege der Quotenmethode hinsichtlich aller im Rahmen des § 1578 I 1 BGB zu berücksichtigenden Umstände der Halbteilungsgrundsatz gewahrt.

[30] e) Danach hat die Beklagte als geschiedene Ehefrau einen Unterhaltsbedarf, der sich auf der Grundlage ihres Einkommens und des Einkommens des Klägers ohne den Splittingvorteil aus der neuen Ehe und unabhängig von dem Unterhaltsbedarf seiner neuen Ehefrau und des nachehelich geborenen Kindes bemisst.

(Leistungsfähigkeit beim Ehegattenunterhalt)

[32] 3. Bei der Bemessung der Leistungsfähigkeit des Klägers nach § 1581 BGB sind hingegen auch weitere Umstände zu berücksichtigen, die nicht bereits Einfluss auf die Bemessung des Unterhaltsbedarfs nach den ehelichen Lebensverhältnissen gehabt haben.

[33] a) Auch im Rahmen der Leistungsfähigkeit des Unterhaltspflichtigen ist der Grundsatz zu beachten, dass die Unterhaltspflicht im Hinblick auf seine allgemeine Handlungsfreiheit nach Art. 2 I GG nicht unverhältnismäßig und unzumutbar sein darf. Soweit dieser Grundsatz nicht bereits bei der Bemessung des Unterhaltsbedarfs nach den ehelichen Lebensverhältnissen berücksichtigt wurde, ist er jedenfalls bei der Prüfung der Leistungsfähigkeit im Rahmen des § 1581 BGB zu beachten, da der eigene angemessene Unterhalt nicht geringer sein darf als der an den Unterhaltsberechtigten zu leistende Betrag (Senatsurteil BGHZ 109, 72 = FamRZ 1990, 260, 264; so auch Wellenhofer FF 2011, 144, 147; Borth FamRZ 2011, 445, 448 f.; Graba FF 2011, 102, 105; Gutdeutsch FamRZ 2011, 523, 524 f.; Gerhardt/Gutdeutsch FamRZ 2011, 597, 598 f. und Maier FuR 2011, 182; a. A. Maurer FamRZ 2011, 849, 856 f.).

(Relativer und absoluter Mangelfall)

[34] Übersteigt der Bedarf des Unterhaltsberechtigten den Betrag, der dem Unterhaltspflichtigen für den eigenen Unterhalt verbleibt, liegt somit zwischen ihnen ein relativer Mangelfall vor, der zugleich zur Kürzung des Unterhalts des Berechtigten und des individuellen Selbstbehalts des Unterhaltspflichtigen führt. Entsprechend hat der Senat schon in der Vergangenheit den individuellen Selbstbehalt des Unterhaltspflichtigen als „Kehrseite" des Unterhaltsbedarfs des Berechtigten behandelt und den angemessenen Unterhalt im Sinne von § 1581 BGB, bei dessen Gefährdung die Billigkeitsabwägung einzusetzen hat, mit dem Unterhaltsbedarf des Berechtigten nach den ehelichen Lebensverhältnissen gemäß § 1578 I 1 BGB gleichgesetzt (Senatsurteil BGHZ 109, 72 = FamRZ 1990, 260, 264). Soweit der Senat in seiner Rechtsprechung zur Dreiteilung bei der Bedarfsbemessung davon abgewichen war, weil es dessen nach dieser Systematik nicht mehr bedurfte (Senatsurteil BGHZ 166, 351 = FamRZ 2006, 683 Rn. 20 ff.), hält er daran nach der Entscheidung des Bundesverfassungsgerichts nicht fest. Diese Änderung der früheren Rechtsprechung hatte der Senat ausdrücklich darauf zurückgeführt, dass er zur Wahrung des Halbteilungsgrundsatzes auch nacheheliche Änderungen bei der Bemessung des Unterhaltsbedarfs nach § 1578 I 1 BGB berücksichtigt hatte. Nachdem das Bundesverfassungsgericht diese Rechtsprechung für nicht mit dem Gesetz vereinbar erklärt hat und der Senat deswegen zu seiner früheren Rechtsprechung zur Bemessung des Unterhaltsbedarfs nach den ehelichen Lebensverhältnissen zurückkehrt, bedarf es auch des Rückgriffs auf die frühere Rechtsprechung zur Wahrung der Halbteilung im Rahmen des § 1581 BGB.

[35] Erst wenn für den Unterhaltspflichtigen die Untergrenze seines eigenen angemessenen Selbstbehalts erreicht ist (Senatsurteil BGHZ 166, 351 = FamRZ 2006, 683 Rn. 16 ff.) und somit ein absoluter Mangelfall vorliegt, wirkt sich dies allein auf den Unterhalt der Berechtigten aus (vgl. Wendl/Gutdeutsch Das Unterhaltsrecht in der familienrichterlichen Praxis 8. Aufl. § 5 Rn. 1). Dann sind die Ansprüche der Unterhaltsberechtigten entsprechend der in § 1609 BGB geregelten Rangfolge und bei Gleichrang anteilig zu kürzen.

[36] Diese Rechtsprechung führt dazu, dass im Rahmen der Leistungsfähigkeit des Unterhaltspflichtigen nach § 1581 BGB auch nachehelich geborene minderjährige oder privilegiert volljährige Kinder vorrangig zu berücksichtigen sind, weil deren Unterhalt nach § 1609 Nr. 1 BGB stets im ersten Rang geschuldet ist. Dass die Unterhaltspflicht für diese Kinder erst nachehelich entstanden ist, ist im Rahmen der Leistungsfähigkeit unerheblich, weil insoweit für die weiteren Unterhaltsberechtigten kein Vertrauensschutz dahingehend besteht, dass sich durch Wiederheirat und Gründung einer Zweitfamilie des Unterhaltspflichtigen der Kreis der unterhaltsberechtigten Personen nicht vergrößert und seine Unterhaltsquote nicht gekürzt wird (BT-Drucks. 16/1830 S. 24).

(Weitere Unterhaltspflichten und deren Rang)

i [37] b) Schließlich muss der Unterhaltspflichtige nach § 1581 BGB nur insoweit Unterhalt leisten, als es mit Rücksicht auf die Bedürfnisse und Erwerbs- und Vermögensverhältnisse der geschiedenen Ehegatten der Billigkeit entspricht, wenn er nach seinen Erwerbs- und Vermögensverhältnissen unter Berücksichtigung seiner sonstigen Verpflichtungen außerstande ist, ohne Gefährdung des eigenen angemessenen Unterhalts den vollen Unterhalt der Unterhaltsberechtigten zu zahlen. Die Leistungsfähigkeit gegenüber einzelnen Unterhaltsberechtigten hängt mithin grundsätzlich auch von weiteren Unterhaltsverpflichtungen als sonstigen Verpflichtungen im Sinne des § 1581 Satz 1 BGB ab.

[38] Insoweit kann allerdings der Rang der verschiedenen Unterhaltspflichten nicht unberücksichtigt bleiben. Dafür spricht bereits die gesetzliche Systematik, der zufolge Kapitel 3 mit den §§ 1581 ff. BGB als „Leistungsfähigkeit und Rangfolge" bezeichnet ist. Hinzu kommt, dass die frühere gesetzliche Regelung in § 1582 BGB einen ausdrücklichen Bezug auf § 1581 BGB enthielt. Im Rahmen der Leistungsfähigkeit des Unterhaltspflichtigen war mithin der Rang eines geschiedenen und eines neuen Ehegatten zu berücksichtigen. Durch die Änderung der Rangvorschrift ist zwar der ausdrückliche Bezug auf § 1581 BGB entfallen. Dabei ist der Gesetzgeber allerdings davon ausgegangen, dass die Ursache für die Entstehung von Mangelfällen vielfach in der Heirat und der Gründung einer neuen Familie nach Ehescheidung begründet liegt. Insoweit hat er nicht mehr auf die zeitliche Priorität der Eheschließung, sondern allein auf die Schutzbedürftigkeit des Unterhaltsberechtigten abgestellt, der sich im Rang nach § 1609 niederschlägt (BT-Drucks. 16/830 S. 22 f.). Aus der Gesetzesbegründung geht mithin hervor, dass im Rahmen der nach § 1581 BGB gebotenen Billigkeitsabwägung nach wie vor der Rang verschiedener Unterhaltsberechtigter zu berücksichtigen ist (so auch Maurer FamRZ 2011, 849, 857; Gerhardt/Gutdeutsch FamRZ 2011, 597, 601 und 2011, 772, 773, 775; Schwamb FamRB 2011, 120, 121).

(Darlegungs- und Beweislast)

j [39] c) Die Darlegungs- und Beweislast für seine nur eingeschränkte Leistungsfähigkeit trägt grundsätzlich der Unterhaltspflichtige (Wendl/Dose Das Unterhaltsrecht in der familienrichterlichen Praxis 8. Aufl. § 6 Rn. 721 ff.). Damit trifft den Unterhaltspflichtigen auch die Darlegungs- und Beweislast für seine „sonstigen Verpflichtungen", insbesondere für den Unterhaltsbedarf nachehelich hinzugekommener weiterer Unterhaltsberechtigter (so auch Gerhardt/Gutdeutsch FamRZ 2011, 597 f.). Im Ergebnis hatte der Senat dies bereits auf der Grundlage seiner früheren Rechtsprechung ausgesprochen (Senatsurteil vom 14. April 2010 – XII ZR 89/08 – FamRZ 2010, 869 Rn. 36 mwN).

[40] d) Die Leistungsfähigkeit des Unterhaltspflichtigen gegenüber einem geschiedenen Ehegatten wird somit auch durch sonstige vor- oder gleichrangige Unterhaltspflichten beeinflusst. Das gilt insbesondere bei nachehelich hinzugekommenen Unterhaltspflichten für einen neuen Ehegatten oder die Mutter eines nichtehelich geborenen Kindes nach § 1615l BGB.

(Billigkeitsprüfung bei nachehelichen gleichrangigen Unterhaltspflichten)

k [41] aa) Ist die geschiedene Ehefrau wegen langer Ehedauer oder der Betreuung eines gemeinsamen Kindes gegenüber dem hinzugetretenen Anspruch auf Betreuungsunterhalt der Mutter des nachehelich geborenen Kindes nach § 1609 Nr. 2 BGB gleichrangig, sind im Rahmen der Billigkeitsprüfung des

§ 1581 BGB grundsätzlich auch die neu hinzugekommenen Unterhaltsverpflichtungen zu berücksichtigen.

[42] (1) Der unterhaltsberechtigte geschiedene Ehegatte kann dann nicht mehr den vollen Unterhalt im Wege der Halbteilung verlangen, weil dem Unterhaltspflichtigen nur ein gleich hoher Betrag seines Einkommens verbliebe, der für seinen eigenen Unterhalt und den hinzugetretenen gleichrangigen Betreuungsunterhalt zu verwenden wäre. Sowohl dem Unterhaltspflichtigen als auch dem gleichrangig hinzugetretenen Unterhaltsberechtigten verbliebe dann deutlich weniger als dem geschiedenen Ehegatten zustünde. Dies führt zu einem relativen Mangelfall zwischen dem Unterhaltspflichtigen und dem geschiedenen Ehegatten, der zu einer Kürzung des Unterhaltsanspruchs nach Billigkeit führen muss. Dem Unterhaltspflichtigen muss im Verhältnis zum geschiedenen Ehegatten somit mehr als die Hälfte des Einkommens verbleiben, um auch den hinzugekommenen Betreuungsunterhalt seines neuen Ehegatten oder einen nachehelich entstandenen Betreuungsunterhalt nach § 1615l BGB erfüllen zu können. Wenn die Instanzgerichte diese wechselseitige Beeinflussung im Rahmen der nach § 1581 BGB gebotenen Billigkeit bei gleichrangigen Unterhaltsberechtigten grundsätzlich im Wege der Dreiteilung des vorhandenen Gesamteinkommens lösen, ist dies aus revisionsrechtlicher Sicht nicht zu beanstanden (so auch Borth FamRZ 2011, 445, 449; Schwamb FamRB 2011, 120, 122; Gutdeutsch FamRZ 2011, 523, 525; Wohlgemuth FuR 2011, 311, 312; Gerhardt/Gutdeutsch FamRZ 2011, 597, 598; Wendl/Gutdeutsch Das Unterhaltsrecht in der familienrichterlichen Praxis 8. Aufl. § 5 Rn. 107 ff.; a. A. Maurer FamRZ 2011, 849, 858 f.; Götz/Brudermüller NJW 2011, 2609 f. und NJW 2011, 801, 806).

[43] Einer solchen Berücksichtigung eines gleichrangigen Unterhaltsberechtigten im Rahmen der Billigkeitsprüfung nach § 1581 BGB steht die Rechtsprechung des Bundesverfassungsgerichts nicht entgegen. Der Entscheidung des Bundesverfassungsgerichts (FamRZ 2011, 437) lag der Fall einer nachrangigen zweiten Ehefrau zugrunde, während die Unterhaltsansprüche der Beklagten und der neuen Ehefrau des Klägers hier nach § 1609 Nr. 2 BGB im gleichen Rang stehen. Das Bundesverfassungsgericht hat die Rechtsprechung des Senats auch nur insoweit für nicht mit dem Gesetz vereinbar erachtet, als bereits der Unterhaltsbedarf durch nachehelich hinzugetretene weitere Unterhaltspflichten beeinflusst werden sollte. Dabei hat das Bundesverfassungsgericht ausdrücklich auf die im Gesetz vorgegebene Trennung zwischen Bedarfsbemessung einerseits sowie Leistungsfähigkeit und Rang andererseits abgestellt (BVerfG FamRZ 2011, 437 Rn. 55). Ergänzend hat das Bundesverfassungsgericht aber auch darauf hingewiesen, dass einander nachfolgende Ehen durch Art. 6 I GG in Verbindung mit Art. 3 I GG gleichrangig und gleichwertig geschützt werden (BVerfG FamRZ 2011, 437 Rn. 46; BVerfGE 108, 351, 364 und 66, 84, 94 f.). Selbst wenn dadurch Modifikationen des Grundsatzes gleicher Teilhabe nicht ausgeschlossen sind, ist der gleichrangige und gleichwertige Schutz verschiedener Ehen jedoch grundsätzlich im Rahmen der nach § 1581 BGB gebotenen Billigkeit zu berücksichtigen (vgl. auch Wendl/Gutdeutsch aaO § 5 Rn. 105 ff.; Gutdeutsch/Gerhardt FamRZ 2011, 597, 598; Maurer FamRZ 2011, 849, 851 f.). Die aus dem zeitlichen Ablauf folgende Privilegierung des Unterhaltsanspruchs eines geschiedenen Ehegatten gegenüber einem nachfolgenden Ehegatten ist für die Leistungsfähigkeit des Unterhaltspflichtigen und die Rangfolge der Unterhaltsberechtigten durch das zum 1. Januar 2008 in Kraft getretene Unterhaltsrechtsänderungsgesetz ausdrücklich abgeändert worden (BT-Drucks. 16/1830 S. 23).

[44] (2) Soweit im Rahmen der Leistungsfähigkeit gegenüber einem geschiedenen und einem gleichrangigen neuen Ehegatten bei der Billigkeitsabwägung eine Dreiteilung des vorhandenen Einkommens erfolgt, ist nach den Grundsätzen der bisherigen Senatsrechtsprechung das gesamte Einkommen aller Beteiligten zu berücksichtigen (vgl. insoweit Senatsurteile BGHZ 179, 196 = FamRZ 2009, 411 Rn. 39 f. und BGHZ 177, 356 = FamRZ 2008, 1911 Rn. 40 ff.).

[45] Der im Rahmen der Billigkeitsabwägung zu berücksichtigende Unterhaltsbedarf eines konkurrierenden neuen Ehegatten ist auf der Grundlage der Rechtsprechung des Bundesverfassungsgerichts zu den ehelichen Lebensverhältnissen wegen des insoweit zu beachtenden Prioritätsgrundsatzes abhängig vom Unterhalt einer geschiedenen Ehefrau zu bemessen (BVerfG FamRZ 2011, 437 Rn. 48, 69 f., 72; Gutdeutsch FamRZ 2011, 523, 524; Gerhardt/Gutdeutsch FamRZ 2011, 772, 773; Borth FamRZ 2011, 445, 447 f.; Graba FamRZ 2010, 1131, 1135; Maurer FamRZ 2011, 849, 852; Wohlgemuth FuR 2011, 311, 312; Wendl/Gerhardt Das Unterhaltsrecht in der familienrichterlichen Praxis 8. Aufl. § 4 Rn. 428; Wendl/Gutdeutsch aaO § 5 Rn. 807 und § 5 Rn. 107). Gegen die abweichende Auffassung (Götz/Brudermüller NJW 2011, 801, 806 und NJW 2011, 2609; Maier FuR 2011, 182 und Wendl/Scholz Das Unterhaltsrecht in der familienrichterlichen Praxis 8. Aufl. § 3 Rn. 83) spricht

schon, dass die Annahme, dass einem nachfolgenden Ehegatten sonst lediglich ¹/₄ des verfügbaren Einkommens verbleibe, wenn der geschiedene Ehegatte bei der Bedarfsbemessung vorab berücksichtigt werde, so nicht zutrifft. Denn der endgültige Unterhaltsbedarf des neuen Ehegatten lässt sich erst im Zusammenspiel mit der Leistungsfähigkeit des Unterhaltspflichtigen gegenüber seinem geschiedenen Ehegatten bemessen. Verbleibt dem Unterhaltspflichtigen gegenüber dem geschiedenen Ehegatten ein höherer Betrag, wirkt sich dies zugleich auf den im Wege der Halbteilung zu ermittelnden Bedarf seines mit ihm zusammenlebenden neuen Ehegatten aus.

[46] Synergieeffekte durch das Zusammenleben des Unterhaltspflichtigen in einer neuen Ehe können auch in diesem Zusammenhang nicht allein durch eine Absenkung des angemessenen Selbstbehalts berücksichtigt werden, weil dies nur den beiden Unterhaltsberechtigten in gleicher Weise zugute käme. Statt dessen kann dem Vorteil des Zusammenwohnens, der für jeden Ehegatten der neuen Ehe mit 10% in Ansatz zu bringen ist (vgl. Senatsurteil BGHZ 186, 350 = FamRZ 2010, 1535 Rn. 45), dadurch Rechnung getragen werden, dass die den zusammenlebenden Ehegatten zur Verfügung stehenden Mittel entsprechend gekürzt werden und der Unterhalt des geschiedenen Ehegatten entsprechend erhöht wird (vgl. Graba FF 2011, 102, 104 und Gerhardt/Gutdeutsch FamRZ 2011, 597, 599). Im absoluten Mangelfall kann der Selbstbehalt aus diesen Gründen gekürzt und bis auf sein Existenzminimum herabgesetzt werden (Senatsurteil vom 9. Januar 2008 – XII ZR 170/05 – FamRZ 2008, 594 Rn. 34 ff.).

[47] Im Rahmen der Billigkeitsabwägung nach § 1581 BGB ist in die bei gleichrangigen Unterhaltsberechtigten mögliche Dreiteilung das gesamte unterhaltsrelevante Einkommen des Unterhaltspflichtigen und der Unterhaltsberechtigten einzubeziehen. Das schließt auch Einkünfte aus einem nachehelichen Karrieresprung ein, die lediglich die nachehelich hinzu getretene Unterhaltspflicht auffangen (Senatsurteil BGHZ 179, 196 = FamRZ 2009, 411 Rn. 32 ff.). Auch der Splittingvorteil einer neuen Ehe muss im Rahmen der Dreiteilung der vorhandenen Einkommen bei der Leistungsfähigkeit nicht eliminiert werden, weil eine gleichrangige Unterhaltspflicht aus einer neuen Ehe regelmäßig zu einer Kürzung der Unterhaltsansprüche des geschiedenen Ehegatten führt (vgl. Senatsurteile vom 14. April 2010 – XII ZR 89/08 – FamRZ 2010, 869 Rn. 33; BGHZ 177, 356 = FamRZ 2008, 1911 Rn. 47 und vom 1. Oktober 2008 – XII ZR 62/07 – FamRZ 2009, 23 Rn. 32).

(Vorrangige nacheheliche Unterhaltspflichten)

l [48] bb) Ist der Unterhaltsanspruch des neuen Ehegatten gegenüber dem Unterhaltsanspruch eines geschiedenen Ehegatten vorrangig, ist es im Rahmen des § 1581 Satz 1 BGB erst recht geboten, diesen Unterhaltsanspruch im Rahmen der Leistungsfähigkeit gegenüber dem geschiedenen Ehegatten zu berücksichtigen. Allerdings führt der bei gleichrangigen Ehegatten gewählte Weg der Dreiteilung aller vorhandenen Einkünfte zunächst lediglich zu einer annähernden Angleichung der Lebensumstände der geschiedenen und der neuen Ehefrau.

(Nachrangige nacheheliche Unterhaltspflichten)

m [49] cc) Ist ein neuer Ehegatte hingegen gegenüber dem geschiedenen Ehegatten nachrangig, ist dessen Unterhaltsanspruch im Rahmen der Leistungsfähigkeit gegenüber dem geschiedenen Ehegatten nicht als sonstige Verpflichtung zu berücksichtigen. In solchen Fällen ist der Unterhaltspflichtige deswegen regelmäßig in Höhe des Unterhaltsbedarfs nach den ehelichen Lebensverhältnissen leistungsfähig. Allerdings ist ein neuer Ehegatte nur dann nach § 1609 Nr. 3 BGB nachrangig, wenn aus der neuen Beziehung kein weiteres minderjähriges Kind hervorgegangen ist, das noch betreut werden muss. Weil sein Unterhaltsanspruch im Rahmen der Unterhaltskonkurrenz mit dem geschiedenen Ehegatten nach den §§ 1581, 1609 Nr. 2 BGB als hypothetischer nachehelicher Unterhalt zu bemessen ist, ist dann ein von ihm erzielbares Einkommen zu berücksichtigen (vgl. Senatsurteil BGHZ 183, 197 = FamRZ 2010, 111 Rn. 46 ff.).

[50] dd) Im Einzelfall erlaubt die nach § 1581 BGB gebotene Billigkeitserwägung allerdings auch davon abweichende Ergebnisse, die neben dem Rang auf weitere individuelle Umstände gestützt werden können (vgl. insoweit Gerhardt/Gutdeutsch FamRZ 2011, 772, 773 f.; Gutdeutsch FamRZ 2011, 523, 525; Schwamb FamRB 2011, 120, 123 und Maier FuR 2011, 182, 184). Als weiteres Billigkeitskriterium ist insbesondere zu berücksichtigen, ob der Mindestbedarf eines Unterhaltsberechtigten gedeckt wird (vgl. BT-Drucks. 16/1830 S. 24; Götz/Brudermüller NJW 2011, 801, 807).

BGH v. 18.4.2012 – XII ZR 65/10 – FamRZ 2012, 1040 = NJW 2012, 1868

(Betreuungs- und Aufstockungsunterhalt)

[15] 1. Der Unterhaltsanspruch ergibt sich allerdings entgegen der Auffassung des Berufungsgerichts nicht in vollem Umfang aus § 1570 BGB (Betreuungsunterhalt), sondern zum Teil aus § 1573 II BGB (Aufstockungsunterhalt). Da die Antragsgegnerin aufgrund der vom Berufungsgericht getroffenen Feststellungen durch die Betreuung der Kinder nicht an einer Teilzeiterwerbstätigkeit gehindert ist, beruht der Anspruch nur insoweit auf § 1570 BGB, als sie durch die Kinderbetreuung an der Erwerbstätigkeit gehindert ist. Da neben der Kinderbetreuung kein anderes Erwerbshindernis besteht, ergibt sich der Anspruch im Übrigen somit aus § 1573 II BGB (vgl. insoweit Senatsurteile vom 13. Dezember 1989 – IVb ZR 79/89 – FamRZ 1990, 492, 493 f.; vom 26. November 2008 – XII ZR 131/07 – FamRZ 2009, 406, 407 f. [zu § 1572 BGB] und vom 3. Februar 1999 – XII ZR 146/97 – FamRZ 1999, 708, 709 [zu § 1571 BGB]).

(Dauer des Betreuungsunterhalts)

[17] a) Nach der seit Inkrafttreten des Unterhaltsrechtsänderungsgesetzes vom 21. Dezember 2007 am 1. Januar 2008 ergangenen Rechtsprechung des Senats (seit BGHZ 180, 170 = FamRZ 2009, 770) bestimmt sich die Erwerbsobliegenheit des kinderbetreuenden Ehegatten im Rahmen von § 1570 BGB nach den folgenden Grundsätzen:

[18] aa) Im Rahmen der Billigkeitsentscheidung über eine Verlängerung des Betreuungsunterhalts über das vollendete dritte Lebensjahr hinaus aus kindbezogenen Gründen nach § 1570 I 2 und 3 BGB kann sich der betreuende Elternteil nicht mehr auf die Notwendigkeit einer persönlichen Betreuung des Kindes berufen, wenn und soweit das Kind eine kindgerechte Betreuungseinrichtung besucht oder unter Berücksichtigung der individuellen Verhältnisse besuchen könnte. Dem stehen verfassungsrechtliche Gründe nicht entgegen. Ein nur bis zum Alter von drei Jahren begrenzter Vorrang der persönlichen Betreuung durch einen Elternteil verletzt insbesondere nicht das Elternrecht des betreuenden Elternteils (vgl. BVerfG FamRZ 2007, 965 Rn. 72 f.; BT-Drucks. 16/6980 S. 8 f.; Senatsurteil BGHZ 180, 170 = FamRZ 2009, 770 Rn. 24; Dose FPR 2012, 129, 130; a. A. OLG Frankfurt a. M. FamRZ 2010, 1449). Auch aus allgemeinen Erwägungen des Kindeswohls (vgl. etwa Becker-Stoll FamRZ 2010, 77, 80) ergibt sich nichts anderes. Insoweit hat der Gesetzgeber von der ihm im Hinblick auf das Kindeswohl zustehenden Einschätzungsprärogative Gebrauch gemacht und in Anlehnung an die vor der Unterhaltsreform nur für nichteheliche Kinder geltende Regelung einen Vorrang der persönlichen Betreuung nur bis zur Vollendung des dritten Lebensjahres festgelegt. Damit hat er insbesondere die ihm vom Bundesverfassungsgericht (BVerfG FamRZ 2007, 965 Rn. 75) aufgegebene Gleichbehandlung von ehelich und nichtehelich geborenen Kindern im Hinblick auf eine Gewährung des Betreuungsunterhalts im Kindesinteresse umgesetzt. Da sich die Regelung in § 1570 BGB auf Kinder aus Scheidungsfamilien bezieht, kann aus der Tatsache, dass die betroffenen Kinder unter der Elterntrennung regelmäßig leiden, für sich genommen noch nicht ohne weiteres hergeleitet werden, dass bestehende Betreuungsmöglichkeiten nicht oder nur eingeschränkt in Anspruch genommen werden müssten. Einschränkungen ergeben sich hier nur dann, wenn das Kind unter der Trennung „besonders leidet und daher der persönlichen Betreuung durch einen Elternteil bedarf" (BT-Drucks. 16/6890 S. 9), was als kindbezogener Grund im Einzelfall vom unterhaltsberechtigten Elternteil darzulegen und ggf. zu beweisen ist.

[19] Im Unterhaltsverfahren ist demnach zunächst der individuelle Umstand zu prüfen, ob und in welchem Umfang die Kindesbetreuung auf andere Weise gesichert ist oder gesichert werden könnte (Senatsurteil BGHZ 180, 170 = FamRZ 2009, 770 Rn. 27). Ein Altersphasenmodell, das bei der Frage der Verlängerung des Betreuungsunterhalts aus kindbezogenen Gründen allein auf das Alter des Kindes abstellt, wird diesen Anforderungen nicht gerecht (ständige Senatsrechtsprechung, vgl. Senatsurteile BGHZ 180, 170 = FamRZ 2009, 770 Rn. 28 und vom 15. Juni 2011 – XII ZR 94/09 – FamRZ 2011, 1375 Rn. 22). Auf das Alter des Kindes kommt es demnach nur an, soweit eine anderweitige Betreuung des Kindes nicht zur Verfügung steht und die Berufstätigkeit des betreuenden Elternteils davon abhängt, dass das Kind – vorübergehend – auch ohne Aufsicht bleiben kann. Schließlich ist – insbesondere zur Überbrückung von Betreuungsengpässen – grundsätzlich auch ein dem Kindeswohl nicht widersprechendes ernsthaftes und verlässliches Betreuungsangebot des Unterhaltspflichtigen wahrzunehmen (Senatsurteile vom 1. Juni 2011 – XII ZR 45/09 – FamRZ 2011, 1209 Rn. 24 und vom 15. September 2010 – XII ZR 20/09 – FamRZ 2010, 1880 Rn. 28).

(Darlegungs- und Beweislast für Verlängerung des Betreuungsunterhalts)

c [20] bb) Der Unterhaltsberechtigte trägt die Darlegungs- und Beweislast für die Voraussetzungen einer Verlängerung des Betreuungsunterhalts über die Dauer von drei Jahren hinaus. Er hat also zunächst darzulegen und zu beweisen, dass keine kindgerechte Einrichtung für die Betreuung des gemeinsamen Kindes zur Verfügung steht oder dass aus besonderen Gründen eine persönliche Betreuung erforderlich ist. Auch Umstände, die aus elternbezogenen Gründen zu einer eingeschränkten Erwerbspflicht und damit zur Verlängerung des Betreuungsunterhalts führen können, hat der Unterhaltsberechtigte darzulegen und zu beweisen (Senatsurteile vom 17. Juni 2009 – XII ZR 102/08 – FamRZ 2009, 1391, 1393 mwN; BGHZ 177, 272, 304 = FamRZ 2008, 1739, 1748; vom 13. Januar 2010 – XII ZR 123/08 – FamRZ 2010, 444; vom 16. Dezember 2009 – XII ZR 50/08 – FamRZ 2010, 357 und vom 21. April 2010 – XII ZR 134/08 – FamRZ 2010, 1050 Rn. 35).

(Keine überzogenen Anforderungen)

d [21] Insbesondere an die Darlegung kindbezogener Gründe sind nach der Senatsrechtsprechung keine überzogenen Anforderungen zu stellen (Senatsurteil vom 15. Juni 2011 – XII ZR 94/09 – FamRZ 2011, 1357; anders zu Unrecht Löhnig/Preisner FamRZ 2011, 1537). Dabei sind auch besondere Bedürfnisse des Kindes, die etwa sportliche, musische oder andere Beschäftigungen betreffen, zu beachten. Sofern diese vom Kind nicht selbständig wahrgenommen werden können, sind vom Unterhaltsberechtigten etwa zu erbringende Fahr -und Betreuungsleistungen in Rechnung zu stellen. Die gesetzliche Regelung bietet außerdem Raum für die Berücksichtigung schulischer Anforderungen an die Mitarbeit der Eltern (etwa Hausaufgabenbetreuung, Klassenpflegschaft usw.), deren Notwendigkeit und Üblichkeit vom Unterhaltsberechtigten konkret vorzutragen sind. Bei der Frage, ob die Aktivitäten unverändert fortgesetzt werden können, ist im Ausgangspunkt darauf abzustellen, in welcher Form diese vom Kind und den Eltern schon zur Zeit des Zusammenlebens der Familie durchgeführt wurden. Dies wird allerdings dadurch begrenzt, dass die vom Elternteil zu erbringenden Betreuungsleistungen und sonstigen Tätigkeiten nicht außer Verhältnis zu der dadurch gehinderten Erwerbstätigkeit stehen dürfen. Gegebenenfalls ist vom betreuenden Elternteil (und vom Kind) in Kauf zu nehmen, dass die Abläufe abweichend organisiert oder Aktivitäten teilweise eingeschränkt werden, damit sie mit einer Erwerbstätigkeit des Elternteils in Einklang gebracht werden können.

[22] cc) Steht der Umfang einer – möglichen – anderweitigen Kinderbetreuung fest, ist zu berücksichtigen, wie eine ausgeübte oder mögliche Erwerbstätigkeit mit den Zeiten der Kinderbetreuung (einschließlich der Fahrzeiten) vereinbar ist und in welchem Umfang dem Unterhaltsberechtigten in dem dadurch vorgegebenen zeitlichen Rahmen eine Erwerbstätigkeit zumutbar ist. Daraus können sich insbesondere bei mehreren Kindern Einschränkungen ergeben. Auch ist die Eigenart der jeweiligen Erwerbstätigkeit zu berücksichtigen, wenn es sich hierbei etwa um Schichtarbeit handelt oder diese sich ansonsten mit den Zeiten der Kinderbetreuung nur teilweise überschneidet. Inwiefern in diesen Fällen etwa die Hilfe Dritter, zB der Großeltern, in Anspruch genommen werden kann, ist schließlich im jeweiligen Einzelfall zu beurteilen und bei freiwilligen Betreuungsleistungen durch einen an Billigkeitskriterien orientierten Abzug vom Einkommen des Unterhaltsberechtigten zu berücksichtigen (zur überobligatorischen Tätigkeit vgl. Senatsurteil vom 21. April 2010 – XII ZR 134/08 – FamRZ 2010, 1050 Rn. 36 f. m. w.N.; zur Berücksichtigung von Betreuungskosten vgl. Senatsurteil vom 26. November 2008 – XII ZR 65/07 – FamRZ 2009, 962).

(Kein abrupter Wechsel von Kindesbetreuung zu Erwerbstätigkeit)

e [23] dd) Wenn der – zeitliche – Umfang einer möglichen Erwerbstätigkeit feststeht, verlangt die gesetzliche Neuregelung auch bei gegebener Erwerbsmöglichkeit keinen abrupten Wechsel von der elterlichen Betreuung zu einer Vollzeiterwerbstätigkeit (vgl. auch BT-Drucks. 16/6980 S. 9). Nach Maßgabe der im Gesetz genannten kindbezogenen (§ 1570 I 3 BGB) und elternbezogenen (§ 1570 II BGB) Gründe ist vielmehr ein gestufter Übergang bis hin zu einer Vollzeiterwerbstätigkeit möglich (Senatsurteile vom 17. Juni 2009 – XII ZR 102/08 – FamRZ 2009, 1391 Rn. 19 ff. und vom 30. März 2011 – XII ZR 3/09 – FamRZ 2011, 791 Rn. 20 mwN). Für die Übergangszeit ist auch die Zeit von der Trennung bis zur Scheidung zu berücksichtigen, soweit hier – etwa nach Ablauf des sog. Trennungsjahres – aufgrund der Umstände des Einzelfalls bereits dem nachehelichen Unterhalt entsprechende Anforderungen an die Erwerbsobliegenheit des Unterhaltsberechtigten bestehen.

(Überobligatorische Belastung)

[24] ee) Soweit die Betreuung des Kindes auf andere Weise sichergestellt oder in einer kindgerechten Einrichtung möglich ist, kann einer Erwerbsobliegenheit des betreuenden Elternteils schließlich – teilweise – entgegenstehen, dass die von ihm daneben zu leistende Betreuung und Erziehung des Kindes zu einer überobligationsmäßigen Belastung führen kann (Senatsurteile BGHZ 180, 170 = FamRZ 2009, 770 Rn. 31; BGHZ 177, 272 = FamRZ 2008, 1739 Rn. 99 und vom 21. April 2010 – XII ZR 134/08 – FamRZ 2010, 1050). Dabei ist unter anderem zu berücksichtigen, dass am Morgen oder am späten Nachmittag und Abend regelmäßig weitere Erziehungs- und Betreuungsleistungen zu erbringen sind, die je nach dem individuellen Betreuungsbedarf des Kindes oder der Kinder in unterschiedlichem Umfang anfallen können. Zwar wird der dem Kind zu leistenden Betreuung nach der gesetzlichen Konzeption durch eine Entlastung des betreuenden Elternteils von der Barunterhaltspflicht Rechnung getragen (§ 1606 III 2 BGB). Diese Wirkung wird indessen bei der Bedarfsbemessung nach Quoten teilweise dadurch aufgehoben, dass der betreuende Elternteil bei Vorwegabzug des Kindesunterhalts über eine Reduzierung seines Unterhalts im wirtschaftlichen Ergebnis einen Teil des Barunterhalts mit zu tragen hat. Die vom Gesetz angeordnete Billigkeitsabwägung nach § 1570 I 2, 3 BGB lässt Raum für eine Einbeziehung dieses Umstands unter dem Gesichtspunkt einer gerechten Lastenverteilung zwischen unterhaltsberechtigtem und unterhaltspflichtigem Elternteil im Einzelfall.

(Kindbezogene Verlängerungsgründe)

[26] aa) Nach den Feststellungen des Berufungsgerichts besuchen alle drei Kinder die Schule und kommen in der Regel am frühen Nachmittag oder am Nachmittag aus der Schule. Damit hat das Berufungsgericht in zulässiger Weise festgestellt, dass die Antragsgegnerin die bestehenden Betreuungsmöglichkeiten ausgenutzt hat. Das wird von der Revision auch nicht beanstandet.

[27] bb) Im Hinblick auf die kindbezogenen Gründe macht die Revision geltend, das Berufungsgericht habe sich nicht damit auseinandergesetzt, welches Kind in welchem zeitlichen Umfang und aus welchen Gründen bei den Hausaufgaben betreut werden müsse. Die als Begründung für die Hausaufgabenunterstützung des jüngsten Sohnes herangezogene psychische Erkrankung habe es gerade als nicht nachgewiesen erachtet. Auch dies stellt das vom Berufungsgericht gefundene Ergebnis aber nicht in Frage.

[28] Das Berufungsgericht hat hier neben dem verbleibenden Betreuungsbedarf für die drei Kinder auf die sportlichen Aktivitäten der beiden Söhne abgestellt, die wegen des unzureichenden öffentlichen Nahverkehrs von der Antragsgegnerin gefahren werden müssten. Damit hat es in zulässiger Weise einen nach der Schule bestehenden besonderen Betreuungsbedarf der Kinder berücksichtigt. Bei den Aktivitäten im Sportverein konnte das Berufungsgericht auch davon ausgehen, dass im Regelfall an der während des Zusammenlebens praktizierten Organisation festgehalten werden kann, zumal den Kindern danach in Anbetracht des unzureichenden Nahverkehrs im ländlichen Gebiet auch noch nicht zuzumuten ist, die Fahrten selbständig durchzuführen. Entgegen der Auffassung der Revision war hier auch nicht zu verlangen, dass die Kinder ihren Sport vor Ort oder an einem mit öffentlichen Verkehrsmitteln erreichbaren Ort wahrnehmen. Ein Missverhältnis zu der durch die Betreuung gehinderten Erwerbstätigkeit entsteht in Anbetracht des vom Berufungsgericht angenommenen zeitlichen Umfangs der von der Antragsgegnerin zu leistenden Erwerbstätigkeit nicht.

[29] Soweit das Berufungsgericht die von der Antragsgegnerin vorgetragene Hausaufgabenbetreuung des jüngsten Sohnes akzeptiert hat, ist auch dies nicht zu beanstanden. Dass ein zwölfjähriger Junge – wie die Revision meint – in den Nachmittagsstunden nach Rückkehr aus der Schule nach der Lebenserfahrung die Hausaufgaben selbständig erledigen könne oder von den älteren Geschwistern Hilfe zu erwarten habe, trifft jedenfalls als Erfahrungssatz nicht zu. Vielmehr ist es revisionsrechtlich nicht zu beanstanden, dass das Berufungsgericht insoweit dem Vortrag der Antragsgegnerin gefolgt ist.

[30] Ob die vom Berufungsgericht getroffenen Feststellungen zur Dauer der Betreuung letztendlich hinreichend genau sind oder nicht, kann deswegen dahinstehen, weil die von ihm angenommene Erwerbsobliegenheit und deren zeitlicher Umfang unter den Umständen des vorliegenden Falles jedenfalls im Ergebnis ausreichend sind.

[31] cc) Das Berufungsgericht ist aufgrund der von ihm getroffenen Feststellungen zum Umfang der Betreuungsbedürftigkeit der Kinder davon ausgegangen, dass die Antragsgegnerin eine Erwerbstätigkeit im Umfang von 30 Wochenstunden ausüben könne. Sie könne lediglich eine Anstellung als ungelernte Kraft finden. Zusammen mit ihrer zeitlich flexiblen Tätigkeit als Klavier- und Rhythmiklehrerin könne

sie ein monatliches Einkommen von brutto 1200 EUR, netto 910 EUR sowie bereinigt um pauschale Werbungskosten 865 EUR erzielen. Damit hat das Berufungsgericht in zeitlicher Hinsicht jedenfalls keine zu geringen Anforderungen an die von der Antragsgegnerin in Anbetracht der Betreuung mögliche Tätigkeit gestellt.

(Elternbezogene Gründe)

h [32] dd) Das Berufungsgericht hat eine Erwerbsobliegenheit der Antragsgegnerin bereits mit Rechtskraft der Scheidung eingreifen lassen. Das ist für den Antragsteller als Revisionskläger günstig. Dass das Berufungsgericht hier aufgrund der Trennungszeit von etwa drei Jahren bis zur Rechtskraft der Scheidung der Antragsgegnerin keine weitere Übergangszeit zugestanden hat, steht auch mit den zum gestuften Übergang dargestellten Grundsätzen im Einklang.

[33] ee) Schließlich fällt im vorliegenden Fall auch der Gesichtspunkt der überobligationsmäßigen Belastung ins Gewicht. Denn es ist zu beachten, dass die Antragsgegnerin mit einer Erwerbstätigkeit von 30 Wochenstunden neben der Betreuung von drei Kindern trotz des Alters der Kinder erheblich belastet ist und diese Belastung durch die Befreiung vom Barunterhalt bei gleichzeitiger Bemessung des Ehegattenunterhalts nach Quoten – wie ausgeführt – nur unzureichend aufgewogen wird. Das verdeutlicht, dass der vom Berufungsgericht angenommene Umfang der Erwerbsobliegenheit im Ergebnis jedenfalls nicht zu gering ausgefallen ist.

(Unterhaltsbemessung bei Wechsel der Arbeitsstelle mit Abfindung)

i [35] a) Das begegnet im Ausgangspunkt keinen rechtlichen Bedenken. Nach ständiger Rechtsprechung des Senats ist ein auf Seiten des Unterhaltspflichtigen gesunkenes Einkommen zu berücksichtigen, wenn der Einkommensrückgang auf keinem unterhaltsrechtlich vorwerfbaren Verhalten beruht (ständige Rechtsprechung; vgl. Senatsurteile BGHZ 153, 358 = FamRZ 2003, 590, 591 f.; BGHZ 188, 50 = FamRZ 2011, 454 Rn. 17 und vom 23. Dezember 1987 – IVb ZR 108/86 – FamRZ 1988, 256, 257; zur Rechtslage nach der Entscheidung des BVerfG vom 25. Januar 2011 – FamRZ 2011, 437 – s. Senatsurteil vom 7. Dezember 2011 – XII ZR 151/09 – FamRZ 2012, 281 Rn. 24). Ob die Beendigung des früheren Arbeitsverhältnisses dem Antragsteller unterhaltsrechtlich vorzuwerfen ist, hat das Berufungsgericht offen gelassen. Demnach ist in der Revisionsinstanz davon auszugehen, dass den Antragsteller keine Obliegenheitsverletzung trifft.

[36] b) Auch die vom Berufungsgericht vorgenommene Heranziehung der Abfindung zur Aufstockung des verringerten Einkommens aus dem vom Antragsteller im Oktober 2009 angetretenen neuen Arbeitsverhältnis hat im Ergebnis Bestand.

[37] aa) Allerdings sind bei der Behandlung einer Abfindung die Besonderheiten zu beachten, die sich daraus ergeben, dass es sich um Einkommen im Zusammenhang mit der Beendigung eines Arbeitsverhältnisses handelt. Die Abfindung kann je nach ihrem arbeitsrechtlichen Hintergrund unterschiedlichen Zwecken dienen, so der zukunftsbezogenen Entschädigung für Lohneinbußen (etwa bei Sozialplanabfindungen), als Gegenleistung für den Verzicht auf eine Kündigungsschutzklage oder als Entschädigung für den Verlust des Arbeitsplatzes und des mit diesem verbundenen sog. sozialen Besitzstandes (vgl. Kaiser Festschrift D. Schwab 2005 S. 495, 500 ff. mwN). Aus der arbeitsrechtlichen Qualifikation der Abfindung lässt sich indessen noch keine zwingende Vorgabe für deren unterhaltsrechtliche Behandlung entnehmen. Die Heranziehung der Abfindung ist vielmehr vorwiegend nach unterhaltsrechtlichen Regeln zu beurteilen.

[38] Einer Heranziehung der Abfindung bedarf es demnach nicht, wenn der Unterhaltspflichtige im Anschluss an das beendete Arbeitsverhältnis sogleich eine neue Arbeitsstelle erlangt, die ihm ein der früheren Tätigkeit vergleichbares Einkommen einbringt. Für diesen Fall hat der Senat entschieden, dass eine nach Ehescheidung zusätzlich zu dem in unveränderter Höhe bezogenen Einkommen erhaltene Abfindung bei der Bemessung des Unterhaltsbedarfs unberücksichtigt bleibt (Senatsurteil vom 2. Juni 2010 – XII ZR 138/08 – FamRZ 2010, 1311 Rn. 28 f.).

[39] Kann der Unterhaltspflichtige hingegen sein früheres Einkommen nicht mehr erzielen, so ist die Abfindung grundsätzlich zur Aufstockung des verringerten Einkommens einzusetzen. Das gilt zum einen, wenn der Unterhaltspflichtige nur noch Lohnersatzleistungen, etwa Arbeitslosengeld, bezieht, die erheblich hinter dem bisherigen Einkommen zurückbleiben. Dementsprechend hat der Senat entschieden, dass die Abfindung als Ersatz des fortgefallenen Arbeitseinkommens in solchen Fällen dazu diene, die bisherigen wirtschaftlichen Verhältnisse bis zum Eintritt in das Rentenalter aufrechterhalten zu können (Senatsurteil BGHZ 172, 22 = FamRZ 2007, 983; vgl. auch Senatsurteil vom 14. Januar

1987 – IVb ZR 89/85 – FamRZ 1987, 359, 360; Wendl/Dose Das Unterhaltsrecht in der familienrichterlichen Praxis 8. Aufl. § 1 Rn. 29 f., 93).

[40] Für den Fall, dass der Unterhaltspflichtige zwar ein neues Arbeitsverhältnis erlangt hat, das daraus bezogene Einkommen aber hinter dem früheren zurückbleibt, hat der Senat hingegen entschieden, dass eine Abfindung und die Erträge daraus nicht für den Unterhalt zu verwenden seien (Senatsurteil BGHZ 153, 358 = FamRZ 2003, 590 m. Anm. Graba FamRZ 2003, 746). Der Senat hat dies damit begründet, dass der Unterhaltsbedarf ausschließlich nach dem aktuellen Arbeitseinkommen zu bemessen und die Abfindung hierfür nicht zu berücksichtigen sei. Daran hält der Senat nicht fest. Vielmehr ist eine andere Betrachtung geboten, weil die Quelle der Abfindung in dem beendeten Arbeitsverhältnis liegt und dadurch der notwendige Bezug zu den ehelichen Lebensverhältnissen hergestellt ist. Daraus folgt zwar – wie ausgeführt – nicht, dass aus der Abfindung bei ansonsten gleich gebliebenem Einkommen eine Erhöhung des Bedarfs hergeleitet werden kann. Für eine Aufstockung auf das bisherige Einkommensniveau mangelt es indessen nicht an einem Bezug zu den – früher gelebten – ehelichen Lebensverhältnissen. Aus diesem Grund ist die Abfindung bereits bei der Bedarfsermittlung zu berücksichtigen (vgl. Senatsurteil vom 14. Januar 1987 – IVb ZR 89/85 – FamRZ 1987, 359, 360).

[41] Damit steht allerdings noch nicht fest, dass die Abfindung unabhängig von ihrer Höhe notwendig zur kompletten Aufstockung zu verwenden ist und stets das frühere Einkommens- und Unterhaltsniveau erreicht werden muss. Vielmehr kann je nach den Umständen des Falles, insbesondere bei dauerhafter Arbeitslosigkeit oder aber bei nicht bestehenden Aussichten auf eine künftige Steigerung des Einkommens, auch eine nur teilweise Aufstockung angemessen sein, um die Abfindung auf einen längeren Zeitraum zu verteilen. Auf welchen Zeitraum die Abfindung im Einzelfall umzulegen ist, unterliegt der tatrichterlichen Angemessenheitsprüfung.

[42] Dabei ist neben den genannten Grundsätzen schließlich noch zu beachten, dass sich Unterhalt und Zugewinnausgleich, soweit unter dem Gesichtspunkt der Halbteilung Berührungspunkte bestehen, nicht widersprechen dürfen (vgl. Senatsurteil vom 21. April 2004 – XII ZR 185/01 – FamRZ 2004, 1352 mwN; „Verbot der Doppelberücksichtigung").

[43] bb) Das Berufungsurteil entspricht diesen Anforderungen. Das Berufungsgericht ist davon ausgegangen, dass das Einkommen des Antragstellers gegenüber seinem früheren Einkommen um etwa ein Drittel gesunken ist. Damit ist eine Aufstockung des gesunkenen Einkommens angezeigt. Dass der Antragsteller die Abfindung ungeschmälert als Vermögensreserve behielte, wäre von vornherein nicht gerechtfertigt, weil er damit entgegen dem der Unterhaltsbemessung nach Quoten zugrunde liegenden Halbteilungsgrundsatz aus seinem Einkommen Vermögensbildung auf Kosten der Antragsgegnerin betreiben würde.

[44] Auch der Umfang der Heranziehung hält sich im Rahmen einer zulässigen tatrichterlichen Angemessenheitsbetrachtung. Zwar erscheint der Zeitraum der Umlegung auf (nur) eineinhalb bis zwei Jahre und die dadurch bewirkte vollständige Aufrechterhaltung des bisherigen Lebensstandards als recht kurz bemessen. Indessen hat der Antragsteller auch in seinem neuen Arbeitsverhältnis die Möglichkeit einer künftigen Verbesserung seines Einkommens. Die Dauer der Aufstockung, über die im vorliegenden Verfahren nicht abschließend zu entscheiden ist, kann dann gegenüber dem vorläufig veranschlagten Zeitraum durchaus länger ausfallen. In Anbetracht des vom Berufungsgericht zu Recht angenommenen (jedenfalls) unterhaltsrechtlichen Zwecks der Abfindung, den Einkommensrückgang ganz oder teilweise aufzufangen, bewegt sich seine Unterhaltsbemessung insoweit noch im zulässigen Rahmen tatrichterlicher Beurteilung, die nach revisionsrechtlichen Maßstäben nicht zu beanstanden ist. Um den vollständigen Verbrauch der Abfindung geltend zu machen, steht dem Antragsteller ein Abänderungsantrag nach § 238 FamFG offen.

BGH v. 18.4.2012 – XII ZR 73/10 – FamRZ 2012, 1201 = NJW 2012, 2190

(Kinderbetreuung und Erwerbsobliegenheit während der Trennungszeit)

[18] aa) Der nicht erwerbstätige Ehegatte kann nach § 1361 II BGB nur dann darauf verwiesen werden, seinen Unterhalt durch eine Erwerbstätigkeit selbst zu verdienen, wenn dies von ihm nach seinen persönlichen Verhältnissen, insbesondere wegen einer früheren Erwerbstätigkeit unter Berücksichtigung der Dauer der Ehe, und nach den wirtschaftlichen Verhältnissen beider Ehegatten erwartet werden kann. Insofern kann insbesondere die Betreuung minderjähriger Kinder einer Erwerbsobliegenheit entgegenstehen. Anders als in § 1570 BGB für den nachehelichen Unterhalt werden die

Voraussetzungen, unter denen Trennungsunterhalt wegen Betreuung eines Kindes verlangt werden kann, in § 1361 BGB nicht konkretisiert. Für den Trennungsunterhalt gelten zunächst großzügigere Anforderungen hinsichtlich einer Erwerbsobliegenheit als sie in § 1574 BGB für den nachehelichen Unterhalt bestimmt sind. Denn die bestehenden Verhältnisse sollen geschützt werden, damit die Wiederherstellung der ehelichen Lebensgemeinschaft nicht erschwert wird. Mit zunehmender Verfestigung der Trennung wird allerdings eine allmähliche Annäherung der unterschiedlichen Maßstäbe der Erwerbsobliegenheit bewirkt; wenn die Scheidung nur noch eine Frage der Zeit ist, besteht für eine erheblich großzügigere Beurteilung in der Regel kein Grund mehr (Senatsurteile vom 5. März 2008 XII ZR 22/06 – FamRZ 2008, 963 Rn. 26 und vom 29. November 2000 XII ZR 212/98 – FamRZ 2001, 350, 351; vgl. auch MünchKommBGB/Weber-Monecke 5. Aufl. § 1361 Rn. 54 und Dose FamRZ 2007, 1289, 1296). Wenn aber schon im Rahmen des nachehelichen Betreuungsunterhalts keine Erwerbsobliegenheit besteht, gilt dies bei der Inanspruchnahme auf Trennungsunterhalt erst recht.

(Auslandsverwendungszuschlag bei Unterhaltsbemessung)

b [21] Die Revision wendet sich allerdings gegen die im Wesentlichen vollständige Berücksichtigung des dem Beklagten gewährten Auslandsverwendungszuschlags. Sie vertritt die Auffassung, der Zuschlag müsse dem Unterhaltspflichtigen zum Ausgleich der aus der besonderen Gefahrenlage resultierenden immateriellen Beeinträchtigungen anrechnungsfrei belassen werden. Diesem Einwand ist ein Teilerfolg nicht zu versagen.

[22] aa) Nach der Rechtsprechung des Senats sind zur Feststellung des Einkommens des Unterhaltspflichtigen allerdings grundsätzlich alle Einkünfte heranzuziehen, die ihm zufließen. Demgemäß sind als Arbeitseinkommen regelmäßig alle Leistungen anzusehen, die dem Unterhaltspflichtigen im Hinblick auf das Arbeits- oder Dienstverhältnis gewährt werden, gleichgültig aus welchem Anlass sie im Einzelnen gezahlt werden. Deshalb gehören Sonderzuwendungen ebenso wie Zulagen und sonstige Nebeneinnahmen regelmäßig zum unterhaltsrelevanten Einkommen. Auch die Bestimmung einer Leistung zum Ausgleich besonderer Anstrengungen oder ähnlichen Verwendungszwecken führt nicht dazu, dass sie von vornherein außer Ansatz zu lassen wären. Vielmehr kommt es insoweit auf den tatsächlichen Mehraufwand an, den der Empfänger einer derartigen Zulage hat (BGH Urteil vom 16. Januar 1980 – IV ZR 115/78 – FamRZ 1980, 342, 343 f. zum Auslandszuschlag nach § 55 BBesG und Senatsurteil vom 6. Oktober 1993 – XII ZR 112/92 – FamRZ 1994, 21, 22 zur Fliegeraufwandsentschädigung für Kampfflieger). Dass solche Leistungen steuerfrei gewährt werden oder unpfändbar sind, rechtfertigt keine andere Beurteilung. Hiervon ausgehend hat der Bundesgerichtshof den Auslandsverwendungszuschlag im Sinne von § 55 V BBesG, der einem in den Niederlanden tätigen Oberstleutnant gewährt worden war, in der Höhe als Einkommen berücksichtigt, in der die Zahlung die durch den Auslandsaufenthalt bedingten Mehraufwendungen überstieg.

[23] bb) In der Rechtsprechung der Oberlandesgerichte sind diese Grundsätze nur eingeschränkt auf den Einsatz von Soldaten in einem Krisen- oder Kriegsgebiet übertragen worden. Das Oberlandesgericht Stuttgart (FamRZ 2002, 820 [LS], im Übrigen veröffentlicht bei juris) hat den Zuschlag für den Einsatz eines Berufssoldaten auf dem Balkan nur in Höhe eines Drittels zum Einkommen gerechnet, weil davon auszugehen sei, dass damit auch die höheren Lebensrisiken bedacht werden sollten. Ebenso hat das Oberlandesgericht Hamm (FamRZ 2010, 1085, 1086) hinsichtlich eines in Afghanistan eingesetzten Berufssoldaten entschieden. In einem solchen Fall fielen die mit dem Einsatz verbundenen Beschwernisse und Gefahren für Leib und Leben in einem Maß ins Gewicht, dass dem Soldaten der Zuschlag grundsätzlich verbleiben müsse und eine Anrechnung unter dem Gesichtspunkt ersparter Aufwendungen – in der Regel in Höhe eines Drittels – erfolgen könne. Das Oberlandesgericht Schleswig (FamRZ 2005, 369) hat hinsichtlich eines in Afghanistan eingesetzten Berufssoldaten die Auffassung vertreten, der Einsatz in einem Krisengebiet gehöre zwar zum Berufsbild eines Soldaten; im Hinblick auf die immaterielle Belastung und den Verzicht auf die gewohnten Lebensverhältnisse im Vergleich zu denen in einem Militärlager im Krisengebiet sei aber ein Abschlag in Höhe der Hälfte des Zuschlags gerechtfertigt. Auch im Schrifttum wird die Ansicht vertreten, dass von Auslandsverwendungszulagen von Soldaten für Einsätze in Krisengebieten bei der Berechnung des unterhaltsrelevanten Einkommens ein Billigkeitsabschlag in Höhe der Hälfte der Zulage in Betracht komme (Heiß/Heiß Unterhaltsrecht Teil I Stichwort: Auslandszahlungen; Koch/Margraf Handbuch des Unterhaltsrechts 12. Aufl. Rn. 1081a).

[24] cc) Der Senat teilt die Auffassung, dass in solchen Fällen der gezahlte Auslandsverwendungszuschlag nicht in voller Höhe zum unterhaltsrechtlich maßgebenden Einkommen zu rechnen ist. Es trifft zwar zu, wie das Berufungsgericht ausgeführt hat, dass Einsätze in Kriegs- oder Krisengebieten zum Berufsbild eines Soldaten gehören. Bei solchen Einsätzen, wie sie in Afghanistan erfolgen, kommen allerdings verschiedene erheblich belastende Umstände zusammen, die den Soldaten unmittelbar persönlich betreffen. Der Auslandsverwendungszuschlag gilt nach § 58a II BBesG in der bis zum 30. Juni 2009 geltenden Fassung alle materiellen Mehraufwendungen und immateriellen Belastungen der besonderen Verwendung im Ausland mit Ausnahme der nach deutschem Reisekostenrecht zustehenden Reisekostenvergütung ab. Nach § 2 der Verordnung über die Zahlung eines Auslandsverwendungszuschlags (BGBl. I 2009, 809) werden als materielle Mehraufwendungen und immaterielle Belastungen allgemeine psychische und physische Belastungen, insbesondere unter anderem Einschränkung der persönlichen Bewegungsfreiheit, der Privatsphäre und der Freizeitmöglichkeiten, Unterbringung in Zelten, Containern oder Massenunterkünften, erhebliche und damit potenziell gesundheitsgefährdende Mängel in den Sanitär- und Hygieneeinrichtungen, Gefahr für Leib und Leben, insbesondere Terrorakte, organisierte Kriminalität, hohe Gewaltbereitschaft, bürgerkriegsähnliche und kriegerische Auseinandersetzungen berücksichtigt. Bei einem Einsatz in Afghanistan wird wegen der erschwerenden Besonderheiten die höchste Stufe des Auslandsverwendungszuschlags von seinerzeit täglich 92,03 EUR gezahlt (vgl. § 58a III BBesG). Bereits daraus ergibt sich das Ausmaß der mit dem Einsatz verbundenen Belastung, die es gerechtfertigt erscheinen lässt, dem Soldaten einen Teil des Zuschlags als Ausgleich hierfür anrechnungsfrei zu belassen.

[25] Zudem liegt die Annahme nahe, dass der Beklagte zu einem Einsatz in Afghanistan nicht verpflichtet war. Er hat in der mündlichen Verhandlung vor dem Amtsgericht angegeben, dass er sich für den Einsatz aus finanziellen Gründen entschieden, die Bereitschaft zu einem weiteren Einsatz im Sommer 2009 aber zurückgezogen habe. Feststellungen zu einer dienstlichen Verpflichtung zu derartigen Einsätzen hat das Berufungsgericht nicht getroffen. War der Beklagte hierzu aber nicht verpflichtet, ist die Tätigkeit unter den erschwerten und mit erheblichen Gefahren verbundenen Umständen als überobligationsmäßig anzusehen. Hieraus folgt zwar noch nicht, dass der Zuschlag für die Unterhaltsbemessung außer Betracht zu lassen ist. In welchem Umfang das Einkommen aus überobligatorischer Tätigkeit für den Unterhalt heranzuziehen ist, ist vielmehr nach den Grundsätzen von Treu und Glauben aufgrund der konkreten Umstände zu beurteilen. Erforderlich ist danach – vergleichbar mit § 1577 II 2 BGB – eine umfassende Würdigung der Umstände des Einzelfalls, die der Überobligationsmäßigkeit der Tätigkeit angemessen Rechnung trägt. Auf Seiten des Unterhaltspflichtigen fehlt es zwar an einer § 1577 II 2 BGB entsprechenden gesetzlichen Regelung, ob und inwiefern ein aus überobligatorischer Erwerbstätigkeit erzieltes Einkommen für den Unterhalt einzusetzen ist. Es entspricht aber allgemeiner Auffassung, dass auf das Unterhaltsverhältnis als gesetzliches Schuldverhältnis die Grundsätze von Treu und Glauben (§ 242 BGB) Anwendung finden und daran die Heranziehung des vom Unterhaltspflichtigen aus unzumutbarer Tätigkeit erzielten Einkommens zu messen ist (Senatsurteil BGHZ 188, 50 = FamRZ 2011, 454 Rn. 17, 23, 24).

[26] Die Abwägung der in Betracht kommenden Gesichtspunkte ist Aufgabe des Tatrichters. Wenn sie zu dem Ergebnis führt, dass nur ein Teilbetrag – etwa $1/3$ bis $1/2$ des Zuschlags – als Einkommen zu berücksichtigen ist, ist das revisionsrechtlich nicht zu beanstanden. Danach ist das Berufungsgericht zu Unrecht von einem um den vollen Auslandsverwendungszuschlag erhöhten Einkommen des Beklagten ausgegangen.

BGH v. 18.7.2012 – XII ZR 91/10 – FamRZ 2012, 1553 = NJW 2012, 2883

(Erhöhter Selbstbehalt bei Unterhaltsanspruch erwachsener Kinder)

R 734

[15] aa) Gemäß § 1603 I BGB ist nicht unterhaltspflichtig, wer bei Berücksichtigung seiner sonstigen Verpflichtungen außerstande ist, ohne Gefährdung seines angemessenen Unterhalts den Unterhalt zu gewähren. Dem Unterhaltspflichtigen sollen grundsätzlich die Mittel verbleiben, die er zur angemessenen Deckung des seiner Lebensstellung entsprechenden allgemeinen Bedarfs benötigt (Senatsurteil vom 18. Januar 2012 – XII ZR 15/10 – FamRZ 2012, 530 Rn. 16 mwN). Die Bemessung des dem Unterhaltspflichtigen zu belassenden Selbstbehalts ist nach ständiger Rechtsprechung des Senats zwar Aufgabe des Tatrichters. Dabei ist es diesem nicht verwehrt, sich an Erfahrungs- und Richtwerte anzulehnen, sofern nicht im Einzelfall besondere Umstände eine Abweichung gebieten. Der Tatrichter

muss aber die gesetzlichen Wertungen und die Bedeutung des jeweiligen Unterhaltsanspruchs berücksichtigen (Senatsurteil vom 9. Januar 2008 – XII ZR 170/05 – FamRZ 2008, 594 Rn. 24 mwN).

[16] (1) Nach Erlass des Berufungsurteils hat der Senat entschieden, dass es gerechtfertigt ist, den Selbstbehalt des Unterhaltspflichtigen gegenüber seinem erwachsenen Kind, das seine bereits erlangte wirtschaftliche Selbständigkeit wieder verloren hat, mit einem erhöhten Betrag, wie er in den Tabellen und Leitlinien für den Elternunterhalt als Mindestbetrag vorgesehen ist, und der sich bis zum Jahr 2011 auf 1400 EUR belief, anzusetzen und ggf. noch dadurch zu erhöhen, dass dem Unterhaltspflichtigen ein etwa hälftiger Anteil seines für den Elternunterhalt einsetzbaren bereinigten Einkommens zusätzlich verbleibt (vgl. Senatsurteil vom 18. Januar 2012 – XII ZR 15/10 – FamRZ 2012, 530 Rn. 20). Zwar müssen Eltern regelmäßig damit rechnen, ihren Kindern auch über die Vollendung des 18. Lebensjahres hinaus zu Unterhaltsleistungen verpflichtet zu sein, bis diese ihre Berufsausbildung abgeschlossen haben und wirtschaftlich selbständig sind. Haben die Kinder danach aber eine eigene Lebensstellung erlangt, in der sie auf elterlichen Unterhalt nicht mehr angewiesen sind, kann in der Regel davon ausgegangen werden, dass sie diese Elternunabhängigkeit auch behalten. Darauf dürfen sich, wenn nicht bereits eine andere Entwicklung absehbar ist, grundsätzlich auch die Eltern einstellen (Senatsurteil vom 18. Januar 2012 – XII ZR 15/10 – FamRZ 2012, 530 Rn. 17). Verliert das erwachsene Kind zu einem späteren Zeitpunkt wieder seine wirtschaftliche Selbständigkeit, findet die Inanspruchnahme des Unterhaltspflichtigen in der Regel erst statt, wenn dieser sich selbst bereits in einem höheren Lebensalter befindet, seine Lebensverhältnisse demzufolge bereits längerfristig seinem Einkommensniveau angepasst hat oder sogar bereits Rente bezieht und sich dann einer Unterhaltsforderung ausgesetzt sieht, mit der er nach dem regelmäßigen Ablauf nicht mehr zu rechnen brauchte (Senatsurteil vom 18. Januar 2012 – XII ZR 15/10 – FamRZ 2012, 530 Rn. 18).

[17] (2) Ist der Unterhaltspflichtige – wie hier – verheiratet, gehört zu dessen nach § 1603 I BGB beim Verwandtenunterhalt zu berücksichtigenden sonstigen Verbindlichkeiten auch die Unterhaltspflicht gegenüber seiner Ehefrau nach §§ 1360, 1360a BGB, soweit diese nicht über ausreichendes eigenes Einkommen verfügt (Senatsurteil vom 8. Juni 2005 – XII ZR 75/04 – FamRZ 2006, 27, 29).

[18] Sofern die dargelegten Voraussetzungen für die Inanspruchnahme des in der Düsseldorfer Tabelle und den Unterhaltsrechtlichen Leitlinien an sich für den Elternunterhalt bestimmten, erhöhten Selbstbehalts auf Seiten des Unterhaltspflichtigen vorliegen, ist es wegen der Vergleichbarkeit der jeweiligen Interessenlagen nicht zu beanstanden, wenn der Tatrichter auch auf den dort für den vorrangigen Ehegatten bestimmten Selbstbehalt, der sich für die hier maßgebliche Zeit auf 1050 EUR belief, zurückgreift. Damit ergibt sich unter Berücksichtigung des erhöhten Selbstbehalts für den Unterhaltspflichtigen von 1400 EUR ein zusammengerechneter Familienselbstbehalt von 2450 EUR (vgl. Senatsurteil BGHZ 186, 350 = FamRZ 2010, 1535 Rn. 39 ff.). Der durch das Zusammenleben der Eheleute eingetretenen Haushaltsersparnis wird dann bereits durch die unterschiedlichen Selbstbehaltssätze der Ehegatten Rechnung getragen (Senatsurteil BGHZ 186, 350 = FamRZ 2010, 1535 Rn. 43).

BGH v. 31.10.2012 – XII ZR 129/10 – FamRZ 2013, 195 = NJW 2013, 380

R 735 *(Ehevertraglicher Ausschluss von Unterhalt und Versorgungsausgleich)*

a [16] 2. Nach ständiger Rechtsprechung des Senats (grundlegend Senatsurteil BGHZ 158, 81 = FamRZ 2004, 601, 604 ff.) darf die grundsätzliche Disponibilität der Scheidungsfolgen nicht dazu führen, dass der Schutzzweck der gesetzlichen Regelungen durch vertragliche Vereinbarungen beliebig unterlaufen werden kann. Das wäre der Fall, wenn dadurch eine evident einseitige und durch die individuelle Gestaltung der ehelichen Lebensverhältnisse nicht gerechtfertigte Lastenverteilung entstünde, die hinzunehmen für den belasteten Ehegatten – bei angemessener Berücksichtigung der Belange des anderen Ehegatten und seines Vertrauens in die Geltung der getroffenen Abrede – bei verständiger Würdigung des Wesens der Ehe unzumutbar erscheint.

(Wirksamkeitskontrolle)

b [17] Im Rahmen der Wirksamkeitskontrolle hat der Tatrichter zu prüfen, ob die Vereinbarung schon im Zeitpunkt ihres Zustandekommens offenkundig zu einer derart einseitigen Lastenverteilung für den Scheidungsfall führt, dass ihr – und zwar losgelöst von der künftigen Entwicklung der Ehegatten und ihrer Lebensverhältnisse – wegen Verstoßes gegen die guten Sitten die Anerkennung der Rechtsordnung ganz oder teilweise mit der Folge zu versagen ist, dass an ihre Stelle die gesetzlichen Regelungen treten (§ 138 I BGB). Erforderlich ist dabei eine Gesamtwürdigung, die auf die individuellen Verhältnisse beim Vertragsschluss abstellt, insbesondere also auf die Einkommens- und Vermögensverhältnisse, den geplanten oder bereits verwirklichten Zuschnitt der Ehe sowie auf die Auswirkungen auf die Ehegatten und auf die Kinder. Subjektiv sind die von den Ehegatten mit der Abrede verfolgten Zwecke sowie die sonstigen Beweggründe zu berücksichtigen, die den begünstigten Ehegatten zu seinem Verlangen nach der ehevertraglichen Gestaltung veranlasst und den benachteiligten Ehegatten bewogen haben, diesem Verlangen zu entsprechen (Senatsurteil BGHZ 158, 81 = FamRZ 2004, 601, 606; vgl. zuletzt Senatsurteil vom 18. März 2009 – XII ZR 94/06 – FamRZ 2009, 2124 Rn. 13). Diese Gesamtwürdigung hat das Berufungsgericht ohne revisionsrechtlich bedeutsame Fehler vorgenommen.

[18] a) Das Berufungsgericht hat nicht verkannt, dass der objektive Vertragsinhalt erheblich in den Kernbereich der Scheidungsfolgen eingreift, soweit es den vollständigen Verzicht auf Betreuungs-, Alters- und Krankenunterhalt sowie den Verzicht auf den Versorgungsausgleich betrifft. Bei gesonderter Betrachtung begegnen diese Einzelregelungen allerdings unter dem Gesichtspunkt des § 138 I BGB noch keinen Bedenken.

[19] aa) Der Anspruch auf Betreuungsunterhalt (§ 1570 BGB) ist zwar einer Disposition der Parteien am wenigsten zugänglich, weil er dem anspruchsberechtigten Ehegatten im Interesse gemeinsamer Kinder gewährt wird. Dies schließt allerdings eine vertragliche Modifikation dieses Anspruches – bis hin zu dessen gänzlichen Ausschluss – nicht schlechthin aus. Ein Verzicht auf Betreuungsunterhalt ist unter dem Gesichtspunkt des § 138 I BGB jedenfalls dann unbedenklich, wenn kein gemeinsamer Kinderwunsch der Ehegatten besteht und auch sonst für deren Absicht, eine Familie mit Kindern zu gründen, nichts ersichtlich ist (vgl. Senatsurteil vom 28. November 2008 – XII ZR 132/05 – FamRZ 2008, 582 Rn. 21). Aber auch dann, wenn der Zuschnitt der Ehe bei jüngeren Ehegatten zunächst auf das Modell der Doppelverdienerehe angelegt und Kinder zwar noch nicht geplant, aber ein späterer Kinderwunsch nicht ausgeschlossen ist, erscheint es zweifelhaft, ob bereits durch den Verzicht auf den Betreuungsunterhalt ein Eingriff in die Vertragsgestaltung im Wege einer richterlichen Wirksamkeitskontrolle veranlasst wird, oder ob für die Ehegatten nicht auch in diesem Falle eine umfassende Freiheit bei der inhaltlichen Gestaltung ihres Ehevertrages besteht, dessen Korrektur gegebenenfalls der Ausübungskontrolle nach § 242 BGB überlassen werden kann (vgl. Rauscher DNotZ 2004, 524, 537). Anhaltspunkte dafür, dass der Verzicht auf Betreuungsunterhalt für sich genommen objektiv sittenwidrig sein könnte, ergeben sich jedenfalls dann nicht, wenn sich bei Abschluss eines Ehevertrages durch berufstätige Ehegatten mit möglichem späteren Kinderwunsch noch keine Tendenz zu einer Alleinverdienerehe abzeichnete, weil sie von einer gleichgewichtigen Kinderbetreuung oder davon ausgingen, dass durch die spätere Geburt von gemeinsamen Kindern – etwa wegen einer besonders günstigen Kinderbetreuungssituation – kein Ehegatte seine Erwerbstätigkeit in nennenswerter Weise einschränken muss (vgl. Senatsurteil BGHZ 158, 81 = FamRZ 2004, 601, 605). Nach den Feststellungen des Berufungsgerichts hatten die Parteien bei Vertragsschluss im Jahre 1977 noch nicht geplant, dass sich die Ehefrau bei Geburt eines Kindes aus dem Erwerbsleben zurückziehen sollte, was das Berufungsgericht in rechtlich nicht zu beanstandender Weise auch daraus geschlossen hat, dass die Ehefrau noch nach der Geburt des ersten Kindes im Jahre 1979 ihre vollschichtige Tätigkeit als Krankenschwester wieder aufgenommen hatte.

[20] bb) Die Unterhaltsansprüche wegen Alters und Krankheit (§§ 1571, 1572 BGB) sind nach ständiger Rechtsprechung des Senats zwar dem Kernbereich der Scheidungsfolgen zuzurechnen. Ihr Ausschluss wird allerdings – für sich genommen – unter dem Gesichtspunkt des § 138 I BGB zumeist schon deshalb keinen Bedenken begegnen, weil im Zeitpunkt des Vertragsschlusses regelmäßig noch nicht absehbar ist, ob, wann und unter welchen wirtschaftlichen Gegebenheiten ein Ehegatte wegen Alters oder Krankheit unterhaltsbedürftig werden könnte (Senatsurteile vom 12. Januar 2005 – XII ZR 238/03 – FamRZ 2005, 691, 692 und vom 28. November 2007 – XII ZR 132/05 – FamRZ 2008, 582 Rn. 22). Zusätzlich ist hier zu berücksichtigen, dass die Ehefrau im Zeitpunkt des Vertragsschlusses eine sozialversicherungspflichtige Vollzeitbeschäftigung ausübte und nach den Feststellungen des Berufungsgerichts zu jener Zeit keine konkreten Pläne verfolgt wurden, hieran auch im Hinblick auf einen späteren Kinderwunsch etwas zu ändern. Bei Vertragsschluss im Jahre 1977 ergaben sich daher keine Anhaltspunkte für die Annahme, dass die Ehefrau, die sowohl Beiträge in die gesetzliche Rentenversicherung als auch in eine Zusatzversorgungseinrichtung einzahlte, nicht selbst in der Lage sein könnte, für Krankheit und Alter Vorsorge zu treffen.

[21] cc) Aus den letztgenannten Gründen hält auch der von den Parteien im Ehevertrag vereinbarte Ausschluss des – nach seiner Zielrichtung als vorweggenommener Altersunterhalt zu verstehenden –

Versorgungsausgleiches für sich genommen einer Wirksamkeitskontrolle am Maßstab des § 138 I BGB stand (vgl. Senatsbeschluss vom 6. Oktober 2004 – XII ZB 57/03 – FamRZ 2005, 185, 186).

(Gesamtwürdigung)

c [22] b) Auch wenn die Einzelregelungen eines Ehevertrages bei jeweils gesonderter Betrachtung den Vorwurf der objektiven Sittenwidrigkeit nicht zu rechtfertigen vermögen, kann sich der Ehevertrag dennoch bei einer Gesamtwürdigung als insgesamt sittenwidrig erweisen, wenn das Zusammenwirken aller ehevertraglichen Einzelregelungen erkennbar auf die einseitige Benachteiligung eines Ehegatten abzielt (vgl. dazu Senatsurteile vom 12. Januar 2005 – XII ZR 238/03 – FamRZ 2005, 691, 693 und vom 9. Juli 2008 – XII ZR 6/07 FamRZ 2008, 2011 Rn. 20 f.). Auch daraus lässt sich hier allerdings eine Sittenwidrigkeit des Ehevertrages nicht herleiten.

[23] aa) Zum einen hat das Berufungsgericht in seine Würdigung zu Recht den Aspekt einbezogen, dass der im Ehevertrag vereinbarte Verzicht auf sämtliche Unterhaltsansprüche und auf den Versorgungsausgleich unter bestimmten und nicht völlig fernliegenden Umständen – etwa bei einer kurzen Ehedauer und einem beruflichen Scheitern des Ehemannes – auch zu einer Begünstigung der Ehefrau hätte führen können. Dies gilt insbesondere für den Verzicht auf Erwerbslosigkeitsunterhalt (§ 1573 I BGB), der sich nach Lage der Dinge im Jahre 1977 allenfalls zugunsten der Ehefrau hätte auswirken können, weil diese als langjährige Angehörige des öffentlichen Dienstes kein nennenswertes Arbeitsmarktrisiko mehr getragen haben dürfte.

[24] bb) Zum anderen hat der Senat mehrfach betont, dass das Gesetz einen unverzichtbaren Mindestgehalt an Scheidungsfolgen zugunsten des berechtigten Ehegatten nicht kennt (vgl. Senatsurteile BGHZ 158, 81 = FamRZ 2004, 601, 604 und vom 28. März 2007 – XII ZR 130/04 – FamRZ 2007, 1309, 1310), so dass auch aus dem objektiven Zusammenspiel einseitig belastender Regelungen nur dann auf die weiter erforderliche verwerfliche Gesinnung des begünstigten Ehegatten geschlossen werden kann, wenn die Annahme gerechtfertigt ist, dass sich in dem unausgewogenen Vertragsinhalt eine auf ungleichen Verhandlungspositionen basierende einseitige Dominanz eines Ehegatten und damit eine Störung der subjektiven Vertragsparität widerspiegelt. Eine lediglich auf die Einseitigkeit der Lastenverteilung gegründete tatsächliche Vermutung für die subjektive Seite der Sittenwidrigkeit lässt sich bei familienrechtlichen Verträgen nicht aufstellen (Senatsurteil BGHZ 178, 322 = FamRZ 2009, 198 Rn. 32 f.). Ein unausgewogener Vertragsinhalt mag zwar ein gewisses Indiz für eine unterlegene Verhandlungsposition des belasteten Ehegatten sein. Gleichwohl wird das Verdikt der Sittenwidrigkeit in der Regel nicht gerechtfertigt sein, wenn sonst außerhalb der Vertragsurkunde keine verstärkenden Umstände zu erkennen sind, die auf eine subjektive Imparität, insbesondere infolge der Ausnutzung einer Zwangslage, sozialer oder wirtschaftlicher Abhängigkeit oder intellektueller Unterlegenheit, hindeuten könnten (vgl. OLG Celle NJW-RR 2009, 1302, 1304; Palandt/Brudermüller BGB 71. Aufl. § 1408 Rn. 10; Rauscher, Familienrecht 2. Aufl. Rn. 366m; Münch DNotZ 2005, 819, 825 f.; Bergschneider FamRZ 2007, 1246). In dieser Hinsicht geht das Berufungsgericht zu Recht davon aus, dass tragfähige Anhaltspunkte für eine subjektive Unterlegenheit der Ehefrau im Zeitpunkt des Vertragsschlusses weder von der Ehefrau vorgetragen noch sonst ersichtlich sind.

[25] Eine soziale oder wirtschaftliche Abhängigkeit der seinerzeit mit auskömmlichen Einkünften vollschichtig berufstätigen Ehefrau von ihrem noch in der Hochschulausbildung befindlichen Ehemann lag im Jahre 1977 ersichtlich nicht vor. Auch eine mögliche intellektuelle Unterlegenheit der Ehefrau gegenüber dem juristisch versierten Ehemann vermag hier die Annahme ungleicher Verhandlungspositionen beim Abschluss des Ehevertrages nicht zu begründen. Das Berufungsgericht geht aufgrund der von ihm getroffenen Feststellungen rechtlich bedenkenfrei davon aus, dass sich die Ehefrau bei Abschluss des Vertrages darüber im Klaren gewesen sein musste, was der im Ehevertrag vereinbarte Verzicht auf „jegliche" Unterhaltsansprüche und auf den Versorgungsausgleich bedeutete. Dies ergibt sich im Übrigen auch schon aus dem eigenen Vortrag der Ehefrau, wonach der Ehemann im Hinblick auf die zum 1. Juli 1977 (dh durch das Erste Gesetz zur Reform des Ehe- und Familienrechts vom 14. Juni 1976, BGBl. I, S. 1421) geänderte Rechtslage mehrfach deutlich gemacht haben soll, dass er nur dann eine Ehe schließen werde, wenn er im Falle der Scheidung keinen Unterhalt zahlen müsse und auch seine Rente ihm voll und ganz verbleibe. Danach dürfte es für die Ehefrau bei Vertragsschluss keinen vernünftigen Zweifel an Inhalt und Tragweite der im Ehevertrag enthaltenen Verzichtserklärungen mehr gegeben haben.

[26] Auch sonstige Umstände, die eine Zwangslage der Ehefrau begründet oder sie gehindert hätten, auf Abschluss oder Inhalt des Ehevertrags Einfluss zu nehmen, sind nicht ersichtlich. Konkrete Anhalts-

punkte für eine Überrumpelung der Ehefrau im Zusammenhang mit der Errichtung der notariellen Urkunde hat das Berufungsgericht nicht feststellen können. Soweit die Ehefrau das Bestehen einer Zwangslage für sich daraus herleiten will, dass der Ehemann im Falle der Verweigerung eines Vertragsschlusses die Hochzeit abgesagt hätte und die Ehefrau dadurch unter den gesellschaftlichen Verhältnissen des Jahres 1977 einer besonderen sozialen Stigmatisierung und Ächtung („gefallenes Mädchen") anheimgefallen wäre, hat das Berufungsgericht dieses Vorbringen in tatrichterlicher Verantwortung geprüft und nicht für durchgreifend erachtet. Hiergegen sind aus Rechtsgründen Bedenken nicht zu erheben.

(Ausübungskontrolle)

[35] 2. Zutreffend ist allerdings der rechtliche Ausgangspunkt des Berufungsgerichts. Soweit ein Ehevertrag – wie hier – der Wirksamkeitskontrolle standhält, muss der Richter im Rahmen einer Ausübungskontrolle prüfen, ob und inwieweit es einem Ehegatten nach Treu und Glauben (§ 242 BGB) verwehrt ist, sich auf eine ihn begünstigende Regelung zu berufen. Entscheidend ist insofern, ob sich im Zeitpunkt des Scheiterns der Ehe aus dem vereinbarten Ausschluss der Scheidungsfolge eine evident einseitige, unzumutbare Lastenverteilung ergibt. Hält die Berufung eines Ehegatten auf die getroffene Regelung der Ausübungskontrolle nicht stand, so führt dies weder zur Unwirksamkeit des Ausschlusses der gesetzlichen Scheidungsfolge noch dazu, dass die gesetzliche Regelung in Vollzug gesetzt wird. Der Richter hat vielmehr diejenige Rechtsfolge anzuordnen, die den berechtigten Belangen beider Parteien in der eingetretenen Situation in ausgewogener Weise Rechnung trägt (vgl. grundlegend Senatsurteil BGHZ 158, 81 = FamRZ 2004, 601, 606). Auch die Grundsätze über den Wegfall der Geschäftsgrundlage (§ 313 BGB) können dabei auf Eheverträge Anwendung finden, wenn und soweit die tatsächliche Gestaltung der ehelichen Lebensverhältnisse von derjenigen ursprünglichen Lebensplanung abweicht, welche die Ehegatten dem Ehevertrag zugrunde gelegt haben (Senatsurteile vom 2. Februar 2011 – XII ZR 11/09 – FamRZ 2011, 1377 Rn. 16 und vom 17. Oktober 2007 – XII ZR 96/05 – FamRZ 2008, 386 Rn. 36).

[36] a) Eine grundlegende Abweichung der tatsächlichen Lebenssituation von den beim Vertragsschluss zugrunde gelegten Lebensumständen hat das Berufungsgericht im Hinblick auf die dem Ehevertrag nachfolgende Geburt der beiden Kinder und die mit deren Betreuung einhergehende eingeschränkte Erwerbstätigkeit der Ehefrau mit Recht bejaht (vgl. auch Senatsbeschluss vom 6. Oktober 2004 – XII ZB 57/03 – FamRZ 2005, 185, 187). Auch die Revision erinnert gegen diese Beurteilung nichts.

[37] b) Ist derjenige Ehegatte, der seine Erwerbstätigkeit für die Betreuung gemeinsamer Kinder eingeschränkt hat, im Zeitpunkt der Scheidung erwerbsunfähig erkrankt, wird sich die ehevertragliche Ausübungskontrolle im Hinblick auf die geänderten Verhältnisse grundsätzlich an dem Gedanken zu orientieren haben, dass dieser Ehegatte aufgrund der tatsächlichen Rollenverteilung in der Ehe nicht ausreichend für den Fall seiner krankheitsbedingten Erwerbsminderung vorsorgen konnte und seine Erwerbsminderungsrente infolgedessen geringer ist, als sie es gewesen wäre, wenn er seine (vollschichtige) Berufstätigkeit entsprechend der ursprünglichen Lebensplanung bis zum Eintritt der Erwerbsunfähigkeit fortgesetzt hätte. Der Ausgleich unzureichender Vorsorgebeiträge ist dabei nach ständiger Rechtsprechung des Senats vornehmlich Aufgabe des Versorgungsausgleichs (Senatsurteile vom 17. Februar 2010 – XII ZR 140/08 – FamRZ 2010, 629 Rn. 24 und vom 7. Juli 2010 – XII ZR 157/08 – FamRZ 2011, 188 Rn. 16 mwN), so dass der für die Ausübungskontrolle gewählte Ausgangspunkt, der Ehefrau über den vertraglich ursprünglich ausgeschlossen gewesenen Versorgungsausgleich nunmehr diejenigen Versorgungsanrechte zukommen zu lassen, die ihr zwischen 1982 und 2008 durch die Einschränkung ihrer Erwerbstätigkeit entgangen sind, grundsätzlich nicht zu beanstanden ist.

[38] 3. Ebenfalls zutreffend ist die Einschätzung des Berufungsgerichts, dass die von dem Amtsgericht im Wege des Quasi-Splittings angeordnete Begründung von monatlichen und auf das Ende der Ehezeit am 30. April 2008 bezogenen Rentenanwartschaften in Höhe von 417,98 EUR auf dem Versicherungskonto der Ehefrau bei der Deutschen Rentenversicherung Bund nicht ausreichend war, die Versorgungsnachteile der Ehefrau vollständig auszugleichen.

(Unterhalt bei nicht vollständig kompensiertem Versorgungsnachteil)

[40] 4. Das Berufungsgericht hat es im Rahmen der vertraglichen Ausübungskontrolle für möglich und geboten erachtet, der Ehefrau zum Ausgleich für die durch den erstinstanzlich angeordneten Versorgungsausgleich noch nicht vollständig kompensierten Rentennachteile einen ergänzenden

Krankheitsunterhalt nach § 1572 BGB zu gewähren. Die dagegen erhobenen grundsätzlichen Einwendungen der Revision greifen nicht durch.

[41] a) Eine weitergehende Anpassung des Vertrages wegen unterhaltsrechtlicher Regelungen scheidet nicht schon deshalb aus, weil die Ehefrau die erstinstanzliche Entscheidung zum Versorgungsausgleich nicht angefochten hatte und diese deshalb in Rechtskraft erwachsen ist.

[43] b) Entgegen der Auffassung der Revision rückt die vom Berufungsgericht vorgenommene unterhaltsrechtliche Korrektur der bestandskräftig gewordenen Entscheidung zum Versorgungsausgleich den Unterhaltsanspruch der Ehefrau auch nicht in die unzulässige Nähe eines sich aus den ehelichen Wirkungen ergebenden Schadenersatzanspruches.

[44] Dieser Einwand wäre allenfalls dann berechtigt, wenn die von beiden Ehegatten erworbenen Versorgungsanrechte über den Versorgungsausgleich hälftig aufgeteilt worden wären. In diesen Fällen wird der Ausgleichspflichtige aufgrund des Halbteilungsgrundsatzes auf das Versorgungsniveau des anderen Ehegatten herabgesetzt, so dass im Hinblick darauf, dass das System der Scheidungsfolgen auf einer Halbteilung des gemeinsam Erwirtschafteten beruht, für eine Ergänzung dieses Ausgleichssystems über den Unterhalt regelmäßig (zu den Ausnahmen vgl. etwa Senatsurteile vom 4. August 2010 – XII ZR 7/09 – FamRZ 2010, 1633 Rn. 25 [phasenverschobene Ehe] und vom 2. März 2011 – XII ZR 44/09 – FamRZ 2011, 713 Rn. 20 [kein Zugang zur Erwerbsminderungsrente wegen fehlender Pflichtbeitragszeiten]) kein Raum mehr bleibt (Senatsurteile vom 16. April 2008 – XII ZR 107/06 – FamRZ 2008, 1325 Rn. 43 und vom 25. Juni 2008 – XII ZR 109/07 – FamRZ 2008, 1508 Rn. 25; Borth FamRZ 2008, 1329, 1331). Ein ergänzender Unterhaltsanspruch wegen ehebedingter Nachteile in der Versorgungssituation ist demgegenüber nicht von vornherein ausgeschlossen, wenn der Versorgungsausgleich noch nicht zu einer Halbteilung der in der Ehe erworbenen Versorgungsanrechte geführt hat.

[45] 5. Demgegenüber sind die Ausführungen des Oberlandesgerichts zur Bemessung der Höhe des unterhaltsrechtlich auszugleichenden Nachteils nicht in allen Punkten frei von rechtlichen Bedenken.

BGH v. 20.3.2013 – XII ZR 72/11 – FamRZ 2013, 853 = NJW 2013, 1530

R 736 (Irrtum über die Vergleichsgrundlage)

a [14] Wegen der Doppelnatur des Prozessvergleiches würde einem vor Gericht geschlossenen Vergleich nach ständiger Rechtsprechung des Bundesgerichtshofes zwar auch seine verfahrensrechtliche Wirkung der Prozessbeendigung entzogen, wenn er aus materiell-rechtlichen Gründen nichtig oder anfechtbar wäre (vgl. Senatsurteil vom 6. April 2011 – XII ZR 79/09 – FamRZ 2011, 1140 Rn. 10; BGHZ 79, 71, 74 = NJW 1981, 823). Dies hat das Berufungsgericht indessen mit Recht verneint.

[15a]) Entgegen der Auffassung der Revision liegt kein rechtserheblicher Irrtum über die Vergleichsgrundlage (§ 779 I BGB) vor.

[16] aa) Richtig ist, dass dem Vergleichsschluss vom 2. Februar 2010 erkennbar die frühere Rechtsprechung des Senats zugrunde lag, wonach der Unterhaltsbedarf des geschiedenen Ehegatten grundsätzlich unter Berücksichtigung aller nachehelich eingetretenen tatsächlichen Umstände, dabei insbesondere der Wiederverheiratung des Unterhaltsschuldners und der damit verbundenen Unterhaltspflichten gegenüber dem neuen Ehegatten, zu bestimmen sei (Senatsurteil BGHZ 177, 356 = FamRZ 2008, 1911 Rn. 30 ff.). Diese auf dem Wegfall des Stichtagsprinzips basierende Rechtsprechung hat das Bundesverfassungsgericht für nicht mit dem geltenden Recht vereinbar erklärt (BVerfG FamRZ 2011, 437, 441 ff.). Im Anschluss an diese Entscheidung hat der Senat diese Rechtsprechung zur Bemessung des Unterhaltsbedarfs nach den ehelichen Lebensverhältnissen aufgegeben und ist zu dem – seiner früheren Rechtsprechung zugrunde liegenden – Stichtagsprinzip zurückgekehrt (Senatsurteil BGHZ 192, 45 = FamRZ 2012, 281 Rn. 16 ff.).

[17] bb) Damit lässt sich jedoch ein Irrtum über die Vergleichsgrundlage nach § 779 I BGB nicht begründen. Voraussetzung für die Unwirksamkeit eines Vergleichs nach § 779 I BGB ist es, dass der von beiden Parteien nach dem Inhalt des Vertrags als feststehend zu Grunde gelegte Sachverhalt nicht der Wirklichkeit entspricht und der Streit oder die Ungewissheit über ein Rechtsverhältnis bei Kenntnis der Sachlage nicht entstanden sein würde. Ob die Auffassung des Berufungsgerichts zutrifft, dass ein Rechtsirrtum, wenn er nicht gleichzeitig einen Irrtum über relevante Tatsachen umschließt, von vornherein nicht in den Anwendungsbereich von § 779 I BGB fallen kann (so zuletzt BGH Urteil vom 18. Dezember 2007 – XI ZR 76/06 – NJW-RR 2008, 643 Rn. 14; offen gelassen in BGH Urteil vom 21. Dezember 2006 – VII ZR 275/05 NJW 2007, 838 Rn. 10 m. N. zum Streitstand), braucht

Anhang R. Rechtsprechung   **R736**

unter den hier obwaltenden Umständen nicht entschieden zu werden. Selbst wenn der Begriff des Sachverhalts weit auszulegen sein sollte und nicht nur Tatsachen, sondern auch (reine) Rechtsfragen umfasst, muss der Irrtum der Parteien nach allgemeiner Ansicht das gegenwärtige Bestehen des Sachverhalts betreffen, nicht dagegen das Eintreten oder Ausbleiben künftiger Ereignisse (Senatsurteile vom 19. Februar 1986 – IVb ZR 7/85 – NJW-RR 1986, 945, 946 und vom 24. April 1985 – IVb ZR 17/84 – NJW 1985, 1835, 1836; BGH Urteile vom 13. Juni 1961 – VI ZR 215/60 – JZ 1963, 129 und vom 8. Februar 1984 – VIII ZR 254/82 – NJW 1984, 1746; BAG NZA 2000, 1097, 1101). Aus diesem Grunde kann schon ein Irrtum über die Entwicklung der künftigen Gesetzgebung nicht in den Anwendungsbereich des § 779 I BGB fallen (vgl. bereits RGZ 117, 306, 310); in gleicher Weise betrifft auch die unrichtige Vorstellung über den Fortbestand einer bestimmten Rechtsprechung einen Umstand, der dem Abschluss des Vergleiches erst nachfolgt und ihm schon daher nicht als feststehend zugrunde gelegt werden kann (vgl. BGHZ 58, 355, 361 f. = NJW 1972, 1577; OLG Schleswig OLGR 2000, 285, 286; vgl. auch Erman/H.-F. Müller BGB 13. Aufl. § 779 Rn. 30). An dieser Beurteilung ändert sich auch in dem Fall nichts, in dem der Fortgeltung der dem Vergleich zugrunde gelegten Rechtsprechung (erst) durch eine dem Vergleichsschluss nachfolgende Entscheidung des Bundesverfassungsgerichts der Boden entzogen worden ist.

(Irrtumsanfechtung eines Unterhaltsvergleichs)

[18] b) Richtig ist ferner die Auffassung des Berufungsgerichts, dass auch die von der Beklagten erklärte Anfechtung wegen Irrtums (§ 119 BGB) nicht durchgreifen kann, weil beide Parteien der gleichen unrichtigen Vorstellung über die Fortgeltung der Senatsrechtsprechung unterlegen sind. Solche Fehlvorstellungen sind nach den zum Wegfall der Geschäftsgrundlage (§ 313 BGB) entwickelten Grundsätzen zu behandeln (vgl. BGH Urteil vom 5. Februar 198 – VIII ZR 72/85 – NJW 1986, 1348, 1349; OLG Hamm NJW-RR 2006, 65, 66). Hiergegen erinnert auch die Revision nichts.

(Abgrenzung Abänderungsklage zur Leistungsklage)

[20] 3. Im rechtlichen Ausgangspunkt zutreffend hat das Berufungsgericht ferner erkannt, dass die Beklagte ihre Unterhaltsansprüche für die Zeit seit dem 30. Juli 2008 nicht mit einer gegen den Teilvergleich vom 2. Februar 2010 gerichteten Abänderungsklage (§ 323 I ZPO aF), sondern nur mit einer Leistungsklage als statthafter Klageart verfolgen konnte und das ursprüngliche Abänderungsbegehren der Beklagten in verfahrensrechtlich nicht zu beanstandender Weise (vgl. dazu Senatsurteil vom 1. Juni 1983 – IVb ZR 365/81 – FamRZ 1983, 892, 893 f.) in einen Leistungsantrag umgedeutet.

[21] a) Nach der Rechtsprechung des Senats kommt § 323 ZPO aF (bzw. nunmehr § 238 FamFG) zwar auch dann zur Anwendung, wenn ein Unterhaltsgläubiger, dessen – durch gerichtliche Entscheidung oder durch Prozessvergleich – titulierter Unterhalt nachträglich durch eine gerichtliche Abänderungsentscheidung aberkannt worden ist, in der Folgezeit erneut Unterhalt verlangt. Kommt es zu einer solchen Abänderungsentscheidung, hat das Gericht – im Rahmen der Korrektur der ursprünglichen Prognose – seinerseits die künftige Entwicklung der Verhältnisse vorausschauend zu berücksichtigen. Demgemäß beruht die abändernde Entscheidung sowohl im Falle der Reduzierung als auch beim völligen Wegfall des Unterhalts weiterhin auf einer Prognose der zukünftigen Entwicklung und stellt den Rechtszustand auch für die Zukunft fest. Das spätere Begehren auf Wiedergewährung des Unterhalts stellt daher abermals die Geltendmachung einer von der Prognose abweichenden tatsächlichen Entwicklung der tatsächlichen oder rechtlichen Verhältnisse dar, für die das Gesetz das gerichtliche Abänderungsverfahren vorsieht, um die (erneute) Anpassung der Entscheidung an die veränderten Entscheidungsgrundlagen zu ermöglichen (Senatsurteile BGHZ 172, 22 = FamRZ 2007, 983 Rn. 19 und vom 30. Januar 1985 – IVb ZR 63/83 – FamRZ 1985, 376, 377).

[22] b) Diese Rechtsprechung ist jedoch nicht auf die Fälle übertragbar, in denen dem Unterhaltsgläubiger ein titulierter Unterhalt durch einen Prozessvergleich aberkannt wird. Nach § 323 IV ZPO aF sind die Bestimmungen über die Abänderungsklage (§ 323 I bis III ZPO aF) auf Prozessvergleiche (§ 794 I Nr. 1 ZPO) oder auf Schuldurkunden nach § 794 I Nr. 2a und Nr. 5 ZPO nur insoweit entsprechend anzuwenden, als darin künftig fällig werdende wiederkehrende Leistungen übernommen oder festgesetzt worden sind. § 323 IV ZPO aF erfasst mithin gerade nicht die Fälle, in denen für die Zukunft keine Leistungspflicht festgelegt worden ist. Eine analoge Anwendung über den Wortlaut des § 323 IV ZPO aF hinaus kommt nicht in Betracht. Denn die verfahrensrechtliche Situation nach Erlass einer rechtskräftigen Entscheidung ist mit derjenigen nach Abschluss eines Prozessvergleichs nicht vergleichbar. Auch wenn die Parteien mit der getroffenen Regelung zum Ausdruck bringen wollten,

2403

dass für die Zukunft kein Unterhaltsanspruch mehr besteht, beschränkt sich die Vereinbarung auf den materiellen Anspruch; sein Nichtbestehen ist nicht rechtskräftig festgestellt (vgl. Senatsurteil BGHZ 172, 22 = FamRZ 2007, 983 Rn. 20; OLG Hamm NJWE-FER 2000, 129).

[23] An dieser rechtlichen Beurteilung hat sich im Übrigen durch die Reform des familiengerichtlichen Verfahrens nichts geändert. Nach § 239 I 1 FamFG kann jeder Teil die Abänderung eines Vergleiches nach § 794 I Nr. 1 ZPO oder einer vollstreckbaren Urkunde beantragen, wenn diese eine Verpflichtung zu künftig fällig werdenden Leistungen enthält. Mit dieser Regelung hat der Gesetzgeber keine vom früheren Rechtszustand abweichende Rechtslage schaffen wollen (vgl. BT-Drucks. 16/6308, S. 258), so dass nach den zu § 323 IV ZPO aF entwickelten Grundsätzen auch unter der Geltung des neuen Verfahrensrechts keine Abänderung beantragt werden kann, wenn durch einen Prozessvergleich ein titulierter Anspruch aberkannt worden ist (vgl. Keidel/Meyer-Holz FamFG 17. Aufl. § 239 Rn. 28; Prütting/Helms/Bömelburg FamFG 2. Aufl. § 239 Rn. 12; Haußleiter/Fest FamFG § 239 Rn. 10).

[24] 4. Selbst wenn die Beklagte danach in verfahrensrechtlicher Hinsicht gehalten war, ihr Unterhaltsbegehren für den Zeitraum seit dem 30. Juli 2008 mit der Leistungsklage (§ 258 ZPO) zu verfolgen, ist der zwischen den Parteien am 2. Februar 2010 geschlossene Teilvergleich für den materiellen Unterhaltsanspruch der Beklagten weiterhin von Bedeutung. Er wirkt sich für diesen Zeitraum auf das Unterhaltsrechtsverhältnis aus, solange und soweit seine Geschäftsgrundlage nicht weggefallen ist und die Regelung deshalb einer Anpassung an die veränderten Verhältnisse unterliegt (vgl. Senatsurteil BGHZ 172, 22 = FamRZ 2007, 983 Rn. 22 ff.).

(Abänderung des Prozessvergleichs bei geänderter höchstrichterlicher Rechtsprechung)

d [25] a) Ohne Erfolg macht die Revision allerdings geltend, dass der Vergleich bereits für den Zeitraum zwischen dem 30. Juli 2008 und dem 31. Januar 2011 anzupassen sei.

[26] aa) Bei Prozessvergleichen über Dauerschuldverhältnisse kann die Änderung einer gefestigten höchstrichterlichen Rechtsprechung nach allgemeiner Ansicht zwar zu Störungen vertraglicher Vereinbarungen führen, die nach den Grundsätzen über den Wegfall der Geschäftsgrundlage im Wege der Anpassung zu bereinigen sind. Für diese Fälle hat der Senat bereits mehrfach ausgesprochen, dass eine Änderung der höchstrichterlichen Rechtsprechung zum Unterhaltsrecht nur für solche Unterhaltszeiträume zu einer Anpassung des Vergleiches führen kann, die auf die Verkündung des die bisherige Rechtsprechung aufgebenden Urteils des Senats folgen. Für die Zeit davor verbleibt es bei der bisherigen Rechtslage, welche die Parteien ihrem Vergleich zugrunde gelegt haben (Senatsurteile BGHZ 148, 368 = FamRZ 2001, 1687, 1690 f. und vom 22. Januar 2003 – XII ZR 186/01 – FamRZ 2003, 518, 520). Denn der in Übereinstimmung mit der bisherigen Rechtsprechung beruhende Prozessvergleich stellt einen Vertrauenstatbestand für beide Parteien dar, in den eine Änderung der höchstrichterlichen Rechtsprechung grundsätzlich nicht rückwirkend zu Lasten des Unterhaltspflichtigen eingreifen darf, zumal erst sie zu einer die Vertragsanpassung rechtfertigenden Äquivalenzstörung führt (Senatsurteil vom 22. Januar 2003 – XII ZR 186/01 – FamRZ 2003, 518, 520).

[27] bb) Die gleichen Grundsätze gelten auch dann, wenn das Bundesverfassungsgericht eine bestimmte, auf der Rechtsprechung der Fachgerichte beruhende Rechtsanwendung, die von den Parteien ihrem Vergleich zugrunde gelegt worden ist, aus verfassungsrechtlichen Gründen beanstandet. Das Bundesverfassungsgericht hat bereits in seinem Urteil zur (Nicht-) Berücksichtigung des aus neuer Ehe herrührenden steuerlichen Splittingvorteils bei der Bemessung des an den geschiedenen Ehegatten zu leistenden Unterhalts darauf hingewiesen, dass seine Entscheidung für bereits bestehende Unterhaltstitel, die nicht Gegenstand einer Verfassungsbeschwerde waren, lediglich eine auf die Zukunft beschränkte Rechtsfolgenwirkung entfaltet (BVerfG FamRZ 2003, 1821, 1825; vgl. auch Senatsurteile vom 14. März 2007 – XII ZR 158/04 FamRZ 2007, 882 Rn. 25 und vom 28. Februar 2007 – XII ZR 37/05 – FamRZ 2007, 793 Rn. 36) und in diesem Zusammenhang ausdrücklich auf die Senatsrechtsprechung zur Anpassung von Unterhaltsvergleichen an eine geänderte höchstrichterliche Rechtsprechung Bezug genommen (BVerfG FamRZ 2003, 1821, 1825). Eine Anpassung von vertraglichen Unterhaltsvereinbarungen, die auf der früheren Rechtsprechung des Senats zur Bedarfsermittlung durch Dreiteilung des zur Verfügung stehenden Gesamteinkommens des Unterhaltspflichtigen und beider unterhaltsberechtigten Ehegatten beruhen, kommt daher frühestens für solche Unterhaltszeiträume in Betracht, die der Entscheidung des Bundesverfassungsgerichts vom 25. Januar 2011 nachfolgen, mithin für den Zeitraum seit dem 1. Februar 2011. Richtig ist deshalb auch der Hinweis der Revisionserwiderung darauf, dass es für diese Beurteilung auf die vom Berufungsgericht erörterte Frage

nach den Voraussetzungen für die Geltendmachung von Unterhalt für die Vergangenheit (§§ 1585b II, 1613 I BGB) nicht einmal angekommen wäre.

(Nacheheliche Solidarität und Ehedauer)

[32] bb) Nicht gefolgt werden kann dem Berufungsgericht allerdings in der Beurteilung, dass die Voraussetzungen für eine Begrenzung des Unterhaltsanspruches schon deshalb gegeben seien, weil aufseiten der Beklagten keine fortwirkenden ehebedingten Nachteile vorlägen und allein der langen Ehedauer keine entscheidende Bedeutung mehr beizumessen sei. Damit trägt das Berufungsgericht dem Umstand, dass § 1578b BGB nicht auf die Kompensation ehebedingter Nachteile beschränkt ist, sondern auch eine darüber hinausgehende nacheheliche Solidarität erfasst, nicht hinreichend Rechnung.

[33] (1) Der Senat hat mehrfach betont, dass auch dann, wenn keine ehebedingten Nachteile feststellbar sind, eine Herabsetzung oder Befristung des nachehelichen Unterhalts nur bei Unbilligkeit eines fortdauernden Unterhaltsanspruchs nach den ehelichen Lebensverhältnissen begründet ist. Es ist Aufgabe des Tatrichters, bei der insoweit gebotenen Billigkeitsabwägung das im Einzelfall gebotene Maß der nachehelichen Solidarität festzulegen. In solchen Fällen, in denen die fortwirkende nacheheliche Solidarität den wesentlichen Billigkeitsmaßstab bildet, gewinnt die Ehedauer durch die wirtschaftliche Verflechtung an Gewicht, die insbesondere durch den Verzicht auf eine eigene Erwerbstätigkeit wegen der Betreuung gemeinsamer Kinder oder wegen der Haushaltsführung eingetreten ist. Schon dieser Gesichtspunkt kann in Fällen, in denen keine ehebedingten Nachteile vorliegen, aus Billigkeitsgründen gegen eine Begrenzung des nachehelichen Unterhalts sprechen (vgl. Senatsurteile vom 11. August 2010 – XII ZR 102/09 – FamRZ 2010, 1637 Rn. 48 und vom 6. Oktober 2010 – XII ZR 202/08 – FamRZ 2010, 1971 Rn. 33).

[34] (2) Die vorgenannten, von der Rechtsprechung des Senats entwickelten Grundsätze erfahren auch durch die am 1. März 2013 in Kraft getretene Neufassung des § 1578b I BGB (vgl. Art. 3 und Art. 4 II des Gesetzes zur Durchführung des Haager Übereinkommens vom 23. November 2007 über die internationale Geltendmachung der Unterhaltsansprüche von Kindern und anderen Familienangehörigen sowie zur Änderung von Vorschriften auf dem Gebiet des internationalen Unterhaltsverfahrensrechts und des materiellen Unterhaltsrechts vom 20. Februar 2013, BGBl. I S. 273) keine grundlegenden Änderungen.

[35] Nach § 1578b I 2 BGB ist nunmehr das Tatbestandsmerkmal der Ehedauer als weiterer konkret benannter Billigkeitsmaßstab neben das Bestehen ehebedingter Nachteile getreten. Demgegenüber ist der Begriff der „Dauer der Ehe" bei der beispielhaften Aufzählung der Gründe für das Entstehen ehebedingter Nachteile (§ 1578b I 3 BGB) gestrichen worden, da es einer zusätzlichen Erwähnung der Ehedauer in diesem Zusammenhang nicht mehr bedurfte. In der Gesetzesbegründung wird dazu ausdrücklich hervorgehoben, dass die tatbestandliche Neufassung des § 1578b I BGB eine (lediglich) klarstellende Funktion erfüllt, um einer – dem Willen des Gesetzgebers der Unterhaltsrechtsreform 2008 nicht entsprechenden und auch vom Bundesgerichtshof missbilligten – Praxis entgegenzuwirken, beim Fehlen ehebedingter Nachteile automatisch zu einer Begrenzung des Unterhaltsanspruches zu gelangen, ohne bei der Billigkeitsabwägung die sonstigen Umstände des Einzelfalls, darunter insbesondere die lange Ehedauer, zu berücksichtigen (BT-Drucks. 17/11885 S. 5 f.). Aus der Begründung des Gesetzes ergibt sich demgegenüber nicht, dass dem Begriff der „Dauer der Ehe" durch die Aufnahme als selbständiges Billigkeitskriterium in § 1578b I 2 BGB ein anderer Inhalt hätte verliehen werden sollen und der Gesetzgeber den Begriff der Ehedauer abweichend von der – in der Gesetzesbegründung ausdrücklich in Bezug genommenen – Senatsrechtsprechung zur Berücksichtigung der Ehedauer im Rahmen der nachehelichen Solidarität interpretieren wollte (ebenso Borth FamRZ 2013, 165, 167). Es bleibt daher dabei, dass die Ehedauer ihren wesentlichen Stellenwert bei der Bestimmung des Maßes der gebotenen nachehelichen Solidarität aus der Wechselwirkung mit der in der Ehe einvernehmlich praktizierten Rollenverteilung und der darauf beruhenden Verflechtung der wirtschaftlichen Verhältnisse gewinnt (vgl. auch Born NJW 2013, 561, 562). Weiterhin rechtfertigt eine lange Ehedauer für sich genommen insbesondere dann keinen fortdauernden Unterhalt nach den – die eigene Lebensstellung übersteigenden – ehelichen Lebensverhältnissen, wenn beide Ehegatten während der Ehe vollschichtig berufstätig waren und die Einkommensdifferenz lediglich auf ein unterschiedliches Qualifikationsniveau zurückzuführen ist, das bereits zu Beginn der Ehe vorlag (vgl. Senatsurteil vom 6. Oktober 2010 – XII ZR 202/08 – FamRZ 2010, 1971 Rn. 21).

BGH v. 19.6.2013 – XII ZB 39/11 – FamRZ 2013, 1378 = NJW 2013, 2595

R 737 *(Beteiligtenwechsel bei Ende der Verfahrensstandschaft und Volljährigkeit)*

a [6] Der Antrag ist zulässig. Die Antragstellerin ist in wirksamer Weise anstelle ihrer Mutter in das Verfahren eingetreten. Die auf Seiten der ursprünglichen Antragstellerin bestehende Verfahrensstandschaft nach § 1629 III BGB bestand zwar über die Scheidung hinaus zunächst noch fort (Senatsurteil BGHZ 109, 211 = FamRZ 1990, 283, 284). Sie ist aber mit Eintritt der Volljährigkeit der Antragstellerin entfallen, was auch wegen des Unterhalts für die Vergangenheit gilt (Senatsurteil vom 23. Februar 1983 – IVb ZR 359/81 – FamRZ 1983, 474, 475). Indessen ist die Antragstellerin in zulässiger Weise anstelle ihrer Mutter in das Verfahren eingetreten.

[7] 1. Wie dem Wegfall der Verfahrensstandschaft bei Eintritt der Volljährigkeit des Kindes im Verfahren Rechnung zu tragen ist, ist umstritten. Nach der früheren Rechtsprechung des Senats trat – in Anlehnung an den Eintritt des Gemeinschuldners anstelle des Konkursverwalters nach Beendigung des Konkursverfahrens – ein Parteiwechsel kraft Gesetzes ein, durch den das unterhaltsberechtigte Kind ohne weitere prozessuale Erklärungen an die Stelle des Elternteils treten sollte (Senatsurteile vom 23. Februar 1983 – IVb ZR 359/81 – FamRZ 1983, 474, 475 und vom 30. Januar 1985 – IVb ZR 70/83 – FamRZ 1985, 471, 473). Dagegen ist der Senat in einer neueren Entscheidung – bei Einlegung der Revision durch das volljährig gewordene Kind – davon ausgegangen, dass das Kind ein Recht hat, in den Prozess einzutreten, welches durch Erklärung geltend zu machen ist (Senatsurteil BGHZ 109, 211 = FamRZ 1990, 283, 284). Auch im Schrifttum ist in Zweifel gezogen worden, dass sich der Parteiwechsel schon kraft Gesetzes vollzieht (Johannsen/Henrich/Jaeger Familienrecht 5. Aufl. § 1629 Rn. 12; Bamberger/Roth/Veit BGB 3. Aufl. § 1629 Rn. 51.1 mwN; Schwab/Streicher Handbuch des Scheidungsrechts 6. Aufl. I Rn. 568; Eschenbruch/Klinkhammer Unterhaltsprozess 5. Aufl. Kap. 5 Rn. 64 f.).

[8] Der Senat hält an seiner eingangs genannten früheren Rechtsprechung nicht fest. Aus Sinn und Zweck der gesetzlichen Prozess- bzw. Verfahrensstandschaft nach § 1629 III BGB folgt vielmehr, dass es der freien Entscheidung des volljährig gewordenen Kindes überlassen bleiben muss, ob es sich am Verfahren beteiligt und dieses fortsetzt. Dass das Kind einerseits die Möglichkeit hat, dem Verfahren beizutreten, es andererseits hierzu aber auch nicht gezwungen werden darf, lässt sich nur durch einen gewillkürten Kläger bzw. Antragstellerwechsel sicherstellen. Entsprechend war in den genannten, vom Senat entschiedenen Fällen (Senatsurteile vom 23. Februar 1983 – IVb ZR 359/81 – FamRZ 1983, 474, 475 und vom 30. Januar 1985 – IVb ZR 70/83 – FamRZ 1985, 471, 473) das Verfahren jeweils vom volljährig gewordenen Kind fortgesetzt worden.

[9] Die als zwingend ausgestaltete Regelung in § 1629 III 1 BGB lässt die Geltendmachung des Unterhalts nur im eigenen Namen des sorgeberechtigten Elternteils zu und verfolgt den Zweck, das Kind aus dem Streit der Eltern herauszuhalten (BT-Drucks. 10/4514 S. 23; Staudinger/Peschel-Gutzeit BGB [2007] § 1629 Rn. 44 mwN). Dem widerspräche es, wenn das Kind mit Eintritt seiner Volljährigkeit ohne Rücksicht auf seinen Willen zur Partei bzw. zum Beteiligten des Verfahrens würde. Sollte das Kind sich etwa entschließen, das Verfahren nicht weiterzuführen, müsste es den Unterhaltsantrag mit der Kostenfolge nach §§ 113 I 2 FamFG, 269 III ZPO zurücknehmen. Eine einseitige Erledigungserklärung wäre mangels eines erledigenden Ereignisses unbegründet. Aber auch eine übereinstimmende Erledigungserklärung wäre für das Kind mit einem Kostenrisiko verbunden. Dagegen kann der ehemalige Verfahrensstandschafter den Antrag – abgesehen von einer etwaigen Antragsumstellung auf einen (in seiner Person entstandenen) familienrechtlichen Ausgleichsanspruch – notfalls einseitig für erledigt erklären, weil mit der Verfahrensführungsbefugnis eine Zulässigkeitsvoraussetzung nachträglich entfallen ist (vgl. Johannsen/Henrich/Jaeger Familienrecht 5. Aufl. § 1629 Rn. 12; Bamberger/Roth/Veit BGB 3. Aufl. § 1629 Rn. 51.1 sowie Senatsurteil vom 26. April 1989 – IVb ZR 42/88 – FamRZ 1989, 850).

[10] Durch einen hier allein möglichen gewillkürten Beteiligtenwechsel wird demnach nicht nur der Verfahrensherrschaft des (ursprünglichen) Antragstellers Rechnung getragen, sondern vor allem auch dem Umstand, dass das Kind nicht ohne seinen Willen Beteiligter des Verfahrens werden darf und aus dem Streit der Eltern herausgehalten werden soll.

[11] 2. Die Antragstellerin hat mit Zustimmung ihrer Mutter den Eintritt in das Verfahren erklärt. Da der Beteiligtenwechsel allein im Wegfall der Verfahrensführungsbefugnis begründet liegt und nicht mit einer Änderung des Streitstoffs verbunden ist, bedurfte es keiner Zustimmung des Antragsgegners (vgl. Senatsurteil BGHZ 109, 211 = FamRZ 1990, 283, 284; Senatsbeschluss vom 27. Juni 2012 – XII

ZR 89/10 – FamRZ 2012, 1489 Rn. 11; vgl. auch BGHZ 123, 132 = NJW 1993, 3072). Im Gegensatz zum Parteiwechsel bei Einzelrechtsnachfolge (vgl. Senatsurteil vom 29. August 2012 – XII ZR 154/09 – FamRZ 2012, 1793 Rn. 15) ist der Beteiligtenwechsel nicht – wie gemäß §§ 113 I 2 FamFG, 265 II 2 ZPO – kraft ausdrücklicher gesetzlicher Anordnung an die Zustimmung des Verfahrensgegners gebunden (vgl. BGHZ 123, 132 = NJW 1993, 3072). Der Beteiligtenwechsel ist dementsprechend auch noch in der Rechtsbeschwerdeinstanz zulässig (vgl. Senatsurteil BGHZ 109, 211 = FamRZ 1990, 283, 284; Senatsbeschluss vom 27. Juni 2012 – XII ZR 89/10 – FamRZ 2012, 1489 Rn. 11; Thomas/Putzo/Hüßtege ZPO 34. Aufl. § 50 Vorbem. Rn. 24).

(Leistungsfähigkeit beim Kindesunterhalt)

[16] a) Die vom Oberlandesgericht getroffene Feststellung, dass der Antragsgegner kein Einkommen **b** erzielen kann, das ihm die Zahlung von Kindesunterhalt ermöglicht, bewegt sich noch im Rahmen zulässiger tatrichterlicher Würdigung.

[17] aa) Nach § 1603 I BGB ist nicht unterhaltspflichtig, wer bei Berücksichtigung seiner sonstigen Verpflichtungen außerstande ist, ohne Gefährdung seines eigenen angemessenen Unterhalts den Unterhalt zu gewähren. Eltern, die sich in dieser Lage befinden, sind gemäß § 1603 II 1 BGB ihren minderjährigen unverheirateten Kindern gegenüber verpflichtet, alle verfügbaren Mittel zu ihrem und der Kinder Unterhalt gleichmäßig zu verwenden (sog. gesteigerte Unterhaltspflicht). Darin liegt eine Ausprägung des Grundsatzes der Verhältnismäßigkeit im Unterhaltsrecht. Aus diesen Vorschriften und aus Art. 6 II GG folgt auch die Verpflichtung der Eltern zum Einsatz der eigenen Arbeitskraft. Wenn der Unterhaltsverpflichtete eine ihm mögliche und zumutbare Erwerbstätigkeit unterlässt, obwohl er diese bei gutem Willen ausüben könnte, können deswegen nach ständiger Rechtsprechung des Senats nicht nur die tatsächlichen, sondern auch fiktiv erzielbare Einkünfte berücksichtigt werden (Senatsurteile BGHZ 189, 284 = FamRZ 2011, 1041 Rn. 29 und vom 3. Dezember 2008 – XII ZR 182/06 – FamRZ 2009, 314 Rn. 20; Wendl/Klinkhammer Das Unterhaltsrecht in der familienrichterlichen Praxis 8. Aufl. § 2 Rn. 366 ff.).

[18] Die Zurechnung fiktiver Einkünfte, in die auch mögliche Nebenverdienste einzubeziehen sind, setzt neben den nicht ausreichenden Erwerbsbemühungen eine reale Beschäftigungschance des Unterhaltspflichtigen voraus (Senatsurteile BGHZ 189, 284 = FamRZ 2011, 1041 Rn. 30 f. und vom 3. Dezember 2008 – XII ZR 182/06 – FamRZ 2009, 314 Rn. 28). Schließlich darf dem Unterhaltspflichtigen auch bei einem Verstoß gegen seine Erwerbsobliegenheit nur ein Einkommen zugerechnet werden, welches von ihm realistischerweise zu erzielen ist (BVerfG FamRZ 2010, 793).

(Erwerbseinkünfte neben SGB II-Leistungen)

[24] bb) Zutreffend hat das Oberlandesgericht die Leistungsfähigkeit des Antragsgegners auch nicht **c** aus einer möglichen Titulierung des Kindesunterhalts hergeleitet.

[25] Nach § 11 II 1 Nr. 7 SGB II in der bis 31. März 2011 geltenden Fassung (im Folgenden: § 11 II 1 Nr. 7 SGB II aF; nunmehr § 11b I 1 Nr. 7 SGB II) sind vom Einkommen eines Antragstellers der Grundsicherung für Arbeitsuchende Aufwendungen zur Erfüllung gesetzlicher Unterhaltsverpflichtungen bis zu dem in einem Unterhaltstitel oder in einer notariell beurkundeten Unterhaltsvereinbarung festgelegten Betrag abzusetzen. Diese Regelung betrifft die Einkommensermittlung für Leistungsberechtigte der Grundsicherung für Arbeitsuchende. Sie knüpft an den Grundsatz an, dass die Sozialleistungsbedürftigkeit einer Person sich an den ihr zur Bestreitung ihres Lebensunterhalts tatsächlich zur Verfügung stehenden Mitteln orientiert (vgl. BT-Drucks. 16/1410 S. 20).

[26] Daraus ist von Teilen der obergerichtlichen Rechtsprechung die Folgerung gezogen worden, dass den Unterhaltspflichtigen, der leistungsberechtigt für die Grundsicherung für Arbeitsuchende ist, die unterhaltsrechtliche Obliegenheit treffe, eine Nebentätigkeit auszuüben und zugleich einen Titel errichten zu lassen, damit ihm das diesbezügliche Einkommen zur Unterhaltszahlung verbleibe (OLG Brandenburg FamRZ 2006, 1297, 1299; FamRZ 2007, 1905, 1906; FamRZ 2008, 2304, 2306 mwN; NJW 2008, 3366, 3368; OLG Schleswig NJW-RR 2010, 221, 222; KG FamRZ 2011, 1302).

[27] Dem folgt der Senat nicht. Vielmehr kann durch die Titulierung des Unterhalts und den dadurch ermöglichten Abzug nach § 11 II 1 Nr. 7 SGB II aF (§ 11b I 1 Nr. 7 SGB II) die unterhaltsrechtliche Leistungsfähigkeit nicht erhöht werden (ebenso OLG Hamm FamRZ 2010, 570, 571 f.; OLG Düsseldorf FamRZ 2010, 1740, 1741; Wendl/Klinkhammer Das Unterhaltsrecht in der familienrichterlichen Praxis 8. Aufl. § 8 Rn. 197).

[28] Von der Einsetzbarkeit teilweise anrechnungsfreien Einkommens unterscheidet sich die vorliegende Fragestellung dadurch, dass der Unterhalt schon bei der Ermittlung der Sozialleistungsbedürftigkeit des Unterhaltspflichtigen Berücksichtigung findet. Insoweit muss also zunächst geklärt werden, welches Einkommen dem Unterhaltspflichtigen nach unterhaltsrechtlichen Grundsätzen zur Verfügung steht. Zur Vermeidung eines Zirkelschlusses kann dies nur ohne Berücksichtigung einer wegen des Unterhalts erhöhten Sozialleistung durchgeführt werden.

[29] Dem entsprechen auch die sozialrechtlichen Wertungen. Indem der Gesetzgeber des Sozialgesetzbuchs II für die Höhe des vom Einkommen abzusetzenden Unterhaltsbetrags an den in einem Unterhaltstitel festgesetzten Unterhaltsanspruch als Obergrenze für die Berücksichtigung der Unterhaltszahlungen als Abzugsbetrag anknüpft, unterstellt er lediglich im Sinne einer verwaltungspraktischen Anwendbarkeit der SGB II-Vorschriften zur Einkommensberücksichtigung typisierend, dass ein nach Maßgabe der §§ 1601 ff. BGB gegebener Unterhaltsanspruch auch in der festgelegten Höhe besteht. Es bedarf daher regelmäßig keiner eigenen Feststellungen des Trägers der Grundsicherung für Arbeitsuchende oder der Sozialgerichte zur Höhe des Unterhaltsanspruchs (BSG FamRZ 2011, 810 Rn. 16). Damit setzt die sozialgesetzliche Regelung voraus, dass der bestehende Unterhaltstitel nach bürgerlichem Recht ermittelt worden ist und bestimmt zugleich, dass sowohl die zuständigen Behörden als auch die Sozialgerichte die Unterhaltshöhe grundsätzlich nicht zu überprüfen haben. Diese beschränken sich auf die Überprüfung, ob der titulierte Unterhalt tatsächlich gezahlt wird (BSG FEVS 60, 392, 395; BSG FamRZ 2011, 810 Rn. 13).

[30] Daraus wird deutlich, dass der Unterhalt allein nach den §§ 1601 ff. BGB zu ermitteln ist, bevor die Sozialleistungsbedürftigkeit des Unterhaltspflichtigen festgestellt wird. Es ist also nicht zulässig, für die unterhaltsrechtliche Leistungsfähigkeit den möglichen Bezug von Sozialleistungen unter Berücksichtigung eines nach zivilrechtlichen Kriterien unzutreffend bemessenen oder inzwischen durch die tatsächliche Entwicklung überholten Unterhaltstitels zu ermitteln.

[31] Dieselben Grundsätze gelten im Übrigen auch in Abänderungsverfahren (a. A. OLG Koblenz FamRZ 2006, 546; AG Flensburg FamRZ 2012, 1910). Denn auch hier richtet sich die Bestimmung der unterhaltsrechtlichen Leistungsfähigkeit nach § 1603 BGB und ist die unterhaltsrechtliche Bewertung in Bezug auf die Frage, welcher Unterhalt nach § 11b I 1 Nr. 7 SGB II (bzw. § 11 II 1 Nr. 7 SGB II aF) abzugsfähig ist, vorrangig.

BGH v. 19.6.2013 – XII ZB 309/11 – FamRZ 2013, 1291 = NJW 2013, 2434

R 738 *(Begrenzung eines vor der Unterhaltsrechtsreform titulierten Anspruchs auf Krankheitsunterhalt)*

a [17] Richtig ist zwar, dass schon vor dem Inkrafttreten der Unterhaltsreform gemäß § 1578 I 2 BGB aF bei allen Tatbeständen des nachehelichen Unterhalts – mithin auch beim Krankheitsunterhalt nach § 1572 BGB – die grundsätzliche Möglichkeit bestand, im Rahmen einer Billigkeitsabwägung die Bemessung des Unterhalts nach den ehelichen Lebensverhältnissen zeitlich zu begrenzen und danach auf den angemessenen Lebensbedarf herabzusetzen. Allerdings wurde, anknüpfend an die frühere Senatsrechtsprechung zur Bedeutung der Ehedauer im Rahmen von Billigkeitsentscheidungen nach §§ 1578 I 2, 1573 V BGB aF (vgl. insbesondere Senatsurteil vom 10. Oktober 1990 – XII ZR 99/89 – FamRZ 1991, 307, 310), die durch § 1578 I 2 BGB aF eröffnete Möglichkeit einer zeitlich abgestuften Unterhaltsbemessung beim Krankheitsunterhalt regelmäßig nur bei einer nicht (besonders) langen Ehedauer in Erwägung gezogen (vgl. OLG München FamRZ 2003, 1110 f.; OLG Hamm FamRZ 1998, 295, 296). Einen vollständigen Wegfall des – auch herabgesetzten – Unterhalts erlaubte § 1578 I 2 BGB aF ohnehin nicht (Senatsurteil vom 27. Januar 1999 – XII ZR 89/97 – FamRZ 1999, 710, 712).

(Unbilligkeit eines dauerhaften Unterhalts nach den ehelichen Lebensverhältnissen)

b [18] 2. Ein Anspruch auf nachehelichen Unterhalt ist nach § 1578b I 1 BGB in der seit dem 1. März 2013 geltenden Fassung auf den angemessenen Lebensbedarf herabzusetzen, wenn eine an den ehelichen Lebensverhältnissen orientierte Bemessung des Unterhaltsanspruchs auch unter Wahrung der Belange eines dem Berechtigten zur Pflege oder Erziehung anvertrauten gemeinschaftlichen Kindes unbillig wäre. Gemäß § 1578b II 1 BGB ist ein Anspruch auf nachehelichen Unterhalt zeitlich zu begrenzen, wenn ein zeitlich unbegrenzter Unterhaltsanspruch unbillig wäre. Die Kriterien für die Billigkeitsabwägung sind aus § 1578b I 2 und 3 BGB zu entnehmen. Danach ist neben der Dauer der Ehe vorrangig zu berücksichtigen, inwieweit durch die Ehe Nachteile im Hinblick auf die Möglichkeit

Anhang R. Rechtsprechung **R738**

eingetreten sind, für den eigenen Unterhalt zu sorgen. Solche Nachteile können sich vor allem aus der Dauer der Pflege und Erziehung eines gemeinschaftlichen Kindes und aus der Gestaltung von Haushaltsführung oder Erwerbstätigkeit während der Ehe ergeben. Ein ehebedingter Nachteil äußert sich in der Regel darin, dass der unterhaltsberechtigte Ehegatte nachehelich nicht die Einkünfte erzielt, die er ohne Ehe und Kinderbetreuung erzielen würde.

(Ehebedingter Nachteil beim Krankheitsunterhalt)

[19] a) Zutreffend ist zunächst die Beurteilung des Beschwerdegerichts, dass der Antragsgegnerin c keine ehebedingten Nachteile entstanden sind.

[20] aa) Mit Recht ist das Beschwerdegericht davon ausgegangen, dass das Krankheitsbild der Antragsgegnerin nicht im Zusammenhang mit der Rollenverteilung in der Ehe oder sonstigen mit der Ehe verbundenen Umständen steht. Soweit dies den Ausbruch der erstmals im Jahre 1993 diagnostizierten Multiplen Sklerose betrifft, wird diese Beurteilung von der Rechtsbeschwerde nicht in Frage gestellt. Doch auch für die – in Korrelation zur organischen Erkrankung -aufgetretenen Angstzustände und Belastungsstörungen der Antragstellerin lassen sich keine ehebedingten Ursachen finden. Der Senat hat bereits mehrfach ausgesprochen, dass eine psychische Erkrankung selbst dann, wenn sie durch eine Ehekrise ausgelöst worden ist, für sich genommen keinen ehebedingten Nachteil im Sinne von § 1578b I 2 BGB begründen kann. Bereits aus der Formulierung des Gesetzes geht hervor, dass ehebedingte Nachteile „durch" die Ehe verursacht sein müssen und hierfür die Pflege und Erziehung eines gemeinsamen Kindes sowie die Gestaltung von Haushaltsführung und Erwerbstätigkeit bedeutsam sind (§ 1578b I 3 BGB). Daraus erschließt sich, dass unter ehebedingten Nachteilen vornehmlich solche Einbußen zu verstehen sind, die sich aus der ehelichen Rollenverteilung (§ 1356 BGB) ergeben, nicht aber aus sonstigen persönlichen Umständen, die insbesondere mit dem Scheitern der Ehe zusammenhängen (vgl. Senatsurteile vom 30. Juni 2010 – XII ZR 9/09 – FamRZ 2010, 1414 Rn. 18 und vom 7. Juli 2010 – XII ZR 157/08 – FamRZ 2011, 188 Rn. 20). Die Erkrankung des Unterhaltsberechtigten wird daher in aller Regel nicht ehebedingt sein. Auch wenn im vorliegenden Fall – was der Antragsteller allerdings bestreitet – die organische Krankheit der Antragsgegnerin durch die im Zusammenhang mit der Ehekrise aufgetretenen psychischen Belastungen einen ungünstigeren Verlauf genommen haben sollte, wäre die Ursache dafür immer noch nicht in der Ehe als solcher oder der mit ihr verbundenen Rollenverteilung zu suchen, sondern in den persönlichen Umständen der Beteiligten und ihrer schicksalhaften Entwicklung beim Scheitern der Partnerschaft.

[21] Dadurch ist es allerdings nicht ausgeschlossen, dass im Einzelfall der Unterhaltspflichtige auch unabhängig von der Ehe für die Krankheit des Unterhaltsberechtigten (mit-)verantwortlich sein und dies als Billigkeitsgesichtspunkt im Rahmen der nach § 1578b I BGB gebotenen Abwägung berücksichtigt werden kann (vgl. Senatsurteile vom 30. Juni 2010 – XII ZR 9/09 – FamRZ 2010, 1414 Rn. 20 und vom 7. Juli 2010 – XII ZR 157/08 – FamRZ 2011, 188 Rn. 22). Auch bei dieser Würdigung wird indessen Zurückhaltung geboten sein. Da im Rahmen der Billigkeitsabwägung nach § 1578b I BGB generell keine Aufarbeitung ehelichen Fehlverhaltens nach Kriterien subjektiver Vorwerfbarkeit stattfinden soll, wird ein zur Ehekrise oder zur Trennung führendes Verhalten des Unterhaltspflichtigen in den meisten Fällen kein zusätzliches Maß an nachehelicher Solidarität gegenüber einem im Zusammenhang mit dem Scheitern der Ehe psychisch belasteten Ehegatten begründen können.

[22] bb) Wenn beim Krankheitsunterhalt nach § 1572 BGB – wie regelmäßig – die Krankheit selbst keine ehebedingten Ursachen hat, ist ein ehebedingter Nachteil denkbar, soweit ein Unterhaltsberechtigter aufgrund der Rollenverteilung in der Ehe nicht ausreichend für den Fall der krankheitsbedingten Erwerbsminderung vorgesorgt hat und seine Erwerbsminderungsrente infolgedessen geringer ist, als sie es gewesen wäre, wenn er seine Erwerbstätigkeit bis zum Eintritt des Versorgungsfalls fortgesetzt hätte. Der Ausgleich unterschiedlicher Vorsorgebeiträge ist allerdings vornehmlich Aufgabe des Versorgungsausgleichs, durch den die Interessen des Unterhaltsberechtigten – von hier nicht vorliegenden Ausnahmefällen abgesehen – ausreichend gewahrt werden. Ehebedingte Nachteile im Sinne von § 1578b I 2 BGB können daher regelmäßig nicht mit den durch die Unterbrechung der Erwerbstätigkeit während der Ehe verursachten geringeren Rentenanwartschaften begründet werden, wenn für diese Zeit ein Versorgungsausgleich stattgefunden hat. Nachteile in der Versorgungsbilanz sind dann in gleichem Umfang von beiden Ehegatten zu tragen und somit vollständig ausgeglichen (grundlegend Senatsurteil vom 16. April 2008 – XII ZR 107/06 – FamRZ 2008, 1325 Rn. 43; vgl. zuletzt Senatsurteil vom 20. März 2013 – XII ZR 72/11 – FamRZ 2013, 853 Rn. 37). Im Übrigen ist das

2409

Beschwerdegericht davon ausgegangen, dass die Antragsgegnerin ohne die Ehe – unter keinem denkbaren Verlauf ihrer beruflichen Karriere und unabhängig vom Zeitpunkt ihrer Übersiedlung in die Bundesrepublik – durch eigene versorgungsbegründende Erwerbstätigkeit keine höheren Rentenanwartschaften hätte erwerben können, als ihr nach der Ehe und nach der Durchführung des Versorgungsausgleiches tatsächlich zur Verfügung standen. Auch gegen diese Beurteilung erinnert die Rechtsbeschwerde nichts.

(Nacheheliche Solidarität beim Krankheitsunterhalt)

d [23] b) § 1578b BGB beschränkt sich nach dem Willen des Gesetzes allerdings nicht auf die Kompensation ehebedingter Nachteile, sondern berücksichtigt auch eine darüber hinausgehende nacheheliche Solidarität. Der Senat hat bereits mehrfach ausgesprochen, dass auch dann, wenn keine ehebedingten Nachteile feststellbar sind, eine Herabsetzung oder Befristung des nachehelichen Unterhalts nur bei Unbilligkeit eines fortdauernden Unterhaltsanspruchs nach den ehelichen Lebensverhältnissen begründet ist. Bei der insoweit gebotenen umfassenden Billigkeitsabwägung ist das im Einzelfall gebotene Maß der nachehelichen Solidarität festzulegen.

[24] Wesentliche Aspekte im Rahmen der Billigkeitsabwägung sind neben der Dauer der Ehe insbesondere die in der Ehe gelebte Rollenverteilung wie auch die vom Unterhaltsberechtigten während der Ehe erbrachte Lebensleistung (vgl. Senatsurteil vom 23. November 2011 – XII ZR 47/10 – FamRZ 2012, 197 Rn. 31); dies gilt auch beim Krankheitsunterhalt (vgl. Senatsurteil vom 27. Mai 2009 – XII ZR 111/08 – FamRZ 2009, 1207 Rn. 39). Bei der Beurteilung der Unbilligkeit einer fortwährenden Unterhaltszahlung sind ferner die wirtschaftlichen Verhältnisse der Parteien von Bedeutung, so dass der Tatrichter in seine Abwägung einzubeziehen hat, wie dringend der Unterhaltsberechtigte neben seinen eigenen Einkünften auf den Unterhalt angewiesen ist und in welchem Maße der Unterhaltspflichtige – auch unter Berücksichtigung weiterer Unterhaltspflichten – durch diese Unterhaltszahlungen belastet wird (Senatsurteile vom 2. März 2011 – XII ZR 44/09 – FamRZ 2011, 713 Rn. 24 und vom 20. März 2013 – XII ZR 72/11 – FamRZ 2013, 853 Rn. 42). In diesem Zusammenhang kann auch die lange Dauer von Trennungsunterhaltszahlungen bedeutsam sein (Senatsurteil vom 30. März 2011 – XII ZR 63/09 – FamRZ 2011, 875 Rn. 22). Bereits bei der Prüfung der Unbilligkeit nach § 1578b BGB ist außerdem zu berücksichtigen, ob der Unterhaltsanspruch tituliert ist, denn einem titulierten oder durch Vereinbarung festgelegten Unterhalt kommt ein größerer Vertrauensschutz zu, was – wie das Gesetz in § 36 Nr. 1 EGZPO klarstellt – bei Unterhaltstiteln oder Unterhaltsvereinbarungen nach der bis zum 31. Dezember 2007 bestehenden Rechtslage in noch stärkerem Maße gilt.

[25] Die Abwägung aller für die Billigkeitsentscheidung nach § 1578b BGB in Betracht kommenden Gesichtspunkte ist Aufgabe des Tatrichters. Sie ist vom Rechtsbeschwerdegericht aber daraufhin zu überprüfen, ob der Tatrichter die im Rahmen der Billigkeitsprüfung maßgebenden Rechtsbegriffe verkannt oder für die Einordnung unter diese Begriffe wesentliche Umstände unberücksichtigt gelassen hat. Der rechtlichen Überprüfung unterliegt insbesondere, ob der Tatrichter sich mit dem Verfahrensstoff und den Beweisergebnissen umfassend und widerspruchsfrei auseinandergesetzt hat, seine Würdigung also vollständig und rechtlich möglich ist und nicht gegen Denkgesetze oder Erfahrungssätze verstößt (Senatsurteile vom 2. März 2011 – XII ZR 44/09 – FamRZ 2011, 71 Rn. 14 und vom 17. Februar 2010 – XII ZR 140/08 – FamRZ 2010, 629 Rn. 37). Die Entscheidung des Beschwerdegerichts erscheint auch nach diesem eingeschränkten Prüfungsmaßstab rechtlich nicht völlig bedenkenfrei.

[26] aa) Im Ausgangspunkt zutreffend ist allerdings die Ansicht des Beschwerdegerichts, dass es unter den obwaltenden Umständen die lange Ehedauer von rund zwanzig Jahren nicht allein rechtfertigt, aus Billigkeitsgründen von einer Begrenzung des Unterhalts abzusehen. Der Senat hat bereits mehrfach ausgesprochen, dass in solchen Fällen, in denen die fortwirkende nacheheliche Solidarität den wesentlichen Billigkeitsmaßstab bildet, die Ehedauer vor allem durch die wirtschaftliche Verflechtung an Gewicht gewinnt, welche insbesondere durch den Verzicht auf eine eigene Erwerbstätigkeit wegen der Betreuung gemeinsamer Kinder oder wegen der Haushaltsführung eingetreten ist; diese Grundsätze haben durch die am 1. März 2013 in Kraft getretene Neufassung des § 1578b I BGB keine grundlegenden Änderungen erfahren (Senatsurteil vom 20. März 2013 – XII ZR 72/11 – FamRZ 2013, 853 Rn. 34 f.; vgl. auch Senatsurteil vom 20. März 2013 – XII ZR 120/11 – FamRZ 2013, 864 Rn. 35).

[27] Soweit in der Ehezeit eine wirtschaftliche Abhängigkeit der Antragsgegnerin von dem beruflich erfolgreichen Antragsteller eingetreten ist, beruhte dies entgegen der Ansicht der Rechtsbeschwerde

gerade nicht in einem besonderen Maße auf der Rollenverteilung in der kinderlosen Ehe der Beteiligten. Vor der Ausreise aus der ehemaligen Tschechoslowakei im Jahre 1985 stand die Antragsgegnerin durchgehend in der beruflichen Ausbildung und im Erwerbsleben. Nach der Übersiedlung hatte die Antragsgegnerin in Deutschland zwischen 1987 und 1990 eine mehrjährige berufliche Fortbildung zur Krankengymnastin durchlaufen. Sie war anschließend im Umschulungsberuf – wenn auch nur kurzfristig und teilschichtig – berufstätig, so dass jedenfalls nicht davon ausgegangen werden kann, dass die Antragsgegnerin wegen der gemeinsamen Übersiedlung der Eheleute in die Bundesrepublik oder wegen des zeitweiligen Verzichts auf eigene Berufstätigkeit in den Jahren zwischen 1985 und 1987 sowie zwischen 1991 und 1993 bereits vor dem Ausbruch ihrer Erkrankung den Anschluss an den (deutschen) Arbeitsmarkt verloren hätte. Die wirtschaftliche Verflechtung der Beteiligten beruhte daher im Wesentlichen darauf, dass die Antragsgegnerin bereits sehr früh, nämlich im Alter von 33 Jahren, erwerbsunfähig erkrankte, mithin auf einer schicksalhaften Entwicklung, die ein unterhaltspflichtiger Ehegatte auch bei langer Ehedauer nicht ohne weiteres unbegrenzt mitzutragen hat.

[28] bb) Eine umfassende Würdigung aller für die Billigkeitsentscheidung maßgebenden Gesichtspunkte hat allerdings auch in den Blick zu nehmen, inwieweit der unterhaltspflichtige Ehegatte seinen beruflichen Aufstieg und sein heute erzieltes Einkommen in einem besonderen Maße der geschiedenen Ehe mit dem Unterhaltsberechtigten zu verdanken hat (vgl. auch Senatsurteil vom 21. September 2011 – XII ZR 121/09 – FamRZ 2011, 1851 Rn. 24). Insoweit hat das Beschwerdegericht einen möglicherweise erheblichen Verfahrensstoff nicht in seine Abwägung einfließen lassen. Die Antragsgegnerin hat unwidersprochen vorgetragen, dass der Antragsteller nur aufgrund seiner Ehe mit ihr im Jahre 1985 und damit lange vor den politischen Veränderungen in Osteuropa aus der ehemaligen Tschechoslowakei in das Gebiet der alten Bundesrepublik auswandern und dadurch die Grundlagen seiner erfolgreichen beruflichen Laufbahn in Deutschland legen konnte. Zudem ist es nicht streitig gewesen, dass sich der Antragsgegnerin bereits im Jahre 1982 die Möglichkeit geboten hätte, mit ihren Eltern in die Bundesrepublik überzusiedeln, sie von dieser Möglichkeit aber deshalb Abstand genommen hatte, weil der Antragsteller in der damaligen CSSR noch seinen Wehrdienst ableisten und sein Studium beenden musste. Stellen sich, was gegebenenfalls näherer Sachaufklärung bedarf, die heutigen Einkommensverhältnisse des Antragstellers indessen als Fortwirkung von Karrierechancen dar, die sich ihm – gleichsam als ehebedingter Vorteil – nur durch die Übersiedlung nach Deutschland eröffnen konnten, vermag dies grundsätzlich ein höheres Maß an nachehelicher Solidarität gegenüber dem geschiedenen Ehegatten zu begründen.

BGH v. 10.7.2013 – XII ZB 297/12 – FamRZ 2013, 1558 = NJW 2013, 2897

(Berücksichtigung überobligatorisch erzielten Einkommens) R 739

[12] aa) Überobligatorisch ist eine Tätigkeit dann, wenn für sie keine Erwerbsobliegenheit besteht **a** und deshalb derjenige, der sie ausübt, unterhaltsrechtlich nicht daran gehindert ist, sie jederzeit zu beenden (Wendl/Gerhardt § 1 Rn. 801). Es entspricht der Rechtsprechung des Senats, dass auch beim Verwandtenunterhalt (§ 1601 BGB) das Einkommen des Unterhaltspflichtigen nur eingeschränkt zu berücksichtigen ist, wenn es auf einer überobligatorischen Tätigkeit beruht und eine vollständige Heranziehung des Einkommens zu Unterhaltszwecken gegen Treu und Glauben nach § 242 BGB verstieße (Senatsurteile BGHZ 188, 50 = FamRZ 2011, 454 Rn. 53 und vom 7. November 1990 – XII ZR 123/89 – FamRZ 1991, 182, 183 f.). Es ist ferner in Rechtsprechung und Literatur anerkannt, dass die Tätigkeit eines Unterhaltspflichtigen auch dann als ganz oder teilweise überobligatorisch bewertet werden kann, wenn die Ausübung der Erwerbstätigkeit mit an sich unzumutbaren gesundheitlichen Belastungen verbunden ist (vgl. OLG Hamm FamRZ 1994, 1034; AG Flensburg FamRZ 2008, 1626; MünchKommBGB/Maurer 6. Aufl. § 1578 Rn. 106; Reinken in BeckOK BGB [Stand: Mai 2013] § 1602 Rn. 43; jurisPK-BGB/Clausius [Stand: Juni 2013] § 1578 Rn. 9).

[13] bb) Wer sich gegenüber seiner Erwerbsobliegenheit auf eine krankheitsbedingte Einschränkung seiner Erwerbsfähigkeit berufen will, muss grundsätzlich Art und Umfang der behaupteten gesundheitlichen Beeinträchtigungen oder Leiden angeben, und er hat ferner darzulegen, inwieweit die behaupteten gesundheitlichen Störungen sich auf die Erwerbsfähigkeit auswirken (vgl. Senatsurteile vom 25. Oktober 2006 – XII ZR 190/03 – FamRZ 2007, 200, 201 f. und vom 27. Juni 2001 – XII ZR 135/99 – FamRZ 2001, 1291, 1292). Nach diesen Maßstäben hat das Beschwerdegericht die Anforderungen an die Substantiierung der von der Antragsgegnerin zu erwartenden Darlegungen überspannt.

[14] Die Antragsgegnerin hat hierzu vorgetragen, dass sie im Anschluss an eine 1999 durchgeführte Darmkrebsoperation mit anschließender Chemotherapie an Störungen der Darmfunktion leide. Bedingt durch das Fehlen eines Teils des Darmes trete früher als gewöhnlich eine körperliche Erschöpfung ein, so dass die Antragsgegnerin häufigere und längere Erholungsphasen benötige. Im Frühjahr 2009 sei eine Depression mit der Folge von Schlafstörungen, Konzentrationsstörungen, Energieverlust und Tagesmüdigkeit hinzugetreten, die auch nach dem Abklingen der akuten Phase weiterhin mit Antidepressiva medikamentös behandelt werden müsse. Mit Recht macht die Rechtsbeschwerde geltend, dass das von der Antragsgegnerin hierzu vorgelegte ärztliche Attest vom 18. April 2011 konkrete Diagnosen mit Angaben zur aktuellen Medikation, eine Darstellung der Krankheitsanamnese, sozialbiografische Daten sowie die therapeutische Beurteilung enthält, dass eine „Beeinträchtigung der Erwerbsfähigkeit von einem Drittel" vorliege. Unter diesen Umständen konnte das Beschwerdegericht von der Erhebung des angebotenen Sachverständigenbeweises nicht unter Hinweis auf vermeintlich unzureichenden Vortrag zu Befunden und Therapien absehen. Inwieweit die tatsächliche nachhaltige Ausübung einer vollschichtigen Tätigkeit mit dem Vorbringen einer krankheitsbedingten Beeinträchtigung der Erwerbsfähigkeit in Einklang gebracht werden kann, ist eine der Beweiswürdigung vorzubehaltende Frage.

[15] cc) Eine Beweisaufnahme konnte auch nicht deshalb unterbleiben, weil das von der Antragsgegnerin erzielte Einkommen unabhängig von der angeblichen Unzumutbarkeit einer Vollzeittätigkeit vollständig für Unterhaltszwecke einzusetzen wäre.

[16] Hierzu hat der Senat bereits ausgesprochen, dass eine vollständige Heranziehung von Einkommen aus einer – gemessen an § 1603 I BGB – überobligatorischen Erwerbstätigkeit regelmäßig nur dann angezeigt ist, wenn der Unterhaltspflichtige einer gesteigerten Unterhaltspflicht nach § 1603 II 1 BGB unterliegt (Senatsurteil BGHZ 188, 50 = FamRZ 2011, 454 Rn. 54). Demnach ist auch das Einkommen aus einer nach dem Maßstab des § 1603 I BGB unzumutbaren Erwerbstätigkeit in vollem Umfang für den Kindesunterhalt einzusetzen, wenn anderenfalls der Mindestunterhalt nach § 1612a I BGB gefährdet wäre, welcher der ersten Einkommensgruppe der Düsseldorfer Tabelle entspricht. Soweit indessen – wie hier – die Eingruppierung des Unterhaltspflichtigen in eine höhere Einkommensgruppe der Düsseldorfer Tabelle in Rede steht, muss die Anrechenbarkeit des Einkommens bereits bei der Ermittlung des angemessenen Lebensbedarfs nach § 1610 I BGB berücksichtigt werden. Soweit hiernach die vollständige Berücksichtigung des überobligatorischen Einkommens nicht mit Treu und Glauben vereinbar wäre, ist schon der Bedarf nur aufgrund des reduzierten Einkommens zu bemessen (Senatsurteil BGHZ 188, 50 = FamRZ 2011, 454 Rn. 54).

[17] In welchem Umfang ein Einkommen aus überobligatorischer Tätigkeit für den Unterhalt heranzuziehen ist, bestimmt der Tatrichter aufgrund einer umfassenden Würdigung der Einzelfallumstände, die insbesondere der Überobligationsmäßigkeit der Tätigkeit und den Besonderheiten des Unterhaltsverhältnisses angemessen Rechnung trägt. Dabei wird beim Unterhalt für minderjährige oder privilegiert volljährige Kinder eine (zumindest teilweise) Anrechnung überobligatorisch erzielten Einkommens des Pflichtigen eher in Betracht kommen als beim Unterhalt für Ehegatten oder sonstige Verwandte.

(Berücksichtigung von Kreditverbindlichkeiten)

b [18] b) Auch die Behandlung der von der Antragsgegnerin geltend gemachten Kreditverbindlichkeiten durch das Beschwerdegericht ist nicht in jeder Hinsicht frei von rechtlichen Bedenken.

[19] aa) Es gilt der allgemeine Grundsatz, dass Ansprüchen Unterhaltsberechtigter kein allgemeiner Vorrang vor anderen Verbindlichkeiten des Unterhaltspflichtigen zukommt. Andererseits dürfen diese Verbindlichkeiten auch nicht ohne Rücksicht auf die Unterhaltsinteressen getilgt werden. Vielmehr bedarf es eines Ausgleichs der Belange von Unterhaltsgläubiger, Unterhaltsschuldner und Drittgläubiger. Ob eine Verbindlichkeit im Einzelfall zu berücksichtigen ist, kann danach nur im Rahmen einer umfassenden Interessenabwägung nach billigem Ermessen entschieden werden. Insoweit sind nach ständiger Rechtsprechung des Senats insbesondere der Zweck der Verbindlichkeiten, der Zeitpunkt und die Art ihrer Entstehung, die Dringlichkeit der beiderseitigen Bedürfnisse, die Kenntnis des Unterhaltsschuldners von Grund und Höhe der Unterhaltsschuld und seine Möglichkeiten von Bedeutung, die Leistungsfähigkeit ganz oder teilweise wiederherzustellen (grundlegend Senatsurteil vom 25. November 1981 – IVb ZR 611/80 – FamRZ 1982, 157, 158 f.; vgl. zuletzt Senatsurteile vom 30. Januar 2013 – XII ZR 158/10 – FamRZ 2013, 616 Rn. 19 und vom 17. September 2012 – XII ZR 17/11 – FamRZ 2013, 868 Rn. 29).

(Anderer unterhaltspflichtiger Verwandter beim Kindesunterhalt)

[25] 2. Unabhängig von den gegenüber der Einkommensermittlung aufseiten der Antragsgegnerin zu erhebenden Beanstandungen sind auch die weitergehenden Erwägungen des Beschwerdegerichts zu der Frage, ob sich der Kindesvater als anderer unterhaltspflichtiger Verwandter (§ 1603 II 3 BGB) am Barunterhalt für den Antragsteller beteiligen muss, nicht in jeder Hinsicht frei von rechtlichen Bedenken.

[26] a) Richtig ist allerdings der rechtliche Ausgangspunkt des Beschwerdegerichts. Auch der betreuende Elternteil kommt als anderer unterhaltspflichtiger Verwandter in Betracht, wenn dieser in der Lage ist, unter Berücksichtigung seiner sonstigen Verpflichtungen neben der Betreuung des Kindes auch dessen Barunterhalt ohne Gefährdung des eigenen angemessenen Selbstbehaltes aufzubringen. Um die Regel der Gleichwertigkeit von Bar- und Betreuungsunterhalt (§ 1606 III 2 BGB) dabei nicht ins Leere laufen zu lassen, setzt die anteilige oder vollständige Haftung des betreuenden Elternteils für den Barunterhalt des minderjährigen Kindes nach ständiger Rechtsprechung des Senats zusätzlich voraus, dass ohne die Beteiligung des betreuenden Elternteils am Barunterhalt ein erhebliches finanzielles Ungleichgewicht zwischen den Eltern entstehen würde (vgl. zuletzt Senatsurteile BGHZ 189, 284 = FamRZ 2011, 1041 Rn. 41 f. und vom 31. Oktober 2007 – XII ZR 112/05 – FamRZ 2008, 137 Rn. 41 f.).

[27] b) Nach diesen Maßstäben kann die Barunterhaltspflicht des nicht betreuenden Elternteils entfallen oder sich ermäßigen, wenn er zur Unterhaltszahlung nicht ohne Beeinträchtigung seines eigenen angemessenen Unterhalts in der Lage wäre. Kann der barunterhaltspflichtige Elternteil demgegenüber – wie es hier der Fall sein dürfte – auch bei Zahlung des vollen Kindesunterhalts seinen angemessenen Selbstbehalt noch verteidigen, wird eine vollständige oder anteilige Haftung des betreuenden Elternteils für die Aufbringung des Barunterhalts nur in wenigen, besonderen Ausnahmefällen in Betracht kommen (Senatsurteil vom 20. März 2002 – XII ZR 216/00 – FamRZ 2002, 742).

[28] aa) Die Frage, wann ein solcher Ausnahmefall vorliegt, kann – wovon das Beschwerdegericht im Grundsatz zutreffend ausgeht – nicht in jedem Einzelfall schematisch durch die Gegenüberstellung der beiderseitigen, aufseiten des barunterhaltspflichtigen Elternteils gegebenenfalls auch fiktiven (vgl. MünchKommBGB/Born 6. Aufl. § 1603 Rn. 114; OLG Köln OLGR 2003, 340, 343; OLG Bamberg FamRZ 1995, 566 f.) Nettoeinkünfte beurteilt werden (vgl. Palandt/Brudermüller BGB 72. Aufl. § 1606 Rn. 16). Vielmehr ist die unterhaltsrechtliche Belastung der Elternteile im Rahmen einer umfassenden Billigkeitsabwägung angemessen zu würdigen. Aufseiten des barunterhaltspflichtigen Elternteils kann daher insbesondere berücksichtigt werden, ob sein eigener Unterhalt in neuer Lebensgemeinschaft gesichert ist (vgl. FAKomm-FamR/Klein 4. Aufl. § 1603 BGB Rn. 41). Demgegenüber wird es aufseiten des betreuenden Elternteils vor allem darauf ankommen, inwieweit dieser aufgrund der individuellen Verhältnisse durch die Übernahme der Kindesbetreuung neben der Ausübung seiner Erwerbstätigkeit belastet wird; im Rahmen der Gesamtbetrachtung kann daneben aber auch die Belastung des betreuenden Elternteils mit anderen – gegebenenfalls auch nachrangigen – Unterhaltspflichten von Bedeutung sein. Daneben ist zugunsten eines wirtschaftlich besser gestellten betreuenden Elternteils zu bedenken, dass das minderjährige Kind faktisch auch dessen gehobene Lebensverhältnisse teilt; ein dadurch erzeugter zusätzlicher Barbedarf des Kindes muss von vornherein allein durch den betreuenden Elternteil befriedigt werden (vgl. Gutdeutsch FamRZ 2006, 1724, 1727).

[29] bb) Wenn der betreuende Elternteil etwa über das Dreifache der unterhaltsrelevanten Nettoeinkünfte des an sich barunterhaltspflichtigen Elternteils verfügt, nähert sich die Einkommensdifferenz einer Grenze, an der es unter gewöhnlichen Umständen der Billigkeit entsprechen kann, den betreuenden Elternteil auch den Barunterhalt für das Kind in voller Höhe aufbringen zu lassen (vgl. Wendl/Klinkhammer 8. Aufl. § 2 Rn. 434; Botur in Büte/Poppen/Menne Unterhaltsrecht 2. Aufl. § 1603 BGB Rn. 99; vgl. zuletzt auch OLG Naumburg FamRZ 2013, 796; OLG Brandenburg JAmt 2012, 710, 711 f.; OLG Celle NJW 2009, 521, 523).

[30] Unterhalb dieser Schwelle wird auch bei einer erheblichen Einkommensdifferenz eine vollständige Enthaftung des an sich barunterhaltspflichtigen Elternteils häufig ausscheiden; in welchem Umfang der nicht betreuende Elternteil in solchen Fällen bei der Aufbringung des Barunterhalts ausnahmsweise entlastet werden kann, hat vorrangig der Tatrichter unter Berücksichtigung der vorstehenden Gesichtspunkte in eigener Verantwortung zu prüfen. Der Senat hat grundsätzlich keine rechtlichen Bedenken dagegen, im rechnerischen Ausgangspunkt auf den Verteilungsmaßstab der

elterlichen Einkommens- und Vermögensverhältnisse (§ 1606 III 1 BGB) zurückzugreifen. Wird allerdings bei der Quotenberechnung das vergleichbare Einkommen der Eltern dadurch bestimmt, dass von den unterhaltsrelevanten Einkünften beider Elternteile gleichermaßen der angemessene Selbstbehalt als Sockelbetrag abgezogen wird, müssen die auf diese Weise ermittelten Haftungsanteile in aller Regel zugunsten des betreuenden Elternteils wertend verändert werden, um der Gleichwertigkeitsregel des § 1606 III 2 BGB Geltung zu verschaffen (vgl. auch Erdrich in Scholz/Kleffmann/Motzer Praxishandbuch Familienrecht [Bearbeitungsstand: Januar 2013] Teil I Rn. 149). Denkbar erscheint es auch, dem betreuenden Elternteil bereits bei der Bestimmung des vergleichbaren Einkommens im Rahmen der Quotenberechnung einen höheren Sockelbetrag zu gewähren (vgl. etwa Gutdeutsch FamRZ 2006, 1724, 1727; Scholz FamRZ 2006, 1728, 1730). Auch bei erheblich günstigeren Einkommensverhältnissen des betreuenden Elternteils kann die Würdigung des Tatrichters somit zu dem Ergebnis führen, dass der nicht betreuende Elternteil im erhöhten Maße und gegebenenfalls auch allein zur Aufbringung des Barunterhalts heranzuziehen ist.

[31] c) Das Beschwerdegericht hat insoweit zutreffend in seine Abwägungen einbezogen, dass der Kindesvater gegenüber seiner Ehefrau, die selbst nur über geringe Einkünfte verfügt, unterhaltspflichtig ist. Mit Recht wendet sich die Rechtsbeschwerde allerdings gegen die Ansicht des Beschwerdegerichts, wonach auch der Umstand, dass die Eltern des Kindes niemals verheiratet waren, einer Entlastung des an sich barunterhaltspflichtigen Elternteils entgegenstehen könnte. Bei der Frage, ob ohne eine Beteiligung des betreuenden Elternteils an der Aufbringung des Barunterhalts ein erhebliches finanzielles Ungleichgewicht zwischen den Eltern entstehen würde, geht es in erster Linie um die gerechte Aufteilung der aus der elterlichen Verantwortung herrührenden Belastungen beider Elternteile. Sie ist deshalb unabhängig davon zu beantworten, ob es sich um Eltern eines nichtehelich geborenen Kindes oder um getrennt lebende bzw. geschiedene Eltern handelt.

BGH v. 17.7.2013 – XII ZR 49/12 – FamRZ 2013, 1644 = NJW-RR 2013, 1345

R 740 *(Anspruchsübergang bei Ausbildungsförderung durch Vorausleistungen)*

[14] 2. Nach § 37 I 1 BAföG geht der Unterhaltsanspruch, den der Auszubildende für die Zeit, für die ihm Ausbildungsförderung gezahlt wird, nach bürgerlichem Recht gegen seine Eltern hat, mit der Zahlung bis zur Höhe der geleisteten Aufwendungen auf das Land über, jedoch nur soweit auf den Bedarf des Auszubildenden das Einkommen der Eltern nach dem Bundesausbildungsförderungsgesetz anzurechnen ist.

[15] a) Der Anspruchsübergang wird nicht nur durch den Betrag der geleisteten Aufwendungen und den nach bürgerlichem Recht geschuldeten Unterhalt begrenzt, sondern auch durch das nach den Vorschriften des Bundesausbildungsförderungsgesetzes anzurechnende Einkommen der Eltern. Hinsichtlich der letztgenannten Einschränkung, auf die es im Revisionsverfahren allein noch ankommt, handelt es sich zwar um die nach öffentlichem Recht zu beurteilende Frage der Rechtmäßigkeit des Bewilligungsbescheids. Diese ist aber im Zivilprozess um den kraft Gesetzes übergegangenen Unterhalt im Hinblick auf die Anrechnung des Einkommens der Eltern vom Familiengericht in vollem Umfang zu überprüfen (vgl. Senatsurteil vom 10. November 1999 – XII ZR 303/97 – FamRZ 2000, 640, 641; Ramsauer/Stallbaum/Sternal BAföG 4. Aufl. § 37 Rn. 7 mwN; Schepers BAföG § 37 Rn. 2). Die Frage, ob die aus übergegangenem Recht in Anspruch genommenen Eltern auch einwenden können, die Bewilligung der Ausbildungsförderung als solche sei aus anderen Gründen nicht rechtmäßig gewesen, braucht nicht beantwortet zu werden (vgl. Ramsauer/Stallbaum/Sternal BAföG 4. Aufl. § 37 Rn. 9 mwN).

Dass das anzurechnende Einkommen der Eltern auch vom Familiengericht zu überprüfen ist, folgt bereits daraus, dass dieses gemäß § 37 I 1 BAföG die Obergrenze des Anspruchsübergangs bildet. Das steht damit im Einklang, dass der unterhaltspflichtige Elternteil an dem Verwaltungsverfahren jedenfalls grundsätzlich nicht beteiligt ist und er daher an den ergangenen Verwaltungsakt nicht im Sinne einer Tatbestandswirkung (vgl. dazu Senatsurteil vom 25. November 1992 – XII ZR 164/91 – FamRZ 1993, 417, 420 mwN) gebunden ist. Ob der Elternteil über seine Anhörung nach § 36 BAföG hinaus im Verwaltungsverfahren überhaupt einen eigenen Antrag auf Gewährung des Freibetrags stellen kann (vgl. Ramsauer/Stallbaum/Sternal BAföG 4. Aufl. § 25 Rn. 28) und welche Folgen sich daraus für den Umfang der Bestandskraft ergeben können, braucht hier nicht entschieden zu werden. Denn eine entsprechende Beteiligung des Beklagten am Verwaltungsverfahren ist im vorliegenden Fall vom Berufungsgericht nicht festgestellt worden.

[17] b) Das Berufungsgericht ist demnach zu Recht davon ausgegangen, dass das Familiengericht in eigener Verantwortung zu überprüfen hat, ob nach § 25 VI BAföG ein weiterer Einkommensteil zur Vermeidung unbilliger Härten anrechnungsfrei bleiben muss. Dass es bei der im streitbefangenen Zeitraum und darüber hinaus fortwährenden Pfändung vom Vorliegen einer unbilligen Härte ausgegangen ist, wird von der Revision nicht angegriffen und ist aus Rechtsgründen nicht zu beanstanden.

[18] Nicht gefolgt werden kann dem Berufungsgericht jedoch in seiner Auffassung, dass eine Prüfung – derzeit – deswegen nicht möglich sei, weil es sich bei § 25 VI BAföG um eine Ermessensvorschrift handelt und das Familiengericht das Ermessen weder ausüben noch überprüfen könne.

[19] Wie bereits oben ausgeführt worden ist, hat das Familiengericht die Höhe des auf den Förderungsbedarf des Auszubildenden anzurechnenden Einkommens der unterhaltspflichtigen Eltern in vollem Umfang zu überprüfen, weil dadurch der Anspruchsübergang auf das Land als Leistungsträger begrenzt wird. Da der Bewilligungsbescheid ebenso wie eine diesen bestätigende Entscheidung des Verwaltungsgerichts keine Bindungswirkung für den unterhaltspflichtigen Elternteil entfaltet, bleibt es diesem unbenommen, im zivilrechtlichen Verfahren die Richtigkeit der Einkommensanrechnung in Frage zu stellen.

[20] Dass es sich bei § 25 VI BAföG um eine Ermessensvorschrift handelt, steht dem nicht entgegen. Das Berufungsgericht hat allerdings zutreffend hervorgehoben, dass für das Familiengericht kein Raum für eine eigene Ermessensausübung besteht. Dadurch unterscheidet sich die Prüfung indessen nicht von der entsprechenden Prüfung im verwaltungsgerichtlichen Verfahren, in welchem das Verwaltungsgericht ebenfalls kein eigenes Ermessen ausüben kann. Das hindert es aber nicht, dass das Familiengericht – wie das Verwaltungsgericht – die Entscheidung der Behörde auf Ermessensfehler und damit auf ihre Rechtmäßigkeit überprüfen kann und muss. Würde es sich etwa an einen bestandskräftigen Bewilligungsbescheid für gebunden halten, so würde dem Unterhaltspflichtigen dadurch der Einwand abgeschnitten, dass der Bewilligungsbescheid bei einer Ermessensreduzierung auf Null deshalb rechtswidrig sei, weil dieser von einem überhöhten anrechenbaren Einkommen ausgegangen sei. Ebenso wenig kann aber eine Klage (bzw. ein Antrag) des Landes, wie das Berufungsgericht meint, als derzeit unbegründet abgewiesen werden, weil von einer bestandskräftig und rechtlich bindenden Entscheidung noch nicht ausgegangen werden könne. Denn dass der Bewilligungsbescheid bestandskräftig ist, ist nicht Voraussetzung des Anspruchsübergangs. § 37 I BAföG stellt für den Anspruchsübergang insoweit nur auf die Zahlung der Ausbildungsförderung ab. Für die Qualifizierung der Ausbildungsförderung als Vorausleistung im Sinne von § 36 BAföG genügt es, dass der betreffende Bescheid wirksam ist. Die Bestandskraft ist hierfür nicht erforderlich. Demnach widerspricht die Auffassung des Berufungsgerichts auch seinem eigenen – zutreffenden – Ausgangspunkt, dass der Unterhaltspflichtige selbst im Fall der Bestandskraft an den Bewilligungsbescheid nicht gebunden ist, sondern die Einkommensanrechnung in Zweifel ziehen kann.

[21] Da somit die Bestandskraft des Bewilligungsbescheids nicht Voraussetzung des gesetzlichen Anspruchsübergangs ist, war es dem Berufungsgericht verwehrt, die Klage als derzeit unbegründet abzuweisen.

BGH v. 7.8.2013 – XII ZB 269/12 – FamRZ 2013, 1554 = NJW 2013, 3024

(Unterhaltspflicht für Elternunterhalt)

[14] 1. Zutreffend ist das BeschwGer. allerdings davon ausgegangen, dass die Mutter des Ag. grundsätzlich unterhaltsberechtigt ist. Die Unterhaltspflicht des Ag. für sie steht zwischen den Bet. dem Grunde nach auch nicht im Streit. Die Mutter hat zwar vier Kinder, die an sich anteilig nach ihren Erwerbs- und Vermögensverhältnissen für ihren Unterhalt haften (§ BGB § 1606 BGB III BGB). Die in Deutschland lebende Tochter ist jedoch unstreitig nicht leistungsfähig. Die beiden anderen Töchter leben in Italien. Ihnen gegenüber ist die Rechtsverfolgung in Deutschland ausgeschlossen, so dass insoweit die Ersatzhaftung des Ag. nach § BGB § 1607 BGB II BGB eintritt. Denn zur Rechtsverfolgung gehört nicht nur die Geltendmachung des Anspruchs in einem gerichtlichen Verfahren, sondern auch seine Durchsetzung im Wege der Zwangsvollstreckung (Staudinger/Engler, BGB, Neubearb. 2000, § 1607 Rn. 12; Palandt/Brudermüller, BGB, 72. Aufl., § 1607 Rn. 12). Dass die in Italien lebenden Töchter in Deutschland über Einkommen oder Vermögen verfügen, hat das BeschwGer. nicht festgestellt. Die Rechtsbeschwerdeerwiderung rügt auch nicht, dass insoweit Sachvortrag übergangen worden wäre. Unter solchen Umständen ist das Vollstreckungs-

verfahren im Inland aber aus tatsächlichen Gründen ausgeschlossen (vgl. Staudinger/Engler, § 1607 Rn. 17).

(Bedarf beim Elternunterhalt)

b [15] 2. Der Bedarf der Mutter wird durch ihre Unterbringung in einem Pflegeheim bestimmt und entspricht grundsätzlich den dort anfallenden, nicht durch eigenes Einkommen gedeckten Kosten, soweit diese notwendig sind (Senat, NJW 2013, NJW Jahr 2013 Seite 301 = FamRZ 2013, 203 Rn. 15; NJW 2013, NJW Jahr 2013 Seite 686 = FamRZ 2013, 363 Rn. 15; BGHZ 186, 350 = NJW 2010, 3161 = FamRZ 2010, 1535 Rn. 13 f., und NJW-RR 2004, 1300 = FamRZ 2004, 1370 [1371]). Die Notwendigkeit der Kosten hat die Ag. auch nicht in Abrede gestellt (zu den Anforderungen an die Darlegungslast in diesem Fall vgl. Senat, NJW 2013, 301 = FamRZ 2013, 203 Rn. 15).

[16] Neben den Heimkosten umfasst die der Mutter gewährte Hilfe einen Barbetrag nach § 35 II 1 SGB XII. Auch insoweit ist unterhaltsrechtlich ein Bedarf anzuerkennen. Ein in einem Heim lebender Unterhaltsberechtigter ist darauf angewiesen, für seine persönlichen, von den Leistungen der Einrichtung nicht erfassten Bedürfnisse über bare Mittel verfügen zu können, weil er andernfalls nicht in der Lage wäre, diese Bedürfnisse zu finanzieren (Senat, NJW 2013, NJW Jahr 2013 Seite 686 = FamRZ 2013, 363 Rn. 16, und NJW 2013, 301 = FamRZ 2013, 203 Rn. 24).

(Leistungsfähigkeit aus Einkünften)

c [17] 3. Die Annahme des BeschwGer., der Ag. sei aus seinem Einkommen zur Zahlung von Elternunterhalt auch nicht teilweise leistungsfähig gewesen, wird von den getroffenen Feststellungen allerdings nicht getragen.

[18] a) Danach erzielte der Ag. 2008 ein Jahresbruttoeinkommen von 27 497,92 EUR. Den Nettobetrag hat das BeschwGer. unter Heranziehung der seit dem 1.4.2011 geltenden Steuern und Beitragssätze ermittelt. Richtigerweise hätte das Einkommen für die Jahre 2008, 2009 und 2010 indessen unter Berücksichtigung der in den betreffenden Jahren jeweils maßgeblichen Abzüge für Steuern und Sozialversicherungsbeiträge errechnet werden müssen, um die Leistungsfähigkeit in dem jeweiligen Jahr festzustellen. Die weiteren Abzüge für zusätzliche Krankenversicherungen, berufsbedingte Aufwendungen in Form von Fahrtkosten mit dem Pkw zwischen Wohnung und Arbeitsstätte sowie Beitragszahlungen auf die beiden noch aufrechterhaltenen Lebensversicherungen in Höhe von 54,45 EUR und 18,63 EUR begegnen dagegen keinen Bedenken. Es steht mit der Rechtsprechung des Senats in Einklang, dass die Kosten einer zusätzlichen Altersversorgung bis zu einer Höhe von 5% des Jahresbruttoeinkommens des Unterhaltspflichtigen als abzugsfähig anerkannt werden können (Senat, NJW 2013, 1305 = FamRZ 2013, 868 Rn. 17; BGHZ 186, 350 = NJW 2010, 3161 = FamRZ 2010, 1535 Rn. 25 ff., und BGHZ 169, 59 = NJW 2006, 3344 = FamRZ 2006, 1511 [1514]).

[19] b) Die Vorteile aus der Nutzung der im Alleineigentum des Ag. stehenden Eigentumswohnung hat das BeschwGer. nicht in die Ermittlung der Leistungsfähigkeit aus dem Einkommen einbezogen. Diese wird jedoch nicht nur durch die Erwerbseinkünfte des Unterhaltspflichtigen, sondern in gleicher Weise durch Vermögenserträge und sonstige wirtschaftliche Nutzungen bestimmt, die er aus seinem Vermögen zieht. Dazu können auch die Gebrauchsvorteile eines Eigenheims zählen, denn durch das Bewohnen eines eigenen Hauses oder einer Eigentumswohnung entfällt die Notwendigkeit der Mietzahlung, die in der Regel einen Teil des allgemeinen Lebensbedarfs ausmacht. Soweit bei einer Gegenüberstellung der ersparten Wohnkosten und der zu berücksichtigenden Belastungen der Nutzungswert eines Eigenheims den Aufwand übersteigt, ist die Differenz zwischen den beiden Beträgen dem Einkommen des Unterhaltspflichtigen zuzurechnen (Senat, BGHZ 154, 247 = NJW 2003, 2306 = FamRZ 2003, 1179 [1180] mwN).

[20] Der Wohnwert ist bei der Inanspruchnahme auf Elternunterhalt nicht mit der bei einer Fremdvermietung erzielbaren objektiven Marktmiete, sondern auf der Grundlage der unter den gegebenen Verhältnissen ersparten Miete zu bemessen (vgl. hierzu Senat, BGHZ 154, 247 = NJW 2003, 2306 = FamRZ 2003, 1179 [1180 ff.], und NJW 2013, 1305 = FamRZ 2013, 868 Rn. 19). Das BeschwGer. hat den Wohnwert der aus drei Zimmern bestehenden Eigentumswohnung in anderem Zusammenhang entsprechend dem Vortrag des Ast. mit 339,02 EUR (369 EUR abzüglich auf einen Mieter nicht umlegbare Kosten von 25,98 EUR) angesetzt. Das ist für den Ast. günstig und entspricht hinsichtlich des in Abzug gebrachten Aufwands auch der Rechtsprechung des Senats (vgl. Senat, NJW 2009, 2523 = FamRZ 2009, 1300 Rn. 33 ff.).

[21] c) Wenn das vom BeschwGer. mit 1121 EUR ermittelte Nettoeinkommen des Ag. trotz der Höhe nach unzutreffender Abzüge zu Grunde gelegt und der Wohnvorteil hinzugerechnet wird, ergibt sich ein Einkommen von monatlich rund 1460 EUR, das den für die Jahre 2008, 2009 und 2010 maßgeblichen Selbstbehalt von 1400 EUR übersteigt (vgl. Anm. D 1 der Düsseldorfer Tabelle und Nr. 21.3.3 der Leitlinien der Oberlandesgerichte Stand: 1.1.2008, 1.1.2009 und 1.1.2010). Der vom BeschwGer. herangezogene Selbstbehalt von 1500 EUR gilt erst ab 1.1.2011 (Düsseldorfer Tabelle Anm. D 1 und Nr. 21.3.3 der Leitlinien der Oberlandesgerichte Stand: 1.1.2011) und ist deshalb erst für Unterhaltszeiträume ab diesem Datum maßgebend.

[22] d) Nach dem vom BeschwGer. in Bezug genommenen Beschluss des AG hat der Ag. allerdings geltend gemacht, ihm entstünden Aufwendungen in Höhe von 67,20 EUR monatlich für Besuche seiner Mutter im Heim. Wie der Senat nach Erlass des angefochtenen Beschlusses entschieden hat, mindern angemessene Aufwendungen, die dem Unterhaltspflichtigen für solche Besuche entstehen, grundsätzlich seine Leistungsfähigkeit, weil ihr Zweck auf einer unterhaltsrechtlich anzuerkennenden sittlichen Verpflichtung beruht (Senat, NJW 2013, 1305 = FamRZ 2013, 868 Rn. 30 f.). Feststellungen zu solchen Aufwendungen hat das BeschwGer. nicht getroffen.

(Leistungsfähigkeit aus dem Vermögen des Unterhaltspflichtigen)

[23] 4. Auch die Ermittlung der Leistungsfähigkeit des Ag. aus seinem Vermögen ist nicht in allen Punkten rechtsbedenkenfrei.

[24] a) Im Ansatz zutreffend ist das BeschwGer. allerdings davon ausgegangen, dass ein Unterhaltspflichtiger nach ständiger Rechtsprechung des Senats grundsätzlich auch den Stamm seines Vermögens zur Bestreitung des Unterhalts einsetzen muss. Eine allgemeine Billigkeitsgrenze, wie sie § § 1577 III und 1581 II BGB für den nachehelichen Ehegattenunterhalt vorsehen, enthält das Gesetz im Bereich des Verwandtenunterhalts nicht. Deshalb ist auch hinsichtlich des einsetzbaren Vermögens allein auf § 1603 I BGB abzustellen, wonach nicht unterhaltspflichtig ist, wer bei Berücksichtigung seiner sonstigen Verpflichtungen außer Stande ist, ohne Gefährdung seines eigenen angemessenen Unterhalts den Unterhalt zu gewähren. Hierzu außer Stande ist jedoch nicht, wer über verwertbares Vermögen verfügt (Senat, BGHZ 169, 59 [67 f.] = NJW 2006, 3344 = FamRZ 2006, 1511 [1513] mwN, und NJW 2013, 301 = FamRZ 2013, 203 Rn. 33).

[25] Einschränkungen der Obliegenheit zum Einsatz des Vermögensstamms ergeben sich daraus, dass nach dem Gesetz auch die sonstigen Verpflichtungen des Unterhaltsschuldners zu berücksichtigen sind und er seinen eigenen angemessenen Unterhalt nicht zu gefährden braucht. Eine Verwertung des Vermögensstamms kann deshalb nicht verlangt werden, wenn sie den Unterhaltsschuldner von fortlaufenden Einkünften abschneiden würde, die er zur Erfüllung weiterer Unterhaltsansprüche oder anderer berücksichtigungswürdiger Verbindlichkeiten oder zur Bestreitung seines eigenen Unterhalts benötigt (Senat, BGHZ 169, 59 [68] = NJW 2006, 3344 = FamRZ 2006, 1511 [1513] mwN, und NJW 2013, 301 = FamRZ 2013, 203 Rn. 34).

[26] b) Zu dem eigenen Unterhalt sind auch Leistungen für eine angemessene Altersversorgung zu rechnen, die neben der primären Altersversorgung auch solche für eine zusätzliche Altersversorgung umfasst (st. Rspr., vgl. Senat, BGHZ 169, 59 [69 f.] = NJW 2006, 3344 = FamRZ 2006, 1511 [1514] ; NJW 2013, 301 = FamRZ 2013, 203 Rn. 38, und NJW 2003, 2306 = FamRZ 2003, 1179 [1182]). Ist dem Schuldner des Anspruchs auf Elternunterhalt aber gestattet, die zur eigenen Alterssicherung notwendigen Beträge zusätzlich zurückzulegen, dann müssen auch die so geschaffenen Vermögenswerte als Alterssicherung dem Zugriff des Unterhaltsgläubigers entzogen bleiben, um den Zweck der Alterssicherung erreichen zu können, soweit sie hierfür tatsächlich erforderlich sind (Senat, BGHZ 169, 59 [70] = NJW 2006, 3344 = FamRZ 2006, 1511 [1514]).

[27] c) Das BeschwGer. hat in Anlehnung an die Rechtsprechung des Senats (vgl. BGHZ 169, 59 [76 f.] = NJW 2006, 3344 = FamRZ 2006, 1511 [1516]) ein dem Ag. zustehendes Altersvorsorgevermögen von 104 767,45 EUR errechnet. Dabei hat es einen monatlichen Bruttolohn von 2284,83 EUR (gemäß Lohnabrechnung von Dezember 2008) bei einer jährlichen Kapitalverzinsung von 3% sowie 40 Berufsjahre zu Grunde gelegt. Das ist nicht in jeder Hinsicht rechtsbedenkenfrei.

[28] aa) Das BeschwGer. hat sich bezüglich der Dauer der Leistungen für eine zusätzliche Altersvorsorge darauf gestützt, dass der 1956 geborene Ag. seit 1971 erwerbstätig ist und seine Lehre als Elektriker ohne eine Unterbrechung der Erwerbstätigkeit in einem Abendkurs absolviert hat. Daraus ergeben sich die berücksichtigten 40 Berufsjahre allerdings erst im Jahr 2011, obwohl die Leistungs-

fähigkeit des Ag. schon ab 2008 zu beurteilen ist. Insofern hätten sich für 2008–2010 geringere Beträge errechnet.

[29] Entgegen der Auffassung der Rechtsbeschwerde ist es jedoch nicht zu beanstanden, dass das BeschwGer. bereits auf den Beginn der Erwerbstätigkeit und nicht erst auf das Jahr 2001 abgestellt hat, in dem der Gesetzgeber sich entschlossen hat, die private Altersversorgung staatlich zu fördern. Entscheidend für die Zubilligung einer zusätzlichen Altersversorgung ist die Erkenntnis, dass die primäre Altersversorgung in Zukunft nicht mehr für eine angemessene Altersversicherung ausreichen wird, weil das Rentenniveau gesunken ist. Dies bezieht sich aber nicht nur auf die Zeit ab 2001, sondern auf die insgesamt erwirtschafteten Rentenanwartschaften. Deshalb ist einem Unterhaltsschuldner auch für die gesamte Zeit des Erwerbslebens die Möglichkeit zuzubilligen, eine zusätzliche Altersversorgung aufzubauen.

[30] Andererseits hat das BeschwGer. im Hinblick auf gesunkene Renditen auf dem Kapitalmarkt mit einer jährlichen Kapitalverzinsung von 3% (anstatt von 4%) gerechnet. Das ist im Schrifttum zu Recht kritisiert worden (Hauß, Elternunterhalt, 4. Aufl., Rn. 477; Günther FF 2012, 320 [321]; Engels FF 2013, 56 [60]). Der Senat hat seiner Berechnung eine Rendite von 4% zu Grunde gelegt (Senat, BGHZ 169, 59 [76] = NJW 2006, 3344 = FamRZ 2006, 1511 [1516]). In Bezug auf eine langjährige Rendite von 4% sind Schwankungen nur eingeschränkt zu berücksichtigen; insbesondere der Renditerückgang hat sich erst in den letzten Jahren vollzogen. In Bezug auf das gesamte, seit 1971 andauernde Berufsleben des Ag. ist es dann aber nicht gerechtfertigt, von einer niedrigeren Durchschnittsverzinsung auszugehen. Bei einem höheren Zinssatz hätte sich wiederum ein höheres Altersvorsorgevermögen errechnet.

[31] bb) Im nächsten Schritt hat das BeschwGer. dem Betrag von 104 767,45 EUR das tatsächlich vorhandene Vermögen gegenübergestellt. Dieses bestand in Form von Kapitalvermögen aus einem Sparguthaben in Höhe von 6412,39 EUR, den beiden verbliebenen Lebensversicherungen in Höhe von 27 123,13 EUR und 5559,03 EUR, insgesamt also 39 094,55 EUR. Die dritte Lebensversicherung, die der Ag. im Jahr 2009 aufgelöst hat, hat es nicht berücksichtigt, weil damit Verbindlichkeiten für die Immobilie in Italien beglichen worden sind.

[32] (1) Insofern wendet sich die Rechtsbeschwerde gegen die Berücksichtigung einer Strafzahlung in Höhe von 3581,90 EUR. Sie weist darauf hin, dass Strafen und Ordnungsgelder steuerlich nicht abzugsfähig seien, weil das dem Sinn der Strafe widerspreche. Diese Wertung müsse auch für das Unterhaltsrecht gelten. Damit hat die Rechtsbeschwerde keinen Erfolg.

[33] Die Abzugsfähigkeit von Geldstrafen und Geldbußen lässt sich nicht grundsätzlich verneinen. Vielmehr ist hierüber auf Grund der Umstände des Einzelfalls zu entscheiden (Niepmann/Schwamb, 12. Aufl., Rn. 1056; generell gegen die Berücksichtigung von Geldstrafen: Staudinger/Engler, § 1603 Rn. 122). Im vorliegenden Fall handelt es sich nicht um eine Kriminalstrafe, sondern um eine Geldbuße, die wegen Nichteinhaltung bauordnungsrechtlicher Bestimmungen hinsichtlich des Hauses in Italien gezahlt worden ist. Das BeschwGer. hat das Miteigentum an diesem Haus entsprechend dem vorprozessualen Vortrag des Ag. mit 60 000 EUR in die Vermögensbilanz eingestellt. Deshalb begegnet es keinen rechtlichen Bedenken, wenn die mit dem Miteigentum in Zusammenhang stehende Zahlung einer Geldbuße vermögensmindernd in Abzug gebracht wird.

[34] Auch soweit sich die Rechtsbeschwerde gegen die Berücksichtigung von Steuern und Abgaben wendet, vermag sie damit nicht durchzudringen. Die betreffenden Aufwendungen waren nicht wegen der behördlich nicht attestierten Bewohnbarkeit des Hauses sinnlos. Da das Miteigentum an dem Haus als Vermögenswert mit 60 000 EUR berücksichtigt worden ist, wäre eine entsprechend niedrigere Bewertung erforderlich gewesen, wenn hierfür noch Steuern und Abgaben zu entrichten gewesen wären. Abgesehen davon nutzt der Ag. das Haus tatsächlich auch für Ferienaufenthalte. Ob die Steuern und Abgaben schon vor dem hier streitgegenständlichen Zeitraum fällig waren, ist nicht entscheidend, da der Ag. die Beträge in keinem Fall aus seinem laufenden Einkommen hätte aufbringen können.

(Notgroschen)

e [35] (2) Unter Berücksichtigung des dem Kapitalvermögen zugeschlagenen Werts des Miteigentums an dem Haus in Italien, den das BeschwGer. zu Gunsten des Ast. mit 60 000 EUR unterstellt hat, ist es zu einem Gesamtvermögen von 99 094,55 EUR gelangt. Hiervon hat es 10 000 EUR als „allgemeinen Freibetrag" sowie Rückstellungen für weitere Verbindlichkeiten in Italien in Höhe von 5000 EUR in Abzug gebracht, die der Ast. im Beschwerdeverfahren nicht in Frage gestellt habe. Das begegnet keinen rechtlichen Bedenken.

Anhang R. Rechtsprechung								R741

[36] Der Senat hat bereits entschieden, dass der Bedürftigkeit des Unterhaltsberechtigten nicht entgegensteht, wenn er (bezogen auf den Zeitraum 1996/1997) noch über ein Vermögen in Höhe von 4500 DM verfügt, von dessen Verwertung die Gewährung von Sozialhilfe nach § 88 II Nr. 8 BSHG (jetzt: § 90 II Nr. 9 SGB XII) iV mit § 1 I Nr. 1b der hierzu ergangenen Durchführungsverordnung vom 11.2.1988 in der Fassung der Verordnung vom 23.10.1981 nicht abhängig gemacht werden durfte. Dem Unterhaltsberechtigten sei eine gewisse Vermögensreserve als so genannter Notgroschen für Fälle plötzlich auftretenden (Sonder-)Bedarfs zu belassen. Was die Höhe des so genannten Notgroschens anbelangt, hat der Senat die Meinung geteilt, nach der regelmäßig zumindest der Schonbetrag nach § 88 I Nr. 1 BSHG in Verbindung mit der Durchführungsverordnung zu belassen ist (Senat, NJW 2004, 677 = FamRZ 2004, 370 [371]).

[37] Für den Unterhaltspflichtigen kann im Grundsatz nichts anderes gelten. Auch bei ihm kann sich aus den Wechselfällen des Lebens ein unerwarteter Bedarf ergeben, den er aus seinem laufenden Einkommen nicht zu befriedigen vermag. Hinsichtlich der Höhe eines Notgroschens ist auf Seiten des Unterhaltspflichtigen aber grundsätzlich ein großzügigerer Maßstab als beim Unterhaltsberechtigten anzulegen, der fremde Hilfe zur Deckung seines Lebensbedarfs in Anspruch nimmt. Deshalb stellt der sozialhilferechtliche Schonbetrag die untere Grenze dar. Darüber hinaus wird vertreten, für Notfälle seien jedenfalls drei Netto-Monatsgehälter zu reservieren (Hauß, Rn. 514), teilweise wird weitergehend angenommen, ein Schonbetrag von 10 000 EUR bis 26 000 EUR sei unabdingbar, auch um dem durch die Pflegeversicherung nur unzulänglich abgesicherten Risiko der Folgen der Pflegebedürftigkeit oder der Gefahr einer langjährigen Erkrankung begegnen zu können (Günther, in: Schnitzler, Münchener Anwaltshdb. FamilienR, 3. Aufl., § 11 Rn. 93: 10 000 EUR–25 000 EUR; Soyka, in: Scholz/Kleffmann/Motzer, Praxishdb. FamilienR, Stand: Jan. 2013, Teil J Rn. 44; Hußmann, in: Heiß/Born, UnterhaltsR, Kap. 13 Rn. 74: 26 000 EUR). Die Höhe eines Betrags für Notfälle lässt sich nach Auffassung des Senats allerdings nicht pauschal festlegen; vielmehr hängt es von den Umständen des Einzelfalls, wie den Einkommensverhältnissen und sonstigen Unterhaltsverpflichtungen, ab, in welchem Umfang hierfür Mittel zu belassen sind. Im vorliegenden Fall, in dem der alleinstehende, kinderlose Ag. über ein Erwerbseinkommen unterhalb des Selbstbehalts verfügt, erscheint jedenfalls der vom Ast. eingeräumte Betrag von 10 000 EUR ausreichend.

[38] cc) Von dem dann verbleibenden Vermögen von 84 094,55 EUR braucht der Ast. nach Auffassung des BeschwGer. keinen Unterhalt zu zahlen, weil dieser Betrag unter dem ihm insofern zustehenden Betrag liege und die Eigentumswohnung für diese Beurteilung außer Betracht zu bleiben habe.

(Selbstgenutztes Immobilieneigentum ist kein einsetzbares Vermögen)

[39] Das begegnet – ausgehend von dem zutreffend errechneten Betrag – keinen rechtlichen f
Bedenken. Der Senat hat bereits entschieden, dass das Miteigentum an einer kleineren Eigentumswohnung Aufwendungen für die zusätzliche Altersversorgung nicht wegen anderweit bestehender Absicherung als Maßnahme der Vermögensbildung erscheinen lässt (Senat, NJW 2013, 1305 = FamRZ 2013, 868 Rn. 17). Daraus folgt zwar nicht, dass selbstgenutztes Immobilieneigentum im Rahmen der Vermögensbewertung insgesamt unberücksichtigt zu bleiben hätte (ebenso Hauß, Rn. 486; Günther FF 2012, 320 [321] ; Engels FF 2013, 56 [60 ff.]). Insofern besteht aber jedenfalls dann keine Verwertungspflicht, wenn es sich um den jeweiligen Verhältnissen angemessenes Wohneigentum handelt (Senat, BGHZ 154, 247 = NJW 2003, 2306 = FamRZ 2003, 1179 [1181]). Denn der Unterhaltspflichtige braucht bei der Inanspruchnahme auf Elternunterhalt keine spürbare und dauerhafte Senkung seines berufs- und einkommenstypischen Unterhaltsniveaus hinzunehmen. In die Beurteilung ist zwar einzubeziehen, dass der Unterhaltspflichtige im Alter keine Mietkosten zu bestreiten hat und seinen Lebensstandard dann mit geringeren Einkünften aus Einkommen und Vermögen sichern kann (Senat, BGHZ 169, 59 [75] = NJW 2006, 3344 = FamRZ 2006, 1511 [1515]). Soweit weiteres Vermögen der zusätzlichen Altersversorgung dienen soll, tritt der Verwendungszweck aber erst mit Beginn des Rentenbezugs ein. Das Altersvorsorgevermögen soll dann zur Aufrechterhaltung des bisherigen Lebensstandards genutzt werden. Wenn und soweit es hierfür nicht benötigt wird, steht es für Unterhaltszwecke zur Verfügung (Senat, NJW 2013, 301 = FamRZ 2013, 203 Rn. 38).

[40] In welchem Umfang dies der Fall ist, lässt sich mit hinreichender Sicherheit allerdings erst beurteilen, wenn der Unterhaltspflichtige Einkünfte aus seiner Altersversorgung bezieht. Bis zu diesem Zeitpunkt sind sowohl die Entwicklung der Alterseinkünfte als auch der dem Unterhaltspflichtigen dann zuzubilligende Selbstbehalt ungewiss. Deshalb braucht er Vermögen in der Höhe, wie sie sich aus

2419

der Anlage der ihm zuzugestehenden zusätzlichen Altersversorgung ergibt, bis dahin nicht für Unterhaltszwecke einzusetzen.

[41] Diese Ungewissheit besteht auch hier. Nach den getroffenen Feststellungen wird der Ag. bei Erreichen der Regelaltersgrenze im November 2021 mit einer Rente von 1320,90 EUR (ohne Rentenanpassungen) rechnen können. Dabei ist jedoch unterstellt, dass die in den letzten fünf Jahren durchschnittlich geleisteten Beiträge weiterhin entrichtet werden. Sollte diese Voraussetzung nicht eintreten, etwa weil der Ag. erwerbsunfähig wird, dürfte seine Rente niedriger ausfallen. Aber selbst nach der vorgelegten Rentenauskunft wird er auf den Wohnvorteil angewiesen sein, um überhaupt den seit dem 1.1.2013 maßgeblichen Selbstbehalt von 1600 EUR zu erreichen. Deshalb braucht der Ag. ein Altersvorsorgevermögen, das der Anlage von 5% seines Jahresbruttoeinkommens bezogen auf seine gesamte Erwerbstätigkeit bis zur Inanspruchnahme auf Elternunterhalt entspricht, nicht für Unterhaltszwecke einzusetzen.

BGH v. 2.10.2013 – XII ZB 249/12 – FamRZ 2013, 1958 = NJW 2013, 3578

R 742 *(Rückständiger Unterhalt wegen Betreuung eines nichtehelichen Kindes)*

[8] In Rechtsprechung und Literatur ist umstritten, ob in Fällen der vorliegenden Art die Voraussetzungen des § 1613 I 1 BGB vorliegen müssen, also namentlich eine Inverzugsetzung erforderlich ist.

[9] Anders als das Beschwerdegericht, das sich der Auffassung des Oberlandesgerichts Schleswig (FamRZ 2004, 563) angeschlossen hat, stellt die wohl herrschende Auffassung in der Literatur maßgeblich auf die Verweisung in § 1615l III 1 BGB ab und will § 1613 BGB insgesamt und ohne Modifikationen zur Anwendung bringen (Staudinger/Engler BGB [2000] § 1615l Rn. 28; Derleder DEuFamR 1999, 84, 87 f.; Wendl/Bömelburg Das Unterhaltsrecht in der familienrichterlichen Praxis 8. Aufl. § 7 Rn. 199; NK-BGB/Schilling 2. Aufl. § 1615l Rn. 45 mwN; s. auch Erman/Hammermann BGB 13. Aufl. § 1615l Rn. 52).

[10] Daneben wird im Schrifttum auch die Meinung vertreten, aus der in § 1615l III 3 BGB ausgesprochenen Verweisung auf § 1613 II BGB folge, dass die in Absatz 2 Nr. 1 enthaltene einjährige „Ausschlussfrist" nicht nur für den dort allein aufgeführten Sonderbedarf, sondern für den gesamten Unterhaltsanspruch der Mutter gelten soll (Göppinger/Wax/Maurer Unterhaltsrecht 9. Aufl. Rn. 1343).

[11] Der Senat folgt der Auffassung, die maßgeblich auf den Verweis in § 1615l III 1 BGB abstellt und § 1613 BGB insgesamt und ohne Modifikationen anwenden will. Danach enthält § 1615l III 1 BGB eine Rechtsgrundverweisung auf § 1613 BGB, weshalb für die Geltendmachung von Unterhalt für die Vergangenheit grundsätzlich die Voraussetzungen des § 1613 I 1 BGB vorliegen müssen, also eine Aufforderung zur Auskunft, eine Inverzugsetzung oder aber die Rechtshängigkeit des Unterhaltsanspruchs.

[12] aa) Dies ergibt sich bereits aus dem Wortlaut des § 1615l III BGB. Nach dessen Satz 1 sind die Vorschriften über die Unterhaltspflicht zwischen Verwandten entsprechend anzuwenden, also auch § 1613 II BGB. Insoweit besagt die gesonderte Verweisung in § 1615l III 3 BGB auf § 1613 II BGB nichts anderes.

[13] bb) Darüber hinaus sprechen sowohl der Wille des Gesetzgebers als auch eine teleologische Auslegung für eine Rechtsgrundverweisung auf § 1613 BGB.

[14] Wie sich der vom Beschwerdegericht zitierten Gesetzesbegründung aus dem Jahr 1967 zum Gesetz über die rechtliche Stellung der nichtehelichen Kinder vom 19. August 1969 (BGBl. I S. 1243) entnehmen lässt, sollte es der Mutter ermöglicht werden, Unterhalt für die Vergangenheit auch dann zu erlangen, wenn sie nicht in der Lage war, den Unterhaltspflichtigen in Verzug zu setzen oder zu verklagen. In der Begründung heißt es ausdrücklich, dass „die Unterhaltsansprüche der Mutter unter denselben Voraussetzungen wie die des Kindes (§ 1615d E) auch für die Vergangenheit geltend gemacht werden können" sollen (BT-Drucks. V/2370 S. 57). § 1615d BGB, der ebenso wie § 1615l BGB aF mit Wirkung zum 1. Juli 1970 in das Bürgerliche Gesetzbuch eingefügt worden ist, lautete wie folgt: „Das Kind kann von seinem Vater Unterhaltsbeträge, die fällig geworden sind, bevor die Vaterschaft anerkannt oder rechtskräftig festgestellt war, auch für die Vergangenheit verlangen." In der Begründung zu dieser Norm, deren entsprechende Anwendung § 1615l III 4 BGB aF anordnete, heißt es wiederum: „Es besteht aber kein gerechtfertigter Grund, dem unehelichen Kind auch nach Anerkennung oder rechtskräftiger Feststellung der Vaterschaft noch eine Sonderstellung einzuräumen", weshalb von ihm verlangt werden müsse, dass es „den Vater rechtzeitig in Verzug setzt oder seinen Unterhaltsanspruch rechtshängig macht" (BT-Drucks. V/2370 S. 47).

Anhang R. Rechtsprechung   R 743

[15] cc) Demgegenüber war der gesonderte Verweis in § 1615l III 4 BGB aF (nunmehr Satz 3) auf § 1613 II BGB aF (jetzt § 1613 II Nr. 1 BGB) ursprünglich von dem Gedanken getragen, den durch den weiteren Verweis auf § 1615d BGB aF erweiterten Anspruch der Mutter zugunsten des Unterhaltspflichtigen einzuschränken. Nach § 1613 II Nr. 1 BGB kann der Anspruch auf Sonderbedarf nach Ablauf eines Jahres seit seiner Entstehung nur geltend gemacht werden, wenn vorher der Verpflichtete in Verzug gekommen oder der Anspruch rechtshängig geworden ist. Der Gesetzgeber wollte diese Regelung ursprünglich nicht nur auf den Sonderbedarf, sondern auf den gesamten Unterhaltsanspruch der Mutter aus § 1615l BGB anwenden, um zu verhindern, dass der Vater noch nach „unangemessen langer Zeit" in Anspruch genommen werden kann (BT-Drucks. V/2370 S. 57; s. auch Göppinger/Wax/Maurer Unterhaltsrecht 9. Aufl. Rn 1343). Ob für die gesonderte Verweisung auf § 1613 II BGB angesichts der Änderungen, die § 1615l BGB und § 1613 BGB zwischenzeitlich erfahren haben, ein eigenständiger Anwendungsbereich im Sinne einer einjährigen Ausschlussfrist bezogen auf die Fälle des § 1613 II Nr. 2 BGB verbleibt (so Göppinger/Wax/Maurer Unterhaltsrecht 9. Aufl. Rn 1343; a. A. Wendl/Bömelburg Das Unterhaltsrecht in der familienrichterlichen Praxis 8. Aufl. § 7 Rn. 199; s. auch NK-BGB/Schilling 2. Aufl. § 1615l Rn. 45), kann hier dahin stehen, da der Zeitraum vor Anerkennung der Vaterschaft nicht mehr Gegenstand des Rechtsbeschwerdeverfahrens ist.
[16] c) Da die Voraussetzungen des § 1613 II Nr. 1 BGB (Sonderbedarf) hier ersichtlich nicht vorliegen, wäre eine Befreiung von den Anforderungen des § 1613 I 1 BGB nur hinsichtlich des § 1613 II Nr. 2a BGB einschlägig, der im Jahr 1998 (BGBl. I S. 666) die Regelung des § 1615d BGB ersetzt hat. Dessen Voraussetzungen liegen hier aber nur für den im Rechtsbeschwerdeverfahren nicht mehr streitgegenständlichen Zeitraum von April bis Juni 2010 vor.
[17] Deshalb hätte die Antragstellerin entgegen der Auffassung des Beschwerdegerichts den Antragsgegner nach dessen Vaterschaftsanerkennung wegen des Betreuungsunterhalts zur Auskunft auffordern, in Verzug setzen oder aber den Unterhaltsanspruch rechtshängig machen müssen. Sie hätte dann in Verbindung mit § 1613 II Nr. 2a BGB einen lückenlosen Unterhaltsanspruch geltend machen können.

BGH v. 23.10.2013 – XII ZB 570/12 – FamRZ 2013, 1962 = NJW-RR 2014, 65

(Grundsicherungsrechtliche Vergleichsberechnung)   R 743

[12] a) Nach § 33 I 1 SGB II geht der Unterhaltsanspruch bis zur Höhe der geleisteten Aufwendungen auf die Träger der Leistungen zur Sicherung des Lebensunterhalts über, wenn bei rechtzeitiger Leistung eines anderen diese Leistungen nicht erbracht worden wären. Der Anspruchsübergang nach dieser Vorschrift ist gem. § 33 II 3 SGB II ausgeschlossen, wenn und soweit Einkommen und Vermögen der unterhaltsverpflichteten Person das nach §§ 11, 12 SGB II zu berücksichtigende Einkommen und Vermögen nicht übersteigen. Durch diese Vorschrift soll der Unterhaltspflichtige in gleicher Weise wie der Leistungsempfänger geschützt werden. Ihr liegt in verfassungsrechtlicher Hinsicht der Gedanke zu Grunde, dass der Unterhaltspflichtige im Hinblick auf Achtung und Schutz seiner Menschenwürde (Art. 1 I GG) und das Sozialstaatsprinzip (Art. 20 I GG) durch den Rückgriff des Staates auf die Unterhaltsforderung des Leistungsempfängers nicht selbst zum Empfänger staatlicher Leistungen werden soll (vgl. auch Senat, BGHZ 111, 194 = NJW 1991, 356 = NJW-RR 1991, 451 Ls. = FamRZ 1990, 849; BSG, FamRZ 1985, 379 = BeckRS 1980, 40411; BVerwG, NJW 1999, 1881 = FamRZ 1999, 780).
[13] b) Bei der von Amts wegen anzustellenden grundsicherungsrechtlichen Vergleichsberechnung ist zu ermitteln, wie hoch der hypothetische Bedarf des Unterhaltspflichtigen auf Leistungen nach dem SGB II wäre und diesem Bedarf anschließend das nach §§ 11 ff. SGB II zu berücksichtigende und zu bereinigende Einkommen gegenüber zu stellen. Nur wenn und soweit das Einkommen den Bedarf übersteigt, kann ein Unterhaltsanspruch gegen den Unterhaltspflichtigen auf den Träger der Grundsicherung übergehen.
[14] Wie das BeschwGer. zutreffend erkannt hat, besteht keine Einigkeit darüber, wie im Rahmen einer grundsicherungsrechtlichen Vergleichsberechnung zu verfahren ist, wenn die unterhaltspflichtige Person in einer Bedarfsgemeinschaft iSv § 7 III SGB II lebt. Hierzu wird – vor allem in der sozialrechtlichen Literatur – die Auffassung vertreten, dass selbst beim Bestehen einer Bedarfsgemeinschaft allein auf den Bedarf des Unterhaltspflichtigen abgestellt werden könne (vgl. Link in Eicher, SGB II, 3. Aufl., § 33 Rn. 53; Cantzler in Löns/Herold-Tews, SGB II, 3. Aufl., § 33 Rn. 26; Münder in LPK-SGB II, 4. Aufl., § 33 Rn. 38; Fügemann in Hauck/Noftz, SGB II, Bearb.-Stand: 2011, § 33 Rn. 129; Grote-Seifert in jurisPK-SGB II, 3. Aufl., § 33 Rn. 70; ebenso Streicher, FPR 2005, 438). Dieser Meinung

hat sich seit April 2008 auch die Bundesagentur für Arbeit in ihren fachlichen Hinweisen zu § 33 SGB II (Nr. 33.32) angeschlossen, nachdem sie zuvor noch die abweichende und insbesondere im unterhaltsrechtlichen Schrifttum verbreitete Ansicht vertreten hatte, dass in die Vergleichsberechnung auch der Bedarf von Angehörigen einer möglicherweise bestehenden Bedarfsgemeinschaft einbezogen werden müsse (vgl. Wendl/Klinkhammer, Das UnterhaltsR in der familienrichterlichen Praxis, 8. Aufl., § 8 Rn. 250; Scholz in ders./Kleffmann/Motzer, Praxishdb. FamilienR, Bearb.-Stand: 2013, Teil L Rn. 211; Scholz FamRZ 2006, 1417, 1423] ; Poppen in Büte/Poppen/Menne, UnterhaltsR, 2. Aufl., §§ 24a, 33 SGB II Rn. 10; Günther in Schnitzler, FamilienR, 3. Aufl., § 12 Rn. 89 f.; Hußmann, FPR 2007, 354; ebenso Knickrehm in Kreikebohm/Spellbrink/Waltermann, Komm. z. SozialR, 2. Aufl., § 33 SGB II Rn. 11; Schellhorn in GK-SGB II, Bearb.-Stand: 2009, § 33 Rn. 96).

[15] c) Der Senat hält mit dem BeschwGer. die letztgenannte Auffassung für zutreffend.

[16] aa) Lebt der Unterhaltspflichtige mit anderen Personen in einer Bedarfsgemeinschaft, muss er sein zu berücksichtigendes Einkommen und Vermögen nicht nur zur Deckung seines eigenen sozialrechtlichen Bedarfs § 9 I SGB II) einsetzen, sondern nach Maßgabe von § 9 II 1 und 2 SGB II auch für den Bedarf der Mitglieder seiner Bedarfsgemeinschaft verwenden. Reichen Einkommen und Vermögen hierfür nicht aus, gilt gem. § 9 II 3 SGB II jede Person innerhalb der Bedarfsgemeinschaft als hilfebedürftig, und zwar im Verhältnis des eigenen Bedarfs zum Gesamtbedarf. Ist der Unterhaltspflichtige individuell nicht hilfebedürftig, weil sein Einkommen den eigenen sozialrechtlichen Bedarf vollständig abdeckt, fingiert § 9 II 3 SGB II somit seine Hilfebedürftigkeit (vgl. dazu BSG NZS 2007, 328 = FamRZ 2007, 724 Rn. 15), wenn sein Einkommen nicht ausreicht, um den Bedarf der anderen Mitglieder seiner Bedarfsgemeinschaft zu decken.

[17] Insoweit unterscheidet sich das Recht der Grundsicherung für Arbeitssuchende nach dem SGB II grundlegend vom Recht der Sozialhilfe, welches zwar die gemeinsame Berücksichtigung von Einkommen und Vermögen im Rahmen der Einstandsgemeinschaft § 27 II 2 SGB XII) kennt, demgegenüber aber aus systemimmanenten Gründen (vgl. dazu Mecke in Eicher, § 9 Rn. 43) keine dem § 9 II 3 SGB II vergleichbare Regelung enthält. Daher kann nach dem SGB XII derjenige, dessen Einkommen und Vermögen zur Deckung seines individuellen Bedarfs ausreicht, niemals selbst sozialhilfebedürftig werden, und zwar auch dann nicht, wenn mit seinem Einkommen der zusätzliche Bedarf der weiteren Mitglieder seiner Einstandsgemeinschaft nicht gedeckt wird (Grube in ders./Wahrendorf, SGB XII, 4. Aufl., § 27 Rn. 6; Cuseriu in jurisPK-SGB XII, § 27 SGB XII idF 24.3.2011 Rn. 28; vgl. auch BVerwG, NJW 1993, 215 = NZS 1992, 156, zum BSHG).

[18] Würde daher bei der Vergleichsberechnung nur auf den sozialrechtlichen Bedarf des Unterhaltspflichtigen abgestellt werden, könnte dies zur Folge haben, dass der Unterhaltspflichtige auf Grund des zu leistenden Unterhalts aus seinem Einkommen und Vermögen nicht mehr den gesamten Bedarf der Bedarfsgemeinschaft decken kann, wegen § 9 II 3 SGB II als Hilfebedürftiger behandelt wird und einen eigenen Leistungsanspruch gegen den Träger der Grundsicherung erwirbt. § 33 II 3 SGB II will indessen den Eintritt von Hilfebedürftigkeit des Unterhaltspflichtigen gerade vermeiden, zumal diese Hilfebedürftigkeit auch Bedeutung für eine mögliche Erbenhaftung (§ 35 SGB II) sowie für die Frage hat, wer Schuldner einer Erstattungsforderung bei unrechtmäßig gewährten Leistungen ist (Sonnhoff in jurisPK-SGB II, § 9 Rn. 60).

[19] bb) Die Einbeziehung der Angehörigen der Bedarfsgemeinschaft in die grundsicherungsrechtliche Vergleichsberechnung entspricht auch dem – im Wortlaut des § 33 II 3 SGB II allerdings nur unvollkommen zum Ausdruck gekommenen – Willen des Gesetzgebers. Denn nach der Begründung des Gesetzentwurfs soll der Anspruchsübergang nach § 33 SGB II immer dann ausgeschlossen sein, wenn der Unterhaltspflichtige durch den Anspruchsübergang seinerseits bedürftig „im Sinne der Regelungen zum Arbeitslosengeld II oder zum Sozialgeld" würde (BT-Drucks. 15/1516, 62); dies umschließt begrifflich auch die Hilfebedürftigkeit, die bei dem Unterhaltspflichtigen auf Grund der gesetzlichen Fiktion des § 9 II 3 SGB II eintreten würde.

BGH v. 22.1.2014 – XII ZB 185/12 – FamRZ 2014, 637 = NJW 2014, 932

(Leistungsfähigkeit für Unterhalt minderjähriger Kinder)

[9] a) Nach § 1603 I BGB ist nicht unterhaltspflichtig, wer bei Berücksichtigung seiner sonstigen Verpflichtungen außer Stande ist, ohne Gefährdung seines eigenen angemessenen Unterhalts den Unterhalt zu gewähren. Eltern, die sich in dieser Lage befinden, sind gem. § 1603 II 1 BGB ihren minderjährigen unverheirateten Kindern gegenüber verpflichtet, alle verfügbaren Mittel zu ihrem und

der Kinder Unterhalt gleichmäßig zu verwenden (sog. gesteigerte Unterhaltspflicht). Darin liegt eine Ausprägung des Grundsatzes der Verhältnismäßigkeit im Unterhaltsrecht. Aus diesen Vorschriften und aus Art. 6 II GG folgt auch die Verpflichtung der Eltern zum Einsatz der eigenen Arbeitskraft. Wenn der Unterhaltsverpflichtete eine ihm mögliche und zumutbare Erwerbstätigkeit unterlässt, obwohl er diese bei gutem Willen ausüben könnte, können deswegen nach ständiger Rechtsprechung des Senats nicht nur die tatsächlichen, sondern auch fiktiv erzielbare Einkünfte berücksichtigt werden. Die Zurechnung fiktiver Einkünfte, in die auch mögliche Nebenverdienste einzubeziehen sind, setzt neben den nicht ausreichenden Erwerbsbemühungen eine reale Beschäftigungschance des Unterhaltspflichtigen voraus (Senat, BGHZ 189, 284 = NJW 2011, 1874 = FamRZ 2011, 1041 Rn. 29 ff., und NJW 2009, 1410 = FamRZ 2009, 314 Rn. 20, 28; NJW 2013, 2595 = FamRZ 2013, 1378 Rn. 17 f. mwN). Schließlich darf dem Unterhaltspflichtigen auch bei einem Verstoß gegen seine Erwerbsobliegenheit nur ein Einkommen zugerechnet werden, welches von ihm realistischerweise zu erzielen ist (BVerfG, NJW 2010, 1658 = FamRZ 2010, 793).

[10] b) Die angefochtene Entscheidung genügt diesen Maßstäben nicht. Die von der Rechtsbeschwerde erhobenen Rügen greifen in einem entscheidenden Punkt durch.

[11] aa) Das OLG ist noch zutreffend davon ausgegangen, dass die Darlegungs- und Beweislast für seine mangelnde Leistungsfähigkeit beim Unterhaltspflichtigen liegt, was auch für das Fehlen einer realen Beschäftigungschance gilt (vgl. Senat, NJW 2012, 1144 = NZM 2012, 476 = FamRZ 2012, 517 Rn. 30; NJW 1996, 517 = FamRZ 1996, 346, und NJW 2008, 3635 = FamRZ 2008, 2104 Rn. 24; BVerfG, NJW-RR 2008, 1025 = FamRZ 2008, 1145, jew. betreffend den Ehegattenunterhalt). Zwar ist in der Begründung der angefochtenen Entscheidung einleitend ausgeführt, die Leistungsfähigkeit des Ag. könne nicht festgestellt werden. Das OLG hat indessen darüber hinausgehend positiv festgestellt, dass für den Ag. derzeit keine reale Beschäftigungschance bestehe, die ihm die Erzielung eines den so genannten notwendigen Selbstbehalt übersteigenden Einkommens ermöglicht.

[12] bb) Soweit das OLG allerdings davon ausgegangen ist, dass der Ag. gegenwärtig jedenfalls keine Ganztagsstelle mit einem Stundenlohn von über 7,30 EUR erlangen könne und es ihm somit an einer realen Beschäftigungschance für eine entsprechende Vollzeittätigkeit mangle, entbehren die getroffenen Feststellungen indessen der Grundlage und erweisen sich damit als verfahrensfehlerhaft.

[13] Für die Feststellung, dass für einen Unterhaltsschuldner keine reale Beschäftigungschance bestehe, sind – insbesondere im Bereich der gesteigerten Unterhaltspflicht nach § 1603 II BGB – strenge Maßstäbe anzulegen. Für gesunde Arbeitnehmer im mittleren Erwerbsalter wird auch in Zeiten hoher Arbeitslosigkeit regelmäßig kein Erfahrungssatz dahin gebildet werden können, dass sie nicht in eine vollschichtige Tätigkeit zu vermitteln seien (vgl. Wendl/Dose, Das Unterhaltsrecht in der familienrechtlichen Praxis, 8. Aufl., § 1 Rn. 784; Botur in Büte/Poppen/Menne, Unterhaltsrecht, 2. Aufl., § 1603 BGB Rn. 12 mwN). Dies gilt auch für ungelernte Kräfte oder für Ausländer mit eingeschränkten deutschen Sprachkenntnissen (OLG Hamm, FamRZ 2002, 1427 = BeckRS 2014, 04119 mwN; Botur in Büte/Poppen/Menne, § 1603 BGB Rn. 12). Auch die bisherige Tätigkeit des Unterhaltsschuldners etwa im Rahmen von Zeitarbeitsverhältnissen ist noch kein hinreichendes Indiz dafür, dass es ihm nicht gelingen kann, eine besser bezahlte Stelle zu finden. Das gilt auch dann, wenn der Unterhaltspflichtige überwiegend im Rahmen von geringfügigen Beschäftigungsverhältnissen iSv § 8 I SGB IV gearbeitet hat. Zu den insbesondere im Rahmen von § 1603 II BGB zu stellenden Anforderungen gehört es schließlich auch, dass der Unterhaltspflichtige sich um eine Verbesserung seiner deutschen Sprachkenntnisse bemüht (Wendl/Dose, § 1 Rn. 784 mwN).

[14] Dem genügen die vom OLG getroffenen Feststellungen nicht. Für seine Annahme, dass es an einer Erwerbsmöglichkeit des Ag. fehle, die ihm die Zahlung des Mindestunterhalts auch nur teilweise erlaube, hat das OLG nur auf seine „bisherige Erwerbsvita" und darauf abgestellt, dass er über keine Berufsausbildung verfüge. Damit hat das OLG noch keine Umstände festgestellt, die seine Schlussfolgerung auf eine fehlende Erwerbsmöglichkeit rechtfertigen könnten. Mangels eines entsprechenden Erfahrungssatzes erscheint es vielmehr nicht ausgeschlossen, dass der Ag. eine Vollzeitstelle erlangen kann. Auch die bisherige Tätigkeit in geringfügiger Beschäftigung steht dem nicht entgegen. Etwa unzureichende Sprachkenntnisse können den Ag. nicht ohne Weiteres entlasten, nachdem seine Unterhaltspflicht mit der Geburt des Ast. bereits 2004 einsetzte. Dass der Ag., wie es in der angefochtenen Entscheidung ausgeführt ist, bemüht ist, sich fortzubilden und eine Ausbildung zu absolvieren, um seinem Kind in der Zukunft einmal Unterhalt zahlen zu können, genügt schließlich nicht.

[15] 3. Der angefochtene Beschluss ist demnach aufzuheben. Der Senat kann in der Sache nicht abschließend entscheiden, weil es insbesondere zur Frage hinreichender Erwerbsbemühungen des Ag.,

die das OLG bislang offengelassen hat, weiterer tatrichterlicher Feststellungen bedarf. Die Sache ist daher an das OLG zurückzuverweisen.

[16] 4. Für das weitere Verfahren vor dem OLG weist der Senat auf Folgendes hin:

[17] a) Der Beweis, dass für den Ag. keine reale Erwerbsmöglichkeit für eine Vollzeittätigkeit bestehe, wird unter den Umständen des vorliegenden Falls – mangels gegenteiliger Erfahrungssätze – nur durch den Nachweis zu führen sein, dass der Ag. sich hinreichend um eine Erwerbstätigkeit bemüht hat. Hierzu reicht es nicht aus, dass der Ag. sich auf die ihm vom zuständigen Jobcenter unterbreiteten Stellenangebote beworben hat (vgl. Wendl/Dose, § 1 Rn. 782 mwN). Dass der Ag. ein höheres Einkommen als das vom OLG angenommene (7,30 EUR pro Stunde) erzielen kann, ergibt sich schon aus seiner Beschwerdebegründung, nach welcher er bereits 2010/2011 in einem – befristeten – Vollzeitarbeitsverhältnis bei einem Zeitarbeitsunternehmen stand, aus dem er einen Stundenlohn von 7,60 EUR erzielte.

[18] Sollte dem Ag. der entsprechende Nachweis nicht gelingen, so wird bei einem für den Mindestunterhalt (auch im Hinblick auf das 2008 geborene weitere Kind des Ag.) weiterhin unzureichenden Einkommen zu prüfen sein, ob und inwiefern dem Ag. eine zusätzliche Nebentätigkeit zumutbar ist (vgl. Wendl/Klinkhammer, § 2 Rn. 370 mwN). Auch wenn der Unterhalt auf Grund eines – wegen Verletzung der Erwerbsobliegenheit – lediglich fiktiven Einkommens festzusetzen ist, trifft den Ag. eine Obliegenheit zur Ausübung einer Nebentätigkeit im selben Umfang wie einen seine Erwerbsobliegenheit erfüllenden Unterhaltsschuldner.

[19] Dass die vom Ag. für die Zeit ab April 2011 angestrebte Umschulung eine Erstausbildung darstellt, die ihn für die Dauer der Ausbildung von der Unterhaltszahlung entbinden könnte (vgl. Senat, BGHZ 189, 284 = NJW 2011, 1874 = FamRZ 2011, 1041), ist schließlich nicht ersichtlich.

BGH v. 29.1.2014 – XII ZB 303/13 – FamRZ 2014, 629 = NJW 2014, 1101

R 745 *(Ehevertragsrechtsprechung)*

a [3] Am 18. Januar 2007 schlossen die Eheleute einen notariellen Ehevertrag mit Trennungs- und Scheidungsfolgenvereinbarung, dem folgende Präambel vorangestellt war:

„Die Parteien leben derzeit nicht getrennt, doch befindet sich ihre Ehe in einer tiefen Krise, da [die Antragsgegnerin] ohne rechtfertigende oder entschuldigende Veranlassung mutwillig aus der intakten Ehe ausgebrochen ist und intime Beziehungen zu einem anderen Mann aufgenommen hat."

[4] In diesem Vertrag trafen die Eheleute umfangreiche und weitgehende Vereinbarungen zur Regelung ihrer vermögensrechtlichen Beziehungen, bei der sie die gesetzlichen Scheidungsfolgen im Wesentlichen ausschlossen. Bei Aufrechterhaltung des gesetzlichen Güterstandes sollte im Falle der Scheidung ein Zugewinnausgleich nicht stattfinden. Im Rahmen der Auseinandersetzung ihres sonstigen Vermögens teilten die Eheleute das Guthaben auf einem gemeinsamen Wertpapierdepot in Höhe von seinerzeit 260 000 EUR hälftig auf, so dass der Antragsgegnerin Fondsanteile in Höhe von 130 000 EUR zugewiesen wurden. Ferner waren die Eheleute gemeinschaftliche Eigentümer von zwei gleich großen Eigentumswohnungen in derselben Wohnanlage, die während der Ehezeit zur Kapitalanlage angeschafft und vollständig fremdfinanziert worden waren. Der Antragsteller verpflichtete sich, der Antragsgegnerin eine dieser beiden Wohnungen, deren Wert bei Vertragsschluss jeweils rund 130 000 EUR betrug, nach ihrer Auswahl zu Alleineigentum zu übertragen (Zug-um-Zug gegen Übertragung der anderen Wohnung auf den Antragsteller) und diese unter Übernahme sämtlicher zur Finanzierung der Eigentumswohnungen eingegangenen Verbindlichkeiten zu entschulden.

[5] Ferner stellte der Antragsteller die Antragsgegnerin im Innenverhältnis von Unterhaltsansprüchen des gemeinsamen Sohnes frei. Zum Trennungsunterhalt enthielt die Vereinbarung folgende Bestimmungen:

„Für den Fall der Trennung wird keine der Parteien gegen die andere Getrenntlebensunterhaltsansprüche geltend machen.

Insbesondere gehen sie davon aus, dass [die Antragsgegnerin] wegen ihres ehebrecherischen Verhaltens die Tatbestandsvoraussetzungen des § 1579 Ziffer 6 iVm § 1361 III BGB erfüllt und deshalb ihren Unterhaltsanspruch gegen [den Antragsteller] verwirkt hat.

Ohne Anerkennung einer Rechtspflicht und lediglich um anfängliche Härten nach der Trennung zu vermeiden, verpflichtet sich [der Antragsteller] ab dem Zeitpunkt einer eventuellen Trennung an [die Antragsgegnerin] einen monatlichen, jeweils im Voraus fälligen Unterhaltsbetrag in Höhe von 1500 EUR, befristet auf die Zeitdauer von 12 Monaten ab Beginn der Trennung zu leisten. Dieser

Betrag ist fest und unabänderlich und unabhängig von den jeweiligen Einkommensverhältnissen der Parteien zu entrichten.

Letztendlich sind sie aufgrund ihrer Einkommens- und Vermögensverhältnisse selbst in der Lage, ihren den ehelichen Verhältnissen entsprechenden Unterhalt selbst zu befriedigen."

[6] Ausgehend von der übereinstimmenden „Feststellung", dass auch Ansprüche der Antragsgegnerin auf Nachscheidungsunterhalt wegen Verwirkung nicht bestünden, verzichteten die Eheleute darüber hinaus „vorsorglich" auf nacheheliche Unterhalt, auch für den Fall der Not. Schließlich schlossen die Eheleute durch den Ehevertrag auch den öffentlich-rechtlichen und den schuldrechtlichen Versorgungsausgleich vollständig aus. Der Antragsteller verpflichtete sich, auf eine von der Antragsgegnerin abzuschließende und mit Vollendung ihres 65. Lebensjahres fällig werdende Lebensversicherung auf Kapital- oder Rentenbasis für die Dauer der Laufzeit der Versicherung monatliche Beiträge in Höhe von 500 EUR einzuzahlen.

[7] Im Juni 2007 schloss die Antragsgegnerin einen privaten Rentenversicherungsvertrag ab, dessen Jahresbeitrag in Höhe von 6000 EUR seither von dem Antragsteller bedient wird. Die Eheleute trennten sich im April 2010. Die Antragsgegnerin hat sich nach der Trennung mit einem Büroservice selbständig gemacht und erzielte hieraus im Jahre 2011 Gewinneinkünfte vor Steuern in Höhe von 17 375 EUR.

[8] Der Scheidungsantrag ist der Antragsgegnerin am 29. Juli 2011 zugestellt worden. Die Antragsgegnerin hat im Scheidungsverbund die Durchführung des Versorgungsausgleichs beantragt und den Antragsteller zum Zugewinnausgleich im Wege des Stufenantrages zunächst auf Auskunft über sein Anfangs- und Endvermögen sowie über sein Vermögen im Trennungszeitpunkt in Anspruch genommen.

(Wirksamkeitskontrolle nach § 138 BGB)

[15] 2. Mit Recht geht das Beschwerdegericht allerdings davon aus, dass die in dem Ehevertrag vom 18. Januar 2007 enthaltenen Abreden hinsichtlich Versorgungsausgleich und Zugewinnausgleich sowohl für sich genommen als auch im Rahmen der Gesamtwürdigung aller zu den Scheidungsfolgen getroffenen Einzelregelungen einer Wirksamkeitskontrolle am Maßstab des § 138 I BGB standhalten.

[16] a) Wie der Senat wiederholt dargelegt hat (grundlegend Senatsurteil BGHZ 158, 81, 94 ff. = FamRZ 2004, 601, 604 ff.), darf die grundsätzliche Disponibilität der Scheidungsfolgen nicht dazu führen, dass der Schutzzweck der gesetzlichen Regelungen durch vertragliche Vereinbarungen beliebig unterlaufen werden kann. Das wäre der Fall, wenn dadurch eine evident einseitige und durch die individuelle Gestaltung der ehelichen Lebensverhältnisse nicht gerechtfertigte Lastenverteilung entstünde, die hinzunehmen für den belasteten Ehegatten – bei angemessener Berücksichtigung der Belange des anderen Ehegatten und seines Vertrauens in die Geltung der getroffenen Abrede – bei verständiger Würdigung des Wesens der Ehe unzumutbar erscheint. Die Belastungen des einen Ehegatten wiegen dabei umso schwerer und die Belange des anderen Ehegatten bedürfen umso genauerer Prüfung, je unmittelbarer die vertragliche Abbedingung gesetzlicher Regelungen in den Kernbereich des Scheidungsfolgenrechts eingreift. Zu diesem Kernbereich gehört in erster Linie der Betreuungsunterhalt (§ 1570 BGB). Im Übrigen wird man eine Rangabstufung vornehmen können, die sich vor allem danach bemisst, welche Bedeutung die einzelnen Scheidungsfolgenregelungen für den Berechtigten in seiner jeweiligen Lage haben.

[17] Im Rahmen der Wirksamkeitskontrolle hat der Tatrichter dabei zunächst zu prüfen, ob die Vereinbarung schon im Zeitpunkt ihres Zustandekommens offenkundig zu einer derart einseitigen Lastenverteilung für den Scheidungsfall führt, dass ihr – und zwar losgelöst von der künftigen Entwicklung der Ehegatten und ihrer Lebensverhältnisse – wegen Verstoßes gegen die guten Sitten die Anerkennung der Rechtsordnung ganz oder teilweise mit der Folge zu versagen ist, dass an ihre Stelle die gesetzlichen Regelungen treten (§ 138 I BGB). Erforderlich ist dabei eine Gesamtwürdigung, die auf die individuellen Verhältnisse beim Vertragsschluss abstellt, insbesondere also auf die Einkommens- und Vermögensverhältnisse, den geplanten oder bereits verwirklichten Zuschnitt der Ehe sowie auf die Auswirkungen auf die Ehegatten und auf die Kinder. Subjektiv sind die von den Ehegatten mit der Abrede verfolgten Zwecke sowie die sonstigen Beweggründe zu berücksichtigen, die den begünstigten Ehegatten zu seinem Verlangen nach der ehevertraglichen Gestaltung veranlasst und den benachteiligten Ehegatten bewogen haben, diesem Verlangen zu entsprechen (Senatsurteil BGHZ 158, 81, 100 f. = FamRZ 2004, 601, 606; vgl. zuletzt Senatsbeschluss vom 27. Februar 2013 – XII ZB 90/11 – FamRZ 2013, 770 Rn. 16 mwN). Das Verdikt der Sittenwidrigkeit wird dabei regelmäßig nur in

Betracht kommen, wenn durch den Vertrag Regelungen aus dem Kernbereich des gesetzlichen Scheidungsfolgenrechts ganz oder jedenfalls zu erheblichen Teilen abbedungen werden, ohne dass dieser Nachteil für den anderen Ehegatten durch anderweitige Vorteile gemildert oder durch die besonderen Verhältnisse der Ehegatten, den von ihnen angestrebten oder gelebten Ehetyp oder durch sonstige gewichtige Belange des begünstigten Ehegatten gerechtfertigt wird (vgl. Senatsurteil vom 28. März 2007 – XII ZR 130/04 – FamRZ 2007, 1310 Rn. 15 und Senatsbeschluss vom 18. März 2009 – XII ZB 94/06 – FamRZ 2009, 1041 Rn. 14).

[18] b) Der ehevertragliche Ausschluss des Versorgungsausgleichs ist nach diesen Maßstäben – für sich genommen – nicht zu beanstanden.

(Ausschluss des Versorgungsausgleichs)

c [19] aa) Allerdings hat der Senat den Versorgungsausgleich dem Kernbereich der Scheidungsfolgen zugeordnet und ausgesprochen, dass der Versorgungsausgleich als vorweggenommener Altersunterhalt einer vertraglichen Gestaltung nur begrenzt offen steht. Die hochrangige Bedeutung des Versorgungsausgleichs innerhalb des Systems der Scheidungsfolgen rechtfertigt sich auch daraus, dass die Ansammlung von Vorsorgevermögen – gerade in den Regelsicherungssystemen – wirtschaftlichen Dispositionen der Ehegatten weitgehend entzogen und auch auf diese Weise sichergestellt ist, dass das gebildete Vermögen entsprechend seiner Zweckbestimmung für die Absicherung bei Alter oder Invalidität tatsächlich zur Verfügung steht (Senatsurteil vom 21. November 2012 – XII ZR 48/11 – FamRZ 2013, 269 Rn 21).

[20] bb) Ein Ausschluss des Versorgungsausgleichs ist nach § 138 I BGB schon für sich genommen unwirksam, wenn er dazu führt, dass ein Ehegatte aufgrund des bereits beim Vertragsschluss geplanten (oder zu diesem Zeitpunkt schon verwirklichten) Zuschnitts der Ehe über keine hinreichende Alterssicherung verfügt und dieses Ergebnis mit dem Gebot ehelicher Solidarität schlechthin unvereinbar erscheint. Das ist namentlich dann der Fall, wenn sich ein Ehegatte, wie schon beim Vertragsschluss geplant oder verwirklicht, der Betreuung der gemeinsamen Kinder gewidmet und deshalb auf eine versorgungsbegründende Erwerbstätigkeit in der Ehe verzichtet hat. In diesem Verzicht liegt ein Nachteil, den der Versorgungsausgleich gerade auf beide Ehegatten gleichmäßig verteilen will und der ohne Kompensation nicht einem Ehegatten allein angelastet werden kann, wenn die Ehe scheitert (Senatsurteil vom 9. Juli 2008 – XII ZR 6/07 – FamRZ 2008, 2011 Rn. 17).

[21] cc) Die richterliche Kontrolle, ob durch eine Vereinbarung über den Versorgungsausgleich eine evident einseitige und unzumutbare Lastenverteilung entsteht, hat der Tatrichter durchzuführen, wenn und soweit das Vorbringen der Beteiligten oder die Sachverhaltsumstände hierzu Veranlassung geben. Es besteht demgegenüber auch bei scheidungsnahen Vereinbarungen grundsätzlich keine Verpflichtung des Gerichts, bereits von Amts wegen umfassende Ermittlungen zu den wirtschaftlichen Folgen eines etwaigen Verzichts auf den Versorgungsausgleich durchzuführen, weil ein faktischer Rückgriff auf die Prüfungsmaßstäbe des früheren § 1587o II 4 BGB mit der sich aus den §§ 6 ff. VersAusglG ergebenden gesetzlichen Wertung, Vereinbarungen über den Versorgungsausgleich möglichst zu erleichtern, nicht in Einklang zu bringen wäre (vgl. OLG Brandenburg FamRZ 2012, 1719, 1720 f.; Soergel/Grziwotz BGB 13. Aufl. § 8 VersAusglG Rn. 10; Erman/Norpoth BGB 13. Aufl. § 8 VersAusglG Rn. 31; Hahne FamRZ 2009, 2041, 2043; Wick FPR 2009, 219, 220; Hauß FPR 2011, 26, 30).

[22] Nach diesen Maßstäben erscheint es schon zweifelhaft, ob das Beschwerdegericht überhaupt davon ausgehen konnte, dass die aufgrund der ehevertraglichen Abreden aus Mitteln des Antragstellers zu finanzierende Lebens- oder Rentenversicherung von vornherein keinen adäquaten Ausgleich für die mit dem Verzicht auf den Versorgungsausgleich einhergehenden wirtschaftlichen Nachteile schaffen konnte.

[23] (1) Da der Antragsteller während der Ehezeit keine sonstigen nennenswerten Versorgungsanrechte erworben hatte, wurden durch die ehevertraglichen Abreden in erster Linie dessen bei dem Vertreterversorgungswerk der A.-Beratungs- und Vertriebs-AG (Beteiligte zu 1) erlangten Anrechte der betrieblichen Altersversorgung dem Versorgungsausgleich entzogen. Nach der von der Beteiligten zu 1 erteilten Versorgungsauskunft wäre die Vertreterversorgung des Antragstellers wegen fehlender Ausgleichsreife insgesamt schuldrechtlich auszugleichen gewesen, weil die Höhe der Altersrente bzw. der bei einer Beendigung des Vertretervertrages unverfallbaren Rentenanwartschaft wegen der Ungewissheit über die Festsetzung der künftigen Versorgungszusage bei der Scheidung nicht vorhergesagt werden könne.

[24] (a) Auch mit der Rechtsbeschwerde zeigt die Antragsgegnerin keine Anhaltspunkte dafür auf, dass diese Versorgungsauskunft unrichtig gewesen sein könnte. Sowohl nach altem (§ 1587a II Nr. 3 Satz 3 BGB) als auch nach neuem Recht § 19 II Nr. 1 VersAusglG) können nur diejenigen Anrechte der betrieblichen Altersversorgung bei der Scheidung ausgeglichen werden, die im Zeitpunkt des Erlasses der Entscheidung bereits nach Grund und Höhe unverfallbar sind. Nach dem unwidersprochenen Vorbringen des Antragstellers knüpft die Bemessung der als Festbetrag gewährten Versorgungszusage an den selbstvermittelten Versicherungsbestand des Vertreters an, wobei für die tatsächliche Höhe der Versorgung die wegen ihrer Bestandsabhängigkeit noch nicht bestimmbare Versorgungszusage im Zeitpunkt des Versorgungsfalls bzw. der Beendigung des Vertretervertrages maßgeblich ist. Der Antragsteller hat ferner geltend gemacht, dass sich die Beteiligte zu 1 eine jährliche Überprüfung und Neufestsetzung der Versorgungszusage vorbehalten habe, so dass er im Falle einer rückläufigen Bestandsentwicklung – die ihm konkret beim Verlust seiner Großkunden drohe – mit einer Herabsetzung der Versorgungszusage rechnen müsse. Die Antragsgegnerin hat demgegenüber nicht dargelegt, aus welchen Gründen gleichwohl von einem ganz oder teilweise gesicherten Versorgungswert (vgl. dazu zuletzt Senatsbeschlüsse vom 21. November 2013 – XII ZB 403/12 – juris Rn. 21 und vom 17. April 2013 – XII ZB 371/12 – FamRZ 2013, 1021 Rn. 9) ausgegangen werden könnte.

[25] (b) Legt man für die Beurteilung der wirtschaftlichen Reichweite des Verzichts auf den Versorgungsausgleich mangels besserer Erkenntnisse die dem Antragsteller im Jahr 2009 mitgeteilte Neufestsetzung der Versorgungszusage zugrunde, wonach er – auf der Grundlage seines damaligen Versicherungsbestandes – eine monatliche Altersrente von 5412 EUR beanspruchen konnte, relativiert sich die Höhe dieses Betrages bereits dadurch, dass eine künftige schuldrechtliche Ausgleichsrente der Antragsgegnerin nur nach der Hälfte des – nach dem Verhältnis der in die Ehezeit fallenden Betriebszugehörigkeit zu der gesamten Betriebszugehörigkeit bis zum Erreichen der Altersgrenze zu ermittelnden (vgl. Senatsbeschluss vom 13. November 1996 – XII ZB 131/94 – FamRZ 1997, 285, 286) – Ehezeitanteils der Versorgung zu bemessen gewesen wäre. Zwar hätte die Antragsgegnerin auch von einer Erhöhung der von dem Vertreterversorgungswerk zugesagten Versorgungsleistungen profitieren können, wenn der Antragsteller bis zum Erreichen der für ihn maßgeblichen Altersgrenze den für die Bemessung der Versorgung relevanten Versicherungsbestand im Rahmen seiner gewöhnlichen Berufstätigkeit weiter ausgebaut hätte (Senatsbeschluss vom 13. November 1996 – XII ZB 131/94 – FamRZ 1997, 285, 286). Andererseits hätte die Antragsgegnerin aber auch das Risiko einer Herabsetzung der Versorgungszusage aufgrund einer rückläufigen Bestandsentwicklung mittragen müssen. Ein Abfindungsanspruch (§ 1587l BGB bzw. § 23 VersAusglG) hätte von ihr nicht geltend gemacht werden können, soweit und solange das dem Ausgleich unterliegende Anrecht noch nicht unverfallbar war (vgl. Senatsbeschlüsse vom 17. April 2013 – XII ZB 371/12 – FamRZ 2013, 1021 Rn. 15 und vom 29. Februar 1984 – IVb ZB 915/80 – FamRZ 1984, 668, 669).

[26] (c) Die Zahlung einer schuldrechtlichen Ausgleichsrente kann zudem erst verlangt werden, wenn der ausgleichspflichtige Ehegatte aus dem auszugleichenden Anrecht eine Versorgung erlangt hat (§ 1587g I 2 BGB bzw. § 20 I 1 VersAusglG). Der Antragsteller kann eine reguläre Altersrente nach Vollendung des 63. Lebensjahres in Anspruch nehmen; zu diesem Zeitpunkt würde die lebensältere Antragsgegnerin bereits im 69. Lebensjahr stehen. Hinzu kommt, dass der Antragsteller zwar berechtigt, aber wohl nicht verpflichtet gewesen wäre, schon im Alter von 63 Jahren – also deutlich vor dem Erreichen der gesetzlichen Regelaltersgrenzen – in den Versorgungsbezug einzutreten. Die Zahlung einer Ausgleichsrente bedingt nach dem klaren Gesetzeswortlaut den tatsächlichen Bezug der schuldrechtlich auszugleichenden Versorgung durch den Ausgleichspflichtigen und knüpft nicht an die bloße Erfüllung der in der Versorgungsordnung festgelegten Anspruchsvoraussetzungen an (vgl. FAKomm-FamR/Wick 5. Aufl. § 20 VersAusglG Rn. 12; Johannsen/Henrich/Holzwarth Familienrecht 5. Aufl. § 20 VersAusglG Rn. 40; Ruland Versorgungsausgleich 3. Aufl. Rn. 691; vgl. zum alten Recht OLG Celle FamRZ 1995, 812, 814). Daher wäre der schuldrechtliche Versorgungsausgleich für die Antragsgegnerin mit dem zusätzlichen Risiko belastet gewesen, möglicherweise erst weit nach Vollendung des 70. Lebensjahres eine Ausgleichsrente beziehen zu können.

[27] (2) Demgegenüber steht der Antragsgegnerin durch die aus den Mitteln des Antragstellers finanzierte Rentenversicherung bei Vollendung ihres 65. Lebensjahres im Jahre 2023 eine garantierte Mindestrente in Höhe von monatlich 410,90 EUR zur Verfügung. Zum Zeitpunkt des Vertragsschlusses im Jahre 2007 war zudem die Annahme gerechtfertigt, dass sich diese Garantierente durch eine (nicht garantierte) Beteiligungsrente noch deutlich erhöhen wird. Nach den Angaben in dem von

der Antragsgegnerin vorgelegten Versicherungsschein hätte sich die Rentenerwartung – wäre die vom Versicherer erwirtschaftete Kapitalverzinsung während der gesamten Laufzeit des Versicherungsvertrages auf dem Niveau von 2007 verblieben – durch Überschussbeteiligungen auf monatlich 689,66 EUR erhöht. Angesichts der Ungewissheit über Höhe und Laufzeitbeginn einer statt dessen im Versorgungsausgleich erworbenen schuldrechtlichen Ausgleichsrente lässt sich schon objektiv nicht mit hinreichender Sicherheit feststellen, dass der Verzicht auf den Versorgungsausgleich aus Sicht des Vertragsschlusses im Jahre 2007 wirtschaftlich gänzlich unzureichend ausgeglichen worden wäre.

[28] dd) Im Übrigen ist die richterliche Inhaltskontrolle selbst im Kernbereich des Scheidungsfolgenrechts keine Halbteilungskontrolle. Wie der Senat bereits mehrfach ausgesprochen hat, ist der Halbteilungsgrundsatz für sich genommen kein tauglicher Maßstab für die Beurteilung der Frage, ob ein Ehegatte durch die Regelungen in einem Ehevertrag evident einseitig belastet wird (vgl. Senatsurteile BGHZ 178, 322 = FamRZ 2009, 198 Rn. 22 und vom 25. Mai 2005 – XII ZR 296/01 – FamRZ 2005, 1444, 1446).

[29] (1) Ein vollständiger Ausschluss des Versorgungsausgleichs kann auch bei den in einer Ehekrise oder im Zusammenhang mit einer bereits beabsichtigten Scheidung geschlossenen Eheverträgen nicht dem Verdikt der Sittenwidrigkeit unterworfen werden, wenn ein nach der gesetzlichen Regelung stattfindender Versorgungsausgleich von beiden Eheleuten nicht gewünscht wird, soweit dies mit dem Grundgedanken des Versorgungsausgleichs vereinbar ist. Dies ist etwa dann der Fall, wenn beide Ehegatten während der Ehezeit vollschichtig und von der Ehe unbeeinflusst berufstätig waren und jeder seine eigene Altersversorgung aufgebaut oder aufgestockt hat, wobei aber der eine Ehegatte aus nicht ehebedingten Gründen mehr Versorgungsanrechte erworben hat als der andere. In dieser Situation müssten die Eheleute die Unzulässigkeit einer von ihnen gewünschten Ausschlussvereinbarung und eine ihrem frei gebildeten Vertragswillen widersprechende Zwangsteilhabe an den Anrechten des wirtschaftlich erfolgreicheren Ehegatten als staatliche Bevormundung empfinden (so Langenfeld Handbuch der Eheverträge und Scheidungsvereinbarungen 6. Aufl. Rn. 651).

[30] (2) Vor diesem Hintergrund kann es nicht von vornherein missbilligt werden, wenn die Eheleute durch eine Vereinbarung den Versorgungsausgleich auf den Ausgleich ehebedingter Versorgungsnachteile des wirtschaftlich schwächeren Ehegatten beschränken (Münch FPR 2011, 504, 508). Der Halbteilungsgrundsatz kann deshalb auch nicht als Maßstab für die Beurteilung herangezogen werden, ob die wirtschaftlich nachteiligen Folgen eines Ausschlusses des Versorgungsausgleichs für den belasteten Ehegatten durch die ihm versprochenen Gegenleistungen ausreichend abgemildert werden. Die von dem begünstigten Ehegatten vertraglich zugesagten Kompensationsleistungen müssen zwar zu einem angemessenen, aber nicht notwendig zu einem gleichwertigen Ausgleich für den Verzicht auf den Versorgungsausgleich führen (Rauscher DNotZ 2004, 524, 538). Im Rahmen richterlicher Wirksamkeitskontrolle könnten die Kompensationsleistungen allenfalls dann als unzureichend angesehen werden, wenn sie nicht annähernd geeignet sind, die aufgrund des geplanten Zuschnitts der Ehe sicher vorhersehbaren oder die bereits entstandenen ehebedingten Versorgungsnachteile des verzichtenden Ehegatten zu kompensieren (vgl. auch OLG Karlsruhe FamRZ 2010, 34, 35; OLG Zweibrücken FamRZ 2006, 1683, 1684; Siegler MittBayNot 2012, 95, 96; Bredthauer FPR 2009, 500, 504).

[31] (3) Die Antragsgegnerin hat nichts dazu vorgetragen, dass die ihr vertraglich zugesicherten Leistungen nicht geeignet gewesen sein könnten, ihre aufgrund der durch Ehe und Kindererziehung bedingten Berufspause erlittenen Versorgungsnachteile auszugleichen. Hierfür ist auch nichts ersichtlich, zumal die bei Eingehung der Ehe bereits 32-jährige Antragsgegnerin ausweislich ihres Versicherungsverlaufes nach Beendigung ihrer nicht abgeschlossenen Ausbildung an der Hauswirtschaftsschule keiner sozialversicherungspflichtigen Beschäftigung mehr nachgegangen ist und ihr nach eigenen Angaben bei Eheschließung im Jahre 1991 auch nur ein geringes Privatvermögen zur Verfügung stand. Im Übrigen wäre bei der Beurteilung, ob etwaige ehebedingte Versorgungsnachteile durch anderweitige Leistungen ausreichend kompensiert werden, hier nicht allein auf die als zusätzliche Altersvorsorge eingerichtete private Rentenversicherung, sondern auch darauf abzustellen, dass der Antragsgegnerin im Rahmen der Vermögensauseinandersetzung eine der vormals im gemeinsamen Eigentum stehenden Immobilien übertragen worden ist und der Antragsteller sich zu deren Entschuldung verpflichtet hat. Kann – wie hier – nicht festgestellt werden, dass der mit ehebedingten Versorgungsnachteilen belastete Ehegatte auch ohne die Ehe ein vergleichbares Immobilienvermögen hätte bilden können, ist in der Überlassung einer Immobilie grundsätzlich eine geeignete Kompensation für den Verzicht auf den Versorgungsausgleich zu erblicken (vgl. schon BT-Drucks. 16/10144 S. 51), weil eine Immobilie für ihren Eigentümer – sei es durch den Vorteil mietfreien Wohnens, sei es durch Einnahmen aus Ver-

mietung und Verpachtung – über den Vermögenswert hinaus typischerweise die nachhaltige Erzielung von unterhaltssichernden Alterseinkünften gewährleistet.

(Ausschluss des Zugewinnausgleichs)

[32] c) Auch der Verzicht auf den Ausgleich des Zugewinns begegnet für sich genommen keinen Wirksamkeitsbedenken am Maßstab des § 138 I BGB. Nach ständiger Rechtsprechung des Senats erweist sich der Zugewinnausgleich schon im Hinblick auf seine nachrangige Bedeutung im System der Scheidungsfolgen einer ehevertraglichen Disposition am weitesten zugänglich (grundlegend Senatsurteil BGHZ 158, 81, 95, 98 f. = FamRZ 2004, 601, 605, 608; vgl. zuletzt Senatsurteil vom 21. November 2012 – XII ZR 48/11 – FamRZ 2013, 269 Rn. 17). Ob trotz der grundsätzlichen Kernbereichsferne des Zugewinnausgleichs im Einzelfall Anlass zu einer verstärkten Inhaltskontrolle besteht, wenn der Ehevertrag zu einem Verzicht auf bereits begründete Rechtspositionen führt, also insbesondere dann, wenn der haushaltsführende Ehegatte nach langjähriger Ehe auf den Zugewinn auch für die Vergangenheit verzichtet (vgl. BeckOK BGB/J. Mayer [Stand: 1. November 2013] § 1408 Rn. 29; Münch Ehebezogene Rechtsgeschäfte 3. Aufl. Rn. 802), bedarf im vorliegenden Fall keiner näheren Erörterung. Denn der Verzicht auf den Zugewinnausgleich ist, worauf das Beschwerdegericht zu Recht hingewiesen hat, nicht kompensationslos erfolgt, sondern gegen Übernahme der Verpflichtung, die nach dem unwiderlegten Vorbringen des Antragstellers bei Vertragsschluss mit noch 70 000 EUR valutierenden Verbindlichkeiten auf der von der Antragsgegnerin ausgewählten Wohnung zu tilgen. Treffen Eheleute im Übrigen unter dem Eindruck einer Ehekrise oder im Rahmen einer Scheidungsfolgenvereinbarung umfassende Regelungen über ihre vermögensrechtlichen Verhältnisse und schließen sie in diesem Zusammenhang wechselseitige güterrechtliche Ansprüche aus, verfolgen sie damit regelmäßig den legitimen Zweck, ihre Vermögensauseinandersetzung zu beschleunigen und zu vereinfachen und gegebenenfalls auch von den Unwägbarkeiten des Stichtagsprinzips im Zugewinnausgleich unabhängig zu machen. Anhaltspunkte dafür, dass der Verzicht auf den Zugewinnausgleich für die Antragsgegnerin im vorliegenden Fall mit gravierenden wirtschaftlichen Nachteilen verbunden gewesen wäre, ergeben sich nicht, und zwar auch deshalb nicht, weil bei Vertragsschluss noch nicht vorhersehbar war, zu welchem Zeitpunkt und unter welchen wirtschaftlichen Verhältnissen der Güterstand enden würde.

(Ausschluss nachehelichen Unterhalts)

[33] d) Auch der vollständige Verzicht auf den nachehelichen Unterhalt ist für sich allein betrachtet noch nicht sittenwidrig.

[34] aa) Der vertragliche Ausschluss des Betreuungsunterhalts (§ 1570 BGB) kann im vorliegenden Fall unberücksichtigt bleiben, weil der gemeinsame Sohn der Eheleute im Zeitpunkt des Vertragsschlusses bereits 17 Jahre alt und mit weiteren Kindern nicht mehr zu rechnen war.

[35] bb) Dem Unterhalt wegen Alters und Krankheit (§§ 1571, BGB § 1572 BGB) misst das Gesetz als Ausdruck nachehelicher Solidarität zwar besondere Bedeutung bei, was eine Disposition über diese Unterhaltsansprüche jedoch nicht schlechthin ausschließt. Das ergibt sich in der Regel schon daraus, dass im Zeitpunkt des Vertragsschlusses für die Parteien noch nicht absehbar war, ob, wann und unter welchen wirtschaftlichen Gegebenheiten der verzichtende Ehegatte wegen Alters oder Krankheit unterhaltsbedürftig werden könnte (Senatsurteile vom 12. Januar 2005 – XII ZR 238/03 – FamRZ 2005, 691, 692 und vom 28. November 2007 – XII ZR 132/05 – FamRZ 2008, 582 Rn. 22). Auch wenn bei Abschluss eines „Krisen-Ehevertrages" (Bergschneider Verträge in Familiensachen 4. Aufl. Rn. 9) eher damit gerechnet werden muss, dass dessen belastende Regelungen in dem nunmehr tatsächlich drohenden Fall des Scheiterns der Ehe zum Tragen kommen können, ergeben sich unter den hier obwaltenden Umständen gegen den Ausschluss dieser Unterhaltsansprüche unter dem Gesichtspunkt der Wirksamkeitskontrolle nach § 138 I BGB keine Bedenken. Im Zeitpunkt des Vertragsschlusses war die seinerzeit 48-jährige Antragsgegnerin noch weit von den gesetzlichen Regelaltersgrenzen entfernt und unterlag auch keinen gesundheitlichen Erwerbseinschränkungen. Es war deshalb schon in Hinblick auf die Einsatzzeitpunkte zweifelhaft, ob die Antragsgegnerin nach einer Scheidung überhaupt Unterhaltsansprüche wegen Alters oder Krankheit nach §§ 1571, 1572 BGB haben würde. Zudem verfügte die Antragsgegnerin im Zeitpunkt des Vertragsschlusses im Jahre 2007 nach ihren eigenen Angaben über ein – aus Erbschaften und familiären Zuwendungen zwischen 1995 und 2007 herrührendes – Privatvermögen in Höhe von rund 115 000 EUR. Berücksichtigt man daneben den ehebedingten Erwerb des Wertpapiervermögens in Höhe von 130 000 EUR, die im Ehevertrag

zugesagte Überlassung der lastenfreien Eigentumswohnung und (für den Altersunterhalt) die späteren Einkünfte aus der als zusätzliche Altersvorsorge eingerichteten privaten Rentenversicherung, kann auch nicht ohne weiteres davon ausgegangen werden, dass die Antragsgegnerin im Falle von Alter oder Krankheit ohne Unterhaltszahlungen des Antragstellers einer wirtschaftlichen Notlage anheimgefallen wäre und der Unterhaltsverzicht aus diesem Grunde mit dem Gebot der ehelichen Solidarität schlechthin unvereinbar wäre.

[36] cc) Auch der hier möglicherweise wirtschaftlich ins Gewicht fallende Verzicht auf den Unterhalt wegen Erwerbslosigkeit (§ 1573 I BGB) und den Aufstockungsunterhalt (§ 1573 II BGB) begegnet noch keinen Wirksamkeitsbedenken. Zwar ordnet der Senat diese Unterhaltstatbestände in ständiger Rechtsprechung grundsätzlich nicht dem Kernbereich der Scheidungsfolgen zu (grundlegend Senatsurteil BGHZ 158, 81, 97 f., 105 f. = FamRZ 2004, 601, 605, 607). Dennoch können diese Unterhaltstatbestände im Einzelfall mit Rücksicht auf das von den Eheleuten beabsichtigte oder bei Vertragsschluss bereits gelebte Ehemodell im Zusammenhang mit dem Ausgleich von ehebedingten Nachteilen im beruflichen Fortkommen des durch den Verzicht belasteten Ehegatten Bedeutung gewinnen (Senatsurteil vom 28. November 2007 – XII ZR 132/05 – FamRZ 2008, 582 Rn. 23; vgl. auch Eickelberg RNotZ 2009, 1, 27). Solche Erwerbsnachteile sind aufseiten der Antragsgegnerin aber weder vorgetragen noch sonst ersichtlich. Zudem gilt auch hier, dass die Antragsgegnerin aus Sicht der beteiligten Eheleute bei Vertragsschluss auch aufgrund des ehebedingten Vermögenserwerbs nach einer Scheidung ihren notwendigen Lebensbedarf unabhängig von Unterhaltszahlungen des Antragstellers würde decken können.

(Gesamtwürdigung und subjektiver Tatbestand der Sittenwidrigkeit)

f [37] e) Auch in der Gesamtwürdigung hält der Ehevertrag der Wirksamkeitskontrolle am Maßstab des § 138 BGB stand.

[38] Selbst wenn die ehevertraglichen Einzelregelungen zu den Scheidungsfolgen jeweils für sich genommen den Vorwurf der Sittenwidrigkeit nicht zu rechtfertigen vermögen, kann sich ein Ehevertrag nach ständiger Rechtsprechung des Senats im Rahmen einer Gesamtwürdigung als insgesamt sittenwidrig erweisen, wenn das Zusammenwirken aller in dem Vertrag enthaltenen Regelungen erkennbar auf die einseitige Benachteiligung eines Ehegatten abzielt (vgl. Senatsurteile vom 12. Januar 2005 – XII ZR 238/03 – FamRZ 2005, 691, 693 und vom 9. Juli 2008 – XII ZR 6/07 – FamRZ 2008, 2011 Rn. 20 f.).

[39] Das Gesetz kennt indessen keinen unverzichtbaren Mindestgehalt an Scheidungsfolgen zugunsten des berechtigten Ehegatten, so dass auch aus dem objektiven Zusammenspiel einseitig belastender Regelungen nur dann auf die weiter erforderliche verwerfliche Gesinnung des begünstigten Ehegatten geschlossen werden kann, wenn die Annahme gerechtfertigt ist, dass sich in dem unausgewogenen Vertragsinhalt eine auf ungleichen Verhandlungspositionen basierende einseitige Dominanz eines Ehegatten und damit eine Störung der subjektiven Vertragsparität widerspiegelt. Eine lediglich auf die Einseitigkeit der Lastenverteilung gegründete tatsächliche Vermutung für die subjektive Seite der Sittenwidrigkeit lässt sich bei familienrechtlichen Verträgen nicht aufstellen. Ein unausgewogener Vertragsinhalt mag zwar ein gewisses Indiz für eine unterlegene Verhandlungsposition des belasteten Ehegatten sein. Gleichwohl wird das Verdikt der Sittenwidrigkeit in der Regel nicht gerechtfertigt sein, wenn außerhalb der Vertragsurkunde keine verstärkenden Umstände zu erkennen sind, die auf eine subjektive Imparität, insbesondere infolge der Ausnutzung einer Zwangslage, sozialer oder wirtschaftlicher Abhängigkeit oder intellektueller Unterlegenheit, hindeuten könnten (Senatsurteile vom 31. Oktober 2012 – XII ZR 129/10 – FamRZ 2013, 195 Rn. 24 und vom 21. November 2012 – XII ZR 48/11 – FamRZ 2013, 269 Rn. 27).

[40] aa) Soweit das Beschwerdegericht im vorliegenden Fall keine genügenden Anhaltspunkte für eine Störung der subjektiven Vertragsparität zu erkennen vermochte, halten seine diesbezüglichen Ausführungen den Angriffen der Rechtsbeschwerde stand.

[41] (1) Das Ansinnen eines Ehegatten, eine Ehe nur unter der Bedingung eines Ehevertrages eingehen oder – wie hier – fortsetzen zu wollen, begründet für sich genommen für den anderen Ehegatten noch keine Lage, aus der ohne weiteres auf dessen unterlegene Verhandlungsposition geschlossen werden kann. Etwas anderes mag unter Umständen bei einem erheblichen Einkommens- oder Vermögensgefälle zwischen den Ehegatten gelten, wenn der mit dem Verlangen auf Abschluss eines Ehevertrages konfrontierte Ehegatte erkennbar in einem besonderem Maße auf die Eingehung oder Fortführung der Ehe angewiesen ist, weil er ohne den ökonomischen Rückhalt der Ehe einer

ungesicherten wirtschaftlichen Zukunft entgegensehen würde (Senatsurteil vom 21. November 2012 – XII ZR 48/11 – FamRZ 2013, 269 Rn. 28 und Senatsbeschluss vom 18. März 2009 – XII ZB 94/06 – FamRZ 2009, 1041 Rn. 17). So liegt der Fall hier aber nicht, selbst wenn man zugunsten der Antragsgegnerin anführen will, dass sie nach ihren eigenen beruflichen Möglichkeiten für den Fall der Scheidung nur die Erzielung eines bescheidenen Einkommens zu erwarten hatte und sie unter dem Eindruck der Ankündigung des Antragstellers gestanden haben mag, ihr wegen vermeintlicher Verwirkung sämtlicher Unterhaltsansprüche keinerlei Unterhalt zahlen zu wollen. Denn andererseits besaß die Antragsgegnerin angesichts ihres Privatvermögens in Höhe von rund 115 000 EUR und den letztlich gegen ihren Willen nicht entziehbaren Rechtspositionen, die sie bezüglich Güterrecht, Versorgungsausgleich und Teilhabe am gemeinsamen Wertpapier- und Immobilienvermögen bereits erworben hatte, genügend wirtschaftliche Unabhängigkeit, um dem Ansinnen des Antragstellers entgegentreten oder auf die Gestaltung des Ehevertrages Einfluss nehmen zu können.

[42] (2) Das Beschwerdegericht hat auch das Vorbringen der Antragsgegnerin, dass diese eine Scheidung im Interesse des gemeinsamen Sohnes unbedingt vermeiden wollte und sie daher in einer Zwangslage gewesen sei, gewürdigt und hierin keinen tragfähigen Anhaltspunkt für eine Störung der subjektiven Vertragsparität erblickt, weil auch die Verhandlungsposition des Antragstellers davon geprägt gewesen sei, seinem Sohn eine Scheidung ersparen zu wollen. Dagegen ist aus Rechtsgründen nichts zu erinnern.

[43] (3) Soweit der Senat darauf hingewiesen hat, dass in einem objektiv benachteiligenden Vertragsinhalt ein gewisses Indiz für eine unterlegene Verhandlungsposition des belasteten Ehegatten zu sehen sein kann, hat das Beschwerdegericht dieses Indiz ersichtlich durch die Umstände des Vertragsschlusses, in dessen Vorfeld mehrere Monate lang unter Austausch von Entwurf und Gegenentwurf über den Inhalt des Ehevertrages verhandelt worden war, widerlegt gesehen. Auch hiergegen bestehen keine durchgreifenden rechtlichen Bedenken.

[44] Schließen Eheleute im Hinblick auf eine Ehekrise oder auf eine bevorstehende Scheidung unter anwaltlichem Beistand auf beiden Seiten nach langen Verhandlungen und genügender Überlegungszeit einen Vertrag zur umfassenden Regelung aller Scheidungsfolgen, kann zunächst davon ausgegangen werden, dass sie ihre gegenläufigen vermögensrechtlichen Interessen zu einem angemessenen Ausgleich gebracht haben und selbst eine besondere Großzügigkeit oder Nachgiebigkeit des einen Ehegatten nicht auf einer Störung der subjektiven Vertragsparität beruht (vgl. bereits Senatsbeschluss vom 3. November 1993 – XII ZB 33/92 – FamRZ 1994, 234, 236 zu § 1587o II 4 BGB; vgl. auch OLG Düsseldorf FamRZ 2005, 216, 217 mit zust. Anm. Bergschneider FamRZ 2005, 220 f.). Soweit die Antragsgegnerin ihre eigene anwaltliche Beratung durch die Behauptung, sie habe „vor Abschluss des Vertrages lediglich einmal mit einem Rechtsanwalt aus ihrem Bekanntenkreis telefoniert", zu relativieren sucht, hat sie bereits den widerstreitenden Vortrag des Antragstellers, sie habe ihren Rechtsanwalt mandatiert und auch bezahlt, nicht widerlegt. Nach Ansicht des Beschwerdegerichts beruhte die Bereitschaft der Antragsgegnerin, den Ehevertrag mit einem für sie objektiv möglicherweise deutlich nachteiligen Inhalt abzuschließen, nicht auf einer ungleichen Verhandlungsposition, sondern vielmehr auf einer groben Fehleinschätzung über die Höhe der Kapitalerträge, welche die Antragsgegnerin nach Vertragsschluss mit ihrem dann vorhandenen Geld- und Wertpapiervermögen zukünftig würde erwirtschaften können. Dies hält sich im Rahmen zulässiger tatrichterlicher Würdigung, zumal die Antragsgegnerin hierzu selbst vorträgt, dass sie vor Abschluss des Ehevertrages mit einem Finanzberater der D.-Bank Kontakt aufgenommen hatte, nach dessen Auskunft bei einem „Gesamtdepotwert von ca. 240 000 EUR monatliche Zinsen von 1500 EUR erzielbar seien".

[45] bb) Entgegen der Auffassung der Rechtsbeschwerde ergibt sich eine Sittenwidrigkeit des Ehevertrages schließlich auch nicht daraus, dass der Antragsteller mit dem Vertrag das verwerfliche Ziel verfolgt habe, die Antragsgegnerin für den ihr vorgeworfenen Ehebruch unter Umgehung von gesetzlichen Wertungen (§ 1587c Nr. 1 BGB bzw. § 27 VersAusglG) mit dem Ausschluss des Versorgungsausgleichs „bestrafen" zu wollen.

[46] Ob dies überhaupt zutrifft, kann dahinstehen. Das Motiv des begünstigten Ehegatten, sich Genugtuung für die durch den Ehebruch des Partners erlittenen Verletzungen verschaffen zu wollen, könnte zwar entgegen der Auffassung des Antragstellers einem unter unfairen Verhandlungsbedingungen zustande gekommenen Ausschluss des Versorgungsausgleichs nicht zur Wirksamkeit verhelfen. Lässt sich indessen – wie hier – eine ungleiche Verhandlungsposition nicht feststellen, vermag eine solche Motivation umgekehrt für sich genommen dem Ehevertrag nicht den Makel der Sittenwidrigkeit anzuheften. Denn es kann nicht einleuchten, warum ein tatsächlich oder vermeintlich „betro-

gener" Ehegatte, der bei den Verhandlungen über einen Ehevertrag einen Ausschluss des Versorgungsausgleiches verlangt, subjektiv verwerflich handeln sollte, ein „nicht betrogener" Ehegatte in derselben Situation aber nicht.

(Gesamtnichtigkeit bei Verzicht auf Trennungsunterhalt)

g [47] 3. Allerdings hat sich das Beschwerdegericht nicht mit der Wirksamkeit der in der notariellen Vereinbarung beurkundeten Vereinbarung zum Trennungsunterhalt unter dem Gesichtspunkt des § 134 BGB und den Auswirkungen einer etwaigen Nichtigkeit dieser Abrede auf die Wirksamkeit des Gesamtvertrages befasst (§ 139 BGB).

[48] a) Nach §§ 1361 IV 4, 1360a III iVm § 1614 BGB ist ein Verzicht auf künftigen Trennungsunterhalt unwirksam und daher nach § 134 BGB nichtig. Die Vorschrift hat sowohl individuelle als auch öffentliche Interessen im Blick und will verhindern, dass sich der Unterhaltsberechtigte während der Trennungszeit durch Dispositionen über den Bestand des Unterhaltsanspruches seiner Lebensgrundlage begibt und dadurch gegebenenfalls öffentlicher Hilfe anheimzufallen droht. Ein sogenanntes pactum de non petendo, dh die Verpflichtung oder das Versprechen des unterhaltsberechtigten Ehegatten, Trennungsunterhalt nicht geltend zu machen, berührt zwar den Bestand des Unterhaltsanspruches nicht, doch begründet dieses eine Einrede gegen den Unterhaltsanspruch, die wirtschaftlich zu dem gleichen Ergebnis führt wie ein Unterhaltsverzicht. Die ganz herrschende Meinung sieht daher in einem pactum de non petendo zu Recht ein unzulässiges und daher unwirksames Umgehungsgeschäft (OLG Karlsruhe FamRZ 1992, 316, 317; MünchKommBGB/Weber-Monecke 6. Aufl. § 1361 Rn. 49; Büte in Büte/Poppen/Menne Unterhaltsrecht 2. Aufl. § 1614 BGB Rn. 2; Kilger/Pfeil in Göppinger/Börger Vereinbarungen anlässlich der Ehescheidung 10. Aufl. 5. Teil Rn. 140; Niepmann/Schwamb Die Rechtsprechung zur Höhe des Unterhalts 12. Aufl. Rn. 153; Erman/Hammermann BGB 13. Aufl. § 1614 Rn. 5; jurisPK-BGB/Viefhues [Stand: 1. Oktober 2012] § 1614 Rn. 11; Deisenhofer FamRZ 2000, 1368f.; Schwackenberg FPR 2001, 107, 108; Huhn RNotZ 2007, 177, 187; a.A. OLG Köln FamRZ 2000, 609). Auch ergänzende „Feststellungen" der Ehegatten zum Nichtbestehen eines ungedeckten Unterhaltsbedarfs oder zum Vorliegen eines Verwirkungsgrundes können einem pactum de non petendo nicht zur Wirksamkeit verhelfen. Denn der Schutzzweck von § 1614 BGB verbietet es generell, der unterhaltsberechtigten Person unter Hinweis auf den Parteiwillen den Unterhaltsanspruch ganz zu versagen (Deisenhofer FamRZ 2000, 1368, 1369). Damit wäre es nicht in Einklang zu bringen, wenn die Ehegatten durch eine Parteivereinbarung, der im Übrigen das Risiko einer unrichtigen Tatsachenermittlung oder falschen Einschätzung der Rechtslage anhaftet, eine den Trennungsunterhaltsanspruch ausschließende Situation darstellen und diese anschließend durch ein pactum de non petendo unangreifbar machen könnten (vgl. auch Huhn RNotZ 2007, 177, 187).

[49] b) Durch Auslegung der notariellen Vereinbarung vom 18. Januar 2007 ist zu ermitteln, ob die Bestimmung, wonach „für den Fall der Trennung keine der Parteien gegen die andere Getrenntlebensunterhaltsansprüche geltend machen" wird, ein unzulässiges pactum de non petendo darstellt. Das wäre dann der Fall, wenn die Bestimmung über eine bloße Absichtserklärung oder die Mitteilung einer Geschäftsgrundlage hinaus eine verbindliche Rechtsposition in Bezug auf die Abwehr einer künftigen gerichtlichen oder außergerichtlichen Geltendmachung des Anspruches auf Trennungsunterhalt begründen soll. Der Wortlaut der Bestimmungen in der vorliegenden notariellen Urkunde schließt eine solche Auslegung jedenfalls nicht aus.

[50] c) Sollte die Auslegung der Bestimmungen zum Trennungsunterhalt ergeben, dass sie ein unwirksames pactum de non petendo enthalten, ist im Hinblick auf den dann vorliegenden Verstoß gegen ein gesetzliches Verbot (§ 134 BGB) weiter zu prüfen, ob die Teilnichtigkeit gemäß § 139 BGB auch die weiteren Bestimmungen in der notariellen Vereinbarung erfasst. Dabei kommt es zunächst darauf an, ob und inwieweit im engen Zusammenhang zwischen den einzelnen Vereinbarungen besteht und nach dem Willen der Parteien bestehen soll. Ob es sich bei gemeinsam beurkundeten Trennungs- und Scheidungsfolgenvereinbarungen aufgrund eines Einheitlichkeitswillens der Vertragsparteien um ein einheitliches Rechtsgeschäft handelt, ist durch Ermittlung und Auslegung des Parteiwillens festzustellen, wobei nach ständiger Rechtsprechung des Bundesgerichtshofs bei gemeinsamer Aufnahme mehrerer Vereinbarungen in eine Urkunde eine tatsächliche Vermutung für einen Einheitlichkeitswillen besteht (vgl. BGHZ 157, 168, 173 f. = NVwZ 2005, 484, 485; BGHZ 54, 71, 72 = NJW 1970, 1414, 1415). Ist von einem einheitlichen Rechtsgeschäft auszugehen, muss nach den für die ergänzende Vertragsauslegung geltenden Grundsätzen weiter ermittelt werden, ob die beteiligten Eheleute die

gleichen Vereinbarungen zu den Scheidungsfolgen auch getroffen hätten, wenn ihnen bewusst gewesen wäre, dass ein Verzicht auf Trennungsunterhalt oder eine ihm gleichstehende Beschränkung der Rechte auf Geltendmachung von Trennungsunterhalt für die Zukunft nicht wirksam vereinbart werden kann (vgl. OLG Brandenburg FamRZ 2003, 764, 765; Huhn RNotZ 2007, 177, 184). Dagegen könnte es unter Umständen sprechen, wenn der unwirksame Ausschluss von Trennungsunterhalt durch Leistungen ausgeglichen werden sollte, die dem berechtigten Ehegatten im Rahmen der Auseinandersetzung über die Scheidungsfolgen zugesagt worden sind (vgl. auch Langenfeld in Heiß/Born Unterhaltsrecht [Bearbeitungsstand: 2013] 15. Kap. Rn. 14).

[51] d) Die Auslegung von rechtsgeschäftlichen Willenserklärungen ist Sache des Tatrichters. Eine vom Beschwerdegericht nicht vorgenommene Auslegung darf das Rechtsbeschwerdegericht nur dann selbst vornehmen, wenn alle dazu erforderlichen Feststellungen getroffen sind und eine weitere Aufklärung nicht mehr in Betracht kommt (BGH Urteil vom 12. Dezember 1997 – V ZR 250/96 – NJW 1998, 1219 mwN). Davon kann hier nicht ausgegangen werden, zumal die beteiligten Ehegatten noch keine Gelegenheit hatten, zu diesen erkennbar noch nicht beachteten Gesichtspunkten vorzutragen.

BGH v. 5.2.2014 – XII ZB 25/13 – FamRZ 2014, 538 = NJW 2014, 1173

(Leistungsfähigkeit beim Elternunterhalt)

R 746

[16] Entgegen der Auffassung der Rechtsbeschwerde ist gegen das vom Beschwerdegericht gefundene Ergebnis, wonach die Antragsgegnerin für den geltend gemachten Unterhalt gemäß § 1603 BGB hinreichend leistungsfähig ist, nichts zu erinnern. Weder das vom Oberlandesgericht seiner Entscheidung zugrunde gelegte Berechnungsschema zur Ermittlung der Leistungsfähigkeit der Antragsgegnerin unter Berücksichtigung des Einkommens ihres – besserverdienenden – Ehemanns noch die Höhe der hierin eingestellten bereinigten Einkommen der Antragsgegnerin und ihres Ehemanns sind von Rechts wegen zu beanstanden.

a

(Individueller Familienbedarf des verheirateten Unterhaltspflichtigen)

[17] 1. Es ist nichts dagegen zu erinnern, dass das Beschwerdegericht die Leistungsfähigkeit der Antragsgegnerin aufgrund der vom Senat in seinem Urteil vom 28. Juli 2010 vorgeschlagenen Berechnungsmethode (Senatsurteil BGHZ 186, 350 = FamRZ 2010, 1535 Rn. 41) wie folgt bemessen hat:

b

[18] Die Frage, ob die Leistungsfähigkeit auch in Fällen, in denen das unterhaltspflichtige Kind geringere Einkünfte erzielt als sein Ehegatte, auf diese Weise bemessen werden kann, ist allerdings umstritten.

[19] a) Der Senat hat bereits entschieden, wie die Leistungsfähigkeit eines verheirateten Unterhaltspflichtigen bei der Inanspruchnahme auf Elternunterhalt zu bemessen ist, wenn er entweder anders als sein Ehegatte über kein Einkommen oder über ein höheres Einkommen als sein Ehegatte verfügt.

[20] aa) Wenn der unterhaltspflichtige Ehegatte über kein eigenes Einkommen verfügt, hat er nach der Rechtsprechung des Senats sein Taschengeld für den Elternunterhalt einzusetzen, wobei ihm allerdings ein Betrag in Höhe von 5 bis 7% des Familienselbstbehalts (vgl. Dose FamRZ 2013, 993, Fn. 57) sowie in Höhe der Hälfte des darüber hinausgehenden Taschengeldes verbleiben muss (Senatsurteil BGHZ 196, 21 = FamRZ 2013, 363).

[21] bb) Verfügt der Unterhaltspflichtige über höhere Einkünfte als sein Ehegatte, ist die Leistungsfähigkeit zur Zahlung von Elternunterhalt nach dem Senatsurteil vom 28. Juli 2010 (BGHZ 186, 350 = FamRZ 2010, 1535) in der Regel wie folgt zu ermitteln: Von dem Familieneinkommen wird der Familienselbstbehalt in Abzug gebracht. Das verbleibende Einkommen wird um die Haushaltsersparnis vermindert. Die Hälfte des sich ergebenden Betrages kommt zuzüglich des Familienselbstbehalts dem Familienunterhalt zugute. Zu dem so bemessenen individuellen Familienbedarf hat der Unterhaltspflichtige entsprechend dem Verhältnis der Einkünfte der Ehegatten beizutragen. Für den Elternunterhalt kann der Unterhaltspflichtige die Differenz zwischen seinem Einkommen und seinem Anteil am individuellen Familienbedarf einsetzen. Durch die Ermittlung der Haushaltsersparnis bezogen auf das den Familienselbstbehalt übersteigende Einkommen der Ehegatten ist gewährleistet, dass auch insoweit der Vorteil des Zusammenlebens der Ehegatten erfasst wird, während diesem Gesichtspunkt in Höhe des Teilbetrages des Familieneinkommens, der dem Familienselbstbehalt entspricht, bereits durch die Bemessung des Familienselbstbehalts (zzt.: 1600 EUR × 2–10%) Rechnung getragen ist (Senatsurteil BGHZ 186, 350 = FamRZ 2010, 1535 Rn. 43).

[22] b) Die Frage, ob die vom Senat für die Fälle, in denen der Unterhaltspflichtige über ein höheres Einkommen als sein Ehegatte verfügt, entwickelte Berechnungsweise auch auf Fälle der vorliegenden Art übertragen werden kann, brauchte der Senat bisher nicht zu beantworten (vgl. Senatsurteil BGHZ 196, 21 = FamRZ 2013, 363 Rn. 21). Sie ist in Rechtsprechung und Literatur umstritten.

[23] aa) Nach der überwiegend vertretenen Auffassung kann das Berechnungsschema auch auf Fallgestaltungen der vorliegenden Art übertragen werden (OLG Koblenz Beschluss vom 21. März 2012 – 13 UF 990/11 – juris Rn. 30; Gutdeutsch FamRZ 2011, 77, 80; Wendl/Wönne Das Unterhaltsrecht in der familienrichterlichen Praxis 8. Aufl. § 2 Rn. 965 aE; Koch/Wellenhofer Handbuch des Unterhaltsrechts 12. Aufl. Rn. 5047; Caspary/Hauß in Anwaltshandbuch Familienrecht 2. Aufl. Rn. 1578; Schulz/Hauß/Pauling Familienrecht 2. Aufl. § 1603 Rn. 60; Lindemann-Hinz Elternunterhalt 2. Aufl. S. 39 f.; differenzierend: Hauß FamRB 2010, 315, 317; ders. FamRZ 2010, 1541, 1542 und FA-FamR/Gerhardt 9. Aufl. 6. Kap. Rn. 379, die sich für eine Obergrenze hinsichtlich des Familieneinkommens bzw. der Haushaltsersparnis aussprechen, bei deren Überschreitung das Berechnungsmodell modifiziert werden müsse).

[24] bb) Eine weitere Auffassung wendet den vorgenannten Rechenweg an, will dem Unterhaltspflichtigen aber von dem ihm – nach Abzug seines anteiligen individuellen Familienbedarfs – verbleibenden Einkommen einen Betrag in Höhe von 5 bis 7% des Familienselbstbehalts zur persönlichen Verwendung belassen bzw. von dem darüber hinausgehenden verbleibenden Einkommen nur die Hälfte für den Elternunterhalt verwenden (OLG München Beschluss vom 20. August 2013 – 30 UF 504/13 – S. 8 und 11, nicht veröffentlicht).

[25] cc) Demgegenüber wird die Anwendung des Berechnungsmodells von Teilen im Schrifttum insgesamt abgelehnt (Wohlgemuth FamRZ 2011, 341, 344; Günther FamFR 2010, 433, 435; s. auch Hilbig-Lugani in Eschenbruch/Schürmann/Menne Der Unterhaltsprozess 6. Aufl. Kap. 2 Rn. 1367 ff.).

(Individueller Familienbedarf auch bei höherem Einkommen des Schwiegerkindes)

c [26] c) Der Senat hält die Anwendung des von ihm im Jahr 2010 entwickelten Berechnungsmodells auch in Fällen der vorliegenden Art für in der Regel sachgerecht, in denen das unterhaltspflichtige Kind über ein geringeres Einkommen als sein Ehegatte verfügt.

[27] Die Ermittlung des individuellen Familienbedarfs stellt sicher, dass der Elternunterhalt nur aus dem Einkommen des Unterhaltspflichtigen gespeist wird. Eine verdeckte Haftung des besserverdienenden Schwiegerkindes ist damit – entgegen insoweit geäußerter Kritik – ausgeschlossen. Dem unterhaltspflichtigen Kind verbleibt der Anteil, den es zum Familienbedarf beizutragen hat; nur sein darüber hinausgehendes Einkommen ist für den Elternunterhalt einzusetzen. Damit ist auch gewährleistet, dass sein Ehegatte bei Inanspruchnahme auf Elternunterhalt keine weiteren Leistungen erbringen muss, um den Lebensstandard der Familie aufrechtzuerhalten. Mit dieser Berechnungsweise wird zudem der Haushaltsersparnis, die erfahrungsgemäß mit zunehmendem Einkommen steigt, hinreichend Rechnung getragen (vgl. Senatsurteil BGHZ 186, 350 = FamRZ 2010, 1535 Rn. 43). Zwar kann der dem unterhaltspflichtigen Kind zu belassende anteilige individuelle Familienbedarf (hier 1203,24 EUR bzw. 1181,50 EUR) – wie auch der vorliegende Fall zeigt – durch dessen proportionale Anbindung an das Einkommen geringer sein als der Betrag, der einem alleinstehenden unterhaltspflichtigen Kind verbleiben müsste. Bei gleich hohem Einkommen hat ein alleinstehender Unterhaltspflichtiger – auch bei einem fiktiven Abzug von 10% seines Selbstbehalts wegen Haushaltsersparnis – weniger für den Elternunterhalt aufzubringen als ein verheiratetes Kind, worauf auch die Rechtsbeschwerde zutreffend hingewiesen hat. Dieses Ergebnis findet seine Rechtfertigung indes in der zusätzlichen Absicherung des unterhaltspflichtigen Kindes durch den Familienunterhalt.

[28] Die Anwendung des vom Senat im Jahr 2010 entwickelten Berechnungsmodells auch auf die vorliegende Fallgestaltung trägt schließlich auch einem berechtigten Anliegen der Praxis Rechnung. Denn durch die einheitliche Anwendung dieses Modells wird die Unterhaltspflicht vergleichbar und berechenbar.

[29] Verbleibt dem unterhaltspflichtigen Kind von seinem Einkommen ein entsprechender Anteil des individuellen Familienbedarfs, bedarf es einer weiteren Absicherung in Höhe von 5 bis 7% des Familienselbstbehalts nicht mehr. Denn damit sind auch die persönlichen Bedürfnisse abgedeckt. Nur bei einem unterhalb von 5 bis 7% des Familieneinkommens liegenden Einkommen des Unterhaltspflichtigen ist auch das Taschengeld einzusetzen und demgemäß der insoweit bestehende Selbstbehalt

zu beachten (vgl. dazu Senatsurteil BGHZ 196, 21 = FamRZ 2013, 363; so auch Dose FamRZ 2013, 993, 1000).

[30] Der von Wohlgemuth (FamRZ 2011, 341) gewählte Ansatz, den individuellen Familienbedarf unberücksichtigt zu lassen und demgegenüber dem besserverdienenden Ehegatten des unterhaltspflichtigen Kindes 90% seines Einkommens zu belassen, vermag die Vorzüge der vorstehenden Berechnungsmethode nicht in Frage zu stellen. Ihr Berechnungsweg lässt die gegenseitige Verpflichtung der Ehegatten, zum Familienunterhalt beizutragen, außer Acht.

BGH v. 12.2.2014 – XII ZB 607/12 – FamRZ 2014, 541 = NJW 2014, 1177

(Verwirkung des Elternunterhats)

[13] a) Gemäß § 1611 I 1 Alt. 3 BGB braucht der Verpflichtete nur einen Beitrag zum Unterhalt in der Höhe zu leisten, die der Billigkeit entspricht, wenn sich der Unterhaltsberechtigte vorsätzlich einer schweren Verfehlung gegen den Unterhaltspflichtigen schuldig gemacht hat. Die Unterhaltspflicht entfällt vollständig, wenn die Inanspruchnahme des Verpflichteten im Hinblick darauf grob unbillig wäre, § 1611 I 2 BGB.

[14] aa) Eine schwere Verfehlung gemäß § 1611 I 1 Alt. 3 BGB kann regelmäßig nur bei einer tiefgreifenden Beeinträchtigung schutzwürdiger wirtschaftlicher Interessen oder persönlicher Belange des Pflichtigen angenommen werden. Als Begehungsformen kommen aktives Tun und Unterlassen in Betracht, letzteres allerdings nur, wenn der Berechtigte dadurch eine Rechtspflicht zum Handeln verletzt. Daher kann sich auch eine – durch Unterlassen herbeigeführte – Verletzung elterlicher Pflichten, wie etwa der Pflicht zu Beistand und Rücksicht im Sinne von § 1618a BGB, der auch auf das Verhältnis zwischen Eltern und ihren volljährigen Kindern Anwendung findet (Palandt/Götz BGB 73. Aufl. § 1618a Rn. 1), als Verfehlung gegen das Kind darstellen (Senatsurteile vom 15. September 2010 – XII ZR 148/09 – FamRZ 2010, 1888 Rn. 32 und vom 19. Mai 2004 – XII ZR 304/02 – FamRZ 2004, 1559, 1560).

[15] Eine „schwere Verfehlung" im vorgenannten Sinn ist nicht auf einzelne, schwerwiegende Übergriffe gegen den Unterhaltspflichtigen oder dessen nahe Angehörige beschränkt. Bereits in den Motiven zum Bürgerlichen Gesetzbuch wurde eingeräumt, dass erhebliche Gründe dafür sprechen, die Unterhaltspflicht in Fällen, in denen der Bedürftige durch unwürdiges Verhalten das Familienband zerrissen hat, nicht nur zu beschränken, sondern ganz wegfallen zu lassen (BT-Drucks. V/2370 S. 41). Ein solches Verhalten kann sich zum einen in einzelnen besonders schwerwiegenden Verfehlungen zeigen; eine schwere Verfehlung im Sinne des § 1611 I 1 Alt. 3 BGB kann sich zum anderen aber auch aus einer Gesamtschau des Verhaltens des Unterhaltsberechtigten ergeben. Selbst wenn die einzelnen Verfehlungen dabei nicht besonders schwer wiegen, kommt es maßgeblich darauf an, ob sie zusammengenommen zeigen, dass sich der Unterhaltsberechtigte in besonders vorzuwerfender Weise aus der familiären Solidarität gelöst und damit letztlich bezogen auf seine familiären Verpflichtungen eine schwere Verfehlung begangen hat.

(Verwirkung nach Kontaktverweigerung durch den Unterhaltsberechtigten)

[16] bb) Eine vom Unterhaltsberechtigten ausgehende Kontaktverweigerung kann, wenn nicht weitere Umstände hinzutreten, nur in ganz besonders gelagerten Ausnahmefällen eine Verwirkung des Unterhalts gemäß § 1611 I BGB begründen.

[17] Beim Kindesunterhalt vermag allerdings die Ablehnung jeder persönlichen Kontaktaufnahme zu dem unterhaltspflichtigen Elternteil durch das (volljährige) Kind allein oder auch in Verbindung mit unhöflichen und unangemessenen Äußerungen diesem gegenüber eine Herabsetzung oder den Ausschluss des Unterhalts nach § 1611 I BGB nicht zu rechtfertigen (Senatsurteil vom 25. Januar 1995 – XII ZR 240/93 – FamRZ 1995, 475, 476). Beim Elternunterhalt kann eine Verwirkung demgegenüber dann gerechtfertigt sein, wenn der Elternteil sein Kind, das er später auf Elternunterhalt in Anspruch nimmt, schon im Kleinkindalter bei den Großeltern zurückgelassen und sich in der Folgezeit nicht mehr in nennenswertem Umfang um es gekümmert hat. Dann offenbart das Unterlassen des Elternteils einen so groben Mangel an elterlicher Verantwortung und menschlicher Rücksichtnahme, dass nach Abwägung aller Umstände von einer schweren Verfehlung ausgegangen werden kann (Senatsurteil vom 19. Mai 2004 – XII ZR 304/02 – FamRZ 2004, 1559, 1560).

[18] b) Gemessen an den vorstehenden Anforderungen hält die Beschwerdeentscheidung den Angriffen der Rechtsbeschwerde nicht stand.

[19] Zwar stellt der vom Tatrichter festgestellte, vom Vater des Antragsgegners ausgegangene Kontaktabbruch eine Verfehlung iSv § 1611 I 1 Alt. 3 BGB dar. Entgegen der Auffassung des Oberlandesgerichts handelt es sich indes nicht um eine schwere Verfehlung im Sinne dieser Vorschrift.

[20] aa) Indem der Vater des Antragsgegners eine Beziehung zu seinem Sohn vermieden und dadurch den Antragsgegner nach den Feststellungen des Oberlandesgerichts nachhaltig belastet hat, hat der Vater gegen seine Verpflichtung verstoßen, seinem Sohn beizustehen und auf seine Belange Rücksicht zu nehmen. Diese Verpflichtung hat der Gesetzgeber mit Wirkung vom 1. Januar 1980 mit § 1618a auch im Verhältnis zu volljährigen Kindern in das Bürgerliche Gesetzbuch aufgenommen (Art. 1 Nr. 1 des Gesetzes zur Neuregelung des Rechts der elterlichen Sorge vom 18. Juli 1979, BGBl. I 1061). Auch wenn diese Norm zu dem Zeitpunkt, als der Vater den Kontakt zum Antragsgegner im Jahr 1972 abgebrochen hatte, noch nicht galt, begründete sie jedenfalls für die Zeit ab 1980 das Eltern-Kind-Verhältnis prägende Rechtspflichten, deren künftige Verletzung unter den Voraussetzungen des § 1611 I 1 3. Alt. BGB Bedeutung zukommt (vgl. Senatsurteil vom 19. Mai 2004 – XII ZR 304/02 – FamRZ 2004, 1559, 1560).

[21] Die in Form der Kontaktverweigerung begangene Verfehlung hat der Vater nach den Feststellungen des Oberlandesgerichts noch dadurch dokumentiert, dass er seinen Sohn im Jahr 1998 enterbt hat. Die Errichtung dieses Testaments selbst stellt allerdings keine Verfehlung dar. Vielmehr hat der Vater lediglich von seinem Recht auf Testierfreiheit Gebrauch gemacht (vgl. §§ 2064 ff., 2303 I 1 BGB).

[22] Zu Recht hat das Beschwerdegericht darauf hingewiesen, dass dieses Verhalten des Vaters seinem Sohn gegenüber nicht durch die seinerzeit langjährig bestehenden Ehekonflikte relativiert wurde. Denn die persönlichen Konflikte haben unmittelbar nur die Eheleute betroffen und den Vater nicht dazu berechtigt, sich auch gegenüber seinem Sohn zurückzuziehen.

[23] bb) Entgegen der Ansicht des Beschwerdegerichts handelt es sich jedoch nicht um eine schwere Verfehlung iSd § 1611 I 1 Alt. 3 BGB.

[24] Zwar mag der Vater durch sein Verhalten das familiäre Band zu seinem Sohn aufgekündigt haben. Sein Verhalten offenbart jedoch nicht einen so groben Mangel an elterlicher Verantwortung und menschlicher Rücksichtnahme, dass von einer schweren Verfehlung ausgegangen werden könnte (vgl. dazu Senatsurteil vom 19. Mai 2004 – XII ZR 304/02 – FamRZ 2004, 1559, 1560 mwN). Denn bis zur Trennung der Eltern im Jahr 1971 und mithin in den ersten 18 Lebensjahren des Antragsgegners war der Vater Teil des Familienverbands und hat sich um den Antragsgegner gekümmert. Der Vater hat daher gerade in den regelmäßig eine besonders intensive elterliche Fürsorge erfordernden Lebensphasen seines Sohnes bis zum Erreichen der Volljährigkeit im Wesentlichen den aus seiner Elternstellung folgenden Rechtspflichten genügt. Als es im Jahr 1972 zum Kontaktabbruch kam, war der damals fast 19-jährige Antragsgegner zwar nach damaliger Rechtslage noch nicht volljährig, hatte jedoch bereits erfolgreich das Abitur abgelegt und damit eine gewisse Selbständigkeit erlangt. Das in die Zeit ab dem 19. Lebensjahr des Antragsgegners fallende Verhalten des Vaters stellt sich im Hinblick darauf nicht als eine schwere Verfehlung iSd § 1611 I 1 Alt. 3 BGB dar. Insoweit unterscheidet sich dieser Fall maßgeblich von der vom Senat im Jahr 2004 entschiedenen Konstellation, in der die (unterhaltsberechtigte) Mutter ihr Kind im Kleinkindalter verlassen hatte (Senatsurteil vom 19. Mai 2004 – XII ZR 304/02 – FamRZ 2004, 1559).

BGH v. 26.2.2014 – XII ZB 365/12 – FamRZ 2014, 728 = NJW 2014, 1231

R 748   *(Form einer Vereinbarung zum nachehelichen Unterhalt)*

a   [11] Die Wirksamkeit der von den Ehegatten zu den Folgesachen abgeschlossenen Vereinbarungen ist von den Vorinstanzen zu Recht bejaht worden. Die für den nachehelichen Unterhalt geltende Formvorschrift des § 1585c Satz 2, 3 BGB steht ihrer Wirksamkeit nicht entgegen.

[12] aa) Nach § 1585c BGB können die Ehegatten über die Unterhaltspflicht für die Zeit nach der Scheidung Vereinbarungen treffen. Eine Vereinbarung, die vor der Rechtskraft der Scheidung getroffen wird, bedarf der notariellen Beurkundung. § 127a BGB, wonach die notarielle Beurkundung bei einem gerichtlichen Vergleich durch die Aufnahme der Erklärungen in ein nach den Vorschriften der Zivilprozessordnung errichtetes Protokoll ersetzt wird, findet nach § 1585c Satz 3 BGB auch auf eine Vereinbarung Anwendung, die in einem Verfahren in Ehesachen vor dem Prozessgericht protokolliert wird.

Anhang R. Rechtsprechung **R748**

(Vereinbarung zum nachehelichen Unterhalt im Verfahren zum Trennungsunterhalt)

[13] bb) Ob auch eine Vereinbarung, die nach § 127a BGB in einem anderen gerichtlichen Verfahren als der Ehesache geschlossen wird, die notarielle Beurkundung zu ersetzen vermag, ist umstritten. **b**

[14] Nach einer Meinung, die sich auf den Wortlaut des § 1585c Satz 3 BGB beruft, ist die Frage zu verneinen (Bergschneider FamRZ 2008, 17, 18; jurisPK/Viefhues BGB [Stand: 10. Februar 2014] § 1361 Rn. 525; Steiniger/Viefhues FPR 2009, 114, 115; Büte FuR 2008, 177, 178; PWW/Kleffmann BGB 8. Aufl. § 1585c Rn. 2; Weinreich/Klein/Uecker FA-Komm FamR 5. Aufl. § 1585c Rn. 17; wohl auch – allerdings unklar – Palandt/Brudermüller BGB 73. Aufl. § 1585c Rn. 5).

[15] Nach anderer Auffassung ist die Frage zu bejahen, weil die Möglichkeit einer Beurkundung entsprechend § 127a BGB durch die Regelung in § 1585c Satz 3 BGB nicht eingeschränkt worden sei (OLG Oldenburg FamRZ 2011, 1738; Wendl/Wönne Das Unterhaltsrecht in der familienrichterlichen Praxis 8. Aufl. § 6 Rn. 612; MünchKommBGB/Maurer 6. Aufl. § 1585c Rn. 8 f.; Göhler-Schlicht FF 2008, 143; Borth Praxis des Unterhaltsrechts 2. Aufl. Rn. 853; Billhardt FamRZ 2008, 748).

[16] cc) Der Senat hält mit dem Oberlandesgericht die zuletzt genannte Auffassung für zutreffend. Die Form des § 127a BGB vermag die notarielle Beurkundung auch bei einer außerhalb der Ehesache geschlossenen Vereinbarung zu ersetzen. Die Regelung in § 1585c Satz 3 BGB steht dem nicht entgegen.

[17] Nach § 1585c Satz 2 BGB bedarf eine Vereinbarung über nachehelichen Unterhalt, die vor der Rechtskraft der Scheidung getroffen wird, der notariellen Beurkundung. Das Formerfordernis ist durch das Unterhaltsrechtsänderungsgesetz vom 21. Dezember 2007 (BGBl. I S. 3189) eingeführt worden und verfolgt das Ziel, durch die Mitwirkung eines Notars die fachkundige und unabhängige Beratung der Vertragsparteien sicherzustellen, um sie vor übereilten Erklärungen zu bewahren und ihnen die rechtliche Tragweite ihrer Vereinbarungen vor Augen zu führen (BT-Drucks. 16/1830 S. 22).

[18] Nach § 127a BGB wird die notarielle Beurkundung bei einem gerichtlichen Vergleich durch die Aufnahme der Erklärungen in ein nach den Vorschriften der Zivilprozessordnung errichtetes Protokoll ersetzt. Diesen Erfordernissen genügt nach § 113 I FamFG, §§ 160 ff. ZPO auch ein Protokoll in einer Familienstreitsache (zum Anspruch auf Protokollierung vgl. Senatsbeschluss BGHZ 191, 1 = FamRZ 2011, 1572). Aus der Regelung in § 1585c Satz 3 BGB, nach der § 127a BGB auch auf eine Vereinbarung Anwendung findet, die in einem Verfahren in Ehesachen vor dem Prozessgericht protokolliert wird, folgt nicht, dass die notarielle Beurkundung ausschließlich durch eine in der Ehesache protokollierte Vereinbarung ersetzt werden kann.

[19] (1) Bereits der Wortlaut der Vorschrift („auch") deutet darauf hin, dass die bestehenden Möglichkeiten einer formwirksamen Vereinbarung nicht eingeschränkt, sondern allenfalls erweitert werden sollten und die grundsätzliche Anwendbarkeit des § 127a BGB nicht in Frage gestellt worden ist. Dies wird durch die Gesetzesmotive bestätigt. Im Gegensatz zu § 1585c Satz 2 BGB ist Satz 3 dieser Vorschrift erst auf Vorschlag des Rechtsausschusses des Deutschen Bundestages im Zuge der Gesetzesberatungen angefügt worden. Er beruht auf der vom Rechtsausschuss angestellten Erwägung, dass – parallel zu § 1378 III 2 BGB beim Zugewinnausgleich und zu § 1587o II 1 und 2 BGB beim Versorgungsausgleich – sichergestellt werden solle, dass außer in einem Prozessvergleich von den Parteien eine formwirksame Vereinbarung über den nachehelichen Unterhalt auch im Verfahren in Ehesachen im Wege der Protokollierung durch das Prozessgericht abgeschlossen werden könne. Damit solle Rechtssicherheit geschaffen werden für den in der Praxis selteneren Fall, in dem die Ehegatten in einer Ehesache das Gericht um Protokollierung einer zuvor getroffenen Einigung, beispielsweise eines Unterhaltsverzichts, ersuchen, ohne dass eine Unterhaltssache im Scheidungsverbund anhängig ist oder dass Streit oder Ungewissheit über den Unterhalt durch gegenseitiges Nachgeben ausgeräumt wird (BT-Drucks. 16/6980 S. 9).

[20] Mit der Anfügung des Satzes 3 sollte somit lediglich sichergestellt werden, dass eine in der Ehesache protokollierte Vereinbarung die notarielle Beurkundung ersetzen kann, ohne dass eine Folgesache auf nachehelichen Unterhalt rechtshängig ist. Selbst wenn demnach der Rechtsausschuss der Meinung gewesen sein sollte, dass ohne gleichzeitig rechtshängigen Antrag zum nachehelichen Unterhalt eine Formwahrung durch Protokollierung in der Ehesache – wie auch in einem anderen Verfahren – ohne ausdrückliche Erwähnung im Gesetz nicht möglich gewesen wäre, ergäbe sich daraus kein der Anwendung von § 127a BGB entgegenstehender gesetzgeberischer Wille. Ein solcher würde voraussetzen, dass der Gesetzgeber die nach bestehendem Rechtszustand durch § 127a BGB gewährte

Möglichkeit einschränken wollte, und lässt sich, wie das Oberlandesgericht zu Recht anführt, insoweit nicht feststellen. Vielmehr zeigt der Verweis auf § 1378 III 2 BGB und § 1587o II 1 und 2 BGB (nunmehr § 7 VersAusglG) als Parallelvorschriften, dass deren Regelung auch für den nachehelichen Unterhalt übernommen werden sollte. Zu beiden Vorschriften war und ist aber anerkannt, dass eine Protokollierung nach § 127a BGB die notarielle Beurkundung ersetzt. Insbesondere zu § 1378 III 2 BGB, dem die Formulierung in § 1585c Satz 3 BGB entspricht, war dies in der Rechtsprechung nicht zweifelhaft (BGHZ 86, 143 = FamRZ 1983, 157, 159). Entsprechendes gilt für Vereinbarungen zum Versorgungsausgleich (vgl. Palandt/Brudermüller BGB 69. Aufl. § 1587o Rn. 19 mwN; Weinreich/Klein/Wick FA-Komm FamR 5. Aufl. § 7 VersAusglG Rn. 5 f.).

[21] Dementsprechend ist bereits in der Begründung des Gesetzentwurfs auf die allgemeine Anwendbarkeit von § 127a BGB verwiesen worden (BT-Drucks. 16/1830 S. 22), was vom Rechtsausschuss nicht in Frage gestellt worden ist.

[22] (2) Schließlich spricht für eine einschränkende Auslegung auch nicht der Gesichtspunkt, dass das Verfahren in der Ehesache dem Anwaltszwang unterliegt, während dies etwa bei Unterhaltsverfahren erst seit Inkrafttreten der FGG-Reform am 1. September 2009 der Fall ist § 114 I FamFG; vgl. Wendl/Wönne Das Unterhaltsrecht in der familienrichterlichen Praxis 8. Aufl. § 6 Rn. 612). Denn die gerichtliche Protokollierung nach § 127a BGB ersetzt die notarielle Beurkundung, welche eine Vertretung durch Rechtsanwälte ebenfalls nicht vorsieht. Das Gesetz geht davon aus, dass den Beteiligten der gleiche Schutz zugutekommt, weil es das Gericht in seiner Aufklärungs- und Beratungsfunktion einem Notar gleichstellt. Dass die im Eheverfahren abgeschlossene Vereinbarung als Prozess- bzw. Verfahrensvergleich im Scheidungsverbund dem Anwaltszwang unterliegt (vgl. Senatsurteil vom 20. Februar 1991 – XII ZB 125/88 – FamRZ 1991, 679, 680), stellt dies nicht in Frage.

[23] § 1585c Satz 3 BGB kommt somit nur eine klarstellende Bedeutung zu. Dass sich die Vorschrift lediglich auf das Verfahren in der Ehesache bezieht und hinsichtlich des weitergehenden Anwendungsbereichs des § 127a BGB unvollständig bleibt, ist schon in Anbetracht des Wortlauts („auch") unerheblich, weil es jedenfalls nicht in der Absicht des Gesetzgebers lag, den Anwendungsbereich des § 127a BGB einzuschränken (zur anders gelagerten Frage der Form einer Zustimmungserklärung beim sog. scheidungsakzessorischen Statuswechsel vgl. Senatsbeschluss vom 27. März 2013 – XII ZB 71/12 – FamRZ 2013, 944).

BGH v. 26.2.2014 – XII ZB 235/12 – FamRZ 2014, 823 = NJW 2014, 1302

R 749 *(Betreuungsunterhalt und Aufstockungsunterhalt)*

a [9] a) Im Ausgangspunkt zutreffend hat das Oberlandesgericht allerdings erkannt, dass der Unterhaltsberechtigte neben dem Anspruch auf Betreuungsunterhalt grundsätzlich auch einen solchen auf Aufstockungsunterhalt haben kann.

[10] Der Senat unterscheidet in ständiger Rechtsprechung für die Abgrenzung der Anspruchsgrundlagen wegen eines Erwerbshindernisses aus §§ 1570 bis 1572 BGB und aus § 1573 II BGB (Aufstockungsunterhalt) danach, ob wegen des vorliegenden Hindernisses eine Erwerbstätigkeit vollständig oder nur zum Teil ausgeschlossen ist. Wenn der Unterhaltsberechtigte an einer Erwerbstätigkeit vollständig gehindert ist, ergibt sich der Unterhaltsanspruch allein aus §§ 1570 bis 1572 BGB, und zwar auch für den Teil des Unterhaltsbedarfs, der nicht durch das Erwerbshindernis verursacht worden ist, sondern auf dem den angemessenen Lebensbedarf übersteigenden Bedarf nach den ehelichen Lebensverhältnissen gemäß § 1578 I 1 BGB beruht. Bei einer – wie hier – lediglich teilweisen Erwerbshinderung ist der Unterhalt allein wegen des durch die Erwerbshinderung verursachten Einkommensausfalls auf §§ 1570 bis 1572 BGB zu stützen und im Übrigen auf § 1573 II BGB (Senatsurteile BGHZ 179, 43 = FamRZ 2009, 406 Rn. 20 und vom 21. April 2010 – XII ZR 134/08 – FamRZ 2010, 1050 Rn. 41).

[11] b) Die Höhe des nach § 1578 I 1 BGB einheitlich zu bemessenden Unterhaltsanspruchs richtet sich nach den ehelichen Lebensverhältnissen (vgl. insoweit Senatsurteil BGHZ 192, 45 = FamRZ 2012, 281 Rn. 16 ff. mwN). Ausgehend von dem bereinigten Einkommen des Ehemanns nach Abzug des Kindesunterhalts in Höhe von 3679 EUR und dem bereinigten Einkommen der Ehefrau aus einer ihr nach den insoweit nicht angegriffenen Feststellungen des Oberlandesgerichts zumutbaren dreiviertel Stelle in Höhe von 1116 EUR ergibt sich im Wege der Differenzmethode ein Unterhaltsanspruch in Höhe von (3679 EUR – 1116 EUR = 2563 EUR × $^3/_7$ =) rund 1098 EUR. Soweit dies den vom Oberlandesgericht zugesprochenen Unterhaltsbetrag übersteigt, ist der Senat an einer Aufhebung der

Beschwerdeentscheidung zugunsten der unterhaltsberechtigten Ehefrau allerdings gehindert, da nur der unterhaltspflichtige Ehemann Rechtsbeschwerde eingelegt hat.

(Herabsetzung des nachehelichen Unterhalts)

[14] bb) Unzutreffend sind allerdings die Erwägungen, mit denen das Oberlandesgericht eine Herabsetzung des nachehelichen Unterhalts abgelehnt hat.

[15] Die Abwägung aller für die Billigkeitsentscheidung nach § 1578b BGB in Betracht kommenden Gesichtspunkte ist zwar Aufgabe des Tatrichters. Sie ist vom Rechtsbeschwerdegericht aber daraufhin zu überprüfen, ob der Tatrichter die im Rahmen der Billigkeitsprüfung maßgebenden Rechtsbegriffe verkannt oder für die Einordnung unter diese Begriffe wesentliche Umstände unberücksichtigt gelassen hat. Der rechtlichen Überprüfung unterliegt insbesondere, ob der Tatrichter sich mit dem Verfahrensstoff und den Beweisergebnissen umfassend und widerspruchsfrei auseinandergesetzt hat, seine Würdigung also vollständig und rechtlich möglich ist und nicht gegen Denkgesetze oder Erfahrungssätze verstößt (Senatsbeschluss vom 19. Juni 2013 – XII ZB 309/11 – FamRZ 2013, 1291 Rn. 25 mwN). Die Entscheidung des Beschwerdegerichts ist auch nach diesem eingeschränkten Prüfungsmaßstab rechtlich nicht bedenkenfrei.

[16] (1) Keinen rechtlichen Bedenken begegnet allerdings die Beurteilung des Oberlandesgerichts, dass der Ehefrau keine ehebedingten Nachteile in ihrer beruflichen Entwicklung entstanden seien, da sie nicht hinreichend substanziiert aufgezeigt habe, dass sie ohne Ehe und Kinderbetreuung nach einer von ihr angestrebten Weiterentwicklung zur Pharmareferentin heute über 3000 EUR verdienen könnte oder beabsichtigt habe, in der Industrie zu arbeiten.

[17] (2) Ein fortwirkender ehebedingter Nachteil kann zwar auch darin liegen, dass ein Unterhaltsberechtigter aufgrund der Rollenverteilung in der Ehe keine ausreichende Altersvorsorge treffen konnte und seine Rentenanwartschaften infolgedessen geringer sind, als sie es gewesen wären, wenn er seine frühere Erwerbstätigkeit bis zum Eintritt des Versorgungsfalls fortgesetzt hätte. Der Ausgleich unterschiedlicher Vorsorgebeiträge ist allerdings vornehmlich Aufgabe des Versorgungsausgleichs, durch den die Interessen des Unterhaltsberechtigten – von hier nicht vorliegenden Ausnahmefällen abgesehen – ausreichend gewahrt werden. Ehebedingte Nachteile im Sinne von § 1578b I 2 BGB können daher regelmäßig nicht mit den durch die Unterbrechung der Erwerbstätigkeit während der Ehe verursachten geringeren Rentenanwartschaften begründet werden, wenn für diese Zeit ein Versorgungsausgleich stattgefunden hat. Nachteile in der Versorgungsbilanz sind dann in gleichem Umfang von beiden Ehegatten zu tragen und somit vollständig ausgeglichen (grundlegend Senatsurteil vom 16. April 2008 – XII ZR 107/06 – FamRZ 2008, 1325 Rn. 43; vgl. auch Senatsbeschluss vom 19. Juni 2013 – XII ZB 309/11 – FamRZ 2013, 1291 Rn. 22).

(Ehebedingter Nachteil durch geringere Rentenanrechte und Altersvorsorgeunterhalt)

[18] Der ehebedingte Nachteil geringerer Versorgungsanwartschaften setzt sich zwar fort, wenn ein Ehegatte auch nach der Ehezeit noch aufgrund der gewählten Rollenverteilung, insbesondere wegen der Betreuung gemeinsamer Kinder, gehindert ist, ausreichende Rentenanwartschaften durch eigene Erwerbstätigkeit aufzubauen. Dieser Nachteil wird jedoch ausgeglichen, wenn der betreuende Ehegatte – wie hier – zum Zwecke der freiwilligen Erhöhung seiner Altersrente und Invaliditätsabsicherung einen über den Elementarunterhalt hinausgehenden Vorsorgeunterhalt gemäß § 1578 III BGB erlangen kann (vgl. Senatsbeschluss vom 7. November 2012 – XII ZB 229/11 – FamRZ 2013, 109 Rn. 51). Dadurch wird der Unterhaltsberechtigte hinsichtlich der Altersvorsorge so behandelt, als ob er aus einer versicherungspflichtigen Erwerbstätigkeit zusätzliche Nettoeinkünfte in Höhe des ihm zustehenden Elementarunterhalts hätte. Die Bemessung erfolgt durch Anknüpfung an den laufenden Unterhalt, und zwar sowohl bei voller Unterhaltsbedürftigkeit als auch dann, wenn dem Unterhaltsberechtigten wie hier lediglich ein ergänzender Unterhalt zusteht, weil davon ausgegangen werden kann, dass in Höhe des zugerechneten eigenen Einkommens des Unterhaltsberechtigten eine der Höhe dieses Einkommens entsprechende Altersversorgung begründet wird, so dass auch der zuzubilligende Vorsorgeunterhalt grundsätzlich nur der Vervollständigung einer durch die Erwerbstätigkeit bereits erzielten Altersvorsorge dient (Senatsurteil vom 25. November 1998 – XII ZR 33/97 – FamRZ 1999, 372, 373; für fiktive Einkommen vgl. Wendl/Dose Das Unterhaltsrecht in der familienrichterlichen Praxis 8. Aufl. § 1 Rn. 797). Da somit bereits der Vorsorgeunterhalt darauf zielt, die sich rollenbedingt nach der Ehezeit fortsetzenden Versorgungsnachteile auszugleichen, kann dieser Umstand entgegen der Auffassung des Oberlandesgerichts nicht zusätzlich als ehebedingter Nachteil im Sinne des § 1578b I 2 BGB herangezogen werden.

BGH v. 12.3.2014 – XII ZB 234/13 – FamRZ 2014, 917 = NJW 2014, 1958

R 750 *(Vertretungsbefugnis für Kindesunterhalt beim Wechselmodell)*

a [14] 1. Das Beschwerdegericht ist zu Recht von der Zulässigkeit des Unterhaltsantrages ausgegangen.

[15] a) Die Zulässigkeit des Antrages scheitert entgegen der Auffassung der Rechtsbeschwerde nicht daran, dass die Antragstellerin von der Kindesmutter nicht ordnungsgemäß habe vertreten werden können. Soweit das Beschwerdegericht im Hinblick auf § 1629 II 2 BGB von einem Alleinvertretungsrecht der Kindesmutter ausgegangen ist, begegnet dies keinen durchgreifenden rechtlichen Bedenken.

[16] aa) Nach § 1629 II 2 BGB kann bei gemeinsamer elterlicher Sorge derjenige Elternteil, in dessen „Obhut" sich das Kind befindet, dieses bei der Geltendmachung seiner Unterhaltsansprüche gesetzlich vertreten. Der dem Jugendhilferecht entlehnte (vgl. auch § 42 SGB VIII) Begriff der Obhut knüpft an die tatsächlichen Betreuungsverhältnisse an. Ein Kind befindet sich in der Obhut desjenigen Elternteils, bei dem der Schwerpunkt der tatsächlichen Fürsorge und Betreuung liegt, der mithin die elementaren Lebensbedürfnisse des Kindes nach Pflege, Verköstigung, Kleidung, ordnender Gestaltung des Tagesablaufs und ständig abrufbereiter emotionaler Zuwendung vorrangig befriedigt oder sicherstellt. Leben die Eltern in verschiedenen Wohnungen und regeln sie den gewöhnlichen Aufenthalt des Kindes dergestalt, dass es vorwiegend in der Wohnung eines Elternteils lebt und dies durch regelmäßige Besuche in der Wohnung des anderen Elternteils unterbrochen wird (Eingliederungs- oder Residenzmodell), so ist die Obhut im Sinne des § 1629 II 2 BGB dem erstgenannten Elternteil zuzuordnen (Senatsurteile vom 21. Dezember 2005 – XII ZR 126/03 – FamRZ 2006, 1015, 1016 und vom 28. Februar 2007 – XII ZR 161/04 – FamRZ 2007, 707 Rn. 8). Nur wenn die Eltern ihr Kind in der Weise betreuen, dass es in etwa gleich langen Phasen abwechselnd jeweils bei dem einen und dem anderen Elternteil lebt (Wechselmodell), lässt sich ein Schwerpunkt der Betreuung nicht ermitteln. Das hat zur Folge, dass kein Elternteil die Obhut im Sinne von § 1629 II 2 BGB innehat. Dann muss der Elternteil, der den anderen für barunterhaltspflichtig hält, entweder die Bestellung eines Pflegers für das Kind herbeiführen, der dieses bei der Geltendmachung seines Unterhaltsanspruchs vertritt, oder der Elternteil muss beim Familiengericht beantragen, ihm gemäß § 1628 BGB die Entscheidung zur Geltendmachung von Kindesunterhalt allein zu übertragen (Senatsurteil vom 21. Dezember 2005 – XII ZR 126/03 – FamRZ 2006, 1015, 1016).

[17] bb) Für die Beurteilung der Frage, ob ein Kind räumlich getrennt lebender Eltern im Residenzmodell oder im Wechselmodell betreut wird, kommt im Rahmen des § 1629 II 2 BGB dem zeitlichen Einsatz der Eltern bei der Betreuung des Kindes eine besondere Bedeutung zu. Anknüpfend an den Normzweck der Vorschrift, die Einleitung von Sorgerechtsverfahren nur mit dem Ziel einer späteren Austragung von Unterhaltskonflikten möglichst zu vermeiden, wird ein Elternteil bereits dann als Träger der Obhut im Sinne von § 1629 II 2 BGB angesehen werden können, wenn bei diesem Elternteil ein eindeutig feststellbares, aber nicht notwendigerweise großes Übergewicht bei der tatsächlichen Fürsorge für das Kind vorliegt (vgl. MünchKommBGB/Huber 6. Aufl. § 1629 Rn. 77; Johannsen/Henrich/Jaeger Familienrecht 5. Aufl. § 1629 BGB Rn. 6).

[18] (1) Nach den Feststellungen des Beschwerdegerichts haben die Eltern im Januar 2011 einen konkreten Betreuungsrhythmus dahingehend vereinbart, dass sich die Antragstellerin an jedem zweiten Wochenende von Freitag bis Sonntag und darüber hinaus an zwei Tagen in der Woche bei dem Antragsgegner aufhalten soll. Bezogen auf einen Zeitraum von vierzehn Tagen wird die Antragstellerin danach an sieben vollen Tagen allein von der Kindesmutter betreut werden. An den anderen sieben Tagen soll zwar Kontakt zum Antragsgegner stattfinden; nach dem vereinbarten Umgangsschema ist allerdings nur am Samstag des Besuchswochenendes eine ganztägige Betreuung durch den Antragsgegner gewährleistet. Im Übrigen würde sich die Antragstellerin entweder morgens oder abends noch im Haushalt der Kindesmutter aufhalten.

[19] Damit stehen auch die weitergehenden Ausführungen des Beschwerdegerichts zu den tatsächlichen Betreuungszeiten in Einklang. Das Beschwerdegericht hat angenommen, dass die Antragstellerin – nach dem bestrittenen Vortrag des Antragsgegners – in den Monaten März bis Juni 2012 für jeweils sieben Tage vollständig und darüber hinaus zwischen sieben und neun Tagen „hälftig", „etwa hälftig" oder „stundenweise" von dem Antragsgegner betreut worden sei. Nur während der Schulferien im Juli 2012 habe sich die Antragstellerin – bedingt durch den Ferienumgang – vierzehn volle und zwei halbe Tage bei dem Antragsgegner und damit etwa hälftig bei beiden Elternteilen aufgehalten. Ein Wechselmodell mit etwa gleich langen zeitlichen Betreuungsphasen ist damit schon nach dem eigenen Vor-

bringen des Antragsgegners in der Gesamtschau nicht gegeben; sein durchschnittlicher zeitlicher Betreuungsanteil dürfte sich vielmehr – was die Rechtsbeschwerde an sich nicht in Zweifel zieht – noch in dem Bereich bewegen, in dem der Senat bislang die Zuordnung des Schwergewichts der tatsächlichen Betreuung an den anderen Elternteil nicht in Frage gestellt hat (vgl. dazu Senatsurteile vom 21. Dezember 2005 – XII ZR 126/03 – FamRZ 2006, 1015, 1016 und vom 28. Februar 2007 – XII ZR 161/04 – FamRZ 2007, 707 Rn. 10).

[20] (2) Soweit die Rechtsbeschwerde gleichwohl meint, im vorliegenden Fall müsse von einem – die Obhut nur eines Elternteils ausschließenden – Wechselmodell ausgegangen werden, weil der zeitliche Betreuungsvorsprung der Kindesmutter im Wesentlichen auf der Mehrzahl der in ihrem Haushalt stattfindenden Übernachtungen der Antragstellerin beruhe, verhilft ihr dieser Einwand nicht zum Erfolg. Auch die Strukturierung des kindlichen Tagesablaufs in den Morgen- und Abendstunden stellt eine gewichtige Betreuungsaufgabe dar, die von dem Elternteil wahrgenommen werden muss, in dessen Haushalt das Kind übernachtet. Dazu kommt, dass der Antragsgegner nach den Feststellungen des Beschwerdegerichts wegen der Eigenarten seines Schichtdienstes langfristig keine verlässlichen Betreuungszeiten zusagen kann und sich die Kindesmutter deshalb insbesondere auf die Betreuung des Kindes im Krankheitsfall und auf die kurzfristige Absage von Besuchszeiten einrichten muss. Wenn das Beschwerdegericht unter diesen Umständen den Schwerpunkt der tatsächlichen Betreuung der Kindesmutter zuordnet und nicht von einem Wechselmodell, sondern von einem Residenz- bzw. Eingliederungsmodell mit einem erweiterten Umgang des Antragsgegners ausgegangen ist, lassen sich dagegen jedenfalls keine durchgreifenden rechtlichen Bedenken erheben.

[21] (3) Es bedarf unter diesen Umständen keiner näheren Erörterung der Frage, ob – wie das Beschwerdegericht im Anschluss an eine Stellungnahme der Ständigen Fachkonferenz 3 des Deutschen Instituts für Jugendhilfe und Familienrecht eV (DIJuF) vom 26. November 2012 (FamRZ 2013, 346, 347) meint – bei einer fehlenden Einigung der Eltern über die wirtschaftlichen Folgen des Wechselmodells unabhängig von den konkreten Betreuungszeiten von vornherein nur von einem erweiterten Umgang ausgegangen werden könnte. Dies erscheint allerdings zweifelhaft (kritisch auch Simon jurisPR-FamFR 12/FAMFR Jahr 2013 Anm. 2). Jedenfalls dann, wenn die Eltern unmittelbar nach ihrer räumlichen Trennung ein faktisches Wechselmodell mit etwa gleich langen Betreuungszeiten praktizieren, dürfte sich dieser Ansatz schon deshalb als nicht tragfähig erweisen, weil nicht bestimmt werden könnte, welcher Elternteil der Träger der Obhut und welcher Elternteil der Umgangsberechtigte sein soll.

[22] b) Das Beschwerdegericht ist ebenfalls mit Recht davon ausgegangen, dass das von der Mutter vertretene Kind in wirksamer Weise anstelle der Kindesmutter auf Antragstellerseite in das Verfahren eingetreten ist.

(Prozessstandschaft dauert nach Rechtskraft der Scheidung fort)

[23] aa) Sind die Eltern des Kindes miteinander verheiratet, kann ein Elternteil gemäß § 1629 III 1 **b** BGB Ansprüche auf Kindesunterhalt gegen den anderen Elternteil nur in eigenem Namen geltend machen, solange die Eltern getrennt leben oder eine Ehesache zwischen ihnen anhängig ist. Diese Vorschrift will zum einen in der Ehesache und im Verfahren auf Kindesunterhalt Beteiligtenidentität bis zum Zeitpunkt der rechtskräftigen Scheidung gewährleisten und zum anderen Konfliktsituationen für das Kind während der Trennungszeit und während des Scheidungsverfahrens verhindern (vgl. Senatsbeschlüsse vom 11. Mai 2005 – XII ZB 242/03 – FamRZ 2005, 1164, 1166 und vom 19. Juni 2013 – XII ZB 39/11 – FamRZ 2013, 1378 Rn. 9). Dem ist im vorliegenden Fall dadurch Rechnung getragen worden, dass das Verfahren im März 2011 durch die Kindesmutter als Verfahrensstandschafterin eingeleitet worden ist.

[24] bb) Die während des erstinstanzlichen Verfahrens eingetretene Rechtskraft der Scheidung der Eltern hat an der Verfahrensführungsbefugnis der Kindesmutter allerdings noch nichts geändert. Der Senat hat bereits entschieden, dass es einerseits dem Rechtsgedanken des § 265 II 1 ZPO und andererseits unabweisbaren praktischen Bedürfnissen entspricht, dass ein Unterhaltsverfahren, welches berechtigterweise in Verfahrensstandschaft eingeleitet wurde, in dieser Form – auch durch die Rechtsmittelinstanzen hindurch – bis zum Abschluss gebracht werden kann, wenn die elterliche Sorge für das minderjährige Kind bis dahin keinem anderen übertragen worden ist (vgl. Senatsurteil vom 15. November 1989 – IVb ZR 3/89 – FamRZ 1990, 283, 284 und Senatsbeschluss vom 19. Juni 2013 – XII ZB 39/11 – FamRZ 2013, 1378 Rn. 6).

[25] Unbeschadet dessen steht dem Eintritt des minderjährigen Kindes in das von seinem gesetzlichen Vertreter als Verfahrensstandschafter eingeleitete Kindesunterhaltsverfahren nach Rechtskraft der Scheidung seiner Eltern der Schutzzweck des § 1629 III 1 BGB nicht mehr entgegen. Das Kind kann daher grundsätzlich im Wege des gewillkürten Beteiligtenwechsels in das Unterhaltsverfahren eintreten. Dieser Eintritt setzt nach den allgemeinen Regeln (vgl. Senatsurteil vom 29. August 2012 – XII ZR 154/09 – FamRZ 2012, 1793 Rn. 15) neben der Zustimmung des ausscheidenden Verfahrensstandschafters grundsätzlich auch die Zustimmung des Antragsgegners voraus, wenn – wie hier – mit dem Verfahrensstandschafter auf Antragstellerseite bereits mündlich verhandelt worden ist. Die Zustimmung des Antragsgegners ist im vorliegenden Fall jedenfalls nach § 267 ZPO unwiderlegbar zu vermuten, weil sich der Antragsgegner im weiteren Verfahrensverlauf in die folgenden mündlichen Verhandlungen eingelassen hat, ohne der in dem Antragstellerwechsel liegenden Antragsänderung zu widersprechen. Es bedarf deshalb keiner Erörterung der Frage, ob die Zustimmung des Antragsgegners zum Beteiligtenwechsel auch in den Fällen durch Sachdienlichkeit ersetzt werden kann, in denen das Unterhaltsverfahren auf Antragstellerseite durch den bisherigen Verfahrensstandschafter ohne weiteres im eigenen Namen fortgesetzt werden könnte (vgl. zum gewillkürten Beteiligtenwechsel bei der Beendigung der Verfahrensstandschaft mit Eintritt der Volljährigkeit des Kindes Senatsbeschluss vom 19. Juni 2013 – XII ZB 39/11 – FamRZ 2013, 1378 Rn. 11).

(Barunterhaltspflicht bei ausgedehntem Umgangsrecht außerhalb eines Wechselmodells)

c [26] 2. Das Beschwerdegericht hat den dem Grunde nach gemäß §§ 1601 ff. BGB unterhaltspflichtigen Antragsgegner für verpflichtet gehalten, nach seinen eigenen Einkommens- und Vermögensverhältnissen allein für den Barunterhalt der Antragstellerin aufzukommen, weil die Kindesmutter ihre Unterhaltspflicht durch Betreuung der Antragstellerin erfülle. Auch dies hält rechtlicher Überprüfung stand.

[27] a) Mehrere gleich nahe Verwandte haften nach § 1606 III 1 BGB für den Unterhalt eines Berechtigten anteilig nach ihren Erwerbs- und Vermögensverhältnissen. Nach § 1606 III 2 BGB erfüllt der Elternteil, der ein minderjähriges unverheiratetes Kind betreut, seine Verpflichtung, zum Unterhalt des Kindes beizutragen, in der Regel durch dessen Pflege und Erziehung. Der andere, nicht betreuende Elternteil hat den Unterhalt durch Entrichtung einer Geldrente zu gewähren (§ 1612 I 1 BGB). Die gesetzliche Regelung geht mithin davon aus, dass ein Elternteil das Kind betreut und versorgt und der andere Elternteil die hierfür erforderlichen Mittel zur Verfügung zu stellen hat. Dabei bestimmt sich das Maß des zu gewährenden Unterhalts nach der Lebensstellung des Bedürftigen (§ 1610 I BGB). Soweit dieser allerdings noch keine eigenständige Lebensstellung erlangt hat, wie dies bei unterhaltsbedürftigen minderjährigen Kindern der Fall ist, leitet sich seine Lebensstellung von derjenigen der unterhaltspflichtigen Eltern ab. Wird das Kind von einem Elternteil versorgt und betreut, während der andere Teil Barunterhalt leistet, so ist die Lebensstellung des Kindes grundsätzlich auf die Einkommens und Vermögensverhältnisse des barunterhaltspflichtigen Elternteils begrenzt.

[28] Diese Beurteilung ist solange nicht in Frage zu stellen, wie das deutliche Schwergewicht der Betreuung bei einem Elternteil liegt. Denn dann ist die Annahme gerechtfertigt, dass dieser Elternteil die Hauptverantwortung für das Kind trägt und dadurch den Betreuungsunterhalt leistet, während der andere Elternteil – auf der Grundlage nur seiner eigenen wirtschaftlichen Verhältnisse -zum Barunterhalt verpflichtet ist. Deshalb ändert sich an der aus dem Schwergewicht der Betreuung durch einen Elternteil folgenden Aufteilung zwischen Bar- und Betreuungsunterhalt nichts, wenn der barunterhaltspflichtige Elternteil seinerseits Betreuungs- und Versorgungsleistungen erbringt, selbst wenn dies im Rahmen eines über das übliche Maß hinaus wahrgenommenen Umgangsrechts erfolgt, dessen Ausgestaltung sich bereits einer Mitbetreuung annähert. Wenn und soweit der andere Elternteil gleichwohl die Hauptverantwortung für ein Kind trägt, muss es dabei bleiben, dass dieser Elternteil seine Unterhaltspflicht im Sinne des § 1606 III 2 BGB durch die Pflege und Erziehung des Kindes erfüllt (Senatsurteile vom 21. Dezember 2005 – XII ZR 126/03 – FamRZ 2006, 1015, 1017 und vom 28. Februar 2007 – XII ZR 161/04 – FamRZ 2007, 707 Rn. 16).

[29] Anders wird es allerdings zu beurteilen sein, wenn die Eltern sich in der Betreuung eines Kindes abwechseln, so dass jeder von ihnen etwa die Hälfte der Versorgungs- und Erziehungsaufgaben wahrnimmt. In solchen Fällen wird eine anteilige Barunterhaltspflicht der Eltern in Betracht kommen, weil sie auch für den Betreuungsunterhalt nur anteilig aufkommen. Verfügen beide Elternteile über Einkünfte, ist der Elementarbedarf des Kindes an den beiderseitigen – zusammengerechneten – Einkünften auszurichten. Hinzuzurechnen sind Mehrkosten, die durch die Aufteilung der Betreuung entstehen

und deren Ansatz und Erstattung unter den jeweiligen Umständen angemessen ist (vgl. Wohlgemuth FPR 2013, 157, 158). Für den so ermittelten Bedarf haben die Eltern anteilig nach ihren Einkommensverhältnissen und unter Berücksichtigung der erbrachten Naturalunterhaltsleistungen aufzukommen (Senatsurteil vom 21. Dezember 2005 – XII ZR 126/03 – FamRZ 2006, 1015, 1017; zu den verschiedenen Berechnungsmodellen vgl. Wendl/Klinkhammer Das Unterhaltsrecht in der familienrichterlichen Praxis 8. Aufl. § 2 Rn. 450; Bausch/Gutdeutsch/Seiler FamRZ 2012, 258, 260; Wohlgemuth FPR 2013, 157, 158 f.).

[30] b) Ob ein Elternteil die Hauptverantwortung für ein Kind trägt und damit seine Unterhaltspflicht im Sinne des § 1606 III 2 BGB bereits durch Erziehung und Pflege erfüllt, ist eine Frage tatrichterlicher Würdigung (vgl. auch BFH DStRE 2013, 1171 Rn. 21 ff. zu § 64 II EStG). Dabei kommt der zeitlichen Komponente der von ihm übernommenen Betreuung zwar eine Indizwirkung zu, ohne dass sich allerdings die Beurteilung allein hierauf zu beschränken braucht (Senatsurteile vom 21. Dezember 2005 – XII ZR 126/03 – FamRZ 2006, 1015, 1017 und vom 28. Februar 2007 – XII ZR 161/04 – FamRZ 2007, 707 Rn. 16).

[31] Nach den insoweit nicht angegriffenen Feststellungen des Beschwerdegerichts erledigt die Kindesmutter – über ihren zeitlich größeren Einsatz bei der Betreuung des Kindes im eigenen Haushalt hinaus – bedeutsame organisatorische Aufgaben der Kindesbetreuung weitgehend allein, namentlich die Beschaffung von Kleidung und Schulutensilien sowie die Regelung der Teilnahme an außerschulischen Aktivitäten wie Sport- oder Musikunterricht. Wenn das Beschwerdegericht unter diesen Umständen in tatrichterlicher Verantwortung zu der Schlussfolgerung gelangt ist, dass die Kindesmutter ihre Unterhaltspflicht gegenüber der Antragstellerin durch ihre Betreuungsleistungen erfüllt, lässt sich hiergegen aus Rechtsgründen nichts erinnern. Demgemäß hat das Beschwerdegericht den Unterhaltsbedarf der Antragstellerin zu Recht allein auf der Grundlage des Einkommens des Antragsgegners anhand der Düsseldorfer Tabelle ermittelt.

(Begrenzung der Barunterhaltspflicht bei ausgedehntem Umgangsrecht)

[32] 3. Auch die unterhaltsrechtliche Berücksichtigung der von dem Antragsgegner aufgebrachten Kosten des (erweiterten) Umgangs durch das Beschwerdegericht lässt keine Rechtsfehler zum Nachteil des Antragsgegners erkennen.

[33] Dabei ist im Ausgangspunkt zu unterscheiden zwischen Kosten, die zu einer teilweisen Bedarfsdeckung führen, und solchen Kosten, die reinen Mehraufwand für die Ausübung des Umgangsrechts darstellen und den anderen Elternteil nicht entlasten.

[34] a) Von einer teilweisen Bedarfsdeckung kann mit Blick auf die von dem Antragsgegner konkret geltend gemachten Aufwendungen für das Vorhalten eines Kinderzimmers in seiner Wohnung und für die zusätzlichen Fahrtkosten nicht ausgegangen werden. Dass der Antragsgegner insbesondere den Wohnbedarf der Antragstellerin in der Zeit, in der sie sich bei ihm aufhält, bestreitet, mindert den – ohne Berücksichtigung dieser Mehrkosten ermittelten – Unterhaltsbedarf des Kindes nicht, denn in den Tabellensätzen sind nur die bei einem Elternteil anfallenden Wohnkosten enthalten (Senatsurteil vom 21. Dezember 2005 – XII ZR 126/03 – FamRZ 2006, 1015, 1017).

[35] aa) Insbesondere die Kosten für das Bereithalten von Wohnraum zur Übernachtung von Kindern bleiben bei einem im üblichen Rahmen ausgeübten Umgangsrecht unterhaltsrechtlich in der Regel schon deshalb unbeachtlich, weil es typischerweise angemessen und ausreichend ist, die Kinder in den Räumlichkeiten mit unterzubringen, die dem individuellen Wohnraumbedarf des Unterhaltspflichtigen entsprechen (Senatsurteil vom 23. Februar 2005 – XII ZR 56/02 – FamRZ 2005, 706, 708; OLG Schleswig Beschluss vom 20. Dezember 2013 – 15 WF 414/13 – juris Rn. 16; Wendl/Klinkhammer Das Unterhaltsrecht in der familienrichterlichen Praxis 8. Aufl. § 2 Rn. 272; Botur in Büte/Poppen/Menne Unterhaltsrecht 2. Aufl. § 1603 BGB Rn. 59; zu umgangsbedingt erhöhten Wohnkosten aus grundsicherungsrechtlicher Sicht vgl. Behrend jM 2014, 22, 28 f.). Auch die mit der Ausübung des Umgangsrechts verbundenen Fahrtkosten hat – von Ausnahmefällen abgesehen – im Rahmen eines üblichen Umgangs grundsätzlich der nicht betreuende Elternteil zu tragen.

[36] Die Erweiterung des Umgangsrechts über das übliche Maß hinaus führt jedenfalls bei nicht beengten wirtschaftlichen Verhältnissen des Unterhaltspflichtigen noch zu keiner grundlegend anderen Beurteilung. Denn die im Zusammenhang mit dem Umgangsrecht entstehenden Unterbringungs- und Fahrtkosten können grundsätzlich nicht vom anrechenbaren Einkommen des unterhaltspflichtigen Elternteils abgezogen werden, wenn ihm – wie hier – auch nach dem Abzug dieser Kosten noch ein ausreichendes Einkommen verbleibt (vgl. Senatsurteil vom 21. Dezember 2005 – XII ZR 126/03 –

FamRZ 2006, 1015, 1018; Wendl/Klinkhammer Das Unterhaltsrecht in der familienrichterlichen Praxis 8. Aufl. § 2 Rn. 273).

[37] bb) Diese Grundsätze schließen es aber nicht aus, dass der Tatrichter den im Rahmen eines deutlich erweiterten Umgangsrechts getätigten Aufwendungen, die dem Anspruch des Kindes auf Zahlung von Unterhalt in Form einer Geldrente nicht als (teilweise) Erfüllung entgegengehalten werden können, bei der Ermittlung des Kindesunterhalts nach Tabellenwerten durch eine Umgruppierung innerhalb der Einkommensgruppen der Düsseldorfer Tabelle Rechnung trägt. Die Unterhaltsbedarfssätze der Düsseldorfer Tabelle sind nur Hilfsmittel für die Unterhaltsbemessung. Das mit ihrer Hilfe gewonnene Ergebnis ist nach ständiger Rechtsprechung des Senats nach den jeweiligen Umständen des Einzelfalls durch den Tatrichter stets auf seine Angemessenheit und Ausgewogenheit hin zu überprüfen (vgl. Senatsurteile vom 19. Juli 2000 – XII ZR 161/98 – FamRZ 2000, 1492, 1493 und vom 6. Februar 2002 – XII ZR 20/00 – FamRZ 2002, 536, 540). Nimmt der barunterhaltspflichtige Elternteil ein weit über das übliche Maß hinaus gehendes Umgangsrecht wahr, dessen Ausgestaltung sich bereits einer Mitbetreuung annähert, kann der Tatrichter bei der Ausübung seines Ermessens im Rahmen der Angemessenheitskontrolle die wirtschaftliche Belastung des Unterhaltspflichtigen insbesondere mit zusätzlichen Fahrtkosten und den Kosten für das Vorhalten von Wohnraum in rechtsbeschwerderechtlich unbedenklicher Weise zum Anlass dafür nehmen, den Barunterhaltsbedarf unter Herabstufung um eine oder mehrere Einkommensgruppen der Düsseldorfer Tabelle zu bestimmen oder – wie hier – auf eine nach den maßgebenden unterhaltsrechtlichen Leitlinien ansonsten gebotene Hochstufung in eine höhere Einkommensgruppe zu verzichten.

[38] b) Der auf diesem Weg nach den Tabellensätzen der Düsseldorfer Tabelle ermittelte Unterhaltsbedarf kann (weitergehend) gemindert sein, wenn der barunterhaltspflichtige Elternteil dem Kind Leistungen erbringt, mit denen er den Unterhaltsbedarf des Kindes auf andere Weise als durch Zahlung einer Geldrente teilweise deckt (vgl. § 1612 II BGB).

[39] Dies ist aber nicht schon deshalb der Fall, weil durch die Abwesenheit des Kindes während der Ausübung des Umgangsrechts im Haushalt des betreuenden Elternteils Aufwendungen für die Verpflegung des Kindes und gegebenenfalls Energie- und Wasserkosten erspart werden, die ansonsten aus dem Kindesunterhalt hätten bestritten werden müssen. Soweit das Umgangsrecht in einem üblichen Rahmen ausgeübt wird, folgt dies schon daraus, dass die pauschalierten Bedarfssätze der Düsseldorfer Tabelle die Ausübung eines üblichen Umgangsrechts bereits berücksichtigen, so dass dessen Kosten entschädigungslos von dem besuchten Elternteil zu tragen sind. In Bezug auf die Ausübung eines deutlich erweiterten Umgangsrechts hat der Senat bislang die Ansicht vertreten, dass auch die Verpflegung des Kindes während einiger weiterer Tage im Haushalt des umgangsberechtigten Elternteils nicht zu nennenswerten Ersparnissen auf Seiten des betreuenden Elternteils führe (vgl. Senatsurteile vom 21. Dezember 2005 – XII ZR 126/03 – FamRZ 2006, 1015, 1017 und vom 28. Februar 2007 – XII ZR 161/04 – FamRZ 2007, 707 Rn. 25). Dies ist nicht ohne Kritik geblieben (Wendl/Klinkhammer, Das Unterhaltsrecht in der familienrichterlichen Praxis 8. Aufl. § 2 Rn. 449 mit Fn. 293; Luthin FamRZ 2007, 710; Wellenhofer JuS 2007, 873, 874), was im vorliegenden Fall aber keiner näheren Erörterung bedarf, weil der Antragsgegner weder die im Zuge des erweiterten Umgangsrechts durch ihn getragenen (Mehr-)Aufwendungen für die Verköstigung der Antragstellerin noch etwaige Ersparnisse dargelegt hat, die dadurch im Haushalt der Kindesmutter entstanden sein könnten. Auch sonstige bedarfsdeckende Aufwendungen hat das Beschwerdegericht nicht festgestellt.

BGH v. 19.3.2014 – XII ZB 367/12 – FamRZ 2014, 923 = NJW 2014, 1531

R 751 *(Bemessung des Wohnwerts beim Kindesunterhalt)*

a [15] a) Die sich aus § 1601 BGB ergebende Unterhaltspflicht des Antragsgegners für seine Kinder aus der geschiedenen Ehe steht zwischen den Parteien dem Grunde nach ebenso wenig im Streit wie die Aktivlegitimation des Antragstellers. Das gilt gleichermaßen für das durchschnittliche monatliche Nettoeinkommen des Antragsgegners aus seiner Erwerbstätigkeit, das das Berufungsgericht für die Zeit ab 2011 mit monatlich 2276,16 EUR festgestellt hat, sowie die ihm monatsanteilig zuzurechnende Steuererstattung. Insoweit ist gegen die Ausführungen des Beschwerdegerichts aus Rechtsgründen auch nichts zu erinnern.

[16] b) Zutreffend ist das Berufungsgericht davon ausgegangen, dass sich der Antragsgegner weiterhin Einkünfte wegen der Nutzung des im Miteigentum der geschiedenen Ehegatten stehenden Einfamilienhauses anrechnen lassen muss. Die Leistungsfähigkeit eines Unterhaltspflichtigen wird nicht

nur durch seine Erwerbseinkünfte, sondern in gleicher Weise durch Vermögenserträge und sonstige wirtschaftliche Nutzungen bestimmt, die er aus seinem Vermögen zieht. Dazu können auch die Gebrauchsvorteile eines Eigenheims zählen, denn durch das Bewohnen eines eigenen Hauses oder einer Eigentumswohnung entfällt die Notwendigkeit der Mietzahlung, die in der Regel einen Teil des allgemeinen Lebensbedarfs ausmacht (stRspr, vgl. nur Senatsurteil vom 5. März 2008 – XII ZR 22/06 – FamRZ 2008, 963 Rn. 11 mwN).

[17] aa) Ob der Wohnvorteil nach dem objektiven Mietwert oder in einer geringeren Höhe zu bemessen ist, hängt maßgeblich davon ab, ob der die Immobilie Nutzende gehalten ist, diese anderweitig zu verwerten. Soweit das von einem Ehegatten vor dem endgültigen Scheitern der Ehe (regelmäßig vor Zustellung des Scheidungsantrags) mit Rücksicht auf die Möglichkeit der Wiederherstellung der ehelichen Lebensgemeinschaft noch nicht erwartet werden kann, ist der Wohnvorteil in dieser Zeit nur in einer Höhe in Rechnung zu stellen, wie es sich für eine Wohnungsnutzung des in der Ehewohnung allein verbliebenen Ehegatten als angemessen darstellt. Der Gebrauchswert der – für den die Wohnung weiter nutzenden Ehegatten an sich zu großen – Wohnung ist deswegen regelmäßig danach zu bestimmen, welchen Mietzins er auf dem örtlichen Wohnungsmarkt für eine dem ehelichen Lebensstandard entsprechende, angemessene kleinere Wohnung zahlen müsste. Der volle Wohnvorteil kommt grundsätzlich erst dann zum Tragen, wenn mit einer Wiederherstellung der ehelichen Lebensgemeinschaft nicht mehr zu rechnen ist (Senatsurteil vom 5. März 2008 – XII ZR 22/06 – FamRZ 2008, 963 Rn. 14 ff.).

[18] bb) Bei der Inanspruchnahme auf Elternunterhalt hat der Senat demgegenüber darauf abgehoben, dass es auf eine vom Unterhaltspflichtigen nicht hinzunehmende Schmälerung des eigenen Bedarfs hinauslaufen würde, wenn bei der Bestimmung seiner Leistungsfähigkeit Mittel berücksichtigt würden, die ihm tatsächlich nicht zur Verfügung stehen und die er – wie es bei der Differenz zwischen den für sich und seine Familie angemessenen Wohnkosten und dem objektiven Mietwert seines Eigenheims der Fall ist – nur durch eine Verwertung der Immobilie erzielen könnte. Da durch eine Veräußerung oder Vermietung des Familienheims die bisherige häufig bereits langjährig gestaltete Lebensführung grundlegend beeinträchtigt würde, muss beides im Rahmen des rechtlich vergleichsweise schwach ausgestalteten Unterhaltsanspruchs von Eltern als unterhaltsrechtlich unzumutbar angesehen werden. In solchen Fällen ist deshalb grundsätzlich nur die für eine angemessene Wohnung ersparte Miete als Einkommen anzurechnen (Senatsurteil BGHZ 154, 247 = FamRZ 2003, 1179, 1180 f.).

[19] cc) Geht es dagegen um die Leistungsfähigkeit eines Unterhaltspflichtigen gegenüber einem minderjährigen Kind, ist die Höhe des Wohnwerts grundsätzlich mit der bei einer Fremdvermietung erzielbaren objektiven Marktmiete zu bemessen (Senatsbeschluss vom 10. Juli 2013 – XII ZB 298/12 – FamRZ 2013, 1563 Rn. 16). Nach § 1603 I BGB ist zwar nicht unterhaltspflichtig, wer bei Berücksichtigung seiner sonstigen Verpflichtungen außerstande ist, ohne Gefährdung seines eigenen angemessenen Unterhalts den Unterhalt zu gewähren. Eltern, die sich in dieser Lage befinden, sind gemäß § 1603 II 1 BGB ihren minderjährigen unverheirateten Kindern gegenüber aber verpflichtet, alle verfügbaren Mittel zu ihrem und der Kinder Unterhalt gleichmäßig zu verwenden (sogenannte gesteigerte Unterhaltspflicht). Dies beruht auf ihrer besonderen Verantwortung für den angemessenen, nicht nur den notwendigen Unterhalt ihrer Kinder. Für die Eltern besteht deshalb eine besondere Verpflichtung zum Einsatz der eigenen Arbeitskraft und zur Ertrag bringenden Nutzung von Vermögenswerten. Wenn in dieser Hinsicht mögliche und zumutbare Anstrengungen unterlassen werden, können deswegen nach ständiger Rechtsprechung des Senats auch insoweit nicht nur die tatsächlichen, sondern ebenfalls fiktiv erzielbare Einkünfte berücksichtigt werden (Senatsurteil vom 30. Januar 2013 – XII ZR 158/10 – FamRZ 2013, 616 Rn. 18 mwN).

(Bemessung des Wohnwerts bei ernsthaften Verkaufsbemühungen)

[20] dd) Dass das Beschwerdegericht den Wohnwert in Höhe der vom Antragsgegner ersparten angemessenen Miete mit monatlich 400 EUR anstelle der objektiven Marktmiete von 570 EUR bemessen hat, begegnet nach den getroffenen Feststellungen gleichwohl keinen rechtlichen Bedenken. Danach will der Antragsgegner das Haus, das er während der Ehe zusammen mit der Mutter der unterhaltsberechtigten Kinder als Familienheim erworben hat, veräußern, um zumindest den überwiegenden Teil der Darlehensverbindlichkeiten ablösen zu können und nicht mehr den – gemessen an seinem Einkommen – hohen monatlichen Belastungen ausgesetzt zu sein. Dies komme letztlich auch den Unterhaltsberechtigten zugute. Zu diesem Zweck habe der Antragsgegner einen an seinem Wohn-

ort renommierten Makler eingeschaltet und seine Preisvorstellungen dessen Empfehlungen angepasst. Würde er das Haus in dieser Situation vermieten, um hierdurch Einkünfte in Höhe der objektiven Marktmiete zu erzielen, würde eine Veräußerung nicht unerheblich erschwert. Denn Einfamilienhäuser der hier in Rede stehenden Art würden üblicherweise nicht als Renditeobjekte, sondern zur eigenen Nutzung erworben. Der Nutzung durch einen Erwerber würde aber ein grundsätzlich nicht ohne weiteres und alsbald beendbares Mietverhältnis entgegenstehen. Nach diesen Feststellungen konnte dem Antragsgegner eine Vermietung nicht angesonnen werden.

[21] Das gilt auch für eine Vermietung an den Antragsteller zur Nutzung des Hauses durch die geschiedene Ehefrau und die Kinder. Insofern fällt zum einen ins Gewicht, dass zu dem Zeitpunkt, als dieses Angebot unterbreitet wurde, nicht absehbar war, wie lange eine Vermietung überhaupt hätte realisiert werden können. Im Fall einer baldigen Veräußerung hätte sich die Ehefrau erneut um eine andere Wohnung bemühen und abermals umziehen müssen. Zum anderen müsste der Antragsgegner befürchten, dass die Ehefrau das Haus nicht innerhalb einer angemessenen Zeitspanne räumen würde, nachdem sie sich schon im Rahmen der Veräußerungsbemühungen nicht kooperativ gezeigt hat, wie die Probleme mit der Unterzeichnung der beiden Maklerverträge belegen. Wenn von dem Antragsgegner aber nicht erwartet werden kann, dass er das Haus vermietet, besteht kein Grund, ihm hierdurch erzielbare höhere Einkünfte, die über den Betrag der ersparten angemessenen Miete von 400 EUR monatlich hinausgehen, anzurechnen.

(Hausdarlehen beim Kindesunterhalt)

c [24] bb) Gleichwohl können die Hausdarlehen jedenfalls nicht in voller Höhe als abzugsfähig angesehen werden.

[25] (1) Ob und gegebenenfalls in welcher Weise Schulden des Unterhaltspflichtigen beim Verwandtenunterhalt zu beachten sind, ist nach der allgemeinen Regel des § 1603 BGB zu entscheiden, der in Absatz 1 die Berücksichtigung der sonstigen Verpflichtungen des Unterhaltsschuldners vorsieht. Andererseits dürfen die anderen Verbindlichkeiten auch nicht ohne Rücksicht auf die Unterhaltsinteressen getilgt werden. Vielmehr bedarf es eines Ausgleichs der Belange von Unterhaltsgläubiger, Unterhaltsschuldner und Drittgläubiger. Insoweit sind in Fällen, in denen der Mindestbedarf Unterhaltsberechtigter beeinträchtigt würde, insbesondere der Zweck der daneben eingegangenen Verpflichtungen, der Zeitpunkt und die Art ihrer Entstehung, die Dringlichkeit der beiderseitigen Bedürfnisse, die Kenntnis des Unterhaltsschuldners von Grund und Höhe der Unterhaltsschuld und seine Möglichkeiten bedeutsam, die Leistungsfähigkeit in zumutbarer Weise wiederherzustellen. Beim Verwandtenunterhalt der §§ 1601 ff. BGB wird allerdings der Umstand, dass Verbindlichkeiten im Einverständnis mit dem Ehegatten und im Zuge der gemeinsamen Lebensführung eingegangen worden sind, nicht in gleichem Maße Bedeutung gewinnen können wie gegenüber dem – früheren – Ehegatten.

[26] Bei minderjährigen Kindern wird darüber hinaus zu beachten sein, dass für diese wegen ihres Alters von vornherein die Möglichkeit ausscheidet, durch eigene Anstrengungen zur Deckung ihres notwendigen Lebensbedarfs beizutragen, weswegen ihnen sowie privilegierten volljährigen Kindern gegenüber nach § 1603 II BGB eine gesteigerte Unterhaltspflicht besteht. Diese Gesichtspunkte mögen regelmäßig einer Unterschreitung des Mindestunterhalts wegen anderer Verbindlichkeiten entgegenstehen. Eine solche erscheint andererseits aus Rechtsgründen nicht in jedem Fall ausgeschlossen. Sie wird – ausnahmsweise – etwa dann in Betracht kommen können, wenn und soweit dem Unterhaltsschuldner wegen Grund und Höhe seiner anderweitigen Schulden die Berufung auf diese Verpflichtungen nicht nach Treu und Glauben versagt ist und ihm deshalb billigerweise nicht abverlangt werden kann, ohne Bedienung der anderen Schulden weiterhin Unterhalt in Höhe des vollen Bedarfs der Kinder zu leisten (Senatsurteile vom 30. Januar 2013 – XII ZR 158/10 – FamRZ 2013, 616 Rn. 20; vom 21. September 1994 – XII ZR 161/93 – NJW-RR 1995, 129 und vom 11. Dezember 1985 – IVb ZR 80/84 – FamRZ 1986, 254, 256 f.).

[27] (2) Bei der hiernach gebotenen Abwägung fällt zunächst ins Gewicht, dass der Antragsgegner den Mindestunterhalt seiner Kinder nicht gewährleisten kann, wenn die Darlehensraten in voller Höhe von seinem Einkommen abgezogen werden. Andererseits handelt es sich um Verbindlichkeiten, die der Antragsgegner im Interesse seiner Familie eingegangen ist, um ihr ein Eigenheim zu bieten. Jedenfalls ein Anwachsen der Verschuldung durch Zinsen, das Folge des Nichtbedienens der Darlehen wäre, braucht der Antragsgegner deshalb grundsätzlich nicht hinzunehmen. Im vorliegenden Fall besteht indessen die Besonderheit, dass das Haus verkauft werden sollte. Im Hinblick darauf hat der Antragsteller geltend gemacht, Kreditinstitute stellten in Fällen bestehender Veräußerungsabsicht

Kredite tilgungsfrei. Wie die Rechtsbeschwerde zu Recht rügt, hat der für seine Leistungsfähigkeit darlegungs- und beweispflichtige Antragsgegner (vgl. Senatsurteil vom 27. November 2002 – XII ZR 295/00 – FamRZ 2003, 444, 445) zu konkreten Bemühungen um eine Minderung der aktuellen Belastung im Wege der Stundung oder Streckung der Raten bzw. Aussetzung der Tilgung nichts vorgetragen. Auf welcher tatsächlichen Grundlage das Berufungsgericht zu dem Ergebnis gelangt ist, die Kreditinstitute hätten eine Tilgungsstreckung oder -aussetzung abgelehnt, ist der angefochtenen Entscheidung nicht zu entnehmen. Solange hierzu indessen keine konkreten Feststellungen getroffen sind, ist die Annahme, auf die Kredite müssten zwingend die vereinbarten Raten gezahlt werden, nicht gerechtfertigt.

BGH v. 26.3.2014 – XII ZB 214/13 – FamRZ 2014, 1007 = NJW 2014, 1807

(Kein Begrenzung des nachehelichen Unterhalts bei ehebedingtem Nachteil in Folge betriebsbedingten Arbeitsplatzverlustes) **R 752**

[16] b) Die Rechtsbeschwerde begehrt allein eine Begrenzung des Unterhaltsanspruchs gemäß § 1578b BGB. Dass das Beschwerdegericht eine solche sowohl in Form einer Befristung nach § 1578b II BGB als auch in Form einer Herabsetzung gemäß §§ 1578b I BGB abgelehnt hat, ist frei von Rechtsfehlern.

[17] aa) Ein Anspruch auf nachehelichen Unterhalt ist nach § 1578b I 1 BGB auf den angemessenen Lebensbedarf herabzusetzen, wenn eine an den ehelichen Lebensverhältnissen orientierte Bemessung des Unterhaltsanspruchs auch unter Wahrung der Belange eines dem Berechtigten zur Pflege oder Erziehung anvertrauten gemeinschaftlichen Kindes unbillig wäre. Nach § 1578b II 1 BGB ist ein Anspruch auf nachehelichen Unterhalt zeitlich zu begrenzen, wenn ein zeitlich unbegrenzter Unterhaltsanspruch unbillig wäre. Die Kriterien für die Billigkeitsabwägung ergeben sich aus § 1578b II 2 und 3 BGB. Danach ist insbesondere zu berücksichtigen, inwieweit durch die Ehe Nachteile im Hinblick auf die Möglichkeit eingetreten sind, für den eigenen Unterhalt zu sorgen, oder eine Herabsetzung des Unterhaltsanspruchs unter Berücksichtigung der Dauer der Ehe unbillig wäre. Nachteile iSd Satzes 2 können sich vor allem aus der Dauer der Pflege oder Erziehung eines gemeinschaftlichen Kindes sowie aus der Gestaltung von Haushaltsführung und Erwerbstätigkeit während der Ehe ergeben, § 1578b I 3 BGB.

[18] (1) Der Maßstab des angemessenen Lebensbedarfs, der nach § 1578b I BGB die Grenze für die Herabsetzung des nachehelichen Unterhalts bildet, bemisst sich dabei nach dem Einkommen, das der unterhaltsberechtigte Ehegatte ohne die Ehe und Kindererziehung als eigenes Einkünften zur Verfügung hätte. Erzielt der Unterhaltsberechtigte nach einer ehebedingten Einschränkung seiner Erwerbstätigkeit lediglich Einkünfte, die den eigenen angemessenen Unterhaltsbedarf nach § 1578b BGB nicht erreichen, scheidet eine Befristung des Unterhaltsanspruchs regelmäßig aus. Auch dann kann der Unterhalt nach einer Übergangszeit aber bis auf den ehebedingten Nachteil herabgesetzt werden, der sich aus der Differenz des angemessenen Unterhaltsbedarfs mit dem erzielten oder erzielbaren eigenen Einkommen ergibt, was freilich voraussetzt, dass der Bedarf nach den ehelichen Lebensverhältnissen den eigenen angemessenen Lebensbedarf übersteigt. Um den ehebedingten Nachteil der Höhe nach bemessen zu können, muss der Tatrichter Feststellungen zum angemessenen Lebensbedarf des Unterhaltsberechtigten im Sinne des § 1578b I 1 BGB und zum Einkommen treffen, das der Unterhaltsberechtigte tatsächlich erzielt bzw. gemäß §§ 1574, 1577 BGB erzielen könnte. Die Differenz aus den beiden Positionen ergibt den ehebedingten Nachteil (Senatsbeschluss vom 13. März 2013 – XII ZB 650/11 – FamRZ 2013, 935 Rn. 35 mwN).

[19] (2) Ehebedingte Nachteile sind vor allem Erwerbsnachteile, die durch die von den Ehegatten praktizierte Rollenverteilung während der Ehe entstanden sind. Sie können sich ergeben, wenn ein Ehegatte sich entschließt, seinen Arbeitsplatz aufzugeben, um die Haushaltsführung und Kinderbetreuung zu übernehmen. Denn nach § 1578b I 3 BGB können sich solche Nachteile vor allem aus der Dauer der Pflege oder Erziehung eines gemeinschaftlichen Kindes sowie aus der Gestaltung von Haushaltsführung und Erwerbstätigkeit während der Ehe ergeben. Es ist auf die tatsächliche Gestaltung von Kinderbetreuung und Haushaltsführung abzustellen, weshalb der unterhaltspflichtige Ehegatte nicht einwenden kann, dass er den Unterhaltsberechtigten während der Ehe zur Berufstätigkeit angehalten habe (Senatsbeschluss vom 13. März 2013 – XII ZB 650/11 – FamRZ 2013, 935 Rn. 36 und Senatsurteil vom 16. Februar 2011 – XII ZR 108/09 – FamRZ 2011, 628 Rn. 20 mwN).

[20] Ein Nachteil ist nur dann nicht ehebedingt, wenn die Ehegestaltung für den Erwerbsnachteil nicht ursächlich geworden ist. Das ist der Fall, wenn der Unterhaltsberechtigte seinen Arbeitsplatz ausschließlich aus Gründen aufgegeben oder verloren hat, die außerhalb der Ehegestaltung liegen, so etwa aufgrund einer von ihm persönlich beschlossenen beruflichen Neuorientierung oder wegen einer betriebs- oder krankheitsbedingten Kündigung seitens des Arbeitgebers (Senatsbeschluss vom 13. März 2013 – XII ZB 650/11 – FamRZ 2013, 935 Rn. 36 mwN).

[21] Ein ehebedingter Nachteil kann sich bei einem – nicht ehebedingten – Arbeitsplatzverlust indes daraus ergeben, dass der unterhaltsberechtigte Ehegatte mit Rücksicht auf die Ehe und die übernommene Rollenverteilung von der Aufnahme einer seiner beruflichen Qualifikation und Fähigkeiten entsprechenden Erwerbstätigkeit absieht und ihm dadurch eine dauerhafte Einkommenseinbuße entsteht (Senatsurteile vom 20. Februar 2013 – XII ZR 148/10 – FamRZ 2013, 860 Rn. 20 und vom 7. März 2012 – XII ZR 25/10 – FamRZ 2012, 776 Rn. 21).

[22] (3) Der Unterhaltspflichtige, der sich auf eine Begrenzung des nachehelichen Unterhalts beruft, trägt die Darlegungs- und Beweislast hinsichtlich der hierfür sprechenden Tatsachen. In die Darlegungs- und Beweislast des Unterhaltspflichtigen fällt deshalb grundsätzlich auch der Umstand, dass dem Unterhaltsberechtigten keine ehebedingten Nachteile im Sinne des § 1578b BGB entstanden sind. Die dem Unterhaltspflichtigen obliegende Darlegungs- und Beweislast erfährt jedoch eine Erleichterung nach den von der Rechtsprechung zum Beweis negativer Tatsachen entwickelten Grundsätzen. Danach trifft den Unterhaltsberechtigten eine sekundäre Darlegungslast, die im Rahmen von § 1578b BGB zum Inhalt hat, dass der Unterhaltsberechtigte die Behauptung, es seien keine ehebedingten Nachteile entstanden, substantiiert bestreiten und seinerseits darlegen muss, welche konkreten ehebedingten Nachteile entstanden sein sollen. Erst wenn das Vorbringen des Unterhaltsberechtigten diesen Anforderungen genügt, müssen die vorgetragenen ehebedingten Nachteile vom Unterhaltspflichtigen widerlegt werden (Senatsurteil BGHZ 185, 1 = FamRZ 2010, 875 Rn. 18 ff. und Senatsbeschluss vom 13. März 2013 – XII ZB 650/11 – FamRZ 2013, 935 Rn. 37 mwN).

BGH v. 9.4.2014 – XII ZB 721/12 – FamRZ 2014, 1098 = NJW 2014, 1733

R 753 *(Wohnvorteile beim Verkauf des Miteigentums an anderen Ehegatten und Erwerb einer neuen Wohnung)*

[10] Jedoch steht die Berechnung der beiderseitigen unterhaltsrelevanten Einkünfte nicht mit der Rechtsprechung des Senats im Einklang. Das Oberlandesgericht hat den Wohnvorteil zu Unrecht unberücksichtigt gelassen.

[11] a) Zwar entfallen die Vorteile der mietfreien Nutzung der Ehewohnung, wenn diese im Zusammenhang mit der Scheidung veräußert wird. An ihre Stelle treten aber die Vorteile, die die Ehegatten in Form von Zinseinkünften aus dem Erlös ihrer Miteigentumsanteile ziehen oder ziehen könnten. Das gilt im Grundsatz auch dann, wenn die Ehewohnung nicht an Dritte veräußert wird, sondern ein Ehegatte seinen Miteigentumsanteil auf den anderen überträgt. Auch in einem solchen Fall tritt für den veräußernden Ehegatten der Zins aus dem Erlös als Surrogat an die Stelle der früheren Nutzungsvorteile seines Miteigentumsanteils. Für den übernehmenden Ehegatten verbleibt es hingegen grundsätzlich bei einem Wohnvorteil, und zwar nunmehr in Höhe des Wertes der gesamten Wohnung, gemindert um die unterhaltsrechtlich zu berücksichtigenden Belastungen, einschließlich der Belastungen durch den Erwerb des Miteigentumsanteils des anderen Ehegatten (Senatsurteil vom 5. März 2008 – XII ZR 22/06 – FamRZ 2008, 963 Rn. 13 mwN).

[12] Setzt der gewichene Ehegatte den Erlös aus seinem früheren Miteigentumsanteil für den Erwerb einer neuen Wohnung ein, tritt der Wohnvorteil der neuen Wohnung an die Stelle eines Zinses aus dem Erlös (vgl. Senatsurteil vom 1. Oktober 2008 – XII ZR 62/07 – FamRZ 2009, 23 Rn. 17).

[13] b) Das unterhaltsrelevante Einkommen der Ehefrau ist somit erhöht um den vollen Nutzungswert des früheren Familienheims abzüglich ihrer Zinsaufwendungen aus dem aufgenommenen Darlehen sowie der Tilgungsaufwendungen, soweit diese als zusätzliche Altersvorsorge verstanden werden können (vgl. Senatsurteil vom 5. März 2008 – XII ZR 22/06 – FamRZ 2008, 963 Rn. 22 ff. mwN).

[14] Das unterhaltsrelevante Einkommen des Ehemanns ist erhöht um den ihm zuzurechnenden Wohnvorteil des neu errichteten Wohnhauses abzüglich der nach der Senatsrechtsprechung zu berücksichtigenden Kosten.

BGH v. 7.5.2014 – XII ZB 258/13 – FamRZ 2014, 1183 = NJW 2014, 2109

(Unterhaltsbedarf des geschiedenen Ehegatten bei Wiederheirat des Unterhaltspflichtigen)

[15] a) Im Ausgangspunkt zutreffend hat das Beschwerdegericht den Unterhaltsbedarf der Antragsgegnerin gemäß § 1578 I 1 BGB nach den ehelichen Lebensverhältnissen bemessen. Ohne Auswirkung auf den Unterhaltsbedarf nach den ehelichen Lebensverhältnissen bleibt eine nacheheliche Entwicklung, die keinen Anknüpfungspunkt in der Ehe findet. Dies gilt im Anschluss an die Rechtsprechung des Bundesverfassungsgerichts (vgl. BVerfG FamRZ 2011, 437 Rn. 70) insbesondere für die Unterhaltspflicht gegenüber einem neuen Ehegatten, die erst nach der Scheidung der ersten Ehe eintreten kann (Senatsurteil BGHZ 192, 45 = FamRZ 2012, 281 Rn. 26). Gleiches gilt umgekehrt für die aus der neuen Ehe hervorgehenden finanziellen Vorteile wie den Splittingvorteil (vgl. BVerfG FamRZ 2003, 1821, 1823 f.; Senatsurteile BGHZ 163, 84, 90 f. = FamRZ 2005, 1817, 1819 und vom 14. März 2007 – XII ZR 158/04 – FamRZ 2007, 882 Rn. 24) oder sonstige, von der neuen Eheabhängige Einkommenszuschläge (Senatsurteile BGHZ 192, 45 = FamRZ 2012, 281 Rn. 26 und BGHZ 171, 206 = FamRZ 2007, 793 Rn. 44 ff.).

[16] aa) Ausgehend von diesen Grundsätzen hat das Beschwerdegericht den Unterhaltsbedarf der Antragsgegnerin zu Recht ohne Berücksichtigung des Splittingvorteils bemessen, welcher der neuen Ehe des Antragstellers vorbehalten bleibt. Es hat allerdings verkannt, dass die Wiederverheiratung des Antragstellers Auswirkungen auf die unterhaltsrechtliche Behandlung des ihm gewährten Familienzuschlages der Stufe 1 hat, der gemäß § 5 I 1 Nr. 2 BeamtVG zu seinen ruhegehaltfähigen Dienstbezügen gehört. Der Berechnung des Ruhegehalts wird nach § 50 I BeamtVG iVm § 40 I BBesG ein Familienzuschlag der Stufe 1 zugrunde gelegt, wenn der Versorgungsempfänger verheiratet ist oder wenn er geschieden und aus der geschiedenen Ehe mindestens in Höhe dieses Zuschlages zum Unterhalt verpflichtet ist. Ist der Versorgungsempfänger daher seinem geschiedenen Ehegatten unterhaltspflichtig und ist er nach der Scheidung eine zweite Ehe eingegangen, wird ein Familienzuschlag der Stufe 1 bei der Berechnung des Ruhegeldes aus zwei alternativen Rechtsgründen (§ 50 I BeamtVG iVm § 40 I Nr. 1 und Nr. 3 BBesG) berücksichtigt, um damit sowohl die Unterhaltsbelastungen aus der geschiedenen Ehe als auch die aus der neuen Ehe herrührenden wirtschaftlichen Belastungen abzumildern (vgl. auch Senatsbeschluss vom 2. Februar 2011 – XII ZB 133/08 – FamRZ 2011, 706 Rn. 29). Wird der Familienzuschlag der Stufe 1 mithin wegen der bestehenden (zweiten) Ehe und zugleich wegen einer fortdauernden Unterhaltspflicht aus einer früheren Ehe gezahlt, ist er nach seinem Sinn und Zweck bei der Bemessung des Unterhaltsanspruchs der geschiedenen Ehefrau nur hälftig zu berücksichtigen (Senatsurteil BGHZ 171, 206 = FamRZ 2007, 793 Rn. 46 f.; vgl. weiterhin Wendl/Dose Das Unterhaltsrecht in der familienrichterlichen Praxis 8. Aufl. § 1 Rn. 75; Niepmann/Schwamb Die Rechtsprechung zur Höhe des Unterhalts 12. Aufl. Rn. 65).

(Leistungsfähigkeit des geschiedenen und wieder verheirateten Ehegatten)

[18] b) Mit Recht hat das Beschwerdegericht weiter erkannt, dass die Wiederverheiratung des Antragstellers in dem hier interessierenden Unterhaltszeitraum auch auf die Beurteilung seiner Leistungsfähigkeit (§ 1581 BGB) keinen Einfluss hat.

[19] aa) Allerdings muss der Unterhaltspflichtige nach § 1581 BGB nur insoweit Unterhalt leisten, als es mit Rücksicht auf die Bedürfnisse und Erwerbsund Vermögensverhältnisse der geschiedenen Ehegatten der Billigkeit entspricht, wenn er nach seinen Erwerbs- und Vermögensverhältnissen unter Berücksichtigung seiner sonstigen Verpflichtungen außerstande ist, ohne Gefährdung des eigenen angemessenen Unterhalts den vollen Unterhalt der Unterhaltsberechtigten zu zahlen. Die Leistungsfähigkeit gegenüber einzelnen Unterhaltsberechtigten hängt mithin grundsätzlich auch von weiteren Unterhaltsverpflichtungen als sonstigen Verpflichtungen im Sinne des § 1581 BGB ab.

(Vorrang des geschiedenen gegenüber dem neuen Ehegatten)

[20] bb) Im Ausgangspunkt ist das Beschwerdegericht zutreffend davon ausgegangen, dass die Antragsgegnerin gegenüber der neuen Ehefrau des Antragstellers unter dem Aspekt der langen Ehedauer (§ 1609 Nr. 2 BGB), der in besonderem Maße den Schutz „traditioneller" Ehemodelle im Blick hat (vgl. Menne in Büte/Poppen/Menne Unterhaltsrecht 2. Aufl. § 1609 BGB Rn. 17; MünchKommBGB/Born 6. Aufl. § 1609 BGB Rn. 20), unterhaltsrechtlich vorrangig gewesen ist. Die Ehe der Beteiligten hat bis zur Zustellung des Scheidungsantrages mehr als 31 Jahre gedauert, und sie war aufgrund der gewählten Rollenverteilung und der Gestaltung der ehelichen Lebensverhältnisse von

einer engen persönlichen und wirtschaftlichen Verflechtung geprägt (vgl. auch Senatsbeschluss vom 2. Februar 2011 – XII ZB 133/08 – FamRZ 2011, 706 Rn. 70). Diese beruhte auf dem – unstreitig ehebedingten – Abbruch der akademischen Ausbildung der Antragsgegnerin, der Übernahme der Haushaltsführung und Kinderbetreuung und schließlich auch darauf, dass die Antragsgegnerin ihre spätere Tätigkeit als Übersetzerin in der Ehezeit im Wesentlichen für den Antragsteller entfaltete. Demgegenüber war die neue Ehefrau des Antragstellers bis zur Geburt des Kindes G. nach § 1609 Nr. 3 BGB nachrangig; gegen diese Beurteilung erinnert auch die Rechtsbeschwerde nichts.

[21] cc) Ist der neue Ehegatte gegenüber dem geschiedenen Ehegatten nachrangig, ist dessen Unterhaltsanspruch im Rahmen der Leistungsfähigkeit gegenüber dem geschiedenen Ehegatten grundsätzlich nicht als sonstige Verpflichtung zu berücksichtigen. Der unterhaltsrechtliche Vorrang des geschiedenen Ehegatten wirkt sich im Rahmen des § 1581 BGB vielmehr in Höhe des vollen Unterhaltsbedarfs nach den ehelichen Lebensverhältnissen aus, so dass der Unterhaltspflichtige in diesem Umfang regelmäßig auch leistungsfähig ist (Senatsurteil BGHZ 192, 45 = FamRZ 2012, 281 Rn. 49).

[22] Eine abweichende Beurteilung ergibt sich unter den obwaltenden Umständen auch nicht deshalb, weil die im Rahmen des § 1581 BGB gebotene Billigkeitsabwägung auch solche Verteilungsergebnisse erlaubt, die sich neben dem Rang auf weitere individuelle Umstände stützen, und als zusätzliches Billigkeitskriterium insbesondere berücksichtigt werden kann, ob der Mindestbedarf eines Berechtigten gedeckt ist (Senatsurteil BGHZ 192, 45 = FamRZ 2012, 281 Rn. 50). Denn es ist grundsätzlich zu beachten, dass der sich aus § 1609 BGB ergebende Rang der Unterhaltsansprüche selbst Ausdruck einer gesetzlichen Billigkeitswertung ist, die den – vollständigen – Vorrang des vom Gesetzgeber als schutzbedürftiger angesehenen Unterhaltsberechtigten sichern soll (Münch-KommBGB/Maurer 6. Aufl. § 1609 Rn. 20; Gerhardt/Gutdeutsch FamRZ 2011, 772, 775). Dies wird in der Regel – und auch hier – dazu führen, dem vorrangigen geschiedenen Ehegatten den nach den ehelichen Lebensverhältnissen bemessenen Bedarf insgesamt zu belassen und die neue Ehe ergänzend auf die durch den nachrangigen Ehegatten erzielten oder erzielbaren Einkünfte sowie auf die der neuen Ehe vorbehaltenen wirtschaftlichen Vorteile – hier also insbesondere den steuerlichen Splittingvorteil und den hälftigen Familienzuschlag der Stufe 1 – zu verweisen.

d *(Gleichrang zwischen geschiedenem und neuem Ehegatten)*

II.

[23] 1. Das Beschwerdegericht hat eine Abänderung der Ausgangsentscheidung auch für den Unterhaltszeitraum zwischen der Geburt des Kindes G. am 22. Juli 2011 und dem Eintritt der Antragsgegnerin in die gesetzliche Altersrente (und der damit einhergehenden Kürzung der Versorgungsbezüge des Antragstellers) zum 1. Dezember 2011 abgelehnt.

[24] Hierzu hat es im Wesentlichen das Folgende ausgeführt: Mit der Geburt des Kindes sei für den Antragsteller eine Unterhaltsverpflichtung entstanden, die gemäß § 1609 Nr. 1 BGB sowohl dem Unterhaltsanspruch der Antragsgegnerin als auch dem Unterhaltsanspruch seiner Ehefrau vorgehe. Solange der Antragsteller indessen noch die nicht durch den Versorgungsausgleich gekürzten Versorgungsbezüge bezogen habe, sei er zur Leistung von Unterhalt an seinen Sohn und seine Ehefrau als auch zur Zahlung des (titulierten) Unterhalts an die Antragsgegnerin leistungsfähig gewesen. Der „für die Bemessung seiner Leistungsfähigkeit der Antragsgegnerin gegenüber einzusetzende Kindesunterhalt" errechne sich aus seinem Nettoeinkommen ohne Berücksichtigung des auf der Wiederverheiratung beruhenden Splittingvorteils. Da der Antragsteller insgesamt drei Personen gegenüber unterhaltspflichtig sei, könne der Kindesunterhalt der Düsseldorfer Tabelle nach Herabstufung um eine Einkommensgruppe entnommen werden; daneben sei der Mehrbedarf des Kindes für seine Krankenversicherungsbeiträge zu berücksichtigen. Das in Höhe von 184 EUR gezahlte Kindergeld sei gemäß § 1612b I Nr. 2 BGB in voller Höhe auf den Barbedarf des Kindes anzurechnen, weil das Kind im Haushalt beider Eltern lebe und deshalb davon auszugehen sei, dass es von beiden Elternteilen gemeinsam betreut werde. Das von der Ehefrau des Antragstellers bezogene Elterngeld sei in voller Höhe, mithin unter Einbeziehung des Sockelbetrages von 300 EUR, zu berücksichtigen. Das Elterngeld sei als Teil der Mittel anzusehen, die beiden Eltern für die Lebensführung zur Verfügung stünden. Es widerspräche dieser Regelung, diese Mittel nur einem der beiden Elternteile vorzubehalten. Zwar würden gemäß § 11 BEEG Unterhaltspflichten durch die Zahlung des Elterngeldes nur insoweit berührt, als diese 300 EUR monatlich überstiegen. Bei dem Anspruch auf Familienunterhalt handele es sich aber um einen gegenseitigen Anspruch der Ehegatten. Beide seien verpflichtet, mit ihrer Arbeit und ihrem Vermögen die Familie angemessen zu unterhalten; es gelte der Halbteilungsgrundsatz. Dem

Sinn dieser Regelung entspreche es, das Elterngeld als Teil des Familieneinkommens anzusehen mit der Folge, dass es den Bedarf der Familie zu diesem Anteil decke.

[25] Bei der Prüfung der Leistungsfähigkeit gemäß § 1581 BGB könne bei gleichrangigen Unterhaltspflichten darauf abgestellt werden, ob auf die gleichrangigen Unterhaltsberechtigten und die Unterhaltspflichtigen je ein Drittel der zur Verfügung stehenden Mittel entfielen. Dabei könnten im vorliegenden Fall die Beiträge des Antragstellers und der Antragsgegnerin zur Krankenvorsorge vorweg abgezogen werden, zumal die Ehefrau des Antragstellers während der Bezugsdauer des Elterngeldes in der gesetzlichen Krankenversicherung beitragsfrei versichert sei. Werde das (um den Splittingvorteil erhöhte) Nettoeinkommen des Antragstellers um sämtliche zu berücksichtigenden Abzugspositionen (Kindesunterhalt, eigener Krankenversicherungsbeitrag, Krankenvorsorgeunterhalt für die Antragsgegnerin in titulierter Höhe, steuerlicher Nachteilsausgleich) bereinigt, ergebe sich unter Berücksichtigung der Elterngeldbezüge seiner Ehefrau im Rahmen der Dreiteilung ein verteilungsfähiges Einkommen in Höhe von 3213,37 EUR. Hiervon ein Drittel betrage 1071,12 EUR; werde dieser Betrag wegen der in der neuen Ehe des Antragstellers entstehenden Synergieeffekte zugunsten der Antragsgegnerin um 20% erhöht, ergebe sich ein Betrag von 1285,34 EUR und damit mehr, als zu ihren Gunsten tituliert sei.

[26] 2. Dies hält rechtlicher Überprüfung nicht in allen Punkten stand.

[27] a) Das Beschwerdegericht hat allerdings zunächst zutreffend erkannt, dass sich die tatsächlichen Verhältnisse gegenüber der Ausgangsentscheidung in diesem Unterhaltszeitraum durch das Hinzutreten der nach § 1609 Nr. 1 BGB vorrangigen Unterhaltspflicht gegenüber dem Kind und die mit der Kinderbetreuung verbundene Rangverschiebung auf Seiten der neuen Ehefrau verändert haben. Ferner ist das Beschwerdegericht ersichtlich davon ausgegangen, dass der Unterhaltsbedarf der Antragsgegnerin nach den ehelichen Lebensverhältnissen auch durch das Hinzutreten der weiteren Unterhaltspflicht gegenüber dem Kind G. nicht nachteilig berührt worden ist. Auch dies ist zutreffend, weil die Unterhaltspflicht für ein nachehelich geborenes Kind weder in der geschiedenen Ehe angelegt noch bei fortbestehender Ehe mit hoher Wahrscheinlichkeit zu erwarten gewesen wäre. Diese Beurteilung gilt unabhängig davon, ob das nach Rechtskraft der Scheidung geborene Kind in einer neuen Ehe oder außerehelich geboren worden ist (Senatsurteil BGHZ 192, 45 = FamRZ 2012, 281 Rn. 27). Auch insoweit hat der Senat seine frühere, auf dem Stichtagsprinzip beruhende Rechtsprechung (Senatsurteile vom 12. Juli 1990 – XII ZR 85/89 – FamRZ 1990, 1091, 1094 und vom 25. Februar 1987 – IVb ZR 36/86 – FamRZ 1987, 456, 458 f.) wieder aufgegriffen.

[28] b) Auch die rechtlichen Ausgangspunkte zur Beurteilung der Leistungsfähigkeit (§ 1581 BGB) des Antragstellers begegnen keinen grundsätzlichen Bedenken.

[29] aa) Steht – wie in dem hier relevanten Unterhaltszeitraum – der Unterhaltsanspruch einer geschiedenen Ehefrau mit dem hinzugetretenen Unterhaltsanspruch der Mutter eines nachehelich geborenen Kindes im gleichen Unterhaltsrang, ist im Rahmen der Billigkeitsprüfung des § 1581 BGB grundsätzlich auch die hinzugekommene gleichrangige Unterhaltsverpflichtung zu berücksichtigen. Der geschiedene Ehegatte kann dann nicht mehr den vollen Unterhalt im Wege der Halbteilung verlangen, weil dem Unterhaltspflichtigen nur ein gleich hoher Betrag seines Einkommens verbliebe, der für seinen eigenen Unterhalt und den hinzugetretenen gleichrangigen Unterhaltsanspruch zu verwenden wäre. Sowohl dem Unterhaltspflichtigen als auch dem gleichrangig hinzugetretenen Unterhaltsberechtigten verbliebe dann deutlich weniger als der geschiedene Ehegatten beanspruchen könnte. Dies führt zu einem relativen Mangelfall zwischen dem Unterhaltspflichtigen und dem geschiedenen Ehegatten, der zu einer Kürzung des Unterhaltsanspruchs nach Billigkeit führen muss. Dem Unterhaltspflichtigen muss im Verhältnis zum geschiedenen Ehegatten somit mehr als die Hälfte des Einkommens verbleiben, um auch den hinzugekommenen gleichrangigen Unterhaltsanspruch bedienen zu können. Wenn der Tatrichter dieser wechselseitigen Beeinflussung im Rahmen der nach § 1581 BGB gebotenen Billigkeit bei gleichrangigen Unterhaltsberechtigten grundsätzlich im Wege der Dreiteilung des vorhandenen Gesamteinkommens aller Beteiligten Rechnung trägt, ist dies aus rechtsbeschwerderechtlicher Sicht nicht zu beanstanden (Senatsurteil BGHZ 192, 45 = FamRZ 2012, 281 Rn. 41 ff.; Senatsbeschluss vom 19. März 2014 – XII ZB 19/13 – juris Rn. 38 f.).

[30] bb) Soweit im Rahmen der Leistungsfähigkeit gegenüber einem geschiedenen und einem gleichrangigen neuen Ehegatten bei der Billigkeitsabwägung eine Dreiteilung des vorhandenen Einkommens erfolgt, ist grundsätzlich das gesamte Einkommen aller Beteiligten zu berücksichtigen. Einzubeziehen sind daher auch der steuerliche Splittingvorteil (Senatsurteil BGHZ 192, 45 = FamRZ 2012, 281 Rn. 47) und der volle Familienzuschlag der Stufe 1 (vgl. auch Senatsurteil BGHZ 177, 356

= FamRZ 2008, 1911 Rn. 52 ff.), weil die Dreiteilung regelmäßig schon zu einer Kürzung der Unterhaltsansprüche des geschiedenen Ehegatten führen wird und es deshalb nicht mehr erforderlich ist, bestimmte Einkommensbestandteile für die neue Ehe zu reservieren.

[31] cc) Es ist aus Rechtsgründen ebenfalls nichts dagegen zu erinnern, dass das Beschwerdegericht den Vorteil des Zusammenwohnens für die Ehegatten der neuen Ehe mit einem Abzug von 10% ihres Gesamtbedarfs in Ansatz gebracht hat (Senatsurteil BGHZ 192, 45 = FamRZ 2012, 281 Rn. 46; Senatsbeschluss vom 19. März 2014 – XII ZB 19/13 – juris Rn. 38 f.).

e *(Kindesunterhalt im Rahmen der intakten neuen Ehe)*

[34] bb) Rechtlichen Bedenken begegnen die Erwägungen des Beschwerdegerichts zur Bemessung des vorrangigen Kindesunterhalts für das in der neuen Ehe geborene Kind des Antragstellers.

[35] (1) Lebt das unterhaltsberechtigte Kind im Haushalt des Unterhaltspflichtigen und seines neuen Ehegatten, richtet sich sein Unterhaltsanspruch im Rahmen des Familienunterhalts (§ 1360a I BGB) – abgesehen vom Taschengeld – nicht auf eine Geldzahlung, sondern auf die Gewährung von Wohnung, Nahrung, Kleidung und sonstigen Leistungen in Form von Naturalien. Um im Rahmen des § 1581 BGB die damit einhergehende Einschränkung der unterhaltsrechtlichen Leistungsfähigkeit des Unterhaltspflichtigen bestimmen zu können, ist es erforderlich, den Anspruch des Kindes auf Leistung von Naturalunterhalt zu monetarisieren. Der Geldwert dieses Naturalunterhaltsanspruchs wird dabei mindestens mit dem (hypothetischen) Anspruch auf Barunterhalt zu veranschlagen sein, den das Kind im Falle einer Trennung seiner Eltern gegen den Unterhaltspflichtigen hätte (vgl. auch OLG Hamburg FamRZ 1993, 1453, 1455). Dies gebietet auch der Grundsatz der Gleichbehandlung der minderjährigen Kinder aus neuer und geschiedener Ehe. Denn soweit die Lebensstellung aller Kinder des Unterhaltspflichtigen gleichermaßen durch seine Einkommensverhältnisse bestimmt wird, kann sich für das Kind aus neuer Ehe kein geringerer Unterhaltsbedarf ergeben. Daraus folgt auch, dass der als vorrangige Verbindlichkeit im Rahmen des § 1581 BGB abzuziehende (tatsächliche oder hypothetische) Barunterhaltsanspruch der minderjährigen Kinder unter Einbeziehung aller dem Unterhaltspflichtigen zur Verfügung stehenden Mittel und damit – entgegen der Auffassung des Beschwerdegerichts – auch unter Einschluss des steuerrechtlichen Splittingvorteils zu bemessen ist (Senatsurteile vom 2. Juni 2010 – XII ZR 160/08 – FamRZ 2010, 1318 Rn. 21 und BGHZ 178, 79 = FamRZ 2008, 2189 Rn. 30).

[36] (2) Es entspricht der Rechtsprechung des Senats, dass der Abzug des vorrangigen Kindesunterhalts bei der Beurteilung der Leistungsfähigkeit des Unterhaltsschuldners für den Ehegattenunterhalt mit dem um das (ggf. anteilige) Kindergeld geminderten Zahlbetrag vorzunehmen ist (Senatsurteil vom 24. Juni 2009 – XII ZR 161/08 – FamRZ 2009, 1477 Rn. 21 ff.). Soweit das Beschwerdegericht indessen auf den Unterhaltsanspruch des Kindes G. das volle gesetzliche Kindergeld in Höhe von 184 EUR angerechnet hat, begegnet dies rechtlichen Bedenken.

[37] Nach § 1612b I Nr. 1 BGB ist das auf das Kind entfallende Kindergeld zur Hälfte zur Deckung seines Barbedarfs zu verwenden, wenn ein Elternteil im Sinne von § 1606 III 2 BGB seine Unterhaltspflicht durch Betreuung des Kindes erfüllt. In allen anderen Fällen erfolgt die Anrechnung des Kindergeldes gemäß § 1612b I Nr. 2 BGB in voller Höhe. Die Anrechnungsregel des § 1612b I Nr. 1 BGB ist auf getrennt lebende Eltern zugeschnitten, in denen (nur) einer der beiden Elternteile das minderjährige Kind betreut, während der nicht betreuende Elternteil zur Zahlung einer Geldrente als Barunterhalt verpflichtet ist. Mit der Auffangvorschrift des § 1612b I Nr. 2 BGB wollte der Gesetzgeber ausweislich der Begründung des Gesetzentwurfs solche Fälle in den Blick nehmen, in denen das Kind entweder wegen Volljährigkeit einer Betreuung nicht mehr bedarf oder die Betreuung eines minderjährigen Kindes (etwa bei Fremdunterbringung) nicht wenigstens durch einen der beiden Elternteile erfolgt und deshalb nur Barunterhalt zu leisten ist (vgl. BT-Drucks. 16/1830 S. 30).

[38] Keine dieser Konstellationen, die der Gesetzgeber den Anrechnungsregeln in § 1612b I BGB zu Grunde gelegt hat, liegt hier vor. Aus dem Gesetz lässt sich die Frage, in welcher Höhe das gesetzliche Kindergeld auf den monetarisierten Naturalunterhaltsanspruch eines von beiden Elternteilen im gemeinsamen Haushalt betreuten minderjährigen Kindes anzurechnen ist, nicht unmittelbar beantworten. Die Halbanrechnung des Kindergeldes beruht auf der gesetzgeberischen Erwägung, dass betreuende Elternteile bei der Erbringung ihrer Betreuungsleistungen unterstützt werden sollen (BT-Drucks. 16/1830 S. 30). Dieser Zweck wird auch bei der Betreuung des Kindes in der intakten Familie nicht verfehlt. Wenn – wie hier – der Barunterhaltsbedarf des in der neuen Ehe geborenen Kindes allein nach den Einkommensverhältnissen des Unterhaltspflichtigen bemessen wird, weil der neue Ehegatte keine oder nur sehr geringe Geldbeträge zum Familienunterhalt beisteuern kann, ist es

Anhang R. Rechtsprechung R754

demnach sachgerecht, das Kindergeld auf den so ermittelten hypothetischen Barunterhaltsanspruch des in der Familie betreuten Kindes nur zur Hälfte anzurechnen. Jede andere Handhabung würde den nachrangigen Unterhaltsberechtigten einen zu hohen Anteil an der Verteilungsmasse zur Verfügung stellen und zu einer nicht gerechtfertigten Ungleichbehandlung mit minderjährigen Kindern aus geschiedener Ehe des Unterhaltspflichtigen führen.

(Elterngeld des neuen Ehegatten im Rahmen der Dreiteilung) f

[39] cc) Rechtsfehlerhaft ist ferner die Auffassung des Beschwerdegerichts, dass der Sockelbetrag des von der Ehefrau des Antragstellers bezogenen Elterngeldes in die Ermittlung des Gesamteinkommens einzubeziehen sei.

[40] Nach § 11 Satz 1 BEEG werden Unterhaltsverpflichtungen durch die Zahlung des Elterngeldes nur insoweit berührt, als die Zahlung 300 EUR monatlich übersteigt. § 11 Satz 1 BEEG umschreibt die „Unterhaltsverpflichtungen" nicht näher, nimmt insoweit aber auch keine Einschränkungen vor, so dass die Schonung des Sockelbetrages von 300 EUR grundsätzlich Unterhaltsverpflichtungen jeder Art umfasst (Buchner/Becker Mutterschutzgesetz und Bundeselterngeld- und Elternzeitgesetz 8. Aufl. § 11 BEEG Rn. 7 mwN). Entgegen der Ansicht des Beschwerdegerichts betrifft dies auch Unterhaltspflichten zwischen zusammenlebenden Ehegatten (von Koppenfels-Spies in Kreikebohm Kommentar zum Sozialrecht 3. Aufl. § 11 BEEG Rn. 2).

[41] Dementsprechend hatte der Senat – unter der Geltung des Bundeserziehungsgeldgesetzes und der früheren unterhaltsrechtlichen Rangvorschriften – entschieden, dass das an die zweite Ehefrau eines den minderjährigen Kindern aus erster Ehe unterhaltspflichtigen Unterhaltsschuldners ausgezahlte Erziehungsgeld auch dann § 9 Satz 1 BErzGG a. F. unbeachtlich zu bleiben hatte, wenn der Anspruch der zweiten Ehefrau auf Familienunterhalt mit dem Kindesunterhalt im gleichen Rang stand und die Nichtberücksichtigung des Erziehungsgeldes zu einem absoluten Mangelfall und damit zu einer quotalen Kürzung des geschuldeten Kindesunterhalts führte (Senatsurteil vom 21. Juni 2006 – XII ZR 147/04 – FamRZ 2006, 1182, 1183 f.). Auf der Grundlage dieser Senatsrechtsprechung kommt es – auch mit Blick auf die sozialpolitische Zielsetzung des § 11 Satz 1 BEEG – erst recht nicht in Betracht, den geschonten Sockelbetrag des von der Ehefrau des Antragstellers bezogenen Elterngeldes in eine Billigkeitsentscheidung nach § 1581 BGB einzubeziehen, um im Gefolge der damit einhergehenden Kürzung des monetarisierten Familienunterhaltsanspruchs die für die Bedienung der gleichrangigen Unterhaltsansprüche der Antragsgegnerin verfügbaren Mittel zu erhöhen (vgl. auch OLG Bremen FamRZ 2009, 343, 344; OLG Hamm Beschluss vom 13. Juni 2013 – UF 9/13 – juris Rn. 114). Ein Fall des § 11 Satz 4 BEEG liegt nicht vor und auch die dieser Ausnahmevorschrift zugrunde liegenden Rechtsgedanken kommen ersichtlich nicht zum Tragen.

(Erwerbspflicht des neuen Ehegatten in intakter Ehe im Rahmen der Dreiteilung) g

[45] a) Die Ehegatten sind gemäß § 1356 BGB berechtigt, ihre Rollenverteilung in der Ehe frei zu wählen und dadurch Ansprüche auf Familienunterhalt gegeneinander zu begründen. Es ist deshalb grundsätzlich nichts dagegen zu erinnern, wenn die Ehegatten – wie hier – einvernehmlich beschließen, dass der Partner eines bereits aus Altersgründen nicht mehr erwerbstätigen und Alterseinkünfte beziehenden Ehegatten seine Berufstätigkeit aufgeben oder einschränken solle, um sich der persönlichen Betreuung eines gemeinsamen minderjährigen Kindes zu widmen. Im vorliegenden Fall könnte die Rollenwahl in der neuen Familie des Antragstellers schon deshalb nicht dem Verdikt des Rechtsmissbrauchs unterworfen werden, weil die Ehegatten – was das Beschwerdegericht auch grundsätzlich nicht zu bezweifeln scheint („Großvateralter") – zu der Beurteilung gelangen durften, dass sich die bei Geburt des Kindes 35-jährige Ehefrau des Antragstellers besser zur Betreuung und Versorgung eines Kleinkindes eignet als der seinerzeit im 70. Lebensjahr stehende Antragsteller.

[46] b) Allerdings muss im Fall der unterhaltsrechtlichen Konkurrenz eines geschiedenen Ehegatten mit dem jetzigen Ehegatten berücksichtigt werden, dass durch die von den Ehegatten der neuen Ehe gewählte Rollenverteilung der bestehende Unterhaltsanspruch des geschiedenen Ehegatten nicht über Gebühr geschmälert werden darf. Dies ergibt sich vor allem aus der gesetzlichen Wertung des § 1609 Nr. 2 BGB, wonach im Falle der Unterhaltskonkurrenz zwischen geschiedenem und neuem Ehegatten beim neuen Ehegatten nicht auf den Familienunterhalt, sondern darauf abzustellen ist, ob er „im Falle einer Scheidung" wegen Betreuung eines Kindes unterhaltsberechtigt wäre. Dem liegt die allgemeine Billigkeitserwägung zugrunde, dass der neue Ehegatte des Unterhaltspflichtigen seine Erwerbsmöglichkeiten in gleicher Weise ausschöpfen soll, wie es auch von dem geschiedenen Ehegatten in einer

vergleichbaren Lebenssituation erwartet werden würde (vgl. Senatsurteil BGHZ 183, 197 = FamRZ 2010, 111 Rn. 49).

[47] c) Die Erwerbsobliegenheit eines kinderbetreuenden Ehegatten bestimmt sich daher auf der Grundlage einer hypothetischen Betrachtung der Verhältnisse, wie sie sich im Falle einer Scheidung der neuen Ehe darstellen würden. Mit der Einführung des Basisunterhalts bis zur Vollendung des dritten Lebensjahres (§ 1570 I 1 BGB) hat der Gesetzgeber dem betreuenden Elternteil die freie Entscheidung eingeräumt, ob er das Kind in dessen ersten drei Lebensjahren selbst erziehen oder andere Betreuungsmöglichkeiten – hierzu gehören grundsätzlich auch Betreuungsangebote des anderen Elternteils – in Anspruch nehmen will (Senatsurteile vom 6. Mai 2009 – XII ZR 114/08 – FamRZ 2009, 1124 Rn. 25 und BGHZ 180, 170 = FamRZ 2009, 770 Rn. 20). Eine Erwerbsobliegenheit des betreuenden Ehegatten besteht in diesem Zeitraum nicht, was das Beschwerdegericht im rechtlichen Ausgangspunkt auch erkannt hat. Die vom Beschwerdegericht angeführten Gesichtspunkte rechtfertigen es indessen nicht, die Ehefrau des Antragstellers in Abweichung von den vorgenannten Grundsätzen für erwerbspflichtig zu halten und ihr ein fiktives Erwerbseinkommen zuzurechnen.

[48] aa) Eine Erwerbsobliegenheit im Basisunterhaltszeitraum kann für die Ehefrau des Antragstellers nicht damit begründet werden, dass sie tatsächlich nicht von dem Antragsteller getrennt lebe und sich ihre Lebenssituation daher von einem getrennt lebenden Betreuungselternteil unterscheide. Das Auseinanderfallen von tatsächlichen und gedachten Verhältnissen liegt in der Natur einer hypothetischen Betrachtungsweise.

[49] bb) Es kann ebenfalls nicht ausschlaggebend sein, dass der pensionierte Antragsteller allenfalls noch sporadisch wissenschaftlichen Tätigkeiten nachgeht und deshalb an sich für die Betreuung des Kindes zur Verfügung stehen würde.

[50] Der im Rentenalter stehende Antragsteller ist gegenüber der Antragsgegnerin nicht mehr zur Ausübung einer Erwerbstätigkeit verpflichtet (vgl. Senatsurteil vom 11. Juli 2012 – XII ZR 72/10 – FamRZ 2012, 1483 Rn. 28 und BGHZ 188, 50 = FamRZ 2011, 454 Rn. 20). Die der Rollenwahl in der neuen Ehe des Antragstellers zugrunde liegende Lebenssituation ist schon deshalb nicht mit den Fällen des Rollentausches vergleichbar, auf denen die sogenannte Hausmann-Rechtsprechung des Senats (vgl. dazu Senatsurteil BGHZ 169, 200, 205 f. = FamRZ 2006, 1827, 1828 mwN) beruht. Die Annahme des Beschwerdegerichts, dass in der Ehe des Antragstellers eine Art „umgekehrter Rollentausch" vorgenommen worden sei, bei dem es der nicht mehr berufstätige Antragsteller seiner neuen Ehefrau (die keine Unterhaltspflichten gegenüber der Antragsgegnerin hat) durch Übernahme von Betreuungsaufgaben ermöglichen müsse, im Unterhaltsinteresse der Antragsgegnerin zeitweise wieder eine Erwerbstätigkeit auszuüben, lässt sich mit den Maßstäben des § 1570 BGB, die kraft gesetzlicher Wertung in § 1609 Nr. 2 BGB für die Rangordnung konkurrierender Unterhaltsansprüche zwischen neuem und geschiedenem Ehegatten maßgeblich sind, nicht in Einklang bringen. Denn unabhängig von der zwischen den Beteiligten streitigen Frage, ob und in welchem Umfang der Antragsteller zur Betreuung seines Kindes (noch) in der Lage ist, müsste sich die Ehefrau des Antragstellers als geschiedener Ehegatte im Basisunterhaltszeitraum bei hypothetischer Beurteilung ihres Unterhaltsanspruches nach § 1570 BGB nicht auf Betreuungsangebote des Antragstellers einlassen, um in dieser Zeit einer Erwerbstätigkeit nachgehen zu können. Wäre daher die Auffassung des Beschwerdegerichts richtig, würde damit der Ehefrau des Antragstellers gegenüber der Antragsgegnerin (faktisch) eine stärkere Erwerbsobliegenheit auferlegt, als im Falle der Scheidung gegenüber dem Antragsteller selbst bestünde.

BGH v. 14.5.2014 – XII ZB 301/12 – FamRZ 2014, 1276 = NJW 2014, 2192

R 755 *(Eheliche Lebensverhältnisse bei durch den Versorgungsausgleich geminderter Rente)*

a [20] a) Nicht zu beanstanden – und von der Rechtsbeschwerde des Antragstellers auch nicht in Zweifel gezogen – ist, dass das Oberlandesgericht die durch den zugunsten der zweiten Ehefrau des Antragstellers durchgeführten Versorgungsausgleich erfolgte Einkommensminderung als nicht eheprägend angesehen und das im Rahmen der Berechnung des Unterhaltsbedarfs der Antragsgegnerin nach den ehelichen Lebensverhältnissen (§ 1578 I 1 BGB) anzusetzende Einkommen des Antragstellers daher entsprechend erhöht hat. Die aufgrund dieses Versorgungsausgleichs gemäß § 57 BeamtVG eintretende Kürzung der dem Antragsteller ausgezahlten Pension ist allein im Rahmen seiner Leistungsfähigkeit von Bedeutung (vgl. Senatsurteil vom 7. März 2012 – XII ZR 145/09 – FamRZ 2012, 951 Rn. 23 mwN).

(Begrenzung des nachehelichen Unterhalts)

[27] a) Ein Anspruch auf nachehelichen Unterhalt ist nach § 1578b I 1 BGB auf den angemessenen Lebensbedarf herabzusetzen, wenn eine an den ehelichen Lebensverhältnissen orientierte Bemessung des Unterhaltsanspruchs auch unter Wahrung der Belange eines dem Berechtigten zur Pflege oder Erziehung anvertrauten gemeinschaftlichen Kindes unbillig wäre. Gemäß § 1578b II 1 BGB ist ein Anspruch auf nachehelichen Unterhalt zeitlich zu begrenzen, wenn ein zeitlich unbegrenzter Unterhaltsanspruch unbillig wäre. Die Kriterien für die Billigkeitsabwägung sind § 1578b I 2 und 3 BGB zu entnehmen. Danach ist neben der Dauer der Ehe vorrangig zu berücksichtigen, inwieweit durch die Ehe Nachteile im Hinblick auf die Möglichkeit eingetreten sind, für den eigenen Unterhalt zu sorgen. Solche Nachteile können sich vor allem aus der Dauer der Pflege und Erziehung eines gemeinschaftlichen Kindes und aus der Gestaltung von Haushaltsführung oder Erwerbstätigkeit während der Ehe ergeben. Ein ehebedingter Nachteil äußert sich in der Regel darin, dass der unterhaltsberechtigte Ehegatte nachehelich nicht die Einkünfte erzielt, die er ohne Ehe und Kinderbetreuung erzielen würde (stRspr des Senats, vgl. etwa Beschlüsse vom 26. Februar 2014 – XII ZB 235/12 – FamRZ 2014, 823 Rn. 12 und vom 19. Juni 2013 – XII ZB 309/11 – FamRZ 2013, 1291 Rn. 18).

(Erwerbsnachteile als ehebedingte Nachteile)

[28] b) Ehebedingte Nachteile sind vor allem Erwerbsnachteile, die durch die von den Ehegatten praktizierte Rollenverteilung (§ 1356 BGB) während der Ehe entstanden sind. Sie können sich etwa dann ergeben, wenn ein Ehegatte sich entschließt, seinen Arbeitsplatz aufzugeben, um die Haushaltsführung und Kinderbetreuung zu übernehmen. Wird hingegen die Ehegestaltung für einen Erwerbsnachteil nicht ursächlich, so ist er nicht ehebedingt (Senatsbeschluss vom 13. März 2013 – XII ZB 650/11 – FamRZ 2013, 935 Rn. 36 mwN). Erkrankungsbedingte Einkommensausfälle sind daher in aller Regel nicht ehebedingt, weil sie gerade nicht aus der ehelichen Rollenverteilung folgen (vgl. zu Einzelheiten Senatsbeschluss vom 19. Juni 2013 – XII ZB 309/11 – FamRZ 2013, 1291 Rn. 20 f.).

[29] Der Unterhaltspflichtige, der sich auf eine Begrenzung des nachehelichen Unterhalts beruft, trägt hinsichtlich der hierfür sprechenden Tatsachen die Darlegungs- und Beweislast. In diese fällt deshalb grundsätzlich auch der Umstand, dass dem Unterhaltsberechtigten keine ehebedingten Nachteile im Sinne des § 1578b BGB entstanden sind. Die dem Unterhaltspflichtigen obliegende Darlegungs- und Beweislast erfährt jedoch eine Erleichterung nach den von der Rechtsprechung zum Beweis negativer Tatsachen entwickelten Grundsätzen. Nach diesen trifft den Unterhaltsberechtigten eine sekundäre Darlegungslast, die im Rahmen von § 1578b BGB zum Inhalt hat, dass der Unterhaltsberechtigte die Behauptung, es seien keine ehebedingten Nachteile entstanden, substanziiert bestreiten und seinerseits darlegen muss, welche konkreten ehebedingten Nachteile entstanden sein sollen. Erst wenn das Vorbringen des Unterhaltsberechtigten diesen Anforderungen genügt, müssen die vorgetragenen ehebedingten Nachteile vom Unterhaltspflichtigen widerlegt werden. Dabei kann sich der Unterhaltsberechtigte im Rahmen der sekundären Darlegungslast auch des Hinweises auf vergleichbare Karriereverläufe bedienen, um sein Vorbringen zu den seinerzeit vorhandenen beruflichen Entwicklungschancen plausibel zu machen (Senatsbeschluss vom 13. März 2013 – XII ZB 650/11 – FamRZ 2013, 935 Rn. 37 mwN).

[30] c) Gemessen an diesen Grundsätzen ist es aus Rechtsgründen nicht zu beanstanden, dass das Oberlandesgericht die im Jahre 1990 zur Erwerbsunfähigkeit der Antragsgegnerin führenden Erkrankungen als nicht ehebedingt angesehen hat. Hiergegen erinnert die Rechtsbeschwerde der Antragsgegnerin ebenso nichts wie gegen die gleichfalls nicht auf Rechtsbedenken treffende tatrichterliche Beurteilung, es sei nicht hinreichend dargetan, dass die vorzeitige Verrentung der Antragsgegnerin ehebedingt war.

(Ausgleich ehebedingter Nachteile durch den Versorgungsausgleich)

[31] d) Ebenfalls zutreffend ist die Rechtsauffassung des Oberlandesgerichts, dass – von hier nicht gegebenen Ausnahmefällen (vgl. etwa Senatsurteile vom 26. Juni 2013 – XII ZR 133/11 – FamRZ 2013, 1366 Rn. 78 ff.; vom 2. März 2011 – XII ZR 44/09 – FamRZ 2011, 713 Rn. 20 und vom 4. August 2010 – XII ZR 7/09 – FamRZ 2010, Seite 1633 Rn. 25) abgesehen – ehebedingte Nachteile im Sinne von § 1578b I 2 BGB regelmäßig nicht mit den durch die Unterbrechung der Erwerbstätigkeit während der Ehe verursachten geringeren Rentenanwartschaften begründet werden können, wenn (wie hier) für diese Zeit ein vollständiger Versorgungsausgleich stattgefunden hat.

Durch diesen werden die Interessen des Unterhaltsberechtigten ausreichend gewahrt. Nachteile in der Versorgungsbilanz sind dann in gleichem Umfang von beiden Ehegatten zu tragen und somit vollständig ausgeglichen (stRspr des Senats, vgl. etwa Beschlüsse vom 26. Februar 2014 – XII ZB 235/12 – FamRZ 2014, 823 Rn. 17 und vom 19. Juni 2013 – XII ZB 309/11 – FamRZ 2013, 1291 Rn. 22).

(Ehebedingte Nachteile nach Zustellung des Scheidungsantrags)

e [35] f) Rechtlich unzutreffend ist hingegen, dass das Oberlandesgericht gleichwohl einen – dauerhaften – ehebedingten Nachteil der Antragsgegnerin für nicht durch den Antragsteller ausgeräumt hält, der darin liegen soll, dass sie ehebedingt auch nach Ehezeitende am Aufbau von Rentenanwartschaften und Versorgungsanrechten gehindert gewesen sei, die sie ohne die Ehe hätte erzielen können.

[36] aa) Zwar ist der Ausgangspunkt des Oberlandesgerichts, ein ehebedingter Nachteil könne auch darin liegen, dass der Aufbau einer Altersversorgung nach Ende der Ehezeit durch die ehebedingte Erwerbspause eingeschränkt oder gar verhindert werde, nicht zu beanstanden. Wie der Senat bereits entschieden hat, können dem Unterhaltsberechtigten Nachteile dadurch entstehen, dass er nach Zustellung des Scheidungsantrags und damit in einer nicht mehr vom Versorgungsausgleich umfassten Zeit ehebedingt ein geringeres Erwerbseinkommen erzielt und demgemäß auch geringere Rentenanwartschaften erwirbt (Senatsbeschlüsse vom 26. Februar 2014 – XII ZB 235/12 – FamRZ 2014, 823 Rn. 18 und vom 7. November 2012 – XII ZB 229/11 – FamRZ 2013, 109 Rn. 51). Dies ist etwa dann denkbar, wenn dem Unterhaltsberechtigten wegen der Unterbrechung seiner Erwerbstätigkeit der Wiedereinstieg in seine frühere berufliche Tätigkeit verwehrt oder nur in eine niedriger vergütete Stelle möglich ist. Sofern dem Unterhaltsberechtigten lediglich die ehebedingte Einkommensdifferenz als Unterhalt zugesprochen wird, setzt sich der ehebedingte Nachteil mit Renteneintritt in Form der geringeren Rentenanwartschaften fort.

(Karriereentwicklung ohne ehebedingte Unterbrechung der Erwerbstätigkeit)

f [37] bb) Den Angriffen der Rechtsbeschwerde des Antragstellers hält weiter stand, dass das Oberlandesgericht zu der Feststellung gelangt ist, die Antragsgegnerin hätte ohne die ehebedingte Unterbrechung ihrer Erwerbstätigkeit eine Karriereentwicklung bis zur Stationsschwester durchlaufen und in dieser Position auch den Bewährungsaufstieg in die Vergütungsgruppe KR VIII geschafft. Entgegen der entsprechenden Rüge der Rechtsbeschwerde des Antragstellers ist bei der Betrachtung, welche Entwicklung die Erwerbsbiographie des Unterhaltsberechtigten ohne die Unterbrechung seiner beruflichen Tätigkeit genommen hätte, stets eine hypothetische Betrachtung anzustellen (vgl. Senatsurteile vom 20. März 2013 – XII ZR 120/11 – FamRZ 2013, 864 Rn. 27 ff. und vom 20. Februar 2013 – XII ZR 148/10 – FamRZ 2013, 860 Rn. 22 ff.).

[38] Das Oberlandesgericht hat seiner Entscheidung auch zutreffend die oben (vgl. B.II.3.b) dargestellten Grundsätze zur Verteilung der Darlegungs- und Beweislast im Rahmen des § 1578b BGB zugrunde gelegt. Soweit es trotz der von ihm berücksichtigten gesundheitlichen Einschränkungen der Antragsgegnerin dazu gelangt ist, dass die Antragsgegnerin diese hypothetische berufliche Entwicklung substanziiert dargelegt und der Antragsteller die entsprechenden Annahmen nicht widerlegt habe, ist das mangels durchgreifender Rügen in der Rechtsbeschwerdeinstanz hinzunehmen. Dies gilt auch, soweit das Oberlandesgericht von einer Vollzeittätigkeit der Antragsgegnerin bis zu ihrer krankheitsbedingten Verrentung ausgeht.

[39] Erfolglos bleibt schließlich der mit der Rechtsbeschwerde des Antragstellers erhobene Einwand, das Oberlandesgericht habe sich rechtsfehlerhaft nicht damit befasst, ob der Antragsgegnerin eine Umschulung zumutbar gewesen wäre, mit der sie zum Aufbau einer angemessenen Altersversorgung in der Lage gewesen wäre. Zum einen ist bereits weder vorgetragen noch sonst ersichtlich, dass dieser Gesichtspunkt Gegenstand der Tatsacheninstanzen war. Zum anderen stellt – worauf die Rechtsbeschwerdeerwiderung der Antragsgegnerin zu Recht hinweist – dieser Einwand das Bestehen des Unterhaltsanspruchs schon dem Grunde nach in Frage. Nachdem das Gericht der Antragsgegnerin im Vorprozess keine zusätzlichen Erwerbseinkünfte fiktiv zugerechnet hat, ist damit zugleich entschieden, dass sie ihrer Erwerbsobliegenheit im Rahmen des § 1577 I BGB genügt hat. Diese Feststellung ist auch im Abänderungsverfahren maßgebend und der Antragsteller mit dem entsprechenden Einwand gemäß § 238 II FamFG präkludiert (vgl. Senatsbeschluss vom 5. Dezember 2012 – XII ZB 670/10 – FamRZ 2013, 274 Rn. 28 mwN).

Anhang R. Rechtsprechung   **R757**

(Ausgleich ehebedingten Nachteils durch Altersvorsorgeunterhalt)

[40] cc) Gleichwohl ist die Annahme des Oberlandesgerichts, der Antragsteller habe einen ehebe- **g** dingten Nachteil der Antragsgegnerin nicht widerlegen können, der in dem Bezug einer ehebedingt geringeren Altersrente liege, von Rechtsfehlern beeinflusst.

[45] (3) Tatsächlich verbleibt jedoch für die Antragsgegnerin auf der Grundlage der vom Oberlandesgericht getroffenen Feststellungen kein ehebedingter Nachteil in Form einer geringeren als der ohne Ehe erreichbaren Altersrente, der im Rahmen des § 1587b BGB Berücksichtigung finden könnte.

[46] (a) Sie hat danach zwar ehebedingt nach Ehezeitende nicht das Einkommensniveau erreicht, das sie ohne die Unterbrechung ihrer Erwerbstätigkeit während der Ehe hätte. Dies hat auch dazu geführt, dass die von ihr erworbenen Versorgungsanwartschaften hinter den für sie erreichbaren zurückgeblieben sind, was sich in einer niedrigeren Altersrente fortsetzt.

[47] (b) Ein derartiger Nachteil wird jedoch – wie das Oberlandesgericht im Ansatz richtig gesehen hat – grundsätzlich ausgeglichen, wenn der unterhaltsberechtigte Ehegatte zum Zwecke der freiwilligen Erhöhung seiner Altersrente einen über den Elementarunterhalt hinausgehenden Vorsorgeunterhalt gemäß § 1578 III BGB zugesprochen erhält oder jedenfalls erlangen kann (Senatsbeschlüsse vom 26. Februar 2014 – XII ZB 235/12 – FamRZ 2014, 823 Rn. 18 und vom 7. November 2012 – XII ZB 229/11 – FamRZ 2013, 109 Rn. 51).

[48] Durch die mit § 1578 III BGB eröffnete Möglichkeit, Altersvorsorgeunterhalt zu erlangen, kann der Unterhaltsberechtigte sogar nachehelich Versorgungsanwartschaften aufbauen, die sich an den ehelichen Lebensverhältnissen orientieren. So wird ihm der Ausgleich auch derjenigen ehebedingten Nachteile ermöglicht, die darauf zurückzuführen sind, dass er wegen der Rollenverteilung in der Ehe nach Ende der Ehezeit nur geringere Versorgungsanwartschaften erzielen kann, als ihm dies ohne die Ehe möglich gewesen wäre. Damit korrespondiert allerdings auch die Pflicht des Unterhaltsberechtigten, den Vorsorgeunterhalt zweckentsprechend zu verwenden (Senatsurteil vom 25. März 1987 – IVb ZR 32/86 – FamRZ 1987, 684, 686). Macht er den Vorsorgeunterhalt nicht geltend, obwohl er einen solchen erlangen könnte, dann ist die hieraus folgende Einbuße bei der Altersvorsorge nicht ehebedingt. Sie beruht vielmehr auf seiner eigenen, bereits im Wissen um das Scheitern der Ehe getroffenen Entscheidung und kann daher nicht dazu führen, dass aufgrund dieses Unterlassens verminderte Versorgungsanwartschaften als ehebedingter Nachteil einer Herabsetzung und zeitlichen Begrenzung seines Unterhaltsanspruchs entgegenstehen.

BGH v. 9.7.2014 – XII ZB 661/12 – FamRZ 2014, 1536 = NJW 2014, 2785

(Kaufkraftausgleich nach Maßgabe des Statistischen Amts der Europäischen Union – Eurostat)   **R 757**

[32] dd) Die vom Oberlandesgericht durchgeführte Anpassung des vom Antragsgegner in der **a** Schweiz erzielten Einkommens an die deutschen Verhältnisse wegen der erhöhten Lebenshaltungskosten ist von Rechts wegen ebenso wenig zu beanstanden.

[33] (1) Nachdem das Statistische Bundesamt die Veröffentlichung der Verbrauchergeldparitäten zum Ende des Berichtsjahrs 2009 eingestellt hatte (vgl. Wendl/Dose Das Unterhaltsrecht in der familienrichterlichen Praxis 8. Aufl. § 9 Rn. 91), deren Heranziehung zur Ermittlung der Kaufkraftunterschiede der Senat seinerzeit gebilligt hatte (Senatsurteil vom 1. April 1987 – IVb ZR 41/86 – FamRZ 1987, 682, 684; vgl. auch Unger FPR 2013, 19, 21), werden nunmehr von einen die Ländergruppeneinteilung des Bundesfinanzministeriums sowie die Korrektur mittels Teuerungsziffern und schließlich die Heranziehung der Statistiken zu Kaufpreisparitäten von Eurostat erwogen (vgl. die Übersicht bei OLG Stuttgart FamRZ 2014, 850, 851 f.; Unger FPR 2013, 19, 21 ff.).

[34] Dabei ist die Kaufkraftbereinigung Sache der tatrichterlichen Beurteilung. Das Rechtsbeschwerdegericht kann nur prüfen, ob der Tatrichter insoweit den Verfahrensstoff erschöpfend gewürdigt und einen rechtlich bedenkenfreien Weg eingeschlagen hat (Senatsurteil vom 1. April 1987 – IVb ZR 41/86 – FamRZ 1987, 682, 684).

[35] (2) Dass das Oberlandesgericht, das die Vor- und Nachteile der jeweiligen Methoden nachvollziehbar begründet und abgewogen hat, seiner Umrechnung die von Eurostat ermittelten „vergleichenden Preisniveaus des Endverbrauchs der privaten Haushalte einschließlich indirekter Steuern" als im vorliegenden Fall geeigneten Anpassungsmaßstab erachtet und damit der wohl überwiegenden Auffassung (Unger FPR 2013, 19, 22 f.; jurisPK-BGB/Viefhues [Stand 28. April 2014] § 1610 BGB

Rn. 48.1; Deutscher Familiengerichtstag – Empfehlungen des Vorstands Arbeitskreis 5 zu A I 1d – FamRZ 2011, 1921) gefolgt ist, ist von Rechts wegen nicht zu beanstanden und wird von der Rechtsbeschwerde auch nicht angegriffen.

[36] (3) Ebenso wenig ist etwas dagegen zu erinnern, dass das Oberlandesgericht die sich im Rahmen der Kaufkraftbereinigung ergebende Anpassung schon beim unterhaltsrechtlich relevanten Einkommen des Antragsgegners und nicht erst bei den in der Düsseldorfer Tabelle enthaltenen Unterhaltssätzen der Antragsteller vorgenommen hat (so aber OLG Brandenburg FamRZ 2008, 1279).

[37] Das Maß des zu gewährenden Unterhalts bestimmt sich nach der Lebensstellung des Bedürftigen, § 1610 I BGB. Auch wenn diese sich bei minderjährigen Kindern, die noch keine eigene Lebensstellung erlangt haben, vom Barunterhaltspflichtigen ableitet, ändert das nichts daran, dass die Bedarfssätze der Düsseldorfer Tabelle an den deutschen Verhältnissen ausgerichtet sind. Sie spiegeln den Lebensbedarf eines im Inland lebenden Kindes wider. Deshalb ist es nicht zu beanstanden, wenn das Oberlandesgericht das bereinigte Einkommen des Antragsgegners entsprechend der Kaufkraft umgerechnet und sodann den Bedarf der – im Zeitpunkt der letzten mündlichen Verhandlung vor dem Oberlandesgericht noch minderjährigen – Kinder aus der sich so ergebenden Einkommensgruppe der Düsseldorfer Tabelle entnommen hat. Im Übrigen hat auch die Rechtsbeschwerde gegen diese Verfahrensweise keine Einwendungen erhoben.

(Selbstbehalt bei Auslandsbezug)

b [42] ff) Soweit die Rechtsbeschwerde einwendet, aufgrund der vom Oberlandesgericht titulierten Unterhaltsverpflichtungen sei das Existenzminimum des Antragsgegners nicht mehr gewahrt, bleibt ihr ebenfalls der Erfolg versagt. Denn der dem Antragsgegner gegenüber den Antragstellern zu belassende Selbstbehalt ist gewahrt.

[43] Die tabellenmäßigen Selbstbehaltsbeträge beinhalten eine pauschalierte Betrachtung. Ob eine Anpassung des Selbstbehalts erforderlich ist, wenn der Unterhaltspflichtige, der sich im Ausland aufhält, einem von den Annahmen der Tabelle wesentlich abweichenden Preisniveau ausgesetzt ist, unterliegt ebenfalls der tatrichterlichen Beurteilung (Senatsbeschluss vom 3. Juli 2013 – XII ZB 220/12 – FamRZ 2013, 1375 Rn. 29).

[44] Die dementsprechend vom Oberlandesgericht vorgenommene tatrichterliche Beurteilung ist aus Rechtsgründen nicht zu beanstanden. Es hat das vom Antragsgegner in der Schweiz erzielte Einkommen nach den Eurostat-Tabellen umgerechnet und ist damit dem abweichenden Preisniveau gerecht geworden.

BGH v. 9.7.2014 –XII ZB 719/12 – FamRZ 2014, 1622 = NJW 2014, 2637

R 758 *(Verjährungsfrist für rückständigen Unterhalt)*

[12] 2. Diese Ausführungen halten der rechtlichen Nachprüfung stand. Der Anspruch auf Zahlung der Hauptforderung ist nicht verjährt, weil das Berufungsgericht insoweit zu Recht von einer 30-jährigen Verjährungsfrist ausgegangen ist.

[13] a) Nach § 197 I Nr. 4 BGB verjähren Ansprüche aus vollstreckbaren Vergleichen in 30 Jahren, soweit nicht ein anderes bestimmt ist. Nach II der Bestimmung tritt an die Stelle der Verjährungsfrist von 30 Jahren die regelmäßige Verjährungsfrist von drei Jahren (§ 195 BGB), soweit die Ansprüche nach I Nr. 3 bis 5 künftig fällig werdende wiederkehrende Leistungen zum Inhalt haben.

[14] Ein Anspruch auf Rückstände von regelmäßig wiederkehrenden Leistungen iSv § 197 II BGB ist dann gegeben, wenn der Anspruch von vornherein und seiner Natur nach auf Leistungen gerichtet ist, die nicht einmal, sondern in regelmäßiger zeitlicher Wiederkehr zu erbringen sind, insbesondere wenn der Gesamtumfang der geschuldeten Leistungen nicht beziffert werden kann, weil der Anspruch zeitabhängig entsteht (BGH Urteil vom 24. Juni 2005 – V ZR 350/03 – NJW 2005, 3146, 3147 mwN). Andererseits findet nicht auf jeden Zahlungsanspruch auf wiederkehrende Leistungen die regelmäßige Verjährungsfrist Anwendung. So sind die vorgenannten Voraussetzungen bei einem Rückforderungsanspruch nach § 528 I BGB auch in den Fällen nicht erfüllt, in denen wegen wiederkehrenden Bedarfs wiederkehrende Teilwertersatzleistungen in Geld bis zur Erschöpfung des Werts der Schenkung zu erbringen sind. Zwar besteht in diesen Fällen ein Anspruch auf Zahlung einer Geldrente. Für eine Qualifizierung als regelmäßig wiederkehrende Leistung iSv § 197 II BGB ist jedoch nicht ausreichend, dass eine bestimmte Verbindlichkeit in Rentenform geschuldet wird.

Gegen eine Einordnung als regelmäßig wiederkehrende Leistung im Sinne dieser Vorschrift spricht entscheidend, dass sich der Rückforderungsanspruch des Schenkers – anders als etwa Unterhaltsansprüche – nicht als ein „Stammrecht" darstellt, aus dem einzelne abtrennbare Ansprüche (laufend) fließen. Vielmehr handelt es sich auch bei dem auf wiederkehrende Leistungen gerichteten Teilwertersatzanspruch um einen einheitlichen Anspruch auf teilweise Herausgabe des Geschenkes in Form einer Ersatzleistung in Geld (BGHZ 146, 228, 233 = FamRZ 2001, 409, 410 mwN).

[15] b) Wiederkehrende Leistungen iSv § 197 II BGB, zu denen Unterhaltsforderungen regelmäßig gehören, verlieren diesen Charakter grundsätzlich nicht dadurch, dass sie in einer Summe ausgeworfen werden (Staudinger/Peters/Jacoby BGB [2009] § 197 Rn. 74). Zur Kapitalisierung künftiger Leistungen, etwa einer Unterhaltsrente, wird insofern allerdings vertreten, dass sich hierdurch der Charakter der Schuld so nachhaltig ändere, dass in aller Regel von einer Novation auszugehen sei, weshalb § 197 I Nr. 3 bis 5 BGB und nicht § 197 II BGB anwendbar sei (Staudinger/Peters/Jacoby BGB [2009] § 197 Rn. 74).

[16] aa) Nach der Rechtsprechung des Bundesgerichtshofs ist bei der Abgrenzung zwischen einer Änderung des Schuldverhältnisses und einer Novation durch Auslegung zu ermitteln, was die Parteien im Einzelfall gewollt haben. Bei dieser Auslegung ist die anerkannte Auslegungsregel zu beachten, dass bei der Feststellung des Willens der Parteien, das alte Schuldverhältnis aufzuheben und durch ein neu begründetes Rechtsverhältnis zu ersetzen, im Hinblick auf die damit verbundenen einschneidenden Folgen große Vorsicht geboten ist und von einer Novation nur ausnahmsweise ausgegangen werden darf, sofern die Parteien einen solchen Willen unzweifelhaft zum Ausdruck bringen. Im Zweifel ist daher eine bloße Änderung des Schuldverhältnisses anzunehmen (BGH Urteil vom 14. März 2013 – III ZR 417/12 – NZM 2013, 545 Rn. 14 mwN).

[17] bb) Ob das Beschwerdegericht von einer Novation des Schuldverhältnisses oder von dessen Änderung ausgegangen ist, lässt sich der Entscheidung nicht zweifelsfrei entnehmen. Die vom Beschwerdegericht angestellten Erwägungen tragen aber die Annahme, dass das Schuldverhältnis in der Weise geändert worden ist, dass an die Stelle laufender Unterhaltszahlungen im Interesse beider Beteiligten ein Abfindungsbetrag getreten ist. Die für eine Unterhaltsschuld charakteristische Erbringung der Leistung in zeitlicher Wiederkehr und für bestimmte Zeitabschnitte ist entfallen. Die Unterhaltsschuld ist nicht mehr in einzelne Forderungen zerlegbar, vielmehr ist sogar der bei Abschluss des Vergleichs bereits fällige rückständige Trennungsunterhalt in dem Betrag von 65 000 EUR mit erfasst worden, obwohl es sich von vornherein nicht um künftig fällig werdende wiederkehrende Leistungen iSv § 197 II BGB handelt.
Angesichts dieser Sachlage begegnet die tatrichterliche Würdigung keinen Bedenken, dass den Unterhaltsleistungen durch die begründete Verpflichtung zur Zahlung eines Abfindungsbetrags der Charakter einer wiederkehrenden Leistung iSv § 197 II BGB genommen worden ist. Der Umfang der Unterhaltsleistung steht fest, weitere Zahlungen werden im Hinblick auf den Unterhaltsverzicht nicht geschuldet. Umstände, die unterhaltsrechtlich grundsätzlich von Bedeutung sind, wie Änderungen von Bedürftigkeit und Leistungsfähigkeit, die Wiederheirat des Berechtigten oder dessen Tod (vgl. § 1586 I BGB), wirken sich nicht mehr aus (vgl. Senatsbeschluss vom 10. August 2005 – XII ZR 73/05 – FamRZ 2005, 1662, 1663). Mit Rücksicht auf die daher überschaubare Belastung bedarf es auch nicht des Schutzes durch eine kurze Verjährung. Denn der Schuldner kann sich auf eine bestimmte Höhe des Anspruchs einstellen und muss nicht mit der Geltendmachung einer über Jahre aufgelaufenen Schuld rechnen, was durch die regelmäßige Verjährung verhindert werden soll (vgl. BGH Urteil vom 24. Juni 2005 – V ZR 350/03 – NJW 2005, 3146, 3147). An diesem Ergebnis vermag der Umstand nichts zu ändern, dass der Abfindungsbetrag in vier Raten zu zahlen ist. Hierbei handelt es sich, wie das Beschwerdegericht zutreffend ausgeführt hat, um eine besondere Form der Erfüllung eines einheitlichen Anspruchs und nicht um wiederkehrende Leistungen (vgl. BGH Urteil vom 6. Mai 1957 – III ZR 12/56 – NJW 1957, 1148, 1149).

[18] 3. Die Ausführungen des Beschwerdegerichts hinsichtlich des Zinsanspruchs hat die Rechtsbeschwerde nicht im Einzelnen angegriffen. Die Annahme, der Zinsanspruch sei nicht verjährt, begegnet im Ergebnis auch keinen rechtlichen Bedenken. Da der Hauptanspruch nicht verjährt ist, greift § 217 BGB nicht ein. Die Zinsforderung ist ebenfalls nicht verjährt, weil die Verjährung aufgrund der von der Ehefrau veranlassten Vollstreckungshandlung erneut begonnen hat (§ 212 I Nr. 2 BGB) und die dreijährige Verjährungsfrist deshalb selbst bezüglich der ältesten noch offenen Zinsforderung nicht abgelaufen ist.

BGH v. 23.7.2014 – XII ZB 489/13 – FamRZ 2014, 1540 = NJW 2014, 2570

R 759 *(Individueller Familienbedarf des Unterhaltspflichtigen beim Elternunterhalt)*

a [9] 2. Dies hält den Angriffen der Rechtsbeschwerde nicht in jeder Hinsicht stand.

[10] a) Zwar ist die vom Beschwerdegericht vorgenommene Unterhaltsberechnung nicht zu beanstanden, soweit es hierfür die vom Senat entwickelte Berechnungsmethode mit der Bildung eines individuellen Familienbedarfs für die Ermittlung der Leistungsfähigkeit herangezogen hat. Entgegen der Auffassung des Beschwerdegerichts ist dem Unterhaltspflichtigen aber kein zusätzlicher Selbstbehalt zu belassen.

[11] aa) Der Senat hat nach Erlass des angegriffenen Beschlusses entschieden, dass die Leistungsfähigkeit zur Zahlung von Elternunterhalt auch dann auf der Grundlage eines individuellen Familienbedarfs zu ermitteln ist, wenn der Unterhaltspflichtige – wie hier – über geringere Einkünfte als sein Ehegatte verfügt (Senatsbeschluss vom 5. Februar 2014 – XII ZB 25/13 – FamRZ 2014, 538). Dabei hat der Senat die Berechnungsmethode übernommen, die er bereits für den umgekehrten Fall, dass der Unterhaltspflichtige über höhere Einkünfte als sein Ehegatte verfügt, angewandt hat (s. zur Berechnungsweise Senatsbeschluss vom 5. Februar 2014 – XII ZB 25/13 – FamRZ 2014, 538 Rn. 21 unter Hinweis auf Senatsurteil BGHZ 186, 350 = FamRZ 2010, 1535).

[12] bb) In seinem vorgenannten Beschluss vom 5. Februar 2014 hat sich der Senat der Sache nach bereits mit den Einwendungen auseinandergesetzt, die der Antragsgegner in seiner Rechtsbeschwerdeerwiderung gegen die Heranziehung dieser Berechnungsweise geltend gemacht hat. Die Ermittlung des individuellen Familienbedarfs stellt sicher, dass der Elternunterhalt nur aus dem Einkommen des Unterhaltspflichtigen gespeist wird. Eine verdeckte Haftung des besserverdienenden Schwiegerkindes ist damit ausgeschlossen. Dem unterhaltspflichtigen Kind verbleibt der Anteil, den es zum Familienbedarf beizutragen hat; nur sein darüber hinausgehendes Einkommen ist für den Elternunterhalt einzusetzen. Mit dieser Berechnungsweise wird zudem der Haushaltsersparnis, die erfahrungsgemäß mit zunehmendem Einkommen steigt, hinreichend Rechnung getragen. Zwar kann der dem unterhaltspflichtigen Kind zu belassende anteilige individuelle Familienbedarf durch dessen proportionale Anbindung an das Einkommen geringer sein als der Betrag, der einem alleinstehenden unterhaltspflichtigen Kind verbleiben müsste. Dieses Ergebnis findet seine Rechtfertigung indes in der zusätzlichen Absicherung des unterhaltspflichtigen Kindes durch den Familienunterhalt (Senatsbeschluss vom 5. Februar 2014 – XII ZB 25/13 – FamRZ 2014, 538 Rn. 27 mit Anm. Seiler; a. A. Schürmann in jurisPR-FamR 14/2014 Anm. 6).

(Taschengeldselbstbehalt als Untergrenze)

b [13] cc) Gleichzeitig hat der Senat entschieden, dass das unterhaltspflichtige Kind, dem von seinem Einkommen ein entsprechender Anteil des individuellen Familienbedarfs verbleibt, einer weiteren Absicherung in Höhe von 5 bis 7% des Familienselbstbehalts nicht mehr bedarf, weil damit auch die persönlichen Bedürfnisse abgedeckt sind (Senatsbeschluss vom 5. Februar 2014 – XII ZB 25/13 – FamRZ 2014, 538 Rn. 29). Nur bei einem unterhalb von 5 bis 7% des Familieneinkommens liegenden Einkommen des Unterhaltspflichtigen ist auch ein ihm bis zu dieser Höhe zustehendes Taschengeld einzusetzen und demgemäß der insoweit bestehende Selbstbehalt zu beachten (Senatsbeschluss vom 5. Februar 2014 – XII ZB 25/13 – FamRZ 2014, 538 Rn. 29 unter Hinweis auf Senatsurteil BGHZ 196, 21 = FamRZ 2013, 363 und Dose FamRZ 2013, 993, 1000).

[14] b) Gemessen hieran ist der vom Beschwerdegericht eingeschlagene Berechnungsweg zwar nicht zu beanstanden, soweit es nach Abzug des auf den Antragsgegner entfallenden anteiligen individuellen Familienbedarfs ein ihm verbleibendes Einkommen von 260 EUR errechnet hat. Nicht gefolgt werden kann dem Beschwerdegericht nach dem oben Gesagten indes, soweit es dem Antragsgegner hiervon weitere 5% des Familienselbstbehalts in Abzug gebracht und von dem Restbetrag nur die Hälfte für den Unterhalt eingesetzt hat.

BGH v. 30.7.2014 – XII ZB 85/14 – FamRZ 2014, 1696

R 760 *(Beschwerdewert bei Verpflichtung zur Auskunft; Geheimhaltungsinteresse)*

[8] aa) Nach ständiger Rechtsprechung des Bundesgerichtshofs ist für die Bemessung des Werts des Beschwerdegegenstands bei der Verurteilung zur Auskunftserteilung das Interesse des Rechtsmittelführers maßgebend, die Auskunft nicht erteilen zu müssen. Dabei ist – von dem Fall eines besonderen

Geheimhaltungsinteresses abgesehen – auf den Aufwand an Zeit und Kosten abzustellen, den die sorgfältige Erteilung der geschuldeten Auskunft erfordert (Senatsbeschluss vom 9. April 2014 – XII ZB 565/13 – FamRZ 2014, 1100 Rn. 10 mwN).

[9] Im Einzelfall kann zwar ein Geheimhaltungsinteresse des zur Auskunft verpflichteten Beschwerdeführers für die Bemessung des Rechtsmittelinteresses erheblich sein. Insoweit muss dieser dem Beschwerdegericht aber sein besonderes Interesse, bestimmte Tatsachen geheim zu halten, und den durch die Auskunftserteilung drohenden Nachteil substantiiert darlegen und erforderlichenfalls glaubhaft machen. Dazu gehört auch, dass gerade in der Person des die Auskunft Begehrenden die Gefahr begründet sein muss, dieser werde von den ihm gegenüber offenbarten Tatsachen über den Rechtsstreit hinaus in einer Weise Gebrauch machen, welche die schützenswerten wirtschaftlichen Interessen des zur Auskunft Verpflichteten gefährden könnte (vgl. Senatsbeschluss vom 9. April 2014 – XII ZB 565/13 – FamRZ 2014, 1100 Rn. 11 mwN).

[10] Gemessen hieran ist der angegriffene Beschluss des Beschwerdegerichts nicht zu beanstanden.

[11] Dass der Aufwand zur Erteilung der Auskünfte sowie zur Vorlage der Gehaltsmitteilungen und der Einkommensteuererklärungen bzw. -bescheide für den Zeitraum von Januar 2012 bis August 2013 einen Betrag von 600 € nicht übersteigt, sieht ersichtlich auch die Rechtsbeschwerde so, da sie maßgeblich auf das Geheimhaltungsinteresse abstellt.

[12] Dass das Beschwerdegericht für ein – die Beschwer erhöhendes – Geheimhaltungsinteresse den bloßen Hinweis des Antragsgegners auf die Vertraulichkeit von Gehaltsmitteilungen und einen allgemeinen, auf sein Persönlichkeitsrecht gründenden Anspruch auf Daten- und Geheimschutz nicht hat ausreichen lassen, ist von Rechts wegen nicht zu beanstanden. Allein der Umstand, dass die betreffenden Gehaltsmitteilungen mit einem Vermerk „vertraulich" versehen sind, vermag ein besonderes Geheimhaltungsinteresse gegenüber dem Auskunftsberechtigten nicht zu begründen. Vielmehr soll dadurch regelmäßig sichergestellt werden, dass die Gehaltsmitteilung dem Arbeitnehmer und nicht etwa einem Dritten im Betrieb zugeht. Der weitere Einwand der Rechtsbeschwerde, wonach die Auskunftsverpflichtung den Arbeitsplatz des Antragsgegners gefährden könne, ist nicht nachvollziehbar. Für die Hergabe der Gehaltsbescheinigung an die Antragstellerin bedarf es der Einbeziehung des Arbeitgebers nicht.

BGH v. 24.9.2014 – XII ZB 111/13 – FamRZ 2014, 1992

(Kein Versäumnisbeschluss bei Entscheidung einer Familienstreitsache im schriftlichen Verfahren)

[9] Die Wahl des schriftlichen Verfahrens durch das Oberlandesgericht und die Entscheidungsform als streitiger Endbeschluss statt als Versäumnisbeschluss sind nicht zu beanstanden.

[10] aa) Das Oberlandesgericht ist zutreffend davon ausgegangen, dass der Erlass eines Versäumnisbeschlusses im schriftlichen Beschwerdeverfahren nicht zulässig ist. Ein Versäumnisbeschluss gegen den Beschwerdegegner ist vom Gesetz zwar in § 117 Abs. 2 Satz 1 FamFG iVm § 539 Abs. 2 Satz 1 ZPO für Familienstreitsachen vorgesehen. Er setzt indessen nach § 539 Abs. 2 ZPO voraus, dass der Beschwerdegegner im Termin zur mündlichen Verhandlung nicht erscheint. Ein Versäumnisbeschluss kann demnach nur erlassen werden, wenn das Beschwerdegericht eine mündliche Verhandlung durchführt. Für den Erlass eines Versäumnisbeschlusses besteht also kein Raum, wenn das Beschwerdegericht nach § 68 Abs. 3 Satz 2 FamFG von der Durchführung einer mündlichen Verhandlung absieht.

(Pflicht zur Aufnahme einer Nebentätigkeit aus gesteigerter Unterhaltspflicht beim Kindesunterhalt)

[17] b) In der Sache begegnet der angefochtene Beschluss indessen durchgreifenden Bedenken. Die Rechtsbeschwerde rügt zu Recht, dass das Oberlandesgericht zu geringe Anforderungen an die Darlegung einer begrenzten Leistungsfähigkeit des Antragsgegners gestellt hat.

[18] aa) Nach § 1603 Abs. 1 BGB ist nicht unterhaltspflichtig, wer bei Berücksichtigung seiner sonstigen Verpflichtungen außerstande ist, ohne Gefährdung seines eigenen angemessenen Unterhalts den Unterhalt zu gewähren. Eltern, die sich in dieser Lage befinden, sind gemäß § 1603 Abs. 2 Satz 1 BGB ihren minderjährigen unverheirateten Kindern gegenüber verpflichtet, alle verfügbaren Mittel zu ihrem und der Kinder Unterhalt gleichmäßig zu verwenden (sog. gesteigerte Unterhaltspflicht). Darin liegt eine Ausprägung des Grundsatzes der Verhältnismäßigkeit im Unterhaltsrecht. Aus diesen Vorschriften und aus Art. 6 Abs. 2 GG folgt auch die Verpflichtung der Eltern zum Einsatz der eigenen Arbeitskraft. Wenn der Unterhaltsverpflichtete eine ihm mögliche und zumutbare Erwerbstätigkeit unterlässt, obwohl er diese bei gutem Willen ausüben könnte, können deswegen nach ständiger Recht-

sprechung des Senats nicht nur die tatsächlichen, sondern auch fiktiv erzielbare Einkünfte berücksichtigt werden. Die Zurechnung fiktiver Einkünfte, in die auch mögliche Nebenverdienste einzubeziehen sind, setzt neben den nicht ausreichenden Erwerbsbemühungen eine reale Beschäftigungschance des Unterhaltspflichtigen voraus (Senatsurteile BGHZ 189, 284 = FamRZ 2011, 1041 Rn. 29 ff. und vom 3. Dezember 2008 – XII ZR 182/06 – FamRZ 2009, 314 Rn. 20, 28; Senatsbeschlüsse vom 22. Januar 2014 – XII ZB 185/12 – FamRZ 2014, 637 Rn. 9 und vom 19. Juni 2013 – XII ZB 39/11 – FamRZ 2013, 1378 Rn. 17 f. mwN). Schließlich darf dem Unterhaltspflichtigen auch bei einem Verstoß gegen seine Erwerbsobliegenheit nur ein Einkommen zugerechnet werden, welches von ihm realistischerweise zu erzielen ist (BVerfG FamRZ 2010, 793, 794; Senatsurteil vom 3. Dezember 2008 – XII ZR 182/06 – FamRZ 2009, 314 Rn. 24 ff. und Senatsbeschluss vom 22. Januar 2014 – XII ZB 185/12 – FamRZ 2014, 637 Rn. 14).

[19] Auch wenn der Unterhalt aufgrund eines – wegen Verletzung der Erwerbsobliegenheit – lediglich fiktiven Einkommens aus einer Vollzeiterwerbstätigkeit festzusetzen ist, trifft den Antragsgegner grundsätzlich zudem eine Obliegenheit zur Ausübung einer Nebentätigkeit im selben Umfang wie einen seine Erwerbsobliegenheit erfüllenden Unterhaltsschuldner (Senatsbeschluss vom 22. Januar 2014 – XII ZB 185/12 – FamRZ 2014, 637 Rn. 18). Trotz der gesteigerten Unterhaltspflicht ergeben sich die Grenzen der vom Unterhaltspflichtigen zu verlangenden Tätigkeiten aus den Vorschriften des Arbeitsschutzes und den Umständen des Einzelfalls. Die Anforderungen dürfen nicht dazu führen, dass eine Tätigkeit trotz der Funktion des Mindestunterhalts, das Existenzminimum des Kindes zu sichern, unzumutbar erscheint (vgl. Senatsurteile BGHZ 189, 284 = FamRZ 2011, 1041 Rn. 29 ff. und vom 3. Dezember 2008 – XII ZR 182/06 – FamRZ 2009, 314 Rn. 20, 28).

BGH v. 1.10.2014 – XII ZB 185/13 – FamRZ 2014, 1987

R 762 *(Betreuungsunterhalt trotz vollschichtiger aber überobligatorischer Tätigkeit des betreuenden Elternteils)*

a [16] a) Sind mehrere Unterhaltsberechtigte vorhanden und ist der Unterhaltspflichtige außerstande, allen Unterhalt zu gewähren, so stehen im zweiten Rang – nach minderjährigen unverheirateten Kindern und Kindern im Sinne von § 1603 Abs. 2 Satz 2 BGB, denen der erste Rang gebührt – unter anderem Elternteile, die wegen der Betreuung eines Kindes unterhaltsberechtigt sind oder im Falle einer Scheidung wären (§ 1609 Nr. 1 und 2 BGB). Maßgebend für die Frage des unterhaltsrechtlichen Rangs der Antragsgegnerin ist danach, ob ihr Betreuungsunterhalt nach § 1570 BGB zusteht.

[17] b) Das Beschwerdegericht hat dies verneint, weil die Antragsgegnerin tatsächlich vollschichtig erwerbstätig sei. Selbst wenn sie in diesem Umfang überobligationsmäßig arbeite, ändere sich die Beurteilung nicht. Diese Auffassung teilt der Senat nicht.

[18] aa) Allein aus dem Umfang einer tatsächlich ausgeübten Erwerbstätigkeit kann nicht geschlossen werden, dass ein Erwerbshindernis in Form der Kinderbetreuung nicht besteht. Wenn der betreuende Ehegatte etwa vollschichtig erwerbstätig ist, obwohl kind- oder elternbezogene Gründe (§ 1570 Abs. 1 Satz 2 und 3 Abs. 2 BGB) vorliegen, die einen fortdauernden Unterhaltsanspruch rechtfertigen würden, ist die Tätigkeit als überobligationsmäßig zu bewerten. Ob und in welchem Umfang das Einkommen des unterhaltsberechtigten Ehegatten dann unterhaltsrechtlich zu berücksichtigen ist, hängt von den besonderen Umständen des Einzelfalls ab. Dabei kann die freiwillige Ausübung einer Berufstätigkeit ein maßgebendes Indiz für eine Vereinbarkeit von Kindererziehung und Arbeitsmöglichkeit im konkreten Einzelfall sein. Ein überobligatorisch erzieltes Einkommen ist bei der Unterhaltsbemessung deshalb nicht von vornherein unberücksichtigt zu lassen. Über die Anrechnung ist vielmehr nach Treu und Glauben unter Beachtung der Umstände des Einzelfalls zu entscheiden (Senatsurteile BGHZ 162, 384 = FamRZ 2005, 1154, 1156 und vom 21. April 2010 – XII ZR 134/08 – FamRZ 2010, 1050 Rn. 37). Soweit das Einkommen danach außer Betracht zu bleiben hat, ergibt sich ein Unterhaltsanspruch des Ehegatten weiterhin aus § 1570 BGB, denn er ist insoweit wegen der Kinderbetreuung unterhaltsbedürftig.

[19] bb) Das Beschwerdegericht hat sich im Hinblick auf seine hiervon abweichende Auffassung nicht die Frage vorgelegt, ob die vollschichtige Erwerbstätigkeit der Antragsgegnerin als überobligationsmäßig zu bewerten ist. Die Rechtsbeschwerde macht insofern unter Hinweis auf das Vorbringen der Antragsgegnerin im Beschwerdeverfahren geltend, es lägen kindbezogene Gründe für eine Verlängerung des Anspruchs auf Betreuungsunterhalt vor. Beide Kinder litten an der Nierenerkrankung Nephrokalzinose, die eine fortwährende medizinische Überwachung und intensive Betreuung der Kinder erfordere. Ihnen müssten regelmäßig Medikamente verabreicht und eine dem Krankheitsbild

angemessene Verpflegung zur Verfügung gestellt werden. Außerdem müssten sie regelmäßig zu Kontrolluntersuchungen in eine Universitätsklinik gebracht werden. Die Kinder nähmen auch an außerschulischen Freizeitaktivitäten teil. Beide besuchten das Schwimmtraining, E. nehme Geigen- und M. Tennisunterricht, weshalb Fahrdienste der Mutter notwendig seien. In dem zeitlichen Rahmen, der ihr durch die Betreuung der Kinder in der Ganztagseinrichtung eröffnet werde, könne diese ihre mit erheblichen Fahrleistungen verbundene Tätigkeit als Vertreterin auch nicht ausüben.

[20] cc) Danach kann jedenfalls nicht ausgeschlossen werden, dass der Antragsgegnerin weiterhin Betreuungsunterhalt nach § 1570 BGB zusteht. Im Rahmen der Billigkeitsentscheidung über eine Verlängerung des Betreuungsunterhalts über das vollendete dritte Lebensjahr eines Kindes hinaus aus kindbezogenen Gründen nach § 1570 Abs. 1 Satz 2 und 3 BGB kann sich der betreuende Elternteil zwar nicht mehr auf die Notwendigkeit einer persönlichen Betreuung des Kindes berufen, wenn und soweit das Kind eine kindgerechte Betreuungseinrichtung besucht oder unter Berücksichtigung der individuellen Verhältnisse besuchen könnte. An die Darlegung kindbezogener Gründe sind allerdings keine überzogenen Anforderungen zu stellen. Dabei sind auch besondere Bedürfnisse des Kindes, die etwa sportliche, musische oder andere Beschäftigungen betreffen, zu beachten. Sofern diese von dem Kind nicht selbständig wahrgenommen werden können, sind vom Unterhaltsberechtigten etwa zu erbringende Fahr- und Betreuungsleistungen in Rechnung zu stellen. Bei der Frage, ob die Aktivitäten unverändert fortgesetzt werden können, ist auch darauf abzustellen, in welcher Form diese vom Kind und den Eltern schon zur Zeit des Zusammenlebens der Familie durchgeführt wurden. Dies wird allerdings dadurch begrenzt, dass die von dem Elternteil zu erbringenden Betreuungsleistungen und sonstigen Tätigkeiten nicht außer Verhältnis zu der dadurch gehinderten Erwerbstätigkeit stehen dürfen (Senatsurteil BGHZ 193, 78 = FamRZ 2012, 1040 Rn. 21).

[21] Steht der Umfang einer möglichen anderweitigen Kinderbetreuung fest, ist zu berücksichtigen, wie eine ausgeübte oder mögliche Erwerbstätigkeit mit den Zeiten der Kinderbetreuung (einschließlich der Fahrzeiten) vereinbar ist und in welchem Umfang dem Unterhaltsberechtigten in dem dadurch vorgegebenen zeitlichen Rahmen eine Erwerbstätigkeit zumutbar ist. Daraus können sich insbesondere bei mehreren Kindern Einschränkungen ergeben. Auch die Eigenart der jeweiligen Erwerbstätigkeit ist zu berücksichtigen, etwa wenn es sich um Schichtarbeit handelt oder diese sich ansonsten mit den Zeiten der Kinderbetreuung nur teilweise überschneidet. Inwiefern in diesen Fällen etwa die Hilfe Dritter in Anspruch genommen werden kann, ist im jeweiligen Einzelfall zu beurteilen (Senatsurteil BGHZ 193, 78 = FamRZ 2012, 1040 Rn. 22).

[22] Soweit die Betreuung des Kindes auf andere Weise sichergestellt oder in einer kindgerechten Einrichtung möglich ist, kann einer Erwerbsobliegenheit des betreuenden Elternteils schließlich – teilweise – entgegenstehen, dass die von ihm daneben zu leistende Betreuung und Erziehung des Kindes einer überobligationsmäßigen Belastung führen kann. Dabei ist unter anderem zu berücksichtigen, dass am Morgen oder am späten Nachmittag und Abend regelmäßig weitere Erziehungs- und Betreuungsleistungen zu erbringen sind, die je nach dem individuellen Betreuungsbedarf des Kindes oder der Kinder in unterschiedlichem Umfang anfallen können (Senatsurteil BGHZ 193, 78 = FamRZ 2012, 1040 Rn. 24 mwN). Erst nach Würdigung dieser Gesichtspunkte lässt sich beurteilen, ob die Antragsgegnerin noch Betreuungsunterhalt beanspruchen kann.

(Betreuungsunterhalt trotz vollschichtiger aber überobligatorischer Tätigkeit des betreuenden Elternteils)

[23] c) Der Unterhaltsanspruch der Antragsgegnerin beruht zwar möglicherweise nur zum Teil, nämlich soweit ihre vollschichtige Tätigkeit wegen der Kinderbetreuung gegebenenfalls überobligationsmäßig ist, auf § 1570 BGB und im Übrigen als Aufstockungsunterhalt auf § 1573 Abs. 2 BGB (vgl. Senatsurteil BGHZ 193, 78 = FamRZ 2012, 1040 Rn. 15 mwN). Das führt indessen nicht dazu, dass die jeweiligen Teilansprüche verschiedenen Rangstufen zuzuordnen wären, also der Teilanspruch auf Betreuungsunterhalt dem zweiten Rang und ein eventueller Aufstockungsunterhaltsanspruch dem dritten Rang. Für eine solche Differenzierung nach Anspruchsgrundlagen findet sich im Gesetzeswortlaut kein Anhaltspunkt. Die Formulierung in § 1609 Nr. 2 BGB „Elternteile, die wegen der Betreuung eines Kindes unterhaltsberechtigt sind" stellt allein auf die Person des Unterhaltsberechtigten ab. Daraus kann geschlossen werden, dass ohne Rücksicht darauf, ob der Unterhaltsanspruch des betreuenden Elternteils allein auf der Kinderbetreuung oder zusätzlich auf einem anderen Unterhaltstatbestand beruht, der Gesamtunterhaltsanspruch so lange in den zweiten Rang fällt, wie noch Betreuungsunterhalt verlangt werden kann (so auch OLG Hamm Beschluss vom 31. August 2012 – 3 UF 265/11 – juris Rn. 23; Menne in Büte/Poppen/Menne Unterhaltsrecht 2. Aufl. § 1609 Rn. 13; Menne

FamRB 2008, 110, 117f.; Erman/Hammermann BGB 14. Aufl. § 1609 Rn. 14; Palandt/Brudermüller BGB 73. Aufl. § 1609 Rn. 14; BeckOK-BGB/Reinken Stand: 1. August 2013 § 1609 Rn. 22; Gutdeutsch FF 2008, 488, 490, 493; vgl. auch Senatsbeschluss vom 7. Mai 2014 – XII ZB 258/13 – FamRZ 2014, 1183 Rn. 22; aA Johannsen/Henrich/Graba Familienrecht 5. Aufl. § 1609 Rn. 3; Maurer FamRZ 2008, 2157, 2165). Eine andere Beurteilung wäre auch im Hinblick auf zu erwartende Verschiebungen zwischen den Teilansprüchen wenig praktikabel.

[24] d) Danach kommt es für die Höhe des Unterhaltsanspruchs der Antragsgegnerin maßgeblich darauf an, ob sie noch einen Anspruch auf Betreuungsunterhalt hat. Sofern das der Fall ist, steht sie nach § 1609 Nr. 2 BGB mit der Mutter des nichtehelichen Kindes in demselben unterhaltsrechtlichen Rang, was sich auf die Höhe des Unterhaltsanspruchs auswirkt (Senatsurteil BGHZ 192, 45 = FamRZ 2012, 281 Rn. 40 ff.).

BGH v. 1.10.2014 – XII ZR 133/13 – FamRZ 2014, 1990

R 763   *(Elternunterhalt aus dem Taschengeld des Familienunterhalt)*

a   [11] 1. Der Senat hat in seinem Urteil vom 12. Dezember 2012 (BGHZ 196, 21 = FamRZ 2013, 363), mit dem er die dem jetzt angegriffenen Urteil vorausgegangene Entscheidung des Oberlandesgerichts aufgehoben hat, ausgeführt, dass in den Fällen, in denen der Unterhaltspflichtige nicht über eigene bare Mittel verfügt, allein der Taschengeldanspruch für die Unterhaltsleistung zu verwenden ist. Das Taschengeld eines Ehegatten ist grundsätzlich unterhaltspflichtiges Einkommen und deshalb für Unterhaltszwecke einzusetzen, soweit der jeweils zu beachtende Selbstbehalt des Unterhaltspflichtigen gewahrt bleibt. Das gilt auch bei Inanspruchnahme auf Elternunterhalt (Senatsurteil BGHZ 196, 21 = FamRZ 2013, 363 Rn. 27 mwN). Das Taschengeld richtet sich als Teil des Familienunterhalts hinsichtlich seiner Höhe nach dem bereinigten Gesamtnettoeinkommen beider Ehegatten (vgl. Senatsurteil BGHZ 196, 21 = FamRZ 2013, 363 Rn. 26). Das dem Unterhaltspflichtigen zustehende Taschengeld braucht jedoch nicht vollständig für den Elternunterhalt eingesetzt zu werden (Senatsurteil BGHZ 196, 21 = FamRZ 2013, 363 Rn. 49).

[12] Zutreffend weist das Berufungsgericht darauf hin, dass die weiteren Ausführungen in dem vorgenannten Senatsurteil, wonach sich der geschützte Anteil des Taschengeldes auf einen Betrag von 5 bis 7% des (seinerzeit geltenden) Selbstbehaltes von 1400 € beläuft, auf einem offensichtlichen Versehen beruhen (vgl. Dose FamRZ 2013, 993, 1000). Wie der Senat im Nachgang zu dem Senatsurteil klarstellend entschieden hat, muss dem unterhaltspflichtigen Ehegatten ein Betrag in Höhe von 5 bis 7% des Familienselbstbehalts verbleiben; zudem ist ihm ein weiterer Teil in Höhe der Hälfte des darüber hinausgehenden Taschengelds zu belassen (Senatsbeschluss vom 5. Februar 2014 – XII ZB 25/13 – FamRZ 2014, 538 Rn. 20).

[13] 2. Diesen Anforderungen wird die Entscheidung des Oberlandesgerichts gerecht.

[14] Das Oberlandesgericht hat die Höhe des Taschengelds ermittelt, indem es eine Quote von 5% des der Familie zur Verfügung stehenden Nettoeinkommens zugrunde gelegt hat. Ungeachtet der Tatsache, dass das Berufungsgericht im Einzelnen begründet hat, warum es bei der Berechnung des Taschengeldes eine Quote von genau 5% zugrunde gelegt hat, bestehen auch sonst keine Bedenken dagegen, wenn der Tatrichter im Regelfall von einer Quote von 5% ausgeht. Dies entspricht vor allem den Belangen der Praxis nach einer einheitlichen Berechnungsweise und damit auch dem Bedürfnis nach Rechtssicherheit. Die Feststellungen zum bereinigten Familieneinkommen sind von der Revision nicht angegriffen worden; sie enthalten auch sonst keine Rechtsfehler zu Lasten des Klägers.

(Selbstbehalt beim Elternunterhalt aus dem Taschengeld des Familienunterhalt)

b   [15] Dabei ist es konsequent, wenn das Oberlandesgericht denselben Prozentsatz, nämlich 5%, bei der Bildung des Selbstbehaltes angesetzt hat. Auch insofern erscheint es aus Rechtsgründen unbedenklich, wenn der Tatrichter im Regelfall von einem Prozentsatz von 5% des Familienselbstbehalts ausgeht.

[16] Ebenso wenig ist es zu beanstanden, dass das Berufungsgericht den Familienselbstbehalt durch die Addition der individuellen Selbstbehalte ermittelt und von der Summe im Hinblick auf den Synergieeffekt 10% abgezogen hat (vgl. dazu auch Senatsbeschluss vom 5. Februar 2014 – XII ZB 25/13 – FamRZ 2014, 538 Rn. 38).

[17] Schließlich hat das Oberlandesgericht – dem Rechenweg des Senats folgend – von dem oberhalb des Selbstbehalts liegenden Taschengeld die Hälfte für den geltend gemachten Unterhaltsanspruch herangezogen.

Anhang R. Rechtsprechung

BGH v. 22.10.2014 – XII ZB 385/13 – FamRZ 2015, 127

(Keine teilweise Erfüllung des Auskunftsanspruchs bei Teilauskunft)

[14] Bei einem Auskunftsanspruch gegen einen – möglicherweise – Unterhaltspflichtigen muss dieser alle Einkünfte und Vermögenswerte angeben, die für die Berechnung des Unterhaltsbedarfs – sofern dieser wie hier nach den gemeinsamen Lebensverhältnissen und Erwerbs- und Vermögensverhältnissen bemessen wird (vgl. § 1361 Abs. 1 BGB) – bzw. für die Ermittlung der Leistungsfähigkeit des Verpflichteten von Bedeutung sind (vgl. Staudinger/Engler BGB [2000] § 1605 Rn. 22).

[15] aa) Mit der Rüge, ein Auskunftsanspruch der Ehefrau sei zumindest teilweise bereits durch den bei Gericht eingereichten Schriftsatz vom 15. Februar 2013 erfüllt worden, mit dem Auskunft hinsichtlich der Einkommensarten „selbständige Tätigkeit" und „Kapitalerträgnisse" erteilt worden sei, hat die Rechtsbeschwerde keinen Erfolg.

[16] Nach § 1605 Abs. 1 Satz 3 BGB sind die §§ 260, 261 BGB entsprechend anzuwenden. Daraus folgt, dass die Auskunftspflicht durch Vorlage einer in sich geschlossenen schriftlichen, systematischen Aufstellung der erforderlichen Angaben zu erfüllen ist, die dem Berechtigten ohne übermäßigen Arbeitsaufwand ermöglicht, den Unterhaltsanspruch zu berechnen (Senatsurteil vom 29. Juni 1983 – IVb ZR 391/81 – FamRZ 1983, 996, 998).

[17] Zwar wird das in § 260 Abs. 1 BGB aufgestellte Erfordernis, die Auskunft in der Form eines Verzeichnisses zu erteilen, nicht nur durch die Vorlage eines einzigen lückenlosen Gesamtverzeichnisses erfüllt; vielmehr genügt auch eine Mehrheit von Teilauskünften, vorausgesetzt, dass sie nicht zusammenhanglos nebeneinander stehen, sondern nach dem erklärten Willen des Auskunftsschuldners in ihrer Summierung die Auskunft im geschuldeten Gesamtumfang darstellen (BGH Urteile vom 6. Juni 1962 – V ZR 45/61 – LM Nr. 14 zu § 260 BGB und vom 18. Oktober 1961 – V ZR 192/60 – FamRZ 1962, 21, 23 f.). Ob einzelne Teilauskünfte in Verbindung mit anderen Teilauskünften nach Inhalt und Form dazu geeignet sind, die Auskunft im geschuldeten Gesamtumfang darzustellen, unterliegt grundsätzlich der tatrichterlichen Beurteilung.

[18] Solche Teilakte führen aber nicht zu einer teilweisen Erfüllung des Auskunftsanspruchs. Die Aussagekraft und damit Erfüllungswirkung einzelner Teilauskünfte kann regelmäßig erst dann beurteilt werden, wenn auch die übrigen Teilauskünfte vorliegen nebst der erforderlichen Erklärung des Auskunftsschuldners, dass diese in ihrer Gesamtheit den Auskunftsanspruch vollständig erfüllen sollen. Denn wesentlich für die Erfüllung des Auskunftsanspruchs ist die – gegebenenfalls konkludente – Erklärung, dass weitere als alle von den Einzelauskünften erfassten Einkünfte nicht bestehen (vgl. FA-FamR/Gerhardt 9. Aufl. Kap. 6 Rn. 772). Erst mit dieser abschließenden Erklärung liegt das nach § 260 Abs. 1 BGB geschuldete Verzeichnis vor. Hingegen stellen bloße Teilelemente einer noch unvollständigen Gesamtdarstellung lediglich Vorarbeiten dar, die den geschuldeten Auskunftsanspruch auch nicht teilweise erfüllen (vgl. Schürmann FuR 2005, 49, 50).

[19] Ungeachtet bereits vorliegender Angaben hat eine gerichtliche Entscheidung somit umfassend über Gegenstand und Umfang der Auskunftspflicht zu befinden (vgl. Senatsurteil vom 29. Juni 1983 – IVb ZR 391/81 – FamRZ 1983, 996, 998). Daher begegnet es keinen rechtlichen Bedenken, dass das Oberlandesgericht eine Teilerfüllungswirkung im Hinblick auf die im Schriftsatz vom 15. Februar 2013 erteilten Auskünfte nicht angenommen hat.

BGH v. 5.11.2014 – XII ZB 599/13 – FamRZ 2015, 236

(Kein genereller Wegfall der Barunterhaltspflicht bei Betreuung im Wechselmodell)

[16] aa) Eine Befreiung vom Barunterhalt nach § 1606 Abs. 3 Satz 2 BGB ist nicht eingetreten. Das gilt unabhängig davon, ob die Eltern ein Wechselmodell praktizieren. Denn bei einem Wechselmodell wird kein Elternteil vom Barunterhalt für das Kind befreit.

[17] Nach § 1606 Abs. 3 Satz 2 BGB erfüllt der Elternteil, der ein minderjähriges unverheiratetes Kind betreut, seine Verpflichtung, zum Unterhalt des Kindes beizutragen, in der Regel durch die Pflege und die Erziehung des Kindes. Die gesetzliche Regelung betrifft den Fall des sogenannten Residenzmodells und der damit verbundenen herkömmlichen Aufteilung von Erwerbstätigkeit und Kinderbetreuung. Sie stellt den kinderbetreuenden Elternteil in diesem Fall vom Barunterhalt frei. Entgegen der vom Antragsgegner in den Vorinstanzen vertretenen Auffassung kann hingegen die im Rahmen eines Wechselmodells geleistete Kinderbetreuung nicht zur Befreiung von seiner Barunterhaltspflicht führen. Dies muss schon deshalb gelten, weil anderenfalls beide Elternteile vom Barunterhalt befreit wären, obwohl

nur der Betreuungsbedarf des Kindes gedeckt wäre. Demgegenüber bliebe der in § 1612a Abs. 1 BGB und den Sätzen der Düsseldorfer Tabelle ausgewiesene sächliche (Regel-)Bedarf offen.

(Unterhaltsbedarf im Wechselmodell und Haftung der Eltern nach beiderseitigen Einkommens- und Vermögensverhältnissen)

b [18] Das Oberlandesgericht hat daher zu Recht hervorgehoben, dass im Fall des Wechselmodells beide Elternteile für den Barunterhalt einzustehen haben. Der Unterhaltsbedarf bemisst sich in diesem Fall nach dem beiderseitigen Einkommen der Eltern und umfasst neben dem sich daraus ergebenden – erhöhten – Bedarf insbesondere die Mehrkosten des Wechselmodells (vor allem Wohn- und Fahrtkosten), so dass der von den Eltern zu tragende Bedarf regelmäßig deutlich höher liegt als beim herkömmlichen Residenzmodell.

(Voraussetzungen für die Annahme eines Wechselmodells)

c [19] bb) Das Oberlandesgericht hat ein Wechselmodell zu Recht verneint und demzufolge auch eine Reduzierung der Unterhaltspflicht des Antragsgegners wegen anteiliger Haftung der Mutter nach § 1606 Abs. 3 Satz 1 BGB abgelehnt.

[20] (1) Nach der Rechtsprechung des Senats ist die auf dem Residenzmodell beruhende und § 1606 Abs. 3 BGB tragende gesetzliche Beurteilung solange nicht in Frage zu stellen, wie das deutliche Schwergewicht der Betreuung bei einem Elternteil liegt. Denn dann ist die Annahme gerechtfertigt, dass dieser Elternteil die Hauptverantwortung für das Kind trägt und dadurch den Betreuungsunterhalt leistet, während der andere Elternteil – auf der Grundlage nur seiner eigenen wirtschaftlichen Verhältnisse – zum Barunterhalt verpflichtet ist. Deshalb ändert sich an der aus dem Schwergewicht der Betreuung durch einen Elternteil folgenden Aufteilung zwischen Bar- und Betreuungsunterhalt nichts, wenn der barunterhaltspflichtige Elternteil seinerseits Betreuungs- und Versorgungsleistungen erbringt, selbst wenn dies im Rahmen eines über das übliche Maß hinaus wahrgenommenen Umgangsrechts erfolgt, dessen Ausgestaltung sich bereits einer Mitbetreuung annähert. Wenn und soweit der andere Elternteil gleichwohl die Hauptverantwortung für ein Kind trägt, muss es dabei bleiben, dass dieser Elternteil seine Unterhaltspflicht im Sinne des § 1606 Abs. 3 Satz 2 BGB durch die Pflege und Erziehung des Kindes erfüllt (Senatsbeschluss vom 12. März 2014 – XII ZB 234/13 – FamRZ 2014, 917 Rn. 28; Senatsurteile vom 21. Dezember 2005 – XII ZR 126/03 – FamRZ 2006, 1015, 1017 und vom 28. Februar 2007 – XII ZR 161/04 – FamRZ 2007, 707 Rn. 16; aA Schürmann FamRZ 2014, 921; Sünderhauf NZFam 2014, 585).

[21] Anders ist es nur zu beurteilen, wenn die Eltern sich in der Betreuung eines Kindes abwechseln, so dass jeder von ihnen etwa die Hälfte der Versorgungs- und Erziehungsaufgaben wahrnimmt (Senatsbeschluss vom 12. März 2014 – XII ZB 234/13 – FamRZ 2014, 917 Rn. 29). Ob ein Elternteil die Hauptverantwortung für ein Kind trägt und damit seine Unterhaltspflicht im Sinne des § 1606 Abs. 3 Satz 2 BGB bereits durch Erziehung und Pflege erfüllt, ist eine Frage tatrichterlicher Würdigung. Dabei kommt der zeitlichen Komponente der von ihm übernommenen Betreuung zwar eine Indizwirkung zu, ohne dass sich allerdings die Beurteilung allein hierauf zu beschränken braucht (Senatsbeschluss vom 12. März 2014 – XII ZB 234/13 – FamRZ 2014, 917 Rn. 30 mwN).

[22] Ergibt sich hingegen auch bei annähernd hälftiger Mitbetreuung ein deutliches Schwergewicht der Betreuungsverantwortung bei einem Elternteil, so ist von der regelmäßigen gesetzlichen Verteilung der Unterhaltsanteile nach § 1606 Abs. 3 Satz 2 BGB auszugehen. Der den anderen Elternteil infolge des erweiterten Umgangsrechts treffenden finanziellen Mehrbelastung kann dadurch Rechnung getragen werden, dass im Hinblick auf die von ihm getätigten Aufwendungen eine Herabstufung um eine oder mehrere Einkommensgruppen der Düsseldorfer Tabelle erfolgt. Der Unterhalt kann zudem weitergehend gemindert sein, wenn der barunterhaltspflichtige Elternteil dem Kind im Zuge seines erweiterten Umgangsrechts Leistungen erbringt, mit denen er den Unterhaltsbedarf des Kindes auf andere Weise als durch Zahlung einer Geldrente teilweise deckt (Senatsbeschluss vom 12. März 2014 – XII ZB 234/13 – FamRZ 2014, 917 Rn. 37 f.).

BGH v. 19.11.2014 – XII ZB 478/13 – FamRZ 2015, 309

R 766 *(Nachforderung von Altersvorsorgeunterhalt nur, wenn im Ausgangsverfahren vorbehalten)*

[14] In Anwendung dieser Grundsätze hat der Senat in ständiger Rechtsprechung erkannt, dass ein Leistungsantrag auf Unterhalt nur dann zulässig ist, wenn kein Abänderungsantrag zu erheben ist. Die

Anhang R. Rechtsprechung

Forderung eines zusätzlichen Unterhalts im Wege des Zusatz- oder Nachforderungsantrages ist folglich nur dann möglich, wenn sich der schon vorliegende Unterhaltstitel eindeutig nur auf einen Teilbetrag des geschuldeten Unterhalts beschränkt (Senatsurteile BGHZ 94, 145, 146 ff. = FamRZ 1985, 690 f. und vom 3. Dezember 2008 – XII ZR 182/06 – FamRZ 2009, 314 Rn. 13). Wie der Senat in diesem Zusammenhang wiederholt entschieden hat, ist im Unterhaltsrecht im Zweifel davon auszugehen, dass Unterhalt in voller Höhe geltend gemacht wird, so dass die Vermutung gegen das Vorliegen eines Teilantrags spricht. Für die Annahme eines Teilantrags ist daher zu fordern, dass der Unterhaltsberechtigte im Erstverfahren entweder ausdrücklich einen Unterhaltsteilanspruch geltend gemacht oder sich wenigstens erkennbar eine Nachforderung von Unterhalt vorbehalten hat (Senatsurteile BGHZ 94, 145, 147 = FamRZ 1985, 690, 691; vom 13. Dezember 1989 – IVb ZR 22/89 – FamRZ 1990, 863, 864; vom 27. November 2002 – XII ZR 295/00 – FamRZ 2003, 444 f. und vom 3. Dezember 2008 – XII ZR 182/06 – FamRZ 2009, 314 Rn. 13).

[15] Hinsichtlich des Anspruchs auf Altersvorsorgeunterhalt gelten in dieser Hinsicht keine grundlegenden Besonderheiten. Der nach § 1361 Abs. 1 Satz 2 BGB bzw. nach § 1578 Abs. 3 BGB geschuldete Vorsorgeunterhalt ist dazu bestimmt, als Teil des einheitlichen, den gesamten Lebensbedarf des Berechtigten umfassenden Unterhaltsanspruchs den Aufbau einer Altersvorsorge zu ermöglichen. Ob der Unterhaltsberechtigte neben seinem laufenden Elementarunterhalt auch Vorsorgeunterhalt geltend machen will, steht in seinem freien Belieben. Hat der Unterhaltsberechtigte im Erstverfahren lediglich Elementarunterhalt geltend gemacht, hängt die Zulässigkeit einer Nachforderung von Vorsorgeunterhalt im Wege eines neuen Leistungsantrags davon ab, ob sich der Berechtigte diese Nachforderung im Erstverfahren vorbehalten hat (Senatsurteil BGHZ 94, 145, 147 f. = FamRZ 1985, 690, 691).

BGH v. 11.2.2015 – XII ZB 66/14 – FamRZ 2015, 734

(Keine spätere Begrenzung und Befristung bei Unterhaltsvergleich mit Abänderungsverzicht)

R 767

[11] Wie das Beschwerdegericht im rechtlichen Ausgangspunkt zutreffend erkannt hat, richtet sich die Abänderung eines Prozessvergleichs allein nach materiell-rechtlichen Kriterien (§ 239 Abs. 2 FamFG). Im vorliegenden Fall entscheiden daher der durch Auslegung zu ermittelnde Vertragsinhalt und gegebenenfalls die Grundsätze der Vertragsanpassung wegen Störung der Geschäftsgrundlage (§ 313 BGB) darüber, ob der Antragsteller eine Abänderung der Scheidungsfolgenvereinbarung mit der Begründung verlangen kann, dass der hier allein noch in Rede stehende Anspruch auf Aufstockungsunterhalt mangels ehebedingter Nachteile der Antragsgegnerin zu befristen sei.

[12] a) Vorrangig gegenüber einer Störung der Geschäftsgrundlage ist dabei zunächst durch Auslegung zu ermitteln, ob und mit welchem Inhalt die Beteiligten eine bindende Regelung hinsichtlich einer möglichen Begrenzung des im Vergleich festgesetzten Unterhalts getroffen haben (Senatsurteile BGHZ 186, 1 = FamRZ 2010, 1238 Rn. 13 und vom 25. Januar 2012 – XII ZR 139/09 – FamRZ 2012, 525 Rn. 28).

[13] aa) Der Senat hat in diesem Zusammenhang vor allem auf die Bedeutung des Umstands hingewiesen, dass die Unterhaltsbefristung nach § 1578b Abs. 2 BGB (bzw. nach § 1573 Abs. 5 BGB a. F.) von der Unbilligkeit einer fortdauernden Unterhaltsleistung abhängt und im Zeitpunkt der Scheidung die für eine künftige Billigkeitsentscheidung maßgeblichen Umstände regelmäßig noch nicht vorhersehbar zu Tage treten. Aus diesem Grund wird jedenfalls bei der erstmaligen und scheidungsnahen Festlegung des nachehelichen Unterhalts typischerweise davon auszugehen sein, dass sich die Vertragsparteien die Entscheidung über eine spätere Befristung des Unterhalts vorbehalten wollten, weil der Unterhaltspflichtige mit einem sofortigen Ausschluss des Befristungseinwands regelmäßig nicht einverstanden sein wird und auch der Unterhaltsberechtigte nach Treu und Glauben die Zahlungsbereitschaft des Unterhaltspflichtigen nur als eine in diesem Sinne eingeschränkte verstehen kann (Senatsurteil BGHZ 186, 1 = FamRZ 2010, 1238 Rn. 24). Etwas anderes gilt nur dann, wenn sich der Unterhaltsvereinbarung eine ausdrückliche oder konkludente Regelung dahingehend entnehmen lässt, dass die abschließende Entscheidung zugunsten einer unbefristeten Dauer der Unterhaltspflicht schon bei Vertragsschluss getroffen werden sollte (Senatsurteil BGHZ 186, 1 = FamRZ 2010, 1238 Rn. 23).

BGH v. 18.2.2015 – XII ZR 80/13 – FamRZ 2015, 824

R 768 (*Anpassung einer ehevertraglichen Unterhaltsvereinbarung bei Änderung der Rechtslage*)

a [22] 1. Der Ausgangspunkt des Berufungsgerichts, wonach der titulierte Unterhaltsanspruch der Ehefrau aus dem Ehevertrag von 1996 im Rahmen der vom Kläger erhobenen Abänderungsklage einer Anpassung nach § 313 BGB unter Berücksichtigung der Regelungen des § 1578b BGB unterliegt, wird von den Parteien nicht angegriffen und ist im Ergebnis auch sonst revisionsrechtlich nicht zu beanstanden (vgl. Senatsurteil vom 25. Januar 2012 – XII ZR 139/09 – FamRZ 2012, 525 Rn. 49 f.; s. zu den Voraussetzungen im Einzelnen Senatsbeschluss vom 11. Februar 2015 – XII ZB 66/14 – FamRZ 2015, 734).

[23] 2. Dagegen, dass das Berufungsgericht eine Befristung des Unterhalts gemäß § 1578b Abs. 2 BGB abgelehnt hat, weil der Ehefrau ehebedingte Nachteile entstanden seien, ist revisionsrechtlich ebenfalls nichts zu erinnern; dies wird von der Revision auch nicht angegriffen.

[24] a) Nach § 1578b Abs. 1 Satz 2, 3 BGB ist bei der Billigkeitsabwägung, ob der nacheheliche Unterhalt zu befristen ist, vorrangig zu berücksichtigen, inwieweit durch die Ehe Nachteile im Hinblick auf die Möglichkeit eingetreten sind, für den eigenen Unterhalt zu sorgen. Liegen ehebedingte Nachteile vor, scheidet eine Befristung des Unterhalts regelmäßig aus (Senatsurteil vom 25. Januar 2012 – XII ZR 139/09 – FamRZ 2012, 525 Rn. 50 mwN).

(Ehevertragliche Vorgaben für die Herabsetzung des nachehelichen Unterhalts)

b [26] 3. Es liegt im Rahmen rechtsfehlerfreier Ermessensausübung des Tatrichters, dass das Berufungsgericht den unterhaltsrechtlichen Bedarf der Ehefrau im Wege des § 313 i. V. m. § 1578b Abs. 1 BGB auf den angemessenen Lebensbedarf herabgesetzt hat. Gegen diese für den Kläger günstige Würdigung werden seitens der Beklagten im Übrigen keine Einwendungen erhoben.

[27] Zwar erlaubte § 1578 Abs. 1 Satz 2 BGB aF schon bei Abschluss des Ehevertrages im Jahre 1996 eine Herabsetzung auf den angemessenen Lebensbedarf. Bei langer Ehedauer wurde von der Herabsetzung allerdings regelmäßig kein Gebrauch gemacht (vgl. Senatsurteil vom 7. März 2012 – XII ZR 145/09 – FamRZ 2012, 951 Rn. 21 und Senatsbeschluss vom 19. Juni 2013 – XII ZB 309/11 – FamRZ 2013, 1291 Rn. 17 zum Krankheitsunterhalt). Mit § 1578b BGB hat der Gesetzgeber zudem die bis dahin einer Befristung nicht zugänglichen nachehelichen Unterhaltstatbestände ebenfalls in die Befristungsmöglichkeit einbezogen. Auch insoweit kann die Herabsetzung im Rahmen der Billigkeitsabwägung von nun an nicht mehr isoliert betrachtet werden, sondern muss immer auch im Lichte einer kumulativ oder auch alternativ möglichen Befristung gesehen werden. Dadurch bekommen die jeweils anzusetzenden Maßstäbe ein anderes Gewicht. Während nach altem Recht die Herabsetzung das einzige und damit auch das einschneidendste Mittel darstellte, um den Unterhalt zu begrenzen, stellt sie jetzt das mildere Mittel im Verhältnis zur Befristung dar (vgl. Senatsurteil vom 23. November 2011 – XII ZR 47/10 – FamRZ 2012, 197 Rn. 21 mwN).

[28] 4. Entgegen der Auffassung der Revision ist es revisionsrechtlich nicht zu beanstanden, dass das Berufungsgericht auf den festgestellten Bedarf im Hinblick auf die Anrechnungsregelungen im Ehevertrag kein (fiktives) Einkommen der Ehefrau angerechnet hat.

[29] a) Bei der Anpassung an die veränderten Verhältnisse muss die Grundlage der Vereinbarung möglichst beibehalten werden, für die in erster Linie der Parteiwille maßgebend ist (vgl. Senatsurteil vom 23. April 1986 – IVb ZR 34/85 – FamRZ 1986, 783, 784). Deshalb ist im Rahmen der Prüfung des § 1578b BGB von den Regelungen des notariellen Vertrages auszugehen, die bei einer etwaigen Abänderung hieran anzupassen sind (Senatsurteil vom 25. Januar 2012 – XII ZR 139/09 – FamRZ 2012, 525 Rn. 51).

[30] b) Diesen Anforderungen wird das Berufungsurteil gerecht. Es verweist auf den Ehevertrag, nach dem zwar das Renteneinkommen der Ehefrau, nicht aber eigenes Erwerbseinkommen auf die Unterhaltsleistung angerechnet wird (Ziffer VII. 3. und 4. EV). Zu Recht nimmt das Berufungsgericht in diesem Zusammenhang auf die damalige Rechtslage Bezug, wonach Erwerbseinkommen – ohne eine solche Regelung – auf den Unterhalt anzurechnen war (so genannte Anrechnungsmethode, s. etwa Senatsurteil BGHZ 148, 105 = FamRZ 2001, 986, 988). Daraus folgt, dass sich die Ehegatten bereits damals insoweit von der Gesetzeslage gelöst haben, als der Ehefrau ihr Erwerbseinkommen anrechnungsfrei verbleiben sollte. Daran muss sich der Kläger festhalten lassen.

Anhang R. Rechtsprechung **R769**

(Vorsorgeunterhalt bei Herabsetzung des nachehelichen Unterhalts)

[32] 6. Nicht gefolgt werden kann dem Berufungsgericht allerdings bei der Berücksichtigung des Vorsorgeunterhalts. Weder hat es diesen im Tenor gesondert ausgewiesen, noch ergibt sich aus den Gründen des Berufungsurteils, aus welchen konkreten Beträgen sich dieser im Rahmen des zugesprochenen Unterhalts zusammensetzt.

[33] a) Zwar gehören zum Lebensbedarf des Berechtigten gemäß § 1578 Abs. 2 und Abs. 3 BGB dem Grunde nach auch die Kosten für die entsprechenden Versicherungen. Dabei kann der Unterhaltsberechtigte auch im Falle einer Herabsetzung seines Bedarfs auf den angemessenen Lebensbedarf gemäß § 1578b Abs. 1 Satz 1 BGB Vorsorgeunterhalt beanspruchen (vgl. zum Altersvorsorgeunterhalt Senatsbeschluss vom 26. Februar 2014 – XII ZB 235/12 – FamRZ 2014, 823 Rn. 18 mwN).

[34] Weil etwaiges Einkommen der Ehefrau aus Erwerbstätigkeit nach der Vereinbarung der Parteien nicht anzurechnen ist und sie deshalb keine Erwerbsobliegenheit trifft, kann sie – entgegen der Auffassung der Revision – auch im Rahmen eines von ihr erzielbaren Einkommens nicht fiktiv so gestellt werden, als wäre damit auch ihr Vorsorgebedarf in entsprechender Höhe gedeckt.

[35] b) Das Berufungsgericht hat es indes versäumt, den Vorsorgeunterhalt im Tenor gesondert auszuweisen.

[36] Nach der Rechtsprechung des Senats folgt aus der Zweckbindung des Vorsorgeunterhalts, dass der darauf entfallende Betrag im Entscheidungssatz des Urteils besonders auszuweisen ist und der Unterhaltsberechtigte den ihm zustehenden Gesamtunterhalt nicht nach freiem Ermessen auf den Elementar- und Vorsorgeunterhalt verteilen darf sowie den letzteren zweckbestimmt zu verwenden hat (Senatsurteil vom 6. Oktober 1982 – IVb ZR 311/81 – FamRZ 1982, 1187, 1188). Damit und mit den – für den Fall der Zweckentfremdung – einhergehenden Sanktionen soll sichergestellt werden, dass der Unterhaltsberechtigte den Vorsorgeunterhalt zweckentsprechend verwendet (Wendl/Gutdeutsch Das Unterhaltsrecht in der familienrichterlichen Praxis 8. Aufl. § 4 Rn. 868 ff., 924 ff. und 927).

[37] c) Schließlich lässt sich auch der Begründung der angegriffenen Entscheidung nicht entnehmen, aus welchen konkreten Beträgen sich der zuerkannte Vorsorgeunterhalt zusammensetzt.

[38] Das Berufungsgericht ist für die Zeit bis einschließlich Dezember 2012 von einem Kranken- und Pflegeversicherungsbedarf von 510 € sowie einem Altersvorsorgebedarf von 642 € monatlich ausgegangen. Für die Zeit ab Januar 2013 hat das Berufungsgericht den Kranken- und Pflegeversicherungsbedarf auf 535 € erhöht. Damit liegt der Vorsorgebedarf unter Hinzurechnung des Elementarunterhaltsbedarfs von 1150 € mit insgesamt 2302 € bzw. 2327 € aber über dem zuerkannten Gesamtunterhalt von 2248,66 €. Deshalb hätte klargestellt werden müssen, welcher konkrete Teil des Vorsorgeunterhalts auf den Kranken- und Pflegeversicherungsbedarf und welcher auf den Altersvorsorgebedarf entfällt (vgl. auch Thomas/Putzo/Reichold ZPO 35. Aufl. § 253 Rn. 9 mwN).

BGH v. 10.6.2015 – XII ZB 251/14 – FamRZ 2015, 1369 = BGHZ 205, 342

(Verlängerung des Betreuungsunterhalts bei Betreuung eins behinderten Kindes)

[12] a) Nach § 1615l Abs. 2 Satz 2 BGB steht der Mutter eines nichtehelich geborenen Kindes über die Dauer des Mutterschutzes hinaus ein Unterhaltsanspruch gegen den Vater zu, wenn von ihr wegen der Pflege und Erziehung des gemeinsamen Kindes eine Erwerbstätigkeit nicht erwartet werden kann. Nach § 1615l Abs. 2 BGB besteht die Unterhaltspflicht des betreuenden Elternteils für mindestens drei Jahre nach der Geburt des Kindes. Sie verlängert sich, solange und soweit dies der Billigkeit entspricht. Dabei sind insbesondere die Belange des Kindes und die bestehenden Möglichkeiten der Kinderbetreuung zu berücksichtigen. Insoweit hat der Gesetzgeber die Vorschrift des § 1615l Abs. 2 BGB und den nachehelichen Betreuungsunterhalt nach § 1570 BGB weitgehend einander angeglichen (Senatsurteil vom 13. Januar 2010 – XII ZR 123/08 – FamRZ 2010, 444 Rn. 24 mwN).

[13] Im Rahmen der Billigkeitsentscheidung über eine – hier allein noch im Streit stehende – Verlängerung des Betreuungsunterhalts über das vollendete dritte Lebensjahr hinaus kann sich der betreuende Elternteil mithin nicht mehr auf die Notwendigkeit einer persönlichen Betreuung des Kindes berufen, wenn und soweit das Kind eine kindgerechte Betreuungseinrichtung besucht oder unter Berücksichtigung der individuellen Verhältnisse besuchen könnte. Für die Zeit ab Vollendung des dritten Lebensjahres des Kindes steht dem betreuenden Elternteil nur noch dann ein fortdauernder Anspruch auf Betreuungsunterhalt zu, wenn dies der Billigkeit entspricht (§ 1615l Abs. 2 Satz 4 BGB). Damit verlangt die Regelung allerdings keinen abrupten Wechsel von der elterlichen Betreuung zu

einer Vollzeiterwerbstätigkeit (BT-Drucks. 16/6980 S. 9). Insbesondere nach Maßgabe der im Gesetz ausdrücklich genannten kindbezogenen Gründe ist unter Berücksichtigung der bestehenden Möglichkeiten der Kinderbetreuung (§ 1615l Abs. 2 Satz 5 BGB) ein gestufter Übergang bis hin zu einer Vollzeiterwerbstätigkeit möglich (Senatsurteil vom 13. Januar 2010 – XII ZR 123/08 – FamRZ 2010, 444 Rn. 26 mwN).

[14] Neben den vorrangig zu berücksichtigenden kindbezogenen Gründen sieht § 1570 Abs. 2 BGB für den nachehelichen Betreuungsunterhalt eine weitere Verlängerungsmöglichkeit aus elternbezogenen Gründen vor. Danach verlängert sich der nacheheliche Betreuungsunterhalt über die Verlängerung aus kindbezogenen Gründen hinaus, wenn dies unter Berücksichtigung der Gestaltung von Kinderbetreuung und Erwerbstätigkeit in der Ehe sowie deren Dauer der Billigkeit entspricht. Insoweit ist auch ein Vertrauenstatbestand zu berücksichtigen, der sich aus den Nachwirkungen der Ehe ergeben kann. Im Rahmen des Anspruchs wegen Betreuung eines nichtehelich geborenen Kindes ist diese Regelung zwar nicht ausdrücklich übernommen worden. Da § 1615l Abs. 2 Satz 5 BGB jedoch eine Verlängerung des Unterhaltsanspruchs „insbesondere" aus kindbezogenen Gründen zulässt, kommen im Einzelfall auch elternbezogene Gründe für eine Verlängerung des Betreuungsunterhalts in Betracht. Das kann etwa dann gelten, wenn die Eltern mit ihrem gemeinsamen Kind zusammengelebt haben und außerdem ein besonderer Vertrauenstatbestand als Nachwirkung dieser Familie entstanden ist (BT-Drucks. 16/6980 S. 10). Dabei ist allerdings stets zu beachten, dass die gesetzliche Regel, wonach der Betreuungsunterhalt grundsätzlich nur für drei Jahre geschuldet ist und eine Verlängerung über diesen Zeitraum hinaus ausdrücklich begründet werden muss, nicht in ihr Gegenteil verkehrt werden darf (Senatsurteil vom 13. Januar 2010 – XII ZR 123/08 – FamRZ 2010, 444 Rn. 26 mwN).

[15] Für die Voraussetzungen einer Verlängerung des Betreuungsunterhalts über die Dauer von drei Jahren hinaus trägt der Unterhaltsberechtigte die Darlegungs- und Beweislast. Er hat also zunächst darzulegen und zu beweisen, dass keine kindgerechte Einrichtung für die Betreuung des gemeinsamen Kindes zur Verfügung steht oder dass aus besonderen Gründen eine persönliche Betreuung erforderlich ist. Auch Umstände, die aus elternbezogenen Gründen zu einer eingeschränkten Erwerbspflicht und damit zur Verlängerung des Betreuungsunterhalts führen können, hat der Unterhaltsberechtigte darzulegen und zu beweisen (Senatsurteile BGHZ 193, 78 = FamRZ 2012, 1040 Rn. 20; vom 17. Juni 2009 – XII ZR 102/08 – FamRZ 2009, 1391 Rn. 20 mwN und BGHZ 177, 272 = FamRZ 2008, 1739 Rn. 97).

(Kindbezogene Verlängerungsgründe bei Krankheit oder Behinderung)

b   [17] aa) Kindbezogene Gründe liegen z. B. dann vor, wenn das Kind behindert, dauerhaft krank oder schwer in seiner Entwicklung gestört und deshalb auf weitere Betreuung durch die Mutter angewiesen ist (BT-Drucks. 13/4899 S. 89; Senatsurteil BGHZ 168, 245 = FamRZ 2006, 1362, 1363 zum früheren Recht). Auch insoweit ist allerdings stets zunächst der individuelle Umstand zu prüfen, ob und in welchem Umfang die Kindesbetreuung auf andere Weise gesichert ist oder in einer für das Kind geeigneten Betreuungseinrichtung gesichert werden könnte (Senatsurteil vom 17. März 2010 – XII ZR 204/08 – FamRZ 2010, 802 Rn. 11 zum volljährigen behinderten Kind; vgl. auch Senatsurteile BGHZ 180, 170 = FamRZ 2009, 770 Rn. 27; vom 6. Mai 2009 – XII ZR 114/08 – FamRZ 2009, 1124 Rn. 32 und vom 17. Juni 2009 – XII ZR 102/08 – FamRZ 2009, 1391 Rn. 23).

[18] bb) Das Beschwerdegericht ist davon ausgegangen, die Betreuung des Kindes in der Kindertagesstätte, die von 9.00 Uhr bis 15.00 Uhr erfolge, ermögliche der Antragstellerin eine tägliche Arbeitszeit von bis zu 5 Stunden. Soweit sie darauf verweise, infolge der häufigen Erkrankungen des Kindes an einer Erwerbstätigkeit gehindert zu sein, sei festzustellen, dass nicht alle Erkrankungen eine Betreuung durch die Mutter erforderten. Vielmehr sei auch eine Abholung und Betreuung durch andere Personen, etwa die Großeltern, denkbar. Die Antragstellerin habe nicht vorgetragen, dass solche Personen nicht zur Verfügung stünden.

[19] Die dagegen erhobene Verfahrensrüge der Rechtsbeschwerde ist gerechtfertigt. Sie macht geltend, das Beschwerdegericht habe für die Antragstellerin überraschend angenommen, das Kind könne auch von anderen Familienmitgliedern abgeholt werden. Hätte das Beschwerdegericht auf die von ihm beabsichtigte Inpflichtnahme der Großeltern hingewiesen, hätte die Antragstellerin vorgetragen, dass ihr Vater bereits im 83. Lebensjahr stehe und nach zwei schweren Operationen im vorausgegangenen Jahr gesundheitlich angegriffen sei, so dass ihm die Abholung des Kindes nicht zugemutet werden könne. Die Mutter der Antragstellerin sei mit der Pflege ihres Mannes sowie ihres eigenen Sohnes völlig ausgelastet und werde mit der zusätzlichen Rufbereitschaft für T. überlastet.

[20] Der Einwand ist erheblich. Nach der Rechtsprechung des Senats ist im jeweiligen Einzelfall zu beurteilen, inwiefern die Hilfe Dritter in Anspruch genommen werden kann (Senatsurteil BGHZ 193, 78 = FamRZ 2012, 1040 Rn. 22 und Senatsbeschluss vom 1. Oktober 2014 – XII ZB 185/13 – FamRZ 2014, 1987 Rn. 21). Nachdem das Amtsgericht auf diesen Gesichtspunkt nicht eingegangen ist, sondern der Antragstellerin unbefristeten Unterhalt zuerkannt hat, konnte sie als in erster Instanz obsiegende Beteiligte darauf vertrauen, vom Beschwerdegericht rechtzeitig einen Hinweis zu erhalten, wenn dieses in einem entscheidungserheblichen Punkt der Beurteilung der Vorinstanz nicht folgen will und aufgrund seiner abweichenden Ansicht eine Ergänzung des Vorbringens oder einen Beweisantritt für erforderlich hält (st. Rspr., vgl. etwa BGH Beschluss vom 15. März 2006 – IV ZR 32/05 – FamRZ 2006, 942, 943 mwN).

[21] cc) Da das Beschwerdegericht zu möglicher Hilfe bei der Abholung und anschließenden Betreuung des Kindes durch Dritte keine Feststellungen getroffen hat, ist das Vorbringen der Antragstellerin hierzu im Rechtsbeschwerdeverfahren zugrunde zu legen. Dann kann aber nicht davon ausgegangen werden, dass für die Antragstellerin allein aus der grundsätzlichen Betreuung des Kindes in der Kindertagesstätte die Möglichkeit folgt, an bis zu fünf Stunden werktäglich einer geregelten Erwerbstätigkeit nachzugehen. Denn angesichts der erheblichen Anzahl von Krankheitstagen des Kindes (nach den Angaben der Mutter in der Zeit von Januar 2013 bis Januar 2014 an 60 Werktagen) muss sie ständig damit rechnen, dass eine persönliche Betreuung notwendig wird. Darüber hinaus hat sie T. während der vierteljährlich stattfindenden Therapiewoche zu begleiten, die verschiedenen anderen Therapietermine wahrzunehmen und täglich Übungen durchzuführen. Unter diesen Umständen ist schon die Annahme nicht gerechtfertigt, die Antragstellerin könne durch eine Erwerbstätigkeit im Umfang von 25 Wochenstunden ihren Bedarf decken. Deshalb kommt bereits ein kindbezogener Grund für eine Verlängerung des Betreuungsunterhalts in Betracht.

(Fortsetzung eines Studiums kein elternbezogener Verlängerungsgrund)

[26] bb) Soweit das Beschwerdegericht es abgelehnt hat, der Antragsgegnerin verlängerten Betreuungsunterhalt über das vollendete dritte Lebensjahr hinaus allein deswegen zuzubilligen, weil sie wegen der Geburt und der anschließenden Betreuung des Kindes ihr Studium unterbrochen hat, während der Antragsgegner sein Studium abschließen konnte, ist dies aus Rechtsgründen nicht zu beanstanden.

[27] Die Belastung des betreuenden Elternteils durch berufliche Ausbildungs-, Fortbildungs- oder Qualifizierungsmaßnahmen stellt schon keinen elternbezogenen Grund im Sinne des § 1570 Abs. 2 BGB dar. Nach dem Wortlaut des Gesetzes muss es sich vielmehr um Umstände handeln, die unter Berücksichtigung der Gestaltung von Kindererziehung und Erwerbstätigkeit in der Ehe von Bedeutung sind. Die Gesetzesbegründung weist darauf hin, dass das Vertrauen in die vereinbarte und so auch gehandhabte Rollenverteilung hinsichtlich der Kinderbetreuung geschützt werden soll. Soweit der betreuende Elternteil nach Vollendung des dritten Lebensjahrs des Kindes von einer Erwerbstätigkeit aber nicht allein in dessen Interesse absieht, sondern auch um ein Studium oder eine andere Ausbildung zu beenden, dienen der entsprechende zeitliche Aufwand und der Einsatz, die ihn insoweit von einer Erwerbstätigkeit haben absehen lassen, seinen eigenen beruflichen Interessen und nicht denjenigen des Kindes. Maßgebend können solche Umstände deshalb im Rahmen des nachehelichen Unterhalts nur für die Frage einer angemessenen Erwerbstätigkeit im Sinne des § 1574 BGB oder für die Gewährung von Ausbildungsunterhalt nach § 1575 BGB sein (Senatsurteil vom 8. August 2012 – XII ZR 97/10 – FamRZ 2012, 1624 Rn. 24).

[28] Für den Unterhaltsanspruch der nichtehelichen Mutter nach § 1615l Abs. 2 BGB gilt hinsichtlich der Beurteilung als elternbezogener Grund nichts anderes. Andernfalls würde sie besser stehen als eine eheliche Mutter, was der Gesetzesintention nicht entspricht. Ausbildungsunterhalt billigt das Gesetz der Mutter eines nichtehelichen Kindes indessen nicht zu (ebenso NK-BGB/Schilling 3. Aufl. § 1615l Rn. 14; Wever FF 2010, 214, 215; aA: OLG Nürnberg FamRZ 2010, 577, 578). Sie ist insoweit vielmehr gehalten, entweder ihre Eltern auf Unterhalt in Anspruch zu nehmen (vgl. hierzu Senatsurteil vom 29. Juni 2011 – XII ZR 127/09 – FamRZ 2011, 1560 Rn. 17 ff.) oder Leistungen nach dem Bundesausbildungsförderungsgesetz zu beantragen.

[29] Dem von der Rechtsbeschwerde angeführten Gesichtspunkt, der Antragsgegner habe sein Studium beenden können, ohne dass die Antragstellerin ihn in dieser Zeit zur Zahlung von Unterhalt herangezogen habe, kommt demgegenüber keine Bedeutung zu. Die Rechtsbeschwerde zeigt im Übrigen nicht auf, dass der Antragsgegner in dem betreffenden Zeitraum zur Zahlung von Betreuungsunterhalt leistungsfähig gewesen wäre.

(Überobligatorische Belastung als elternbezogener Verlängerungsgrund)

[30] cc) Soweit die Betreuung des Kindes auf andere Weise sichergestellt oder in einer kindgerechten Einrichtung möglich ist, kann einer Erwerbsobliegenheit des betreuenden Elternteils allerdings entgegenstehen, dass die von ihm daneben zu leistende Betreuung und Erziehung des Kindes zu einer überobligationsmäßigen Belastung führen kann (Senatsurteile BGHZ 193, 78 = FamRZ 2012, 1040 Rn. 24; vom 21. April 2010 – XII ZR 134/08 – FamRZ 2010, 1050 Rn. 36; BGHZ 180, 170 = FamRZ 2009, 770 Rn. 31 f. und BGHZ 177, 272 = FamRZ 2008, 1739 Rn. 103). Dabei ist unter anderem zu berücksichtigen, dass am Morgen oder am späten Nachmittag und Abend regelmäßig weitere Erziehungs- und Betreuungsleistungen zu erbringen sind, die je nach dem individuellen Betreuungsbedarf des Kindes in unterschiedlichem Umfang anfallen können (Senatsurteil BGHZ 193, 78 = FamRZ 2012, 1040 Rn. 24 für den Anspruch nach § 1570 BGB).

[31] Diesen Gesichtspunkt hat das Beschwerdegericht nicht hinreichend gewürdigt. Die Antragstellerin hat geltend gemacht, für die Vorbereitung des Kindes auf die Kindertagesstätte etwa eine Stunde zu benötigen, weil es z. B. nicht selbständig essen könne. Für das Bringen zu und das Abholen von der Betreuungseinrichtung brauche sie jeweils ebenfalls eine Stunde. Darüber hinaus müsse sie mit T. Therapietermine wahrnehmen und mehrfach täglich Übungen absolvieren. Diese Umstände bedingen einen erheblichen zeitlichen Einsatz, der bei der Beurteilung der Vereinbarkeit der Betreuung des schwerbehinderten Kindes und einer Erwerbstätigkeit angemessen zu berücksichtigen ist. Konkrete Feststellungen hierzu hat das Beschwerdegericht nicht getroffen.

BGH v. 8.7.2015 – XII ZB 56/14 – FamRZ 2015, 1467 = BGHZ 206, 177

R 770 *(Elternunterhalt; Obliegenheit zur Inanspruchnahme von Leistungen der Grundsicherung)*

a [11] 1. Richtig ist allerdings der rechtliche Ausgangspunkt des Beschwerdegerichts. Liegen die Voraussetzungen für die Bewilligung von Grundsicherungsleistungen nach den §§ 41 ff. SGB XII vor, werden diese unabhängig von etwaigen Unterhaltsansprüchen gegen Eltern und Kinder gewährt (vgl. BSG FamRZ 2009, 44 Rn. 16). Sie sind daher dem Unterhaltsanspruch gegenüber nicht nachrangig, sondern gelten als Einkommen und reduzieren dadurch den unterhaltsrechtlichen Bedarf des Leistungsempfängers, ohne dass es darauf ankommt, ob sie zu Recht oder zu Unrecht bewilligt worden sind (Senatsurteil vom 20. Dezember 2006 – XII ZR 84/04 – FamRZ 2007, 1158 Rn. 14). Nach allgemeiner Ansicht besteht daher für den Unterhaltsberechtigten grundsätzlich die Obliegenheit zur Inanspruchnahme von Grundsicherungsleistungen; eine Verletzung dieser Obliegenheit kann zur Anrechnung fiktiver Einkünfte in der Höhe der entgangenen Grundsicherung führen (OLG Frankfurt Urteil vom 23. Januar 2008 – 5 UF 146/07 – juris Rn. 19; OLG Nürnberg FamRZ 2004, 1988; OLG Saarbrücken MittBayNot 2005, 436, 437; Wendl/Dose Das Unterhaltsrecht in der familienrichterlichen Praxis 9. Aufl. § 1 Rn. 706; Wendl/Klinkhammer Das Unterhaltsrecht in der familienrichterlichen Praxis 9. Aufl. § 8 Rn. 161; Erman/Hammermann BGB 14. Aufl. § 1602 Rn. 49; Soergel/Lettmaier BGB 13. Aufl. § 1602 Rn. 27; Koch/Margraf Handbuch des Unterhaltsrechts 12. Aufl. Rn. 6048a; Botur in Büte/Poppen/Menne Unterhaltsrecht 3. Aufl. § 1602 BGB Rn. 30; NK-BGB/Saathoff 3. Aufl. § 1602 Rn. 21; Günther FPR 2005, 461, 464; Scholz FamRZ 2007, 1160, 1161; vgl. auch Senatsbeschluss vom 17. Juni 2015 – XII ZB 458/14 – FamRZ 2015, 1594, dort zur Obliegenheit zum Abschluss einer Pflegeversicherung).

(keine Grundsicherung im Alter wenn nur ein Kind über 100.000 € jährlich verdient)

b [15] b) Unterschiedliche Auffassungen werden zu der Frage vertreten, ob Grundsicherungsleistungen gemäß § 43 Abs. 3 Satz 6 SGB XII auch dann insgesamt ausgeschlossen sind, wenn der Träger der Grundsicherung bei einer Mehrzahl von Kindern des Leistungsberechtigten nicht für alle Kinder den Nachweis eines steuerrechtlichen Bruttoeinkommens in Höhe von 100.000 € oder mehr führen kann.

[16] Die Ansicht des Beschwerdegerichts, dass in solchen Fällen des Zusammentreffens von privilegierten und nicht privilegierten Kindern die Vorschrift des § 43 Abs. 3 Satz 6 SGB XII nicht als vollständiger Ausschluss der Grundsicherung verstanden werden könne, wird in Teilen des unterhaltsrechtlichen Schrifttums geteilt. Weil im Unterhaltsrecht keine gesamtschuldnerische Haftung bestehe, sondern jedes Kind nur mit einem individuell nach § 1606 Abs. 3 Satz 1 BGB bemessenen Haftungsanteil für den Unterhalt des Leistungsberechtigten einzustehen habe, greife die Grundsicherung in reduzierter Höhe weiter ein, soweit der Leistungsberechtigte seinen Bedarf nicht durch die haftungs-

Anhang R. Rechtsprechung   R770

anteiligen Unterhaltszahlungen seiner nicht privilegierten Kinder decken könne (vgl. Wendl/Dose Das Unterhaltsrecht in der familiengerichtlichen Praxis 9. Aufl. § 1 Rn. 707; BeckOGK/Selg BGB [Stand: Oktober 2014] § 1602 Rn. 64; Wefers FamRB 2014, 222, 224 f.).

[17] Demgegenüber geht die wohl überwiegende Ansicht davon aus, dass nach § 43 Abs. 3 Satz 6 SGB XII ein Anspruch auf Grundsicherungsleistungen schon dann insgesamt ausgeschlossen ist, wenn nur eines der Kinder des Leistungsberechtigten ein Einkommen erzielt, welches die Einkommensgrenze von 100.000 € erreicht (vgl. Wendl/Klinkhammer Das Unterhaltsrecht in der familiengerichtlichen Praxis 9. Aufl. § 8 Rn. 160; Koch/Margraf Handbuch des Unterhaltsrechts 12. Aufl. Rn. 6049; Hilbig-Lugani in Eschenbruch/Schürmann/Menne Der Unterhaltsprozess 6. Aufl. Kap. 2 Rn. 1266; Günther FPR 2005, 461, 463; Jeschke FamRZ 2015, 330; Schürmann juris-PR/FamR 17/2014 Anm. 1; H. Schellhorn in Schellhorn/Schellhorn/Hohm SGB XII 18. Aufl. § 43 Rn. 15; Kirchhoff in Hauck/Noftz, SGB XII [Bearbeitungsstand: 2013] § 43 Rn. 57).

[18] Die letztgenannte Auffassung ist – was auch die Rechtsbeschwerdeerwiderung nicht anders sieht – zutreffend.

[19] aa) Bereits die grammatikalische Auslegung steht einem anderen Auslegungsergebnis entgegen. Nach § 43 Abs. 3 Satz 1 SGB XII bleiben Unterhaltsansprüche der Leistungsberechtigten gegenüber ihren Eltern und Kindern unberücksichtigt, sofern (und nicht „soweit") deren jährliches Gesamteinkommen unter einem Betrag von 100.000 € liegt. Im Hinblick auf die Verwendung des Plurals (Kinder und Eltern) ist die Vorschrift jedenfalls insoweit eindeutig, als die von ihr angeordnete Rechtsfolge (Nichtberücksichtigung von Unterhaltsansprüchen des Leistungsberechtigten) bei einer Mehrzahl von unterhaltspflichtigen Kindern oder Elternteilen nur dann eintritt, wenn keines der Kinder oder Elternteile des Leistungsberechtigten ein jährliches Gesamteinkommen von 100.000 € oder mehr erzielt. Die darauf bezogene Vermutung des § 43 Abs. 3 Satz 2 SGB XII, wonach das Einkommen „der Unterhaltspflichtigen" die Einkommensgrenze von 100.000 € nicht übersteige, ist begrifflich schon dann widerlegt, wenn der Träger der Grundsicherung nachweisen kann, dass zumindest eines von mehreren unterhaltspflichtigen Kindern oder Elternteilen über ein jährliches Gesamteinkommen in Höhe von mindestens 100.000 € verfügt. Nach § 43 Abs. 3 Satz 6 SGB XII ist der Anspruch auf Leistungen der Grundsicherung ausgeschlossen, wenn (und nicht „soweit") dem Träger der Grundsicherung dieser Nachweis gelingt.

[20] bb) Der Senat vermag die vom Beschwerdegericht gegen dieses Auslegungsergebnis geltend gemachten systematischen und teleologischen Bedenken nicht zu teilen.

[21] (1) § 43 Abs. 3 SGB XII kommt allein in dem auf die Bewilligung von Grundsicherungsleistungen gerichteten Verwaltungsverfahren zur Anwendung. Systematisch regelt § 43 Abs. 3 Satz 6 SGB XII somit auf der Ebene des sozialrechtlichen Leistungsrechts die Frage, ob der Leistungsberechtigte Grundsicherung im Alter und bei Erwerbsminderung nach dem Vierten Kapitel des Zwölften Buches Sozialgesetzbuch oder die ansonsten nachrangige Hilfe zum Lebensunterhalt nach dessen Dritten Kapitel erhalten kann. Das Gesetz schließt einen Anspruch auf Grundsicherungsleistungen aus und verweist den Anspruchsteller auf die Hilfe zum Lebensunterhalt, wenn er wenigstens ein unterhaltspflichtiges Kind oder einen unterhaltspflichtigen Elternteil mit einem Einkommen in Höhe von 100.000 € hat.

[22] (2) Bei der Fassung des § 43 Abs. 3 Satz 6 SGB XII hat sich der Gesetzgeber erkennbar von der Vorstellung leiten lassen, dass der Lebensunterhalt des Leistungsberechtigten in vollem Umfang vorrangig vor der Grundsicherung durch Verwandtenunterhalt sichergestellt werden kann, wenn (mindestens) ein Kind oder Elternteil vorhanden ist, das über ein besonders hohes Einkommen verfügt (vgl. Kirchhoff in Hauck/Noftz, SGB XII [Bearbeitungsstand: 2013] § 43 Rn. 55).

[23] Richtig ist freilich, dass dies in mehrfacher Hinsicht im Widerspruch zu den Wertungen des materiellen Unterhaltsrechts steht (vgl. dazu eingehend Wendl/Klinkhammer Das Unterhaltsrecht in der familiengerichtlichen Praxis 9. Aufl. § 8 Rn. 160). Die typisierende Annahme, dass der Bedarf des Leistungsberechtigten bei einem gewissen (steuerrechtlichen) Bruttoeinkommen eines unterhaltspflichtigen Kindes oder Elternteils in vollem Umfang durch dessen Unterhaltszahlungen gedeckt werden könne, kann sich bei unterhaltsrechtlicher Betrachtungsweise – insbesondere beim Bestehen hoher Verbindlichkeiten oder im Falle vorrangiger Unterhaltspflichten aufseiten des Unterhaltspflichtigen – im Einzelfall als nicht tragfähig erweisen. Zudem werden in vielen Fällen die nach § 43 Abs. 3 Satz 1 SGB XII privilegierten Kinder oder Elternteile – wie im vorliegenden Fall der Antragsgegner – aus der Sicht des Unterhaltsrechts in der Lage sein, mit ihrem unterhalb des Grenzbetrages von 100.000 € liegenden Bruttoeinkommen zum Unterhalt des Leistungsberechtigten beizutragen, so dass sich die

2473

zivilrechtliche Unterhaltspflicht des nicht privilegierten Kindes oder Elternteils bei einer Mehrzahl von leistungsfähigen Unterhaltspflichtigen der Höhe nach von vornherein auf einen nach § 1606 Abs. 3 Satz 1 BGB bemessenen Haftungsanteil am gesamten Bedarf des Leistungsberechtigten beschränkt.

[24] (3) Diese Widersprüche lassen sich allerdings aus der Binnenlogik der für die Bewilligung von Grundsicherungsleistungen maßgeblichen Verfahrensvorschriften heraus erklären. In diesem Verwaltungsverfahren soll bei der Prüfung der Bewilligungsvoraussetzungen nur sehr behutsam in die informationellen Selbstbestimmungsrechte des Leistungsberechtigten und seiner unterhaltspflichtigen Eltern und Kinder eingegriffen werden, damit der Leistungsberechtigte nicht aus Furcht vor umfassender behördlicher Ausforschung der wirtschaftlichen Verhältnisse seiner unterhaltspflichtigen Eltern und Kinder von der Beantragung der Grundsicherung Abstand nimmt (vgl. Schoch in LPK-SGB XII 9. Aufl. § 43 Rn. 10). Der Leistungsberechtigte ist deshalb – über allgemein gehaltene Angaben hinaus – nicht verpflichtet, dem Grundsicherungsträger umfassende Einzelheiten zu den wirtschaftlichen Verhältnissen der unterhaltspflichtigen Eltern und Kinder zu offenbaren. Der in § 43 Abs. 3 Satz 4 SGB XII normierte Auskunftsanspruch des Grundsicherungsträgers gegen die unterhaltspflichtigen Kinder und Eltern richtet sich in persönlicher Hinsicht nur gegen diejenigen Unterhaltspflichtigen, für deren Person der Grundsicherungsträger bereits hinreichende Anhaltspunkte für ein den Grenzbetrag von 100.000 € erreichendes Einkommen darlegen kann (vgl. Buchner in Oestreicher SGB II/SGB XII [Stand: Oktober 2013] § 43 SGB XII Rn. 14). § 43 Abs. 3 Satz 4 SGB XII verdrängt in seinem Anwendungsbereich den allgemeinen sozialhilferechtlichen Auskunftsanspruch aus § 117 SGB XII (LSG Niedersachsen-Bremen Urteil vom 29. Juli 2014 – L 8 SO 126/11 – juris Rn. 15; Günther FPR 2005, 461, 463; Hußmann FPR 2004, 534, 540). Gegenüber anderen Kindern und Elternteilen besteht daher sozialhilferechtlich kein Auskunftsanspruch, wenn es für diese Unterhaltspflichtigen keine Anhaltspunkte für ein Einkommen von 100.000 € oder mehr gibt. Inhaltlich ist der Auskunftsanspruch nach § 43 Abs. 3 Satz 4 SGB XII auf Angaben zum steuerlichen Bruttoeinkommen des Unterhaltspflichtigen beschränkt (Kirchhoff in Hauck/Noftz, SGB XII [Bearbeitungsstand: 2013] § 43 Rn. 52; vgl. auch Senatsurteil BGHZ 169, 59 = FamRZ 2006, 1511, 1515). Demgegenüber kann (und soll) der Träger der Grundsicherung im Bewilligungsverfahren keine weitergehenden Informationen zu den sonstigen wirtschaftlichen Verhältnissen des Unterhaltspflichtigen erlangen, auch wenn diese – wie beispielsweise Angaben zu Wohnvorteilen oder zum Einkommen des Ehegatten des Unterhaltspflichtigen – für die Beurteilung seiner unterhaltsrechtlichen Leistungsfähigkeit unmittelbar von Bedeutung sind.

[25] (4) Schließlich ist zu berücksichtigen, dass § 43 Abs. 3 Satz 6 SGB XII (bis zum 31. Dezember 2012: § 43 Abs. 2 Satz 6 SGB XII) inhaltlich dem früheren § 2 Abs. 3 Satz 1 GSiG entspricht. Dessen Regelungsgehalt ist im Jahre 2005 nach der Eingliederung der sozialen Grundsicherung in das System der Sozialhilfe unverändert übernommen worden, was ebenfalls dafür spricht, dass der Gesetzgeber die bestehenden Wertungswidersprüche zum Unterhaltsrecht bewusst hingenommen hat.

[26] cc) Bei der Beurteilung dieser Rechtsfrage sieht sich der Senat im Einklang mit der Rechtsprechung des Bundessozialgerichts. Dessen Entscheidung vom 25. April 2013 (BSG FamRZ 2014, 385) stützt die vom Beschwerdegericht vertretene Auslegung des § 43 Abs. 3 Satz 6 SGB XII nicht.

[27] Das Bundessozialgericht hat im Rahmen der Auslegung von § 43 Abs. 2 Satz 1 SGB XII aF (jetzt: § 43 Abs. 3 Satz 1 SGB XII) zwar die Individualität der Unterhaltsansprüche betont und darauf hingewiesen, dass sich der Unterhaltsanspruch des Leistungsberechtigten (im dortigen Streitfall ein volljähriges behindertes Kind) zivilrechtlich nicht gegen seine Eltern zusammen, sondern – abhängig von der individuellen Leistungsfähigkeit – nur gegen den einzelnen Elternteil gesondert richten könne (vgl. BSG FamRZ 2014, 385 Rn. 22). Indessen stehen diese Äußerungen ausschließlich im Zusammenhang mit der Erörterung der in der sozialrechtlichen Literatur bis dahin streitig gewesenen Frage, ob die Einkünfte von Eltern – wegen der gemeinsamen steuerlichen Veranlagung – in Ansehung des Grenzbetrages von 100.000 € zusammenzurechnen sein könnten. Dies hat das Bundessozialgericht verneint, andererseits aber dem Wortlaut des § 43 Abs. 2 Satz 6 SGB XII aF (jetzt: § 43 Abs. 3 Satz 6 SGB XII) entsprechend darauf hingewiesen, dass ein Anspruch auf Grundsicherungsleistungen dann ausscheidet, wenn „mindestens einer der beiden Elternteile (allein) ein Gesamteinkommen von 100.000 Euro jährlich hat" (BSG FamRZ 2014, 385 Rn. 19). Folgerichtig hat das Bundessozialgericht, das die vorinstanzliche Entscheidung im Streitfall aufgehoben hat, in seinen Hinweisen zum weiteren Verfahren ausdrücklich ausgeführt, dass dann, wenn „das Einkommen eines der Elternteile ... über 100.000 Euro" liegt, der Anspruch des Leistungsberechtigten auf Hilfe zum Lebensunterhalt zu prüfen sein wird (BSG FamRZ 2014, 385 Rn. 25).

(Kein Anspruchsübergang auf den Sozialhilfeträger, wenn ein Kind über und ein Kind unter 100.000 € jährlich verdient)

[32] b) Der Anspruchsübergang ist allerdings nach § 94 Abs. 3 Satz 1 Nr. 2 SGB XII wegen unbilliger Härte ausgeschlossen. Erhält der Unterhaltsberechtigte nachrangige Hilfe zum Lebensunterhalt, stellt der gesetzliche Anspruchsübergang für ein unterhaltspflichtiges Kind mit einem unter dem Grenzbetrag des § 43 Abs. 3 Satz 1 SGB XII liegenden Gesamteinkommen eine unbillige Härte dar, wenn und soweit das Kind den unterhaltsberechtigten Elternteil nur wegen des Vorhandenseins einkommensstärkerer Geschwister nicht auf die Inanspruchnahme von Grundsicherungsleistungen verweisen kann (ebenso Wendl/Klinkhammer Das Unterhaltsrecht in der familienrichterlichen Praxis 9. Aufl. § 8 Rn. 160; Hilbig-Lugani in Eschenbruch/Schürmann/Menne Der Unterhaltsprozess 6. Aufl. Kap. 2 Rn. 1268; Schürmann juris-PR/FamR 17/2014 Anm. 1).

[33] aa) Die Frage, unter welchen Voraussetzungen ein Anspruchsübergang nach § 94 Abs. 3 Satz 1 Nr. 2 SGB XII wegen unbilliger Härte ausgeschlossen ist, beurteilt sich grundsätzlich nach öffentlich-rechtlichen Kriterien. Entscheidend ist daher, ob aus Sicht des Sozialhilferechts durch den Anspruchsübergang soziale Belange berührt werden, was notwendigerweise voraussetzt, dass der den Härtegrund rechtfertigende Lebenssachverhalt einen erkennbaren Bezug zum Sozialhilferecht oder zu einem sonstigen Handeln des Staates und seiner Organe aufweist (vgl. Senatsurteil vom 15. September 2010 – XII ZR 148/09 – FamRZ 2010, 1888 Rn. 45).

[34] Die Härte kann in materieller oder immaterieller Hinsicht bestehen und entweder in der Person des Unterhaltspflichtigen oder in derjenigen des Hilfeempfängers vorliegen. Bei der Auslegung der Härteklausel ist in erster Linie die Zielsetzung der Hilfe zu berücksichtigen, daneben sind die allgemeinen Grundsätze der Sozialhilfe zu beachten. Eine unbillige Härte liegt danach insbesondere vor, wenn und soweit der öffentlich-rechtliche Grundsatz der familiengerechten Hilfe, nach dem unter anderem auf die Belange und Beziehungen in der Familie Rücksicht zu nehmen ist, einer Heranziehung entgegensteht (Senatsurteil vom 15. September 2010 – XII ZR 148/09 – FamRZ 2010, 1888 Rn. 46 und Senatsbeschluss vom 17. Juni 2015 – XII ZB 458/14 – FamRZ 2015, 1594). Eine unbillige Härte kann ebenfalls darin bestehen, dass ein Sozialhilfeträger einen übergegangenen Unterhaltsanspruch auch insoweit geltend macht, als eine Sozialhilfebedürftigkeit hätte vermieden werden können und dies der Gesetzgebung oder einem sonstigen Handeln des Staates und seiner Organe zuzurechnen ist (vgl. Senatsbeschluss vom 17. Juni 2015 – XII ZB 458/14 – FamRZ 2015, 1594). Im Gegensatz dazu genügt eine rein zivilrechtlich einzuordnende und keinen Bezug zum staatlichen Handeln aufweisende Störung familiärer Beziehungen grundsätzlich nicht, um eine unbillige Härte im Sinne des § 94 Abs. 3 Satz 1 Nr. 2 SGB XII zu begründen und damit einen Anspruchsübergang auf den Träger der Sozialhilfe auszuschließen (Senatsurteil vom 15. September 2010 – XII ZR 148/09 – FamRZ 2010, 1888 Rn. 44).

[35] bb) Gemessen daran ist der Übergang der gegen den Antragsgegner gerichteten Unterhaltsansprüche der Antragstellerin auf den Träger der Sozialhilfe ausgeschlossen.

[36] Als Einzelkind könnte der unter der Einkommensgrenze von 100.000 € liegende Antragsgegner vom Träger der Sozialhilfe nicht auf Unterhalt in Anspruch genommen werden, weil er die Antragstellerin auf bedarfsdeckende Leistungen nach dem Vierten Kapitel des Zwölften Buches Sozialgesetzbuch verweisen und sich gegenüber dem Unterhaltsrückgriff des Sozialhilfeträgers auf das Privileg des § 94 Abs. 1 Satz 3, Halbs. 2 SGB XII berufen könnte. Mit den Regelungen, welche die Bewilligung von Grundsicherungsleistungen von den Einkommensverhältnissen unterhaltspflichtiger Kinder und Eltern abhängig machen, wollte der Gesetzgeber sicherstellen, dass „hohe Einkommen nicht vom Unterhaltsrückgriff befreit werden" (vgl. Plenarprotokoll 14/168 S. 16430). Hier würde der Antragsgegner einem Unterhaltsrückgriff aber nicht wegen der Höhe seines Einkommens, sondern allein deswegen ausgesetzt werden, weil er einen einkommensstärkeren Bruder hat. Dafür ist eine sachliche Rechtfertigung nicht ersichtlich (vgl. Kirchhoff in Hauck/Noftz, SGB XII [Bearbeitungsstand: 2013] § 43 Rn. 57).

[37] Zudem wird das Phänomen der verschämten Altersarmut, dem durch die Einführung der Grundsicherung im Alter begegnet werden sollte, nach der Vorstellung des Gesetzgebers maßgeblich dadurch verursacht, dass ältere Menschen aus Furcht vor einem Unterhaltsrückgriff auf ihre Kinder keine Sozialhilfe beantragen (vgl. BT-Drucks. 14/4595 S. 43). Gerade aus Sicht des Sozialhilferechts wäre es deshalb verfehlt, wenn die Antragstellerin befürchten müsste, dass selbst ihre einkommensschwächeren Kinder bei einer Inanspruchnahme öffentlicher Hilfe mit einem Unterhaltsrückgriff durch den Hilfeträger zu rechnen hätten.

BGH v. 15.7.2015 – XII ZB 369/14 – FamRZ 2015, 1694

R 771 *(Abänderung eines Unterhaltsbeschlusses nicht als Fehlerkorrektur)*

a [19] bb) Ist das Abänderungsverfahren eröffnet, so ermöglicht es weder eine freie, von der bisherigen Höhe unabhängige Neufestsetzung des Unterhalts noch eine abweichende Beurteilung derjenigen Verhältnisse, die bereits in der Erstentscheidung eine Bewertung erfahren haben (Senatsurteil vom 2. Juni 2010 – XII ZR 160/08 – FamRZ 2010, 1318 Rn. 32). Darüber hinaus bleiben im Abänderungsverfahren auch solche im Ausgangsverfahren schon entscheidungserheblichen Umstände unberücksichtigt, die seinerzeit von den Beteiligten nicht vorgetragen oder vom Gericht übersehen wurden. Denn auch eine Korrektur von Fehlern der rechtskräftigen Entscheidung ist im Abänderungsverfahren nicht zulässig. Einer Fehlerkorrektur steht vielmehr die Rechtskraft der Vorentscheidung entgegen, deren Durchbrechung nur insoweit gerechtfertigt ist, als sich die maßgeblichen Verhältnisse nachträglich verändert haben (vgl. Senatsurteile BGHZ 185, 322 = FamRZ 2010, 1150 Rn. 19 und vom 6. März 1985 – IVb ZR 76/83 – FamRZ 1985, 580, 581).

[20] Die Abänderungsentscheidung besteht dementsprechend in einer unter Wahrung der Grundlagen des Unterhaltstitels vorzunehmenden Anpassung des Unterhalts an veränderte Verhältnisse (§ 238 Abs. 4 FamFG). Für das Ausmaß der Abänderung kommt es darauf an, welche Umstände für die Bemessung der Unterhaltsrente seinerzeit maßgebend waren und welches Gewicht ihnen dabei zugekommen ist. Auf dieser durch Auslegung zu ermittelnden Grundlage hat der Richter im Abänderungsverfahren unter Berücksichtigung der neuen Verhältnisse festzustellen, welche Veränderungen in diesen Umständen eingetreten sind und welche Auswirkungen sich daraus für die Höhe des Unterhalts ergeben (Senatsurteil vom 2. Juni 2010 – XII ZR 160/08 – FamRZ 2010, 1318 Rn. 32 mwN; zur Auslegung der Ausgangsentscheidung vgl. Senatsurteil vom 7. Dezember 2011 – XII ZR 159/09 – FamRZ 2012, 288 Rn. 23 mwN).

(Herabsetzung und Befristung im Abänderungsverfahren)

b [21] b) Nach den genannten Grundsätzen richtet sich auch die Präklusion von für die Herabsetzung und Befristung des Unterhalts gemäß § 1578b Abs. 1 und 2 BGB erheblichen tatsächlichen und rechtlichen Umständen.

[22] aa) Konnte eine Herabsetzung auf den angemessenen Lebensbedarf bzw. zeitliche Begrenzung des Ehegattenunterhalts gemäß § 1578b BGB bereits zum Zeitpunkt der letzten mündlichen Verhandlung des Ausgangsverfahrens vorgetragen werden, ist ein mit dem gleichen Ziel erhobener Abänderungsantrag bei gleich gebliebenen Verhältnissen wegen § 238 Abs. 2 FamFG bereits unzulässig. Die Entscheidung, einen Unterhaltsanspruch aus Billigkeitsgründen herabzusetzen oder zu befristen, setzt dabei nicht voraus, dass die hierfür maßgeblichen Umstände bereits eingetreten sind. Soweit die betreffenden Gründe schon im Ausgangsverfahren entstanden oder jedenfalls zuverlässig vorauszusehen waren, mussten sie auch im Ausgangsverfahren berücksichtigt werden. Die Entscheidung über eine Unterhaltsbegrenzung kann dann wegen § 238 Abs. 2 FamFG im Rahmen eines Abänderungsverfahrens grundsätzlich nicht nachgeholt werden (vgl. Senatsurteile BGHZ 183, 197 = FamRZ 2010, 111 Rn. 59; vom 9. Juni 2004 – XII ZR 308/01 – FamRZ 2004, 1357, 1360 und vom 5. Juli 2000 – XII ZR 104/98 – FamRZ 2001, 905, 906; zum Verhältnis von Herabsetzung und Befristung in Bezug auf die Präklusion vgl. Senatsurteil vom 23. November 2011 – XII ZR 47/10 – FamRZ 2012, 197 Rn. 20 f.).

[23] bb) Die Präklusion setzt allerdings voraus, dass die Umstände schon für die Entscheidung des Ausgangsverfahrens erheblich waren. Das ist dann der Fall, wenn das Gericht des Ausgangsverfahrens bereits eine Herabsetzung oder Befristung hätte aussprechen müssen. Ist ein Umstand allein im Rahmen der Billigkeitsbetrachtung nach § 1578b BGB erheblich, so kommt es mithin grundsätzlich darauf an, ob der fragliche Umstand bereits im Ausgangsverfahren zu einer abweichenden Entscheidung hätte führen müssen.

[24] Demnach ist zwar bei seit dem Schluss der mündlichen Verhandlung im Ausgangsverfahren unveränderter Tatsachen- und Rechtslage eine Abänderung nicht zulässig. Ist die Abänderung hingegen aus anderen Gründen eröffnet, so kann auch eine sogenannte Alttatsache berücksichtigt werden, wenn sie nicht bereits im Ausgangsverfahren entscheidungserheblich war, das heißt im Hinblick auf die konkrete Rechtsfolge der Herabsetzung und Befristung nach § 1578b BGB für sich genommen noch nicht zu einer anderen Entscheidung hätte führen müssen. Dabei ist zu beachten, dass im Rahmen von § 1578b Abs. 1 und 2 BGB eine umfassende Billigkeitsabwägung vorzunehmen ist, welche sich regel-

mäßig nicht auf einzelne Gesichtspunkte reduzieren lässt. Dementsprechend kann das Hinzutreten neuer Gesichtspunkte genügen, um in einer Gesamtschau zu einer Neubewertung auch der unverändert gebliebenen Umstände zu gelangen (vgl. Senatsurteil vom 5. Oktober 2011 – XII ZR 117/09 – FamRZ 2011, 1854 Rn. 26 zu § 1579 Nr. 2 BGB; NK-BGB/Schürmann 3. Aufl. § 1578b Rn. 42).

[25] Hinsichtlich solcher Umstände, die Teil einer umfassenden Abwägung sind, ist vielmehr im Zweifel davon auszugehen, dass das Gericht über deren Berücksichtigung noch nicht in dem Sinn abschließend entscheiden will, dass diese in einem späteren Abänderungsverfahren außer Betracht gelassen werden müssen. Entsprechend ist zu verfahren, wenn einzelne Aspekte vom Gericht schlicht übersehen und nicht in seine Beurteilung einbezogen wurden.

[26] Sind die Umstände dagegen im Ausgangsverfahren schon in anderer Hinsicht relevant gewesen, so ist ihre Berücksichtigung im Abänderungsverfahren auch im Zusammenhang mit der Herabsetzung und Befristung des Unterhalts nach § 1578b BGB ausgeschlossen (vgl. Senatsbeschluss vom 5. Dezember 2012 – XII ZB 670/10 – FamRZ 2013, 274 Rn. 28 und Senatsurteil vom 27. Januar 2010 – XII ZR 100/08 – FamRZ 2010, 538 Rn. 42 mwN).

BGH v. 30.9.2015 – XII ZB 1/15 – FamRZ 2015, 2131

(Verzicht auf Trennungsunterhalt unzulässig)

[12] Auf der Grundlage der bislang getroffenen Feststellungen hat das Oberlandesgericht zu Unrecht einen Verzicht auf Trennungsunterhalt verneint. Nach §§ 1361 Abs. 4 Satz 4, 1360a Abs. 3 i. V. m. § 1614 BGB ist ein Verzicht auf künftigen Trennungsunterhalt unwirksam und daher nach § 134 BGB nichtig. Die Vorschrift hat sowohl individuelle als auch öffentliche Interessen im Blick und will verhindern, dass sich der Unterhaltsberechtigte während der Trennungszeit durch Dispositionen über den Bestand des Unterhaltsanspruchs seiner Lebensgrundlage begibt und dadurch gegebenenfalls öffentlicher Hilfe anheim zu fallen droht (Senatsbeschluss vom 29. Januar 2014 – XII ZB 303/13 – FamRZ 2014, 629 Rn. 48).

[13] a) Noch zutreffend hat das Oberlandesgericht allerdings ausgeführt, dass das gesetzliche Verbot des Verzichts auf künftigen Trennungsunterhalt nicht durch ein sogenanntes pactum de non petendo umgangen werden darf. Ein solches, nämlich die Verpflichtung oder das Versprechen des unterhaltsberechtigten Ehegatten, Trennungsunterhalt nicht geltend zu machen, berührt zwar nicht den Bestand des Unterhaltsanspruchs nicht, begründet aber eine Einrede gegen den Unterhaltsanspruch, die wirtschaftlich zu dem gleichen Ergebnis führt wie ein Unterhaltsverzicht. Deshalb ist in einem pactum de non petendo ein unzulässiges und daher unwirksames Umgehungsgeschäft zu sehen (Senatsbeschluss vom 29. Januar 2014 – XII ZB 303/13 – FamRZ 2014, 629 Rn. 48 mwN).

(Abgrenzung zwischen angemessener Ausgestaltung des Trennungsunterhalts und unzulässigem Verzicht)

[16] bb) Allerdings ist anerkannt, dass § 1614 Abs. 1 BGB einer vertraglichen Ausgestaltung des Trennungsunterhalts für die Zukunft nicht entgegensteht. Vielmehr besteht für die Bemessung des Unterhalts insoweit ein Spielraum, innerhalb dessen interessengemäße, angemessene Regelungen vereinbart werden können. Nur eine Abrede, die unterhalb eines solchen Rahmens des angemessenen Unterhalts iSv § 1361 Abs. 1 Satz 1 BGB liegt, kann keinen Bestand haben (vgl. Senatsurteil vom 27. Juni 1984 – IVb ZR 21/83 – FamRZ 1984, 997, 999). In der Rechtsprechung und im Schrifttum wird weitgehend eine Unterschreitung des rein rechnerisch ermittelten Unterhalts von bis zu 20% noch als angemessen und damit hinnehmbar erachtet, während eine Unterschreitung um ein Drittel im Regelfall als mit § 1614 Abs. 1 BGB unvereinbar angesehen wird. In dem dazwischenliegenden Bereich soll aufgrund der Umstände des Einzelfalls entschieden werden (vgl. OLG Hamm FamRZ 2001, 1023, 1024 und FamRZ 2007, 732, 733; OLG Düsseldorf MDR 2000, 1252; OLG Köln FamRZ 1983, 750, 752; Wendl/Bömelburg Das Unterhaltsrecht in der familienrichterlichen Praxis 9. Aufl. § 4 Rn. 85; MünchKommBGB/Weber-Monecke 6. Aufl. § 1361 Rn. 49; Göppinger/Hoffmann Unterhaltsrecht 9. Aufl. Rn. 1478; Staudinger/Voppel BGB [2012] § 1361 Rn. 305; Kilger/Pfeil in Göppinger/Börger Vereinbarungen anlässlich der Ehescheidung 10. Aufl. 5. Teil Rn. 142; Niepmann/Schwamb Die Rechtsprechung zur Höhe des Unterhalts 12. Aufl. Rn. 153; Erman/Hammermann BGB 14. Aufl. § 1614 Rn. 6; Weinreich/Klein/Müting Familienrecht 8. Aufl. § 1614 Rn. 12; PWW/Soyka BGB 10. Aufl. § 1614 Rn. 3; jurisPK-BGB/Viefhues § 1614 Rn. 17; Eschenbruch in Eschenbruch/Schürmann/Menne Der Unterhaltsprozess 6. Aufl. Kap. 1 Rn. 1902; Huhn RNotZ 2007, 177, 185; Schwackenberg FPR 2001, 107).

[17] cc) Die Beurteilung, ob eine unzulässige Unterschreitung des angemessenen Unterhalts vorliegt, setzt – ungeachtet bestehender Differenzierungen im Rahmen der wiedergegebenen Auffassung – allerdings voraus, dass zunächst die Höhe dieses angemessenen Unterhalts im hierfür erforderlichen Umfang festgestellt worden ist. Denn andernfalls lässt nicht erkennen, ob ein Verzicht vorliegt. Darauf zielende Überlegungen hat das Beschwerdegericht indessen nicht angestellt. Zwar brauchte es keine Feststellungen zur Leistungsfähigkeit des Antragsgegners zu treffen, da er unstreitig uneingeschränkt leistungsfähig ist. Das Beschwerdegericht hat aber offengelassen, wie der aufgrund der gehobenen Einkommensverhältnisse geltend gemachte konkrete Bedarf der Antragstellerin zu beurteilen ist. Ebenso wenig ist es dem Einwand des Antragsgegners nachgegangen, die Antragstellerin treffe nach § 1361 Abs. 2 BGB eine Erwerbsobliegenheit, entweder im Rahmen des von ihr betriebenen Kochstudios oder in ihrem vor der Ehe ausgeübten Beruf als Diplom-Psychologin.

BGH v. 7.10.2015 – XII ZB 26/15 – FamRZ 2015, 2138

R 773 *(Elternunterhalt; Bedarf bei Heimaufenthalt)*

a
[14] (1) Nach der Rechtsprechung des Senats bestimmt sich der Unterhaltsbedarf des Elternteils grundsätzlich durch seine Unterbringung in einem Heim und deckt sich regelmäßig mit den dort anfallenden Kosten (vgl. Senatsurteil vom 21. November 2012 – XII ZR 150/10 – FamRZ 2013, 203 Rn. 15 mwN).

[15] Ein an der früheren besseren Lebensstellung des Elternteils orientierter höherer Standard ist grundsätzlich nicht mehr angemessen im Sinne von § 1610 Abs. 1 BGB. Denn der angemessene Lebensbedarf der Eltern richtet sich nach deren konkreter (aktueller) Lebenssituation. Ist der Elternteil im Alter sozialhilfebedürftig geworden, so beschränkt sich sein angemessener Lebensbedarf auf das Existenzminimum und damit verbunden auf eine ihm zumutbare einfache und kostengünstige Heimunterbringung. Dass das unterhaltspflichtige Kind selbst in besseren Verhältnissen lebt, hat auf den Unterhaltsbedarf des Elternteils schließlich keinen Einfluss (Senatsurteil vom 21. November 2012 – XII ZR 150/10 – FamRZ 2013, 203 Rn. 17 mwN).

(Darlegungs- und Beweislast zur Auswahl eines angemessenen Pflegeheims)

b
[18] Nach der ständigen Rechtsprechung des Senats obliegt es dem Unterhaltsberechtigten, seinen Unterhaltsbedarf darzulegen und zu beweisen. Im Falle eines Heimaufenthalts genügt dafür die Darlegung der für den Aufenthalt anfallenden Kosten, wenn nicht Anhaltspunkte dafür vorliegen, dass diese nicht der angemessenen Lebensstellung des Unterhaltsberechtigten entsprechen. Stellt der Unterhaltspflichtige in Abrede, dass das von dem Unterhaltsberechtigte bewohnte Heim seiner angemessenen Lebensstellung entspricht, ist von ihm regelmäßig ein substantiiertes Bestreiten zu verlangen (vgl. Senatsurteil vom 21. November 2012 – XII ZR 150/10 – FamRZ 2013, 203 Rn. 15; BGHZ 152, 217 = FamRZ 2002, 1698, 1700).

[19] Hat der sozialhilfebedürftige Unterhaltsberechtigte zu den Kriterien der Heimauswahl noch keinen Vortrag gehalten, genügt der Unterhaltspflichtige seiner Obliegenheit zum substantiierten Bestreiten zwar nicht durch einen pauschalen Hinweis auf kostengünstigere Heime (vgl. Senatsurteil BGHZ 152, 217 = FamRZ 2002, 1698, 1700), wohl aber dadurch, dass er konkrete Heime und die dafür anfallenden Kosten benennt. Kommt der Unterhaltspflichtige dem nach, verbleibt die Darlegungs- und Beweislast für den Lebensbedarf bei dem Unterhaltsberechtigten und im Fall des sozialhilferechtlichen Anspruchsübergangs bei dem Sozialhilfeträger (Senatsurteil vom 21. November 2012 – XII ZR 150/10 – FamRZ 2013, 203 Rn. 20 f. mwN).

[20] Der Unterhaltsberechtigte kann darlegen, dass sich das von ihm gewählte Heim gemeinsam mit dem vom Unterhaltspflichtigen benannten kostengünstigeren Heim noch im unteren Preissegment befindet und seine Auswahl deswegen dem Unterhaltspflichtigen zumutbar ist. Außerhalb dieses Preissegments hat der Unterhaltsberechtigte demgegenüber besondere Gründe vorzutragen, aus denen sich ergibt, dass die Wahl des Heims aus dem unteren Preissegment nicht zumutbar war (vgl. Senatsurteil vom 21. November 2012 – XII ZR 150/10 – FamRZ 2013, 203 Rn. 18). Er kann dann etwa den Nachweis führen, dass in den vom Unterhaltspflichtigen genannten Heimen im zeitlichen Zusammenhang mit dem Entstehen des Unterbringungsbedarfs keine freien Plätze verfügbar waren. Auch wenn der Unterhaltsberechtigte diesen Nachweis nicht führen kann, kann er sonstige Umstände vortragen, aus denen sich ergibt, dass der Unterhaltspflichtige die konkrete Heimauswahl unterhaltsrechtlich hinzunehmen hat (vgl. Senatsurteil vom 21. November 2012 – XII ZR 150/10 – FamRZ 2013, 203 Rn. 18).

BGH v. 4.11.2015 – XII ZR 6/15 – FamRZ 2016, 203

(Einsatzzeitpunkt für nachehelichen Aufstockungsunterhalt bei vorübergehender Arbeitslosigkeit)

[18] Eine vorübergehende Arbeitslosigkeit des Unterhaltspflichtigen und die damit einhergehende Reduzierung seiner Einkünfte unterbricht die Unterhaltskette auch beim Aufstockungsunterhalt nach § 1573 Abs. 2 BGB nicht.

[19] (1) Allerdings entspricht es ständiger Rechtsprechung des Senats, dass sowohl ein nicht vorwerfbarer nachehelicher Einkommensrückgang als auch eine nicht vorwerfbare nacheheliche Arbeitslosigkeit aufseiten des Unterhaltspflichtigen für die ehelichen Lebensverhältnisse prägend sind und daher bereits auf das Maß des Unterhalts durchschlagen (vgl. Senatsurteile BGHZ 192, 45 = FamRZ 2012, 281 Rn. 24 und BGHZ 153, 358 = FamRZ 2003, 590, 591 f.). Weil der Tatbestand des § 1573 Abs. 2 BGB explizit auf § 1578 BGB Bezug nimmt, scheidet ein Anspruch auf Aufstockungsunterhalt an sich bereits auf der Tatbestandsebene aus, wenn die Einkünfte des Unterhaltspflichtigen infolge seiner Arbeitslosigkeit – wie es hier in den Monaten zwischen Oktober und Dezember 2012 der Fall gewesen ist – so weit absinken, dass sich kein Unterschiedsbetrag mehr zwischen dem durch den Einkommensrückgang beeinflussten vollen Unterhalt nach den ehelichen Lebensverhältnissen und den anrechenbaren Eigeneinkünften des Unterhaltsberechtigten ergibt. Andererseits kann es aber nicht in Frage stehen, dass auch die erneute Aufnahme einer Berufstätigkeit durch den zuvor arbeitslos gewesenen Unterhaltspflichtigen bei Fortbestand der Ehe deren Verhältnisse geprägt hätte, zumal ein voll erwerbsfähiger Unterhaltspflichtiger dadurch seiner Erwerbsobliegenheit gegenüber dem unterhaltsberechtigten Ehegatten nachkommt (vgl. dazu auch Senatsurteil vom 15. Oktober 2003 – XII ZR 65/01 – FamRZ 2004, 254, 255). Dies rechtfertigt die Annahme, dass der Anspruch des Berechtigten auf Aufstockungsunterhalt auch während einer vorübergehenden Arbeitslosigkeit des Pflichtigen zumindest latent weiterhin vorhanden und die Unterhaltskette deshalb nicht unterbrochen worden ist.

BGH v. 11.11.2015 – XII ZB 7/15 – FamRZ 2016, 199

(Anspruch auf Aufstockungsunterhalt als Folge der Zahlung von Kindesunterhalt)

[14] bb) Bei der Bemessung des Unterhaltsbedarfs nach den ehelichen Lebensverhältnissen sind ferner weitere Umstände zu berücksichtigen, die das für Unterhaltszwecke verfügbare Einkommen vor Rechtskraft der Ehescheidung beeinflusst haben. Dazu gehört auch die Barunterhaltspflicht für gemeinsame Kinder (Senatsurteil BGHZ 192, 45 = FamRZ 2012, 281 Rn. 18 f. mwN). Dadurch ist allerdings nicht ausgeschlossen, dass der Bedarf für den Kindesunterhalt im Rahmen einer Angemessenheitsbetrachtung mit Rücksicht auf weitere Unterhaltspflichten etwa durch Herabstufung innerhalb der Düsseldorfer Tabelle zu korrigieren ist (Senatsurteile BGHZ 178, 79 = FamRZ 2008, 2189 Rn. 20; BGHZ 175, 182 = FamRZ 2008, 968 Rn. 48). Schließlich ist ein Vorwegabzug des Kindesunterhalts bei der Bedarfsbemessung im Ergebnis dadurch begrenzt, dass der Mindestbedarf des unterhaltsberechtigten Ehegatten nicht unterschritten werden darf (vgl. Senatsurteile BGHZ 192, 45 = FamRZ 2012, 281 Rn. 29; vom 17. Februar 2010 – XII ZR 140/08 – FamRZ 2010, 629 Rn. 32 f. und vom 16. Januar 2013 – XII ZR 39/10 – FamRZ 2013, 534 Rn. 26).

[15] (1) Ob ein Vorwegabzug des Kindesunterhalts auch für den Fall durchzuführen ist, dass der für die Kinder baruntehaltspflichtige Ehegatte erst infolge des Abzugs über ein geringeres Einkommen verfügt und er demzufolge gegenüber seinem Ehegatten unterhaltsberechtigt wird, ist in Rechtsprechung und Literatur mit der Erwägung in Zweifel gezogen worden, dass der betreuende Ehegatte dadurch indirekt zum Barunterhalt für die Kinder beitragen müsse (OLG Köln NJW-RR 2001, 1371, 1372; OLG Jena FamRZ 2004, 1207, 1208; Niepmann/Schwamb Die Rechtsprechung zur Höhe des Unterhalts 12. Aufl. Rn. 28, 1052; weitergehend gegen den Vorwegabzug des Kindesunterhalts OLG Hamburg FamRZ 1992, 1187, 1188 und FamRZ 1986, 1001; anderer Ansicht OLG Stuttgart MDR 2012, 1417; OLG Zweibrücken FamRZ 2002, 1565; OLG Schleswig NJW-RR 2004, 151, 152; FamR/Maier 10. Aufl. 6. Kapitel Rn. 681; MünchKommBGB/Maurer 6. Aufl. § 1578 Rn. 211; Johannsen/Henrich/Hammermann Familienrecht 6. Aufl. § 1573 Rn. 40).

[16] (2) Diese Bedenken teilt der Senat nicht. Die Berücksichtigung des Barunterhalts für minderjährige Kinder bei der Bestimmung des Bedarfs nach den ehelichen Lebensverhältnissen hängt nicht davon ab, ob die Kinder vom Unterhaltsberechtigten oder vom Unterhaltspflichtigen betreut werden. In beiden Fällen beeinflussen die für den (sächlichen) Unterhaltsbedarf der Kinder aufzuwendenden Barmittel den Lebensstandard der Familie gleichermaßen, indem sie das für den eigenen Bedarf der

Ehegatten verfügbare Einkommen schmälern. Die Regelung in § 1606 Abs. 3 Satz 2 BGB steht dem nicht entgegen. Diese gilt nur für den Kindesunterhalt und hat zur Folge, dass der betreuende Elternteil von der Barunterhaltspflicht für die Kinder befreit wird (vgl. Senatsbeschluss vom 5. November 2014 – XII ZB 599/13 – FamRZ 2015, 236 Rn. 17 f.). Das Oberlandesgericht hat dementsprechend zu Recht darauf hingewiesen, dass eine Differenzierung danach, ob der betreuende Ehegatte Unterhaltsberechtigter oder Unterhaltspflichtiger ist, nicht gerechtfertigt ist. In beiden Fällen werden die ehelichen Lebensverhältnisse durch die Unterhaltspflicht gegenüber den Kindern geprägt und muss der betreuende Ehegatte bei der Unterhaltsbemessung nach Quoten im Ergebnis wirtschaftlich mittragen, dass sich das für den Lebensbedarf der Ehegatten verfügbare Einkommen durch den Kindesunterhalt vermindert (OLG Zweibrücken FamRZ 2002, 1565 f.; zum Einsatzzeitpunkt für den Aufstockungsunterhalt nach Wegfall der Kindesunterhaltsverpflichtung vgl. Senatsurteil vom 4. November 2015 – XII ZR 6/15 – FamRZ 2016, 203). Sinkt das Einkommen des zum Barunterhalt verpflichteten Ehegatten durch den Abzug des Kindesunterhalts unter das des betreuenden Ehegatten ab, so ist das Entstehen des Anspruchs auf Aufstockungsunterhalt die notwendige Folge. Denn dieser knüpft lediglich an das höhere Einkommen eines Ehegatten an und hat eine Beibehaltung des ehelichen Lebensstandards zum Ziel (vgl. Senatsurteil vom 4. November 2015 – XII ZR 6/15 – FamRZ 2016, 203; Staudinger/Verschraegen BGB [2014] § 1573 Rn. 58 ff.), während eine Abweichung davon einer etwaigen Herabsetzung des (nachehelichen) Unterhalts gemäß § 1578b Abs. 1 BGB vorbehalten bleibt.

(Berücksichtigung der Kindererziehung des anderen Elternteils ggf. als überobligatorische Belastung)

b [17] Wie der Senat jedoch zum Anspruch auf Betreuungsunterhalt nach § 1570 BGB hervorgehoben hat, kann einer Erwerbsobliegenheit des betreuenden Elternteils – teilweise – entgegenstehen, dass die ihm mögliche Erwerbstätigkeit zusammen mit der von ihm zu leistenden Betreuung und Erziehung des Kindes zu einer überobligationsmäßigen Belastung führen kann. Insoweit lässt die vom Gesetz angeordnete Billigkeitsabwägung nach § 1570 Abs. 1 Satz 2 und 3 BGB Raum für eine Einbeziehung dieses Umstands unter dem Gesichtspunkt einer gerechten Lastenverteilung zwischen unterhaltsberechtigtem und unterhaltspflichtigem Elternteil im Einzelfall (Senatsurteil BGHZ 193, 78 = FamRZ 2012, 1040 Rn. 24 mwN). Ähnliches gilt bei der Bestimmung der Erwerbsobliegenheit des nach § 1573 Abs. 2 BGB oder § 1361 BGB zum Aufstockungsunterhalt verpflichteten Ehegatten (OLG Zweibrücken FamRZ 2002, 1565, 1566). Auch hier kann mit Rücksicht auf die sich aus Kinderbetreuung und Erwerbstätigkeit ergebende Gesamtbelastung im Einzelfall ein Teil des Erwerbseinkommens als überobligatorisch eingestuft werden.

BGH v. 9.3.2016 – XII ZB 693/14 – FamRZ 2016, 887 = BGHZ 209, 243

R 776 *(Konkurrenz des Elternunterhalts mit Betreuungsunterhalt nach § 1615l BGB)*

a [23] (2) Anders verhält es sich bei dem Anspruch aus § 1615l BGB. Der danach geschuldete Bedarf des Unterhaltsberechtigten richtet sich allein nach seiner eigenen Lebensstellung gemäß § 1610 BGB (Senatsurteil BGHZ 184, 13 = FamRZ 2010, 357 Rn. 20 ff.; s. auch Senatsbeschluss BGHZ 205, 342 = FamRZ 2015, 1369 Rn. 34 mwN). Demgemäß bleibt die Höhe des Betreuungsunterhalts von einem daneben geltend gemachten Elternunterhaltsanspruch unberührt; der Betreuungsunterhalt kann somit ohne weiteres als sonstige Verpflichtung i. S. d. § 1603 Abs. 1 BGB vorab vom Einkommen des Unterhaltspflichtigen abgezogen werden. Eines Familienselbstbehalts bedarf es insoweit nicht (vgl. insoweit zur Haushaltsersparnis Senatsurteil vom 17. Oktober 2012 – XII ZR 17/11 – FamRZ 2013, 868 Rn. 25).

(Elternbezogener Verlängerungsgrund beim Betreuungsunterhalt bei einvernehmlicher persönlicher Betreuung durch einen Elternteil)

b [25] (1) Für die – hier allein relevante – Zeit ab Vollendung des dritten Lebensjahres steht dem betreuenden Elternteil nach der gesetzlichen Regelung zwar nur dann ein fortdauernder Anspruch auf Betreuungsunterhalt zu, wenn dies der Billigkeit entspricht (§ 1615l Abs. 2 Satz 4 BGB). Insbesondere nach Maßgabe der im Gesetz ausdrücklich genannten kindbezogenen Gründe ist unter Berücksichtigung der bestehenden Möglichkeiten der Kinderbetreuung ein gestufter Übergang bis hin zu einer Vollzeiterwerbstätigkeit möglich. Weil § 1615l Abs. 2 Satz 5 BGB eine Verlängerung des Unterhaltsanspruchs „insbesondere" aus kindbezogenen Gründen zulässt, kommen im Einzelfall aber auch elternbezogene Gründe für eine Verlängerung des Betreuungsunterhalts in Betracht. Das kann etwa dann gelten, wenn die Eltern mit ihrem gemeinsamen Kind zusammengelebt haben und außerdem ein besonderer Vertrauenstatbestand als Nachwirkung dieser Familie entstanden ist. Dabei ist allerdings stets zu beachten, dass die gesetzliche Regel, wonach der Betreuungsunterhalt zunächst nur für drei Jahre geschuldet ist und eine Verlängerung über diesen Zeitraum hinaus ausdrücklich begründet werden muss, nicht in ihr Gegenteil verkehrt werden darf (Senatsbeschluss BGHZ 205, 342 = FamRZ 2015, 1369 Rn. 12 ff. und Senatsurteil vom 13. Januar 2010 – XII ZR 123/08 – FamRZ 2010, 444 Rn. 26 mwN). Ein elternbezogener Grund zur Verlängerung des Betreuungsunterhalts kann allerdings auch darin liegen, dass ein Elternteil das gemeinsame Kind im weiterhin fortdauernden Einvernehmen mit dem anderen persönlich betreut und deshalb ganz oder teilweise an einer Erwerbstätigkeit gehindert ist. Die Mitwirkung an einer solchen Gestaltung der nichtehelichen Lebensgemeinschaft ist dem Pflichtigen im Verhältnis zu seinen unterhaltsberechtigten Eltern nach Treu und Glauben nur dann verwehrt, wenn sie rechtsmissbräuchlich erscheint. Das ist indessen so lange zu verneinen, wie es den berechtigten Interessen innerhalb der neuen Familie entspricht, dass ein Partner zugunsten der Haushaltsführung und Kinderbetreuung auf eine Erwerbstätigkeit verzichtet (vgl. Senatsurteil vom 25. April 2007 – XII ZR 189/04 – FamRZ 2007, 1081 Rn. 18).

[26] Für die Voraussetzungen einer Verlängerung des Betreuungsunterhalts über die Dauer von drei Jahren hinaus trägt der Unterhaltsberechtigte die Darlegungs- und Beweislast. Er hat also zunächst darzulegen und zu beweisen, dass keine kindgerechte Einrichtung für die Betreuung des gemeinsamen Kindes zur Verfügung steht oder dass aus besonderen Gründen eine persönliche Betreuung erforderlich ist. Auch Umstände, die aus elternbezogenen Gründen zu einer eingeschränkten Erwerbspflicht und damit zur Verlängerung des Betreuungsunterhalts führen können, hat der Unterhaltsberechtigte darzulegen und zu beweisen (Senatsbeschluss BGHZ 205, 342 = FamRZ 2015, 1369 Rn. 15 mwN und Senatsurteil vom 13. Januar 2010 – XII ZR 123/08 – FamRZ 2010, 444 Rn. 27). An die Darlegung von elternbezogenen Gründen im Rahmen des § 1615l BGB sind zudem höhere Anforderungen zu stellen als nach § 1570 Abs. 2 BGB, da sich bei nicht verheirateten Eltern – anders als bei Eheleuten – mangels entsprechenden Rechtsaktes nicht ohne weiteres auf einen gegenseitigen Einstandswillen schließen lässt (NK-BGB/Schilling 3. Aufl. § 1615l Rn. 13). Der Umstand, dass ein Elternteil im Rahmen einer intakten nichtehelichen Lebensgemeinschaft die Betreuung des gemeinsamen Kindes übernommen hat und diese Rollenverteilung von den Partnern gelebt wird, indiziert jedoch ein entsprechendes Einvernehmen. Anders als bei Partnern, die nach der Trennung nicht mehr einvernehmlich an dieser ursprünglich gelebten Rollenverteilung festhalten, bedarf es deshalb nicht der gesonderten Darlegung eines besonderen Vertrauenstatbestands.

[27] Beruft sich ein zum Elternunterhalt Verpflichteter auf seine Unterhaltspflicht nach § 1615l BGB und damit auf eine sonstige Verpflichtung im Sinne des § 1603 Abs. 1 BGB, hat er im Verhältnis zu dem Elternunterhaltsberechtigten das Vorliegen der Voraussetzungen des Anspruchs aus § 1615l BGB darzulegen und zu beweisen, weil er damit seine Leistungsunfähigkeit einwendet (vgl. Palandt/Brudermüller BGB 75. Aufl. § 1603 Rn. 47 mwN).

BGH v. 20.4.2016 – XII ZB 45/15 – FamRZ 2016, 1053

(Kindergeldausgleich beim echten Wechselmodell)

R 777

[23] (a) Nach § 1612b Abs. 1 Nr. 1 BGB ist das auf das Kind entfallende Kindergeld zur Hälfte zur Deckung seines Barbedarfs zu verwenden, wenn ein Elternteil im Sinne von § 1606 Abs. 3 Satz 2 BGB seine Unterhaltspflicht durch Betreuung des Kindes erfüllt. In allen anderen Fällen erfolgt die Anrechnung des Kindergelds gemäß § 1612b Abs. 1 Nr. 2 BGB in voller Höhe auf den Barbedarf. Die Anrechnungsregel des § 1612b Abs. 1 Nr. 1 BGB ist auf Fälle getrennt lebender Eltern zugeschnitten, in denen (nur) einer der beiden Elternteile das minderjährige Kind betreut, während der andere zur Zahlung des Barunterhalts verpflichtet ist. Mit der Auffangvorschrift des § 1612b Abs. 1 Nr. 2 BGB wollte der Gesetzgeber ausweislich der Begründung des Gesetzentwurfs hingegen solche Fälle in den Blick nehmen, in denen das Kind entweder wegen Volljährigkeit einer Betreuung nicht mehr bedarf oder die Betreuung eines minderjährigen Kindes (etwa bei Fremdunterbringung) nicht wenigstens durch einen der beiden Elternteile erfolgt und deshalb von ihnen nur Barunterhalt zu leisten ist (vgl. BT-Drucks. 16/1830 S. 30; vgl. auch Senatsbeschluss vom 7. Mai 2014 – XII ZB 258/13 – FamRZ 2014, 1138 Rn. 37).

[24] Keine dieser beiden Konstellationen, die der Gesetzgeber den beiden Anrechnungsregeln des § 1612b Abs. 1 BGB zugrunde gelegt hat, liegt bei einem Wechselmodell vor. Indessen beruht die

gemäß § 1612b Abs. 1 Nr. 1 BGB vorgesehene Halbanrechnung des Kindergelds auf der grundlegenden gesetzgeberischen Erwägung, dass betreuende Elternteile mit der anderen Hälfte des Kindergelds bei der Erbringung ihrer Betreuungsleistungen unterstützt werden sollen (BT-Drucks. 16/1830 S. 30; vgl. auch Senatsbeschluss vom 7. Mai 2014 – XII ZB 258/13 – FamRZ 2014, 1138 Rn. 38). Dieser Zweck wird, was letztlich auch das Beschwerdegericht nicht anders sieht, bei der gleichwertigen Betreuung des Kindes durch beide Elternteile im Rahmen eines Wechselmodells nicht verfehlt. Eine Vollanrechnung des gesetzlichen Kindergelds auf den Barunterhaltsbedarf würde zudem dazu führen, dass der Kindergeldausgleich im Hinblick auf die im Wechselmodell gleichwertig erbrachten Betreuungsleistungen zu Gunsten des besserverdienenden Elternteils verzerrt würde (vgl. Wendl/Klinkhammer Das Unterhaltsrecht in der familienrichterlichen Praxis 9. Aufl. § 2 Rn. 450; Bausch/Gutdeutsch/Seiler FamRZ 2012, 258, 259; FAKomm-FamR/Müting 5. Aufl. § 1606 BGB Rn. 34a; Finke FamFR 2013, 488; Wohlgemuth FPR 2013, 157; Knittel JAmt 2014, 289, 290).

[25] (b) Die Anrechnung des staatlichen Kindergelds auf den Barbedarf des Kindes nach Maßgabe des § 1612b Abs. 1 BGB ist auch bei beiderseitiger Barunterhaltspflicht im Wechselmodell zwingend. Wie sich bereits aus seinem Wortlaut ergibt („in allen anderen Fällen"), liegt dem Gesetz die Konzeption zugrunde, dass das gezahlte Kindergeld stets – je nach Sachverhaltsgestaltung entweder zur Hälfte oder vollständig – zweckgebunden als Einkommen des Kindes zu behandeln ist und deshalb ein bedarfsmindernder Vorwegabzug des Kindergelds vom Barunterhalt stattzufinden hat (vgl. insoweit bereits Senatsurteil BGHZ 164, 375, 382 ff. = FamRZ 2006, 99, 101 ff.). Eine Kindergeldverteilung, die sich – wie die vom Beschwerdegericht für richtig befundene einkommensunabhängige Halbteilung zwischen den Elternteilen – von jeder Anrechnung des Kindergelds auf den Barunterhaltsbedarf des Kindes löst, lässt sich mit dem Gesetz insoweit nicht in Einklang bringen.

[26] Etwas anderes kann auch nicht aus § 1606 Abs. 3 Satz 2 BGB hergeleitet werden. Nach dieser Vorschrift erfüllt der Elternteil, der ein minderjähriges unverheiratetes Kind betreut, seine Verpflichtung, zum Unterhalt des Kindes beizutragen, in der Regel durch die Pflege und die Erziehung des Kindes. Diese Regelung betrifft den Fall des sogenannten Residenzmodells und der damit verbundenen herkömmlichen Aufteilung von Erwerbstätigkeit und Kinderbetreuung. Die im Rahmen eines Wechselmodells geleistete Kinderbetreuung kann demgegenüber für keinen Elternteil zur Befreiung von der Barunterhaltspflicht führen; dies muss schon deshalb gelten, weil anderenfalls beide Elternteile vom Barunterhalt befreit wären, obwohl nur der Betreuungsbedarf des Kindes gedeckt wäre. § 1606 Abs. 3 Satz 2 BGB ist deshalb beim Wechselmodell generell unanwendbar (vgl. Senatsbeschluss vom 5. November 2014 – XII ZB 599/13 – FamRZ 2015, 236 Rn. 17). Die Vorschrift beruht auf der grundsätzlichen Annahme, dass die Eltern die ihnen ursprünglich gemeinsam obliegende Verpflichtung zur Leistung von Barunterhalt einerseits und Betreuungsunterhalt andererseits funktional vollständig zwischen sich aufgeteilt haben. Ausschließlich für diesen Fall ist die Gleichwertigkeit der beiderseitigen Unterhaltsleistungen fingiert worden, so dass sich der Vorschrift kein Rechtsgedanke dahingehend entnehmen lässt, die von den Eltern erbrachten Unterhaltsleistungen müssten auch dann in jeder Hinsicht als gleichwertig angesehen werden, wenn es – wie beim Wechselmodell – an einer solchen vollständigen funktionalen Aufteilung fehlt. Als gleichwertig sind deshalb beim Wechselmodell ohne weiteres nur die von den Eltern erbrachten paritätischen Betreuungsleistungen anzusehen. Soweit es den von beiden Elternteilen geschuldeten Barunterhalt betrifft, verbleibt es bei dem Grundsatz des § 1606 Abs. 3 Satz 1 BGB, dass die Eltern nach Maßgabe ihrer Einkommens- und Vermögensverhältnisse zum Unterhalt des Kindes beizutragen haben und ihre diesbezüglichen Beiträge daher auch unterschiedlich bewertet werden müssen.

[27] (c) Die hälftige Anrechnung des Kindergelds auf den Barbedarf des Kindes nach § 1612b Abs. 1 Nr. 1 BGB hat beim Wechselmodell zur notwendigen Folge, dass der besser verdienende Elternteil durch das Kindergeld in einem größerem Umfang entlastet wird. Ist der schlechter verdienende Elternteil unterhaltsrechtlich nicht leistungsfähig, kommt der auf den Barunterhalt entfallende Anteil des Kindergelds infolge der Anrechnung allein dem leistungsfähigen Elternteil zu Gute. Dem kann auch nicht ohne weiteres entgegengehalten werden, dass beim Wechselmodell auch der leistungsunfähige Elternteil – worauf das Beschwerdegericht hingewiesen hat – in der Zeit, in der sich das Kind in seinem Haushalt aufhält, jedenfalls durch Wohnungsgewährung und Verpflegung Naturalunterhaltsleistungen erbringt. Denn Wohnungsgewährung und Verpflegung, die dem Kind beim Wechselmodell durch einen Elternteil erbracht werden, erfassen nur einen (relativ) geringen Teil des – im Übrigen allein vom leistungsfähigen Elternteil aufzubringenden – sächlichen Gesamtbedarfs des Kindes. Es erscheint deshalb ebenfalls nicht angemessen, den in einem deutlich größeren Umfang zum Barunterhalt herangezogenen Elternteil

wirtschaftlich lediglich durch die Hälfte des auf den Barunterhalt entfallenden Anteils am Kindergeld zu entlasten. Die sich daraus ergebenden Wertungskonflikte hat das Gesetz durch die Anrechnungsregel des § 1612b Abs. 1 Nr. 1 BGB zugunsten des Elternteils aufgelöst, der sich aufgrund seines höheren Einkommens in größerem Umfang am Barunterhalt für das Kind beteiligen muss.

[28] cc) Gemessen an den vorstehenden Ausführungen gilt für den hier verfahrensgegenständlichen Kindergeldausgleich das Folgende:

[29] (1) Die auf den Barunterhalt entfallende Hälfte des Kindergelds ist nach dem Maßstab der elterlichen Einkommensverhältnisse (§ 1606 Abs. 3 Satz 1 BGB) zu verteilen. Verlangt der nicht kindergeldbezugsberechtigte Elternteil insoweit die Hälfte des auf den Barunterhalt entfallenden Kindergeldanteils, ist es grundsätzlich seine Sache, die Haftungsanteile der Eltern am Barunterhalt darzulegen und zu beweisen. Eine solche Darlegung wird zudem in der Regel einen gesonderten Kindergeldausgleich entbehrlich machen, weil dann eine Gesamtabrechnung über den unterhaltsrechtlichen Ausgleich zwischen den Eltern unter An- und Verrechnung des an einen Elternteil gezahlten Kindergelds möglich ist. Ein Anspruch auf hälftige Auskehrung des auf den Barunterhalt entfallenden Kindergeldanteils wird beim Wechselmodell auch dann in Betracht kommen, wenn beide Elternteile nicht leistungsfähig sind.

[30] Insoweit fehlt es an hinreichenden Feststellungen des Beschwerdegerichts. Der Antragsteller behauptet im Übrigen schon selbst nicht, dass er in gleichem Umfang wie die Antragsgegnerin zur Tragung des Barunterhalts für die Kinder verpflichtet wäre. Denn während er selbst vorträgt, aufgrund seiner selbständigen Tätigkeit keine (nennenswert) über dem notwendigen Selbstbehalt liegenden Einkünfte zu erwirtschaften, geht er andererseits davon aus, dass die Antragsgegnerin bei Ausschöpfung ihrer Erwerbsmöglichkeiten und Ausweitung ihrer Tätigkeit bei der Post ein deutlich höheres Nettoeinkommen erzielen könne.

[31] (2) Anders verhält es sich mit dem auf den Betreuungsunterhalt entfallenden Anteil am Kindergeld. Dieser steht den Elternteilen beim Wechselmodell aufgrund der von ihnen gleichwertig erbrachten Betreuungsleistungen hälftig zu.

[32] Auch wenn ein Elternteil nur über Einkünfte unterhalb des notwendigen Selbstbehalts verfügt und sich deshalb an der Aufbringung des Barunterhalts nicht beteiligen muss, kann er von dem anderen Elternteil im Wege des familienrechtlichen Ausgleichsanspruchs jedenfalls die Auskehrung eines Viertels des Kindergelds – nämlich die Hälfte des auf den Betreuungsunterhalt entfallenden Anteils am Kindergeld – verlangen (vgl. Volker FuR 2013, 550, 554). Diesen Anspruch kann auch der Antragsteller geltend machen.

BGH v. 9.11.2016 – XII ZB 227/15 – FamRZ 2017, 109

(Leistungsfähigkeit des Unterhaltspflichtigen bei Erwerb einer Rente wegen voller Erwerbsminderung)

[18] aa) Die Leistungsfähigkeit des Unterhaltspflichtigen bestimmt sich in erster Linie nach dem von ihm erzielten bzw. nach dem ihm möglichen und in zumutbarer Weise erzielbaren Einkommen (vgl. Senatsurteil vom 9. Juli 2003 – XII ZR 83/00 – FamRZ 2003, 1471, 1473). Den Unterhaltspflichtigen trifft grundsätzlich eine Obliegenheit zur vollschichtigen Erwerbstätigkeit (Senatsbeschluss vom 10. Juli 2013 – XII ZB 297/12 – FamRZ 2013, 1558 Rn. 12 ff.; Wendl/Dose Das Unterhaltsrecht in der familienrichterlichen Praxis 9. Aufl. § 1 Rn. 736). Erfüllt er seine Erwerbsobliegenheit nicht, ist ihm ein fiktives Einkommen in Höhe des aus einer ihm möglichen und zumutbaren Tätigkeit erzielbaren Verdienstes zuzurechnen (Senatsurteil vom 9. Juli 2003 – XII ZR 83/00 – FamRZ 2003, 1471, 1473; Wendl/Klinkhammer Das Unterhaltsrecht in der familienrichterlichen Praxis 9. Aufl. § 2 Rn. 245).

[19] Die Darlegungs- und Beweislast für eine mangelnde oder eingeschränkte Leistungsfähigkeit trägt der Unterhaltspflichtige. Dies gilt ebenfalls für ein von ihm geltend gemachtes Fehlen einer realen Beschäftigungschance (Senatsbeschlüsse vom 22. Januar 2014 – XII ZB 185/12 – FamRZ 2014, 637 Rn. 11 ff. und vom 19. Juni 2013 – XII ZB 39/11 – FamRZ 2013, 1378 Rn. 18 mwN; BVerfG FamRZ 2014, 1977 Rn. 17). Auch bei einem Verstoß gegen seine Erwerbsobliegenheit darf dem Unterhaltspflichtigen allerdings nur ein Einkommen zugerechnet werden, welches von ihm realistischerweise zu erzielen ist (Senatsbeschluss vom 19. Juni 2013 – XII ZB 39/11 – FamRZ 2013, 1378 Rn. 18; BVerfG FamRZ 2010, 793).

[20] Für den Unterhalt einsetzbar sind sodann im Rahmen von § 1603 Abs. 1 BGB die erzielten bzw. erzielbaren Beträge, die den angemessenen eigenen Unterhalt des Unterhaltspflichtigen (angemessener Selbstbehalt) übersteigen.

[21] bb) Wer sich gegenüber seiner Erwerbsobliegenheit auf eine krankheitsbedingte Einschränkung seiner Erwerbsfähigkeit berufen will, muss grundsätzlich Art und Umfang der behaupteten gesundheitlichen Beeinträchtigungen oder Leiden angeben, und er hat ferner darzulegen, inwieweit die behaupteten gesundheitlichen Störungen sich auf die Erwerbsfähigkeit auswirken (Senatsbeschluss vom 10. Juli 2013 – XII ZB 297/12 – FamRZ 2013, 1558 Rn. 13; zum Ehegattenunterhalt wegen Krankheit Senatsurteile vom 25. Oktober 2006 – XII ZR 190/03 – FamRZ 2007, 200, 201 f. und vom 27. Juni 2001 – XII ZR 135/99 – FamRZ 2001, 1291, 1292).

[22] (1) Bezieht der Unterhaltspflichtige eine Rente wegen voller Erwerbsminderung gemäß § 43 Abs. 2 Satz 1 Nr. 1 SGB VI, so setzt dies grundsätzlich voraus, dass er wegen Krankheit oder Behinderung auf nicht absehbare Zeit außerstande ist, unter den üblichen Bedingungen des allgemeinen Arbeitsmarktes mindestens drei Stunden täglich erwerbstätig zu sein (§ 43 Abs. 2 Satz 2 SGB VI). Das zeitliche Leistungsvermögen von täglich drei Stunden entspricht der Grenze für eine Vermittlung durch die Agentur für Arbeit (§ 138 Abs. 5 Nr. 1 SGB III: 15 Stunden wöchentlich; vgl. auch § 138 Abs. 3 Satz 1 SGB III). Nach demselben Maßstab erfolgt auch die Abgrenzung zwischen der Grundsicherung für Arbeitsuchende nach dem Sozialgesetzbuch II und der Grundsicherung für Erwerbsgeminderte nach dem Sozialgesetzbuch XII (§ 8 Abs. 1 SGB II, § 41 Abs. 3 SGB XII).

[23] Erfüllt der Unterhaltspflichtige die Voraussetzungen einer Rente wegen voller Erwerbsminderung, so ergibt sich daraus mithin, dass er nicht drei Stunden oder mehr arbeitstäglich erwerbstätig sein kann und dass er einer Vermittlung durch die Agentur für Arbeit nicht zur Verfügung steht. Eine vollständige Unfähigkeit für sämtliche Tätigkeiten, etwa im Geringverdienerbereich, ergibt sich daraus indessen noch nicht. Das stimmt mit der vom Gesetz für Renten wegen voller Erwerbsminderung in voller Höhe vorgesehenen Hinzuverdienstgrenze nach § 96a Abs. 2 Nr. 2 SGB VI (entsprechend der Geringverdienertätigkeit nach § 8 Abs. 1 Nr. 1 SGB IV; derzeit 450 €) überein.

[24] (2) Dementsprechend trägt der Unterhaltspflichtige nicht nur die Darlegungs- und Beweislast dafür, dass er keine Vollzeitstelle zu erlangen vermag, sondern auch dafür, dass dies in gleicher Weise für eine geringfügige Beschäftigung (sog. Mini-Job) gilt (vgl. Senatsbeschluss vom 18. Januar 2012 – XII ZR 178/09 – FamRZ 2012, 517 Rn. 30 ff. zur Erwerbsobliegenheit des unterhaltsberechtigten Ehegatten).

BGH v. 7.12.2016 – XII ZB 422/15 – FamRZ 2017, 370

R 779 *(Voraussetzungen für die Abänderung einer Jugendamtsurkunde)*

a [24] aa) Haben sich die Beteiligten schon im Voraus darüber geeinigt, dass ein bestimmter Unterhalt als Gesamtunterhalt zu zahlen ist und dass dieser in einer Jugendamtsurkunde tituliert wird, sind beide Beteiligte an die vereinbarten Grundlagen der Unterhaltsbemessung gebunden. Beruht die Erstellung einer vollstreckbaren Jugendamtsurkunde auf einer solchen vorherigen Unterhaltsvereinbarung, ist im Rahmen der Abänderung daher stets der Inhalt der Vereinbarung zu wahren. Dann kommt eine Abänderung der Urkunde – und zwar für beide Beteiligte – nach ständiger Rechtsprechung des Senats nur in Betracht, wenn dies wegen nachträglicher Veränderungen nach den Grundsätzen über die Störung der Geschäftsgrundlage (§ 313 BGB) geboten ist (Senatsurteile BGHZ 189, 284 = FamRZ 2011, 1041 Rn. 23 und vom 2. Oktober 2002 – XII ZR 346/00 – FamRZ 2003, 304, 306). In gleicher Weise ist auch die Fallkonstellation zu beurteilen, in der ein Unterhaltsberechtigter vom Unterhaltspflichtigen einen bestimmten Unterhalt als Gesamtunterhalt verlangt und dieser ihm daraufhin eine Jugendamtsurkunde über den geforderten Betrag erstellen lässt (vgl. Bumiller/Harders/Schwamb FamFG 11. Aufl. § 239 Rn. 11; Graba FamRZ 2005, 678, 681; Viefhues FamFR 2011, 42). Darüber hinaus sind die Regeln der Störung der Geschäftsgrundlage auch in solchen Fällen anzuwenden, in denen der Unterhaltspflichtige dem Unterhaltsberechtigten eine einseitig erstellte Jugendamtsurkunde übermittelt und sich der Unterhaltsberechtigte nicht auf die bloße Entgegennahme der Urkunde und eines darin liegenden Schuldanerkenntnisses (§ 781 BGB) beschränkt, sondern er darüber hinaus durch sein Verhalten unzweideutig zu erkennen gibt, den vom Unterhaltspflichtigen einseitig titulierten Betrag als eine – auch für ihn bindende – vertragliche Festlegung des gesamten gesetzlichen Unterhaltsanspruchs akzeptieren zu wollen (Graba FamRZ 2005, 678, 681 f.; vgl. auch Johannsen/Henrich/Brudermüller Familienrecht 6. Aufl. § 239 FamFG Rn. 22; Bumiller/Harders/Schwamb FamFG 11. Aufl. § 239 Rn. 11).

[25] bb) Fehlt es hingegen an einem Einvernehmen der Beteiligten darüber, dass sich der gesamte Unterhaltsanspruch des Unterhaltsberechtigten in dem vom Unterhaltspflichtigen einseitig titulierten

Betrag konkretisiert hat, kommt eine materiell-rechtliche Bindung an eine Geschäftsgrundlage nicht in Betracht. Der Unterhaltsberechtigte kann daher ohne Bindung an die vorliegende Urkunde im Wege des Abänderungsantrags eine Erhöhung des titulierten Unterhalts verlangen. Demgegenüber muss der Unterhaltspflichtige bei einer späteren Herabsetzung der Unterhaltspflicht die Bindungswirkung des mit der einseitigen Erstellung der Jugendamtsurkunde regelmäßig verbundenen Schuldanerkenntnisses beachten. Der Unterhaltspflichtige kann sich im Rahmen eines Abänderungsverfahrens von dem einseitigen Anerkenntnis seiner laufenden Unterhaltspflicht nur dann lösen, wenn sich die maßgebenden rechtlichen und tatsächlichen Verhältnisse im Nachhinein so verändert haben, dass ihm die Zahlung des titulierten Unterhalts ganz oder zumindest teilweise nicht mehr zuzumuten ist (vgl. Senatsurteil BGHZ 189, 284 = FamRZ 2011, 1041 Rn. 26 und Senatsbeschluss vom 14. Februar 2007 – XII ZB 171/06 – FamRZ 2007, 715 Rn. 11).

(Darlegungs- und Beweislast bei Abänderung des Kindesunterhalts nach Eintritt der Volljährigkeit)

[33] d) Verlangt das volljährige Kind erstmalig Ausbildungsunterhalt von einem seiner beiden **b** Elternteile, hat es nach allgemeiner Ansicht grundsätzlich auch die Haftungsanteile gemäß § 1606 Abs. 3 Satz 1 BGB – und damit das beiderseitige Elterneinkommen – darzulegen und zu beweisen (vgl. Wendl/Klinkhammer Das Unterhaltsrecht in der familienrichterlichen Praxis 9. Aufl. § 2 Rn. 578; Menne in Büte/Poppen/Menne Unterhaltsrecht 3. Aufl. § 1606 BGB Rn. 9 mwN; vgl. auch Senatsbeschluss vom 10. Juli 2013 – XII ZB 298/12 – FamRZ 2013, 1563 Rn. 16).

[34] aa) Wie das Beschwerdegericht zutreffend erkannt hat, ist es in Rechtsprechung und Literatur streitig, ob diese Verteilung der Darlegungs- und Beweislast auch in einem von dem früher allein barunterhaltspflichtigen Elternteil gegen das volljährige Kind gerichteten Abänderungsverfahren gilt, wenn der abzuändernde Titel – wie hier – den Minderjährigenunterhalt geregelt hat.

[35] Nach einer Ansicht soll die Darlegungs- und Beweislast für die Haftungsquote in diesen Fällen bei dem früher allein barunterhaltspflichtigen Elternteil als Abänderungsantragsteller liegen, weil es um eine Verringerung seiner im Ursprungstitel festgelegten Unterhaltspflicht gehe und er sich die für die Berechnung des Haftungsanteils erforderlichen Auskünfte durch Geltendmachung eines auf § 242 BGB gestützten Auskunftsanspruchs gegen den früheren Betreuungselternteil beschaffen könne (vgl. OLG Naumburg NJW-RR 2009, 79; OLG Zweibrücken FamRZ 2001, 249 f.; OLG Hamburg FamRZ 1993, 1475, 1476; Born in Heiß/Born Unterhaltsrecht [Stand: Juli 2016] 23. Kap. Rn. 224 f.; BeckOGK/Knörzer BGB [Stand: Juli 2016] § 1606 Rn. 38). Nach der wohl überwiegenden Auffassung verbleibt es bei den allgemeinen Regeln der Beweislast, wenn der abzuändernde Titel aus der Zeit der Minderjährigkeit des Kindes stammt, so dass das volljährig gewordene Kind als Abänderungsantragsgegner auch im Abänderungsverfahren den Fortbestand seines Unterhaltsanspruchs und damit auch die auf die jeweiligen Elternteile entfallenden Haftungsanteile dartun und beweisen muss (vgl. KG FamRZ 2016, 379, 380 und FamRZ 1994, 765; OLG Naumburg NJW-RR 2015, 197, 198; OLG Bremen FamRZ 2012, 383, 384; OLG Köln Beschluss vom 31. Juli 2012 – 4 UF 57/12 – juris Rn. 6 und NJWE-FER 2000, 144, 145; OLG Brandenburg FamRZ 2004, 552, 553 und FamRZ 2003, 48, 49; OLG Hamm FamRZ 2000, 904; Wendl/Klinkhammer Das Unterhaltsrecht in der familienrichterlichen Praxis 9. Aufl. § 2 Rn. 578; Wendl/Dose Das Unterhaltsrecht in der familienrichterlichen Praxis 9. Aufl. § 6 Rn. 746; Wendl/Schmitz Das Unterhaltsrecht in der familienrichterlichen Praxis 9. Aufl. § 10 Rn. 247; Norpoth in Heiß/Born Unterhaltsrecht [Stand: Juli 2016] 12. Kap. Rn. 125; Haußleiter/Fest FamFG § 239 Rn. 11; Prütting/Helms/Bömelburg FamFG 3. Aufl. § 238 Rn. 114; FA-FamR/Seiler 10. Aufl. Kap. 6 Rn. 292; Soyka Das Abänderungsverfahren im Unterhaltsrecht 3. Aufl. Rn. 71).

[36] bb) Die letztgenannte Auffassung trifft zu.

[37] (1) Der Senat hat zum nachehelichen Unterhalt bereits entschieden, dass der unterhaltsberechtigte Abänderungsantragsgegner die Darlegungs- und Beweislast für die Tatsachen trägt, die aufgrund anderer Unterhaltstatbestände die Aufrechterhaltung des Unterhaltstitels rechtfertigen, wenn im Abänderungsverfahren bereits feststeht, dass der dem abzuändernden Titel zugrunde gelegte Unterhaltstatbestand aufgrund veränderter Umstände weggefallen ist (vgl. Senatsurteil vom 31. Januar 1990 – XII ZR 36/89 – FamRZ 1990, 496, 497). Ebenso hat der Senat ausgesprochen, dass der unterhaltsberechtigte Elternteil, dessen Anspruch auf Unterhalt wegen Kindesbetreuung (§ 1570 Abs. 1 BGB oder § 1615l Abs. 2 BGB) in den ersten drei Lebensjahren des Kindes tituliert worden ist, in einem Abänderungsverfahren auch als Abänderungsantragsgegner wie bei der Erstfestsetzung diejenigen – kindbezogenen oder elternbezogenen – Gründe darlegen und beweisen muss, die eine Verlängerung

des titulierten Betreuungsunterhalts über die Dauer von drei Jahren hinaus rechtfertigen sollen (vgl. Senatsurteil vom 17. Juni 2009 – XII ZR 102/08 – FamRZ 2009, 1391 Rn. 29).

[38] (2) Die vorbenannten Senatsentscheidungen tragen dem Grundsatz Rechnung, dass der Abänderungsantragsteller im Abänderungsverfahren die Darlegungs- und Beweislast für eine Veränderung derjenigen Verhältnisse trägt, die für die Unterhaltsbemessung in dem früheren Titel maßgeblich waren (vgl. Senatsurteile vom 31. Januar 1990 – XII ZR 36/89 – FamRZ 1990, 496, 497 und vom 15. Oktober 1986 – IVb ZR 78/85 – FamRZ 1987, 259, 260). Handelt es sich um den gleichen anspruchsbegründenden Sachverhalt, gilt dies auch für solche Tatsachen, die bei der Erstfestsetzung noch der Gegner beweisen musste. Im Übrigen bleibt es bei den allgemeinen, auch für die Erstfestsetzung geltenden Beweislastregeln. Diese sind insbesondere dann heranzuziehen, wenn aufgrund einer unstreitigen oder nachgewiesenen Änderung der für die Errichtung des Ausgangstitels maßgeblichen Verhältnisse feststeht, dass der Unterhaltsanspruch ganz (oder teilweise) nicht mehr besteht und sich der Abänderungsantragsgegner für die Aufrechterhaltung des Titels nunmehr auf Tatsachen berufen will, auf die es erstmals im Abänderungsverfahren ankommt.

[39] Begehrt somit der während der Minderjährigkeit des Kindes allein barunterhaltspflichtige Elternteil nach Eintritt der Volljährigkeit unter Hinweis auf die Mithaftung des früheren Betreuungselternteils Herabsetzung des zur Zeit der Minderjährigkeit titulierten Kindesunterhalts, muss das volljährige Kind als Abänderungsantragsgegner nach den vorgenannten Grundsätzen alle diejenigen Tatsachen darlegen und beweisen, welche den Fortbestand des Unterhaltsanspruchs rechtfertigen sollen und auf die es bei der Erstellung des Ausgangstitels noch nicht angekommen war. Das volljährige Kind muss deshalb – trotz gleichbleibenden gesetzlichen Unterhaltstatbestands (§ 1601 BGB) – grundsätzlich erstmals den Nachweis erbringen, sich in einer unterhaltsrechtlich zu berücksichtigenden Schul- oder Berufsausbildung zu befinden. Seine Darlegungs- und Beweislast umfasst folgerichtig auch die gemäß § 1606 Abs. 3 Satz 1 BGB auf seine Eltern jeweils entfallenden Haftungsanteile, denn die für den Unterhalt des volljährigen Kindes zu bildende Haftungsquote hängt auch von den Einkommensverhältnissen des früheren Betreuungselternteils ab, die bei der Erstellung des Ursprungstitels noch keine Prognose oder Würdigung erfahren haben. Anders ist es dann, wenn schon der abzuändernde Titel den Unterhalt des volljährigen Kindes und damit die – nunmehr abzuändernde – Haftungsquote zwischen den Eltern geregelt hat (vgl. Wendl/Dose Das Unterhaltsrecht in der familienrichterlichen Praxis 9. Aufl. § 6 Rn. 746).

[40] (3) Dieser Beurteilung steht nicht entgegen, dass die Unterhaltsansprüche des minderjährigen und des volljährigen Kindes identisch sind, worauf das Beschwerdegericht an sich zutreffend hingewiesen hat. Gerade wegen der Identität der Unterhaltsansprüche ist überhaupt erforderlich, mit einem Abänderungsantrag gegen den bestehenden Titel vorzugehen (vgl. Senatsurteil vom 21. März 1984 – IVb ZR 72/82 – FamRZ 1984, 682, 683).

BGH v. 11.1.2017 – XII ZB 565/15 – FamRZ 2017, 437 = BGHZ 213, 254

R 780 *(Anteilige Barunterhaltspflicht der Eltern beim echten Wechselmodell)*

a [20] a) Das Oberlandesgericht ist zutreffend davon ausgegangen, dass der Antragsgegner nicht schon wegen der von ihm geleisteten hälftigen Kinderbetreuung nach § 1606 Abs. 3 Satz 2 BGB vom Barunterhalt befreit ist. Der Senat hat bereits ausgesprochen, dass diese gesetzliche Regelung das sogenannte Residenzmodell und die damit verbundene herkömmliche Aufteilung von Erwerbstätigkeit und Kinderbetreuung betrifft. Sie stellt den kinderbetreuenden Elternteil in solchen Fällen vom Barunterhalt frei. Dagegen kann die im Rahmen eines Wechselmodells geleistete Kinderbetreuung nicht zur Befreiung von seiner Barunterhaltspflicht führen. Dies muss schon deshalb gelten, weil anderenfalls beide Elternteile vom Barunterhalt befreit wären, obwohl nur der Betreuungsbedarf des Kindes gedeckt wäre. Demgegenüber bliebe der in § 1612a Abs. 1 BGB und den Sätzen der Düsseldorfer Tabelle ausgewiesene sächliche (Regel-)Bedarf offen (Senatsbeschluss vom 5. November 2014 – XII ZB 599/13 – FamRZ 2015, 236 Rn. 17).

(Unterhaltsbedarf des Kindes beim echten Wechselmodell)

b [23] b) Das Oberlandesgericht hat den Bedarf der Antragsteller methodisch zutreffend ermittelt. Nach der Rechtsprechung des Senats bemisst sich der Unterhaltsbedarf beim Wechselmodell nach dem beiderseitigen Einkommen der Eltern und umfasst neben dem sich daraus ergebenden Bedarf (Regelbedarf) insbesondere die Mehrkosten des Wechselmodells (Senatsbeschluss vom 5. November 2014 –

XII ZB 599/13 – FamRZ 2015, 236 Rn. 18; Senatsurteil vom 21. Dezember 2005 – XII ZR 126/03 – FamRZ 2006, 1015, 1017).

[24] aa) Dass zur Ermittlung des Bedarfs nach der Düsseldorfer Tabelle die Einkommen beider Elternteile einbezogen werden müssen, folgt beim Wechselmodell bereits zwingend daraus, dass kein Elternteil von der Barunterhaltspflicht befreit ist. Der Bedarf lässt sich entgegen der Auffassung der Rechtsbeschwerde nicht in zwei gesondert zu ermittelnde Beträge aufspalten, die für jeden Elternteil nach dessen jeweiliger alleiniger Unterhaltspflicht zu berechnen wären. Dadurch würde verkannt, dass der Unterhaltsbedarf des Kindes ein einheitlicher ist und sich grundsätzlich von beiden Elternteilen ableitet. Unterschiedliche Anteile der Eltern ergeben sich nach § 1606 Abs. 3 Satz 1 BGB erst aus deren individueller Leistungsfähigkeit und der daran orientierten Beteiligungsquote sowie daraus, dass die Unterhaltspflicht auf den Betrag begrenzt ist, den der Unterhaltspflichtige bei alleiniger Unterhaltshaftung auf der Grundlage seines Einkommens zu zahlen hätte (vgl. Senatsurteile BGHZ 164, 375 = FamRZ 2006, 99, 100 und vom 30. Juli 2008 – XII ZR 126/06 – FamRZ 2008, 2104 Rn. 31).

[25] Der von der Rechtsbeschwerde erhobene Einwand, dass im Wechselmodell betreuten Kindern ein gegenüber im Residenzmodell betreuten Kindern überhöhter Unterhaltsbedarf zugesprochen würde (ebenso Spangenberg FamRZ 2014, 88, 89), verfängt nicht. Dass sich die Lebensstellung des Kindes von beiden Eltern ableitet, gilt auch beim Residenzmodell. Denn auch ein im Residenzmodell betreutes Kind genießt, wenn der allein oder überwiegend betreuende Elternteil ebenfalls Einkommen erzielt, regelmäßig einen höheren Lebensstandard als bei einem alleinverdienenden Elternteil (vgl. Wendl/Klinkhammer Das Unterhaltsrecht in der familienrichterlichen Praxis 9. Aufl. § 2 Rn. 206 mwN). Zwar hat der Senat in seiner bisherigen Rechtsprechung wiederholt ausgesprochen, dass sich der Bedarf des minderjährigen Kindes vom barunterhaltspflichtigen Elternteil ableitet (Senatsbeschluss vom 9. Juli 2014 – XII ZB 661/12 – FamRZ 2014, 1536 Rn. 37; Senatsurteile vom 28. Februar 2007 – XII ZR 161/04 – FamRZ 2007, 707, 708 f. und vom 9. Juli 2003 – XII ZR 83/00 – FamRZ 2003, 1471, 1472 f.). Dies steht aber vor dem Hintergrund, dass nur dieser Elternteil für den Barunterhalt aufzukommen hat. Da dessen Haftung aber ohnedies auf den sich aus seinem Einkommen ermittelten Tabellenbedarf begrenzt ist, stellt die Bemessung des Unterhalts der Sache nach eine abgekürzte Unterhaltsermittlung dar, indem der geschuldete Unterhalt sogleich nach der individuellen Leistungsfähigkeit des Barunterhaltspflichtigen festgesetzt wird.

(Mehrbedarf des Kindes beim echten Wechselmodell)

[31] cc) Das Oberlandesgericht hat dem einkommensabhängig ermittelten Regelbedarf dem Grunde nach zutreffend einen Mehrbedarf der Kinder zugerechnet.

[32] (1) Es hat die Fahrtkosten für den Schul- und Kindergartentransfer der Kinder zutreffend als Mehrbedarf berücksichtigt. Ob es sich hierbei um Mehrkosten des Wechselmodells oder allgemeinen Mehrbedarf der Kinder handelt (vgl. Senatsurteil vom 26. November 2008 – XII ZR 65/07 – FamRZ 2009, 962 Rn. 17 ff.), kann offenbleiben. Dass die Kosten entgegen der Auffassung der Rechtsbeschwerde Bedarf der Kinder darstellen, folgt daraus, dass es sich um mit dem Schul- bzw. Kindergartenbesuch verbundene Kosten handelt. Die Notwendigkeit der Kosten steht zwischen den Beteiligten außer Streit. Dass das Entstehen der Kosten etwa den Kindern als Obliegenheitsverstoß zuzurechnen wäre, wird von der Rechtsbeschwerde nicht geltend gemacht. Umstände dafür, dass die Kindesmutter, die jetzt am Ort ihres schon zu Zeiten des Zusammenlebens der Eltern innegehabten Arbeitsplatzes wohnt, nach Trennung der Eltern gehalten gewesen wäre, sich zum Zwecke der Kostenersparnis eine Wohnung im näheren Umkreis der ursprünglich gemeinsamen Wohnung zu suchen, was zudem entsprechende berufsbedingte Fahrtkosten nach sich gezogen hätte, hat der Antragsgegner nicht dargetan.

[33] Die vom Antragsgegner geltend gemachten Kosten von monatlich 350 € für Fahrtkosten des Großvaters väterlicherseits (150 € Benzinkosten und 200 € für den Zeitaufwand) sind vom Oberlandesgericht entgegen der Annahme der Rechtsbeschwerde hinsichtlich der Fahrtkosten berücksichtigt worden, indem es dem Antragsgegner ab September 2013 Fahrtkosten von monatlich 150 € als Leistung angerechnet hat, der Kindesmutter hingegen nur für die Zeit bis einschließlich August 2013.

[34] Eine Vergütung für den Zeitaufwand des Großvaters wäre hingegen nur gerechtfertigt, wenn es sich dabei um vom Antragsgegner aufzuwendende notwendige und angemessene Kosten handeln würde. Wenn ein Elternteil Kosten für Betreuungsleistungen geltend macht, die in seine Betreuungszeiten fallen, scheidet eine gesonderte Abzugsfähigkeit indessen grundsätzlich aus. Denn das Wechselmodell bringt es mit sich, dass die persönlich zu erbringenden Betreuungsleistungen der Eltern sich in

etwa entsprechen, so dass die Notwendigkeit einer – über die übliche pädagogisch veranlasste Betreuung etwa in Kindergarten und Schule hinausgehenden – Fremdbetreuung und die Aufteilung dadurch verursachter Kosten zwischen den Eltern nur bei Vorliegen besonderer Gründe in Betracht kommt (vgl. Seiler FamRZ 2015, 1845, 1848). Dem genügt das Vorbringen des Antragsgegners nicht. Dem Antragsgegner ist überdies – ab Januar 2013 – von den Vorinstanzen bereits ein monatlicher Abzug von 228,88 € für Betreuungskosten zugebilligt worden. Die Rechtsbeschwerdeerwiderung weist mit Recht darauf hin, dass von der Kindesmutter eine vollschichtige Erwerbstätigkeit sogar ohne einen entsprechenden Kostenabzug erwartet worden ist.

[35] (2) Die vom Oberlandesgericht vorgenommene vereinfachende Schätzung der auf das jeweilige Kind entfallenden Wohnmehrkosten (vgl. FAKomm-FamR/Müting 5. Aufl. § 1606 BGB Rn. 34; Scheiwe FF 2013, 280, 284; Jokisch FuR 2014, 28; aA Wohlgemuth FamRZ 2014, 84, 85; FPR 2013, 157, 158) stößt hingegen auf durchgreifende Bedenken. Ob und in welchem Umfang wechselmodellbedingte Mehrkosten auftreten, beurteilt sich aus einem Vergleich der auf das Kind entfallenden tatsächlichen mit den in den Tabellenbedarf einkalkulierten Wohnkosten, welche üblicherweise mit jeweils 20% des Tabellenbetrags pauschaliert werden. Zieht man für den Vergleich hingegen die kalkulatorischen Wohnkosten aus den sich nach den Einzeleinkommen ergebenden Tabellenbeträgen heran, so orientiert sich die Bemessung am Einkommen der Eltern, ohne dass geprüft wird, ob ein entsprechender Einkommensteil auch für die Wohnkosten verwendet wird. Auch besteht die Gefahr widersprüchlicher Ermittlung, wenn etwa – wie im vorliegenden Fall – der Unterhaltspflichtige im Eigenheim lebt und Wohnkosten bereits bei der Ermittlung des Wohnvorteils als Einkommensbestandteil Berücksichtigung gefunden haben. Der Senat hat dementsprechend bereits in anderen Zusammenhängen eine allein am Einkommen orientierte Bemessung des Wohnwerts abgelehnt (vgl. Senatsurteil vom 22. April 1998 – XII ZR 161/96 – FamRZ 1998, 899, 902 zur sog. Drittelobergrenze). Ein konkreter Vortrag der Beteiligten zu den Wohnmehrkosten ist daher unerlässlich.

[36] Zutreffend weist die Rechtsbeschwerde insoweit ferner darauf hin, dass dem Mehrbedarf korrespondierende Leistungen des Antragsgegners nicht berücksichtigt worden sind. Das gilt allerdings auch für die Kindesmutter, bei der solche bislang ebenfalls nicht angerechnet worden sind.

[37] (3) Dass das Oberlandesgericht die Kindergarten- und Hortkosten als Mehrbedarf der Kinder anerkannt hat, entspricht der Rechtsprechung des Senats (Senatsurteil vom 26. November 2008 – XII ZR 65/07 – FamRZ 2009, 962 Rn. 17 ff.) und wird von der Rechtsbeschwerde nicht angegriffen. Die vom Senat für Kindergartenkosten aufgestellten Grundsätze gelten auch hinsichtlich der Hortkosten, zumal diese ebenfalls regelmäßig pädagogisch bedingt sind.

[38] (4) Dass das Oberlandesgericht Kosten für Musikschule und Tanzunterricht eingeschränkt als Mehrbedarf angesehen hat, begegnet Bedenken.

[39] Zwar hat das Oberlandesgericht die betreffenden Kosten im Ausgangspunkt zutreffend dem Regelbedarf nach § 6 Abs. 1 RBEG (Abteilung 9: Freizeit, Unterhaltung, Kultur) zugeordnet, so dass diese dem Grunde nach auch im Mindestunterhalt gemäß § 1612a Abs. 1 BGB und in den Bedarfsbeträgen der Düsseldorfer Tabelle enthalten sind. Indessen hat es ohne nähere Begründung den gesamten für diesen Kostentitel vorgesehenen Betrag veranschlagt, obwohl mit diesem ein wesentlich umfangreicherer Bereich (z. B. Tonwiedergabegeräte, Spielzeuge, Bücher sowie Schreibwaren und Zeichenmaterialien) abgedeckt werden muss. Für vom Regelbedarf nicht gedeckte Kosten sieht dementsprechend § 34 Abs. 7 SGB XII die gesonderte Berücksichtigung weiterer Kosten unter anderem für Sport und Musikunterricht im Rahmen der Bedarfe für Bildung und Teilhabe vor, welche auch unterhaltsrechtlich gegenüber dem Mindestunterhalt einen Mehrbedarf darstellen würden. Auf der anderen Seite hat das Oberlandesgericht zu Unrecht nur auf den am Regelbedarf orientierten Mindestunterhalt nach § 1612a Abs. 1 BGB abgestellt, welcher der Einkommensgruppe 1 der Düsseldorfer Tabelle entspricht, während die Tabellenbeträge im vorliegenden Fall den Einkommensgruppen 8 und 9 der Düsseldorfer Tabelle entnommen worden sind. Die Kosten für Musik- und Tanzunterricht nehmen indessen als Bestandteil des Regelbedarfs auch an den mit den höheren Einkommensgruppen verbundenen Steigerungen teil, so dass – vom Oberlandesgericht noch nicht berücksichtigt – auch für die hier in Rede stehenden Kosten erhöhte Beträge zur Verfügung stehen.

[40] Auch wenn es sich hier um eine tatrichterliche Beurteilung handelt, hat die vom Oberlandesgericht vorgenommene Würdigung den vorgegebenen Rahmen nicht hinreichend beachtet und stellt sich mithin in diesem Punkt als rechtsfehlerhaft dar. Demnach lässt sich noch nicht beurteilen, ob insoweit überhaupt und gegebenenfalls in welcher Höhe ein Mehrbedarf anzuerkennen ist.

Anhang R. Rechtsprechung **R 781**

(Haftungsquote der Eltern beim echten Wechselmodell)

[41] dd) Das Oberlandesgericht hat die Anteile der Eltern, mit denen diese sich am Kindesunterhalt **d** zu beteiligen haben, unter Vorwegabzug des sogenannten angemessenen Selbstbehalts ermittelt. Das entspricht der Rechtsprechung des Senats (Senatsurteile BGHZ 188, 50 = FamRZ 2011, 454 Rn. 34 ff. mwN und vom 26. November 2008 – XII ZR 65/07 – FamRZ 2009, 962 Rn. 32).

[42] Die von der Rechtsbeschwerde befürwortete Quotierung allein aufgrund des Verhältnisses der Nettoeinkommen (ebenso jurisPR-FamR/Maes 10/2016 Anm. 2) ist verfehlt. Eine solche Quotierung würde die Leistungsfähigkeit der Eltern, die sich aus dem für den Unterhalt verfügbaren Einkommen oberhalb des Selbstbehalts ergibt, nicht widerspiegeln. Bei einer Quotierung nach dem gesamten Einkommen würden auch solche Einkommensteile in die Anteilsberechnung einbezogen, die von Gesetzes wegen für den Unterhalt nicht zur Verfügung stehen.

[43] Entgegen der Ansicht der Rechtsbeschwerde ist auch nicht nur der notwendige Selbstbehalt abzuziehen. Dies wäre nur bei Eingreifen der gesteigerten Unterhaltspflicht nach § 1603 Abs. 2 BGB gerechtfertigt. Ein solcher Fall liegt aber nicht vor, weil der Bedarf der Kinder von den beiderseitig barunterhaltspflichtigen Eltern aufgebracht werden kann, ohne dass deren angemessener Selbstbehalt berührt wird (vgl. Senatsurteil BGHZ 188, 50 = FamRZ 2011, 454 Rn. 34 ff. mwN).

[44] ee) Entgegen der Auffassung der Rechtsbeschwerde führt die Unterhaltsberechnung des Oberlandesgerichts nicht zu einem – vom Unterhalt verschiedenen – Ausgleichsanspruch der am vorliegenden Verfahren nicht beteiligten Mutter gegen den Antragsgegner. Die Rechtsbeschwerde beruft sich darauf, dass die der Mutter angerechneten Leistungen für einzelne Zeitabschnitte den von ihr zu tragenden Unterhaltsanteil überstiegen und zu negativen Beträgen führen. Dadurch verändert sich indessen nicht der Charakter des Anspruchs als Unterhaltsanspruch. Zwar ist der zuerkannte Anspruch vom Oberlandesgericht als Ausgleichsanspruch bezeichnet worden (vgl. auch Bausch/Gutdeutsch/Seiler FamRZ 2012, 258, 260; zum Ausgleich des Kindergelds vgl. Senatsbeschluss vom 20. April 2016 – XII ZB 45/15 – FamRZ 2016, 1053 Rn. 12). Der Anspruch wird aber im vorliegenden Verfahren von den durch die Mutter vertretenen Kindern in zulässiger Weise als Unterhaltsanspruch geltend gemacht. Dass der Anspruch nicht auf den vollen und nicht durch eigene bezifferte Leistungen des Antragsgegners gedeckten Unterhalt, sondern nur auf die hälftige Differenz der von den Eltern nicht gedeckten Anteile gerichtet ist, stellt sich als Begrenzung des Anspruchs dar und erklärt sich aus der Annahme, dass jeder Elternteil neben den bezifferten Leistungen vor allem durch Naturalunterhalt auch die Hälfte des weiteren Bedarfs abdeckt. Der Anspruch dient dann vor allem noch dem Zweck, eine angemessene, an der jeweiligen Leistungsfähigkeit orientierte Beteiligung der Eltern am Kindesunterhalt zu erzielen, und richtet sich auf die durch die Leistungen des besser verdienenden Elternteils noch nicht gedeckte Unterhaltsspitze.

[45] Der Anspruch ist – wie ausgeführt – mangels einer anderweitigen Bestimmung der Eltern nach § 1612 Abs. 2 BGB auf Geld gerichtet. Der Anspruch ist auch nicht durch die Leistungen des anderen Elternteils (hier der Mutter) gedeckt, denn diese haben – mangels Anrechnungsbestimmung des Leistenden – als insoweit freiwillige Leistungen Dritter, insoweit nicht unterhaltspflichtig, keine Erfüllungswirkung. Auch eine Haushaltsaufnahme nach § 1612 Abs. 2 Satz 2 BGB liegt nicht vor. Die Vorschrift ist auf den Fall zugeschnitten, dass der Unterhaltsbedarf des Kindes in vollem Umfang und kontinuierlich im Haushalt des Barunterhaltspflichtigen erbracht wird.

BGH v. 18.1.2017 – XII ZB 118/16 – FamRZ 2017, 519 = BGHZ 213, 288

(Fahrtkosten bei der Leistungsfähigkeit für Elternunterhalt) **R 781**

[15] 2. Entgegen der Auffassung der Rechtsbeschwerde ist ebenso wenig etwas dagegen zu erinnern, **a** dass das Oberlandesgericht die vom Antragsgegner geltend gemachten Fahrtkosten in voller Höhe von 700 € monatlich anerkannt hat.

[16] a) Die Verpflichtung zur Zahlung von Verwandtenunterhalt findet nach § 1603 Abs. 1 BGB dort ihre Grenze, wo der Unterhaltspflichtige bei Berücksichtigung seiner sonstigen Verpflichtungen außerstande ist, ohne Gefährdung seines angemessenen Unterhalts den Unterhalt des Berechtigten zu gewähren. § 1603 Abs. 1 BGB gesteht damit jedem Unterhaltspflichtigen vorrangig die Sicherung seines eigenen angemessenen Unterhalts zu; ihm sollen grundsätzlich die Mittel verbleiben, die er zur angemessenen Deckung des seiner Lebensstellung entsprechenden allgemeinen Bedarfs benötigt (Senatsbeschluss vom 9. März 2016 – XII ZB 693/14 – FamRZ 2016, 887 Rn. 14 ff.). Die Höhe der als

abzugsfähig anzuerkennenden Kosten zu bestimmen, ist dabei in erster Linie dem Tatrichter vorbehalten (Senatsurteil vom 21. Januar 1998 – XII ZR 117/96 – FamRZ 1998, 1501, 1502).

[17] b) Gemessen hieran liegt es noch im tatrichterlichen Ermessen des Oberlandesgerichts, wenn es den Antragsgegner nicht dazu angehalten hat, seine Gewohnheiten zu ändern und die kürzeste – aber nicht schnellste – Strecke zu benutzen, um eine nur relativ geringfügige Erhöhung seiner Leistungsfähigkeit zu bewirken.

(Anrechnung von Zins und Tilgung auf einen Wohnvorteil bis zu dessen Höhe und darüber hinaus als zusätzliche Altersvorsorge bei Elternunterhalt)

b [32] cc) Nach Auffassung des Senats sind nur die den Wohnwert nach Abzug der Zinsen übersteigenden Tilgungsleistungen auf die Altersvorsorgequote von 5% anzurechnen.

[33] (1) Gegen die erste Auffassung spricht, dass es an einer Vermögensbildung „zu Lasten" des Unterhaltsberechtigten fehlt, wenn und soweit den Tilgungsanteilen noch ein einkommenserhöhender Wohnvorteil auf Seiten des Unterhaltspflichtigen gegenübersteht (Botur in Büte/Poppen/Menne Unterhaltsrecht 3. Aufl. § 1603 54 mwN; Wendl/Gerhardt Das Unterhaltsrecht in der familienrichterlichen Praxis 9. Aufl. § 1 Rn. 578 f. mwN; Erman/Hammermann § 1603 Rn. 61). Denn ohne die Zins- und Tilgungsleistung gäbe es den Wohnvorteil in Form einer ersparten Miete nicht. Daraus folgt, dass die über den Zinsanteil hinausgehende Tilgungsleistungen bis zur Höhe des Wohnwerts anzurechnen sind, ohne dass dies die Befugnis des Pflichtigen zur Bildung eines zusätzlichen Altersvorsorgevermögens schmälert.

[34] (2) Der den Wohnvorteil dann noch übersteigende Tilgungsanteil ist jedoch entgegen der zuletzt genannten Auffassung als Vermögensbildung zu Lasten des Unterhaltsberechtigten im Rahmen der sekundären Altersvorsorge zu berücksichtigen.

[35] Der Erwerb einer selbstgenutzten Immobilie dient insoweit auch der eigenen Altersvorsorge, weil der Eigentümer im Alter entweder mietfrei wohnen oder die Immobilie veräußern und das dadurch gewonnene Vermögen für das Alter einsetzen kann.

[36] Dem steht die Senatsentscheidung vom 7. August 2013 (XII ZB 269/12 – FamRZ 2013, 1554 Rn. 39), wonach der Vermögenswert einer selbstgenutzten Immobilie bei der Bemessung des Altersvorsorgevermögens eines auf Elternunterhalt in Anspruch genommenen Unterhaltspflichtigen grundsätzlich unberücksichtigt bleibt, nicht entgegen. Denn in jener Entscheidung ging es um den Einsatz vorhandenen Eigentums als zusätzliche Altersvorsorge neben der auf 5% vom Bruttoeinkommen begrenzten sekundären Altersvorsorge. Auch wenn der Unterhaltspflichtige bereits über unbelastetes selbstgenutztes Immobilieneigentum verfügt, soll es ihm – seinem Lebensstandard entsprechend – ermöglicht werden, eine zusätzliche Altersvorsorge in Höhe von 5% seines Bruttoeinkommens zu bilden.

[37] Hiervon ist der Fall zu unterscheiden, dass der Unterhaltspflichtige – wie hier – durch Darlehenstilgung erst sukzessive unbelastetes Eigentum bildet. Insoweit entspricht es schon nicht seinem gegenwärtigen Lebensstandard, in unbelastetem Eigentum zu leben. Vielmehr strebt der Unterhaltspflichtige an, nach Tilgung des Darlehens mietfrei wohnen zu können und damit letztlich auch im Alter (teilweise) versorgt zu sein. Deshalb gelten für die nebst Zinsen den Mietwert übersteigenden Tilgungsleistungen dieselben Maßstäbe für eine zusätzliche Altersvorsorge wie bei anderen Anlageformen auch. Wollte man das anders sehen, würden all diejenigen Unterhaltspflichtigen benachteiligt, die ihre Altersvorsorge allein auf andere Anlageformen stützen. Sie können im Alter neben der Rente bzw. Pension allein von dem aus der Altersvorsorgequote gebildeten Vermögen profitieren, nicht aber zusätzlich von einem mietfreien Wohnen.

[38] Zwar steht einem Mieter, der keine Tilgungsleistungen zu erbringen hat, die Möglichkeit offen, im Rahmen der Altersvorsorgequote frei über die Anlageform zu entscheiden. Der Unterhaltspflichtige, dessen Altersvorsorgekontingent bereits durch einen überschießenden Tilgungsanteil aufgebraucht ist, kann demgegenüber über diese Altersvorsorge hinaus keine – unterhaltsrechtlich anzuerkennenden – weiteren Dispositionen mehr treffen. Dadurch ist er indes nicht benachteiligt, weil er durch die Bildung unbelasteten Immobilieneigentums im Ergebnis mindestens ebenso für sein Alter vorgesorgt hat.

[39] (3) Die den Wohnwert und eine zusätzliche Altersvorsorgequote von 5% des Bruttoeinkommens übersteigende Tilgungsleistungen sind demgegenüber grundsätzlich nicht absetzbar. Denn insoweit steht der durch die Vermögensdisposition und die später hinzugekommene Unterhaltspflicht bedingten Einschränkung des Lebensstandards eine entsprechende höhere Alterssicherung gegenüber.

Ob etwas anderes gilt, wenn dadurch die Immobilienfinanzierung gefährdet wäre oder sich der Unterhaltspflichtige aus einem vor Bekanntwerden seiner Unterhaltspflicht zusätzlich abgeschlossenen Altersvorsorgevertrag nicht lösen bzw. diesen nicht beitragsfrei stellen kann (vgl. dazu Senatsurteil BGHZ 154, 247 = FamRZ 2003, 1179, 1181 f.), braucht im vorliegenden Fall mangels entsprechender Feststellungen nicht entschieden zu werden.

BGH v. 1.2.2017 – XII ZB 71/16 – FamRZ 2017, 603 = BGHZ 214, 45

(Schriftlicher Vergleich wahrt eine gesetzlich vorgeschriebene notarielle Form) R 782

[20] a) Zutreffend ist das Beschwerdegericht davon ausgegangen, dass der von den Beteiligten in der Vereinbarung vom 4. Juli 2011 wechselseitig erklärte Verzicht auf Zugewinnausgleichsansprüche formbedürftig ist. Denn es handelt sich hierbei um eine Vereinbarung iSv § 1378 Abs. 3 Satz 2 Halbsatz 1 BGB, die die Ehegatten während eines Verfahrens, das auf die Auflösung der Ehe gerichtet ist, für den Fall der Auflösung der Ehe über den Ausgleich des Zugewinns getroffen haben. Derartige Vereinbarungen bedürfen grundsätzlich der notariellen Beurkundung. Nach § 1378 Abs. 3 Satz 2 Halbsatz 2 BGB findet jedoch § 127a BGB Anwendung, auch wenn die Vereinbarung in einem Verfahren in Ehesachen vor dem Prozessgericht protokolliert wird.

[21] b) Da im vorliegenden Fall die Scheidungsfolgenvereinbarung weder notariell beurkundet noch in einem Termin zur mündlichen Verhandlung gerichtlich protokolliert wurde, hängt die Formwirksamkeit der Vereinbarung entscheidend davon ab, ob die von § 1378 Abs. 3 Satz 2 Halbsatz 1 BGB geforderte Form der notariellen Beurkundung durch die gerichtliche Feststellung des Vergleichs nach § 113 Abs. 1 Satz 1 FamFG iVm § 278 Abs. 6 ZPO gewahrt wird. Hierzu werden in der obergerichtlichen Rechtsprechung und im Schrifttum unterschiedliche Auffassungen vertreten.

[22] aa) Eine Meinung lehnt die Anwendbarkeit des § 127a BGB auf Vergleiche, die im Verfahren nach § 278 Abs. 6 ZPO abgeschlossen werden, mit der Begründung ab, es bestehe keine hinreichende „Funktionsäquivalenz" zwischen einer notariellen Beurkundung und dem Beschlussvergleich. Die mit einer notariellen Beurkundung verbundenen Verfahrensgarantien für die am Vergleichsschluss Beteiligten seien im Verfahren nach § 278 Abs. 6 ZPO nicht gewahrt. Es werde kein Protokoll iSv § 160 ZPO errichtet. Überdies fehle es an der einer Beratung durch den Notar vergleichbaren Verfahrensgestaltung, weil eine Beratung oder Warnung durch den Richter nicht erfolge (vgl. OLG Celle FamRZ 2014, 795, 796; OLG Brandenburg FamRZ 2008, 1192, 1193; Zöller/Greger ZPO 31. Aufl. § 278 Rn. 31; Musielak/Voit/Foerste ZPO 13. Aufl. § 278 Rn. 18a; Staudinger/Hertel BGB [2012] § 127a Rn. 48 f.; Bamberger/Roth/Wendtland BGB 3. Aufl. § 127a Rn. 4; Palandt/Brudermüller BGB 76. Aufl. § 1378 Rn. 13; Knauer/Wolf NJW 2004, 2857, 2859; Zimmer NJW 2013, 3280 ff.; Gutachten des Deutschen Notarinstituts DNotI-Report 2008, 75, 76; Braeuer Der Zugewinnausgleich 2. Aufl. Rn. 946).

[23] bb) Eine andere Auffassung bejaht die Anwendbarkeit des § 127a BGB auf Beschlussvergleiche jedenfalls dann, wenn dem abgeschlossenen Vergleich ein vom Gericht begründeter Vergleichsvorschlag zu Grunde lag, weil diesem eine gerichtliche Prüfung vorausgehe, die mit der eines Notars vergleichbar sei (OLG München FamRZ 2011, 812, 813 zu § 7 Abs. 2 VersAusglG; Prütting/Gehrlein/Geisler ZPO 7. Aufl. § 278 Rn. 22; Thomas/Putzo/Reichold ZPO 37. Aufl. § 278 Rn. 17; Schulte-Bunert/Weinreich/Brinkmann FamFG 5. Aufl. § 36 Rn. 25; Keidel/Meyer-Holz FamFG 19. Aufl. § 36 Rn. 13; Deckenbrock/Dötsch MDR 2006, 1325, 1327 f.; Büte Zugewinnausgleich bei Ehescheidung 4. Aufl. Rn. 243).

[24] cc) Schließlich wird – mit dem Beschwerdegericht – auch die Auffassung vertreten, dass ein im Beschlusswege festgestellter Vergleich nach § 278 Abs. 6 ZPO ein vollwertiger gerichtlicher Vergleich sei und daher entsprechend § 127a BGB die für ein Rechtsgeschäft erforderliche notarielle Beurkundung stets ersetze (OLG Brandenburg FamRZ 2014, 1202, 1204; OLG Frankfurt FamRZ 2016, 548 [Ls.] und Beschluss vom 14. Dezember 2010 – 5 UF 105/10 – juris Rn. 4; OLG Naumburg FamRZ 2009, 617 [LS]; MünchKommZPO/Prütting 5. Aufl. § 278 Rn. 44; Baumbach/Lauterbach/Hartmann ZPO 75. Aufl. § 278 Rn. 59; Saenger ZPO 7. Aufl. § 278 Rn. 23a; BeckOK ZPO/Bacher [Stand: 1. Dezember 2016] § 278 Rn. 41; Erman/Arnold BGB 14. Aufl. § 127a Rn. 5; Palandt/Ellenberger BGB 76. Aufl. § 127a Rn. 2; Borth/Grandel in Musielak/Borth FamFG 5. Aufl. § 36 Rn. 11; Prütting/Helms/Abramenko FamFG 3. Aufl. § 36 Rn. 13; Horndasch/Viefhues/Reinken FamFG 3. Aufl. § 36 Rn. 13; Bergschneider FamRZ 2013, 260 ff.; Müller-Teckhof MDR 2014, 249, 251; Cordes MDR 2016, 64, 66 ff.).

[25] c) Die letztgenannte Auffassung trifft zu. Wird eine Vereinbarung in der Form eines gerichtlich festgestellten Vergleichs nach § 113 Abs. 1 Satz 2 FamFG iVm § 278 Abs. 6 ZPO geschlossen, wird die von § 1378 Abs. 3 Satz 2 BGB geforderte Form der notariellen Beurkundung in entsprechender Anwendung des § 127a BGB gewahrt.

[26] aa) Einer unmittelbaren Anwendbarkeit des § 127a BGB auf Beschlussvergleiche nach § 278 Abs. 6 ZPO steht allerdings der Wortlaut der Vorschrift entgegen (a. A. Bergschneider FamRZ 2013, 260, 262). Danach wird die notarielle Beurkundung nur dann durch einen gerichtlichen Vergleich ersetzt, wenn die Erklärungen in ein nach den Vorschriften der Zivilprozessordnung errichtetes Protokoll aufgenommen wurden. Bei einem in dem Verfahren nach § 278 Abs. 6 ZPO errichteten Vergleich fehlt es an einer solchen Protokollierung. Insbesondere ist der Beschluss, mit dem das Gericht den materiell-rechtlich zwischen den Beteiligten abgeschlossenen Vergleich feststellt, kein Protokoll in diesem Sinne (vgl. BAG NJW 2007, 1831 Rn. 25). Bereits der Verweis in § 278 Abs. 6 Satz 3 ZPO auf § 164 ZPO zeigt, dass der Feststellungsbeschluss zwar hinsichtlich der Berichtigungsmöglichkeiten einem gerichtlichen Protokoll iSd §§ 159 ff. ZPO gleichgestellt ist, selbst aber nicht als ein solches Protokoll verstanden werden kann. Der Beschluss nach § 278 Abs. 6 ZPO hat vielmehr nur feststellenden Charakter und dient der Schaffung eines Vollstreckungstitels gemäß § 794 Abs. 1 Nr. 1 ZPO (Zöller/Greger ZPO 31. Aufl. § 278 Rn. 35). Eine erweiternde Auslegung des § 127a BGB dahingehend, dass die Vorschrift sich auch auf Beschlussvergleiche nach § 278 Abs. 6 ZPO erstreckt, findet daher ihre Grenze an dem eindeutigen Wortlaut der Vorschrift (vgl. Cordes MDR 2016, 64, 66; vgl. auch Senatsurteil vom 24. Juni 2009 – XII ZR 161/08 – FamRZ 2009, 1477 Rn. 28 mwN zur Wortlautgrenze bei der verfassungskonformen Auslegung).

[27] bb) Zutreffend ist das Beschwerdegericht jedoch davon ausgegangen, dass im vorliegenden Fall die Voraussetzungen für eine analoge Anwendung des § 127a BGB vorliegen. Es ist nicht nur eine planwidrige Regelungslücke gegeben, vielmehr ist der zur Beurteilung stehende Sachverhalt auch mit dem vergleichbar, den der Gesetzgeber geregelt hat.

BGH v. 15.2.2017 – XII ZB 201/16 – FamRZ 2017, 711

R 783 *(Leistungsfähigkeit des betreuenden Elternteils)*

a [9] b) Zu Unrecht hat das Oberlandesgericht den von der Antragsgegnerin für ihr Kind geleisteten Betreuungsunterhalt monetarisiert und von ihrem unterhaltsrelevanten Einkommen abgezogen. Die neben dem Barunterhalt (oder dem an dessen Stelle geleisteten Naturalunterhalt; vgl. Senatsbeschluss vom 7. Mai 2014 – XII ZB 258/13 – FamRZ 2014, 1138 Rn. 35) geschuldete Betreuung des Kindes der Antragsgegnerin ist nicht auf Geldleistung gerichtet und lässt sich deswegen auch nicht monetarisieren. Wie der Senat bereits entschieden hat, ist die Betreuung des Kindes nicht unmittelbar einkommensmindernd, sondern kann sich unter den Voraussetzungen der §§ 1570 Abs. 1 Satz 2 und 3, Abs. 2, 1615l Abs. 2 Satz 4 und 5 BGB die daneben geleistete Erwerbstätigkeit als überobligatorisch darstellen (Senatsbeschluss vom 11. November 2015 – XII ZB 7/15 – FamRZ 2016, 199 Rn. 17). Dann wäre das neben der Kinderbetreuung erzielte Einkommen im Rahmen der Unterhaltsbemessung nur anteilig zu berücksichtigen (Senatsbeschluss BGHZ 188, 50 = FamRZ 2011, 454 Rn. 17, 23 und Senatsurteil BGHZ 162, 384 = FamRZ 2005, 1154, 1156 f.).

(Unterhaltsbedarf minderjähriger Kinder und anteiliger Barunterhalt des betreuenden Elternteils)

b [11] Der Unterhaltsbedarf richtet sich beim Verwandtenunterhalt gemäß § 1610 Abs. 1 BGB nach der Lebensstellung des Bedürftigen (angemessener Unterhalt). Bei minderjährigen Kindern, die noch im Haushalt (mindestens) eines Elternteils leben, handelt es sich dabei um eine abgeleitete Lebensstellung. Sie leitet sich grundsätzlich von beiden Elternteilen ab, so dass bei der Bedarfsbemessung auf die zusammengerechneten Einkünfte beider Eltern abzustellen ist (vgl. Senatsbeschluss vom 11. Januar 2017 – XII ZB 565/15 – FamRZ 2017, 437 Rn. 25 und Senatsurteil vom 17. Dezember 2003 – XII ZR 224/00 – FamRZ 2004, 370, 373). Insoweit besteht auch kein Unterschied zu einem abgeleiteten Barunterhaltsanspruch eines volljährigen Kindes, der sich ebenfalls nach den zusammengerechneten Einkünften beider Elternteile bemisst (vgl. Senatsurteil vom 2. März 1994 – XII ZR 215/92 – FamRZ 1994, 696, 698).

[12] Auf diesen Unterhaltsbedarf des Kindes ist gemäß § 1612b Abs. 1 Satz 1 Nr. 1, Satz 2 BGB das hälftige Kindergeld anzurechnen. Denn nach der gesetzlichen Regelung in § 1612b Abs. 1 Satz 1 BGB entlastet das Kindergeld die Eltern minderjähriger Kinder zur Hälfte von ihrer Barunterhaltspflicht und

steht zur anderen Hälfte dem betreuenden Elternteil (im Wechselmodell den betreuenden Elternteilen) zu (vgl. Senatsbeschlüsse vom 11. Januar 2017 – XII ZB 565/15 – FamRZ 2017, 437 Rn. 47 ff. und vom 20. April 2016 – XII ZB 45/15 – FamRZ 2016, 1053 Rn. 23 ff.).

[13] Der danach verbleibende Unterhaltsbedarf wird grundsätzlich überwiegend durch den Kindesunterhalt des barunterhaltspflichtigen Elternteils gedeckt. Allerdings ist dessen Unterhaltspflicht auf den Betrag begrenzt, den der Unterhaltspflichtige bei alleiniger Unterhaltshaftung auf der Grundlage seines Einkommens zu zahlen hätte (Senatsbeschluss vom 11. Januar 2017 – XII ZB 565/15 – FamRZ 2017, 437 Rn. 24 mwN). Auch dessen Barunterhaltspflicht wäre um das bei minderjährigen Kindern auf den Barunterhalt entfallende hälftige Kindergeld gemindert. Im vorliegenden Fall hat der Kindesvater nach den Feststellungen des Oberlandesgerichts monatlich 235 € als Barunterhalt gezahlt.

[14] Von den Erwerbseinkünften der Antragsgegnerin ist somit der Barunterhaltsbedarf ihres Kindes nach den gemeinsamen Einkünften der Eltern abzüglich des hälftigen Kindergelds und abzüglich des vom Kindesvater geleisteten Barunterhalts abzusetzen. Denn in dieser Höhe leistet sie neben dem Betreuungsunterhalt restlichen Barunterhalt in Form von Naturalunterhalt. Danach beträgt sie nicht anderweitig gedeckte und deshalb von der Antragsgegnerin zu tragende, ihrem Kind in Naturalien erbrachte Barunterhalt offensichtlich weniger als die vom Oberlandesgericht bereits abgesetzten Beträge, so dass die von ihr allein eingelegte Rechtsbeschwerde insoweit keinen Erfolg hat.

(Keine Monetarisierung des Betreuungsunterhalts, sondern ggf. überobligatorisch erzieltes Einkommen)

[18] e) Nichts ist dagegen zu erinnern, dass das Oberlandesgericht der Antragsgegnerin weder einen pauschalen Betreuungsbonus belassen noch einen Abschlag für überobligationsmäßige Tätigkeit vorgenommen hat.

[19] Trifft die Kinderbetreuung mit einer Erwerbstätigkeit des betreuenden Elternteils zusammen, ist nach neuerer Senatsrechtsprechung nicht ein pauschaler Betreuungsbonus zu gewähren (vgl. bereits Senatsbeschluss vom 7. November 2012 – XII ZB 229/11 – FamRZ 2013, 109 Rn. 29), sondern hängt es von den besonderen Umständen des Einzelfalls ab, inwieweit das erzielte Einkommen ganz oder teilweise als überobligatorisch unberücksichtigt bleibt (Senatsbeschluss vom 11. November 2015 – XII ZB 7/15 – FamRZ 2016, 199 Rn. 17).

[20] Eine Erwerbstätigkeit ist unterhaltsrechtlich als überobligatorisch zu bewerten, wenn der betreuende Elternteil erwerbstätig ist, obwohl ein Erwerbshindernis in Form der Kinderbetreuung besteht. Über die Anrechnung ist deshalb nach Treu und Glauben unter Beachtung der Umstände des Einzelfalls zu entscheiden (vgl. für den Ehegattenunterhalt Senatsbeschluss vom 1. Oktober 2014 – XII ZB 185/13 – FamRZ 2014, 1987 Rn. 19 f. mwN und zum Kindesunterhalt Senatsurteil BGHZ 162, 384 = FamRZ 2005, 1154, 1156 f.).

[21] Konkrete Umstände, die eine volle Erwerbstätigkeit der Antragsgegnerin neben der Betreuung ihres zunächst elf- und dann zwölfjährigen Sohnes hinderten, und diese deshalb als überobligatorisch erscheinen ließen, sind im vorliegenden Fall allerdings weder festgestellt noch sonst ersichtlich.

BGH v. 8.3.2017 – XII ZB 192/16 – FamRZ 2017, 799

(Ausbildungsunterhalt bei gestufter Ausbildung des Kindes; Abitur-Lehre-Studium-Fälle)

[11] a) Zutreffend ist allerdings der rechtliche Ausgangspunkt des Oberlandesgerichts, wonach gemäß § 1610 Abs. 2 BGB der Unterhalt eines Kindes die Kosten einer angemessenen Vorbildung zu einem Beruf umfasst.

[12] aa) Geschuldet wird danach eine Berufsausbildung, die der Begabung und den Fähigkeiten, dem Leistungswillen und den beachtenswerten Neigungen des Kindes am besten entspricht und sich in den Grenzen der wirtschaftlichen Leistungsfähigkeit der Eltern hält. Eltern, die ihrem Kind eine solche Berufsausbildung gewährt haben, sind grundsätzlich nicht mehr verpflichtet, Kosten einer weiteren Ausbildung zu tragen. Ausnahmen hiervon bestehen nur unter besonderen Umständen, etwa wenn der Beruf aus gesundheitlichen oder sonstigen, bei Ausbildungsbeginn nicht vorhersehbaren Gründen nicht ausgeübt werden kann. Ferner kommt eine fortdauernde Unterhaltspflicht in Betracht, wenn die weitere Ausbildung zweifelsfrei als eine bloße in engem sachlichen und zeitlichen Zusammenhang stehende Weiterbildung zu dem bisherigen Ausbildungsweg anzusehen ist und von vornherein angestrebt war, oder während der ersten Ausbildung eine besondere, die Weiterbildung erfordernde Begabung deutlich wurde (Senatsurteil vom 17. Mai 2006 – XII ZR 54/04 – FamRZ 2006, 1100, 1101 mwN).

[13] bb) Diese Grundsätze hat der Senat wegen des zunehmend geänderten Ausbildungsverhaltens der Studienberechtigten für die Fälle modifiziert, in denen ein Kind nach Erlangung der Hochschulreife auf dem herkömmlichen schulischen Weg (Abitur) eine praktische Ausbildung (Lehre) absolviert hat und sich erst danach zu einem Studium entschließt (sog. Abitur-Lehre-Studium-Fälle). Wegen des aus § 1610 Abs. 2 BGB abzuleitenden Merkmals der Einheitlichkeit des Ausbildungsgangs ist allerdings auch dann erforderlich, dass die einzelnen Ausbildungsabschnitte in engem zeitlichen und sachlichen Zusammenhang stehen und die praktische Ausbildung und das Studium sich jedenfalls sinnvoll ergänzen müssen. Es reicht jedoch aus, dass der Studienentschluss nicht von vornherein, sondern erst nach Beendigung der Lehre gefasst wird, weil es gerade der Eigenart des vom herkömmlichen Bild abweichenden Ausbildungsverhaltens entspricht, dass sich der Abiturient bei Aufnahme der praktischen Ausbildung vielfach noch nicht über ein anschließendes Studium schlüssig ist (Senatsurteile vom 17. Mai 2006 – XII ZR 54/04 – FamRZ 2006, 1100, 1101 mwN und BGHZ 107, 376, 381 ff. = FamRZ 1989, 853, 854 f.). Bejaht hat der Senat einen derartigen engen sachlichen Zusammenhang etwa zwischen Bauzeichnerlehre und Architekturstudium (BGHZ 107, 376 = FamRZ 1989, 853, 855), landwirtschaftlicher Lehre und Studium der Agrarwirtschaft (Senatsurteil vom 27. September 1989 – IVb ZR 83/88 – FamRZ 1990, 149) oder Banklehre und Jurastudium (Senatsurteil vom 23. Oktober 1991 – XII ZR 174/90 – FamRZ 1992, 170, 171).

[14] Für Ausbildungsabläufe, in denen nach einem Realschulabschluss zunächst eine Lehre, dann die Fachoberschule und später die Fachhochschule absolviert wird, sind die einzelnen Ausbildungsabschnitte hingegen nur dann als einheitliche, von den Eltern zu finanzierende Berufsausbildung anzusehen, wenn schon bei Beginn der praktischen Ausbildung erkennbar eine Weiterbildung einschließlich des späteren Studiums angestrebt wurde. Hinter dieser Differenzierung steht der Gedanke, dass die Unterhaltspflicht der Eltern von der Frage mitbestimmt wird, inwieweit sie damit rechnen müssen, dass ihr Kind nach einem Schulabschluss und einer zu Ende geführten, in sich geschlossenen Berufsausbildung noch eine berufsqualifizierende Ausbildung – gegebenenfalls über weitere Ausbildungsstufen hinweg – anstrebt. Denn die Belange der Unterhaltspflichtigen dürfen insoweit nicht unberücksichtigt bleiben. Die Eltern müssen sich in ihrer eigenen Lebensplanung in etwa darauf einstellen können, wie lange sie mit einer Unterhaltslast zu rechnen haben (vgl. im Einzelnen Senatsurteil vom 17. Mai 2006 – XII ZR 54/04 – FamRZ 2006, 1100, 1101 f. mwN).

[15] cc) In anderen Fällen als denen einer gestuften Ausbildung müssen die Eltern ihrem Kind ausnahmsweise auch eine zweite Ausbildung finanzieren, wenn sie das Kind in einen unbefriedigenden, seinen Begabungen nicht hinreichend Rechnung tragenden Beruf gedrängt haben. Dem gleichgestellt sind die Fälle, in denen dem Kind eine angemessene Ausbildung verweigert worden ist und es sich aus diesem Grund zunächst für einen Beruf entschieden hat, der seiner Begabung und seinen Neigungen nicht entspricht. Nichts anderes gilt, wenn die erste Ausbildung auf einer deutlichen Fehleinschätzung der Begabung des Kindes beruht (Senatsurteil vom 17. Mai 2006 – XII ZR 54/04 – FamRZ 2006, 1100, 1102 mwN; vgl. auch Wendl/Klinkhammer Das Unterhaltsrecht in der familienrichterlichen Praxis 9. Aufl. § 2 Rn. 92 ff.).

[16] Dabei begegnet es keinen rechtlichen Bedenken, wenn die Frage, ob der Erstausbildung des Kindes eine Fehleinschätzung seiner Begabung zugrunde lag, nach den Verhältnissen beurteilt wird, die sich erst nach Beendigung dieser Ausbildung ergeben haben. Zwar ist die Frage der beruflichen Eignung eines Kindes grundsätzlich aus der Sicht bei Beginn der Ausbildung und den zu dieser Zeit zutage getretenen persönlichen Anlagen und Neigungen zu beantworten. Um eine unangemessene Benachteiligung von so genannten Spätentwicklern zu vermeiden, gilt dies aber schon dann nicht, wenn sich später herausgestellt hat, dass die zunächst getroffene Entscheidung auf einer deutlichen Fehleinschätzung der Begabung des Kindes beruhte (Senatsurteil vom 17. Mai 2006 – XII ZR 54/04 – FamRZ 2006, 1100, 1102 mwN).

(Voraussetzungen des Ausbildungsunterhalts)

b   [17] dd) Der aus § 1610 Abs. 2 BGB folgende Anspruch ist vom Gegenseitigkeitsprinzip geprägt. Der Verpflichtung des Unterhaltsschuldners zur Ermöglichung einer Berufsausbildung steht auf Seiten des Unterhaltsberechtigten die Obliegenheit gegenüber, sie mit Fleiß und der gebotenen Zielstrebigkeit in angemessener und üblicher Zeit zu beenden. Zwar muss der Verpflichtete nach Treu und Glauben (§ 242 BGB) Verzögerungen der Ausbildungszeit hinnehmen, die auf ein vorübergehendes leichteres Versagen des Kindes zurückzuführen sind. Verletzt dieses aber nachhaltig seine Obliegenheit, die Ausbildung planvoll und zielstrebig aufzunehmen und durchzuführen, büßt es seinen Unterhaltsanspruch ein und muss sich darauf verweisen lassen, seinen Lebensunterhalt durch Erwerbstätigkeit selbst zu verdienen (Senatsbeschluss vom 3. Juli 2013 – XII ZB 220/12 – FamRZ 2013, 1375 Rn. 14 mwN).

[18] Aus diesem Gegenseitigkeitsverhältnis folgt die Obliegenheit des Kindes, die Ausbildung in angemessener Zeit aufzunehmen. Auch ein Schulabgänger muss auf die Belange des Unterhaltspflichtigen Rücksicht nehmen und sich in angemessener Zeit darüber klar werden, welche Ausbildungsmöglichkeiten ihm nach seinem jeweiligen Schulabschluss zur Verfügung stehen. Er muss sich alsbald um einen entsprechenden Ausbildungsplatz bemühen und die Ausbildung zielstrebig beginnen. Zwar ist einem jungen Menschen eine gewisse Orientierungsphase zuzugestehen, deren Dauer von Fall zu Fall unterschiedlich ist und sich jeweils nach Alter, Entwicklungsstand und den gesamten Lebensumständen des Auszubildenden richtet. Je älter er indessen bei Schulabgang ist und je eigenständiger er seine Lebensverhältnisse gestaltet, desto mehr tritt an die Stelle der Elternverantwortung die Eigenverantwortung für seinen Berufs- und Lebensweg. Selbst wenn er bisher noch keine Berufsausbildung erfahren hat, kann eine lange Verzögerung dazu führen, dass sein Ausbildungsanspruch entfällt und er sich daher seinen Lebensunterhalt mit ungelernten Tätigkeiten oder aufgrund sonstiger Begabung und Fertigkeiten verdienen muss (Senatsbeschluss vom 3. Juli 2013 – XII ZB 220/12 – FamRZ 2013, 1375 Rn. 15 mwN). Allerdings gibt es keine feste Altersgrenze für die Aufnahme einer Ausbildung, ab deren Erreichen der Anspruch auf Ausbildungsunterhalt entfällt. Die Frage, bis wann es dem Unterhaltsberechtigten obliegt, seine Ausbildung aufzunehmen, richtet sich vielmehr nach den Umständen des Einzelfalls. Maßgeblich ist, ob den Eltern unter Berücksichtigung aller Umstände die Leistung von Ausbildungsunterhalt in den Grenzen ihrer wirtschaftlichen Leistungsfähigkeit noch zumutbar ist (Senatsbeschluss vom 3. Juli 2013 – XII ZB 220/12 – FamRZ 2013, 1375 Rn. 16 mwN).

[19] Im Rahmen dieser Orientierungsphase kann dem Kind ggf. auch ein Ausbildungswechsel unterhaltsrechtlich zuzugestehen sein, wenn er einerseits auf sachlichen Gründen beruht und andererseits unter Berücksichtigung der Gesamtumstände aus der Sicht des Unterhaltspflichtigen wirtschaftlich zumutbar ist. Für die Annahme eines hinreichenden Grundes kann etwa der Umstand sprechen, dass zwischen der abgebrochenen und der angestrebten Ausbildung ein sachlicher Zusammenhang besteht. Jedem jungen Menschen ist grundsätzlich zuzubilligen, dass er sich über seine Fähigkeiten irrt oder falsche Vorstellungen über den gewählten Beruf hat. Dabei wird ein Ausbildungswechsel umso eher zu akzeptieren sein, je früher er stattfindet. Dies folgt aus dem Gedanken, dass die schutzwürdigen Belange des Unterhaltspflichtigen es gebieten, sich möglichst frühzeitig darauf einrichten zu können, wie lange die Unterhaltslast dauern wird. Diese Belange erfordern es grundsätzlich auch, dass das Kind sich über seine geänderten Ausbildungspläne mit dem Unterhaltspflichtigen zu verständigen versucht (Senatsurteil vom 14. März 2001 – XII ZR 81/99 – FamRZ 2001, 757, 759).

BGH v. 15.3.2017 – XII ZB 109/16 – FamRZ 2017, 884

(Notwendiger Sachantrag im Beschwerdeverfahren eines Unterhaltsrechtsstreits)

[25] Nach § 117 Abs. 1 Satz 1 FamFG hat der Beschwerdeführer in Ehesachen und Familienstreitsachen zur Begründung seiner Beschwerde einen bestimmten Sachantrag zu stellen und diesen zu begründen. Ob ein Sachantrag hinreichend bestimmt ist, beurteilt sich nach den allgemeinen, zu § 520 Abs. 3 Satz 2 Nr. 1 ZPO entwickelten Grundsätzen des Zivilprozessrechts (Senatsbeschluss vom 4. September 2013 – XII ZB 87/12 – FamRZ 2013, 1879 Rn. 10 mwN). Zweck des § 117 Abs. 1 Satz 1 FamFG ist es, den Beschwerdeführer im Interesse der Beschleunigung des Beschwerdeverfahrens dazu anzuhalten, sich eindeutig über Umfang und Ziel seines Rechtsmittels zu erklären und das Beschwerdegericht und den Verfahrensgegner über Umfang und Inhalt seiner Angriffe möglichst schnell und zuverlässig ins Bild zu setzen. Die Vorschrift verlangt keine besondere Formalisierung der Antragstellung. Es genügt vielmehr, wenn die innerhalb der Begründungsfrist eingereichten Schriftsätze des Beschwerdeführers ihrem gesamten Inhalt nach eindeutig ergeben, in welchem Umfang und mit welchem Ziel die erstinstanzliche Entscheidung angefochten werden soll (Senatsbeschlüsse vom 10. Juni 2015 – XII ZB 611/14 – FamRZ 2015, 1375 Rn. 10 f. mwN und vom 4. September 2013 – XII ZB 87/12 – FamRZ 2013, 1879 Rn. 11 mwN).

[26] Diesen Anforderungen ist im vorliegenden Fall durch die Beschwerdebegründung vom 9. Oktober 2014 noch genügt worden. Zwar ist darin bezüglich des nachehelichen Unterhalts lediglich der Antrag angekündigt worden, den angefochtenen Beschluss dahingehend abzuändern, dass der Ehemann verpflichtet werde, an die Ehefrau nachehelichen Unterhalt zu zahlen. Auch wenn damit ein bestimm-

ter Unterhaltsbetrag noch nicht angegeben worden und für sich genommen nicht deutlich ist, in welchem Umfang der amtsgerichtliche Beschluss angefochten worden ist, ergibt sich aus dem Inhalt der Beschwerdebegründung, dass die Ehefrau ihren erstinstanzlichen Antrag weiterverfolgen wollte. Das Amtsgericht hatte den Unterhaltsantrag der Ehefrau abgewiesen, weil es den Ehevertrag für wirksam und nicht anpassungsbedürftig gehalten hat. Die Beschwerdebegründung befasst sich dementsprechend vorwiegend mit Fragen der Wirksamkeits- und Ausübungskontrolle. Dass die Antragstellerin im Fall der für sie günstigen Beantwortung der vorrangigen Streitfrage der (Un-)Wirksamkeit des Ehevertrags indessen nicht von ihrem schon vor dem Amtsgericht verfolgten Ziel abweichen wollte, wird dadurch verdeutlicht, dass zum Ende des Schriftsatzes ausgeführt ist, dass das „Urteil" des Amtsgerichts abzuändern und der Ehefrau nachehelicher Unterhalt zuzusprechen sei. Letzteres spricht für die Aufrechterhaltung des erstinstanzlich gestellten Zahlungsantrags und nicht etwa für eine Antragsänderung dahingehend, dass das Oberlandesgericht nunmehr lediglich zum Anspruchsgrund zu entscheiden habe. Somit ist in der Beschwerdebegründung lediglich die Höhe des Zahlungsantrags nicht ausdrücklich genannt. Da die Beschwerdebegründung sich indessen zur Höhe des Unterhalts ohnedies nicht verhält und darin vielmehr auf das gesamte erstinstanzliche Vorbringen Bezug genommen worden ist, hat das Oberlandesgericht die Beschwerdebegründung zutreffend dahin ausgelegt, dass die Ehefrau ihren erstinstanzlichen Zahlungsantrag weiterverfolgen wollte. Davon abweichende nachträgliche Äußerungen des Verfahrensbevollmächtigten der Ehefrau hat das Oberlandesgericht als nach der Beschwerdebegründungsfrist liegend für die Auslegung zutreffend nicht berücksichtigt. Die Berücksichtigung nachträglicher Erklärungen würde es in unzulässiger Weise in das Belieben des Beschwerdeführers stellen, den Gegenstand des Beschwerdeverfahrens nachträglich zu verändern.

(Keine Sittenwidrigkeit eines Ehevertrags bei isolierter Betrachtung der einzelnen Scheidungsfolgen nach der Kernbereichsrechtsprechung)

b [29] a) Der Ausschluss der einzelnen Scheidungsfolgen vermag allerdings jeweils für sich genommen im vorliegenden Fall den Vorwurf der Sittenwidrigkeit noch nicht zu begründen.

[30] aa) Die im Ehevertrag zum Unterhalt getroffenen Vereinbarungen stellen sich für die Ehefrau zwar durchgehend als nachteilig dar, führen indessen isoliert noch nicht zur Sittenwidrigkeit der insoweit getroffenen Regelung.

[31] (1) Nach der vom Senat entwickelten Rangfolge der Scheidungsfolgen gehört zu deren Kernbereich in erster Linie der Betreuungsunterhalt (§ 1570 BGB), der schon im Hinblick auf seine Ausrichtung am Kindesinteresse nicht der freien Disposition der Ehegatten unterliegt. Freilich ist auch er nicht jeglicher Modifikation entzogen (grundlegend Senatsurteil BGHZ 158, 81 = FamRZ 2004, 601, 605). Im vorliegenden Fall ist der Betreuungsunterhalt nicht ausgeschlossen oder dem Grunde nach eingeschränkt worden. Soweit er der Höhe nach beschränkt worden ist, wurde dadurch die persönliche Kinderbetreuung durch die Ehefrau nicht in Frage gestellt, so dass die Regelung im Hinblick auf das Kindesinteresse keine Bedenken aufwirft.

[32] (2) Die Unterhaltsansprüche wegen Alters und Krankheit (§§ 1571, 1572 BGB) sind nach ständiger Rechtsprechung des Senats zwar ebenfalls dem Kernbereich der Scheidungsfolgen zuzurechnen. Ihr Ausschluss begegnet allerdings für sich genommen unter dem Gesichtspunkt des § 138 Abs. 1 BGB dann keinen Bedenken, wenn im Zeitpunkt des Vertragsschlusses noch nicht absehbar ist, ob, wann und unter welchen wirtschaftlichen Gegebenheiten ein Ehegatte wegen Alters oder Krankheit unterhaltsbedürftig werden könnte (Senatsurteil vom 31. Oktober 2012 – XII ZR 129/10 – FamRZ 2013, 195 Rn. 20 mwN).

[33] Im vorliegenden Fall war zum Zeitpunkt des Vertragsabschlusses noch nicht vorhersehbar, dass die Ehefrau wegen Alters oder Krankheit unterhaltsbedürftig werden würde. Die Erkrankung der Ehefrau an Multipler Sklerose wurde erst 1997 festgestellt. Ob eine Unterhaltsbedürftigkeit wegen Alters entstehen würde, war bei der seinerzeit 26jährigen Ehefrau zum Zeitpunkt des Vertragsschlusses ebenfalls noch nicht abzusehen.

[34] bb) Auch der Ausschluss des Versorgungsausgleichs ist für sich genommen rechtlich unbedenklich. Wie der vom Oberlandesgericht durchgeführte Versorgungsausgleich verdeutlicht, hat die Ehefrau während der Ehezeit in der gesetzlichen Rentenversicherung höhere Versorgungsanwartschaften erworben als der Ehemann. Das auf Seiten des Ehemanns neben seinem Anrecht in der gesetzlichen Rentenversicherung allein noch ausgeglichene Anrecht aus einer auf Kapitalleistung gerichteten betrieblichen Altersversorgung (§ 2 Abs. 2 Nr. 3 VersAusglG) unterfiel aufgrund der zum Zeitpunkt des Ehevertragsschlusses bestehenden Gesetzeslage gemäß § 1587 Abs. 1 Satz 1 BGB aF iVm § 1587a

Abs. 2 BGB noch nicht dem Versorgungsausgleich. Der Ausschluss des Versorgungsausgleichs stellte sich als solcher für die Ehefrau folglich seinerzeit noch nicht als nachteilig dar. Dass die Ehefrau durch die Übernahme von Kinderbetreuung und Haushaltsführung Versorgungsnachteile erlitten hat, ist in diesem Zusammenhang noch nicht erheblich.

[35] cc) Schließlich führt auch der Ausschluss des Zugewinnausgleichs isoliert betrachtet nicht zur Sittenwidrigkeit des Ehevertrags.

[36] Der Zugewinnausgleich wird vom Kernbereich des Scheidungsfolgenrechts nicht umfasst; er erweist sich – auch wegen der vom Gesetz ausdrücklich zur Verfügung gestellten verschiedenen Güterstände – ehevertraglicher Gestaltung am weitesten zugänglich (Senatsurteil BGHZ 158, 81, 95, 98 f. = FamRZ 2004, 601, 605, 608). Der Senat hat an der Kernbereichsferne des Zugewinnausgleichs auch für Unternehmerehen festgehalten, in denen der selbständig erwerbstätige Ehegatte seine Altersvorsorge nicht durch die Bildung von Vorsorgevermögen im Sinne des § 2 VersAusglG, sondern im Wesentlichen durch die Ansammlung privaten Vermögens aufbaut. Ein vertraglicher Ausschluss des Zugewinnausgleichs ist auch dann nicht im Rahmen der Wirksamkeitskontrolle zu korrigieren, wenn bereits bei Vertragsschluss absehbar gewesen ist, dass sich der andere Ehegatte ganz oder teilweise aus dem Erwerbsleben zurückziehen würde und ihm deshalb eine vorhersehbar nicht kompensierte Lücke in der Altersversorgung verbleibt. Vielmehr hat der Senat ein überwiegendes legitimes Interesse des erwerbstätigen Ehegatten anerkannt, das Vermögen seines selbständigen Erwerbsbetriebes durch die Vereinbarung der Gütertrennung einem möglicherweise existenzbedrohenden Zugriff seines Ehegatten im Scheidungsfall zu entziehen und damit nicht nur für sich, sondern auch für die Familie die Lebensgrundlage zu erhalten (Senatsurteile vom 28. März 2007 – XII ZR 130/04 – FamRZ 2007, 1310, 1311 und vom 17. Oktober 2007 – XII ZR 96/05 – FamRZ 2008, 386 Rn. 23).

[37] Dass das Oberlandesgericht eine isolierte Sittenwidrigkeit des Zugewinnausgleichsausschlusses nicht in Betracht gezogen hat, steht daher ebenfalls im Einklang mit der Senatsrechtsprechung und ist in der Rechtsbeschwerdeinstanz von den Beteiligten nicht in Frage gestellt worden.

(Sittenwidrigkeit eines Ehevertrags bei Gesamtwürdigung aller Scheidungsfolgen)

[38] b) Selbst wenn die ehevertraglichen Einzelregelungen zu den Scheidungsfolgen jeweils für sich genommen den Vorwurf der Sittenwidrigkeit nicht zu rechtfertigen vermögen, kann sich ein Ehevertrag nach ständiger Rechtsprechung des Senats im Rahmen einer Gesamtwürdigung als insgesamt sittenwidrig erweisen, wenn das Zusammenwirken aller in dem Vertrag enthaltenen Regelungen erkennbar auf die einseitige Benachteiligung eines Ehegatten abzielt (vgl. Senatsbeschluss vom 29. Januar 2014 – XII ZB 303/13 – FamRZ 2014, 629 Rn. 38; Senatsurteile vom 12. Januar 2005 – XII ZR 238/03 – FamRZ 2005, 691, 693 und vom 9. Juli 2008 – XII ZR 6/07 – FamRZ 2008, 2011 Rn. 20 f.).

[39] Das Gesetz kennt zwar keinen unverzichtbaren Mindestgehalt an Scheidungsfolgen zugunsten des berechtigten Ehegatten, so dass auch aus dem objektiven Zusammenspiel einseitig belastender Regelungen nur dann auf die weiter erforderliche verwerfliche Gesinnung des begünstigten Ehegatten geschlossen werden kann, wenn die Annahme gerechtfertigt ist, dass sich in dem unausgewogenen Vertragsinhalt eine auf ungleichen Verhandlungspositionen basierende einseitige Dominanz eines Ehegatten und damit eine Störung der subjektiven Vertragsparität widerspiegelt. Auch eine lediglich auf die Einseitigkeit der Lastenverteilung gegründete tatsächliche Vermutung für die subjektive Seite der Sittenwidrigkeit lässt sich bei familienrechtlichen Verträgen nicht aufstellen. Ein unausgewogener Vertragsinhalt mag zwar ein gewisses Indiz für eine unterlegene Verhandlungsposition des belasteten Ehegatten sein. Gleichwohl wird das Verdikt der Sittenwidrigkeit in der Regel nicht gerechtfertigt sein, wenn außerhalb der Vertragsurkunde keine verstärkenden Umstände zu erkennen sind, die auf eine subjektive Imparität hindeuten, insbesondere infolge der Ausnutzung einer Zwangslage, sozialer oder wirtschaftlicher Abhängigkeit oder intellektueller Unterlegenheit (vgl. Senatsbeschluss vom 29. Januar 2014 – XII ZB 303/13 – FamRZ 2014, 629 Rn. 39; Senatsurteile vom 31. Oktober 2012 – XII ZR 129/10 – FamRZ 2013, 195 Rn. 24 und vom 21. November 2012 – XII ZR 48/11 – FamRZ 2013, 269 Rn. 27).

[40] aa) Übereinstimmend mit diesen Maßstäben ist das Oberlandesgericht im vorliegenden Fall in objektiver Hinsicht von einer die Ehefrau einseitig benachteiligenden Regelung ausgegangen.

[41] Mit dem Alters- und Krankheitsunterhalt sind von der Senatsrechtsprechung dem Kernbereich der Scheidungsfolgen zugeordnete Unterhaltstatbestände ausgeschlossen worden. Insoweit war schon bei Vertragsschluss mit höherer Wahrscheinlichkeit auf Seiten der wirtschaftlich schwächeren und

insoweit unzureichend abgesicherten Ehefrau eine spezifische Bedürfnislage absehbar. Auch war mit ehebedingten Einkommens- und Versorgungsnachteilen nur auf Seiten der Ehefrau zu rechnen, die die Kinderbetreuung und Haushaltsführung übernahm. Zudem stand fest, dass der Ehemann seine Altersversorgung nahezu ausschließlich auf eine private Vermögensbildung stützte, an welcher die Ehefrau aufgrund des Ausschlusses des Zugewinnausgleichs nicht partizipieren konnte. Im Unterschied zu einem vor Eheschließung abgeschlossenen Ehevertrag verzichtete die Ehefrau im vorliegenden Fall auf in der bestehenden Ehe bereits erlangte Rechtspositionen, ohne dass ihr hierfür von Seiten des Ehemanns eine Kompensation geleistet wurde. Dass der Ausschluss des Versorgungsausgleichs aus damaliger Sicht für sie – in beschränktem Ausmaß – vorteilhaft gewesen sein mag, ändert nichts daran, dass ihr durch die Übernahme der Familienarbeit Versorgungsnachteile entstanden, die durch Kindererziehungszeiten nicht hinreichend kompensiert wurden. Die von den Ehegatten getroffenen Regelungen gereichen somit in objektiver Hinsicht weit überwiegend zum Nachteil der Ehefrau.

[42] bb) Auch in subjektiver Hinsicht ist die aufgrund der getroffenen Feststellungen vorgenommene Würdigung des Oberlandesgerichts nicht zu beanstanden.

[43] Die Ehefrau war danach in die Verhandlungen, die dem Abschluss der Verträge vorausgingen, nicht mit eingebunden. Sie hatte keinen Einfluss auf die Vertragsgestaltung und ihr wurde vor dem Abschluss des Ehevertrags kein Vertragsentwurf zur Verfügung gestellt. Im Notartermin wurde der Vertrag zwar vorgelesen, von ihr aber unterschrieben, ohne diesen Vertrag zum Durchlesen in der Hand gehabt zu haben. Das Oberlandesgericht hat daraus zu Recht den Schluss gezogen, dass die Ehefrau gegenüber dem Ehemann und dessen Verwandten in einer unterlegenen Verhandlungsposition gewesen sei und eine lediglich passive Rolle eingenommen habe. Dass diese Konstellation letztlich auf der wirtschaftlichen und sozialen Überlegenheit des Ehemanns beruht habe, die dieser bei Vertragsschluss ausgenutzt habe, bewegt sich ebenfalls im zulässigen Rahmen tatrichterlicher Feststellungen. Beim Notartermin war schließlich das noch nicht einen Monat alte Kind dabei, und es ist ebenfalls nachvollziehbar, dass die Ehefrau deswegen den Beurkundungstermin möglichst schnell hinter sich bringen wollte. Hinzu kommt, dass in dem Termin hauptsächlich die Umwandlung des Unternehmens beurkundet worden ist, an welcher die Ehefrau nicht beteiligt war.

[44] Das Oberlandesgericht hat daher auch zu Recht eine subjektive Imparität infolge der Ausnutzung der sozialen und wirtschaftlichen Abhängigkeit der Ehefrau angenommen. Der von der Rechtsbeschwerde erhobene Einwand, dass der Ehefrau die Regelung egal gewesen sei, vermag dieses Ergebnis ebenso wenig in Frage zu stellen wie der Umstand, dass die Ehefrau die Möglichkeit gehabt haben mag, den Vertrag zuvor im Büro des Unternehmens zu lesen. Dass die Ehefrau von dieser Möglichkeit keinen Gebrauch machte, steht vielmehr mit den sonstigen Feststellungen des Oberlandesgerichts zum Verhältnis der Ehegatten durchaus im Einklang. Im Fall einer vorliegenden subjektiven Imparität ist es schließlich auch nicht erforderlich, dass der benachteiligte Ehegatte den Vertrag nur mit Bedenken oder quasi widerwillig abschließt. Vielmehr ist durch § 138 Abs. 1 BGB auch und gerade der Ehegatte geschützt, der dem Verlangen des überlegenen Ehegatten widerstandslos Folge leistet.

[45] Der Schutz des Bestands des Familienunternehmens und der Umstand, dass die Mutter des Ehemanns die Übertragung der Geschäftsanteile von dem Abschluss eines Ehevertrags abhängig machte, führen im Rahmen der Gesamtschau zu keiner anderen Beurteilung. Denn sie können bereits einen Unterhaltsverzicht nicht rechtfertigen. Das Oberlandesgericht ist mithin zu Recht davon ausgegangen, dass die Regelung einem kompensationslosen Totalverzicht nahekommt und sich im Hinblick auf die gegebene subjektive Imparität der beteiligten Ehegatten als sittenwidrig erweist.

BGH v. 3.5.2017 – XII ZB 415/16 – FamRZ 2017, 1132

R 786 *(Ausbildungsunterhalt in den Abitur-Lehre-Studium-Fällen)*

a [11] a) Gemäß § 1610 Abs. 2 BGB umfasst der Unterhalt eines Kindes die Kosten einer angemessenen Vorbildung zu einem Beruf.

[12] aa) Geschuldet wird danach eine Berufsausbildung, die der Begabung und den Fähigkeiten, dem Leistungswillen und den beachtenswerten Neigungen des Kindes am besten entspricht und sich in den Grenzen der wirtschaftlichen Leistungsfähigkeit der Eltern hält. Eltern, die ihrem Kind eine solche Berufsausbildung gewährt haben, sind grundsätzlich nicht mehr verpflichtet, Kosten einer weiteren Ausbildung zu tragen. Ausnahmen hiervon bestehen nur unter besonderen Umständen, etwa wenn der Beruf aus gesundheitlichen oder sonstigen, bei Ausbildungsbeginn nicht vorhersehbaren Gründen nicht ausgeübt werden kann. Ferner kommt eine fortdauernde Unterhaltspflicht in Betracht, wenn die

weitere Ausbildung zweifelsfrei als eine bloße in engem sachlichen und zeitlichen Zusammenhang stehende Weiterbildung zu dem bisherigen Ausbildungsweg anzusehen ist und von vornherein angestrebt war, oder während der ersten Ausbildung eine besondere, die Weiterbildung erfordernde Begabung deutlich wurde (Senatsbeschluss vom 8. März 2017 – XII ZB 192/16 – FamRZ 2017, 799 Rn. 12 und Senatsurteil vom 17. Mai 2006 – XII ZR 54/04 – FamRZ 2006, 1100, 1101 mwN).

[13] Mit Blick auf das zunehmend geänderte Ausbildungsverhalten der Studienberechtigten kann nach der Rechtsprechung des Senats auch dann ein einheitlicher Ausbildungsgang im Sinne des § 1610 Abs. 2 BGB gegeben sein, wenn ein Kind nach Erlangung der Hochschulreife auf dem herkömmlichen schulischen Weg (Abitur) eine praktische Ausbildung (Lehre) absolviert hat und sich erst danach zu einem Studium entschließt (sog. Abitur-Lehre-Studium-Fälle). Hierfür müssen die einzelnen Ausbildungsabschnitte in engem zeitlichen und sachlichen Zusammenhang stehen und die praktische Ausbildung und das Studium sich jedenfalls sinnvoll ergänzen. Es reicht jedoch aus, dass der Studienentschluss nicht bei Ausbildungsbeginn, sondern erst nach Beendigung der Lehre gefasst wird (Senatsbeschluss vom 8. März 2017 – XII ZB 192/16 – FamRZ 2017, 799 Rn. 12 mwN; Senatsurteile vom 17. Mai 2006 – XII ZR 54/04 – FamRZ 2006, 1100, 1101 mwN und BGHZ 107, 376, 381 ff. = FamRZ 1989, 853, 854 f.).

[14] bb) Der aus § 1610 Abs. 2 BGB folgende Anspruch ist vom Gegenseitigkeitsprinzip geprägt. Der Verpflichtung des Unterhaltsschuldners zur Ermöglichung einer Berufsausbildung steht auf Seiten des Unterhaltsberechtigten die Obliegenheit gegenüber, sie mit Fleiß und der gebotenen Zielstrebigkeit in angemessener und üblicher Zeit zu beenden. Zwar muss der Verpflichtete nach Treu und Glauben (§ 242 BGB) Verzögerungen der Ausbildungszeit hinnehmen, die auf ein vorübergehendes leichteres Versagen des Kindes zurückzuführen sind. Verletzt dieses aber nachhaltig seine Obliegenheit, die Ausbildung planvoll und zielstrebig aufzunehmen und durchzuführen, büßt es seinen Unterhaltsanspruch ein und muss sich darauf verweisen lassen, seinen Lebensunterhalt durch Erwerbstätigkeit selbst zu verdienen (Senatsbeschlüsse vom 8. März 2017 – XII ZB 192/16 – FamRZ 2017, 799 Rn. 17 und vom 3. Juli 2013 – XII ZB 220/12 – FamRZ 2013, 1375 Rn. 14 mwN).

[15] cc) Allerdings gibt es keine feste Altersgrenze für die Aufnahme und die Beendigung einer Ausbildung, ab deren Erreichen der Anspruch auf Ausbildungsunterhalt entfällt. Die Frage, bis wann es dem Unterhaltsberechtigten obliegt, seine Ausbildung aufzunehmen und abzuschließen, richtet sich vielmehr nach den Umständen des Einzelfalls. Maßgeblich hierfür ist, ob den Eltern unter Berücksichtigung aller Umstände die Leistung von Ausbildungsunterhalt in den Grenzen ihrer wirtschaftlichen Leistungsfähigkeit noch zumutbar ist (vgl. Senatsbeschlüsse vom 8. März 2017 – XII ZB 192/16 – FamRZ 2017, 799 Rn. 18 und vom 3. Juli 2013 – XII ZB 220/12 – FamRZ 2013, 1375 Rn. 16 mwN; Senatsurteile vom 29. Juni 2011 – XII ZR 127/09 – FamRZ 2011, 1560 Rn. 17 und vom 23. Mai 2001 – XII ZR 148/99 – FamRZ 2001, 1601, 1602).

[16] Dabei wird die Zumutbarkeit nicht nur durch die wirtschaftliche Leistungsfähigkeit der Eltern bestimmt, sondern auch durch die Frage, ob und inwieweit sie damit rechnen müssen, dass ihr Kind weitere Ausbildungsstufen anstrebt. Denn die Elternverantwortung tritt dem Grundsatz nach immer mehr zurück, je älter ein Kind bei Aufnahme einer (weiteren) Ausbildung ist und je eigenständiger es seine Lebensverhältnisse gestaltet (Wendl/Klinkhammer Das Unterhaltsrecht in der familienrichterlichen Praxis 9. Aufl. § 2 Rn. 103; Kleffmann/Klein/Eder Unterhaltsrecht 2. Aufl. § 1610 Rn. 125; MünchKommBGB/Born 7. Aufl. § 1610 Rn. 231, 257). Hiervon geht ersichtlich auch der Gesetzgeber aus, wie etwa die Regelung in § 11 Abs. 3 Satz 1 Nr. 4 BAföG belegt, wonach im Rahmen des Bundesausbildungsförderungsgesetzes Einkommen der Eltern außer Betracht bleibt, wenn das Kind bei Beginn des Ausbildungsabschnitts nach Abschluss einer vorhergehenden, zumindest dreijährigen berufsqualifizierenden Ausbildung drei Jahre oder im Falle einer kürzeren Ausbildung entsprechend länger erwerbstätig war.

[17] Die Zumutbarkeitsprüfung gewinnt in den sog. Abitur-Lehre-Studium-Fällen besonderes Gewicht, weil die Eltern durch diesen Ausbildungsweg in ihren wirtschaftlichen Belangen stärker, insbesondere wesentlich längerfristig, betroffen sein können als bei einer herkömmlichen Ausbildung (vgl. dazu Senatsurteil BGHZ 107, 376 = FamRZ 1989, 853, 855). Da es zu den schützenswerten Belangen des Unterhaltspflichtigen gehört, sich in der eigenen Lebensplanung darauf einstellen zu können, wie lange die Unterhaltslast dauern wird, wird eine Unterhaltspflicht mithin umso weniger in Betracht kommen, je älter der Auszubildende bei Abschluss seiner praktischen Berufsausbildung ist (vgl. Senatsurteile vom 17. Mai 2006 – XII ZR 54/04 – FamRZ 2006, 1100, 1101 f.; vom 4. März 1998 – XII ZR 173/96 – FamRZ 1998, 671, 672 und vom 30. November 1994 – XII ZR 215/93 –

FamRZ 1995, 416, 417). Auch wenn die Verpflichtung nach § 1610 Abs. 2 BGB als Teil der gesetzlichen Unterhaltspflicht keine Abstimmung des Ausbildungsplans mit dem Unterhaltspflichtigen erfordert, kann es deshalb gegebenenfalls der Zumutbarkeit entgegenstehen, wenn der Unterhaltspflichtige von dem Ausbildungsplan erst zu einem Zeitpunkt erfährt, zu dem er nicht mehr damit rechnen muss, zu weiteren Ausbildungskosten herangezogen zu werden (Senatsurteil vom 10. Oktober 1990 – XII ZR 111/89 – FamRZ 1991, 320, 321 f.; vgl. zum Ausbildungswechsel Senatsurteil vom 14. März 2001 – XII ZR 81/99 – FamRZ 2001, 757, 759).

[18] Bedeutung kann in diesem Zusammenhang erlangen, ob es sich um Zeiträume handelt, in denen steuerliche Erleichterungen, Kindergeld oder kindbezogene Gehaltsbestandteile aufgrund des fortgeschrittenen Alters des Kindes unabhängig von seinem Ausbildungsstand wegfallen (Senatsbeschluss vom 3. Juli 2013 – XII ZB 220/12 – FamRZ 2013, 1375 Rn. 18 und Senatsurteil vom 4. März 1998 – XII ZR 173/96 – FamRZ 1998, 671, 672). Zu berücksichtigen kann zudem etwa sein, ob und inwieweit die Eltern ihr Kind im Rahmen einer vorhergehenden Berufsausbildung unterstützen mussten (Senatsbeschluss vom 8. März 2017 – XII ZB 192/16 – FamRZ 2017, 799 Rn. 27) oder ob sie in der gerechtfertigten Erwartung eines früheren Ausbildungsabschlusses anderweitige, sie wirtschaftlich belastende Dispositionen getroffen haben. Auch sonst kann sich aus den Verhältnissen der Eltern wie ihrem Alter oder ihrer Lebensplanung ein zu berücksichtigendes Interesse an einer Entlastung von der Unterhaltspflicht ergeben (Senatsurteil BGHZ 107, 376 = FamRZ 1989, 853, 855).

(Zumutbarkeitsprüfung beim Ausbildungsunterhalt in den Abitur-Lehre-Studium-Fällen)

b [23] cc) Ohne Erfolg wendet sich die Rechtsbeschwerde gegen die Annahme des Oberlandesgerichts, eine Unterhaltspflicht des Antragsgegners für die Zeit nach Studienaufnahme der Tochter sei im vorliegenden Einzelfall unzumutbar. Denn diese tatrichterliche Beurteilung ist nicht von Rechtsfehlern beeinflusst. Das Oberlandesgericht hat alle maßgeblichen Umstände berücksichtigt und zutreffend gewichtet.

[24] Es hat einerseits gesehen, dass der Antragsgegner bislang keinen Ausbildungsunterhalt leisten musste, und diesen Umstand zu Recht als gegen die Annahme einer Unzumutbarkeit der Unterhaltspflicht sprechend gewertet. Soweit das Oberlandesgericht anmerkt, es sei nicht dargelegt, ob während der Lehre überhaupt ein ungedeckter Unterhaltsbedarf bestanden habe, kommt dieser Erwägung keine eigenständige Bedeutung zu.

[25] Das Oberlandesgericht hat andererseits das Alter der Tochter des Antragsgegners in den Blick genommen. Diese hatte bei Beginn des Studiums ihr 26. Lebensjahr annähernd vollendet und war damit kindergeldrechtlich nicht mehr als Kind berücksichtigungsfähig (vgl. §§ 63 Abs. 1 Satz 2 iVm 32 Abs. 4 Satz 1 Nr. 2 EStG; § 2 Abs. 2 BKGG). Mithin hatte sie ein Alter erreicht, in dem Eltern typischerweise nicht mehr ohne Weiteres mit der Aufnahme eines Studiums ihres Kindes rechnen müssen. Ohne Erfolg macht die Rechtsbeschwerde geltend, jedenfalls ein Studienabschluss sei zu diesem Zeitpunkt nicht der Normalfall, weshalb der Antragsgegner noch nicht davon habe ausgehen können, nicht mehr auf Unterhalt in Anspruch genommen zu werden. Dies verkennt, dass es für die Lebensplanung der Eltern einen entscheidenden Unterschied darstellt, ob das Kind mit fast 26 Jahren noch studiert oder das Studium erst aufnimmt, und sie ohne Anhaltspunkte gerade nicht mit einem derart späten Studienbeginn rechnen müssen.

[26] In die Zumutbarkeitsprüfung des Oberlandesgerichts ist auch zutreffend eingeflossen, dass der Antragsgegner mit dem kreditfinanzierten Erwerb eines Eigenheims und der Inanspruchnahme verschiedener Konsumentenkredite finanzielle Dispositionen getroffen hat, die seine wirtschaftliche Leistungsfähigkeit schmälern. Dabei kommt es entgegen der von der Rechtsbeschwerde vertretenen Ansicht nicht darauf an, ob hierdurch seine unterhaltsrechtliche Leistungsfähigkeit im Sinne des § 1603 Abs. 1 BGB eingeschränkt oder gar aufgehoben war. Für die Frage der Zumutbarkeit ist vielmehr maßgeblich, dass sich der unterhaltspflichtige Elternteil im – berechtigten – Vertrauen darauf, nicht mehr für den Unterhalt des Kindes aufkommen zu müssen, finanziell gebunden und dadurch sein für die eigene Lebensführung zur Verfügung stehendes Einkommen verringert hat. Ohne Belang könnte dies nur bei außergewöhnlich guten finanziellen Verhältnissen des Elternteils sein, bei denen das Bestehen einer Unterhaltspflicht für langfristig wirkende finanzielle Entscheidungen keinen relevanten Gesichtspunkt darstellt. Dass dies beim Antragsgegner der Fall wäre, macht der Antragsteller jedoch nicht geltend.

[27] Mit Blick auf diese Umstände hat das Oberlandesgericht zu Recht als entscheidend angesehen, dass der Antragsgegner von seiner Tochter zu keinem Zeitpunkt über ihre Ausbildungspläne in

Kenntnis gesetzt worden ist (zur gegenteiligen Fallgestaltung OLG Hamm NJW-RR 2012, 970). Nach den getroffenen Feststellungen hat der Antragsgegner weder Informationen zum Schulabschluss noch zum angestrebten oder eingeschlagenen Ausbildungsgang seiner Tochter erhalten. Hinzu kommt, dass er sich selbst schriftlich wegen des Unterhalts an seine Tochter gewandt hatte, als er ihren Schulabschluss vermutete, ohne dass eine Reaktion hierauf erfolgte. Dem Antragsgegner ist daher nicht die Verletzung einer eigenen Nachfrageobliegenheit (vgl. dazu Senatsurteil vom 12. Mai 1993 – XII ZR 18/92 – FamRZ 1993, 1057, 1059) vorzuwerfen. Dieser dem Antragsgegner nicht anzulastende Informationsmangel führt im Zusammenspiel mit dem Lebensalter der Tochter dazu, dass sein Vertrauen darauf, keinen Ausbildungsunterhalt mehr leisten zu müssen, als rechtlich schützenswert anzusehen ist.

BGH v. 4.10.2017 – XII ZB 55/17 – FamRZ 2018, 23 = BGHZ 216, 96

(Kinderbetreuungskosten für eine Tagesmutter bei Erwerbstätigkeit des betreuenden Elternteils) R 787

[13] aa) Nach § 1606 Abs. 3 Satz 2 BGB erfüllt der Elternteil, der ein minderjähriges Kind betreut, durch die Pflege und die Erziehung des Kindes seine Verpflichtung, zum Unterhalt des Kindes beizutragen. Im sogenannten Residenzmodell schuldet danach ein Elternteil den Barunterhalt der Kinder (zum Umfang der Barunterhaltspflicht vgl. Senatsbeschlüsse vom 15. Februar 2017 – XII ZB 201/16 – FamRZ 2017, 711 Rn. 11 ff. und vom 11. Januar 2017 – XII ZB 565/15 – FamRZ 2017, 437 Rn. 23 ff.), während der andere deren Betreuung übernimmt (vgl. Senatsbeschluss vom 5. November 2014 – XII ZB 599/13 – FamRZ 2015, 236 Rn. 17 ff.). Nur ausnahmsweise gehen die Kosten einer Fremdbetreuung über die einem Elternteil obliegende Betreuung hinaus und sind dann Mehrbedarf des Kindes, für den die Eltern nach § 1606 Abs. 3 Satz 1 BGB anteilig nach ihren Einkommens- und Vermögensverhältnissen aufzukommen haben (vgl. Senatsbeschluss vom 11. Januar 2017 – XII ZB 565/15 – FamRZ 2017, 437 Rn. 34 mwN). Ein solcher weitergehender Bedarf der Kinder liegt nach der Rechtsprechung des Senats hinsichtlich der üblichen pädagogisch veranlassten Betreuung in staatlichen Einrichtungen wie etwa Kindergärten, Schulen und Horten vor (vgl. insoweit Senatsurteile vom 5. März 2008 – XII ZR 150/05 – FamRZ 2008, 1152 Rn. 19 ff. und vom 1. Juni 2011 – XII ZR 45/09 – FamRZ 2011, 1209 Rn. 36 und Senatsbeschluss vom 11. Januar 2017 – XII ZB 565/15 – FamRZ 2017, 437 Rn. 37).

[14] bb) Ob ein – von den Eltern anteilig zu tragender – Betreuungsmehrbedarf auch dann vorliegt, wenn die Fremdbetreuung nicht über die allgemeine Kinderbetreuung hinausgeht, sondern nur erfolgt, um dem betreuenden Elternteil eine Erwerbstätigkeit zu ermöglichen, wird nicht einheitlich beurteilt.

[15] (1) Der Gesetzgeber ist bei der Änderung der Unterhaltstatbestände davon ausgegangen, dass die Kosten der Kinderbetreuung bei der Unterhaltsberechnung im Rahmen des Betreuungsunterhalts nach § 1570 BGB angemessen zu berücksichtigen sind (BT-Drucks. 16/1830 S. 17). Allerdings hat der Senat bereits darauf hingewiesen, dass dies über den Unterhaltsanspruch des betreuenden Elternteils nicht in allen Fällen angemessen möglich ist (vgl. Senatsurteil vom 5. März 2008 – XII ZR 150/05 – FamRZ 2008, 1152 Rn. 23 mwN). In der Literatur wird deswegen teilweise vertreten, die Betreuungskosten seien allgemein als Mehrbedarf des Kindes zu berücksichtigen (Schürmann FamRZ 2016, 1113, 1120; Palandt/Götz BGB 76. Aufl. § 1570 Rn. 17; Menne FamRB 2008, 110, 115). Andere Stimmen nehmen einen Mehrbedarf nur in den Fällen an, in denen ein Anspruch auf Ehegattenunterhalt, etwa wegen Zusammenlebens mit einem neuen Partner oder bei Wiederverheiratung, nicht besteht (Wendl/Gerhardt Das Unterhaltsrecht in der familienrichterlichen Praxis 9. Aufl. § 1 Rn. 1055).

[16] (2) Eine solche generelle Qualifizierung der Kosten einer Fremdbetreuung als Mehrbedarf des Kindes widerspräche dem Gesetz. Denn grundsätzlich obliegt nach § 1606 Abs. 3 Satz 2 BGB die Barunterhaltspflicht für ein minderjähriges Kind einem Elternteil allein (vgl. insoweit Senatsbeschlüsse vom 15. Februar 2017 – XII ZB 201/16 – FamRZ 2017, 711 Rn. 11 ff. und vom 11. Januar 2017 – XII ZB 565/15 – FamRZ 2017, 437 Rn. 23 ff.), weil der andere Elternteil im Gegenzug dessen Betreuung übernommen hat. Dieser gesetzlichen Regelung würde es widersprechen, wenn im Falle einer Fremdbetreuung stets dieser Teil der eigentlich dem betreuenden Elternteil obliegenden Elternverpflichtung generell als Mehrbedarf nach § 1606 Abs. 3 Satz 1 BGB auf beide Eltern verlagert würde, während der andere Elternteil allein barunterhaltspflichtig bliebe. Veranlasst der betreuende Elternteil für die Kinder eine Fremdbetreuung, erfüllt er damit regelmäßig lediglich die ihm obliegende Betreuungspflicht und hat deswegen auch die dafür erforderlichen Kosten zu tragen.

[17] Dass die Kosten einer Fremdbetreuung bei der Bemessung eines Ehegattenunterhalts einkommensmindernd berücksichtigt werden können, steht dieser Aufteilung der Elternverantwortung nicht entgegen. Denn wenn im Rahmen der Bemessung des Ehegattenunterhalts bei dem betreuenden Elternteil die Kosten der Fremdbetreuung einkommensmindernd berücksichtigt werden, erfolgt dies im Gegenzug auch bei dem barunterhaltspflichtigen Elternteil hinsichtlich dessen Zahlungen auf den Barunterhalt. Bei der Bemessung des Ehegattenunterhalts ist zudem stets zu prüfen, ob und in welchem Umfang der verbleibende Anteil an der Betreuung neben der ausgeübten Erwerbstätigkeit den betreuenden Ehegatten überobligatorisch belastet (vgl. Senatsurteile BGHZ 193, 78 = FamRZ 2012, 1040 Rn. 24; vom 17. Juni 2009 – XII ZR 102/09 – FamRZ 2009, 1391 Rn. 18, 33 und BGHZ 162, 384 = FamRZ 2005, 1154, 1156). Entfällt der Ehegattenunterhalt, führt dies dazu, dass beide Eltern ihren Teil der Unterhaltsverantwortung allein und ohne Berücksichtigung gegenüber dem anderen Elternteil tragen müssen. Zwar werden sich die Kosten der Eltern durch Barunterhalt einerseits und Fremdbetreuung andererseits in der Regel nicht entsprechen. Dabei ist aber zu berücksichtigen, dass bei jüngeren Kindern oft der Betreuungsanteil überwiegt und sich im Falle einer Fremdbetreuung auch monetär ausdrückt, während mit zunehmendem Alter der Kinder der nach Altersstufen gestaffelte Barunterhalt ein anteilig stärkeres Gewicht bekommt. Hinzu kommt, dass die Kosten einer Fremdbetreuung grundsätzlich nur entweder als Belastung der Eltern einen Abzugsposten im Rahmen des Ehegattenunterhalts oder als Mehrbedarf einen Unterhaltsbedarf des Kindes begründen können. Eine Einordnung als abzugsfähige Belastung des betreuenden Elternteils einerseits oder als Mehrbedarf des Kindes andererseits allein danach, ob ein Ausgleich über den Ehegattenunterhalt möglich ist, wäre systemwidrig.

[18] Wird die Betreuung eines Kindes durch Dritte allein infolge der Berufstätigkeit des betreuenden Elternteils erforderlich, stellen die Betreuungskosten nach der Rechtsprechung des Senats deswegen keinen Mehrbedarf des Kindes dar, sondern gehören zur allgemeinen Betreuung, die vom betreuenden Elternteil im Gegenzug zur Barunterhaltspflicht des anderen allein zu leisten ist. Dafür entstehende Betreuungskosten können mithin lediglich als berufsbedingte Aufwendungen des betreuenden Elternteils Berücksichtigung finden (vgl. etwa Senatsurteile vom 14. März 2007 – XII ZR 158/04 – FamRZ 2007, 882, 886 Rn. 42 und vom 5. März 2008 – XII ZR 150/05 – FamRZ 2008, 1152 Rn. 18). An diesem Grundsatz hält der Senat fest.

[19] (3) Ein betreuungsbedingter Mehrbedarf des Kindes liegt deswegen nur dann vor, wenn es sich um einen Betreuungsbedarf handelt, der über den Umfang der von dem betreuenden Elternteil ohnehin geschuldeten Betreuung hinausgeht, etwa wenn die Kosten eine besondere Förderung im Sinne der genannten Rechtsprechung des Senats zu staatlichen Kindergärten, Kindertagesstätten oder Horten betreffen. Allerdings ist eine Qualifizierung der Betreuungskosten als Mehrbedarf nicht auf die besondere pädagogische Förderung in staatlichen Einrichtungen beschränkt. Auch die Förderung in vergleichbaren privaten Einrichtungen kann über den allgemeinen Betreuungsbedarf hinausgehen und damit einen Mehrbedarf des Kindes auslösen. Generell deckt eine Fremdbetreuung stets insoweit einen Mehrbedarf des Kindes ab, als sie über die üblichen Betreuungsleistungen eines Elternteils (einschließlich der üblichen Hausaufgabenbetreuung) hinausgehen oder die weitere Betreuung etwa pädagogisch veranlasst ist. Auch dann handelt es sich insoweit um Mehrbedarf des Kindes, für den beide Eltern nach § 1606 Abs. 3 Satz 1 BGB anteilig haften.

[20] cc) Danach begründen die Kosten der Tagesmutter im vorliegenden Fall keinen Mehrbedarf.

[21] Bei der Tätigkeit einer Tagesmutter, die – wie hier – Kinder im Haushalt eines Elternteils auf 450 € – Basis stundenweise betreut, handelt es sich nicht um eine pädagogisch veranlasste Betreuung von Kindern, die der Sache nach wie in einer staatlichen oder vergleichbaren privaten Einrichtung einen Mehrbedarf des Kindes abdeckt.

[22] Auch der Umfang der Fremdbetreuung kann im vorliegenden Fall keinen Mehrbedarf der Kinder begründen. Denn der Arbeitsvertrag der Tagesmutter sieht lediglich vor, dass sie – über die Abholung der Kinder von der Schule und die Hausaufgabenbetreuung hinaus – auch die Zubereitung der Speisen übernimmt und leichte Hausarbeiten verrichtet. Soweit diese Tätigkeiten nicht der Erleichterung der Lebensführung der Mutter der Antragsteller, sondern auch der Betreuung der Kinder und damit der Ermöglichung einer Erwerbstätigkeit dienen, ist bereits nicht ersichtlich, dass sie über die übliche Betreuung (einschließlich der üblichen Hausaufgabenbetreuung) hinausgehen sollten. Die Fremdbetreuung umfasst somit lediglich Aufgaben, die dem betreuenden Elternteil persönlich obliegen, was einen Mehrbedarf der Kinder ausschließt.

Anhang R. Rechtsprechung

BGH v. 15.11.2017 – XII ZB 503/16 – FamRZ 2018, 260 = BGHZ 217, 24

(Auskunftsanspruch im Rahmen des Ehegattenunterhalts)

R 788

[10] Nach § 1580 Satz 1 BGB sind die geschiedenen Ehegatten einander verpflichtet, auf Verlangen über ihre Einkünfte und ihr Vermögen Auskunft zu erteilen. Im Scheidungsverbundverfahren besteht die Auskunftspflicht von der Rechtshängigkeit des Scheidungsantrags an (vgl. Senatsurteile vom 22. Juni 1994 – XII ZR 100/93 – FamRZ 1994, 1169, 1170 und vom 4. November 1981 – IVb ZR 624/80 – FamRZ 1982, 151). Nach § 1580 Satz 2 iVm § 1605 Abs. 1 Satz 1 BGB ist die Auskunft zu erteilen, soweit dies zur Feststellung eines Unterhaltsanspruchs oder einer Unterhaltsverpflichtung erforderlich ist. Die Verpflichtung zur Vorlage von Belegen folgt aus § 1580 Satz 2 iVm § 1605 Abs. 1 Satz 2 BGB.

[11] Eine Auskunftsverpflichtung besteht dann nicht, wenn feststeht, dass die begehrte Auskunft den Unterhaltsanspruch oder die Unterhaltsverpflichtung unter keinem Gesichtspunkt beeinflussen kann (Senatsurteil vom 22. Juni 1994 – XII ZR 100/93 – FamRZ 1994, 1169, 1170 mwN und vom 7. Juli 1982 – IVb ZR 738/80 – FamRZ 1982, 996, 997). Das Oberlandesgericht ist zutreffend davon ausgegangen, dass ein solcher Ausnahmefall hier nicht gegeben ist.

[12] a) Die Auskunft zu den Einkommens- und Vermögensverhältnissen des Unterhaltspflichtigen oder des Unterhaltsberechtigten bezieht sich auf die Umstände, die für die wirtschaftlichen Voraussetzungen des Unterhaltsanspruchs von Bedeutung sind. Solche Voraussetzungen sind vor allem der Bedarf (§ 1578 BGB) und die Bedürftigkeit (§ 1577 BGB) des Unterhaltsberechtigten sowie die Leistungsfähigkeit des Unterhaltspflichtigen (§ 1581 BGB; vgl. Senatsurteil BGHZ 192, 45 = FamRZ 2012, 281 Rn. 16 ff.). Unter Umständen können die wirtschaftlichen Verhältnisse auch für weitere Voraussetzungen des Unterhaltsanspruchs bedeutsam sein, so etwa für das Bestehen eines Anspruchs auf Aufstockungsunterhalt nach § 1573 Abs. 2 BGB (vgl. Senatsurteil vom 4. November 2015 – XII ZR 6/15 – FamRZ 2016, 203 Rn. 14 und Senatsbeschluss vom 11. November 2015 – XII ZB 7/15 – FamRZ 2016, 199 Rn. 14 f.). Demgegenüber ist ein Auskunftsanspruch dann nicht gegeben, wenn der Unterhaltsanspruch ersichtlich bereits aus anderen Gründen als den wirtschaftlichen Verhältnissen nicht besteht, ein Anspruch also beispielsweise beim Altersunterhalt nach § 1571 BGB oder beim Krankheitsunterhalt nach § 1572 BGB schon wegen des nicht gewahrten Einsatzzeitpunkts ausscheidet.

[13] Der Ausnahmefall, dass eine Auskunft mit Blick auf Bedarf, Bedürftigkeit und Leistungsfähigkeit nicht geschuldet ist, liegt nicht schon dann vor, wenn die jeweilige Voraussetzung (bzw. ihr Fehlen) in die Darlegungs- und Beweislast des Auskunftsverpflichteten fällt. Steht etwa ein konkreter Bedarf des Unterhaltsberechtigten unabhängig von den Einkommens- und Vermögensverhältnissen des Unterhaltspflichtigen fest (vgl. Senatsbeschluss BGHZ 210, 124 = FamRZ 2016, 1142 Rn. 18), so entfällt dadurch die Auskunftspflicht noch nicht. Denn der Auskunftsanspruch dient auch dazu, den Unterhaltsberechtigten in die Lage zu versetzen, sich ein Bild von der Leistungsfähigkeit des Unterhaltspflichtigen zu machen und das Prozess- bzw. Verfahrensrisiko verlässlich einschätzen zu können. Auch die Kostenfolge nach § 243 Satz 1 Nr. 2 FamFG setzt voraus, dass der Unterhaltspflichtige seiner Auskunftsverpflichtung nicht oder nicht vollständig nachgekommen ist, geht also vom Bestehen einer umfassenden, ohne Rücksicht auf die Darlegungs- und Beweislast bestehenden Auskunftsverpflichtung aus (vgl. Senatsbeschluss vom 22. Oktober 2014 – XII ZB 385/13 – FamRZ 2015, 127 Rn. 14).

[14] Für den Auskunftsanspruch genügt die Möglichkeit, dass die Auskunft Einfluss auf den Unterhalt hat. Solange es mithin ohne Kenntnis von den konkreten Einkommens- und Vermögensverhältnissen des Auskunftspflichtigen nicht ausgeschlossen erscheint, dass die Auskunft nach den ausgeführten Maßstäben für die Bemessung des Unterhalts benötigt wird, bleibt es bei der vollumfänglichen Auskunftspflicht. Diese entfällt erst, wenn die Auskunft unter keinem denkbaren Gesichtspunkt Einfluss auf den Unterhalt haben kann (vgl. insoweit Senatsbeschluss vom 17. April 2013 – XII ZB 329/12 – FamRZ 2013, 1027 zur Auskunftspflicht unter Eltern nach § 242 BGB) und daher offensichtlich nicht mehr unterhaltsrelevant ist.

[15] b) Erklärt sich der auf Auskunftserteilung in Anspruch genommene Unterhaltspflichtige für „unbegrenzt leistungsfähig", so ist einer solchen Erklärung regelmäßig zu entnehmen, dass er darauf verzichtet, den Einwand fehlender oder eingeschränkter Leistungsfähigkeit zu erheben (Senatsurteil vom 22. Juni 1994 – XII ZR 100/93 – FamRZ 1994, 1169, 1171). Damit ist er im Rahmen der (aktuellen) Unterhaltsfestsetzung an der Erhebung dieses Einwands gehindert, so dass das Gericht den Unterhalt grundsätzlich ohne Rücksicht auf die Leistungsfähigkeit des Unterhaltspflichtigen festzuset-

zen hat. Dieser Aspekt bezieht sich indessen nur auf die Leistungsfähigkeit. Damit steht noch nicht fest, dass auch der Unterhaltsbedarf ohne Rücksicht auf die Höhe des Einkommens oder des Vermögens ermittelt werden kann.

(Unterhalt nach den ehelichen Lebensverhältnissen bei besonders hohen Einkünften)

b [16] aa) Der Bedarf bemisst sich beim nachehelichen Unterhalt gemäß § 1578 Abs. 1 Satz 1 BGB nach den ehelichen Lebensverhältnissen (vgl. Senatsurteil BGHZ 192, 45 = FamRZ 2012, 281 Rn. 16 ff.). Die ehelichen Lebensverhältnisse richten sich wiederum vorwiegend nach dem vorhandenen Familieneinkommen. Der Unterhalt wird dementsprechend in der Praxis bei durchschnittlichen Einkommensverhältnissen in den weitaus meisten Fällen nach einer Quote des Gesamteinkommens der Ehegatten bemessen. Bei dieser Methode wird im Sinne einer tatsächlichen Vermutung davon ausgegangen, dass im Wesentlichen das gesamte Einkommen zu Konsumzwecken verbraucht wird. Dieses wird daher auch bei der Bemessung des nachehelichen Unterhalts nach dem Halbteilungsgrundsatz (für Einkommen aus Erwerbstätigkeit modifiziert um einen Erwerbsanreiz) im Ergebnis hälftig auf beide Ehegatten verteilt.

[17] bb) Die Annahme, dass das gesamte vorhandene Einkommen für den Lebensunterhalt der Ehegatten verwendet wird, ist bei besonders günstigen Einkommensverhältnissen allerdings nicht mehr ohne weiteres gerechtfertigt. Vielmehr liegt in diesen Fällen die Vermutung nahe, dass ein Teil des Einkommens der Vermögensbildung zufließt. Da der Unterhalt allein dazu bestimmt ist, den laufenden Lebensbedarf abzudecken, muss der Unterhaltsberechtigte in solchen Fällen auf geeignete Weise vortragen, in welchem Umfang das Familieneinkommen für den Konsum verbraucht worden ist. Dieser Darlegungslast für seinen Unterhaltsbedarf kann der Unterhaltsberechtigte auf die Weise genügen, dass er den Bedarf nach den ehelichen Lebensverhältnissen (§ 1578 Abs. 1 Satz 1 BGB) konkret vorträgt (vgl. dazu Senatsurteile vom 30. November 2011 – XII ZR 34/09 – FamRZ 2012, 947 Rn. 35 f. und vom 10. November 2010 – XII ZR 197/08 – FamRZ 2011, 192 Rn. 26 ff.). Gleichwohl bleibt das Einkommen auch dann ein geeigneter Anknüpfungspunkt für die Darlegung des Bedarfs nach den ehelichen Lebensverhältnissen. Denn auch in diesen Fällen kann der Unterhaltsberechtigte seinen Bedarf im Wege der Quotenmethode ermitteln. Allerdings muss er dann mangels tatsächlicher Vermutung für den vollständigen Verbrauch der Einkünfte zu Konsumzwecken zusätzlich vortragen, dass und in welchem Umfang die hohen Einkünfte zur Deckung der ehelichen Lebensverhältnisse verwendet worden sind. Wenn der Unterhaltsschuldner dem substantiiert widerspricht, bleibt es bei der Darlegungs- und Beweislast des Unterhaltsberechtigten auch für den vollständigen Verbrauch dieser Einkünfte zu Konsumzwecken. Soweit der Senat in diesen Fällen stets eine konkrete Darlegung des Unterhaltsbedarfs für notwendig erachtet hat (Senatsurteil vom 11. August 2010 – XII ZR 102/09 – FamRZ 2010, 1637 Rn. 28), hält er daran nicht fest.

(Einkommensgrenze für die Vermutung eines vollständigen Verbrauchs der Einkünfte)

c [18] cc) Ab welchem Einkommen eine tatsächliche Vermutung für den vollständigen Verbrauch der Einkünfte zur Deckung des laufenden Lebensbedarfs entfällt, bleibt der tatrichterlichen Würdigung im Einzelfall vorbehalten. Feste Erfahrungssätze haben sich in der obergerichtlichen Praxis insoweit bislang nicht herausgebildet.

[19] Teils wird bis zu einem Unterhaltsbedarf von 5000 € (bzw. dem doppelten Einkommen nach dem höchsten Satz der Düsseldorfer Tabelle) eine Bemessung nach dem Quotenbedarf zugelassen (vgl. OLG Zweibrücken FamRZ 2014, 216; OLG Köln FamRZ 2012, 1731; Nr. 15.3 der Leitlinien der Oberlandesgerichte Koblenz und Dresden 2017; so auch FA-FamR/Maier 10. Aufl. 6. Kap. Rn. 706; Wendl/Siebert Das Unterhaltsrecht in der familienrichterlichen Praxis 9. Aufl. § 4 Rn. 766).

[20] Teils wird auf den sich aus dem Einkommen der höchsten Einkommensgruppe nach der Düsseldorfer Tabelle ergebenden Quotenbedarf abgestellt, was der Senat als im Rahmen des tatrichterlichen Ermessens liegend noch gebilligt hatte (vgl. Senatsurteil vom 11. August 2010 – XII ZR 102/09 – FamRZ 2010, 1637 Rn. 28; vgl. FA-FamR/Maier 10. Aufl. 6. Kap. Rn. 706; Borth Praxis des Unterhaltsrechts 3. Aufl. Rn. 263).

[21] Zur praktikablen Bewältigung des Massenphänomens Unterhalt ist es hingegen aus rechtsbeschwerderechtlicher Sicht nicht zu beanstanden, wenn die Tatsachengerichte von einer tatsächlichen Vermutung für den vollständigen Verbrauch des Familieneinkommens ausgehen, wenn dieses das Doppelte des höchsten Einkommensbetrages der Düsseldorfer Tabelle nicht übersteigt. Soweit das Familieneinkommen über das Doppelte des höchsten Einkommensbetrages der Düsseldorfer Tabelle

hinausgeht, hat der Unterhaltsberechtigte mithin, wenn er dennoch Unterhalt nach der Quotenmethode begehrt, die vollständige Verwendung des Einkommens für den Lebensbedarf darzulegen und im Bestreitensfall in vollem Umfang zu beweisen.

(Alternative Bedarfsbemessung bei besonders hohen Einkünften im Wege der konkreten Bedarfsbemessung oder der Quotenmethode mit Vortrag zum Verbrauch der Einkünfte)

[24] Das Oberlandesgericht ist indessen zu Recht davon ausgegangen, dass das Einkommen des Ehemanns für die Bedarfsbemessung bedeutsam bleibt. Das gilt bereits deswegen, weil die vom Oberlandesgericht angeführten Angaben des Ehemanns über ein durchschnittliches monatliches Nettoeinkommen von 6000 € bis 7000 € auch unter Berücksichtigung der weiteren Einkünfte der Ehefrau noch im Bereich einer zulässigen tatsächlichen Vermutung des vollständigen Einkommensverbrauchs für den Lebensbedarf liegen. Auch wenn das Familieneinkommen darüber hinausgehen sollte, wäre diesem die mögliche Relevanz für die Bedarfsbemessung dadurch noch nicht genommen. Denn es bliebe der Ehefrau auch in diesem Fall möglich, ihren Unterhaltsbedarf ausgehend von einer Einkommensquote zu beziffern. Dass sie dann für den vollständigen Verbrauch des Einkommens in vollem Umfang darlegungs- und beweisbelastet wäre, schließt die Unterhaltsrelevanz der Einkommensauskunft des Ehemanns noch nicht aus. Denn auch dann kann das Einkommen weiterhin ein wichtiger Anhaltspunkt für das Konsumverhalten der Ehegatten während des Zusammenlebens sein und damit die Darlegung des Unterhaltsbedarfs in zulässiger Weise erleichtern.

BGH v. 17.1.2018 – XII ZB 20/17 – FamRZ 2018, 577

(Sittenwidriger Ehevertrag bei einer mit Ausweisung bedrohten Ausländerin)

[17] Mit Recht hat das Beschwerdegericht erkannt, dass sich der Ehevertrag vom 21. Januar 1997 jedenfalls in der Gesamtwürdigung der getroffenen Abreden als insgesamt sittenwidrig und damit als im Ganzen nichtig erweist.

[18] aa) Der objektive Gehalt der Gesamtregelung („Globalverzicht") zielte erkennbar auf eine einseitige Benachteiligung der Ehefrau. Der wechselseitige Unterhaltsverzicht, der Ausschluss des Versorgungsausgleichs und die Vereinbarung der Gütertrennung dienten nur den Interessen des Ehemanns als dem wirtschaftlich stärkeren Ehegatten und dem höheren Einkommen und der (potentiell) höheren Vermögensbildung in der Ehezeit. Auch wenn beide Eheleute bei Vertragsschluss vollschichtig erwerbstätig waren und zu diesem Zeitpunkt noch kein konkreter Kinderwunsch bestanden haben mag, konnte schon angesichts des Alters der beiden Ehegatten bei der Eheschließung (34 Jahre bzw. 25 Jahre) eine spätere Familiengründung nicht von vornherein ausgeschlossen werden, was letztlich auch die fünf Jahre später erfolgte Geburt der gemeinsamen Tochter verdeutlicht. Jedenfalls wird deshalb in die Beurteilung der Frage, ob eine ehevertragliche Vereinbarung im Rahmen einer Gesamtwürdigung objektiv unausgewogen ist, auch die Situation der Ehegatten nach einer bei Vertragsschluss zumindest für möglich gehaltenen Geburt gemeinsamer Kinder einzubeziehen sein (vgl. auch Senatsbeschluss vom 17. Mai 2006 – XII ZB 250/03 – FamRZ 2006, 1097, 1098). Es war für diesen Fall vorhersehbar, dass der einkommensschwächeren Ehefrau – wie tatsächlich geschehen – die Aufgaben der Kinderbetreuung und Haushaltsführung übertragen werden würden. Eine Wirksamkeit des vereinbarten Unterhaltsverzichts hätte dann im Falle der Ehescheidung dazu geführt, dass die Ehefrau selbst im Fall der Betreuung gemeinsamer Kinder jeden nachehelichen Schutz vor ehebedingten Einkommenseinbußen verloren hätte. Auch der mit der Übernahme der Haushaltsführung und Kinderbetreuung einhergehende Verzicht auf eine eigene versorgungsbegründende Erwerbstätigkeit in der Ehezeit wäre der Ehefrau nicht honoriert worden; der Verzicht auf den Versorgungsausgleich sichert allein dem Ehemann die in der Ehe erwirtschaftete Altersversorgung. Die Ehefrau hätte mithin alle ehebedingten vermögensrechtlichen Nachteile allein zu tragen gehabt – ein Ergebnis, das mit dem Gebot der ehelichen Solidarität schlechthin unvereinbar wäre. Diese Einseitigkeit findet im Ausschluss des Zugewinnausgleichs ihre Fortsetzung.

[19] bb) Allerdings hat der Senat in ständiger Rechtsprechung betont, dass aus dem objektiven Zusammenspiel einseitig belastender – aber für sich genommen noch hinnehmbarer – Regelungen zu den Scheidungsfolgen nur dann auf die weiter erforderliche verwerfliche Gesinnung des begünstigten Ehegatten geschlossen werden kann, wenn die Annahme gerechtfertigt ist, dass sich in dem unausgewogenen Vertragsinhalt eine auf ungleichen Verhandlungspositionen basierende einseitige Dominanz eines Ehegatten und damit eine Störung der subjektiven Vertragsparität widerspiegelt. Eine lediglich

auf die Einseitigkeit der Lastenverteilung gegründete tatsächliche Vermutung für die subjektive Seite der Sittenwidrigkeit lässt sich bei familienrechtlichen Verträgen nicht aufstellen. Ein unausgewogener Vertragsinhalt mag in diesem Zusammenhang zwar ein gewisses Indiz für eine unterlegene Verhandlungsposition des belasteten Ehegatten sein. Gleichwohl wird das Verdikt der Sittenwidrigkeit in der Regel nicht gerechtfertigt sein, wenn sonst außerhalb der Vertragsurkunde keine verstärkenden Umstände zu erkennen sind, die auf eine subjektive Imparität, insbesondere infolge der Ausnutzung einer Zwangslage, sozialer oder wirtschaftlicher Abhängigkeit oder intellektueller Unterlegenheit, hindeuten könnten (Senatsbeschlüsse vom 15. März 2017 – XII ZB 109/16 – FamRZ 2017, 884 Rn. 39 und vom 29. Januar 2014 – XII ZB 303/13 – FamRZ 2014, 629 Rn. 39; Senatsurteile vom 21. November 2012 – XII ZR 48/11 – FamRZ 2013, 269 Rn. 27 und vom 31. Oktober 2012 – XII ZR 129/10 – FamRZ 2013, 195 Rn. 24). Gemessen daran hat das Beschwerdegericht schon auf der Grundlage des unstreitigen Sachverhalts hinreichende Umstände aufgezeigt, aus denen es in der gebotenen Gesamtschau rechtsbedenkenfrei darauf schließen konnte, dass sich in dem unausgewogenen Vertragsinhalt die unterlegene Verhandlungsposition der Ehefrau und damit eine gestörte subjektive Vertragsparität widerspiegelt.

[20] (1) Der Ehemann war der Ehefrau in sozialer und ökonomischer Hinsicht überlegen. Er war in Deutschland beheimatet und durch seine Stellung im öffentlichen Dienst wirtschaftlich abgesichert. Die lebensjüngere Ehefrau hielt sich erst seit knapp drei Jahren in Deutschland auf und beherrschte die deutsche Sprache noch nicht. Sie war vor der Eheschließung zwar ebenfalls – als Gebäudereinigerin – erwerbstätig gewesen; dabei betrug ihr rentenversicherungspflichtiges Jahresbruttoeinkommen ausweislich der zum Versorgungsausgleich eingeholten Auskünfte der DRV Bund in den Jahren 1996 und 1997 allerdings (nur) rund 20.000 DM. Die dauerhafte Fortsetzung einer Erwerbstätigkeit in Deutschland wäre ihr zudem nur bei einer unbefristeten Arbeits- und Aufenthaltserlaubnis möglich gewesen, die sie im Zeitpunkt des Vertragsschlusses noch nicht erlangt hatte.

[21] (2) Wie der Senat mehrfach ausgesprochen hat, begründet das Ansinnen eines Ehegatten, eine Ehe nur unter der Bedingung eines Ehevertrags eingehen zu wollen, für sich genommen auch bei Vorliegen eines Einkommens- und Vermögensgefälles für den anderen Ehegatten in Regel noch keine (Zwangs-) Lage, aus der ohne Weiteres auf eine gestörte Vertragsparität geschlossen werden kann. Etwas anderes gilt aber ausnahmsweise dann, wenn der mit dem Verlangen nach dem Abschluss eines Ehevertrags konfrontierte Ehegatte erkennbar in einem besonderen Maße auf die Eheschließung angewiesen ist (vgl. Senatsbeschluss vom 29. Januar 2014 – XII ZB 303/13 – FamRZ 2014, 629 Rn. 41 und Senatsurteil vom 21. November 2012 – XII ZR 48/11 – FamRZ 2013, 269 Rn. 28). In diesem Zusammenhang hebt das Beschwerdegericht zu Recht die ausländerrechtliche Komponente des Streitfalls hervor (vgl. dazu auch Senatsbeschluss vom 17. Mai 2006 – XII ZB 250/03 – FamRZ 2006, 1097, 1098 und Senatsurteil vom 22. November 2006 – XII ZR 119/04 – FamRZ 2007, 450, 451 f.). Nach den nicht angegriffenen Feststellungen des Beschwerdegerichts war die Ehefrau von der Ausweisung bedroht. Es liegt auf der Hand, dass sich ein ausländischer Vertragspartner bei der Aushandlung eines Ehevertrags in einer deutlich schlechteren Verhandlungsposition befindet, wenn er seinen Lebensplan, dauerhaft unter Verbesserung seiner Lebensverhältnisse in Deutschland ansässig und erwerbstätig zu werden, nur unter der dem anderen Vertragspartner bekannten Voraussetzung der Eheschließung verwirklichen kann. Je dringlicher dieser Wunsch – etwa mit Blick auf drohende ausländerrechtliche Maßnahmen – erscheint, desto eher hat es der andere Vertragspartner in der Hand, sich die Verwirklichung dieses Wunsches durch ehevertragliche Zugeständnisse „abkaufen" zu lassen (vgl. Senatsbeschluss vom 28. März 2007 – XII ZR 119/04 – FamRZ 2007, 1157 Rn. 6).

[22] (3) Bei dieser Sachlage kann es im Ergebnis sogar auf sich beruhen, ob die Ehefrau auch durch die konkrete Gestaltung des Beurkundungsverfahrens zusätzlich benachteiligt worden ist. Es kann deshalb insbesondere dahinstehen, ob dem Ehemann – wie das Beschwerdegericht meint – in der Gesamtschau auch die Hinzuziehung eines ungeeigneten Dolmetschers im Beurkundungstermin anzulasten ist. Unstreitig ist allerdings, dass der sprachunkundigen Ehefrau im Vorfeld der Beurkundung kein eigener Vertragsentwurf überlassen worden war, so dass ihr von vornherein die Möglichkeit genommen wurde, sich den Vertragstext – wenigstens in groben Zügen – vorab schriftlich in ihre Heimatsprache übersetzen zu lassen. Bei dieser Verfahrensgestaltung blieb der Ehefrau, wenn ihr daran gelegen war, den Vertragstext vor der Unterzeichnung in einer ihr vertrauten Sprache zu lesen, nur die unangenehme und voraussichtlich mit einer Verzögerung des Vertragsschlusses verbundene Möglichkeit, sich im Notartermin einer Genehmigung der Niederschrift ohne vorherige Aushändigung einer schriftlichen Übersetzung zu widersetzen (vgl. § 16 Abs. 2 Satz 2 BeurkG).

Anhang R. Rechtsprechung   R790

(Sittenwidrigkeit durch Gesamtwürdigung erfasst trotz salvatorischer Klausel den gesamten Vertrag)

[23] cc) Ergibt sich das Verdikt der Sittenwidrigkeit – wie hier – aus der Gesamtwürdigung eines **b** einseitig belastenden Ehevertrags, erfasst die Nichtigkeitsfolge nach ständiger Rechtsprechung des Senats notwendig den gesamten Vertrag, ohne dass eine salvatorische Klausel hieran etwas zu ändern vermag (vgl. Senatsurteile vom 21. November 2012 – XII ZR 48/11 – FamRZ 2013, 269 Rn. 31 und vom 9. Juli 2008 – XII ZR 6/07 – FamRZ 2008, 2011 Rn. 24; Senatsbeschluss vom 17. Mai 2006 – XII ZB 250/03 – FamRZ 2006, 1097, 1098). Denn dann erfüllte die salvatorische Klausel im Interesse des begünstigten Ehegatten die Funktion, den Restbestand eines dem benachteiligten Ehegatten aufgedrängten Vertragswerks so weit wie möglich gegenüber der etwaigen Unwirksamkeit einzelner Vertragsbestimmungen rechtlich abzusichern; in diesem Falle spiegelt sich auch in der Vereinbarung der Erhaltungsklausel selbst die auf ungleichen Verhandlungspositionen beruhende Störung der Vertragsparität zwischen den Ehegatten wider (Senatsurteil vom 21. November 2012 – XII ZR 48/11 – FamRZ 2013, 269 Rn. 31).

BGH v. 31.1.2018 – XII ZB 133/17 – FamRZ 2018, 589

(Verwirkung von Unterhaltsansprüchen)   R 790

[12] a) Eine Verwirkung kommt, wovon das Oberlandesgericht zutreffend ausgegangen ist, nach allgemeinen Grundsätzen in Betracht, wenn der Berechtigte ein Recht längere Zeit nicht geltend macht, obwohl er dazu in der Lage wäre, und der Verpflichtete sich mit Rücksicht auf das gesamte Verhalten des Berechtigten darauf einrichten durfte und eingerichtet hat, dass dieser sein Recht auch in Zukunft nicht geltend machen werde. Insofern gilt für Unterhaltsrückstände nichts anderes als für andere in der Vergangenheit fällig gewordene Ansprüche (Senatsurteile vom 22. November 2006 – XII ZR 152/04 – FamRZ 2007, 453, 455 und BGHZ 152, 217 = FamRZ 2002, 1698 mwN).

[13] aa) Bei Unterhaltsrückständen spricht vieles dafür, an das sogenannte Zeitmoment der Verwirkung keine strengen Anforderungen zu stellen. Nach § 1613 Abs. 1 BGB kann Unterhalt für die Vergangenheit ohnehin nur ausnahmsweise gefordert werden. Von einem Unterhaltsgläubiger, der lebensnotwendig auf Unterhaltsleistungen angewiesen ist, muss eher als von einem Gläubiger anderer Forderungen erwartet werden, dass er sich zeitnah um die Durchsetzung des Anspruchs bemüht. Andernfalls können Unterhaltsrückstände zu einer erdrückenden Schuldenlast anwachsen. Abgesehen davon sind im Unterhaltsverfahren die für die Bemessung des Unterhalts maßgeblichen Einkommensverhältnisse der Parteien nach längerer Zeit oft nur schwer aufklärbar. Diese Gründe, die eine möglichst zeitnahe Geltendmachung von Unterhalt nahelegen, sind so gewichtig, dass das Zeitmoment der Verwirkung auch dann erfüllt sein kann, wenn die Rückstände Zeitabschnitte betreffen, die etwas mehr als ein Jahr zurückliegen. Denn nach den gesetzlichen Bestimmungen der §§ 1585b Abs. 3, 1613 Abs. 2 Nr. 1 BGB verdient der Gesichtspunkt des Schuldnerschutzes bei Unterhaltsrückständen für eine mehr als ein Jahr zurückliegende Zeit besondere Beachtung. Diesem Rechtsgedanken kann im Rahmen der Bemessung des Zeitmoments in der Weise Rechnung getragen werden, dass das Verstreichenlassen einer Frist von mehr als einem Jahr ausreichen kann (Senatsurteile vom 22. November 2006 – XII ZR 152/04 – FamRZ 2007, 453, 455; BGHZ 152, 217 = FamRZ 2002, 1698 f. mwN und BGHZ 103, 62 = FamRZ 1988, 370, 372).

[14] bb) Nach gefestigter Rechtsprechung des Bundesgerichtshofs müssen zum reinen Zeitablauf besondere, auf dem Verhalten des Berechtigten beruhende Umstände hinzutreten, die das Vertrauen des Verpflichteten rechtfertigen, der Berechtigte werde seinen Anspruch nicht mehr geltend machen (Senatsurteile vom 9. Oktober 2013 – XII ZR 59/12 – NJW-RR 2014, 195 Rn. 11 mwN und BGHZ 152, 217 = FamRZ 2002, 1698, 1699).

[15] Der Vertrauenstatbestand kann nicht durch bloßen Zeitablauf geschaffen werden (Senatsurteil vom 9. Oktober 2013 – XII ZR 59/12 – NJW-RR 2014, 195 Rn. 11 mwN). Dementsprechend kann ein bloßes Unterlassen der Geltendmachung des Anspruchs für sich genommen kein berechtigtes Vertrauen des Schuldners auslösen. Dies gilt nicht nur für eine bloße Untätigkeit des Gläubigers, sondern grundsätzlich auch für die von diesem unterlassene Fortsetzung einer bereits begonnenen Geltendmachung. Auch wenn der Gläubiger davon absieht, sein Recht weiter zu verfolgen, kann dies für den Schuldner nur dann berechtigterweise Vertrauen auf eine Nichtgeltendmachung hervorrufen, wenn das Verhalten des Gläubigers Grund zu der Annahme gibt, der Unterhaltsberechtigte werde den Unterhaltsanspruch nicht mehr geltend machen, insbesondere weil er seinen Rechtsstandpunkt aufgegeben habe (vgl. Senatsurteil BGHZ 103, 62 = FamRZ 1988, 370, 373).

[16] cc) Das Oberlandesgericht ist zutreffend davon ausgegangen, dass die für die Verjährung geltende Regelung in § 207 BGB eine Verwirkung nicht ausschließt. Auch wenn dem Anspruchsgläubiger im Rahmen der Verjährung ein gesetzlicher Hemmungstatbestand zugutekommt, steht dies einer Verwirkung des Unterhaltsanspruchs nach der Rechtsprechung des Senats nicht entgegen. So hat der Senat für den Trennungsunterhalt die Hemmung während bestehender Ehe nach § 204 Satz 1 BGB in der Fassung vom 1. Januar 1964 nicht als Hinderungsgrund für die Verwirkung angesehen (Senatsurteil BGHZ 103, 62 = FamRZ 1988, 370, 372). Ebenso hat der Senat beim Minderjährigenunterhalt in Bezug auf die Hemmung nach § 204 Satz 2 BGB in der Fassung vom 1. Januar 1964 entschieden (Senatsbeschluss vom 16. Juni 1999 – XII ZA 3/99 – FamRZ 1999, 1422).

[17] Entgegen einer in der Literatur vertretenen Auffassung (MünchKommBGB/Grothe 7. Aufl. § 207 Rn. 7 mwN) schließt die ratio legis des § 207 BGB den Eintritt der Verwirkung während des Hemmungszeitraums nicht aus. Die gesetzlichen Hemmungstatbestände beziehen sich auf das Verjährungsrecht und haben wie die Verjährung im allgemeinen nur Bedeutung für die Frage, ob die Durchsetzbarkeit eines Anspruchs allein aus Zeitgründen scheitert. Ihre Wirkung besteht dementsprechend darin, dass sie den Ablauf der Verjährungsfrist hinausschieben. Für die Verwirkung muss hingegen das Umstandsmoment hinzutreten. Zur Annahme der Verwirkung muss für den Schuldner ein vom Gläubiger gesetzter besonderer Vertrauenstatbestand vorliegen, der vom Schuldner konkret darzulegen und im Bestreitensfall zu beweisen ist. Da Verjährung und Verwirkung auf unterschiedlichen Grundlagen beruhen, widerspricht der Eintritt der Verwirkung mithin nicht dem Hemmungstatbestand des § 207 BGB. Eine Verwirkung kann bei Vorliegen eines entsprechenden Vertrauenstatbestands folglich auch während der Hemmung eintreten. Zu beachten ist allerdings stets, dass der Unterhaltsberechtigte dem Unterhaltspflichtigen durch sein Verhalten Anlass gegeben haben muss, auf die künftige Nichtgeltendmachung von Unterhaltsansprüchen zu vertrauen, wofür jedenfalls ein bloßes Unterlassen nicht ausreicht.

BGH v. 11.4.2018 – XII ZB 121/17 – FamRZ 2018, 914 = BGHZ 218, 213

R 791 *(Präklusion von Tatsachen im Abänderungsverfahren)*

a [10] a) Nach § 238 Abs. 1 FamFG kann jeder Teil die Abänderung einer in der Hauptsache ergangenen Endentscheidung des Gerichts beantragen, die eine Verpflichtung zu künftig fällig werdenden wiederkehrenden Unterhaltsleistungen enthält. Der Antrag ist zulässig, sofern der Antragsteller Tatsachen vorträgt, aus denen sich eine wesentliche Veränderung der der Entscheidung zugrunde liegenden tatsächlichen oder rechtlichen Verhältnisse ergibt. Gemäß § 238 Abs. 2 FamFG kann der Antrag nur auf Gründe gestützt werden, die nach Schluss der Tatsachenverhandlung des vorausgegangenen Verfahrens entstanden sind und deren Geltendmachung durch Einspruch nicht möglich ist oder war.

[11] aa) Bei mehreren vorausgegangenen (Abänderungs-)Entscheidungen ist auf die im letzten Abänderungsverfahren ergangene Entscheidung abzustellen (Senatsbeschluss vom 15. Juli 2015 – XII ZB 369/14 – FamRZ 2015, 1694 Rn. 15 mwN). Die Zulässigkeit des Abänderungsantrags wegen tatsächlicher Änderungen setzt den Vortrag von grundsätzlich unterhaltsrelevanten Tatsachen voraus, die erst nach Schluss der Tatsachenverhandlung des letzten Verfahrens eingetreten sind. Erweist sich das Vorbringen des Antragstellers als unrichtig oder ist die sich daraus ergebende Änderung nur unwesentlich, so ist der Abänderungsantrag unbegründet (Senatsbeschluss vom 15. Juli 2015 – XII ZB 369/14 – FamRZ 2015, 1694 Rn. 16 mwN).

[12] Ist das Abänderungsverfahren eröffnet, so ermöglicht es weder eine freie, von der bisherigen Höhe unabhängige Neufestsetzung des Unterhalts noch eine abweichende Beurteilung derjenigen Verhältnisse, die bereits in der Vorentscheidung eine Bewertung erfahren haben. Darüber hinaus bleiben im Abänderungsverfahren auch solche im Ausgangsverfahren schon entscheidungserheblichen Umstände unberücksichtigt, die seinerzeit von den Beteiligten nicht vorgetragen oder vom Gericht übersehen wurden. Denn auch eine Korrektur von Fehlern der rechtskräftigen Entscheidung ist im Abänderungsverfahren nicht zulässig. Einer Fehlerkorrektur steht vielmehr die Rechtskraft der Vorentscheidung entgegen, deren Durchbrechung nur insoweit gerechtfertigt ist, als sich die maßgeblichen Verhältnisse nachträglich verändert haben (Senatsbeschluss vom 15. Juli 2015 – XII ZB 369/14 – FamRZ 2015, 1694 Rn. 19 mwN). Zudem kann sich aus der vorausgegangenen (Abänderungs-)Entscheidung ergeben, dass das Gericht dieser bewusst und im Einklang mit dem Entscheidungstenor nur eine eingeschränkte Wirkung zumessen wollte, was sich – wiederum ohne Rücksicht auf die

Richtigkeit der Ausgangsentscheidung – auf den Umfang der Rechtskraft auswirken kann (Senatsurteil vom 7. Dezember 2011 – XII ZR 159/09 – FamRZ 2012, 288 Rn. 23; vgl. Zöller/Vollkommer ZPO 32. Aufl. Vorbemerkungen zu § 322 Rn. 42).

[13] bb) Konnte eine Herabsetzung auf den angemessenen Lebensbedarf bzw. zeitliche Begrenzung des Ehegattenunterhalts gemäß § 1578b BGB bereits zum Zeitpunkt der letzten mündlichen Verhandlung des Ausgangsverfahrens geltend gemacht werden, ist ein mit dem gleichen Ziel erhobener Abänderungsantrag bei gleich gebliebenen Verhältnissen wegen § 238 Abs. 2 FamFG regelmäßig bereits unzulässig. Die Entscheidung, einen Unterhaltsanspruch aus Billigkeitsgründen herabzusetzen oder zu befristen, setzt dabei nicht voraus, dass die hierfür maßgeblichen Umstände bereits eingetreten sind. Soweit die betreffenden Gründe schon im Ausgangsverfahren entstanden oder jedenfalls zuverlässig vorauszusehen waren, mussten sie auch im Ausgangsverfahren berücksichtigt werden. Die Entscheidung über eine Unterhaltsbegrenzung kann dann wegen § 238 Abs. 2 FamFG im Rahmen eines Abänderungsverfahrens grundsätzlich nicht nachgeholt werden (Senatsbeschluss vom 15. Juli 2015 – XII ZB 369/14 – FamRZ 2015, 1694 Rn. 22 mwN; vgl. Senatsurteil BGHZ 183, 197 = FamRZ 2010, 111 Rn. 59 mwN).

(Keine Präklusion von eine Herabsetzung und Befristung begründenden Tatsachen, die schon bei einem vorangegangenen Antrag auf Erhöhung des Unterhalts vorlagen)

[14] cc) Die Präklusion von sogenannten Alttatsachen setzt allerdings voraus, dass die Umstände schon für die Entscheidung des Ausgangsverfahrens erheblich waren. Das ist dann der Fall, wenn das Gericht des Ausgangsverfahrens bereits eine Herabsetzung oder Befristung hätte aussprechen müssen. Ist ein Umstand allein im Rahmen der Billigkeitsbetrachtung nach § 1578b BGB erheblich, so kommt es mithin grundsätzlich darauf an, ob der fragliche Umstand bereits im Ausgangsverfahren zu einer abweichenden Entscheidung hätte führen müssen (Senatsbeschluss vom 15. Juli 2015 – XII ZB 369/14 – FamRZ 2015, 1694 Rn. 23).

[15] Eine solche Lage besteht indes nicht, wenn der Unterhaltsschuldner im Vorverfahren als Gegner des Abänderungsverlangens hinsichtlich des laufenden Unterhalts voll obsiegt hat. Denn dann hätte der Einwand einer (weitergehenden) Herabsetzung oder Befristung zu keinem anderen Verfahrensergebnis als der ohnedies erfolgten Abweisung des Abänderungsantrags führen können. Da die Herabsetzung des Unterhalts nicht Streitgegenstand des Vorverfahrens war, hatte das Gericht darüber nicht zu befinden, wodurch auch die Rechtskraft der vorausgegangenen Entscheidung begrenzt wird.

[16] dd) Über die Rechtskraftwirkung hinausgehend hat der Senat auch in dieser Fallkonstellation eine Präklusion angenommen, wenn der Gegner eines auf Unterhaltserhöhung gerichteten Abänderungsverlangens bereits im Vorverfahren Abänderungswiderklage hätte erheben können, um damit eine gerichtliche Klärung des Unterhalts nach beiden Seiten hin zu erwirken (Senatsurteil BGHZ 136, 374 = FamRZ 1998, 99). Dies hat der Senat damit begründet, § 323 Abs. 2 ZPO stelle sicher, dass nicht gesonderte Abänderungsverfahren für Erhöhungs- und Herabsetzungsverlangen zur Verfügung stehen, sondern dass der Einfluss veränderter Umstände auf den titulierten Unterhaltsanspruch in einem einheitlichen Verfahren nach beiden Seiten hin geklärt werden müsse. Bei einer Aufeinanderfolge von Abänderungsverfahren mit entgegengesetzter Zielrichtung werde dadurch vermieden, dass in jedem Prozess eine andere Zeitschranke für die Berücksichtigung von Tatsachen gelte und dass es zu einer unzweckmäßigen Verdoppelung von Prozessen über den gleichen Lebenssachverhalt komme mit der damit verbundenen Gefahr einander widersprechender gerichtlicher Entscheidungen (Senatsurteil BGHZ 136, 374 = FamRZ 1998, 99, 100).

[17] Daran hält der Senat nach erneuter Überprüfung nicht fest (vgl. bereits Senatsbeschluss vom 29. Mai 2013 – XII ZB 374/11 – FamRZ 2013, 1215 Rn. 20 f.). Die angeführten Gründe vermögen die weitreichende Folge einer Präklusion nicht zu rechtfertigen. Die Grenzen der Abänderbarkeit einer gerichtlichen Entscheidung ergeben sich vorwiegend aus einer materiellen Rechtskraft. Soweit die begehrte Unterhaltserhöhung oder -herabsetzung nicht Gegenstand des Vorverfahrens gewesen ist, steht die Rechtskraft einem auf den nicht streitgegenständlichen Teil gerichteten Abänderungsantrag grundsätzlich nicht entgegen (vgl. Senatsbeschluss vom 29. Mai 2013 – XII ZB 374/11 – FamRZ 2013, 1215 Rn. 18). Etwas anderes gilt, wenn im Vorverfahren die Höhe des Unterhalts neu festgelegt worden ist. Wenn der Unterhalt etwa im Vorverfahren auf einen Abänderungsantrag des Unterhaltsgläubigers erhöht worden ist, würde eine Herabsetzung des Unterhalts der früheren Entscheidung als deren kontradiktorisches Gegenteil widersprechen, obwohl diese nicht Streitgegenstand des Vorverfahrens gewesen ist (vgl. Hoppenz FamRZ 2013, 1217, 1218). Ist hingegen der vorausgegangene

Abänderungsantrag vollständig abgewiesen worden, so besagt die Rechtskraft dieser Entscheidung nur, dass ein höherer als der titulierte Unterhaltsanspruch nicht besteht, sodass eine spätere, auch auf unveränderter Tatsachengrundlage beruhende Herabsetzung des Unterhalts dazu nicht im Widerspruch stünde.

[18] Dementsprechend hat der Senat die Präklusion auch in der genannten Entscheidung (Senatsurteil BGHZ 136, 374 = FamRZ 1998, 99, 100) nicht als Rechtskraftwirkung angesehen. Die zur Begründung der Präklusion in der Sache angeführte Verfahrenskonzentration vermag die mit ihr verbundene weitreichende Rechtsbeschränkung nicht zu rechtfertigen (ebenso Hoppenz FamRZ 2013, 1217, 1218; Finke FF 2013, 452, 453 f.). Vielmehr liegt es in der Dispositionsbefugnis der Beteiligten, ob und inwiefern sie die dem Abänderungsverlangen gegenläufige Unterhaltsabänderung zum Gegenstand des Verfahrens machen. Dies verdeutlicht ein Vergleich mit der Teilklage (Teilantrag). Auch hier liegt es ohne Rücksicht auf die Zweckmäßigkeit und die Gefahr widersprüchlicher – nicht an der Rechtskraft teilnehmender – Entscheidungsbegründungen in der Dispositionsbefugnis der Beteiligten, ob und in welchem Umfang sie einen Anspruch gerichtlich geltend machen. Wie sie diese Befugnis ausüben und ob sie insbesondere zur Verminderung des Prozessrisikos nur einen Teil des Anspruchs geltend machen, bleibt ihnen überlassen. Dass die darauf ergehende Entscheidung sodann nur eine entsprechend eingeschränkte Rechtskraftwirkung entfaltet, ist als Folge des zivilprozessualen Dispositionsgrundsatzes zu akzeptieren und kann mangels einer entgegenstehenden gesetzlichen Grundlage nicht allein aus Praktikabilitätserwägungen in Frage gestellt werden. Dementsprechend ist es auch dem auf Unterhaltserhöhung in Anspruch genommenen Unterhaltsschuldner unbenommen, den Ausgang des Abänderungsverfahrens abzuwarten und im Falle vollständiger Abweisung des Abänderungsantrags – in den zeitlichen Grenzen des § 238 Abs. 3 FamFG – in zulässiger Weise einen eigenen, auf Unterhaltsherabsetzung gerichteten Abänderungsantrag zu erheben. Entsprechendes gilt schließlich auch im umgekehrten Fall, dass ein vorausgegangener Abänderungsantrag auf Herabsetzung abgewiesen wurde, für einen anschließenden Antrag des Unterhaltsgläubigers auf Unterhaltserhöhung.

BGH v. 4.7.2018 – XII ZB 448/17 – FamRZ 2018, 1506

R 792 *(Begrenzung und Befristung des nachehelichen Unterhalts nach § 1578b BGB)*

a [22] b) Die Rechtsbeschwerde rügt zudem zu Recht, dass das Oberlandesgericht es abgelehnt hat, derzeit über eine Befristung/Herabsetzung des Unterhaltsanspruchs gemäß § 1578b BGB zu entscheiden.

[23] aa) Nach § 1578b Abs. 1 Satz 1 BGB ist ein Anspruch auf nachehelichen Unterhalt auf den angemessenen Lebensbedarf herabzusetzen, wenn eine an den ehelichen Lebensverhältnissen orientierte Bemessung des Unterhaltsanspruchs auch unter Wahrung der Belange eines dem Berechtigten zur Pflege oder Erziehung anvertrauten gemeinschaftlichen Kindes unbillig wäre. Die Kriterien für die Billigkeitsabwägung sind § 1578b Abs. 1 Satz 2 und 3 BGB zu entnehmen. Danach ist neben der Dauer der Ehe vorrangig zu berücksichtigen, inwieweit durch die Ehe Nachteile im Hinblick auf die Möglichkeit eingetreten sind, für den eigenen Unterhalt zu sorgen. Solche Nachteile können sich vor allem aus der Dauer der Pflege und Erziehung eines gemeinschaftlichen Kindes und aus der Gestaltung von Haushaltsführung oder Erwerbstätigkeit während der Ehe ergeben. Ein ehebedingter Nachteil äußert sich in der Regel darin, dass der unterhaltsberechtigte Ehegatte nachehelich nicht die Einkünfte erzielt, die er ohne Ehe und Kinderbetreuung erzielen würde (Senatsbeschluss vom 8. Juni 2016 – XII ZB 84/15 – FamRZ 2016, 1345 Rn. 14 mwN).

[24] § 1578b BGB beschränkt sich allerdings nicht auf die Kompensation ehebedingter Nachteile, sondern berücksichtigt auch eine darüber hinausgehende nacheheliche Solidarität. Auch wenn keine ehebedingten Nachteile feststellbar sind, ist eine Herabsetzung oder Befristung des nachehelichen Unterhalts nur bei Unbilligkeit eines fortdauernden Unterhaltsanspruchs nach den ehelichen Lebensverhältnissen vorzunehmen. Bei der insoweit gebotenen umfassenden Billigkeitsabwägung ist das im Einzelfall gebotene Maß der nachehelichen Solidarität festzulegen. Wesentliche Aspekte hierbei sind neben der Dauer der Ehe insbesondere die in der Ehe gelebte Rollenverteilung wie auch die vom Unterhaltsberechtigten während der Ehe erbrachte Lebensleistung. Bei der Beurteilung der Unbilligkeit einer fortwährenden Unterhaltszahlung sind ferner die wirtschaftlichen Verhältnisse der Parteien von Bedeutung, so dass der Tatrichter in seine Abwägung auch einzubeziehen hat, wie dringend der Unterhaltsberechtigte neben seinen eigenen Einkünften auf den Unterhalt angewiesen ist und in

welchem Maße der Unterhaltspflichtige – unter Berücksichtigung weiterer Unterhaltspflichten – durch diese Unterhaltszahlungen belastet wird. In diesem Zusammenhang kann auch eine lange Dauer von Trennungsunterhaltszahlungen bedeutsam sein (Senatsbeschluss vom 8. Juni 2016 – XII ZB 84/15 – FamRZ 2016, 1345 Rn. 15 mwN).

[25] Als Rechtsfolge sieht § 1578b Abs. 1 Satz 1 BGB die Herabsetzung bis auf den angemessenen Lebensbedarf vor. Dieser Maßstab bildet regelmäßig die Grenze für die Herabsetzung des nachehelichen Unterhalts und bemisst sich nach dem Einkommen, das der unterhaltsberechtigte Ehegatte ohne Ehe und Kindererziehung aus eigenen Einkünften zur Verfügung hätte. Aus dem Begriff der Angemessenheit folgt aber zugleich, dass der nach § 1578b Abs. 1 BGB herabgesetzte Unterhaltsbedarf jedenfalls das Existenzminimum des Unterhaltsberechtigten erreichen muss (Senatsbeschluss vom 8. Juni 2016 – XII ZB 84/15 – FamRZ 2016, 1345 Rn. 16 mwN).

[26] Die Abwägung aller für die Billigkeitsentscheidung nach § 1578b BGB in Betracht kommenden Gesichtspunkte ist Aufgabe des Tatrichters. Sie ist vom Rechtsbeschwerdegericht aber daraufhin zu überprüfen, ob der Tatrichter die im Rahmen der Billigkeitsprüfung maßgebenden Rechtsbegriffe verkannt oder für die Einordnung unter diese Begriffe wesentliche Umstände unberücksichtigt gelassen hat. Der rechtlichen Überprüfung unterliegt insbesondere, ob der Tatrichter sich mit dem Verfahrensstoff und den Beweisergebnissen umfassend und widerspruchsfrei auseinandergesetzt hat, seine Würdigung also vollständig und rechtlich möglich ist und nicht gegen Denkgesetze oder Erfahrungssätze verstößt (Senatsbeschluss vom 8. Juni 2016 – XII ZB 84/15 – FamRZ 2016, 1345 Rn. 17 mwN).

[27] Zwar kann über eine Unterhaltsbefristung oder -herabsetzung erst dann abschließend entschieden werden, wenn die Verhältnisse der Ehegatten wirtschaftlich entflochten sind und sich danach abschätzen lässt, ob ehebedingte Nachteile dauerhaft bestehen oder nicht. Dementsprechend hat es der Senat im Einzelfall gebilligt, wenn die Entscheidung über eine Befristung und Herabsetzung nach § 1578b BGB insoweit hinausgeschoben und einem späteren Abänderungsverfahren vorbehalten wurde (Senatsurteil vom 27. Mai 2009 – XII ZR 78/08 – FamRZ 2009, 1300 Rn. 62 f.). Die Rechtskraft einer Entscheidung, die das spätere Eingreifen der Folgen des § 1578b BGB offen lässt, schließt dann eine künftige Abänderung nicht aus. Daraus, dass eine abschließende Entscheidung über die Folgen des § 1578b BGB noch nicht möglich ist, folgt aber nicht, dass eine Entscheidung darüber vollständig zurückgestellt werden darf. Vielmehr muss das Gericht insoweit entscheiden, als eine Entscheidung aufgrund der gegebenen Sachlage und der zuverlässig voraussehbaren Umstände möglich ist. Das gilt insbesondere für eine bereits mögliche Entscheidung über die Herabsetzung nach § 1578b Abs. 1 BGB. Die materielle Rechtskraft einer solchen Entscheidung und die mit ihr verbundenen Präklusionsfolgen gehen dann nur so weit, als die Entscheidung eine abschließende Beurteilung der gegenwärtigen Sachlage und der zuverlässig voraussehbaren Umstände enthält. Eine auf dieser Grundlage ergangene Entscheidung schließt eine spätere Abänderung insbesondere dann nicht aus, wenn zunächst bestehende ehebedingte Nachteile später ganz oder teilweise entfallen sollten (Senatsurteil BGHZ 188, 50 – FamRZ 2011, 454 Rn. 42 f. mwN).

(Herabsetzung auch bei fortwirkenden ehebedingten Nachteilen möglich)

[28] bb) Bei Anlegung dieser Maßstäbe durfte das Oberlandesgericht die Entscheidung über eine Herabsetzung des Unterhaltsanspruchs nicht einem späteren Abänderungsverfahren überlassen.

[29] Zwar ist das Oberlandesgericht zutreffend davon ausgegangen, dass eine Befristung des Unterhaltsanspruchs der Antragstellerin im Hinblick auf den fortwirkenden ehebedingten Nachteil regelmäßig ausscheidet (vgl. etwa Senatsurteil vom 18. Februar 2015 – XII ZR 80/13 – FamRZ 2015, 824 Rn. 24 mwN). Für den Ausnahmefall einer Befristung trotz fortbestehender ehebedingter Nachteile ist nach den vom Oberlandesgericht getroffenen Feststellungen kein Raum; er wird von der Rechtsbeschwerde auch nicht geltend gemacht.

[30] Etwas anderes gilt hingegen für die Herabsetzung des Unterhaltsanspruchs gemäß § 1578b Abs. 1 BGB nach Maßgabe der nachehelichen Solidarität (vgl. insoweit Dose, FamRZ 2011, 1341, 1347). Insoweit durfte das Oberlandesgericht die Entscheidung nicht einem späteren Abänderungsverfahren überlassen. Das Oberlandesgericht hat den ehebedingten Nachteil als Differenz zwischen dem angemessenen Lebensbedarf der Antragstellerin im Sinne des § 1578b Abs. 1 Satz 1 BGB und ihrem tatsächlich erzielten Einkommen (zur Berechnung vgl. Senatsbeschluss vom 8. Juni 2016 – XII ZB 84/15 – FamRZ 2016, 1345 Rn. 19 mwN) für die Zeit ab Februar 2017 mit monatlich rund 506 € festgestellt. Darüber hinaus hat das Oberlandesgericht unter Berücksichtigung aller Umstände

des Einzelfalls in rechtlich nicht zu beanstandender Weise ausgeführt, dass ein Unterhaltsanspruch nach den ehelichen Lebensverhältnissen für die Dauer von acht Jahren und sodann für die Dauer von vier Jahren ein Anspruch in Höhe des ehebedingten Nachteils zuzüglich der halben Differenz zum vollen Unterhalt der Billigkeit entspricht. Dass der auf Seiten der Antragstellerin entstandene ehebedingte Nachteil sich im weiteren Verlauf verringern oder wieder ausgeglichen werden könnte, ist kein Grund, derzeit von einer Entscheidung über die Herabsetzung des Unterhalts abzusehen. Es wäre vielmehr widersprüchlich, dem Unterhaltspflichtigen eine Entscheidung über die Herabsetzung zu versagen, nur weil sich die Sachlage noch zu seinen Gunsten verändern kann (vgl. Senatsurteil BGHZ 188, 50 – FamRZ 2011, 454 Rn. 46). Ergeben sich nachfolgend hinsichtlich der Einkünfte der Antragstellerin wesentliche Änderungen der Verhältnisse, so wird durch die Erstentscheidung eine Abänderung des Unterhalts nicht ausgeschlossen.

BGH v. 20.3.2019 – XII ZB 365/18 – FamRZ 2019, 885

R 793 *(Zur Leistungsfähigkeit von verheirateten Kindern für den Elternunterhalt, wenn beide Ehegatten ihren jeweiligen Eltern zum Unterhalt verpflichtet sind)*

[12] Der im vorliegenden Verfahren aufgrund §§ 1601 BGB, 94 Abs. 1 SGB XII geltend gemachte Anspruch auf Elternunterhalt besteht nur im Umfang der Leistungsfähigkeit der Antragsgegnerin als Unterhaltsschuldnerin nach § 1603 Abs. 1 BGB.

[13] a) Der von den Vorinstanzen aus dem Einkommen der Antragsgegnerin (Vorruhestandsbezüge und Wohnvorteil) errechnete Umfang der Leistungsfähigkeit steht grundsätzlich im Einklang mit der Rechtsprechung des Senats (vgl. Senatsurteil BGHZ 186, 350 = FamRZ 2010, 1535 Rn. 39 ff. und Senatsbeschluss BGHZ 200, 157 = FamRZ 2014, 538 Rn. 22 ff.).

[14] aa) Die vom Senat entwickelten Grundsätze zur Ermittlung der Leistungsfähigkeit von verheirateten Kindern für den Elternunterhalt gelten auch dann, wenn beide Ehegatten ihren jeweiligen Eltern zum Unterhalt verpflichtet sind.

[15] Verfügt der Unterhaltspflichtige über höhere Einkünfte als sein Ehegatte, ist die Leistungsfähigkeit zur Zahlung von Elternunterhalt in der Regel wie folgt zu ermitteln: Von dem Familieneinkommen wird der Familienselbstbehalt in Abzug gebracht. Das verbleibende Einkommen wird um die Haushaltsersparnis vermindert. Die Hälfte des sich ergebenden Betrags kommt zuzüglich des Familienselbstbehalts dem Familienunterhalt zugute. Von dem so bemessenen individuellen Familienbedarf steht dem Unterhaltspflichtigen ein Anteil entsprechend dem Verhältnis der Einkünfte der Ehegatten zu. Für den Elternunterhalt kann der Unterhaltspflichtige die Differenz zwischen seinem Einkommen und seinem Anteil am individuellen Familienbedarf einsetzen (Senatsurteil BGHZ 186, 350 = FamRZ 2010, 1535 Rn. 40).

[16] Dass im vorliegenden Fall – für mehrere Monate des streitbefangenen Zeitraums – gleichzeitig auch auf Seiten des anderen, über geringere Einkünfte verfügenden Ehegatten eine Unterhaltspflicht gegenüber dessen Elternteil besteht, zwingt nicht zu einer Modifikation der Berechnungsmethode. Denn die Leistungsfähigkeit zur Zahlung von Elternunterhalt ist auch für diesen auf der Grundlage eines individuellen Familienbedarfs zu ermitteln (Senatsbeschluss BGHZ 200, 157 = FamRZ 2014, 538 Rn. 22 ff.). Die Berechnungsmethode gewährleistet mithin auch bei gleichzeitiger Unterhaltspflicht beider Ehegatten gegenüber ihren jeweiligen Eltern, dass der Anteil beider Ehegatten am individuellen Familienbedarf und somit der individuelle Familienbedarf insgesamt unangetastet bleibt. Beide müssen den jeweiligen Elternunterhalt nur aus ihrem Einkommensanteil bestreiten, der für den Familienbedarf der Ehegatten nicht benötigt wird.

[17] bb) Allerdings ist dem Amtsgericht bei seiner Berechnung ein – vom Oberlandesgericht nicht korrigierter – Fehler hinsichtlich der Quotierung der Anteile der Ehegatten am Familienbedarf unterlaufen. Denn es hat dabei nur die Renten- bzw. Vorruhestandsbezüge, nicht aber den beiderseitigen Wohnvorteil einbezogen. Bei der stattdessen gebotenen Berücksichtigung des vollständigen Einkommens ergibt sich eine Verschiebung der Quote zu Lasten der Antragsgegnerin, die zu einem geringeren Anteil am individuellen Familienbedarf und damit zu einem höheren Unterhalt führt.

[18] Die von der Antragsgegnerin geschuldeten Unterhaltsbeträge berechnen sich mithin unter Berücksichtigung einer Einkommensreduzierung wegen ab November 2017 entrichteter Beiträge zur zusätzlichen Altersvorsorge (vgl. insoweit Senatsurteil vom 17. Oktober 2012 – XII ZR 17/11 – FamRZ 2013, 868 Rn. 17) wie folgt.

Aug-Okt 2017	Antragsgegnerin	Ehemann
Einkommen	2.132,39 €	1.657,29 €
Einkommen Ehegatte	1.657,29 €	2.132,39 €
Familieneinkommen	3.789,68 €	3.789,68 €
abzgl. Familienselbstbehalt	-3.240,00 €	-3.240,00 €
Differenz	549,68 €	549,68 €
10% Haushaltsersparnis davon	-54,97 €	-54,97 €
Zwischensumme	494,71 €	494,71 €
davon ½ = weiterer Selbstbehalt	247,36 €	247,36 €
zuzüglich Familienselbstbehalt	3.240,00 €	3.240,00 €
individueller Familienbedarf	3.487,36 €	3.487,36 €
Anteil am indiv. Familienbedarf in %	56,27	43,73
eigenes Einkommen	2.132,39 €	1.657,29 €
Anteil Familienbedarf	-1.962,28 €	-1.525,08 €
Einsetzbar	**170,11 €**	132,21 €
Ab Nov 2017	Antragsgegnerin	Ehemann
Einkommen	2.020,14 €	1.657,29 €
Einkommen Ehegatte	1.657,29 €	2.020,14 €
Familieneinkommen	3.677,43 €	3.677,43 €
abzgl. Familienselbstbehalt	-3.240,00 €	-3.240,00 €
Differenz	437,43 €	437,43 €
10% Haushaltsersparnis davon	-43,74 €	-43,74 €
Zwischensumme	393,69 €	393,69 €
davon ½ = weiterer Selbstbehalt	196,84 €	196,84 €
zuzüglich Familienselbstbehalt	3.240,00 €	3.240,00 €
individueller Familienbedarf	3.436,84 €	3.436,84 €
Anteil am indiv. Familienbedarf in %	54,93	45,07
eigenes Einkommen	2.020,14 €	1.657,29 €
Anteil Familienbedarf	-1.887,98 €	-1.548,87 €
Einsetzbar	**132,16 €**	108,42 €

BGH v. 20.3.2019 – XII ZB 310/18 – FamRZ 2019, 953

(Feststellungsantrag im Scheidungsverbund)

R 794

[17] 1. Noch zutreffend und von der Rechtsbeschwerde unbeanstandet hat das Beschwerdegericht allerdings den Feststellungsantrag der Ehefrau für zulässig erachtet.

[18] Zwar können Ehesachen nach § 126 Abs. 2 Satz 1 FamFG nur mit anderen Ehesachen verbunden werden, welche die gleiche Ehe betreffen. Die Möglichkeit, im Verbund Folgesachen geltend zu machen, bleibt jedoch nach § 126 Abs. 2 Satz 2 FamFG iVm § 137 FamFG unberührt. Dies schließt grundsätzlich die Befugnis ein, im Zusammenhang mit dem Scheidungsverfahren einen Zwischenfeststellungsantrag zu stellen, sofern die Voraussetzungen nach § 113 Abs. 1 Satz 2 FamFG iVm § 256 Abs. 2 ZPO dafür erfüllt sind. Das ist hier der Fall. Die Ehefrau hat im Scheidungsverbund im Wege des Stufenantrags einen Antrag auf Zugewinnausgleich geltend gemacht, dem der Ehemann die ehevertraglich vereinbarte Gütertrennung entgegenhält. Darüber hinaus ist im Scheidungsverbund von Amts wegen eine Entscheidung über den Versorgungsausgleich zu treffen, dessen Durchführung nach den ehevertraglichen Bestimmungen ausgeschlossen ist. An einer wirksamen Vereinbarung der Gütertrennung und an einem wirksamen Ausschluss des Versorgungsausgleichs fehlt es, wenn wie die Ehefrau festzustellen begehrt der von den Beteiligten geschlossene Ehevertrag nichtig ist. Die geltend gemachte Nichtigkeit des Ehevertrags betrifft damit einerseits ein Rechtsverhältnis, das für die Entscheidung in den Folgesachen Versorgungsausgleich und Zugewinnausgleich vorgreiflich ist. Andererseits regeln die Entscheidungen zum Versorgungsausgleich und zum Güterrecht die Rechtsbeziehungen der Beteiligten im Hinblick auf den Ehevertrag nicht erschöpfend, weil dessen Wirksamkeit auch für etwaige Ansprüche auf nachehelichen Unterhalt von Bedeutung ist. Der Umstand, dass solche Unterhaltsansprüche im vorliegenden Scheidungsverfahren noch nicht als Folgesache geltend gemacht worden sind, hindert die Zulässigkeit der Zwischenfeststellungswiderklage insoweit nicht, weil nur

durch die Überprüfung des Ehevertrags auf seine Gesamtnichtigkeit eine abschließende und einheitliche Befriedung der Beteiligten in dieser Streitfrage erreicht werden kann (vgl. Senatsurteil vom 12. Januar 2005 XII ZR 238/03 FamRZ 2005, 691).

(Abgrenzung eines Ehevertrags, der ausnahmsweise in zwei gleichwertigen Sprachfassungen niedergelegt wurde zur Konstellation einer ausschließlich deutschen Sprachfassung mit schriftlicher Übersetzung)

b [19] 2. Zu Unrecht hat das Beschwerdegericht demgegenüber angenommen, dass der Ehevertrag der Beteiligten wegen eines versteckten Einigungsmangels im Sinne von § 155 BGB insgesamt nicht zustande gekommen sei. Diese Beurteilung kann nicht aus einer zwischen der deutschen und der englischen Sprachfassung bestehenden Divergenz der Erklärungen zum ehezeitlichen Vermögenserwerb hergeleitet werden.

[20] Zwar ist es nach mittlerweile ganz herrschender Auffassung unter deutschem Beurkundungsrecht zulässig, eine Beurkundung in zwei gleichwertig verbindlichen Sprachfassungen vorzunehmen (vgl. BeckOGK/Seebach/Rachlitz [Stand: Oktober 2018] BeurkG § 16 Rn. 59; Preuß in Armbrüster/Preuß/Renner BeurkG und DONot 7. Aufl. § 5 BeurkG Rn. 8; Heinemann in Grziwotz/Heinemann BeurkG 2. Aufl. § 16 Rn. 8; Ott RNotZ 2015, 189, 194; Hertel in FS Wolfsteiner [2008] S. 51, 61 f.). Haben im Beurkundungsverfahren eine deutschsprachige und eine fremdsprachige Fassung vorgelegen, muss die Konstellation einer Niederschrift in zwei gleichwertigen Sprachfassungen unterschieden werden von der Konstellation, in der ausschließlich die deutsche Sprachfassung für die Niederschrift verbindlich ist, während der fremdsprachige Text eine fakultative oder im Fall des § 16 Abs. 2 Satz 2 BeurkG obligatorische schriftliche Übersetzung darstellt, die der Niederschrift zu Beweiszwecken in einem gesonderten Schriftstück (lediglich) beigefügt wird. Gemessen daran ergeben sich entgegen der Ansicht des Beschwerdegerichts keine hinreichenden Anhaltspunkte dafür, dass der Ehevertrag im vorliegenden Fall zweisprachig beurkundet worden ist.

[21] a) Das Beschwerdegericht stützt seine Annahme, dass eine zweisprachige Urkunde errichtet worden sei, auf die in den Eingangsbemerkungen enthaltene Feststellung, wonach der Notar den „Ehevertrag und die als Anlage dieser Niederschrift beigefügte englische Übersetzung" verlesen habe und „beide" von den Vertragsschließenden genehmigt worden seien. Schon dieser Schluss ist nicht zwingend. Zwar ist es im Ausgangspunkt zutreffend, dass nur bei der Errichtung einer zweisprachigen Urkunde beide gleichwertige Sprachfassungen nach § 13 Abs. 1 Satz 1 BeurkG verlesen werden müssen, weil erst beide Sprachfassungen zusammen die Niederschrift bilden (vgl. Hertel in FS Wolfsteiner [2008] S. 51, 61). Indessen wird auch in der vom Beschwerdegericht für maßgeblich gehaltenen Passage der Eingangsbemerkungen nur die deutsche Sprachfassung des zu beurkundenden Textes als „Ehevertrag" angesprochen, während das Schriftstück mit der englischen Sprachfassung selbst im Zusammenhang mit seiner Verlesung und Genehmigung weiterhin als „Übersetzung" bezeichnet wird. Wird ein fremdsprachiger Text aber ausdrücklich als „Übersetzung" bezeichnet, spricht dies gerade gegen die Annahme, dass die fremde Sprache eine verbindliche Urkundssprache sein soll (vgl. Ott RNotZ 2015, 189, 191 f.). Vor diesem Hintergrund lässt sich die Passage, wonach (auch) die englische Übersetzung von dem Notar verlesen und von den Beteiligten genehmigt worden sei, durchaus auch dahingehend interpretieren, dass der Notar seiner Pflicht zur mündlichen Übersetzung der Niederschrift (§ 16 Abs. 2 Satz 1 BeurkG) durch das Vorlesen der zuvor angefertigten eigentlich nicht verlesbaren schriftlichen Übersetzung nachkommen wollte und die Beteiligten mit dieser Vorgehensweise einverstanden waren.

[22] b) Aus den sonstigen Umständen der Beurkundung ergeben sich keine durchgreifenden Anhaltspunkte dafür, dass im vorliegenden Fall ausnahmsweise eine Urkunde mit zwei gleichwertigen Sprachfassungen errichtet werden sollte und errichtet worden ist.

[23] aa) Nach § 5 Abs. 2 Satz 1 BeurkG darf der Notar eine fremdsprachige Urkunde nur auf das übereinstimmende Verlangen sämtlicher am Beurkundungsverfahren formell Beteiligter errichten. Bereits zur Zeit der Beurkundung des hier verfahrensgegenständlichen Ehevertrags wurde der notariellen Praxis empfohlen, das erforderliche Einvernehmen aller Beteiligten in der Urkunde zu dokumentieren (vgl. Keidel/Kuntze/Winkler FGG 12. Aufl. [1986] Teil B § 5 BeurkG Rn. 6; vgl. nunmehr auch Eylmann in Eylmann/Vaasen BNotO/BeurkG 4. Aufl. § 5 BeurkG Rn. 2; BeckOGK/Schaller [Stand: November 2018] BeurkG § 5 Rn. 7). Der Niederschrift ist ein solcher Hinweis auf ein übereinstimmendes Verlangen nach Errichtung der Urkunde in zwei gleichwertigen Sprachfassungen nicht zu entnehmen. Vor allem aber sind keine nachvollziehbaren Gründe ersichtlich, welche die Beteiligten namentlich den Ehemann zu dem Verlangen veranlasst haben könnten, den Ehevertrag in

zwei gleichwertig verbindlichen Urkundssprachen beurkunden zu lassen. Insbesondere ist nicht festgestellt, dass die Beteiligten mit einer Verwendung der Urkunde im Ausland gerechnet hätten. Im Übrigen haben die Beteiligten in § 1 des Ehevertrags wegen der allgemeinen Wirkungen der Ehe und insbesondere wegen der güterrechtlichen Wirkungen der Ehe deutsches Recht gewählt. Haben sich die Urkundsbeteiligten in einer privatrechtlichen Vereinbarung aber darauf geeinigt, ihr Rechtsverhältnis einem bestimmten Recht zu unterstellen, erscheint es von vornherein naheliegend, dass sie zur Vermeidung von Unschärfen bei der Übersetzung von juristischen Fachbegriffen dem angewendeten Recht auch die verwendete Urkundssprache folgen lassen wollen (vgl. Hertel in FS Wolfsteiner [2008] S. 51, 61).

[24] bb) Darüber hinaus macht die Rechtsbeschwerde hinsichtlich der äußeren Form der Urkunde unwidersprochen geltend, dass der Notar die englischsprachige Textfassung nicht gemäß § 44 BeurkG durch Schnur und Prägesiegel mit der deutschsprachigen Niederschrift verbunden hat. Auch wenn § 44 BeurkG eine bloße Ordnungsvorschrift darstellt, kann die fehlende Verbindung zumindest als Indiz dafür gewertet werden, dass es sich bei der englischen Sprachfassung lediglich um eine für die nicht sprachkundige Ehefrau angefertigte schriftliche Übersetzung und nicht um einen Teil der Niederschrift handelt. Denn für die Beifügung der schriftlichen Übersetzung nach § 16 Abs. 2 Satz 2 BeurkG ist – anders als für die Beifügung der zur Niederschrift gehörenden Anlagen (§ 9 Abs. 1 Satz 2 BeurkG) – eine Verbindung mit Schnur und Siegel nach allgemeiner Auffassung nicht erforderlich (vgl. Winkler BeurkG 18. Aufl. § 16 Rn. 17; Piegsa in Armbrüster/Preuß/Renner BeurkG und DONot 7. Aufl. § 16 BeurkG Rn. 22; Heinemann in Grziwotz/Heinemann BeurkG 2. Aufl. § 16 Rn. 24; BeckOGK/Seebach/Rachlitz [Stand: Oktober 2018] BeurkG § 16 Rn. 53; BeckOGK/Regler [Stand: Februar 2018] BeurkG § 44 Rn. 9; Lerch BeurkG 5. Aufl. § 16 Rn. 12; Staudinger/Hertel BGB [2017] Beurkundungsgesetz Rn. 545).

(Fehlende Übersetzung des Ehevertrags)

[25] 3. Entgegen der Auffassung der Rechtsbeschwerdeerwiderung ist der Ehevertrag der Beteiligten – wie bereits das Beschwerdegericht zutreffend erkannt hat – nicht wegen eines Formmangels gemäß § 125 BGB iVm § 1410 BGB nichtig.

c

[26] a) Eine Unwirksamkeit des Beurkundungsakts und damit eine Formnichtigkeit des Ehevertrags kann sich nicht daraus ergeben, dass der beurkundende Notar – was allerdings zwischen den Beteiligten streitig ist – die auf dem zweiten Blatt der Urkunde niedergelegten Feststellungen nicht ins Englische übersetzt haben soll.

[27] aa) Hat der Notar – wie im vorliegenden Fall – in der Niederschrift eine Feststellung nach § 16 Abs. 1 BeurkG getroffen, ist die Niederschrift gegenüber dem sprachunkundigen Beteiligten nicht nach § 13 Abs. 1 Satz 1 BeurkG zu verlesen, sondern nach § 16 Abs. 2 Satz 1 BeurkG mündlich zu übersetzen. Da die mündliche Übersetzung für den sprachunkundigen Beteiligten an die Stelle des Vorlesens tritt, muss sich die Übersetzung auf alle – gegenüber einem sprachkundigen Beteiligten vorzulesenden – Teile der Niederschrift beziehen. Zu übersetzen sind deshalb nicht nur die sachlichen Erklärungen der Beteiligten, sondern es ist die gesamte Niederschrift einschließlich aller tatsächlichen Feststellungen und Vermerke des Notars in dem gleichen Umfang zu übersetzen, in dem sie gegenüber einem sprachkundigen Beteiligten nach § 13 Abs. 1 Satz 1 BeurkG zu verlesen wären (vgl. Winkler BeurkG 18. Aufl. § 16 Rn. 12; Piegsa in Armbrüster/Preuß/Renner BeurkG und DONot 7. Aufl. § 16 BeurkG Rn. 18; Heinemann in Grziwotz/Heinemann BeurkG 2. Aufl. § 16 Rn. 18). In diesem Umfang ist die Niederschrift vollständig und nicht lediglich bedarfsorientiert zu übersetzen; es sind deshalb selbst solche Teile der Niederschrift zu übersetzen, die der sprachunkundige Beteiligte aufgrund seiner Verständnismöglichkeiten auch in der Urkundssprache zu verstehen vermag (vgl. LG Bonn Beschluss vom 5. Februar 2015 – 4 T 417/14 – juris Rn. 14; DNotI-Report 2013, 129, 130).

[28] bb) Im Zusammenhang mit der Verlesung der Niederschrift nach § 13 Abs. 1 Satz 1 BeurkG ist es freilich anerkannt, dass nicht jeder Verstoß gegen die Verlesungspflicht zu einer Unwirksamkeit des gesamten Beurkundungsakts führt. Bezieht sich der Verlesungsmangel nur auf solche Passagen der Niederschrift, die nicht nach § 9 BeurkG deren zwingender Bestandteil sind, sondern bloße Sollvorschriften des notariellen Verfahrensrechts – wie hier die Feststellungen nach § 16 BeurkG im Zusammenhang mit einem der Urkundssprache nicht mächtigen Beteiligten – umsetzen, führt dies zwar zu einem Verfahrensfehler im Beurkundungsverfahren, den der Notar im Rahmen seiner Amtspflichten zu vermeiden hat. Die Nichtverlesung von Sollbestandteilen der Niederschrift führt aber nicht zur Unwirksamkeit des Beurkundungsakts, weil die formelle Wirksamkeit der Urkunde selbst

dann nicht beeinträchtigt worden wäre, wenn diese Sollbestandteile von vornherein keinen Eingang in den Text der Niederschrift gefunden hätten. Es ist keine andere Beurteilung gerechtfertigt, wenn diese Passagen lediglich nicht verlesen werden, obwohl sie in der Niederschrift vermerkt sind (vgl. Winkler BeurkG 18. Aufl. § 13 Rn. 25; Piegsa in Armbrüster/ß/Renner BeurkG und DONot 7. Aufl. § 13 BeurkG Rn. 16; BeckOGK/Seebach/Rachlitz [Stand: Oktober 2018] BeurkG § 13 Rn. 66 f.; Staudinger/Hertel BGB [2017] Beurkundungsgesetz Rn. 361).

[29] cc) Weil die mündliche Übersetzung nach § 16 Abs. 2 Satz 1 BeurkG die Verlesung nach § 13 Abs. 1 Satz 1 BeurkG ersetzt, kann ein Verstoß gegen die Übersetzungspflicht gegenüber einem sprachunkundigen Beteiligten grundsätzlich keine anderen Rechtsfolgen auslösen als ein Verstoß gegen die Verlesungspflicht gegenüber einem sprachkundigen Beteiligten. Die Nichtübersetzung von bloßen Sollbestandteilen der Urkunde, die in der Niederschrift nicht einmal enthalten sein müssten, führt daher nicht zu einer Unwirksamkeit des Beurkundungsakts und nicht zu einer materiell-rechtlichen Nichtigkeit des zu beurkundenden formbedürftigen Rechtsgeschäfts.

[30] Dafür streitet auch die folgende Kontrollüberlegung: Es hat nach allgemeiner Ansicht auf die Wirksamkeit des Beurkundungsakts keinen Einfluss, wenn der Notar von der mangelnden Sprachkunde eines Beteiligten Kenntnis erlangt, eine entsprechende Feststellung in der Niederschrift (§ 16 Abs. 1 BeurkG) aber unterlässt und die Niederschrift auch nicht übersetzt (vgl. BGHSt 47, 39 = NJW 2001, 3135, 3137; OLG Köln MittBayNot 1999, 59, 60; BayObLG FamRZ 2000, 1124, 1125). Dann ist es aber wertungsmäßig nicht einzusehen, warum demgegenüber der Beurkundungsakt unwirksam sein sollte, wenn der Notar die Feststellung nach § 16 Abs. 1 BeurkG in der Niederschrift vermerkt und die dadurch nach § 16 Abs. 2 Satz 1 BeurkG ausgelöste Übersetzungspflicht nur wegen solcher Bestandteile der Niederschrift nicht erfüllt, die außerhalb des eigentlichen Beurkundungsgegenstands liegen.

[31] b) Eine Unwirksamkeit des Beurkundungsakts kann auch nicht daraus hergeleitet werden, dass der beurkundende Notar den Text des Ehevertrags nicht unmittelbar mündlich übersetzt, sondern stattdessen nur die vorliegende schriftliche Übersetzung vorgelesen haben soll.

[32] Eine solche Vorgehensweise zur Erfüllung der Pflichten nach § 16 Abs. 2 Satz 1 BeurkG bei einer Übersetzung durch den Notar wird überwiegend für zulässig erachtet (vgl. Heinemann in Grziwotz/Heinemann BeurkG 2. Aufl. § 16 Rn. 27; Lerch BeurkG 5. Aufl. § 16 Rn. 10; Kanzleiter DNotZ 1997, 261, 268). Dem ist wegen der gegenüber einer spontanen mündlichen Übersetzung regelmäßig höheren Qualität einer vorbereiteten schriftlichen Übersetzung jedenfalls dann zuzustimmen, wenn das Vorlesen der schriftlichen Übersetzung nicht über die fehlende eigene Sprachkunde des Notars hinweghelfen soll (vgl. Piegsa in Armbrüster/Preuß/Renner BeurkG und DONot 7. Aufl. § 16 BeurkG Rn. 25; BeckOGK/Seebach/Rachlitz [Stand: Oktober 2018] BeurkG § 16 Rn. 37; Ott RNotZ 2015, 189, 190, 191 f.). Ob der beurkundende Notar im vorliegenden Fall über hinreichende (aktive) englische Sprachkenntnisse verfügt hatte, die eine über die bloße Wiedergabe der schriftlichen Übersetzung hinausgehende Auseinandersetzung mit dem Inhalt der Niederschrift in englischer Sprache ermöglicht hätten, ist zwischen den Beteiligten zwar umstritten. Es kommt darauf aber auch nicht an. Eine Nachprüfung, ob der Notar sich ausreichende Sprachkenntnisse zu Recht zugetraut hat, findet nicht statt; eine diesbezügliche Fehleinschätzung des Notars führt nicht zu einer Unwirksamkeit des Beurkundungsakts (vgl. Winkler BeurkG 18. Aufl. § 16 Rn. 20; Piegsa in Armbrüster/Preuß/BeurkG und DONot 7. Aufl. § 16 BeurkG Rn. 25; BeckOGK/Seebach/[Stand: Oktober 2018] BeurkG § 16 Rn. 71; Hertel in FS Wolfsteiner [2008] S. 51, 53; Ott RNotZ 2015, 189, 190).

(Sittenwidrigkeit eines Ehevertrags)

d [34] 1. Das Beschwerdegericht wird sich insbesondere die Frage vorzulegen haben, ob sich der Ehevertrag im Rahmen einer Gesamtwürdigung am Maßstab des § 138 BGB als sittenwidrig erweist.

[35] a) Selbst wenn die ehevertraglichen Einzelregelungen zu den Scheidungsfolgen bei isolierter Betrachtungsweise den Vorwurf der Sittenwidrigkeit jeweils für sich genommen nicht zu rechtfertigen vermögen, kann sich ein Ehevertrag nach ständiger Rechtsprechung des Senats im Rahmen einer Gesamtwürdigung als insgesamt sittenwidrig erweisen, wenn das objektive Zusammenwirken aller in dem Vertrag enthaltenen Regelungen erkennbar auf die einseitige Benachteiligung eines Ehegatten abzielt (vgl. Senatsbeschlüsse vom 17. Januar 2018 XII ZB 20/17 FamRZ 2018, 577 Rn. 16 und vom 15. März 2017 XII ZB 109/16 FamRZ 2017, 884 Rn. 38; Senatsurteile vom 31. Oktober 2012 XII ZR 129/10 FamRZ 2013, 195 Rn. 22 und vom 21. November 2012 XII ZR 48/11 FamRZ 2013, 269 Rn. 26).

[36] In objektiver Hinsicht wird im vorliegenden Fall von einer solcherart einseitigen vertraglichen Lastenverteilung zum Nachteil der Ehefrau auszugehen sein.

[37] aa) Mit dem Alters- und Krankheitsunterhalt sind von der Senatsrechtsprechung dem Kernbereich der Scheidungsfolgen zugeordnete Unterhaltstatbestände ausgeschlossen worden. Insoweit war schon bei Vertragsschluss mit höherer Wahrscheinlichkeit auf Seiten der Ehefrau als dem Ehegatten mit den potentiell geringeren Verdienstmöglichkeiten eine spezifische Bedürfnislage absehbar.

[38] bb) Die Ehefrau betreute im Zeitpunkt der Eheschließung bereits ein aus der Beziehung hervorgegangenes Kleinkind; auch nach den Angaben des Ehemanns haben sich die Beteiligten seinerzeit zumindest die Geburt eines weiteren gemeinsamen Kindes vorstellen können. Das von den Beteiligten in der Folgezeit tatsächlich verwirklichte Ehemodell, in dem sich die Ehefrau unter vollständigem Verzicht auf eine versorgungsbegründende Erwerbstätigkeit für längere Zeit allein der Kinderbetreuung und Haushaltsführung widmet, lag somit schon bei Abschluss des Ehevertrags jedenfalls im Bereich des Möglichen. Unter diesen Umständen war mit ehebedingten Versorgungsnachteilen von vornherein allein auf Seiten der Ehefrau zu rechnen. Selbst wenn was zwischen den Beteiligten bislang nicht streitig zu sein scheint, aber noch nicht anhand von Versorgungsauskünften festgestellt worden ist der Ausschluss des Versorgungsausgleichs wegen einer aufseiten des Ehemanns ausschließlich auf Bildung von Privatvermögen gerichteten Altersvorsorgestrategie aus der maßgeblichen Sicht bei Vertragsschluss für die Ehefrau in beschränktem Ausmaß vorteilhaft gewesen sein mag, ändert dies nichts daran, dass durch die Übernahme der Familienarbeit vorhersehbare Versorgungsnachteile zu erwarten waren, denen wegen der vereinbarten Gütertrennung keine Teilhabe an dem vom Ehemann gebildeten und seiner Altersversorgung dienenden Vermögen gegenüberstehen würde.

[39] cc) Das Verdikt einer objektiv einseitigen Lastenverteilung wird in der Gesamtbetrachtung auch durch die im Vertrag enthaltenen Regelungen zur Einzahlung von Beiträgen in die gesetzliche Rentenversicherung und zur gemeinsamen Vermögensbildung aus Einkommensrücklagen nicht in Frage gestellt.

[40] (1) Sofern man § 4 des Ehevertrags entnehmen könnte, dass für die Ehefrau was tatsächlich zu keinem Zeitpunkt erfolgt ist durch Entrichtung freiwilliger Beiträge während der Ehezeit ein Anrecht in der gesetzlichen Rentenversicherung gebildet werden sollte, fehlt es bereits an jeder verbindlichen und konkreten Festlegung zur Höhe der Beitragszahlung. Insoweit hätte den vertraglichen Regelungen schon durch die Zahlung von Mindestbeiträgen Genüge getan werden können. Die Mindestbeitragsbemessungsgrundlage für die freiwillige Versicherung betrug nach der Rechtslage im Zeitpunkt des Vertragsschlusses ein Siebtel der monatlichen Bezugsgröße (§ 167 SGB VI in der seit dem 1. Januar 1992 geltenden Fassung). Nach den Rechengrößen für die Sozialversicherung im Jahr 1995 (vgl. FamRZ 1995, 208 f.) ergab sich bei einem Beitragssatz von 18,6% und einer Bemessungsgrundlage von 580 DM ($^{1}/_{7}$ * 4060 DM) ein monatlicher Mindestbeitrag in Höhe von 107,88 DM, was einer jährlichen Beitragszahlung von 1294,56 DM entspricht. Mit dieser Beitragsleistung hätte im Jahr 1995 ein Rentenanrecht in Höhe von 0,1365 Entgeltpunkten erworben werden können (1294,56 DM * 0,0001054764 Umrechnungsfaktor Beiträge in Entgeltpunkte). Es ist evident, dass ein Anrecht in dieser Größenordnung zur Kompensation von Versorgungsnachteilen aufgrund des Verzichts auf eine eigene versorgungsbegründende Erwerbstätigkeit gänzlich unzureichend gewesen wäre.

[41] (2) Der Regelung in § 3 des Ehevertrags über die gemeinsame Vermögensbildung aufgrund von Rücklagen aus dem Einkommen lässt sich von vornherein keine Verpflichtung des Ehemanns zur Erbringung bestimmter Kompensationsleistungen entnehmen, zumal die Entscheidung, ob und gegebenenfalls welche Einkommensbestandteile während der Ehezeit zur gemeinsamen Vermögensbildung verwendet werden, einer späteren Beschlussfassung der Eheleute und damit auch dem Mitbestimmungsrecht des Ehemanns vorbehalten bleiben.

[42] b) Freilich kann aus dem objektiven Zusammenspiel einseitig belastender Regelungen nur dann auf die weiter erforderliche verwerfliche Gesinnung des begünstigten Ehegatten geschlossen werden, wenn die Annahme gerechtfertigt ist, dass sich in dem unausgewogenen Vertragsinhalt eine auf ungleichen Verhandlungspositionen basierende einseitige Dominanz eines Ehegatten und damit eine Störung der subjektiven Vertragsparität widerspiegelt. Ein unausgewogener Vertragsinhalt mag zwar ein gewisses Indiz für eine unterlegene Verhandlungsposition des belasteten Ehegatten sein. Gleichwohl wird das Verdikt der Sittenwidrigkeit in der Regel nicht gerechtfertigt sein, wenn außerhalb der Vertragsurkunde keine verstärkenden Umstände zu erkennen sind, die auf eine subjektive Imparität, insbesondere infolge der Ausnutzung einer Zwangslage, sozialer oder wirtschaftlicher Abhängigkeit oder intellektueller Unterlegenheit, hindeuten könnten (vgl. Senatsbeschlüsse vom 17. Januar 2018

XII ZB 20/17 FamRZ 2018, 577 Rn. 19 und vom 15. März 2017 XII ZB 109/16 FamRZ 2017, 884 Rn. 39; Senatsurteile vom 31. Oktober 2012 XII ZR 129/10 FamRZ 2013, 195 Rn. 24 und vom 21. November 2012 XII ZR 48/11 FamRZ 2013, 269 Rn. 27).

[43] aa) Anhaltspunkte für eine unterlegene Verhandlungsposition bestehen nach der Rechtsprechung des Senats regelmäßig dann, wenn der mit dem Verlangen auf Abschluss eines Ehevertrags konfrontierte Ehegatte erkennbar ohne den ökonomischen Rückhalt der Ehe einer ungesicherten wirtschaftlichen Zukunft entgegensehen würde (vgl. Senatsbeschlüsse vom 29. Januar 2014 XII ZB 303/13 FamRZ 2014, 629 Rn. 41 und vom 18. März 2009 XII ZB 94/06 FamRZ 2009, 1041 Rn. 17; Senatsurteil vom 21. November 2012 XII ZR 48/11 FamRZ 2013, 269 Rn. 28).

[44] Im vorliegenden Fall ist insbesondere zu berücksichtigen, dass sich die Ehefrau als ledige und nicht erwerbstätige Mutter eines knapp sieben Monate alten Kleinkindes angesichts der bei Vertragsschluss im September 1995 vergleichsweise schwach ausgestalteten Unterhaltsansprüche aus Anlass der Geburt (§ 1615l BGB) in einer Situation befand, in der ein betreuender Elternteil typischerweise aus ökonomischen Gründen in erhöhtem Maße auf die Eingehung der Ehe angewiesen ist. Unter den hier obwaltenden Umständen bedarf es allerdings weiterer Feststellungen dazu, ob die Ehefrau aufgrund ihres familiären Vermögenshintergrunds genügend finanzielle Unabhängigkeit besaß, um dem Ansinnen des Ehemanns auf Abschluss eines Ehevertrags entgegenzutreten oder auf die Gestaltung des Ehevertrags maßgeblichen Einfluss nehmen zu können. Dabei wird auch von Bedeutung sein, ob die Ehefrau im Falle eines Scheiterns der Beziehung mit dem Kind nach England hätte zurückkehren und ihre vor der Übersiedlung nach Deutschland ausgeübte Berufstätigkeit im familiären Unternehmen neben der Kinderbetreuung hätte fortsetzen können.

[45] bb) Ferner wird zu erwägen sein, ob sich in dem objektiv unausgewogenen Vertragsinhalt auch eine sprachliche Unterlegenheit der Ehefrau widerspiegelt.

[46] Ist der mit dem Verlangen auf Abschluss eines Ehevertrags konfrontierte Ehegatte wie im vorliegenden Fall die Ehefrau der deutschen Urkundssprache nicht mächtig, ist sie zur Herstellung der Verhandlungsparität im Beurkundungsverfahren in besonderem Maße auf eine fachkundige Übersetzung angewiesen. Wenn das Beschwerdegericht in anderem Zusammenhang erkennbar davon ausgeht, dass die im Ehevertrag enthaltene Klausel über die mögliche Bildung gemeinsamen Vermögens aus Einkommensrücklagen bei der Beurkundung des Ehevertrags nur sinnentstellend („New property we get in our marriage belongs us half") in die englische Sprache übersetzt worden ist und die Ehefrau wegen der dadurch hervorgerufenen falschen Vorstellungen über den zu erwartenden Vermögenserwerb in der Ehe die wirtschaftliche Tragweite des von ihr erklärten Verzichts auf die gesetzlichen Scheidungsfolgen nicht zutreffend einschätzen konnte, hält sich dies im Rahmen einer zulässigen tatrichterlichen Würdigung. Auf die Frage, ob der Ehemann aufgrund seiner eigenen Sprachkunde und seines rechtlichen Erkenntnisvermögens die Unzuträglichkeiten der vorliegenden englischen Übersetzung des Ehevertrags bemerken konnte, kommt es nicht entscheidend an. Maßgeblich ist insoweit allein, dass die konkrete Verhandlungssituation, in der sich die Ehefrau im Beurkundungsverfahren befunden hat, allein auf Veranlassung des Ehemanns entstanden ist.

Register der auszugsweise abgedruckten Entscheidungen

R 473	BGH	15.12.1993	XII ZR 172/92	FamRZ 1994, 372	NJW 1994, 1002
R 480	BGH	25.5.1994	XII ZR 78/93	FamRZ 1994, 1102	NJW 1994, 2234
R 483	BGH	9.11.1994	XII ZR 206/93	FamRZ 1995, 215	NJW 1995, 717
R 485 A	BGH	24.11.1994	GSZ 1/94	FamRZ 1995, 349	NJW 1995, 664
R 508	BGH	13.11.1996	XII ZR 125/95	FamRZ 1997, 484	NJW 1997, 731
R 520	BGH	21.1.1998	XII ZR 85/96	FamRZ 1998, 541	NJW 1998, 1309
R 546	BGH	19.7.2000	XII ZR 161/98	FamRZ 2000, 1492	NJW 2000, 3140
R 549	BGH	18.10.2000	XII ZR 191/98	FamRZ 2001, 1065	NJW-RR 2001, 361
R 557	BGH	14.3.2001	XII ZR 81/99	FamRZ 2001, 757	NJW 2001, 2170
R 562	BGH	23.5.2001	XII ZR 148/99	FamRZ 2001, 1601	NJW-RR 2002, 1
R 563	BGH	13.6.2001	XII ZR 343/99	FamRZ 2001, 986	NJW 2001, 2254
R 564	BGH	27.6.2001	XII ZR 135/99	FamRZ 2001, 1291	NJW 2001, 3260
R 570	BGH	9.1.2002	XII ZR 34/00	FamRZ 2002, 815	NJW 2002, 2026
R 572	BGH	6.2.2002	XII ZR 20/00	FamRZ 2002, 536	NJW 2002, 1269
R 576	BGH	20.3.2002	XII ZR 216/00	FamRZ 2002, 742	NJW 2002, 1646
R 585	BGH	22.1.2003	XII ZR 186/01	FamRZ 2003, 518	NJW 2003, 1181
R 588	BGH	5.2.2003	XII ZR 29/00	FamRZ 2003, 848	NJW 2003, 1796
R 590	BGH	19.2.2003	XII ZR 19/01	FamRZ 2003, 741	FPR 2003, 327
R 595	BGH	25.6.2003	XII ZR 63/00	FamRZ 2004, 186	FPR 2004, 148
R 597	BGH	17.9.2003	XII ZR 184/01	FamRZ 2003, 1734	NJW 2003, 3481
R 601	BGH	12.11.2003	XII ZR 109/01	FamRZ 2004, 612	NJW 2004, 1324
R 607	BGH	28.1.2004	XII ZR 259/01	FamRZ 2004, 614	NJW 2004, 1326
R 608	BGH	11.2.2004	XII ZR 265/02	FamRZ 2004, 601	NJW 2004, 930
R 610	BGH	21.4.2004	XII ZR 251/01	FamRZ 2004, 1097	FPR 2004, 521
R 612	BGH	5.5.2004	XII ZR 10/03	FamRZ 2004, 1170	NJW 2004, 2303
R 614	BGH	19.5.2004	XII ZR 304/02	FamRZ 2004, 1559	NJW 2004, 3109
R 617	BGH	9.6.2004	XII ZR 308/01	FamRZ 2004, 1357	NJW 2004, 3106
R 620	BGH	3.11.2004	XII ZR 120/02	FamRZ 2005, 101	NJW 2005, 142
R 623	BGH	1.12.2004	XII ZR 75/02	FamRZ 2005, 1159	NJW 2005, 2077
R 624	BGH	1.12.2004	XII ZR 3/03	FamRZ 2005, 354	NJW 2005, 500
R 625	BGH	15.12.2004	XII ZR 212/03	FamRZ 2005, 442	NJW 2005, 818
R 626	BGH	23.2.2005	XII ZR 56/02	FamRZ 2005, 706	NJW 2005, 1493
R 627	BGH	23.2.2005	XII ZR 114/03	FamRZ 2005, 608	NJW 2005, 1279
R 628	BGH	23.3.2005	XII ZB 13/05	FamRZ 2005, 883	NJW 2005, 1722
R 630	BGH	13.4.2005	XII ZR 273/02	FamRZ 2005, 1154	NJW 2005, 2145
R 631	BGH	11.5.2005	XII ZR 108/02	FamRZ 2005, 1162	NJW 2005, 2223
R 632	BGH	11.5.2005	XII ZR 211/02	FamRZ 2005, 1817	NJW 2005, 3277
R 633	BGH	25.5.2005	XII ZR 296/01	FamRZ 2005, 1444	NJW 2005, 2386
R 634	BGH	25.5.2005	XII ZR 221/02	FamRZ 2005, 1449	NJW 2005, 2391
R 635	BVerfG	7.6.2005	1 BvR 1508/96	FamRZ 2005, 1051	NJW 2005, 1927
R 636	BGH	8.6.2005	XII ZR 294/02	FamRZ 2005, 1479	NJW 2005, 2313
R 637	BGH	8.6.2005	XII ZR 75/04	FamRZ 2006, 26	NJW 2006, 142
R 638	BGH	6.7.2005	XII ZR 145/03	FamRZ 2005, 1897	NJW-RR 2005, 1450
R 639	BGH	10.8.2005	XII ZR 73/05	FamRZ 2005, 1662	NJW 2005, 3282
R 640	BGH	7.9.2005	XII ZR 311/02	FamRZ 2005, 1979	NJW 2005, 3639
R 641	BGH	26.10.2005	XII ZR 34/03	FamRZ 2006, 99	NJW 2006, 57
R 642	BGH	9.11.2005	XII ZR 31/03	FamRZ 2006, 108	NJW 2006, 369
R 643	BGH	23.11.2005	XII ZR 51/03	FamRZ 2006, 387	NJW 2006, 1794

Entscheidungs-Reg.

Register der auszugsweise

R 644	BGH	23.11.2005	XII ZR 155/03	FamRZ 2006, 935	NJW 2006, 2037
R 645	BGH	7.12.2005	XII ZR 94/03	FamRZ 2006, 261	NJW 2006, 695
R 646	BGH	21.12.2005	XII ZR 126/03	FamRZ 2006, 1015	NJW 2006, 2258
R 647	BGH	15.2.2006	XII ZR 4/04	FamRZ 2006, 612	NJW 2006, 1509
R 648	BGH	1.3.2006	XII ZR 157/03	FamRZ 2006, 846	NJW 2006, 2182
R 650	BGH	12.4.2006	XII ZR 31/04	FamRZ 2006, 1010	NJW 2006, 2404
R 652	BGH	3.5.2006	XII ZR 35/04	FamRZ 2006, 1099	NJOZ 2006, 2646
R 653	BGH	17.5.2006	XII ZB 250/03	FamRZ 2006, 1097	NJW 2006, 2331
R 654	BGH	17.5.2006	XII ZR 54/04	FamRZ 2006, 1100	NJW 2006, 2984
R 657	BGH	23.8.2006	XII ZR 26/04	FamRZ 2006, 1664	NJW 2006, 3561
R 658	BGH	30.8.2006	XII ZR 98/04	FamRZ 2006, 1511	NJW 2006, 3344
R 659	BGH	30.8.2006	XII ZR 138/04	FamRZ 2006, 1597	NJW 2006, 3421
R 660	BGH	5.10.2006	XII ZR 197/02	FamRZ 2006, 1827	NJW 2007, 139
R 662	BGH	25.10.2006	XII ZR 141/04	FamRZ 2007, 117	NJW 2007, 144
R 663	BGH	25.10.2006	XII ZR 144/04	FamRZ 2007, 197	NJW 2007, 904
R 664	BGH	22.10.2006	XII ZR 24/04	FamRZ 2007, 193	NJW 2007, 511
R 665	BGH	22.11.2006	XII ZR 152/04	FamRZ 2007, 453	NJW 2007, 1273
R 666	BGH	6.12.2006	XII ZR 197/04	FamRZ 2007, 377	NJW-RR 2007, 505
R 667	BGH	20.12.2006	XII ZR 84/04	FamRZ 2007, 1158	NJW-RR 2007, 1513
R 669	BGH	17.1.2007	XII ZR 104/03	FamRZ 2007, 1303	NJW 2007, 2409
R 672	BGH	28.2.2007	XII ZR 161/04	FamRZ 2007, 707	NJW 2007, 1882
R 673	BGH	28.2.2007	XII ZR 165/04	FamRZ 2007, 974	NJW 2007, 2848
R 674	BGH	28.2.2007	XII ZR 37/05	FamRZ 2007, 793	NJW 2007, 1961
R 676	BGH	28.3.2007	XII ZR 163/04	FamRZ 2007, 983	NJW 2007, 2249
R 678	BGH	23.5.2007	XII ZR 245/04	FamRZ 2007, 1232	NJW 2007, 2628
R 680	BGH	4.7.2007	XII ZR 251/04	FamRZ 2007, 1459	NJW 2007, 2921
R 684	BGH	31.10.2007	XII ZR 112/05	FamRZ 2008, 137	NJW 2008, 227
R 687	BGH	12.12.2007	XII ZR 23/06	FamRZ 2008, 497	NJW 2008, 851
R 688	BGH	9.1.2008	XII ZR 170/05	FamRZ 2008, 594	FPR 2008, 172
R 689	BGH	6.2.2008	XII ZR 14/06	FamRZ 2008, 968	NJW 2008, 1663
R 690	BGH	20.2.2008	XII ZR 101/05	FamRZ 2008, 872	NJW 2008, 1525
R 692	BGH	5.3.2008	XII ZR 22/06	FamRZ 2008, 963	NJW 2008, 1946

abgedruckten Entscheidungen **Entscheidungs-Reg.**

Neue Entscheidungen der 8. Auflage

R 693	BGH	16.4.2008	XII ZR 7/05	FamRZ 2008, 1414	NJW 2008, 2779
R 694	BGH	16.4.2008	XII ZR 107/06	FamRZ 2008, 1325	NJW 2008, 2581
R 696	BGH	30.7.2008	XII ZR 126/06	FamRZ 2008, 2104	NJW 2008, 3635
R 697	BGH	17.9.2008	XII ZR 72/06	FamRZ 2008, 2189	NJW 2008, 3562
R 698	BGH	5.11.2008	XII ZR 157/06	FamRZ 2008, 198	NJW 2009, 842
R 699	BGH	19.11.2008	XII ZR 129/06	FamRZ 2009, 307	NJW-RR 2009, 289
R 700	BGH	26.11.2008	XII ZR 65/07	FamRZ 2009, 962	NJW 2009, 1816
R 701	BGH	3.12.2008	XII ZR 182/06	FamRZ 2009, 314	NJW 2009, 1410
R 703	BGH	21.1.2009	XII ZR 54/06	FamRZ 2009, 762	NJW 2009, 1742
R 704	BGH	18.3.2009	XII ZR 74/08	FamRZ 2009, 770	NJW 2009, 1876
R 705	BGH	27.5.2009	XII ZR 78/08	FamRZ 2009, 1300	NJW 2009, 2523
R 706	BGH	17.6.2009	XII ZR 102/08	FamRZ 2009, 1391	NJW 2009, 2592
R 708	BGH	25.11.2009	XII ZR 8/08	FamRZ 2010, 192	NJW 2010, 440
R 709	BGH	16.12.2009	XII ZR 50/08	FamRZ 2010, 357	NJW 2010, 937
R 710	BGH	17.2.2010	XII ZR 140/08	FamRZ 2010, 629	NJW 2010, 1598
R 711	BGH	24.3.2010	XII ZR 175/08	FamRZ 2010, 875	NJW 2010, 1813
R 712	BGH	14.4.2010	XII ZR 89/08	FamRZ 2010, 869	NJW 2010, 2056
R 713	BGH	12.5.2010	XII ZR 98/08	FamRZ 2010, 1150	NJW 2010, 2437
R 714	BGH	28.7.2010	XII ZR 140/07	FamRZ 2010, 1535	NJW 2010, 3161
R 715	BGH	11.8.2010	XII ZR 102/09	FamRZ 2010, 1637	NJW 2010, 3372
R 716	BGH	15.9.2010	XII ZR 20/09	FamRZ 2010, 1880	NJW 2010, 3369
R 717	BGH	15.9.2010	XII ZR 148/09	FamRZ 2010, 1888	NJW 2010, 3714
R 718	BGH	29.9.2010	XII ZR 205/08	FamRZ 2010, 1884	NJW 2010, 3582
R 719	BGH	6.10.2010	XII ZR 202/08	FamRZ 2010, 1971	NJW 2011, 147
R 720	BGH	20.10.2010	XII ZR 53/09	FamRZ 2010, 2059	NJW 2010, 3653
R 721	BGH	12.1.2011	XII ZR 83/08	FamRZ 2011, 454	NJW 2011, 670
R 723	BGH	16.2.2011	XII ZR 108/09	FamRZ 2011, 628	NJW 2011, 1066
R 724	BGH	2.3.2011	XII ZR 44/09	FamRZ 2011, 713	NJW 2011, 1284

Entscheidungs-Reg.

Register der auszugsweise

Neue Entscheidungen der 9. Auflage

R725	BGH	4.5.2011	XII ZR 70/09	FamRZ 2011, 1041	NJW 2011, 1874
R726	BGH	8.6.2011	XII ZR 17/09	FamRZ 2011, 1381	NJW 2011, 2512
R727	BGH	15.6.2011	XII ZR 94/09	FamRZ 2011, 1375	NJW 2011, 2646
R728	BGH	13.7.2011	XII ZR 84/09	FamRZ 2011, 1498	NJW 2011, 3089
R729	BGH	3.8.2011	XII ZB 187/10	FamRZ 2011, 1568	NJW 2011, 3103
R730	BGH	9.11.2011	XII ZR 136/09	FamRZ 2012, 200	NJW 2012, 450
R731	BGH	7.12.2011	XII ZR 151/09	FamRZ 2012, 281	NJW 2012, 384
R732	BGH	18.4.2012	XII ZR 65/10	FamRZ 2012, 1040	NJW 2012, 1868
R733	BGH	18.4.2012	XII ZR 73/10	FamRZ 2012, 1201	NJW 2012, 2190
R734	BGH	18.7.2012	XII ZR 91/10	FamRZ 2012, 1553	NJW 2012, 2883
R735	BGH	31.10.2012	XII ZR 129/10	FamRZ 2013, 195	NJW 2013, 380
R736	BGH	20.3.2013	XII ZR 72/11	FamRZ 2013, 853	NJW 2013, 1530
R737	BGH	19.6.2013	XII ZB 39/11	FamRZ 2013, 1378	NJW 2013, 2595
R738	BGH	19.6.2013	XII ZB 309/11	FamRZ 2013, 1291	NJW 2013, 2434
R739	BGH	10.7.2013	XII ZB 297/12	FamRZ 2013, 1558	NJW 2013, 2897
R740	BGH	17.7.2013	XII ZR 49/12	FamRZ 2013, 1644	NJW-RR 2013, 1345
R741	BGH	7.8.2013	XII ZB 269/12	FamRZ 2013, 1554	NJW 2013, 3024
R742	BGH	2.10.2013	XII ZB 249/12	FamRZ 2013, 1958	NJW 2013, 3578
R743	BGH	23.10.2013	XII ZB 570/12	FamRZ 2013, 1962	NJW-RR 2014, 65
R744	BGH	22.1.2014	XII ZB 185/12	FamRZ 2014, 637	NJW 2014, 932
R745	BGH	29.1.2014	XII ZB 303/13	FamRZ 2014, 629	NJW 2014, 1101
R746	BGH	5.2.2014	XII ZB 25/13	FamRZ 2014, 538	NJW 2014, 1173
R747	BGH	12.2.2014	XII ZB 607/12	FamRZ 2014, 541	NJW 2014, 1177
R748	BGH	26.2.2014	XII ZB 365/12	FamRZ 2014, 728	NJW 2014, 1231
R749	BGH	26.2.2014	XII ZB 235/12	FamRZ 2014, 823	NJW 2014, 1302
R750	BGH	12.3.2014	XII ZB 234/13	FamRZ 2014, 917	NJW 2014, 1958
R751	BGH	19.3.2014	XII ZB 367/12	FamRZ 2014, 923	NJW 2014, 1531
R752	BGH	26.3.2014	XII ZB 214/13	FamRZ 2014, 1007	NJW 2014, 1807
R753	BGH	9.4.2014	XII ZB 721/12	FamRZ 2014, 1098	NJW 2014, 1733
R754	BGH	7.5.2014	XII ZB 258/13	FamRZ 2014, 1183	NJW 2014, 2109
R755	BGH	14.5.2014	XII ZB 301/12	FamRZ 2014, 1276	NJW 2014, 2192
R757	BGH	9.7.2014	XII ZB 661/12	FamRZ 2014, 1536	NJW 2014, 2785
R758	BGH	9.7.2014	XII ZB 719/12	FamRZ 2014, 1622	NJW 2014, 2637
R759	BGH	23.7.2014	XII ZB 489/13	FamRZ 2014, 1540	NJW 2014, 2570

abgedruckten Entscheidungen **Entscheidungs-Reg.**

Neue Entscheidungen der 10. Auflage

R760	BGH	30.7.2014	XII ZB 85/14	FamRZ 2014, 1696	NJW-RR 2014, 1347
R761	BGH	24.9.2014	XII ZB 111/13	FamRZ 2014, 1992	NZFam 2014, 1084
R762	BGH	1.10.2014	XII ZB 185/13	FamRZ 2014, 1987	NJW 2014, 3649
R763	BGH	1.10.2014	XII ZR 133/13	FamRZ 2014, 1990	NJW 2014, 3514
R764	BGH	22.10.2014	XII ZB 385/13	FamRZ 2015, 127	NZFam 2015, 68
R765	BGH	5.11.2014	XII ZB 599/13	FamRZ 2015, 236	NJW 2015, 331
R766	BGH	19.11.2014	XII ZB 478/13	FamRZ 2015, 309	NJW 2015, 334
R767	BGH	11.2.2015	XII ZB 66/14	FamRZ 2015, 734	NJW 2015, 1242
R768	BGH	18.2.2015	XII ZR 80/13	FamRZ 2015, 824	NZFam 2015, 456
R769	BGH	10.6.2015	XII ZB 251/14	FamRZ 2015, 1369	NJW 2015, 2257
R770	BGH	8.7.2015	XII ZB 56/14	FamRZ 2015, 1467	NJW 2015, 2655
R771	BGH	15.7.2015	XII ZB 369/14	FamRZ 2015, 1694	NJW 2015, 2963
R772	BGH	30.9.2015	XII ZB 1/15	FamRZ 2015, 2131	NJW 2015, 3715
R773	BGH	7.10.2015	XII ZB 26/15	FamRZ 2015, 2138	NJW 2015, 3569
R774	BGH	4.11.2015	XII ZR 6/15	FamRZ 2016, 203	NJW 2016, 153
R775	BGH	11.11.2015	XII ZB 7/15	FamRZ 2016, 199	NJW 2016, 322
R776	BGH	9.3.2016	XII ZB 693/14	FamRZ 2016, 887	NJW 2016, 1511
R777	BGH	20.4.2016	XII ZB 45/15	FamRZ 2016, 1053	NJW 2016, 1956
R778	BGH	9.11.2016	XII ZB 227/15	FamRZ 2017, 109	NJW-RR 2017, 449
R779	BGH	7.12.2016	XII ZB 422/15	FamRZ 2017, 370	NJW 2017, 1317
R780	BGH	11.1.2017	XII ZB 565/15	FamRZ 2017, 437	NJW 2017, 1676
R781	BGH	18.1.2017	XII ZB 118/16	FamRZ 2017, 519	NJW 2017, 1169
R782	BGH	1.2.2017	XII ZB 71/16	FamRZ 2017, 603	NJW 2017, 1946
R783	BGH	15.2.2017	XII ZB 201/16	FamRZ 2017, 711	NJW 2017, 1881
R784	BGH	8.3.2017	XII ZB 192/16	FamRZ 2017, 799	NJW 2017, 1478
R785	BGH	15.3.2017	XII ZB 109/16	FamRZ 2017, 884	NJW 2017, 1883
R786	BGH	3.5.2017	XII ZB 415/16	FamRZ 2017, 1132	NJW 2017, 2278
R787	BGH	4.10.2017	XII ZB 55/17	FamRZ 2018, 23	NJW 2017, 3786
R788	BGH	15.11.2017	XII ZB 503/16	FamRZ 2018, 260	NJW 2018, 468
R789	BGH	17.1.2018	XII ZB 20/17	FamRZ 2018, 577	NJW 2018, 1015
R790	BGH	31.1.2018	XII ZB 133/17	FamRZ 2018, 589	NJW 2018, 1013
R791	BGH	11.4.2018	XII ZB 121/17	FamRZ 2018, 914	NJW 2018, 1753
R792	BGH	4.7.2018	XII ZB 448/17	FamRZ 2018, 1506	NJW 2018, 2638
R793	BGH	20.3.2019	XII ZB 365/18	FamRZ 2019, 885	NJW 2019, 1439
R794	BGH	20.3.2019	XII ZB 310/18	FamRZ 2019, 953	NJW 2019, 2020

Sachverzeichnis

Die Zahl vor dem Schrägstrich gibt den jeweiligen Paragraphen im Handbuch an, die Zahl dahinter die Randnummer.

Abänderung
ausländischer Titel 9/666 ff.
Abänderung ausländischer Titel
Abänderungssperre 9/669
nach der EuGVVO 9/667
Trennung von Prozessrecht und materiellem Recht 9/668
Verfahrenskonzentration, grundsätzliche 9/666
Voraussetzungen 9/667
Wechsel des Unterhaltsstatuts 9/670
Zuständigkeit anderer Staaten 9/666
Zuständigkeit des Ausgangsgerichts 9/666
Abänderung des Unterhalts
bei Änderung von Unterhaltstabellen 2/339
bei Änderungen der Bedürftigkeit 4/943
bei Änderungen der Leistungsfähigkeit 5/47
bei Verrentung 4/598 ff.
bei Volljährigkeit 2/30, 2/478
bei Vorsorgeunterhalt 4/869, 4/894, 4/925
Abänderung des Vorsorgeunterhalts
erstmals V. bei Abänderung 4/895
bei nicht bestimmungsgemäßer Verwendung 4/870, 4/896, 4/925
bei Veränderung des Elementarunterhalts 4/894
Abänderung in der Hauptsache ergangener Endentscheidungen (§ 238 FamFG) 10/133 ff.
Abänderung einer Abänderungsentscheidung 10/149
Abänderung einer Feststellungsentscheidung 10/150
Abänderung nach Erstabweisung 10/148
Abänderung nach Teilabweisung 10/151
Abgrenzung zu Rechtsmittel- und Anschlussrechtsmittelverfahren 10/171 ff.
Abgrenzung zum einstweiligen Rechtsschutz (§§ 246–248 FamFG) 10/142
Abgrenzung zum Vollstreckungsabwehrantrag (§ 767 ZPO) 10/152 ff.
Abgrenzung zum Zusatz- oder Nachforderungsantrag 10/165 ff.
Abgrenzung zur Vollstreckungserinnerung (§ 766 ZPO) 10/163
Absicherung der Rechtskraft 10/136
Anerkenntnis 10/141
Anschlussbeschwerde 10/174
Antragsziel und umfassender Rechtsschutz 10/156
Befristung 10/155
Bestätigungstheorie 10/139
Billigkeitstheorie 10/139
Bindungswirkung 10/137
Einsatzzeitpunkt 10/134
Elementar- und Vorsorgeunterhalt 10/168
Endentscheidung ausländischer Gerichte 10/143
Endentscheidung im vereinfachten Verfahren (§§ 249–260 FamFG) 10/142
Endentscheidung und künftig fällig werdende Leistungen (§ 258 ZPO) 10/145
Gegenstand der Endentscheidung 10/141
Hauptsacheverfahren 10/133
Hilfsverhältnis mit Vollstreckungsabwehrantrag 10/162
Kapitalabfindungen 10/146
kein Wahlrecht mit Vollstreckungsabwehrantrag 10/158
negativer Feststellungsantrag 10/142, 10/164
objektive Antragshäufung mit Vollstreckungsabwehrantrag 10/162
Rechtschutzbedürfnis 10/138
Rechtskraft der Endentscheidung 10/147
Rechtsnatur 10/138
Rentennachzahlung 10/160
Säumnis 10/141
Sockelbetrag 10/166
Teilentscheidung 10/141
Übergangsregelung (Art. 111 I S. 2 FGG-RG) 10/144
Umdeutung in Vollstreckungsabwehrantrag 10/162
unbestimmte Anrechnungsklausel 10/147
verdeckter Teilantrag 10/165
Versorgungsleistungen 10/155
Verwirkung 10/161
Vollstreckungsfähigkeit 10/147
Wahlmöglichkeit bei Beschwerde 10/171 ff.
Wahlmöglichkeit bei rechtskräftiger erstinstanzlicher Teilentscheidung 10/175
Wegfall der Anschlussbeschwerde bei Rücknahme der Beschwerde 10/177
Wertsicherungsklausel 10/147
zeitlich befristete Endentscheidung 10/167
zeitliche Staffelung mit Vollstreckungsabwehrantrag 10/159
Zukunftsrechtskraft 10/167
Zusatzantrag für Sonderbedarf und Mehrbedarf 10/169
Abänderung (§ 240 FamFG)
Abgrenzung zum Abänderungsantrag (§ 238 FamFG)
– vereinfachtes Verfahren über den Unterhalt Minderjähriger 10/694
Abgrenzung zum streitigen Verfahren
– vereinfachtes Verfahren über den Unterhalt Minderjähriger 10/693

Sachverzeichnis

Endentscheidung
– vereinfachtes Verfahren über den Unterhalt Minderjähriger 10/695
unzulässig bei Unterhaltsrückständen
– vereinfachtes Verfahren über den Unterhalt Minderjähriger 10/695
unzulässig bei Vergleich
– vereinfachtes Verfahren über den Unterhalt Minderjähriger 10/695
vollständige Neuberechnung
– vereinfachtes Verfahren über den Unterhalt Minderjähriger 10/694
Abänderung von Entscheidungen nach § 237 FamFG
Abänderungsantrag (§ 238 FamFG) 10/124
Abgrenzung zu anderen Korrekturverfahren 10/124
absolute Abänderungsgrenze (§ 240 II S. 4 FamFG) 10/132
Antragsschrift 10/126
Anwaltszwang 10/126
besondere Verfahrensvoraussetzung 10/124
Darlegungs- und Beweislast 10/126
Endentscheidung zum Unterhalt 10/125
Erhöhung 10/128
Erstverfahren 10/126
Fristberechnung 10/129
Herabsetzung 10/129
Jugendamtsurkunde 10/125
Korrektur trotz Fristversäumung 10/131
Rechtshängigkeit und Verfahrenskostenhilfe 10/130
selbständiges Nachverfahren 10/124
Unterhaltsrückstände 10/125
Verfahrensgrundsätze im Abänderungsverfahren 10/126
Verfahrensverbindung 10/126
Vergleich als Unterhaltstitel 10/125
Vollstreckungsabwehr (§ 767 ZPO) 10/124
Wiedereinsetzung 10/130
Zeitschranke 10/127
Abänderung von Unterhaltstiteln
Stufenverfahren (§ 254 ZPO) 10/358
Abänderung von Vergleichen und Urkunden (§ 239 FamFG) 10/252 ff.
Abweisung des Abänderungsantrags 10/254
befristet titulierter Unterhalt 10/253
Begründetheit 10/252
eigenständige Verfahrensregeln 10/252
Kapitalabfindung 10/253
rückständiger Unterhalt 10/253
Übergangsregelung 10/254
Widerantrag 10/254
wiederholte Abänderung 10/253
Zulässigkeit 10/252
Abänderungsantrag
Abänderungsverfahren (§ 54 I FamFG) 10/428
bei fiktiven Einkünften 1/737
fiktives Einkommen bei leichtfertiger Aufgabe des Arbeitsplatzes 1/796
fiktives Einkommen bei Verstoß gegen Erwerbsobliegenheiten 1/796

Abänderungsantrag bei Vergleich
einstweilige Anordnung 10/424
Abänderungsantrag (§ 238 FamFG)
Abänderungsverfahren (§ 54 I FamFG) 10/428
Anschlussbeschwerde (§§ 66, 117 II FamFG) 10/595
Abänderungsgründe (§ 238 FamFG)
Beschwerde (§§ 58, 117 FamFG) 10/529
Abänderungsvereinbarung
rückwirkende Herabsetzung des Unterhalts (§ 238 III S. 3 FamFG) 10/241
Abänderungsverfahren
keine Bindung an Erwerbstätigenbonus 4/786
Darlegungs- und Beweislast 6/746 ff.
einstweilige Anordnung 10/425 ff.
und Unterhaltsänderungsgesetz 2008 10/283 ff.
Abänderungsverfahren bei gerichtlichen Entscheidungen (§ 238 FamFG)
Begründetheit 10/191 ff.
– Abänderung bei Anerkenntnis- und Säumnisentscheidungen 10/191 ff.
– Abänderungsentscheidung 10/248 ff.
– Abweichung von Prognosen 10/199
– Änderung der Verhältnisse 10/191 ff.
– Änderungen bei Fiktionen 10/200
– Änderungen der Gesetzeslage 10/206
– Anerkenntnisbeschluss und subjektive Vorstellungen 10/194
– Anpassung bei Änderung der höchstrichterlichen Rechtsprechung 10/232
– Anpassung, prozentual 10/231
– Anpassung, stufenweise 10/232
– Anpassung und Alttatsachen 10/222
– Anpassung und Bindungswirkungen (§ 238 IV FamFG) 10/222 ff.
– Anpassungsmaßstab 10/231 ff.
– Bindung bei Elementar- und Vorsorgeunterhalt 10/228
– Bindung bei Wohnvorteil 10/227
– Bindung und Änderung gesetzlicher Grundlagen oder der höchstrichterlichen Rechtsprechung 10/230
– Bindung und Bestandskraft 10/222
– Bindung und grob unbillige Ergebnisse 10/224
– Bindung und konkreter Bedarf 10/228
– Bindung und Korrektur der Prognoseentscheidung 10/224
– Bindung und Mangelfall, voller Unterhalt 10/229
– Bindung und Rechtsansicht, Rechtsfehler 10/225
– Bindung und subjektive Vorstellung 10/223
– Bindung und Unterhaltstabellen, Unterhaltsrichtlinien, Erwerbstätigenbonus und Verteilungsquote 10/226
– die Zeitschranke des § 238 II FamFG 10/210 ff.
– Einsatzzeitpunkt bei Änderungen in der höchstrichterlichen Rechtsprechung 10/208
– Einzelfälle rechtlicher Verhältnisse 10/204 ff.
– Einzelfälle tatsächlicher Verhältnisse 10/198 ff.
– fiktive Verhältnisse 10/192

Sachverzeichnis

- Gesamtheit der maßgeblichen Verhältnisse 10/196
- grundlegende Änderungen in der höchstrichterlichen Rechtsprechung 10/207
- höchstrichterliche Rechtsprechung und Konkretisierungsfunktion 10/207
- Korrespondenz bei fiktiven Verhältnissen 10/201 ff.
- Nachhaltigkeit der Änderungen 10/197
- Nichteintritt tatsächlicher Verhältnisse 10/199
- Präklusion bei Begrenzung und Befristung des Unterhalts 10/216
- Präklusion bei betrügerischem Verschweigen 10/221
- Präklusion bei Hineinwachsen in eine höhere Altersstufe, Wechsel der Steuerklasse 10/215
- Präklusion bei nicht vorgetragenen Umständen 10/218
- Präklusion bei verschleiertem Einkommen 10/221
- Präklusion bei vorgetragenen, aber unbeachtlichen Umständen 10/220
- Präklusion mit Doppelfunktion durch Primär- und Sekundärwirkung 10/210
- Präklusion nach Beschwerderücknahme 10/211
- Präklusion nach möglichen Entwicklungen 10/213
- Präklusion und Eintritt der Veränderungen 10/212
- Präklusion und Härteklausel 10/221
- Präklusion und objektive Gegebenheiten 10/221
- Präklusion und zuverlässig vorhersehbare Änderungen 10/214
- rechtliche Verhältnisse 10/204 ff.
- Rechtsansichten 10/205
- Säumnisentscheidung und Sekundärwirkung 10/193
- Säumnisentscheidung und Sicherung der Rechtskraft 10/193
- tatsächliche Veränderungen 10/191
- tatsächliche Verhältnisse 10/198 ff.
- Veränderungen bei Anerkenntnisentscheidungen 10/194
- Veränderungen bei Säumnisentscheidungen 10/192
- verfassungswidrige Normen 10/206
- Versäumnisbeschluss und fiktive Verhältnisse 10/193
- Wesentlichkeit der Änderungen 10/196 ff.
- Darlegungs- und Beweislast 10/242 ff.
- Zulässigkeit 10/179 ff.
- allgemeiner Gerichtsstand 10/179
- Änderung der Gesetzeslage 10/186
- anderweitige Rechtshängigkeit 10/180
- Auskunftswiderantrag 10/180
- ausländische Endentscheidung 10/182
- ausschließliche Zuständigkeit 10/179
- besondere Verfahrensvoraussetzungen 10/182
- Darlegung wesentlicher Veränderungen 10/186 ff.
- die Zeitschranke des § 238 III FamFG 10/233 ff.
- Eintritt der Änderungen 10/190
- Endentscheidung in einer Hauptsache 10/182
- endgültige Regelung 10/180
- fiktive Verhältnisse 10/188
- gegenläufige Abänderungsverfahren 10/180
- Gesamtbeurteilung aller Veränderungen 10/187
- höchstrichterliche Rechtsprechung 10/186
- Identität bei Unterhaltsansprüchen zwischen Ehegatten 10/183
- Identität der Verfahrensbeteiligten 10/184
- Identität des Verfahrensgegenstandes beim Kindesunterhalt 10/183
- internationale Zuständigkeit 10/179
- konkreter Bedarf 10/188
- örtliche Zuständigkeit 10/179
- Rechtsnachfolger, Sozialhilfeträger 10/184
- Rechtsschutzinteresse, Sockel- und Spitzenbetrag 10/181
- rückwirkende Erhöhung des Unterhalts 10/237 ff.
- rückwirkende Herabsetzung des Unterhalts 10/239 ff.
- sachliche Zuständigkeit 10/179
- Titelanpassung ab Rechtshängigkeit 10/233 ff.
- Titelanpassung und Verfahrenskostenhilfe 10/235
- titulierter Spitzenbetrag 10/188
- Verfahrensstandschaft 10/185
- vollstreckungsfähiger Inhalt 10/182
- Voraussetzung für die Präklusionswirkung (§ 238 II FamFG) 10/189
- Wahlgerichtsstand 10/179
- Widerantrag 10/180

Abänderungsverfahren bei Urkunden (§ 239 FamFG)
Begründetheit 10/281
- Darlegungs- und Beweislast 10/282
- einseitiges Leistungsversprechen 10/281
- Erstantrag des Unterhaltsberechtigten 10/282
- Unterhaltsvereinbarung 10/281
- Zumutbarkeit 10/281
Zulässigkeit 10/271 ff.
- allgemeine Verfahrensvoraussetzungen 10/271 ff.
- ausschließlicher Rechtsbehelf 10/275
- außergerichtliche Unterhaltsvereinbarung 10/273
- besondere Verfahrensvoraussetzungen 10/278
- Bindungswirkungen 10/279
- Darlegung von Veränderungen (§ 239 I S. 2 FamFG) 10/278
- einseitiges Leistungsversprechen 10/278
- Elternvereinbarung 10/276
- Identität der Beteiligten 10/276
- Identität des Verfahrensgegenstandes 10/276
- Jugendamtsurkunde 10/274
- kausaler Anerkenntnisvertrag 10/278
- Mehrbedarf 10/275
- prozessuales Anerkenntnis 10/280

2527

Sachverzeichnis

- Rechtsschutzinteresse 10/277
- schuldbestätigendes Anerkenntnis 10/280
- Teilbetrag 10/275
- unbestimmte Anrechnungsklausel 10/272
- Unterwerfungserklärung 10/273
- Vereinbarungen 10/271
- Verfahrensstandschaft 10/276
- Vermutung für den vollen Unterhalt 10/275
- Vertretung des minderjährigen Kindes 10/276
- Vollstreckungsfähigkeit 10/272
- Wahlrecht bei Mehrforderung 10/275
- Wertsicherungsklausel 10/272
- Zuständigkeit 10/277

Abänderungsverfahren bei Vergleichen (§ 239 FamFG)
Begründetheit 10/261 ff.
- Änderung der höchstrichterlichen Rechtsprechung 10/266
- Änderung der Rechtslage 10/266
- Anhaltspunkte für Bindungen 10/268
- Befristung 10/264
- Darlegungs- und Beweislast 10/263
- Dispositionsfreiheit 10/265
- dokumentierte Grundlagen 10/262
- Entscheidungen des BVerfG 10/266
- Fehlen von Grundlagen 10/263
- Gesamtbeurteilung aller Änderungen 10/267
- Grenzen der Zumutbarkeit 10/267
- interessengerechte Auslegung 10/263
- Neuberechnung des Unterhalts 10/269
- pauschale Regelungen 10/264
- rechtliche Verhältnisse 10/265
- Rechtsprechung der Instanzgerichte 10/266
- Regeln des materiellen Rechts 10/261
- subjektive Verhältnisse 10/266
- Titelanpassung 10/267
- Vergleich im Anordnungsverfahren 10/270
- Verwirkung 10/264
- wiederholte Titelanpassung 10/270
- Wille der Beteiligten 10/262

Zulässigkeit 10/255 ff.
- allgemeine Verfahrensvoraussetzungen 10/255 ff.
- Anwaltsvergleich 10/256
- außergerichtliche Vereinbarung 10/256
- besondere Verfahrensvoraussetzungen 10/260
- Darlegung von Veränderungen (§ 239 I S. 2 FamFG) 10/260
- einstweiliges Anordnungsverfahren 10/255
- Identität der Beteiligten 10/258
- Identität des Verfahrensgegenstandes 10/258
- Rechtsschutzinteresse 10/259
- Schiedsspruch 10/256
- Sockelbetrag 10/259
- Spitzenbetrag 10/259
- unbestimmte Anrechnungsklausel 10/257
- Verfahrensstandschaft 10/258
- VKH-Prüfungsverfahren 10/255
- vollstreckungsfähiger Inhalt 10/257
- Wirksamkeit des Vergleichs 10/257
- Zuständigkeit 10/259

Abänderungsverfahren (§ 54 FamFG)
einstweilige Unterhaltsanordnung bei Feststellung der Vaterschaft (§ 248 FamFG) 10/479
Abänderungsverfahren (§ 240 FamFG)
vereinfachtes Verfahren über den Unterhalt Minderjähriger 10/676, 10/692 ff.
Abfindungen 4/568
allgemein 1/29
kein Erwerbstätigenbonus 1/30, 1/94, 4/773
Verbot Doppelverwertung 4/482
Verbrauch 1/94
Verteilung auf größeren Zeitraum 1/93 ff., 2/376
Abgabe, Verweisung
und Kompetenzkonflikte 10/19
Abgeordnete
Diäten und Aufwandsentschädigungen 1/1185
Abgeordnetenentschädigungen
als Einkommen 1/74
Abgrenzung
Familiengericht und Abteilung der freiwilligen Gerichtsbarkeit 10/22
Familiengericht und Landgericht 10/25
Familiengericht und Prozessgericht 10/20
Familiengericht und Rechtsmittelgericht 10/27
Familiengerichte verschiedener Amtsgerichte 10/23
negative Kompetenzkonflikte 10/28 ff.
Abhängige Arbeit
s. Einkünfte aus a. A.
Abhilfeverfahren
Anhörungsrüge (§ 321a ZPO) 10/632
Beschwerde, sofortige (§§ 567–572 ZPO) 10/607
Beschwerde, sonstige (§ 58 FamFG) 10/600
Abitur – Lehre – Studium 2/99 ff.
Ablehnung eines Sachverständigen (§ 406 V ZPO)
Beschwerde, sofortige (§§ 567–572 ZPO) 10/603
Ablehnung von Familienrichtern 10/33
Ablehnungsgesuch
Anhörungsrüge (§ 321a ZPO) 10/623
Beschwerde, sofortige (§§ 567–572 ZPO) 10/603
Abschreibung
allgemein 1/49
handelsrechtliche 1/205
steuerrechtliche s. Absetzung für Abnutzung
Abschreibungen 1/141
s. Absetzung für Abnutzung
bei abhängig Beschäftigten 1/141
fiktive Steuerberechnung 1/975 ff.
bei Vermietung und Verpachtung 1/457
Absetzung für Abnutzung
AfA – Tabelle 1/207
degressive 1/211
Gebäude 1/210, 1/340, 1/344
Grundlagen 1/205 ff., 1/341 ff.
lineare 1/209
OLG-Leitlinien 1/345
Sonderabschreibung 1/213
und Steuerersparnis 1/361

Sachverzeichnis

Überschusseinkünfte 1/211
und und Tilgung 1/359
Absichtlicher Leistungsentzug
Abdingbarkeit des § 1585b III BGB 6/114 ff.
bei nachehelichem Unterhalt 6/105, 6/114 ff.
Realsplitting 6/117
aus rechtlichen Gründen 6/109
bei Trennungsunterhalt 6/109
bei Verwandtenunterhalt 6/109
Absolute Grenze (§ 238 III S. 4 FamFG)
rückwirkende Herabsetzung des Unterhalts (§ 238 III S. 3 FamFG) 10/239
Absoluter Vorrang
Mangelfall 5/138
Abstammungsrecht 2/2
Abstammungsrechtliches Hauptsacheverfahren
einstweilige Unterhaltsanordnung bei Feststellung der Vaterschaft (§ 248 FamFG) 10/469
Abtrennung aus Verbund
Auskunfts-, Beleg- und Versicherungsverfahren 10/352
Abtrennung der Unterhaltsfolgesache
abschließende Regelung 10/106
Anfechtung bei Abtrennung gemäß § 140 III FamFG 10/107
Anfechtung, selbständige Beschwer 10/107a
Ausnahmeregelung 10/106
außergewöhnliche Verzögerung 10/106b
begründeter Beschluss 10/107
fortgeschrittenes Lebensalter 10/106c
Fortsetzung als selbständige Familiensache 10/107b
Geburt eines Kindes 10/106c
kein Anwaltszwang 10/106b
Prognoseentscheidung 10/106b
stillschweigende Abtrennung 10/107a
unzulässige Teilentscheidung 10/107a
unzumutbare Härte 10/106b
Volljährigkeit eines gemeinsamen Kindes 10/106a
Wegfall der Beschwer 10/107b
Wiederheirat 10/106c
Zusammenhang mit Kindschaftsfolgesache 10/106d
zwingende Abtrennung bei Beteiligung weiterer Personen (§ 140 I FamFG) 10/106a
Abwehr der Zwangsvollstreckung
Auskunfts-, Beleg- und Versicherungsverfahren 10/353
Abweisung des Antrags im Hauptsacheverfahren
Außerkrafttreten der einstweiligen Anordnung 10/453
Abzahlungen
Ehegattenunterhalt 1/498 ff.
Abzug
s. bereinigtes Nettoeinkommen, berücksichtigungswürdige Schulden
Abzug Steuern
nichtprägend 1/1014 ff.
prägend 1/1009

Abzugsposten
s. a. bereinigtes Nettoeinkommen, Kindesunterhalt als Abzugsposten, berücksichtigungswürdige Schulden
Arbeitsloser 1/1052
beim bereinigten Nettoeinkommen 1/1007 ff.
berücksichtigungswürdige Schulden 1/1074 ff.
berufsbedingte Aufwendungen 1/1000, 1/1042 ff.
Betreuungsbonus 1/1055
Direktversicherung 1/1034
Eheschulden 1/1074
bei Einkünften Vermietung und Verpachtung 1/454 ff.
bei einseitiger Vermögensbildung 1/1135
bei gemeinsamer Vermögensbildung 1/1134
Kinderbetreuungskosten 1/1053
Kinderbetreuungskosten und Betreuungsbonus 1/1000
Kindesunterhalt 4/440 ff.
Kosten laufender Lebensbedarf 1/1008
Krankheit und Alter 1/1000
Lehrling 1/1051
Mehrbedarf 1/1064
Mehrkosten Krankheit und Alter 4/406
so genannte Riesterrente 1/1034, 1/1037
sonstiger anerkennungsfähiger Aufwand des Pflichtigen 2/941
Steuern 1/1000, 1/1009 ff.
nach Trennung entstandene Schulden 1/1074
Unfallversicherung 1/1029
Unterhaltskosten 1/1000
vorrangige Unterhaltspflichten bei Verwandtenunterhalt 1/1128 ff.
Vorsorgeaufwendungen 1/1000, 1/1029 ff.
beim Wohnwert 1/498 ff.
Additionsmethode 4/800 ff.
Berechnungsformel 4/801
Berechnungsformel bei gleichrangigen Ehegatten 4/802
Einkommensanrechnung bei A. 4/934
bei gleichrangigen Ehegatten 4/802
Vorteile 4/824
AfA
s. Absetzung für Abnutzung
Akute Notlage
einstweilige Anordnung 10/403
Akzessorietät
Anschlussbeschwerde (§§ 66, 117 II FamFG) 10/592
einstweilige Anordnung 10/405
Alkoholabhängigkeit
fiktives Einkommen des Berechtigten 1/790
fiktives Einkommen des Pflichtigen 1/770
als Verwirkungsgrund 4/1296 ff.
Alkoholmissbrauch
fiktives Einkommen des Berechtigten 1/790
fiktives Einkommen des Pflichtigen 1/770
unterhaltsbezogen leichtfertig 1/770
Verlust des Arbeitsplatzes 1/771
Verwirkung 4/1296 ff.
Allgemeine Verfahrensvoraussetzungen
Abänderungsverfahren bei Urkunden (§ 239 FamFG) 10/271

2529

Sachverzeichnis

Allgemeiner Selbstbehalt
s. *Selbstbehalt, erhöhter angemessener*
Altersorge als Abzugsbetrag
beim Pflichtigen des Verwandtenunterhalts 2/941
– betriebliche Altersvorsorge 2/941
– thesausrierende Vermögensanlage 2/941
Altersphasenmodell
Erwerbstätigkeit im Umfang von 60 % 7/73, 7/198
Erwerbstätigkeit im Umfang von 66 % 4/199, 7/74
Erwerbstätigkeit im Umfang von 70 % 4/200, 7/75
Erwerbstätigkeit im Umfang von 75 % 4/201, 7/76
Erwerbstätigkeit im Umfang von 100 % 4/202, 7/77
Altersstufen
Kindesunterhalt 2/330
Altersteilzeit 4/568
Erwerbsobliegenheit 1/749
unterhaltsbezogen leichtfertig 1/749
Altersunterhalt (§ 1571 BGB) 4/214 ff.
Altersgrenze
– Anspruchsbegrenzung 4/235
– Anspruchsbeschränkung 4/234
– Anspruchskonkurrenzen 4/233
– besondere 4/221
– Bestimmung 4/216
– Einsatzzeitpunkt 4/227
– flexible 4/220
– für Freiberufler 4/222
– Ursächlichkeit des Alters 4/233
– vorgezogene 4/218
Anspruchsvoraussetzungen 4/214
Darlegungs- und Beweislast 4/236
maßgebendes Alter des Berechtigten 4/216
Regelaltersgrenzen 4/217
Altersvorsorge
und prägendes Einkommen 4/604
zusätzliche 4/837
zusätzliche beim Kindesunterhalt 2/383
Altersvorsorge als Abzugsbetrag
bei Nichtselbständigen 1/1033, 1/1034
bei Rentenbezug 1/646
bei Selbständigen 1/1037
Altersvorsorge als Abzugsposten beim Verwandtenunterhalt
bei Nichtselbständigen 2/941
bei Selbständigen 2/941
bei verheirateten, nicht erwerbstätigen Unterhaltspflichtigen 2/942
Altersvorsorgeunterhalt 4/856
einstweilige Anordnung 10/398
bei fiktivem Einkommen des Unterhaltsberechtigten 1/797
Obliegenheit zur Altersvorsorge 1/797
und prägendes Einkommen nach Trennung und Scheidung 4/603
Altes Recht
unzumutbares Einkommen 1/821
Verwirkung 4/1211

Amtsermittlungsgrundsatz
einstweilige Unterhaltsanordnung bei Feststellung der Vaterschaft (§ 248 FamFG) 10/477
einstweilige Unterhaltsanordnung vor Geburt eines Kindes (§ 247 FamFG) 10/466
Anderer unterhaltspflichtiger Verwandter 2/394 ff.
anderer Elternteil als a. u. V. 2/397
angemessener Bedarf des a. u. V. 2/396
angemessener Bedarf des Ehegatten 2/396
Betreuungsbonus 2/400
Betreuungskosten 2/400
Beweislast 2/409
Darlegungs- und Beweislast 6/731, 6/738
keine gesteigerte Unterhaltspflicht des pflichtigen Elternteils 2/394 ff.
Großeltern als a. u. V. 2/396
Kindergeld 2/403
Ungleichgewicht der finanziellen Belastungen der Eltern 2/397
Unterhaltsberechnung 2/404 ff.
Änderung der elterlichen Sorge
Einwendung im Vollstreckungsabwehrverfahren 10/154
Änderung Steuerklasse
fiktive Steuerberechnung 1/1011, 1/1021
Anderweitige Erledigungen im Hauptsacheverfahren
Außerkrafttreten der einstweiligen Anordnung 10/454
Anderweitige Regelung (§ 56 I FamFG)
Außerkrafttreten der einstweiligen Anordnung 10/449 ff.
Anerkenntnisbeschluss
einstweilige Anordnung 10/422
vereinfachtes Verfahren über den Unterhalt Minderjähriger 10/673
Anerkennung und Vollstreckung
nach nationalem Recht 9/699 ff.
nach Staatsvertragsrecht und EU-Verordnungen 9/675 ff.
Anerkennung und Vollstreckung ausländischer Unterhaltstitel 9/675 ff.
grundsätzliche Anerkennung 9/683
nach nationalem Recht 9/700
Verhältnis verschiedener Rechtsquellen 9/701
Vorrang der EU-Verordnungen 9/701
Anerkennungs- und Vollstreckungsausführungsgesetz (AVAG) 9/626
Anerkennungshindernisse
allgemein 9/686 ff.
Anfechtungsgründe
vereinfachtes Verfahren über den Unterhalt Minderjähriger 10/678
Anforderungen an Aufforderung
rückwirkende Erhöhung des Unterhalts (§ 238 III S. 2 FamFG) 10/238
Angemessener Bedarf
s. a. *angemessener Unterhalt*
und eheangemessener Bedarf 5/177
Vorabzug Unterhalt Volljähriger 4/445
Angemessener Selbstbehalt 4/975, 5/4

Sachverzeichnis

Angemessener Selbstbehalt der Eltern beim Kindesunterhalt 2/240, 2/395, 2/397, 2/536, 2/546 ff.
im Beitrittsgebiet 2/549
und eheangemessener Bedarf 2/247, 2/395, 2/545
des Ehegatten 2/397
Erhöhung 2/550
Herabsetzung 2/555
beim Minderjährigen 2/395
beim Volljährigen 2/395
Wohnkosten 2/548, 2/553
Angemessener Selbstbehalt von Verwandten 2/396
Angemessener Unterhalt
Verwandtenunterhalt 5/177
Angemessener Wohnwert 1/477 ff.
Angemessenheitskontrolle beim Tabellenunterhalt 2/218, 2/315, 2/355, 2/506
Anhängigkeit der Hauptsache
einstweilige Unterhaltsanordnung bei Feststellung der Vaterschaft (§ 248 FamFG) 10/471
Anhörungsrüge (§ 321a ZPO) 10/623 ff.
Abhilfe 10/632
Ablehnungsgesuch 10/623
Anschlussrechtsmittel 10/625
Anwaltszwang 10/627
Ausschlussfrist 10/626
Beschwerdewert 10/624
Bewilligung der Wiedereinsetzung 10/623
effektiver Rechtsschutz 10/623
Einleitung des Hauptsacheverfahrens 10/624
einstweilige Unterhaltsanordnung 10/624
Einzelfälle 10/630
Endentscheidung 10/623
Kausalität 10/631
Kosten 10/633
Nebenverfahren 10/623
positive Kenntnis 10/626
Rügefrist 10/626
Schriftform 10/627
Subsidiarität 10/624
Verfahrensgang 10/628 ff.
Verfahrensgegenstand 10/623
Verletzung rechtlichen Gehörs 10/625
Verwerfung 10/628
Voraussetzungen einer Gehörsverletzung 10/627
Wiedereinsetzung 10/626
Zwischenentscheidung 10/623
Ankündigung
Stufenverfahren (§ 254 ZPO) 10/360
Anlagevermögen 1/170, 1/382
Abschreibung *s. Absetzung für Abnutzung*
AfA, Absetzung für Abnutzung *s. Absetzung für Abnutzung*
Anschaffungskosten 1/204
Arten 1/203
Definition 1/203
Finanzierung 1/219
steuerliche Behandlung 1/202

Anordnung der sofortigen Wirksamkeit (§ 116 III S. 2 und 3 FamFG)
vereinfachtes Verfahren über den Unterhalt Minderjähriger 10/677
Anordnungsanspruch
einstweilige Unterhaltsanordnung bei Feststellung der Vaterschaft (§ 248 FamFG) 10/472
einstweilige Unterhaltsanordnung vor Geburt eines Kindes (§ 247 FamFG) 10/461
Anordnungsgrund
einstweilige Anordnung 10/403 ff.
Anpassung des Unterhalts
an Auslandsniveau 9/79a
Anpassung und Bindungswirkungen (§ 238 IV FamFG)
Abänderungsverfahren bei gerichtlichen Entscheidungen (§ 238 FamFG) 10/222 ff.
Anpassungsmaßstab bei Abänderung (§ 238 FamFG)
Abänderungsverfahren bei gerichtlichen Entscheidungen (§ 238 FamFG) 10/231 ff.
Anpassungsverfahren bei außergerichtlichen Unterhaltsvereinbarungen 10/369 ff.
Darlegungs- und Beweislast 10/372
gerichtliches Erstverfahren 10/369
Leistungsantrag 10/370
negativer Feststellungsantrag 10/370
Störung der Geschäftsgrundlage 10/373
vollstreckbarer Titel 10/371
Wirksamkeit der Unterhaltsvereinbarung 10/373
Anrechnung des Einkommens auf den Bedarf 4/942
s. a. Bedürftigkeit
Anrechnung von Einkommen aus unzumutbarer Erwerbstätigkeit des Berechtigten 1/815 ff., 4/944
nach altem Recht 1/821
Billigkeitsanrechnung 4/952
Billigkeitskriterien 4/952
des Kindes 2/109
Anrechnungsfreier Betrag 4/948, 5/112
bei unzumutbarer Erwerbstätigkeit 4/948
Anrechnungsfreies Defizit
s. anrechnungsfreier Betrag
Anrechnungsmethode 4/818
Anschlussbeschwerde
Beschwerde, sofortige (§§ 567–572 ZPO) 10/605
Anschlussbeschwerde (§§ 66, 117 II FamFG) 10/590 ff.
Abänderungsantrag (§ 238 FamFG) 10/595
Akzessorietät 10/592
Anschlussfrist 10/594
Antragsrücknahme 10/592
Bedingung 10/592
Beschwer 10/591
Einlegung und Begründung 10/593
Kosten 10/596
Rücknahme des Hauptrechtsmittels 10/592
rückständiger Unterhalt 10/594
Streitgenossen 10/592

2531

Sachverzeichnis

Teilbeschluss 10/592
unselbständiges Anschlussrechtsmittel 10/590
Verfahrenskostenhilfe 10/592
Verfahrensstandschaft 10/592
Vergleich 10/592
Verwerfung des Hauptrechtsmittels 10/592
Vorwirkung 10/595
Waffengleichheit 10/593
Wertgrenze 10/591
Anschlussfrist
Anschlussbeschwerde (§§ 66, 117 II FamFG) 10/594
Anschlussrechtsbeschwerde
Rechtsbeschwerde, Endentscheidungen (§§ 70–75 FamFG) 10/615
Anschlussrechtsmittel
Anhörungsrüge (§ 321a ZPO) 10/625
Anschwärzen beim Arbeitgeber 4/1324
Ansprüche der nichtehelichen Mutter
Rangfragen 5/119
Ansprüche eines nichtehelichen Elternteils
s. nichteheliche Lebensgemeinschaft
Anspruchsübergang auf Sozialleistungsträger
anwendbares materielles Recht 9/34
Anspruchsübergang nach § 94 SGB XII
kein A. bei Bedarfsgemeinschaft 8/25
Anteilige Haftung
Darlegungs- und Beweislast 2/924
beim Volljährigenunterhalt (Berechnung) 2/358
Antragsänderung
Beschwerde (§§ 58, 117 FamFG) 10/531
Antragsbefugnis
einstweilige Unterhaltsanordnung bei Feststellung der Vaterschaft (§ 248 FamFG) 10/476
Antragserweiterung
Beschwerde (§§ 58, 117 FamFG) 10/530
Antragsgegner
vereinfachtes Verfahren über den Unterhalt Minderjähriger 10/637
Antragshäufung, subjektive
vereinfachtes Verfahren über den Unterhalt Minderjähriger 10/660
Antragsrücknahme
Anschlussbeschwerde (§§ 66, 117 II FamFG) 10/592
Antragsrücknahme im Hauptsacheverfahren
Außerkrafttreten der einstweiligen Anordnung 10/452
Antragsverfahren
Aufhebungsverfahren (§ 52 II S. 3 FamFG) 10/433
Anwaltliche Vertretung bei Auskunft
Auskunfts-, Beleg- und Versicherungsverfahren 10/347
Anwaltsbeiordnung
einstweilige Anordnung 10/418
Anwaltskosten
vereinfachtes Verfahren über den Unterhalt Minderjähriger 10/652

Anwaltsvergleich
Abänderungsverfahren bei Vergleichen (§ 239 FamFG) 10/256
Anwaltszwang
Anhörungsrüge (§ 321a ZPO) 10/627
Arrestverfahren 10/491
Beschwerde (§§ 58, 117 FamFG) 10/510
Beschwerde, sonstige (§ 58 FamFG) 10/598
einstweilige Anordnung 10/414
Rechtsbeschwerde, Endentscheidungen (§§ 70–75 FamFG) 10/615
vereinfachtes Verfahren über den Unterhalt Minderjähriger 10/648
Wiederaufnahmeverfahren 10/378
Anwärterbezüge
als Einkommen 1/121
Anwendbares materielles Recht
deutsche Staatsangehörigkeit 9/12
einzelne Länder 9/10 ff.
gemeinsame Staatsangehörigkeit 9/18 ff.
gewöhnlicher Aufenthalt als Regelanknüpfung 9/13 ff.
kein Unterhalt nach vorrangig anwendbarem Recht 9/20 ff.
ordre public 9/24
Recht des zuständigen Gerichts 9/23
Rechtswahl 9/31 ff.
Scheidungsstatut 9/26 ff.
Statutenwechsel bei nachehelichem Unterhalt 9/30
Subsidiarität nach HUP 2007 9/17
Subsidiarität nach HUÜ 73 9/16
bei Übergang auf Träger öffentlicher Leistungen 9/34
und Unterhaltsstatut 9/11 ff.
weltweite Anerkennung 9/11
Anzahlungen 1/386
Arbeitgeberkündigung
Abfindungsansprüche 1/758
Kündigungsschutzklage 1/758
ohne Leichtfertigkeit 1/758
Arbeitnehmergehalt
als Einkommen 1/74
Arbeitnehmerlohn
als Einkommen 1/74
Arbeitnehmersparzulage
als Einkommen 1/74
kein Einkommen 1/730
Arbeitsagentur
Auskunft zur Beschäftigungschance 1/785
Arbeitsanreiz 4/773, 4/780
Arbeitsgerichtsprozess
als berufsbedingte Aufwendungen 1/141
Arbeitslosengeld 4/567
und Einkommensteuer 1/859
kein Erwerbstätigenbonus 1/106, 4/773
Arbeitslosengeld I 1/106 ff.
Dauer 1/107
Höhe 1/107
Nebentätigkeiten 1/108
bei Teilarbeitslosigkeit 1/109

Sachverzeichnis

Arbeitslosengeld II
s. *Grundsicherung für Arbeitsuchende*
allgemein 1/110 ff.
als Einkommen 1/110
Einstiegsgeld 1/112
Freibeträge 1/111
Rückstand bei übergegangenem Anspruch 6/110 ff.
Wohnkostenanteil 1/114
Zuschlag 1/112
Arbeitslosenhilfe
kein Einkommen 1/110
Arbeitslosenversicherung 1/1029
Arbeitsloser
berufsbedingte Aufwendungen 1/1052
Arbeitslosigkeit 4/588
prägendes Einkommen 4/567
prägendes und nichtprägendes Einkommen 4/585 ff.
des Unterhaltspflichtigen 1/759
Arbeitslosigkeit des Unterhaltspflichtigen
Obliegenheit zur Bewerbung 1/759
realistische Beschäftigungschance 1/759
Arbeitsmittel
als berufsbedingte Aufwendungen 1/141
Arbeitsplatzaufgabe
s. a. *leichtfertige Arbeitsplatzaufgabe; mutwillige Aufgabe des Arbeitsplatzes*
Aufnahme einer Selbständigkeit 1/769
fiktive Einkünfte 1/743 ff.
Mangelfall 5/46
prägendes und nichtprägendes Einkommen 4/585 ff.
Weiterbildung, Zweitausbildung 1/767
zulässige Weiterbildung 1/768
Arbeitsplatzsicherung
durch Einkommenskürzung 1/758
Arbeitsplatzsuche
Darlegungs- und Beweislast 1/782
ernsthafte Arbeitsbereitschaft 1/783
ernsthafte Bemühungen 1/782
des Erwerbslosen 1/782
Arbeitsplatzverlust
alkoholbedingt 1/771
Obliegenheit, neuen Arbeitsplatz zu suchen 4/588
prägendes Einkommen 4/555
prägendes und nichtprägendes Einkommen 4/585 ff.
Arbeitsplatzwechsel
betriebliche Umstrukturierung 1/759
fiktive Einkünfte 1/743 ff.
freiwilliger 1/757
Mehreinkommen 4/555
prägendes Einkommen 4/555, 4/567, 4/577 ff.
Arbeitsunfähigkeit
s. *krankheitsbedingte A.*
Arbeitsvertrag
Vorlagepflicht 1/1186
Arbeitszimmer
als berufsbedingte Aufwendungen 1/141
Arglisteinwand
bei Berufung auf Aufrechnungsverbot 6/307

Arrest
bei Gütergemeinschaft 6/424
Arrest in Unterhaltssachen 10/485 ff.
Anwaltszwang bei mündlicher Verhandlung 10/491
Arrest, dinglicher 10/488
Arrest, persönlicher 10/487
Arrestanordnung 10/492
Arrestanspruch 10/486
Arrestgesuch 10/491
Arrestgrund 10/487 ff.
Aufhebungsantrag (§ 926 II ZPO 10/494
Auskunftsverweigerung 10/488
Auslandsaufenthalt 10/488
Ausschluss der Rechtsbeschwerde 10/495
Beschluss 10/492
Beschwerde (§§ 58, 117 FamFG) 10/494
fällige Unterhaltsbeträge 10/489
Folgenbeseitigung 10/496
Gefährdung künftiger Unterhaltsansprüche 10/485
Gericht der Hauptsache 10/490
Glaubhaftmachung 10/491
klagbarer Unterhaltsanspruch 10/486
Kostenentscheidung 10/492
Prognoseentscheidung 10/486
Rechtsbehelfe 10/494
Rechtsbehelfe, nach mündlicher Verhandlung 10/495
Rechtsbehelfe, vor mündlicher Verhandlung 10/495
Rechtsschutzbedürfnis 10/485
rückständiger Unterhalt 10/486
Schadensersatzanspruch 10/494
Sicherung der Zwangsvollstreckung 10/485
sofortige Beschwerde 10/494
unbekannter Aufenthalt 10/488
Verfahrensablauf 10/490 ff.
Verfahrensgegenstand 10/489
Verfahrenswert 10/492
Vermögensverwertung 10/488
Verschlechterung der Vermögenslage 10/488
voller Unterhalt 10/486
vollstreckbarer Unterhaltstitel 10/489
Vollziehung der Arrestanordnung 10/493
Vorratspfändung 10/489
Widerspruch 10/494
Zuständigkeit, Beschwerdeinstanz der Hauptsache 10/490
Zuständigkeit, Familiengericht 10/490
Arrestanordnung
Arrestverfahren 10/492
Arrestverfahren
Beschwerde, sofortige (§§ 567–572 ZPO) 10/604
Auf Distanz angelegtes Verhältnis
Verwirkung 4/1276
Aufenthaltsort der Mutter
einstweilige Unterhaltsanordnung vor Geburt eines Kindes (§ 247 FamFG) 10/463
Auffangzuständigkeit
internationale Zuständigkeit 9/656 ff.

2533

Sachverzeichnis

Aufforderung zur Auskunftserteilung
rückwirkende Erhöhung des Unterhalts (§ 238 III S. 2 FamFG) 10/237
Aufgedrängte Vermögensbildung 4/462
Aufhebungsantrag (§ 926 II ZPO)
Arrestverfahren 10/494
Aufhebungsverfahren (§ 52 II S. 3 FamFG)
einstweilige Anordnung 10/432 ff.
Aufrechnung 6/300 ff.
Arglisteinwand gegen Berufung auf Aufrechnungsverbot 6/307
Aufrechnungserklärung 6/309
Aufrechnungsvereinbarung 6/300
Berücksichtigung des Existenzminimums als Selbstbehalt 6/300
denkbare Gegenforderungen 6/300
Einwendung im Vollstreckungsabwehrverfahren 10/154
Existenzminimum auch bei Arglist 6/308
gegen künftigen Unterhalt 6/309
gegen rückständigen Unterhalt 6/300
gegen Unterhaltsforderungen 6/302 ff.
gegen Unterhaltsrückstände 6/309
gesetzlicher Unterhaltsanspruch 6/302
mit Rückständen, Zinsen u. Sonderbedarf 6/302
mit Rückforderungsansprüchen aus Unterhaltsüberzahlung 6/311
gegen unpfändbare Forderungen 6/300
mit Unterhaltsforderungen 6/301
Vereinbarung 6/310
Verfahren 6/303
vertraglicher Unterhaltsanspruch 6/302
verzugsbegründend 6/116
Vollstreckungsgegenantrag bei A. gegen bestehende Unterhaltstitel 6/301
vorsätzliche Schädigung 6/307
Aufrechnung gegen Unterhaltsforderungen
Verfahren 6/303
Aufrechnungserklärung
Beschwerde (§§ 58, 117 FamFG) 10/543
Aufrechnungsverbot
unpfändbare Forderungen 6/300
Aufstockungsunterhalt (§ 1573 II BGB) 4/308 ff.
angemessene Erwerbstätigkeit 4/316
Anspruchsbegrenzung 4/325
Anspruchsdauer 4/323
Anspruchsumfang 4/323
Anspruchsvoraussetzungen 4/308
Darlegungs- und Beweislast 4/327
Einsatzzeitpunkte 4/318
Konkurrenzen 4/315
Lebensstandardgarantie 4/309
Subsidiarität des Anspruchs 4/314
Wiederaufleben des Anspruchs 4/324
Aufwandsentschädigungen
als Einkommen 1/74, 1/154
Aufwandsverteilungsthese
s. Gewinnermittlung
Aufwendungsersatz
Bedarfsgemeinschaft 8/68
Ausbildungsbedingte Aufwendungen 1/127

Ausbildungsbedingter Mehrbedarf
bei eigenem Haushalt 2/116
konkrete Darlegung 2/117
Leitlinien 2/114
Pauschalen 2/115
beim Volljährigenunterhalt 2/517
Ausbildungsbeihilfe
für Arbeitslose 1/701
als subsidiäre Vorausleistungen 1/701
Ausbildungsbeihilfe und Ausbildungsgeld
s. a. BAföG
als Einkommen 1/701
Ausbildungsdauer 2/77, 2/82
Auslandsstudium 2/84
Bummelstudium 2/86
Darlegungs- und Beweislast 2/84
Krankheit 2/84
Nebenarbeit 2/84
Parkstudium 2/87
Regelstudienzeit 2/84
Studienwechsel 2/88
Verlängerung der Ausbildung 2/84
Ausbildungsförderung
s. BAföG
Ausbildungsgeld
für Behinderte 1/702
Ausbildungsobliegenheit des Kindes
des Minderjährigen 2/55
des Volljährigen 2/55, 2/482 ff.
Ausbildungsunterhalt
Abitur – Lehre – Studium 2/99 ff.
Bachelor 2/82
Berufsgrundschuljahr 2/96
Masterprüfung 2/82
Schule – Lehre – FOS – Studium 2/104
Ausbildungsunterhalt des Ehegatten
bei Getrenntleben 4/73
Taschengeld 3/31
Ausbildungsunterhalt des Kindes 2/68 ff.
angemessene Ausbildung 2/69
Arbeitsplatzrisiko 2/75
nur eine Ausbildung 2/70
Ausbildungsanspruch 2/68 ff.
Ausbildungsdauer 2/77 ff., 2/84
Ausbildungsverpflichtungen 2/77 ff.
Auslandsstudium 2/81, 2/532
Beginn und Durchführung der Ausbildung 2/77
Berufswahl 2/71 ff.
Eignung des Kindes 2/74, 2/104
kein Bedarf nichtehelicher Kinder 7/113
Kontrollrechte der Eltern 2/90
Krankheit 2/84
Meisterprüfung 2/83, 2/98
Promotion 2/83
Weiterbildung 2/97 ff.
Zumutbarkeit für die Eltern 2/73, 2/98, 2/103
Zusatzstudium 2/83
Zweitausbildung 2/91 ff., s. a. dort
Ausbildungsunterhalt (§ 1574 III BGB)
Anspruchsbeginn 4/332
Anspruchsdauer 4/332
Anspruchskonkurrenzen 4/336

Sachverzeichnis

Anspruchsvoraussetzungen 4/328
Arbeitsmarktchancen 4/331
Darlegungs- und Beweislast 4/337
Erfolgreicher Abschluss 4/330
Erforderlichkeit der Ausbildung 4/329
Obliegenheitsverletzung 4/333
Ausbildungsunterhalt (§ 1575 BGB)
Anrechnung von Einkünften 4/356
Anspruchsbegrenzung 4/365
Anwendungsvoraussetzung 4/341
Arbeitsmarktchancen 4/349
Ausbildungsarten 4/347
berufliche Weiterbildung 4/352
Darlegungs- und Beweislast 4/367
Einsatzzeitpunkt 4/346
Fortbildung 4/351
Konkurrenzen 4/340
Maß des Unterhalts 4/354
Normzweck 4/338
Obliegenheiten des geschiedenen Ehegatten 4/361
Subsidiarität des Anspruchs 4/339
Umschulung 4/351
Unterhaltsdauer 4/357
Unterhaltsumfang 4/354
Ausbildungsvergütung 2/112 ff.
Abzugsposten 1/1051
Anrechnung auf Bar- und Betreuungsunterhalt 2/118 ff.
ausbildungsbedingter Mehrbedarf 2/115, 2/517
als Einkommen 1/121
Ausbildungsverpflichtungen des Kindes 2/77 ff., 2/483
Ausbildungsdauer 2/82
Auslandsstudium 2/81
Bummelstudium 2/86
Kontrollrechte der Eltern 2/90
leichteres Versagen des Kindes 2/92
Nichtbestehen einer Prüfung 2/84
Parkstudium 2/87
Regelstudienzeit 2/84
Studienort 2/81
Studienplan 2/80
Zielstrebigkeit 2/77, 2/79, 2/483
Ausführungsgesetze
zu EU-Verordnungen und Abkommen 9/626
Ausgleichsanspruch, familienrechtlicher
s. familienrechtlicher Ausgleichsanspruch
Auskunft
s. a. Ungefragte Informationen
allgemein 1/42
einstweilige Anordnung 10/401
Stufenmahnung 6/124
über Vermögenserträge 1/604
Auskünfte zum ausländischen Recht
Europäisches Übereinkommen 9/624
Auskunfts-, Beleg- und Versicherungsverfahren 10/345 ff.
Abtrennung aus Verbund 10/352
Abwehr der Zwangsvollstreckung 10/353
Antragsschrift 10/350
anwaltliche Vertretung 10/347

Belege 10/349
Beschwer 10/353
Bestimmtheit 10/350
billiges Ermessen 10/353
Dritter als Bote 10/347
eidesstattliche Versicherung 10/356
Einkommensteuerbescheid 10/346
einstweilige Anordnung 10/352
ergänzender Auskunftsanspruch 10/356
freiwillige Erfüllung 10/357
Geheimhaltungsinteresse 10/353
gehörige Sorgfalt 10/356
Gesamterklärung 10/346
Gewinneinkünfte 10/346
Originalurkunden 10/349
Rechtskraft 10/355
Schriftform 10/347
Stufenantrag 10/352
systematische Zusammenstellung 10/346
unmögliche Leistung 10/350
Verbundverfahren 10/352
Verwirkung 10/348
Vollstreckung, Anfechtung 10/354
Vollstreckung, Auskunft 10/354
Vollstreckung, Belegpflicht 10/354
Vollstreckungsgericht 10/357
Vollstreckungsverfahren 10/350
wechselseitige Auskunfts- und Belegpflicht 10/345
Zurückbehaltungsrecht 10/345
Zweijahressperrfrist (§ 1605 II BGB) 10/351
Auskunfts- und Belegpflichten 1/424 ff.
Auskünfte von Land- und Forstwirten 1/436
Auskunftspflichten bei Schätzungen 1/437
Besonderheiten bei Personengesellschaften 1/435
Besonderheiten des Auskunftsanspruchs gegenüber Gewerbetreibenden/Selbständigen 1/425
Besonderheiten des Belegansprchs gegenüber Gewerbetreibenden/Selbständigen 1/429
betriebswirtschaftliche Auswertung 1/432
Auskunftsanspruch
s. a. Belege
über alle Einnahmen und Ausgaben 1/1164
allgemein 1/1150 ff.
Antrag 1/1167
gegenüber Arbeitnehmern 1/1169
Art der Vollstreckung 1/1191 ff.
Aufstellung der Einkünfte 1/1152
über Ausgaben 1/1166
Auskunft auf Verlangen 6/237
Auskunft durch Rechtsanwalt 1/1153
Auskunftsverlangen 1/1164
Belege 1/1152, 1/1176 ff.
Beschwer der unterlegenen Partei 1/1157
Beschwer des Antragsgegners 1/1157
Beschwer des Antragstellers 1/1157
beim Betreuungsunterhalt (§ 1615l BGB) 1/1163
Darlegungs- und Beweislast für Unmöglichkeit 1/1190
beim Ehegattenunterhalt 1/1158
eidesstattliche Versicherung 1/1195 ff.

2535

Sachverzeichnis

der Eltern beim Kindesunterhalt 1/1161
beim Elternunterhalt 1/1162
Erfüllungseinwand 1/1190
Erheblichkeit 1/1154
erneuter Stufenantrag bei Verzögerung 1/1174
Erteilung der Auskunft durch RA 1/1165
beim Familienunterhalt 1/1152, 1/1159
als Folgesache 1/1158
Frist für neue Auskunft 1/1152
Frist zur Auskunft 1/1169
Gehaltsabrechnungen 2/733
geordnete systematische Aufstellung 1/1164
Gesellschafter 1/1182
gegenüber GmbH-Gesellschafter 1/1169
Grenzen beim Kindesunterhalt 1/1160
Grenzen der Auskunftspflicht 1/1154
Häufigkeit 1/1172 ff.
Inhalt 1/1153
Inhalt beim Familienunterhalt 1/1159
Insolvenz 1/1190
bei Insolvenz 1/1167
beim Kindesunterhalt 1/1160, 2/751 ff.
keine Kleinlichkeit 1/1168
Kosten der Auskunft 1/1164, 1/1171
Lohnsteuerbescheinigung 2/733
materielle Auskunftspflichten 1/1152
nachrangiger Unterhaltspflichtiger 1/1154
neue Auskunft 1/1172
neue Auskunft bei veränderten Verhältnissen 1/1173
Passiva 1/1155
Pflicht zur ungefragten Information 1/1199 ff.
prozessuale Auskunftspflicht 1/1151
rückständiger Unterhalt 1/1156, 1/1175
Schadensersatz bei Verstoß 1/1175
Schadensersatz bei Verstoß gegen Auskunftspflichten 6/237
Schriftform 1/1165
gegenüber Selbständigen 1/1166
des Sozialhilfeträgers 8/66
Stufenantrag 1/1156
Stufenmahnung 1/1156
Taschengeld 1/1159
aus Treu und Glauben 1/1152
Übergang zum Zahlungsantrag 1/1168
Umfang 1/1164 ff.
Umfang bei Selbständigen 1/1167
ungefragte Information bei Vergleichen 6/237
ungefragte Informationen 1/1199
ungefragte Informationen bei Urteilen 6/237
Unmöglichkeit 1/1190
bei Unterhaltsbemessung nach festen Bedarfssätzen 2/732
Unterhaltsberechtigtes Kind 1/1160
unvertretbare Handlung 1/1191
Verbleib früheren Vermögens 1/1155
Verdienstbescheinigungen 1/1178
vereinfachtes Verfahren über den Unterhalt Minderjähriger 10/643
Vermögen 1/1155
Vermögensanlage 1/1155
verschiedene Einkunftsarten 1/1169

Verzug mit der Auskunft 1/1175
Vollstreckung 1/1188 ff.
Vollstreckung des Zwangsmittels 1/1192
Vollstreckung durch Zwangsgeld und Zwangshaft 1/1191
Vollstreckungsabwehrklage 1/1190
vollstreckungsfähiger Titel 1/1188 ff.
Vollstreckungsvoraussetzungen 1/1189
zu weiteren Unterhaltspflichten 1/1158
Wirtschaftsgeld 1/1159
Wissenserklärung 1/1165
Zeitraum 1/1170
Zwangsmittel als Beugemittel 1/1192
Auskunftspflichten
s. *verfahrensrechtliche Auskunftspflichten*
Auskunftsstufenantrag
einstweilige Anordnung 10/400
Auskunftstitel
Vollstreckung 1/1188 ff.
Auskunftsverweigerung
Arrestgrund, dinglicher 10/488
Ausländische Unterhaltstitel
Anerkennung im Inland 9/675 ff.
Vollstreckbarkeit 9/675 ff.
Ausländisches Recht
einzelne Länder 9/100 ff.
vereinfachtes Verfahren über den Unterhalt Minderjähriger 10/638
Auslandsaufenthalt
Arrestgrund, dinglicher 10/488
Auslandsberührung 9/1 ff.
Bedarfsbemessung bei Auslandsaufenthalt 9/36
Bedarfskorrektur 9/38 ff.
ersatzweise deutsches Recht 9/18
kein Unterhalt nach vorrangig anwendbarem Recht 9/20 ff.
Ländergruppeneinteilung 9/37
Rechtsquellen 9/1 ff.
Rechtsverfolgung im Ausland 2/773
Teuerungsziffern 9/91 ff.
Unterhaltsbemessung 9/35 ff.
Währung 9/94
Auslandsdienstbezüge
als Einkommen 1/74
Auslandsstudium 2/81, 2/532, 6/17
Auslandsunterhaltsgesetz
internationale Zuständigkeit und Vollstreckbarkeit 9/627
Auslandsverfahrensrecht 9/600 ff.
Abänderung ausländischer Titel 9/666 ff.
internationale Zuständigkeit 9/640 ff.
keine Einlassung 9/660
Rechtshängigkeit 9/661 ff.
Rechtsquellen 9/600 ff.
Rechtsschutzbedürfnis 9/665
Vollstreckungsklagen 9/699 ff.
Vorrang der EU-Verordnung und internationalen Vereinbarungen 9/600
Auslandszuschlag
als Einkommen 1/74
Auslegung der Beschwerdeschrift
Beschwerde (§§ 58, 117 FamFG) 10/509

Sachverzeichnis

Auslösen, Auslösungen
als Einkommen 1/80 ff.
Leitlinien der Oberlandesgerichte 1/85
Ausschließlicher Rechtsbehelf
Abänderungsverfahren bei Urkunden (§ 239 FamFG) 10/275
Ausschließung von Familienrichtern 10/33
Ausschluss der Rechtsbeschwerde
Arrestverfahren 10/495
Ausschluss des Anspruchsübergangs nach § 33 SGB II
und Bedarfsgemeinschaft 8/258
Darlegungs- und Beweislast 8/259
Geltendmachung durch Leistungsempfänger 8/261
Geltendmachung durch Träger der Grundsicherung 8/256
Ausschluss des Anspruchsübergangs nach § 94 SGB XII 8/68, 8/124
s. a. *Übergang des Unterhaltsanspruchs nach § 94 SGB XII; Sozialhilfe; fiktives Einkommen; sozialhilferechtliche Vergleichsberechnung*
Bedarfsgemeinschaft 8/68
doppelte Bedarfsdeckung 8/126
gegen Eltern einer Mutter, die Kleinkind betreut 8/68
gegen Eltern einer Schwangeren 8/68
gegen Großeltern 8/68
Klage des Leistungsberechtigten 8/126
Klage des Sozialhilfeträgers 8/124
laufende Zahlung 8/84
öffentlich-rechtliche Vergleichsberechnung 8/129
Rechtsfolgen 8/124 ff.
bei unbilliger Härte 8/87 ff.
Ausschluss von Schadensersatzansprüchen
einstweilige Unterhaltsanordnung vor Geburt eines Kindes (§ 247 FamFG) 10/468
Ausschlussfrist
Anhörungsrüge (§ 321a ZPO) 10/626
vereinfachtes Verfahren über den Unterhalt Minderjähriger 10/686
Außenprüfung
s. *Betriebsprüfung*
Außergerichtliche Unterhaltsvereinbarung
Abänderungsverfahren bei Urkunden (§ 239 FamFG) 10/273
Außergerichtliche Vereinbarung
Abänderungsverfahren bei Vergleichen (§ 239 FamFG) 10/256
Außergewöhnliche Belastungen 1/882
Außerkrafttreten
Abweisung des Antrags im Abstammungsverfahren
– einstweilige Unterhaltsanordnung bei Feststellung der Vaterschaft (§ 248 FamFG) 10/481
anderweitige Regelung
– einstweilige Unterhaltsanordnung bei Feststellung der Vaterschaft (§ 248 FamFG) 10/480
Antragsrücknahme im Abstammungsverfahren
– einstweilige Unterhaltsanordnung bei Feststellung der Vaterschaft (§ 248 FamFG) 10/481

einstweilige Anordnung 10/449 ff.
Erledigung des Abstammungsverfahrens
– einstweilige Unterhaltsanordnung bei Feststellung der Vaterschaft (§ 248 FamFG) 10/481
Außerordentlicher Rechtsbehelf
einstweilige Anordnung 10/421
Aussetzung des Verfahrens
Beschwerde, sofortige (§§ 567–572 ZPO) 10/603
Auswanderung mit Kind als Verwirkungsgrund 4/1359
Auszubildender
berufsbedingte Aufwendungen 1/1051

Bachelorprüfung 2/82
BAföG
Anspruchsübergang 8/288
Anspruchsvoraussetzungen 1/671
als Bankdarlehen 8/283
Bedarf des Auszubildenden 8/281
bedarfsdeckendes Einkommen 1/672
und Bedürftigkeit beim Verwandtenunterhalt 2/903
Darlehen 1/674 ff.
als Darlehen 8/283
Dauer der Förderung 8/282
als Einkommen 1/670 ff., 2/490
Einkommen der Eltern 8/279
Einkommen des Ehegatten 8/279
Einkommen und Vermögen des Auszubildenden 8/279
Einkommensanrechnung 8/280
Obliegenheit zur Antragstellung 1/676
Rechtsweg 8/285
Regelleistungen als Einkommen 1/670
Rückabtretung 8/295
Rückstand bei übergegangenem Unterhaltsanspruch 6/110 ff.
subsidiäre Vorausleistungen 1/670
Subsidiarität 2/406
und Unterhalt 8/279 ff.
Unterhalt für die Vergangenheit 8/292
Unterhalt für Vergangenheit 8/292
verwaltungsrechtlicher Maßstab 1/671
Vorausleistungen 1/673, 8/287
Voraussetzungen der Förderung 8/282
Zinsen 8/294
als Zuschuss 8/283
Zuständigkeit 8/284
Barbezüge 1/74
Barentnahmen 1/239
Barunterhalt
einstweilige Unterhaltsanordnung vor Geburt eines Kindes (§ 247 FamFG) 10/468
Barunterhalt des Kindes 2/16, 2/418 ff.
Anrechnung von Kindeseinkommen auch auf Betreuungsunterhalt 2/118 ff.
Erbringung in anderer Art 2/16
Gleichwertigkeit mit dem Betreuungsunterhalt 2/20 ff.
Krankenversicherung des Kindes 2/16
Mietzahlung durch Pflichtigen 2/16

2537

Sachverzeichnis

und Naturalunterhalt 2/18, 2/21
und Sachleistungen 2/16, 2/21
Wohnungsgewährung durch Zahlung der Miete 2/16
Barunterhaltspflicht beider Eltern bei Minderjährigen
s. a. *Minderjährigenunterhalt*
Abzug eines Sockelbetrages 2/426
angemessener Selbstbehalt 2/426
Barunterhaltspflicht beider Elternteile im Mangelfall 5/189
Bedarfsbemessung 2/213 ff., 2/420 ff.
bei beiderseitiger Berufstätigkeit 2/418
Berechnung 2/428 ff.
Berechnung des Unterhalts 2/419 ff.
bei Drittbetreuung des Kindes 2/418
bei eigenem Hausstand des Kindes 2/418
Eingruppierung in Düsseldorfer Tabelle 2/334, 2/423
bei finanziellem Ungleichgewicht 2/418
Haftungsanteile der Eltern 2/404, 2/425 ff.
im Mangelfall 5/189
Mehrbedarf 2/235, 2/460, 2/462
notwendiger Selbstbehalt 2/426
Teilschulden 2/564
überobligationsmäßige Leistung eines Elternteils 2/123
wertende Veränderung der Haftungsanteile wegen Kindesbetreuung 2/404, 2/425 ff.
Zusatzbedarf 2/418
Barunterhaltspflicht beider Eltern bei Volljährigen 2/494, 2/560 ff.
s. a. *Volljährigenunterhalt*
Abzug eines Sockelbetrages 2/574
Abzugsposten bei Einkommensermittlung 2/568 ff.
angemessener Selbstbehalt 2/574
Auskunftspflicht 2/731
Berechnung des Unterhalts 2/567 ff., 2/575 ff.
bei Betreuung minderjähriger Kinder 2/572
Darlegungs- und Beweislast 2/578
Ehegattenunterhalt als Einkommen 2/566
fiktive Einkünfte eines Elternteils 2/567
Haftungsanteile der Eltern 2/560 ff.
Leistungsfähigkeit 2/567
im Mangelfall 5/187
privilegiert volljährige Kinder 2/580
Restbedarf 2/563
Schulden 2/570
Übergangszeit nach Volljährigkeit 2/578
vergleichbares Einkommen der Eltern 2/565 ff.
Vermögensstamm 2/567
vorrangige Unterhaltspflichten 2/573
wertende Veränderung der Haftungsanteile 2/577
Barunterhaltspflicht des betreuenden Elternteils 2/416
Betreuungsbonus 2/400
Betreuungskosten 2/400
Darlegungs- und Beweislast 2/417
bei Gefährdung des angemessenen Bedarfs des anderen Elternteils 2/394 ff., 2/397, 2/416

bei Leistungsunfähigkeit des anderen Elternteils 2/416
bei Mehrbedarf 2/235, 2/460 ff., 2/462
bei Verschuldung 2/416
Verteilungsquote 2/404
wertende Veränderung des Haftungsanteils 2/404
bei wesentlich geringeren Einkünften des barunterhaltspflichtigen Elternteils 2/397
Barunterhaltspflicht des nicht betreuenden Elternteils
Aufteilung beim gemeinsamen Sorgerecht 2/24, 2/449
Barunterhaltspflicht des nichtbetreuenden Elternteils 2/21
alleinige Haftung des barunterhaltspflichtigen Elternteils 2/410
anrechenbares Nettoeinkommen 2/412
Anrechnung von Kindeseinkommen auf Betreuungsunterhalt bei Minderjährigen 2/118
Bedarfsbemessung 2/211
Eingruppierung in Düsseldorfer Tabelle 2/333
freiwillige Leistungen des anderen Elternteils 2/123 ff.
freiwillige Leistungen Dritter 2/121 ff.
Gleichwertigkeit mit Kindesbetreuung 2/20, 2/410
Mehrbedarf 2/236, 2/461
während Ausübung des Umgangsrechts 2/130
Basisunterhalt
Darlegungs- und Beweislast beim nichtehelichen Unterhalt 7/245
für nichteheliche Kinder 7/22
Baukindergeld 1/519, 1/665
Bayerisches Familiengeld
s. *Familiengeld, bayerisches*
Beabsichtigte Beschwerde
Beschwerde (§§ 58, 117 FamFG) 10/511
Beamte, Ehegatte des B.
Krankenvorsorgeunterhalt 4/916
Wegfall der Beihilfeberechtigung, Krankenversicherung 4/903
Beamtengehalt
als Einkommen 1/74
Bedarf
und eigene Unterhaltspflichten d. Berechtigten 2/931
Sonderbedarf 6/1 ff., s. a. dort
Bedarf bei Ehegatten
s. a. *eheliche Lebensverhältnisse, Bedarfsbemessung*
ausbildungsbedingter Mehrbedarf 4/403
geänderte Rechtsprechung 4/471
geänderte Rechtsprechung zur Haushaltsführung und Kinderbetreuung 4/422
bei Haushaltsführung 4/422
bei Kinderbetreuung 4/422
Krankenversicherungsschutz 4/903
Mehrbedarf 4/403
Pflegeversicherung 4/403
Sonderbedarf 4/404, 6/1 ff.
trennungsbedingter Mehrbedarf nicht 4/406
zeitweiliger Aussetzung wegen Kinderbetreuung 4/422

Sachverzeichnis

Bedarf beim Ehegattenunterhalt
Abzugsposten Mehrbedarf Krankheit und Alter 4/406
Bedarf beim Kindesunterhalt
Darlegungs- und Beweislast für besonders hohen Bedarf 6/705
Bedarf des Kindes 2/8, 2/200 ff.
bei alleiniger Barunterhaltspflicht eines Elternteils 2/211
Anrechnung von Kindeseinkommen auf den B. 2/257
Bar- und Betreuungsbedarf 2/16, 2/19, 2/323
bei Barunterhaltspflicht beider Eltern 2/213 ff., 2/419
Bedarfsbemessung des Minderjährigenunterhalts nach Düsseldorfer Tabelle 2/311 ff.
bei besonders günstigem Einkommen der Eltern 2/226 ff., 2/341, 2/424
Darlegungs- und Beweislast 2/342, 2/533
Düsseldorfer Tabelle 2/311 ff., 2/319
Einkommen der Eltern 2/205 ff.
Einkommen des barunterhaltspflichtigen Elternteils 2/206, 2/211
fiktives Einkommen 1/763 ff.
fiktives Einkommen des pflichtigen Elternteils 2/207
freiwillige Leistungen Dritter 2/208
gesamter Lebensbedarf 2/125
Lebensstellung der Eltern 2/8, 2/200 ff.
und Leistungsfähigkeit 2/204
Mehrbedarf 2/232, 2/451 ff., 2/530 ff.
Pauschalierung 2/219
des privilegierten volljährigen Kindes 2/590
Schulden 1/1106, 2/209
Sonderbedarf *s. dort*
des Studenten 2/508 ff.
nach Tabellen und Leitlinien 1/16, 2/216 ff., 2/323 ff., 2/501 ff.
des Volljährigen, der sich nicht in einer Ausbildung befindet 2/534
von Volljährigen im Haushalt der Eltern 2/518 ff.
des volljährigen Kindes 2/470, 2/499 ff.
des Volljährigen mit eigenem Haushalt 2/508 ff., 2/515 ff.
des Volljährigen nach Erlangung einer eigenen Lebensstellung 2/535
Wohnkosten 2/125
Wohnwert 1/571 ff.
zusammengerechnetes Einkommen der Eltern bei beiderseitiger Barunterhaltspflicht 2/214
Bedarf des zweiten Ehegatten 4/807
Bedarf im Verwandtenunterhalt 2/926 ff.
Altersvorsorgeunterhalt 2/927
eigene Lebensstellung 2/926
bei Ersatzhaftung 2/917, 2/918
Kranken- und Pflegeversicherung 2/927
Prozesskostenvorschuss 2/928
speziell beim Elternunterhalt 2/967 ff.
Bedarf, sozialhilferechtlicher
s. sozialhilferechtlicher Bedarf
Bedarfsbemessung
bei Auslandsbezug 9/35

bei Einkommensreduzierung 4/475
Erwerbseinkommen 4/417
bei fehlender Erwerbstätigkeit 1/766
fiktive Einkünfte 4/417
fiktives Einkommen des Pflichtigen 1/761 ff.
Neubewertung der ehelichen Lebensverhältnisse 4/416
Normalentwicklung 4/467
Surrogat bei Familienarbeit 4/417, 4/473
Surrogat bei Veräußerung Familienheim 4/422 ff.
Surrogat der Haushaltsführung 4/422 ff., 4/468, 4/473
Surrogate 4/416
überobligatorische Tätigkeit 4/418, 4/596 ff.
Vermögenseinkünfte 4/417, 4/474
Bedarfsbemessung bei geschiedenen und neuen Ehegatten 4/805 ff.
bei Gleichrang 4/805 ff.
bei Nachrang 4/805
Bedarfsbemessung bei konkurrierenden Unterhaltspflichten 5/138
Konkurrenz gleichrangiger Ehegatten 4/805 ff.
Bedarfsbemessung beim Ehegattenunterhalt
s. a. eheliche Lebensverhältnisse, prägendes und nichtprägendes Einkommen
bei Additionsmethode 4/801
bei Änderungen nach Trennung 4/467 ff.
Ausgleich Arbeitsteilung in Ehe 4/410
Bedarfsbemessung nach Ehegattenquoten 4/772
Berücksichtigung des Erwerbstätigenbonus 4/777
Darlegungs- und Beweislast 4/576
eheliche Lebensverhältnisse 4/408 ff.
Einkommen aus unzumutbarer Tätigkeit 4/596 ff.
bei fiktiven Einkünften 1/761, 4/621 ff.
Halbteilungsgrundsatz 4/750 ff., 4/773
konkrete Bedarfsbemessung 4/763
bei konkurrierendem Ehegattenunterhalt 4/805 ff.
Konsumverhalten 4/463 ff.
keine Lebensstandardgarantie 4/434
Mieteinkünfte 4/607 ff.
Mindestbedarf 4/756, 4/837 ff., 5/155
nichtprägendes Einkommen 4/477, 4/554, 4/569 ff., 4/613 ff.
Normalentwicklung 4/467, 4/471 ff., 4/577 ff.
vom Normalverlauf abweichende, unerwartete Entwicklung 4/477, 4/554, 4/569
objektiver Maßstab 4/463 ff.
prägendes Einkommen 4/416 ff., 4/432 ff., 4/467 ff., 4/550 ff., 4/557 ff., 4/607 ff., 4/621 ff., 4/636 ff.
Sättigungsgrenze 4/760
Surrogat Familienarbeit 4/422 ff.
nach verfügbaren Einkommen 4/432 ff.
verfügbares Einkommen 4/440 ff.
Wandelbarkeit 4/413
Wohnwert 1/535 ff., 4/607 ff.
Zeitpunkt 4/469 ff.
Zeitpunkt der Veränderungen 4/410
Zinseinkünfte 4/607 ff.

2539

Sachverzeichnis

Bedarfsbemessung beim Kindesunterhalt
bei fiktiven Einkünften 1/761
fiktives Einkommen des Pflichtigen 1/763
Bedarfsermittlung
bei Land- und Forstwirten 1/309
Bedarfsgemeinschaft
Aufwendungsersatz 8/68
Sozialhilfe 8/9
Sozialhilfebedürftigkeit 8/13, 8/98 ff.
sozialhilferechtliche Vergleichsberechnung 8/134
bei der sozialhilferechtlichen Vergleichsberechnung 8/98
Unterhaltsansprüche in der B. 2/381
Bedarfsgemeinschaft nach dem SGB II 8/8, 8/179 ff., 8/190 ff.
Anspruchsberechtigte 8/184
und Haushaltsgemeinschaft 8/182
Hilfebedürftigkeit 8/184
Kinder 8/180, 8/190
Umgangsrecht 8/180
Verantwortungsgemeinschaft 8/180
Vergleichsberechnung 8/250
Bedarfsgemeinschaft nach SGB XII 8/23
Anspruchsberechtigte 8/213
Anspruchsberechtigung 8/24
Aufwendungsersatz 8/25
Einkommen der Mitglieder der B. 8/223
und titulierter Unterhalt 8/224
Bedarfskontrollbetrag 2/351 ff., 5/12
Berücksichtigung des Ehegattenunterhalts 2/350, 2/354 ff.
kein Selbstbehalt 5/19
Leitlinien 2/356 ff.
Maß für vorrangigen Bedarf des Kindes 5/142
und Selbstbehalt 2/351
Bedarfskontrolle
beim Familienunterhalt 3/72
Bedarfskorrektur
Anpassungstabellen 9/83
Anwendungsbeispiele 9/86 ff.
Anwendungshinweise für Anpassungstabellen 9/84
bei Auslandsberührung 9/38 ff.
erster Schritt bei Auslandsbezug 9/40 ff.
im Mangelfall s. *Mangelfall, Bedarfskorrektur*
nach Teuerungsziffern 9/91 ff.
durch Verbrauchergeldparität und Devisenkurs 9/40
zweiter Schritt bei Auslandsbezug 9/80 ff.
Bedarfsquote 4/772, 4/976
s. a. *Vorabzug*
Bedingter Selbstbehalt 5/4
Bedingung
Anschlussbeschwerde (§§ 66, 117 II FamFG) 10/592
Bedürftigkeit 4/928 ff.
Abänderung des Unterhalts 4/943
Anrechnung der Einkünfte 4/933
Berücksichtigung von Zusatzaufwand d. Berechtigten für die Altersvorsorge 2/932
Darlegungs- und Beweislast 4/932

Darlegungs- und Beweislast des Unterhaltsberechtigten 6/716 ff.
und eigene Unterhaltspflichten d. Berechtigten 2/933
Einkommen aus unzumutbarer Erwerbstätigkeit 4/944
Einsatzzeitpunkt 4/931
beim Elternunterhalt 2/972 ff.
beim Enkelunterhalt 2/1034
beim Familienunterhalt 3/8
bei Grundsicherung 2/904
bei nachehelichem Unterhalt 4/929
Subsidiarität von Sozialleistungen 8/10
beim Trennungsunterhalt 4/930
beim Verwandtenunterhalt 2/929
– bedarfsdeckende Sozialleistungen 2/929
Verwertung des Vermögensstammes 4/959
Bedürftigkeit des Berechtigen
und Rückforderungsanspruch gegen den Beschenkten (§ 528 BGB) 2/977
Bedürftigkeit des Kindes 2/7 ff., 2/51 ff.
ausbildungsbedürftige Kinder 2/54
behinderte Kinder 2/53
Einkommen aus überobligationsmäßiger Tätigkeit 1/825 ff., 2/109
Einkommen des Kindes 2/107
erneute Bedürftigkeit des Volljährigen 2/14, 2/535
Erwerbsobliegenheit des Volljährigen 2/57, 2/535
erwerbspflichtige Kinder 2/57
kranke Kinder 2/53
nicht erwerbspflichtige Kinder 2/51
nichteheliche Kinder 7/123
Restbedarf 2/239
Schülerarbeit 1/101, 1/825, 2/52
Studentenarbeit 1/101, 1/827, 2/109
Unterhaltsneurose 2/53
des volljährigen Kindes 2/469, 2/481 ff.
Befristung
Abänderungsgrund (§ 238 FamFG) 10/155
einstweilige Anordnung 10/398, 10/399
vereinfachtes Verfahren über den Unterhalt Minderjähriger 10/674
Befristung des Unterhalts
s. *zeitliche Begrenzung des Unterhalts; Verwirkung*
Begrenzung des Unterhalts
s. *zeitliche Begrenzung oder Herabsetzung des Unterhalts (§ 1578b BGB)*
Begründungsfrist
Anwaltszwang für Verlängerungsantrag
– Beschwerde (§§ 58, 117 FamFG) 10/522
Bekanntgabe der Wiedereinsetzungsentscheidung
– Beschwerde (§§ 58, 117 FamFG) 10/519
Beschwerde (§§ 58, 117 FamFG) 10/518
keine Notfrist
– Beschwerde (§§ 58, 117 FamFG) 10/518
keine stillschweigende Verlängerung
– Beschwerde (§§ 58, 117 FamFG) 10/521
Rechtsbeschwerde, Endentscheidungen (§§ 70–75 FamFG) 10/615

Sachverzeichnis

Schriftform für Verlängerungsantrag
– Beschwerde (§§ 58, 117 FamFG) 10/521
Verfahrenskostenhilfe
– Beschwerde (§§ 58, 117 FamFG) 10/522
Verlängerung mit Einwilligung des Gegners
– Beschwerde (§§ 58, 117 FamFG) 10/520
Verlängerung (§ 520 II S. 3 ZPO)
– Beschwerde (§§ 58, 117 FamFG) 10/520
Versäumung
– Beschwerde (§§ 58, 117 FamFG) 10/518
Wiedereinsetzung
– Beschwerde (§§ 58, 117 FamFG) 10/518, 10/522
Begründungsschrift
Rechtsbeschwerde, Endentscheidungen (§§ 70–75 FamFG) 10/615
Behinderte Kinder 2/53
Mehrbedarf 2/232 ff., 2/400, 2/435, 2/463 ff., 2/531, 2/534
Nachrang des Volljährigen 2/558
nicht subsidiäre Sozialleistungen 2/466
Pflegegeld 2/464 ff.
subsidiäre Sozialleistungen 2/464
Behinderung
Mehraufwand bei Einkommensermittlung 1/652 ff.
Beibringungsgrundsatz
vereinfachtes Verfahren über den Unterhalt Minderjähriger 10/657
Beiordnung
vereinfachtes Verfahren über den Unterhalt Minderjähriger 10/655
Beistandschaft
einstweilige Anordnung 10/416
einstweilige Unterhaltsanordnung vor Geburt eines Kindes (§ 247 FamFG) 10/464
Beiträge für Verbände
als berufsbedingte Aufwendungen 1/142
Beitragsbemessungsgrenze 1/1033
Vorsorgeunterhalt 4/893
Beitrittsgebiet
s. Neue Bundesländer
Belege
s. a. Auskunftsanspruch
Ablichtungen 1/1190
Arbeitslosen- und Krankengeld 1/1179
Arbeitsvertrag 1/1178, 1/1186
Art der Vollstreckung 1/1193
Aufwandsentschädigungen 1/1185
Auskunfts-, Beleg- und Versicherungsverfahren 10/349
Auskunftspflicht 1/1176
Belange anderer Beteiligter 1/1183
Bilanzen 1/1184
Darlegungs- und Beweislast für Unmöglichkeit 1/1190
Diäten 1/1185
Einkommensteuererklärung und -bescheid 1/1180
Einnahmen- und Überschussrechnung 1/1184
Erfüllung der Vorlagepflicht 1/1190
Geschäftsführer 1/1182

Geschäftsunterlagen 1/1184
Gesellschafter 1/1182
konkrete Bezeichnung 1/1176
Kontoauszüge 1/1187
Lohnsteuerbescheinigung 1/1179
missbräuchliche Verwendung 1/1183
keine Negativatteste 1/1187
bei Personengesellschaften 1/435
Schwärzung von Angaben zu einem Berufskollegen 1/1183
Schwärzung von Angaben zum neuen Ehegatten 1/1183
bei Selbständigen 1/427
steuerfreie Leistungen 1/1179
Umsatzsteuerbescheid 1/1185
Unmöglichkeit 1/1190
Verdienstbescheinigungen 1/1179
Vollstreckung mit Auskunftspflicht 1/1193
Vollstreckung von Titeln zur Belegvorlage 1/1188 ff.
Vollstreckungsvoraussetzungen 1/1189
Vorlage als vertretbare Handlung 1/1193
Vorlage der Originale 1/1176
Vorlage von Originalen 1/1194
Zinsen 1/1187
Zumutbarkeit der Vorlage 1/1177
Belegpflicht
vereinfachtes Verfahren über den Unterhalt Minderjähriger 10/667
Beleidigung
als Verwirkungsgrund 4/1285
Belgien
ausländisches materielles Recht 9/101 ff.
Verbrauchergeldparität und Devisenkurs 9/42
Bemessungsrelevanz
Darlegungs- und Beweislast im Abänderungsverfahren (§ 238 FamFG) 10/245
Bemühung um das Sorgerecht
Einkommensminderung 4/592
Berechnungsformel
bei Additionsmethode 4/801
Berechnungsmethoden
Additionsmethode 4/800 ff., 4/823
Anrechnungsmethode 4/818
Differenzmethode 4/817, 4/823
Mischmethode 4/820, 4/823
Quotenbedarfsmethode 4/822, 4/823
Bereicherungsantrag
Außerkrafttreten der einstweiligen Anordnung 10/451
einstweilige Anordnung 10/442
einstweilige Unterhaltsanordnung bei Feststellung der Vaterschaft (§ 248 FamFG) 10/479
Bereinigtes Nettoeinkommen
Abzug Erwerbstätigenbonus 4/778
Abzug Unterhalt minderjähriger Kinder und privilegierter Volljähriger 4/440
allgemein 1/1000 ff.
berechtigter Mehrbedarf wegen Krankheit, Behinderung und Alter 1/1064
berücksichtigungswürdige Abzugsposten 1/1001
berücksichtigungswürdige Schulden 1/1074 ff.

2541

Sachverzeichnis

Berücksichtigungswürdigkeit 1/1005
berufsbedingte Aufwendungen 1/1042 ff.
Direktversicherung 1/1034
beim Ehegattenunterhalt 1/1001
einseitige Vermögensbildung 1/1089 ff., 1/1135
erhöhte Anforderung an Abzugsposten im Mangelfall 5/76
gemeinsame Vermögensbildung 1/1134
Kinderbetreuungskosten 1/1053
beim Kindesunterhalt 1/1001
Kindesunterhalt als Abzugsposten 1/1121 ff.
konkrete Bedarfsermittlung 1/1135
Lebenssicherung 1/1034, 1/1037 ff.
Lehrling 1/1051
Riesterrente 1/1034
sehr gute Einkommensverhältnisse 1/1135
Steuern 1/1009 ff.
Tilgung Immobilienschulden 1/1034
Unfallversicherung 1/1029
Vermögensbildung als Altersvorsorge 1/1134
verteilungsfähiges Einkommen 4/757, 4/778
vorrangige Unterhaltspflichten beim Verwandtenunterhalt 1/1128 ff.
Vorsorgeaufwendungen 1/1029 ff.
Wohnwertschulden 1/505 ff.
Bereitstellungszinsen bei geplantem Hausbau 1/1087
Berichtigungsbeschluss
Beschwerde (§§ 58, 117 FamFG) 10/505
Berichtigungsbeschluss (§ 319 III ZPO)
Beschwerde, sofortige (§§ 567–572 ZPO) 10/603
Berücksichtigungswürdige Ausgaben (Ehegattenunterhalt)
Ansprüche nach § 1615l BGB 4/448
bei Bedarfsermittlung 4/432 ff., 4/437 ff., 4/440 ff., 4/453 ff.
berufsbedingte Aufwendungen 4/437
Betriebsausgaben 4/437
Ehegatte 4/449
Kinderbetreuungskosten 4/438
Schulden 4/439
Sonstiger Verwandtenunterhalt 4/447
Steuern 4/437
Unterhalt minderjährige Kinder 4/440 ff.
Unterhalt privilegierte Volljährige 4/440 ff.
Unterhalt sonstige Volljährige 4/445 ff.
vermögensbildende Aufwendungen 4/453 ff.
Vorsorgeaufwendungen 4/437
Werbungskosten 4/437
Berücksichtigungswürdige Schulden
als Altersvorsorge 1/1092
Ansprüche nach § 1651l BGB 1/1117
Auszahlung Zugewinn 1/1096
beim Bedarf 1/1074 ff., 1/1082 ff., 2/209
bei Bedürftigkeit 1/1079, 1/1103
ehebedingte Verbindlichkeiten 1/1074
beim Ehegattenunterhalt 1/1074 ff., 1/1085 ff.
bei einseitiger Vermögensbildung 1/1089, 1/1092
beim Familienunterhalt 3/35, 3/41

bei gemeinsamer Vermögensbildung 1/1089, 1/1091
Gesamtschuld 1/510, 1/1094
beim Kindesunterhalt 1/1080, 1/1105 ff., 2/209, 2/257, 2/570
beim Kindesunterhalt im Mangelfall 1/1111
keine Lebensstandardgarantie 1/1084
nicht bei leichtfertigen und für luxuriöse Zwecke eingegangenen Schulden 1/1087
leichtfertiges Schuldenmachen 5/92
bei Leistungsfähigkeit 1/1079, 1/1104, 2/257
Leitlinien zu Verbindlichkeiten 1/1081
minderjähriges Kind 1/1009
neue einseitige Verbindlichkeiten 1/1084
nichtprägende Schulden 1/1078
prägende Änderungen 4/434
Prozesskosten 1/1098
Prozesskostenhilfe 1/1098
bei Selbständigen/Gewerbetreibenden 1/1078
Sicherung des Mindestunterhalts 1/1111
sonstige Verbindlichkeiten nach § 1581 BGB 4/972, 4/973
Tilgungsplan 5/91
titulierter Unterhalt 2/340
nach Trennung entstandene Verbindlichkeiten 1/1074
nach Trennung entstehende Schulden 1/1074
trennungsbedingte Verbindlichkeiten 1/1074, 1/1084 ff.
Überschuldung 1/1100 ff.
Umgangslasten 1/1111
Umschuldung 1/1086
Verbraucherinsolvenz 1/1118 ff., 5/95 ff.
nicht vermögensbildende Schulden 1/1083
bei vermögensbildenden Ausgaben 1/1074
vernünftiger Tilgungsplan 1/1099
verschärfte Anforderungen im Mangelfall 5/85
Verschuldung 1/1100, 1/1114
beim Verwandtenunterhalt 2/943 ff.
voreheliche Verbindlichkeiten 1/1083
Wegfall eheprägender Schulden 1/1093
Wegfall prägend 4/639
Berufliche Verselbständigung 4/577 ff.
Beruflicher Aufstieg 4/477, 4/559 ff., 4/572
Darlegungs- und Beweislast 4/1094
Berufsbedingte Aufwendungen 1/122 ff.
Abschreibungen 1/141
kein Abzug bei Rentnern 1/1045
kein Abzug bei Selbständigen/Gewerbetreibenden 1/1042
als Abzugsposten 1/1042 ff.
allgemein 1/65
Änderung, berücksichtigungswürdige 4/433
Arbeitsgerichtsprozess 1/141
beim Arbeitslosen 1/1053
Arbeitsmittel 1/141
Arbeitszimmer 1/141
Beiträge für Verbände 1/142
bereinigtes Nettoeinkommen 1/129
keine berufsbedingten Aufwendungen 1/68
Berufskleidung 1/141
Bewerbungskosten 1/141

Sachverzeichnis

Darlegung 1/123
doppelte Haushaltführung 1/143
im Einzelnen 1/122
erhöhte Anforderungen im Mangelfall 5/77
neben Erwerbstätigenbonus 1/131
Fahrtkosten 1/133 ff., 1/1047
bei fiktiven Einkünften 1/128
Fortbildungskosten 1/144
bei gezahlten Zulagen und Entgelten 1/153
Instandhaltungs- und Reparaturkosten 1/145
Kinderbetreuungskosten 1/123, 1/146
Kinderbetreuungskosten als b. A. 1/1053
beim Kindesunterhalt 2/112 ff., 2/492
konkrete Bemessung 1/132
beim Lehrling 1/1051
in Leitlinien der Oberlandesgerichte 1/125
Pauschale 1/1045
Pauschalierung 1/124 ff.
Prozesskosten 1/147
Reinigungskosten 1/148
Reisekosten 1/56, 1/148
Schätzung 1/126
Steuerberatungskosten 1/149
Telefonkosten 1/144
Umzugskosten 1/151
Unfallkosten 1/151
Verpflegungsmehraufwendungen 1/152
Werbungskosten 1/1045
Berufsgrundschuljahr 2/96
Berufskleidung
als berufsbedingte Aufwendungen 1/141
Berufspause
ehebedingte Nachteile 4/1045, 4/1094
Berufsständische Versorgung 1/1029, 1/1037
Berufstätigkeit trotz Kinderbetreuung 1/803 ff., 1/828, 1/839
Betreuungsbonus 1/810
Betreuungskosten 1/810
Doppelbelastung 1/810 ff.
neue Rechtslage 1/803 ff.
Berufsverbände
Beiträge für B. 1/142
Berufswahl
Angemessenheit des Berufswunsches 2/76
Arbeitsplatzrisiko 2/75
Eignung des Kindes 2/74
beim Minderjährigen 2/71
beim Volljährigen 2/72, 2/481
Berufswechsel
Einkommensprognose 1/755
fiktive Einkünfte bei B. 1/743
fiktives Einkommen 1/738
bei gesteigerter Unterhaltspflicht 2/369
prägendes Einkommen 4/564, 4/584
Berufung auf Pfändungsfreigrenzen 5/95 ff.
Berufungsvorschriften
Rechtsmittel in Unterhaltssachen 10/500
Beschluss
Arrestverfahren 10/492
Beschluss, einstimmig
Rechtsbeschwerde, Endentscheidungen (§§ 70–75 FamFG) 10/616

Beschwer
Abänderungsverfahren (§ 54 I FamFG) 10/428
Abänderungsverfahren (§ 54 II FamFG) 10/426
Anschlussbeschwerde (§§ 66, 117 II FamFG) 10/591
Auskunft
– Beschwerde (§§ 58, 117 FamFG) 10/516
– Unmöglichkeit der Auskunft 1/1190
Auskunfts-, Beleg- und Versicherungsverfahren 10/353
Berechnung
– Beschwerde (§§ 58, 117 FamFG) 10/515
formelle
– Beschwerde (§§ 58, 117 FamFG) 10/513
– vereinfachtes Verfahren über den Unterhalt Minderjähriger 10/678
Fristsetzungsantrag (§ 52 II FamFG) 10/429
Geheimhaltungsinteresse
– Beschwerde (§§ 58, 117 FamFG) 10/516
Herausgabe
– Beschwerde (§§ 58, 117 FamFG) 10/516
materielle
– Beschwerde (§§ 58, 117 FamFG) 10/514
nicht vollstreckungsfähiger Titel
– Beschwerde (§§ 58, 117 FamFG) 10/516
Rücknahme
– Beschwerde (§§ 58, 117 FamFG) 10/517
Stufenverfahren (§ 254 ZPO) 10/368
– Beschwerde (§§ 58, 117 FamFG) 10/516
Wirksamkeit eines Vergleichs
– Beschwerde (§§ 58, 117 FamFG) 10/517
Zeit- und Arbeitsaufwand
– Beschwerde (§§ 58, 117 FamFG) 10/516
Zeitpunkt
– Beschwerde (§§ 58, 117 FamFG) 10/517
Zulassung
– Beschwerde (§§ 58, 117 FamFG) 10/515
Beschwerde
Abhilfeverfahren
– vereinfachtes Verfahren über den Unterhalt Minderjähriger 10/680
Anwaltszwang
– vereinfachtes Verfahren über den Unterhalt Minderjähriger 10/679
Befristung
– vereinfachtes Verfahren über den Unterhalt Minderjähriger 10/684
Erfüllungseinwand
– vereinfachtes Verfahren über den Unterhalt Minderjähriger 10/684
fehlende Leistungsfähigkeit
– vereinfachtes Verfahren über den Unterhalt Minderjähriger 10/683
formelle Fehler
– vereinfachtes Verfahren über den Unterhalt Minderjähriger 10/683
Gebühren
– vereinfachtes Verfahren über den Unterhalt Minderjähriger 10/685
Kostenfestsetzung
– vereinfachtes Verfahren über den Unterhalt Minderjähriger 10/682

Sachverzeichnis

Kostengrundentscheidung
– vereinfachtes Verfahren über den Unterhalt Minderjähriger 10/682
im Vollstreckbarkeitsverfahren 9/694
Beschwerde (§§ 58, 117 FamFG) 10/501 ff.
Abänderungsgründe (§ 238 FamFG) 10/529
Antragsänderung 10/531
Antragserweiterung 10/530
Anwaltszwang 10/510
Arrestverfahren 10/494
Aufrechnungserklärung 10/543
Auslegung der Beschwerdeschrift 10/509
beabsichtigte Beschwerde 10/511
Begründungsfrist 10/518
– Anwaltszwang für Verlängerungsantrag 10/522
– Bekanntgabe der Wiedereinsetzungsentscheidung 10/519
– keine Notfrist 10/518
– keine stillschweigende Verlängerung 10/521
– Schriftform für Verlängerungsantrag 10/521
– Verfahrenskostenhilfe 10/522
– Verlängerung mit Einwilligung des Gegners 10/520
– Verlängerung (§ 520 II S. 3 ZPO) 10/520
– Versäumung 10/518
– Wiedereinsetzung 10/518, 10/522
Beschluss
– Begründung 10/544
– formelle Mindestanforderungen 10/544
– Rechtsbehelfsbelehrung 10/545
– sofortige Wirksamkeit 10/544
– Zurückweisung 10/546
Beschwer
– Auskunft 10/516
– Berechnung 10/515
– formelle 10/513
– Geheimhaltungsinteresse 10/516
– Herausgabe 10/516
– materielle 10/514
– nicht vollstreckungsfähiger Titel 10/516
– Rücknahme 10/517
– Stufenverfahren 10/516
– Wirksamkeit eines Vergleichs 10/517
– Zeit- und Arbeitsaufwand 10/516
– Zeitpunkt 10/517
– Zulassung 10/515
Beschwerdebegründung 10/518 ff.
– Anwaltszwang 10/523
– beabsichtigt 10/524
– Beistand 10/523
– Entwurf 10/524
– formelhaft 10/526
– Formerfordernisse 10/525 ff.
– konkludente Bezugnahme 10/527
– pauschale Bezugnahme 10/527
– Sachantrag 10/525
– Schriftform 10/523
– Verfahrenskostenhilfe 10/524
Beschwerdebegründungsschrift 10/523 ff.
Beschwerdeentscheidung 10/544 ff.
Beschwerdeerweiterung 10/528
Beschwerdeerweiterung nach Bewilligung von Verfahrenskostenhilfe 10/512
Beschwerdeerwiderung 10/533
Beschwerdefrist 10/504 ff.
– Berichtigungsbeschluss 10/505
– Erkundungspflicht 10/506
– Fristberechnung 10/506
– § 63 III S. 2 FamFG 10/506
– schriftliche Bekanntgabe 10/504
– Teilversäumnisbeschluss 10/506
– Wiedereinsetzung 10/507
– Zustellungsmängel 10/504
Beschwerdegericht 10/518
Beschwerdeschrift 10/508
Beschwerdesumme 10/513 ff.
Beteiligtenänderung 10/532
Dispositionsmaxime 10/537
Eingangsgericht 10/503
Endentscheidung 10/501
Entwurf einer Beschwerdeschrift 10/511
fakultativer Einzelrichter 10/534
Formerfordernisse 10/508
Gang des Beschwerdeverfahrens 10/534 ff.
Güteverhandlung 10/543
Hauptsacheverfahren 10/501
Hinweisbeschluss 10/538
Meistbegünstigungsprinzip 10/502
mündliche Verhandlung 10/538
Nachschiebung von Anfechtungsgründen (§ 115 FamFG) 10/529
neue Tatsachen und Beweismittel 10/539
objektiver Erklärungswert 10/511
Rechtsbeschwerde nach Verwerfung 10/536
Rechtsfragen 10/538
Rechtsmittelverzicht 10/553 ff.
– Anfechtung 10/554
– Anschlussbeschwerde 10/555
– Anwaltszwang 10/554
– Auslegung 10/554
– Empfänger 10/553
– Widerruf 10/554
– Zeitpunkt 10/553
Rücknahme 10/549 ff.
– keine Einwilligung des Gegners 10/551
– Kosten 10/552
– mündliche Verhandlung 10/549
– schriftliches Verfahren 10/549
– Schriftsatz 10/549
– Verkündung des Beschlusses 10/550
Säumnisverfahren 10/542
Schriftform 10/508
schriftliches Verfahren 10/538
Teilbeschluss
– horizontal 10/547
– vertikal 10/548
Verbot der Schlechterstellung 10/540
Verfahrenskostenhilfe 10/511
– im Beschwerdeverfahren 10/556 ff.
Verfahrenskostenhilfegesuch 10/511
verfahrensrechtliche Auskunftspflichten (§§ 235, 236 FamFG) 10/537
Verkündung 10/501

Sachverzeichnis

Versäumnisbeschluss 10/502
– erstinstanzlich 10/540
– zweiter 10/540
Verwerfung nach Anhörung 10/536
vollständige Angaben 10/509
Widerantragsverfahren 10/543
Wiedereinsetzung
– Allgemeine Weisung 10/584
– Antragsvoraussetzungen 10/565
– Ausgangskontrolle 10/584
– Ausschlussfrist 10/585
– Auswahl und Überwachung von Büropersonal 10/583
– beabsichtigte Beschwerde 10/573
– bedingte Beschwerde 10/571
– Behebung des Hindernisses 10/567
– Beschwerdebegründung 10/573
– Beweiskraft des Eingangsstempel 10/570
– Bewilligung von Verfahrenskostenhilfe 10/567
– Bezugnahme auf erstinstanzliche Verfahrenskostenhilfe 10/560
– Eingangsnachweis 10/579
– Eingangszuständigkeit 10/561, 10/563
– Einwilligung des Gegners 10/577
– Einzelweisung 10/584, 10/587
– Fristbeginn für Begründung der Beschwerde 10/569
– Fristbeginn für Einlegung der Beschwerde 10/566
– Fristprüfung des Rechtsanwalts 10/576
– Fristverkürzung bei Zweifel an der Mittellosigkeit 10/568
– Fristwahrung durch Verfahrenskostenhilfegesuch 10/559
– Gegenvorstellung 10/567
– Glaubhaftmachung 10/570
– Hinweispflicht 10/585
– kein Abhilfeverfahren 10/562
– Lücken im Verfahrenskostenhilfegesuch 10/560
– Mängel bei Verfahrenskostenhilfegesuch 10/572
– bei Mittellosigkeit 10/559
– Mitwirkung der Gerichte bei der Fristwahrung 10/578
– Organisationsmangel 10/587
– organisatorische Maßnahmen 10/583
– prüffähiges Verfahrenskostenhilfegesuch 10/559
– Rechtsbeschwerde 10/572
– Rechtsmittelauftrag 10/574
– selbständige Wiedereinsetzungsfrist 10/589
– stillschweigend 10/572
– Telefaxanlage 10/582
– Überlegungsfrist 10/568
– Übermittlung per Telefax 10/575
– überwiegende Wahrscheinlichkeit 10/570
– und Verfahrenskostenhilfe 10/559 ff.
– Verfahrenskostenhilfegesuch innerhalb der Beschwerdefrist 10/564
– Verkehrsanwalt 10/576
– verkürzte Unterschrift 10/588
– Verlängerung der Begründungsfrist 10/577
– Versagung von Verfahrenskostenhilfe 10/568
– Verwechslungsgefahr 10/584
– Vorabverfahren 10/572
– Vordruck nach § 117 IV ZPO bei Verfahrenskostenhilfe 10/586
– Vorfrist 10/583
– Zeugenvernehmung 10/570
– Zuständigkeit 10/573
– Zuständigkeit des Beschwerdegerichts 10/561
– Zuständigkeit für Fristwahrung 10/561
– Zuständigkeitswechsel 10/587
– Zustellung 10/580
Zurückverweisung 10/541, 10/547
Zuständigkeit 10/503
zweite Tatsacheninstanz 10/531, 10/539
Beschwerde (§ 58 FamFG)
Rechtsmittel in Unterhaltssachen 10/497
Beschwerde, sofortige (§§ 567–572 ZPO) 10/602 ff.
Abhilfeverfahren 10/607
Ablehnung eines Sachverständigen (§ 406 V ZPO) 10/603
Ablehnungsgesuch (§ 46 II ZPO) 10/603
Anschlussbeschwerde 10/605
Arrestverfahren 10/494, 10/604
Aussetzung des Verfahrens 10/603
Berichtigungsbeschluss (§ 319 III ZPO) 10/603
Beschwerdeentscheidung, Begründung 10/609
Beschwerdefrist 10/606
Beschwerdefrist, Verfahrenskostenhilfe 10/606
Beschwerdewert (§ 567 II ZPO) 10/602
isolierte Kostenentscheidung 10/603
Kostenentscheidung bei Anerkenntnisbeschluss 10/603
Kostenentscheidung nach Antragsrücknahme 10/603
Kostenfestsetzungsbeschluss (§ 104 III ZPO) 10/603
Nebenentscheidung 10/605
neue Angriffs- und Verteidigungsmittel 10/607
Notfrist 10/606
öffentliche Zustellung 10/603
Ordnungsmittel 10/603
Ordnungsmittel gegen Sachverständige 10/603
originärer Einzelrichter 10/608
Rechtsbeschwerde (§ 574 ZPO) 10/607
Rechtsweg, Familiengericht 10/604
Sachentscheidung 10/609
vereinfachtes Verfahren über den Unterhalt Minderjähriger 10/682
Verfahrenskostenhilfe 10/603, 10/606
Verweisung, mittelbare 10/602
Verweisung, unmittelbare 10/602
Verwerfung 10/607
Vollstreckungsverfahren 10/604
Vorbehaltsklausel (§ 58 FamFG) 10/602
Wiedereinsetzung 10/603
Zeugnisverweigerung 10/603
Zulassung der Rechtsbeschwerde (§ 574 I Nr. 2 ZPO) 10/607

Sachverzeichnis

Zurückverweisung 10/609
Zurückweisung des Antrags auf Erlass einer Versäumnisentscheidung 10/603
Beschwerde, sonstige (§ 58 FamFG) 10/597 ff.
Anwaltszwang 10/598
Beschwerdewert 10/597
einstweilige Unterhaltsanordnungen 10/601
Endentscheidung 10/597
Festsetzungsbeschluss (§ 253 FamFG) 10/597
kein Abhilfeverfahren 10/600
Monatsfrist 10/597
mündliche Verhandlung 10/600
Rechtsmittelbegründung 10/599
Rechtsmitteleinlegung 10/598
Teilfestsetzungsbeschluss 10/597
vereinfachtes Verfahren über den Unterhalt Minderjähriger 10/676, 10/678 ff.
Verfahrensgang 10/598 ff.
Beschwerde, unzulässige Einwendungen
vereinfachtes Verfahren über den Unterhalt Minderjähriger 10/684
Beschwerde, Verwerfung
vereinfachtes Verfahren über den Unterhalt Minderjähriger 10/678
Beschwerdebegründung
Anwaltszwang
– Beschwerde (§§ 58, 117 FamFG) 10/523
beabsichtigt
– Beschwerde (§§ 58, 117 FamFG) 10/524
Beistand
– Beschwerde (§§ 58, 117 FamFG) 10/523
Beschwerde (§§ 58, 117 FamFG) 10/518 ff., 10/523 ff.
Entwurf
– Beschwerde (§§ 58, 117 FamFG) 10/524
formelhaft
– Beschwerde (§§ 58, 117 FamFG) 10/526
Formerfordernisse
– Beschwerde (§§ 58, 117 FamFG) 10/525 ff.
konkludente Bezugnahme
– Beschwerde (§§ 58, 117 FamFG) 10/527
pauschale Bezugnahme
– Beschwerde (§§ 58, 117 FamFG) 10/527
Sachantrag
– Beschwerde (§§ 58, 117 FamFG) 10/525
Schriftform
– Beschwerde (§§ 58, 117 FamFG) 10/523
Verfahrenskostenhilfe
– Beschwerde (§§ 58, 117 FamFG) 10/524
Beschwerdebegründungsschrift
Beschwerde (§§ 58, 117 FamFG) 10/523 ff.
Beschwerdeentscheidung
Begründung
– Beschwerde (§§ 58, 117 FamFG) 10/544
– Beschwerde, sofortige (§§ 567–572 ZPO) 10/609
Beschwerde (§§ 58, 117 FamFG) 10/544 ff.
formelle Mindestanforderungen
– Beschwerde (§§ 58, 117 FamFG) 10/544
Rechtsmittelbelehrung
– Beschwerde (§§ 58, 117 FamFG) 10/545

sofortige Wirksamkeit
– Beschwerde (§§ 58, 117 FamFG) 10/544
Zurückverweisung
– Beschwerde (§§ 58, 117 FamFG) 10/547
Zurückweisung
– Beschwerde (§§ 58, 117 FamFG) 10/546
Beschwerdeerweiterung
Beschwerde (§§ 58, 117 FamFG) 10/528
nach Bewilligung von Verfahrenskostenhilfe
– Beschwerde (§§ 58, 117 FamFG) 10/512
Beschwerdeerwiderung
Beschwerde (§§ 58, 117 FamFG) 10/533
Beschwerdefrist
Beschwerde (§§ 58, 117 FamFG) 10/504 ff.
Beschwerde, sofortige (§§ 567–572 ZPO) 10/606
Rechtsbeschwerde, Endentscheidungen (§§ 70–75 FamFG) 10/615
vereinfachtes Verfahren über den Unterhalt Minderjähriger 10/679
Beschwerdefrist (§ 63 III S. 2 FamFG)
Beschwerde (§§ 58, 117 FamFG) 10/506
Verfahrenskostenhilfe
– Beschwerde, sofortige (§§ 567–572 ZPO) 10/606
Beschwerdegericht
Beschwerde (§§ 58, 117 FamFG) 10/518
Beschwerdeschrift
Beschwerde (§§ 58, 117 FamFG) 10/508
Rechtsbeschwerde, Endentscheidungen (§§ 70–75 FamFG) 10/615
Beschwerdesumme; Beschwer
Beschwerde (§§ 58, 117 FamFG) 10/513 ff.
Beschwerdewert
Anhörungsrüge (§ 321a ZPO) 10/624
Beschwerde, sonstige (§ 58 FamFG) 10/597
vereinfachtes Verfahren über den Unterhalt Minderjähriger 10/680
Beschwerdewert (§ 567 II ZPO)
Beschwerde, sofortige (§§ 567–572 ZPO) 10/602
Besondere Verfahrensvoraussetzungen
Abänderungsverfahren bei Urkunden (§ 239 FamFG) 10/278
Bestandsveränderungen 1/234 ff.
und Gewinnermittlung 1/319
Bestimmtheit bei Auskunftsbegehren
Auskunfts-, Beleg- und Versicherungsverfahren 10/350
Bestimmungsrecht der Eltern 2/18
Aufnahme in den Haushalt eines Elternteils 2/39
über Bar- oder Naturalunterhalt 2/18
bei gemeinsamer Sorge 2/18
gesamter Lebensbedarf 2/35
Gestaltungsrecht 2/37
Getrenntleben der Eltern 2/43
bei Inanspruchnahme von BAföG-Leistungen 2/48
Interessenabwägung 2/46
konkludente Bestimmung 2/37
gegenüber minderjährigem Kind 2/33, 2/39
missbräuchliche Bestimmung 2/47

Sachverzeichnis

Rücksicht auf Belange des Kindes 2/45
durch sorgeberechtigten Elternteil 2/18
gegenüber Sozialhilfeträger 2/48
tiefgreifende Entfremdung 2/46
gegenüber Träger der Grundsicherung 2/48
und Umgangsrecht 2/39
Unerreichbarkeit des angebotenen Unterhalts 2/47
unterhaltsrechtliche Belange des Kindes 2/42
gegenüber unverheiratetem Kind 2/32, 2/38
Unwirksamkeit der Bestimmung 2/47
gegenüber volljährigem Kind 2/33, 2/36, 2/41, 2/473, 2/500
widersprechende Erklärungen der Eltern 2/43
Bestimmungswidrige Verwendung
Vorsorgeunterhalt 4/1313
Beteiligtenänderung
Beschwerde (§§ 58, 117 FamFG) 10/532
Beteiligtenmaxime
vereinfachtes Verfahren über den Unterhalt Minderjähriger 10/657
Betreuung des minderjährigen Kindes 2/19
Erfüllung des Unterhaltsanspruchs 2/19
Betreuung des unterhaltsberechtigten Kindes
durch anderen unterhaltspflichtigen Elternteil 2/400
Geldwert der B. 2/22
keine B. des volljährigen Kindes 2/26, 2/120, 2/472, 2/500
minderjähriges Kind mit eigenem Haushalt 2/337
Übergangszeit nach Volljährigkeit 2/579 ff.
Betreuung eines anderen Kindes 2/269
Betreuung durch Dritte 2/269
Betreuung eines nichtehelichen Kindes
Betreuung durch Dritte 2/63
Betreuung durch Lebensgefährten 2/61
Haftung des nichtehelichen Vaters 2/60
Unterhaltsanspruch der Mutter gegen ihre Eltern 2/59 ff.
durch Vater 2/25
Betreuungsbedarf der Kinder
bei Fremdunterbringung 2/422
Betreuungsbonus 1/839, 1/1064 ff.
Abzugsposten 1/1064
Abzugsposten Kindesunterhalt 4/444
eheliche Lebensverhältnisse 4/438
bei Geschwistertrennung 2/444
beim Kindesunterhalt 2/22, 2/400, 2/444
Betreuungsgeld 1/119, 7/126, 8/4, 8/282
Betreuungskosten 2/438
pauschale Bemessung 2/336
Betreuungskosten beim Kindesunterhalt 2/22
wegen Behinderung des Kindes 2/400, 2/500
Betreuung durch Dritte 2/22, 2/61, 2/269, 2/298
Erhöhung des Tabellenunterhalts um B. 2/336
wegen Erwerbstätigkeit des betreuenden Elternteils 2/400, 2/438

Betreuungsunterhalt des Kindes
Anrechnung von Kindeseinkommen 2/118 ff.
keine Betreuung des Volljährigen 2/26, 2/120
Gleichwertigkeit mit dem Barunterhalt 2/20 ff., 2/410
Übergangszeit nach Volljährigkeit 2/578 ff.
Betreuungsunterhalt (§ 1570 BGB)
Abgrenzung zum Naturalunterhalt 2/19
Anspruch bis zum 3. Lebensjahr des Kindes 4/167 ff.
Anspruchsbegrenzung 4/206
Anspruchskonkurrenzen 4/210
Anspruchsprivilegierung 4/209
Anspruchsverlängerung aus ehebezogenen Gründen 4/189
Anspruchsverlängerung aus elternbezogenen Gründen 4/190
Befristung der Unterhaltspflicht zwischen nichtehelichen Elternteilen 7/261
berechtigte Betreuung 4/166
– Begriff der Betreuung 4/167
– berechtigte Betreuung 4/166
– gemeinsames Sorgerecht der Ehegatten 4/166
– Hilfe von Dritten 4/165
– Wechselmodell 4/165
Darlegungs- und Beweislast 6/732 ff.
Darlegungs- und Beweislast bei Abänderung 6/746
Entwicklung des Unterhaltsanspruchs 4/157
Erwerbsobliegenheit bei Kinderbetreuung 4/193 ff.
gemeinschaftliche Kinder 4/164
Pflege und Erziehung der Kinder 4/165 ff.
Struktur des Unterhaltsanspruchs 4/160
Übergangsregelung für Altfälle 4/159
Verlängerung des Anspruchs für die dreijährige Frist 4/170 ff.
– allgemeine Grundsätze 4/170
– Billigkeitskriterien 4/172
– fehlende Fremdbetreuung 4/177
– kindbezogene Gründe 4/174
– Kosten der Fremdbetreuung 4/184
– Umfang der Erwerbsobliegenheit des betreuenden Elternteils 4/186
– unzumutbare Fremdbetreuung 4/181
– unzuverlässige Fremdbetreuung 4/179
– vorhandene Betreuungsmöglichkeiten 4/175
Betriebsaufspaltung 1/280
Betriebsausgaben
allgemein 1/23
und Gewinneinkünfte 1/330
steuerlich nicht abzugsfähige 1/338
Betriebskosten
Wohnvorteil 1/499
Betriebs-Pkw
als Sachbezüge 1/91
Betriebsprüfung 1/303
Betriebsratstätigkeit
Aufwendungen für B. 1/142
Betriebsvermögen 1/236
Abschreibung/AfA 1/262 ff.
Anlagevermögen 1/262

2547

Sachverzeichnis

Entnahmen/Einlagen 1/264 ff.
und Gewinn- und Verlustrechnung 1/257
Methode 1/253 ff.
steuerliche Unterlagen 1/255 ff.
Umlaufvermögen 1/170, 1/241, 1/257, 1/261, 1/383
Unterlagen 1/255 ff.
Unterschied zur Gewinn- und Verlustrechnung 1/257 ff., 1/307
Wertverzehrthese 1/263
Zuflussprinzip 1/254
Betriebsverpachtung 1/279
Betrug
Verwirkungsgrund 4/1286
Beweisaufnahme
international 9/622
Beweisaufnahmeübereinkommen
Geltungsbereich 9/623
Beweislast
s. Darlegungs- und Beweislast
Beweislastumkehr 6/749
Beweisvereitelung 6/749
Bewerbungskosten
als berufsbedingte Aufwendungen 1/141
Bewertungslösung 4/422
Bewilligung der Wiedereinsetzung
Anhörungsrüge (§ 321a ZPO) 10/623
Bewirtungskosten 1/148, 1/336
Bilanz
Anhang und Lagebericht 1/182
Forderungen 1/223
Handelsbilanz 1/170
Inventur 1/234
Kontenform 1/171
Rechnungsabgrenzungsposten 1/227
Rückstellungen 1/228 ff.
Sonderposten mit Rücklagenanteil 1/232, 1/321
Steuerbilanz 1/178
Umsatzsteuer 1/226
unterhaltsrechtliche Verwertbarkeit 1/178
Verbindlichkeiten 1/223
Wareneinkauf 1/234
Werberichtigung 1/225
Bilanzen
Vorlagepflicht 1/1184
Bilaterale Abkommen
internationale Zuständigkeit und Vollstreckbarkeit 9/616
Bildung und Teilhabe 1/688
Billiges Ermessen
Auskunfts-, Beleg- und Versicherungsverfahren 10/353
Billigkeitsabwägung
einheitliche 4/953
Billigkeitsanrechnung bei unzumutbarem Erwerbseinkommen 4/952
Billigkeitsquote 4/975
Billigkeitsunterhalt (1576 BGB)
Anspruchsvoraussetzungen 4/368
Beweislast 4/385
Billigkeitsabwägung 4/382
Ehebedingtheit 4/369

Einsatzzeitpunkt 4/370
Konkurrenzen 4/384
Unterhaltsdauer 4/383
Vorliegen schwerwiegender Gründe 4/372
– Betreuung gemeinschaftlicher Kinder 4/373
– Betreuung von Ehebruchskindern 4/376
– Betreuung von Enkelkindern 4/378
– Betreuung von Pflegekindern 4/377
– Betreuung von Stiefkindern 4/375
– Erkrankung 4/381
– Pflege von Angehörigen 4/379
Billigkeitsunterhalt (§ 1581 BGB) 4/971, 5/53
abschließende Bemessung 5/102
Bemessung 5/59
Billigkeitsquote 4/976, 5/102
proportionale Kürzung 5/103
Bindung
Rechtsbeschwerde, Endentscheidungen (§§ 70–75 FamFG) 10/614
Bindungswirkungen
Abänderungsverfahren bei Urkunden (§ 239 FamFG) 10/279
Bonus
s. Erwerbstätigenbonus, Kinderbetreuungsbonus
Bonusbegrenzung 4/828, 4/830
Bonusberechnung 4/826
Methodenwahl 4/833
Bosnien-Herzegowina
ausländisches materielles Recht 9/109 ff.
Bremer Tabelle zur Berechnung des Altersvorsorgeunterhalts 4/874 ff., 4/898
Brüssel I-Verordnung
internationale Zuständigkeit und Vollstreckbarkeit 9/606 ff.
Bruttoeinkommen
aus abhängiger Arbeit 1/65
Buchführung
Bestandskonten 1/184, 1/188
doppelte 1/184 ff.
einfache 1/183 ff.
Erfolgskonten 1/184, 1/192
Soll und Haben 1/185
Buchführungspflicht 1/169
Bulgarien
Verbrauchergeldparität und Devisenkurs 9/43
Bundeswehr
Erwerbsobliegenheit 1/749

Cash Flow 1/442
Conterganrente 1/651, 1/732

Dänemark
ausländisches materielles Recht 9/124 ff.
Verbrauchergeldparität und Devisenkurs 9/44
Darlegung von Veränderungen (§ 239 I S. 2 FamFG)
Abänderungsverfahren bei Urkunden 10/278
Darlegungs- und Beweislast
bei Abänderungsverfahren 6/746, *s. a. nachfolgendes Stichwort*
Abänderungsverfahren bei Urkunden (§ 239 FamFG) 10/282

Sachverzeichnis

Abänderungsverfahren bei Vergleichen (§ 239 FamFG) 10/263
allgemein 1/42, 6/700 ff.
für Altersunterhalt vor Rentenalter 6/717
anderer leistungsfähiger Verwandter 6/738
anderer unterhaltspflichtiger Verwandter 2/409
für Änderung zugestandener Einkünfte 6/746
Anpassung außergerichtlicher Vereinbarungen 10/372
anrechnungsfreier Betrag nach § 1577 II BGB 4/950
Anscheinsbeweis 4/1216
Anspruchsgrundlage bei Abänderung 6/746
Anspruchshöhe bei Trennungsunterhalt 6/737
bei Anspruchsübergang nach § 33 SGB II 8/259
bei Anspruchsübergang nach § 94 SGB XII 8/122, 8/125
bei anteiliger Haftung 2/924
für Arbeitsbemühungen 1/786
Arbeitslosigkeit des Unterhaltsberechtigten 6/718
Arbeitslosigkeit des Unterhaltspflichtigen 6/724
Arbeitsplatzsuche 1/782
Arbeitsunfähigkeit wegen Krankheit 6/719
für Ausbildungsdauer beim Kindesunterhalt 2/84
und Auskunftspflicht 6/715
Ausschluss der Abänderbarkeit 6/746
Bedarf minderjähriger Kindern 6/704 ff.
Bedarf volljähriger Kinder 6/707
Bedarfsbemessung 6/703 ff.
für bedarfsdeckende Einkünfte 6/717
zur Bedürftigkeit 4/932, 6/716 ff.
bedürftigkeitsmindernde Einkünfte 6/745
für behinderungsbedingten Mehraufwand 1/654 ff.
zur Berücksichtigungsfähigkeit von Schulden 5/90
für berufsbedingte Aufwendungen 6/726
besonders hoher Bedarf minderjähriger Kinder 6/705
für Beteiligung des betreuenden Elternteils am Kindesunterhalt 2/417
beim Betreuungsunterhalt 6/732 ff.
Betreuungsunterhalt nach Vollendung der dritten Lebensjahres 6/746
Beweislastumkehr 6/749
Beweisvereitelung 6/749
für Billigkeitserwägungen 6/724
für Ehegattenunterhalt 6/708
eheliche Lebensverhältnisse 4/415
für eheliche Lebensverhältnisse 4/576, 6/708
Einkommensänderungen nach Trennung 6/737
einkommensmindernde Verbindlichkeiten 6/728
Einwand der Befristung der Beschränkung des Unterhalts 4/1093
des Enkelkinds beim Enkelunterhalt 2/1042
für erbrachte Versorgungsleistungen 6/717
bei Ersatzhaftung 2/917, 2/924
Erwerbsminderung 6/723
Erwerbsobliegenheit bei Kinderbetreuung 6/732 ff.
Erwerbsunfähigkeit 6/719

bei fiktiven Einkünften 1/786
fiktives Einkommen des Berechtigten 1/777
für Haftungsanteile der Eltern 2/578
Haftungsquote beim Kindesunterhalt 6/707
Haftungsquote Ehegattenunterhalt neben § 1615l BGB 6/708
Haftungsquote im Abänderungsverfahren 6/746
für Herabsetzung und zeitliche Begrenzung 6/725
für Höhe des Barbedarfs des minderjährigen Kindes 2/342
für Höhe des Bedarfs beim volljährigen Kind 2/506
im Feststellungsverfahren (§ 256 ZPO) 10/325
konkreter Bedarf beim Ehegattenunterhalt 6/708
Körper- und Gesundheitsschaden 6/732
für krankheitsbedingte Mehrbedarf 6/720
Leistungsunfähigkeit 4/967
zur Leistungsunfähigkeit bei Verwandtenvorrang 5/182
zur Leistungsunfähigkeit von hilfsweise haftenden Verwandten 5/182
mangelnde Leistungsfähigkeit des vorrangig Verpflichteten 6/740
für Mehrbedarf 2/533, 6/720
für Mehrbedarf beim Kindesunterhalt 6/706
Mindestbedarf beim Ehegattenunterhalt 6/714
Mindestbedarf minderjähriger Kinder 6/704
Mindestunterhalt 2/379
nachehelicher Unterhalt 6/711
Negativer Feststellungsantrag 6/747 ff.
Negativtatsachen 4/1215, 6/744
für Negativtatsachen 6/741 ff.
bei nichtehelichem Unterhalt 7/244 ff.
bei Rangfragen 2/924
für reale Beschäftigungschance 1/786
für rechtsvernichtende Einwendungen 6/730
Regel-Ausnahme-Situation 6/732 ff.
für rückläufige Einkommensentwicklung 6/728
Schätzung 6/750 ff.
Schätzung nach § 287 ZPO 6/755 ff.
bei Spesen und Auslösungen 1/84
Steuerrückzahlung 6/737
substantiiertes Bestreiten von Tatsachen 6/742
für Synergieeffekt durch Zusammenleben 6/729
tatrichterliche Ermittlung 6/750 ff.
trennungsbedingter Mehrbedarf 6/713
Trennungsunterhalt 6/710
für überobligatorische Erwerbstätigkeit 6/719
des Unterhaltsberechtigten 6/703 ff.
Unterhaltsneurose 1/792
des Unterhaltspflichtigen 6/721 ff.
vereinfachtes Verfahren über den Unterhalt Minderjähriger 10/641
beim Verfahren 4/100
bei Vermögen 6/719
für Vermögensbildung 6/727
für Verwirkung des Kindesunterhalts 2/608
Verwirkung Ehegattenunterhalt 4/1213, 4/1293
für vor- oder gleichrangige Unterhaltsverpflichtung 6/729

2549

Sachverzeichnis

Wohngeld 1/666
Zukunftsprognose 6/746
Zumutbarkeit der Berufstätigkeit neben Kinderbetreuung 6/736
Zumutbarkeit der Vermögensverwertung 4/963
Darlegungs- und Beweislast im Abänderungsverfahren (§ 238 FamFG)
Antragsgegner 10/246 ff.
Antragsteller 10/242 ff.
Bemessungsrelevanz 10/245
ehebedingte Nachteile 10/244
Mindestunterhalt 10/245
Mithaftung beider Elternteile nach Eintritt der Volljährigkeit 10/247
Mithaftung des nichtehelichen Erzeugers beim Ehegattenunterhalt 10/247
negative Tatsachen 10/242
sekundäre Darlegungslast 10/244
substantiiertes Erwidern 10/243
Unterhaltsbefristung 10/244
Unterhaltsbegrenzung 10/244
Wechsel des Unterhaltstatbestandes 10/246
Wegfall der Privilegierung beim Kindesunterhalt 10/247
Darlehen
Tilgung 1/341, 1/385
auf Unterhalt 1/661
Dauer der Ehe
s. a. Lange Ehedauer
als Billigkeitskriterium für die zeitliche Begrenzung oder Herabsetzung des Unterhalts (§ 1578b I u. II BGB) 4/1065
Gesetzesänderung 4/1066
Dauerhafte Verbindung zu neuem Partner 4/1273
DDR, ehemalige
s. Neue Bundesländer
deckungsgleiches Hauptsacheverfahren
einstweilige Anordnung 10/406
Definition der Unterhaltspflicht
international 9/9
Deputate in der Land- und Forstwirtschaft
als Sachbezüge 1/91
Devisenkurse
und Verbrauchergeldparität 9/38 ff.
in verschiedenen Ländern 9/42 ff.
Diebstahl am Arbeitsplatz 4/585
Dienstwagen
als Sachbezüge 1/91
Differenzmethode 4/817
Einkommensanrechnung nach D. 4/934
Direktabzug
s. Anrechnungsmethode
Direktversicherung
als Abzugsposten 1/1034
Disagio 1/340
Dispositionsmaxime
Beschwerde (§§ 58, 117 FamFG) 10/537
Divergenz
Rechtsbeschwerde, Endentscheidungen (§§ 70–75 FamFG) 10/612

Doppelte Anspruchsvoraussetzungen
einstweilige Unterhaltsanordnung bei Feststellung der Vaterschaft (§ 248 FamFG) 10/477
einstweilige Unterhaltsanordnung vor Geburt eines Kindes (§ 247 FamFG) 10/465
Doppelte Haushaltsführung
als berufsbedingte Aufwendungen 1/143
Kraftfahrzeugkosten 1/1047
Doppeltitulierung
vereinfachtes Verfahren über den Unterhalt Minderjähriger 10/643
Doppelverdienerehe 4/416, 4/815
mit zeitweiligem Aussetzen wegen Kinderbetreuung 4/422
Doppelverwertung
bei Unterhalt und Zugewinn 4/480
Doppelvollstreckung
und Außerkrafttreten der einstweiligen Anordnung 10/452
Dreistufiger Instanzenzug
Rechtsmittel in Unterhaltssachen 10/497
Dreiteilungsgrundsatz
Bedarfsbemessung beim nichtehelichen Unterhalt 7/119
Drittbetreuung des Kindes 2/419
Drittelmethode 5/107
Dritter als Bote
Auskunfts-, Beleg- und Versicherungsverfahren 10/347
Drittschuldnerverfahren 10/343
eingeschränkte Pfändbarkeit der Unterhaltsrente 10/343
familiengerichtliche Zuständigkeit 10/344
materielles Unterhaltsrecht 10/344
ordentliches Streitverfahren 10/344
Taschengeldanspruch 10/343
vollstreckungsrechtliche Voraussetzungen 10/344
Drogenabhängigkeit 4/1296 ff.
Durchbrechung der Rechtskraft
Verfahren wegen Schadensersatz 10/339
Durchschnittseinkommen 1/25
bei Unselbständigen 1/72
Düsseldorfer Tabelle 2/315 ff.
Abänderung des Unterhalts bei Neufassung der Tabelle 2/339
Abschläge bei den Bedarfssätzen 2/343 ff.
Altersstufen 2/312, 2/330
Änderungen 2/322
anrechenbares Nettoeinkommen 2/412
Aufenthalt und Betreuung des Kindes 2/336
Barunterhalt 2/323
Bedarfsbemessung 2/311 ff.
Bedarfskontrollbetrag 2/351 ff.
Beitrittsgebiet 2/313, 2/316, 2/321
berufsbedingte Aufwendungen 2/412
Darlegungs- und Beweislast 2/342
dynamischer Unterhalt 2/362
eigener Haushalt des minderjährigen Kindes 2/337
eigener Haushalt des volljährigen Kindes 2/515 ff.

Sachverzeichnis

Eingruppierung bei Unterhaltstitel eines anderen Berechtigten 2/340
Einkommensermittlung 2/332, 2/412
Einkommensgruppen 2/321, 2/331 ff.
Erhöhung der Tabellensätze um Betreuungskosten 2/336
Euro 2/318
und Existenzminimum 2/325
Geltungsdauer 2/339
Herabgruppierung 2/343 ff.
Höhergruppierung 2/343 ff.
hohes Einkommen des Pflichtigen 2/341
Kindergeld 2/335 ff., 2/413
Krankenversicherung des Kindes 2/327
notwendiger Selbstbehalt 2/385
Ost-West-Fälle 2/324 ff.
Pauschalierung aller Lebenshaltungskosten 2/324, 2/326 ff., 2/329
Pflegeversicherung des Kindes 2/328
privilegierte volljährige Kinder 2/519, 2/590
Prozentsatz 2/362
Regelbetrag 2/312 ff., 2/358 ff.
als Richtlinie 2/317
Studentenunterhalt 2/509 ff.
Tabelle Kindesunterhalt, Stand 1.7.2007 2/320
Tabelle Kindesunterhalt, Stand 1.1.2008 2/319
Überschreitung der Tabellensätze bei besonders günstigem Einkommen 2/227, 2/341
Volljährigenunterhalt 2/503 ff.
Volljähriger im Haushalt der Eltern 2/518 ff.
Vortabellen für Beitrittsgebiet 2/321
Wohnkosten 2/326
Zusammenleben des Kindes mit betreuendem Elternteil 2/336
Zuschläge bei den Bedarfssätzen 2/343 ff.
Dynamischer Unterhalt 2/311, 2/314, 2/358 ff.
Abänderungsklage 2/358
Düsseldorfer Tabelle 2/361 ff.
Existenzminimum 2/361
Kindergeld 2/364
Klageantrag 2/365
Mindestunterhalt 2/358 ff.
Mindestunterhalt (Prozentsatz) 2/314
Regelbeträge 2/312
Staffelunterhalt 2/359
Urteil 2/359, 2/364
vereinfachtes Verfahren 2/358
beim volljährigen Kind 2/360

Effektiver Rechtsschutz
Anhörungsrüge (§ 321a ZPO) 10/623
Eheähnliches Zusammenleben 4/1273
ohne gemeinsamen Wohnsitz 4/1273
Eheangemessener Selbstbehalt 2/395, 2/545, 4/971
s. a. *Eigenbedarf des Verpflichteten*
und angemessener Selbstbehalt beim Kindesunterhalt 2/247
Berücksichtigung sonstiger Verbindlichkeiten 4/973
aus Quote und Mehrbedarf 4/972

Eheaufhebung 1/6
Ehebedingte Nachteile
Altersunterhalt 4/1060
Altersvorsorgeunterhalt 4/1061
Aufgabe der Erwerbstätigkeit 4/1045
Aufhebung durch Vermögensübertragung 4/1064
berufliche Disposition vor Eheschließung 4/1053
Berufspause 4/1045, 4/1094
betriebsbedingte Kündigung 4/1047
als Billigkeitskriterium für die zeitliche Begrenzung oder Herabsetzung des Unterhalts (§ 1578b I u. II BGB) 4/1003, 4/1032, 4/1041
– Auswirkung in der Zukunft 4/1042
Darlegungs- und Beweislast im Abänderungsverfahren (§ 238 FamFG) 10/244
Ehedauer 4/1065 ff.
Erkrankung 4/1056
– Haft in der DDR 4/1056
fehlende Berufsausbildung 4/1050
finanzieller Nachteil 4/1041
geringerer Rentenanspruch 4/1052
Kinderbetreuung vor der Eheschließung 4/1054
Kompensation
– Altersvorsorgeunterhalt 4/1061
konjunkturbedingte Kündigung 4/1047
mehrfacher Stellenwechsel 4/1051
nicht anerkannte berufliche Qualifikation 4/1049
Rentenanwartschaft
– Auszahlung 4/1052
Rollenverteilung in der Ehe 4/1041
Teilzeitstelle 4/1048
vollschichtige Erwerbstätigkeit 4/1051
vollständige Erwerbsminderung 4/1057
Wechsel des Arbeitsplatzes 4/1045
Wegfall 4/1044
– fortgeschriebenes fiktives Gehalt 4/1042
Ehebedingte Verbindlichkeiten 1/1074 ff., 1/1083 ff.
s. näher: *berücksichtigungswürdige Schulden*
ehebedingter Nachteil
keine hälftige Teilung 4/1024
des Pflichtigen 4/1083
Ehedauer
s. *Dauer der Ehe; lange Ehedauer*
nacheheliche Solidarität 4/1067
– Verflechtung der wirtschaftlichen Verhältnisse 4/1067
Übergangszeit bis zur Begrenzung/Befristung 4/1069
Ehegattenmindestselbstbehalt 3/89
Konkurrenz zwischen dem geschiedenen und dem aktuellen Ehegatten 3/89
Ehegattenselbstbehalt 5/5
Ehegattenunterhalt
s. a. *Bedarfsbemessung beim Ehegattenunterhalt, mehrere Ehegatten, Trennungsunterhalt*
Ausübungskontrolle 6/602
Bedarf 4/12
Bedürftigkeit 4/11

Sachverzeichnis

im bei hohen Einkommen 4/789 ff.
Darlegungs- und Beweislast 6/708
Einwendungen oder Einreden 4/20
Entstehungsgeschichte 4/1
Freigebigkeit 4/794
bei Gütergemeinschaft 6/402 ff., 6/413 ff.
Haushaltsführung 4/422
Kinderbetreuung in der Ehe 4/422
konkrete Bedarfsberechnung oder Differenzerechnung 4/794
mehrere Ansprüche verschiedenen Rangs 5/135a
Sonderbedarf 4/15
Unterhalt für die Vergangenheit 4/16
Unterhaltsbemessung 1/33 ff.
Unterhaltsverträge 6/600
Verwirkung s. *Verwirkung beim Ehegattenunterhalt*
Voraussetzungen bei Pflichtigen 4/17
Wirksamkeits- und Ausübungskontrolle 6/600
Ehegesetz 1/6
Eheliche Lebensverhältnisse
s. a. Bedarfsbemessung beim Ehegattenunterhalt; Berechnungsmethoden; prägendes Einkommen
Abfindung 4/567
Abfindung bei unveränderten Einkünften 4/620
kein Abzug bei einseitiger Vermögensbildung 4/434
Abzug Kindesunterhalt Minderjähriger 4/440 ff.
Abzug Kindesunterhalt privilegierte Volljährige 4/440 ff.
Abzug Steuern 4/437
aktuelle Einkommensverhältnisse 4/416
Alleinverdienerehe 4/416
Altersteilzeit 4/568
bei Änderung Ausgaben 4/553, 4/636 ff.
bei Änderung berufsbedingter Aufwendungen 4/433
Änderung der Rechtsprechung bei Ausübung Familienarbeit 4/422 ff.
Änderung des Einkommens
– bei Normalentwicklung 4/552 ff.
– nach der Trennung 4/608, 4/621 ff.
– vor Trennung 4/471
– nach Trennung oder Scheidung 4/410, 4/469 ff.
– zwischen Trennung und Scheidung 4/410, 4/577 ff.
bei Änderung Einkommen 4/551, 4/557 ff., 4/577 ff., 4/585 ff.
bei Änderung Kindesunterhalt 4/434
Änderung Steuerklasse Pflichtiger bei Wiederverheiratung und Vorrang erster Ehegatte 4/437
bei Änderung Steuern 4/433 ff.
bei Änderung Vorsorgeaufwendungen 4/433
Änderungen Ausgaben nach Scheidung 4/476
Änderungen im Ausgabenbereich nach Trennung/Scheidung 4/553
Aneinanderreihung von Ehetypen 4/416
bei Arbeitsplatzwechsel 4/567, 4/577 ff.
bei aufgedrängter Vermögensbildung 4/462
bei Aufnahme einer unzumutbaren Tätigkeit 4/596 ff.

bei Aufnahme oder Erweiterung einer Erwerbstätigkeit 4/422 ff., 4/473, 4/593 ff.
Ausgaben 4/418
Auswirkung Entscheidung BVerfG vom 25.1.2011 4/428 ff.
Bedarf 4/750 ff., 4/763, 4/801
Bedarfsbemessung 4/408 ff., 4/432 ff., 4/750 ff., 4/760, 4/763, 4/772, 4/801
Bedarfsbemessung bei Vermögensbildung 4/453 ff.
Begrenzung nach § 1578b BGB 4/421
Begriff 4/408 ff.
bei berücksichtigungswürdigen Ausgaben 4/755
berücksichtigungswürdige Abzugsposten 4/433 ff., 4/471
berücksichtigungswürdige Ausgaben 4/413, 4/432
bei berücksichtigungswürdigen Ausgaben 4/752
berufliche, gesundheitliche, familiäre Faktoren 4/418, 4/422
bei beruflichem Aufstieg 4/477, 4/559 ff., 4/572
berufsbedingte Aufwendungen 4/437
Berufswechsel 4/564
Betreuungsbonus 4/438
Darlegungs- und Beweislast 4/415
Dienst- und Fürsorgeleistungen 4/422
Doppelverdienerehe 4/416
Doppelverdienerehe mit zeitweiliger Aussetzung Berufstätigkeit 4/416
Ehegatten und Ansprüche nach § 1615l BGB 4/448
Einkommensänderung durch Wiedervereinigung 4/575
Einkommensänderungen 4/551
Einkommenserhöhungen 4/410, 4/560, 4/562
Einkommensminderung 4/565
Einkommensminderungen 1/33, 4/410, 4/580, 4/585 ff.
Einkommenssenkungen 4/426, 4/430, 4/475
Einkommensverbesserungen 1/33
Entscheidung BVerfG vom 25.1.2011 4/412, 4/427, 4/471
Erwerbstätigenbonus 4/773, 4/782
fiktive Erwerbseinkommen der Bedürftigen 4/552
fiktive Steuerberechnung 4/437
bei fiktivem Einkommen des Bedürftigen 4/552, 4/586, 4/621 ff.
bei fiktivem Einkommen des Pflichtigen 4/552, 4/586
geänderte Rechtsprechung des BGH 4/410
bei Geburt eines Kindes nach Scheidung 4/440
bei gehobenen Einkünften 4/458
gleichrangige Ehegatten 4/448
gleichrangiger Ehegatte und Anspruch nach § 1615l BGB 4/448
gleichwertige Haushaltstätigkeit 4/416
bei guten Einkommensverhältnissen und zusätzlichen Vermögenseinkünften 4/463, 4/478
Halbteilungsgrundsatz 4/750 ff., 4/773
bei Haushaltsführung 4/422
Haushaltsführung für einen neuen Partner 4/552

Sachverzeichnis

Haushaltsführung und Kinderbetreuung in Ehe 4/416, 4/418
Haushaltsführungsehe 4/416
  bei Karrieresprung 4/477
  kein Stichtagsprinzip 4/426, 4/429
  keine Lebensstandardgarantie 4/426
  bei Kinderbetreuung 4/422
Kinderbetreuung in der Ehe 4/416
Kinderbetreuungskosten 4/438
Kindesunterhalt für Kinder aus neuer Ehe 4/440
Kindesunterhalt minderjähriges Kind 4/440 ff.
Kindesunterhalt volljähriges Kind 4/445
konkrete Bedarfsermittlung 4/763
Konsumverhalten 4/463 ff.
Kritik an Entscheidung BVerfG 4/428
kurzfristige Einkommensänderungen 4/419
latente Unterhaltslasten 4/447
keine Lebensstandardgarantie 4/410, 4/411, 4/469
bei Leistungsbeförderung 4/477, 4/572
Maßstab 4/408 ff., 4/750 ff.
Mehrbedarf 4/418
Mieteinkünfte 4/607
kein Mindestbedarf 4/756
nach Trennung/Scheidung entstandene neue Ausgaben 4/434 ff.
nachehelicher Unterhalt 4/408 ff.
nachrangige Unterhaltslasten 4/447
nachrangiger Ehegatte 4/449
Nachteilsausgleich 4/411
Negativeinkünfte 4/456
neue Ausgaben bei nichtprägenden Einkünften Pflichtiger 4/434
neue Ausgaben nach Trennung/Scheidung 4/426, 4/430 ff.
neue Steuerlast 4/437
neuer Ehegatte 4/431, 4/752
nichtprägendes Einkommen 4/420, 4/477, 4/554, 4/569 ff., 4/613 ff.
Normalentwicklung 4/557, 4/577 ff.
Nutzungsentschädigung 4/607
Obergrenze 4/760
objektiver Maßstab 4/463 ff.
objektiver Maßstab nach früherer Rechtsprechung 4/454
prägende fiktive Zinsen 4/626
prägendes Einkommen 4/416 ff., 4/432 ff., 4/471 ff., 4/550 ff., 4/557 ff., 4/586 ff., 4/593 ff., 4/621 ff., 4/636 ff.
Quotenunterhalt 4/772
bei Regelbeförderung 4/562 ff.
Rückführung Schulden 4/465
Sättigungsgrenze 4/760
Schulden 4/439
Stichtag Ehescheidung 4/556
Stichtagsprinzip 4/469
Surrogat
  – der Familienarbeit 4/422, 4/551
  – der Haushaltsführung 4/473
  – bei Veräußerung Familienheim 4/474, 4/607 ff., 4/611 ff.
  – bei Vermögenseinkünften 4/607

– von Vermögenseinkünften 4/551
tatsächliche Steuerlast 4/437
nach Trennung entstandener Vermögenseinkünfte 4/554
trennungsbedingter Mehrbedarf 4/406
Trennungsunterhalt 4/408 ff.
überobligatorische Tätigkeit 4/552
Unterhalt nach Scheidung geborene Kinder 4/428, 4/430
Unterhaltsbedarf 4/400 ff.
unternehmerische Leistung 4/573
bei Veräußerung des Eigenheimes 1/557 ff., 4/607 ff., 4/611 ff.
Vereinfachungsgrundsatz 4/470
bei vermögensbildenden Ausgaben 4/453 ff.
Vermögenseinkünfte 4/551
bei Vermögenseinkünften 4/474, 4/607 ff.
bei Verselbständigung 4/577 ff.
verteilungsfähiges Einkommen 4/757, 4/778
Vorabzug Elternunterhalt 4/447
Vorabzug nachrangiger Unterhalt 4/445 ff.
Vorabzug volljähriger Kinder und angemessener Bedarf 4/445
vorrangiger Ehegatte 4/449
Vorsorgeaufwendungen 4/437
Wandelbarkeit 4/410, 4/413, 4/416, 4/424, 4/426, 4/429 ff., 4/469 ff., 4/470
bei Wegfall von Kindesunterhalt 4/598
bei Wegfall von Schulden 4/639
Werbungskosten/Betriebsausgaben 4/437
wirtschaftlicher Wert Haushaltsführung 4/422
Wohnwert 1/535 ff., 4/607
Zeitpunkt 4/469 ff.
Zeitpunkt der Veränderungen 4/410
Zinseinkünfte 4/607
Zinseinkünfte aus Erbschaft, Lottogewinn 4/554
Zinseinkünfte aus Erbschaft nach Trennung 4/478
Zinseinkünfte bei hohem Einkommen 4/619
Zugewinn als Surrogat 4/474
Ehevertrag
Anpassung
– gemäß § 313 BGB 6/656
Inhaltskontrolle 6/643
Unterhaltsverzicht
– Vertragsfreiheit 6/638
Vereinbarung zum nachehelichen Unterhalt
– Formzwang 6/633
Ehevetrag
Wirksamkeits- und Ausübungskontrolle 6/643 ff.
Ehrenamtliche Tätigkeiten
Anrechnung von Entschädigungen als Einkommen 1/74
Eidesstattliche Versicherung
Abgabe beim Vollstreckungsgericht 1/1198
allgemein 1/1195 ff.
Auskunfts-, Beleg- und Versicherungsverfahren 10/356
bei Betrugsversuch 1/1197
Darlegungs- und Beweislast 1/1195
Durchsetzung 1/1198
bei eigenen Erkenntnissen des Berechtigten 1/1195

Sachverzeichnis

ergänzende Auskunft 1/1196
freiwillige Abgabe 1/1198
nicht bei geringer Bedeutung 1/1197
mangelnde Sorgfalt bei Auskunft 1/1196
bei unsorgfältiger Auskunft 1/1195
Verfahrenswert im Stufenverfahren (§ 254 ZPO) 10/365
Verhältnis zur Vollstreckung der Auskunft 1/1195
Versicherungspflicht eines Beteiligten 10/61
Eigenbedarf des Verpflichteten 2/934 ff., 4/970
s. a. Selbstbehalt, angemessener bzw. notwendiger Selbstbehalt
Angemessenheit beim Elternunterhalt 2/990
billiger Selbstbehalt 5/5
eheangemessener Eigenbedarf 4/970, 5/5, *s. a. eheangemessener Selbstbehalt*
und seines Ehegatten beim Elternunterhalt 2/990
beim Elternunterhalt 2/990
– Bonus von 50 % 2/991
– keine dauerhafte Senkung des einkommenstypischen Unterhaltsniveaus 2/990
– konkrete Bemessung 2/990
– Wohnvorteil 2/993 f.
– Zurücknahme einer luxuriösen Lebensführung 2/990
Relativität 5/1
im Verwandtenunterhalt 2/934 ff.
– Zusatzaufwand für Altersvorsorge 2/934, 2/941
Eigener Haushalt
s. a. Studentenunterhalt
des minderjährigen Kindes 2/337
des volljährigen Kindes 2/503, 2/508 ff., 2/515 ff.
Eigenheimzulage 1/519
als Einkommen 1/669
Eigenheimzulage, bayerische 1/519
Eigenkapital 1/172
s. Kapital
Eilmaßnahmen
s. einstweilige Unterhaltsanordnung
Eilzuständigkeit
Auslandsbezug 9/671
Eingangsgericht
Beschwerde (§§ 58, 117 FamFG) 10/503
Eingeschränkte Leistungsfähigkeit
Abbau von Überstunden 1/749
vereinfachtes Verfahren über den Unterhalt Minderjähriger 10/666
Vorruhestand 1/749
Eingetragene Lebenspartner
s. Unterhaltsansprüche zwischen eingetragenen Lebenspartnern
Einkaufsrabatte
als Sachbezüge 1/91
Einkommen
s. a. Fiktives Einkommen
allgemein 1/21
Einkommensteuer *siehe dort*
freiwilliger Arbeitsplatzwechsel 1/757

und Sozialleistungen 8/12
Sozialleistungen als E. 8/5
unterschiedliche Berücksichtigung beim Kindes- und Ehegattenunterhalt 1/31 ff., 1/33
zu versteuerndes Einkommen 1/874
Einkommen der Eltern beim Kindesunterhalt
anrechenbares Nettoeinkommen 2/412, 2/568 ff.
und Bedarfsbemessung 2/200, 2/205 ff.
besonders günstiges E. 2/226 ff., 2/341, 2/424, 2/514, 2/529
nach der Düsseldorfer Tabelle 2/332
Ehegattenunterhalt nach E. 2/247, 2/377, 2/566
Einkommensänderungen 2/210
fiktives Einkommen 2/207, 2/567
Kindergeld als Einkommen 1/677, 2/262, 2/335
und Lebensstellung des Kindes 2/205 ff.
im Unterhaltszeitraum 2/210
vergleichbare Einkommen bei Haftung beider Eltern 2/425 ff., 2/568 ff.
Wirtschaftsgeld 2/255
Einkommen des barunterhaltspflichtigen Elternteils
Bedarf des Kindes 2/206
Einkommen des Kindes 2/107 ff.
Anrechnung auf Bar- und Betreuungsunterhalt 2/118 ff., 2/414, 2/493
Anrechnung auf den Bedarf 2/259, 2/493
Ausbildungsvergütung 2/112 ff.
freiwillige Zuwendungen Dritter 2/121 ff.
nichteheliche Lebensgemeinschaft 2/111
Vermögenserträge 2/132
des Volljährigen 2/474
Werkstudentenarbeit 1/101, 1/827, 2/109
Wohngemeinschaft 2/111
Einkommensänderung
s. eheliche Lebensverhältnisse
Einkommensänderung nach Scheidung
Arbeitsplatzverlust 4/585 ff.
Arbeitsplatzwechsel 4/577 ff.
beruflicher Aufstieg 4/562 ff.
berufsbedingte Aufwendungen 4/638
erstmalige Erwerbstätigkeit 4/593 ff.
erstmaliger Rentenbezug 4/598 ff.
erwartete Veränderung 4/643
Lohnsteuer 4/638
neue Schulden 1/1084, 4/439
neue Unterhaltslasten 1/1122 ff., 4/440 ff.
Regelbeförderung i. ö. D. 4/562
Verselbständigung 4/577
Vorsorgeaufwendungen 4/638
Wegfall von Verbindlichkeiten 4/639
Einkommensänderung nach Trennung
Erhöhungen und Minderungen 4/643
Einkommensarten 1/22
Einkommenserhöhungen
eheliche Lebensverhältnisse 4/410, 4/473
Einkommensermittlung
s. a. Gewinnermittlung
bei abhängig Beschäftigten 1/65

Sachverzeichnis

alternative Methoden 1/438
wegen Bemühungen um Erlangung des Sorgerechts 4/592
durch richterliche Ermittlung 1/45
im Sozialhilferecht 8/30 ff.
aus steuerlichen Unterlagen 1/420
Einkommenskürzung
zur Arbeitsplatzsicherung 1/758
Einkommensminderung
Absehbarkeit 1/754
durch beruflichen Wechsel 1/753
eheliche Lebensverhältnisse 4/410
durch leichtfertiges Verhalten 4/581
ohne leichtfertiges Verhalten 1/753 ff.
prägend 4/582, 4/586
Rücklagenbildung 1/753
Zumutbarkeitsabwägung 1/753 ff.
Einkommenssenkung
eheliche Lebensverhältnisse 4/475
Einkommenssteigerung
nichtprägend 4/571
nichtprägend bei Karrieresprung 4/594
prägend 4/559 ff., 4/560
Einkommensteuer
s. a. Steuern
als Abzugsposten 1/1009
Abzugsposten bei der Einkommensermittlung 1/970 ff.
Abzugsteuer 1/892
Altersentlastungsbetrag 1/876
Aufteilung bei Trennung 1/940
außergewöhnliche Belastungen 1/882
Doppelberücksichtigung 1/995
Einkommensteuerrichtlinien 1/862
Einzelveranlagung *s. Veranlagung*
Entstehung 1/887
Erstattung 1/940
Gesamtschuld 1/930
getrennte Veranlagung *s. Veranlagung*
Grenzsteuersatz 1/858
Grundfreibetrag 1/852, 1/924, 1/1001
Grundtabelle 1/889, 1/903
Haftungsbeschränkung 1/930
In-Prinzip 1/970 ff.
Kinderbetreuungsleistungen 1/880
Prüfungszeitraum 1/69 ff., 1/420 ff., 1/970
Realsplitting *s. dort*
Sonderausgaben 1/879
Splittingtabelle 1/889, 1/903
Steuerpflicht *s. dort*
Steuersätze 1/857
Übertragung von Einkommensquellen 1/996
Verlustabzug 1/878
Vorauszahlung 1/890
Vorsorgeaufwendungen 1/881
Zugewinnausgleich 1/995
Einkommensteuerbescheid
Auskunfts-, Beleg- und Versicherungsverfahren 10/346
Spekulationsgewinne 1/1181
Steuerrückerstattung 1/1180
Vorlagepflicht 1/1180

Einkommensteuererklärung
Vorlagepflicht 1/1181
Einkünfte
s. a. die nachfolgenden, spezielleren Stichwörter
Abgeordnetenentschädigung 1/74
Auslandsdienstbezüge 1/74
Barbezüge aller Art 1/74
Behindertenwerkstatt 1/74
aus Beteiligung an Personengesellschaften 1/271 ff.
Betreuerentschädigung 1/74
des betreuten Elternteils beim nichtehelichen Unterhalt 7/124 ff.
Direktversicherung 1/74
Erfindervergütung 1/74
Erwerbseinkünfte 1/55
Erwerbsersatzeinkünfte 1/57
Familienzuschlag des Beamten 1/75
aus Gewerbebetrieb 1/162 ff.
Gewinneinkünfte *s. dort*
Haushaltszulage der EU 1/74
Heimarbeiterzuschlag 1/74
Kinderzuschuss 1/74
Krankenhaustagegeld 1/74
aus Land- und Forstwirtschaft 1/266 ff.
Ministerialzulage 1/74
aus Nebentätigkeiten 1/96
durch Pflegegeld 1/691
Prämien und Zulagen 1/74
Prognose 1/73
Schüler und Studenten 1/101 ff.
aus selbständiger Tätigkeit 1/250 ff.
Sonderzuwendungen 1/74
sonstige 1/58
Teilhabe am Chefarztpool 1/74
Trinkgelder 1/74
Übergangsbeihilfe 1/74
aus Vermögen 1/600 ff.
Vermögenseinkünfte 1/56
Vermögenswirksame Leistungen 1/74
Einkünfte aus abhängiger Arbeit
berufsbedingte Aufwendungen 1/122
Bruttoeinnahmen 1/65
Nebentätigkeiten 1/96
Prüfungszeitraum 1/69
Sachbezüge 1/91
typische Bruttoeinnahmen 1/74
weitere berufsbedingte Aufwendungen 1/141 ff.
Einkünfte aus freiwilligen Zuwendungen Dritter
allgemein 1/708 ff.
Anrechnung im Mangelfall 2/121, 5/73
fiktive Vergütung für Versorgungsleistungen 1/715 ff.
beim Kindesunterhalt 2/121 ff., 2/207, 2/495, 2/555
Leistungen eines neuen Partners 1/709
Wohnungsgewährung für Kinder 1/720
Wohnungsgewährung nach Trennung 1/714
Zuwendungen eines neuen Partners 1/709
Einkünfte aus Nebenerwerbstätigkeit
Elternunterhalt 2/1011

2555

Sachverzeichnis

Einkünfte aus Nebentätigkeiten
bei Rentnern 1/658
bei Schülern u. Studenten 1/825, 1/827, 2/109
überobligatorische Tätigkeit 1/828 ff.
Einkünfte aus Renten
Nebeneinkünfte 1/658
Einkünfte aus sozialstaatlichen Zuwendungen
Ausbildungsbeihilfe und Ausbildungsgeld 1/701
BAföG-Leistungen 1/670 ff.
Eigenheimzulage 1/669
Kindergeld 1/677 ff.
Kinderzuschlag 1/684 ff.
Leistungen nach dem Stiftungs- und Kindererziehungsleistungsgesetz 1/689 ff.
Pflege- und Erziehungsgeld 1/689 ff.
Wohngeld 1/665 ff.
Einkünfte aus Unterhalt 1/721 ff.
Taschengeldanspruch 1/724
Einkünfte aus unzumutbarer Tätigkeit 1/800
Abgrenzung zur zumutbaren Tätigkeit 1/800 ff.
Anrechnung beim Ehegattenunterhalt 1/815
Anrechnung beim Kindesunterhalt 1/825 ff., 2/443
Anrechnung beim Pflichtigen 1/828 ff.
Anrechnung nach altem Recht 1/821
Aufnahme Erwerbstätigkeit trotz Kinderbetreuung nach Trennung 1/804
des Berechtigten 1/803 ff., 1/815 ff.
Betreuungsbonus 1/839
eines Elternteils bei Geschwisterbetreuung 2/443
Erwerbstätigkeit trotz Betreuung kleiner Kinder 1/803 ff.
bei Haushaltsführung für neuen Partner 1/820
bei Kinderbetreuung durch Pflichtigen 1/828, 1/839
Nebentätigkeiten 1/99
bei Nebentätigkeiten 1/828, 1/829
des Pflichtigen 1/828 ff.
prägendes Einkommen 1/837 ff.
bei Rentnern 1/828, 1/830, 1/838
Schüler und Studenten 1/102 ff.
bei Schülern 1/827, 2/52, 2/109
teilweise Anrechnung 1/99
bei Überstunden 1/828
volljähriger Schüler bis 21 Jahre 1/826
Werkstudent 1/827, 2/109
bei Zweitarbeit 1/829 ff.
Einkünfte aus unzumutbarer Tätigkeit bei Kinderbetreuung
anrechnungsfreier Betrag 1/812 ff.
bei Betreuung behinderter Kinder 1/804
des Pflichtigen als prägendes Einkommen 1/805
Einkünfte aus Vermietung oder Verpachtung
Abschreibungen 1/457
Art der Einnahmen 1/453
Ausgaben 1/455 ff.
fiktive Mieteinnahmen 1/460 ff.
Finanzierungskosten 1/458
Gewinnermittlung 1/450 ff.
bei Gütergemeinschaft 1/467
Mieteinnahmen bei gemeinsamem Objekt 1/460
Negativeinkünfte bei einseitiger Vermögensbildung 1/459
Negativeinkünfte bei gemeinsamer Vermögensbildung 1/459
Obliegenheit zur Teilvermietung 1/462
Obliegenheit zur Vermietung und Nutzung 1/461
schwankende Mieteinnahmen 1/451
Überschussrechnung 1/451
Verluste 1/459
Werbungskosten 1/455
Wohnwert s. *Wohnvorteil*
Zurechnung fiktiver Einkünfte bei unterlassener Vermietung 1/461
Einkünfte aus Vermögen
allgemein 1/56, 1/600 ff.
Verwertung des Vermögensstammes s. *Vermögensverwertung*
Einkünfte aus Wohnwert
s. *Wohnvorteil*
Einkunftsarten 1/51 ff.
Einkommen aus abhängiger Arbeit 1/65
Einkommen aus Pensionen, Renten 1/646 ff.
Einkommen aus Schmerzensgeld 1/726
Einkommen aus sozialstaatlichen Zuwendungen 1/664 ff.
Einkommen aus Unterhaltsleistungen 1/721 ff.
Einkommen aus unzumutbarer Tätigkeit 1/800 ff.
Einkommen aus Vermietung oder Verpachtung 1/450 ff.
Einkommen aus Vermögen 1/600 ff.
freiwillige Leistungen Dritter 1/708 ff.
bei Strafhaft 1/731
Wohnvorteil im Eigenheim 1/473
Einlagen 1/196, 1/237 ff., 1/243, 1/264, 1/393
Einlegung und Begründung
Anschlussbeschwerde (§§ 66, 117 II FamFG) 10/593
Einleitung des Hauptsacheverfahrens
Anhörungsrüge (§ 321a ZPO) 10/624
Fristsetzungsantrag (§ 52 II FamFG) 10/431
Einleitung eines deckungsgleichen Hauptsacheverfahrens
einstweilige Unterhaltsanordnung bei Feststellung der Vaterschaft (§ 248 FamFG) 10/478
Einnahmen-Überschuss-Rechnung 1/250 ff.
Belege 1/255 ff.
Unterschied zur Gewinn- und Verlustrechnung 1/253, 1/257 ff.
Zuflussprinzip 1/257 ff.
Einsatzbeträge für proportionale Kürzung im verschärften Mangelfall
für Ehegatten nach Ehegattenquote 5/155
feste E. für Gatten 2/266
Einsatzzeitpunkte
des Wegfalls des Erwerbslosigkeitsunterhalts bei dessen zeitl. Begrenzung 4/1009

Sachverzeichnis

Einseitige Vermögensbildung
berücksichtigungswürdige Schulden 1/1089, 1/1092
eheliche Lebensverhältnisse 4/453 ff.
Einseitiges Leistungsversprechen
Abänderungsverfahren bei Urkunden (§ 239 FamFG) 10/278, 10/281
Einstellung der Zwangsvollstreckung
einstweilige Anordnung 10/448
Feststellungsverfahren 10/328
Vollstreckungsabwehrverfahren 10/314
Wiederaufnahmeverfahren 10/379
Einstiegsgeld
zum Arbeitslosengeld II 1/112
Einstweilige Anordnung
s. a. die nachfolgenden Stichwörter
Auskunfts-, Beleg- und Versicherungsverfahren 10/352
bei Auslandsbezug 9/671 ff.
und Feststellungsverfahren (§ 256 ZPO) 10/315
bei Gütergemeinschaft 6/424
Rückforderung 6/231
Stufenverfahren (§ 254 ZPO) 10/358
Unterhaltsrückforderung 6/204, 6/232
Einstweilige Anordnung in Unterhaltsverfahren 10/392 ff.
abschließende Regelung 10/393
Anhörungsrüge (§ 321a ZPO) 10/624
Beschwerde, sonstige (§ 58 FamFG) 10/601
selbständiges Verfahren 10/394
Übergangsregelungen 10/394
vereinfachtes Verfahren über den Unterhalt Minderjähriger 10/646
Verfahrenskonkurrenzen 10/484
vorläufiger Rechtsschutz bei Unterhaltsansprüchen zwischen nicht verheirateten Eltern 7/267
Wegfall der einstweiligen Verfügung 10/393
Einstweilige Unterhaltsanordnung als Grundtatbestand (§ 246 FamFG) 10/396 ff.
Abänderung, Aufhebung und Anfechtung 10/425 ff.
Abänderungsantrag bei Vergleich 10/424
Abänderungsantrag (§ 54 I FamFG) 10/428
Abänderungsantrag (§ 238 FamFG) 10/428
Abänderungsverfahren 10/425 ff.
abweichende Beurteilung derselben Tatsachen 10/427
akute Notlage 10/403
Akzessorietät 10/405
Altersvorsorgeunterhalt 10/398
anderweitige Regelung
– Doppelvollstreckung 10/452
– Ehescheidung 10/450
– Erfolg des Bereicherungsantrags 10/451
– § 56 I FamFG 10/449 ff.
– Rechtskraft der Endentscheidung 10/451
– strenge Identität 10/450
– Teilidentität 10/451
Anerkenntnisbeschluss 10/422
Anhängigkeit der Hauptsache, Beschwerdeinstanz 10/410

Anhängigkeit der Hauptsache, erste Instanz 10/409
Anhörungsrüge 10/436
Anordnungsanspruch 10/396 ff.
Anordnungsgrund 10/403 ff.
Anspruch auf rechtliches Gehör und Entscheidungserheblichkeit 10/436
Anwaltsbeiordnung 10/418
Anwaltszwang 10/414
Aufhebung
– Kosten 10/434
– rückwirkend 10/432
– Teilidentität 10/433
Aufhebungsantrag 10/433
– Fristwahrung 10/432
– Zulässigkeit 10/432
Aufhebungsverfahren (§ 52 II S. 3 FamFG) 10/432 ff.
Auskunft 10/401
Auskunftsstufenantrag 10/401
ausschließliche Zuständigkeit bei Anhängigkeit der Ehesache 10/411
Außerkrafttreten 10/449 ff.
Außerkrafttreten, Abweisung des Antrags im Hauptsacheverfahren 10/453
Außerkrafttreten, anderweitige Erledigung im Hauptsacheverfahren 10/453
Außerkrafttreten, Antragsrücknahme im Hauptsacheverfahren 10/452
Außerkrafttreten, Erledigung der Hauptsache im Hauptsacheverfahren 10/454
Außerkrafttreten, sonstige Fälle 10/454
außerordentlicher Rechtsbehelf 10/421
Befristung 10/398
Begründung 10/420
Beistandschaft 10/416
Bereicherungsantrag 10/442
Beschluss 10/420
Beschwer 10/426, 10/428
bezifferter Sachantrag 10/415
„deckungsgleiches Hauptsacheverfahren" 10/406
Deckungsgleichheit 10/408
Einstellung der Zwangsvollstreckung 10/448
Entscheidung über Fristsetzung (§ 52 II FamFG) 10/430
Entscheidung über Fristsetzung (§ 52 II FamFG), Fristbemessung 10/430
Entscheidung, Vergleich und Wirkungen 10/420 ff.
Feststellungsantrag, Darlegungs- und Beweislast 10/441
Feststellungsantrag, negativer 10/438
Feststellungsinteresse 10/438
Feststellungsinteresse, Wegfall 10/440
Feststellungsverfahren (§ 56 III FamFG) 10/456 ff.
– Beschwerde 10/457
– Beschwerdeverfahren 10/458
– deklaratorischer Natur 10/456
– Endentscheidung 10/457
– keine Rechtsbeschwerde 10/459
– Kostenentscheidung 10/457

2557

Sachverzeichnis

- Rechtsmittelbelehrung 10/457
- Sachantrag 10/456
- Vollstreckungsabwehrantrag 10/456
- Zuständigkeit 10/457

„fiktives Hauptsachegericht" 10/406
Fristsetzung und Einleitung des Hauptsacheverfahrens 10/431
Fristsetzungsantrag 10/429
- Hilfsantrag 10/430
- Zulässigkeit 10/430
Fristsetzungsverfahren (§ 52 FamFG) 10/429 ff.
Fristsetzungsverfahren und Verfahrenskostenhilfe 10/431
Gebot der Rechtsmittelklarheit 10/435
gerichtliche Auseinandersetzung 10/400 ff.
gesetzliche Unterhaltspflicht 10/396
keine Vollstreckbarerklärung 10/447
keine Wirksamkeitsanordnung 10/447
Krankenvorsorgeunterhalt 10/398
materielles Unterhaltsrecht 10/399
mündliche Verhandlung 10/402, 10/417
Notunterhalt 10/397
öffentliche Leistungen 10/415
Perpetuatio fori 10/407
persönliche Angelegenheit 10/400
Rechtsbehelfsbelehrung 10/421
Rechtsmittel bei Kosten- und Wertfestsetzung 10/436
Rechtsmittelausschluss bei Nebenentscheidungen 10/436
Rechtsmittelausschluss und Korrekturmöglichkeiten 10/435 ff.
Rechtsschutzbedürfnis 10/428
Rechtsschutzinteresse 10/426
Regelungsbedürfnis 10/403
rückständiger Unterhalt 10/403
rückwirkende Änderung 10/427
Rückzahlung (Für-Prinzip) 10/442
Rückzahlung und Darlehensgewährung 10/445
Sachverhaltsaufklärung 10/417
Säumnisverfahren 10/422
Schadensersatz 10/446
selbständiges Überprüfungsverfahren (§ 54 II FamFG) 10/425 ff.
Sonder- und Mehrbedarf 10/398
Sonderbedarf 10/399
Sozialleistungen 10/404
summarische Prüfung 10/396, 10/417
Taschengeld 10/398
Tatsachenpräklusion 10/427
Teilbetrag 10/404
Umzugskosten 10/398
Unterhaltstitel 10/404
Unterhaltsvereinbarung 10/404
Verbundverfahren 10/412
Vereinbarungen 10/417
Verfahrensgang 10/414 ff.
Verfahrenskostenhilfe 10/418
Verfahrenskostenvorschuss 10/399
Verfahrensstandschaft 10/416
Vergleich 10/423, 10/428

Verhältnis zum Leistungsantrag im Hauptsacheverfahren 10/437
voller Unterhalt 10/397
Vollstreckung 10/447
Vollstreckungsabwehrantrag 10/424, 10/441
Wahlrecht 10/397
- zwischen negativem Feststellungsantrag und Fristsetzungsantrag (§ 52 II FamFG) 10/439
- zwischen Vollstreckungsabwehr und Abänderung (§ 54 FamFG) 10/441
Wegfall der Bereicherung 10/443
- Darlegungs- und Beweislast 10/443
- Haftungsverschärfung 10/444
Wirtschaftsgeld 10/398
Zuständigkeit
- international 10/413
- örtlich und sachlich 10/406 ff.
- § 54 III FamFG 10/425
Zustellung der Antragsschrift 10/416
Zweijahressperrfrist (§ 1605 II BGB) 10/424

Einstweilige Unterhaltsanordnung bei Feststellung der Vaterschaft (§ 248 FamFG) 10/469 ff.

Abänderungsverfahren (§ 54 FamFG) 10/479
abstammungsrechtliches Hauptsacheverfahren 10/469
Amtsermittlungsgrundsatz 10/477
Anhängigkeit der Hauptsache 10/471
Anordnungsanspruch 10/472
Anordnungsgrund 10/474
Antragsbefugnis 10/476
Außerkrafttreten, Abweisung des Antrags im Abstammungsverfahren 10/481
Außerkrafttreten, anderweitige Regelung 10/480
Außerkrafttreten, Antragsrücknahme im Abstammungsverfahren 10/481
Außerkrafttreten, Erledigung des Abstammungsverfahrens 10/481
Bereicherungsantrag 10/479
doppelte Anspruchsvoraussetzungen 10/477
Durchbrechung der Rechtsausübungssperre (§ 1600d IV BGB) 10/469
Einleitung eines deckungsgleichen Hauptsacheverfahrens 10/478
Endentscheidung 10/477
Feststellung der Vaterschaft 10/470
Feststellungsantrag, negativer 10/479
Forderungsübergang 10/476
Gefährdung des Unterhalts 10/475
Mindestunterhalt 10/472
mündliche Verhandlung 10/477
Ratenzahlung 10/475
Rechtsmittelausschluss 10/479
Regelungsbedürfnis 10/474
Sachverständigengutachten 10/479
Schadensersatz bei Vereinbarung oder Vergleich 10/482
Schadensersatz, verschuldensunabhängig 10/482
Sicherheitsleistung 10/475
Sonderbedarf 10/472
Sperrkonto 10/475

Sachverzeichnis

summarisches Verfahren 10/476
unbefristeter Barunterhaltsanspruch 10/472
Unterhaltsrückstände 10/475
Verfahrensgang 10/476 ff.
Verfahrenskostenhilfegesuch für die Hauptsache 10/471
Verfahrenskostenvorschuss 10/473
voller Unterhalt 10/472
Vollstreckungsabwehrantrag 10/479
Widerantrag 10/470
Zulässigkeitsvoraussetzung 10/470
Einstweilige Unterhaltsanordnung vor Geburt eines Kindes (§ 247 FamFG) 10/460 ff.
Amtsermittlungsgrundsatz 10/466
Anordnungsanspruch 10/461
Anordnungsgrund 10/462
Aufenthaltsort der Mutter 10/463
Ausschluss von Schadensersatzansprüchen 10/468
Barunterhalt 10/468
Beistandschaft 10/464
doppelte Anspruchsvoraussetzungen 10/465
Durchbrechung der Rechtsausübungssperre (§ 1600d IV BGB) 10/460
Fristsetzung (§ 52 II FamFG) ausgeschlossen 10/464
Glaubhaftmachung der Vaterschaft 10/465
Gutachten 10/468
Handlungsbefugnis 10/464
Hinterlegung 10/468
kein Raum für einstweilige Verfügung 10/460
Kosten der Schwangerschaft und Entbindung 10/461
Kostenersatz 10/468
Lebensstellung der nichtehelichen Mutter 10/461
Leistungen der Krankenversicherung 10/461
Mindestunterhalt 10/461
mündliche Verhandlung 10/467
Rechtsschutzbedürfnis 10/462
Regelungsbedürfnis ungeachtet möglicher Sozialleistungen 10/460
selbständiges Verfahren 10/463
Sonderbedarf 10/461
Sozialleistungen 10/462
summarisches Verfahren 10/465
Unterhaltsrückstände 10/462
Verfahrensablauf 10/463 ff.
voller Unterhalt 10/461
zeitliche Begrenzung 10/461
Zuständigkeit 10/463
Einstweilige Verfügung
ausgeschlossen durch einstweilige Unterhaltsanordnung vor Geburt eines Kindes (§ 247 FamFG) 10/460
Unterhaltsrückforderung 6/230
Einstweiliger Rechtsschutz
bei Auslandsbezug 9/671 ff.
internationale Zuständigkeit 9/671 ff.
vereinfachtes Verfahren über den Unterhalt Minderjähriger 10/646
Verfahren wegen Schadensersatz 10/342

Einwendungen
vereinfachtes Verfahren über den Unterhalt Minderjähriger 10/662 ff.
Einwendungen, Formularzwang
vereinfachtes Verfahren über den Unterhalt Minderjähriger 10/669
Einwendungen, Monatsfrist
vereinfachtes Verfahren über den Unterhalt Minderjähriger 10/671
Elementar- und Vorsorgeunterhalt
rückwirkende Erhöhung des Unterhalts (§ 238 III S. 2 FamFG) 10/238
Elementarunterhalt
Berechnung des Vorsorgeunterhalts aus dem E. 4/858
Krankheitsvorsorgeunterhalt neben E. 4/904
Vorrang vor Vorsorgeunterhalt 4/884
Vorsorgeunterhalt neben E. 4/859
Elterngeld
allgemein 1/117 ff.
Dauer 1/117
als Einkommen 1/119
Höhe 1/118
Kindesunterhalt 2/281
Elterngeld Plus 1/519
Eltern-Kind-Verhältnis 2/2 ff.
Adoption 2/5
eheliche und nichteheliche Kinder 2/2
Mutter 2/2
Vater 2/2
Elternunterhalt 2/964 ff.
Abzug von Verbindlichkeiten beim Pflichtigen 2/943 ff.
Abzugsfähige Aufwendungen beim Pflichtigen 2/997
– Besuche 2/997
– Fahrtkosten 2/997
– reale Steuerbelastung 2/996
– Versicherungen 2/997
Altersvorsorgeaufwand als Abzugsbetrag beim Pflichtigen 2/997
Anspruch gegen das in nichtehelicher Lebensgemeinschaft lebende Kind 2/1008
– Familienselbstbehalt 2/1008
– Synergieeffekt 2/1008
– Unterhaltsverpflichtung nach § 1615l BGB 2/1008
Anspruch gegen verheiratetes Kind 2/1009 ff.
Ausschluss des Rückforderungsanspruchs aus Schenkung 2/984 ff.
Bedarf des Berechtigten 2/967 ff., 2/967
– eigener Haushalt 2/967
– Exitenzminimum 2/968
– bei Heimunterbringung 2/968 ff.
Bedürftigkeit 2/972 ff.
– Veräußerung der selbstbewohnten Immobilie 2/974
– zumutbare Vermögensverwertung 2/973
Bedürftigkeit des Berechtigten 2/972
– bei Leistungen für Kindererziehung 2/972
– Naturalunterhalt 2/969

Sachverzeichnis

Besonderheiten beim Unterhaltsanspruch gegen ein verheiratetes Kind 2/1009
Billigkeitsprüfung bei Wegfall der Unterhaltsverpflichtung 2/960
Darlegungs- und Beweislast für Bedarf der Eltern 2/971
Einkünfte aus Nebenerwerbstätigkeit 2/1011
Erwerbsobliegenheit d. Pflichtigen 2/992
Familienselbstbehalt 2/1012 f.
und Familienunterhalt 3/103 ff.
Grundfragen 2/964 ff.
Grundsätze der Berechnung 2/1018 ff.
Hausgrundstück des Berechtigten 2/974
individueller Familienselbstbehalt 2/1012 f.
Kinder im Haushalt des Unterhaltspflichtigen 2/1014
– erhöhter Unterhaltsbedarf 2/1014
– Unterhaltsbedarf nach den Einkünften beider Elternteile 2/1014
latente Unterhaltslasten 2/1023
Leistungsfähigkeit bei den üblichen Einkommenskonstellationen in der Ehe 2/1017
Leistungsfähigkeit bei Doppelverdienerehe 2/1017
Leistungsfähigkeit des Pflichtigen 2/990 ff.
– Rückforderungsanspruch nach § 528 BGB 2/1004
– Steuerlast 2/996
– Synergieeffekt 2/995
Leitlinien der Oberlandesgericht
– allgemeine Hinweise 2/991
Leitlinien der Oberlandesgerichte zum Mindest-Eigenbedarf des Pflichtigen 2/1046
Leitlinien der Oberlandesgerichte zum pauschalierten Mindestbedarf des nicht-pflichtigen Ehegatten 2/1047
notwendige Heim- und Pflegekosten 2/968
– bei Auswahl zwischen mehreren Heimen 2/968 ff.
– Zusatzbarbetrag 2/970
Prozesskostenvorschuss 2/928
Rechenmethode des BGH 2/1017 ff.
Schutz- und Schongrenzen zulasten des Sozialhilfeträgers 2/1006
Selbstbehalt d. Pflichtigen nach den oberlandesgerichtl. Leitlinien 2/936 ff.
Selbstbehalt des pflichtigen Kindes 2/990 ff.
und Sozialhilfe
– Darlehen 2/1002
– sozialhilferechtliche Vergleichsrechnung 2/1007
Steuerlast
– Leistungsfähigkeit des Pflichtigen 2/996
Taschengeldanspruch 2/1010
Verjährung des Rückforderungsanspruchs aus Schenkung 2/988
Vermögensbildung des erwerbstätigen Ehegatten 2/1016
Vermögensverwertung durch Pflichtigen 2/998 ff.
verwertbares Vermögen des Berechtigten 2/973

Zumutbarkeitsschwelle für Erwerbsobliegenheit 2/946
Zurechnung fiktiver Einkünfte wegen Verletzung der Erwerbsobliegenheit 2/946

Elternvereinbarung
Abänderungsverfahren bei Urkunden (§ 239 FamFG) 10/276

Endentscheidung
Anhörungsrüge (§ 321a ZPO) 10/623
Beschwerde (§§ 58, 117 FamFG) 10/501
Beschwerde, sonstige (§ 58 FamFG) 10/597
einstweilige Unterhaltsanordnung bei Feststellung der Vaterschaft (§ 248 FamFG) 10/477
Fristsetzungsantrag (§ 52 II FamFG) 10/430
Rechtsbeschwerde, Endentscheidungen (§§ 70–75 FamFG) 10/610
Rechtsmittel in Unterhaltssachen 10/498
Stufenverfahren (§ 254 ZPO) 10/367
Wiederaufnahmeverfahren 10/375

Endentscheidung im Abänderungsverfahren (§ 238 FamFG)
Abänderung, keine Aufhebung 10/248
Begründung 10/250
Beschluss 10/248
Einstellung der Zwangsvollstreckung 10/251
einstweiliger Rechtsschutz 10/251
Kosten 10/250
selbständiges Anordnungsverfahren 10/251
sofortige Wirksamkeit 10/250
Teilbeschluss 10/249
Teilbeschluss, horizontaler 10/249
Teilbeschluss, vertikaler 10/249
Verfahrenswert 10/251
Widerantrag 10/249

Endentscheidung im ordentlichen Streitverfahren
Anfechtung der isolierten Kostenentscheidung 10/81
Anordnung der sofortigen Wirksamkeit (§ 116 III S. 2 und 3 FamFG) 10/83
Begründungspflicht, Beweiskraft und Abänderungspotenzial 10/77
Begründungspflicht und wesentlicher Verfahrensmangel 10/77
Beschlussform 10/76
Beschlussformel 10/76
Bezeichnungen im Rubrum 10/76
formelle Mindestanforderungen 10/76
isolierte Anfechtung der Kostenentscheidung 10/80
Kostenentscheidung und Maßstab (§ 243 FamFG) 10/78 ff.
Rechtsbehelfsbelehrung (§ 39 FamFG) 10/88
Rubrum und Beschlusstenor (Musterbeispiel) 10/90
Schluss der mündlichen Verhandlung 10/76
Verkündung und Bekanntgabe gemäß ZPO-Verkündungsvorschriften 10/91
Vollstreckungsschutz ((120 II S. 2 und 3 FamFG) 10/85
Wertfestsetzung 10/82 ff.

Sachverzeichnis

Endentscheidung „in der Hauptsache"
Rechtsmittel in Unterhaltssachen 10/499
Endgültige Leistungsverweigerung
6/135
Energiekosten
als Sachbezüge 1/91
England
ausländisches materielles Recht 9/133 ff.
Enkel
Sozialhilfe 2/792
Unterhaltsvorschuss 2/792
Enkelunterhalt 2/1027 ff.
Abzug von Verbindlichkeiten beim Pflichtigen 2/943 ff.
Anspruch gegen verheirateten Großelternteil 2/1041 ff.
– und latente Unterhaltslast 2/1045
anteilige Haftung aller Großeltern 2/1035
Auskunftsansprüche d. berechtigten Enkels 2/1028
Auskunftsansprüche der pflichtigen Großelternteile untereinander 2/1028
Bedarf der Enkel 2/1031
Bedarf u. Bedürftigkeit des Enkelkinds 2/1031 ff.
Eigenbedarf der Großeltern 2/1041
als Ersatzhaftung 2/1029, 2/1035 ff.
Erwerbsobliegenheit d. Pflichtigen 2/1041
Erwerbsobliegenheit pflichtiger Großeltern 2/1041
gerichtliche Zuständigkeit 2/1030
Grundfragen 2/1027 ff.
Leistungsfähigkeit der Großeltern 2/934 ff.
Prozesskostenvorschuss 2/928
Selbstbehalt d. Pflichtigen nach den oberlandesgerichtl. Leitlinien 2/936 ff.
Selbstbehalte der Großeltern 2/1041
Sonder- und Mehrbedarfs d. Enkels 2/1032
als Unterhalt für die Vergangenheit 2/1029
Verfahrenskostenvorschuss 2/1033
Voraussetzung der großelterlichen Ersatzhaftung 2/1035 ff.
Zumutbarkeitsschwelle für Erwerbsobliegenheit 2/946
Entnahmen 1/196 ff., 1/237 ff., 1/264, 1/325, 1/393
Barentnahmen 1/196, 1/239
und Einkommensermittlung 1/438 ff.
Entnahmen vom Umlaufvermögen 1/241
Nutzungsentnahmen 1/198, 1/242, 1/327
Sachentnahmen 1/198, 1/240
Entreicherung 6/208 ff.
Entscheidung über Fristsetzung (§ 52 II FamFG)
einstweilige Anordnung 10/430
Entwurzelung 5/131
Erbenhaftung
beim nachehelichen Unterhalt 4/125
beim Trennungsunterhalt 4/84
Erbteil als Einkommen 1/642
Erfindervergütungen
als Einkommen 1/74

Erfüllung
vereinfachtes Verfahren über den Unterhalt Minderjähriger 10/666
Ergänzender Auskunftsanspruch
Auskunfts-, Beleg- und Versicherungsverfahren 10/356
Erhöhung und Minderung des Einkommens 4/643
Erinnerung
vereinfachtes Verfahren über den Unterhalt Minderjähriger 10/658, 10/682
Erklärung der Leistungsbereitschaft
vereinfachtes Verfahren über den Unterhalt Minderjähriger 10/670
Erkundigungspflicht
Beschwerde (§§ 58, 117 FamFG) 10/506
Erlass
Einwendung im Vollstreckungsabwehrverfahren 10/154
Erlassvertrag 6/140
Erledigung der Hauptsache
Stufenverfahren (§ 254 ZPO) 10/361
vereinfachtes Verfahren über den Unterhalt Minderjähriger 10/644
Erledigung der Hauptsache im Hauptsacheverfahren
Außerkrafttreten der einstweiligen Anordnung 10/454
Ersatzdienst
Unterhalt des Kindes 2/488
Ersatzhaftung
keine Benachteiligung durch Anspruchsübergang 2/802
eines Elternteils 2/801
bei erschwerter Durchsetzbarkeit des Anspruchs 2/918
fehlende Vaterschaftsfeststellung 2/920
Geltendmachung des nach § 1607 II BGB übergegangenen Anspruchs 2/918
der Großeltern 2/788 ff.
von Großeltern 2/1035 ff.
beim Kindesunterhalt 2/787 ff.
wegen Leistungsunfähigkeit d. Ehegatten o. Lebenspartners 2/907
bei Leistungsunfähigkeit der Vor- o. Gleichrangigen 2/915
im Mangelfall 5/170, 5/179
nicht nur nach dem Stamm des ausfallenden Verwandten 2/915
Scheinvater 2/803
wegen erschwerter Durchsetzbarkeit (§ 1607 II BGB)
– Vorrang des Anspruchs auf laufenden Unterhalt 2/922
– Zeitdauer 2/921
– Zurechnung fiktiver Einkünfte 2/919
Zeitdauer
– wegen Leistungsunfähigkeit (§ 1607 I BGB) 2/917
Ersparnis durch gemeinsame Haushaltsführung
notwendiger Selbstbehalt 2/393

2561

Sachverzeichnis

Erstattungsanspruch
Rentennachzahlung 10/160
Erstattungsverfahren bei Unterhaltsleistungen 10/337
Rentennachzahlungen 10/337
Verfahrenskostenvorschuss 10/337a
zins- und tilgungsfreies Darlehen 10/337
Erstmalige Unterhaltsfestsetzung (§ 249 II FamFG)
vereinfachtes Verfahren über den Unterhalt Minderjähriger 10/643
Erwerbsbonus
s. Erwerbstätigenbonus
Erwerbseinkünfte 1/55, 1/57
s. a. Einkünfte aus abhängiger Arbeit
Erwerbsersatzeinkünfte
allgemein 1/57
Erwerbslosenunterhalt (§ 1573 BGB) 4/268 ff.
Anspruchsbegrenzung 4/300
Anspruchsdauer 4/289
Anspruchsumfang 4/288
Anspruchsvoraussetzungen 4/268
Ausbildungsobliegenheit 4/279
Darlegungs- und Beweislast 4/302
Einsatzzeitpunkte 4/281
Konkurrenzen 4/271
nachhaltige Sicherung der Einkünfte 4/295
notwendige Bemühungen um angemessene Erwerbstätigkeit 4/274 ff.
– Beginn der Obliegenheit 4/278
– Nebentätigkeit 4/276
– reale Beschäftigungschance 4/277
– Stellenanzeigen 4/275
– Teilzeitstelle 4/276
– Umfang der Bemühungen 4/274
Subsidiarität 4/270
Wiederaufleben des Anspruchs 4/290
Erwerbsobliegenheit
s. a. Erwerbsobliegenheit des Kindes; Lebenshaltungskostenindex; leichtfertige Arbeitsplatzaufgabe; reale Beschäftigungschance
bei Aufnahme einer Berufstätigkeit trotz Kindesbetreuung 1/803
des Berechtigten beim nachehelichen Unterhalt 1/780
des Berechtigten beim Verwandtenunterhalt 2/931
– jedwede Erwerbstätigkeit 2/931
Betreuungsunterhalt (§ 1570 BGB)
– Rechtsprechung zum Umfang der Erwerbsobliegenheit 4/194 ff.
der Eltern bei Geschwisterbetreuung 2/446
der Eltern beim Kindesunterhalt 2/243 ff., 2/446, 2/537 ff.
der Eltern beim Volljährigenunterhalt 2/560
der Eltern gegenüber dem volljährigen Kind 2/537 ff.
Erwerbstätigkeit in geringem Umfang 4/196
bei Kinderbetreuung
– Darlegungs- und Beweislast 6/732 ff.
– im nichtehelichen Unterhalt 7/46

Leitlinien der Oberlandesgerichte 4/193
des Pflichtigen beim Elternunterhalt 2/992
des Pflichtigen beim Enkelunterhalt 2/1042
des pflichtigen Großelternteils beim Enkelunterhalt 2/1042
des Pflichtigen im Verwandtenunterhalt 2/946
Regelaltersgrenze 1/750
nach SGB II 8/13
nach SGB XII 8/13
unentgeltliche oder unterbezahlte Dienste 1/772
unterschiedliche Zumutbarkeitsschwellen beim Pflichtigen 2/946
Verletzung 4/592
des volljährigen Kindes 1/781
des wiederverheirateten, haushaltführenden Elternteils gegenüber Kindern aus 1. Ehe 2/275 ff.
Erwerbsobliegenheit des Kindes
berufsfremde Arbeit 2/57
jede Arbeitsmöglichkeit 2/57
des Minderjährigen 2/55
neben Schule oder Studium 2/491
der schwangeren Tochter 2/59 ff.
der Tochter, die ein eigenes Kind betreut 2/59 ff.
des Volljährigen 2/55, 2/57, 2/484
Erwerbstätigenbonus
nicht bei Abfindungen 1/30, 4/773
Abzug bei Mischeinkünften 4/778
Abzug vom bereinigten Nettoeinkommen 1/36, 4/778
bei Additionsmethode 4/801
nicht beim ALG II Einstiegsgeld 1/113
allgemein 1/131, 4/773, 4/780
Arbeitsanreiz 4/780
nicht beim Arbeitslosengeld 1/106, 4/773
Ausnahmen 4/773
nicht bei Abfindungen 1/94
Berücksichtigung beim Bedarf 4/777
neben berufsbedingten Kosten 1/131
Bonusberechnung 4/826 ff.
Bonushöhe 4/782
erhöhter Aufwand für Erwerbstätigkeit 4/780
bei fiktivem Einkommen 1/742
bei fiktiven Einkünften 4/819
geringfügige Einzelkosten 4/780
nicht bei Krankengeld, Krankentagegeld 1/84
Kritik 4/781
Kumulation von Erwerbstätigenbonus und berufsbedingten Aufwendungen 4/832
im Mangelfall 4/784, 5/17, 5/30
Methodenwahl 4/833
Mischeinkünfte 4/826 ff.
bei nichtprägenden Einkünften des Berechtigten 4/819
bei Pflegegeld 1/691
nicht bei Renten 1/646
bei Sozialhilfe 5/17, 5/30
Vorabzug von Schulden und Kindesunterhalt bei Berechnung 4/826 ff.
Erwerbstätigenzuschlag
Abzug für Erwerbstätige nach § 76 IIa BSHG, §§ 11, 30 SGB II 2/389

Sachverzeichnis

im notwendigen Selbstbehalt 2/389
Zwischenbetrag 2/389
Erwerbstätigkeit
angemessene 4/139 ff.
Eigenverantwortlichkeit des Ehegatten 4/139
Erwerbsunfähigkeit
s. krankheitsbedingte Arbeitsunfähigkeit
Erziehungsgeld 1/691, 2/281
allgemein 1/116
als Einkommen 1/116, 1/691, 2/281
keine Lohnersatzfunktion 1/116
Erzwingungsantrag (§ 52 II FamFG)
und Feststellungsverfahren (§ 256 ZPO) 10/316
Essensspesen
als Einkommen 1/81
Estland
Verbrauchergeldparität und Devisenkurs 9/45
EU-Beweisaufnahmeverordnung EuBVO
Geltungsbereich 9/622
EuGVÜ
Geltungsbereich 9/614
EuGVVO
Geltungsbereich 9/606 ff.
internationale Zuständigkeit und Vollstreckbarkeit 9/606 ff.
Verhältnis zum HUVÜ 73 9/607
Zivil- und Handelssachen 9/609
Euro 2/318
Europäischer Vollstreckungstitel
Voraussetzungen für die Bestätigung 9/618
Europäisches Gerichtsstands- und Vollstreckungsübereinkommen
internationale Zuständigkeit und Vollstreckbarkeit 9/614
Eurostat-Tabelle 9/79e
EuUnthVO
anwendbares materielles Recht 9/2 ff.
Anwendbarkeit 9/2
Bezugnahme auf das HUP 2007 9/2
Regelungsumfang 9/3
Verfahrensrecht 9/602
vorrangige Geltung 9/3
EU-Zustellungsverordnung
Geltungsbereich 9/620
Exequaturverfahren
Ablauf 9/685
Vollstreckung ausländischer Unterhaltstitel 9/682 ff.
Vollstreckungshindernisse 9/686
Existenzminimum 2/381
s. a. Mindestbedarf der Kinder; Selbstbehalt; Sozialgrenze
Berücksichtigung bei Aufrechnungen 6/300
Darlegungs- und Beweislast 2/379
des Kindes
– gesteigerte Unterhaltspflicht 2/374, 2/379
beim Kindesunterhalt 2/221 ff.
Mindestbedarf 4/837
– des Berechtigten im Verwandtenunterhalt 2/926
– beim Ehegattenunterhalt 4/756
Regelbetrag 2/222

Fachliteratur
als berufsbedingte Aufwendungen 1/141
Fahnenflucht
fiktives Einkommen 1/770
Fahrtkosten 1/1047
als berufsbedingte Aufwendungen 1/133 ff.
Erstattung des Arbeitgebers 1/140
Kraftfahrzeug 1/134 ff.
öffentliche Verkehrsmittel 1/133
bei weiter Entfernung 1/140
Fahrzeugkosten 1/334
Faktorverfahren
s. Lohnsteuer
Fakultativer Einzelrichter
Beschwerde (§§ 58, 117 FamFG) 10/534
Fällige Unterhaltsbeträge
Arrest 10/489
beim nichtehelichen Unterhalt 7/197
Falsche Anschuldigung
als Verwirkungsgrund 4/1285
Familienarbeit
Verfassungswidrigkeit Anrechnungsmethode 4/423
Familienförderung
Entlastungsbetrag für Alleinerziehende 1/877, 1/918
Grundgesetz 1/850
Kinderfreibeträge 2/708
Familiengeld, bayerisches 1/119a, 2/61, 8/4, 8/39
Familiengericht
internationale Zuständigkeit 10/15
örtliche Zuständigkeit 10/8
sachliche Zuständigkeit in erster Instanz 10/5
Wahlgerichtsstand 10/13
Zuständigkeit in zweiter Instanz 10/7
Zuständigkeit nach SGB II und SGB XII 8/17
Familiengerichtliche Zuständigkeit
Drittschuldnerverfahren 10/344
Zuständigkeit für Unterhaltsansprüche zwischen nicht verheirateten Eltern 7/240
Familienkasse 2/701
Familienleistungsausgleich
und Kindergeld 2/702
Familienrechtlicher Ausgleichsanspruch 2/767 ff.
Absicht, Ersatz zu verlangen 2/777
Anspruch gegen das Kind 2/774
Bereicherungsanspruch 2/771
Definition 2/767
Erfüllung des Unterhaltsanspruchs 2/775 ff.
Gesamtschuldnerausgleich 2/771
Geschäftsführung ohne Auftrag 2/771
Kinderfreibetrag 2/780
Kindergeld 2/497, 2/769, 2/780
Naturalunterhalt 2/776
Rechtsnatur 2/767
Urteil über Kindesunterhalt 2/785
Verjährung 2/784
Verzinsung 2/786
Verzug 2/783

Sachverzeichnis

Volljährigkeit des Kindes 2/778
Wechsel zum anderen Elternteil 2/778
Familienrichter 10/32
Familienstreitsachen
und gesetzliche Unterhaltspflicht 10/2 ff.
Mischverfahren 10/5
Rechtsmittel in Unterhaltssachen 10/500
vereinfachtes Verfahren über den Unterhalt Minderjähriger 10/681
Familienstreitverfahren
Mündlichkeitsprinzip 10/55
Verfahrensgrundsätze 10/53
Familienunterhalt 3/1
Angemessenheitskontrolle 3/98
und Anspruch gegen verheirateten Großelternteil 2/1045
anteilige Beiträge zum F. 3/45 ff.
anteilige finanzielle Beiträge 3/45 ff.
Aufgabenverteilung in der Ehe 3/14, 3/47
Ausbildungskosten für den Ehegatten 3/33
Bedarf der Ehegatten bei Konkurrenz mit anderen Unterhaltsansprüchen 2/266, 3/70 ff.
Bedarf der Familie 3/25 ff.
und Bedarfskontrolle 3/72
Bedürftigkeit 3/8
beiderseitige Erwerbstätigkeit 3/16, 3/47 ff.
Berechnung bei höherem Einkommen des Unterhaltspflichtigen 3/109
Berechnung bei Konkurrenz mit Unterhaltsansprüchen Dritter 3/3, 3/70 ff.
Berechnung des Bedarfs bei fehlendem Einkommen des Unterhaltspflichtigen 3/113
Berechnung des Bedarfs bei niedrigerem Einkommen des Unterhaltspflichtigen 3/112
Einkommens- und Vermögensverhältnisse der Ehegatten 3/39
Elterngeld 3/40
und Elternunterhaltsanspruch gegen verheiratetes Kind 2/1009 ff.
Ersparnis durch gemeinsame Haushaltsführung 3/107
Erwerbsobliegenheit der Ehegatten 3/20 ff.
nicht erwerbstätige Ehegatten 3/19
Erwerbstätigenbonus 3/4, 3/81
Erziehungsgeld 3/40
fehlender Beitrag als Verwirkungsgrund 4/1329 ff.
fiktives Einkommen 3/24
finanzieller Bedarf 3/26
Geburt eines nichtehelichen Kindes 3/114
gegenseitige Unterhaltspflicht 3/12
keine Geldrente 3/2
gerichtliche Geltendmachung 3/6
Gleichwertigkeit von Haushaltsführung und Erwerbstätigkeit 3/16, 3/45, 3/51
bei Gütergemeinschaft 6/412
Halbteilungsgrundsatz 3/4
Haushaltsführung 3/14, 3/46
und Kindesunterhalt 3/71
konkrete Berechnung 3/2
Konkurrenz mit anderen Unterhaltsansprüchen 2/262 ff., 2/266, 3/4, 3/70 ff.

Konkurrenz zwischen Ehegatten und Elternteilen 3/105
Konkurrenz zwischen gleichrangigen Ehegatten 3/74 ff.
und Konkurrenz zwischen Volljährigen- und Familienunterhaltunterhalt 3/99 ff.
Konsumverhalten 3/42
Lebensgemeinschaft der Ehegatten 3/1, 3/7
Leistungsfähigkeit 3/9
Mangelfall 3/88
nicht nicht erwerbstätige Ehegatten 3/54
nicht verbrauchte Geldmittel 3/42
Pflege eines behinderten Familienmitglieds 3/30
Pflegegeld 3/40
Schadensersatz wegen der Tötung eines Ehegatten 3/5
Schulden 3/35, 3/41
und Selbstbehalt 3/43
Sozialleistungen für Körper- und Gesundheitsschäden 3/40
Studium eines Ehegatten 3/34
Taschengeld 3/62 ff.
Tod eines Ehegatten 3/124
nach Trennung 3/61
Trennung der Eheleute 3/7, 3/11
und Trennungsunterhalt 3/10, 3/115
Unpfändbarkeit 3/120
Unterhaltsansprüche sonstiger Verwandter 3/36
Vereinbarungen 6/601 ff.
Vermögensverwertung 3/23
Verzicht auf Erstattungsansprüche 3/117 ff.
Verzicht für die Zukunft 3/123
Verzug 3/122
Vorauszahlungen 3/125
Wirtschaftsgeld 3/46, 3/55 ff., 3/70 ff.
Zuverdienst 3/18
Zuverdienst eines Ehegatten 3/53
Zuvielleistung eines Ehegatten 3/52, 3/117 ff.
Familienzuschlag
allgemein 1/74
als Einkommen 1/75
Familienzuschlag bei Beamten
als Einkommen 1/75
und Kindergeld 2/780
Fehlendes Zusammenleben
als Verwirkungsgrund 4/1372
Fehlgelder
als berufsbedingte Aufwendungen 1/144
Fehlgeschlagene Selbsttötung 4/1377
Feiertagsarbeit
anrechenbares Einkommen 1/88
Feste Bedarfssätze beim Volljährigenunterhalt 2/214, 2/503 ff., 2/526
Auskunftspflicht 2/732
Festsetzungsbeschluss (§ 253 FamFG)
Beschwerde, sonstige (§ 58 FamFG) 10/597
Rechtsmittel in Unterhaltssachen 10/499
vereinfachtes Verfahren über den Unterhalt Minderjähriger 10/668, 10/674 ff.
Feststellung der Vaterschaft
einstweilige Unterhaltsanordnung bei Feststellung der Vaterschaft (§ 248 FamFG) 10/470

Sachverzeichnis

Feststellungsantrag
Darlegungs- und Beweislast
– bei einstweiliger Anordnung 10/441
Entscheidungsreife 10/321
gegenläufiger Unterhaltsleistungsantrag 10/321
und Leistungsantrag 10/321
Widerantrag 10/321
Feststellungsinteresse
einstweilige Anordnung 10/438
Wegfall bei einstweiliger Anordnung 10/440
Feststellungsverfahren (§ 56 III FamFG)
einstweilige Unterhaltsanordnung als Grundtatbestand (§ 246 FamFG) 10/456 ff.
Feststellungsverfahren (§ 256 ZPO) 10/315 ff.
Abgrenzung zu anderen Verfahren 10/323
Darlegungs- und Beweislast 10/325
Einstellung der Zwangsvollstreckung 10/328
einstweilige Anordnung 10/315
und Erzwingungsantrag (§ 52 II FamFG) 10/316
Feststellungsantrag, negativer 10/315, 10/320
Feststellungsinteresse 10/320 ff.
Feststellungswiderantrag 10/315
positiver Feststellungsantrag 10/319
Prüfungs- und Entscheidungsumfang 10/324
Rechtskraft 10/326
Rechtsverhältnis 10/318
Teilantrag 10/315
Verfahrenswert 10/329
Vergleich 10/315, 10/318
Wahlrecht 10/317
Fiktive Steuerberechnung 1/970 ff., 1/1011, 1/1012, 1/1018 ff.
außergewöhnliche Belastungen 1/1018
Berechnungsbeispiel 1/950
Bewirtungs- und Repräsentationskosten 1/1018
Durchschnittseinkommen 1/979
Einkommensteuer bei Selbständigen 1/979
Eintragung von Freibeträgen 1/1011, 1/1020
Gebäudeabschreibung 1/975
bei Nichtselbständigen 1/979
Wechsel der Steuerklasse 1/1011, 1/1021
Wiederheirat 1/976
Wiederverheiratung des Pflichtigen bei Vorrang erster Ehegatte 1/1014
Fiktive Steuern
AfA bei Gebäuden 1/1018
Ansparabschreibung 1/1018
Ermittlung aktuelle Steuerlast 1/1022
geänderte Abschreibung 1/1018
Negativeinkünfte zur einseitigen Vermögensbildung 1/1018
nichtprägendes Einkommen 1/1018
Privatanteil Pkw-Nutzung Firmenfahrzeug 1/1018
Verstoß gegen Obliegenheit, Freibeträge einzutragen 1/1020
Fiktive Zinsen
mutwillige Herbeiführung der Bedürftigkeit 4/626
Fiktives Einkommen
s. a. die nachfolgenden, spezielleren Stichwörter
bei Barunterhaltspflicht beider Eltern 2/567

Bedarf des Kindes 1/763 ff.
eheliche Lebensverhältnisse 1/762
und Grundsicherung für Arbeitsuchende 8/219
beim nichtehelichen Unterhalt 7/130
bei der Sozialhilfe 8/36
und sozialhilferechtliche Vergleichsberechnung 8/131
bei der sozialhilferechtlichen Vergleichsberechnung 8/95
im Sozialrecht 8/13
bei unterlassener Vermögensverwertung 1/632 ff.
Fiktives Einkommen bei unterlassener Vermögensnutzung
fiktive Zinseinkünfte bei Verbrauch des Vermögens ohne Surrogat 1/734
fiktive Zinseinkünfte bei Vermögensumschichtung 1/637 ff.
keines bei Gütergemeinschaft 6/423
Höhe der zurechenbaren Erträge 1/644
nichtprägendes Einkommen 1/762
Obliegenheit bei Barvermögen 1/636
Obliegenheit zur Belastung vorhandenen Vermögens 1/640
Obliegenheit zur Einziehung von Forderungen 1/641
Obliegenheit zur Erzielung von Erlösen 1/633
Obliegenheit zur Kreditaufnahme 1/640
Obliegenheit zur Teilvermietung 1/462
Obliegenheit zur Vermietung 1/461
Obliegenheit zur Vermietung an ein volljähriges Kind mit eigenem Einkommen 1/463
Obliegenheit zur Vermietung einer Ferienwohnung 1/462
Obliegenheit zur Vermögensumschichtung 1/637 ff.
Obliegenheit zur Verwertung 1/633
Obliegenheit zur Verwertung von Erbanteilen und Pflichtteilsrechten 1/642
Obliegenheiten bei Immobilien 1/635
Steuerlast 1/645
wegen unvernünftigen Vermögensverbrauchs 2/929
Verschenken und Verbrauch 1/641
Fiktives Einkommen bei Verstoß gegen Erwerbsobliegenheiten
Abänderung 1/796
allgemein 1/734 ff.
Bedarfsbemessung 1/761
bei Bedarfsbemessung 4/552, 4/586, 4/621 ff.
des Bedürftigen 4/552
des Bedürftigen bei Ehegattenunterhalt 4/586, 4/621 ff.
Darlegungs- und Beweislast 1/786
Darlegungs- und Beweislast zur Höhe 1/795
Dauer 1/796
Einkommensminderung durch Arbeitsaufgabe usw. 1/743 ff., 1/767
bei Ermittlung des Haftungsanteils der Eltern 2/567
ernsthafte Arbeitsbereitschaft 1/783
ernsthafte Bemühungen um Erwerbstätigkeit 1/782

2565

Sachverzeichnis

beim Familienunterhalt 3/24
bei gesteigerter Erwerbsobliegenheit im Mangelfall 5/67
keines bei Gütergemeinschaft 6/423
Höhe 1/793 ff.
Höhe nach Fremdrentengesetz 1/793
Höhe nach Kammerübersichten 1/793
beim Kindesunterhalt 2/207, 2/244 ff., 2/375
krankheitsbedingte Arbeitsunfähigkeit 1/787 ff.
Kündigungsschutzklage 1/750
des Pflichtigen bei Ehegattenunterhalt 4/552, 4/586, 4/621 ff.
reale Beschäftigungschance 1/784
Schätzung des erzielbaren Einkommens 1/793
bei Selbständigen 1/769
Stellenangebote verschwiegen 1/783
bei Straftaten und Alkoholmissbrauch 1/770
unentgeltliche oder unterbezahlte Dienste 1/772
beim Verwandtenunterhalt 2/931, 2/946
Wert der Versorgungsleistungen 1/794
Zurechnung beim Berechtigten 1/773 ff.
Fiktives Einkommen beim Unterhaltsberechtigten
allgemein 1/773 ff.
Altersvorsorgeunterhalt 1/797
Darlegungs- und Beweislast 1/777
Differenzmethode 1/773
Ehegattenunterhalt 1/773
Erwerbsbemühungen 1/775
Jugendarbeitsschutzgesetz 1/774
Kindesunterhalt 1/774
leichtfertige Aufgabe der Erwerbstätigkeit 1/775
mutwillig herbeigeführte Bedürftigkeit 1/776
Verwendung des Altersvorsorgeunterhalts 1/797
Vorsorgeunterhalt 1/797
Vorsorgeunterhalt zweckwidrig verwendet 1/776
Wechsel des Arbeitsplatzes zumutbar 1/775
Zumutbare Erwerbstätigkeit 1/778 ff.
Zumutbare Erwerbstätigkeit bei Kindern 1/781
Zumutbare Erwerbstätigkeit beim nachehelichen Unterhalt 1/779 ff.
Zumutbare Erwerbstätigkeit beim Trennungsunterhalt 1/778
Fiktives Einkommen beim Unterhaltsschuldner
Abänderungsantrag 1/737
allgemein 1/735 ff.
Arbeitgeberkündigung 1/758
Aufgabe bisheriger Tätigkeit 1/741
Bedarf und Leistungsfähigkeit 1/735
Bedarfsbemessung 1/761 ff.
Bemühungen um neuen Arbeitsplatz 1/759
berufliche Veränderung 1/741
Berufswechsel 1/738
Darlegungs- und Beweislast 1/742
Erwerbsobliegenheit 1/736
Erwerbstätigenbonus 1/742
gesteigerte Unterhaltspflicht 1/738
leichtfertige Einkommensminderung 1/737
Nebentätigkeiten 1/738
Ortswechsel 1/738
realistische Beschäftigungschance 1/737

Unterhalt minderjähriger Kinder 1/738
Unterhalt volljähriger Kinder 1/740
Verbraucherinsolvenz 1/742
bei Verletzung der Erwerbsobliegenheit 1/759
Weiterbildung, Zweitausbildung 1/767
Fiktives Einkommen beim volljährigen Kind
Erwerbsobliegenheit 1/740
Finanzierung 1/219
Finanzierungskosten
bei bei Vermietung oder Verpachtung 1/458
Finnland
ausländisches materielles Recht 9/150 ff.
Verbrauchergeldparität und Devisenkurs 9/46
Fliegerzulagen
als Einkommen 1/74
Folgenbeseitigung
Arrestverfahren 10/496
Forderungen 1/223, 1/384
Forderungsübergang
einstweilige Unterhaltsanordnung bei Feststellung der Vaterschaft (§ 248 FamFG) 10/476
Formalisiertes Verfahren
vereinfachtes Verfahren über den Unterhalt Minderjähriger 10/649
Formelle Rechtskraft
Wiederaufnahmeverfahren 10/375
Formerfordernisse
Beschwerde (§§ 58, 117 FamFG) 10/508
Formularzwang
vereinfachtes Verfahren über den Unterhalt Minderjähriger 10/652
Formzwang
bei Vereinbarungen zum nachehelichen Unterhalt 6/633
Fortbildung des Rechts
Rechtsbeschwerde, Endentscheidungen (§§ 70–75 FamFG) 10/611
Fortbildungskosten
als berufsbedingte Aufwendungen 1/144
Frankreich
ausländisches materielles Recht 9/163 ff.
Verbrauchergeldparität und Devisenkurs 9/47
Freibeträge
beim Arbeitslosengeld II 1/111
Freie Wohnung
als Sachbezüge 1/91
Freifahrten u. -flüge
als Sachbezüge 1/91
Freistellungsvereinbarungen beim Kindesunterhalt 2/762 ff.
Erfüllungsübernahme 2/763 ff.
Koppelung mit Umgangsrecht 2/765
Sittenwidrigkeit 2/764
und Verzicht auf Kindesunterhalt 2/761
Freiwillige Aufgabe eines Arbeitsplatzes
fiktive Einkünfte 1/744
Freiwillige Erfüllung
Auskunfts-, Beleg- und Versicherungsverfahren 10/357
Freiwillige Leistungen
allgemein 1/23

Sachverzeichnis

Freiwillige Leistungen Dritter
Bedarf des Kindes 2/208
Dritter beim Kindesunterhalt 1/711
als Einkommen 1/708 ff.
als Gegenleistungen 1/710
Naturalleistungen 1/709
Wille des Zuwendenden 1/708
Freiwillige Mehrleistung
Rückforderung 6/200
Freiwillige Zuwendungen Dritter
s. Einkünfte aus freiwilligen Zuwendungen Dritter
durch Wohnvorteil 1/475
Freiwilliges soziales Jahr
Unterhalt des Kindes 2/489
Fremdbetreuung
und nichtehelichen Unterhalt 7/34 ff.
Fristberechnung
Beschwerde (§§ 58, 117 FamFG) 10/506
Fristsetzungsverfahren (§ 52 FamFG)
Ausschluss bei einstweilige Unterhaltsanordnung vor Geburt eines Kindes (§ 247 FamFG) 10/464
einstweilige Anordnung 10/429 ff.
Fristwahrung
Aufhebungsverfahren (§ 52 II S. 3 FamFG) 10/432

Gang des Beschwerdeverfahrens
Beschwerde (§§ 58, 117 FamFG) 10/534 ff.
vereinfachtes Verfahren über den Unterhalt Minderjähriger 10/680
Ganztagstätigkeit
Kinderbetreuung 4/1231, 4/1237
Geänderte Rechtsprechung
eheliche Lebensverhältnisse 4/471
Gebäudeabschreibung
s. Absetzung für Abnutzung
Gefährdung des Unterhalts
einstweilige Unterhaltsanordnung bei Feststellung der Vaterschaft (§ 248 FamFG) 10/475
Gefährdung künftiger Unterhaltsansprüche
Arrest 10/485
Gegenforderungen
s. Aufrechnung
Gegenseitigkeitsprinzip
Ausbildungsverpflichtungen der Eltern 2/73
beim Volljährigen 2/482
wirtschaftlich beengte Verhältnisse 2/73
Geheimhaltungsinteresse
Auskunfts-, Beleg- und Versicherungsverfahren 10/353
Gehobenes Einkommen
konkrete Bedarfsbemessung 4/458
objektiver Maßstab 4/761
Vermögenseinkünfte nichtprägend 4/761
Gehörsverletzung
s. Verletzung rechtlichen Gehörs
Geltungsbereich europäischer Unterhaltsverordnungen
Vereinigtes Königreich, Irland und Dänemark 9/606

Gemeinsame Betreuung des Kindes 2/433, 2/449
Gemeinsame elterliche Sorge
Kindesunterhalt 2/447 ff.
Prozessstandschaft 2/448
Gemeinsame Haushaltsführung 4/809, 5/20
Gemeinsame Vermögensbildung
berücksichtigungswürdige Schulden 1/1089, 1/1091
eheliche Lebensverhältnisse 4/453 ff.
Gemeinsames Eigenheim
Veräußerung Eigenheim 1/560
Gemeinsames Wohnen trotz Trennung
Wohnvorteil 1/540
Gemischter Mangelfall 4/807
Gericht der Hauptsache
Arrestverfahren 10/490
Gerichtliches Erstverfahren
Anpassung außergerichtlicher Vereinbarungen 10/369
Gerichtliches Verfahren als Verfahrenshindernis
vereinfachtes Verfahren über den Unterhalt Minderjähriger 10/643
Gerichtskosten
vereinfachtes Verfahren über den Unterhalt Minderjähriger 10/652
Gerichtsstandsvereinbarungen
internationale Zuständigkeit 9/652
Geringwertige Wirtschaftsgüter 1/215, 1/364
Gesamterklärung
Auskunfts-, Beleg- und Versicherungsverfahren 10/346
Gesamtschuld 1/1094
s. a. berücksichtigungswürdige Schulden
Gesamtversorgung
bei Beamten 1/1034
Gesamtversorgung für das Alter 1/1034, 1/1037
Geschäftliche Schädigung 4/1324
Geschenke 1/337
Geschwistertrennung 4/450
Kindesunterhalt bei G. 2/440 ff.
Gesellschafter-Geschäftsführer
Einkommensermittlung wie bei Selbstständigen 1/313
steuerliche Einkünfte 1/311
Gesetzlicher Forderungsübergang nach § 33 SGB II
s. Übergang des Unterhaltsanspruchs nach § 33 SGB II
Gesetzlicher Forderungsübergang nach § 94 SGB XII
s. Übergang des Unterhaltsanspruchs nach § 94 SGB XII
gesonderte Gewinnfeststellung
s. Gewinnfeststellung
Gesteigerte Unterhaltspflicht gegenüber dem minderjährigen Kind 2/366 ff.
s. a. notwendiger Selbstbehalt beim Kindesunterhalt
anderer unterhaltspflichtiger Verwandter 2/394 ff.

Sachverzeichnis

Aufgabe einer Erwerbstätigkeit 2/372
Aus- und Fortbildung des Pflichtigen 2/371
Berufswechsel 2/369
Ehegattenunterhalt als Einkommen 2/377
Erwerbsobliegenheit 2/367
fiktive Einkünfte 2/375
Gelegenheitsarbeit 2/368
Nebenbeschäftigung 2/370
notwendiger Selbstbehalt 2/380 ff.
Ortswechsel 2/369
Sicherstellung des Existenzminimums 2/374
Überstunden 2/370
Verwertung des Vermögensstammes 2/382
Getrenntleben
und Familienunterhalt 3/7
Gewährleistungsrückstellung
s. Rückstellung
Gewerbebetrieb
steuerliche Einkünfte 1/162 ff.
Gewerbesteuer 1/854
als Betriebsausgabe 1/338
Gewinn- und Verlustrechnung 1/180 ff.
Buchhaltung 1/194
steuerliche Korrekturen außerhalb der Bilanz 1/395
Unterschied zur Einnahmen-Überschuss-Rechnung 1/257
Gewinnbeteiligungen
als Einkommen 1/74
Gewinneinkünfte 1/160, 1/162 ff.
Anschaffungskosten 1/204
Arten 1/204
Auskunfts-, Beleg- und Versicherungsverfahren 10/346
Bilanzierungspflicht 1/167
Buchhaltung 1/194
degressive 1/209
Einnahmen-Überschuss-Rechnung s. dort
Gewinn- und Verlustrechnung s. dort
lineare 1/209
Sonderabschreibung 1/213
Gewinnermittlung
allgemein 1/52
Aufwandsverteilungsthese 1/263
Bilanz mit Gewinn- und Verlustrechnung 1/162 ff.
nach Durchschnittssätzen 1/267 ff., 1/309
Einnahmen-Überschuss-Rechnung s. dort
gesetzliche Grundlagen 1/166
Kapitalgesellschaften 1/272
periodengerechte 1/222
bei Personengesellschaften 1/271
Prüfungszeitraum 1/420
durch Schätzung 1/269, 1/310
Wechsel der Gewinnermittlungsart 1/270
Wertverzehrthese 1/208
Gewinnermittlungsarten 1/160
Gewinnfeststellung
gesonderte und einheitliche 1/165, 1/275 ff.
Gewöhnlicher Aufenthalt
Beispiele 9/15
faktische Verhältnisse 9/14

minderjährige Kinder 9/14
und Unterhaltsstatut 9/13 ff.
Wandelbarkeit 9/13
Glaubhaftmachung
Arrestverfahren 10/491
Glaubhaftmachung der Vaterschaft
einstweilige Unterhaltsanordnung vor Geburt eines Kindes (§ 247 FamFG) 10/465
Gleichrang
anteilige Haftung im Verwandtenunterhalt 2/913
Gleichrangige Ehegatten
Additionsmethode 4/802
Halbteilungsgrundsatz 4/753
Gleichrangiger Gattenunterhalt 4/805 ff.
Gleichteilung
s. a. Drittelmethode
Gleichwertigkeit von Bar- und Betreuungsunterhalt 2/20 ff.
beim Minderjährigen 2/20 ff., 2/411
beim Volljährigen 2/26
Gleichwertigkeit von Haushaltsführung und Erwerbstätigkeit 3/16, 3/45, 3/51, 4/422
Good Will
Verbot Doppelverwertung 4/483
Gratifikationen 1/93
Griechenland
ausländisches materielles Recht 9/174 ff.
Verbrauchergeldparität und Devisenkurs 9/48
Grobe Unbilligkeit 4/1218 ff.
s. a. Verwirkung Ehegattenunterhalt
Großeltern
als andere unterhaltspflichtige Verwandte 2/396
angemessener Bedarf 2/396
anteilige Haftung 2/793
Ersatzhaftung 2/791
Sozialhilfe als Einkommen der Enkel 2/792
Unterhaltsvorschuss als Einkommen der Eltern 2/792
Grundsicherung
als Einkommen beim volljährigen Kind 2/498
und Verwandtenunterhalt 2/904
– Einkommenshöhe jedes einzelnen Kindes 2/904
– grobe Unbilligkeit des Anspruchsübergangs auf Sozialhilfeträger 2/905
Grundsicherung für Arbeitsuchende
Alter 8/186
Altersgrenzen 8/186
Anspruchsvoraussetzungen 8/178 ff.
Arbeitsgemeinschaft 8/176
Arbeitslosengeld II, Berechnung 8/212
Auszubildende 8/185
Bedarfsgemeinschaft 8/179 ff., 8/190 ff., 8/212
befristeter Zuschlag 8/214
Berechtigte 8/178
Eigenverantwortlichkeit 8/189
Eigenverantwortung 8/174
Einkommen 8/191 ff.
als Einkommen des Berechtigten 8/222, 8/227
als Einkommen des Unterhaltspflichtigen 8/220
einmalige Bedarfe 8/207

Sachverzeichnis

Einsatz von Einkommen und Vermögen 8/189 ff.
Einstiegsgeld 8/215
Erwerbsfähigkeit 8/188 ff.
Erwerbsobliegenheit 8/13, 8/219
und fiktives Einkommen 8/219
Fördern und Fordern 8/174
Freibeträge 8/194
gewöhnlicher Aufenthalt 8/187
und Grundsicherung im Alter 8/137
Heizung 8/205
Hilfe zur Sicherung des Lebensunterhalts 6/200 ff.
Hilfebedürftigkeit 8/189 ff.
und Jugendhilfe 8/175
Krankenversicherung 8/208
Leistungen für Bildung und Teilhabe 8/217a
Leistungsausschlüsse 8/185
Mehrbedarf des Kindes 8/206
nichteheliche Lebensgemeinschaft 8/180
Rechtsweg 8/177
und Selbstbehalt 8/221
Sozialgeld 8/210
Sozialgeld, Berechnung 8/212
und Sozialhilfe 8/18 ff., 8/173, 8/175
Sozialversicherung 8/208
Subsidiarität 8/225
und titulierter Unterhalt 8/224
Umgangskosten 8/218
und Unterhalt 8/171 ff.
Unterhalt als Einkommen 8/225
und Unterhaltsvorschuss 2/405
Unterkunft 8/205
Vermögen 8/191, 8/199
Verwantwortungsgemeinschaft 8/180
für volljährige Kinder 8/203
Zuständigkeit 8/176

Grundsicherung im Alter und bei Erwerbsminderung
Abänderungsklage beim Elternunterhalt 8/163
allgemein 1/703 ff.
Altersgrenze 8/138
Anspruchsberechtigte 8/138
bedarfsdeckendes Einkommen 1/706
Bedarfsgemeinschaft 8/141, 8/149
Bedürftigkeit 1/704
Berechnung 1/707
Bewilligungszeitraum 8/146
und Ehegattenunterhalt 8/152
als Einkommen 1/703, 8/153
Einsatzgemeinschaft des Leistungsberechtigten 8/149
und Elternunterhalt 8/154 ff., 8/161 ff.
freiwillige Unterhaltszahlungen 8/162
und Grundsicherung für Arbeitsuchende 8/137
Haushaltsgemeinschaft 8/142
Hilfebedürftigkeit 8/140
Kindergeld 8/141
Leistungen 8/144
nicht privilegierte Unterhaltspflichtige 1/705 ff.
privilegierte Unterhaltspflichtige 1/706
Privilegierung der Kinder 8/154
Regelsätze 8/144
sonstige Hilfen 8/166
und Sozialhilfe 8/135 ff.
stationärer Aufenthalt 8/145
Subsidiaritätsgrundsatz 8/136
Übergang des Unterhaltsanspruchs 8/158
und Unterhalt 8/147
Unterhalt als Einkommen 8/161
Unterhaltsansprüche 1/705 ff.
Verhältnis zur Sozialhilfe 1/705
Verwandte 2. Grades 8/170
und Volljährigenunterhalt 8/167
Voraussetzungen 1/703
Grundstücke
Vermögenseinkünfte 1/606
Günstigerprüfung
beim Kindergeld 2/710
Gutachten
einstweilige Unterhaltsanordnung vor Geburt eines Kindes (§ 247 FamFG) 10/468
Gütergemeinschaft
Anspruch auf Mitwirkung an ordnungsgemäßer Verwaltung 6/406
Eilmaßnahmen 6/424
bei Einkünften aus Vermietung oder Verpachtung 1/467
Familienunterhalt 6/412
keine fiktiven Einkünfte 6/423
Haftungsmassen für Unterhalt 6/404
Kindesunterhalt 6/419 ff.
Kindesunterhalt nach rechtskräftiger Scheidung 6/422
nachehelicher Unterhalt 6/413 ff.
Prozesskostenvorschuss 6/424
und Trennungsunterhalt 6/402 ff.
Unterhalt aus dem Gesamtgut 6/417
Unterhalt bei G. 6/400 ff.
Unterhalt minderjähriger Kinder während der Trennungszeit 6/420
Unterhalt volljähriger Kinder während der Trennungszeit 6/421
Unterhalt während Liquidation 6/414
Vollstreckung des Unterhaltstitels 6/409
Güteverhandlung
Beschwerde (§§ 58, 117 FamFG) 10/543

Haager Abkommen über das auf Unterhaltspflichten gegenüber Kindern anzuwendende Recht (HUÜ 56)
anwendbares materielles Recht 9/6
Geltungsbereich 9/6
Haager Kindesunterhaltsübereinkommen (HKuVÜ 58)
internationale Zuständigkeit und Vollstreckbarkeit 9/613
Haager Übereinkommen über die Anerkennung und Vollstreckung von Unterhaltsentscheidungen (HUVÜ 73)
internationale Zuständigkeit und Vollstreckbarkeit 9/611

Sachverzeichnis

Haager Übereinkommen über die internationale Geltendmachung der Unterhaltsanprüche von Kindern (HuVÜ 2007)
Anwendungsbereich 9/605
Verfahrensrecht 9/604
Haager Unterhaltsprotokoll (HUP 2007)
anwendbares materielles Recht 9/4
Geltungsbereich 9/4
Unterhaltsbemessung 9/4
Haager Unterhaltsstatutabkommen (HUÜ 73) 9/5 ff.
anwendbares materielles Recht 9/5
deutscher Vorbehalt 9/12
Geltungsbereich 9/5
Verhältnis zum Haager Abkommen über das auf Unterhaltspflichten gegenüber Kindern anzuwendende Recht (HUÜ 56) 9/6
weltweite Anerkennung 9/5
Haager Unterhaltsübereinkommen 2007
Verfahrensrecht 9/604
Haager Zustellungsübereinkommen HÜZA
Geltungsbereich 9/621
Haftungsanteile der Eltern
s. *Barunterhaltspflicht beider Eltern bei Minderjährigen; Barunterhaltspflicht beider Eltern bei Volljährigen*
Haftungsbeschränkung des Erben
Einwendung im Vollstreckungsabwehrverfahren 10/154
Halbteilung
bei gleichrangigen Ehegatten 4/753
konkrete Bedarfsermittlung 4/752, 4/767
Halbteilungsgrundsatz 4/750 ff., 4/773
Ehegattenunterhalt 4/14
einstufiges Verfahren bei Berechnung des Vorsorgeunterhalts 4/889
nichtehelichen Unterhalt 7/116
zweistufiges Verfahren bei Berechnung des Vorsorgeunterhalts 4/883
Handelsbilanz 1/170
Handlungsbefugnis
einstweilige Unterhaltsanordnung vor Geburt eines Kindes (§ 247 FamFG) 10/464
Härteklausel
rückwirkende Herabsetzung des Unterhalts (§ 238 III S. 3 FamFG) 10/240
Hauptsacheverfahren
Beschwerde (§§ 58, 117 FamFG) 10/501
Hausgeld
bei Strafhaft 1/731
Haushaltsführung
und Kinderbetreuung in der Ehe 4/422
Haushaltsführung für neuen Partner 1/713, 4/552
als Einkommen 1/713
kein unzumutbares Einkommen 1/820
Wertbemessung 1/714
Haushaltsführung in der Ehe 3/14, 3/45, 4/416, 4/422 ff.
als Billigkeitskriterium für die zeitliche Begrenzung oder Herabsetzung des Unterhalts (§ 1578b I u. II BGB) 4/1041

Haushaltsführungsehe 4/815
als Billigkeitskriterium für die zeitliche Begrenzung oder Herabsetzung des Unterhalts (§ 1578b I u. II BGB) 4/1041
eheliche Lebensverhältnisse 4/416, 4/422
Haushaltsgemeinschaft nach § 9 V SGB XII 8/182
Haushaltsgemeinschaft nach § 36 SGB XII 8/27
Hauslasten 1/498 ff.
Häusliche Ersparnis
als Einkommen 1/81
Hausmann-Rechtsprechung 1/722 ff., 2/275 ff.
Erwerbsobliegenheit gegenüber früherem Ehegatten 2/276
Erwerbsobliegenheit gegenüber Kindern aus 1. Ehe 2/276, 2/283 ff., 2/285
Erziehungsgeld als anrechenbares Einkommen 2/281
fiktive Einkünfte 2/280, 2/289
früherer Ehegatte als anderer unterhaltspflichtiger Verwandter (§ 1603 II BGB) 2/279, 2/290
Gleichrang der Unterhaltsansprüche des jetzigen Ehegatten und der Kinder aus 1. Ehe 2/275, 2/408
keine Kontrollberechnung 2/290
Nebeneinkünfte 2/288
Nebenerwerbstätigkeit 2/278
nichtehelichen Kindern 2/277
bei nichtehelicher Lebensgemeinschaft 2/296 ff.
Pflichten des 2. Ehegatten 2/287
bei privilegierten volljährigen Kindern 2/276, 2/291
Rollenwahl 2/280, 2/285, 2/288
Selbstbehalt 2/279
Teilzeitbeschäftigung 2/286
Umfang der Erwerbsobliegenheit 2/283 ff., 2/290
Verfassungsmäßigkeit 2/282
bei volljährigem Kind 2/291 ff.
Hausnebenkosten 1/499
Heim- und Pflegekosten
beim Elternunterhalt 2/968
– Auswahl zwischen mehreren Heimen 2/968
Heimarbeiterzuschlag
als Einkommen 1/74
Heimunterbringung
Kindesunterhalt 2/422
Hemmung der Verjährung 6/150
Herabgruppierung
und Bedarfskontrolle 2/350
nach den Leitlinien 2/343 ff., 2/346
bei überdurchschnittlicher Unterhaltslast 2/343 ff.
beim Volljährigen 2/522
Herabsetzung des nachehelichen Unterhalts
Darlegungs- und Beweislast 6/725
Herabsetzung des Unterhalts (§ 1578b I BGB) 4/1003
s. *unter Unterhaltsherabsetzung (§ 1578b I BGB)*

Sachverzeichnis

Hilfe zum Lebensunterhalt
Anspruchsberechtigung 8/24
bei Bedarfsgemeinschaft 8/23
bei der Sozialhilfe 8/46
Hilfs- und Betriebsstoffe 1/332
Hilfsantrag
Fristsetzungsantrag (§ 52 II FamFG) 10/430
Hilfswerk für behinderte Kinder 1/699
Hinterlegung
einstweilige Unterhaltsanordnung vor Geburt eines Kindes (§ 247 FamFG) 10/468
Hinweisbeschluss
Beschwerde (§§ 58, 117 FamFG) 10/538
Höchstbetrag
vereinfachtes Verfahren über den Unterhalt Minderjähriger 10/641
Höhergruppierung
Angemessenheitskontrolle 2/218, 2/317, 2/355
bei Bedarfsbemessung nach zusammengerechnetem Einkommen der Eltern 2/523
und Bedarfskontrolle 2/350
nach den Leitlinien 2/343 ff., 2/346
bei unterdurchschnittlicher Unterhaltslast 2/343 ff.
Unterhaltspflicht nur gegenüber einem Kind 2/344
beim Volljährigen 2/522
Homologe In-vitro-Fertilisation
keine Verwirkung 4/1317
HUVÜ 73
internationale Zuständigkeit und Vollstreckbarkeit 9/611

Identität der Beteiligten
Abänderungsverfahren bei Urkunden (§ 239 FamFG) 10/276
Identität des Verfahrensgegenstandes
Abänderungsverfahren bei Urkunden (§ 239 FamFG) 10/276
Identität von Unterhaltsansprüchen
fehlende Identität vom Familienunterhalt, Trennungsunterhalt und nachehelichem Unterhalt 4/6
fehlende Identität zwischen Familienunterhalt und Trennungsunterhalt 3/115
Identität von Minderjährigen- und Volljährigenunterhalt 2/28, 2/299, 2/478
Identität zwischen Entscheidungen im Anordnungsverfahren und Hauptsacheverfahren
Außerkrafttreten der einstweiligen Anordnung 10/450
Index
s. Lebenshaltungskostenindex
Indexierung
ausländischer Titel 9/695
Information bei Einkommensänderungen 4/1287
In-Prinzip
Ermittlung der unterhaltsrechtlich abzugsfähigen Steuern 1/979 ff.

Insolvenz des Unterhaltschuldners 1/1119 ff., 4/135
Insolvenzantrag
Unzumutbarkeit 5/99
Zumutbarkeit eines 5/95
Insolvenzgeld
als Einkommen 1/109, 1/121
Instandhaltungskosten 1/339
als berufsbedingte Aufwendungen 1/145
bei Vermietung/Verpachtung 1/456
beim Wohnwert 1/502 ff.
Internat
Kindesunterhalt 2/451, 2/458
Internationale Rechtshängigkeit
Verfahren 9/661 ff.
Internationale Zusammenarbeit
EU-Verordnungen und Abkommen 9/619 ff.
Internationale Zuständigkeit
Abänderungsentscheidungen 9/666 ff.
allgemein 9/640 ff.
Annex zur Personenstandssache 9/649
Annex zur Sorgerechtssache 9/650
Annexzuständigkeit 9/649 ff.
einstweilige Anordnung 10/413
Einstweiliger Rechtsschutz 9/671
Erstreckung auf Dritte 9/647
gemeinsame Staatszugehörigkeit als Auffangzuständigkeit 9/657
Gerichtsstandsvereinbarung 9/652
gewöhnlicher Aufenthalt 9/641
Kein Forum-Shopping 9/658
Notzuständigkeit 9/658
öffentliche Einrichtungen 9/643
perpetuatio fori 9/659
Prüfung von Amts wegen 9/640
Regelanknüpfung 9/641
rügelose Einlassung 9/654
Sachzusammenhang 9/664
Verbundverfahren 9/651
Widerantrag 9/645
Zeitpunkt 9/659
Internatskosten
beim Kindesunterhalt 2/451
Intimes Verhältnis mit Dritten 4/1273, 4/1276, 4/1347 ff.
Invaliditätsversicherungsvorsorge 4/403
Inventur 1/234 ff.
Investitionskostenabzugsbetrag 1/214
Investitionszulagen 1/220, 1/394
Investitionszuschüsse 1/221, 1/394
Inzidentantrag
Verfahren bei Schadensersatz 10/342
Iranisches Niederlassungsabkommen
anwendbares materielles Recht 9/8
Irland
ausländisches materielles Recht 9/189 ff.
Verbrauchergeldparität und Devisenkurs 9/49
Isolierte Anfechtung der Kostenentscheidung
vereinfachtes Verfahren über den Unterhalt Minderjähriger 10/682

Sachverzeichnis

Isolierte Kostenentscheidung
Beschwerde, sofortige (§§ 567–572 ZPO) 10/603
Rechtsmittel in Unterhaltssachen 10/498
Stufenverfahren (§ 254 ZPO) 10/361
Ist-Versteuerung 1/226, 1/329
Italien
ausländisches materielles Recht 9/198 ff.
Verbrauchergeldparität und Devisenkurs 9/50

Jahresabschluss 1/169, 1/200
Jahreswagen
als Sachbezüge 1/91
Jubiläumszuwendungen 1/93
Jugendamtsurkunde
Abänderungsverfahren bei Urkunden (§ 239 FamFG) 10/274
Jugendhilfe
Kindesunterhalt 2/465
Jugendhilfeleistungen 6/110 ff.

Kalenderfälligkeit 6/134
Kanada
Verbrauchergeldparität und Devisenkurs 9/51
Kapital
Eigenkapital 1/171 ff., 1/392
Kapitalabfindung
Abschätzung der angemessenen Höhe 6/674
Anpassung der Rent
– gemäß § 33 VersAusglG 6/671
Beamter 6/670
Bemessung der Abfindung 6/674
Pfändung der Abfindung 6/669
mit Ratenzahlung 6/668
und steuerliche Nachteile 6/672
Vereinbarung 6/666 ff.
Verjährung 6/673
Kapitaleinkünfte 1/328, 4/860
kein Vorsorgeunterhalt für K. 4/860
Kapitalertragsteuer 1/893
Kapitalkonto
variables 1/196
Kapitalvermögen
Vermögenseinkünfte 1/605
Karrieresprung 4/477
Kaufkraftparität 9/79b
und Auslandsunterhalt 9/79a
Kaufkraftverlust
bei Auslandsbezug 9/38
Kaufkraftzuschläge
Bedarfskorrektur bei Auslandsbezug 9/91 ff.
kausaler Anerkenntnisvertrag
Abänderungsverfahren bei Urkunden (§ 239 FamFG) 10/278
Kausalität
Anhörungsrüge (§ 321a ZPO) 10/631
Kein Lebensplan
bei ehelichen Lebensverhältnissen 4/422
Keine fiktive Steuerberechnung
Sonderabschreibung 1/1019
Kilometerpauschale
Kraftfahrzeugkosten 1/1047

Kind
behindertes s. *Behinderte Kinder*
Kinderbetreuung
allgemein 1/23
als Billigkeitskriterium für die zeitliche Begrenzung oder Herabsetzung des Unterhalts (§ 1578b I u. II BGB) 4/1037
Erwerbstätigkeit trotz K. 1/803 ff.
Obliegenheit zur Ganztagstätigkeit 4/1231, 4/1237
Obliegenheit zur Teilzeittätigkeit 4/1231, 4/1237
Kinderbetreuung in der Ehe 4/416
als Billigkeitskriterium für die zeitliche Begrenzung oder Herabsetzung des Unterhalts (§ 1578b I u. II BGB) 4/1037
Kinderbetreuungsbonus 1/811, 1/1058
Doppelbelastung 1/1064
prägend 1/1064
Kinderbetreuungskosten
Abzugsposten 1/1053
als berufsbedingte Aufwendungen 1/146, 1/1053
bei Kinderbetreuung 1/830
Kindergarten 1/1053
steuerliche Berücksichtigung 1/146, 1/880
bei überobligatorischer Tätigkeit 1/1053
Kindererziehungsleistungsgesetz 1/699
Kindergarten
Mehrbedarf des Kindes 1/1053
Sonderbedarf 6/17
Kindergartenkosten
Mehrbedarf des Kindes 2/233, 2/400
Kindergeld 1/677 ff.
bis 31.12.2007 2/714
Abzug Zahlbetrag 4/444, 4/446
Abzweigung 2/712
Altersgrenzen 2/703
Anrechnung 2/714
Anspruchsvoraussetzungen 2/702 ff.
Ausgleich bei fehlendem Unterhaltsanspruch 2/733
Auskehr an das Kind 2/717, 2/723
Auslandsbezug 2/735
Bedarfsdeckung 2/717
beiderseitige Unterhaltspflicht der Eltern 2/724 ff.
Betreuung eines minderjährigen Kindes 2/719
und Bundeskindergeldgesetz 2/701
Düsseldorfer Tabelle, Eingruppierung in 2/335 ff.
dynamischer Unterhalt 2/736
beim Ehegattenunterhalt 1/679
und Ehegattenunterhalt 2/729
eigene Einkünfte des Kindes 2/704
Einkommen 2/262, 2/335
kein Einkommen der Eltern 1/677, 2/720
als Einkommen des Kindes 1/678, 2/717 ff.
und Einkommensteuerrecht 2/700 ff.
Einwendung im Vollstreckungsabwehrverfahren 10/154
Familienkasse 2/701, 2/706
Familienleistungsausgleich 2/702

Sachverzeichnis

familienrechtlicher Ausgleichsanspruch 2/497, 2/769, 2/780
Familienzuschlag bei Beamten 2/713
Günstigerprüfung 2/710
Halbteilung 2/718, 2/720
hälftige Berücksichtigung 2/718, 2/720
Höhe 2/707
und Kinderfreibetrag 2/708 ff.
Leistungsfähigkeit nur eines Elternteils 2/726
im Mangelfall 2/262, 2/266, 5/62
mehrere Kinder 2/731
für minderjährige Kinder 1/681
beim minderjährigen Kind 2/413, 2/718 ff.
notwendiger Selbstbehalt beim Kindesunterhalt 2/390
Obhutsprinzip 2/705
und Ortszuschlag 2/713
Pfändung 2/737
neben Pflegegeld 1/697
für privilegiert Volljährige 1/683
bei privilegiert volljährigen Kindern 2/592, 2/722
Prozessuales 2/736
Rechtsgrundlagen 2/700
Rechtsweg gegen Bescheide der Familienkasse 2/701, 2/706
bei der Sozialhilfe 8/38
als Sozialleistung 8/3
als Steuervergütung 2/702
Umgangskosten 1/679, 2/720
Unterhaltsberechnung 2/720, 2/724 ff.
Verfassungsmäßigkeit des § 1612b V BGB a. F. 2/714
Verrechnung mit Barunterhalt 2/413
volle Berücksichtigung 2/722
für volljährige Kinder 1/682
beim volljährigen Kind 2/476, 2/497, 2/722 ff.
Vorwegabzug des Kindergeldes 2/717
Zahlbetrag 2/717, 2/721, 2/722
Zählkindvorteil 1/681, 2/732, 5/66
Zulagen 2/713
Kinderschutzklausel
als Billigkeitskriterium für die zeitliche Begrenzung oder Herabsetzung des Unterhalts (§ 1578b I u. II BGB) 4/1037
Kinderzuschlag
allgemein 1/684
als Einkommen des Kindes 1/686
Höhe und Dauer 1/684
künftiger Unterhalt 1/687
subsidiär 1/687
Voraussetzungen 1/684
Kinderzuschüsse
als Einkommen 1/74
Kinderzuschuss zur Rente 2/713
Kindesunterhalt
s. a. nachfolgende Stichwörter
nach dem 3. Lebensjahr des Kindes 7/25
bis zum 3. Lebensjahr des nichtehelichen Kindes 7/20
Abzug geschuldeter Unterhalt bei Minderjährigen in Konkurrenz zu privilegierten Volljährigen 1/1125

Abzug nach Scheidung geborener Kinder 1/1122, 4/440 ff.
Abzug Zahlbetrag 1/1124
Anspruchsvoraussetzungen 2/1 ff.
Bedarf 1/31
Bedarf des Kindes 2/200 ff.
Bedarfskontrollbetrag 2/351
Bedürftigkeit des Kindes 2/51 ff.
Begrenzung bei besonders günstigem Einkommen der Eltern 2/226 ff.
bereinigtes Nettoeinkommen 1/1000
Berücksichtigung des Einkommens bei Kindesunterhalt 1/31
Betreuungsunterhalt s. dort
Darlegungs- und Beweislast 6/704 ff.
Dauer 2/12
Düsseldorfer Tabelle 2/311, 2/317
dynamischer Unterhalt 2/311, 2/358 ff.
und Ehegattenunterhalt 2/266, 2/354, 3/4, 5/136
Ende des Anspruchs 2/13
Erlöschen des Anspruchs 2/15
Ersatzhaftung 2/787 ff.
und Familienunterhalt 3/1 ff., 3/12, 3/71 ff.
Feststellung der Vaterschaft durch ausländisches Gericht 9/28
Freistellungsvereinbarungen der Eltern 2/762
freiwillige Leistungen Dritter 2/121 ff.
bei gemeinsamer elterlicher Sorge 2/447 ff.
bei Geschwistertrennung 2/440 ff.
bei Gütergemeinschaft 6/419 ff.
Identität von Minderjährigen- und Volljährigenunterhalt 2/28
Internat 2/451, 2/458
Jugendhilfe 2/465
des Kindes, das ein eigenes Kind betreut 2/59 ff.
Konkurrenz von Ehegatten- und Kindesunterhalt 2/266, 2/354, 5/136 ff.
Leistungsfähigkeit 2/239 ff.
Mangelfall 2/266
bei mietfreiem Wohnen 1/571 ff.
nichteheliche Kinder ab 1.7.1998 2/310
nichteheliche Kinder bis 30.6.1998 2/309
Ost-West-Fälle 2/324 ff.
Rangverhältnisse 2/263 ff., 5/118 ff.
Rückforderung 6/200 ff.
Rückstand 6/100 ff.
Sättigungsgrenze 2/226
statischer Unterhalt 2/311
der Tochter, die schwanger ist oder ein eigenes Kind betreut 2/59 ff., 8/68
Tod des Kindes 2/15
Tod des Verpflichteten 2/15
Verbraucherinsolvenz 2/258
Vereinbarungen 2/755 ff.
Verjährung von Unterhaltsansprüchen 7/235
Verwirkung s. *Verwirkung des Kindesunterhalts*
Verzicht 2/758 ff.
bei Volljährigen 1/1126
Wiederaufleben des Anspruchs 2/14

2573

Sachverzeichnis

Kindesunterhalt als Abzugsposten
bei der Bedarfsermittlung 1/1121 ff., 4/432, 4/440 ff.
Betreuungsbonus 1/838, 1/1060, 4/438
nur beim Ehegattenunterhalt 1/1000, 1/1121
geschuldeter Kindesunterhalt 4/451
Geschwistertrennung 2/440
bei Geschwistertrennung 4/450
Kind aus neuer Ehe oder Partnerschaft 1/1122
latente Unterhaltslast 1/1129
bei Mangelfall im zweiten Rang 4/442
minderjährige Kinder 4/419 ff.
bei nichtprägendem Einkommen Ehegattenunterhalt 4/441
Rangfragen 4/440
Rückstand 4/451
vor Scheidung geborenes Kind 4/440
titulierter Unterhalt 4/451
volljährige Kinder 4/445
voreheliche Kinder 4/440
bei Wechselmodell 4/450
Wegfall des Kindesunterhalts 2/250, 2/354
Zahlbetrag 4/444
Kindesunterhalt bei ungeklärter Vaterschaft 10/114 ff.
Abänderungsverfahren (§ 240 FamFG) 10/124 ff.
Anerkenntnis 10/118
Anhängigkeit des Vaterschaftsfeststellungsverfahren 10/115
Anordnung der sofortigen Wirksamkeit (§ 116 III S. 2 und 3 FamFG) 10/121
Anwaltszwang 10/118
Bedürftigkeit des Kindes 10/120
Befristung 10/119
einheitliche Endentscheidung 10/118
Einspruch und Beschwerde 10/118
einstweiliger Rechtsschutz 10/114, 10/469
Einwendungsausschluss 10/120
Einwendungsausschluss für Erfüllung, Stundung, Forderungsübergang, Begrenzung oder Verwirkung 10/120
Endentscheidung zum Unterhalt 10/121
Familienstreitsache 10/114
Hauptsacheverfahren 10/114
Kostenentscheidung 10/122
Leistungsfähigkeit 10/120
Minderjährigkeit des Kindes 10/115
Mindestunterhalt des Kindes 10/119
Mithaftung der Kindesmutter 10/120
negativer Feststellungsantrag und Widerantrag 10/116
örtliche Zuständigkeit 10/117
Rechtsausübungssperre 10/114
Rechtskraft des Abstammungsverfahrens 10/116
Rechtsmittelverfahren 10/123
selbständiges Verfahren 10/114
Titulierungsverfahren (§ 237 FamFG) 10/115 ff.
Unterhaltsrückstände 10/119
Verfahrensgrundsätze im Titulierungsverfahren (§ 237 FamFG) 10/118
Verfahrenswert und Verfahrensverbindung 10/122

Versäumnisbeschluss 10/118
Wahlrecht zwischen einstweiligem Rechtsschutz und Hauptsacheverfahren 10/114
Zusatz- oder Sonderbedarf 10/119
Zuständigkeit und Beschwerdeinstanz 10/117
Zuständigkeit und Verfahrensverbindung 10/117
Kindesunterhalt Volljähriger
als Abzugsposten 4/445
Kindergeld bedarfsdeckend 1/1126
Mangelfall vorrangiger Bedürftiger 1/1126
Kindesunterschiebung 4/1353
Kindesvermögen
Vermögenserträge 2/132
Verwertung des Vermögensstammes 2/132
Kirchensteuer 1/856, 1/864
als Abzugsposten 1/1009
Klagbarer Unterhaltsanspruch
Arrest 10/486
Klassenfahrt
als Sonderbedarf 6/17
Kommunion
als Sonderbedarf 6/16
Konfirmation
als Sonderbedarf 6/16
Konkrete Bedarfsbemessung
Halbteilung 4/752
Konkrete Bedarfsermittlung 4/763
Anrechnung Eigeneinkommen Bedürftiger 4/769
kein Erwerbstätigenbonus 4/769
beim Familienunterhalt 3/2, 3/25f
Halbteilungsgrundsatz 4/767
im Mangelfall 4/977
relative Sättigungsgrenze 4/766
beim Volljährigenunterhalt 2/502
Vorsorgeunterhalt 4/768
Konkurrenz von Unterhaltsansprüchen
Bedarfsbemessung beim Gattenunterhalt im Konkurrenzfall 4/805 ff.
Eigenbedarf des unterpflichtigen Kindes 3/104
Konkurrenz von Familienunterhalt mit anderen Unterhaltsansprüchen 3/70 ff.
Konkurrenz von Familienunterhalt und Elternunterhalt 3/103 ff.
Konkurrenz von Kindesunterhalt mit anderen Unterhaltsansprüchen 2/262 ff.
Trennungsunterhalt 4/80
Konkurrenz zwischen mehreren Ehegatten 3/74 ff.
Bedarf des ersten Ehegattem 3/79
Bedarf des nachfolgenden Ehegatten 3/83, 3/92 ff.
Dreiteilung des anrechenbaren Einkommens 3/86
Ehegattenmindestselbstbehalt 3/89
Ersparnis durch Zusammenleben 3/94
Existenzminimum 3/96
Halbteilungsgrundsatz 3/86
keine Dreiteilung bei Ermittlung des Bedarfs 3/77
Leistungsfähigkeit des Pflichtigen 3/82
Rangverhältnisse 3/88
Splittingvorteil 3/97

Sachverzeichnis

Konkurs des Unterhaltsschuldners
s. *Insolvenz des Unterhaltsschuldners*
Konsumkredit 1/1078
Konsumverhalten
Ehegattenunterhalt 4/463 ff.
beim Leistungsfähigkeit 3/43
Kontrollrechte der Eltern 2/90, 2/483
Körper- und Gesundheitsschaden
Darlegungslast für Mehraufwand 1/654 ff.
Körperschaftsteuer 1/855
Kosten
des allgemeinen Lebensbedarfs
– beim bereinigten Nettoeinkommen 1/1008
Anhörungsrüge (§ 321a ZPO) 10/633
Anschlussbeschwerde (§§ 66, 117 II FamFG) 10/596
Arrestverfahren 10/492
Aufhebungsverfahren (§ 52 II S. 3 FamFG) 10/434
für Ausbauten 1/502
der Schwangerschaft und Entbindung
– einstweilige Unterhaltsanordnung vor Geburt eines Kindes (§ 247 FamFG) 10/461
des Stufenverfahrens 10/363
vereinfachtes Verfahren über den Unterhalt Minderjähriger 10/675
Kostenentscheidung
bei Anerkenntnisbeschluss
– Beschwerde, sofortige (§§ 567–572 ZPO) 10/603
nach Antragsrücknahme
– Beschwerde, sofortige (§§ 567–572 ZPO) 10/603
Kostenersatz
einstweilige Unterhaltsanordnung vor Geburt eines Kindes (§ 247 FamFG) 10/468
Kostenerstattungsanspruch, materiellrechtlich
Stufenverfahren (§ 254 ZPO) 10/361
Kostenfestsetzungsbeschluss (§ 104 III ZPO)
Beschwerde, sofortige (§§ 567–572 ZPO) 10/603
Kraftfahrzeugkosten 1/1047
bei abhängig Beschäftigten 1/134
berufsbedingter Anteil 1/135
doppelte Haushaltsführung 1/1047
Pauschalierung 1/136 ff.
prägend 1/1050
Krankengeld
Dauer 1/115
und Einkommensteuer 1/859
erkranktes Kind 1/115
Höhe 1/115
Lohnersatzleistung 1/115
Krankengeld, Krankentagegeld 1/115
kein Erwerbstätigenbonus 1/115
Krankenhaustagegelder
bei abhängig Tätigen 1/115
als Einkommen 1/74
Krankenversicherung
als Abzugsposten 1/1029 ff.
keine in der Bremer Tabelle 4/877
während des Getrenntlebens 4/900
des Kindes s. *Krankenversicherung des Kindes*
Kindesunterhalt 1/1042 ff.
als Mehrbedarf 4/403
Mitversicherung 1/1040, 4/900
nach der Scheidung 4/901
als selbständiger Bestandteil des Unterhaltsanspruchs s. *Krankheitsvorsorgeunterhalt*
beim Verwandtenunterhalt 2/927
Krankenversicherung des Kindes 2/327, 2/512
Mitversicherung beim Pflichtigen 2/16
beim Studenten 2/512
beim Tabellenunterhalt des Minderjährigen 2/327
beim volljährigen Kind im Haushalt der Eltern 2/525
Krankenvorsorgeunterhalt
einstweilige Anordnung 10/398
bei Getrenntleben 4/70
Krankheitsbedingte Arbeitsunfähigkeit
allgemein 1/787
Flucht in die seelische Krankheit 1/791
psychische Erkrankung 1/789
qualitative und quantitative Einschränkungen 1/788
Rentenneurose 1/791
Sachverständigengutachten 1/787
Schwerbehinderung 1/787
substantiierter Vortrag 1/787
Suchtdelikte 1/790
Wiederherstellung der Arbeitskraft 1/789
Krankheitsbedingter Mehrbedarf 1/1067
Krankheitskosten
als Sonderbedarf 6/14
Krankheitsunterhalt (§ 1572 BGB)
Anspruchsbegrenzung 4/261
Anspruchsbeschränkung 4/260
Anspruchskonkurrenzen 4/258
Anspruchsvoraussetzungen 4/237
Billigkeitsabwägung bei langer Ehedauer 4/1068
Darlegungs- und Beweislast 4/264
Einsatzzeitpunkte 4/249
Fallgruppen der Krankheit 4/239
– Behandlungsobliegenheiten 4/243
– Depressionen 4/240
– kurzfristige Erkrankungen 4/242
– Rentenneurose 4/241
– Suchterkrankungen 4/239
– Unterhaltsneurose 4/241
krankheitsbedingte Erwerbsunfähigkeit 4/245
Krankheitsbegriff 4/238
Krankheitsvorsorge 4/403
Krankheitsvorsorgeunterhalt 4/900 ff.
s. a. *Vorsorgeunterhalt wegen Alters*
neben Altersvorsorgeunterhalt 4/917
angemessene Versicherung 4/906
bei Beamten 4/916
Berechnung 4/906
dreistufige Berechnung 4/917
einstufige Berechnung 4/919
Geltendmachung 4/923

2575

Sachverzeichnis

ges. Krankenversicherung 4/915
und nichtprägendes Einkommen 4/922
Pflegevorsorgeunterhalt 4/927
Zweckbindung 4/924
zweistufige Berechnung 4/915
Kroatien
ausländisches materielles Recht 9/209 ff.
Verbrauchergeldparität und Devisenkurs 9/52
Kumulation von berufsbedingten Aufwendungen und Erwerbstätigenbonus 4/832
Kündigungsschutzklage
fiktive Einkünfte 1/750
Kurzarbeitergeld
als Einkommen 1/109, 1/121
Kurze Ehe
Verwirkung 4/1244 ff.
Kurze Ehe bei Kinderbetreuung
Verwirkung Ehegattenunterhalt 4/1246
Kurze Ehe bei Trennungsunterhalt
keine Verwirkung 4/1249
Kurzes Zusammenleben
als Verwirkungsgrund 4/1372
Kurzfristige Einkommensänderung 4/419

Ländergruppeneinteilung
für Auslandsbedarf 9/37
Landwirtschaft
s. Einkünfte, aus Landwirtschaft
Lange Ehedauer 5/124
Bausteinlösung 5/131
als Billigkeitskriterium für die zeitliche Begrenzung oder Herabsetzung des Unterhalts (§ 1578b I u. II BGB) 4/1065
Zehnjahresschritte 5/131a
Langjähriges Zusammenleben mit neuem Partner 4/1267 ff.
Latente Unterhaltslast
Abzugsposten 1/1129
bei Anspruch auf Enkelunterhalt gegen verheirateten Großelternteil 2/1045
Bereinigung Nettoeinkommen 4/447
prägende Belastung 4/447
Leasing 1/260, 1/340
Lebensbedarf des Kindes 2/125, 2/219
s. a. Bedarf des Kindes
des Minderjährigen 2/326 ff.
Pauschalierung durch Tabellen und Leitlinien 2/219, 2/326 ff.
des Volljährigen 2/499
Lebenshaltungskostenindex 4/644
und Unterhaltsabänderung 6/623
Lebenspartner, eingetragene
s. Unterhaltsansprüche zwischen eingetragenen Lebenspartnern
Lebenspartnerschaftsunterhalt
s. Unterhaltsansprüche zwischen eingetragenen Lebenspartnern
Lebensstandardgarantie
Ende der L. 4/805
keine L. bei ehelichen Lebensverhältnissen 4/410
Unterhaltsrechtsänderung 2008 4/411

Lebensstellung der nichtehelichen Mutter
einstweilige Unterhaltsanordnung vor Geburt eines Kindes (§ 247 FamFG) 10/461
Lebensstellung des Kindes 2/200 ff.
Abhängigkeit von Lebensstellung der Eltern 2/200
bei besonders günstigem Einkommen der Eltern 2/226
Einkommen und Vermögen der Eltern 2/200, 2/205 ff.
Kindsein 2/202
Leistungsfähigkeit des verpflichteten Elternteils 2/204
Unterhaltsansprüche Dritter 2/204
und Unterhaltsbedarf 2/200 ff.
Volljähriger 2/203, 2/482, 2/535
Lebensversicherung
als Abzugsposten 1/1034, 1/1037
als Altersversorgung 1/1037
als Altersvorsorge 1/1034, 1/1037
Leibrente
als Einkommen 1/650
prägendes Einkommen 4/566
Leichtfertige Arbeitsplatzaufgabe
Abwägungskriterien 1/747
Bemessungszeitpunkt 1/748
Elternrecht 1/748
Erkrankung nach Selbständigkeit 1/751
Fallgruppen 1/752
Leistungsfähigkeit nach früheren Einkünften 1/751
Leichtfertigkeit
fiktive Einkünfte 1/743 ff.
des Unterhaltsberechtigten 1/743
unterhaltsbezogene 1/743
des Unterhaltspflichtigen 1/743
Leistungsantrag
Anpassung außergerichtlicher Vereinbarungen 10/34 ff., 10/370
Freiwillige Zahlung u. Kosten 10/39 ff.
Freiwillige Zahlung u. Verfahrenskostenhilfe 10/41
Hauptsacheverfahren
– Verhältnis zur einstweiligen Anordnung 10/437
Rechtsschutzbedürfnis 10/37 ff.
Stufenverfahren (§ 254 ZPO) 10/358
Titulierungsinteresse 10/39 ff.
Verfahrensgrundsätze
– Antragsschrift 10/53
– Anwaltszwang 10/53
– Ausnahmen vom Anwaltszwang, Behörde und Jugendamt als Beistand 10/53
– Dispositionsmaxime, Beibringungsgrundsatz 10/54
– Endentscheidung und „Beschluss-Prinzip" 10/55a
– entsprechende Heranziehung der Urteilsvorschriften der ZPO 10/55a
– mündliche Verhandlung, schriftliches Verfahren und Beweisaufnahme 10/55

Sachverzeichnis

Leistungsbeförderung 4/477, 4/572
Leistungsfähigkeit
s. a. die nachfolgenden Stichwörter
bei Auslandsbezug 9/35
fiktives Einkommen 8/13
und Sozialhilfebedürftigkeit 8/14
und subsidiäre Sozialleistungen 8/13
beim Verwandtenunterhalt 2/934 ff.
– Zusatzaufwand für Altersvorsorge 2/938, 2/941
Leistungsfähigkeit beim Ehegattenunterhalt
Billigkeitsquote 4/975
eigener angemessener Bedarf 4/969
Einwendung der Leistungsunfähigkeit 4/967
beim Familienunterhalt 3/9
nach Sozialhilferecht 5/12
nachehelicher Unterhalt 4/966
schuldhaft herbeiführte Leistungsunfähigkeit 4/977
bei Trennungsunterhalt 4/968
Leistungsfähigkeit beim Kindesunterhalt 2/9, 2/239 ff., 2/536 ff., 2/580
angemessener Bedarf (Selbstbehalt) des Pflichtigen 2/240, 2/536, 2/546 ff.
Anrechnung von Kindeseinkommen auf den Bedarf 2/259
und anteilige Haftung der Eltern 2/567
und Bedarf des Kindes 2/204
Bedarfskontrollbetrag 2/351 ff.
Betreuung eines anderen bedürftigen Kleinkindes 2/269
Ehegattenunterhalt 2/266
Ehegattenunterhalt als Einkommen 2/247, 2/377
und Eigenbedarf des Pflichtigen 2/239
und Erwerbsfähigkeit des Schuldners 2/244
fiktive Einkünfte 2/244 ff.
gesteigerte Unterhaltspflicht 2/366 ff.
gleichrangige Unterhaltsansprüche Dritter 2/264
Hausmannrechtsprechung 2/275 ff.
Mangelfälle 2/262 ff.
nachrangige Unterhaltsansprüche 2/267
nichtehelichen Unterhalt 7/141
notwendiger Selbstbehalt des Pflichtigen 2/240
Opfergrenze 2/240
Schulden 2/257
schuldhafte Herbeiführung der Leistungsunfähigkeit 2/243
Umgangskosten 2/271
Unterhaltsansprüche anderer Berechtigter 2/262 ff.
volljährige Kinder 2/536 ff.
vorrangige Unterhaltsansprüche 2/263, 2/556
Leistungsprämien
als Einkommen 1/74
Leistungsunfähigkeit
durch Arbeitsplatzverlust
– ausnahmsweise unbeachtlich 1/744 ff.
– grundsätzlich beachtlich 1/746
Beachtlichkeit auch selbstverschuldeter L. 5/44
Darlegungs- und Beweislast des Unterhaltspflichtigen 6/721 ff.
als Einwendung 4/967
nach Sozialhilferecht 5/12
unbeachtlich, wenn verantwortungslos oder leichtfertig herbeigeführt 5/45
Vortrag des Unterhaltspflichtigen 6/723
Leitlinien der Oberlandesgerichte
allgemein 1/16 ff.
Angemessenheitskontrolle beim Tabellenunterhalt 2/355
Aufzählung aller L. 1/20
zum Bedarf des kinderbetreuenden Elternteils beim nichtehelichen Unterhalt 7/115
zum bereinigten Nettoeinkommen 1/1000
keine Bindung an L. im Änderungsverfahren 1/16
zur Erwerbsobliegenheit 4/193
zum Erwerbstätigenbonus 4/782
als Hilfsmittel der Unterhaltsbemessung 2/218
Mindest-Eigenbedarf des Pflichtigen beim Elternunterhalt 2/1046
zum pauschalierten Mindestbedarf des nichtpflichtigen Ehegatten 2/1047
zum Selbstbehalt d. Pflichtigen beim Elternunterhalt 2/936 ff.
zum Selbstbehalt d. Pflichtigen beim Enkelunterhalt 2/936 ff.
zum Selbstbehalt des Pflichtigen beim Elternunterhalt 2/991
zum Selbstbehalt des Unterhaltsverpflichteten beim nichtehelichen Unterhalt 7/144
Selbstbehalte des Pflichtigen beim Eltern- und Enkelunterhalt 2/936 ff.
Selbstbehaltssätze für Unterhaltsverpflichtete von nichtehelichen Kindern 7/144
zu Selbstbehaltssätzen 5/2 ff.
zu Spesen, Reisekosten, Auslösen 1/85
Unterhaltsbedarf eines nichtehelichen kinderbetreuenden Elternteils 7/115
zu Verbindlichkeiten 1/1081
zum Wohnwert 1/487
Lettland
Verbrauchergeldparität und Devisenkurs 9/53
Lex fori
materielles Recht 9/23
Liquidationspool
des Chefarztes 1/74
Litauen
Verbrauchergeldparität und Devisenkurs 9/54
Lohnersatzfunktion
Erziehungsgeld 1/116
bei Krankengeld, Krankentagegeld 1/115
bei Sozialleistungen 1/105
Lohnsteuer 1/892
s. a. Steuern
als Abzugsposten 1/1009
Eintragung von Freibeträgen auf Klasse V 1/911
Faktorverfahren 1/908
Kinderfreibetrag 1/910
Lohnsteuerklassen 1/907
Realsplitting 1/909
Zuflussprinzip 1/900

Sachverzeichnis

Lohnsteuerbescheinigung 1/25
Vorlagepflicht 1/1179
Lohnsteuerkarte
Realsplitting 1/909
LPartG
s. *Unterhaltsansprüche zwischen eingetragenen Lebenspartnern*
Luganer Übereinkommen über die gerichtliche Zuständigkeit, Anerkennung und Vollstreckung von Entscheidungen in Zivil- und Handelssachen (LugÜ)
internationale Zuständigkeit und Vollstreckbarkeit 9/615
Luxemburg
Verbrauchergeldparität und Devisenkurs 9/55

Mahnung
rückwirkende Erhöhung des Unterhalts (§ 238 III S. 2 FamFG) 10/237
Mahnung als Verzugsvoraussetzung 6/119 ff.
Mahnverfahren 10/374
Malta
Verbrauchergeldparität und Devisenkurs 9/56
Mangelfall 2/262 ff.
absoluter 5/107
absoluter Vorrang 5/138
Abzug Kinderunterhalt (Höhe 4/442
Aktualisierung von Rangverhältnissen 2/263 ff.
Altfälle 5/164
anrechnungsfreies Defizit 5/112
Arbeitsplatzaufgabe 5/46
Auslandsfälle 5/28
Baruntlhaltspflicht beider Eltern 5/187
Bedarfskorrektur 5/138
Bedarfspositionen 5/35
bedürftig gewordene Volljährige neben gleichrangigen Volljährigen 5/161
Beispiele zur absoluten und relativen Mangelfällen mit mehreren Ehegatten 5/110
berücksichtigungswürdige Schulden 5/37
Billigkeitsquote 5/102
Deckungsmasse 5/38
Drittelmethode 5/107
Ehegattenunterhalt als Einkommen im M. 2/251
eingeschränkter M. nach § 1581 BGB 5/102
erhöhte Anforderung an Abzugsposten zum Einkommen 5/76
erhöhte Zumutbarkeit der Vermögensverwertung 5/81
erhöhte Zurechnung von Einkommen aus unzumutbarer Erwerbstätigkeit 5/70
Ersatzhaftung 5/170, 5/179
Erwerbstätigenbonus 4/784
Familienunterhalt 3/88
fiktive Einkünfte wegen gesteigerter Erwerbsobliegenheit 5/67
gemischter Mangelfall 5/103
gleicher Rang und verschiedener Selbstbehalt 5/161
Haftungskonkurrenz bei Unterhalt minderjähriger Kinder 5/186
Kindergeld und Zählkindvorteil im M. 5/62
Konkurrenz von Ehegatten- und Kindesunterhalt 2/262 ff., 2/266
Maßgeblichkeit von Rangverhältnissen 5/113
mehrere Ehegatten 3/88
Mehrheit von Berechtigten 5/107
Mindestbedarf 4/756, 5/155
Nachrang des ersten Ehegatten 5/107
nach § 1581 BGB 4/971, 5/31 ff., 5/53, 5/102
proportionale Kürzung 5/103, 5/155 ff.
Rangordnung unter unterhaltspflichtigen Verwandten 5/167
Rangverhältnis zwischen mehreren Verpflichteten 5/166 ff.
Rangverhältnisse unter mehreren berechtigten Kindern 5/120
Rangverhältnisse zwischen mehreren unterhaltsberechtigten Ehegatten 5/124
Rechenbeispiele zum Ausscheiden nachrangig Berechtigter 5/150
Rechenweg bei mehreren Ehegatten 5/109
relativer 5/105, 5/107
relativer – absoluter M. 5/1
selbstverschuldete Leistungsunfähigkeit 5/44
Sozialfall, Sozialgrenze 5/12
wegen trennungsbedingter Mehrbedarfs 5/51
Unterhalt bei Nachrang der späteren Ehe 5/111
verschärfte Anforderungen bei Berücksichtigung von Verbindlichkeiten 5/85
Zurechnung freiwilliger Zuwendungen Dritter 5/73
Marktmiete 1/478
Maßstab Ehegattenunterhalt 4/408 ff., 4/750 ff.
s. a. eheliche Lebensverhältnisse
Masterprüfung 2/82
Materielles Recht
Auffangvorschrift des Art. 17 EGBGB 9/7
Internationale Anwendbarkeit 9/1 ff.
Materielles Unterhaltsrecht
Drittschuldnerverfahren 10/344
rückwirkende Erhöhung des Unterhalts (§ 238 III S. 2 FamFG) 10/237
Mazedonien
Verbrauchergeldparität und Devisenkurs 9/57
Medikamentenmissbrauch
als Verwirkungsgrund 4/1299, 4/1376
Mehrarbeit 1/86
Mehraufwand durch Behinderung 1/652 ff.
Mehrbedarf
Abänderungsverfahren bei Urkunden (§ 239 FamFG) 10/275
Altersvorsorge 4/403
ausbildungsbedingter M. 4/403
Krankenvorsorge 4/403
trennungsbedingter s. dort
Mehrbedarf beim Kindesunterhalt
Darlegungs- und Beweislast 6/706
Mehrbedarf des Enkelkindes 2/1032
Mehrbedarf des Kindes 1/1071, 2/232 ff., 2/451 ff., 2/530 ff.
Aufwendungen für die Pflege 3/30
Baruntlhaltspflicht beider Eltern 2/418, 2/458

Sachverzeichnis

Berechtigung des Mehrbedarfs 2/452 ff.
Beteiligung des sorgeberechtigten Ehegatten 2/235
Darlegungs- und Beweislast 2/533
Entscheidung des Sorgeberechtigen 2/455, 2/456
Internat 2/233, 2/451, 2/458, 2/532
Kindergartenkosten 2/233, 2/400, 2/451
Kinderhort 2/451
krankheitsbedingter Mehrbedarf 1/1071, 2/233, 2/400, 2/435, 2/451, 2/453, 2/463 ff., 2/531
nicht subsidiäre Sozialleistungen 2/466
Pflegegeld 2/464 ff.
Privatschulen 2/233, 2/451, 2/532
schulischer Mehrbedarf 2/454
Selbstbehalt 2/236
und Sonderbedarf 2/232
subsidiäre Sozialleistungen 2/464
Vergütung des Vormund oder Betreuers 2/451, 2/534, 6/14
des Volljährigen 2/530 ff.
Zumutbarkeit 2/456, 2/457, 2/532

Mehrbedarf für Bildung und Teilhabe 1/688

Mehrbedarf und Mehraufwand
s. a. trennungsbedingter Mehrbedarf; Sonderbedarf
Abhängigkeit des Quotenunterhalts von M. 4/844
Abzug vom prägenden Einkommen (zu Lasten des Elementarunterhalts) 4/840, 4/846, 4/852
als Abzugsposten 1/1069 ff.
altersbedingter M. 4/846
ausbildungsbedingter M. 4/843, 4/847
Darlegungs- und Beweislast im Rahmen von § 1610a BGB 1/654
beim Ehegattenunterhalt 4/840
Heranziehung nicht bedarfsbestimmenden Mehreinkommens des Verpflichteten 4/853
Heranziehung nicht ehebezogener Einkünfte des Berechtigten 4/851
konkrete Darlegung 1/1067, 4/845
krankheitsbedingter M. 4/846
Krankheitsvorsorgeunterhalt 4/848
Pflegeleistungen der Ehefrau für Schwerstbehinderten 1/1067
regelmäßiger M. 4/840
als Teil des Unterhaltsbedarfs 1/1071
trennungsbedingter *s. dort*
des Verpflichteten 2/554, 4/854
Verrechnung auf nichtprägendes Einkommen 4/853
Vorabzug des Mehrbedarfs vom prägenden Einkommen 4/850

Mehrstufige Berechnung
des Krankheitsvorsorgeunterhalts 4/915
des Vorsorgeunterhalts 4/915

Mehrere Ehegatten 4/805 ff., 4/973
Bedarf des zweiten Ehegatten 4/807
Gemischter Mangelfall 4/807
Rangverhältnis 5/124
Vorteile des Zusammenlebens 4/809

Mehrere Unterhaltsberechtigte
Rangfolge beim nichtehelichen Unterhalt 7/152

Mehrere Unterhaltspflichtige
Rangfolge beim nichtehelichen Unterhalt 7/161 ff.

Mehrkosten
Krankheit und Alter 4/406

Mehrleistung mit Erstattungsabsicht 6/226

Meistbegünstigungsprinzip
Beschwerde (§§ 58, 117 FamFG) 10/502

Methodenwahl 4/821 ff.

Miete
s. a. Wohnkosten
als Abzugsposten 1/468
als Betriebsausgabe 1/340
als Einkommen 1/450 ff.
Fortzahlungspflicht nach Trennung 1/468 ff.
als Teil des Selbstbehalts 1/469, 5/23
als trennungsbedingter Mehrbedarf 1/472

Minderjährigenunterhalt 2/299 ff.
Anrechnung von Kindeseinkommen auf Bar- und Betreuungsunterhalt 2/306
Barunterhaltspflicht der Eltern *s. dort*
Bedarf des Kindes 2/301, 2/311 ff.
Bedürftigkeit des Kindes 2/300
Besonderheiten des M. 2/299 ff.
Bestimmungsrecht des Sorgeberechtigten 2/304
Darlegungs- und Beweislast 6/704 ff.
Düsseldorfer Tabelle 2/311 ff.
Ende bei Volljährigkeit 2/31, 2/308
gesteigerte Unterhaltspflicht 2/302, 2/366 ff.
Grundsätze der Bedarfsbemessung 2/309 ff.
bei hohem Einkommen der Eltern 2/226
Identität mit Volljährigenunterhalt 2/28, 2/299
Kindergeldverrechnung auf Bar- und Betreuungsunterhalt 2/306
Kindesbetreuung 2/20
Leistungsfähigkeit des Pflichtigen 2/302
Verhältnis zum Volljährigenunterhalt 2/28 ff., 2/299 ff.
keine Verwirkung 2/307

Mindestbedarf
Ehegattenunterhalt 4/838
des Pflichtigen im Verwandtenunterhalt 2/935

Mindestbedarf beim Ehegattenunterhalt 4/756, 4/837, 5/155
Darlegungs- und Beweislast 6/714
Mangelfall 4/756
kein Mindestbedarf 4/837

Mindestbedarf des Kindes
Beweislast 2/224
Darlegungs- und Beweislast 6/704
Erwerbsobliegenheit 2/224
Geschwistertrennung 2/446
gesteigerte Unterhaltspflicht 2/381
Regelbetrag 2/222
Schulden des Pflichtigen 2/224
steuerrechtliches Existenzminimum 2/223

Mindestbetrag
Stufenverfahren (§ 254 ZPO) 10/362

Mindestunterhalt für Kinder 2/314
Darlegungs- und Beweislast im Abänderungsverfahren (§ 238 FamFG) 10/245

2579

Sachverzeichnis

einstweilige Unterhaltsanordnung bei Feststellung der Vaterschaft (§ 248 FamFG) 10/472
einstweilige Unterhaltsanordnung vor Geburt eines Kindes (§ 247 FamFG) 10/461
und Existenzminimum 2/222
des minderjährigen Kindes
– Geschwistertrennung 2/446
Prozentsatz 2/359
Übergangsregelung zum 1.1.2008 2/314
Übergangsvorschrift zum 1.1.2008 2/223, 2/225
Umrechnung dynamisierter Titel zum 1.1.2008 2/225
Ministerialzulage
als Einkommen 1/74
Mischeinkünfte
s. *Erwerbstätigenbonus*
Mischmethode (gemischte Differenz- und Anrechnungsmethode)
beim Ehegattenunterhalt 4/820
Mithaftung beider Elternteile nach Eintritt der Volljährigkeit
Darlegungs- und Beweislast im Abänderungsverfahren (§ 238 FamFG) 10/247
Mithaftung des nichtehelichen Erzeugers beim Ehegattenunterhalt
Darlegungs- und Beweislast im Abänderungsverfahren (§ 238 FamFG) 10/247
Mitunternehmerschaft
s. *Personengesellschaft*
Mitversicherung
in der ges. Krankenversicherung 1/1040, 4/900
Modernisierungskosten 1/502
Monatsfrist
Beschwerde, sonstige (§ 58 FamFG) 10/597
Monatszulagen
als Einkommen 1/74
Montenegro
ausländisches materielles Recht 9/224 ff.
Verbrauchergeldparität und Devisenkurs 9/58
Morgengabe 9/10
Mündliche Verhandlung
Beschwerde (§§ 58, 117 FamFG) 10/538
Beschwerde, sonstige (§ 58 FamFG) 10/600
einstweilige Anordnung 10/417
einstweilige Unterhaltsanordnung bei Feststellung der Vaterschaft (§ 248 FamFG) 10/477
einstweilige Unterhaltsanordnung vor Geburt eines Kindes (§ 247 FamFG) 10/467
vereinfachtes Verfahren über den Unterhalt Minderjähriger 10/642, 10/674
Mutter des nichtehelichen Kindes
s. *Ansprüche der nichtehelichen Mutter*
Mutterschaftsgeld
als Einkommen 1/120
und Einkommensteuer 1/859
Mutterschutzunterhalt 7/14
Abänderungsantrag 7/265
Anspruch auf Ersatz von Schwangerschafts-/Entbindungskosten 7/82
Auskunftsanspruch 7/200
Bedarf bei Erwerbstätigkeit vor der Geburt 7/100

Bedarf bei Zusammenleben nichtehelicher Partner 7/106
Bedürftigkeit 7/123
Beerdigungskosten der Mutter 7/210
Befristung des Betreuungsunterhalts 7/261
Betreuungsunterhalt der nichtehelichen Mutter 7/20 ff.
Billigkeitsabwägung 7/67
Darlegungs- und Beweislast 7/244
Einsatzzeitpunkte 7/50
einstweilige Anordnung 7/267
einzelne Positionen des Unterhaltsbedarfs 7/110
elternbezogene Gründe 7/51
Erlöschen des Anspruchs des Berechtigten 7/204
Erwerbstätigkeit im Umfang von 50 % 7/72 ff., 7/197 ff.
Fehlgeburt 7/219
kindbezogene Gründe 7/29
Kosten der Fremdbetreuung, insbes. für Kindergarten, Tagesmutter 7/43
Leistungsfähigkeit 7/141
Leitlinien der Oberlandesgerichte zu den Selbstbehaltssätzen für Unterhaltsverpflichtete 7/144
Leitlinien der Oberlandesgerichte zum Bedarf 7/115
materielle Rechtsfragen 7/191
mehrere Unterhaltspflichtige 7/161
Minderung der Bedürftigkeit durch eigenes Vermögen 7/138
Minderung der Bedürftigkeit durch Einkünfte aus Erwerbstätigkeit 7/131
Minderung der Bedürftigkeit durch sonstige Einkünfte 7/128
Minderung der Bedürftigkeit durch Sozial- und Versicherungsleistungen 7/124
Mindestbedarf 7/94
Rangfolge der Unterhaltsberechtigten 7/152
Schwangerschaftsabbruch 7/221
steuerrechtliche Fragen 7/236
Tod des Unterhaltpflichtigen 7/215
Übergangsrecht 7/290
Umfang der Erwerbsobliegenheit des betreuenden Elternteils 7/46
Unterhalt für die Vergangenheit 7/199
Unterhalt wegen Kinderbetreuung 7/20
Unterhalt wegen Schwangerschaft oder Krankheit 7/17
Unterhaltsbedarf 7/91
Unterhaltsbegrenzung durch Dreiteilungsgrundsatz 7/119
Unterhaltsbegrenzung durch Halbteilungsgrundsatz 7/116
Unterhaltsbemessung 7/91 ff.
Unterhaltskonkurrenzen 7/152 ff.
Unterhaltsverzicht 7/226
Vaterschaftsfeststellung 7/195
Verfahrensfragen 7/240
Verfahrenskostenvorschuss 7/243
Verjährung des Unterhaltsanspruchs 7/235
Verlängerung des Anspruchs über 3 Jahre 7/25 ff.
Verwirkung 7/228
Vorläufiger Rechtsschutz 7/266

Sachverzeichnis

Mutwillige Aufgabe des Arbeitsplatzes
fiktives Einkommen 1/744 ff., 1/767
als Verwirkungsgrund 4/1301
Mutwillige Herbeiführung der Bedürftigkeit
fiktives Zinseinkommen 1/567
als Verwirkungsgrund 4/1289 ff.
Mutwillige Verletzung der Vermögensinteressen
fiktives Einkommen 1/567
als Verwirkungsgrund 4/1318

nacheheliche Solidarität
als sonstiger Umstand der Billigkeitsbwägung
– Verflechtung der wirtschaftlichen Verhältnisse 4/1072
Nachehelicher Unterhalt 4/102 ff.
s. a. näher: Bedarfsbemessung; eheliche Lebensverhältnisse; prägendes und nichtprägendes Einkommen
Additionsmethode 4/800 ff.
Altersunterhalt 4/214 ff.
Altersunterhalt (§ 1571 BGB) 4/214 ff.
Anerkennung ausländischer Scheidung als Voraussetzung 9/28
angemessene Erwerbstätigkeit
– Ausbildungsabschluss 4/145
– Billigkeitsabwägung 4/144
– Billigkeitsprüfung 4/150
– Ehedauer 4/152
– eheliche Lebensverhältnisse 4/151
– einzelne Prüfkriterien 4/145 ff.
– Fähigkeiten 4/146
– frühere Erwerbstätigkeit 4/147
– gesellschaftliche Stellung 4/153
– Gesundheitszustand 4/149
– Lebensalter 4/148
– Prüfungsstufen 4/142
– Systematik 4/141
– wirtschaftliche Verhältnisse 4/153
Anschlussunterhalt 4/113
Anspruchsbeginn 4/115
Anspruchsvoraussetzungen 4/105
Aufstockungsunterhalt (§ 1573 II BGB) 4/308 ff.
Ausbildungsunterhalt (§ 1574 III BGB) 4/328 ff.
Ausbildungsunterhalt (§ 1575 BGB) 4/338 ff.
Bedarfsbemessung 4/750 ff.
bereinigtes Nettoeinkommen 1/1007
Betreuungsunterhalt (§ 1570 BGB) 4/157
– Anspruchsbegrenzung 4/206
– Anspruchsprivilegierung 4/209
– berechtigte Betreuung 4/166
– Betreuung bis zum dritten Lebensjahr des Kindes 4/167
– Betreuungsbegriff 4/165
– Billigkeitskriterien 4/172
– Einsatzzeitpunkt 4/203
– Entwicklung des Unterhaltsanspruchs 4/157
– gemeinschaftliche Kinder 4/164
– Konkurrenzen 4/210
– Leitlinie zur Erwerbsobliegenheit 4/193
– Struktur des Unterhaltsanspruchs 4/160

– Übergangsregelung 4/159
– Verlängerung aus ehebezogenen Gründen 4/189
– Verlängerung aus elternbezogenen Gründen 4/190
– Verlängerung des Anspruchs über die dreijährige Frist 4/170
Billigkeitsunterhalt (1576 BGB) 4/368
eheprägendes Surrogat 4/422 ff.
Einheitlichkeit des Anspruchs 4/106
Einsatzzeitpunkt 4/111
Erbenhaftung 4/125 ff.
– Anspruchsübergang 4/128
– Begrenzung der Erbenhaftung 4/129
– Einwendungen 4/128
– laufender zukünftiger Unterhalt 4/127
– Realsplitting 4/130
– mit rückständigem Unterhalt 4/126
Erlöschen des Anspruchs 4/116
Erwerbslosenunterhalt (§ 1573 BGB) 4/268 ff.
Erwerbstätigenbonus 4/773, 4/782
Halbteilungsgrundsatz 4/750
Insolvenz des Unterhaltsschuldners 4/135
konkreter Bedarf 4/763
Konkurrenzen 4/108
Krankheitsunterhalt 4/237
Krankheitsunterhalt (§ 1572 BGB) 4/237 ff.
keine Lebensstandardgarantie 4/410 ff.
Mehrbedarf 4/403
kein Mindestbedarf 4/756
Pfändbarkeit 4/134
quasi-nachehelicher Unterhaltsanspruch 4/131
Quotenunterhalt 4/772
Rückforderung 6/200 ff.
Rückstand 6/100 ff.
Sättigungsgrenze 4/760
Sonderbedarf 4/122, 4/404
Surrogat der Familienarbeit 4/422 ff., 4/751
Teilanschlussunterhalt 4/114
Unterhalt 4
Unterhalt für die Vergangenheit 4/122, 6/100 ff.
Unterhaltsvereinbarungen 4/124, 6/633 ff.
Verfahrensrechtliche Besonderheiten 4/138
Verwirkung 4/1209
Verwirkung des Anspruchs 4/117
Vorsorgeunterhalt 4/857
Wiederaufleben des Anspruchs 4/118
Wohnwert 1/481
Nachhaltig erzieltes, stetiges Einkommen 4/419, 4/471
Nachhaltige Unterhaltssicherung durch Vermögen 4/964
Nachrang der Sozialhilfe
s. Subsidiarität
Nachrang des Volljährigen
gegen Ehegatten, Beispiele 5/150
Nachrangiger Unterhalt
Berechnung 5/150
und Gattenunterhalt 4/805
Prägung ehelicher Lebensverhältnisse 4/445 ff.
des volljährigen Kindes 2/556 ff.
Wirkung des Nachrangs 5/144 ff., 5/146

2581

Sachverzeichnis

Nachscheidungsunterhalt
s. nachehelicher Unterhalt
Nachschiebung von Anfechtungsgründen (§ 115 FamFG)
Beschwerde (§§ 58, 117 FamFG) 10/529
Nachtarbeit
anrechenbares Einkommen 1/88
Nachteilsausgleich
Familienkrankenversicherung 1/956
Minijob 1/956
steuerrechtlich 1/956 ff.
unterhaltsrechtlich 1/958
Unterhaltsrechtsänderung 2009 4/411
Nachträglicher Stufenantrag
Stufenverfahren (§ 254 ZPO) 10/359
Naturalunterhalt
Einwendung im Vollstreckungsabwehrverfahren 10/154
vereinfachtes Verfahren über den Unterhalt Minderjähriger 10/637
Naturalunterhalt des Kindes
Bestimmungsrecht der Eltern 2/18
und Betreuungsunterhalt 2/20
familienrechtlicher Ausgleichsanspruch 2/776
und Familienunterhalt 2/18, 2/560, 3/12
beim Volljährigen 2/500, 2/560
Naturalunterhalt durch mietfreies Wohnen 1/530
Nebenentscheidung
Beschwerde, sofortige (§§ 567–572 ZPO) 10/605
Rechtsmittel in Unterhaltssachen 10/498
Nebentätigkeiten 1/96 ff.
neben abhängiger Tätigkeit 1/96
neben Arbeitslosengeld 1/97
Arbeitszeitgesetz 1/97
dauerhaft ausgeübt 1/98
als Einkommen 1/96
bei Rentnern 1/658
bei Schülern und Studenten 1/101 ff.
bei Studenten 1/825
unzumutbares Einkommen 1/828 ff.
Verhältnis zum Berechtigten 1/98
neben Vollzeittätigkeit 1/97
Nebenverfahren
Anhörungsrüge (§ 321a ZPO) 10/623
Negative Tatsachen
Darlegungs- und Beweislast im Abänderungsverfahren (§ 238 FamFG) 10/242
Negativer Feststellungsantrag
Anpassung außergerichtlicher Vereinbarungen 10/370
Darlegungs- und Beweislast 6/747 ff.
einstweilige Anordnung 10/438
einstweilige Unterhaltsanordnung bei Feststellung der Vaterschaft (§ 248 FamFG) 10/479
Stufenverfahren (§ 254 ZPO) 10/358
Wahlrecht mit Fristsetzungsantrag (§ 52 II FamFG) 10/439
Negativer Wohnwert
Wohnvorteil 1/523
Negativtatsachen
Darlegungs- und Beweislast 6/741 ff.

Nettoeinkommen
Abzugsposten 1/1007 ff.
allgemein 1/24
Freiberufler 1/27
Gewerbetreibende 1/27
Kapitaleinkünfte 1/27
Korrektur 1/26
Neue Angriffs- und Verteidigungsmittel
Beschwerde, sofortige (§§ 567–572 ZPO) 10/607
Neue Bundesländer
angemessener Selbstbehalt der Eltern beim Kindesunterhalt 2/549
anwendbare Staatsverträge 9/710
Mindestunterhalt 2/313, 2/316
notwendiger Selbstbehalt 2/387
Ost-West-Fälle beim Kindesunterhalt 2/324
Regelbetrag 2/313, 2/365
Studentenunterhalt 2/510
Volljährigenunterhalt 2/510
Vollstreckbarkeit früherer Unterhaltstitel 9/710
Neue Tatsachen und Beweismittel
Beschwerde (§§ 58, 117 FamFG) 10/539
Nichtbestehen der Ehelichkeit und der Vaterschaft
Einwendung im Vollstreckungsabwehrverfahren 10/154
Nichteheliche Elternteile
s. a. Unterhalt zwischen nicht verheirateten Eltern
Ansprüche 4/812
und Ehegattenunterhalt 4/812
Nichteheliche Kinder 2/4
s. a. Mutterschutzunterhalt
Nichteheliche Lebensgemeinschaft
s. Unterhalt zwischen nicht verheirateten Eltern
Nichteheliche Lebensgemeinschaft beim Kindesunterhalt 2/111
Ermäßigung des angemessenen Selbstbehalts 2/555
Ermäßigung des notwendigen Selbstbehalts 2/393
freiwillige Leistungen 2/555
„Hausmannrechtsprechung" bei n. L. 2/296 ff.
Kindesbetreuung durch Lebensgefährten 2/61, 2/298
Versorgung eines Partners durch das Kind 2/111
Verzicht auf rückständigen Unterhalt 7/226
Wohngemeinschaft unter Studenten 2/111
Nichtehelichengesetz 7/3
Nichtehelicher Vater
s. Ansprüche der nichtehelichen Mutter
Nichtfamiliensachen
und gesetzliche Unterhaltspflicht 10/4
Nichtprägende Ausgaben
Steuervorteil Pflichtiger bei Wiederverheiratung und Vorrang erster Ehegatte 4/437
Nichtprägende Vermögenseinkünfte
gehobenes Einkommen 4/761
Nichtprägendes Einkommen
s. a. Prägendes Einkommen, Prägendes oder nichtprägendes Einkommen
allgemein 4/420

2582

Sachverzeichnis

Altersvorsorgeunterhalt 4/855 ff., 4/892
Arbeitsplatzwechsel 4/581
 keine Berücksichtigung 4/413
 Berücksichtigung bei der Bedürftigkeit/Leistungsfähigkeit 4/420
 aus beruflichem Aufstieg 4/572
 Einkommensminderung bei leichtfertigem Verhalten 4/581
 bei hohem Erwerbseinkommen und zusätzlichen Vermögenseinkünften 4/478
 Karrieresprung 4/477, 4/569
 kurzfristige Einkommensänderung 4/420
 Leistungsbeförderung 4/477, 4/572
 Mehrverdienst 4/571
 neue unterhaltsbezogene leichtfertige Schulden 1/1096
 neue Unterhaltslasten/Schulden 1/1076, 1/1122, 4/426, 4/435, 4/440
 neuer Wohnwert nach Trennung 1/545, 1/550
 vom Normalverlauf abweichende Entwicklung 4/477, 4/554, 4/580 ff., 4/608, 4/639
 Nutzungsentschädigung 4/607
 Prüfungszeitpunkt 4/477
 Steuervorteil Pflichtiger bei Wiederverheiratung 4/437 ff., 4/638
 nach Trennung entstandene Vermögenseinkünfte 4/478
 vermögensbildende Aufwendungen zur einseitigen Vermögensbildung 4/453
 bei Vermögenseinkünften neben hohem Erwerbseinkommen 4/463
 Zinseinkünfte aus Erbschaft 4/478, 4/554
 Zinseinkünfte bei hohem Erwerbseinkommen 4/619
 Zinseinkünfte bei hohen Erwerbseinkünften 4/554
Nichtzulassungsbeschwerde
 Rechtsbeschwerde, Endentscheidungen (§§ 70–75 FamFG) 10/610
Niederlande
 ausländisches materielles Recht 9/246 ff.
 Verbrauchergeldparität und Devisenkurs 9/59
Normalentwicklung des Einkommens
 beim Ehegattenunterhalt 4/413, 4/471 ff., 4/557, 4/577 ff.
Norwegen
 ausländisches materielles Recht 9/260 ff.
 Verbrauchergeldparität und Devisenkurs 9/60
Notfrist
 Beschwerde, sofortige (§§ 567–572 ZPO) 10/606
 Wiederaufnahmeverfahren 10/379
Notunterhalt
 einstweilige Anordnung 10/397
 Unterhaltsrückforderung 6/230
Notwendiger Selbstbehalt 5/3
 Ersparnisse durch gemeinsame Haushaltsführung 2/393
Notwendiger Selbstbehalt beim Kindesunterhalt 2/240, 2/380 ff.
 anderer unterhaltspflichtiger Verwandter 2/394 ff.
 beim Arbeitslosen 2/388
 Beitrittsgebiet 2/387
 Erhöhung des Selbstbehalts 2/392
 Erwerbstätigenzuschlag 2/389
 Heimunterbringung des Pflichtigen 2/393
 Herabsetzung des Selbstbehalts 2/393
 und Kindergeld 2/390
 Selbstbehalt und Sozialhilfe 2/381
 Sozialhilfebedürftigkeit des Pflichtigen 2/381, 2/384
 nach den Tabellen und Leitlinien 2/385 ff.
 beim Umschüler 2/388
 Warmmiete 2/391
 Wohnkosten 2/391
Notzuständigkeit
 internationale Zuständigkeit 9/658
Nutzung von zwei Immobilien in Ehe
 Wohnvorteil 1/538
Nutzungsdauer
 betriebsgewöhnliche 1/207 ff.
Nutzungsentnahmen
 s. Entnahmen
Nutzungsentschädigung 1/528 ff., 4/607
 prägendes Einkommen 1/528
 Verbot Doppelverwertung 1/533, 4/480
Objektive Antragshäufung
 Stufenverfahren (§ 254 ZPO) 10/364
Objektive Marktmiete 1/478
Objektiver Erklärungswert
 Beschwerde (§§ 58, 117 FamFG) 10/511
Objektiver Maßstab
 Berücksichtigung tatsächlichen Konsumverhaltens 4/761
 Ehegattenunterhalt 4/463 ff., 4/765
 bei Überschuldung 4/465
Obliegenheit
 s. a. Ausbildungsobliegenheit; Erwerbsobliegenheit
Obliegenheit zur Krankheitsbehandlung
 Verwirkung 4/1303
Obliegenheiten zur Steuerminderung
 Freibeträge auf der Lohnsteuerkarte 1/1013
Öffentliche Leistungen
 einstweilige Anordnung 10/415
Öffentliche Zustellung
 Beschwerde, sofortige (§§ 567–572 ZPO) 10/603
öffentliche Zustellung
 Wiederaufnahmeverfahren 10/377
Öffentlich-rechtliche Vergleichsberechnung
 s. sozialhilferechtliche Vergleichsberechnung
Opfergrenze beim Kindesunterhalt 2/240, 2/366 ff., 2/380
Ordentliches Streitverfahren
 Drittschuldnerverfahren 10/344
Ordnungsmittel
 Beschwerde, sofortige (§§ 567–572 ZPO) 10/603
Ordnungsmittel gegen Sachverständige
 Beschwerde, sofortige (§§ 567–572 ZPO) 10/603

Sachverzeichnis

Ordre public 9/24
Begriff 9/690
materiellrechtlicher 9/690
verfahrensrechtlicher 9/690
Originalurkunden
Auskunfts-, Beleg- und Versicherungsverfahren 10/349
Originäre Rechtsmittel
Rechtsmittel in Unterhaltssachen 10/497
Originärer Einzelrichter
Beschwerde, sofortige (§§ 567–572 ZPO) 10/608
Ortswechsel
fiktives Einkommen 1/738
Ortszuschlag
und Kindergeld 2/713
Österreich
ausländisches materielles Recht 9/271 ff.
Verbrauchergeldparität und Devisenkurs 9/61
Ost-West-Fälle
Kindesunterhalt 2/324 ff.

Pacht
als Betriebsausgabe 1/340
als Einkommen 1/450 ff.
Parkstudium 2/87
Pauschalierung des Regelbedarfs des Kindes 2/216 ff.
gesamter Lebensbedarf 2/219, 2/326, 2/329
und Sonderbedarf 6/6
Pension
als Einkommen 1/649
Pensionsrückstellung
s. Rückstellungen
Perpetuatio fori
einstweilige Anordnung 10/407
internationale Zuständigkeit 9/659
Personalkosten 1/333
Personengesellschaft
einheitliche und gesonderte Gewinnfeststellung 1/275 ff.
Einkommen 1/271
Ergänzungsbilanz s. Bilanz
Mitunternehmerschaft 1/275
Sonderbilanz s. Bilanz
Persönliche Angelegenheit
einstweilige Anordnung 10/400
Pfändbarkeit der Unterhaltsrente
Drittschuldnerverfahren 10/343
Pfändbarkeit des Unterhaltsanspruchs
bei Kapitalabfindung 6/669
Pflegegeld
sonstige Arten 1/698
Arten des Pflegegeldes 1/689
bedarfsdeckendes Einkommen 1/692
als Einkommen der Pflegeperson 1/691
Erwerbstätigenbonus 1/691
neben Kindergeld 1/697
beim Kinderunterhalt 2/464 ff.
Kostenbeitrag der Eltern nach SGB VIII 1/693
nach SGB XII 1/697

Pflegeleistungen
der Ehefrau für Schwerstbehinderten 1/1067
Pflegeversicherung
als Abzugsposten 1/1029 ff., 1/1040
bedarfsdeckend beim Bedürftigen 1/694
in der Bremer Tabelle nicht berücksichtigt 4/878
ausnahmsweise Einkommen der Pflegeperson 1/696
kein Einkommen der Pflegeperson 1/695
des Kindes 2/328
Steuern 1/696
Vermutung des § 1610a BGB 1/694
beim Verwandtenunterhalt 2/927
Pflegevorsorgeunterhalt 4/927
Pflegezulage
als Einkommen 1/649
Pflegezulagen 1/700
Pflicht zur ungefragten Information
evident unredliches Verhalten 1/1199
im laufenden Verfahren 1/1199
für Unterhaltsberechtigten 1/1199
für Unterhaltspflichtigen 1/1200
bei Unterhaltsvereinbarungen 1/1199
bei Urteilen 6/237
bei Vergleichen 6/237
Pflichtteil als Einkommen 1/642
Pkw-Kosten
als berufsbedingte Aufwendungen 1/1047
Polen
ausländisches materielles Recht 9/294 ff.
Verbrauchergeldparität und Devisenkurs 9/62
Portugal
ausländisches materielles Recht 9/316 ff.
Verbrauchergeldparität und Devisenkurs 9/63
Positive Kenntnis
Anhörungsrüge (§ 321a ZPO) 10/626
Prägende Ausgaben
latente Unterhaltslasten 1/1129, 4/447
Vorabzug Elternunterhalt 1/1129, 4/447
Vorabzug Kindesunterhalt 1/1122 ff., 4/440
Vorabzug nachrangiger Unterhalt 1/1122, 1/1129, 4/445 ff.
Vorabzug nachrangiger Verwandtenunterhalt 1/1122, 1/1129, 4/447
Vorabzug Unterhalt Volljähriger 1/1126 ff., 4/445
Prägendes Einkommen
s. a. Nichtprägendes Einkommen
Abfindung 4/567
Abzug ausbildungsbedingter Aufwendungen 4/432
Abzug berufsbedingter Aufwendungen 4/432, 4/433, 4/638
Abzug Kindesunterhalt 4/440 ff.
Abzug Schulden 1/1082 ff., 4/432, 4/434, 4/639
Abzug Steuern 4/432, 4/433, 4/638
Abzug vermögensbildender Ausgaben 4/434
Abzug vermögensbildender Ausgaben bei gemeinsamer Vermögensbildung 4/453
Abzug Vorsorgeleistungen 4/433, 4/638
allgemein 4/416 ff.
allgemeine Einkommenssteigerung 4/560

Sachverzeichnis

Altersteilzeit 4/568
Anrechnung auf den Bedarf 4/421
Arbeitslosigkeit 4/567, 4/585 ff.
Arbeitsplatzaufgabe 4/585 ff.
Arbeitsplatzverlust 4/555
bei Arbeitsplatzwechsel 4/577 ff.
Berücksichtigung bei der Bedarfsermittlung 4/432 ff.
Berücksichtigung des Lebenshaltungskostenindexes 4/644
Bundesverfassungsgerichts-Rechtsprechung vom 25.1.2011 4/427 ff.
in der Ehe angelegte Vermögenseinkünfte 4/612
nicht in der Ehe angelegte Vermögenseinkünfte 4/613
beim Ehegattenunterhalt 4/471 ff.
eheprägende Ausgaben 4/475
Einkommensänderung bei Arbeitslosigkeit 4/588
Einkommensänderung bei Arbeitsplatzverlust 4/585
Einkommensänderung nach Trennung 4/552
Einkommensänderung vor Trennung 4/471, 4/559
Einkommensbereinigung 4/432 ff.
Einkommensminderung 4/581
– bei leichtfertigem Verhalten 4/585 ff.
Einkommenssenkung 4/475
Einkünfte Vermietung, Verpachtung 4/474
erstmaliger Rentenbezug nach Trennung und Scheidung 4/598
Familienzuschläge bei Wiederverheiratung 4/629
fiktives Einkommen des Bedürftigen 4/586, 4/621 ff.
fiktives Einkommen des Pflichtigen 4/552, 4/586
Gehaltsbestandteile wegen Wiederverheiratung 4/629
Haushaltsführung in Ehe 4/416
häusliche Mitarbeit 4/416 ff.
Kapitalzinsen 4/609
Kinderbetreuung in Ehe 4/416
kurzfristige Einkommensänderung 4/471
Mieteinkünfte 4/609
nachhaltig erzieltes, dauerhaftes Einkommen 4/420, 4/471
neue berücksichtigungswürdige Ausgaben 4/475
neue Unterhaltslasten 4/424
– und nicht prägendes Einkommen 1/1076, 1/1122, 4/426, 4/435, 4/440
Normalentwicklung 4/413, 4/437, 4/471 ff., 4/551, 4/557 ff., 4/577 ff., 4/636 ff.
vom Normalverlauf abweichende Einkommensentwicklung 4/569
Nutzungsentschädigung 1/528, 4/607
objektiver Maßstab 4/421
Prüfungszeitpunkt 4/469 ff.
regelmäßige berufliche Entwicklung 4/471
Stichtag Ehescheidung 4/556
Stichtagsprinzip 4/426, 4/431
Surrogat der Familienarbeit 4/422
Surrogat der Haushaltsführung 4/422
Surrogat der Kinderbetreuung 4/422

Surrogate 4/413
überobligatorische Tätigkeit 4/552
überobligatorische Tätigkeit des Bedürftigen 4/596 ff.
überobligatorische Tätigkeit des Pflichtigen 4/597
unzumutbare Tätigkeit 4/471
unzumutbares Einkommen 1/837
Vermögenseinkünfte 4/626
bei Verselbständigung 4/577 ff.
Wandelbarkeit 4/429 ff.
Wiedervereinigung 4/576
Wohnwert bei zwei Wohnungen 1/538
Wohnwert des Eigenheims 4/611
Wohnwert in Ehe 1/537, 1/548, 4/607 ff.
Zinseinkünfte aus Vermögensauseinandersetzung 4/607 ff.
Zinseinkünfte bei Veräußerung des Eigenheimes 1/557 ff.
Zinsen
– aus Kapitaleinkünften 4/474
– bei Verkauf des Eigenheimes 4/474
– aus Zugewinn 1/570, 4/474, 4/607
Prägendes oder nichtprägendes Einkommen
Haushaltsführung für einen neuen Partner 4/552
Prämien
als Einkommen 1/74
Preisindex der Lebenshaltung
s. Lebenshaltungskostenindex
Preisniveau
und Kaufkraftunterschiede 9/79a
Priorität
Ende der P. 4/805
Private Nutzung
s. Entnahmen, unentgeltliche Wertabgaben
Privateinlagen
s. Einlagen
Privatentnahmen
s. Entnahmen
Privatkonto 1/196
Privatscheidung 9/29
Privatschulkosten
beim Kindesunterhalt 2/451
Privilegiert volljährige Kinder
allgemeine Schulausbildung 2/584 ff.
anteilige Haftung der Eltern 2/580, 2/594
Bedarf nach Altersstufe 4 der DT 2/519, 2/590
Bedürftigkeit 2/589
Haushaltsgemeinschaft mit einem Elternteil 2/583
Kindergeld 2/592, 2/722
Leistungsfähigkeit 2/591
Rang 2/580, 2/593
Unterhaltsbemessung 2/589
unverheiratete Kinder 2/582
Verwirkung 2/600
Zusammentreffen minderjähriger und privilegiert volljähriger Kinder 2/598
Progessionsvorbehalt 1/859
Prognoseentscheidung
Arrest 10/486

Sachverzeichnis

Proportionale Kürzung im Mangelfall
s. a. *Mangelfall*
nach § 1581 BGB 5/103
Provisionen
als Einkommen 1/74
Prozentsatz des Mindestunterhalts
vereinfachtes Verfahren über den Unterhalt Minderjähriger 10/640
Prozess- und Anwaltskosten
als Abzugsposten 1/1098
Prozessbetrug
Unterhaltsrückforderung 6/233
als Verwirkungsgrund 4/1286, 4/1323
Prozesskosten
als berufsbedingte Aufwendungen 1/147
als Sonderbedarf 6/19
Prozesskostenhilfe
Raten als Abzugsposten 1/1098
Verfahrenskostenhilfegesuch als Mahnung 6/125
Prozesskostenvorschuss
Anspruchsberechtigte 6/21
Anspruchsinhalt 6/37
Anspruchsvoraussetzungen 6/28 ff.
Bedürftigkeit 6/29
Berücksichtigung von Schulden 6/31
als Bestandteil der Unterhaltspflicht 6/28
für betreuenden Elternteil 6/24
Billigkeitsabwägung 6/36
Ehelichkeitsanfechtung 6/36
einstweilige Anordnung 6/39
beim Elternunterhalt 2/928, 6/27
beim Enkelunterhalt 2/928
Erfolgsaussicht 6/35
beim Familienunterhalt 6/20 ff.
bei Gütergemeinschaft 6/424
Höhe 6/39
beim Kindesunterhalt 6/25
für Kosten eines Rechtsstreits 6/32
im Kostenfestsetzungsverfahren 6/41
Leistungsfähigkeit 6/31
beim nachehelichen Unterhalt 6/23
für nichteheliche Mutter 6/24
persönliche Angelegenheit 6/33
beim Quotenunterhalt 6/31
in Raten 6/30
Rückforderung 6/41, 6/242 ff.
Schadenersatz wegen Verzuges 6/37
nach Scheidung 6/23
Selbstbehalt 6/31
der Sozialleistungsträger 6/36
beim Trennungsunterhalt 6/22
Verfahren 6/39 ff.
für Verfahren mit früherem Ehegatten 6/33
Verfahrenskostenhilfe 6/30
Verfahrenskostenvorschuss 6/20 ff., s. a. dort
vermögensrechtliche Ansprüche 6/33
Vermögensverwertung 6/30
beim Verwandtenunterhalt 2/928
Prozessstandschaft
bei gemeinsamem Sorgerecht 2/448
nach Volljährigkeit 2/478

Prozessuales Anerkenntnis
Abänderungsverfahren bei Urkunden (§ 239 FamFG) 10/280
Prüfungsschema v. Unterhaltsansprüchen 1/9
Prüfungszeitraum
s. a. *Gewinnermittlung*
bei Einkommen aus abhängiger Arbeit 1/69

Quote bei Erwerbseinkünften 4/782
Quotenbedarfsmethode 4/822
Einkommensanrechnung bei Q. 4/934
Quotenunterhalt
s. a. *Erwerbstätigenbonus*
Bedarfsbemessung 4/752, 4/772, 4/814
bei hohen Einkommen 4/789 ff.
bei Erwerbseinkünften 4/773, 4/782
Leitlinien 4/782
Mangelfall 4/784
kein Mindestbedarf 4/756
bei Mischeinkünften 4/778
bei sonstigen Einkünften 4/773, 4/787
und trennungsbedingter Mehrbedarf 4/835
und voller Unterhaltsbedarf 4/937

Rang
Einigung 5/123
Rangfolge der Bedürftigen
Verwandtenunterhalt 2/923
Rangfolge unter Verpflichteten
Anspruchsübergang nach § 1607 BGB 2/788 ff.
Darlegungs- und Beweislast 5/182
Ehegatte und Verwandte des Berechtigten 5/175
Folge des Nachrangs 5/187
beim Kindesunterhalt 2/787
subsidiäre Haftung 2/797
Unterhaltsleistung durch Dritte 2/803
im Verwandtenunterhalt 2/912 ff.
Rangverhältnisse 5/113 ff.
Aktualisierung im Mangelfall 2/266 ff.
Bausteinlösung 5/131
Darlegungs- und Beweislast 2/924
Ehegatte und leistungsfähige Verwandte 5/175
unter Ehegatten 5/124
zwischen Ehegatten und Kindern 5/136
zwischen Gatten und Kindern 2/263, 2/264
unter Kindern 2/263, 2/265
beim Kindesunterhalt 2/262 ff.
Konkurrenz zwischen mehreren Ehegatten 3/88
im Mangelfall 2/263, 2/268
Maßgeblichkeit im Mangelfall 5/113, 5/115
Rangstufen 5/118
titulierter Unterhalt 5/145
beim Verwandtenunterhalt 2/907 ff.
beim Volljährigenunterhalt 2/556 ff.
vorrangige Haftung des Ehegatten o. Lebenspartners 2/907 ff.
– Ausschluss wegen Verwirkung 2/909
Wirkung des Nachrangs 5/144, 5/146
Zehnjahresschritte 5/131a

Sachverzeichnis

Ratenzahlung
einstweilige Unterhaltsanordnung bei Feststellung der Vaterschaft (§ 248 FamFG) 10/475
Reale Beschäftigungschance
Auskunft der Arbeitsagentur 1/785
im erlernten Beruf 1/784
fiktives Einkommen des Berechtigten 1/784
nach längerer Arbeitslosigkeit 1/784
objektive und individuelle Umstände 1/784
Tatrichter 1/784
Realsplitting 1/1023 ff.
und absichtlicher Leistungsentzug 6/117
Beschränkung 1/955
Erben nach § 1586b BGB 1/951
Grundlagen, steuerliche 1/950
keine Geltung von § 1585b BGB 1/1023
Nachteilsausgleich s. dort
Nachteilsausgleich als Unterhaltssache 9/609
bei Naturalleistung 1/1023
nichteheliche Mutter § 1615l BGB 1/951
Sachleistungen 1/954
Wiederheirat 1/958
Wohnungsüberlassung 1/954
Zustimmung 1/955, 1/958, 1/1023
Rechnungsabgrenzungsposten 1/227, 1/387
Rechnungslegung, Verfahrenswert
Stufenverfahren (§ 254 ZPO) 10/365
Rechtsausübungssperre (§ 1600d IV BGB)
Durchbrechung durch einstweilige Unterhaltsanordnung bei Feststellung der Vaterschaft (§ 248 FamFG) 10/469
Durchbrechung durch einstweilige Unterhaltsanordnung (§ 247 FamFG) 10/460
Rechtsbehelfe
Arrestverfahren 10/494
nach mündlicher Verhandlung
– Arrestverfahren 10/495
vor mündlicher Verhandlung
– Arrestverfahren 10/495
Rechtsbehelfsbelehrung
einstweilige Anordnung 10/421
Fristsetzungsantrag (§ 52 II FamFG) 10/429
Rechtsbeschwerde 10/610 ff.
Endentscheidungen (§§ 70–75 FamFG)
– Anschlussrechtsbeschwerde 10/615
– Anwaltszwang 10/615
– Begründungsfrist 10/615
– Begründungsschrift 10/615
– Beschluss, einstimmig 10/616
– Beschwerdefrist 10/615
– Beschwerdeschrift 10/615
– Bindung 10/614
– Divergenz 10/612
– Endentscheidung 10/610
– Fortbildung des Rechts 10/611
– Nichtzulassungsbeschwerde 10/610
– Sicherung einer einheitlichen Rechtsprechung 10/611
– Sprungrechtsbeschwerde 10/617
– Teilentscheidung 10/613
– Zulassung in Familienstreitsachen 10/610

nach Verwerfung
– Beschwerde (§§ 58, 117 FamFG) 10/536
nach § 70 FamFG
– Rechtsmittel in Unterhaltssachen 10/497
nach § 574 ZPO
– Beschwerde, sofortige (§§ 567–572 ZPO) 10/608
sonstige Entscheidungen (§§ 574–577 ZPO) 10/618 ff.
– außerordentliches Rechtsmittel 10/622
– Begründungsfrist 10/621
– Beschwerdefrist 10/621
– Bindung 10/620
– Verfahrensgang 10/620
– Verwerfung der Beschwerde (§§ 58, 117 FamFG) 10/618
– Wert des Beschwerdegegenstandes (§ 567 II ZPO) 10/620
– Zulassungsgrund 10/618
– Zulassungsgründe 10/619
– zweiter Versäumnisbeschluss 10/618
vereinfachtes Verfahren über den Unterhalt Minderjähriger 10/681
Rechtsfragen
Beschwerde (§§ 58, 117 FamFG) 10/538
Rechtshängigkeit
international 9/661 ff.
als Prozesshindernis 9/661 ff.
Stufenverfahren (§ 254 ZPO) 10/360
Unterhalt für Vergangenheit 6/106
Rechtskraft
Auskunfts-, Beleg- und Versicherungsverfahren 10/355
im Feststellungsverfahren (§ 256 ZPO) 10/326
Klageabweisung keine R. für die Zukunft 1/8
Rechtskraft der Ehescheidung
Einwendung im Vollstreckungsabwehrverfahren 10/154
Rechtskraft der Endentscheidung
Außerkrafttreten der einstweiligen Anordnung 10/451
Rechtsmissbrauch der Zwangsvollstreckung
Verfahren wegen Schadensersatz 10/339
Rechtsmittel
bei Kostenentscheidung
– Stufenverfahren (§ 254 ZPO) 10/361
Stufenverfahren (§ 254 ZPO) 10/367
vereinfachtes Verfahren über den Unterhalt Minderjähriger 10/678
Rechtsmittel in Unterhaltssachen 10/497 ff.
s. a. die nachfolgenden Stichwörter
Berufungsvorschriften 10/500
Beschwerde (§ 58 FamFG) 10/501 ff.
dreistufiger Instanzenzug 10/497
Endentscheidung 10/498
Endentscheidung „in der Hauptsache" 10/499
Familienstreitsache 10/500
Festsetzungsbeschluss (§ 253 FamFG) 10/499
isolierte Kostenentscheidung 10/498
Nebenentscheidung 10/498
originäre Rechtsmittel 10/497
Rechtsbeschwerde (§ 70 FamFG) 10/497

2587

Sachverzeichnis

Versäumnisbeschluss 10/498
Vorbehaltsklausel 10/498
Zwischenentscheidung 10/498
Rechtsmittel- und Anschlussrechtsmittelverfahren
Abgrenzung zum Abänderungsverfahren (§ 238 FamFG) 10/171 ff.
Rechtsmittelausschluss
einstweilige Unterhaltsanordnung bei Feststellung der Vaterschaft (§ 248 FamFG) 10/479
Rechtsmittelbegründung
Beschwerde, sonstige (§ 58 FamFG) 10/599
Rechtsmittelbelehrung
vereinfachtes Verfahren über den Unterhalt Minderjähriger 10/677
Rechtsmitteleinlegung
Beschwerde, sonstige (§ 58 FamFG) 10/598
Rechtsmittelrücknahme
Beschwerde (§§ 58, 117 FamFG) 10/549 ff.
keine Einwilligung des Gegners
– Beschwerde (§§ 58, 117 FamFG) 10/551
Kosten
– Beschwerde (§§ 58, 117 FamFG) 10/552
mündliche Verhandlung
– Beschwerde (§§ 58, 117 FamFG) 10/549
schriftliches Verfahren
– Beschwerde (§§ 58, 117 FamFG) 10/549
Schriftsatz
– Beschwerde (§§ 58, 117 FamFG) 10/549
Verkündung des Beschlusses
– Beschwerde (§§ 58, 117 FamFG) 10/550
Rechtsmittelverzicht
Anfechtung
– Beschwerde (§§ 58, 117 FamFG) 10/554
Anschlussbeschwerde
– Beschwerde (§§ 58, 117 FamFG) 10/555
Anwaltszwang
– Beschwerde (§§ 58, 117 FamFG) 10/554
Auslegung
– Beschwerde (§§ 58, 117 FamFG) 10/554
Beschwerde (§§ 58, 117 FamFG) 10/553 ff.
Empfänger
– Beschwerde (§§ 58, 117 FamFG) 10/553
Widerruf
– Beschwerde (§§ 58, 117 FamFG) 10/554
Zeitpunkt
– Beschwerde (§§ 58, 117 FamFG) 10/553
Rechtsnachfolger
vereinfachtes Verfahren über den Unterhalt Minderjähriger 10/639a
Rechtsquellen zum internationalen materiellen Recht
EuUnthVO 9/2
Haager Abkommen über das auf Unterhaltspflichten gegenüber Kindern anzuwendende Recht (HUÜ 56) 9/6
HUP 2007 9/4
HUÜ 73 9/5
Rechtsquellen zum internationalen Verfahrensrecht
AUG 9/627
AVAG 9/626

Beweisaufnahmeübereinkommen 9/623
Beweisaufnahmeverordnung 9/622
bilaterale Abkommen 9/616
EuGVÜ 9/614
EuGVVO – Brüssel I-Verordnung 9/606 ff.
Europäisches Übereinkommen über Auskünfte zum ausländischen Recht 9/624
EuUnthVO 9/602
EuVTVO 9/617
EU-Zustellungsverordnung 9/620
Haager Zustellungsübereinkommen 9/621
HKUVÜ 58 9/613
HUVÜ 73 9/611
HUVÜ 2007 9/604
LugÜ 9/615
UN-Übereinkommen 1956 9/619
Rechtsschutzbedürfnis
Abänderungsverfahren (§ 54 I FamFG) 10/428
Arrest 10/485
bei Auslandsbezug 9/665
einstweilige Unterhaltsanordnung vor Geburt eines Kindes (§ 247 FamFG) 10/462
Rechtsschutzinteresse
Abänderungsverfahren bei Urkunden (§ 239 FamFG) 10/277
Abänderungsverfahren bei Vergleichen (§ 239 FamFG) 10/259
Abänderungsverfahren (§ 54 II FamFG) 10/426
Rechtsverfolgung
Erschwerung der R. im Inland 2/773
Rechtswahl
allgemeine Rechtswahl 9/33
anwendbares materielles Recht 9/31 ff.
konkretes Verfahren 9/32
Rechtswahrungsanzeige 6/111, 8/82
des Sozialhilfeträgers 8/81
Rechtsweg, Familiengericht
Beschwerde, sofortige (§§ 567–572 ZPO) 10/604
Regelbedarf des Kindes 2/216 ff.
Pauschalierung nach Tabellen 2/216
Regelbedarf im Sozialhilferecht 8/48
Regelbetrag 2/311 ff.
s. a. Dynamischer Unterhalt
Altersstufen 2/312
Beitrittsgebiet 2/313
Darlegungs- und Beweislast 2/379
Ost 2/313
West 2/313
Regelmäßiger Mehrbedarf
s. Mehrbedarf und Mehraufwand
Regelungsbedürfnis
einstweilige Anordnung 10/403
einstweilige Unterhaltsanordnung bei Feststellung der Vaterschaft (§ 248 FamFG) 10/474
einstweilige Unterhaltsanordnung vor Geburt eines Kindes (§ 247 FamFG) 10/460
Regelunterhalt (bis 30.6.1998) 2/309
Reinigungskosten
als berufsbedingte Aufwendungen 1/148
Reisekosten 1/335
als berufsbedingte Aufwendungen 1/148

Sachverzeichnis

als Einkommen 1/78 ff.
Leitlinien der Oberlandesgerichte 1/85
Relativität des Eigenbedarfs 4/973
Rente
weitere Altersvorsorge 1/646
keine berufsbedingten Aufwendungen 1/646
nach Bundesentschädigungsgesetz 1/650
als Einkommen 1/646
wegen Erwerbsminderung
– als Einkommen 1/649
kein Erwerbstätigenbonus 1/646
bei Körper- und Gesundheitsschaden 1/648
Rentenarten als Einkommen 1/649 ff.
Renten
s. Einkünfte aus Renten
aus Unfallversicherung 1/121
Rentenbezug nach der Scheidung 4/598 ff.
Rentennachzahlungen 6/239 ff.
Abänderungsgrund (§ 238 FamFG) 10/160
allgemein 1/660 ff.
Erstattungsanspruch 10/160
Erstattungsanspruch des Pflichtigen 1/662
an den Unterhaltsberechtigten 1/661
an den Unterhaltspflichtigen 1/660
Rentenneurose
fiktives Einkommen 1/791
Rentenversicherung 1/1029 ff.
Reparaturkosten
als berufsbedingte Aufwendungen 1/145
Repräsentationskosten 1/148
als berufsbedingte Aufwendungen 1/154
Restbedarf
s. Bedürftigkeit des Kindes
Restbedarf beim Kindesunterhalt 2/425, 2/494, 2/563
Richter auf Lebenszeit 10/32
Richter auf Probe 10/32
Richter kraft Auftrags 10/32
Richterliche Ermittlungen
zur Einkommensermittlung 1/45
Richterliche Wirksamkeits- und Ausübungskontrolle
beim Unterhaltsverzicht 6/643
Riesterrente
Abzugsposten 1/1034
Kindesunterhalt 2/383
Rückforderung
einstweilige Anordnung bei Vaterschaftsfeststellung 6/231
Verrechnung im laufenden Prozess 6/202
Rückforderung des Berechtigten
von Schenkungen (§ 528 BGB) 2/975 ff.
Rückforderungsansprüche
Aufrechnung gegen künftigen Unterhalt 6/311
bei einstweiliger Anordnung 6/204, 6/223, 6/232
bei einstweiliger Verfügung 6/230
Mehrleistung mit Erstattungsabsicht 6/226
bei Prozesskostenvorschuss 6/41, 6/242 ff.
bei Rentennachzahlung 6/239 ff.

Schadenersatz wegen Prozessbetrugs 6/203, 6/233
ungerechtfertigte Bereicherung 6/203, 6/204 ff.
bei Urteil/Beschluss 6/206, 6/233 ff.
bei Vergleich 6/206, 6/234
bei vollstreckbarer Urkunde 6/206
aus Vollstreckungsrecht 6/203, 6/228 ff.
bei vorläufig vollstreckbarem Urteil 6/228 ff.
vorsätzliche sittenwidrige Ausnützung eines unrichtig gewordenen Vollstreckungstitels 6/235 ff.
Zuvielleistungen von Trennungsunterhalt 4/98
Rücklagen für Instandhaltung 1/503
Rücknahme
des Hauptrechtsmittels
– Anschlussbeschwerde (§§ 66, 117 II FamFG) 10/592
einer Mahnung 6/141
eines Verfahrenskostenhilfegesuchs im Hauptsacheverfahren
– Außerkrafttreten der einstweiligen Anordnung 10/455
Rücksicht auf die Eltern 2/483
Rückstand
bei Ausgleichsansprüchen 6/113
bei Schadensersatzansprüchen 6/113
Rückständiger Unterhalt
s. a. Unterhalt für die Vergangenheit
Anschlussbeschwerde (§§ 66, 117 II FamFG) 10/594
Arrest 10/486
einstweilige Anordnung 10/403
vereinfachtes Verfahren über den Unterhalt Minderjähriger 10/650
Rückstellungen 1/170, 1/388 ff.
für Abschluss und Prüfung 1/229
in der Buchhaltung 1/230
Gewährleistungsrückstellung 1/230, 1/388
Gewerbesteuer 1/229
nach HGB 1/228 ff.
für Instandhaltung 1/339
langfristige 1/230
unregelmäßig 1/230
Rückübertragung des Anspruchs nach § 33 SGB II 8/235
Rückübertragung des Anspruchs nach § 94 V SGB XII 8/111 ff.
Abänderungsklage 8/123
Anspruchskonkurrenz 8/120
Auftrag 8/114
Darlegungs- und Beweislast 8/122
Einvernehmen des Hilfeempfängers 8/113
Einziehungsermächtigung 8/111
erneute Abtretung an Sozialhilfeträger 8/119
zur gerichtlichen Geltendmachung 8/115
Inkrafttreten 8/111
Innenverhältnis 8/114
Kosten 8/116
Prozessstandschaft 8/111
sozialhilferechtlicher Schuldnerschutz 8/118
Verfahrenskostenhilfe 8/117

2589

Sachverzeichnis

Rückwirkende Erhöhung des Unterhalts (§ 238 III S. 2 FamFG)
Abänderungsverfahren bei gerichtlichen Entscheidungen (§ 238 FamFG) 10/237 ff.
Anforderungen an Aufforderung 10/238
Aufforderung zur Auskunftserteilung 10/237
Elementar- und Vorsorgeunterhalt 10/238
Mahnung 10/237
materielles Unterhaltsrecht 10/237
Stufenantrag 10/237
ungefragte Auskunftspflicht 10/237
Rückwirkende Herabsetzung des Unterhalts (§ 238 III S. 3 FamFG)
Abänderungsvereinbarung 10/241
Abänderungsverfahren bei gerichtlichen Entscheidungen (§ 238 FamFG) 10/239 ff.
absolute Grenze (§ 238 III S. 4 FamFG) 10/239
Härteklausel 10/240
„negative Mahnung" 10/239
verfahrensrechtliche Regelung 10/239
vorsätzliche sittenwidrige Schädigung 10/240
Rückwirkende Titelanpassung
Abänderungsverfahren (§ 54 II FamFG) 10/427
Rückwirkung
Aufhebungsverfahren (§ 52 II S. 3 FamFG) 10/432
Rückzahlung (Für-Prinzip)
einstweilige Anordnung 10/442
Rückzahlung und Darlehensgewährung
einstweilige Anordnung 10/445
Rügefrist
Anhörungsrüge (§ 321a ZPO) 10/626
Rügelose Einlassung
internationale Zuständigkeit 9/654
Rumänien
ausländisches materielles Recht 9/335 ff.
Verbrauchergeldparität und Devisenkurs 9/64
Rundung des Unterhalts 2/415
Russische Föderation
Verbrauchergeldparität und Devisenkurs 9/65

Sabbatjahr
Erwerbsobliegenheit 1/749
unterhaltsbezogen leichtfertig 1/749
Sachbezüge 1/322
als Einkommen 1/91
Sachentnahmen
s. Entnahmen
Sachentscheidung
Beschwerde, sofortige (§§ 567–572 ZPO) 10/609
Sachverhaltsaufklärung
einstweilige Anordnung 10/417
Sachverständigengutachten
einstweilige Unterhaltsanordnung bei Feststellung der Vaterschaft (§ 248 FamFG) 10/479
Sachzusammenhang
internationale Zuständigkeit 9/664
Sanktionen
im Sozialrecht 8/13
Sättigungsgrenze
beim Ehegattenunterhalt 4/760 ff.

Sättigungsgrenze beim Ehegattenunterhalt
beim Kindesunterhalt 2/226
Säuglingsausstattung
als Sonderbedarf 6/15
Säumnisverfahren
Beschwerde (§§ 58, 117 FamFG) 10/542
einstweilige Anordnung 10/422
Schadenersatzpflicht
nicht bei einstweiliger Anordnung 6/232
bei Prozessbetrug 6/233
bei unerlaubter Handlung 6/233
aus Vollstreckungsrecht 6/228 ff.
bei vorsätzlicher sittenwidriger Ausnützung unrichtig gewordenen Vollstreckungstitels 6/235 ff.
Schadensersatz
einstweilige Anordnung 10/446
einstweilige Unterhaltsanordnung bei Feststellung der Vaterschaft (§ 248 FamFG) 10/482
bei Vereinbarung oder Vergleich
– einstweilige Unterhaltsanordnung bei Feststellung der Vaterschaft (§ 248 FamFG) 10/482
Schadensersatzanspruch
Arrestverfahren 10/496
Schätzung
Bedarfspositionen 6/752
behinderungsbedingter Mehraufwand 6/756
ehebedingter Nachteil 6/754
fiktives Einkommen 6/751
im Unterhaltsverfahren 6/750 ff.
nach § 287 ZPO 6/755 ff.
Voraussetzungen 6/758
Scheidungsstatut
Anerkennung ausländischer Scheidung 9/28
anwendbares materielles Recht 9/26 ff.
Scheidungsunterhalt
s. nachehelicher Unterhalt
Scheidungsurteil
ausländisches 9/28
Scheinvater
Ersatzhaftung 2/803
Schenkung
Rückforderungsanspruch gegen den Beschenkten (§ 528 BGB) 2/975 ff.
– Abwendung der Zahlungspflicht 2/982 ff.
– Ausschluss gemäß § 534 BGB 2/987
– Ausschluss gemäß § 529 II BGB 2/984 ff.
– Beleihung 2/982
– gerichtliche Zuständigkeit 2/976 ff.
– Inhalt und Umfang des Anspruchs 2/978 ff.
– Selbstbehalt des Beschenkten 2/985
– Sicherung des standesgemäßen Unterhalts 2/985
– Überleitung auf den Sozialhilfeträger 2/989
– Verjährung 2/988
– Voraussetzungen 2/977 ff.
– Wegfall der Bereicherung 2/983
– wiederkehrende Leistungen 2/978 ff.
– Wohnrecht 2/980 ff.
Schenkungen
s. Rückforderung von Schenkungen (§ 528 BGB)

Sachverzeichnis

Schichtarbeit
anrechenbares Einkommen 1/88
Schiedsspruch
Abänderungsverfahren bei Vergleichen (§ 239 FamFG) 10/256
Schlechtwettergeld
als Einkommen 1/121
Schlussentscheidung
Stufenverfahren (§ 254 ZPO) 10/361, 10/363
Schmerzensgeld 2/378
als Einkommen 1/726
Vermögenserträge 1/601
Schöffenentschädigung
als Einkommen 1/74
Schöffentätigkeit
entsprechende Mehrausgaben 1/154
Schönheitsreparaturen 1/456
Rücklagen 1/456
Schonvermögen 1/607 ff.
Schottland
ausländisches materielles Recht 9/352 ff.
Schriftform
Anhörungsrüge (§ 321a ZPO) 10/627
Auskunfts-, Beleg- und Versicherungsverfahren 10/347
Beschwerde (§§ 58, 117 FamFG) 10/508
Schriftliche Bekanntgabe
Beschwerde (§§ 58, 117 FamFG) 10/504
Schriftliches Verfahren
Beschwerde (§§ 58, 117 FamFG) 10/538
Schulausbildung, allgemeine
bei privilegiert volljährigen Kindern 2/584 ff.
Schuldbestätigendes Anerkenntnis
Abänderungsverfahren bei Urkunden (§ 239 FamFG) 10/280
Schulden
s. a. *berücksichtigungswürdige Schulden*
allgemein 1/23
Verbot Doppelverwertung 4/484
Schüler
anzurechnendes Einkommen 1/101
Schülerarbeit 1/100 ff., 1/825, 2/52, 2/109, 2/414
anzurechnendes Einkommen 1/825
Schwarzarbeit 1/66
Schwarzgeld 1/304
Schweden
ausländisches materielles Recht 9/363 ff.
Verbrauchergeldparität und Devisenkurs 9/66
Schweiz
ausländisches materielles Recht 9/376 ff.
Verbrauchergeldparität und Devisenkurs 9/67
Schwerwiegendes einseitiges Fehlverhalten 4/1337 ff., 4/1364 ff.
Sekundäre Darlegungslast
Darlegungs- und Beweislast im Abänderungsverfahren (§ 238 FamFG) 10/244
Selbständige
s. *Einkünfte von Freiberuflern*
Selbständige Arbeit 1/251

Selbständiges Verfahren
einstweilige Unterhaltsanordnung vor Geburt eines Kindes (§ 247 FamFG) 10/463
Selbständigkeit
Rücklagen bei Wechsel in Selbständigkeit 1/769
unrentabel 1/769
Selbstbehalt 4/975, 5/1 ff.
s. a. *Eigenbedarf*
abweichende Bemessung 5/23
angemessener *s. dort*
und Art und Weise des Familienunterhalts 3/43
Bedarf des getrennt lebenden oder geschiedenen Ehegatten 5/11a
bedingter 5/1, 5/4
Berücksichtigung bei Aufrechnungen 6/300
billiger S. 5/5
eheangemessener S. 5/5
Ehegattenselbstbehalt 5/5
gegenüber Eltern 5/8
gegenüber Enkeln 5/9
erhöhter angemessener S. 5/6
Ersparnis durch gemeinsame Haushaltsführung 5/20
und Grundsicherung für Arbeitsuchende 8/221
beim Kindesunterhalt
– angemessener S. 2/240, 2/536 ff.
– notwendiger S. 2/240, 2/380 ff.
Leitlinien 5/2 ff.
Mietanteil im S. 5/24
beim nichtehelichen Unterhalt 7/142
notwendiger 5/1, *s. dort*
für Pflichtigen im Elternunterhalt 2/992, 2/1041
für Pflichtigen im Verwandtenunterhalt 2/935
– Bemessung nach konkreter Lebensstellung 2/935
und Prozesskostenhilfe 5/14
Relativität des S. 5/1
Sozialgrenze 5/12
und Sozialhilfebedürftigkeit 8/14
Umgangskosten 2/272, 5/29
Unterscheidung zwischen notwendigem und angemessenem S. 5/4
verschiedener Selbstbehalt bei gleichem Rang 5/161
gegenüber volljährigen Kindern, die wieder bedürftig sind 5/9a
Wohnkosten im S. 5/22 ff., 5/24
Selbstmahnung
Verzug 6/134, 6/136
Selbstmordversuch 4/1316, 4/1377
Selbstoffenbarung
Pflicht zu ungefragten Informationen 1/1201
Serbien
ausländisches materielles Recht 9/403 ff.
Verbrauchergeldparität und Devisenkurs 9/68
Sicherheitsleistung
einstweilige Unterhaltsanordnung bei Feststellung der Vaterschaft (§ 248 FamFG) 10/475
Sicherung der Zwangsvollstreckung
Arrest 10/485

Sachverzeichnis

Sicherung einer einheitlichen Rechtsprechung
Rechtsbeschwerde, Endentscheidungen (§§ 70–75 FamFG) 10/611
Sitzungsgelder
als berufsbedingte Aufwendungen 1/154
als Einkommen 1/74
Slowakische Republik
Verbrauchergeldparität und Devisenkurs 9/69
Slowenien
ausländisches materielles Recht 9/419 ff.
Verbrauchergeldparität und Devisenkurs 9/70
Sockelbetrag
Abänderungsverfahren bei Vergleichen (§ 239 FamFG) 10/259
Sofortabschreibung
s. geringwertige Wirtschaftsgüter
Sofortige Beschwerde
s. Beschwerde, sofortige
Sofortige Wirksamkeit
Stufenverfahren (§ 254 ZPO) 10/363
Solidaritätszuschlag 1/856, 1/863
als Abzugsposten 1/1009
einstweilige Anordnung 10/398
Sonderabschreibungen
abschreibungsbedingte Steuerermäßigung 1/361
Sonderbedarf
Anspruchsvoraussetzungen 6/1 ff.
Auslandsstudium 6/17
Ausnahmecharakter 6/6
außergewöhnliche Höhe des Bedarfs 6/5
Beteiligung des Berechtigten 6/11, 6/13
Beteiligung des betreuenden Elternteils 6/13
Computer 6/17
Definition 2/237, 6/1
beim Ehegattenunterhalt 4/404, 6/10 ff.
Ehelichkeitsanfechtung 6/19
einstweilige Anordnung 10/399
einstweilige Unterhaltsanordnung bei Feststellung der Vaterschaft (§ 248 FamFG) 10/472
einstweilige Unterhaltsanordnung vor Geburt eines Kindes (§ 247 FamFG) 10/461
Fälligkeit 6/8
Hinweispflicht 6/7
Internat 6/17
Kindergarten 6/17
beim Kindesunterhalt 2/237, 6/13
Klassenfahrt 6/17
Kommunion 6/16
Konfirmation 6/16
Krankheit 6/14
Leistungsfähigkeit 6/7
Musikinstrument 6/17
Nachhilfeunterricht 6/17
und Pauschalierung des Regelbedarfs 6/6
Säuglingsausstattung 6/15
Umzugskosten 6/18
Unregelmäßigkeit 6/3
Unterhaltsrückstand 6/9, 6/108
Verfahrenskosten 6/19
Verfahrenskostenvorschuss 3/30
für Vergangenheit 6/9

Vergütung des Vormund oder des Betreuers 2/451, 2/534, 6/14
Vorhersehbarkeit 6/3
Sonderposten mit Rücklageanteil 1/232, 1/321
Sonderzuwendungen
allgemein 1/29
als Einkommen 1/74
Sonntagsarbeit
anrechenbares Einkommen 1/88
Sozialgericht
Zuständigkeit nach SGB II und SGB XII 8/17
Sozialgrenze 5/12 ff.
Sozialhilfe
s. a. Ausschluss des Anspruchsübergangs nach § 94 SGB XII; fiktives Einkommen; sozialhilferechtliche Vergleichsberechnung; Übergang des Unterhaltsanspruchs nach § 94 SGB XII
Abzug für Erwerbstätige 2/389
kein anrechnungsfähiges Einkommen 1/105
Anspruchsberechtigte 8/21
Anspruchsberechtigung 8/46
Ausländer 8/21
Bedarf 8/47 ff.
Bedarfsgemeinschaft 8/9
Bedürftigkeit neue Familie 4/1379
als Darlehen 8/78
eheähnliche Gemeinschaft 8/28
kein Einkommen 1/727
Einkommen aus Freibeträgen 1/728
Einkommensermittlung 8/30 ff.
Einkommensgrenzen 8/42
einmalige Bedarfe 8/54
Einsatz von Einkommen und Vermögen 8/29
Elterngeld 8/39
und Elternunterhalt
– Darlehen 2/1002
erweiterte Hilfe 8/9
Erwerbsobliegenheit 8/13
Erziehungsgeld 8/39
bei fiktiven Einkünften 1/727
fiktives Einkommen 8/36
Freibeträge 8/34
freiwillige Leistung 8/40
und Grundsicherung für Arbeitsuchende 8/18 ff., 8/175
Grundsicherung für Arbeitsuchende als Einkommen 8/41
und Grundsicherung im Alter 8/135 ff.
Härte bei Vermögensbewertung 8/44
Hausgrundstück 8/43
Haushaltsgemeinschaft 8/27
Heizung 8/52
Hilfe zum Lebensunterhalt 8/23 ff., 8/46 ff.
Hilfe zur Pflege 8/58
Hilfebedürftigkeit 8/23 ff.
Kindergeld 8/38
lebenspartnerschaftliche Gemeinschaft 8/28
Mehrbedarf des Kindes 8/53
Rechtmäßigkeit 8/77
Regelbedarf 8/48
Regelsätze 8/48

Sachverzeichnis

Rentennachzahlung 8/43
Schmerzensgeld 8/39
Schonvermögen 8/43
Schulden 8/35, 8/56
und Selbstbehalt 2/381, 2/384, 5/12
sonstige Hilfen 8/26, 8/57 ff.
sozialhilferechtliche Vergleichsberechnung 8/91 ff.
stationäre Einrichtung 8/57
subsidiär 1/727
Überleitung von Ansprüchen nach § 93 SGB XII 8/60
an den Unterhaltspflichtigen 1/728
Unterhaltsrückstand 6/110
und Unterhaltsvorschuss 2/403
Unterkunft 8/52
Vermögen 8/43
Versicherungsbeiträge 8/32
Versorgungsaufwendungen 8/55
und Verwandtenunterhalt 2/902
und Wohlfahrtspflege 8/40
Wohnkosten 5/15
Wohnwert 8/37
zweckbestimmte Leistungen 8/39
Sozialhilfebedürftigkeit des Pflichtigen
und Leistungsfähigkeit 8/14
und Selbstbehalt 2/381, 2/384, 2/392, 5/12, 8/14
Sozialhilferechtliche Vergleichsberechnung 8/129
und Bedarfsgemeinschaft 8/98
und Einkommen 8/95
Einzelheiten 8/96
Elternunterhalt 8/102
Enkelunterhalt 8/102
fiktives Einkommen und Bedarfsgemeinschaft 8/134
Großelternunterhalt 8/105
Meistbegünstigung 8/94
Nachweis der Hilfebedürftigkeit des Schuldners 8/106
bei Rechtshängigkeit 8/132
bei sonstige Hilfen 8/94
und Sozialbedürftigkeit des Schuldners 8/93
für die Vergangenheit 8/133
und Vermögen 8/95
für die Zukunft 8/132
Sozialhilferechtlicher Bedarf 5/12, 8/47
Sozialleistungen 8/1 ff.
allgemein 1/59
als anrechenbares Einkommen 8/5
bereite Mittel 8/7
als Einkommen 8/12, 8/38
Einkommen ersetzende S. 8/5
Einsatz von Einkommen und Vermögen 8/12
einstweilige Anordnung 10/404
einstweilige Unterhaltsanordnung vor Geburt eines Kindes (§ 247 FamFG) 10/462
Entschädigung 8/2
Kindergeld 8/3
mit Lohnersatzfunktion 1/105 ff.
soziale Förderung 8/2

soziale Notlage 8/2
Subsidiarität 8/7
und Unterhalt 8/1 ff.
mit Unterhaltsersatzfunktion 1/105
Vorsorge 8/2
Sozialstaatliche Zuwendungen
als Einkommen 1/664 ff.
als subsidiäre Leistungen 1/664
Spanien
ausländisches materielles Recht 9/437 ff.
Verbrauchergeldparität und Devisenkurs 9/71
Spekulationsgewinne
Belege 1/1181
Sperrkonto
einstweilige Unterhaltsanordnung bei Feststellung der Vaterschaft (§ 248 FamFG) 10/475
Spesen
als Einkommen 1/78 ff.
Leitlinien der Oberlandesgerichte 1/85
Spitzenbetrag
Abänderungsverfahren bei Vergleichen (§ 239 FamFG) 10/259
Splittingvorteil
beim nachehelichen Unterhalt 1/75
Sprungrechtsbeschwerde
Rechtsbeschwerde, Endentscheidungen (§§ 70–75 FamFG) 10/617
Staatsangehörigkeit
Mehrfache Staatsangehörigkeit
– Günstigkeitsprinzip 9/19
– und Unterhaltsstatut 9/19
und Unterhaltsstatut 9/18
Staffelunterhalt 2/359
Statutenwechsel
anwendbares materielles Recht 9/30
Sterbetafel
als Hilfe für die Abschätzung einer Kapitalabfindung 6/675
Steuerberaterkosten
als berufsbedingte Aufwendungen 1/149
Steuerbilanz 1/178
Steuerersparnis 1/935
Steuererstattung 1/1010
Steuerhinterziehung 1/304
Steuerliche Unterlagen
als Grundlage im Unterhaltsrecht 1/305 ff.
Steuern
Abzugsmöglichkeiten beim nichtehelichen Unterhalt 7/236
als Abzugsposten 1/1009 ff.
allgemein 1/23
Änderung, berücksichtigungswürdige 4/432 ff.
außergewöhnliche Belastungen 1/1010
begrenztes Realsplitting 1/1023
Bewirtungs- und Repräsentationskosten 1/1010
eheliche Lebensverhältnisse 4/437
Eintragung von Freibeträgen 1/1011, 1/1013, 1/1020
Faktorenverfahren 1/1010
fiktive Steuerberechnung 1/459, 1/1010 ff.
Freibetrag bei Realsplitting 1/1024
Für-Prinzip 1/1012

Sachverzeichnis

In-Prinzip 1/1009
Negativeinkünfte 1/1018
neue Steuer prägend 1/1009
Prägung beim Ehegattenunterhalt 1/1009
Realsplitting 1/1023 ff., s. a. dort
Sonderabschreibung 1/1018
Wiederverheiratung des Pflichtigen bei gleichrangigen Ehegatten 1/1014
Wiederverheiratung des Pflichtigen bei Vorrang erster Ehegatte 1/1011
Wiederverheiratung des Pflichtigen beim Kindesunterhalt 1/1014
Wiederverheiratung des Pflichtigen und Steuerklassenwahl 1/1015
Zusammenveranlagung 1/1026, 1/1027
Steuernachzahlung 1/1010
Steuerpflicht
von Angehörigen der EU 1/872
beschränkte Steuerpflicht 1/870
fiktiv unbeschränkte Steuerpflicht 1/872
Umfang der Steuerpflicht 1/875
unbeschränkte Steuerpflicht bei Antrag 1/870
Steuerrecht
Relevanz steuerrechtlich erfasster Einkünfte 1/47 ff.
Steuervorauszahlung
Einkommensteuer 1/939
Gewerbesteuer 1/369
Lohnsteuer als – 1/893
Stichtagsprinzip 4/426, 4/431
Stiefkinder 2/732
Stipendien
als Einkommen 1/121
Störung der Geschäftsgrundlage
Anpassung außergerichtlicher Vereinbarungen 10/373
Strafanzeige
als Verwirkungsgrund 4/1324
Strafhaft
Einkommen 1/731
Hausgeld für Eigenbedarf 1/732
Überbrückungsgeld nach Entlassung 1/731
Straftaten
fiktives Einkommen 1/770
unterhaltsrechtliche Vorwerfbarkeit 1/770
Verwirkung 4/1278 ff.
Streikgeld
als Einkommen 1/121
Streitgenossen
Anschlussbeschwerde (§§ 66, 117 II FamFG) 10/592
im Unterhaltsrecht 10/42
Streitiges Verfahren
Anwaltszwang
– vereinfachtes Verfahren über den Unterhalt Minderjähriger 10/689
Darlegungs- und Beweislast
– vereinfachtes Verfahren über den Unterhalt Minderjähriger 10/689
einheitlicher Titel
– vereinfachtes Verfahren über den Unterhalt Minderjähriger 10/690

Kosten und Gebühren
– vereinfachtes Verfahren über den Unterhalt Minderjähriger 10/691
Verfahrensgang
– vereinfachtes Verfahren über den Unterhalt Minderjähriger 10/689 ff.
verfahrensrechtliche Auskunftspflichten
– vereinfachtes Verfahren über den Unterhalt Minderjähriger 10/689
Studentenarbeit
Anrechnung des Einkommens 1/101, 1/827
unzumutbares Einkommen 1/827
Studentenunterhalt 2/508 ff.
s. a. Volljährigenunterhalt
Beitrittsgebiet 2/510
besonders günstiges Einkommen der Eltern 2/514, 2/529
Erhöhung des Regelsatzes 2/514
feste Bedarfssätze 2/508
gesamter Bedarf 2/511
im Haushalt der Eltern 2/518 ff., 2/526
Krankenversicherung 2/512
Leitlinien 2/508 ff.
Student mit eigenem Haushalt 2/508 ff.
Wohnkosten 2/513
Stufenantrag
Auskunfts-, Beleg- und Versicherungsverfahren 10/352
Auskunftspflicht 1/1156
rückwirkende Erhöhung des Unterhalts (§ 238 III S. 2 FamFG) 10/237
Stufenverfahren (§ 254 ZPO) 10/358 ff.
Abänderung von Unterhaltstiteln 10/358
Ankündigung 10/360
Beschwer 10/368
eidesstattliche Versicherung, Verfahrenswert 10/365
einstweilige Anordnung 10/358
Endentscheidung 10/367
Erledigung der Hauptsache 10/361
isolierte Kostenentscheidung 10/361
Kosten des Stufenverfahrens 10/363
Kostenerstattungsanspruch, materiellrechtlich 10/361
Leistungsantrag 10/358
Mindestbetrag 10/362
nachträglicher Stufenantrag 10/359
negativer Feststellungsantrag 10/358
objektive Antragshäufung 10/364
Rechnungslegung, Verfahrenswert 10/365
Rechtshängigkeit 10/360
Rechtsmittel 10/367
Rechtsmittel bei Kostenentscheidung 10/361
Schlussentscheidung 10/361, 10/363
sofortige Wirksamkeit 10/363
Teilbeschluss 10/361, 10/362
unzulässige Teilentscheidung 10/367
Verbundverfahren 10/362
Verfahrenskostenhilfe 10/360, 10/366
Verfahrenswert 10/364, 10/366, 10/368
Zurückverweisung 10/367

Sachverzeichnis

Stundung
Einwendung im Vollstreckungsabwehrverfahren 10/154
Subjektive Antragshäufung
Verfahrensverbindung 10/42
Zuständigkeit 10/42
Subsidiarität
Anhörungsrüge (§ 321a ZPO) 10/624
anwendbares materielles Recht 9/16
Sozialleistungen als E. 8/7
Subsidiarität von Sozialleistungen
Anspruchsübergang 8/8, 8/15
und Leistungsfähigkeit 8/13
Unterhaltsbedürftigkeit 8/10
Sukzessive Vermögensbildung
s. sukzessiver Eigentumserwerb
Sukzessiver Eigentumserwerb
bei Mietobjekten 1/458
beim Wohnwert 1/507
Summarische Prüfung
einstweilige Anordnung 10/417
Summarisches Verfahren
einstweilige Unterhaltsanordnung bei Feststellung der Vaterschaft (§ 248 FamFG) 10/476
einstweilige Unterhaltsanordnung vor Geburt eines Kindes (§ 247 FamFG) 10/465
Surrogat
s. a. Bedarf Ehegattenunterhalt, eheliche Lebensverhältnisse, Veräußerung Familienheim
eheliche Lebensverhältnisse 4/422 ff.
Veräußerung Familienheim 4/607 ff.
von Vermögenseinkünften 4/551
Surrogat bei Vermögenseinkünften
eheliche Lebensverhältnisse 4/607
Surrogat der Familienarbeit
Halbteilung 4/751
Karrieresprung über Einkommen Pflichtiger 4/594
Kinderbetreuung in der Ehe 4/422
Synergieeffekt 2/393, 8/49
Elternunterhalt
– Leistungsfähigkeit des Pflichtigen 2/995

Tabellen
s. a. Düsseldorfer Tabelle; Leitlinien
Angemessenheitskontrolle beim Tabellenunterhalt 2/218, 2/319, 2/355
nach Leitlinien allgemein 1/17
tatrichterliches Ermessen 1/18
Tagesheimschulkosten
für Kindesunterhalt 2/451
Tantiemen
als Einkommen 1/74
Taschengeld
Drittschuldnerverfahren 10/343
als einsetzbares Einkommen beim Elternunterhalt 2/1010
einstweilige Anordnung 10/398
neben Familienunterhalt 1/724
Höhe 3/66
Pfändbarkeit 3/62, 3/120
nach Taschengeld nach Trennung der Ehegatten 3/69
als Teil des Familienunterhalts 3/62 ff.
Unterhalt für Kinder aus erster Ehe 3/67
Tätlichkeiten
als Verwirkungsgrund 4/1279
Tatsachenpräklusion
Abänderungsverfahren (§ 54 II FamFG) 10/427
Taxikosten 1/150
Teilbeschluss
Anschlussbeschwerde (§§ 66, 117 II FamFG) 10/592
Endentscheidung im Abänderungsverfahren (§ 238 FamFG) 10/249
Stufenverfahren (§ 254 ZPO) 10/361, 10/362
vereinfachtes Verfahren über den Unterhalt Minderjähriger 10/672, 10/686
Teilbeschluss, horizontaler
Beschwerde (§§ 58, 117 FamFG) 10/547
Endentscheidung im Abänderungsverfahren (§ 238 FamFG) 10/249
Teilbeschluss, vertikaler
Beschwerde (§§ 58, 117 FamFG) 10/548
Endentscheidung im Abänderungsverfahren (§ 238 FamFG) 10/249
Teilbetrag
Abänderungsverfahren bei Urkunden (§ 239 FamFG) 10/275
einstweilige Anordnung 10/404
Teilentscheidung
Rechtsbeschwerde, Endentscheidungen (§§ 70–75 FamFG) 10/613
Teilerledigung
vereinfachtes Verfahren über den Unterhalt Minderjähriger 10/644
Teilfestsetzungsbeschluss
Beschwerde, sonstige (§ 58 FamFG) 10/597
Teilidentität zwischen Entscheidungen im Anordnungsverfahren und Hauptsacheverfahren
Außerkrafttreten der einstweiligen Anordnung 10/451
Teilleistungsbereitschaft
vereinfachtes Verfahren über den Unterhalt Minderjähriger 10/670
Teilrücknahme
vereinfachtes Verfahren über den Unterhalt Minderjähriger 10/687
Teiltitulierung
vereinfachtes Verfahren über den Unterhalt Minderjähriger 10/643
Teilunterhalt
Abgrenzung zum Abänderungsantrag 10/55b
Elementar- und Vorsorgeunterhalt 10/55d
Leistungs- und Abänderungsantrag 10/55f
Leistungsantrag 10/55b
offener oder verdeckter Teilantrag 10/55d
Sockelbetrag 10/55e
Sonderbedarf 10/55c
Spitzenbetrag 10/55e
Vermutung gegen Teilantrag 10/55c
Zusatz- oder Nachforderungsantrag 10/55b

2595

Sachverzeichnis

Teilversäumnisbeschluss
Beschwerde (§§ 58, 117 FamFG) 10/506
Teilzeittätigkeit
Kinderbetreuung 4/1231, 4/1237
Telefonkosten 1/365, 1/1045
als berufsbedingte Aufwendungen 1/144
als Sachbezüge 1/91
Tenorierung
Altersvorsorgeunterhalt 4/867
Teuerungsziffern
Bedarfskorrektur bei Auslandsbezug 9/91 ff.
Thesaurierende Fonds
eheliche Lebensverhältnisse 4/464
Tilgung
von Hausschulden 1/507 ff.
bei neuem (nichtprägendem) Wohnwert 1/568
Tilgungsplan 1/1099, 5/91
Titelumschreibung
nach Volljährigkeit des Kindes 2/29
Titulierter Kindesunterhalt 4/451
Titulierter Unterhalt
keine Berücksichtigung im Mangelfall bei Nachrang 5/145
Einfluss auf Eingruppierung eines anderen Berechtigten in Düsseldorfer Tabelle 2/340
als Einkommen bei der Bemessung des Kindesunterhalts 2/252
Höhe Abzugsposten Kindesunterhalt 1/1124
Tod des Unterhaltspflichtigen
beim Kindesunterhalt 2/15
Trennung
s. Getrenntleben
Trennungsbedingte Schulden
Abzugsposten 4/407
Trennungsbedingter Mehrbedarf 4/406, 4/835
Abzug vom nichtprägenden Einkommen 4/938
als Abzugsposten 1/1084
Abzugsposten als unumgängliche Schuld 1/1069, 1/1084
allgemein beim Ehegattenunterhalt 4/406
konkret geltend zu machen 4/940
im Mangelfall 5/51
und Mehrkosten 1/472
kein Teil der elterlichen Lebensverhältnisse 4/406
und voller Unterhalt 4/937
Vorsorgeunterhalt bei t. M. 4/879
beim Wohnwert 1/556
Trennungsentschädigungen
als Einkommen 1/81
Trennungsunterhalt
Additionsmethode 4/800 ff.
angemessene Erwerbstätigkeit 4/43
anrechenbare Einkünfte des Unterhaltsberechtigten 4/54
Anspruchsbeginn 4/81
Anspruchsende 4/82
Anspruchsstruktur 4/8 ff.
Aufhebung der häuslichen Gemeinschaft 4/26
Aufrechenbarkeit 4/98a
Ausbildungsunterhalt 4/73

Bedarfsbemessung 4/750 ff.
Bedarfspositionen 4/65 ff.
Bedeutung des Güterstandes 4/23
Bedürftigkeit des Berechtigten 4/31 ff.
Bemessungszeitpunkt 4/61
bereinigtes Nettoeinkommen 1/1007
Betreuung gemeinschaftlicher Kinder 4/36
Darlegungs- und Beweislast 4/101
Ehedauer 4/40
Ehegattenunterhalt 4/21 ff.
bei eheprägendes Surrogat 4/422
Einkommen aus Vermögen 4/57
Einkünfte des Berechtigten aus unzumutbarer Tätigkeit 4/59
Elementarunterhalt in Geld oder Nauralunterhalt 4/66
Erwerbsobliegenheit des bedürftigen Ehegatten 4/32
Erwerbstätigenbonus 4/773, 4/782
fiktive Zurechnung erzielbarer Einkünfte 4/53
Fortsetzung der Ausbildung nach der Trennung 4/45
frühere Erwerbstätigkeit 4/42
Geltendmachung, Auskunft 4/99 ff.
getrennte Wohnungen 4/26
Getrenntleben 4/25 ff.
bei Gütergemeinschaft 6/402 ff.
Halbteilungsgrundsatz 4/750
Härtegründe 4/88
Härteklausel 4/87
keine Identität mit Familienunterhalt 4/6
konkreter Bedarf 4/763
Konkurrenzen der Ansprüche 4/80
Krankenvorsorgeunterhalt 4/70
Leistungsfähigkeit des Unterhaltspflichtigen 4/76
Maß des Trennungsunterhalts 4/60 ff.
Mehrbedarf 4/403
Mehrbedarf aufgrund besonderer Umstände 4/72
kein Mindestbedarf 4/756
Quotenunterhalt 4/772
Rangfolge der Unterhaltsansprüche 4/79
Rechtsfolgen 4/95
Rückforderung 6/200 ff.
Rückforderung von Zuvielleistungen 4/98
Sättigungsgrenze 4/760 ff.
Sonderbedarf 4/404
Surrogat der Familienarbeit 4/422, 4/751
Teilzeiterwerbstätigkeit 4/51
Trennungsdauer 4/41
Unterhalt für die Vergangenheit 4/97, 6/100 ff.
Unterhaltsbegrenzung 4/86
Unterhaltsverzicht 4/85
Versöhnungsversuch 4/30
Versorgungsleistungen für einen neuen Partner 4/54
Verwirkung 4/87 ff., 4/1209
Voraussetzungen 4/24
vorhandene Berufsausbildung 4/42
Vorsorgeunterhalt 4/67
Vorsorgeunterhalt bei T. 4/856

Sachverzeichnis

wirtschaftliche Verhältnisse beider Ehegatten 4/47
Wohnvorteil 4/55
Wohnwert in Trennungszeit 1/479
Zumutbarkeitsabwägung 4/36, 4/94
Treuepflicht 4/1340, 4/1346 ff.
Treueprämien
als Einkommen 1/74
Trinkgelder
als Einkommen 1/74
Trunkenheit am Arbeitsplatz 1/790
Tschechische Republik
ausländisches materielles Recht 9/451 ff.
Verbrauchergeldparität und Devisenkurs 9/72
Türkei
ausländisches materielles Recht 9/465 ff.
Verbrauchergeldparität und Devisenkurs 9/73

Überbrückungsgeld
als Einkommen
– eines Strafgefangenen 1/121
bei Strafhaft 1/732
Übergang anderer Ansprüche nach § 33 SGB II 8/228
Übergang des Unterhaltsanspruchs nach § 7 SGB II
Klage auf künftige Leistung 2/400
Rückabtretung 2/397
Vorrang des laufenden Unterhalts 2/395
Übergang des Unterhaltsanspruchs nach § 7 UVG 8/270 ff.
keine Vergleichsberechnung 8/271
Verjährung 8/272
Übergang des Unterhaltsanspruchs nach § 33 SGB II
auf die Arbeitsgemeinschaft 8/230
Auskunftsanspruch 8/233
und Bedarfsgemeinschaft 8/236, 8/239
Betreuungsunterhalt nach § 1615l BGB 8/232
Ehegattenunterhalt 8/232
Geltendmachung des Anspruchs durch die Arbeitsgemeinschaft 8/253
gesetzlicher Forderungsübergang 8/229
keine Härteregelung 8/251
Höhe des Arbeitslosengeldes II 8/239
Kindesunterhalt 8/232
laufende Zahlung des Unterhalts 8/252
Leistungen zur Sicherung des Lebensunterhalts 8/239
partnerschaftlicher Unterhalt 8/232
Rechtmäßigkeit der Leistungen 8/244
Rechtswahrungsanzeige 6/111
Rechtsweg zum Familiengericht 8/229
Rückübertragung 8/255
Rückwirkung 8/246
sachliche Kongruenz von Unterhalt und Arbeitslosengeld II 8/242
schwangere Tochter 8/236
auf die Träger der Grundsicherung 8/230
Umfang des Ü. 8/238
für die Vergangenheit 8/245

Vergleichsberechnung und Sozialhilfebedürftigkeit des Schuldners 8/248
Verjährung 8/247
Verwandtenunterhalt 8/234
Verwirkung 8/247
Wohnkosten 8/241
zeitliche Kongruenz von Unterhalt und Arbeitslosengeld II 8/242
Übergang des Unterhaltsanspruchs nach § 94 SGB XII 8/62
Abtretungsverbot 8/77
Aufrechnung 8/77
Auskunftsanspruch 8/66
Ausschluss des Anspruchsübergangs 8/68
Bedarfsgemeinschaft 8/66
Begrenzung durch Höhe der Sozialhilfe 8/69
Darlegungs- und Beweislast 8/122, 8/125
bei darlehensweiser Gewährung der Sozialhilfe 8/78
Durchschnittsbetrag 8/73
einmalige Bedarfe 8/72
Einwendungen des Schuldners 8/79
Geltendmachung im Prozess 8/107 ff.
gesetzliche Unterhaltsansprüche 8/64
gesetzlicher Forderungsübergang 8/62
gegen Großeltern 8/68
bei der Grundsicherung im Alter und bei Erwerbsminderung 8/158
Klage des Leistungsberechtigten 8/108
Klage des Sozialhilfeträgers 8/108, 8/121
Klageantrag 8/109
Konsequenzen des Ü. 8/107 ff.
laufende Zahlung des Unterhalts 8/84
Monatsprinzip 8/72
Rechtmäßigkeit der Sozialhilfe 8/77
nach Rechtshängigkeit 8/109
Rechtswahrungsanzeige 6/111, 8/82
Rechtsweg zum Familiengericht 8/62
Rückübertragung des Anspruchs 8/111 ff.
sachliche Kongruenz von Unterhalt und Sozialhilfe 8/74
einer schwangeren Tochter 8/68
einer Tochter, die Kleinkind betreut 8/68
unbillige Härte 8/87 ff.
Unterhaltsvereinbarungen 8/83
Unterhaltsverzicht 8/83
Unterkunftskosten 8/70
Verfahrenskostenhilfe 8/117
für die Vergangenheit 8/77 ff., 8/110
vertragliche Unterhaltsansprüche 8/65
beim Volljährigenunterhalt 8/85
Wirkung des Ü. 8/77 ff.
zeitliche Kongruenz von Unterhalt und Sozialhilfe 8/71, 8/77
Zuständigkeit der Familiengerichte 8/62
Übergang des Unterhaltsanspruchs nach § 1607 BGB 2/787 ff.
Rechtsfolgen 2/804
subsidiäre Haftung Verpflichteter 2/797
Übergang ins streitige Verfahren
vereinfachtes Verfahren über den Unterhalt Minderjähriger 10/685, 10/687, 10/688 ff.

2597

Sachverzeichnis

Übergangsgeld
als Einkommen 1/109
Übergangsgelder, -beihilfen 1/93, 2/376
als Einkommen 1/74
Übergangsregelung des § 36 EGZPO
keine eigene Abänderungsmöglichkeit 4/1092
Übergegangener Anspruch
Rechtswahrungsanzeige 6/111 ff.
Unterhaltsrückstand 6/104, 6/110 ff.
Übergeleiteter Anspruch
Rechtswahrungsanzeige 6/111 ff.
Unterhaltsrückstand 6/104, 6/110 ff.
Überobligatorische Einkünfte
aus Nebentätigkeit 1/659
Überobligatorische Tätigkeit 1/800 ff.
s. a. näher: *Einkünfte aus unzumutbarer Tätigkeit*
Berufstätigkeit nach Regelaltersruhestand 4/597
eheliche Lebensverhältnisse 4/552
prägendes Einkommen 4/552
Überschuldung 1/1100 ff.
Verbraucherinsolvenz 1/1118 ff., 1/1120 ff.
Überschusseinkünfte 1/52, 1/160
Überstunden 1/828 ff.
anrechenbares Einkommen 1/86
Übertragung von Einkommensquellen 1/996
Ukraine
Verbrauchergeldparität und Devisenkurs 9/74
Umgangskosten
berücksichtigungswürdige Schulden 1/1085
Kindergeld 2/720
Selbstbehalt 2/272
Umgangskosten im Selbstbehalt
s. *Selbstbehalt, Umgangskosten*
Umgangsrecht
und Grundsicherung für Arbeitsuchende 8/218
Kosten 1/1085, 2/271 ff.
Verwirkung Ehegattenunterhalt 4/1387
Verzicht auf U. und Freistellungsvereinbarung 2/765
Wohnungsgewährung während Ausübung des Umgangsrechts 2/220, 2/274
und zeitweilige Bedarfsgemeinschaft 8/181
Umlaufvermögen
s. *Betriebsvermögen*
Umsatzbeteiligungen
als Einkommen 1/74
Umsatzerlöse 1/314
Umsatzsteuer 1/226, 1/329, 1/854
als Betriebsausgabe 1/368
Umsatzsteuerbescheid
Informationswert 1/1185
Vorlagepflicht 1/1185
Umzugskosten
als berufsbedingte Aufwendungen 1/151
einstweilige Anordnung 10/398
als Sonderbedarf 6/18
Unbefristeter Barunterhaltsanspruch
einstweilige Unterhaltsanordnung bei Feststellung der Vaterschaft (§ 248 FamFG) 10/472
Unbekannter Aufenthalt
Arrestgrund, dinglicher 10/488

Unbestimmte Anrechnungsklausel
Abänderungsverfahren bei Urkunden (§ 239 FamFG) 10/272
Abänderungsverfahren bei Vergleichen (§ 239 FamFG) 10/257
Unentgeltliche Wertabgaben 1/241, 1/324
Unfallkosten
als berufsbedingte Aufwendungen 1/151
Unfallrente
als Einkommen 1/121
Unfallversicherung 1/1029, 1/1036
Ungarn
ausländisches materielles Recht 9/495 ff.
Verbrauchergeldparität und Devisenkurs 9/75
Ungefragte Auskunftspflicht
rückwirkende Erhöhung des Unterhalts (§ 238 III S. 2 FamFG) 10/237
Ungefragte Informationen
Folgen des Verschweigens 1/1202
Rückforderung durch Unterhaltsschuldner 1/1202
Schadensersatz 1/1202
Verwirkung des Unterhaltsanspruchs 1/1202
Verzug durch fehlende Auskunft 1/1202
Voraussetzungen 1/1201
Ungefragte Offenbarung
Verfahren wegen Schadensersatz 10/340
Ungerechtfertigte Bereicherung
Anspruchsgrundlage 6/204 ff.
Darlegungs- und Beweislast Entreicherung 6/212
bei einstweiliger Anordnung 6/204
Entreicherung 6/208 ff.
bei Hauptsachetitel 6/206
Möglichkeiten gegen Entreicherungseinwand 6/221 ff.
positive Kenntnis 6/216
Rechtshängigkeit 6/214
ungewisses Rechtsgeschäft 6/217
verschärfte Haftung 6/213
Zahlung unter Vorbehalt 6/220
Unmögliche Leistung bei Auskunft
Auskunfts-, Beleg- und Versicherungsverfahren 10/350
Unselbständiges Anschlussrechtsmittel
Anschlussbeschwerde (§§ 66, 117 II FamFG) 10/590
Unterhalt
s. a. *Barunterhaltspflicht, Betreuungsunterhalt, Ehegattenunterhalt, Elternunterhalt, Erwerbslosenunterhalt, Familienunterhalt, Kindesunterhalt, Krankheitsunterhalt, Krankheitsvorsorgeunterhalt, Minderjährigenunterhalt, Mindestunterhalt für Kinder, Mutterschutzunterhalt, nachehelicher Unterhalt, Quotenunterhalt, Teilunterhalt, titulierter Unterhalt, Trennungsunterhalt, Verwandtenunterhalt, Volljährigenunterhalt, sowie die nachfolgenden Hauptstichwörter*
und Ausbildungsförderung 8/279 ff.
als Darlehen 1/661, 6/224, 6/241

Sachverzeichnis

als Einkommen 1/721 ff.
– Hausmann-Rechtsprechung 1/722
– beim Kindesunterhalt 2/247 ff.
– Unterhalt neben eigenem Einkommen 1/725
Gewinneinkünfte 1/300 ff.
bei Gütergemeinschaft 6/400 ff.
Rückforderung 6/203
Unterhalt für die Vergangenheit
ab Auskunftsbegehren 6/100, 6/107
Auskunftsbegehren, Rechtshängigkeit, Verzug 6/109
ohne Auskunftsbegehren, Rechtshängigkeit, Verzug 6/103
Leistungsentzug aus rechtlichen oder tatsächlichen Gründen 6/109
Sonderbedarf 6/108
Unterhaltsrechtsänderung 2008 6/101
Verzug 6/119 ff.
ab Verzug 6/100 ff.
Unterhalt zwischen nicht verheirateten Eltern
Abgrenzung § 1615l BGB und § 1570 BGB 7/191
Altersphasenmodell 7/47
Ausbildungsunterhalt 7/113
Basisunterhalt 7/122
Bedürftigkeit 7/123
Befristung des Anspruchs 7/209
Bemessung des Unterhalts 7/91
Betreuungskosten 7/134
Darlegungs- und Beweislast 7/244
Dreiteilungsgrundsatz 7/119
Einkünfte des betreuenden Elternteils
– Arbeitslosengeld I 7/124
– Arbeitslosengeld II 7/125
– BAföG-Leistungen 7/124
– Einkünfte aus Erwerbstätigkeit 7/131
– Einkünfte aus überobligatorischer Tätigkeit 7/133
– Einkünfte aus Vermietung und Verpachtung 7/128
– Einkünfte ohne Erwerbstätigkeit 7/128
– – freiwillige Zuwendungen Dritter 7/129
– – Vermietung und Verpachtung 7/128
– – Vermögen 7/138
– – Wohnvorteil 7/128
– – Zinseinkünfte 7/128
– Elterngeld 7/126
– Erziehungsgeld 7/126
– fiktive Einkünfte 7/130
– Krankengeldzahlungen 7/124
– Lohnfortzahlung 7/125
– Mutterschaftsgeld 7/124
– Sozialhilfeleistungen 7/125
elternbezogene Gründe 7/55 ff.
Erloschen des Anspruchs 7/203
Erlöschen des Anspruchs 7/218
– Heirat des Unterhaltsberechtigten 7/207
– Lebenspartnerschaft 7/208
– Tod des Kindes 7/204
– Tod des Unterhaltsberechtigten 7/203
– Tod des Unterhaltspflichtigen 7/215

Ersatz von Schwangerschafts- und Entbindungskosten 7/82
Erwerbstätigkeit in geringem Umfang 7/71
Fallgruppen für Umfang der Erwerbstätigkeit 7/69
Fälligkeit des Unterhalts 7/197
fiktive Einkünfte 7/130
Fremdbetreuung 7/34 ff.
Halbteilungsgrundsatz 7/116
kindbezogene Gründe 7/29
Krankheitsunterhalt 7/114
Leistungsfähigkeit des Verpflichteten 7/141
– Einsatz des Vermögensstammes 7/151
– Selbstbehalt 7/142
Leitlinien der OLG zum Bedarf des kinderbetreuenden Elternteils 7/115
Leitlinien der OLG zum Selbstbehalt des Unterhaltsverpflichteten 7/144
mehrere Unterhaltsberechtigte, Rangfolge 7/152
mehrere Unterhaltspflichtige 7/161
– Anspruch der Mutter
– – Familienunterhalt 7/188
– – Trennungsunterhalt und nachehelicher Unterhalt 7/189
– Verwandte der Mutter
– – Ehemann der Mutter 7/163
– – Kinderbetreuung 7/169
keine Obliegenheit zur Erwerbstätigkeit 7/70
Selbstbehalt 7/142
Sozialleistungen 7/124
steuerliche Abzugsmöglichkeiten 7/236
Totgeburt 7/218
Umfang der Erwerbsobliegenheit des betreuenden Elternteils 7/46
Unterhalt bis zum 3. Lebensjahr des Kindes 7/20
Unterhalt für die Vergangenheit 7/198
Unterhalt nach dem 3. Lebensjahr des Kindes 7/25
Unterhalt wegen Kinderbetreuung 7/20
Unterhalt wegen Schwangerschaft 7/17
Unterhaltsanspruch des nichtehelichen Vaters 7/78
Unterhaltsbedarf 7/91
– Altersvorsorgeunterhalt 7/111
– Ausbildungsvergütung 7/105
– Bezieher von Sozialhilfe 7/98
– Dreiteilungsgrundsatz 7/119
– eigene Lebensstellung des betreuenden Elternteils 7/91
– Einkommensverhältnisse des Barunterhaltspflichtigen Elternteils 7/106
– Halbteilungsgrundsatz 7, 7/116
– Krankenvorsorgeunterhalt 7/110
– Mindestbedarf 7/94
– nachhaltig erzieltes Einkommen vor Geburt 7/100
– Schüler, Studenten 7/99
– Taschengeld 7/108
– unverheirateter betreuender Elternteil 7/109
Unterhaltstatbestände 7/10
Unterhaltsvereinbarungen 7/226

Sachverzeichnis

Unterhaltsverfahren
- Abänderungsantrag 7/265
- Befristung des Betreuungsunterhalts 7/259
- Darlegungs- und Beweislast 7/244
- vorläufiger Rechtsschutz, einstweilige Anordnung 7/266
- zuständiges Gericht 7/240
Verfahrenskostenvorschuss 7/112, 7/243
Verjährung von Unterhalt 7/235
Vermögenseinsatz 7/138
Verwirkung von Unterhalt 7/228
Verzicht auf Unterhalt 7/226
Unterhaltsänderungsgesetz
Abänderung von Unterhaltstiteln nach Art. 3 II 10/283 ff.
Unterhaltsanpassung
s. Anpassung
Unterhaltsanspruch
Bedürftigkeit 1/8
Bringschuld 1/11
Geldschuld 1/11
Höhe des Unterhalts 1/10
Kontoüberweisung 1/11
Leistungsfähigkeit 1/8
Übergang s. Stichwörter zu Übergang des Unterhaltsanspruchs
Verfahrensrecht 1/15
Verhältnis zur Sozialhilfe 1/14
Verjährung 6/147
Zeitabschnitte 1/8
Unterhaltsansprüche
aus Anlass der Geburt s. Ansprüche der nichtehelichen Mutter; Kindesunterhalt
Aufrechnung 6/302
als bedingt pfändbare Forderung 6/300
als bereite Mittel 8/7
Elternunterhalt 1/3
Familienunterhalt 1/4
gemeinsame Elternschaft 1/7
bei Gütergemeinschaft s. Gütergemeinschaft
minderjährige Kinder 1/2
nachehelicher Unterhalt 1/6
Prüfungsschema 1/9
Tabellen und Leitlinien 1/16 ff.
Trennungsunterhalt 1/5
Unterhaltstatbestände 1/1 ff.
volljährige Kinder 1/2
Unterhaltsansprüche gegenüber Dritten
vereinfachtes Verfahren über den Unterhalt Minderjähriger 10/645
Unterhaltsansprüche zwischen eingetragenen Lebenspartnern 7/290 ff.
Begründung der Lebenspartnerschaft 7/299
einzelne Unterhaltsansprüche 7/310 ff.
gerichtliche Geltendmachung 7/376 ff.
Grundsätze der Unterhaltspflicht 7/307
Maß des Unterhalts 7/317
nachpartnerschaflicher Unterhalt nach § 16 LPartG 7/353
- Darlegungs- und Beweislast 7/375
- Erlöschen des Unterhaltsanspruchs 7/370
- Rangfragen 7/373

- Unterhaltsvereinbarungen 7/368
- Unterhaltsverzicht 7/369
nachpartnerschaftlicher Unterhalt nach § 16 LPartG
- Aufhebung der Lebensgemeinschaft 7/355
- Erwerbsobliegenheit des Berechtigten 7/358
- Härteklauseln 7/365
- Leistungsfähigkeit des Verpflichteten 7/362
- Maß des Unterhalts 7/361
Rangfragen 7/324
Trennungsunterhalt nach § 12 LPartG 7/327
- Bedürftigkeit des Berechtigten 7/334
- Darlegungs- und Beweislast 7/350
- Härteklausel 7/343
- Rangfragen 7/348
- Unterhaltsverzicht 7/345
Unterhalt für die Vergangenheit 7/318
Unterhalt nach § 5 LPartG 7/310 ff.
Unterhaltsverzicht 7/320
Unterhaltsbedarf
s. Bedürftigkeit
Unterhaltsbefristung
Darlegungs- und Beweislast im Abänderungsverfahren (§ 238 FamFG) 10/244
Unterhaltsbegrenzung
Darlegungs- und Beweislast im Abänderungsverfahren (§ 238 FamFG) 10/244
Unterhaltsbemessung
Anpassung an Auslandsbedarf 9/36
bei Aufenthalt in anderem Staat 9/35
Auslandsbezug 9/35 ff.
beim Ehegattenunterhalt 1/33 ff.
beim Unterhalt zwischen nicht verheirateten Eltern 7/91
Unterhaltsberechnung
s. Berechnungsmethoden
Unterhaltsbereinbarungen
Gesamtcharakter 6/610
Unterhaltsbezogene Leichtfertigkeit
bei gesteigerter Unterhaltspflicht 2/372
beim Kindesunterhalt 2/243, 2/372
Unterhaltsbezogene Mutwilligkeit
durch Unterhaltspflichtigen 1/756
Unterhaltsersatzfunktion
bei Sozialleistungen 1/105
Unterhaltsfolgesache im Entscheidungsverbund
Abweisung des Scheidungsantrags 10/111
Anordnung der sofortigen Wirksamkeit (§ 116 III S. 2 und 3 FamFG) 10/108
Einspruch und Beschwerde 10/109
Entscheidung nach Lage der Akten 10/110
Fortführung als selbständige Familiensache 10/111
Fortsetzungserklärung 10/111
Grundsatz der Kostenaufhebung 10/113
isolierte Anfechtung der Kostenentscheidung 10/113
Scheidung im Verbund 10/108
Teilversäumnis- und Endbeschluss 10/109
Versäumnisentscheidung 10/109

Sachverzeichnis

Unterhaltsfolgesachen
Abänderungsantrag beim Kindesunterhalt 10/94
Abtrennung s. *Abtrennung der Unterhaltsfolgesache*
Abweisung des Scheidungsantrags 10/103
Anfechtung der isolierten Kostenentscheidung 10/105
Anhängigkeit der Scheidungssache 10/96
Antragsschrift 10/96
Anwaltszwang 10/96
Auskunft und „Widerantrag" 10/95
Ausschlussfrist und Beschwerde 10/100
Ausschlussfrist und Ladungsfrist 10/99
Ausschlussfrist und Wiedereinsetzung in den vorigen Stand 10/100
Beistandschaft des Jugendamtes 10/102
einstweilige Unterhaltsanordnung 10/95
Fortführung als selbständige Familiensache 10/103
gesetzliche Unterhaltspflichten 10/94
Grundsätze eines fairen Verfahrens 10/99
isolierte Anfechtung der Kostenentscheidung 10/105
Kostenentscheidung und Maßstab (§ 150 FamFG) 10/105
negativer Feststellungsantrag 10/95
Rücknahme des Scheidungsantrags 10/103
Stufenantrag (§ 254 ZPO) 10/95
Terminsverlegung und rechtliches Gehör 10/98
Tod eines Ehegatten vor Rechtskraft der Scheidung 10/104
Tod und Erledigung der Folgesache 10/104
Verfahrensgrundsätze 10/101 ff.
Verfahrenskostenhilfe 10/96
Verfahrenspfleger 10/101
Verfahrensstandschaft 10/102
Zeitpunkt 10/97
Unterhaltsgemeinschaft 4/1272
Unterhaltsherabsetzung (§ 1578b I BGB) 4/1003
als Abänderungsgrund 4/1090
auf den angemessenen Lebensbedarf 4/1014
– berufsbedingte Aufwendungen und Erwerbsbonus 4/1023
angemessener Lebensbedarf als Untergrenze der Herabsetzung 4/1021
Anrechnung eigenen Einkommens als bedarfsmindernd 4/1022
Anwendungsbereich 4/1003
besondere Vertrauenstatbestände 4/1075
– Disopistionen 4/1075
– titulierter Unterhaltsanspruch 4/1075
ehebedinter Nachteil
– keine hälftige Teilung 4/1024
Geltendmachung im Erstverfahren 4/1084
Geltendmachung in einem Abänderungsverfahren 4/1087
– Präklusion 4/1087
– bei Vorliegen eines Unterhaltsvergleichs 4/1089
gemeinsame Billigkeitskriterien für Herabsetzung und zeitliche Begrenzung 4/1032

Kombination mit zeitlicher Begrenzung nach § 1578b I BGB 4/1000
nacheheliche Solidarität 4/1071
– besondere Umstände auf Seiten des Berechtigten 4/1078 ff.
– besondere Umstände auf Seiten des Verpflichteten 4/1082 ff.
– ehebedingte Nachteile des Pflichtigen 4/1083
– Erkrankung 4/1073
– Trennungsunterhalt 4/1083
notwendiger Selbstbehalt des nicht erwerbstätigen Unterhaltpflichtigen 4/1019
Rechtsfolgen 4/1009
Schätzung des hypothetischen Einkommens 4/1026
Übergangsfrist 4/1013
Unzumutbarkeit der Begrenzung 4/1076
verfahrensrechtliche Fragen 4/1084 ff.
Wegfall des Unterhalts 4/1009
Zeitgrenze nach richterlichem Ermessen 4/1009
Unterhaltsleitlinien
s. *Leitlinien der Oberlandesgerichte*
Unterhaltsneurose 2/53
Darlegungs- und Beweislast 1/792
fiktives Einkommen 1/792
therapeutische Behandlung 1/792
Verwirkung 4/1303
Unterhaltspflicht, international
Auskunftsanspruch 9/10
Betreuungsunterhalt 9/10
Definition im internationalen Recht 9/9
familienrechtlicher Ausgleichsanspruch 9/10
lump sum in England 9/10
Morgengabe 9/10
prestations compensatoires 9/10
schweizer Unterhaltsanspruch 9/10
türkischer Unterhaltsanspruch 9/10
Verfahrenskostenvorschuss 9/10
Wohnungszuweisung 9/10
Unterhaltsquoten
s. *Bedarfsbemessung beim Ehegattenunterhalt, Quotenunterhalt*
Unterhaltsrecht
und Bilanzposten 1/380 ff.
Unterhaltsrechtliches Treueverhältnis
Verfahren wegen Schadensersatz 10/338
Unterhaltsrechtsänderung 2008
Verwirkung Ehegattenunterhalt 4/1203
Unterhaltsrente
Abschätzung einer Kapitalisierung 6/676 ff.
Unterhaltsrückforderung
s. *Rückforderungsansprüche*
Unterhaltsrückstand
Auskunft als Voraussetzung für rückständigen Unterhalt 6/107
einstweilige Unterhaltsanordnung bei Feststellung der Vaterschaft (§ 248 FamFG) 10/475
einstweilige Unterhaltsanordnung vor Geburt eines Kindes (§ 247 FamFG) 10/462
vereinfachtes Verfahren über den Unterhalt Minderjähriger 10/639a

Sachverzeichnis

Unterhaltssachen
Arrest s. *Arrest in Unterhaltssachen*
als Familienstreitsachen 10/2
internationale Definition 9/609
Mischverfahren 10/5
Nicht-Unterhaltssachen 10/4
Rechtsmittel s. *Rechtsmittel in Unterhaltssachen*
und Verbundverfahren 10/93 ff.
Unterhaltssicherung
s. *einstweilige Anordnungen in Unterhaltsverfahren*
Unterhaltsstatut 9/11 ff.
Unterhaltstitel
s. a. *titulierter Unterhalt*
Abänderungsklage des berechtigten Kindes 2/30
einstweilige Anordnung 10/404
Fortgeltung nach Volljährigkeit 2/478
Leistungsantrag 10/34 ff.
Rechtsschutzbedürfnis 10/37
Schaffung und Abänderung 10/34 ff.
Umschreibung des Titels nach Volljährigkeit des berechtigten Kindes 2/29
Unterhaltsvereinbarungen
s. a. *Unterhaltsverzicht*
Abänderung 6/617
– Aufstockungsunterhalt 1573 BGB 6/627
– Befristung gemäß § 1578b BGB 6/626
– Erstfestsetzung 6/618
abschließende Regelung 6/620
Änderung der Rechtsprechung 6/622
Anfechtung 6/616
Anpassung 6/617 ff.
Ausübungskontrolle
– Wegfall der Geschäftsgrundlage 6/656
Betreuungsunterhalt 6/651
zwischen Ehegatten 6/600 ff.
zum Ehegattenunterhalt
– Unterhaltsverzicht 6/640 ff.
einstweilige Anordnung 10/404
ergänzende Vertragsauslegung 6/619
zum Familienunterhalt 6/630
Formzwang 6/633 ff.
gerichtlich protokollierter Vergleich 6/634
Gesetzesänderung 6/622
gesetzlicher Unterhaltsanspruch 6/603 ff.
zum Getrenntlebensunterhalt 6/632
zum Kindesunterhalt 2/37
Lebenshaltungskostenindex
– Verbraucherpreisindex 6/664
zum nachehelichen Unterhalt 6/633
notarielle Beurkundung 6/634
salvatorische Klausel 6/650
Sittenwidrigkeit 6/610 ff.
– Berechtiger 6/612
– Leistungsvermögen des Schuldners 6/611
– Sozialhilfe 6/611 ff.
Teilnichtigkeit von Vertragsklauseln 6/650
Unterhaltsverzicht 6/640 ff.
Verbraucherpreisindex 6/664
Vereinbarung einer Kapitalabfindung 6/666 ff.
Vereinbarungen einer Wertsicherungsklausel 6/660 ff.

vereinfachtes Verfahren über den Unterhalt Minderjähriger 10/642
vertragliche Treuepflichten der Parteien 6/625
vertraglicher Unterhaltsanspruch 6/603 ff.
– Rechtsfolgen 6/608
Vertragscharakter 6/605
vorsorgende Vereinbarungen 6/638
Vorstellungen der Parteien als Geschäftsgrundlage 6/621
Wille der Beteiligten 6/617
Unterhaltsverfahren
einstweilige Anordnung s. *einstweilige Anordnungen in Unterhaltsverfahren*
Grundtatbestand (§ 246 FamFG) s. *einstweilige Unterhaltsanordnung als Grundtatbestand*
Subsidiarität bei Vollstreckung ausländischen Unterhaltstitels 9/704, 9/708
Unterhaltsverordnung 4/2009
anwendbares materielles Recht 9/2 ff.
Unterhaltsverwirkung
s. *Verwirkung*
Unterhaltsverzicht
Ausübungskontrolle 6/659
– Ausgleich ehebedingter Nachteile 6/654
– gleichrangige Unterhaltsgläubiger 6/655
beim Familienunterhalt 3/123
Haftung Verwandter 6/614
beim Kindesunterhalt 2/758 ff.
beim nachehelichen Unterhalt 6/640 ff.
für den Fall der Not 6/641
richterliche Ausübungskontrolle 6/653
richterliche Wirksamkeits- und Ausübungskontrolle 6/643 ff.
– Drittwirkung von Grundrechten 6/643
– Gesamtwürdigung 6/646
– Kernbereich des Scheidungsfolgenrechts 6/645
– objektive Lastenverteilung 6/646
– Rangordnung der Scheidungsfolgen 6/645
– Störung der subjektiven Vertragsparität 6/646 f.
Störung der subjektiven Vertragsparität 6/648
Teilnichtigkeit von Vertragsklauseln 6/650
beim Trennungsunterhalt 4/85
Trennunsunterhalt 6/615
Wirksamkeitskontrolle
– Einzelfälle 6/657
– unwirksame Vereinbarungen 6/657
– wirksame Vereinbarungen 6/658
Unterhaltsvorschuss
Anspruchsvoraussetzungen 8/262 ff.
bei Ausländern 8/265
Bedürftigkeit beim Verwandtenunterhalt 2/903
Einkommen des Kindes 8/267
Getrenntleben des betreuenden Elternteils 8/263
Großeltern 8/267
und Grundsicherung für Arbeitsuchende 2/405
Höhe des Arbeitslosengeldes II 8/266
Konkurrenz zur Sozialhilfe 8/277
Rechtsweg 8/269
und Sozialhilfe 2/403
Übergang des Unterhaltsanspruchs 8/270 ff.
und Unterhalt 8/262 ff.

Sachverzeichnis

Unterhaltsrückstand 6/104
Verhältnis zu Sozialhilfe 8/276
Verhältnis zur Grundsicherung für Arbeitsuchende 8/278
Wiederheirat des betreuenden Elternteils 8/264
Unterhaltszahlungen
als außergewöhnliche Belastung 1/963
Unternehmensbeteiligungen
Verbot Doppelverwertung 4/480
Unterschieben eines Kindes 4/1353
Untersuchungshaft
Einkommen 1/731
Unterwerfungserklärung
Abänderungsverfahren bei Urkunden (§ 239 FamFG) 10/273
UN-Übereinkommen über die Geltendmachung von Unterhaltsansprüchen im Ausland
internationale Zusammenarbeit 9/619
Verhältnis zum HUVÜ 2007 9/619
Unwirtschaftlichkeit der Vermögensverwertung 4/961
Unzulässige Rechtsausübung
Einwendung im Vollstreckungsabwehrverfahren 10/154
Unzulässige Teilentscheidung
Stufenverfahren (§ 254 ZPO) 10/367
Unzumutbare Tätigkeit
s. a. näher: Einkünfte aus unzumutbarer Tätigkeit
Abgrenzung zumutbare Tätigkeit 1/800 ff.
Anrechnung des Einkommens aus u. T. 4/596 ff., 4/944
Anrechnung nach altem Recht 1/821
Anrechnung von Ansprüchen nach § 1615l BGB 1/827a
anrechnungsfreier Betrag 4/596, 4/948, 5/112
bei Ansprüchen nach § 1625l BGB 1/816
des Berechtigten 1/815 ff.
keine bei Berufstätigkeit trotz gesundheitlicher Beeinträchtigung 1/820
Berufstätigkeit über Regelaltersgrenze 1/817, 1/838
erhöhte Zurechnung im Mangelfall 5/70
Haushaltsführung für neuen Partner 1/820
bei Kindesbetreuung 1/804
– prägendes Einkommen 1/807
Nebentätigkeiten 1/817
des Pflichtigen 1/828 ff., 4/597
prägendes Einkommen 4/596 ff.
bei Überstunden, Schichtarbeit u. dergl. 1/87, 1/90
bei unangemessener Tätigkeit 1/818
beim Verwandtenunterhalt 1/814
Urkunden
Abänderung 10/252 ff., s. a. Abänderungsverfahren bei Urkunden
Urlaubsabgeltung
anrechenbares Einkommen 1/89
Urlaubsgeld
als Einkommen 1/74
USA
ausländisches materielles Recht 9/507 ff.

Vater des nichtehelichen Kindes
s. Ansprüche der nichtehelichen Mutter
Vaterschaft
s. a. Kindesunterhalt bei ungeklärter Vaterschaft
einstweilige Unterhaltsanordnung 10/470
Voraussetzung des Kindesunterhalts 9/700
Veranlagung zur Einkommensteuer
Aufteilung von Jahressteuern bei fiktiver Einzelveranlagung 1/944
Aufteilung von Steuernachzahlungen für Zeiten vor der Trennung 1/941
Aufteilung von Steuernachzahlungen nach der Trennung 1/945
Ehegatteninnengesellschaft 1/1006
Ehegattenveranlagung 1/917 ff.
Einzelveranlagung 1/916
Gesamtschuld, Haftung 1/930
getrennte Veranlagung 1/918
Lohnsteuer 1/915
steuerrechtlich 1/915 ff.
Trennungsjahr 1/920
unterhaltsrechtliche Fragen 1/935 ff.
Verfahren 1/927 ff.
Versöhnungsversuch 1/920
Zusammenveranlagung 1/919 ff.
Zustimmung zu Zusammenveranlagung 1/927, 1/936
Veräußerung des Familienheimes
Bildung neuen Wohneigentums 1/568
durch Pflichtigen im Verwandtenunterhalt 2/949
prägender Erlös 1/557
Verbrauch des Erlöses ohne Surrogat 1/567
Verkauf an Ehegatten 1/569
Vermögensumschichtung 1/568
Zugewinn und Verkauf 1/570
Veräußerung Eigenheim
gemeinsames Eigenheim 1/560
Veräußerung Hälfteanteil an Eigenheim an Ehegatten 1/569
Veräußerungserlös 1/217, 1/315
Verbilligte Aktien
als Sachbezüge 1/91
Verbilligter Warenbezug
als Sachbezüge 1/91
Verbindlichkeiten 1/223, 1/384
s. a. berücksichtigungswürdige Schulden
und Leistungsfähigkeit beim Enkelunterhalt 2/1044
und Leistungsfähigkeit im Verwandtenunterhalt 2/943 ff.
Verbot der Schlechterstellung
Beschwerde (§§ 58, 117 FamFG) 10/540
Verbot Doppelverwertung 4/480, 4/1372
bei Abfindungen 4/480
Firmenbewertung (good will) 4/483
bei Schulden 4/484 ff.
Steuererstattungen 4/482
bei Unternehmensbeteiligungen 4/480
Vermögensnutzung und Vermögensstamm 4/480
beim Wohnwert 1/507
Verbrauchergeldparität
und Devisenkurs 9/38 ff.

2603

Sachverzeichnis

Verhältnis zum Devisenkurs 9/41
in verschiedenen Ländern 9/42 ff.
Verbraucherinsolvenz 5/97
Ehegattenunterhalt 1/1120
Interessenabwägung 2/260
Kindesunterhalt 1/1119, 2/258
Rechtsfolgen 2/261
Überschuldung 1/1118 ff., 1/1121 ff.
Verbrechen
als Verwirkungsgrund 4/1278 ff.
Verbundverfahren
Stufenverfahren (§ 254 ZPO) 10/362
Unterhaltsfolgesachen 10/94, *s. näher dort*
und Unterhaltssachen 10/93 ff.
Verhandlungs- und Entscheidungsverbund 10/93
Vereinbarungen
Abänderungsverfahren bei Urkunden (§ 239 FamFG) 10/271
einstweilige Anordnung 10/417
zum Kindesunterhalt 2/755 ff.
Vereinbarungen zum Unterhalt
s. Unterhaltsvereinbarungen
Vereinfachtes Verfahren über den Unterhalt Minderjähriger 10/634 ff.
Abänderung (§ 240 FamFG)
– Abgrenzung zum Abänderungsantrag (§ 238 FamFG) 10/694
– Abgrenzung zum streitigen Verfahren 10/693
– Endentscheidung 10/695
– unzulässig bei Unterhaltsrückständen 10/695
– unzulässig bei Vergleich 10/695
– vollständige Neuberechnung 10/694
Abänderungsverfahren (§ 240 FamFG) 10/676, 10/692 ff.
Abgrenzung zu anderen Verfahren 10/640 ff.
Änderungen des Kinderfreibetrages 10/636
Anerkenntnisbeschluss 10/673
Anfechtungsgründe 10/678
Anordnung der sofortigen Wirksamkeit (§ 116 III S. 2 und 3 FamFG) 10/677
Antragsgegner 10/637
Anwaltskosten 10/652
Anwaltszwang 10/648
Auskunftsanspruch 10/643
ausländisches Recht 10/638
Ausschlussfrist 10/686
Befristung des Unterhalts 10/674
Beibringungsgrundsatz 10/657
Beiordnung 10/655
Belegpflicht 10/667
Beschwer, formelle 10/678
Beschwerde
– Abhilfe unzulässig 10/680
– Anwaltszwang 10/679
– Befristung 10/684
– Erfüllungseinwand 10/684
– fehlende Leistungsfähigkeit 10/683
– formelle Fehler 10/683
– Gebühren 10/685
– Kostenfestsetzung 10/682
– Kostengrundentscheidung 10/682
– sofortige (§§ 567–572 ZPO) 10/682
– sonstige (§ 58 FamFG) 10/676, 10/678 ff.
– unzulässige Einwendungen 10/684
– Verwerfung 10/678
Beschwerdefrist 10/679
Beschwerdewert 10/680
Beteiligtenmaxime 10/657
Darlegungs- und Beweislast 10/641
Doppeltitulierung 10/643
Dynamisierung 10/636
Einführung und Entwicklung des Verfahrens 10/634 ff.
eingeschränkte Leistungsfähigkeit 10/666
einstweilige Unterhaltsanordnung 10/646
einstweiliger Rechtsschutz 10/646
Einwendungen
– Formularzwang 10/669
– Monatsfrist 10/671
– (§ 252 FamFG) 10/662 ff.
Erfüllung 10/666
Erinnerung 10/658, 10/682
Erklärung der Leistungsbereitschaft 10/670
Erledigung der Hauptsache 10/644
erstmalige Unterhaltsfestsetzung (§ 249 II FamFG) 10/643 ff.
Familienstreitsache 10/681
Festsetzungsbeschluss 10/668, 10/674 ff.
formalisiertes Verfahren 10/635, 10/649
Formularzwang 10/652
Gang des Beschwerdeverfahrens 10/680
gerichtliches Verfahren als Verfahrenshindernis 10/643
Gerichtskosten 10/652
Höchstbetrag 10/641
isolierte Anfechtung der Kostenentscheidung 10/682
Kosten 10/675
minderjährige Kinder 10/635
Mindestunterhalt 10/635
Mitteilung 10/661
mündliche Verhandlung 10/642, 10/674
Naturalunterhalt 10/637
neuer Antrag nach Zurückweisung 10/659
Prozentsatz des Mindestunterhalts 10/640
Rechtsbeschwerde 10/681
Rechtsmittel, einheitlich 10/678
Rechtsmittelbelehrung 10/677
Rechtsnachfolger 10/639a
rückständiger Unterhalt 10/650
sächliches Existenzminimum 10/635
streitiges Verfahren
– Anwaltszwang 10/689
– Darlegungs- und Beweislast 10/689
– einheitlicher Titel 10/690
– Kosten und Gebühren 10/691
– Verfahrensgang 10/689 ff.
– verfahrensrechtliche Auskunftspflichten 10/689
subjektive Antragshäufung 10/660
Teilbeschluss (§ 254 S. 2 FamFG) 10/672, 10/686
Teilerledigung 10/644
Teilleistungsbereitschaft 10/670
Teilrücknahme 10/687

Sachverzeichnis

Teiltitulierung 10/643
Teilzurückweisung 10/658
Übergang ins streitige Verfahren 10/685, 10/687, 10/688 ff.
Übergangsregelung 10/636
Unterhaltsansprüche gegenüber Dritten 10/645
Unterhaltsrückstand 10/639a
Unterhaltsvereinbarung 10/642
Unzulässigkeit bei anderweitigem Unterhaltstitel oder gerichtlichen Verfahren 10/643 ff.
Verfahrensgegenstand 10/638
Verfahrenskostenhilfe 10/654
Verfahrenskostenvorschuss 10/654
Verfahrensstandschaft 10/654
Verfahrensverbindung 10/660
Verfahrenswert 10/653
Vergleich 10/642, 10/673
Verzinsung 10/650
Volljährigkeit 10/638, 10/639a, 10/656
Wahlfreiheit mit ordentlichem Streitverfahren 10/641
Wahlfreiheit und Verfahrenskostenhilfe 10/642
Wechselmodell 10/638
Wiedereinsetzung 10/680
Zulässigkeit 10/637 ff.
Zurückweisung des Antrags 10/656, 10/672
Zurückweisungsbeschluss 10/658
Zuständigkeit 10/648
Zustellung des Antrags 10/661
Vereinigte Staaten von Amerika
ausländisches materielles Recht 9/507 ff.
Verbrauchergeldparität und Devisenkurs 9/77
Vereinigtes Königreich
Verbrauchergeldparität und Devisenkurs 9/76
Vereitelung des Umgangsrechts als Verwirkungsgrund 4/1356, 4/1387
Verfahren
Vollstreckbarerklärung ausländischer Titel 9/693
Verfahren wegen Schadensersatz 10/338 ff.
Durchbrechung der Rechtskraft 10/339
einstweiliger Rechtsschutz 10/342
evident unredliche Vollstreckung 10/339
evident unredliches Schweigen 10/341
Inzidentantrag 10/342
Rechtsmissbrauch der Zwangsvollstreckung 10/339
ungefragte Offenbarung 10/340
unterhaltsrechtliches Treueverhältnis 10/338
verfahrensrechtliche Auskunftspflicht 10/338
verschuldensunabhängige Haftung (§ 717 II ZPO) 10/342
verschuldensunabhängiger Schadensersatzanspruch (§ 248 V S. 2 FamFG) 10/342
vertragliche Treuepflicht 10/340
vorsätzliche sittenwidrige Schädigung 10/339
Widerforderungsantrag 10/342
Verfahren wegen ungerechtfertigter Bereicherung
Beweiserleichterungen 10/332
einstweilige Anordnung 10/331
Endentscheidung 10/330
Entreicherung 10/332

Festsetzungsbeschluss 10/330
Kausalität 10/332
Rücklagen 10/332
rückwirkende Titelbeseitigung 10/330
Vergleich 10/330
Vermögensvorteil 10/332
verschärfte Haftung 10/333
vollstreckbare Urkunden 10/330
Wegfall der Bereicherung 10/333
zins- und tilgungsfreies Darlehen 10/336
Verfahrensablauf
Arrestverfahren 10/490 ff.
Verfahrensbeteiligte
Auskunftspflicht 10/57
Verfahrensgang
Anhörungsrüge (§ 321a ZPO) 10/628 ff.
Beschwerde, sonstige (§ 58 FamFG) 10/598 ff.
Verfahrensgegenstand
Anhörungsrüge (§ 321a ZPO) 10/623
Arrest in Unterhaltssachen 10/489
Unterhaltssachen als Familienstreitsachen 10/2
vereinfachtes Verfahren über den Unterhalt Minderjähriger 10/638
Verfahrensidentität
Aufhebungsverfahren (§ 52 II S. 3 FamFG) 10/433
Verfahrenskonkurrenzen
einstweilige Anordnungen in Unterhaltsverfahren 10/484
Verfahrenskostenarmut
vereinfachtes Verfahren über den Unterhalt Minderjähriger 10/654
Verfahrenskostenhilfe
Abänderungsverfahren bei Vergleichen (§ 239 FamFG) 10/255
Anschlussbeschwerde (§§ 66, 117 II FamFG) 10/592
Beschwerde (§§ 58, 117 FamFG) 10/511, 10/556 ff.
Beschwerde, sofortige (§§ 567–572 ZPO) 10/603, 10/606
einstweilige Anordnung 10/418
Fristsetzungsantrag (§ 52 II FamFG) 10/431
Stufenverfahren (§ 254 ZPO) 10/360, 10/366
vereinfachtes Verfahren über den Unterhalt Minderjähriger 10/654
Wiederaufnahmeverfahren 10/378
Verfahrenskostenhilfegesuch
Beschwerde (§§ 58, 117 FamFG) 10/511
Verfahrenskostenvorschuss
s. a. Prozesskostenvorschuss
einstweilige Anordnung 10/399
einstweilige Unterhaltsanordnung bei Feststellung der Vaterschaft (§ 248 FamFG) 10/473
bei Unterhaltsansprüchen zwischen nicht verheirateten Eltern 7/243
vereinfachtes Verfahren über den Unterhalt Minderjähriger 10/654
Verfahrensrecht
Auslandsbezug 9/600 ff.
Endentscheidung *s. Endentscheidung im ordentlichen Streitverfahren*

2605

Sachverzeichnis

Feststellungsverfahren 10/315 ff.
Rechtsmittel in Unterhaltssachen 10/497 ff.
Schaffung und Abänderung von Unterhaltstiteln 10/34
vereinfachtes Verfahren über den Unterhalt Minderjähriger 10/634 ff.
Verfahrensgegenstand, Zuständigkeit und Gericht 10/1 ff.
vorläufige Regelung und Sicherung von Unterhaltsansprüchen 10/392 ff.
Verfahrensrechtliche Auskunftspflichten der Verfahrensbeteiligten (§ 235 FamFG)
Anpassung von Unterhaltstiteln (§§ 238–240 FamFG) 10/57
Auskunft und Versicherung 10/62
Belege 10/59
Bemessungsrelevanz 10/58
Beschwerde (§§ 58, 117 FamFG) 10/537
von Beteiligten und Dritten 10/56 ff.
Bote 10/59
einstweiliger Rechtsschutz 10/57
ergänzende Auskunftserteilung 10/60
Ermessen und Fristsetzung 10/63
gesetzlicher Unterhalt 10/57
Hinweise und Belehrungen 10/63
höchstpersönliche schriftliche Versicherungspflicht 10/61
isoliertes Auskunftsverfahren 10/58
kostenrechtliche Sanktionen 10/63
Mitwirkung der Verfahrenbeteiligten und freie Beweiswürdigung 10/66
Mitwirkung Dritter (§ 236 FamFG) 10/66
persönliche und wirtschaftliche Verhältnisse 10/59
Rechtsmittel 10/66
Rechtsnachfolger 10/57
schriftliche Erklärung 10/59
Stufenverfahren (§ 254 ZPO) 10/58
Unterhaltsstatut 10/58
vereinfachtes Verfahren 10/57
Verfahren wegen Schadensersatz 10/338
Verfahrensfehler und Zurückverweisung 10/66
Verfahrenskostenhilfegesuch und unbezifferter Zahlungsantrag 10/65
Verpflichtung des Gerichts zum Auskunftsverlangen 10/64
wesentliche Änderungen 10/60
Zwangsmittel 10/66
Verfahrensrechtliche Auskunftspflichten Dritter (§ 236 FamFG)
Adressaten 10/68
Arbeitgeber (Nr. 1) 10/68a
Auskunfts- und Zeugnisverweigerungsrecht 10/70
Auskunftsersuchen und Mitteilungspflicht 10/69
Beschwerde (§§ 58, 117 FamFG) 10/537
Ehegattenarbeitsverhältnis 10/70
Finanzämter (Nr. 5) 10/68e
kostenrechtliche Sanktionen 10/71
Ordnungsgeld und Erzwingungshaft 10/71

Rechtsmittel 10/71 ff.
sonstige Personen und Stellen (Nr. 3) 10/68c
Sozialgeheimnis 10/68f
Sozialleistungsträger (Nr. 2), Künstlersozialkasse 10/68b
Steuergeheimnis, Bankgeheimnis 10/68f
Subsidiarität 10/67
Umfang und Zeitraum 10/67
Verpflichtung des Gerichts zum Auskunftsverlangen 10/74
Versicherungsunternehmen (Nr. 4) 10/68d
Verfahrensrechtliche Regelung
rückwirkende Herabsetzung des Unterhalts (§ 238 III S. 3 FamFG) 10/239
Verfahrensstandschaft
Abänderungsverfahren bei Urkunden (§ 239 FamFG) 10/276
Abänderungsverfahren bei Vergleichen (§ 239 FamFG) 10/258
Aktiv- und Passivverfahren 10/48
Anschlussbeschwerde (§§ 66, 117 II FamFG) 10/592
Beteiligtenwechsel kraft Gesetzes 10/50
einstweilige Anordnung 10/416
Eintritt der Volljährigkeit 10/50
gewillkürter Beteiligtenwechsel 10/50
Rechtskraft der Ehescheidung 10/51
vereinfachtes Verfahren über den Unterhalt Minderjähriger 10/654
Verfahrenskostenhilfe 10/51
Zwangsvollstreckung 10/52
Verfahrensverbindung
vereinfachtes Verfahren über den Unterhalt Minderjähriger 10/660
Verfahrenswert
Arrestverfahren 10/492
Stufenverfahren (§ 254 ZPO) 10/364, 10/366, 10/368
vereinfachtes Verfahren über den Unterhalt Minderjähriger 10/653
Verfestigte Lebensgemeinschaft
als Verwirkungsgrund 4/1267 ff.
Verfestigte Partnerschaft
Abgrenzung zur Freundschaft 4/1273
keine Kontrolle Lebensführung bei Abkehr des Pflichtigen von der Ehe 4/1269
Lösung aus unehelicher Solidarität 4/1267
Verwirkungsgrund beim Trennungsunterhalt 4/1275
Vergehen als Verwirkungsgrund 4/1278 ff.
Vergleich
Abänderung 10/252 ff., s. a. *Abänderungsverfahren bei Vergleichen*
Abänderungsverfahren (§ 54 I FamFG) 10/428
Anschlussbeschwerde (§§ 66, 117 II FamFG) 10/592
einstweilige Anordnung 10/423
vereinfachtes Verfahren über den Unterhalt Minderjähriger 10/642, 10/673
Vergleichsberechnung
s. *sozialhilferechtliche Vergleichsberechnung*

Sachverzeichnis

Vergleichsberechnung nach § 33 SGB II 8/248
bei Bedarfsgemeinschaft 8/250
Verjährung
Einwendung im Vollstreckungsabwehrverfahren 10/154
familienrechtlicher Ausgleichsanspruch 2/784
Hemmung 6/150
Hemmung bei übergegangenen Ansprüchen 6/151
Unterhaltsanspruch 6/147 ff.
Vollstreckungsverjährung 6/149
Verkaufserlös und Zugewinn
Veräußerung Eigenheim 1/569
Verkündung
Beschwerde (§§ 58, 117 FamFG) 10/501
Verletztenrente aus der Unfallversicherung
als Einkommen 1/650
Verletzung rechtlichen Gehörs
Anhörungsrüge (§ 321a ZPO) 10/623 ff.
Verleumdung als Verwirkungsgrund 4/1285
Vermögen
und Sozialleistungen 8/12
Vermögensbildende Aufwendungen
Änderung, berücksichtigungswürdig 4/640 ff.
bei Bedürftigkeit/Leistungsfähigkeit 4/461
bei einseitiger Vermögensbildung 4/453 ff.
bei gemeinsamer Vermögensbildung 4/453
Vermögensbildende Ausgaben
bei einseitiger Vermögensbildung 1/1135
bei gemeinsamer Vermögensbildung 1/1134
Vermögensbildung
allgemein 1/23
Vermögensbildung, Aufwendungen zur
nicht bei Mehrbedarf 4/852
bei Selbständigen 1/440
Vermögenseinkünfte
eheliche Lebensverhältnisse 4/551
aus Grundstücken 1/606
aus Kapitalvermögen 1/605
Werbungskosten 1/605
Vermögenseinkünfte bei hohem Erwerbseinkommen
eheliche Lebensverhältnisse 4/554
Vermögenserträge 1/600 ff.
Auskunft 1/604
beim Ehegattenunterhalt 1/603
als Einkommen 1/601
Ermittlung 1/604
aus Kapital- und Personengesellschaften 1/601
beim Kindesunterhalt 1/602
Wahrheitspflicht 1/604
Zinseinkünfte 1/604
Vermögensreserve
des Berechtigten
– als Schonvermögen im Verwandtenunterhalt 2/930
für Pflichtigen beim Elternunterhalt 2/1005
für Pflichtigen im Verwandtenunterhalt 2/947
Vermögensstamm
s. Kindesvermögen; Vermögensverwertung
Verwertung 1/607 ff.

Vermögensverschwendung
des Berechtigten
– fiktive Anrechnung von Vermögenswerten 2/929
fiktives Zinseinkommen 1/567
Verwirkung 4/1308
als Verwirkungsgrund 4/1289 ff.
Vermögensverwertung 1/607 ff.
Arrestgrund, dinglicher 10/488
des Berechtigten beim Elternunterhalt 2/973
durch Berechtigten beim Elternunterhalt 1/624
durch Berechtigten beim nachehelichen Unterhalt 1/611 ff.
durch Berechtigten beim Trennungsunterhalt 1/614 ff.
des Berechtigten beim Verwandtenunterhalt 2/929
Erbteil 1/642
beim Familienunterhalt 3/23
fiktive Einkünfte 1/632 ff.
von Grundstücken 1/626 ff.
durch das Kind beim Kindesunterhalt 1/621
beim Kindesunterhalt 2/132, 2/382
von landwirtschaftlichen Flächen 1/627
Lebensversicherung 1/629
im Mangelfall 5/81
Notgroschen 2/134
durch den Pflichtigen beim Elternunterhalt 2/998 ff.
– Altersvorsorgekapital 2/998
– Beleihung des Miteigentumsanteils 2/998 ff.
– Berechnung des Altersvorsorgekapitals 2/999
– keine Erweiterung des einsetzbaren Vermögens 2/1004
– rechtliche Unmöglichkeit 2/1003
– im Rentenalter 2/1001
– Rückforderungsanspruch nach § 528 BGB 2/1004
– selbstgenutzte Immobilie 2/1000
– bei Vorbehalt des Nießbrauchs 2/1004
durch Pflichtigen im Verwandtenunterhalt 2/947 ff.
Pflichtteil 1/642
Schonbeträge 2/134
Schonvermögen 1/607 ff.
Teilungsversteigerung bei Miteigentum 1/628
Umschichtung 1/637 ff.
Unbilligkeit 2/133, 4/962
beim Unterhaltsanspruch aus Anlass der Geburt 1/625
unterhaltsberechtigter Ehegatte 1/633
durch Unterhaltspflichtigen beim Elternunterhalt 1/622
durch Unterhaltspflichtigen beim Kindesunterhalt 1/619
durch Unterhaltspflichtigen beim nachehelichen Unterhalt 1/617
durch Unterhaltspflichtigen beim Trennungsunterhalt 1/618
unterhaltspflichtiger Ehegatte 1/634
Unwirtschaftlichkeit 2/133, 2/135, 4/961
Vermögen als Altersvorsorge 1/609

Sachverzeichnis

Vermögensstamm 1/607 ff.
Verwandtenunterhalt 1/634
beim Volljährigenunterhalt 2/567
Vermögensvorteil
bei ungerechtfertigter Bereicherung 10/332
Vermögenswirksame Aufwendungen
objektiver Maßstab 4/463 ff.
Vermögenswirksame Leistungen
s. a. eheliche Lebensverhältnisse; Veräußerung des Familienheimes; Wohnwert
Abzug beim Bedürftigen/Pflichtigen 4/461
Abzugsposten bei gehobenem Einkommen des Pflichtigen 4/458
aufgedrängte Vermögensbildung 4/462
beim Bedürftigen 1/1135
eheprägend bei gemeinsamer Vermögensbildung 4/453
als Einkommen 1/74
nichtprägend bei einseitiger Vermögensbildung 4/453 ff.
beim Pflichtigen 1/1136
beim Verwandtenunterhalt 1/1136
als Vorsorgeaufwendungen 4/457
Vermutung für den vollen Unterhalt
Abänderungsverfahren bei Urkunden (§ 239 FamFG) 10/275
Verpflegungsmehraufwendungen
als berufsbedingte Aufwendungen 1/152
Sachbezüge für V. 1/91
Versagung Unterhalt 4/1206
Versäumnisbeschluss
Beschwerde (§§ 58, 117 FamFG) 10/502
Rechtsmittel in Unterhaltssachen 10/498
Versäumnisbeschluss, erstinstanzlich
Beschwerde (§§ 58, 117 FamFG) 10/540
Versäumnisbeschluss, zweiter
Beschwerde (§§ 58, 117 FamFG) 10/540
Verschärfte Haftung
bei ungerechtfertigter Bereicherung 10/333
Verschlechterung der Vermögenslage
Arrestgrund, dinglicher 10/488
Verschuldensscheidung bis 1.7.1977 1/6
Verschuldensunabhängige Haftung (§ 717 II ZPO)
Verfahren wegen Schadensersatz 10/342
Verschuldensunabhängiger Schadensersatzanspruch (§ 248 V S. 2 FamFG)
Verfahren wegen Schadensersatz 10/342
Versicherungen
für den Fall des Alters sowie Berufs- und Erwerbsunfähigkeit 4/858
Versicherungsentschädigungen 1/323
Versicherungspflicht
im Unterhaltsverfahren 10/61
Versorgungsausgleich 4/599
Versorgungsbezüge
s. a. Einkünfte aus Renten
Arten 1/649 ff.
Versorgungsleistungen
Abänderungsgrund (§ 238 FamFG) 10/155
fiktive Vergütung für V. 1/1067

für neuen Partner
– Bemessung in Leitlinien 1/718
– fiktive Vergütung 1/715
– Höhe der Vergütung 1/717
– neben Kinderbetreuung 1/716
Pflegeleistung durch Ehefrau 1/1067
bei Zusammenleben des bedürftigen Kindes mit einem Partner 2/111
Versorgungswert des Einkommens 4/881
Verstoß gegen eheliche Solidarität 4/1340
Verstoß gegen Treuepflicht 4/1340, 4/1346 ff.
beiderseitiges Fehlverhalten 4/1351
gleichgeschlechtliche Beziehung 4/1346
bei Lossagen von ehelicher Bindung 4/1351
Verteilungsfähiges Einkommen
bereinigtes Nettoeinkommen 4/757, 4/778
Vertragliche Treuepflicht
Verfahren wegen Schadensersatz 10/340
Vertretung Minderjähriger
Abänderungsverfahren bei Urkunden (§ 239 FamFG) 10/276
Auswirkungen nach Volljährigkeit 10/50
Obhutsverhältnis 10/44 ff.
Obhutswechsel 10/46
Verfahrenskostenhilfe, Zwangsvollstreckung 10/51
Verfahrensstandschaft 10/47 ff.
Wechselmodell 10/45
Verwandtenunterhalt 2/900 ff.
Abzug besonderer Aufwendungen beim Pflichtigen 2/941
Abzug von Verbindlichkeiten beim Pflichtigen 2/943 ff.
anteilige Haftung bei Gleichrang 2/913
bei BAföG-Leistungen 2/903
Bedürftigkeit des Berechtigten 2/929
Eigenbedarf des Pflichtigen 2/934 ff.
einsetzbares Vermögen des Pflichtigen 2/947
Ersatzhaftung 2/915 ff.
– wegen erschwerter Durchsetzbarkeit (§ 1607 II BGB) 2/918 ff.
– wegen Leistungsunfähigkeit (§ 1607 I BGB) 2/915 ff.
Erwerbsobliegenheit des Berechtigten 2/931
und Grundsicherung 2/904
Leistungsfähigkeit des Pflichtigen 2/934 ff.
– Zurücknahme einer luxuriösen Lebensführung 2/940
Leitlinien der Oberlandesgerichte zum Selbstbehalt des Pflichtigen beim Eltern- und Enkelunterhalt 2/936 ff.
Maß des Unterhalts 2/926
Mindestbedarfsätze für den Pflichtigen 2/935
pauschalierte Selbstbehaltssätze für Pflichtigen 2/935
Prozesskostenvorschuss 2/928
Rangfolge der Bedürftigen 2/923
Rangfolge der Verpflichteten 2/912 ff.
Rangfragen 2/912 ff.
und Schwägerschaft 2/900
Selbstbehalt d. Pflichtigen nach den oberlandesgerichtl. Leitlinien 2/935 ff.

Sachverzeichnis

Selbstbehalt des Pflichtigen 2/935
Selbstbehalte und konkrete Lebensstellung des Pflichtigen 2/934 ff.
sittenwidriger Unterhaltsverzicht 2/910
bei Sozialhilfe 2/902
bei Unterhaltsvorschuss 2/903
Veräußerung des Familienheims durch Pflichtigen 2/949 f.
Vermögensreserve für Pflichtigen 2/948
Vermögensverwertung durch Pflichtigen 2/947 ff.
– Contergansitftungsgesetz 2/952
– HIV-Hilfegesetz 2/952
– Lebensversicherung 2/951
– Schmerzensgeldzahlung 2/952
Verpflichtung zum Einsatz des Vermögens durch Verwertung 2/947 ff.
und Verwandter der Seitenlinie 2/900
Verwirkung (§ 242 BGB)
– unzulässige Rechtsausübung 2/963
Verwirkung (§ 1611 BGB) 2/953 ff.
– Anwendung auf minderjährige Kinder 2/961
– aufgrund sittlichen Verschuldens 2/954
– Beerdigungskosten 2/960
– Billigkeitsprüfung 2/960
– Sperrwirkung des § 1611 III BGB 2/962
– wegen Kontaktabbruchs 2/958
– wegen Kränkung 2/959
– wegen Verletzung der Unterhaltspflicht 2/955
– wegen vorsätzlicher schwerer Verfehlung 2/956 ff.
vorrangige Haftung des Ehegatten o. Lebenspartners 2/907 ff.
– Auschluss wegen Verwirkung 2/909
– Ausschluss wegen Verzichts 2/910
vorrangige Haftung des nichtehelichen Vaters 2/911
Zumutbarkeitsschwelle für Erwerbsobliegenheit des Pflichtigen 2/946
Verweisung, mittelbare
Beschwerde, sofortige (§§ 567–572 ZPO) 10/602
Verweisung, unmittelbare
Beschwerde, sofortige (§§ 567–572 ZPO) 10/602
Verwerfung
Anhörungsrüge (§ 321a ZPO) 10/628
Beschwerde, sofortige (§§ 567–572 ZPO) 10/607
Verwerfung des Hauptrechtsmittels
Anschlussbeschwerde (§§ 66, 117 II FamFG) 10/592
Verwerfung des Rechtsmittels nach Anhörung
Beschwerde (§§ 58, 117 FamFG) 10/536
Verwirkung
s. a. die nachfolgenden Stichwörter
Abänderungsgrund (§ 238 FamFG) 10/161
Anzeige Steuerhinterziehung 4/1328
Auskunfts-, Beleg- und Versicherungsverfahren 10/348
Beseitigung der Verzugsfolgen 6/142 ff.
auf Distanz angelegtes Verhältnis 4/1276

Einwendung im Vollstreckungsabwehrverfahren 10/154
gleichgeschlechtliche Beziehung 4/1346
Rückwirkung 4/1282
Trennungsunterhalt 4/87 ff.
Vorrang Kindeswohl 4/1234
nur für Zukunft 4/1282
zweckwidrige Verwendung des Altersvorsorgeunterhalts 4/871
Verwirkung des Ehegattenunterhalts
Alkoholabhängigkeit 4/1296 ff.
Altehen 4/1211
Anschwärzen beim Arbeitgeber 4/1324
Anwendungsbereich 4/1209
Anzeige Abgabe falscher eidesstattlicher Versicherung 4/1326
Auswandern mit Kind 4/1359
Beleidigungen 4/1285
bestimmungswidrige Verwendung des Vorsorgeunterhalts 4/1313
Darlegungs- und Beweislast 4/1213, 4/1293, 4/1369
dauerhafte Verbindung zu neuem Partner 4/1273
Drogenabhängigkeit 4/1296 ff.
Eheaufhebung 4/1211
auf Erben übergegangene Ansprüche 4/1210
falsche Anschuldigung 4/1285
fehlende einseitige Abkehr von ehelichen Bindungen 4/1365 ff.
fehlgeschlagene Selbsttötung 4/1316, 4/1377
geschäftliche Schädigung 4/1324
gewerbsmäßige Ausübung Telefonsex 4/1355
grobe Unbilligkeit 4/1218 ff.
gröbliche Verletzung der Beitragspflicht zum Familienunterhalt 4/1329 ff.
Herabsetzung des Unterhalts 4/1206
Interessenabwägung 4/1219 ff.
intimes Verhältnis mit Dritten 4/1267, 4/1273, 4/1276, 4/1347 ff.
Kindsentführung in Ausland 4/1355
kurze Ehe 4/1244
kurzes Zusammenleben 4/1372, 4/1375
Medikamentenmissbrauch 4/1299, 4/1376
Mischfälle bei neuer Partnerschaft 4/1274
mutwillige Aufgabe des Arbeitsplatzes 4/1301
mutwillige Herbeiführung der Bedürftigkeit 4/1289 ff.
mutwillige Verletzung der Vermögensinteressen des Pflichtigen 4/1318
nachehelicher Unterhalt 4/1209
Normzweck 4/1200 ff.
Prozessbetrug 4/1286, 4/1323
Rechtsfolgen 4/1206
Rückstand 6/142
– bei übergegangenen Ansprüchen 6/145
– Umstandsmoment 6/144
– Vollstreckungsverwirkung 6/146
– Zeitmoment 6/143
Schusswaffengebrauch 4/1279
schwerwiegendes einseitiges Fehlverhalten 4/1337 ff., 4/1364 ff.
Sexueller Missbrauch Kind 4/1355

2609

Sachverzeichnis

Sozialhilfebedürftigkeit neue Familie 4/1379
Strafanzeige 4/1326
Tätlichkeiten 4/1279
Trennungsunterhalt 4/1209
Treuepflicht in Trennungszeit 4/1346
Übergang Unterhaltsanspruch 4/1242 ff.
Unmutsäußerungen 4/1362
Unterhaltsgemeinschaft 4/1272
Unterhaltsrechtsänderung 2008 4/1203
Unterschieben eines Kindes 4/1353
Verbrechen oder vorsätzliches Vergehen 4/1278 ff.
Vereitelung des Umgangsrechts 4/1356
verfestigte Partnerschaft beim Trennungsunterhalt 4/1275
Verleumdung 4/1285
Vermögensverschwendung 4/1308
Vernichtung persönlicher Wertgegenstände 4/1355
Versagung des Unterhalts 4/1206
Versicherungsbetrug 4/1323
Verstoß gegen eheliche Solidarität 4/1340
Verstoß gegen eheliche Treuepflicht 4/1340, 4/1346 ff.
Verstoß gegen eheliche Treuepflicht bei Ehewidrigkeit Pflichtiger 4/1364 ff.
Verzeihung 4/1241
Voraussetzungen 4/1205
voreheliche Erkrankung 4/1376
voreheliche Täuschungshandlung 4/1342, 4/1357
Wahrnehmung berechtigter Interessen 4/1326
Wahrung der Kindesbelange 4/1229 ff.
Weigerung, gemeinsamen Wohnsitz zu gründen 4/1358
Wiederaufleben eines Anspruchs 4/1382 ff.
zeitliche Begrenzung Unterhalt 4/1206
Zusammenleben mit gleichgeschlechtlichem Partner 4/1273
Zusammenleben mit neuem Partner 4/1267 ff.
Verwirkung des Kindesunterhalts 2/601 ff.
Alkoholkonsum 2/603
bei Bedürftigkeit der Kindesmutter 2/66
Billigkeitsabwägung 2/607
Darlegungs- und Beweislast 2/608
Kontaktverweigerung 2/605
bei Minderjährigen 2/602
bei nichtehelichen Kindern 7/228
bei privilegiert volljährigen Kindern 2/600, 2/602
Rauschgiftkonsum 2/603
sittliches Verschulden 2/603
Unbilligkeit 2/607
Ursächlichkeit 2/606
Verfehlung gegen einen Elternteil 2/605
Verletzung der Unterhaltspflicht 2/604
Verzicht
Einwendung im Vollstreckungsabwehrverfahren 10/154
Verzicht auf Erstattungsansprüche
bei Zuvielleistung von Familienunterhalt 3/117 ff.

Verzicht auf Unterhalt
s. Unterhaltsverzicht
Verzinsung
vereinfachtes Verfahren über den Unterhalt Minderjähriger 10/650
Verzug
Anspruchsvoraussetzungen 6/119 ff.
durch Aufrechnung 6/116
Beginn 6/131
Beseitigung der Verzugsfolgen 6/140 ff.
bestimmte Leistungsaufforderung 6/122 ff.
keine einseitige Rücknahme der Mahnung 6/141
endgültige Leistungsverweigerung 6/135
Erlassvertrag 6/140
Fälligkeit des Anspruchs 6/120, 6/133
familienrechtlicher Ausgleichsanspruch 2/783
Familienunterhalt 3/122
fehlender Verzug für nachehelichen Unterhalt bei Mahnung vor Scheidung 6/133
Form der Mahnung 6/129
Geltendmachung Kindesunterhalt durch Nichtsorgeberechtigten 6/126
Kalenderfälligkeit 6/134
Mahnung nach Fälligkeit 6/120
Selbstmahnung 6/134, 6/136
bei Sonderbedarf 6/108
telefonische Mahnung 6/129
bei übergangenen und übergeleiteten Ansprüchen 6/104
Verschulden 6/137
Verwirkung der Verzugsfolgen 6/142 ff.
keine Verzugswirkung Trennungsunterhalt für nachehelichen Unterhalt 6/132
Voraussetzung der Mahnung 6/119 ff.
keine Wiederholung der Mahnung 6/130
zeitliche Begrenzung b. nachehelichem Unterhalt 6/114 ff.
Zinsen 6/138
zu niedrige Forderung 6/128
Zuvielforderung 6/127
VO zur Einführung eines Europäischen Vollstreckungstitels (EuVTVO)
Geltungsbereich 9/617
internationale Vollstreckbarkeit 9/617
Voller Unterhalt 4/937
Arrest 10/486
einstweilige Anordnung 10/397
einstweilige Unterhaltsanordnung bei Feststellung der Vaterschaft (§ 248 FamFG) 10/472
einstweilige Unterhaltsanordnung vor Geburt eines Kindes (§ 247 FamFG) 10/461
Volljährigenunterhalt
Anrechnung von Kindeseinkommen 2/474, 2/490 ff.
Auszubildende im Haushalt eines Elternteils 2/518 ff.
Barunterhaltspflicht beider Elternteile im Mangelfall 5/187
Bedarf 2/470, 2/499 ff.
Bedürftigkeit 2/469, 2/481 ff.
Beginn 2/31, 2/479
Beitrittsgebiet 2/510

Sachverzeichnis

Berechnung 2/563 ff.
Berechnung bei anteiliger Haftung 2/596
Besonderheiten des V. 2/468 ff.
bei besonders günstigem Einkommen der Eltern 2/228 ff.
Bestimmungsrecht der Eltern 2/473
Betreuungsunterhalt 2/472
Darlegungs- und Beweislast 6/707
Düsseldorfer Tabelle 2/503
Dynamisierung 2/475
und Ehegattenunterhalt, Beispiele 5/150
Ersatzdienst 2/488
Erwerbsobliegenheit der Eltern 2/560
und Familienunterhalt 2/560
feste Bedarfssätze 2/214, 2/503, 2/526
Grundsicherung bei Erwerbsminderung 2/498
Haftungsanteile der Eltern 2/560 ff.
Identität mit Minderjährigenunterhalt 2/478
Kinder im Haushalt eines Elternteils 2/505, 2/518 ff.
Kindergeldverrechnung 2/476
Krankenversicherung 2/512, 2/525
Leistungsfähigkeit des Pflichtigen 2/471, 2/536 ff.
Leitlinien 2/503, 2/508 ff., 2/526
Nachrang gegenüber Ehegatten, Beispiele 5/150
Nachrangigkeit 2/480
nicht in Ausbildung befindliches Kind 2/534
Parteiwechsel 2/478
privilegierte volljährige Kinder 2/580
Schüler im Haushalt eines Elternteils 2/518 ff.
Student mit eigenem Haushalt 2/508 ff.
Studenten im Haushalt eines Elternteils 2/518 ff.
Übergangszeit nach Volljährigkeit 2/579 ff.
Unterhaltstitel aus der Zeit der Minderjährigkeit 2/29, 2/478
Verhältnis zum Minderjährigenunterhalt 2/28 ff., 2/468 ff.
Verwirkung 2/477, 2/601 ff.
vorrangige Unterhaltsansprüche Dritter 2/556 ff.
Wehrdienst 2/486
Wohnkosten 2/513, 2/524
zusammengerechnetes Einkommen der Eltern 2/214, 2/505, 2/523
Volljährigkeit
Einwendung im Vollstreckungsabwehrverfahren 10/154
vereinfachtes Verfahren über den Unterhalt Minderjähriger 10/638, 10/639a, 10/656
Vollstreckbarer Unterhaltstitel
Arrest 10/489
Vollstreckung
Anfechtung
– Auskunfts-, Beleg- und Versicherungsverfahren 10/354
Auskunft
– Auskunfts-, Beleg- und Versicherungsverfahren 10/354
von Auskunftstiteln 1/1188 ff.
Belegpflicht
– Auskunfts-, Beleg- und Versicherungsverfahren 10/354

der eidesstattliche Versicherung 1/1198
einstweilige Anordnung 10/447
von Titeln zur Vorlage von Belegen 1/1188 ff.
Verfahrenskostenvorschuss
– einstweilige Anordnung 10/447
Vollstreckung ausländischer Unterhaltstitel
allgemein 9/675 ff.
Anspruchsübergang als Vollstreckungshindernis 9/688
bei bilateralen Verträgen 9/697
Beschwerdemöglichkeit 9/694
Beschwerdeverfahren 9/694
Einstellung der unmittelbaren Vollstreckbarkeit 9/681
Erfüllung als Vollstreckungshindernis 9/688
Exequaturverfahren 9/682 ff.
Fortgeltung des ausländischen Titels 9/696
Gegenseitigkeit 9/689
Indexierung 9/695
kein Anwaltszwang 9/692
Konkretisierung unklarer Titel 9/695
nach dem HUVÜ 73 9/682 ff.
nach dem HUVÜ 2007 9/682 ff.
nach dem LugÜ 9/682 ff.
nach der EuGVVO 9/682 ff.
nach der EuUnthVO 9/677 ff.
nach nationalem Recht 9/699 ff.
nach Staatsvertragsrecht und EU-Verordnungen 9/675 ff.
nachträgliche Änderungen 9/688
ordre public 9/690
rechtliches Gehör 9/689
Rechtsbeschwerde 9/694
rechtshemmende Einwendungen 9/688
rechtsvernichtende Einwendungen 9/688
Subsidiarität neuen Zahlungsantrags 9/704, 9/708
Überprüfung im Ursprungsstaat 9/679
Umsetzung durch nationales Recht 9/691 ff.
unmittelbare Vollstreckbarkeit 9/677 ff.
Verfahren nach dem AUG 9/693
Vollstreckung nach nationalem Recht
– Anerkennung und Vollstreckung 9/700
– Gegenseitigkeit 9/703
– Günstigkeitsprinzip 9/701
– keine Währungsumstellung 9/706
– Verfahren 9/702
– Verhältnis zum internationalen Recht 9/707
– Voraussetzungen 9/703
– Zuständigkeit 9/702
Voraussetzungen der unmittelbaren Vollstreckbarkeit 9/680
vorzulegende Urkunden 9/692
Zuständigkeit 9/692
Zustellung 9/692
Vollstreckungsabwehrantrag
Abgrenzung zu Rechtsmittel, Wahlrecht 10/313
Abgrenzung zur Abänderung gerichtlicher Entscheidungen (§ 238 FamFG) 10/152 ff.
Änderung der elterlichen Sorge 10/154
Antragsverbindung, eventual 10/310
Antragsverbindung, kumulativ 10/311

Sachverzeichnis

Aufrechnung 10/154
außergerichtliche Vereinbarung 10/300
Beendigung der Zwangsvollstreckung 10/302
Einstellung der Zwangsvollstreckung 10/314
einstweilige Anordnung 10/424, 10/441
einstweilige Unterhaltsanordnung 10/299
einstweilige Unterhaltsanordnung bei Feststellung der Vaterschaft (§ 248 FamFG) 10/479
Einwendungen, nachträgliche 10/303
Einwendungen, objektive Verhältnisse 10/307
Einwendungen, rechtshemmende 10/303
Einwendungen, rechtsvernichtende 10/303
Endentscheidung 10/314
Endentscheidungen 10/299
Erfüllung 10/154
Erfüllungssurrogat 10/154
Erlass 10/154
Familiensache 10/296
gesetzlicher Unterhaltsanspruch 10/296
Haftungsbeschränkung des Erben 10/154
Jugendamtsurkunde 10/300
kein Wahlrecht mit Abänderungsantrag (§§ 238, 239 FamFG) 10/158
Kindergeld 10/154
Leistung unter Vorbehalt 10/306
Naturalunterhalt 10/154
Nichtbestehen der Ehelichkeit und der Vaterschaft 10/154
Präklusion 10/307
Rechtskraft 10/309
Rechtskraft der Ehescheidung 10/154
Rechtsschutzbedürfnis 10/301
Rentenbezug 10/305
sofortige Wirksamkeit 10/314
Stundung 10/154
Teilleistungen 10/301
Trennungs- und Familienunterhalt 10/303
unbestimmte Anrechnungsklausel 10/154
unzulässige Rechtsausübung 10/154
Verbindung mit Abänderungsantrag 10/310
Verfahrensgegenstand 10/295
Verfahrenswert 10/314
Verhältnis zu negativem Feststellungsantrag 10/312
Verjährung 10/154
Versorgungsleistungen 10/306
vertragliche Unterhaltsregelung 10/296
Verwirkung 10/154, 10/304
Verzicht 10/154
Verzicht auf Verfahren 10/308
Volljährigkeit des Kindes 10/154
Vollstreckungsmöglichkeit 10/302
Vollstreckungstitel 10/299
Vollstreckungsverzicht 10/154
Wahlrecht 10/295
Wegfall der Vollstreckungsbefugnis 10/304
Wiederheirat 10/154
wirksamer Unterhaltstitel 10/296
zeitliche Staffelung mit Abänderungsantrag 10/159
Zuständigkeit 10/297

Vollstreckungsabwehrklage
gegen Auskunftstitel 1/1190
Vollstreckungsabwehrverfahren (§ 767 ZPO) 10/295 ff.
Vollstreckungserinnerung (§ 766 ZPO)
Abgrenzung zum Abänderungsantrag (§§ 238, 239 FamFG) 10/163
Vollstreckungsfähigkeit
Abänderungsverfahren bei Urkunden (§ 239 FamFG) 10/272
Vollstreckungsgegenantrag
bei Aufrechnung gegen bestehenden Titel 6/301
Vollstreckungsgericht
Auskunfts-, Beleg- und Versicherungsverfahren 10/356
Vollstreckungshindernisse
bei ausländischen Unterhaltstiteln 9/686 ff.
bei unmittelbarer Vollstreckung 9/686
im Exequaturverfahren 9/686
keine Nachprüfung in der Sache 9/687
ordre public 9/690
Vollstreckungsschutzantrag
Möglichkeit gegen Entreicherung 6/222
Vollstreckungsverfahren
Auskunfts-, Beleg- und Versicherungsverfahren 10/350
Beschwerde, sofortige (§§ 567–572 ZPO) 10/604
Vollstreckungsverjährung 6/149
Vollstreckungsverzicht
Einwendung im Vollstreckungsabwehrverfahren 10/154
Vollziehungsmaßnahmen
Arrestverfahren 10/493
Vorabzug von Kindesunterhalt 4/440 ff.
wenn Kind beim Pflichtigen lebt 4/440
Vorabzug von Krankenversicherungskosten 4/432, 4/911
Vorabzug von Schulden und Kindesunterhalt bei der Bonusberechnung 4/826 ff.
Vorabzug von Vorsorgeunterhalt 4/883, 4/911
s. a. zweistufige Berechnung
Vorauszahlung von Familienunterhalt 3/125
Vorbehalt der Nachprüfung 1/302
Vorbehaltsklausel (§ 58 I Hs. 2 FamFG)
Beschwerde, sofortige (§§ 567–572 ZPO) 10/602
Rechtsmittel in Unterhaltssachen 10/498
Voreheliche Erkrankung
als Verwirkungsgrund 4/1372
Voreheliche Täuschungshandlung 4/1342, 4/1357
Voreheliche Verbindlichkeiten 1/1083
Vormund
entsprechende Mehrausgaben 1/154
Vorrang leistungsfähiger Verwandter
gegenüber Ehegatten im Mangelfall 5/175
Rechenbeispiel 5/185
Vorrangige Unterhaltslast
und Eigenbedarf des Pflichtigen beim Elternunterhalt 2/990

Sachverzeichnis

Vorrangiger Bedarf 5/138
nach dem Bedarfskontrollbetrag 5/143
des Ehegatten 5/10
Spiegelbild des Selbstbehalts 5/142
Vorrangiger Ehegattenunterhalt 5/124
kein Ausschluss des vorrangigen Unterhalts zugunsten der neuen Ehefrau 5/135
gegenüber nachrangigem Ehegatten, Beispiel 5/150
Vorratspfändung
Arrest 10/489
Vorruhestand
Abfindung 1/749
Erwerbsobliegenheit 1/749
unterhaltsbezogen leichtfertig 1/749
Vorsätzliche sittenwidrige Ausnützung unrichtig gewordener Vollstreckungstitel
Pflicht zur ungefragten Information 6/237
Vorsätzliche sittenwidrige Schädigung
rückwirkende Herabsetzung des Unterhalts (§ 238 III S. 3 FamFG) 10/240
Verfahren wegen Schadensersatz 10/339
Vorsorgeaufwendungen
s. a. Vorsorgeunterhalt
als Abzugsposten 1/1029 ff.
allgemein 1/23
Änderung prägend 4/432, 4/433, 4/638
Arbeitslosenversicherung 1/1029
beim Bedürftigen 1/1034
berufsständische Versorgung 1/1029, 1/1037
Gesamtversorgung 1/1037
Gesamtversorgung für das Alter 1/1034, 1/1037
bei hohen Einkünften 1/1033, 1/1037
Kapitalbildung 1/1037
Krankenversicherung 1/1029 ff., 1/1040 ff.
Lebensversicherung 1/1034, 1/1037
bei Nichtselbständigen 1/1029 ff.
Pflegeversicherung 1/1029, 1/1040
beim Pflichtigen 1/1034
prägend 1/1035, 1/1037
Rentenversicherung 1/1029 ff.
bei Selbständigen 1/1037
als Teil des Unterhaltsbedarfs 1/1040 ff.
Unfallversicherung 1/1029, 1/1036
Unterschied Steuerrecht Unterhaltsrecht 1/48
vermögensbildende Anlagen 1/1037
vermögensbildende Aufwendungen 1/1034, 1/1037
Zusatzversicherung 1/1030, 1/1036
Vorsorgeunterhalt
Angemessenheitskontrolle 4/921
bei fiktivem Einkommen des Unterhaltsberechtigten 1/797
bei Getrenntleben 4/67
jenseits der Beitragsbemessungsgrenze 4/893
Rente aus
– prägendes Einkommen 4/603
– bei Trennungsunterhalt 4/67
Versorgungswert des Einkommens 4/881
beim Verwandtenunterhalt 2/927
Zweckbestimmung *s. dort*
zweistufige Berechnung *s. dort*

Vorsorgeunterhalt wegen Alters, Berufs- oder Erwerbsunfähigkeit 4/855 ff.
im Abänderungsverfahren 4/864, 4/869, 4/894 ff.
beabsichtigte Vorsorge 4/865
Berechnung aus dem Elementarunterhalt 4/858, 4/874 ff.
bei Bezug von Altersruhegeld 4/882
eingeschränkte Dispositionsbefugnis 4/867, 4/886
einstufige Berechnung 4/889
erstmalige Abänderung 4/895
Geltendmachung 4/862
i. d. R. keine Zahlung an Versicherungsträger 4/896
keine Zahlung an Versicherungsträger 4/866
nicht bei krankheitsbedingter Arbeitslosigkeit 4/860
neben Krankheitsvorsorgeunterhalt 4/917
Leistungsfähigkeit 4/885
bei nachehelichem Unterhalt 4/857
Tenorierung 4/867
bei trennungsbedingtem Mehrbedarf 4/879
bei Trennungsunterhalt 4/856
V. verfassungsgemäß 4/860
Verstoß gegen Zweckbestimmung 4/896
Vorrang des Elementarunterhalts 4/884
Zweckbindung 4/867, 4/868
zweistufige Berechnung 4/883, 4/887
Vorsorgeunterhalt wegen Krankheit
s. Krankheitsvorsorgeunterhalt
Vorsorgevermögen
Nutzung 4/604
Nutzung im Rentenfall 4/604
Vorteile des Zusammenlebens 4/809
und Mangelfallberechnung 5/108
Vorwirkung
Anschlussbeschwerde (§§ 66, 117 II FamFG) 10/595

Waffengleichheit
Anschlussbeschwerde (§§ 66, 117 II FamFG) 10/593
Wahlfreiheit mit ordentlichem Streitverfahren
vereinfachtes Verfahren über den Unterhalt Minderjähriger 10/641
Wahlfreiheit und Verfahrenskostenhilfe
vereinfachtes Verfahren über den Unterhalt Minderjähriger 10/642
Wahlrecht
einstweilige Anordnung 10/397
Wahlrecht bei Mehrforderung
Abänderungsverfahren bei Urkunden (§ 239 FamFG) 10/275
Wahlrecht zwischen Vollstreckungsabwehr und Abänderung (§ 54 FamFG)
Wahlrecht mit Abänderungsantrag (§ 54 FamFG) 10/441
Wahrnehmung berechtigter Interessen
Verwirkung Ehegattenunterhalt 4/1326

2613

Sachverzeichnis

Währung
Umstellung auf EUR 1/12
Unterhaltszahlung in Landeswährung 9/94
Waisenrente
als Einkommen des Kindes 1/651
Wales
ausländisches materielles Recht 9/133 ff.
Wandelbarkeit
eheliche Lebensverhältnisse 4/410
Wareneinkauf 1/234 ff., 1/331
Warmmiete 2/391, 2/513, 2/548
Wechsel des Unterhaltstatbestandes
Darlegungs- und Beweislast im Abänderungsverfahren (§ 238 FamFG) 10/246
Wechselmodell 2/39, 2/40, 2/206, 2/233, 2/734, 2/781
Abzugsposten 4/450
Berechnung des Kindesunterhalts 2/450
Kindesunterhalt 2/433
vereinfachtes Verfahren über den Unterhalt Minderjähriger 10/638
Wechselseitige Auskunfts- und Belegpflicht
Auskunfts-, Beleg- und Versicherungsverfahren 10/345
Wegfall der Bereicherung
einstweilige Anordnung 10/443
Haftungsverschärfung
– einstweilige Anordnung 10/444
Wegfall der Privilegierung beim Kindesunterhalt
Darlegungs- und Beweislast im Abänderungsverfahren (§ 238 FamFG) 10/247
Wegfall des Vermögens 4/963
Wegfall von Schulden 1/1093
Wehrdienst
Unterhalt des Kindes 2/486
Weigerung, gemeinsamen Wohnsitz zu gründen 4/1358
Weihnachtsgeld
als Einkommen 1/74
Weißrussland
Verbrauchergeldparität und Devisenkurs 9/78
Weiterbildung des Kindes 2/97 ff.
Abitur – Lehre – Studium 2/99 ff.
Schule – Lehre – Fachoberschule – Studium 2/104
Zumutbarkeit für die Eltern 2/98, 2/103
Zweitausbildung
– fiktives Einkommen des Pflichtigen 1/769
– zulässige 1/768
Werbungskosten
Abgrenzung zu berufsbedingten Aufwendungen 1/1045
allgemein 1/23
Arbeitnehmerpauschbetrag 1/900
Eintrag auf der Lohnsteuerkarte 1/958
Werkstudent
anzurechnendes Einkommen 1/101
Werkstudentenarbeit 2/109, 2/414
Wertberichtigungen 1/225, 1/320, 1/391

Wertende Änderung (Neubewertung unterhaltsrelevanter Umstände im Mangelfall)
im Bedarfsbereich 5/53
gesteigerte Erwerbsobliegenheit 5/58
Wertgrenze
Anschlussbeschwerde (§§ 66, 117 II FamFG) 10/591
Wertsicherungsklausel
Abänderungsverfahren bei Urkunden (§ 239 FamFG) 10/272
Gleitklausel 6/663
Indexklausel 6/662
Leistungsvorbehalt 6/662
Spannungsklausel 6/662
Vereinbarungen 6/660 ff.
Wegfall der Genehmigungspflicht 6/661
Wertsteigernde Verbesserungen 1/456
Wertverzehrthese
s. a. Gewinnermittlung
Einnahmen-Überschuss-Rechnung 1/263, 1/349
Widerantrag
Antragsverbindung 10/386
Bedingung, auflösend 10/388
Bedingung, aufschiebend 10/388
Beschwerdeinstanz 10/382
besonderer Gerichtsstand des Zusammenhangs 10/380
Beteiligte 10/386
Derogation 10/391
eigener Verfahrensgegenstand 10/381
eigenständiger Gegenantrag 10/380
einheitliche Verhandlung und Entscheidung 10/380 ff.
Einleitung des Verfahrens 10/382
einstweilige Unterhaltsanordnung bei Feststellung der Vaterschaft (§ 248 FamFG) 10/470
Endentscheidung im Abänderungsverfahren (§ 238 FamFG) 10/249
Gerichtsstandbestimmung 10/386
Gerichtsstandsvereinbarungen 10/391
Hilfswiderantrag 10/388
Identität der Verfahrensart 10/387
negativer Feststellungswiderantrag 10/389
Prorogation 10/391
Rechtsbeschwerdeinstanz 10/382
Rechtshängigkeit des Vorverfahrens 10/385
rügelose Verhandlung 10/391
subjektive Antragserweiterung 10/388
Verweisung 10/386
Wider-Widerantrag 10/390
Zusammenhang, rechtlich 10/384
Zusammenhang, zeitlich 10/385
Zuständigkeit 10/383
Widerantragsverfahren 10/380 ff.
Beschwerde (§§ 58, 117 FamFG) 10/543
Widerforderungsantrag
Verfahren bei Schadensersatz 10/342
Widerspruch
Arrestverfahren 10/494
Wieder aufgelebte Witwenrente
allgemein 1/729

Sachverzeichnis

Subsidiarität 1/729
bei Verwirkung des Unterhaltsanspruchs 1/729
Wiederaufleben des Anspruchs
nach Verwirkung 4/1382 ff.
Wiederaufleben des verwirkten Anspruchs
aus Gründen des Kindeswohles 4/1385
Wiederaufnahmeverfahren 10/375 ff.
Anwaltszwang 10/378
Einleitung 10/378
Einstellung der Zwangsvollstreckung 10/379
Endentscheidungen 10/375
formelle Rechtskraft 10/375
Nichtigkeitsgründe 10/377
Nichtigkeitsverfahren 10/375
Notfrist 10/379
öffentliche Zustellung 10/377
Restitutionsgründe 10/377
Restitutionsverfahren 10/375
Verfahrenskostenhilfe 10/378
Wiedereinsetzung 10/379
Zuständigkeit 10/376
Zwischenentscheidung 10/379
Wiedereinsetzung
allgemeine Weisung
– Beschwerde (§§ 58, 117 FamFG) 10/584
Anhörungsrüge (§ 321a ZPO) 10/626
Antragsvoraussetzungen
– Beschwerde (§§ 58, 117 FamFG) 10/565
Ausgangskontrolle
– Beschwerde (§§ 58, 117 FamFG) 10/584
Ausschlussfrist
– Beschwerde (§§ 58, 117 FamFG) 10/585
Auswahl und Überwachung von Büropersonal
– Beschwerde (§§ 58, 117 FamFG) 10/583
beabsichtigte Beschwerde
– Beschwerde (§§ 58, 117 FamFG) 10/573
bedingte Beschwerde
– Beschwerde (§§ 58, 117 FamFG) 10/571
Behebung des Hindernisses
– Beschwerde (§§ 58, 117 FamFG) 10/567
Beschwerde (§§ 58, 117 FamFG) 10/507
Beschwerde, sofortige (§§ 567–572 ZPO) 10/603
Beschwerdebegründung
– Beschwerde (§§ 58, 117 FamFG) 10/573
Beweiskraft des Eingangsstempel
– Beschwerde (§§ 58, 117 FamFG) 10/570
Bewilligung von Verfahrenskostenhilfe
– Beschwerde (§§ 58, 117 FamFG) 10/567
Bezugnahme auf erstinstanzliche Verfahrenskostenhilfe
– Beschwerde (§§ 58, 117 FamFG) 10/560
BGH-Rechtsprechung
– Beschwerde (§§ 58, 117 FamFG) 10/574 ff.
Eingangsnachweis
– Beschwerde (§§ 58, 117 FamFG) 10/579
Eingangszuständigkeit
– Beschwerde (§§ 58, 117 FamFG) 10/561, 10/563
Einwilligung des Gegners
– Beschwerde (§§ 58, 117 FamFG) 10/577

Einzelanweisung
– Beschwerde (§§ 58, 117 FamFG) 10/584, 10/587
Fristbeginn für Begründung der Beschwerde
– Beschwerde (§§ 58, 117 FamFG) 10/569
Fristbeginn für Einlegung der Beschwerde
– Beschwerde (§§ 58, 117 FamFG) 10/566
Fristprüfung des Rechtsanwalts
– Beschwerde (§§ 58, 117 FamFG) 10/576
Fristverkürzung bei Zweifel an der Mittellosigkeit
– Beschwerde (§§ 58, 117 FamFG) 10/568
Fristwahrung durch Verfahrenskostenhilfegesuch
– Beschwerde (§§ 58, 117 FamFG) 10/559
Gegenvorstellung
– Beschwerde (§§ 58, 117 FamFG) 10/567
Glaubhaftmachung
– Beschwerde (§§ 58, 117 FamFG) 10/570
Hinweispflicht
– Beschwerde (§§ 58, 117 FamFG) 10/585
in den vorigen Stand
– Wiederaufnahmeverfahren 10/379
kein Abhilfeverfahren
– Beschwerde (§§ 58, 117 FamFG) 10/562
Lücken im Verfahrenskostenhilfegesuch
– Beschwerde (§§ 58, 117 FamFG) 10/560
Mängel bei Verfahrenskostenhilfegesuch
– Beschwerde (§§ 58, 117 FamFG) 10/572
bei Mittellosigkeit
– Beschwerde (§§ 58, 117 FamFG) 10/559
Mitwirkung der Gerichte bei der Fristwahrung
– Beschwerde (§§ 58, 117 FamFG) 10/578
Organisationsmangel
– Beschwerde (§§ 58, 117 FamFG) 10/587
organisatorische Maßnahmen
– Beschwerde (§§ 58, 117 FamFG) 10/583
prüffähiges Verfahrenskostenhilfegesuch
– Beschwerde (§§ 58, 117 FamFG) 10/559
Rechtsbeschwerde
– Beschwerde (§§ 58, 117 FamFG) 10/572
Rechtsmittelauftrag
– Beschwerde (§§ 58, 117 FamFG) 10/574
selbständige Wiedereinsetzungsfrist
– Beschwerde (§§ 58, 117 FamFG) 10/589
stillschweigend
– Beschwerde (§§ 58, 117 FamFG) 10/572
Telefaxanlage
– Beschwerde (§§ 58, 117 FamFG) 10/582
Überlegungsfrist
– Beschwerde (§§ 58, 117 FamFG) 10/568
Übermittlung per Telefax
– Beschwerde (§§ 58, 117 FamFG) 10/575
überwiegende Wahrscheinlichkeit
– Beschwerde (§§ 58, 117 FamFG) 10/570
vereinfachtes Verfahren über den Unterhalt Minderjähriger 10/680
und Verfahrenskostenhilfe
– Beschwerde (§§ 58, 117 FamFG) 10/559 ff.
Verfahrenskostenhilfegesuch innerhalb der Beschwerdefrist
– Beschwerde (§§ 58, 117 FamFG) 10/564
Verkehrsanwalt
– Beschwerde (§§ 58, 117 FamFG) 10/576

Sachverzeichnis

verkürzte Unterschrift
– Beschwerde (§§ 58, 117 FamFG) 10/588
Verlängerung der Begründungsfrist
– Beschwerde (§§ 58, 117 FamFG) 10/577
Versagung von Verfahrenskostenhilfe
– Beschwerde (§§ 58, 117 FamFG) 10/568
Verwechslungsgefahr
– Beschwerde (§§ 58, 117 FamFG) 10/584
Vorabverfahren
– Beschwerde (§§ 58, 117 FamFG) 10/572
Vordruck nach § 117 IV ZPO bei Verfahrenskostenhilfe
– Beschwerde (§§ 58, 117 FamFG) 10/586
Vorfrist
– Beschwerde (§§ 58, 117 FamFG) 10/583
Zeugenvernehmung
– Beschwerde (§§ 58, 117 FamFG) 10/570
Zuständigkeit
– Beschwerde (§§ 58, 117 FamFG) 10/575
Zuständigkeit des Beschwerdegerichts
– Beschwerde (§§ 58, 117 FamFG) 10/561
Zuständigkeit für Fristwahrung
– Beschwerde (§§ 58, 117 FamFG) 10/561
Zuständigkeitswechsel
– Beschwerde (§§ 58, 117 FamFG) 10/587
Zustellung
– Beschwerde (§§ 58, 117 FamFG) 10/580
Wiederheirat
Realsplitting 1/958
Splittingvorteil 1/1014 ff.
Wirksamkeits- und Ausübungskontrolle
s. Richterliche Wirksamkeits- und Ausübungskontrolle
Wirksamkeitsanordnung
und einstweilige Anordnung 10/447
Wirtschaftsgeld
Abrechnung 3/56
beidseitige Erwerbstätigkeit 3/60
bei bestehender Ehe 3/46, 3/55 ff.
kein Einkommen des haushaltführenden Ehegatten 2/255
einstweilige Anordnung 10/398
größere Anschaffungen 3/59
Höhe 3/57
treuhänderische Verwaltung 3/56
Unpfändbarkeit 3/56, 3/120
Witwenrente
als Einkommen 1/651
wieder aufgelebte 1/729
Wohnbedarf des Kindes
Deckung durch Mietzahlung 2/16
Deckung durch Wohnungsgewährung 2/127
Leitlinien 2/326
beim Studenten 2/513
im Tabellenunterhalt 2/125, 2/326, 2/513
beim volljährigen Kind im Haushalt der Eltern 2/524
Wohngeld 5/26
Berechnung unterhaltsrelevanten Einkommens 1/667
Darlegungs- und Beweislast 1/666
als Einkommen 1/665 ff.

Wohnkosten
s. a. Warmmiete
im angemessenen Selbstbehalt 2/548
als Ausgabenposition 1/468
als Bedarfsposten beim Kindesunterhalt 2/326, 2/513
Einstellung Mietzahlung 1/472
Leitlinien der Oberlandesgerichte 5/24
als Schuld 1/472
im Selbstbehalt 1/469 ff., 2/391, 5/24
im Sozialhilferecht 5/15
Teilvermietung 1/472
trennungsbedingter Mehrbedarf 1/472
Weiterzahlung durch Pflichtigen 1/472
Wohngeld 1/469
Wohnkostenanteil
beim Arbeitslosengeld II 1/114
Wohnungsgewährung
für Kinder 1/720
durch neuen Partner 1/714
Wohnungsgewährung an Unterhaltsberechtigten
als Einkommen 1/719
als freiwillige Leistungen oder Gegenleistung für Haushaltstätigkeit 1/719
Wohnvorteil
Abzahlungen 1/557, 1/560
Abzugsposten 1/498 ff.
angemessener Wohnwert 1/477 ff.
Berechnungsbeispiele 1/494
Betriebskosten 1/499
Drittelobergrenze 1/486
Eigenheimzulage 1/519
Elternunterhalt s. Wohnvorteil im Eigenheim
Ferienwohnung 1/491
durch freiwillige Zuwendungen Dritter 1/475
bei gleichrangigen Ehegatten 1/541
bei Gütergemeinschaft 1/492
Hauslasten 1/498 ff.
Höhe der Nutzungsentschädigung 1/530a
Instandhaltungsaufwendungen 1/502
beim Kindesunterhalt 1/571 ff.
kostenlose Wohnungsgewährung durch Dritte 1/546, 1/552
beim nachehelichen Unterhalt 1/481
nachehelicher Unterhalt 1/529a
durch neue Ehe 1/475a
neuer Wohnwert nach Trennung 1/545, 1/550
neuer Wohnwert nach Trennung als Surrogat 1/557 ff.
nichtprägend 1/545, 1/550
Nutzungsentschädigung 1/528 ff.
objektive Marktmiete 1/478
des Pflichtigen beim Elternunterhalt 2/993 f.
– Anrechnung von Tilgungsleistungen 2/994
– ersparte Mietaufwendungen 2/993 f.
des pflichtigen Großelternteils beim Enkelunterhalt 2/1042
prägend 1/535 ff., 1/548
als Sachbezüge 1/91
sonstiger Verwandtenunterhalt 1/581
als Surrogat früherer vermieteter Wohnung 1/549

Sachverzeichnis

Tilgung
– bei Alleineigentum 1/510
– als Altersvorsorge 1/507, 1/510
– bei Bedarf 1/508 ff.
– bei Bedürftigkeit 1/511 ff.
– als einseitige Vermögensbildung bei Gütertrennung 1/510
– als einseitige Vermögensbildung beim gesetzlichen Güterstand 1/510
– bei gemeinsamem Eigentum 1/508
– bei Leistungsfähigkeit 1/509 ff.
– bei Miteigentum (prägend) 1/508
– als Vermögensbildung 1/507
trennungsbedingter Mehrbedarf 1/556
beim Trennungsunterhalt 1/479 ff.
unterlassene Garagennutzung 1/476
vorzeitige Rückzahlung Schulden 1/513
Wohnwert bei nicht fertig gestelltem Haus 1/544
Wohnwerterhöhung beim Kindesunterhalt 1/573
wohnwertübersteigende Schulden 1/520
– bei Alleineigentum 1/524
– als Altersvorsorge 1/524
– bei Miteigentum 1/523
– bei Veräußerung Eigenheim 1/525
Zahlungseinstellung 1/509
Zins und Tilgung bei Alleineigentum 1/510, 1/529
Zins und Tilgung bei gemeinsamem Eigentum (prägend) 1/508, 1/529
Zinsen bei prägendem Wohnwert 1/505, 1/537
bei zwei bewohnten Wohnungen 1/538
Wohnvorteil im Eigenheim
beim Elternunterhalt
– Bemessung beim Pflichtigen 2/993 f.
Wohnwert
s. a. Wohnvorteil
bei Aufnahme eines neuen Lebensgefährten 1/480
bei Auszug beider Eheleute vor Vermögensauseinandersetzung 1/484a
Bemessung 1/485
bei endgültigem Scheitern der Ehe 1/480
bei gleichrangigen Ehegatten 1/484
Haushaltsführung neuer Partner 1/552
beim Patchworkfamilie 1/572
Wohnwert Volljähriger 1/576

Zahlbetrag
Abzugsposten Kindesunterhalt 4/444
Zählkindvorteil
wegen Berücksichtigung von nicht gemeinsamen Kindern der Elternteile 2/732
im Mangelfall 5/66
Zahlungseinstellung bei Abzahlung
Wohnvorteil 1/509
Zahlungsweise 1/11
Zeitliche Begrenzung
einstweilige Unterhaltsanordnung vor Geburt eines Kindes (§ 247 FamFG) 10/461
Zeitliche Begrenzung des nachehelichen Unterhalts
Darlegungs- und Beweislast 6/725

Zeitliche Begrenzung des Unterhalts (§ 1578b II BGB) 4/1027 ff.
besondere Vertrauenstatbestände 4/1075
– Dispositionen 4/1075
– titulierter Unterhaltsanspruch 4/1075
als Einsatzpunkt für Anschlussunterhalt 4/1009
Erlöschen des Anspruchs nach Fristablauf 4/1009
Geltendmachung im Erstverfahren 4/1084
Geltendmachung in einem Abänderungsverfahren 4/1087
– Präklusion 4/1087
– bei Vorliegen eines Unterhaltsvergleichs 4/1089
gemeinsame Billigkeitskriterien für zeitliche Begrenzung und zeitliche Herabsetzung 4/1032
grundsätzlich jedes nachehelichen Unterhaltsanspruchs 4/1027
Härteklausel des § 1579 BGB 4/1204
zeitliche Begrenzung des Unterhalts (§ 1578b II BGB)
nacheheliche Solidarität 4/1071 ff.
Zeitliche Begrenzung des Unterhalts (§ 1578b II BGB)
nacheheliche Solidarität
– Aufstockungsunterhalt 4/1074
– besondere Umstände auf Seiten des Berechtigten 4/1078 ff.
– besondere Umstände auf Seiten des Verpflichteten 4/1082 ff.
– ehebedingte Nachteile des Pflichtigen 4/1083
– Trennungsunterhalt 4/1083
Rechtsfolgen 4/1030
Übergangsfrist 4/1031
Unzumutbarkeit der Begrenzung 4/1076
Verfahrensfragen 4/1071
Zeitgrenze nach richterlichem Ermessen 4/1009
Zeitliche Begrenzung oder Herabsetzung des Unterhalts (§ 1578b BGB) 4/1000
Ausnahmetatbestand 4/1034
Billigkeitsabwägung nach objektiven Kriterien 4/1000
Darlegungs- und Beweislast 4/1093
– beruflicher Aufstieg 4/1094
Darlegungs- und Beweislast des Pflichtigen 4/1000
Dispositionsfreiheit der Beteiligten 4/1089
ehebedinter Nachteil des Pflichtigen 4/1083
Geltendmachung im Abänderungsverfahren
– Bindung an rechtskräftige Feststellungen 4/1088
gemeinsame Billigkeitskriterien 4/1032
– fortbestehende ehebedingte Nachteile 4/1032
keine Lebensstandardgarantie 4/1032
Kombination von Herabsetzung und zeitl. Begrenzung 4/1000
nacheheliche Solidarität 4/1033
sekundäre Darlegungslast des Berechtigten 4/1094
Struktur der Vorschrift 4/1000
Übergangsvorschrift zum neuen Recht 4/1087
Zeitliche Herabsetzung des Unterhalts
s. Unterhaltsherabsetzung (§ 1578b I BGB)

2617

Sachverzeichnis

Zeitpunkt eheliche Lebensverhältnisse 4/410, 4/469
Zeitschranke (§ 238 II FamFG)
Abänderungsverfahren bei gerichtlichen Entscheidungen (§ 238 FamFG) 10/210 ff.
Zeitschranke (§ 238 III FamFG)
Abänderungsverfahren bei gerichtlichen Entscheidungen (§ 238 FamFG) 10/233
Anpassung ab Rechtshängigkeit 10/234
Anpassung und VKH-Gesuch 10/235
Anschlussbeschwerde und Vorwirkung 10/236
Zeugnisverweigerung
Beschwerde, sofortige (§§ 567–572 ZPO) 10/603
Zins und Tilgung
beim nichtprägenden Wohnwert 1/568
beim prägenden Wohnwert 1/505 ff., 1/537
Zins- und tilgungsfreies Darlehen
Vermeidung von Erstattungsverfahren 10/337
Zinseinkünfte bei hohem Erwerbseinkommen
eheliche Lebensverhältnisse 4/619
nichtprägendes Einkommen 4/619
Zinsen
als Betriebsausgabe 1/366
als Betriebseinnahme 1/328
Höhe 6/139
beim nichtprägenden Wohnwert 1/505
beim prägenden Wohnwert 1/505
rückwirkende Geltendmachung 6/138
Verzug 6/138
Zinsen aus Erlös als Surrogat
Veräußerung Eigenheim 1/557
Zinsen aus Zugewinn
prägendes Einkommen 1/570
Zuflussprinzip
s. Einnahmen-Überschuss-Rechnung
Zugewinnausgleich
Zinsen prägend 4/607
Zugewinn und Veräußerung Familienheim 1/570
Zukunftsprognose 1/24
Korrektur 1/26
Zulässigkeit
Aufhebungsverfahren (§ 52 II S. 3 FamFG) 10/432
Fristsetzungsantrag (§ 52 II FamFG) 10/430
vereinfachtes Verfahren über den Unterhalt Minderjähriger 10/637 ff.
Zulässigkeitsvoraussetzung
einstweilige Unterhaltsanordnung bei Feststellung der Vaterschaft (§ 248 FamFG) 10/470
Zulassung der Rechtsbeschwerde (§ 574 I Nr. 2 ZPO)
Beschwerde, sofortige (§§ 567–572 ZPO) 10/608
Zulassung in Familienstreitsachen
Rechtsbeschwerde, Endentscheidungen (§§ 70–75 FamFG) 10/610
Zumutbare Erwerbstätigkeit des Berechtigten
Erwerbsobliegenheit 1/780
fiktives Einkommen 1/778 ff.

überobligatorische Tätigkeit des volljährigen Kindes 1/781
volljähriges Kind 1/781
Zumutbarkeit der Unterhaltslast
bei Abitur – Lehre – Studium 2/103
bei Auslandsstudium 2/81, 2/532
bei Mehrbedarf 2/456, 2/457, 2/532
bei Weiterbildung 2/104
Zurückbehaltungsrecht
Auskunfts-, Beleg- und Versicherungsverfahren 10/345
Zurückverweisung
Beschwerde (§§ 58, 117 FamFG) 10/541
Beschwerde, sofortige (§§ 567–572 ZPO) 10/609
Stufenverfahren (§ 254 ZPO) 10/367
Zurückweisung des Antrags
auf Erlass einer Versäumnisentscheidung
– Beschwerde, sofortige (§§ 567–572 ZPO) 10/603
vereinfachtes Verfahren über den Unterhalt Minderjähriger 10/672
Zurückweisung, teilweise
vereinfachtes Verfahren über den Unterhalt Minderjähriger 10/658
Zurückweisungsbeschluss
vereinfachtes Verfahren über den Unterhalt Minderjähriger 10/658
Zusammengerechnetes Einkommen der Eltern
und Bedarf des Kindes bei beiderseitiger Barunterhaltspflicht 2/214
und Bedarfsbemessung nach festen Regelsätzen 2/214, 2/505
Höhergruppierung 2/523
bei Kindesbetreuung durch Dritten 2/215
beim Volljährigenunterhalt 2/505, 2/523
Zusammenleben mit gleichgeschlechtlichem Partner 4/1273
Zusammenleben mit neuem Partner
als Verwirkungsgrund 4/1267 ff.
Zuschlag
zum Arbeitslosengeld II 1/112
Zuschüsse
bei berufsbedingten Aufwendungen 1/153
zu freiwilligen Weiterversicherung 1/91
zu privaten Anschaffungen 1/91
Zuständigkeit
s. a. Familiengerichtliche Zuständigkeit
Abänderungsverfahren bei Urkunden (§ 239 FamFG) 10/277
Abänderungsverfahren bei Vergleichen (§ 239 FamFG) 10/259
Abänderungsverfahren (§ 54 III FamFG) 10/425
Arrestverfahren 10/490
Beschwerde (§§ 58, 117 FamFG) 10/503
einstweilige Anordnung 10/406 ff.
einstweilige Unterhaltsanordnung vor Geburt eines Kindes (§ 247 FamFG) 10/463
Fristsetzungsantrag (§ 52 II FamFG) 10/429
internationale 9/640 ff., 10/15 ff., s. a. dort

Sachverzeichnis

örtliche 10/8 ff.
sachliche 10/6 ff.
Wiederaufnahmeverfahren 10/376
Zustellung
im Vollstreckbarkeitsverfahren 9/692
international 9/620
Zustellung der Antragsschrift
einstweilige Anordnung 10/416
Zustellungsmängel
Beschwerde (§§ 58, 117 FamFG) 10/504
Zustimmung
zum Realsplitting 1/958 ff.
zur Zusammenveranlagung 1/927, 1/936
Zuverdienstehe 4/815
Zuwendungen
eines neuen Partners 1/712
– als Gegenleistungen 1/713
Zuwendungen Dritter
s. Einkünfte aus freiwilligen Zuwendungen Dritter
Zweckbestimmung des Vorsorgeunterhalts 4/868
Abänderung bei Verstoß 4/896
bei Krankheitsvorsorgeunterhalt 4/924

Zweijahressperrfrist (§ 1605 II BGB)
Auskunfts-, Beleg- und Versicherungsverfahren 10/351
einstweilige Anordnung 10/424
Zweistufige Berechnung des Vorsorgeunterhalts 4/883, 4/887
des Krankheitsvorsorgeunterhalts 4/911
Zweitarbeit 1/828 ff.
Zweitausbildung des Kindes 2/91 ff.
Erfüllung der Unterhaltspflicht durch eine Ausbildung 2/91 ff.
Spätentwicklung des Kindes 2/93
Voraussetzungen 2/92
Zeitsoldat 2/95
Zweite Tatsacheninstanz
Beschwerde (§§ 58, 117 FamFG) 10/531, 10/539
Zwischenentscheidung
Anhörungsrüge (§ 321a ZPO) 10/623
Rechtsmittel in Unterhaltssachen 10/498
Wiederaufnahmeverfahren 10/379
Zypern
Verbrauchergeldparität und Devisenkurs 9/79